中華大典

農業典

河南大學出版社
西南師範大學出版社

中華人民共和國國務院批準的重大文化出版工程

國家文化發展規劃綱要的重點出版工程項目

新聞出版總署列爲『十一五』國家重大工程出版規劃之首

國家出版基金重點支持項目

《中華大典》工作委員會

主　任：柳斌傑　金人慶

副主任：李　彥　于永湛　鄔書林　張少春　李衛紅

　　　　周和平　陳金泉　李静海

委　員：張小影　伍　傑　朱新均　吴尚之　孫　明

　　　　王家新　徐維凡　劉小琴　毛群安　遲　計

　　　　曹清堯　彭常新　王志勇　潘教峰　姜文明

　　　　王　正　石立英　安平秋　陳祖武　詹福瑞

　　　　戴龍基　宋焕起　孫　顒　陳　昕　魏同賢

　　　　王建輝　朱建綱　高紀言　莫世行　段志洪

　　　　譚　躍　羅小衛　王兆成

《中華大典》編纂委員會

《中華大典》前言

《中華大典》是運用我國歷代漢文古籍編纂的一部大型工具書。其目的是爲學術界及願意瞭解中國古代珍貴文化典籍的人士提供準確詳實、便於檢索的漢文古籍分類資料。

中國是世界文明古國之一，幾千年來纂寫和聚集的文化典籍浩如烟海。我國歷代都有編纂類書的優良傳統，具有代表性的《永樂大典》等大多已佚失，現存《古今圖書集成》編就距今也已數百年。爲了適應今天和以後研究和檢索的需要，一九八八年海内外三百多位專家學者和各古籍出版社同仁倡議，在已有類書的基礎上，用現代科學方法編纂一部新的類書《中華大典》。

國務院在關於編纂《中華大典》問題的批復中指出，編纂《中華大典》『是我國建國以來最大的一項文化出版工程』。本書所收漢文古籍上起先秦，下迄清末，約三萬種，達七億多字，分爲二十四個典，近百個分典，内容廣博，規模宏大，前所未有。

《中華大典》的編纂工作堅持科學態度和百花齊放、百家争鳴方針。儘量采用古精校精刻本，優先采用我國建國後文獻學和考古學的優秀成果。對傳統文化中重要的不同學派的資料，兼收并蓄。運用現代圖書分類的方法，對收集到的資料，精選、精編，力求便於檢索、準確可信。

這項工作從開始起就受到中共中央、國務院和有關部門的重視和支持。國家主席江澤民、國務院總理李鵬分别爲《中華大典》題詞。江澤民的題詞是：『同心同德群策群力認真編好中華大典爲建設有中國特色的社會主義服務』。李鵬的題詞是：『繼承和弘揚民族優秀傳統文化』。全國政協主席李瑞環、國務委員李鐵映也作了重要指示，要求抓緊辦理。一九九零年五月，國務院批准《中華大典》爲國家重點古籍整理項目。一九九二年九月，正式成立了《中華大典》工作委員會和《中華大典》編纂委員會，召開了《中華大典》工作、編纂會議。自此，《中華大典》的編纂工作由試點轉入正式啓動，逐步鋪開。

編纂《中華大典》，學術性很强，工作量很大，工程十分艱巨，全賴廣大專家學者和全國各有關高等院校、科研院所、圖書館、出版單位的鼎力支持與積極參與。大家本着弘揚中華民族優秀文化的心願，發揚奉獻精神，克服各種困難，團結協作，給這部巨大類書的出版提供了根本保證。在此謹表示誠摯的謝意。對本書的批評與建議，我們將十分歡迎。

《中華大典》編纂委員會

一九九七年四月

二〇〇六年十一月修訂

《中華大典》編纂通則

一、性質：《中華大典》（以下簡稱《大典》）是對漢文古籍（含已翻譯成漢文的少數民族古籍）進行全面的、系統的、科學的分類整理和彙編總結的新型類書，是在繼承歷代類書優良傳統、考慮漢文古籍固有特點的基礎上，借鑒和參照近代編纂百科全書的經驗和方法編纂而成。編纂《大典》的目的，是爲學術界及願意瞭解中國古代珍貴文化典籍的人士提供各種分門別類的、準確詳細的古代漢文專題資料。

二、規模和體例：《大典》所收古籍的時限，上自先秦，下迄辛亥革命。全書共收各類漢文古籍三萬餘種，七億多字。全書體例，着重汲取清代《古今圖書集成》所采用的經目和緯目相交織這一統一框架結構的模式，同時參照現代科學的學科、目録分類方法，并根據各類學科内容的實際情況，一般將每一大類學科輯爲一典，也有將幾個相關學科共輯爲一典的。對各典名稱，均以現代學科命名，對於所收入的各種古籍資料，亦儘可能納入現代科學分類體系之中。

三、經目：大典共分二十四個典，即哲學典、宗教典、政治典、軍事典、經濟典、法律典、教育典、語言文字典、文學典、藝術典、歷史典、歷史地理典、民俗典、數學典、物理化學典、天文典、地學典、生物學典、醫藥衛生典、農業典、林業典、工業典、交通運輸典、文獻目録典。典以下以分典、總部、部、分部分級，分部之下的標目根據各學科特點由各典自行擬定。

四、緯目：共設置九項緯目，用以包容各級經目的具體内容：

①題解：對有關學科的名稱、概念、涵義、特點等作總體介紹的資料。

②論説：有關理論部分的資料。

③綜述：有關學科或事物的系統性資料，凡有關學科或事物的性狀、制度、範疇、特點及學科地位、發展情況等具體内容均編入此緯目中。

④傳記：有關人物的傳記資料。

⑤紀事：有關學科或事物的具體活動或事例的資料。

⑥著録：重要人物或文獻的有關著作資料，如專集介紹、序跋、藏書題記，以及有關著作的成書經過、版本源流等。

⑦藝文：有關屬於文學欣賞性的散文或韻文。

⑧雜録：凡未收入以上各緯目，而又有較高參考價值的資料，均入雜録。

⑨圖表：根據有關經目的內容需要，圖與表附於相關專題之下，或集中彙總於某級經目之後。

《大典》以內容分類安排各級緯目，各級緯目的正文，一般以原書爲單位，按時代順序排列。每一條資料前標明出處，包括書名或作者名、篇名或卷次，以利讀者核對原書。

五、書目：每分典後附有該分典所收書之書目，書目包括書名、作者、時（年）代、版本等內容。時代以成書時代爲準，成書時代不詳者，以作者主要活動時代爲準，并遵從歷史習慣。

六、版本：《大典》在選用版本時儘量采用古人的精校精刻本，亦采用學術界通用的近、現代整理圈點本及現代學者校點整理本。

七、校點：爲儘可能保存古籍原貌，《大典》衹對底本中明顯的脱、訛、衍、倒進行勘正。古本中的避諱字一般不作改動，衹對缺筆字補足筆劃。後人刻書時避當朝人諱而改動的字，據古本改回。《大典》采用新式標點法。

一九九六年八月

二〇〇六年十一月修訂

《中華大典·農業典》編纂出版領導小組

組　長： 張寶明　靳玉樂　王增恂

副組長： 馬小泉　周安平　張雲鵬　鄭家福　楊國安
米加德

成　員（按姓氏筆畫排序）：
于　傑　王本朝　王學春　吕剛武　李　森
李偉昉　周志欽　苗書梅　秦紅雨　郭　亮
袁凱强　展　龍　陳廣勝　陳隆予　孫　曉
黄　璜　葛鄭偉　湯興華　鄒芙都　靳宇峰
鄧章應　聶昌紅　龍玉明

《中華大典·農業典》編纂委員會

主　編：穆祥桐　曹幸穗

副主編：張雲鵬　周安平　袁喜生　張顯成　唐志强
　　　　鄭家福　劉坤太　董小玉

委　員（按姓氏筆畫排序）：

王化平　毛　春　仝相卿　吕　進　杜　鋒
杜顏璞　李曉亮　李世持　李遠毅　何　新
汪劉峰　李棟輝　虎維鐸　胡　波　胡　琳
馬　劍　袁　政　展　龍　高國金　卿　磊
秦紅雨　孫運君　郭麗華　陳安民　陳廣勝
竟　霞　惠　冬　祁琛雲　張敏傑　張　健
張　松　張新超　敬　德　靳宇峰　路　煒
寧智鋒　趙　梅　趙軍慧　趙佩霞　鄭　鵬
劉小敏　錢振宇　羅鐵家　蘇文英　鍾維克

《中華大典·農業典》序

農業是中國古代的重要生産部門，它關係到人的生存、社會的安定和政權的穩定。因此，它被社會上的全體人員所關注。在中國最早的文字——甲骨文中，就有關於農業生産内容的記載。

中國農業歷史學界按照古籍所載内容的具體情況，將涉農古籍分爲兩類：一類是專門記載中國古代傳統農業科學技術、生産知識和經營管理的著作，即中國古代農書；一類是書中存有涉及農業内容的一般古籍。

據考古資料顯示，中國農業産生於舊石器時代晚期與新石器時代早期交替的階段，距今已有一萬多年的歷史。到了青銅時代，即歷史上的夏、商、周時期（公元前二一—前八世紀），中國的傳統農業已經形成，并且發展爲社會的主要産業。到了春秋戰國時期（公元前七七〇—前二二一年），不僅在諸子百家中出現了農家學派，而且還出現了專門的農書。在《漢書·藝文志》中著録有成書於『六國時』的《神農》《野老》兩種和『不知何世』的《宰氏》《尹都尉》《趙氏》《王氏》等四種。上述書籍今已失傳。

由秦漢時期至清代，據《中國農業百科全書·農業歷史卷》統計，就有六百九十七種之多，按其數量多少排列依次爲：園藝類農書一百六十六種，蠶桑類農書一百五十二種，綜合類農書一百一種，竹木、茶類農書五十五種，耕作、農田水利類農書五十二種，農作物類農書四十七種，畜牧獸醫類農書三十八種，植物、氣象、占候類農書三十一種，荒政、治蟲類農書二十七種，水産類農書二十二種，農具類農書六種。如果按時代進行劃分，元代及以前農書的種類及數量依次爲：園藝類農書三十二種，綜合類農書二十種，畜牧獸醫類農書十一種，植物、氣象、占候類農書十一種，竹木、茶類農書十種，耕作、農田水利類農書三種，蠶桑類農書三種，水産類農書三種，荒政、治蟲類農書二種，農作物類農書一種，農具類農書一種。明清時期農書的種類及數量依次爲：蠶桑類農書一百四十九種，園藝類農書一百三十四種，綜合類農書八十一種，耕作、農田水利類農書四十九種，農作物類農書四十六種，竹木、茶類農書四十五種，畜牧獸醫類農書二十七種，荒政、治蟲類農書二十五種，植物、氣象、占候類農書二十種，水産類農書十九種，農具類農書五種。從上述農書的種類及變化，我們可以看到中國傳統農業的結構、地位及變化。

由於農業對於經濟、政治的影響巨大，因此中國古代社會中上至帝王將相，下至布衣百姓，無不對其給予重大關注，在他們的著作中或多或少地涉及了中國古代農業的內容。這些內容涵蓋了中國傳統農業的方方面面。

在春秋戰國時期，由於傳統農業的性質發生了明顯的變化，因此此時的農業生産有了明顯的進步，人們對於自然界的干預增强了。在先秦諸子的著作中，有不少對人與自然界關係的論述，是中國古代農業生態思想的萌芽。在一貫相承的紀傳體史書二十四史中，詳細準確地記載了中國古代歷年的風、水、雹、旱、蟲等各種農業自然灾害的發生及影響。沈括《長興集》卷九《萬春圩圖記》和胡仔《苕溪漁隱叢話前集》卷二七中詳細地講述了圩田、葑田等中國古代的土地利用。在《莊子・天運》、周去非《嶺外代答》卷四、《蘇東坡全集・後集》卷四中分别介紹了中國古代農具桔橰、踏犁和秧馬。范成大《石湖居士詩集》卷一六《勞畲耕并序》中詳細記載了三峽地區八個水稻品種；陸九淵《象山先生全集》卷三四記載了自家水稻深耕易耨的豐産經驗；高斯得《恥堂存稿》卷五最早記載了水稻生産中的烤田技術；莊綽《鷄肋編》卷上《説蕨》中有關於利用雜草作肥料的經驗。陳舜俞《都官集》卷一四《山中咏橘長咏》中記述了宋代柑橘栽培、貯藏和銷售的一整套經驗；張世南《游宦紀聞》卷五介紹了柑嫁接的經驗；莊綽《鷄肋編》卷下《韓岊論茶》記載了宋代建溪茶場的生産情況，趙希鵠《調燮類編》卷三《清飲》介紹了花茶的製作方法；周密《齊東野語》卷一六介紹了當時著名花卉産地馬塍藝花法。莊綽《鷄肋編》卷下《養柑蟻》介紹了古代的生物防治經驗。周密《癸辛雜識别集上・魚苗》記載了宋代對魚苗的生活特點已經有較深的認識，因此總結出了一套魚苗長途運輸技術，劉恂《嶺表録異》卷上介紹了唐代稻田養魚經驗，龐元英《文昌雜録・養珠法》介紹了人工養殖珍珠的經驗。王禹偁《小畜集》卷一四《記蜂》一文，詳細地描述了蜜蜂的習性、組織、蜂王、分窠、蜜蠟等方面的知識。張舜民的《使遼録》記載了遼國人用麻醉法施行馬肝部病灶切除手術。這些資料，涉及了古代農業的各個專業。

對於古籍中農業資料的整理古已有之，在晚清『富國强兵』的努力中，一些學者也整理出版農業古籍。現代著名的農業農史學家萬國鼎先生于一九二四年開始，從事祖國農學遺産的搜集整理工作，共搜集整理出三千萬字，彙編爲《先農集成》，分成若干專輯，裝訂成四百二十册，現存于南京農業大學中國農業遺産研究室。一九五五年四月，農業部農業科學院籌備小組在北京召開整理祖國農業遺産座談會。一九五八年，在周恩來同志的關懷下，國務院古籍整理出版規劃小組成立，并制定了第一個十年規劃。同年，農業出版社（今中國農業出版社）在北京成立，依靠各農業院校農史研究專業隊伍，開始系統整理出版農業古籍。截至二〇一四年，已出版農業古籍近二百種，涵蓋了十一類古代農書，整理方式有標點校勘、注釋、今譯、影印、輯佚與資料彙編等。

《中華大典》是在黨中央、國務院領導下的新中國成立以來最大的古籍整理出版工程，農史研究者有幸參與其中，在前人的基礎上，對祖國的農業遺産以新編類書的形式進行整理出版，無疑對於廣大農業工作者瞭解中國國情、促進農史研究的發展均有不可估量的作用。

《中華大典·農業典》設糧食作物、蠶桑、茶業、藥用作物、救荒植物、園藝作物、漁業水産、農田水利、農業灾害、畜牧獸醫、農具倉儲和農書十二個分典，基本涵蓋了農業各要素。如前所述，中國古代農業文獻既有一定數量的專書，又或多或少地存在於浩如烟海的經史子集當中。如果繼續使用傳統的手段和出版工作流程，在短時間内利用有限的力量是難以完成編纂工作的。所以《農業典》在編纂之初，就采取了利用數字化編纂的方式。二〇〇六年七月開始由中國社會科學院李根蟠研究員任主編，依靠各高等農業院校農史研究專業人員，編定了編纂大綱，我和蘇金花研究員編定了《農業典》專用書目，各分典在此基礎上又補充了本專業的書目，依托社會上反響較好的古籍數字平臺開始了試編工作。在隨後的實際工作中，我們發現《農業典》編纂所需資料屢屢受制於商業化的數字平臺，尤其在《茶葉總部》的試編寫中遇到了引文難以核對的問題，遂於二〇〇九年底決定自主研發工作平臺，并由我和曹幸穗研究員出任主編，按照新的思路開展編纂出版工作。二〇一一年，按照國家新聞出版總署和國家出版基金規劃管理辦公室的統一部署，與未完成的各典一起納入國家出版基金管理。

《農業典》是《中華大典》確定的數字化編纂出版工作試點，任繼愈先生説：『農業典的試點工作如能成功，其意義將遠遠超越中華大典本身，它對於今後我國整個古籍整理工作，都會産生深遠的影響。』因此出版項目承擔者河南大學出版社組織了由編委會、出版社和數字編纂平臺共同參加的編纂隊伍，打破傳統編者、編輯、出版分離的做法，首先選擇《農業典·蠶桑分典》作爲試點，組織編纂者從一開始就介入平臺建設，平臺也按實際工作需求隨時調整功能，各項工作交叉進行，全面推進編纂工作。二〇一六年十月，經基金辦同意，增加西南師範大學出版社爲《農業典》出版單位，承擔《糧食作物分典》《藥用作物分典》《救荒植物分典》《園藝作物分典》《漁業水産分典》

《農具倉儲分典》的編纂任務。組織形式和工作機制的改進既是本書得以順利面世的原因，又是大型出版物出版工作方式的創新。

雖然全體編纂人員竭盡全力開展工作，但因此工作爲首創之舉，加之本人水準有限，疏漏之處在所難免，懇請讀者不吝指正。

穆祥桐

二〇一七年六月

《中華大典·農業典》凡例

一、收録範圍。《中華大典·農業典》以《中華大典》的編纂宗旨爲依據，彙編中國從先秦到清末有關農業的文獻，包括古代外國人用漢語所寫的涉及中國農業的作品和少量近代翻譯以資中國農業借鑒的國外著述，以供農業、歷史工作者和一般讀者參考和檢索。

二、結構。《農業典》分爲十二個分典，分典之下設總部、部、分部、專題四級經目。在專題之下，根據内容不同，設置題解、論説、綜述、傳記、紀事、著録、藝文、雜録、圖表等緯目。由於各分典的内容差異很大，因此各分典經、緯目的設置存在一定的不同。

三、用字。經目、緯目、標目等屬今人編寫的文字一概使用規範漢字，對所引用原文中的通用字、假借字、古今字、俗體字和舊字形等，爲最大程度保留文獻原貌，基本不作修改。

四、標目。資料標明出處，依次爲：作者生活朝代、作者及編著方式、書名、卷次、篇名。并列的資料選自同書而卷次不同，則不再另標作者及書名，僅用『又』字表示。書名與篇名加書名號《》。如果此書不分卷，將書名與篇名放在一個書名號内，中間用分隔號『·』隔開。此外，先秦典籍、二十四史、十通等大型官修書不標朝代與作者。志書前標加圓括號的年號，不加朝代與作者。對類書、志書或總集類文獻，收録其中單篇文獻時，以文章朝代與作者、文章名（加書名號）作主標目，以類書、志書或總集類文獻的書名與卷次作次標目，用小號字跟在主標目下面，省去編者、篇名。

五、校勘。脱字，在方括號内寫出補入的字。訛字，將錯字寫在圓括號中，後面在方括號中寫出改正的字。衍字，將衍字寫在圓括號中。倒字，在該字的正確位置按脱字的辦法用方括號補上，其錯誤的位置用圓括號作爲衍字處理。在使用前人校勘本時，直接使用校勘後的文字，均不再出校記。

六、節選。對古籍的省略處，用『【略】』標出。中間省略文字用『【略】』。有整段省略者，『【略】』放在上段末尾，不單獨占行。同一標目内，節選内容首尾不加『【略】』。古籍中的原注，用小號字排。

七、古籍中漫漶不可識處，以□代替。

八、數字。對古籍的卷次，用一、二、三、四、五、六、七、八、九、〇標出，不用十、百、千、萬。書名與篇名中照原版保留十、百、千、萬等。

九、以上諸項是《農業典》的通例。各分典因所涉文獻不同，各依據實際情況加以補充說明。

中華大典・農業典

農業災害分典

主編：張敏傑
唐志强

#《中華大典·農業典·農業災害分典》編纂委員會

主　編：張敏傑　唐志强

副主編：袁　政　趙軍慧　羅鐵家　高國金　趙佩霞

呂　進

編　者：孫亞萍　呂正玉　張　磊　楊　平　康　瑩

吴賽賽　張偉紅　安紅坤　趙　梅　陳紅琳

陶妍潔　于湛瑶　韻曉雁　呂珊雁　鍾　萍

馮浩然　董　蔚　李　瀟　趙曉嬌

學術指導：唐志强　馮　風

《中華大典·農業典·農業灾害分典》説明

《農業灾害分典》是《中華大典·農業典》的分典之一。采用經緯目相交織的框架結構，共設四個總部，分别是農業氣象灾害總部、農業生物灾害總部、農業環境灾害總部、防灾减灾總部。總部下設二十三個部，其中農業氣象灾害總部下設十一個部，農業生物灾害總部下設六個部，農業環境灾害總部下設二個部，防灾减灾總部下設四個部。各部下徑設專題，專題分緯目。根據内容選擇設置題解、論説、綜述、傳記、紀事、著録、藝文、雜録等緯目。在緯目之下，則以『單一、完整』的原則著録條目，每一條目須契合主題，且文獻來源均標明出處，包括朝代、作者、書名、卷次和篇名。

農業灾害是異常的自然變異對農業生産的一種破壞，對農業發展具有極爲重要的影響。中國是一個農業大國，也是一個農業歷史悠久的國家，幾千年以前中國的先民就在黄河、長江流域耕墾播植，發展起傳統農業生産形式。同時，中國又是一個灾害多發的國家，人類已知的各類灾害在我國幾乎都有發生，灾害分布廣、面積大、發生頻繁，對農業生産構成了嚴重的威脅和破壞，自從有了農業生産，農業灾害就成了長期困擾中國的嚴重問題。因此，我國歷史文獻中有關農業灾害的記載非常豐富，兹從歷代正史、别史、雜史、政書、方志等史部及經部、子部、集部文獻中，輯録農業灾害相關資料四百餘萬字，編入《農業灾害分典》。内容以農業灾害史料爲主，兼及歷代救荒、政策、灾荒理論等史料。下面予以簡略説明。

灾害是由多個灾種組成的集合體，古代社會對灾種的認識不盡全面，有些灾種并未引起足夠的重視，在對灾種認識的基礎之上只對灾害進行了初步分類，并夾雜了陰陽五行、天人合一等指導思想，與現代意義上的灾害分類存在很大區别，灾害系統缺乏内在的聯繫，鑒於此，本典對古代農業灾害各灾種按照農業氣象灾害，農業生物灾害，農業環境灾害三大類型予以歸類，研究其共性和個性特征。從而更爲全面廣泛地去瞭解農業灾害問題，尋求灾害的成因、機理，灾害因素之間的關聯性，灾害的性質、特征，灾害的時空分布，灾害的防、抗、救、援。

灾害一詞範圍十分巨大，從成因上講，包括自然因素，人爲因素和自然人爲因素。將灾害的成因和灾害的形態等同看待對於災害學的建設和研究是十分不利的，故本典所輯録之『農業災害』僅限於『自然農業災害』，人爲災害和自然人爲災害不納入災害學領域。

農業氣象災害總部，下設旱災部、水災部、雨災部、風災及其他空氣污染部、雹災部、雪災部、霜災部、寒冬及其他低温災害部、暖冬及其他高温災害部、潮災部、火災部共十一個部，約一百四十萬字。輯録了中國古代農業氣象災害的相關文獻。

農業生物災害總部，下設蝗災部、其他蟲災部、鼠害部、其他鳥獸害部、人獸疫病部、生物病害部共六個部，約二十四萬字。輯録了中國古代農業生物災害的相關文獻。

農業環境災害總部，下設突變型地質災害部、緩變型地質災害部共二個部，約十萬字。輯録了中國古代農業環境災害的相關文獻。

防災減災總部，下設綜合部、防災備荒部、農業技術減災部、禳弭救荒部共四個部，約二百萬字。面對自然災害的侵襲，古代的勞動人民采取了不同的措施防災減災，取得了巨大成效，也積累了豐富經驗。農業災害史研究中對古代荒政的論述較多，相關史料内容豐富，《周禮》書中有二十荒政之説，包含着救荒濟民的多項措施。後來，常平倉、社倉、義倉發展起來，儲糧備荒成了中國救荒史上的重要内容，古代的荒政也以此爲核心展開。同時古代防災減災措施還有興修水利工程，改進農作技術等發展農業技術等減災辦法。此外，還要看到，在古代社會中，長期存在消極的救荒思想和行爲，主要是天降災荒，禳災祈彌的思想和做法。對於這些内容，本總部均加以輯録，只在材料選擇上進行了相對客觀的取舍。使讀者可以對古代救荒減災的思想行爲進行全方位的審視評析。全面了解中國古代荒政制度演變，救荒政策發展，荒政施行中的弊端，救荒思想的發展等。

中國古代災荒連年，饑饉薦臻。早在古代社會，深受農業災害之苦的中國人民就對災害問題給予了極大關注，長期不懈地思考農業災害問題并把歷史上發生的農業災害事件載諸史册，形成了長達三千餘年的農業災害資料庫。殷墟甲骨文字爲目前所見我國最早的農業災害文字資料，後來的《竹書紀年》和《春秋》中已經有比較規範的農業災害記録，而自《漢書·五行志》出現以後的兩千年時間中，農業災害資料連綿不斷，基本遵循固定的模式記載了歷史上發生的各種農業災害事件與歷代防災減災事件。其内容之豐富、記録之周詳、時間序列之長、地域範圍之廣大在全世界是獨一無二的，國内外學者已經充分認識到這一資源的寶貴價值并從二十世紀早期開始多方整理，對發展現代農業有巨大價值。

分典主要由首都師範大學文學院古代文學教研室、首都師範大學電子文獻研究所，中國農業博物館和北京國之學團隊聯合編寫。原中國農業出版社編審，《農業典》主編穆祥桐先生對分典的框架設置與具體資料取舍給出了建設性的意見，在編寫過程中得到了中國絲綢博物館、白塔寺文物管理處、山東農業大學和莆田海事局的部分學者的大力支持。尤其是中國農業博物館唐志强研究員與西北農林科技大學的馮風研究員，更是通讀了大部分書稿，提出了具體的指導意見。儘管如此，分典成於衆手，囿於編者的學科界限和專業水準，不當之處在所難免，懇請讀者批評。

總目

目録

農業灾害分典　引用書目

上

農業氣象灾害總部

農業氣象灾害總部説明

農業氣象灾害是農業生産過程中發生的不利天氣或氣候條件的總稱。農業作爲弱勢産業，其生産受氣象灾害的影響很大，幾乎各種氣候異常對農業生産都具有破壞作用。中國是一個農業大國，農業發展歷史長，土地利用强度大，復種指數高，農作物單産水平遠高於世界其他地區，因此，整個産業對氣象灾害也更敏感。且中國大部分地區爲大陸性季風氣候或大陸性氣候，季節和年際變化較大，氣象灾害極爲頻繁。數千年來農業生態環境持續惡化，總體抗灾能力薄弱。這些都决定了我國是世界上農業氣象灾害非常嚴重的國家。從公元前十八世紀至今，四千年間灾害發生接連不斷，灾荒記載充盈史册。西方學者因感于我國灾情之重，直稱爲『饑荒的國度』。農業灾害發生始終是農業生産發展的主要制約性因素。

不利氣象條件除直接對農業生物造成危害外，還可能通過誘發病蟲害或影響生態環境而形成其他次生灾害，這也是與其他農業自然灾害不同的特點。

農業氣象灾害總部包含旱灾部、水灾部、雨灾部、風灾及其他空氣污染部、雹灾部、雪灾部、霜灾部、寒冬及其他低温灾害部、暖冬及其他高温灾害部、潮灾部、火灾部，共十一個部。

旱灾部輯録了旱灾的相關記録。旱灾指因氣候嚴酷或不正常的乾旱而形成的氣象灾害。一般指因土壤水分不足，農作物水分平衡遭到破壞而减産或歉收，從而帶來的糧食問題，乃至引發饑荒。同時，旱灾亦可令人類及動物因缺乏足夠的飲用水而致死。此外，旱灾後則容易發生蝗灾，進而引發更嚴重的饑荒，導致社會動蕩。旱灾是影響中國農業最爲嚴重的氣象灾害，造成的損失相當嚴重。

水灾部輯録了水灾的相關記録。水灾以洪澇灾害爲主，主要指因久雨而引起山洪暴發、河水泛濫、淹没農田、毁壞農業設施等，以及因積水過多而對農田造成灾害等。

雨灾部輯録了雨灾的相關記録。雨灾，由降雨直接引起的各種灾害。降雨過多是一種灾害性天氣，往往造成洪澇灾害和嚴重的水土流失，導致工程失事、堤防潰决和農作物被淹等，給農業生産帶來巨大灾害。

風灾及其他空氣污染部輯録了風灾與其他各種空氣污染灾害的相關記録。風灾指因暴風、旋風等造成的灾害。大風對農業的直接危害包括風蝕、對植物的機械損傷、吹散吹跑畜群、對農業設施的破壞、加劇蒸騰失水、加重凍害等。風災的間接危害還包括土地沙化、沙塵以及空氣污染等。《爾雅》：風而雨土爲霾，陰而風爲曀。《禮記》：陰陽怒而成風，亂而成霧。故將空氣污染與風災合并收録。如風沙便是大風造成的一種惡劣天氣，能埋没農作物，産生機械損傷，同時還會污染農産品，侵蝕土壤等。

雹災部輯録了雹災的相關記録。雹災是指在對流性天氣控制下，積雨雲中凝結生成的冰塊從空中降落而造成的災害。冰雹常常砸毁大片農作物、果園，損壞建築物，威脅人畜安全，是一種嚴重的自然災害。我國是世界上冰雹災害比較嚴重的國家，與氣候的大陸性特徵和多山有關。冰雹雖然一般不如旱澇災害的影響範圍大，但對農作物摧殘極重，對人畜安全威脅極大，在局地常造成毁滅性的災害。

雪災部輯録了雪災的相關記録。雪災，冬季降雪過多可形成暴風雪、白災、雪崩、雪害等多種災害。雪災作爲我國主要自然災害之一，嚴重威脅人民的生命財産和正常生活秩序，造成大量農作物與人畜死亡，越冬作物因雪害而無法越冬。同時，雪災對牧區造成的影響更加巨大，往往造成大量牲畜采食困難、凍餓掉膘甚至死亡。農區大雪後，積雪往往還會壓垮住房、帳篷，阻斷交通，造成人畜死亡。

霜災部輯録了霜災的相關記録。霜災是農作物因霜凍而産生的災害。霜凍是植物在零度或接近零度的低温時體内凍結而産生傷害。與凍害不同之點是霜凍發生在作物活躍生長期間，而凍害是發生在作物越冬休眠或緩慢生長期間。我國大部發生在春季作物生長初期和秋季作物生長末期，分别稱爲春霜凍和秋霜凍。霜凍往往造成農作物大面積死亡減産。

寒冬及其他低温災害部主要輯録了雪災與霜災之外的低温災害的相關記録。包括春夏秋季低温冷害、熱帶作物冬季寒害、冷雨、冰凌、凍害、持續陰冷天氣等。低温災害會造成植物生理過程發生障礙，導致不育或發育延遲，不能正常成熟而減産和降低品質。嚴重時可造成植株大面積死亡。牲畜也經常發生受凍死亡。同時，持續陰冷天氣易使動植物感病，嚴重的發生死亡，也屬於低温災害之列。我國凍害要比世界同緯度地區更嚴重，導致越冬作物和多年生喜温作物分布北界明顯偏低。

暖冬及其他高温災害部輯録了暖冬及其他高温災害的相關記録。高温災害包括暖冬、夏季酷熱、暴曬等異常氣候所造成的農業災害。農作物遭遇高温，往往會造成生育期縮短，穗形或果實變小，産量下降，嚴重時會造成作物缺水枯死。同時，高温氣候還會造成農作物早衰，或者造成冬小麥等作物入土淺，越冬極易遭受凍害等。高温還會導致農産品貯藏困難，出現傷熱等情況。

潮灾部輯録了潮灾的相關記録。潮灾是指在强風暴作用下，引起近海風暴潮和巨浪叠加於大潮上，海潮超過當地警戒水位，摧毀防禦設施，導致洪水泛濫，还會造成沿海地帶的受灾地區土地鹽碱化，影響之後的農業生産。

火灾部輯録了火灾的相關記録。《説文》：本作烖。天火曰烖，從火，哉聲。因此，在火灾部材料選取時，對不同火灾進行了甄别，對於明顯的人爲火灾及與農業生産生活無關的火灾不予收録，只收録了因失火而造成的農業方面灾害的史料文獻。

農業氣象灾害總部

旱灾部

題解

《吕氏春秋》卷三《季春紀・盡數》 大寒、大熱、大燥、大溼、大風、大霖、大霧，七者動精則生害矣。

漢 伏勝《尚書大傳》卷二 旱所謂常陽。不謂常陽而謂旱者，以爲災也。旱之爲言乾，萬物傷而乾，不得水也。君持亢陽之節，暴虐於下，興師旅，動衆勞民，以起城邑，臣下悲怨而心不從，故陽氣盛而失度，故旱災應也。

漢 東方朔《神異經》 南方有人，長二三尺，袒身而目在頂上。走行如風，名曰旱魃。所之國大旱。俗曰旱魃。一名格子。善行，市朝衆中，遇之者，投著廁中乃死，旱災消。《詩》曰：旱魃爲虐，或曰生捕得殺之，禍去福來。

《説文解字》卷七《日部》 旱，不雨也。从日干聲。

漢 佚名《春秋考異郵》《藝文類聚》卷一〇〇 旱之言悍也。陽驕蹇所致也。

三國吴 楊泉《物理論》 陽盈而過，故致旱。

論説

《晏子春秋》卷一《内篇諫上・景公欲祠靈山河伯以禱雨晏子諫第十五》 齊大旱逾時，景公召群臣問曰：『天不雨久矣，民且有饑色。吾使人卜，云，祟在高山廣水。寡人欲少賦斂以祠靈山，可乎？』群臣莫對。晏子進曰：『不可！祠此無益也。夫靈山固以石爲身，以草木爲髮，天久不雨，髮將焦，身將熱，彼獨不欲雨乎？祠之無益。』

公曰：『不然，吾欲祠河伯，可乎？』

晏子曰：『不可！河伯以水爲國，以魚鱉爲民，天久不雨，泉將下，百川竭，國將亡，民將滅矣，彼獨不欲雨乎？祠之何益！』

景公曰：『今爲之柰何？』

晏子曰：『君誠避宮殿暴露，與靈山河伯共憂，其幸而雨乎！』于是景公出野居暴露，三日，天果大雨，民盡得種時。

景公曰：『善哉！晏子之言，可無用乎！其維有德。』

《春秋公羊傳・莊公三十一年》 經：冬，不雨。

傳：何以書？記異也。

又《僖公二年》 經：冬十月，不雨。

傳：何以書？記異也。

又《僖公三年》 經：三年，春王正月，不雨。夏四月，不雨。

傳：何以書？記異也。

又《僖公二十一年》 經：夏，大旱。

傳：何以書？記災也。

又《文公二年》 經：自十有二月不雨，至于秋七月。

傳：何以書？記異也。大旱以災書，此亦旱也，曷爲以異書？大旱之日短而云災，故以災書。此不雨之日長而無災，故以異書也。

《春秋穀梁傳・僖公二年》 經：冬，十月，不雨。

傳：不雨者，勤雨也。

又《僖公三年》 經：三年，春，王正月，不雨。

傳：不雨者，勤雨也。

又 經：夏，四月，不雨。

傳：一時言不雨者，閔雨也。閔雨者，有志乎民者也。

又《僖公二十一年》 經：夏，大旱。

傳：旱時，正也。

又《文公二年》 經：自十有二月不雨，至於秋七月。

傳：歷時而言不雨，文不憂雨也。不憂雨者，無志乎民也。

又《文公十年》 經：自正月不雨，至於秋七月。

傳：歷時而言不雨，文不閔雨也。不閔雨者，無志乎民也。

《吕氏春秋》卷一《孟春紀・孟春》 孟春行夏令，則風雨不時，草木旱槁，國乃有恐。行秋令，則民大疫，疾風暴雨數至，藜莠蓬蒿並興。行冬令，則水潦爲敗，霜雪大摯，首種不入。

又　卷二《仲春紀·仲春》　仲春行秋令，則其國大水，寒氣總至，寇戎來征。行冬令，則陽氣不勝，麥乃不熟，民多相掠。行夏令，則國乃大旱，煖氣早來，蟲螟爲害。

又　卷三《季春紀·季春》　季春行冬令，則寒氣時發，草木皆肅，國有大恐。行夏令，則民多疾疫，時雨不降，山陵不收。行秋令，則天多沈陰，淫雨早降，兵革並起。

又　卷七《孟秋紀·孟秋》　行之是令，而涼風至三旬。孟秋行冬令，則陰氣大勝，介蟲敗穀，戎兵乃來。行春令，則其國乃旱，陽氣復還，五穀不實。行夏令，則多火災，寒熱不節，民多瘧疾。

又　卷八《仲秋紀·仲秋》　行之是令，白露降三旬。仲秋行春令，則秋雨不降，草木生榮，國乃有大恐。行夏令，則其國旱，蟄蟲不藏，五穀復生。行冬令，則風災數起，收雷先行，草木早死。

又　卷一一《仲冬紀·仲冬》　仲冬行夏令，則其國乃旱，氣霧冥冥，雷乃發聲。行秋令，則天時雨汁，瓜瓠不成，國有大兵。行春令，則蟲螟爲敗，水泉減竭，民多疾癘。

漢　劉向《說苑》卷一八《辨物》　齊大旱之時，景公召群臣問曰：『天不雨久矣，民且有飢色，吾使人卜之，祟在高山廣水，寡人欲少賦斂以祠靈山可乎？』群臣莫對。晏子進曰：『不可，祠此無益也。夫靈山固以石爲身，以草木爲髮。天久不雨，髮將焦，身將熱，彼獨不欲雨乎？祠之無益。』景公曰：『不然，吾欲祠河伯可乎？』晏子曰：『不可，祠此無益也。夫河伯以水爲國，以魚鱉爲民。天久不雨，水泉將下，百川竭，國將亡，民將滅矣，彼獨不用雨乎？祠之何益？』景公曰：『今爲之奈何？』晏子曰：『君誠避宮殿暴露，與靈山河伯共憂，其幸而雨乎！』於是景公出野，暴露三日，天果大雨，民盡得種樹。景公曰：『善哉！晏子之言可無用乎？其惟有德也！』

《大戴禮記》卷二《夏小正》　三月：參則伏。**【略】**越有小旱。越，於也。記是時恒有小旱。**【略】**四月：昴則見。**【略】**越有大旱。記時爾。

《禮記·檀弓下》　歲旱，穆公召縣子而問然，曰：『天久不雨，吾欲暴尪而奚若？』曰：『天久不雨，而暴人之疾子，虐，毋乃不可與！』『然則吾欲暴巫而奚若？』曰：『天則不雨，而望之愚婦人，於以求之，毋乃已疏乎！』『徙市則奚若？』曰：『天子崩，巷市七日；諸侯薨，巷市三日。爲之徙市，不亦可乎！』

又　《禮運》　故禮之不同也，不豐也，不殺也，所以持情而合危也。故聖王所以順，山者不使居川，不使渚者居中原，而弗敝也。用水火金木，飲食必時。合男女，頒爵位，必當年德。用民必順，故無水旱昆蟲之災，民無凶饑妖孽之疾。故天不愛其道，地不愛其寶，人不愛其情。故天降膏露，地出醴泉，山出器車，河出馬圖，鳳皇麒麟皆在郊棷，龜龍在宮沼，其餘鳥獸之卵胎，皆可俯而闚也。則是無故，先王能脩禮以達義，體信以達順故，此順之實也。

《漢書》卷二四上《食貨志上》　種穀必雜五種，以備災害。師古曰：『歲月有宜，及水旱之利也。種即五穀，謂黍、稷、麻、麥、豆也。』

又　小飢則發小孰之所斂，李奇曰：『官以斂藏出糴也。』發中孰之所斂，大飢則發大孰之所斂，而糴之。故雖遇饑饉水旱，糴不貴而民不散，取有餘以補不足也。

又　卽不幸有方二三千里之旱，國胡以相恤？師古曰：『胡，何也。』卒然邊境有急，數十百萬之衆，國胡以餽之？師古曰：『卒讀曰猝。餽亦饋字也。』兵旱相乘，天下大屈，師古曰：『屈音其勿反。』有勇力者聚徒而衡擊，師古曰：『衡，橫也。』罷夫羸老易子而齩其骨。師古曰：『罷讀曰疲。齩，齧也，音五巧反。』

又　今海內爲一，土地人民之衆不避湯、禹，加以亡天災數年之水旱，而畜積未及者，何也？

又　明主知其然也，故務民於農桑，薄賦斂，廣畜積，以實倉廩，備水旱，故民可得而有也。

又　勤苦如此，尚復被水旱之災，急政暴賦賦斂不時，朝令而暮改。

又　錯復奏言：『**【略】**時有軍役，若遭水旱，民不困乏，天下安寧；歲孰且美，則民大富樂矣。』

又　故其詩曰：『或芸或芓，黍稷儗儗。』師古曰：『《小雅·甫田》之詩。儗儗，盛貌。芸音云。芓音子。儗音擬。』芸，除草也。芓，附根也。言苗稍壯，每耨輒附根，比盛暑，隴盡而根深，師古曰：『比音必寐反。』能風與旱，師古曰：『能讀曰耐也。』故儗儗而盛也。

又 御史大夫蕭望之奏言：『【略】今壽昌欲近羅漕關內之穀，築倉治船，費直二萬萬餘，服虔曰：『萬萬，億也。』有動衆之功，恐生旱氣，民被其災。【略】』

又 **卷二七上《五行志上》** 若乃奢淫驕慢，則土失其性。亡水旱之災而草木百穀不孰，是爲稼穡不成。

又 劉向以爲水旱當書，不書水旱而曰『大亡麥禾』者，土氣不養，稼穡不成者也。

又 **卷二七中之下《五行志中之下》** 一曰，水旱之災，寒暑之變，天下皆同，故曰『無冰』，天下異也。

又 鸜鵒白羽，旱之祥也；穴居而好水，黑色，爲主急之應也。

又 **卷二七下之上《五行志下之上》** 雨旱寒奥，亦以風爲本，師古曰：『奥音於六反。』四氣皆亂，故其罰常風也。常風傷物，故其極凶短折也。

又 辟不思道利，兹謂無澤，師古曰：『道讀曰導，不思導示於下而安利之。』厥風不摇木，旱無雲，傷禾。

又 京房《易傳》曰：『有蜺、蒙、霧。霧，上下合也。蒙如塵雲。蜺，日旁氣也。其占曰：后妃有專，蜺再重，赤而專，至衝旱。』孟康曰：『專，員也。若五月再重，赤而員，至十一月旱也。』

又 **卷二七下之下《五行志下之下》** 昭子曰：『旱也。師古曰：『叔孫昭子。』日過分而陽猶不克，克必甚，能無旱乎！孟康曰：『謂春分後陰多陽少，爲不克。陽勝則盛，故言甚。』陽不克，莫將積聚也。』蘇林曰：『莫，莫爾不勝，爲積聚也。』是歲秋，大雩，旱也。二至二分，日有食之，不爲災。日月之行也，春秋分日夜等，故同道；冬夏至長短極，故相過。相過同道而食輕，不爲大災，水旱而已。

又 **卷七二《鮑宣傳》** 凡民有七亡：師古曰：『亡謂失其作業也。』陰陽不和，水旱爲災，一亡也。

又 **卷七五《京房傳》** 房因免冠頓首，曰：『《春秋》紀二百四十二年災異，以視萬世之君。師古曰：『視讀曰示。』今陛下即位已來，日月失明，星辰逆行，山崩泉涌，地震石隕，夏霜冬靁，師古曰：『靁，古雷字。』春凋秋榮，隕霜不殺，水旱螟蟲，民人飢疫，盜賊不禁，刑人滿市，《春秋》所記災異盡備。師古曰：『言今皆備有之。』陛下視今爲治邪，亂邪？』

晉 **干寶《搜神記》卷六《山亡論》** 若四時失運，寒暑乖違，則五緯盈縮，星辰錯行，日月薄蝕，彗孛流飛，此天地之危診也。寒暑不時，此天地之蒸否也。石立，土踊，此天地之瘤贅也。山崩，地陷，此天地之癰疽也。衝風，暴雨，此天地之奔氣也。雨澤不降，川瀆涸竭，此天地之焦枯也。

晉 **袁宏《後漢紀》卷九《後漢孝明皇帝紀上》** ［永平三年］初起北宮。尚書僕射鍾離意諫曰：『陛下以天旱不雨，每自刻責，避正殿，損常膳，而天猶不雨，豈舉動失所，而政違天心者邪？昔湯遇旱，以六事自責曰：「政不節邪？使民疾邪？宮室營邪？女謁盛邪？苞苴行邪？讒夫昌邪？」今百姓須雨而天久旱，竊以為北宮大作，是宮室營、政不節之類也。自古已來，非患宮室小，但患民之不安。詩曰：「雨我公田，遂及我私。」言君臣相濟，上下同憂也。今天下疲弊，衣食不充，可謂憂矣。食祿於朝，備在近列，敢不以聞。』

《後漢書》卷三〇下《郎顗傳》 書奏，帝復使對尚書。使就尚書更對也。顗對曰：【略】謹條序前章，暢其旨趣，謂前詣闕所上章也。條便宜七事，具如狀對：

一事：陵園至重，聖神攸馮，而災火炎赫，迫近寢殿，魂而有靈，猶將驚動。尋宮殿官府，近始永平，歲時未積，便更修造。又西苑之設，禽畜是處，離房別觀，本不常居，而皆務精土木，營建無已，消功單賄，巨億爲計。《易內傳》曰：『人君奢侈，多飾宮室，其時旱，其災火。』是故魯僖遭旱，修政自勑，下鐘鼓之縣，休繕治之官，《春秋考異郵》曰：『僖公三年春夏不雨，於是僖公憂閔，玄服避舍，釋更傜之逋，罷軍寇之誅，去苛刻峻文慘毒之教，所蠲浮令四十五事。曰：「方今天旱，野無生稼，寡人當死，百姓何罪？不敢煩人請命，願撫萬人害，以身塞無狀。」禱已，舍齊南郊，雨大澍也。』雖則不寧，而時雨自降。《左傳·僖公》：『六月雨』。由此言之，天之應人，敏於景響。敏，疾也。今月十七日戊午，徵日也，陽嘉二年正月。日加申，日在申時也。風從寅來，丑時而止。丑、寅、申皆徵也，不有火災，必當爲旱。南方爲徵，故爲火及旱也。願陛下校計繕修之費，永念百姓之勞，罷將作之官，減彫文之飾，損庖廚之饌，退宴私之樂。《易中孚傳》曰：『陽感天，不旋日。』《易中孚傳》曰：『陽感天，不旋日，諸侯不旋時，大夫不過朞。』鄭玄注云：『陽者天子，爲善一日，天立應以善；爲惡一日，天立應以惡。諸侯爲善一時，天立應以善；爲惡一時，天立應以惡。大夫爲善一歲，天亦立應以善；爲惡一歲，天亦立應以惡。』一說云『不旋日，立應之；不過時，三辰閒；不過朞，從今旦至明日旦』也。陽即指天子也。如是，則景雲降集，眚沴息矣。景雲，五色雲也，一曰慶雲。《孝經援神契》曰：『德至山陵則景雲出。』顗以陵園火災，故引之也。

眚沴謂災氣。【略】

三事：臣聞天道不遠，三五復反。《春秋合誠圖》曰：『至道不遠，三五而反。』宋均注云：『三，三正也。五，五行也。三正五行，王者改代之際會也。能於此際自新如初，則通無窮也。』今年少陽之歲，法當乘起，恐後年已往，將遂驚動，涉歷天門，災成戊己。戌亥之閒爲天門也。今春當旱，夏必有水，臣以六日七分候之可知。夫災眚之來，緣類而應。行有玷缺，則氣逆于天，精感變出，以戒人君。王者之義，時有不登，則損滋徹膳。數年以來，穀收稍減，家貧戶饉，歲不如昔。百姓不足，君誰與足？水旱之災，雖尚未至，然君子遠覽，防微慮萌。老子曰：『人之飢也，以其上食税之多也。』故孝文皇帝綈袍革舄，木器無文，前書曰：『孝文帝身衣弋綈，足履革舄，兵木無刃，衣緼無文。』約身薄賦，時致升平。今陛下聖德中興，宜遵前典，惟節惟約，天下幸甚。《易》曰：『天道無親，常與善人。』是故高宗以享福，高宗，殷王武丁也。《尚書大傳》曰：『武丁祭成湯，有雉飛升鼎耳而响，祖己曰：「雉者野鳥，升于鼎者，欲爲用也，無則遠方將有來朝者。」故武丁内反諸己，以思先王之道。三年，編髮重譯來朝者六國。孔子曰：「吾於高宗肜日見德之有報之疾也。」』《帝王紀》曰『高宗饗國五十有九年，年百歲』也。宋景以延年。《呂氏春秋》曰『宋景公時，熒惑在心，召子韋問焉。子韋曰：「禍當君。雖然，可移宰相。」公曰：「宰相，寡人所與理國家也。」曰：「可移於人。」公曰：「人死，寡人將誰爲君？」曰：「可移於歲。」公曰：「歲飢人餓，誰以我爲君乎？」子韋曰：「君有至德之言三，天必三賞君，熒惑必退三舍。一舍行七星，星當一年，君延二十一年矣。」熒惑果退三舍』也。

又 顗又上書薦黄瓊、李固，并陳消災之術曰：【略】謹復條便宜四事，附奏於左：【略】

四事：《易傳》曰：『陽無德則旱，陰僭陽亦旱。』陽無德者，人君恩澤不施於人也。陰僭陽者，祿去公室，臣下專權也。自冬涉春，訖無嘉澤，數有西風，反逆時節。春當東風也。朝廷勞心，廣爲禱祈，薦祭山川，暴龍移市。董仲舒《春秋繁露》曰：『春旱，以甲乙日爲倉龍一，長八尺，居中央；爲小龍七，各長四尺，於東方。皆東向，其閒相去八尺。小童八人，皆齋三日，服青衣而舞之。夏，以丙丁日爲赤龍，服赤衣。季夏，以戊己日爲黄龍，服黄衣。秋，以庚辛日爲白龍，服白衣。冬，以壬癸日爲黑龍，服黑衣。牲各依其方色，皆燔雄雞，燒猳豬尾，於里北門及市中以祈焉。』禮記：歲旱，魯穆公問於縣子，縣子曰：『爲之徙市，不亦可乎？』見《檀弓》篇。臣聞皇天感物，不爲偽動，災變應人，要在責己。若令雨可請降，水可攘止，則歲無隔并，太平可待。然而災害不息者，患不在此也。不在祈禱。立春以來，未見朝廷賞錄有功，表顯有德，存問孤寡，賑恤貧弱，而但見洛陽都官奔車東西，收繫纖介，牢獄充盈。臣聞恭陵火處，比有光曜，比，頻也。時恭陵百丈廡災，仍有光耀不絕。明此天災，非人之咎。丁丑大風，掩蔽天地。風者號令，天之威怒，皆所以感悟人君忠厚之戒。又連月無雨，將害宿麥。若一穀不登，則飢者十三四矣。陛下誠宜廣被恩澤，貸贍元元。昔堯遭九年之水，人有十載之蓄者，簡税防災，爲其方也。簡，少也。方，法也。願陛下早宣德澤，以應天功。若臣言不用，朝政不改者，立夏之後乃有澍雨，於今之際未可望也。若政變於朝而天不雨，則臣爲誣上，愚不知量，分當鼎鑊。

《周書》卷四七《藝術傳・黎景熙》 保定三年，盛營宮室。春夏大旱，詔公卿百寮，極言得失。季明上書曰：

臣聞成湯遭旱，以六事自陳。宣王太甚，而珪璧斯竭。豈非遠慮元元，俯哀兆庶。方今農要之月，時雨猶愆，率土之心，有懷渴仰。陛下垂情萬類，子愛羣生，覲禮百神，猶未豐洽者，豈或作事不節，有違時令，舉措失中，儻邀斯旱。

《春秋》，君舉必書，動爲典禮，水旱陰陽，莫不應行而至。孔子曰：『言行，君子之所以動天地，可不慎乎。』《春秋》莊公三十一年冬，不雨。《五行傳》以爲是歲一年而三築臺，奢侈不恤民也。僖公二十一年夏，大旱。《五行傳》以爲時作南門，勞民興役。漢惠帝二年夏，大旱。五年夏，大旱，江河水少，谿澗水絕。《五行傳》以爲先是發民十四萬六千人城長安。漢武帝元狩三年夏，大旱。《五行傳》以爲是歲發天下故吏穿昆明池。然則土木之功，動民興役，天輒應之以異。典籍作誡，儻或可思。上天譴告，改之則善。今若息民省役，以答天譴，庶靈澤時降，嘉穀有成，則年登可覬，子來非晚。《詩》云：『民亦勞止，迄可小康。惠此中國，以綏四方。』或恐極陽生陰，秋多雨水，年復不登，民將無覬。如又荐飢，爲慮更甚。

唐 李筌《太白陰經》卷二《人謀下・廟勝篇》 經曰：天貴持盈不失，陰陽四時之綱紀；地貴定傾不失，生長均平之土宜。人貴節事，調和陰陽，佈告時令，事來應之，物來知之，天下盡其忠信、從其政令。故曰：『天道無災，不可先來；地道無殃，不可先倡；人事無失，不可先伐。』四時相乘，水旱愆和，冬雷夏霜，飛蟲食苗，天災也。山崩川涸，土不稼穡，水不潤下，五果不樹，八穀不成，地殃也。

唐 吴兢《貞觀政要》卷八《辯興亡第三十四》 貞觀二年，太宗謂黄門侍郎王珪曰：『隋開皇十四年大旱，人多饑乏。是時倉庫盈溢，竟不許賑給，乃令百姓逐糧。隋文不憐百姓而惜倉庫，比至末年，計天下儲積，得供五六十年。煬帝恃此富饒，所以奢華無道，遂致滅亡。煬帝失國，亦此之由。凡理國者，務積於人，不在盈其倉庫。古人云：「百姓不足，君孰與足。」但使倉庫可備凶年，此外何煩儲蓄！後嗣若賢，自能保其天下；如其不肖，多積倉庫，徒益其奢侈，危亡之本也。』

唐 權德輿《權載之文集》卷四四《中書門下賀對躬減膳降雨表》 臣某等言：臣聞王者祗若天心，勤恤人隱，必有交感之速，以葉順成之祥。頃自春及夏，時雨尚少，稼事所切，皇情載勤，分命官師，虔修祠禱。而又齋誠減膳，感達上元。以蒸人望歲之心，爲陛下納隍之慮，兼軫幽繫議，寬狴牢。意纔發於穆清，月已離於星畢，霈然周洽，曾不崇朝。靡失長嬴之期，方興多稼之詠。茂遂生植，統和陰陽，懽康之誠，音浹遐邇。臣等忝居近列，獲奉昌時。無任欣抃踴躍之至！謹奉表陳賀以聞，牙某等誠惶誠恐頓首頓首。謹言。

又卷四七《論旱灾表》 臣德輿言：伏見自春三月不雨，連夏涉秋，田裏嗷嗷，農收無望。陛下齋心減膳，憫惻元元，告於宗廟，禱於天地。一物可祈者，必致其禮；一介有請者，必誠其言。憂人閔雨，可謂至矣。而甘澤未降，衆情如焚，公私窘迫，日月以甚。臣聞水旱之沴，陰陽之變，前哲王之所不免，但有備之之術而已。銷天災者，莫若修政事；感人心者，莫若流惠澤。人和浹洽，則天地之和應矣。昔堯舜在上，天下無窮人。今陛下愛人之心，遠過堯舜，而猶有窮困未濟者，此臣所未喻也。敢以樸愚，條陳管見，伏惟聖慮裁擇。

一、頃年縱旱，亦皆有苗，但時雨或愆，不秀不實。今則甸畿之内，多有不下種而不生出者，才出短苗，旋即焦乾者，大率皆赤地而無所望。流庸轉徙之人，或趍近輔或抵京西，斃踣雕耗於道途者。又居其外，但慮至種麥時無種可下，頃者憂麥，所收蓋寡，旋屬旱歉，性命是虞，迫於目前，苟利糊口，蚩蚩愚夫，須與支計。伏望以今年夏税麥中，各於本縣量留，充臨時賑貸麥種。今年秋税，除水利地據分數外，餘一切放免。遠年逋負，悉皆蠲除。發德音，下明詔，沛然及物，使皆聞知，則人心重遷，喜氣交感。假使不放，亦決無可徵，不若先事圖之，則恩歸於上，此乃今之至切也。去貞元十四年，夏旱不甚於今，官吏多督責取辦以爲心，不副陛下視人如傷之旨，至有縣令爲部内百姓毆擊者，前事不遠，伏惟陛下留念。

一、漕運之事，以濟關中，有司量入，固以支計。以臣愚所見，且自東都以來，緣路倉所貯米，隨水陸節給，倍程般運，應給脚價，皆與實錢，務令速到京師，不計在途省費，續計料江淮米入運，以備恆數。又以太倉粟，約一歲費之外，出糶於人，則時價必減，而蓄藏者自出矣。

一、《書》曰：罪疑惟輕，又曰：『宥過無大。』陛下已命省寺，疏理繫囚，各從減等，務使原免，此誠睿慈恤隱，莫大之澤。臣愚以爲不如特降成命，敷宣於朝，使轂下萬人，涣然受賜。又比來有經黜放者，自謂永無錄用之期，坐爲匪人，感動和氣，冬薦官逾三年未受命者，不敢出城，相顧以乞食，溘然而就斃，此亦窮人之一端也。近有超擢黜放者，或起爲二千石，其徒必互相慰勉，上荷聖恩，雖未命者，知牽復可望，冬薦官皆敘已用適其輪轅，此誠睿慈勤慮，奬人於祿也。伏惟因而宏之，使人人自效。昔顔子不貳過，蘧伯玉知非，則明古之賢人，皆不能無過，在知而改之而已。棄瑕奬善，用其所長，則無廢人，此理道之至切也。

一、天下理在百姓安，百姓安在賦税減，賦税減在經費省，天下未有不由此塗出也。生之者少，靡之者多，物力既屈，人命必蹶。大曆中絹一疋價近四千，今止八百九百，設使税入之數如其舊，出於人者已五倍其多。又四方守臣，鋭於上獻，爲國斂怨，爲身市思，或廣軍實之求，而兵有虚籍；或倍地征之數，而取以多方。固非家財皆出於人力者也，雖有心計巧歷，能商功利者，其於困人均也，割股啗口，莫甚於斯，在陛下慮之而已，行之而已。大《易》、《節》之説曰：『天地節而四時成，節以制度，不傷財，不害人。』伏望俾有司審量入之數，節輕用之源，無冗食，無浮費，百事省嗇，以俟豐年，此一救災恤患之切務也。

一、前史云：『一時不雨，人且狼顧。』今歷三時矣，農之望歲，以食爲天，京師比屋，惶惶靡措。《詩》曰：『先人有言，詢於芻蕘。』古語云：『愚者千慮，時有一得。』況含齒戴髮，斯人最靈，伏望俾百執事之人，皆得上言利病，可者酌而行之，否者容而恕之，此亦惻隱含宏之大要也。以前臣伏以今年饑旱，京師艱食，聖心憂軫，臣下何安？臣謂救之者不在於禱求，乃在於事實；有備者不止於公廩，亦在於編人。

苟懷愚管，不敢緘默，上煩宸扆，事或非宜，慺慺血誠，所貴無隱。不任惶灼隕越之至！謹藁手疏以聞。臣某誠恐誠懼頓首頓首。謹言。

又《山東行管事宜狀》 一、自去年十月興師討罪，今已半歲，未見成功。時漸入夏，水潦疾病，衆心不一，主客相懸，若更因循，必慮潰撓。竊聞自出師以來，已費用五百餘萬貫，物力既屈，人心則搖，不可不深以此爲念。

一、山東諸侯未朝覲者，各有息，男爲副大使，其心不相遠，孰肯爲陛下盡力者耶？以陛下神武睿圖，埽定吴蜀，凡勸陛下討王承宗者，雖跡似忠藎，其意在於必不成功，朝廷懲創，遂不問山東之事，此其計也。

一、凡舉衆行師，須因衆心喜怒，王武俊實有破朱滔之勞，而地廣兵勁，若更淹延，挫損轉甚。今日朝公卿大夫之論，莫若愛人息衆，含垢忍耻，沛然下哀痛之詔，宥其罪辜，若更敗傷，則無所及也。

一、若以直赦承宗，誠人心所便，而師出半歲，無功而旋，則不若因有制置，使衆情有所觀聽。如盧衆史者，誘設陳璀，每事逗遛，貴出草萊，賤收縑帛，倚寇爲援，以邀寵利，其間情僞，非止一途，比於承宗，其過實甚。今若於在近命行營節度，令其倍道兼程，度其行至半途，授以澤潞，然後別命從史京西已來一鎮，既離本處巢穴，即奸計不行，新授朝命寵榮，必不慮不至。況聞其貪虐，人心厭苦，有所改更，必求悦隨。若從史除官及除替，並恩宥承宗，三道制書，同時渙發，則衆情感浹成命，伏惟試以此爲念。

一、軍儲國計，仰給江淮，江淮旱歉，人心日急，若連兵不解，則憂患非細。頃者衆情以淮西三州之地，四面勞師費財，謂必命帥於朝，以正王度。昨者已除吴少陽充留後使，伏計聖慈，必以愛人爲心，含宏覆育，淮西既猶如是，即承宗理固不疑，但在速耳。

以前臣自去年四月十五日上奏，以欲變山東之俗，先在擇昭義帥，恐從史煽結爲患，貽朝廷憂。又去年十月十七日上奏，以禁軍多市井屠沽，未經戰陣，倘淹時月，則損威重，令物情憂駭，思竭肺肝。以陛下聖德聖姿，虚受宏納，敢以疏賤，上干聰明。無任惶懼懇悃迫切之至！謹錄奏聞。元和五年三月二十七日，通議大夫守太常卿臣權德輿奏狀。

唐 張廷珪《因旱上直言疏》《全唐文》卷二六九 臣聞古有多難興王，殷憂啟聖者，皆以事危則志遠，情迫則思深，故能自下登高，轉禍爲福者也。伏見景龍之末，中宗遇禍，先天之際，兇黨搆謀，社稷有危於倒懸，國朝殆均於絶紐。陛下神武超代，精誠動天，再掃氛沴，六合清朗，而後上順皇旨，俯念黔黎，高運璿衡，光膺寶籙，以日月所燭之地。書軌未通之鄉，無不沘濡渥恩，被服元化，十堯九舜，未足稱也。明明上帝，照臨下土，宜錫介祉，以答鴻休。然頃歲以來，陰陽愆候，九穀失稔，萬姓阻饑，關輔之間，更爲尢劇。至有樵蘇莫爨，糠籺靡資，不暇聊生，方憂轉死，偶會昌運，遘兹艱否。臣竊思之，皇天之意，將恐陛下春秋鼎盛，神聖在躬，不崇朝而建大功，自藩邸而陟元後，或簡下濟之道，獨滿雄圖之志，輕虞舜而不法，思漢武以自高，是故昭見咎徵，載加善誘，欲大君日慎一日，雖休勿休，永保太和，以固邦本也。斯則皇天之於陛下，眷顧深矣，陛下焉可不奉若休旨而寅畏哉？臣愚誠願陛下約心削志，澄思勵精，考羲農之書，敦樸素之道，登庸端士，放黜佞人，屏退后宫，減徹外廄，埸無蹴鞠之玩，野絶從禽之賞，休石田之遠境，罷金甲之懸軍，惠恤煢嫠，蠲薄徭賦，去奇技淫巧，捐和璧隨珠，不見可欲，使心不亂，自然波清四海，塵銷九域，農夫樂其業，餘糧棲於畝。則和氣上通於天，雖五星連珠，兩曜合璧，未足多也；珍祥下降於地，雖鳳凰巢閣，麒麟在郊，未足奇也。或謂天之鑒戒不足畏者，則將上帝憑怒，風雨迷錯，荒饉日甚，無以濟下矣；或謂人之窮乏不足恤者，則將齊甿沮志，億兆攜離，愁苦怨極，無以奉上矣。斯蓋安危所繫，禍福之源，奈何朝廷，曾不是察？況今陛下受命伊始，敷政惟新，卿士百僚，華夷萬族，莫不清耳以聽，刮目以視，延頸企踵，冀有所聞見，禺禺如也，何可怠棄典則，坐孤其望哉。

唐 杜甫《杜工部集》卷一一《説旱》 《周禮，司巫》若：『國大旱，則率巫而舞雩。』《傳》曰：『龍見而雩。』謂建巳之月，蒼龍宿之體，昏見東方，萬物待雨甚大，故祭天，遠爲百穀祈膏雨也。今蜀自十月不雨，月旅建卯，非雩之時，奈久旱何？得非獄吏只知禁繫，不知疏決，怨氣積，冤氣盛，亦能致旱？是何川澤之乾也，塵霧之塞也，行路皆菜色也，田家其愁痛也？自中丞下車之初，軍郡之政，罷弊之俗，已下手開濟矣，百事冗長者，又以革削矣。獨獄囚未聞處分，豈次第未到，爲獄無濫繫者乎？穀者百姓之本，百役是出，況冬麥黄枯，秦種不入，公誠能暫輟諸務，親問囚徒，除合死者之外，下筆盡放，使囹圄一空，必甘雨大降。但怨氣消，則和氣應矣。躬自疏決，請以兩縣及府繫爲始，管內東西兩川，各遣一使，兼委刺史縣令對巡使同疏決，如兩縣及府等囚例處分，衆人之望也，隨時之義也。昔貞觀中，歲大旱，文皇帝親臨長安、萬年二赤縣決獄，膏雨滂足。即岳鎮方面歲荒札，皆連帥大臣之務也，不可忽。凡今徵求無名數，又耆老合侍者、兩川侍丁得異常丁乎？不殊常丁賦斂，是老男老女死日短促也。國有養老，公遽遺吏存問其疾苦，亦和氣合應之義也，時雨可降之徵也。愚以爲至仁之人，常以正道應物，天道遠，去人不遠。

唐 許孟容《夏旱上疏》《唐會要》卷五四 臣伏聞陛下數月已來，齋居損膳，爲兆庶心疲，又敕有司，走於羣望，牲於百神，而密雲不雨，首種未入，豈觴醪有闕，祈祀非誠？爲陰陽適然，豐歉前定，何聖意精至，甘澤未答也？臣歷觀自古天人交感事，未有不由百姓利病之急者切者，邦家教令之大者遠者。京師是萬國所會，強幹弱枝，自古通規，其一年稅錢及地租出入一百萬貫，臣伏冀陛下即日下令，全放免之，其次三分放二，且使旱涸之際，免更流亡。若播種無望，徵斂如舊，則必愁怨遷徙，不顧墳墓矣。臣愚以爲德音一發，膏澤立應，變災爲福，期在斯須。户部所收掌錢，非度支歲計，本防緩急別用。今此炎旱，直支一百餘萬貫，代京兆百姓一年差科，實陛下巍巍睿謀，天下鼓舞歌揚者也。復更省察庶政之中，有流移征防，當還而未還者；徒役禁錮，當釋而未釋者；逋懸餽送，當免而未免者；沉滯鬱抑，當伸而未伸者。有一於此，則特降明命，令有司條列，三日内聞奏，其當還當釋當免當伸者，下詔之日，所在即時施行。臣愚以爲如此而神不監，歲不稔，古未之有。

唐 柳宗元《柳河東集》卷三九《爲京兆府昭應等九縣訴夏苗旱損狀》 右，臣謬領京畿，已逾兩月，政術無取，誠懇莫申，遂使雨澤愆時，田苗微損，夙夜兢懼，寢食靡遑。今長安二十四縣，並準常年例全征。其昭應等九縣，臣各得狀，並令詳審，各絕隱欺，謹具別狀封進。臣當府夏稅，通計約二十九萬石以上，據所損矜免，秖當三萬石有餘。恤人則深，減數非廣。伏以聖慈宏貸，憫念蒸黎，臣忝職司，不敢不奏。無任慚懼之至。謹錄奏聞，伏聽敕旨。

唐 羅讓《對才識兼茂明于體用策元和元年四月二十八日**》**《全唐文》卷五二五 問：皇帝若曰：朕觀古之王者，受命君人，兢兢業業，承天順地，靡不思賢能以濟其理，求讜直以聞其過。故禹拜昌言，而嘉猷罔伏；漢徵極諫，而文學稍進。匡時濟俗，罔不率繇。厥後相循，有名無實。而又設以科條，增求茂異，捨斥已之至論，進無用之虛文，指切著明，罕稱於代。茲朕所以嘆息鬱悼，思索其真。是用發懇惻之誠，咨體用之要。庶乎言之可行，行之不倦，上獲其益，下輸其情，君臣之間，驩然相與。子大夫得不勉思朕言，而茂明之！

我國家光宅四海，年將二百，十聖宏化，萬方懷仁。三王之禮靡不講，六代之樂罔不舉。漏澤於下，升中於天。周漢已還，莫斯爲盛。自禍階漏壤，兵宿中原，生人困竭，耗其大半，農戰非古，衣食罕儲。念兹疲甿，未遂富庶。督耕殖之業，而人無戀本之心；峻榷酤之科，而下有重斂之困。舉何方而可以復其盛？用何道而可以濟其艱？既往之失，何者宜懲？將來之虞，何者當戒？昔主父懲患於晁錯，而用推恩；夷吾致霸於齊桓，而行寓令。精求古人之意，啟迪來哲之懷。眷兹洽聞，固所詳究。又執契之道，垂衣不言。悉之於下，則人用其私；專之於上，則下無其功。漢元優遊於儒術，盛業竟衰；光武責課於公卿，峻政非美：二途取捨，未獲所從。余心浩然，益所疑惑。子大夫熟究其言旨，屬之於篇，興自朕躬，毋悼後害。

對：臣聞千變萬化，聖帝哲王，聲烈遐戴者，無他，中心無爲，以守至正而已矣，以謀大化而已矣。伏惟皇帝陛下垂拱六極，始初清明；丕揚累休，渙發于詔；啟天宇溯古，薰至和以拯今；咸懷浸沉，罔不濡澤。誠至正也，誠大化也。猶復乃遠乃近，乃左乃右，旁求下問，舉薦奔走。履衆美而不顓，儲神明其如遺；銓邦政之肥瘠，鏡人事之善敗；優遊紬繹，以循始終；外其牽制，常其忌諱，恢恢乎轥百王之獨致也。臣愚智能淺薄，不明大體時用之宜；術業暗昧，不充才識兼茂之稱。徒冒萬一，觸罪以聞。【略】

臣伏見聖策顧問既往將來之事，臣謹以江淮兇旱之事明之。臣聞凡有災傷水旱之處，歷代所説，多聞詭隨之詞媚時主：必曰帝堯乎有懷山襄陵之運也，成湯乎有流金鑠石之運也：是皆曲骫，非愚則誣。臣嘗私怪之，何不曰大舜乎無雷風霜雹之運也？神禹乎無飛流彗孛之運也？不直其詞，因循若是。天運之時集，變易水旱，歲時未爲災也；理或失中，感動陰陽，頃刻爲災也。故精舒謹乎，則七年不足羅其咎；簡誣輕忽，則一日二日亦未成其災。修政著誠，端心復德，既往之事，陛下宜以此爲懲矣。然臣之所慮江淮，又急者禦災之術，將來之戒，復憂於斯，願悉數於陛下矣。今國家內王畿，外諸夏，水陸綿地，四面而遠，而輸明該之大貴，根本實在於江淮矣。何者？隴右、黔中、山南已還，墝瘠嗇薄，貨殖所入，力不多也；嶺南、閩蠻之中，風俗越異，珍好繼至，無大贍也；河南、河北、河東已降，甲兵長積，農厚自任，又不及也。在最急者，江淮之表裏天下耳。陛下得不念之乎？屬頃者連郡五十，蒙被災旱，長老聞見，未之曾有。涯脈川澤，坌爲埃塵，草木發爲煙火。斗粟之價，重於兼金。餓莩之家，十有七八。聞乞僕於男女者，何暇保其家室乎？聞立死於道路者，何暇思其糠粃乎？嗷嗷蒸徒，展轉無所，灰燼狼顧，至今未寧。且今日狼顧，明日狼顧，力大勢詘，禍欲何圖？此臣所爲陛下惜也。則陛下雖有長吏者，又間或非良善，厚其毒，忍瘵痏而簡問，威剝而自虞。則陛下雖有賑發，不輕得及；雖有蠲放，不輕得獲；雖有詔諭，不輕得聞。此臣所爲陛下疑也。然欲安存緝理，斯終何由？以臣計之，視長吏之悖理者，選其重臣代之，不待其爲蛇爲虺也；察郡縣之受災者，擇其實以勞之，不使其冤而無告也。如此，則朝令夕悅，江淮保全；則四向賦税轉輸，肩摩轂擊，關中坐固，而根本不搖，猶無兇旱矣。臣故曰將來之由，在此而已矣。

唐 李中敏《太和六年大旱上言》《歷代名臣奏議》卷二九八　雨不時降，夏陽驕愆，苗欲槁枯。陛下憂勤，降德音，俾下得盡言。臣聞昔東海誤殺一孝婦，大旱三年。臣頃爲御史臺推囚，華封儒殺良家子三人，陛下赦封儒死，然三人者亦陛下赤子也。神策士李秀殺平民，法當死，以禁衛刑止流。宋申錫位宰相，生平餽致一不受，其道勁正，奸人忌之，陷不測之辜，獄不參驗，銜恨而沒，天下士皆指目鄭注。臣知數冤必列訴上帝，天之降災，殆有由然。漢武帝國用空竭，桑宏羊興筦榷之利，然卜式請烹以致雨。況申錫之枉，天下知之，何惜斬一注以快忠臣之魂，則天且雨矣。

唐 韓愈《唐韩昌黎集》卷一三《爲宰相賀雪表》　臣某言：臣伏以去歲冬間，雨雪頗少；今年春首，宿麥未滋。陛下深念黎甿，屢形詞旨，神監昭達，皇情感通，春雲始繁，時雪遂降。實豐穰之嘉瑞，銷癘疫于新年。東作可期，南畝有望。此皆陛下與天合德，視人如傷，每發聖言，則獲靈貺。見天人之相應，知朝野之同懽。臣等職在燮和，慚無效用，睹斯慶澤，實荷鴻休。

又 卷三七《御史臺上論天旱人饑狀》　右，臣伏以今年以來，京畿諸縣，夏逢亢旱，秋又早霜，田種所收，十不存一。陛下恩逾慈母，仁過春陽，租賦之間，例皆蠲免。所征至少，所放至多。上恩雖宏，下困猶甚。至聞有棄子逐妻，以求口食，坼屋伐樹，以納税錢，寒餒道塗，斃踣溝壑。有者，皆已輸納；無者，徒被追征。臣愚以爲此皆羣臣之所未言，陛下之所未知者也。臣竊見陛下憐念黎元，同于赤子。至或犯法當戮，猶且寬而宥之，況此無辜之人，豈有知而不救？又京師者，四方之腹心，國家之根本，其百姓實宜倍加憂恤。今瑞雪頻降，來年必豐。急之，則得少而人傷；緩之，則事存而利遠。伏乞特敕京兆府，應今年税錢及草粟等在百姓腹內征未得者，並且停征，容至來年蠶麥，庶得少有存立。臣至陋至愚，無所知識，受恩思效，有見輒言，無任懇款慚懼之至，謹錄奏聞。謹奏。

唐 白居易《白氏長慶集》卷六六《判凡五十道》　得景為縣令，教人煮木為酪。州司責其煩擾。辭云：以備凶年，事不舉中，有災寧救？政或擾下，雖惠何為？景念在濟時，動非率法。且煩人而不恤，是昧烹鮮；何歉歲以為虞，將勤煮酪。信作勞於無用，豈為教之有方？必也志切救災，道敦行古。《周官》荒政，自可擇其善者；新室弊法，焉用尤而效之？宜聽責言，勿迷知過。

又　得景為宰，秋雩，刺史責其非時。辭云：旱甚，若不雩，恐為災。

居常授時，政則行古；恤人救弊，道在從宜。旱將害於粢盛，雩難拘於秋夏。景象雷是職，不雨其憂。苟旱魃之愆時，虐既太甚；雖蓐收之戒序，雩亦何傷？冀有聞於鸛鳴，庶無慮於狼顧。馨香以感，夕且望於月離；稼穡其傷，時難遵於龍見。雖事乖魯史，而義合隨時。製錦執言，是亦為政。褰帷致詰，未可與權。

又　得丁為郡，歲凶，奏請賑給百姓。制未下，散之。本使科其專命。丁云：恐人困臨邦匡乏，情本由衷；為國救災，美終歸上。丁分條出守，求瘼居心。歲不順成，人既憂於二鬴；公有滯積，户將餼於一鍾。是輸濟衆之誠，允協分憂之政。然以事雖上請，恩未下流。稍違主守之文，遽見職司之舉。使以未有君命，何其速歟？郡以苟利國家，專之可也。卹貧振廩，鄧攸雖見免官；矯制發官，汲黯不聞獲罪。請宥自專之過，用旌共理之心。

又 卷六八《錢塘湖石記》　錢塘湖事，刺史要知者四條，具列如左：

錢塘湖一名上湖，周廻三十裡，北有石函，南有笕。凡放水溉田，每減一寸，可溉十五餘頃；每一復時，可溉五十餘頃。先須別選公勤軍吏二人，立于田次，與本所由田户，據頃畝，定日時，量尺寸，節限而放之。若歲旱百姓請水，須令經州陳狀，刺史自便押帖，所由即日與水。若待狀入司，符下縣，縣帖鄉，鄉差所由，動經旬日，雖得水，而旱田苗無所及也。大抵此州春多雨，秋多旱，若堤防如法，蓄泄及時，即瀕湖千余頃田無凶年矣。闕。《州圖經》云：『湖水溉田五百頃。』謂係田也，今按水利所及，其公私田不啻千餘頃。

自錢塘至鹽官界，應溉夾官河田，放湖入河，從河入田。准鹽鐵使舊法，又須先量河水淺深，待溉田畢，卻還本水尺寸。往往旱甚，即湖水不充。今年修築湖堤，高加數尺，水亦隨加，即不啻足矣。脱或水不足，即更決臨平湖，添注官河，又有餘矣。雖非澆田時，若官河乾淺，但放湖水添注，可以立通舟船。俗云：決放湖水，不利錢塘縣官。縣官多假他辭以惑刺史。或云魚龍無所托，或云菱茭失其利。且魚龍與生民之命孰急？菱茭與稻糧之利孰多？斷可知矣。又云放湖即郭内六井無水，亦妄也。且湖底高，井管低，湖中又有泉數十眼，湖耗則泉湧，雖盡竭湖水，而泉用有餘；況前後放湖，終不致竭，而云井無水，謬矣！其郭内六井，李泌相公典郡日所作，甚利於人，與湖相通，中有陰竇，往往堙塞，亦宜數察而通理之。則雖大旱，而井水常足。湖中有無稅田約數十頃，湖淺則田出，湖深則田沒。田户多與所由計會，盜泄湖水，以利私田。其石函、南筧，並諸小筧闥，非澆田時，並須封閉築塞，數令巡檢，小有漏泄，罪責所由，即無盜泄之弊矣。又若霖雨三日已上，即往往堤決。須所由巡守預為之防。其筧之南，舊有缺岸，若水暴漲，即於缺岸泄之；又不減，兼于石函、南筧泄之，防堤潰也。大約水去石函口一尺為限，過此須泄之。余在郡三年，仍歲逢旱，湖之利害，盡究其由。恐來者要知，故書于石。欲讀者易曉，故不文其言。長慶四年三月十日，杭州刺史白居易記。

唐 杜牧《樊川集》卷一一《賀生擒衡州草賊鄧裴表》 臣某等言。伏見湖南團練使奏，生擒衡州草賊鄧裴及徒黨等。伏以湖湘旱耗，百姓饑荒，遂有奸兇，敢圖嘯聚。今承擒滅，已盡根株。臣等誠懽誠忭頓首頓首。臣聞三代之英，兩漢之盛，奸宄亂常之類，挻災搆逆之黨，乘間即有，遇隙便生。伏惟聖敬文思和武光孝皇帝陛下威極風霆，德滋雨露，正開壽域，盡納羣生，永戢干戈，將臻富庶。逆賊鄧裴，蕞爾小孽，敢因艱食，漸誘饑人，剝亂鄉閭，陵驚郡邑，徒堅黨合，事鉅寇牢。或據深山，或閉官道，遂使湖嶺之外，人不聊生。慎由指揮義徒，總齊武士，仰憑睿算，遠仗皇威，不經歲時，盡剪豺虺。黨項已寧於朔北，妖黨復殄於巴西，今擒鄧裴，一清湖嶺。用夷狄爲四守，統華夏爲一家，言念秋毫，無非帝力。臣等備位臺鼎，日奉聖謨，無任忭舞慶快懽呼踴躍之至。

又卷一三《權審除户部員外郎制》 敕。文林郎守尚書水部員外郎權審，湖嶺旱暵，百姓枵耗，老弱死道上，強壯入賊中，爰求使臣，以救其弊。執事者上言，爾審學古有文，通知理道，遂使乘驛，視吾饑人。果能臨事知權，受命達旨，慰撫流散，宣導恩澤，蠲貸逋逸，能裁闊狹，大小輕重，各合事宜。雖古所謂直指繡衣，美俗使者，言之於爾，無以過焉。用超名曹，以酬往效，無曠官業，勉服休命。可守尚書户部員外郎，散官如故。

唐 盛均《人旱解》《唐文粹》卷四六 涒灘歲，越垠曠旱，塞諸陽，遷市不雨。祈山川庶神又不雨，觴土龍舞巫覡愈不雨。或言邦有術人，能捕退龍而噪之。昔歲嘗然，農剩其澤。及召術人至，而旱色如故。太守怒，亟命擒之，術人遁去矣。其遺囊有書一幅，目曰人旱。旱有三，曰天旱、國旱、人旱。曷爲天旱？蹇陽肆兇，下土祇慎，雖六七歲，黎人不饑。曷爲國旱？君道熾災，德涸仁枯，貪風暴氣，蒸爲時癘。曷爲人旱？邦毁其政，吏賊其行，千里人心，燥不爲陰。夫天旱求諸仁，仁洽而時豐。國旱求諸德，德潤而澤流。人旱求諸政，政清而俗阜。今貨遊於上，刑黷於下。百姓焦愁，結成恨暑，所謂人旱者也。邦守不清其政，而逮龍貨雨，是猶乘樺適海，豢羊望翼，於何可冀乎！太守得書增怒。是歲自正月不雨至於五月。明年殍死者數千人，而太守亦以財禍。

唐 羅隱《讒書》卷五《請追癸巳日詔疏》 歲貢賤臣隱，既以文不得意，且抱犬馬之疾於長安。夏五月，京畿旱，癸已日聞詔大京兆，用器水爐香蒲蕭絳幡輩，致於坊市外門，將以用舊法而召甘雨也。臣踴起病榻間，以爲明天子憂人，雖舜禹不如是之勤，幸甚幸甚。臣又聞水旱與天地同出，苟時或然，不可以倉卒除去。今秦地旱已逾月矣，而陛下禱祠亦已頻矣。天之高，地之厚，五嶽之綿亙，四瀆之宏遠，陛下命百執事啟祈外，何常不以心祝之？雖莖槁苗乾，而百姓不怨嗟者，其感陛下之誠深也。今以蒲蕭輩爲請者，豈陛下謂其能靈於嶽瀆者乎？夫嶽瀆視陛下之公輔，列陛下之土田，苟陛下憂，則嶽瀆亦宜憂矣。受祭據封者尚未能爲陛下出力，彼蒲蕭輩復何足以動天。臣爲陛下不取也。臣又聞天之有雨澤，猶陛下之有渥恩。雨澤可以委曲干之，則陛下渥恩亦可以委曲干之矣。臣聞天子有左右史，將所以記事記言，然後付太史氏。臣必恐其得以容易編牘，今冒死請追癸巳日詔。苟若陛下法十六聖之教訓，雖五種棲野，而百姓不暇掇，豈蒲蕭輩之所及乎哉？昔殷湯之代，民不以旱爲災，仁聖之君在上也。今旱未及殷代，而陛下憂已過矣。臣謹因旱以質萬姓，俾其知陛下心。

《舊唐書》卷九九《嚴挺之傳》 挺之上疏諫曰：【略】書曰：『罔咈百姓，以從己之欲。』況自去夏霪霖，經今亢旱，農乏收成，市有騰貴。損其實，崇其虛，馳不急之務，擾方春之業。前代聖主明王，忽於細微而成過患多矣，陛下可效之哉？伏望晝則歡娛，暮令休息，要令兼夜，恐無益於聖朝。上納其言而止。

宋 田錫《咸平集》卷一二《水旱論》 天之六氣，進退盈虛，固有常矣，造化之理使然。蓋陽氣生於子，其卦直《復》，五陰而一陽。陽氣雖微，乘得進數，剛德浸長，利有攸往，然羣邪在上，莫之余逆也。寒暑迭代，日月將迎，以至於純陽用事，其數斯極，其勢斯復。故陰氣生於午，其卦直《姤》，五陽而一陰。陰氣肇至，乘得進數，柔道浸長，利有攸往，雖衆陽在上，莫之能拒也。三才隨之而變化，六氣循之而進退。其間陰陽差軼，水旱乘之。水乘其進數，則淫雨作沴；旱乘其進數，則亢陽為災。水與旱，其數自極，然後陰晴乃順。何以明之？旱數極則淫雨繼之，水數極則亢陽繼之，天地不能移其數，豈聖人能樽節其過哉？當其水旱為災也，害於粢盛，民懷怨咨。天子則禱於羣望，諸侯則祈於境内，牲玉蘋藻，奔走於土木偶之間，日望其感通，月俟其報應。既而旱愈甚，至於水澤竭，草木枯；雨彌甚，則防水橫流，害於衆民。猶以為精意不虔，尚貽天譴，由是誠請益莊，祠禱益勤，冀其萬一通於神鑒。神愈不靈，肹蠁無朕，旱加炎焚，雨加霖淫。乃復喧然聚議於朝，代黎民籲天之意，佇陰隲必報之感，貶常膳，避正殿，徹樂懸，釋縲囚，然後戚然復告上下四方之神。不知陰之數已老而當晴，衆謂之因禱而獲霽；陽之數已極而當雨，衆謂之因祠而有應。於是載潔籩豆，載豐玉帛，賽之酬之，畏之謝之。安知陽之數九，而陰之數六，陰乘陽之大數而作沴，故鯀治水九載而弗成；陽乘陰之大數而為害，故湯禱雨七年而方獲。《易》曰『七日來復』，又曰『婦喪茀，七日勿逐得』。此乃往而必復之數自然也。數有大小，時有進退。數之大者積年，數之小者積月，以是明陰陽之數，上下四方之神可得而司之，不可得而專之。稽陰陽進退之數，得水旱災沴之旨也。

宋 楊億《武夷新集》卷一五《奏雨狀》 右，臣本州自去年已來，秋稼薄熟，時物雖至騰踊，人戶免於流離。爰自今春，雨水調適，粟麥倍稔，蠶績頗登，餱粮漸充，菜色稍減。然以山越之俗，陸種甚微，所仰者水田，所食者秔稻，矧又地勢斗絶，塗潦不停，仍歲亢陽，泉源罄竭。儻旬浹不雨，即溝瀆揚塵，稻畦焦枯，善苗立死。非三數日一降膏澤，無以望於秋成。伏自夏至後來，絶少時雨，烈日流爍，炎風勃興。高仰之田，殆至枯槁；卑濕之地，如沸如羹。比戶嗷嗷，大命近止。臣遂率軍州僚吏，精意祈求闔境之名山大川，近郭之玄宮梵刹。廟貌之列祀典者，罔不徧走；湫潭之庇水族者，亦用致祠。造龍於壇，聿遵古法；徙市於野，克體前經。而雲漢昭回，藴隆彌甚。尋於前月十六日，相次降雨，不及寸餘。清塵有餘，沃焦無益。臣夙夜憂慄，罔敢遑寧。編列之民，殆於殞獲。比至今月將半，旱氣益加，一郡之中，靡神不禱。精誠備盡，靈貺蔑然。臣忽記憶往年在院供職日，適值歲旱，學士承旨宋白為臣言：今御史中丞魏庠三十年前，嘗薄遊關輔，寓居佛舍。會天久不雨，村民數十輩詣寺祈禱，僧有善胡法者，捕蜥蜴十數枚，置一甕中，漬之以水，蒙之以雜樹桑。取童男數人，衣青衣，青塗面及手足。人持柳枝，沾衣散灑，且祝曰：『蜥蜴蜥蜴，興雲吐霧。雨今滂沲，汝今歸去。』如是者無晝夜，嬰繞而言，明日大雨，遠近告足。臣潛疏於牘背，至是檢閱得焉。即以十二日初旭，與知麗水縣事、殿中丞甄旦，詣城北集福院，如其法請禱。少頃，臣與甄旦出自北門，各遵歸路，忽有微雲自東北起，良久彌漫，至午未間，暴雨及寸餘；由是陰結未解，至十三日，大雨連晝夜，約及三四尺。溪谷漲滿，溝塍流溢。禾黍之槁然者，芃芃而發秀；草樹之瘁然者，欣欣而向榮。村民荷臺笠而謳，耕夫奮襏襫而舞。萬室之安堵如故，百姓之邪心不生。民之幸也！陛下之賜也！臣忝備守土，獲遇有年，慶抃之誠，萬萬常品。臣又念嗚吠之伎，前哲不違；芻蕘之言，上聖斯採。所陳祈請之術，親獲感應之徵。理近怪神，事不經見，頗為猥鄙，有黷高明。蓋小道之可觀，表事君之無隱。昔東方朔有言曰：『謂之為龍又無角，謂之為蛇又有足，跂跂脈脈善緣壁，是非守宮即蜥蜴。』雄亦云：『執蝘蜓而嘲龜龍。』又，故刑部侍郎張洎嘗謂臣言：『昔使高麗，汎海，忽陰曀，舟人譁言龍見。洎亟起視之，見垂尾於雲間，正如蝘蜓之狀。良久，雨大作。』即知蜥蜴者，亦龍之類也。

臣既獲嘉應，敢不上言，干冒宸嚴，伏增戰越。

宋 范仲淹《范文正集補編》卷一《封進草子乞抑奢侈明道二年七月公時爲右司諫江淮體量安撫**》** 臣昨到太平州界體量安撫，本處檢會廣德軍判官錢中孚、當塗縣主簿兼嘉祥縣尉溫宗賢等狀稱：往諸鄉檢旱，竊見貧民多食草子，名曰烏昧；并取蝗蟲曝乾，摘去翅足，和野菜合煮食，別無虛妄者。臣竊思之，東南上供糧米每歲六百萬石，至於府庫物帛皆出於民。民於饑年艱食如此，國家若不節儉，生靈何以昭蘇？臣今取前件草子封進，伏望宣示六宮、藩戚，庶抑奢侈，以濟艱難。仍乞密下裁造務、後苑、文思院、糧料院，檢祖宗之朝每歲用度之費數目，比於今時，則奢儉自見。伏望聖慈特降進止，則天下幸甚。

宋 范仲淹《范文正奏議》卷上《奏乞救濟陝西飢民》 臣等竊見陝西永興軍，同、耀、華州，陝府等處，今夏災旱，得雨最晚，民間秋稼，甚無所望，官中倉廩，亦無積貯。若不作擘畫，即百姓大段流移，殍亡者衆，兼軍食闕絶，臨時轉漕不及。臣等欲乞朝廷速降指揮，委本路都轉運使孫沔，速相度上件州軍向去救濟飢民及辦給軍食有何次第。如難為擘畫，即便於黄河內搬輦自京以來斛斗往彼應副。仍速行相度沿路如何計綱，即不至艱阻。事狀聞奏，候到，乞朝廷早賜施行。慶歷三年七月四日，臣范中淹，臣韓琦。

宋 宋祁《景文集》卷二八《乞減税札子》 竊聞山東、關中、京西、河北去冬無雪，宿麥稀種，居者愁困，去者流離，綿春跨夏，搏手無望。朝廷雖切勑長吏，漕運粼粟，然而財用久屈，倉庫半空，僅能濟軍，何暇及物？今州縣惟中戶以上，尚且懷土，以待有秋。而繇役百端，科率千計，必不可損，須出于人。以臣料之，私蓄有涯，官用無際，歲既未足，民胡得安！陛下若不曠然垂恩，有以大慰其意，則蚩蚩之㡿，飢弱者就死，強惡者為盜。盜賊既廣，討捕必嚴，兵盗相挐，邦國深患。臣愚以為方今艱食之際，其災傷州縣，且詔豫減今年秋夏二税，安集居民，更令力農，無失生業。推主上之惠，置黎人之心，羣心苟和，不遑自息，權救時急，深適事宜。取進止。

又《乞修復陂塘古迹札子》 臣伏見邊鄙用兵以來，所急者莫急于食。食者出于力農，而國家未嘗留心于農事。天下郡縣雖有陂湖塘堰，例不修營。轉運使、知州、通判，但帶勸農之名，畧無其實。及知州、通判、令佐結銜兼隄堰溝洫，習以為常，亦不復知是何等語。是以農困食艱，通天下計之，常無一年之蓄。且天下無一年之蓄，古語以為國非其國。況今大兵在外，水旱難調，脱若災儉相仍，臣知國用盡于軍興，則力耕之人餓死不救，羸老委溝壑，少壯為盜賊，貽患國家，非細事也。臣欲望朝旨專下轉運使、知州、通判、令佐等，嚴行曉告，使于部内各按求陂塘古跡，可以利民救患者，並令收復。量率夫力，限日計功。如能不擾村鄉，久遠利濟，並與理為勞績，優加酬賞。若因此取受，騷擾農人，所犯一疋以上，乞追官勒停；十疋以上，仍除名，終身禁錮。以上如可施行，乞詳定條禁。又條制舊有五戶各一保，宜申明此條，令力農之家，五家相保。其中如有惰丁游手，不事桑柘，不勤五穀，田疇荒閒者，並許本保申舉，官司明行科罰，遷配遠州。其勤勸農業者，國家每一二年畧行優卹，或少放正税分數，或免戶下差科月日。自然人務農業，國計必充。取進止。

宋 包拯《包孝肅奏議集》卷一《上殿札子》 臣竊見冬春以來，天下旱乾為虐，而陛下避殿徹膳，累下詔書，勤求直言，踈理刑獄，寬省民力，雖古之聖帝明王，責躬罪己，無此之甚焉。故詔音所至，甘澤隨降，和氣應於上，民心悦於下，天意聖德，合若符契。當上穹眷祐之如是，則陛下尤宜勵精求治，以答殊貺。臣聞法令者，人主之大柄，而國家治亂安危之所繫焉，不可不慎。緣近歲以來，賞罰之典，或尚因循，且人知法令之不足信，則賞罰何以沮勸乎！誠哉！治道之要，無大於此。伏望陛下臨決大政，信任正人。賞者必當其功，不可以恩進；罰者必當其罪，不可以幸免。邪佞者雖近必黜，忠直者雖遠必收。法令既行，紀律自正，則無不治之國，無不化之民，在陛下力行而已。亢旱之災，天之常數，固不足貽陛下深憂，惟陛下留神省察。

又卷七《請救濟江淮饑民》 臣聞天以五星為府，人以九穀為命。五星紊於上，則災異起於下；九穀絶於野，則盜賊興於外。天之於人，上下相應，故天變於其上，則人亂於其下。是天人相與之際，甚可畏也。若變異上著，則恐懼脩省，以謝於下；年穀不登，則賑貸予賚，而卹其困。盖不使天有大變，而民有饑色，則人獲富壽，而國享安寧矣。方今災異之變尤甚，臣近已論列詳矣。惟江淮六路連歲亢旱，民食艱阻，流亡者比比皆是。朝廷昨遣使命安撫賑貸，以救其敝。而東南歲運上供米六百萬石，近雖減一百萬石，緣逐路租税盡已蠲復，則糧斛從何而出？未免州縣配糴，以充其數。由是民間所出，悉輸入官，民儲已竭，配者未已，縱有米價，率無可糴。父子皇皇，相顧不捄，老弱者死於溝洫，少壯者聚為盜賊。不幸姦雄乘間而起，則不可制矣。當以何道而卒安之哉？且國家之患，未有不沿此而致，可不熟慮乎？欲望聖慈特降指揮，應江淛六路災傷州縣，凡是配糴及諸般科率，一切止絶。如敢故犯，並坐違制，庶幾少釋疲民倒垂之急。其上供米數，若不敷元額，即候向去豐熟補填。仍令州縣官吏，多方擘畫，捄濟饑民，不得失所。兼委逐路提、轉專切提舉，如不用心捄濟，以致流亡，及結成羣黨，即乞一例重行降黜。

宋 蔡襄《端明集》卷一六《言灾異一》 臣等伏見自春至今，四方亢旱，日蝕地震，變異相仍，有以見上天垂意於陛下至深至厚。臣不知陛下何以報天戒之貺乎？臣聞古之人君，遇一災異，循省修飭，或以六事自責，或避正殿不居，或減膳徹樂，或遣使巡察，求直言于朝，究愁苦于下，於是轉灾為福者有之矣。若天之戒告之不懼，民之寃隱之不求，乘饑旱之會，其變不可量也。伏望陛下避殿減膳，以自修省；仍降詔書，戒勑百官，各舉厥職。遣使天下，求訪闕失，或有官吏貪殘而不糾，刑獄寃枉而不治，賦斂繁數而不均，繇役頻仍而不息，孤獨無所養，流散無所歸，朝廷之惠不逮于下，萬民之情不達于上，皆得條奏而施行之。伏惟陛下鑒前王戒畏之理，觀當世安危之勢，留意而行，天下幸甚。

又《言灾異二》 臣等近以亢旱，請行自古帝王消弭災譴之術，避殿減膳，發詔書，遣使者，上以荅天戒，下以慰民心。數目顒然，德音未降。臣聞天地之氣與人相通，陰陽不和，本自人召。今若不修人事，則無以回天意而召至和。伏自兵興累年，天下困弊。外有三邊百方仰給之卒，內有四海億兆愁苦之人，方此公私匱乏之時，必無拯捄災異之力。將來流徙必衆，盜賊必多，患至後思，恐無所及。况朝夕以來，祈禱未應，人心如涸，天意益高。陛下為蒼生憂念非不勤，臣等為國思慮無不至。凡人有可為者，皆勉而為之，以捄災害，况避殿減膳，發詔遣使，此乃典冊常行之故事，帝王修省之盛美，伏望陛下早賜施行。苟能下悦人心，自可上消天譴。

又 卷二六《乞戒約體量放税札子》 臣伏見今年開封府界，京西、陝西等諸路，春夏愆雨，麥苗不遂，已有朝旨，諸路更不檢覆，只今體量放税，兼續有奏，乞省倉賑貸，亦有朝旨，遂其所請。此朝廷愛民之意，推而行之，為惠深厚。然臣竊恐開封府、諸路轉運司所差官員不能盡心，或旱損處多，蠲放數少；或旱損處少，蠲放數多。至於賑貸，亦不酌量輕重分數均濟，回顧均儲有無准備。只陝西近奏，去年霜雹，秋税放一百萬餘石；今年二月，賑貸軍儲六十萬餘石。即今夏税未見申報，已累有申奏，乞從軍京撥銀絹應副，糴入軍儲，乞將黑錫中納斛斗。以此言之，若諸路放税不得其實，賑貸又無分數，一旦却闕，軍儲三司雖有錢帛，亦是臨時置辦，遷移不得。伏况見在帑藏，歲入歲支之數有限，何以濟辦？臣非不知寬貸百姓以為美事，職在國計，誠慮一朝窘闕，重煩朝廷，臣雖責罪甘心，而事幾既失，言不可及。欲乞下臣所陳於轉運司，戒約體量放税官員，委須得實賑貸，州郡亦須軍儲有備，如後檢得别有闕誤，乞行朝典。取進止。

宋 歐陽修《文忠集》卷五《再和聖俞見答》 兒啼妻噤一作嘻午未飯，得米寧擇秕與稊。石上紫豪一作毫家故有，剡藤瑩滑如玻瓈。追惟平昔念少壯，零落生死嗟分睽。一揮累紙恣奔放，駿一作有若駕駱仍驂驪。腹雖枵虚氣豪横，猶勝謟笑病夏畦。名聲不朽豈易得，仕宦得路終當躋。年來無物不可愛，花發有酒誰同攜。問我居留亦何事，方春苦旱憂民犁。

又 卷三八《尚書户部侍郎贈兵部尚書蔡公行狀寶元二年》 公諱齊，字子思。其先洛陽人，皇祖以下始著籍於膠東。【略】以親便，求改密州。遭歲旱，除其公田之租數千石，又請悉除京東民租，弛其鹽禁，使民得賈海易食以救其饑。東人至今賴之，皆曰：『使吾人百萬口活而不饑者，蔡公也。』徙南京留守，進爵侯，增邑戶五百為一千，階朝散大夫。

又 卷一〇一《論禦賊四事札子慶曆三年》 臣昨自軍賊王倫敗後，尋曾極言論列，恐相次盜賊漸多，乞朝廷早為禦備。凡為國家憂盜賊者，非獨臣一人，前後獻言者甚衆，皆為大臣忽棄，都不施行。而為大臣者又無擘畫，果致近日諸處盜賊縱横。自淮海已南新遭王倫之後，今自京以西州縣又遭張海、郭貌山等劫掠焚燒，桂陽監昨奏蠻賊數百人，夔峽、荊湖各奏蠻賊皆數百人，解州又奏見有未獲賊十餘火，滑州又聞強賊三十餘人燒卻沙彌鎮，許州又聞有賊三四十人劫卻椹澗鎮，此臣所聞目下盜起之處如此縱横也。此外，京東今歲自秋不雨，至今麥種未得。江淮倫賊之後，繼以饑蝗。陝西災旱，道路流亡日夜不絶。似此等處，將來盜賊必起，是見在者未滅，續來者愈多。而乾象變差，譴告不一，於古占法，多云天下大兵並起。今兵端已動於下，天象又告於上，而朝廷安恬舒緩，無異常時，此臣前狀所謂古之智者能慮未形之機，今之謀臣不識已形之禍者也。臣聞兩漢之法，凡盜賊並起、人民流亡、天文災異如此等事，皆責三公，或被誅戮，或行黜放。今幸陛下仁聖寬慈，大臣偶免重責，而猶忘忽禍患，偷習因循，此臣所謂大臣不肯峻國法以繩官吏，蓋由陛下不以威刑責大臣者也。

今見在賊已如此，後來賊必更多，若不早圖，恐難後悔。臣計方今禦盜者，不過四事：一曰州郡置兵為備；二曰選捕盜之官；三曰明賞罰之法；四曰去冗官，用良吏，以撫疲民，使不起為盜。此四者，大臣所忽，以為常談者也。然臣視今朝廷於此四者，未有一事合宜。伏望聖慈嚴敕兩府大臣，問其舍此四事，別有何術可為？苟無他術，則此四事宜早施行。臣竊聞州郡置兵，富弼已有條奏。其餘三事，前後言事者議論甚多。伏乞合聚群議，擇其善者而行。其禦盜四事，方今措置乖失極多，容臣續具一二條奏。取進止。

又 卷一〇四《論救賑江淮饑民札子》慶曆四年 臣伏見近出內庫金帛賜陝西，以救饑民。風聞江淮以南，今春大旱，至有井泉枯竭、牛畜瘴死、雞犬不存之處，九農失業，民庶嗷嗷，然未聞朝廷有所存恤。陛下至仁至聖，憂民愛物之心無所不至，但患遠方疾苦，未達天聰。苟有所聞，必須留意，下民疾苦，臣職當言。昨江淮之間，去年王倫蹂踐之後，入戶不安生業。倫賊才滅，瘡痍未復，而繼以飛蝗。自秋至春，三時亢旱，今東作已動，而雨澤未沾，此月不雨，則終年無望。加又近年已來，省司屢於南方斂率錢貨，而轉運使等多方刻剝，以貢羨餘。江淮之民，上被天災，下苦賊盜，內應省司之重斂，外遭運使之誅求，比於他方，被苦尤甚。今若不加存恤，將來繼以凶荒，則饑民之與疲怨者相呼而起，其患不比王倫等偶然狂叛之賊也。臣以為民怨已久，民疲可哀，因其甚困，宜速賜惠，不惟消弭盜賊之患，兼可以悅其疲怨之心。伏望聖慈特遣一二使臣，分詣江淮名山，祈禱雨澤。仍下轉運並州縣，各令具逐處亢旱次第奏聞。及一面多方擘畫，賑濟窮民，無至失時，以生後患。取進止。

又 卷一一五《再乞減配銀狀》 右臣近為三司拋降銀一十萬兩與河東諸州軍配賣。臣尋體量得河東諸州軍錢糧各有準備，見今不至闕乏，民間即日難得見錢，遂曾具狀論奏，且欲配賣一半，乞朝廷特降指揮與都轉運司。後來聞有朝旨，只與減得些小價錢。其諸州軍百姓累經臣告訴，並稱銀價雖然不高，各為見錢難以變轉。伏緣河東州軍，昨來只是澤、潞兩州二麥大熟。晉、絳、並、汾、石、隰等處，系種麥地分，並只熟及三五分，其秋稼尋遭夏旱，垂欲焦死，近方得雨，只可救得四五分。見今物價甚高，民間窘急，無異凶歲。況配賣銀、絹，乃是緩急不得已之事。今諸州軍幸各錢糧不闕，不必非時抑配，重擾人民，只可留之以備緩急。若已知縣官實為闕乏，則勵力供納，自不怨嗟，以理論之，其銀盡可罷配。又緣都轉運司已俵與州軍，故臣且乞只配一半。日近臣不住見百姓以配銀為苦，已牒諸州軍，且令先配一半，其餘聽候朝旨，比欲候臣到闕，更自論請。竊慮臣離河東後，轉運司依舊催促，盡令俵配。伏望聖慈，特賜矜恤。仍乞檢會臣前後奏狀，早降朝旨。

又 卷一四八《與劉侍讀原父**二十七通・二十四》**嘉祐七年 某啟。自過年便欲奉狀，只俟薛司勛歸，薛既以事滯留，遂成稽殆。但時見賢弟，詢問動靜，以慰懷爾。薛君留此，屢相見，粗悉疲病區區所為，及其耳目所得，歸必能具道，更不煩言。惟的便無佳物表信，蓋西州所闕惟南味，得春多壞，不堪寄遠，當俟新茶馳獻爾。春旱極闊，知陝西尤甚，奈何奈何。保重保重。某頓首。

宋 曾鞏《元豐類稿》卷一九《越州趙公救灾記》 熙寧八年夏，吳越大旱。九月，資政殿大學士、右諫議大夫知越州趙公，前民之未饑，為書問屬縣：災所被者幾鄉，民能自食者有幾，當廪於官者幾人，溝防構築可僦民使治之者幾所，庫錢倉廪可發者幾何，富人可募出粟者幾家，僧道士食之羨粟書於籍者其幾具存，使各書以對，而謹其備。

州縣吏錄民之孤老疾弱、不能自食者二萬一千九百餘人以告。故事，歲廪窮人，當給粟三千石而止。公斂富人所輸及僧道士食之羨者，得粟四萬八千餘石，佐其費。使自十月朔，人受粟日一升，幼小半之。憂其眾相蹂也，使受粟者男女異日，而人受二日之食。憂其且流亡也，於城市郊野為給粟之所，凡五十有七，使各以便受之，而告以去其家者勿給。計官為不足用也，取吏之不在職而寓於境者，給其食而任以事。不能自食者，有是具也。能自食者，為之告富人，無得閉糴。又為之出官粟，得五萬二千餘石，平其價予民。為糴粟之所，凡十有八，使糴者自便，如受粟。又僦民完城四千一百丈，為工三萬八千，計其傭與錢，又與粟再倍之。民取息錢者，告富人縱與之，而待熟，官爲責其償。棄男女者，使人得收養之。

明年春，大疫，爲病坊，處疾病之無歸者。募僧二人，屬以視醫藥飲食，令無失所恃。凡死者，使在處隨收瘞之。

法，廩窮人，盡三月當止，是歲盡五月而止。事有非便文者，公一以自任，不以累其屬。有上請者，或便宜多輒行。公於此時，蚤夜憊心力不少懈，事細鉅必躬親。給病者藥食，多出私錢。民不幸罹旱疫，得免於轉死，雖死，得無失斂埋，皆公力也。

是時，旱疫被吳越，民饑饉疾癘，死者殆半，災未有鉅於此也。天子東向憂勞，州縣推布上恩，人人盡其力。公所拊循，民尤以爲得其依歸。所以經營綏輯先後終始之際，委曲纖悉，無不備者。其施雖在越，其仁足以示天下；其事雖行於一時，其法足以傳後。蓋災沴之行，治世不能使之無，而能爲之備。民病而後圖之，與夫先事而爲計者，則有間矣；不習而有爲，與夫素得之者，則有間矣。予故采於越，得公所推行，樂爲之識其詳，豈獨以慰越人之思，將使吏之有志於民者，不幸而遇歲之災，推公之所已試，其科條可不待頃而具，則公之澤豈小且近乎！

西元豐二年以大學士加太子少保致仕，家於衢。其直道正行在於朝廷、豈弟之實在於身者，此不著。著其荒政可師者，以爲越州趙公救災記云。

宋 王珪《華陽集》卷二八《賜曾公亮旱災乞退第一表不允斷來章批答》 省表，具之。朕迹災祥之來，緣政教而起。乃大河之北，民饑薦臻；三輔之交，歲暵靡已。宿麥將瘁，嘉穀未敷。方佇雲霓之興，敢愛牲璧之舉？而卿内修政事，上格天心，忽時澤之應祈，已農疇之盈望。猶煩需牘，遂欲辭權。雖嘉引咎之恭，未體仰成之意。所請宜不允，仍斷來章。

宋 王安石《臨川文集》卷六〇《請皇帝御正殿復常膳表二道》 臣等言：奉聖旨以祈雨未應、避正殿減常膳者。陽春生物，偶霑澤之稍愆；睿意恤民，遽側身而自抑。德已修於銷變，數或係於非常，當復彝儀，用安羣下。中謝。恭惟皇帝陛下天仁博施，神智曲成，躬忘旰食之勞，坐講日新之政。四時協序，萬物致和。適當化養之辰，宜得涵濡之澤。少違常候，深軫清衷。退師氏之正朝，約太官之盛饌。仰窺謙德，志在閔民。然而遐虜來朝，當即法宮之位；誕辰入慶，合陳燕俎之珍。事有所先，禮難偏廢。伏願仰回淵聽，俯徇輿情，夙御九筵之居，並羞十閣之具。上以全於國體，下以副於臣誠。臣無任。

二

臣某等言：近上表請御正殿復常膳，蒙降批答不允者。時澤偶愆，屢勤齋禱，聖衷愈勵，曲盡焦勞。將損己以召休，因退次而貶食。列陳剡奏，尚闕嗣音，在臣列之靡遑，伏帝閽而再扣。中謝。恭惟皇帝陛下體居離正，德稟乾剛，期揉俗以致康，嘗納隍而興念。七載于此，繼獲豐穰；一春而來，或罹愆亢。皇慈深軫，羣祀遍修。恐狴犴乖則親慮其囚，懼黼黻美則躬變其服。仍損内饔之舉，兼虛正寧之朝。然而禮貴從宜，事難泥古。而況甫臨誕節，交舉慶儀。有列辟拜萬年之觴，有殊俗修兩朝之好。苟虧彝制，難副羣情。少屈淵衷，特從誠懇，天臨廣廈，日御常珍。親事法宮，廓宣於政治；惟辟玉食，昭示於等威。仰以慰兩宮之慈，俯以安羣下之望。臣等無任。

又 卷七五《上杜學士言開河書》 十月十日，謹再拜奉書運使學士閣下：某愚，不更事物之變，備官節下，以身得察於左右，事可施設，不敢因循苟簡，以孤大君子推引之意，亦其職宜也。鄞之地邑，跨負江海，水有所去，故人無水憂。而深山長谷之水，四面而出，溝渠澮川，十百相通。長老言錢氏時置營田吏卒，歲浚治之，人無旱憂，恃以豐足。營田之廢，六七十年，吏者因循，而民力不能自并，向之渠川，稍稍淺塞，山谷之水，轉以入海而無所瀦。幸而雨澤時至，田猶不足於水，方夏曆旬不雨，則衆川之涸，可立而須。故今之邑民最獨畏旱，而旱輒連年。是皆人力不至，而非歲之咎也。某爲縣於此，幸歲大穰，以爲宜乘人之有餘，及其暇時，大浚治川渠，使有所瀦，可以無不足水之患。而無老壯稚少，亦皆懲旱之數，而幸今之有餘力，聞之翕然，皆勸趨之，無敢愛力。夫小人可與樂成，難與慮始，誠有大利，猶將強之，況其所願欲哉！竊以爲此亦執事之所欲聞也。伏惟執事，聰明辨智，天下之事，小之爲無間，大之爲無崖岸，悉已講而明之矣，而又導利去害，汲汲若不足。夫此最長民之吏當致意者，故輒具以聞州，州既具以聞執事矣。顧其厝事之詳，尚不得徹，輒復條件以聞。唯執事少留聰明，有所未安，教而勿誅，幸甚。

又 卷七八《與孟逸秘校手書二》 某頓首：昨日以旱事奉報，既而且以書抵王公，言今旱者皆貧民，有司必不得已，不若取諸富民之有良田、得穀多而售數倍之者，貧民被災，不可不恤也。度治所已接狀矣。然民既爲使者所沮，得無貧儒、力不能復自訴者乎？唯念之。屯田必已入城矣，前治宿松事，何其詳也！錦雞更求兩雌，不欲忤物性耳。秋涼，自愛。

宋 王安石《王文公集》卷二一《再上龔舍人書》 閏八月九日，具位王某再白書於安撫舍人閣下：某前日輒以狂瞽之言，有聞於下吏。伏蒙閣下不間疏賤，借之以顔色，接之以從容，使極論而詳説之。是其可以吐胸中之有發露於左右之時也。然辭有所未盡，意有所未竭，蓋將有以，何哉？前日所與某言者，不過欲計校倉廩，誘民出粟，以紓百姓一時之乏耳。某之所欲言者，非此之謂也。願畢其説，閣下其擇焉。某嘗聞善爲天下計者，必建長久之策，興大來之功，當世之人，涵濡盛德，非謂苟且一時之利，以邀淺鮮之功而已。夫水旱者，天時之常有也。倉稟財用者，國家常不足也。以不足之用，以禦常有之水旱，未見其能濟焉，甚非治國養民之術也。某不敢遠引古昔，止於近者十餘年間，耳目之所經者論之。頃自慶曆八年，河北、山東飢。皇祐二年、三年。兩浙、淮南飢。三年、四年，江南飢。嘉祐五年，兩浙飢。四年，福建飢。今年，淮南、兩浙又飢。其川、廣、夔、陝，京西、河東，則某聞見所不及，不可得而言也。某竊計之，歷年才一紀，而歲之空匱，民至流亡殍死，居其太半，卒未聞朝廷有救之之術。豈非政失於苟且，而不建長久之策者哉？伏自慶曆以來，南北饑饉相繼，朝廷大臣，中外智謀之士，莫不惻然不忍民之流亡殍死，思所以存活之。其術不過發常平、斂富民，爲饘粥之養，出糟糠之餘，以有限之食，給無數之民。某原其活者，百未有一，而死者白骨已被野矣。此有惠人之名，而無救患之實者也。某竊謂百姓所以養國家也，未聞以國家養百姓者也。《記》曰：『君者所養，非養人者也。』有子曰：『百姓不足，君孰與足？』此之謂也。昔者梁惠王嘗移粟以救饑饉，孟子論而非之，所謂『徒善不足以爲政，徒法不能以自行』。若夫治不由先王之道者，是徒善、徒法也。且五帝、三王之世，可謂極盛最隆，亦不能使五穀常登而水旱不至。然而無凍餒之民者，何哉？上有善政，而下有儲蓄之備也。某曆觀古者以還，治日常少，而亂日多。今宋興百有餘年，民不知有兵革，四境之遠者至萬餘里，其間可桑之野，民盡居之，可謂至大至庶矣。此誠曠世不可逢之嘉會，而賢者有爲之時也。今朝廷公卿大夫不以此時講求治具，思所以富民化俗之道，以興起太平，而一切惟務苟且，見患而後慮，見災而後救。此傳所謂『轂既破碎，乃大其輻。事已敗矣，乃重太息』，其云益乎？某于閣下無一日之好，論其相知，固已疏矣。然自閣下之來，以説干閣下再矣。某固非苟有覬于閣下者也。某嘗謂大丈夫有學術才謀者，常患時之不遭也；既遭其時，患言之不用也。今閣下勢在朝廷，不可謂時不遭矣；居可言之地，不可謂言不用矣。惟閣下未爲之爾。某故感激而屢干於左右者，以此。閣下其亮之。某再拜。

宋 李壁《王荆公詩注》卷二一《河北民》 河北民，生近二邊長苦辛家家養子學耕織，輸與官家事餽鄰。國今年大旱千里赤，州縣仍催給河役。老小相攜來就南，南人豐年自無食。悲愁白日天地昏，路傍過者無顔色。汝生不及貞觀中，斗粟數錢無兵戎。

宋 司馬光《傳家集》卷二八《乞體量京西陝西災傷札子嘉祐八年九月十二日上**》** 臣竊聞京西陝西兩路，自夏末以來，殊少雨澤。秋田豐稔者，所收不過五分。枯旱之處，所得尤薄，而官司或務為聚斂。民有訴旱者，不肯受接道路，嗷嗷頗多怨讟。已有流移就食他方者，況此兩路昨來供應，山陵百姓最為勞苦，朝廷尤宜優恤。伏望特降詔旨下兩路，體量應有災傷之處，倍加存撫，寬其租稅。敢有抑塞旱狀不為收接者，嚴加譴責。庶使困窮之民，有所赴訴。取進止。

又 卷三〇《乞車駕早出祈雨札子治平元年四月十七日上**》** 臣伏見權御史中丞王疇等建言，乞陛下循真宗故事，幸諸寺觀祈雨。朝廷雖從其所請，而講議選日，已踰旬浹，至今車駕未出。衆論狐疑，皆云事恐中輟。臣愚竊以陛下踐阼已踰朞年，京城百姓未聞屬車之音。重以鄉者聖體不安，遠方之人妄造事端，訛言未息。若聞車駕一出，則遠近釋然，莫不喜悦。況今春少雨，麥田枯旱，禾種未入，倉廩虛竭，閭里饑愁。陛下為民父母，當與之同其憂勞，祈禱羣神，豈可晏然視之，不以疚懷？況詔命已降，流聞四方，若復遷延，久而不出，則道路之人愈增猜惑，不若鄉時初無此議也。且王者以四海為家，故稱乘輿，或稱行在。今車駕暫出，近在京城之內，亦何必拘瞽史之言，選揀時日，而忘萬民朝夕之急？殆非成湯桑林、周宣《雲漢》之意也。臣愚伏望陛下斷自聖志，於一兩日之間車駕早出，為民祈雨，以副中外喁喁之望。取進止。

又 卷三八《乞訪四方雨水札子治平四年五月十九日上**》** 臣竊見陛下近以

久旱爲災，分命使者偏祈嶽瀆，靡神不舉，精誠感通，甘雨降集，誠中外之大慶。然暑月暴雨，多不廣遠，臣竊慮四方州縣尚有未霑足之處。王者以天下爲家，無有遠邇，當視之如一，不可使惻隱之心止於目前而已。今者京城雖已得雨，伏望陛下不可遽以爲秋成可望，怠於憂民，凡內外臣僚有新自四方來者，進對之際，皆乞訪以彼中雨水多少，苗稼如何，穀價貴賤，閭閻憂樂，互相參考，以驗虛實。既可以開益陛下聰明，日新盛德，又使遠方百姓皆知陛下燭見幽遠，無所遺忽，銜戴上恩，傾心歸附；又使州縣之吏皆知陛下憫恤黎元，留心稼穡，不敢自恃僻遠，殘民害物。陛下一發德音而收此三善，非獨可以行之今日，亦願陛下永久行之，誠天下幸甚。取進止。

又 卷三九《言賑贍流民札子治平四年六月十七日上**》** 臣竊見朝廷差官支撥粳米於永泰等門，遇有河北路流民逐熟經過，即大人每人支與米一斗，小人支與米五升。仰子細告諭，在京難以住泊，令速往近便豐熟州軍存活者。臣竊思之，如此處置，欲以為恤民之名，掩人耳目，則可矣，其實恐有損無益。何以言之？曏者或聞河北有人訛傳京師散米者，民遂襁負南來，今若實差官散米，恐河北饑民聞之，未流移者因兹誘引，皆來入京。京師之米有限，而河北流民無窮。既而無米可給，則不免聚而餓死，如前年許、潁二州是也。今禾苗既傷於旱，蝗蝻日益滋生，秋田豐歉，殊未可知。一斗、五升之米，止可延數日之命，豈能濟其饑饉之厄哉！凡民之情，見利則趨之，見害則避之。若京師可以住泊，雖驅之亦不肯去，若外州可以存活，雖留之亦不肯止，固非數人口舌所能告諭。故臣以為有損無益也。臣聞民之本性懷土重遷，豈樂去其鄉里，捨其親戚，棄其丘壟，流離道路，乞丐於人哉？但以豐稔之歲，粒米狼戾，公家既不肯收糴，私家又不敢積蓄，所收之穀，隨手糜散，春指夏熟，夏望秋成，上下偷安，莫為久計。是以稍遇水旱螽螟，則糇糧已絶，公私索然，無以相救。仰食縣官，既不能周，假貸富室，又無所得。此乃失在於無事之時，不在於凶荒之年也。加之監司守宰，多不得人，視民之窮，曾無矜憫。增無名之賦，興不急之役，吏緣為姦，蠹弊百出。民搏手計窮，無以為生，則不免有四方之志矣。意謂他處必有饒樂之鄉、仁惠之政，可以安居，遂伐其桑棗，撤其廬舍，殺其耕牛，委其良田，累世之業，一朝破之，相携就道。若所詣之處復無所依，使之進退失望，彼老弱不轉死溝壑，壯者不起為盜賊，將安歸乎？是以聖王之政，使民安其土，樂其業，自生至死，莫有離散之心。為此之要，在於得人。以臣愚見，莫若謹擇公正之人為河北監司，使之察災傷州縣，守宰不勝任者易之，然後多方那融斛斗，各使賑濟本州縣之民。若斛斗數少不能周偏者，且須救土著農民，各據版籍，先從下等，次第賑濟。則所給有限，可以豫約矣。若富室有蓄積者，官給印歷，聽其舉貸，量出利息，候豐熟日官為收索，示以必信，不可誑誘，則將來百姓爭務蓄積矣。如此，饑民知有可生之路，自然不棄舊業，浮遊外鄉。居者既安，則行者思返。若縣縣皆然，豈得復有流民哉！臣前曾上言，王者以天下為家，不可使惻隱之心止於目前而已。此特河北流民路過京師者耳，竊聞其他災傷之處，流民亦為不少。若臣言可采，伏望聖慈依此行之。取進止。

又 卷四五《應詔言朝政闕失狀熙寧七年四月十八日上**》** 右，臣准西京牒，准三月三十日詔勅：『朕涉道日淺，晻于致治，政失厥中，以干陰陽之和。乃自冬迄春，旱暵為虐，四海之內，被災者廣。間詔有司，損常膳，避正殿，冀以塞眚消變。歷日滋久，未蒙休應。嗷嗷下民，大命近止。中夜以興，震悸靡寧，永惟其咎，未知攸出。意者朕之聽納不得於理歟？獄訟非其情歟？賦斂失其節歟？忠謀讜言鬱於上聞，而阿諛壅蔽以成其私者衆歟？何嘉氣之久不效也？應中外文武臣寮，並許實封，直言朝政闕失，朕將親覽，考求其當，以輔政理。三事大夫務悉心交儆，成朕志焉。』臣伏讀詔書，喜極以泣。昔成湯以六事自責，今陛下以四事求諫。聖人所為，異世同符。凡詔書所言，皆即日之深患，陛下既已知之，羣臣夫復何云？曾子曰：『尊其所聞，則高明矣；行其所知，則光大矣。陛下誠知其如是，復能斷志無疑，不為左右所移，則安知今日之災沴，不如太戊之桑穀，高宗之雊雉，成王之雷風，宣王之旱魃，更為宗廟生民之福乎？然自詔下以來，臣不知中外之臣，亦有以當今之急務、生民之疾苦，力為陛下別白言之者乎？蓋必有之矣。而臣未得聞也。臣竊不自揆，伏念父子受國厚恩，備位侍從。曏在朝廷，屢以狂瞽塵浼聖聰，間以衰疾自求閒官，不敢復預國家之議，四年於兹矣。幸遇陛下發不世之詔，問以朝政闕失，斯實千載一時。古人雖在畎畝，猶不忘君，況居位食禄者乎？是以不敢畏當塗，避衆怒，愛微軀，保妻子，心知時事之可憂，而塞嘿不言也。

竊觀陛下英睿之性，希世少倫，即位以來，鋭精求治，耻為繼體守文之常主，高欲慕堯舜之隆，下不失漢唐之盛。擢俊傑之才，使之執政，言無不聽，計無不從，所譽者超遷，所毁者斥退，垂衣拱手，聽其所為，推心置腹，人莫能間。雖齊桓公之任管仲，蜀先主之任諸葛亮，殆不及也。執政者亦悉心竭力，以副陛下之欲，耻為碌碌守法循故事之臣，每以周公自任。是宜百度交正，四民豐樂，頌聲旁洽，嘉瑞沓至，乃其效也。然六年之間，百度紛擾，四民失業，怨憤之聲所不忍聞，災異之大古今罕比，其故何哉？豈非執政之臣所以輔陛下者，未得其道歟？所謂未得其道者，在於好人同己，而惡人異己是也。陛下既全以威福之柄授之，使之製作新法以利天下，是宜與衆共之，捨短取長，以求盡善。而獨任己意，惡人攻難，羣臣有與之同者，則擢用不次；與之異者，則禍辱隨之。人之情，誰肯棄福而取禍，去榮而就辱？於是天下之士躁於富貴者，翕然附之，争勸陛下益加委信，順從其言，嚴斷刑罰，以絶異議。如是者，往往立取美官。比年以來，中外執事權者，皆此屬矣。其懷忠直、守廉耻者，皆擯斥廢棄，或罹罪譴，無所容立。至於臺諫之官，天子耳目，所以規朝政之闕失，糾大臣之專恣，此陛下所當自擇，而亦使執政擇之。彼專用其所親愛之人，或小有違忤，即加貶逐，以懲後來，必得佞諛之尤者，然後使為之。如是則政事之愆謬，羣臣之姦詐，下民之疾苦，遠方之寃抑，陛下何從得聞見之乎？又奉使詢訪利害於四方者，亦其所親愛之人，皆先禀其意指，憑其氣勢，以驅廹州縣之吏，善惡繫其筆端，升黜由其脣吻。州縣之吏，承迎奉順之不贍，何暇與之講利害、立同異哉？其入奏，則云州縣守宰咸以為便，經久可行。陛下但見其文書粲然可觀，以謂法之至善，詢謀僉同，豈知其在外之所為哉！或者更增為條目，務求新巧，互陳利病，各事改張，使晝一之法日殊月異，久而不定，吏民莫知所從。盖由襲故則無功，出奇則有賞，彼皆進身之私計，非有益國便民之志也。又令使者督責所在監司，監司督責州縣，上下相驅，競為苛刻。奉行新法，稍不盡力，則謂之非才不職，及沮壞新法，立行停替，或未熟新法，誤有違犯，皆不理赦降去官，與犯贓者罪同，而重於犯私罪者。州縣之吏唯奉行文書，救免罪戾之不暇，民事不復留心矣。又潛遣邏卒，聽市道之人謗議者，執而刑之，又出牓立賞，募人告捕誹謗朝政者。臣不知自古聖帝明王之政，固如是耶？昔堯『稽于衆，舍己從人』。舜戒羣臣：『予違汝弼，汝無面從，退有後言。』此其所以為帝王稱首者也。秦惡聞其過，殺直諫之士，禁偶語之人，及其禍敗，行道之人皆知之，而己獨不知。此所以為萬世戒者也。子産相鄭，鄭人游于鄉校以論執政，然明請毁之。子産曰：『何為？夫人朝夕退而游焉，以議執政之善否。其所善者，吾則行之；其所惡者，吾則改之。是吾師也，若之何毁之？我聞忠善以損怨，不聞作威以防怨，豈不遽止？然猶防川，大決所犯，傷人必多，吾不克救也。不如小決使道，不如吾聞而藥之也。』何今之執政異於古之執政乎？齊景公謂梁丘據曰：『惟據與我和夫！』晏子對曰：『據亦同也，焉得為和？和如羹焉，水火醯醢鹽梅以烹魚肉，宰夫和之，齊之以味，濟其不及，以洩其過，君子食之，以平其心。君臣亦然。君所謂可，而有否焉，臣獻其否，以成其可。君所謂否，而有可焉，臣獻其可，以去其否。是以政平而不干，民無爭心。今據不然，君所謂可，據亦曰可；君所謂否，據亦曰否。若以水濟水，誰能食之？』今朝廷之臣對揚啓沃，亦有異於梁丘據者乎？衛君言計非是，而羣臣和者如出一口，子思曰：『以吾觀衛，所謂君不君，臣不臣者也。人主自臧，則衆謀不進。事是而臧之，猶却衆謀，况和非以長惡乎？夫不察事之是非，而悦人贊己，闇莫甚焉；不度理之所在，而阿諛求容，諂莫甚焉。君闇臣諂，以在民上，民不與也。若此不已，國無類矣。』子思言於衛侯曰：『君之國事，將日非矣！出言自以為是，而卿大夫莫敢矯其非；卿大夫出言自以為是，而士庶人莫敢矯其非。君臣既自賢矣，而羣下同聲賢之。賢之則順而有福，矯之則逆而有禍。如此，則善安從生？』今執政主新法，羣下同聲賢之，有以異於衛國之政乎？是以士大夫憤懣欝結，視屋竊歎，而口不敢言。庶人飢寒憔悴，怨嗟號泣，而無所控告。此則陛下所謂忠謀讜言欝於上聞，而阿諛壅蔽以成其私者也。苟忠讜退伏，阿諛滿側，而望百度之正、四民之樂、頌聲之洽、嘉瑞之臻，固亦難矣。

方今朝之闕政，其大者有六而已：一曰廣散青苗錢，使民負債日重，而縣官實無所得。二曰免上戶之役，斂下戶之錢，以養浮浪之人。三曰置市易與細民爭利，而實耗散官物。四曰中國未治而侵擾四夷，得少失多。五曰結保甲，教習凶器，以疲擾農民。六曰信狂狡之人，妄興水利，勞民費貯。若其佗瑣瑣米鹽之事，皆不足為陛下道也。捨其大而言其細，捨其急而言其緩，外有獻替之迹，内懷附會之心，是姦邪之尤者，臣不敢為也。

凡此六者之為害，人無貴賤愚智，莫不知之。乃至陛下左右前後之臣，日譽新法之善者，其心亦知其不可，但欲希合聖心，附會執政，盜貴富耳。一旦陛下之意移，則彼之所言亦異矣。臣今不敢復費簡札，敘利害以煩聖聽。但願陛下勿詢阿諛之黨，勿徇權臣之意，斷志罷之，必有能為陛下言其詳者矣。

此六者之中，青苗、免役錢為害尤大。夫力者，民之所生而有也；穀帛者，民可耕桑而得也。至於錢者，縣官之所鑄，民不得私為也。自未行新法之時，民間之錢固已少矣。富商大賈藏鏹者，或有之。彼農民之富者，不過占田稍廣，積穀稍多，室屋修完，耕牛不假而已，未嘗有積錢巨萬於家者也。其貧者，藍縷不蔽形，糟糠不充腹，秋指夏熟，夏望秋成，或為人耕種，資採拾以為生，亦有未嘗識錢者矣。是以古之用民者，各回其所有而取之，農民之役不過出力，稅不過穀帛。及唐末兵興，始有稅錢者。故白居易譏之曰：『私家無錢鑪，平地無銅山。』言責民以所無也。今有司為法則不然，無問市井田野之民，由中及外，自朝至暮，唯錢是求。農民值豐歲，賤糴其所收之穀以輸官，比常歲之價，或三分減二，於斗斛之數，或十分加二，以求售於人。若值凶年，無穀可糴，吏責其錢不已，欲賣田則家家賣田，欲賣屋則家家賣屋，欲賣牛則家家賣牛。無田可售，不免伐桑棗，撤屋材，賣其薪，或殺牛賣其肉，得錢以輸官。一年如此，明年將何以為生乎？故自行新法以來，農民尤被其患。農者，天下之本。農既失業，餘民安所取食哉？今貨益重，物益輕，年雖饑，穀不甚貴，而民倍困。為國計者，豈可不少思其故哉！此皆斂錢之咎也。井北盡塞表，東被海涯，南踰江淮，西及卭蜀，自去歲秋冬，絶少雨雪，井泉溪澗，往往涸竭。二麥無收，民已絶望，孟夏過半，秋種未入。中戶以下，大抵乏食，採木實草根，以延朝夕。若又如是數月，將如何哉？當此之際，而州縣之吏督迫青苗助役錢，不敢少緩，鞭笞縲紲，唯恐不迨。婦子遑遑，如在湯火之中，號泣呼天，無復生望。臣恐鳥窮則啄，獸窮則攫，民困窮已極而無人救恤，羸者不轉死溝壑，壯者不聚為盜賊，將何之矣？若東西南北所在嘯聚，連羣結黨，日滋月蔓，彌漫山澤，蹈藉城邑，州縣不能禁，官軍不能討，當是時方議除去新法，將奚益哉！緑林、赤眉、黄巾、黑山之徒，自何而有？皆疲於賦斂，復值饑饉，窮困無聊之民耳。此乃宗廟社稷之憂，而廟堂之上方晏然自得，以為太平之業八九已成，此臣所為痛心疾首，晝則忘食，夜則忘寢，不避死亡，欲默不能者也。《易・復》之初六曰：『不遠復，無祇悔，元吉。』言過而能改，雖悔不大也。其上九曰：『迷復，凶，有災眚。用行師，終有大敗，以其國君凶，至于十年不克征。』言迷而不復，凶且有災，於君道尤不利也。昔秦穆公敗於殽，作《秦誓》曰：『唯古之謀人，則曰未就予忌。唯今之謀人，姑將以為親。雖則云然，尚猷詢茲黄髮，則罔所愆。』蓋悔弃老成之遠慮，用利口之淺謀，以取覆敗，而思補其過也，故能終雪前耻，彊霸西戎。漢武帝征伐四夷，中國虛耗，賊盜羣起，又喪貳師之軍，乃下哀痛之詔曰：『廼者，以縛馬書徧示丞相、御史、二千石、諸大夫、郎為文學者，皆以虜自縛其馬，不祥甚哉。公車方士、太史、太卜皆以為吉，今計謀卦兆皆反謬。』蓋始寤公卿方士之諂諛，對不以誠，致誤國事，有悔于心也。故禁苛暴，止擅賦，力本農，天下復安。自國家行新法以來，天下之人心祈口禱，唯冀陛下之覺悟，而拯救其失，以蘇疲民，如望上天之膏澤，日復一日，以至于今。及今改之，猶可救也。過是則民力屈竭，一旦渙然離散，乃始勞心安集，豈不難哉！竊觀陛下詔書，寅畏天災，深自咎責，丁寧懇惻，以求至言。是陛下已知前日之失，而欲有所改為也。若徒著之空文，而於新法無所變更，是猶臨鼎哀魚之爛，而益薪不已，將何補哉！陛下誠能垂日月之明，奮乾剛之斷，放遠阿諛，勿使壅蔽，自擇忠讜為臺諫官，收還威福之柄，悉從己出。詔天下青苗錢勿復散，其見在民間逋欠者，計從初官本分作數年催納，更不收利息。其免役錢盡除放，差役並依舊法。罷市易務，其所積貨物，依元買價出賣，所欠官錢，亦除利催本。罷拓土開境之兵，先阜安中國，然後征伐四夷。罷保甲教閲，使服田力穡，所興修水利，委州縣相度，凡利少害多者，悉罷之。如此則中外讙呼，上下感悦，和氣薰蒸，雨必霑洽矣。彼阿諛之人附會執政者，皆緣新法以得富貴。若陛下以為非而捨之，彼如魚之失水，必力争固執而不肯移，願陛下勿問之也。臣竊聞陛下以旱暵之故避殿撤膳，其焦勞至矣，而民終不預其澤，不若罷此六者，立有溥博之德及於四海也。

又聞京師近雖獲雨，而畿甸之外旱氣如故，王者以四海為家，無有遠近，皆陛下之赤子。願陛下雖徇羣臣之請，御正殿，復常膳，猶應兢兢業業，憂勞四方，不遽自覺，以為無復災也。又諸州縣奏雨，往往止欲解陛下之焦勞，一寸則云三寸，三寸則云一尺，多不以其實，不可不察也。又聞青苗之法，災傷及五分則倚閣。其間官吏不仁者，至有抑遏百姓，止放四分以下稅，此尤可罪者也。

臣在冗散之地，若朝政小小得失，臣固不敢預聞。今坐視百姓困於新法如此，將為朝廷深憂，而陛下曾不知之。又今年以來，臣衰疾寖增，恐萬一溘先朝露，齎懷忠不盡之情，長抱恨於黄泉，是以冒死一為陛下言之。儻陛下猶棄忽而不之信，此則天也，臣不敢復言矣。干冒宸扆，臣無任懇切惶懼之至。

宋 文彥博《潞公文集》卷九《堯湯水旱何以不爲民患論》 夫陰陽舛度，而水旱失常。當其爲害，未有不因其所由也。蓋法度失於下，災變見於上。其或上失其道，國無其人，或讒邪得路而日興，或忠良含憤而被逐，或兵甲縱暴而弗戢，或刑罰苛刻而無當，或土木之工不息，或聚斂之法太重。由是男怨女曠，民不聊生，墜於塗炭，蹐地無歸，所以怨憤之氣積，而災沴之患作矣。歷代而下，未或無之，而堯湯之朝，莫斯爲甚。一則九載而滔天，一則七年而闕二字。浩浩沃日，赫赫流金，禾黍蕩盡，農時靡登。而遐邇無菜色，上下無離心，海内晏然，域中清肅，其故何哉？愚雖不敏，竊議斯言。夫堯舜之水旱者，非政教之所失，非冤憤之所致也，蓋時之所及，不可得而移易也。然卒不能爲患者，蓋備之有素焉。當二時之臨御，則孜孜求治，宵旰忘疲，敦清浄之教，革苛弊之刑。教民勤稼穡之務，化下絶澆漓之風。賦斂尤薄，國富刑清。百姓由是阜康，六合於焉平泰，明哉之謠作，樂只之頌興。及其水旱之作沴也，而國方富強，民方康壽，時既隆盛，又何患害之能及焉？故古語有之曰：『國無九年之儲，非國也；家無三年之儲，非家也。』然而當堯湯富庶之代，民俗安阜之時，其畜積復何止於九年、三年哉！是則以九年、三年之儲畜，禦九載、七載之災沴，不亦可乎！而又畜於稔歲，濟於凶年，此治國之大術爾。抑又《洪範》九疇，以農爲本。良以食者民之天，民者邦之本。食足則民盛，民盛則邦興。如此，則縱有災沴，患將奚爲？聊舉斯一隅，則其他可知矣。

又 卷二二《乞免夫役熙寧六年十一月**》** 臣檢會河陽逓年准勅差春夫赴鄭州、滎澤、原武等縣界開修河隄，及去年差夫直赴開封府界白馬縣修隄，功役地理遥遠，人戶供送裹費不易。切緣本州諸縣人戶，累年併值水旱災傷，民力疲困。乞權免來年差往諸處春夫一次，所貴民力不致失所。謹具奏聞，伏候進止。

又 臣檢會河陽累據諸縣人戶陳狀：併值夏秋五料災傷，乞免向去一料春夫。州司體量得人戶即日委是大段疲困，已三次奏乞朝廷體念，特免向去一料春夫，及先權住來年一年變修石岸一百步，所貴稍寬民力。兼臣檢會元初擘畫改稍木岸作石岸一宗文字，所相度官亦無大段利害，秪且畧依上言。臣僚施行，仍却於順水不向着歸岸，每年變修一百步石岸，顯是不至緊急。所差夫采石，却甚勞苦。若權住一年，極無妨礙。兼臣於十一月十二月兩次被旨赴濟源禱雪祈雪，所過河陽、濟源兩縣界，以秋末至冬中，久無雨雪，田疇乾旱，種麥全少。況此兩縣在本州稍爲富庶，尚乃村落蕭然，例有菜色，若不減重役，必不聊生。以臣愚短，固無仁惠可以下蘇疲瘵，上寬宵旰，惟是重疊力奏朝廷特賜體念矜恤。伏乞檢詳本州前後三奏并臣今來劄子，早降指揮。取進止。

又 卷三〇《奏勤恤民隱事元祐五年五月**》** 臣於四月二十九日至西京，見本京進奏官申狀録報皇帝、太皇太后詔書，以歷日災旱，宿麥幾盡，秋稼未立，上軫聖念，引咎歸己，特減常膳。有以見聖心焦勞，得堯湯罪己應天之義。然臣尚在都下，每見西來使命，詢其雨澤稼穡次第，多云近已得雨，苗稼滋茂。臣既出京到洛，見緣路民田宿麥秋稼，悉如聖詔所及。深慮向去小民艱食，即聚爲寇盜。伏望嚴勅監司，覺察守令，勤恤民隱，勿致煩擾，及督責巡檢、縣尉，屏除賊盗，令境内清肅，人戶安居。救荒之政，各在究心，諸事預防，庶無後患。

又 《奏久旱乞不追擾事元祐五年五月**》** 臣聞化國之日舒以長，蓋不奪農時，不妨民力。故日力有餘而歲收有望。臣竊以自春以來，時雨愆亢，人情惶惶，謂必艱食。至今月八日，大雨霶霈，庶民鼓舞，急於田事，老幼就功。力穡有秋，正在今日。臣慮州縣親民之官，不知農事之急，以小小詞訟，勾追證逮，禁繫淹延，至於隨司門留，亦有拘繫，頗防農作。臣欲乞下諸路久旱郡縣，當此農事急切之時，民間小可詞訟爭，鬪一切且罷追擾。除事干人命及刼賊急切公事，即依常施行。

宋 范祖禹《范太史集》卷一九《乞疏决札子二月十三日**》** 臣伏見陛下以久旱，疎決在京及三京繫囚。聖心焦勞，欽恤庶獄。祖宗以來，赦過宥罪，多蒙嘉應。然今溥天不雨，旱災甚廣，恐刑獄冤滯、以傷和氣者不止於四京。

臣伏願陛下因推惠澤，以及四方，詔諸路轉運、提刑司官疾速分詣所屬州縣，引問見禁罪人，疎理決遣。仍先徧行指揮，疾速結絕，無令淹延。深戒官吏，務察寃枉，使朝廷德意及遠，感動人心，庶可消弭大異。取進止。

又　卷二七《進故事》　順帝時，災異屢見，陽嘉二年春，郎顗上書其四事曰：《易傳》曰：『陽無德則旱，陰僭陽亦旱。』陽無德者，人君恩澤不施於人也。陰僭陽者，祿去公室，臣下專權也。自冬涉春，訖無嘉澤，數有西風，反逆時節。朝廷勞心，廣為禱祈，薦祭山川，暴龍移市。董仲舒《春秋繁露》曰：『春旱，以甲乙日為蒼龍一，長八尺，居中央；為小龍七，各長四尺，於東方。皆東向，其間相去八尺。小童八人，皆齋三日，服青衣而舞之。夏，以丙丁日為赤龍，服赤衣。季夏，以戊巳日為黃龍，服黃衣。秋，以庚辛日為白龍，服白衣。冬，以壬癸日為黑龍，服黑衣。牲各依其方色，皆燔雄雞，燒豭豬尾，於里北門及市中以祈焉。』《禮記》：歲旱，魯穆公問於縣子，縣子曰：『為之徙市，不亦可乎？』臣聞皇天感物，不為偽動，災變應人，要在責己。若令雨可請降，水可禳止，則歲無隔并，太平可待。然而災害不息者，患不在此也。不在祈禱。立春以來，未見朝廷賞錄有功，表顯有德，存問孤寡，賑恤貧弱，而但見洛陽都官奔車東西，收繫纖介，牢獄充盈。臣聞恭陵火處比有光耀，比，頻也。時恭陵百丈廡災，仍有光耀不絕。明此天災，非人之咎。丁丑大風，掩蔽天地。風者號令，天之威怒，皆所以感悟人君忠厚之戒。又連月無雨，將害宿麥。若一穀不登，則饑者十三四矣。陛下誠宜廣被恩澤，貸贍元元。昔堯遭九年之水，人有十載之畜者，簡稅防災，為其方也。簡，少也。方，法也。願陛下早宣德澤，以應天功。若臣言不用，朝政不改者，立夏之後乃有澍雨，於今之際未可望也。若政變於朝而天不雨，則臣為誣上，愚不知量，分當鼎鑊。書奏，特詔拜郎中，辭病不就，即去歸家。至四月京師地震，遂陷。夏大旱。秋，鮮卑入馬邑城，破代郡兵。明年，西羌寇隴右。皆畧如顗言。

臣祖禹曰：『天人之交，相去不遠，故漢世儒者，各以所學推言災異，其言多驗。臣恭聞仁宗皇帝最深《洪範》之學，每有變異，恐懼修省，必求其端。近世學者廢而不習，人君奉順天道，不可不留意也。

宋　蘇軾《東坡全集》卷五七《奏浙西灾傷第一狀》　元祐五年七月十五日，龍圖閣學士左朝奉郎知杭州蘇軾狀奏。右臣聞事豫則立，不豫則廢，此古今不刊之語也。至於救災恤患，尤當在早。若災傷之民，救之於未饑，則用物約而所及廣，不過寬減上供，糶賣常平，官無大失，而人人受賜，今歲之事是也。若救之於已饑，則用物博而所及微，至於耗散省倉，虧損課利，官為一困，而已饑之民，終於死亡，熙寧之事是也。熙寧之災傷，本緣天旱米貴，而沈起、張靚之流，不先事奏聞，但務立賞閉糴，富民皆爭藏穀，小民無所得食。流殍既作，然後朝廷知之，始勑運江西及截本路上供米一百二十三萬石濟之。巡門俵米，攔街散粥，終不能救。饑饉既成，繼之以疾疫，本路死者五十餘萬人，城郭蕭條，田野丘墟，兩稅課利，皆失其舊。勘會熙寧八年，本路放稅米一百三十萬石，酒課虧減六十七萬餘貫，略計所失共計三百二十餘萬貫石。其餘耗散不可悉數。至今轉運司貧乏不能舉手。此無它，不先事處置之過也。去年浙西數郡，先水後旱，災傷不減熙寧。然二聖仁智聰明，於去年十一月中，首發德音，截撥本路上供斛斗二十萬石賑濟，又於十二月中，寬減轉運司元祐四年上供額斛三分之一，為米五十餘萬斛，盡用其錢，買銀絹上供，了無一毫虧損縣官。而命下之日，所在歡呼，官既住糴，米價自落。又自正月開倉糶常平米，仍免數路稅務所收五穀力勝錢，且賜度牒三百道，以助賑濟。本路帖然，遂無一人饑殍者，此無它，先事處置之力也。由此觀之，事豫則立，不豫則廢，其禍福相絕如此。

恭惟二聖天地父母之心，見民疾苦，匍匐救之，本不計較費用多少，而臣愚魯無識，但知權利害之輕重，計得喪之大小，以謂譬如民庶之家，置莊田，招佃客，本望租課，非行仁義，然猶至水旱之歲，必須放免欠負借貸種糧者，其心誠恐客散而田荒，後日之失，必倍於今故也，而況有天下子萬姓而不計其後乎！臣自去歲以來，區區獻言，屢瀆天聽者，實恐陛下客散而田荒也。

去歲杭州米價，每斗至八九十，自今歲正月以來，日漸減落。至五六月間，浙西數郡，大雨不止，太湖泛溢，所在害稼，六月初間，米價復長，至七月初，鬥及百錢足陌。見今新米已出，而常平官米，不敢住糶，災傷之勢，恐甚於去年。何者？去年之災，如人初病，今歲之災，如病再發。病狀雖同，氣力衰耗，恐難支持。又緣春夏之交，雨水調勻，浙人喜於豐歲，家家典賣，舉債出息，以事田作，車水築圩，高下殆遍，計本已重，指日待熟。而淫雨風濤，一舉害之，民之窮苦，實倍去歲。近者，將官劉季孫往蘇州按教，臣密令季孫沿路體訪。季孫還為臣言：『此數州，不獨淫雨為害，又多大風駕起潮浪，堤堰圩埒，率皆破損，湖州水入城中，民家皆尺餘，此去歲所無有也。』而轉運判官張璹自常、潤還，所言略同，云：『親見吳江平望八尺，聞有舉家田苗沒在深水底，父子聚哭，以船筏撈攡，云，半米猶堪炒喫，青穟且以喂牛。』正使自今雨止，已非豐歲，而況止不止，又未可知。則來歲之憂，非復今年之比矣。何以言之？去年杭州管常平米二十三萬石，今年已糶過十五萬石，雖餘八萬石，而糶賣未已，又緣去年災傷放稅，及和糴不行省倉闕數，所有上件常平米八萬石，只了兌撥充軍糧，更無見在。惟有糶常平米錢近八萬貫，而錢非救饑之物。若來年米益貴，錢益輕，雖積錢如山，終無所用。熙寧中，兩浙市易出錢百萬緡，民無貧富，皆得取用，而米不可得，故曳羅紈，帶金玉，橫尸道上者，不可勝計。今來浙東西大抵皆糶過常平米，見在絕數少，熙寧之憂，凜凜在人眼中矣。

臣材力短淺，加之衰病，而一路生齒，憂責在臣，受恩既深，不敢別乞閒郡。日夜思慮，求來年救饑之術，別無長策，惟有秋冬之間，不惜高價多糴常平米，以備來年出糶。今來浙西數州米既不熟，而轉運司又管上供年額斛斗一百五十餘萬石，若兩司爭糴，米必大貴，饑饉愈迫，和糴不行，來年青黃不交之際，常平有錢無米，官吏拱手坐視人死，而山海之間，接連甌閩，盜賊結集，或生意外之患，則誅殛臣等，何補於敗。以此，須至具實聞奏。

伏望聖慈備錄臣奏，行下戶部，及本路轉運提刑、兩路鈐轄司，疾早相度來年，合與不合準備常平斛斗出糶救饑。臣已約度杭州合用二十萬石，仍委逐司擘畫，合如何措置，令米價不至大段翔湧，收糴得足。如逐司以謂不須準備出糶救濟，即令各具保明來年委得不至饑殍流亡，結罪聞奏。緣今來已是入秋，去和糴月日無幾，比及相度往復取旨，深慮不及於事。伏乞詳察速賜指揮。臣屢犯天威，無任戰慄待罪之至。謹錄奏聞，伏候敕旨。

貼黃：臣聞之道路，閩中災傷尤甚，盜賊頗衆。或云邵武軍有強賊，人數不少，恐是廖恩餘黨。轉運司見令衢州官吏就近體訪。雖未知虛實，然恐萬一有之，不可不豫慮也。

又貼黃：臣謹按《唐史》，憲宗謂宰臣曰：『卿等累言吳越去年水旱，昨有御史自江、淮按察回，言不至為災，此事信否？』李絳對曰：『臣見淮南、浙江東西道狀，皆云水旱。且方隅授任，皆朝廷信重之臣，苟非事實，豈敢上陳，此固非虛說也。御史官卑，選擇非其人，奏報之間，或容希媚。況推誠之道，君人大本，苟一方不稔，當即日救濟其饑貧，況可疑之耶？』帝曰：『向者不思而有此問，朕言過矣。』絳等稽首再拜，帝曰：『今後諸道被荒之處，速宜蠲貸之。』又按本朝《會要》，太宗嘗語宰臣曰：『國家儲蓄，最是急務，蓋以備凶年，救人命。昨者江南數州，微有災旱，朕聞之，急遣使往彼，分路賑貸，果聞不至流亡，兼無饑殍，亦無盜賊之患。苟無積粟，何以拯救饑民！』臣近者每觀邸報，諸路監司，多是於三四月間，先奏雨水匀調，苗稼豐茂，及至災傷，須待餓殍流亡，然後奏知。此有司之常態，古今之通患也。豐熟不須先知，人人爭奏，災傷正合豫備，相顧不言，若非朝廷廣加採察，則遠方之民，何所告訴？

一、去年災傷，伏蒙寬減轉運司上供額斛三分之一，盡用其錢，收買銀絹。命下之日，米價鬥落。今災傷連年，民力重困，又緣春夏之交，雨水調匀，多典賣舉債出息，以事田作，指日待熟。而淫雨風濤，一舉害之，窮苦更倍去歲。伏望憫察，特與寬減轉運司上供一半。所貴米價不至翔湧，和糴得行，且免本路錢荒之弊。

一、杭州所出米穀不多，深慮常平收糴不足，有誤來年支糴。乞許於蘇州、秀州寄糴。

一、檢准《編敕》節文，五穀不得收力勝錢。然元降指揮，止於今年四月終。伏望愍念兩浙連年災傷且無麥，須至候秋熟六月中為止。

右件如前。臣亦知京師倉廩之數，不可耗缺，所以連奏乞減額斛者，誠恐來年饑饉已成，二聖不忍坐視流殍，必於他路般運錢米賑濟，為費且倍，而已饑之民，豈復有錢買米，並須散，有出無收，不如及早寬減上供米斛，卻收銀絹，實數縱有損折，所較不多。伏惟深念熙寧之災，本緣臣僚不早擘畫奏請，以致餓死五十餘萬人，至今瘡痍未復，呻吟未已，特望宸斷，早賜准備，實一方幸甚。

又 卷六〇《奏淮南閉糴狀二首之一》 元祐六年十一月某日，龍圖閣學士左朝奉郎知潁州蘇軾狀奏。據汝陰縣百姓朱憲狀，伏為今年旱傷，稻苗全無，往淮南糴得晚稻一十六石，於九月二十八日到固始縣朱皋鎮，有望河欄頭所由等欄住憲稻種，不肯放過河來，當時寄在陳二郎鋪內。當來榜內只說欄截糴場粳米不得過淮河，並不曾聲說欄截稻種。今來不甘被望河欄頭所由等欄截稻種，有誤向春布種，申乞施行。臣尋備錄朱憲狀及檢坐敕條，牒淮南路監司及光州固始縣并朱皋鎮等處請依條放行斛斗，不得欄截，至今未有施行回報。兼體問得本州今年，係秋田災傷，檢放稅賦，百姓例闕穀種，見今在市絕少斛斗，米價翔貴，本州見闕軍糧，亦是貴價收糴不行。尋勾到斛斗行人楊佶等，取問在市少米因依。其楊佶等供狀稱，問得船車客旅等，稱說是淮南官場收糴，出立賞錢，不得津般粳米過淮南界，是致在市少米。須至奏乞指揮者。右檢會《編敕》，諸興販斛斗，雖遇災傷，官司不得禁止。又條，諸興販斛斗及以柴炭草木博糴糧食者，並免納力勝稅錢，注云舊收稅處依舊，即災傷地分，雖有舊例亦免。臣頃在杭州，親見秀州等處為官糴上供粳米違條，禁止販賣，及災傷地分，並不依條免納力勝稅錢，於官並無所益，依舊收糴不行，徒使百姓驚疑，各務藏蓄斛斗，不肯出糶，致餓損人戶，為害不少。今來淮南官吏，又襲此流弊，違條立賞，行閉糴之政，致本州城市闕米，農民闕種。若非朝廷嚴賜指揮，即人戶必致失所。伏乞備錄臣奏及開坐敕條，指揮淮西轉運、提刑司，行下逐州縣，不得更似日前違條，禁止興販斛斗過淮。并勘會轄下，如係災傷地分，不得違條收納米穀力勝稅錢。所貴逐路官司，稍獲均濟。仍乞速賜行下，使災傷農民早行耕種。謹錄奏聞，伏候敕旨。

又《奏淮南閉糴狀二首之二》 元祐六年十一月某日，龍圖閣學士左朝奉郎知潁州蘇軾狀奏。臣近為光州固始縣朱皐鎮官吏違條禁止本州汝陰縣百姓朱憲收糴稻種，不令過淮。及取到行人楊佶等狀稱，是淮南官場糴米，立賞禁止米斛過淮，致本州收糴軍糧不行，及農民闕種，城市闕食。已具事由聞奏，乞嚴賜指揮，淮南監司，不得違條禁止販賣米斛。仍乞勘會，如係災傷地分，不得違條收五穀力勝去訖，仍已令本州一面移牒淮南提轉及光州固始縣朱皐鎮等處，放行斛斗。其提轉州縣，並不回報依應施行，惟朱皐鎮官吏坐到本州縣牒：『所准淮南西路提刑司指揮出榜云，如有細民過渡，回運米斛，不滿一碩，即勒白日任便渡截外，有一碩以上，滿一席者，並仰地分捉拽赴官，依法施行。犯人，備賞錢一貫，每一席，加賞錢一貫。若或夜間過渡，一碩以下，犯人出賞錢一貫，每一席，加一貫。其所捉到米數，卻勾欄前來，於本縣元糴處出糶。若係他人捉到，其經歷地分勾當人，並勾追勘斷。以此，致本鎮不敢放過米斛。』又於今月十五日，據汝陰縣百姓楊懷狀：『為本莊不熟，遂典田土得錢，於淮南收糴到納稅及供家喫用米四碩，被朱皐鎮立賞勾欄，不令過淮。』臣又親自體問得本州寄居官戶，皆言：『有田在光州界內，今年為潁州米貴，各令人於本莊取米納稅供家，並被本處官司立賞禁止，不放前來。』切詳逐州、縣、鎮，若非監司公然違背朝廷敕條，明出榜示，禁絕鄰路餱糧，即逐處官吏，亦未敢似此肆行乖戾之政。須至再奏，乞賜指揮者。右臣竊見近年諸路監司，每遇米貴，多是違條立賞閉糴，驚動人戶，激成災傷之勢。熙寧中，張能、沈起首行此事，致浙中餓死百餘萬人。臣任杭州日，累乞朝廷指揮，亦蒙施行。今來淮西提刑，既欲收糴官米，自合依市直立定價，則人戶豈有不赴官中賣之理？今乃明出榜示，嚴行重賞，令人捉拽勾欄收糴，顯是強買人物，為國斂怨，無甚如此。況提刑司明知《編敕》：『雖遇災傷，不得禁止販賣斛斗』，乃敢公出榜示，立賞禁絕。淮南、京西均是王民，而獨絕其餱糧，禁其布種，以至官戶本家莊課，亦不得般取喫用，違法害物，未之前聞。其逐州、縣、鎮官吏，亦明知有上條及臣已坐條關牒，並不施行，寧違朝廷《編敕》條貫，不敢違監司乖戾指揮。伏望聖慈詳酌，早賜問取施行，少免官吏恣行，農民無告。謹錄奏聞，伏候敕旨。

又 卷六一《乞賜度牒糴斛斗準備賑濟淮浙流民狀》 元祐六年十二月二十五日，龍圖閣學士左朝奉郎知潁州蘇軾狀奏。臣近因出城市中，時有挾挈襁褓如流民者。問之，皆云自壽州來。尋取問得城門守把者，亦云時有此色人，見淮西提刑司出榜立賞，不許米斛過淮北。因此，體問得士人南來者皆云：今秋廬、濠、壽等州皆饑，見今農民已煎榆皮，及用糠麩雜馬齒莧煮食。兼壽州盜賊，已漸昌熾，安豐縣木場鎮打劫施助教家，霍邱縣善鄉鎮打劫謝解元家，六安縣故鎮打劫魏家，賊徒皆十餘人，或云二三十人，頗有騎馬者，器仗甚備。每處贓皆數千貫，申報官司，多不盡實，亦有不申報者。兼潁州界亦有惡賊尹遇、陳興子、鄭饒、李松等數人，皆老姦逋寇，私立名號，與官吏鬭敵，方欲結集，規相應和。近日雖已敗獲，深恐淮南羣盜不止，流入潁河界，縱不能為大害，但饑民附之，徒黨稍眾，如王沖、管二之流，便不易捕獲。臣又聞淮南自秋至今，雨雪不足，麥熟不熟，蓋未可知，若麥不熟，必大有饑民。浙西、江東既非豐熟地分，勢必流徙北來，則潁州首被其患。若流民至潁，而官無以濟之，則橫尸布路，盜賊羣起，必然之勢也。所以須至先事奏乞。若至時元無此事，臣不敢避張皇過當之罪，若隱而不言，倉卒無備，別成意外之虞，其罪大矣。臣日夜計慮，勢不可緩。

謹具條件如左。

一、勘會本州常平斛斗，見管粳米三萬四千餘石，通紐元糴價每斗計一百一十八文有畸。綠豆一萬三千餘石，通紐元糴價每斗計七十二文有畸。小麥二萬五千餘石，通紐元糴價每斗計五十四文有畸。上件三色，並係元糴高價，縱依條量減出糴，亦未能大段平減市價，兼流民轉徙失所，必無錢收買官米；雖依條許借貸人戶，又緣流民既非土著，將來無緣催索；又條許常平斛斗召募饑民工役，及許依乞丐人給米斛，不得過所限之數兩倍。臣今相度，不惟饑民羸弱聚散不常，難為工役，又緣常平斛斗本法，元只用糴糶以準平市價，若將召募工役及依乞丐人例給與，則是有出無收，今後常平本錢，日耗不已，有時而盡。臣知杭州日，為見浙西饑饉，全賴常平糶米，所救活不可勝數。以此知常平官本，只可令增，不可令耗。屢曾奏乞立法，常平錢米，只許糴糶外，不得支用。雖蒙施行，所有本州見管常平斛斗，臣終不敢以流民之故，輒乞費用，留以準備來春斛斗翔貴時出糶，以濟本州百姓。

貼黃：若蒙行下戶部，不過檢坐常平條貫量減價出糶，及召募饑民工役，並依乞丐人給米之數行下，皆是空文，無益實事。乞自朝廷詳酌，特賜裁處。

又貼黃：元豐以前，常用常平錢米召募饑民工役，雖有減耗，卻將官剩息錢補填。今來常平官本，有出無收，若不立法禁止雜支，則數日而盡，深為可惜。乞檢會臣前奏施行。

一、勘會本州見管封樁陝西軍兵請受及禁軍闕額粳米三千七百餘石，估定每斗八十文，小麥三萬三千餘石，估定每斗六十文，綠豆二千一百餘石，估定每斗五十五文，粟米三百餘石，估定每斗九十文，豌豆五千一百餘石，估定每斗六十文。准條，許估定價例出糶。除勘會本州軍糧粳米年計不足，今將轉運司錢兑糴上件封樁粳米充軍糧外，其餘小麥、綠豆、粟米、豌豆可以奏請擘畫錢物，盡數兑糴，準備賑濟流民。

貼黃：所有逐色估定價例，並是在市實直，如蒙施行，乞依今來估定價例兑買。

右臣伏望聖慈，愍念淮浙累歲災傷，來年春夏必有流民。而潁州正當南北孔道，萬一扶老攜幼，坌集境內，理難斥遣。若飢羸道路，臭穢薰蒸，民同被災疫之害。弱者既轉溝壑，則強者必聚為寇盜。欲乞特賜度牒一百道，委臣出賣，將錢兑買前件小麥、粟米、綠豆、豌豆四色，封樁斛斗，候有流民到州，逐放支給賑濟。如至時卻無流民，自當封樁，度牒價錢，別聽朝廷指揮。謹錄奏聞，伏候敕旨。

貼黃：臣若不預作擘畫陳乞，則倉卒之間，必難應辦。若不密切奏論，至此聲先馳，則恐引惹飢民，併來本州，官物有限，中路闕絕，則死者必眾，反為深害。所以今來親書奏狀，貴免泄漏。臣以目昏，書寫不謹，伏乞恕罪。如蒙施行，乞作不下司文字，付臣措置。

又貼黃：臣所奏濠、壽等州災傷盜賊次第，問得皆有本末，非是風傳道路之言。深慮本路及逐州各有檢放賦稅元未奏陳，致朝廷不信臣言。臣在杭州日，親見監司州縣，例皆諱言災傷。只如今年蘇、湖水災，可為至甚，而臺官賈易等猶欲根究其事，行遣言者。蘇州積水未退尚土城門，而知州黃履已奏秋種有望。似此蒙蔽，習以成風。伏望聖慈試採臣言，過作準備，則一方幸甚。

又 卷六五《論浙西閉糴狀》 本路今歲不熟，初水後旱，早晚俱傷，高下並損，已具事由聞奏去訖。勘會本路，唯蘇、湖、常、秀等州出米浩瀚，常飽數路，漕輸京師。自杭、睦以東衢、婺等州，謂之上鄉，所產微薄，不了本土所食。里諺云：『上鄉熟，不抵下鄉一鍋粥。』蓋全仰蘇、秀等州商旅販運以足官私之用。今來雖一例災傷，而蘇秀等州所產，終是滂沛。訪聞逐州例皆閉糴，嚴立賞罰，不許米斛出境，是致杭州常平省倉糴買不行，民亦闕食，見今粳米已至八九十足錢。尋具牒蘇、秀等州，不得閉糴。訪問逐州雖承受本司指揮，依舊閉糴。尋差識字公人陳宥往秀州抄錄到所出榜示二本，其大略云：如有諸色人抬價買米販往別州，許人告提，立定賞，多者至五十貫。兼取問得杭州米行人狀稱，因逐州見今立賞告捉私販，全無米船到州。認是逐州官吏堅意閉糴，本司無緣止絕。若商旅不行，米貴不已，公私窘乏，盜賊之類，何所不有。以此合係本司知管，除已牒轉運、提刑司外，須至奏聞者。

右本司訪聞得浙中父老皆言，熙寧七八年，兩浙災傷，人死大半。當時雖係天時不熟，亦是本路監司郡守如張靚、沈起之流處置乖方，助成災變，既無方略賑濟，惟務所在閉糴。蘇、秀等州米斛既不到杭，杭州又禁米不得過浙東，是致人心驚危，有停塌之家，亦皆深藏固惜，不肯出糶。民有衣被羅紈，戴佩珠金，而米不可得，斃於道路，不可勝數。流殍之變，古今罕聞。伏望仁聖痛加哀憐，曲賜過慮，體念今來浙中雖未是大段凶年，只恐官吏有失措置，漸所災患，所憂不小。若商旅不行，米貴不已，農夫闕食，春夏之交無力種，則明年災傷，公私並竭，不知何以待之？伏望聖慈深以熙寧之事為鑒，嚴賜指揮本路監司，多方擘畫，安之於未動，救之於未危，仍乞指揮速行止絕逐州閉糴。所貴杭、睦、衢、婺等州，不至全然乏食。謹錄奏聞，伏候敕旨。

又《再論閉糴狀》 本路災傷，本司已兩次奏聞。竊見比年以來，京東、河北、淮南等處災傷，並蒙朝廷支賜錢米，或於他路截撥斛斗賑救，數目至廣。今來本路災傷，不敢便望支賜截撥，只乞稍寬轉運司年額上供，使得轉換擘畫，多方救恤。已於十一月十日奏乞，至今未奉指揮。數內一事，蘇、湖、常、秀等州，見今米商全不通行，不唯逐州立賞閉糴，亦為逐處稅務承例違條收米斛力勝稅錢，是致商旅算計腳錢本重，無由興販。檢會《元祐編敕》：『諸興販斛斗及以柴炭草木博糧食者，並免納力勝稅錢。』注云：『舊收稅處依舊例。即災傷地分，雖有舊例，亦免。』本司看詳，本路見今災傷，正合施行上條，已牒諸州施行，仍散榜轄下城郭、鄉村外，深慮逐處稅務自來收米斛力勝處，指為課額。今來雖係災傷，合依上條放免，至年終比較日，轉運司不容如此分說，有虧欠例遭責罰，須至奏請者。

右伏望聖慈愍念本路災傷及前件放免力勝條貫，係今來合行事件，特賜指揮：轉運司將來年終比較日，除米斛力勝一項稅額權免，比較科罰候將來豐熟日依舊。所貴商旅通行，場務亦免罪責。謹錄奏聞，伏候敕旨。

又 卷六六《代宋選奏乞封太白山神狀》 伏見當府郿縣太白山，雄鎮一方，載在祀典。案，唐天寶八年，詔封山神為神應公。迨至皇朝，始改封侯，而加以濟民之號。自去歲九月不雨，徂冬及春，農民拱手，以待饑饉，粒食將絕，盜賊且興。臣採之道途，得於父老，咸謂此山舊有湫水，試加禱請，必獲響應。尋令擇日齋戒，差官菭取。臣與百姓數千人，待於郊外，風色慘變，從東南來，隆隆獵獵，若有驅導。既至之日，陰威凜然，油雲蔚興，始如車蓋，既日不散，遂彌四方，化為大雨，罔不周飫。破驕陽於鼎盛，起二麥於垂枯。鬼神雖幽，報答甚著。臣竊以為功效至大，封爵未充，使其昔公而今侯，是為自我而左降，揆以人意，殊為不安。且此山崇高，足亞五岳，若賜公爵，尚虛王稱，校其有功，實未為過。伏乞朝廷更下所司，詳酌可否，特賜指揮。

又 卷六九《揚州謝到任表二首之一**》** 臣軾言。伏蒙聖恩，除臣知揚州，臣已於今月二十六日到任訖者。支郡養痾，裁能免咎；通都移牧，自愧何功。屢玷恩榮，實深慚汗。臣某中謝。伏念臣早緣竊祿，稍習治民。在先帝日，已歷三朝；近八年間，復忝四郡。平生所願，滿足無餘。志大才疏，信天命而自遂；人微地重，恃聖眷以少安。恭惟太皇太后陛下，子惠萬民，器使多士。以謂朝廷之德澤，付於郡縣與監司。乃眷江淮之間，久罹水旱之苦。鄰封二浙，饑疫相薰；積欠十年，豐凶皆病。臣敢不上推仁聖之意，下盡疲駑之心。庶復流亡，少寬憂軫。臣無任。

又 卷一〇八《朝奉大夫田待問淮南提刑制》 揚、楚春旱秋水，民艱於食，漸起為盜。遂使州縣犴獄充滿。朕憂之，未始一日忘也。間起爾於山陽守，參領漕事。今又命爾按視刑闢。徒以爾習其風俗，知吏民所疾苦。夫察貪暴，謹追擾，均有無，督盜賊，此荒政之急也。勉勤其職，以稱朕意。

又 卷一一三《賜文武百寮文彥博已下上第一表請皇帝御正殿復常膳不允批答元祐二年四月二十二日**》** 朕即位二年，水旱繼作。致災之故，實惟沖人。既延及於無辜，復貽憂於文母。是以坐不安席，食不甘味。實欲深念厥咎，豈徒見之空言。而雨不崇朝，農猶告病。欲徇來請，惕然未寧。其一乃心，勉正厥事。毋重朕之不德，以答天之深戒。

又《賜文武百寮文彥博已下上第一表請太皇太后復常膳不許批答元祐二年四月二十二日**》** 旱暵之罰，自冬及夏。天之降災，如此其久。則夫致災之道，豈一日而然哉。雖力行罪己之文，尚恐非應天之實。而卿等以膚寸之澤，遽欲即安，覽之惕然，未敢自赦。其交脩不逮，務盡厥誠。期茲歲於有秋，雖復常其未晚。

又《賜文武百寮文彥博已下上第五表請皇帝御正殿復常膳允批答元祐二年五月二十九日**》** 朕以寡昧，膺受多福。常欲損上益下，畏天之威。矧茲旱災，咎在不德。而卿等以雨澤既至，封章屢上，勉從其意，甚愧於中。夫天之有風雨雷霆，猶朕之有號令賞罰。朕不脩明其事，何以責應于天。永思其終，無忘納誨。

又《賜文武百寮文彥博已下上第五表請太皇太后復常膳許批答元祐二年五月二十九**》** 德積無素，民罹其災。精誠莫通，禱不時應。雖蒙膏澤之報，僅救焦枯之餘，勉徇來章，猶虞後患。其謹視盜賊，勤恤流亡。益務交脩，以裨不逮。

宋 蘇軾《蘇軾集》卷一一五《與王定國三十五首之十三》 某啟。如聞晉卿已召還都，月給百千，其女泣訴，聖主為惻然也。恐要知。來詩愈奇，欲和，又不欲頻頻破戒。自到此，惟以書史為樂，比從仕廢學，少免荒唐也。近於側左得荒地數十畝，買牛一具，躬耕其中。今歲旱，米貴甚。近日方得雨，日夜墾闢，欲種麥，雖勞苦卻亦有味。鄰曲相逢欣欣，欲自號鏖糟陂裏陶靖節，如何？君數書，筆法漸逼晉人，吾筆法亦少進耶？畫不能皆好，醉後畫得一二十紙中，時有一紙可觀，然多為人持去，於君豈復有愛，但卒急畫不成也。今後當有醉筆，嘉者聚之，以須的信寄去也。

宋 蘇轍《欒城集》卷三三《宰相呂大防等爲時乞退不允詔》 敕大防等：省所劄子奏『時雨不足，乞罷免職任』事，具悉。歷時告旱，歲事可虞，精禱未孚，神貺猶嗇。朕側身思咎，終夕靡遑。卿等躬任燮和，志同憂患。雖引義自責，大臣之體則然，而釋位求安，有國之計何賴。尚講救荒之政，以助憂民之誠。苟能使旱不為災，則朕復何咎。所請宜不允。故茲詔示，想宜知悉。

又《太皇太后以旱賜門下詔》 敕門下：吾母臨御四方，親決萬務。清心克己，凡以為民。而天意弗咸，歷時災旱。宿麥幾盡，秋稼未立，饑饉既至，疫癘將起。齋祠雖切，漠然弗應。吾則不德，民實何罪？中自循省，寢食皆廢。豈政治失當，事之害物者尚多，上下否塞，情之不通者非一。刑或不稱其罪，用或不當其人。有一於斯，皆足以上怫天心，下擾民聽。循致斯旱，咎實在吾。皇帝遇災，恐懼不敢自佚，既命有司降食避殿，罷五月朔朝，吾亦自今月二十三日後減常膳。側身念咎，固無吝於改為，協德濟民，尚有求於列位。故茲詔示，想宜知悉。

又《皇帝以旱賜門下詔》 敕門下：朕奉承統業，于今五年。臨御崇高，未達庶政。夙夜祇懼，若涉淵冰。常恐德之弗類，無以下慰民望，上當天心。今者冬雪不效，春雨弗若。逮此孟夏，旱災如焚，麥不充食，禾未出土。歲事凜凜，民且狼顧。雖禱祠備至，而神莫之答，惟循省自克，則災或可消。意者，政令寬弛，吏或為害而莫懲歟，賦役失當，民病於事而莫察歟，忠言有壅而未達，賢才有抑而未用歟，念之雖勤，行則未至。昭明恐懼之誠意，庶幾陰陽之不違。可自今月二十三日後減常膳，不御前殿，及將來五月一日，罷文德殿視朝。朕上奉東朝，深愧常珍之日缺，下臨庶尹，猶冀嘉言之不聞。苟利於人，其無不可。故茲詔示，想宜知悉。

又《呂大防等再爲旱乞退不允詔》 敕大防等：省所再上劄子奏『近以旱暵為沴，乞罷職任，伏蒙詔命不從所請，伏望早賜施行』事，具悉。常暘為災，民瘠已甚。朕為之父母，而卿等為朕股肱，相與憂之，固其任也。然至於求罷職事，則匪朕心。朕既自以失為疑，卿等姑復以粃政為念。因民情而圖救，修旱備以防微，既能夙夜在公，豈以逡巡去位。朕志如是，卿其少安。所請宜不允。故茲詔示，想宜知悉。

又 卷三四《呂大防等乞御正殿復常膳不許不允批答二首》 覽表具之。吾勉而臨政，志切為仁，凡克己以濟民，皆力行而不悔。矧今久旱傷稼，憂在阻饑，豈以菲食逾旬，指為難事。而卿等因是微澤，率然上章，雖嘉乃誠，殊匪吾意。夫旱災之後，荒政之所備者尚煩，秋種雖生，終歲之可虞者非一。與其君臣釋然而忘患，孰若上下相儆以圖安。姑存降食之文，以示畏天之實。所請宜不計。

省表具之。歷時不雨，天之告戒已深，因旱責躬，朕之誠意未怠。今雖小雨繼至，而二麥已傷。饑饉有已見之形，禾黍無必獲之理。卿等遽陳誠請，求復故常。朕仰畏天威，下念民瘼，深愧治朝之盛，未知肉味之甘。矧復神母愛民，憂心如昨，朕獨何意，遄舉舊章。須歲事之有成，與天意而皆復。所請宜不允。

又《第二表不許不允批答二首》 覽表具之。吾性本恭儉，居不求豐，時方旱災，懼若無措，是用側身念咎，貶食以祈，上將答於天心，下以慰於民望。今者膏澤既至，黍稷可期，此則上帝仁愛之深，斯民鰥寡之幸。在吾祇懼，何敢弭忘。卿等備位股肱，亮此誠意，豈可因風雨之微順，忽陰陽之久衍。方歲事之多虞，姑復少俟，苟民食之既足，吾亦何辭。所請宜不許，仍斷來章。

省表具之。朕獲守丕基，未習師保之訓，不有善政，以干陰陽之和。去冬以來，時雨弗若，譴告之久，逮今半歲有餘，戒懼之誠，豈以一雨而足。永惟會朝之禮，百闢具來，膳飲之常，庶珍咸在。方斯民之未裕，匪朕意之所存。卿等寄在腹心，志同憂樂。奉我以黼扆之盛，不若處我於無過之中，厚我以玉食之華，不若助我以兼濟之善。所請宜不允，仍斷來章。

又《第三表不許不允批答二首》 省表具之。乃者雩而得雨，牟麥既傷，田雖可耕，禾黍猶病。吾惟農夫之不易，歲事之多艱，未忘戒懼之誠，不遑口體之養。今者時雨既至，秋稼稍蘇。卿等遽與庶官，求信前請。吾將推先王菲食之意，以終斯民豐歲之祈，行之雖久而不謂勞。卿其姑止，以成吾志。所請宜不許。

省表具之。朕庶政不明，常暘為譴，奔走祠望，降黜典常，亦既逾時，僅而獲雨。永惟天意之難復，民食之未充，庶幾終歲之登成，未免茲心之怵惕。虛治朝之列位，損內饗之常羞，於朕心猶曰未安，而卿等遽以為請。昔成湯自省以六事，楚莊常懼於無災。朕既嘉前王之小心，豈以一雨而遂懈。所請宜不允。

又《第四表許允批答二首》 覽表具之。吾聞天之降異，本以仁愛人君，君知畏天，乃克保有邦國。故旱雖傷稼，而恐懼修政，則變或可消，雨雖應祈，而怠忽忘災，則歲未可必。頃者膏澤薦至，群言上聞，吾夙興念此，降食如故。今勤請繼至，屢卻弗回，惟眾意之不可重違，故事之不可終廢。膳羞之設，雖勉強以復常，修省之心，終頃刻而不去。尚賴多士，同致此誠。所請宜許。

省表具之。畏天恤民，本朕躬平日之志，避殿損膳，抑祖宗故事之常。乃者亢陽為災，甘澤未遍，朕祗率舊典，以行本心。茲因屢請之勤，審知時雨之足，苟無憂於民食，豈必廢於邦常。朕既用僉言，正坐食珍，不改國朝之舊，卿等亦廣吾意，修政謹備，常若水旱之來。所請宜允。

又 卷三六《久旱乞放民間積欠狀》十五日 右臣伏見陛下以久旱憂勞，禱請勤至，自冬歷春。天意未答，宿麥枯瘁，災害廣遠。民自近歲，皆苦於重斂，儲積空匱。若此月不雨，饑饉必至，盜賊必起。保甲之餘，民習武事，猖狂嘯聚，為患必甚。而陛下所以應天動民，未有其實。臣竊見去年赦書，蠲免積欠止於殘零兩稅，至於官本債負、出限役錢皆不得除放。民有破蕩家產、父子流離、衣食不繼，有死而不可得者。買撲酒坊，先因實封投狀，爭氣務勝，競設高價，既得之後，利入微細，不能出辦。違限不納，加以罰錢，至於籍沒家產，杻械生蟣虱而不得脫者。臣願陛下降哀痛之書，應今日以前民間官本債負、出限役錢及酒坊原額罰錢，見今資產耗竭實不能出者，令州縣監司保明除放，使民得再生，以養父母妻子。朝廷棄捐必不可得之債以收民心，民心悅附，甘澤可致。雖使天道幽遠，雨不時應，而仁澤流溢，亦可以化服強暴，消止盜賊。臣謹案《漢書》文、景、宣、元之間，憂民之疾病，每歲輒弛租稅，減算賦，自損以厚下，民戴其澤。中遭王莽之變，皆謳吟思漢，漢已絕而復續。夫漢世平安之日，猶蠲必得之常賦以惠民，而況當今旱勢未止，災害方作，前件欠負皆勢不可得，奈何靳而不與哉。伏願陛下斷自聖心，特降手詔，無使有司吝於出納，以廢格聖澤，則天人不遠，宜有善應。謹錄奏聞，伏候敕旨。

貼黃：臣竊見近年貪刻之吏習以成風，上有毫髮之意，則下有丘山之取，上有滂沛之澤，則下有涓滴之施。如先帝向時為瀘南用兵，兩川應副疲極，特放五等人戶賦稅，而東川路轉運司公行格沮，只放三等以下。緣累經大赦，不敢論列。如此之類，朝廷雖累行戒敕，終恐不改。若行臣此奏，即乞痛賜約束，如監司敢有違戾，許州縣官吏具事由實封聞奏。

又 卷三七《乞賑救淮南饑民狀》二十四日 右臣訪聞淮南久旱，雨全未足，二麥並已枯死。浙中米價雖賤，而運河無水，客旅不至。米斗直一百七十以來，民間闕食，甚覺不易。而所在官吏，並未見賑濟及奏請別作處置。臣竊見頃立義倉，至今已將十年，所聚糧斛數目甚多，每遇災傷，未嘗支散一粒，民情深所不悅。臣欲乞指揮淮南官司，先將所管義倉米數，隨處支與闕食人戶，兼將常平米減價出賣，及取問監司州縣，因何並不曾申請擘劃。兼乞體訪諸路，如有似此闕食去處，一例施行。謹錄奏聞，伏候敕旨。

又 卷三八《乞以發運司米救淮南饑民狀》二十八日 右臣伏見淮南旱災，民食踴貴，朝廷特令截留上供米三十萬石，以濟其急，恤民之深，異時所未嘗有。然臣訪聞本路自正月以來，以義倉常平糧斛逐旋賑濟，約至夏中麥熟，稍得給足。不意今來旱勢益甚，夏麥無望，而秋收之期遠在百日之外。雖有前件截留上供米，分在一路，恐未能遍及饑民。訪聞發運司逐年將糶糴本錢一百萬貫趁賤糴米，以代諸路違限上供米數外，或遇米貴，亦出賣收息。臣欲乞指揮發運司，約定今年合留代上供外，其餘權令只依元買價，盡數支撥於諸郡出賣，不得收息。仍先具若干留代上供，若干可以出賣及元買價例申奏。所貴米數稍多，救接饑饉，可以支持至秋。謹錄奏聞，伏候敕旨。

又 卷三九《言淮南水潦狀》二十九日 右臣竊見淮南春夏大旱，民間乏食，流徙道路。朝廷哀愍饑饉，發常平義倉及截留上供米，以濟其急。淮南之民，上賴聖澤，不至饑殍。然自六月大雨，淮水泛溢，泗、宿、亳三州大水，夏田既已不收，秋田亦復蕩盡，前望來年夏麥，日月尚遠，勢不相接，深可憂慮。訪問見今官賣米，猶有未盡，然必不能支持久遠。臣欲乞朝廷及今未至闕絕之際，速行取問本路提轉發運司，令具諸州災傷輕重次第，見今逐州各有多少糧食，可以賑濟得多少月日，如將來乏絕，合如何擘劃施行，立限供報，所貴朝廷得以預先處置，小民不至失所。謹錄奏聞，伏候敕旨。

又 卷四一《户部侍郎論時事八首·因旱乞許群臣面對言事札子》 臣伏見二年以來，民氣未和，天意未順，災沴薦至，非水即旱。淮南饑饉，人至相食，河北流移，道路不絕，京東困弊，盜賊羣起。二聖遇災憂懼，頃發倉廩以救其乏絕，獨此三路所散，已僅三百萬斛矣，異時賑恤未見此比。然而民力已困，國用日竭，而旱勢未止，夏麥失望，秋稼未立。數月之後，公私無繼，羣盜蜂起，勢有必至。臣未知朝廷何以待此。臣竊見太皇太后陛下，清身奉法，與物無私，皇帝陛下，恭默靖慎，動由禮義。皇天后土，照知此心，而和氣不應，深所未喻。陛下嘗究其說否。臣聞天氣下降，地氣上騰，陰陽和暢，雨澤乃至。君廣聽以納下，臣盡言以奉上，上下交泰，元氣乃和。今二聖居幃箔之中，所與朝夕謀議者，上止執政大臣，下止諫官御史，不過數十人耳。其餘侍從近臣，雖六官之長，皆不得進見，而況其遠者乎。臣以謂羣臣識慮深淺不同，其心好惡亦異，故須兼聽廣覽，然後能盡物情而得事實。今陛下聽既不廣，則所行之事，不得不偏聽狹事，偏則陰陽亢隔，和氣不効，必然之理也。臣觀祖宗故事，百官有司皆得以職事進封，從容訪問，以盡其情。今二聖臨御四方，履人主之位，而謙恭退托，疏遠羣臣，不行人主之事，遂使百官不敢以職事求見。臣謂宜因此時明降詔書，許百官面奏公事，上以盡羣情之異同，下以閱人才之賢否。人心不壅，天道必從，則久旱之災，庶幾可息。臣蒙國厚恩，此聞詔書引咎自責，避正殿，損常膳，分命臣僚，並走羣望，私心踧踖，不敢遑寧，輒推天意人事影響之應，庶幾有補萬一。惟陛下恕其愚僭，略賜採擇。取進止。

又《論陰雪札子》元祐三年春 臣伏見自去冬至今，陰雪繼作，罷民凍餒，因斃道路。聖心憂勞，何所不至。蓋嘗命有司，發內庫之錢，出司農之粟，竭太府之炭，以濟其急矣。猶以為未也，則釋犴獄，罷夫役，凡可以惠民之事，無不為矣。而天意不順，雨雪如故。臣竊惑之。臣嘗觀先儒論五行之說，以為聽之不聰，是謂不謀，厥咎急，厥罰常寒。故周之末世，舒緩微弱，政在臣下，則天應之以燠暖；秦之末世，峻刑暴斂，海內重足而立，則天應之以寒慄。是以周亡無寒歲，秦滅無燠年。信如此言，則朝廷之政令豈失於急歟。竊惟二聖臨御以來，革敝去煩，施惠責己，凡所措置，雖未盡得，而民獲其所欲者多矣。苟以為急，雖三尺童子不信也。然則陰雪之應，其咎安在。臣聞商高宗雉雊於鼎，其臣祖己告之曰：『惟先格王，正厥事。』夫所謂正厥事者，無常事也，惟因其非而正之耳。故臣竊推之古事，以為天大雷電以風，而成王應之以逆周公。衛國大旱，而文公應之以伐邢。夫親任三公，非所以止風，而興師伐人，非所以致雨。彼既為之不疑，而天亦報之如響者，誠得其時，當其事耳。臣竊惟近者天地之變，常半歲苦旱，半歲苦陰，陰陽之氣，一有過差，浸淫爛熳而不能反。今雨雪既甚，久而不止，則春夏之際，又將復旱。此其類似有以致之者。古之為政，德刑並用，寬猛相濟，使天下懷其惠，而畏其歲，民氣充寒，而天地從之，故陽不過，而陰不忒。自頃以來，朝廷之政，專以容悅為先務，上下觀望，化而為一。監司之臣以不報有罪為賢，郡縣之官以寬弛租賦、縱釋酒稅為優，至於省臺寺監，亦未聞有正身治事，以辨集聞者也。何者，朝廷方兼容是非，以不事事為安靜，以不別白黑為寬大，是以至此極也。臣竊惟朝廷之意，其始蓋欲以寬治民耳，而不知姦臣猾吏，乘其間以侵虐細民，其弊不可勝數。名雖近寬，而其實則虐也。陛下誠欲消復此變，宜訓敕大臣，使之守法度，立綱紀，信賞必罰，使羣下凜然知有所畏。苟朝廷無偏甚不舉之政，則陰陽過差、浸淫爛熳、往而不反之氣，宜可得而止也。不然，雖空府庫、竭倉廩以賑貧窮，破囹圄、焚鞭扑以縱罪戾，臣恐天地之意，未易回也。臣待罪地官，以簿書米鹽為職，出位而言，罪在不赦。陛下頃自疏外擢臣而用之，二年之間，致位於此，豈欲責臣齪齪以吏事自效而已哉。是以冒萬死獻言，惟陛下裁擇。取進止。

又《為旱乞罷五月朔朝會札子》 臣伏見去冬無雪，今歲春夏時雨絕少，二麥不收，秋種未入，旱勢闊遠，歲事可慮。伏惟太皇太后陛下、皇帝陛下，聖心焦勞，請禱備至，發倉粟、留上供米以救饑饉，苟可利民，無所愛惜。而天意未回，旱氣日甚，臣實憂之。竊惟古之明君，遇災恐懼，內既竭其誠心，嗇用勸分，以濟民厄，外必避殿減膳，廣求直言，以答天意。今二聖既勤其內而外事未修。五月之旦，將御文德朝羣臣。臣恐九重之秘、憂懼之實，民莫得知，徒見陛下晏然坐朝，臨御大眾。民愚無知，或謂陛下不畏天災，不恤民瘼。人心一疑，天意弗順，以此救旱，所損大矣。臣愚伏願陛下舉行祖宗故事，明詔有司，罷朔會，避正殿，損常膳，令百官吏民皆得上封事，指陳時政闕失。如此施行，雖未得雨，而人知陛下寅畏天戒，不吝改過，羣情悅伏，神亦將助。以此救旱，非小補也。近日執政大臣，雖曾奏乞解罷職任，以答天變，而所請未力，無益於事。今若陛下既自引咎，則大臣勢難獨止，雖未可遽從，若且例降一官，俟得雨而復，君臣協心，災庶可止。臣備位禁林，心有所見，不敢緘默。或加採納，乞不出臣此章，只作聖意行下，於體尤便。取進止。

又 卷四九《代南京留守謝減降德音表》 臣某言：今月十三日，進奏院遞到中書劄子一道，疏決見禁罪人，臣已即時施行訖者。德澤之厚，常首於京都；原省之寬，一清於多闢。感天至速，協氣可期。臣某誠惶誠恐，頓首頓首。伏以本京頃自秋末，逮茲歲終，愆陽為災，時雪不至，麥田枯槁，民氣底煩。雖嘗祗奉詔音，並走羣望，而精神未格，應答不時。眾皆嗷然，仰而有待。伏惟皇帝陛下心存萬國，知其艱難，德配上天，體厥復露，推臨軒決獄之意，廣赦過宥罪之仁。謂三都之人，均在輦轂，使千里之內，同起頌聲。民心既孚，天聽非遠。臣幸攝守留鑰，親被鴻休，樂與都人，共陶聖化。臣無任感天荷聖激切屏營之至，謹奉表稱謝以聞。

宋 李綱《梁溪集》卷八二《論賑濟札子》 臣伏蒙聖慈，付臣以江西一路兵民之寄，適當本路去歲旱災之後，倉廩無儲，穀價翔踊，民户流移，軍兵闕食，人情焦然。如臣疎拙，誠未知所以賑濟之策。竊覩近降親筆詔書，督責監司守令存撫賑恤，悉力推行，毋使詔旨徒為文具，仰見陛下加惠元元，德至渥也。然飢流之民祇是乏米，若蒙朝廷憫念，肯於鄰路及本路那移斛㪷應副，則官吏豈敢坐視乏食之民，不加賑濟，自貽罪戾？如使米斛無所從出，則雖督責之深，人人願以罪去，終無實惠可以及民，此不可不察也。契勘江西一路所養飢流民人數至廣，今去秋成之期尚遠，雖近蒙朝廷於饒州撥米一萬石應付賑濟及贍養軍兵，然米數不多，將來必致缺食。臣竊見江東路建康府，宣、池等州並係去年豐熟地分，必有常平、義倉等米可以那移應付。又撫州、建昌軍在本路粗為豐熟，有朝廷昨給降官告度牒，作糴賑濟共計一萬四千餘石，本州別無支用，欲望聖慈特降睿旨，於建康府，宣、池等州常平、義倉米內通融那撥一萬石，許本路自差人船前去搬取，將來秋成却行撥還。及將撫州、建昌用官告度牒糴到米，許臣隨宜撥充諸州賑濟支用，庶飢流之民不致乏食，得全性命於荒歲，以副陛下加惠元元之意。

又 卷八五《親筆賑濟詔書》 朕以諸路去歲旱災，深慮細民艱食，而州縣府庫空虛，未知拯救之術，慨然在念，夙夜不忘。惟吾帥守監司委付一路，分朕憂顧者也，必不忍坐視不恤。其協力悉心，多方勸誘積米之家，俾其食用之餘盡以出糶，尚庶幾濟茲數月流殍之苦。務修乃職，以副朕意。付李綱。

又《遵禀賑濟奏狀》 右，臣今月二十二日准御前金字牌降到親筆詔書付臣，令勸誘積米之家，俾其食用之餘盡數出糶，以濟流殍之苦。仰見聖慈矜憫元元，欲濟其艱危者如此其至。臣已遵禀睿訓，措置勸誘，出榜置歷，差本司屬官分詣諸州，委知、通、縣官召上户有積米之家，使其自陳自指揮到日見有積米之數，許其乞留若干食用，其餘依市價量減，盡數出糶外，臣契勘積米之家減價出糶，止是可濟有錢糴米之人。其流移之民無錢糴米，官中見行賑給，米數不多，前去秋成尚遠，難以接濟。臣已一面措置，多方勸誘上户情願納錢米入官以助賑濟者，許其陳乞官告、度牒之類，折還價直，候見數目，容臣續具奏陳，乞賜支降給還，庶幾飢民不致乏食，實為利便。

又《謝賜親筆賑濟詔書表》 臣某言：伏蒙聖恩以本路旱災之後，小民闕食，特降親筆詔書付臣，勸誘積米之家出糶，接濟食用，以恤流殍之苦，臣已遵依睿訓，措置施行者。倬然雲漢之章，光臨下土；霈為雨露之澤，惠浹遐方。濫分千里之憂，幸拜十行之賜。中謝。竊以抑高舉下者天之道，博施濟衆者仁之方。觀《易》象有裒多益寡之文，論政術有知予為取之寶。顧茲江右，星分翼軫之躔，偶值歲凶，民乏餱糧之積。竭倉廩之儲以賑之而不足，勸停蓄之家而利之則有餘。深軫皇慈，特頒宸翰，飢民銜德而已有飽意，富室聞風而去其吝心。豈惟流殍之餘得全性命，將見精誠之格復致和平。此蓋伏遇皇帝陛下所寶者慈，以民為貴，憫赤子之蘄阨，降玉音之丁寧。而臣濫總帥權，幸承德意。雨暘時若，方厥壤之可游；稼穡繁滋，欣有秋之在望。

又《乞蠲免灾傷路分人户四年積欠札子》 臣已到江西本路界首交

割職事，延見父老，詢問民間疾苦，皆云去歲旱傷之後，穀價翔踊，民間乏食，第三等户止是食粥，第四、第五等户多是掘草根而食。官中見催紹興四年積欠，無從可出。臣契勘下户積欠，有一二十户合納一石者，雖數目不多，然民無從出，復有公吏須索之擾，情實可憫。伏望聖慈特降睿旨，將災傷路分第三等已下人户紹興四年積欠特與蠲免，或權行倚閣，候秋成日隨苗送納，庶幾仰副陛下加惠元元之意。

又《乞依吕頤浩例于隣路撥米賑濟奏狀》　右，臣近為本路去歲旱災，所養飢、流民至廣，倉廩無儲，尋具奏聞，乞於建康府，宣、池等州常平、義倉米内通融借撥米斛，候將來秋成撥還，及乞將撫州、建昌軍官告、度牒糶到米一萬四千餘石隨宜撥充諸州賑濟。續准尚書省劄子：勘會已降指揮，於饒州上供米内撥取一萬石，及於本路上供米内更支撥一萬石應副外，二月二十九日，三省同奉聖旨，令將撫州、建昌軍糶到米取撥，隨宜賑濟。臣今取會到饒州狀稱，本州上供米斛除災傷減放及已支使外，別無見在數目，并撫州、建昌軍所糶米又已科撥付諸州，雖有見在，數目不多。臣已再具奏聞，乞於江東、兩浙路豐熟州軍見樁管米内支撥三萬石應副，未奉回降指揮。伏見湖南安撫大使吕頤浩近蒙朝廷於隣路廣西州軍支米三萬石應副，竊緣本路旱傷闕乏，與湖南路事體一同。今來若不申告朝廷支降，委是無可賑給，下户不得趂時耕種，將來秋成更無指準。伏望聖慈詳酌，特降睿旨，許依吕頤浩之例，於隣路江東或兩浙州軍支撥米三萬石，許本路差雇人船前去般取，付臣科撥賑給，庶幾實惠可及下户，將來歲事有望，不致闕誤。

又卷八六《畫一措置賑濟歷并繳奏狀》　契勘本路去歲旱災尤甚，今正當新陳不接之時，米價翔踊，細民闕食，下户流移，無本耕種，上軫聖慮，屢降德音，督責監司守令廣行賑濟。今月二十二日，被受御筆詔書節文，令帥守監司多方勸誘積米之家，以其食用之餘盡數出糶，庶幾濟此流殍數月之苦。當日又准尚書省劄子，備奉聖旨指揮節文，停蓄之家尚敢不從勸誘，依前閉糶，量度輕重，一面斷遣。除已備録全文印榜曉示外，今具遵依聖訓，措置勸誘下項：

一、本路逐州軍，使司各置印歷一道，差官分詣，委自知、通行下諸縣。每縣州給印歷一道，備録使司指揮，差官分詣，監督令佐分定鄉分，躬親就鄉詢究的實有米人户，使其自陳。截自指揮到日，見有積米之數，許乞存留若干食用外，其餘盡數依市價量減施行出糶。責令隣保對定着實有米人户，於歷上親書着字。所委官限五日周遍，赴縣攢數，令佐就歷同書結罪次日繳納本州。本州總諸縣之數抄上使司。給到文歷内除認數不多，或認數多見得已是情願出糶之人，更不須召赴本州外，將自餘有米數多、責認未定之人，仰縣令將帶同赴本州，知、通限當日審實，更加勸誘合存合糶數目。如有認糶米數三千石以上，依得二月八日檢會到紹興元年五月十四日該補官資之人，即取縣官保狀，當官先次給與空頭付身，候糶足日赴州書填。其以次數多之人，糶及二千五百石與補進勇副尉，二千石與補守闕進勇副尉，一千五百石與免將來差科三次，一千石與免將來差科二次，五百石與免將來差科一次。如敢吝惜不肯出糶，拒抗官司之人，審究見在着實盛頓米穀去處，盤量見數，具情節申取使司指揮，當議酌情斷遣枷項號令。

一、州縣已勸誘到上户及有米之家出糶米數，每升依逐處市價減十五文出糶；遇市價減落，再令量減。將城郭鄉村之家給歷，每口不過一升，分定出糶人户乏食之家，齎歷或五日、或十日一次前去糴米。其有米之家收錢糶米，並書歷着字為據。不即時出糶，許糴米人赴官申陳。候糶絶日，計數申官司，取歷照驗，結算都數。如有糶糴不實，諸般欺弊搔擾，並委知、通、縣令檢察施行。

一、今來勸誘上户及積米之家減價出糶，止是可濟有錢糴米之人，其流移飢民與下户無錢糴米之人，官中見行賑濟支過米數已多，前去秋成尚遠，難以接濟。今措置，委自知、通、縣令多方勸誘上户及有積米之家，如有情願納錢米入官以助賑濟者，許以其入納之數陳乞官告、度牒之類，依價折還。一户所納價直不足，即許衆户結甲同共細計陳情。其入納數目浩瀚之人，當議特行奏請，優與推恩。亦仰願入納人户於歷上親書着字為據，其入納米即於出糶米内除豁施行。仍依紹興五年十二月十日本路轉運司已得勸誘入納指揮，許候受付身訖，作官户、免身丁等事。

一、今來勸誘止係上户有物力及停蓄積米之家，其中、下户有些小食用米穀，即不得一例前去巡門抄劄，以至搔擾。

一、縣官親詣諸鄉詢究有米之家，責令隣保對定合存留食用并合出糶之數，務要不擾，取見的確。若有失實，或因緣為姦，稍涉違戾作弊，並從諸司按察，移文本司，備申朝廷，先次差替取勘施行。

一、縣官親詣鄉村檢察，所帶人從不得過十人，每人日支米二升、錢五十文省，不得容縱作過，并差公人、弓手下鄉因緣搔擾。使司除已差人密行體探外，委自知、通覺察申舉，公吏並行決配。

一、勸誘歷到，限十日勸諭了當。其地遠户多縣分，許量展日限，摺角實封，專差人齎詣使司，聽候指揮。其給歷糶糴，即仰一面措置施行。

又 卷八八《論賑濟札子》 臣昨者入覲，伏蒙聖慈宣諭江西旱災，飢民闕食，使之推行賑濟。及至境上，又奉親筆詔書，令勸誘積米之家以其食用之餘，盡數出糶，以濟流殍之苦。臣仰體天意，敢不夙夜自竭，以奉詔旨。自到本路，與監司協力行移州縣，凡有流徙闕食之民，通融斛斗，盡令給米收養，共賑濟五萬九十二人。又給歷州縣，遣官檢察，令勸誘積米之家減價出糶米麥穀二十一萬八千一百二十四石五斗，其間亦有願入米麥以助官中賑濟者，臣已各項開具數目別狀奏聞訖。契勘本路連年旱歉，去歲尤甚，臣到任之初，米一升價錢至一百三四十文。近來雨澤霑足，早禾已熟，米價頓減，新米一升止四五十文，將來秋成，決有可望之理。此蓋陛下勤恤民隱，至誠惻怛，聖德感召和氣之所致。然今春小民乏本，田畝有不曾種蒔者甚多，人情方蘇，未宜重取，更望朝廷寬假，有以涵養之，乃為得計。昔周宣遇烖而懼，側身修行，而王化復行。前日旱暵，安知不為中興之資？在陛下特加聖意而已。干冒天威，不勝戰越。

又 卷九八《本路闕雨乞罷免奏狀》 右，臣契勘本州自七月以後不雨，遣官致禱管下神祠佛宇，應有仙聖靈跡去處，及築壇塑龍，迎請聖水，躬親齋素，日事祈求。雖獲感應，並皆微細，不得霑足，見今晚田已是亢旱。此蓋守土之臣德薄人微，繆當方面之寄，精神不足以感格，政術不足以共理，致茲旱暵，覃及一方。伏望聖慈特賜罷免，遴選帥守，以寬憂顧。臣不勝祈天俟命激切屏營之至。

又 卷一〇五《申省乞將逃移灾傷人户見欠夏秋税特行住催等事狀》 勘會本路州縣去歲旱傷，內有至甚去處。訪聞人户未經差官檢放租税以前，其間多有先次逃移之人，不曾經縣陳訴乞行檢放。後來所差檢視官，更不曾將逃移人户名下乾旱田段依例檢放税苗，以至縣官亦不檢察，卻見行催理逐户名下合檢放税苗，是致逃移下户不敢歸業，荒廢田土，轉見失所。已牒提舉茶鹽、常平等公事司措置，委官體究施行，及行下洪、吉等八州軍照會，更切催督令、佐，速便先次根括逃移未曾歸業人户數目，將名下去年以前見欠官物並未得催理，具數供申去訖。本司今契勘災傷人户，依今年三月四日聖旨指揮，除災傷及四分以上拖欠紹興四年以前租税合行除放；並依今年三月二十八日聖旨，災傷人户內本户放税五分已上、第四等已下逃移人户，合納紹興六年夏税，以十分為率，每科各與倚閣二分，候來年隨本料送納外，所有紹興五年係災傷最甚年分，其拖欠殘零税租未有許與減閣明文。若行盡數催納，深慮細民經此大旱，力所不及，未能輸納，理宜存恤。今欲乞將逃移人户歸業之人，紹興五年户下未納官物特行住催。其自餘應係災傷人户，見欠夏秋税官物，各隨料次分作三料帶納，庶幾上副朝廷寬恤之意。

又 卷一二二《與趙相公第二書》 伏蒙寵誨，北報寧謐。去歲旱災之廣，有可慮者，仰見愛民憂國之誠，第切歎仰。天下事惟相公留意，則夷狄旱暵之患，有不足弭。僭易及此，不勝惶恐。

某三具奏辭免恩除，不蒙矜允，且被親筆趣行，黽勉就道。第迂拙有素，臨事踈濶，衰病之餘，精力弗強，使當一路兵民之寄，大懼曠失，以速罪戾。惟仰賴鈞慈有以覆護之，使不至殞越，莫大之幸。伏冀亮察。

近准尚書省劄子，以某具奏請覲，得旨矜從。十年流落之餘，廼獲造行闕望清光，實出鈞造，第深銘佩。將遂俯伏下風，以承誨，約慰平昔願見之心，尤深欣抃。區區所懷，非面禀莫既萬一。

又《與趙相公第三書》 某頓首再拜。孤遠之跡，蒙恩許令入覲，實自陶鑄，更蒙誨諭，尤戢厚德。非晚遂有瞻望衮舄，以慰平昔願見之心，預深欣浣。區區所懷，諸候面禀。

某歲除受命，本欲單騎之任，適海寇遽犯福之閩安，人情驚擾，寓居城外，相去密邇，遂有挈家之謀。上元日起離長樂，又值陰雨連緜，山路崎嶇，幾於寸進。今已幸脱閩境，數日間可至上饒，自三衢登舟，順流而西，度此月下澣之初可到行在。伏蒙問勞之渥，仰佩眷意，不勝下情。傳聞江西去歲旱災之餘，民户流移，物力凋耗，贍養屯兵，賑濟飢民，極難料理。自非仰賴朝廷應副，其何以濟？俟到行在詣都堂呈禀，伏冀照察。

又《與趙相公第五書》四月六日 某已次豫章交割職事，仰託芘輝，規模具在，得以遵守，良深感服。第此方當旱暵之餘，種種缺乏殊非前日之比。

願言有以誨督之，使免於罪戾，莫大之幸。無緣躬受約束，但有瞻跂。

本路唯臨川、建昌去歲薄熟，今春耕種亦漸成次叙。贛上雖稔，然頗為盗賊所擾，民頑多不輸納。自餘諸郡，率皆旱災。下户種藝無本，田萊多荒，而豫章倉庫空匱尤可駭。贍養官吏軍兵錢糧既無指準，而賑濟斛㪷又復缺乏，深慮將來有誤歲計。近被親筆詔書，令勸諭停蓄之家減價出糶，既已奉行，又措置勸民入納，專欲以賑濟給下户之無本者，但恐所得莫能徧及，已具狀奏，及申朝廷乞降錢米以濟目前之急，必蒙矜允。今再開項條具，仰干鈞聽，敢望垂念，不勝幸甚。

虔寇尚未静盡，昨得李山一軍屯駐，頗能破賊，徒黨稍稍潛伏。近李山既為岳飛勾回，餘孽無所忌憚，遂復出没，而又袁、吉、臨江、建昌之間飢民往往竊發，千百為群，今已十五六項，深慮凶歲易為嘯聚，滋蔓難圖。申世景一軍僅千人，自遣一半往虔、吉間，自餘無兵可以措置。累具奏乞就近差撥三二千人應副使喚，未奉指揮，敢望鈞慈早賜差撥，以慰一方顒望之意，不勝幸甚。

又《與趙相公第八書》 累奉詔旨，以江西旱災，令廣賑濟，及勸誘積粟之家減價出糶。某與諸司協力奉行，幸已就緒，已具狀申尚書省。今有投進劄子，輒録副本拜呈，幸望鈞悉。

邇來雨澤滂沛，早稻已熟，秋田可望，米價頓減，人情少蘇，實廟堂措理之效，良可喜也。第去歲災傷地分，頗有不曾陳訴之民，懼催理欠負，至今不敢歸業。本司已行下州縣覈實，與免催科，庶幾流移悉復田里，亦已申聞，併冀照察。

某累以本路合差軍馬上干鈞聽，蒙關送都督行府。再得督府劄子，見議差撥，然到今未有至者，非特盗賊滋多，乏兵分遣，又以防秋在近，全未有備，日夜悚惕，恐辜朝廷委寄之意。今再具申禀，敢望相公致一言於右相，早賜差撥，實一路生靈之幸也。亦有奏劄條陳利害，謹録副本致左右，機政之暇，特賜采覽。

撫似之迹，仰荷推挽，誤蒙任使。自到豫章，行將三月，宿病間作，心力不强，深慮曠缺，以貽朝廷之羞。今幸賑濟就緒，雨暘調適，遂成豐年，於此時求去，以養衰病，似無嫌避。已具狀奏聞，乞依舊在外宫觀，敢望鈞慈特為敷奏，使得養痾山林，保全晚節，莫大之幸。敢冀鈞察。

又《與趙相公第九書七月初九日**》** 某閑退之久，乍當繁劇，加以承旱暵缺乏之餘，種種料理，不無違咈，人情去處，諒多謗讟，塵溷鈞聽。今則財賦粗足，官兵俸米既盡支本色，料錢亦排日支給，庶幾自此浮言稍息。然迂拙有素，多招意外之謗，更望鈞慈覈實而審察之，不勝幸甚。因吕侍郎書中嘗道鈞意，仰荷愛念，故敢僭易及此，惶恐無地。

某衰病無堪，强顔於此，雖不敢不黽勉自力，以副朝廷委任之意，終恐迂踈，仰負使令。近已具奏，乞依舊外任宫祠，尚未報行，敢望鈞慈早賜陶鑄，使得息迹山林，實荷終始之惠，豈勝幸甚。干冒，惶恐。

累以本路防秋缺兵，控告朝廷及都督行府，近得行府劄子，許差王彦一軍，但須候其到，乃始差撥。今王彦尚在荆南，秋期已至，深慮道里遼遠，虚費日月，軍馬有往返跋涉之勞。雖已再具申禀，緣行府已廵按淮上，恐得報後時，有失事會，敢望朝廷特賜指揮，得專遣使臣齎劄命迤邐前來，截留一路，不勝幸甚。伏冀垂念。

近以洪州積欠錢米干聞朝廷，伏蒙鈞慈悉皆蠲免。自非相公留情舊治，察見本末，何以及此？某與一州士民同受大賜，豈勝感激。目前雖不至乏絶，然防秋之計，殊無贏餘，已嘗援例申陳，更望特賜矜察，幸甚。

又《與趙相公第十三書十月一日**》** 伏審光奉朝廷，還畀魁柄，大慰中外之望。竊以國步艱難之際，淮軍叛散之秋，上思讜言，登庸舊弼，所以妥安廟社，綏靖人心，使國勢增隆，必自有道。佇觀施設，以副具瞻，區區不勝傾依之至。

淮西叛將出於意外，實非細故，某輒不自揆，嘗奏疏指陳朝廷措置失當，夙夜憂懼，以俟譴訶，乃蒙寛恩，降詔奬諭，尤切震悚。進見邸報，言事者論右相引漢武誅王恢事以為比，竊謂太過，深慮隨時獻説者浸失本旨，而避退講和之説復行，則宗社安危未可知也。輒復上章，以救其失。惟是出位之言，實為有罪迫於憂憤，有不能自已者。輒録二疏副本拜呈，敢望鈞覽，如有可採，得補萬分之一，不勝幸甚。僭易，惶恐。論者皆謂宰相還朝，必守前議，請車駕還幸平江。及覩近降指揮，改撥廬、壽、盱眙米斛並於建康府交卸，又謂且抽回淮南軍馬沿江屯駐。某竊謂朝廷措置，因時制宜，必不如此。藩籬未固，百物未備，以一捷之故而遽臨建康，誠太早計，相公争之是也。今既駐蹕幾年，徒以淮西叛將，遽復捨去，使寇偽得以窺伺，非良策也。

第當撫綏將士，益務全養，静以待之。江北屯重兵，則江南可以奠枕；江北無兵，而與賊共長江之利，則國勢危矣。第當抽囬老少，以就糧餉，最為得策。敢望鈞慈特賜詳酌，恕其僭易，不勝幸甚。某以憂患之餘，誤蒙朝廷起廢，帥守江西，已涉兩年。夙夜黽勉，左支右梧，幸免曠敗，實賴鈞芘。今秋雖旱，幸不過甚，米價亦不翔踴。贑上盜賊，蒙朝廷易守，蠲免租賦，盡罷科須，渠魁次第公參復業，境上羣盜亦皆擊散，吉、撫、筠、袁間有名字者悉已招捕了當。雖有些小殘黨，留兵彈壓，無能為也。而某自春及今，衰病日深，醫者謂勞心太過所致。七上章丐閑，庶得休養，未蒙矜允。今幸相公還朝，洞照情素，輒敢力陳前懇，敢望鈞慈特為敷奏，使得遂其所欲，不勝幸甚。均望矜念，惶恐無地。

某自春夏以來，久苦瘡瘍，纔幸稍安，忽得足弱筋攣之疾，步履蹇緩，拜跪艱難，至今未愈。又苦痰眩，煩憒健忘，復成淋疾，醫者謂憂慮勞心所致。所以力丐閑退，政欲少就全養，尚有安理；不然，日復一日，遂成痼疾，不可為也。謹録自春迄今乞宫祠章疏，塵浼鈞聽，庶幾照察。引疾丐閑，非在今日，敢望相公矜憐，曲為敷奏，特從所請。儻得歸休山林，保養病軀，不至顛仆於道路，皆門下之賜也。干瀆鈞嚴，不勝惶恐。

某承乏於此，實一年有半，仰荷朝廷委寄之意，不敢不勉。自到任以來，賑濟勸誘，以活飢民，修築城池，創建營房，繕治器甲，措置錢糧，招捕盜賊，種種皆幸就緒。獨立於風波動摇之中，不意自全，非仰賴庇庥，何以及此？已開具措置事件，釐為六狀奏聞，庶幾朝廷知其請閑，非敢有所規避。謹以副本録呈，敢望鈞慈特賜詳酌，不勝幸甚。

又 卷一六一《皇帝御筆賑濟詔書跋尾》

臣今春入覲天闕，蒙恩内殿引對，恭被玉音，撫勞良渥。臣具以衰病丐免新任，上宣諭曰：『江西旱災，饑民乏食，頗有流移，煩卿一行，以寬憂顧。』臣俯伏受命，不敢固辭，疾驅之官。次本路界首，被御前金字牌降到親筆詔書，委以勸積粟之家，以其食用之餘，盡數出糶，以濟流殍之苦。臣仰體聖意，與本路監司協力推行，分遣僚屬督責州縣，勸誘出糶，庶幾實惠及民，以稱詔旨。凡賑濟饑流民五萬有餘，以積粟糶者二十餘萬石，亦有願獻錢穀以助賑濟者。雖深山窮谷，稚耋惸嫠，無不滲漉德澤，保全其生。夏秋之交，雨暘時若，新穀倍收，厥價十減七八，民大和樂，化愁嘆為謳吟，變貧窶為富實。感召和氣，導迎休祥，實自聖主仁心誠意之所感格。或謂至誠不足以動天地，臣弗信也。謹以親筆詔書刻之金石，以示萬世，使知中興之運蓋有本云。紹興六年八月十五日，具位臣李綱謹言。

宋 李光《莊簡集》卷一二《乞宫觀札子以亢旱求罷》

臣以非才，誤膺擢任，叨禄既久，績效蔑然。上之不能弼諧獻替，以增主之明；下之不能彌縫裨贊，以救時之失。是至天災流行，亢陽為沴。仰觀天道，俯察人事，罪實在臣。雖陛下進退大臣固有禮貌，臣若妨賢路，不自引避，出入朝列，臣實無顔。兼臣自入夏以來，疾疹交作，年逾六十，去死無幾。伏望聖慈察臣誠悃非出矯偽，特降睿旨，除臣一宫祠差遣，以養衰殘。臣自今月二十三日更不入都堂治事。臣無任惶懼迫切之至。

宋 呂祖謙《東萊外集》卷五《爲人作論旱札子》

臣竊惟陛下側席圖治，視民如傷。去歲江湖數十州年不順成，憂䘏之詔，蠲復之令，賑給之科，丁寧懇惻，無所不用其極。自秋而冬，自冬而春，自春而夏，哺養鞠育，日望一日。今麥既登場，歲事有望，陛下宵旰之憂亦可以少寬矣。臣既竊爲陛下今日賀，復私爲陛下他日慮。敢干鈇鉞之誅而冒言之。疎賤小臣，服役州縣，不得與聞闕庭之議，妄自揣度。去歲數十州旱荒之初，關説陛下之前者，意其必有兩端焉。固有大聲疾呼，言其深可慮者矣；亦有隱情匿實，言其不足慮者矣。陛下明見萬里，弗以不足慮者自寬，而以深可慮者自儆，軫顧經理，變饑爲穰，此陛下灼知民瘼，審於取舍之大驗也。臣竊恐向言旱荒不足慮者，見今歲之無事，遂進説曰曩固嘗言艱食必不甚，流移必不多，盜賊必不作。今前言皆驗，彼大聲疾呼者皆增加長大其事，以干譽要名耳。是宵旰之勤，殆爲徒勞，而帑廩之發殆爲虚費也。以陛下之明，必無敢進是説者，臣私憂過計，或萬分一有之，則於治體所繫甚大。請以臣身履目見者折之。去歲旱荒之初，凛凛岌岌，人不自保，焦熬焚灼，可駭可愕。雖號爲大聲疾呼者，亦恐重陛下之憂，困厄危迫之狀，鐫裁減削，十僅能達其三四耳。自朝廷觀之則似過甚，自旱荒之邦觀之則猶恨其有所未盡也。其所以度兹艱歲，安帖無虞者，蓋朝廷周䘏條畫如此之詳，官吏奔走率職如此之勞，豪右傾倒困粟如此之衆，而陛下寅恭祗畏，昭格天心，導迎善氣，又有非羣下所得而與者矣。使不如是，則艱食、流移、盜賊之憂，豈止如始之所陳而已哉？論者苟徒見今歲之無事，遂謂向來初不足慮，是猶疾愈之人忘其針熨砭治之艱難，反疑疾疹本不能傷生。如後復有疾，可不爲寒心耶？此臣所以竭千慮之愚而冒進其説也。臣願陛下清閒之燕，深加紬繹，因荒政之告成，益知疾苦上聞果有益，憂勤兢業果有效，天人感格果不誣。充是心而擴之，天下之事，臣知其無難矣。惟陛下宥其愚而采其誠。

宋 陳亮《龍川集》卷二〇《壬寅答朱元晦秘書》 不獲聽博約之誨，又復三月，起居之問不到凡格，亦復踰月矣。尊仰殆不容言，即此暑氣可畏，伏惟臨按有相，台候動止萬福。某頑鈍只如此，但意况甚覺不佳，甚思一走門牆，解此煩憒。初只候君舉不來，今又為俗事所擾，加以大作旱勢，令人遂有旦暮之憂，以故要擺離未能得。今只決之六月耳，雨不雨皆非人力所能為也。近有《雜論》十篇，聊以自娯，恨舉世未有肯可其論者。且録去五篇，或秘書不以為謬，當繼此以進，然其論亦異矣。餘五篇乃是賞罰形勢，世卿恩舊，尤與世論不合，獨恐秘書不以為異耳。一春雨多，五月遂無梅雨。池塘皆未蓄水，亦有全無者，麥田亦有至今全未下種者。世俗所謂『會龍分龍皆無雨』，今年秧尖皆赤，小民所甚忌。又俗諺『五月若無梅，黄公揭耙歸』之説，此細民占卜如此。以大勢論之，渡江安靜又五十餘年，文恬武嬉今亦甚矣，民疲兵老今亦極矣，安靜之福，難以常幸。去年除紹興外，旱勢猶未透，其禍必集於今年。而秘書又適當此一路，若歲事小稔，或可求去，大勢既如此，所謂『將恐將懼』之時也，廟堂豈容去哉！富家之積蓄盡矣，若今更不雨，恐巧新婦做不得無麫飥飥。百念所聚，奈何，奈何！婺州亦復大疫。衢州米價頓湧，四千七百文一碩，禍將浸淫於婺。錢守雖有愛民之心，而把事稍遲，今歲救荒，奔走上下不遺餘力者，獨趙倅一人：所至騎從簡約，縣道諸色文字並不取索，窮民有請無不遂。今聞去替只二十日耳，若失此人，婺州尚未知所倚。春來錢守奏乞用前兩任例，令再任，已降在省中，廟堂只許陞擢差遣，若得一軍壘，乃是為本人計耳，殊非婺州憂旱之地。趙倅聞此亦甚，喜彼亦未暇為婺之地也，只欲候滿二十日，便去討差遣耳。今旱勢已成，秘書必更被殃若。婺州更旱，則將誰屬乎？豈能以一身而及七州也！願便申錢守所請，仍以旱勢奏陳，留使再任，專以禱旱及將來救災之事責之，不容其不效力。聞下任乃是高子演，自是不釐務，本不相妨，令其及期自上足矣。若如此説破，廟堂亦知只為婺州地，當無不可者。然此間事勢甚可憂，人情亦何樂於此，但期到則自去，須秘書移牒添倅廳，不得擅自離任，使之聽候指揮乃可耳。疫氣流行，人家有連數口死，只留得一兩小兒，更無人收養者。聞趙倅已處置收養五六十人在州，儘可謂有心力。萬一天意悔禍，連得大雨，如社倉義役之事儘可以專責之。此人有心力，不患其無所濟也。況決無連大雨之理。秘書不可不早為婺州地，臨期不知所委，徒自手忙脚亂耳。六月若一向遂無雨，田秧亦無所營救，但當去紹興請教，且求一椀現成飯喫，不能別生受天下大計自責之長人，秘書何以處之？紹興有梅雨否？無不插之田否？旱疫之餘而重以此，廟堂雖欲以恬然處之，可乎？大虧了主上也！當今之世而不大更化以回天意，恐雖智者無以善其後。此不待深見遠識而後知，皆不知慮，何也？慮者不當而當者不慮，是豈天下之事終不可為乎，亦在其人而已矣。到此亦不須大段推托，同舟遇風，亦各為性命計耳。胷中所欲言萬端，微秘書無以發其狂；而困於俗事，又因與諸生點課，臨風引頸，徒劇此情。前日偶説《論語》，到舜五人、周十亂，孔子所謂『才難』處，不覺慨然有感。自古力足以當天下之任者多只一箇兩箇，便了一世事。超世邁往之才，豈可以人人而求之乎！虞周至於五人、九人，眞可謂盛矣，亦古今之所無也。又因書院出『立太師太傅太保，兹惟三公，論道經邦，燮理陰陽，官不必備，惟其人』作義題，亮因為破兩句：『聖人不以才難而廢天下之大政，亦不以任重而責天下之常才。』秘書以為如何？紙尾及之，以共發五百里之一笑也。區區尚須續具記。千萬為世道崇護！

宋 朱熹《晦庵別集》卷六《諭上户承認賑糶米數目》 契勘本軍管下今歲旱傷田禾，切慮細民闕食，使司已行下三縣，推舉管下富實有米上戸，并自能贍給地，佃客富家姓名，各家見蓄米穀數目，或有田産而不多，或無田産，却有營運蓄積米穀錢物之家，敦請赴官，以禮勸諭，承認賑糶米穀數目申軍。所委官并三縣勸諭到上戸承認賑糶米共七萬三千二百六十八碩五斗。已檢準前項條令，出給公據，付人戸收糴米斛，同軍賑糶。

在城上戸二十五名，共認賑糶米一萬一千六百三十五碩，每升價錢一十七文足。

星子縣勸諭到上戸三十一名，共認賑糶米一萬一千九百三十五碩，每升價錢一十七文足。

都昌縣勸諭到上戸五十九名，共認賑糶米二萬八千九百八碩五升，每升價錢一十四文足。

建昌縣勸諭到上户九十一名，共認賑糶米一萬八百碩，每升價錢一十二文足。

又《檢坐乾道指揮檢視旱傷》 使軍照對管屬星子、都、建昌縣人户陳訴秋田旱傷，使軍已立式出榜三縣，曉示人户赴縣投帳繳申，使軍切待依條差官檢視，減放苗米。所有近水鄉分，可以車戽注蔭，得熟田段，切慮人户將旱傷田段滚同得熟之田，影帶披訴，今檢準乾道六年六月二十七日勅，户部曾尚書劄子奏：『契勘州縣每遇災傷，依法聽人户經官陳訴，差官檢視，蠲放税租。訪聞近來往往多被豪户計囑鄉司，將豐熟去處一例減放。其實被旱澇去處，所委官憚於往來檢視，則貧乏下户不得蠲減。臣愚欲望聖慈特降睿旨，委諸路漕臣散出文榜於鄉村，曉諭應有災傷去處，仰民户依條式於限内陳狀。仍録白本户砧基、田産數目、四至投連狀前，委自縣官將砧基點對坐落鄉村、四至畝步，差官覈實檢放。如輒敢妄移豐熟鄉分在旱傷地分，僥倖減免，許諸色人陳告，依條斷罪。仍將妄訴田畝並拘没入官，以一半給告人充賞施行。若州縣奉行滅裂，從漕臣按治，重寘典憲，取進止。』六月二十七日，三省同奉聖旨，依兼照檢踏災傷，在法差官同令佐詣田所，先檢見存苗畝，次檢災傷田段。合委官前去三縣鄉村，究實得熟田段，具帳申軍。已行帖出榜星子、都、建昌縣，約束人户從實投帳，以備差官檢放。如有將得熟田段影帶披訴，却致被人户陳告，定依條斷罪，追賞施行。

又《勸諭趁時請地種麥榜》 契勘秋來久旱，晚田失收，兹幸得雨，可種二麥。今勸人户趁此天時，多耕闊種，接濟口食。其有無地可耕之人，及有力多而地少者，仰自踏逐空閑官地，具出字號、四至畝角，經縣陳請布種，當與判狀執照，免料權給一年。其有情願永遠請佃之人，亦仰分明聲説，即與給據管業，特免五年税料。即不得因而侵占他人見耕田地，及廣行包占狀外官地頃畝。如有違犯，許人陳告，當以狀内所請地及見種子利充賞，本人仍别科罪。除已行下三縣照應施行外，須至曉諭約束者。

右榜勸諭人户，請詳此事理，趁時多種二麥，量力請佃官地，務盡人力，以相天功，庶幾來年不至闕食。淳熙六年九月。

又《措置賑恤糶糴事件》 竊見軍境久闕雨澤，深慮細民將來艱食，合預行招誘客販米船，就軍出糶，并勸誘上户停蓄，以備饑急。措置事件下項：

如遇客販米到岸，欲就軍出糶，仰赴務陳狀，看驗税物訖，令就石寨内捎泊出糶，即與免在城税錢三分。或有糶不盡之數，欲載往它處，須再經本務出給關引，方得起離前去，庶可關防欺隱透漏之弊。今帖城下税務遵依施行。

尋常客人糶米，必經由牙人，方敢糶，常被邀阻，多抽牙錢，是致不肯住糶。合嚴立榜賞止約，許從民旅之便，情願交易，庶得牙人不敢搔擾。使軍今立賞錢一千貫文，榜市曹張掛曉示。如遇客旅興販米斛到軍，聽從民旅之便，自行糶糴。如牙人不遵今來約束，輒敢邀阻，解落牙錢，許被擾人畫時具狀，經使軍陳訴。切待勾收犯人，重行勘斷，追納賞錢入官施行。

米船到岸，雖欲出糶，然貧民下户不過斗糴，卒難轉變錢物，未免留滯。須當勸諭上户及時收糴，不惟他時可濟荒歉，於停蓄之家豈無宜利？可謂兩便。合帖委官敦請上户説諭。

又《措置兩縣到岸米船事》 照對旱傷，細民闕食，合行出糶常平米斛，應接細民食用。切慮向去日久，有誤不測賑濟，况今鄰郡州縣收成，正是客旅興販米斛之際，本軍已行措置，不行收税，仍放免本船雜物税錢，招納米船住岸出糶，接濟民户日食。其兩縣務亦合依此措置，招誘米船，候有米船到岸，即將常平米斛住糶，準備將來支用。七月十一日帖都昌縣。

又《招誘客販米斛免收力勝雜物税曉諭》 照對本軍并管屬縣近日以來闕少雨澤，見今祈禱未獲感應，米價漸高。本軍已行下城下税務、都、建昌縣招誘客販米斛前來，從便住糶，免收力勝雜物税錢，不得邀阻，減尅牙錢之類外，竊慮客人未能通知，須至曉諭，并帖縣依此施行。七月十五日。

又《措置客米到岸民户收糴不盡曉諭》 照對管内田禾多有旱損，切恐民間闕食，已措置令税務多方招誘客人米船住岸出糶，接濟民間收糴食用，與免收納雜物税錢。今來漸有客旅興販米斛到來，如有民户收糴不盡之數，許令牙人并有餘之家收糴停頓，準備接濟，合行出榜曉示。

又《約束不許偷竊禾穀》 照對三縣管下田禾雖是旱損，其間有水源及可車戽去處，今來漸次成熟。切慮有不守行止之人聚集偷竊禾穀，合行下巡尉司嚴行禁約。

又《取會管下都分富家及闕食之家》 契勘管界久闕雨澤，田禾旱損，使軍已行委官措置，招誘客人興販米斛，蠲免力勝雜物税錢，禁戢減尅牙錢之弊，勸諭前來出糶。目今日逐有米不闕，軍司亦已行帖都、建昌縣及委官依使軍所行措置，招誘客米赴縣住糶，及勸諭上戶將所有米斛相各逐鄉村開倉，依時價出糶，應接民間食用去訖。切慮向去富實戶將米斛停頓，不行出糶，使細民闕食不便，合行立式，預先委官取會管下都分蓄積米穀上戶及闕食之家如後。七月十六日。

某都共幾家：

一、富家有米可糶者幾家，除逐家口食支用、供贍地客外，有米幾石可糶，鄉例糶數即依鄉例。開客戶姓名、米數。併佃客、地客姓名。

一、富家無餘米可糶者計幾家，而僅能自給其地客、佃客不闕，仍各開戶姓。併佃客、地客姓名。

一、中產僅能自足，而未能盡贍其佃客、地客者計幾家。開户名，取見佃客、地客姓名所闕之數。

一、下戶合要糴米者幾家。

作田幾家，各開戶名，大人幾口，小人幾口。別經營甚業次。

不作田幾家，各開戶名，大人幾口，小人幾口。經營甚業次。

作他人田幾家，各開戶名，係作某人家田，大人幾口，小人幾口。兼經營甚業次。

右件如前，竝是着實，即無隱漏，其闕食之家亦無詐冒重疊。仍五家結一保，如將來使軍委官審實挑覆，却有不實去處，甘伏重罪不詞。

又《施行旱傷住催官物一月》 契勘本軍三縣遭此旱災，早禾乾損，已出榜曉諭人戶，依期投訴旱狀。將來檢踏，奏減秋稅外，有去年秋粮零欠甚多，及今年夏稅全未納及分數。緣其所欠並係起發上供及本軍軍粮之數，雖是今年旱田不熟，在法無緣免放。然而訪聞諸縣催科無術，不免決撻保長，搔擾人戶。當此闕雨之時，深慮重困民力。除已行下各住追催一月，免致保長人戶奔走期限，例遭刑責，費去車水工夫。今仰人戶各體此意，遞相告報，於住催一月限內，自備所欠錢粮，各赴倉送納，上以應副官司起發綱運，供贍軍兵，下亦使本戶不被追呼，得以一意車水救田，別作營求，用備將來闕食之患。公私兩便，各仰知悉。

又《約束鋪兵》 本軍盖緣旱傷，遂置歷及黄旗綠匣，急速前去兩縣，追會旱傷事件。須管遵依台判日限時刻，仰鋪兵連夜走傳至縣。仍仰本縣於歷內批鑿承受日時、手分姓名，即時依限回報。亦仰批發離縣日時，責付鋪兵，連夜依限赴軍投下，以憑稽考違滯去處，根究重作施行。

又《施行下諸縣躬親遍詣田段相視》 使軍契勘今歲三縣田禾旱傷，間有邊臨山源溪澗，或有得雨去處，自熟田段，其稅賦合全行輸納。又有邊臨大港，并有積水陂塘，可以車戽接救田段，皆是人戶自入夏一乾之後，合家老幼舉債辛勤，用工車水，救得其禾稻十中只有三五分熟者，即行比倣自熟之田，究見其數，斟量輕重，別作一等優卹。兼有無水車戽，全然旱死田段，切慮人戶將來一概投訴旱傷，欲將各縣鄉分分委縣官趂此未曾收刈之際，躬親下鄉，遍詣田段地頭，親自相視。仍闕叫耆保并人戶指證，供給罪賞，攢類開具供申。

又《禁戢人從不許乞覓》 使軍照對所委官下鄉，切慮將帶合干等人，因而生事，乞覓搔擾，事屬不便，合令縣給口食與隨行人，不得搔擾保正寺觀等人。仍立賞，降給文榜，付檢旱官隨行張掛約束。

又《放免官私房廊白地》 照對星子、都、建昌縣軍自六月以來，天色亢陽，闕少雨澤，見據人戶經軍、縣陳訴旱傷，切慮細民不易，理宜寬卹。所有人戶承賃官私房廊白地錢，自八月初一日為頭，以十分為率，權行減免二分，候至來年麥熟日仍舊。

又《施行人户訴狀乞覓》 據學生馮椅劄子述，照對今歲旱荒，民戶已是投詞星子，見行委官檢踏。其在都昌，舊來踏旱之弊名色非一，不敢不以告者。凡押旱狀，官中所收，則謂之醋息錢；直日司乞覓，則謂之接狀錢；已下案，案吏乞覓，則謂之買紙錢；及投旱帳，則謂之投帳錢；官員下鄉檢踏供帳，民戶着押，社司乞覓，則謂之着字錢；檢踏官員隨從人吏於保正名下乞覓，則謂之俵付錢；官司行下蠲放所納米斛，社司隨斗敷數乞覓，謂之苗頭錢。凡此之類，皆蠹民之尤者。官中所放，本以裕民，而民之縻費乃至於是，人戶既已困窮，坐受其弊，無力赴愬，委實切害。合行下星子、都、建昌縣，嚴行約束。及出榜各縣門，并檢踏官隨行張掛，曉示人戶知悉。如合干人依前乞覓前項逐色錢數，仰人戶不以早晚具狀經縣陳訴，從本縣拘收犯人，申解軍。切待根勘，依條施行。各令知委。

又《禁豪户不許盡行收糴》 照對本軍管下今歲旱傷，訪聞目今外郡客人興販米穀到星子、都、建昌縣管下諸處口岸出糴，多是豪強上戶拘占，盡數收糴，以待來年穀價騰踴之時，倚收厚利，更不容細民收糴，事屬未便。

如遇客人販到穀米，仰上戶不得獨行拘占，盡數收糴，許細民皆得從便食用。

又《管下縣相視約束及開三項田段》 使軍契勘在法，檢視災傷，先檢見存苗畝，次檢災傷田段，蓋欲趂得人戶未及收刈之際，略見荒熟大概的實分數，然後豁出熟田，細檢荒旱去處，不致猾吏姦民通同作弊。本軍近緣荒旱，檢坐上項條法，行下諸縣遵依施行。除星子知縣王文林躬親下鄉，兩日之內，多歷都分，見得荒熟田段分明，民間咸樂其來，不以為擾，都昌權縣孫迪功亦已申到躬親行視，所見災傷等第、人情苦樂皆有條理，獨有建昌一縣，地里稍遠，未據申到。却訪聞得本縣官吏誤認法意，欲將熟田一坵一角逐一看視，委是繁碎。不惟重擾災傷人戶，亦恐枉費日月，不能了辦，合行約束。

且如一坂之田，大約百坵，內有三五十坵成熟，即指定是何人田段，約計畝角，抄入熟田數內，不在將來檢放之限。如一坂百畝，只有一二十畝稍稍成熟，即不須逐畝抄劄，留與人戶，充收牛藁口食。仍令人戶一面收刈，犁翻種麥，量留根查，聽候檢放。或有田面大概黄熟，而其中有未出者，有出而青空者，有出而白死者，並係荒損。然其根查却與熟田無異，切恐將來收刈之後，誤被抄入熟田數內，不得檢放，尤為不便。今請便行貌約多少，定下荒熟分數，令人戶一面犁翻種麥。如今來所檢熟田數內，將來續有死損，即仰人戶量留穗穡，候檢旱官到，別行陳訴，續與檢放。

又《乞行下江西從便客旅興販米穀》 契勘本軍并管屬諸縣今歲旱傷，全藉江西豐熟州軍客旅興販米斛出糴，接濟細民。本軍已行散出文榜。招誘興販前來，與免附載雜物稅錢。行下城下稅務約束，及出榜曉示米牙人，不得減尅分文牙錢，令客人自行出糴。切慮向上州軍阻節，不令穀米下河，致使客旅不通，及間有興販米穀舟船，州軍妄以雜物為名倚收稅錢，是致商賈不肯搬販米穀前來出糴，細民失望，為害非輕。欲望鈞慈速賜行下江西豐熟州軍，許令商賈從便興販米穀，向下以來出糴，應接民間食用。仍乞嚴行禁戢場務，不得妄作名色，收納稅錢，庶得客旅通行，米價不致騰踴。

又《施行張廷諫訴旱傷事》 據學生張廷諫劄子述：『夫旱暵之歲，朝廷檢收秋苗成法具在，而上中等戶無不力陳，必求其放免而後已。縱使官吏有弊，亦須及半。下戶無力陳告，憚於所費，故皆不投帳。守令慮不及此，則有帳者次第減放，無帳者多至全催。粮食之儲既絶望於其前，追租之吏又驅迫於其後，回視屋宇，器皿布帛不可食者皆不可售，進退皇皇，朝暮不能相保。今若不待投陳檢視，凡下等之苗，先此全免放，則見存者其志益堅，而已逃者各思反其鄉里矣。』遂行下當縣，取會五㪷以下米單名申軍，不待檢視，先次並與除放施行。

又《施行邵艮陳訴踏旱利害》 使軍今照，近據管屬星子、都昌、建昌三縣人戶陳訴田禾旱傷，已帖委縣官躬親下鄉，先次檢視熟田，具帳供申。去後據進士邵艮劄子：『竊見官吏下鄉檢視田段，略不問及人戶旱傷去處，惟於每戶帳狀供具所熟田畝，亦不問所熟分數，但勒令供作全熟田段。鄉民不知官吏深意，皆相顧駭惑。夫都昌田禾例宜旱秈，非若星子，旱田十居七八，安有五月中旬一雨至今而有全熟之理？雖陂塘脚下及近容水去處間有熟者，然賴車戽之勤，所得不償所費。而又如此便利去處其實無幾，且以所居一都言之，惟麥坊、劉坊、大寧、余干之旱為尤慘，雖或一二分熟者，然大概顆粒不收。然則熟田實不能當旱田二十分之一。誠恐官司它日以所供熟田多少而定通放秋苗分數，則些少熟處適所以累及旱傷之家，有大不均之病。聞之鄉老，皆以為今歲之旱酷於辛卯。蓋彼時人家尚有歲備，自夫一旱之後，加以連年暗折入間，例無盖藏。自前月來，鄉曲上戶小民流離，已覺相踵。且今此正收刈之際，人家尚有一二分早禾可恃，而已如此者，雖亦糊口迫之，誠以催科之窘，且深為後日慮，而晝此至無賴計耳。比年以來都昌上戶多為小人誣賴，故闕乏之際，有力之家至不敢與交易，由是貧乏下戶愈覺坐困而無告。今鄉曲猶未雨，油麻粟豆並烏有，赤地未耕，二麥且有失時之慮，嗣歲之計，彼將何措？此蠲租之惠，尤鄉民之所深望也。昔唐制，旱七分，租庸調皆免。被三分之收，非不知取，捐之盖有深望也。』本軍遂作訪聞，行帖三縣檢視官約束。

又《委官置場循環收糴米斛》 照得本軍管界久闕雨澤，旱死田禾，目今在市闕米出糴。切慮細民闕食，合行借撥官錢，委官就軍置場，措置循環收糴米斛出糴，應備細民食用。

又《約束游手不許脅持良民》 契勘今歲旱傷，委官下鄉檢踏成熟田段外，有旱田人戶一面犁翻種麥，量留根查，候別有官前來檢收。切慮遊手脅持之人，見人戶旱田已經犁翻耕種，妄作鄉村，虛聲首熟，欺詐乞覓，使善良人戶不敢犁翻，以至種麥失時，不能安業。今仰人戶知悉，若實有旱田，即依條量留根查，以備檢放，一面犁翻種麥，免致失時。如有似此脅持，妄稱陳訴欺詐之人，仰被擾人戶經官陳理。切待追取，送獄根勘，斷罪施行。

又《援例乞撥錢米》 照對本軍今歲旱傷，細民闕食，已行下星子、都昌、建昌縣，委官抄劄合賑糶賑濟戶口人數申軍。及照得乾道七年旱傷，係蒙提舉常平使司支撥到池州、太平州、蕪湖、繁昌等縣常平米五萬碩，差官管押前來本軍，分撥下三縣賑糶賑濟，遂具申常平提舉使司，乞支撥米斛，差官管押前來本軍賑糶賑濟。續蒙提舉使司支撥信州貴溪縣常平米五千碩，差人前去搬取，及支撥池州常平錢五千貫省，付軍收糴米斛賑糶。

又《再諭人戶種二麥》 使軍累行勸諭人戶耕種二麥，蓋為今年荒旱不比常年，須是併力加工，救濟性命。今訪聞多有未施工處，顯是頑慢。已帖檢旱官并行催趣，將頑慢惰農之人量行決罰。先此曉諭，各仰知悉。

又《約束許下戶就上戶借貸》 契勘今歲旱傷非常，得熟處少。本軍已節次行下三縣，散榜曉諭人戶，趂此土脉未乾，并力耕墾，廣種二麥，接濟將來食用。如有惰農耕種失時之人，即請照已行榜示行遣。其貧乏無種粮之家，請諭上戶借貸。如要官司文歷，即印給，令上戶收執。遇有下戶借貸麥種粮食，即令就歷批領，將來還足，對行勾銷。如有不還，官為理索。

又《再諭上戶恤下戶借貸》 契勘今年荒旱非常，得熟處少，本軍多方救卹，務使人戶不至飢餓流移。及行勸諭人戶多種二麥，接濟喫用，非不叮嚀。當職近因出郊，相視陂塘，見得麥田多有未施工處。蓋緣人戶打穀未了，亦是官司勸諭未至。其得熟處不闕種粮，可以佈種，然其人既無飢餓之憂，便乃懶惰；其荒旱處合更勤苦，又以難得粮種，遂致因循。今仰人戶速將所收禾穀日下打持，趂此土脉未乾，并力耕墾。其高田堪種麥處，即仰一面種麥。其水田不堪種麥處，亦仰趂旱耕翻，多着遍數，務要均熟，庶得久遠耐旱宜禾。其得熟人戶，當念幸得收成，常生慚愧，不可便致惰怠，趂此餘力，多種二麥，將來可以博得他處物貨。其遭旱人戶，當念既遭此難，尤當勤力，多種食物，方可養贍老小，不致飢餓流移。其下戶無種粮者，上戶當興惻之心，廣加借貸。目今施惠，既可以結鄰里之驩，將來收成，亦自不失收息之利。庶幾過此荒年，各保安業。今恐前來勸諭未明，再此榜示，仰人戶知悉。

又《申提舉司將常平米出糶》 契勘本軍今歲旱傷，細民闕食，遂行下三縣，抄劄到合賑糶賑濟戶口人數，已行措置賑糶賑濟。所有本軍城下常平倉見椿管在倉米八千八百九十三碩二㪷六升五合二勺，除今年八月內盤量，欠折米一千六十碩三㪷二升四合外，實管見在米七千八百三十二碩九㪷四升四合八勺。係是乾道八年以後逐年收糴到數目，價錢不一。其米今年在廒，內有結冒陳損。兼照今年七月內，管屬建昌縣闕少米斛出糶，所支撥義倉米估價應接民間食用，每升計價錢一十文足，已具收報提舉使衙照會去訖。所是見管和糴米，本軍今追到牙人沈先等供具，其米經年陳損，與受納到人戶義倉米陳損色樣一同，依市價每一升估計價錢一十文足。本軍照得上件米係是當來委官和糴到數目，切慮虧損元價，未敢擅便出糶。具狀申提舉使衙照會，依目今所估價直賑糶，應接民間食用，庶幾飢民不致流移。

又《行下置場不許留滯客旅》 契勘本軍今歲旱傷，細民闕食，雖移文江西州縣通放到客米舟船，又慮牙鋪解落，及市民日糴數少，阻滯客旅不便，遂行委官置場，支撥官錢，依市價兩平交量，收糴客米，以備賑糶，應接細民食用。今訪聞得本場每遇客米到場中糶，更不即時交量。及至交量，又不即時支還價錢。切慮合干人因而作弊留滯，乞覓錢物，合行約束，限當日交量，即時當官支結價錢。如違，將犯人勘斷。

又《行下兩縣委官捉人戶糴米減克》 契勘管下今歲旱傷，細民闕食，使軍遂措置支撥官錢，差人前往外州縣收糴到米，分撥兩縣出糶。訪聞合干人將人戶所糴米並不依實支量，公然作弊減尅。今委逐縣知縣、縣尉，每日不測捉人戶所糴米三兩戶，當官覆量，如有少數，即根究解人赴軍。

又《申諸司乞行下江西不許遏糴》 契勘本軍并管屬諸縣今歲旱傷最甚，細民闕食，及無米支遣軍粮，遂多方借兑官錢，差撥公吏前去江西得熟處州縣收糴米數，回軍賑糶支遣。及檢準淳熙令，災傷官司不得禁止搬販。及近降指揮，州縣不許閉糴。如有遏糴州軍，許鄰州越訴。及準今年八月十九日聖旨節文，江東安撫使陳少保奏，今歲災傷，先合措置通放米斛。州縣有遏糴去處，許行越訴。本軍遂節次備坐，移文隆興府，照會收糴去。後已承回報，行下諸縣，許令本軍所差人收糴米穀放行。今却據差去公吏呂棋狀，申在本軍建昌縣管下二陂山田等處四散收糴靖安、新建縣鄉人米斛，欲裝上船，覩奉新縣尉司弓手五十餘人，各持鎗棒，沿江巡綽，不容裝發米斛。又被奉新縣差人越界釘斷建昌縣管下三陂潭德爻口陂水，把截不放船隻上下往來。已申建昌縣差保正隅官防護。所糴米船今於十月二十四日被奉新縣差弓級徐成等部領弓手保正等於要路把截，不容鄉人搬糴米穀，申乞施行。本軍今照差去公吏呂棋係在本軍建昌縣界收糴靖安、新建縣管下米穀，其奉新縣官吏公然違戾見行條法，及不遵今年八月十九日專降聖旨指揮，輒差弓手持鎗棒沿河巡綽，不容收糴，又差人越界前來建昌縣管下三陂，把截釘斷水口，不惟本軍所糴米穀百端攔遏，不行通放，有悮賑糴支遣，至於客販米穀舟船，亦不得往來，公私利害至重。移文隆興府并江西轉運司，照詳前項條法指揮，請將奉新官吏按劾，仍通放米船。并申諸司行下隆興府，通放本軍所糴米船。并申御史臺，乞依近降指揮彈奏施行。

又 卷七**《再措置場所賑濟孤老人等約束》** 照對今歲旱傷，軍司已行措置賑濟賑糴事件，立日式行下三縣遵守，一例施行，自來年正月初一日為頭賑糴賑濟去訖。數内合賑糴事件，切慮軍司有所未盡，兼賑濟孤老殘疾等人，若依每月作六次支給，又恐冬寒，趂日分赴場請米不給，合行下三縣，如所行賑糴事件未盡，請畫條具申軍。所有賑濟孤老殘疾等人，所請米次數可改作每月初一日、十六日作兩次預行支給，庶幾不至失所。

又《再行下三縣勸諭到上户賑糴不許抵拒事》 契勘今歲旱傷，細民闕食，已行下都昌縣，勸諭到上戶承認賑濟米穀數目申軍。使司亦已行下本縣，將勸諭到上戶米穀數目照應置場處戶口多寡，分撥付逐場出糶，務要均平。切慮其間上戶抵拒官司，不即依從分撥，有悮賑糶不便，合行下三縣，如有上戶不遵從官司分撥，即仰具姓名申軍。

又《再諭上户借貸米穀事》 契勘本軍管屬去歲旱傷，已行下星子等三縣，勸諭上戶以所收米穀賑糶。除認數外，有餘剩米穀，并不係勸諭賑糶米穀人家，遞年多是春間將米穀等先放下戶，秋冬隨例收息。今來上戶以旱傷之故，慮恐下戶將來負欠不還，官司不為受理，仍以官司勸諭為詞，不肯生放，使下戶用乏失業不便。使司今準淳熙四年十二月初三日指揮節文，諸人戶賖糶米，令欠戶還米本外，每斗收息五升。其先放約秋成計本息還錢，亦合一體施行。如有拖欠不還，官為理索，所貴兩無虧損。合行下三縣，散榜勸諭，約束施行。

又《再委官體訪場所合干人減克等事》 契勘本軍管下去歲旱傷，已行下三縣，勸諭到上戶賑糶米穀，使司遂措置委官下縣，分場監轄賑糶濟，及帖縣官分定地頭巡察去訖。切慮各縣逐場監糶濟官容縱合干等人減尅升㪷，及容上戶將砂土碎截、濕惡空殼米穀赴場中糶濟，及巡察官不即前去巡察，事屬不便，就委官前去體訪。如有似此違戾去處，即具狀供申。

又《申提舉司借米付人户築陂塘》 照對管屬星子等三縣去歲旱傷尤甚，緣田段多是高仰，見管陂塘多是穿漏，是致旱死。不住據管屬星子、都昌、建昌人戶經官陳乞，借口粮修築陂塘。本軍行下逐縣，委自知縣躬親前去管下，逐一驗視所管陂塘。如有穿漏及開掘，即仰一面計度合用工數，供報提舉司，乞支撥米斛。已蒙提舉衙回牒指揮，支撥保借常平司六百五十四石。

又《申倉部及運司檢放三縣苗米數》 本軍照對管屬星子、都昌、建昌三縣自六月以來，天色亢陽，闕少雨澤，田禾乾枯，本軍恭依御筆處分，嚴禁屠宰，精意祈禳，及行下諸縣，精加祈禳。去後續據星子、都、建昌三縣申，依應遍詣寺觀神祠及諸潭洞建壇，祭祀請水，精加祈禱，雨澤並無感應，今來諸鄉早禾多有乾損。及備據稅戶陳德祥等披訴，所布田禾緣雨水失時，早禾多有乾槁，不通收刈，申乞委官檢視，除放苗米。本軍除已依條行下諸縣，令人戶供投土段文帳，差官檢視，及於七月十六日具錄奏聞，并申朝省及諸監司照會施行，遂選差委迪功郎、司戶參軍毛大年前去星子縣，及委迪功郎、星子縣主簿李如晦前去都昌縣，及委從政郎、司法參軍陳祖永前去建昌縣，同逐縣知縣躬親詣旱傷田段地頭，逐一對帳檢視。續據所委官具到已檢放過人戶災傷田段，共放過米三萬七千四百五十碩一㪷二升三合一勺申軍。本軍今照星子、都昌、建昌三縣淳熙七年分管催人戶苗米四萬六千五百一十九碩六㪷五升四合五勺四抄七撮，數内除豁所委官檢放過米共三萬七千四百五十碩一㪷二升三合一勺，統均計放八分以上外，實催米九千六十九碩五㪷三升一合四勺四抄七撮。本軍已具奏聞，乞存留上件米支遣官兵外，今開具諸縣檢放實催米數下項，合具狀供申行在尚書倉部及申轉運司使衙照會。

星子縣管催米六千五百三十石七斗三升二合六勺，已委司戶毛迪功同知縣王文林下鄉檢視。

檢放米五千三百六十八石七斗二合一勺，檢放計八分一釐二毫。

先放五斗以下四百石三升二合七勺，所委官檢踏放四千九百六十八石六斗九合四勺。實催米一千一百六十二石六斗六升五勺。

都昌縣管催米一萬九千七百七十五石五升一合四勺八抄七撮，已委星子縣主簿李迪功同權縣孫迪功下鄉檢視。

檢放米一萬六千八十四石二斗七升一合，放八分一釐三毫四系。先放五斗以下一千八百六十四石八斗七升七合。

所委官檢踏放一萬四千二百一十九石三斗九升四合，實催米三千六百九十石七斗八升四勺八抄七撮。

建昌縣管催米二萬二百一十三石八斗七升四勺六抄，已委司法陳從政同知縣林宣教下鄉檢視。

檢放米一萬五千九百九十七石七斗八升，放七分九釐一毫五系。先放五斗以下米五百四十一石六斗七升。

所委官檢踏放一萬五千四百五十六石一斗一升。實催米四千二百一十六石九升四勺四抄。

糶場印式

入門訖監　押

交錢訖監　押

支米訖監　押　不到監　押係糶米人不到，於簿歷上用此印。

交錢若干訖監　押

依數支米訖監　押

號式用青絹印

某場監官隨行人吏某人斗子某人入門使押

夾截糶場交錢量米處

窻　交錢處　　量米處

門　　裏門

總簿式

使軍

今給總簿一面，付某縣某場，照給賑糶歷頭、賑濟牌子，仰照此字號批鑿牌歷，對填米數，給付人戶。今就此簿交領，逐次糶濟訖，用支訖印於本日窠眼內，其糶不足者，實填所糶米數，候結局日繳申。　年　月　日給

天字牌歷某都某保某人逐次糶請米若干訖姓名押

正月一日　六日　十一日　十六日　廿一日　廿六日

二月一日　六日　十一日　十六日　廿一日　廿六日

三月一日　六日　十一日　十六日　廿一日　廿六日

牌面印紙式

某縣某鄉第　正月一日　六日　十一日　十六日　廿一日　廿六日

都人戶　二月一日　六日　十一日　十六日　廿一日　廿六日

五日一次赴　三月一日　六日　十一日　十六日　廿一日　廿六日

場請賑濟米　閏月一日　六日　十一日　十六日　廿一日　廿六日

使

牌背題字式　押

縣給付　都　官　押用縣印

字號監　押

賑糶歷頭樣

使軍　所給歷頭，即不得質當及借賣與不係今賑糶之人。

如覺察得，或外人陳告，其與者、受者並定行斷罪。

今給歷付　縣　鄉　都人戶

大人　口小兒　口每五日賫錢赴　收糴

如糴米大人一升小兒半升

如糴穀大人二升小兒一升并五日並給閏三月終止

右給歷頭照會淳熙八年正月　日給

使　押

正月初一日

正月初六日

正月十一日

又《措置賑糶場合行事件》照對管屬今歲旱傷尤甚，細民闕食，使司已措置，委官抄劄到闕食戶口及勸諭上戶承認賑糶米斛，并支常平倉見管米斛，合自淳熙八年正月一日為頭賑糶賑濟，至閏月終住。

又《行下米場人戶不到者于總簿用印》照對今歲本軍管屬旱傷，已行關防約束，行下三縣，自來年正月為頭賑糶賑濟去訖。所有賑糶米日分，人戶赴場糶米不及，仰監糶官即時用不到印子於總簿姓名下，印訖，為照合行下，仍關報逐場。

又《行下米場具糶過米式》照對本軍管屬今歲旱傷，已據星子、都、

建昌縣勸諭到上戶承認賑糶米穀數目申軍，使司亦已措置關防置場，差官下縣監轄，自今年正月為頭賑糶賑濟去訖。所有各縣合五日一次，遇糶米日分，具糶過米數文帳二本申縣，本縣繳連一本申軍。今立式下項：

某處賑糶場。

今具某月某日糶過米數下項：

一、本場本日合糶人戶計若干，共糶米若干。

大人若干，合糶若干。

小兒若干，合糶若干。

一、本日實到糶米人戶若干，共糶過上戶某人米若干。如是糶官米，即說官米。

大人若干，糶過米若干。

小兒若干，糶過米若干。

一、比合糶米數不到人戶若干，少糶米若干。

大人若干，合糶米若干。

小兒若干，合糶米若干。

右謹具申　聞。淳熙八年正月初二日。

又《措置行下各場關防上户用濕惡糙米》　照對本軍旱傷，已行下三縣，勸諭管下上戶承認米穀賑糶。軍司已行措置關防約束，置場差官下縣監轄賑糶外，切慮其間有上戶却將濕惡麄糙米穀赴場出糶，有悮民間食用，合行下三縣，如有上戶津般到濕惡麄糙穀米，即仰退回，令上戶津般堪好米穀出糶，不得容令作弊，并印榜曉示。

又《續置歷下場五日一次開具糶過米》　照對本軍管屬旱傷，細民闕食，已行下三縣，勸諭到上戶承認賑糶米穀數目申軍。使司已關防措置約束事件，置場給歷下縣付人戶，差官監轄，自今年正月為頭，每五日一次賑糶。切慮其間尚有人戶不能措辦五日錢一頓收糶，合續添賑糶歷一本，立式行下三縣，關報逐場，如有人戶願日赴場收糶米斛者，即仰賫元立歷頭赴巡察官，粘連印押付人戶，逐日收糶。其有人戶願依前五日一次赴場收糶者，即仰依已行事件施行。仍五日一次開具糶過米穀文帳供申。

又《行下普作賑濟兩日》　契勘本軍管屬旱傷尤甚，細民闕食，已行下三縣抄劄到闕食戶口人數申軍。及勸諭到上戶張世亨等四名，依格承認賑濟米共一萬九千石。及依條取撥常平義倉米。自淳熙八年正月以後，緣管屬寒雪，本軍行下屬縣，將賑糶人戶一例賑濟兩日。正月八日帖都、建昌縣。

又《施行權免和糴令客米從便往來》　本軍旱傷，遂支撥官錢，委官在軍置場，和糴客人米斛，循環糶糴，應接民間食用。及本軍勸諭到上戶承認糶米斛，并差公吏前去收糴到米斛樁管，賑糶濟不闕。所有元置和糴賑糶場，合權行住糴客人米斛。及出榜曉示，從便上下出糶。

又《免糴客米三分》　照對本軍去歲旱傷，細民闕食，遂行措置場，和糴客旅米斛三分，應接食用。今來賑糶濟米數不闕，已行住糴合。行散榜上流州軍客旅通知。

又《旅行許令人户借貸官司米穀充種子布種》　照對管下三縣去歲旱傷至重，本軍已行措置賑糶賑濟。近來節次據人戶經軍陳狀，因旱傷，目今佈種是時，闕少種粮，乞行借貸常平米斛佈田。軍司已行下各縣相度，依條施行去訖，未據申到。今檢準常平免役令，諸災傷計一縣板稅七分以上，第四等以下戶乏種食者，雖舊有欠閣，不以月分，聽結保貸借米。穀不堪充種子，紐直以錢各二貫石給。限半年隨稅納，仍免息。州豫以應支數保明申提舉司，行訖申尚書戶部。雖計一縣放稅不及七分，而本户稅及七分者準此。

今來除星子知縣一面究實相度，依條借貸外，所有都、建昌縣合委官同各縣知佐相度，究見管下第四等以下戶委實闕乏之人，各令結保，依條施行。

又《不係賑濟人一例賑濟》　契勘去歲旱傷，細民闕食，使軍已行勸諭到上戶承認糶濟米穀，及有上戶自能贍給佃地客戶口外，使軍已印牌歷付闕食人，赴場賑糶濟。除將見有牌歷合糶濟人戶普行賑濟外，其上戶贍給地佃等日前除豁，不係賑糶之人，亦行抄劄，一例賑濟一十三日。自三月十一日為頭，將張世亨等所認米及取撥常平米普行賑濟，務要實惠。

又《委官核實四户賑濟米數縣官保明事》　照對去歲旱傷，細民闕食，勸諭到都昌、建昌縣上戶張世亨等四名共賑濟米一萬九千石。本軍遂行措置，相度地里遠近，分作三十五場，委官監轄賑濟，及委官巡察。近準尚書省劄子，檢會淳熙八年正月二十三日勅中書門下省勘會兩浙、江東西、湖北、淮西州軍去年間有旱傷去處，檢坐乾道七年内立定勸諭富室上戶賑濟賑糶米斛賞格已降指揮，行下逐路施行。近來逐路州軍雖有開具已勸諭到賑濟賑糶數目，緣無逐司保明，是致推賞未得。切慮因而滯留，未稱勸賞之意，正月二十三日，三省同奉聖旨，令逐路安撫、轉運、提舉司各行下所部州縣，將願出穀賑濟賑糶之家，如有見得數目應格，合行推賞，即日下縣，結罪保明申州，州結罪保明申逐司。仍仰逐司疾速連銜保明申尚書省，不得少有稽滯。今有張世亨等所認賑濟米斛已行普濟管下闕食人戶，相次了畢，未見逐縣知縣結罪保明，申軍施行。今帖委司法前去建昌、都昌縣覈實的確賑濟米穀數目，結罪保明供申，切待再行稽考施行。

又《移文江西通放客米及本軍糴米船事》 契堪本軍管屬去歲旱傷，細民闕食，及無軍粮支遣，本軍節次借撥官錢五萬三百四十四貫三百七十九文，差撥公吏前去江西得熟州軍，收糴到米共二萬三千五百二石二斗四升五合回軍，賑糴及支遣軍粮。并檢準淳熙令，諸米穀遇災傷，官司不得禁止搬取。及近降指揮，州縣不許閉糴。如有遏糴州軍，許隣州越訴。又準今年八月十九日聖旨指揮節文，江東安撫使陳少保奏，今歲災傷，先合措置通放米斛。州縣遏糴去處，許人戶經本司越訴。遂移文江西轉運司、安撫司并奉新縣等，通放米船回軍，賑糴支遣軍粮施行。

又《奏乞推賞賑濟上户》 照會本軍去歲旱傷至重，細民闕食，撥到常平米斛數目不多，隨行勸諭到管屬上戶承認米數，本軍恭稟行下管屬，再行勸諭。如願將米賑濟，切依所降指揮格法推賞去後。今勸諭到元認賑糴米稅戶張世亨、劉師輿、進士張邦獻、黄澄四名，遵法賑濟。内建昌縣稅戶張世亨五千石，乞補承節郎；進士張邦獻五千石，乞補迪功郎；稅戶劉師輿四千石，乞補承信郎；并都昌縣待補太學生黄澄五千石，乞補迪功郎。及差官監轄賑濟。已於去年十二月二十八日先具奏聞，及申本路諸監司照會去訖。續據管屬星子、都昌、建昌三縣共抄劄闕食饑民二萬九千五百七十八戶，數内大人一十三萬七千六百七口，小兒九萬二百七十六口。本軍各仰給歷頭牌面，置簿歷發送逐縣當職官，給散付人戶。預於縣市及諸鄉均定去處，共置三十五場，分見見任、寄居指使、添差、監押酒稅、監廟等大小使臣共三十五員，監轄賑糶賑濟，及委縣官分場巡察，嚴戢減尅乞覓之弊。自淳熙八年正月初一日為始，今抄劄到闕食人戶赴場賑糶，其鰥寡孤獨之人，即以常平米斛依法賑濟。至正月内，又緣雪寒，行下屬縣，將元係賑糶饑民用上件張世亨、黄澄等及常平義倉米一例賑濟兩日。至三月内，又慮饑民難得錢收糴米斛，再自十一日為頭，行下諸縣，將已給歷賑糶饑民一例普行賑濟一十三日，通作半月。又照約都昌縣止有黄澄一名承認賑濟五千石，湊所管義倉米會計賑濟不周，本軍遂於建昌縣張世亨等賑濟米内撥米四千石，本軍措置官錢，和雇夫脚舟船裝發，送都昌縣交管，分於場置去處，責令監轄賑濟。至閏三月十五日終。節次據都昌縣、建昌縣申到張世亨、張邦獻、劉師輿、黄澄賑濟過米撮等共計一萬九千石。星子縣元無勸諭到上戶賑濟米斛，即以常平義倉米斛依例普行賑濟外，本軍節次行下都昌、建昌知縣，逐旋審究的實賑濟過張世亨、黄澄等米數，保明申軍。去後，據迪功郎、監城下酒稅、權都昌縣事孫僑，通直郎、知建昌縣事林叔坦狀，保明到張世亨、張邦獻、劉師輿、黄澄賑濟過米一萬九千石，委是節次賑濟饑民食用之數，並無冒濫。本軍一面委差從政郎、本軍司法參軍陳祖永前去都、建昌縣，覈實得張世亨、張邦獻、劉師輿、黄澄賑濟米一萬九千石，委是賑濟過的實之數。本軍再行稽考，別無冒濫，保明是實。本軍勘會得張世亨、劉師輿各係稅戶，張邦獻係應舉習詩賦終場士人，并黄澄係於淳熙四年秋試應舉習詩賦取中，待補太學生第十五名是實。其張世亨、張邦獻、劉師輿、黄澄賑濟過米數各應得近降指揮賞格，數内稅戶張世亨賑濟過米五千石，合補承節郎；稅戶劉師輿賑濟過米四千石，合補承信郎；進士張邦獻賑濟過米五千石，合補迪功郎；待補太學生黄澄賑濟過米五千石，合補迪功郎。除已具申本路安撫司、轉運司、提舉司、提刑司照會，依條保奏推賞外，欲望聖慈下所屬給降合得付身發下，以憑給付張世亨等祗受，謹錄奏聞。

宋 朱熹《晦庵集》卷一三《延和奏札三》 臣疎繆不材，遠跡林野，陛下過聽，畀以郡符。已試罔功，復叨使指，誤恩横被，又忝職名。方具辭免之間，忽於九月二十二日恭被改除之命。揣分量力，尤所不堪。本欲控陳懇避之誠，庶安愚賤之迹，而是時已聞本路紹興府、衢、婺州水旱饑荒，上軫宸慮。竊恐遷延，或致誤事，遂已即日拜命，具狀申省，乞許奏對。至十月二十八日，方准省劄，恭奉聖旨，令臣疾速奏事，前去之任。臣聞命震惕，不敢稽留，即於今月二日襆被上道。至十一日始入本路衢州界，問得本州災傷，常山、江山、開化三縣為甚，而西安、龍游次之。其婺州、紹興府，則所傳又非衢州之比。臣不勝恐懼，遂自衢州乘舟，取疾以來。及節次於本司及被災州縣會到已行事件，乃聞陛下間嘗親御翰墨，戒飭帥臣，詞旨深切，聞者感涕。而前後撥賜米斛，又已二十有餘萬矣。仰見聖心懇惻，急於救民，而於軍國之儲無所愛惜至於如此，甚大惠也。臣猥蒙任使，自惟疎拙，大懼不能有以出斯人於溝壑，仰副陛下焦勞之意，今來管見，合行申請，須至畫一奏聞者。

一、救荒之務，檢放為先，行之及早，則民知有所恃賴，未便逃移；放之稍寬，則民間留得禾米，未便闕乏。然而州郡多是吝惜財計，不以愛民為念，故所差官承望風指，已是不敢從實檢定分數。及至申到帳狀，州郡又加裁減，不肯依數分明除放。又旱田收割日久，檢踏後時，致有無根查者，乃是州郡差官遲緩之罪，而檢官反謂人戶違法，不為檢定，其有檢定申到者，州郡亦不為蠲放。就中下戶所放不多，尤被其害。訪聞本路州縣亦有似此去處，欲乞候臣將來到任，廣行詢究，更與從實蠲減。

一、伏覩近降指揮，旱傷州縣上戶賑糶，止令勸諭，毋得科抑。仰見聖明深察物情，恤貧安富，兩得其所。然竊恐官吏被此指揮之後，其間或有便文自營之人，必將泛然不以勸諭為意，而上戶亦有詞說，難以勸諭。官司米斛不多，將來無以接續，其害又有不可勝言者。欲乞且令州縣將未勸諭者權以去年認數為約，已勸諭者權據見認之數為準，多方詢訪，加意考核，不得比同尋常，報應空文，須管究心體訪，得其實數。其實不能及數者，更與量減，實可更多出者，則與量添。其有鹵莽滅裂、徒為煩擾去處，將來本司覺察得知，具名聞奏。庶幾所認之數必得其平，而無科抑之患矣。

一、應募獻米，合格推賞之人，多被官吏邀阻乞覔，聞有至今未推賞者。近雖已蒙立法約束，更乞明詔戶部，先具見今奏到已未推賞各件進呈，將未推賞人日下推賞。行下諸路州縣，有未申奏者，限一月內並到。如違，許被抑人進狀陳訴，重作行遣。又上戶已經去年獻助，今年所蓄想已不多。若必依舊格方得推賞，則恐無復及格之人可以獻助。欲乞檢會淳熙元年三月二十四日敕，戶部勘當到點檢台州措置賑濟官耿延年所申浙東路賑濟賑糶依湖南、江西米數減半紐計推賞指揮謂如四千石合補承信郎今減作二千石之類，申明行下，庶幾應募者衆，得濟飢民。仍勒所司立定保明狀式，及令逐處官司承受應募理賞詞狀文帖並要當日行遣。如將來依式奏到省部却稱文字不圓及諸處故違程限者，官員重加降責，人吏並行決配，庶幾富者樂輸，貧者得食，實為兩便。

一、伏覩今歲紹興府已蒙聖慈撥賜米斛十七萬石，訪聞昨來本府抄劄飢民戶口，若自十一月至來年三月，約用米八十萬石，方可足用。其間固不能無冒濫虛數，今來本府節次刪減，未知將來定作多少戶口計度。但今所有米數，及糶米錢姑以元抄劄數計之，不過得四分之一。況又州府見闕軍儲，竊慮不免却將撥賜米斛暗行借兑，則所得糶濟米數愈見不多。若州府只據見米捎定人口，抄劄糶濟，則所及不廣，必致人戶流離餓殍，上勞聖慮，又臣經由衢州，見得本州旱損雖云不及紹興府、婺州兩州，然其處水路淺澁，冬月尤甚，運載錢米極為艱難。本州雖已差官往浙西收糴，然糴本至少，所得不多，而所費水脚已不貲矣。臣今來欲望聖慈更撥賜豐儲倉米三十萬石應副紹興府，三萬石應副衢州。如無見管米斛，即計目今米價支借內帑見錢，令其趂此米價未至騰踴之間，前去有米州郡收糴，旋次般載回州。其上件錢米並乞專責本司差委隣州官吏出納，州府不得干預，庶免侵兑之弊。其已撥賜錢米，亦乞令本司選委本州通判一員同共主管，不得別作支用。仍詔守臣疾速措置，收糴軍糧，不管誤事。其婺州雖蒙撥賜米五萬石，尚恐未足賑濟，却俟臣親到本州相度會計，別具奏聞者。

貼黄：臣竊聞陛下節儉憂勤，規恢遠畧，內庫所積錢帛甚多。今既天時未順，未可興師，而近甸飢荒至於如此，伏願聖慈權其輕重，特賜借撥。

據紹興府申到撥下諸縣米數，總計二十一萬二千餘石。除嵊縣六萬八千餘石係排日糶濟外，餘縣十四萬三千餘石係開日糶濟，竊恐飢民一日止得半升之米，不能存活。今欲依嵊縣例排日糶濟，即合更用十四萬三千餘石。又聞官吏抄劄不無漏落，又慮流民却回復業，兼數內所稱摺運，乃是三摺之數，將來米價日增，及有往來脚費，風波滯留，不無欠折。又本府民貧，勸諭所得，恐亦不多，須更備米十五六萬石，準備添貼，所以約計乞米三十萬石。如蒙撥賜，今亦未敢盡數撥取。如是將來糶濟不盡，却行回納。伏乞睿照。

一、諸郡荒歉人戶日有流移，一切官物不堪催理。其紹興府人戶夏税已蒙聖慈等第免閣住催，唯衢、婺州當來失於申奏，致人戶未蒙依例推恩。而戶部、漕司催督州郡，亦如平日。州郡無所從出，其勢必取於縣，縣無所從出，則人戶必有受其弊者，甚失聖主惻怛哀憐之意。然計戶部、漕司所催，必是指定支遣之數，有不得而已者，其勢又不容直行禁止。欲乞朝廷取會戶部漕司合得諸州解發錢帛之數，且於內庫支撥應副，而詔戶部漕司被災州縣所欠新舊官物並且住催，直至明年蠶麥熟後，却將舊欠逐旋催理，寬作料次，撥還內庫，決然不至敢有欠闕。其人戶名下新舊上供官物，亦乞明詔州縣未得催理。

其紹興府雖已有前件住催指揮，竊恐州縣奉行不虔，及將今年檢放外殘零苗米催督嚴峻，亦乞聖慈更賜戒約，令其寬限人戶輸納。

貼黃：臣續訪聞紹興府雖蒙指揮住催官物，而春夏之間，官吏多已先期催足，民戶實未盡霑聖恩。今體問得本府人戶合納丁鹽錢、丁身折帛絹、折帛綿、本色絹、本色綿五項，不以有無產業物力，一丁並納九百餘錢，來春即便起催，飢餓之餘，實難供納。臣愚欲望聖慈將來年合納錢數預行蠲放，庶幾官吏無以作弊，下戶實被聖恩，有以慰安民心，感召和氣。伏候聖旨。

一、今年旱地廣闊，只有湖南、二廣及浙西兩三郡豐熟。而廣東海路至浙東為近。臣昨受命之初，訪聞彼處米價大段低平，即嘗印牓，遣人散於福建、廣東兩路沿海去處，招邀米客，許其約束稅務，不得妄收力勝雜物稅錢，到日只依市價出糶，更不裁減。如有不售者，官為依價收糴。自此向後，必多有人興販前來。但臣元牓約束本路州縣稅塲不得妄有邀阻收稅及力勝一節，更乞聖慈申嚴行下，有違戾者，官吏並比見行條法，各加一等坐罪。至來年六月，却依舊法。其收糴本錢，乞許行下本路沿海州軍，將今年糴過米錢及兑那諸色窠名支撥充應，庶幾不失信於客人，向後易為招誘。如或更蒙朝廷量立賞格，召人興販，行下諸路，曉示勸誘，仍先降空名付身數十道付本司，俟有上件販到米斛之人，即與書填給付。盖緣客人糶貨了畢，便欲歸回元處，不能等候，即與士居上戶不同。伏乞聖察。

一、救荒之政，著於令甲及近年節次指揮雖已詳悉，然而全在官吏遵奉推行，然後民被實惠。況今年薦飢，公私匱竭，比之常歲，事體不同。欲乞聖慈特降指揮，戒敕本路守令以下，令其究心奉行，悉意推廣。其故有違慢不虔之人，俾臣奏劾一二，重作施行，以警其餘。其有老病昏愚，不堪驅策者，亦許具名聞奏，別與差遣。却選本路官吏惻怛愛民、才力可仗者，特許不拘文法，時暫差權。謂如治獄捕盜官不許差出之類。仍依富弼、趙抃例，選差得替待闕、宮廟持服官員，時暫管幹，事畢，具名申奏，量與推賞，如減磨勘陞名次之類。庶幾官吏向前，人蒙實利。

又《延和奏札四》 臣比因講求荒政，復有二事，雖非今日拯救之急，而實異時久遠之利，不敢不言。今謹別具進呈下項：

一、臣昨任南康軍日，適值旱傷，深慮檢放搔擾下戶。偶有士人陳說，乞將五斗以下苗米人戶免檢全放，當時即與施行，人以為便。本路提舉常平尤袤遂以其法行之諸郡，其利甚博。近日經由信州，則聞玉山一縣亦得檢官如此措置，除上三等戶隨分減放外，下二等戶盡行蠲免，通計一縣所放，亦不過共成五分。問之道旁居民，莫不稱其平允。此最為法之善者，而律令未有明文。又今年檢踏已畢，行之不及，欲乞聖慈詳酌，特詔有司定著為令，自今水旱約及三分以上，等五等戶並免檢踏具帳，先與全戶蠲放。如及五分以上，即并第四等戶依此施行。其州縣差官後時，致得旱損田苗不存根查，亦乞立法坐罪。其所損田即與相度地形高低、水源近遠，比並隣至分數檢放，庶幾貧民遠利便。

一、臣所居建寧府崇安縣開耀鄉有社倉一所，係昨乾道四年鄉民艱食，本府給到常平米六百石，委臣與本鄉土居朝奉郎劉如愚同共賑貸。至冬收到元米，次年夏間，本府復令依舊貸與人戶，冬間納還。臣等申府措置，每石量收息米二斗，自後逐年依此斂散。或遇小歉，即蠲其息之半，大饑即盡蠲之。至今十有四年，其支息米造成倉敖三間收貯，已將元米六百石納還本府。其見管三千一百石，並是累年人戶納到息米，已申本府照會，將來依前斂散，更不收息，每石只收耗米三升。係臣與本鄉土居官及士人數人同共掌管，遇斂散時，即申府差縣官一員監視出納。以此之故，一鄉四五十里之間，雖遇凶年，人不闕食。竊謂其法可以推廣，行之他處，而法令無文，人情難彊。妄意欲乞聖慈特依義役體例，行下諸路州軍，曉諭人戶，有願依此置立社倉者，州縣量支常平米斛，責與本鄉出等人戶，主執斂散，每石收息二斗，仍差本鄉土居或寄居官員士人有行義者與本縣官同共出納。收到息米十倍本米之數，即送原米還官，却將息米斂散，每石只收耗米三升。其有富家情願出米作本者，亦從其便，息米及數亦當撥還。如有鄉土風俗不同者，更許隨宜立約，申官遵守，實為久遠之利。其不願置立去處，官司不得抑勒，則亦不至搔擾此。在今日言之，雖無所濟於目前之急，然實公私儲蓄、預備久遠之計。及今歉歲施行，人必願從者衆。其建寧府社倉見行事目，謹録一通進呈。伏望聖慈詳察，特賜施行。

右謹具如前，取進止。

又 卷一六《奏南康軍旱傷狀》 照會本軍并管屬星子、都昌、建昌縣自六月以來，天色亢陽，缺少雨澤，田禾乾枯。本軍恭依御筆處分，嚴禁屠宰，精意祈禳，及行下逐縣精加祈禱。去後，今據星子、都昌、建昌縣申，依應遍詣寺觀、神祠及諸潭洞建壇，祭祀請水，精加祈禱，雨澤並無感應，今來諸鄉旱禾多有乾損。及備據税戶陳德祥等狀披訴，所布田禾緣雨水失時，早禾多有乾槁，不通收刈，申乞委官檢視。本軍今檢準淳熙令，諸官私田災傷，秋田以七月聽經縣陳訴，至月終止。本軍除已依條施行外，須至奏聞。

又《乞放免租税及撥錢米充軍糧賑濟狀》　臣伏覩本軍今為久缺雨澤，旱田旱損，已依準令式具狀奏聞訖。照對本軍地荒田瘠，税重民貧。昨於乾道七年曾遭大旱，伏蒙聖恩，放免本年夏秋二税錢米、紬絹共八萬六千三百二十貫石匹，及詔本路監司應副軍糧米四千石，撥到糴軍糧米錢九千餘貫，并撥本軍未起米一萬一千七百餘石，本軍借兑過乳香度牒錢一萬餘貫，湊糴軍糧，支遣官兵及撥到賑濟米五萬石，又拖欠兩年上供、折帛、月樁等錢共九萬三千四百一十六貫石匹兩，然後遺民復得存活，以至今日。今茲不幸，復罹枯旱之災，又蒙陛下親降御筆，深詔守臣精加祈禱，而臣奉職無狀，無以感格幽明，祈禱兩月，殊無應效。今則旱田什損七八，晚田亦未可知，正得薄收，其數亦不能當旱田之一二。訪聞耆老云，乾道七年之旱雖不止於如此，然當時承屢豐之後，富家猶有蓄積，人情未至驚憂。又以朝廷散利薄征，賑給之厚，而人民猶不免於流移殍死，閭井蕭條，至今未復。况今民間蓄積不及往時，人情已甚憂懼，目下軍糧便闕支遣，計料見管常平斛斗，亦恐將來不足賑濟支用。若不瀝懇先自奏聞，竊恐將來流殍之禍及他意外之憂又有甚於前日。欲望聖慈早降睿旨，許依分數放免税租外，更令轉運、常平兩司多撥錢米，應副軍糧，準備賑濟，則一郡軍民庶幾不致大段狼狽。冒犯天威，臣無任恐懼待辠之至。

又《再奏南康軍旱傷狀》　照對本軍管屬星子、都昌、建昌三縣管下諸鄉自春夏以來，雨澤少愆，尋行祈禱，於五月中旬已獲感應，稍稍霑足，遂至高下之田皆已布種。至六月上旬以來，又闕雨澤，及遍詣管屬靈跡、寺觀、神祠，諸處淵潭取水，建置壇場，依法冊祭龍及修設醮筵，禁止屠宰，精加祈禱，自後未獲感應。其管下民戶陂塘所積水利，雖車戽注蔭禾稻，緣亢日久，兼又風色滲漏，是致民田多有乾槁，不通收刈，見不住據人戶投陳旱傷不絶。本軍恭依御筆處分，嚴禁屠宰，精意祈禳，及行下逐縣精加祈禱。去後，據星子、都昌、建昌縣申，依應遍詣寺觀、神祠及諸潭洞建壇，祭祀請水，精加祈禱，雨澤並無感應，今來諸鄉旱禾多有乾損。及備據税戶陳德祥等狀披訴，所有田禾緣雨水失時，早禾多有乾槁，不通收刈，申乞委官檢視。本軍檢準淳熙令，諸官私田災傷，秋田以七月聽經縣陳訴，至月終止，具録奏聞。

又《乞截留米綱充軍糧賑糴賑給狀》　臣熹昨以衰病無能，退居田野，陛下過聽，不忍棄捐，超資越序，付以千里民社之寄，德至渥也。而臣亡狀，不能悉心營職，宣布寬恩，馴致旱災，害及民物。雖已嘗具奏聞，及申省部諸司，乞行賑救，今來竊聞接濟飢民事常平司已行措置，惟有軍糧一節，利害尤為不輕，而未聞諸司有所措置。竊慮一旦事出意外，辠無所逃，須至昧死再有陳奏，伏望聖明俯垂臨照。臣契勘南康軍受納人戶苗米計四萬六千五百一十九石，遆年科撥，並充上供起發，而本軍官吏軍兵一歲糧廪計當用米二萬七千五百一十三石，並無科名支撥，從來只於人戶輸納苗米多收加耗，高量斛面，皮侵支漕司科撥未盡米斛，應副支遣。昨於淳熙五年内奉聖旨，令人戶自行把槩。見青交量，每斛已減斛面二斗，及臣到任，訪聞民間猶以所納為重，又行措置，減去加耗一斗，所入之數既已不多，然若無水旱災傷，非泛支遣，更以別色官錢多方糴補，亦可僅免曠闕。今者不幸遭此旱傷，差官檢放，雖未見得分數多寡，然以目所見，參之傳聞，其勢所收未必及三四分。竊慮將來減放之後，實納苗米頭數不多，當此凶年，所減加耗斛面又難以復行增起，即本軍官兵所支糧廪委是並無指擬。夫民飢猶能流移逐食，軍兵既係尺籍，從來仰食於官，豈容一日有所欠闕？臣既淺短，無術可為，旬月以來，晝度夜思，以至成疾。雖已畧控危衷，陳乞罷免，然念州郡事勢日就危迫，又有萬倍於一身者。若不力告朝廷，早為之所，而但偷為一身之計，自求安便，則其上負陛下拔擢任使之恩，雖復萬死，猶有餘辠。故不自揆其踈賤，輒敢復具情實，冒昧奏聞。欲望聖慈哀憐遠方軍民遭此旱虐，凛然日有溝壑之憂，特降睿旨，許留淳熙六年殘零未起米綱，及七年合起米綱並充本軍軍糧及賑糴賑給支用，其賑糴米錢候將來收到，別隨綱運解發，庶幾一郡生靈若軍若民皆得以保其螻蟻之微命，共感天地造化無窮之恩。更乞憐臣所患心疾不堪思慮，又苦脚氣，不任步履，早賜罷免。仍催已差下人石𡼏不候般家接人，疾速前來之任，使臣得輿病還家，待盡餘息，則臣之私計亦為幸甚。謹録奏聞，伏候勅旨。

貼黄：照對本軍淳熙六年米綱未起僅五千石，今年苗米且約減放七分，即所餘合納米不過一萬三千九百五十五石。若蒙聖旨盡行撥賜，亦不為多。

又況賑糶米錢將來續次發納，即其實支之數愈更不多。此在朝廷至為微末，而可以救活一郡軍民之命，誠非細事。伏乞聖照。

又《奉勸諭到賑濟人户狀》 照對本軍今歲旱傷，細民闕食，已行下管屬星子、都昌、建昌縣，勸諭到上户張世亨等承認米穀，賑糶接濟民間食用。已行下逐縣，告示上户，依所認數目椿管在家，伺候差官審實監糶。去後續準行在尚書户部符，九月十九日辰時，準淳熙七年九月十三日，勅中書門下省檢會：昨準乾道七年八月一日勅節文，訪聞湖南、江西間有旱傷州軍，竊慮米價踴貴，細民艱食，理合委州縣守令勸諭有米斛富室上户，如有賑濟饑民之人，許從州縣審究指實，保明申朝廷，依今來立定格目給降付身，補授名目。内無官人，一千五百石補進義校尉，願補不理選限將仕郎聽。二千石補進武校尉，如係進士，與免文解一次。不係進士，候到部與免短使一次。四千石補陳信郎，如係進士，與補上州文學。五千石補承節郎。如係進士補廸功郎。符本軍疾速施行。本軍遂恭禀行下星子、都昌、建昌縣，勸諭承認賑糶米穀之人，如願將來賑濟，依今來所降指揮格法推賞。去後，今據都昌、建昌縣狀申，勸諭到元認賑糶米穀税户張世亨、張邦獻、劉師輿、黄澄四名，各情願依格法將米穀賑濟飢民，乞依今降指揮保奏推賞。本軍已行下逐縣，告示張世亨等依數椿管米斛，伺候本軍給歷付飢民，及差官前去監轄賑濟飢民請領食用。候見的實賑過米數，別行保奏推賞外，須至奏聞者。

又《繳納南康任滿合奏禀事件狀》 臣熹昨於淳熙五年準勅差前件差遣，續奉聖旨，令臣任滿前來奏事。臣已於次年三月到任，至今年三月，已係成資。方欲等候替人前來交割職事，即依元降指揮前去奏事，忽於三月二十五日準尚書省劄子，奉聖旨，除臣提舉江南西路常平茶鹽公事。自顧踈頑，已試無狀，薦蒙任使，恩重命輕，未敢遽有辭避，已於當日望闕謝恩祗受訖。緣為替人未到，準法未得離任。其元降奏事指揮，又緣已有前件恩命，兼臣見患心氣，精神不全，思慮應對動有差錯，不敢前詣國門，聽候進止外，伏念臣愚賤踈遠，在任二年，凡所奏陳，多蒙開納。甫及終更，曾無績効，又蒙聖恩，有此陞擢。臣雖至愚，然早服父師之訓，其於君臣大義與夫古今治亂得失之故，粗亦識其梗槩，豈不願得一望天日之光，少罄平日愚忠之萬一？顧以衰頹，不獲自盡，退就田畝，死有遺憾。惟是今任職事尚有合具奏禀事件，不免具事狀條畫以聞，而總其目如左，須至奏聞者。

一、臣熹狀奏為本軍星子縣税錢太重，欲乞直降睿旨，特賜蠲減事。

一、臣熹狀繳連本軍狀奏為勸諭到税户張世亨、張邦獻、劉師輿、黄澄，共承認米一萬九千石，賑濟飢民，給賜了畢。欲乞不候諸司保明，早依元降賞格推恩事。

一、臣熹狀奏為乞降指揮，淳熙七年被災之郡不得催理積欠，及將倚閣夏税特與蠲放，其上三等户零欠夏税亦與多作料次，逐年帶納事。

一、臣熹奏為乞賜白鹿洞書院勅額，及乞頒降光堯壽聖憲天體道性仁誠德經武緯文太上皇帝御書石經及國子監九經注疏等事。

右謹具如前，欲望聖慈特降睿旨，逐一施行，不勝幸甚！臣瞻望闕庭，無任慕戀祈懇之至。謹録奏聞，伏候勅旨。

一

右，臣誤蒙聖恩，俟辠偏壘，自度庸愚，無以補報。到任以來，夙夜憂勞，惟思所以上布聖恩，下求民瘼，仰副使令之萬一者。竊見本軍諸縣大抵荒涼，田野榛蕪，人烟稀少，而星子一縣為尤甚。因竊究其所以，乃知日前兵亂流移，民方復業，而官吏節次增起税額，及和買折帛數目浩瀚，人户盡力供輸，有所不給，則復轉徙流亡，無復顧戀鄉井之意。其幸存者，亦皆苟且偷安，不為子孫長久之慮。一旦小有水旱，則復顧而之他。觀其氣象，如腐草浮苴，無有根蔕，愁歎亡聊，深可憐憫。是以到任之初，曾以此縣税錢利害條具聞奏，乞賜蠲減。伏蒙聖恩，即日降出，而户部下之本路漕司，漕司委官究實，復以申部，取旨施行。百里疲羸日夕仰望聖澤之下流，不啻飢渴，而户部乃以往者議臣之請，復下漕司，責以對補。吏民相顧，悼心失圖，臣愚惶惑，亦不知所以為計者。是以默息久之，不敢復有奏陳。今既終更不遠，郡境又遭去年之旱，其憔悴無憀之態，又有甚於前所陳者。是以不敢愛死，復嬰鈇鉞而一言之。夫以民之貧病至於如此，州郡誠有餘財，自當措置兑那，以紓其力，豈便敢以此等瑣末上勞天聽？正為公私匱乏，不能相救，是以冒昧有此陳請。今乃限以對補之説，使遠民之疾苦不得以上聞，而陛下之德澤不得以下究，此殆議者過計之憂。臣雖至愚，有以知其決非仁聖之本心也。欲望聖慈特降睿旨，將淳熙六年十月十九日對補指揮更不施行。仍照有司檢會臣熹前奏本軍星子縣税錢事，直賜蠲放。蓋其所捐除不礙上供數外，不過紬絹一千五十餘匹，錢二千九百餘貫，此於大農之經費不足以當九牛之一毛，而可以少寬百里之民，使得安其生業。臣不任祈天瀝懇，惶恐俟命之至。謹録奏聞，伏候勅旨。

二

貼黃：奏為本軍勸諭都昌、建昌縣税戶張世亨、劉師輿、進士張邦獻待補太學生黃澄賑濟飢民斗斛。

照會本軍去歲旱傷至重，細民闕食，雖有樁管及撥到常平米斛，數目不多，深恐不行周給，遂行勸諭到管屬上戶承認米數，賑糶接濟民間食用。續於去年十月十一日準行在尚書戶部九月十六日辰時準淳熙七年九月十三日勅中書門下省檢準乾道七年八月一日勅節文，訪聞湖南、江西間有旱傷州軍，竊慮米價踴貴，細民艱食，理合委州縣守令勸諭有米斛富室上戶，如有賑濟飢民之人，許從州縣審究指實，保明申朝廷，依今來立定格且給降付身，補授名目。內無官人，一千五百石補進義校尉，願補不理選限將仕郎聽。二千石補進武校尉，如係進士，與免文解一次。不係進士，候到部與免短使一次。四千石補承信郎，如係進士，與補上州文學。五千石補承節郎。如係進士，與補迪功郎。符本軍疾速施行。本軍恭稟行下管屬，再行勸諭承認賑糶米數之人，如願將米賑濟，切待審究，保明申朝廷，依今來所，降指揮格法推賞。去後據都昌、建昌縣申，數內勸諭到元認糶米税戶張世亨、劉師輿、進士張邦獻、黃澄四名，各情願承認米，依格法賑濟。內建昌縣税戶張世亨五千石，乞補承節郎。進士張邦獻五千石，乞補迪功郎。税戶劉師輿四千石，乞補承信郎。并都昌縣待補太學生黃澄五千石，乞補迪功郎。各乞依今降指揮保奏施行。本軍遂行下，告示張世亨等，依數樁米，伺候給歷，付飢民，差官監轄。賑濟已於去年十二月二十八日先具奏聞，及申本路諸監司照會去訖，續據管屬星子、都昌、建昌三縣共開列闕食飢民二萬九千五百七十八戶，數內大人一十二萬七千六百七口，小兒九萬二百七十六口。本軍各印給歷頭牌面，置簿歷發送逐縣當職官給散付人戶。預於縣市及諸鄉均定去處，共置三十五場，分差見任、寄居、指使、添差、監押酒税務，監廟大小使臣共三十五員監轄賑糶賑濟，及委縣官分場巡察，嚴戢減尅乞覔之弊，自淳熙八年正月初一日為始，令抄劄到闕食人戶赴場賑糶。其鰥寡孤獨之人，即以常平米斛依法賑濟。至正月內，又緣雪寒，行下屬縣將元係賑糶飢民用上件張世亨、黃澄等米及常平義倉米一例賑濟兩日。至三月內，又慮飢民艱得錢，收糴米斛再自十一日為頭行下諸縣，將已給歷賑糶飢民一例普行賑濟一十三，日通作半月，及照得都昌縣止有黃澄一名承認賑濟米五千石，湊所管義倉米會計賑濟不周，本軍遂於建昌縣張世亨等賑濟米內撥米四千石，本軍措置官錢和雇脚夫、舟船裝載發送都昌縣交管，分於置場去處責令監轄賑濟。至閏三月十五日終，節次據都昌縣、建昌縣申到，張世亨、張邦獻、劉師輿、黃澄賑濟過米撮筭共計一萬九千石。星子縣元無勸諭到上戶賑濟米斛，即以常平義倉米斛依例普行賑濟外，本軍節次行下都昌、建昌知縣，逐旋審究的實賑濟過張世亨、黃澄等米數，保明申軍。去後據迪功郎、監城下酒税、權都昌縣事孫僑，通直郎、知建昌縣事林叔坦狀保明到張世亨、張邦獻、劉師輿、黃澄賑濟過米一萬九千石，委是節次賑濟飢民食用之數，即無冒濫。本軍一面差委從政郎、本軍司法參軍陳祖永前去都昌、建昌縣覈實到張世亨、張邦獻、劉師輿、黃澄賑濟米一萬九千石委是賑濟過的實之數。本軍再行稽考，別無冒濫，保明是實。本軍勘會得張世亨、劉師輿各係税戶，張邦獻係應舉習詩賦終場士人，并黃澄係於淳熙四年秋試應舉習詩賦取中待補太學生第十五名是實。其張世亨、張邦獻、劉師輿、黃澄賑濟過米數各應得近降指揮賞格，數內税戶張世亨賑濟過米五千石，合補承節；郎税戶劉師輿賑濟過米四千石，合補承信郎；進士張邦獻賑濟過米五千石，合補迪功郎；待補太學生黃澄賑濟過米五千石，合補迪功郎。除已具申本路安撫司、轉運司、提舉司、提刑司照會，依條保奏推賞外，欲望聖慈下所屬給降合得付身發下，以憑給付張世亨、張邦獻、劉師輿、黃澄祗受須至奏聞者。

貼黃：臣契勘本軍管下去秋種麥甚廣，春初亦極茂盛，續次訪聞近緣雨水頗多，大段傷損，民間養蠶亦緣雨濕桑柘，不至十分成熟。伏乞聖照。

臣契勘除上項張世亨等四家米數已行支散了畢外，續次訪聞都昌縣下尚有漏落人戶，未曾賑濟。除已帖本縣知佐審實，用義倉米支散去訖，伏乞聖照。

貼黃：奏為乞特詔有司，不候諸司保明，將本軍所奏黃澄等賑濟早賜依格推賞奏聞事。

右，臣昨奉淳熙七年九月十三日聖旨，勸諭到本軍人戶黃澄等，出備米一萬九千石賑濟飢民，已曾累具畫一奏聞去訖。近緣春初風雪寒凍及三月以來農功將起，已帖諸縣將上件米普行賑濟管內飢民兩次，通計二萬九千五百七十八戶。數內大人一十二萬七千六百七口，小兒九萬二百七十六口，大人一斗五升，小兒七升五，合足為半月之糧，今已了畢。千里之民既免於飢餓流離殍死之憂，無不歡呼鼓舞，感戴聖恩。臣亦多方體察詢究，委無欺隱漏落詿妄不實之弊。已因近降指揮具事狀申本路監司乞行保奏外，竊緣當來勸諭，並是臣親書榜帖，分遣官屬再三往復，示以朝廷命令官賞之信，其人乃肯欣然聽命。今臣秩滿，非久解罷，若不力為奏陳，早乞推賞，萬一他日有司視同常事，巧為沮郤，則不惟使臣得辠於民，亦恐朝廷異時命令無以取信於下。本軍不免別具狀奏，欲望聖慈特詔有司，不候諸司保明，將本軍所奏黄澄、張世亨、張邦獻、劉師輿早賜處分，依格推賞。庶幾民間早獲為善之利，日後或有災傷，富民易以勸率，貧民不至狼狽，實為永久之利，臣不勝大願。其本軍奏狀繳連在前，謹録奏聞，伏候勅旨。

三

右，臣輒有愚見，上瀆聖聰。臣竊見本軍去年大旱，田畝不收，幸蒙聖恩，減放秋苗，倚閣夏税，而又申詔有司發廪勸分，前後丁寧，勤勤懇懇，凡所以加惠於無告之窮民者至深至厚，以故今歲開春以來，及今已是七十餘日，而閭里細民幸不至於大段闕食。又幸目今雨澤以時，原野滲潤，度料不過四五十日，則二麥可收。又四五十日，則早稻相繼，決不至於復有流離捐瘠之禍，以勤陛下宵旰之憂矣。然臣竊以為，捄荒之政，蠲除賑貸固當汲汲於其始，而撫存休養尤在謹之於其終。譬如傷寒大病之人，方其病時，湯劑砭灸，固不可以少緩，而其既愈之後，飲食起居之間，所以將護節宣小失其宜，則勞復之證百死一生，尤不可以不深畏也。今者飢餓之民雖得蒙被聖恩，以幸免於死亡，然亦類皆鳥形鵠面。薾然無異於大病之新起。若有司加意撫綏，寬其財力，則一二年間，筋骸氣血庶幾可復其舊。若遂以為既愈而不復致其調攝之功，但見其尚能耕墾田疇，撑拄門戶，而遽欲責以累年之逋負，與夫去歲倚閣之官物，則是人者其必無全理矣。竊聞乾道七年之旱，夏税秋苗亦皆嘗蒙聖恩矣，而流殍甚衆，迄今不復者，正以次年帶納前料税物者迫之也。然考其實，所謂帶納者，初未嘗大段有人納到，以佐有司用度之闕，而姦胥猾吏得以並緣搔擾，則其害有不可勝言者。其後淳熙元年九月四日，乃以薦饑，始蒙蠲放，則三年之間，所失已多而無及於事矣。今舊逋未除，新税將起，斯人懍懍，已有狼顧之憂。臣愚欲望陛下赦臣之辠，察臣之言，亟詔有司，凡去年被災之郡，盡今年毋得催理積年舊欠，及將去年倚閣夏税悉與蠲放。其上二等人戶當此凶年，細民所從仰食，其間亦有出粟減價賑糴而不及賞格者。欲望聖慈普加恩施，許將去年殘欠夏税多作料數，逐年帶納，則覆載之間、幅員之内，當此災旱之餘，無有一夫一婦不被堯舜之澤矣。臣愚賤疏遠，不當妄有陳奏，實以誤膺委寄，職在牧民，竊於詔令之間有以仰窺陛下子愛黎元之心有加無已，大懼無以仰稱萬分，是以不敢不盡其愚。冒瀆天威，臣無任恐懼顛越之至。謹録奏聞，伏候勅旨。

四

右，臣竊嘗伏讀《國朝會要》，恭視太宗皇帝嘗因江州守臣周述之奏，詔以國子監《九經》賜廬山白鹿洞書院，既又以其洞主明起為蔡州褒信縣主簿，以旌儒學，每恨無由一至其處，仰觀遺迹。及蒙聖恩假守兹土，到任之初，考按圖經，詢究境内民間利病，乃知書院正在本軍星子縣界，而陳舜俞《廬山記》又載真宗皇帝咸平五年嘗勅有司重加修繕。間因行視陂塘，始得經由其地，見其山川環合，草木秀潤，眞閒燕講學之區，而荒凉廢壞，無復棟宇。因竊惟念太宗皇帝、眞宗皇帝所以幸教多士、垂裕萬世之意其盛如彼，而下吏淺聞，弗克原念以稱萬分之辠其大如此，駭懼震慴，不皇啟居。既又按考此山老、佛之祠蓋以百數，兵亂之餘，次第興葺，鮮不復其舊者，獨此儒館莽為荆榛。雖本軍已有軍學，足以養士，然此洞之興，遠自前代，累聖相傳，眷顧光寵，德意深遠，理不可廢。況境内觀寺鐘鼓相聞，殄棄彝倫，談説空幻，未有厭其多者，而先王禮義之宫，所以化民成俗之本者，乃反寂寥希濶，合軍與縣僅有三所而已。然則復修此洞，蓋未足為煩。於是始議即其故基度為小屋二十餘間，教養生徒一二十人，節縮經營，今已了畢。但其勅額、官書皆已燒毀散失，無復存者，不敢擅行標題收置，輒昧萬死，具奏以聞。欲望聖明俯賜鑒察，追述太宗皇帝、眞宗皇帝聖神遺意特降勅命，仍舊以白鹿洞書院為額，仍詔國子監仰摹光堯壽聖憲天體道性仁誠德繼武緯文太上皇帝御書石經，及印版本《九經疏》、《論語》、《孟子》等書給賜本洞，奉守看讀。於以褒廣前烈、光闡儒風，非獨愚臣學子之幸，實天下萬世之幸。謹録奏聞，伏候勅旨。

貼黄：臣頃年親見潭州嶽麓書院尚存舊碑，大書『勅賜嶽麓書院』六字，伏乞睿照。

又《奏紹興府指使密克勤偷盜官米狀》 照對紹興府諸縣去歲旱傷，飢困及流移之民見今闕食，昨蒙聖恩，撥下米斛賑濟，紹興府遂差指使、保義郎密克勤往平江府請取米一萬三千石，分下上虞、新昌、嵊縣交卸賑濟。今月初七日，臣巡歷到嵊縣點檢，據嵊縣主簿、廸功郎葉梓申，承本縣差往三界鎮交量密克勤請到賑濟米一萬石，依應躬親將本府通判、承議郎吳津較量，斛斗交量每斛比少米一升五合。又令親隨斗子葉吉等徑自用斛行槩，意在虧減升合。兼其米盡用糠泥拌和，却乃倚恃本府指使，對衆抑捺，意欲庇護船稍合干人作弊。緣此未敢交量，乞施行。及據本縣土豪黄彦等列狀陳訴，密克勤押到米。蒙告示前去般擔，並係濕惡，夾雜糠泥，及每斗不應本塲斛斗，去後折欠負累不便。臣尋取到米樣看視，其米多係糠土拌和，遂喚到斗子康勝，對衆用斛量計，每石少欠九升。於内量出一斗篩簸，内有泥土碎米一升二合，并糠一升一合。通約所押一萬三千石内折欠、拌和之數，計米四千一百六十石。臣竊惟陛下聖慈天覆，矜憫飢民，給賜米斛，德意至為深厚。然以臣所見，嵊縣一帶飢餓之民羸困瘦瘠，宛轉道路，呼號之聲不可忍聞。其不免於死亡者，已不勝計。其密克勤乃敢輒將官米如此偷盜作賤，使飢餓之民不得霑被實惠，情理重害，不可容恕。除已牒本府通判、承議郎吳津逐急用嵊縣斛斗交量，發下本縣賑濟，仍拘管密克勤，聽候施行，及牒紹興府送獄根勘，取見著實，依法施行外，欲望聖慈先將本人重作施行，仍令紹興府疾速根勘，監追所盜米斛送納入官，庶副賑濟。

又《奏巡歷婺衢救荒事件狀》 臣昨按視紹興府嵊縣、諸暨縣，已具事目奏聞訖。續於正月十一日入婺州浦江縣界，歷義烏、金華、武義縣，由蘭溪縣界入衢州龍遊、西安、常山、開化、江山縣。今有合奏聞事，謹具下項：

一、婺州諸邑，蘭溪水旱相仍，被災最甚。金華次之，而境内馬海、白沙一帶為尤甚。其他又次之，惟永康一縣為稍輕。大槩通計，比之紹興府諸邑事體殊不侔，然諸縣措置不無乖謬。以臣所見，武義坊郭已有飢民。而訪聞蘭溪、金華山谷之間，流殍已衆。幸今守臣錢佃頗能究心料理，專委通判一員往來檢察，請到鄉官五員，日夕商議計當，不至大段闕敗。臣尚恐其所有錢米不足支用，已於昨蒙聖恩所賜錢内取撥台州、處州義倉米錢五萬貫，應副本州糴米糶濟。伏乞睿照。

一、衢州常山、開化水旱最甚，江山次之，西安、龍遊又次之。通計其實，不減婺州。但緣當時州郡吝於檢放，常山、開化係災傷極重去處，而常山所放僅及一分六釐有奇，開化又止一釐一毫而已。故文案之間，但覺災傷輕可，而兩邑之民陰受其害，不可勝言。聞得歲前死亡已多，今之所見，羸餓之民亦有甚於婺州諸邑者。西安雖輕於兩邑，而聞芝溪一源向來俞七、俞八作過去處，人民已極困悴，加之守倅皆已逼替，吏民解弛，無復條貫。臣竊憂之，已輒行下本州，所得朝廷許撥義倉米五萬石内，將一萬石專充賑濟，專委曹官兩員、鄉官三員分縣措置，收拾飢餓羸困之人，貌驗支給。伏乞睿旨。

一、婺州諸邑有災傷稍重而巡歷未到處，回程當一一點檢，別具奏聞。伏乞睿照。

又卷一七《奏請畫一事件狀》 臣今有合具奏請事件，謹具下項：

一、臣昨為紹興府米斛有限，飢民日衆，向後日月尚遠，竊恐無以接續糶濟，仰貽宵旰之憂，曾具奏聞，乞再給會子三十萬貫，及盡推去年賞典，半減度牒米數。至今日久，未奉進止。今到衢、婺，見得兩州元係災傷稍輕去處，而糶濟之備可接初秋，紹興係災傷最重去處，而糶濟之備反不能盡春月。將來青黄未接，必致狼狽，無可疑者。欲望聖慈檢臣前奏，早賜處分，庶幾有以接續糶濟，不棄前功。不勝幸甚！

一、臣昨到婺州，為見豪戶脩職郎朱熙績不伏糶米，抵拒官司，曾具奏聞，乞賜行遣。今據婺州申到本人居鄉豪横不法事件，條目猥多，不敢復具奏聞，已條具申尚書省去訖。其人多貲，力能使鬼，伏乞睿斷，早賜施行。不勝幸甚！

一、臣昨準尚書省劄子，勘會已降指揮，行下江浙兩淮旱傷州縣，將第四第五等戶今年以前應干殘欠苗税丁錢竝特住催，及將官私債負權免理還。其流移人拖欠官物亦與除豁，不得令保正長代納，并支撥米斛，通行賑濟。謹已即時行下州縣，遵守施行去訖。續據紹興府新昌縣申，今年以前，未委是淳熙七年官物，或是淳熙八年二税。臣亦已申省，欲乞明降指揮，未奉回降。今來巡歷，見得州縣奉行果是互有不同。蓋有以今年以前為七年者，則八年四等五等夏秋殘欠依舊催理；有以今年以前為八年者，則八年四等五等夏秋殘欠悉已住催。蓋緣本文未明，致此差互。臣亦未能別其是非，然竊以謂治財思予，寧過於厚，渙汗之號，有出無反。欲望聖慈明降指揮，將八年四等五等殘欠併行住催。仍乞令臣督其奉行不如法者，庶幾雨露之澤均一霑被。不勝幸甚！

一、衢州守倅竝各任滿在即，欲乞特降指揮，催促已差下人前來赴任。

又《奏張大聲孫孜檢放旱傷不實狀》 臣昨蒙賜對，奏論州縣檢放不實，令臣詢訪最多處按劾。臣詢訪得本路州縣檢放類多不實，而衢州為甚。衢州檢放既多不實，而開化一縣又為尤甚。已節次奏聞外，今取會到本州元差監戶部贍軍酒庫、成忠郎張大聲前去檢視，及差龍遊縣丞、從政郎孫孜覈實。逐官自當從實檢視減放，却乃觀望本州守臣意指，不以恤民為念，不曾逐一親詣田頭檢視，輒敢欺罔滅裂，將七八分以上災傷作一釐一毫八絲六忽檢放，是致被災人戶困於輸納追呼，監繫決罰之苦，流移四出。而貧下之民無從得食，歲前寒雨，死亡甚衆，有傷聖朝子育黎元、救恤災患之意。逐人委是難以存留在任，欲望聖慈特降睿旨，將張大聲、孫孜並行重賜黜責，以為日後附下罔上、慢法害民之戒。

又《乞將山陰等縣下户夏税和買役錢展限起催狀》 照對紹興府諸縣去歲水旱相仍，田禾損傷，人民飢餓，幸蒙聖恩，給賜錢米，廣行賑救，以至今日。二麥既已成熟，民之幸免於死亡者，亦稍蘇息，全藉官司存恤休養，方可安業。今不住據屬縣第四第五等人戶列狀陳稱，災傷之餘，生理未復，竊恐和買役錢、夏稅綿絹準例起催，乞特與具奏，放免一年。臣照得人戶夏稅綿絹係是朝廷常賦，難以放免外，惟是起催省限在五月十五日。竊見下戶今春乏食，養蠶甚少，二麥雖熟，亦只得供給口食，尚慮將來青黃未接，更有闕食之患，所有稻田，又方蒙聖恩借給秧本，始得布種，向去早禾成熟尚遠。若或依限便行起催，竊慮細民未有可以送納，不免追呼之擾，却致逃移。欲望聖慈特降睿旨，將紹興府最荒蕭山、諸暨、嵊縣、會稽、山陰五縣第四第五等戶合納今年夏稅、和買役錢與展限兩月起催，庶幾新穀成熟之時，可以送納。所有上三等人戶，自從常年條限催理。如蒙開允，從臣所乞，則上既不虧縣官經常之費，下可少安飢餓羸困之人，誠為兩便。

又《乞住催被灾州縣積年舊欠狀》 具位臣朱熹：

臣伏覩四月二十二日聖旨指揮，紹興府蕭山、諸暨、會稽、山陰、嵊縣五縣并嚴州諸縣各為去年水旱最甚，可將第四第五等人戶合納今年夏稅、和買役錢並特與展限兩月起催。內有願依條限送納之人，聽從其便。仰見陛下愛育黎元、天地父母之意。臣竊慮州縣奉行不虔，仰稽睿澤，即已鏤板，多印小榜，散下紹興府五縣曉示去訖。臣訪聞本路被災州縣，知通令佐多有只見蠶麥稍熟，便謂民力已蘇，遽於此時催理積年舊欠，上下相乘，轉相督促，使斯民方幸脫於溝壑之憂，而一旦便罹追呼決撻囚繫之苦，甚可哀痛。況今疫氣盛行，十室九病，呻吟哭泣之聲所不忍聞，豈堪官吏更加殘擾？臣雖已行下諸州及通判約束外，尚慮未能禁戢，欲望聖慈特降指揮，令被災最重州縣，如紹興府，衢、婺州，且據今年合納官物，照應三限條法，勸諭人戶及時送納。其積年舊欠，直候秋冬收成之後，逐料帶催，庶幾飢餓餘民得以有活。其溫、台等州去年災傷雖不至甚，然亦不為樂歲，并乞同此指揮，戒飭官吏不得意外生事，妄有搔擾，則一路生民蒙被德澤，不勝幸甚。臣以狂妄，曲荷優容，偶有所聞，不敢不奏。累瀆天威，臣無任戰栗俟辠之至。須至奏聞者。

右謹錄奏聞，伏候敕旨。

又《乞修德政以弭天變狀》 具位臣朱熹：

右，臣昨為本路旱傷，祈禱不應，累曾具奏及申尚書省，乞為敷奏，早作防備。近準省劄，已蒙聖慈特從所請，支錢於明州置場糴米。而又伏覩陛下發自宸衷，特遣中使降香祈禱。臣有以見陛下畏天恤民之心至深至切，不勝感激，願效愚忠。顧恨官有常守，無由瞻望清光，罄竭血誠，庶裨萬一，不勝犬馬螻蟻區區之情。竊謂累年之旱，譴告已深，今日之災，地分尤廣，非惟官府民間儲備已竭，而大農之積，亦已無餘。又當大禮年分，戶部催督州縣積年欠負官物，其勢不容少緩。凡所以為施舍賑恤之恩者，竊恐又必不能如去年之厚。臣竊不勝大懼，以為此實安危治亂之機，非尋常小小災傷之比也。為今之計，獨有斷自聖心，沛然發號，深以側身悔過之誠解謝高穹，又以責躬求言之意敷告下土，然後君臣相戒，痛自省改，以承皇天仁愛之心，庶幾精神感通，轉禍為福。其次則唯有盡出內庫之錢，以供大禮之費，為收糴之本，而詔戶部無得催理舊欠，詔諸路漕臣遵依條限，檢放稅租，詔宰臣沙汰被災路分州軍監司守臣之無狀者，遴選賢能，責以荒政，庶幾猶足以下結民心，消其乘時作亂之意。如其不然，臣恐所當憂者不止於餓殍，而在於盜賊；蒙其害者不止於官吏，而上及於國家也。臣蒙恩至深，不知死所，敢冒鈇鉞，為陛下言之。觸犯天威，恭俟夷滅。謹錄奏聞，伏候勑旨。地分一作地里。

又《再奏衢州官吏擅借支常平義倉米狀》 具位臣朱熹：

臣照對本路諸州今歲旱傷，比之他郡，衢州尤甚。將來細民必至艱食，全藉本州所管常平義倉米斛賑濟賑糶，以救民命。臣近點檢衢州沈崈一違法擅行借兌過常平義倉米八千石，充四月五月官兵俸料，臣已一面行下衢州，催督補還元舊窠名，及具錄奏聞，乞將本州當職官署行責罰，以戒後來，未得回降。今來再據衢州沈密一申，又於常平米內借支三千五百石，充六月分軍糧，三箇月共擅借過一萬一千五百石。并本州申，先借支過常平米一萬九千五百八十一石五斗六升四合，亦係充官兵俸料，未曾撥還。及稱目下盤量折欠米一萬七千七百一十五石五斗一升三合三勺，三項共計四萬八千七百九十七石七升七合三勺。更有衢州濟糴未盡米一萬八千一百九十九石一斗九升，本州所申，不曾聲說此項米着落，必是亦有互用。臣照對在法義倉穀唯充賑給，不得他用，擅支用者以違制論。況本路諸州所管常平義倉米斛唯衢州萬數稍多，輒皆擅行支用，目今見管止有三千一百六十五石三斗八升，委是大失指準。而本州畧無忌憚，甚非朝廷置立常平之意，竊慮必有情弊。臣除已一面牒隣近州追衢州合干人收索赤歷干照逐一根勘，從法施行外，欲望聖慈先將衢州違法擅支常平義倉米當職官吏特行責罰，以警諸郡，為擅用常平義倉米者之戒，須至奏聞者。

右謹錄奏聞，伏候勑旨。

又《奏救荒畫一事件狀》 臣竊見本路諸郡頻年災傷，蒙被聖恩，僅獲全濟。今又亢旱，周遍七州，其幸免者不過三五縣，比之去年，被災地分大段濶遠。至於公私積蓄，則連年饑歉，支移發散，畧已無餘，其於措置尤為費力。臣本欲此月上旬巡歷諸郡，計度合用錢米，詢訪合行事務，回日類聚奏聞，庶免頻煩天聽。今為紹興府會稽縣界蝗蟲害稼，見行監督掩捕埋瘞，已是累日，未見衰減，未敢起發前去。竊慮合奏請事漸致後時，有失及早措畫，今畧條具一二，冒昧以聞。伏望聖慈閔此一方重罹災數，特垂矜恤，早賜施行，不勝幸甚！

一、臣昨曾具奏，乞詔州縣照應省限理納夏稅，不得促限追呼，已蒙聖慈頒下施行。今聞諸州間有不遵稟者，公行文移，必要七月上旬取足，顯屬違戾。兼昨具奏，乞將紹興府去年住催夏稅人戶納過之數依倣秋苗所放分數，特與比折今秋合納之數，亦蒙聖慈行下，又為戶部巧為沮難，行下本府，催督愈峻。今來既是復有災傷，豈是追呼箠撻、催督稅賦之時？欲望聖慈特降指揮，令被災州郡將所管縣分被災重處特與寬限，勸諭送納。其不係被災縣分內有被災鄉分，亦合較量輕重，依此施行。其紹興府理折夏稅，亦乞直降指揮，依臣所乞施行，庶幾遭難遺民稍獲安業。

一、臣昨具奏諸州雨暘次第，曾有貼黃奏稟，乞詔州郡依條受理旱狀，及早差官檢放事。蓋為田稻既是乾損，及其未穫之際，便行檢踏，即荒熟之狀明白易知，非惟官司不得病民，亦使姦民無由僥倖。所以著令訴旱自有三限：夏田四月，秋田七月，水田八月。蓋欲公私兩便。近來官吏不曾考究令文，但據傳聞云訴旱至八月三十日斷限，遂至九月方檢旱田，則非惟田中無稼之可觀，至於根查，亦不復可得而見矣。於是將旱損旱田一切不復檢踏蠲放，窮民受苦，無所告訴，而其狡猾有錢賂吏者，則乘此暗昧，以熟爲荒，瞞官作弊，皆不可得而稽考。去歲本路諸州大率皆然，欲乞降指揮劄下轉運司及本司，遍牒諸州縣疾速受理旱狀，目下差官檢踏旱田荒熟分數。其中晚稻田却候八月受狀，節次檢踏。如有奉行違慢後時失實之處，許兩司按劾以聞，庶幾窮民將來獲霑實惠，目下聞此德音，便知朝廷存恤之意，不至猖狂，別生妄念，仰勞宵旰之憂，實為利便。

一、賑恤之備，去年諸郡公私猶有蓄積，緣今春支用數多，悉已無餘。今被災之民既是不可不加接濟，則其費皆當出於朝廷。臣本欲遍詢諸郡，約見合用實數，然後奏請。今恐因循後時，失於措置，兼聞衢、婺、明州守臣皆欲丐祠而去，台州亦申本司乞撥錢糴米，數目甚多，又見臣寮劄子論衢州等處見已乏食，及有指揮行下閩廣，勸諭客米前來溫州接濟，可見一路州軍荒歉匱乏事勢已急。臣今且約一路之數，權以一百萬貫為率，欲望聖慈特賜開許，印給度牒官會，早賜給降。其度牒欲乞就十分錢數之內且給三分，依近降指揮，每道且賣五百貫文省，或依元價作四百貫文省。容臣約度，分俵諸州守臣，令其多方措置，變轉收糴，庶幾趁此早穀成熟之際，便於左近有米去處價直尚平之時，節次收拾，免致臨時倉卒，貴價收糴，緩不及事。

一、訪聞諸州府村落已有彊借刼奪之患，此在官司固當禁約，然亦須先示存恤之意，然後禁其為非，庶幾人心懷德畏威，易以彈戢。若慢不加省，待其生事然後誅鉏，則所傷已多，所費又廣，況其不勝，何患不生？乞降指揮，早撥上項錢數，使如臣者得以奉承宣布，遍行曉諭，即德意所孚，固有以銷厭禍亂之萌矣。然後明詔安撫、提刑兩司，察其敢有作過唱亂之人，及早擒捕，致之典憲，庶幾姦民知畏，不至生事。

一、去歲獻納糶濟之人，近已各蒙聖恩補授官資，無不感戴。然去歲所降減半指揮，止於紹興一府施行。今則一路皆荒，事體不同。乞降指揮，檢會當來耿延年所乞事理，許於浙東一路通行。

一、檢準常平免役令，諸興脩農田水利而募被災飢流民充役者，其工直糧食以常平錢穀給。臣契勘本路水利極有廢壞去處，亦有全未興創去處，欲俟將來給到錢物，即令逐州計度合興修處，顧募作役，既濟飢民，又成永久之利，實為兩便。

一、伏見州縣之吏不為不多，而其間才能忠信可倚仗者極不易得。將來七州糶濟，往來督察，用人必廣。乞降指揮，特許將得替、待闕、丁憂、致仕及在法不應差出之官權行差使，候結局日如舊，庶可集事。

右謹錄奏聞，謹奏。

簽黄：臣所乞錢數雖多，然以今日明州中色米價計之，方糴得二十四五萬石，散之七州，不為甚多，而盤運水脚糜費又在其外，伏乞聖照。

臣所乞紹興府理折夏稅事理極為分明，然在中夏以前，未經再旱之時行之，固若有過優者。在今日再旱之後，人物煎熬，朝不謀夕之際，沛然行之，以紓民力，則恐未為甚過。況今據大數，通府所放秋苗不過六分三釐，以此計之，所減夏稅亦不甚多。若以去年比例言之，今年夏稅亦合住催。況此是補還去年之數，直行放免，不為過當。重念臣自論此事，上為省部所嫉，下為州郡所仇，藉躪形迹，無所不至。原其本心，只為陛下愛養疲民，護惜根本，誠亦何罪而至？於此切望聖明哀憐照察。

臣竊詳在法，檢視蠲閣隸轉運司。臣今敢以為請者，蓋緣蠲閣賑恤本是一事，首尾相須。若蠲放後時失實，使飢民已被輸納追呼之擾，然後復加賑恤，則與割肉啗口無異。故臣妄意欲得參與其事，庶幾血脉通貫，使聖朝賑恤之恩不為虛枉。伏乞聖照。

臣所奏請固皆今日所當施行，而此項最為急切。竊恐大臣進呈之際，謾將一二項不甚緊要事節量行應副，却將此項沉溺，不為施行。俟臣再請，則又費月日，致失機會。且如明州糴米一事，臣本是四月二十三日以後節次申奏，是時明州米船輻湊，正好收糴，乃不施行，及至六月十一日，方得指揮，則所有船米已為上戶收糴殆盡矣。今朝廷施行事體緩慢，姦弊百端，不稱陛下救焚拯溺之意，大率類此。臣不敢越職奏聞，惟是此事切乞斷自聖志，力賜主張。蓋不惟一路民命所繫，實亦國家休戚所關，願陛下獨留聖慮。

臣曾摹得蘇軾與林希書，說熙寧中荒政之弊，費多而無益，以救之遲故也。其言深切，可為後來之龜鑑。近已刻石，本司緣是臣下私書，不敢容易繳進。今有一本，急於申奏，不及如法標背，已申納尚書省。或蒙宣索，一賜覽觀，仍詔大臣常體此意，不勝幸甚。此項以後係是次緊，內推賞、差官兩條，亦乞早留聖意。

又《乞留婺州通判趙善堅措置賑濟狀》 具位臣朱熹：

臣據知婺州錢佃申：備據國學進士唐季淵等狀：本州去歲遭旱特甚，通判、朝奉郎趙善堅協力措置災傷，廣求利害，籍貧乏家七十萬口，置濟糶場五百餘所，勸諭上戶糶米借貸，排日煮粥，以食民之不給，津遣鄰郡流移，收養小兒遺棄，病者醫藥以療之，無流移凍餒之人，存活者幾百萬口，實迹可考。今歲闔郡乾旱，祈禱尚未感通，飢餓狼狽，指日可待。趙善堅前來賑濟有方，況今歲之旱甚於去歲，善堅解罷在即，不惟邦民失所倚賴，而州郡亦大失裨助。乞特敷奏，權留在州，同共措置賑濟。佃契勘去歲旱歉，通判趙善堅專一措置賑濟，遍歷諸邑山谷，點檢糶場，委是宣勞，實惠及民。今年梅雨愆期，旱歉至甚，照得通判趙善堅今年七月十八日任滿，本州委是闕官措置，乞移牒趙善堅權留在任，同共措置賑濟，候來年細民接食，却行解罷。臣照對婺州去歲災傷，本州通判趙善堅措置濟糶，存恤飢民，委有勞效。本官雖將任滿，本州今歲又遭旱傷，比之去年尤甚，緊要知得措置首尾官員，差委幹辦。欲望聖慈特賜睿旨，許從本州守臣錢佃備到士民連狀所請，令善堅在任，同錢佃協力措置災傷，庶免誤事。須至奏聞者。

右，謹錄奏聞，伏候勑旨。

又《乞將合該蠲閣夏稅人户前期輸納者理折今年新稅狀》 具位臣朱熹：

臣昨備據紹興府士民魏必大等狀陳訴，具狀申奏朝廷，乞行下紹興府將災傷諸縣自第一等至第五等人戶照應淳熙八年已納夏稅、和買役錢等，依秋苗檢放分數除豁外，有餘剩納過分數，與理作今年合納夏稅事。續承降五月三十日省劄，戶部勘當，即不委本府去年受納到人戶錢物，自第一等至第五等各等各戶納到若干分數，比秋苗有無多納過錢絹紬綿數目。獲奉聖旨指揮劄下，開具保明供申。臣已恭稟施行，及照得取會各等逐戶數目。緣諸縣戶名萬數浩瀚，竊慮遲延，有妨催科，繼已具申尚書省。今一面取會到諸縣去年總計管納夏稅官物，除山園陸地浮財屋產外，其湖籍田共計合納二十八萬六千三十七屯匹三丈六尺七寸五分，折帛役錢等二十萬三千四百九十六貫七百五十文。除被水渰浸，倚閣蠲免及人戶納到錢帛外，有未納共五萬三千五百七十六屯匹一丈五尺一寸六分，錢四萬一千四百六十一貫二百六十八文。若以檢放秋苗分數，合計七萬一千三百七十八屯匹一丈七尺八寸，錢一十萬九千五百一十六貫二百八十六文外，諸縣止有剩納三萬七千八百九屯匹三丈九尺八寸六分，錢七萬七千二百三貫九百二十六文在官，乞理作今年合納之數。臣照對紹興府諸縣所管湖籍田畝出納夏秋二稅官物，去年緣為災傷，其秋苗係隨田內禾稻輕重檢放。其所輸夏稅，雖因水災，得蒙蠲閣，後來繼即遭旱，水不及處，亦無所收。緣係未收成以前起催，所以人戶多不霑被減放之恩。又八月內降到蠲閣指揮之時，人戶之善良畏事者皆已輸納，其得被聖恩者實皆頑猾之戶，事體輕重，甚不均一。臣又竊覩去歲災傷，飢民猥衆，尚蒙聖慈撥賜錢米救濟，豈有田內夏稅已蒙蠲閣，人戶前期誤行輸納者，却不與理折今年新稅？甚非朝廷矜恤之意。況今夏以來，諸邑又多亢旱，斯民接連飢荒，方苦艱食，當此催科之時，委實無可輸納。若不蒙朝廷特加優恤，必見失所。況以諸縣數百萬戶口，今來所乞通理剩納之數，其為物帛止三萬七千八百九十七屯匹三丈九尺八寸六分，錢止七萬七千二百三貫九百二十六文，數目既少，於朝廷所損不多，而民戶可霑實惠。欲望聖慈俯賜允從，特降指揮，將人戶去年剩納前項數目與理作今年之數蠲豁，庶幾嗷嗷之民得以安業。須至奏聞者。

右謹錄奏聞，伏候勑旨。

又《奏明州乞給降官會及本司乞再給官會度牒狀》 具位臣朱熹：

臣據明州申，契勘本州今歲闕雨，管下六縣皆有旱傷去處，竊慮細民闕食。本州雖有常平錢米，所管不多。今來事勢不可少緩，本州遂於七月十八日具奏，乞支降官會一百萬貫下本州，循環充本，雇備人船出海，往潮、廣豐熟州軍收糴米斛，準備賑糶賑濟。或朝廷不欲支動經常之費，即乞支降空名度牒一千道、官告三千道下本州，轉變糴米。未蒙回降，申本司乞更賜敷奏。臣照對本路諸州今歲皆有旱傷，比去年大段不同。雖荷聖恩給降官會度牒共三十萬，不足支遣。臣已具奏，乞再給一百七十萬貫，湊前作二百萬貫。如蒙朝廷應副，便可均給諸州。今又據明州所申，合行備錄奏聞。伏望聖慈照臣前奏事理，早賜依數給降。仍乞就撥紹興府先蒙降到度牒一百道所換米二萬石，及明州先蒙降到二十萬貫糴到米，並付本司均撥應副紹興府、明州糶濟，及貸與食利人戶興修水利，却於二百萬貫內除豁其水利貸錢。向後豐年，却令逐旋回納，實為利便。須至奏聞者。

右，謹錄奏聞，伏候勑旨。

又《奏巡歷沿路災傷事理狀》 具位臣朱熹：

今具沿路災傷事理下項，須至奏聞者：

一、臣七月十六日再到田間看視蝗蟲，大者絶少而小者尚多。當處多是旱中禾稻，皆已成熟，多被喫損。人戶皆稱檢官未到見分數，不敢收割。臣已牒本府，催促所差下官日下出門，前來檢視去訖。又支錢付曹娥監鹽官，收買十四、十五都蝗蟲，并行埋瘞。續據上虞、餘姚縣申到，本縣蝗蟲頗多，亦已行下，催促支錢收捕埋瘞。今來頻得雨澤，遠近沾足，竊意其蟲必當殄滅，已牒本府一面審實具奏，伏乞聖照。

一、臣十七日經歷上虞縣界，田皆遭旱，彌望焦赤。間有近水去處，尚有些小可望收成。觀其災傷，委是至重，而本縣不受人戶投訴，反將投訴人戶刷具舊欠，監繫門頭，及出招子催督稅賦，無問貧富大小人戶，五日一限，逐限輸官之外，人吏定要乞錢一百文省。其不到者，即差公人下鄉追捉，搔擾尤甚，乞覔尤多。人戶不勝其苦，一日之間，遮臣泣訴者至五七百狀。臣已送本府存恤，究治施行去訖。更乞聖慈特賜指揮，庶幾州縣有所懲戒，免致重困飢民，不勝幸甚。

一、臣十八日到嵊縣，其旱勢尤甚於上虞。蓋紹興諸縣之旱，嵊為最而上虞次之，餘姚又次之。然上虞、餘姚去年猶得薄收，獨嵊縣一連三年遭此極重之災，雖其上戶中家已覺艱窘，鰥寡細民，則已有掇稗子而食者。臣曾支錢三十文，買到所採稗子一升，今申納尚書省。欲乞宣索，一賜觀覽，早降指揮，令紹興府將此三縣新舊稅租特與倚閣，俟見秋苗合放分，數斷自宸衷，別賜處分，不勝幸甚。

一、臣十九日至新昌縣，是日午後連得大雨，幾至通夕。本縣先來亦苦乾旱，早稻皆已失收，中晚之田亦已龜坼。方自中旬以來，連日得雨，田中遂皆有水，中晚之禾間有可望去處，可勝上虞等縣。但諸縣大抵旱乾日久，得雨後時，秋序已深，氣候寒冷，其間稻苗雖尚青活，而不復能結實者，亦多有之，荒熟之形，尤難分別。臣已遍牒檢視官員，切宜子細，不可差誤。伏乞聖照。

一、沿路人戶已損田段，不堪收割，皆欲及早耕犂，布種蕎麥二麥之屬，接續喫用。但以檢放未定，不敢施工。欲望聖慈特降指揮，催促檢放，庶幾不妨民間及早耕種。其有闕少種糧之人，更令官司量行應副，尤為厚幸。

一、臣二十一日入台州天台縣界，以後事理尋別具奏聞，伏乞聖照。

右謹錄奏聞，伏候敕旨。

又 卷二一《乞禁止遏糴狀》 契勘紹興府，婺、衢州諸縣皆有災傷，見行賑濟，合用米斛，已承降聖旨指揮，給降到本錢三十萬貫，接續濟糴。緣本路兩年薦遭水旱，無處收糴，熹今體訪得浙西州軍極有豐稔去處，與本路水路相通，最為近便。已行差官雇船前去收糴，及印造遣人散於浙西、福建、廣東沿海去處，招邀客販。竊慮逐州縣不體鄰路饑荒之急，故行遏糴，及客人應募船販亦恐逐州縣稅務循習邀阻，妄作名色，輒收雜稅力勝買醋錢之類，使本路饑民日就狼狽，虛被聖主撥賜賑卹之恩，事屬不便。今檢準淳熙令，諸穀遇災傷，官司不得禁止般販。及今年八月三日聖旨，勘會淳熙七年九月二十四日敕，兩浙、江東、湖北旱傷，全藉鄰路豐熟去處通放客米。訪聞得熟州郡輒將客販米斛邀阻禁遏，奉聖旨劄付諸路帥漕，各檢坐指揮條法，遍下州軍，不得遏糴。如敢違戾，仰逐司覺察按劾。及今年十一月二十九日，本路獲降指揮，本路州縣稅場邀阻，妄收稅錢力勝之類，將官吏並於見行條法各加一等坐罪。至來年六月，却依舊法。欲望朝廷特賜敷奏，早降指揮，將見行遏糴條法劄下兩浙轉運司，令行下浙西得熟州縣約束。其沿路稅務邀阻收錢，亦乞依本路已獲降前件指揮，加等坐罪施行，庶幾公私般運免致艱阻，一路饑民得霑實惠。

又《申審住催官物指揮狀》 近準尚書省劄子，勘會已降指揮，行下江浙、兩淮旱傷州縣，將第四、第五等戶今年以前應干殘欠苗稅丁錢並特住催，及將官私債負權免理還。其流移人拖欠官物，亦與除豁，不得令保正長代納。并支撥米斛，通行賑濟。十二月四日，三省同奉聖旨，令江浙、兩淮帥漕提舉司各行下所部州縣，將流移到人戶遵依已降指揮多方存恤，毋致失所。來春如願歸業，趂時耕種，即量支錢米，給據津遣，與免夏料催科。仍仰所在州軍出榜曉諭。劄付本司，已即時恭禀，遍行下諸縣施行。今據紹興府新昌縣申，照對『今年以前』，未委是淳熙七年官物，或是淳熙八年二税？若是淳熙七年二稅，並無合催之數；淳熙八年夏稅丁錢，今年八月二十二日，已承本府帖行下備降指揮住催訖。所有今年秋苗，人戶為見前項指揮，旱傷州縣將第四、第五等下戶今年應干殘欠苗稅丁錢並特住催，因此不肯送納。有此疑惑，申乞行下。

右，所據前項申述，本司照對所降指揮，所謂『今年以前應干殘欠苗稅丁錢並特住催』，即未審『今年以前』是淳熙七年終，唯復淳熙八年見催之數？具申尚書省及戶部，伏乞明降指揮行下，以憑遵守施行。

又《乞將衢州義倉米糶濟狀》 照對衢州管下屬縣去歲旱傷，細民闕食，本州申朝廷，乞從條於有管常平義倉米取撥五萬石出糶。去年十二月十六日劄下本司，照條施行。今據本州申，淳熙七年旱傷，檢放苗米四千餘石，遂取撥義倉米及勸諭上戶出助，并措置和糴，計五十餘萬石賑濟賑糶，幸無流徙。後為去年秋旱，放苗米九千餘石，比之七年一倍以上。兼以鄰郡嚴、婺、徽、饒類皆旱歉，本州地居其中，大略相似，以此愈見艱得米穀，細民闕食。雖已勸諭及申尚書省，乞先撥義倉米五萬石，仍一面開場，每升量減作二十文足賑糶去後，但緣連遭荒旱，民情嗷嗷，艱得錢物，深山窮谷僻遠小民委是無錢糴米，乞行下，於所申取撥義倉米五萬石內，支撥二萬石應副賑濟，免有流移餓殍之患。熹尋躬親巡歷到衢州點檢，見得本州逐縣委是災傷，多有饑民餓損，羸困闕食，合行救助賑濟。及檢準條令，義倉米專充賑給，不得它用，自合撥充賑濟。熹除已逐急一面下本州，於申請取撥出糶常平義倉米五萬石數內取撥一萬石，委官措置，收拾賑濟，其餘四萬石仍舊出糶外，欲望朝廷特賜劄下衢州施行。已具申尚書省，乞指揮施行。

又《乞給借稻種狀》 本司準淳熙九年正月二十日尚書省劄子，勘會春耕是時，深慮江浙、兩淮州縣去歲旱傷之後，貧民下戶并流移歸業之人艱得稻種，却致妨廢農務，理宜措置。正月十九日，三省同奉聖旨，令逐路轉運提舉司疾速行下去歲旱傷州縣，多方措置稻種，勘量給借，務令及時布種。候豐熟，却行拘還。具已借支數目聞奏，仍多出文榜曉諭。本司照對紹興府去歲旱傷為甚，衢、婺州為次，遂那撥錢，發下紹興府，及下衢、婺兩州諸縣，恭禀聖旨指揮，措置給借，并鏤版曉諭人戶通知。先據婺州申，本州鄉俗體例，並是田主之家給借。今措置欲依鄉俗體例，各請田主每一石地借與租戶種穀三升，應副及時布種，候收成日帶還，不得因而收息。如有少欠，官司專與催理，不同尋常債負。已下諸縣從此施行。及紹興府申，支撥官錢，委官同與縣官措置給借，五縣共給借過第五等下戶并流移歸業人五萬七千八百戶，計錢一萬七千四貫五十四文省。并衢州申，管下屬縣那措官錢五百貫文，及勸諭上戶將收到稻種共二萬一千六百二十二石四斗二升二合，斟量分借鄉民布種去訖。

又《申知江山縣王執中不職狀》 熹今月初七日承進奏官傳到報狀云云，浙東久闕雨澤，近自衢州江山來者，本縣被旱最甚，苗已就槁，民尤乏食。鄰邑有米可糴，禁遏不令出境，江山之民為饑所迫，已有奪糧之意。似聞衢、信間更有如此等處。若不預行措置，竊恐小民無知，易致生事。乞令有司檢舉閉糴指揮，申嚴行下。已奉聖旨依。熹照對昨巡歷至江山縣，見得知縣宣教郎王執中庸謬山野，不堪治劇。及據士民詞訴稱，其多將不應禁人非法收禁，人數極多，盡是公吏畫策，務要科罰錢物。後來疫氣大作，入者輒病，反以此勢嚇脅平民，科罰取錢等事。熹以所論不係本司職事，兼本官只是庸謬，別無顯然贓私罪犯，遂只行下本縣禁約。去外，熹近又聞衢州諸縣新穀未登，街市全無客販，及上戶閉糴，絕少米斛出糶。數內江山一縣尤甚，遂即行下本縣，將去年已撥下官米及上戶未糶米斛接續出糶。如有貧病無錢收糴之人，即行賑濟及煮粥存養。其知縣王執中一向坐視，並無一字報應，却據衢州繳到諸縣所申，米價每升皆四十文上下，其江山縣狀內獨稱大禾米每省升止糶一十八文，小禾米一十七文足，比之諸縣米價大段遼遠，與所訪聞事體不同。方於六月二十九日行下，追本州縣人吏赴司根究。今者伏覩前件臣僚所奏本縣饑民奪糧事理，上勤聖慮，特降指揮，而熹備使一路，曾不聞知，其本州縣全無申報，在熹無所逃罪，其知縣王執中委是弛慢不職之甚，難以容令在任。除已行下衢州，先將本官對移閑慢職事外，須至供申。

右，謹具申尚書省，伏乞敷奏，將王執中特賜罷黜。所有本司失察之罪，亦乞併賜責罰施行。并牒衢州，諸詳此，先將本官對移閑慢職事，聽候朝廷指揮。

又 卷二二《乞宫觀札子》 熹輒有危迫之懇，干冒鈞聽：熹舊有心氣之疾，近因禱雨備災，憂懼怵迫，復爾發動，怔忡炎燥，甚於常時。竊慮當此旱荒曠廢郡事，其為利害，又非它時之比。欲望鈞慈特賜敷奏，與熹宫廟差遣，令得少遂休養，不勝幸甚！所有本軍荒政，昨已措置略有次第，更望催促替人石憝疾速前來，接續賑救，則千里饑民不勝幸甚。

又《辭免直秘閣狀二》 右，熹九月初四日準八月十七日辰時尚書省遞到告命一道，照對熹昨準尚書省劄子，奉聖旨，以熹前任南康軍日，修舉荒政，民無流殍，可除直秘閣。熹竊伏惟念昨來在任，政刑乖錯，招致旱災，有罪無功，不敢祇受。兼在任日遵奉淳熙七年九月二十三日勑旨賞格，勸諭到稅戶張世亨、劉師輿、進士張邦獻、待補國學生黃澄四名出米賑濟，共計一萬九千石，已行支散，即具奏聞及申諸司，乞與保明推賞，補授文武官資。今來已是半年，竊慮熹既得替之後，諸司未曾報明，致得本人未蒙朝廷推賞，已具狀申尚書省，乞賜敷奏。收還誤恩，仍將張世亨等四名不候諸司保明早依原降賞格特與推恩，給降付身，令本軍日下當官給付，及具狀繳連所降省劄，寄留建寧府軍資庫訖。今來又準上項告命，熹為有前項所申兩節事理未準回降指揮，不敢祇受，已并申建寧府寄留外，謹再具狀申尚書省，伏乞檢會前狀，特與敷奏，許熹辭免。仍將張世亨、劉師輿、張邦獻、黃澄四名早賜依格推賞，則熹不勝幸甚。謹狀。

又《辭免直秘閣狀三》 右，熹準九月五日尚書省劄子，備坐熹前狀所乞寢罷新降直秘閣恩命事，奉聖旨不許辭免者。熹仰戴聖恩，不勝感激。雖未敢即日祇受，謹已望闕稱謝訖。但熹狀內所稱熹雖至愚，於此有不能自安者，正為南康軍保明，勸諭到稅戶張世亨獻米五千石賑濟，依格合補承節郎；進士張邦獻獻米五千石賑濟，依格合補廸功郎；待補國學生黃澄獻米五千石賑濟，依格合補廸功郎；稅戶劉師輿獻米四千石賑濟，依格合補承信郎一節，未蒙戶部依格放行恩賞，乞賜敷奏施行。今來所準省劄內，却刪去此項事理，熹竊恐區區愚昧迫切之誠，未得仰關天聽，其合推賞人依舊未得霑被聖恩，則熹於義亦難祇受。又況目今諸路水旱廣闊，公家所積已經發散，所餘無幾，全賴富民獻米賑恤。若見朝廷施行如此，誰肯應募，助國救民？兼熹見蒙改除提舉浙東常平公事，當此凶歲，專以救荒為職，若此所乞依格推賞不蒙施行，不惟失信於南康舊治，亦無面目可見浙東之民，將來必致悞事，上貽仁聖宵旰之憂。熹雖萬死，不足塞責。欲望朝廷詳酌，特賜敷奏，詳熹前狀所陳，將南康軍所奏稅戶張世亨、劉師輿、黃澄、張邦獻各與照應元格，早賜補授文武官資，則上件恩命不必加於熹身，而聖朝綜核之政脩於上，遠近觀聽有所激勸於下矣。謹再具狀申尚書省，伏候指揮。

又《辭免進職奏狀一 壬寅**》** 臣九月四日到處州遂昌縣，準尚書省劄子，奉聖旨，淳熙八年旱傷去處，監司守臣賑濟有勞，令臣進職二等者。聞命震驚，不知所措，謹已即時望闕謝恩訖。伏念臣昨以孤愚，誤叨臨遣，仰瞻玉色，既閔然有畏天恤民之誠，而聖訓丁寧，又無非惻怛焦勞之實。退惟疵賤，遭遇如此，誠不敢愛其夙夜之勤，冀以仰稱萬一。而疾病之餘，精力淺短，徒費大農數十萬緡之積，而無以全活一道饑饉流殍之民，蓋嘗一再自劾，恭俟嚴科。陛下赦而不誅，已為寬典，至於過恩假寵，躐等疏榮，則懼非所以示勸懲、惜名器而謹馭臣之柄也。況臣昨以按劾知台州唐仲友，反被論訴，見蒙送浙西提刑司，差官體究。近日雖蒙聖斷，已罷本人新任，所有體究指揮，尚未結絶。臣方當罪服藉藁，以俟斧誅，豈宜遽竊恩榮，以紊賞刑之典？所有前件恩命，臣實不敢祗受。欲望聖慈特許辭免，不勝幸甚！

又 卷二六《與王漕札子》 熹輒布誠悃，仰瀆台聽：熹比蒙聖恩，誤膺郡寄，懇辭弗獲，亦既視事。唯是小邦民貧財匱，歲必乏數月之糧，熹到任以來，官兵廩給全無顆粒可以支遣。究原其弊，緣本軍三邑所管苗米止四萬六千餘石，每年科撥起四萬外，餘米亦係使臺盡數刷發，如此則本軍將何所取以供用度？較之旁郡，如饒、池州，皆有存留贍用官兵米數，獨本軍先來有失申請存留支遣。況今來除上供已起外，自餘未發米數，係諸縣先因旱澇，有逃移死亡及零殘拖欠無戶可催之數，縱有催到，非惟不多，又且累政隨即借兑，目今虛掛欠籍。用敢輒拜公牘，冒浼控告。欲乞台慈仰體邇者聖詔丁寧之意，計盈虛，通有無，將淳熙三年、四年、五年未起零殘之數悉從蠲免。繼自今以往，亦乞存留，以為贍用官兵之費。高明必有以矜憐之。與其留腐倉庾，終為後人之妄費，孰若使千里並受其賜，而民力不至於重困耶？惟執事圖之。干冒台嚴，不勝恐悚。

又《與顏提舉札子》 熹復有少禀：敝郡今秋少雨，晚田多旱，除星子、都昌多是早田，被災處少，唯有建昌一縣晚田數多，前此失於訪問，遂速檢放之限。近因遣佐官行縣，乃知其實，則又不容坐視，已具奏聞及申使司，而熹已具狀申省自劾矣。見亦一面遣官行視，俟見分數，當復具申使司，得賜矜從，畧與減放，不勝幸甚。星子王令老成篤實，邑人甚愛之，同官中如其比者蓋少也。小郡荒凉，人材衰乏，同官中可任者不過三數人，其間又有有材而過當，其他則又難言。所以凡事費力，不能滿人意。誠無心顏久尸榮禄，自劾之請既上，即束裝以俟罷遣矣。每荷垂念，故敢并及之。

又《與陳帥畫一札子》 一、本路諸郡旱損處多，竊料將來賑濟用米不少。然今來旱勢甚廣，近郡之穀不復可仰，須廣為規畫，多致米斛，乃可接濟。至於乾道七年本軍得米凡五萬石，然流殍之民不可勝數，田里空虛，至今未復，此不可不早慮也。似聞總所積穀頗多，日就陳腐，更久亦不堪用。若得商量措置，且就支此米餉給諸軍，而計諸路綱運，除檢放外，更許截留，分與諸州般運賑糶，收簇價錢所管，或候豐年補前本色斛斗，亦為利便。

一、目今旱勢如此，而漕司差人在此，催發舊欠。夫催欠之與救災，事體各别，不可雙行。欲乞一言，且與追回。其他州郡想亦有此，并得一例施行，尤為幸甚。若是戶部指揮，漕司自合申請停緩。或不敢言，則丞相自當言之，亦致和消沴之一術，而救急安民之切務也。

一、去年赦恩所放官物，諸司依舊理催。欲乞帥司因此旱傷，作訪聞檢舉行下諸州，令逐一具申，特與蠲放。

一、旱災如此，良由賦斂苛急，民氣不和所致。欲乞丞相建言，乞將赦恩所放之後一年官物并行除放。

一、本軍建昌縣去年放旱米三千餘石，總所漕司累次行下，令於上供軍用數内分豁，此甚允當。今漕司忽變其說，令本軍全於軍用數内除豁，不得減上供數。熹有劄子懇兩漕，别本具呈。乞賜鈞念，一言及之，是亦救荒之助也。

一、本軍申漕倉兩司乞撥錢米修結石寨狀别本具呈，并乞鈞念。或蒙應副，亦可并下諸州，放此施行，募民充役，可以集官事、濟饑民、消盗賊。伏乞鈞照。

熹復有愚懇，欲從漕司借留六年上供零米五千餘石，約今冬或來春可還。有狀申漕司，今亦録呈，乞賜宛轉及之，幸甚。適又檢得乾道七年省劄，亦録梗槩上呈，恐今歲事體不減此也。提舉逓鋪司牒有近日雨水日多之說，恐江東已霑足矣。此獨無有，柰何。

又《與江東王漕札子》 熹久不拜起居之問，日有瞻仰。人還被教，感慰亡窮。蒙喻置寨事，極荷台念。但事已差池，今又方有救災之急，未暇再請。若稍定未去，終當料理耳。減税事尤感垂意之勤，初謂必可遂請，適有牙吏還自臨安，云省吏果以使司未保明為言，勢須再下，此終有望於維持也。白鹿官書拜賜甚寵，謹已別具謝劄矣。但今歲旱勢甚盛，此自五月半間得雨之後，枯旱至今，雖有得少雨處，殊不沾洽。早稻已無可言，晚禾亦未可保，民情皇皇，未知所以慰安之者。而使司差人在郡追人吏、催官物者凡三四輩，熹雖不敢拒違台命，然當此之時，督責縣道，追擾農民，則實有所不忍。得賜追還，令得一意講求備禦賑恤之政，以救此遺民於溝壑之中，不勝幸甚。其可辦者，熹固自不敢緩也。又建昌去歲檢放，總所已行下，今均在上供州用數中，而反未蒙使司除豁上供之數，尤非所望於仁人君子者。熹竊惑之，更乞深賜省察。狂妄冒瀆，皇恐死罪。

熹前幅所稟之外，更有石隄一事，已具公狀申聞，不審台慈賜念否？若今之君子，則固不敢以此望之。惟執事者儻以禹、稷之心為心，則此一役也而可以兩濟。得蒙垂意，不勝幸甚。此或有委，并乞垂示。

熹前幅所稟去冬放旱事，初已得使帖，如總司之云矣。既而中改，一予一奪，殊不可曉。今別具公狀及劄子，乞賜台覽。若決不可行，則熹於此不容宿留，便當自劾去官，雖重得罪，不敢辭矣。本欲初秋即申祠請，又遭旱虐，自以為義不當求自逸，故勉強於此。若不獲已，則亦不免冒此嫌耳。一生忍窮，不敢求仕，正為如此。且未來此時，知友皆以為于公之仁必能庸崔君，今乃反為所誤。而姚提點平生不相識，乃能俯聽愚言，一奏減本軍木炭錢二千貫，不審亦嘗聞之否？熹老矣，已無意於人間，不堪久此鬱鬱也。

又《與江西錢漕札子》 比以民饑，告糴隆興，已具曲折懇張帥，意必蒙其憐閔，推所餘以并活此邦之人。乃今聞其約束愈峻，所遣牙吏得米而不能歸，至於客販，亦復斷絕。若上流果亦荒旱，則不敢請。傳聞贛、吉、臨川諸郡及隆興屬邑自有豐熟去處，則江西當自不至闕食，而其餘波因可以及隣境。恐不必過計為此，以傷一視同仁之心，害救災恤鄰之義。熹已手書，復致此懇於張帥，更望台慈賜以一言之重，使得早遂見聽，則此邦之人仰戴仁人之施，其可量哉！

又《與江西張漕札子》 熹未見顏色，輒有祈懇：比以民饑，告糴隆興，已具曲折，懇稟張帥閣學，意必蒙其憐憫，拯此困急。今乃聞其約束愈峻，所遣牙吏得米而不能歸，至於客販，亦復斷絕。竊緣本軍地瘠民貧，雖號熟年，不免仰食上流諸郡，況今凶儉，事勢可知。然若上流果亦荒旱，則亦不敢固請。今贛、吉、臨川諸郡及隆興屬邑皆有豐熟去處，則使節所臨江西一路，決當不至闕食，而其餘波自可惠及鄰境，是以敢布其私。欲望台慈一言於張帥，早得放行本軍所糴及弛客販之禁，則台座活人之恩被於鄰道，此邦之人所以感激歸戴者為如何哉！

又《與江西張帥札子三》 熹累具懇稟，告糴米船乞賜照應條法及近降指揮，特與通放，亦已累蒙公移回報開許，良感仁庇之及。但奉新令尉乃敢公然違戾，百端攔遏，其意必使敝邑饑民束手受斃而後已。設若使境之旱與弊軍等，則熹不敢有請。今使境諸邑粒米狼戾，發洩不行，而弊軍諸縣放皆及八分，山谷之民已苦艱食，所遣糴米本錢又皆兌借上供錢物，方此自劾，罪無所逃，竊意窮苦之狀必蒙矜憐。不謂此輩乃爾不仁，既格詔旨，又違使臺約束，而所以貽患於鄰邑者，尤為無狀。熹已具公文上之幕府，欲望台慈詳酌，將本縣官吏重作行遣，將本軍米船早賜通放，上以體聖朝一視同仁之恩，下以見盛府救災恤鄰之義，不勝幸甚。

又《與星子諸縣議荒政書》 熹為政不德，致此旱災，雖已究心多方措置，庶幾吾民得以保其生業而免於饑餓流離之苦，然竊自念智力淺短，不惟精神思慮多所不周，而事體次第亦須由軍而縣，方能推以及民。若非二縣同官各存至公至誠之心，深念邦本民命之重，相與協力，豈能有濟？今有愚見，懇切布聞，條具如後：

一、逐縣知佐既是同在一縣，協力公家，當以至公至誠之心相與。凡百事務，切要通情，仔細商量，從長措置，自然政修事舉，民受其賜。苟或上忽其下，唯務私己吝權；下慢其上，但知偷安避事，則公家之務何由可濟？況今災數非常，民情危迫，經營措置，當如拯溺救焚之急，不可小有遲緩齟齬，有誤民間性命之計。切告深體此意，盡革前弊，庶幾事有成功，民受實惠。

一、檢放之恩，著在令甲，謹已遵奉施行。今請同官當其任者少帶人從，嚴切戒約，給與糧米錢物，不得縱容需索搔擾。又須不憚勞苦，逐一親到地頭，不可端坐寬凉去處，止憑鄉保撰成文字。又須依公檢定分數，切不可將荒作熟，亦不可將熟作荒。其間或有疑似去處，或有用力勤苦之人，寧可分明過加優恤，不可縱令隨行胥吏受其計囑，別作情弊。

一、勸諭上戶，請詳本軍立去帳式，令鄉衆依公推舉，約定所蔭客戶、所糴米穀數目，縣司畧備酒果，延請勸諭，厚其禮意，諭以利害，不可縱令胥吏非理搔擾。上戶既是富足之家，必能體悉此意。其間恐有未能致悉之人，亦當再三勸諭，審其虛實，量與增減。如更詐欺抵拒，即具姓名申軍，切待別作施行。

一、根括貧民，請詳本軍所立帳式，行下諸都隅官保正，仔細抄劄，著實開排。再三叮嚀說諭，不得容情作弊，妄供足食之家，漏落無告之人。將來供到，更於本都喚集父老貧民，逐一讀示，公共審實，衆議平允，即與保明。如有未當，就令改正，將根括隅官保正重行責罰。

一、將來糶米，亦請一面早與上戶及糶米人戶公共商議置場去處，務令公私貧富遠近之人各得其便。大抵官米只於縣市出糶，上戶米穀即與近便鄉村置場出糶，不須般載往來，徒有勞費。如有大段有餘不足去處，及將來發糶常平米斛，即具因依申來，切待別行措置。

一、凡郡中行下寬恤事件，各請誠心公共推行。如有未當或未盡事宜，更望仔細示喻，當行改正。

右件如前，各請痛察。如或未蒙聽從，尚仍前弊，致此饑民一有狼狽，即當直以公法從事，不容更奉周旋矣。千萬至懇至懇！

又《與執政札子》 熹輒有危迫之懇，已具公劄申陳。然其曲折，有不敢盡言於君父之前者，復此干冒鈞聽。得賜宛轉陶鑄，不勝幸甚。熹昨緣疾病，不堪吏役，累具劄目，乞備祠官。至五月間，伏準尚書省劄子，奉聖旨不允。自惟卑賤，不敢頻有祈扣，觸犯天威。欲俟新秋，乃伸前請。而德薄政荒，招致災旱，深念千里民命之重，不忍當此艱難窮困之秋輒求自便，於是屈心抑志，黽俛服官。祈禱百方，卒無所効。又慮將來軍民必致闕食，不免行下屬縣，勸諭富民，根括下戶，那兌官錢，於隣近州縣米價稍平去處收糴米斛，準備賑給。又已申奏朝廷，及申轉運、常平兩司，乞行救助。更欲勉悉疲駑，講求荒政，以副聖主子愛黎元之意。而力小任重，日夕驚憂，遂致心疾大段發動，上災下潦，勢甚危急。在熹一身，死生夜旦所不足言，實懼失於備禦，有誤一方饑民，橫致流殍，則熹為上負朝廷，死有餘憾。於是不復敢顧辭難避事之嫌，有此申稟。欲望鈞慈憐察，特賜敷奏，與熹宮廟差遣，使得歸死故山。仍催已差下人石憝疾速前來料理荒政，救濟饑民，不勝幸甚！

小貼子：伏念熹昨以朝命敦迫，勉彊到官，不敢攜家，為久住計，祇挈一小兒在此，方十餘歲。今若病勢有加，即彼此存沒一時狼狽。欲望鈞慈深賜憐察。

又《與周參政札子》 熹復有愚見，懷不能已，敢以私於下執事：今歲之旱，其勢甚廣。比見連日降旨，所以為祈禱寬恤之計者，足以知聖主之憂勞矣。然所謂禁屠宰、決杖罪、放房緡及茶鹽賞錢者，恐未足以為應天之實。而今日又報蠲放綱運欠米十石以下者，此尤近於兒戲。欲以此消已成之災，息未形之患，吁亦難矣！成湯桑林之禱，宣王側身修行之意，其反求諸己者為如何哉？熹竊思之，今日之事，應天之實有四，曰求直言，曰修闕政，曰黜邪佞，曰舉正直。恤民之大者有六，曰重放稅租，乞行下諸路監司，察州郡不受訴者，郡守察其縣令，皆以名聞。曰通放米船，乞下江西、湖南路，仍許下流諸路州軍具奏，重行責罰。曰勸分賑乏，曰截留綱運，曰嚴禁盜賊，曰糾劾貪懦。區區念此至熟悉矣，欲印首信眉，一言於上，又慮出位干時，未必取信，故敢以告於執事。伏惟都俞之暇，從容造膝，一為明主極言之，則天下幸甚。

又卷二七《與林擇之書》 彼中旱勢如何？得雨莫已沾足否？槁苗尚可救否？此中燥濕不均，山間有頻得雨處，有極枯槁處，度其勢短長相補，亦足以相救。所患者人心喜亂，不待饑餓而已生狂妄之意。又患些小米穀為他處般販，則亦無以為繼，而實有饑餓之憂，以速變亂耳。已累書白帥，宜亟糴廣米及台州米。近聞永嘉亦有米可來，此皆不可不早為之計。如福州闕米，則此間米不可仰。近觀其所處置，却只是禁上流攔米及遣人來收糴。此二策者，不過取之吾之境內，譬如一家之中，二子皆饑，乃奪甲以哺乙耳。亦已極論其非是，不知以為然否？幸以累年以來見聞之驗告之，此非細事也。唯壬午、癸未陳應之守建時禁港甚嚴，而汪丈在福州，一無所問，此最為得。其後趙清卿、任元受在福州，則陳邦彥在建與之爭，王瞻叔在福州，則任希純在建與之爭。三公雖悍，然卒不能奪建人之守，然後無事。今上流諸州，其小者不敢抗大府之命，其大者又未必有意於民，而亦不知其利害之若此也。帥府又快於吾令之得行，吾民之可以無饑，而未及慮夫建、劍之俗一有紛紜，則將為吾之憂有大於此者而不及救也。只如建寧，向來屢饑，亦不免用諸縣自給之說，不得般米下船，然後村落獲濟。城中又泝流發米以助諸縣，然亦不聞城中之饑。今任事者曾不察此，諸縣以舊事告，皆不之信。此必不能有說以告帥司，全在帥司自為一路之計，算其長者而為之耳。聞延平積粟皆已匱竭，此可深憂。宜檄諸州照倒禁港，不得般販付米。無致將來闕食生事。大凡盜賊皆起於深山遠官府處，不可不慮也。此於帥府事體，蓋所當然。而一面多方招邀運致外道米斛入界，乃為上策。廣中雖云不熟，然亦當勝本路。如溫、台，則粒米狼戾。今正及時，可招可糴，不可失也。如本路糴米，則非計之得，又非其時，枉費多錢，反得少米。不若且看將來，如他處米來多，即不須糴。若不得已，亦且俟十月以後間晚禾成熟後方可糴。此理的然，前日書中亦說不盡，更煩子細為陳之，不可有一字之遺也。

又《與王漕書齊賢**》** 熹伏辱賜教，并審即日秋陽尚驕，臺府清暇，台候萬福，不勝感感。熹前日伏蒙垂問，率爾具報。既而思之，其所論者乃經理州縣財賦源流之術，若以今日救荒恤民之事言之，則未為要切之務也。慮之不精，發之不當，方以自愧，亦意高明見其迂闊，不過付之一笑而已，以故因循，未暇以書自解。不謂乃蒙專人再枉謙誨，俾盡其說。此事既非今日之急，而其條目猥多，亦有非熹之所能盡知者。然其大要，不過欲得使司於見行鹽法之中，擇其不可行之甚處，如政和、尤溪、汀州諸邑之類。小變其法而損其歲入之數，使官享其利而民不以為病，州縣可以立脚，而漕司不失歲輸之實而已。今一等破敗縣道，竊料不過虛有欠數，實無可得之錢。然此事乃在使司審熟討論百全而後可發，非一旦猝然之所可言也。若夫今日救荒恤民之急，則不過視部内被災之郡，使之實檢放，福建惟下四州水旱時有檢放。若上四州，則民間全不知有此條法恩意，但知田無所收，則殺人放火耳。今示之以此，亦所以息其作亂之心。捐通租，近日州縣無他事可以擾民，唯有催理舊稅，不問已納未納，一切禁繫決撻，責令重納，此為大害。寬今年夏秋二稅省限，各展一月，具以條目言之於朝，而其可直行者一面行下，然後謹察州縣奉行之勤惰得失而誅賞之，使愁嘆亡聊之民猶復有所顧藉，而不忍肆其猖狂悖亂之心，以全其首領，保其家族，靖其鄉閭，此則今日救荒恤民之急務也。此外則視荒損尤甚之鄉，使之禾米得入而不得出；有餘之處則許其通融糴販，稍勸富民平價出糴；勸民廣種大小喬麥、蔔芋、蔬菜之屬，以相接續；其貧甚者，使更互相保，而別召稅戶保之，借以官本，收成之後，秖納元錢，亦一助也。此等為災傷甚處乃行之，想亦不至甚多也。又此事雖屬常平司，然或彼司無錢而漕司有錢，則借而為之，亦不為侵官也。鄙見如此，未知當否？姑以仰塞下問之勤，伏望裁擇其可，幸甚幸甚。山間之旱日甚一日，祈禱經月，略不見効。連日隨衆登山祈神，周視一村，大半焦赤。居此四十餘年，未嘗有今日之旱，令人憂懼，殆無措身之所。奈何奈何！使還具稟，臂病，猶未能多作字，伏乞台察。

又卷三四《答呂伯恭》 承局回，承書，得聞比日尊候萬福。細觀筆札，又比前日不同，深以為慰。熹前被不允指揮，今已三月，方始再上祠請。適此旱災，祈禱未能感格。今早禾已不可捄，若更數日不雨，即晚禾亦不可保。觀此事勢，必致大段狼狽，遂不敢言去，只得竭盡駑力。若自以曠敗抵罪，則無可奈何耳。竊觀事勢，萬一不稔，即軍食所須是第一義，而後可反賑恤。已多方擘畫，未知其濟否如何。切幸因風有以見教於其思慮之所不及者，幸甚幸甚。囊封付出，乃邸吏云爾。方竊怪，之當時誠亦輕發，然今已不可悔矣。積其誠意，待時而發，固所當然。但恐如諺所謂『今年自家雪裏凍殺，不知明年甚人喫大椀不托』耳。言之痛心，苦事苦事！謹密之戒，乃今聞之。初但不敢以草本示人及與人說其中所論，不謂乃并此題目不得洩漏也。數年前風俗尚不如此，自今當深戒之耳。既云有調護者，即是嘗有譴怒之意，亦幸密見告也。近緣旱虐，百事放寬，又覺得雨露太勝雪霜。然亦且得如此，前日誠有過當處也。二陸後來未再得信，捄荒方急，未暇遣人問之。子靜欲來遊山，聞此中火色如此，又未知能來否耳。立廟等事甚善，他時修定，當得求教也。康節刻成甚久，何故不曾寄去耶？今往五本。他刻恐欲分人，亦各并致一二也。塾不知果能漸解事否？人家後生，只得自有意做好人，便有可望。此郎正坐無此根本，使人憂心耳。今令歸鄉應舉，臨行更望丁寧之也。試罷畧令此來，有可見教，書不能盡者，幸以語之。但恐亦不是寄附處耳。知看書不多，甚善。《詩》不知竟作如何看？近來看得前日之說猶是泥裏洗土塊，畢竟心下未安穩清脫。便中求所定者節目處一二篇一觀，恐或有所警發也。尤延之見祭敬夫文，以為意到而詞語不若平日之溫潤，鄙意亦頗疑其如此。渠令深勸且省思慮，意甚拳拳也。新參近通問否？大承氣證，却下四君子湯，如何得相當？然尚幸其不發病耳。老兄與之分厚，須痛箴之。吾輩與百萬生靈性命盡在此漏船上，若喚得副手稍工不至沉醉，緩急猶可恃也。再去長沙人未回，前日因便又作書與定叟，畧致盛意矣。與說今日請祠，便是奉行敬夫遺戒第一義，時時勿忘此心而充擴之，則甚善。老兄因書更自勸勉之為佳耳。承教未期，臨風引領，千萬為道自重。

又《答呂伯恭》 久不辱問，向仰良深。比日秋雨稍凉，伏惟尊候萬福。熹夏秋以來，以旱嘆祈禳奔走，日日暴露，不得少休。既無所效，又不得不為救荒之備，郡小財匱，無擘畫處，日夕究心，遂發心疾，上炎下潦，勢甚可畏。已急遣人呼二兒及約子澄，恐有不測，無人主宰。既而飲藥，僅得少定。又苦脚跟痛，不能履地，此兩日方能移步，然亦終未脱然。郡中賑助檢放等事，却已稍有緒。但軍糧無所指擬，不免具奏祈哀，并以衰病之實丐求罷免，未知復如何。但欲退縮省事，以俟終更，而事勢驅迫，有不自由者。今且信緣，未知果安所税駕也。夏秋以來，今日方得竟日之雨，民間遂可種麥蒔蔬，庶幾有以係其心志而不至於流移。此後公私多方接濟，到得春來，則麥可食而無所事矣。但其間日月尚多，又未知果能如人所料否耳。其間隨事措置，曲折甚多，未暇一一求教。所幸民間却稍相信，鄉村士人有事便可來説，上下之情稍通，官吏不敢十分相罔，凡事省力。但一味無錢，沒撰處耳。今日見省符并致文字，有相及者。此固不足為重輕，亦殊可笑也。比來計益輕健，《詩》説可見示一二大節目處否？不似《書》説，又被人傳印也。別有論著可見教者，勿吝幸甚。子約不及別書。兒輩計今日方終塲，度後月十間可到此也。所欲言者甚衆，急遣此人，不暇。正遠，惟千萬保重，不宣。八月十九日，熹頓首再拜上啟。

長沙人至今未還，亦不得明信，令人懸心耳。子壽兄弟久不得書，子静欲來，想以旱故，未必能動。旦夕或遣人候之也。自明之亡，極可痛惜，天亦為此曹復讎也耶？不可曉。

又 卷九九《勸諭救荒》 契勘本軍管内久闕雨澤，祈禱未應，田禾已有乾損去處。皆由長吏不明，政刑乖錯，致此災殃。永念厥愆，實深悼懼。除已具申朝省及諸監司，乞行寬恤賑濟，及檢計軍倉兩縣常平米見管萬數不少，又已多方招邀米船，日近出糶，仍兑借諸色錢往外州循環收糴，準備賑濟。況朝廷愛民如子，聞此災傷，非晚必有存恤指揮，將來決然不至大段狼狽。今有預行勸諭將來事件下項：

一、本軍日前災傷，人戶多至流移，一離鄉土，道路艱辛，往往失所。甚者横有死亡，抛下墳墓、田園、屋宇，便無人為主，一向狼藉，至今遺跡尚有存者。詢問來歷，令人痛心。況今淮南、湖北等路亦不甚熟，捨此往彼，等是飢餓，有何所益？今勸人戶各體州縣多方救恤之意，仰俟朝廷非常寬大之恩，各且安心著業。更切祈禱神明，車戽水漿，救取見存些少禾穀，依限陳訴所傷田段頃畝，聽候官司減放税租，賑濟米斛。不可容易流移，別致後悔。

一、今勸上戶有力之家，切須存恤接濟本家地客，務令足食，免致流移。將來田土抛荒，公私受弊。

一、今勸上戶接濟佃火之外，所有餘米，即須各發公平廣大仁愛之心，莫增價例，莫減升㪷，日逐細民告糴，即與應副。則不惟貧民下戶獲免流移飢餓之患，而上戶之所保全，亦自不為不多。其糶米數多之人，官司必當施行保明，申奏推賞。其餘措借出放，亦許自依鄉例。將來填還不足，官司當為根究。如有故違不肯糶米之人，即仰下戶經縣陳訴，從官司究實。

一、今勸貧民下戶，既是平日仰給於上戶，今當此凶荒，又須賴其救濟，亦仰各依本分，凡事循理。遇闕食時，只得上門告糴，或乞賒借生穀舉米。如妄行需索，鼓衆作鬧，至奪錢米，如有似此之人，定當追捉根勘，重行決配遠惡州軍。其尤重者，又當别作行遣。

一、旱禾已多損旱，無可奈何。只得更將旱田多種蕎麥及大小麥，接濟食用。

又《約束糶米及劫掠榜》 照對管下州縣中夏以來久不得雨，高低早禾多有旱損，切慮人民不安，理合存卹曉諭。

一、州縣目今米價高貴，止緣早禾旱傷。其中晚之田，自有得雨，足可灌溉成熟去處。兼當司已蒙朝廷給降本錢，及取撥別色官錢，見今廣招廣南、福建、浙西等處客販搬運米斛到來投糶，準備闕米州縣搬運前去出糶。切恐有米積蓄上戶與停塌之家未知前項事因，以謂旱損少米，意圖邀求厚利，閉糴不糶。此項除已牒諸州府請速行遍下屬縣，勸諭有米積蓄上户停塌之家，趂此米穀未登之際，各依時價，自行出糶，應副細民食用。如敢輒有違戾，切待根究，重行斷遣。如是向去民間大段艱食，切待別行申奏朝廷，乞更多撥錢米，前來濟糶。

一、州縣火客佃戶耕作主家田土，用力為多，全仰主家借貸應副。今來旱損，其田主自當優卹，賙給存養，無令失所。訪聞多有坐視火客佃戶狼狽失業，恬不介意，切恐因而失所，却致無人布種，荒廢田畝。此項除已牒諸州府，請遍行下諸縣，勸諭應有田之家，請以田客所日耕布勤勞為念，常加優卹，應副存養，勿令失業云云。

一、州縣旱傷去處，慮有無知村民，不務農業，專事扇惑聚衆，輒以借貸為名，於村疃之間廣張聲勢，亂行逼脅，以至刼掠居民財物米穀。此項當司檢準律：强盜不得財，徒二年。一疋徒三年，二疋加一等，十疋及傷人者絞，殺人者斬。其持杖者雖不得財，流三千里。五匹絞，傷人者斬。今來切慮愚民不曉條法，悮犯刑名，深可憐憫。除已牒諸州府，請遍下諸縣，曉諭民户知悉，各自安業，勿致扇惑，輕犯典憲，後悔無及。

右今鏤榜曉諭民户知悉，故榜。

又《再放苗米分數榜》 契勘本路今年旱傷，檢放苗米多有不實去處，曾具奏請。今來當職詢訪，不實最多，未欲按劾施行。今來到任，已是深冬，難以檢勘。須至別行措置，將諸州縣人户災傷苗米等第更行蠲放。除已奏聞及申尚書省外，須至曉諭。

右今將本路州縣人户苗米元檢放五分已上鄉分，全户五斗已下全放。元檢放四分以上鄉分，全户四斗以下全放。元檢放三分以上鄉分，全户三斗以下全放。元檢放二分以上鄉分，全户二斗以下全放。元檢放一分以上鄉分，全户一斗以下全放。其紹興府人户，須有丁之家，方得蠲放。其湖田米，亦依例蠲放施行。今印榜曉示人户知悉，如州縣再行催理，仰經本司陳訴，切待追究，按劾施行。

又《約束檢旱》 照對今歲適當旱歉，州縣合差官徧往鄉村檢視。每見差出官員多是過數將帶人從，反行須索，搔動村落。以納圖册為名，不論人户高低，每畝科配項畝頭牲之類。又不親行田畝，從實檢校，反將訴荒人户非理監繫，勒令服熟，殊失救荒卹民之意。今來當職斟酌，每官一員止得帶廳子一名，吏貼一人，當直八名。仰從本州縣陳乞，計日給錢米，各自賫行，並不許分毫搔擾保正副及大小保長。須親行田畝，從實檢放。如有違戾，許人户徑到本司陳訴，切待追治施行。

宋 董煟《救荒活民書》卷上 湯旱而禱曰：政不節歟？使民疾歟？何以不雨而至斯極也？宮室崇歟？婦謁盛歟？何以不雨而至斯極也？苞苴行歟？讒夫昌歟？何以不雨而至斯極也？

煟曰：公孫弘以湯之旱爲桀之餘烈，遂有以啟武帝之玩心。大抵天變如父母之震怒，爲人子者，知其雖非在己之過，亦當恐懼敬事，以得父母之歡心。成湯聖人，平時豈有此六事？然必一一以爲言者，所以見其敬天之至也。況未至成湯者，可不自責哉？

又 僖二十一年夏，大旱，欲焚巫尪。臧文仲曰：非旱備也。修城郭，貶食省用，務穡勸分，有無相濟，此其務也。

煟曰：有無相濟，真救荒之良法。今州縣各私其民，官司各私其職，莫肯通融。異縣貯儲，不恤鄰邑。哀哉！

又 漢興，接秦之敝，諸侯並起，民失業作而大饑饉。米石五千，人相食，死者過半。高祖乃令饑民就食蜀。漢文帝后元六年，大旱蝗，弛山澤、發倉庾以濟民。

煟曰：宣帝本始三年旱，後漢章帝元年旱。並免民租稅。漢家救荒，大抵厚下。

又 元封元年旱，上令官求雨。卜式言：縣官當食租衣稅而已。今弘羊令吏坐市列肆，販物求利，烹弘羊，天乃雨。

煟曰：桑弘羊領大司農，作平準之法於京師，令遠方之物如異時商賈所轉販者爲賦，盡籠天下之貨。物貴則賣之，賤則買之，使萬物不得騰踴，民不益賦而天下用饒。當時議者猶欲烹之，謂奪民之利，傷和氣也。今民利無遺矣，而聚斂之臣，默思弘羊可烹之語，可不寒心哉？

又 王莽時，南方枯旱，使民煮木爲酪，酪不可食，重爲煩擾。又令饑民掘鳧茈食之。流民入關者數十萬人，置養贍院以廩之。吏盜其廩，饑死十七八。

煟曰：木其可煮以爲酪？莽之規模如此，其即日敗亡也宜哉！

又 唐太宗謂王珪曰：開皇十四年大旱，隋文帝不許賑給，而令百姓就食山東。比至末年，天下儲積可供五十年。煬帝恃其富饒，侈心無厭，卒亡天下。但使倉庾之積，足以備凶年，其餘何用哉！

煟曰：蓄積藏於民爲上，藏於官次之，積而不發者又其最次。太宗咎隋文積粟起煬帝之侈心，其規模宏遠，不樂聚斂可知矣。近世救荒，有司鄙吝，不敢盡發常平之粟。至於豐儲、廣惠等倉，又往往久不動支，化爲埃塵。諒未悉太宗之意。

又 關中旱饑，民多賣子以接衣食。詔出玉府金帛爲贖之，歸其父母。詔以去歲霖雨，今茲旱蝗，赦天下。其略曰：若使百姓豐稔，天下乂安，移災朕身，以存萬國，是所願也，甘心無吝。會所在有雨，民大悅。

煟曰：王者以得民爲本。凡此舉動，皆足以得民之歡心。太宗真至治不世出之主哉！

又 貞元十四年旱，民請蠲租。京兆尹韓皋慮府帑已空，奏不敢實。其後事聞於上，貶撫州司馬。

煟曰：旱傷所當賑恤，儻不蠲租，則催科日逼，而民必思亂，其禍有不可測者。韓皋之貶也，宜哉！

元和間，南方旱饑，遣使賑恤。將行，憲宗戒之曰：朕宮中用帛一匹，皆計其數。惟賑恤百姓，則不計所費。卿輩當體此意。

熠曰：《洪範》云：天子作民父母。憲宗云：惟賑恤百姓，則不計所費。非惟識人君之體，正與《洪範》『父母』之意合。

又 咸通十年，陝民訟旱。觀察使崔蕘指庭樹曰：此尚有葉，何旱之有？杖之。民怒作亂，逐蕘。

熠曰：水旱災傷而不知以民爲念，其禍必至於此。《書》曰：臣爲上爲德，爲下爲民。若蕘者，失其所以爲民之義矣，安知輔上之德哉。

又 乾德元年夏四月，詔諸州長吏視民田旱甚者則蠲其租，不俟報。

熠曰：歲之災變旱傷，至易曉也。歷時不雨，孰不知旱？旱則命長吏上聞而蠲其租，何必俟報？臣見今時州縣，或遇災傷，兩次差官檢覆，使生民先被騷擾之苦，然後量減租入之數，所得幾不償所費矣。宜以乾德之詔爲法。

又 熙寧間，上以久旱憂見容色。每輔臣進見，未嘗不嗟歎懇惻，盡罷保甲、方田等事，以謂地方亦荒政急務，宜即施行。王安石曰：水旱常數，堯湯所不免。陛下即位以來，累年豐稔。今之旱暵，但當益修人事，以應天災，不足貽聖慮。上曰：此豈細事？朕今所以恐懼者，正爲人事有所未修也。於是中書修奏，請蠲減賑恤。

熠曰：神宗皇帝每遇水旱，憂見容色，至云此豈小事，聖主憂民誠篤如此，社稷安得不久長哉？

熙寧間，京師久旱，下求直言之詔。其略曰：朕之聽納有不得於理歟？獄訟非其情歟？賦斂失其節歟？忠謀讜言鬱于上聞，而阿諛壅蔽以成其私者眾歟？詔出，人情大悅。是日乃雨。

熠曰：謹按是時韓維知制誥。京師旱，上曰：天久不雨，朕夙夜焦勞。奈何？維曰：陛下憂憫災傷，損膳避殿。此乃舉行故事，恐不足以應天變。《書》曰：惟先格王正厥事。近日畿內諸縣督索青苗錢甚急，往往鞭撻取足，至伐桑爲薪以易錢貨。旱傷之際，重罹此苦。願陛下發自英斷，過而食言，不猶愈於過而殺人也。神宗感悟，遂下詔。

又 乾道七年，饒州旱傷，措畫賑濟米。本州義倉八萬餘石，又撥附近州縣義倉五萬石，並截留在州樁管上供米三萬石、獻助米二千石。並立賞格，勸諭上戶出米，措置賑糶。知饒州王秬劄子借會子五萬貫，接續收糴米麥之類。得旨依。江州旱傷，亦措置撥本州義倉米四萬四千餘石，又截上供米六千五百餘石，勸誘到上戶認糶米二萬八千六百餘石，截留贛州起到一萬石、賑糶本錢四萬餘貫作本收糴米斛。又撥本路常平米十萬石、吉筠等州見起赴建康府米八萬餘石、樁管米六萬七千餘石。

熠曰：救饑截留本州樁管上供，及借會子收糴米麥賑糶，皆所當行。然非主聖，則事多齟齬。孝宗以天下生靈爲心，略無難色。然則萬世人主，宜以爲法也。

又 卷中《檢旱》 熠曰：災傷水旱而告之官，豈民間之得已？今之守令，專辦財賦，貪豐熟之美名，諱聞荒歉之事，不受災傷之狀，責令里正狀熟。爲里正者，亦慮委官經過，所費不一，故妄行供認，以免目前陪費，不慮他日流離餓莩劫奪之禍。良可嘆也。

一、在法陳訴旱傷之限，至八月終止。訴在限外，不得受理。昨來臣寮奏請，晚禾成熟乃在八月之後。今旱有淺深，得雨之處有早晚之不同，乞寬其限。得旨，展半月。臣寮申請，乞以指揮到縣日爲始。

一、淳熙元年，孝宗御劄委帥臣監司，令從實檢放，不得信憑保正狀熟。時憲司揭榜，許人戶經本州陳狀，別差官檢放。時已十一月矣。及帳目到戶部，戶部以令文至八月終止，出限者不合受理，皆不爲除放。而人戶恃憲司榜示，不肯輸納。鞭撻過多，反爲民害。

一、元祐元年，諫議大夫孫覺言：諸路災傷，各以實言，不實者坐之，災傷雖小而言涉過當者不問。今民間縱有被訴災傷，縣道往往多不受理。間有受理去處，又不及時差官檢踏。比至秋成，田間所有雖曰無幾，其服田之家只得隨多少收割，以就耕墾。官司惟見民間收割已畢，便指作十分豐熟，不容檢放。是時開場受納，遂即舉催全苗。貧民下戶欲訴則田無可驗之禾，欲納則家無見儲之粟，於是始伐桑柘，鬻田產，流離轉徙，棄墳墓而之四方矣。

宋 洪邁《容齋隨筆》卷八《韓文公佚事》 韓文公自御史貶陽山，新舊二《唐史》，皆以爲坐論宮市事。按公赴江陵途中詩，自叙此事甚詳，云：『是年京師旱，田畝少所收。有司恤經費，未免煩誅求。傳聞閭里間，赤子棄渠溝。我時出衢路，餓者何其稠！適會除御史，誠當得言秋。拜疏移閤門，爲忠寧自謀。上陳人疾苦，無令絕其喉。下言畿甸內，根本理宜優。積雪驗豐熟，幸寬待蠶麰。天子惻然感，司空嘆綢繆。讉言即施設，乃反遷炎洲！』皇甫湜作公神道碑云：『關中旱饑，人死相枕藉，吏刻取恩，先生列言天下根本，民急如是，請寬民徭而免田租，專政者惡之，遂貶。』然則不因論宮市明甚。

宋 洪邁《容齋三筆》卷一四《檢放災傷》 水旱災傷，農民陳訴，郡縣不能體朝廷德意。或慮減放苗米，則額外加耗之入為之有虧，故往往從窄。比年以來，但有因賑濟虛數而冒賞者，至於蠲租失實，於民不便者，未嘗小懲。宣和之世，執政不能盡賢，而其所施行，蓋猶慰人心。京西運判李祐奏：『房州民數百人，陳言災傷。知州李悝，取其為首者，杖而徇之城市，以戒妄訴，用此其州蠲稅不及一釐。』詔：『李悝除名，簽書官皆勒停。』祐又奏：『唐、鄧州蠲災賑乏，悉如法令，均、房州不盡減稅，致有盜賊。』詔：『均、房州守令悉罷，唐、鄧守貳各增一官秩。』百姓見憂，出於徽宗聖意，而大臣能將順也。

又卷一六《多赦長惡》 熙寧七年旱，神宗欲降赦，時已兩赦矣。王安石曰：『湯旱，以六事自責，曰政不節與？若一歲三赦，是政不節，非所以弭災也。』乃止。安石平生持論務與衆異，獨此說為至公。近者六年之間，再行覃霈。婺州富人盧助教，以刻核起家，因至田僕之居，為僕父子四人所執，投置杵臼內，擣碎其軀為肉泥，既鞫治成獄，而遇己酉赦恩獲免。至復登盧氏之門，笑侮之曰：『助教何不下莊收穀？』茲事可為冤憤，而州郡失於奏論。紹熙甲寅歲至於四赦，凶盜殺人一切不死，惠奸長惡，何補於治哉？

宋 洪邁《容齋四筆》卷一一《常何》 唐太宗貞觀五年，以旱，詔文武官極言得失。時馬周客游長安，舍於中郎將常何之家。何，武人，不學，不知所言，周代之陳便宜二十餘條。上怪其能，以問何。對曰：『此非臣所能，家客馬周爲臣具草耳。』上即召周與語，甚悅，以何爲知人，賜絹三百匹。常何後亦不顯，莫知其所以進。予案《李密傳》，密從翟讓與張須陁戰，率驍勇常何等二十人爲游騎，遂殺須陁，常何之名蓋見於此。《唐史》亦採於劉仁軌行年河洛記也。

宋 真德秀《西山文集》卷六《奏乞蠲閣夏稅秋苗六月一日上**》** 竊見本路州縣今歲以來雨澤闕少，臣昨經由池陽之日，其時不雨已及旬餘，迨至金陵，一向乾旱。蓋自三月至于五月之終，九旬之間有雨者纔六七日，焦熬之狀，蓋不待言，播殖之功，一切盡廢。臣朝夕訪問，惟信與饒得雨頗多，歲事可望，若建康、太平、寧國、池、徽、南康、廣德諸郡，旱勢略同。臣以祈禱，間出近郊，及因閱舟，親至采石，經行原野，莫非赤地，四顧所及，全無秋苗。間有瀕江可以車戽之地，或以栽插，然水熱如湯，不堪蔭養，茁然長茂，旋又焦黃。訪聞當塗、宣城管下圩埂之鄉，每歲常苦水澇，今亦種不入土，與陸地同。近因舟行過大城堽一帶，見蝗虫飛泊蘆葦間，綿亘十數里，未幾遂入府城，皆由東北而來，蔽天障日，遇其所落，草木為空。又據諸處申到，若建康府之上元、江寧、溧水、池州之貴池、銅陵，寧國府之宣城，皆有蝗蝻生發，所未申者尚不及知。此一路旱蝗之大畧也。常平、義倉之儲，總一路凡四十三萬，而侵移陳腐，皆在其中。姑以建康一城言之，居民日食凡二千斛，而常平初無顆粒，義倉之米以石計者僅一萬九百有奇，以之糶濟城郭之民，不數日盡矣，況能更及田野乎？以此推之，常平、義倉已不足恃。沿江諸州元非產米之地，自經兵旱，田疇蕪廢，在在相望，所出益少，綱運起發之外，其能幾何？接濟軍民，唯仰客販。今則兩淮既皆遏糴，淛河般運不通，上流客舟亦頗不繼，諸州米價漸已日增，艱食之虞，近在朝夕。嘗博訪父老，皆言粳稻雖已失時，尚堪雜種麻豆蕎麥黃菉之屬，緣田中無水，不通翻犁而不可種。下等農民之家，賃耕牛，買穀種，一切出於舉債，今秋成失望，小大憂危，而官司催督夏稅，略不少貸，典賣罄竭，不足以償，而種子價高，無錢可糴而不能種。凡曰陸種，僅可救饑，近年官司往往不卹，每遇檢放指為熟田，責令輸納苗米，未免賤糴所有，貴糴所無，以供公上，殫其地之出不足以輸，所以更相懲創而不敢種。臣自聞此語，為之惻然。竊惟今歲之旱，實與往年不同。往年之旱，多在夏秋，田間既已布種，故雖災傷之甚什至七八，而其熟處猶居二三，今則高下之田皆為荒地。借令雨以時至，雜種可投，尚恐空於蝗螟之口，而況雨未可期，種未可必，方來之患，日月尚長，民情摇摇，已有流移之漸。臣近準朝旨，將來合議糴濟，即與本路諸司同共詳議，措置施行。臣已恭稟，多方講究外，竊謂與其待已饑而行糴濟之惠，不若先未饑而加存卹之恩。謹具奏請事件如左：

其一曰倚閣夏税。臣近居太平州，百姓王經等一百六名狀稱：自去冬以來，並無雨雪，麥苗先已乾死，收到些小不了食用，目今秧苗又盡枯死。蕎麥豆種，雖得錢物亦無處收糴。田地乾亢至甚，亦難耕種。老幼日夕憂惶，不能存活。欲乞備申朝廷，權閣今年夏税。臣方欲冒昧控陳，忽準戶部符，臣寮奏請内一項，寬旱地之賦，以為秧苗未得種挿，人情方且皇皇，而折帛起催半責見鏹，版曹既有歲例，州縣苟欲逃責，征誅憔悴之民，不減星火之急，農困追呼，將復失種，其為怨嗟，甚於不雨，此當亟行戒約。江浙監司目即體訪先來被旱之處，一面行下郡邑，將第四第五等下戶折帛等官物稍寬旬月之期，以俟秧種了畢。即蒙聖旨允從。仰見陛下至慈至仁，勤卹民隱，凡有所聞，無不施行。臣即已鏤榜曉諭州縣，令自牓到日為始，住催一月，雖足以寬目前，而一月之後，催理如故，方細民嗸嗸求死不贍之時，縱令督促萬端，終是無可償納，徒使吏卒並緣得為苛擾，人戶憂迫，不免流移，理勢實然，非臣過計。兼本路近年民困重賦，荒田逃戶，所在相望，今既未能招徠，不可使見存之戶更有流徙。伏望聖慈速降旨揮，將本路州縣旱乾不曾種蒔去處第四第五等人戶夏税權與倚閣，候將來得熟日併催，庶幾稍解倒垂之急，臣不勝大願。

其二曰蠲放秋苗。國家仁愛元元，著為災傷檢放之令，德澤洋溢，入人至深。近歲州縣長官多以趣辦財賦為能，鮮以保全民命為急，下吏承風，輒懷觀望。且如去歲宣城、南陵、蕪湖、繁昌、貴池、銅陵、青陽等縣皆被水災，檢放之時，多不及數目。自臣到任，來訴者多，事已後時，無從覈實，而參之衆言，宣城尤甚，故前者輒上倚閣殘零之請，伏惟聖慈必已矜從。今歲旱災，前所未有，至仁如天，俯燭民隱，將來苗税，必是優與蠲除。而臣察諸衆情，似懷憂畏。蓋緣近年檢放例以從窄為賢，逆料將來亦必如此，至於不敢雜種以避輸苗，其情尤可深憫。臣謂今欲慰安人情，使無逃徙，莫若控告朝廷，先期降旨，約敕州縣，應本路官私田畝元不闕雨處將來成熟自當依條輸納外，其久旱不曾種蒔去處並與全放秋苗，其雜種麻豆之屬並不許指作熟田，責令輸納苗米，以致重困。許臣備坐旨揮，散牓曉諭，庶幾農人安心，不至狼顧，實一道幸甚。

右，臣恭聞乾德二年四月詔曰：『自春徂夏，時雨尚愆，深恐黎民，失於播殖，所宜優卹，俾獲蘇安。應諸道所催今年夏租，委所在官吏檢視民田無見苗者上聞，並與除放。』紹興二十八年八月二日詔：『令諸路轉運疾速行下州縣，開具實被災傷頃畝數目及合放分數以聞。』仰惟太祖皇帝開造我朝配天之業，高宗皇帝中興萬世無疆之基，二聖一心，皆以保全民命為本，故於災傷之歲切切如此。夫以四月而蠲夏税，以八月而檢秋苗，自常情觀之毋乃太早，蓋救災卹患當於民未甚病之時，若待其饑莩流離然後加惠，則所全寡矣。為民父母，忍使至斯？兩朝詔書，可為大法。今臣所陳二事，如蒙聖慈降出三省，早賜施行，其於公私皆有利便。一則征斂既寬，逃亡必少，所在田畝，不至抛荒，公家租賦，亦免失陷。二則農人肯行布種，自救其饑，不至大段闕食，全仰官司糶濟。三則窮窶之民粗有生理，何苦輕捐其身而為盜賊，未萌之禍，銷弭尤多。臣叨蒙聖恩，畀以漕計，一路休戚，責實在臣，庸敢齋沐投誠，仰干天聽。臣無任震惕俟罪之至。

小貼子：臣冒昧所陳二事，非不知國家常賦、州縣經費取具于兹，臣以轉漕為職，亦自靳惜財計。第親見民窮如此，寧忍坐觀不言？仰惟仁聖盛明之朝，哀矜元元，一如赤子，微臣雖不奏請，終亦必有施行。然臣竊惟救患卹災，寧過乎早，若及今亟行恩卹，庶人戶不至逃移。倘蒙聖慈特賜依允，只乞從朝廷行下，不須備臣此章，庶使一路之民共知出自聖意，歡忻慶戴，何有終窮！臣疊犯天威，伏祈裁赦。

又《奏乞撥米賑濟同安撫司總領所**》**　伏見自冬徂春，雨澤稀少，入夏以來，亢陽彌甚，陛下嚴恭天命，憂念元元。延讜言，赦死辠，釋遷謫，還没產，苟可銷釁致和，無所愛惜。臣等布宣無狀，所部九郡而建康、太平及寧國、徽、池、廣德、南康七郡迄今不雨，旱勢已成。間得沾濡，炎天毒烈，土脈乾燥，耕種不入，赤地相望。稍有近水可挿秧苗去處，飛蝗所過，靡有孑遺。惟饒、信二州曾申得雨，却聞其間自有旱處。今方六月，城市閉糴，米價騰踴，民食已艱，村落之間，必有餓莩，向秋以後，捐瘠又多。累據諸處人戶陳訴并州縣備申，旱荒之狀，有不忍聞。池陽道路出没剽掠，休寧縣數百人入令丞廳求糴濟，建昌縣百十人劫隆興府界居民。苟非饑窮迫身，何忍至此！見得今年旱災不同常歲，本道旱勢又甚他路。國之根本，在此江東，丁時外虞，尤欲安靜。使一夫餒死，必傷天地父母之仁，不幸詿誤有司，寧不重闕憂顧？惟有速發見藏，不吝重費，救奪民命，度脱菑厄，庶幾感通天意，消弭事端。今災傷至廣，事力有限，豈能人人給足，但民心知朝廷極力拯濟，有恃以生，則雖顛踣流離，終不攜貳。且及早予民，所費既省，所濟甚溥。待其賣妻子，棄鄉井，填委溝壑，嘯聚山澤，而後為之，其費不止於此，而傷敗已多。江東自昨歲旱蝗，屢經豐熟，荒田未墾，在在相望，若今更有轉徙，必至無人可耕，國之所失，不知幾倍。臣等蚤夜憂懼，思得協心盡力，為陛下救此一道生靈，使不致饑餓流亡，散為盜賊，以遺朝廷憂。已行下州縣，分遣官僚，躬親抄劄，畧計七八郡所當濟者不下百餘萬戶，戶給一石，亦該一百餘萬石。所在州縣匱乏，豈有寬餘，而義倉見管纔四十三萬，耗腐在內，非陛下捐數十萬石之米，不足以振此凶災。竊惟目今旱處既多，諸郡必紛然以錢粟為請，却致朝廷難為應副，是以會約一道當濟之數，總為奏陳，候諸州申到戶口，據實分撥。合本道所請，其數若多，散之州縣，猶以為少。臣等自行計推，下於此數，必支給不敷，非若尋常有司增多申請，但冀十得六七之比。陛下禱旱之初，不愛曠典異恩，以銷天災，蘇民瘼。今赤子嗸嗸赴愬，求延旦夕之命，必不惜力靳費不以捄之。臣等謹體聖懷，昧死上奏，伏望斷自宸衷，亟命有司於鎮江、建康府轉般倉撥米五十萬石，貼助本路義倉米斛，賑濟饑民。如部內諸州有請，即下臣等分撥。陛下幸賜江東之民而臣等不能檢柅吏姦，失陷官物，致上孤德意，下誤民生，則臣等之罪，惟陛下炤之。准嘉定八年七月十九日省劄，照得已降旨揮，給降度牒一百道付提舉司，及取撥制置司椿管會子一十萬貫，令本司徑自措置收糴。朱斛其上件度牒錢，并提舉司見糴米、制司所糴米，皆合總充濟糴使用。兼江東提舉司申，本路常平義倉椿管米四十三萬餘石，又已降指揮，令安撫、轉運、提刑、提舉分認措置捄荒，即未委逐州軍合用準備濟糴米數。既據所申，合議先次科發施行。又契勘建康轉般倉除見在椿管米四十九萬餘石外，又有科撥各州府嘉定七年上供綱米六十七萬九千石，太平州九萬石，寧國府一十四萬石，池州四萬九千石，亦往轉般倉椿管。今合於上件米內，量行支撥，應付使用。七月十九日，奉聖旨令建康轉般倉支撥米三十萬石，貼充江東路濟糴使用，專令江淮制置司契勘本路所部州縣災傷輕重，將今來所撥米并提舉司常平義倉米，及用度牒收糴米，并制置司所糴未併為總數，却與斟酌分撥下各州軍，應付濟糴使用。仍行下分管監司，將撥定米斛督責州縣措置賑卹。其已撥付轉般倉上供綱米，如米禾曾支裝運，即仰合得米州郡，即依分定數，就行截留使用，及就近支撥應付隣近州縣合得米。仍仰制置司限五日先具已均撥米數申尚書省。劄付本司。

又《申尚書省乞截撥寧國府等上供米同時上**》** 某昨以江東七郡旱災，事體至重，輒同本道帥臣、監司奏乞鎮江、建康轉般倉米五十萬石，貼助義倉見米，以捄一路之民。日來市直頻增，民愈艱糴，稍有資本，銷磨向盡，素來困乏者饑餓益多，萬口嗸嗸，日夜望賜。國家憂民如子，必已允俞。某職在轉輸，昨蒙朝廷令本司催督寧國府等處米二十七萬九千石，赴建康轉般倉交納。據各郡申，除災傷檢放外，寧國府實發米八萬九千八百餘石，太平州實發米五萬六千二百餘石，池州實發米三萬一千七百餘石，咸以河港淺澁、未能起發為辭。內太平州已裝發三萬一千六百餘石，差從事郎黃孟容管押，自餘一十四萬六千餘石並未起發。竊惟諸州皆係合賑濟去處，若上恩許從所乞，必亦分撥米斛前去諸州，般運之間尚費期日，不能遽及待哺之民。米運往來，糜費耗折，又所不計。欲各留上件米在州，免令起發，候指揮降到米斛理豁，建康府轉般倉內合科撥之數，庶得朝廷恩意速可及民，不至稽緩誤事，又免兩次往來水脚費折，誠為至便。謹具申尚書省，伏乞檢照前申及今來所申事理，早賜施行。

小貼子：照得廣德軍地素磽瘠，豐年民且狼狽，一遇旱歉，窮困可知。兼水路不通，米運益艱，雖有科撥米斛，亦難遽至。竊聞本軍已具申，乞截留淮東西總領所米斛二萬八千餘石，若蒙朝廷從所申，即賜施行，庶得凋郡窮民早被實賜。又兼照本路諸州常平義倉見管米僅四十三萬石，若蒙朝廷俯從近日所請，撥賜鎮江、建康轉般倉米五十萬石，兩項通計九十三萬石，而本路七州合濟之戶約百餘萬，不過戶得一石，而合賑糶人戶尚不在此數內。況目今米價踊貴，民間大段艱食，便合舉行賑糶，而所在州縣既無見管之米，又無錢可以收糴為賑糶之用。緣此富民觀望，爭事閉糴，商賈闞伺，愈索高價，而合賑糶人戶久食貴米，轉見狼狽，將來必至盡仰賑濟，為公家之費愈多。若官場有米接續出糶，則富家之米自出，商販之米自至，而人戶之力亦得少紓，將來不至全仰官司賑濟，則公家之費所省必多。公私兼利，無出於此。竊見淳熙乙未劉樞密知建康日，措置救荒，曾申朝廷借撥椿積錢糴米出糶，民甚賴之，其後結局，仍將糶到米錢歸還元借窠名，一無虧欠。它如此比，不可勝舉。目今本路除建康府有椿積錢外，其餘州郡亦皆有交割錢之類，平日謹藏府庫，不敢擅動。然在今日，民病已急，若許各州權行兑借，作循環糴糶之本，將來結局，本司自當專一督察，令其盡數歸還，於公初無所損而於民實受大利。併望朝廷特賜指揮。

又《上宰執乞截上供米借見管錢札子嘉定八年六月上**》** 某近者具申尚

書省，乞截留寧國府、太平、池州合發建康府轉般倉米十四萬六千餘石，就元處樁留兑行起發，理為科降賑濟之數，併乞許各州權行兑借樁管或交割等錢作循環糴糴之本，候賑濟結局日，將收到糴米錢仍舊歸還元處。上件事理，必蒙朝廷詳酌施行。竊念本路災傷至重，目今民間已是艱食，今歲之冬與來年春夏必須大段狼狽，若不控告朝廷，亟為措置，流離餓莩之患必所不免。檢準《紹興重修常平令》：諸賑濟穀一路移那不足者，監司約度闕數，先樁應用錢，於朝廷封樁及諸司穀内兑糴，兑不足者，雖上供穀亦聽兑，候豐熟收糴補數起發。又淳熙十四年九月十一日敕：濟糴所在州縣仰常平米往往不足於用，惟有趁時糴米，以為準備。又常患無錢，若令逐路諸司各以見管不係上供錢物那融借兑，措置收糴，向去米價翔踊，却將此米出糶，不得妄增分文，候事訖拘收元本如數還之。仰惟國家以民命為重，故於立法詳盡如此。今來所請，委於上項令敕大意實同，伏望鈞慈檢照某已申事理，速賜旨揮，以慰一路生靈嗸嗸待哺之望。干冒威嚴，不勝俯伏俟罪之至。

又《奏乞倚閣第四第五等人户夏税同提舉司七月上**》** 照對臣等近各具奏，請倚閣本路旱傷州縣第四、第五等人戶夏税，轉運司准六月二十七日尚書省劄子，夏税錢帛並係上供準擬支遣窠名，近已有臣僚奏請，令州縣寬緩催理，本司自可照應施行。劄付本司照會。臣等不敢避再瀆之誅，須至荐干宸聽。竊惟今歲之旱不同常年，在民既有非常之災傷，在國家當有非常之恩卹。蓋常年之旱，或在已種之後，若旋即得雨，已槁之苗猶可勃興；或旱傷所及僅止數州，有無通融，尚足相濟；或有旱無蝗，則下田之已種者猶可薄收；或本道雖菑而鄰境無虞，則所憂者不過土着之民，安慰拊循，猶易為力。今江東民田既皆失種，秋成一事，不可復言；建康、太平等七州旱勢最甚之外，饒亦半歉，各處貴糴，既無由可以相資，而淮淛荆襄文皆告旱，招徠客米，亦病其難；飛蝗蔽天，所在害稼，遺孽盈野，未易撲除；近水可種之田，農民極力車灌，勞費百倍，尋即一空；麻豆蕎麥之種，斗直不啻千錢，典質借貸，僅能入土而旋踵又為白地矣；安慶、光州流民自池州度江而趁饒、信者前後相續。臣提舉嘗以奏聞，長淮以北方尋干戈而淮土又自不熟，此去流移必多，本道沿江諸州，未免首被其害。丁卯、戊辰饑疫之禍，近在目前，此臣等所謂非常之災傷，近年所未有也。今當貴糴之初，已有盜賊之漸，池州境上黥徒剽掠。建昌、休寧饑民攽攘，若使向去闕食，是遺盜賊以其資。邦本不寧，將為大患，是時雖欲蠲租弛斂以消弭之，亦無及矣。臣等以為災變如此，天意難測，轉移之要，全在民心。惟國家大施非常之恩卹以召人和，庶幾天意可回而災變可息。臣等職有常守，未敢盡言，而本道所當矜卹，無如下戶所苦，莫甚催科。況夏税之斂，本田計畝而起，田既荒蕪，税何從出？臣等竊見孝宗皇帝淳熙二年，建康大旱，即從守臣劉珙之請，蠲是歲夏税；七年，江、饒等州旱，既詔逐州第五等人戶未納夏税倚閣五分，復慮艱於輸納，又詔逐州第四、第五等人戶未納今年夏税日下倚閣；其後池州、興國軍旱，皆嘗蠲放當年夏税。載在史籍，不可勝舉。仰惟聖心豈不顧惜經費，獨惟民命所在，實繫社稷安危，權其輕重，理當出此。況江東州縣自丙寅用兵以來，民力凋殘，尤非昔比，雖號為上戶，不足以比他處中人之産，況於末等，尤更可憐。夏田纔種則指為借貸之本以度冬，秋田甫插則倚為舉債之資以度夏。今田畝荒蕪，無可指擬，借貸之塗既絶，生生之計遂窮，經營糊口，且患不給。況吏卒在門，有賄賂之費，追呼在官，有拘繫之苦。愁嘆之聲，實不忍聞。近蒙聖慈寬限催理，仰見陛下聖明，洞照疾苦。民間見此寬恤之令，妄意必蒙蠲除，雖蠶麥稍熟去處，類皆賤價轉變以充口食。及限滿追理，官司督促愈嚴，自謂前既少寬，今難更緩，遂以常歲兩月可催之數，并欲責償一月之間，是陛下前日寬展之恩，適足以使民受峻迫之害。以臣等觀之，若今便蒙除放，未納之數已自不多，將來終無可催，亦必不免除放，但早放一日則民免一日之苦。若除放稍遲，於官初無所補，徒使貪吏黠胥得以並緣侵漁，重為赤子之病。臣等以為陛下當以孝宗故事為法，若以今日國用非乾道、淳熙比，除信、饒外，且乞加惠七州。其七州夏税姑置四等，而盡閣五等之數，庶放焦熬窮苦尚可少蘇。臣等非敢不恤國力，姑息要譽，既叨奉使一道，親見民間狼狽如此，豈容不以實言？陛下仁儉之德，必不與饑困無聊之民較此毫末，但恐堂陛尊嚴，四方旱傷之狀未必一一盡聞，則臣等之言疑若張大其事。淳熙八年，淮淛、江東饑，詔遣著作郎袁樞、將作監主簿王謙躬親按視。今願考循故實，選遣朝臣，徧行本道，如臣等所言稍涉欺誕，甘受罔上之誅。所有七州第五等夏税，仍乞先賜倚閣，以昭陛下之德意，以廣孝廟之仁恩，臣等不勝至望。

尋下江淮制置司覈實，竟不行。

又 卷七《乞給降錢會下本路灾傷州郡下户收糴麥種》 臣等近以本路旱蝗為菑，屢以斯民危迫之狀仰瀆睿聽，陛下至仁垂憫，賜緡錢，發廩粟，恩意惻怛，與天同心。臣等欽體聖懷，分遣官吏，抄録戶口，舉行振卹之政，欲使山谷窮僻之地咸被上恩。然此去來秋尚有期歲，公家之力有限，艱食之日甚長，蚤夜以思，未知攸濟。訪之父老，皆言若二麥及時布種，則人心自安。蓋村野小民，生計易足，田中苟有數畝之麥，便可指為温飽之資，目前雖甚艱難，終不舍之而去。富室大家，知其有所指擬，緩急舉貸，亦肯相賙。第目今麥價所在踴貴，其最平處每石為錢亦不下二貫有奇，惟上等殷富之家自能豫蓄種子，中戶糴買已病其艱，若四等而下，大抵皆貧困之民，今夏所收僅充三數月之食，飢腸所迫，豈有顆粒尚存，雖欲趨時耕種，有不可得。今秋田苗稼至少，檢放之數必多，官司坐失常賦已不可勝計，若麥復失種，則來歲夏税輸納必艱，上供之額何所取辦？況嗷嗷待哺者以百萬計，若廣種二麥則一飽有期，庶幾四五月之交，賑濟或可結局。若種麥稀少，不足救飢，則非至秋成，官司振給實難遽已。公家事力，豈易支吾，臣等恭覩陛下即位初年九月二十八日尚書省劄子，勘會今年種麥是時，切恐細民無力耕種。有旨令兩浙兩淮提舉司：『應災傷去處將常平錢措置收糴麥種，并給降米斛，疾速賑貸施行，毋致有失布種。』寛卹之恩，載在詔令，焕如日星。臣等今畧計本道災傷去處第四等以下闕少麥種人戶，為田數百萬畝，每畝用種五升，其費不可勝計。雖嘗亟下所部諸州，那融官錢，收糴給貸，然今州郡大抵空乏，必無餘力可及，而常平錢米本自無幾，見今專充糴濟，不復更有贏餘，只得傾竭愚誠，控告君父。伏望聖慈特詔有司，給降錢會，令臣等頒下諸郡，酌量給貸，麥熟之日，令民隨税輸納。臣等謹當拘榷，還之縣官，不敢分毫使用。干冒聖威，臣等無任震惕之至。謹録奏聞，伏候敕旨。

貼黄：照對種麥之期只盡九月，立冬之後，即難施工。前件奏請，若蒙聖慈以民食為重，俯賜俞允，即望速降旨揮，庶可及時給貸。併乞睿照。

又《乞倚閣本路八州軍第四第五等人户秋苗》 江東路安撫轉運使司狀，照對江東一路旱蝗為災，除信州成熟外，其餘州軍府嘉定七年苗米畸零欠數不多，民正艱食，豈堪催科煎迫之苦，必無輸納，徒費鞭笞。今流移已多，或緣逃避追呼，不議蠲除，則來歲耕夫必少，所失經賦反多於零欠。公朝厚下，於民固無所靳。況權事體輕重，較然甚明，欲望朝廷將七年分人戶零苗特與除放，是亦賑荒之一助。伏候旨揮。八月二十九日，奉聖旨令建康、寧國府，太平、徽、饒、池州，南康、廣德軍，將嘉定七年第四第五等人戶見欠苗米權與倚閣，仍分明出榜曉諭。

又《乞施行饒信州旱傷九月某日發**》** 照對本路州縣今歲旱傷至甚，除建康、太平、寧國、徽、池、廣德、南康七郡，某已嘗節次同制置總領提舉奏申，蒙朝廷特賜賑卹外，續體訪得饒、信兩州旱亦不輕，遂差委承務郎、信州貴溪縣丞邵介前去饒州諸縣，迪功郎、饒州餘干縣主簿潛剛前去信州諸縣，體訪旱傷輕重之實，同各縣知縣連銜保明申。今據各官申到事理，及據知信州章奉議所申事理，須至開具下項：

一、據知信州章奉議申及邵縣丞所申，云云。今不録。

右備據各官所申在前，照對本路饒、信兩州春夏之交，不至闕雨，可以隨宜栽種，比之建康、太平等七州自春一向乾涸，種不入土，事體輕重緩急不同，所以昨來先具七州旱傷，申乞亟加賑卹。續聞饒、信兩州栽種之後，六七月以來亦是一向缺雨，緣未見旱傷淺深的實，所以未敢輕易一槩申陳，遂分委各官體訪到前項事理。某又朝夕咨訪，參驗所聞，委是後來正當苗穗茂實之時無雨沾活，加之間被飛蝗為患，致使已栽種田畝反成枉費。夫力種糧其被害乃甚於種不入土之處，如此則饒、信兩州旱傷雖大體比建康、太平等七州為輕，而實不可謂非旱傷州郡。況其中如饒之鄱陽、樂平，信之永豐、玉山旱傷至甚，却又與七州無異。兼日來體訪得各處米價亦已艱糴，當收成時，其價比春間反增三兩倍，瀕湖之民已有全食菱芡而不粒食者，似此人情委難存濟。既已審究得實，若遂以前來止申七州之故隱而不言，即為欺罔。謹録續次所審實到事理開具申聞，欲望朝廷矜念兩州之民均被旱傷，特賜詳酌，併垂恩卹，庶無一夫不被其澤之患，實為幸甚。

又 卷一〇《申尚書省乞撥和糴米及回糴馬穀狀》 昨緣潭州諸縣今歲告旱，禾稻損傷，來歲春夏之間闕食必甚，常平之積既已空乏，其他又無米斛可以那融，遂畫項具申朝廷。其一乞將嘉定十六年上供米、十四年以後和糴米共七萬二千石存留本州，為來春賑糶之備。其二乞將嘉定十七年合發馬料綱免起一年，從本州措置，就諸縣鄉村置敖收納，來歲給貸末等人戶，充為種粮。今月一十五日，恭惟九月初八日省劄付九月一日聖旨：令潭州於和糴樁管米内支撥二萬石充賑糶使用，務要實惠及民，其糴到價錢令項樁管，俟來年秋熟收糴補還。仰見聖朝愛育斯民之意與天無極。但某元請存留米七萬餘石，今來止蒙朝廷支撥二萬，所有馬穀一項，又未準指揮。仰惟仁聖在上，視民如傷，每遇一方水旱，悉力賑救，未嘗少有靳惜。某昨漕江東，適值大歉，與諸司共請于朝，前後得米凡五十餘萬石，官會、度牒又不與焉，大抵悉行給予。當時九郡四十三縣之民無一流莩，感戴至今。叨恩此來，值道州飢疫，又同漕臣控請，旋蒙行下撥賜和糴米一萬二千餘石，徑行給濟，四縣生靈垂死復生。今本州之旱視江左春陵則為稍輕，某之所請亦不敢輒援前例。蓋撥米賑糶，自當收糴補還，兑穀給貸，亦以價錢起解，非逕乞賑濟之比。朝廷昨尚從其所難，今豈不從其所易，皆某敷陳未力之罪也。合再具申請如左：

一、本州生齒，最為蕃庶。某去歲以來舉行賑糶，在城貧民抄劄一萬二千八百餘戶，長沙、善化兩縣鄉都之近城者，抄到七千一百餘戶。其始三日一糶，自春至秋，共糶過米七萬餘石。去冬收成日係中熟，徒以鄰境告歉，客販不來，本州之米却泄於外，緣此價直驟增，細民艱食。然不過三兩日一糶，尚用過前件米數，況今夏一旱，損傷至多，目今諸縣申到檢放旱田凡三百一十六萬九千三百餘畝，來春以後，米價翔踴，必甚於今，非連日計口給糶米，有所不可，則所用米斛比之今年又須加倍。證得某近置惠民倉，撥人戶納到折粳米五萬餘石，樁充賑糶，已具奏申外，今蒙朝廷支撥和糴米二萬石，總而計之僅有七萬石指準，切恐給糶決是不敷。某不敢以將去之故不為力陳，然亦不敢必望朝廷悉如前請。契勘十四年以後，和糴米見有四萬一千二百餘石，樁頓州倉，除已除指揮支撥二萬石外，自餘二萬一千二百餘石，欲望朝廷并賜行下，撥充本州賑糶，將糶到價錢今項樁管，收糴補還。所有十六年上供米三萬三百餘石，一面接續裝綱起發往襄陽交卸，不敢再有申請。

一、本州管下名為產米之地，中戶以下輸賦之餘，僅充食用，富家巨室，所在絶少。每歲鄉村闕食，諸縣例行勸分，往往所得無幾。雖間有勸到米石去處，以之給糶無田之貧民，尚不能偏及。若五等下戶，纔有寸土，即不預糶，其為可憐更甚於無田之家。蓋其名雖有田，實不足以自給。當農事方興之際，稱貸富民，出息數倍，以為耕種之資。及至秋成，不能盡償，則又轉息為本。其為困苦，已不勝言，一有艱歉，富民不肯出貸，則其束手無策，坐視田疇之荒蕪，有流移轉徙而已。某居常深念所以救之，而未得其說。今春艱食，諸處細民窘迫至甚，惟長沙縣諸鄉有社倉二十八所，凡二十畝以下之戶皆預貸穀，賴此得充糧種，比之他縣貧民粗有所恃。某因是詳加體訪，乃知本縣社倉刱始於慶元初年，迨今二十餘載，雖不能無弊，而貧民蒙利實多，以此遂欲推行之於諸邑。郡計雖乏，極力撙節粗可。官僚皆謂馬料之穀可以陳乞兑撥，蓋其說可行者二：去歲合起之數尚有八萬一千石在倉，見今在倉裝發，則軍前馬料未至闕乏，一也；湖北州縣今歲多稔，以米價錢解總領所，就彼收糴，自可接續支遣，二也。某昨來申請之後，切度朝廷必垂矜允，而工役煩夥，非數月不可成，若竢指揮，恐某替期已迫，不能集事，先遂行下諸縣，置立倉敖。近據逐縣申，各起造了畢，及已選差鄉士主掌，分撥稅戶送納。田野農民知州郡為控告朝廷，立此久長之利，人欣悦歸感聖恩。今年雖欲申輟，有所不可。某在官二年，所以為民食計者無所不至，在城則置惠民倉，諸縣則勸立義廩，近又申常平司將今年義米權就置社倉去處別敖受納，以備來歲賑糶。然所及者亦止是無田之民，若末等稅戶有田而貧者，自置立社倉儲穀給貸之外，別無他策可使蒙惠。且游手浮食之民既被存恤，而力田輸賦之家反不沾匄，揆之人情，尤所未安。欲望特賜指揮，從某所請，令本州證目今價直，以行在會子並紐算水脚縻費，解赴總領所交納，徑就湖北收糴。在總領所實無所損，而本州得此數之穀散諸鄉村，歲歲給貸，循環無窮，實一方大幸。

小貼子：某第二項所請，恐議者以社倉易生弊倖，徒費穀斛，未必有益。某考之諸處社倉敗壞之由，蓋緣其始多是勸諭士民出本，因令管幹，往往視為己物，官司亦一切付之，不加考察，且無更替之期，安得不滋弊倖？某今來所置諸縣社倉百餘所，一切從官司出本，選擇佐官分任出納，鄉士之主執者不得獨專其權，兼令二年一替，其視向來規模似稍周密。其他考察，一一加詳，質之衆論，似可悠久。且尋常救荒，最以般運米穀下鄉為難，今一鄉之間，輒為數倉，每倉儲穀數百石，其為荒歉之備無出此策。伏望朝廷垂察，令某迄成此事，以幸十二邑之民，不勝大惠。所有某不竢指揮，徑將人戶稅穀就社倉送納專輒之罪，併乞矜宥施行。十二月十四日奉聖旨並依所申劄附潭州。

又 卷三六《跋江西趙漕〈救荒録〉》 嘉定七年，予自殿坳出漕江左，趙侯彥覃為主管帳司。明年，諸郡大旱蝗，予被朝命推行荒政，侯悉心佽助無遺力。桐川地素瘠，至是艱險尤甚。予屬侯先往，眡凡所措畫，具有條理，予至發廪賑給而已。憶初至，見侯迎勞曰：『昔吾見子之面，今吾見子之心矣。』自是深敬其為人。是歲朝家捐錢粟以惠一道者亡慮百萬計，予與諸臺奉行惟謹，而以幙屬宣力者侯為最多。訖事，民得無殍死溝壑，侯由是聲稱藉甚。不數歲，入官于朝，出守廬陵郡，未幾持本道漕節。軍旅之餘，繼以饑饉，侯又推前日所以佐予者施之江右，其所全活不減金陵時。書來告曰：『昔者江東捄荒之事，某幸與聞，其所記本末具在，誠不自意復得推行於此，始知前日之纂錄不為無益，既鋟諸木，其盍為我序之！』予惟趙侯昔者盡心荒政，非有所為而為之也，然去幙府財十四五年，遂為使者，任荒政之責，豈非心乎。愛人者，固天意所屬，而為善之報亦昭昭甚明乎！有位之士，視此宜知勉矣。序非予所敢為，姑叙其畧，題于卷之末。

又 卷四〇《勸立義廪文》 太守到任以來，無一念不在斯民。近因禱雨，思所以為邦人久遠之計，在城則置惠民倉，儲米數萬石，歲歲出糶，在諸縣則廣置社倉，儲穀數萬石，歲歲出貸，其為慮悉矣。又念社倉貸穀，止及末等有田之人，而細民無田者不得預也，復請于常平司，以今歲義米附納社倉，為賑糶之備。然義米有限而貧民至多，豈能均及，於是又以居鄉之日所為《義廪規約》以勸有力之家，蓋欲公私叶力，共濟斯民，使無饑荒流離之害。夫人之貧富，雖有不同，推其由來，均是天地之子。先賢有言：『凡天下之疲癃殘疾惸獨鰥寡，皆吾兄弟之顛連而無告者也。我之與彼，本同一氣，我幸而富，彼不幸而貧，正當以我之有餘而濟彼之不足。』自古及今，能以惠卹為念者，其子孫必賢，其門戶必興。蓋困窮之民，人雖忽之，天地之心則未嘗不憫之也。我能惠卹困窮，則是合天地之心，合天地之心，則必獲天地之佑。此以理言者也。若以利害計之，無饑民則無盜賊，無盜賊則鄉井安，是富家之利也。況義廪云者，非捐所有以與之，特出所有以糶之而已，於富家初無損，而於貧民實有益。且每歲勸分，出於官司，豈能無擾。今舉行義廪，使上中之戶自相推排，隨力出備，官司不計產強敷之也；自置糶場，自收糶錢，官司不遣吏監臨之也；價直高下，視時稍損，官司不抑令痛減也。況常歲艱食，悉仰勸分，今州郡既立社倉，又糶義米，則與爾富民分任其責者為不少矣，其可不體官司美意，相率而樂從哉！今去秋成不遠，已委諸縣官各行勸諭，期以十月終，逐都結成規約，申聞于縣，縣以聞于州，其能率先為倡者，當加褒賞。或謂潭人未易告諭，諸縣勸糶，自有成式，何以義廪為哉？為是說者，是以薄待吾民也。十二邑之廣，豈無好義樂善之君子？且兩歲勸分，亦有欣然出粟，為數頗多，如長沙之賈熊、袁簡，湘陰之鄧居中、毛以大，攸邑之武當世，瀏陽之龍世永、李天覺、羅延圭，安化之劉孝錫、陳洪範、李嶢、張奉世，湘鄉之馮楷，醴陵之曹應龍、周霖、丁大謙，湘潭之羅邦臣、楊仁老、向堯俞者。州郡或借補官資，或特立坊名，或量與免役，以旌異之矣，又安知無聞風欣慕者！必若諭之而不從，則勸糶舊例，蓋有不得而廢者，特不若人自為之，則義風興行，羣情感悅，其氣象為不同耳。譬之役法然，為義役則有輯睦之風，行差役則有爭競之訟。義廪猶義役也，勸分猶差役也，二者利害，至為明白，爾民其詳之。

宋 劉辰翁《須溪集》卷三《社倉記》 巽翁先生無位而一食三歎，無食而急人朝飢。他日懷編書示予獨欣然如有飽色，曰：『此喻邑西溪劉氏社倉約也。人人有此心，亦人人能之而不為，蓋吾與子之所共媿也。彼將蘄予記其倉，予欲傳其約予鄉。』自是常慨然為來客誦之，而未及記而先生卒。然其邑彭君幼遠猶望焉，為是記來也，義哉！彭君來廬陵豈三數，既恨不可得，則委先生諸責於予，予潸然受之，曰：『此先生志也。』前年吾鄉旱既甚，大家逆勸分閉餘粟，冬春無所得糴，鄉人之攜持叩關者，纍纍不能歸，則徘徊浮橋間，中江赴焉。市而奪餅餌、盤飧以飽者，起責之金，則含哺而走橋，亦中流赴焉。蓋橋者告余曰：『夜夫婦相泣，既而水聲如投石者不絕，常數人。及旦，來者乃已，殆不可數也。』彼特中人無策，羞見閭巷，故出此。而官以道殣告者，一朝而百餘不與也。于時巽翁流涕解衣易米，更相為粥，以食餓者，游手四望取饜，而頹簷曲巷，衣冠困敝，陰雨連月不能出者，又未有省焉。其後，上捐義倉，和糴數萬石，深山長谷，幸忍須臾，食新矣。暨鄉都轉致，強者乾没偽占，弱者擇輕受少，獨區區藉虚聲出藏粟耳。此無他，無社倉之故也。使廬陵所在有社倉者，何待後時展轉，望施天上，亦或及或不及，乃知政術不存，倉卒補救，雖仁心仁聞無益。今世嘗無能為者必曰士，士亦妄自菲薄，如西溪劉氏才二三十人，人貸穀二三十石，或百石、二百石止。然既得千七百餘石，貸之三歲，歲收息，視鄉人殺其一，再歲殺其二，三歲則穀本可償矣，息自為本矣。穀則君穀，而鄉人之舉子者當能言矣。又三歲十歲以至于無窮，子子孫孫與是倉終始，而穀亦不可勝用矣，此社倉法也。夫數石之穀，節於口腹，豈人所不能哉？士皆若此，何事不可為？喻西無富家，劉固士族僅足爾，聞社倉者，不暇自量，沛然各修其可願，而里中窮士如彭君者，又為人奔走後先，控極為助，夔之憐物，不知誰憐夔者，亦甚盛心矣。吾廬陵其獨無西溪劉哉？顧其力有十西溪者，亦乃與吾等無異，可嘆耳。天下之重，未必一人所能任也。人為其所可能，而不可能者從是舉矣。宇宙一心也，人類以來，所不至于生意中絶者，政自相依耳。聖賢之於斯民也，同在畎畝之中，而懷己飢之思，極推内之恥，彼不自累，人固不得而累之，何為皇皇焉起匹夫之志，勤身死力，經營天下之大，憂及萬世，其遺後人以耕且食者，皆其業也，寧使自有餘而已。緒前業，救民命，則陋巷之心勞于平世之心。今吾百畝于此，不待胼手胝足，躬耕播種，直推而與之共食，其視古人用心與力之勞，亦無幾耳。而猶以為難也。以吾廬陵之所難，故知西溪之風為不可及也。人以善小不足為，誕曰濡煦而已，孰知斗升之水有大于西江者哉？以吾廬陵之所睹，故知西溪活者衆也。嗟乎！人命亦大矣，向之死者非盡鰥寡孤獨也。自鳥獸之羣，猶知愛其死，聞其悲鳴者，猶為之傷心焉，況同類並生之民，父母妻子臨流忍訣，則亦見斯世之無足懷，而斯人之無足告耳，其不大可哀與？西溪有社倉，西溪之人未病也。拯道亦貴豫耳。今吾痛定思痛，而亡具猶前日，吾廬陵豈獨愧西溪氏哉？抑吾愧彭君矣，吾愧彭君矣。或曰：『劉族固多賢君子，倉不修且弊，來者未可知，安知劉氏之子孫不德色于指廩乎？其又有能扶植而擴充之者乎？』予曰：『噫！過矣。天地能生，而不能使其無飢；父母能生，而不能使其無困。於天地之不能而能之者，是倉也。壺飧二士，人報也。孝子慈孫，天報也。吾見西溪之門，駟馬高蓋，鐘鳴鼎食，潤及九里，則有之矣。世俗之所慮，信天道者所不慮也。』是倉名堂曰『集義』，翼以兩廊六倉，其積可萬石。為是倉者，奉新監酒劉夢麟少游甫而少游曰：『非我也，伊吾族之力。』彭君名程，其父子屢貢其鄉，亦佳士。

元 虞集《道園學古録》卷二一《會試策問》 昔者神禹盡力溝洫，制其畜洩導止之方，以備水旱之虞者，其功尚矣。然其因其利而利之者，代各有人。故鄭渠鑿而秦人富，蜀堋成而陸海興。漢唐循良之吏，所以衣食其民者，莫不以行水為務。今畿輔東南河間諸郡地勢下，春夏雨霖，輒成沮洳。關陝之交，土多燥剛，不宜於暵。河南北平衍廣袤，旱則千里赤地，水溢則無所歸。往往上貽宵旰之憂，至發明詔，修庶政，出粟與幣，分行賑貸，恩德甚厚。然思所以永相民業，以稱旨意者，豈無其策乎？五行之材，水居其一，善用之，則灌溉之利，瘠土為饒，不用之，則泛溢填淤，湛潰嚙食。兹欲講究利病，可使畿輔諸郡歲無墊溺之患，而樂耕桑之業。其疏通之術何先？使關陝、河南北高亢不乾，而下田不浸，其瀦防决引之法何在？江淮之交，陂塘之跡，古有而今廢者，何道可復？願詳陳之，以觀諸君子之學。

元 虞裕《談撰》《説郛》卷三五上 陰陽之氣，行乎天地之間。其相薄也，則感而為雷，激而為霆。其偏勝也，則怒而為風，和而為雨。故東方之氣雷，南方之氣電，西方之氣虹蜺，北方之氣雲、雨、雪、雹、霰，中央之氣露。是以陰凝，故雨墜為雪。雨者，水氣也。陽氣蒸於九泉之下，洩而為雲。山雲草莽，水雲魚鱗，旱雲烟火，雨雲水波，各從其類耳。北方之氣寒，東方之氣温，風自北自東者，寒温之氣也，故為雲為雨。風高者道遠，風下者道近。不鳴條摇之者四十里，拆木枝者四百里，折大木者五千里。三日三夕者天下盡風，二日二夕者天下半風半雨，一日一夜者其風行萬里。水旱之變，雨天地震，日月薄食，皆出於常數。數亦不能無舛。有所為遭之者，不能也。凡天地囿於有形之中，不能逃其數，即數以觀象，斯可以前知今。夫積躔度之數，則知日月食。辨五雲之物，則知水旱變。昔張衡作地動儀，事無不驗，抑又可信矣。平治之世，有之而不為災者，常數然矣，堯、湯水旱是矣。邪世或數見，積數至此，而又德不足以勝之，此所以不能無災也。《春秋》所書是矣。此皆以天時言之也，其所謂桑谷為祥，熒惑退舍，又在夫修人事以應之而已。

《元史》卷一八三《王思誠傳》 至正元年，遷奉議大夫、國子司業。二年，拜監察御史，上疏言：『京畿去年秋不雨，冬無雪，方春首月蝗生，黄河水溢。蓋不雨者，陽之亢，水涌者，陰之盛也。嘗聞一婦銜冤，三年大旱，往歲伯顔專擅威福，讎殺不辜，郯王之獄，燕鐵木兒宗黨死者，不可勝數，非直一婦之冤而已，豈不感傷和氣邪！宜雪其罪。敕有司行禱百神，陳牲幣，祭河伯，發卒塞其缺，被災之家，死者給葬具，庶幾可以召陰陽之和，消水旱之變，此應天以實不以文也。』

明 劉基《覆瓿集》卷八《天説下》 氣行而壅，壅則激，激則變，變而後病生焉，故吼而為暴風，鬱而為虹蜺，不平之氣見也。抑拗憤結，迴薄切錯，暴怒溢發，冬雷夏霜，驟雨疾風，折木漂山，三光盪摩，五精亂行，晝昏夜明，瘴疫流行，水旱愆殃，天之病也。

明　劉基《春秋明經》卷下《公會齊侯伐萊公至自伐萊大旱》　人君以不義勞民為可危，故天應之災為可懼。甚矣，乖氣之能致異也！魯之宣公以篡得國故，屈己以事齊。今又勞民以會齊而伐萊，夫何義乎？公既告『至』於上，以著宣公之罪，繼書『大旱』於下，以見天道之應不可誣也。嘗謂善惡之事作于下而災祥之應見于上，此天人相與之至理也。是故僖公以務農重穀為事，而三時之不雨不足以為其害。莊公以峻宇雕牆為務，而一時之不雨即可以為之憂。天之於人，各以類應，其可忽哉！今宣公之得國，既獲罪于天矣；况於即位以來，煩其兵役，瀆其交際，虛內事外而不恤其民乎！則天降之灾宜矣。齊為不道，狡焉思啟封疆，故為伐萊之舉。其所以召兵于魯者，恃其有援立之私恩也。宣自會于平州以後，奴役于齊非一日矣，今又動魯國之衆往為之役，以伐無罪之萊。外結釁于遠人，內賈怨于百姓，則是行也寧不危哉！幸而得歸反，行飲至，以告于先君之廟，甚哉！其怙惡也。軍旅之後必有凶年，盖其愁嘆之罪、怨憤之氣上徹于天，而戾氣為之應乎？是故伐萊方至，旱暵已作。旱而曰大，必至於滌滌山川而不可沮，非直僖、文不雨之兆也。《春秋》以『大旱』書者，抑旱而不雩耶？雩而不雨耶？是見棄于天矣。宣公造惡不悛而流毒於其國若是哉！聖人比而書之，所以哀魯國之民也。雖然，宣之虐用其民，不特此也。伐莒、取向、伐邾、取繹、改助法而用稅，非一事矣。天之示變，亦不特此也。螽之見經者三，饑之見經者二，至於大水、蝝生，亦非一端矣。《春秋》備書于經，然則為君而不仁不義者亦可警矣。故曰：天灾流行，必不於有道之國，豈不信哉。

又《築臺于郎築臺于薛築臺于秦冬不雨》　力役薦興而力困，故天降之異為可憂。夫固國莫大于保民，而保民莫切於備患也。魯之莊公不知務本而節用，故即位之三十一年春而築臺于郎矣，至夏而再築臺于薛，其秋又築臺于秦。三時而築三臺，是謂妄興力役，無故以勞民也。其冬而有不雨之異。夫民力困矣，而重之以天災，寧不深可憂乎？是故一歲築臺而至于三，則莊公之虐其民者可見。一時不雨而書，則聖人之憂民者可知矣。吾嘗觀于莊公之經矣，公之二十八年，一興築郿之役而遂至于大無麥禾，則其不能務本節用而無豫灾之備可知矣。築郿之歲，未嘗聞有水旱蝗螟之災也，而至于倉廩皆竭。况乎連築三臺，而重以不雨之變乎！嗚呼，此《春秋》為之深憂而謹書之也。古者天子有靈臺以候天地，諸侯有時臺以候四時，夫豈以為觀游之所哉！今莊公去國，築臺于遠，則是為耳目之娛而勞民矣。勞民以自樂，使百姓見其車馬羽旄，皆疾首蹙頞而相告，其何以為國乎？故當卒歲于耜之時，既已築臺于郎矣。至舉趾條桑之月，又築臺于薛焉。侈心一肆，遂不可遏，又役烹葵及菽之民而築臺于秦，何至若是數數而不憚煩也哉！財盡則怨，力盡則懟，怨懟之氣積于下而陰陽之氣沴于上，是以不雨之應遂見于此年之冬。嗚呼，天之愛民甚矣，豈使一人肆于民上而淫從其欲哉。今兹之警，良可懼矣。是故一時不雨，非大災也，《春秋》猶謹書焉，所以寓憂民之深意也。抑嘗論之，魯於春秋，以周公之故而為天下諸侯之宗，莊公值齊桓之伯，宴安無事，苟能立政立事以保乂其民，周公之業可復振也。今也不然，及此時盤樂怠傲，不亦深可惜哉！三築臺而不雨矣，明年之春又城小穀，是以民力為不足惜，而惟其所欲為矣。身雖終于正寢，而嗣子卒斃于亂臣之手，其國幾亡。嗚呼，使天假之年，吾恐莊公之憂不在其子孫，而在其身矣。

清　王夫之《讀通鑒論》卷二六《宣宗》　宣宗初立，以旱故，命大臣疏理繫囚，而馬植亟以刻核之言進，請官典犯贓及殺人者不聽疏理。夫二者之不可遽釋，是已；而並不聽其疏理，唯法吏之文置之辟而莫辯，宣宗用申、韓之術，束濕天下以失人心，植實首導之矣。

又　卷二七《僖宗》　僖宗元年，關東旱飢，有司征已蠲之稅倍急，盧攜痛哭陳之，敕已允停重征，而有司之追呼自如，是縱千百暴君貪主于天下，而一邑之長皆天子也，民其能不死，國其能不亂乎？

清　張履祥《楊園先生全集·書第六》卷三《與曹射侯》　往者夏、秋不雨，崇德之東境，桐鄉之南境，以至海寧四境之地，苗則盡槁，民卒流亡，桑柘伐矣，室廬毀矣，父子、夫婦離矣，逃賦役者莫敢歸，丐於途者靡所適。桑梓景色若此，當必仁人君子所爲惻然流涕，輾轉念救不能自已者也。

弟於旱虐之日，從嘉禾至皂林，見運河之水逆流而西，勢若奔馬，支流若長水、陡門、永新、秀溪、白馬諸港，急流雨下，其勢亦然。農人車救，罔間晝夜。是以運河之右，力雖勞而收穫尚有可望。至水所不及之處，則彌望皆枯矣。因思自運河之左，以達海濱，豈有千百里之遙？豈有山岡之阻？量其地勢高下，亦豈有幾千尋丈之殊？而水之通竭，穀之有無，遂已至此。特緣農政廢弛，水利不講，浚治失時，侵佔阻塞，以致淺涸故爾。

古人開渠灌田，動稱數百里，尚有鑿山陂阜以興民利者。尚有役衆起徒，或數年、或數十年而得成功者，尚有糜金數百千萬而績用克奏者，權其利害之重輕，勞逸之久暫，將猶毅然爲之。他即無論，即如海鹽之地，古以斥鹵蕆而不治，其後築堰蓄水，農功漸起。如唐長慶中，令李諤者，開涇三百一所，至今號稱沃壤，千載於茲。人病不爲耳，地方豈有常哉？況乎崇、桐、海寧之間，煙火相接，河港具存，又皆平壤，高卑之勢，不大相去，實非他州之比。其自長安而上，必仰濟於西湖而外，余所病特淺耳。浚治之功，令長能辦之矣，不必多費金錢，無俟需之年歲，耕者各浚其田之際，其不耕者，田主稍給其食，佃戶稍出其力，惟閑曠之所，乃用衆力。在經浚經，在支浚支，有司者鼓舞而勸誘之，警其頑惰自私及梗令異議者，分界刻期以鳩群作，不及一兩月，在處深通矣。此功既成，澇則速瀉，無患暴漲；乾則震澤之水來奔不竭。一舉之勞，百年之利也。

夫水之與旱，天運常然，但疏數異耳。古者耕三餘一，所以恃其有備不能爲災而已。今日財匱民窮，賦役重苦，兼以風俗薄嚣，盜賊不息，民間欲望有餘，因不可得，但能修利溝渠，開通障塞，使一歲之中，稻米之登給其半，菽麥蠶桑之入給其半，苟免死亡，斯亦可矣。爲長上者，與其攢眉焦慮於徵賦之無從，慘慘畏罪黜之將及，何如集父老而謀之於預！爲豪家巨室者，與其晨夕諮嗟於租課弗登，寇盜愈熾，震震虞室家之不保，何如消鄙吝而圖其長策！爲小民者，與其滌場無望，呼貸無門，去者流離轉徙，居不免囹圄，骨肉難全，溝壑是迫，何如悉筋力於畚挶，忍疲勞於井里乎！即若仁厚長者，與其凶災之後，流亡在目，隱痛在心，議施議賑，皇皇於捐輸勸助，而卒不過致歎巧婦之炊，竭麗涓滴之潤，何如及未災之時，戮力而營本計乎！此水利之宜講求，照然可睹者也。

弟又竊度施功先後之序，宜以崇、桐爲始，而海寧繼之。蓋崇、桐者，海寧之水之戶牖也。崇、桐涸則海寧雖欲措手而無從，崇、桐見績而海樂乎趨事矣。嘉興、海鹽雖各有接鄰高阜之地，然爲里不多，爲功亦約，不難次第及也。其間經緯脈絡，土人率能詳之，究竟水道淺深廣狹，相間以行，實有不必盡浚者。或疑所起之土，無地可以安放。浙西之利，繭絲爲大。近河之田，積土可以成地，不三四年而條桑可食矣。桑之未成，菽麥之利，未嘗無也。況舉一圩之田，所損者少，所益者多，計畝取償，亦無不可，特慮小民難以慮始，占田者多不爲遠慮，反乃從而撓敗之，則任事無其人耳。誠得負鄉邦之望者，平日不愛詳言曲譬，與艱食之人講明此義，使人人意中先有盡力溝洫，以爲久利之見。向後不幸，復有如壬辰之三夏，及去年夏秋之間，水涸人愁，籲天無術，泣淚徒枯，有賢鄉先生以情聞之當道，專委治水之使臨督其役，諸邑令長各率其父兄、子弟而開浚之，引崇邑以西之水而注之東，導桐邑以北之流而放之南，則瀕海方六七十里之區，咸收灌溉之利。又安至仰雲漢其如焚，禱山川而待澤，終將不免餓莩轉徙之悲哉？夫此瀕海幾十里之地，在揚州之域，誠若不及千百之一二，然土沃人稠，約其生齒，已不下數十萬，度其生穀，亦不下一二百萬。雖古盛諸侯之錫履，約略稱是，未嘗不可爲殷阜之計，坐使荒萊日至，流移轉多，實用惻心。語云：『失之於前，猶將善之於後。』計自庚辰至此，二十餘年，水旱屢作。昔之日既不及爲之所，今茲民生之困，倍於前時，年歲之祲，復乃數見，誰堪冥然終不寘念耶。

清 趙士麟《與蘇撫宋公書》《清經世文編》卷四三　竊江、浙之區，莫急於水利。旱與澇皆荒，而尤莫急於旱。澇則江、浙雖饑，而全楚之粟順流千里，不二旬遍達吳、越，旱則數十里之內，皆資擔負，所及者幾何？故莫急於旱也。

僕往者承乏江、浙，遠考史籍，近訪輿言，每惟河道之通塞，即係生民之休戚，在浙則石門一帶，在江南則京口、丹陽一帶，年年苦涸，漕運病之。至京口、丹陽數十里間，外藉江湖，消長居半，內資長蕩湖、開家湖、練湖諸泄，而閘壩久廢，餘流涓滴，源源帶水，浹月不雨，即民舟常苦艱塞。每歲隆冬，輒興役開浚，以通漕艘，擊水挑工，昏曉不息，墮指潰踵，恒有僵僕而死者。不一勞者不永逸，屢欲具題，大爲開浚，而相時待力，顧此失彼，耿耿至今，天界仁人，復臨茲土，彼蒼冥冥，實以有待矣。

頃凡自吳、越來者，極言江、浙亢旱之狀，已逾三月。即杭、嘉、蘇、湖，幾不通舟楫，甚至有傳洞庭山以南，亦可徒步者，不勝駭異。情關舊治，中夜轉展，唯有一策可以少濟此五六郡望救之饑民，想足下亦必有同心也。念旱既太甚，則米必湧貴，米既湧貴，而外江之米不至則愈貴。今即移諮各省，招來米商，而京口、舟陽河道已成陸地，米艘何自而入？愚以爲今插秧已失時，農民十室九流，餬口四方，惟有趁此時將京口、舟陽一帶數十里河路大興工役，開浚深廣，其利有四：一、開河路以來米商也；一、通民船以便貿遷也；一、興大工以救饑民也；一、免冬役以恤祁寒也。計此一帶河道，約長三十餘里，開深一丈二三尺，合蘇、松、常、鎮四郡之搢紳，巨室、富商大賈，委曲勸諭，措資或亦不難。

遙念足下仁心妙畫，其已見之施行者，亦既載之口碑，播之國門，此救荒之澤，當更必有出於尋常意見之外者。不揣鄙陋，遠獻其芻，庶幾備高明之一采也。

清 李顒《二曲集》卷一八《與布撫臺壬申》 一、請設督農掌水之官，以大興農田水利。方今西安之所以大饑者，天旱而田不足於水故也。夫關中横終南以爲終始，山之所在，河泉多有。故西安近山一帶，恒繞河泉，渭北雖復高仰，而涇、洛、漆、沮、清河，石川諸水，亦所在而是。故總西安而論，其不可引渠灌溉者固十七八，而可開渠引水者亦不下十二三，兼以井泉亦不下十三四矣。夫水利三四倍於旱田，以十分有三四之水田，勤力而專精其間，雖復天雨不時，亦足補旱田之闕，而償其獲。即不足補，而此一半享水利之民，亦足以自保，而再不至流離失所矣。

但凡民愚而不知興，即有興之者而力微不足以興，而爲有司者又不留心於興，是以上下交困而無可如何也。夫天道不可知，今秋未必再旱，然亦不可不爲旱慮，況水利成，固關中數世之利乎。是宜乘今秋穀佈種之候，於本省司道中擇精敏仁惠者，加以總管農田水利之權，各州縣官於丞、簿或紳衿中，擇公正好義爲眾所素信服者，大縣四五人，小縣二三四人，加以掌管之權，使之相視督責，其一切興利除害辟舉任使，皆委以便宜，不從上制。凡近河者，雖一二十里內，但可引水，皆須築堤開渠，以資灌溉，無河泉者，皆須堀井而灌。按萬曆間呂新吾公巡撫山西，惓惓勸諭農民，各於田內穿井。有云：一時之費雖多，百年之利永賴。檄各州縣正印官加意督催，公又不時躬親單騎查驗，勤於鼓舞，所在勃興，薄田他爲沃壤，至今民享其利，其或牛種資糧不給，官爲措置。

大抵人情易於樂成，而難於圖始，下吏寡於奉法，而多懷欺誕，此法之行，州縣必多有以難上欺者。即不然，亦或苟且塞責，欺誕而苟且，則此事之設，亦徒勞擾而煩費而已矣。是宜申明賞罰條格，預頒州縣，但是法立一、半月之間，各須據數申報，每冊須三本：一留縣令，由州縣申總理官，總理官仍留一，而以一申院，以便他日按行賞罰。除專官相視外，明公亦宜廣詢博訪，何處可開河渠，何處宜於井灌，皆著録置左右，以便對照虛實，省察勤惰，以爲賞罰張本。又除專官巡督外，明公不時差的當忠誠人，各處巡視，隨即親臨稍遠一二州縣，以按行賞罰，稱職則不特掌管者有重賞，即州牧、縣令亦宜厚褒，否則不惟職掌其事者有重罰，即州牧、縣令亦難辭其愆。如此，則雖不必躬親臨，而各屬固將畏法而恐後矣。

大抵此番水利之興否，關西安遺民之休戚存亡，亦即關明公之德業功名，非留心注措不可也。且不獨此也，西北七府三邊，歲雖稍登，然其俗素奢侈，不知積聚，兼以協濟西安及西安轉販，流民聚食，今已虛耗。天道自東而西，萬一夏秋之間，或雨澤愆期，或蝗蝻爲害，且可奈何！是宜與西安通興水利，以防未然。

一、急變轉運西米之法，以甦民困。救民之饑如救水火，先從其甚急者而先救之。竊聞各屬輪車夫搬運西米一役，當事者慮兵糧之不足，不徵之西安，而議協於西府。西府送到者，運載不責之民力，而皆有腳價。然眾議皆以爲其意固善，而其法則未盡善也。

夫議協濟於西府者，非以爲西安奇荒，人民流離，米無從出耶？再給腳價者，非以爲食用艱貴，不忍空勞吾民，令其重費饑困耶？夫不以米徵西安民，而今者竟至使民勞費，幾與出米等，以爲食用艱貴，議出腳價，而至使轉運六七石之價，不足供運一石之費。故此一役，民困而饑死、病死、輾轉委頓而死者無數，折軸沒輪，墜坑落塹，不能終事，而使民重出厚累者無數。安坐而談，若無大害，身親而履，真可爲痛哭流涕長太息者也。所以然者，粟匱財竭之時，在家猶父子、夫妻相聚，而披剔草根木皮以延殘喘，今一日驅之三四百里之外，不特無可齎之錢粟，並其草根木皮亦不能得矣。又瘟後牛寡，久旱草枯，兼之天雨不時，愁氣上結，疫癘大作，人病牛疫，且內懸室家，奄奄待斃而莫之恤，家人相望，嗷嗷望救而無如何。故傳者皆謂邠長轉運之處，鬼哭神號，耗費不貲。

論者未達情實，或以爲皆有脚價，原未苦民。殊不念當此食貴如金之時，輾轉留難於時月之間，所廪於官者六七石，尚不足給一石之費，其餘之費，究何從出耶？且夫米既無從出，牛又食賣殆盡，將安從出乎？借曰牛尚可尋，往返四五百里之内，遷延八九十日之間，草薪亦將何出乎？自昔運糧之法，皆所經由州縣自相遞送，以故無聚衆虚耗之費、逃亡死傷之患。而議者不察，猥以均勞藉口，以爲單責運遞所過州縣，遠者可恤，近者何辜？此又未盡達於調度區畫之説也。

夫今各屬輸運，不惟民苦資糧，亦且有廢耕、傷病、折牛、隕車之害。本縣轉運，不惟無前數害，而且中含大利。何者？今兹彌望奇荒，斯民正苦營生無所，離家無資，居家計窮，今使籍名運夫，除官價外，再令各屬外幫運價，則寄生有所，食用足給矣。丁男負運，老弱婦女，拔剔草根木皮，以給饘餉，百里之内，可以朝發夕至。又米到即刻可轉，未至亦不復坐耗盤費，又無死喪疾病之患、折牛隕車之弊、離家廢農之憂、逃亡重賠之累，真所謂一舉而公私兼便者也。

明公尚急留意，少緩以待日，則民重困矣，抑非獨此也。凡有招買，實照市公平發價，而印官責之總催，總催攤派花戶，轉相侵削。花戶得價無幾，補賠不啻倍蓰，當斯民窮財盡之時，救死不暇，何堪重以此累耶？宜痛懲而力禁之是望。此外毒至而害最甚者，民甲中奸猾十排，軍屯中無賴旗甲。錢糧已赦矣，而藉口雜差；米豆已蠲矣，而聲言使費。致今下里愚民，鬻妻賣子之膏血，含恨抱冤，而乾没之勒索之下。將朝廷賑濟饑民之銀米，假端呼嚇，奪諸良弱之口，以飽其無厭之腹。此又州邑中未死之魅鬼、無翼之飛蝗，所宜一體切戒者也。

一、賙恤士類以培植人才。紳衿者，國家人才之所從出。故凡治國家者，莫不以作養士類爲要務。今兹奇荒，而有司拘執文法，以爲詔書無賑士之條，致令章縫衣冠之士，多委填溝壑。夫荒旱千里，豈民皆饑而士不饑？皇恩溥及草木，及豈獨於士而遂恝然？特詔書未分明言之耳。今明公爲國家培植人才，宜申飭州縣，令自後凡有賑濟，縱不能分外加厚，亦宜與齊民一體通行。

一、禁止欒戶販賣良人子女。今兹關中荒饑異常，百姓計窮路絶，多以子女賣入欒戶，以苟易升斗，偷活旦夕。夫倡優敗風傷化，王政之所大禁，仁人君子之所惻心也。明公爲國家振勵風化，宜留心頻飭州縣，令欒戶不得再買良人子女。其已買者，令州縣官設法贖回，不得隱匿。犯者，欒戶及本地甲總地方，一體定罪。此萬世功能也，明公尤宜惓惓。

清　蔡世遠《二希堂文集》卷七《與浙江黄撫軍請開米禁書》　竊聞王政無遏糴之文，救荒有移粟之例。泉、漳二府旱饑，歷八月於兹矣。入夏以來，米石二兩餘至三兩不等，人食草木之葉，饑民奪食，道路壅塞。此固本處饑荒使然，亦緣今歲江、浙海禁森嚴，米船莫至，故坐困至此也。福建之米，原不足以供福建之食，雖豐年多取資於江、浙，亦猶江、浙之米，原不足以供江、浙之食，雖豐年必仰給於湖廣。數十年來，大都湖廣之米，輳集於蘇郡之楓橋，而楓橋之米，間由上海乍浦以往福建。故歲雖頻祲，而米價不騰，自海禁一嚴，而民始無望矣。今本省將軍祖公有泉、漳被災，百姓驚恐之奏，制府梁公有借帑各省買米之請。恭逢皇上聖德覃敷，大沛恩膏，以總督請買米猶甚少，特將明年漕米截留三十萬石，立遣大臣會同督撫，提鎮，運至狼山、乍浦，航海以至泉、漳賑濟，泉、漳之人，如慶更生。但賑濟之米，尚須時日，而餓殍難緩須臾。

世遠，漳人也。奉旨假歸，羈旅中途，一應諸事不敢與聞。獨於家鄉之困急，難以坐視。因廣爲借貸，並招募漳人，買米數千石，計船八九隻，順風七八日可至泉、漳，平其價而糶之，本錢工費之外，不溢一毫，在江、浙今歲豐稔，多此數千石之米，無加絲毫；在漳、泉即可活數十萬之民命。且泉、漳之人，或有倉積居奇者，知米船將至，必爭先發糶，民心自定矣。

夫禁口以平地方之米價，以防奸人之出没，此莫大之政事也。而弛禁以救鄰封之急難，以解萬姓之倒懸，亦不言之美利也。况今煌煌明詔，炳若日星，既截留漕米三十萬，出海以賑濟泉、漳，豈反禁泉、漳之人自買，不許其出口耶？且制府借帑各省買米之請，皇上猶以爲少，使知漳、泉之人，自帶出口以甦家鄉，應亦稍寬宵旰，必無阻而抑之之理。但明公已開明禁，而關津守吏，猶循舊格，伏乞據呈批照飭乍浦關津放行，毋得攔阻。民有移粟，明公因而利之，上體皇仁，下活民命，無損於江、浙，而大有造於福建。知明公仁心爲質，固無俟世遠之激切呼籲。然區區末議，更望電察而留神焉。閩邦幸甚。

清　陳其凝《請截留漕艘以備平糶疏乾隆三年**》**《清經世文編》卷四四　去冬今春以來，畿甸雨雪未遍，聖慮周詳，惟恐青黄不接，民食多艱，又諭廷臣預爲籌畫。仰見我皇上痌瘝至切，愛民無已之心。

臣愚以爲荒政無奇策，防於未事之先，則有勸民儲積之一法，救於既事之後，惟有計口散賑之一方。至於將事未事之計，未有能出於平糶之外者。昔宋臣蘇軾在浙，親行荒政，只用平糶常平一事，更不施行餘策。又云：『得數萬石斛斗在市，自然壓下物價。』由此觀之，今日之計，捨平糶一法，實無他策。但平糶必須倉有積貯，然後因時出糶，穀價可平，收穫可待。則倉廒之積貯，不可不急爲籌畫也。臣近見部議，准直隸督臣所奏常平積貯一事，歸於本省上倉。此於積貯之計，實有裨益。但宜作速舉行，不應多爲查詰，往返耽延，更宜敕該督撫，嚴飭各屬，務須禁革從前虛報勒索，種種弊端，實力奉行，尤當專委大員，盡心稽查，以圖實效。

臣愚恐歉收之後，儲積有限，家有餘積，固可爲捐監之用，若家之所積不足報捐，亦難於糧食昂貴之時買穀上倉，則捐監雖有益於積貯，而當此歉收之際，恐捐數無多，即將捐穀，旋捐旋糶，亦恐不足敷平糶之用。目今糧艘正在北運之際，臣請於直隸沿河州縣，酌量截留每處若干石，令附近歉收之處，轉運貯倉，以備平糶之需，糧漕關係天庾，升斗爲重。自去歲以來，五城地方及近京州縣，蒙皇上天恩，發倉米幾十萬石，減價平糶，聞附近歉收州縣，小民扶老攜幼，糴斗升之粟者甚衆。與其令其跋涉遠來，不如就近截留，以平彼處穀價，使不致離鄉別井，就食遠方，而所用之糧相去多寡，或亦不致大相倍蓰也。各州縣已有捐穀，又有留漕，則倉廒有積，若二麥有秋，固不必須動支，倘青黄不接，預爲出糶，亦不致有艱食之虞。

臣歷觀前代備荒之政，以及前人救荒之論，熟計今日之情形，捨平糶一法，別無籌畫。而平糶之法，亦未有不講於積貯者也。惟是因其地，酌其宜，條分縷晰，審處而善行之，則在身任其職者。仰體聖天子宵旰之思，不啻己饑已溺，務期有益於民生而後已。是又所謂有治人無治法者也。

清　惠棟《後漢書補注》卷二四《禮儀志第五》　董仲舒曰：廣陵女子諸巫，毋小大，皆相聚其郭門外，爲小壇，以脯酒祭，便移市。市使門者無内丈夫，丈夫無得相從飲食。又令吏妻各往視其夫。皆到，即起。雨澍而已。

清　喬光烈《最樂堂文集》卷一《上陳大中丞論黄河運米賑災書》

聞之救荒無奇策，古人於此，災至而有以禦之，歲饑而有以飽之。禦之雖災不能害，飽之雖饑不能困。是果何術哉？亦曰：其備先具而已矣。倉儲或裕，可藉以給；蓋藏有餘，可藉以支。至於倉庾、蓋藏之無足恃，而指顧間饑災且至，則旦夕籌謀，猶恐不及。蓋救災如救焚，誠不得少緩須臾計也。

同州春夏之交，久苦暘亢。入秋以來，雖漸次得雨，未能沾足，所屬之華州、華陰以及潼關、南山一帶，與近城四圍，或有渠泉，或土地背陰潤濕，秋禾幸尚無恙。其北面田畝乾旱已甚，至渭河以北之大荔、朝邑等七縣，惟韓城、芝川地方，週二十餘里，有渠流通，其餘高下田疇，受旱已甚，一切早穀、早穈，若棉、豆等枯槁萎焦，即此時獲雨，終亦無濟。至於荔、朝諸邑，井泉之溉既少，時澤之濡久絶，西成寡望，已爲儉年，雖其民現在翻犁，仰天祝雨，以待種麥，而赤日烈風，炎燥益甚，倘播藝不成，則於來歲春計，實且大妨。

伏思府屬，地窄民稠，本地之糧雖當豐收，歷來不敷民食，現今糧少價昂，民力已經拮据，加秋成勢成歉入，在貧民餬口維艱，更有難以言狀者。將來秋盡冬初，平糶以抑市價，乃第一要務，設有撫恤，必須銀穀兼賑，庶與貧民有濟，設法調劑，在在需糧。核計十屬常平，僅存京斗穀二十二萬七千有奇，本非充裕，不足以濟，前大人經營垂慮，諮商楚、豫二省，在豫省沿河州縣，既無倉粟可撥，至楚米道遠崎嶇，挽運不易，是殷憂至迫之勢，與皇皇待哺之情，尚未有以爲之方所，而計其安集也。

夫慮患於事先，豫其圖以思其濟。竊謂與謀諸遠，不如取諸近；與事其艱，不如事其易。近者訪聞黄河一道，自榆林、延安諸地，直達同郡，上流原屬安瀾，惟至韓城禹門，計水程七十里，峭壁對峙，中流水勢迅速，其旁多旋渦，舟行頗險。因秦晉蒲、同二郡近歲歉收，糧價昂貴，沿河一帶人民，將方船十餘隻，在禹門鎮水次、排比連絡，鉤挽石壁，溯流而上，旋渦不能爲害。其商販者，赴歸化城、府穀縣聚米多處，買販糧食，伐木爲圓底船，自府谷葭州水次順流連下至潘口。又至宜川縣大跌哨，以地高水勢峻急，自高迅落，舟楫不能行，故有跌哨之名。圓底船至此，舟人即登岸起米陸運，並將船亦上岸，擯挽而行，凡三十里，由山側仍至河滸，仍以圓底船入河水運。至大船窩，則圓船不可用，移米入於方船，方船較圓船底平而大，載米每船可數百石，方船自大船窩起至龍門，不過六十里，即運至韓城、郃陽、朝邑及晉省之滎河、永濟，入市糶賣。現在大得此路糧食接濟，約計每市石水陸運費，不過四錢，内外商民，獲利頗厚。當經密劄韓城縣知縣鄭仔，仔稱今潘口現有停船百餘，載糧萬餘石。

伏計榆、延等地連歲豐收，倉貯盈積，向因陸路崎嶇，山谷馱運爲難，是以未曾議及。今順接河流，便易如此，運費尚不過多，或於該地沿河州縣，撥運倉糧，或於口外採辦糧食，不論糜粟，得十餘萬石，運至郃陽、朝邑諸縣，以備三冬賑糶之需，庶得接濟從容，免周章於臨事。但聞自霜降後，河流凝凍，不便行舟。今爲期急迫，惟速加辦理，事猶可及。至其道里水程，用船大小多少，若載米石之數，及主運官役，分司責任，與所須運價，一切諸費物用等，悉心斟酌，凡十二條，具録謹上。

又《下屬縣試行水車檄》 夫農田之功，全資水利。古人設立桔槔、水排，所以補天地之窮，爲因時補救之計也。同州地處高原，土厚泉深，雨澤偶愆，即徵旱象。渭、洛黄流，縈環十邑，一切濱河地土，大概坐視暵乾，揆厥所由，皆以岸高，不知設法收灌溉之功耳。東南各省，火耕水耨，濱河之地，雖縣岸數十丈，製車盤戽，由近及遠，無不田疇潤渥。同此地土河流，豈有南北異宜之理？

近聞郿縣生員淡明遠，能造水車，已延致其人，損製戽水輪車一部，試行之於縣之城南村，河岸高二丈有餘，一人運動，水緣而上，直達田疇。其車環列二十八桶，每桶可容水三升，一車所費不過六七金，而一日之功可灌田一十五畝，若河流湍急之處，水觸其樞，自能運動，更可不煩人力。雖通邑之田，未能概沾水利，於此濱河地土，用之可補農功。

今飭屬縣官吏，即將所捐製輪車，畀城南鄉保收領，聽濱河有地小民，由近及遠，以次周流戽水灌地。其有樂於從事，願照造施用者聽，至於廣爲勸導，使民知用力少而見功多。岸高之處，或遞置水車，層轉接運，俾益究其利，又在賢有司之善於倡率也。

綜述

《周禮・地官司徒・稻人》 掌稼下地。以瀦畜水，以防止水，以溝蕩水，以遂均水，以列舍水，以澮寫水，以涉揚其芟作田。凡稼澤，夏以水殄草而芟荑之。澤草所生，種之芒種。旱暵，共其雩斂。喪紀，共其葦事。

《漢書》卷二七中之上《五行志中之上》 春與秋，日夜分，寒暑平，是以金木之氣易以相變，故貌傷則致秋陰常雨，言傷則致春陽常旱也。

又 庶徵之恆陽，劉向以爲春秋大旱也。其夏旱雩祀，謂之大雩。不傷二穀，謂之不雨。

京房《易傳》曰：『欲德不用茲謂張，孟康曰：『欲得賢者而不用，人君徒張此意。』厥災荒。荒，旱也，其旱陰雲不雨，變而赤，因而除。師出過時茲謂廣，李奇曰：『廣音曠。』韋昭曰：『謂怨曠也。』其旱不生。上下皆蔽茲謂隔，其旱天赤三月，時有雹殺飛禽。上緣求妃茲謂僭，師古曰：『緣，歷也。言歷衆處而求妃妾也。』其旱三月大溫亡雲。居高臺府，茲謂犯陰侵陽，其旱萬物根死，數有火災。庶位踰節茲謂僭，其旱澤物枯，爲火所傷。』

北魏 賈思勰《齊民要術》卷一《耕田》 凡耕高下田，不問春秋，必須燥濕得所爲佳。若水旱不調，寧燥不濕。燥耕雖塊，一經得雨，地則粉解。濕耕堅垎（胡格反），數年不佳。諺曰：『濕耕澤鋤，不如歸去。』言無益而有損。濕耕者，白背速鏰榛之，亦無傷；否則大惡也。春耕尋手勞，古曰『耰』，今曰『勞』。《說文》曰：『耰，摩田器。』今人亦名勞曰『摩』，鄙語曰：『耕田摩勞』也。秋耕待白背勞。春既多風，若不尋勞，地必虛燥。秋田濕（長劫反）實，濕勞令地硬。諺曰：『耕而不勞，不如作暴。』蓋言澤難遇，喜天時故也。桓寬《鹽鐵論》曰：『茂木之下無豐草，大塊之間無美苗。』【略】

凡秋收之後，牛力弱，未及即秋耕者，穀、黍、穄、粱、秫茇方末反之下，即移羸速鋒之，地恒潤澤而不堅硬。乃至冬初，常得耕勞，不患枯旱。

宋 任廣《書叙指南》卷一《祥瑞灾異》 君遇災罪己曰引災自厚，陳寵。又曰不責臣司。上。天火曰災。《左傳宣公》。人火曰火。上。旱災曰旱異，《公羊》。又曰雲漢作旱，《後漢紀》。又曰炕陽，《前後漢五行》。又曰失雨不時，《前漢食貨》。又曰炎暵成沴。盧懷慎。近不雨曰比無雨潤。李固。雨遲曰春節未雨。楊震。失火盛曰風怒火盛，岑彭。又曰濫炎妄起。《前五行志・炎讀曰焰》。物燒盡曰煬而為烟。潘岳。種麥不得曰宿麥不下。《後漢紀》。洪水曰沈菑。揚雄，古災字。蝗蟲曰螽。《前漢・五行》：《春秋》曰螽，漢以來曰蝗。以虛弭災曰未撥災異。穀永，撥，先昌反。瑞星曰景星。《漢書音義》。五星之祥曰若貫珠。《易坤靈圖》，上至德之萌。瑞雲曰卿雲。《西京雜記》。風雨時曰祥風甘雨。班固。四時氣和曰玉燭。《爾雅》。日不顯食曰陰食。蔡邕。妖星曰欃槍。《音義》。風雨為害曰風雨菑。孝武。書災祥曰禨祥妖孽。《新序》。

宋 董煟《救荒活民書》卷下《畢仲游救荒》 耀州大旱，野無青苗。仲遊謂，郡縣賑濟多後時，力愈勞而民不救。故先民之未饑，多揭榜示曰：郡將賑濟，且平糶若千萬石。實大張其數，勸諭以無出境，民皆歡然安堵。

已而果漸艱食，乃出粟以振，且平糶以給之。鄰近流散殆盡，而糶民之當徙就食者，乃十七萬九千口。顧所發粟不及萬石，以民粟繼之，而家給人足，無一人逃者。監司乃故搜於長安，得二人焉，曰：此糶之流民也。送還郡。仲遊驗問，皆中民之逐利者。所責持自厚，即非流民。監司愧沮。

又《趙抃救灾記》 熙寧八年，吴越大旱。汴以資政殿大學士知越州。前民之未饑，爲書問屬縣，災所被者有幾，鄉民能自食者有幾，當廪於官者幾人，溝防興築可僦民使治之者幾所，庫錢倉粟可發者幾何，富人可募出粟者幾家，僧道士食之羨粟書於籍其幾其存，使各書以對而謹其備。州縣吏録民之孤老疾弱不能自食二萬一千九百餘人。以故事，歲廪窮人，當給粟三千石而止。抃檢富人所輸及僧道士食之羨者，得粟四萬八千餘石，佐其費。使自十月朔日，人受粟日一升，幼小者半之。憂其衆相蹂也，使受粟者男女異日，而人受二日之食；憂其且流亡也，於城市郊野爲給粟之所五十有七，使各以便受之，而告以去其家者勿給。計官爲不足用也，取吏之不在職而寓於境者，給其食而任以事。告富人無得閉糶。又爲之出官粟，得五萬二千餘石，平其價於民，爲糶粟之所凡十有八，使糶者自便如受粟。又僦民修城四千一百丈，爲工三萬五千。

下戶乏食者賑糶，有田無力耕者與賑貸。闔境五邑，以鄉村遠近均粟置場，每場以一總首主。出納十場，以一官吏專伺察。越人至今稱之。

又 拾遺《鄱陽賑救法》 丁卯，鄱陽旱暵。憲使李玨招臣措置荒政。李昔守毗陵，賑濟有聲。臣見約束簡明，無俟更改，但乞將義倉米每日就城中多置場，減價出糶，先救城内外之民，卻以此錢紐價計口，逐月一頓支給，以濟村落之民。非惟深山窮谷皆沾實惠，且免減竊拌和之弊，一物兩用，其利甚博。會李不權州，臣迫官期出局，故行之未免作輟，良可歎息。或謂賑饑給錢，非法令所載。臣曰：此庸儒之論。且村民得錢，非惟取贖農器，經理生業，以係其心，又可抽贖種子，收買雜斛，和野菜煮食，一日之糧可化爲數日之糧，豈不簡便？已見上卷賑濟條。

明 王守仁《王文成全書》卷六《答南元善丙戌》 五月初得蘇州書，後月，適遇王驛丞去，草草曾附短啟。其時私計行旆，到家必已久矣。是月三日，余門子回復，領手教，始知六月尚留汴城。世途之險澀難料，每每若此也。賤軀入夏咳作，兼以毒暑大旱，舟楫無所往，日與二三子講息池傍小閣中。每及賢昆玉，則喟然興歎而已！郡中今歲之旱，比往年尤甚。河渠曾蒙開浚者，百姓皆得資灌溉之利，相與嘖嘖追頌功德，然已控籲無及矣。彼姦妒憸人號稱士類者，乃獨讒疾排搆無所不至，曾細民之不若，亦獨何哉！亦獨何哉！色養之暇，塤篪協奏，切磋講習，當日益深造矣。裡中英俊相從論學者幾人？學絶道喪且幾百年，居今之時，而苟知趨向於是，正所謂空谷之足音，皆今之豪傑矣。便中示知之。

清 姚文然《敬陳預備救荒疏》《清經世文編》卷四四 臣惟淮揚地方，爲漕運咽喉，南北要地，與別處不同，屢年被災，蒙皇上破格蠲賑，恩大而仁盡矣。然而水災未退，復旱且蝗，米價較昔踴貴。臣聞人一日不再食則饑，而糧之爲物，近則生長於地，待成於時，遠則轉運於四方，未可以旦夕得也。故備荒不在於臨時，而在於預畫。今淮揚本地之米既少，又聞湖廣、江西及上江等處，亦多苦秋旱米貴，即臣郡安慶米價，較之往年，亦增數倍。計今年上流米艘，到淮揚者，較往年必少，此後米價亦必日貴，乃一定之理，必至之勢也。

臣思備荒需糧，別無奇策，惟在相道路之遠近，就便轉輸，以通米糧之有無而已，近年浙撫臣范承謨行之已有成效。臣聞山東東府地方所產大小米麥、黄黑豆等項，舊日多自膠州等處舟運至淮安之廟灣口，沿海邊而行，風順二三日可達，商船往來，終年絡繹。自禁海以後，糧食陳積應多，聞其斗較淮爲大，價較淮爲賤，若動官帑採買轉運，以備賑饑之用，則糴本省而得糧多，國帑不至甚虧，饑民可活多命，所格者，片板不許下海之嚴禁耳。

年來有言開禁者，皆蒙嚴綸切責，臣何敢多言妄瀆？但臣思禁者，禁一切軍民人等私出海口者也。凡物，民間不敢用，獨朝廷用之者，名曰禁物。今朝廷以備荒之故，用地方職官，押官艘，運官糧，出口船若干，入口照舊，亦船若干，往返有期，稽察甚易，間行數次，糧足則止。此豈可謂開海禁乎？若以此爲開海禁，則如近日福建發船下海，搜近島遊賊，亦可謂之開海禁乎？

但其中有宜詳察確議者：一曰船隻之通融，二曰水程之遠近，三曰淮、齊兩地斗斛大小、時價低昂之大概。此非可以耳信，非可以理斷，必身在地方、久諳風土者，方能洞悉。倘荷睿裁，謂臣言無必不可行之處，乞部酌議，行江南總督、總漕、該撫及東撫諸臣詳察熟計，以爲應止則止，以爲可行則行之，亦預備淮揚救荒之一策也。

此事兩省查議，必需數月之久，計聖駕東回，方能題復。倘到彼時，淮揚米價不至大貴，上流米船不至缺少，該督撫屆期題明，將此議仍可停止。古人所云『寧可備而不用，不可用而不備』者，此也。

清 韓菼《有懷堂文稿》卷一二《擬策五道》 問天人相與之際，蓋可畏矣。人事兆於下，則天表應於上。災異者，固盛世所宜有，而人君強勉之所起與，然滋懼矣。我皇上以沖齡嗣歷服，於天之不假易，蓋兢兢焉。乃即位以來，彗星見於翼軫及婁，歷十有三宿。京師地震；河北淮南水暴溢，侵廬舍，壞城郭；陝西元霜降，大雨雪，偃禾稼，殺人民；山東西大饑，人相食；江北旱蝗，都城墮陷十餘丈，下視水中若廬舍然。或訛言佛出，相驚恐。蓋五六年之間，變故多矣。我皇上飭躬齋精，思與海內更新，求直言，赦罪囚，已逋責，蠲租賦，發倉廩，賑貧窮，恤孤獨，停不時之繇，斥貪酷之吏，恩澤及民甚厚。所以偕大小臣工，修省闕失者甚至。乃入春以來，白氣亘天，長數丈，如疋練，灼爍有光。陝西益饑，民死相枕，河數潰徙，淮上州縣被水災，而畿輔亢旱不雨。五月癸卯，大白晝見，凡三日不滅，垂象著明，赫然可畏。夫變不虛發，緣感而起。厥咎何占，其應云何，何修何飭，而可使風雨節、寒暑時、年穀熟、星緯順序、川後循職、以幾于太和之盛。其悉意直陳，毋以讖緯亂經，毋以偏黨害公，將欲究天人之致，明治亂之極焉。

清 王懿《敬陳速賑以蘇民困疏康熙五十三年**》**《清經世文編》卷四四 竊聞甘、寧等處，偶值荒旱，皇上如傷念切，特命速行賑濟，全活甚眾。又曲從諸臣之請，暫開捐納，保赤之誠，真千古未有也。獨是九卿議陝西開捐一案，已經累月，追議上允行，而捐納人員奔馳數千里，無論道遠難致，即或有之，亦動需數月，及捐銀官收，方議糴米，待米既集，方始發賑，更不知幾何時也。夫萬口嗷嗷，朝不謀夕，此尚可須臾緩耶？且臣見事例之開於外省者，包攬奸徒，居爲壟斷，經手官役，視爲利藪。究之利歸私囊，而於國計民生，毫無裨益。其究不過朦混報曰：收銀幾十萬兩，買米幾十萬石。又報曰：散給幾十萬口。其間以無作有，以多爲少，欺上罔下，其弊尚忍言哉！

臣愚以爲救荒迫於救焚，拯饑急於拯溺。當此時而議拯救，誠有不可少延旦夕者。合無先行敕令山西、河南兩省，即將現存應解庫銀解往陝西督臣交收，令遴選能員於產米之處，多方購買，星馳運至西邊被災一帶地方，特命甘撫臣，飭所屬州縣，作速查實放賑，又令各道官嚴加督率，撫臣亦不時親身稽查，稍或遲延，即加參處。庶發之自官者可無後時之愆，而受之於民者，得慰及時之望矣。

至事例之開，莫若一歸於戶部，不惟地近，則捐員易於爲力，而急公者必多。且糾察不止一人，而侵蝕包攬者必少，即間有一二假冒，較之外省之百弊叢生，相去不啻倍蓰。即以發去兩省庫銀之數，計其多寡爲捐納之數，兩數相符，即行停止。如此則捐方爲實在之捐，賑方爲實在之賑，廣皇仁而災黎庶乎其有濟也。

清 魏世傚《興國張公救荒記》《清經世文編》卷四二 張公以庶常出宰興國，在甲申三月。先年大旱，秋無所獲。公履任三旬，民情皇皇求糴，而常平倉存七糶三之定例未下，同官者咸謂宜守成憲。四月既望，穀踴貴。公喟然曰：『矯詔發廩，古有其人。』遂通曉鄉城，分七日次第按戶發糶，依額糶三千六百石，稍浮以供部費。藩檄下，復嚴飭存七之例。後三日，求穀者日眾，有道殣者。公集眾詢之，乃曰：『前得穀之人，猶能輸價。今之啼饑者不能名一錢，雖減價無從得食。』公曰：『然則貸諸？』遂按冊得戶一萬二千有奇。戶貸三斗，丁口多寡，則或贏縮之。凡五日，所貸如所糶之數。數日，公復遣人覘視，還報曰：『貸穀者，或任耕，或有名於冊者。今之死於道路者，不耕而失業，傭於人而人以無食驅之。』

鄰邑聞興有稱貸之政，繈負而來，或轉徙流離，無從得食。公遂建施粥之議。或難之，公曰：『常平額穀萬二千石，交代所受，止八千有幾。倘守存七之例，則糶者、貸者何所自出？今僅存千有餘石，則堅守不與，能免譴咎乎？』乃集紳士議之，皆稱善，且出資助賑，遂設局治平觀。自五月十一日至六月十日，執事者五更煮粥，粥具扣鐘，東廡入而西廡出，婦嫗給於別殿。日一周，人率米五合。食畢亦扣鐘，起於辰而畢於午，三四日後，自七八石，十二三石至二十石，起於辰而畢於申。乃道死者頻告，公即親驗，耆民某某，設槽殮之。衣錦司率貧民入有穀之家，按戶分贍。公曰：『若輩不持錢而索穀，挾饑餒爲市，不逞之徒也。』拘撻枷示，遂帖然。鄰邑以強取穀，仇殺不休，訐訟於上官，連年不得耕作。發倉穀者高其值，民洶洶，甚或毆辱官長，劫奪平民，而興則安堵如故。

寧都魏世效聞而歎曰：『公不恤己之功名，而一身任艱巨，焦勞十旬，法不爲撓，卒以全活數十萬人，視汲長孺得君賑廩者，其難易爲何如耶？殣方甦。淫雨百日，山溪漲溢，水聲若雷霆，城幾崩陷。公灑淚刑牲以禱之，危而復安。嗟夫！公以名進士，曆清華之選，一旦出爲縣令，非公意。所謂盤根錯節，利器乃彰耶？予獨悲夫崇禎甲申之變，李闖之徒，乘饑民以肆其凶毒，使天下之人，肝腦塗地，烈皇帝身殉社稷。當時臣工，無或有講救荒之術者，是以至於此極也。公之政，輕重緩急先後有序，將使志生民者推而行之。」

公諱尚瑗，字損持，蘇州吴江人。

清 王心敬《區田圃田説》《清經世文編》卷三六　區田，按《農政書》，湯有七年之旱，伊尹作爲區田，教民糞種，負水澆稼，諸山陵傾阪及田邱城上皆務爲之，以是支六年之旱而民少流殍，其説雖無他書可證，然要之其法非智者莫辦，凡少地之家所宜遵用。至旱荒之時，水泉闕少之鄉尤宜重留之意也。其法大約謂一畝之地，闊一十五步，每步五尺，計七十五尺，每一行占地一尺五寸，計分五十區，長闊相間，通二千七百區，空一行下種，於所種行內，則又隔一區，種一區，除隔空外可種六百七十五區。每區深一尺，用熟糞一升與區土相和，布穀勻覆，以手按實，令土種相著。苗出看稀稠存留，鋤不厭頻，旱則澆灌，結子時，鋤區上土，深壅其根，以防大風搖撼。依此法者，倘不爲蝗傷，每區收穀一斗，每畝可收六十石，余竊謂其法真貧家濟荒之勝策。但如隔區間種，不但中道難行，亦且耘鋤水灌皆費周折。不如視地闊狹，於中畫路，以一尺五寸通畛爲度，而畫一種禾之溝，亦以通畛一尺五寸爲度。區規深則一尺，用熟糞一升，照數均入，以手按實，視其可灌，則按時渥灌之，爲工省而法捷也。至若一區能收穀一斗，一畝能六十石及三十石之説，則亦恐不然，昔余嘗庚子辛丑大旱時，亦曾力務爲此。雖人事未至精到，要之工力頗勤，亦只可畝五六石而止。彼畝收六十石三十石之説，或古人誘人力務區種之旨乎？然如大旱之歲，鄰田赤地千里而區田一畝獨有六七石之獲。果若數口之家能殫力務成二三畝區田，便可得全八口之家父母妻子之命，其收效不亦宏且厚耶？嗚呼！豐儉不常，是乃天道，家無素蓄之粟，抑且父母妻子之責，上下關於己身，即夫思患預防，可無慮歟。

圃田，種蔬菜之田也。其法繚以垣牆，或限以籬塹，負郭之間，但得十畝，足贍數口。若稍遠城市，可倍添畝數，至半頃而止，結廬於上，外周以桑，課之蠶利，內皆種蔬，先作長生韭一二百畦，時新菜二三十種，惟務多取糞壤以爲膏腴之本。慮有天旱，臨水爲上，否則量地掘井，以備灌溉。地若稍廣，又可兼種麻苧果穀等物，比之常田，歲利數倍。此園夫之業可以代耕，至於養素之士亦可托爲隱所，因得借贍，如漢陰之獨力灌畦，河陽之閒居鬻蔬，亦何害於助道哉？

清 那蘇圖《蠲免事宜疏》《清經世文編》卷四四　上下兩江，上年被旱，仰蒙皇上天恩，蠲賑頻施，多方籌畫，被旱災黎，業已共慶盈寧，咸登衽席。茲復上宸衷，以被災害窮民，未能復舊，大沛殊恩：直隸總督所屬，蠲免地丁銀九十萬兩；蘇州巡撫所屬，蠲免一百萬兩；安徽巡撫所屬，蠲免六十萬兩。汪洋帝德，曠古難逢。惟是臣等身任封疆，區區愚誠，猶欲竭芻蕘之一得，以期推廣夫皇仁。

竊查被災蠲免例，係按田計畝，照數核蠲，初無貧富之分。蓋以糧從地出，地既被災，糧自應免。至於賑濟，則獨及貧民，立法誠爲至當。惟特恩蠲免錢糧，向係不論貧富，一概計田派蠲，遵行已久，固不便妄議更張。但臣伏思我皇上宵旰靡寧，勤求民隱，原在編氓之疾苦，期培閭閻之本源。諭旨宣示，昭如日星。若鄉紳富户，雖遇歉收，不過稍捐其餘盈，原未有傷其元氣。況伊等田連阡陌，家多蓋藏，家居者身享太平，出仕者躬膺爵禄，任土作貢，分所當然，冒濫邀恩，寧無愧怍？且蠲免分數，在紳富之所省有限，苟移於貧民，則編户之受益良多。蓋小民絲粟必計，多免一分，即受一分之惠。富户資財饒裕，減免絲毫，不見所免之益也。是以聖人必先周急，王政首在窮民，誠有由也。

臣細加籌畫，竊以民閑之貧富固難逐户指查，而糧額之多寡，不難按冊歷數。糧多者，其産自多，産多即係富户；糧少者，其産自少，産少自屬貧民，如江南一省，田地科則，應徵地丁，雖各有不同，大概不甚懸殊，約計一户，額徵銀在五兩以上者，即屬富户，自五兩以下，至一兩者，均爲小户，其至數錢數分及一分數厘者，實屬貧民。臣謬行酌議，可否將此次蠲免地丁錢糧，飭各州縣查明。現年實徵冊內，凡額徵銀在五錢以下，至數分及一分數厘之户，准其全行蠲免。額徵銀在五錢至一兩以上及五兩之户，計全免窮户之外，將所餘之數，統計酌量，均勻分數蠲免。其額銀在五兩以上者，毋庸蠲免。仍令先將應行全完及應行酌免之花户名數，及實徵額數造冊，詳送布政司匯核酌量，勻派蠲免。總以合足下江一百萬兩、上江六十萬兩而止。行知各屬，按圖備列，出示曉諭，分晰辦理，並令將實徵原册，隨同申送查核。如有私徇作弊，將應免者不行造入，將不應免者混行請免，並將大戶分作小戶，及需索、私徵等弊，一經察出，或被告發，即行嚴參治罪。如此，則富戶原無所損，而貧民更邀蠲免之益。庶幾仰副我皇上務使小民均沾實惠，培固蒼生元氣之至意。

清　晏斯盛《水利備旱疏》《清經世文編》卷四三　竊上年秋旱，荷蒙皇上蠲賑兼施，多方拯救，百萬生靈，得度荒歲。今年麥收之後，指望西成，乃零星微雨，終不沾足，秋禾又恐失收。夫爲日甚長，必當思補救之策，而謀生有道，豈均爲坐食之人？現在通行曉諭，飛飭各屬，於緊要水陸沖衢，運販之所，嚴禁出境糴賣，至躧燒鍋、銷耗糧食者，尤干禁例，更行嚴查，執法重究。其存積之家，有需必糶易者，地方官即動平糶米價買存，並探聽東、豫、江、廣二麥豐收之處，更廣爲採買以資接濟。此目前最要之務也。

再本月中旬，雨不沾足，早稻固難獲收，然下旬霑足，尚有晚稻可種。倘五月不能沾足，則六、七月內，一經微雨，即可盡種雜糧。雜糧之中，秫種、小米、綠豆、蕎麥尤爲易植，而蕎麥一件，八九月內，尚可佈種，秋霜稍遲，俱可豐收。無如南方熟於水田，忽視雜糧，不知一有歉象，必須改種，若能隨地遍播，毋令空土，雖所收稍薄，亦大足接濟。現在通行勸諭改種，並請動銀前往江、廣，購買綠豆、蕎麥，回南借糶，以資種籽之不足。此亦目前最要之務也。

再江北各州縣地方磽瘠，風俗不醇，每多游手遊食之人，樂歲貪於廣種薄收，凶年則空穴而走，百十成群，易於習非滋事。計惟大興工作，俾朝夕所入厚於賑糧，人必爭趨，顯以開數十百年之利益，默以收數十百萬之丁壯，尤要務也。

查上年臣有開築陂塘壩堰之請，擇其輕而易舉者，略已興舉。如滁州之黃慶圩、全椒之張邑等圩、壽州之蔡城塘、鳳陽縣之山河、臨淮縣之鹿塘、定遠縣之響水壩等處，先後竣工，頗見裨益。然皆偏隅小補，尚未能廣有沾溉也。

考聖祖皇帝時，河臣靳輔有請開鳳陽溝田一疏，甚有條理，急切可行。其略曰：『致治之道，首在足民。足民有道，不在請賑蠲租，而在因民之力。且鳳陽廣袤，過於蘇、松。蘇、松地方三百里，財賦甲天下，鳳陽地方五百里，而貢稅不及蘇州什一。雖地力有肥磽，詎應懸絕如此？蓋蘇、松擅水利，小港支河，所在而是，旱既有資，澇復有泄，雖雨暘稍愆，率不爲患。大江以北，盡失溝洫之舊，稍遇水旱，即同石田。今欲田無曠土，歲無凶年，莫如力行溝田之法。溝田者，古井田遺意也。然井田自畝至澮，淺深廣狹，法制繁重。溝田但鑿一溝，修浚甚易。其法以十畝爲一畘，二十畘爲一溝，以地三畝有奇，爲二十畘中之經界，二十畘之外，圍以深溝。溝道廣一丈八尺，溝廣一丈二尺，深七尺五寸。開溝之土，即累溝道之上，使溝道高於田五尺，溝低於田七尺五寸，視溝道深一丈二尺五寸。澇則以田內之水車放溝中，旱則以溝中之水車灌田內，其利甚溥。』疏方下部舉行，而有事閩、滇，其議遂寢。

今按疏內所言，雖專及鳳陽一郡，而已全舉江北大勢。蓋鳳、潁二府，有淮水爲之經，而汝、潁、濡、睢、渦、汴、淠，滙諸水，絡繹其間。廬州一府，以巢湖爲之委，而大江山河通其流。至若合肥一縣，地多高阜，亦可鑿池，以廣瀦蓄，以備旱乾，皆大可爲之區也。是以壽州有孫叔敖之跡，舒城存龔侯之遺，則知水利之修，誠非創舉。此外六安一州，本係山城，而東西南北四鄉，多有塘堰舊跡，久經湮廢。至若泗州所屬，居淮下流，滁州所屬，亦多溪壑，並可一例修治。但徒事小修，不見大效，若得如淮揚水利，大發帑金，委令諳熟水利之員，董集民力，大加鑿治，貧民既有所資藉，而利濟亦可久遠。此又將來最要之務也。

清　齊彥槐《圖賑法》《清經世文編》卷四二　嘉慶十有九年，江南大旱，金匱分無錫地，地勢視無錫爲高，被災尤劇。八九月間，某嘗以事赴鄉，竊見赤地數十里，民間炊無米，爨無薪，汲無水，惻然憂之。

夫官發常平倉穀平糶，於民便矣，然遠在數十里之外者，不能爲升斗之米來也。故官平糶，但能惠近民不能惠遠民。殷富之家，以其餘米平糶於其鄉，遠近咸便矣，然無升斗之資者不能糴也。故民平糶但能惠次貧不能惠極貧，天恩浩蕩，極、次貧戶，悉與之賑，而靡不德矣。然賑者，賑災也，於例但及有業之貧民，而不及無業之貧民，故欲推廣皇仁，不使一物不獲其所，惟邑之殷富捐資接濟，乃救荒之大者。夫惻隱之心，人皆有之。殷富之家，幸足於衣食，目擊鄰里鄉黨之人饑寒以死，孰不欲解衣衣之，推食食之者？顧上勸捐，而下或不應，何也？則經理不得其道，不能使人無所疑惑，無所瞻顧也。且人情之所甚不忍而急欲救之者，亦第於其親者、近者耳。其目所不及見，耳所不及聞者，固非情之所甚迫者也。向之捐者，大抵設立公局，令一邑之錢，悉入局中。彼殷富者，以爲吾既捐矣，不知是錢也，官將發之於何人之鄉，董事者將散之於誰氏之里，而我鄉我里之貧乏無賴者，猶不免於我乎擾也。而吝不捐者，遂妄生議論曰：是特以飽官之囊橐，供董事者之侵漁而已。以故願捐者少，而不願捐者多。

今也定爲圖賑之法，以各圖所捐之錢，各賑本圖。圖有貧富，以富圖之有餘，協濟貧圖之不足，令圖自舉一人焉以經理之，其錢即存於捐者之家，而不必入於公局。官於公局之董事者，第紀其數，爲之調撥而已。某圖饑口若干，施捐銀若干數，協濟若干數，各書一榜於其圖內，使貧富見之，曉然明白。施者知其財之所由往，食者知其食之所自來，則捐者無所遲疑，不捐者無所藉口，且以富稽貧，其戶口必清，以貧核富，其捐數必實，於恤貧之中，寓保富之意，則事易集而官不勞矣。

是説也，某嘗謀之鄉先生，言之上游，皆以爲可。自十月初旬捐廉以倡，至今歲三月，計捐錢十有二萬四千餘緡矣。而殷富之家，好行其德，復於其間爲粥以賑，城鄉設廠十餘處，計所捐又不下萬數千緡，饑民賴以全活者無算。嗚呼！孰謂人心之淳，風俗之厚，今不若古哉？

賑既畢，尚有餘錢六千餘緡，而無錫之賑，亦有餘錢。於是復謀之鄉先生，言之上游，以所餘錢，留爲修建南北二橋之費，亦以工代賑也。邑之人樂其事之集，刊爲成書，用垂永久。某既不能善政及民，使歲不饑，又不能使民儉且勤，皆有蓋藏，雖饑而不至於困。其起死人而肉白骨者，鄉先生之謀，邑人殷富之力也，某則何功？雖然，人各有樂善好施之心，而能不阻之，使其無所疑惑，無所瞻顧，則圖賑之法良矣。用是書之，以告後之官斯土者。

傳記

《三國志》卷一二《魏志十二·崔琰傳》 崔琰既死，玠内不悦。後有白玠者：『出見黥面反者，其妻子沒爲官奴婢，玠言曰「使天不雨者蓋此也」。』太祖大怒，收玠付獄。大理鍾繇詰玠曰：『自古聖帝明王，罪及妻子。《書》云：「左不共左，右不共右，予則孥戮女。」司寇之職，男子入于罪隸，女子入于舂槀。漢律，罪人妻子沒爲奴婢，黥面。漢法所行黥墨之刑，存於古典。今真奴婢祖先有罪，雖歷百世，猶有黥面供官，一以寬良民之命，二以宥并罪之辜。此何以負於神明之意，而當致旱？案典謨，急恆寒若，舒恆燠若，寬則亢陽，所以爲旱。玠之吐言，以爲寬邪，以爲急也？急當陰霖，何以反旱？成湯聖世，野無生草，周宣令主，旱魃爲虐。亢旱以來，積三十年，歸咎黥面，爲相值不？衛人伐邢，師興而雨，罪惡無徵，何以應天？玠譏謗之言，流於下民，不悦之聲，上聞聖聽。玠之吐言，勢不獨語，時見黥面，凡爲幾人？黥面奴婢，所識知邪？何緣得見，對之歎言？時以語誰？見答云何？以何日月？於何處所？事已發露，不得隱欺，具以狀對。』

晋 干寶《搜神記》卷一一 後漢諒輔，字漢儒，廣漢新都人，少給佐吏，漿水不交，爲從事，大小畢舉，郡縣斂手。時夏枯旱，太守自曝中庭，而雨不降。輔以五官掾出禱山川，自誓曰：『輔爲郡股肱，不能進諫納忠，薦賢退惡，和調百姓，至令天地否隔，萬物枯焦，百姓喁喁，無所控訴，咎盡在輔。今郡太守内省責己，自曝中庭，使輔謝罪，爲民祈福，精誠懇到，未有感徹。輔今敢自誓：若至日中無雨，請以身塞無狀。』乃積薪柴，將自焚焉。至日中時，山氣轉黑，起雷，雨大作，一郡沾潤。世以此稱其至誠。

又 何敞，吳郡人，少好道藝，隱居。里以大旱，民物憔悴，太守慶洪遣戶曹掾致謁，奉印綬，煩守無錫。敞不受。退，歎而言曰：『郡界有災，安能得懷道！』因跋涉之縣，駐明星屋中，蝗蝝消死，敞即遁去。後舉方正博士，皆不就，卒於家。

晋 虞預《會稽典録》《藝文類聚》卷一〇〇 夏香，字曼卿，永興人也，爲農夫。香挺然特立，明果獨斷。年十五，縣長葛君，出臨霊星，會客飲宴。時郡遭大旱，香進諫曰：昔殷湯遭旱，以六事自責，而雨澤應澍。成王悔過，偃禾復起。自古先聖，畏懼天異，必思變復，以濟民命。今始罹天災，縣界獨甚，未聞明達崇殷周之德，臨祭獨歡，百姓枯瘁，神祇有霊，必不享也。百姓不足，君孰與足？宜當還寺。長即罷會，身損俸禄，以贍飢民。

《梁書》卷二二《南浦侯推傳》 南浦侯推，字智進，機次弟也。少清敏，好屬文，深爲太宗所賞。普通六年，以王子例封。歷寧遠將軍、淮南太守。遷輕車將軍、晉陵太守，給事中，太子洗馬，祕書丞。出爲戎昭將軍、吳郡太守。所臨必赤地大旱，吳人號『旱母』焉。侯景之亂，守東府城，賊設樓車，盡鋭攻之，推隨方抗拒，頻擊挫之。至夕，東北樓主許鬱華啟關延賊，城遂陷，推握節死之。

唐 劉肅《大唐新語》卷四《政能》 員半千，本名余慶，與何彥光師事王義方。義方甚重之，嘗謂曰：『五百年一賢，足下當之矣。』改名半千。義方卒，半千、彥光皆制師服。上元初，應六科舉，授武陟尉。時屬旱歉，勸縣令開倉賑恤貧餒，縣令不從。俄縣令上府，半千悉發倉粟，以給百姓。刺史鄭齊宗大怒，因而按之，將以上聞。時黃門侍郎薛元超為河北存撫使，謂齊宗曰：『公百姓不能救之，而使惠歸一尉，豈不愧也！』遽令釋之。又應岳牧舉，高宗御武成殿，召諸舉人，親問曰：『兵書所雲天陣、地陣、人陣，各何謂也？』半千越次對曰：『臣觀載籍多矣，或謂天陣，星宿孤虛也；地陣，山川向背也；人陣，偏伍彌縫也。以臣愚見則不然。夫師出以義，有若時雨，則天利，此天陣也。兵在足食，且耕且戰，得地之利，此地陣也。卒乘輕利，將帥和睦，此人陣也。若用兵者，使三者去，其何以戰？』高宗深嗟賞，對策上第，擢拜左衛渭上參軍，仍充宣慰吐蕃使。引辭，則天曰：『久聞卿，謂是古人，不意乃在朝列。境外小事，不足煩卿，且留待制也。』前後賜絹千餘疋。累遷正諫大夫，封平涼郡公。開元初卒。

《舊五代史》卷七一《許寂傳》 同光時，以方術著者，又有僧誠惠。誠惠初於五臺山出家，能修戒律，稱通皮、骨、肉三命，人初歸向，聲名漸遠，四方供饋，不遠千里而至者衆矣。自云能役使毒龍，可致風雨，其徒號曰降龍大師。京師旱，莊宗迎至洛下，親拜之，六宮參禮，士庶瞻仰，謂朝夕可致甘澤。禱祝數旬，略無徵應。或謂官以祈雨無驗，將加焚燎，誠惠懼而遁去。及卒，賜號法雨大師，塔曰慈雲之塔。

《新唐書》卷八九《段文昌傳》 大和四年，檢校左僕射，徙帥荊南。州或旱，禬解必雨；或久雨，遇出游必霽。民爲語曰：『旱不苦，禱而雨；雨不愁，公出游。』南詔襲南安，帝以文昌得蠻夷心，詔使下檄尉讓，即日解而去。復節度西川。九年卒，贈太尉。

《明史》卷二八一《循吏傳・謝子襄》 謝子襄，名袞，以字行，新淦人。建文中，由薦舉授青田知縣。永樂七年，與錢塘知縣黃信中、開化知縣夏升並九載課最當遷。其部民相率詣於上官，乞再任，上官以聞。帝嘉之，即擢子襄處州知府，信中杭州，升衢州，俾得治其故縣。

子襄治處州，聲績益著。郡有虎患，歲旱蝗。禱於神，大雨二日，蝗盡死，虎亦遁去。有盜竊官鈔，子襄檄城隍神。盜方閱鈔密室，忽疾風捲墮市中，盜即伏罪。民鬻牛於市，將屠之。牛逸至子襄前，俛首若有訴，乃捐俸贖還其主。叛卒吴米據山谷爲亂，朝廷發兵討之，一郡洶洶。子襄力止軍城中毋出，而自以計掩捕之，獲其魁，餘悉解散。爲人廉謹，歷官三十年，不以家累自隨。二十二年卒。

《清史稿》卷三〇六《柴潮生傳》 柴潮生，字禹門，浙江仁和人。雍正二年舉人，授內閣中書，充軍機處章京。累遷工部主事。乾隆七年，考選山西道監察御史。是歲旱，上降詔求言。潮生疏言：『君咨臣儆，治世之休風；益謙虧盈，檢身之至理。臣伏讀上諭有云：「爾九卿中能責難於君者何人？陳善閉邪者何事？」此誠我皇上虛懷若谷、從諫弗咈之盛心也。今歲入春以來，近京雨澤未經霑足，宵旰焦勞，無時或釋。惟是天時雨暘，難以窺測；而人事修省，不妨過爲責難。修省於事爲者，一動一言，純雜易見；修省於隱微者，不聞不見，朕兆難窺。君心爲萬化之源，普天率土，百司萬姓，皆於此託命焉。皇上萬幾餘暇，豈無陶情適興之時？但恐一念偶動，其端甚微，而自便自恕之機，或乘於不及覺，遂致潛滋暗長而莫可遏。則俄頃間之出入，即爲皇功疏密所關。伏乞皇上於百爾臣工所不及見，左右近習所不及窺，朝夕愈加劼毖，豈特隨時修省致感召之休徵已哉？』

八年，天津、河間二府大旱。九年，潮生復疏言：『河間、天津二府經流之大河三：曰衛河，曰滹沱河，曰漳河。其餘河間分水之支河十有一，瀦水之淀泊十有七，蓄水之渠三；天津分水之支河十有三，瀦水之淀泊十有四，受水之沽六：水道至多。向若河渠深廣，蓄洩有方，旱歲不能全收灌溉之功，亦可得半。即不然，而平日之蓄積，亦可支持數月，以需大澤之至。何至拋田棄宅，挈子攜妻，流離道路哉？水利之廢，即此可知矣。甘霖一日不足，則賑費固不可已。臣竊以爲徒費之於賑恤，不如大發帑金，遴遣大臣經理畿輔水利，俾以濟饑民、消旱潦，且轉貧乏之區爲富饒。救時之急務，籌國之遠謨，莫以易此。臣考漢張堪爲漁陽太守，於狐奴開稻田八千頃，狐奴今昌平也。北齊裴延儁爲幽州刺史，修古督亢坡，溉田萬餘畝，督亢今涿州也。宋何承矩爲河北制置使，於雄、鄚、霸州興堰六百里灌田。明汪應蛟爲天津巡撫，捐俸開二千畝，畝收四五石。今東西二淀，即承矩之塘濼，天津十字圍，即應蛟水田之遺址。國朝李光地爲巡撫，請興河間水田，言涿州水佔之地，每畝售錢二百，開成水田畝易銀十兩。上年總督高斌請開永定河灌田，亦云查勘所至，眾情欣悦。臣聞石景山有莊頭修姓，自引渾河灌田，比常農畝收數倍。蠡縣亦有富户自行鑿井，旱歲能收其利。霸州知州朱一蜚勸民開井二十餘口，民頗賴之。證之近事，復確有據，則水利之可興也決矣。今請特遣大臣齎帑金數十萬兩，往河間、天津二府，督同道府牧令，分委佐貳雜職，除運道所關，及滹沱正流水性暴急，慎勿輕動，其餘河渠淀泊，凡有故蹟可尋者，皆重加疏浚。又於河渠淀泊之旁，各開小河；小河之旁，各開大溝：皆務深廣，度水力不及則止。節次建立水門，遞相灌注。旱則引水入溝以溉田，潦則放閘歸河以洩水。其離水遼遠之處，每田一頃，掘井一口，十頃掘大塘一口，亦足供用。其中有侵及民田，並古陂廢堰爲民業已久者，皆計畝均分撥還，即將現在受賑饑民及外來流民，停其賑給，按地分段，就工給值，酌予口糧，寧厚無減。一人在役，停其家賑糧二口；二人在役，停其家賑糧四口。其餘口及一户皆不能執役者，仍如例給賑。其疏浚之處，有可耕種，即借予工本，分年徵還。更請別簡大臣，齎帑金分巡直隸各府，一如河間、天津二府，次第舉行。或曰：「北土高燥，不宜稻種，土性沙鹻，水入即滲，挖掘民地，易起怨聲。前朝徐貞明行之而立敗，怡賢親王與大學士朱軾之經理亦垂成而坐廢，可爲明鑒。」臣按九土之種異宜，未聞稻非冀州之產，玉田、豐潤秔稻油油。且今第爲之興水利耳，固不必强之爲水田也。或疏或浚，則用官資，可稻可禾，聽從民便。此不疑者一也。土性沙鹻，是誠有之，不過數處耳，豈偏地皆沙鹻乎？且即使沙鹻，而多一行水之道，比聽其沖溢者不猶愈於已乎？此不疑者二也。若以溝渠爲捐地，尤非知農事者。凡力田者，務盡力而不貴多墾。今使十畝之地，捐一畝以蓄水，而九畝倍收，較十畝皆薄入孰利？況捐者又予撥還。此不疑者三也。至前人屢行屢罷，此亦有由，貞明所言百世之利，其時御史王之棟參劾，出於奄人動戚之意。其疏亦第言滹沱不可開，未嘗言水田不可行也。但其募南人開墾，即以地予之，又許占籍。左光斗之屯學亦然。是奪北人之田，又塞其功名之路，其致人言也宜矣。至營田四局，成績具在。當日効力差員，不無舉行未善，所以賢王一沒，遂過而廢之，非深識長算者之所出也。非常之原，黎民所懼，所貴持久，乃可有功。秦開鄭、白之渠，利及百世，而當時至欲殺水工鄭國。漢河東太守番係引汾水灌田，河渠數徙，田者不能償種。至唐長孫恕復鑿之，畝收十石。凡始事難，成事易。賡續以終之則是，中道而棄之則非。此不疑者四也。至水利既興，招募農師，造作水器，逐年作何經理，俾永無湮塞，應聽在事大臣詳加籌畫。皇上視民如子，凡有賑恤，千萬帑金亦無可惜。即如開通京師溝道，估費二十餘萬，以視興修一省水利，輕重較然。況此舉乃以阜財，非以費財。天災國家代有，荒政未有百全，何如擲百萬於水濱，而立收國富民安之效？縱有堯災湯旱，亦可挹彼注茲，是謂無弊之賑恤。連年米價屢廑聖懷，盡停採買，豈可久行？捐監輸倉，亦非上策。若小民收穫素裕，自然二𪌊有資。臣訪問直隸士民，皆云：「有水之田較無水之田，相去不啻再倍。」是謂不竭之常平。近畿多八旗莊地，直隸亦京兆股肱，皆宜致之富饒，始可居重馭輕。漢武帝徙豪民於關中，明成祖遷富家於帝里，固非王政，不失深謀。若水利既興，自然軍民兩利，是謂無形之帑藏。且雨者水土之氣所上騰而下澤也，土氣太甚，則水氣受制。直隸近年以來，閔雨者屢矣。但使水土均調，自可雨暘時若，是謂有驗之調燮。且水性分之則利，合之則害；用之則利，棄之則害。故周用有言：「人人皆治田之人，即人人皆治水之人。」張伯行亦主此論。陸隴其爲靈壽令，督民濬衛河。其始頗有怨言，謂開無水之河以病民；既而水潦大至，獨靈壽有宣導，歲竟有秋。貨殖者旱則資舟，爲國者備斯無患，是謂隱寓之河防。今生齒日繁，民食漸絀。臣愚以爲盡興西北之水田，闢東南之荒地，則米價自然平減。但事體至大，請先以直隸爲端，行之有效，次第舉行。樂利萬年，庶其在此！』

又《儲麟趾傳》 儲麟趾，字履醇，江南荊溪人。乾隆四年進士，改庶吉士，授編修。進諸經講義，援據儒先，責難陳善，辭旨醇美。十四年，考選貴州道監察御史。編修朱荃與大學士張廷玉有連，督四川學政，母死發喪緩。麟趾疏劾，語不避廷玉，高宗以是知其伉直。

嘗大旱，麟趾應詔上疏，略言：『臣聞天道若持衡然。故雨暘寒燠，無時不得其平；而氣化偶偏，必於亢陽伏陰示其象。然往來推行，久而必復其常者，天道之無私也。君道法天，亦若持衡然。故喜怒刑賞，無事不得其平；而意見偶偏，必於用人行政露其機。然斟酌損益，終必歸於大中至正者，君德之極盛也。漢臣董仲舒曰：「善言天者，必有驗於人，天人相應，捷於桴鼓。《春秋》所以詳書災異也。」皇上至聖極明，豈復有纖芥之事足以召祲而致災者？但愚臣蠡測管窺，以爲自古人主患不明，惟皇上患明之太過；自古人主患不斷，惟皇上患斷之太速。即如擢一官、黜一差，往往出人意表，爲擬議所不及。此則皇上意見之稍偏，而愚臣所謂聖明英斷之太過者也。史臣之贊堯曰：「乃聖乃神。」宋儒朱子曰：「聖人，神明不測之號。」夫所貴乎不測者，錯綜參伍，與時偕行，而非於彼於此不可思議之謂也。此雖不足上累聖德萬分之一，然臣尤願皇上開誠布公，太和翔洽，要使天下服皇上用人之至當，不必徒使天下驚皇上用人之甚奇。若云防微杜漸，不得不爾，則國法具在，試問諸臣行事邪正，又誰能欺皇上之洞鑒者？抑臣又聞之，唐臣韓愈曰：「獨陽爲旱，獨陰爲水。君陽臣陰，有君無臣，是以久旱。」今皇上宵衣旰食，焦勞於法宮之中，而王公大臣拱手備位，不聞出其謀畫，上贊主德，輔宣聖化。是君勞於上，臣逸於下，天道下濟而地道不能上行。其於致旱，理或宜然。臣區區之忱，願皇上虛中無我，一切用人行政，不改鑑空衡平之體。又於一二純誠憂國之大臣，時賜召對，清宴之餘，資其輔益。必能時雨時風，消殄旱災矣。」

紀事

《春秋・莊公三十一年》 冬，不雨。

又《僖公二年》 冬十月，不雨。

又《僖公三年》 三年春王正月，不雨。夏四月，不雨。

又《僖公二十一年》 夏，大旱。

又《文公二年》 自十有二月不雨，至于秋七月。

又《文公十年》 自正月不雨，至于秋七月。

又《文公十三年》 自正月不雨，至于秋七月。

又《宣公七年》 大旱。

《左傳・僖公三年》 三年春，不雨。夏六月，雨。自十月不雨，至于五月，不曰旱，不為災也。

又《僖公十九年》 秋，衛人伐邢，以報菟圃之役。於是衛大旱，卜有事於山川，不吉。甯莊子曰：『昔周饑，克殷而年豐。今邢方無道，諸侯無伯，天其或者欲使衛討邢乎？』從之，師興而雨。

又《僖公二十一年》 夏，大旱，公欲焚巫、尪。臧文仲曰：『非旱備也。脩城郭，貶食省用，務穡勸分，此其務也。巫、尪何為？天欲殺之，則如勿生；若能為旱，焚之滋甚。』公從之。是歲也，饑而不害。

又《宣公八年》 冬，葬敬嬴，旱，無麻，始用葛茀。雨，不克葬，禮也。禮，卜葬，先遠日，辟不懷也。

又《昭公二十四年》 夏五月乙未朔，日有食之。梓慎曰：『將水。』昭子曰：『旱也。日過分而陽猶不克，克必甚，能無旱乎？陽不克莫，將積聚也。』

《竹書紀年》卷上《殷商成湯》 十九年，大旱。氐、羌來賓。

二十年，大旱。夏桀卒于亭山。禁弦歌舞。

二十一年，大旱。鑄金幣。

二十二年，大旱。

二十三年，大旱。

二十四年，大旱，王禱于桑林，雨。

又卷下《厲王》 二十二年，大旱。陳幽公薨。

二十三年，大旱。宋僖公薨。

二十四年，大旱。杞武公薨。

二十五年，大旱。楚子嚴卒。

二十六年，大旱，王陟于彘。周定公、召穆公立太子靖為王。共伯和歸其國，遂大雨。

大旱既久，廬舍俱焚，會汾王崩，卜于大陽，兆曰厲王為祟。周公、召公乃立太子靖，共和遂歸國。和有至德，尊之不喜，廢之不怒，逍遙得志于共山之首。

又《威烈王》 三年，晉大旱，地生鹽。

《荀子》卷一九《大略篇第二十七》 湯旱而禱曰：『政不節與？使民疾與？何以不雨至斯極也！宮室榮與？婦謁盛與？何以不雨至斯之極也！苞苴行與？讒夫興與？何以不雨至斯極也！』

《呂氏春秋》卷九《季秋紀・順民》 昔者湯克夏而正天下，天大旱，五年不收，湯乃以身禱於桑林，曰：『余一人有罪，無及萬夫。萬夫有罪，在余一人。無以一人之不敏，使上帝鬼神傷民之命。』於是翦其髮，櫪其手，以身爲犧牲，用祈福於上帝，民乃甚説，雨乃大至。則湯達乎鬼神之化，人事之傳也。

漢 伏勝《尚書大傳》卷二 魯桓公五年，大雩。旱也。先是公弑君而立，有自危之心，而下有悲懟之氣。外結大國，娶於齊以爲夫人。後比二年，天子使大夫來聘，桓上得天子意，憑大國之心，則有亢陽之意，以御臣下，興州丘之役，以勞百姓，則臣下離心而不從。故應是而秋大旱。

魯宣公十年秋，大旱。是時公與齊伐萊。夫伐國亢陽節也，師徒百姓所不欲也，故應而大旱。

《史記》卷五《秦本紀》 ［繆公十二年］晉旱，來請粟。丕豹説繆公勿與，因其饑而伐之。

又 卷六《秦始皇本紀》 ［秦王政十二年］秋，復嫪毐舍人遷蜀者。當是之時，天下大旱，六月至八月乃雨。

又 卷一〇《孝文本紀》 ［後六年］天下旱，蝗。帝加惠。

又 卷一一《孝景本紀》 ［後二年］十月，租長陵田。大旱。衡山國、河東、雲中郡《正義》：衡山國，今衡州。河東，今蒲州。雲中郡，今勝州。民疫。

又 卷一二《孝武本紀》 ［元封三年］是歲旱。於是天子既出毋名，乃禱萬里沙，《集解》應劭曰：『萬里沙，神祠也，在東萊曲城。』孟康曰：『沙徑三百餘里。』過祠泰山。《集解》鄧展曰：『泰山自東復有小泰山。』瓚曰：『即今之泰山。』

又 其明年，伐朝鮮。夏，旱。公孫卿曰：『黄帝時封則天旱，乾封三年。』《集解》蘇林曰：『天旱欲使封土乾燥。』如淳曰：『但祭不立尸爲乾封。』《正義》乾音干。顔師古云：『三歲不雨，暴所封之土令乾。』鄭氏云：『但祭不立尸爲乾封。』上乃下詔曰：『天旱，意乾封乎？其令天下尊祠靈星焉。』《正義》靈星即龍星也。張晏云：『龍星左角曰天田，則農祥也，見而祭之。』

又 卷二四《樂書》 晉國大旱，赤地三年。

又 卷二八《封禪書》 ［元封三年］是歲旱。於是天子既出無名，乃禱萬里沙，過祠泰山。

又 其明年，伐朝鮮。夏，旱。公孫卿曰：『黄帝時封則天旱，乾封三年。』上乃下詔曰：『天旱，意乾封乎？其令天下尊祠靈星焉。』

又 卷二九《河渠書》 天子既封禪巡祭山川，其明年，旱，乾封少雨。《正義》《括地志》云：『萬里沙在華州鄭縣東北二十里也。』

又 卷三〇《平準書》 孝景時，上郡以西旱，亦復脩賣爵令，而賤其價以招民；及徒復作，得輸粟縣官以除罪。

又 至今上即位數歲，漢興七十餘年之閒，國家無事，非遇水旱之災，民則人給家足，都鄙廩庾皆滿，而府庫餘貨財。

又 是歲小旱，上令官求雨，卜式言曰：『縣官當食租衣税而已，今弘羊令吏坐市列肆，《索隱》坐市列。謂吏坐市肆行列之中。販物求利。亨弘羊，天乃雨。』

又 卷四二《鄭世家》 ［簡公二十五年］山川之神，則水旱之菑禜之；《集解》服虔曰：『禜爲營，攢用幣也。若有水旱，則禜祭山川之神以祈福也。』日月星辰之神，則雪霜風雨不時禜之；若君疾，飲食哀樂女色所生也。

又 卷四三《趙世家》 晉大旱，卜之，曰『霍太山爲祟』。

又 卷四五《韓世家》 ［昭侯］二十五年，旱，作高門。屈宜臼《集解》許慎曰：『屈宜臼，楚大夫，在魏也。』曰：『昭侯不出此門。何也？不時。吾所謂時者，非時日也，人固有利不利時。昭侯嘗利矣，不作高門。往年秦拔宜陽，今年旱，昭侯不以此時卹民之急，而顧益奢，此謂「時絀舉贏」。』《集解》徐廣曰：『時衰耗而作奢侈。』

又 卷一一七《司馬相如列傳》 舉踵思慕，若枯旱之望雨。盭夫爲之垂涕，《集解》徐廣曰：『盭音戾。』《索隱》張揖曰：『很戾之夫也。』盭字或作『戾』。盭，古『戾』字。況乎上聖，又惡能已？

又 卷一二〇《汲鄭列傳》 還報曰：『家人失火，屋比《索隱》音鼻。延燒，不足憂也。臣過河南，河南貧人傷水旱萬餘家，或父子相食，臣謹以便宜，持節發河南倉粟以振貧民。臣請歸節，伏矯制之罪。』

又 卷一二二《酷吏列傳》 會渾邪等降，漢大興兵伐匈奴，山東水旱，貧民流徙，皆仰給縣官，縣官空虚。

又 卷一二八《龜策列傳》 衛平對曰：『【略】若爲枯旱，風而揚埃，蝗蟲暴生，百姓失時。』

又 逆亂四時，先百鬼嘗。諫者輒死，諛者在傍。聖人伏匿，百姓莫行。天數枯旱，國多妖祥。螟蟲歲生，五穀不成。

又 卷一二九《貨殖列傳》 計然曰：『知鬬則修備，時用則知物，《索隱》時用知物。案：言知時所用之物。二者形則萬貨之情可得而觀已。故歲在金，穰；水，毁；木，饑；火，旱。《索隱》五行不説土者，土，穰也。旱則資舟，水則資車，《索隱》《國語》大夫種曰『賈人旱資舟，水資車以待』也。物之理也。六歲穰，六歲旱，十二歲一大饑。夫糶，二十病農，九十病末。索隱言米賤則農夫病也。若米斗直九十，則商賈病，故云『病末』。末謂逐末，即商賈也。』

又 太陰在卯，穰；《正義》太陰，歲後二辰爲太陰。明歲衰惡。至午，旱；明歲美。至酉，穰；明歲衰惡。至子，大旱；明歲美，有水。

又 沂、泗水以北，宜五穀桑麻六畜，地小人衆，數被水旱之害，民好畜藏，故秦、夏、梁、魯好農而重民。

漢 孔臧《孔叢子》卷下《叙世》 子豐拜高第御史。建初元年，歲大旱。乃上疏曰：臣聞爲不善而災報，得其應也。爲善而災至，遭時運也。陛下即位日新，視民如傷，而不幸耗旱，時運之會耳，非政教之所致也。昔成湯遭旱，因自責，減御損膳，而大有年。天意者陛下未爲成湯之事焉。天子納其言而從之。三日雨即降，轉拜黃門侍郎，典東觀事。

《漢書》卷二《惠帝紀》 ［二年］夏旱。郃陽侯仲薨。師古曰：『高帝之兄，吳王濞父也。』

又 卷四《文帝紀》 九年春，大旱。

又 ［後元年春三月］詔曰：『間者數年比不登，師古曰：『比猶頻也。』又有水旱疾疫之災，朕甚憂之。【略】』

又 夏四月，大旱，蝗。師古曰：『蝗即螽也，食苗爲災，今俗呼爲簸蝩。蝗音胡光反。蝩音鍾。』

又 卷五《景帝紀》 ［三年］夏旱，禁酤酒。師古曰：『酤謂賣酒也，音工護反。』秋九月，蝗。有星孛于西北。

又 秋，大旱。

又 卷六《武帝紀》 四年夏，有風赤如血。六月，旱。秋九月，有星孛于東北。

又 ［元光六年］夏，大旱，蝗。

又 ［元朔］五年春，大旱。大將軍衛青將六將軍兵十餘萬人出朔方、高闕，獲首虜萬五千級。

又 ［元封四年］夏，大旱，民多暍死。如淳曰：『暍音謁。』師古曰：『中熱而死也。』

又 ［元封六年］秋，大旱，蝗。

又 天漢元年應劭曰：『時頻年苦旱，故改元爲天漢，以祈甘雨。』師古曰：『《大雅》有《雲漢》之詩，周大夫仍叔所作也。以美宣王遇旱災修德勤政而能致雨，故依以爲年號也。』春正月，行幸甘泉，郊泰畤。

又 秋，旱。九月，募死罪入贖錢五十萬減死一等。

又 卷七《昭帝紀》 ［始元六年］夏，旱，大雩，不得舉火。臣瓚曰：『不得舉火，抑陽助陰也。』

又 ［元鳳五年］夏，大旱。

又 卷八《宣帝紀》 ［本始三年春正月］大旱。郡國傷旱甚者，民毋出租賦。三輔民就賤者，且毋收事，盡四年。晉灼曰：『不給官役也。』師古曰：『收謂租賦也，事謂役使也。盡本始四年而止。』

又 卷九《元帝紀》 ［初元三年］夏，旱。

又 卷一〇《成帝紀》 ［建始二年］夏，大旱。

又 ［鴻嘉二年三月］詔曰：『【略】朕承鴻業十有餘年，數遭水旱疾疫之災，黎民婁困於飢寒，師古曰：『婁，古屢字。』而望禮義之興，豈不難哉！』

又 ［鴻嘉］三年夏四月，赦天下。令吏民得買爵，賈級千錢。大旱。

又 ［鴻嘉］四年春正月，詔曰：『數敕有司，務行寬大，而禁苛暴，訖今不改。一人有辜，舉宗拘繫，農民失業，怨恨者衆，傷害和氣，水旱爲災，關東流冗者衆，師古曰：『冗，散失其事業也。冗音人勇反。』青、幽、冀部尤劇，朕甚痛焉。』

又 卷一二《平帝紀》 ［元始二年夏四月］郡國大旱，蝗，青州尤甚，民流亡。

又 卷二四上《食貨志上》 其後，上郡以西旱，復修賣爵令，而裁其賈以招民；師古曰：『賈讀曰價。裁謂減省之也。』及徒復作，得輸粟於縣官以除罪。師古曰：『復音房目反。解在宣紀。』

又 至武帝之初七十年間，國家亡事，非遇水旱，則民人給家足，都鄙廩庾盡滿，而府庫餘財。

又 民俞貧困。常苦枯旱，亡有平歲，穀賈翔貴。晉灼曰：『翔音常。』師古曰：『晉說非也。翔言如鳥之回翔，謂不離于貴也。若暴貴，稱騰踊也。』

又 莽恥爲政所致，乃下詔曰：『予遭陽九之阸，百六之會，師古曰：『此曆法應有災歲之期也。事在《律曆志》。』枯旱霜蝗，饑饉荐臻，蠻夷猾夏，寇賊姦軌，百姓流離。』

又 卷二四下《食貨志下》 是歲小旱，上令百官求雨。民搖手觸禁，不得耕桑，繇役煩劇，師古曰：『繇讀曰傜也。』而枯旱蝗蟲相因。

又 卷二七中之上《五行志中之上》 釐公二十一年『夏，大旱』。董仲舒、劉向以爲齊桓既死，諸侯從楚，釐尤得楚心。楚來獻捷，釋宋之執。師古曰：『謂此年楚執宋公以伐宋，冬使宜申來獻捷，十二月盟于薄，釋宋公也。』外倚彊楚，炕陽失衆，又作南門，勞民興役。師古曰：『南門本名稷門，更改高大而作之。事在二十年。』諸雩旱不雨，略皆同說。

宣公七年『秋，大旱』。是夏，宣與齊侯伐萊。師古曰：『萊國即東萊黃縣也。』

又 二十五年『七月上辛大雩，季辛又雩』，旱甚也。劉歆以爲時后氏與季氏有隙。師古曰：『后氏，郈昭伯也。季氏，季平子也。季、郈之雞鬭，季氏芥其雞，郈子爲之金距。平子怒，益宮於郈氏，且責讓之，故郈昭伯怨之。』

又 嚴公三十一年『冬，不雨』。是歲，一年而三築臺，師古曰：『是年春築臺于郎，夏築臺于薛，秋築臺于秦。秦、郎、薛，皆魯地。』奢侈不恤民。

釐公二年『冬十月不雨』，三年『春正月不雨，夏四月不雨』，『六月雨』。先是者，嚴公夫人與公子慶父淫，而殺二君。師古曰：『慶父，桓公之子，莊公弟也。二君，謂子般及閔公。』國人攻之，夫人遜于邾，慶父犇莒。釐公卽位，南敗邾，師古曰：『謂元年公敗邾師于偃。』東敗莒，獲其大夫。師古曰：『謂元年公子友帥師敗莒師于酈，獲莒挐也。』有炕陽之應。

文公二年，『自十有二月不雨，至于秋七月』。文公即位，天子使叔服會葬，師古曰：『叔服，周之內史也，叔氏，服字。會葬，葬僖公。』毛伯賜命。師古曰：『亦天子使之也。毛伯，周之卿士。毛，國；伯，爵也。賜命者，賜以命圭爲瑞信也。』又會晉侯于戚。師古曰：『謂大夫公孫敖會之也。戚，衛邑，在頓丘衛縣西。』公子遂如齊納幣。師古曰：『納玄纁之幣，謂公爲婚於齊。』又與諸侯盟。師古曰：『謂公孫敖會宋公、陳侯、鄭伯、晉士穀盟于垂隴也。垂隴，鄭地。』上得天子，外得諸侯，沛然自大。師古曰：『沛音普大反。』躋釐公主。大夫始顓事。師古曰：『謂季孫行父也。顓讀與專同。』

十年，『自正月不雨，至于秋七月』。先是公子遂會四國而救鄭。師古曰：『謂九年楚人伐鄭，公子遂會晉人、宋人、衛人、許人以救之。』楚使越椒來聘。師古曰：『越椒，楚大夫名也。事亦在九年。』秦人歸襚。師古曰：『謂九年秦人來歸僖公及成風之襚也。凡問喪者，衣服曰襚。成風，僖公之母也。成，謚也。風，姓也。』有炕陽之應。

十三年，『自正月不雨，至于秋七月』。先是曹伯、杞伯、滕子來朝，師古曰：『十一年曹伯來朝，十二年杞伯、滕子來朝。』郕伯來犇，師古曰：『事在十二年。郕，國；伯，爵也。』秦伯使遂來聘，師古曰：『事在十二年。遂，秦大夫名，即左氏所謂西乞術。』季孫行父城諸及鄆。師古曰：『事在十二年。諸、鄆，二邑名也。諸即琅邪諸縣也。』二年之間，五國趨之，內城二邑。炕陽失衆。一曰，不雨而五穀皆孰，異也。文公時，大夫始顓盟會，公孫敖會晉侯，又會諸侯盟于垂隴。故不雨而生者，陰不出氣而私自行，以象施不由上出，臣下作福而私自成。一曰，不雨近常陰之罰，君弱也。

惠帝五年夏，大旱，江河水少，谿谷絕。先是發民男女十四萬六千人城長安，是歲城乃成。

文帝三年秋，天下旱。是歲夏，匈奴右賢王寇侵上郡，詔丞相灌嬰發車騎士八萬五千人詣高奴，師古曰：『即上郡之縣。』擊右賢王走出塞。其秋，濟北王興居反，使大將軍討之，皆伏誅。

後六年春，天下大旱。先是發車騎材官屯廣昌，師古曰：『武都之縣。』是歲二月復發材官屯隴西。後匈奴大入上郡、雲中，烽火通長安，三將軍屯邊，師古曰：『謂以中大夫令免爲車騎將軍屯飛狐，故楚相蘇意爲將軍屯句注，將軍張武屯北地。』又三將軍屯京師。師古曰：『謂河內太守周亞夫爲將軍次細柳，宗正劉禮爲將軍次霸上，祝茲侯徐厲爲將軍次棘門。』

景帝中三年秋，大旱。

武帝元光六年夏，大旱。是歲，四將軍征匈奴。師古曰：『謂車騎將軍衛青出上谷，騎將軍公孫敖出代，輕車將軍公孫賀出雲中，驍騎將軍李廣出鴈門。』

元朔五年春，大旱。是歲，六將軍衆十餘萬征匈奴。師古曰：『謂衛青將六將軍兵也。六將軍者，衛尉蘇建爲游擊將軍，左內史李沮爲彊弩將軍，大僕公孫賀爲騎將軍，代相李蔡爲輕車將軍，俱出朔方；大行李息、岸頭侯張次公爲將軍，出右北平。』

元狩三年夏，大旱。是歲發天下故吏伐棘上林，穿昆明池。

天漢元年夏，大旱；其三年夏，大旱。先是貳師將軍征大宛還。天漢元年，發適民。師古曰：『適讀曰謫。』二年夏，三將軍征匈奴，師古曰：『謂貳師將軍三萬騎出酒泉，因杅將軍出西河，騎都尉李陵將步兵五千人出居延北也。』李陵沒不還。

征和元年夏，大旱。是歲發三輔騎士閉長安城門，大搜，始治巫蠱。明年，衛皇后、太子敗。

昭帝始元六年，大旱。先是大鴻臚田廣明征益州，暴師連年。

宣帝本始三年夏，大旱，東西數千里。先是五將軍衆二十萬征匈奴。師古曰：『本始三年，御史大夫田廣明爲祁連將軍，後將軍趙充國爲蒲類將軍，雲中太守田順爲武牙將軍，及渡遼將軍范明友、前將軍韓增，凡五將軍，兵十五萬騎。校尉常惠持節護烏孫兵，咸擊匈奴，是爲二十萬衆也。』

神爵元年秋，大旱。是歲，後將軍趙充國征西羌。

成帝永始三年、四年夏，大旱。

又 卷二九《溝洫志》［元封二年］上既封禪，巡祭山川，其明年，乾封少雨。

又 卷三六《楚元王傳》 水、旱、饑，蝝、螽、螟蠭午並起。如淳曰：『謂桓元年秋大水，十三年夏大水，莊七年秋大水，十一年秋宋大水，二十四年秋大水，二十五年秋大水，宣十年秋大水，成五年秋大水，襄二十四年秋七月大水；僖二十一年夏大旱，宣七年秋大旱；宣十年冬饑，十五年冬蝝生饑，襄二十四年冬大饑；桓五年秋螽，僖十五年八月螽，文三年秋雨螽於宋，八年冬螽，宣六年八月螽，十三年秋、十五年秋螽，襄七年八月螽，哀十二年十二月螽，十三年九月螽，十二月螽；隱五年九月螟，八年九月螟，莊六年秋螟：皆是也。螽即螟也。螟，蟲之食苗心者也。螽音終，螟音冥。』『蠭午猶雜沓也。』師古曰：

又 卷五〇《汲黯傳》 河内失火，燒千餘家，上使黯往視之。還報曰：『家人失火，屋比延燒，師古曰：『比，近也。言屋相近，故連延而燒也。比音頻寐反。』不足憂。臣過河内，河内貧人傷水旱萬餘家，或父子相食，臣謹以便宜，持節發河内倉粟以振貧民。請歸節，伏矯制辠。』師古曰：『矯，託也，託奉制詔而行之。』

又 卷五九《張湯傳》 會渾邪等降漢，大興兵伐匈奴，山東水旱，貧民流徙，皆印給縣官，師古曰：『印音牛向反。』縣官空虛。

又 卷七一《于定國傳》 東海有孝婦，少寡，亡子，養姑甚謹，姑欲嫁之，終不肯。姑謂鄰人曰：『孝婦事我勤苦，哀其亡子守寡。我老，久絫丁壯，柰何？』其後姑自經死，姑女告吏：『婦殺我母。』吏捕孝婦，孝婦辭不殺姑。吏驗治，孝婦自誣服。具獄上府，于公以為此婦養姑十餘年，以孝聞，必不殺也。太守不聽，于公爭之，弗能得，乃抱其具獄，哭於府上，因辭疾去。太守竟論殺孝婦。郡中枯旱三年。後太守至，卜筮其故，于公曰：『孝婦不當死，前太守彊斷之，咎黨在是乎？』於是太守殺牛自祭孝婦冢，因表其墓，天立大雨，歲孰。

又 卷九九上《王莽傳上》 每有水旱，莽輒素食，師古曰：『素食即菜食也，解在《霍光傳》。』左右以白。太后遣使者詔莽曰：『聞公菜食，憂民深矣。今秋幸孰，公勤於職，以時食肉，愛身爲國。』

又 卷九九下《王莽傳下》［天鳳五年正月］以大司馬司允費興爲荊州牧，見，問到部方略，興對曰：『荊、揚之民率依阻山澤，以漁采爲業。師古曰：『漁謂捕魚也。采謂采取蔬果之屬。』間者，國張六筦，稅山澤，妨奪民之利，連年久旱，百姓飢窮，故爲盜賊。興到部，欲令明曉告盜賊歸田里，假貸犂牛種食，師古曰：『貸音土戴反。』闊其租賦，師古曰：『闊，寬也。』幾可以解釋安集。』師古曰：『幾讀曰冀。』莽怒，免興官。

又［天鳳六年］是時，關東饑旱數年，力子都等黨衆寖多。師古曰：『寖，漸也。』

漢 荀悦《前漢紀》卷七《孝文皇帝紀上》 九年夏大旱。

又 卷九《孝景皇帝紀》［中元三年］夏四月旱。秋九月蝗。

又 卷一四《孝武皇帝紀》［元封四年］夏大旱。民多渴死。

《三國志》卷三《魏志三・明帝紀》［太和二年］五月，大旱。

又［太和五年三月］自去冬十月至此月不雨，辛巳，大雩。

又 卷四《魏志四・齊王紀》［正始元年二月］自去冬十二月至此月不雨。

又 卷六《魏志六・董卓傳》 是時蝗蟲起，歲旱無穀，從官食棗菜。

又［中平六年］於是以久不雨，策免司空劉弘而卓代之，俄遷太尉，假節鉞虎賁。

又 卷七《魏志七・張邈傳》 是時歲旱、蟲蝗、少穀，百姓相食，布東屯山陽。

又 卷九《魏志九・夏侯惇傳》 時大旱，蝗蟲起，惇乃斷太壽水作陂，身自負土，率將士勸種稻，民賴其利。

又 卷一二《魏志十二・毛玠傳》 大理鍾繇詰玠曰：『自古聖帝明王，罪及妻子。書云：「左不共左，右不共右，予則孥戮女。」【略】玠之吐言，以爲寬邪，以爲急也？急當陰霖，何以反旱？成湯聖世，野無生草，周宣令主，旱魃爲虐。亢旱以來，積三十年，歸咎黥面，爲相值不？衛人伐邢，師興而雨，罪惡無徵，何以應天？【略】』

又 卷二九《魏志二十九・管輅傳》 輅隨軍西行，過毌丘儉墓下，倚樹哀吟，精神不樂。人問其故，輅曰：『林木雖茂，無形可久；碑誄雖美，無後可守。玄武藏頭，蒼龍無足，白虎銜尸，朱雀悲哭，四危以備，法當滅族。不過二載，其應至矣。』卒如其言。後得休，過清河倪太守。時天旱，倪問輅雨期，輅曰：『今夕當雨。』是日暘燥，晝無形似，府丞及令在坐，咸謂不然。到鼓一中，星月皆沒，風雲並起，竟成快雨。於是倪盛脩主人禮，共爲歡樂。

又　卷三八《蜀志八·簡雍傳》　時天旱禁酒，釀者有刑。

又　卷四七《吴志二·吴主傳》　［嘉禾五年］自十月不雨，至於夏。

又　卷四八《吴志三·孫亮傳》　［五鳳二年］是歲大旱。

又　［太平三年］自八月沈陰不雨四十餘日。

又　卷五八《吴志十三·陸遜傳》　縣連年亢旱，遜開倉穀以振貧民，勸督農桑，百姓蒙賴。

晋　袁宏《後漢紀》卷一三《後漢孝和皇帝紀上》　［永元六年］秋七月，京都旱。司空張奮上疏曰：『歲比不登，人食不足。今復旱，秋稼未立，陽氣垂盡，日月迫促。夫國以民爲本，以穀爲命，政之急務，憂之重者也。臣義恩尤深厚，受職過任，夙夜憂惶，章奏不能序心，願對中常侍，口陳得失。』上即引見，明日車駕親幸洛陽寺，省録囚徒，於是大雨三。

《後漢書》卷一上《光武帝紀上》　［地皇三年］南陽荒饑，《韓詩外傳》曰：『一穀不升曰歉，二穀不升曰饑，三穀不升曰饉，四穀不升曰荒，五穀不升曰大侵。』諸家賓客多爲小盜。光武避吏新野，新野屬南陽郡，今鄧州縣。《續漢書》曰：『伯升賓客劫人，上避吏於新野鄧晨家。』因賣穀於宛。《東觀記》曰：『時南陽旱饑，而上田獨收。』宛，縣，屬南陽郡，故城今鄧州南陽縣也。

又　初，王莽末，天下旱蝗，黄金一斤易粟一斛；至是野穀旅生，旅，寄也。不因播種而生，故曰旅。今字書作『穭』，音吕，古字通。麻尗尤盛，野蠶成繭，被於山阜，人收其利焉。

又　［建武五年］夏四月，旱，蝗。

又　［建武五年］五月丙子，詔曰：『久旱傷麥，秋種未下，朕甚憂之。將殘吏未勝，獄多冤結，元元愁恨，感動天氣乎？其令中都官、三輔、郡、國出繫囚，《前書音義》曰：『中都官謂京師諸官府也。國謂諸侯王國也。』罪非犯殊死一切勿案，殊死謂斬刑。殊，絶也。《左傳》曰：『斬其木而弗殊。』一切謂權時，非久制也。並見《前書音義》。見徒免爲庶人。務進柔良，退貪酷，各正厥事焉。』臣賢案：范曄《序例》云『帝紀略依《春秋》，唯孛彗、日食、地震書，餘悉備於志』。流俗本於此下多有『甲申，白虹見，南北竟天』者，誤。它皆放此。

又　卷一下《光武帝紀下》　［建武六年春正月］辛酉，詔曰：『往歲水旱蝗蟲爲灾，穀價騰躍，言踴貴也。人用困乏。』

又　五月，旱。

又　卷二《顯宗孝明帝紀》　［永平十八年］夏四月己未，詔曰：『自春已來，時雨不降，宿麥傷旱，秋種未下，政失厥中，憂懼而已。』

又　卷三《肅宗孝章帝紀》　是歲，牛疫。京師及三州大旱，詔勿收兖、豫、徐州田租、芻稾，其以見穀賑給貧人。

又　［永平十八年］京師及三州大旱，詔勿收兖、豫、徐州田租、芻稾，其以見穀賑給貧人。

又　［建初五年春二月］甲申，詔曰：『【略】去秋雨澤不適，今時復旱，如炎如焚。炎、焚言熱氣甚。《韓詩》：『旱魃爲虐，如炎如焚。』兇年無時，而爲備未至。朕之不德，上累三光，震慄忉忉，痛心疾首。忉音刀。《詩》曰：『憂心忉忉。』又曰：『疢如疾首。』前代聖君，博思咨諏，咨諏，謀也，音子余反。雖降災咎，輒有開匱反風之應。武王有疾，周公作請命之書，藏於金匱。後管、蔡流言，成王疑周公，天乃大風，禾木盡偃。成王啟金匱，得書，乃郊天謝過，天乃反風起禾。事見《尚書》。令予小子，徒慘慘而已。其令二千石理冤獄，録輕繫，禱五嶽四瀆，及名山能興雲致雨者，冀蒙不崇朝徧雨天下之報。《尚書大傳》曰：『五嶽皆觸石出雲，膚寸而合，不崇朝而雨天下。』務加肅敬焉。』

又　卷四《孝和帝紀》　［章和二年］五月，京師旱。詔長樂少府桓郁侍講禁中。長樂宮之少府也。郁，桓榮子也。

又　［永元四年六月］是夏，旱，蝗。

又　十二月壬辰，詔：『今年郡國秋稼爲旱蝗所傷，其什四以上勿收田租、芻稾；有不滿者，以實除之。』所損十不滿四者，以見損除也。

又　［永元六年］秋七月，京師旱。詔中都官徒各除半刑，謫其未竟，五月已下皆免遣。丁巳，幸洛陽寺，寺，官舍也。《風俗通》云：『寺，嗣也。理事之吏，嗣續於其中。』録囚徒，舉冤獄。收洛陽令下獄抵罪，司隸校尉、河南尹皆左降。未及還宮而澍雨。

又〔永元九年〕六月，蝗，旱。

又〔永元十六年〕秋七月，旱。戊午，詔曰：『今秋稼方穗而旱，雲雨不霑，疑吏行慘刻，不宣恩澤，妄拘無罪，幽閉良善所致。其一切囚徒於法疑者勿決，以奉秋令。』《禮記·月令》曰：『孟秋之月，命有司修法制，繕囹圄，具桎梏，斷薄刑，決小罪。』

又卷五《孝安帝紀》〔永初二年〕五月，旱。丙寅，皇太后幸洛陽寺及若盧獄，錄囚徒，賜河南尹、廷尉、卿及官屬以下各有差，即日降雨。

又〔元初元年夏四月丁酉〕京師及郡國五旱，蝗。

又〔元初二年〕五月，京師旱，河南及郡國十九蝗。

又〔元初三年〕夏四月，京師旱。

又〔元初五年〕三月，京師及郡國五旱，詔稟遭旱貧人。

又〔元初六年〕五月，京師旱。

又卷六《孝順帝紀》〔永建二年〕三月，旱，遣使者錄囚徒。

又〔永建三年〕六月，旱。遣使者錄囚徒，理輕繫。

又〔永建五年〕夏四月，京師旱。辛巳，詔郡國貧人被災者，勿收責今年過更。

又〔陽嘉元年二月丁巳〕京師旱。庚申，敕郡國二千石各禱名山岳瀆，遣大夫、謁者詣嵩高、首陽山，并祠河、洛，請雨。首陽山在洛陽東北也。戊辰，雩。

又〔陽嘉〕三年春二月己丑，詔以久旱，京師諸獄無輕重皆且勿考竟，須得澍雨。【略】五月戊戌，制詔曰：『昔我太宗，丕顯之德，假于上下，儉以恤民，政致康乂。朕秉事不明，政失厥道，天地譴怒，大變仍見。春夏連旱，寇賊彌繁，元元被害，朕甚愍之。嘉與海內洗心更始。其大赦天下，自殊死以下謀反大逆諸犯不當得赦者，皆赦除之。賜民年八十以上米，人一斛，肉二十斤，酒五斗；九十以上加賜帛，人二匹，絮三斤。』

又〔陽嘉四年二月〕自去冬旱，至于是月。

又〔永和四年〕秋八月，太原郡旱，民庶流冗。癸丑，遣光祿大夫案行稟貸，除更賦。

又《孝質帝紀》〔永憙元年〕五月甲午，詔曰：『朕以不德，託母天下，布政不明，每失厥中。自春涉夏，大旱炎赫，憂心京京，《爾雅》曰：『京京，憂也。』故得禱祈明祀，冀蒙潤澤。前雖得雨，而宿麥頗傷；比日陰雲，還復開霽。寤寐永歎，重懷慘結。寤，覺也。寐，臥也。《詩》曰：『寤寐永歎，唯憂用老。』將二千石、令長不崇寬和，暴刻之爲乎？其令中都官繫囚罪非殊死考未竟者，一切任出，以須立秋。任，保也。郡國有名山大澤能興雲雨者，二千石長吏各絜齊請禱，謁誠盡禮。又兵役連年，死亡流離，或支骸不斂，或停棺莫收，朕甚愍焉。昔文王葬枯骨，人賴其德。《呂氏春秋》曰：『周文王使人掘地，得死人骸。文王曰：「更葬之。」吏曰：「此無主。」文王曰：「有天下者，天下之主，今我非其主邪？」遂令吏以衣棺葬之。天下聞之，曰：「文王賢矣。澤及枯骨，又況人乎！」』今遣使者案行，若無家屬及貧無資者，隨宜賜卹，以慰孤魂。』

又卷七《孝桓帝紀》〔元嘉元年夏四月〕京師旱。任城、梁國飢，民相食。

又〔元嘉二年〕九月丁卯朔，日有食之。詔曰：『朝政失中，雲漢作旱，雲漢，《詩·大雅》篇名也。周宣王時大旱，故作詩曰：『倬彼雲漢，昭回于天。』鄭玄注云：『雲漢，天河也。倬然轉運於天。時旱渴雨，故宣王夜視天河，望其候焉。』川靈涌水，蝗螽孳蔓，殘我百穀，太陽虧光，飢饉荐臻。其不被害郡縣，當爲飢餒者儲。天下一家，趣不糜爛，則爲國寶。其禁郡國不得賣酒，祠祀裁足。』

又〔延憙九年春正月〕己酉，詔曰：『比歲不登，民多飢窮，又有水旱疾疫之困。盜賊徵發，南州尤甚。謂長沙、桂陽、零陵等郡也，並屬荊州。灾異日食，譴告累至。政亂在予，仍獲咎徵。其令大司農絕今歲調度徵求，及前年所調未畢者，勿復收責。其灾旱盜賊之郡，勿收租，餘郡悉半入。』

又卷八《孝靈帝紀》〔熹平六年〕夏四月，大旱，七州蝗。

又〔光和五年〕夏四月，旱。

又〔光和六年〕夏，大旱。

又卷九《孝獻帝紀》〔興平元年秋七月〕三輔大旱，自四月至于是月。帝避正殿請雨，遣使者洗囚徒，原輕繫。

又〔建安〕十九年，夏四月，旱。

又卷一〇上《皇后紀上·和熹鄧皇后》〔永初〕二年夏，京師旱，親幸洛陽寺錄冤獄。有囚實不殺人而被考自誣，羸困輿見，畏吏不敢言，將去，舉頭若欲自訴。

又〔永初七年〕自太后臨朝，水旱十載，四夷外侵，盜賊內起。每聞人飢，或達旦不寐，而躬自減徹，以救災戹，故天下復平，歲還豐穰。

又 卷二九《鮑昱傳》 建初元年，大旱，穀貴。肅宗召昱問曰：『旱既大甚，將何以消復災眚？』對曰：『臣聞聖人理國，三年有成。《論語》孔子曰：『如有用我者，朞月而已可也，三年乃有成功。』今陛下始踐天位，刑政未著，如有失得，何能致異？但臣前在汝南，典理楚事，永平十三年，楚王英謀反，連坐者在汝南，昱時主劾之也。繫者千餘人，恐未能盡當其罪。先帝詔言，大獄一起，冤者過半。又諸徙者骨肉離分，孤魂不祀。一人呼嗟，王政爲虧。宜一切還諸徙家屬，蠲除禁錮，興滅繼絕，死生獲所。如此，和氣可致。』帝納其言。《東觀記》曰：『時司徒辭訟久者至十數年，比例輕重，非其事類，錯雜難知。昱奏定辭訟七卷，決事都目八卷，以齊同法令，息遏人訟也。』

又 卷三〇上《楊厚傳》 建初中爲彭城令，一州大旱，統推陰陽消伏，縣界蒙澤。太守宗湛使統爲郡求雨，亦即降澍。袁山松書曰『統在縣，休徵時序，風雨得節，嘉禾生於寺舍，人庶稱神』也。自是朝廷災異，多以訪之。

又 卷三九《王望傳》 王望字慈卿，客授會稽，自議郎遷青州刺史，甚有威名。是時州郡災旱，百姓窮荒，望行部，道見飢者，裸行草食，五百餘人，愍然哀之，因以便宜出所在布粟，給其稟糧，爲作褐衣。許慎注《淮南子》曰：『楚人謂袍爲短褐。』事畢上言，帝以望不先表請，章示百官，詳議其罪。時公卿皆以爲望之專命，法有常條。鍾離意獨曰：『昔華元、子反，楚、宋之良臣，不稟君命，擅平二國，《春秋》之義，以爲美談。《春秋》：『楚子圍宋，宋人及楚人平。』《公羊傳》曰：『外平不書，此何以書？大其平乎己也。何大其平乎己？莊王圍宋，有七日之糧爾，盡此不勝，將去而歸爾，於是使司馬子反乘堙而闚宋城，宋華元亦乘堙而出見之。子反曰：「子之國何如？」華元曰：「憊矣。」曰：「何如？」曰：「易子而食之，析骸而炊之。」子反曰：「諾。吾軍有七日之糧爾。盡此不勝，將去而歸爾。」揖而去之，反於莊王。莊王怒曰：「吾使子往視之，子曷爲告之！」子反曰：「以區區之宋，猶有不欺人之臣，可以楚而無乎？是以告之。」王曰：「諾。」引師而去之。故君子大其平乎己也。』今望懷義忘罪，當仁不讓，若繩之以法，忽其本情，將乖聖朝愛育之旨。』帝嘉意議，赦而不罪。

又 卷四一《鍾離意傳》 永平三年夏旱，而大起北宮，意詣闕免冠上疏曰：『伏見陛下以天時小旱，憂念元元，降避正殿，躬自克責，而比日密雲，遂無大潤，《易》曰：『密雲不雨，自我西郊。』豈政有未得應天心者邪？昔成湯遭旱，以六事自責曰：「政不節邪？使人疾邪？宮室榮邪？女謁盛邪？苞苴行邪？讒夫昌邪？」《帝王紀》曰：『成湯大旱七年，齋戒翦髮斷爪，以己爲犧牲，禱於桑林之社，以六事自責。』竊見北宮大作，人失農時，此所謂宮室榮也。自古非苦宮室小狹，但患人不安寧。宜且罷止，以應天心。臣意以匹夫之才，無有行能，久食重祿，擢備近臣，比受厚賜，喜懼相并，不勝愚戇征營，罪當萬死。』征營，不自安也。帝策詔報曰：『湯引六事，咎在一人。其冠履，勿謝。比上天降旱，密雲數會，朕戚然慙懼，思獲嘉應，故分布禱請，闚候風雲，北祈明堂，南設雩場。明堂在洛陽城南，言北祈者，蓋時修雩場在明堂之南。今又勑大匠止作諸宮，減省不急，庶消灾譴。』詔因謝公卿百僚，遂應時澍雨焉。《說文》云『雨所以澍生萬物』，故曰澍。音注。

又 卷四六《陳寵傳》 元和二年，旱，長水校尉賈宗等上言，以爲斷獄不盡三冬，故陰氣微弱，陽氣發泄，招致灾旱，事在於此。帝以其言下公卿議，寵奏曰：『夫冬至之節，陽氣始萌，故十一月有蘭、射干、芸、荔之應。《易通卦驗》曰：『十一月廣莫風至，則蘭、夜干生。』射音夜，即今之烏扇也。芸，香草。荔，馬薤。《月令》：『仲冬日短至，陰陽爭，諸生蕩，芸始生，荔挺出。』《時令》曰：「諸生蕩，安形體。」《時令》，《月令》也。蕩，動也。仲冬一陽爻生，草木皆欲萌動也。《禮記・月令》『仲冬諸生蕩，君子齋戒，安形性』也。天以爲正，周以爲春。正，春，皆始也。十一月萬物微而未著，天以爲正，而周以爲歲首。十二月陽氣上通，雉雊雞乳，地以爲正，殷以爲春。十二月二陽爻生，鴈北鄉，陽氣上通，諸生皆動，始萌牙，地以爲正，殷以爲歲首也。《月令》『季冬，雉雊雞乳』也。十三月陽氣已至，天地已交，萬物皆出，蟄蟲始振，人以爲正，夏以爲春。十三月今正月也，天子迎春東郊，陰陽交合，萬物皆出於地，人始初見，故曰『人以爲正，夏以爲歲首』也。《月令》『孟春天氣下降，地氣上騰，天地和同，草木萌動，東風解凍，蟄蟲始振』也。三微成著，以通三統。統者，統一歲之事。王者三正遞用，周環無窮，故曰通三統。《三禮義宗》曰：『三微，三正也。言十一月陽氣始施，萬物動於黃泉之下，微而未著，其色皆赤，赤者陽氣。故周以天正爲歲，色尚赤，夜半爲朔。十二月萬物始牙，色白，白者陰氣。故殷以地正爲歲，色尚白，雞鳴爲朔。十三月萬物始達，其色皆黑，人得加功以展其業。夏以人正爲歲，色尚黑，平旦爲朔。故曰三微。王者奉而成之，各法其一以改正朔也。』《易乾鑿度》曰：『三微而成著，三著而體成。』當此之時，天地交，萬物通也。周以天元，殷以地元，夏以人元。若以此時行刑，則殷、周歲首皆當流血，不合人心，不稽天意。《月令》曰：「孟冬之月，趣獄刑，無留罪。」臣賢案：《月令》及《淮南子》皆言季秋趣獄刑，無留罪，今言孟冬，未詳其故。明大刑畢在立冬也。又：「仲冬之月，身欲寧，事欲靜。」《月令》『仲冬，君子齋戒，身欲寧，事欲靜，以待陰陽之所定』也。若以降威怒，不可謂寧；若以行大刑，不可謂靜。議者咸曰：「旱之所由，咎在改律。」臣以爲殷、周斷獄不以三微，而化致康平，無有災害。自元和以前，皆用三冬，而水旱之異，往往爲患。由此言之，災害自爲它應，不以改律。秦爲虐政，四時行刑，聖漢初興，改從簡易。蕭何草律，季秋論囚，俱避立春之月，草謂創造之也。論，決也。而不計天地之正，二王之春，實頗有違。言蕭何不論天地之正及殷、周之春，實乖正道。陛下探幽析微，允執其中，允，信也。中，正也。言信執中正之道。語見《尚書》。革百載之失，建永年之功，《尚書》曰：『立功立事，可以永年。』上有迎承之敬，下有奉微之惠，三正之月，不用斷獄，敬承天意，奉順三微也。稽《春秋》之文，當《月令》之意，《春秋》於春每月書王，所以通三統也。何休注云：『二月三月皆有王者，二月殷正月，三月夏正月也。』聖功美業，不宜中疑。』書奏，帝納之。遂不復改。

又 卷六一《周舉傳》 陽嘉三年，司隸校尉左雄薦舉，徵拜尚書。舉與僕射黃瓊同心輔政，名重朝廷，左右憚之。是歲河南、三輔大旱，五穀災傷，天子親自露坐德陽殿東廂請雨，又下司隸、河南禱祀河神、名山、大澤。詔書以舉才學優深，特下策問曰：『朕以不德，仰承三統，天統、地統、人統謂之三統。事見《白武通》。夙興夜寐，思協大中。《尚書·洪範》曰：『建用皇極。』孔安國注云：『皇，大也。極，中也。言立大中之道而行之也。』頃年以來，旱灾屢應，稼穡焦枯，民食困乏。五品不訓，王澤未流，五品，五常之教也。《書》曰：『五品不遜，汝作司徒，敬敷五教在寬。』訓亦遜之義。羣司素餐，據非其位。審所貶黜，變復之徵，厥効何由？分別具對，勿有所諱。』舉對曰：『臣聞易稱「天尊地卑，乾坤以定」。二儀交構，乃生萬物，萬物之中，以人爲貴。故聖人養之以君，成之以化，順四節之宜，適陰陽之和，使男女婚娶不過其時。包之以仁恩，導之以德教，示之以灾異，訓之以嘉祥。此先聖承乾養物之始也。夫陰陽閉隔，則二氣否塞；二氣否塞，則人物不昌；人物不昌，則風雨不時；風雨不時，則水旱成灾。陛下處唐虞之位，未行堯舜之政，近廢文帝、光武之法，而循亡秦奢侈之欲，內積怨女，外有曠夫。今皇嗣不興，東宮未立，傷和逆理，斷絕人倫之所致也。非但陛下行此而已，豎宦之人，亦復虛以形埶，威侮良家，取女閉之，至有白首歿無配偶，逆於天心。歿，終也。昔武王入殷，出傾宮之女；《帝王紀》曰：『武王入殷，命召公釋箕子之囚，表商容之閭，出傾宮之女於諸侯。』成湯遭灾，以六事剋己；《帝王紀》曰：『湯伐桀，後大旱七年，洛川竭，使人持三足鼎祝於山川曰：「政不節邪？使人疾邪？苞苴行邪？讒夫昌邪？宮室榮邪？女謁行邪？何不雨之極也！」』魯僖遇旱，而自責祈雨；解見《楊厚傳》。皆以精誠轉禍爲福。自枯旱以來，彌歷年歲，未聞陛下改過之効，徒勞至尊暴露風塵，誠無益也。又下州郡祈神致請。昔齊有大旱，景公欲祀河伯，晏子諫曰：「不可。夫河伯以水爲城國，魚鼈爲民庶。水盡魚枯，豈不欲雨？自是不能致也。」《晏子春秋》之文。陛下所行，但務其華，不尋其實，猶緣木希魚，却行求前。緣木求魚，見《孟子》之文。《韓詩外傳》曰：『夫明鏡所以照形，往古所以知今。夫惡知往古之所以危亡，無異却行而求逮於前人也。』誠宜推信革政，崇道變惑，出後宮不御之女，理天下冤枉之獄，除太官重膳之費。夫五品不訓，責在司徒，有非其位，宜急黜斥。臣自藩外擢典納言，學薄智淺，不足以對。《易傳》曰：「陽感天，不旋日。」《易稽覽圖》之文也。解具《郎顗傳》也。惟陛下留神裁察。』因召見舉及尚書令成翊世、僕射黃瓊，問以得失。舉等並對以爲宜慎官人，去斥貪汙，離遠佞邪，循文帝之儉，尊孝明之教，則時雨必應。帝曰：『百官貪汙佞邪者爲誰乎？』舉獨對曰：『臣從下州，超備機密，不足以別羣臣。然公卿大臣數有直言者，忠貞也；阿諛苟容者，佞邪也。司徒視別音彼列反。事六年，未聞有忠言異謀，愚心在此。』其後以事免司徒劉崎，遷舉司隸校尉。

又《黃瓊傳》 三年，大旱，瓊復上疏曰：『昔魯僖遇旱，以六事自讓，躬節儉，閉女謁，於讒佞者十三人，誅稅民受貨者九人，《春秋考異郵》曰『僖公之時，雨澤不澍，比于九月，公大驚懼，率羣臣禱山川，以六過自讓，絀女謁，放下讒佞郭都等十三人，誅領人之吏受貨賂趙祝等九人。曰：「辜在寡人。方今天旱，野無生稼，寡人當死，百姓何謗，請以身塞無狀」』也。退舍南郊，天立大雨。今亦宜顧省政事，有所損闕，務存質儉，以易民聽。尚方御府，息除煩費。明勑近臣，使遵法度，如有不移，示以好惡。數見公卿，引納儒士，訪以政化，使陳得失。又因徒尚積，多致死亡，亦足以感傷和氣，招降灾旱。若改敝從善，擇用嘉謀，則灾消福至矣。』書奏，引見德陽殿，使中常侍以瓊奏書屬主者施行。

又 卷七三《劉虞傳》 是時旱蝗穀貴，民相食。

又 卷七六《循吏傳·孟嘗》 自是郡中連旱二年，禱請無所獲。後太守殷丹到官，訪問其故，嘗詣府具陳寡婦冤誣之事。因曰：『昔東海孝婦，感天致旱，于公一言，甘澤時降。解見《霍諝傳》也。宜戮訟者，以謝冤魂，庶幽枉獲申，時雨可期。』丹從之，即刑訟女而祭婦墓，天應澍雨，穀稼以登。

又卷八一《獨行傳·周暢》 永初二年，夏旱，久禱無應，暢因收葬洛城傍客死骸骨凡萬餘人，應時澍雨，歲乃豐稔。

又《戴封》 其年大旱，封禱請無獲，乃積薪坐其上以自焚。火起而大雨暴至，於是遠近歎服。

又《諒輔》 時夏大旱，太守自出祈禱山川，連日而無所降。輔乃自暴庭中，慷慨呪曰：『輔爲股肱，不能進諫納忠，薦賢退惡，和調陰陽，承順天意，至令天地否隔，萬物焦枯，百姓喁喁，無所訴告，咎盡在輔。今郡太守改服責己，爲民祈福，精誠懇到，未有感徹。輔今敢自祈請，若至日中不雨，乞以身塞無狀。』於是積薪柴聚茭茅以自環，茭，乾草也。搆火其傍，將自焚焉。未及日中時，而天雲晦合，須臾澍雨，一郡沾潤。世以此稱其至誠。

又卷一〇三《五行志一·旱》 世祖建武《古今注》曰：『建武三年七月，雒陽大旱，帝至南郊求雨，即日雨。』五年夏，旱。《京房傳》曰：『欲德不用，茲謂張，厥災荒，其旱陰雲不雨，變而赤因四陰。衆出過時，茲謂廣，其旱不生。上下皆蔽，茲謂隔，其旱天赤三月，時有雹殺飛禽。上緣求妃，茲謂僭，其旱三月大溫亡雲。君高臺府，茲謂犯，陰侵陽，其旱萬物根死，有火災。庶位踰節，茲謂僭，其旱澤物枯，爲火所傷。』《春秋考異郵》曰：『國大旱，冤獄結。旱者，陽氣移，精不施，君上失制，奢淫僭差，氣亂感天，則旱徵見。』又云：『陰厭陽移，君淫民惡，陰精不舒，陽偏不施。』又云：『陽偏，民怨徵也。在所以感之者，上奢則求多，求多則下竭，下竭則潰，君不仁。』《管子》曰：『春不收枯骨伐枯木而起去之，則夏旱。』《方儲對策》曰：『百姓苦，士卒煩碎，責租稅失中，暴師外營，經歷三時，內有怨女，外有曠夫。王者熟惟其祥，揆合於天，圖之事情，旱災可除。夫旱者過日，天王無意於百姓，恩德不行，萬民煩擾，故天應以無澤。』是時天下僭逆者未盡誅，軍多過時。《古今注》曰：『建武六年六月，九年春，十二年五月，二十一年六月，明帝永平元年五月，八年冬，十一年八月，十五年八月，十八年三月，並旱。』

章帝章和二年夏，旱。時章帝崩後，竇太后兄弟用事奢僭。《古今注》曰：『建初二年夏，雒陽旱。四年夏，元和元年春，並旱。』案：《楊終傳》，建初元年大旱，穀貴，終以爲廣陵、楚、淮陽、濟南之獄徙者數萬人，吏民怨曠，上疏云久旱。《孔叢》曰：『建初元年大旱，天子憂之，侍御史孔子豐。乃上疏曰：「臣聞爲不善而災報，得其應也；爲善而災至，遭時運也。陛下即位日淺，視民如傷，而不幸耗旱，時運之會耳，非政教所致也。昔成湯遭旱，因自責，省畋散積，減御損食，而大有年。意者陛下未爲成湯之事焉。」天子納其言而從之，三日雨即降。轉拜黃門郎，典東觀事。』

和帝永元六年秋，京都旱。時雒陽有冤囚，和帝幸雒陽寺，錄囚徒，理冤囚，收令下獄抵罪。行未還宮，澍雨降。《古今注》曰：『永元二年，郡國十四旱。十五年，雒陽郡國二十二並旱，或傷稼。』

安帝《古今注》曰：『永初元年，郡國八旱，分遣議郎請雨。』案本紀二年五月，旱，皇太后幸雒陽寺，錄囚徒，即日降雨。六月，京都及郡國四十大水。雖去旱得水，無救爲災。永初六年夏，旱。古今注曰：『三年，郡國八，四年、五年夏，並旱。』

七年夏，旱。

元初元年夏，旱。

二年夏，旱。三年夏旱，時西羌寇亂，軍屯相繼，連十餘年。

六年夏，旱。《古今注》曰：『建光元年，郡國四旱。延光元年，郡國五並旱，傷稼。』

順帝永建三年夏，旱。

五年夏，旱。

陽嘉二年夏，旱。時李固對策，以爲奢僭所致也。臣昭案：本紀元年二月，京師旱。《郎顗傳》：『人君恩澤不施於民，祿去公室，臣下專權所致也。』又《周舉傳》：『三年，河南、三輔大旱，五穀傷災，天子親自露坐德陽殿東廂請雨。』

沖帝永憙元年夏，旱。時沖帝幼崩，太尉李固勸太后兄梁冀立嗣帝，擇年長有德者，天下賴之，則功名不朽。年幼未可知，如後不善，悔無所及。時太后及冀貪立年幼，欲久自專，遂立質帝，八歲。此不用德。《古今注》曰：『本初元年二月，京師旱。』

桓帝元嘉元年夏，旱。是時梁冀秉政，妻子並受封，寵踰節。

延熹元年六月，旱。《京房占》曰：『人君無施澤惠利於下，則致旱也。不救，必蝗蟲害穀；其救也，貰讁罰，行寬大，惠兆民，勞功吏，賜鰥寡，稟不足。』案陳蕃上疏：『宮女多聚不御，憂悲之感，以致水旱之困也。』

靈帝熹平五年夏，旱。蔡邕作《伯夷叔齊碑》曰『熹平五年，天下大旱，禱請名山，求獲荅應。時處士平陽蘇騰，字玄成，夢陟首陽，有神馬之使在道。明覺而思之，以其夢陟狀上聞。天子開三府請雨使者，與郡縣戶曹掾吏登山升祠。手書要曰：「君況我聖主以洪澤之福。」天尋興雲，即降甘雨』也。

六年夏，旱。

光和五年夏，旱。

六年夏，旱。是時常侍、黄門僭作威福。

獻帝興平元年秋，長安旱。是時李傕、郭汜專權縱肆。《獻帝起居注》曰：『建安十九年夏四月，旱。』

《宋書》卷四《少帝紀》［永初四年秋七月］丁丑，以旱，詔赦五歲刑以下罪人。

又 卷五《文帝紀》［元嘉八年］閏月庚子，詔曰：『自頃農桑惰業，遊食者眾，荒萊不闢，督課無聞。一時水旱，便有罄匱，苟不深存務本，豐給靡因。郡守賦政方畿，縣宰親民之主，宜思奬訓，導以良規。咸使肆力，地無遺利，耕蠶樹藝，各盡其力。若有力田殊眾，歲竟條名列上。』揚州旱。

又 ［元嘉二十年］是歲，諸州郡水旱傷稼，民大饑。遣使開倉賑卹，給賜糧種。

又 卷六《孝武帝紀》［大明七年十一月乙未］東諸郡大旱，壬寅，遣使開倉貸卹，聽受雜物當租。

又 卷七《前廢帝紀》［大明八年］去歲及是歲，東諸郡大旱，甚者米一升數百，京邑亦至百餘，餓死者十有六七。

又 卷九《後廢帝紀》［元徽元年八月］京師旱。甲寅，詔曰：『比亢序騫度，留熏燿晷，有傷秋稼，方貽民瘼。朕以眇疚，未弘政道，囹圄尚繁，枉滯猶積，夕厲晨矜，每惻于懷。尚書令可與執法以下，就訊眾獄，使冤訟洗遂，困弊昭蘇。頒下州郡，咸令無壅。』

又 卷一七《禮志四》 晉武帝咸寧二年春，久旱。四月丁巳，詔曰：『諸旱處廣加祈請。』

又 卷二四《天文志二》 晉成帝咸康元年二月己亥，太白犯昴。占曰：『兵起，歲大旱。』四月，石虎掠騎至歷陽。朝廷慮其眾也，加司徒王導大司馬，治兵動眾。又遣慈湖、牛渚、蕪湖三戍。五月乃罷。是時胡賊又圍襄陽，征西將軍庾亮遣寧距退之。六月，旱。

又 咸康三年六月辛未，有流星大如二斗魁，色青，赤光耀地，出奎中，沒婁北。案占爲飢，五穀不藏。是月，大旱。

又 卷二五《天文志三》 太元十四年十二月，熒惑入羽林。乙未，月犯歲星。占並同上。十五年，翟遼陸掠司、兗，眾軍累討弗克。鮮卑又跨略并、冀。七月，旱。八月，諸郡大水，兗州又蝗。

又 太元十九年十月癸丑，太白犯歲星，在斗。占曰：『爲飢，爲内兵。斗，吳、越分。』至隆安元年，王恭等舉兵顯王國寶之罪，朝廷赦之。是後連歲水旱民飢。

又 卷三一《五行志二・恒暘》 魏明帝太和二年五月，大旱。元年以來，崇廣宮府之應也。又是春，晉宣帝南禽孟達，置二郡；張郃西破諸葛亮，斃馬謖。亢陽自大，又其應也。京房《易傳》曰：『欲德不用，茲謂張。厥災荒。其旱陰雲不雨，變而赤煙四際。眾出過時，茲謂廣。其旱不生。上下皆蔽，茲謂隔。其旱天赤三月，時有雹殺飛禽。上緣求妃，茲謂僭。其旱三月大溫亡雲。君高臺府，茲謂犯。陰侵陽。其旱萬物根死，數有火災。庶位踰節，茲謂僭。其旱澤物枯，爲火所傷。』

太和五年三月，自去冬十月至此月不雨，辛巳，大雩。是春，諸葛亮寇天水，晉宣王距卻之，亢陽動眾。又是時三隅分據，眾出多過時也。《春秋說》曰：『傷二穀，謂之不雨。』

魏齊王正始元年二月，自去冬十二月至此月不雨。去歲正月，明帝崩。二月，曹爽白嗣主，轉晉宣王爲太傅，外示尊崇，内實欲令事先由己。是時宣王功蓋魏朝，欲德不用之應也。

魏高貴鄉公甘露三年正月，自去秋至此月旱。時晉文王圍諸葛誕，眾出過時之應也。初，壽春秋夏常雨潦，常淹城，而此旱踰年，城陷乃大雨。咸以爲天亡。

吳孫亮五鳳二年，大旱，民饑。是歲閏月，魏將文欽以淮南眾數萬口來奔；孫峻又破魏將曹珍于高亭。三月，朱異襲安豐，不克。七月，城廣陵、東海二郡。十二月，以馮朝爲監軍使者，督徐州諸軍，軍士怨叛。此亢陽自大，勞民失眾之罰也。其役彌歲，故旱亦竟年。

吳孫晧寶鼎元年春夏旱。是時晧遷都武昌，勞民動眾之應也。

晉武帝泰始七年五月閏月，旱，大雩。是春，孫晧出華里，大司馬望帥眾次于淮北。四月，北地胡寇金城西平，涼州刺史牽弘出戰，敗沒。

泰始八年五月，旱。是時帝納荀勗邪說，留賈充不復西鎮，而任愷稍疏，上下皆蔽之應也。又李憙、魯芝、李胤等並在散職，近欲德不用之謂也。

泰始九年，自正月旱，至于六月，祈宗廟社稷山川，癸未雨。去年九月，吳西陵督步闡據城來降，遣羊祜統楊肇等眾八萬救迎闡。十二月，陸抗大破肇軍，攻闈滅之。

泰始十年四月，旱。去年秋冬，采擇卿校諸葛沖等女，是春五十餘人入殿簡選。又取小將吏女數十人，母子號哭於宮中，聲聞于外，行人悲酸。是殆積陰生陽之應也。

晉武帝咸寧二年五月，旱，大雩，及社稷山川。至六月，乃澍雨。

晉武帝太康二年，自去冬旱，至此春平吳，亢陽動衆自大之應也。

太康三年四月，旱。乙酉，詔司空齊王攸與尚書、廷尉、河南尹錄訊繫囚，事從蠲宥。

太康五年六月，旱。此年正月，天陰，解而復合。劉毅上疏曰：『必有阿黨之臣，姦以事君者，當誅而不赦也。』帝不答。是時荀勗、馮紞僭作威福，亂朝尤甚。

太康六年三月，青、涼、幽、冀郡國旱。

太康六年六月，濟陰、武陵旱，傷麥。

太康七年夏，郡國十三旱。

太康八年四月，冀州旱。

太康九年夏，郡國三十三旱。

太康九年六月，扶風、始平、京兆、安定旱，傷麥。

太康十年二月，旱。

晉武帝太熙元年二月，旱。自太康以後，雖正人滿朝，不被親仗；而賈充、荀勗、楊駿、馮紞等，迭居要重。所以無年不旱者，欲德不用，上下皆蔽，庶位踰節之罰也。

晉惠帝元康元年七月，雍州大旱，殞霜疾疫。關中飢，米斛萬錢。

元康七年七月，秦雍二州大旱。故其年氐羌反叛，雍州刺史解系敗績。是年正月，周處、盧播等復敗，關西震亂。交兵彌歲，至是飢疫荐臻，戎、晉並困，朝廷不能振，詔聽相賣鬻。

元康七年九月，郡國五旱。

晉惠帝永寧元年，自夏及秋，青、徐、幽、并四州旱。是年春，三王討趙王倫，六旬之中，大小數十戰，死者十餘萬人。十二月，郡國十二又旱。

晉懷帝永嘉三年五月，大旱。襄平縣梁水淡淵竭，河、洛、江、漢皆可涉。是年三月，司馬越歸京都，遣兵入宮，收中書令繆播等九人殺之。此僭踰之罰也。又四方諸侯，多懷無君之心，劉淵、石勒、王彌、李雄之徒，賊害民命，流血成泥，又其應也。

永嘉五年，自去冬旱至此春。去歲十二月，司馬越棄京都，以大衆南出，多將王公朝士，及以行臺自隨，斥黜禁衛，代以國人。宮省蕭然，無復君臣之節矣。

《晉陽秋》云：『愍帝在西京，旱傷荐臻。』無注記年月也。

晉愍帝建武元年六月，揚州旱。去年十二月，淳于伯冤死，其年即旱，而太興元年六月又旱。干寶曰『殺伯之後旱三年』是也。案前漢殺孝婦則旱，後漢有囚亦旱，見謝見理，並獲雨澍，此其類也。班固曰：『刑罰妄加，羣陰不附，則陽氣勝，故其罰恒陽。』建武元年四月，麴允等悉衆禦寇。五月，祖逖攻譙。其冬，周訪討杜曾。又衆出之應也。

晉元帝太興四年五月，旱。是時王敦強僭之釁漸著。又去歲蔡豹、祖逖等，並有征役。

晉元帝永昌元年，大旱。是年三月，王敦有石頭之變，二宮陵辱，大臣誅死。僭踰無上，故旱尤甚也。

永昌元年閏十一月，京都大旱，川谷並竭。

晉明帝太寧三年，自春不雨，至于六月。去年秋，滅王敦，亢陽動衆自大之應也。

晉成帝咸和元年秋，旱。是時庾太后臨朝稱制，羣臣奏事稱『皇太后陛下』。此婦人專王事，言不從而僭踰之罰也。與漢鄧太后同事。

咸和二年夏，旱。

咸和五年五月，旱。去年殄蘇峻之黨，此春又討郭默滅之。亢陽動衆之應也。

咸和六年四月，旱。去年八月，石勒遣郭敬寇襄陽，南中郎將周撫奔武昌。十月，李雄使李壽寇建平，建平太守楊謙奔宜都。此正月，劉徵略婁縣，於是起衆警備。

咸和八年七月，旱。

咸和九年，自四月不雨，至于八月。

晉成帝咸康元年六月，旱。是時成帝沖弱，不親萬機，內外之政，委之將相。此僭踰之罰，故連歲旱也。至四年，王導固讓太傅，復子明辟，是後不旱，殆其應也。時天下普旱，會稽餘姚特甚，米斗直五百，民有相鬻。

咸康二年三月，旱。

咸康三年六月，旱。

晉康帝建元元年五月，旱。是時宰相專政，方伯擅重兵，又與咸康初同事也。

晉穆帝永和元年五月，旱。有司奏依董仲舒術，徙市開水門，遣謁者祭太社。是時帝在繈抱，褚太后臨朝如明穆太后故事。

永和五年七月，不雨，至于十月。是年二月，征北將軍褚裒遣軍伐沛，納其民以歸。六月，又遣西中郎將陳逵進據壽陽，自以舟師二萬至于下邳，喪其前驅而還，逵亦退。

永和六年閏月，旱。是春，桓溫以大衆出夏口，上疏欲以舟軍北伐，朝廷駭之。蕭敬文盜涪，西蠻校尉采壽敗績。

晉穆帝升平三年十二月，大旱。此冬十月，北中郎將郗曇帥萬餘人出高平，經略河、兗；又遣將軍諸葛悠以舟軍入河，敗績。西中郎將謝萬次下蔡，衆潰而歸。

升平四年十二月，大旱。

晉哀帝隆和元年夏，旱。是時桓溫強恣，權制朝廷，僭踰之罰也。又去年慕容恪圍冀州刺史呂護，桓溫出次宛陵，范汪、袁真並北伐，衆出過時也。

晉海西太和四年十二月，涼州春旱至夏。

晉簡文帝咸安二年十月，大旱民飢。是時嗣主幼沖，桓溫陵僭。

晉孝武帝寧康元年二月，旱。是時桓溫入覲高平陵，闔朝致拜，踰僭之應也。

寧康三年冬，旱。先是，氐賊破梁、益州，刺史揚亮、周仲孫奔退。明年，威遠將軍桓石虔擊姚萇墊江，破之，退至五城。益州刺史竺瑤帥衆戍巴東。

晉孝武帝太元四年六月，大旱。去歲，氐賊圍南中郎將朱序於襄陽，又圍揚威將軍戴遁於彭城。桓嗣以江州之衆次都援序，北府發三州民配何謙救遁。是春，襄陽、順陽、魏興城皆沒。賊遂略淮南，向廣陵。征虜將軍謝石率水軍次涂中。兗州刺史謝玄督諸將破之。

太元八年六月，旱。夏初，桓沖征襄陽，遣冠軍將軍桓石虔進據樊城。朝廷又遣宣城內史胡彬次峽石爲沖聲勢也。

太元十年七月，旱饑。初八年，破苻堅；九年，諸將略地，有事徐、豫；楊亮、趙統攻討巴、沔。是年正月，謝安又出鎮廣陵，使子琰進次彭城。

太元十三年六月，旱。去歲，北府遣戍胡陸，荊州經略河南。是年，郭銓置戍野王，又遣軍破黃淮。

太元十五年七月，旱。是春，丁零略兗、豫，鮮卑寇河上。朱序、桓不才等北至太行，東至滑臺，踰時攻討，又戍石門。

太元十七年秋，旱，至冬。是時茹千秋爲驃騎諮議，竊弄主相威福；又丘尼乳母親黨及婢僕之子，階緣近習，臨民領衆。又在所多上春竟囚，不以其辜，建康獄吏枉暴尤甚。此僭踰不從，冤濫之罰也。

晉安帝隆安四年五月，旱。去冬桓玄追殺殷仲堪，而朝廷即授以荊州之任；司馬元顯又諷百僚悉使敬己。此皆陵僭之罰也。

隆安五年夏秋，大旱，十二月不雨。去年夏，孫恩入會稽，殺內史謝琰；此年夏，略吳，又殺內史袁山松。軍旅東討，衆出過時。

晉安帝元興元年七月，大饑，九月十月不雨。是年正月，司馬元顯以大衆將討桓玄，既而玄至，殺元顯。五月，又遣東征孫恩餘黨，十月，北討劉軌。

元興二年六月，不雨，冬，又旱。是時桓玄奢僭，十二月，遂篡位。

元興三年八月，不雨。是時王旅四伐，西夏未平。

晉安帝義熙六年九月，不雨。是時王師北討廣固，疆理三州。

義熙八年十月，不雨。是秋，王師西討劉毅；分遣伐蜀。

義熙十年九月，旱，十二月，又旱。井瀆多竭。

宋文帝元嘉二年夏，旱。

元嘉四年秋，京都旱。

元嘉八年五月，揚州諸郡旱。

元嘉十九年、二十年，南兗、豫州旱。

元嘉二十七年八月，不雨，至二十八年三月。時索虜南寇。

孝武帝大明七年、八年，東諸郡大旱，民飢死者十六七。先是江左以來，制度多闕，孝武帝立明堂，造五輅。是時大發徒衆，南巡校獵，盛自矜大，故致旱災。

後廢帝元徽元年八月，京都旱。

又 卷三四《五行志五・黃眚黃祥》 晉安帝元興元年十月丙申朔，

黄霧皆濁，不雨。

又《常陰》 吴孫亮太平三年，自八月沈陰不雨，四十餘日。

吴孫皓寶鼎元年十二月，太史奏久陰不雨，將有陰謀。

宋後廢帝元徽三年四月，連陰不雨。

《南齊書》卷三《武帝紀》 ［永明三年］是夏，琅邪郡旱，百姓芟除枯苗，至秋擢穎大熟。

又 ［永明十一年］五月戊辰，詔曰：『水旱成災，穀稼傷弊，凡三調衆逋，可同申至秋登。京師二縣、朱方、姑熟，可權斷酒。』

又 卷一九《五行志》 言傳曰：『言易之道，西方曰兑，爲口。人君過差無度，刑法不一，斂從其重，或有師旅，炕陽之節，若動衆勞民，是言不從。人君既失衆，政令不從，孤陽持治，下畏君之重刑，陽氣勝則旱象至，故曰厥罰常陽也。』

建元三年，大旱，時有虜寇。

永明三年，大旱，明年，唐寓之起。

建武二年，大旱，時虜寇方盛，皆動衆之應也。

《魏書》卷五《高宗紀》 ［太安五年］冬十有二月戊申，詔曰：『朕承洪業，統御羣有，思恢政化，以濟兆民。故薄賦斂以實其財，輕徭役以紓其力，欲令百姓修業，人不匱乏。而六鎮、雲中、高平、二雍、秦州，徧遇災旱，年穀不收。其遣開倉廩以賑之。【略】』

又 ［和平五年閏四月］閏月戊子，帝以旱故，減膳責躬。是夜，澍雨大降。

又 卷六《顯祖紀》 ［天安二年］是歲，州鎮十一旱，民饑，開倉賑恤。

又 卷七上《高祖紀上》 ［太和二年夏四月］京師旱。甲辰，祈天災於北苑，親自禮焉。減膳，避正殿。丙午，澍雨大洽。

又 ［太和九年］是年，京師及州鎮十三水旱傷稼。

又 卷七下《高祖紀下》 ［太和十一年夏四月］癸未，詔曰：『春旱至今，野無青草。上天致譴，實由匪德。百姓無辜，將罹飢饉。寤寐思求，罔知所益。公卿内外股肱之臣，謀猷所寄，其極言無隱，以救民瘼。』

又 ［太和十五年夏四月］自正月不雨，至于癸酉。有司奏祈百神，詔曰：『昔成湯遇旱，齊景逢災，並不由祈山川而致雨，皆至誠發中，澍潤千里。萬方有罪，在予一人。今普天喪恃，幽顯同哀，神若有靈，猶應未忍安饗，何宜四氣未周，便欲祀事。唯當考躬責己，以待天譴。』

又 ［太和十七年夏四月］丁丑，以旱撤膳。

又 ［太和二十年七月］戊寅，帝以久旱，咸秩羣神；自癸未不食至于乙酉，是夜澍雨大洽。

又 十有二月甲子，以西北州郡旱儉，遣侍臣循察，開倉賑恤。

又 卷八《世宗紀》 ［景明四年夏四月］己亥，帝以旱減膳徹懸。辛丑，澍雨大洽。

又 ［正始元年］六月，以旱徹樂減膳。癸巳，詔曰：『朕以匪德，政刑多舛，陽旱歷旬，京甸枯瘁，在予之責，夙宵疚懷。有司可循案舊典，祗行六事：囹圄冤滯，平處決之；庶尹廢職，量加修舉；鰥寡困窮，在所存恤；役賦殷煩，咸加蠲省；賢良讜直，以禮進之，貪殘佞諛，時加屏黜；男女怨曠，務令媾會。稱朕意焉。』甲午，帝以旱親薦享於太廟。戊戌，詔立周旦、夷齊廟於首陽山。庚子，以旱見公卿已下，引咎責躬。又録京師見囚，殊死已下皆減一等，鞭杖之坐悉皆原之。

又 ［永平元年春正月］丙午，以去年旱儉，遣使者所在賙恤。

又 ［五月］辛卯，帝以旱故，減膳撤懸。

又 ［永平三年夏四月］五月丁亥，詔以冀定二州旱儉，開倉賑恤。

又 ［延昌元年］夏四月，詔以旱故，食粟之畜皆斷之。

又 卷一二《孝静紀》 ［天平二年］五月，大旱，勅城門、殿門及省、府、寺、署、坊門澆人，不簡王公，無限日，得雨乃止。

又 卷一四《元丕傳》 高祖、文明太后引見公卿於皇信堂，太后曰：『今京師旱儉，欲聽飢貧之人出關逐食。如欲給過所，恐稽延時日，不救災窘，若任其外出，復慮姦良難辨。卿等可議其所宜。』丕議：『諸曹下大夫以上，人各將一吏，別掌給過所，州郡亦然，不過三日，給之便訖，有何難也？』高祖從之，四日而訖。

又 卷六三《王肅傳》 ［太和］二十年七月，高祖以久旱不雨，輟膳三旦，百僚詣闕，引在中書省。高祖在崇虚樓，遣舍人問曰：『朕知卿等至，不獲相見，卿何爲而來？』肅對曰：『伏承陛下輟膳已經三旦，羣臣焦怖，不敢自寧。臣聞堯水湯旱，自然之數，須聖人以濟世，不由聖以致災。是以國儲九年，以禦九年之變。臣又聞至於八月不雨，然後君不舉膳。昨四郊之外已蒙滂澍，唯京城之內微爲少澤。蒸民未闕一餐，陛下輟膳三日，臣庶惶惶，無復情地。』高祖遣舍人答曰：『昔堯水湯旱，賴聖人以濟民，朕雖居羣黎之上，道謝前王，今日之旱，無以救恤，應待立秋，克躬自咎。但此月十日已來，炎熱焦酷，人物同悴，而連雲數日，高風蕭條，雖不食數朝，猶自無感，朕誠心未至之所致也。』肅曰：『臣聞聖人與凡同者五常，異者神明。昔姑射之神，不食五穀，臣常謂矯。今見陛下，始知其驗。且陛下自輟膳以來，若天全無應，臣亦謂上天無知，陛下無感。一昨之前，外有滂澤，此有密雲，臣即謂天有知，陛下有感矣。』高祖遣舍人答曰：『昨內外貴賤咸云四郊有雨，朕恐此輩皆勉勸之辭，三覆之慎，必欲使信而有徵。比當遣人往行，若果雨也，便命大官欣然進膳。豈可以近郊之內而慷慨要天乎？若其無也，朕之無感，安用朕身以擾民庶！朕志確然，死而後已。』是夜澍雨大降。

又 卷七一《王粲傳》 出帝初，出爲驃騎大將軍、膠州刺史。屬時亢旱，士民勸令禱於海神。粲憚違衆心，乃爲祈請，直據胡床，舉杯而言曰：『僕白君。』左右云，前後例皆拜謁。粲曰：『五嶽視三公，四瀆視諸侯，安有方伯而致禮海神也。』卒不肯拜。

又 卷七三《奚康生傳》 出為撫軍將軍、相州刺史。在州，以天旱令人鞭石虎畫像；復就西門豹祠祈雨，不獲，令吏取豹舌。未幾，二兒暴喪，身亦遇疾，巫以為虎、豹之祟。

又 卷九一《術藝傳·王早》 輿駕還都，時久不雨。世祖問早曰：『何時當雨？』早曰：『今日申時必大雨。』比至未時，猶無片雲，世祖召早詰之。早曰：『願更少時。』至申時，雲氣四合，遂大雨滂遝。

又 卷一〇五之一《天象志一》［延昌元年］五月己未晦，日十五分蝕九。占曰『大旱，民流千里』。二年春，京師民饑，死者數萬口。

又 卷一〇五之二《天象志二》［太和十七年］六月甲午，月在女蝕。占曰『旱』。二十年，以南北州郡旱，遣侍臣循察，開倉賑恤。

又［正光］二年五月丁未，月蝕。占曰『旱，饑』。三年六月，帝以炎旱，減膳撤懸。

又 卷一〇五之三《天象志三》 神瑞元年二月，填入東井，犯天尊，旱祥也。天象若曰：土失其性，水源將壅焉；施于天尊，所以福矜寡之萌也。先是，去年九月至于五月，歲再犯軒轅大星；八月庚寅至二年三月，填再犯鬼積尸。歲星主農事，軒轅主雪霜風雨之神，返覆由之，所以告黃祇也。土爰稼穡，鬼爲物之精氣，是謂稼穡潛耗，人將以饉而死焉。一曰大旱。是後，京師比歲霜旱，五穀不登，詔人就食山東，以粟帛賑乏，語在《崔浩傳》。先是，月犯歲于畢。占曰『饑在晉代，亦其徵』。又鬼主秦，旱在秦邦。至二年，太史奏，熒惑在匏瓜中，一夜忽亡失之，後出東井，語在《崔浩傳》。既而關中大旱，昆明枯涸。是歲四月癸丑，流星晝見中天，西行。

又 卷一〇五之四《天象志四》 明年，幽州大饑，死者數千人，自正月不雨至六月。

又 卷一一〇《食貨志》 至天安、皇興間，歲頻大旱，絹匹千錢。劉彧淮北青、冀、徐、兗、司五州告亂請降，命將率衆以援之。

又 卷一一二下《靈徵志下》 太延元年，自三月不雨至六月，使有司遍請羣神，數日，大雨。是日，有婦人持一玉印至潞縣侯孫家賣之。孫家得印，奇之，求訪婦人，莫知所在。其文曰：『旱疫平。』寇天師曰：『龍文紐書云，此神中三字印也。』

《梁書》卷二《武帝紀中》［天監元年］是歲大旱，米斗五千，人多餓死。

《北齊書》卷一《神武帝紀上》［孝昌元年］居無何，又使劉貴請兆，以并、肆頻歲霜旱，降戶掘黃鼠而食之，皆面無穀色，徒污人國土，請令就食山東，待溫飽而處分之。兆從其議。

又 卷二《神武帝紀下》［天平四年］二月乙酉，神武以并、肆、汾、建、晉、東雍、南汾、泰、陝九州霜旱，人饑流散，請所在開倉賑給。

又［武定］二年三月癸巳，神武巡行冀、定二州，因朝京師。以冬春亢旱，請蠲懸責，賑窮乏，宥死罪以下。又請授老人板職各有差。四月丙辰，神武還晉陽。

又 卷四《文宣帝紀》［天保九年］夏四月辛巳，大赦。是夏，大旱。帝以祈雨不應，毀西門豹祠，掘其冢。

又 卷八《後主紀》［天統二年］三月乙巳，太上皇帝詔以三臺施興聖寺。以旱故，降禁囚。

又［天統四年五月］自正月不雨至於是月。

又［武平五年］夏五月，大旱，晉陽得死魃，長二尺，面頂各二目。帝聞之，使刻木爲其形以獻。

《周書》卷四《明帝紀》［即位二年］二月癸未，詔曰：『王者之宰民也，莫不同四海，一遠近，為父母而子之。一物失所，若納于隍。賊之境土，本同大化，往因時難，致阻東西。遂使疆埸之間，互相抄掠。興言及此，良可哀傷。自元年以來，有被掠入賊者，悉可放免。』自冬不雨，至於是月方大雪。

又卷五《武帝紀上》［保定元年］秋七月戊申，詔曰：『亢旱歷時，嘉苗殄悴。豈獄犴失理，刑罰乖衷歟？其所在見囚：死以下，一歲刑以上，各降本罪一等；百鞭以下，悉原免之。』更鑄錢，文曰『布泉』，以一當五，與五銖並行。

又［保定二年］二月壬寅，熒惑犯太微上相。癸丑，以久不雨，降宥罪人，京城三十里内禁酒。

又夏四月甲辰，禁屠宰，旱故也。

又［保定三年］五月甲子朔，避正寢不受朝，旱故也。甲戌，雨。

又［建德元年五月］壬戌，帝以大旱，集百官於庭，詔之曰：『盛農之節，亢陽不雨，氣序愆度，蓋不徒然。豈朕德薄，刑賞乖中歟？將公卿大臣或非其人歟？宜盡直言，無得有隱。』公卿各引咎自責。其夜澍雨。

又卷六《武帝紀下》［建德五年］秋七月乙未，京師旱。

又卷一九《達奚武傳》武之在同州也，時屬天旱，高祖勑武祀華岳，岳廟舊在山下，常所禱祈。武謂僚屬曰：『吾備位三公，不能燮理陰陽，遂使盛農之月，久絕甘雨，天子勞心，百姓惶懼。忝寄既重，憂責實深。不可同於衆人，在常祀之所，必須登峯展誠，尋其靈奧。』岳既高峻，千仞壁立，巖路嶮絕，人跡罕通。武年踰六十，唯將數人，攀藤援枝，然後得上。於是稽首祈請，陳百姓懇誠。晚不得還，即於岳上藉草而宿。夢見一白衣人來，執武手曰：『快辛苦，甚相嘉尚。』武遂驚覺，益用祗肅。至旦，雲霧四起，俄而澍雨，遠近霑洽。高祖聞之，璽書勞武曰：『公年尊德重，弼諧朕躬。比以陰陽愆序，時雨不降，命公求祈，止言廟所。不謂公不憚危險，遂乃遠陟高峯。但神道聰明，無幽不燭，感公至誠，甘澤斯應。聞之嘉賞，無忘于懷。今賜公雜綵百疋，公其善思嘉猷，匡朕不逮。念坐而論道之義，勿復更煩筋力也。』

又卷三〇《于翼傳》時屬大旱，涓水絕流。舊俗，每逢亢陽，禱白兆山祈雨。高祖先禁羣祀，山廟已除。翼遣主簿祭之，即日澍雨霑洽，歲遂有年。民庶感之，聚會歌舞，頌翼之德。

《陳書》卷二《高祖紀下》［永定三年］夏閏四月庚寅，詔曰：『開廪賑絕，育民之大惠，巡方恤患，前王之令典。朕當斯季俗，膺此樂推，君德未孚，民瘼猶甚，重茲多壘，彌疢納隍。良由四聰弗達，千里勿應。博施之仁，何其或爽？殘弊之軌，致此未康。吳州、缙州去歲蝗旱，郢田雖呪，鄭渠終涸，室靡盈積之望，家有填壑之嗟。百姓不足，兆民何賴？近已遣中書舍人江德藻銜命東陽，與令長二千石問民疾苦，仍以入臺倉見米分恤。雖德非既飽，庶微慰阻飢。』

又卷九《吳明徹傳》時天下亢旱，苗稼焦枯，明徹哀憤，每之田中，號泣，仰天自訴。

《晉書》卷三《武帝紀》［泰始九年］五月，旱。

又［咸寧二年六月］自春旱，至于是月始雨。

又［太康六年夏四月］郡國四旱，十大水，壞百姓廬舍。

又［太康七年］夏五月，郡國十三旱。

又［太康九年六月］郡國三十二大旱，傷麥。

又卷四《惠帝紀》［元康七年］秋七月，雍、梁州疫。大旱，隕霜，殺秋稼。

又［永寧二年］是歲，郡國十二旱，六蝗。

又卷五《孝懷帝紀》［永嘉三年三月］大旱，江、漢、河、洛皆竭，可涉。

又《孝愍帝紀》［建興五年］秋七月，大旱，司、冀、青、雍等四州螽蝗。

又卷六《元帝紀》［建武二年］是歲，揚州大旱。

又［大興元年］六月，旱，帝親雩。

又［大興四年］五月，旱。

又［永昌元年］六月。旱。

又［太寧二年六月］大旱，自正月不雨，至于是月。

又［太寧三年六月］大旱，自正月不雨，至于是月。

又 **卷七《成帝紀》**〔咸和元年〕九月，旱。

又 〔咸和元年十一月〕時大旱，自六月不雨，至於是月。

又 〔咸和二年〕夏四月，旱。

又 〔咸和五年〕夏五月，旱，且飢疫。

又 〔咸和六年〕夏四月，旱。

又 〔咸和九年六月〕大旱，詔太官徹膳，省刑，恤孤寡，貶費節用。

又 〔咸和九年〕秋八月，大雩。自五月不雨，至于是月。

又 〔咸康元年〕是歲，大旱，會稽餘姚尤甚，米斗五百價，人相賣。

又 〔咸康二年〕三月，旱，詔太官減膳，免所旱郡縣繇役。

又 〔咸康三年〕夏六月，旱。

又 〔建元元年〕五月，旱。

又 **卷八《穆帝紀》**〔永和九年〕三月，旱。

又 **《哀帝紀》**〔隆和元年〕夏四月，旱。

又 **《海西公紀》**〔太和元年〕夏四月，旱。

又 **卷九《孝武帝紀》**〔咸安二年〕是歲，三吳大旱，人多餓死，詔所在振給。

又 〔寧康元年〕夏五月，旱。

又 〔太元四年〕六月，大旱。

又 〔太元五年〕夏四月，大旱。

又 〔太元十年秋七月〕旱，饑。

又 〔太元十三年〕夏六月，旱。

又 〔太元十八年〕秋七月，旱。

又 〔太元十七年〕是歲，自秋不雨，至于冬。

又 **卷一〇《安帝紀》**〔建隆四年〕六月庚辰朔，日有蝕之。旱。

又 **卷二六《食貨志》** 安帝永初三年，天下水旱，人民相食。

又 **卷二八《五行志中》** 庶徵恒陽，劉向以爲《春秋》大旱也。其夏旱，雩，《禮》謂之大雩。不傷二穀謂之不雨。京房《易傳》曰：『欲德不用茲謂張，厥災荒，旱也。其旱陰雲不雨，變而赤，因四際。師出過時茲謂廣，其旱不生。上下皆蔽茲謂隔，其旱天赤三月，時有雹殺飛禽。上緣求妃茲謂僭，其旱三月大溫亡雲。君高臺府茲謂犯陰侵陽，其旱萬物根死，數有火災。庶位踰節茲爲僭，其旱澤物枯，爲火所傷。』

魏明帝太和二年五月，大旱。

又 高貴鄉公甘露三年正月，自去秋至此月旱。是時文帝圍諸葛誕，衆出過時之應也。初，壽春秋夏常雨淹城，而此旱踰年，城陷，乃大雨。咸以誕爲天亡。

吳孫亮五鳳二年，大旱，百姓饑。是歲征役煩興，軍士怨叛。此亢陽自大，勞役失衆之罰也。其役彌歲，故旱亦竟年。

孫晧寶鼎元年，春夏旱。時孫晧遷都武昌，勞役動衆之應也。

武帝泰始七年五月閏月旱，大雩。八年五月，旱。是時帝納荀勖邪說，留賈充不復西鎮，而任愷漸疎，上下皆蔽之應也。及李憙、魯芝、李胤等並在散職，近厥德不用之謂也。

九年，自正月旱，至于六月，祈宗廟社稷山川。癸未，雨。十年四月，旱。去年秋冬，採擇卿校諸葛沖等女。是春，五十餘人入殿簡選。又取小將吏女數十人，母子號哭於宮中，聲聞于外，行人悲酸。是殆積陰生陽，上緣求妃之應也。

咸寧二年五月旱，大雩。至六月，乃澍雨。

太康二年旱，自去冬旱至此春。三年四月旱，乙酉詔司空齊王攸與尚書、廷尉、河南尹錄訊繫囚，事從蠲宥。

五年六月，旱。此年正月天陰，解而復合。劉毅上疏曰：『必有阿黨之臣姦以事君者，當誅而不赦也。』帝不答。是時荀勖、馮紞僭作威福，亂朝尤甚。

六年三月，青、梁、幽、冀郡國旱。六月，濟陰、武陵旱，傷麥。七年夏，郡國十三大旱。八年四月，冀州旱。九年夏，郡國三十三旱，扶風、始平、京兆、安定旱，傷麥。十年二月，旱。

太熙元年二月，旱。自太康已後，雖正人滿朝，不被親仗，而賈充、荀勖、楊駿、馮紞等迭居要重，所以無年不旱者，欲德不用，上下皆蔽，庶位踰節之罰也。

惠帝元康七年七月，秦、雍二州大旱，疾疫，關中饑，米斛萬錢。因此氐羌反叛，雍州刺史解系敗績。而饑疫荐臻，戎晉並困，朝廷不能振，詔聽相賣鬻。其九月，郡國五旱。

永寧元年，自夏及秋，青、徐、幽、并四州旱。十二月，又郡國十二旱。

是年春，三王討趙王倫，六旬之中數十戰，死者十餘萬人。

懷帝永嘉三年五月，大旱，襄平縣梁水淡池竭，河、洛、江、漢皆可涉。是年三月，司馬越歸京都，遣兵入宫，收中書令繆播等九人殺之，皆僭踰之罰也。又四方諸侯多懷無君之心，劉元海、石勒、王彌、李雄之徒賊害百姓，流血成泥，又其應也。五年，自去冬旱至此春。

去歲十一月，司馬越以行臺自隨，斥黜宫衛，無君臣之節。

元帝建武元年六月，揚州旱。去年十二月，淳于伯冤死，其年即旱，而太興元年六月又旱。干寶曰：『殺淳于伯之後旱三年是也。刑罰妄加，羣陰不附，則陽氣勝之罰也。』

元帝太興四年五月，旱。是時王敦陵僭已著。

永昌元年夏，大旱。是年三月，王敦有石頭之變，二宫陵辱，大臣誅死，僭踰無上，故旱尤甚也。其閏十一月，京都大旱，川谷並竭。

明帝太寧三年，自春不雨，至于六月。

成帝咸和元年，夏秋旱。是時庾太后臨朝稱制，言不從而僭踰之罰也。二年夏，旱。五年五月，大旱。六年四月，大旱。八年秋七月，旱。九年，自四月不雨，至于八月。

咸康元年六月，旱。是時成帝沖弱，未親萬機，内外之政，决之將相。此僭踰之罰，連歲旱也。至四年，王導固讓太傅，復子明辟。是後不旱，殆其應也。時天下普旱，會稽、餘姚特甚，米斗直五百，人有相鬻者。二年三月，旱。三年六月，旱。時王導以天下新定，務在遵養，不任刑罰，遂盜賊公行，頻五年亢旱，亦舒緩之應也。

康帝建元元年五月，旱。

穆帝永和元年五月，旱。是時帝在襁褓，褚太后臨朝，如明穆太后故事。五年七月不雨，至于十月。六年夏，旱。八年夏，旱。九年春，旱。

升平三年冬，大旱。四年冬，大旱。

哀帝隆和元年夏，旱。是時桓溫強恣，權制朝廷，僭踰之罰也。

海西公太和元年夏，旱。四年冬，旱。涼州春旱至夏。

簡文帝咸安二年十月，大旱，饑。自永和至是，嗣主幼沖，桓溫陵僭，用兵征伐，百姓怨苦。

孝武帝寧康元年三月，旱。是時桓溫入覲高平陵，闔朝致拜，踰僭之應也。三年冬，旱。

太元四年夏，大旱。八年六月，旱。十年七月，旱，饑。初，八年破苻堅，九年諸將略地，有事徐豫，楊亮、趙統攻討巴沔。是年正月，謝安又出鎮廣陵，使子琰進次彭城，頻有軍役。

十三年六月，旱。去歲北府遣戍胡陸，荊州經略河南。是年夏，郭銓置戍野王，又遣軍破黄淮。

十五年七月，旱。十七年，秋旱至冬。是時烈宗仁恕，信任會稽王道子，政事舒緩。又茹千秋爲驃騎諮議，竊弄主相威福。又比丘尼乳母親黨及婢僕之子階緣近習，臨部領衆。又所在多上春竟囚，不以其辜，建康獄吏，枉暴既甚。此又僭踰不從冤濫之罰。

安帝隆安二年冬，旱，寒甚。四年五月，旱。五年，夏秋大旱。十二月，不雨。時孫恩作亂，桓玄疑貳，迫殺殷仲堪，而朝廷即授以荊州之任，司馬元顯又諷百僚悉使敬己，内外騷動，兵革煩興。此皆陵僭憂愁之應也。

元興元年七月，大饑。九月、十月不雨，泉水涸。二年六月，不雨。冬，又旱。時桓玄奢僭，十二月遂篡位。三年八月，不雨。

義熙四年冬，不雨。六年九月，不雨。八年十月，不雨。九年，秋冬不雨。十年九月，旱。十二月又旱，井瀆多竭。是時軍役煩興。

又 卷二九《五行志下》 吴孫亮太平三年，自八月沈陰不雨，四十餘日。

吴孫皓寶鼎元年十二月，太史奏久陰不雨，將有陰謀。

又 卷五一《束皙傳》 太康中，郡界大旱，皙爲邑人請雨，三日而雨注，衆謂皙誠感，爲作歌曰：『束先生，通神明，請天三日甘雨零。我黍以育，我稷以生。何以疇之？報束長生。』皙與衛恒厚善，聞恒遇禍，自本郡赴喪。

又 卷一〇三《劉曜載記》 ［咸和三年］長安自春不雨，至於五月。

又 卷一〇七《石閔載記》 ［永和八年］山左右七里草木悉枯，蝗蟲大起，五月不雨，至于十二月。雋遣使者祀之，謚曰武悼天王，其日大雪。

又 卷一二五《馮跋載記》 時三月不雨，至于夏五月。

《隋書》卷一《高祖紀上》 ［開皇二年］五月戊申，以上柱國、開府長孫平爲度支尚書。己酉，旱，上親省囚徒。其日大雨。

又 ［開皇三年夏四月］甲申，旱，上親祀雨師於國城之西南。

又 ［開皇六年］八月辛卯，關内七州旱，免其賦稅。

又 卷二《高祖紀下》［開皇十四年］五月辛酉，京師地震。關内諸州旱。

又 八月辛未，關中大旱，人飢。上率戶口就食於洛陽。

又 十五年春正月壬戌，車駕次齊州，親問疾苦。丙寅，旅王符山。庚午，上以歲旱，祠太山，以謝愆咎。大赦天下

又 卷四《煬帝紀下》［大業八年十一月］是歲，大旱，疫，人多死，山東尤甚。

又 卷二一《天文志下・五代灾變應》 梁武帝天監元年八月壬寅，熒惑守南斗。占曰：『糴貴，五穀不成，大旱，多火災，吳、越有憂，宰相死。』是歲大旱，米斗五千，人多餓死。其二年五月，尚書范雲卒。

又 周閔帝元年五月癸卯，太白犯軒轅。占曰：『太白行軒轅中，大臣出令。』又曰：『皇后失勢。』辛亥，熒惑犯東井北端第二星。占曰：『其國亂。』又曰：『大旱。』其年九月，冢宰護逼帝遜位，幽於舊邸，月餘殺崩，司會李植、軍司馬孫恒及宮伯乙弗鳳等被誅害。其冬大旱。皆大臣出令、大臣死、旱之應也。

又 卷二二《五行志上・旱》 梁天監元年，大旱，米斗五千，人多餓死。《洪範五行傳》曰：『君持亢陽之節，興師動衆，勞人過度，以起城邑，不顧百姓，臣下悲怨。然而心不能從，故陽氣盛而失度，陰氣沉而不附。陽氣盛，旱災應也。』初帝起兵襄陽，破張沖，敗陳伯之，及平建康，前後連戰，百姓勞敝，及即位後，復與魏交兵不止之應也。

陳太建十二年春，不雨至四月。先是周師掠淮北，始興王叔陵等諸軍敗績，淮北之地皆没於周，蓋其應也。

東魏天平四年，并、肆、汾、建、晉、絳、秦、陝等諸州大旱，人多流散。是歲，齊神武與西魏戰於沙苑，敗績，死者數萬。

東魏武定二年冬春旱。先是西魏師入洛陽，神武親帥軍大戰於芒山，死者數萬。

後齊天保九年夏，大旱。先是大發卒築長城四百餘里，勞役之應也。

乾明元年春，旱。先是發卒數十萬築金鳳、聖應、崇光三臺，窮極侈麗，不恤百姓，亢陽之應也。

河清二年四月，并、晉已西五州旱。是歲，發卒築軹關。突厥二十萬衆毁長城，寇恒州。

後主天統二年春，旱。是時大發卒，起大明宮。

開皇四年已後，京師頻旱。時遷都龍首，建立宮室，百姓勞敝，亢陽之應也。

大業四年，燕、代緣邊諸郡旱。時發卒百餘萬築長城，帝親巡塞表，百姓失業，道殣相望。

八年，天下旱，百姓流亡。時發四海兵，帝親征高麗，六軍凍餒，死者十八九。

十三年，天下大旱。時郡縣鄉邑，悉遣築城，發男女，無少長，皆就役。

又 卷四六《長孫平傳》 開皇三年，徵拜度支尚書。平見天下州縣多罹水旱，百姓不給，奏令民間每秋家出粟麥一石已下，貧富差等，儲之閭巷，以備凶年，名曰義倉。因上書曰：『臣聞國以民爲本，民以食爲命，勸農重穀，先王令軌。古者三年耕而餘一年之積，九年作而有三年之儲，雖水旱爲災，而民無菜色，皆由勸導有方，蓄積先備者也。去年亢陽，關右饑餒，陛下運山東之粟，置常平之官，開發倉廩，普加賑賜，大德鴻恩，可謂至矣。然經國之道，義資遠算，請勤諸州刺史、縣令，以勸農積穀爲務。』上深嘉納。自是州里豐衍，民多賴焉。

《南史》卷二《宋太祖文帝紀》［元嘉三年］秋，旱且蝗。

又 ［元嘉八年］夏六月乙丑，大赦，旱故。又大雩。

又 ［元嘉二十八年］三月乙酉，車駕還宮。丙申，拜初寧陵。大旱。

又 ［大明七年十一月］乙未，原放行獄徒繫。浙江東諸郡大旱。

又 ［大明八年］去歲及是歲，東諸郡大旱，甚者米一斗數百，都下亦至百餘，餓死者十六七。孝建以來，又立錢署鑄錢，百姓因此盜鑄，錢轉偽小，商貨不行。

又 卷三《宋後廢帝紀》［元徽元年］秋八月，都下旱。

又 卷四《齊世祖武帝紀》［永明十一年］五月戊辰，以旱故，都下二縣、朱方、姑孰權斷酒。

又 卷六《梁高祖武帝紀上》［天監元年］是歲大旱，米斗五千，人多餓死。

又 卷八《梁高祖武帝紀下》［大寶元年］夏五月丙辰，東魏靜帝遜位于齊。庚午，開府儀同三司鄱陽王範薨。自春迄夏大旱，人相食，都下尤甚。

又 卷二一《王弘傳》 元嘉五年春，大旱，弘引咎遜位。

又 卷二七《孔覬傳》 時東土大旱，都邑米貴，一斗將百錢。

又 卷三四《顔竣傳》 時歲旱人飢，竣上言禁餳一月，息米近萬斛。

又 卷七三《郭原平傳》 又以種瓜爲業，大明七年大旱，瓜瀆不復通船。縣令劉僧秀愍其窮老，下瀆水與之。原平曰：『普天大旱，百姓俱困，豈可減溉田之水，以通運瓜之船。』乃步從他道往錢唐貨賣。

《北史》卷二《魏高宗文成帝紀》［太安五年］冬十二月戊申，詔以六鎮、雲中、高平、二雍、秦州徧遇災旱，年穀不收，開倉廩振乏。有徙流者，喻還桑梓。

又 ［和平五年閏四月］閏月戊子，帝以旱故，減膳責身。是夜，澍雨大降。

又《顯祖獻文帝紀》［天安元年］是歲，州鎮十一旱，人飢，開倉振恤。

又 卷三《魏高祖孝文帝紀》［太和二年］夏四月己丑，宋人來聘。京師旱。甲辰，祈天災於北苑，親自禮焉，減膳避正殿。丙午，澍雨大洽，曲赦京師。

又 ［太和四年］二月癸巳，以旱故，詔天下祀山川群神及能興雲雨者，修飾祠堂，薦以牲璧。人有疾苦，所在存問。

又 ［太和十五年］夏四月癸亥，帝始進蔬食。乙丑，謁永固陵。自正月不雨至于癸酉，有司奏祈百神。詔曰：『何宜四氣未周，便行禮事，唯當考躬責己，以待天譴。』

又 ［太和二十年秋七月］戊寅，帝以久旱，咸秩群神。自癸未不食至于乙酉。

又 卷四《魏肅宗孝明帝紀》［熙平元年］五月丁卯朔，以炎旱，命釐察獄訟，權停作役。

又 ［神龜三年］六月己巳，以旱故，詔分遣有司馳祈岳瀆及諸山川百神能興雲雨者。命理冤獄，止土功，減膳徹懸，禁止屠殺。

又 卷五《東魏孝静帝紀》［武定六年三月］辛亥，以冬春亢旱，赦罪人各有差。

又 卷六《齊高祖神武帝紀》［武定］二年三月癸巳，神武巡行冀、定二州，因朝京師。以冬春亢旱，請蠲縣責，振窮乏，宥死罪以下。

又 卷七《齊顯祖文宣帝紀》［天保九年］大旱，帝以祈雨不降，毁西門豹祠，掘其冢。

又 ［秋七月］戊申，詔趙、燕、瀛、定、南營五州，及司州廣平、清河二郡，去年螽澇損田，兼春夏少雨，苗稼薄者，免今年租稅。

又 卷八《齊後主紀》［天統四年五月］壬戌，太上皇帝至自晉陽。自正月不雨，至於是月。

又 卷一〇《周高祖武帝紀》［保定二年］二月癸丑，以久不雨，宥罪人，京城三十里内禁酒。

又 夏四月甲辰，以旱故，禁屠宰。

又 ［建德元年］五月壬戌，以大旱，集百官於庭，詔之曰：『亢陽不雨，豈朕德薄，刑賞乖中歟？將公卿大臣，或非其人歟？宜盡直言，無有所隱。』公卿各引咎自責，其夜澍雨。

又 ［建德五年］秋七月乙未，京師旱。

又《周宣帝紀》［大象二年］夏四月己巳，享太廟。己卯，以旱故，降見囚死罪已下。

又 卷一一《隋高祖文帝紀》［開皇四年六月］甲寅，制官人非戰功不授上柱國以下戎官。以雍、同、華、岐、宜五州旱，命無出今年租調。

又 ［開皇六年］八月辛卯，關内七州旱，蠲其賦稅。

又 ［開皇十四年］五月辛酉，京師地震。關内諸州旱。

又 八月辛未，關中大旱，人飢，行幸洛陽，并命百姓山東就食。

又 ［開皇］十五年春正月壬戌，車駕次齊州，親問疾苦。丙寅，旅王符山。庚午，以歲旱，祀太山以謝愆咎，大赦。

又 卷一八《魏南安王楨傳》［太和二十年五月］楨又以旱，祈雨于群神。鄴城有石季龍廟，人奉祀之。楨告神像云：『三日不雨，當加鞭罰。』請雨不驗，遂鞭像一百。

又 卷三七《奚康生傳》 後除相州刺史，在州，以天旱令人鞭石季龍畫像，復就西門豹祠祈雨，不獲，令吏取豹舌。

又 卷四二《王肅傳》［太和］二十年七月，帝以久旱不雨，輟膳，百僚詣闕。帝在崇虚樓，遣舍人問肅。對曰：『伏承陛下輟膳，已經三旦，群臣不敢自寧。臣聞堯水湯旱，自然之數，須聖人以濟世，不由聖以致災，是以國儲九年，以禦九年之變。昨四郊之外已蒙滂澍，唯京城之内微爲少澤。蒸庶未闕一飧，陛下輟膳三日，臣庶惶惶，無復情地。』帝遣答曰：『雖不食數朝，猶自無感，朕誠心未至之所致也。朕志確然，死而後已。』是夜，澍雨大降。

《**舊唐書**》卷二《**太宗紀上**》［貞觀元年］是夏，山東諸州大旱，令所在賑恤，無出今年租賦。

又［貞觀三年］六月戊寅，以旱，親錄囚徒。遣長孫無忌、房玄齡等祈雨於名山大川，中書舍人杜正倫等往關内諸州慰撫。

又 卷三《**太宗紀下**》［貞觀二十三年］三月丙辰，置豐州都督府。自去冬不雨，至于此月己未乃雨。

又 卷四《**高宗紀上**》［永徽元年］秋七月丙寅，以旱，親錄京城囚徒。

又［永徽三年春正月］丙寅，太尉、趙國公無忌以旱請遜位，不許。

又［永徽四年夏四月］壬寅，以旱，避正殿，減膳，親錄繫囚，遣使分省天下冤獄，詔文武官極言得失。

又 卷五《**高宗紀下**》［乾封］二年春正月丁丑，以去冬至于是月無雨雪，避正殿，減膳，親錄囚徒。

又［總章二年］秋七月，劍南益、瀘、巂、茂、陵、邛、雅、緜、翼、維、始、簡、資、榮、隆、果、梓、普、遂等一十九州旱，百姓乏絶，總三十六萬七千六百九十戶，遣司珍大夫路勵行存問賑貸。

又［總章三年］二月戊申，以旱，親錄囚徒，祈禱名山大川。癸丑，日色出如赭。

又 是歲，天下四十餘州旱及霜蟲，百姓飢乏，關中尤甚。詔令任往諸州逐食，仍轉江南租米以賑給之。

又［儀鳳二年］夏四月，以河南、河北旱，遣使賑給。

又［儀鳳］三年四月丁亥朔，以旱，避正殿，親錄囚徒，悉原之。

又［永淳元年］是春，關内旱，日色如赭。

又 卷六《**則天皇后紀**》［垂拱元年］是夏大旱。

又［聖曆三年］是夏大旱。

又 卷七《**中宗紀**》［神龍二年］丙戌，以突厥犯邊，京師亢旱，令減膳徹樂。

又［神龍三年］是春，自京師至山東疾疫，民死者衆。河北、河南大旱。

又 是夏，山東、河北二十餘州旱，飢饉疾疫死者數千計，遣使賑卹之。

又 卷八《**玄宗紀上**》［開元］二年春正月，關中自去秋至于是月不雨，人多饑乏，遣使賑給。制求直諫昌言弘益政理者。

又［開元四年］以關中旱，遣使祈雨于驪山，應時澍雨。令以少牢致祭，仍禁斷樵採。

又［開元十四年］是秋，十五州言旱及霜，五十州言水，河南、河北尤甚，蘇、同、常、福四州漂壞廬舍，遣御史中丞宇文融檢覆賑給之。

又［開元十五年］是秋，六十三州水，十七州霜旱。河北饑，轉江淮之南租米百萬石以賑給之。

又 卷九《**玄宗紀下**》［天寶六年］自五月不雨至秋七月。乙酉，以旱，命宰相、臺寺、府縣錄繫囚，死罪決杖配流，徒已下特免。庚寅始雨。

又［天寶九年］三月庚戌，改匭使爲獻納。辛亥，西嶽廟災。時久旱，制停封西嶽。

夏五月庚寅，以旱，錄囚徒。

又 卷一一《**代宗紀**》［寶應元年］自七月不雨，至此月癸丑方雨。

又［永泰元年］是春大旱，京師米貴，斛至萬錢。

又［秋七月］以久旱，遣近臣分錄京城諸獄繫囚。甲午，昇平公主出降駙馬都尉郭曖。庚子，雨。時久旱，京師米斗一千四百，他穀食稱是。

又［永泰二年六月］自春旱，此月庚子始雨。

又［大曆六年八月］夏旱，此月己未始雨。

又 是歲春旱，米斛至萬錢。

又［大曆九年秋七月］久旱，京兆尹黎幹歷禱諸祠，未雨。又請禱文宣廟，上曰：『丘之禱久矣。』

又［大曆十二年春正月］京師旱，分命祈禱。

又 卷一二《**德宗紀上**》［建中二年］自去年十月無雪，至甲申方雨雪。

又［建中三年秋七月］自五月不雨，甲辰始雨。

又［貞元元年春正月］去秋螟蝗，冬旱，至是雪，寒甚，民饑凍死者踣於路。

又［秋七月］關中蝗食草木都盡，旱甚，灞水將竭，井多無水。

又卷一三《德宗紀下》［貞元六年］是夏，淮南、浙東西、福建等道旱，井泉多涸，人渴乏，疫死者衆。

又［貞元十一年］夏四月，旱。

又［貞元十五年］四月丁丑，以久旱，令陰陽人法術祈雨。

又卷一四《憲宗紀上》［永貞元年冬十月］潤、池、揚、楚、湖、杭、睦、江等州旱。【略】辛巳，宣、撫、和、郴、郢、袁、衢七州旱。

又［元和元年］陳、許、蔡等州旱。

又［元和三年］是歲，淮南、江南、江西、湖南、山南東道旱。

又卷一五《憲宗紀下》［元和八年十一月］京畿水、旱、霜，損田三萬八千頃。

又［元和九年五月］是月旱，穀貴，出太倉粟七十萬石，開六場糶以惠飢民。

又卷一六《穆宗紀》［元和十五年秋七月］自五月不雨，至此月壬子始雨。

又卷一七上《敬宗紀》［寶曆元年］是歲，淮南、浙西、宣、襄、鄂、潭、湖南等州旱災傷稼。

又《文宗紀上》［大和三年秋七月］辛酉，京畿、奉先等九縣旱，損田。

又卷一七下《文宗紀下》［大和八年九月］陝州、江西旱，無稼。

又［大和九年冬十月］京兆、河南兩畿旱。

又［開成元年］冬十月丁酉朔。己酉，揚州江都七縣水旱，損田。

又［開成四年六月］戊辰，以久旱，分命祠禱，每憂動於色。宰相等奏曰：『水旱時數使然，乞不過勞聖慮。』上改容言曰：『朕爲人主，無德及天下，致兹災旱，又謫見於天。若三日不雨，當退歸南内，更選賢明以主天下。』宰臣嗚咽流涕，各請策免。

又卷一九上《懿宗紀》［咸通三年］夏，淮南、河南蝗旱，民饑。

又　是歲，江、淮蝗食稼，大旱。

又卷一九下《僖宗紀》［光啟二年五月］荊南、襄陽仍歲蝗旱，米斗三十千，人多相食。

又卷三七《五行志》［神龍］三年夏，山東、河北二十餘州大旱，饑饉死者二千餘人。

又　興元元年秋【略】旱甚，灞水將竭，井皆無水。有司奏國用裁可支七旬。德宗減膳，不御正殿。百司不急之費，皆減之。

元和元年夏，鎮、冀蝗，害稼。

長慶三年秋，洪州旱，螟蝗害稼八萬頃。

大和元年秋，旱，罷選舉。

開成二年，河南、河北旱，蝗害稼；京師旱尤甚，徙市，閉坊南門。四年六月，天下旱，蝗食田，禱祈無效，上憂形于色。宰臣曰：『星官奏天時當爾，乞不過勞聖慮。』文宗憬然改容曰：『朕爲天下主，無德及人，致此災旱。今又彗星謫見于上，若三日内不雨，當退歸南内，卿等自選賢明之君以安天下。』宰臣嗚咽流涕不能已。是歲，河南府界黑蟲食苗。河南、河北蝗，害稼都盡。鎮、定等州，田稼既盡，至于野草樹葉細枝亦盡。

又卷一〇三《張守珪傳》［開元十五年］瓜州地多沙磧，不宜稼穡，每年少雨，以雪水溉田。

又卷一七一《李中敏傳》［大和］六年夏旱。時王守澄方寵鄭注，及誣構宋申錫後，人側目畏之。上以久旱，詔求致雨之方。中敏上言曰：『仍歲大旱，非聖德不至，直以宋申錫之冤濫，鄭注之姦弊。今致雨之方，莫若斬鄭注而雪申錫。』

《舊五代史》卷六《梁書六・太祖紀六》［乾化元年］三月辛卯，以久旱，令宰臣分禱靈迹，翌日大澍雨。

又卷三二《唐書八・莊宗紀六》［同光三年夏四月］辛巳，以旱甚，詔河南府徙市，造五方龍，集巫禱祭。

又卷四三《唐書十九・明宗紀九》［長興三年］金、徐、安、潁等州大水，鎮州旱。詔應水旱州郡，各遣使人存問。

又卷六四《唐書四十・朱漢賓傳》臨平陽遇旱，親齋潔禱龍子祠，踰日雨足，四封大稔，咸以爲善政之所致也。

又卷七六《晉書二・高祖紀二》［天福元年］時自秋不雨，經冬無雪，命羣官徧加祈禱。

又［天福二年］昨者，行至鄭州滎陽縣界，路旁見有蟲食及旱損桑麥處，委所司差人檢覆，量與蠲免租稅。

又 卷七七《晉書三・高祖紀三》［天福三年］定州奏，境內旱，民多流散。詔曰：『朕自臨寰宇，每念生民，務切撫綏，期於富庶，屬干戈之未戢，慮徭役之或煩。惟彼中山，偶經夏旱，因茲疾苦，遽至流移，達我聽聞，深懷憫惻。應定州所差軍前夫役逃戶夏秋稅並放。』

又 卷八〇《晉書六・高祖紀六》［天福七年］是春，鄴都、鳳翔、兗、陝、汝、恆、陳等州旱，鄆、曹、澶、博、相、洺諸州蝗。

又 卷八四《晉書十・少帝紀四》［開運二年六月］是月，兩京及州郡十五並奏旱。

又 卷一〇一《漢書三・隱帝紀上》［乾祐元年夏四月］是月，河決原武縣，河北諸州旱，徐州餓死民九百三十有七。

又 ［乾祐元年六月］是月，河北旱，青州蝗。

又 卷一〇二《漢書四・隱帝紀中》［乾祐二年六月］是月，邠、寧、澤、潞、涇、延、鄜、坊、晉、絳等州旱。

《新唐書》卷二《太宗紀》［貞觀元年］是夏，山東旱，免今歲租。

又 ［貞觀三年］三年正月丙午，以旱避正殿。

又 ［貞觀二十三年］三月己未，自冬旱，至是雨。

又 卷三《高宗紀》［永徽］五年正月丙寅，以旱詔文武官、朝集使言事。

又 ［顯慶四年］七月己丑，以旱避正殿。壬辰，慮囚。

又 ［乾封］二年正月丁丑，以旱避正殿，減膳，慮囚。

又 ［咸亨元年］七月甲戌，以雍、華、蒲、同四州旱，遣使慮囚，減中御諸廄馬。

又 ［咸亨元年閏九月］閏月癸卯，皇后以旱請避位。

又 ［上元二年四月］丙戌，以旱避正殿，減膳，撤樂，詔百官言事。

又 卷四《則天皇后紀》［延載元年四月］乙亥，以旱慮囚。

又 卷五《睿宗紀》［先天元年］是春，旱。

又 《玄宗紀》［開元］二年正月壬午，以關內旱，求直諫，停不急之務，寬繫囚，祠名山大川，葬暴骸。

又 ［天寶九年］三月辛亥，華嶽廟災，關內旱，乃停封。

又 卷六《代宗紀》［永泰元年］四月己巳，自春不雨，至于是而雨。

又 卷七《德宗紀》［貞元元年］是春，旱。

又 ［貞元］六年春，旱。

又 ［貞元十年六月］自春不雨至于是月。

又 ［貞元十九年七月］自正月不雨至于是月。甲戌，雨。

又 《憲宗紀》［元和十年二月］自冬不雨至于是月。

又 卷八《穆宗紀》［長慶三年三月］癸亥，淮南、浙東西、江南、宣歙旱，遣使宣撫，理繫囚，察官吏。

又 《武宗紀》［會昌五年］三月，旱。

又 《宣宗紀》［大中四年］閏月，自十月不雨，至于是月雨。

又 卷一五《禮樂志五》 上元元年，肅宗以歲旱罷中、小祀，而文宣之祭，至仲秋猶祠之於太學。

又 卷三五《五行志二・常暘》 武德三年夏，旱，至于八月乃雨。四年，自春不雨，至于七月。雨，少陰之氣，其氣毀則不雨。少陰者，金也，金爲刑、爲兵，刑不辜，兵不戢，則金氣毀，故常爲旱。火爲盛陽，陽氣彊悍，故聖人制禮以節之。禮失則僭而驕炕，以導盛陽，火勝則金衰，故亦旱。於五行，土實制水，土功興則水氣壅閼，又常爲旱。天官有東井，主水事，天漢、天江，亦水祥也。水與火仇，而受制于土，土火譎見，若日蝕過分而未至，與七曜循中道之南，皆旱祥也。七年秋，關內、河東旱。

貞觀元年夏，山東大旱。二年春，旱。三年春、夏，旱。四年春，旱。自太上皇傳位至此，而比年水旱。九年秋，劍南、關東州二十四，旱。十二年，吳、楚、巴、蜀州二十六，旱；冬，不雨，至于明年五月。十七年春、夏，旱。二十一年秋，陝、絳、蒲、夔等州旱。二十二年秋，開、萬等州旱；冬，不雨，至于明年三月。

永徽元年，京畿雍、同、絳等州十，旱。二年九月，不雨，至于明年二月。四年夏、秋，旱，光、婺、滁、潁等州尤甚。

顯慶五年春，河北州二十二，旱。

總章元年，京師及山東、江淮大旱。二年七月，劍南州十九，旱；冬，無雪。

咸亨元年春，旱；秋，復大旱。

儀鳳二年夏，河南、河北旱。三年四月，旱。

永隆二年，關中旱，霜，大饑。

永淳元年，關中大旱，饑。二年夏，河南、河北旱。

永昌元年三月，旱。

神功元年，黄、隋等州旱。

久視元年夏，關内、河東旱。

長安二年春，不雨，至于六月。三年冬，無雪，至于明年二月。

神龍二年冬，不雨，至于明年五月，京師、山東、河北、河南旱，饑。

太極元年春，旱；七月復旱。

開元二年春，大旱。十二年七月，河東、河北旱，帝親禱雨宫中，設壇席，暴立三日。九月，蒲、同等州旱。十四年秋，諸道州十五，旱。十五年，諸道州十七，旱。十六年，東都、河南、宋亳等州旱。二十四年夏，旱。

永泰元年春、夏，旱。二年，關内大旱，自三月不雨，至于六月。

大曆六年春，旱，至于八月。

建中三年，自五月不雨，至于七月。

興元元年冬，大旱。

貞元元年春，旱，無麥苗，至于八月，旱甚，灞、滻將竭，井皆無水。六年春，關輔大旱，無麥苗；夏，淮南、浙西、福建等道大旱，井泉竭，人暍且疫，死者甚衆。七年，揚、楚、滁、壽、澧等州旱。十四年春，旱，無麥。十五年夏，旱。十八年夏，申、光、蔡州旱。十九年正月，不雨，至七月甲戌乃雨。

永貞元年秋，江浙、淮南、荊南、湖南、鄂岳陳許等州二十六，旱。

元和三年，淮南、江南、江西、湖南、廣南、山南東西皆旱。四年春、夏，大旱；秋，淮南、浙西、江西、江東旱。七年夏，揚、潤等州旱。八年夏，同、華二州大旱。十五年夏，旱。

寶曆元年秋，荊南、淮南、浙西、江西、湖南及宣、襄、鄂等州旱。

大和元年夏，京畿、河中、同州旱。六年，河東、河南、關輔旱。七年秋，大旱。八年夏，江淮及陝、華等州旱。九年秋，京兆、河南、河中、陝華同等州旱。

開成二年春、夏，旱。四年夏，旱，浙東尤甚。

會昌五年春，旱。六年春，不雨；冬，又不雨，至明年二月。

大中四年，大旱。

咸通二年秋，淮南、河南不雨，至于明年六月。九年，江淮旱。十年夏，旱。十一年夏，旱。

廣明元年春、夏，大旱。

中和四年，江南大旱，饑，人相食。

景福二年秋，大旱。

光化三年冬，京師旱，至于四年春。

又 卷三六《五行志三・火沴水》 開成二年夏，旱，揚州運河竭。

又《人痾》 永隆元年，長安獲女魃，長尺有二寸，其狀怪異。詩曰：『旱魃爲虐，如炎如焚。』是歲秋，不雨，至于明年正月。

又 卷四五《選舉志下》 至於銓選，其制不一，凡流外，兵部、禮部舉人，郎官得自主之，謂之『小選』。太宗時，以歲旱穀貴，東人選者集于洛州，謂之『東選』。高宗上元二年，以嶺南五管、黔中都督府得即任土人，而官或非其才，乃遣郎官、御史爲選補使，謂之『南選』。其後江南、淮南、福建大抵因歲水旱，皆遣選補使即選其人。而廢置不常，選法又不著，故不復詳焉。

又 卷五一《食貨志一》 凡稅斂之數，書于縣門、村坊，與衆知之。水、旱、霜、蝗耗十四者，免其租；桑麻盡者，免其調；田耗十之六者，免租調；耗七者，課役皆免。

又 卷一一八《李中敏傳》 大和六年，大旱，文宗内憂，詔詢所以致雨者。中敏時以司門員外郎上言：『雨不時降，夏陽驕忿，苗欲槀枯，陛下憂勤，降德音，俾下得盡言。臣聞昔東海誤殺一孝婦，大旱三年。臣頃為御史臺推囚，華封儒殺良家子三人，陛下赦封儒死。然三人者，亦陛下赤子也。神策士李秀殺平民，法當死，以禁衛，刑止流。宋申錫位宰相，生平饋致一不受，其道勁正，姦人忌之，陷不測之辜，獄不參驗，銜恨而沒，天下士皆指目鄭注。臣知數冤必列訴上帝，天之降災，殆有由然。漢武帝國用空竭，桑弘羊興筦榷之利，然卜式請亨以致雨。況申錫之枉，天下知之，何惜斬一注以快忠臣之魂，則天且雨矣。』帝不省。

又 卷一三二《吴兢傳》 〔開元十四年〕兢上疏曰：『自春以來，亢陽不雨，乃六月戊午，大風拔樹，壞居人廬舍。【略】』

又　卷二二一下《西域傳下・碎葉》［天寶七年］三月訖九月，未嘗雨，人以雪水溉田。

《新五代史》卷五《唐紀五・莊宗下》［同光三年］夏四月乙亥，及皇后幸郭崇韜、朱漢賓第。旱。

又　卷六《唐紀六・明宗紀》［天成元年冬十月］辛丑，契丹使沒骨餒來告阿保機哀，廢朝三日。旱，辛亥雨。

又　卷七《唐紀七・廢帝紀》［清泰元年］十二月乙亥，雄武軍節度使張延朗爲中書侍郎、同中書門下平章事。契丹寇雲州。庚寅，幸龍門。旱。

又　卷八《晉紀八・高祖紀》［天福元年十二月］庚子，天平軍節度使王建立殺其副使李彥贇。旱。

又　卷九《晉紀九・出帝紀》［天福七年十二月］旱，蝗。

又　［開運二年］六月丁卯，射于繁臺，幸杜威第。旱。

又　卷一〇《漢紀十・隱帝紀》［乾祐元年五月］旱，蝗。

又　卷三〇《漢臣傳・李業》時天下旱、蝗，黄河決溢，京師大風拔木，壞城門，宮中數見怪物投瓦石、撼門扉。

又　卷五一《雜傳・安重榮》是歲，鎮州大旱、蝗，重榮聚飢民數萬，驅以嚮鄴，聲言入覲。

又　卷七二《四夷附録一》［開運二年正月］是時，天下旱蝗，晉人苦兵，乃遣開封府軍將張暉假供奉官聘于契丹，奉表稱臣，以脩和好。

《續資治通鑒長編》卷二［建隆二年秋七月］吳越自五月不雨至七月。

又　［建隆三年十二月戊戌］河北、陝西、京東諸州旱、蝗，河北尤甚，悉蠲其租。

又　卷四四［咸平二年夏四月丙子］曹、濟州言旱。

又　卷四五［咸平二年］冬十月庚戌朔，以兩浙、荊湖旱，命庫部員外郎成肅等四人分路體量賑卹。

又　卷七四［大中祥符三年五月庚寅］京兆府旱，詔賑之。

又　［大中祥符三年秋七月］江南旱，詔轉運、提點刑獄官疏理所部繫囚。

又　卷七八［大中祥符五年］庚戌，淮南路滁、和、揚、楚、泗五州旱，詔發運使減運河水以灌民田，仍寬其租限。州縣不能存恤致民流者，罪之。

又　卷八九［天禧元年三月］是春，京畿旱。

又　卷九〇［天禧元年六月］丁丑，詔華、虢等州夏旱，損苗稼，特除其租。

戊寅，知昇州丁謂言：『城北有後湖，因旱，百姓請佃，計七十六頃，納五百餘貫。今請依前蓄水，植種菱蓮，或遇亢旱，決以溉田，仍用蒲魚之利，旁濟饑民。望量遣軍士開修，其租錢特與減放。』從之。

又　［天禧元年秋七月］壬寅，泗州言旱。

又　卷一〇五［天聖五年九月庚戌］陝西轉運司言同、華等州旱，虸蚄蟲食苗。

又　卷一二四［寶元二年八月丁丑］兩川自夏至秋不雨，民大飢。

又　卷一四五［慶曆三年十二月］是冬，大旱，河中、同、華等十餘州軍物價翔貴，饑民相率東徙。

又　卷一五八［慶曆六年六月］丙寅，詔開封府久旱，民多暍死，其令京城去官井遠處益開井。

又　卷一六〇［慶曆七年三月］丁亥，以旱罷大讌。

又　卷一八七［嘉祐三年秋七月］癸巳，以夔州路旱饑，命侍御史丁詡為體量安撫使。

又　卷二六六［熙寧八年秋七月己巳］淮南發運司言，自五月不雨，揚、楚州運河，通、泰等州運鹽河皆不通舟船。

又　卷二九四［元豐元年十一月乙酉］又詔：『聞京西、河北、陝西諸路自冬無雪，並邊山田麥苗已旱，令轉運司訪名山靈祠，委長吏祈禱。』

又　卷四二五［元祐四年夏四月乙巳］宰臣呂大防等以旱求罷政，詔答不允。時自春不雨，至於是月。

又　卷四九一［紹聖四年九月辛亥］左司諫郭知章言兩浙歲旱，淮南又不全稔，乞下本路監司按視。

《文獻通考》卷二一《市糴考二・常平義倉租稅》隋文帝開皇十四年，關中大旱，人饑。帝幸洛陽，因令百姓就食，從官並準見口賑給，不以官位爲限。

又　卷二三《國用考一・歷代國用》王莽末，邊兵二十萬人仰縣官衣食，用度不足，數橫賦斂。又一切稅吏民，貲三十而取一。又令公卿以下至郡縣黃綬吏，皆保養軍馬，師古曰：『保者，不許其死傷。』吏盡復以與民轉令百姓養之。民搖手觸禁，不得耕桑，繇役煩劇，旱蝗相因。上自公侯，下至小吏，皆不得奉祿，而私賦斂，民無以自存，盜賊蜂起。

又卷二六《國用考四·賑恤》 獻帝興平元年，三輔大旱，帝出太倉米豆作糜食饑人。

又 隋文帝開皇十四年，關中大旱，民饑，上遣左右視民食，得豆屑雜糠以獻，爲之流涕，不御酒，殆將一期。

又 唐太宗貞觀二年，山東旱，遣使振恤饑民，鬻子者，出金寶贖還之。

又卷二七《國用考五·蠲貸》 後漢章帝元年，詔以大旱，勿收兗、豫、徐州田租。

又 貞觀元年，以山東旱，免今年租。

又卷三〇四《物異考十·恒暘》 《春秋》僖公二十一年『夏，大旱』。董仲舒、劉向以爲齊桓既死，諸侯從楚，僖尤得楚心。外倚強楚，炕陽失衆，又作南門，勞民興役。諸雩旱不雨，略皆同説。宣公七年『秋，大旱』。是夏，宣與齊侯伐萊。襄公五年『秋，大雩』。先是，楚伐宋，取彭城；鄭畔中國附楚，襄與諸侯共圍彭城，城鄭虎牢以御楚。有炕陽動衆之應。八年『九月，大雩』。時作三軍，季氏盛。二十八年『八月，大雩』。先是，比年晉使荀吴、齊使慶封來聘，是夏邾子來朝。襄有炕陽自大之應。昭公三年『八月，大雩』。劉歆以爲昭公居喪不哀，炕陽失衆。

六年『九月，大雩』。時魯、莒連兵，有炕陽動衆之應。十六年『九月，大雩』。

先是，昭公母夫人歸氏薨，昭不慼。與三年同占。二十四年『八月，大雩』。

時魯襄邾師，邾愬於晉，晉執我行人叔孫婼。二十五年『七月上辛大雩，季辛又雩』，旱甚也。劉歆以爲時郈氏與季氏有隙，公信讒伐季氏，爲所敗，出奔齊。定公十年『九月，大雩』。時公侵鄭，城中城，圍鄆。莊公三十一年『冬，不雨』。是歲，一年而三築臺，奢侈不恤民。僖公二十年『冬十月，不雨』。三年『春正月，不雨，夏四月，不雨』，『六月，雨』。時南敗邾，東敗莒。有炕陽之應。文公二年，『自十二月不雨，至於秋七月』。文公即位，天子使叔服會葬，毛伯賜命。又會晉侯於戚。公子遂如齊納幣。又與諸侯盟。上得天子，外得諸侯，沛然自大。躋僖公主。大夫始顓事謂季孫行父也。十年『自正月不雨，至於秋七月』。先是，公子遂會四國而救鄭，楚使越椒來聘，秦人歸襚，有炕陽之應。十三年，『自正月不雨，至於秋七月』。先是，曹伯、杞伯、滕子來朝，郕伯來奔秦，伯使遂來聘，季孫行父城諸及鄆。二年之間，五國趨之，內城二邑。炕陽失衆。一曰，不雨而五穀皆熟，異也。文公時，大夫始專盟會，公孫敖會晉侯，又會諸侯盟於垂隴。故不雨而生者，陰不出氣而私自行，以象施不由上出，臣下作福而私自成。一曰，不雨近常陰之罰，君弱也。

秦始皇十二年，天下大旱，六月至八月乃雨。

漢惠帝五年夏，大旱，江河水少，谿谷絕。先是，發民男女十四萬六千人城長安，是歲城乃成。文帝三年秋，天下旱。是歲夏，匈奴寇邊，發兵擊之出塞。其秋，濟北王興居反，討平之。後六年，天下大旱。時匈奴大入上郡、雲中，烽火通長安，遣三將軍屯邊，又三將軍屯京師。九年春，大旱。景帝中三年秋，大旱。後二年秋，大旱。武帝建元四年六月，旱。元光六年夏，大旱。

是歲，四將軍征匈奴。元朔五年春，大旱。是歲，六將軍衆十餘萬征匈奴。元狩三年夏，大旱。是歲，發天下故吏伐棘上林，穿昆明池。元封六年秋，大旱。

天漢元年夏，大旱；其三年夏，大旱。先是，貳師將軍征大宛還，三將軍征匈奴，李陵沒不還。征和元年夏，大旱。是歲，始治巫蠱。明年，衛皇后、太子敗。昭帝始元六年，大旱。先是，大鴻臚田廣明征益州，暴師連年。元鳳五年夏，大旱。宣帝本始元年夏，大旱，東南數千里。先是，五將軍衆二十萬征匈奴。神爵元年秋，大旱。是歲，後將軍趙充國征西羌。元帝建昭二年，大旱。

成帝永始三年、四年夏，大旱。平帝建平四年春，大旱。

後漢世祖建武三年七月，洛陽大旱。五年夏，旱。京房《易傳》曰：『欲德不用，茲謂張，厥災荒，其旱陰雲不雨，變而赤因四陰。衆出過時，茲謂廣，其旱不生。上下皆蔽，茲謂隔，其旱天赤三月，時有雹殺飛禽。上緣求妃，茲謂僭，其旱三月大溫亡雲。君高臺府，茲謂犯，陰侵陽，其旱萬物根死，有火災。庶位逾節，茲謂僭，其旱澤物枯，爲火所傷《春秋考異郵》曰：『國大旱，冤獄結。旱者，陽氣移，精不施，君上失制，奢，淫僭差，氣亂感天，則旱徵見。』又云：『陰厥陽移，君淫民惡，陰精不舒，陽偏不施。」又云：『陽偏，民怨徵也。在所以感之者，上奢則求多，求多則下竭，下竭則潰，君不仁。』《管子》曰：『春不收枯骨伐枯木而起去之，則夏旱。』《方儲對策》曰：『百姓苦，士卒煩碎，責租税失中，暴師外營，經歷三時，內有怨女，外有曠夫。王者熟推其祥，揆合於天，圖之事情，旱災可除。夫旱者過日，天王無意於百姓，恩德不行，萬民煩擾，故天應以無澤。」。』是時天下僭逆者未盡誅，軍多過時《古今注》曰：『建武六年六月，九年春，十二年五月，二十一年六月，明帝永平元年五月，八年冬，十一年八月，十三年八月，十八年三月，並旱。』。章帝章和二年夏，旱。時章帝崩後，竇太后兄弟用事奢僭《古今注》曰：『建初二年夏，雒陽旱。四年夏，元和元年春，並旱。』按《楊終傳》，建初元年大旱，穀貴，終以爲廣陵、楚、淮陽、濟南之獄徒者數萬人，吏民怨曠，上疏云久旱。孔褒曰：『建初元年大旱，天子憂之，侍御史孔豐上疏曰：「臣聞爲不善而災報，得其應也，爲善而災至，遭時運也。陛下即位日淺，視民如傷，而不幸耗旱，時運之會耳，非政教所致也。昔成湯遭旱，因自責，省畋散積，減御損食，而大有年。意者陛下未爲成湯之事焉。」天子納其言而從之，三日雨即降。轉拜黄門郎，典東觀事。』。和帝永元六年秋，京師旱。時雒陽有雒囚，和帝幸雒陽寺，錄囚徒，理冤囚，收令下獄抵罪。行未還宮，澍雨降《古今注》曰：『永元二年，郡國十四旱。十五年，丹陽郡國二十二並旱，或傷稼。』安帝，《古今注》曰：『永初元年，郡國八旱，分遣議郎請雨。』按本紀二年五月，旱，皇太后幸雒陽寺，錄囚徒，即日雨。六月，京師郡國四年災水。雖得水，無救爲災。』。

安帝永初六年夏，旱。《古今注》曰：『三年，郡國八，四年、五年夏，並旱。』七年夏，旱。元初元年夏，旱。二年夏，旱三年夏，旱。時西羌寇亂，軍屯相繼，連十餘年。六年夏，旱《古今注》曰：『建光元年，郡國四旱。延光元年，郡國五並旱，傷稼。』。順帝永建三年夏，旱。五年夏，旱。陽嘉二年夏，旱。時李固對策，以爲奢僭所致也臣昭按：本紀元年二月，京師旱。《郎顗傳》：『人君恩澤不施於民，祿去公室，臣下專權所致也。』又《周舉傳》：『三年，河南、三輔大旱，五穀傷災，天子親自露坐德陽殿東廂請雨。』。沖帝永嘉元年夏，旱。時沖帝幼崩，太尉李固勸太后及兄梁冀立嗣帝，擇年長有德者，天下賴之，則功名不朽。年幼未可知，如後不善，悔無所及。時太后及冀貪立年幼，欲久自專，遂立質帝，八歲。此不用德《古今注》曰：『本初元年二月，京師旱。』。桓帝元嘉元年夏，旱。是時梁冀秉政，妻子並受封，寵逾節。延熹元年六月，旱。《京房占》曰：『人君無施澤惠利於下，則致旱也。不救，必蝗蟲害穀；其救也，貰讁罰，行寬大，惠兆民，勞功吏，賜鰥寡，稟不足。』按陳蕃上疏：『宮女多聚不御，憂悲之感，以致水旱之困也。』靈帝熹平五年夏，旱蔡邕作《伯夷叔齊碑》曰『熹平五年，天下大旱，禱請名山，求獲答應。時處士平陽蘇騰，字元成，夢陟首陽，有神馬之使在道。明覺而思之，以其夢陟狀上聞。天子開三府請雨使者，與郡縣户曹掾吏登山升祠。手書要曰：「君況我聖主以洪澤之福。」天尋興雲，即降甘雨』也。六年夏，旱。光和五年夏，旱。六年夏，旱。是時常侍、黄門僭作威福。獻帝興平元年秋，長安旱。是時李傕、郭汜專權縱肆《獻帝起居注》曰：『建安十九年夏四月，旱。』。

魏明帝太和二年五月，大旱。元年已來，崇廣宫府之應也。又，是春，宣帝擒孟達，張郃破諸葛亮，斃馬謖。亢陽自大，又其應也。太和五年三月，自去冬十月至此月不雨。辛巳，大雩。齊王正始元年二月，自去冬十二月至此月不雨。去歲，曹爽白帝，轉宣帝爲太傅，外示尊崇，內實厥令事先由己，時宣帝功蓋魏朝，欲德不用之應也。

高貴鄉公甘露三年正月，自去秋至此月旱。時文帝圍諸葛誕，衆出過時之應也。初，壽春秋夏常雨淹城，而此旱逾年，城陷，乃大雨，咸以誕爲天亡。

吴孫權嘉禾四年，自十月不雨，至於夏。孫亮五鳳二年，大旱，百姓饑。是年征役煩興，軍士怨叛。此亢陽自大，勞役失衆之罰也。其役彌歲，故旱亦竟年。孫皓寶鼎元年春夏，旱。時皓遷都武昌，勞役動衆之應。

晉武帝泰始七年五月閏月，旱，大雩。八年五月，旱。是時帝納荀勖邪説，留賈充不復西鎮，而任愷漸疏，上下皆蔽之應也。及李熹、魯芝、李允等並在散職，近厥德不用之謂也。九年，自正月旱，至於六月，祈宗廟社稷山川，癸未，雨。十年四月，旱。去年秋冬，採擇鄉校諸葛沖等女，是春，五十餘人入殿簡選。又取小將吏女數千人，母子號哭於宫中，聲聞於外，行人悲酸。是殆積陰生陽，上緣求妃之應也。咸寧二年五月，旱，大雩，至六月乃澍之戍反，又音樹雨。太康二年，旱，自去冬至此春。三年四月，旱。乙酉，詔司空齊王攸與尚書、廷尉、河南尹錄訊繫囚，事從蠲宥。五年六月，旱。此年正月，天陰，解而復合。劉毅上疏曰：『必有阿黨之臣，奸以事君者，當誅而不赦也。』帝不答。是時荀勖、馮紞僭作威福，亂朝尤甚。六年三月，青、梁、幽、冀郡國旱。六月，濟陰、武陵旱，傷麥。七年夏，郡國十三大旱。八年四月，冀州旱。九年夏，郡國三十三旱。扶風、始平、京兆、安定旱，傷麥。十年二月，旱。太熙元年三月，旱。自太康後，雖正人滿朝，不被親仗，而賈充、荀勖、楊駿、馮紞等疊居要重。所以無年不旱者，欲德不用，上下皆蔽，庶位逾節之罰也。惠帝元康七年七月，秦、雍二州大旱、疾疫，關中饑，米斛萬錢。因此氐、羌反叛，雍州刺史解繫敗績。而饑疫薦與洊同，在見反臻，戎、晉並困，朝廷不能振，詔聽相賣鬻。其九月，郡國五旱。永寧元年，自夏及秋，青、徐、幽、并四州旱。十二月，又郡國十二旱。是年春，三王討趙王倫，六旬之中，數十戰，死者十餘萬人。懷帝永嘉三年五月，大旱。襄平縣梁水淡池竭，河、洛、江、漢皆可涉。是年三月，司馬越歸京都，遣兵入宮，收中書令繆播等九人殺之。皆僭逾之罰也。又四方諸侯多懷無君之心，劉元海、石勒、王彌李雄之徒，賊害百姓，流血成泥，又其應也。五年，自去冬旱至此春。去歲十一月，司馬越以行臺自隨，斥黜宮衛，無君臣之節。愍帝建興元年六月，揚州旱。去年十二月，淳于伯冤死之應。元帝太興元年六月，又旱。干寶曰『殺淳于伯之後旱三年』是也。刑罰妄加，羣陰不附，則陽氣勝之罰也。元帝太興四年五月，旱。是時王敦陵僭已著。永昌元年夏，大旱。是年三月，王敦有石頭之變，二宮陵辱，大臣誅死，僭逾無上，故旱尤甚也。其閏十一月，京都大旱，川谷並竭。

明帝太寧三年，自春不雨，至於六月。成帝咸和元年夏秋，旱。是時庾太后臨朝稱制，言不從而僭逾之罰也。二年夏，旱。五年五月，大旱。六年四月，大旱。八年秋七月，旱。九年，自四月不雨，至於八月。咸康元年六月，旱。

是時成帝沖弱，未親萬機，內外之政，決之將相。此僭逾之罰，連歲旱也。至四年，王導固讓太傅，復子明辟，是後不旱，殆其應也。時天下普旱，會稽餘姚特甚，米斗直五百，人有相鬻者。二年三月，旱。三年六月，旱。時王導以天下新定，務在遵養，不任刑罰，遂盜賊公行，頻五年亢旱，亦舒緩之應也。康帝建元元年五月，旱。穆帝永和元年五月，旱。是時帝在繈褓，褚太后臨朝如明穆太后故事。五年七月，不雨，至於十月。六年夏，旱。八年夏，旱。

九年春，旱。升平三年冬，大旱。四年冬，大旱。哀帝隆和元年夏，旱。是時桓溫彊恣，權制朝廷，逾僭之罰也。海西公太和元年夏，旱。四年冬，旱。

涼州春旱至夏。鼂文帝咸安二年十月，大旱，饑。自永和至是，嗣主幼沖，桓溫陵僭，用兵征伐，百姓怨苦。孝武帝寧康元年三月，旱。是時桓溫入覲高平陵，闔朝致拜，逾僭之應也。三年冬，旱。太元四年夏，大旱。八年六月，旱。十年七月，旱，饑。初，八年破苻堅，九年諸將略地，有事徐、豫，楊亮、趙統攻討巴、沔。是年正月，謝安又出鎮廣陵，使子琰進次彭城，頻有軍役。十三年六月，旱。去歲北府遣戍胡陸，荊州經略河南。是年夏，郭銓置戍野王，又遣軍破黃淮。十五年七月，旱。十七年秋，旱。至冬。是時烈宗仁恕，信任會稽王道子，政事舒緩。又茹千秋爲驃騎諮議，竊弄主相威福。又邱尼乳母親黨及婢僕之子階緣近習，臨部領衆。又所在多上春禁囚，不以其辜，建康獄吏，枉暴既甚。此又僭逾不從，冤濫之罰。安帝隆安二年冬，旱，寒甚。四年五月，旱。五年夏秋，大旱。十二月，不雨。時孫恩作亂，桓元疑貳，迫殺殷仲堪，而朝廷即授以荊州之任，司馬元顯又諷百僚悉使敬己，內外騷動，兵甲煩興。此皆陵僭憂愁之應也。元興元年七月，大饑。九月、十月不雨，泉水涸。二年六月，不雨。冬，又旱。時桓元奢僭，十二月遂篡位。三年八月，不雨。義熙四年冬，不雨。六年九月，不雨。八年十月，不雨。九年秋冬，不雨。十年九月，旱。十二月，又旱，井瀆多竭。是時軍役煩興。宋文帝元嘉八年夏六月，旱，大雩。二十八年三月，大旱。孝武大明七年、八年，東諸郡大旱，甚者米一斗數百，都下亦至百餘錢餓，死者十六七。

梁武帝天監元年，大旱，米斗五千，人多餓死。《洪範五行傳》曰：『君持亢陽之節，興師動衆，勞人過度，故旱災應』。初，帝起兵襄陽，破張沖，敗陳伯之，及平建康，前後連戰，百姓勞敝，及即位後，復與魏交兵不止之應也。鼂文帝大寶元年夏，大旱，人相食，都下尤甚。

陳宣帝太建十二年春，不雨，至四月。先是，周師掠淮北，始興王叔陵等諸軍敗績，淮北地皆沒於周，是其應也。

後魏孝文太和十五年，自正月不雨，至於四月。宣武景明四年，旱。正始元年，旱。永平二年，旱。三年，冀、定二州旱。延昌元年，自二月不雨，至五月。孝明神龜元年，自正月不雨，至六月。正元二年，旱。孝靜帝天平二年，大旱。

東魏天平四年，并、肆、汾、建、晉、絳、秦、陝等諸州大旱，人多流散。是歲，齊神武與西魏戰於沙苑，敗績，死者數萬。武定二年冬春，旱。先是，西魏師入洛陽，神武親帥軍大戰於邙山，死者數萬。

後齊天保九年夏，大旱。先是，大發卒築長城四百餘里，年勞役之應也。乾明元年春，旱。先是，發卒數十萬築金鳳、聖應、崇光三臺，窮極侈麗，不恤百姓，亢陽之應也。河清二年四月，并、晉已西五州旱。是歲，發卒築軹關，突厥二十萬衆毀長城，寇恆州。後主天統二年春，旱。是時，大發卒起大明宮。

隋開皇四年已後，京師頻旱。時遷都龍首，建立宮室，百姓勞敝，亢陽之應也。大業四年，燕、代緣邊諸郡旱。時發卒百餘萬築長城，帝親巡塞表，百姓失業，道殣相望。八年，天下旱，百姓流亡。時發四海兵，帝親征高麗，六軍凍餒，死者十八九。十三年，天下大旱。時郡縣鄉邑悉遣築城，發男女，無少長，皆就役。

唐武德三年夏，旱，至於八月乃雨。四年，自春不雨，至於七月。雨，少陰之氣，其氣毀則不雨。少陰者，金也，金爲刑、爲兵，刑不辜，兵不戢，則金氣毀，故常爲旱。火爲盛陽，陽氣強悍，故聖人制禮以節之。禮失則僭而驕亢，以導盛陽，火勝則金衰，故亦旱。於五行，土實制水，土功興則水氣壅閼，又常爲旱。天官有東井，主水事，天漢、天江，亦水祥也。水與火仇，而受制於土，土火譎見，若日蝕過分而未至，與七曜循中道之南，皆旱祥也。七年秋，關內、河東旱。貞觀元年夏，山東大旱。二年春，旱。三年春夏，旱。四年春，旱。自太上皇傳位至此，而比年水旱。九年秋，劍南、關東州二十四，旱。十二年，吳、楚、巴、蜀州二十六，旱；冬，不雨，至於明年五月。十七年春夏，旱。二十一年秋，陝、絳、蒲、夔等州旱。二十二年秋，開、萬等州旱；冬，不雨，至於明年三月。永徽元年，京畿雍、同、絳等州十，旱。二年九月，不雨，至於明年二月。四年夏秋，旱，光、婺、滁、潁等州尤甚。顯慶五年春，河北州二十二，旱。總章元年，京師及山東、江淮大旱。二年七月，劍南州十九，旱；冬，無雪。咸亨元年春，旱；秋，復大旱。儀鳳二年夏，河南、河北旱。三年四月，旱。永隆二年，關中旱，霜，大饑。永淳元年，關中大旱，饑。二年夏，河南、河北旱。永昌元年三月，旱。神功元年，黄、隨等州旱。久視元年夏，關內、河東旱。長安二年春，不雨，至於六月。三年冬，無雪，至於明年二月。神龍二年冬，不雨，至於明年五月。京師、山東、河北、河南旱，饑。太極元年春，旱；七月，復旱。開元二年春，大旱。十二年七月，河東、河北旱，帝親禱雨宮中，設壇席，暴立三日。九月，蒲、同等州旱。十四年秋，諸道州十五，旱。十五年，諸道州十七，旱。十六年，東都、河南、宋亳等州旱。二十四年夏，旱。永泰元年春夏，旱。二年，關內大旱，自三月不雨，至於六月。大曆六年春，旱，至於八月。建中三年，自五月不雨，至於七月。興元元年冬，大旱。貞元元年春，旱，無麥苗，至於八月，旱甚，灞、滻將竭，井皆無水。六年春，關輔大旱，無麥苗；夏，淮南、浙西、福建等道大旱，井泉竭，人暍且疫，死者甚衆。七年，揚、楚、滁、壽、澧等州旱。十四年春，旱，無麥。十五年夏，旱。十八年夏，申、光、蔡州旱。十九年正月，不雨，至七月甲戌乃雨。永貞元年秋，江浙、淮南、荊南、湖南、鄂岳陳許等州二十六，旱。元和三年，淮南、江南、江西、湖南、廣南、山南東西皆旱。四年春夏，大旱；秋，淮南、浙西、江西、江東旱。七年夏，揚、潤等州旱。八年夏，同、華二州旱。十五年夏，旱。寶曆元年秋，荊南、淮南、浙西、江西、湖南及宣、襄、鄂等州旱。太和元年夏，京畿、河中、同州旱。六年，河東、河南、關輔旱。七年秋，大旱。八年夏，江淮及陝、華等州旱。九年秋，京兆、河南、河中、陝華同等州旱。開成二年春夏，旱。

四年夏，旱，浙東尤甚。會昌五年春，旱。六年春，不雨；冬，又不雨，至明年二月。大中四年，大旱。咸通二年秋，淮南、河南不雨，至於明年六月。九年，江淮旱。十年夏，旱。十一年夏，旱 廣明元年春夏，大旱。

中和四年，江南大旱，饑，人相食。景福二年秋，大旱。光化三年冬，京師旱，至於四年春。

宋建隆二年，京師夏旱，冬又旱。三年，京師春夏旱。河北大旱，霸州苗皆焦仆。又河南河中府、孟澤濮鄆齊濟澶滑延隰宿等州，並春夏不雨。四年，京師夏秋旱，又懷州旱。乾德元年冬，京師旱。二年正月，京師旱。夏，不雨。冬，無雪。是歲，河南府、陝虢麟博靈州旱，河中府旱甚。四年春至夏，京師不雨。江陵府、華州、漣水軍旱。五年正月，京師旱；秋，復旱。冬，無雪。開寶元年冬，京師無雪。二年夏至七月，京師不雨。三年春夏，京師旱。冬，無雪。邠州夏旱。五年春，京師旱；冬，又旱。六年冬，京師旱。七年，京師春夏旱；冬，又旱。河南府、晉解州夏旱。滑州秋旱。八年春，京師旱。是歲，關西饑旱甚。太平興國二年正月，京師旱。三年春夏，京師旱。四年冬，京師旱。七年春，京師旱。孟、虢、絳、蜜、瀛、衛、曹、淄州旱。九年夏，京師旱。秋，江南大旱。雍熙二年冬，京師旱。三年冬，京師旱。四年冬，京師旱。端拱二年五月，京師旱。秋七月至十一月，旱。上憂形於色，蔬食致禱。是歲，河南、登萊深冀旱甚，民多饑死，詔發倉粟貸之，人五斗。亀化元年正月至四月，不雨，京師民饑，上蔬食祈雨。河南鳳翔大名京兆府、許滄單汝乾鄭同州旱。二年春，京師大旱，蝗；冬，復大旱。是歲，河南北、河東、陝西及亳建淮陽等三十六州軍旱。三年夏，京師不雨，河南府、許汝亳滑商州旱。

五年六月，京師旱，疫，遣太醫和藥救之。至道元年，京師春旱。冬，無雪。二年春夏，京師旱。冬，無雪。咸平元年春夏，京畿旱。又江、浙、淮南、荊湖四十六州軍旱。二年春，京師旱甚。又廣南西路、江、浙、荊湖及曹單嵐州、淮陽軍旱。三年春，京師旱。江南頻年旱歉，多疾疫。四年，京畿正月至四月不雨。景德元年，京師夏旱，人多暍死。三年夏，京師旱。大中祥符二年春夏，京師旱。河南府及陝西路、潭邢州旱。三年夏，京師、江南路及宿、潤州旱。八年春，京師旱。九年秋，京師旱。又大名府、澶相州旱。天禧元年，京師春旱；秋，又旱。夏，陝西旱。四年春，利州路旱。夏，京師旱。

五年冬，京師旱。天聖二年春，不雨。八年辛未，開封府言，陽武等一十三縣大旱傷苗。六年四月，不雨。明道元年，畿縣久旱傷苗。明道二年，南方大旱，種餉皆絕，人多流亡，因饑成疫，死者十二三，官作粥糜以飼之，得食輒死。寶元元年，益州路自夏至秋不雨，兩蜀大旱。慶曆三年，京師自春至夏不雨。四年春，京師及諸路久不雨。七年正月，京師不雨。皇祐三年，恩、冀諸州旱。嘉祐五年，梓州路夏秋不雨。七年春，旱。治平元年春，京師逾時不雨。鄭滑蔡汝潁亳曹濮洺磁晉耀登等州、河中府、慶成軍旱。二年春，不雨。熙寧二年三月，旱甚。三年，畿内及諸路旱。八月，衛州旱。五年五月，北京自春至夏不雨。七年，自春至夏，河北、河東、陝西、京東西、淮南諸路久旱。九月，諸路復旱。時新復洮河亦旱，羌户多殍死。八年四月，真定府旱。

八月，淮南、兩浙、江南、荊湖等路旱。九年八月，河北、京東西、河東、陝西旱。十年春，諸路旱。元豐二年春，河北、陝西、京東西諸路旱。三年春，西北諸路旱。五年春，旱。六年夏，畿内旱。八年，旱。元祐二年春，旱。三年秋，諸路旱，京西、陝西尤甚。四年春，京師及東北旱。五年，旱。

八年秋，旱。紹聖元年春，旱。三年，江東大旱，溪河涸竭。四年夏，兩浙旱。元符元年，東南旱。二年春，京畿旱。建中靖國元年，衢、信州旱。淮南旱。

大觀三年，淮南、江東西諸路大旱，六月不雨，至於十月。政和元年，秦鳳路旱。是歲，燕山府路旱。建炎二年夏，旱。紹興二年，常州大旱。三年四月，旱，至於七月。五年五月，浙東、西旱五十餘日。六月，江東、湖南旱。秋，四川郡縣旱甚。六年，夔、潼、成都郡縣及湖南衡州皆旱。七年春，旱七十餘日。六月，又旱。八年冬，不雨。九年六月，旱六十餘日。十一年七月，旱。十二年三月，旱六十餘日。秋，京西、淮東旱。十八年，浙東、西旱。二十九年二月，旱七十餘日。秋，江、浙郡國旱。三十年春，階、成、鳳、西和州旱。秋，江、浙郡邑旱，浙東尤甚。隆興元年，江、浙郡縣旱，京西大旱。三年，臺州春旱。興化軍、漳福州大旱，首種不入，自春至於八月。乾道三年春，四川郡縣旱，至於秋七月，綿劍漢州、石泉軍尤甚。四年六月，旱。襄陽、隆興、建寧俱旱。五年夏秋，淮東旱，盱眙、淮陰爲甚。六年夏，浙東福建路旱，溫、臺、福、漳、建爲甚。七年春，江東西、湖南北、淮南、浙婺秀州皆旱，至於夏秋，江洪筠潭饒、南康興國臨江尤甚，首種不入。冬，不雨。九年，浙東婺處溫臺州、江西吉贛臨江南安、湖北江陵府皆久旱，無麥苗。

亀熙元年，浙東、湖南郡縣旱，臺、處、郴、桂爲甚。蜀關外四州旱。二年秋，江、浙、淮皆旱，紹興鎮江寧國建康、常和滁真揚、盱眙廣德爲甚。三年夏，浙西、常昭復隨郢金洋州、江陵德安興元、荊門漢陽皆旱。四年春，襄陽旱，首種不入。五年，浙西鎮江常州、蜀綿州及淮南、江東西旱。六年，衡永楚、高郵旱。七年，湖南旱，諸道自四月不雨，行都自七月不雨，皆至九月。

越臺婺常潤秀、隆興、興國臨江、江筠撫吉饒信徽池、建康、南康、舒蘄黃和、無爲、潭衡永、江陵皆大旱。八年正月甲戌，積旱始雨。七月，不雨，至於十一月。越婺衢嚴湖常、臨安鎮江江陰、建康、饒信徽、南康廣德興國、江陵德安、鄂復、漢陽信陽荊門昌、長寧、京西、淮郡皆旱，徽、楚、嚴、越尤甚。九年五月，不雨，至於七月。潤婺處溫洪吉撫筠袁、臨江建昌。江陵德安、潭鄂復、漢陽荊門信陽、恭合昌普資渠利閬忠涪萬、梁山南平廣安、襄陽皆旱。十年六月，旱，至於七月。江淮、建康、和、興國、恭涪瀘合金、南平旱。十一年四月，不雨，至於八月。吉、贛、建昌、福泉汀漳潮梅循邕賓象、興元、金洋西和皆旱，吉、興元尤甚。冬，不雨，至明年二月。十四年五月，旱。臨安鎮江、嚴常湖秀、紹興、衢婺處明臺饒信、隆興、江吉撫筠袁、臨江興國建昌皆旱。十五年，舒州旱。紹熙元年，重慶、蘄州、池州旱。二年五月，真揚通泰楚滁和、高郵盱眙及蜀普隆涪渝遂、富順監皆旱，簡、資、榮州大旱。三年夏，郢揚和三州大旱。秋，簡資普榮敘隆、富順監復大旱。四年，綿州大旱，亡麥。

簡資普渠合州、廣安軍旱。江、浙自六月不雨，至於八月，婺臺信、鎮江江陵、江西淮東旱。五年，浙東西自去冬不雨，至於夏秋。常秀、鎮江、江陰大旱。

淮東西旱，廬和濠楚爲甚。江西七郡秋旱。慶元三年，潼、利、夔路十五郡旱，自四月至於九月，金、蓬、普州大旱。六年四月，旱。常州、鎮江府大旱，水竭，淮郡自春無雨，首種不入，及京、襄皆旱。嘉泰元年夏五月，旱。浙西郡縣及蜀郡十五皆大旱。二年春，旱，至於夏秋。浙西、湖南、江東旱，常秀潭永、鎮江建康爲甚。四年五月，不雨，至七月。浙東西、江西旱。開禧元年夏，浙東西不雨百餘日，衢婺嚴越大旱，澧、忠、涪亦大旱。二年，南康軍、江西湖南北旱。三年二月，不雨。嘉定元年夏，旱。至七月乃雨。二年四月，旱，首種不入，至七月乃雨。浙西大旱，常、潤爲甚。淮東西、江東、湖北皆旱。四年，資、昌、普、合州旱。六年五月，不雨，至七月，江陵德安、漢陽旱。八年春，旱，首種不入，至八月乃雨。江、浙、淮、閩皆旱，衢婺溫臺明徽池真太平、建康、寧國、廣德、興國、南康、盱眙、安豐爲甚。十年七月，不雨。十一年秋，不雨，至於冬。淮郡及常州、鎮江、建康、江陰、廣德旱，蔬麥皆枯。十四年，浙、閩、廣旱，明、臺、衢、婺、溫、福爲甚。江西旱，贛吉、建昌爲甚。十五年五月，不雨，至七月，贛州大旱。十六年五月，不雨，岳州旱。

《遼史》卷六《穆宗紀上》［應曆十二年］夏五月庚午，以旱，命左右以水相沃，頃之，果雨。

又卷七《穆宗紀下》［應曆十六年］五月甲申，以歲旱，泛舟于池禱雨；不雨，捨舟立水中而禱，俄頃乃雨。

又卷一三《聖宗紀四》［統和八年夏四月］庚午，以歲旱，諸部艱食，振之。

又卷二二《道宗紀二》［咸雍三年］是歲，南京旱、蝗。

又卷二三《道宗紀三》［咸雍十年］夏四月，旱。辛未，以奚人達魯三世同居，賜官旌之。

又卷二七《天祚帝紀一》［乾統元年］夏四月，旱。

《金史》卷四《熙宗紀》［天眷三年］六月，陝西平。上次涼陘。大旱。使蕭彥讓、田穀決西京囚。

又卷六《世宗紀上》［大定四年］五月，旱。

又［大定九年］六月庚寅，冀州張和等反，伏誅。戊戌，以久旱，命宮中毋用扇。庚子，雨。

又卷七《世宗紀中》［大定十二年］四月，旱。癸卯，尚書右丞孟浩罷。丁巳，西北路納合七斤等謀反，伏誅。癸亥，以久旱，命禱祠山川。

又［五月］丁丑，次阻居。久旱而雨。

又［大定二十年］七月，旱。

又卷一〇《章宗紀二》［明昌五年］五月庚午，次烏十撒八。戊子，桓、撫二州旱，遣使禱于縉山。

又［承安元年］三月丁酉，如萬寧宮。不雨，遣官望祭嶽鎮海瀆於北郊。

又卷一一《章宗紀三》［承安四年］五月壬辰朔，以旱，下詔責躬，求直言，避正殿，減膳，審理冤獄，命奏事於泰和殿。戊戌，命有司望祭嶽瀆禱雨。己亥，應奉翰林文字陳載言四事：其一，邊民苦于寇掠；其二，農民困于軍須；其三，審決冤滯，一切從寬，苟縱有罪；其四，行省官員，例獲厚賞，而沿邊司縣，曾不霑及，此亦干和氣，致旱災之所由也。上是之。壬寅，以兵部郎中完顏撒里合爲夏國生日使。戊申，宰臣以京畿雨，率百官請御正殿，復常膳。不從。尚書省奏上更定給發虎符制，著于令。庚戌，諭宰臣曰：『諸路旱，或關執政。今惟大興、宛平兩縣不雨，得非其守令之過歟？』司空襄、平章政事萬公、參知政事揆上表待罪。上以罪己答之，令各還職。詔頒銅杖式。壬子，祈雨于太廟。乙卯，更定軍功賞格。戊午，司空襄以下再請御正殿，復常膳。不從。庚申，平章政事夾谷衡薨。以宿直將軍徒單仲華爲橫賜夏國使。

又卷一二《章宗紀四》［泰和四年］二月乙未朔，還宮。丁酉，以山東、河北旱，詔祈雨東、北二嶽。

又卷一三《衛紹王紀》［大安二年］六月，大旱。下詔罪己，振貧民闕食者。

又［崇慶元年］三月，大旱。

又十一月，賑河東南路、南京路、陝西東路、山東西路、衛州旱災。

又［至寧元年五月］陝西大旱。

又卷一四《宣宗紀上》［至寧三年三月］戊寅，諭尚書省，歲旱，議弛諸處碾磑，以其水溉民田。己卯，雨。自去冬不雨雪，至是始雨。

又卷一五《宣宗紀中》［興定二年秋七月］甲戌，以旱災，詔中外。

又［興定四年］六月己巳，太白晝見於張，百八十有四日乃伏。京畿不雨，勑有司閱獄，雜犯死罪以下皆釋之。

又卷一七《哀宗紀上》［正大三年］三月，陝西旱。

又卷一九《世紀補・顯宗》［大定二十四年］四月，久不雨，帝親禱，即日霑足。

又卷二三《五行志・熙宗》［皇統］三年，陝西旱。

又《世宗》［大定十二年］四月，旱。

又［大定二十年七月］七月，旱。

又《章宗》［明昌］二年五月，桓、撫等州旱。秋，山東、河北旱，飢。三年秋，綏德虸蚄蟲生。旱。

又［承安四年］五月，旱。

又［泰和四年］四月，旱。

又［泰和］五年夏，旱。

又《衛紹王》［大安二年］是歲四月，山東、河北大旱，至六月，雨復不止，民間斗米至千餘錢。

又［崇慶元年］是歲，河東、陝西、山東、南京諸路旱。二年二月，放進士榜，有狂僧公言：『殺天子。』求之不知所在。是歲，河東、陝西大旱，京兆斗米至八千錢。

又《宣宗》［貞祐四年］七月，旱。

又［興定二年］六月，旱。

又［興定三年］夏，旱。

又［興定四年］六月，旱。

又《哀宗》［正大二年］四月，旱。

又［正大三年］四月，旱。

又［天興］二年六月，上遷蔡，自發歸德，連日暴雨，平地水數尺，軍士漂沒。及蔡始晴，復大旱數月。識者以爲不祥。

又卷一〇〇《孟鑄傳》泰和四年，入為御史中丞，召見於香閣。上謂鑄曰：『朕自知卿，非因人薦舉也。御史責任甚重，往者臺官乃推求細故，彈劾小官，至於巨室重事，則畏徇不言。其勤乃職，無廢朕命。』是歲，自春至夏，諸郡少雨。鑄奏：『今歲徂陽，已近五月，比至得雨，恐失播種之期，可依種麻菜法，擇地形稍下處撥畦種穀，穿土作井，隨宜灌溉。』上從其言，區種法自此始。

又卷一〇一《僕散端傳》是時，章宗在位久，皇子未立，端請納之。章宗從之。既而京師久不雨，阿魯不復言：『夢見白頭老父使己祈雨，三日必大澍足。』過三日雨不降，章宗疑其誕妄，下有司鞫問，阿魯不引伏。

又卷一〇八《胥鼎傳》［貞祐］三年四月，建言利害十三事，若積軍儲、備黃河、選官讞獄、簡將練卒、鈔法、版籍之類，上頗採用焉。又言：『平陽歲再被兵，人戶散亡，樓櫓修繕未完，衣甲器械極少，庾廩無兩月食。夏田已為兵蹂，復不雨，秋種未下。雖有復業殘民，皆老幼，莫能耕種，豈足徵求。比聞北方劉伯林聚兵野狐嶺，將深入平陽、絳、解、河中，遂抵河南。戰禦有期，儲積未備，不速錯置，實關社稷生靈大計。乞降空名宣勑一千、紫衣師德號度牒三千，以補軍儲。』

又［貞祐四年］時河南粟麥不令興販渡河，鼎上言曰：『河東多山險，平時地利不遺，夏秋荐熟，猶常藉陝西、河南通販物斛。況今累值兵戎，農民寖少，且無雨雪，闕食為甚。又解州屯兵數多，儲糧僅及一月。伏見陝州大陽渡、河中大慶渡皆邀阻粟麥，不令過河，臣恐軍民不安，或生內患。伏望朝廷聽其輸販，以紓解州之急。』

又卷一二二《忠義傳一・王維翰》泰和七年，河南旱蝗，詔維翰體究田禾分數以聞。七月，雨，復詔維翰曰：『雨雖霑足，秋種過時，使多種蔬菜猶愈於荒莱也。蝗蝻遺子，如何可絕？舊有蝗處來歲宜菽麥，諭百姓使知之。』

《宋史》卷一《太祖紀一》［建隆三年］夏四月乙未，延州大雨雪，

趙、衛二州旱。**【略】**

五月甲子，幸相國寺禱雨，遂幸迎春苑宴射。乙亥，海州火。開太行運路。癸未，命使檢河北諸州旱。甲申，詔均戶役，敢蔽占者有罪。復幸相國寺禱雨。乙酉，廣大內。齊、博、德、相、霸五州自春不雨，以旱減膳徹樂。

又［乾德元年］夏四月，旱。甲申，徧禱京城祠廟，夕雨。

又 卷二《太祖紀二》［乾德四年秋七月］華州旱，免今年租。給州縣官奉戶。

又 卷三《太祖紀三》［開寶七年十一月］丁亥，秦、晉旱，免蒲、陝、晉、絳、同、解六州逋賦，關西諸州免其半。

又 卷五《太宗紀二》［端拱二年］冬十月辛未，以定難軍節度使趙保忠同平章事。以歲旱、彗星謫見，詔曰：『朕以身爲犧牲，焚於烈火，亦未足以答謝天譴。當與卿等審刑政之闕失、稼穡之艱難，恤物安人，以祈玄祐。』

又［淳化元年秋七月］開封、陳留、封丘、酸棗、鄢陵旱，賜今年田租之半，開封特給復一年。

又［淳化元年八月］是月，京兆長安八縣旱，賜今年租十之六。

又［淳化元年冬十月］是月，以乾鄭二州、河南壽安等十四縣旱，州蠲今年租十之四，縣蠲其稅。

又 是歲**【略】**開封、大名管內及許、滄、單、汝、乾、鄭等州，壽安、長安、天興等二十七縣旱。

又［淳化二年］是歲，女真表請伐契丹，詔不許，自是遂屬契丹。大名、河中、絳、濮、陝、曹、濟、同、淄、單、德、徐、晉、輝、磁、博、汝、兗、虢、汾、鄭、亳、慶、許、齊、濱、棣、沂、貝、衛、青、霸等州旱。

又 卷六《真宗紀一》［咸平元年］夏四月，旱。壬辰，禱白鹿山。

又［咸平二年閏三月］閏月丁亥，以久不雨，帝諭宰相曰：『凡政有闕失，宜相規以道，毋惜直言。』詔天下繫囚非十惡、枉法及已殺人者，死以下減一等。幸許國長公主第視疾，又幸北宅視德愿疾。詔兩京諸路收瘞暴骸，營塞破塚。戊子，幸太一宮、天清寺祈雨。己丑，上皇太后宮名曰萬安。庚寅，罷有司營繕之不急者。詔中外臣直言極諫。從弟德愿卒。壬辰，雨。

又 是歲，沙州蕃族首領、邛部川蠻、西南蕃、占城、大食國來貢。江、浙、廣南、荊湖旱，嵐州春霜害稼，分使發粟振之。

又［咸平三年］是歲，高麗、大食國、高州蠻來貢。畿內、江南、荊湖旱，果、閬州水，並振之。

又 卷七《真宗紀二》［景德元年閏九月］壬申，江南旱，遣使決獄，訪民疾苦，祠境內山川。

又［景德二年］九月丁未，以向敏中爲鄜延路都部署。庚戌，淮南旱，詔轉運使疏理繫囚。

又［祥符元年春正月］幽州旱，求市麥種；夏州饑，請易粟，並許之。

又［祥符二年夏四月］乙未，河北旱，遣使祠北岳。

又［祥符二年五月］庚辰，陝西旱，遣使禱太平宮、后土、西嶽、河瀆諸祠。

又［祥符三年］是歲，龜茲、占城、交州來貢。陝西飢。江、淮南旱。

又 卷八《真宗紀三》［祥符五年］五月辛未，江、淮、兩浙旱，給占城稻種，教民種之。

又［祥符五年八月］庚戌，淮南旱，減運河水灌民田，仍寬租限；州縣不能存恤致民流亡者罪之。

又［祥符九年九月］庚戌，以不雨罷重陽宴。利州水漂棧閣。甲寅，雨。

又［天禧二年］是歲，占城國、甘州、溪峒、黎州山後蠻來貢。陝西旱，振之。江陰軍蝻不爲災。

又 卷九《仁宗紀一》［天聖五年五月］是月，京畿旱，磁州蟲食桑。

又 卷一〇《仁宗紀二》［天禧元年］三月辛丑，以不雨禱于四海。壬寅，不雨，罷上巳宴。

又 卷一一《仁宗紀三》［慶曆三年夏四月］丙辰，以春夏不雨，遣使祠禱于嶽瀆。

又 卷一五《神宗紀二》［熙寧三年］是歲，振河北、陝西旱饑，除民租。

又 卷一七《哲宗紀一》［元祐四年］三月己卯，作渾天儀。胡宗愈罷。丁亥，以不雨罷春宴。己丑，詔自今大禮毋上尊號。辛卯，晝有流星出東方。癸巳，錄囚。乙未，罷幸瓊林苑、金明池。

夏四月乙巳，呂大防等以久旱求罷，不允。

又［元祐五年］是歲，東北旱，浙西水災。

又卷一九《徽宗紀一》［建中靖國元年］是歲，遼人來獻遺留物。河東地震，京畿蝗，江、淮、兩浙、湖南、福建旱。

又［崇寧元年］是歲，京畿、京東、河北、淮南蝗。江、浙、熙河漳泉潭衡郴州、興化軍旱。

又卷二〇《徽宗紀二》［大觀元年］是歲，秦鳳旱。

又［大觀三年］是歲，江、淮、荊、浙、福建旱。

又卷二一《徽宗紀三》［政和三年］是歲，江東旱，溫、封、滋三州火。

又卷二二《徽宗紀四》［宣和元年］是歲，京西饑，淮東大旱，遣官振濟。

又［宣和二年］是歲，淮南旱。夏國、真臘入貢。

又［宣和五年］是歲，秦鳳旱，河北、京東、淮南饑，遣官振濟。

又卷三〇《高宗紀七》［紹興十八年］是夏，浙東西、淮南、江東旱。

又卷三四《孝宗紀二》［乾道三年］是歲，兩浙水，四川旱，江東西、湖南北路蝗，振之。

又［乾道七年］是歲，湖南、江東西路旱，振之。

又［乾道八年］是歲，隆興府、江筠州、臨江興國軍大旱，四川水。

又［乾道九年］是歲，浙東、江東西、湖北旱。

又［淳熙三年］是歲，京西湖北諸州、興元府、金洋州旱，紹興府、台婺州水，並振之。

又卷三五《孝宗紀三》［淳熙六年］是歲，溫、台州水，和州旱。

又［淳熙七年］是歲，江、浙、淮西、湖北旱，蠲租，發廩貸給，趣州縣決獄，募富民振濟補官。

又［淳熙八年七月］辛卯，賞監司、守臣修舉荒政者十六人。以不雨決繫囚。

又是歲，江、浙、兩淮、京西、湖北、潼川、夔州等路水旱相繼，發廩蠲租，遣使按視，民有流入江北者，命所在振業之。

又［淳熙十年］秋七月乙丑，以不雨決繫囚。丙寅，幸明慶寺禱雨。甲戌，以夏秋旱暵，避殿減膳，令侍從、臺諫、兩省、卿監、郎官、館職各陳朝政闕失，分命羣臣禱雨于天地、宗廟、社稷、山川。左丞相王淮等以旱乞罷，不許。丁丑，詔除災傷州縣淳熙八年欠稅。甲申，雨。己丑，御殿復膳。

又是歲，福、漳、台、信、吉州水，京西、金澧州、南平荊門興國廣德軍、江陵建康鎮江紹興寧國府旱。

又［淳熙十一年］是歲，江東、浙西諸州水，福建、廣東、吉贛州、建昌軍、興元府、金洋西和州旱。

又［淳熙十三年］是歲，利州路饑，江西諸州旱。

又［淳熙十四年］是歲，兩浙、江西、淮西、福建旱，振之。

又卷三六《光宗紀》［紹熙二年］是歲，建寧府、汀州水，階、成、西和、鳳四州及淮東旱，振之。

又［紹熙四年秋七月］丙子，以不雨命諸路提刑審斷滯獄。

又［紹熙五年夏四月］壬寅，以不雨命大理、三衙、臨安府及兩浙決繫囚，釋杖以下。

又卷三七《寧宗紀一》［慶元六年五月］辛未，以久不雨詔中外陳朝廷過失及時政利害。壬申，雨。

又是歲，建寧府、徽嚴衢婺饒信南劍七州水，建康府、常潤楊楚通泰和七州、江陰軍旱，振之。

又卷三八《寧宗紀二》［嘉泰元年］是歲，浙西、江東、兩淮、利州路旱，振之，仍蠲其賦。

又［嘉泰二年］是歲，建寧府、福汀南劍瀘四州水，邵州旱，振之。

又［開禧元年］是歲，真里富國獻瑞象。江浙、福建、二廣諸州旱，兩淮、京西、湖北諸州水，振之。

又卷四〇《寧宗紀四》［嘉定十四年］是歲，浙東、江西、福建諸路旱，沔、成、階、利四州水，振之。

又卷四二《理宗紀二》［嘉熙四年］六月甲午朔，江、浙、福建大旱，蝗。乙未，祈雨。

又卷四三《理宗紀三》［淳祐五年］秋七月癸巳朔，日有食之。旱。辛丑，鎮江、常州亢旱，詔監司、守臣及沿江諸郡安集流民。

又［淳祐七年六月］丙申，以旱避殿減膳。詔中外臣僚士民直陳過失，毋有所諱。戊申，詔：『旱勢未釋，兩淮、襄、蜀及江、閩內地，曾經兵州縣，遺骼暴露，感傷和氣，所屬有司收瘞之。」

又［寶祐元年］六月戊申朔，江、湖、閩、廣旱。

又 卷四四《理宗紀四》［寶祐六年］夏四月庚辰朔，詔：自冬徂春，天久不雨，民失東作，自四月一日始，避殿減膳，仰答譴告。癸未，程元鳳等以久旱乞解機務，詔不允。甲申，大雨。

又 卷六六《五行志四・金》 建隆二年，京師夏旱，冬又旱。三年，京師春夏旱。河北大旱，霸州苗皆焦仆。又河南河中府、孟澤濮鄆齊濟滑延隰宿等州，並春夏不雨。四年，京師夏秋旱。又懷州旱。

乾德元年冬，京師旱。二年正月，京師旱。夏，不雨。是歲，河南府、陝虢麟博靈州旱，河中府旱甚。四年春，京師不雨。江陵府、華州、漣水軍旱。五年正月，京師旱；秋，復旱。

開寶二年夏至七月，京師不雨。三年春夏，京師旱。邠州夏旱。五年春，京師旱；冬，又旱。六年冬，京師旱。七年，京師春夏旱；冬，又旱。河南府、晉解州夏旱。滑州秋旱。八年春，京師旱。是歲，關中饑旱甚。

太平興國二年正月，京師旱。三年春夏，京師旱。四年冬，京師旱。五年夏，京師旱；秋，又旱。六年春夏，京師旱。七年春，京師旱。孟、虢、絳、密、瀛、衛、曹、淄州旱。九年夏，京師旱。秋，江南大旱。

雍熙二年冬，京師旱。三年冬，京師旱。四年冬，京師旱。

端拱二年五月，京師旱，秋七月至十一月，旱；上憂形於色，蔬食致禱。是歲，河南、萊登深冀旱甚，民多飢死，詔發倉粟貸之。

淳化元年正月至四月，不雨，帝蔬食祈雨。河南鳳翔大名京兆府、許滄單汝乾鄭同等州旱。二年春，京師大旱。三年春，京師大旱；冬，復大旱。是歲，河南府、京東西河北河東陝西及亳建淮陽等三十六州軍旱。四年夏，京師不雨，河南府、許汝亳滑商州旱。五年六月，京師旱。

至道元年，京師春旱。二年春夏，京師旱。

咸平元年春夏，京畿旱。又江浙、淮南、荊湖四十六軍州旱。二年春，京師旱甚。又廣南西路、江、浙、荊湖及曹單嵐州、淮陽軍旱。三年春，京師旱。江南頻年旱。四年，京畿正月至四月不雨。

景德元年，京師夏旱，人多暍死。三年夏，京師旱。

大中祥符二年春夏，京師旱。河南府及陝西路、潭邢州旱。三年夏，京師旱。江南諸路、宿州、潤州旱。八年，京師旱。九年秋，京師旱。大名府、澶州、相州旱。

天禧元年，京師春旱，秋又旱。夏，陝西旱。四年春，利州路旱。夏，京師旱。五年冬，京師旱。

天聖二年春，不雨。五年夏秋，大旱。六年四月，不雨。

明道元年五月，畿縣久旱傷苗。二年，南方大旱。景祐三年六月，河北久旱，遣使詣北嶽祈雨。

慶曆元年九月丁未朔，遣官祈雨。二年六月戊寅，祈雨。三年，遣使詣嶽、瀆祈雨。四年三月丙寅，遣內侍兩浙、淮南、江南祠廟祈雨。五年二月，詔：天久不雨，令州縣決淹獄，又幸大相國寺、會靈觀、天清寺、祥源觀祈雨。六年四月壬申，遣使祈雨。七年正月，京師不雨。二月丙寅，遣官嶽、瀆祈雨。三月辛丑，西太乙宫祈雨。

皇祐元年五月丁未，遣官祈雨。三年，恩、冀諸州旱。三月，分遣朝臣詣天下名山大川祠廟祈雨。

至和二年四月甲午，遣官祈雨。

嘉祐五年，梓州路夏秋不雨。七年三月甲子，罷春燕，以久旱故也。辛丑，西太乙宫祈雨。

治平元年春，京師踰時不雨。鄭滑蔡汝潁曹濮洺磁晉耀登等州、河中府、慶成軍旱。二年春，不雨。

熙寧二年三月，旱甚。三年，諸路旱。六月，畿內旱。八月，衛州旱。五年五月，北京自春至夏不雨。七年，自春及夏河北、河東、陝西、京東西、淮南諸路久旱；九月，諸路復旱。時新復洮河亦旱，羌戶多殍死。八年四月，真定府大旱。八月，淮南、兩浙、江南、荊湖等路旱。九年八月，河北、京東、京西、河東、陝西旱。十年春，諸路旱。

元豐二年春，河北、陝西、京東西諸郡旱。三年春，西北諸路旱。五年，亢旱。六年夏，畿內旱。

元祐元年春，諸路旱。正月，帝及太皇太后車駕分日詣寺觀禱雨。是冬，復旱。二年春，旱。三年秋，諸路旱，京西、陝西尤甚。四年春，京師及東北旱，罷春燕。八年秋，旱。

紹聖元年春，旱，疎決四京畿囚。三年，江東大旱，溪河涸竭。四年夏，兩浙旱。

元符元年，東南旱。二年春，京畿旱。

建中靖國元年，衢、信等州旱。

大觀二年，淮南、江東西諸路大旱，自六月不雨，至于十月。

政和元年，淮南旱。三年，江東旱。四年旱，詔振德州流民。

宣和元年二月，詔汝、潁、陳、蔡州飢民流移，常平官勒停。秋，淮南旱。四年，東平府旱。五年夏，秦鳳路旱。是歲，燕山府路旱。

建炎二年夏，旱。

紹興二年，常州大旱。帝問致旱之由，中書舍人胡交修奏守臣周杞殘酷所致，尋以屬吏坐贓及殺不辜，竄嶺南。三年四月，旱，至于七月；帝蔬食露禱，乃雨。五年五月，浙東、西旱五十餘日。六月，江東、湖南旱。秋，四川郡國旱甚。六年，夔、潼、成都郡縣及湖南衡州皆旱。七年春，旱七十餘日。時帝將如建業，隨所在分遣從臣，有事于名山大川。六月，又旱，江南尤甚。八年冬，不雨。九年六月，旱六十餘日，有事于山川。十一年七月，旱。戊申，有事于嶽、瀆。乙卯，禱雨于圜丘、方澤、宗廟。十二年三月，旱六十餘日。秋，京西、淮東旱。十二月，陝西旱。十八年，浙東、西旱，紹興府大旱。十九年，常州、鎮江府旱。二十四年，浙東、西旱。二十九年二月，旱七十餘日。秋，江、浙郡國旱。三十年春，階、成、鳳、西和州旱。秋，江、浙郡國旱，浙東尤甚。

隆興元年，江、浙郡國旱，京西大旱。二年，台州春旱。興化軍、漳福州大旱，首種不入，自春至于八月。

乾道三年春，四川郡縣旱，至于秋七月，綿劍漢州、石泉軍尤甚。四年夏六月，旱，帝將撤蓋親禱于太乙宮而雨。時襄陽、隆興、建寧亦旱。八月，詔頒皇祐祀龍法于郡縣。五年夏秋，淮東旱，盱眙、淮陰爲甚。六年夏，浙東、福建路旱，溫、台、福、漳、建爲甚。七年春，江西東、湖南北、淮南、浙婺秀州皆旱；夏秋，江洪筠潭饒州、南康興國臨江軍尤甚，首種不入。冬，不雨。九年，婺處溫台吉贛州、臨江南安諸軍、江陵府皆久旱，無麥苗。

淳熙元年，浙東、湖南郡國旱，台、處、郴、桂爲甚。蜀關外四州旱。二年秋，江、淮、浙皆旱，紹興鎮江寧國建康府、常和滁真揚州、盱眙廣德軍爲甚。三年夏，常昭復隨郢金洋州、江陵德安興元府、荊門漢陽軍皆旱。四年春，襄陽府旱，首種不入。五年，常綿州、鎮江府及淮南、江東西郡國旱，有事于山川羣望。六年，衡永楚州、高郵軍旱。七年，湖南春旱，諸道自四月不雨，行都自七月不雨，皆至于九月。紹興隆興建康江陵府、台婺常潤江筠撫吉饒信徽池舒蘄黃和潯衡永州、興國臨江南康無爲軍皆大旱，江筠徽婺州、廣德軍、無錫縣尤甚，禱雨于天地、宗廟、社稷、山川羣望。八年正月甲戌，積旱始雨。七月，不雨，至于十一月，臨安鎮江建康江陵德安府、越婺衢嚴湖常饒信徽楚鄂復昌州、江陰南康廣德興國漢陽信陽荊門長寧軍及京西、淮郡皆旱。九年夏五月，不雨，至于秋七月，江陵德安襄陽府、潤婺溫處洪吉撫筠袁潭鄂復恭合昌普資渠利閬忠涪萬州、臨江建昌漢陽荊門信陽南平廣安梁山軍、江山定海象山上虞嵊縣皆旱。十年六月旱，至于七月，江淮、建康府、和州、興國軍、恭涪瀘合金州、南平軍旱。十一年四月，不雨，至于八月，興元府、吉贛福泉汀漳潮梅循邕賓象金洋西和州、建昌軍皆旱，興元、吉尤甚。冬，不雨，至于明年二月。十四年五月，旱。六月戊寅，有事于山川羣望。甲申，帝親禱于太乙宮。七月己酉，大雩于圜丘，望于北郊，有事于嶽、瀆、海凡山川之神。時臨安鎮江紹興隆興府、嚴常湖秀衢婺處明台饒信江吉撫筠袁州、臨江興國建昌軍皆旱，越婺台處江州、興國軍尤甚，至于九月，乃雨。十五年，舒州旱。

紹熙元年，重慶府、蘄池州旱。二年五月，真揚通泰楚滁和普隆涪渝遂、高郵盱眙軍、富順監皆旱，簡、資、榮州大旱。三年夏，郢、揚、和州大旱；秋，簡資普榮敍隆、富順監亦大旱。四年，綿州大旱，亡麥。簡資普渠合州、廣安軍旱。江、浙自六月不雨，至于八月，鎮江江陵府、婺台信州、江西淮東旱。五年春，浙東、西自去冬不雨，至于夏秋，鎮江府、常秀州、江陰軍大旱，廬、和、濠、楚州爲甚，江西七郡亦旱。

慶元二年五月，不雨。三年，潼、利、夔路十五郡旱，自四月至于九月，金、蓬、普州大旱；四月壬子，禱于天地、宗廟、社稷。六年四月，旱；五月辛未，禱于郊丘、宗社。鎮江府、常州大旱，水竭，淮郡自春無雨，首種不入，及京、襄皆旱。

嘉泰元年五月，旱。丙辰，禱于郊丘、宗社。戊辰，大雩于圜丘。浙西郡縣及蜀十五郡皆大旱。二年春，旱，至于夏秋。七月庚午，大雩于圜丘，祈于宗社。浙西、湖南、江東旱，鎮江建康府、常秀潭永州爲甚。四年五月，不雨，至于七月。浙東西、江西郡國旱。

開禧元年夏，浙東、西不雨百餘日，衢、婺、嚴、越、鼎、澧、忠、涪州大旱。二年，南康軍、江西湖南北郡縣旱。三年二月，不雨；五月己丑，禱于郊丘、宗社。

嘉定元年夏，旱，閏月辛卯，禱于郊丘、宗社。二年夏四月，旱，首種不入，庚申，禱于郊丘、宗社。六月乙酉，又禱，至于七月乃雨。浙西大旱，常、潤爲甚。淮東西、江東、湖北皆旱。四年，資、普、昌、合州旱。六年五月，不雨，至于七月，江陵德安、漢陽軍旱。八年春，旱，首種不入。四月乙未，禱于太乙宫。庚子，命輔臣分禱郊丘、宗社。五月庚申，大雩于圜丘，有事于嶽、瀆、海，至于八月乃雨。江、浙、淮、閩皆旱，建康寧國府、衢婺溫台明徽池真太平州、廣德興國南康盱眙安豐軍爲甚，行都百泉皆竭，淮甸亦然。十年七月，不雨，帝日午曝立，禱于宫中。十一年秋，不雨，至于冬，淮郡及鎮江建寧府、常州、江陰廣德軍旱。十四年，浙、閩、廣、江西旱，明台衢婺溫福贛吉州、建昌軍爲甚。十五年五月，不雨，岳州旱。

嘉熙元年夏，建康府旱。三年，旱。四年，江、浙、福建旱。

淳祐七年，旱。十一年，閩、廣及饒州旱。

咸淳六年，江南大旱。十年，廬州旱，長樂、福清二縣大旱。

又 卷六七《五行志五·土》 ［乾道］三年九月，不雨，麥種不入。**【略】**五年夏，饒、信州荐饑，民多流徙。徽州大饑，人食蕨、葛。台楚州、盱眙軍亦饑。秋、冬不雨，淮郡麥種不入。

又 紹興十二年十二月，陝西不雨，五穀焦枯，涇、渭、灞、滻皆竭。時秦民以饑離散，壯者為北人所買，郡邑遂空。

又 卷二〇〇《刑法志二》 太平興國六年，自春涉夏不雨，太宗意獄訟冤濫。

又 卷三一一《吕公綽傳》 時久不雨，帝顧問：『何以致雨？』曰：『獄久不決，即有冤者，故多旱。』帝親慮囚，已而大雨。

又 卷三一五《韓維傳》 ［熙寧］七年二月，召為學士承旨。對，帝曰：『天久不雨，朕日夜焦勞，奈何？』維曰：『陛下憂閔旱災，損膳避殿，此乃舉行故事，恐不足以應天變。當痛自責己，廣求直言。』退，又上疏曰：『近畿內諸縣，督索青苗錢甚急，往往鞭撻取足，至伐桑為薪以易錢貨，旱災之際，重罹此苦。若夫動甲兵，危士民，匱財用於荒夷之地，朝廷處之不疑，行之甚鋭。至於蠲除租税，寬裕逋負，以救愁苦之民，則遲遲而不肯發。望陛下奮自英斷行之，過於養人，猶愈過於殺人也。』上感悟，即命維草詔求直言。其略曰：『意者聽納不得於理與？獄訟非其情與？賦斂失其節與？忠言讜論鬱於上聞，而阿諛壅蔽以成其私者衆與？』詔出，人情大悅。有旨體量市易、免行利病，權罷方田、保甲，是日乃雨。

又 卷三二一《鄭俠傳》 是時，自熙寧六年七月不雨，至于七年之三月，人無生意。東北流民，每風沙霾曀，扶携塞道，羸瘠愁苦，身無完衣。並城民買麻粈麥麩，合米爲糜，或茹木實草根，至身被鎖械，而負瓦揭木，賣以償官，累累不絕。

又 卷四〇〇《王介傳》 會以不雨，詔百官指陳闕失，時宰相史彌遠以母喪起復，介手疏歷論時政，推本《洪範》僭恒暘若之證，謂：『羅日愿為變，是下人謀上也。修好增幣，而金人猶觖望，是夷人亂華也。內批數出，是左右干政也。諫官無故出省，是小人間君子也。皆謂之僭。一僭已足以致天變，而況兼有之哉。』又言：『漢法天地降災，策免丞相，乞令彌遠終喪，擇公正無私者置左右，王、呂、蔡、秦之覆轍，可以為戒。』

又 卷四〇一《何異傳》 嘉定元年，召為刑部侍郎。五月不雨，異上封事言：『近日號令或從中出，而執政不得與聞其事，臺諫不得盡行其言。陛下閔念飢民，藥病殯死，遐荒僻嶠，安得實惠？多方稱提，不如縮造楮幣；阜通商米，不如稍寬關市之征。』

又 卷四一五《黃疇若傳》 ［開禧］八年，四月不雨，詔求直言。疇若條具三事，首言：『比稱提楮幣，州縣奉行切迫，故因坐減陌被估籍者衆，乞與給還；乞蠲閣下戶畸零税賦；乞振贍雄淮軍之乏。』

又《危稹傳》 稹始進對，請敍復軍功之賞以立大信，抆拭功臣之罪以厲忠節，置局以立武事，遣使以省邊防，厚賞以精間諜。次論和、戰、守利害，而請顓意於守。是歲春至夏不雨，稹應詔言：『安邊所征斂之害，與無罪而籍沒之害；楮幣之改，以一奪二；鹽鈔之更，以新廢舊；至於沮格軍賞，放散死士，皆足以召怨而致旱。』

又 卷四二四《徐元杰傳》 ［淳祐元年］時天久不雨，轉對，極論《洪範》天人感應之理及古今遇災修省之實，辭益忠懇。

又 卷四二五《徐霖傳》 ［淳祐］七年夏，大旱，霖應詔言：『諫議大夫不易則不雨，京兆尹不易則不雨。』不報，去國。上遣著作郎姚希得留之，不還。御筆改合入官，逎改宣教郎。霖屢辭，曰：『向為身死而不敢欺其君父，今以官高而自眩於平生，失其本心，何以暴其忠志？』又曰：『志貴乎潔，忠尚乎精，即有取，則自蹈於垢汙矣。』

又　卷四二九《道學傳三・朱熹》　〔隆興〕五年，史浩再相，除知南康軍，降旨便道之官，熹再辭，不許。至郡，興利除害，值歲不雨，講求荒政，多所全活。訖事，奏乞依格推賞納粟人。間詣郡學，引進士子與之講論。訪白鹿洞書院遺址，奏復其舊，為學規俾守之。明年夏，大旱，詔監司、郡守條其民間利病，遂上疏言：

天下之務莫大於恤民，而恤民之本，在人君正心術以立紀綱。蓋天下之紀綱不能以自立，必人主之心術公平正大，無偏黨反側之私，然後有所繫而立。君心不能以自正，必親賢臣，遠小人，講明義理之歸，閉塞私邪之路，然後乃可得而正。

今宰相、臺省、師傅、賓友、諫諍之臣皆失其職，而陛下所與親密謀議者，不過一二近習之臣。上以蠱惑陛下之心志，使陛下不信先王之大道，而說於功利之卑說，不樂莊士之讜言，而安於私暬之鄙態。下則招集天下士大夫之嗜利無恥者，文武彙分，各入其門。所喜則陰為引援，擢置清顯。所惡則密行訾毀，公肆擠排。交通貨賂，所盜者皆陛下之財。命卿置將，所竊者皆陛下之柄。陛下所謂宰相、師傅、賓友、諫諍之臣，或反出入其門牆，承望其風旨；其幸能自立者，亦不過齪齪自守，而未嘗敢一言以斥之；其甚畏公論者，乃能略警逐其徒黨之一二，既不能深有所傷，而終亦不敢正言以擣其囊橐窟穴之所在。勢成威立，中外靡然向之，使陛下之號令黜陟不復出於朝廷，而出於一二人之門，名為陛下獨斷，而實此一二人者陰執其柄。

且云：『莫大之禍，必至之憂，近在朝夕，而陛下獨未之知。』上讀之，大怒曰：『是以我為亡也。』熹以疾請祠，不報。

《元史》卷二《定宗紀》　〔定宗三年〕是歲大旱，河水盡涸，野草自焚，牛馬十死八九，人不聊生。

又　卷四《世祖紀一》　〔中統元年八月〕癸亥，澤州、潞州旱，民饑，敕賑之。

又　卷五《世祖紀二》　〔中統三年〕西京、宣德、威寧、龍門霜，順天、平陽、河南、真定雨雹，東平、濱棣旱。

又　〔中統四年八月〕濱、棣二州蝗，真定路旱。

又　十一月甲申，詔以歲不登，量減阿述、怯烈各軍行餉；東平、大名等路旱，量減今歲田租。

又　〔至元元年夏四月〕壬子，東平、太原、平陽旱，分遣西僧祈雨。

又　卷六《世祖紀三》　〔至元三年〕是歲，天下戶一百六十萬九千九百三。東平、濟南、益都、平灤、真定、洺磁、順天、中都、河間、北京蝗，京兆、鳳翔旱。

又　〔至元四年〕是歲，天下戶口一百六十四萬四千三十。山東、河南北諸路蝗，順天束鹿縣旱，免其租。

又　〔至元五年〕是歲，京兆大旱。天下戶一百六十五萬二百八十六。

又　〔至元六年九月〕壬戌，豐州、雲內、東勝旱，免其租賦。

又　卷八《世祖紀五》　〔至元十二年〕是歲，衛輝、太原等路旱，河間霖雨傷稼，凡賑米三千七百四十八石、粟二萬四千二百六石。

又　卷九《世祖紀六》　〔至元十三年〕是歲，東平、濟南、泰安、德州、漣海、清河、平灤、西京西三州以水旱缺食，賑軍民站戶米二十二萬五千五百六十石，粟四萬七千七百十二石，鈔四千二百八十二錠有奇。平陽路旱，濟寧路及高麗瀋州水，並免今年田租。斷死罪三十四人。

又　卷一〇《世祖紀七》　〔至元十六年〕是歲，斷死罪百三十二人。保定等二十餘路水旱風雹害稼。

又　卷一一《世祖紀八》　〔至元十七年八月〕大都、北京、懷孟、保定、南京、許州、平陽旱，濮州、東平、濟寧、磁州水。

又　〔至元十八年〕是歲，保定路清苑縣水，平陽路松山縣旱，高唐、夏津、武城等縣蟊害稼，並免今年租，計三萬六千八百四十石。

又　卷一三《世祖紀十》　〔至元二十一年五月〕戊寅，廣平、汴梁、鈞、鄭旱。【略】戊戌，汴梁、懷孟、濮州、東昌、廣平、平陽、彰德、衛輝旱。

又　卷一四《世祖紀十一》　〔至元二十三年十一月〕平灤、太原、汴梁水旱爲災，免民租二萬五千六百石有奇。

又　〔至元二十四年〕平陽春旱，二麥枯死，秋種不入土。

又　卷一六《世祖紀十三》　〔至元二十七年〕平山、真定、棗強三縣旱，靈壽、元氏二縣大雨雹，並免其租。

又卷一八《成宗紀一》〔元貞元年六月〕是月，汴梁路蝗，利州、蓋州螟，泰安、曹州、濟寧路水，鞏昌、環州、慶陽、延安、安西旱。

又〔元貞元年秋七月〕大都、遼東、東平、常德、湖州武衛屯田大水，隆興路雹，太原、平陽、安豐、河間等路旱。

又〔元貞元年八月〕金、復州屯田有蟲食禾，汴梁、安西、真定等路旱，平江、安豐等路大水。

又〔元貞元年九月〕武衛萬盈屯及延安路隕霜殺禾，高郵府、泗州、賀州旱，平江、廬州等路大水。

又卷一九《成宗紀二》〔元貞二年九月〕河間之莫州、獻州旱。

又是歲，大都、保定、汴梁、江陵、沔陽、淮安水，金、復州風損禾，太原、開元、河南、芍陂旱，蠲其田租。

又〔大德元年六月〕河間、大名路旱。

又〔大德元年八月〕揚州、淮安、寧海州旱。真定、順德、河間旱、疫。池州、南康、寧國、太平水。

又〔大德元年冬十月〕歷陽、合肥、梁縣及安豐之蒙城、霍丘自春及秋不雨。

又〔大德元年十一月〕常德路大水，常州路及宜興州旱，並賑之。

又是歲，濟南及金、復州水，旱。大都之檀州、順州，遼陽，瀋陽，廣寧水。順德、河間、大名、平陽旱。

又卷二〇《成宗紀三》〔大德三年五月〕是月，鄂、岳、漢陽、興國、常、澧、潭、衡、辰、沅、寶慶、常寧、桂陽、茶陵旱，免其酒課、夏稅；江陵路旱，蝗，弛其湖泊之禁；仍並以糧賑之。

又〔大德四年五月〕是月，同州、平灤、隆興雹。揚州、南陽、順德、東昌、歸德、濟寧、徐、濠、芍陂旱、蝗。

又〔大德五年六月〕是月，汴梁、南陽、衛輝、大名、濮州旱。大都路水。

又〔大德五年九月〕丙辰，江陵、常德、澧州皆旱，並免其門攤、酒醋課。順德、懷孟蝗。

又〔大德六年春正月〕陝西旱，禁民釀酒。

又三月丁酉，以旱、溢爲災，詔赦天下。大都、平灤被災尤甚，免其差稅三年，其餘災傷之地，已經賑恤者免一年。

又卷二一《成宗紀四》〔大德四年六月〕扶風、岐山、寶雞諸縣旱，烏撒、烏蒙、益州、忙部、東川等路饑，疫，並賑恤之。

又〔大德九年八月〕是月，涿州、東安州、河間、嘉興蝗，象州、融州、柳州旱，歸德、陳州河溢，大名大水，揚州饑。

又卷二二《武宗紀一》〔至大元年二月〕汝寧、歸德二路旱、蝗，民饑，給鈔萬錠賑之。

又卷二三《武宗紀二》〔至大三年六月〕威州、洺水、肥鄉、雞澤等縣旱。

又卷二四《仁宗紀一》〔皇慶二年十二月〕京師以久旱，民多疾疫，帝曰：『此皆朕之責也，赤子何罪。』明日，大雪。

又卷二七《英宗紀一》〔至治元年夏四月〕江州、贛州、臨江霖雨，袁州、建昌旱，民皆告饑，發米四萬八千石賑之。丁巳，廣德路旱，發米九千石減直賑糶。

又卷二八《英宗紀二》〔至治二年九月〕甲子，臨安河西縣春夏不雨，種不入土，居民流散，命有司賑給，令復業。

又〔至治三年五月〕大同路鴈門屯田旱損麥。

又卷二九《泰定帝紀一》〔至治三年五月〕河間、晉寧、涇州、揚州、壽春等路，湖廣、河南諸屯田皆旱。

又卷三〇《泰定帝紀二》〔泰定三年〕三月乙巳朔，帝以不雨自責，命審決重囚，遣使分祀五嶽四瀆、名山大川及京城寺觀。

又卷三二《文宗紀一》〔致和元年十二月〕陝西自泰定二年至是歲不雨，大饑，民相食。

又卷三三《文宗紀二》〔天曆二年三月〕壬申，以去冬無雪，今春不雨，命中書及百司官分禱山川群祀。

又〔天曆二年十一月〕江西龍興、南康、撫、瑞、袁、吉諸路旱。

又卷三四《文宗紀三》〔至順元年〕濠州去年旱，賑糧一月。大名路及江浙諸路俱以去年旱告。

又〔至順元年秋七月〕開元、大同、真定、冀寧、廣平諸路及忠翊侍衛左右屯田，自夏至于是月不雨。

又 鐵里干、木鄰等三十二驛，自夏秋不雨，牧畜多死，民大饑，命嶺北行省人賑糧二石。

又 卷三五《文宗紀四》 ［至順二年六月］是月，晉寧、亦集乃二路旱。

又 ［至順二年八月］景州自六月至是月不雨。

又 ［至順二年］是歲，真定路屬州水。冀寧、河南二路旱，大饑。

又 卷三七《寧宗紀》 ［至順三年八月］冀寧路之陽曲、河曲二縣及荊門州皆旱。

又 卷三八《順帝紀一》 ［元統二年三月］湖廣旱，自是月不雨至于八月。

又 ［元統二年夏四月］成州旱饑，詔出庫鈔及發常平倉米賑之。河南旱，自是月不雨至于八月。

又 卷三九《順帝紀二》 ［至元二年五月］是月，婺州不雨，至于六月。

又 ［元統二年十二月］江浙旱，自春至于八月不雨，民大饑。

又 卷四一《順帝紀四》 ［至正三年秋七月］是月，興國路大旱。河南自四月至是月，霖雨不止。戶部復言撙節錢糧。

又 ［至正七年夏四月］是月，河東大旱，民多饑死，遣使賑之。

又 卷四三《順帝紀六》 ［至正十三年］是歲，自六月不雨至于八月。

又 卷五〇《五行志三上・金》 庶徵之恒暘，劉向以爲《春秋》大旱也。京房《易傳》曰：『欲得不用，茲謂張，厥災荒。』荒，旱也。

中統三年五月，濱、棣二州旱。四年八月，真定郡及洺、磁等州旱。

至元元年二月，東平、太原、平陽旱，分命西僧禱雨。五年十二月，京兆大旱。八年四月，蔚州靈仙、廣靈二縣旱。九年六月，高麗旱。十三年十二月，平陽路旱。十六年七月，趙州旱。十八年二月，廣寧、北京大定州旱。二十三年五月，汴梁旱。京畿旱。二十四年春，平陽旱，二麥枯死。二十五年，東平路須城等六縣，安西路商、耀、乾、華等十六州旱。二十六年，絳州大旱。

元貞元年六月，環州、葭州及咸寧、伏羌、通渭等縣旱。七月，河間肅寧、樂壽二縣旱。泗州、賀州旱。二年八月，大名開州、懷孟武陟縣，河間肅寧縣旱。九月，莫州、獻州旱。十月，化州旱。十二月，遼東、開元二路旱。

大德元年六月，汴梁、南陽大旱，民鬻子女。九月，鎮江丹陽、金壇二縣旱。十二月，平陽曲沃縣旱。二年五月，衛輝、順德、平灤等路旱。三年五月，荊湖諸郡及桂陽、寶慶、興國三路旱。十月，揚、廬、隨、黃等州旱。四年，平棘、白馬二縣旱。五年六月，汴梁、南陽、衛輝、大名等路旱。九月，江陵旱。八年六月，鳳翔扶風、岐山、寶鷄三縣旱。九年七月，晉州饒陽縣、漢陽漢川縣旱。八月，象州、融州、柳州屬縣旱。十年五月，京畿旱。安西春夏大旱，二麥枯死。

至大三年夏，廣平亢旱。

皇慶元年六月，濱、棣、德三州及蒲臺、陽信等縣旱。二年九月，京畿大旱。

延祐二年春，檀、薊、濠三州旱。夏，鞏昌蘭州旱。四年四月，德安府旱。五年七月，真定、河間、廣平、中山大旱。七年六月，黃、蘄二郡及荊門州旱。

至治元年六月，大同路旱。二年十一月，岷州旱。三年夏，順德、真定、冀寧大旱。

泰定元年六月，景、清、滄、莫等州，臨汾、涇川、靈臺、壽春、六合等縣旱。九月，建昌郡旱。二年五月，潭州、茶陵州、興國永興縣旱。七月，隨州、息州旱。三年夏，燕南、河南州縣十有四亢陽不雨。七月，關中旱。四年二月，奉元醴泉、順德唐山、邠州淳化等縣旱。六月，潞、霍、綏德三州旱。八月，藤州旱。

致和元年二月，廣平、彰德等郡旱。

天曆元年八月，陝西大旱，人相食。二年夏，真定、河間、大名、廣平等四州四十一縣旱。峽州二縣旱。八月，浙西湖州，江東池州、饒州旱。十二月，冀寧路旱。

至順元年七月，肇州、興州、東勝州及榆次、滏陽等十三縣旱。二年，霍、隰、石三州，阜城、平地二縣旱。

又 卷五一《五行志三下・金不從革》 元統元年夏，紹興旱，自四月不雨至于七月。淮東、淮西皆旱。二年三月，湖廣旱，自是月不雨至于八月。四月，河南旱，自是月不雨至于八月。秋，南康旱。至元元年夏，河南及邵武大旱。二年，蘄州、黃州、浙東衢州、婺州、紹興、江東信州、江西瑞州等路及陝西皆旱。是年四月，黃州黃岡縣周氏婦產一男即死，狗頭人身，咸以爲旱魃云。六年夏，廣東南雄路旱，自二月不雨至于五月，種不入土。至正二年，彰德、大同二郡及冀寧平晉、榆次、徐溝縣，汾州孝義縣，忻州皆大旱，自春至秋不雨，人有相食者。秋，衛輝大旱。三年秋，興國大旱。四年，福州大旱，自三月不雨至于八月。興化、邵武、鎮江及湖南之桂陽皆旱。五年，曹州禹城縣大旱。夏，膠州高密縣旱。六年，鎮江及慶元奉化州旱。七年，懷慶、衛輝、河東及鳳翔之岐山、汴梁之祥符、河南之孟津皆大旱。八年三月，益都臨淄縣大旱。五月，四川旱。十年夏秋，彰德旱。十一年，鎮江旱。十二年，蘄州、黄州大旱，人相食。浙東紹興旱。台州自四月不雨至于七月。十三年，蘄州、黄州及浙東慶元、衢州、婺州，江東饒州，江西龍興、瑞州、建昌、吉安，廣東南雄，湖南永州、桂陽皆大旱。十四年，懷慶河内縣、孟州，汴梁祥符縣，福建泉州，湖南永州、寶慶，廣西梧州皆大旱。祥符旱魃再見，泉州種不入土，人相食。十五年，衛輝大旱。十六年，婺州、處州皆大旱。十八年春，薊州旱。莒州、濱州、般陽淄川縣、霍州、鄜州、鳳翔岐山縣春夏皆大旱。莒州家人自相食，岐山人相食。十九年，晉寧、鳳翔，廣西梧州、象州皆大旱。二十年，通州旱。汾州介休縣自四月至秋不雨。廣西賓州大旱，自閏五月不雨至于八月。二十二年，河南洛陽、孟津、偃師三縣大旱，人相食。二十三年，山東濟南、廣西賀州皆大旱。

又 卷一七〇《張炤傳》［至元］八年，進階奉訓大夫、知兗州事。時州境亢旱，吏民懇禱不雨，炤始至，甘雨霑足。

又 卷一七二《鄧文原傳》［延祐］六年，移江東道。【略】時久旱不雨，決獄乃雨。

又 卷一九〇《李孝光傳》 至順四年，登進士第，授徽州路同知婺源州事。丁内艱，改同知餘姚州事，夏不雨，公諒出禱輒應，歲以有年，民頌之，以為别駕雨。

又 卷一九一《田滋傳》［大德］十年，改濟南路總管，尋拜陝西行省參知政事。時陝西不雨三年，道過西嶽，因禱曰：『滋奉命來參省事，而安西不雨者三年，民饑而死，滋將何歸！願神降甘澤，以福黎庶。』到官，果大雨。

又 卷一九二《劉秉直傳》 天不雨，禾且槁，秉直詣城北太行之蒼峪神祠，具詞祈祝，有青蛇蜿蜒而出，觀者異之，辭神而還，行及數里，雷雨大至。

明 解縉《天潢玉牒》 至正四年甲申，太祖年十有七，皇考六十有四，皇妣五十有九，俱即辭世，時遭疾疫，人事艱辛，因葬于此，今之皇陵是也。太祖自念嬰孩時多疾，捨入僧寺。及長，淳皇將許之，太后不許，因循未入釋氏。疫癘既侵，遂請于仲兄，師事沙門高彬于里之皇覺寺，鄰人汪文助為之禮，九月乙巳也。在寺居室，夜有紅光，近視不見，眾咸異之。是年旱蝗。

明 徐禎卿《翦勝野聞》 京城自夏至秋不雨，有司禱求不應。太祖曰：『在京法司及在外巡按御史、按察司冤枉人以致天旱。』差人提問京畿巡按御史何士弘等，太祖命綑縛於馬坊。及諭中書省、御史臺及都督府言事。次日，御史中丞劉基言三事。一曰『出征陣亡、病故軍妻數萬，盡令寡婦營居住，陰氣鬱結』；二曰『工役人死，暴露屍骸不收』；三曰『張士誠投降頭目不合充軍』。太祖曰：『寡婦聽其嫁人，不願者送還鄉里依親；工役人釋放寧家；投降頭目免充軍役。』旬日仍不雨，太祖怒曰：『劉基還鄉為民，御史、按察司官俱令自駕船隻發汴梁安置。被問官吏赦罪還職。』後得北方，欲用舊人，太祖謂楊憲曰：『發在汴梁御史等官，俱係舊人，盡用之。』太祖謂李善長曰：『出征陣亡及病故軍妻，俱令於寡婦營居住，不許出營，令人巡綽及把門，在外男子無故入營問罪。』

又 耿忠即耿三舍，初與毛驤等參隨太祖，以心腹親信時令浙江等處訪察官吏，問民疾苦。時紹興、金華、衢州秋旱，農民無收，有司不准告疾。回京奏，太祖怒，提問官吏。後忠任大同衛指揮。

又 太祖用陳寧為廣德知府，歲旱，百姓告苦。事聞，太祖不准寧赴京，奏曰：『天旱，田禾不收，民有饑色，若要稅糧，民必逃移蘇州就食，是與張士誠益民也。』太祖曰：『你好大膽，敢如此言！』久之，太祖曰：『免他本年稅糧。』

明 佚名《奉天靖難記》卷一 時諸王坐廢，允炆日益驕縱【略】紀綱壞亂，搆成大禍。自是災異疊見，恬不自省。夜宴張燈熒煌，忽不見人。寢宫初成，見男子提一人頭，血色模糊，直入宫内，隨索之，寂無所有。狐狸滿室，變怪萬狀，徧置鷹犬，亦不能止。他如日赤無光，星辰無度，彗掃軍門，熒惑守心犯斗，飛煌蔽天，山崩地震，水旱疫癘，連年不息，錦衣衛火，武庫自焚，文華殿燬，承天門災，雖變異多端，而酗樂自如。

《明史》卷二《太祖紀二》［洪武元年八月］壬申，以京師火，四方水旱，詔中書省集議便民事。

又［洪武三年夏四月］是月旱，齋戒，后妃親執爨，皇太子諸王饋於齋所。

又［洪武九年］夏四月庚戌，京師自去年八月不雨，是日始雨。

又卷三《太祖紀三》［洪武二十六年夏四月］庚寅，旱，詔羣臣直言得失，省獄囚。丙申，以安南擅廢立，絕其朝貢。

又卷九《宣宗紀》［宣德八年］是春，以兩京、河南、山東、山西久旱，遣使振䘏。

又［宣德八年］六月乙酉，禱雨不應，作閔旱詩示羣臣。

又卷一一《景帝紀》［景泰七年］夏五月戊寅，以水旱災異，敕內外諸臣修省。

又卷一二《英宗後紀》［天順七年］三月壬寅，旱，詔行寬䘏之政，停各處銀場。

又卷一三《憲宗紀一》［成化八年］夏四月，京師久旱，運河水涸。癸酉，遣使禱於郊社、山川、淮瀆、東海之神。

又卷一四《憲宗紀二》［成化十七年］夏四月庚申，以久旱風霾敕羣臣修省。

又［成化二十年］是秋，陝西、山西大旱饑，人相食。

又［成化二十三年］五月乙卯，旱，遣使分禱天下山川。

又卷一五《孝宗紀》［弘治六年夏四月］辛酉，久旱，敕修省，求直言。

又［弘治十年］三月辛亥，以旱霾修省，求直言。

又卷一七《世宗紀一》［嘉靖元年］秋七月己酉，以南畿、浙江、江西、湖廣、四川旱，詔撫按官講求荒政。

又［嘉靖八年春正月］甲申，旱，躬禱於南郊。

又卷一八《世宗紀二》［嘉靖四十五年］六月丙子，旱，親禱雨於凝道雷軒，越三日雨，羣臣表賀。

又卷二〇《神宗紀一》［萬曆元年］夏四月乙丑，潮、惠賊平。庚午，旱，諭百官修省。

又［萬曆十一年春正月］乙酉，振臨、鞏、平、延、慶五府旱災，免田租。

又［萬曆十三年］二月丁未，南京地震。京師自去年八月不雨，至於是月。庚午，大雩。三月甲申，大雩。

又［萬曆十四年］三月戊戌，以旱霾，諭廷臣陳時政。

又［萬曆十五年］夏四月，京師旱，大疫。

又［萬曆十五年］秋七月，江北蝗，江南大水，山西、陝西、河南、山東旱，河決開封，蠲振有差。

又［萬曆十七年夏四月］乙巳，南畿、浙江大旱，太湖水涸，發帑金四十萬振之。

又卷二一《神宗紀二》［萬曆二十九年］六月，京師自去年六月不雨，至是月乙亥始雨。山東、山西、河南皆大旱。

又［萬曆三十五年］冬十月癸酉，山東旱饑，蠲振有差。

又［萬曆］四十五年春二月戊午，以去冬無雪，入春不雨，敕修省。

又卷二三《莊烈帝紀一》［崇禎七年三月］山西自去年不雨至於是月，民大饑。

又［崇禎十年］是夏，兩畿、山西大旱。

又［崇禎十一年夏四月］是月，兩畿、山東、河南大旱蝗。

又卷二四《莊烈帝紀二》［崇禎十三年］是年，兩畿、山東、河南、山、陝旱蝗，人相食。

又卷二八《五行志一・水・水變》［崇禎］十六年，松江自五月至七月不雨，河水盡涸，而泖水忽增數尺。

又卷三〇《五行志三・金・恒暘》 洪武三年，夏旱。六月戊午朔，步禱郊壇。四年，陝西、河南、山西及直隸常州、臨濠、北平、河間、永平旱。五年夏，山東旱。七年夏，北平旱。二十三年，山東旱。二十六年，大旱，詔求直言。

永樂十三年，鳳陽、蘇州、浙江、湖廣旱。十六年，陝西旱。

宣德元年夏，江西旱。湖廣夏秋旱。二年，南畿、湖廣、山東、山西、陝西、河南旱。七年，河南及大名夏秋旱。八年，南北畿、河南、山東、山西自春徂夏不雨。九年，南畿、湖廣、江西、浙江及真定、濟南、東昌、兗州、平陽、重慶等府旱。十年，畿輔旱。

正統二年，河南春旱。順德、兗州春夏旱。平涼等六府秋旱。三年，南畿、浙江、湖廣、江西九府旱。四年，直隸、陝西、河南及太原、平陽春夏旱。五年，江西夏秋旱。南畿、湖廣、四川府五，州衛各一，自六月不雨至於八月。六年，陝西旱。南畿、浙江、湖廣、江西府州縣十五，春夏並旱。七年，南畿、浙江、湖廣、江西府州縣衛二十餘，大旱。十年夏，湖廣旱。十一年，湖廣及重慶等府夏秋旱。十二年，南畿及山西、湖廣等府七，夏旱。十三年，直隸、陝西、湖廣府州七，夏秋旱。十四年六月，順天、保定、河間、真定旱。

景泰元年畿輔、山東、河南旱。二年，陝西府四、衛九，旱。三年，江西旱。四年，南北畿、河南及湖廣府三，數月不雨。五年，山東、河南旱。六年，南畿及山東、山西、河南、陝西、江西、湖廣府三十三，州衛十五，皆旱。七年，湖廣、浙江及南畿、江西、山西府十七，旱。

天順元年夏，兩京不雨，杭州、寧波、金華、均州亦旱。三年，南北畿、浙江、湖廣、江西、四川、廣西、貴州旱。四年，濟南、青州、登州、肇慶、桂林、甘肅諸府衛，夏旱。五年，南畿府四、州一，及錦衣等衛連月旱，傷稼。七年，北畿旱。濟南、青州、東昌、衛輝，自正月不雨至於四月。

成化三年，湖廣、江西及南京十一衛旱。四年，兩京春夏不雨。湖廣、江西旱。六年，直隸、山東、河南、陝西、四川府縣衛多旱。八年，京畿連月不雨，運河水涸，順德、真定、武昌俱旱。九年，彰德、衛輝、平陽旱。十三年四月，京師旱。是歲，真定、河間、長沙皆旱。十五年，京畿大旱，順德、鳳陽、徐州、濟南、河南、湖廣皆旱。十八年，兩京、湖廣、河南、陝西府十五、州二，旱。山西大旱。十九年，復旱。二十年，京畿、山東、湖廣、陝西、河南、山西俱大旱。二十二年六月，陝西旱，蟲鼠食苗稼，凡九十五州縣。八月，北畿及江西三府旱。九月，溫、台大旱，長沙諸府亦旱。

弘治元年，南畿、河南、四川及武昌諸府旱。三年，兩京、陝西、山東、山西、湖廣、貴州及開封旱。四年，浙江府二，廣西府八，及陝西洮州衛旱。六年，北直、山東、河南、山西及襄陽、徐州旱。七年，福建、四川、山西、陝西、遼東旱。八年，京畿、陝西、山西、湖廣、江西大旱。十年，順天、淮安、太原、平陽、西安、延安、慶陽旱。十一年，河南、山東、廣西、江西、山西府十八旱。十二年夏，河南四府旱。秋，山東旱。十三年，慶陽、太原、平陽、汾、潞旱。十四年，遼東鎮春至秋不雨，河溝盡涸。十六年夏，京師大旱，蘇、松、常、鎮夏秋旱。十八年，北京及應天四十二衛旱。

正德元年，陝西三府旱。二年，貴州、山西旱。三年，江南、北旱。四年，旱，自三月至七月，陝西亦旱。七年，鳳陽、蘇、松、常、鎮、平陽、太原、臨、鞏旱。八年，畿輔及開封、大同、浙江六縣旱。九年，順天、河間、保定、廬、鳳、淮、揚旱。十一年，北畿及兗州、西安、大同旱。十五年，淮、揚、鳳陽州縣三十六及臨、鞏、甘州旱。十六年，兩京、山東、河南、山西、陝西自正月不雨至於六月。

嘉靖元年，南畿、江西、浙江、湖廣、四川、遼東旱。二年，兩京、山東、河南、湖廣、江西及嘉興、大同、成都俱旱，赤地千里，殍殣載道。三年，山東旱。五年，江左大旱。六年，北畿四府，河南、山西及鳳陽、淮安俱旱。七年，北畿、湖廣、河南、山東、山西、陝西大旱。八年，山西及臨洮、鞏昌旱。九年，應天、蘇、松旱。十年，陝西、山西大旱。十一年，湖廣、陝西大旱。十七年夏，兩京、山東、陝西、福建、湖廣大旱。十九年，畿內旱。二十年三月，久旱，親禱。二十三年，湖廣、江西旱。二十四年，南北畿、山東、山西、陝西、浙江、江西、湖廣、河南俱旱。二十五年，南畿、江西旱。二十九年，北畿、山西、陝西旱。三十三年，兗州、東昌、淮安、揚州、徐州、武昌旱。三十四年，陝西五府及太原旱。三十五年夏，山東旱。三十七年，大旱，禾盡槁。三十九年，太原、延安、慶陽、西安旱。四十年，保定等六府旱。四十一年，西安等六府旱。

隆慶二年，浙江、福建、四川、陝西及淮安、鳳陽大旱。四年夏，旱，詔諸司停刑。六年夏，不雨。

萬曆十一年八月庚戌朔，河東鹽臣言：解池旱涸，鹽花不生。十三年四月戊午，因久旱，步禱郊壇。京師自去秋至此不雨，河井並涸。十四年三月乙巳，以久旱，命順天府祈禱。十七年，蘇、松連歲大旱，震澤爲平陸。浙江、湖廣、江西大旱。十八年四月，旱。二十四年，杭、嘉、湖三府旱。二十六年四月，旱。二十七年夏，旱。二十九年，畿輔、山東、山西、河南及貴州黔東諸府衛旱。三十八年夏，久旱，濟、青、登、萊四府大旱。三十九年夏，京師大旱。四十二年夏，不雨。四十三年三月，不雨，至於六月。山東春夏大旱，千里如焚。四十四年，陝西旱。秋冬，廣東大旱。四十五年夏，畿南亢旱。四十七年，廣西梧州旱，赤地如焚。

泰昌元年，遼東旱。

天啟元年，久旱。五年，真、順、保、河四府，三伏不雨，秋復旱。七年，四川大旱。

崇禎元年夏，畿輔旱，赤地千里。三年三月，旱，擇日親禱。五年，杭、嘉、湖三府，自八月至十月，七旬不雨。六年，京師及江西旱。十年夏，京師及河東不雨，江西大旱。十一年，兩京及山東、山西、陝西旱。十二年，畿南、山東、河南、山西、浙江旱。十三年，兩京及登、青、萊三府旱。十四年，兩京、山東、河南、湖廣及宣、大邊地旱。十六年五月辛丑，祈禱雨澤，命臣工痛加修省。

又 卷一五〇《湯宗傳》 宣宗初，清軍山東。會天久不雨，極陳民間饑困狀。帝為蠲租免役，罷不急之務。

又 卷二二五《李戴傳》 西稅使張忠奏調夏縣知縣韓薰簡僻。戴以內官不當擅舉刺，疏爭之。湖廣陳奉屢奏逮有司，戴等又極論，且言：『奉及遼東高淮擅募勁卒橫民間，尤不可不問。』帝亦弗聽。已，復偕同列言：『自去夏六月不雨至今，路殣相望，巡撫汪應蛟所奏饑民十八萬人。加以頻值寇警，屢興征討之師，按丁增調，履畝加租，賦額視二十年前不啻倍之矣。瘡痍未起，而採榷之害又生。不論礦稅有無，概勒取之民間，此何理也。天下富室無幾，奸人肆虐何極。指其屋而恐之曰「彼有礦」，則家立破矣；「彼漏稅」，則橐立罄矣。持無可究詰之說，用無所顧畏之人，蚩蚩小民，安得不窮且亂也。湖廣激變已數告，而近日武昌尤甚。此輩寧不愛性命哉？變亦死，不變亦死，與其吞聲獨死，毋寧與讐家俱糜。故一發不可遏耳。陛下可視為細故耶？』亦不報。

又 卷二三〇《汪若霖傳》 進禮科右給事中。自正月至四月不雨，若霖上疏曰：『臣稽《洪範傳》，言之不從，是謂不乂，厥罰恒暘。今郊廟宜親，朝會宜舉，東宮講習宜開，此下累言之，而上不從者也。又有上言之而中變者：稅務歸有司，權璫猶侵奪；起廢有明詔，啟事猶沉閣是也。有上屢言之而久不決、下數言之而上不斷者：中外大僚之推補，被劾諸臣之進退是也。凡此皆言不從之類。積鬱成災，天人恒理。陛下安得漠然而已哉！』

又 卷二三五《蔣允儀傳》 天啟二年擢御史。時廣寧已失，熊廷弼、王化貞俱論死，而兵部尚書張鶴鳴如故，糾之者反獲譴。允儀不平，疏詆其同罪佚罰。因言：『近言官稍進苦口，輒見齟齬，遷謫未已，申之戒諭。使諸臣不遵明諭，而引裾折檻以甘斥逐，天下事猶可為也；使諸臣果遵明諭，而箝口結舌以保祿位，天下事尚忍言哉！頃者，恒暘不雨，二麥無秋，皇上於宮中祈禱，反得冰雹之災。變不虛生，各以類應。夫以坤維之厚重而震撼於妖孽，以鬚眉之丈夫而交關於婦寺，以籍叢煬竈之奸而托之奉公潔己，是皆陰脅陽之徵也。』報聞。

又 卷二五九《熊廷弼傳》 〔萬曆三十六年〕歲大旱，廷弼行部金州，禱城隍神，約七日雨，不雨毀其廟。及至廣寧，踰三日，大書白牌，封劍，使使往斬之。未至，風雷大作，雨如注，遼人以爲神。

《宋會要輯稿·瑞異二·旱》 天聖五年，自夏不雨，至七月暑氣尤甚。宰臣王曾等言：『按《洪範》云：僭常暘若。臣等備位台衡，深慮朝政之間，或有差失。』帝曰：『朕亦夙夜循省，上天鑒誡，豈徒然哉！當與卿等共修政事，以答天戒也。』

慶曆五年二月，詔：『天久不雨，其令州縣毋得淹繫刑獄。』七年三月，以久不雨，下詔責躬，避正殿，減常膳，求直言，戒勵百官，罷免輔臣，以答天戒。

建隆二年，京城旱。帝幸太清觀、相國寺禱雨，下詔撤樂，太官進蔬食。

咸平二年閏三月，京城不雨。宰臣張齊賢等奏曰：『春候已殘，雨澤未降，此乃臣等燮理無效。欲求譴黜，以塞天下之責。』帝曰：『朕獲纘基構，賴卿等輔翼。但慮政務闕失，卿等相規以道，無惜直言。』即詔：『天下繫囚非十惡枉法、已殺人者，死以下減一等。瘗暴骸，葺破冢。罷有司力役之無名、營繕之不急者。中外臣庶各上直言。』

景德元年，京師夏旱，人多暍死。帝遣中使于寺觀施藥，令太醫擇方救療，揭于衢路，頒示天下。又以河北歲旱大熱，遣知制誥晁迥詣北嶽祈雨，罷北面役兵。

熙寧元年正月十四日，詔：『以經冬無雪，令各述朕躬過失、時政未符天意者。』宰臣曾公亮等同對，引咎拜謝。上曰：『日與卿等相見，議政之外，未聞忠規。朕非欲文飾，誠冀卿等極言闕失，以答天變也。』

十七日，曾公亮言：『臣二上表及再進劄子，以陰陽不調，雨雪愆亢，乞從免黜。面蒙敦諭，未賜允從。伏望體臣至誠，許從罷黜。』手詔答曰：『亢沴踰時，物蒙其害，此上帝之警予，奚煩輔臣累牘請避！書經百上，朕亦不聽也。』

二十二日，以尚書職方郎中知登州許遵權判大理寺。知諫院吳申言：『陛下虔精請雨，未獲近應。古有望祭山川之禮，今徧祈羣神，此禮獨闕，宜令禮官講復其故。及諸路州縣仙聖之祠，雖不在祀典，而水旱應祈者，並委州縣遣官潔齋致禱。』從之。至二十五日方雨。【略】

四月十一日，上批：『河北、京東尚未得雨，可指揮兩路闕雨州軍長吏親禱所在名山祠。』

三年八月十三日，上批：『聞衛州極旱，其令轉運司賑恤，仍蠲租賦。【略】

四月十五日，詔：『河北路旱災已及四月中旬，若使民投訴，差官檢覆，然後蠲除，恐艱食之民有所不及。欲乞河北路其二麥不收者，不俟差官檢覆，悉免夏稅。』

八月十一日，詔：『久旱，禱雨未應，其令長吏躬禱嶽瀆。聞涇原、環慶、鄜延路自七月後得雨，其闕麥種者官貸之，官無麥種即借錢糴。』

十六日，詔諸路監司訪聞山靈祠，委長吏祈雨。又遣輔臣告於中太一宮。

八年正月二十一日，洮西沿邊安撫司言：『去歲夏秋旱，羌戶殍死者眾。自收復洮河，羌人止知畏威，而未識朝廷之惠。今此飢歉，若官爲糜粥，賑其饑急，計米一升，可給三人，則百碩當濟三千人矣。自二月盡五月，給米千五百碩，費不多而惠極博。』上批一奏：『速令經略安撫司指揮相度，於蕃市聚集之地給散，如數少即量增之。』

元佑元年閏二月四日，右司諫蘇轍言：『陛下以久旱，憂禱勤至，自冬歷春，天意未答，災害廣遠。又近歲民苦重斂，儲積空匱，應官債負有資產耗竭，實不能出者，令州縣、監司保明除放，使民心悅附，甘澤可致。』詔戶部勘會諸欠官本息罰錢並免役坊場淨利錢數目，及民戶見有無抵當物力，明具以聞。

二年四月十日，詔：『時雨久愆，旱災甚廣，可自今月十一日後避正殿，減常膳，公卿大夫其勉修厥職，共圖消復。』又詔：『尚慮尚書六曹有四方牒訴奏請文字，或賞罰難明，或民情有冤，廢置未決，郎官怠於省覽，吏人苟逃日限，非理沮難，使抱冤之人，無所赴愬。宜差御史中丞傅堯俞、右司郎中杜紘、殿中侍御史孫升赴吏曹，侍御史王岩叟、右司員外郎孫覽、監察御史韓川赴戶曹，給事中張問、監察御史上官均赴禮曹，左司郎中韓宗道、監察御史張舜民赴兵曹，右諫議大夫梁燾、左司郎中范純禮、殿中侍御史呂陶赴刑曹，右司諫王覿、監察御史張舜民赴工曹，點檢自去年正月至年終文字，抽索看詳。其間有執文害事，不近人情者，並元條刪改、勘當住滯者，促令結絕。其指揮不當，及非理問難、鹵莽判收者，亦許牒本部再與施行。其元行吏人情輕者且與原罪，重者特行懲責。宜令三省、樞密院審度行下。』先是，右司諫王覿言：『陛下必欲有以感天意，即乞下詔責躬，以其未能肅欽，以致不肅之罰也。然後詔三省以振朝綱、去民賊，詔樞密院以嚴邊防、治軍政，詔六曹、寺監以修職事、戢胥吏，詔御史臺以舉不職，詔監司以察縱弛，詔郡守以戒偷惰，凡政事之不肅者皆修飭之。如此而雨猶未降，臣甘伏嚴誅，以爲妄言之戒。』詔以覿言降詔。二十二日雨，羣臣詣合門拜表，請御正殿，復常膳。自是五上表，從之。

五年四月二十二日，詔：『冬雪不效，春雨弗若，逮此孟夏，旱災如焚。雖禱祠備至，而神莫之答。可自今月二十三日後減常膳，不御前殿，及將來五月一日罷文德殿視朝。』至五月十一日，始雨，羣臣詣合門拜表，請御正殿，復常膳。自是凡四上表，乃允。自去年冬不雪，至是始雨也。

紹興三年七月二十七日，宰臣呂頤浩等言雨足。上曰：『日者亢陽，朕甚憂之，以爲穡事無望矣。今沾足如此，殆此有秋。《春秋》二百四十年，書大有年者纔一，書有年者再而已，以知豐登之難得也。』頤浩等退，相謂曰：『上至誠閔雨如此，宜豐年之來假也。』先是，自六月二十三日雨，後雖雨，微潤輒止，上極憂勞，省躬修政，折獄致刑，弛力役，罷苛撓，以圖嘉應。至祈禳，皆蔬食潔誠而爲之。自十六日已後屢雨，至是雨足。二十八日，詔復常膳。

七年六月十四日，右僕射張浚，樞密使秦檜，參知政事張守、陳與義言：『臣等以愆陽爲災，將害秋成，不愛牲幣，徧走羣靈，已彌旬浹，未獲休應。上貽陛下閔雨之慮，下使望歲之民凜凜然有溝壑之憂。載循召災之由，皆緣臣等婦相失職，積有罪戾，以奸陰陽之和。望將臣等速賜罷黜，並致嚴科，以彰失職之咎，用以厭塞天心，召致和氣。』詔：『亢陽未雨，憂心如重。咎在一人，非卿等罪。各安乃位，無復陳辭，夙夜勉旃，以輔台德。』

九年七月七日，詔令監司、郡守各以一路一郡自五月以來得雨以實聞奏。

孝宗乾道四年六月十七日，詔：『近日雨澤稍愆，臨安府已迎請上天竺靈感觀音就明慶寺祈禱，令日輪侍從官一員前去燒香。』七年七月十七日同。

七年六月十三日，詔：『比來近路州軍微愆雨澤，江西、湖南尤甚。見爲民祈禱，令御廚七月二日早晚御膳並進素。』

七月六日，詔：『江西路今歲間有旱傷州縣，令本路帥臣、監司將旱傷州縣守令精加審量，如内有老謬不能究心職事之人，先次選擇清强能吏前去對易，措置賑濟存恤施行。仍開具已對易官職位姓名及見作如何賑恤事件，申尚書省。』【略】

九年十一月二十一日，詔令臨安府並諸路州縣闕少雨澤去處，委長吏精誠祈禱。名山大川、聖跡祠廟降旨委監司郡縣遣官嚴潔致祭。

淳熙五年五月八日，詔：『浙西常州、鎮江府及淮南、江東西州郡有稍愆雨澤去處，竊慮刑獄淹延，各委提刑躬親前去檢察決遣。』既而七年七月十七日，詔大理寺、臨安府並屬縣及浙東西、江東州縣決遣。【略】

十一年九月四日，利州路提刑、提舉司言：『金洋西和州亢旱，乞降度牒三百道于豐熟處，趁時收糴，以備賑濟。』從之。

十四年七月七日，詔：『政事不修，旱暵爲虐，可令侍從、台諫、兩省卿監、郎官、館職疏時政闕失及當今急務，毋有所隱。自來日避殿、減膳、撤樂。』

十六日，詔令兩浙路帥臣、監司戒約旱傷州縣，存恤貧民，毋致流徙，因爲姦盗。仍措置合行事件，開具聞奏。於是浙東提舉田渭奏：『欲將台、處州、紹興府第五等今年未納身丁税及婺州舊無丁税，將第五等户今年夏税絹不及丈、錢不滿貫者並行住催。』詳見『恤災』。

二十八日，詔：『諸路縣分有被旱處，全藉知縣奉行賑恤。仰監司、守臣依條審度才力，據以具奏對易，不得遺闕。其庸謬衰病之人，即與祠禄，理作自陳。』

八月十四日，詔：『臨安府諸縣今歲間有旱傷鄉分，理宜措置。令張澈、遊九言前去相視，將合行事件開具申尚書省。』既而十五年九月二日十四日，宗正寺主簿張澈奏：『去秋被旨措置臨安府九縣賑荒，見得鹽官縣東鄉官塘六十里，與南路市潮浦相通，舊有三閘隳壞，遇澇即水沖蕩民田，遇旱即易至死涸。又新城縣諸鄉村舊有陂塘，今皆淤塞。若于農隙之時，興此水利，即田難遇旱，亦庶幾矣。欲望行下提舉司、臨安府相度措置。諸路州縣恐有似此合興修水利處，亦乞體訪措置。』從之。詳見『水利』。以上《孝宗會要》。

慶元元年正月二十七日，臣僚言：『臣竊聞二浙之災，惟常州爲甚，流移既多，餓死者相踵，往來士夫親所見聞，皆謂賑恤惟此州當先，亦所當獨厚。伏乞特出睿斷，速降米三數萬石，以全活一方人命。今日之事，莫此爲急，臣敢冒昧言之，蒙賜矜從，不勝幸願。』詔除已于臨江軍起發米内撥一萬石外，更令鎮江府于樁管米内支一萬石充糴濟。去年閏十月二十一日已降指揮施行。

二月五日，詔：『可令學士院降詔戒飭諸道監司、守令，應水旱去處，多方賑恤，務在實惠及民。毋得徒事虚文，庸副矜念元元之意。朕將考其殿最，以示勸懲。』

嘉泰二年七月十六日，都省劄子：『勘會雨澤稍愆，竊慮江浙兩淮州軍間有闕雨去處，合行祈禱。』詔令兩浙、江東西、兩淮轉運司各行下所部闕雨州縣，委自守令親詣管下靈應神祠，精加祈禱，務獲感應。

開禧三年七月二十九日，中書門下省訪聞建甯府管内早禾旱傷，饑民闕食，因致結集群黨，以借米爲名，劫奪財物，合行措置。詔令福建轉運、提舉司將實被旱傷之人優切措置，禁絶盗賊。各先具知稟申尚書省。

嘉定元年四月二十五日，臣僚言：『臣竊聞民自天民，天固恤之。匹夫匹婦不得其死，則三年之旱，六月之霜，不旋踵而應。況兵革之後，死於非命者不可勝計，積骸枕野，饑民相食，怨氣充塞，豈不上干陰陽之和！故自去歲以來，蝗蝻爲災，隆冬無雪，入春不雨，以迄於今。考之農時，已過芒種。今隴畝龜兆，首種不入，更遲數日，已涉夏至，則歲事無及矣。聞之道路，旱勢甚廣，江、湖、閩、浙，所至皆然，遺蝗復生，撲滅難盡，漕渠不通，米價翔踴，人情嗷嗷，幾不聊生。此豈細故，而可不求以應之哉！近者奏告祈請，靡神不宗，然欲雨而即止，暫陰而復晴，殊未有以慰四方雲霓之望。恭明詔，聖心焦勞，特減常膳，又以此月二十七日躬禱于太一宫明慶寺，閔雨之志，上下具孚，甚盛德也。然成湯桑林之禱，嘗引咎而責躬；宣王雲漢之災，必側身而修行。其爲應天之道，蓋未嘗專事之虚文也。欲望陛下惕厲齋居，憂勤庶政，深念生民塗炭，無辜籲天，皆由向者任用非人，以致貽禍百姓，亟下哀痛之詔，廣求切宜之言。仍詔大臣，敷求民瘼。如淮甸之賑濟，諸郡之科繇，暑月之鍛甲，近畿之和糴，若此之類，名色甚多，皆合亟議罷行。仍劄下六部長貳及臨安府、兩浙轉運司，各據所隸，凡可以慰安人心、銷弭天變者，申尚書省施行。』詔從之。

二年八月三十日，江東提舉司奏：『證對本路州縣頻歲災傷，去歲舉行荒政，所用濟糶米斛，僅能接濟。元管常平義倉米斛，至今年三月支用之外，所餘無幾。自六月以來，闕少雨澤，州縣祈禱，雖節次得雨，皆不沾足。加以飛蝗爲害，間有得熟之田，亦復被其剪傷。臣謂今歲之災甚於去歲，自合預行措置。竊見去歲嘗蒙朝廷撥降轉運司獻助米一萬石、錢三萬五千貫文，蒙給降度牒五十道，湊提舉王柟任內申請到度牒一百道，變賣價錢，收糴米斛，添助濟糶。臣昨聞本路轉運司亦有趲積助救荒錢米，具申尚書省，乞證去年例，盡數撥付本司，那融支遣。未准回降之前，已撥付江淮制置司賑恤流民，外此別無可指准。兼證開禧三年除檢放義倉米猶及六萬余石，嘉定元年義倉米除放外，止合催理四萬余石。緣民力雕弊，艱於輸納，尚及太半。及南康軍添濟北來之人，歲用常平米二千石，雖有度牒等錢，糴到米斛，分撥諸處，補還支過賑濟之數，所存不多。自今鄉村細民間有收捕蝗蟲，去其頭翅，雜以麩炒煮爲糧者。近徽州管下有以借糧爲名，白日強開人倉廩者。臣已行下諸縣，嚴行禁戢。及撥義倉常平米二千五百石，應副本州，減價出糶，預行斟酌賑濟。及廣德軍亦以饑荒爲請，六月間先于太平州寄納倉撥米四百九十石，自顧舡只，前去信州貴溪縣取撥米三千石，分與管下兩縣樁積，預備濟糶。今秋成之時，諸郡已是窘急，臣不忍坐視。若候臨時控告，恐緩不及事。欲望聖慈憫念江左諸郡軍旅之後，仍歲饑荒，特與給降度牒二百道，付本司變賣，差官吏前去得熟軍收糴米斛，運載分撥，濟糶使用。緣會子在處兑換折閱，米價日漸騰踴，若給降度牒不多，收糴數少，必是不敷分撥。欲望朝廷察臣所請，誠出不獲已，即證數給降施行。』

貼黄：臣竊見入秋以來，全不得雨，旱暵已成，分撥米斛，勢不容緩。竊慮虛牒艱於轉賣，及往鄰路收糴，往返便是半年。兼目今會子折閱，既有指揮，收賣度牒許用第十一界會子，恐持至鄰路轉行使用，有失指准。伏見朝廷見將湖南和糴到米三十余萬石發赴淮浙旱傷州郡樁管。今江東旱廣，事體一同。如蒙於內量撥五萬石應副本司，令自備人舡般運，到使一路饑民張頤待哺者不至闕望。檢正都司擬到欲令禮部支降度牒一百道付本司，每道作價值八百貫變賣，就行收糴米斛，以備濟糶使用。付本司差人前來請領。仍契勘所部州縣的實旱傷，合行濟糶去處，疾速措置，以所糴米斟酌均撥施行。仍先具已契勘措置並糴到米數，申尚書省。詔依擬到事理施行。

八年四月十一日詔：『門下：朕以眇眇之躬，託於兆民之上，夤奉大業，祗畏天戒，遵道約己，罔敢怠遑。乃者暮春，歷時不雨，來麰告病，新種未秧。朕心懼焉，並走群望，潔齋精禱，尤致其嚴。盼蠁之間，已荷孚答，雖有沾濡之潤，而尚靳滂沱之澤。邇日以來，旱氣彌甚，斯民狼顧，後憂方深。永惟有闕愆，必有其故。意者政令不當，刑罰不中，物議失平，人心胥怨。士習垢翫，滋邪諂之風；吏治煩苛，乏寬大之意。邊隅闕備預之實，州縣多失業之民。膏澤屯于下流，忠言壅于上達。一或有此，皆足致災。是用誕告臣民，博求忠讜。若朕躬之過失，凡時政之闕遺，悉意條陳，毋有所隱。務求實是，靡事虛文。故茲詔示，想宜知悉。』

七月二日，臣僚奏：『有天旱，有人旱，此唐人之論也，臣請推廣其意，而爲今日救旱之說。在天之旱，不推誠以致禱，則其澤未易以沾洽；人遇亢旱，不致力於備具，則其災必至於滋甚。是人旱反甚於天旱也。天雖亢旱，旬月之間，豈無時雨之沾灑？地雖乾涸，田隴之間，豈無泉脈之流通？成周之時，一夫之田，必有二尺之遂，九夫之井，必有四尺之溝。等而上之，爲洫爲澮，以達於川，皆以瀦雨潦於泛溢之日，亦以通泉脈于乾涸之餘。考之周典，稻人以瀦蓄水，以防止水，又有遂以均水，其蓄水潦以備旱幹，甚周也。攷之《月令》，在仲夏則命有司祈祀山川百源，在季春則命有司通達溝瀆，以防壅塞，疏水脈以助灌溉，甚悉也。天未嘗無愛物澤物之心，屢禱而不即應，已應而澤不流通，或者蓋歸之數也。天數固茫昧而不可必，人爲旱備，獨可頃刻而不致其力乎？未旱不爲之備，既旱則坐視而弗救，是非天旱，蓋人實旱之也。今東南之地，沃壤彌望固亦絕少，誠不可以井田溝遂之制施之。然一方數十里之內，豈無陂塘可開之以灌注田畝？一望之地，豈無畎澮可浚之以瀦水？依山之田，豈無泉源之不涸者可導之以滋溉？瀕湖之田，或有湖高而田下之處，堤岸欲密，獨不可度其勢而少泄之乎？瀕江、瀕溪之田，大率水低而田高，取水雖勞，獨不可並力而收車戽之利乎？臣閩人也，閩地瘠狹，層山之巔，苟可寘人力，未有尋丈之地不垦而爲田。泉溜接續，自上而下，耕墾灌溉，雖不得雨，歲亦倍收。其有平地而非膏腴之田，無陂塘可以灌注，無溪澗可以汲引，各於田塍之側開掘坎井，深及丈餘，停蓄雨潦，以爲旱幹一溉之助。炎雲如灼，桔槔俯仰不以爲勞，所濟雖微，不猶勝於立視其槁而搏手無策乎？江浙號爲澤國，田悉腴潤，遠非瘠地之比。

然旱幹爲害，視他處特甚，每以惰農苟安，爲備不素，固應爾耳。蓋耕田之民，田非己有，方春播種，滿意秋成，猝罹旱暵，已觖始望，饑號相逼，自救不贍，皇恤苗槁不過倚鋤仰天嚱息而已。否則秧槁，群趨哄訴於官府之庭而已。貧民困矣，爲富民之有田者獨不能出力貸資，以爲農民救旱之助乎？旱禾瘁矣，獨不當亟爲瀦水導泉之計，以爲晚禾之備乎？任此責者，獨非字民之官乎？令以勸農爲職，興修水利，又令丞之責。所宜愛民如愛子，救旱如救焚，出入阡陌，諮訪黎老，號召農民而慰勉之。若所有陂塘可以浚廣，若所有泉脈可以疏瀹。畎澮堙塞，使之相率而開導；溪河側近，俾之協力而車注。圍田之占水者宜掘則掘，勿以勢要而遽拒；礲碓之截水者宜拆則拆，勿以經久而姑存。耕夫無力以營救，則勸諭富室之有田者，隨其所佃而資助之。縣官視爲頃刻不可少緩之事，親加相視，勤於誘率，庶幾上下畢力，以救天災。旱傷或至七八分，詎無一二分之滋濟？旱田似已無及，猶冀晚禾之登稔。今夏雖曰亢旱，然未嘗逾月而不雨，特不甚接續，故無所瀦蓄耳。地必沮洳而後雨水可瀦，官必加意而後小民竭力。瀦水救旱，實目前之急務。毋曰今已後時，而置之悠悠不恤也。近睹江西漕臣所奏，一路獨興國軍闕雨爲甚，陂塘已竭，近泉去處亦可蓄水，以護晚秧，此亦臣區區過計之意。今欲推行此意，莫若行下諸路監司，提督令丞，躬親相視，開廣陂塘，疏導溝瀆，掘井泉，通地脈，凡可爲救旱之計，將無一之不舉，要以日而課效。若令與丞有能興修水利，浹濟若干頃畝，不拘多寡，守以其實申之監司，監司保奏，即行推賞。庶使官吏激勸，民被實惠。況興修水利，自有賞格。前此州縣官以此獲賞者或許循資，或減磨勘，類多文具，皆未有興利之實績。今若以實績來上，而重推賞焉，則誰不加勸？是不特救目前之旱而止。臣所陳不勝懇切，惟陛下垂聽而亟推行之，天下幸甚。』詔從之。

度宗咸淳六年，江南大旱。十年，廬州旱，長樂、福清二縣大旱。

《清史稿》卷六《聖祖紀一》［康熙四年三月］山西旱，有司不以聞，下吏部議罪，免其積逋及本年額賦。

又 卷一〇《高宗紀一》［乾隆二年］四月甲子，以旱命刑部清理庶獄。乙卯，訓飭建言諸臣。己巳，疏濬清口並江南運河。賑江蘇江寧、常州二府旱災。

又［乾隆二年秋七月］丙申，賑山東德平、陽穀等州縣旱雹各災。壬寅，賑順直宛平、清苑等八十一州縣衛旱災。

又［乾隆二年八月］免山東歷城等二十八州縣衛本年旱災額賦。甲申，賑甘肅會寧旱災，福建霞浦等州縣水災。

又［乾隆七年］三月庚申朔，上憂旱，申命求言，並飭九卿大臣體國盡職。

又［乾隆八年十一月］辛丑，賑廣東萬州等十四州縣水災，福建臺灣等三縣旱災。壬寅，貸黑龍江被旱被霜兵丁等倉糧。賑山西曲沃等十一州旱災。癸卯，賑直隸天津等二縣旱災。丁未，賑安徽壽州等九州縣衛旱災。

又［乾隆九年四月］己卯，諭曰：『一春以來，雨澤稀少。皇太后以天時久旱，憂形於色，今日從寢宮步行至園內龍神廟虔禱。朕惶恐戰慄，即刻前往請安，諄懇謝罪，特諭內外臣工知之。』戊子，祭地於方澤，不乘輦，不設鹵簿。

又［乾隆十年冬十月］乙丑，賑湖南湘陰等三縣、湖北漢川等二十一州縣衛旱災。

又 卷一一《高宗紀二》［乾隆十四年］五月乙卯，免甘肅皋蘭等十三廳州縣旱災額賦。丙辰，免安徽阜陽等十三州縣衛上年旱災額賦。辛酉，上至黑龍潭祈雨。

六月丙申，賑甘肅渭源等州縣旱災。

又［乾隆十六年］八月乙未，賑浙江海寧等六十五州縣衛所及大嵩等場旱災。賑江西上饒等七縣被旱災。賑湖北天門旱災。

又 卷一二《高宗紀三》［乾隆二十四年六月］戊午，賑陝西榆林等十一州縣旱災。庚申，上以久旱，步至圜丘行大雩禮。是日，大雨。

又［乾隆二十八年］十二月乙酉，免直隸延慶等十州縣雹旱災額賦。丁亥，賑甘肅皋蘭等十二廳縣旱災飢民。

又［乾隆二十九年］夏四月甲午，賑甘肅金縣等縣旱災。

又 卷一三《高宗紀四》［乾隆三十九年夏四月］辛亥，以京師及近畿地方旱，命刑部清理庶獄，減軍流以下罪，直隸如之。

又 卷一四《高宗紀五》［乾隆四十三年］夏四月辛卯，以河南旱，命減開封等五府軍流以下罪。

又 ［康熙五十年冬十月］庚辰，賑湖南巴陵等十州縣旱災。辛丑，賑安徽亳州五十一州縣並鳳陽等九衞旱災。是月，免甘肅臯蘭等十二廳州縣衞本年雹水災額賦。賑直隸平鄉等十六州縣水旱災，河南永城等十二州縣旱災。

又 卷一五《高宗紀六》 ［乾隆五十七年］閏四月甲申，以久旱，諭臺灣及沿海各省詳鞫命盜各案，毋有意從嚴。蠲河南湯陰等五縣上年旱災額賦。丙申，以久旱，下詔求言。

又 卷一七《宣宗紀一》 ［道光元年秋七月］是月，賑甘肅寧夏等四縣水旱災，並免上年額賦。

又 ［道光五年十二月］是月，賑奉天錦州府旱災蟲災。

又 ［道光六年六月］給河南臨漳等七縣旱災口糧。貸直隸大名鎮標等七營被旱兵餉。

又 卷一八《宣宗紀二》 ［道光十二年六月］乙未，富俊以旱乞罷。不允。

又 卷二〇《文宗紀》 ［咸豐九年三月］甲申，上祈雨。庚寅，以旱求言。

又 卷二一《穆宗紀一》 ［同治四年閏五月］庚寅，以久旱，諭修省求言。

又 卷二三《德宗紀一》 ［光緒二年］三月丙申，以旱故，詔清庶獄。

又 閏五月辛酉朔，賑近畿旱災。庚午，賑福建水災。辛未，以旱敕修省。壬申，孝陵大碑樓災。自春正月不雨，至於是日雨。

又 ［光緒二年］冬十月丙午，賑皖北旱災。

又 ［光緒三年五月］山西大旱，巡撫曾國荃請頒扁額爲禱。以非故事，不許。諭曰：『禱惟其誠，當勤求吏治，清理庶獄，以迓和甘。』

又 是歲，山、陝大旱，人相食。

又 ［光緒四年九月］癸亥，賑山西旱，免陽曲等縣逋賦及徐溝等縣秋糧。

又 卷二四《德宗紀二》 ［光緒二十五年］是秋，賑浙江、湖南、甘肅水災，陝西旱災。

又 ［光緒二十六年八月］丁亥，西安等府旱。

又 卷四三《灾異志四・恒暘》 順治元年八月，蒼梧旱。三年，平樂、永安州大旱，二月至八月始雨；台州自三月不雨至於五月；紹興府自四月至八月不雨；金華府屬旱；東陽自四月至九月不雨；浦江旱；南昌各府自五月至十月不雨，大旱。秋，萍鄉、萬載大旱。四年夏，通州旱。秋，開化、江山旱。五年夏，饒平旱。六年，吉州自春徂夏旱。七年夏，萬泉旱。八年，甘泉、延長、安定自四月至九月不雨；崖州不雨，逾年三月乃雨。九年春，銅陵、無爲、廬江、蕪湖、當塗旱。五月，上海亢旱。九月，武強旱。十年夏，樂亭旱。秋，海寧、高郵旱。十一年四月，天台大旱。七月，襄垣、沁州旱。十一月，武強旱。十二年正月，順德大旱。四月，金華屬五州旱。五月，鄒平旱，遂安自夏徂秋不雨。八月，昌樂、曲江、湖州、衢州、龍門、開化、江山大旱，禾盡枯。十月，揭陽、全椒旱。十三年春，章丘、潞城、高平、沁水旱。九月，揭陽大旱，深潭俱竭。十四年五月，蕭縣、太湖旱，湖井盡涸。八月，涇陽、商南旱。十五年八月，昌樂大旱。十一月，龍州旱，逾年四月乃雨。十六年五月，惠來、思州、玉屏、安南旱。十七年，三水春旱不雨，至小滿乃雨。秋，鎮海、惠州、天台旱。十八年，寧波、東陽自夏徂秋不雨，南籠府、海鹽、壽昌、江陰、東阿、蒲州旱。八月，餘姚、臨安、嚴州、桐鄉旱。

康熙元年九月，昌黎旱。二年二月，東莞、鄆城旱，六月始雨。四月，江陰旱。五月，萬載、黄州旱。六月，懷來旱。八月，保安、羅田、蕭縣旱。三年春，交河、邢台、内丘、揭陽旱。夏，長山、平原、禹城、臨道、武定、阜陽、鄒縣、費縣、定陶、莘縣、華陽、寧海旱。四年春，朝城、城武、恩縣、堂邑、夏津、萊州、東明、靈壽、武邑大旱；高密自三月至次年四月不雨，大旱。夏，登州府屬大旱。七月，文水、平定、壽陽、孟縣、代州、蒲縣旱。八月，兖州府、濟寧州旱。五年二月，揭陽旱。三月，三水旱。五月，鍾祥、大冶旱。六月，寧海、衡州旱。秋，宣平、松陽大旱，至次年四月始雨。六年春，廣州、惠州、海豐、惠來旱。四月，黄州府屬旱。五月，應山、黄安、蘄水、羅田大旱，萬載自夏徂秋不雨。七年六月，黄安、羅田、懷安、西寧、龍門旱。七月，靜海旱。八年七月，臨海旱。九年春，開州、東明、蠡縣、廣平、任縣、武清、大城、景州、慶雲、靈壽、沙河、磁州、元城大旱無麥。夏，東陽、羅田旱。冬，棗陽、安陸、德安大旱。

十年春，霸州、公安、石首旱。四月，龍山、黄安、麻城、廣濟大旱，金華府屬六縣，五月不雨至於九月；湖州大旱，自五月至九月不雨，溪水盡涸；桐鄉大旱，地赤千里。六月，鄞縣、象山、寧海、天台、仙居、烏程、蘭溪旱。七月，齊河、東明、邢台、廣平、江浦、蘇州、鎮洋、任縣、成安旱。八月，太湖、新城、唐山、西寧、懷安旱。九月，紹興屬八縣大旱。十一年春，芮城、解州旱。四月，福山旱。五月，高密大旱。八月，臨朐旱。十二年，揭陽春、秋旱，惠來春旱。夏，陽信旱。九月，高明、興寧大旱。十三年春，樂陵、許州、剡城、費縣旱。四月，濟南府屬旱。六月，高郵、館陶、恩縣旱。七月，鄖陽、黃安、麻城、羅田旱。十四年六月，海寧旱。七月，黃安、羅田旱。十五年春，興寧旱。十六年，湖州、萬載自五月至七月不雨，大旱。十七年春，東流、壽州、全椒、五河、泰安旱。夏，桐鄉、嘉定、黃岡旱。八月，金華、寧州、高淳旱。十八年春，滿城旱。四月，杭州旱。萬安、羅田、宜都、麻城、公安自五月至八月不雨，大旱。蘇州、崑山、上海、青浦、陽湖、宜興大旱，溪水涸。六月，萊州、平度旱。七月，合肥、廬江、巢縣、無爲、舒城、當塗大旱。九月，臨縣大旱。十九年夏，蠡縣旱。秋，開建、連州、翁源旱。十一月，萬全大旱。

二十年春，安丘旱。夏，溫州、寧波旱。井泉涸；奉化秋冬無雨，井竭；黃巖、仙居、太平、義烏旱，井泉涸。二十一年五月，連平旱。九月，博田、北流旱。二十二年，揭陽自正月至四月不雨。三月，黃縣、惠來、普寧旱。夏，汶上、鄒縣、兗州、曲沃旱。七月，太平旱。二十三年，彭水、壁山自五月至八月不雨。六月，蓬州、鄰水、興安、漢陽、安邑、洵陽、綏德州、秦州旱。秋，邢台、棗強、獲鹿、井陘、酆都、遂寧、巫山旱，井涸。二十四年春，安定旱；瑞安、曲江、樂昌春夏不雨，井泉竭。二十五年，恭城自五月至八月不雨。六月，沁州、普州、藁城、饒陽旱。七月，孝感、黃安、麻城旱。二十六年四月，樂昌旱；嚴州自五月至八月不雨，禾苗盡槁；鄱陽夏秋大旱。七月，開建、鶴慶、海豐旱。二十七年，瑞安自夏徂秋不雨；湖州、寧州旱。二十八年，羅田、石首、枝江旱，自五月至九月不雨；宣平自夏徂秋旱，井泉涸。六月，萬全、景州、清苑、新安、獻縣、東光、普州、曲陽、武強、沙河旱。秋，開建、應城旱，河水涸。二十九年四月，湖北全境旱。六月，樂平旱，竹溪自夏徂秋旱。

三十年春，開平、揭陽、化州旱；陽春自正月至四月不雨。五月，介休旱。七月，邢台、懷安旱。三十一年三月，臨潼旱。夏，孝感旱。九月，青浦旱。三十二年，杭州、嘉興、海鹽自春徂夏大旱，禾盡槁。六月，桐鄉旱。七月，震澤、崑山、嘉定、青浦、丹陽大旱，河水涸。

三十三年秋，黃岡、蘄水、黃安、廣濟、江夏、武昌、興國、大冶旱。三十四年夏，長寧、馬邑旱。秋，永寧州、臨縣旱。三十五年四月，台州旱。五月，靜樂、衢州旱。秋，永安州、平樂、蒼梧旱。三十六年春，陽江、陽春、永安州、平樂旱。六月，順德旱。八月，桐廬、松陽旱。三十七年四月，豐樂旱。五月，銅陵旱。三十八年三月，黃陂旱。夏，杭州、桐鄉旱。秋，武昌、陽湖旱。三十九年二月，湖州旱。五月，沙河旱。秋，常山旱。

四十年五月，堂邑旱。六月，蘭州、河州旱。九月，瓊州旱。四十一年，高郵大旱。四十二年三月，宣平旱。五月，橫州旱。六月，連州旱。四十三年春，青浦、沛縣、沂州、樂安、臨朐旱。五月，靜寧州、衢州旱。六月，絳縣旱。八月，永平旱。四十四年春，朝陽旱。四月，羅田、上海旱。九月，鉅鹿旱。四十五年春，瓊州旱。五月，黃巖旱。四十六年夏，池州、石門、湖州、海鹽、桐鄉旱，河港皆涸。秋，臨江府屬、當塗、蕪湖、東流、含山、歷城旱。四十七年夏，東平、平原、霑化、臨朐旱。秋，黃岡、恩縣、茌平、臨清旱。四十八年四月，溧水旱。秋，武進、滿城旱。冬，湖州旱。四十九年二月，揭陽、澄海旱。五月，臨朐、新城、武強旱。秋，湖州、台州、仙居旱。

五十年七月，應城、枝江、德安、羅田旱。五十一年五月，固安、定州、井陘、清苑旱。九月，崖州旱。五十二年夏，台州、常山旱，至十月不雨。秋，五河大旱。五十三年春，臨朐旱。五月，宣平、東明、元氏旱。六月，台州、蘇州、震澤、陽湖旱，景州夏、秋旱。五十四年春，翼城、陽江、解州旱。六月，銅陵、合肥旱。七月，鶴慶旱，惠來自八月歷冬不雨。五十五年二月，海豐、朝陽旱。五月，揭陽、福山、密雲、懷柔旱，常山夏、秋旱。五十六年，福山旱。五十七年春，南昌旱。四月，臨朐旱。秋，崇陽、寧陽旱。五十八年二月，曲阜旱。夏，福山、常山、縉雲、峽江旱。八月，義烏旱。五十九年夏，東平、岳陽、曲沃、臨汾、湖州、桐鄉、石門旱。秋，臨朐、沁州旱。六十年春，興寧、全州、安州、臨安、登州、西安、延安、鳳翔旱；懷柔自春不雨至五月，二麥無收；鶴慶春、秋旱；慶遠府大旱，自正月至七月不雨，田禾盡槁；桐廬自五月至七月不雨，禾盡枯；橫州自六月至九月不雨；昌化、桐鄉、海寧旱，河涸。七月，宣平、嵊縣、寧都、黃岡、房縣旱。八月，夏津旱。六十一年二月，濟南旱。六月，武進、無爲、含山、青城、海寧、湖州、寧津旱；祁州夏、秋旱；松陽、鍾祥、江陵、荊門旱。

雍正元年春，元氏旱。夏，海寧、湖州、桐鄉、井陘、武進、祁州、莒州、蒙陰、東昌旱。秋，雞澤、嘉興、蘇州、高淳、崑山大旱，河水涸。二年，鶴慶自二月至八月不雨。夏，海寧、嘉興旱。七月，景州、景津、全州旱，井泉涸。三年春，霑化、莒州旱，河涸。夏津春、夏旱。七月，全州、丘縣旱。四年春，壽光旱。五月，英山旱。五年六月，慶陽府屬旱。六年五月，洛川旱；興安自七月旱至次年二月始雨，竹木盡枯。七年春，元氏旱。八年八月，東光、滄州旱。九月，邢台、平鄉、沙河、揭陽、長治旱。十年春，平原、曲阜、莒州、北鄉旱；沂州自正月至六月不雨。六月，臨清、福山旱。十一年春，同官、常山旱。八月，濟南府屬旱。十二年春，膠州旱。六月，同官、甘泉旱。十三年五月，夏津、壁山、池州旱，湖水涸。七月，蒲圻、鍾祥、當陽、宜都、江夏、崇陽、蘄水旱。

乾隆元年，潮陽旱。二年三月，會寧、東安旱，無麥；玉田春、夏大旱。六月，漢陽、黃陂、孝感、黃岡、麻城旱。九月，獲鹿、欒城、平山旱。三年，鹽城自二月至六月不雨，大旱，赤地千里。夏，震澤、清河旱。九月，武進、鹽城旱。四年春，蘄水、高郵旱。夏，通州、潛山、銅陵、合肥、廬江、青浦、無爲、東流旱。秋，漢陽、黃陂、孝感、鍾祥、京山、天門、武昌旱。五年六月，全州旱。六年，嘉應、崖州春、夏旱。七年春，廣寧、鶴慶、龍川、潮陽、饒平、普寧旱，陽江春、夏旱。八年春，壽州旱，新安自春徂夏不雨。四月，銅陵旱。閏四月，藁城旱。六月，德州、武強、正定、河間、寧津、衡水旱。冬，武昌府屬旱。九年四月，西清、慶平、高邑、寧河旱。七月，武定府屬旱。

十年五月，三河旱。秋，元氏、邢台、棗強、懷來、正定、無極、藁城、欒平、代州旱，晚禾皆秕。十一年，雲都自五月至七月不雨。十二年春，即墨、平度旱。夏，文登旱。秋，高密、安邑、垣曲旱。十三年三月，臨安旱。五月，嘉興、石門旱。六月，芮城、懷來旱。十四年十月，大同府屬旱。十五年春，惠來旱。五月，交河、蘄城旱。秋，連州旱。十六年七月，溧水、連州、惠來旱；建德、遂安、淳安、壽昌、桐廬、分水夏、秋不雨，禾苗盡槁。十七年春，房縣旱，解州自五月至七月不雨。秋，海寧、富陽、餘杭、臨安、杭州、雷州、諸城、寧鄉旱。十八年，桐廬春、夏旱，禾苗枯，井泉涸；廣靈自五月至九月不雨。秋，唐山、欒清、平陽旱。十九年，荊門州大旱，至二十一年始雨。

二十年三月，普寧旱。五月，梧州旱。七月，黃縣旱。十一月，武進旱。二十一年，金華春、夏旱。五月，桐鄉、天門旱。二十二年春，龍川大旱，惠來自春徂秋不雨。夏，石門、梧州、桐鄉旱。二十三年三月，東平旱。六月，慶陽旱。二十四年，平定、欒平、盂縣春、夏大旱。六月，枝江、高郵、太原旱。秋，代州、翼城、寧州、寧鄉、安邑、絳縣、垣曲、潞安、河津、應州、大同、懷仁、山陰、靈丘、豐鎮、甘泉、新樂旱。二十七年夏，會寧、湖州旱。二十八年，武昌旱。二十九年夏，寧津、東光旱。

三十年夏，洛川旱。三十一年秋，文登、榮成旱。三十二年，湖州旱。三十三年四月，陽湖、高郵旱。六月，日照、石門、嘉善旱，連州夏、秋大旱。七月，孝感、安陸、雲夢、應城、應山、武昌、鍾祥、棗陽旱。八月，泰州大旱，河竭。三十四年六月，高淳旱。三十五年夏，臨潼、珙縣旱。七月，常山旱。三十六年二月，即墨旱。夏，五河旱。冬，瑞安、當陽、宜城旱。三十七年春，文登旱。秋，宣平旱。三十八年夏，洛川旱。七月，壽光、宣平、天津、青縣、靜海、武清、東光、寧津旱。三十九年七月，鍾祥、荊門州、應城、黃安旱。八月，秦州、鎮番、慶雲、南樂、霸州旱。

四十年六月，杭州旱，九月兼旬不雨；房縣、溧水、武進、高郵、文登、榮成旱。四十一年秋，平定、欒平旱。四十二年夏，洛川、穀城、歸州旱。八月，吳川、武寧、宣平旱。四十三年，太原自正月至五月不雨，諸城旱。夏，嘉興、石門、東平旱，河涸。秋，江夏、武昌、崇陽、黃陂、漢陽、鍾祥、潛江、保康、枝江旱。冬，九江武寧旱。四十四年六月，湖州、武城、安丘、泰安、潛山旱。四十五年五月，應城旱。四十六年四月，宣平旱。六月，金華、新城旱。四十七年春，文登旱。五月，黃縣旱。六月，羅田旱。秋，綏德州旱。四十八年二月，文登、榮成、綏德州旱。秋，菏澤旱。四十九年二月，寧陽、菏澤旱。三月，大名府屬七州縣旱。五月，應城旱。秋，寧陝廳大旱，長安河涸。

五十年二月，江夏、武昌旱，濟南、菏澤自春徂夏不雨。夏，鄒平、臨邑、東阿、肥城、滕縣、寧陽、日照、嘉善、桐鄉、宣平、蘇州、高淳、武進、甘泉皆大旱，河涸。秋，太平、觀城、沂水、壽光、安丘、諸城、博興、昌樂、黃縣旱。五十一年春，東平旱。五月，洮州旱。七月，荊門州、松滋旱。五十二年三月，黃縣、博興旱。夏，滕縣大旱，微山湖涸。五十三年三月，黃縣復旱。五十四年，宜都大旱。自三月至五月不雨。五十六年五月，應山大旱。五十七年，歷城、霑化、黃縣春旱。秋，順德、武強、南宮、慶雲、靜海、望都、蠡縣、欒亭旱。五十八年，陵川自二月至三月不雨，保定、大名、元城、東光春旱。七月，德平旱。五十九年三月，文登、榮成旱。秋，黃縣不雨至冬。六十年春，鄒平、壽光、昌樂、諸城旱。五月，蓬萊、黃縣、棲霞、江山、溪陽旱。秋，文登不雨。

嘉慶元年春，浦江旱。五月，穀城、麻城旱。夏，洛州、懷遠旱。秋，漁陽旱。二年五月，江陵旱。三年四月，黃安旱。五月，青浦旱。六月，文登、榮成旱。四年夏，江山大旱。五年春，枝江旱。夏，安康旱。六年春，章丘旱；榮成夏秋大旱，草木盡枯。七年四月，京師旱。五月，金華、江山、常山旱。六月，武昌、漢陽、黃川、德安、咸寧、黃岡、安陸旱。八月，宣平、嵊縣、南昌、臨江旱。八年，江山自春徂夏不雨。九年二月，臨朐旱。夏，漢陽旱。秋，定平旱。十年六月，章丘大旱。十一年夏，泰州旱。十二年二月，武進、黃縣旱。四月，樂清旱。五月，崇陽、石首旱。七月，宣平旱。八月，灤州不雨。十三年春，樂清不雨，黃安春、夏旱。十四年四月，邢台、應山旱。十五年，安丘春、夏大旱。十六年春，黃縣旱。四月，京師、臨榆、撫寧旱。五月，永嘉、麗水、縉雲、景州、嵊縣、鍾祥、房縣、江陵、宜都旱。六月，曲陽、蓬萊、招遠、寧海、文登、即墨旱。秋，觀城、臨朐旱。十七年春，東阿、滕縣、高唐旱。十八年春，東平、東阿、濟寧、曹縣旱。夏，保康旱。八月，鄖縣、麻城、鍾祥、襄陽、棗陽旱。九月，樂清、寧津、南樂、清苑、邢台、廣宗、井陘、清豐、武邑、唐山、望都、南宮旱。十九年春，應城、鄖縣、蘄水、羅田旱。夏，嘉興、新城、湖州、石門、鍾祥、武進、臨朐、定遠廳、泰州、通州皆大旱，河盡涸。七月，青浦、蘇州、高淳旱。二十年六月，嘉興旱。七月，灤州旱。二十一年九月，麗水大旱。二十二年四月，曲陽旱。秋，長清、觀城、博興、蘇州、定州、諸苑、固安、武強、涿州、清苑、無極、廣宗旱。二十四年六月，貴陽、湖州、石門旱。八月，應山、麻城旱。九月，黃陂旱。二十五年，新城自二月至七月不雨。五月，黃梅大旱。八月，縉雲、麗水、嵊縣、南昌、建昌、臨江、贛州、袁州、武昌、咸寧、崇陽、金華、常山旱。

道光元年秋，黃巖、龍泉旱。二年春，宜都、日照旱。夏，嘉興、湖州旱。三年夏，滕縣大旱。四年，宣城自四月至六月不雨，曹縣、房縣、麻城旱。秋，章丘、榮成旱。五年六月，應山旱。七月，歷城、黃縣旱。六年春，諸城、東阿旱。六月，永豐、萬安旱。七年七月，內丘大旱。九年，湖州夏、秋旱，宣城八月不雨至於十月。十年夏，湖州旱。秋，武強、唐山旱。十二年春，昌平大旱，六月始雨；內丘、懷來、萬全、望都旱。夏，嘉興、湖州、嵊縣旱。七月，東光、靜海旱。九月，陵縣、臨邑、鄒平、新城、博興旱。十三年春，武清旱。夏，皋蘭、狄道州旱。十四年春，孝義廳旱。秋，定海旱。十五年春，元氏、臨朐、枝江、宜都、宜昌旱，黃巖自五月至七月不雨，縉雲自五月至八月不雨。夏，湖州、永嘉、麗水、嵊縣、宣城、穀城旱。七月，房縣、黃州、安陸旱。冬，太平、玉山、武昌旱。十六年春，登州府屬旱。夏，應城、皋蘭、狄道州、孝義廳旱。十七年，臨朐自正月不雨至於五月。六月，雷州旱。七月，元氏、阜城、邢台旱。十八年夏，常州、應山、靖遠旱。八月，阜陽二十一州縣旱。十九年三月，武強、懷來旱，望都春、夏無雨。秋，莊浪大旱。二十年，皋蘭、狄道州、金縣旱。二十一年九月，寧陽旱。二十三年七月，湖州旱。二十四年，光化秋、冬旱。二十五年六月，青田旱。七月，縉雲、雲和旱。二十六年六月，藍田、三原大旱。二十七年夏，宜城大旱。秋，麗水大旱。二十八年春，永嘉旱。秋，昌平旱。二十九年七月，莊浪大旱。三十年夏，嵊縣、太平、寧陽、皋蘭旱。

咸豐二年，定海廳、常山旱。四年五月，麗水旱。七月，咸寧、保康旱。五年正月，皋蘭旱，四閱月不雨。四月，青縣旱，武昌夏、秋旱。六年，宜城、安陸自夏徂秋不雨，樹木多枯死。五月，咸寧、桐鄉、黃陂、鍾祥、潛江大旱，河水涸。閏五月，隨州大旱，至九月始雨。六月，嘉興、蘇州、青浦旱。七月，武進、羅田、通州、肥城、陵縣旱，河水竭。七年春，昌平、唐山、望都旱。夏，清苑、元氏、無極、武邑、永清、廣宗、柏鄉旱。八年夏，青縣旱。九年春，即墨旱。夏，臨朐、濱州、黃縣旱。七月，元氏、灤州旱。十年春，清豐、蓬萊、皋蘭旱。六月，青縣大旱。十一年，青縣春、夏不雨。七月，太平旱。八月，皋蘭、通渭、秦安大旱。

同治元年二月，青縣旱。六月，孝義廳、皋蘭旱。七月，葦縣、棲霞、咸寧、江夏旱。二年，嵊縣旱。三年夏，常山旱。秋，崇陽、撫寧旱。四年春，蘄水大旱荒，民有鬻子女者。秋，麻城旱，高鄉自冬至次年夏不雨。五年夏，江夏、江山旱。九月，崇陽、漢陽旱。六年夏，昌平、玉田、黄陂、荊門、德州旱。秋，邢台、懷來、武昌、黄州旱。七年春，皋蘭旱。冬，陵縣旱。八年春，青縣旱。九年春，新樂、黄縣旱。十年春，清苑大旱，無麥。十一年，皋蘭春、夏旱。十二年五月，公安、枝江旱。十三年三月，江陵、公安、枝江旱。秋，均州旱。

光緒元年，青縣夏、秋旱。二年春，望都、蠡縣、灤州、臨榆旱。五月，肥城旱。八月，藁城旱。三年四月，武進、霑化、寧陽、南樂、唐山旱，應山夏、秋大旱。四年春，東平、三原旱。七月，内丘、井陘、順天、唐山、平鄉、臨榆旱。八月，京山旱。六年秋，甘泉、魚台、邢台旱。八年六月，均州、雲夢、鶴峯州旱。十一年秋，東光旱。十三年七月，靖遠、東光旱。十六年，皋蘭春、夏旱。十七年，靜寧、合水旱。十八年六月，皋蘭、金華、靜寧、通渭、洮州、安化旱。十九年五月，太平旱。二十年，太平自七月至十月不雨，大旱。二十一年六月，太平旱。二十四年九月，寧津旱。二十六年六月，涇州、皋蘭、平涼、莊浪、固原、洮州旱。閏八月，南樂、邢台旱。二十七年春，皋蘭、平涼、莊浪、固原、洮州大旱。三十三年，皋蘭旱。三十四年八月，蘭州、靜寧大旱。

宣統元年，甘肅全省亢旱。

著録

《文獻通考·自序》 《記》曰：『國家將興，必有禎祥。國家將亡，必有妖孽。』蓋天地之間，有妖必有祥，因其氣之所感，而證應隨之。自伏勝作《五行傳》，班孟堅而下踵其説，附以各代證應爲《五行志》，始言妖而不言祥。然則陰陽五行之氣，獨能爲妖孽而不能爲禎祥乎？其亦不達理矣。雖然，妖祥之説固未易言也。治世則鳳凰見，故有虞之時有來儀之祥，然漢桓帝元嘉之初、靈帝光和之際，鳳凰亦屢見矣，而桓、靈非治安之時也。誅殺過當，其應爲恒寒，故秦始皇時有四月雨雪之異，然漢文帝之四年，亦以六月雨雪矣，而漢文帝非淫刑之主也。斬蛇夜哭，在秦則爲妖，在漢則爲祥，而概謂之龍蛇之孽可乎？僵樹蟲文，在漢昭帝則爲妖，在宣帝則爲祥，而概謂之木不曲直可乎？前史於此不得其説，於是穿鑿附會，強求證應而罙有所不通。竊嘗以爲物之反常者，異也，其祥則爲鳳凰、麒麟、甘露、醴泉、慶雲、芝草，其妖則山崩、川竭、水湧、地震、豕禍、魚孽。妖祥不同，然皆反常而罕見者，均謂之異可也，故今取歷代史《五行志》所書，並旁搜諸史本紀及傳記中所載祥瑞，隨其朋類，附入各門，不曰妖，不曰祥，而總名之曰物異。如恒雨、恒暘、恒燠、恒寒、恒風、水潦、水災之屬，俱妖也，不可言祥，故仍前史之舊名。至如魏晉時魚集武庫屋上，前史所謂魚孽也；若周武王之白魚入舟，則祥而非孽。然妖祥雖殊，而其爲異一爾，故均謂之魚異。秦孝公時，馬生人，前史所謂馬禍也；若伏羲之龍馬負圖，則祥而非禍。然妖祥雖殊，而其爲異亦一爾，故均謂之馬異。其餘鳥獸、昆蟲、草木、金石，以至童謠、詩讖之屬，前史謂之羽蟲、毛蟲、龍蛇之孽，或曰詩妖、華孽，今所述皆並載妖祥，故不曰妖，不曰孽，而均以『異』名之，其豕禍、鼠妖，則無祥可述，故亦仍前史之舊名，至於木不曲直者，木失其常性而爲妖，如桑穀共生之類是也。若雨木冰，乃寒氣脅木而成冰，其咎不在木也，而劉向以雨木冰爲木不曲直。華孽者，花失其常性而爲妖，如冬桃李華之類是也。若冰花乃冰有異而結花，其咎不在花也，而《唐志》以冰花爲華孽。二者俱失其倫類，今革而正之，俱以入恒寒門，附雨雹之後。又前志以鼠妖爲青眚、青祥，物自動爲木沴金，物自壞爲金沴木，其説俱後學所未諭，今以鼠妖、青眚各自爲一門，而自動、自壞直以其事名之，庶覽者易曉云。作《物異考》第二十二，凡二十卷。

元 虞集《道園學古録》卷六《詔使禱雨詩序》 陝右比歲以旱饑告，縣官出粟與財，省賦已責以賑之，而不能捄。力田者布種於土，而暵燥弗生。貨幣並竭，商賈弗至。去歲國家有大正於逋誖宿愾，守者迷去效之宜，神怒人怨，天不悔禍。及計窮歸服，而吾民之病日深矣。居者瘠殍，行者道殣，存者十二三。天子為選大吏治行省臺，出大農之帑鉅萬者數，而雨終不降，人無生意。於是行省臺之臣使人入告于朝曰：『天子幸念疲甿，使臣等奉宣德意，既竭駑鈍，靡神不舉，而靈貺弗臻。意者天子使專使持玉幣以禮其山川，庶有濟乎？』宰相即日以聞，天子愀然以興曰：『孰能稱朕使者？』於是翰林直學士布延實哩，以誠慤精敏，將命直指。乃四月己亥，受旨幄殿，陰雲低回，肸蠁孔邇。學士乃召驛傳，謹齋戒，不留宿于家。乙卯祀西嶽。五月丁巳朔，雲雹雷雨大作。辛酉，與行省臺臣共禱于城中之羣祀。壬戌，與左丞額琳沁禱於太一元君廟，即大雨。其日又詣高山太白峡靈湫廟。湫在絶頂，峡隘石險，炎暍喘汗，牽掖僅至。親致上命，下即祠宫，幾數十里。祠故唐作，積蕪不治，墻毁瓦墮，妥歆無所。祠者俟命門下，上無庇蓋。跼蹐中夜，並見雲興于湫，頃而滃合。明日又禱，大澍連日。於是東自陝州，西至鳳翔，南達興元，北暨鞏昌，皆來告足。甲戌至鳳翔，與憲使郡守祀於雅爾滿神之廟。雅爾滿者，高昌部大山有神，高昌人留關中者移祀於此云。既祠又雨。丁丑，祀西鎮之吴嶽，亦雨。竣事乃還，而隴陝之間田苗浡興，瓜蔓有實。稍有廬處而守者下車詢咨，則曰宿種在土，得雨始萌，壅埴日滋，是以怒長。苗秀且實，而瓜瓞可食矣。由是疾疫頓愈，而流移未遠者漸克來歸。七月辛酉，復命于上都。行省臺各遣使入奏如其言，而學士以其副致國史，予得而觀焉。嗚呼，天豈不念斯民哉？彼旱饑至於斯極者，誰實為之？聖神一念之發，使者將命之謹，而效應如此，逆順誠偽之辨，可不察乎？故備書之，與吾黨之士詠歌焉。

藝文

《詩經・大雅・蕩之什・雲漢》 《雲漢》，仍叔美宣王也。宣王承厲王之烈，內有撥亂之志，遇烖而懼，側身脩行，欲銷去之。天下喜於王化復行，百姓見憂，故作是詩也。

倬彼雲漢，昭回于天。王曰於乎！何辜今之人！天降喪亂，饑饉薦臻。靡神不舉，靡愛斯牲。圭壁既卒，寧莫我聽！

旱既大甚，蘊隆蟲蟲。不殄禋祀，自郊徂宫，上下奠瘗，靡神不宗。后稷不克，上帝不臨。耗斁下土，寧丁我躬！

旱既大甚，則不可推。兢兢業業，如霆如雷。周餘黎民，靡有孑遺。昊天上帝，則不我遺。胡不相畏？先祖于摧。

旱既大甚，則不可沮。赫赫炎炎，云我無所。大命近止，靡瞻靡顧。群公先正，則不我助。父母先祖，胡寧忍予！

旱既大甚，滌滌山川。旱魃為虐，如惔如焚。我心憚暑，憂心如熏。群公先正，則不我聞。昊天上帝，寧俾我遯！

旱既大甚，黽勉畏去。胡寧瘨我以旱？憯不知其故。祈年孔夙，方社不莫。昊天上帝，則不我虞。敬恭明神，宜無悔怒。

旱既大甚，散無友紀。鞫哉庶正，疚哉冢宰。趣馬師氏，膳夫左右。靡人不周，無不能止。瞻卬昊天，云如何里！

瞻卬昊天，有嘒其星。大夫君子，昭假無贏。大命近止，無棄爾成。何求為我，以戾庶正。瞻卬昊天，曷惠其寧！

又《召旻》 《召旻》，凡伯刺幽王大壞也。旻，閔也，閔天下無如召公之臣也。

旻天疾威，天篤降喪。瘨我饑饉，民卒流亡。我居圉卒荒。

天降罪罟，蟊賊內訌。昏椓靡共，潰潰回遹，實靖夷我邦。

皋皋訿訿，曾不知其玷。兢兢業業，孔填不寧，我位孔貶。

如彼歲旱，草不潰茂，如彼棲苴。我相此邦，無不潰止。

維昔之富不如時，維今之疚不如茲。彼疏斯粺，胡不自替？職兄斯引。

池之竭矣，不云自頻？泉之竭矣，不云自中？溥斯害矣，職兄斯弘，不烖我躬。

昔先王受命，有如召公。日辟國百里，今也日蹙國百里。於乎哀哉！維今之人，不尚有舊。

漢 東方朔《東方大中集・旱頌》 維昊天之大旱，失精和之正理。遥望白雲之鄷淳，滃曈曈而妄止。陽風吸習而熇熇，群生閔懣而愁憒。隴畝枯槁而允布，壤石相聚而爲害。農夫垂拱而無爲，釋其耰鉏而下涕。悲壇畔之遭禍，痛皇天之靡濟。

三國魏 曹植《曹子建集》卷七《湯禱桑林贊》 惟殷之世，炎旱七年。湯禱桑林，祈福于天。剪髮離爪，自以爲牲。皇靈感應，時雨以零。

晉 傅咸《傅中丞集・喜雨賦有序》 泰始九年，自春不雨，以涉夏節，草木共然。百姓以堯有九載之水，湯有七年之旱，恐遭斯運，並有懼心。聖皇勞慮，分使祈禱，徧於羣望。余以太子洗馬兼司徒請雨，百闢莅事，三朝而大雨降，退作斯賦。

祝融熾景，羲和警轡。亢陽火憤，野無生類。悠悠億兆，同茲慘悴。伊我皇之仁德兮，配燾育於二儀。屢刻躬而勤政兮，廣請禱於靈祇。孰謂天高，其聽不遼。孰謂神遠，厥應孔昭。潔齋致虔，於茲三朝。陰鬱怫而騰起，陽菴薆而自消。飛廉扇谷風之翼翼，靈嶽興慶雲之飄飄，遂乃重陰四會，溟邈無垠。方中降雨，亘夜迄今。生我百穀，粒我蒸民。昔洪水滔天於唐堯之朝，亢旱爲災於殷湯之世。下民其咨，莫能俾乂，歷稔九七，僅免斯害。猶以疇咨爲美譚，躬禱爲勛伐。

南朝梁 蕭綱《梁簡文帝集》卷上《謝敕示苦旱詩啓》 伏以九年之水，不傷堯政；七載之旱，無類湯朝。歲弘則公田已修，農勤則我庾惟億。今者亢陽以來，爲日未久，將恐督郵不黜。失在汝南之守，曝胔未收。無傷河南之尹，而載勞興居。仰發歌詠，無愛珪璧。有事山川，菲飲食矣。加之以撤膳焉，中夜不寐。加之以申旦焉，此唐虞之所闕如，軒頊之所不逮。

南朝梁 庾肩吾《庾度支集·奉和武帝苦旱詩》 陽山蛇不蟄，如澤鳥猶攢。蹔息流膏雨，將似怨祁寒。文衣夜不臥，疏食晝忘餐。絜誠同望祀，惟馨等浴蘭。江蘋享上帝，荊璧奠高巒。繁雲興岳立，蒸穴動龍蟠。渭渠還積水，滮池更起瀾。

北周 庾信《庾子山集》卷一一《湯解祝網贊》 連珠兩起，合玉雙沉。穀爲祥樹，桑成樂林。三方落網，一面驅禽。德以行政，仁乎用心。

唐 李嶠《晚秋喜雨》《全唐詩》卷六一 積陽躔首夏，隆旱屆徂秋。炎威振皇服，歊景暴神州。氣滌朝川朗，光澄夕照浮。草木委林甸，禾黍悴原疇。國懼流金眚，人深懸磬憂。紫宸兢履薄，丹扆念推溝。望肅壇場祀，冤申囹圄囚。御車遷玉殿，薦菲撤瓊羞。濟窘邦儲發，蠲窮井賦優。服閑雲驥屏，冗術土龍修。睿感通三極，天誠貫六幽。夏祈良未擬，商禱詎爲儔。穴蟻禎符應，山蛇毒影收。騰雲八際滿，飛雨四溟周。聚靄籠仙闕，連霏繞畫樓。旱陂仍積水，涸沼更通流。晚穗萎還結，寒苗瘁復抽。九農歡歲阜，萬宇慶時休。野洽如坻詠，途喧擊壤謳。幸聞東李道，欣奉北場遊。

唐 張說《張燕公集》卷一《明皇御製喜雨賦》 仰重華於齊政，步文命之彝倫。何天道之云遠？亦明徵之在人。迄中夏而自春，遘愆陽而爲亢。雲重結而復解，雨纔滴而還障。山祠植珪而不荅，田畯倚耒而怊悵。京兆來奏，音官撰曲，將土龍而矯首，請神巫而頓足。彼有憑而可舉，予何抑而未許，恐歲兇之及人，寧天譴於我身。爾乃潔齋壇墠，五精是祠，暴立炎赫，三日爲期。上帝臨我，衷誠不欺。重泉蒸潤，觸石吐滋。平雲黯而鋪幕，密雨森其散絲。無雷無電，不震不眩；匪疾匪徐，乍合乍疏；泛草泊樹，垂珠點露；過闕入樓，含煙雜霧；或噴薄而攢集，或淋灕而灌注；亂積水之圓文，拂微風之斜度。寰海浹而康樂，畎畝欣而相顧。絲管合兮夜將曉，芙蓉開兮日未暮。原夫雨之爲德也：無小大之異情，無高卑之不平，無華朽之偏潤，無臭薰之隔榮。喜夫雨之今應也，起一言而不捨，經累辰而廣瀉；納清陰之浮涼，同顥氣之飄灑；感作霖於殷命，諷其滂於周雅。家尚知乎禮節，國有望於豐霸。小陽臺之神人，卻大宛之走馬。觀雲行而雨施，吾何事乎天下？

又《喜雨賦應制》 叟臣啟先王之冊府，校紹瑞於祥經，樂雲雨之平施，齊品物之流形。帝王益重而爲寶，麟鳳自輕而讓靈，況愆時而渴望，欲意達而神聽。是月也，朱明漸半，紫油未吐，恐降災兮此下人，罄虔祈兮我仁主。退象龍之禮禱，斥持鷺之貌舞，屏翳慚其廢職，祝融悔其遷怒。天泱漭而出雲，地霧霮而下雨，速一言而感應，克三日而周溥。氣蓊靄以黕䨴，聲颯灑以蕭條，璀如雲漢之屑落，瑳似珠泉之歕澆。街鄽漫其潰潦，皐壤萋其綠苗，舒四溟之清潤，卷六合之煩囂：咸澡骨於神液，共懽心於聖朝。借如五月有梅雨之名，三春有穀雨之氣，越人出泥牛待沃，胡土以賣龍求費。出員嶠而石香，入成都而酒味，彼偏方與小節，非大人之所貴。復有送山祇於鬱島，迎海若於葛川，疾雷碎其山裂，走電煜其海燃。天子作愁霖之賦，詞人綴苦雨之篇，墻屋壞於倒井，黍稷沈流下田。廼兇祲之不令，曷休徵之有焉？請言瑞雨之可喜也：協氣交泰，嘉生是賴，湛覃而不溺，衍溢而不害。東漸出日之表，西被無雷之外，南窮火鼠之譯，北盡燭龍之會。天文則雲漢昭回，天澤則江河霶霈，雖欲覃天而窺管，孰知堯德之爲大。

唐 韓休《奉和聖製喜雨賦》《文苑英華》卷一四 聖人調玉燭，握金鏡，乘正陽而馭六氣之辨，考中星而授四時之命：所以平三階而齊七政。惟十有六祀，日躔於南紀，火德方盛，炎曛自始。主上問飛候之或失，徵驕陽之所起，未明求衣，當食昃晷，恐六事之害政，引萬方而罪己。廼設槱燎，奠椒醑，豈史巫之紛若？惟誠德之是與，稽元穹以誓期，樂形影以增佇。善言既發，靈應無越，天垂貫斗之雲，神召離星之月。有渰淒淒，南山朝隮，林鳴陰鳥，澗隱晴霓。九光之霞，冠於雲日；五色之氣，映于巖谿。始攢團而未下，終颯灑而俱齊，合散縈直，紛飛驟息。肇自千亩，周於八極，及乎我私，長我黍稷。我箱既萬，我庾惟億，人咸謂之神功，爾孰知夫帝力？若廼拂珠箔，含綺疏，微霧氣於金掌，糅香煙於玉除，下碧雲而陰合，滴銅池而響餘。君王廼倚雲閣，憑雨殿，臨清暑，奏繁薦，欣大德之在生，知上靈之有眷。於斯時也，一人有慶，萬國懽心，羣臣獻華封之壽，天子御薰弦之琴，昭宸文於合璧，式王度其如金。乾道兮下濟，湛恩兮汪濊，四三皇兮六五帝，于胥樂兮萬千歲。

唐 孟浩然《孟浩然集》卷二《同獨孤使君東齋作》 郎官舊華省，天子命分憂。襄土歲頻旱，隨車雨再流。雲陰自南楚，河潤及東周。廨宇宜新霽，田家賀有秋。竹間殘照入，池上夕陽浮。寄謝東陽守，何如八詠樓。

唐 張九齡《曲江集》卷二《和崔尚書喜雨》 積陽雖有晦，經月未爲災。上念人天重，先祈雲漢回。仁心及草木，號令起風雷。照爛陰霞止，交紛瑞雨來。三辰破黍稷，四達屏氛埃。池溜因添滿，林芳爲灑開。聽中聲滴瀝，望處影徘徊。惠澤成豐歲，昌言發上才。無論驗石鼓，不是御雲臺。直頌皇恩浹，崇朝遍九垓。

唐 沈瑱《賀雨賦》《文苑英華》卷一四 臣聞堯以欽明文思，察洪水而其咨；湯以布昭聖武，綿鑠石而不雨。彼穹蒼之災沴，豈睿君與聖主，我明德之馨香，終時康而俗阜。大唐以率俾蠻夏，莫非王土；主上以光宅君臨，粵若稽古。以淑德崇化，爲乾作輔。其廣運也，包二儀以覆載；其亭育也，想羣生之父母。聖謨洋洋，嘉言孔彰，惟精惟一，無怠無荒。百姓有過，引之歸己，一物失所，納之於隍。夫人之所重者食也，政之所先者農也，近歲以冬雪不盈，春雲少澤，綠疇合瘁，朱夏將革，無西畢之霶霈，有南威之赫奕。我藝闕秀，甫田虛辟，湘燕垂翼而不飛，應龍矯首而何益？爾乃邦人大恐，皇念勤眷，思轉災以爲祥，宜樹美而除譴。移正寢，徹豐膳，釋幽冤，索遺彥。達聰明目，廣視聽於四方；恤獄緩刑，開網羅於三面。誠絕崇藏援，衮路清，太階平，君臣咸一，邦家輯寧。天方悔咎淪孽，垂休降靈，布族而靄霨，電驚空而煌熒，殷雷震而闐闐，飛雨零而冥冥。夫其森沈散漫，颯灑淩亂，瀝液汪洋，周流津漢。濯上林之靃靡，漲昆明之瀾汗，驟繁響於闕庭，浮清風於樓觀。元澤優而霽止，光炳兮澄渙，奔餘潦於回塘，挂晴虹於霄漢。阡陌條暢而增綺，黍稷芬榮而若換，野老熙熙，農人相持。嘉廩儲之望歲，喜甘霈之流滋，鼓腹擊壤，賡歌稱詩。《詩》：曰，有渰淒淒，興雨祁祁，雨我公田，遂及我私。皇上睟容有穆，神心載怡，羣卿大夫，濟濟纓緌。拜手稽首，足之蹈之，賀農祥於介福，答聖造於休期。有諫議大夫沈瑱，因進而稱曰：臣聞昔者飛雉升鼎，用隊殷宗之德，熒惑守心，旋移宋景之慝。禾苗盡起，孺子感動於周公；桑穀並生，太戊獲相於伊陟。夫君人者，修己以敬，乾乾日昃，奉堯舜以爲心，崇禮讓而爲則，放黜回佞，敷求讜直。使人以時，用邱明之昏定；異物不貴，誡老氏之難得。哀賑惸嫠，勉敦稼穡，自然災伏，至誠感於天地；及當而行，湛恩浹於寰瀛。珍絡繹，瑞縱橫，海氣蒙晏，河光吐榮。甘露凝醴泉湧，麒麟遊而鳳凰鳴，煙雲蕭索而紛鬱，日月光華而淑清。我後慎終如始，用晦爲明，爲而不有，沖而不盈，向之能事，動植由庚。

唐 嚴維《奉和皇甫大夫祈雨應時雨降》《全唐詩》卷二六三 致和知必感，歲旱未書災。伯禹明靈降，元戎禱請來。九成陳夏樂，三獻奉殷罍。掣曳旗交電，鏗鏘鼓應雷。行雲依蓋轉，飛雨逐車回。欲識皇天意，爲霖既在哉。

唐 杜甫《喜雨》《集千家注杜工部詩集》卷一 春旱天地昏，日色赤如血。農事都已休，兵戈況騷屑。巴人困軍須，慟哭厚土熱。滄江夜來雨，真宰罪一雪。穀根小蘇息，沴氣終不滅。何由見寧歲，解我憂思結。崢嶸羣山雲，交會未斷絕。安得鞭雷公，滂沱洗吳越。

唐 杜甫《雨過蘇端》《集千家注杜工部詩集》卷三 雞鳴風雨交，久旱雲亦好。杖藜入春泥，無食起我早。諸家憶所歷，一飯跡便埽。蘇侯得數過，歡喜每傾倒。也復也可憐人，呼兒具梨棗。濁醪必在眼，盡醉攄懷抱。紅稠屋角花，碧委牆隅草。親賓縱談謔，喧鬧畏衰老。況蒙霈澤垂，糧粒或自保。妻孥隔軍壘，撥棄不擬道。

唐 杜甫《喜雨》《集千家注杜工部詩集》卷一二 南國旱無雨，今朝江出雲。入空纔漠漠，灑迥已紛紛。巢燕高飛盡，林花潤色分。晚來聲不絕，應得夜深聞。

唐 杜甫《雷》《集千家注杜工部詩集》卷一四 大旱山岳燋，密雲復無雨。南方瘴癘地，罹此農事苦。封内必舞雩，峽中喧擊鼓。真龍竟寂莫，土梗空俯僂。吁嗟公私病，稅斂缺不補。故老仰面啼，瘡痍向誰數。暴尫或前聞，鞭巫非稽古。請先偃甲兵，處分聽人主。萬邦但各業，一物休盡取。水旱其數然，堯湯免親覩。上天鑠金石，羣盜亂豺虎。二者存一端，愆陽不猶愈。昨宵殷其雷，風過齊萬弩。復吹霾翳散，虛覺神靈聚。氣暍腸胃融，汗滋衣裳污。吾衰尤拙計，失望築場圃。

唐 杜甫《種萵苣》《集千家注杜工部詩集》卷一四 陰陽一錯亂，驕蹇不復理。枯旱於其中，炎方慘如燬。植物半蹉跎，嘉生將已矣。雲雷欻奔命，師伯集所使。指麾赤白日，澒洞青光起。雨聲先已風，散足盡西靡。山泉落滄江，霹靂猶在耳。終朝紆颯沓，信宿罷瀟灑。堂下可以畦，呼童對經始。苣兮蔬之常，隨事蓺其子。破塊數席間，荷鋤功易止。兩旬不甲坼，空惜埋泥滓。野莧迷汝來，宗生實於此。此輩豈無秋，亦蒙寒露委。翻然出地速，滋蔓戸庭毀。因知邪干正，掩抑至沒齒。賢良雖得禄，守道不封己。擁寒敗芝蘭，衆多盛荆杞。中園陷蕭艾，老圃永爲恥。登於白玉盤，藉以如霞綺。莧也無所施，胡顔入筐篚。

唐　杜甫《柴門》《集千家注杜工部詩集》卷一七　泛舟登瀼西，回首望兩崖。東城乾旱天，其氣如焚柴。長影沒窈窕，餘光散唅呀。大江蟠嵌根，歸海成一家。下衝割坤軸，竦壁攢鏌鋣。蕭颯灑秋色，氛昏霾日車。峽門自此始，最窄容浮查。禹功翊造化，疏鑿就攲斜。巨渠決太古，衆水爲長蛇。風煙渺吳蜀，舟楫通鹽麻。我今遠遊子，飄轉混泥沙。萬物附本性，約身不願奢。茅棟蓋一牀，清池有餘花。濁醪與脱粟，在眼無咨嗟。山荒人民少，地僻日夕佳。貧病固其常，富貴任生涯。老於干戈際，宅幸蓬蓽遮。石亂上雲氣，杉清延月華。賞妍又分外，理愜夫何誇。足了垂白年，敢居高士差。書此豁平昔，回首猶暮霞。

唐　常衮《中書門下賀雨第一表》《文苑英華》卷五六一　臣某言：臣一昨奏對，親承聖旨，以旬期少愆，春雨示降。雖去冬積雪，宿麥頗滋，滋之候，農耕未晚。甫當薦鮪之月，爰及禁火之辰，紫陌揚塵，青郊晦色。日勞聖念，恐失人時，虔於龍堂，親行齋禱。德音朝發，甘澤夕零，霢霂散於城池，芳菲遍於草樹，四遠皆浹，羣情共懽。昔在聖人，祭則受福，必以精意，通於神祇。伏見陛下每發聖心，未嘗無應，與天合德，所感昭然。慶悦之深，倍萬恒品，無任慶忭之至。

唐　常衮《第二表》《文苑英華》卷五六一　臣等言：臣聞王者應天以實，禮神以誠，則其祥大來，所榮必速。伏惟實應元聖文武皇帝陛下端命上帝，陰騭下人，大哉洋洋，發育萬物。一風一雨，必經於憂勞，惟精惟微，久存於齋禱。自立春之後，膏澤頻滋，宿麥方蘇，首種不入。百穀皆賤，羣黎稍安，屬盛德在火之辰，恐散陽流輝之亢。小愆旬候，則失人時，乃命尹京載明祀典。飭三輔之屬吏，修百縣之大雩，陛下又於龍祠，躬自祈請。雖田事未廢，而皇情過勤，意纔發而氣蒸，令始降而雲合，寧止西郊之密，且有南山之朧。霈然時行，丕冒海表，浹辰而霽，更説羣心。擢芒之蕃，將豐於夏薦；流根之潤，佇合於秋成。固使我倉如陵，萬億及秭，軍國是賴，朝野同懽，多福殊休，莫盛於此。臣等謬塵樞近，喜倍恒情，無任慶忭之至。

唐　常衮《第三表》《文苑英華》卷五六一　臣某言：臣聞《春秋》，『龍見而雩』，以其盛德在火，萬物炳然，陽驕而旱也。《周禮》所以修一縣之大祀，命三公以卜郊。則知古之勤雨，首於是朋，蓋聖人順天以垂訓，王者奉時以告虞。伏惟寶應元聖文武皇帝陛下憂勤庶政，寅畏上元，全萬物而曲成，恐一夫之不獲，嘉生是降，率土皆穰。又自春以來，膏澤相繼，禾方長茂，猶潤纖莖，麥且擢芒，仍涵秀色。及純陽用事，流輝是憂，未失旬期，已勞聖慮。勉農祈穀，合樂圜丘，感上帝之儲祉，顧蒼生之禔福。祭之明日，夜合層靈，微風既和，震電不作，靄然四合，滂灑終朝。動乾坤而滿盈，洽陰陽之化育，郊原益茂，田稚皆登。俯觀秋至之收，佇廣歲成之望，自朝及野，咸慶時和，比肩鼓腹，空迷日用。臣謬麥袞職，久荷鴻私，仰聖澤之無涯，愧生成之未答。無任忭躍之至，謹奉表陳賀以聞。

唐　常衮《久旱陳讓相表》《文苑英華》卷五七三　臣某言：臣聞陽倡陰和，合之則理，任重力寡，強之則顛，苟稱竊位，保所逃責？伏惟陛下以大聖之資，除去奸惡。臣荷承正刑之後，擢在臺衡，不能有所建明，坐致災旱。變理之任，虧紊固多，邦畿之間，愆亢特甚。陛古發勤閔之慮，躬旰昃之勞，大憂庶獄，並走羣望。而逾夏涉秋，天則不雨，垂落復散，人其謂何？伏以東漢之制，存乎舊史，或陰陽失節，水旱不時，必策免三公，勵精百揆。蓋以其陽倡而不和，力薄而位崇，所以答天譴也。今上元赫赫如此，舊史昭昭如彼，臣尚以愚劣，偷安廟堂，負乘不慚，覥冒難處。伏乞解臣所職，更擇良才，省致旱之由，求作霖之輔，則萬姓咸賴，百穀用成，上寬聖憂，下塞人望。臣敢屍位重祿，以負明時。無任兢惶惕厲之至。

唐　徐安貞《奉和聖製喜雨賦》《文苑英華》卷一四　惟大君之執象，襲先帝之重元；體至精而御物，用明德而動天。自乘春兮當暑，洎三時而不雨；何陰陽而並隔，瞻雲漢以延佇？而雍州之積高，乃神明之舊府。君告有司，無作淫祠。圖應龍兮何召？望愚婦兮何期？御愆伏之六沴，唯蕩蕩之上帝；信天道之悠哉，固人事之所制。爾其圜壇方墠，環以禁林；拂瑤席兮列神座，藉白茅兮推聖心。卻華蓋而特立，當赫曦之正臨；幽應如響，明徵在今。油然作雲，鬱山川之氣；淒兮爲雨，變天地之陰。乘空離合，煙霏霧雜，散影微微，清神不稀。無雷電之相迫，但蕭條而自飛；回颯灑於天聽，襲清涼於御衣；如泰岳之朝下，似陽臺之暮歸。林御增飾，城池共色；八水青田，千門紫極；洗原隰於龍鱗，拂甍標於鳳翼。伊萬物之同潤，況油油之黍稷；匝寰海而爲期，指咸霖而一息。吾君乃升玉堂，辟金殿；既滌炎暑，是開清宴；聽金石之克諧，知神人之合忭。濟濟三事，稽首而言；效靈夔之鼓舞，聯振鷺而飛翻；欣復夏王之膳，無邀漢后之恩。微臣束紳國史，秉筆階戺；仰宸儀之法度，聞天韻之宫徵。大舜之《慶雲》已發，武帝之《秋風》莫比；欽豐歲之餘裕，賾先天之至理。陋星斗之占，冠靈臺之紀；猶誡奢靡之事，信明明天子。

唐 賈登《奉和聖製喜雨賦》《文苑英華》卷一四　聖人在位，體天法地；示人以五行，應天以五事。修其貌也時雨若，正其言也時暘至；彼氣象之或乖，將反身而可致。皇哉我君，元德敷聞；御極而三才交正，乘時而四序平分。十有六年，以至今載。旬有一雨，不愆乎晦；所謂元化之功，行於太平之代。粤在春餘，而乘夏初；或土官以位，或火正其居。土勝於水，午衝於子；陽景且曜，陰風莫起。當天數之適然，非歲行之常紀。惟帝念兹，聞諸有司；莫獻舞雩之請，或陳齋社之期。省而不録，云奪農時；直以萬乘之貴，躬親三日之祠。王言既出，聖心惟一；天昭厥誠，神降之吉；霈然爲雨，不俟終日。明明聖后，知微知彰；迪彼炎暑，化爲清涼。恐二氣之相迫，於兆人而不臧；以身作戒，因物考祥。當是時也，收其威而雷不敢作，隱其耀而電不能爍；昭其令而風不憒憒，布其和而氣不交錯。徒以元默爲貞，清明惟神；簡服用，興德仁。如此者上獨感其雲行，下獨成其雨施；六合雖廣，一朝畢被。其始至也，歷亂希微，霧雜煙霏；其少進也，湛覃淩厲，泉飛飆逝。驚碎滴於瑶池，噴懸流於錦砌，傳聲竹樹之末，濯色菱荷之際。乘日月而此多，仰年豐而可計。帝乃罷薰風之弦，奏其雨之篇；歸功於大造，致美於皇天。詞因喜降，義以情傳。是禮也，且高於商武；斯文也，復掩於周宣。非聖德之兼濟，何以臻於此焉？巍乎聖主，謙以自輔；慮其率土，猶稱疾苦。申命文武，更求多祜；又吹之以軒后大風，又沐之以殷宗霖雨；潤再洽兮恩重溥，自朝廷兮至草莽。鑠皇篇兮熙帝譜，於胥德兮振萬古。

唐 于邵《爲楊相求退表》《文苑英華》卷五八一　臣炎言：比者盛夏無雨，農人觖望，遂軫聖慮，迨乎孟秋，乃下明詔，並表羣祀。神人協和，膏澤旋降，嘉穀無害，粢盛可期。此皆陛下明聖，慈仁上應。臣所以慚貌重位，容身無地，載積憂懼，豈遑夙夜？歷觀自昔帝王以理天下者，未有不疇咨訏謨，以熙帝載。三五以降，則有六相十六族，共陳翼亮之功。其在夏殷，不易斯典。逮周分六官，秦置左右，西漢因之以丞相，東漢更名以三公，魏晉雖有損益，亦無獨任之道。陛下拔臣江澤之外，致臣密勿之地。縱欲思報鴻造，贊襄盛業，其如智識薄劣，力所不任，常恐負乘之類，無以塞責。臣又聞之，天有三臺，鼎有三足，丞凝所以備四輔股肱所以象四體。創明堂，搆大廈，非一木之力焉。況臣駑愚，而久備位，今舞干以化，戎狄修好；網羅再張，兆人是賴。朝多賢達，野無遺逸，能勝臣者，則指顧皆是。豈以萬務之重，而獨委於凡流乎？縱臣一朝敗累，分衆隕越，則既墜之跡，死將安謝？伏乞俯回天鑒，退臣散地，舉用伊皐，使不仁者遠。臣雖萬死，誓無所恨。不勝待罪兢惶之至！

唐 馬異《貞元旱歲》《唐詩紀事》卷四〇　赤地炎都寸草無，百川水沸煮蟲魚。定應燋爛無人救，淚落三篇古尚書。

唐 釋皎然《晝上人集》卷一《同薛員外誼喜雨詩兼上楊使君》　積旱忽飛澍，烝民心亦傾。郊雲不待族，雨色飛江城。燋稼濯又發，敗荷滋更榮。時隨霧穀重，乍集柳絲輕。一宿恐魚飛，數朝徵鸛鳴。毒暑澄爲冷，高塵滌還清。乃知陰隲數，制在造化情。及此接歡賀，臨風聞頌聲。

唐 吕温《吕衡州集》卷二《貞元十四年旱甚見權門移芍藥花》　緑原青壠漸成塵，汲井開園日日新。四月帶花移芍藥，不知憂國是何人。

唐 李宙《奉和聖製喜雨賦》《文苑英華》卷一四　既五月兮生一陰，猶不雨兮思作霖；聖自咎兮天同德，誠下答兮神孔歆。臣聞澤不潤下，意欲乾封；豈大明在御？而荒歲或逢，禮有旱暵之舞，詩有昭回之詠。陛下退史巫之紛若，追后土之虔敬；以乾坤而合德，何造化之測？當赫曦兮是時，與霶霈兮爲期。粤三日而將澍，未崇朝而已布。霏微露立之壇，霡霂風旋之步；緬察獄以臨幸，嘗禱林而戒懼。曷若不言而順於陰騭，曰肅而變其陽數？非破塊與鳴條，惟滌場及灑路。靈臺是升，斯考休徵；渾儀已緯，更酌元亨。爾乃紫微涼夏，彤庭景深；初泛灩於太液，復蕭條於上林。傾菡萏而花舞，散青蒽而葉吟；宜刻漏於銀箭，雜秋聲於玉琴。龍虎飛騰兮多氣色，鸛鶴鳴叫兮有清音。況田畯之至喜，奉聖人以爲心。惟大君之德也，如雨施於上元，如澤漏於重泉；

浸四溟而無遠，洞萬物而無偏。喜羣生之遂也，山不翦其毛髮，河不污其宮闕；思就紺而生虹，願從風而移月。絕奔雷以無景，靜行雲以不發；願依稀兮其奚多，雖三五而可越。

唐 柳宗元《柳河東集》卷三七《爲王京兆賀雨表一》 臣某言：臣昨日面奉進旨，以近日少雨，今月内無雨，即須祈禱，今日便降甘雨者。天且不違，神必有據，密雲與綸言繼發，時雨將天澤並流。臣某誠歡誠慶，頓首頓首。

伏惟皇帝陛下憂切蒸黎，慮深稼穡，思彼未兆，防於無形。滲漉每出於湛恩，變化亦隨於廣運。宸衷暫惕，已矯御天之龍；聖謨既宣，遂洽漏泉之澤。靄霽周布，霏微四施，黍稷盡成，公私皆及。野夫鼓舞，知帝利之玄通；官吏歡呼，見天心之默喻。臣某牧人京邑，動仰皇靈，渥澤徒加，涓滴無助。無任感悅屏營之至。

又《爲王京兆賀雨表二》 臣某言：伏見今月二十四日，時雨溥降。伏以聖心積念，天意遽回，移造化之玄功，革陰陽之常數。臣某誠慶誠抃，頓首頓首。

皇帝陛下仁育蒼生，恩同赤子。自頃天雨未降，時稼或愆，貶食齋戒，至誠幽達。又慮宿麥無備，播種失時，出於宸衷，特令賑貸。睿謨潛運，甘雨遂周。布濩垂陰，隨聖澤而俱遠；滂沱積潤，與恩波而共深。臣某才術無聞，謬司邦甸，生成必資於帝利，進退何補於天工。沐浴大和，慚荷無極，無任慶躍屏營之至。

又《爲王京兆賀雨表三》 臣某言：今月十三日面奉進旨，緣自春來少雨，宜即差官精誠祈禱者。十四日，臣便差官分赴靈跡，其日雲陰四合，至十五日，甘雨遂降。

伏惟皇帝陛下言為神化，動合天心，未成旱暵之虞，已積憂勤之慮。衆靈受職，薈蔚且躋于南山，百穀仰榮，滂霈遂沾於東作。睿謨朝降，膏澤夕周，知天人之已交，識陰陽之不測。然則周王徒勤于方社，殷帝虚美于桑林。豈若無災而早圖，未禱而先應。化超前聖，道貫重玄，遍野同歡，傾都相慶。臣之欣躍，倍萬恒情。

又《爲王京兆賀雨表四》 臣某言：臣於三月二十九日奉進旨于諸靈跡處祈雨，至三十日甘雨遂降者。臣聞惟聖有作，先天不違，發令而祥風已興，致誠而玄液旋被。臣某誠歡誠賀，頓首頓首。

伏惟皇帝陛下側身防患，道邁周王，盡力勤人，功超夏后。聖謨廣運，驅百靈以從風；神化旁行，滋五稼而流澤。油雲四合，膏雨溥周，農壤遂一於肥磽，滲漉盡沾於遐邇。蒸黎詠德，知必自於聖心；草木欣榮，如有感於皇化。有年之慶，實在於斯。臣以無能，謬領京邑，上勞宸慮，運此歲功。無任喜懼屏營之至。

又《賀親自祈雨有應表》 臣某言：臣得上都院官金部員外郎韓述狀報，以時雨未降，親自于龍堂祈禱，有靈禽群翔，自成行列，如隨威鳳。以翼龍舟，其日降雨者。

伏以時或愆陽，歲之常候，式當聖日，無害豐年。陛下敦本務農，憂人閔雨，宸慮所至，天心自通。故得瑞鳥迎舟，掩商羊之舞；仙雲覆水，協從龍之征。初泛灑于上宮，遂滂霈於率土。自中徂外，皆荷生成，雨公及私，靡不碩茂。殷后徒勤於自翦，周公空愧於舞雩。臣下庸虛，謬司垣翰，有年之慶，惟聖之功。臣不任。

唐 韓愈《昌黎文集》卷一《赴江陵途中寄贈王二十補闕李十一拾遺李二十六員外翰林三學士》 孤臣昔放逐，血泣追愆尤。汗漫不省識，怳如乘桴浮。或自疑上疏，上疏豈其由。是年京師旱，田畝少所收。上憐民無食，征賦半已休。有司恤經費，未免煩徵求。富者既云急，貧者固已流。傳聞閭里間，赤子棄渠溝。持男易斗粟，掉臂莫肯酬。我時出衢路，餓者何其稠。親逢道邊死，佇立久咿嚘。歸舍不能食，有如魚中鉤。適會除御史，誠當得言秋。拜疏移閤門，爲忠寧自謀。上陳人疾苦，無令絕其喉。下陳畿甸内，根本理宜優。積雪驗豐熟，幸寬待蠶麰。天子惻然感，司空歎綢繆。謂言即施設，乃反遷炎州。同官盡才俊，偏善柳與劉。或慮語言洩，傳之落冤讐。二子不宜爾，將疑斷還不。中使臨門遣，頃刻不得留。病妹臥牀褥，分知隔明幽。悲啼乞就別，百請不頷頭。弱妻抱稚子，出拜忘慚羞。僶俛不回顧，行行詣連州。朝爲青雲士，暮作白頭囚。商山季冬月，冰凍絕行輈。春風洞庭浪，出沒驚孤舟。逾嶺到所任，低顏奉君侯。酸寒何足道，隨事生瘡疣。遠地觸途異，吏民似猨猴。生獰多忿很，辭舌紛嘲啁。白日屋簷下，雙鳴鬬鵂鶹。有蛇類兩首，有蠱羣飛遊。窮冬或搖扇，盛夏或重裘。颶起最可畏，訇哮簸陵丘。雷霆助光怪，氣象難比侔。癘疫忽潛遘，十家無一瘳。猜嫌動置毒，對案輒懷愁。前日遇恩赦，私心喜還憂。果然又羈縶，不得歸鋤耰。此府雄且大，騰凌盡戈矛。棲棲法曹掾，何處事卑陬。生平企仁義，所學皆孔周。早知大理官，不列三后儔。何況親犴獄，敲搒發姦偷。懸知失事勢，恐自罹罝罘。湘水清且急，涼風日脩脩。胡爲首歸路，旅泊尚夷猶。昨者京使至，嗣皇傳冕旒。赫然下明詔，首罪誅共吺。復聞顛夭輩，峨冠進鴻疇。班行再肅穆，璜珮鳴琅璆。佇繼貞觀烈，邊封脫兜鍪。三賢推侍從，卓犖傾枚鄒。高議參造化，清文煥皇猷。協心輔齊聖，致理同毛輶。小雅詠鹿鳴，食苹貴呦呦。遺風邈不嗣，豈憶嘗同裯。失志早衰換，前期擬蜉蝣。自從齒牙缺，始慕舌爲柔。因疾鼻又塞，漸能等薰蕕。深思罷官去，畢命依松楸。空懷焉能果，但見歲已遒。殷湯閔禽獸，解網祝蛛蝥。雷煥掘寶劍，冤氛消斗牛。茲道誠可尚，誰能借前籌。殷勤答吾友，明月非暗投。

又 卷二《歸彭城》 天下兵又動，太平竟何時。訏謨者誰子，無乃失所宜。前年關中旱，閭井多死飢。去歲東郡水，生民爲流屍。上天不虛應，禍福各有隨。我欲進短策，無由至彤墀。刳肝以爲紙，瀝血以書辭。上言陳堯舜，下言引龍夔。言詞多感激，文字少葳蕤。一讀已自怪，再尋良自疑。食芹雖云美，獻御固已癡。緘封在骨髓，耿耿空自奇。昨者到京城，屢陪高車馳。周行多俊異，議論無瑕疵。見待頗異禮，未能去毛皮。到口不敢吐，徐徐俟其巇。歸來戎馬間，驚顧似羈雌。連日或不語，終朝見相欺。乘閑輒騎馬，茫茫詣空陂。遇酒即酩酊，君知我爲誰。

唐 張籍《張司業詩集》卷七《雲童行》 雲童童，白龍之尾垂江中。今年天旱不作雨，水足牆上有禾黍。

唐 元稹《元氏長慶集》卷四《旱灾自咎貽七縣宰》 吾聞上帝心，降命明且仁。臣稹苟有罪，胡不災我身。胡爲旱一州，禍此千萬人。一旱猶可忍，其旱亦已頻。臘雪不滿地，膏雨不降春。惻惻詔書下，半減麥與緡。半租豈不薄，尚竭力與筋。竭力不敢憚，慚戴天子恩。纍纍婦拜姑，吶吶翁語孫。禾黍日夜長，足得盈我囷。還填折粟稅，酬償貰麥鄰。苟無公私責，飲水不爲貧。歡言未盈口，旱氣已再振。六月天不雨，秋孟亦既旬。區區昧陋積，禱祝非不勤。日馳衰白顏，再拜泥甲鱗。歸來重思忖，願告諸邑君。以彼天道遠，豈如人事親。團團囹圄中，無乃冤不申。擾擾食廩內，無乃姦有因。軋軋輸送車，無乃使不倫。遙遙負擔卒，無乃役不均。今年無大麥，計與珠玉濱。郵胥與里吏，無乃求取繁。符不斂錢急，值官因酒嗔。誅求與撻罰，無乃不逡巡。生小下里住，不曾州縣門。訴詞千萬恨，無乃不得聞。強豪富酒肉，窮獨無芻薪。俱由案牘吏，無乃移禍屯。官分市井戶，迭配水陸珍。未蒙所償直，無乃不敢言。有一於此事，安可尤蒼旻。借使漏刑憲，得不虞鬼神。自顧頑滯牧，坐貽災沴臻。上羞朝廷寄，不愧閭里民。豈無神明宰，爲我同苦辛。共布慈惠語，慰此衢客塵。

唐 白居易《白氏長慶集》卷一《賀雨》 皇帝嗣寶歷，元和三年冬。自冬及春暮，不雨旱爞爞。上心念下民，懼歲成災凶。遂下罪己詔，殷勤告萬邦。帝曰予一人，繼天承祖宗。憂勤不遑寧，夙夜心忡忡。元年誅劉辟，一舉靖巴邛。二年戮李錡，不戰安江東。顧惟眇眇德，遽有巍巍功。或者天降沴，無乃儆予躬？上思答天戒，下思致時邕。莫如率其身，慈和與儉恭。乃命罷進獻，乃命賑饑窮。宥死降五刑，已責寬三農。宮女出宣徽，廄馬減飛龍。庶政靡不舉，皆出自宸衷。奔騰道路人，傴僂田野翁。歡呼相告報，感泣涕沾胸。順人人心悅，先天天意從。詔下才七日，和氣生沖融。凝為悠悠雲，散作習習風。晝夜三日雨，淒淒複濛濛。萬心春熙熙，百穀青芃芃。人變愁為喜，歲易儉為豐。乃知王者心，憂樂與眾同。皇天與后土，所感無不通。冠佩何鏘鏘，將相及王公。蹈舞呼萬歲，列賀明庭中。小臣誠愚陋，職忝金鑾宮。稽首再三拜，一言獻天聰：君以明為聖，臣以直為忠；敢賀有其始，亦願有其終。

又《夏旱》 太陰不離畢，太歲仍在午。旱日與炎風，枯燋我田畝。金石欲銷鑠，況茲禾與黍。嗷嗷萬族中，唯農最辛苦。憫然望歲者，出門何所覩。但見棘與茨，蘿生徧塲圃。惡苗承沴氣，欣然得其所。感此因問天，可能長不雨。

又 卷二《秦中吟十首·輕肥》 意氣驕滿路，鞍馬光照塵。借問何為者，人稱是內臣。朱紱皆大夫，紫綬悉將軍。誇赴軍中宴，走馬去如雲。樽罍溢九醞，水陸羅八珍。果擘洞庭橘，膾切天池鱗。食飽心自若，酒酣氣益振。是歲江南旱，衢州人食人！

又 卷二一《喜雨》 圃旱憂葵堇，農旱憂禾菽。人各有所私，我旱憂松竹。松乾竹焦死，眷眷在心目。灑葉溉其根，汲水勞僮僕。油雲忽東起，涼雨淒相續。似面洗垢塵，如頭得膏沐。千柯習習潤，萬葉欣欣綠。十日澆灌功，不如一霡霂。

方知宰生靈，何異活草木。所以聖與賢，同心調玉燭。

又《贈韋處士六年夏大熱旱》 驕陽連毒暑，動植皆枯槁。旱日乾密雲，炎煙焦茂草。少壯猶困苦，況予病且老。脱無白栴檀，何以除熱惱？《華嚴經》云：『以白栴檀塗身，能除一切熱惱而得清凉也。』汗巾束頭鬢，羶食熏襟抱。始覺韋山人，休糧散髮好。

又 卷二三《別州民》 耆老遮歸路，壺漿滿別筵。甘棠無一樹，那得淚潸然？稅重多貧户，農饑足旱田。唯留一湖水，與汝救凶年。今春增築錢塘湖堤，貯水以防天旱，故云。

又 卷三〇《旱熱二首》 彤雲散不雨，赫日吁可畏。端坐猶揮汗，出門豈容易。忽思公府内，青衫折腰吏。復想驛路中，紅塵走馬使。征夫更辛苦，逐客彌顦顇。日入尚趨程，宵分不遑寐。安知北窗叟，偃臥風颯至。簟拂碧龍鱗，扇搖白鶴翅。豈唯身所得，兼示心無事。誰言苦熱天，元有清涼地。

勃勃旱塵氣，炎炎赤日光。飛禽颭將墜，行人渴欲狂。壯者不耐飢，飢火燒其腸。肥者不禁熱，喘急汗如漿。此時方自悟，老瘦亦何妨。肉輕足健逸，髮少頭清涼。薄食不飢渴，端居省衣裳。數匙粱飯冷，一領綃衫香。持此聊過日，焉知畏景長。

又 卷三五《山中五絶句 游嵩陽見五物，各有所感，感興不同，隨興而吟，因成五絶・**嶺上雲》** 嶺上白雲朝未散，田中青麥旱將枯。自生自滅成何事，能逐東風作雨無。

又 卷六一《爲宰相賀雨表》 臣某言：臣聞聖明在上，刑政葉中，則天地氣和，風雨時若。常聞其語，今見其時，臣某等誠懽誠躍頓首頓首。臣伏以陰陽氣數，盈縮相隨，去秋多霖，今春少雨，宿麥猶茂，農功未妨。陛下念物憂人，先時戒事，靡神不舉，有感必通，故雲出於山，月離于畢，初灑塵以霢霂，漸破塊而滂沱，圃囿田疇，無不沾足。雨之所致，臣知其由。自上而來，雖因天降，從中而得，實與心期，發於若厲之誠，散作如膏之澤。凡在率土，孰不懽心。臣等位忝鈞衡，職乖燮理，仰陰陽而增懼，顧霖雨而懷慚。無任兢惕之至。

又《賀雲生不見日蝕表》 臣某等謹言：臣聞堯湯之逢水旱，陰陽定數也；宋景之感熒惑，天人相應也。蓋天地大統，不能無災，皇王至誠，可以銷慝。嘗聞此説，今偶其時，臣等誠欣誠幸頓首頓首。伏見司天臺奏，今月一日太陽虧者。陛下舉舊章，下明詔，避正殿，降常服，禮行於己，心禱於天，天且不違，物寧無應？況正陽月朔，亭午時中，和氣周流，密雲佈濩，蒙然暫蔽，赫矣復明，屏翳朝隮，但驚若煙之湧，曜靈晝掩，不見如月之初。所謂誠至於中，而感通於上也。臣等敢不再陳事理，重考禎祥？三光忌盈，必有時蝕，萬物莫睹，與無災同，慶生交感之間，喜浹照臨之内。雖卿雲五色，瑞景再中，除沴致祥，曾何足比？百辟伏賀，萬人仰觀，事彰天鑒孔明，道配日新其德。臣等幸遭昌運，謬荷殊私，皆乏濟時之才，同居待罪之地。日月薄蝕，自慚燮理無功；山川出雲，實賴聖明有感。感賀欣戴，倍萬常情，無任忭躍竦踴之至。

唐 周墀《國學官事書》《文苑英華》卷三七一 國學官郭彪之，太原人。幼即攻儒家書，後得大通周公孔子旨奧，又能明百家流落之言。樂苦躬自養，不愛苟受禄。宰相聞，以東國學風醨久，學者不得官，其中皆以豪人，使授業者迷經，顓業者墮心。元和七年，詔彪之爲國學助教。彪之承詔而來，拜祭酒司業已，即詣學，乃家於學焉。役馬一疋，左右勞一二人，大笈一，給用生具，以實其間。彪之身修而貌古，性不合俗尚。首冠獸皮，服用麻衣，褒製襴袖，闊帶高屩，履大屣。至如禮公卿大夫亦是。好飲流水，茹野蔬與松柏之英，不苟味膳，又樂飲酒。人有見者，必置酒於前。始飲，即周告四座曰：『酒以和神熙性，節之則經，縱之則撓。固不可爲俗主酌挹授之禮。』命飲者自狷欲。彪之盈飲三爵而罷。每淩爽詣論堂，坐高床，召七學諸生，居不施廣裀長席，俾鄰臂而坐。澄震聲音，分析典訓。至於一詞間，咸以俗理相諭，了入於諸生心胸中，使蒙者縱歷千萬日亦不失其來。由是得諸生。每歲累及薦擢於有司。彪之禄給矜孤，餘即謀買居於山泉間，蔽掩其光明。嗟乎！時畏奪禄分鄰者衆矣不然，何不聞斯人於天子左右？必翼揚君德，仿治古道，使今之時奮爲虞、夏、殷、周之風，賢者昌，不肖者藏，公侯康而百姓康。噫！公侯卿大夫默於明者，又無由得通九重，聞徹天子聰明，彪之内樂遺聞於上，以得安性。墀元和十年，德彪之道於國學，仰其風，嘉國學得其官，又憤遺斯人於盡諫位。因書其事，作國學官書。

元和九年，旱不周畿。斗位直午，祝融權威。焦金爍石，火雲奔馳。雄獸遁足，棲鳥不飛。太陰厄薄。雨龍慵癡。有泉涸源，有木折枝。有地文裂，有草戕萎。炎光鬱洞，太陽赫曦。田莫可牛，稼莫可鎡。瞻彼雲漢，萬民莫綏。

秋既罷矣，奚療民饑。行者燔趾，居者炊肥。乃命長吏，分土之師。曝巫於日，徙地而市。偶泥而龍，歌鍾彈吹。誕搜祠廟，牲邕繁祀。威巫虔祈，以期是擬。期而不應，笞巫不媚。萬民首仰，日瞻其尚。渾碧萬里，光蒸交蕩。於戲！天胡不降，原野煌烈，極目一狀。民罕求穀，殍莫求葬。拒饑而僡，因燠而瘴。持頤訴天，急睫而望。於戲！天胡不降，汝南周子。宇靡其間，土靡其廛。不稼不穡，焉就口食。祇寺蚤暮，暇惟滂滌。天既不蒙，我憂孔益。徙市曝巫，揮時紛徙。俗宜此尚，天其知乎？汝南周子，稽首謂曰：大凡天地，陽壯春夏，陰結凝冱。當陽之盛，陰難施雨。過而不時，陰陽失序。帝心既憂，吏民亦苦。命太史兆，何失其所。昔漢宣帝，遭潤旱暵，憂惟不寧，退避正殿。公卿大夫，省宰捐膳。以禳民災，以拯大難。爲今效昔，冀憩民患。無時蒸庶，蒼傍涣亂。於戲！胡不爲滂，荒薉之境。不勞旻蒼，施惠中國，以綏天子邦。

唐 趙瓘《對旱暵判》《全唐文》卷九五六　設官分職，體國經野，風雨不時，山川是禜。眷彼新鄭，地惟故韓，歷代升平，俗懷遺愛。百里之任，無製錦之能；四時之愆，乏如絲之雨。青青媚草，卷書帶於槐壇；灼灼鮮花，發綬文於李徑。密雲不雨，徒矯首於龍星；離畢無徵，空舒誠於兔月。其才不淑，縣令寧假於鈞金；明德惟馨，屍祝勞神於斲木。州佐道優展驥，法峻蒼鷹，責其不藝之辜，處以免官之坐。愚謂直筆，理合緘詞。

唐 陸龜蒙《甫里集》卷一三《水國詩》　水國不堪旱，斯民生甚微。直至霞菼少，敢言魚蟹肥。我到荒村無食啗，對案又非粱謝覽。況是乾苗結子疎，歸時祇得藜羹糝。

又 卷一七《五歌·食魚》　江南春旱魚無澤，歲晏未曾腥鼎鬲。今朝有客賣鱸魴，手提見我長於尺。呼兒舂取紅蓮米，輕重相當加十倍。且作吳羹助早餐，飽臥晴簷曝寒背。橫戈負羽正紛紛，祇用驍雄不用文。爭如曉夕謳吟樣，好伴滄洲白鳥羣。

唐 羅隱《讒書》卷一《本農》　有覆於上者如天，載於下者如地，而百姓不之知。有恩信及一物，教化及一夫，民則歸之。其猶旱歲與豐年也。豐年之民，不知甘雨柔風之力，不知生育長養之仁，而曰我耕作以時，倉廩以實。旱歲之民，則野枯苗縮，然後決川以灌之。是一川之仁，深於四時也明矣。所以鄭國哭子產三月，而魯人不敬仲尼。

宋 徐鉉《騎省集》卷三《常州驛中喜雨》　颯颯旱天雨，涼風一夕迴。遠尋南畝去，細入驛亭來。蓑唱牛初牧，漁歌棹正開。盈庭頓無事，歸思酌金罍。

宋 王禹偁《小畜集》卷三《七夕商州作**》**　去年七月七，直廬閒獨坐。西日下紫垣，東窻暈青瑣。露柳蜩忽鳴，風簾鷰頻過。寂寂紅藥堦，槿花開一朵。時清無詔誥，性澹忘物我。兀然何所營？橫枕通中卧。夢入無何鄉，蛺蝶甚么麽。孰謂處深巖，自得放慵惰。中官傳宣旨，御詩令屬和。驚起儼衣冠，拜舞蒼苔破。逸翰龍蛇走，雅調金石播。洋洋治世音，乃賡強牽課。暮隨丞相出，自謂天上墮！歸來備乞巧，酒殽間瓜果。海物雜時味，羅列繁且夥。家人樂熙熙，兒戲舞娑娑。叶韻蘇可反，寵辱方若驚。倚伏忽成禍！九月謫商於。羈縻復窮餓，鳳儀困鴟嚇。驥足翻蹩跛，山城已僻陋。旅舍甚叢脞，夏旱麥禾死。春霜花木挫，吾親極衰耄。吾命何轗軻！稚子啼我前。孺人病我左，玄髮半凋落。紫綬空垂拖，客計魚脫泉。年光蟻旋磨，昨夜枕簟凉。西郊忽流火，河漢勢清淺。牛女姿婀娜，商土本磽瘠。商民久勞瘽，霜旱固不支。水潦復無奈！今歲商山秋大水。居人且艱食。行商不通貨，郡小數千家。今夕唯愁喃，吾兒索來禽即林禽。傾市得一顆，舉家成大笑。愁眉略舒嚲，自念一歲間。榮辱兩偏頗，賴有道依據。故得心安妥，窮乎止旅人。達也登王佐，匏瓜從係滯。糠秕任揚簸，批鳳不足言。失馬聊自賀，委順信吾生。無可無不可！

又 卷三《感流亡》　謫居歲云暮，晨起廚無煙。賴有可愛日，懸在南榮邊。高春已數丈，和煖如春天。門臨商於路，有客憇簷前。老翁與病嫗，頭鬢皆皤然。呱呱三兒泣，煢煢一夫鰥。遺糧無斗粟，路費無百錢。聚頭未有食，顏色頗饑寒。試問何許人，答云家長安。去年關輔旱，逐熟入穰川。婦死埋異鄉，客貧思故園。故園雖孔邇，秦嶺隔藍關。山深號六里，路峻名七盤。襁負且乞丐，凍餒復險難。唯愁天雨音芋雪，殭死山谷間。我聞斯人語，倚戶獨長歎。爾為流亡客，我為冗散官。左官無俸禄，奉親乏甘鮮。因思筮仕來，倏忽過十年。峩冠蠹黔首，旅進長素餐。文翰皆徒爾，放逐固宜然。家貧與親老，覩爾聊自寬。

又 卷五《和楊遂賀雨》　我罷內庭職，出臨永陽民。永陽民雖庶，未免多飢貧。富之既無術，齪齪爲謹身。可堪今夏旱，如燎復如焚。厥田本塗泥，坐見生埃氛。稚老無所訴，嗷嗷望穹旻。食禄憂人憂，蚤夜眉不伸。促決獄中囚，徧禱境內神。楚辭有山鬼，廟貌羅水濱。胡法有浮圖，寺宇連城闉。齋莊命寮宷，供給抽俸緡。鼓笛迎湫水，香花照金輪。誠知非典故，且慰旱熯人。偶與天雨會，霧霧四郊勻。插秧復修堰，野叟何欣欣。可辦官賦調，亦免農艱辛。燮調賴時相，感應由聖君。于吾復何有，敢望歌頌云。清流楊水部，德與我爲鄰。仇香官位屈，何遜詩格新。見投賀雨篇，言自人口聞。夫君蓋私我，過實豈相親。爲霖非我事，職業唯詞臣。若有民謠起，當歌帝澤春。庶使採詩官，入奏助南薰。

又 卷六《秋霖二首》 秋霖逾百日，歲望終何如。嘉穀就穗生，茁茁垂青鬚。宿麥未入土，大田多泥塗。河闊不辨馬，原高恐生魚時政苟云失，生民亦何辜。雨若是天淚，天眼應已枯。

山雲百日雨，山水十丈波。田疇與道路，一夕成江河。巨石大于瓮，吹轉如蓬窠。夏旱既損麥，秋潦復無禾。津梁盡傾壞，商販絕經過。斗米二百金，吾生將奈何。安敢比夷齊，愚聖不同科。應如元魯山，餓死深山阿。元魯山山居阻水絕食而死。

又 卷二三《賀雨表》 臣某言：伏覩今月日甘雨大降，宰臣呂某等便殿稱賀者。自秋以來，時雨不降。遇災而懼，至誠爰禱於上玄；有感則通，甘澤忽霈於下土。豐登有望，朝野同歡。中謝。伏惟尊號皇帝陛下七政咸齊，五行為質，夤畏昊穹之命，焦勞刑政之源。一昨妖彗告災，豐年失望，宿麥播而未茁，旱雲垂而不霑。陛下靡愛斯牲，偏走羣望，降廷臣而決獄，御便殿以録囚。御筆摛文，一夜引萬方之罪；清詞瀝懇，經旬祈五福之宮。惟德動天而天不違，至誠感神而神授職，向夕而月離于畢，崇朝而雲上于天。散絲偏洒於焦枯，比屋重興于耒耜。豈止小康之兆，將書大有之年。堯眉舒八彩之顰，免貽臣辱；舜樂復九成之奏，大悦民心。凡在含生，同知大賚。臣為霖寡術，和鼎備員，方期册免之文，以塞燮調之咎，處台司而愈愧，荷聖感以彌深。伏限未任拜起，不獲稱慶朝堂。

宋 張咏《乖崖集》卷二《憫旱》 皇天詔龍司下土，穀苗乾死天未雨。如何不念蒼生苦，村落鼕鼕椎旱鼓。

宋 楊億《武夷新集》卷一《己亥年郡中夏旱遍禱群望喜有甘澤之應》 旱魃偏為虐，陽烏益以驕。何曾柱礎潤，惟恐土山焦。請禱彌增潔，陰靈亦孔昭。雲興不待族，風細欲鳴條。隱轔雷車轉，霏微雨足飄。層陰低匝野，鴻霈近連宵。庭樹含佳色，村田長善苗。蘚痕緣屋壁，泉脈吐山椒。轍鮒那憂涸，園蔬豈待澆。官渠逗水急，客路裛塵銷。掾吏階前賀，耕夫壠上謡。秋成知有幸，歲欲近玄枵。

又 卷二〇《祭文七首·宣陽觀祈雨文》 咸平二年月日，知軍州事楊某，謹遣麗水縣尉侯儼，以香黍酒紙之奠，致禱于宣陽觀葉天師之神。卉物具腓，驕陽為患。倬彼雲漢，昭回于天。畏景載炎，膏澤靡降。川源將竭，稼穡卒痡。比屋嗷嗷，大命近止。去歲小歉，斯民薦飢，貧者不厭于糟糠，富室亦空於擔石。羹藜啜菽，力耕數耘，期乎有秋，以續其命；而朱夏將半，溽暑方隆，肥蟘興妖，旱魃為虐。人亦勞止，天其忍諸？唯神佐佑化工，惠綏兹土。廟貌載肅，陰隲孔昭。乃眷含生，詎可無意？人者神之主，食者民之天。民失其天，遂至於死；神乏其主，復將疇依？神其鑒兹下誠，請于上帝，使龍起沮澤，蜧躍曾波；電鞭一揮，雨足散灑。溝塍流溢，溪谷沸騰。藁然善苗，如揠而長。年穀大稔，厲鬼不行，家獲倉箱之儲，人免塗炭之患。當潔祀典，以荅神休。若分野纏災，陰陽作沴，凡有殃咎，宜加守土者之身。百姓無辜，庶可以免。

又《宣陽觀賽雨文》 近以愆伏之氣，沴于陰陽；旱暵之災，延于稼穡。某忝守兹土，不敢遑寧。雖天災流行，厥有冥數；而神道正直，享于至誠。惟天師敷佑一方，歷祀浸遠，功濟萬彙，化馳九幽。慘舒天吏之權，陟降上帝之右。肇建真宇，聿為殊庭。尸祝具陳，若亢倉之居畏壘；祭祀不絕，猶朱邑之在桐鄉。靈貺孔昭，斯民攸賴。是用備菲薄之奠，陳危苦之辭，願以一介之軀，少贖百姓之命。精意懇禱，冥感玄通，山川出雲，天地交泰。祁祁甘澤，濡涸轍而有餘；莓莓原田，取嘉穀而可冀。明神無乏祀之媿，農夫慰望歲之心。夫如是，神之降祥至矣，民之受賜深矣！當與周弃播種百穀，勾龍平易水土，功德相若，社而稷之。雖肹蠁無方，高明不宰，然豺獺有祭，亦出於自然；黍稷非馨，豈資於備物。爰潔祀典，以答神休。適因昭報之辰，更露虔祈之懇。以畏日流毒，多稼向榮，水泉枯乾，山田磽确。民非稻不食，稻非雨不滋，秋孟已來，浸潤恐竭。豈昔也如響之斯答，而今也為惠之不終？一簣之功，儻或中輟，一溉之益，亦必後枯。神其鑒兹下誠，終乃前烈。殞越顛沛，罔敢自安？洗心瀝肝，仰冀冥助。

宋 石介《徂徠集》卷二《寄永叔》 九龍行雨歲在子，皇天之命實勤止。泓湫水暖嗜慾飽，七龍嬉戲兩龍睡。卷藏密雲空自膏，畜聚甘雨不肯施。旱魃妖狂作民虐，風伯暴怒興日熾。訴號仰天天不聞，九州之禾皆乾瘁。嗟呼龍職職行雨，失職不雨民胡恃。騶虞義獸心實仁，不忍斯民不食死。向龍慢罵數龍罪，龍不能答滿面恥。偷向上帝讒騶虞，騶虞得罪龍竊喜。欲知龍與騶虞分，仁與不仁而已矣。

宋 蘇舜欽《蘇學士集》卷二《吳越大旱》 吳越龍蛇年，大旱千里赤。尋常秔稌地，爛漫長荆棘。蛟龍久遁藏，魚鼈盡枯腊。炎暑發厲氣，死者道路積。城市接田野，慟哭去如織。是時西羌賊，兇燄日熾劇。軍須出東南，暴斂不暫息。復聞籍兵民，驅以教戰力。吳儂水爲命，舟檝乃其職。金革戈盾矛，生眼未嘗識。鞭笞血塗地，惶惑宇宙窄。三丁二丁死，存者亦乏食。冤對結不宣，衝迫氣候逆。二年春及夏，不雨但赫日。安得涼冷雲，四散飛霹靂。滂沱消祲癘，甘潤起稻稷。江波開舊漲，淮嶺發新碧。使我揚孤帆，浩蕩入秋色。胡爲泥滓中，視此久戚戚。長風卷雲陰，倚柂淚橫臆。

宋 張士遜《知邵武縣禱雨有應任滿作詩紀事》《宋詩紀事》卷五 乞靈曾爇一爐烟，言下雱沱救旱田。今日解龜留數字，要教來者更恭虔。

宋 范仲淹《范文正集》卷二《依韻和提刑太博嘉雪》 南陽風俗常苦耕，太守憂民敢不誠。今秋與冬數月旱，二麥無望愁編氓。龍遁雲藏不肯起，荒祠巫鼓徒轟轟。昨宵天意驟回復，繁陰一布飄寒英。裁成片片盡六出，化工造物何其精。散亂狂飛若倚勢，徘徊緩舞如含情。千門競掃明月色，萬木都拆寒梅英。天上風流忽爾在，人間險阻無不平。因松偶作琴瑟調，過竹徐聞環珮聲。江天鳴鴈畏相失，龍庭奔馬豪如驚。丞相沙隄初踏練，將軍紫髯渾綴瓔。巖前饑殺嘯風虎，海上凍死吞舟鯨。我有高樓聳雲上，雙瞳一開千里明。羣閻逐去疫癘遠，長逵壓下塵埃清。當知有年可坐致，東皐父老休營營。因招大使賞天瑞，醉把羲黄向上評。窮通得喪了無事，莊老器宇何難并。君起作歌我作和，天地和氣須充盈。當年此樂不可得，與雪對舞攄平生。共君學取雪好處，平施萬物如權衡。

宋 范仲淹《范文正奏議》卷上《奏乞差官陝西祈雨》 臣今月五日至華州華陰縣，入西嶽廟燒香，切見本廟有老醫官一員監當。其廟廷闊遠，舍屋甚多，只有剩員一十四人，盡是老年病患，供應灑掃不前。在國家崇奉五嶽之意，似非嚴謹。今來關中大旱，永興、同、華、陝、虢以來，無二三分秋苗，粟米每斗一百五十文足，兼鄉村無可收糴，人心嗷嗷，賊盜不少。欲乞聖慈選精謹使命至西嶽廟專行祭告，並於陝西靈湫等處祈雨澤，以救生民。仍乞委轉運使一員赴西嶽廟，點檢廟貌祭器法，物並添差兵士灑掃防護。所貴崇奉之禮，不至廢墜。

宋 宋祁《景文宋公集》卷一六《郡界閔雨州將率官屬禳禬》 劭農方狎野，熯旱嘆焦原。六幕沈雲族，千箱害稼孫。都人望天漢，國相閉陽門。盛怒風生穴，汙邪祝有豚。征徒休道樾，汲缶涸中園。米價高何許，癡人遂不言。

宋 宋祁《景文集》卷五《仲夏愆雨穉苗告悴輒按先帝詔書繪龍請雨兼禱霍一淮瀆二祠戊寅蒧祀己卯獲雨謹成喜雨詩呈官屬》 盛夏挾驕陽，于以搆炎熯。歊塵坌天蓋，烈御煽雲漢。稻穎茁然秀，涸流不勝灌。田畯卹歲功，釋耒共愁歎。太守忝農使，閉閣重憪惋。曾是謬政綱，曾是濫囚犴。一食三失匕，冀亦思過半。馳祝訴羣望，願以身塞讁。先帝隱民瘼，致和格靈變。圖龍著繪法，令甲布州縣。愚計不知出，奉行安敢慢。外日築層壇，丙夜封舒鴈。奉匭再三跪，信辭靡虛薦。幸勿爲龍羞，敢不報神眷。翼日耿弗寐，徂野視宵奠。幽血粲靜蠲，執事便傳讚。薄誠蒙昭享，距躍私自忭。回車未及稅，雲油默焉徧。窮海遂涔涔，籠山茲漫漫。旱麓衆卉蘇，焦原暍氛散。寸苗蔚如揠，新波鱗欲渙。何意一溉窘，有望千箱衍。揆予乏嘉績，聖詔仰成憲。恤祀神罔恫，昏作人胥勸。抒藻拙言詞，竊用慰羣掾。

又 卷四八《謝雨文》 嚮自首秋，弗獲嘉澍。斯農吁嘆，厥稼芸黄。尸臣不寧，控神祈助。聰直垂答，優渥載霑。坊庸疇畝，咸已蒙潤。未耨芟播，亦克措功。庇于嘉生，莫匪靈貺。物薄恭備，敢用謝成。

又《長源公廟再祈雨文》 仲夏以來，甘澍愆候。秔稻方茂，浸灌告勞。天高日烈，雲族弗應。年之儉穰，近在旦暮。祁也省咎，弗敢舍安。分命乃僚，奔告羣祀。意者政弛而多纇歟？獄冤而無告歟？賕賂行歟？捐瘠多歟？有一于是，長人任罪。疾癘是降，誅罰是嬰。不當感損佳應，以害百穀。惟公望紀斯土，流潤千里。願監薄訴，垂庇我民，驅祓旱殃，大沛膏澤。就成苞穎，于萬斯倉。甘潔神粢，充衍國賦。養老嬉幼，無有後艱。神實賜之，其敢忘德。不敢私請，謹以清酒制幣，歸窮申款。

又《南岳祈雨文》 仲夏以來，日烈風熯。雲油戢澍，于兹四旬。祁竊惟荆揚之人，以稻為命，稻不時穫，終焉阻飢。今穉秀甫興，浸灌云竭。

原師田畯，憂控不寧。卜之二旬，翹仰甘澤。有年在此，無年亦在此。惟帝宅是靈嶽，保佑下民。歆馨監虔，厥由景嚮。願賜霶霈，以奬歲功。俾我百穀，嶷然霑足。使得上奉邦賦，次潔神粢，老穉壯食，充養室家。天造陰隲，帝實尸之。至于長人之官，政事疵纇，顯誅幽殛，亶無所逃。元元孔歎，傒帝得請。符印有守，不獲身請祕祠。謹遣文學參軍文郁，竭誠代訴。

又《謝雨文》　間久不雨，穀將殄瘁。躬率僚掾，奔告祠下，以禬厥災。惟神降鑒于衷，應焉如答，沛足甘澤，嘉生以滋。百姓飢陒，既捍而備，長人多罪，又釋弗誅。太守不敢忘祀之常秩，其敢忘神之顯祐。謹以嘉酒制幣，柔毛剛鬣，侑以鼓吹，敢謝成貺。

又《里社龍神祈雨文》　維至和二年，歲次乙未二月乙丑朔，越十二日庚子，具官宋祁，謹以酒脯果茗養羞舒鴈之牲，敢告于里社龍神：比亢陽為沴，順氣弗效。農夫告勤，是用遣僚屬有請于龍。彌跨四旬，雨雪三集，潤纔及寸輒止。今土脈冒蒸，百昌萌芽，此時不雨，歲且大乏。惟人依神為庇，惟神享人之祀。歸窮上叩，不應不止，神其走驅雷風，興雲致雨，彌漫沾足，潔滌品彙。無令無年，以貽龍羞。

又《里社龍神謝雨文》　敢告于里社龍神：乃雨弗時若，將害粢盛。以庚子致禱于龍，期五日當應。蒙亮哀叩，訖甲辰，油雲四隮，佳澍霈霑。有請必答，克就豐歲，顯應如期，震動我民。刺史雖德薄，敢忘龍之惠！澄醪潔羞，仰薦報禮。

又《酺神文》　比以旱氣搆沴，炎螣羣翔。方穀之蕃，敕民勤捕。致禬祠典，祈稔農秋。至誠如答，飛孽無害。噍類訖息，粢盛迪嘗。惟神之貺，屆夫多祉。匪曰嘉薦，聊用謝成。

又《祈雨文》　去歲前暵後潦，斯人困甚，朝廷蠲減徭賦，以救流亡。今春膏盈憤，雨弗霑霈。宿麥告悴，穀未及種。力農駭嗟，和氣屯凝。惟神一境之望，陰相天惠，泄風出雲，是庇是資。敢修禬典，以丐豐椵。

又《北岳謝雨文案祁到成德軍任在七月，此文在四月，當屬奉詔在前，即遣屬官致祭》　維皇祐四年，歲次壬辰，四月丙子朔，越十九日甲午，具位宋祁，謹遣光禄寺丞、簽署節度判官廳公事夏倚，以清酌庶羞之奠，致祭于北嶽安天元聖帝：近以正月至四月不雨，藝者不苗，苗者不蕃，吏民遑遑，憂為歲害。嘗遣屬官走廟下以旱告，曾未浹辰，雨獲嘉應。愁嘆之聲，轉為謳吟。是用卜日具祭，以答靈貺。然而川隰之間既幸霶洽矣，其陵阜墝埆之田尚未涵足。神其振張威明，以大明功。俾高下均蒙其賜，則吏民尊奉之心益虔肅矣。

又《五龍堂謝雨文》　維皇祐六年，歲次甲午，三月乙丑朔越，二十日甲申，具位宋祁，謹以清酌之奠，昭告于五龍之神：昨旱暵為虐，綿跨冬春，二麥瘁枯，民屋疵癘。守吏震愧，用齋潔以致，上控于神。信辭幽通，神實歆應。甘澤飛霂，霑被四疆。然穡事方作，尚須膏潤。惟至誠可以感神，惟明神可以庇民。敢因報謝，更蘄來澤。

又《祈雪文》　比親按禬典，以求甘澤。神不賜違，嘉雪遽霑。未能周浹，天已開霽，疑薄誠不足迎復至和。今土膏冒槪，農耜就畝，而雲合不膚，風輒披攘，陽悍而驕，造燠奪寒，以佐温癘。比屋流染，兹人愁呻，罔所告窮。宿麥燋熯，穀乏無助。刺史夙夜震惕，不知為計。是用改袚蒙心，再請諸神。惟神責刺史多罪，降戾其躬，以震不虔。垂憫元元，蚤貺甘澍，驅魃投災，沛發嘉生，萬物茂遂，皆神之賜。潔幣儲牲，將謝厥成。

又《北岳祈雪文》　自冬無雪，大寒不效，宿麥瘁枯。涉春之仲，土墳凍泮，天極愈高。暖氣蚤來，厲鬼挾疫，以中齊人，寒咳僵仆。赭埃蒙田，末耜弗施。夫家愁嘆，疾首無訴，坐待飢虛。臣荷二千石印綬，克長此邦。部九州軍地，幅員千里，有民不獲，匪臣孰司。臨政不敏，御下弗明，事神不虔，怨詛騰布，為疾為旱，職臣所召。向者已遣府從事投訴祠闕，冀蒙嘉生。而涉月跨歲，太和閉鬱，終風連朝，雲合輒披。臣日自省，不知所救。惟身多罪，蔽暗懦愚，非帝所赦，不敢逃誅。斯民何辜，罹此亢厄？孩耋相持，驅就困窮，有仁如帝，而不垂憫？側聞古諸侯祭境内山川，以山川能出雲，為風雨，見怪物，福庇其下，而血食之。自侯以降，養犧儲醪，跽伏進薦。或禴或嘗，不敢有貳，以能為之主也。惟帝所宅，乃州之望，何材不取，何變不儲！然則蓄而泄之，沛潤千里。振洗惔焚，奮張葉芽，滋液流浸，啓侑有年。是嶽所以主，而州所以為望也。人能事神，神能庇人。方窮而訴，必見哀許。物薄請豐，所恃至誠。

又《南岳祈雪文》　自秋徂冬，旱既太甚，歲聿暮止，霏雪無應，畎畮兹悴，雲漢日昭。嗷嗷黎元，何辜于下。政不時乂，責在長人。或獄犴愁寃，或調役苛暴，蒙闇多罪，不當神心，感傷至和，因害嘉應。咎苟有執，不敢逃誅。誠願身嬰疾癘，明塞無狀，墜越厥命，以紓民災。陛下憂勞萬方，適肆大眚。

上天氣應，不容并隔。惟帝保宅灊霍，震顯厥靈，儲陰孕怪，播澤千里。民之命在于穀，穀之相在于神。翹誠崇朝，跂沛甘澤。若獲毆蕩温鬱，祓除旱殃，則馨香嘉栗，厥有常報。不敢私請，謹以嘉幣旨酒，式侑虔禱。

又《謝雪文二首》 維皇祐五年，歲次癸巳，正月壬寅朔，越四日乙巳，具官宋祁，敢告于里社龍神：向以寒氣不效，雪不時降。民病壅塞，首種燋然，是用暴誠于爾有神。神鑒其懇，厥應如答。高潤下霑，罔不浹洽。有醪伊清，有饗斯馨。以將至虔，敢用謝成。

比以旱沴參搆，綿接二時。天房泄熯，麥首芸悴。人愁室嘆，食力寖艱。守臣震懼，夙夜惟省。而政疵咎積，罔克弭除。是以歸窮披款，馳修禬祝。帝監于下，赦其愆尤，庇育有邦，丕答嘉應。乃十二月乙未有請，越三日戊戌，甘澤遄降，弗亟而緩，霑足四疆，叶蒸土膏。代匱為穰，滌災迎祐。惟帝之賜，我不敢知。曰聰直變化，實司民命，亦不敢知。曰鞏畏嘉栗，克厭靈心，輒修舊典，姑謝靈貺。謹以少牢嘉稷，旨酒制幣，肅奉報禮。

宋 蔡襄《端明集》卷三六《祭神文一》 鱔溪潤德靈府感應王：慶曆中，某為郡守，夏旱不雨，民憂失業。時詣廟下，以山川之職，致請於神。五鼓東行，陰雲四起。奠拜既興，澍雨成潦。農畝霑洽，人有餘食。迺新王宮，以荅靈貺。今將卜年，復興符印，某之事神，不敢少怠。秋田乾裂，百姓聚首，有望於神。神其赦職，活吾生齒，無弃前功，以貽神羞。

又《祭神文二》 某聞國有凶荒，則索鬼神而祭之。泉州所部，仍旱三年，歲穀之入，十得三四。鄉無廩儲，仰給海外，或食草木，遇病輒絶。今春膏澤及時，田野早種。乘夏之杪，彌月不雨，日赫而暵，苗茂而枯。某實有土，既憂且懼，民命近止，非殍即流。神乎有知，其亦忍此而不惠哉！守封有罪，罔敢逭罰，勿俾斯民，罹于大患。神其恤之，去災為利，特顯神休。

又《祭神文三》 去月二十日詣神之宫，以境內久旱，有請于神，仍與神約曰：民命近止，即七日不雨，當鑰廟門以待。奠獻甫終，雷聲隱然。停午之際，陰雲四起。攬轡東旋，旗旆飛揚。甘澍初作，山川改色。大熱一去，牛馬其風。至于信宿，野有羡流。已蔫之苗，根株茂；遂垂殣之人，歡謳踴噎。唯神之意，憂勤于人，若是之至。惟民奉神，萬有千載，亦罔敢怠。

又《祭神文四》 某祗臨郡治，已越旬浹。究民疾苦，莫若秋旱不雨之急者。然太守能治民，而不能為雨；以雨活人，莫如山川之神。考据典禮，諏于有衆，惟王其當之。某謹齋戒，詣王之宫，為民禱請。若一日、二日、七日霑足封境，太守率官屬，集鄉社，簫鼓牲酒，顯王之休。若言而神不歆，旱甚而雨不作，是太守不能事神，而神不能愛民，慚羞不職，與神共之。

又《祭神文五》 《春秋傳》曰：『乞者，重辭也，故君子恥之。』某至郡二十日，田野乾燥，稼穡失望，百姓憂愁，有乞憐之色。諏詣王宫，歷懇載詞，以達神聽。唯神昭恤庶民，敷厥厚澤，蔫者暢茂，憂者歡怡。神能愛人，救其饑乏，某事神以禮，雖重私行而不愧也。治牲羊，薦酒醴，管簫歌舞，從其風俗，王其歆之。唯神於禮法不録，太守於禮，不應私祀以請。然而民人有言惟乞神而靈，請而從私，猶且甘心，況公溥乎？

又《祭神文六》 去年夏旱，某惟民之恤，不敢以禮自束，輒造神所。少選雨作，既而霑足。遂謀新宫，以荅神貺。太守不德，天復降旱，慚羞強顔，復有所請。若夫雷雨之施，其不救以活，猶太守之知神靈而不屈以請，其可謂仁乎？夫守神之道，始異而終通。某為天下之守臣，而神為吾之守神。若夫拜教之通塞，民政之能否，某之職也；風雨愆和，疾癘彌作神則為之，此所以異也。若守臣悉心以治，而神不弭災以福民降休，神享明祀，豈不謂通乎？

又 卷八《乞雨題西方院有序**》** 嘉祐三年七月，某再領泉山，是歲春夏不雨，祈飛陽廟。明年旱詣靈嶽祠，又明年五月復來三次，皆晝寢。於是頻年不稔，豈非郡守不德之致乎？

年年乞雨問山神，羞見耕耘隴上人。太守自知才德薄，彼蒼何事罪斯民。

宋 劉敞《公是集》卷一二《小雨》 春陽轉爲旱，惠澤積不泄。稼穡亦已晚，泉湧爲之竭。吁嗟叫蒼天，閶闔不可越。精誠憑土龍，神化空怳惚。今旦微風來，朝陰度城闕。霏霏墮疏潤，稍稍漏白日。塵埃暫埽地，草樹纔沐髮。終宜雲漢枯，尚喜雷電發。帝方復威令，世莫患妖魃。寧作成湯時，彌年困飢渴。

宋 歐陽修《集古録》卷七《唐李陽冰城隍神記乾元二年**》** 右《城隍神記》，唐李陽冰撰並書。陽冰為縉雲令，遭旱禱雨，約以七日不雨，將焚其祠。既而雨，遂徙廟於西山。陽冰所記云『城隍神，祀典無之，吴越有爾』。然今非止吴越，天下皆有，而縣則少也。

宋 歐陽修《文忠集》卷一〇《被牒行縣因書所見呈寮友明道元年**》** 周禮恤凶荒，軺車出四方。土龍朝祀雨，田火夜驅蝗。木落孤村迥，原高百草黃。

亂鴉鳴古堞，寒雀聚空倉。桑野人行食盍，魚陂鳥下梁。晚煙茅店月，初日棗林霜。謹戶催寒候，叢祠禱歲穰。不妨行覽物，山水正蒼茫。

又 卷一一《祈雨曉過湖上皇祐二年**》** 清晨驅馬思悠然，渺渺平湖碧玉田。曉日未升先起霧，綠陰初合自生煙。身閑始覺時光好，春去猶餘物色研。更待四郊甘雨足，相隨簫鼓樂豐年。

又 卷二六《尚書兵部員外郎知制誥謝公墓志銘康定元年**》** 朝散大夫、行尚書兵部員外郎、知制誥、知鄧州軍州事、兼管內勸農使、上輕車都尉、陽夏縣開國男，食邑三百戶，賜紫金魚袋謝公諱絳，字希深。【略】

天聖中，天下水旱而蝗，河決，壞滑州。又上書，用《洪範》五行、京房《傳》，推災異所以為天譴告之意，極陳時所闕失，無所諱。與修真宗國史，遷祠部員外郎，直集賢院，通判河南府。移書丞相，言歲凶，嵩山宮宜罷勿治。【略】

銘曰：壽吾不知，命繫其偶。不俾其隆，安歸其咎？惟德之明，惟仁之茂。惟力之為，而公之有。

又 卷二九《尚書工部郎中歐陽公墓志銘》 天禧元年，入遷侍御史。二年，出知泗州。先是，京師歲旱，有浮圖人斷臂禱雨，官為起寺於龜山，自京師王公大臣皆禮下之，其勢傾動四方。又誘民男女投淮水死，曰：『佛之法，用此得大利。』而愚民歲死淮水者幾百人。至其臨溺時，用其徒唱呼前後，擁之以入，至有自悔欲走者，叫號不得免。府君聞之，驚曰：『害有大於此邪！』盡捕其徒，詰其奸民，誅數人，遣還鄉里者數百人，遂毀其寺。

又 卷三三《尚書工部郎中充天章閣待制許公墓志銘嘉祐二年**》** 公諱元，字子春，姓許氏，宣州宣城人也。【略】遷鎮東軍節度推官、知潤州丹陽縣。縣有練湖，決水一寸，為漕渠一尺，故法：盜決湖者，罪比殺人。會歲大旱，公請借湖水溉民田，不待報，決之。州守遣吏按問，公曰：『便民罪令可也。』竟不能詰。由是溉民田萬餘頃，歲乃大豐。再遷太子中舍，監揚州博鹽和糴倉，知泰州如皋縣，所至民愛思之。【略】

乃為之銘曰：

材難矣，有蘊而不得其時；時逢矣，有用而不盡其施。功難成而易毀，雖明哲或不能以自知。公材之敏兮，用適其宜。志方甚壯兮，力則先衰。行著于家，而勞施于國。永幽其閟兮，銘以哀之。

又 卷四九《祭桓侯文景祐四年**》** 謹以彘肩巵酒之奠，告於桓侯張將軍之靈：

農之為事亦勞矣，盡筋力，勤歲時，數年之耕，不過一歲之稔。稔，則租賦科斂之不暇，有餘而食，其得幾何？不幸則水旱，相枕為餓殍。夫豐歲常少，而凶歲常多。今夏麥已登，粟與稻之早者，民皆食之矣。秋又大熟，則庶幾可以支一二歲之凶荒。歲功將成，曷忍敗之？今晚田秋稼將實而少雨，雨之降者，頻在近郊，山田僻遠，欲雨一作高阜之方，皆未及也。惟神降休，宜均其惠，而終成歲功。神生以忠勇事人，威名震於荊楚；沒食其土，民之所宜告也。尚饗！

又《求雨祭一作五龍祈雨**文**寶元元年**》** 年月日，乾德縣令歐陽修謹以清酌庶羞之奠，祭於五龍之神曰：

百里之地一時而不雨，則民被其災者數千家。然則水旱重事也，天之庇生斯民者，豈欲輕為之乎！不幸而遭焉，則歸其說於二者。一曰吏之貪戾，不能平民，而使怨吁之氣干於陰陽之和而然也。一曰凡山川能出雲為雨者，皆有神以主之，以節豐凶，而為民之司命也。故水旱之災，不以責吏，則以告神。嗚呼！民不幸而罹其災，修一作吏與神又不幸而當其事者，以吏食其祿而神享其祀也。今歲旱矣，令一作吏雖愚，尚知恐懼而奔走；神至靈也，得不動於心乎！尚饗！

又《求雨祭漢景帝文寶元元年**》**

維年月日，具官修告於漢孝景帝之神：

縣有州帖，祈雨諸祠。縣令至愚，以謂雨澤頗時，民不至於不足，不敢以煩神之視聽。癸丑，出於近郊，見民稼之苗者荒在草間，問之，曰：『待雨而后耘耔。』又行見老父，曰：『此月無雨，歲將不成。』然後乃知前所謂雨澤頗時者，徒見於城郭之近，而縣境數百里山陂田畝之間，蓋未及也。修以有罪，為令於此，宜勤民事神以塞其責。今既治民獄訟之不明，又不求民之所急，至去縣十餘里外，凡民之事皆不能知，頑然慢於事神，此修為罪又甚於所以來為令之罪。惟神為漢明帝，生能惠澤其民，布義行剛，威靈之名，照臨後世，而尤信於此土之人。神其降休，以答此土民之信。尚饗！

又《北岳廟賽雨祭文慶曆五年**》** 古者諸侯之國，水旱豐凶，山川所禱，各即其封。祀薄秩卑，止於一國，而神所降休，亦不過其國中。豈如巨岳，四方之鎮，天下之雄，天子命祀，公王之崇。而修之職，既非一邦之守，凡河北千里，上給下足，皆責於厥躬。故修之禱，非鎮一州而止，自河以北，冀厥惠之咸蒙。況神之主，又非河北而已，利澤之廣，宜及於無窮。既獲賜矣，而又敢黷，幸神聽之惟聰。尚饗！

又《修城祈晴祭五龍文滁州慶曆七年**》** 雨澤於物，博哉其利。及其過差，患亦不細。民勞於農，將熟而敗。吏勤於職一作于城，已成而壞。龍於吏民，何怒何戾？山湫有祠，樂可潛戲。宜安爾居一作藏，靜以養智。冬雪春雨，其多已泰。浸潤收畜，足支一歲。旱則來告一作救，否當且待一作有待。

又《祈雨祭漢高皇帝文滁州慶曆七年**》** 維年月日，具官歐陽修，謹以清酌庶羞之奠，致祭於漢高皇帝之靈一作神而言曰：

吏有常職，來官於滁一作此者，不三四歲而易也。神食於此，無窮已也。神與吏，於滁人孰親且久一有也字，孰宜愛其一作滁人之深也？滁人敢慢其吏而犯吏法者有矣，未聞有敢慢神而犯威靈也。其畏信勤事於吏，孰若畏信勤事於神也？吏於凡小事猶皆一無此字動有法令約束，違則有罰，孰若神之變化不測而能與民轉災為福也？吏朝夕拜禱，彌旬越月而無所感動。神之召呼風雲、開闔陰陽而役使鬼物，頃刻之間一有爾孰難而孰易六字也。今民田待雨急矣，吏知人力不能為，猶竭其力而不得已，況神之易為也。況滁人畏信勤事之久而親，神宜愛之，而又有可以轉災為福、變化不測之能也。吏誰敢與神較，而一無此二十三字修輒一作敢以此為黷者，蓋哀民之急辭也。其政一作某政之不善而召災旱，又以為黷，神宜降殃於修，而賜民以雨，使賞罰並行而兩得也。民之幸也，修之願一作幸也。尚饗！

又《祈雨祭張龍公文潁州皇祐二年**》** 維年月日，具官修謹以清酌庶羞之奠，致祭於張龍公之神曰：刺史不能為政而使民失所，其咎安歸！而又頑傲愚冥，無誠慤忠信之心可以動於物者。是皆無以進說於神，雖其有請，宜不聽也。然而明天子閔閔憂勞於上，而生民嗷嗷困苦於下，公私並乏，道路流亡。於此之時，以一日之雨，救一方之旱，用力至少，其功至多。此非人力之所能為，而神之所甚易也。苟以此說神，其有不動於心者乎？幸無以刺史不堪而止也。刺史有職守，不獲躬走祠下，謹遣管界巡檢田甫，布茲懇迫。尚饗！

又 卷五一《答楊闢一作子靜**喜**一作祈**雨長句》** 吾聞陰陽在天地，升降上下無時窮。環回不得不差失，所以歲時無常豐。古之為政知若此，均節收斂勤人功。三年必有一年食，九歲一作年常備三歲一作年凶。縱令水旱或一作忽時遇，以多補少能相通。今者吏愚不善政，民亦游惰離於農。軍國賦斂急星火，兼并奉養過王公。終年之耕幸一熟，聚而耗者多於蠭。是以比歲屢一作黑登稔，然而民室常虛空。遂令一時暫一作遭不雨，輒以困急號天翁一作公。賴天閔民不責吏，甘澤一作澍流布何其濃。農當勉力吏當愧，敢不酌酒澆神龍。

又 卷五三《喜雪示徐生》 清穹一作空凜冬威，旱野渴天澤。經旬三尺雪，萬物變顏色。愁雲噓不開，慘慘連日夕。寒風借天勢，豪忽肆陵轢。空枝凍鳥雀，癡不避彈弋。長河寂無聲，厚地若龜坼。陰階夜自照，缺瓦晨復積。貯潔瑩冰壺，量深埋玉尺。凝陰反窮剝，陽九兆初晝。春回百草心，氣動黃泉脉。堅冰雖未破，土潤已潛釋。常聞老農語，一臘見三白。是為豐年候，占驗勝蓍策。天兵血西陲，萬輸走供億。嗟予媿疲俗，奚術肥爾瘠。惟幸歲之穰，茲惠豈人力。非徒給租調，且可銷盜賊。從今潔餔廪，期共飽粹麥。

又 卷七〇《祭五龍祈雨文寶元元年**》** 伏以去秋之潦，豐不補凶，飢民食糟麥為命，而天久不雨，苗將槁焉。旱非人力之能移，徒知奔走；雨者龍神之所作，其忍不為！薄奠拙辭，致誠而已。尚饗！

又 卷八六《集禧觀奉神殿開啓謝雪道場青詞》 近以溫陽乾時，雨雪愆候，載惟寡薄，敢罄精純。明靈孔昭，嘉應斯獲，兆豐年而有望，消癘氣於未形。惟物蒙休，以時申報，冀清真之來格，期福貺之永依。

又 卷一二六《歸田録》 仁宗即位，改元天聖。時章獻明肅太后臨朝稱制，議者謂撰號者取『天』字，於文為二人，以為二人聖者，悅太后爾。至九年，改元明道，又以為『明』字，於文日月並也，與二人旨同。無何，以犯契丹諱，明年遽改曰景祐。是時，連歲天下大旱，改元詔意，冀以迎和氣也。五年，因郊，又改元曰寶元。自景祐初，群臣慕唐玄宗以開元加尊號，遂請加景祐於尊號之上。至寶元，亦然。是歲，趙元昊以河西叛，改姓元氏。朝廷惡之，遽改元曰康定，而不復加於尊號。而好事者又曰康定乃謚爾。明年，又改曰慶歷。至九年，大旱，河北尤甚，民死者十八九，於是又改元曰皇祐，猶景祐也。六年，日蝕四月朔，以謂正陽之月，自古所忌，又改元曰至和。三年，仁宗不豫，久之康復，又改元曰嘉祐。自天聖至此，凡年號九，皆有謂也。

又 卷一三五《後漢堯祠祈雨碑延熹十年**》** 右漢《堯祠祈雨碑》，首尾殘滅，其僅可識者有云『股肱賢良，廣祈多福，虔虔夙夜』，又云『常以甲子日，詔太常陳上古之禮，舞先王之樂』，又云『延熹十年仲春二月，陽氣侵陰』，又云『享祀群神，仰瞻雲漢』，又曰『嘉澍優沾，利茂萬物』，又云『孟府君知堯精靈，與天通神，修治大殿』。以此知為祈雨於堯祠也。堯祠在漢濟陰郡。孟府君者，當是濟陰郡太守也。其餘隸字完者頗多，亦往往成句，但斷續不可次序爾。治平元年六月六日書。

又 卷一五一《與王發運鼎，字寶臣。嘉祐二年**》** 某啟。中春嘗辱惠問。不審涉夏暑毒，體氣如何？某自出貢院，為群士喧詬。尋而入夏，京師旱疫，家人類染時氣。區區中復有病患憂煎，以此久不附狀。寶臣治漕南方，雖久淹於外，然振綱革弊，公私所賴者不細，比於碌碌於此無所云補者，所得多矣。某再請洪井未得，屢罄所懷，期於必得也。未相見間，惟為時自重。謹於遞中奉此。不宣。某再拜。

宋 韓琦《安陽集》卷一《歲旱晚雨》 慶歷丙戌夏，旱氣蒸如焚。行路盡嬰暍，居人猶中瘟。墮鳥不收啄，游魚幾爛鱗。絺綌亦難御，更值成雷蚊。驕陽斷雨脉，焦熬逾五旬。農塍坐耗裂，縱横龜灼文。衆目血坼眥，日睇西郊雲。守臣卹民病，心亂千絲棼。祈龍刻舒鴈，縱陰開北門。古法久弗驗，羣祠益致勤。偏走于境内，神兮若不聞。或時得泛灑，濛濛才濕塵。豐年望既絶，節候俄秋分。忽爾降大澍，霄冥連日昏。垂空狀戰戟，入霤疑傾盆。禾田十九死，強漬枯槁根。蕭稂賤易活，勢茂如逢春。蛙黽渴易滿，泥躍嬉成羣。濟物乃容易，應時何艱辛。轍鮒骨已壞，徐激西江津。穀黍霜已厚，始調鄒律温。天氣孰可問，對之空氣吞。

又 卷二《喜雪》 至和乙未夏，二麥死大旱。秋田不下種，熬然六月半。天意忽垂惻，滂澤遂瀰漫。九穀飽甘滋，時若被溉灌。一變大有年，農籍脱逋竄。既豐復不雨，累月病乾暵。驕陽發仲冬，温氣襲閶閈。

歛輸誠無艱，瘥癘恐莫逭。何期日至前，風怒陰不散。吹開六出花，空際自淩亂。徐徐失埃氛，稍稍重枝幹。移時平瓦隴，逮夕没田畔。雖下不及尺，近歲亦稀看。瑞諜宜首書，他物烏足冠。始寤天之神，俾下不可算。小民徒怨咨，一顧回屯難。君子當信天，夷險存大觀。惠姦豈固然，福善終冥判。吾喜開吾樽，對客共歡歎。一病久誡飲，當席由吾斷。引滿且酣歌，輕凛談間扞。未必不因此，反得攄吾患。

又 卷八《過微子嶺》 崎嶇微子道，行路始知難。峻嶺萬千疊，紆途百十盤。地磽民力薄，天旱穀苗乾。未寤蒼蒼意，平川雨澤寬。自入潞境，皆已雨足，獨此未洽。

又《觀稼二首》 尺雨滂然滌旱灾，行田因得過家來。催成禾黍拖泥秀，長就枌榆揭涷栽。三組不矜聊問俗，一壓雖陋且容杯。郊原躍馬都忘病，隨目山川氣象開。

一夕甘滋起瘁田，斗回災沴作豐年。便晴誰恐禾生耳，將熟偏宜穀捺拳。雲退不留驅旱迹，氣清渾露已秋天。衰翁豈獨同民樂，更覺詩豪似有權。

又 卷一五《苦熱未雨》 驕陽為虐極煩歊，萬物如焚望沃焦。舉世不能逃酷吏，幾時還得快涼飈。精祈擬責泥龍效，大索誰誅旱魃妖。翹首岱雲膚寸起，四方膏澤盡良苗。

又 卷一九《久旱喜雨》 旱災誠久歷三時，祠禱雖虔似不知。一夕雲雷施利澤，萬家溝壑復生期。禾苗立後收多早，天意回來此未遲。恩被無垠才數刻，盡思人力欲何為。

又 卷四二《代開封知府諸廟謝雨文》 維某年某月某朔某日，具官某謹以清酌庶羞之奠，致祭於某神。粤自涼秋以來，嘉澍未洽，惟宸衷之在念，顧穡事以為虞。式是靈祠，奠兹神壤，奉吉蠲而致禱，冀聰直以垂休。而神上符宵旰之懷，下慰編齊之望，會風期於少女，驅雲族於太山。曾未崇朝，遽均和澤，壤父輟耕而相賀，祠官霑服以言旋。濟旱歲以作霖，畢蘇民瘵；兆豐年而為瑞，協助聖猷。爰被詔於發中，俾涓辰而報貺。用陳馨薦，祗答蕃釐。諒精意之攸歆，固嘉應之斯在。尚饗！

又《揚州祭聖母祠祈雨文》 維慶歷六年歲次丙戌，某月某朔某日，具官某謹以清酌之奠，昭告於聖母之靈。某聞之於《詩》曰：『旱既太甚，靡神不宗。』則知古人閔雨之際，不愛牲幣。凡神能福於民，而於民之所奉者，皆得索而祭焉。今歲夏季以來，境内不雨，穡人狼顧，以田為憂。長民者亦嘗設壇禱龍，欵祠求神，齋恪之誠，不為不至。近方靈應有答，而民望未厭。是用陳兹薄薦，乞靈於神。神其體斯民所奉之心，示神能福之之意，廣敷陰施，惠此一方，使時澤沛然，年穀大獲。則民知神德，不謂無靈。尚饗！

又《北岳祈雨文》 維皇祐元年歲次己丑，六月壬戌朔，十四日乙亥，具官某謹遣屯田員外郎、通判軍州事游開以清酌之奠，敢昭告於北嶽安天元聖帝。惟神享有常嶽，視帝而祀，故距河而北，凡民有水旱疫癘之災，則歸心於神，謂神主於我，必轉災而福之。某幸為州，於廟祠之下，每旦開日，則思有以濟於民，報於君，以不愧於神。雖然，不敢獨私一郡，而邀神之福。竊惟國家視天下，以河朔為根本。去歲雨水為大沴，民太半以饑死，天子宵興旰食，哀而恤之。賴蠶事既登，麥秋有成，捐瘠之民，粗有生意。而涉夏不雨，旱氣日甚，民心嗷嗷，以穀為虞。天子聞之，不得不重貽北顧之憂。某是敢以北民所歸之心，且道天子仁聖慈愛之德，弗私所治，而告虔於神。神其振激威靈，指呵雷電，霈乎嘉澤，潤我民疇。使兩河間普洽西成之望，則神上以寬九重之焦勞，下以副萬民之歸嚮。巍巍廟食，與昊天齊，其稱謂宜哉！尚饗！

又《北岳祈雨文》　維皇祐二年歲次庚寅，三月戊子朔，五日壬辰，具官某謹以清酌之奠，敢昭告於北嶽安天元聖帝。某聞天之為道也，惟民善惡而禍福之。然推其仁於福，則所任者；多於禍，則有所不忍焉。神之為靈也，能謹其所以禍福，而協天之仁者也。比歲以來，河朔之民罹大饑饉，幸而全者無幾。某為治祠下，行二期矣。夙夜祇慄，不敢慢其政以干神禍。每春夏之交，水旱萌沴，穡人駭憂，必請救於神，而神應之。夫豈守臣一冥禱而能感於神哉？誠蚩蚩之民，無大罪惡，天與神哀其窮，不忍終其禍而致然也。今歲方春，而羣陰用事，霾風晝昏，陽氣迫而未宣，雨意兆而復收。農力于田，惟歲是虞。豈天與神仁於任福，而不忍禍之之意邪？神其驅叱癘妖，奮示威德，霈然施澤，俾遂有年，則民知神休，孰不思報？尚饗！

又《北岳祈雪文》　維皇祐二年歲次庚寅，十二月某朔某日，具官某謹以清酌之奠，敢昭告於北嶽安天元聖帝。大河之北，比歲不登，神知之矣；今又入冬以來，雪不時降。果數之然耶，則否泰宜有以相返；政之致耶，則蚩蚩之民何罪？此人之所以疑天與神不預人事者，正謂是也？惟神作鎮於北，助天成化，宜發天之德，示神之明，早霈時澤，慰民望而銷沴萌，以釋人之所疑，誠大惠也。不然，北道之民，全其生者無幾矣！天晝夜而不息，胡為哉！神之祀孰供乎？尚饗！

又《北岳謝雪文》　維某年某月某朔某日，具官某謹以清酌庶羞之奠，致祭於北嶽安天元聖帝。近以冬候將終，時雪不降，重困之民，比屋愁歎。守臣慙政之缺，察民無罪，輒遣屬吏走祠下，合衆心之所憂，上訴於神。神惻然憐之，翌日降雪，闔境之內，無不允洽，愁歎之民，以抃以舞。夫神之化冥冥然，民固有疑之者。及其應之昭也，則靡然歸之無疑矣，況尤影響之速乎？宜其望而祀，廟而食，有國尊奉，與天無窮。謹擇良日，具牲醪以修報，惟神始憐之，終成之。尚饗！

又《北岳謝雨文》　維皇祐三年歲次辛卯，三月某朔某日，具官某謹以清酌庶羞之奠，致祭於北嶽安天元聖帝。某覽載籍，見堯、湯水旱之事，而說者多歸之天數，以為雩禜之禮。蓋有國家者，狥民志而安下情，其實不可求也。乃有一守令自暴，一御史決獄，而能上動天意，應時注雨，則於二者之說，不能無惑焉！今則判然無惑矣。某自承詔來定，會河朔歲災比年，雨不時降。為民之守，察民之窮而無所訴也，則必走僚屬乞靈於嶽祠之下，或三日至五日，神應響答，甘澤大洽。故北道歉殣，而定獨小康，神貺多矣。今歲自正月至三月不雨，民復震駭。顧蚩蚩者無告，獨神之有以訴也。於是載加精禱，幸紓民患。既而雲容聚散，連日晝陰。至七日，雷電始發，一雨告足。則知至誠者必能感神，而神必能為民之福也，又何惑焉！謹擇日具牢酒以為報，惟神蔭佑，終賜有年。尚饗！

又《北岳謝雪文》　維皇祐三年歲次辛卯，十二月戊寅朔，二十六日癸卯，具官某謹以清酌庶羞之奠，致祭於北嶽安天元聖帝。近以時雪稍愆，未充歲望，咎政之失，惟民是虞，亟禱於神，尚期鑒佑。果蒙靈答，若響應聲，雖農畝尚冀霑霈，而民心大已開釋。謹遣大理寺丞、簽署節度判官廳公事夏倚，躬致菲薄，以修報禮。惟神念此一方，素垂蔭護，更施惠澤，以永神休。尚饗！

又《北岳再祈雪文》　維某年某月某朔某日，具官某謹以清酌之奠，敢昭告於北嶽安天元聖帝。近以入冬以來，時雪未洽，累遣掾屬，乞靈於神，亦既踰旬，尚稽報佑。豈守臣愛民之心未至，而事神之意弗虔乎？夙夜究思，罔克自處。今請通判軍州事閻某，躬致前懇，禱於祠下，惟神察誠之勤，慰民之望，早垂嘉應，以兆豐年。尚饗！

又《太原諸廟祈雨文》　維皇祐五年歲次癸巳，閏七月戊辰朔某日，具官某謹遣某官，以清酌之奠，致禱於某神。某聞天道之主於仁，不則人何以保其生；神之道亦主於仁，不則人何以通其誠。嗚呼！天與神之道皆主於仁矣！何一方霜旱之後，既俾其田大茂，垂及有年，而反枯槁之、蝥蠈之，使民終日哀祈叫呼，冀一施其仁，寂然莫應邪？某治并始數月，雖然，為政一日不合於民，宜為天氣之病，顧民是何罪哉！是用齋戒省咎，將民意以有告於神。惟神助天化育，功在祀典，哀民之誠，迫切如是。亟驅風雲，沛然下雨，掃滌癘氣，銷弭蟲孽。則千里之內，神一施其仁，而瘁死之苗，起為豐穎，咨嗟之嘆，轉為歡謡，民歸神之心何如哉！尚饗！

又《諸廟謝雨文》 維皇祐五年歲次癸巳，某月某朔某日，具官某謹以清酌庶羞之奠，致祭於某神。近以秋稼甫成，旱蝗萌孽，吏民駭議，唯神是歸。守臣齋誠，亟禱祠下，朝奠未縮，暮澍已洽。靈應之速，實猶影響，合境之內，鼓舞歡呼。知神之仁，益用欽向，謹擇良日，具馨薦以修報禮。惟神冥佑兹土，功德至大，亦既拯民之將殞，則當俾歲之大穫。守臣何答，惟是忠信。尚饗！

又《蒙山祈雪文》 維皇祐五年歲次癸巳，十二月丙申朔，二十一日丙辰，具官某謹以清酌庶羞之奠，敢昭告於蒙山之神。某聞前代良守長，以其部旱暵之為沴也，必求境內有聞之神祈禱之，而與神約，過期不雨，則舉祠燔之，雨則葺之。某謂不必然。今環晉之境，數千里之廣，歲將窮而未雪。守臣同民之憂，遍禱羣祠，逾月弗應。聞蒙山晉望也，古有祠，俯瞰靈淵，自唐以來，崇奉祈報，民實蒙福。今隳圮垂盡，而故址巍然。夫祠雖不存，山川之神豈嘗亡耶？謹遣某官，即壞祠具肴酒以告，夫將己意以達於神。神祠之壞，而必完之，皆守臣之職也，荅之與否，不敢慢神而廢職。然神能奮起潛德，亟沛惠澤，以警一方久不信之民，則宜遠邇歸嚮，易怠為恭，神之威尊，與山巍峩。不然，且懼祠雖完而復廢也，神聽之乎？尚饗！

又《諸廟祈雨文》 維皇祐六年歲次甲午，正月丙寅朔，二十七日壬辰，具官某謹遣某官，以清酌庶羞之奠，有禱於某神。去歲歷秋冬逮今，雨雪不時降，細民駭嗟，以田為憂者，實半天下。天子惕然引咎，齋戒祈禱，無所不至，而卒未大應。今復時疫暴作，民中其疾者十有八九。雖星分所次，流災有常，而天子慈仁愛民，夙夜焦勞，守土之臣，皆奉命修職，不敢有苟刻之政，上病天氣。天忍極肆其酷，冥然而不顧哉？天道高遠，區區草芥之誠，固不足以達。賴吾境有靈德之神，開發天意，轉禍為福，灑甘澤以沃枯壤，鼓和氣而驅癘妖。使農及耕耘，民安里閈，上紓天子旰食之慮，下俾守土之臣省過勤政，自新不怠。則天施未暢，緊神而啓迪之，宜民不怨天而信於神，神之功茂矣。尚饗！

宋 强至《祠部集》卷二《苦雨》 關輔連歲旱，耕地千里赤。官家放租税，猶有道邊瘠。群國乞膏雨，童巫叫蜥蜴。神聽久寂寞，民意轉凄惻。天公忽瞑目，一怒乖龍殛。雨師偃其旁，驚起振厥職。不復計多寡，傾瀉信朝夕。入地知幾犁，地上但盈尺。洶如三峽注，那辨四檐滴。落勢曾未停，廬井反憂溺。始知天公難，不易人願適。舉頭告風伯，速吹濕雲坼。却還秋日光，迤邐照阡陌。俾民布新種，來歲飽粦麥。

又 卷二《壬子歲旱》 熙寧歲壬子，春旱初可怪。不雨訖夏尾，天地一爐鞴。赤日裂厚土，黄埃没經界。農夫望雲霓，脰折意未懈。侍中守北門，撫俗先罷瘵。閔雨憂更深，遍禱劇齋戒。老宫與佛廟，三日一往拜。冠者厭於呪，褐者勞於唄。雨應絕不聞，煩鬱何由快。憑誰訴天公，請執乖龍械。

宋 邵雍《伊川擊壤集》卷八《謝城南張氏四弟兄冒雪載餚酒見過》

久旱幾逾冬，川守祈未得。鴈行聊鑣來，佳雪遽盈尺。酒面生紅光，客心喜何極。上夜離天津，天津陡岑寂。

宋 文同《丹淵集》卷二《苦熱行》 黄人頓駕留天中，金鴉吐火燒碧空。炎光染雲聳岌岌，旱氣爍土飛蓬蓬。龍摇乾胡不作雨，虎裂渴吻無生風。安得有術擘海水，入底一扣鮫人宫。

宋 曾鞏《元豐類稿》卷四《降龍》 降龍左右施襟裾，兩廊夾廟深渠渠。禮下天子一等爾，衣服居處何其殊。文幡列戟照私第，青紫若若官其孥。先後熒煌首珠翠，侍者百十顏溫瑜。凝寒墮指熱侵骨，一宴百盞傾金壺。窮民疾首望雨露，太上欲倚攀姚虞。君胡為乎日時病，槖針朴艾恬以愉。生前赫赫浪自重，身後沒沒寧非愚。

又《食梨》 今歲天旱甚，百穀病已久。山梨最大樹，屬此亦乾朽。當春花盛時，雪滿山前後。常期摘秋實，穰穰落吾手。忽驚冰玉敗，不與膏澤偶。清朝起周覽，映葉才八九。閒居問時物，此説得溪叟。貧齋分寂絕，塵抱徒噎嘔。寧知蕭條內，把握忽先有。食新恐非稱，分少覺已厚。開苞日星動，落刃冰雪剖。烟潯擇新汲，遠負盈素缶。英華兩相發，光彩生戶牖。初嘗蜜經齒，久嚼泉垂口。蠲煩慰諸親，愈渴忻眾友。肯視故畦瓜，寧論濁泥藕。歲晚迫風霜，人饑乏藜糗。真味雖暫禦，未許置樽酒。

又《追租》 耕耨筋力苦，收刈田野樂。鄉鄰約來往，樽酒追酬酢。生涯給俯仰，公斂忘厚薄。胡為此歲暮，老少顏色惡。國用有緩急，時議廢量度。內外奔氣勢，上下窮割剝。今歲九夏旱，赤日萬里灼。陂湖蹙埃壒，禾黍死磽确。衆期必見省，理在非可略。謂須倒廩賑，詎止追租閣。吾人已迫切，此望亦迂邈。奈何呻吟訴，卒受鞭捶卻。寧論救憔悴，反與爭合龠。問胡應驅迫，久已罹匱涸。計須賣強壯，勢不存尫弱。去歲已如此，愁呼遍郊郭。饑羸乞分寸，斯須死笞縛。法令尚修明，此理可驚愕。公卿飽天祿，耳目知民瘼。忍令瘡痍內，每肆誅求虐。但憂值空虛，寧無挺犁鑊。暴吏理宜除，浮費義可削。吾臥避囂喧，茲言偶斟酌。試起望遺村，霾風振墟落。

又 卷六《楚澤》 楚澤荒涼白露根，盈虛無處問乾坤。蟲蟲旱氣連年有，寂寂遺人幾戶存。盜賊恐多從此始，經綸空建與誰論。諸公日議雲臺上，忍使憂民獨至尊。

又《上杜相公》 水為舟楫旱為霖，社稷生民注意深。豈謂便辭黃閣議，翻然求就紫芝吟。始終好古儒林士，進退憂時國老心。只有聲名隨日遠，不令功被管弦音。

又《餘杭久旱趙悦道入境之夕四郊雨足二首》 連章天上乞身閒，笑入吳船擁節還。一夜風雷驅旱魃，如知霖雨出人間。

旌旗東下路塵開，六月風雲席上回。正恐一方人暍死，直將霖雨過江來。

又 卷七《酬介甫還自舅家書所感》 旱氣滿原野，子行歸舊廬。籲天高未動，望歲了何如。荒土欲生火，涸溪容過車。民期得霖雨，吾豈灌園蔬。

又《去年久旱六月十三日入境得雨今年復旱得雨亦六月十三日也》

去年六月焦原雨，入得東州第一朝。今日看雲舊時節，又來農畔聽蕭蕭。

又 卷一八《閬州張侯廟記》 事常蔽於其智之不周，而辨常過於所惑。智足以周於事，而辨至於不惑，則理之微妙皆足以盡之。今夫推策灼龜，審於夢寐，其為事至淺，世常尊而用之，未之有改也；坊墉道路、馬蠶貓虎之靈，其為類至細，世常嚴而事之，未之有廢也；水旱之災，日月之變，與夫兵師疾癘、昆蟲鼠豕之害，凡一慝之作，世常有祈有報，未之有止也。《金縢》之書，《雲漢》之詩，其意可謂至，而其辭可謂盡矣。夫精神之極，其叩之無端，其測之甚難，而尊而信之，如此其備者，皆聖人之法。何也？彼有接於物者，存乎自然，世既不得而無，則聖人固不得而廢之，亦理之自然也。聖人者，豈用其聰明哉？善因於理之自然而已。其智足以周於事，而其辨足以不惑，則理之微妙皆足以盡之也。故古之有為於天下者，盡己之智而聽於人，盡人之智而聽於神，未有能廢其一也。《書》曰：『朕志先定，詢謀僉同，鬼神其依，龜筮協從。』所謂盡己之智而聽於人，盡人之智而聽於神也。繇是觀之，則荀卿之言，以謂雩筮救日，小人以為神者，以疾夫世之不盡在乎己者而聽於人，不盡在乎人者而聽於神，其可也。謂神之為理者信然，則過矣，蔽生於其智之不周，而過生於其所惑也。

閬州於蜀為巴西郡，蜀車騎將軍領司隸校尉西鄉張侯，名飛字翼德，嘗守是州。州之東有張侯之冢，至今千有餘年，而廟祀不廢。每歲大旱，禱雨輒應。嘉祐中，比數歲連熟，閬人以謂張侯之賜也，乃相與率錢治其廟舍，大而新之。侯以智勇為將，號萬人敵。當蜀之初，與魏將張郃相距於此，能破郃軍，以安此土，可謂功施於人矣。其歿也，又能澤而賜之，則其食於閬人不得而廢也，豈非宜哉？

知州事尚書職方員外郎李君獻卿字材叔，以書來曰：『為我書之。』材叔好古君子也，乃為之書，而以予之所聞於古者告之。

又 卷三九《泰山祈雨文》 維泰山，歷古至今，有天下者，巡狩封禪，勒成告代，莫不之焉。或企足動容，卒莫能至。實卓瑋殊尤，神明之地，故天下宗焉。二典所記，其光靈威烈，焯示萬世，夫豈他山可得而視！維齊與魯，獲仰而事，粒食縷衣，莫匪陰施。

今二邦不雨，自四月以訖于茲。積水之澤，塵起冥冥。粟將槁死，蝗亦滋生。雖政或不良，足以致此，而百姓何罪？宜蒙哀矜。彼撮土之山，勺水之川，尚能與民為福，錫之有年。豈如泰山，朝出一雲，暮澤天下，其勢之易，易於轉圜。而比近托麗，顧不能憐。殆莫之或告，告或不虔。夫民之生，蓋亦艱矣，無儲與藏，重斂煩使，歲一不登，多濱於死。奸強無知，或起乘時，聚為盜攘，以取誅夷。循理安業，田間之民，亦與俱亡，奚可不傷！鞏受命天子，守藩于東，敢齋以嚴，告于靈宮。惟神閔人之病，助歲之功，霈然下雨，變沴為豐。尚俾斯民，以牛羊黍稷，得承事于無窮。

又《泰山謝雨文》 臣愚，行為時之所背，言為時之所輕。寡儔少和，眇眇煢煢。奇於人而如此，敢望信於冥冥？屬東轅而進謁，托斯文而薦誠。眷齊魯之舊邦，依大鎮之崢嶸。苦旱魃之方驕，憂歲事之不登。民且瘠於溝壑，或椎埋而死兵。冀聰明之響答，霈膏雨之宵零。言丁寧而上訴，心惝怳而潛驚。顧不能以諧世，將何動夫威靈！乃不知夫神與道而為徒，雖窗默而難明。其虛心也，物有來而必應；其公聽也，無憎愛之常情。彼大雖自大，小雖謂小，吾與善而已矣，常一視而持平。故微衷得以上徹，利澤為之旁行。或噫為風，或震為霆。隱然雷出，靄然雲蒸。灑甘霪以兼夕，滅害氣於無形。蓋西極于甸服，東屬乎滄溟。人盈其望，物遂其生。黍芃芃而擢秀，粟薿薿而敷榮。使時沴遂熄，年功可成。人食豐乎鐘鬴，神祀衍乎粢盛。民相安於田里，吏無用於威刑。信大恩之莫報，而至德之難名。愚所以意激而感深者，方涉世之零丁。苟降鑒之不昧，知忠信之可憑。敢因辭以進謝，愧抽思之非精。

又《泰山祈雨文》 惟神含德體仁，鎮茲東夏。興雲致雨，澤施八紘。今此齊邦，近在山趾。方夏久旱，麥苗將萎。吏思其由，奔走羣望。而人微言賤，不能上動。頻陰復散，忽已兼旬。念此疲民，弊於征斂。方歲之富，食常不足。一遇災害，必捐溝壑。惟神威烈，覆被羣生。顧此比州，宜先蒙賜。豈伊靈眷，獨忍遺之？今是用飭遣士民，布誠祠下。情窮詞急，冀獲哀矜。使一雨霈然，則倒懸可解。尚其降鑒，無作神羞。

又《岳廟祈雨文》 去歲之旱，有請于神。蒙畀嘉澤，田則大稔。今春河役，發民二萬。更迭齎送，眾又倍之。蓋此齊人，出者幾半。迨其反室，維夏之初。勞費既深，又違穡事。夫民數載，乃遇一稔。敝之如此，其幾尚完。今二麥方包，而亢陽為虐。吏任其咎，所不敢逃。惟民何辜，賴神終惠。能致雲雨，則實在神。尚其念之，故敢以告。

又《襄州諸廟祈雨文》 今麥苗方出，而時澤尚愆。冬令久行，而寒氣未應。嗟吏治之不善，以奸陰陽；惟神理之無方，能興雲雨。是用兢惕以任咎，蠲祓以乞靈。尚期降休，以答人望。

又《大悲祈雨文》 惟歲孟冬，盛陽猶亢。旱暵茲久，陰寒未興。吏非循良，敢不任咎？佛有慈惠，則宜降祥。是敢躬瀝懇誠，虔祈覺蔭。俾風雲之舊作，致雨雪之漸涵。田畝順成，里閭安輯。仰期真理，俯徇輿情。

又《襄州岳廟祈雨文》 自秋不雨，方冬尚溫。麥田苦於旱乾，民室憂於病癘。永惟責任，內集兢惕。惟神作鎮岱宗，著靈南夏。敢瀝由衷之懇，冀回降鑒之仁。遂俾膏澤以時，祁寒式序。畎畝克諧於豐富，里閭皆保於靖康。尚其垂訓，副此羣望。

又《又諸廟祈雨文》 去歲經冬，時雪不厚。今茲春晚，膏澤尚微。農於稻田，待水而種。苦茲旱涸，人用焦然。吏不能有惠於民，而惟歲之善，則刑清事簡，尚有望焉。是用瀝懇，有禱于神。惟神依人，尚其降鑒，使霈然下雨，以大濟於于此邦。則人於事神，亦曷不盡？

又《薤山祈雨文》 自去秋之始，至于今春之暮，雨不霶霈。方麥苗將病，稻種未布，農事急矣，而禱請未效。惟神靈應在人，是用奔告。尚其降鑒，大施澤于此邦，使民獲善歲，而不罹于艱厄，則人於報神之賜，亦曷敢不虔？

又《邪溪祈雨文》 自去秋至今，雨常不足。今麥苗將槁，稻種未布，而春既盡矣。若又不雨，至於十日，則麥必盡死，稻不可種，民將安所寄命乎？吏知其急，而不知其所以為。神知其急，而力能為雨者也。其亦何惜數尺之澤，救民於無所寄命之急呼！故敢以請，神其鑒之。

又《諸寺觀謝雨文》 向者以大田之稼雖多，而西郊之雲方密，輒伸虔禱，蓋以為民。甫及夏初，霈然蒙潤。茲展至誠之謝，式遵舊典之傳。欽惟明神，鑒此精意。

又《邪溪謝雨文》 吏能奉法令，治獄訟，督賦斂而已；導和氣，致豐年，則力不能，德不及也。故一有水旱，則奔禱於鬼神。幸蒙降答，則自恕以竊食。此輩之所不敢不自訟也。今茲請雨，不能異此。獲神之賜，敢不虔報？惟神之靈德，既足以驚動，澤施于此民，尚終畀之有年，則神之依人，亦有永賴。

又《薤山謝雨文》 乃故秋至今，雨不沾足。麥苗將槁，稻不可種。民將無以為命，吏不知其所為。維神能出雲致雨，記於古經，信於百姓之耳目，是用奔告。果蒙降答，乃戊辰雲起西北，至夕大雨，達於甲戌。四境告足，麥則滋榮，稻可播種。民得以托命，吏得以竊食。維神之威靈大顯于此土，澤施大及於斯民，敢不嚴報？尚其終惠，俾歲大穰。則人於事神，永永其不敢怠。

又《諸廟謝雨文》 吏治不能順陰陽，時風雨，而以歲之旱奔告于神。賴神之靈，時賜甘雨。敢不嚴報，尚其鑒之。

又 卷四〇《五龍堂祈雨文》 乃四月以旱，禱于邪溪薤山，應時得雨，麥以豐成，稻可播種，獨異於他境，實維其賜。今稻田又乾矣，此邦之人，皆謂龍虎之河，五龍之神，禱雨輒應。餘敢不告？神其降鑒，大施澤于斯民，使獲有年，則人於報神，亦維無斁。無俾薤山邪溪專美于此邦，以作神羞。

又《靈溪洞祈雨文》 吏不勝任，薦致旱災。禱于山川，為黷已甚。然稻田日瘁，民命所托，夙夜憂懼，不知所為。維爾有神，世載靈德。是用覿顏有請，忘其慚羞。尚其降祥，時賜甘雨。俾歲無害，維神之休。

又《又大悲祈雨文》 盛夏在辰，常暘為沴。稻將萎瘁，人用嗟憂。由吏治之不明，致奸和氣；維佛乘之無礙，善濟羣生。是敢同祓精誠，虔祈覺蔭。覬滂沱於膏澤，俾浹洽於原田。用救焦枯，實依慈惠。

又《大悲謝雨文》 民無常心，惟安於足食；佛有慧力，善救於含生。比緣盛夏之辰，久苦驕陽之沴。懼傷稼穡，將致凶飢。故仗節之雋良，暨守藩之孤陋，俱陳精懇，虔對睟容。果蒙感答之慈，立致滂沱之澤，滌除害氣，勃起良苗。變瘁為榮，物遂更生之理；易憂以喜，人諧望歲之心。維是鴻私，敢忘昭報？尚期降鑒，常畀有秋。

又《諸廟謝雨文》 吏之罪大矣，一切從事於謹繩墨、督賦役而已，民之所欲不能與，所惡不能去，自恕以竊食，不知其可愧，安能使陰陽和、風雨時乎？故若犖者，任職於外，六年于茲，而無歲不勤於請雨。賴天之仁、鬼神之靈，閔人之窮，輒賜甘澤，以救大旱，吏知其幸而已。其為酒醴牲饔，以報神之賜，曷敢不虔？維神尚終惠之，使永有年，則神亦無窮，有依于人。

又《諸廟謝雨文》 積是驕陽，莫救稻苗之悴；獲茲嘉霔，尚滋秋物之榮。是荷靈休，敢忘祇報。

又《諸寺院謝雨文》 比以常暘，仰祈真蔭。果獲滂沱之澤，大蘇焦旱之田。敢擇佳辰，特申嚴謝。尚期降佑，常畀有秋。

又《諸葛武侯廟祈雨文》 天子以歲久旱，所被者廣，分命守臣，禱其境內鬼神之有靈德在于人者。維靈有志于民舊矣，故敢以告。尚其降鑒，大施澤于四方，以稱天子憂人閔雨之意。

又《諸廟祈晴文》 曰涉歲以來，自春徂夏，久陰不解，積雨日多。今麥待燥而成，粟待暘而種，而雲屯尚密，土潤方升。民皆竊憂，吏用深懼。百姓之困甚矣，惟神得無念乎？尚其開除山川，相匯出日，俾歲無害，為民之休。

又《諸廟祈雨文諸寺改作：敢于真覺伸布虔誠惟佛至慈與人爲歸**》** 今歲之初，未愆雨澤。然而麥纔薄稔，蠶不甚宜，則民之窮蓋可知矣。今茲農望，惟在秋成。而溫風方騰，旱氣彌盛。是用側身以懼，有禱于神。尚其降衷，時賜甘霔。俾歲無害，亦神有依。

又《蕥山祈雨文》 志言眾山雲起，此山無雲，終不降雨；眾山無雲，此山雲起，必降大雨。是能為雨，能為不雨，在神而已。今歲數不登，而旱氣又作。吏之不良，無所逃罪。民貧可憫，神能為雨而不為，是何情哉！神其為民出膚寸之雲，致數尺之雨，使凶為穰，以救民之急。則此邦之人，所以報事神者，子子孫孫，其孰敢怠？尚其念之，無作神羞。

又《諸廟謝雨文》 比苦亢陽，具陳致禱。實蒙甘澤，敢不昭報。

又《諸寺觀祈雪文》 窮臘未雪，方冬尚溫。人有疾癘之憂，地無膏澤之潤。職在綏撫，心焉震慚。敢祈膚寸之雲，播為盈尺之瑞。盪除陰氣，順致時寒。使閭巷消薦瘥之災，田疇成多稼之利。實依孚佑，俯徇微誠。

又《諸寺觀謝雪文》 比緣窮臘之期，久苦亢陽之沴。敢徼靈施，仰布愚誠。蒙膏澤之應時，致祁寒之協序。人無疵癘之患，物有豐成之祥。實賴洪休，敢忘昭報？更祈密雪，尚及餘冬。

又《福州鱔溪禱雨文》 曰嗟乎旱也，誰則為之？芃芃之稼，將槁而萎。嗷嗷之眾，曷望而依？維閩屬者，寇賊之罹。逮其既附，我士已疲。餘醜成羣，百十睢睢。跳踉出沒，負力乘巇。亦有為渠，諸偷所推。相望棋布，未受畱羈。室家莫寧，遠近並疑。我畜以柔，亦震以威。從有法賞，不從係纍。或擾而序，或就纏徽。逮歲朔易，蕩定無遺。山林夜行，笑語追隨。吾人即安，含糗而嬉。士馬亦奮，桓桓騤騤。天子聖德，海邦是綏。維此海邦，初亦難一作艱飢。今寧宇矣，師征始歸。今食足矣，廩實尚微。若歲大熟，如梁如茨，如京如坻，自公及私。獄無訟繫，里無盜竊。式于永世，方始在茲。今此大田，既碩而齊。俾不卒成，孰忍為斯？神有靈跡，國人所祇。神有顯號，天子所躋。萎能起之，槁能澤之。胡寧有餘，斂而不施？我用卜日，早駕以馳。即告潭側，尚其聽之。攘除驕陽，騰雲彍霓。播為甘液，霈灑淋漓。俾農有秋，百物具宜。熄偷與爭，長置刑笞。人於報事，豈有斁思。

又《諸廟禱雨文》 常暘為沴，將害農功。夙夜憂懷，不皇啟處。敢徼靈貺，時賜膏澤。俾人獲濟，惟神亦永有依。

又《謝雨文》 維閩之人，前歲苦飢，去歲苦盜。足食而安，期自今始。而方夏旱暵，懼害穡事。茲余用稽于眾，蓋可以徼福於民者，罔不馳告。不敢愛力，不敢寧居。賴神之仁，畀以膏澤。自未至酉，遠近周浹。維歲大熟，可立而需。敢飭豆籩，報用典禮。吏無明德，而但知告其困急於神。神既賜之，其尚終惠。

又《題禱雨文後》 福州元豐元年戊午，自四月甲子，至五月辛巳，凡十有八日不雨，田已憂旱。太守率屬吏士，分禱諸佛祠，迎像能致雨者陳之通路，用浮圖法為道場，率屬吏士羅拜以請。丁亥夜五鼓，出禱鱔溪，屬吏士分禱羣望。己丑，率屬吏士蔬食。夜四鼓，就城南近水祭告后土，將為壇祭龍。庚寅蔬食如己丑。夜三鼓，就壇壝，刲鵝祭龍。辛卯夜五鼓，就視牲血，以法推之，當得雨。壬辰，就紫極宮壇，用青童二十有八人，更咒蜥蜴如古法。癸巳，分禱諸祠未遍者，取黃蘗山龍潭水置道場，率屬吏士往請。甲午，又往。乙未夜二更得雨，連三日夜，遠近皆有餘。

蓋自辛巳至丙申，凡十有六日，無日不致禱。自丙戌至甲午，四境多得雨。至丁酉，乃皆有餘。是日，罷道場，還所迎佛及水，送蜥蜴南澗之濱。庚子，遍祭謝。欲知閩粵之間，兼旬不雨，則已憂旱，而請禱之為不誣也，故刻其祝辭於石，而并識之。

又 卷四一《諸廟祈雨文》 今者盛秋已晚，庶物將成。矧茲麥苗，實待雨澤。而驕陽尚熾，畏暑未消。野有焦枯之憂，人懷膏澤之望。敢祈靈德，俯徇輿情。蕩蘊隆之災，以升嚴氣；濡滲漉之施，以遂嘉生。實賴神休，允諧眾志。附：道觀：道雖至寂，感無不通；人雖甚愚，誠無不獲。祭詞同前，改「靈德」作「沖蔭」，改「神休」作「真工」。佛寺：佛莫大於慈悲，在於利物；人莫艱於稼穡，必也趨時。是仰神休，用康歲事。祭詞同，改「靈德」作「覺蔭」，改「神休」作「慧心」。

又《諸廟謝雨文》 比籲眾情，仰祈靈施。果蒙薄雨，小潤焦原。已祛畏暑之煩，遂適戒寒之漸。敢忘祇報，更俟餘休。克終播澤之祥，俾獲有年之望。

又《諸廟祈雨文》 時寒未若，雨雪尚愆。麥有立苗之艱，人違墐戶之適。敢依靈德，瀝致勤誠。惟順導於太和，俾霈施於膏澤。克諧眾望，實賴陰休。

又《諸廟謝雨文》 比苦愆陽，再徼靈施。蒙報如響，得雨應時。澤潤焦枯，蕩除煩鬱。物有豐成之望，人無疾癘之憂。敢忘大恩，尚覬終惠。

又《諸廟祈雨文》 民之艱於稼穡，賴歲屢豐，得以足衣食而償其力，吏亦得以無所事於勤而偷祿。今茲春仲，麥苗滿野，得雨而成。則民得以繼其豐年之樂，而吏亦得預其幸。神之食於此土，為能澤於斯民也，故敢以告。尚其賜之，以稱人望。

又《諸寺觀祈雨文》 春氣已中，農功方急。而膏澤未洽，土脈尚乾。敢於精誠，用仰祈於覺道改「覺」作「真」蔭。尚其降雨，俾獲有年。

又《祭土祈雨文》 農勤甚矣，歲既暮春，麥待雨而成，菽粟待雨而種，而旱暵莫為虐，人用憂嗟。今將為壇，象龍以禱，是用先事告爾土神。尚其降休，無咈人望。

又《祭五方龍祈雨文》 龍之變化無方，而其有功於人者，則在於能興雲雨。嗚呼！今旱甚矣，是用稽古。為爾某龍之象，位于某方，薰祓以禱。爾尚圖厥職，其亟以時肆為膏澤，以大施于此土。無愆厥應，俾有後羞。惟爾有神，亦尚永有依歸。

又《太清明道宮祈雨文》 旱逾時矣，麥既萎死，而菽粟未種。皇帝憂勞，遣吏分禱。尚其致雨，無俾歲害。允茲東睠，實在靈德。

又《諸廟謝雨文》 維歲大旱，蒙賜甘雨。窐邪之麥，冀可以蘇。菽粟之田，有望自此。實神之德，敢忘昭報？尚其終惠，俾獲有秋。

又《諸寺觀謝雨文》 氣之不若，旱實為災。蒙在正陽，畀之甘澤。維靈休之所自，豈昭報之敢忘？俾獲有秋，尚賴終惠。

又《太清明道宮謝雨文》 旱久未解，貽上之憂。得雨應祈，曾不旋日。焦萎可起，種藝可施。實惟靈休，副此東睠。尚其終賜，俾獲有秋。

宋 王珪《華陽集》卷一六《紫宸殿開啓祈雨道場齋文》 伏以淑律過中，驕陽作沴，嚮歸慈於梵席，蘄濟望於農疇。而密雲雖興，膏澤未應。念歲事之如灼，祓宸塗而載嚴。尚冀至心之通，終垂能力之助。

又《集英殿開啓祈雨道場齋文》 伏以自春涉夏，陰陽鬱并，雨弗降滋，至於害歲。嗣膺丕統，焦勞如焚。有覺大慈，力隨普應。

又《集英殿開啓護摩祈雨道場齋文》 伏以方夏長物，雨弗降滋。嘉種用傷，歲將安仰？乃祓祕殿，歸崇妙緣。庶興能仁，徧澤羣土。

又《集英殿開啓祈雨粉壇道場齋文》 伏以驕陽薄陰，秋氣未附。密雲留雨，農疇靡滋。結祕法於道場，假能仁於溥界。默囬嘉應，大澤羣元。

又《集英殿接續開啓祈雨道場齋文》 伏以秋籥適中，天未降澤。農疇皆槁，民將遇饑。敢載祓於禁楹，庸嗣嚴於梵席。終蘄慧力，溥濟含生。

又《西京無畏三藏前開啓祈雨道場齋文二道》 伏以方春東作，雨弗降滋，歲事將虧，羣心如灼。大慈濟物，應現無方。油然興雲，以澤萬物。

伏以秋氣已肅，亢陽薄陰。槁禾盈疇，民望如灼。大慈覺世，通於至忱。

油然興雲，徧澤嘉植。

又《西京竺法三藏泗州普照明覺大師前開啓祈雨道場齋文》　伏以春夏之交，雨不時降。宿麥將瘁，民咨亡聊。顧守邦圖，永思厥咎。大慈濟物，通于至忱。彌沴為祥，期布嘉澤。

又《紫宸殿開啓謝雨道場齋文》　向以驕陽作沴，雨澤愆時，爰祓禁宸，載崇梵席。蒙應如答，降滋及期。仰信覺慈，庸申美報。

又《集英殿開啓謝雨道場齋文》　嚮以驕陽作沴，潤澤愆期，爰祓禁塗，夙崇梵會。至誠如答，不日蒙滋。歸信能仁，用虔美報。

又《九龍堂開啓謝雨道場齋文》　伏以興雲上漢，神化莫形，油然垂陰，膏潤萬物。潮音振坐，大啓法筵，締果謝成，益期豐楙。

又《西京無畏三藏前開啓謝雨道場齋文》　比以春陽隔并，時雨僭亢，夙祈慈力，善濟涵生。俄天澤之應期，寔邦氓之慰望。爰憑妙果，庶答靈休。

又《集英殿接續開啓祈雪粉壇道場齋文》　伏以大冬薄歲，温氣乘陰，竊循天沴之來，專儆君臨之失。反躬是懼，終食靡寧。載祇祓於靈場，庶妙施於慧力。早變同雲之族，終凝密霰之祥。

宋　沈遼《雲巢編》卷二《和李正甫》　山川旱氣赤如虹，大海半涸驚魚龍。行人渴死道不通，時見飛鳶墜長空。日輪軋軋未背昃，獨坐高堂酌瓊液。下視萬屋生白烟，不復平日瞻青山。閉目欲想瑤池瀕，欲往萬里增黄塵。長憶仙人李太白，若乘鯨魚應腐鱗。晚餐一盤薦黑黍，出鐺已敗色如土。忽得諸篇排硬言，伏讀未終汗如雨。

又　卷三《庭下菊》　夷天九月尾，秋氣殊未肅。病士蒙葛衣，正如庭下菊。憶昔移菊初，夏暑方煩溽。瘴山旱無雨，憔悴茲不足。安得望茅茨，竊自譬松竹。神仙久視藥，孤根寄窮谷。

宋　司馬光《傳家集》卷八《大熱》　山澤欲焦枯，炎光滿太虛。不知天地外，暑氣復何如。

又　卷八〇《豢龍廟祈雨文》　年月日，宣德郎、將作監主簿、權知常城縣事司馬光謹率吏民，具清酌庶羞之奠，致祭於豢龍之神。昔者聖王設官分職，畜擾神物，以爲人用。後世喪業，神實繼之，知龍嗜慾，服事夏后。王嘉神勞，胙以此土。歲祀超忽，廟貌仍存，闔縣奔走，春秋薦獻，却災致福，保佑斯人。今大夏將盡，而歷時不雨，穀苗槁死，不可復殖。倉廩無儲，民將何恃？民實神主，神實民休。百姓不粒，誰供神役？邑長有罪，神當罰之；百姓無辜，神當愛之。天有甘澤，龍實司之，以時宣施，神實使之。槁者以榮，死者以生。旱氣削除，化爲豐登。然後自邇及遠，粢盛牲酒，以承事神，永永無斁。伏惟尚饗！

又《諸廟祈雪文》　竊以雪霜不時，神實職之。編室流亡，吏當坐之。今者自秋徂冬，天澤未浹，麰麥既寡，又將槁枯。意者吏不職歟，民無告歟？胡爲困苦，使至此極也！惟神哀民之窮，寬吏之辜，使雪以時降，而麥猶有收。敢不牲酒鼓舞，以承神休。尚饗！

又《諸廟祈雨文》　間以旱暵，病于稼穡。得請于神，貺之甘澤。來麰以登，民以粒食。荷神之休，永久無極。今茲禾黍尚穉，菽麥未藝，土壤已槁，霶潤無繼，川澤將涸，螟蜮方熾。婦子遑遑，憂猶未艾。神宜監民之窮，憫物之沴，沃灑嘉生，導迎和氣。庶幾豐穰，克終大惠。敢不鼓舞，以承神事。尚饗！

又《諸廟謝雨文》　間以旱暵，有謁于神。神享其衷，錫以嘉雨。雖高下未浹，遠邇未均，田畝小濡，民意差緩。蒙神之惠，不敢寧居。選牲潔酒，亟伸報賽。惟神嗣降豐澤，克終顯德。尚饗。

又《晉祠祈雨文》　蓋聞誠通無遠，神鑒無幽，始謂不然，廼今知信。屬者時雨稍乏，宿麥未滋。躬謁嚴祠，默伸心禱。回軿再宿，嘉澍嚮臻。豈懇欵之微，克留神聽；寔元元之幸，宜蒙神福。然原陸久燥，根荄未浹，畎畝喁喁，猶有待望。謹以清酤嘉薦，答揚神惠。神當茂布優渥，以終大施。尚饗！

又《祭晉祠文》　維年月日，具官某謹遣某官某，謹以醪果殽羞，恭薦于某神。惟神宅晉之原，食晉之土。凡在晉境，皆爲神宇。今嘉澤雖豐，霑潤未溥。神心無私，民靡不撫，遠邇之間，奚有捨取？惟神申大前德，均錫靈雨。實我來麰，秀我稌黍。穗棲于田，粒益于庾。爲酒爲醴，永承神祐。尚饗！

宋　王安石《臨川文集》卷二五《讀詔書慶曆七年》　去秋東出汴河梁，已見中州旱勢強。日射地穿千里赤，風吹沙度滿城黃。近聞急詔收群策，頗說新年又亢陽。賤術縱工難自獻，心憂天下獨君王。

又　卷三三《龍泉寺石井二首》　山腰石有千年潤，海一作石眼泉無一日乾。天下蒼生待霖雨，不知龍向此中蟠。

人傳湫水未嘗枯，滿底蒼苔亂髮粗。四海旱多霖雨少，此中端有臥龍無。

又 卷三八《雲之祁祁答董傳》 雲之祁祁，或雨于淵。苗之翹翹，或槁于田。雲之祁祁，或雨于野。有槁于田，豈不自我。薈兮其隮，其在西郊。匪我為之，我歌且謠。蔚兮其復，南山之側。我歌且謠，維以育德。

又 卷四六《集禧觀洪福殿開啓謝雨道場青詞》 伏以旱暵成災，懼物生之疵癘；祓齋以禱，荷神睠之顧綏。載闢靈場，式陳昭報。尚冀涵濡之施，以終庇祐之仁。

又 《在京諸宮觀景靈宮等處祈雪青詞》 伏以華歲幾終，同雲未兆。物將疵癘，咎在眇沖。敢罄齋精，上求嘉應。冀蒙貺施，孚佑含生。

又 《金明池上開啓祈雨粉壇道場齋文》 伏以肅設祠壇，宗祈解澤。膏潤之祥甫兆，赫炎之懼更深。實恃靈明，厚矜黎庶。遂令沾足，用格豐穰。

又 《金明池上開啓謝雨道場齋文》 伏以常暘告罰，將害粢盛。夙設靈場，載祈膏澤。神休既格，昭報有儀。尚惟孚佑之仁，終保嘉生之享。

又 《龍圖天章寶文閣接續開啓祈雪道場齋文》 伏以歲序就窮，尚愆嘉雪。能仁應世，閔此含生。冀佑上靈，錫之休證。式陳淨供，以告齋誠。

又 卷八六《祈雨文》 惟神美名正氣，索之前史詳矣。噫，昔人也，挺王臣之節，忠信我任，德誼我負，故時君倚焉。今其神也，享廟食之貴，陰陽吾職，禍福吾柄，故州民賴焉。今千里旱暵，及時不雨，農夫悼心，郡將失色。某遂躬率僚屬來請于大廡下，惟神全死生之大名，開聰明于一方，霈甘霔以足民食，則前謂人神之靈，於古今無愧焉。尚饗。

又 《謝雨文》 夫廟其貌，神其靈，函聰明正直之德，俾禍福倚伏之時，用默於民而不知其所以用者，斯之謂至神乎？太守領天子命，藩一都會，歲時豐凶疾苦，得勞佚之，使百姓無愁歎之聲，斯太守之事也。神陰也，陰陽契合，若影響然。曏以郊原旱暵，及夏不雨，耘者耔者，悼心自失，遂祈福于大廡下。惟神惻然開明靈，惠然納至誠，言然而雲興，禱然而雨零。苗枯而生，民默而聲，又得非神之至乎？今吏民潔牲醴，奔走歡呼，請償其靈。某不佞，輒書為千古世諺。尚饗。

宋 彭汝礪《鄱陽集》卷六《苦旱和俞都官》 焚燒縱炎日，長養誤薰風。責己君臨厚，勞心縣宰忠。十州飢饉後，萬里鬱陶中。欲寄精誠禱，天心或可通。

宋 范祖禹《范太史集》卷二八《西岳開啓祈雨道場青詞二十九日》 伏以自陝以西，失時不雨，旱苗將槁，粒食且艱。惟神嶽之配天，主油雲之降澤。載馳使傳，申飭祠宮，祇薦精誠，仰祈休應。俾三農之望歲，無爽于西成；庶八蜡之記方，益欽于明祀。

宋 范純仁《范忠宣集》卷一〇《祈雨》 天心仁愛，遂羣物之長生；神道聰明，感至誠而善應。下國方罹于耗斁，真科曲示於祈禳。敢瀝懇以求哀，冀轉菑而為福。伏念臣欽承君命，假領帥權。爰當莅職之初，適遇荐饑之後。盜賊盈獄，餓莩蔽塗。賑發將竭於囷倉，疲瘵尚虞於溝壑。近從初夏，復遘亢陽。田野焦枯，公私窮蹙。豈斯牲之敢愛？曾靡神而不宗。徒罄羣心，未蒙嘉澍。臣之危懼，日甚焚惔。疾魃虐之方揚，嗟民命之近止。叫閽無路，蹐地何容？是用祇叩琳宮，虔遵寶籙，降九天之真聖，延三界之靈神，恭脩豺獺之誠，仰致潢汙之薦。敢冀高穹悔禍，上帝垂慈，霈為三日之霖，滌此一方之沴。不違物願，咸繫鴻私。

宋 秦觀《淮海集》卷三二《謝雨文》 謹以清酌庶羞之奠，敢昭告於某神：惟大荒落，陽氣浸驕，沮傷天和，怒風鳴條。川池既耗，土山行焦，念土之毛，民慘不聊。祇奉明命，爰率我僚，禱雨於神，惠此東臯，日走祠下，莫敢告勞。神享其誠，精祲且交，油然作雲，遂不崇朝。其散如絲，其沃如膏，焦卷一變，蔚為美苗。罷遣兒曹，無復叫號，巫覡反室，藏緘鼓簫。秋成可期，玉燭遂調。樽有旨酒，豆有嘉殽，拜貺于神，神鑒其昭。尚饗。

又 《祭酺神文》 比者善氣始應，霖潦屢降，溝壑流通，事既有望矣。而越自雨闕以來，飛蝗蔽天，敢為妖孽，土之毛髮，所過為盡。嗚呼，其不仁也哉！大旱之後，而得霖雨，是天有意於恤民也。惟爾有神，亦當上承天意，驅率醜類，入于江海。自求多福，無或違天，以速愆咎。

宋 蘇軾《東坡全集》卷七《次韻章傳道喜雨禱常山而得》 去年夏旱秋不雨，海畔居民飲鹹苦。今年春暖欲生蝝，地上戢戢多於土。預憂一旦開兩翅，口吻如風那肯吐。前時渡江入吳越，布陣橫空如項羽。去歲錢塘見飛蝗自西北來，極可畏。農夫拱手但垂泣，人力區區固難禦。撲緣鬢尾困牛馬，啖齧衣服穿房戶。坐觀不救亦何心，秉畀炎火傳自古。荷鋤散掘誰敢後，得米濟饑還小補。常山山神信英烈，撝駕雷公訶電母。應憐郡守老且愚，欲把瘡痍手摩撫。山中歸時風色變，中路已覺商羊舞。夜窗騷騷鬧松竹，朝畦泫泫流膏乳。從來蝗旱必相資，此事吾聞老農語。庶將積潤掃遺孽，收拾豐歲還明主。縣前已窖八千斛今春及今得蝗子八千餘斛，率以一升完一畝。更看蠶婦過初眠蠶一眠則蝗不復生矣，未用賀客來旁午。先生筆力吾所畏，蹩踏鮑謝跨徐庾。偶然談笑得佳篇，便恐流傳成樂府。陋邦一雨何足道，吾君盛德九州普。中和樂職幾時作，試向諸生選何武。

又 卷八《和李邦直沂山祈雨有應》 高田生黄埃，下田生蒼耳。蒼耳亦已無，更問麥有幾。蛟龍睡足亦解慚，二麥枯時雨如洗。不知雨從何處來，但聞呂梁百步聲如雷。試上城南望城北，際天菽粟青成堆。饑火燒腸作牛吼，不知待得秋成否。半年不雨坐龍慵，共怨天公不怨龍。今朝一雨聊自贖，龍神社鬼各言功。無功日盜太倉穀，嗟我與龍同此責。勸農使者不汝容，因君作詩先自劾。

又 卷一〇《祈雪霧猪泉出城馬上作贈舒堯文》 二年走吴越，踏遍千里山。朝隨白雲去，莫與栖鴉還。翻如得木狖，飛步誰能攀。一為符竹累，坐老敲榜間。此行亦何事，聊散腰脚頑。浩蕩城西南，亂山如玦環。山下野人家，桑柘雜榛菅。歲晏風日暖，人牛相對閒。薄雪不蓋土，麥苗稀可刪。願君發豪句，嘲詠破天慳。

又《次韻舒堯文祈雪霧猪泉》 長笑蚍蜉一寸腹，銜冰吐雹何時足。蒼鵝無罪亦可憐，斬頸橫盤不敢哭。豈知泉下有豬龍，卧枕雷車踏陰軸。前年太守為旱請，雨點隨人如撒菽傳欽之曾禱此泉得雨。太守歸國龍歸泉，至今人詠淇園綠。我今又復罹此旱，凛凛疲氓在溝瀆。却尋舊迹叩神泉，坐客仍攜王子淵欽之時客惟舒在矣。看草中和樂職頌，新聲妙語慰華顛。曉來泉上東風急，須上冰珠老蛟泣。怪詞欲逼龍飛起，嶮韻不量吾所及。行看積雪厚埋牛，誰與春工掀百蟄。此時還復借君詩，餘力汰輈仍貫笠。揮毫落紙勿言疲，驚龍再起震失匙。

又 卷一二《東坡八首并叙》 余至黄州二年，日以困匱，故人馬正卿哀余乏食，為於郡中請故營地數十畝，使得躬耕其中。地既久荒為茨棘瓦礫之場，而歲又大旱，墾闢之勞，筋力殆盡。釋耒而嘆，乃作是詩，自愍其勤，庶幾來歲之入以忘其勞焉。

廢壘無人顧，頽垣滿蓬蒿。誰能捐筋力，歲晚不償勞。獨有孤旅人，天窮無所逃。端來拾瓦礫，歲旱土不膏。崎嶇草棘中，欲刮一寸毛。喟焉釋耒歎，我廪何時高。

荒田雖浪莽，高庳各有適。下隰種秔稌，東原蒔棗栗。江南有蜀士，桑果已許乞。好竹不難栽，但恐鞭橫逸。仍須卜佳處，規以安我室。家童燒枯草，走報暗井出。一飽未敢期，瓢飲已可必。

自昔有微泉，來從遠嶺背。穿城過聚落，流惡壯蓬艾。去為柯氏陂，十畝魚蝦會。歲旱泉亦竭，枯萍粘破塊。昨夜南山雲，雨到一犁外。泫然尋故瀆，知我理荒薈。泥芹有宿根，一寸嗟獨在。雪芽何時動，春鳩行可膾。蜀人貴芹芽膾雜鳩肉作之。

種稻清明前，樂事我能數。毛空暗春澤，鍼水聞好語。蜀人以細雨為雨毛。稻初生時，農夫相語稻鍼出矣。分秧及初夏，漸喜風葉舉。月明看露上，一一珠垂縷。秋來霜穗重，顛倒相撑拄。但聞畦壠間，蚱蜢如風雨。蜀中稻熟時，蚱蜢羣飛田間，如小蝗狀，而不害稻。新春便入甑，玉粒照筐筥。我久食官倉，紅腐等泥土。行當知此味，口腹吾已許。

良農惜地力，幸此十年荒。桑柘未及成，一麥庶可望。投種未逾月，覆塊已蒼蒼。農夫告我言，勿使苗葉昌。君欲富餅餌，要須縱牛羊。再拜謝苦言，得飽不敢忘。

種棗期可剥，種松期可斵。事在十年外，吾計亦已慤。十年何足道，千載如風雹。舊聞李衡奴，此策疑可學。我有同舍郎，官居在灊岳。李公擇也。遺我三寸柑，照坐光卓犖。百栽儻可致，當及春冰渥。想見竹籬間，青黄垂屋角。

潘子久不調，沽酒江南村。郭生本將種，賣藥西市垣。古生亦好事，恐是押牙孫。家有十畝竹，無時客叩門。我窮交舊絶，三子獨見存。從我於東坡，勞餉同一餐。可憐杜拾遺，事與朱阮論。吾師卜子夏，四海皆弟昆。

馬生本窮士，從我二十年。日夜望我貴，求分買山錢。我今反累生，借耕輟茲田。刮毛龜背上，何時得成氊。可憐馬生癡，至今誇我賢。衆笑終不悔，施一當獲千。

又 卷一三《次韻孔毅甫久旱已而甚雨三首》 饑人忽夢飯甑溢，夢中一飽百憂失。只知夢飽本來空，未悟真饑定何物。我生無田食破硯，爾來硯枯磨不出。去年太歲空在酉，傍舍壺漿不容乞。今年旱勢復如此，歲晚何以黔吾突。青天蕩蕩呼不聞，况欲稽首號泥佛。甕中蜥蜴尤可笑，跂跂脈脈何等秩。陰陽有時雨有數，民是天民天自卹。我雖窮苦不如人，要亦自是民之一。形容雖似喪家狗，未肯弭耳爭投骨。倒冠落幘謝朋友，獨與蚊雷共圭蓽。故人嗔我不開門，君視我門誰肯屈。可憐明月如潑水，夜半清光翻我室。風從南來非雨候，且為疲人洗烝鬱。褰裳一和快哉謠，未暇饑寒念明日。

去年東坡拾瓦礫，自種黄桑三百尺。今年刈草盖雪堂，日炙風吹面如墨。平生懶惰今始悔，老大勤農天所直。沛然例賜三尺雨，造化無心怳難測。四方上下同一雲，甘霔不為龍所隔。俗有分龍日。蓬蒿下濕迎曉來，燈火新涼催夜織。老夫作罷得甘寢，卧聽墻東人響屐。奔流未已坑谷平，折葦枯荷恣漂溺。腐儒麄糲支百年，力耕不受衆目憐。破陂漏水不耐旱，人力未至求天全。會當作塘徑千步，横斷西北遮山泉。四鄰相率助舉杵，人人知我囊無錢。明年共看決渠雨，饑飽在我寧關天。誰能伴我田間飲，醉倒惟有支頭甎。

天公號令不再出，十日愁霖併為一。君家有田水冒田，我家無田憂入室。不如西州楊道士，萬里隨身惟兩膝。沿流不惡泝亦佳，一葉扁舟任漂突。山芎麥麴都不用，泥行露宿終無疾。夜來饑腸如轉雷，旅愁非酒不可開。楊生自言識音律，洞簫入手清且哀。不須更待秋井塌，見人白骨方銜盃。

又 卷三五《喜雨亭記》 亭以雨名，志喜也。古者有喜，則以名物，示不忘也。周公得禾，以名其書；漢武得鼎，以名其年；叔孫勝狄，以名其子。喜之大小不齊，其示不忘一也。

余至扶風之明年，始治官舍，為亭於堂之北，而鑿池其南，引流種樹，以為休息之所。是歲之春，雨麥於岐山之陽，其占為有年。既而彌月不雨，民方以為憂。越三月乙卯，乃雨，甲子又雨，民以為未足，丁卯，大雨，三日乃止。官吏相與慶於庭，商賈相與歌於市，農夫相與忭於野，憂者以樂，病者以愈，而吾亭適成。

於是舉酒於亭上，以屬客而告之，曰：『五日不雨，可乎？』曰：『五日不雨，則無麥。』『十日不雨，可乎？』曰：『十日不雨，則無禾。』無麥無禾，歲且薦饑，獄訟繁興，而盜益滋熾，則吾與二三子，雖欲優游以樂於此亭，其可得耶！今天不遺斯民，始旱而賜之以雨，使吾與二三子，得相與優游而樂於此亭者，皆雨之賜也。其又可忘耶！

既以名亭，又從而歌之，曰：『使天而雨珠，寒者不得以為襦。使天而雨玉，饑者不得以為粟。一雨三日，繄誰之力。民曰太守，太守不有。歸之天子，天子曰不然。歸之造物，造物不自以為功。歸之太空，太空冥冥，不可得而名，吾以名吾亭。』

又 卷五二《論河北京東盜賊狀》 熙寧七年十一月日，太常博士直史館權知密州軍州事蘇軾狀奏：臣伏見河北、京東比年以來，蝗旱相仍，盜賊漸熾。今又不雨，自秋至冬，方數千里，麥不入土，竊料明年春夏之際，寇攘為患，甚於今日。是以輒陳狂瞽，庶補萬一。謹按山東自上世以來，為腹心根本之地，其與中原離合，常係社稷安危。昔秦並天下，首取三晉，則其餘強敵，相繼滅亡。漢高祖殺陳餘，走田横，則項氏不支。光武亦自漁陽、上谷發突騎，席卷以並天下。魏武帝破殺袁氏父子，收冀州，然後四方莫敢敵。宋武帝以英偉絶人之資，用武歷年，而不能並中原者，以不得河北也。隋文帝以庸夫穿窬之智，竊位數年而一海內者，以得河北也。故杜牧之論以為山東之地，王者得之以為王，霸者得之以為霸，猾賊得之以亂天下。自唐天寶以後，奸臣僭峙於山東，更十一世，竭天下之力，終不能取，以至於亡。近世賀德倫挈魏博降後唐，而梁亡。周高祖自鄴都入京師，而漢亡。由此觀之，天下存亡之權，在河北無疑也。陛下即位以來，北方之民，流移相屬，天災譴告，亦甚於四方，五六年間，未有以塞大異者。至於京東，雖號無事，亦當常使其民安逸富強，緩急足以灌輸河北。缾竭則罍恥，唇亡則齒寒。而近年以來，公私匱乏，民不堪命。

今流離饑饉，議者不過欲散賣常平之粟，勸誘蓄積之家。盜賊縱横，議者不過欲增開告賞之門，申嚴緝捕之法。皆未見其益也。常平之粟，累經賑發，所存無幾矣，而飢寒之民，所在皆是。人得升合，官費丘山。蓄積之家，例皆困乏，貧者未蒙其利，富者先被其災。昔季康子患盜，問於孔子。對曰：『苟子之不欲，雖賞之不竊。』乃知上不盡利，則民有以為生，苟有以為生，亦何苦而為盜？其間凶殘之黨，樂禍不悛，則須敕法以峻刑，誅一以警百。今中民以下，舉皆闕食，冒法而為盜則死，畏法而不盜則飢，飢寒之與棄市，均是死亡，而賒死之與忍飢，禍有遲速。相率為盜，正理之常。雖日殺百人，勢必不止。苟非陛下至明至聖，至仁至慈，較得喪之孰多，權禍福之孰重，特於財利少有所捐。衣食之門一開，骨髓之恩皆徧，然後信賞必罰，以威克恩，不以僥幸廢刑，不以災傷撓法，如此而人心不革，盜賊不衰者，未之有也。謹條其事，畫一如左。

一、臣所領密州，自今歲秋旱，種麥不得，直至十月十三日，方得數寸雨雪，而地冷難種，雖種不生，比常年十分中只種得二三。竊聞河北、京東，例皆如此。尋常檢放災傷，依法須是檢行根苗，以定所放分數。今來二麥元不曾種，即無根苗可檢，官吏守法，無緣直放。若夏稅一例不放，則人戶必至逃移。尋常逃移，猶有逐熟去處，今數千里無麥，去將安往？但恐良民舉為盜矣。且天上無雨，地下無麥，有眼者共見，有耳者共聞。決非欺罔朝廷，豈可坐觀不放？欲乞河北、京東逐路選差臣僚一員，體量放稅，更不檢視。若未欲如此施行，即乞將夏稅斛斗，取今日以前五年酌中一年實直，令三等已上人戶，取便納見錢或正色，其四等以下，且行倚閣。緣今來麥田空閒，若春雨調勻，卻可以廣種秋稼。候至秋熟，並將秋色折納夏稅。若是已種苗麥，委有災傷，仍與依條檢放。其闕麥去處，官吏諸軍請受，且支白米或支見錢。所貴小民不致大段失所。一、河北、京東，自來官不榷鹽，小民仰以為生。近日臣僚上章，輒欲禁榷，賴朝廷體察，不行其言，兩路官民，無不相慶。然臣勘會近年鹽課日增，元本兩路祖額三十三萬二千餘貫，至熙寧六年，增至四十九萬九千餘貫，七年亦至四十三萬五千餘貫，顯見刑法日峻，告捕日繁，是致小民愈難興販。朝廷本為此兩路根本之地，而煮海之利，天以養活小民，是以不忍盡取其利，濟惠鰥寡，陰銷盜賊。舊時孤貧無業，惟務販鹽，所以五六年前，盜賊稀少。是時告捕之賞，未嘗破省錢，惟是犯人催納，役人量出。今鹽課浩大，告訐如麻，貧民販鹽，不過一兩貫錢本，偷稅則賞重，納稅則利輕。欲為農夫，又值凶歲。若不為盜，惟有忍飢。所以五六年來，課利日增，盜賊日眾。臣勘會密州鹽稅，去年一年，比祖額增二萬貫，卻支捉賊賞錢一萬一千餘貫，其餘未獲賊人尚多，以此較之，利害得失，斷可見矣。欲乞特敕兩路，應販鹽小客，截自三百斤以下，並與權免收稅，仍官給印本空頭關子，與竈戶及長引大客，令上歷破使逐旋書填月日、姓名、斤兩與小客，限十日內更不行用。如敢借名為人影帶，分減鹽貨，許諸色人陳告，重立賞罰，候將來秋熟日仍舊，並元降敕榜，明言出自聖意，令所在雕印，散榜鄉村。人非木石，寧不感動，一飲一食，皆誦聖恩，以至舊來貧賤之民，近日飢寒之黨，不待驅率，一歸於鹽，奔走爭先，何暇為盜？人情不遠，必不肯捨安穩衣食之門，而趨冒法危亡之地也。議者必謂今用度不足，若行此法，則鹽稅大虧，必致闕事。臣以為不然。凡小客本少力微，不過行得三兩程。若三兩程外，須藉大商興販，決非三百斤以下小客所能行運，無緣大段走失。且平時大商所苦，以鹽遲而無人買。小民之病，以僻遠而難得鹽。今小商不出稅錢，則所在爭來分買。大商既不積滯，則輪流販賣，收稅必多。而鄉村僻遠，無不食鹽，所賣亦廣。損益相補，必無大虧之理。縱使虧失，不過卻只得祖額元錢，當時官司，有何闕用？苟朝廷捐十萬貫錢，買此兩路之人不為盜賊，所獲多矣。今使朝廷為此兩路饑饉，特出一二十萬貫見錢，散與人戶，人得一貫，只及二十萬人。而一貫見錢，亦未能濟其性命。若特放三百斤以下鹽稅半年，則兩路之民，人人受賜，貧民有衣食之路，富民無盜賊之憂，其利豈可勝言哉！若使小民無以為生，舉為盜賊，則朝廷之憂，恐非十萬貫錢所能了辦。又況所支捉賊賞錢，未必少於所失鹽課。臣所謂『較得喪之孰多，權禍福之孰重』者，為此也。

一、勘會諸處盜賊，大半是按問減等災傷免死之人，走還舊處，挾恨報讎，為害最甚。盜賊自知不死，既輕犯法，而人戶亦憂其復來，不敢告捕。是致盜賊公行。切詳按問自言，皆是詞窮理屈，勢必不免，本無改過自新之意，有何可愍，獨使從輕！同黨之中，獨不免死。其災傷，敕雖不下，與行下同，而盜賊小民，無不知者，但不傷變主，免死無疑。且不傷變主，情理未必輕於偶傷變主之人，或多聚徒眾，或廣置兵仗，或標異服飾，或質劫變主，或驅擄平人，或賂遺貧民，令作耳目，或書寫道店，恐動官私，如此之類，雖偶不傷人，情理至重，非止闕食之人，苟營餱糧而已。欲乞今後盜賊贓證未明，但已經考掠方始承認者，並不為按問減等。其災傷地分，委自長吏，相度情理輕重。內情理重者，依法施行。所貴凶民稍有畏忌，而良民敢於捕告。臣所謂『衣食之門一開，骨髓之恩皆徧，然後信賞必罰，以威克恩，不以僥倖廢刑，不以災傷撓法』者，為此也。

右謹具如前。自古立法制刑，皆以盜賊為急。盜竊不已，必為強劫。強劫不已，必至戰攻。或為豪傑之資，而致勝、廣之漸。而況京東之貧富，係河北之休戚，河北之治亂，係天下之安危！識者共知，非臣私說。願陛下深察！此事至重，所捐小利至輕，斷自聖心，決行此策。臣聞天聖中，蔡齊知密州。是時東方饑饉，齊乞放行監禁，先帝從之，一方之人，不覺飢旱。臣愚且賤，雖不敢望於蔡齊，而陛下聖明，度越堯禹，豈不能行此小事，有愧先朝？所以越職獻言，不敢自外，伏望聖慈察其區區之意，赦其狂僭之誅。臣無任悚慄待罪之至。謹錄奏聞，伏候敕旨。

又 卷七〇《徐州謝兩府啓》 移守河中，已愧超陞之異；改臨泗上，仍叨藩鎮之雄。既見吏民，周覽風俗。地形襟要，當東南水陸之衝；民食艱難，正春夏旱蝗之際。宜得一時之循吏，以安千里之疲民。如軾者才不逮人，學非適用。冒塵策府，自知拙直之難安；屢乞守符，意謂苟全之善計。然自往來三郡，首尾七年。足蹈危機，僅脱風波之險；心存吏役，都忘學術之源。既未決於歸耕，敢復求於善地。伏遇某官權衡萬物，高下一心。頑礦悍堅，實費陶鎔之力；散材疏惡，徒施封殖之恩。謹當箠策疲駑，鐫磨朽鈍。上酬天造，次答己知。

又 卷七九《答陳履常二首之二》 遠承寄貺詩刻，讀之灑然，如聞玉音，何幸獲此榮觀。不獨以見作者之格，且足以知風政之多暇，而高躅之難繼也。輒和《光禄菴二絶》，聊以寄欽羨之懷，一笑投之可也。所須接骨丹方，謹録呈。高密連年旱蝗，應副朔方百須，紛然疲薾，日俟汰逐。企仰仙館，如在雲漢矣。因風，不吝誨字。

又 卷九八《青詞七首・鳳翔醮土火星青詞》 嗚呼！天之保佑下民罔不至，所資以生罔不蓄。育民既不知德，天亦維不倦。乃朝夕戕取，以厚厥躬。天既不我咎，乃不恭畏于神祇，不悑敕厥心，驕淫矜夸，以干上帝威命。帝用不赦，丕降罪疾于下，則惟雨暘，常以訖我黍、稷、禾、菽、麻、麥，我民用蕩析隕越。天亦終哀矜，其忍翦棄其命罔孑遺。今秦民既不獲于秋，乃十旬弗雨，曰：『其尚克有夏。』走于山川鬼神，亦罔不至。既不獲，乃曰：『維熒惑鎮星次于井，秦民其亦應受多罪。』兹用即于齋宫為壇位，以與百姓請命。嗚呼！其庶幾哀之。俾克有夏，亦克蓺厥秋。民今其栗栗，朝不謀夕。

又《徐州祈雨青詞》 河失故道，遺患及於東方；徐居下流，受害甲於他郡。田廬漂蕩，父子流離。飢寒頓仆於溝坑，盜賊充盈於犴獄。人窮計迫，理極詞危。望二麥之一登，救饑民於垂死。而天未悔禍，歲仍大荒。水未落而旱已成，冬無雪而春不雨。烟塵蓬勃，草木焦枯。今者麥已過期，獲不償種。禾未入土，憂及明年。臣等恭循舊章，並走羣望。意水旱之有數，非鬼神之得專。是用稽首告哀，籲天請命。若其賦政多闕，以譴見於陰陽；事神不恭，以獲戾於上下。臣實有罪，罰其敢辭。小民無知，大命近止。願下雷霆之詔，分敕山川之神。朝隮寸雲，暮洽千里。使歲得中熟，則民猶小康。

又《諸宫觀等處祈雨青詞》 饑饉之患，民流者期年；吁嗟之求，詞窮於是日。仰惟至道之助，推廣上天之仁。召呼羣龍，時賜霈澤。罔以不德，而廢其言。

又 卷九九《禱雨磻溪祝文》 歲秋矣，物之幾成者，待雨而已。穟者已秀，待雨而實。三日不雨，則穟者不實矣。莢者已孕，待雨而秀。五日不雨，則莢者不秀矣。野有餘土，室有閒民，待雨而耕且種。七日不雨，則餘土不耕，閒民不種矣。穟者不實，莢者不秀，餘土不耕，而閒民不種，則守土之臣，將有不任職之誅，而山川鬼神，將乏其祀。兹用不敢寧居，齋戒擇日，並走羣望，而精誠不歆。神不顧答，吏民無所請命。聞之曰：『虢有周文、武之師太公，其可以病告。』乃用大祲之禮，禱而不祠。穀梁子曰：『古之神人，有應上公者，通乎陰陽。君親帥諸大夫道之而以請焉。』夫生而為上公，没而為神人，非公其誰當之。《詩》曰：『維師尚父，時維鷹揚，涼彼武王，肆伐大商，會朝清明。』公之仁且勇，計其神靈無所不能為也。吏民既以雨望公，公亦當任其責。敢布腹心，公實圖之。尚饗。

又《鳳翔太白山祈雨祝文》 維西方挺特英偉之氣，結而為此山。惟山之陰威潤澤之氣，又聚而為湫潭。缾罌罐勺，可以雨天下，而況於一方乎？乃者自冬徂春，雨雪不至，西民之所恃以為生者，麥禾而已。今旬不雨，即為凶歲，民食不繼，盜賊且起。豈惟守土之臣所任以為憂，亦非神之所當安坐而熟視也。聖天子在上，凡所以懷柔之禮，莫不備至。下至於愚夫小民，奔走畏事者，亦豈有他哉！凡皆以為今日也。神其盍亦鑒之。上以無負聖天子之意，下以無失愚夫小民之望。尚饗。

又《告封太白山明應公祝文》 天作山川，以鎮四方。俾食於民，以雨以暘。惟公聰明，能率其職。民以旱告，應不逾夕。帝謂守臣，予嘉乃功。惟新爵號，往耀其躬。在唐天寶，亦賜今爵。時惟術士，探符訪藥。謂為公榮，實為公羞。中原顛覆，神不顧救。今皇神聖，惟民是憂。民既飽溢，皇無禱求。衮衣煌煌，赤舄繡裳。捨舊即新，以佑我民。尚饗。

又《祈雨龍祠祝文杭州》 神食於民，吏食於君。各思乃事，食則無愧。吏事農桑，神事雨暘。匪農不力，雨則時嗇。召呼風霆，來會我庭。一勺之水，膚寸千里。尚饗。

又《祈雨吴山祝文》 杭之為邦，山澤相半。十日之雨則病水，一月不雨則病旱。故水旱之請，黷神為甚。今者止雨之禱，未能逾月，又以旱告矣。吏以不得為愧，神以不倦為德。願終其賜，俾克有秋。尚饗。

又《奉詔禱雨諸廟祝文》 噫嗟艱歲，胡閟斯雨。念我東南，餔𩟼中土。迎秋餞伏，農不再舉。有事郊廟，萬方畢助。漕溝絶流，庭實未旅。

下書哀痛，超軼堯禹。矧茲守臣，廢食悼懼。民之禍福，間不容縷。今不慜救，後訴無所。天高莫謁，神或可籲。尚饗。

又《禱雨社神祝文》 噫我侯社，我民所恃。祭于北墉，答陰之義。陽亢不反，自春徂秋。迄冬不雨，嗣歲之憂。吏民嗷嗷，謹以病告。錫之雨雪，民敢無報。尚饗。

又《禱雨后土祝文》 神食于社，蓋數千年。更歷聖王，訖莫能遷。源深流遠，愛民宜厚。雨不時應，亦神之疚。社稷惟神，我神惟人。去我不遠，宜軫我民。尚饗。

又《禱雨稷神祝文》 農民所病，春夏之際。舊穀告窮，新穀未穟。其間有麥，如暍得涼。如行千里，弛擔得漿。今神何心，毖此雨雪。敢求其他，尚憫此麥。尚饗。

又《禱雨后稷祝文》 維神之生，稼穡是力。廑身為民，尚莫顧惜。矧今在天，與天同功。召呼風雲，孰敢不從。豈惟農田，井竭無水。我求於神，亦云亟矣。尚饗。

又《祭常山祝文五首密州》 洪維上帝，以斯民屬於山川羣望；亦如天子，以斯民屬於守土之臣。惟吏與神，其職惟通。殄民廢職，其咎惟均。哀我邦人，遭此凶旱。流殍之餘，其命如髮。而飛蝗流毒，遺種布野。使其變躍飛騰，則桑柘麥禾，舉罹其災，民其罔有孑遺。吏將獲罪，神且乏祀。茲用慄慄危懼。謹以四月初吉，齋居蔬食，至於閏月辛丑。若時雨沾洽，蝗不能生，當與吏民躬執牲幣以答神庥。嗚呼，我州之望，不在神乎？父老謂神求無不獲，克有常德，以名茲山，其可不答，以愧此名。若曰：『歲之豐凶在天，非神之所得專。』吏將亦曰：『民之休戚在朝廷，我何知焉。』則誰任其責矣。上帝與吾君愛民之心，一也。凡吏之可以請於朝者，既不敢不盡；則神之可以謁于帝者，宜無所不爲。尚饗。

又 峨峨茲山，望我東國。爲帝司雨，涵濡百物。自我再禱，應不旋轂。迨茲有秋，歲得中熟。嗟此薄禮，曷稱其德。陶匠並作，新其楹桷。豈以爲報，民苟不怍。歲云徂矣，麰麥未殖。嗣歲之憂，既謝且謁。惠然雨我，以永休烈。尚饗。

又 比年以來，蝗旱相屬。中民以上，舉無歲蓄。量日計口，斂不待熟。秋田未終，引領新穀。如行遠道，百里一宿。苟無舍館，行旅夜哭。自秋不雨，霜露殺菽。黃糜黑黍，不滿囷簏。麥田未耕，狼顧相目。道之云遠，飢腸誰續。五日不雨，民在坑谷。猗嗟我侯，靈應響速。帝用嘉之，惟新命服。祈而不獲，厥愆在僕。洗心祇載，敢辭屢瀆。庶哀斯民，朝夕濡足。尚饗。

又 天子有命，閔茲旱暵。俾我守臣，並走羣望。惟神聰明慈惠，求無不獲。既再禱矣，雖嘗一雨，不及膚寸。吏實不德，不足以蒙神之休，導迎善氣，以致甘澤。洪惟聖天子之意，其可不答。而飢羸之民，將轉於溝壑，其可不一救之。瀆神之罰，吏其敢辭。尚饗。

又 熙寧九年，七月某日，詔封常山神爲潤民侯。十月某日，具位蘇軾，謹以清酌少牢之奠，昭告於侯之廟曰：嗚呼，旱蝗之爲虐也，三年於茲矣。東南至於江海，西北被於河漢，饑饉疾疫，靡有遺矣。我瞻四方，大川喬嶽，食於斯民者甚衆，而受寵於吾君者，可謂巍巍矣。訴之而必聞，求之而必獲，思我農夫，而救其災沴。不爲倏雲驟雨，苟以應禱之虛名，而有膏澤積潤，可以及民之實效，卓然如侯者幾希矣。凡天子之爵命，有德而致之則爲榮，無功而享之則爲辱。今侯澤此一郡，而施及於四鄰，其受五等之爵，而被七命之服也，可謂無愧而有光輝矣。願侯益脩其實，以充其名。上以副天子之意，而下以塞吏民之望。民其奉事，有進而無衰矣。尚饗。

又《謝雪祝文徐州》 天不吝澤，神不忘職。胡爲水旱，吏則不德。失政召災，莫知自刻。雨則號晴，旱則謁雪。神既不譴，又滿其欲。四山暮霰，萬瓦晨白。驅攘疫癘，甲拆麰麥。牲酒匪報，維以告潔。神食無愧，吏則慚慄。尚饗。

又《祭風伯雨師祝文》 自秋不雨，以至於今。夏田將空，秋種不入。天子命我，禱於羣望。雲物既合，風輒散之。吏民皇皇，不知所獲罪。敢以薄奠，訴於有神。風若不作，雨則隨至。當以牲幣，報神之賜。若格絕天澤，棄民乏祀。上帝臨視，神其不然。尚饗。

又《祈雨祝文》 杭州之為郡，負山帶江，水澤不留。逾旬不雨，農有憂色。挽舟浚河，公私告病。吏既無術，莫知所救。不敢坐視，惟神之求。庶幾閔民之窮，赦吏之瀆。賜以一雨，敢忘其報。尚饗。

又《謝雨祝文》 舊穀不登，陳廩已發。稍失雨暘之節，則懷溝壑之憂。惟神至明，有禱必應。敢陳薄奠，少答殊私。願推無倦之仁，以畢有年之賜。尚饗。

又《祈雨迎張龍公祝文》 維元祐六年，歲次辛未，十月丙辰朔，二十五日庚辰，龍圖閣學士、左朝奉郎、知潁州軍州事蘇軾，謹請州學教授陳師道，並遣男承務郎迨，以清酌庶羞之奠，敢昭告於昭靈侯張公之神。稽首龍公，民所祇威。德博而化，能潛能飛。食於潁人，淮潁是依。受命天子，命服有輝。為國庇民，凡請莫違。歲旱夏秋，秋穀既微。冬又不雨，麥槁而腓。閔閔農夫，望歲畏饑。並走羣望，莫哀我欷。於赫遺蛻，靈光照幃。惠肯臨我，言從其妃。翩舞雩詠，薦其潔肥。雨雪在天，公執其機。游戲俯仰，千里一麾。被及淮甸，三輔王畿。積潤滂流，浹日不晞。我率吏民，鼓鐘旄旗。拜送于郊，以華其歸。尚饗。

又《送張龍公祝文》 維元祐六年，歲次辛未，十一月乙酉朔，十日甲午，龍圖閣學士、左朝奉郎、知潁州軍州事兼管內勸農使、輕車都尉賜紫金魚袋蘇軾，謹以清酌庶羞之奠，敢昭告於昭靈侯張公之神。赫赫龍公，甚武且仁。赴民之急，如謀其身。有不應祈，惟汝不虔。我自洗濯，齋居誠陳。旱我之罪，勿移於民。公顧聽之，如與我言。玉質金相，其重千鈞。惠然肯來，期者四人。眷此行宮，為留浹辰。再雨一雪，既洽且均。何以報之，榜銘皆新。詔公之德，於億萬年。惟師道、迨，復餞公還。咨爾庶邦，益敬事神。尚饗。

又《祈雨僧伽塔祝文》 維元祐七年，歲次壬申，三月甲申朔，十二日乙未，龍圖閣學士、左朝奉郎、新知揚州軍州事充淮南東路兵馬鈐轄蘇軾，謹以香燭茶果之供，敢昭告於大聖普照王之塔。淮東西連歲不稔，農末皆病，公私並竭。重以浙右大荒，無所仰食。望此夏田，以日為歲。大麥已秀，小麥已孕。時雨不至，垂將焦枯。凶豐之決，近在旬日。軾移守廣陵，所部十郡。民窮為盜，職守當憂。才短德薄，救之無由。伏願大聖普照王，以解脫力，行平等慈。噫欠風雷，咳唾雨澤。救焚拯溺，不待崇朝。敬瀝肝膽，尚鑒聽之。尚饗。

又《北岳祈雨祝文》 維元祐九年，歲次甲戌，四月壬寅朔，十六日丁巳，端明殿學士兼翰林侍讀學士、左朝奉郎、定州路安撫使兼馬步軍都總管知定州軍州及管內勸農使輕車都尉賜紫金魚袋蘇軾，敢以制幣茶果清酌之奠，敢昭告于北嶽安天元聖帝。都城以北，燕薊之南，既徂歲而不登，又歷時而未雨。公私並竭，農末皆傷。麥將槁而禾未生，民既流而盜不止。豐凶之決，近在浹辰；溝壑之憂，上貽當寧。仰止喬嶽，食于朔方。卷舒雲霓，呼吸雨霽。若其安視小民之急，何以仰符上帝之仁。軾以短才，謬膺重寄。儻有罪以致旱，寧降罰于微躬。今者得請于朝，齋居以禱。旦夕是望，吁嗟而求。雨我夏田，兼致西成之富；實茲邊廩，少寬北顧之憂。拜賜以時，敢忘其報。尚饗。

又《祈雨諸廟祝文》 某神之靈。去歲之秋，民苦饑饉。望此一麥，以日為歲。不雨彌月，敢以病告。與其救之於已竭，不若起之於未枯。敢冀有神，時賜甘澤。豐登之報，我其敢忘。尚饗。

又《祈雨祝文》 六月不雨，乃時之常。或霖或霪，於稼則傷。稼將有秋，民饑所望。某也不德，守此一方。罪在守臣，無俾民殃。人不能神，易雨而暘。神其聽之，庶乎降康。

又《謝雨祝文》 竊以農事告成，旱魃為沴。寖罹焦爍之害，遂稽收刈之勤。自非降靈，大庇羣俗。以下膏澤之賜，庶有豐盈之期。實神助之使然，豈愚誠之能致。是用特臨神宇，再欵睟容。輒傾涓潔之誠，仰答靈威之佑。

又《祈雪霧猪泉祝文》 噫嘻我民，何辜于天，不水則旱，于今二年。天未悔禍，百日不雨。雪不斂塵，麥不蓋土。天子命我，禱于山川。側聞此山，神龍之淵。躬拜稽首，敢丐一勺。得雪盈尺，牲酒是酢。

又《祈雪祝文》 水旱輒求，惟吏之羞。有求不倦，惟神之休。乙卯之雪，膚寸而已。如燔輿薪，救以勺水。嘉肴旨酒，既謝且祈。願終其賜，盈尺為期。

又卷一一四《內制疏文十一首・集禧觀開啓祈雪道場疏文元祐元年二月六日**》** 伏以麥將覆塊，雪未掩塵。嗣歲之憂，下民安訴。具嚴法會，祇款閟宮。仰冀同雲，溥滋新臘。

又《集禧觀開啓祈雨道場疏文元祐二年三月二十五日**》** 洞淵龍王，水府聖眾。饑饉之患，民流者期年；吁嗟之求，詞窮於是日。乃眷陰靈之宅，實為雲雨之司。涵濡之功，俄頃而辦。罔吝天澤，以答民瞻。

又《集禧觀洪福殿等處罷散謝雨道場疏文》 德有愧於動天，敢辭屢請；道無私而應物，豈間微誠。霈一雨以咸周，起三農於既病。仰承靈貺，莫報深仁。

又《西岳廟開啓祈雨道場疏文元祐三年七月十三日**》** 伏以二華之尊，作鎮於西極；兆人所急，望歲於秋成。穀既日滋，雨不時霈。敢以病告，于我有神。閔茲將槁之苗，賜以崇朝之澤。惟神之德，非我敢忘。

又《中太一宮真室殿開啓天皇九曜消灾集福道場疏文》 臣以沖眇，

嗣承列聖之休；濟於艱難，實賴文母之德。臨莅四載，勤勞百為。畏天之威，未嘗終日而豫怠；視民如子，惟恐一夫之困窮。伏願上帝降祥，衆真垂佑。消禳災沴，永底壽康。恭陳寶籙之科，仰扣神游之館。敢祈昭鑒，下察孝心。

又《内制齋文十七首·大相國寺開啓祈雨道場齋文》 伏以旱暵既久，麥禾將空。仰惟天人之師，宜專雲雨之施。庶幾慈愍，寬我憂危。

又《鄭州超化寺祈雨齋文》 伏以常暘為災，歷時愈熾。秋穀未蓺，夏苗將空。天意未回，佛慈所愍。願以不思議智力，大解脱神通。時興法雲，普賜甘澤。

又《鄭州超化寺謝雨齋文》 等慈應物，不倦於禱求；神智無方，何難於膏澤。旱沴既弭，農民其康。仰惟不宰之功，豈待有為之報。爰脩淨供，少達純誠。

又《後苑瑶津亭開啓祈雨道場齋文》 伏以常暘之沴，歷月於茲。近自都畿，遠及關輔。豈獨西成之害，將為宿麥之憂。仰止覺慈，必垂善救。普集山川之守，來登梵釋之筵。罔吝膏濡，以興焦槁。

又《後苑瑶津亭開啓謝雨道場齋文》 伏以祇畏之心，格人天於影響；覺慈之力，反水旱於屈伸。周澤載濡，農田告足。既解蘊隆之患，庶無流潦之虞。仰冀能仁，曲垂昭鑒。

又《顯聖寺壽聖禪院開啓太皇太后消灾集福粉壇道場齋文》 伏以躬儉節用，本嚴房闈之風；遺大投艱，猥當廟社之寄。常恐德之弗類，以召災于厥身。敢即仁祠，肆陳淨供。恭延梵釋，普施人天。俾壽而康，非獨輔安於寡昧；與民同利，固將燕及於華夷。仰冀能仁，曲垂昭鑒。

又《奉宸庫翻修聖字等庫了畢安慰土地道場齋文》 伏以貨幣所藏，有壞必葺。聽直之鑒，既成乃安。爰仗佛慈，以綏神守。庶期昭格，永底純熙。

又《内制祝文三十三首·奏告天地社稷宗廟宫觀寺院等處祈雨雪祝文》 伏以期年以來，水旱作沴。迨茲徂歲，復苦常暘。疾疫將興，農末俱病。方齋居而默禱，庶精意之登聞。敢祈春臘之交，沛然雨雪之賜。願均介福，敷錫羣生。

又《五岳四瀆等處祈雪祝文》 伏以歷冬不雪，兩歲之憂。疾癘將興，麥蘗就槁。分命守土，告於有神。下民其咨，天聽不遠。毋愛同雲之澤，以成盈尺之祥。苟利于民，敢忘其報。

又《天地社稷宗廟神廟等處祈雨祝文》 惟德弗類，致常暘之災；斯民何幸，有薦饑之懼。浹旬不雨，麥禾皆空。循省再三，夙夜祗慄。引領雲霓之望，援手溝壑之餘。既窮之詞，其忍弗聽。

又《五岳四瀆等處祈雨祝文》 期年以來，水旱作沴。振廩同食，冠蓋相望。已責勸分，公私並竭。惟待一熟之麥，以蘇垂死之民。而冬不雨以徂春，苗將秀而不實。顧惟沖昧，有失政刑。感傷陰陽，延及鰥寡。既非下民之罪，亦豈上帝之心。惟神聰明，毋愛膏澤。則民有息肩之漸，神無乏祀之憂。

又《五岳四瀆等處祈雨祝文》 天人之交，應若影響。雨暘不順，咎在貌言。失之戶庭，害及寰宇。求治雖切，不當天意之中；聽言雖多，未聞民病之實。刑罰有過，賦役未平。一人之愆，百姓何罪。避坐徹膳，猶當許其自脩；悔禍轉災，庶或救之將墜。於神蓋反掌之易，而民免擠壑之憂。仰瞻雲霓，待命旦夕。

又《五岳四瀆等處謝雨祝文》 乃者常暘為災，歷時愈熾。念咎責己，寧丁我躬。求哀籲天，並走羣望。果蒙膏澤之賜，一拯流亡之餘。我愧于民，敢廢無災之懼；神終其賜，願必有年之祥。

又《西路闕雨於濟瀆河瀆淮瀆廟祈雨祝文》 伏以水旱之事，山川所司。農服穡以有秋，天密雲而不雨。愧我不德，瀆於有神。願為三日之霖，大慰一方之望。國有常報，我其敢忘。

宋 蘇軾《東坡全集》卷七《次韻章傳道喜雨》 去年夏旱秋不雨，海畔居民飲鹹苦。今年春暖欲生蝝，地上戢戢多於土。預憂一旦開兩翅，口吻如風那肯吐。前時渡江入吳越，布陣横空如項羽。農夫拱手但垂泣，人力區區固難禦。撲緣鬉毛困牛馬，啖齧衣服穿房戶。坐觀不救亦何心，秉畀炎火傳自古。荷鋤散掘誰敢後，得米濟飢還小補。常山山神信英烈，撝駕雷公訶電母。應憐郡守老且愚，欲把瘡痍手摩撫。山中歸時風色變，中路已覺商羊舞。夜窗騷騷鬧松竹，朝畦泫泫流膏乳。從來蝗旱必相資，此事吾聞老農語。庶將積潤掃遺孽，收拾豐歲還明主。縣前已窖八千斛，率以一升完一畝。更看蠶婦過初眠，未用賀客來旁午。先生筆力吾所畏，蹴踏飽謝跨徐庾。偶然談笑得佳篇，便恐流傳成樂府。陋邦一雨何足道，吾君盛德九州普。中和樂職幾時作，試向諸生選何武。

又 卷一〇《答郡中同僚賀雨》 水旱行十年，飢疫遍九土。奇窮所向惡，歲歲祈晴雨。雖非爲己求，重請終愧古。鬼神亦知我，老病入腰膂。何曾拜向人，此意難不許。重雲淒已合，微潤先流礎。蕭蕭止還作，坐聽及三鼓。天明將吏集，泥土滿靴履。登城望麰麥，綠浪風掀舞。愧我賢友生，雄篇鬬新語。君看大熟歲，風雨占十五。天地本無功，祈禳何足數。渡河不入境，未若無蝗虎。而況刑白鵝，下策君勿取。

宋 蘇轍《欒城集》卷七《和李邦直學士沂山祈雨有應》 宿雪雖盈尺，不救春夏旱。吁嗟遍野天不聞，歌舞通宵龍一戰。旋開雲霧布旌旗，復遣雷霆助舒卷。雨聲一夜洗塵埃，流入溝河朝不見。但見青青黍與禾，老農起舞行人歌。汙邪滿車尚可許，供輸到骨期無它。水行天地有常數，歲歲出入均無頗。半年分已厭枯槁，及秋更恐憂滂沱。誰能且共蛟龍語，時布甘澤無庸多。

又 卷一四《送表弟程之元知楚州》 與君外兄弟，初如一池魚。中年雲雨散，各異澗谷居。客舍復相從，語極長唏噓。青衫奉朝謁，白髮驚晨梳。百年不堪把，一樽歡有餘。清言我未厭，昨夜聞除書。淮南旱已久，疲民食田蔬。詔發上供米，仍疏古邗渠。要須賢使君，均此積歲儲。徑乘兩槳去，不待五馬車。別離難重陳，勞徠不可徐。政成得召節，歲晚當歸歟。

又 卷一八《詩六首·太白山祈雨詩五首同子瞻作**》**

田漫漫，耕挹挹。拔陳草，生九穀。人功盡，雨則違，苗不穗，莩不米。哀將饑兮！

山巖巖，莫南西。嗟我民，匪神依。伐山木，蓺稷黍。求既多，訴不已。猶我許兮！

山為灰，石為炭。水泉沸，百草爛。神予我，旱奪之。孰為是，驕不威。尚可弛兮！

雷馮空，雨騰淵。誅孽妖，反豐年。顧千里，瞬三日。神在堂，龍為役。是何惜兮！

雨既止，百穀復。築場壤，治囷籠。為酒醴，伐豚羔。舞長袖，擊鳴鼉。匪以報兮！

又《舜泉詩并叙**》** 始余在京師，游宦貧困，思歸而不能。聞濟南多甘泉，流水被道，蒲魚之利，與東南比，東方之人多稱之。會其郡從事闕，求而得之。既至，大旱幾歲，赤地千里，渠存而水亡。問之，其人曰：『城南舜祠有二泉，今竭矣。』越明年夏，雖雨而泉不作，人相與驚曰：『舜其不復享耶！』又明年夏，大雨霖，麥禾薦登，泉始復發。民觀曰：『舜其尚顧我哉！』泉之始發，豬為二池，釃為石渠，自東南流於西北，無不被焉。灌濯播灑，蒲蓮魚鼈，其利滋大。因為詩，使祠者歌之。詩曰：

歷山巖巖，虞舜宅焉。虞舜徂矣，其神在天。其德在人，其物在泉。神不可親，德用不知。有洌斯泉，下民是祗。泉流無疆，有永我思。源發于山，施于北河。播于中逵，匯為澄波。有鼈與魚，有菱與荷。蘊毒是洩，汙濁以流。埃壒消亡，風火滅收。叢木敷榮，勞者所休。誰為旱災，靡物不傷。天地耗竭，泉亦淪亡。民咸不寧，曰不享耶。時雨既澍，百穀既登。有流泫然，瀰坎而升。溝洫滿盈，蝦黽沸騰。匪泉實來，帝實顧餘。執其羔豚，蘋藻是葅。帝今在堂，泉復如初。

又 卷二六《齊州祈雨雪文二首》 惟神出入造化，呼召風雲，播灑甘澤，膏潤下土。今茲歷時不雨，麥不得種。饑饉既至，疫癘將起。守土之吏，知任其憂而不知所為。神能仁愛斯民，又能作為雨雪，以生育萬物，是以敢告。苟克有應，嘉雪時降，以寬吏民之憂，敢不有以報也？尚饗。右禱龍洞

某攝守濟南，適丁旱災。自秋徂冬，迄此春莫，菽粟不登，麥不得種。秋田既耕，種不入土。公私匱竭，食將不繼。官吏震懼，並走祠望。精神不格，報不時至，暴風振揚，雲合輒解。嗷嗷相視，知殞溝壑。粤茲耆艾，稽首來告：曰維此土，西附岱麓，蒙神之休，常以有年。雲興膚寸，實雨天下。矧伊我邦，而或棄遺？神不遺我，我則不告。是用祗具牲酒，請命有神。吏之不虔，無所逃罪。民知歸神，神豈棄之。茲誠不妄，甘雨時至。迨秋有成，民免於死。將戴神之功，展其四支。以永事神無斁。尚饗。右禱泰山

又《青辭三首·齊州祈雨青辭》 嗚呼！民愚無知，吏怠弗教。鬼神不享，積釁成癘。旱氣充塞，五種失蓺。饑饉既至，疾疫將起。禱求百神，寂寥無聞。民既窮瘁，吏亦震恐。各知咎殃，將自洗濯。而神怒未怠，膏澤不至。慄慄危懼，無所歸命。敢因舊儀，祗薦誠悃。惟皇天后土，靡不覆幬。日月宿炔，靡不臨照。山川嶽瀆，靡不容載。哀矜無辜，縱舍有罪。并包含養，與道為一。祓除妖孽，布導和氣。時播甘雨，以救民命。亦俾我守臣，間蒙大賜，以寬憂責。

又《筠州祈雨青辭》 臣來是邦，歲比水登。去夏大水，汎溢城邑。繼以秋旱，民食不足。庶幾今歲，五種遂茂，以釋餘病。而亢陽為災，不雨彌月。

水泉耗竭，多稼殄瘁。雲物告異，災火時發。上下恐懼，不知所措。惟吏之不德，無以仰當天心。惟民之無良，有以召致神怒。雖自洗濯，並走祠望，而誠意淺陋，靈既不答，將默不以告。而民不可棄，神亦不終棄人。謹歸誠天地，請命百神，尚克收如焚之威，以布甘雨，使民得稼穡，各安其居。使我守土之臣，亦蒙大賜。

又 卷三四《**祝文十二首・後苑粉壇祈雨祝文**》 維元祐五年歲次庚午四月丙申朔，皇帝遣入內內侍省內東頭供奉官、勾當後苑譚扆等，請僧三七人，於後苑華景亭開啟粉壇祈雨道場：伏以自冬常暘，涉夏未雨，四方千里，二麥一空。惕焉不德之慚，貽我烝民之病。爰假佛乘之妙力，大啟天竺之淨壇。庶使鍾梵即交，作雲雷於清晝，膏澤普潤，復禾黍於有秋。豈獨微衷之私，實亦眾志之願。謹言。

又《**五岳四瀆祈雨祝文**》 維元祐五年歲次庚午月朔日，皇帝名謹遣左散騎郎、充集賢校理、守尚書禮部郎中崔公度，敢昭薦於東嶽天齊仁聖帝：伏以君德不修，天澤弗應。自冬涉夏，困於常暘。失麥與禾，何以卒歲。率土之廣，匪神孰依。雖或政令之失宜，嗟彼烝庶之何罪。尚祈甘雨，克畀豐年。眾之所同，神罔終棄。尚饗。

又《**謝雨祝文**》 維元祐五年歲次庚午月朔日，皇帝名謹遣左散騎郎、充集賢校理、守尚書禮部郎中崔公度，敢昭賽於東嶽天齊仁聖帝：伏以自冬歷春，雨雪弗效，由近及遠，麥禾可憂。懼成兇年，病我赤子。神明昭答，膏澤普加。力回大旱之餘，卒致有秋之喜。不腆之薦，誠意斯存。尚饗。

又《**奏告五星祈雨祝文**》 維元祐五年歲次庚午四月丙午朔八日癸卯，嗣天子名，謹遣左奉議郎、守尚書吏部員外郎趙屼，敢昭告於東方歲星：伏以膏澤不時，咎在邦政。烝庶何罪，橫罹深災。惟神聰明，實司造化。尚霈甘雨，卒成豐年。眾所共祈，神豈弗答。尚饗。

又《**天地社稷宗廟謝雨祝文**》 維元祐五年歲次庚午五月乙丑朔十三日丁丑，嗣天子臣名，謹遣中大夫、守門下侍郎、柱國、彭城郡開國公、食邑二千戶、食實封五百戶、賜紫金魚袋臣劉摯，敢昭賽於昊天上帝：伏以旱始於冬，牟麥既病，勢延於夏，禾黍亦傷。憂心如焚，靡神不舉。雖責躬而何益，賴靈德之好生。甘澤霶流，羣槁復作。民有望於饘粥，國無廢於粢盛。仰止鴻私，莫知所報。尚饗。

又《**神廟寺觀謝雨祝文**》 維元祐五年歲次庚午五月乙丑朔十三日丁丑，皇帝謹遣左朝散大夫、尚書吏部郎中胡宗回，敢昭賽於護國顯聖公：伏以民以食為生，神以民為主。亢陽為厲，顧多匪德之慚，靈雨既周，終賴無私之施。釋三農之憔悴，復九穀於登成。利澤無窮，恩德何報。尚饗。

又《**岳瀆謝雨祝文**》 維元祐五年歲次庚午月朔日，皇帝名，謹遣某官某，敢昭賽於東嶽天齊仁聖帝：乃者歲方常暘，民既艱食。雖倉廩而何救，殫雩祟而莫聞。雖懷閔雨之誠，顧乏應天之實。是以並走羣望，靡神不宗。神惟不終棄民，國亦因以受賜。油雲屢作，甘雨俄均，禾黍復生，麻菽可蓺。民既勤止，朝夕耘耔之間，神終相之，時節風雨之至。尚饗。

宋 蘇轍《**欒城後集**》**卷三**《**十一月十三日雪**》 南方霜露多，雖寒雪不作。北歸亦何喜，三年雪三落。我田在城西，禾黍敢嫌薄。今年陳宋災，水旱更為虐。閉糴斯不仁，逐熟自難卻。饑寒雖吾患，尚可省鹽酪。飛蝗昨過野，遺種遍陂濼。春陽百日至，鬧若蠶生箔。得雪流土中，及泉盡魚躍。美哉豐年祥，不待炎火灼。呼兒具樽酒，對婦同一酌。誤認屋瓦鳴，更願聞雪腳。

又《**次遲韻對雪**十一月二十七日》 雪寒近可憂，麥熟遠有喜。我生憂喜中，所遇一已委。平生聞汝南，米賤豚魚美。今年惡蝗旱，流民鬻妻子。一食方半菽，三日已于耜。號呼人誰聞，愍惻天自邇。繁陰忽連夕，飛霰墮千里。卷舒驚太速，原隰殊未被。貧家望一麥，生事如毛起。薦饑當逐熟，西去真納履。

又 卷四《**喜雨**三月二十三日》 奪官分所甘，年來祿又絕。天公尚憐人，歲賚禾與麥。經冬雪屢下，根鬚連地脈。庖廚望麰餌，甕盎思麴糵。一春百日旱，田作龜板拆。老農淚欲墮，無麥真無食。朱明候纔兆，風雷起通夕。田中有人至，膏潤已逾尺。繼來不違願，飽食真可必。民生亦何幸，天意每相恤。我幸又已多，鋤耒坐不執。同爾樂豐穰，異爾苦稅役。時聞吏號呼，手把縣符赤。歲賦行自辦，橫斂何時畢。

又《**喜雨**》 歷時書不雨，此法存春秋。我請誅旱魃，天公信聞不。魃去未出門，油雲裹嵩丘。濛濛三日雨，入土如膏流。二麥返生意，百草萌芽抽。農夫但相賀，漫不知其由。魃來有巢穴，遺卵遍九州。一掃不能盡，餘孽未遽休。安得風雨師，速遣雷霆搜。衆魃誠已去，秋成儻無憂。

又《**冬至雪**》 旱久魃不死，連陰未成雪。微陽九地來，顛風三日發。

父老竊相語，號令風為節。講武罷冬夫，饑甸休保甲。累囚出死地，冗官去煩雜。手詔可人心，吾君信明哲。風頻雪猶吝，來歲恐無麥。天公聽一言，惟幸早誅魃。

又《春後望雪》 秋雨僅熟禾，冬雪不揜塊。溫風搜麥根，天意欲為害。老農強推測，妄謂春當改，三陽已換節，六出尚茫昧。朝看扶桑暾，夜聽土囊噫。倉場久空竭，榆棗方伐賣。丁夫病風熱，孺子作瘡疥。無知此何辜，得罪彼有在。造物伊誰憎，亦復自無奈。慎勿翻雪海，凍餒無疆界。

又卷一九《祝文二首·汝州謝雨文》 維紹聖元年歲次甲戌，四月壬寅朔二十六日丁卯，太中大夫、知汝州軍事、護軍蘇轍，謹以清酒特羊之奠，恭祭於北園社令后土神君。轍以罪戾，謫守茲土。自春徂夏，旱饑為苦。彝麥殄悴，禾未出畝。吾民憂傷，巫覡旁午。念予罪人，餘譴累汝。間行北園，亭曰『致雨』。前守趙王，有禱咸許。顧慚昔賢，願躡前武。掃地而祭，屏去牖戶。清漪繞屋，喬木環渚。微風肅然，神物來處。吾僚祗敬，齋宿吾府。雲興山際，倏遍天宇。風來不疾，雷發不怒。祈祈甘澤，如哺如乳。酒不濡地，雁不升俎。仁哉有神，未請而予。再宿告晴，高下咸溥。朝陽既升，鋤耨畢舉。宿麥斯實，施及禾黍。吏免訶譴，民病獲愈。念惟始至，神則何取。祇薦醪牲，以永斯祜。尚饗。

宋 蘇轍《欒城三集》卷三《蠶麥》 春旱麥半熟，蠶收僅十分。不憂無餅餌，已幸有襦裙。造化真憐汝，耕桑不謾勤。經過話關陝，貧病不堪聞。

又《春旱》 舊俸存無幾，生齒日益多。敝廬雖粗完，空廩無麥禾。首種二頃田，奈此春旱何。誰能持隻雞，一酹邢山阿。飢寒誰相念，幸龍未見訶。去年投虎頭，叩門用干戈。邂逅一尺雨，豈復陰陽和。幽明初不隔，誠意豈在多。惻然上通天，矧此一盤渦。雲興雨隨至，父老行且歌。

宋 陸佃《陶山集》卷一《依韻和元參政祈雨》 翦爪七年矜久旱，齋心三月愧疏雲。地鍾潤澤來耕壠，天借清涼入繡紋。常膳鼎寒摇萐莆，正衙爐煖和蘭薰。越裳會見朝丹闕，共識中原有聖君。

宋 陳師道《後山集》卷三《嗚呼行》 去年米賤家賜粟，百萬官倉不餘掬。青錢隨賜費追呼，昔日剜瘡今補肉。今年夏旱秋水生，江淮輸粟千里行。不應速水救近渴，空倉四壁雀不鳴。似聞爲政不爲費，兩不相侵兩相濟。十年斂積用一朝，驚濤破山風動地。

宋 吕陶《净德集》卷三八《久旱》 曉雲將雨午還收，晚日餘炎未似秋。豈獨稻畦枯已久，兼憂井竭飲污流。

宋 黄庭堅《山谷外集》卷一《流民嘆》 朔方頻年無好雨，五種不入虚春秋。邇來后土中夜震，有似巨鼇復戴三山遊。傾牆摧棟壓老弱，冤聲未定隨洪流。地文劃劙水觱沸，十戶八九生魚頭。稍聞澶淵渡河日數萬，河北不知虚幾州。纍纍襁負襄葉間，問舍無所耕無牛。初來猶自得曠土，嗟爾後至將何怙。刺史守令眞分憂，明詔哀痛如父母。廟堂已用伊吕徒，何時眼前見安堵。疎遠之謀未易陳，市上三言或成虎。禍災流行固無時，堯湯水旱人不知。桓侯之疾初無證，扁鵲入秦始治病。投膠盈掬俟河清，一簞豈能續民命。雖然猶願及此春，略講周公十二政。風生郡口方出奇，老生常談幸聽之。

宋 李復《潏水集》卷一〇《和石蒼舒喜雨》 元祐丁卯春，旱日透地赤。三農失歲事，嗷嗷嗟艱食。宸心動惻怛，祠禱馳星驛。張圖繪玄龜，探穴求蒼蜴。荒潭幾挈瓶，方壇徒舞覡。神龍忽應求，飛灑自前夕。蕩滌六合清，萬物湔蒸疫。陰陽有沴氣，備禦須多術。聖人不罪歲，能助天地力。風流仍叔詩，宣王中興日。

又卷一一《夔州旱》 夔人耕山灰作土，散火滿山龜卜雨。春日不知秋有飢，下種計粒手中數。七月八月旱天紅，日脚散血龍似鼠。汙邪甌窶高下荒，草根木皮何甘苦。蠻商姦利乘人急，緣江轉米貿兒女，己身死重別離輕。歸州州南神有靈，歸人刲羊求山神。驅風灑潤應香火，飛點不到巫山村。巫山縣南也伐鼓，不告歸神告神女。江心黑氣卷江流，雷車載鬼雲中語。太守身作勸農官，子粒今朝多貸汝。春種須作三年計，上滿隆原下水滸。他時更勉後來人，老去子孫無莽鹵。

又卷一二《夏旱》 浮雲蔽空旱日熾，日酷燒雲雲散裂。雲怒漏穿未肯去，日光迸射千道血。蔽天頑狠鬬不歇，天工默默無與決。乘時爭勝更苦熱，魚龍戢戢愁海竭。

宋 晁補之《雞肋集》卷六《曹州道中二首》 天旱久不雨，四郊多狂風。蕭蕭班馬鳴，落日大野中。君子守宮廷，至樂聖所同。喟予不逢辰，足跡道里重。

驅馬上高原，秋風吹客衣。感時有所懷，送目鴻雁飛。羸僮惑歧道，日暮相際稀。愧彼倦翔鳥，知還良庶幾。

又 卷一一《澶守諫議韓璹禱雨有應》 長蜺飲井井欲乾，白鼉鳴窟淒風寒。公馬未駕陰漫漫，公歸溼幙濡旌幡。霜刀不染鶩頸殷，塗龍安享雩舞閑。隰桑有沃柔可攀，小麥青青大麥攢。拜公起舞公顔歡，明日空堦響夜闌。屋漏不復愁衣單，帡幪廣厦安如山。

又《收麥呈王松齡秀才》 晁莊寂莫依東山，王莊負郭容往還。東山剌薊深一尺，負郭家近饒盤餐。穿鞋戴笠隨麥隴，旱日炎炎煙燎顔。賤貧辛苦事當爾，君屋鱗鱗三百間。

又 卷一三《東坡先生移守廣陵以詩往迎先生以淮南旱書中教虎頭祈雨法始走諸祠即得甘澤因爲賀》 去年使君道廣陵，吾州空市看雙旌。今年吾州歡一口，使君來為廣陵守。麥如櫛髮稻立錐，使君憂民如己飢。似聞維舟禱靈塔，如絲氣上淮西脽。隨軒膏澤人所待，風伯何知亦前戒。虎頭未用沈滄江，龍尾先看掛清。海為霖功業在傅巖，如何白首擁彤幨。世上饞夫亂紅紫，天教仁政滿東南。青袍門人老州佐，干世無成志消惰。封章去國人恨公，醉笑從公神許我。瓊花芍藥豈易逢，如淮之酒良不空。一醻孤鴻煙雨曲，平山堂上快哉風。

又 卷六一《齊州祭社稷祈雨文》 吏慢不德無政事，無以奉社稷而臨民人。夏潦為災，此邦之失業未復者，戶十一二，且他邦之轉徙廩食者寓焉。今冬又不雪，至春不雨，將大饑疫，吏何以為吏？民何以為民？神食於其土，吏可罰，民不可窮也，何為使至於此極哉！顧吏無辭以謁於神，而誠可哀。庶幾潤澤，沛然一洒之。尚饗！

世故紛紛誰復問，蛟龍不雨獨安眠。人間已厭三秋旱，澗底猶慳一掬泉。廟令酒肴時醉飽，田家糠秕久安便。憂心未已誰知恤，更把爐香試一燃。

宋 孔平仲《清江三孔集》卷二二《春暄大旱率爾援筆》 去歲有閏既苦寒，今年春早亦大暄。清明寒食在二月，禁火正如揮箑天。桃花零落壯丹發，漠漠江頭吹柳綿。細蟲打窗夜如雨，潤氣蒸礎朝生泉。卷簾闢向迎風坐，徹褥去屏思簟眠。勸君用心慎倉卒，萬事轉易如車旋。安知明日不凜冽，莫以炎涼隨目前。

又《夏旱》 元豐四年夏六月，旱風揚塵日流血。高田已白低田乾，陂池行車井泉竭。多稼如雲欲成就，天胡不仁忍斷絕。雷聲隆隆電摇幟，雨竟無成空混熱。如聞大河决北方，目極千里波濤黃。我願蛟龍卷此水，洒落東南救焦死。又聞戎瀘方用兵，戰車甲馬穿雲行。安得疏江擁三峽，餘波末流灌百城。分支引派入南畝，盡使枯槁得復生。志大心勞竟何補，仰視雲漢高溟溟。吾徒祿食固可飽，更願眼前無餓莩。

宋 郭祥正《青山續集》卷一《觀雨》 不雨九十日，火氣流郊郛。空山渴虎兕，涸泥困龍魚。農事固騷屑，令人但長吁。渺思真宰意，反復竟何如。去歲百川溢，園田變江湖。南民遂乏食，十九棄路衢。那聞今秋旱，性命當無餘。祀龍稽往法，擊鼓煩羣巫。殷殷百里雷，奮自東南隅。陰雲隨電合，密雨應時須。馳驅蒼黃際，慘淡氣色蘇。登樓注遠目，百憂聊滌除。銀浪徹平地，玉繩迷太虛。日月洗塵坌，山川改焦枯。法宮朝大舜，冠珮皆鴻儒。況當禮樂新，百靈共持扶。和氣自茲肇，風雨安敢逾。欲傳千歲音，詠言愧蘼蕪。

宋 張耒《柯山集》卷四《旱謡》 七月不雨井水渾，孤城烈日風揚塵。楚天萬里無纖雲，旱氣塞空日晝昏。土龍蜥蜴竟無神，田中水車聲相聞。努力踏車莫厭勤，但憂水勢傷禾根。道傍執送者何人，稻塍爭水殺厥鄰。五湖七澤水不貧，正賴老龍一屈伸。

又 卷五《愬魃并序**》** 壽安夏旱，麥且死，民憂之，無所不禱，雲既興，輒有大風擊去之，間而雨塵，不辨人物，類有物為之者。張子攷于《詩》，以為旱之神曰魃，意者魃，為之乎作愬魃詞。

帝治下土兮遠于民，撫御萬方兮周無垠。物類億千兮莽蓁蓁，出入日月兮運星辰。廣必有容兮潛姦昏，不上愬兮帝曷聞。歲庚申兮斗建已，旬逾十兮雨不施。秀者焦兮實者悴，麥莽莽兮不出塊。舊穀既沒兮待新以食，奪其所望兮民憂以惑。捨耒而兵兮奪攘剽賊，急不知慮兮求生頃刻。民幸帝兮詔雲師，氣朝升兮斂陽暉。孰鼓風兮震川岳，上者揚兮旁者剥。雲雖仁兮不得施，野童童兮草木摧。孰揚塵兮蔽朝日，紛霏霏兮冒萬物。昏迷蒙兮浩恍惚，瞭者瞀兮失南北。瘞根莖兮腐葩實，世慘錯兮澤蓬焞。霍霍然兮侵萬室，飄雨塵兮以旦以夕。民曰誰為兮尸是有物，其名曰魃兮旱是司。惡潤忌澤兮盜陽威，淫視槁木兮疾華滋，憎飽妬飫兮幸民饑。亢不伏兮風以助之，慘懷柔茂兮塵埃是吹。來炎火兮爛煒煌，馭回祿兮驂畢方。朱旂旐兮絳帷裳，坦無畏兮樂洋洋。朋疫癘兮友疾殃，徒甚劇兮黨甚強。慢帝威兮分害戕，竊祠禱兮傲驅攘。民賴帝仁兮以衣以食，上帝孔昭兮愬無禍責。幸帝震怒兮降魃罪疾，無俾在世兮幽沉深溺。

雷伐鼓兮電揚旂，雨卷壑兮雲張帷。泛游澤兮湛甘滋，充槁瘠兮奮枯萎，禾黍茂兮蔬果肥，歲既登兮民飽嬉。康帝民兮思甚思，幽斯魃兮宥無期。

又《叙雨有序**》** 福昌之民，有禱旱于西山者，取山之泉一勺祠之，不數日而雨。邑民言旱歲取水以祠，輒應，且其取之者，非特福昌也。張子神之作歌以揚之。

西山之泉兮洌以清，淳注萬古兮無虧盈。應龍蟠守兮謹防扃，有神司之兮帥羣靈。神君曷處兮山之穹，雲郛霧闕兮都邃宫。騰駕逸景兮馭清風，上友仙聖兮佑帝躬。惟今之旱兮非神曷愬，家無餘糧兮麥不庇雨。土飄塵揚兮迷行錯步，魃威孔張兮熾莫予禦。挹水一勺兮薦羔豚，曷求于水兮神實憑。巫土有蔬兮林有實，芼馨香兮菹芳鬱。神我饗兮臨我堂，酌芝醑兮御椒漿。巫甚祇兮時甚良，哀我疾兮降我祥。神君仁兮念下民，撫民災兮號帝閽。帝念神君兮詔雨官，叱馭六龍兮奮亙飛。鶱掣飛電兮鼓雷震，俾霈爾澤兮正無限。山靈川怪兮更騰奔，角毛羽鬣兮爛鱗鱗。前幢後旆兮玄雙輪，椎轟喧呵兮黿乾坤。神龍九鬣兮雜蛟鯤，瞠眼飛涎兮黿鰐齦。伏潛羲和兮止星辰，一洒萬里兮傾河津。妖風失威兮斂以奔，魃濡厥裳兮伏以蹲。槁蘇焦澤兮息惔焚，優渥潤沃兮無涯垠。菽粦詵詵兮奮裳紳，秋種既即兮農則勤。既足而止兮披霧昏，朝陽清明兮歛游塵。功成不居兮駕歸雲，空山寥寥兮夜無聞。靈泉幽幽兮湛簫淪，竭誠莫報兮仁哉君。

又 卷二七《忠臣》 大明放朝官避暑，長廊翛翛絶塵土。漢家宫殿敞千門，紫閣拖雲灑甘雨。雷欣電笑洗蒸鬱，蕩蕩青天滑流乳。憶作三年田舍中，六月正服農家苦。豈望生還直舊廬，得見張晁説新語。初聽鈞天驟竊忭，正似聲聞躩起舞。喜乘初涼與晤歌，不憂庭潦蟄垣戶。徑攜斗酒相就醉，更置雙鯉充君俎。

汗流龜趺如炊釜，蜉蝣飛空蟻運土。眼看纖雲上太清，曾不崇朝八荒雨。金柔火老旱太甚，咀嚼冰雪如餳乳。豐隆列缺及時來，蒼生解除焦焚苦。張侯不辭茅屋漏，倚柱長吟可人語。愛君豪猛為君和，初撫劒歌終起舞。城南酒壚酩新撥，不獨黄公當門戶。滿沽鴟夷極歡酌，抽摘園蔬供鼎俎。

突冷塵魚生甑釜，十年都城困風土。不辭揮汗過三伏，敗屋怯聽滂沱雨。張侯作詩召清風，渴讀如飲雪山乳。笑我形容太瘦生，我亦悔前用心苦。晁子迭唱亦起予，兩人終日同堂語。奈何拘學技藝窮，跛鼈欲趁驌驦舞。魁然圍腹貯文史，朝來氣爽寬酒戶。為君急置槎頭鯿，縷翠霏紅落雕俎。

神龜不識烹魚釜，生潛深淵長黄土。誰令誤落魚網中，白晝冥冥作雷雨。嗟予幡然別舊隱，空巖無人滴鍾乳。松菊滿山胡不歸，顧同妻子忍攻苦。長歌漫漫何時旦，起坐中夜私自語。茅茨十九漏如澠，誰知華堂醉歌舞。山中吾廬歸去來，峯插翠玉朝高戶。注目操刀必割時，尸祝何煩越樽俎。

又 卷四七《三天洞求雨疏》 伏以宣城之境，春末以來，雨施不時，稻未得種。父子熟視而無告，官吏不知其所為，凡曰有神，靡不致禱。豈德薄莫能感格，抑民災未易祓除？莽大澤與高原，赫炎風兮畏日。恭惟禪師具千乘眼，得一佛乘，無有親疎，等加悲憫，護衆生如赤子，觀此世如掌中。則夫鬱興大雲，普降甘雨，宜翹足可待，寔伸臂之勞，其在神通，蓋甚容易。眷兹千里之澤，請以三日為期，時或有愆，事且無及。

又《三天洞謝雨疏》 維清浄心，雖于三界無所著；以慈悲故，常憫一切諸有情。頃以旱災，輒伸誠禱，即時感達，應念雨來。變饑饉為豐穰，易煩惱為歡喜，顧兹恩施，曷有報償？哀民生之多艱，願真乘之卒相，俾無失望，是謂大慈。

又 卷四八《敬亭廣惠王求雨文四首》 嗟乎吾民，其困久矣。去歲積雨，大江横流，兩圩既隳，一境受弊。補復亡散，實在今年，死生存亡，間不容髮。而自春及夏，時澤未滋，芃芃四郊，稻且不植。吏術莫救，必神之求，神食斯民，忍視其疾？惟王威靈功德，烜赫在民，指揮蛟龍，震作雲雨，一瞬之力，豈或難之！

山川之神，能出雲氣，見變怪，以司雨暘之權，以佐民衣食之用，則是有職于民者。故朝廷隆以爵號，表以廟貌，有司歲時奉祀不絶。自四月至今，以旱禱于王者，于是三矣。今事已益急，雖瀆神有罪，而不敢避也。惟王俯而聽之，油然而雲，沛然而澤，以除民之病，以紓吏之責。于王之神，謦欬之力，有職于民，宜不愛惜也。

宣之為州，被山帶江，民耕于高，無灌溉之利，而仰澤于天。故閲月不雨，則以旱告。今兹季夏之初，時雨大至，諸山之田，既植且茂。比日乏雨，積水且竭，亦嘗雨矣，然方雨而止，又不遍也。是以民心惶惶，憂在歲事，吏無以為術，但知有謁于神而已。夫囷廩之有，將入手而取之；稊稗之食，將下咽而奪之矣。抑又神之所不忍也。

南方之民，以稻為命，而稻非水不植，神所知也。今兹四月且盡，而原田稿乾，待水種稻，而雨不降，澗溪之流，亦復淺涸。民情惶惶，如失火之待水，寒疾之待汗也。失今不種，則一歲且無食，其饑餓死亡，流轉于溝壑，可立而待，則其憂懼危迫之情，蓋可知矣。乃兹月甲申，嘗率僚屬有禱於神，神如答之，翌日而雨。然施澤未渥，雲日已霽，豈神未念民之病，姑以塞其意而已耶？審如是，其繼有請，雖十百其未止也。神雖欲罪其瀆而降之罰，亦末如之何矣。今事已甚迫，敢盡布之，惟立興風雨，一雨三尺，其于農事，乃克有濟。某亦有不腆之牲酒，以報神之德，惟王速圖之。

又《靈濟王求雨文三首》 惟王昔以功德，受國爵命，袞服南面，抗儀王者，可謂盛矣。數州之民，奔走奉祀，以時不懈，積有年矣。受國爵命，則如有位于朝；食民奉祀，則如受禄于國。然則其可不察民之利病，與之同憂樂哉？今民之大憂，王亦知之矣。乃自春末至今，時雨不降，仲夏而稻不得種，一方之民拱手而待饑饉，甚可哀也。而王之威靈光烈，烜赫甚著，其于蛟龍以致雲雨，且無所難。夫為所不難，以解民之大憂，以是致禱，當在所答。今旱已甚，非沛然大雨，則于農事猶無所補也。若夫苟施微澤，姑以塞其意，而曰吾嘗雨矣，則非某之所敢知也。

水旱有數，尚憂堯、湯，聖無如何，矧此一方？人治其陽，數之所拘，神造數者，可得卷舒。戊戌有請，逮今未至，神之威靈，胡難其易？旱野童童，塵生溝澮，神其鑒之，賜以滂沛。

自夏徂秋，謁雨于王者數矣。豈惟厭之而不答，將怒其瀆而降之罰也？某則謂之不然。求者以不隐為情，施者以不倦為仁。譬之君親，求則謁之，何瀆之嫌？為之君親者，視其所求，可則與之，何倦于數？用是輒有請于王而不疑，惟王威德烜赫，臨此一方。吏民奉事，歲時不懈，則其有請，尤在所答也。

又《祭天齊仁聖帝并城隍祈雨文》 比以旱故，禱于一二神，幸時雨之沛施，免斯民于饑饉。而誠薄未格，報至不時，豈媚于神者有未至耶，抑在兹境者或不舉也？今旱既甚矣，民亦殆哉！莫知所為，惟有致禱。謹遣僚屬，徧詣祠宮。於赫有神，時賜甘沛。惟民與吏，皆獲即安，牲酒馨香，將以為報。

又《廣惠王謝雨文二首》 禱旱壬寅，雨既隨至，匪亟匪徐，澤此厚地。旱野千里，稻如雲浮，農人笑歌，以樂易憂。哀此困窮，神德之厚，躬羞菲薄，吏則何有？我聞仁者，施不責償，鑒其誠悃，臨此一觴。

一歲薦禱，我顔則羞，神乃哀之，輒與所求。問我農夫，我田既臧，無有高卑，均為豐穰。父子相保，鰥寡有依，守臣何功，神則與之。牲酒瘠酸，報微施豐，惟誠與潔，庶以薦衷。

又《靈濟王謝雨文二首》 間者有禱，實以亢陽，神答其誠，翌日沛滂。風駕雲旗，飛澤淋浪，應龍翔嬉，妖魃奔忙。靄靄中原，萬畦齊秧，父老相慶，豐年有祥。牲酒微薄，愧升廟堂，抑神之仁，豈責報償。

頃以旱故，遣吏致祈，其慢宜罰，神顧聽之。獵獵風雲，來自東南，協風横流，妖魃奔潛。溝澮畢通，高卑具沾，活此一方，老稚舞歌。守臣冒功，幸此時和。牲酒不腆，匪以報德，光揚威靈，傳示無極。

又《祭聖帝文》 貶逐積年，窮無所愬，而聖上哀其不辜，復畀之民社，而來守此邦也。則亦惟是旱乾水溢之不時，將以請于帝，帝之仁民，宜無或難。莅事之始，敢以告，姑以致虔，禮則已畧，惟帝鑒之。

宋 郭印《雲溪集》卷七《苦熱三首》 纖雲都掃迹，烈日正燔空。人立洪爐上，魚遊沸鼎中。四山渾束熱，一葉不吹風。屈指秋期近，清涼四海同。

宇宙何蒸溽，山川久旱乾。浹膚惟汗雨，脱腕是冰紈。永晝固難避，終宵寧暫安。三農憂稼穡，無物可輸官。

南方炎瘴極，所見異平生。日月雙風鞴，乾坤一火坑。泉源多水竭，官道少人行。卻憶岷山底，蕭然九夏清。

又《熱》 落日暑猶劇，虚亭風不來。半身流汗雨，兩耳聒蚊雷。扇手何曾歇，漿甌未放迴。疇能呼屏翳，一霎蕩炎埃。

宋 董弅《嚴陵集》卷三《憫旱》 下車逢歲旱，禱廟望秋成。火輪轉曈曨，赤日彌高明。稻苗已枯死，麥壠不堪耕。

宋 李綱《梁溪集》卷一五《喜雨》 北風吹雲雲不開，濛濛細雨和煙來。舟行雖阻亦可喜，潤澤及物誠佳哉。我辭閩嶺遵江渚，百日皆晴未嘗雨。江淮旱暵已踰年，牟麥焦枯但黄土。漕渠千里不復通，況復巨寇興兵戎。從兹一雨百事散，願化災疹爲康豐。

宋 葛勝仲《丹陽集》卷一八《大暑新居納涼和小子韻》 至後金柔伏日三，旱氣焚宣勢如惔。火井湧沸烟生嵐，鶴髮遺老素未諳。我居瀕澤深眈眈，修廊飛廡賢僧庵。薰然好風來自南，如甘露門開瞿曇。如客懷冰吐清談，有亭自雨臨深潭。不假凉草生毵毵，天日炎赫反所貪。我窮儲無石與甔，枵然飢腹空斐酣。后皇矜憐百不堪，免使熟爛聊包涵。王城袞袞穿朝衫，跨馬揮汗流朱藍。獨逃靡鹽侍魚泔，坐享逸樂捫心慚。

宋 周紫芝《太倉稊米集》卷九《賊退後經舊居》 反側虞戈兵，流離厭山谷。師興解重圍，亂定出荼毒。提攜望鄉關，老稚甘趼足。故里成丘墟，門巷亡詰曲。大木亦已薪，蔓草行可束。東鄰殺翁媪，禍難云最酷。白骨在草間，零落不相屬。西家各奔竄，囚縶及僮僕。當時黄金囊，掉頭不肯贖。新交半亡沒，變故誰記録。舉家竟何歸，寄食歎局促。凶年大軍後，旱氣日熇熇。涸井不供炊，垢膩那得浴。不知病瘦軀，何以度蒸溽。自從關陝亂，威弧殊未韣。十人九無家，蕩析豈所欲。微生何足論，主食久不玉。但願早休兵，四海各安俗。

又《憫雨嘆》 南方久不雨，旱氣日益酷。起視夜何其，星斗燦滿目。朝雲藹空濛，暮雨思霢霂。雷師方鞭車，風伯忽舞纛。百神各顛倒，誰爲調玉燭。兩宫方蒙塵，百執被驅逐。萬里沙漠行，長征犯三伏。懸知臣子心，北望督兩目。願興膚寸雲，朝隮暮滲漉。天公倘悔禍，何止望一熟。皇輿既言歸，壤地亦旋復。誰當挽天河，下洗憂憤辱。

宋 劉才邵《㮣溪居士集》卷三《次韻黄元授憫旱》 旱氣爞爞似火炎，新來露亦不輕霑。電光入夜空摇幟，雨響經時不到簷。獄吏誰憐冤死婦，農家空挂刈禾鐮。高天早副憂民意，雲漢無煩歎靡瞻。

宋 李光《莊簡集》卷一《江西久旱遍禱莫應稚山少卿將赴行朝一夕大雨遐邇霑足因成喜雨詩送行》 老火擅炎夏，枯旱氣欲然。傷心早晚禾，注目高下田。民窮捨耒耜，羣起操戈鋋。小偷何足道，所憂在四邊。夜來滄江雨，朝望水接天。歡聲達四境，渥澤遍大千。清風亦徐來，扇箑皆可捐。有懷林壑幽，僧窻思晝眠。流浪生死海，一往六十年。何以報主恩，粗了江西緣。羨子朝上國，揚帆若登仙。江山亦世情，雨後清且妍。悵别南浦亭，杯行莫流連。去去聞好音，一歲定九遷。

宋 周麟之《海陵集》卷一《憂旱》 老農病旱如膏肓，汲井灌秧秧已黄。湖田半作龜兆坼，河渠斷道不可航。救旱不必焚巫尪，當去民害烹弘羊。嗟哉銷變此不務，龍川佛舍徒祈禳。中興天子食不遑，側身感天天與祥。霈然坐待三尺雨，擬賦雲漢歌宣王。

宋 曾幾《茶山集》卷八《己巳歲夏旱大熱睡起偶成》 年年暑去皆有期，今年暑去何遲遲。不知摇敗幾團扇，得到西風吹面時。青天無雲日亭午，群巫禱祈且呼舞。老夫饒睡昏昏然，鼻息如雷汗如雨。

宋 王之道《相山集》卷一三《秋日憫旱題香山莊舍》 千里驕陽稼穡枯，人心窮極但天呼。須煩巖壑爲霖手，下澤蒼生慰海隅。

宋 王十朋《梅溪後集》卷四《次韵濮十太尉喜雨》 去歲秋大水，民食方苦艱。丁壯尚流離，而況白與班。今春又不雨，事與安危關。使符下列郡，呼雩舞童鬟。投文責老龍，貪睡何癡頑。我聞救災術，迺在人事間。興師古有衛，決獄唐稱顔。年因弔伐有，雨送軺車還。嗟此旱魃虐，和氣知誰干。半歲幸一雨，人心寧不歡。麥秀禾可植，田里庶少安。上紓當宁憂，吏責亦稍寬。我家簫峯下，山長路漫漫。東臯有先業，頗亦知艱難。歸耕願及早，免起將蕪嘆。

宋 王庭珪《盧溪文集》卷一九《和元授閔旱》 旱魃淩空氣愈炎，斷無微雨應時霑。正憂龍卧深蟠水，安得江聲碎瀉簷。禾黍似堪供野火，婦姑猶擬共腰鐮。此時政要調元手，誰作商霖慰具瞻。

宋 朱淑真《新注朱淑真斷腸詩集》卷四《苦熱聞田夫語有感》 日輪推火燒長空，正是六月三伏中。旱雲萬疊赤不雨，地裂河枯塵起風。農憂田畝死禾黍，車水救田無暫處。日長饑渴喉嚨焦，汗血勤勞誰與語。播插耕耘功已足，尚愁秋晚無成熟。雲霓不至空自忙，恨不擡頭向天哭。寄語豪家輕薄兒，綸巾羽扇將何爲。田中青稻半黄槁，安坐高堂知不知。

宋 章甫《自鳴集》卷四《憂旱》 貧賤甘羈旅，淹留賴薄田。悠悠將送老，比比不逢年。旱魃工爲虐，雷公豈易鞭。醉能忘萬事，安得酒如川。

又《薦饑》 隴畝還枯旱，鉏犂謾苦辛。饑寒知不免，盜賊恐相因。憂國書生志，安民聖主仁。豐凶端有數，天本愛斯民。久客身長健，頻年穀不登。天時有差忒，人事亦因仍。鵬運溟南北，魚呼水斗升。世途惟論報，誰飯在家僧。

宋 李呂《澹軒集》卷二《憂旱》 田圃如燔木葉黄，火輪從早出扶桑。佇觀罪己侔湯德，更願求言舉漢章。冤死豈能無孝婦，當烹應復有弘羊。可憐野老吞聲哭，此意何由達上蒼。

宋 朱熹《晦庵集》卷六《和章國華祈雨呈平父諸兄三首》 極目平疇半欲枯，遥知精禱意無餘。更憐不待豚蹄祝，便得汙邪暗滿車。

九重清夜仰昭回，旱魃知從何處來。不是幽人祈得雨，又煩丹詔走風雷。

晴窗揮汗苦驕陽，雨檻披衣快晚凉。多謝龍公餘事業，為驅寒谷變炎方。

又 卷八六《秋賽謁廟文》 今茲薦罹水旱之數，宜不得下熟，然頗有所收，足以慰夫三農之心而供有司之賦者，實神有以祐之也。不然，民饑而死，吏之憂豈有所極哉。仲冬之月，祇循故事，以告謝神，不敢愛其潔牲醴酒。惟不足以答神之賜，而豈敢有所祈？

又《廣佑廟祈雨文》 大王有功德於此土之人，苟有雨暘之憂，無不禱於大王。其禱之也，則無不昭答，如影響之隨至。斯民之心歸之如父母、信之如蓍蔡者，有年於此矣。間者上天降災，陽愆陰伏，嘉生百物，不蒙滋潤。熹等乃大速亂於厥禱祠之事，罔克專於大王，懈惰弗虔，咎由熹等。而使千里之民田疇涸枯，禾稼槁悴。今其甚者，有若燔灼矣。雖並走羣望，懇祈備至，而雲氣將交，旋即解駁，焦然不能有膚寸之合，秋陽益驕，燥烈殊甚，物之蒙害，日以益深。若自今以往三日不雨，則千里之民所恃以為生者，蕩析無餘而無以為食，其老弱將轉乎溝壑而死，少壯者將散而為賊盜，以争其旦夕之命。其禍亂之至，豈有所極哉！失今不捄，三日之後，大王雖顧而哀之，不可拯已。故熹等私竊計議，以為莫若奔走歸誠，請命於大王之祠下。大王若哀其迫切，赦其前愆，有以惠綏之，則三日之内熹等齋宿以俟休命。三日而不應，則是大王終棄絶之。熹等退而恐懼，以待誅殛，不敢復進而禱矣。恭惟大王闔闢造化，一雨之恩，蓋其餘事。誠有意哀此千里之民，則願無愛而亟為之，熹等之願也。拜伏於庭，不勝哀叩懇切之至！謹告。

又《廣佑廟謝雨文》 天久不雨，苗之秀而將實者，秋陽暴之，日以憔悴，田將無以為收，人將無以為食。大命近止，罔或不憂。我父子兄弟是用夙夜不遑啓居，更相告語，奔走羅拜於祠之庭而請命焉。君王顧哀，昭答如響。禱之明日，甘澤沛然，晝雨宵零，越五六日而未艾。崗陵漸潤，草木蕃滋，孰是嘉生，而不豐好？德宏施普，恩大澤深，夫豈可以言報？顧無以自致其拳拳，率脩故常，祇薦蘋藻。惟君王降佑歆享，則斯人之願也。

又《豐利侯祈雨文》 熹多病不才，濫尸郡寄，修政不德，以干陰陽之和。自秋以來，天久不雨。早稻雖已收成，而晚田不免告病。吁嗟之禱，偏於羣望，而嘉澤未應，風日益高，氣日益寒，雲既合而復離，禾既秀而不能有以實也。朝兢夕惕，不遑啓居。惟侯聰明，久食茲土，雨暘之柄，惟厥攸司。日者雖已致祠，懼或不能蠲潔，以達誠意，欲躬走謁，又恨符印之守，不克以前。謹遣某官奔告祠下，而熹祇率僚吏拜送於門，西望叩頭，再拜以請。惟侯哀矜，賜之一雨，以卒終歲之惠，則豈惟吏之不良獲免於戾，而邦人父子實蒙其休。所以報事侯者，其敢有懈也！

又《祈雨文》 間以旱災，奉詔致禱。閲月踰時，雨不可得。稻之早熟者什失八九，而吏之所以為禮樂與辭者亦既竭矣。欲取水湫淵，罷祠祀而專力乎人事之備，則又念夫稻有晚出而未就者，不能無冀幸於萬一。於是感歎憤激，不能自已，躬詣靈湫而冀於有神，請復與神為三日之期，以聽休命。惟神受職帝庭，降食茲土，以福其人為事。今人之急如此，神若弗聞，亦何神哉！若三日不雨，雨而不周，且浹於四封，惟天聰明，吾恐神之不得安其室。神尚聽之毋忽！

宋 真德秀《西山文集》卷二三《祈晴祝文一 天地宗廟社稷等**》** 旱蝗連歲，民力已殫；霖潦彌旬，田功將廢。顧眇躬之不德，嗟有衆之何辜。亟控精忱，願祈休應，掃除陰沴，煥赫陽明。庶寬暑雨之咨，迄底豐年之慶。

宋 洪邁《容齋四筆》卷三《水旱祈禱》 海内雨暘之數，郡異而縣不同，爲守爲令，能以民事介心，必自知以時禱祈，不待上命也。而省部循案故例，但視天府爲節，下之諸道轉運司，使巡内州縣，各詣名山靈祠，精潔致禱，然固難以一概論。乾道九年秋，贛、吉連雨暴漲。予守贛，方多備土囊，壅諸城門，以杜水入，凡二日乃退。而臺符令禱雨，予格之不下，但據實報之。已而聞吉州於小廳設祈晴道場，大廳祈雨。問其故，郡守曰：『請霽者，本郡以淫潦爲災，而請雨者，朝旨也。』其不知變如此，殆爲侮惑神天，幽冥之下，將何所據憑哉？俚語笑林謂『兩商人入神廟，其一陸行欲晴，許賽以猪頭，其一水行欲雨，許賽羊頭。神顧小鬼言：「晴乾喫猪頭，雨落喫羊頭，有何不可。」』正謂此耳。坡詩云：『耕田欲雨刈欲晴，去得順風來者怨。若使人人禱輒遂，造物應須日千變。』此意未易爲庸俗道也。

宋 陳造《江湖長翁集》卷二《苦旱六首》 旱氣乘炎熇，觸耳仍怨咨。九重正宵旰，解顔定何時。書生身世憂，寧止八口饑。可復河朔醉，欲賡雲漢詩。

雨師久退藏，風伯恣吹鼓。翕然西郊雲，離合太熒侮。及兹一汛灑，頗亦清祥暑。幾占魚鱗天，僅得龍尾雨。

我雖覽社居，有田不瀕湖。漫漫湖水長，奈此田中枯。携文客邊侯，劣可輸殘租。蘙瘁不識飽，愧爾耕田夫。

枯旱歲十九，無若今歲酷。日色雖許赤，苗心尚餘綠。舉觴勸睡龍，雄飛勝雌伏。作意收桑榆，前愆儻容贖。

蒼生惜死所，倚須數寸澤。連朝油雲度，空勞問雨色。豐歉恐數然，造物莫爲力。定知天屢陰，爲爾動悽惻。

頻年忍流移，猶幸秭稗熟。秭稗亦已無，何以填饑腹。時方迫凍餒，勢恐曹榮辱。儻無意外憂，根蘖猶可斸。

宋 項安世《平庵悔稿》卷一三《嘲熱弄》 棫樸芃芃旱麓邊，爲薪爲槱合禋天。山牆野店茅灰裏，熱弄須臾亦可憐。

宋 陸游《劍南詩稿》卷五《急雨》 炎炎赤日當空燒，簿書圍坐如居窑。黑雲壓簷忽岧嶤，急雨鼎來風駕潮。彈壓旱氣蘇枯焦，祝融退聽不敢驕。父老歌舞看稻苗，殺雞買酒更相邀。我亦巾褐涼蕭蕭，酒醒點滴聞梧蕉。珍簟不御扇罷摇，安用萬里登凌歊。

宋 王炎《雙溪類稿》卷四《秋旱得雨》 下田出龜兆，高田半黃埃。禾穗槁欲死，益以蟊賊災。鉦鼓競禱祈，民病神所哀。劃空走笑電，隱地鳴怒雷。雲將爲前驅，頗送甘雨來。老穉喜欲狂，稍覺生意回。雞豚賽秋社，屈指篘新醅。米價免翔貴，我亦懷抱開。涼聲遶松梢，披襟可徘徊。執熱汗如雨，得此亦快哉。短歌當町謠，因以侑一杯。

又 卷九《凶年慨然嘆久生成贅因以長句述此意》 頻歲田家苦旱蝗，劇思小稔活丁黃。稻粳久渴三秋雨，菽麥俄經一夜霜。未保溝中無殍死，已聞道上有流亡。白頭屏處山林下，只怕羣偷慣奪攘。

宋 韓淲《澗泉集》卷一〇《苦旱》 望雲渴雨驗朝霞，不但田家更國家。兵食固難資寶貨，民飢豈爲用泥沙。一邱一壑自棲遲，百巧百窮誰富奢。水旱是天祈是我，山川靈響本無差。林熱江渾其奈何，冷菰寒玉漫詩歌。南遊禹穴古能幾，北望神州兵又多。畎畝乏財愁折帛，倉場儲粟仰秋禾。幽泉坎井徒爭汲，盡日驕陽過碧蘿。孤坐焦心氣不甦，炎風畏景逼頭顱。澗流已斷無涔實，園圃俱荒失芋區。絺綌縱施衣復汗，簡編雖近墨難濡。人嘲褦襶交遊絕，頭白昏昏髮懶梳。歲晚霜天雪夜時，地爐無火亦頻吹。如今旱殺熱難過，以昔窮忙寒不知。歲月只隨時變換，乾坤徒使氣推移。馮生衆庶真何謂，翻手爲雲雨亦奇。去年水溢愁無地，今歲旱乾唯告天。潤澤且爲南畝計，清涼終作北窗眠。師興而雨春秋傳，星有好風洪範篇。上郭橋頭看競禱，大霞宫頂記曾遷。

宋 岳珂《玉楮集》卷七《夏旱三首》 去年旱勢已殊常，今歲農家更可傷。支港鮒臣空涸轍，大田龜兆未移秧。衹今已是眼滴血，此後應無肉補瘡。蟣虱小臣惟痛哭，第憑宗社叫蒼蒼。

宣昇接境古高圩，多稼連雲號上腴。水毀木饑猶解有，刀耕火耨故應無。瓠肥何計今糠覈，草竊空憂古萑苻。昨夜濃雲望東北，祇應雨脚在三吳。

問津六輔到長安，滿目疲羸不忍觀。耕耨又孤今歲飽，蓋藏尤比去年難。綺羅有目須令見，鐵石爲心方自寬。欲借玉階空悵望，救民無術愧空餐。

宋 釋居簡《北磵詩集》卷二《苦旱》 荼蘼殿春春雲徂，芳庭過雨紅欲無。一晴不雨苦陽久，四五十日瞻天衢。黃塵陸漲草樹暗，積水岸乾河港枯。秧猶未插莠如棘，田已不勝龜拆塗。沈牛投虎竟茫昧，死鵪脯蚌才斯須。蜿蜒展轉不肯寤，山川尸素方寧居。困魚止陸相呴濡，斗升未必副所需。元首股肱本同德，熙怡和樂綿九區。萬幾總覽天所見，十目所視吾誰諛。商羊弗見來庭除，旱魃妄冀逃天誅。曩聞尺箠笞單于，豈不足將雷電驅。不須決海戒覆車，不須挽河洗濆洿。只願閉門十日雨，四海涼生斃九烏。

宋 方岳《秋崖集》卷三《秋熱》

其一

蘊隆日日等西風，等得西風更蘊隆。四十日秋無點雨，誰將消息到梧桐。

其二

山氣爞爞旱火光，牆頭枯草半青黃。饑腸慣作晴雷吼，且乞梧桐一夜涼。

宋 劉克莊《後村集》卷三《春旱四首》

一春閔雨動龍顔，曉殿權停賀雪班。林下散人看邸報，也疎把酒廢游山。

去冬玉塞靜無埃，春雪雖遲亦壓灾。大士送歸天竺去，相公宣入浙江來。

屋山無筍圃無蔬，釜冷尊空客至疎。説與厨人稀作粥，老夫留腹要盛書。

清明未雨下秧難，小麥低低似剪殘。窮巷蕭然惟飲水，家童忽報井源乾。

又 卷四《夏旱》 滿望梅天雨，誰知日轉驕。畦蔬新住摘，盆樹久停澆。

米貴糧困盡，泉乾汲路遥。未遑憂世事，灾已到顔瓢。

又 卷五《久旱即事》 暘烏下飲百川空，民自祠龍禱社公。豈是長官渾忘却，水車聲不到城中。輸租常占一村先，不望明時舉力田。老畏里胥如畏虎，敗人詩思攪人眠。

又 卷三六《祈雨文》 某於兹守土，荷神之休，四封之内，良苗滿野。涉旬不雨，已覺亢乾，一稔之望，在民甚切，常暘之咎，在吏甚恐。瓣香稽首，神其格思，油然沛然，以相歲月。

又《諸廟再禱文》 某屬以庚子禱於祠下，爰及癸卯，天瓢翻瀉，一溉之餘，旱苗少蘇。俄復開霽，焦卷如初，連朝雨意，風吹雲閣。咎孰執哉，由吏德薄。不腆薌幣，且謝且祈，願續前功，神亦有依。

又《仰山謝雨文》 某丙午躬詣靈瑣，甘雨隨應，戊申雨猶未止，黄埃赤日一變而為冷風清露。嗚呼，非神其誰為之！謹奉醴幣以謝。

又《行宫并諸廟謝雨文》 某奔走羣望，旬浹於兹，癸卯之雨，一溉而止。丙午而後，霡霂未已，槁者沾濡，萎者奮起。三日之霖，麟筆所喜，敬毫潤濱，布諸祝史。

又《再祈雨文》 季夏不雨者踰旬，幾害早稼，神既沛然施惠矣。初秋不雨者兼旬，將害晚稼，神豈恝然忘情乎！若守無狀，咎以身當，斯民何辜，願拜神惠，興雲致雨，俾歲有收。

又《迎瀉仰四聖文》 某治無馨香，民有愁歎，干和致旱，職此之由。然千里之人奉香火如此之敬恭也，望雲霓如此之迫切也，平日之敬恭豈不為此日之迫切地哉。傾邪而迎，避堂而事，情益迫切，禮益敬恭矣；神之威靈，佛之慈悲，必有以解焚惔而澤焦枯者。某屏息以俟。

又《再祈雨文》 昔者之雨，尚未沾足，俄復開霽，風日尤酷，豈敬之在人者有勤怠，故功之在神者有斷續耶？亟拜非謟，屢禱非瀆，恐敗歲事，以為神辱。神與天通，不疾而速，覆手河翻，嘘氣雲族，縱非三登，猶可中熟。尚享。

又《諸廟祝文》 某禱雨未獲，被罪而去，某不以身之去為恨，而以郡之旱為憂。垂去之吏尚未能忘情於民如此，況神千萬載血食於此哉！倘得一雨以救歲事，吏雖罪去，其甘如飴。

又《諸廟祈雨文》 去歲一旱，至今創痍，今兹之旱，復丁是時。垂成之稼，何忍敗之，孑遺之民，何忍餒之。神之威靈，民所憑依。鞭笞雷霆，呼吸畢箕；化歉為豐，特一轉機。敬奉醴幣，肅拜以祈。

又《社稷神祝文》 今兹之旱，某既請於上帝，禱於百神，惟句龍、棄土穀之祖，人民之主也，風霆致雨之神也，敢不有告乎？其下，澤以沃焦卷，某當帥吏民以羞祀事。

又《送鳴山祝文》 踰月苦旱，祝史詞窮。赤日黄埃，蘊隆蟲蟲。涉秋乃雨，山澤氣通。青秧白水，生意芃芃。豈曰人為，繄神與龍。昔迎今餞，敢不敬共？龍返於湫，神歸於宫。惟賤有司，惓惓願豐。隱憂暫紓，大賜未終。尚嘉惠之，無棄前功。

又《送玉淵龍水祝文》 自威靈之下臨，帥吏民而嚴奉。始風日之炎赫，俄雲雷之撼動。既旬浹而遂雨，果霶霈而澒洞。勅仙官而翻瓢，輟野史之抱甕。活原隰之槁枯，蘇田里之疾痛。仰潛虯之至神，念農扈之尤重。返雪液於畲命緇流而諷誦。忽瞬息而千里，實變化之妙用。來無端倪，去莫操縱，瓣香矯首，盖雖送而未嘗送也。

又《諸廟祈雨文》 驕陽酷烈，多稼焦卷，將以質明，瓣香告虔。語方脱口，油然沛然。機緘之妙，不自後先。神之於民，若篪若塤。火流之月，龜坼之田，雖獲一溉，未保十全。繼今雨暘，永無伏愆，風伯魃鬼，咸退舍焉。興雲於山，起龍於淵，時膏潤之，以相豐年。垂去之吏，不忘拳拳，惟爾有神，鑒此潔蠲。敬告。

又《社稷祝文》 某五日京兆耳然，不忍以旱遺此民也。敬奉薌幣，命祝史有禱於爾神也。神其興油雲，以相暘烏之仁也；起蟠鱗以洩，膏澤之屯也。非特以接續一溉之功，亦所以全活溶饑之人也。

又《諸廟謝雨文》 某垂去禱雨，人哂其迂，神獨顧歆，如鼓應枹。甘霔達旦，焦卷者甦，膴膴原田，今飴昔荼。坐使愁歎，轉為歌呼，神功昭昭，汝忘之乎！卮酒不腆，神必我孚。

又《社稷祝文》 旱而禱，國之典也；禱而雨，神之功也。神之愛吏民如此，吏民於報本之禮敢不敬恭？

金 王若虚《滹南集》卷四三《焚驢志》 歲己未，河朔大旱，遠邇焦然無主賴。鎮陽帥自言憂農，督下祈雨甚急。厭禳小數，靡不為之，竟無驗。既久，恠誕之説興。適民家有産白驢者，或指曰：『此旱之由也。雲方興，驢輒仰號之，雲輒散不留。是物不死，旱胡得止？』一人臆倡，衆萬以附。帥聞，以為然，命亟取，將焚之。驢見夢於府之屬某曰：『寃哉焚也！天禍流行，民自罹之，吾何預焉？吾生不幸為異類，又不幸墮乎畜獸。乘負駕馭，惟人所命；驅叱鞭箠，亦惟人所加。勞辱以終，吾分然也。若乃水旱之事，豈其所知，而欲寘斯酷與？孰誣我者，而帥從之。禍有存乎天，有因乎人人者可以自求，而天者可以委之也。殷之旱也，有桑林之禱，言出而雨；衛之旱也，為伐邢之役，師興而雨；漢旱，卜式請烹宏羊；唐旱，李中敏乞斬鄭注。救旱之術多矣，盍亦求諸是類乎？求之不得，無所歸咎，則存乎天也，委焉而已。不求諸人，不委諸天，以無稽之言，而謂我之愆，嘻其不然！暴巫投魃，既已迂矣，今兹無乃復甚？殺我而有利於人，吾何愛一死？如其未也，焉用為是以益惡？濫殺不仁，輕信不智，不仁不智，帥胡取焉？吾子其屬也，敢私以訴。』某謝而覺，請諸帥而釋之，人情初不懌也。未幾而雨，則彌月不解，潦溢傷禾，歲卒以空。人無復議驢。

金 元好問《遺山集》卷一《龍潭》 層冰積浩蕩，陵谷互吞吐。窈窕轉幽壑，突兀開淨宇。回頭山水縣，亦復墮塵土。孤雲鐵梁北，宇宙一仰俯。風景初不殊，川塗忽修阻。寒潭海眼淨，黕黑自太古。蟄龍何年卧，萬國待霖雨。誰能裂蒼崖，雷風看掀舉。山中人歲旱，則轉大石入潭以駭龍，瞬息致雨，故云。

又《麥嘆》 借地乞麥種，儌倖今年秋。乞種尚云可，無丁復無牛。田主好事人，百色副所求。盼盼三百斛，寬我饑寒憂。我夢溱南川，平雲綠油油。起來望河漢，旱火連東州。四月艸不青，吾種良謾投。田間一太息，此歲何時周？向見田父言，此田本良疇。三歲廢不治，種則當倍收。何如落吾手，羊年變鷄猴。身自是旱母，咄咄將誰尤。人滿天地間，天豈獨我讐？正以賦分薄，所向困拙謀。不稼且不穡，取禾亦何由。辦作高敬通，惡雨將漂流。吾貧有濫觴，賢達未始羞。單衣適至骭，一劍又蒯緱。焉知寄食餓，不取丞相侯。作詩以自廣，時用商聲謳。

又卷二《雁門道中書所見》 金城留旬浹，兀兀醉歌舞。出門覽民風，慘慘愁肺腑。去年夏秋旱，七月黍穟吐。一昔營幕來，天明但平土。調度急星火，逋負迫捶楚。網羅方高懸，樂國果何所。食禾有百螣，擇肉非一虎。呼天天不聞，感諷復何補。單衣者誰子，販糴就南府。傾身營一飽，豈樂遠服賈。盤盤鴈門道，雪澗深以阻。半嶺逢驅車，人牛一何苦。

又卷五《寄趙宜之趙時在盧氏**》** 大城滿豺虎，小城空雀鼠。可憐河朔州，人掘草根官煮弩。北人南來向何處？共説莘川今樂土。莘川三月春事忙，布穀勸耕鳩喚雨，舊聞抱犢山，摩雲出蒼稜。長林絶壑人迹所不到，可以避世如武陵。煮橡當果穀，煎朮甘飴餳。此物足以度荒歲，況有麋鹿可射魚可罾。自我來嵩前，旱乾歲相仍。耕田食不足，又復違親朋。三年西去心，籠禽念飛騰。一瓶一鉢百無累，恨我不如雲水僧。崧山幾來層？不畏登不得，但畏不得登。洛陽一夕秋風起，羨煞吴中張季鷹。

又卷七《發濟源》 旱暵今年劇，他鄉底處歸？嬴糧失先具，涉世本無機。棄擲烏皮几，裴回白版扉。殷勤雙語燕，媿汝遠相依。

又卷九《再到新衛》 蝗旱相仍歲已荒，伶俜十口值還鄉。空令姓字喧時輩，不救飢寒趁路傍。行帳馬嘶塵澒洞，空村人去雨淋浪。河平千里筋骸盡，更欲驅車上太行。

元 劉因《靜修集》卷二《和有會而作并序**》** 今歲旱，米貴而棗價獨賤，貧者少濟以黍食之，其費可減粒食之半。仁人之與物，貴賤亦適相當，蓋亦分焉而已。偶有所感而和此詩。

農家多委積，淵明猶苦饑。況我營日夕，凶歲安得肥。衾裯一飽計，何暇謀寒衣。經過米麥市，自顧還自悲。彼求與此有，相直成一非。尚賴棗價廉，殆若天所遺。惟人有貴賤，物各以類歸。小兒法取小，淺語真吾師。

又卷四《有客》 有客談稼穡，對人增感傷。自言二頃業，不博半年糧。宿麥得春旱，晚田經早霜。無功一杯粥，俯首汗如漿。

又卷一六《憫旱》 農夫看雲淚亦乾，靈湫誰信欲生烟。萬金良藥汗猶出，一寸丹心天可旋。未便無食思樂土，不禁憂國願豐年。為瞻河漢中宵起，獨對殘燈理斷編。

元 戴表元《剡源文集》卷二七《飢旱》 旱風爍我膚，飢火煎我腸。春夏猶自可，入秋始難當。簪珥陡頓盡，衾裯纖細將。奪從女奴手，併入米客囊。但冀喘息延，敢憂生理妨。山州古磽瘠，歲計仰蘇杭。發地流玉粒，浮天駕牙檣。如何水後郡，翻糴浙東糧。行路急促促，人情沸皇皇。焦枯望一雨，禬禱願千方。雲氣亦偃蹇，魃妖轉炎揚。浮生想有屬，沈憂聊暫忘。

元 楊載《楊仲弘集》卷七《武當山張真人》 張公被髮下山來，欲為神州救旱災。感名上天垂雨露，指揮平地起風雷。槁苗再發還堪刈，枯木重榮不假栽。受詔即思歸舊隱，瓊樓玉殿繞崔嵬。

又《**題夏氏濟饑詩卷**》　木饑火旱際荒年，百姓流離狀可憐。往往富人心似鐵，纍纍餓殍口生烟。此時顆粒無沾丐，是歲鄉都少棄捐。天道神明如鑒在，宜令夏氏子孫賢。

元　范梈《**范德機詩集**》**卷一**《**送張鍊師歸武當山**》　張君瀛洲人，來作武當客。始來武當時，秪著謝公屐。弟子百數輩，稍稍來服役。誅茅立萬柱，空中現金碧。辛苦三十年，夜卧不側席。以之律鬼神，故亦如短墨。元年踰冬旱，朱火燒四國。野谷方焦熬，六月畿甸赤。朝廷亦不愛，犧牲與圭璧。僵巫曁僊史，歌舞無消息。君時待詔來，公卿初不識。一朝傳天語，問以濟旱策。君云臣鄙愚，造化非所測。陰陽有開閉，此實智者責。公卿復致辭，物生今孔棘。已勅京兆尹，取足輸粟帛。此如解倒懸，祀事惟所擇。君聞猶固讓，心實内憂惕。飛章白玉闕，瀝膽殫悃愊。臣實才淺尠，臣實學迮塞。臣有一寸心，願輔后皇德。后皇本愛民，民今旱為厄。或者罪有由，皇亦重開釋。祈謝各有方，呪禁各有式。上堂薦明水，下堂考金石。夜分請命既，昧爽大施設。為壇東市門，經紀法靈冊。庭中玄武旗，飄飄墨黍黑。君臨一揮手，怒髮上霄直。指揮東方龍，卷水東海側。指揮西方龍，卷水畧西極。北南曁中央，各以方率職。某日某甲子，漏下五十刻。我在壇上伺，不得忤區畫。豐隆與飛廉，列缺與霹靂。汝將汝風馳，汝遣汝雷擊。汝雲馮勿漓，汝雨必三尺。汝不從誓言，不畏上帝勅。至期果響答，動蕩十日澤。常時人所難，君若不以力。公卿奏天子，是必有褒錫。可以寵號名，可以蕃服裼。君曰天子聖，卿從誠所格。臣敢貪天功，况在歸計迫。昨得山中書，至自青溪宅。向來百弟子，遲歸在朝夕。瞰時冬序半，霜下木葉積。明當課斬伐，結構西岩壁。山田晚報熟，芝朮及採摘。獮猿長如人，夜夜盜柿栗。隄防苟不豫，六氣盡蟊賊。公家事既已，私事容棄擲。方知用世士，遺世等糠粃。所過如虚空，焉知去留迹。我持一瓢酒，欲以贈遠色。歲暮不見君，悵望空中翮。

又　卷七《**伏覩中書以内郡飢遍行拯救新令感激有作**》　江南往歲旱連州，河北今年水逆流。恭體朝廷寬卹意，少紓田里散離憂。表章有道誠長策，衣食無功本拙謀。國制由來重農畝，太平政不在他求。

元　柳貫《**待制集**》**卷五**《**京城閔旱乃四月朔甘雨應祈次古愚韻**》　嶽主河宗舉大祠，雲膚兩脚見來時。龍雩應節乾陽用，天畢從陰解澤垂。報貺泰壇封玉邑，慶豐歌館擲金龜。眼明盛治開新象，因頌成言不敢巵。

元　揭傒斯《**文安集**》**卷五**《**題彭尊師禱雨詩卷**》　道人役雷如小兒，顛倒鬼物愁蛟螭。祈晴得晴雨得雨，身不勝衣膽如虎。東通吴越北淮漢，到處逢人憂水旱。手提豐歲與疲甿，金帛盈庭未曾看。閩山疊疊蹲金峯，蕲山巍巍碧玉宫。洗劍長留雙澗月，彈琴尚憶萬松風。大臣無端薦天子，十年留滯京華裏。悠悠扈從春復秋，歸心已逐東流水。去年天下旱且蝗，流殍滿道無人藏。安得君等遍八荒，不使水旱憂堯湯。

元　錢惟善《**江月松風集**》**卷一**《**久旱聞丞相禱雨上竺喜而賦詩**》　海霞炎日火流金，萬里蒼旻不肯陰。山澤那無作霖意，雲霓未得慣農心。西湖夜熱波猶沸，南土秋乾雨不淫。林下何人坐忘寐，短檠賦罷碧窗深。

又《**奉和左轄吴公禱雨天目山有感**》　乾坤亢旱兵塵後，廊廟憂深畎畝間。千里西成望甘澤，百靈前導謁名山。清秋雲雨蛟龍窟，白日雷霆虎豹關。俄頃神功迴造化，作霖未許老臣閑。

又　卷四《**久旱酷熱以杜詩林熱鳥張口爲韻分得口字**》　朱鳥居炎荒，蒼龍集癸酉。陽烏爥雲漢，山蝄脫塵垢。天瓢韜玉符，風鐸緘金口。洞庭收雨工，常山潛電母。魚跳渾渾波，龜拆每每畝。渴想秦陵瓜，虚懷華峰藕。懽應遲御史，寃豈在孝婦。載瞻天咫尺，願賜水升斗。

又《**望雨**》　落月相隨曉挈瓶，井眢何處汲清泠。雲霓失望憂千里，河漢成章耿七星。驅厲文能誦風伯，禱龍官屢謁山靈。孰知太守勤民念，歌市重看喜雨亭。

又　卷五《**秋熱得雨有懷**》　今夏五月涼，殘暑不易過。楚氣蒸火雲，商飈動塵堁。涸澤鱣魚虞，大夏燕雀賀。寒泉當晝濯，茂樹終日坐。玄白逃士嘲，丹鉛督兒課。蛟龍候帝符，霖雨須王佐。力田歲乃旱，良農心亦墮。忽爾天瓢傾，令我客愁破。萬事付鷗波，百年同蟻磨。秋高海濤北，夜朗江月大。天香桂一枝，地籟竹千箇。懷人當此時，狂歌誰敢和。

明　劉基《**覆瓿集**》**卷三**《**過東昌有感**》　夜發高唐灣，旦及東昌郭。喬樹拂踈星，霜飛月將落。仰觀天宇清，平見原野廓。白楊號悲風，蔓草杳漠漠。但見荆棘蕺，白骨翳寒籜。聖道縣日月，斯人非虺蠆。教養既迷方，欲熾性乃鑿。展季骨已朽，清風散藜藿。絃歌滅遺音，繭絲盡籠絡。鴟嘯魍魎憑，螽鳴草蟲躍。遂令一變姿，化為跖與蹻。况聞太行東，水旱荐為虐。飢氓與暴客，表裏相倚著。賑卹付羣吏，所務惟刻削。征討乏良謀，乃反恣剽掠。坐令參苓劑，翻成毒腸藥。今年秋租登，行止稍有託。餘波尚披猖，未敢開一噱。但恐習俗成，何由返初昨。藩宣有重寄，胡不慎遠畧。往者諒難追，來者猶可作。歌詩附里謡，大猷希聖莫。

又 卷四**《夏夜台州城中作》** 江上火雲蒸熱風，欲雨不雨天夢夢。良田半作龜兆拆，秔稻日夕成蒿蓬。去年海賊殺元師，黎民星散刼火紅。耕牛剥皮作戰具，鋤犂化盡刀劍鋒。農夫有田不得種，白日慘淡衡茅空。將軍虎毛深玉帳，野哭不入轅門中。健兒鬬死烏自食，何人幕下矜奇功。今年大軍蕩淮甸，分命上宰麾元戎。舞干再見有苗格，山川鬼神當效忠。胡為旱魃還肆虐，坐令毒沴傷和沖。傳聞逆黨尚攻剽，所過丘壠皆成童。閫司恐畏破和議，斥堠悉罷雲邊烽。殺降共説有大禁，無人更敢彎弧弓。山中悲啼海中笑，蜃氣繞日生長虹。古時東海辟孝婦，草木枯瘁連三冬。六月降霜良有以，天公未必長瘖聾。只今幅員廣無外，東至日出西太蒙。一民一物吾肺腑，仁者自是哀鰥恫。養梟殖鳳天所厭，誰能抗疏回宸衷。夜涼木末掛河漢，海嶠月出光玲瓏。仰視皇天轉北斗，嗚呼愁歎何時終。

又 卷五**《次韻和石末公閔雨詩》** 騰雲降雨指龍功，況復山川祭秩隆。豈意愆陽為沴氣，忽過炎夏到秋風。祈年勞酒儀徒備，登穀嘗新望已空。享祀未應無報佑，可堪不殺待時豐。

又《再用韻》 旱魃為妖殄歲功，田疇龜坼徧汙隆。無多過雨纔鳴葉，不定行雲又遂風。蔓草荒烟秋社迥，黄沙白葦暮江空。愁來漫憶淳于祝，却愧靈示享祀豐。

又《次韻和石末公閔雨詩》 風悲槁葉落玄圭，水涸焦根斷埴泥。擊竹漫誇方外術，戛銅虛聽澤中嘶。非關東嶽封猶濕，自是西郊氣不躋。見説溪潭寂深處，有人徒涉只平臍。

又《旱天多雨意五首呈石末公》 旱天多雨意，雲日氣恒陰。草木焦枯盡，蛟龍伏匿深。移家愁地蹙，經國恨年侵。已矣商巖叟，無人解作霖。

旱天多雨意，炎夏已清秋。虛牝空蒸鬱，高圓迥獨浮。下田應脯蚌，深樹且鳴鳩。向夕星河影，稀疎恰近樓。

旱天多雨意，散漫起重陰。漸變峯巒狀，還摛錦繡文。龍應愁病暍，烏亦念將焚。碧落高無極，人間叫不聞。

旱天多雨意，炎燎發洪爐。事急徒號梗，謀窮漫曝巫。王征愆節制，民望失來蘇。原籍看如赭，哀今鹵掠無。

旱天多雨意，雲起旋隨風。澤氣沈沙白，山嵐過野紅。乾坤愁夢裏，日月戰塵中。漫説生生理，如何亦有窮。

又《次韻和石末公旱天多雨意五首》 旱天多雨意，雲合又還晴。苦熱連三伏，微涼入五更。青山黄葉遍，白水紫烟生。旦夕霞標起，依稀對赤城。

旱天多雨意，霞起衆山光。日月躔陽道，雷霆伏大荒。躍淵無黑蜧，在牧有夷羊。萬室俱如燬，何人尚閔尩。

旱天多雨意，一望百憂侵。海沸羲和日，山藏傅説霖。南河那可決，北斗不能斟。歎息還搔首，清商已滿林。

旱天多雨意，悽惻望鈎陳。哀籲何時達，愁眉盡日顰。乾坤三島浪，歲月兩淮塵。莫問和調事，嗚呼畎畝人。

旱天多雨意，陰電繞空湫。暴客馮高壘，良農死窠丘。干戈猶未息，災沴復何尤。軫望成衰疾，那堪數倚樓。

明 王守仁《王文成全書》卷二九《題施總兵所翁龍》 君不見所翁所畫龍，雖畫兩目不點瞳。曾聞弟子誤落筆，即時雷雨飛騰空。運精入神奪元化，淺夫未識徒驚詫。操蛇移山律回陽，世間不獨所翁畫。高堂四壁生風雲，黑雷紫電白晝昏。山崩谷陷屋瓦震，雨聲如瀉長平軍。頭角崢嶸幾千丈，倏忽神靈露乾象。小臣正抱烏號思，一墮胡髯不可上。視久眩定凝心神，生綃漠漠開嶙峋。乃知所翁遺筆迹，當年為寫蒼龍真。只今旱劇枯原野，萬國蒼生望霑灑。憑誰拈筆點雙睛，一作甘霖遍天下。

清 陶正中《紀賑詩》《賑紀》附録 乾隆八年秋，畿南二十七州縣因旱賑恤，邀恩逾於常格，制府高公是究是圖，撫綏悉協，庶司各勤其職。凡五閲月。流者復，殆者安，民慶更生，澤施無已。敬依昌黎南山詩韻，以紀其事。

瀛海還神皋，群生托靈囿。恒暘見湯年，斯理窅難究。亨屯仰經綸，樂愷本天授。伊余奉簡書，畏此渥澤漏。載馳敷令德，一一皆親覯。昨冬雪意腓，今春雨未湊。寒食乾風起，大野裂錯繡。把犁長太息，厚地膏弗透。金烏日夕舂，赤甸斂黄茂。墳衍儼焦灼，宿莽翳荒岫。遂令雁户翔，紛紜從所就。村煙遞銷歇，人面而鳥噣。矚熱事遐陟，充塗混頑秀。制府來河滸，禮神肅清酎時永定河泛漲，公方駐宿虔祀。夙駕晨往告，我車恤前覆。惻怛繪流亡，飛章迅宿構。拯此林總儔，神瘁形影瘦。帝謂通呼吸，坱軋潤下宙。法古邁補助，銘德謝鐫鏤。一夫時予辜，矧此地廣袤。口惟往欽哉，施厄當厥候。泛粟古潞河，銜尾督官篙。呼籲聞庚癸，委輸達丁戊。連帆壓津雲，繫纜塞河賓。待哺此方民，色喜起盥嗽。香風出棄囊，玉粒淨篏糅。馳卒速轉漕，百里達昏晝。旁縣沿曲流，小艇入清漚。黃頭競牽挽，狎浪捷猿狖。經時咸普周，及爾未顛仆。荒政鮮良謀，斯言無乃陋。外府出金錢，灌注百萬富。畸零雜芻糧，不脛珠玉走。天工人其代，茂對鈞在宥。深宮齋祓勤，精誠感則售。炎洲回清飆，造物肆宏祐。蓊蔚積層雲，滂沛驚厲詬。綠意轉蔬畦，水痕升井甃。霆霿日夜餘，萬物無恂悠。錢鏄徠中田，廢業復理舊。革門傳瓦蔔，災沴亮不又。父老亦有言，樂國蛟龍獸。無餒賴循良，深情亟借冠。不見官符下，寮宷並前救。枯魚縱巨壑，慈烏哺新鷇。偕余安邑里，奄觀粒食奏。無爲久中澤，輯展嗟貿貿。伊昔輕去鄉，萍水得邂逅。蒙首攜婦子，擔簦壓肩脰。風塵凋鵠形，背立拭目瞀。北徙過燕雲，南趨涉河溜。小兒趁耶啼，彳亍勞顧復。長途要伴侶，野次羅左右。簇火聚空廊，采蓄托華胄。鼷鼠飲河流，青蠅逐腥臭。今者聞汪濊，歸志樂相副。掃室竄蟰蛸，瑾户去鼪鼬。伊誰奠厥居，擘畫心膂皺。謨猷創野獲，策力奮隙斗。噢咻挾曠溫，煦育馴雉雊。殷憂先魃虐，恩厚屢輻輳。郁者沐浴施，勾者雷雨驟。恤緯保仳離，恥罍力眷佑。傴僂負檐喧，呻吟予艾灸。懸室空瓶罌，稽簿記篆籀。選才示程式，列食戒遲逗。閒田代舊畬，力牧供鋤耨。嘉種貸及時，鄰封敕預購。去蠹絕覬覦，詰姦防詎譎。瞻口閱秋春，流膏先耄幼。法良節虛糜，意美慎錯謬。林資覓橡栗，野采雜飣餖。吹律回枯槁，肉骨起墳柩。軍屯溉釜鬵，井灶活觴豆。其前若哀鴻，其後若舞獸。宮庠給異粻，桐花養鸑鷟。富鄰手可援，任恤忍居後。免賦規偏全，蠲租無宿留。九疇敘雨暘，三民恤婚媾。史無虎而冠，詩有豹爲袖。努力候春耕，得暇事冬狩。和氣釀豐年，安居疑邱首。村春足稻粱，籬炊聞饋餾。誰過而輒忘，疇棄而弗收。公也既勞止，引弓未弛彀。六月旱象形，焚如徙薪櫄。慷慨披丹薹，艱貞得卦繇。平陂感於泰，蹢躅遇於姤。已饑見古昔，身任重遭遘。下走咸星馳，長宮或露宿。堅冰忽在須，乘馬遑在廄。不才空激昂，砆石並瑩琇。勤勵運齋甓，明慚室屋霤。感茲散復完，躍得安以狃。熙熙室永寧，巍巍績用懋。洪惟聖主慈，如傷結營腠。稼穡求宵旰，饘粥勞勸侑。立達通有欲，飽暖釋隱疚。豳風發忠愛，齊俗泯詛咒。生物涵至靈，大塊同寄僦。歲時潔蒸嘗，神明格歆嗅。受厥來牟祥，作歌爰報酭。

雜録

《莊子》卷六下《秋水》　於是逡巡而卻，告之海曰：夫千里之遠，不足以舉其大；千仞之高，不足以極其深。禹之時，十年九潦，而水弗爲加益；湯之時，八年七旱，而崖不爲加損。夫不爲頃久推移，不以多少進退者，此亦東海之大樂也。

《莊子》《藝文類聚》卷一〇〇　宋景公時，大旱三年。卜之，以人祠乃雨。公下堂頓首曰：吾所以求雨，將自當之。言未卒，天下大雨方千里者何？德於天而惠於民也。

《神農書・求雨篇》　春夏雨日而不雨，甲乙命爲青龍，又爲火龍東方，小童舞之。丙丁不雨，命爲赤龍南方，壯者舞之，戊己不雨，命爲黃龍，壯者舞之。庚辛不雨，命爲白龍，又爲火龍西方，老人舞之。壬癸不雨，命爲黑龍北方，老人舞之。如此不雨，潛處，闔南門，置水其外，開北門，取人骨埋之。如此不雨，命巫祝而曝之，曝之不雨，神山積薪，擊鼓而焚之。

《山海經》卷一《南山經・南次三經・雞山》　又東五百里，曰雞山，其上多金，其下多丹雘雘，赤色者。或曰：雘，美丹也。見《尚書》。音尺蠖之蠖。黑水出焉，而南流注于海。其中有鱄魚音團扇之團，其狀如鮒而彘毛，其音如豚，見則天下大旱。

又《令丘山》　又東四百里，曰令丘之山，無草木，多火。其南有谷焉，曰中谷，條風東北風為條風。記曰：條風至出輕繫，督逋留。自是出。有鳥焉，其狀如梟，人面四目而有耳，其名曰顒音娛，其鳴自號也，見則天下大旱。

又卷二《西山經・太華山》　又西六十里，曰太華之山即西岳華陰山也。今在弘農華陰縣西南，削成而四方今山形上大下小，峭峻也，其高五千仞仞，八尺也。上有明星玉女，持玉漿，得上服之，即成仙。道險僻不通。詩含神霧云，其廣十里，鳥獸莫居。有蛇焉，名曰肥𧔥，六足四翼，見則天下大旱。湯時此蛇見於陽山下。復有肥遺蛇，疑是同名。

又《西次三經・鍾山》　又西北四百二十里，曰鍾山，其子曰鼓，此亦神名，名之為鍾山之子耳。其類皆見歸藏啓筮。其狀如人面而龍身，啓筮曰：麗山之子，青羽人面馬身，亦似此狀也。是與欽䲹殺葆江于崑崙之陽，帝乃戮之鍾山之東曰嶤音遥崖。欽䲹化為大鶚，其狀如鵰而黑文白首，赤喙而虎爪，其音如晨鵠，晨鵠，鶚屬，猶云晨梟耳。見則有大兵；鼓亦化為鵕鳥音俊。其狀如鴟，赤足而直喙，黄文而白首，其音如鵠，見則其邑大旱。《穆天子傳》云：鍾山作春字，音同耳。穆王北升此山，以望四野。曰：鍾山是惟天下之高山也。百獸之所聚，飛鳥之栖也。爰有赤豹、白虎、白鳥、青鵰，執犬羊，食豕鹿。穆王五日觀于鍾山，乃為銘於玄圃之上，以詔後世。

又《西次四經·崦嵫山》 西南三百六十里，曰崦嵫之山日沒所入山也，見《離騷》。奄兹兩音，其上多丹木，其葉如穀，其實大如瓜，赤符而黑理，食之已癉，可以禦火。其陽多龜，其陰多玉。苕或作若水出焉，而西流注于海，《禹大傳》曰：『洧盤之水，出崦嵫山。』其中多砥礪磨石也；精爲砥，麄爲礪也。有獸焉，其狀馬身而鳥翼，人面蛇尾，是好舉人喜抱舉人，名曰孰湖。有鳥焉，其狀如鴞而人面，蜼身犬尾蜼，獮猴屬也，音贈遺之遺，一音誄，見《中山經》。尾又作皆，其名自號也或作設，設亦呼耳。疑此脫誤，見則其邑大旱。

又卷三《北山經·渾夕山》 又北百八十里，曰渾夕之山，無草木，多銅玉。嚻水出焉，而西北流注于海。有蛇一首兩身，名曰肥遺，見則其國大旱。管子曰：『涸水之精，名曰蟡，一頭而兩身，其狀如蛇，長八尺，以其名呼之，可使取魚龜。』亦此類。

又《北次三經·錞于毋逢山》 又北五百里，曰錞于毋逢之山，北望雞號之山，其風如飈飈，急風貌也；音戾。或云，飄風也。西望幽都之山，浴水出焉浴即黑水也。是有大蛇，赤首白身，其音如牛，見則其邑大旱。

又卷四《東山經·栒狀山》 又南三百里，曰栒狀之山，其上多金玉，其下多青碧石。有獸焉，其狀如犬，六足，其名曰從從，其鳴自詨。有鳥焉，其狀如雞而鼠毛，其名曰䖪音咨鼠，見則其邑大旱。

又《東山經·獨山》 又南三百里，曰獨山，其上多金玉，其下多美石。末塗之水出焉，而東南流注于沔，其中多偹蟰條容二音，其狀如黄蛇，魚翼，出入有光，見則其邑大旱。

又《東次二經·餘峨山》 又南三百八十里，曰餘峩之山，其上多梓枏，其下多荊芑。雜余之水出焉，東流注于黄水。有獸焉，其狀如菟而鳥喙，鴟目蛇尾，見人則眠言佯死也，名曰犰狳仇餘二音，其鳴自訆，見則螽蝗爲敗螽，蝗類也。言傷敗田苗。音終。

又《姑逢山》 又南三百里，曰姑逢之山，無草木，多金玉。有獸焉，其狀如狐而有翼，其音如鴻鴈，其名曰獙獙音斃，見則天下大旱。

又《東次四經·女烝山》 又東南三百里，曰女烝之山，其上無草木。石膏水出焉，而西注于鬲水，其中多薄魚，其狀如鱣魚而一目，其音如歐如人嘔吐聲也，見則天下大旱。

又《子桐山》 又東南二百里，曰子桐之山，子桐之水出焉，而西流注于餘如之澤。其中多鮹魚音滑，其狀如魚而鳥翼，出入有光，其音如鴛鴦，見則天下大旱。

又卷五《中山經·中次二經·鮮山》 又西三百里，曰鮮山，多金玉，無草木。鮮水出焉，而北流注于伊水。其中多鳴蛇，其狀如蛇而四翼，其音如磬，見則其邑大旱。

又卷一四《大荒東經·應龍殺蚩尤與夸父》 大荒東北隅中，有山名曰凶犂土丘。應龍處南極應龍，龍有翼者也，殺蚩尤與夸父蚩尤作兵者，不得復上應龍遂住地下。故下數旱上無復作雨者故也，旱而爲應龍之狀，乃得大雨今之土龍本此氣應自然冥感，非人所能為也。

又卷一七《大荒北經·黄帝女魃》 有係昆之山者，有共工之臺，射者不敢北鄉言畏之也。有人衣青衣，名曰黄帝女魃音如旱魃之魃。蚩尤作兵伐黄帝，黄帝乃令應龍攻之冀州之野冀州、中土也；黄帝亦教虎、豹、熊、羆，以與炎帝戰于阪泉之野而滅之，見《史記》。應龍畜水，蚩尤請風伯雨師，縱大風雨。黄帝乃下天女曰魃，雨止，遂殺蚩尤。魃不得復上，所居不雨旱氣在也。均言之帝，後置之赤水之北遠徙之也。叔均乃爲田祖主田之官。《詩》云：田祖有神。魃時亡之畏見逐也。所欲逐之者，令曰：『神北行向水位也！』先除水道，決通溝瀆言逐之必得雨，故見先除水道，今之逐魃是也。

漢 劉向《説苑》卷一《君道》 楚莊王好獵，大夫諫曰：『晉楚敵國也，楚不謀晉，晉必謀楚，今王無乃耽於樂乎？』王曰：『吾獵將以求士也，其榛藂刺虎豹者，吾是以知其勇也；其攫犀搏兕者，吾是以知其勁有力也；罷田而分所得，吾是以知其仁也。因是道也而得三士焉，楚國以安。』故曰：苟有志則無非事者，此之謂也。湯之時大旱七年，雒坼川竭，煎沙爛石，於是使人持三足鼎，祝山川，教之祝曰：政不節耶？使人疾耶？苞苴行耶？讒夫昌耶？宮室營耶？女謁盛耶？何不雨之極也，蓋言未已而天大雨，故天之應人，如影之隨形，響之效聲者也。《詩》云：『上下奠瘞，靡神不宗。』言疾旱也。

《禮記·檀弓下》 歲旱，穆公召縣子而問然。曰：天久不雨，吾欲暴尫而奚若？曰：天久不雨，而暴人之疾子，虐，毋乃不可與？然則吾欲暴巫而奚若？曰：天則不雨，而望之愚婦人，於以求之，毋乃已疏乎？徙市則奚若？曰：天子崩，巷市七日；諸侯薨，巷市三日。爲之徙市，不亦可乎？

《毛詩正義》卷一八之二《大雅·雲漢》 《雲漢》，仍叔美宣王也。宣王承厲王之烈，內有撥亂之志，遇烖而懼，側身脩行，欲銷去之。天下喜于王化復行，百姓見憂，故作是詩也。仍叔，周大夫也。《春秋》魯桓公五年，『夏，天王使仍叔之子來聘』。烈，餘也。雲漢，天河也。自此至《常武》六篇，宣王之《變大雅》。仍，而升反。撥，半末反。行，下孟反。銷音消。去，起呂反。復，扶又反。下注『復重』并篇末注同。見憂，并如字。徐『憂，于救反』。

［疏］『《雲漢》八章，章十句』至『是詩』。《正義》曰：《雲漢》詩者，周大夫仍叔所作，以美宣王也。以宣王承其父厲王衰亂之餘政，內有治亂之志，遇此旱災，而益憂懼，側己身以修德行，欲以善政而銷去之。天下之民見其如此，喜于王者之化復得施行。百姓見王所憂矜，故仍叔述民之情，作是《雲漢》之詩以美之也。必本之于厲王之烈者，爲撥亂張本，明宣王悼父之非，自力爲善，己有撥亂之心志，遇災而益憂懼，見其憂民之情深也。撥亂者，以前有衰亂，欲治理之。哀十四年《公羊傳》曰：『撥亂世，反諸正，莫近于《春秋》。』何休云：『撥猶治也。其意言，《春秋》撥亂而作，欲治此亂世，使反諸正道。』是撥亂爲治亂也。遇災，謂旱災，即經『旱既太甚』，是也。側者，不正之言，謂反側也。憂不自安，故處身反側，欲行善政以消去此災也。喜于王化復行者，厲王之亂，王化不行，宣王施布王化，故喜其復行。經稱憂其旱災，爲之祈禱，即是王化行也。王之憂旱，正爲百姓，是天下百姓見被憂矜，非百官也。宣王遭旱早晚及旱年多少，經傳無文。皇甫謐以爲，宣王元年，不藉千畝，虢文公諫而不聽，天下大旱，二年不雨。至六年乃雨。以爲二年始旱，旱積五年。謐之此言，無所憑據，不可依信。經八章皆言王之憂旱，百姓喜之之事。箋『仍叔』至『烈餘』。《正義》曰：仍氏，叔字。《春秋》之例，天子公卿稱爵，大夫則稱字。此言仍叔，故知大夫也。桓五年夏，『天王使仍叔之子來聘』，則《春秋》經也。引之者，證此仍叔是天子大夫也。以《史記》考之，桓之五年，上距宣王之崩七十六年，至其初則百餘年也，未審此詩何時而作。爲別人可也。何則？《春秋》之世，晉之知氏世稱伯，趙氏世稱孟，仍氏或亦世稱，字叔，爲別人可也。『烈，餘』，《釋詁》文。

倬彼雲漢，昭回于天。回，轉也。箋云：雲漢，謂天河也。昭，光也。倬然天河水氣也，精光轉運于天。時旱渴雨，故宣王夜仰視天河，望其候焉。倬，陟角反，王云：『著也。』《說文》云：『著，大也。』愒，苦蓋反，貪也，本又作『渴』，苦葛反。篇末同。王曰於乎，何辜今之人！天降喪亂，饑饉薦臻。薦，重。臻，至也。箋云：辜，罪也。王憂旱而嗟嘆云：何罪與，今時天下之人！天仍下旱災，亡亂之道，饑饉之害，復重至也。饑音饑，又音機。饉，其靳反。薦，在見反。臻，側巾反。重，直用反。下同。與音餘。下『所困與』、『精誠與』、『殺我與』同。靡神不舉，靡愛斯牲。圭璧既卒，寧莫我聽！箋云：靡、莫，皆無也。言王爲旱之故，求于群神，無不祭也。無所愛于三牲，禮神之圭璧又已盡矣，曾無聽聆我之精誠而興雲雨。聽，依義吐定反，協句吐丁反。爲，于偽反。下『爲旱』同。聆音零。

［疏］『倬彼』至『我聽』。《正義》曰：于時旱災已甚，王憂念下民，夜仰視天，瞻望雨候，見倬然而明大者，彼天之雲漢，其水氣精光轉運于天，未有雨徵。王乃言曰：于乎，可嗟嘆，我何罪乎！我今時之人何罪而爲天所罰？乃使上天下此喪亂之災，使饑饉之害頻頻重至也。無罪，故以訴之。又言己爲旱之故，祈禱明神，無有神不求而舉祭之者。言其遍祭群神。又無愛于此三牲，言其不吝牲物。又禮神圭璧既已盡矣，言己牲玉不愛，精誠又甚。何爲諸神曾無于我而見聽聆、欲加佑助者，而使其旱災若此也！箋『雲漢』至『候焉』。《正義》曰：此雲漢與《大東》天漢爲一，故云天河也。『昭，光』，《釋詁》文。《河圖括地象》云：『河精上爲天漢。』是天河河水光之精氣也。望其候者，謂望天之星辰及風雲之氣，冀見雨之徵候也。惟言望雲漢者，以天河水氣與雨爲類，睹天之水氣，傷地之無雨。宣王意在天河，故作者持言焉。傳『薦，重。臻，至』。《正義》曰：《釋言》云：『薦，再也。』僖十三年《左傳》曰：『晉薦饑。』《釋天》云：『仍饑爲薦。』此薦與薦，字異義同，故爲重也。『臻，至』，《釋詁》文。箋『辜罪』至『重至』。《正義》曰：『辜，罪』，《釋詁》文。天仍下旱災亂亡之道，正謂旱是亂亡之道理也。定本、《集注》『仍』字皆作『乃』字。宣王遭旱，非止一年，故皇甫謐以爲旱積五年。五年之言，未知信否。要言饑饉薦臻，必是連年不熟，故云『饑饉之害，復重至也』。箋『言王』至『云雨』。《正義》曰：求于群神，無所不祭，即下經所陳上天下地，從郊至宮之類也。《大司徒》『以荒政十有二，聚萬民。其有一曰索鬼神』。注云：『荒，凶年也。鄭司農云：「索鬼神者，求廢祀而修之。《雲漢》之詩所謂靡神不舉，靡愛斯牲，是也。」』下傳亦云：『國有凶荒，則索鬼神而祭之。』是遭遇天災，必當廣祭群神。神皆用牲祭之，故言『靡愛斯牲』。遍祈群神，所祭者廣。天地五帝，當用特牲。其餘諸神，或用太牢，或用少牢。三牲皆用，故言無所愛于三牲也。祭神又用玉器，《春官·大宗伯》『以玉作六器，以禮天地四方。以蒼璧禮天，以黃琮禮地，以青圭禮東方，以赤璋禮南方，以白琥禮西方，以玄璜禮北方。』《典瑞》云：『四圭有邸以祀天，兩圭有邸以祀地，祼圭有瓚以祀先王，圭璧以祀日月星辰，璋邸射以祀山川。』皆是祭神所用，故云『禮神之圭璧已盡矣』。禮神之圭器，自有多名，

言圭璧爲其總稱。以三牲用不可盡，故言『無愛』。圭璧少而易竭，故言『既盡』。莊二十五年《左傳》曰：『凡天災有幣無牲。』而此云『靡愛斯牲』者，設文之意，各有所主。彼因日食大水而發。此言天之見異，所以譴告人君，只欲令改過修善，非爲求人飲食而降此災異。于時魯不罪己修政，謂天求飲食，而用牲祭之，望天不爲咎，故傳據正禮，諸侯當用幣于社以告請，上公伐鼓于朝退以自責，不宜用牲于社與之飲食，故云『有幣無牲』，謂救止天災，告社之法不當用牲也。至于水旱薦至，禱祀群神，以祈福祥，遏止災沴者，則不得不用牲也。何則？司徒荒政索鬼神，謂祭祀之也。若不以牲祭，索之何也？《祭法》曰：『瘞少牢于泰昭，祭時也。禳祈于坎壇，祭寒暑也。王宮，祭日也。夜明，祭月也。幽禜，祭星也。雩禜，祭水旱也。』注云：『凡此以下，皆祭用少牢。寒暑不時，或禳之，或祈之。』是説祈禱之祭用牲也。又《春官・太祝》『掌六祈以同鬼神示，類、造、禬、禜、攻、説』。注云：『造、類、禬、禜皆有牲。攻、説用幣而已。』是天災祈禱有用牲也。歲或水旱，皆是上天之爲，假祭群神，未必能已。聖王制此禮者，何哉？將以災旱不熟，必至于死。人君爲之父母，不可忍觀窮厄，固當責躬罪己，求天禱神，罄忠誠之心，爲百姓請命。聖人緣人之情，而作爲此禮，非言祈禱必能止災也。徒以民情可矜，不得不爲之禱。禱而無雨，不得不訴于神耳。

旱既大甚，蘊隆蟲蟲。蘊蘊而暑，隆隆而雷，蟲蟲而熱。箋云：隆隆而雷，非雨雷也，雷聲尚殷殷然。大音泰，徐他佐反。下『大甚』幷同。蘊，紆粉反。本又作『熅』，紆文反。《韓詩》作『郁』，同。蟲，直忠反，徐徒冬反，《爾雅》作『爞』，云『熏也』。郭又徒冬反。《韓詩》作『烔』，音徒東反。殷，于謹反，或如字。然一本作『雨雷之聲當殷殷然』。不殄禋祀，自郊徂宮。上下奠瘞，靡神不宗。上祭天，下祭地，奠其禮，瘞其物。宗，尊也。國有兇荒，則索鬼神而祭之。箋云：宮，宗廟也。爲旱故潔祀不絶，從郊而至宗廟，奠瘞天地之神，無不齊肅而尊敬之。言遍至也。奠，徒薦反。瘞，于例反，埋也。索，色白反。齊，側皆反，本亦作『齋』。遍音遍。后稷不克，上帝不臨。耗斁下土，寧丁我躬！丁，當也。箋云：克當作刻。刻，識也。斁，敗也。奠瘞群臣而不得雨，是我先祖后稷不識知我之所困與？天不視我之精誠與？猶以旱耗敗天下，爲害曾使當我之身有此乎？先后稷，後上帝，亦從宮之郊。耗，呼報反，《韓詩》云：『惡也。』斁，丁故反，《說文》、《字林》皆作『殬』。

[疏]『旱既』至『我躬』。毛以爲，皆述宣王之辭。言天雨不降，旱勢已太甚矣。其暑氣蘊蘊然，雷聲隆隆然，熱氣爞爞然。酷熱如此，無復雨意，故我勤于請禱，不絶其潔敬之祭。既祀天于郊，又從郊而往至宗廟之宮，以次而祭，未嘗絶已。其祭之禮，則上祭天，下祭地，而天則奠其禮，地則瘞其物。從此以至于百靈，無神而不齋肅尊敬之者。言皆尊敬之。我精誠如此，雨澤不降，是先祖后稷不能福佑我也，皇天上帝不能臨饗我也。若稷能佑我，天意臨我，則應助我以福，何故以此旱災，耗敗天下土地之國，曾使正當我身有此旱乎？鄭唯不克、不臨爲異。餘同。傳『蘊蘊』至『而熱』。《正義》曰：蘊蘊，暑氣附人之氣，故云『而暑』。溫字定本作『蘊』。隆隆是雷聲不絶之狀，故云『而雷』。爞爞是熱氣蒸人之貌，故云『而熱』。以蘊、隆貌狀宜重言，故復言之也。暑熱大同。蘊，平常之熱，爞爞又甚熱，故暑熱異其文。《釋訓》云：『爞爞，薰也。』郭璞曰：『旱熱薰炙人也。』箋『隆隆』至『殷殷然』。《正義》曰：以雷雨相將，嫌旱不得有雷，故辨之云『非雨雷』，取『殷其靁』以證之，明雷同而事別也。傳『上祭』至『祭之』。《正義》曰：以郊爲祭天，即此上也。上既爲天，下與之對，故知是地也。奠謂置之于地，瘞謂埋之于土。禮與物皆謂爲禮事神之物，酒食牲玉之屬也。天言奠，其禮見燔其物。地言瘞，其物亦奠其禮也。天地各舉其一，互以相通。國有兇荒，則索鬼神而祭之，即《司徒》荒政索鬼神是也。言此者，解『靡神不宗』之意。箋『宮宗』至『遍至』。《正義》曰：以言祭事而云宮，故知宮爲宗廟也。祭郊、祭廟，不以同日爲之，而云『自郊徂宮』，爲相因之勢者，明其不絶之意也。『靡神不宗』與『奠瘞』別句，則所宗者，天地之外，其餘百神。而箋連其文，云『奠瘞天地之神，無不齊肅而尊敬之』，以奠瘞即是尊敬之事，明其餘群臣亦奠瘞之。『無不』者，廣及之辭，言其祭祀遍至也。傳『丁，當』。《正義》曰：《釋詁》文。毛無破字之理，必不與鄭同。蓋以克爲能。王肅云：『后稷不能福佑我邪？上帝不能臨饗我邪？天下耗敗，當我身邪？』傳意或然。則能與臨異文者，以后稷是己之先祖，心必助之，但苦其不能耳。天則非己之親，故云不臨。箋『克當』至『之郊』。《正義》曰：以『上帝不臨』者，上帝不視下。則『后稷不克』者，當謂后稷不知己，故轉克爲刻。刻削所以記識，故云『刻，識也』。《洪範》云：『彝倫攸斁。』斁是毀敗之義，故爲敗也。不知困苦，不視精誠，其意亦同。正以困苦欲其知，精誠欲其見，故分屬之耳。上云不絶禋祀，即云從郊往宮。此先言后稷，後言上帝，與上郊至宮文倒，明又見從宮至郊，爲不絶之義也。

旱既太甚，則不可推。兢兢業業，如霆如雷。周餘黎民，靡有孑遺。推，去也。兢兢，恐也。業業，危也。孑然遺失也。箋云：黎，衆也。旱既不可移去，天下困于饑饉，皆心動意懼，兢兢然，業業然，狀如有雷霆近發于上，周之衆民多有死亡者矣。今其餘無有孑遺者，言又餓病也。推，吐雷反。注同。兢，本又作『矜』，居陵反。業如字，郭五答反。霆音庭，又音挺，一音徒佞反。孑，居熱反。去，起呂反。下同。恐，丘勇反。下同。昊天上帝，則不我遺。胡不相畏？先祖于摧。摧，至也。箋云：摧當作『嗺』。嗺，嗟也。天將遂旱，餓殺我與？先祖何不助我恐懼，使天雨也？先祖之神于嗟乎！告困之辭。相，毛如字，鄭息亮反。摧，在雷反，又子雷反，鄭作『嗺』，子雷反。

[疏]『旱既』至『于摧』。毛以爲，宣王言旱熱已太甚矣，不可令之移去矣。天下困于饑饉，心動意懼，皆兢兢然而恐怖，業業然而憂危。其危恐也，如有霆之鼓于天，如有雷之發于上。言其恐怖之甚也。以此故周之民多死亡矣。其餘不死之衆民，無有孑然得遺漏而不餓病者。言死亡之餘，又皆饑困也。昊天上帝如此酷旱，則不于我民使有遺留，其意將欲盡殺我民也。先祖之神，見天如此，

何不助我畏此旱災，使天雨也？天若不雨，民將餓死，先祖之神，于何所歸而至乎？言民盡餓死，則神無所歸，欲令先祖助己憂也。此『胡不相畏』，責先祖不助己，則『先祖』之文，宜在『胡不』之上，但下之與『于摧』共句耳。鄭唯以于摧爲嗟嘆告困苦之辭爲異。餘同。傳『推去』至『遺失』。《正義》曰：推是遠離之辭，故爲去也。《釋訓》云：『兢兢，戒也。』以恐怖而後戒懼，故爲恐也。『業業，危』，《釋訓》文。孑然，孤獨之貌。言靡有孑遺，謂無有孑然得遺漏。定本及《集注》皆云『孑然遺失也』。俗本有『無』字者，誤也。箋『黎衆』至『餓病』。《正義》曰：『黎，衆』，《釋詁》文。以旱災殺人，而言周餘衆民，故知餘是死亡之餘。既言有餘，則是有民存矣，而復言靡有孑遺。無有孑遺，乃是悉盡之言，故知無有孑遺謂餓病也。其意言死者已死，在者又餓，無有孑然不餓病者，非謂盡死無孑然也。傳『摧，至』。《正義》曰：《釋詁》文。孫毓云：『我今死亡，先祖之神于何所至？』言將無所歸也。今以孫爲毛説。箋『摧當』至『之辭』。《正義》曰：箋以先祖于至，于辭不安，故轉『摧』爲『嗺』。嗺者，咨嗟告困之辭。以上言死亡者已死，遺餘者復病，是天意遂欲餓殺我也，解『則不我遺』之意。相訓助也，畏是懼也，故言『何爲不助我恐懼，使天雨也』。責其不助己者，責先祖也。先言所責之意乃呼之，既呼即吁嗟告困，故先祖與于嗺共句，爲文勢然。

旱既太甚，則不可沮。赫赫炎炎，云我無所。大命近止，靡瞻靡顧。沮，止也。赫赫，旱氣也。炎炎，熱氣也。大命近止，民近死亡也。箋云：旱既不可卻止，熱氣大盛，人皆不堪言。我無所庇陰而處，衆民之命近將死亡，天曾無所視，無所顧，于此國中而哀閔之。沮，在呂反。炎，于廉反，本或作『惔』，音同。近，附近之近。芘音秘，又必二反，本亦作『庇』。蔭，于鴆反，本亦作『廕』。

羣公先正，則不我助。父母先祖，胡寧忍予！先正，百辟卿士也。先祖文、武，爲民父母也。箋云：百辟卿士雩祀所及者，今曾無肯助我憂旱。先祖文、武，又何爲施忍于我，不使天雨。辟音璧。下同。雩音于，祭名。

［疏］『旱既』至『忍予』。《正義》曰：宣王立，旱勢既已太甚，則不可止卻之矣。故使旱之爲勢赫赫然，氣盛炎炎然薰熱，其時之人不能堪之，皆云：我欲避之，無庇陰處所。是旱熱之甚。以此之故，令多大衆民之命近將死亡。言其去死不遠。上天何曾無肯瞻察，無肯顧念而哀閔之也？既言怨天不顧念，又復廣訴明神。古者有德之群公，及先世之長官百辟卿士之等，何曾不于我民助憂此旱，令天降雨也？其爲民之父母者，先祖文王、武王，如此聖德，應能動天，何曾施忍于我，不使天雨？是欲不爲民之父母，棄此民，故訴之。傳『沮止』至『死亡』。《正義》曰：沮者，止壞謀慮之言，故爲止也。赫赫，燥熱之狀，故爲旱氣。《釋訓》云：『炎炎，薰也。』郭璞曰：『旱熱薰炙人。』是炎炎爲熱氣也。命者，人所稟受之度，死則謂之命盡。今言『大命近止』，言期不遠將澌，故爲民近死亡。大者，多衆之辭，故箋以爲衆民之命。傳『先正』至『父母』。《正義》曰：正者，長也。先世爲官之長，又與群公相配，故知是百辟卿士也。凡在民上，皆欲爲民父母，但他人稱之，唯謂受命安民者也。于民則爲父母，于周則爲先祖，故言先祖文、武。以其爲民父母，故稱父母，欲見先祖父母爲一，故先解先祖。必知先祖唯文、武者，以此詩所訴，皆所祭之神。周立七廟，親廟四，非受命立功，不足遍訴。上章已言后稷，明此唯文、武耳。箋『百辟』至『天雨』。《正義》曰：解其訴先正不助之意，由雩祀所及故也。《月令》『仲夏，乃命百官雩祀百辟卿士有益于民者』。注云：『百辟卿士，古之上公以下，若勾龍、后稷之類。』彼以經無群公之文，故鄭注百辟之文兼群公矣。此則群公與先正別文，故以先正爲卿士以下。凡有采地，皆稱曰君。舉衆言之，故謂之百辟。鄭唯言百辟卿士雩祀所及，不言群公。群公亦是雩祀所及，即《月令》注云『上公』，是也。但乘傳而説，又據《月令》成文，故不言群公耳。百辟卿士，訴其不助我憂旱；先祖文、武，言施忍于我，不使天雨，二文不同，互以相足。

旱既太甚，滌滌山川。旱魃爲虐，如惔如焚。我心憚暑，憂心如熏。滌滌，旱氣也。山無木，川無水。魃，旱神也。惔，燎之也。憚，勞。熏，灼也。箋云：憚，猶畏也。旱既害于山川矣，其氣生魃而害益甚。草木燋枯，如見焚燎然。王心又畏難此熱氣如灼爛于火，言熱氣至極。滌，徒歷反。魃，蒲末反。惔音談，《説文》云：『炎燎也。』徐音炎。焚，本又作『樊』，同，扶云反。憚，毛丁佐反，《韓詩》云：『苦也。』鄭徒旦反。熏本又作『燻』，許云反。燎，力皎反，又力照反。燋，子消反。難，乃旦反。

羣公先正，則不我聞。昊天上帝，寧俾我遯。箋云：不我聞者，忽然不聽我之所言也。天曾將使我心遯遯慚愧于天下，以無德也。遯，本亦作『遂』，徒困反。

［疏］『旱既』至『我遯』。毛以爲，宣王言旱勢已太甚矣，其旱氣乃滌滌然害及于山川，使山無木，川無水也。又熱氣積聚，生此旱魃之神，爲此虐害，旱更益甚也。今草木燋枯，如炎之惔燒，如火之焚燎然也。我王之心又勞于暑熱之氣，憂在于心，如爲火所熏灼于己。以旱熱之極，又告訴明神群公先，正曾不于我有所聞察，而告知其精誠邪？而不使天雨。昊天上帝，何曾使我心遯遯慚媿于天下也？以無德不能致雨，故王心所以慚媿。鄭唯以憚暑爲畏懼此暑爲異。餘同。傳『滌滌』至『熏灼』。《正義》曰：此皆爲旱而言，故知滌滌是旱氣也。旱氣之害于山川者，故爲山無木，川無水，蓋以少而不茂，非全無也。魃字從鬼，連旱言之，故知旱神。《神異經》曰：『南方有人，長二三尺，袒身而目在頂上，走行如風，名曰魃。所見之國大旱，赤地千里。一名旱母。遇者得之，投溷中即死，旱災消。』此言旱神，蓋是鬼魅之物，不必生于南方，可以爲人所執獲也。焚燎皆火燒之名，下有『如焚』，故以惔爲燎也。定本經中作『如惔如焚』。『憚，勞』，《釋詁》文。毛讀爲憚丁佐反，故爲勞也。熏、灼俱焚炙之義，故爲灼也。箋『憚猶』至『至極』。《正義》曰：箋以暑熱人之所畏，故讀爲憚徒旦反。憚猶畏也。此與上章同言旱事，而先輕後重，使稍稍益甚，故至于此章，言害及山川，又生魃鬼，爲加增于前，故箋言『而害益甚』。上言云『我無所』，直

是民無所庇，此言王心畏憚，似見其甚于前也。以天子之尊，寒暑有備，尚云畏難，此言熱氣至極也。

旱既太甚，黽勉畏去。胡寧瘨我以旱？憯不知其故。箋云：瘨，病也。黽勉，急禱請也。欲使所尤畏者去。所尤畏者，魃也。天何曾病我以旱，曾不知爲政所失而致此害。黽，彌忍反，又音澠。瘨，都田反，沈又都薦反，《韓詩》作「疹」，恥吝反，云：「重也。」憯，七感反，曾也。禱，丁老反，或都報反。祈年孔夙，方社不莫。昊天上帝，則不我虞。敬恭明神，宜無悔怒。悔，恨也。箋云：虞，度也。我祈豐年甚早，祭四方與社又不晚，天曾不度知我心，肅事明神如是，明神宜不恨怒于我，我何由當遭此旱也？莫音暮，本亦作「暮」。「明祀」本或作「明神」。怒，協韻乃路反。度，待洛反。下同。

［疏］箋「瘨病」至「此害」。《正義》曰：以瘨字從病類，故爲病也。黽勉者，勉力事神，是急于禱，請承上章旱魃之下，故知所尤畏者魃也。水旱之災，多由政失，故言曾不知爲政所失而致此害。箋「我祈」至「不晚」。《正義》曰：《月令》「孟春祈穀于上帝，孟冬祈來年于天宗」，是也。祭四方與社，即「以社以方」，是也。

旱既太甚，散無友紀。鞫哉庶正，疚哉冢宰。趣馬師氏，膳夫左右。歲凶，年穀不登，則趣馬不秣，師氏弛其兵，馳道不除，祭事不縣，膳夫徹膳，左右布而不修，大夫不食粱，士飲酒不樂。箋云：人君以群臣爲友，散無其紀者，凶年祿餼不足，又無賞賜也。鞫，窮也。庶正，眾官之長也。疚，病也。窮哉病哉者，念此諸臣！勤于事而困于食，以此言勞倦也。鞫，居六反。疚音救，本或作「宊」，又作「究」，同。趣，七口反。趣馬，官名。秣音末，穀馬也。《說文》作「𩝐」。施，式氏反，本又作「弛」同。縣音玄。餼，許氣反。長，丁丈反。下「之長」同。勞，力報反。靡人不周，無不能止。周，救也。無不能止，言無止不能也。箋云：周當作「賙」。王以諸臣困于食，人人賙給之，權救其急。後日乏無，不能豫止。賙音周。

瞻卬昊天，云如何里！箋云：里，憂也。王愁悶于不雨，但仰天曰：當如我之憂何！卬音仰，本亦作「仰」。下同。里如字，憂也，本亦作「⿸疒里」，《爾雅》作「悝」，并同。王曰：「⿸疒里，病也。」

［疏］「旱既」至「何里」。毛以爲，上言訴不得雨，此言殺禮救厄。宣王言，今旱既太甚矣，歲兇如此，汝群臣宜且離散，無復群臣朋友之綱紀。王者班爵賜祿，所以綱紀群臣。今祿餼不足，是無綱紀也。祿既不足，故設辭閔之。窮困哉，汝眾官之長。饑病哉，汝冢宰及趣馬、師氏、膳夫、左右之官。所以令汝窮困者，汝等諸臣，無有一人而不賙救。其百姓困急者，謂諸臣之中，無有自言不能周救而止不爲者。以此分貧恤寡之故，使汝等益困也。王見群臣之困如此。乃瞻望而仰視昊天，訴之云：如之何使我如此憂也？欲令天知其憂愁得釋。鄭唯靡人不周，言我王于汝眾臣，無人不且賙給之，以權救其急難，雖後日乏無，不能豫止，而不賙給。言王竭其所有，欲與群臣俱困，不自留以爲餘糧也。餘同。傳「歲兇」至「不樂」。《正義》曰：《釋天》云：「夏曰歲，周曰年。」孫炎曰：「四時一終曰歲，取歲星行一次也。年取穀一熟也。」然則歲之與年，異名而實同。歲兇，謂此歲兇也。年穀不登，登，成也。謂此年之穀不成熟也。此即兇年之實，故言歲兇爲之目。于此之時，則趣馬之官不以粟秣養其馬；師氏之官弛廢其兵，而不用所驅馳之大道，不使人除治之；祭祀之事，不懸其樂；膳夫之官，減徹王之膳食；左右之官，布列于位，不令有所修造；大夫不得食穀米；士飲酒之時，不得作樂。此當先有成文，故傳引之，以明兇年之禮。雖經無其事，以類言之，其歲兇，年穀不登，馳道不除，祭事不縣，大夫不食粱，士飲酒不樂，《下曲禮》有其事。其餘不知所出也。《曲禮》又有君膳不祭肺，馬不食穀，與此徹膳、不秣意同而文異耳。左右，君之左右，總謂諸臣不修者，無所修作。《穀梁傳》曰：「百官布而不制。」是也。歲兇者，總辭，而其兇有大小，故《穀梁傳》又曰：「一穀不升謂之嗛，二穀不升謂之饑，三穀不升謂之饉，四穀不升謂之康，五穀不升謂之大侵。」皆是歲兇也。趣馬主馬，故言不秣。師氏掌使其屬率四夷之隸，各以其兵服守王之門外，且蹕朝在野外則守列，是掌其近王之兵，故令弛其兵也。《大司徒》荒政，其十有二曰「除盜賊」。注云：「除之者，饑饉則盜賊多，不可不除，則當用兵。」此言弛之者，弛謂舍力不役之耳。其除盜賊之兵，不得廢也，故《春秋》僖二十一年旱，《左傳》稱臧文仲慮無道之國因兇加兵，勸僖公使修城郭。明兇年盜賊益預防之。彼以春秋之世，強弱相陵，文仲度時而言勸修城郭，不是兇荒之年必須修城也。馳道不除者，《曲禮》注云：「爲妨民取蔬食故也。」《穀梁傳》大侵之禮亦云「道不除」，四穀不升以上，道或仍除之。《地官·均人》注云：「人食二釜之歲，猶云旬用一日。」是小兇之年，猶有道渠之役也。言祭事不懸，則有事但不懸樂耳。《穀梁傳》又曰：「大侵之禮，禱而不祀。」然則此云祭者，正謂祈禱之祭，不用樂也。《司徒》荒政，「九曰蕃樂」。杜子春云：「蕃謂藏樂器而不作。」是兇年吉事皆無樂也。徹膳者，天子日食太牢，今減損之也。《曲禮》云：「君膳不祭肺。」注云：「不祭肺則不殺。」以人君之于兇年，令不殺矣。而《穀梁》大侵之禮又云：「君食不兼味。」《白虎通》云：「五穀不熟，故王者爲之不盡味。」《大戴禮》云：「不備牲。」言不兼、不盡、不備，是猶有牲肉，但不備之耳。然則鄭云「則不殺」者，謂不如常法日日殺之耳，非是常不殺也。其非大侵者，《大戴禮》、《白虎通》皆云：「一穀不升徹鶉鷃，二穀不升去鳧雁，三穀不升去雉兔，四穀不升去囿獸。」是兇有大小，所徹不等也。大夫不食粱，士飲酒不樂，亦明皆飲酒而不樂也。箋「人君」至「勞倦」。《正義》曰：《尚書》武王稱「我友邦冢君」，《抑》云「視爾友君子」，是人君謂群臣爲友也。君臣之義不可廢，而云「散無綱紀」者，由祿餼不足，又無賞賜，皆困于饑，不能如常相紀領，故謂之散。非即分散去朝也。眾官之長者，周官三百六十，每官各有其長。「疚，病」，《釋詁》文。經言「鞫哉庶正」，是總言群臣。又言疚病哉，乃歷數其人。疚哉之文，通及于下。冢宰以下，亦是庶正，故箋總之云：「窮哉病哉，念此諸臣！勤于事而困于食，故以此言勞倦之。」以旱則無食乃病，故先窮后病，重言爲深閔之辭。傳「周故」至「不能」。《正義》曰：

以救而念之周備，故周爲救也。無不能止者，無爲不能救人而自止，故解其意言，朝廷之臣悉皆救人，無止而不能者。王肅云：『靡人而不周其急也。無不能而止者，其發倉廩，散積聚，有分無，多分寡，無敢有不能而止者。言上下同也。』箋『周當』至『豫止』。《正義》曰：以周救于人，其字當從貝，故轉爲賙。以上言王之于臣祿餼不足，則此言當謂王救群臣，不宜爲群臣救人，故《易傳》以爲王雖不得如常豐年依法祿賜，以諸臣困于食，故人人亦賙給之，權時救其人急苦，言王盡恩于臣也。箋『里，憂』。《正義》曰：《釋詁》文。彼『里』作『悝』，音義同。

瞻卬昊天，有嘒其星。大夫君子，昭假無贏。大命近止，無棄爾成！嘒，衆星貌。假，至也。箋云：假，升也。王仰天見衆星順天而行，嘒嘒然，意感，故謂其卿大夫曰：天之光耀，升行不休，無自贏緩之時。今衆民之命，近將死亡，勉之助我，無棄女之成功者，若其在職，復無幾何，以勸之也。嘒，呼惠反。假音格，沈云：『鄭古雅反。』贏音盈。幾，居豈反。何求爲我，以戾庶正。戾，定也。箋云：使女無棄成功者何，但求爲我身乎？乃欲以安定衆官之長，憂其職事。爲，于僞反。注同。

瞻卬昊天，曷惠其寧！箋云：曷，何也。王仰天曰：當何時順我之求，令我心安乎？渴雨之至也，得雨則心安。令，力呈反。

［疏］『瞻卬』至『其寧』。毛以爲，上閔群臣同恤此，又勸以終之。宣王以旱之故，遂瞻望仰視于昊天，唯見有嘒然光明之衆星。以天星炳耀，未有雨徵，遂感而言曰：汝卿大夫之君子所同恤者，當昭見其至誠于天下，無敢有私贏而不敷散。所以然者，多大衆人之命皆近于死亡止，汝當救以全之，無得贏而不救，以棄汝之成功。言能救而全之，則功成也。又云：令汝必救之者何？止求爲我欲存于民困乎？乃以安定汝之所居，爲此衆官之長。以其爲官之長，則與君同憂，故勸使救民，以自安定。王既勸群臣仍憂民困，又瞻望仰視昊天，訴之云：昊天何時當順我所求，其令我心得安寧？言求而得雨，則心安也。鄭以爲，王既賙救群臣，又勸其勉力助己。王瞻仰昊天，見有嘒嘒然其星順天而行，無時止息，因而意感，謂群臣卿大夫之君子，此天之光耀升行至極，無自贏緩之時，今衆民之命近將死亡，汝等亦當去天無贏，助我求雨，無得解息，棄汝成功。言天不應盡殺衆民，雨將不久。若其得雨，即是功成，故勸令勉力。餘同。傳『嘒衆』至『假至』。《正義》曰：以『嘒』文連『星』，故爲星貌。『假，至』，《釋詁》文。王肅云：『大夫君子，公卿大夫也。昭其至誠于天下，無敢有私贏之而不敷散。大夫君子所以無私贏者，以民近死亡，當賑救之，以全汝之成功。』傳意或然。觀此文勢，上章或亦不同，令以毛無別訓，遂作同解。箋『假升』至『勸之』。《正義》曰：『假，升』，《釋詁》文。以承天星之下，宜爲天星光耀升行，故易傳也。仰天見星，即戒大夫君子，故知見衆星順天而行，意感也。以天星升行不休，謂人亦當然，因此而勸之。言無棄爾爲戒勸之辭，故知令勉之助我也。又解助己求雨，所以得爲成功者，以天之生民，終無盡殺之理。今民命近死，若其民當存生，復無幾何時，必應得雨，故以此言勸之。箋『使女』至『職事』。《正義》曰：此衆官之長，爵位已高，體國情深，助王憂雨，于己職事不能安定。今勸令助己亦所以安定其身，故云何但求爲我身乎？乃欲安定汝衆官之長，憂其職事。

唐 張九齡《曲江集》卷一四《賀雨狀》 右：伏以自春降澤，粟麥已滋，首夏再旬，時雨稍晚。陛下念深萬姓，恩覃庶獄，將有事山川，用達精意。德音纔發，甘霆滂流，此誠聖感必通，天應如答。臣等忝居近侍，倍百恒情，無任忭躍之至，謹奉狀陳賀以聞。謹奏。

又《賀雨狀》 右：畿輔之閒，秋來少雨，聖心有軫，稼穡惟憂。德至于天，慶自嘉節，實有神應，旋降甘雨，使將枯之苗，有同於再熟；已息之望，不意於萬人。臣有限不獲當時稱慶，無任悚踴之至。

又《賀雪狀》 右：伏以自冬少雪，粟麥未滋，歲律向終，農候方近，陛下黎庶在念，憂濟常深，聖心精誠，天意昭感。孰云元遠？不日有應：遂得盈尺告祥，動植沘洽，豐年有望，即事可期。即表非常之祥，實倍不任之喜，不勝忭躍之至。

又《賀祈雨有應狀》 右：臣一昨面奉恩旨，緣秋稼有望，時雨蹔愆，念及黎元，見於顏色，方躬自祈請，誠勤夙夜，上靈昭鑒，嘉瑞必臻。昨日申酉之閒，雲物果應，初含五色，正覆於壇場；未及終宵，更灑於城闕：遂使炎埃宿潤，虐暑暫消，實冀膚寸之資，畢致普天之澤。臣等多昧，徒仰於成造；蒼生何幸？每及於聖私。無任欣戴忭躍之至，謹奉狀陳賀以聞，既有殊應，仍望宣付史館。

唐 瞿曇悉達《開元占經》卷九《日占五・日薄蝕三》 《春秋緯》曰：『君不聰聽，無知德威，今不嚴舒，懦爲臣下所侵，則日光青赤，其後久旱，地動搖宮，陰氣盛，下臣太恣横，陽精挑奪，日行失度，不得，則日月薄于晦，陽爲臣所悅，故以晦日蝕之，失後也。』案《洪範・天文日月度占》曰：『春秋魯昭公二十四年夏五月乙未朔，日有蝕之，周之五月建辰，今之三月也。魯趙分也，魯太師梓慎曰：將水叔孫昭子曰：旱也，夫日過春分而陽猶不勝陰，能無旱乎；是秋魯大旱。凡二至、二分日有蝕之，不爲水災，大旱而已也。

又 卷一〇《日占六・日十二月蝕二》 石氏曰：『四月日蝕，不見光，天下大旱。』【略】石氏曰：『五月日蝕，不見光，大旱，民饑。』

又《日六甲蝕三》 《春秋潛潭巴》曰：『乙丑日蝕，大旱，大夫執綱。』

【略】京氏曰：『丙寅日蝕，司待欲弑君，後有小旱，在東南。』《春秋潛潭巴》曰：『丁卯日蝕，旱，有兵。』【略】【略】京房曰：『庚午日蝕。司徒欲弑其主，兵必行，後有大旱，在南方。』【略】京氏曰：『戊寅日蝕，異姓近臣欲弑其君，後歲旱，土沸騰。』【略】京房曰：『庚寅日蝕，臣欲將兵，誅過職，身被刑殺，後有小旱，在東南方。』【略】京房曰：『甲午日蝕，南夷欲弑其君，後有大旱。』【略】《春秋潛潭巴》曰：『戊午日蝕，久旱穀不傷。』京氏曰：『戊午日蝕，有婚家執政，賊由妻始，後有旱。』

又 卷一七《月占七・月十二月蝕十二》《荆州占》曰：『正月月蝕，歲災。上旬蝕，旱，中旬蝕，蟲；下旬蝕，賤人死。』【略】《洛書》曰：『月以甲乙日蝕，年多魚；丙丁日蝕，年饑一曰年穀收。戊己日蝕，無耕下田；庚辛日蝕，高田不入，凶；壬癸蝕，其歲和美。【略】《荆州占》曰：『蝕辰巳地，來年麥傷，春蟲；蝕午未地，禾稼少實，麥夏傷。』

又 卷二四《歲星占二・歲星犯角一》《海中占》曰：『歲星守左右角，其色黃白，小旱；民小厲。其逆行，即旱；其還，立雨；糴如故。又占曰：歲星犯左右角，逆行爲旱，五穀不收。

又《歲星犯箕七》《荆州占》曰：『歲星入箕，盜大起，多門死者，歲不熟。』石氏曰：『歲星出箕，穀大貴，天下大旱，饑死過半。』【略】甘氏曰：『歲星守箕，多惡風，有旱災，其國大饑，人相食。』

又 卷二五《歲星占三・歲星犯南斗一》《海中占》曰：『歲星居南斗，五穀以旱傷。』郗萌曰：『歲星居南斗，河戍間道不通。又曰：歲星處南斗北，不利兒子；處斗西，歲多饑傷，民多死；處斗南，多病寒熱。又曰：歲星處南斗北，歲旱水、晚旱。』

又 卷二六《歲星占四・歲星犯奎一》《海中占》曰：『歲星守奎，逆行，旱，五穀耗；其順行，色潤澤，即星守天庫，多獄貴人。』

又《歲星犯昴四》 巫咸曰：『歲星守昴，大饑；爲萬物不成。又曰：歲星守昴，大旱；多火災，若有兵。』

又 卷二七《歲星占五・歲星犯東井占》石氏曰：『歲星守東井，旱。』【略】郗萌曰：『歲星守東井，百物五穀不成；久守之，金錢易。』

又 卷二八《歲星占六・歲星犯積薪四十一》甘氏曰：『歲星守積薪，天下大旱，五穀不登，人民饑亡。』

又 卷二九《歲星占七・歲星犯庫樓一》 巫咸曰：『歲星入庫樓，其國以饑起兵；若有旱災，期不出年。』

又《歲星犯龜星六》《海中占》曰：『歲星犯龜星，天下有水旱之災；守陽則旱，守陰則水。』

又《歲星犯魚星八》甘氏曰：『歲星犯守魚星之陽，爲大旱，魚行人道；犯守魚星之陰，爲大水，魚鹽貴。』

又《歲星犯九坎十一》石氏曰：『歲星守九坎，天下旱，名水不水，五穀不登，人民大饑；一曰：之陰大水，之陽大旱。』

又《歲星犯天稷二十八》《海中占》曰：『歲星犯守天稷，有旱災，五穀不登，歲大饑；一曰五穀出。』

又《歲星犯咸池》郗萌曰：『歲星入咸池，爲有以迷惑人主者；一曰大旱，歲饑。』郗萌曰：『歲星入咸池北，大水；出咸池南，旱。』《荆州占》曰：『歲星入咸池，天下大亂，人君死，易政；以入日占其國。』

又 卷三一《熒惑占二・熒惑犯亢二》石氏曰：『熒惑出箕，穀大貴，天下大旱，饑死。』

又《熒惑犯箕七》《孝經緯》曰：『熒惑守箕，多土功事，小旱；雨澤霜露不時，歲爲中。』

又 卷三二《熒惑占三・熒惑犯南斗一》《春秋緯》曰：『熒惑入南斗，先潦，後大旱。』

又《熒惑犯虛四》陳卓曰：『熒惑在虛東，東藩旱；在虛南，楚地旱；在虛西，廬江旱；在虛北，遼東、遼西旱。』

又《熒惑犯營室六》郗萌曰：『熒惑守營室，人君攻宮室，爲土功事；又曰以正月守營室，三月；若五月，有大旱之災，天下大饑。』

又 卷三三《熒惑占四・熒惑犯胃三》石氏曰：『熒惑舍於胃，天下大饑，有轉粟之令。』《黃帝占》曰：『熒惑守胃，糴大貴。』《河圖》曰：『熒惑守胃，其年旱，饑民多疫疾，倉粟大出。』《文曜鉤》曰：『熒惑守胃，其國貴人戮死，賤人當貴；一曰大人有入牢獄者。』石氏曰：『熒惑守胃，其年旱饑，民多疾，王者行仁，則大吉。甘氏曰：王者行仁，則熒惑去也。以火克金，以仁教義，天下無咎。熒惑守胃，天下藏府有火災。』

又 卷三四《熒惑占五・熒惑犯東井一》《文曜鉤》曰：『熒惑入

東井，失道行陽，天下大旱，有火災，若內亂，期不出三年。」石氏曰：『熒惑入東井，兵起，若旱，其國亂，有兵兵止，無兵兵起，大臣當之。案《宋書·天文志》曰晉成帝咸康元年八月戊戌，熒惑入東井，是年夏，發衆列戍，加王，遵司馬，以備胡賊也。

又**《熒惑犯柳三》** 石氏曰：『熒惑守柳，爲反臣中外兵，以赦令解之。熒惑守柳，天下旱，多火災，萬物五穀不成，糴大貴。』巫咸曰：『熒惑守柳，天下大旱，羊貴。』

又**《熒惑犯七星四》** 《黃帝占》曰：『熒惑守七星四十日，其君憂。』《河圖》曰：『熒惑守七星，二陽同居，其歲枯旱，五穀不成；若守之百日，三年不雨，王者退火官伐之，則災消。』

又**卷三五《熒惑占六·熒惑犯五車三十七》** 石氏曰：『熒惑犯五車，大旱，若有喪；一曰犯庫星，兵起西北方，若西方；犯倉星，穀貴，若有水。』《黃帝占》曰：『熒惑入五車，大旱；一曰留不去，大旱。』《海中占》曰：『熒惑入五車，兵大起，車騎行，五穀不成，天下民饑，若軍絕糧。』巫咸曰：『熒惑入五車，天下亂，大兵起，其國大旱，人民饑亡；若有赦，期百八十日。』郗萌曰：『熒惑入五車，大旱；以所近，占四方、中央。』

又**卷三六《熒惑占七·熒惑犯積薪四十二》** 甘氏曰：『熒惑犯守積薪，天下大旱，五穀不登，民饑亡。』

又**卷三七《熒惑占八·熒惑犯魚星八》** 石氏曰：『熒惑守魚星，在其陽旱，在其陰水。』巫咸曰：『熒惑守魚星，火暴出，天下旱，五穀不成，人民大饑，期不出年。』甘氏曰：『熒惑犯守魚星之陽，爲大旱，魚行人道；之陰，爲大水，魚鹽貴。』

又**《熒惑犯鼉星十》** 郗萌曰：『熒惑入鼉星，天下大水；去，則旱。』《黃帝占》曰：『熒惑守鼉星，爲有白衣之會。』巫咸曰：『熒惑守鼉星，國有水旱之災；守陽則旱，守陰則水。』《玄冥占》曰：『熒惑入守鼉星，王者有易水，若大旱，魚行人道。』

又**《熒惑犯九坎十一》** 石氏曰：『熒惑守九坎，天下旱，名水不流，五穀不成，人民大饑；一曰之陽，大旱；之陰，有水。』甘氏曰：『熒惑守九坎，其國大旱，若大火之變，期百八十日。』石氏曰：『熒惑犯守九坎，凶。』

又**《熒惑犯天倉十六》** 郗萌曰：『熒惑近天倉，天下大旱，天下轉粟，期其年中；一曰期三年；一曰千倉敗，天下饑。』《春秋圖》曰：『熒惑經天倉，去而不守，其歲惡，糴大貴，倉大出。』石氏曰：『熒惑守天倉三十日，有轉粟之事。』《黃帝占》曰：『熒惑守天倉，天下轉粟千里，糴貴。』《海中占》曰：『熒惑守天倉，天下有兵，若有出粟。』郗萌曰：『熒惑守天倉，已去復反，天下大饑，人相食，不出五年。』《玄冥占》曰：『熒惑逆行守天倉，天下大饑，人相食，期二年，遠三年。』

又**《熒惑犯天稷二十九》** 《海中占》曰：『熒惑犯守天稷，有旱災，五穀不登，歲大饑饉；一曰五穀散出。』

又**《熒惑犯天田十》** 郗萌曰：『熒惑守天田，五穀不成，黍貴。』《荊州占》曰：『熒惑守天田，旱。』

又**《熒惑犯咸池二十》** 《黃帝占》曰：『熒惑入咸池中，天下大旱。』甘氏曰：『熒惑入咸池，因行其中不止，是謂致兵，諸侯兵起，天不亂。』甘氏曰：『熒惑入咸池，有兵喪，天子且以大敗，失忠臣，若旱；一曰大水，道不通，貴人死；以入日占國。』

又**《熒惑犯狗星一》** 郗萌曰：『熒惑舍狗星三十日，旱。又曰狗群嗥，天下人盡驚。』

又**《熒惑犯天庚六》** 郗萌曰：『熒惑入天庚中，大旱，粟貴，發用。』

又**卷三八《填星占一·填星盈縮失行五》** 《海中占》曰：『填星去宿，天子不立后；去宿南數十尺，女主不用事，若大水；去其宿北數十尺，女主當之，若大旱；主好畋獵，走狗馳馬，出入不時，賜與不當，則填星失宿；民多病，歲多大風，黍稷無實。』

又**卷四四《填星占七·填星犯龜星六》** 《海中占》曰：『填星犯守龜星，天下有水旱之災；守陽，則旱；守陰，則水。』

又**《填星犯魚星八》** 石氏曰：『填星犯守魚星，凶。』甘氏曰：『填星守魚星之陽，爲人旱，魚行人道；守陰，爲大水，魚鹽貴。』

又**《填星犯鼈星十》** 《黃帝占》曰：『填星守鼈星，爲有白衣之會。』巫咸曰：『填星守鼈星，國有水旱之災；守陽，則旱；守陰，則水。』

又**《填星犯九坎十一》** 石氏曰：『填星守九坎，天下旱，河水不流，五穀不登，人民大饑；一曰之陽大旱，之陰有水。』

又**《填星犯咸池五》** 甘氏曰：『填星入咸池，有兵喪，天子且以火爲敗，失忠臣，若旱；一曰大水，道不通，貴人死；以入日占國。』郗萌曰：

『填星入咸池，女子爲亂若迷惑人主者。』

又 卷五一《太白占七・太白犯積薪四十二》 甘氏曰：『太白犯守積薪，天下大旱，五穀不登，人民饑亡。』

又《太白犯稷星二十五》 《海中占》曰：『太白犯天稷，有旱災，五穀不登，歲大饑，五穀散出。』

又 卷五二《太白占八・太白犯稷星二十五》 《海中占》曰：『太白犯天稷，有旱災，五穀不登，歲大饑，五穀散出。』

又 卷五四《辰星占二・辰星犯角一》 《黄帝占》曰：『辰星出中道，天下太平；出陽道，旱；出陰道，多雨，多陰謀；乘左角爲旱；乘右角爲水、兵，小戰。乘右角，將相，若后家族有坐法死者。近角合鬬，女子爲天下害，大臣殺主。留兩角間，關梁不通，軍有寡，國庭邊境不通。守角，王者刑罰急，國有帝者，天下大亂；又爲水災，一曰多水災；一曰五穀不成；又曰大水滂滂，民往來舟船相望。守左右角，黑爲水；赤爲旱；青爲憂；白爲喪。守角中央，爲大臣憂。』

又《辰星犯箕七》 辰星犯箕，河水大溢；【略】出箕，穀大貴，天下大旱饑，死過半。守箕，中國有大兵，執政者當之；若守之七日以內，禍災起，若有疾風解之。守箕，若角動，色黑，貴者有棄損，自戮死，守箕，歲大旱，多大災，萬物不成。

又 卷五八《辰星占六・辰星犯積薪四十》 甘氏曰：『辰星犯守積薪，天下大旱，五穀不登，人民饑亡。』

又 卷五九《辰星占七・辰星犯稷星二十八》 《海中占》曰：『辰星守天稷，有旱災，五穀不登，歲大饑；一曰五穀散出。』

又 卷六八《石氏外官・魚星占八》 石氏曰：『魚星大而明，則陰陽和。』又曰：『魚星動搖，則水暴出。』又曰：『魚星出河，大魚死；一曰旱。』《海中占》曰：『魚星中河而居，而明大，天下大水，津道塞；若微小，出河，中外天下大旱，五穀不成。』焦延壽曰：『魚星明，則河海水皆出。』班固《五行志》曰：『魚星中河而處，車騎滿野。』《石氏贊》曰：『漢中魚星知雲行。』

又《九坎星占十一》 石氏曰：『九坎九星，在牽牛南。』西南星入斗十四度半，去極百三十六度，在黄道外十九度太。巫咸曰：『九坎，水官也。』《荆州占》曰：『九坎九星，主水旱之事。』《黄帝占》曰：『九坎，主通水泉。星明，則陰陽調和，百川通流，皆注於海；星若不明，百泉不通，河海枯竭，天下大旱，人民饑饉，國有憂。』石氏曰：『微，吉；明，不吉。』《石氏贊》曰：『九坎九星水泉通。』

又 卷七五《流星占五・流星犯龜星六》 齊伯曰：『流星入龜星，天下有水，珠玉貴；流星出之，天下大旱，五穀貴，期不出年。』郗萌曰：『流星出龜星，色青黑，所之國大水；赤黄，所之國大旱。』

又《流星犯魚星八》 《海中占》曰：『流星抵魚星，天下水，魚鹽貴；星若出之，天下旱，魚行人道。』

又《流星犯鱉星十》 《文曜鉤》曰：『流星入鱉星，國有大水；色赤，出鱉，其國大旱。』郗萌曰：『大流星出鱉星，色青黑，爲大水；赤黄，爲大旱；視其所之，以命邑。』

又《流星犯九坎十一》 巫咸曰：『流星入九坎，有水旱之變；從南入，則大旱；從北入，則大水。』

又《流星犯天淵二》 郗萌曰：『大流星色青黑，出天淵，所之邑大水。大流星色赤黄，出天淵，所之邑大旱。』

又 卷七七《客星占一・客星名狀二》 《荆州占》曰：『王蓬絮星，色青而熒熒然，所見之國，風雨不如節，焦旱，物不生，五穀不登，多蝗蟲。』

又 卷七八《客星占二・客星犯角一》 石氏曰：『客星守左角，色赤，天下大旱，五穀不成。』

又 巫咸曰：『客星守角，五穀不登，大旱，不生草木。』

又 郗萌曰：『守角，臣謀其主，一曰賊臣從外入。』又：『客星守角，大旱，五穀不熟，燋旱不生；一曰：色赤，守角有兵。』

又 《荆州占》曰：『客星犯守角，大旱，五穀不登，富人貧。』

又《客星犯亢二》 夏氏曰：『客星入亢，人流亡。』郗萌曰：『客星入亢天庭十日，天下大亂。又客星入亢，有小旱，期三十日。』又曰：『旱。』

又 《海中占》曰：『客星出亢，若守之；其國大旱，五穀傷，貴人去其鄉，人民流亡；若芒角變色，地動爲害，期三年。』

又 卷八三《客星占七・客星犯太微四十五》 石氏曰：『客星入端門，出東門，天下大旱，五穀不成。』

又卷八四《客星占八・客星犯天囷十七》 齊伯曰：『客星出天囷，若守之，天下大旱，民饑，人相食，若有粟令，期二年。』

又《客星犯天田十二》 郗萌曰：『客星入天田，天焦旱，五穀不登，多蟲蝗。』

又卷八九《彗星占中・箕彗孛犯箕》 石氏曰：『彗星出箕，夷狄爲亂，大兵起，天下大旱，糴貴十倍，人多餓死，死者大半，期二年。』《海中占》曰：『彗星出箕，天下大饑，大臣有見棄捐者。』《河圖聖洽符》曰：『彗星出入箕，天下大旱，穀貴，人民饑死，十有五死。』

又卷九〇《彗星占下・彗孛犯鱉星十》 《聖洽符》曰：『彗星出鱉星，有大水，白衣之會，若有水令，若守之，其國大旱。』

又《彗孛犯九坎十一》 齊伯曰：『彗星出九坎，有水旱之災；出南，則大旱；出北，則大水。』

又卷九六《雲氣犯列宿占・九坎》 赤雲氣入九坎，天下大旱；黑氣入，大水。

又《水位》 黑氣入水位，大水；赤氣入，大旱。

宋 董煟《救荒活民書》卷中 今具旱傷敕令格式下項：

淳熙令

諸官私田災傷，夏田以四月、秋田以七月、水田以八月，聽經縣陳訴，至月終止。若應訴月并次兩月遇閏者，各展半月。訴在限外，不得受理非時灾傷者，不拘月分，自被灾傷後，限一月止。其所訴狀，縣録式曉示。又具二本，不得連名。如未檢覆而改種者，並量留根查，以備檢視不願作灾傷者聽。

諸受訴灾傷狀，限當日置傷灾多少。以元狀差通判或幕職官本州缺官即申轉運司差，州給籍用印，限一日起發。仍同令佐同詣田所，躬親先檢見存苗畝，次檢災傷田改。具所詣田所，檢村及姓名、應放分數注籍，每五日一申州。其籍候檢畢，繳申州，州以狀對籍點檢。自住受訴狀，復通限四十日，具應放稅租色額外分數榜示。元不曾布種者，不在放限，仍報縣申州，州自受狀。及檢放畢，申所屬監司檢察。即檢放有不當，監司選差鄰州官覆檢若非親檢次第照依州委官法失檢察者，提舉刑獄司覺察究治。以上被差官，不許辭避。

諸官私田災傷而訴狀多者，令佐分受置籍其載，以稅租簿勘同。受狀五日內繳申州，本州限一日以聞。

諸訴災傷狀不依全式者，即時籍記退換。理元下狀日月，不得出違申州日限。

淳熙敕

諸縣災傷應訴而過時不受狀或抑遏者，徒二年。州及監司不覺察者，減三等。

諸鄉書手貼司代人戶訴災傷者，各杖一百。因而受乞財物贓重者，坐贓論加一等，許人告。

諸州縣及被差檢覆災傷，於令有違者，杖一百。檢放官不躬親遍諸田者，以違制論。

諸詐稱災傷減免租稅者，論迴避詐匿不論律，許人告。

淳熙格

告獲詐稱灾傷減免租稅者，杖，罪錢一十貫。徒，罪錢二十貫。流，罪錢三十貫。

告獲鄉書手貼司代人戶訴災傷狀者，每名錢五十貫三百貫止。

淳熙式

敕訴災傷狀

某縣某鄉村姓名，今具本戶災傷如後：

一、戶內元管田若干頃畝，某都計夏秋稅若干，夏稅某色若干，秋稅某色若干非己業田，依此別爲開拆。

一、今種到夏或秋某色田若干頃計。

某色若干田係旱傷損或損餘灾傷處，隨狀言之。

某色若干田苗色見存如全損，亦言灾傷及見存田並每段開拆。

右所訴田段，各立土埄牌子。如經差官檢量，卻與今狀不同。先甘虛妄之罪，復此額，不詢。謹狀年月日姓名。

檢覆灾傷狀

檢覆官具位

准某處牒帖，據某鄉申人戶被訴灾傷，某等尋與本縣某官姓名詣所訴田段，檢覆到合放稅租數，取責村鄉，又結罪保證狀人案。如後：

某縣據某人等若干戶某月終以前兩縣以上，各依此例披訴狀爲某色災傷如限外非時災傷，則別具某日月至某月日，投披訴之非。

正色共若干，合放每色若干，租課作正税。

右件狀如前所檢覆，只是權放某年夏或秋一料内租，即無夾帶，種時不敷。及無狀披訴，并不係灾傷，妄破税租，保明是實，如後具同，甘俟朝典。

謹具申某處謹狀年月日依常式。

淳熙令

諸承買官田宅，納錢有限而遇灾傷，本户放税及五分者，再展半年。再遇者，各准此。

淳熙令

諸州雨雪過常或愆亢，提舉常平司體量次第，申尚書户部。蟲蝗水旱，州申監司，各具施行，次第以聞。如本州隱蔽，或所申不盡不實，監司體訪奏聞。

淳熙令

諸州縣豐熟灾傷，轉運司約分數奏聞。其未收成，監司、知州不許預奏豐熟。

《明實録·英宗睿皇帝實録》卷一三八 ［正統十一年二月］巡撫山東大理寺右寺丞張驥言三事：一、山東人旱即伐初葬者塚墓，殘其肢體，以爲旱所由致。名曰：打旱骨樁。此豈惟褻瀆天地，且搖人心，請嚴其禁。

明 歸有光《震川集》卷四《張貞女獄事》 初，胡巖父子謀殺貞女。傭奴王秀，故嘗與嫗通，後已謝去。巖以金餌之，呼與俱來。本欲焚尸以滅跡，又欲誣貞女與王秀私而自殺，其造意為此兩端。蓋今豪家殺人，多篡取其尸焚之。官司以其無跡，輒置不問。故殺人往往焚尸，為吏者不可不知也。火起，人來救之。巖裸身着草履，其衣為血所濺，卒無衣易也。人或謂：『胡郎，事如是，奈何？』巖疾視曰：『若謂有何事耶？』亟令汪客詣縣，且如所以誣貞女者，會汪客醉卧縣門外，而貞女父張耀，已先入告之矣。耀，弱人。其婦翁已得巖金，教耀獨告朱旻。及典史來驗，巖尚揚揚在外，為賂驗者。貞女喉下刀孔，容二指，尚有血沫噴湧。仵人裂其頸，謾曰無傷者。盡去其衣，膚青腫。寸斷如畫紋。脅及下體，皆刀傷血流。市人盡呼冤，或奮擊仵人。縣令亦知仵人受賂，然但薄責而已。

一日，令晝寢。夢金甲神人兩膊流血，持刀前曰：『殺人者，胡鐸、胡巖也。不速成此獄，當刺汝心。』令驚起，問左右，知有胡巖，巖父胡堂。令因謂『堂』、『鐸』聲近訛也。逮女奴鞫之，遂收巖等。

先是，嫗貲千金，悉寄巖家。巖以是益得行金求解。時有張副使罷官家居，與丁憂邱評事，兩人時時入縣。縣令問此兩人。張顧邱曰：『老法司謂何？』邱曰：『殺一女子，而償四五人，難以申監司也。』蓋令多新進，不諳法律，又獄上御史，常慮見駁，損傷聲譽，故以惑之。令果問計。兩人教令以『雇工人奸家長妻律』坐王秀足矣。以故事益解，巖等皆頌繫，方俟十五日再驗貞女，遂釋巖等。會令至學，諸生告以大義，令方慚悔。回縣，趣召巖等。巖等自謂得釋，兩人亦坐縣治前，候獄定，即持金回也。令忽縛巖等，以朱墨塗面，迎至安亭。且遣人祭慰貞女，兩人相顧變色，遁去。安亭市中，無不鼓舞稱快。時吴中大旱。四月至于六月不雨。及是。大雨如注。

巖復賂守卒，斃嫗于獄，欲以絕口，且盡匿其金。令亦疑巖所為，然但薄責守卒而已。先是貞女之死，數有神怪。至是，暴嫗尸于市，汪客夜持棺欲竊斂之，鬼數百羣逐汪客去。令猶以兩人言，欲出為從者。會女奴指周綸實以椎擊貞女，鞫問數四不易辭。令無如之何，獨貸朱旻。旻是夜實共殺者，不獨于户外竊聽而已。獄已具，兩人猶馳赤日中，泊舟所居數里外，竟日相謀。邱曰：『我至大理，此獄必反。』張對人稱巖，猶曰『胡公』，其無人心如。此貞女之外祖曰金炳，炳父楷，成化乙未南宫進士第二人，為涪州知州以卒。貞女死時，炳家近，先往見其尸，得金，遂不復言。及母黨之親，多得其金。雖張耀亦色動，其族有言而止。予論貞女事已詳，又著其獄事，以志世變。即此一事，其反覆何所不至，獨恃猶有天道也。嘉靖二十七年七月書。

又《貞婦辨》 張貞婦之事，邑宰訊鞫之詳，傅爰之當，昭昭揭日月于天下矣。或疑貞婦之未得為烈也，曰：『其遂于母氏也，胡不自絕而來歸也？』曰：『義不能絕于夫也，有妻道焉。遂志而亂倫，非順也。』曰：『其來歸也，胡不即死？』曰：『未得所以處死也，有婦道焉。潔身以明汙，非孝也。然而守禮不犯，皭然于泥滓之中，故以淫姑之悍虐，羣兇之窺闞，五閲月而逞其狂狡也。』曰：『其犯之也，安保其不汙也？』曰：『童女之口不可滅也，精貫日月，誠感天地，故庶婦一呼，桀夫披靡，水不能濡，火不能爇，蓋天地鬼神亦有以相之，不可以常理論者。』

夫事有先後，迹有顯闇，要之至于死而明矣。屈子之沈湘，賈生猶病其懷此故都。文山縶于幽燕，王炎午生祭之以文。彼賢者，猶不相知如是哉！雖然，所見異辭，所聞異辭，所傳聞異辭。貞婦之事，今日所目見者也，謂不得為烈者，東土數萬口無此言也，彼為賊地者之言也。嗚呼！綱常與天地終始，而彼一人之喙，欲沈埋貞婦曠世之節，解脱羣兇滔天之罪，吾不知其何心也。作《貞婦辨》。

又 卷七《與嘉定諸友書》 有光頓首諸公足下：僕為奔車所傷，苦腰痛，久臥城中。比因亢旱，家人乏食，扶曳到安亭，見里中人爭言張烈婦事，驚惋累日。嗟乎！烈婦已矣。今日彰善癉惡固有司之事，而發揚之以助有司之不及者，亦諸君子之責也。聞貴邑張侯慨然欲正為惡者之罪，且將申明旌別之典，衆庶欣欣有望。兹者獄久不决而檢驗之官屢出，竊恐元兇漏網，而烈婦之心迹無以自明。僕之不佞，得托交於下風，夙欽諸公之高誼，以為可以明白頌言之者唯諸公而已。竊望於釋菜都講之餘，不恤一言，以伸烈婦之寃，以救東南數千里之旱，唯諸公留意焉。而或者之論，以為致人於生可也，致人於死，仁人之所不為也。不思生者可念，則死者何？婦之死極其慘酷，凡有人心者皆欲臠而食之。元惡大憝，暴戾恣睢，據人之室，竊人之財，殺人之婦，此而不誅，則人將相食，國家之典法亦為無用矣。或又以為賞罰有司之典，士不得而與焉。夫平常一政事無所與可也，邑有大寃大獄，有司方垂公明之聽，而士懷隱默之心，則亦無貴於士矣。居今之世，耳目所及，可以忿疾者何限，顧非力之所及，則已。僕以為烈婦之事，諸公有可言之義，輒緣《春秋》之義以責諸公。又恐道遠，諸公不能詳，敢述所聞云。

又 卷一六《張氏女子神異記》 嘉靖甲辰夏五月，安亭鎮女子張氏，年十九，姑脅淩與為亂，不從。夜，羣賊戕諸室，縱火焚尸。天反風滅火，賊共舁欲投火，尸如數石重，莫能舁。前三日，縣故有貞烈廟，廟旁人聞鼓樂從天上來，火出柱中，轟轟有聲。縣宰自往拜之。時大旱，三月無雨，士大夫哀祭已，大雨如注。賊子籲天拜，拜忽兩腋血流。縣宰命暴姑尸壇上，禁其家不得收。家夜收之，雷雹暴至，羣鬼百數啾啾共來逐，遂棄去。及官奉檄啓視女子，時經暑三月不腐，僵卧膚肉如生，頸脅二創孔有血沫，仵人吐舌，謂未有也。噫！亦異哉。觀古傳記載忠烈事，多有神奇，今日見之益信。於是知節義天所護。然不能護之使必無遭害，何也？悲夫！

明 謝肇淛《五雜俎》卷一《天部一》 諒輔爲五官掾，大旱禱雨，不獲，積薪自焚，火起而雨大至。戴封在西華亦然。臨武張熹爲平輿令，乃卒焚死。有主簿小吏皆從焚，焚訖而澍雨至。水旱之數，聖帝明王不能卻也。而以身殉之，不亦過乎？諒、戴幸而獲免，張熹死而效靈。前二人之雨，天所以示聽卑之意也；後者之焚，天所以絕矯誣之端也。天亦巧矣。

又 昔人謂亢旱之時，上帝有命，封禁五瀆，此誠似之，每遇旱，即千方祈禱，精誠憊竭，杳無其應也。燕、齊之地，四五月間，嘗苦不雨，土人謂有魃鬼在地中，必掘出，鞭而焚之，方雨。魃既不可得，而人家有小兒新死者，輒指爲魃，率衆發掘，其家人極力拒敵，常有叢毆至死者。時時形之訟牘間，真可笑也！

又 南安王元積爲相州刺史，禱雨不效，鞭石虎像一百，未幾，疽發背死。奚康生在相，亦以禱雨取西門豹舌，三兒暴喪，身亦遇疾。萬曆己丑，吾郡大旱，仁和江公鐸爲守，與城隍約，十日不雨則暴之，既而暴又不雨，則枷之，良久，始解。無何，江至芋江，登舟，墮而傷足，病累月，幾殆。人亦以爲黷神之報也。

又 元微之詩云：『江喧過雲雨，船泊打頭風。』過雲雨，打頭風，皆俚語也。今閩人猶謂暑天小雨爲過雲雨。齊地東至於海，西至於河，每盛夏狂雨，雲自西而興者，其雨甘，苗皆潤澤；自東來者，雨黑而苦，亦不能滋草木，蓋龍自海中出也。

明 佚名《青溪暇筆》卷二 東坡言：『《太平廣記》云：以虎頭縋之有龍之湫潭中，能致雨。須以長綆繫之，雨足乃取出，不爾雨不止。試之有驗。』福謂東坡非欺人者。今年江南旱甚，惜未有以此術告於有司者，故表著之。氣類相感，理或然也。

清 方觀承《賑紀》卷一《上諭》 乾隆八年七月十三日奉上諭：前因直隸天津、河間等屬夏間被旱，米價騰貴，朕特降諭旨，令倉場總督撥運倉米十萬石分貯被旱各州縣，以備平糶撫恤之用。今據高斌奏稱，被旱之地已經成災，除先行酌量撫綏外，見在查明分別賑恤，照例於冬月開賑等語。朕思開賑之後，需米必多，著倉場總督於通倉梭米各色米内再撥四十萬石，於現撥十萬石運完之後，即行接運，務於八月内全數運津，令總督高斌分發各處水次，就近挽運，接濟冬間賑恤。該部速遵諭行。欽此。

乾隆八年十月十六日奉上諭：據直隸總督高斌奏稱：直隸天津河間等屬，今年夏間被旱，業已蒙恩賑恤。第歉收之後，米價尚屬昂貴。聞奉天米穀豐收，請弛海禁，俾商民販運，米穀流通，接濟天津等處民食等語。奉天一省，今年朕親臨幸，目睹收成豐稔，米價平賤，以之接濟直隸，洵屬裒多益寡。著照高斌所請，准其前往販運。自奉旨之日，至次年秋收為止，令該地方官給與商人印票，聽奉天將軍府尹查驗。收買之後，給以回照，仍行文知會直隸總督，並令沿海官弁時加稽查，毋令私出外洋，庶需穀者得以餬口，而糶販者又借以獲利，於奉天、直隸二省均有裨益。該部即行文該總督、將軍、府尹等知之。欽此。【略】

乾隆九年二月十九日奉上諭：朕因直隸天津、河間、深州等屬上年被災較重，今春雨澤未降，麥收未能期必，恐停賑之後貧民不免乏食，著高斌分別妥議，於從前定議之外，再加賑月分，以接濟窮民，並豫籌米穀，以備臨時之用。今據高斌奏稱：見在次貧之民，前議賑至二月止；極貧之民，賑至三月止。今遵旨加賑，應將次貧再加賑三月一個月，極貧再加賑四月一個月。但次貧情形不一，各村莊被災輕重亦不同，除次貧內見在乏食仍須接濟者照常加賑一月外，其有加賑一月尚不能支持，無異極貧者，若只照次貧加賑一月，仍恐不能自存，應同極貧一例加賑，至四月為止。此應賑之民，若全給本色，更於民食有益，約計需米三十萬石。仰懇敕下倉場總督於通倉內照數給發，即令被災州縣自雇船隻赴通請領，其水腳照例報銷等語。著即照高斌所議速行，其一切查辦事宜，著飭原辦之道府親赴各州縣督率辦理，務令貧民均沾實惠。欽此。

乾隆九年四月十三日奉上諭：直隸河間、天津、冀、深等屬十六州縣上年被災較重，今春雨澤愆期，朕恐二麥收成不能期必，小民東作方興，已降旨於停賑之後再加賑四月一個月，資其力作。目今雨澤稽遲，麥收已經失望，而秋田收穫尚早，此際若不格外加恩，恐貧民仍不免於乏食。著再加賑五月一個月，該部即傳諭總督高斌先期籌畫，速行辦理。欽此。【略】

乾隆九年八月二十二日奉上諭：上年天津、河間等處被旱成災，朕於常格之外加恩賑恤，不使窮民失所。今春雨澤又復愆期，麥收歉薄，朕心更為優慮。幸於五月半後天賜甘霖，通省沾渥，禾稼豐稔倍常，朕為萬民額手稱慶。念從前天津、河間被災最重之二十六州縣，並續報偏災之霸州等五州縣，目下秋田雖獲有收，恐元氣一時未復，著將所借麥種牛力牧費制錢等項，悉行豁免，俾積歉之區民力寬裕，示朕加恩休養之至意。該部遵諭速行。欽此。

乾隆十年二月二十二日奉上諭：直隸河間、天津等屬前歲荒歉，朕格外加恩，多方賑恤，曾降諭旨，將被災最重之十六州縣並故城、新城二縣乾隆九年以前新舊錢糧，俱緩至本年秋收後，令該督看彼地收成光景奏聞，再行開徵。今思災重各州縣舊欠錢糧雖俱停緩，而本年應納錢糧已屆開徵之期，該處當積歉之後，元氣未復，若照例催輸，民力未免拮据，朕心軫念。著將河間府屬之河間、獻縣、阜城、任邱、交河、景州、吴橋、東光、天津府屬之青縣、靜海、滄州、南皮、鹽山、慶雲、冀州屬之武邑、深州屬之武強等十六州縣並故城、新城二縣所有本年應徵錢糧，俱緩至秋收後照例開徵，以紓民力。目今東作方興，俾得盡力南畝，以示加惠元元之意。該部即遵諭速行。欽此。

又卷二《院奏辦賑事宜摺》 奏為恭請聖訓事：直隸河間、天津二府，冀、深二州屬，秋田亢旱，經臣具奏情形，蒙皇上批諭周詳，無微不到。臣欽遵敬繹之下，謹將奉行事宜，擬議六條，恭呈訓示。

一、賑務輕重緩急之宜，不能豫定，惟在臨時酌量妥辦，以重當厄之施。然起手收功先後之次第，亦應早為籌畫。目前最急者，先令地方印官親身赴鄉，核明户口，分別極貧、次貧，俾災民食賑有望。其心已安，即就便剴切曉諭，無妄希就食，輕離鄉井。民知官之恤己世，自易聽從。

一、此時届秋獲猶早，其流移者眾，緣亢旱已甚，田禾無望，尚非已經迫於饑餒，惟當早為安輯。擬令清河道方觀承、天津道陶正中率同河間府知府徐景曾、天津府知府胡文伯分路前往，因地制宜，悉心籌辦。

一、被災加賑月分，本有定例可遵，但臣察看災區情形，有不得不懇恩於常例之外者。擬於八月普賑之後，將災重州縣之極貧統加賑五個月，次貧統加賑四個月。自十一月起，至明年二三月上，責成道府大員，率屬加意經理，俾無失所。迨明年三四月青黃不接之時，應否再籌接濟，另奏請旨。

一、糧價驟貴，民情不免惶迫，擬將恩賞通倉粟米，先即分運各州縣，照地方時價酌量平減出糶，以資民食。

一、八九月種麥之期，凡有地無力之户，行令地方官按其宜麥之區，借給麥種，務令及時普種。如地主外出，即責成地鄰承種。地主歸來，計其遲早，酌量分給子利。

一、賑務首重在米。米有不敷，乃兼用銀。今所賴者，古北口外連年豐稔，米穀充裕，八溝、熱河、鞍匠屯各處，價皆平賤，內地商販多資其利。上年奉旨採買口米，運貯通倉，今已得用。是廣收口外之粟米，實屬兩有裨益之事。請令熱河、八溝四旗三廳屬多為收糴存貯，以備運通運津充賑，或抵運蘇州陵糈，而以東豫二省歲運薊倉者截留在津充用，皆今冬必應籌辦者。

乾隆八年七月初二日。奉硃批：所奏俱妥，即照此實力為之。欽此。

又《會議辦賑十四條》　本道等蒙奏委專司賑務，期於安輯災黎，招徠流户，俾河、律、冀、深饑民早邀聖澤，得免仳離。凡核驗户口、給散銀米一切事宜，固屬目前要務，而蓄養耕牛、借助麥種，尤當先期籌畫。茲會議列為十四條，呈請栽行，乾隆八年七月初五日。

一、今歲夏麥失收，秋禾繼旱，貧民無以自存，自應隨宜拯救，未便仍拘常例。所有成災州縣極次貧民户口，於核查完日，各照例於八月內先行普賑一月不分機次貧普賑，以救其急，故又曰急賑，亦曰先賑。其加賑月分，已蒙破格奏請，極貧加賑五個月，次貧加賑四個月，仰荷聖恩俞允，誠百萬災黎更生之幸。但二十五州縣，成災本有輕重，給賑宜加區別。本道等悉心體察河間府屬之河間、阜城、任邱、交河、獻、景、吴橋、東光、天津府屬之靜海、青、滄、南皮、鹽山、慶雲、冀州屬之武邑、深州屬之武強共十六州縣，均係全災，應將極次貧民加賑月分遵照奏案辦理；其河間府屬之肅寧、寧津、故城、保定府屬之束鹿、正定府屬之欒城、廣平府屬之威縣、深州並所屬之饒陽、安平共九州縣，均係偏災，應仍照常例辦理常例：成災十分者，極貧加賑四個月，次貧三個月；九分災，極貧加三個月，次貧兩個月；七分八分災，極貧加兩個月，次貧一個月；六分災，極貧加一個月，次貧不加。並請於題報疏內分析聲明。

一、大賑即加賑自十一月為始，至明年二三月止，已蒙奏明行知。計普賑之後，各處户口查畢，米糧運到，原需兩月之期，其常例加賑月分，更宜施之於冬寒歲暮之時。應請定於十一月初一日開賑，按月散給並月散給，官省民費。惟是極貧户口內，有老病孤寡全無依倚，一經停賑，即難存活者，應請於八月普賑後，仍續賑九十兩月，俾接至大賑，以廣皇仁。

一、賑例：大口日給米五合，小口減半。但户口過多，竊恐米穀不繼，似應銀米兼賑，計於民用亦便。米折銀數，值此價昂之時，應請照乾隆三年直隸奏案，每斗折銀一錢五分半，米五合折銀七厘五毫，合制錢六文半。

一、查賑先赴被災最重之州縣，就一州縣中，先赴被災最重之村莊，挨户清查，分別極貧次貧，點明男女大小口數，開載賑冊，仍於門牆灰書户名口數，以防遺漏重復影射之弊。其極貧户內，老病孤寡赤貧無依者，悉註冊內，以便續辦。村莊內如有因災挈眷外出存剩空房者，另薄記之，作為外字號，亦於門牆灰書户名口數。本人聞賑歸來，即憑查驗補賑。

一、挨查户口，備具印票、賑冊，標明某州縣某村莊，以次登記姓名並男女大小口數，十二歲以下者定為小口，票鈐州縣印，每百張為一束須點清數目，使有稽考。查畢一村，即照冊填寫名口，票冊合鈐圖記，按名散給。諭令於放賑之日，執票赴廠支領。其老病嫠獨家無丁男者，許同村親族兩鄰具保代領。

一、乾隆二年户部定議：凡遇賑恤，於城中設廠之外，再於城四面二三十里鄉村，擇廟宇閒房之高大者，預將米穀分貯，揭示放賑日期，臨時親往散給。應令地方官除城倉設廠外，再酌視應賑村莊道路遠近，於饑民日可往返適中處所，分設賑廠，預將應需米穀運貯某某村莊，定於某日在某廠內散給，先期出示曉諭，務使遠近周知揭示按村莊遠近，先遠後近。屆期之前夕，司賑之員至廠住宿，遵照規條俵散散賑規條詳後。其運米車船腳價，由藩司照例詳請，動項給發。地方官如有藉端派累情弊，嚴揭參究。

一、聞賑歸來貧户，應請一體賑恤。地方官責令地保鄉約，隨時據實舉報。其大小名口與外字號冊內所開相符者，即令地保並見賑之户出具保結，一體給賑。有在十月以前歸來者，仍准補賑一月雖過八月普賑而未及十一月大賑，仍補賑一月。歸在十一月以後者，入大賑。倘外宇號冊開載偶有不全而實係本村外出之貧民，取有保結，亦即給與。如所保不實，地保責懲究追，賑户革賑。其補賑外字號户口銀米數目，另冊申報稽核外出之民，其遺易辨，其冒難稽。即如八年，旱在六月，必係六月因旱而出者始為災民，應賑。如在五六月以前，則是因他事而出，車轉徙之災民矣。但實是土著而適於凶年言歸，此中又須體察。

一、貧乏生員，應令教官查報，酌量周恤。案查乾隆三年欽奉上諭：頗後凡過地方賑貸之時，飭令軼官將貧生等名籍開送地方官，核實具報，視人數之多寡，即於存公項內酌撥銀米，移交本學教官均勻散給，資其饘粥。如教官開報不實、散給不均及胥吏中飽者，交督撫學政稽查，即以不職參治。欽此。今議恤貧生户口，動用公項是否敷用，請飭藩司定議照辦貧生不言賑者，所以別於齊民也。當曉之，以養其廉恥。如有貧生混入災民滋事者，輕則發學戒飭，重則革究。

一、地方住旗莊頭、壯丁、家奴並旗户地畝多者，俱不應賑。又租種旗地之佃户，已於民冊查辦，其有旗人正身種地數畝，無別業為活，亦無子弟在官，實係乏食者，准將家口造冊，由本管領催匯報理事廳，核發州縣，一體賑恤。又竈户之貧乏者，令該管大使查明口數，移送州縣賑恤。如旗莊、竈户有混入貧民冒領滋事者，行本管究懲竈户亦民也。有地之家已入民冊者，當查明即係某竈，於竈户數內删除。更有商人長雇之竈户，受傭得值，已可營生，不應給賑。

一、銀米兼賑。按：大口日給米五合，計月給半，米七升五合；小口日給米二合五勺，計月給半，米三升七合五勺。州縣應另造七升五合、三升七合五勺木筒各若干具，以備散賑之用，庶免零星輕重之弊米不及斗，故曰筒。但愚民或歎為減小之斗，須明白曉諭之。筒面宜扣以鐵，以免消減。再賑例應扣小建，其兩樣木筒，照扣除之數另造一分備用或統於銀內扣除而不扣米，亦屬簡便。

一、案查乾隆元年奉上諭：嗣後直省州縣，倘遇查勘水災旱災等事，凡一切飯食盤費及造冊紙張各費，俱酌置動用存公銀兩，毋許絲毫派累地方。欽此。本道等酌議，核賑、散賑各委員，正印丞倅以上，無庸給與盤費。佐雜教職，應請每員月給盤費銀八兩。核賑委員，各派書辦二名、跟役二名，每名日給飯食銀四分。散賑，每廠派書辦二名、衙役四名、量米斗級四名，每名日給飯食銀四分。凡冊籍紙張筆墨零星各費，令州縣先行墊用，統於司庫存公銀內請領還項。

一、出借麥種，先僅畜有牛隻之家，查明實種麥地，按畝借種五倉升民間地畝不皆種麥。秦雍之地，種麥者十之七；直隸廣平、大名等府，麥地居十之五，正定、保定、河間、天津等府，麥地居十之三；永平、宣化、遵、薊等府州，麥地不過十之一二，是年官僑麥種有地百畝者，准借三十畝；地十畝者，准借三畝。乃實種之地也。其無牛貧民，諭令向牛力有餘之家雇用，照詳定之例，每畝代發雇值制錢二十五文，收成時還官。如地主外出，借種鄰右承種。俟本户回籍，按其月日遲早，官為酌分子利。已奉奏明，應通飭災地一體遵行。如本户不歸，即聽全收還種風聲所及，流户多歸，不止盡地利也。

一、時將白露，一經得雨，即應及期種麥，全賴牛犁足用。今貧民因旱乏草賣牛者多，來春生計所關，不得不為多方籌畫。應令即委各員於赴村查賑時，察視貧民小户牧養無資者，官為借給八九兩月牧費，按月銀五錢，驗明毛齒登記。本户自用耕種並附近有地無牛者雇用，官為代發雇值，收成時照數還官。所借牧費，寬期於明歲麥後還半，大秋全完鄉民棄牛，亦出於萬不得已。設法存之，俾無誤種麥。八九兩月，正其時也。

一、本地紳士商民殷實之家，值此災旱，如有誼篤桑梓、情殷任恤者，或將餘糧減價平糶，或就貧民徑行施給，或設廠煮粥，或製給棉衣，不拘何條，不論本地鄰封，但有情願助賑者，報明地方官，聽其自行經理。事竣，按其所用銀米核實具詳，少則酌量優獎，多則題請議敘。

又《院奏借民麥種牛力牧費摺》 臣查直隸各屬，於七月初旬內得雨，多已沾足，秋禾結實，得此滋助，收成可加分數。旱災地方，乘雨補種蔓菁蔬菜，借以療饑，民情較前稍覺安帖。且久旱得雨，地脈疏通，由此膏霖可期應候。八九月正值普種秋麥之時，民間多種一畝，來春獲收一畝之益，尤為補救要務。但牛具子種，災民無力營措，均須預為籌畫。臣見在動項，委員採買麥種，分貯被災州縣，查明貧户畜有牛具者，按畝五升借給。如欲自買麥種，每畝借銀一錢。缺乏牛力者，諭令雇用，每畝借雇價錢二十五文。並令牛力有餘之家，將外出貧民所遺麥地代為耕種，亦按畝借種，視本人回籍月日遲早，酌量分與子利。其因旱乏草有牛而不能牧養者，不免輕為賣棄，令各員查賑之便，驗明屬實，登注毛齒，於八九兩月，每月借銀五錢，以資飼養。本人耕種之餘，仍可出雇，計一日之牛力，可種地六七畝，約得雇值二錢，彼此相資，民所樂從。所借牧費雇價，俱於來年麥秋兩季分限還官。臣並飭地方官親詣四鄉，勸諭雨後廣為佈種，務無後期，無曠土。此時民情皆有戀土之意，外出者亦漸次歸來，資以牛力，鈥麥春麥接種無誤，則來春生計有資，民氣可望漸復。謹具奏聞。乾隆八年七月二十三日。奉硃批：覽奏稍慰朕懷。其勸課補種秋麥，實為目下急務，極力為之。

又《察勘地畝災分議》 查賑先在勘准地畝災分輕重，輕重一錯，後來核辦户口，劇難調劑。然九、十分重災易勘，而七、八分與六分遞輕之等，所辨已微，至六分與五分，賑否攸關，尤當審慎。大旨與其畸輕，毋寧畸重。重則可於核户時伸縮之，輕則無挽補法矣。今歲成災州縣，九、十分者居多，所報六、七分災者，似亦拘於成例，若報災不可少二層焉者，其實收成未必果有三分、四分也。幸蒙天恩優厚，凡六、七、八分災村，比較常年九、十分災民得食還多，否則其時六分之極貧、七八分之次貧，止食一賑，民其不支矣。此事責成，全在地方官其勘報輕重之間。不惟核賑以此為根據，即錢糧之蠲緩分數亦因之，誠為辦賑第一要義也。至於委員，不過臨時一過，取其白地而十分、九分之，視其苗之長短疏密而七八分之、五六分之，豈知十日半月之後之一槁而同歸於盡也。反是者，則前無雨而後忽有雨，此有雨而彼仍無雨，局已下變，而泥於委員報文之已上，不為更正，則錯到底矣。故及災冊未經達部以前，地方官不妨具結申請，即使駁查覆勘而其言果驗，自當俯從，慎勿護前，反貽後咎。為此劄，請貴司核議施行。

又《院題秋禾被旱情形疏》　為詳報秋禾被旱情形題請賑恤以廣皇仁事。據直隸布政使司布政使沈起元呈詳前事，該臣等查得直屬河間、天津二府，冀、深二州所屬各州縣，因入夏以來雨澤愆期，或麥收之後秋禾未獲種植，或已種之後根苗未能滋長；又保定府屬之束鹿縣、正定府屬之欒城縣、廣平府屬之威縣得雨亦未沾足，以致秋收失望，雖其中輕重不等，而被旱偏災已形。據各屬陸續具報，經臣先後奏明，委清河、天津二道帶同河、津、冀、深等府州親曆災地督率查辦，並委員會同各該地方官確勘被災分數，查明應賑户口逐一造報。去後，兹據布政使沈起元以旱災已成先行具詳請題賑恤前來，除各州縣見在乏食窮民有經搬移外出者，業經分飭鄰近各屬親身察看，凡能赴前途投親傭工謀食者，聽其自便，其有老羸殘疾不能前行者，即便收留，照例給與口糧，同情願回籍實在無力貧民並外省來直流民查明一體資送回籍，勿致饑餒病傷，其用過銀錢米穀各數目，統俟事竣之日照例造冊請銷，並將本地居民加意撫綏，悉心勸導，無使輕離鄉井，候示賑恤外，所有河間府屬之河間、獻縣、阜城、肅寧、任邱、交河、寧津、景州、吴橋、故城、東光，天津府屬除天津縣被災尚輕另行查辦外，其餘青縣、靜海、滄州、南皮、鹽山、慶雲，保定府厲之束鹿，正定府屬之欒城，廣平府屬之威縣，冀州屬之武邑，深州並所厲之武強、饒陽、安平等二十五州縣被旱成災情形，相應先行題報，仍俟各州縣將被災村莊地畝勘明分數查造冊結到日，另行匯造清冊，送部查核。至各州縣被災貧民農業失收，資糧久罄，見在擁工無所，謀食維艱，仰懇聖恩，急為賑恤。一俟户口查清，即行敢給，照例於八月分先行普賑一月口糧，大口給米五合，小口二合五勺，穀則加倍，此後仍分别極貧、次貧户口加賑。惟是各該州縣麥收既歉，秋禾復旱，與常年偏災不同，應遵乾隆五年欽奉之諭旨，因時就事，不拘常例辦理，將極貧加賑五個月，次貧加賑四個月，自本年十一月起，按月散給。其八月分普賑之後，至十一月加賑之斯，為日尚遠，其中實在乏食貧民及鰥寡老弱赤貧無依者，一經停賑，難以存活，應請於普賑之後，於極貧内再將此等窮民按日賑給，仍俟十一月大賑之後，一體歸入極貧數内接賑。每月所賑大小口米穀，俱照前賑一月之數分别給發。所需賑米，除本處現有倉糧酌量動用外，荷蒙皇上天恩，先後發運通倉梭粟米五十萬石，已檄行司道酌議分撥，飭令被災各屬速赴領運。但查河間、天津等處旱災頗重，應賑户口清查尚無定數，減恐災户眾多，撥運之米不能敷用，將來難以為繼，且有路遠難運之處，不得不米銀兼賑，應請遵照近例，通融給放。案查乾隆三年災賑，因米價增長，奏明以制錢一百三十文合銀一錢五分，折米一斗兼賑。荷蒙恩准，欽遵在案。今被旱各屬米價甚昂，至平之處，每石需銀一兩五錢。若折價太少，貧民不敷買食。應請照從前成例，每米一斗折銀一錢五分，按數實給，統俟事竣之日，將賑過户口銀米確數分晰造冊報銷。散給賑米，應酌量饑民日可往返之處，於四鄉設廠，將米運送分貯，示期放賑。其運米舟車腳費，動項發給，事竣核實造冊，照例請銷。至各屬貧民有先經外出謀生聞賑歸來者，查明户口，一體賑恤。如在十月以前歸來者，仍補行賑給一月口糧，另冊報銷。被災旗户，除莊頭、莊丁、披甲、家奴四項並地畝本多足以資生者無庸議賑，又租種旗地被旱之佃户已在民冊造報無庸重復再造外，其有屯居另户旗入專靠旗地數畝更無别業餬口者，應令地方官會同該管理事同知分别查明，照民入應賑月分一例賑恤，所需米石，照例於霸州、固安、新城、永清四州縣收存井田屯穀數内撥用旗人之願屯居者，於霸固四州縣内，仿井田意，户給官地一百二十五畝，歲輸租穀於官，謂之屯穀。如無井田屯穀，即於本處常平倉糧内動用報銷。竈户内貧乏户口難以資生者，應令該管大使查明口數，移送州縣，與民人一例賑恤。凡旗莊、竈户，如有混充貧民冒領滋事者，除不准報賑外，仍發該管處究懲。乏食貧士應令教官將名籍開送地方官核實詳報，遵照乾隆三年欽奉諭旨一體周恤，所有應需月分銀米數目，照貧民之例酌動存公銀兩移交教官散給，另冊造報。再，被旱州縣得雨以後，無誤播種秋麥，實為最急之務。應請動用司庫正項，委員採買鮮好麥種，分發各州縣，乘勘賑之便，挨村逐户，勸令及時種麥。查明有地無力之户，按其應種麥地，每畝借給麥種五倉升。有欲自買麥種者，每畝借給銀一錢。於麥收後，照原借銀麥各數徵還，免其加息。其各屬州縣内被旱勘不成災並間有被水被雹被蟲以及麥收歉薄之處缺乏麥種農民，應飭確查地方情形，亦准酌量借給，匯冊報部，於麥收後免息還官。災民有缺乏牛力者，應請按畝備給制錢二十五文，以為雇牛耕種之資，在於司庫正項内動支，收成時照數還項。如牛力有餘之户願將外出貧民所遺地畝代為耕種，亦即查明，酌置借給麥種，俟本户回籍，按其月日遲早，官為斷定分給子粒。如本户未即歸來，即聽代耕之人全收還種。又或貧民牛隻喂養無資，並請官為借給八九兩月牧費，每月銀五錢，將牛隻毛齒及本户姓名登記。如已借領牧費仍行變賣者，責處追還。應借銀兩，亦於司庫正項內動支，令於來年麥收還半，秋後通完。再，被災本處紳士商民人等，有誼篤桑梓、情殷任恤者，或將餘糧減價平糶，或就貧民徑行施給，或設廠煮粥，或捐棉衣，不拘何項，不論本地鄰封，但有情願助賑者，報明地方官，聽其自行經理。事竣，按其所用銀米多寡核實具詳，少則從優獎勵，多則照例題請議敘。又查賑官員盤費飯食及造冊紙張價值等項，應遵乾隆元年欽奉上諭，准動存公銀兩。今酌議查災散賑，正印丞倅以上，無庸給與盤費，其佐雜教職等官，每員每月支給銀八兩，每官一員書役四名，每廠書辦二名、衙役四名，斗級四名，每名每日給飯銀四分，並造冊紙張雜費，均於司庫存公銀內報銷，不得絲毫派累地方。以上各項事宜，見在酌籌辦理。至此外各州縣，或有數村莊地畝被旱被水被雹被蟲偏災之處應量加賑恤者，俟詳覆到日，另行查辦。再，被災地畝本年應納錢糧，一概暫停徵比，統俟勘明分數，將應行蠲免並緩徵帶徵各事宜逐一核明，分別另行題請，合併陳明。臣謹具題。

乾隆八年八月初八日。奉旨：該部速議具奏。欽此。

又《部覆前事》　戶部為詳報秋禾等事，據直隸總督高斌題前事，乾隆八年七月二十七日題，八月初八日奉旨：該部速議具奏。欽此。於本月初九日抄出到部。臣等查得直督高斌將直屬河間、天津二府，冀、深二州所屬各州縣被旱應行賑恤事宜具題前來一疏稱：直屬河間、天津二府，冀、深二州所屬各州縣並束鹿、欒城、威縣被旱成災，秋收失望，經臣先後奏明並委清河、天津二道帶同河、律、冀、深等府州親歷災地督率查辦，確勘被災分數，查明應賑户口，逐一造報。除見在乏食窮民有經搬移外出者，業經分飭鄰近各屬親身察勘，凡能赴前途投親傭工謀食者，聽其自便；其有老羸殘疾不能前行者，即便收留，照例給與口糧，同情願回籍實在無力貧民並外省來直流民查明一體資送回籍，勿致饑餒病傷。其用過銀錢米穀各數目，統俟事竣之日，照例造冊請銷，並將本地居民加意撫綏，悉心勸導，無使輕離鄉井，候示賑恤等語。除河間、天津等州縣被旱地方，該督既經委員確勘被災分數，查明應賑户口造報，應俟題報到日分晰辦理外，至乏食窮民搬移外出並老羸殘疾以及外省來直流民應行撫恤資送之處，現經臣部議覆御史周祖榮條奏案內，行令該督切實勸慰，加意撫綏，並令各地方官酌量資送，妥協辦理在案，應令該督遵照前行辦理，仍將用過銀錢米穀數目事竣核實報銷。

一、疏稱：河間府屬之河間、獻縣、阜城、肅寧、任邱、交河、寧津、景州、吳橋、故城、東光、天津府屬之青縣、靜海、滄州、南皮、鹽山、慶雲，保定府屬之束鹿，正定府屬之欒城，廣平府屬之威縣，冀州屬之武邑，深州並所屬之武強、饒陽、安平等二十五州縣被旱成災情形，相應先行班報，仰懇聖恩，急為賑恤，俟户口查清，即行散賑，照例於八月分先行普賑等語。查乾隆二年八月內，九卿議覆前任安徽布政使晏斯盛條奏，地方水旱災傷，該督撫一面題報情形，一面遴委大員親在被災地方，酌量情形，先發倉廩，及時賑恤等因，通行在案。又乾隆五年九月內臣部確議被災賑恤事宜一案，奉旨：此奏依議。賑濟之事，最關緊要，固不可不先定條例，以便遵行。然臨時情形難以預料，惟在督撫因時就事，熟籌妥協。如果應行賑濟，即於常例之外，多用帑金，朕亦無所吝惜。倘該督撫不留心稽查，以致有司奉行不當，徒飽姦胥猾吏之私橐，小民不沾實惠，則虛糜國帑，究何裨益？欽遵亦在案。今直屬河間等二十五州縣，據稱麥收既薄，秋禾復旱，與常年偏災不同，應如該督所請，飭令各該地方官作速查明，照例於八月先行普賑一月，大口日給米五合，小口減半，穀則倍之。其極貧、次貧各户應行接賑加賑之處，亦應令該督遵奉諭旨，因時熟籌，分別妥辦，務使災黎均沾實惠。倘有官吏里役扣克捏報情弊，即行嚴參治罪。

一、疏稱：所需賑米，除本處現有倉糧酌量動用外，荷蒙皇恩發運通倉梭粟米五十萬石，現經酌議分撥被災各屬領運，但查河間、天津等處旱災頗重，應賑户口見在清查尚無定數，恐災户眾多，撥運之米不敷，將來難以為繼，且有路遠難運之處，不得不米銀兼賑，應請遵照近例，通融給放。查乾隆三年災賑案內奏明：米價增長，以制錢一百三十文，合銀一錢五分，折米一斗兼賑在案。今被旱各屬米價甚昂，至平之處每石需銀一兩五錢，若折價太少，貧民不敷買食。應請照前例每米一斗折銀一錢五分，按數實給，俟事竣之日，將賑過户口銀米分晰造冊報銷等語。查賑恤米石，除本處存貯倉糧以及奉旨撥運通倉米石水陸可通者，行令該督檄飭各屬速赴領運散給。如應賑户口眾多，撥運之米不敷，且有路遠難運之處，不得不銀米兼賑，應如該督所請，每米一斗折銀一錢五分，准其米銀兼賑，務令按數實給。倘冬春之間，米價減落，再行酌減折給報部。事竣之日，將賑過户口銀米確數分晰造冊題銷。【略】

一、疏稱：被旱州縣得雨以後，無誤播種秋麥，實為最急之務。應請動用司庫正項，委員採買鮮好麥種，分發各州縣，乘勘賑之便，查明有地無力之户，按其應種麥地，每畝借給麥種五倉升。有欲自買麥種者，每畝借給銀一錢，於麥收後照原借銀麥各數徵還，免其加息。其各屬州縣内被旱勘不成災並間有被水、被雹、被蟲以及麥收歉薄之處，如有實係有地無力缺乏麥種農民，應飭確查地方情形，亦准酌置借給，匯册報部，麥收免息還官等語。查缺乏麥種，自應借給，應如該督所請，委員採買鮮好麥種，每畝借給五倉升。如欲自買者，每畝借給銀一錢。其被旱勘不成災及被水、被雹、被蟲以及麥收微薄之處缺乏麥種農民，亦應如該督所請，酌量借給。統於麥收後照數還官，免其加息。仍將採買價值並借給過麥種造具銀兩花名清册，先行送部查核。

一、疏稱：災民有缺乏牛力者，按畝借給制錢二十五文，以為雇牛耕種之資，於司庫正項内動支，收成照數還項。如牛力有餘之户，願將外出貧民所遺地畝代為耕種，亦即查明，酌量借給麥種，俟本户回籍，按其月日遲早，官為斷定，分給子粒。如本户未即歸來，即聽代耕之人全收還種。又或貧民牛隻喂養無資，並請官為借給八九兩月牧費，每月銀五錢。應借銀兩，亦於司庫正項内動支，令於來年麥收還半，秋後通完。俟事竣，分晰造報等語。查外出貧民所遺地畝，原不應聽其荒棄，但物各有主，若令別户代耕分給於粒，恐啟藉端侵佔互相爭詰之弊，且各地方官見在資助流民，招回故土，並酌量普賑加賑，伊等聞知皇恩大沛，自必絡繹回籍。其本户未種地畝，即可勸助補種。至於雇牛之資及餵養牛隻等事，亦應聽民自便。若借給牧費、登記毛齒姓名，按月給領，恐當此賑務孔迫之際，地方官勢難分身遍為料理，且恐領後追償，亦不免於滋擾，應令該督因時就事，詳細熟籌，如果斟酌盡善，經理得人，方可權宜行之；倘或奉行不善，致有紛擾，亦不得拘泥已經奏明之案，不復另行籌辦。

一、疏稱：被災本地紳士商民人等，有誼篤桑梓情殷任恤者，報明地方官，聽其自行經理，事竣按其所用銀米多寡核實具詳，少則從優獎勵，多則照例題請議敘等語。查乾隆四年八月内吏部議覆御史朱鳳英條奏内開：嗣後如有地方收成歉薄，紳衿士民樂於捐輸，應行議敘，務須核實具題，飭令地方官出具並無胥吏侵漁浮冒印結諮部。賑恤之案先報户部確核相符，再行會同臣部議敘。尚有抑勒捐助以少報多者，一經發覺，除本人不准議敘外，將題請之督撫、申報之地方官，一併從重議處，等因在案。應如該督所請，檄令被災各屬道例曉諭，無論本地鄰封紳士商民，但有情願捐賑者，報明有司，聽其自行經理，毋得假手吏胥，致滋侵抗。事竣，將所用銀米數目確查結報，少則獎勵，多則題敘。倘有抑勒等弊，查出參奏，交部議處。

一、疏稱：查賑官員盤費飯食及造册紙張價值等項，酌議查災散賑正印丞倅以上，無庸給與盤費，其佐雜教職等官，每員每月支銀八兩，每官一員書役四名，每廠書辦二名、衙役四名、斗級四名，每名每日給飯食銀四分，並造册紙張雜費，均於司庫存公銀内報銷，不得絲毫派累地方等語。查乾隆元年七月内欽奉上諭：嗣後直省州縣，倘遇查勘水旱等事，凡一切飯食盤費及造册紙張各費，俱酌量動給存公銀兩，毋許絲毫派累地方。欽遵在案。今直隸、河間等府屬查災散賑佐雜等官以及書役人等應需盤費飯食紙張，應令該督遵照諭旨辦理，仍將用過銀兩分晰造報查核。

一、疏稱：被災地畝本年應納錢糧一概暫停徵比，統俟勘明分數，將應行蠲免並緩徵帶徵各事宜逐一核明，分別另行題請等語。查停徵蠲緩事宜，應俟直督勘明分數，分別具題，到日再行核議可也。乾隆八年八月十六日題。

奉旨：依議速行。欽此。

又《諭民安静候賑示》　今歲河津二府、冀深二州所屬地方，雨澤愆期，秋成失望，仰蒙皇上軫念窮黎，屢頒諭旨，發運通倉米數十萬石，賑糶兼行。又奉督部院奏請司庫銀兩籌備麥種牛力，凡為爾等資養贍、計安全者無不悉心設法，期於普沐恩膏，此爾等所共見共聞者。乃猶待澤不遑，一旦輕離鄉井，不免道路顛連。業經出示曉諭開導，諒已深喻德意。今本道按臨被災州縣，督率地方官察勘應賑户口，外出者宜即回歸，在家者慎毋輕出，散賑有期，各宜靜候。所有極次貧民户口，一俟委員勘明之日，即按户給票，先賑一月，再為示期加賑，遵照章程，劃一辦理。在事經書人役，按日給以飯食，紙筆各項，俱有公費。如地保人等膽敢指派分文，侵擾民間滴水粒米者，察出立斃杖下。至衿監尤當愛惜顏面，如有希圖冒濫，甚至挾制官長，如上年江南寶應問賑之案，欽奉嚴旨，按律治罪，身家俱喪，可為炯戒。又婦女逢賑宣餍，更為惡俗，不准給賑，仍拘夫男懲治。如實係孤貧，准令牌頭鄰右從傍指識入賑。本道愛民如子，執法如山。凡爾士民，各宜凜遵約束，共戴恩施。

又《辦賑事宜八條》　據霸州知州朱一蜚稟陳辦賑事宜，酌董增減，定為八條，印委各官，即一體遵照辦理。

一、鄉村之僻小者易於稽察，如村大人眾，又有劣衿棍徒串通把持，弊端百出，尤宜加意清厘，責重鄉地牌頭按户實報。鄉地所管數村或一二十村户籍，貧富應賑不應賑，大概皆知。牌頭只管數甲，此數十家之丁口大小，更無不周知熟悉。有冒賑者，不先謀之鄉地牌頭不能也。鄉地牌頭串合分肥，一家冒，一村皆冒，以致遠近聞風，無不欲冒者。或一户兩分，或捏合眷屬，或妝點空房窮狀，或婦幼前後重復村大户繁，已登冊之婦女幼丁又溷入未查户內，委員嘗不能辨，或奴役作為另户，或詭稱外出，或假作新歸，或藏匿糧糗牛具，變幻叵測，千態萬狀，未易悉數。一經察出，即將胥役鄉地枷責示眾。牌甲代人瞞官不實報者，重杖以懲冒與濫有別。濫猶在所應給，冒則不應賑者而分應賑之食，故宜倍嚴。

一、收成確實分數，地方官按村注交委員攜帶查閱。成災九、十分之村莊户口固難率為刪除，極次尤當加意斟酌。雖目前勘是次貧，正恐遲一二月後，又成極貧矣貧家老弱多而壯丁少、婦女多而男丁少者，均當從寬查辦。如被災六分尚有四分收成者，又當防其冒入極貧被災六分村莊，只賑極貧，不賑次貧。凡貧户，一切生業室廬器具情形，均於冊內注明，愈詳愈有益也。

一、次貧户內，老幼數口俱入賑矣。其壯丁無庸濫給者，須當面明白曉諭，仍於冊內注明。極貧，例不減。只雖壯丁，亦當與賑。惟次貧壯丁不得濫給。向來查户有應減之口，常不令知之。今必諭以應減之故，使之心折。假令彼有言而委員不能奪之，即仍入應賑。如此則委員不致任情率辦。

一、除應賑及不應賑外，其有本人堅切求賑而必不應給被刪者，恐有刁民從中生事，須於草冊內切實登注。

一、城關市鎮鰥寡孤獨老疾殘廢極貧乏食者，准其摘賑。其肩挑負販自食其力之人，概嚴混冒。未查之先，出示明白曉諭，以免喧器城關市鎮之人以傭販藝業為生，例不應賑。惟孤獨殘廢無告之民凶年滋困，故准予極貧之賑，而仍歸入附近災村開報。

一、沿河及交界地方，多有刁民賃住破屋，攜帶家口，指稱種地，分趁數縣皆得領賑。須詳查來歷姓名，係某州縣某村人，給與印票，令回本地稟官驗票補賑，以杜重冒。

一、鹽場大使竈户冊，係賑底名開造，委員無從查詢。惟本地收糧吏書能知其現名，然責令查注，又恐滋弊。應統於各村應賑户口內一體查明，交地方官將某名即係某竈户名成，飭糧書另行摘造申送，仍於原冊內注明刪除或於造送竈户冊內，令鹽大使生明本户住址，則知某一村中有竈户幾名，飭令鄉地預於本户門墻灰書竈字，以免復冒。

一、貧生户口，由教官查明開送，無庸列入草冊。其同居弟侄，亦不得造入民户。

又《冊式》

冊式

摘寫莊名一字	災戸姓名	男	女	小	共		
一號		男口	女口	小口	共口	其家有無蓋藏，是何營運藝業，地畝若干，牛具農器幾何，並壯丁乳哺之不應賑者，均填格內。有應續賑者，加一續字。	次貧
二號		男口	女口	小口	共口		次貧
號		男口	女口	小口	共口		貧
號		男口	女口	小口	共口		貧
號		男口	女口	小口	共口		貧
號		男口	女口	小口	共口		貧

右冊式，每頁刊列號數，惟便數十頁為一冊，以『天地元黄』等字樣為委員號記，人占一字，印於冊面。所查某莊，即摘寫莊名一字編為冊內號數，委員執冊挨户登注災民姓名口數，仍將州縣草冊查對是否相合，如某項口無，則填以圈，按户注明『極次』字樣。查完一村莊，合計男女小口總數注明冊後。

一日查過數村莊，即通計數村莊男女小口總數注明冊後，封送總查之廳印官覆核，移交地方官辦理。

又《飭廳印官覆核賑冊檄》 被災地方村莊户口，派委佐雜各員分查，全在總轄之廳印官覆核得實，務無遺濫參差。其冊開之極次貧大小名口，應結具總數，按頁鈐用印記，以杜抽換增添之弊。至監賑人員，如本地教職佐雜不敷派用，即於委員內酌留明練者詳明監賑。此皆廳印應協同地方官料理之事。今委員等分查村莊既畢，遽將冊交地方官，不待通邑事竣，逕自散去，以致未竣之州縣復請添員，殊屬不合。仰即轉飭各委員，將查過村莊户口實冊，俱由廳印覆核鈐印，移交地方官照辦。統俟通一州縣事竣，除詳留監賑外，其餘各回本任。廳印官仍將各員事竣回任日期報查，並將原發號記繳銷。

又《票式》

州县 爲照票事
今查得 莊村 貧一戶某
應賑 大口 小口 共 口
乾隆 年 月 日給付本戶憑票領賑

州县 第 號

州县 爲存票事
今查得 莊村 貧一戶某
應賑 大口 小口 共 口
除給本戶照票領賑外存此備查
乾隆 年 月 日

票用厚韌之紙，製如質劑狀，當幅之中，填號鈐印而別之。票首用委員號記，依格冊內所開極次貧户大小口數填注，如某項口無，則填以圈。一存官，一給本户收執。於赴廠時，監賑官點名驗票相符，令執票領米，銀隨米給。監賑官另制普賑並各加賑月分圖記，普賑訖，則於票上用『普賑一月訖』圖記，加賑則於票上用『加賑某月訖』圖記，按月按次用之，賑畢掣票。其外出歸來之户，查明入冊，一例填給小票。如適值放米時歸來者，即就廠查明一冊內前後户及某之左右鄰，詢問得實，添入冊內，給發小票，一體領賑。再，查户時，一户完，即填給一户賑票，官與民皆便。但村大户多刁民，往往於給票後，婦女小口又復混入，則應俟一村查完後，於村外空地以次唱名給票，其老疾寡弱户口，仍當下填給。

又《禁冒妄求賑示》 本年被旱州邑秋禾失望，荷蒙聖主鴻恩，軫念力耕貧民餬口無資，發粟賑恤，俾安農業。至於關廂市鎮貿易商賈以及肩挑背負傭趁自給之人，向來不靠地畝，年歲雖荒，別有生業，皆不在應賑之列。惟鰥寡孤獨老病殘廢者，准一體摘賑，乃推廣有加之聖澤，非例應溥及之恩膏。爾等自當各安本分，靜候察辦。昨本道督查至南皮泊鎮，有徐德茂、韓潤等倡率男婦，手執署縣所發門牌求賑如數。蓋緣錯認門牌即為給賑憑據，又不容委員確核丁口，造為煽惑聽聞之語。及細加詰問，始知俱係生業寬裕不應入賑之人，並閱署縣所發門牌，乃報災後倉卒所為，即使確實，亦只可為造冊之根，不可為散賑之據。且泊鎮為水陸通衢，貿易商賈及肩挑背負者十居其九，並非乏食莊農，何可妄思例給？除將徐德茂等重懲外，合再曉諭知之。

又《禁生員冒賑諭》 諭府州知悉：乾隆三年四月内欽奉上諭：地方偶遇歉年，貧生不能自給，往往不免饑餒，深可憫念。朕思伊等身列膠庠，自不便與貧民一體散賑。嗣後凡遇地方賑貸之時，著督撫學政飭令教官，將貧生等名籍開送地方官核實詳報，視人數多寡，即於存公項內量撥銀米，移交本學教官均勻散給，資其饘粥。如教官開報不實、散給不均及為吏胥中飽者，交督撫學政稽查，即以不職參治。欽遵在案。細繹諭旨，以伊等身列膠庠，不便等於饑民散賑，惟令地方官視人數多寡，酌撥銀米，資其饘粥，宜不覆核户驗口，同貧民列入賑冊矣。所以別士族於齊民，恩意至為優厚。本道已諭委員遵照，誠以生員素明義利，愛惜廉恥，如非實係乏食，豈肯靦顔貪冒？乃近據各學所報貧生名冊，竟至合學無不食賑之人，一户開送自五六口至二三十口之多，且復混入民冊，種種詐冒，深可駭歎。本道不得不隨宜酌辦，示以限制。因詢問教職中之明干能約束者，僉稱一學內實係乏食貧生，不過三分之一，今將各州縣所報詳加准酌，應照任邱縣稟詳情形並被災分數月分區別辦理。其不成災之村莊士民，一例不賑。如敢恃符妄告，輕則戒飭，重則褫革。教官職任師長，倘仍前徇情干譽，率混浮開，一併記過。本管府州更宜督率主持，俾知畏忌。

又 卷三《散賑》 村民當領賑時，急於得飽，非立法大為之防，則諸患生焉。道里不均，有往返之勞，場宇不寬，有擁擠之慮，時日不定，有守候之苦，稱較有低昂，量概有盈縮，蓆蓋少而米虞蒸濕，校貫差而錢或短少，外出戶口之遺漏重冒者，保鄰親屬之扶同捏飾者，皆為患所宜防。議行條規十則，期於弊除而利可溥。余與隋副使自冬徂春巡曆災區，婦女不聞歎於室，童子相卒嬉於路，二三父老舉手加額曰：聖天子活我！惟當局者先期籌畫，身之所不至而心至之，心之所不至而法已至之，庶幾弊無萌生，澤可下究耳。故備書之。

又《散賑條規》 有賑州縣審戶將畢，設廠開賑宜次第舉行，所有散賑事宜十二條，應通諭印委各員及所管地保、領賑貧民一體周知，遵守如左：

一、散賑大口日給米五合，穀則倍之，小口減半。銀米兼支，升米折銀一分五釐。一月三十日，大口月給賑米七升五合、銀一錢一分二釐五毫，小口月給賑米三升七合五勺、銀五分六釐二毫五絲。普賑、大賑，俱按月放給。普賑一月，不扣小建。加賑，小建之月，大口全扣一日銀七釐五毫，小口全扣一日銀三釐七毫五絲，米不再扣。

一、賑廠每處委佐雜教職一員駐廠監賑，專司稽察約束之事，詳明委任，以專責成胥役攙棟和水，私竊羅賣，抽換銀封，弊竇種種。須明練者專司其事。

一、印官領到庫銀，先期翦鏨，按賑冊村莊戶口，總計一戶大小口應賑半米銀數，庫平兑足包封。或製小袋，開寫姓名銀數於上，一村莊為一總包，照冊內戶口次第就廠散給小袋線穿，挨次俵散最便。

一、放賑前數日，將各廠附近村莊，按道里遠近、人戶多少均勻配定，分為幾日支放。多張告示，注明某村某莊於某日赴某處廠所領賑，仍諭各鄉地遍傳，依期而赴，不得遺漏各村至廠道里，應於敢賑冊內添注。

一、廠門左右十丈外，界以長繩。令鄉地帶領賑戶人眾，各按村莊排立，以道路遠近為給放次第。一村莊之內，先女後男，先老弱後少壯一法：按村各書一旗，立於村外曠地，令饑民各聚旗下，逐村隨旗赴廠，以次散之。天早則任先行，日晏則責成鄉地攏合一村莊之人同行，毋許先後換散荒年暮夜，負銀米孤行田野，防生他虞。銀米所在，闌以大木，守以役壯，書役二名、量米斗級四名在內供役。銀米分置兩處。貧民呈票領米，給竹籌一枝，繳籌領銀，不復驗票。普賑大賑，按所賑月分制小戳記，於票上印之。停賑之月掣票。

一、廠內貯米，戒濕潤。書役按票開發，不許留前待後。斗級按大小口數，用新製木筒平量，不得短少拋撒，違者聽監賑官究處散米木筒概板，委員入廠時均須校驗無弊。

一、賑廠許錢市之人就廠兑換，官為定價，一準庫平。凡翦銀、封銀，即用錢市之人。貧民領銀，就廠易錢，但認封面所開銀數，即照定價給錢，不須啟封稱較。鋪戶按封合計是日所換總數，仍繳原封於官，另給銀如數。其繳回之碎銀，又以供續次之用，不煩重剪，兼可就原封改寫村莊姓名，並省稱較也。

一、貧戶止一兩口者，應照市價折發錢文。庫貯錢多或市錢易購，則悉用錢折發更便。

一、賑冊內有續字之極貧戶口，自起賑日至十月底止，核算共幾十幾日，應得銀米若干，於普賑時一併支給。其聞賑歸來之戶，實係某村莊外字號冊有名，察其尤困苦者，亦於其回日起賑，至加賑前止，按日支給銀米，且須速給以其多一番流離之苦，故宜並從優厚。其外字號冊所不載與勘不成災村莊託名外出，及原有資產今回籍安業者，概不准給。

一、外出之戶在各村已查之後陸續遞回及自歸者，既難隨時赴村察訊，而傳喚地鄰亦滋煩擾，應於本戶到縣之日，詢明所住村莊，核對草冊外字號內姓名口數相符，並其牌約地鄰姓名，填給執照一紙，諭令於賑廠呈投，即就廠眼同地鄰查證確實，換給賑票，添入紅冊，一例領賑。

一、離廠稍遠之村莊有孤寡老弱病廢不能赴領者，准本村親信之人帶票代領，冊內注明代領姓名，以防竊票冒支之弊令本村地牌隨廠識認，並詢問前後連名之人，自無假冒。

一、災民眾多，情偽百出，有於領賑之後復攜家口外出者，多係賣票復往他處，詭名重領，亦有攜家口寄頓別屬，而於放賑時單身回籍領糧復出者，應令地方牌鄰據實舉報，於賑冊內刪除。倘地鄰扶同隱匿，察出究處。有首告者，賞給口米一份。

又《司議分發賑米四十萬石》 本年七月十三日奉上諭：在通倉各色米內再撥四十萬石，於現撥十萬石運完之後，即行接運，務於八月內全數到津，分發各處水次，就近挽運，接濟冬間賑恤。督院行令議詳分撥，除分撥各州縣米數另單呈送外，查領米州縣俱在天津以南，今通米運貯天津北倉，實為總匯之區，但四十萬石之米，通州河下必不能同時載運，各船往返需時，兼以風水難定，恐致輾轉延誤，及今辦理，惟有令各州縣分路多備船隻赴津，盡運急賑一月之米，餘船俱押赴通州充用。其末運即可徑達各屬水次，不必起卸北倉。所有北倉原派之米，嚴督各州縣源源領運，務於冰沍以前完畢，毋許稍涉稽延。

分發米數：

河間縣貯米二萬四千石，獻縣貯米二萬八千石，阜城縣貯米一萬四千石，肅寧縣貯米一萬石，任邱縣貯米二萬六千石，交河縣貯米二萬八千石，寧津縣貯米一萬六千石，景州貯米二萬八千石，吴橋縣貯米一萬五千石，故城縣貯米六千石，東光縣貯米二萬石。

天津縣貯米一萬石，青縣貯米二萬石，靜海縣貯米一萬石，滄州貯米三萬二千石，南皮縣貯米二萬石，鹽山縣貯米三萬六千石，慶雲縣貯米七千石。

深州貯米一萬石，武強縣貯米一萬石，饒陽縣貯米一萬石，安平縣貯米五千石。

冀州武邑縣貯米一萬石，衡水縣貯米五千石嗣衡水縣勘不成災，無庸議賑，米經另撥。

又《倉場總督奏運賑米全竣摺》 奏為運津賑米報竣事。本年七月十三日欽奉上諭：前因直隸天津、河間等屬夏間被旱，米價昂貴，朕特降諭旨，令倉場總督撥運倉米十萬石分貯被旱各州縣，以備平糶撫恤之用。今據高斌奏稱，被旱之地已經成災，除先行酌量撫綏外，見在查明，分别賑恤，照例於冬月開賑等語。朕思開賑之後，需米必多，著倉場總督於通倉梭米各色米內再撥四十萬石，於現撥十萬石運完之後，即行接運，務於八月內全數運津。令總督高斌分發各處水次，就近挽運，接濟冬間賑恤。該部速遵諭行。欽此。又傳奉諭旨，著臣吴拜等速辦，臣等隨飭坐糧廳，於七月十八日備船開運，具奏在案。嗣是量船之多寡，每日或萬餘石，或一萬二三千石至一萬五六千石，陸續發運赴津。直隸督臣高斌亦已先期分飭領米州縣備船轉運，委鹽道鄧釗監兑，或分卸水次，或撥入津倉，隨到隨收。經沿河官弁攢重催空，臣親身督率稽查，以副欽限。計於西倉放米二十萬二十石，中倉放米十二萬石，南倉放米七萬八千石，共米四十萬石，於八月二十四日全數起運開行。一應運費，照例動用輕齎銀兩，造入通庫奏冊內報銷。理合奏聞。乾隆八年九月初八日。奉硃批：覽。欽此。

又《院奏賑務情形摺》 臣竊照河、津、冀、深等屬被旱成災，民人外出，荷蒙皇上格外天恩發粟發帑，措置安全。一應撫恤、招徠、稽查、彈壓事宜，臣欽奉聖訓，令清河道方觀承、天津道陶正中親赴各屬，督同年委各官，協力核辦。月餘以來，節據該道等將災地情形窮檐疾苦並勸課種麥、安插流移、清厘貧口、設廠散賑諸要務備細會稟，漸已辦有頭緒。統計報災之二十五州縣內，最重者河間、獻縣、阜城、任邱、交河、景州、青縣、靜海、滄州、南皮、鹽山、慶雲、吴橋、東光、武邑、武強，俱係全災，即有偏雨沾潤、禾稼可望薄收之處，於通屬不過什伯中之一二，猶恐氣涼霜早，不能成實。其極貧民口多以草實水萍充饑，情狀危慘。臣飭查賑官員攜帶錢米，隨時拯救，不得拘泥賑期，致傷民命。被災次重者肅寧、寧津、故城、威縣、深州，稍輕者束鹿、欒城、饒陽、安平及續報之天律、大城二縣，然各處雖止偏災，而毗連災重之地，頗費調劑。合二十七州縣之貧民，待澤孔殷，一經造入賑冊，典不泥首感泣，咸慶更生。亦間有浮開户口、串同捏飾者，愚民無知，當即改正。如係書役乘機舞弊，必加嚴懲。因災口繁多，逐户挨查有需時日，今已核造將竣，照例先賑一月，業據各屬陸續報期開賑。其從前外出貧民，凡回籍就食者，俱隨到隨即補賑，仍賑專員加意安集，將安查過户口按月具報查核。仰賴聖主福庇，自八月初二至初六日，連得甘雨，民間專留種麥之地，已見抽苗被隴，其補種晚禾之區，須俟月內收穫後，接種秋麥。地方官各已領貯麥種，按時借給，不致遲誤。俟普賑一月之後，將成災最重之十六州縣，照臣前奏，自十一月加賑至來春二三月止，成災次重及續報偏災之十一州縣，遵照定例，按成災分數加賑一個月至四個月。其實在乏食饑口孤苦無依者，於加賑之前，仍按日給賑，均沾稠疊之恩膏，兼勤種麥之本計。民情已有繫戀，地方見在安帖，所有各屬賑務情形，恐廑聖懷，理合恭摺奏聞。

乾隆八年九月初八日。奉到硃批：覽奏，稍慰朕懷。欽此。

又 卷四《展賑》 八月普賑之後，按成災分數以定加賑月分，次貧視極貧遞減，常例也。即不拘常例，亦無分極次，一再加賑而止，是歲以九十兩月。煢獨老疾之不自存也，按日以給，是名續賑。更有急不能待者，則立給錢米以救之，是名摘賑。其不成災之區有鰥無賑，以其毗連災村，亦波及之，是名抽賑；城關亦然。又念次貧者，更數月後即無異極貧，概從優厚賑。已告竣，逆慮其去麥秋尚遠，取二三四五月有加無已，統名之曰展賑。自古及今，得未嘗有。故災地袞延，曾無一人轉溝壑者。今續賑已成例案，告災之地皆仿而行之。煢獨老疾之養尤加意於荒年，是謂聖人之政，雖百世不易可也。

又《諭委員摘賑續賑》 賑災必先審户，固不能不需時日，但其中已不無饑餓待斃者，所爭惟在旦暮，又不可概俟賑期，不亟拯救。聖澤汪穢，發金發粟，本以保全民命，若惟常例是拘，即是奉行不善。前已面屬印委各員，恐未周知，合再飭諭：嗣後於勘驗户口之時，遇有老病孤苦情狀危慘，非急賑之不生者，驗明情形，即知會印官先行摘賑，酌量開賑日期遠近，照口米例，或米或錢，即日給付。此較極貧之應續賑者，又有緩急之別，然亦不過百中之一二。所用錢米另記薄冊，一例請銷。其饑口姓名、住址並某員所查，詳悉開載，以備稽核於紅冊內所注板貧下添注『續』字，入於續賑。又被災最重村莊生計尤艱，次貧之户轉瞬便成極貧，其極次之間須倍加審酌填寫。又極貧户內有久不得食，惟藉野菜草根糠秕爲活者，色見恒饑，家無餘物，均須注明『續賑』字樣，毋得偶有遺忘。又合一州縣户口查畢開賑，雖舊例爲然，亦須酌量災地輕重，如貧民實有迫不及待之勢，則先盡一鄉查畢，即定期開賑，四鄉以次施行，亦屬變通之道。印委官可詳酌情形，公同定議，一面稟報，一面辦理。所有開廠各事宜，目下即當等辦，以期周妥。又一州縣中村莊有多至七八百者，其僻壤孤鄉在犬牙兩界之地，各員分頭查勘，甚或遺漏未到，亦未可定，不可不加詳慎。此地方官之專責，委員不得而知，本道慮及於此，合併諭及。諭到，即抄給委員各一紙。乾隆八年七月十八日。

又《勘灾分別輕重并輕灾抽賑諭》 案乾隆七年，大學士議覆御史李清芳條奏賑務各款：定例民田收成六分以上爲不成災，其被災五分，尚有五分收成，本年錢糧恩蠲一分，仍緩徵，來春酌借口糧，無庸再議加賑。至被災六分者，除先賑一月外，將極貧加賑一個月。被災七八分者，極貧加賑兩個月，次貧加賑一個月。被災九分者，極貧加賑三個月，次貧加賑兩個月。被災十分者，極貧加賑四個月，次貧加賑三個月災輕，照常例辦理。至若地方連歉，抑或災出非常，一切賑恤事宜有難拘常例辦理者，督撫遵奉諭旨，因時就事，熟籌妥辦。或將極貧加賑自五六個月至七八個月，次貧加賑自三四個月至五六個月災重，不拘常例辦理。通行在案。是按分酌定大概者，部臣權衡之法；隨時加增拯助者，聖主浩蕩之恩。今河津各屬賑務，如肅寧、寧津、故城、深州、饒陽、安平、束鹿、欒城、威縣並續報之新城、衡水、大城、天津，被災六七八分不等，其收成五分及五分以上者尚居十之三四，亦有毗連重災處所者，然究係偏災，是以題案內將二十五州縣被災輕重分別聲明，業奉行知。本道巡歷所至，勘明情形，自不便與普災州縣一概給賑，致違成例。恐各州縣因有前發規條，未能深悉，用再飭諭災輕州縣，俱照乾隆七年定例，於普賑一月之後，按照成災分數分別加賑。所需銀米，於户口查畢之後核算確數請領。其原撥賑米有餘者，亦即詳明改撥災重州縣充用。至成災五分者，尚有半收，例惟蠲緩無賑，但五分災與六分相近定例五分災無賑，六分災只賑極貧一月。第五分六分村落毗連，一賑一不賑，調劑常難。是年災重十六州縣六分災之極次貧亦加賑至五個月、四個月，逾於斯格數倍，而同邑連界之五分災村層無顆粒之及，小民不勝其希冀之念，每至滋生事端，故議抽賑以安之。然究屬例不應賑之區，難任濫邀曠典。惟照六分災，極貧加賑一月之例查辦，庶乎其可也。恐勘報稍有不確，成氣涼霜旱，分數減變，均未可定。應照乾隆三年直隸查災舊案，將五分災內無地極貧酌量抽賑，照六分成災定例查辦造報。其有地次貧不得違例濫給。附近災地之鄰邑有似此情形者，無由通融，當於借助中籌之。乾隆八年八月十二日。

又《派撥領運加賑米三十萬石》 准户部諮開，乾隆九年二月十九日奉上諭：朕因直隸天津、河間、深州等屬上年被災較重，今春雨澤未降，麥收未能期必，恐停賑之後，貧民不免乏食，著高斌分別妥議，於從前定議之外，再加賑月分，以接濟窮民，並豫籌米穀，以備臨時之用。今據高斌奏稱，見在次貧之民，前議賑至二月止；極貧之民，賑至三月止。今遵旨加賑，應將次貧再加賑三月一個月，極貧再加賑四月一個月。但次貧情形不一，各村莊被災輕重亦不同，除次貧內見在乏食仍須接濟者，照常加賑一月外，其有加賑一月尚不能支持無異極貧者，若只照次貧加賑一月，仍恐不能自存，應同極貧一例加賑至四月為止。此應賑之民，若全給本色，更於民食有益，約計需米三十萬石。仰懇敕下倉場總督於通倉内照數給發，即令被災州縣自雇船隻赴通請領，其水腳照例報銷等語。著即照高斌所議速行。其一切查辦事宜，著飭原辦之道府親赴各州縣督率辦理，務令貧民均沾實惠。欽此。該司即將加賑之州縣應需米石各若干，核明確數，飭令速即雇備船隻赴通領回。查明應賑户口，將次貧再加賑三月一月，極貧再加賑四月一月，次貧内有加賑一月尚難支持者，應同極貧一例加賑至四月為止，務令貧民均沾實惠。並移飭原辦之道府親赴各州縣督率辦理，先將分派米數開單送查領米，米腳照例報銷。

司詳分派米數：

河間縣米二萬石，獻縣米一萬六千五百石，阜城縣米一萬石，任邱縣米一萬五千石，交河縣米一萬五千五百石，景州米二萬五千五百石，吴橋縣米一萬石，東光縣米二萬二千五百石，青縣米一萬六千五百石，靜海縣米一萬一千石，滄州米三萬一千石，南皮縣米一萬五千石，鹽山縣米二萬八千石，慶雲縣米一萬三千石，武邑縣米一萬四千石，武強縣米一萬石。十六州縣共撥米二十七萬三千五百石，通倉存米二萬六千五百石。

又《倉場總督奏撥加賑米數摺》 臣等准户部諮，乾隆九年二月十九日欽奉諭旨，給發通倉米三十萬石，以為直隸夫津、河間災地三月四月加賑之用。即令州縣自雇船隻赴通請領。欽遵在案。又於本月二十日准户部諮開，直隸提督保祝奏請，將東豫二省應運薊遵陵糈四萬七千餘石，即以八溝、唐三營買存之米就近抵撥，其東豫原運薊糧，仍照議截留通倉或天津備用。奉硃批：著照所請速行。欽遵亦在案。查本年薊遵陵糈應山東輪運，既據提臣保祝籌請抵撥，當照原議運通，但現奉諭旨撥通倉米三十萬石運津備賑，所有薊糧四萬七千餘石，自應全數截留津南，不必復運通倉。再查東豫漕船尚有五幫，共裝粟米一萬數千石，甫過津關，並可截留。合前共米六萬餘石，均即於沿河有賑州縣水次交卸充用。其通倉之米，應將粳米挨陳撥十萬石、梭米挨陳撥十三萬餘石，以足三十萬石之數。如此既可省六萬餘石之轉運，而於賑需亦得早辦。伏候聖訓。乾隆九年二月三十日。奉硃批：依議速行。欽此。

又《院奏豫米凑撥加賑摺》 准户部諮開，乾隆九年四月十三日奉上諭：直隸河間、天津、冀、深等屬十六州縣上年被災較重，今春雨澤愆期，朕恐二麥收成不能期必，小民東作方興，已降旨於停賑之後再加賑四月一個月，以資其力作。目今雨澤稽遲，麥收已經失望，而秋田收穫尚早，此際若不格外加恩，恐貧民仍不免於乏食，著再加賑五月一個月。該部即傳諭總督高斌先期籌畫，速行辦理。欽此。臣伏查河、津、冀、深等屬被災州縣，荷蒙皇上隆施疊沛，普賑、加賑直至四月。今復蒙軫念麥收失望，秋獲尚早，特降諭旨再加賑五月一個月，聖恩浩蕩，從古未有。臣隨遍行曉示，並核計重災十六州縣一月賑需米二十二萬餘石。今春截留漕米十萬石，又奉天買米八萬石、高粱七萬石，又古北口米撥運陵糈餘存三萬石，共米二十八萬餘石。除輕災州縣撥充借糶，又順德府屬備貯二萬石，尚不敷米五萬餘石，應請在於豫省運直米内動用湊賑。臣接河南撫臣碩色來諮，米分三運，四月二十五日頭運開行，二運後十日，五月中旬三運全完，已委員前往協同豫省雇船挽運，並令沿途武弁催趲。計其頭運、二運之米已可依期敷用。謹奏。乾隆九年四月二十一曰。奉硃批：所奏俱悉。欽此。

又《院奏文安、固安等縣加借口糧摺》 臣竊見順天府屬之文安縣，上年雖未成災，而秋成甚歉。今屆芒種，雨澤未降，民情皇皇。前臣議同肅寧等州縣乏食貧户酌借口糧，秋後還官，具摺奏請，荷蒙皇上格外天恩，免其還倉，正在欽遵查辦。兹臣出勘河道城工，於經由地方察看情形，文安地近偏災，旱乾既久，窮民嗷嗷待哺。原議借米三千石，未能遍及。應請加借米二千石，以資補救。又上年同被偏災之固安及未成災之永清、東安、香河、保定五縣，均與災地毗連，今歲二麥歉收，天時亢暵，貧民大勢艱難。應請推廣皇仁，將固安等五縣亦照肅寧等州縣之例，一體確查乏食户口，借給口糧，量爲安頓。固安、永清、東安、香河四縣各需米二千石，保定縣壤地褊小，需米一千石，請於各縣存倉米内動支。米有不敷，用穀給發。臣同天津道陶正中、霸昌道秦炌目擊民艱，已分飭上緊計理。可否擬同肅寧等縣一例免其還倉，出自聖恩，伏候諭旨。再，臣於十三日至青縣，十四日至滄州，均係災重之區，蒙恩賞給加賑口糧，又值二麥登場，尚有薄收，民情甚爲安帖，惟望雨孔殷。十二日午後，文安得雨五寸餘，俱微雨。合併奏聞。乾隆九年五月十九日。奉硃批：著照所請，行該部知道。欽此。

又 卷五《院奏安撫外出流民摺》 臣伏見河、津、冀、深等屬雨澤愆期，秋成失望，百姓流移外出，數日以來，沿途絡繹，其中有因旱不能耕種四出傭工者，有無業窮民攜帶家口隨地乞食者，更有富民因村眾俱散、無與爲守，不敢獨留者。河間中路既多，天津東路更復不少，大約爲數一二萬不止。臣職司民牧，不能預籌安輯，實切慚悚。今遍示鄉村諄切開導，皇上恩恤災歉，必不使一夫失所，慎勿煽惑訛妄，輕棄鄉井，自干跋涉流離之苦。一面飭令地方印官親赴四鄉，按保甲門牌，將貧民户口一一核記，不得遺漏，以爲辦賑之據，又可因便勸諭寧帖。其年力精壯願往有收處所傭工覓食者，仍聽其便。再，流民來自山東武定府德州者亦多，合併奏聞。乾隆八年六月二十四日奏。奉硃批：所奏俱悉。若俟秋成再行賑恤，恕民去者愈多，卿可將朕已發粟十萬、仍有續發之處曉諭貧民，更將賑恤速爲料理，則民心安矣。欽此。

又《撫恤回籍流民檄》 自交六月，河、津、冀、深等府州亢旱成災，各屬民人或出口外，或赴京師，或投熟地親朋，扶老攜幼，輕離鄉井，道路相屬。續於七月初六日得有既足之雨澤，並聞普賑之恩旨，相率歸里，再慶生全。各州縣身爲司牧，不能於災民未去之前，早爲安集，又豈容於還歸之後，再令顛連？該府州即轉飭所屬，凡聞賑歸來各户，除本非因災外出者不在賑例，其實係被災轉徙，已將房屋器具棄置無存，今日徒手空歸，竟至棲身無所，待哺莫訴，此等貧民，誠有死生呼吸之勢，地方官急宜籌畫安頓，給以口糧，毋得拘泥户口核畢起賑之例，坐視不救。本道訪知，定以玩視民瘼揭參。該府州各念民命攸關，且經費皆可開銷，不致偏累，務率所屬同心保護災黎，群安食息，無俟往復。諄諄也。乾隆八年七月十五日。

又《院覆臺臣條奏安撫流民摺》 臣奉内閣抄寄御史胡寶瑔奏摺一件，奏爲賑恤已極周備，宜宣示皇恩，勸諭流民俾安農業事。乾隆八年七月十七日，奉硃批：著高斌速議具奏。欽此。臣遵查河、津、冀、深被旱，上廑宸衷，恩膏疊沛，先後撥米五十萬石爲賑糶之用。臣業將災賑事宜，節次奏請聖訓辦理。今該御史奏稱，被旱以來，貧民覓食道路流滯京師者甚眾，若令有司禁止出境，是絕其資生之路，尤不免於坐困。此固不得不聽其轉移，但北土民風，往往輕去其鄉，及其復歸故土，農時已失，雖未可以強禁，亦宜善爲勸諭，使之安土重遷，毋廢地利。臣查災地秋成失望，貧民倉皇外出，各謀生路，誠未便一概阻回。是以臣奏請古北各關口暫爲弛禁，毋令遏塞，轉生他患。復沿途示諭：凡投親傭工力能自達者，悉聽其便；其老病不能前行者，隨地留養，資送回籍。仍令地方官於核户時諄切勸導安心待賑，一經得雨，即及時補種秋麥，以冀來歲有收。今自七月初六日甘霖沾遍之後，臣體察民情，實已漸就安帖。又該御史奏稱，蒙恩前後發米五十萬石充賑，請敕下高斌，速將所奉諭旨遍行曉諭，俾土著之民欲覓食他處者知有稠疊之皇恩，自可靜以待賑。臣查前奉恩旨發運通倉粟米十萬石，當即出示曉諭，近又奉旨發米四十萬石，所在舟車撥運，災民咸已聞知，絡繹還鄉，隨到隨賑。此後可期歸來者日多，外出者漸少。又該御史奏稱，各處流民之無職業者，查明留養約束，毋令茲事；其有情願歸耕而無力還鄉者，皆酌量資送回籍，使趁種春麥，於來歲民食乃有裨益。臣查流民之老羸殘疾者，已令所在留養。有願還鄉就賑者，即便給與口糧路費，資送回籍。其外出所遺地畝，勸令鄰近有牛力之家，官借麥種代爲耕犁。俟本户歸來，酌置遲早，分與子粒。無牛力者，借給牛具、夫工錢文，勸課廣種。俱經臣奏明舉行在案。今自得雨以來，農民遍野，秋麥盈阡，已非前此景象。惟是撫恤事宜至爲繁細，惟有隨時體察經理，以期稍資補救，仰副聖懷。謹奏。奉硃批：知道了。欽此。

又《部覆臺臣條奏請恤災民疏》 户部爲請恤貧民等事。擁史周祖榮奏稱：直隸河間、天津所屬如景州、獻縣、滄州諸處，地遭夏旱，禾稼枯槁，已屆秋涼，補種無及，民人乏食，日不聊生。其家有牛驢牲畜者，向例不在應賑之數，伊等朝夕饔飧，急不可待，而將來查賑又恐格於成例，不獲邀恩，於是挈妻攜子外出，其孤身無藉者，更復倉皇轉徙，有至京乞食者，有赴口外傭工者，過往紛紛，狼狽在路。而開賑於冬月，此時正在查報之際，地方官必須確勘災分户口，期無遺濫。顧自入秋以來，災民待食孔亟，不顧蕩析離居，將來散賑屆期，伊等本身不在，故土反致未沾恩澤，況鄰境有司，或視爲無關痛癢，聽其轉於溝壑，豈不更致失所？是今日之急務在安民心，而安民心之法，必須地方官單車簡從，親歷鄉村，切實開導，俾知遷流異地益蹙其生，其鰥寡孤獨廢疾不能自存者，定爲極貧，速動存公銀兩，或撥倉米先行拯救，庶老弱望澤之心爲之一慰，而壯者自不欲挈家輕出矣。再鄰省如山東旱雹災區亦有貧民流入直境，當量給路費，令其速歸就賑。是在良有司體察情形，妥協備辦，而尤在直省大吏之仰體聖心，無分畛域也。乾隆八年七月十九日。奉硃批：該部議奏。欽此。臣等伏查本年六月內欽奉上諭：河間、天津地方今年雨澤愆期，米價昂貴，不得不速籌接濟。上年通倉存貯有口外採買備用之粟米，著先撥十萬石運送天津。其何以分貯平糶、賑恤，聽總督高斌酌量辦理。又本年七月内奉上諭：據高斌奏稱，被旱之地已經成災，除先行酌量撫綏外，見在查明分别賑恤等語。朕思開賑之後，需米必多，著倉場總督於通倉梭粟各色米内，再撥四十萬石，於現撥十萬石運完之後，即行接運，務於八月内全數運津。欽遵各在案。因思災黎外出，屢經奉有諭旨，令督撫設法安頓，使各守鄉土，無致越境流離。而直屬被旱地方現籌開賑，伊等聞知恩膏廣被，轉徙無益，諒不致復有紛岐四出之事。惟是未奉恩旨以前，已有挈眷離鄉赴京乞食者，應如該御史所奏，令各地方官切實開導，速令轉回故土，毋任遷徙異鄉，轉致不沾惠澤。至該御史奏稱，鄰省亦有貧民流入直境，當量給路費，令其速歸。查近經總理王大臣等議奏，直東各屬災民出外謀食者，令五城司坊大宛二縣乘天氣未寒之時，按程資給路費，遞送回籍在案。今鄰省貧民有入直省者，亦應令所在地方官酌量資送，妥協辦理可也。奉旨：依議速行。欽此。

又《前事分檄州縣》　各屬被災户口普賑已竣，將届加賑之期，自當各安本業，按月領賑，不應復有外出之事。至不應賑之户口及不成災之村莊内游手無賴，誑誘鄉愚，成群出走，希圖資送錢文口糧及得文回籍冒賑，此種情弊雖近日稍知斂戢，仍當加意稽察。況時迫嚴冬，愚民只因一念之妄，枉罹凍餒之苦，輾轉道途，殊可憫惻。牧令有父母斯民之責，何可不亟思勸諭綏輯，必使眼前赤子，各安其所，無一輕去鄉井者，而後慊然快慰，不可以直省民風豐年亦有外出之説存據胸中，漫不加意，致貽曠職之譏。韋應物詩云『邑有流亡愧俸錢』，斯言可三復也。本道聞近日被災各處猶有前弊，因稟院派員查辦，各州縣即於所屬每一村莊内，不拘鄉地約正選，派明白可用者一二人，明立賞罰，指示規條，令其逐户宣説，如領賑後復有外出者，即全户革賑。並將京城九月三十日停止資送、保定省城及沿途俱停止給文，明白曉諭，俾安本業，勿生妄想。如果闔村冬春無全户外出之人，將鄉地約正優加獎賞。倘有男婦因被刁徒誑惑勢難阻止者，責令鄉地查報，立將爲首號召之人重處枷示；扶同不報，一例究治。又或極貧户内，從前偶有遺漏未賑，難以自存，因而外出者，或聞賑歸籍愚懦無知之婦幼，鄉地不爲代報即不能得賑，仍復無依外出者，察實即行補給，善爲安頓，毋得回護。州縣於委員到境之日，將查户原册密交攜帶檢閲委員，於所歷村莊内，凡遇外出户口有前項情節應查辦者，即會同妥議，稟聞辦理，不得稍涉延諉。日來賑務章程已定，惟撫集災黎，乃州縣專責，務須實心加意爲之。考成所繫，毋得視爲泛常。仍於文到之日，先將遵辦緣由報核。乾隆八年九月三十日。

又《前事移會營汛》　河、津、深、冀各屬被旱成災，當六七月間，因災民紛紛外出，蒙督院飭諭沿途州縣勸令回籍就賑，並令清苑縣照例資給，備文移送。其有北赴京師者，又仰荷皇恩逾格，每名按程日給資送銀六分，沿途照文支給。乃愚民貪利，以爲給文回籍，即可得賑，又利有資送銀錢，遂有不成災之村民、不應賑之户口，攜老挈幼，逐隊成群，捏作從前外出流民，希圖資送並給文冒賑。本道等巡歷所至，深悉其弊。其實係從前外出者，沿途皆自北而南，各回原籍就賑。見在外出者，時已九月，乃復自南而北，其本非流民可知。業奉督院飭令卅縣查明，分别給文。其京師資送之例，聞於九月三十日停止。若任愚民冒昧前往，將見本非流離之人轉罹凍餒之厄，除出示嚴行諭禁、檄令地方官稽查勸阻外，並經稟明督院一體查辦。合資貴鎮協管即轉飭沿途汛撥，如遇攜眷北行貧民，即將前途停止給文資送之處明白開導，務令各回本籍，毋任前行，枉蹈寒天跋涉之苦。再查河間獻縣一帶，居民多有於秋收後，將門户堵閉，攜帶家小赴京傭工，或隨地覓食，至明春麥熟方歸。習以爲常。此等貧民本年俱在給賑之列，自十一月加賑起，直至來年二三月。聖恩渥厚，原欲其安守農業，乃於領賑之後，仍前率眷外出，情同冒賑，大有未便，亦經出示嚴禁。應煩一併轉飭沿途盤問攔阻，以襄賑務。乾隆八年十月初一日。

又《院奏修理滄景城工代賑摺》　臣伏見本年河津兩郡旱災，荷蒙優恤，極次貧户俱加賑至明春二三月，無優失所。惟次貧户内壯丁及偏災處所無地可耕傭工爲活之人，或例不應賑，或賑期已滿，此等貧民交春之後不免日食艱難，念惟地方興舉工作，則遠近趨集，寓賑於工，實爲安頓良法。乾隆二年七月内，欽奉上諭：年歲豐歉難以預定，而城工之應修理者，必先有成局，然後可以隨時興舉。一省之中工程最大者，莫如城郭，而地方以何處爲最要地，又以何處爲當先，應令各省督撫一一確查，分别緩急，預爲估計，造册報部。將來如有水旱不齊之時，欲以工代賑者，即可按籍而稽，速爲辦理，不致遲滯，於民生殊有裨益。欽此。又本年十月二十一日，臣面奉上諭：今日經過豐潤縣，見城垣甚是殘缺，想各處似此者必多。夫城垣所以衛民，守土之官平日如能留心經理，偶有坍損，即於缺口嚴禁出入踐踏，隨時堵築，本易爲力。皆因常時漫不經心，任其殘毁，以致日甚一日。若於農隙之時酌撥本地就近民夫，徐爲粘補，自可漸次修復。是在良有司留心地方，勸用民力，善爲辦理，尤在爾等大吏平時督率有方，其加意整飭之，毋得忽視。欽遵各在案。除通行各屬恪遵諭旨，實力奉行，將殘缺城垣隨時勸用民力徐爲粘補，以期漸次修復。又見在滄州改築土城，春融興工，可於趁食災民有益。臣謹另摺奏請訓示遵行。今查河間府以南衝要城垣，如獻縣、阜城皆以次修築。阜城之南，爲景州與山東德州接界，乃畿南第一衝要之區，土城坍塌，從前估報冊內原定爲要地當先之工。今獻、阜業經修舉，景州轉任殘缺，殊非所以重藩蔽而肅觀瞻。本年景州又值被災最重，實與他處城工可緩者不同，請將景州土城亦於開春與滄州城工並舉，則河、津兩屬青黄不接之時乏食壯口，俱得傭趁自給，以工代賑，正與從前所奉諭旨相符。茲估計景州城垣土工約需銀三萬四千餘兩，應否即動司庫正項興舉，謹具摺奏請聖訓。如蒙允准，臣一面備料興工，一面題估報部。伏祈皇上睿鑒。乾隆八年十一月二十九日。奉硃批：以工代賑，甚應爲者。欽此。

又《倡勸富民煮賑院諭》 諭霸州、文安、水清、東安、武清等州縣知悉：邇日直東兩省貧民流移赴京就食，仰荷聖恩，於京東通州、京西良鄉二處各設飯廠，煮賑留養，至明春二月資遣回籍。地方印官理應仰體皇仁，力籌拯助，推廣行之，乃不愧牧民之任。今據固安令魏得茂稟，與永定河道暨同城各員捐俸，並勸諭紳士合力煮賑，外來貧民就食稱便。又據武邑令胡正稟，於未散賑之前捐設粥廠，俾各村就近赴廠食粥，貧民鮮復外出武邑胡令於境內沒粥賑五處，紳士分司其事。附廠十五里內貧民，日給五合米粟粥。余巡歷至縣，男婦千餘人迎拜馬首，頌邑侯德，至泣下。自是民無外出。是二處煮賑已有成效。該州縣與良鄉、通州並列近畿，界連固邑，亟宜仿照行之，以廣惠澤；倡率富民，誠心勸諭，不可絲毫勒派。設廠之後，凡本省東省流民之不願回籍者，俱收留待至春月資遣，冬寒棲宿，並宜善爲安頓。

又《院奏覆安輯流民事宜摺》 爲遵旨奏覆事。乾隆年十一月二十五日署清河道王師到省，傳奉諭旨：近來京師流民，滄、景人爲多資送盤費，每日六分，僅足抵家，嗣後如何過活？麥收須至明年五月，此數月又如何安頓？常平倉、社倉例應於青黄不接時減價平糶，但遇荒歉之年，又不可一例而論。再，流民內有懶於耕作輕去其鄉愚頑之輩，當如何教導安插？諸事不可全靠州縣。州縣官之冒濫侵欺下愚不移者固非所論，即只知慎重錢糧，不能多方調劑，亦於地方無益。須委大員一一妥協辦理。可傳諭總督知之。欽此。又於本月二十六日臣遵旨奏覆安頓流民一摺，奉到硃批：知道了。有人奏流民多，恐薰蒸成疫，故有此諭。又有人奏，今年流民亦只三四千之數，較之雍正二三年數至盈萬者尚爲減少。朕反悔前諭之失斟酌矣。夫民不幸而遇災，幸有京師就食餬口之一路，又復邀之途而使空返焉，赤子其何以堪？卿其體貼前後所降諭旨酌中行之。欽此。臣跪誦之下，仰見我皇上至仁如天，愛民如子，務無一夫不獲之聖心。臣近奉廷議，於通州、良鄉二處添設飯廠席棚，以贍續至之流民。其在京流民有願赴通赴良就食者，給費遣送。今通州、良鄉報於本月十一日開廠，自此流民不致復聚京師，而窮途棲食，仍然安插得所，實稱妥協。復恩通州在京城之東，良鄉在京城之西，而固安、永清、東安、武清等縣界其中，霸州、文安又在固安之南，皆爲流民北來必由之路。固安一縣，已據知縣魏德茂於十一月內捐俸煮賑；霸州、文安、永清、東安、武清五州縣，亦節次指設粥廠，自本年十二月起，至明年二月止，俾北去流民隨在即可就食，不專恃通良二處。其中有願回籍者，資給路費，仍令本籍查明實係因災外出未賑者，即行補給，善爲安頓。臣並恐州縣耳目難周，又另委多員，於被災各處巡環察看，俾回籍貧民早得領賑，切諭領賑之户各安本業，毋得聽誘復出。州縣官有限於才識，於災地事宜不能悉協者，臣委道府大員親歷其處，就近稽查指示，未敢專靠州縣。至災重地方次貧，應賑至來年二月，極貧應賑至三月，偏災地方，按例加賑一二三四月不等，將來停賑之後，麥收之前，青黄不接，民食艱難，臣當時時留心體察，隨宜籌畫。有應辦理者，即行酌量辦理，有應奏聞者，隨時奏請聖訓舉行，務期窮黎安輯，不致失所，以仰副我皇上誠求保赤之至意。再，滄、景二州土城並天津河堤興工代賑，已蒙諭旨准行，春融之後，不特滄、景、天津本地力作貧民可資生計，凡附近地方專藉傭工爲業者，俱可赴工趁食，實於災地有裨。臣欽奉諭旨訓誨周詳，謹將見在地方情形恭摺詳悉奏覆，伏祈皇上聖鑒。乾隆八年十二月二十二日。奉硃批：覽奏稍慰，仍須督率屬員實力妥協爲之。欽此。

又 卷六《借糶蠲緩》 是年六七月間，旱象將成，我皇上先後敕發通倉米五十萬石備借糶用。嗣後弛海禁，移塞上粟，截東豫漕，買廣大二府麥，往往臣工未及奏請，膏澤先已下逮。本年正賦蠲緩，明年又明年，一再蠲之緩之，所貸麥種、牧費、牛力，概予豁免。計此三年中，直取二十七州縣作監門圖繪，日懸九重宵旰中，而東西方數千里登耗盈虚之數燭照眉列，轉移捷於影響。即令民自爲謀，亦未必機宜適合至此。仰惟皇上春秋躬省耕斂，凡小民稼穡之依，周知熟睹，淵然雷聲時至，取懷而予，適如人之所待命而不敢言者，所謂天高聽卑。畿輔尤爲切近之地，萬民所以望幸不置也。唐韓絳賀憲宗表曰：憂先於事，故能無憂；事至而憂，無救於事。我皇上思深慮遠，常省度於未災之前，不僅僅詔令間垂示哀矜至意，而此十六字，凡百有位，其三復者。

又《院奏預籌借糶緩徵摺》 臣竊查直屬入夏以來，惟永平、宣化、大名三府屬及古北口外已報雨足，其餘府州縣雨澤未遍，旱象將形，恐再愆期，秋禾無望，則救荒之政宜籌，而動發倉儲，減價平糶，尤爲目前切務。案：乾隆四年江蘇撫臣張渠奏請減糶，於成熟之年，每石減市價銀五分；歉年，每石減市價銀一錢。荷蒙聖鑒，以尋常出陳易新之際，應照此例。若遇荒歉，穀價高昂，減價一錢，未見有益，勒令嗣後務看地方情形，必須減價若干，方與百姓有益之處，確切奏聞請旨。欽遵在案。今直屬因旱，糧價漸增，應遵恩旨，將所糶官穀比市價每石酌減三錢，俾窮民日食有資，仍嚴禁吏胥混冒，販户囤積。但今秋禾無收，將來需米之處正多，並宜撙節貯蓄，以備緩急。各屬動穀平糶，俱不得過十分之三。再，民同借貸子種，例得免息還倉；借貸口糧，應於秋後視收成分數分别加息、免息。今各屬請貸倉穀，除永平、宣化、大名三處及口外地方，應仍照例酌著收成分别加免，其餘各府州屬本年出借口糧，應請照歉收之例概免加息，以紓民力。其本年應徵新舊錢糧，懇請聖恩，准與河間、天津二府一例暫緩徵收，統於秋成時確查情形，另行奏請辦理。乾隆八年六月初六日奏。奉硃批：即照所請行，應諮部者諮部知之。欽此。

又《緩徵平糶院檄》 河間、天津二府屬被災州縣，本年應徵錢糧，業經奏請緩徵；其順天、保定、正定、順德、廣平五府，易、冀、深、趙、定五州所屬本年錢糧並請緩徵，亦經奏蒙俞允。又各屬減價平糶，出借口糧，概免加息各事宜，均照奏案辦理。仍飭地方官出示曉諭，將奉文停徵日期報查。事關民瘼，如有玩視之員，立即揭報，以憑嚴參。

附

州縣平糶，在於關廂市鎮擇寬大寺宇公所設廠，或一二處，或三四處，運米廠内，先期出示，每斗減價若干，令貧民各執本户門牌赴糶，刻木戳記三十枚，自初一至三十日驗牌糶訖，即於牌上印之，以杜本日重買之弊。廠前分置席棚，界以繩樁，委佐雜各員帶役分棚彈壓。婦女幼弱與壯丁，各分先後，驗牌放入，不許混亂。每户糶米三升，至五升爲止。如或從前失去門牌及遠鄉未領者，鄉地報明補給。倘有囤户賤價壟斷，致令貧民往來重糴者，察出嚴懲。有首報者，即以囤户錢米賞之。

因災出糶，仍限以糶三成例者，爲留米備賑也。其時米少價昂，不得不借此少平市價，以繫民心。究之能糴者尚非極貧，極貧者無錢可糴，故亦不須多糶也。其輕災僻邑及歉後米少價昂，行之爲有實益。然只在城設廠，村民既難往返於數十里之外，而老弱婦女，嘗有持錢終日空守至幕者，故必四鄉分廠，擇適中之地，使四面相距十餘里村莊環而相赴，又分村分日，先期出示，明白傳諭，庶可遍及而無餘弊。

又《院諭勸民種麥》 今年成災州縣，久旱之後，地半抛荒。茲幸甘霖遍沛，計惟廣種秋麥，爲目前最急之務。本部院已動發庫銀，委員購備好麥作種，俾農民借領，及時播種。然使人無遺力，全在親民之官不憚煩勞，實心董勸，庶望來年夏熟稍收補救之益。各州縣應於查賑之便，諭知：麥地一畝，借種五升；有欲自置種者，每畝借銀一錢；缺乏牛力者，每畝借雇價二十五文。悉照司道詳定條規辦理，勿任冒領，匆致後期。計典在邇，上考下考，於此攸分，其勿視爲泛常。勉之。

又《勸諭犁地種麥示》 邇者旱暵成災，農民艱苦，仰蒙恩賑次第舉行，爾等得免饑餒之患，但不可恃有恩施，便不勤力地畝，致誤來春生計。本月初四、初六兩日，城鄉俱得透雨，爾等麥地正當乘濕翻犁，屆期即得耕種。倘乏牛力，亦可雇用。除有地一頃以上者無俟官爲借助，其在一頃以下，准借麥種每畝五倉升。自備種者，每畝借銀一錢。於來年麥收後，照數還官。然須查明地畝是否宜麥，或數畝，或數十畝，本户詳注四至，並里長鄉約姓名，出具保結，官爲核實，預將麥種麥價封備。俟得雨之後，印佐委員分詣各鄉散給，限於三日内給領全完。毋許假手書役，致有克扣遲誤之弊。倘地非宜麥及領回不即耕種者，查出加倍罰追，鄉保並坐。再，外出貧民遺有宜麥之地，如本村及附近村民願代種者，並准報明地方官領種。俟本户回籍，按其月日遲早分給子利。本户不歸，即聽代耕之人收割還種，毋虞本人爭執，只將原地交還可也。總之今年既被偏災，明歲全資麥熟。本道不吝諄諄勸諭，爾等各宜速自爲謀，毋得懶惰誤耕，毋得冒借取咎。乾隆八年七月日。

又《借貸麥種諭》　此時督勸鄉農，廣種宿麥，其有關於來春生計者不小。因災貸種，上廑宸衷，屢煩憲檄，州縣辦此，必須稽查詳密，使所借確皆種有麥地，則民沾實惠，而官亦免貽後累。乃愚民貪借，幾無剩畝，州縣輒亦據以轉請，殊不知直隸地土，非盡宜麥，民間亦不常餐，非豫東兩省可比。即豫東田畝，種麥者亦不過十居六七，直隸尚不及半。是以行令查明有地百畝者，許借種三十畝，以爲限制。過此即知爲冒借非實也。詎州縣又執定三十畝之説，凡借者皆按地給以十分之三，又屬錯誤。前本道示内，有查明地畝是否宜麥或數畝或數十畝之語，分析甚明，初非不問宜麥與否，概照十之三出借也。如無宜麥之地，則一畝亦不應借。如數十畝實皆宜麥，即不妨按畝全借。惟至百畝以上，則以十之三爲之限制耳。倘不核實辦理，先鄢拘定成數，轉恐虛冒不少。再，民間有留麥地，麥後不種秋禾，大概皆力能辦種之人。其於秋禾旱後，趁種蕎麥、小豆希冀薄收者，目今尚未登場。此與留麥地相較，其爲無力可知。是力能早種者，無藉於借晚種者，未必皆蓄有種，並應借助。此又州縣當加體察、隨宜酌辦者也。又若避出借之繁難，慮將來之賠累，惟從己便，罔恤民艱，計較多而實心少，則隱微之間更有愧於父母斯民之責矣。此番核造户口，委員專辦，正爲州縣借種等事有關本計，俾得親歷村莊，專心察勘。若仍潦草塞責，應借者不借，有誤貧民種植，而冒借者無麥，寧不轉滋日後追呼？至於胥役串合冒領之弊，尤當立法察禁，以勸課之勤惰，定居官之優劣，已奉督憲再三申諭矣。其謹遵毋忽。乾隆八年八月日。

又《院奏奉天采買米豆摺》　臣查直屬被災之地，賑糶需米正多，經臣奏請動撥司庫銀二十萬兩，在於古北口外採買粟米，分發州縣充用。今聞奉天年豐米賤，若照從前議定之例，委員前往採買，明春由海運津，實爲便捷。臣又聞京城黑豆昂貴，明春户部支放缺用，奉天並産黑豆，應請動撥司庫銀十萬兩，委員由陸路齎往，在於錦屬沿海地方採買黑豆二萬石，餘銀盡數買回粟米。買價運費，定以米一倉石在一兩一錢以内，豆一倉石在一兩以内，毋許浮逾。再，古北口外産豆無多而市價適平，應請交熱河道酌量採買一萬石運京，以供支放，亦屬有益。所需銀兩，即於前撥銀二十萬内動用。謹繕摺請旨，伏祈敕部議覆施行。乾隆八年十一月初五日。奉硃批：若待部議，必稍遲。卿即照此辦理可也。欽此。

又《院奏撥銀十萬兩買麥摺》　臣承准大學士伯鄂爾泰等寄字，内開乾隆九年四月十三日奉上諭：雅爾圖所奏直隸備荒二摺及大學士等所議奏摺二件，可俱發與高斌閲看。從來辦事之道，貴乎得中。凡身在事外者，常不察其事之究竟，而先期張大其詞，啟人心之希冀，固屬太過。而身在事中者，或稍觀望遲回，以致臨時急迫，此又不及之病也。高斌之意，以地方災尚未形，此時當務鎮靜，並非視爲緩圖，朕亦深知之。然麥秋既已失望，萬一大田再不能佈種，則辦理甚爲棘手。未雨綢繆之策，所當悉心預籌者，而高斌此時則尚未有成算，可寄信詢問之。至於委員前往河南、奉天採買之處，亦詢問高斌，此時尚可無需，亦不必急。如果必需，即行具奏。朕思直隸官員現有查災、散賑、修工等事，難以兼辦採買，俟高斌具奏到日，朕降旨令河南巡撫碩色、奉天將軍額洛圖委員采辦，運送直隸交納，似更屬便益。可將此一並詢問之。若彼直隸官員能辦，此則不必。欽此。遵旨寄信前來，並録大學士等奏帖二件、雅爾圖原奏二摺封寄到臣。臣敬繹訓諭，仰見我皇上聖明，洞照切中臣駑鈍不及之病，臣不勝惶悚之至。遵即悉心籌慮，看得今年直屬，惟大名府屬雨澤沾足，永平、宣化、廣平次之，順德又次之。正定府趙州雨尚未足，順天、保定二府及定州各屬二麥，現因缺雨歉收，而上年被災之河間、天津、冀、深等處復有旱象，尤覺可慮。今麥收既已失望，惟待雨佈種大田。芒種以前，可種早穀、黍豆；芒種後至初伏前，亦仍可種晚穀、雜糧。然天時難定，誠如聖諭，萬一大田不能佈種，則辦理甚爲棘手。爲今之計，自以多籌儲積爲急務。此時河南河北、直隸大名一帶，二麥將次登場，大名與彰衛水路可通，應即委員前往察看麥稔處所，廣爲採買，運貯災屬備用。謹擬先撥司庫銀十萬兩，委廣平府同知李鍾淳、通判汪世吉、安州知州馮章宿分赴採買，仍察看市集請形，如可多得，即再添撥銀兩，盡力購辦，水脚照例報銷。至直隸官員尚敷差遣，且就臣所知，委用亦易策勵，仰荷聖恩體恤垂詢，合併奏覆。再，蕎麥子種所需無多，就近在於天津、武清水路口岸採辦尚易，無庸遠赴河南、奉天買運。臣謹遵旨議奏，伏候訓示。乾隆九年四月二十一日。奉到硃批：知道了。欽此。

又《院奏被灾州縣分別輕重緩徵疏》 臣准户部諮開，乾隆九年七月初一日奉上諭：從前直隸河間、天津等屬被災之地一應新舊錢糧，經總督高斌奏請，停其徵比，緩至本年秋成後催徵完納。朕已降旨俞允。今幸甘霖疊沛，秋成可望，所有應完錢糧例應於秋後徵收，但朕思二府被災既重，又當積歉之後，元氣一時難復，當格外加恩，以資培養。著高斌確查災重之十六州縣，將本地應徵新舊錢糧緩至明年，看彼地收威光景奏聞，再行開徵。其被災稍輕之州縣，各處情形亦不一，或有應行緩徵者，並著高斌詳查，奏聞請旨，務俾民力得以寬紓，不致輸將竭蹶。又據高斌奏稱，天津府屬之慶雲縣地僻民貧，商販罕至，米糧缺乏，民食艱難，請於河南大名等處買到雜糧内酌撥二千石，確查窮民，酌量散給，以資接濟等語。著照高斌所請，即行散給，並印照大城等州縣出借口糧之例，免其秋後還倉。該部即遵諭速行。欽此。欽遵到臣，仰見我皇上加患災黎、恩施無已之至意。除給散慶雲賞民口糧另摺奏覆外，所有上年被災最重河間府屬之河間、獻縣、阜城、任邱、交河、景州、吴橋、東光，天津府屬之青縣、静侮、滄州、南皮、鹽山、慶雲，冀州屬之武邑，深州屬之武强等十六州縣應徵新舊錢糧，俱緩至明年，確看收成光景，遵旨奏聞，再行開徵。當郎行司遵照。其被災稍輕之州縣情形不一，臣欽遵聖諭，悉心詳察。如順天府屬之霸州、大城，遵化州屬之豐潤，冀州屬之衡水，秋收俱約有九分，河間府屬之肅寧、寧津，天津府屬之天津、津軍廳，深州並所屬之饒陽、安平，保定府屬之雄縣、束鹿、高陽，正定府屬之欒城，廣平府屬之威縣、清河，秋收俱約有八分，新舊錢糧未便再請與災重之區一例緩徵，但究屬歉後，若新舊並徵，又恐輸將竭蹶，仰懇聖恩，準將災輕各州縣廳本年應徵錢糧仍照例徵收，其舊欠應徵應還各項俱緩至明年秋成之後，以紓民力。再，河間府屬之故城縣秋收約止六分。又，保定府屬之新城縣，秋收本有八分，嗣因綿蟲生發，一百四十八村莊被災四五分不等，通計合縣收成已減分數；又因清河水漲，附近三十餘村地畝多被淹浸。應請將此二縣應徵新舊錢糧，准列於災重十六州縣内，一並緩至明年秋後開徵。至新城被水村莊，本係一水一麥之地，秋禾例不報災，但今年麥收只二三分，秋禾又復被水，農民生計未免艱難。臣見在詳加察辨，如係徵糧地畝，應予一體纜徵，仍將乏食貧民核明户口，分別撫恤。如向非徵糧例不報災者，應令地方官酌借麥種口糧，以資安頓，庶於定例有區別而偏災並免向隅矣。臣謹具奏請旨。奉硃批：所奏俱悉。欽此。

又 卷七《捐恤諭禁》 無衣無褐，何以卒歲？人未有饑而不寒者也。百穀聿既不登，則來年粦麥急有厚望。然無牛何以犁？無草何以牧？無柴薪何以爨？無屋何以棲止？厥惟富有力者噢咻之。賑所不繼，興工以代之，刁民之强項者，從而禁制之。古人言救荒無奇策，果能周知利病，參用剛柔，折中於道，人視之平平無奇，斯奇之至矣。用是雜取文告，都爲一集。

又《禁農民賣牛示》 被災各處秋成無望，全在廣種麥田。此時正資牛力，詎各鄉村因旱乏草，飼養維艱，紛紛出賣，遂有刁民乘機興販至利，百十成群，驅之北赴。在爾等剜肉醫瘡，固爲計出無奈，獨不思目下得雨既足，正宜及時種麥，牛具被棄，豈能徒手而耕？無網罟不能得魚，無斧斤不能得薪，事甚明显。本道深爲爾等顧惜籌慮。今按臨各屬勘災放賑，並酌定借種之法，總以牛具爲憑。如爾等有應種之麥地，先須驗明牛具，始准借領。倘有地無牛不能種，即不准借。至於姦販挾帶銀錢，在於村莊市集賤價收買耕牛射利，并偷宰病農等弊，業奉督部院通飭文武各衙門分路嚴拿，盡法究處，並將所販之牛全數入官。爾等慎毋聽其誘惑，自絶生理。

又《院禁私殺耕牛示》 力田之家，耕犁載運全賴牛力。因其有益農功，是以律嚴私宰，開圈宰賣者。有計只論罪初犯再犯之條，枷杖徒流，不少寬宥。本年河間、天津各屬夏麥失收，秋禾復歉，惟藉來年麥熟以資生計。今正值播種之期，需牛甚殷，本部院恐被災窮民無力飼養，輕爲棄賣，又恐有地無牛雇借艱難，業經奏請借給牛草、雇價銀兩，奉旨俞允，是民間畜牛斷宜愛恤存留，以資力作。若只圖微利，宰殺售賣，不特有誤秋耕，更至身罹法網，追悔莫及。乃無知愚民仍有私宰並賣與圈店者，更有嗜利姦徒收買販運者，藐法妨農，漫無止戢，合飭地方官亟行出示嚴禁，並於因公下鄉之時諄切勸誡，仍令本管鄉地不時查察。如有前弊，即稟官按律懲治，勿稍寬縱。鄉地徇隱，事發連坐。

又《勸諭助賑示》 本年旱災二十七州縣，荷蒙皇恩賑救，本道親臨災地督率印委各員逐户察勘，並借農民麥種牛力，俾無曠土，無後期，凡可爲貧民計者，無不殫思竭慮，次第辦理。復念畿輔首善之地，風俗淳厚，以姻睦任恤秫於鄉者素不乏人。值茲災祲，念彼饑寒，既生長之同方，合艱難之共恤，倘巨室有能好行其德，使貧民不皆待給於官，非特陰德爲甚大，定爲旌敘所先加。爾紳士商民人等，有誼篤桑梓者，或將裕存糧食減價平糶，或就本地窮民徑行施給，或設廠煮粥使之就食，或損備棉衣俾以禦寒，事出樂施，情殷助賑，即呈報地方官聽其自行經理。爭竣之日，將用過銀米數目申報督院核酌，從優旌獎；如與例符，即予題敘。又或鄰省富户、僑寓士商有樂於捐助者，亦一體呈報，轉詳核辦。地方官只須明白曉諭，俾互相敦勸，不得抑勒强派。至貧民得進賢助，絲粟皆恩，各當心存感激，毋得妄生希冀，尤不可因本道出示勸諭，不如所願，遂生怨望，甚至攬擾喧鬧，借生事端。地方如遇此等姦民，即行嚴拏究治。

又《勸諭被灾旗地業佃相安諭》 佃民之賴旗地資生，與旗人之賴地租度日，其情事同也。爲地方官者，必使旗民共信，業佃相安，悉除偏倚之見，乃爲調劑之公。茲據牧令等稟請勸諭地主，將今歲秋租量行義讓，或緩至來年夏秋收獲之後，不得輕言易佃，致失小民恒業。合即飭諭府廳州傳知所屬，今年旗地之被偏災者，如佃户實係貧苦，力難完交粗額，地主應視災分輕重酌加優恤，或義讓，或緩期，各量己力行之。如或刁佃藉災抗租，以輕報重，地方官更不得沽名曲護，致長刁風。至於易佃之弊，亦不盡起於旗人。往往見有本處姦民視旗地之尤腴者，啖以增租之利，或預期交納，以爲攘奪之計，旗人被誘奪舊與新。然曾不數年，而新佃之抗欠視舊佃爲更甚，旗人徒被不令之名，而舊佃先有失業之苦。以此曉之，於平時而嚴姦民之罰，於敗露之後，是亦息事寧人之一端也。

又《勸諭富户通融周急示》 今年所報旱災地方核辦户口，寧濫無遺。有地百畝以内者概已食躲，自此等而上之，雖朝廷有逾格之恩膏而倉庫有折中之限制，固不能遍及也。念一邑之中，嘗有故家貧落而食指猶多，值此荒年，倍形窘迫。同邑之富有力者，又復故示羸形，售以田不可，售以房不可，售以什物不可，斷斷拒人，怨言滋生。故茲出示勸諭：凡爾有力之家，當知任恤之道，況以我所有易人所無，未爲虧己，即已益人。其有以房田告售者，減其價，薄其利，留契立限，過期管業，亦爲有得無失。至於什物器皿，從權作質，價貶什之七，利取什之二，迨至豐熟，人歸故物，我獲新羸。即論封殖，亦所宜然。周官荒政有保富之條，以其能分財惠貧也。其不然者，亦何賴於富民哉？本道揆情示勸，於儒之教則曰敦篤古風，於釋之教則曰力行方便，仰紓天庾廣賚之深心，兼副當道熟籌之至計。唯爾等善守富者是望焉。

又《禁止拆賣房屋示》 近見災地貧民有拆賣房屋者，固因救饑待爨之急，亦懷離鄉背井之思。詎不聞八月普賑之後，繼以續賑、加賑，皇恩至渥，需時待澤，可以安居得飽，何用倉皇毁棄成業，遽思他適耶？況在此時零星瓦木，所值無幾，迨欲規復故址，往往價增數倍，雖悔何及？本道巡歷所至，目擊心傷，合行曉諭：嗣後鄉村房屋概不許輕拆賤賣，有向同村富室指房稱貸者，准聽其便。委員核户時，仍查明是否棄屋外出，注之賑册，以憑稽核。

又《禁占窪地柴薪示》 河津二府亢旱歉收，米薪並苦缺乏，仰邀恩賑發米發銀，自冬迄春，爾等日食已可無慮，而柴薪尚未籌及，轉盼隆冬冰雪在地，采取艱難，深爲爾等憂之。茲本道臨蒞鹽邑，訪有東窪、北窪官荒，舊係產草之區，聽民採取，負擔馱載，皆所不禁。近爲地方棍徒占踞，有人採割盈車，輒向索取錢文。值此旱荒之時，豈容强梁擅利，流毒地方。除密飭訪拏外，爲此示抑鹽邑被災村民知悉，各宜趁此天氣和暖手足便易之時，赴東北兩窪素產柴草處所往回並力採取，運貯牆隅屋角，以備冬春陸續燒用，毋得懶惰偷安，有米無薪，致受寒饑之苦。倘有棍徒仍前勒索阻攔，即指名扭稟駐紮鹽城之糧捕廳，嚴加懲治。爾等亦不得藉端滋事，並宜凜遵。

又《司議强借處分》 河、津、冀、深等屬田禾受旱，民命維艱，荷蒙皇上天恩發粟分運借糶，仍俟勘確請賑。凡在士民，理宜安分守法，靜待膏澤下頒。惟是被災地廣，其間良頑不一，恐有不法之徒，或號召强借，或率衆搶奪，愚民被其煽惑，殷户遭其擾害。宜先議定處分，詳請通飭宣示，俾各屬暨委員等有所遵守，即可當下發落，明示懲儆。除夤夜白晝入人家内搶奪米糧、殺傷事主、情關重大者，仍照例通詳究擬外，其省素非善類藉災生事、號召多人强行借貸、無異搶奪者，亦應通詳，分別首從按律定擬，以懲凶頑。若僅到門求借、尚知畏懼不敢行强者，一面稟報，一面將首犯枷示通衡，餘犯分別發落。至搶借爲首之犯，素行尚無劣跡、實因迫於饑餓、一時起意糾集、搶奪米糧無多、情稍可原者，將首犯枷示通衢四十日，滿日重責四十板；只係强借，將首犯枷示通衡一個月，滿日重責三十板，餘人酌量發落。其有向族戚強借、所糾集者亦皆族戚，將首犯重責示懲，即時諭令解散，仍責令該殷户分贍米糧，以敦親誼。所有一切搶借之贓照追給主，發落之犯交保管束，俱令地方官稟報總理賑務之道員，就近核辦。其隨從附和之無知災黎已到案者，訊明即釋，未到案者概免株連。

又《院奏捐給灾民棉衣摺》 臣伏查本年河間、天津各處被旱災民仰荷聖澤覃敷，發帑發粟，多方賑恤，實已普慶更生，咸稱得所。惟災民之尤孤苦者，衣不蔽體，無以禦冬，且旱後柴薪缺少，得暖爲難，並應籌動。臣於九月間與司道等公同商酌，會同鹽臣各先捐製棉衣，爲之倡率。行令被災各府州縣，於所屬富户殷商善爲勸諭，各隨多寡捐助棉衣，或交官散給，或自行經理，聽其樂輸，嚴禁抑勒。仍將捐助姓名申報，分別獎勵。茲據各府州縣自捐並勸諭所捐棉衣共四萬三千六百九十一件，經各地方官於十一月加賑之時，視極貧人口無衣者當面散給。就一州縣所捐，皆已足用。見在臣派委專員，於被災各處村莊道路巡環察看，勸諭窮民安業領賑，因以體察閭閻疾苦，時屆初寒，尚不致有單衣露體之人。仰惟聖主痌瘝在抱，災民凍餒時廑宸衷，合將捐給棉衣緣由具摺奏聞。乾隆八年十二月十三日。奉硃批：知道了。欽此。

又卷八《賑需雜記》 是歲被災州縣二十有七，皆在畿南。既各按其災之輕重就地賑恤之矣，復恐輕去其鄉者之轉而遠徙，且竄入都市也，更於近京州縣多為邀食之所，西自良鄉，而固安、永清，而武清、東安，東至於通州。其中若霸州，若文安，又在固、永迤南，皆流民北來必經之路。所在設廠煮賑，俾安食以度三冬，無有越志。至次年二月，畿南普雨，歸及春耕，依然慶樂土焉。統計賑户六十六萬四千八百九十有奇，大小口共二百十萬六千六百九十。又煮賑流民九十四萬四千二十口，賑過米穀共一百一十萬七百二十石有奇，銀一百一十萬五千四百七十六兩有奇，辦員二百四十有五，均備列如左。夫辦員固視其才之何若，又當察其性情之寬嚴而器使之，使寬厚者當重災，則雖濫而不至傷惠；刻核者當輕災，則雖遺而不至屯膏；反是，則交失之矣。爰並志其成勞，以見委任之不可苟焉而已也。

又《旱災最重十六州縣》

河間縣：被災六七八九十分

知縣：方嵋

協辦：望都縣知縣石聲聞

分辦：縣丞張若淞、景和巡檢陳進、北魏巡檢沈弘遠、典史沈熙載、河間府經歷徐元升、安州州判於松齡、安肅縣教諭徐寅、定州吏目程正蒙、河工效力舉人唐倚衡、效力州同陳陽英

監賑：本府經歷、本縣縣丞、巡檢、典史等

設廠六處：縣城南倉、北倉自沙河橋陸運至城四十里、沙河橋自天津北倉水運至橋三百一十四里、十方院沙河橋陸運丘里、閻家村沙洵橋陸運二里、崇仙鎮汝河橋陸運五十里

糶米七萬一千五百四十六石二斗九升零，銀五萬三千七百二十九兩三錢四分零

賑過極次貧民、住旗貧士五萬四千五百七十四户，大小口一十一萬一千八百七十九

借麥種銀五千九百九十一兩

資送流民大小口一萬五千六百八十口，糧銀五百五兩九錢六分八釐

委員盤費、運米腳價、紙張雜費共銀一萬一千一百四十一兩一錢零

職官捐棉衣一百件，河間府知府徐景曾

紳士捐棉衣二百件，孟越等

商捐棉衣七百八十件，李允武、張仁義等

獻縣：被災六七八九十分

知縣：楊文彩

協辦：定興縣知縣孫鳳立

分辦：教諭鮑梓、主簿王永任、典史王舉、宛平縣縣丞施廷璜、新城縣典史林碩春、蠡縣典史蔣煃、正定縣典史潘成信、曲陽縣典史王士奎、效力州同石嵋、效力州同王聚嵐、效力舉人查覽、效力監生朱光錕、效力監生謝璋

監賑：本縣教諭、主薄同查覽、朱光錕等

設廠五處：臧家橋自天津北倉水運至橋四百八里、自通倉水運至橋八百里、沙洼廠自天津北倉水運至廠三百七十八里、樊屯廠臧家橋陸運五十里、淮鎮廠沙洼陸運三十五里、景城廠臧家橋陸運五十里

賑米五萬六千五百四十六石八升零，銀四萬三千五百一兩七錢一分三釐零

賑過極次貧民、貧士四萬九千一百一十一户，大小口九萬五千三百二十八

麥種銀五千七百二十四兩九錢

資送流民大小口七千一百五十八門，糧銀二百三十二兩一分二釐零

委員盤費、運米腳價、紙張雜費，共銀九千二百五十四兩四錢九分四釐零

職官捐棉衣二百件，知縣楊文彩

紳士捐棉衣九百三十五件，齊曰勇等

商捐棉衣八百九十件，常亨茂等

阜城縣：被災七八九十分

知縣：許瑞

協辦：保定府理事同知僧保住

分辦：典史宓宏道、晉州學正趙城、清苑縣教諭陸維藩、廣平府經歷賴定瑤、正定縣縣丞陸昂、候補縣丞張德遠

監賑：教諭曹溥等

設廠四處：縣城自天津北倉水運至景州連鎮四百三十里，自連鎮陸運至縣城六十里、韓村連鎮陸運六十里、史均連鎮陸運五十里、石槽連鎮運六十里

賑米二萬六千七百九十六石九斗三升零，銀二萬三千四百七十兩二錢四分零

賑過極次貧民，貧士一萬七千一百七十五户，大小口四萬八千二百二十二

借牛力銀六千兩七錢七分八釐零，麥種銀二千六十一兩六錢八分

資送流民大小口二千八百八十七口，糧銀九十八兩二錢四分

委員盤費、運米腳價、紙張雜費，共銀四千二百三十三兩六錢九分零

職官捐棉衣四百件，大名道沈世楓、大名府任弘業等

任邱縣：被災六七八九十分

知縣：朱煐

協辦：淶水縣知縣王治

分辦：主簿高自偉、典史鮑裕光、祁州州判李廷藻、定興縣縣丞王天倪、東鹿縣典史於世寧、鉅鹿縣典史單奇齡、效力監生吴鋼

監賑：教諭徐經、署典史賴修同於世寧、吴鋼等

設廠六處：縣城自趙北口陸運至縣六十里、趙北口自天津北倉水運至口二百八十里，自通倉水運至口五百六十里、香城鋪趙北口陸運四十里、長豐趙北口陸運七十里、梁召趙北口陸運五十里、劉家莊趙北口陸運四十里

賑米五萬八千一百五十六石六斗，穀七千八百二十一石六斗一升零，高粱七百二石六斗四升零，銀六萬三千八十四兩一錢六分零

賑過極次貧民、住旗、貧士三萬七千六百四十二户，大小口一十一萬二千三百四

借牛力銀六十九兩六分六釐，麥種銀七千三百七十五兩三錢

養送流民大小口一方三千一百六十三口，糧銀五百六十三兩九錢七分三釐零

委員盤費、運米腳價、紙張雜費，共銀六千七百三十八兩四錢六分零

紳士捐棉衣一千二百五十件，高應述等

商捐棉衣七百件，晉隆基等

交河縣：被災六七八九十分

知縣：嚴遂成

協辦：寶坻縣知縣洪肇楙

分辦：教諭崔雲駒、主簿馮仲舒、典史徐圯、新橋驛丞唐珍、束鹿縣教諭史錦、東安縣縣丞劉傑、曲陽縣典史王士魁、外委把總郭聯普

監賑：本縣知縣、教諭、主簿、典史同史錦等

設廠五處：縣城自泊鎮陸運至縣五十里、富莊驛泊鎮陸運七十五里、泊鎮東、泊鎮西自天津北倉水運至泊四百三十里、馮家口自天津北倉水運至口四百二十里

賑米六萬三百六十九石四升零，銀四萬九千二百二十二兩九錢一釐零

賑過極次貧民、住旗、貧士三萬六千四百六十五户，大小口十萬四千五百三十八

借麥種銀六千五百兩

資送流民大小口三千八百八十五口，糧銀九十一兩六分三釐，穀二十七石三斗

委員盤費、運米腳價、紙張雜費，共銀八千一百一十六兩一錢五分零

職官捐棉衣一百二十件，知縣嚴遂成

紳士捐棉衣七百一十件，進士蘇鶴成、監生王偉、生員王瑢

商捐棉衣四百二十件，吴三益等

景州：被災六七八九十分

知州：屈成霖

協辦：河間府通判汪鐸、永清縣知縣李纘

分辦：州判史宏彥、吏目孫萬鐘、龍華鎮巡檢吳惟忠、高陽縣教諭李縉、武清縣縣丞黃守義、元城縣縣丞饒安緒、安州吏目許開肋、磁家務巡檢馬錦、河工效力州同龔望舒、效力縣丞鍾秉寬、效力縣丞張德遠

監賑：通判汪鐸同史宏彥等

設廠七處：州城自安陵鎮水次陸運至城三十里、安陵鎮自天津北倉水運至鎮五百二十里、王謙寺距州三十五里、張史距州四十五里、王義距州四十里、梨園矩州三十里、留煙距州四十里

賑米九萬三千九百一十九石二斗八升零，高糧六百五十九石二斗，銀七萬八千五百四十六兩七錢四分六釐零

賑過機次貧民、貧士四萬九千五百七十六户，大小户口一十六萬七千九百六十六

借麥種銀二千八百一十七兩五錢

資送流民大小口六百三十三口，糧銀三十四兩七錢七分七釐

委員盤費、運米腳價、紙張雜費，共銀一萬一千五百二十五兩五釐零

商捐棉衣六百三十件，范繼文等

吳橋縣：被災五六七八九十分

知縣：滿保

協辦：安肅縣知縣王屋霨

分辦：縣丞柳槐、典史文邦選、連窩巡檢張大法、東安縣主薄張永安、寶坻縣主簿鍾秉惠、束鹿縣主簿王學壁、效力州同羅弘遠、管河把總魏振時

監賑：教諭陶發祖、訓導杜若馨同張大法等

設廠六處：縣城自連鎮陸運至域四十里、連鎮自天津北倉水運至鎮四百九十里、溝店距縣九十五里、楊家寺距縣九十八里、新鎮店距縣九十里、水彼距縣六十五里

賑米二萬五千九百四十一石五斗八升零，穀四千一百五十九石六斗四升零，銀二萬一千八百七十一兩五錢一分八釐零

賑過極次貧民、貧士一萬九千九百五户，大小口四萬五千六百三十

借牛力銀一千一百九十二兩一錢八分三毫，麥種銀四千一百八兩六錢

資送流民大小口三百六十九口，糧銀九兩八錢六分五釐

委員盤費、運米腳價、紙張雜費，共銀四千九百四十一兩六錢一分二釐零

士民捐小米四百二十石，王朝鼎等

紳士捐棉衣銀一千二百六兩五錢，祝良愷等

東光縣：被災七八九十分

知縣：趙憲

協辦：易州知州楊芊

分辦：訓導陳嘉謨、主簿王希曾、典史戴延祺、易州學正劉曾明、永清縣縣丞韓極、新城縣典史陶宗望、深澤縣典史陳廷鑒、效力州同王玉

監賑：教諭胡曰相、原任青縣主簿張景仲同劉曾明、韓極、王玉等

設廠五處：縣城自馬頭水次陸運至城三里、馬頭自天津北倉水運至馬頭四百七十里、夏口馬頭陸運十五里、王家集馬頭陸運二十二里、秦村馬頭陸運二十八里

賑米七萬九千四百一十八石八斗九升零，銀六萬八千七百二兩七錢二分零

賑過極次貧民、竈户、貧士四萬一千七百九十九户，大小口一十三萬九千五百六十一

借牛力銀六百八十五兩五錢，麥種銀五千二百四兩一錢

資送流民大小口一千八十口，糧銀一十二兩一錢八分，制錢一十四千五百六十五文

委員盤費、運米腳價、紙張雜費，共銀六千六百五十四兩四錢八分零

職官捐棉衣一百件，知縣趙憲

紳士捐棉衣一百三十件，原任武城縣知縣馬永圖、武舉趙士瑜等

商捐棉衣六百六十件，查懋德、李儒魁等

青縣：被災七八九十分

知縣：鮑梓，署縣事縣丞李必顯

協辦：河西務同知周碩脅

分辦：主簿吳艾、子牙河主簿喬玉璦、杜林、巡檢張鵬程、乾寧、驛丞劉國富、典史陳正坤、雄縣縣丞朱光锳、武清縣主簿葛光祖

監賑：署主薄王聚嵐、流河驛丞耳孔木等

設廠三處：縣城自天津北倉水運至縣城二百四十里、興濟鎮距縣三十五里、流河鎮

距縣四十里

賑米五萬一千二百七十五石三斗八升五合，穀二千六百二十九石九斗七升五合，銀四萬九千八頁三十二兩九錢一分五釐

賑過極次貧民、旗竈，貧士二萬八千五百五十户，大小口九萬一千四百九十六

借麥種銀一千九百三十五兩五錢

委員盤費、運米腳價、紙張雜費，共銀二千八百八兩八錢七分零

職官捐穀一百五十石，候選州判許志忠

職官捐棉衣六百件，清河道方觀承、清苑縣知縣王原泗

商捐棉衣一百五十件，范宗文、李榮豐等

靜海縣：被災六七八九十分

知縣：馬國鎮

協辦：河西務同知周碩勵

分辦：教諭趙士機、署主簿王聚嵐、子牙河主簿姚琸、香河縣主簿王鏞、中所千總史御璞、效力監生王廷曾

監賑：本縣教諭、主簿等

設廠三處：縣城自天津北倉水運至縣一百一十里，自通倉水運至縣四百里、在城華藏庵、唐官屯距縣五十里

賑米三萬四千九百五十八石二斗零，穀八千三百五十七石四斗五升零，銀五萬二千兩七錢一分七釐零

賑過極次貧民、住旗、貧士二萬九千九百八十九户，大小口四萬三千六百一十三

借麥種銀二千四百九十兩四錢

資送流民大小口一萬二百一十三口，糧銀三百十三兩一錢六分四釐零

委員盤費、運米腳價、紙張雜費，共銀一千四白六十八兩

職官捐棉衣一百四十二件，知縣馬國鎮、教諭趙士機、子牙河主簿姚琸、巡檢李璘、典史夏學淳、千總史御璞

紳士捐棉衣五百三十件，通政使勵宗萬、郎中勵宗奕、蒲圻縣知縣牛光敷、候選州同沈世弘、貢生李作霖等、監生張志和等、生員蕭成美等、民人朱作稼等

商捐棉衣二百九十五件，傅雲符、龐大統等

滄州：被災七八九十分

知州：劉燕雯

協辦：順德府通判饒佺

分辦：州判俞洲、吏目倪雲璐、李村巡檢吴玉、磚河驛丞范鐘衍、固安縣縣丞陳之紀、蠡縣縣丞楊景素、清河縣縣丞龍廷棟、永清縣主簿李培綱、滿城縣典史張光祖、唐縣典史傅德正、捷地汛把總孫廷錫、外委把總孫成玉

監賑：通判饒佺、教諭賈三獲、訓導孟耀、李村巡檢吴玉、清河縣縣丞龍廷棟

設廠五處：州城自天津北倉水運至州三百里，自張家灣水運至州五百八十里、磚河鎮距州三十里、舊滄州距州四十里、孟村距州七十里、李村距州七十里

賑米十一萬二千三百七十三石二斗五升，高糧五千石，銀十一萬一千三百一十一兩九分零

賑過極次貧民、住旗、貧士五萬二千六百六十七户，大小口二十萬一百八十

借麥種一千五百四十八石八斗，麥種銀六千七百一十四兩四錢，蕎麥種銀一百六十七兩一錢一分

資送流民大小口五千九百七十六口，糧銀四十六兩三錢二分，制錢九十五千一百七十二文

委員盤費、運米腳價、紙張雜費，共銀九千二十六兩五錢七分零

職官捐棉衣四百八十件，知州劉燕雯、城守尉阿爾本阿、磚河游擊彭端節、天津府通判閻有信、順德府通判饒佺

紳士捐棉衣九百八十件，原任知府衛封濟、原任遊擊閻履泰、候補守備白文鋭、候選州同孫讓祖、候選州同王次林、原任知縣閻儼、候選經歷祝鴻、候選縣丞李如路、舉人劉連芳等、拔貢吕寳善等、監生戴暟等、生員隋之屏等

商捐棉衣五百六十七件，查懋德等

南皮縣：被災六七八九十分

知縣：侯玨，署知縣朱奎揚

協辦：霸州知州朱一蜚

分辦：教諭李長發、主簿王承業、典史陳日熾、定州州同顏色燦、天津

府經歷饒鋭、寶坻縣主簿鎮秉惠、效力州同顧之岑、效力縣丞沈湘

監賑：本縣教諭、主簿、典史等

設廠五處：泊頭鎮自天津北倉水運至泊四百二十里，自張家灣水運至泊六百九十里、馬家口自天津北倉水運至口三百八十四里、潞灌鎮泊頭陸運八十五、黑龍村泊頭陸運八十里，馮家口陸運七十五里、底橋鎮陸運七十里

賑米五萬五百二十石四斗五升一合，高糧二千石，銀四萬六百一兩六錢一分七釐五毫

賑過極次貧民、住旗、貧士二萬二千九百六十六户，大小口八萬七千七百四十八

借麥種銀二千八百二十七兩，子種銀一千百兩四錢七分一釐

資送流民大小口五千六百三十一口，糧銀一百二十四兩一錢五釐八毫

委員盤費、運米腳價、紙張雜費，共銀八千六百九十兩四錢二分零

職官捐棉衣九百件，滄州分司史尚廉、知縣侯玨、署知縣朱奎揚

紳士捐棉衣一千三百件，原任河北道張受長、旗人周應蓴等、舉人張繩祖等、監生侯日儼等、生員高星等、武舉王嘉言、民人陳自富等

商捐棉衣三百件，房星燝等

鹽山縣：被災六七八九十分

知縣：鄭鳴岐

協辦：武清縣知縣吴翀

分辦：教諭劉文彦、舊縣巡檢李宗良、署舊縣巡檢沈鵬、典史陳善道、楊村縣丞趙廷臣、三角澱縣丞李光照、高陽縣縣丞邢紹周、海豐場鹽大使王嶠嶷、易州巡檢胡鴻、千總郭文宣、楊莊汛千總張勇烈、南路捕盜把總黄成貴、南運河把總趙桂海

監賑：訓導田可獲、楊莊巡檢陳範、靜海縣流河巡檢李璘、效力監生朱光録

設廠四處：縣城自滄州捷地水次陸運至縣城九十里，自天津北倉水運至捷地三百四十里，自通倉水運至捷地七百里、仁村捷地陸運九十里、十二基捷地陸運一百里、望樹捷地陸運一百二十里

賑米九萬三千八百二十三石一斗三升零，高糧三千石，穀五百八石六斗五升，銀七萬七千五百一十五兩九錢零

賑過極次貧民、住旗、貧士共四萬二千七百一十七户，大小口一十五萬九千九百七十一

借麥種銀四千一百九十六兩四錢七分

資送流民大小口一千七十九口，糧銀四十兩六錢四分九釐四毫

委員盤費、運米腳價、紙張雜費，共銀一萬七千六百三十五兩六錢一分零

職官捐棉衣一千九十六件，鹽法道鄧釗、天津府胡文伯、滄州分司史尚廉

紳士措棉衣九十件，候選州同劉熙、貢生李士晉、生員孫材

商捐棉衣一百七十件，周廣鈞、王岩等

慶雲縣：被災六七八九十分

知縣：金士仁

協辦：保定縣知縣王沄

分辦：典史孔宗洺、河西務巡檢王弘毅、張登巡檢李唐、把總王彪、效力縣丞楊寅

監賑：教諭董瓚、效力縣丞楊寅

設廠二處：縣城自天津北倉水運至滄州捷地三百四十里，自捷地陸運至縣城一百二十里、板搭營距縣一十里

賑米四萬九十二石五斗，銀三萬八百七十四兩八錢九分三釐零

賑過極次貧民、貧士二萬八百三十四户，大小口六萬二千四百八十九

借麥種銀四千八百六十七兩七錢

資送流民大小口九百九十五口，糧銀二十七兩七錢九分

委員盤費、運米腳價、紙張雜費，共銀一萬二百五十八兩九錢九分八釐零

職官捐棉衣三百件，督部院高斌

武邑縣：被災六七八九十分

知縣：胡正

協辦：冀州知州范清曠

分辦：教諭戴三聘、候補知州嚴宗嘉、新河縣教諭王淑林、南宮縣縣丞

嚴宗璋、棗強縣縣丞張天爵、冀州吏目溫焯、南宮縣典史王應元、新河縣典史金鼎

監賑：訓導張秉燐、開州州判熊繹祖、束鹿縣教諭史錦、冀州訓導張澳

設廠四處：縣城自圈頭鎮陸運至城二十里、圈頭鎮自天津北倉水運至鎮五百八十里、趙轎圈頭鎮陸運二十五里、馬回臺圈頭陸運十八里

賑米三萬九千一百一十九石三斗二升，敕穀四千一百七十八石一斗六升，高糧二千石，銀三萬五千七百三十一兩六錢六分

賑過極次貧民、貧士三萬一千七百三十二户，大小口七萬五千二百六十二；又本縣知縣及紳士商民捐銀煮粥賑過貧民七萬五千二百六十二口

借麥種銀四千七百五十兩

資送流民大小口二百五十八口，糧銀七兩三錢九分八釐

委員盤費、運米脚價、紙張雜費，共銀七千九百四十八兩一錢一分

職官捐煮賑銀四百兩，知縣胡正

紳士捐煮賑銀一千二百五十八兩，進士孟履中、貢生袁廷佐、武舉賈阿

商捐煮賑銀二百二十四兩，又捐銀一百兩，譚繩祖、李鬱芳等

職官捐棉衣一千件，督部院高斌、冀州知州范清曠、棗強縣知縣趙杲、知縣胡正

紳士捐棉衣三百五十件，進士孟履中、貢生袁廷佐、武舉賈阿

商捐棉衣七百件，譚繩祖、平郁芳等

武強縣：被災六七八九十分

知縣：陶鏞

協辦：正定府知府王師

分辦：教諭張本、訓導劉譽、典史高國瑞、滿城縣教諭馮禾、安肅縣教諭徐寅、定興縣教渝張淑璋、新城縣教諭王琯、博野縣教諭吴□、栢鄉縣教諭唐元瑞、平山縣典史徐璋、饒陽縣典史林必鋐

監賑：本縣教諭、訓導、趙州吏目林永涵、效力州同蘇瀚等

設廠五處：城東、城西自小范鎮水次陸運至城三十里、小范鎮南、小范鎮北自天津北倉水運至鎮五百二十里，自通倉水運至鎮八百一十五里、堤南村小范鎮陸運十八里，距縣二十五里

賑米三萬六千六百五十六石四斗六升七合五勺，銀三萬一千四百六十五兩二分七釐五毫

賑過極次貧民、貧士二萬九千九百五十一户，大小口六萬三千一百四十九

借牛力銀八兩六錢四分，牧費銀一十六兩，麥種二百四十五石，麥種銀一百九十五兩一錢

資送流民大小口九百六十三口，糧銀十九兩六錢九分五釐

委員盤費、運米脚價、紙張雜費，共銀四千七百六十二兩七錢二分四釐零

紳士捐棉衣一百件，監生張藩等

商捐棉衣一百件，翟璟等

又《旱災次重十一州縣》

肅寧縣：被災五六七八分

知縣：陳文正；署縣事候補知州：嚴宗嘉

協辦：廣昌縣知縣王化南

分辦：教諭任枚、典史吴兆龍、河間府經歷徐元升、淶水縣縣丞馮鎮、行唐縣巡檢洪敬宇

監賑：任枚、徐元升

設廠二處：城南自天津北倉水運至獻縣臧家橋四百八里，自臧家橋陸運至縣七十里、白家村距縣二十里

賑米六千九百一石二斗，穀二千六百九十三石四斗，銀五千六百九十六兩四錢四分零

賑過極次貧民、住旗、貧士一萬三千七百四十八户，大小口四萬六千七百八十八

借麥種銀一千三百八十二兩二錢

資送流民大小口三百九十九口，糧錢六千四百三十文

委員盤費、運米脚價、紙張雜費，共銀一千五百七十九兩九錢七分零

職官捐棉衣三百件，督部院高斌

寧津縣：被災五六七八九分

知縣：王欽；署知縣：唐倚衡

協辦：完縣知縣王滄

分辦：教諭黄燦、訓導陳欽堯、典史陳培治、高陽縣教諭李縉、良鄉縣

縣丞甘怡、井陘縣典史邢瑜、阜平縣典史方楷

監賑：本縣教諭同甘怡、邢瑜、方楷等

設廠四處：縣城自天津北倉水運至吴橋連鎮四百九十里，自連鎮陸運至縣七十里、尚家道口連鎮陸運五十里、柴胡店連鎮陸運八十五里，距縣十五里、耿家園連鎮陸運七十五里

賑米五千五百三十三石六斗一升零，銀四千三百八兩九錢四分

賑過極次貧民、竈户、貧士七千四百九十五户，大小口二萬一千九十四

借牛力銀四錢五分七釐零，麥種銀八千二十四兩二錢三分

資送流民大小口六千三百六口，糧銀二千七百九十三兩八錢四分九釐零

委員盤費、運米腳價、紙張雜費，共銀一千七百二十三兩七分零

職官捐棉衣一百件，知縣王欽

士民捐穀四百三十石，生員高懷義等

商捐穀七百五石，胡世亮、戰纘祖等

紳士捐棉衣七百件，教諭王燦

商捐棉衣二百件，胡世亮等。

故城縣：被灾五六七分

知縣：向德華

協辦：香河縣知縣張永安

分辦：訓導劉漢成、縣丞陳克大、巡檢高弘績、典史王廷釗、蠡縣教諭紀逯宜、臨城縣典史桂光弘

監賑：香河縣知縣張永安同訓導、縣承等

設廠五處：縣城自天津北倉水運至縣七百二十里、大馬房距縣二十五里、城場店距縣二十五里、師召村距縣四十五里、馬家莊距縣三十里

賑米二千一百九十三石九斗三升零，穀四千五百六十九石一斗五升，銀三千五十兩八錢九分零

賑過極次貧民、貧士八千五十一户，大小口一萬九千一百八十七

借麥種銀一千四百五十八兩九錢

委員盤費、運米腳價、紙張雜費，共銀一千四百四十七兩六錢三分零

商捐棉衣三百四十六件，馬文臣等

束鹿縣：被災五六七八九分

知縣：李成蹊

協辦：安州知州馮章宿

監賑：本縣教諭等

設廠一處：舊城自縣城陸運四十里

賑穀九千一百六十七石五斗九升零，銀三千九百九十二兩九錢二釐零

賑過極次貧民、貧士七千二百九十一户，大小口五萬八千二百七十八

借麥種銀三千一百六十九兩八錢

資送流民大小口七十一口，糧銀三兩九錢一分七釐六毫

委員盤費、運米腳價、紙張雜費，共銀三百五十六兩七錢五分二釐零

職官捐棉衣二百件，保定府知府吴謙志捐棉衣一百件、知縣李成蹊捐棉衣一百件

紳士捐棉衣一百二十九件，武舉韓湘等

商民捐棉衣六百七十六件，李永裕、賈憲璽等

故城縣：被災五六七分

知縣：徐琨

分辦：候補州同陸昂、獲鹿縣教諭陳永清

監賑：無極縣知縣張維城

設廠一處：縣城

賑米一千二百九石六斗三升，銀六兩六錢三分七釐零

賑過極次貧民、貧士一千五百七十八户，大小口八千七百五十一

資送流民六十三口，口糧銀五錢一分

紳士捐棉衣五十件，舉人張喬等

商捐棉衣一百九十件，李篤等

威縣：被災六七八九分

知縣：盧豪然

分辦：教諭傅基孔，典史王英偉

監賑：雞澤縣教諭尤淑孝、清河縣典史宋世衍

設廠二處：縣城自曲周陸運至縣七十里、鎮堡距縣五十里

賑穀五千七百三十五石三斗一升，銀二千二十七兩九分六釐零

賑過極次貧民、貧士大小口三萬二千八百四十五

借麥種銀五百七十四兩五錢

委員盤費、運米脚價、紙張雜費，共銀四百四十四兩三錢八分六釐零
紳士捐棉衣四百五十五件，貢生王宗舜、監生申景龍等
商民捐棉衣四百六十八件，崔桂齡、王明甫等
深州：被災五六七八九十分
知州：姜嗣泰
總理：保定府知府吴謙志
分辦：學正張敦睦、署吏目申起元、保定府教授王鴻、行唐縣教諭楊標、槀城縣教諭張鎮、良鄉縣縣丞趙自瑞、正定縣縣丞張裕燕、宛平縣主簿吴敬勝、趙州吏目林永涵、蠡縣典史蔣烇、槀城縣典史陸科元、武強縣典史高國瑞、隆平縣典史李偉、效力正六品㟳若祁、效力州同甘士琮、效力舉人范紹文
監賑：州判饒鴻煥、訓導姜澍、吏目吕鐘、饒陽縣教諭張正賢、武強縣教諭張本、束鹿縣主簿王學璧、沙河縣典史陳文瀾
設廠七處：城東、城西自天津北倉水運至武邑圈頭鎮五百八十里，自圈頭陸運至州六十里、護家池圈頭陸運十八里，距州四十里、陳二莊圈頭陸運三十里，距州四十里、磨頭圈頭陸運五十五里，距州五十里、西堡疃自天津北倉水運至武強小范鎮五百二十里，自小范陸運至疃八十里、北戲村小范陸運四十里
賑一萬三千二百九十七石五斗，穀二萬三千三百六十三石八斗五升，銀一萬九千九百九十九兩四錢五分五釐
賑過極次貧民、貧士三萬六千八百四十户，大小口九萬八千一百五十八
借麥種銀一千一百三十五兩一錢五分
委員盤費、運米脚價、紙張雜費，共銀六千七百一兩四錢七分一釐零
職官捐棉衣三百件，永年縣知縣王玲等
饒陽縣：被災五六七分
調任知縣：侯玨；知縣：王維周
協辦：保定府通判程士數
分辦：教諭張正賢、訓導樊繼、寧津縣教諭趙獻猷、元氏縣典史周鑒、效力縣丞沈鵬
監賑：本縣教諭訓導
設廠二處：東倉、西倉自武強小范鎮水次陸運至倉六十里
賑米一千九百五十四石五斗三升零，穀四千三百六十石六斗五升零，銀二千九百七十一兩九錢二分五釐零
賑過極次貧民、貧士七千二十一户，大小口四萬六千六百一十六
借麥種銀七百三十九兩
資送流民大小口一千七百六十七口，糧銀二十五兩一錢八分九釐
委員盤費、運米脚價、紙張雜費，共銀一千八十六兩八錢七分
職官捐棉衣二百五十件，順德府知府徐景曾等
安平縣：被災六七分
知縣：王毓德
協辦：寧河縣知縣沈浚
分辦：教諭劉如基、典史陰旺、祁州學正紀晉、效力州同蘇瀚
監賑：教諭同祁州州同杜焧
設廠二處：縣城、角邱店自武強小范水次陸運至店一百一十里
賑米一千石，穀一千七百九十七石六斗二升五合，銀一千二百三十兩一錢三分零
賑過極次貧民、貧士二千二百九十八户，大小口一萬二百八十七
資送流民大小口八百七十七口，糧銀一十三兩六錢七分五釐
委員盤費、運米脚價、紙張雜費，共銀八百九十八兩八錢一分零
紳士捐棉衣一百四十件，知縣劉輝祖、舉人商斯行
商捐棉衣一百三十五件，晉仁、崔戊鉞等
天津縣：被災五六七八分
知縣：張志奇
協辦：通州知州杜甲
分辦：縣丞鄭發、葛沽巡檢左建宏、楊青巡檢鄭一民、典史周錦、東安縣縣丞劉傑、蠡縣縣丞楊景素、青縣巡檢楊檠、效力州同馮一誠
監賑：本縣縣丞、巡檢、北倉大使席珍
設廠三處：河東大寺自北倉水運至寺二十五里、城西藥王廟北倉水運二十里、北倉自通倉水運至倉三百八十五里
賑米三千四百六十四石，穀二萬五千七百八十三石九斗零，銀一千一百九十二兩三錢一分零
賑過極次貧民、旗竈、貧士一萬九千三十户，大小口四萬八千四百四十一

借麥種銀三百一十八兩九錢

資送流民大小口四千三十四口，糧銀一百三十七兩五錢五分零

委員盤費、運米腳價、紙張雜費，共銀三百六十四兩六釐零

紳士捐賑恤銀二千兩，候選通判牛光泰

職官捐棉衣銀一百兩、棉衣一百件，鹽法道鄧釗、知縣張志奇

紳士捐棉衣三千八百八十九件，侍衛章趙維、原任河池州知州孫超、原任蒲圻縣知縣牛光敷、原任守備王賑基、候選州同沈世英、進士沈宏模、武進士崔裕德、舉人王廷瑤、武舉袁瑛、貢生趙瑛、監生李廷文、生員辛溥

商捐棉衣一千一百八十件，郭永寧等

大城縣：被災六七八分

知縣：謝鐘齡

協辦：文安縣知縣梁德長、晉州吏目熊先濱

監賑：本縣縣丞王傅色等

設廠二處：縣城、白洋橋自天津北倉水運至橋二百四十二里

賑米四千三百八十四石三斗零，穀六千一百一十四石九斗八升零，銀四十七兩一錢八分零

賑過極次貧民、貧士五千八百九十一户，大小口二萬一千六百四十九

借麥種銀二百八十六兩四錢

資送流民大小口九百六十一口，糧銀二十四兩一分四釐零

委員盤費、運米腳價、紙張雜費，共銀三百三兩八錢八分五釐八毫

職官捐棉衣五十件，知縣謝鐘齡

紳士捐棉衣九十件，舉人劉丞等

又《煮賑留養流民八州縣》

良鄉縣

知縣：董承勛

設廠一處：縣城

須用粥米五十五石一斗七升

賑過京外流民大小口一萬一千七百五十二

席棚、柴薪、水缸等物用銀四十七兩六錢三分零

資送流民大小口八千二百有九口，糧腳力銀四百七十一兩四錢七分零

通州

知州：杜甲

設廠二處：給孤寺、天成庵

領用通倉米五百五十二石

賑過流民大小口六萬六千五十三

席棚、草簾、地草、水缸等物用銀三百四十九兩七錢五分

資送流民大小口一千二百四十四口，糧腳力銀一百七兩五錢二分

固安縣

知縣：魏德茂

設廠二處：縣城北關、王龍村

領用藩庫銀二百兩，本縣紳士商民捐助各項米石

賑過流民大小口三萬五千二百一十三

資送流民大小口七百八十八口，糧腳力銀一十六兩七錢二分零

永清縣

知縣：李纘

設廠二處：李家口、韓村

領用藩庫銀一百兩，本縣官紳士商捐粟米二百八十六石三斗二升五合，高糧一百五十二石六斗一升一合

賑過流民大小口二十一萬九千四百六十八

席棚、草簾、地草、柴薪、水缸等物用銀一百三十九兩五錢四分

資送流民大小口七百七十七口，糧腳力銀二十七兩六錢四分六釐五毫

東安縣

知縣：李光昭

設廠一處：桃河頭

領用藩庫銀一百兩，知縣李光昭捐銀一百兩，紳士商民捐米一百二十石

賑過流民大小口一十三萬五千五百三十二

席棚、柴薪、水缸等物用銀八十六兩四錢三分

資送流民大小口三百九十二口，糧腳力銀八兩七分三釐

武清縣

知縣：吴翀

設廠一處：楊村
領用藩庫銀一百兩，古北口採買粟米七百七十石，本縣官紳士商捐高糧六百一十三石八斗
賑過流民大小口一十四萬五千二百一十六
席棚、草簾、地草、柴薪、水缸等物用銀二百二十兩六分
資送流民大小口二千六百二口，糧腳力銀一百二十六兩二錢一分
霸州
知州：朱一蜚
設廠一處：州城
領用藩庫銀一百兩，紳士商民捐米一百二十四石
賑過貧民大小口九萬三千八百六十二
席棚、柴薪、水缸等物，知州朱一蜚捐辦
資送流民大小口二千一百一十二口，糧腳力銀五十三兩二錢五分零
文安縣
知縣：梁德長
設廠一處：縣城
領用藩庫銀一百兩，知縣梁德長捐銀二百兩，紳士商民捐米二百六十二石五斗
賑過流民大小口二十三萬七千六百二十四
席棚、柴薪、水缸等物用銀七十四兩三錢三分
資送流民大小口三千三百有八口，糧腳力銀七十六兩四錢六分

水灾部

題解

《六韜・文韜》 人主好破壞名山，雍塞大川，決通名水，則歲多大水，傷民，五穀不滋。

《呂氏春秋》卷三《季春紀・盡數》 大寒、大熱、大燥、大溼、大風、大霖、大霧，七者動精則生害矣。

《說文解字》卷一一《水部・潦》 雨水大皃。

《漢書》卷二七上《五行志上》 箕子乃言曰：「我聞在昔，鯀陻洪水，汩陳其五行，應劭曰：『陻，塞也。汩，亂也。水性流行，而鯀障塞之，失其本性，其餘所陳列皆亂，故曰亂陳五行也。』師古曰：『汩音骨。』帝乃震怒，弗畀《洪範》九疇，彝倫逌斁。師古曰：『帝謂上帝，卽天也。震，動也。畀，與也。疇，類也。九類卽九章也。斁，敗也，音丁故反。』鯀則殛死，禹乃嗣興，師古曰：『殛，誅也，見誅而死。殛音居力反。』

又 說曰：水，北方，終臧萬物者也。其於人道，命終而形臧，精神放越，聖人爲之宗廟以收魂氣，春秋祭祀，以終孝道。王者即位，必郊祀天地，禱祈神祇，望秩山川，懷柔百神，亡不宗事。師古曰：『懷，來也。柔，安也。謂招來而祭祀之，使其安也。宗，尊也。』慎其齋戒，致其嚴敬，鬼神歆饗，多獲福助。此聖王所以順事陰氣，和神人也。至發號施令，亦奉天時。十二月咸得其氣，則陰陽調而終始成。如此則水得其性矣。若乃不敬鬼神，政令逆時，則水失其性。霧水暴出，百川逆溢，壞鄉邑，溺人民，及淫雨傷稼穡，是爲水不潤下。京房《易傳》曰：『顓事有知，誅罰絕理，厥災水，其水也，雨殺人以隕霜，大風天黃。飢而不損，茲謂泰，厥災水，水殺人。辟遏有德，茲謂狂，應劭曰：『辟，天子也。有德者雍遏不見用也。』師古曰：『遏音一曷反。』厥災水，水流殺人，已水則地生蟲。歸獄不解，茲謂追非，李奇曰：『歸罪過於民，不罪己也。』張晏曰：『謂釋有罪之人而歸無辜者也。解，止也。追非，遂非也。』厥水寒，殺人。追誅不解，茲謂不理，厥水五穀不收。大敗不解，茲謂皆陰。解，舍也，王者於大敗，誅首惡，赦其衆，不則皆函陰氣，師古曰：『函讀與含同。』厥水流入國邑，隕霜殺叔草。』」

又 卷二七中之上《五行志中之上》 貌之不恭，是謂不肅。肅，敬也。內曰恭，外曰敬。人君行己，體貌不恭，怠慢驕蹇，則不能敬萬事，失在狂易，故其咎狂也。師古曰：『狂易，謂狂而易其常性。』上嫚下暴，則陰氣勝，故其罰常雨也。水傷百穀，衣食不足，則姦軌並作，故其極惡也。一曰，民多被刑，或形貌醜惡，亦是也。風俗狂慢，變節易度，則爲剽輕奇怪之服，師古曰：『剽音匹妙反。』故有服妖。水類動，故有龜孽。如淳曰：『河魚大上，以爲魚孽之比。』於易，巽爲雞，雞有冠距文武之貌。不爲威儀，貌氣毀，故有雞旤。一曰，水歲雞

多死及爲怪，亦是也。

又 庶徵之恆雨，劉歆以爲春秋大雨也，劉向以爲大水。

《後漢書・五行志三・大水》 《五行傳》曰：『簡宗廟，不禱祠，鄭玄注曰：「虛、危爲宗廟。」廢祭祀，鄭玄曰：「牽牛主祭祀之牲。」逆天時，鄭玄曰：「月在星紀，周以爲正，月在玄枵，殷以爲正，皆不得四時之正，逆天時之象也。春秋定十五年『夏五月辛亥郊』，譏運卜三正，以至失時，是其類也。」則水不潤下。』鄭玄曰：『君行此四者，爲逆天北宮之政也。北宮於地爲水。水性浸潤下流，人所用灌溉者也。無故源流竭絕，川澤以涸，是爲不潤下。其他變異皆屬沴。』謂水失其性而爲災也。太公六韜曰：『人主好破壞名山，壅塞大川，決通名水，則歲多大水，五穀不成也。』

《南齊書》卷一九《五行志》 水，北方，冬藏萬物，氣至陰也，宗廟祭祀之象。死者精神放越不反，故爲之廟以收其散，爲之貌以收其魂神，而孝子得盡禮焉。敬之至，則神歆之，此則至陰之氣從，則水氣從溝瀆隨而流去，不爲民害矣。人君不禱祀，簡宗廟，廢祭祀，逆天時，則霧水暴出，川水逆溢，壞邑軼鄉，沈溺民人，故曰水不潤下。

明 劉基《覆瓿集》卷八《天説下》 氣行而壅，壅則激，激則變，變而後病生焉，故吼而為暴風，鬱而為虹蜺，不平之氣見也。抑拗憤結，迴薄切錯，暴怒溢發，冬雷夏霜，驟雨疾風，折木漂山，三光盪摩，五精亂行，晝昏夜明，瘴疫流行，水旱愆殃，天之病也。

《康熙字典》巳集上《水字部・潦》 《説文》雨大貌。《禮・曲禮》水潦降。又路上流水也。《詩・大雅》洞酌彼行潦。

又《廣韻》《集韻》《韻會》《正韻》灶郎到切，勞去聲。與澇同。淹也。一曰積水。

又《水字部・浸》 漬也。《詩・曹風》浸彼苞稂。又潤也。《詩・小雅》浸彼稻田。又漸也。《易・臨卦》剛浸而長。又沒也。

清 段玉裁《説文解字注》卷一一《水部・潦》 雨水也。各本作雨水大皃。今依《詩・采蘋》正義、《文選・陸機贈顧彦先詩》注、《衆經音義》卷一訂。《曲禮》釋文亦曰：『雨水謂之潦。雨水，謂雨下之水也。』《左傳》曰：『水潦將降。』《召南》『于彼行潦』，傳曰：『行潦，流潦也。』按傳以流釋行。服注《左傳》乃云道路之水。趙注《孟子》乃云道旁流潦。以道釋行、似非。潦水流而聚焉。故曰行潦。不必在道旁也。从水。尞聲。

論説

《國語》卷三《周語下・太子晉諫靈王壅穀水》 靈王二十二年靈王，周簡王之子。靈王，大心也。二十二年，魯襄公二十四年也。是歲，齊人城郟，穀、洛鬬，將毀王宮。穀、洛，二水名也。洛在王城之南，穀在王城之北，東入于瀍。鬬者，兩水激，有似於鬬也。至靈王時，穀水盛，出於王城之西，而南流合於洛水，毀王城西南，將及王宮，故齊人城郟也。案：『鬬者，兩水激，有似鬬也』，公序本『激』作『格』，又此九字在『穀、洛二水名也』句下。王欲壅之欲壅防穀水，使北出也，太子晉諫曰：『不可。晉，靈王太子也，早卒不立。晉聞古之長民者長，猶君也，不墮山墮，毀也，不崇藪崇，高也。澤無水曰藪，不防川防，障也。流曰川，不竇澤澤，居水也。竇，決也。不爲此四者，爲反天性也。夫山，土之聚也；藪，物之歸也物所生歸也；川，氣之導也導，達也。《易》曰：『山澤通氣。』；澤，水之鍾也鍾，聚也。夫天地成而聚於高，歸物於下聚，聚物也。高，山陵也。下，藪澤也。疏爲川谷，以導其氣疏，通也；陂塘汙庳，以鍾其美畜水曰陂，塘也。美，謂滋潤也。是故聚不阤崩，而物有所歸大曰崩，小曰阤；氣不沈滯，而亦不散越。沈，伏也。滯，積也。越，遠也。是以民生有財用，而死有所葬。物有所歸，故生有財用。山陵不崩，故死有所葬。《齊語》曰：『陵爲之終。』然則無夭、昏、札、瘥之憂，而無飢、寒、乏、匱之患，短折曰夭。狂惑曰昏。疫死曰札。瘥，病也。故上下能相固，以待不虞虞，度也，古之聖王唯此之慎慎逆天地之性也。

『昔共工棄此道也賈侍中云：『共工，諸侯，炎帝之後，姜姓也。顓頊氏衰，共工氏侵陵諸侯，與高辛氏爭而王也。』或云：『共工，堯時諸侯，為高辛所滅。』昭謂：言為高辛所滅，安得為堯諸侯？又堯時共工，與此異也，虞于湛樂虞，安也。湛，淫也，淫失其身，欲壅防百川，墮高堙庳，以害天下堙，塞也。高，謂山陵。庳，謂池澤。皇天弗福，庶民弗助，禍亂並興，共工用滅。其在有虞，有崇伯鯀有虞，舜也。鯀，禹父。崇，鯀國。伯，爵也。堯時在位，而言有虞者，鯀之誅，舜之為也，播其淫心，稱遂共工之過播，放也。稱，舉也。舉遂共工之過者，謂鄣洪水也，堯用殛之于羽山殛，誅也。舜臣堯，殛鯀於羽山。羽山在今東海祝其南也。案：『祝其』下，公序本有『縣』字。其後伯禹念前之非度度，法也，釐改制量釐，理也。量，度也，象物天地取法天地之物象也。在天成象，在地成形也，比類百則類，亦象也，儀之于民儀，准也，而度之于群生度之，謂不傷害也，共之從孫四嶽佐之共，共工也。從孫，昆季之孫也。四嶽，官名，主四嶽之祭，為諸侯伯。佐，助也。

言共工從孫為四嶽之官，掌帥諸侯，助禹治水也，高高下下，疏川導滯高高，封崇九山也。下下，陂障九澤也。疏川，決江疏河。導滯，鑿龍門、闢伊闕也，鍾水豐物鍾，聚畜水潦，所以豐殖百物也，封崇九山封，大。崇，高也。除其壅塞之害，通其水泉，使不墮壞，是謂封崇。凡此諸言九者，皆謂九州之中，山川藪澤也，決汨九川汨，通也，陂鄣九澤鄣，防也，豐殖九藪豐，茂也。殖，長也，汨越九原越，揚也，宅居九隩隩，內也。九州之內皆可宅居也，合通四海使之同軌也。故天無伏陰伏陰，夏有霜雹也，地無散陽散陽、李梅冬實也，水無沈氣沈，伏也。無伏積之氣也，火無災燀燀，焱起貌也。天曰災，人曰火。案《攷異》卷一：『「焱」，補音作「猋」，《文選》注引作「炎」。案作「炎」是也。「炎」誤作「焱」，又誤作「猋」』，神無閒行閒行，姦神淫厲之類也，民無淫心陰陽調，財用足，故無淫濫之心也，時無逆數逆數，四時寒暑反逆也，物無害生蝗螟之屬不害嘉穀也。帥象禹之功，度之于軌儀帥，循也。軌，道也。儀，法也，莫非嘉績，克厭帝心謂禹與四嶽也。嘉，善也。績，功也。克，能也。厭，合也。帝，天也。皇天嘉之，祚以天下祚，祿也。《論語》曰『帝臣不蔽，簡在帝心』是也，賜姓曰「姒」、氏曰「有夏」，謂其能以嘉祉殷富生物也祉，福也。殷，盛也。賜姓曰『姒』、氏曰『有夏』者，以其能以善福，殷富天下，生育萬物也。姒，猶祉也。夏，大也。以為善福，殷富天下為大也。祚四嶽國命以侯伯堯以四嶽佐禹有功，封之於呂，命為侯伯，使長諸侯也，賜姓曰『姜姜，四嶽之先，炎帝之姓也。炎帝世衰，其後變易，至四嶽有德，帝復賜之祖姓，使紹炎帝之後』、氏曰『有呂以國為氏也』，謂其能為禹股肱心膂，以養物豐民人也肱，臂也。豐，厚也。氏曰『有呂』者，以四嶽能輔成禹功，比於股肱心膂也。呂之為言膂也。【略】』

《呂氏春秋》卷二《仲春紀・仲春》 仲春行秋令，則其國大水，寒氣總至，寇戎來征。行冬令，則陽氣不勝，麥乃不熟，民多相掠。行夏令，則國乃大旱，煖氣早來，蟲螟爲害。

又 卷四《孟夏紀・孟夏》 行之是令，而甘雨至三旬。孟夏行秋令，則苦雨　數來，五穀不滋，四鄙入保。行冬令，則草木早枯，後乃大水，敗其城郭。行春令，則蟲蝗爲敗，暴風來格，秀草不實。

又 卷六《季夏紀・季夏》 行之是令，是月甘雨三至，三旬二日。季夏行春令，則穀實解落，國多風欬，人乃遷徙。行秋令，則丘隰水潦，禾稼不熟，乃多女災。行冬令，則寒氣不時，鷹隼早鷙，四鄙入保。

又 卷九《季秋紀・季秋》 季秋行夏令，則其國大水，冬藏殃敗，民多鼽窒。行冬令，則國多盜賊，邊境不寧，土地分裂。行春令，則暖風來至，民氣解墮，師旅必興。

又 卷一二《季冬紀・季冬》 行之是令，此謂一終，三旬二日。季冬行秋令，則白露蚤降，介蟲爲妖，四鄰入保。行春令，則胎夭多傷，國多固疾，命之曰逆。行夏令，則水潦敗國，時雪不降，冰凍消釋。

《春秋穀梁傳・莊公七年》 經：秋，大水。

傳：高下有水災曰大水。

又 《莊公十一年》 經：秋，宋大水。

傳：外災不書，此何以書？王者之後也。高下有水災曰大水。

漢 陸賈《新語》卷上《道基》 當斯之時，四瀆未通，洪水為害；禹乃決江疏河，通之四瀆，致之於海，大小相引，高下相受，百川順流，各歸其所，然後人民得去高險，處平土。

漢 韓嬰《韓詩外傳》卷三 傳曰：宋大水，魯人弔之曰：天降淫雨，害於粢盛，延及君地，以憂執政，使臣敬弔。宋人應之曰：寡人不仁，齋戒不修，使民不時，天加以災，又遺君憂，拜命之辱。孔子聞之，曰：宋國其庶幾矣！弟子曰：何謂？孔子曰：昔桀紂不任其過，其亡也忽焉。成湯文王知任其過，其興也勃焉。過而改之，是不過也。宋人聞之，乃夙興夜寐，弔死問疾，戮力宇內。三歲，年豐政平。鄉使宋人不聞孔子之言，則年穀未豐，而國家未寧。詩曰：弗時仔肩，示我顯德行。

《淮南子》卷一《原道訓》 天下之物，莫柔弱於水，然而大不可極，深不可測，脩極於無窮，遠淪於無涯，息耗減益，通於不訾，上天則爲雨露，下地則爲潤澤，萬物弗得不生，百事不得不成，大包群生而無好憎，澤及蚑蟯而不求報，富贍天下而不既，德施百姓而不費，行而不可得窮極也，微而不可得把握也，擊之無創，刺之不傷，斬之不斷，焚之不然，淖溺流遁，錯繆相紛而不可靡散，利貫金石，強濟天下，動溶無形之域，而翱翔忽區之上，邅回川谷之間，而滔騰大荒之野，有餘不足，與天地取與，授萬物而無所前後，是故無所私而無所公，靡濫振蕩，與天地鴻洞，無所左而無所右，蟠委錯紾，與萬物始終，是謂至德。夫水所以能成其至德於天下者，以其淖溺潤滑也。故老聃之言曰：『天下至柔，馳騁天下之至堅。出於無有，入於無間。吾是以知無爲之有益。』

又 卷三《天文訓》 日冬至則斗北中繩，陰氣極，陽氣萌，故曰冬至爲德。日夏至則斗南中繩，陽氣極，陰氣萌，故曰夏至爲刑。陰氣極，則北至北極，下至黄泉，故不可以鑿地穿井。萬物閉藏，蟄蟲首穴，故曰德在室。陽氣極，則南至南極，上至朱天，故不可以夷丘上屋。萬物蕃息，五穀兆長，故曰德在野。日冬至則水從之，日夏至則火從之，故五月火正而水漏，十一月水正而陰勝。陽氣爲火，陰氣爲水。水勝故夏至溼，火勝故冬至燥。燥故炭輕，溼故炭重。

日冬至，井水盛，盆水溢，羊脱毛，麋角解，鵲始巢；八尺之修，日中而景丈三尺。日夏至而流黄澤，石精出，蟬始鳴，半夏生，蟁蝱不食駒犢，鷙鳥不搏黄口；八尺之景，脩徑尺五寸。景脩則陰氣勝，景短則陽氣勝。陰氣勝則爲水，陽氣勝則爲旱。

漢 劉向《説苑》卷一八《辨物》 夫水旱俱天下陰陽所爲也。大旱則雩祭而請雨，大水則鳴鼓而劫社。何也？曰：陽者陰之長也，其在鳥則雄爲陽雌爲陰，在獸則牡爲陽而牝爲陰；其在民則夫爲陽而婦爲陰，其在家則父爲陽而子爲陰，其在國則君爲陽而臣爲陰。故陽貴而陰賤，陽尊而陰卑，天之道也。今大旱者，陽氣太盛以厭於陰，陰厭陽固，陽其填也，惟填厭之太甚，使陰不能起也，亦雩際拜請而已，無敢加也。至於大水及日蝕者，皆陰氣太盛而上滅陽精，以賤乘貴，以卑陵尊，大逆不義，故鳴鼓而懾之，朱絲縈而劫之。由此觀之，春秋乃正天下之位，徵陰陽之失。直責逆者不避其難，是亦春秋之不畏強禦也。故劫嚴社而不爲驚靈，出天王而不爲不尊上，辭蒯聵之命不爲不聽其父，絶文姜之屬而不爲不愛其母，其義之盡耶！其義之盡耶！

漢 王充《論衡》卷一五《順鼓篇》 春秋之義，大水，鼓用牲于社。説者曰：『鼓者，攻之也。』或曰：『脅之。』脅則攻矣。陰勝，攻社以救之。

或難曰：攻社謂得勝負之義，未可得順義之節也。人君父事天，母事地。母之黨類為害，可攻母以救之乎？以政令失道，陰陽繆盭者，人君也。不自攻以復之，反逆節以犯尊，天地安肯濟？使湛水害傷天，不以地害天，攻之可也。今湛水所傷，物也。萬物於地，卑也。害犯至尊之體，於道違逆。論春秋者，曾不知難。

案雨出於山，流入於川，湛水之類，山川是矣。大水之災，不攻山川。社，土也。五行之性，水土不同。以水為害而攻土，土勝水，攻社之義，毋乃如今世工匠之用椎鑿也？以椎擊鑿，令鑿穿木。今儻攻土，令厭水乎？

且夫攻社之義，以為攻陰之類也。甲為盜賊，傷害人民，甲在不亡，舍甲而攻乙之家，耐止甲乎？今雨者，水也。水在，不自攻水，而乃攻社。案天將雨，山先出雲，雲積為雨，雨流為水。然則山者父母，水者子弟也。重罪刑及族屬，罪父母子弟乎？罪其朋徒也？計山水與社，俱為雨類也，孰為親者？社，土也，五行異氣，相去遠。

殷太戊，桑穀俱生。或曰高宗。恐駭，側身行道，思索先王之政，興滅國，繼絶世，舉逸民，明養老之義，桑穀消亡，享國長久。此説春秋者所共聞也。水災與桑穀之變何以異？殷王改政，春秋攻社，道相違反，行之何從？

周成王之時，天下雷雨，偃禾拔木，為害大矣。成王開金縢之書，求索行事周公之功，執書以泣過，雨止，風反，禾、大木復起。大雨久湛，其實一也。成王改過，春秋攻社，兩經二義，行之如何？

月令之家，蟲食穀稼，取蟲所類象之吏，笞擊僇辱，以滅其變。實論者謂之未必真是。然而為之，厭合人意。今致雨者，政也，吏也，不變其政，不罪其吏，而徒攻社，能何復塞？苟以為當攻其類，衆陰之精，月也。方諸鄉月，水自下來。月離于畢，出房北道，希有不雨。月中之獸，兔、蟾蜍也。其類在地，螺與蚄也。月毁於天，螺、蚄舀缺，同類明矣。雨久不霽，攻陰之類，宜捕斬兔、蟾蜍，椎被螺、蚄，為得其實。蝗蟲時至，或飛或集，所集之地，穀草枯索。吏卒部民，塹道作埳，榜驅内於塹埳，把蝗積聚以千斛數。正攻蝗之身，蝗猶不止，況徒攻陰之類，雨安肯霽？

《尚書大傳》曰：『煙氛郊社不脩，山川不祝，風雨不時，霜雪不降，責於天公。臣多弑主，孽多殺宗，五品不訓，責於人公。城郭不繕，溝池不脩，水泉不隆，水為民害，責於地公。』王者三公，各有所主；諸侯卿大夫，各有分職。大水不責卿大夫，而擊鼓攻社，何如？

不然，魯國失禮，孔子作經，表以為戒也。公羊高不能實，董仲舒不能定，故攻社之義，至今復行之。使高尚生，仲舒未死，將難之曰：『久雨湛水溢，誰致之者？使人君也，宜改政易行，以復塞之；如人臣也，宜罪其人，以過解天。如非君臣，陰陽之氣，偶時運也，擊鼓攻社，而何救止？』《春秋説》曰：『人君亢陽致旱，沈溺致水。』夫如是，旱則為沈溺之行，水則為亢陽之操，何乃攻社？

攻社不解，朱絲縈之，亦復未曉。説者以為社陰朱陽也。水，陰也，以陽色縈之，助鼓為救。夫大山失火，灌以壅水，眾知不能救之者，何也？火盛水少，熱不能勝也。今國湛水，猶大山失火也；以若繩之絲，縈社為救，猶以壅水灌大山也。原天心以人意，狀天治以人事，人相攻擊，氣不相兼，兵不相負，不能取勝。今一國水，使真欲攻陽，以絕其氣，悉發國人，操刀把杖以擊之，若歲終逐疫，然後為可。楚、漢之際，六國之時，兵革戰攻，力彊則勝，弱劣則負。攻社，一人擊鼓，無兵革之威，安能救雨？

夫一暘一雨，猶一晝一夜也；其遭若堯、湯之水旱，猶一冬一夏也。如或欲以人事祭祀復塞其變，冬求為夏，夜求為晝也。何以効之？久雨不霽，試使人君高枕安臥，雨猶自止。止久，至於大旱，試使人君高枕安臥，旱猶自雨。何則？陽極反陰，陰極反陽。故夫天地之有湛也，何以知不如人之有水病也？其有旱也，何以知不如人有癉疾也？禱請求福，終不能愈；變操易行，終不能救。使醫食藥，冀可得愈；命盡期至，醫藥無效。堯遭洪水，春秋之大水也，聖君知之，不禱於神，不改乎政，使禹治之，百川東流。夫堯之使禹治水，猶病水者之使醫也。然則堯之洪水，天地之水病也；禹之治水，洪水之良醫也。說者何以易之？

攻社之義，於事不得。雨不霽，祭女媧，於禮何見？伏羲、女媧，俱聖者也，舍伏羲而祭女媧，春秋不言。董仲舒之議，其故何哉？

夫春秋經但言『鼓』，豈言『攻』哉？說者見有『鼓』文，則言『攻』矣。夫鼓未必為攻，說者用意異也。季氏富於周公，而求也為之聚斂而附益之。孔子曰：『非吾徒也，小子鳴鼓攻之，可也。』攻者，責也，責讓之也。六國兵革相攻，不得難此。

此又非也。以卑而責尊，為逆矣。或據天責之也。王者母事地，母有過，子可據父以責之乎？下之於上，宜言諫。若事，臣子之禮也；責讓，上之禮也。乖違禮意，行之如何？

夫禮以鼓助號呼，明聲響也。古者人君將出，撞鍾擊鼓，故警戒下也。必以伐鼓為攻此社，此則鍾聲鼓鳴攻擊上也。大水用鼓，或時再告社。陰之太盛，雨湛不霽，陰盛陽微，非道之宜。口祝不副，以鼓自助，與日食鼓用牲于社，同一義也。俱為告急，彰陰盛也。事大而急者用鍾鼓，小而緩者用鈴鉃，彰事告急，助口氣也。大道難知，大水久湛，假令政治所致，猶先告急，乃斯政行。盜賊之發，與此同操。盜賊亦政所致，比求闕失，猶先發告。鼓用牲于社，發覺之也。社者，眾陰之長，故伐鼓使社知之。說鼓者以為『攻』之，故『攻母』、『逆義』之難，緣此而至。今言『告』以陰盛陽微，攻尊之難，奚從來哉？且告宜於用牲，用牲不宜於攻。告事用牲，禮也；攻之用牲，於禮何見？

朱絲如繩，示在陽也。陽氣實微，故用物微也。投一寸之鍼，布一丸之艾於血脈之蹊，篤病有瘳。朱絲如一寸之鍼、一丸之艾也。

吳攻破楚，昭王亡走，申包胥間步赴秦，哭泣求救，卒得助兵，卻吳而存楚。擊鼓之人，伐如何耳。使誠若申包胥，一人擊得。假令一人擊鼓，將耐令社與秦王同感，以土勝水之威，卻止雲雨。雲雨氣得與吳同恐，消散入山，百姓被害者，得蒙霽晏，有楚國之安矣。

迅雷風烈，君子必變，雖夜必興，衣冠而坐，懼威變異也。夫水旱，猶雷風也，雖運氣無妄，欲令人君高枕幄臥，以俟其時，無惻怛憂民之心。堯不用牲，或時上世質也。倉頡作書，奚仲作車，可以前代之時無書、車之事，非後世為之乎？時同作殊，事乃可難；異世易俗，相非如何？

世俗圖畫女媧之象，為婦人之形，又其號曰『女』。仲舒之意，殆謂女媧古婦人帝王者也。男陽而女陰，陰氣為害，故祭女媧求福祐也。傳又言：『共工與顓頊爭為天子，不勝，怒而觸不周之山，使天柱折，地維絕。女媧消煉五色石以補蒼天，斷鼇之足以立四極。』仲舒之祭女媧，殆見此傳也。本有補蒼天、立四極之神，天氣不和，陽道不勝，儻女媧以精神助聖王止雨湛乎！

漢 趙曄《吳越春秋》卷六《越王無余外傳》 帝堯之時，遭洪水滔滔，天下沉漬，九州閼塞，四瀆壅閉。帝乃憂中國之不康，悼黎元之罹咎。乃命四嶽，乃舉賢良，將任治水。自中國至于條方，莫薦人。帝靡所任，四嶽乃舉鯀而薦之於堯。帝曰：『鯀負命毀族，不可。』四嶽曰：『等之羣臣，未有如鯀者。』堯用治水，受命九載，功不成。帝怒曰：『朕知不能也。』乃更求之，得舜，使攝行天子之政，巡狩。觀鯀之治水無有形狀，乃殛鯀于羽山。鯀投于水，化爲黃能，因爲羽淵之神。舜與四嶽舉鯀之子高密。四嶽謂禹曰：『舜以治水無功，舉爾嗣，考之勳。』禹曰：『俞，小子敢悉考績，以統天意。惟委而已。』禹傷父功不成，循江，泝河，盡濟，甄淮，乃勞身焦思以行，七年，聞樂不聽，過門不入，冠挂不顧，履遺不躡。功未及成，愁然沉思。乃案黃帝中經曆，蓋聖人所記曰：在于九山東南天柱，號曰宛委，赤帝在闕。其巖之巔，承以文玉，覆以磐石，其書金簡，青玉爲字，編以白銀，皆瑑其文。禹乃東巡，登衡嶽，血白馬以祭，不幸所求。禹乃登山仰天而嘯，因夢見赤繡衣男子，自稱玄夷蒼水使者，聞帝使文命于斯，故來候之。『非厥歲月，將告以期，無爲戲吟。』故倚歌覆釜之山，東顧謂禹曰：『欲得我山神書者，齋於黄帝巖嶽之下三月，庚子登山發石，金簡之書存矣。』禹退又齋三月，庚子登宛委山，發金簡之書。案金簡玉字，得通水之理。復返歸嶽，乘四載以行川。始於霍山，徊集五嶽，詩云：『信彼南山，惟禹甸之。』遂巡行四瀆。與益、夔共謀，行到名山大澤，召其神而問之山川脉理、金玉所有、鳥獸昆蟲之類，及八方之民俗、殊國異域、土地里數：使益疏而記之，故名之曰《山海經》。禹三十未娶，行到塗山，恐時之暮，失其度制，乃辭云：『吾娶也，必有應矣。』乃有白狐九尾造於禹。禹曰：『白者，吾之服也。其九尾者，王之證也。《塗山之歌》曰：『綏綏白狐，九尾痝痝。我家嘉夷，來賓爲王。成家成室，我造彼昌。天人之際，於兹則行。』明矣哉！禹因娶塗山，謂之女嬌。取辛壬癸甲，禹行。十月，女嬌生子啟。啟生不見父，晝夕呱呱啼泣。禹行使大章步東西，豎亥度南北，暢八極之廣，旋天地之數。禹濟江，南省水理，黄龍負舟，舟中人怖駭，禹乃啞然而笑曰：『我受命於天，竭力以勞萬民。生，性也；死，命也。爾何爲者？』顔色不變。謂舟人曰：『此天所以爲我用龍曳尾。』舍舟而去，南到計於蒼梧，而見縛人，禹捬其背而哭。益曰：『斯人犯法，自合如此，哭之何也？』禹曰：『天下有道，民不罹辜；天下無道，罪及善人。吾聞，一男不耕，有受其飢；一女不桑，有受其寒。吾爲帝統治水土，調民安居，使得其所，今乃罹法如斯，此吾得薄，不能化民證也。故哭之悲耳。』於是周行寓內，東造絕迹，西延積石，南踰赤岸，北過寒谷；徊崑崙，察六扈，脉地理，名金石；寫流沙於西隅，決弱水於北漢；青泉、赤淵，分入洞穴；通江東流，至於碣石；疏九河於涽淵，開五水於東北；鑿龍門，闢伊闕；平易相土，觀地分州。殊方各進，有所納貢；民去崎嶇，歸於中國。堯曰：『俞以固冀於此。』乃號禹曰伯禹，官曰司空，賜姓姒氏，領統州伯，以巡十二部，堯崩禹服三年之喪，如喪考妣，晝哭夜泣，氣不屬聲，堯禪位于舜，舜薦大禹改官司徒，內輔虞位，外行九伯。舜崩，禪位命禹。禹服三年，形體枯槁，面目黎黑，讓位商均，退處陽山之南，陰阿之北。萬民不附商均，追就禹之所，狀若驚鳥揚天，駭魚入淵，晝歌夜吟，登高號呼，曰：『禹棄我，如何所戴？』禹三年服畢，哀民，不得已即天子之位。三載考功，五年政定，周行天下，歸還大越。登茅山以朝四方羣臣，觀示中州諸侯，防風後至，斬以示衆，示天下悉屬禹也。乃大會計治國之道。內美釜山州慎之功，外演聖德以應天心，遂更名茅山曰會稽之山。因傳國政，休養萬民，國號曰夏。后封有功，爵有德，惡無細而不誅，功無微而不賞，天下喁喁，若兒思母，子歸父。而留越恐羣臣不從，言曰：『吾聞食其實者，不傷其枝，飲其水者，不濁其流。吾獲覆釜之書，得以除天下之災，令民歸於里閭。其德彰彰若斯，豈可忘乎？』乃納言聽諫，安民治室；居靡山伐木，爲邑畫作印，横木爲門；調權衡，平斗斛，造井示民，以爲法度。鳳凰棲於樹，鸞鳥巢於側，麒麟步於庭，百鳥佃於澤。遂已耆艾。將老歎曰：『吾晏歲年暮，壽將盡矣，止絕斯矣。』命羣臣曰：『吾百世之後，葬我會稽之山，葦椁桐棺，穿壙七尺，下無及泉，墳高三尺，土階三等。葬之後，曰：『無改畝，以爲居之者樂，爲之者苦。』禹崩之後，衆瑞並去。天美禹德而勞其功，使百鳥還爲民田，大小有差，進退有行，一盛一衰，往來有常。

《漢書》卷二四上《食貨志上》 聖王在上而民不凍飢者，非能耕而食之，織而衣之也，師古曰：『食讀曰飤。衣音於既反。』爲開其資財之道也。故堯、禹有九年之水，湯有七年之旱，而國亡捐瘠者，孟康曰：『肉腐爲瘠。捐，骨不埋者。或曰，捐謂民有飢相棄捐者。或謂貧乞者爲捐。』蘇林曰：『瘠音漬。』師古曰：『瘠，瘦病也。言無相棄捐而瘦病者耳。不當音漬也。貧乞之釋，尤疏僻焉。』以畜積多而備先具也。今海內爲一，土地人民之衆不避湯、禹，加以亡天災數年之水旱，而畜積未及者，何也？地有遺利，民有餘力，生穀之土未盡墾，山澤之利未盡出也，游食之民未盡歸農也。民貧，則姦邪生。貧生於不足，不足生於不農，不農則不地著，不地著則離鄉輕家，民如鳥獸，雖有高城深池，嚴法重刑，猶不能禁也。

夫寒之於衣，不待輕煖；師古曰：『以禦風霜，不求靡麗也。煖音乃短反。』飢之於食，不待甘旨；師古曰：『旨，美也。』飢寒至身，不顧廉恥。人情，一日不再食則飢，終歲不製衣則寒。夫腹飢不得食，膚寒不得衣，雖慈母不能保其子，君安能以有其民哉！明主知其然也，故務民於農桑，薄賦斂，廣畜積，以實倉廩，備水旱，故民可得而有也。

又 卷二七上《五行志上》 傳曰：『簡宗廟，不禱祠，廢祭祀，逆天時，則水不潤下。』

又卷二七下之下《五行志下之下》 星孛及漢；漢，水祥也。衞，顓頊之虚，其星爲大水。水，火之牡也。張晏曰：『水以天一，爲地二牡。丙與午，南方火也，子及壬，北方水也，又其配合。』

又卷三六《劉向傳》 下至幽、厲之際，朝廷不和，轉相非怨，詩人疾而憂之曰：『民之無良，相怨一方。』衆小在位而從邪議，歙歙相是而背君子，故其詩曰：『歙歙訿訿，亦孔之哀！謀之其臧，則具是違；謀之不臧，則具是依！』君子獨處守正，不橈衆枉，勉彊以從王事則反見憎毒讒愬，故其詩曰：『密勿從事，不敢告勞，無罪無辜，讒口嗸嗸！』當是之時，日月薄蝕而無光，其詩曰：『朔日辛卯，日有蝕之，亦孔之醜！』又曰：『彼月而微，此日而微，今此下民，亦孔之哀！』又曰：『日月鞠凶，不用其行；四國無政，不用其良！』天變見於上，地變動於下，水泉沸騰，山谷易處。其詩曰：『百川沸騰，山冢卒崩，高岸為谷，深谷為陵。哀今之人，胡憯莫懲！』霜降失節，不以其時，其詩曰：『正月繁霜，我心憂傷；民之訛言，亦孔之將！』言民以是為非，甚衆大也。此皆不和，賢不肖易位之所致也。

自此之後，天下大亂，簒殺殃禍並作，厲王奔彘，幽王見殺。至乎平王末年，魯隱之始即位也，周大夫祭伯乖離不和，出奔於魯，而春秋為諱，不言來奔，傷其禍殃自此始也。是後尹氏世卿而專恣，諸侯背畔而不朝，周室卑微。二百四十二年之間，日食三十六，地震五，山陵崩阤二，彗星三見，夜常星不見，夜中星隕如雨一，火災十四。長狄入三國，五石隕墜，六鶂退飛，多麋，有蜮、蜚，鸜鵒來巢者，皆一見。晝冥晦。雨木冰。李梅冬實。七月霜降，草木不死。八月殺菽。大雨雹。雨雪靁霆失序相乘。水、旱、饑，蝝、螽、螟蠭午並起。當是時，禍亂輒應，弒君三十六，亡國五十二，諸侯奔走，不得保其社稷者，不可勝數也。周室多禍：晉敗其師於貿戎；伐其郊；鄭傷桓王；戎執其使；衞侯朔召不往，齊逆命而助朔；五大夫爭權，三君更立，莫能正理。遂至陵夷不能復興。

三國魏 王肅《孔子家語》卷三《辯政第十四》 齊有一足之鳥，飛集於宫朝，下止于殿前，舒翅而跳，齊侯大怪之，使使聘魯，問孔子。孔子曰：『此鳥名曰商羊，水祥也。昔童兒有屈其一腳，振訊兩眉而跳且謠曰：「天將大雨，商羊鼓舞。」今齊有之，其應至矣。」急告民趨治溝渠，修隄防，將有大水爲災，頃之大霖雨，水溢泛諸國，傷害民人，唯齊有備，不敗。』景公曰：『聖人之言，信而徵矣。』

《三國志》卷二五《魏志二十五·高堂隆傳》 天作淫雨，冀州水出，漂沒民物。隆上疏切諫曰：『蓋天地之大德曰生，聖人之大寶曰位；何以守位？曰仁；何以聚人？曰財。』然則士民者，乃國家之鎮也；穀帛者，乃士民之命也。穀帛非造化不育，非人力不成。是以帝耕以勸農，后桑以成服，所以昭事上帝，告虔報施也。昔在伊唐，世值陽九厄運之會，洪水滔天，使鯀治之，績用不成，乃舉文命，隨山刊木，前後歷年二十二載。災眚之甚，莫過於彼，力役之興，莫久於此，堯、舜君臣，南面而已。禹敷九州，庶士庸勳，各有等差，君子小人，物有服章。今無若時之急，而使公卿大夫並與廝徒共供事役，聞之四夷，非嘉聲也，垂之竹帛，非令名也。是以有國有家者，近取諸身，遠取諸物，嫗煦養育，故稱『愷悌君子，民之父母』。今上下勞役，疾病凶荒，耕稼者寡，饑饉荐臻，無以卒歲；宜加愍卹，以救其困。

臣觀在昔書籍所載，天人之際，未有不應也。是以古先哲王，畏上天之明命，循陰陽之逆順，矜矜業業，惟恐有違。然後治道用興，德與神符，災異既發，懼而脩政，未有不延期流祚者也。爰及末葉，闇君荒主，不崇先王之令軌，不納正士之直言，以遂其情志，恬忽變戒，未有不尋踐禍難，至於顛覆者也。

天道既著，請以人道論之。夫六情五性，同在於人，嗜欲廉貞，各居其一。及其動也，交爭于心。欲彊質弱，則縱濫不禁；精誠不制，則放溢無極。夫情之所在，非好則美，而美好之集，非人力不成，非穀帛不立。情苟無極，則人不堪其勞，物不充其求。勞求並至，將起禍亂。故不割情，無以相供。仲尼云：『人無遠慮，必有近憂。』由此觀之，禮義之制，非苟拘分，將以遠害而興治也。

今吳、蜀二賊，非徒白地小虜、聚邑之寇，乃據險乘流，跨有士衆，僭號稱帝，欲與中國爭衡。今若有人來告，權、禪並脩德政，復履清儉，輕省租賦，不治玩好，動咨耆賢，事遵禮度。陛下聞之，豈不惕然惡其如此，以爲難卒討滅，而爲國憂乎？若使告者曰，彼二賊並爲無道，崇侈無度，役其士民，重其徵賦，下不堪命，吁嗟日甚。陛下聞之，豈不勃然忿其困我無辜之民，而欲速加之誅，其次，豈不幸彼疲弊而取之不難乎？苟如此，則可易心而度，事義之數亦不遠矣。

且秦始皇不築道德之基，而築阿房之宮，不憂蕭牆之變，而脩長城之役。當其君臣爲此計也，亦欲立萬世之業，使子孫長有天下，豈意一朝匹夫大呼，而天下傾覆哉？故臣以爲使先代之君知其所行必將至於敗，則弗爲之矣。是以亡國之主自謂不亡，然後至於亡；賢聖之君自謂將亡，然後至於不亡。昔漢文帝稱爲賢主，躬行約儉，惠下養民，而賈誼方之，以爲天下倒縣，可爲痛哭者一，可爲流涕者二，可爲長歎息者三。況今天下彫弊，民無儋石之儲，國無終年之畜，外有彊敵，六軍暴邊，內興土功，州郡騷動，若有寇警，則臣懼版築之士不能投命虜庭矣。

又，將吏奉祿，稍見折減，方之於昔，五分居一；諸受休者又絕廩賜，不應輸者今皆出半：此爲官入兼多於舊，其所出與參少於昔。而度支經用，更每不足，牛肉小賦，前後相繼。反而推之，凡此諸費，必有所在。且夫祿賜穀帛，人主所以惠養吏民而爲之司命者也，若今有廢，是奪其命矣。既得之而又失之，此生怨之府也。周禮，大府掌九賦之財，以給九式之用，入有其分，出有其所，不相干乘而用各足。各足之後，乃以式貢之餘，供王玩好。又上用財，必考于司會。會音膾。今陛下所與共坐廊廟治天下者，非三司九列，則臺閣近臣，皆腹心造膝，宜在無諱。若見豐省而不敢以告，從命奔走，惟恐不勝，是則具臣，非鯁輔也。昔李斯教秦二世曰：『爲人主而不恣瞿，命之曰天下桎梏。』二世用之，秦國以覆，斯亦滅族。是以史遷議其不正諫，而爲世誡。

晉 袁宏《後漢紀》卷七《後漢光武皇帝紀》［建武二十一年］是時郡國皆大水，百姓饑饉。光祿勳杜林上疏曰：『臣聞先王之道，明聖用而治同也。其見惡如農夫之務去草焉，芟夷蘊崇之，勿使能殖，防其漸也。狼子野心，奔馬善驚。成王深知其患，故以殷民六族分伯禽，七族分康叔，懷姓九族分唐叔，收其姦軌，又遷其餘眾於成周，所以挫其彊禦之力，黜其驕恣之志。及漢初興，上稽舊章，同符在昔，徙齊諸田，楚昭、屈、景，燕、趙、韓、魏之後，以削弱六國彊宗。故邑里無見利之家，山澤無兼并之民，萬里一統，海內賴安。其後輒因衰麤之痛，脅以送終之義，故遂相率而陪園陵，無反顧之心。追觀往政，皆神道設教，彊幹，百世之要也。是以永享康寧之福，而無忧惕之憂，繼嗣承業，恭己而治，蓋此之助也。今被災之民輕薄無重者，可徙於饒穀之郡，所以清散其凶，全其性命也。昔魯隱有賢行，將致國於桓，猶留連貪位，不能早退。況草創豪帥，本無業徒，因擾攘之時，擅有山川之利，雖遇災，然其狃泰之意，徼倖之望，蔓延無足，不可不察也。』上察林材堪任宰相，會司空缺，乃以林為司空。

《晉書》卷五一《摯虞傳》 舉賢良，與夏侯湛等十七人策爲下第，拜中郎。武帝詔曰：『省諸賢良答策，雖所言殊塗，皆明於王義，有益政道。欲詳覽其對，究觀賢士大夫用心。』因詔諸賢良方正直言，會東堂策問，曰：『頃日食正陽，水旱爲災，將何所修，以變大眚？及法令有不宜於今，爲公私所患苦者，皆何事？凡平世在於得才，得才者亦借耳目以聽察。若有文武器能有益於時務而未見申敍者，各舉其人。及有負俗謗議，宜先洗濯者，亦各言之。』虞對曰：『臣聞古之聖明，原始以要終，體本以正末。故憂法度之不當，而不憂人物之失所；憂人物之失所，而不憂災害之流行。誠以法得於此，則物理於彼；人和於下，則災消於上。其有日月之眚，水旱之災，則反聽內視，求其所由，遠觀諸物，近驗諸身。耳目聽察，豈或有蔽其聰明者乎？動心出令，豈或有傾其常正者乎？大官大職，豈或有授非其人者乎？賞罰黜陟，豈或有不得其所者乎？河濱山巖，豈或有懷道釣築而未感於夢兆者乎？方外遐裔，豈或有命世傑出而未蒙膏澤者乎？推此類也，以求其故，詢事考言，以盡其實，則天人之情可得而見，咎徵之至可得而救也。若推之於物則無忤，求之於身則無尤，萬物理順，內外咸宜，祝史正辭，言不負誠，而日月錯行，夭癘不戒，此則陰陽之事，非吉凶所在也。期運度數，自然之分，固非人事所能供御，其亦振廩散滯，貶食省用而已矣。是故誠遇期運，則雖陶唐、殷湯有所不變；苟非期運，則宋衛之君，諸侯之相，猶能有感。唯陛下審其所由，以盡其理，則天下幸甚。臣生長蓽門，不逮異物，雖有賢才，所未接識，不敢瞽言妄舉，無以疇答聖問。』擢爲太子舍人，除聞喜令。

又 卷五二《阮种傳》 詔曰：『前者對策，各指答所問，未盡子大夫所欲言，故復延見，其具陳所懷。又比年連有水旱災眚，雖戰戰兢兢，未能究天人之理，當何修以應其變？人遇水旱饑饉者，何以救之？中間多事，未得寧靜，思以省息煩務，令百姓不失其所。若人有所患苦者，有宜損益，使公私兩濟者，委曲陳之。又政在得人，而知之至難，唯有因人視聽耳。若有文武隱逸之士，各舉所知，雖幽賤負俗，勿有所限。故虛心思聞事實，勿務華辭，莫有所諱也。』

种對曰：『伏惟陛下以聖哲玄覽，降衈黎蒸，將濟元元，同之三代，旁求俊乂，以輔至化，此誠堯舜之用心也。臣猥以頑魯之質，應清明之舉，前者對策，不足以疇塞聖詔，所陳不究，臣誠蒙昧，所以爲罪。臣聞天生蒸庶，樹君以司牧之，人君道洽，則彝倫攸序，五福來備。若政有愆失，刑理頗僻，則庶徵不應，而淫亢爲災。此則天人之理，而興廢之由也。昔之聖王，政道備而制先具，軌人以務，致之於本，是以雖有水旱之眚，而無饑饉之患也。自頃陰陽隔并，水旱爲災，亦猶期運之致。不然，則亦有司之不帥，不能宣承聖德，以贊揚大化，故和氣未降而人事未敍也。方今百姓凋弊，公私無儲，誠在於休役靜人，勸嗇務分，此其救也。人之所患，由於役煩網密而信道未孚也。役煩則百姓失業，網密則下背其誠，信道未孚則人無固志。此則損益之至務，安危之大端也。傳曰：『始與善，善進，則不善蔑由至。』孔子曰：『視其所以，觀其所由，人焉廋哉！』若夫文武隱逸之士，幽賤負俗之才，故非愚臣之所能識。謹竭愚以對。』

唐 李筌《太白陰經》卷一《人謀上・天無陰陽篇》 夫天地不為萬物所有，萬物因天地而有之；陰陽不為萬物所生，萬物因陰陽而生之。天地不仁，以萬物為芻狗；陰陽之於萬物有何情哉！夫火之性，自炎，不為焦灼萬物而生其炎；水之性，自濡，不為漂蕩萬物而生其濡。水火者，一其性，而萬物遇之，自有差殊；陰陽者，一其性，而萬物遇之，自有榮枯。若水火有情，能浮石、沉木、堅金、流土，則知陰陽不能勝敗存亡吉凶善惡明矣！夫春風東來，草木甲坼，而積廩之粟不萌；秋天肅霜，百卉具腓，而蒙蔽之草不傷。陰陽寒暑，為人謀所變；人謀成敗，豈陰陽所變之哉！

又 卷二《人謀下・廟勝篇》 經曰：天貴持盈不失，陰陽四時之綱紀；地貴定傾不失，生長均平之土宜。人貴節事，調和陰陽，佈告時令，事來應之，物來知之，天下盡其忠信、從其政令。故曰：『天道無災，不可先來；地道無殃，不可先倡；人事無失，不可先伐。』四時相乘，水旱愆和，冬雷夏霜，飛蟲食苗，天災也。山崩川涸，土不稼穡，水不潤下，五果不樹，八穀不成，地殃也。

唐 權德輿《權載之文集》卷四七《論江淮水灾上疏》 八月日，將仕郎守左補闕臣權德輿謹昧死頓首上疏皇帝陛下。臣聞《書》曰：『百僚師師，百工惟時。』又曰：『理亂在庶官。』然則獻替之司，任當耳目，所以達下人之利病，廣君上之聰明。惟野人炙背之微，齊士九九之賤，奬其誠心，不致於罪。伏惟皇帝陛下以大中大和，武功文德，亭育天下，十有四年，車書所至，聲教大備。微臣生逢明代，官忝諫曹既當不諱之辰，敢陳無隱之直。伏以人爲邦本，食爲人天，或陰陽之候暫愆，水旱之沴小至，匹夫匹婦，未安其家，納隍之心，則有所軫。臣伏見自去年六月已來，關東多雨，淮南浙西、徐、蔡、襄、鄂等道，霖潦爲災者，二十餘州，皆浸沒田疇，毀敗廬舍。而瀕淮之地，爲害特甚，因風鼓濤，人多墊溺，其所存者，生業半空。江東諸州，業在田畝，每一歲善熟，則旁資數道，春雨連夏，農功不開，人心既駭，亡者則衆。幸者京師歲稔，夏麥又登，誠爲根本之固，以保斯箱之慶。然賦取所資，漕挽所出，軍國大計，仰於江淮，以陛下憂勞萬務，勵精爲理之若是，而天災尚至者，將使陛下聖慮日新又日新，而儆戒之耶？不然，臣所未喻也。誠災不勝德，賦有定制，倘又留聖念，因而拯之，斯實代天理物爲人父母之明徵也。伏望與元老臺司定議，速下德音，遣使臣之有明識通方者，將恤隱之命，盡勞倈之方，訪其疾苦，蠲其租入，與連帥守長講求所宜，鰥寡幼艾，周知其病，詔令所下，自如豐年，休嘉感通，疵癘銷散。況賦無工拙，加取於人，不若藏於人之爲固也。盍俾有司析量入之數，節經用之源，務求便安，以去冗費。縱災害不甚，陛下過而憂之，無乃益聖德之光大乎！元元皇帝之三寶，曰慈曰儉曰德；明皇帝之昌言，曰在知人在安人。此陛下已行之效，在恆久而已，在敦固之而已。臣每讀《漢書》，至賈誼、谷永之徒，數陳理道，痛言得失，漢朝不以受之爲貶，數子不以言之爲罪。我太宗文皇帝之有天下也，魏徵、王珪等危言正詞，上裨大化，無疆之祚，實兆於斯。伏惟陛下遠覽西漢之風，近師文皇之德，則凡百臣庶，敢盡其詞；臣鄙賤頑固，不識忌諱。既竊官命，豈敢愛身？蓋有所聞，則合上獻，雖蹈鼎鑊，猶生之年。不勝懇款惶恐之至！伏惟陛下裁擇。謹奏。

唐 宋務光《洛水漲應詔上直言疏》《全唐文》卷二六八 臣聞自昔后王，樂聞過罔不興，拒忠諫罔不亂。何者？樂聞過則下情通。下情通則政無闕，此其所以興也；拒忠諫則羣議壅，羣議壅則主孤立，此其所以亂也。伏見明敕，令文武九品已上，直言極諫。大哉德音！其堯舜之用心，禹湯之責己也。臣謬參朝列，浸沐聖恩，敢不竭愚，以副聖旨？狂言扺禁，幸陛下寬而宥之。臣法讀書，觀天人相與之際，考休咎冥符之兆，有感必通，其間甚密。是以政失於此，變生於彼，亦猶影之像形，響之赴聲，動而輒隨，各以類應。故《易》曰：『天垂象，見吉凶，聖人象之。』竊見自夏已來，水氣悖戾，天下郡國，多罹其災。去月二十七日，洛水暴漲，漂損百姓。謹按《五行傳》曰：『簡宗廟，廢祭祀，則水不潤下。』夫王者即位，必郊祀天地，嚴配祖宗，是故鬼神歆饗，多獲福助。自陛下光臨寶極，綿歷炎涼，郊廟遲留，不得殷薦，山川寂寞，未議懷柔，暴水之災，殆因此發。臣又按水者陰類，臣妾之道，陰氣盛滿，則水泉迸溢，加之虹蜺紛錯，暑雨滯淫，雖丁厥時，而汩恒度，亦陰勝之沴也。臣恐後庭近習，或有離中餽之職，干外朝之政，伏札活思天變，杜絕其萌。又自春及夏，牛多病死，疫氣浸淫，於今未息。謹按《五行傳》曰：『思之不睿，時則有牛禍。』意者萬機之事，陛下或未躬親乎？昔太戊有異木生於朝，伊陟戒以修德，厥妖用殄；高宗有飛雉雊於鼎，祖己陳以政事，殷道再興。此皆視履考祥，轉禍爲福之明鑒也。晁錯曰：『五帝其臣不及，則自親之。』今朝廷怪異，雖則多矣，然皆仰知陛下天光。伏願勤思德容，少凝大化，以萬方爲念，不以聲色爲娱；以百姓爲憂，不以犬馬爲樂：暫勞宵旰，用緝明良，豈不休哉，天下幸甚！

臣聞三王之朝，不能免淫亢；太平之時，不能無小孽：備禦之道，存乎其人。若細微之災，恬而不怪；及禍變成象，駭而圖之：猶水決而繕防，疾困而求藥，雖復僶俛，亦何救哉？夫災變應天，實繫人事，故曰蝕修德，月蝕修刑，若迺雨暘或愆，則貌言爲咎，雩禜之法，在於禮典。今暫逢霖雨，即閉坊門，棄先聖之明訓，遵後來之淺術，時偶中之，安足神邪？蓋當屏翳收津，豐隆戢響之日也。豈有一坊一市，遂能感召星靈；暫閉暫開，便欲發揮神道？必不然矣，何其謬哉！至今巷議街言，共呼坊門爲宰相，謂能節宣風雨，變理陰陽，夫如是，則赫赫師尹，便爲虛設；悠悠蒼生，復何所望？自數年已來公私俱竭，户口減耗，家無接薪之儲，國無候荒之蓄。陛下不出都邑，近觀朝市，則以爲率土之既康且富；及至踐閭陌，視鄉亭，百姓衣牛馬之衣，食犬彘之食，十室而九空；丁壯盡於邊塞，孤孀轉於溝壑；猛吏淫威奮其毒，暴徵急政破其資；馬困斯跌，人窮迺詐，或起爲奸盜，或競爲流亡：從而刑之，良可悲也！臣觀今之甿俗，率多輕佻，人貧而奢不息，法設而僞不止，長吏貪冒，選舉私謁，樂多繁淫，器尚浮巧，稼穡之人少，商旅之人多。誠願聽匣更化，以身先之，端本澄源，滌瑕蕩穢。接凋殘之後，宜緩其力役；當久弊之極，宜法訓敦龐。良牧樹風，賢宰垂化，十年之外，生聚方足，三代之美，庶幾可及。

唐 齊暎《河南府論被謗表》《文苑英華》卷六一九　臣某言：臣聞修身止謗，君子之道；尚口自理，小人常情。臣雖駑劣不才，竊服師父之訓，縱有謗讟，未嘗辯明，久必自孚，庶無所愧。況釋謗於己，則必委過於人，棄讓違謙何愧之甚。然命之所切，不緣臣身，伏以受陛下命官之初，直自聖心所擇，遽致遺闕，上累皇明，此臣不得不辯一也。聞謗臣之詞，以驚聽爲務，或云父子相食，或云盜賊公行，山谷之間，已有結聚，或云坊市之內，亦致流亡，儻或上達天聽，則貽憂聖慮，又臣不得不辯二也。臣某中謝。臣伏以鄰近數州，去年皆同水旱，惟當府一境，前年先有水災，既已積憂，又加再歎，其間數縣人户，頃者實多逃移，據兩稅案所有未歸人户，尚有一千五百已下，有負獎任，不勝憂惶。自蒙陛下恩慈，特發倉儲賑貸，安業者無不懽忻，逐食者漸已遷還，幸災之人，騰謗益甚，致滋嫌怒，實此根由。蓋緣臣自到任以來，事有不幸，曾正冤獄，嘗奏貪官。且獄是聖衷所明，幽魂知感；贓是疫人之害，疏綱不容，當官而行，於臣何有？今則彝章雖舉，衆怒遂深，乃於道路郵亭，造其飛語，又於往來使客，揚此虛聲，轉至沸騰，布於遠近。且謗臣者以去臣爲限，臣不去不休，臣若尚安居，謗亦滋甚。向念時雨未降，人心易搖，乞罪微臣，以安百姓。今月十九日，又得南市署丞張斌狀送留守牒市之意似欲慰人户，詳其榜內之詞，卻慮搖動愚下。其牒云：户口流散，村落空虛，恐依山林，變爲狂寇，攘竊道路，隔礙往來者。今地即王畿，有事尚令密啟，人皆服化，虛詞豈可榜陳？敢言不利府司，又恐惑於遠聽。臣伏以俱承寄任，貴務和同，今日故就皇城，自取商議，既至門首，又不見臣，臣憂懼轉深，不敢不奏。其市榜諸縣，見擬移牒請其且收，臣既昧通方，輒陳事體，兢懼戰越，不知所裁。今東都幸有臺省之官，悉是朝廷所擇，職爲耳目，身在都城，固諳纖微，望委勘察，庶事責實，甘待刑章。無任惶懼懇迫之至！

唐 盧振《請開斗門奏》《册府元龜》卷四九七　臣伏見汴河兩岸，堤堰不牢。每年潰決，正當農時，勞民功役。以臣愚管，沿汴水有故道陂澤處，置立斗門。水漲溢時，以分其勢。即澇歲無漂沫之患，旱年獲澆溉之饒。庶幾編甿，差免勞役。

唐 瞿曇悉達《開元占經》卷一〇〇《水湧溢及竭》　《地鏡》曰：

『河盈溢，不出三年，國有憂；水忽自盈起，君凶，且大水。』《運斗樞》曰：『帝壯而奪勢，水決壞山。』注云：『壯年健時見奪勢，故水決壞山，言陰奸行，君危也。』《漢書》曰：『武帝建始二年，北宮井水溢出，王莽之徵也。水流庭，霍氏遂亂。』王隱《晉書》曰：『大興元年，河水竭斷百餘步，兩頭深淺如故，中絕不流。』《後魏書》曰：『前廢帝普大元年，司徒府、大倉前井並溢，占曰：民遷流之象。永熙三年十月，都遷於鄴地。』《地鏡》曰：『井水流出地，若理絕者，臣驕猾，兵方起。』京房《易候》曰：『湧水無處，必流殺人七日，七年聖人威。』《晉中興徵書祥說》曰：『咸安九年，濤水入石頭，殺人，俄而海西公廢。大元十三年十二月戊子，濤水入石頭，毀大船，沈殺人，己亥，江水湧起建康、秣陵，江淹，沒殺人，陰旺之應也。』崔鴻《十六國春秋北燕録》曰：『龍城東溝竭涸積年，夏四月，溝中墳起，有聲，俄而泉湧出，閔尚曰：溝中墳起，所謂深谷爲陵，泉湧出所謂百川沸騰，陰旺之所致也，國及家井自沸溢，君將亡覆之，期三十日，水忽自竭，邑虛，不吉。都邑中水無故自絕及易處者，邑人徙亡。』

又《河壅》 《地鏡》曰：『河大壅，下臣執政，或主大水色變，不出六年，易王，女主亡。』《漢書・五行志》曰：『水，北方，終藏萬物者也，其於人道，命終而形藏，精神放越，聖人爲宗廟，以收魂氣，春秋祭祀，以終孝道。若不敬鬼神，政令逆，則水失其性，百川逆溢，壞縣鄉邑，溺人民，及淫雨傷稼，是水不潤下。』《尚書大傳》曰：『簡宗廟，不禱祠，廢祭祀，逆天時，則水不潤下。』《潛潭巴》曰：『河水逆流，怨氣甚。』《地鏡》曰：『水逆流，是謂道逆，不出二年，兵從女主起。』《國語》曰：『靈王二十年，穀、洛二水鬬，毀王宮。』又曰：『水忽不流，婦人惑，政亂令廢，不出五年，亡國；水一年不流，有反臣。』《漢・五行志》曰：『穀、洛鬬，劉向以謂近火、沴水，以《傳》推之，四瀆比諸侯，洛其次，卿大夫象，卿大夫將分爭，以危王室也。』《地鏡》曰：『流水忽停，天下饑；停水流，天下兵。』《續漢書》曰：『桓帝永興二年，彭城泗水增長逆流，永壽元年六月，雒水溢至津，城門流物，是時皇后兄冀秉政，疾忠直，後遂誅滅。』

《舊唐書》卷三七《五行志》 右僕射唐休璟以霖雨爲害，咎在主司，上表曰：『臣聞天運其工，人代之而爲理；神行其化，爲政資之以和。得其理則陰陽以調，失其和則災沴斯作。故舉才而授，帝唯其難；論道於邦，官不必備。頃自中夏，及乎首秋，郡國水災，屢爲人害。夫水，陰氣也，臣實主之。臣忝職右樞，致此陰沴，不能調理其氣，而乃曠居其官。雖運屬堯年，則無治水之用；位侔殷相，且闕濟川之功。猶負明刑，坐逃皇譴。皇恩不弃，其若天何？昔漢家故事，丞相以天災免職。臣竊遇聖時，豈敢靦顏居位。乞解所任，待罪私門，冀移陰咎之徵，復免夜行之眚。』

宋田錫《咸平集》卷一《上真宗論揀選强壮失信》 臣伏覩去秋以來，霖雨作沴，近畿諸處，水潦為災。雖聞檢覆蠲免租稅，又聞相度低下，開決溝渠。雖憂恤之心，已有所濟；而利害之半，莫知適從。古者不奪農時，慮妨營種，或遇歉歲，即念困窮，故有賑貸糧儲，除放徭役，免令凋瘵，不至流亡。今國家為少闕軍兵，防備邊戍，遂於曹、鄆、宋、亳、陳、蔡、汝、潁之間，點集鄉村，揀選強壯，得五七萬人。訪問始降宣命指揮，只令在本城防守；及至奏聞郡數，即並抽赴京師。昨近臣何以商量，如此失信；令下民皆懷怨望，豈得無辭？況陛下常好讀書，有儒臣時得侍講。《春秋》謂『君命無二』，又曰『信不由中』。諒在聖聦，盡達微旨。豈有命令既宣於羣下，而誠信不由於厥中？若外國差人在京探事，事無鉅細，境外既必盡知；知而圖謀，邊上未能安静。其所謀者，謂古者以民為邦本，食為民天。今國家取丁壯為兵，以失邦本；以災傷去食寧有民天？糧儲何止無餘，邊備亦恐不濟。以此得計，以此乘時，此外國所謀之小者也。其所謀之大者，以關西去年秋稼不登，京東今歲春種巳失，國家營救之不暇，廟堂圖慮之未精，欲以新集未慣之兵，授非才無勇之將。僥倖求勝，輕敵寡謀，此外國所謀之大者也。加以自春以來，多陰少晴，每遇朔風，其來數日不定。變陽春和平之令，入邊塞動静之占。臣不曉占書，不知兵畧，但以經史所言之事，求災祥可見之證，以愚意裁量，望聖慈採納。惟兵者凶器，不得已而用之；民為邦本，不得已而取之。今五七萬人並離農畝，日近更差使臣揀點，豈無物議憂虞？以災沴之餘，寇盗若起，適足為敵人之利，有勞宵旰之懷。檢災傷乃是虛名，行賑貸且非實事。斯乃今日之務最急也，非時之患可憂也。臣謂非十年不足以聚蓄財貨，非十年不足以生育黎元。二十年間治之得其宜，則無慮；治之失其宜，則有患非二十年尚未能蓄聚財貨生育黎元，況臨事欲制置乎？望陛下思今日之急務，慮非時之可憂，示信以結之，善謀以成之。若信不由中，事出慮外，恐國家多難，自今日始。臣受先帝拔擢，不敢不言；臣受陛下指揮，不敢不奏。咸平六年三月上時，為侍御史知雜事，先是五年十一月，令近京諸州募強壯願充軍者，給衣服裝錢送闕下。錫上此奏。

又卷一二《水旱論》 天之六氣，進退盈虛，固有常矣，造化之理使然。蓋陽氣生於子，其卦直《復䷗》，五陰而一陽。陽氣雖微，乘得進數，剛德浸長，利有攸往，然羣邪在上，莫之余逆也。寒暑迭代，日月將迎，以至於純陽用事，其數斯極，其勢斯復。故陰氣生於午，其卦直《姤䷫》，五陽而一陰。陰氣肇至，乘得進數，柔道浸長，利有攸往，雖衆陽在上，莫之能拒也。三才隨之而變化，六氣循之而進退。其間陰陽差軼，水旱乘之。水乘其進數，則淫雨作沴；旱乘其進數，則亢陽為災。水與旱，其數自極，然後陰晴乃順。何以明之？旱數極則淫雨繼之，水數極則亢陽繼之，天地不能移其數，豈聖人能樽節其過哉？當其水旱為災也，害於粢盛，民懷怨咨。天子則禱於羣望，諸侯則祈於境內，牲玉蘋藻，奔走於土木偶之間，日望其感通，月俟其報應。既而旱愈甚，至於水澤竭，草木枯；雨彌甚，則防水横流，害於衆民。猶以為精意不虔，尚貽天譴，由是誠請益莊，祠禱益勤，冀其萬一通於神鑒。神愈不靈，肹蠁無朕，旱加炎焚，雨加霖淫。乃復喧然聚議於朝，代黎民籲天之意，佇陰隲必報之感，貶常膳，避正殿，徹樂懸，釋縲囚，然後戚然復告上下四方之神。不知陰之數已老而當晴，衆謂之因禱而獲霽；陽之數已極而當雨，衆謂之因祠而有應。於是載潔籩豆，載豐玉帛，賽之酬之，畏之謝之。安知陽之數九，而陰之數六，陰乘陽之大數而作沴，故鯀治水九載而弗成；陽乘陰之大數而為害，故湯禱雨七年而方獲。《易》曰『七日來復』，又曰『婦喪茀，七日勿逐得』。此乃往而必復之數自然也。數有大小，時有進退。數之大者積年，數之小者積月，以是明陰陽之數，上下四方之神可得而司之，不可得而專之。稽陰陽進退之數，得水旱災沴之旨也。

宋 范仲淹《范文正集》卷八《上執政書》 天深戒而不變者，禍可畏矣。伏聞京師去歲大水，今歲大疫，四方聞之，莫不大憂，此天之有以戒也，豈徒然乎！而京師之災甚於四方，何哉？蓋京師者，政教之所出，君相之所居也。禍未盈而天未絶，故鑒戒形焉。不獨恐懼其心，必使脩省其政，國家之德尚可隆，天下之道尚可行也。儻弗懼于心，弗脩于政，漸盈于禍，漸絶于天，則國家四海將如何哉？或謂國家之災，由歷數之定，非政教之出。若如所論，則夏禹九疇之書果妖言耶？豈欲棄而焚之乎？苟天下有善則歸諸己，天下有禍則歸諸天，豈聖朝之用心？願黜術士之言，奉先王之訓，必不謬矣，必無過矣。於保直臣，斥佞人，則兩宮二省之心如日星焉，孰可蔽其明乎？縱有行偽而堅，言偽而辯，試於行事，人焉廋哉！

宋 范仲淹《范文正奏議》卷上《答手詔條陳十事》 五曰均公田。臣聞《易》曰：『天地養萬物，聖人養賢以及萬民。』此言聖人養民之時，必先養賢；養賢之方，必先厚禄。厚禄然後可以責廉隅、安職業也。皇朝之初，承五代亂離之後，民庶凋弊，時物至賤。暨諸國收復，天下郡縣之官少人除補，至有經五七年不替罷者。或纔罷去，便入見闕。當物價至賤之時，俸禄不輟，士人之家無不自足。咸平已後，民庶漸繁，時物遂貴。入仕門多，得官者衆。至有得替守選一二年，又授官待闕一二年者。在天下物貴之後，而俸禄不繼，士人家鮮不窮窘。男不得婚，女不得嫁，喪不得葬者，比比有之。復於守選、待闕之日，衣食不足，貸債以苟朝夕。到官之後，必來見逼。至有冒法受贓，賒舉度日。或不恥賈販，與民爭利。既爲負罪之人，不守名節，吏有姦贓而不敢發，民有豪猾而不敢制。姦吏豪民得以侵暴，於是貧弱百姓理不得直，寃不得訴，徭役不均，刑罰不正，比屋受弊，無可奈何，由乎制禄之方有所未至。眞宗皇帝思深慮遠，復前代職田之制，使中常之士自可守節，婚嫁以時，喪葬以禮，皆國恩也。能守節者，始可制姦贓之吏，鎮豪猾之人，法乃不私，民則無枉。近日屢有臣僚乞罷職田，以其有不均之謗，有侵民之害。臣謂職田本欲養賢，緣而侵民者有矣，比之衣食不足，壞其名節，不能奉法，以直爲枉，以枉爲直，衆怨思亂而天下受弊，豈止職田之害耶！又自古常患百官重内而輕外，且外官月俸尤更豐足，簿尉俸錢尚二十貫。今窘於財用，未暇增復。臣請兩地同議外官職田，有不均者均之，有未給者給之，使其衣食得足，婚嫁喪葬之禮不廢，然後可以責其廉節，督其善政。有不法者，可廢可誅。且使英俊之流，樂於爲郡爲邑之任，則百姓受賜。又將來陞擢，多得曾經郡縣之人，深悉民隱，亦致化之本也。惟聖慈深察，天下幸甚。

六曰厚農桑。臣觀《書》曰：『德惟善政，政在養民。』此言聖人之德，惟在善政；善政之要，惟在養民；養民之政，必先務農。農政既修則衣食足，衣食足則愛膚體，愛膚體則畏刑罰，畏刑罰則寇盜自息，禍亂不興。是聖人之德，發於善政；天下之化，起於農畝。故《詩》有《七月》之篇，陳王業也。今國家不務農桑，粟帛常貴浙江諸路歲糴米六百萬石，其所糴之價與輦運之費，每歲共用錢三百餘萬貫文。又貧弱之民，困於賦斂，歲伐桑棗，鬻而爲薪。勸課之方，有名無實。故粟帛常貴，府庫日虚。此而不謀，將何以濟！臣於天下農利之中，粗舉二三以言之。且如五代羣雄爭霸之時，本國歲饑，則乞糴於隣國。故各興農利，自至豐足。江南舊有圩田，每一圩方數十里，如大城。中有河渠，外有門閘。旱則開閘，引江水之利；潦則閉閘，拒江水之害。旱潦不及，爲農美利。又浙西地卑，常苦水沴。雖有溝河，可以通海，惟時開導，則潮泥不得而堙之；雖有堤塘，可以禦患，惟時修固，則無摧壞。臣知蘇州日，點檢簿書，一州之田，係出税者三萬四千頃。中稔之利，每畝得米二石至三石，計出米七百餘萬石。東南每歲上供之數六百萬石，乃一州所出。臣詢訪高年，則云曩時兩浙未歸朝廷，蘇州有營田軍四都，共七八千人，專爲田事，導河築堤，以減水患。於時民間錢五十文糴白米一石。自皇朝一統，江南不稔則取之浙右，浙右不稔則取之淮南，故慢於農政，不復修舉。江南圩田、浙西河塘，大半隳廢，失東南之大利。今江浙之米，石不下六七百文足，至一貫文省，比於當時，其貴十倍，而民不得不困，國不得不虚矣。又京東西路有卑濕積潦之地，早年國家特令開決之後，水患大減。今罷役數年，漸已湮塞，復將爲患。臣請每歲之秋，降勑下諸路轉運司，令轄下州軍吏民各言農桑之間可興之利、可去之害。或合開河渠，或築堤堰陂塘之類，並委本州軍選官計定工料，每歲於二月間興役，半月而罷，仍具功績聞奏。如此不絶，數年之間，農利大興，下少飢歲，上無貴糴，則東南歲糴輦運之費，大可減省。其勸課之法，宜選官討論古制，取其簡約易從之術，頒賜諸路轉運使，及面賜一本，付新授知州、知縣、縣令等。此養民之政、富國之本也。【略】

八曰減徭役。臣聞漢光武建武六年六月詔曰：『夫張官置吏，所以爲人也。今戶口耗少，而縣官吏職，所置尚繁。令司隸州牧各實所部。』二府於是條奏並省四百餘縣，天下至治。臣又觀西京圖經，唐會昌中，河南府有戶一十九萬四千七百餘戶，置二十縣。今河南府主客戶七萬五千九百餘戶，仍置一十九縣。主户五萬七百，客户二萬五千二百。鞏縣七百戶，偃師一千一百戶，逐縣三等而堪役者，不過百家，而所供役人不下二百數。新舊循環，非鰥寡孤獨，不能無役。西洛之民，最爲窮困。臣請依後漢故事，遣使先往西京併省諸邑爲十縣。其所廢之邑，並改爲鎮，令本路舉文資一員，董榷酤、關征之利兼人烟公事。所廢公人，除歸農外，有願居公門者，送所存之邑，其所在邑中役人却可減省歸農，則兩不失所。候西京並省稍成倫序，則行於大名府，然後遣使諸道，依此施行。仍先指揮諸道防團州已下，有使、州兩院者，皆爲一院，公人願去者，各放歸農。職官廳可給本城兵士七人至十人，替人力歸農。其鄉村耆保地里近者，亦令併合。能併一保耆管，亦減役十餘戶。但少徭役，人自耕作，可期富庶。

又《再進前所陳十事》 臣前兩次所上共十事，曾奉聖旨更進一本，今寫録進納。一曰明黜陟，爲重定文武百官磨勘，將以約濫進，責實效，使天下政事無不舉也。二曰抑僥倖，爲重定文武百官奏蔭，及不得陳乞館閣職事，將以革濫賞，省冗官也。三曰精貢舉，爲天下舉人先取履行，次取藝業，將以正教化之本，育卿士之材也。四曰擇官長，爲舉轉運使、提點刑獄並州縣長吏，將以正綱紀，去疾苦，救生民也。五曰均公田，爲天下官吏不廉則曲法，曲法則害民，請更賜均給公田，既使豐足，然後可以責士大夫之廉節，庶天下政平，百姓受賜也。六曰厚農桑，爲責諸道溝河並修江南野田及諸路陂塘，仍行勸課之法，將以救水旱，豐稼穡，強國力也。七曰修武備，爲四方無事，京師少備，因循過日，天下可憂，請密定規制，相時而行，以衛宗社，以寧邦國也。八曰減徭役，爲天下徭役至繁，請依漢光武故事，並合縣邑，以省徭役，庶寬民力也。九曰覃恩信，爲赦書内宣布恩澤未嘗施行，並請放先朝欠負，以感天下之心也。十曰重命令，爲制書忽而行違者，請重其法，以行天子之命也。臣之所陳，蓋欲周悉，故言辭之間，有涉細碎，而於國體甚大。乞聖慈再加詳覽，一一行之，則天下之幸，非臣之幸也。

宋 李覯《盱江集》卷六《國用第五》 地利之食，於人博哉！農既得其時，種既得其宜，然且不熟者，水旱賊之也。水旱之災，雖天所爲，至於人力亦有可及矣。故遂人『凡治野，夫間有遂，遂上有徑。十夫有溝，溝上有畛。百夫有洫，洫上有涂。千夫有澮，澮上有道。萬夫有川，川上有路』。此鄉遂之田制也。『匠人爲溝洫，耜廣五寸，二耜爲耦，一耦之伐，廣尺深尺謂之畎，田首倍之，廣二尺、深二尺謂之遂。九夫爲井，井間廣四尺，深四尺，謂之溝。方十里爲成，成間廣八尺，深八尺，謂之洫。方百里爲同，同間廣二尋，深二仞，謂之澮。』此都鄙之田制也。川大於澮，澮大於洫，洫大於溝，溝大於遂，遂大於甽。甽通水以入於遂，遂入於溝，溝入於洫，洫入於澮，澮入於川。然則雖大雨霖，其水有所渫，能爲害者希矣。『稻人掌稼下地，以瀦畜水，以防止水，以溝蕩水，以遂均水，以列舍水，以澮寫水，以涉揚其芟，作田。』瀦，謂畜流水之陂；防，瀦旁隄也。然則雖久不雨，其水可以得能爲害者希矣。聖人之於水旱，不其有備哉！蔿掩規偃豬，君子以爲禮。史起引漳水，舄鹵生稻粱。鄭國鑿涇水，關中爲沃野。古之賢人未有不留意者也。水官不修，川澤溝瀆無有舉，掌機巧趍利之民，得行其私，日侵月削，往往障塞。雨則易以溢，謂之大水，豈天乎？霽則易以涸，謂之大旱，豈天乎？如是而望有年，未之思矣。

又 卷七《國用第十》 司稼『巡野觀稼，以年之上下，出斂法』。斂法者，豐年從正，凶年則損也。廩人『掌九穀之數』、『以歲之上下，數邦用，以知足否，以詔穀用，以治年之豐凶。凡萬民之食食者，人四鬴，上也；人三鬴，中也；人二鬴，下也。若食不能人二鬴，則令邦移民就穀，詔王殺邦用』。謂以歲之豐凶，得稅物多少之帳，計國之用，以知足否。若歲凶，稅物少而用多，則不足。廩人既知多少、足否，乃詔告在上用穀之法也。夫什一而稅，天下中正，是故謂之徹。徹者，通也。然耕穫之事，豐儉亡常，不幸凶旱水溢，或螟螣蟊賊，農雖盡力，穀有不登，而有司必求如法，於理安乎？孟子道龍子之言曰：『治地莫善於助，莫不善於貢。貢者，校歲之中以爲常。樂歲粒米狼戾，多取之而不爲虐，則寡取之，凶年，糞其田而不足，則必取盈焉。爲民父母，使民盻盻然，將終歲勤動，不得以養其父母，又稱貸而益之，使老稚轉乎溝壑，惡在其爲民父母也？』故聖人設官，必於穀之將熟，巡於田野，觀其豐凶，而後制稅斂焉。豐年從正，亦不多取也；凶荒則損，何取盈之有哉？然則龍子所見，蓋周之末世，周公雖貢，未嘗聞其不善也。然而取之少，則用不得不殺。取少而用不殺，則國不能自濟，非反乎民，將焉得也？宜其知足否而詔穀用焉。《王制》曰：『冢宰制國用，必於歲之杪，五穀皆入，然後制國用。用地小大，視年之豐耗，以三十年之通制國用，量入以爲出。』由此道也。後世作者，除減斂法則既聞之矣，至於邦用，其可忽諸？

又 卷一六《富國策第七》 水旱之憂，聖王所不免，堯、湯之事，賢愚嘗共聞也。故君人者，務多蓄積，以爲之備。《王制》曰：『三年耕必有一年之食，九年耕必有三年之食。以三十年之通，雖有凶旱水溢，民無菜色。《周禮》：『遺人掌邦之委積，以待施惠。鄉里之委積，以恤民之囏阨；門關之委積，以養老孤；郊里之委積，以待賓客；野鄙之委積，以待羇旅；縣都之委積，以待凶荒。此皆計國用之餘，隨便蓄積，以須乏困。故時可灾，物可夭，苗可槁，地可赤，而人不可饑也。自井田法壞，軍國務煩，政取一切，或未猶遠。兵有儲，邊有備，則國之幸矣，吏之能矣，元元之民，自爲之而已矣。夫民之無知，靡衣媮食，豐歲粒米狼戾，有不愛也。食之亡節，用之亡度，或委於糞土，或腐於甑甗，或以飫狗馬，或以肥雞鶩。計口論費，幾何而不倍蓰也？及其凶年，則家不素蓄，人不豫備，室如罄矣，突不黔矣，草木之根實不足以飽矣。

宋 包拯《包孝肅奏議集》卷一《仁宗皇帝開天章閣親製策》 問：朕自纂紹慶基，登臨御寓，每夕惕以忘勞，慮視聽而有怠。爰自近歲以來，河朔之間，民物散亡，水災流注，甚可哀憐。雖已降指揮應災傷去處並令賑濟，及暴露傷損之人各令照管外，其所慮今契丹雖稱幣，汛使忽來，若非慕化之心，慮有可虞之意。復聞聚甲朔邊，議收西羌，夙夜經心，深可預防。然事即未萌，誠在安平之論。或將來北使詣闕，妄稱西去之名，共構釁端，別有邀求之事，詭譎多塗，作何回答？或以今來詐報西行，儻有南顧之虞，西北山川地形，甚處可爲控扼？今以家國方面之材，且無自薦輔翼之能，實藉衆推。儻事有枝梧，帥領何人？洎數路偏將何人可補？欲以威禦綏寧，何人堪爲鎮静？其朔方自水災衝破，戶口流移，而軫救之外，軍儲闕乏，財賦屢空，以何法得豐？儻或急速之間，以何爲備？其向去雖是豐饒，將今所用財貨，如何更能省費，致物力以漸從容？及慮諸路冗兵尚衆，作何策精選勇枚？復又戰馬闕絶，如何敷足？故事雖永兆，有備無虞。此係安危，更可詢於有位，體朕焦勞，得不周悉！卿等宜在公忠，理當盡瘁。

又 《上仁宗要務七事奏》 臣非材備位諫職，思所以爲補報者，惟言責而已；然言不激切，則不足開宸慮而補聖政。謹條上七事，皆當今之要務，詞理鄙直，惟陛下留神省察：

六事：

臣伏見近歲已來，災異備至，天象謫見，地理傾震，蟲蝗爲孽，水旱作沴，連綿三數年未已，而河北最甚，其次利州、京東西、兩浙、河東路，循環皆被大患矣。以陛下焦勞求理，恐一物失其所，持此寅畏，寧不感召和氣，格上天之福禄乎？然而致如此者，蓋大臣不能同寅協恭，知無不爲，切救時弊；而陛下志慮亦或有疑沮，未能委任忠賢，以成垂拱之美也。方今諸路饑饉，萬姓流離，府庫空虛，財力匱乏，官有數倍之濫，廩無二年之蓄，兵卒驕惰，夷狄盛強，即不幸繼以凶年，加之小寇，則何人可以倚仗而枝梧哉！臣所以夙夜怵惕，思進苦言，冀開悟陛下而不能已已也。臣願陛下切留宸慮，密以事詔今之執政，誰能盡心敢救天下之弊，敢當天下之責者，果得其人，願陛下主張而委任之；其陰拱循默，持祿取容，妬嫉賢能，以一己爲計者，宜速罷免，毋俾久塞要路，則化危爲安，變艱於易，如反掌矣。陛下固不可失此時而不爲，儻失此時而不爲，禍變一發，則雖欲爲而不可爲矣。惟陛下深存念之。

又卷三《論河北帥臣一》 臣伏見河北自商胡決溢之後，連歲水旱，倉廩匱乏，調度不足。朝廷一切應副，廣有餘年之蓄，而流亡未盡復，田畝未盡闢，諸州長吏尤在得人。其間苟且之輩，但幹尋常事務，趨過目前。其經久利害，苟不及其身，率皆不爲。前後相承，積弊已極。至帥臣亦未甚精選，或有不樂久任者，乞後闕。

又《論河北帥臣二》 臣伏見河北自商胡決溢之後，連歲水旱，倉廩匱乏，可不深思遠慮而忽天戒也！臣近上言，以河朔連歲災傷，公私匱乏，帥臣長吏尤在得人，其有不願久任者，乞於中外臣僚中，推擇諳知彼中事宜，敢任大責者，專委付之，俾綏拊疲民，經畫遠圖，庶幾後患可弭。且河朔之於京畿，猶心腹之與背膂，義同一體，休戚均之。今災異如是，豈可坐視其敝，恬然以爲無事，但欲因循，憚於更張措置可乎？臣實懼焉。惟陛下留神省察，以河北事體至大，帥臣等可用可罷，速賜神斷，天下幸甚。

又卷七《請免江淮兩浙折變二》 臣近曾上言，以江淮、兩浙、荆湖等州軍，自去秋至今春，未得大段雨澤，二麥不秀，耕種失時，并去年諸處夏稅，一例折納見錢，小麥每斗估價九十四文省。民間錢既窘迫，麥又無用，應急賤糶納官，其直每斗不過二三十文，中等已下人戶，絶更不易。今又時雨稍愆，蝻蟲復作，民心愁苦，深可矜憫。況東南奧壤，國家仰之如帑府，尤宜保固，以制諸夏。若不急於優卹，繼之以重困，獸窮則攫，竊恐更爲朝廷之憂爾。臣先乞應係諸般科率，權且停罷，如將來蠶麥豐登，中等已下且令各納正稅、本色錢等，權免今年折變，庶孤貧人戶稍獲蘇息。至今多日，未蒙指揮，欲乞檢會，速賜施行，兼乞下諸路轉運司、提刑司，不住巡歷體量，或有蠶麥不熟之處人戶申訴，州縣不得抑退，並令依例疾速差官檢覆，開破逐色租稅，免致流亡。

又《請免江淮兩浙折變三》 臣昨於四月九日劄子上言，以江淮、兩浙、荆湖等州軍自去秋至今春，未得大段雨澤，其中等已下人戶，夏稅乞不依去年折變見錢，令只納本色。又於當月二十八日上殿劄子，亦乞令中等已下人戶權免今年夏稅折變。至今多日，未蒙指揮。兼諸處見今納夏稅，若令一例折變，深屬不便。緣逐路今歲蠶麥薄熟，雨澤久愆，耕種失時，蝗蝻復起，秋成未保，人心益怖。而又民間錢貨絶難出辦，若不特賜寬恤，竊慮下等不濟人戶，以官錢窘迫，必致流亡。強壯者盡爲盜賊，老弱者轉死溝壑，不獨搔擾郡邑，抑亦離去畎畝。矧國家財用所出，盡在東南，不得不深慮也。又訪聞京東、京西、河北、河東、陝西今夏蠶麥例皆豐熟，此乃天意欲少寬東南之民。若此數路稍旱，調度或急，則朝廷縱有矜憫之心，亦無所及。然臣職賤言輕，宜無采録。但事體至大，乞留聖意。伏望陛下特出宸斷，速賜指揮，則一方生靈有再蘇之望。

又《請免江淮兩浙折變四》 臣近者累次上言，乞江淮、兩浙、荆湖等州軍，中等已下人戶，今年夏稅權免諸般折變，祇令各納本色。尋奉聖旨，送三司相度，訪聞三司已具申奏訖，至今未降指揮。緣諸路見納夏稅多日，兼有路分絶遠之處，若更稽緩，竊慮後時，即陛下矜恤之心恐無所及。伏望聖慈憫此重困之民，速賜指揮，則天下幸甚。

宋 歐陽修《文忠集》卷六六《送王聖紀赴扶風主簿序景祐三年**》** 前年五月，大霖雨殺麥，河溢東畿，浸下田。已而不雨，至於八月，菽粟死高田。三司有言：『前時溢博州，民冒河為言，得免租者蓋萬計。今歲秋當租，懼民幸水旱，因緣得妄免，以虧兵食，慎敕有司謹之。』朝廷因舉田令，約束州縣吏。吏無遠近，皆望風惡民言水旱，一以農田敕限，甚者笞而絶之。饑之民訴其縣，不聽；則訴於開封，又不聽；則相與聚立宣德門外，訴於宰相。於是遣吏四出視諸縣。視者還，而或言災，或言否，然言否者十七八。最後視者還，言民實災，而吏徒畏約束以苟自免爾。天子聞之惻然，盡蠲饑民之租。

余嘗竊嘆曰：民生幸而為饑民，有緩急，近而易知也。雨降於天，河溢於地，與赤日之出，是三者物之易見也。前二三歲，旱蝗相連，朝廷歲歲隨其災之厚薄，蠲其賦之多少，至兵食不足，則歲糴或入粟以爵而充之。是在上者之愛人，而仁人之心易惻也。以易知之近，言易見之事，告易惻之仁，然吏一壅之，幾不得達。況四海之大，幾萬里而遠，事之難知，不若霖潦赤日之易見者何數！使上有惻之之心不得達於下，下有思告之苦不得通於上者，吏居其間而壅之爾，可勝嘆哉！

扶風為縣，限關之西，詎京師在千里外，民之不幸而事有隱畏者何限，其能生死曲直之者，令與主簿、尉三人。而民之志得不壅而聞於州，州不壅而聞於上，縣不壅而民志通者，令與主簿、尉達之而已。王君聖紀主簿於其縣。聖紀好學有文，佐是縣也，始試其為政焉，故以夫素所嘆者告之。景祐三年二月二十四日，廬陵歐陽修序。

又 卷八五《賜知乾寧軍高遵約獎諭敕書七月七日》 敕高遵約：省河北安撫提刑司奏，勘會乾寧軍去歲值大雨，河水泛漲，衝破護城堤，水滲浸城壁，其河岸大段墊壞，軍城危急。汝乘此水災，徑赴本任，交割勾當，尋計度功料，多方用心，躬親部役，修築河堤及護城堤，至今年三月內了當，甚得堅固，本軍久遠，委不消遷廢，伏乞特加旌賞事。向以暑雨失節，悍湍迅流，水防廢官，沖溢為患。汝能奔走就職，勤勞匪躬。民氓無墊溺之虞，壁壘得繕完之固。厥效明著，攸司以聞。載寬憂顧之懷，宜示褒嘉之意。故茲獎諭，想宜知悉。秋熱，汝比好否？遣書，指不多及。

又 卷一一〇《論水災疏至和三年》 七月六日，翰林學士、朝散大夫、尚書吏部郎中、知制誥、充史館修撰、判太常寺兼禮儀事、輕車都尉、賜紫金魚袋臣歐陽某，謹昧死再拜上疏於體天法道欽文聰武聖神孝德皇帝陛下：臣伏睹近降詔書，以雨水為災，許中外臣寮上封言事，有以見陛下畏天愛人、恐懼修省之意也。竊以雨水為患，自古有之，然未有水入國門，大臣奔走，淹浸社稷，破壞都城者，此蓋天地之變也。至於王城京邑，浩如陂湖，沖溺奔逃，號呼晝夜，人畜死者不知其數。其幸而免者，屋宇摧塌，無以容身，縛筏露居，上雨下水，累累老幼，狼藉於天街之中。又聞城外墳塚，亦被浸注，棺槨浮出，骸骨漂流。此皆聞之可傷，見之可憫。生者既不安其室，死者又不得其藏，此亦近世水災未有若斯之甚者。此外四方奏報，無日不來，或云閉塞城門，或云沖破市邑，或云河口決千百步闊，或云水頭高三四丈餘，道路隔絕，田苗蕩盡。是則大川小水，皆出為災，遠方近畿，無不被害。此陛下所以警懼莫大之變，隱惻至仁之心，廣為諮詢，冀以消復。

竊以天人之際，影響不差，未有不召而自至之災，亦未有已出而無應之變。其變既大，則其憂亦深。臣愚謂非小小有為可以塞此大異也，必當思宗廟社稷之重，察安危禍福之機，追已往之闕失，防未萌之患害，如此等事，不過一二而已。自古人君必有儲副，所以承宗社之重而不可闕者也。陛下臨御三十餘年而儲嗣未立，此久闕之典也。近聞臣寮多以此事為言，大臣亦嘗進議，陛下聖意久而未決。而庸臣愚士知小忠而不知大體者，因以為異事，遂生嫌疑之論，此不思之甚也。且自古帝王有子至三二十人者甚多，材高年長羅列於朝者亦眾，然為其君父者，莫不皆享無窮之安，豈有所嫌而斥其子邪？若陛下鄂王、豫王皆在，至今則儲宮之建久矣。世之庸人，偶見陛下久無皇子，忽聞此議，遂以云云爾。且《禮》曰：『一有元良，萬國以正。』蓋謂定天下之根本，上承祖宗之重，亦所以絕臣下之邪謀。自古儲嗣，所以安人主也。若果如庸人嫌疑之論，則是常無儲嗣，則人主安，有儲嗣，則人主危，此臣所謂不思之甚也。臣又見自古帝王建立儲嗣，既以承宗廟之重，又以為國家美慶之事，故每立太子，則不敢專享其美，必大赦天下，凡為人父後者皆被恩澤，所以與天下同其慶喜，然則非惡事也。漢文帝初即位之明年，群臣再三請立太子，文帝再三謙讓而後從之。當時群臣不自疑而敢請，漢文帝亦不疑其臣有二心者，臣主之情通故也。五代之主，或出武人，或出夷狄，如後唐明宗尤惡人言太子事，群臣莫敢正言。有何澤者，嘗上書乞立太子。明宗大怒，謂其子從榮曰：『群臣欲以汝為太子，我將歸老於河東。』由是臣下更不敢言。然而文帝立太子之後，享國長久，為漢太宗，是則何害其為明主也？後唐明宗儲嗣不早定，而秦王從榮後以舉兵窺覬，陷於大禍，後唐遂亂。此前世之事也。況聞臣寮所請，但欲擇宗室為皇子爾，未即以為儲貳也。伏惟陛下仁聖聰明，洞鑒今古，必謂此事，國家大計，當重慎而不可輕發，所以遲之耳，非惡人言而不欲為也。然朝廷大議，中外已聞，不宜久而不決。昨自春首以來，陛下服藥於內，大臣早夜不敢歸家，飲食醫藥侍於左右，如人子之侍父，自古君臣未有若此之親者也。下至群臣士庶、婦女嬰孩，晝夜禱祈，填咽道路，發於至誠，不可禁止。以此見臣民盡忠，蒙陛下之德厚，愛陛下之意深，故為陛下之慮遠也。今之所請，天下臣民所以為愛君計也，陛下何疑而不從乎？中外之臣既喜陛下聖躬康復，又欲見皇子出入宮中，朝夕問安侍膳於左右，然後文武群臣奉表章為陛下賀，辭人墨客稱述本支之盛，為陛下歌之頌之，豈不美哉！伏願陛下出於聖斷，擇宗室之賢者，依古禮文，且以為子，未用立為儲副也。既可以徐察其賢否，亦可以俟皇子之生。

臣又見樞密使狄青出自行伍，遂掌樞密，始初議者已為不可。今三四年間，外雖未見過失，而不幸有得軍情之名。且武臣掌國機密而得軍情，豈是國家之利？臣前有封奏，其說甚詳，且具述青未是奇材，但於今世將率中稍可稱耳。雖其心不為惡，而不幸為軍士所喜，深恐因此陷青以禍而為國家生事。欲乞且罷青樞務，任以一州，既以保全青，亦為國家消未萌之患。蓋緣軍中士卒及閭巷人民，以至士大夫間，未有不以此事為言者，惟陛下未知之爾。

臣之前奏，乞留中而出自聖斷。若陛下猶以臣言為疑，乞出臣前奏，使執政大臣公議。此二者，當今之急務也。凡所謂五行災異之學，臣雖不深知，然其大意可推而見也。《五行傳》曰：『簡宗廟則水為災。』陛下嚴奉祭祀，可謂至矣，惟未立儲貳。《易》曰：『主器莫若長子。』殆此之警戒乎？至於水者，陰也，兵亦陰也，武臣亦陰也，此推類而易見者。天之譴告，苟不虛發，惟陛下深思而早決，庶幾可以消弭災患而轉為福應也。臣伏睹詔書曰『悉心以陳，無有所諱』，故臣敢及之。若其他時政之失，必有群臣應詔，為陛下言者。臣言狂計愚，惟陛下裁擇。臣昧死再拜。

又《再論水灾狀至和三年**》** 右臣伏睹近降手詔，以水災為變，上軫聖憂。既一人形罪己之言，宜百辭無遑安之意，而應詔言事者猶少，亦未聞有所施行。豈言者不足採歟，將遂無人言也？豈有言不能用歟？然則上有詔而下不言，下有言而上不用，皆空言也。臣聞語曰：『應天以實不以文，動民以行不以言。』臣近有實對應詔，竊謂水入國門，大臣奔走，淹浸社稷，破壞都城，此天地之大變也，恐非小有所為可以消弭，因為陛下陳一二大計。而言狂計愚，不足以感動聽覽。臣日夜思維，方今之弊，紀綱之壞非一日，政事之失非一端，水災至大、天譴至深，亦非一事之所致。災譴如此，而禍患所應於後者，又非一言而可測。是則已往而當救之弊甚眾，未來而可尤之患無涯，亦非獨責二三大臣所能取濟。況自古天下之治，必與眾賢共之也。《詩》曰：『濟濟多士，文王以寧。』《書》載堯舜之朝，一時同列者，夔、龍、稷、契之徒二十餘人，此特其大者爾，其百工在位，莫不皆賢也。今欲救大弊，弭大患，如臣前所陳一二大計既未果為，而又不思眾賢，以濟庶務，則天變何以塞，人事何以修？故臣復敢進用賢之說也。

臣材識愚暗，不能知人，然眾人所知者，臣亦知之。伏見龍圖閣直學士、知池州包拯，清節美行，著自貧賤；讜言正論，聞於朝廷。自列侍從，良多補益。方今天災人事非賢罔乂之時，拯以小故，棄之遐遠，此議者之所惜也。祠部員外郎、直史館、知襄州張瓌，靜默端直，外柔內剛，學問通達，似不能言者。至其見義必為，可謂仁者之勇。此朝廷之臣，非州郡之才也。祠部員外郎、崇文院檢討呂公著，故相夷簡之子，清靜寡欲，生長富貴而淡於榮利，識慮深遠，文學優長，皆可過人而喜自晦默，此左右顧問之臣也。太常博士、群牧判官王安石，學問文章，知名當世，守道不苟，自重其身，論議通明，兼有時才之用，所謂無施不可者。凡此四臣者，難得之士也。拯以小過棄之，其三人者進退與眾人無異。此皆為世所知者猶如此，臣故知天下之廣，賢材淪沒於無聞者不少也。此四臣者，名跡已著，伏乞更廣詢採，亟加進擢，置之左右，必有裨補。凡臣所言者，乃願陛下聽其言，用其才，以濟時艱爾，非為其人私計也。若量沾恩澤，稍升差遣之類，適足以為其人累耳，亦非臣薦賢報國之本心也。臣伏見近年變異非止水災，譴告丁寧，無所不有。董仲舒曰：『國家將有失道之敗，而天乃先出災害以譴告之。不知自省，又出怪異以警懼之。尚不知變，而傷敗乃至。』斯言極矣。伏惟陛下切詔大臣，深圖治亂，廣引賢俊，與共謀議。未有眾賢並進而天下不治者，此亦救災弭患一端之大者。

臣又竊見京東、京西皆有大水，並當存恤，而獨河北遣使安撫，兩路遂不差人。或云就委轉運使，此則但虛為行遣爾。兩路運司只見河北遣使，便認朝廷之意有所重輕，以謂不遣使路分，非朝廷憂恤之急者。兼又放稅賑救，皆耗運司錢物，於彼不便。兼又運使未必皆得人，其才未必能救災恤患。又其一司自有常行職事，亦豈能專意撫綏？故臣以為虛作行遣爾。伏乞各差一使，於此兩路安撫，雖未能大段有物賑濟，至於興利除害，臨時措置，更易官吏，詢求疾苦，事既專一，必有所得，與就委運司，其利百倍也。又聞兩浙大旱，赤地千里。國家運米，仰在東南。今年災傷若不賑濟，則來年不惟民饑，國家之物亦自闕供。此不可不留心也。竊聞三司今歲京師糧米已有二年備準外，猶有三百五十萬餘未漕之物。今年東南既旱，則來年少納上供，此未漕之米誠不可不惜，然少輟以濟急，時亦未有所闕。欲下三司勘會，若實如臣所聞，則乞量輟五七十萬石物與兩浙一路，令及時賑救一十三州，只作借貸，他時米熟，不妨還官，然所利甚博也。此非弭災之術，亦救災之一端也。臣愚狂妄，伏望聖慈特賜裁擇。謹具狀奏聞，伏候敕旨。

又 卷一一一《論孟陽河開掘墳墓札子》嘉祐四年春 臣勘會府界創開孟陽新河，相次據祥符縣人戶經府披訴稱，被人夫開掘墳墓，斫伐桑棗，拆拽舍屋等事。尋差兵曹參軍張稚圭往彼檢視，得已開河道六里有餘，計三料，開掘卻村民墳墓八十二所，大墓園三所，草瓦屋七十七間。其未開三料，猶有墳墓二十五所，舍屋四十七間，桑五百餘株，田土八十段。臣因體問得村民所掘墳墓，尸首骨殖布在新河兩岸，子孫骨肉環坐守之，仰天號慟，尸骨暴露，並無所歸。其甚貧者用火燒焚，向空撒棄。其莊宅屋宇，累世安居，旦夕毀拆，全家露坐，冤痛之聲，聞於遠近。方此春月，朝廷務行仁政之時，橫尸暴骨，殃及幽明，可為憫傷，可為驚駭。兼體問得所開新河，有害無利。其萬勝斗門及陽武橋斗門兩處減水，盡入白溝河，所以年年決溢。今又創開新河，亦入白溝。是則三道減水，盡聚一河，將來決溢可知。兼今所開新河深六尺至七尺，白溝河只深四尺至五尺，下源高仰，水勢難行。臣今欲乞權住夫役三兩日，差朝臣一員計會，都水監、開封府各差官一員同行相度。苟如臣所說不虛，未開三料乞更不開掘，卻移夫役修整舊河。其元獻利見開河之人，本為自圖功賞，及從初檢計壕寨官吏蒙昧朝廷，不言有墳墓、宅舍、桑棗在所開地內，情理難恕，欲乞下開封府取勘。其獻利之人與壕寨等並行決配，官員悉與停廢。所貴少謝枯骨，兼慰生人。今取進止。

又 卷一四五《與吴正肅公長文，治平元年**》** 某自春末家中疫疾，深夏甫定。遽此水災，驚奔不暇，僅有餘生。入今年來，兩目昏甚，屯滯百端。直以京師饑疫，復此水患，上心憂勞，正當竭力，未敢請外。其如無所裨補，其責愈深，奈何奈何。賜茶數餅表信，然亦不宜多飲也。

宋 韓琦《安陽集》卷三六《北京乞就移徐州第四表》 臣近上三章，乞就移徐州，伏蒙聖慈特差入内供奉官、勾當御藥院李舜舉齎賜詔書，不允所乞者。恩禮之重，非衰朽之所克勝。睿訓矜存，感深以泣，固當上稟聖諭，以免一時違忤之罪。然於去就之分，理有未安。君父至仁，而懷情不盡，亦豈免異日隳敗之誅。何者？蓋自北道地震水災，民流去貫，方朝廷以四路綏御之柄，全以屬臣。當此之時，臣勢有可辭，而不以爲辭，今災震既息，流徙既復，民和歲穰，幾至無事，而又去三路之煩，而就一道之簡，可以無辭矣而辭之。由外而觀，臣則有若所措倒錯，而圖安已甚。在臣自省，則以爲前日之不辭者，力猶可勉；今日之必辭者，疲不任劇。而猶貪冒權任，勢將顛踣，則上不能勤宣陛下利澤，下不能深究兵民疾苦，中不能完養老臣久衰之氣。是朝廷重易臣一州，而俾臣負三不能之患，恐非陛下所以厚仁恩、念舊物之本意也。臣識具材術固無足過人，如天性所得之多、而私心自信之篤者，唯至誠樸忠爾！今臣以樸愚之誠叩陛下，儻陛下垂聽而哀憐之，使養疾僻州，避遠要劇，物性得所，則疾平可望。兼臣尚有餘懇，謹附李舜舉面奏。孤危之迹，夙夜彷徨，幸陛下早賜安全，則天地之恩，臣雖九殞，不能上報。

宋 王珪《華陽集》卷二一《賜判大名府韓琦爲水灾撫輯河北詔》 勅：大河之北，歲比不登，又有水溢地震之災。方春東作，民益不聊生，攜老幼，棄田廬，日流徙於道，朕甚閔之。豈役煩斂重，而吏莫之省邪？將奸人乘此災變而動之也？朕中夜以興，爲之慘怛不安。前日徙卿以鎮大名者，非有意於此乎？其經制之方，已聽便宜從事。若有可以佐吾民者，宜帥意遠思，爲朕撫輯而賑全之，毋使浚民以重民困也。

又 卷二五《賜知台州李頎救濟水灾奬諭勅書》 勅某：臨海之邦，水忽暴溢，民之被害，朕甚憫焉。汝奉寄於州，而能繕完城壘堤防之修，以安集於吾民。外臺列功，繼達予聽，顧不爾勞之嘉乎？

宋 司馬光《傳家集》卷二二《論荒政上殿札子》 臣竊聞淮南、兩浙今歲水災，民多乏食，往往羣輩相聚，操執兵仗，販鬻私鹽，以救朝夕，至有與官軍拒鬬相殺傷者。若浸淫不止，將成大盜，朝廷不可不深以爲憂。蓋由所司摧之太急，故抵冒爲姦。臣聞《周禮》以荒政十有二聚民。近者朝廷略以施行，惟舍禁、除盜賊二者，似未留意。今赤子凍餒，濱於溝壑。柰何尚與之爭錙銖之利，豈爲民父母之意哉！臣謂陛下宜戒諭職司，使明體朝意，稍弛鹽禁，而嚴督盜賊。緩課利不充之罰，急羣行剽刼之誅，廢告捕私鹽之賞，旌討擒彊暴之功，棄聚斂之小得，保安全之大福。除惡於纖介，弭亂於未形，最策之得者也。取進止。

又 卷三六《乞不受尊號札子治平二年九月五日上，由是群臣五上，表終不允**》** 臣聞謙德之美，尊而益光，施之神人，無不悦順。竊見陛下將有事于南郊，羣臣循襲故事，請上尊號。以陛下叡智聰明，徽柔懿恭，享兹鴻名，云何不可。正以屬者暴雨爲災，五稼漂沒，編戶失業，吁嗟之聲，盈於道路，迄今未息。陛下當此之際，正宜深自抑損，以承答天譴，慰釋衆心。況尊號非古，近出有唐。陛下受而有之，不足以褒大聖功；推而不居，足以發揮盛德。所有羣臣上尊號表，伏乞陛下拒而勿受，仍令更不得上表。此亦區區微誠，欲裨益萬分之一也。取進止。

又 卷四二《乞聽宰臣等辭免郊賜札子熙寧元年八月九日上**》** 臣伏覩宰臣曾公亮等奏，以河朔菑沴，調用繁冗，欲望將來大禮畢，兩府臣寮更不賜銀絹，奉聖旨，送學士院取旨議者。或以爲兩府所賜無多，納之不足以富國，而於待遇大臣之禮太薄，頗爲傷體。臣愚竊以爲不然。古者冢宰制國用，視年之豐耗，量入以爲出，固不可於饑饉之時，守豐登之法也。是故歲凶年穀不登，君膳不祭肺，大夫不食粱，士飲酒不樂，明君臣上下皆當深自貶損，以救民急也。臣竊惟國家帑藏素已空虛，重以今歲河北之地災害特甚。曏者慶歷之末，河決商胡，民田雖傷，官倉無損，而河北父子相食，餓殍蔽野。今河決之外，加以地震，官府民居，蕩爲糞壤。繼以霖雨，倉粟腐朽，軍食且乏，何暇及民？冬春之交，民必大困，甚於慶歷之時。國家豈可坐而視之，不加賑救乎？況復城櫓須脩，河防應塞，百役並興，所費不貲。當此之際，朝廷上下安得不同心恊力，痛加裁損，以狥一方之急？凡宜布惠澤，則宜以在下爲先，撙節用度，則宜以在上爲始。今欲裁損諸費，不先於貴者、近者，則疎遠之人安肯甘心而無怨乎？必若爲臣有大勳于天下，雖錫之山川、土田附庸，何爲不可？若止因郊禮陪位，而受數百萬之賞，臣竊有所不安矣。臣前所謂『賞賜無節』者，此亦其一也。雖臣下不辭，猶應裁減，況其自辭，裁之何損乎！倘若但務因循，姑息度日，欲裁損乘輿供奉之物，則曰減於制度，大爲削弱，非所以華國；欲裁損大臣無功之賞，則曰所減無多，虧傷大體，非所以養賢；欲裁損羣下浮冗之費，則曰人情不悦，恐致生事，非所以安衆。如此，則是國用永無可省之日，下民永無蘇息之期，必至於涸竭窮極然後止也。且君子之所尚者，義也；小人之所狥者，利也。爲國者當以義褒君子，以利悦小人。今大臣以災害之故辭錫賚，以佐百姓之急，義之可褒者也。陛下從而聽之，乃所以爲厚，非所以爲薄也。雖然兩府銀絹止於二萬匹兩，未足以救今日之災。又國家舊制，每遇郊禋，大賚四海，下逮行伍，無不霑洽，不可於公卿大夫全無賜予。臣愚以爲，文臣自大兩省以上，武臣及宗室自正任刺史以上，内臣自押班以上，將來大禮畢，所賜並宜減半，俟他年豐稔，自依舊制。其文武朝臣以下，一切更不減，似爲酌中。臣亦知此物未能富國，誠冀國家因此漸思減損其餘浮費，自今日爲始耳。臣素愚戇，識慮膚淺，所言者皆目前之實狀，非奇偉之高論也。伏望陛下更賜裁察，若果有可取，乞斷自聖志，勿爲衆言所移，則天下幸甚。取進止。

又《邇英奏對熙寧元年八月十一日上**》** 熙寧元年八月十一日，邇英進讀已，上問：『河北災變何以救之？』光對曰：『河北大水，倉廩漂沒，所難得者，莫先於食。朝廷若降金帛，令配賣於民以糴穀，則重增煩擾。且禾稼蕩盡，糴之亦無所得。故饑饉之歲，金帛無所用，惟食不可一日無耳。』上曰：『已令漕五十萬石以賑之，可足乎？』對曰：『臣聞瀛州所損，自百五十萬石所漕者，裁能補瀛州三分之一耳。』上曰：『然則奈何？』對曰：『臣聞河北東、西路，水所不及州縣頗稔，可糴。又汴流未絶，宜多漕江、淮之穀以濟之。』上又問：『諫官難得，人誰可任者？』對曰：『臣賤官，何敢薦人。』上固問之，對曰：『臣倉猝不能記，容臣退而密奏。』上因論治道，言：『州縣長吏，多不得人，政府不能精擇。』對曰：『人不易知，天下三百餘州責其精擇誠難。但能擇十八路監司，使之擇所部知州而進退之，知州擇所部知縣而進退之，得人多矣。今之提轉，古方伯、州牧之任，繫一路休戚，當慎擇天下賢才，不可但取資叙及酬奬爲之也。』上又問：『兩府辭郊賚劄子何不呈？』對以：『同僚有假故。』上問：『玆事何如？』對曰：『臣已有奏狀，臣所見止如此，更乞博訪近臣，裁以聖意。』上曰：『誰不同？』對曰：『獨臣有此愚見，他人皆不以爲然。』上曰：『朕意亦與卿同，聽其辭賞，乃所以成其美，非薄之也。然減半無益，大臣懇辭，不若盡聽之。』對曰：『今郊賚下至卒伍皆有之，而公卿更無，恐於體未順。』上曰：『已有帶馬矣。』對曰：『求盡納者，人臣之志；賜其半者，人主之恩也。』後數日，光與王珪禹玉、王安石介甫，同進呈《郊賚劄子》於延和殿。光言：『方今國用不足，災害荐臻，節省冗費，當自貴近爲始。宜聽兩府辭賞爲便。』介甫曰：『國家富有四海，大臣郊賚所費無幾，而惜不之與，未足富國，徒傷大體。昔常袞辭賜饌，時議以爲袞自知不能，當辭禄。今兩府辭郊賚，正與此同耳。且國用不足，非方今之急務也。』光曰：『常袞辭禄位，猶知廉恥，與夫固位且貪禄者，不猶愈乎！國家自真廟之末，用度不足，近歲尤甚，何得言非急務邪？』介甫曰：『國用不足，由未得善理財之人故也。』光曰：『善理財之人，不過頭會箕斂，以盡民財，如此，則百姓困窮，流離爲盜，豈國家之利耶？』介甫曰：『此非善理財者也，善理財者，民不加賦而國用饒。』光曰：『此乃桑羊欺漢武帝之言，司馬遷書之以譏武帝之不明耳。天地所生貨財百物，止有此數，不在民間則在公家。桑羊能致國用之饒，不取於民，將焉取之？果如所言，武帝末年安得羣盜蜂起，遣繡衣使者逐捕之乎？非民疲極而爲盜邪？此言豈可據以爲實？』介甫曰：『太祖時趙普等爲相，賞賚或以萬數。今郊賚匹兩不過三千，豈足爲多？』光曰：『普等運籌幃幄，平定諸國，賞以萬數，不亦宜乎！今兩府助祭，不過奏中嚴外，辦沃盥，奉帨巾，有何功勤而得比普等乎？』與介甫爭論久之。禹玉曰：『司馬光言省費自貴近始，光言是也；王安石言所費不多，恐傷國體，安石言亦是也，惟陛下裁之。』上曰：『朕亦與司馬光同，今且以不允答之可也。』是日，適會介甫當制，遂以上前所言意章批答，引常袞事以責兩府，兩府亦不復辭。明日，邇英講讀罷，上獨留介甫與語，兩府不敢先出，以俟之至晡後乃出，不數日，介甫參知政事。

宋 王安石《臨川文集》卷五五《空名助教并試監簿制》 敕某：河水衍溢，且爲民災，爾能輸薪，以佐有司之急。加爾以試官之賞，其思慎行以稱焉，可。

又 卷六八《鯀説》 堯咨孰能治水，四嶽皆對曰『鯀』，然則在廷之臣可治水者，惟鯀耳。水之患不可留而俟人，鯀雖方命圮族，而其才則羣臣皆莫及，然則舍鯀而孰使哉？當此之時，禹蓋尚少，而舜猶伏於下而未見乎上也。夫舜、禹之聖也，而堯之聖也，羣臣之仁賢也，其求治水之急也，而相遇之難如此。後之不遇者，亦可以無憾矣。

宋 曾鞏《元豐類稿》卷四九《水灾》 周世宗嘗使竇儼論水沴所興。儼以謂陰陽者水火之本，陰之主始於淵獻，水之行紀於九六，凡千七百二十有八歲，爲浩浩之會。當此之時，雖有周唐之君，不能弭其患者，數也。若至於后辟狂妄以自率，權臣冒昧以下專，政不明，賢不章，則苦雨數至，潦水厚積。德宗壬申之水者，政也。漢以來言災異者亦然，然則誠古今之通論。

宋興，常雨之沴，間輒有之，然未嘗有百川沸騰、黎民昏墊之患也。而太祖開寶之間，常以霖雨之憂，出後宮以銷幽閉之感。太宗淳化之歲，嘗自七月至九月雨不止，崇明門外皆浮罌筏以濟，壁壘廬舍多壞，人多壓死，物價踴貴，秋斂用微，於是流移者衆，而陳潁宋亳之間，盜亦稍稍而起。太宗加給復之恩，賜糜淖之餉，以救其變。此祖宗所以懼天災、圖政務之遺事也。

又《黃河》一作旅河 河自西出而南，又東折，然後北注於海。當禹之行水，功之所施者最多，自大伾而北，既釃爲二，至大陸又播爲九，然後爲逆河，以與海屬，非屢散裂而順導之，莫能爲功。蓋其難如此，故曆三代千有餘年，無河患者，以禹故跡未嘗變也。

至周定王之時，禹跡遂改，故河之爲敗自此始。自是之後，言治河者尤衆，有欲索故跡而穿之，許商、解光之説是也。有欲出之胡中，齊人延年之説是也。有以爲天事可勿理者，田蚡、谷永之説是也。有以爲宜空水沖以縱其決，穿漕渠以通其勢者，關並、賈讓之説是也。有以爲宜弛灌溉之防，使水得自行者，張戎之説是也。有以爲宜徙之寬平者，王横之説是也。有以爲宜計爲堤防，又以爲堤防非古義者，王延世、平當之説是也。凡此數者，各乖異。總之，堤防之起自戰國，西漢以來，築作者輒復敗，故務壅塞居水者，最闇於用，而復二渠，則水之害去，絕屯氏之河，則害作，故言河宜散裂，仿於禹跡是當。

盛宋之隆，河數爲敗。興國之間，房材之決爲甚。當此之時，勞十萬之衆，然後復理。天子爲賦詩比瓠子之歌，屬者雖有商胡之憂，非曩時比也，然天子大臣講求利害之理勤矣。愚既以爲堤防壅塞闇於用，仿禹之跡爲可，然水之爲跡，難明久矣，非深考博通，心知其詳，固難以臆見決策舉事也。宜博求能疏川浚河者，與之慮定，然後施功，則可以下安元元，上追禹績矣。

宋 曾鞏《南豐曾子固集》卷一〇《補遺・雜議十篇》

黃河

知今者莫若考古，知古者莫若師經。經者，萬世之法也。自教學廢而經術不盛行於天下，言理者舍經而各師其意，此後世之患也。

若治水之説亦有焉，昔是之時，水害遍於中國，堯能得禹之材而屬任之，禹能知水之性而順導之，然後水之害熄。其法之可見者，《禹貢》是也。自禹功立而更三代，千有餘年無水害。周定王之時，河始徙禹之跡，自此水之爲中國害者特河耳。

漢以來言治河者衆矣。齊人延年則以謂宜出之匈奴。許商、韓牧則以謂宜復其故道。田蚡、谷永則以謂宜屬之天事。關並、賈讓則以謂宜棄水沖之地以肆其行，穿溉漕之渠以短其勢。王横則以謂宜徙之寬平。王延則以謂宜爲堤防。平當則以謂堤防不可以爲固。張戎則以謂宜弛灌溉之防，使水得自去。

數說者各異，然未嘗知圖患者莫若究其原，究原者莫若求之經，求經者莫若《禹貢》之可信，而各率私意，次進其說，故考之而無本，推之而難行，此捨經之害也。

方漢之時，經術雖不盛行於天下，然學經者猶不盡廢，而害已然。至今千有餘年，言經者益少矣，決事者用私見耳。故明策以謂《禹貢》之學久廢，而以訪問於學者，此可謂於千載之論中其所大蔽，當今之務明其所大本也。

夫《書》稱五行，水曰潤下，則就下者水之性也。禹知其然而治之，欲使順其歸。蓋地之形，雍州高而兗冀下，故其有事也，始兗冀而終於雍，此高下先後之異也。天下至廣，百川至衆矣，使小水皆致其力，則功有所不逮而日有所不給也。故治江之道，使之順則河、潛皆得合而行；治河之道，使之順則漳、滏皆得附而泄。它水皆然。故用力少而敗功多，用日近而見效遠。故所謂治其大而小者從之，能知其要者也。曰江、曰淮、曰河、曰濟，經瀆之所最大而施功之所最多，此其名之尤章章可見者也。計其力則州十有二師，九州當二十七萬人，計其日則四年而畢，此用力多少之數也。夫禹之於水，知其地形高下、所治先後，又知其法之要，又能審其名，揆其功，定計於此，然後施功於彼，此所以能去水之敗也。

宋興，百川循道，爲敗者不過於河，興國之間防村之決爲尤甚。當此之時，勞十萬之衆，然後復理，天子爲賦詩，比《瓠子》之歌。今横胡、商胡再決，自天子大臣謀救講利害之勤矣，明策訪《禹貢》之法於學者，必將要之可行。夫古今之變雖殊然也，形之高下不易，至於明其所治之先後小大與其法之要，而辨其名、審其用人之多少，定計於此，然後施功於彼，則禹之跡有不得盡循，禹之法有不得而改也，在詳酌而法之耳。

又 卷一二《補遺・策問十四道》 問：三王之世，用當歲之入，其餘以禦凶荒。下而至漢，其用度亦不加少焉。然孝文時悉弛租稅與民，民與國皆有餘。今之用度視漢固若無異然，然租稅之外，山澤關市之利取之殆既焉而不足，國與民乎歲皆甚病，此其故何也？其有以救乎否也？

宋 文彦博《潞公文集》卷九《堯湯水旱何以不爲民患論》 夫陰陽舛度，而水旱失常。當其爲害，未有不因其所由也。蓋法度失於下，災變見於上。其或上失其道，國無其人，或讒邪得路而日興，或忠良含憤而被逐，或兵甲縱暴而弗戢，或刑罰苛刻而無當，或土木之工不息，或聚斂之法太重。由是男怨女曠，民不聊生，墜於塗炭，蹐地無歸，所以怨憤之氣積，而災沴之患作矣。歷代而下，未或無之，而堯湯之朝，莫斯爲甚。一則九載而滔天，一則七年而□□。浩浩沃日，赫赫流金，禾黍蕩盡，農時靡登。而遐邇無菜色，上下無離心，海内晏然，域中清肅，其故何哉？愚雖不敏，竊議斯言。夫堯舜之水旱者，非政教之所失，非寃憤之所致也，蓋時之所及，不可得而移易也。然卒不能爲患者，蓋備之有素焉。當二時之臨御，則孜孜求治，宵旰忘疲，敦清净之教，革苛弊之刑。教民勤稼穡之務，化下絶澆漓之風。賦斂尤薄，國富刑清。百姓由是阜康，六合於焉平泰，明哉之謠作，樂只之頌興。及其水旱之作沴也，而國方富强，民方康壽，時既隆盛，又何患害之能及焉？故古語有之曰：『國無九年之儲，非國也；家無三年之儲，非家也。』然而當堯湯富庶之代，民俗安阜之時，其畜積復何止於九年、三年哉！是則以九年、三年之儲畜，禦九載、七載之災沴，不亦可乎！而又畜於稔歲，濟於凶年，此治國之大術爾。抑又《洪範》九疇，以農爲本。良以食者民之天，民者邦之本。食足則民盛，民盛則邦興。如此，則縱有災沴，患將奚爲聊？舉斯一隅，則其他可知矣。

宋 范祖禹《范太史集》卷二〇《封還臣寮論浙西賑濟事狀二十四日》

準中書省録黄，臣僚上言：『竊聞浙西州軍近以災傷，朝廷選差轉運副使岑象求、運判楊瓌寶，仍賜米百萬斛，錢二十餘萬緡，俾救其患。州縣自亦依條發倉廪作粥飯救濟，行將少蘇矣。細民習爲驕虛，以少爲多，其弊已久。欲乞明詔本路監司并州縣，詳具災傷貧分數，賑貸行遣次第，各行申奏，徐考其虛實，而懲責其尤甚者。候勑旨。』又臣僚上言：『訪聞兩浙水災，惟蘇、湖、秀三州爲甚外，常、杭二郡絶爲輕小。其三州之地，亦有高下不等。今傳言者或謂水災至大，無可種之田；或謂高田無水，下田水退，有可種之處。以謂本因風駕海水，江湖壅遏，加之雨多，遂有漲湧之患；風退水落，此患自弭，可以種作。人言異同如此，誠不可以不察。乞下本路鈐轄、轉運、提刑，及蘇、湖等五州，令各開具逐州水災所及凡幾縣幾村，有無漂蕩廬舍、溺死人口，及高田無水與水退可耕之地各約若干，並令指實申奏，不得相關，稍涉謬妄，即乞重行降黜。兼朝廷近日別遣使者支撥斛㪷一百萬，見錢、度牒約計二十萬貫，不爲不多。若見今未種，今秋無穫，則向去乏食賑濟之期甚爲長遠，所差去官當相度事體措置。凡此皆繫官吏能否，而一有失當，其害非輕。乞令賑濟官司，凡措置稍大事件，並申取朝廷指揮。其急切不可待報者，雖許一面施行，亦須便具畫一奏知。所貴朝廷察其中否，緩急未便，可以救止。候勑旨。七月二十二日，三省同奉聖旨，並依奏者。

右，臣謹案，唐代宗大歷中，霜雨損稼，渭南縣令獨稱縣境不損，遣御史案，實損三千餘頃。帝嘆息久之，曰：『縣令字人之官，不損猶應言損，何不仁如是乎！』貶渭南令爲南浦尉。德宗正元中，江淮大水，宰相陸贄請遣使賑恤，帝曰：『聞所損殊少。即議優恤，恐生姦欺。』贄上奏曰：『流俗之弊，多徇諂諛，揣所悦意，即侈其言，度所惡聞，則小其事。制備失所，常病於斯。』又曰：『所費者財用，所收者人心。苟不失人，何憂乏用？』乃遣使宣撫水灾。憲宗元和中，南方旱饑，遣使賑卹。將行，帝戒之曰：『朕宮中用帛一匹，皆籍其數，唯賙救百姓，則不計費。卿輩當體此意。』七年，又謂宰相曰：『卿輩屢言淮浙去歲水旱，近有御史自彼還，言不至爲灾，事竟如何？』李絳對曰：『臣按淮南、浙東奏狀，皆云水旱，人多流亡，求設法招撫。其意似恐朝廷罪之者，豈肯無灾而妄言有灾邪？此蓋御史欲爲奸諛以悦上意耳。願得其主名，案致於法。』帝曰：『卿言是也。國以人爲本，聞其有灾，當亟救之，豈可尚復疑之邪？朕適者不思而言耳。』命速蠲其租賦。古之人君，聞有灾害，唯責人不言。其救灾唯恐人惜費，又恐不及於事。陸贄、李絳，賢相也，亦專信守臣奏報，惡言者之小其事以緩君心之憂也。今國家建都於汴，實就漕挽。東南之利，京師億萬之口所食，贍軍養民，皆出於二浙。此乃國之根本，豈可不思其所從來？今陛下一方之赤子嗷嗷然，有倒垂之急，如嬰兒之絶乳，其死可立而待也。方呼天赴訴，開口待哺，以延朝夕之命。爲之父母者，忍惜力而不救乎？臣竊詳臣僚所言，朝廷已賜米百萬、錢二十餘萬，州縣亦自依條發倉廩作粥飯救濟，人行將少蘇矣。臣竊以作粥救饑，最出下策。夫民已至相聚食粥，則疾疫將起，饑困已甚，死者必衆。此乃災傷之極，正當憂慮，豈得便爲少蘇？又言：『細民習爲驕虚，以少爲多，其弊已久。』臣竊謂常年小有旱澇，披訴災傷，僥倖之民，或容有此。今浙西災害甚大，民已流散乞食，迫於死亡，方且疑其習爲驕虚而不之信，何其忍哉！又言：『乞詔監司州縣詳具災傷分數，賑貸行遣次第，各行申奏，而懲責其尤甚者。』臣竊謂朝廷以侍從之臣爲一路鈐轄，又選差監司以往，行未及境，未及設施。朝廷既不憑信鈐轄、監司之言，又戒約監司州縣如此，臣恐官吏束手，不能有所施爲，上下觀望，各求苟免。夫奏災傷分數過實，賑濟用物稍廣，此乃過之小者，正當濶畧不問，以救人命。若因此懲責一人，則自今官司必以爲戒，將坐視百姓之死而不救矣。又臣僚言：『人言異同，不可不察。乞下鈐轄、提轉及蘇、湖等五州，各令開具逐州水災所及凡幾縣幾村，有無漂蕩廬舍，溺死人口，及高田無水與水退可耕之地各約若干，並令指實申奏，不得相關，稍涉謬妄，乞重行降黜。』臣伏見近日浙西申奏：自今年正月大雨，至六月太湖泛溢，蘇、湖、秀等州城市並遭水浸。田不布種，廬舍漂蕩，民棄田賣牛，散走乞食。臣謂朝廷聞此，當令官司如救焚拯溺，猶恐不及。今若降此指揮，逐縣逐村須遣人抄劄廬舍、人口、田土數目。饑荒之際，此等行遣，必爲煩擾。一事不實，即憂及罰，闔境皆死，未必獲罪。如此，則賑濟却爲閒慢，百姓愈無救矣。又言：『近日別遣使者支撥斛斗百萬，見錢、度牒約二十萬，不爲不多。若見今未種，今秋無穫，則向去賑濟之期甚遠，所差去官當相度事體措置，一有失當，其害非輕。』今所差去官與時暫遣使不同。若向去賑濟期日長遠，此乃本司職事，在彼自當任責，當且委以措置，不須約束，免有疑惑觀望。臣竊以今水潦方降，秋田殊未有望。審如臣僚所言，今秋無穫，本路必更奏請，朝廷亦當接續應副，則前日所賜，未足爲多。況斛斗止令出糶，官不損直。常平倉本無給散之法，唯廣惠倉許賑濟，不足，方許通支常平。放税及五分處，仍不得過所限之數兩倍。浙西鈐轄司近方奏，乞不限石斗，尚未降朝旨，又奏，夏田原未放税。以此觀之，官司守法，止有賑救不及之事，必無過當之理。臣僚又言：『乞令賑濟官司，措置稍大事件，並申取朝廷指揮。其急切不可待報者，雖許一面施行，亦須便具畫一奏知。所貴朝廷察其中否，緩急未便，可以救止。』臣伏見英宗時，臣叔祖鎮出知陳州，辭日，英宗宣諭：『陳州累年災傷，卿到彼，悉心賑撫。』臣鎮至州，方值春種，即發常平倉貸民種粮。提刑司奏劾官吏，詔釋不問。陳州至京，不數日可以往返，然猶不先奏而行，恐不及於事也。神宗時，西京大水，遣郎官一人、御藥院内侍一人賑恤，多方救濟。北京亦然，朝廷未嘗先爲條約以防之也。今兩浙在二千里外，事稍大者若須申奏，比及得報，即已後時。雖急切許一面施行，若官司畏避，事無大小，一皆奏請，不敢專行，則此法豈不爲害？臣伏覩浙西鈐轄、轉運司前後申奏累年災傷，今歲大水，以至結罪保明，奏乞斛斗、度牒。又云：父老言，四十年無此水災。近奏：蘇州饑民死者日有五七百人，饑疫更甚於熙寧時。又湖州奏：貧人入城，死者相繼，遺棄男女，官爲收養。據此，則災傷輕重亦可知矣。今詳臣僚所言，大意唯以朝廷所賜錢斛不少，恐災傷不至如所奏，故欲考察虛實，懲責謬妄。然臣之愚慮，竊謂朝廷已賜錢斛百二十萬，德深澤厚，又選監司以往，免更臨遣專使。今監司方出國門，錢斛纔至本路，即降此指揮約束，百姓必謂朝廷重惜錢斛，輕棄人命。百二十萬已厭其多，將來乏食日遠，復何所望？所吝者財物，所失者人心。況本路有鈐轄司、轉運、提刑司、發運司互相監臨，而轉運司主財，不欲多費，故祖宗以來，賑濟委提刑司，蓋恐轉運司惜物也。監司州縣有凶年饑饉，皆不得已而上聞，亦豈肯於無災之地，賑不饑之民，耗散倉廩，坐失租稅，以取不辦之責哉？今唯當戒飭官司，多爲方畧，存活人命，寬其約束，責以成效。庶幾餘民早獲安堵。唯是給散無法，枉耗官廩，賑救不及貧弱，出糶反利兼并，措置乖方，所宜約束。然此乃監司、使者之事，朝廷亦難遥爲處畫也。若監司得人，此弊自少；誠使有之，則人言相傳，亦豈可揜？臺諫足以風聞彈奏，朝廷足以考察案劾，未爲晚也。今先降此指揮，徒能牽制撓亂其所爲耳。伏望聖慈以遠方生靈性命爲念，無以官司賑濟過甚爲憂。其臣僚所言，伏乞更不施行。所有録黄，謹具封還，伏候勑旨。

宋　蘇軾《東坡全集》卷三七《獎諭敕記》　勑蘇某。省京東東路安撫使司轉運司奏，昨黄河水至徐州城下，汝親率官吏，驅督兵夫，救護城壁，一城生齒并倉庫廬舍，得免漂沒之害，遂得完固事。河之為中國患久矣，乃者堤潰東注，衍及徐方，而民人保居，城郭增固，徒得汝以安也。使者屢以言，朕甚嘉之。

熙寧十年七月十七日，河決澶州曹村埽。八月二十一日，水及徐州城下。至九月二十一日，凡二丈八尺九寸，東西北觸山而上，皆清水無復濁流。水高於城中平地有至一丈九寸者，而外小城東南隅不沉者三版。父老云，天禧中，嘗築二堤。一自小市門外，絕壕而南，少西以屬於戲馬臺之麓；一自新牆門外，絕壕而西，折以屬於城下南京門之北。遂起急夫五千人，與武衛奉化牢城之士晝夜雜作堤。堤成之明日，水自東南隅入，遇堤而止。水窗六，先水未至，以薪芻為囊自城外塞之。水至而後，自城中塞者皆不足恃。城中有故取土大坑十五，皆與外水相應，井有溢者。三方皆積水，無所取土，取於州之南亞父塚之東。自城中附城為長堤，壯其址，長九百八十四丈，高一丈，闊倍之。公私船數百，以風浪不敢行，分纜城下，以殺河之怒。至十月五日，水漸退，城以全。

明年二月，有旨賜錢二千四百一十萬，起夫四千二十三人，又以發常平錢六百三十四萬，米一千八百餘斛，募夫三千二十人，改築外小城。創木岸四，一在天王堂之西，一在彭城樓之下，一在上洪門之西北，一在大城之東南隅。大坑十五皆塞。已而澶州靈平埽成，水不復至。臣某以謂黄河率常五六十年一決，而徐州最處汴泗下流，上下二百餘里皆阻山，水尤深悍難落，不與他郡等，恐久遠倉卒吏民不復究知，故因上之所賜詔書而記其大略，並刻諸石。若其詳，則藏於有司，謂之《熙寧防河錄》云。

又　卷五八《申明户部符節略賑濟狀》　元祐五年八月二十五日，龍圖閣學士左朝奉郎知杭州蘇軾狀奏：臣近以今年浙西數郡，大雨不止，太湖泛溢，所在害稼。尋實七月十五日具狀奏聞，乞下戶部及本路轉運提刑、兩路鈐轄司疾早相度，來年合與不合準備常平斛斗，出糶救饑，如合準備，即具諸州合用數目。臣已約度杭州合用二十萬石，仍委逐司擘畫，合如何措置，令米價不至大段翔湧，收糴得足。如逐司以謂不須準備出糶救濟，即令各具保明來年委得不至饑殍流亡，結罪聞奏。今准尚書戶部符，本路轉運、提刑、鈐轄司准都省批送下八月四日勑，中書省知杭州充兩浙西路兵馬鈐轄蘇軾奏，勘會今年五六月間，浙西數郡，大雨不止，太湖泛濫，所在害稼，災傷之勢，恐甚於去年。伏望下戶部及本路轉運、提刑及兩路鈐轄司相度，來年合如何準備救濟，候勑旨。八月四日，三省同奉聖旨，依奏。奉勑如右，牒到奉行。都省批，八月五日辰時送戶部施行內相度仍限半月者。右臣竊詳戶部符內，止是節略行下，既奉聖旨依奏，即未審元初並依臣所奏，係有司節略，為復只依今來戶部符下一節事理。切緣臣前奏所乞『如逐司以謂不須準備出糶救濟，即令各具保明來年委得不至饑殍流亡，結罪聞奏』之意，蓋欲逐司官吏依實相度，不敢滅裂，須至再具申明。伏乞朝廷檢會臣前奏逐節事理，特賜明降指揮施行。謹錄奏聞，伏候勑旨。

又《相度準備賑濟第一狀》　元祐五年九月七日，龍圖閣學士左朝奉郎知杭州蘇軾狀奏。准尚書戶部符，准勑知杭州兩浙西路兵馬鈐轄蘇軾奏，勘會今年五六月，浙西數郡，大雨不止，太湖泛溢，所在害稼，災傷之勢，恐甚於去年，伏望下戶部及本路轉運提刑、兩路鈐轄司相度，來年合如何準備救濟。奉聖旨依奏，都省批內相度限半月。本司今相度到準備救濟事件如左。

一、本司勘會去年八九月間，杭州在市米價每㪷六十足，至十一月，長至九十五足，其勢方踴貴間，因朝旨寬減轉運司上供額斛三分之一，即時米價減落。及本州正月內，便行出糶常平米，至七月終，共糶一十八萬餘石，以此米價無由增長，人免流殍。今來在市米，見今已是七十五文足，至冬間，轉運司收糴上供額斛，及檢放秋稅軍糧，恐有闕少，亦須和糴取足，又本州須糴常平米二十餘萬石，諸州亦各收買，似此爭糴，必須踴貴。縱使大破官錢，收糴得足，亦恐來年闕食，小民必不辦高價收買官米。至時若米貴人饑，本司必須奏乞減價出賣。竊料仁聖在上，必不忍坐視人饑，不許減價。約度浙西諸郡，今年必須和糴常平米五十餘萬石，準備來年出糶。若價高本重，至時每斗只減十文，亦須坐失五萬餘貫，而況饑饉已成，流殍不已，則朝廷所以救恤之者，其費豈止五萬貫而已哉？欲乞聖慈特許寬減轉運司今來上供額斛一半，仍依去年例，令折價錢，置場收買金銀紬絹上供，則朝廷無所耗失，而浙中米價稍平，常平收糴得足，來年不至大段減價出賣，耗折常平本錢，一路之人，得免流殍，為惠不小。勘會去年本司亦乞寬減上供額斛一半，准敕只許寬減三分之一。今來災傷及檢放秋稅次第皆甚於去年，又緣連年災傷，民力愈耗，合倍加存卹，所以須奏乞寬減一半。伏望聖慈，憐愍一方，特依所乞，盡數寬減。

一、勘會熙寧八年兩浙饑饉，朝旨截撥江西及本路上供斛㪷一百二十五萬石，賜本路賑濟。只緣本路奏乞後時，不及於事，卒死五十萬人。去歲十一月二十九日，聖旨令發運司撥上供斛斗二十萬石，賜本路減價出糶，所費只及熙寧六分之一，然及時濟用，倉廩有備，米不騰踊，人免流殍。本司今來勘會蘇、湖、常、秀等州，頻年災傷，人戶披訴，已倍去歲，檢放苗米，亦必加倍，不惟人戶闕食，亦恐軍糧不足。欲乞檢會去年體例，更賜加數，特與截撥本路或發運司上供斛斗三十萬石，令本路減價出糶，或用補軍糧之闕。伏望聖慈，愍念一路軍民，特與盡數應副。

右謹件如前。本司已具上項事件，關牒本路轉運、提刑司，照會相度施行去訖。深慮轉運司官吏職在供饋，所有寬減額斛，難於自言，伏望聖明以一方生靈為心，非為苟寬官吏之責，特賜過慮，及早施行。又況所乞數目雖廣，如所耗損錢數不多，若待饑饉已成，然後垂救，則所費十倍，無及於事。伏乞決自聖意，指揮三省，更不下有司往復勘當施行。謹錄奏聞，伏候敕旨。

又《相度準備賑濟第二狀》 元祐五年九月十七日，龍圖閣學士左朝奉郎知杭州蘇軾狀奏。近准朝旨，令本司及轉運司、提刑司相度準備來年被災闕食人戶。本司已具二事聞奏，乞寬減轉運司上供額斛一半，截撥上供米三十萬石，準備及補軍糧之闕，未蒙回降指揮。本司再相度來年準備大計，全在廣糴常平斛斗，於正月以後，便行出糶，平準在市管價，以免流殍之災。此外更無長策。今來選差官吏，開倉和糴，優估米價，戒約專斗不得乞覓，非不嚴切，然經今一月，並無一人赴倉入中。體問得蓋是蘇、湖、常、秀大段災傷，兼自八月半間至今陰雨不止，災傷之餘，所收無幾，又少遇晴乾，已熟者不得刈，已刈者不得舂，有穀無米，日就腐壞。見今訪聞蘇、秀州在市米價，已是九十五文足，添長之勢，炎炎未已。本司欲便令杭州添價收糴，不惟助長米價，為小民目下之患，又官本既貴，來年難為出糶，若不添錢，又恐終是收糴不行，來年春夏間，闕米出糶，必有流殍之憂。竊料至時難以諱言災傷，官吏亦須略具事實聞奏。仁聖在上，理無不救，必須多方於鄰路擘畫斛斗賑濟。若不預為之防，則恐鄰路無備，臨時擘畫不行，須至先事奏乞者。

右本司勘會，去歲朝旨寬減轉運司上供額斛三分之一，卻令將折斛錢買銀絹上供，又今年本司亦奏乞寬減額斛一半，如蒙施行，即轉運司折斛錢萬數不少。又勘會提刑司今年諸州糴常平米至多，所管常平司官錢萬數不少，但有錢無米，坐視饑殍，為憂不細。欲乞聖慈，過為防慮，特敕發運司相度擘畫錢本，於江淮近便豐熟州、軍，差官置場，和糴白米五十萬石，嚴賜指揮，須管數足，仍搬運至真、揚州樁管。若令來春本路闕常平米出糶，即令發運司撥發，於逐州下卸，仍以本路常平錢充還。若至時本路常平米有備，不須搬運上件米出糶，即就撥充本路轉運司上供額斛，卻以寬減折斛錢充還。如此，即於朝省錢物，無所耗損，而於本路生靈億萬性命，稍免溝壑之憂。謹錄奏聞，伏候敕旨。

貼黃：今年災傷，十倍去年。但官吏上下，皆不樂檢放，諱言災傷。只如近日秀州嘉興縣，因不受訴災傷詞狀，致踏死四十餘人。大率所在官吏，皆同此意，但此一處，以踏死人多，獨彰露耳。若朝廷只據逐處申奏，及檢放秋稅分數，即無由盡見災傷之實。又，臣軾切見轉運、提刑司所奏災傷，皆無迫切懇至之語，朝論必以臣為過當。然臣實見連年災傷，父老皆言事勢不減熙寧，民間有錢，尚因無米餓死四十萬人，況今民間絶無見錢，若又無米，則流殍之災，未易度量。伏望聖慈，深為防慮。若來年人戶元不闕食，不須如此擘畫，則臣不合過當張皇之罪，所不敢辭，縱被誅譴，終賢於有災無備，坐視人死而不能救也。

又《相度準備賑濟第三狀》 元祐五年十月二十一日，龍圖閣學士左朝奉郎知杭州蘇軾狀奏。右臣近奉朝旨，相度準備來年賑濟闕食人戶，尋具畫一事件聞奏。內多糴常平以備來年出糶平準市價一事，最為要切。

見今浙西諸郡，米價雖貴，然亦不過七十足。竊度來年青黃不交之際，米價必無一百以下，至時，若依元價出糶，猶可以平壓翔踴之患，終勝於官無斛斗，坐視流殍。而提刑司專務靳惜兩三錢，遍行文字，減勒官估。臣已指麾杭州不得減價，依舊作七十收糴。見今亦不過糴得三萬餘石，其餘諸郡，不敢有違。訪聞蘇、秀最係出米地分，見今不過糴得二三萬石，而湖州一處，災傷為甚，提刑司已指麾本州住糴，卻令蘇州撥常平米五萬石與湖州，又令秀州撥十萬石與杭州，若湖得五萬石，猶恐未足於用，而蘇、秀撥十五萬石，深慮逐州不免妨闕，若新糴不多，即是兩頭闕事，而般運水腳兵稍有偷盜耗失之費，亦與所減兩三錢不爭，若使來年官米數少，不能平壓市價，致有流殍，更煩朝廷截撥斛斗，散與饑民，則為十倍之費，乃是所減毫毛而所捐丘山，大為非策。訪聞諸郡富民，皆知來年必是米貴，各欲廣行收糴，以規厚利。若官估稍優，則農民米貨盡歸於官。此等無由乘時射利，吞併貧弱，故造作言語，以搖官吏，皆言多破官錢，深為可惜，若便為減價住糴，正墮其計。況今來已是十月下旬，不過更一二十日，即無收糴，縱卻添價，亦不及事，恐有誤來年出糶大事，所以須至別作擘畫，仰訴朝廷。緣臣先於九月十七日，曾奏乞下發運司於豐熟近便州、軍，和糴五十萬石，以備常平米不足般取出糶，卻以本路常平錢還發運司，若常平米足用，即充本路轉運司上供米，仍以額斛錢撥還。兼勘會淮南大熟，揚州、高郵軍米價甚平。若行此策，顯無妨害。

伏望聖慈檢會前奏，速賜施行，與此一方連年被災之民，廣作準備。謹錄奏聞，伏候勅旨。

又《相度準備賑濟第四狀》 元祐五年十一月二十一日，龍圖閣學士左朝奉郎知杭州蘇軾狀奏。右臣勘會今年本路風水之災，倍於去年，本司累具合行救濟事件聞奏。伏料仁聖在上，必已矜察。見今蘇、湖、杭、秀等州，米價日長，杭州所糴粗米，以備出糶，每斗不下六十七至七十足錢，猶自收糴不行，恐須至更添錢招買，方稍足用，竊計開春米價，必是翔踴。若依條，不虧元價出糶，則官本已重，小民艱於收糴，無以救濟貧下，平準市價。若奏乞減價出糶，又恐耗失常平官本，亦非長策。須至奏聞。

又勘會杭州里外見管義倉米四萬餘石，準備災傷之年，並許俵散賑濟。本州相度，若待饑饉已成，方將上件義倉盡行俵散，亦未能盡濟饑民。惟是開春已後，纔見在市米價增長，即便將義倉常平米賤價出糶，但市價不長，則一郡之民，人人受賜。今來起請，欲乞將常平米除係三年以上依條合減價外，其餘並每斗減五文足，內係今來貴價收糴者，每斗減二十文足出糶，仍將義倉米隨色額估定，賤價一處出糶，所收錢，並用填還常平所虧官本錢，如填還足外，尚有剩數，亦許撥填本路別州常平米所虧官本錢，仍下浙西諸郡，依此體例施行。所貴本路明年饑民普得賤米喫用，全活億萬性命，其利至博，而其實止於耗卻義倉，元不破官本米貨十餘萬石。況自有條，災傷之歲，許將義倉米俵散，但俵散之所及者狹，不如出糶之利所及者廣。伏望聖慈，特出宸斷，早賜施行。謹錄奏聞，伏候勅旨。

貼黃：常平錢米，豐凶之際，平準物價以救民命，所繫利害至重。本司已累次奏乞指揮諸路專行糴糶，不得別有他用，如召募饑民興土工水利之類，有出無入，即漸耗散。伏乞留意。今來啟請，只是權宜，一時施行，別不衝改前後條貫。

又貼黃：本司相度來年艱食之勢，深可憂畏。若候饑饉已成，疾疫已作，仁聖在上，必須廣作擘畫錢米救濟，其費必相倍蓰。若行本司所奏，開春便行出糶，則米價不長，億萬生聚，自然蒙賜。所費不多，今來已是十一月末，乞速賜施行。所貴正月內，便得開倉出糶。

又卷五九《再乞發運司應副浙西米狀》 元祐六年三月二十三日，龍圖閣學士左朝奉郎前知杭州蘇軾狀奏。右臣近蒙恩詔，召赴闕庭。竊以浙西二年水災，蘇、湖為甚，雖訪聞已詳，而百聞不如一見。故自下塘路由湖入蘇，目覩積水未退，下田固已沒于深水，今歲必恐無望，而中上田亦自渺漫，婦女老弱，日夜車救，而淫雨不止，退寸進尺，見今春晚，並未下種。鄉村闕食者眾，至以糟糠雜芹、蕈食之。又為積水占壓，薪芻難得，食糟飲冷，多至脹死。並是臣親見，即非傳聞。春夏之間，流殍疾疫必起。逐州去年所糴常平米，雖粗有備，見今州縣出賣，米價不甚翔踴，但鄉村遠處饑羸之民，不能赴城市收糴，官吏欲差船載米下鄉散糴，即所須數目浩瀚，恐不能足用，夏秋之間，必大乏絕。又自今已往，若得淫雨稍止，即農民須趁初夏秧種車水，耕耘之勞，十倍常歲，全藉糧米接濟。見今已自闕食，至時必難施功。縱使天假之年，亦無所望，公私狼狽，理在必然。

臣去歲奏乞下發運司於江東、淮南豐熟近便處糴米五十萬石，準備浙西災傷州、軍般運兌撥，出糴賑濟。尋蒙聖恩行下，云已降指揮令發運司兌撥，合起上供并封樁等錢一百萬貫，趁時糴買斛斗封樁准備移用。送戶部，依已得指揮，餘依浙西鈐轄司所奏施行。聖旨既下，本路具聞，農民欣戴，始有生意。而發運司官吏，全不上體仁聖恤民之意，奏稱淮南、江東米價高貴，不肯收糴。勘會浙西去歲米價，例皆高貴，杭州亦是七十足錢收糴一斗，雖是貴糴，猶勝於無米，坐視民死。今來發運司官吏，親被聖旨，全不依應施行，只以米貴為詞，更不收糴，使聖主已行之命，頓成空言，饑民待哺之心，中途失望。卻使指準前年朝旨所撥上供米二十萬石，與本路內出糴不盡米一十六萬七千石有零，充填今來五十萬石數目外，只乞於上供米內更截撥二十萬石，與本路相兼出糴。切緣上件出糴不盡米一十六萬七千餘石，久已樁在本路。臣元奏乞於發運司糴五十萬石之時，已是指準上件米數支用外，合更要五十萬石。今來運司卻將前件聖恩折充今年所賜，吏民聞之，何由心服。臣已累具執奏，未奉朝旨。今來親見數州水災如此，饑殍之勢，極可憂畏。既忝近侍，理合奏聞。豈敢為已去官，遺患後人，更不任責。

伏望聖慈察臣微誠，垂愍一方，特賜指揮，發運司依元降指揮，除已截撥二十萬石外，更兌撥三十萬石與浙西諸州充出糴借貸。如發運司去年元不收糴，無可兌撥，即乞一面截留上供米充滿五十萬石數目，卻令發運司將封樁一百萬貫錢候今年秋熟日收糴填還。若朝廷不以臣言為然，待饑饉疾疫大作，方行賑濟，即恐須於別路運致錢米，雖累百萬，亦恐不及於事。謹錄奏聞，伏候敕旨。

貼黃：發運司奏云：『淮南、宿、亳等州災傷，米價高處七十七文，江東米價高處七十文。』切緣臣元奏，乞於豐熟近便處收糴。訪聞揚、楚之間，穀熟米賤，今來發運司卻引宿、亳等州米價最高處，以拒塞朝旨，顯非仁聖勤恤及臣元奏乞本意。

又貼黃：若依發運司所奏，將出糴不盡一十六萬七千有餘石充數外，猶合撥三十四萬石，方滿五十萬數。今來只撥二十萬石，顯虧元降聖旨一十四萬石。而況上件出糴不盡米，已係前年聖恩所賜，發運司不合指準充數，顯虧三十萬石。

又貼黃：如蒙施行，乞下轉運司多撥數目，與蘇、湖州。如合賑濟，更不拘去年放稅分數施行。

又貼黃：若行下有司，反覆住滯，必不及事。只乞斷自聖心，速降指揮。

又　卷六〇《乞將上供封樁斛斗應副浙西諸郡接續糶米札子》　元祐六年七月十二日，翰林學士承旨左朝奉郎知制誥兼侍讀蘇軾劄子奏。臣伏見浙西諸郡二年災傷，而今歲大水，蘇、湖、常三郡水通為一，農民棲於丘墓，舟筏行於市井。父老皆言，耳目未曾聞見，流殍之勢，甚於熙寧。臣聞熙寧中，杭州死者五十餘萬，蘇州三十餘萬，未數他郡。今既秋田不種，正使來歲豐稔，亦須七月方見新穀。其間饑饉變故，未易度量。吳人雖號柔弱，不為大盜，而宣、歙之民，勇悍者多，以販鹽為業，百十為羣，往來浙中，以兵仗護送私鹽。官司以其不為他盜，故略而不問。今人既無食，不暇販鹽，則此等失業，聚而為寇，或得豪猾為之首帥，則非復巡檢縣尉所能辦也。恭惟二聖視民如子，苟有可救，無所吝惜。凡守臣監司所乞，一一應副，可謂仁聖勤恤之至矣。然臣在浙中二年，親行荒政，只用出糶常平米一事，更不施行餘策，而米價不踴，卒免流殍。蓋緣官物有限，饑民無窮，若兼行借貸俵散，則力必不及，中路闕絕，大誤饑民，不免拱手而視億萬之死也。不如併力一意，專務糶米。若糶不絕，則市價平和，人人受賜。縱有貧民無錢可糴，不免流殍，蓋亦有限量矣。臣昨日得杭州監稅蘇堅書報臣云：杭州日糶三千石，過七月，無米可糶，人情洶洶，朝不謀夕，但官場一旦米盡，則市價倍踴，死者不可勝數，變故之生，恐不可復以常理度矣。欲乞聖慈速降指揮，令兩浙運司，限一兩月內，約度浙西諸郡，合糶米斛，酌中數目，直至來年七月終，除見在外，合用若干石，入急遞奏聞。候到，即指揮發運司官吏於轄下諸路封樁，及年計上供錢斛內擘畫應副，須管接續起發赴浙西諸郡糶賣，不管少有闕絕，仍只依地頭元價及量添水腳錢出賣，及賣到米腳錢，並用收買金銀還充上供及封樁錢物。所貴錢貨流通，不至錢荒。所有借貸俵散之類，候出糶有餘，方得施行。似此計置，雖是數目浩瀚，然止於糶賣，不失官本，似易應副。但令浙西官場糶米不絕，直至來年七月終，則雖天災流行，亦不能盡害陛下赤子也。如蒙施行，即乞先降手詔，令監司出榜曉諭軍民，令一路曉然，知朝廷已有指揮，令發運司將上供封樁斛斗，應副浙西諸郡糶米，直至明年七月中。不惟安慰人心，破姦雄之謀，亦使蓄積之家，知不久官米大至，自然趁時出賣，所濟不少。惟望聖明，深愍一方危急，早賜施行。取進止。

貼黃：臣去歲奏乞下發運司，於豐熟近便州、軍糶米五百萬石。蒙聖慈依奏施行，仍賜封樁錢一百萬貫，令糴米。而發運司以本路米貴為詞，不肯收糴。去年若用貴價收糴，不過每斗七十足錢，盡數收糴，猶可得百餘萬石，則今年出糶，所濟不少。其發運司官吏不切遵稟之罪，朝廷未嘗責問。習玩號令，事無由集。今來若行臣言，即乞嚴切指揮，發運司稍有闕誤，必行重責。所貴一方之民，得被實惠，所下號令，不為空言。

又《申省論八丈溝利害二首之一**》** 元祐六年九月某日，龍圖閣學士左朝奉郎知潁州蘇軾狀申。右軾今看詳，前件李義修所陳劃一事中，內三件，係欲開太康縣枯河，及開陳州明河，並不涉潁州地分，無由相度可否利害。外有一件：『欲乞自下蔡縣界以東，江陂鎮以西，地頗卑下之處，難為開淘者，平地築岸如汴河，例不納眾流，免致溝中滿溢橫出之患，所是田間橫貫溝港，兩下自有歸頭去處，間或於要會處如次河口之類，可置斗門，遇田間有積水，臨時啟閉，甚無妨也。』軾今看詳，八丈溝首尾有橫貫大小溝瀆極多，並係自來地勢南傾，流入潁河，別無兩下歸頭去處。遇夏秋漲溢，雖至小者，亦有無窮之水。雖下愚人亦知其不可塞，今義修乃欲築岸如汴河，不納眾流，顯是大段狂妄。又一件云：『八丈溝首尾三百餘里，當往來道路，豈能盡致橋梁，欲乞於合該縣鎮濟要去處，創立津渡，小立課額，積久，少助堤岸之費。』軾今看詳，議者欲興大役，勞力費國，公私洶洶，未見其可。而義修先欲置津渡，立課額，以網小利，所見猥下，無足觀採。其餘議論雖多，並只是羅提刑、李密學意度，更加枝蔓粉飾，附會其說而已，別無可考論。其八丈溝利害，軾見子細相驗，打量地勢，具的確事件申奏次，謹具申尚書省。謹狀。

又《申省論八丈溝利害二首之二**》** 元祐六年九月某日，龍圖閣學士左朝奉郎知潁州蘇軾狀申。右軾體訪得萬壽、汝陰、潁上三縣，惟有古陂塘，頃畝不少，見今皆為民田，或已起移為永業，或租佃耕種，動皆五六十年以上，與產業無異。若一旦收取，盡為陂塘，則三縣之民，失業者眾，人情騷動，為害不小。看詳陳州水患，本緣羅朝散於府界疏道積水所致。今來進士皇維清，既知修復陂塘可以弭橫流之患，何不乞於府界元有積水久來不堪耕種之地，多作陂塘。不惟所占田地元係積水占壓之處，人戶別無詞說，兼亦陂塘既修之後，陳州水患自然衰減，更不消糜弊公私開三百五十四里溝渠。今來維清既欲依羅朝散擘畫，起夫十八萬人，用錢米三十七萬貫石，開溝之後，又別奪萬壽等三縣農民產業，不知凡幾千百頃，又別破人夫錢米以興陂塘，是附會羅朝散議論，有害無利，必難施行。軾自承領得上件省司文字，訪聞得民間已稍驚疑，若更行下，逐縣勘會古陂頃畝及起稅請佃年月，則三縣農民必大驚擾。其事既決難施行，所以更不敢行下勘會。其李密學、羅朝散等所欲會議利害，軾見行相驗，別具利害申奏次，謹具申尚書省。謹狀。

又《奏論八丈溝不可開狀》 元祐六年十月某日，龍圖閣學士左朝奉郎知潁州蘇軾狀奏。臣先奉朝旨，令知陳州李承之、府界提刑羅適、都水監所差官及本路提刑、轉運司，至潁州與臣會議開八丈溝利害。臣以到任之初，未知利害之詳，難以會議，尋申尚書省乞指揮逐官未得前來，候到任見得的確利害，別具申省，方可指揮逐官前來會議。進呈，奉聖旨依所乞。臣今來到任已兩月，體問得潁州境內諸水，但遇淮水漲溢，潁河下口壅遏不得通，則皆橫流為害，下冒田廬，上逼城郭，歷旬彌月，不減尺寸。但淮水朝落，則潁河暮退，數日之間，千溝百港，一時收縮。以此驗之，若淮水不漲，則一潁河洩之足矣。若淮不免漲，則雖復旁開百溝，亦須下入于淮，淮水一漲，百溝皆壅，無益於事，而況一八丈溝乎？貼黃。據崔公度狀稱，取到壽州浮橋司狀，照驗得昨來五六月間，陳、潁州大水之時，淮水比常年大小，顯見自是諸河泛漲，並積水為害，並不干淮水之事。看詳崔公度所言，顯是只將是年淮水偶然不大，便定永遠利害，未委崔公度如何保得今後淮水與諸河水永不一時皆漲乎？又，臣問得淮、潁間農民父老，若淮水小，則陳、潁諸河永無漲溢之理。公度所言，必非實事。且陳之積水，非陳之舊也。乃是羅適創引府界積水以為陳患。今又欲移之於潁，縱使朝廷恤陳而不恤潁，欲使潁人代陳受患，則彼此均是王民，臣亦不敢深訴。但恐潁州已被淮水逆流之患，而陳州但受州界下流之災，若上下水併在潁州，則潁之受患，必倍於陳，田廬城郭，官私皆被其害，恐非朝廷之本意也。又況潁州北高南下，今潁河行於南，八丈溝行於北，諸溝水遠者數百里，近者五七十里，皆自北瀉下，貫八丈溝而南，其勢皆可以奪併溝水，入于潁河。其間二水最大，一名次河，一名江陂，水道深闊，勢若建瓴，南傾入潁河。而羅適欲以八丈溝奪併而東，此猶欲用五丈河奪汴河，雖至愚知其不可。而羅適與臣書，乃云：『若疑之，只塞次河、江陂，勿令南流可也，何足為慮。』雖兒童之見，不至於此。縱使臣愚暗，全不曉事，與適相附會以興大役，雖復起夫百萬，糜費錢米至巨萬億，亦無由成，而況十八萬人與三十七萬貫石乎？

臣歷觀數年以來諸人議論，胡宗愈、羅適、崔公度、李承之以為可開，曾肇、陸佃、朱勃以為不可開，然皆不曾差壕寨用水平打量，見地形的實高下丈尺，是致臆度利害，口爭勝負，久而不決。臣已選差教練使史昱等，令管押壕寨，自蔡口至淮上，計會本州逐縣官吏，子細打量，每二十五步立一竿，每竿用水平量見高下尺寸，凡五千八百一十一竿，然後地面高下、溝身深淺、淮之漲水高低、溝之下口有無壅遏可得而見也。并取到逐縣官吏，保明文狀訖，所有逐竿細帳，見在本州使案收管，更不敢上瀆聖聽，只具史昱等相驗到逐節事狀，繳連申奏，并略具下項要切利害。

一、臣到任之初，便取問得汝陰、萬壽、潁上三縣官吏文狀稱，羅適、崔公度當初相度八丈溝時，只是經馬行過，不曾差壕寨用水平打量地面高下，是實。切詳適等建議，起夫一十八萬人，用錢米三十七萬貫石，元不知地面高下，未委如何見得利害可否，及如何計料得夫功錢糧數目，顯是全然疎謬。貼黃。羅適計料八丈溝要開深一丈，而汝陰縣官吏，只計料八尺。適亦不知，據數申上，其疎謬例皆如此。

兼看詳羅適所上文字，稱：『八丈溝上口岸至水面，直深二丈五尺，至黃堆口，與淮水面約直深十丈有畸，即是陳州水面下比壽州淮河水面高七丈五尺。』又云：『淮水面約闊二十餘里。』又云：『淮水大漲，不過四丈。』適只以此，便定八丈溝下口必無壅遏。臣竊詳適若曾用水平打量，見的實丈尺，必不謂之約量，顯是臆度高下，難為憑信。今據史昱等打量，自蔡口至黃堆口至淮上溜分丈尺，及驗得每年淮水漲痕高下，將溜分折除外，尚有漲水八尺五寸，折除不盡，其勢必須從八丈溝內逆流而上，行三百里，與地面平而後止。顯見將來八丈溝遇淮水漲大時，臨到淮三百里內，壅遏不行。二水相值，橫流於數百里間，但五七日不退，則潁州苗稼，無遺類矣。羅適云：『淮水面闊二十餘里。』今量闊處，不過三里。適又云：『淮水漲不過四丈。』今驗得漲痕五丈三尺。適又云：『黃堆口至淮面直深十丈有畸。』今量得四丈五尺。三事皆虛，乃是適意欲淮面之闊與溜分之多，則以意增之，欲漲水之小，則以意減之。此皆有實狀，不可移易，適猶以意增損；其他利害不見於目前者，適固不肯以實言也。

一、江陂、次河深闊高下丈尺，其勢必奪八丈溝水南入潁河，及其餘溝水如泥溝、瓦溝之類，皆可以回奪八丈溝，不令東流。實狀已具史昱等狀內。臣體驗得每年潁河漲溢水痕，直至州城門腳下，公私危懼。若八丈溝不能東流，卻為次河、江陂等水所奪，南入潁河，則是潁河於常年分外，更受陳州一帶積水，稍加數尺，必為州城深患。而羅適、胡宗愈等皆云：『自天地有水已來，萬折必東，必無回奪之理。』既云『萬折必東』，則是水有時而行於西南北，但卒歸於東耳，非謂不折而常東也。水之就下，兒童知之，適等不必其就下而必其常東，此豈足信哉！適又云：『方水漲時，潁河亦自漲滿，不能受水，則次河、江陂安能奪八丈溝而南？』臣謂八丈溝比潁河大小不相侔，八丈溝必常先潁河而漲，後潁河而落。方潁河之不受水也，則八丈溝已先漲矣，安能奪諸溝而東？及八丈溝稍落而能行水，則潁河已先落矣，安得不奪八丈溝而南？此必然之理也。

一、據史昱等打量到，羅適回易八丈溝，創開六處，計取民田二十七頃八畝，合給還價錢，或係官田地，雖數目不多，而羅適未曾計入錢糧數內。又看驗得地性疎惡，合用梢樁，土薄水淺，地脈沮洳，開未及元料丈尺間，必有水泉，又難為倒填，車水興功，兼地形高下不等，而溝底須合，取令慢平，溝身既深，溝面隨闊，則適所計料，全未是實數。其一十八萬人夫及三十七萬貫石錢米，必是使用不足。

右八丈溝利害大略，具上件三事，其餘更有不便事節，未易悉數，兼已略見於本路轉運判官朱勃申省狀內。及考之前史，鄧艾本為陳、潁間田良水少而開八丈溝，正與今日厭水患多之意不同，勃已論之詳矣。伏望聖慈指揮，將朱勃申狀與臣所奏，一處看詳，即見八丈溝不可開事理實狀，了然明白。乞早賜果決不開指揮，以安潁、壽之間百姓驚疑之心，不勝區區。謹錄奏聞，伏候敕旨。

貼黃：胡宗愈、羅適等皆言八丈溝成，恐商賈舟船不復過潁州，故州城裏居民豪戶，妄生異議。今勘會蔡河水漲，每年中無一兩月，其餘月分，皆係水小。據羅適圖序云：八丈溝上口岸去蔡河水面二丈五尺，而八丈溝止於地面上開深八尺，除大水漲時，溝口方與蔡河相通，至水落時，溝口去蔡河水面，乃高一丈七尺，潁人何緣過憂舟船不入城下？顯是巧說，厚誣潁人，以伸其私意。

又 卷六三《乞免五穀力勝稅錢札子》 元祐七年十一月初七日，龍圖閣學士左朝奉郎守兵部尚書兼侍讀蘇軾劄子奏。臣聞穀太賤則傷農，太貴則傷末。是以法不稅五穀，使豐熟之鄉，商賈爭糴，以起太賤之價；災傷之地，舟車輻輳，以壓太貴之直。自先王以來，未之有改也。而近歲法令，始有五穀力勝稅錢，使商賈不行，農末皆病。廢百王不刊之令典，而行自古所無之弊法，使百世之下，書之青史，曰：『收五穀力勝稅錢，自皇宋某年始也。』臣竊為聖世病之。臣頃在黄州，親見累歲穀熟，農夫連車載米入市，不了鹽酪之費；而蓄積之家，日夜禱祠，願逢饑荒。又在浙西累歲，親見水災，中民之家有錢無穀，被服珠金，餓死于市。此皆官收五穀力勝稅錢，致商賈不行之咎也。臣聞以物與人，物盡而止，以法活人，法行無窮。今陛下每遇災傷，捐金帛，散倉廩，自元祐以來，蓋所費數千萬貫石，而餓殍流亡，不為少衰。只如去年浙西水災，陛下使江西、湖北雇船運米以救蘇、湖之民，蓋百餘萬石。又計糴本水腳官費不貲，而客船被差雇者，皆失業破產，無所告訴。與其官司費耗，為害如此，何似削去近日所立五穀力勝稅錢一條，只行《天聖附令》免稅指揮，則豐凶相濟，農末皆利，縱有水旱，無大饑荒。雖目下稍失課利，而災傷之地，不必盡煩陛下出捐錢穀，如近歲之多也。今《元祐編敕》雖云災傷地分雖有例亦免，而穀所從來，必自豐熟地分，所過不免收稅，則商賈亦自不行。議者或欲立法，如一路災傷，則鄰路免稅，一州災傷，則鄰州亦然。雖比今之法，小為通疎，而隔一路一州之外，豐凶不能相救，未為良法。須是盡削近歲弊法，專用《天聖附令》指揮，乃為通濟。謹具逐條如後。

《天聖附令》

諸商販斛斗，及柴炭草木博糴糧食者，並免力勝稅錢。

諸賣舊屋材柴草米麵之物及木鐵為農具者，並免收稅。其賣諸色布帛不及匹而將出城，及陂池取魚而販易者，並准此。

《元豐令》

諸商販穀及以柴草木博糴糧食者，並免力勝稅錢。舊收稅處依舊例。

諸賣舊材植或柴草穀麵及木鐵為農具者，並免稅。布帛不及端疋，并捕魚非貨易者，准此。

《元祐敕》

諸興販斛斗及以柴炭草木博糴糧食者，並免納力勝稅錢。舊收稅處依舊例，即災傷地分，雖有舊例，亦免。諸賣舊材植或柴草斛斗并麵及木鐵為農具者，並免收稅。布帛不及端匹，并捕魚非貨易者，准此。

右臣竊謂：若行臣言，稅錢亦必不至大段失陷，何也？五穀無稅，商賈必大通流，不載見錢，必有回貨。見錢回貨，自皆有稅，所得未必減於力勝。而災傷之地，有無相通，易為振救，官司省費，其利不可勝計。今肆赦甚近，若得於赦書帶下，益見聖德，收結民心，實無窮之利，取進止。

又 卷六五《乞減價糴常平米賑濟狀》 紹聖元年正月某日，端明殿學士兼翰林侍讀學士左朝奉郎知定州蘇軾狀奏。勘會元祐八年，河北諸路並係災傷，內定州一路，雖只是雨水為害，然其實亦及五分以上。只緣有司出納之吝，不與盡實檢放，秋稅內定州只放二分。自臣到任後，累有人戶披訴乞倚閣，又緣已過條限，致難施行。今體問得春夏之交，人戶委是闕食，既非河水災傷，即每事只依《編敕》指揮，欲坐觀不救，恐非朝廷仁聖本意。

臣欲便將常平斛斗借貸，雖已有成法，不煩奏請。又體問得河北沿邊人戶，為見朝廷昔年遣使賑濟，不問人戶高下，願與不願借請，一例散貸，後來節次倚閣放免。以此愚民生心僥幸，每有借貸，例不肯及時還納，多是拖欠，指望倚閣放免。既煩鞭撻追呼，使吏卒因緣為奸，畢竟不免失陷官物。兼約度得本州自第四等以下，每戶貸兩石，官破十萬石，不過濟得五萬戶。人戶請納，耗費房店宿食，不過得一石五斗，入口，未必能濟活一家，而五萬戶之外，人戶更不沾惠，鞭撻驅催，若得健吏，亦不過收得十七，其失陷三萬石可必也。又欲抄劄飢貧，奏乞法外賑濟，不惟所費浩大，有出無收，而此聲一布，飢貧雲集，盜賊疾疫，客主俱斃。又況准條，邊郡不得聚集飢民。以上二事，既皆不便，只有依條將常平斛斗依價出糶，即官司簡便，不勞抄劄勘會給納煩費，但得數萬石斛斗在市，自然厭下物價，境內百姓，人人受賜，古今之法，莫良於此。但以本州見管常平米二十七萬餘石，每斗衰紐到元本一百四文，比在市實直尚多二十二文，以此無人收糴。若不別作奏請，專守本條，不與減價出糶，深恐今年春夏新陳不接之際，必致大段流殍。

伏望聖慈愍念，比之本州，將十萬石常平米依條借貸，必須陷失三萬餘石，非惟所給不廣，而給納驅催之弊亦多，特許將本路諸州、軍見管常平米，契勘在市實直，知委是價高，出糶不行，即許每斗於衮紐價錢上減錢出糶，不得減過十分之二，仍給與貧民歷頭，令每日零買，不得令近上人戶頓買興販，仍限不得糶過本州縣見管常平數目三分之一。約度定州合糶得九萬石，若每斗各減錢十分之二，即本州紐計虧元本官錢一萬八千七十二貫文。比之借貸失陷，猶為省費，而本州裏外出九萬石米在市，則一境生靈，皆荷聖恩全活。又卻得錢準備將來豐熟物賤，卻行收糴，兼利農末，為惠不小者。右伏乞朝廷詳酌，早賜施行。如以為便，即乞行下本司約束，覺察轄下官吏，所貴人沾實惠。謹錄奏聞，伏候敕旨。

貼黃：契勘在市米價日長，正是二月間，合行出糶。伏乞速賜指揮，入急遞行下。

又《乞將損弱米貸與上户令賑濟佃客狀》 紹聖元年二月日，端明殿學士兼翰林侍讀學士左朝奉郎知定州蘇軾狀奏。右臣契勘本路州軍災傷闕食人戶，雖已奏准朝旨，於法外減價出糶常平白米賑濟。訪聞民間闕乏，少得見錢糴買，尚有饑困之人。今點檢得定州省倉，有專副杲榮、趙升界熙寧八年糴到軍糧白米，及專副梁儉、劉受界元豐三年米，皆為年深夾雜損弱，不堪就整充廂軍人糧支遣，每月只充廂軍次米帶支。今契勘得逐次止帶支五百石，比至支絕，更須三五年間，顯見轉至陳惡。兼聞本州管下村坊客戶，見今實闕餱糧，其上等人戶，雖各有田業，緣值災傷，亦甚闕食，難以賑濟。況客戶乃主戶之本，若客戶闕食流散，主戶亦須荒廢田土矣。今相度，欲望朝廷詳酌，特降指揮下定州，將兩界見在陳損白米二萬餘石，分給借貸與鄉村第一等第二等主戶喫用。令上件兩等人戶，據客戶人數，不限石斗，依此保借。候向去豐熟日，依元糴例並令送納十分好白米入官。不惟乘此饑年，人戶闕食，優加賑濟，又使官中卻得新好白米充軍糧支遣，及免年深轉至損壞，盡為土壤。如以為便，即乞速賜指揮行下。謹錄奏聞，伏候敕旨。

貼黃：今來已是春深，正當春夏青黃不交之際。可以發脫上件陳米斛斗，公私俱便。若失此時，則人戶必不願請，不免守支積年化為糞壤。乞斷自朝廷，早賜指揮，入急遞行下。更不下有司往復勘會。今來所乞借貸，皆是臣與官吏體問上戶，願得此米以濟佃戶，將來必無失陷，與尋常賑貸一例支與貧下戶人催納費力事體不同。乞早賜行下。

又 卷七〇《上執政謝獎諭啓》 事有服勤，此實守臣之職；功無可錄，遽膺褒詔之榮。聞命惟驚，反身自愧。伏自河失故道，遺患及於東方；徐居下流，受害甲於他郡。比緣眾力，獲保孤城。儻沈澹災，無補洪源之塞；增卑培薄，僅循下策之施。敢圖天聽之卑，乃辱璽書之賜。茲蓋伏遇某官，左右元聖，師保萬民。方以一夫不獲為己羞，故眾人皆樂以善告。遂緣過聽，致此曲恩。某敢不祗服訓詞，益修吏職。深自策其駑鈍，庶有補於涓埃。過此以還，罔知所措。

又 卷七六《上執政乞度牒賑濟因修廨宇書》 軾頓首上書門下僕射相公閣下：去年浙中，冬雷發洪，太湖水溢，春又積雨，蘇、湖、常、秀皆水，民就高田秧稻，以待水退，及五六月，稍稍分種，十不及四五，而又繼之以旱，以故早晚皆傷，高下並損。自元豐以來，民之艱食，未有如今歲者也。軾已三奏其事，至今未報。蓋人微言輕，理自當爾。然亦恐監司諸郡，不盡以實奏。而廟堂所訪問往來之人，或揣所樂聞，不盡以實告，故朝廷以軾言為過耳。不然，豈有仁聖在上，羣賢並用，而肯恬不為意乎？

入冬以來，緣諸郡閉糴，而稅務用例違條，收五穀力勝錢，故米價斗至八九十，衢、睦等州至百餘錢，皆足錢，炎炎可畏。軾用印板出榜千餘道，止絕此兩事。自半月來，米穀通流，價亦稍平。然浙中無麥，青黃之交，當在來秋，而熟不熟，又未可知。民懲熙寧流殍之禍，上戶有米者，皆靳惜不肯出，其勢非大出官米，不能救此患。自正月至七月，本州裏外九縣，日糶官米千五百石，乃可以平價救饑，計當用米三十一萬五千石。今本州常平除兌充軍糧外，止有十七萬石，漕司許於鄰郡致三萬石，尚少十一萬五千石。計窮理迫，須至控告。

軾近以本州廨宇弊壞，奏乞度牒二百道修完，未蒙開允。意欲以此度牒募人於諸縣納米，度可得二萬五千石。然後減價出賣，每斗六十，度可得錢萬五千貫。且以此錢修完廨宇。雖不及元計錢數，且修完緊要處，亦粗可足用。則是此度牒一出而兩利也。伏望相公，深念本州廨宇弊壞已甚，不可不修，及今完葺，所費尚少，後日大壞，其費必倍，又因以募人納米出糶救饑。設使不因修完廨宇，朝廷以饑民之故，特出聖恩，乞與二百道度牒，猶不為過，而況救饑修屋兩用而並濟乎？

軾愚蠢少慮，仰恃廟堂諸公仁賢恤民，必不忍拒此請。意此度牒可以必得，以此不候回降指揮，輒已一面告喻商旅，令儲峙米斛，具水陸腳乘，以須度牒之至。深望果斷不疑，於一兩日內，降付急遞。日與吏民延頸企踵，雖大旱望雲，孰熱思濯，未喻其急也。若不蒙哀察，則是使軾失信商旅，坐視流殍，其為慚惶狼狽，未易遽言。至時朝廷雖加誅殛，何補於事。

兼軾近者奏為本路轉運司今年合起年額米斛百六十萬，乞特許且起一半或三分之二，其餘候豐熟日隨年額起發，未蒙恩許。今年漕司窘迫，實倍常歲。異時預買紬絹錢，常於歲前散絕，今尚闕大半，剗刷之急，蓋不遺餘力矣。若非朝廷少加矜察，則督迫之極，害必及民。近蒙朝廷許輟上供二十萬石出糶，此大惠也。然望更輟留三十萬石。若無米可糶，祇乞以此錢收買銀絹上供，雖無補於饑民，而散幣在民，少解錢荒之患，亦良策也。

此外祇有勸誘富民出穀助官賑貸，及用常平錢米募民工役二事，然皆難行。勸誘之利，未及貧民，而誅求之禍，先及上戶。浙中富民欠官錢者，十人而九，決無可勸誘之理。至於募民工役，亦非實惠。若散募饑貧，不堪工役，鳥獸聚散，得錢便走。熙寧中，嘗行此事，名為召募，其實不免於等第上差科，官支錢米盡入役夫，而本戶又須貼錢雇人，凶年人戶，重有此擾，皆虛名無實，利少害多。惟有多糶官米一事，簡而易行。米價既低，民無貧富，均享其利。惟望相公留意，則一路幸甚。

又 卷一〇八《朝奉大夫田待問淮南提刑制》 揚、楚春旱秋水，民艱於食，漸起為盜。遂使州縣犴獄充滿。朕憂之，未始一日忘也。間起爾於山陽守，參領漕事。今又命爾按視刑闢。徒以爾習其風俗，知吏民所疾苦。夫察貪暴，謹追擾，均有無，督盜賊，此荒政之急也。勉勤其職，以稱朕意。

宋 蘇軾《蘇軾集》卷一一五《補遺・與錢穆父五十七首之二十一》 令子不及奉書，昨日與楊次公書，有少事托面白，必達。春夏之交，米價必大長，可畏。公必有以待之，幸預以教我。數郡閉糴，大為杭病，江東尤為害也。屢移不報，錄得其榜，已削去。依條，災傷免力勝。民甚悅，恐知。杭酥不佳，已督之矣。

又《與錢穆父五十七首之二十二》 今日得憲檄，亦以閩盜恐軼至衢、睦為戒，度亦未遽爾也。惟浙西數郡，水潦既甚，而七月二十一、二、三三日大雨暴風，幾至掃盡，災傷既不減去歲，而常平之備已空。此憂在僕與中玉。事有當面議不可以尺書盡者，屢以此意招之，絕不蒙留意云。冬初方過，浙西雖子功旦夕到，然此大事，得聚議乃濟。數舍之勞，譬如來一看潮，亦自佳事，試告公以此意勸之，勿云僕言也。如何？如何？吾儕作事，十分周備，僅可免過，小有不至，議者應不見置也。米方稍平，更一月必貴。日夜望中玉來。放腳手糴得十餘萬石，相次漕司爭糴軍糧及上供，必大翔湧。其他合行遣事，未易一一遽言。願公因會，度可言即言之。幸甚！幸甚！此事，某已兩削矣。諸公雖未必喜，然度無不行下之理。

又《與錢穆父五十七首之二十八》 某在杭，雖少勞而意思自得。此來極安逸，然多憂愧，想識此心也。只在興國浴室獨居，大暑中殊清也。蒙仲在公翊所見之。公翊今得符離，不知當同往否？承闕召，小兒感戴不可言，得否猶未可知也？浙西水災殊甚，已差岑、楊二君，朝論甚留意救恤也。知之。邊上秋熟，可慶！可慶！

宋 蘇轍《欒城集》卷四二《戶部侍郎論時事六首・論開孫村河札子》 臣為戶部右曹，兼領金、倉二部，任居天下財賦之半，適當中外匱竭不繼之時，日夜憂惶，常慮敗事。竊見左藏見緡一月出納之數，大抵皆五十餘萬，略無贏餘，其他金帛諸物，雖小有羨數，亦不足賴。臣之愚怯，常恐天災流行，水旱作沴，西羌旅距，邊鄙繹騷，河議失當，賦役橫起。三事有一，大計不支。雖使桑羊、劉晏復生，計無從出矣，而況於臣之駑下乎。今者幸賴二聖慈仁恭儉，天地垂貺，諸道秋稼稍復成熟，雖京西、陝西災旱相接，而一方之患，未為深憂。羌人困窮，旋聞款塞。惟有黃河西流議復故道，事之經歲，役兵二萬人，蓄聚梢樁等物三千餘萬。方河朔災傷困敝之餘，而興必不可成之功，吏民竊歎，勞苦已甚，而莫大之役尚在來歲。天啟聖意，灼知民心，特召河北轉運司官吏訪以得失。近聞回河大議已寢不行，臣平日過憂頓然釋去。然尚聞議者固執開河分水之策。雖權罷大役，而兵工小役竟未肯休。如此，則河北來年之憂，亦與今年何異。今者小吳決口，入地已深，而孫村所開，丈尺有限，不獨不能回河，亦必不能分水。況黃河之性，急則通流，緩則淤澱，既無東西皆急之勢，安有兩河並行之理哉。縱使兩河並行，不免各立堤坊，其為費耗，又倍今日矣。臣聞自古聖人不能無過，過而能改，善莫大焉，故『君子之過，如日月之食。過也，人皆見之；更也，人皆仰之』。朝廷舉動，義當如此。今議河失當，知其害人，中道而復，本何所愧。雖使天下知之，亦足以明二聖憂民之深，為之改過不吝。今乃顧惜前議，未肯曠然理張，果於遂非，難於遷善，臣實為朝廷惜之。然臣聞議者初建開河分水之策，其說有三：其一曰御河堙滅，失饋運之利。其二曰恩、冀以北，漲水為害，公私損耗。其三曰河徙無常，萬一自虜界入海，邊防失備。凡其所以勞惑聖聰，沮難公議，皆以三說藉口。夫河決西流，勢如建瓴，引之復東，勢如登屋。雖使三說可信，亦莫如之何矣。況此三說，皆未必然。臣請得具言之。昔大河在東，御河自懷、衛經北京，漸歷邊郡，饋運既便，商賈通行。今河既西流，御河堙城，失此大利，誰則不知。天實使然，人力何及。若議者能復澶淵故道，則御河有可復之理。今河自小吳北行，占壓御河故地，雖使如議者之意，自北京以南折而東行，則御河堙滅已一二百里，亦無由復見矣。此御河之說不足聽，一也。河之所行，利害相半，夏潦漲溢，浸敗秋田，濱河數十里為之破稅，此其害也。漲水既去，淤厚累尺，粟麥之利，比之他田其收十倍，寄居丘塚，以避淫潦，民習其事，不甚告勞，此其利也。今河水在西，勢亦如此，遠為堤坊，不與之爭，正得漢賈遜治河之意。此之故道，歲省兵夫梢芟，其數甚廣。而故道已退之地，桑麻千里，賦稅完復，為利不貲，安用逆天地之性，移西流之憂，為東流之患哉。此恩、冀以北漲水為害之說不足聽，二也。河昔在東，自河以西郡縣，與虜接境，無山河之限，邊臣建為塘水，以捍胡馬之沖。今河既西行，則西山一帶，胡馬可行之地已無幾矣，其為邊防之利，不言可知。然議者尚恐河復北徙，則海口出虜界中，造舟為梁，便於南牧。臣聞虜中諸河，自北南注，以入于海。蓋地形北高，河無北徙之道，而海口深浚，勢無徙移。臣雖非目見，而習北方之事者為臣言之，大略如此，可以遣使按視圖畫而知。此河入虜界，邊防失備之說不足聽，三也。臣願以此三說質之議者，則開河分水之說，誠不足復為矣。又臣訪聞今歲四五月間，河上役兵勞苦無告，嘗有數百人持板築之械，訪求都水使者，意極不善。賴防邏之卒擁拒而散。盛夏苦役，病死者相繼。使者恐朝廷知之，皆於垂死放歸本郡，斃於道路者不知其數。若今冬放凍，來歲春暖，復調就役，則意外之患，復當如前。臣不知朝廷何苦而不罷此役哉。今建議之臣，恥於不效而堅持之於上，屑急於利祿，不顧可否，隨而和之於下，上下膠固，以罔朝廷。其間正言不避權要纔一二人耳，然事非本職，亦不敢盡言。臣以戶部休戚計在此河，若復緘默，誰當言者。惟斷自聖心，盡罷其議，則天下不勝幸甚。

貼黃：臣訪聞河北轉運司，今年應副開河費用錢七萬三千餘貫。糧十七萬餘石，梢草一百五十二萬餘束。方災傷之後，極力劃刷，先了河事，後及經費，極為不易。若使今年不興河役，則上件錢糧梢草，別將應副它事，已自有餘，深為可惜。雖已往之事不可復追，而來年不可復使河北重遭此費。

又卷四六《論黃河東流札子》 臣聞大河行流，自來東西移徙皆有常理。蓋河水重濁，所至輒淤，淤填既高，必就下而決。以往事驗之，皆東行至太山之麓，則決而西，西行至西山之麓，則決而東。向者天禧之中，河至太山，決而西行，於今僅八十年矣。自是以來，避高就下，至今屢決：始決天臺，次決龍門，次決王楚，次決橫隴，次決商胡，及元豐之中，決於大吳。每其始決，朝廷多議閉塞，令復行故道。故道既高，復行不久，輒又沖決。要之水性潤下，導之下流，河乃得安。是以大吳之決，雖先帝天錫智勇，喜立事功，而導之使行，不敢復塞，茲實至當之舉也。惟是時民力凋弊，堤防未完，經流汗漫，失於陂障。由是元祐之初，大臣過聽，始開孫村之議，欲導河使東，以復故道。此議一起，都水官吏僥幸回河之功，河上使臣、壕寨利在差遣請受，相與唱和，爭請回河。自是公私困竭，河北、京東西之民，為之不聊生矣。伏惟太皇太后陛下、皇帝陛下，仁民愛物，恭儉節用，如恐傷之。今河本無事，而生事之人公然欺罔，坐使公私俱弊。臣實深痛之，謹採河朔民言，效之左右，惟陛下裁察。夫河自天禧西行，及其決於大吳，其去西山不遠。惟有此地未經淤填，比之他處，地形最下，故河水自擇其處，決而北流，直至瀛、莫之郊。地勢北高，河遂東折入海，其為順便，殆天意也。惟北京之南孫村在其東岸，東接故道，其間數十里，地頗汙下，每歲夏秋漲水，多自此溢出。昔之治河者，以為北京宮闕所在，兵民夥煩，而孫村近在城南之外，若使漲水從此流入故道，則都城生聚皆有魚鼈之憂。故於河之東岸，孫村之南，開清豐口，以洩漲水，流入故道。於河之西岸，開闞村等三河門，亦以洩漲水，行無人之地，迤邐流至館陶，復合入大河。昨來朝廷如一依昔人措置，則北京每歲夏秋漲水自可無虞，城南堤防所費並可省罷。自北京以北，至瀛、莫以南，地迫西山，漸有岡阜，河水至此，自不能為害。惟有深州當河流之沖，所宜經畫。今若徙武強縣開近東舊河道具見畫圖，引河稍東，則深州之危自紓解，然後完治山公一帶北堤，極令高厚，則河流赴海，可無大患矣。今自建孫村回河之議，先閉塞闞村等三河門，又於梁村築東西馬頭及鋸牙，侵入河身幾半，迫脅大河，強之使東。既河身噎塞，則上流陽武、靈平等處，去秋並告危急，漲水至北京之南，東西兩岸無所分減。又為馬頭、鋸牙所迫，併入孫村，直上北京簽橫堤面。北京告急，嘗稱若雨不止，風不定，本京必定疏虞，其得平安，蓋出天幸。由此橫堤、順水堤皆作木岸，所費不貲，然終亦不可全恃。兼梁村東馬頭，下崖至水面，高七尺，水深二丈以上，若欲開掘馬頭以東，回奪河身，須及三丈乃可。訪聞入地一丈，泥水不可復開，雖復傾國應副，力亦不及。若欲略行開掘，令漲水沖刷成河，則二年以來，已試不效，況故道一帶堤內，直高一丈上下，而堤外直高二丈有餘，架水行空，最為危事。謹按自來河決，必先因下流淤高，上流不快，然後乃決。然則大吳之決，已緣故道淤高，今乃欲回河使行於此，理必不可。且見今北流深處，水行地中，實得水性，捨此不用，而欲引入故道，使水行空中，雖三尺童子，皆知其妄。而建議之臣，恣行欺罔，居之不疑。令雖變回河之名為分水之議，據都水奏請，本謂回河與減水事體不同，所有已修進馬頭三百餘步，乞從修河司隨宜措置。馬頭既在大河之中，橫欄水勢，泛漲之時，理須斟酌，可存可折，一面施行。朝廷雖許其所請，然本司收買馬頭物料至今不絕，又與本路監司同奏，乞隨宜開導口地一帶河槽，務令深闊，併修葺緊急堤岸，釃為二渠。臣觀其指意，雖名為減水，其實暗作回河之計也。且自置修河司以來，使過朝廷應副見錢四十九萬餘貫，其他公私所費，猶不在此數。今歲春夫共得一十萬人，而北流止得三萬，東流獨占七萬。蓋自來河北只管一河東西兩岸而已。今為分水之故，添為兩河東西四岸。內北流橫添四十五埽，使臣三十四員，河清兵士三千六百餘人，物料七百一十六萬三千餘束。其為耗蠹，何可勝言。蓋都水官吏，專欲成就決不可行之故道，而疵病已行之北流。其欲成就故道，則孫村開河馬頭等役，當罷而不罷。其欲疵病北流，則深州、武強等患，當講而不講。建議分水之人，利在深州危急，以顯北河可廢而東流當開，其為不忠，莫甚於此。北京、靈平、陽武諸處危急，實由分水所致，則諱而不言。深、瀛、恩、冀去歲無害，實由北流堤防稍立之功，則指為分水之效。其為罔上，眾所憤嘆。臣職在風憲，疾之久矣。近因訪問習知河事之人，頗得其實，採畫成圖，隨事簽貼，指掌可見，今隨劄子上進。臣雖未嘗閱視形勢，然而朝廷大臣亦未嘗按行其地，不可便以都水官吏為信也。欲乞聖慈，特選骨鯁臣僚及左右親信，往河北計會，逐處安撫轉運提刑州縣及北外監丞司員，同共踏行，詳其圖錄，開述利害，保明聞奏。如臣所言不妄，即乞罷分水指揮，廢東流一行官吏役兵，拆去馬頭鋸牙，依上件所陳施行。今年春天，仍並撥付北流開河築堤役使。所貴河朔及鄰路兵民，早獲休息，國家財賦，不至枉費，有豐足之漸，則天下幸甚，天下幸甚！取進止。

貼黃：今河上夫役，不過二月半下手，如蒙聖意，允臣所請，伏乞火急差官前去定奪，所貴未役之前早見可否，不誤興役。

宋 蘇轍《欒城後集》卷一六《論黃河軟堰札子》申三省狀附 臣今月八日，以式假不預進呈公事。竊見三省同奉聖旨：北流軟堰依都水監所奏，候下手日先將檢計到功料奏取指揮。竊緣臣從來都堂聚議，常以謂軟堰不可施於北流，利害甚明。蓋東流本人力所開，闊止百餘步，冬月河流斷絕，故軟堰可為。今北流既是大河正溜，比之東流，何止數倍？見今河水行流不絕，軟堰何由能立？蓋水官之意，欲於軟堰為名，實作硬堰，陰為回河之計耳。朝廷既已覺其意，則軟堰之請，不宜復從。昨已於正月二十八日面奏大略，以謂昔先帝因河決導之北流，已得水性，惟堤防未立，每歲不免決溢之患。蓋小小決溢，是黃河常事，本不為大害。而數年前朝廷議欲回河，王孝先、吳安持等因此橫生河事。昔北京以南、黃河西岸，有闞村等三河門。遇河水決溢，即開此三門，放水西行空地，至北京之北，卻合入大河，故北京生聚，無大危急。只自建議回河，先塞此三門，又於西堤作鋸牙馬頭，約水東流，直過北京之上，故北京連年告急。緣此水勢臥東，故去年東流，遂多於昔。由此言之，分流之說非徒無利，實亦有害也。何者？每年秋水泛漲，分入兩流，一時之間，稍免決溢，此分水之利也。河水重濁，緩即生淤，既分為二，不得不緩，故今日北流，已見淤塞，此分水之害也。然將來漲水之後，河流東、北，蓋未可知。臣等昨問吳安持，安持亦言去年河水自東，安知今年河水不自北？太皇太后諭曰：『水官尚如此言，餘人更安敢保？』臣又奏曰：『昨來安持等因河流稍東，乞於東流添埽五七緷，稱此機會不可少緩。臣等恐安持意欲因此指揮多添埽緷，壅遏北流，不為穩便，即乞指揮所增埽不得過元乞數。然時方河冰，埽緷皆不到地，所稱機會，悉是妄言。安持等既未得如意，即又奏乞北流河門，只留一百五十步，蓋北流河門本闊三百餘步，今若塞其大半，河流既未可保其不北，若使所塞堅壯不可動搖，則漲水咽怒，必為上流之患，京師以來皆未免憂也。若所塞浮虛，漲水一至，隨流蕩去，人工物料無慮數百萬，頃刻而盡，民之膏血，深可痛惜。然臣愚意，亦非敢便謂河水必北而不東也，但欲候今年夏秋漲水之來，徐觀河勢所向，水若全東，則北流不塞，自當淤斷；水若復北，則北河如舊，自可容納。朝廷作事，務在萬全，若行險僥倖，萬一成功，此則水官之意，臣不敢從也。安持等既見前計不行，則又要橫截北流，以為軟堰。見今北流稍緩，安持等已恐因此生淤，故立此堰。然卻因作堰，欲盡留使臣、人工、物料，積漸增卑撩淺，即是用河上諸埽人力般土填河，數月之後，積土成山，不知與見今河淤孰為多少？名欲分水，實是回河，決不可許。臣欲乞先令安持等結罪保明河流所向，及土堰若成有無填塞河道，致將來之患，然後遣使按行，具可否利害。太皇太后曰：『水官猶不能保河之東、北，時暫遣使，又安能知？且可重別商量。』臣奏曰：『臣迫於異同之論，故乞遣官，若出自聖斷，只朝廷商量，亦無不可。』太皇太后又曰：『縱令水官結罪，待其敗事然後施行，於事何補？』臣奏曰：『誠如聖旨，昔修六塔河，先責李仲昌狀，其功不成，隨即責降，此是富弼等當時謬政，不足復用。今來聖旨極為允當。』臣退復思之，嘗聞頃歲北流河門，闊十餘里，水面闊七八里。今來河門止闊三百餘步。蓋水官數年以來，堙塞大河，一至於此。使洪流不安，誰任其咎？又東流河門止闊百餘步，每年漲水東行，已有滿溢之懼。今復欲併入北流，理難包畜，遂指揮中書工房，令作畫一問都水監，至今未有回報。朝廷欲作軟堰，當候問得此二事，委無妨礙有實，及臣等看詳，實有利無害，乃可施行。若不待報，遽降依奏指揮，必恐有誤國事，雖云先具功料，奏取指揮，然已令依奏下手，則是邪說已行，必致驚動眾聽，且貽後患。伏乞聖慈，特賜詳察，降臣此議副三省，所有八日指揮乞未行下，俟臣參假商量取旨。河事至重，措置不當，一方生靈被害非細。臣時暫在告，心有所見，不敢默已，干冒天威，甘俟誅譴。取進止。

工房畫一

一、勘會北流元祐二年河門元闊幾里？水面闊幾里？逐年開排，直至去年，只闊三百二十步，有何緣故？

一、勘會東流河門見今闊幾步？每年漲水東出，水面南北闊幾里？南面有無堤岸，北京順水堤不沒者幾尺？今來北流若果淤斷，將來漲水東行，係併合北流多少分數？有無包畜不盡？

貼黃：看詳軟堰之議，吳安持等本只是奏乞令外丞司相度北流水勢，如更有減落，即令用軟堰權閉。元未敢便乞下手，今朝廷指揮，更不相度，便令下手，即依奏之言，深為未當。兼將來敗事，安持等得以歸過朝廷，尤為不便。臣添預執政，只合每事反復商量，不當獨入文字，只為此命一行，臣自度參假之後，必不敢不爭。若大臣爭已行之命，顯異同之跡，非所以示天下，故須至密入此疏，仍已一面密申三省，乞未施行。

附申三省狀

右轍今月八日，以式假不預進呈公事，竊見中書省錄黃北流軟堰事，三省同奉聖旨，依都水監、北外都水丞司所奏，候下手日，先將檢計到功料奏取指揮。竊緣轍從來於都堂商量，以謂軟堰不可施於北流，利害甚明。兼曾於正月二十八日面奏，蒙聖旨令別具商議聞奏。今來八日指揮，愚意實未以為然，況轍時暫在告，心知不便，難以緘默，已別具論奏。謹具申三省，所有八日指揮，乞未行下工部，俟參假日更別商量取旨。謹狀。

宋 李綱《梁溪集》卷四〇《論水災事乞對奏狀》 右，臣伏覩陛下以積水暴集，渰浸民居，迫近都城，累降御筆，分遣官吏，固護隄防，拯濟漂溺。仰見陛下聖慮焦勞，曲盡防患之理。然臣竊謂國家都汴百有六十餘載，未嘗少有變故。今事起倉卒，遠邇驚懼，誠大異也。臣嘗躬詣郊外，竊見積水之來自都城以西，漫爲巨浸，東距汴堤，停蓄深廣，湍悍峻激，東南而流，其勢未艾。以宗廟社稷之靈、雉堞防守之固，萬無他慮，然或淹緩旬時，因有風雨，有不可不慮者。此誠陛下寅威天戒，博詢衆謀之時，而羣臣竭智効力，捐軀報國之秋也。累日以來，傾耳以聽，缺然未聞，臣竊怪之。夫變異不虛，發必有感召之因，災害未易禦，必有消弭之策。《周官》於國危則有大詢之禮，祖宗每遇災變，亦降詔求言。臣愚伏望陛下斷自淵衷，特詔在廷之臣各具所見以聞，擇其可採者，非時賜對，特加驅策，施行其說。因衆智，協衆力，濟危圖安，上以答天地之戒，下以慰億兆之心，天下不勝幸甚。臣仰荷陛下天地父母之恩，親加識擢，得侍清光，常思奮不顧身，以循國家之急。輒有已見急切利害，事須面奏，伏望聖慈降旨閤門，許臣來日因侍立次直前奏事，庶幾得盡狂瞽，仰裨聖慮之萬一。伏候勑旨。

又《論水便宜六事奏狀》 右，臣近嘗奏請，以水潦爲患，乞賜燕間敷陳利害。今月十四日崇政殿侍立，閤門傳旨令臣先退，惶懼戰慄，居家待罪，不敢供職。聖恩寬厚，未奉誅責。日夕惴恐，踧踖無他。伏念臣愚惷謏聞，孤立寡與，惟知仰事陛下，以國家爲心。比見積水暴集，逼邇都城，私憂過計，輒貢狂瞽。情迫意切，言皆不倫。觸盛意，犯隆旨，自干雷霆之威，死有餘罪。自非陛下恕其愚直，天地父母矜而憐之，誰復爲臣言者。臣竊以水旱之災，雖堯湯有所不免，惟聖人爲能遇災而懼，側身修行，博詢衆謀以銷去之。故堯於洪水方割之時，有『疇咨』之言；湯於旱既太甚之日，有『六事』之責。皆能轉災以爲福，易沴以爲和，此古聖人之明驗也。今者水患之來，起於倉卒。人心惶懼，遠邇震驚。幸賴宗社之靈，陛下睿筭之審，屢降御筆處分，疏導通決，勢漸退落。雖畿甸旁近皆罹其災，而都城無虞，人意漸定。然臣竊以謂水災既退之後，朝廷未可以謂無事，正宜講究利害，增固隄防，夤念天戒，益以修省，不可忽也。臣愚蠢不揆，輒妄發昧死，上便宜六條：一曰治其原，二曰折其勢，三曰固河防，四曰恤民隱，五曰省煩費，六曰廣儲蓄。惟陛下留神幸察。臣恭惟國家卜世定鼎，眷都大梁，平原沃野，彌望千里，非有高山峻嶺爲之阻。而都城以西，京索交流，陂澤相接，自西徂東，地勢傾下。加以雨潦，不能吞納，則決溢東注，俯灌都城，其勢然也。爲今之計，莫若相視陂塘，疏導京索，增卑培薄，固以隄防，節以斗門，旱則有所注，澇則水有所泄，雖經霖雨，其勢不得接連而下，可以爲萬世之利，此則治其源之策也。臣竊觀自昔善捍水患者，必爲長隄以濟其衝，其意以謂以數仞之城而拒方至之水，風濤之所鼓薄，亦已危矣。限以長隄，殺其怒勢，然後人力可施而城益堅。今積水之來自都城之西，浩如江湖，東抵汴岸，南阻新堤，雖停蓄深廣，而卒不能至城下者，有隄以爲之阻也。由隄而行，散漫湍激，至都城之南則徑抵護龍河者，無隄以爲之阻也。爲今之計，莫若距城數里之外，因高地勢，繚以長隄，使雖有積水決溢之患，循隄四瀉，不能薄城，可以禦一時之急，此則折其勢之策也。國家都汴，處大河之下流，其所恃以爲固者，掃岸堅而法制嚴也。比年以來，玩習苟簡，護衛之卒散於抽差，備禦之儲耗於轉易。河齧隄防，日朘月削，恬不加恤。如廣武掃，其距清汴纔百餘步，去冬危殆屢矣，其不決溢者特幸耳。使夏秋之交，乘霖雨湍暴之勢，果能保其無虞乎？夫以陂澤積水，暴集之患猶可驚駭，况大河之勢，又可不爲之深慮哉？臣愚願擇深知河事者，相地形，回清汴，使與大河相遠。仍詔有司遵守法制，存留兵革，儲積材料，敢有抽差轉易者必處以刑，此則固河防之策也。今茲積水之來，衝白沙，蕩中牟，迫都城，散漫畿甸之邑，淹浸屋廬，漂溺民蓄，損傷苗稼不可以數計。今又決其南以注於陳蔡之郊，決其北以注於相衛之境，疏汴渠之下流於陳留，則數千里之内悉被其患矣。陛下惻怛憂勞，降詔拯濟，德意甚厚。臣猶竊慮州縣監司未能悉意奉行也。願詔諸路應被災傷地分，今年秋租並與蠲免，水過之後，安集民居，借貸賑濟，務令復業，無使失所，以副陛下之意。此則恤民隱之策也。臣竊惟去歲江淮泛溢。東南之民悉皆流移。賴陛下聖慈，以六路上供米斛廣加賑濟，民得無死，德至渥也。然州縣蕭條，帑廩匱乏，迨今未復。今畿甸旁近又有積水之患矣，何以堪之。臣愚願陛下斷自宸衷，凡營繕工役、花石綱運有可省者，權令減罷。數年之間，民力漸完，國用以足，然後惟陛下之所命耳。裕民豐財，莫是爲大。臣所謂罷不急之務者此也。臣又惟古者九年必有三年之蓄，二十七年必有九年之蓄，然後無旱乾水溢之患，教化行，習俗美而頌聲興，是爲太平，治之至也。祖宗以來，舊有封樁米斛以千萬計，所以爲兵民之天、宗社之本也。比年來工役寖多，仰食者衆，歲以侵耗，遂致殫竭。今國計所仰者，獨東南六路轉輸歲額耳。假使一方水旱，歲額不登，將胡以自給？静以思之，可爲寒心。臣愚願陛下明詔有司，裁蠶食者。幸歲豐登，朝廷多降糧本，委彊幹官吏廣行收糴，別項上供，以充封樁之數。歲歲如此，及祖宗舊額而後止。此朝廷之所優爲，何不留意而獨爲懔懔也？養兵足國，莫是爲急，臣所謂廣國之儲者此也。凡此六者，皆當今之要務，顧臣智識淺陋，文字荒疎，言不足以達意。惟陛下財幸，下臣章宰執，議其可否。如可採録，望賜施行。臣比者嘗獻愚計，伏蒙聖慈寬假，未賜斧鉞之誅，輒復自竭，冒昧天聽，庶幾芻蕘之言，有補萬一，仰報盛德。

貼黃一：臣伏以水患暴至，失於隄防，憑陵都城，久未退息，厥異甚大，誠不可忽。伏望陛下畏天戒，固民心，收士用，嚴守衛，以彌寧災害，大慰天下之望。避殿減膳，告於天地、宗廟、社稷，所以畏天戒也。法禹湯之罪己以詔萬方，親御六龍，率羣臣負土石以先士卒，所以固民心也。誅水官之不勝任者，以正典刑。擇材智而驅策之，與共患難，所以收士用也。輟營繕花石之不急者，併卒伍而部分之，以備不虞，所以嚴守衛也。四者既具，又在陛下修胷中之誠，感動天心，如此而災害不彌、和氣不臻，未聞之也。臣不勝惓惓，盡死節，惟陛下裁察。

貼黃二：臣區區之誠，以謂暴水之災，理不虛發，在廷之臣，瘖默取容，無肯奏知陛下以克謹天地告戒之意者，不勝憤懣，嘗罄狂愚，冒瀆聖聰。今又不能自已，輒復妄發，伏望陛下察臣之意，少賜寬假，無使忠義之士鉗口結舌，視臣爲戒，天下不勝幸甚。

又《論水事待罪奏狀》 右，臣今月十二日曾具奏，以暴水爲災，迫浸都城，恐非細故，欲望陛下寅念天戒，招徠讜言，仍有已見急切利害，乞因侍立直前奏事。今月十三日，崇政殿侍立，宰執退，傳旨閤門，令臣先退，更不侍立。臣不勝惶懼戰越之至。見今居家待罪，不敢供職，伏望聖慈特賜黜責施行。

《續資治通鑑長編》卷一七九 ［至和二年三月丁亥］翰林學士歐陽修言：【略】

今又聞復有修河之役，聚三十萬人之衆，開一千餘里之長河，計其所用物力，數倍往年。當此天災歲旱、民困國貧之際，不量人力，不順天時，知其有大不可者五：蓋自去秋至春，半天下苦旱，而京東尤甚，河北次之。國家常務安靜賑卹之，猶恐民起爲盗，況於兩路聚大衆、興大役乎？此其必不可者一也。河北自恩州用兵之後，繼以凶年，人戶流亡，十失八九。數年已來，稍稍歸復，然死亡之餘，所存無幾，瘡痍未斂，物力未充。又京東自去冬無雨雪，麥不生苗，將踰春暮，粟未布種，農心焦勞，所向無望。若別路差夫，又遠者難爲赴役，一出諸近，則兩路力所不任，此其必不可者二也。往年議塞滑州決河，時公私之力未若今日之貧虛，然猶儲積物料，誘率民財，數年之間，始能興役。今國用方乏，民力方疲，且合商胡，塞大決之洪流，是一大役也；鑿橫隴，開久廢之故道，又一大役也；自橫隴至海千餘里，埽岸久已廢，頓須興葺，又一大役也。往年公私有力之時，興大役尚須數年，今猝興三大役於災旱貧虛之際，此其必不可者三也。就令商胡可塞，故道未必可開。鯀障洪水，九年無功。禹得《洪範五行》之書，知水潤下之性，乃因水之流，疏而就下，水患乃息。然則以大禹之功，不能障塞，但能因勢而疏決爾。今欲逆水之性，障而塞之，奪洪河之正流，使人力斡而回注，此大禹之所不能，此其必不可者四也。橫隴湮塞已二十年，商胡決又數歲，故道已平而難鑿，安流已久而難回，此其必不可者五也。

臣伏思國家累歲災譴甚多，其於京東變異尤大。地貴安靜，動而有聲，巨嵎山摧，海水搖蕩，如此不止者僅十年。天地警戒，宜不虛發。臣謂變異所起之方，尤當過意防懼。今乃欲於凶旱之年，聚三十萬之大衆於變異最大之方，臣恐災禍自茲而發也。況京東赤地千里，饑饉之民，正苦天災。又聞河役將動，往往伐桑毀屋，無復生計。流亡盗賊之患，不可不虞，宜速止罷，用安人心。

又卷一八一 ［至和二年至和二年九月］丙子，歐陽修言：伏見學士院集議修河，未有定論。蓋由賈昌朝欲復故道，李仲昌請開六塔，互執一説，莫知孰是。臣愚見皆謂不然。言故道者未詳利害之源，述六塔者近乎欺罔之謬。今謂故道可復者，但見河北水患，而欲還之京東。然不思天禧以來河水屢決之因，所以未知故道有不可復之勢，此臣故謂未詳利害之原也。若言六塔之利者，則不待攻而自破矣。且開六塔者既説云減得大河水勢，然今六塔既已開，而恩、冀之患，何爲尚告奔騰之急？此則減水之利虛妄可知，未見其利也。又開六塔者云可以全回大河，使復橫隴故道。見今六塔，止是分減之水，別河下流無歸，已爲濱、棣德、博之患，若全回大河以入六塔，則顧其害如何？此臣故謂近乎欺罔之謬也。且臣聞河本泥沙，無不淤之理。淤澱之勢，常先下流。下流淤高，水行不快漸壅，乃決上流之低下處，此其勢之常也。然避高就下，水之本性，故河流已棄之道，自古難復。臣不敢遠引史書，廣述河源，只且以今所欲復之故道，言天禧以來屢決之因。

初，天禧中，河出京東，水行於今所謂故道者。水既淤澀，乃決天臺埽，尋塞而復故道。未幾，又決於滑州南鐵狗廟，今所謂龍門埽者也。其後數年，又塞而復故道。已而又決王楚埽，所決差小，與故道分流，然而故道之水，終以壅淤，故又於橫隴大決。是則決河非不能力塞，故道非不能力復，所復不久，終必決於上流者，由故道淤高而水不能行故也。及橫隴既決，水流就下，所以十餘年間，河未爲患。至慶曆三、四年，橫隴之水，又自下流海口先淤，凡一百四十餘里。其後游、金、赤三河相次又淤。下流既梗，乃決於上流之商胡口。然則京東、橫隴兩河故道，皆是下流淤塞河水已棄之高地。京東故道，屢復屢決，理不可復，其驗甚明。則六塔所開故道之不可復，不待言而易知也。

昨議者計度京東故道工料，止云銅城已上地高，不知大抵東去皆高，而銅城已上乃特高爾，其東比銅城已上則似稍低，比商胡以上則實高也。若云銅城以東地勢斗下，則當日水流宜決銅城以上，何緣而頓淤橫隴之口，亦何緣而大決也？然兩河故道既皆不可爲，則河北水患何爲而可去？臣聞智者之於事，有所不能必，則較其利害之輕重，擇其害少者而爲之，猶愈於害多而利少，何況有害而無利，此三者可較而擇也。

又臣見往年商胡初決之時，議欲修塞，計用梢芟一千八百萬，科配六路一百有餘州軍。今欲塞者乃往年之商胡，則必須用往年之物數。至於開鑿故道，張奎所計工費甚大，其後李參等減損，猶用三十萬人。然欲以五十步之狹，容大河之水，此可笑也。又欲增一夫所開三尺之方，倍爲六尺，且闊厚三尺而長六尺，是一倍之功，在於人力，已爲勞苦。若云六尺之方，以開方法筭之，乃八倍之功，此豈人力之所勝？是則前功既大而難興，後功雖小而不實。大抵塞商胡、開故道，凡二大役，皆困國而勞人。所舉如此，而欲開難復屢決已驗之故道，使其虛費，而商胡不可塞，故道不可復，此所謂有害而無利者也。就使幸而暫塞復，以紓目前之患，而終於上流必決，如龍門、橫隴之比，重以困國勞人，此所謂利少而害多也。

若六塔者，於大河有減水之名，而無減患之實。今下流所散，爲患已多，若全回大河以注之，則濱、棣、德、博河北所仰之州，不勝其患，而又故道淤澀，上流必有他決之虞，此直有害而無利爾，是皆智者之所不爲也。今若因水所在，增治隄防，疏其下流，浚以入海，則可以無決溢散漫之虞。

今河所歷數州之地，誠爲患矣，隄防歲用之夫，誠爲勞矣。與其虛費天下之財，虛舉大眾之役，而不能成功，終不免爲數州之患，勞歲用之夫，則此所謂害少者，乃智者之所以宜擇也。

大約今河之勢，負三決之虞：復故道，上流必決；開六塔，上流亦決；今河之下流，若不浚使入海，則上流亦決。臣請選知水利之臣，就其下流，求入海之路而浚之。不然，下流梗澀，則終虞上決，爲患無涯。臣非知水者，但以今事目可驗者而較之爾，言狂計過，不足以備聖君博訪之求。此大事也，伏乞下臣之議，廣謀於眾而裁擇之。謹具狀奏聞，伏候敕命。願下臣議，裁取其當焉。蘇轍作修神道碑云：河決商胡，賈昌朝留守北京，欲開橫隴故道回河使東。有李仲昌者，欲導商胡入六塔河。詔兩府、臺諫集議。陳執中當國，主橫隴議，執中罷去，而宰相復以仲昌之言爲然。宰相，蓋指富弼也。今附此。

又 〔至和二年十二月〕辛亥，歐陽修又言：

朝廷定議開修六塔河口，回水入橫隴故道，此大事也。【略】況治水本無奇策，相地勢，謹隄防，順水性之所趨耳，雖大禹不過此也。夫所謂奇策者，不大利則大害，若循常之計，雖無大利，亦未至大害，此明智之士善擇利者之所爲也。今言修六塔者，奇策也，然終不可成而爲害愈大；言順水治隄者，常談也，然無大利亦無大害。不知爲國計者欲何所擇哉？若謂利害不可必，但聚大眾，興大役，勞民困國，以試奇策而僥倖於有成者，臣謂雖執政之臣亦未必肯爲也。況臣前已言河利害甚詳，而未蒙采擇，今復敢陳其大要，惟陛下計議之。

臣謂河水未始不爲患，今順已決之流治隄防於恩、冀者，其患一而遲；塞商胡復故道，其患二而速；開六塔以回今河者，其患三而爲害無涯。自河決橫隴以來，大名金隄埽歲歲增治，及商胡再決，金隄益大加功。獨恩、冀之間，自商胡決後，議者貪建塞河之策，未嘗留意於隄防，是以今河水勢浸溢。今若專意併力於恩、冀之間，謹治隄防，則河患可禦，不至於大害。所謂其患一者，十數年間令河下流淤塞，則上流必有決處，此一患而遲者也。其患二者，今欲塞商胡口使水歸故道，治隄修埽，功費浩大，勞人匱物，困敝公私，此一患也；幸而商胡可塞，故道復歸，高淤難行，不過一二年間，上流必決，此二患而速者也。其患三者，今六塔河口雖云已有上下約，然全塞大河正流，爲功甚大，又開六塔河道，治二千餘里隄防，移徙一縣兩鎮，計其功費又大於塞商胡數倍，其爲困敝公私，不可勝計，此一患也；幸而可塞，水入六塔而東，橫流散溢，濱、棣、德、博與齊州之界，咸被其害。此五州者，素號富饒，河北一路財用所仰，今引水注之，不惟五州之民破壞田產，河北一路坐見貧虛，此二患也；三五年間，五州凋敝，河流注溢，久又淤高，流行梗澀，則上流必決，此三患也。所謂爲害無涯者也。今爲國誤計者，本欲除一患，而反就三患，此臣所不喻也。

至如六塔不能容大河，橫隴故道，本以高淤難行而商胡決，今復驅而注之，必橫流而散溢，自澶至海二千餘里，隄埽不可卒修，修之雖成，必不能捍水，如此等事甚多，士無愚智，皆所共知，不待臣言而後悉也。臣前未奉使契丹時，已嘗具言故道、六塔皆不可爲。且河水天災，非人力可回，惟當治隄防順水爲得計。及奉使往來河北，詢於知水者，其說皆然。而恩、冀之民今被水害者，亦皆知其不便，皆願且治恩、冀隄防爲是。下情如此，誰爲上通，臣既知其詳，豈敢自默。伏乞聖慈特諭宰臣，使審其利害，速罷六塔之役，差替李仲昌等不用，命一二精幹之臣相度隄防，則河水不至爲患，不必求奇策，立難必之功，以爲小人僥倖冀恩賞之資也。惟朝廷熟計，亟罷六塔之役。

又　卷三九六　［元祐二年三月］丙子，右司諫王覿言：

臣伏見河北人戶轉徙者多，朝廷責郡縣以安集，空倉廩以賑濟者，久矣。猶以爲未也，又遣專使察視之，惟恐一夫之不被其澤也，恩德可謂厚矣。然耕耘失時，而流轉於道路者不已；二麥將熟，而寓食於四方者未還，其故何也？蓋亦治其本矣。

所謂本者，大河橫流，吞食民田，未有窮已也。故濱河之民，居者無安土之心，去者無還業之志，而又田爲陂澤者，雖欲還業，將安歸乎？今河之爲患者三：泛濫渟滀，漫無涯涘，吞食民田，未見窮已，一患也；緣邊漕運，獨賴御河，今御河淤澱，轉輸艱梗，二患也；塘泊之設，以限南北，濁水所經，即爲平陸，三患也。此三患者，外則生遐方窺覦之心，内則成倉廩空虛之弊。失田業者，雖遇稔歲，亦無還集之期；憂夫役者，雖非凶年，亦有轉徙之意。其爲患者如此，則朝廷之上得安枕而無慮乎？前日，朝廷蓋嘗留意於斯矣，頻年遣使，徒引歲月，而議論終不決也。策將安出哉？

臣愚以謂可遴擇都水官、轉運使官而責成焉，庶幾可爲也。朝廷於都水、轉運司何嘗不務得人耶？然而鮮得其人者，蓋有自也。臣竊見朝廷近日用都水使者，必擇其嘗爲水官者，可謂審矣，乃所以失之也。夫既有其才又更其事者，則善無以加，然必不得已，惟才之擇焉可也。使其人明智不惑，而足以辨吾事，雖未嘗在河朔，未嘗爲水官，可用也。使其人暗陋無識，而不足以辨吾事，雖久於河朔，嘗爲水官，果何補哉？

新轉運使范子奇屢在河朔矣，是前日嘗建議欲復故道者也。初，其言似乎得之詳而講之熟者，一旦朝廷遣專使李常等按其事，常等之議有所不同，子奇遽變前説而求合焉，果明智不惑之士耶？非耶？朝廷固嘗採公議而罷之矣，今復以爲轉運使，臣莫知其故也。新都水使者王孝先嘗任水官矣，是前日以鍛鍊而爲大理卿者也。孝先自作長安司録，已著暗繆之名，關中士人傳以爲笑。既任水官，蔑聞善狀，及充廷尉，惟務刻深，果明智不惑之士耶？非耶？朝廷固嘗採公議而黜之矣，今復以爲都水使者，臣莫知其故也。今河北數千里之地，百姓流亡，三患未去，而欲以治水之效望此兩人，臣決知其無補而有害也。伏望聖慈以河北生靈爲慮，使都水、轉運司官各得其人，然後責之以治水之效，庶幾有成焉。

貼黃稱：『河議不決累年矣，其持論不同者，率多貴近大臣也。今都水及轉運司既欲其明智不惑，又欲其所守堅正，無所覬望畏避，然後議論出於至公而可當重責，此非子奇、孝先之所能及也。』覿奏議自注云：三月二十四日。

又四月六日覿奏。

宋　朱熹《晦庵集》卷一六《奏巡歷婺衢救荒事件狀》　臣昨按視紹興府嵊縣、諸暨縣，已具事目奏聞訖。續於正月十一日入婺州浦江縣界，歷義烏、金華、武義縣，由蘭溪縣界入衢州、龍遊、西安、常山、開化、江山縣。今有合奏聞事。謹具下項：

一、婺州諸邑，蘭溪水旱相仍，被災最甚。金華次之，而境内馬海、白沙一帶爲尤甚。其他又次之，惟永康一縣爲稍輕。大槩通計，比之紹興府諸邑事體殊不侔。然諸縣措置不無乖謬，以臣所見，武義坊郭已有飢民。而訪聞蘭溪、金華山谷之間，流殍已衆。幸今守臣錢佃頗能究心料理，專委通判一員往來檢察，請到鄉官五員，日夕商議計當，不至大段闕敗。臣尚恐其所有錢米不足支用，已於昨蒙聖恩所賜錢内取撥台州、處州義倉米錢五萬貫，應副本州糴米糶濟。伏乞睿照。

一、衢州常山、開化水旱最甚，江山次之，西安、龍遊又次之。通計其實，不減婺州。但緣當時州郡吝於檢放，常山、開化係災傷極重去處，而常山所放僅及一分六釐有奇，開化又止一釐一毫而已。故文案之間，但覺災傷輕可，而兩邑之民陰受其害，不可勝。言聞得歲前死亡已多，今之所見，羸餓之民亦有甚於婺州諸邑者。西安雖輕於兩邑，而聞芝溪一源向來俞七、俞八作過去處，人民已極困悴，加之守倅皆已逼替，吏民解弛，無復條貫。臣竊憂之，已輒行下本州，所得朝廷許撥義倉米五萬石内，將一萬石專充賑濟，專委曹官兩員、鄉官三員分縣措置，收拾飢餓羸困之人，貌驗支給。伏乞睿旨。

一、婺州諸邑有災傷稍重而巡歷未到處，回程當一一點檢，別具奏聞。伏乞睿照。

又　卷一七《奏衢州守臣李嶧不留意荒政狀》　臣昨蒙賜對，輒論州縣檢放災傷不實之弊。伏蒙聖慈開納，即降睿旨，令臣詢訪不實最多去處，按劾施行。臣恭禀聖訓，伏自到任，即行詢訪。大抵本路被災諸郡檢放分數多不盡實，而衢州尤甚。蓋自去歲大水之後，知州事朝散郎李嶧專務掩蔽，不以實聞。及轉運司訪聞，差官驗問，既得其實，反爲李嶧執稱無水。而其親戚方在政路，曲爲主張，遂再下提刑司體究，欲以遂其姦詐。幸所差官不肯曲從，方欲具以實聞，又爲李嶧生事把持，至今未竟。及既遭旱，嶧又妄申諸司，稱民不闕食，未至流移後。來甚不得已，然後差官檢視。所差之官受其風旨，早田之旱例不爲檢，晚田又不盡實。如常山一縣，被災最甚，通計無慮七八分，而嶧乃只作一分六釐減放。至開化縣，被災不減常山，而其所放則又僅及一釐一毫而已。臣今行視兩縣之境，水痕尚存，高岸民居皆至半壁，山谷之人採取蕨根以充飢腸，羸瘦萎黄，非復人貌。歲前雨寒，死亡已多，而李嶧恬然畧不加恤，對臣依舊隱諱，堅執舊説。其於荒政全不留意，但知一味差人下縣督責財賦，急如星火。所蒙聖恩撥賜米斛共六萬石，不爲不多，而至今日久，並不科撥下縣，亦不曉諭民間，諸縣官吏尚有初不聞者。況於窮民，何緣得知聖主天地涵育之恩？加以病昏，不能視履，百度廢弛，不成州郡，不但檢放不實，荒政不修而已也。臣既奉聖訓，詢訪見得上件事理，不敢緘默，以負委寄，敢昧萬死，按劾以聞伏。惟聖慈早賜處分。

宋 董煟《救荒活民書》卷一 帝曰：棄，黎民阻饑，汝后稷播時百穀。禹曰：洪水滔天，浩浩懷山襄陵，下民昏墊。予乘四載，隨山刊木。暨益奏庶鮮食，予決九川，距四海；浚澮畎，距川。暨稷播奏庶艱食鮮食，懋遷有無化居，烝民乃粒，萬邦作乂。

煟曰：唐虞之時，國用尚簡，上之人取於民者甚少。凡山澤之利，盡在於民。故當阻饑之際，特使通融有無而已。今世民困財竭，則通融有無，須上之人有以爲之，然規模淺陋者，猶滯於一隅，殊失唐虞懋遷之意。

又 武帝元鼎元年，詔曰：今京師雖未爲豐年，山林池澤之饒，與民共之。今水潦移於江南，迫隆冬至，朕懼其饑寒不活，方下巴蜀之粟，致之江陵。遣博士等分行諭告，所抵無令重困。吏民有賑饑民，免其厄者，具舉以聞。

煟曰：江南水潦，下巴蜀之粟致之江陵，其通融有無，不滯於一隅，與近來州縣配抑，詔米賑糶有間矣。是時師旅宫室，百役並興，而憂民之心，其切如此，武帝所以異於秦皇也。

又 元帝即位，大水，齊地饑民多餓死。諸儒多言鹽鐵官、常平倉可罷，毋與民爭利。上從其議，皆罷。

煟曰：鹽鐵可罷而常平不可罷，但釐革其弊可耳。今乃俱罷之，過矣。元帝之失，豈特優柔無斷歟？

又 懿宗時，淮北大水，征賦不能辦，人人思亂。及龐勛反，附者六七萬人。自關東至海大旱，冬蔬皆盡。貧者以蓬子爲麵，槐葉爲齏。乾符中大水，山東饑。中官田令孜爲神策中尉，怙權用事，督賦益急。王仙芝、黄巢等起，天下遂亂，公私困竭。昭宗在鳳翔爲兵所圍，城中人相食。父食其子，天子食粥，六宫及宗室多餓死，而唐祚遂亡。

煟曰：當太宗時，元年饑，二年蝗，三年大水。上憂，勤而撫之。至四年，而米斗四五錢。觀此則知廣明之亂，雖起于饑荒之餘，亦上之人無憂民之念耳。蓋天下非有水旱之可憂，而無水旱之備者爲可懼。

同光三年大水，兩河流徙。莊宗與后畋遊。是時大雪，軍士寒凍。宰相請出庫物以給軍，后不許。宰相論於延英，后居屏間屬耳。因取粧奩及皇子滿喜置帝前曰：『諸侯所貢，給賜已盡，宫中惟有此耳。請鬻以給軍。』及趙在禮亂，始出庫物以賚之。軍士負而詬曰吾妻子已餓死，得此何爲？上曰：『適得魏王報平蜀，得金銀五十萬，盡給爾等。』曰：『與之太晚，得之亦不感恩。』

煟曰：嘗考周人財用之制，有内府以受其藏，有職内以受其用，宜可以縱一人之欲，然天子無私藏，王后無侈用者，以冢宰制財用之權。故歲荒民乏，則或薄征，或散財，皆可以通融筭有無。天子斂其財，特以爲天下之用而吾身無與焉。自漢以私藏歸之少府，專供上用，後世因之爲私有。於是民雖告病，而上不知恤，海内既貧而人主獨富，凡内庫所蓄，欲損尺帛斗粟以及民而重如丘山，蓋流弊之極，有如莊宗者，可不鑒哉？

又 天聖七年六月，河北大水，壞澶州浮橋。七月，命三司刑部郎中鍾離瑾爲河北安撫使，仍詔瑾所至，發官廩以賑貧乏。其被溺之家，見存三口者，給錢二千，不及者半之；溺死而不能收斂者，官爲瘞埋。已檢放税外，聽近輸官權停州縣配率。其經水倉庫、營壁，亟修完之；卑下者，徙高阜處。水損官物，先爲給遣；坊監亡失官馬者，更不加罪，止令根究。所部官吏，貪暴不能存恤者，奏劾之。見繫獄囚，委長吏從輕決遣。其備邊事機，民間疾苦，悉具經畫以聞。

煟曰：祖宗救荒，非特旱傷禱祈、蠲減而已。凡大水卒然而至，漂蕩民廬，浸濕官廩，其賑恤經畫之方，尤爲詳悉。真可爲矜式也。

又 紹興二十八年，平江、紹興、湖、秀諸處被水，欲除下户積欠。宰執擬令户部具有無損歲計，上曰：止令具數，便於内庫撥還。朕平對無妄費，所積本欲備水旱爾。本是民間錢，卻爲民間用，復何所惜？

熠曰：王者以天下爲家，不以私藏爲意也。高宗撥内庫錢除被水下戶之積欠，且曰『本是民間錢，卻爲民間用，復何所惜』，真王者之度歟！

宋 真德秀《西山文集》卷五《故事甲戌七月十一日進**》** 漢宣帝地節四年九月詔曰：『朕惟百姓失職不贍，遣使者循行郡國，問民所疾苦，吏或營私煩擾，不顧厥咎，朕甚憫之。今年郡國頻被水災，已振貸鹽民之食而賈咸貴，衆庶重困，其減天下鹽賈。』

臣竊惟宣帝可謂卹民之深慮民之至矣。其疾苦則遣使者循行以問之，災害則振貸之。至於鹽直之貴，似未深為民害，必詔有司損其賈而後已。蓋元后民之父母也，孩提乳哺，少失其節，皆父母之責，困窮惸獨，一失其養，皆元后之辜。陛下愛民之深，慮民之至，不減漢宣，而近歲以來，吏以擊搏震撓為功，不知以護養撫柔為本，營私煩擾，殆匪一端。邇者又聞郡國守臣侵牟規利，有薪芻諸物官為列肆以自售者，於是物賈驟騰而細民不勝其困矣；有盡拘商鹽，酬之以楮，而官自出鬻，責民以錢者，於是鹽直暴踊而人為之淡食矣。吁，此何等氣象而見於今日邪！昔陸贄有言：『民者邦之本，財者民之心。其心傷則其本傷，本傷則枝葉顛悴而根柢蹷拔矣。』贄之斯言，可為永鑒。臣願明諭輔臣，盡斥天下貪殘之吏，其尤亡狀者施之以流放不齒之刑，毋但削秩免官而已。仍命詞臣推原德意，降一詔書，丁寧訓飭，俾天下曉然知聖主加惠元元之意，去苛猛而趨忠厚。此培埴邦本之先務，惟陛下深留聖意，海内幸甚。

又 卷六《奏乞放宣城縣零苗》 臣一介疎庸，誤蒙推擇，將漕江左，深惟連年入侍軒墀，具見明天子惻怛愛民，入境之初，首務布宣德意，以圖稱塞。今有見之詞牒、採之衆論、民以為困者，不敢不以具聞。臣照得寧國府宣城縣清流等九鄉水田及官民圩田，去歲潦傷頗甚，本司雖差迪功郎、太平州司戶參軍趙汝儋同承奉郎、知寧國府宣城縣尤爚，於嘉定七年九月前去偏行檢視，統縣計放二分二釐四毫，共米三萬一千二十七石四斗二升二合，緣人戶洊饑之後，生理未盡復舊，遭此水患，輸納必是費力。兼目今旱勢未蘇，又當起催夏稅，竊慮府縣催督零分苗欠，無所從出，以致重困。臣今將本縣前項被潦鄉分殘零苗欠權與倚閣，候秋成理納，少寬目前外，謹録奏聞，伏候敕旨。申省狀同

小貼子：某以下戶零欠今亦不多，推廣上恩，欲使速得蘇息，是敢不俟回降而亟行之。專輒有罪，併乞照會。

又 卷一五《奏乞撥平江百萬倉米賑糶福建四州狀》 臣所治福州去秋水澇，下田薄收，蠲減既多，軍餉不足，糶價日踴，民食孔艱。近嘗具申朝廷，乞行下浙西，少寬港禁，容本州給據，付商旅前去收糴十萬石，四州散糶，以活一郡十二縣百萬生靈之命，仁聖在上，必垂矜許。邇日以來，非惟福州貴糴，而上州、建寧、下州興、泉貴糴尤甚。蓋建寧專仰土產，它無來處，去歲七縣所收皆薄，而建陽、崇安尤薄，二縣名為出產之地，既各不稔，故府城米價幾倍常年。建陽唐石之民相挺為亂，雖幸初定，終未帖然。福漕倉本府見行賑卹，臣亦出本司社倉米以助之，然所及無幾，來日尚長。福與、興泉土產素薄，雖當上熟，僅及半年，專仰南北之商轉販以給，自冬及春，來者絶少，故其價直日益以昂。臣昨所乞，倘蒙朝廷即賜施行，但可少寬本州，未能均及諸郡，每聞建、泉細民艱食之狀，輒為蹙然。伏念臣嘉定中將漕江左，適丁旱蝗，野無青草，臣與諸司同請於朝，蒙賜建康轉般倉、平江百萬倉米合五六十萬餘石，以充糶濟，而緡錢、度牒又不與焉，一道生靈，賴以全活。今茲福建之歉固未如往歲江左之甚，然寇攘甫定之餘，所至民力凋瘵而困於貴糴，生理益艱，若不亟圖拯捄，則自今以往不惟糴價日增，亦且無米可糴，流離饑莩，近在目前。臣與建守袁甫、泉守李韶往來計議，惟有控告宸扆，仰垂天造，行下平江府百萬倉，撥米一十五萬石，應副四州軍賑糶，容臣計會舟船搬運分撥，各將收到價錢徑自拘催赴浙西提刑司交納，候秋成糴補。其於朝廷儲偫初無所損，而四州數百萬之窮民獲免溝壑，仰戴仁天之覆，奚有終極！須至奏聞者。

《宋史》卷六一《五行志一上》 潤下，水之性也。水失其性，則為災沴。舊說以恒寒、鼓妖、魚孽、豕禍、雷電、霜雪、雨雹、黑眚、黑祥皆屬之水，今從之。醴泉、河清雖為瑞應，苟非其時，未必不為異。

元 虞集《道園學古録》卷二一《會試策問》 昔者神禹盡力溝洫，制其畜洩導止之方，以備水旱之虞者，其功尚矣。然其因其利而利之者，代各有人。故鄭渠鑿而秦人富，蜀堋成而陸海興。漢唐循良之吏，所以衣食其民者，莫不以行水為務。今畿輔東南河間諸郡地勢下，春夏雨霖，輒成沮洳。關陝之交，土多燥剛，不宜於暵。河南北平衍廣袤，旱則千里赤地，水溢則無所歸。往往上貽宵旰之憂，至發明詔修庶政，出粟與幣，分行賑，恩德甚

厚。然思所以永相民業，以稱旨意者，豈無其策乎？五行之材，水居其一，善用之則灌溉之利，瘠土為饒，不用之則泛溢墳淤，湛潰嚙食。茲欲講究利病，可使畿輔諸郡歲無墊溺之患，而樂耕桑之業。其疏通之術何先？使關陝、河南北高亢不乾，而下田不浸，其瀦防決引之法何在？江淮之交，陂塘之跡古有而今廢者，何道可復？願詳陳之，以觀諸君子之學。

《元史》卷六四《河渠志一》 水爲中國患，尚矣。知其所以爲患，則知其所以爲利，因其患之不可測，而能先事而爲之備，或後事而有其功，斯可謂善治水而能通其利者也。昔者，禹堙洪水，疏九河，陂九澤，以開萬世之利。而周禮地官之屬，所載瀦防溝遂之法甚詳。當是之時，天下蓋無適而非水利也。自先王疆理井田之制壞，而後水利之説興。魏史起鑿漳河，秦鄭國引涇水，漢鄭當時、王安世輩，或獻議穿漕渠，或建策防水決，是數君子者，皆嘗試其術而卒有成功，太史公河渠一書猶可考。自時厥後，凡好事喜功之徒，率多爲興利之言，而其患顧有不可勝言者矣。夫潤下，水之性也，而欲爲之防，以殺其怒，遏其衝，不亦甚難矣哉。惟能因其勢而導之，可蓄則儲水以備旱暵之災，可洩則瀉水以防水潦之溢，則水之患息，而於是蓋有無窮之利焉。

元有天下，內立都水監，外設各處河渠司，以興舉水利、修理河隄爲務。決雙塔、白浮諸水爲通惠河，以濟漕運，而京師無轉餉之勞。導渾河，疏灤水，而武清、平灤無墊溺之虞。浚冶河，障滹沱，而真定免決嚙之患。開會通河於臨清，以通南北之貨。疏陝西之三白，以溉關中之田。泄江湖之淫潦，立捍海之橫塘，而浙右之民得免於水患。當時之善言水利，如太史郭守敬等，蓋亦未嘗無其人焉。一代之事功，所以爲不可泯也。

明 丘濬《大學衍義補》卷一七《治國平天下之要・固邦本・除民之害》

《禹貢》：濟河惟兖州，九河既道。

《爾雅》：九河，曰徒駭、曰太史、曰馬頰、曰覆釜、曰胡蘇、曰簡、曰潔、曰鉤盤、曰鬲津吴程曰：九河率在河間之滄州境。孔穎達曰：河分爲九道，在兖州界，平原以北是。

吕祖謙曰：禹不惜數百里地疏爲九河以分其勢，善治水者不與水爭利也。

孟子曰：當堯之時，天下猶未平，洪大也水橫流不由其道，散溢妄行，氾濫於天下，堯獨憂之，舉舜而敷治焉。禹疏九河，瀹亦疏通之意濟漯而注諸海，決汝漢、排淮泗而注之江決、排皆去其壅塞也，然後中國可得而食也。

孟子曰：禹思天下有溺者由己溺之也。

《史記》：禹抑鴻鴻與洪同水十三年，過家不入門，然河菑菑與災同衍溢害中國也尤甚，唯是爲務。故道河自積石在蘭州地，歷龍門在蒲州地，南到華陰，東下砥柱今陝州三門山，及孟津在孟縣、雒汭在鞏縣東，至於大邳在今黎陽縣，於是禹以爲河所從來者高，水湍悍難以行平地，數爲敗，乃釃分也二渠以引其河二河其一出貝丘西南，河之南折者也，王莽時遂空，其一即漯川，北載高地，過降水在信都地至於大陸在邢、趙、深三州地，播爲九河，同爲逆迎也河入於勃海。九川既疏，九澤既陂，諸夏乂安，功施於三代。

臣按：先儒有言，人君以養民爲職，凡爲民害者必除之。夫民之所資以爲養者土也，而土必滋於水然後物得以生，苟水之多而至於蕩焉則爲害大矣，非徒民不得以爲衣食，且不得以爲居室矣，民無衣食居室則何以爲生哉？是以天地間利於民者莫大乎水，害於民者亦莫大於水。堯舜之世用人以輔世尤重於治水之職，鯀湮洪水則殛之，禹能平水土則用以總百揆，終而禪之以位，聖人之意蓋可見矣。中國四大水，惟河之來爲最遠，其爲害亦最大，自漢以來屢爲中國害，一時君臣所以治之者亦各隨時因勢以爲之疏塞，無非除民之害而已。竊，民害弗除則民生弗遂，今日爲中原民害之大者莫甚於河，有天下者烏可不以治河爲急務乎？

漢孝文時，河決酸棗，東潰金堤，興卒塞之。

孝武元光中，河決於瓠子，東南注鉅野，通於淮泗，天子使汲黯、鄭當時發卒十萬塞之，輒復壞。

自河決瓠子後二十餘歲，歲數不登而梁、楚尤甚，天子既封禪，其明年乃發卒數萬人塞之，築宫其上，名曰宣防，道河北，行二渠，復禹舊跡。

初，武帝既塞宣防，後河復北決於館陶，分爲屯氏河，東北入海，廣深與大河等，故因其自然不堤塞也。至永光五年，河決清河靈鳴犢口而屯氏河絕。

孝成建始四年，河決東郡金堤。先是，清河都尉馮逡奏言，郡承河上流，土壤輕脆易傷，頃所以無大害者以屯氏河通兩川分流也，今屯氏河塞靈鳴犢口，又益不利，獨一川兼受數河之任，雖高增堤防，終不能泄，如有霖雨，旬日不霽，必盈溢，九河故道今既滅難明，屯氏河新絕未久，其處易浚，可復浚以助大河泄暴水，備非常不豫修治，北決病四五郡，南決病十餘郡，然後憂之晚矣。事下丞相、御史，以爲方用度不足，可且勿浚。至是大雨水十餘日，河果大決於館陶及東郡金堤，凡灌四郡三十二縣，水居地十五萬餘頃，深者三丈，敗壞官亭室廬且四萬所。

河平元年，以王延世爲河堤使者。延世以竹落長四丈、大九圍，盛以小石，兩船夾載而下之，三十六日堤成。

鴻嘉四年，勃海清河、信都河水溢溢，灌縣邑三十一，敗官亭民舍四萬餘所，平陵李尋等奏言：『議者恒欲求索九河故跡而穿之，今因其自決可且勿塞，以觀水勢何欲，居之當稍自成川，挑出沙土，然後順天心而圖之，必有成功而用財力寡。』

哀帝初即位，騎都尉平當使領河堤，奏：『按經義治水有決河浚川而無堤防壅塞之文，宜博求能浚川疏河者。』待詔賈讓奏言：『治河有上中下三策，古者立國居民，疆理土地，必遺川澤之分遺，留也。言川澤水所流聚之處皆留而置之，不以爲居室墾植。度水勢所不及，大川無防，小水得入陂障，卑下以爲汙澤，使秋水多得有所休息，左右游波，寬緩而不迫。夫土之有川猶人之有口也，治土而防其川，猶止兒啼而塞其口，豈不遽止，然其死可立而待也。故曰善爲川者決之使道，善爲民者宣之使言。蓋堤防之作近起戰國，雍防百川各以自利，今行上策，徙冀州之民當水沖者，決黎陽遮害亭，放河使北入海河，西薄大山，東薄金堤，勢不能遠汜濫，期月自定。難者將曰：若如此，敗壞城郭、田廬、塚墓以萬數，百姓怨恨。答難曰：今瀕河十郡治堤，歲費且萬萬，及其大決所殘無數，如出數年治河之費以業所徙之民，遵古聖之法定山川之位，使神人各處其所而不相奸，且大漢方制萬里，豈其與水爭咫尺之地哉？此功一立，河定民安，千載無患，故謂之上策。若乃多穿漕渠於冀州地，使民得以溉田，分殺水怒，可從淇口以東爲石堤，多張水門，旱則開東方下水門溉冀州，水則開西方高門分河流通，渠有三利，填淤加肥一利、禾麥更爲粳稻二利、轉漕舟船之便三利，民田適治，河堤亦成，此誠富國安民、興利除害支數百歲，故謂之中策。若乃繕完故堤，增卑倍薄，勞費無已，數逢其害，此最下策。』

臣按：古今言治河者蓋未有出賈讓此三策者。

平帝元始四年，徵能治河者以百數，其大略異者，關並人名言河決率常於平原今德州、東郡今東昌左右，其地形下而土疏惡，聞禹治河時本空此地，秦漢以來河決南北不過百八十里，可空此地，勿以爲官亭、民室。韓牧以爲可略於《禹貢》九河處穿爲四五，宜有益。王横言河入勃海，地高於韓牧所欲穿處，往者海溢西南，出浸數百里，九河之地已爲海所漸矣。禹之行河水本從西山下東北去，《周譜》世統譜諜云定王五年河徙，則今所行非禹之所穿也。又秦攻魏，決河灌之，決處遂大，不可復補，宜更開空使緣西山足，乘高地而東北入海，乃無水災。司空掾桓譚典其議，爲甄豐言，凡此數者必有一是，宜詳考驗，皆可豫見，計定然後舉事，費不過數億萬，亦可以事諸浮食無産業民衣食，縣官而爲之作，乃兩便。

臣按：西漢一代治河之策盡見於此，大約不過數説，或築堤以塞之，或開渠以疏之，或作竹落而下以石，或聽其自決以殺其勢，或欲徙民居放河入海，或欲穿水門以殺水勢，或欲空河流所注之地，或欲尋九河故道。桓譚謂數説必有一是，詳加考驗豫見，計定然後舉事。以今觀之，古今言治河者皆莫出賈讓三策，其所以治之之法又莫出元賈魯疏浚塞之三法焉。

《宋史》：河入中國，行大行西，曲折山間，不能爲大患，既出大伾東，更平地二千餘里，特以堤防爲之限，夏秋霖潦，百川所會，不免決溢，而大名、鄆、澶、滑、孟、濮、齊、淄、滄、棣、濱、德、博、懷、衛、鄭等郡及開封，往往受其害。於是詔命諸州長吏兼河堤使，防塞之法甚備而決溢之患時有，説者謂河隨時漲落，自立春後凍解，候人量水，初至凡一寸，則夏秋當至一尺，頗爲信驗，謂之信水，非時暴漲謂之客水，隨決隨塞，瀕河之民苦之。

仁宗至和二年，河決大名館陶，殿中丞李仲昌請自澶州商胡河穿六墶渠，入横隴故道，以披其勢。富弼是其策，詔發三十萬丁修六墶河以回河道，以仲昌提舉河渠。仲昌塞商胡，北流入六墶，河不能容，明年復決，水死者數千萬人。

歐陽修曰：『鯀障洪水九年無功，禹得《洪範五行》之書，知水潤下之性，乃因水之流疏而就下，水患乃息。然則以大禹之功不能障塞，但能因勢而疏決爾，今欲逆水性障而塞之，奪洪河之正流，使人力斡而回注，此大禹之所不能，此其必不可者也。』

熙寧十年，河大決於澶州曹村，北流斷絶，河道南徙，東匯於梁山張澤濼，分爲二派，一合南清河入於淮，一合北清河入於海。凡灌郡縣四十五而濮、齊、鄆、徐尤甚，壞田逾三十萬頃。

臣按：此黄河入淮之始，然此特其支流由汴入泗至清河口入淮者耳。又，劉彝、程昉言：二股河北流今已閉塞，然禦河水由冀州下流尚當疏導，以絶河患。

元至大三年，河北河南道廉訪司言：黄河伏槽之時水勢似寬，觀之不足爲害，一遇霖潦，湍浪迅猛，自孟津以東，土性疏薄兼帶沙鹵，一失導泄之功，崩潰決溢可立而待。河至杞縣三漾口播而爲三，蓋亦有年，其後二漾湮塞，三河之水合而爲一，下流既不通暢，自然上溢爲災，即今水勢趨下，有復鉅野、梁山之意，蓋河性遷徙無常，苟不預防，不出數年曹、濮、濟、鄆蒙害必矣。宜妙選廉干，深知水利之人專職其事，頻爲巡視，謹其防護，職掌既專則事功可立，較之河已決溢、民已被害，然後鹵莽修治以勞民者不同矣。

至正四年夏，久雨河溢決堤，瀕河郡邑濟寧、單州、虞城、碭山、金鄉、魚臺、豐沛、定陶、楚丘、武城以至曹州、東明、鉅野、鄆城、嘉祥、汶上、任城等處皆罹水患，水勢北侵安山，沿入會通運河。其後集群議，都漕運使賈魯議欲疏塞並舉挽河使東行以復故道，丞相托克托韙其策，以魯爲總治河防使，發民丁十五萬人，自四月至十一月諸掃諸堤成，河乃復故道，南匯於淮，又東入於海。

歐陽玄曰：『治河一也，有疏、有浚、有塞三者異焉，釃河之流因而導之謂之疏，去河之淤因而深之謂之浚，抑河之暴因而扼之謂之塞。』又曰：『賈魯有言，水工之功視土工之功爲難，中流之功視河濱之功爲難，決河口視中流又難，北岸之功視南岸爲難。用物之效，草雖至柔，柔能狎水，水漬之生泥，泥與草並力，重如碇，然維持夾輔，纜索之功實多。』

余闕曰：『中原之地平曠夷衍，無洞庭、彭蠡以爲之匯，故河嘗横潰爲患，其勢非多爲之委以殺其流未可以力勝也，故禹之治河，自大呾而下則析爲三渠，大陸而下則播爲九河，然後其委多，河之大有所瀉而其力有所分而患可平也，此禹治河之道也。自周定王時河始南徙，訖於漢而禹之故道失矣，故西京時受害特甚，雖以武帝之才，乘文、景富庶之業，而一瓠子之微終不能塞而付之無可奈何而後已。自瓠子再決而其流爲屯氏諸河，其後河入千乘而德棣之河又播爲八，漢人指以爲太史、馬頰者，是其委之多，河之大有所瀉而力有所分，大抵偶合於禹所治河者，由是而訖東都至唐河，不爲害者千數百年。至宋時，河又南決，南渡時又東南以入於淮，以河之大且力，惟一淮以爲之委無以瀉而分之，故今之河患與武帝時無異。自宋南渡時至今謂元殆二百年，而河旋北，乃其勢然也，建議者以爲當築堤起曹南訖嘉祥，東西三百里，以障河之北流，則漸可圖以導之使南。廟堂從之，非以南爲壑也，其慮以爲河之北則會通之漕廢。予則以爲河北而會通之漕不廢，何也？漕以汶而不以河也，河北則汶水必微，微則吾有制而相之，亦可以舟可以漕，《書》所謂「浮於汶，達於河」者是也。蓋欲防鉅野而使河不妄行，俟河復千乘然後相水之宜而修治之。』

臣按：天地間爲民害者，在天有旱潦之災，在地有河海之患，然雨暘之爲旱潦也，有時而人猶可先事以爲之備，若夫河海之患則有非人力所能爲者矣。雖非人力所能爲，而人君有志於爲民者，其忍坐視而付之無可奈何哉？中國之水非一而黄河爲大，其源遠而高、其流大而疾、其質渾而濁，其爲患於中國也，視諸水爲甚焉，自禹疏九河之後，遷史《河渠書》述之詳矣。臣請探厥本原，自張騫使西域之後，説者咸謂河出昆侖，至元世祖始命其臣篤實者西窮河源，得其源於吐蕃朵思甘之南曰星宿海，四山之間有泉近百泓，匯而爲澤，登高望之若星宿，然譯音所謂鄂端諾爾也。其地在中國西南，直四川馬湖府之正西三千餘里、雲南麗江府之西北一千五百里，較之昆侖殆爲近焉。自西而東，合諸河水，其流浸大，東北流分爲九，渡行二十日至大雪山名騰格哩哈達，即昆侖也。繞昆侖之南折而東而北而西，復繞昆侖之北，又轉而東北行約二十餘日，始入中國，自貴德、西寧之境至積石，經河州東北流至蘭州，北繞朔方、上郡，又東出境外，經三受降城、東勝等州，又折東南出龍門，過河中，抵潼關，東出三門析津爲孟津，過虎牢而後奔放平壤，吞納小水以百數，勢益雄放，無崇山巨磯以防閑之，旁激奔潰，不遵禹跡，故虎牢迤東，距海口二三千里恒被其害。方禹之導河，其河蓋自西而東，又轉而北之東以入海焉。周定王五年河徙，已非禹之故道，漢元光三年河徙東郡，更注勃海，繼決於瓠子，又決館陶，遂分爲屯氏河二河相並而行。元帝永光中，河水始分流於博州，屯氏河始塞，後二年又決於平原，則東入齊、入青以達於海，下流與漯川爲一。宋熙寧十年，河又分爲二派，一合南清河入淮，一合北清河入海，是時淮僅受河之少半耳。金之亡也，河始自開封北衛州決入渦河，以合於灌舊河，在開封城北四十里，東至虞城，下達濟寧州界。本朝洪武二十四年，河決原武之黑陽山，東經開封城北五里，又南行至項城，經潁州潁上，東至壽州正陽鎮，全入於淮而故道遂淤。永樂九年，復疏入故道。

正統十三年，又決滎陽，東過開封城之西南，自是汴城在河之北矣，又東南經陳留自亳入渦口，又經蒙城至懷遠東北而入於淮焉。抑通論之，周以前河之勢自西而東而北，漢以後河之勢自西而北而東，宋以後迄於今則自西而東而又之南矣。河之所至，害亦隨之，恤民患者烏可不隨其所在而除之哉？《禮》曰『四瀆視諸侯』，謂之瀆者，獨也，以其獨入於海，故江、河、淮、濟皆名以瀆焉。今以一淮而受大黄河之全，蓋合二瀆而爲一也，自宋以前河自入海，尚能爲瀕河州郡之害，況今河、淮合一，而清口又合沁、泗、沂三水以同歸於淮也哉？曩時河水猶有所豬如鉅野、梁山等處，猶有所分如屯氏、赤河之類，雖以元人排河入淮而東北入海之道猶微有存焉者，今則以一淮而受衆水之歸而無涓滴之滲漏矣。且我朝建國幽、燕，漕東南之粟以實京師必由濟博之境，則河決不可使之東行，一決而東則漕渠乾涸，歲運不繼，其害非獨在民生，且移之國計矣。今日河南之境，自滎陽、原武由西迤東，歷睢陽、亳、潁以迄於濠、淮之境，民之受害而不聊生也甚矣。坐視而不顧歟，則河患日大，民生日困，失今不理則日甚一日，或至於生他變；設欲興工動衆，疏塞並舉，則又恐費用不貲，功未必成而坐成困斃，然則爲今之計奈何？孟子曰『禹之治水，水之道也』，又曰『禹之治水也，行其所無事也』，古今治水者要當以大禹爲法，禹之導河既分一爲九以分殺其洶湧之勢，復合九爲一以迎合其奔放之沖，萬世治水之法此其準則也。後世言治河者莫備於賈讓之三策，然歷代所用者不出其下策而於上、中二策蓋罕用焉，往往違水之性、逆水之勢而與水爭利，其欲行也強而塞之，其欲止也強而通之，惜微眇之費而忘其所捐之大，護已成之業而興夫難就之功，捐民力於無用，糜民財於不貲，苟顧目前，遑恤其後，非徒無利而反有以致其害，因之以召禍亂亦或有之，顧又不如聽其自然而不治之之爲愈也。臣愚以爲，今日河勢與前代不同，前代只是治河，今則兼治淮矣，前代只是欲除其害，今則兼資其用矣，況今河流所經之處，根本之所在、財賦之所出、聲名文物之所會，所謂中國之脊者也，有非偏方僻邑所可比，烏可置之度外而不預有以講究其利害哉？臣願明詔有司，博求能浚川疏河者，徵赴公車，使各陳所見，詳加考驗預見，計定必須十全然後用之。夫計策雖出於衆而剛斷則在於獨，擇之審、信之篤而用之專，然後能成功耳，不然，作舍道傍，甲是乙非，又豈能有所成就哉？臣觀宋儒朱熹有曰：『禹之治水只是從低處下手，下面之水盡殺，則上面之水漸淺。』臣因朱氏之言而求大禹之故，深信賈讓上、中二策以爲可行。蓋今日河流所以泛溢以爲河南、淮右無窮之害者，良以兩瀆之水既合爲一，衆山之水又並以歸，加以連年霖潦，歲歲增益，去冬之沮洳未乾，嗣歲之横潦繼至，疏之則無所於歸，塞之則未易防遏，遂使平原匯爲巨浸，桑麻、菽粟之場變爲波浪、魚鱉之區，可歎也已。伊欲得上流之消泄，必先使下流之疏通，國家誠能不惜棄地、不惜動民，捨小以成其大，棄少以就夫多，權度其得失之孰急，乘除其利害之孰甚，毅然必行，不惑浮議，擇任心膂之臣，委以便宜之權，俾其治河流，相地勢於其下流迤東之地，擇其便利之所，就其汙下之處，條爲數河以分水勢，又於所條支河之旁地堪種稻之處，依江南法創爲圩田，多作水門，引水以資灌溉。河既分疏之後，水勢自然消減，然後從下流而上，於河身之中去其淤沙，或推而蕩滌之，或挑而開通之，使河身益深足以容水，如是，則中有所受不至於溢出而河之波不及於陸，下有所納不至於束隘而河之委易達於海。如是而又委任得人，規置有法，積以歲月，因時制宜，隨見長智，則害日除而利日興，河南、淮右之民庶其有瘳乎。或曰若行此策是無故捐數百里膏腴之地，其間破民廬舍、壞民田囿、發人墳墓不止一處，其如人怨何？嗚呼，天子以天下爲家，一視同仁，在此猶在彼也，普天之下何者而非王土，顧其利害之乘除孰多孰寡爾，爲萬世計不顧一時，爲天下計不徇一方，爲萬民計不恤一人，賈讓有言：『瀕河十郡，治堤歲費萬萬，及其大決所殘無數，如出數年治河之費，足以業其所徙之民，大漢方制萬里，豈與河爭咫尺之利哉？』臣亦以謂開封以南至於鳳陽，每歲河水渰没中原膏腴之田何止數十萬頃，今縱於迤東之地開爲數河，所費近海斥鹵之地多不過數萬頃而已，兩相比論，果孰多孰少哉？請於所開之河偶值民居則官給以地而償其室廬，偶損民業則官倍其償而免其租税，或與之價直，或助之工作，或徙之寬閑之鄉，或撥與新墾之田，民知上之所以勞動乎我者非爲私也，亦何怨之有哉？矧今鳳陽帝鄉，園陵所在，其所關係尤大，伏惟聖明留意萬一，臣言可采或見之施行，不勝幸甚。

大德中，河決杞縣蒲口，河北、河南肅政廉訪使尚文建言：『長河萬里西來，其勢湍猛，至孟津而下地平土疏，移徙不常，失禹故道，爲中國患不知幾千百年矣。自古治河處得其當則用力少而患遲，事失其宜則用力多而患速，此不易之定論也。今陳留抵睢東西百有餘里，南岸舊河口十一，已塞者

二、自涸者六、通川者三，岸高於水計六七尺或四五尺，南岸故堤其水比田高三四尺或高下等，大概南高於北約八九尺，堤安得不壞，水安得不北也？蒲口今決千有餘步，迅疾東行，得河舊瀆，行二百里至歸德橫堤之下復合正流，或強湮遏，上決下潰，功不可成。揆今之計，河西郡縣順水之性遠築長垣以禦泛溢，歸德、徐、邳民避沖潰，聽從安便，被患之家宜於河南退灘地內給付頃畝以爲永業，異時河決他所者亦如此，亦一時救荒之良策也。蒲口不塞便。』朝廷從之。會河朔郡縣、山東憲部爭言不塞則河北桑田盡爲魚鱉之區，塞之便，復從之。明年蒲口復決，塞河之役無歲無之，是後水北入復河故道，竟如文言。

臣按：河爲中原大害，自古治之者未有能得上策者也。蓋以河自星宿海發源東入中國逾萬里，凡九折焉，合華夷之水千流萬派以趨於海，其源之來也遠矣，其水之積也衆矣，夫以萬川而歸於一壑，所來之路孔多、所收之門束隘而欲其不泛溢，難矣，況孟津以下地平土疏，易爲沖決而移徙不常也哉。漢、唐以來，賈讓諸人，言治河者，多隨時制宜之策，在當時雖或可行而今日未必皆便，元時去今未遠，地勢物力大段相似，尚文所建之策雖非百世經久之長計，然亦一時救弊之良方。宜令河南藩憲每年循行瀕河郡縣如文所言者，相地所宜，或築長垣以禦氾濫，或開淤塞以通束隘，從民所便，或遷村落以避沖潰，或給退灘以償所失，如此，雖不能使瀕河州郡百年無害，而被患居民亦可暫時甦息矣。

以上論除民之害。臣按：天下之爲民害者非特一水也，水之在天下非特一河也，流者若江海之類，瀦者若湖陂之屬，或徙或決，或溢或潰，堤岸以之而崩，泉源以之而涸，沙土由是而淤，畛域由是而失，以蕩民居，以壞民田，皆能以爲民害也。然多在邊徼之堧、寬閑之野、曠僻之處，利害相半，或因害而得利，或此害而彼利，其所損有限，其所災有時，地勢有時而復，人力易得而修，非若河之爲河，亙中原之地，其所經行皆是富庶之鄉，其所沖決皆是膏腴之產，其爲民害，比諸其他尤大且久，故特以民之害歸焉。使凡有志於安民生、興民利者，知其害之有在，隨諸所在而除之，而視河以爲準焉。

明 費宏《太保費文憲公摘稿》卷六《兩淮水灾乞賑濟疏》

竊見今年以來，四方無不告災，而淮、揚、廬、鳳等府，滁、徐、和等州，其災尤甚。臣等詢訪南來官吏，備説前項地方，自六月至於八月，數十日之間，淫雨連綿，河流泛漲，自揚州北至沙河，數千里之地，無處非水，茫如湖海。沿河居民悉皆淹沒，房屋椽柱，漂流滿河。丁壯者攀附樹木，偶全性命，老弱者奔走不及，大半溺死。即今水尚未退，人多依山而居，田地悉在水中，二麥無從布種，或賣鬻兒女，易米數斗，偷活一時，或拋棄家鄉，就食四境，終爲餓孚。流離困苦之狀，所不忍聞。臣等窃惟各府州處南北之衝，爲要害之地。聖祖之創造帝業，實以此爲根本，江南之輸運錢粮，實以此爲喉襟。況自古奸雄啟釁召亂，多從此地，若不急議賑恤，深恐冬盡春初，米價愈貴，民食愈難，地方之變，殊不可測。蓋小民迫於飢寒，豈肯甘就死地，其勢必至棄耰鋤而操梃刃，賣牛犢而買刀劍，攘奪穀粟，流刼鄉村，雖冒刑憲，有所不恤。嘯聚既多，遂爲大盜，攻剽不已，且有逆謀。於是欲招之則法廢而人玩，或未必從。欲剿之則兵連而禍結，或未必勝。貽害不小，善後實難。孰若思患而預防，乃可漸消而默解。臣等嘗伏讀聖祖之訓，有曰：『凡每歲自春至秋，此數月尤當深憂，憂常在心，則民安國固。盖所憂者，惟望風雨以時，田禾豐稔，使民得遂其生。如風雨不時，則民不聊生，盜賊窃發，豪傑或乘隙而起，國勢危矣。』此盖我祖宗保有四海之心法也。今前項重地，有此災傷，陛下尤當仰遵祖訓，深加憂念，恤民生以固邦本。乞敕戶部會集廷臣講求賑救之方，各衙門一應歲辦額辦錢粮在此地方者，俱宜暫從蠲免，庶幾德澤下而人心咸服，未死之民得延其殘喘，未萌之變可保其或無矣。

明 歸有光《震川集》卷八《奉熊分司水利集并論今年水灾事宜書》

有光生長東南，祖父皆以讀書力田為業，然未嘗窺究水利之學。聞永樂初，夏忠靖公治水于吳，朝廷賜以水利書。夏公之書出於中秘，求之不可得見。獨於故家野老搜訪，得書數種，因盡閱之。間採其議尤高者，彙為一集。嘗見漢世國家有一事，必令公卿大臣與博士議郎雜議。始元中，諸儒相論難鹽鐵。及宣帝時，桓寬推衍之至數萬言，而盛稱中山劉子、九江祝生之徒，欲以究成治亂定一家之法。有光所取水利論僅止一二，然以為世所傳書皆無逾於此者。郟大夫考古制田之跡，蓋濬甽澮距川、瀦防溝遂列澮之制數千百年，其遺法猶可尋見如此。昔吳中嘗苦水，獨近年少雨多旱，故人不復知其為害，而隄防一切廢壞不修。今年雨水，吳中之田淹沒幾盡，不限城郭鄉村之民，皆有為魚之患。若如郟氏所謂塘浦闊深，而堤岸高厚，水猶有大於此者，亦何足慮哉？當元豐變法，擾亂天下，而郟氏父子，荆舒所用之人，世因以廢其書。至其規畫之精，自謂范文正公所不能逮，非虛言也。單君鍔本昆陵人，故多論荆溪運河古跡、地勢蓄泄之法，其一溝一港，皆躬自相視，非苟然者。獨不明《禹貢》三江，未識松江之體勢，欲截西水入揚子江上流，工緒支離，未得要領。揚州藪澤曰具區，其川三江，蓋澤患其不瀦，而川患其不流也。今不專力於松江而欲涸其源，是猶惡腹之脹，不求其通利，徒閉其口而奪之食，豈理也哉！近世華亭金生綱領之論實為卓越，然尋東江古道，於嫡庶之辨終猶未明。誠以一江泄太湖之水，力全則勢壯，故水駛而常流；力分則勢弱，故水緩而易淤。此禹時之江所以能使震澤底定，而後世之江所以屢開而屢塞也。松江源本洪大，故別出而為婁江、東江。今江既細微，則東江之跡滅沒不見，無足怪者。故當復松江之形勢，而不必求東江之古道也。周生勝國時，以書干行省及都水營田使司，皆不能行。其後偽吳得其書，開浚諸水，境内豐熟。迄張氏之世，畧見功效。至論松江不必開，其乖謬之甚，有不足辨者。尋周生之論，要亦可謂之詭時達變，得其下策者矣。有光迂末之議，獨謂大開松江，復禹之跡，以為少異於前說。然方今時勢財力，誠未可以及於此。伏惟執事秉節海上，非特保障疆圉，且以生養吾東南之赤子，生民依怙之者切矣。邇者風汛稍息，開疏瓦浦。五十餘年湮沒之河，一旦通流，連月水勢泛濫，凡瓦浦之南相近二十餘里，水皆向北而流。百姓皆臨流嘆誦明公之功德。蓋下流多壅，水欲尋道而出，其勢如此。不得其道，則瀰漫橫暴而不制。以此見松江不可不開也。松江開，則自嘉定上海三百里内之水皆東南向而流矣。頃二十年以來，松江日就枯涸。惟獨崑山之東，常熟之北，江海高仰之田，歲苦旱灾。腹内之民，宴然不知，遂謂江之通塞無關利害，今則既見之矣。吳中久乏雨水，今雨水初至，若以運數言之，恐二三年不止。則仍歲不退之水，何以處之？當此之時，朝廷亦不得不開江也。天下之事，因循則無一事可為，奮然為之，亦未必難。明公於瓦浦實親試之矣。且以倭寇未作之前，當時建議水利，動以工費無所於出為解。然今十數年遣將募兵，築城列戍，屯百萬之師於海上，事窮勢迫，有不得不然者。若使倭寇不作，當時有肯捐此數百萬以興水利者乎？若使三吳之民盡為魚鱉，三吳之田盡化為湖，則事窮勢迫，朝廷亦不得不開江矣。弘治四年、五年大水，至六年，百姓飢疫死者不可勝數。正德四年亦如此。今年之水不減於正德四年，尚未及秋，民已嗷嗷矣。救荒之策決不可緩。欲望早為措置米穀，設法賑濟，或用前人之法召募飢民浚導松江，姑且畧循近世之跡，開去兩岍茭蘆。自崑山慢水江迤東至嘉定、上海，使江水復由蹌口入海，放今年渟瀦之流，備來年洊至之水，亦救時之策也。有光蹇拙，非有計慮足以禆當世，獨荷執事知愛，盡其區區之見。或有可備末議者，伏惟裁擇之，幸甚。

明　歸有光《震川别集》卷三《策問二十三道》　問：國家有非常之災，天之所以警戒人主，使修德以保大業而受多福也。今天子承統繼祚，寬仁恭儉，天下延頸以望至治。邇來災異頻仍，豈上天垂象，示所以仁愛之至者歟？今歲洪水泛濫，瀰漫數千里，而大江以南海水震蕩，沿海居民漂溺者以百萬計。於《洪範五行》推其事類，以為貌之不肅，故曰：『貌傷則致秋陰而常雨。』然至於江河横流，海水飛溢，其變不止常雨之應而已。漢世如董仲舒、郎顗之徒皆能推陰陽以納說時君，學者或以為流於術數，假經託義，非吾儒之正道。然前世因天變下詔求賢良方正直言極諫之士，今天下之事可言以告吾君者多矣，諸士子抱憂世之志，其各以意對。

又　邇者洪水為沴，四方奏報日聞，詔命所在賑貸，德意至厚也。夫先王九年之積，今日不可冀矣。《周禮・大司徒》『以荒政十有二聚萬民』，亦有可酌而行之歟？管子書云：湯七年旱，禹五年水。湯以莊山之金鑄幣，贖人之無糧賣子者；禹以歷山之金鑄幣，以救人之困。夫聖人居至高之位，乃能軫念人之無糧賣子者，則當世之民其必不至於死也。呂成公有言：『天下古今不同，古人可行之法皆已施用，今但舉而措之耳。』試舉前代之救荒，宜於今者有幾？其若堯湯之世，能念人之無糧賣子者否？昔哀公問於有若曰：『年饑，用不足。』有若告以『盍徹乎？』夫饑而用不足而告之以徹，尤今世之所謂迂者也。然散利薄征，實荒政之首務。徒散利而不薄征，又不若不散之愈矣。今議賑貸未嘗不行，而曰免民田租，則動以國計為言。然則必使百姓受其實惠，以不負我聖天子哀恤元元之意，如何而可？

明　歸有光《歸太僕文集・奉熊分司議開吳淞》《明朝經世文編》卷二九五　聞永樂初，夏忠靖公治水於吳，朝廷賜以水利書，夏公之書，出於中秘，求之不可得見，獨於故家野老搜訪得書數種，嘗見漢世國家有一事，必令公卿大臣與博士議郎雜議，始元中，諸儒相論難鹽鐵，及宣帝時桓寬推衍之，至數萬言，而盛稱中山劉子九江祝生之徒，欲以究成治亂，定一家之法，某所取水利論僅止一二，然以爲世所傳書，皆無逾於此者，郟大夫考古治田之跡，蓋浚畎澮，距川瀦防，溝遂列澮之制數千百年，其遺法猶可尋見如此，昔吳中嘗苦水，獨近年少雨多旱，故人不復知其爲害，而隄防一切廢壞不修。今年雨水，吴中之田，淹沒幾盡，不限城郭，鄉村之民，皆有爲魚之患，若如郟氏所謂塘浦澗深，而堤岸高厚，水猶有大於此者，亦何足慮哉。當元豐變法，擾亂天下，而郟氏父子，荊舒所用之人，世因以廢其書，至其規畫之精，自謂范文正公所不能逮，非虛言也。單君鍔本昆陵人，故多論荊溪運河，古跡地勢蓄泄之法，其一溝一港，皆躬自相視，非苟然者，獨不明《禹貢》三江，未識松江之體勢，欲截西水入楊子江上流，工緒支離，未得要領，揚州藪澤曰具區，其川三江，蓋澤不患其瀦而川患其不流也。今不專力於松江，而欲涸其源，是猶惡腹之脹，不求其通利，徒閉其口而奪之食，豈理也哉。近世華亭金生綱領之論，寔爲卓越，然尋東江古道，於嫡庶之辨，終猶未明，誠以一江泄太湖之水力全，則勢壯，故水駛而常流；力分則勢弱，故水緩而易淤。此禹時之江，所以能使震澤底定，而後世之江，所以屢開而屢塞也。松江源本洪大，故別出而爲婁江、東江。今江既細微，則東江之跡滅沒不見，無足怪者，故當復松江之形勢而不必求東江之古道也。周生勝國時，以書於行省及都水營田使司，皆不能行，其後偽吴得其書，開浚諸水，境內豐熟，迄張氏之世，畧見功效，至論松江不必開，其乖謬之甚。有不足辨者，尋周生之論，要亦可謂之詭時達變，得其下策者矣。某獨謂大開松江復禹之跡，以爲少異於前說，然方今時勢財力，誠未可以及於此，自執事秉節海上，邇者風汛稍息，開疏瓦浦，五十餘年湮沒之河，一旦通流連月水勢泛濫，凡瓦浦之南，相近二十餘里，水皆向北而流，百姓皆臨流嘆誦明公之功德，蓋下流多壅水，欲尋道而出，其勢如此，不得其道，則瀰漫橫暴而不制，以此見松江不可不開也。松江開，則自嘉定上海三百里內之水，皆東南向而流矣。頃二十年以來，松江日就枯涸，惟獨崑山之東，常熟之北，江海高仰之田，歲苦旱災，腹內之民，宴然不知，遂謂江之通塞，無關利害。今則既見之矣。吴中久乏雨水。今雨水初至，若以運數言之，恐二三年不止，則仍歲不退之水，何以處之，當此之時，朝廷亦不得不開江也。勇於任事之言天下之事，因循則無一事可爲，奮然爲之，亦未必難。明公於瓦浦實親試之矣。且以倭寇未作之前，當時建議水利，動以工費無所於出爲解，然今十數年，遣將募兵，築城列戍，屯百萬之師於海上，事窮勢迫，有不得不然者，若使倭寇不作，當時有肯捐此數百萬以興水利者乎？若使三吴之民盡爲魚鱉，三吴之田盡化爲湖，則事窮勢迫，朝廷亦不得不開江矣。弘治四、五年大水，至六年，百姓饑疫，死者不可勝數，正德四年亦如此。今年之水，不減於正德四年，尚未及秋，民已嗷嗷矣。救荒之策，决不可緩，欲望早爲措置米穀，設法賑濟，或用前人之法，召募饑民，浚導松江，姑且畧循近世之跡，開去兩岸茭蘆，自崑山慢水江，迤東至嘉定上海，使江水復繇蹌口入海，放今年停瀦之流，備來年荐至之水，亦救時之策也。

明 徐貞明《徐貞明西北水利議即潞水客談**》**《農政全書》卷一二

徐子徵入諫垣，居無何，以罪逐。客有啗於潞水之湄者，見徐子屏居野寺中讀書，意適無懟色。則數徐子曰：『子以外吏罪逐，一朝列侍從之班，際聖明在上，固希世之遇也。曾不能卑節馴行，效尺寸以圖報塞，迺抱釁而往，將自棄於明時。且子嘗欲乞身以奉菽水。使子亟成其志，寧有今日哉？奔走竄逐間，負國恩而違親養，忠孝兩無當也。予竊爲子悲之。』徐子聞言，零淚緣纓，坐客而與之語曰：『客之數予，予則悲矣，客亦惡知予哉？予始待罪垣中，首疏西北水利事。水衡當事者迂其言，置不省。予乃撫膺而歎曰：當今經國訏謨，其大且急，孰有過於西北水利者乎？雖然，概而行之，則效遠而難臻；驟而行之，則事駭而未信。蓋西北皆可行也，盍先之於畿輔？畿輔諸郡皆可行也，盍先之於京東永平之地？京東永平之地皆可行也，盍先之於近山瀕海之地？近山瀕海之地皆可行也，盍先之數井，以示可行之端？則效近而易臻，事狎而人信。又恐其難於遙度也，則又裹糧屬二三解事者，走永平瀕海近山之境，相度而經略之。既得其水土之性，疆理之詳，始信其事之必可行，而猶冀其言之獲售也。欲再疏以請，草具將上，適與罪會。使予得罪稍緩，則疏必再上，或庶幾其言之獲售。使予不欲再疏以售其言，則乞養以退，當在始疏報罷之時，寧濡忍以及罪譴，負國恩而違親養？誠如客言，予則悲矣。客亦惡知予哉？』

客曰：『予聞天下事，諫官皆得言之。今天子銳意化理，子職諫數月，即水利報罷，寧無崇論竑議可以動聽而中當事者之指？乃諰諰焉惟冀水利之復行，亦左矣。』徐子曰：『禹功茂矣，而濬畎距川，乃其盡力而終身者。騶孟談王，田里樹蓄，厥惟先務。客惡得以水利而左之？予將爲客悉其利。夫雨暘在天，而時其蓄泄，以待旱潦者，人也。乃西北之地，旱則赤地千里，潦則洪流萬頃，惟寄命於天，以幸其雨暘時若，庶幾樂歲無饑耳。此可以常恃哉？惟水利興而後旱潦有備。其利一也。神京北鞏，財賦取給於東南。忠於謀國者，鏡勝國之往事，懷杞人之隱憂，尚有出於河流外者。惟興水利，近取常裕，視東南爲外府可也。中人之治生，必有附居常稔之田，始可以安土而無饑。乃國家全盛之勢，據上遊以控六合，獨待哺於東南，近廢可耕之田，遠資難繼之餉，豈計之全哉？今運早而積久，儲蓄信有賴矣。然運早而收之，不及其熟，有浥損之患，久積而散之，恒過其期，有紅腐之憂。水利既興，則田疇之間，要皆倉庾之積。其利二也。東南轉輸，每以數石而致一石，民力竭矣。而國計所賴，欲暫紓之而未能也。惟西北有一石之入，則東南省數石之輸。所入漸富，則所省漸多。玄扈先生曰：此條西北人所諱也，慎弗言！慎弗言！先則改折之法可行，久則蠲租之詔可下，東南民力，庶幾獲甦。其利三也。昔禹播河海，而溝洫之修尤盡力焉，固以利民，亦以分殺支流，而不以助河之虐。河之無患，溝洫其本也。周定王以後，溝洫漸廢，而河患種種矣。今河自關中以入中原，合涇渭漆沮汾泌伊洛瀍澗及丹沁諸川數千里之水。當夏秋霖潦之時，諸川所經，無一溝一澮，可以停注。曠野洪流，盡入諸川，其勢既盛，而諸川又會入於河流，則河流安得不盛？流盛則其性自悍急，性悍則遷徙自不常，固勢所必至也。今誠自沿河諸郡邑，訪求古人故渠廢堰，師其意不泥其跡，疏爲溝澮，引納支流，使霖潦不致泛溢於諸川，則並河居民，得水利成田，而河流漸殺，河患可彌矣。其利四也。【略】昔范文正以兩府祿入，尚能廣義田以廩族人，矧以國家之大，而不能使天潢之派，皆飽食而安居乎？今西北之地，曠土彌望，於其間擇人所棄者，官爲墾闢，分井而田。如中尉以下，量歲祿之意，授田若干，使得安居而食其土。其後支庶漸繁，田不再授，蓋既授之以田，開其治生之端，彼知田不再授，則皆及其始授之時，勤儉明農於其間，以歲食之餘，漸墾田而擴產，爲長子孫之計。其雄桀者不失爲富家翁，即庸拙者亦可以依田力穡。其與坐食多餒，散處失所者，相去遠矣。其利十有二也。昔之有志者，嘗欲仿井田之遺意，授民之產，而惜其時之不可，痛豪強之兼並，限民之田，而恨其勢之難行。今若於西北空閑之地，修舉水利，則仿古井田亦可也，限民名田亦可也。古昔養民之政，以漸可舉。其利十有三也。但真治田，即是井田之法，舍此別無法矣。故實有意爲民，民田自均，不必限民名田。且今之舉事，正須得豪強之力，而先限之田可乎？何時無豪強？與下民何害？顧用之何如耳。禹治水土，建萬國，其后王君公，皆豪強也。古者以井畫地，度地居民，比閭族黨，井自爲界。民不可多得尺寸之地，而地亦不可多得一介之民，民與地適相均也。今通都大邑之民，踵接肩摩，而爭繁習靡，多梗化而敗俗。其爭少習樸者，惟寥廓之鄉爲然。今若畫井居民，裒益其多寡，使民與地均，如古比閭族黨之意，則教化可興而俗尚自美。其利十有四也。

客曰：『信如子言，水之利溥矣。西北皆可行，獨先於京東者，何居？』徐子曰：『京東輔郡，而薊又重鎮，固股肱神京，緩急所必須者。矧今地負山控海，負山則泉深而土澤，控海則潮淤而壤沃。利水尤易易也。予所屬二三解事者，蓋遍歷山海之境，閱兩月而返。披圖出示，如指諸掌也。爲言諸州邑，泉從地湧，一決而通，土人謂之仰泉；彼中隨地可得尋覓，但大小異耳。水與田平，一引而至。流泉也。比比皆然，姑摘其土膏腴而人曠棄，即可修舉以兆其端者。自西歷東，如密雲縣之燕樂莊，平峪縣之水峪寺及龍家務莊，三河縣之唐會莊，順慶屯地，皆其著者。薊州城北，則有黃厓營，城西則有白馬泉鎮國莊，城東則有馬神橋夾林河而下，城南則有別山鋪，及夾陰流河而下，至於陰流澱。疏渠，皆田也。遵化西南平安城，夾運河而下，及沙河鋪地方。又鐵廠湧珠湖以下，至韭菜溝，上素河下素河百餘里，夾河皆可成田。遷安縣北徐流營山下，湧出五泉，合流入桃林河。又三里橋湧泉，流出灤河。又蠶姑廟，湧泉成河，遷安菻桑甚盛，故宜有蠶姑廟耶？然聞其人菻桑者，皆剝皮造紙，恐昔人曾治蠶，而後稍廢耳。與灤河相接。夾河皆可田之地。盧龍縣燕河營湧泉成河，及營東五泉，湧漫四出，至張家莊。撫寧縣西台頭營河流，亦自燕河營湧泉而來。皆可田。自西以東，如豐潤縣南則大寨及刺榆坨史家河大王莊之地，東則榛子鎮，西則鵶洪橋，夾河五十餘里，皆可田。玉田縣清莊塢，導河可田。懷柔縣之髽髻山下，可作水田百頃。後湖莊，疏湖可田。三里屯及大泉小泉，引泉可田。其間有民所不業之地，有屯地，有牧馬草地。屯草之地屬於官，官爲闢其蕪而收其利，不難也。至於民不業者，召民業之，官爲助其力，何至連阡以棄，鞠爲茂草乎？召民應有鼓舞之方，官出費則不可，恐人以爲口實也。至於瀕海可田，則自水道沽關黑崖子墩起，至開平衛南宋家營之地，東西度之百餘里，南北度之百八十里，皆隸豐潤。其地與吳越瀕海之沃區相等。此田成，則東南一大郡也。寶坻靜海皆如是。靜海之葛沽，高地皆已田。今萑葦彌望，而繫名於勢族。然葦之利微，即勢族亦無厚入於其間也。若如吳越人，田而耕之，則利十倍於葦。即捐其一以與勢族，使不失其舊入，勢家亦何憾焉？令勢族即十倍何害？愚意止求粟多價賤耳。

昔虞文靖公之議，東極遼海，南濱青徐，瀕海皆可田之地。今豐潤實其中境。欲舉其議而行之，玆非其先當致力者乎？蓋先之京東數處，以兆其端，而京東之地，皆可漸而行也。先之京東以兆其端，而畿內，而列郡，皆可漸而行也。先之畿內列郡，而西北之地，皆可漸而行也。在邊陲，則先之薊鎮，而諸鎮皆可漸而行也。至於瀕海，則先之豐潤，而遼海以東，青徐以南，皆可漸而行也。夫事有小用則宜，大則局而不通。大用則宜，小則窘而難布。玆其試之一井，究之天下，無不利者。事有旦夕計功，而遠猷不存。積久考成，而近效難睹。玆其暫乏歲收，久之永賴，無不利者。特端之於京東數處，因而推之西北，一歲開其始，十年究其成，而萬世席其利矣。』

客曰：『西北之人，歲苦水害，奈何利之？且彼宿苦其害，而子驟言其利，其不信亦何異乎？』徐子曰：『嗟乎！水在天壤間本以利人，非以害之也。惟不利，斯爲害矣。以利爲害，何事不然？人實貽之，而咎水可乎？蓋聚之則害，而散之則利。棄之則害，而用之則利。如血之在人身，流貫於肢節，而潤澤其肌膚。一有壅注，則上而爲癰，下而爲痔，又或溢出於口鼻，而因以戕其軀。遂曰血之於人害也，亦舛矣！今之咎水之害者，即山川之委原未悉。胡不引人身觀之也？古昔盛時，列國分布，畫井而田，川達於溝，溝達於洫，洫達於澮，澮達於川，縱橫因其地勢，以取利於水。今西北皆其故疆也，豈古以爲利，而今以爲害乎？且東南之民，爭涓流於尺寸之間。何者？彼固利之也。謂水利於南，而獨爲北害，此必無之理也。』

客曰：『南北均利水矣，而北之視南，亦有難易乎？』徐子曰：『北易。』客乃吒曰：『子固好奇甚。言北之利於水耳，烏得而稱北易也？』徐子曰：『客何異予言哉？南方之民，披蓑而耕，抱濕而獲，蓋恒與雨相值也。長夏苗將立稿，則訟風伯而祝雨師，盼盼焉以一沾濡爲快。乃西北之雨，多於長夏，而耕獲之時少雨。其易於南，天時則然也。說南北難易利害，未盡事理。西北地曠而水夷，稍一疏引，水即爲利。東南之地，高下相懸，有轉水於數仞之深者。再日不雨，則桔槔之聲，徹於郊原，竭人力以資灌溉，苦且難，地勢使然也。考之古昔，川深尺許，遂深二尺，溝深四尺，洫深八尺，澮深二仞而已。未有如東南轉水於數仞之深者。遂溝洫澮，皆以去水，非以奠水也。至如京東，山之湧泉，溢地而出此真東南所少。河之支流，等地而平。其於西北，尤爲易易也。東南瀕海，歲多潮患。蓋海之勢趨於東南也。遼海以及青徐，有海之饒，而鮮潮之患。其難易又彰彰矣。潮患與東南等，特未饗其利，故未睹其害耳。惟仲秋之潮，挾風雨而至者，則西北所少。西北之雨多在伏秋之間也。奈何目爲萑葦之場，而棄之不田乎？予謂北易，蓋有據而言之也。』

客曰：『南北水利，修廢頓殊，亦有由乎？』徐子曰：『水利修廢，由於人之聚散，而旋轉之機，上實握之。西北在三代盛時，溝洫時修，農功畢舉。厥後，魏史起引漳水溉鄴，鄴以富。秦開鄭國渠，溉舄鹵之地四萬餘頃，關中爲沃野，秦以富強。至漢，文翁溉灌繁田千七百頃，而蜀饒。白公穿渠，引涇水溉田四千五百餘頃，而民以饒富。馬援引洮水種秔稻，而狄道並塞之民，得以樂業。虞詡復三郡，激河浚渠爲屯田，而省內郡之費。蓋三代之時，溝洫遍於列國，水之爲利也宏。魏秦國擅其利，文翁以下諸子，人興其利，水之爲利也專。然皆在西北之境。若東南稱水利者，在漢以前，惟馬臻開鑒湖而已，他未有聞也。及五胡之亂，中原生齒漸耗，從晉室而東徙者，謂之僑人。久則安其土而樂其生，西北民散而東南利興，非細故也。即如東南之饒，三吳稱最，在《禹貢》揚州之域，厥土塗泥，厥田下下而已。漢之時，亦一澤國耳。惟晉室既東，民日聚而利漸興，然其財賦，亦未至於今日之盛也。至五代時，錢鏐竊據以稱饒。及南宋，偏安以致富，則民益聚，利益興，而財賦遂甲於天下矣。靖康之亂，北人南來者更多。嘗考宋紹興五年，屯田郎中樊賓言：荊湖，江南與兩浙膏腴之田，彌亙數千里，無人可耕，則地有遺利。中原士民，扶攜南渡幾千萬人，則人有餘力。若使流寓失業之人，盡田荒閑不耕之田，則地無遺利，人無遺力，以資中興。由此觀之，則宋室方南之時，東南尚有曠棄之田。及其季年，人多而田少，豪右擅陂湖以自殖，地利盡而民不聊生者，聚故也。東南地利盡，而西北曠，厥有由哉。南宋以東南支軍國之費，故其民窮。然其正賦，亦只如今五分之一耳。今國家當全盛之時，兵戈不試者二百餘年。西北生齒，日漸繁夥，而東南之民，爭附於輦轂之下。誠勞來安集於其間，則民聚而利無不興矣。即畫井而溝洫之，亦不難也。矧秦漢以下，其興利而足民者，獨不能尋其跡，師其意而行之乎？何至待哺於江南也。彼其竊據稱饒，偏安致富者，亦不得已耳。乃今國家奚賴焉？其機固在一旋轉間也。』

客曰：『西北利水，吾固知其舊矣，然吾聞懷慶紀守，嘗因丹沁支流，疏渠成田，民頗利之。紀去而田亦隨廢。又如真定楊中丞之家居也，亦嘗募南人緣水墾田，歲入甚饒。及滹沱旁決，桑田之變，祗瞬息間耳。豈久廢之餘，固難卒舉者乎？』徐子曰：『是所謂廢食於噎，非通論也。夫利水之法，高則開渠，卑則築圍，急則激取，緩則疏引。其最下者，遂以爲受水之區，因其勢不可強也。然其致力，當先於水之源。源則流微而易御，不在源，即在委。源恒流，委恒潴，故無驟溢驟乾之患。若非源非委，在其中流者，亦必恒流，不絕不溢，或絕而可引，溢而可捍者也。田漸成則水漸殺。水無汎溢之虞，田無衝激之患。彼懷慶，當丹沁之下流，而真定尤滹沱所必衝者也，安能久而無患哉？蓋不先於其源之故也。嘗考桑乾水，發於渾源州，經保安之境，則自懷來夾山而下，至瀘溝橋狼窩地方，衝溢爲患，漫至彰義門。先朝屢經修築，爲費不貲。今保安境上，聞有用土牛逼水成田者，恐亦不能久而無患也。若督責有人，多方招募，使桑乾上流，皆引成田，則豈惟保安之田，恃以無患，而懷來以下，水患亦殺矣。予又嘗物色瀛海之間，如元城窪羅家灣窪郝家莊窪高橋鋪窪章家橋窪，皆連阡黑壤，廢爲水區。非不可田，顧以下流受黑洋等九河之水，非先致力於水源，未可激利旦夕，而終貽水患也。』西北之水一開濬，遂可無患而爲利。大要濬上流入淀，濬下流入海而已。余嘗爲有司及鄉縉言之以爲然，而當事者不知此理，遂中止。

明　徐光啓《農政全書》卷一二《水利・總論》

《荒政要覽》論禁淤湖蕩曰：古之立國者，必有山林川澤之利，斯可以奠基而蓄眾。川主流，澤主聚。川則從源頭達之，澤則從委處蓄之。川流淤阻，其害易見，人皆知濬治者。萬頃之湖，千畝之蕩，堤岸頹壞，鮮知究心。甚有縱豪強阻塞，規覓小利者。不知澤不得川不行，川不得澤不止。二者相爲體用。《易》卦：坎爲水。坎則澤之象也。爲上流之壑，爲下流之源，全繫乎澤。澤廢是無川也。況國有大澤，澇可爲容，不致驟當衝溢之害；旱可爲蓄，不致遽見枯竭之形。必究晰於此，而水利之說可徐講矣。

《荒政要覽》曰：水利之在天下，猶人之血氣然，一息之不通，則四體非復爲有矣。故大而江河川澤，微而溝洫畎澮，其小大雖不同，而其疏通導利，不可使一息壅閼則一也。故成周溝洫之制，與井田並行。匠人之職：方井之地，廣四尺者，謂之溝。十里之成，廣八尺者，謂之洫。百里之同，廣二尋者，謂之澮。夫自四尺之溝，積而至於二尋之澮，其捐膏腴之地，以爲溝洫者，凡幾也？小司徒經土地而井牧其田野，說者謂田稅之所出。則百井之地，出田稅六十有四，而三十六井則治洫也。萬井之地，出田稅者四千九十有六井，而五千有奇，則治溝與洫也。夫自一成之地，積而至於一同，萬夫之眾，其損賦稅之入，以治溝洫者，凡幾也？成周之君，豈不愛膏腴之地，賦稅之入，而棄以爲無用之溝洫哉？誠以所棄者小，而所利者大也。然其所以得溝洫之利者，治之者非一官，領之者非一人。營溝行水之制，則職之匠人，俾任浚導之功。止水蓄水之令，則領之稻人，俾專儲蓄之利。夫既有以浚之，又有以積之，此所以旱澇均無患也。自經界之不明，而先王溝洫之制，漫無可考。至於後世，與水爭地，貪尺寸之利，而遂遺無窮之害矣。

《荒政要覽》曰：按『地平天成』，『禹錫玄圭』，後畢世經營，只是濬渠築岸，以養稼穡。夫子稱之曰『卑宮室而盡力乎溝洫』，此論王夏之日也。或疑言流瀹，不兼言封築，則堤岸似屬餘事。不知井田之制，百步爲畝，深尺廣尺，爲田間水道，而不立封限。百畝爲遂，遂上有徑。十夫有溝，溝上有畛。百夫有洫，洫上有塗。千夫有澮，澮上有道。萬夫有川，川上有路。言致力溝洫，則畛塗在其中。《禹貢》稱九澤必曰『既陂』，是彭蠡、震澤之底定，亦藉陂障圍潴成澤。開濬封築，信非兩事也。於此想見唐虞三代之用民力，專用之於此而已。玄扈先生曰：《商君傳》曰：『爲田，開阡陌封疆，而賦稅平。』必非破壞而平夷之也。

又《西北水利》

《郭守敬傳》曰：守敬，字若思，順德邢臺人。習水利，巧思絕人。世祖召見，面陳水利六事：其一：中都舊漕河，東至通州，引玉泉水以通舟，歲可省雇車錢六萬緡。通州以南，於藺榆河口，徑直開引，由蒙村跳梁務，至楊村還河，以避浮雞淀盤淺、風浪遠轉之患。其二：順德達泉，引入城中，分爲三渠，灌城東地。海内如是者甚多。其三：順德灃河，東至古任城，失其故道，沒民田千三百餘頃。此水開修成河，其田即可耕種。自小王村徑滹沱合入御河，通行舟楫。其四：磁州東北滏漳二水合流處，引水由滏陽邯鄲洺州永年，下經雞澤，令入灃河，可灌田三千餘頃。其五：懷孟沁河雖澆灌，猶有漏堰餘水，東與丹河餘水相合，引東流至武陟縣北，合入御河，可灌田二千餘頃。其六：黄河自孟州西開引少分一渠，經由新舊孟州中間，順河古岸，下至溫縣南，復入大河，其間亦可灌田二千餘頃。每奏一事，世祖歎曰：『任事者如此人，不爲素餐矣。』授提舉諸路河渠。四年，加授銀符副河渠使。至元元年，復張文謙行省西夏。先是，古渠在中興者，一名唐來，其長四百里。一名漢延，長二百五十里。他州正渠十，皆長二百里。支渠大小六十八，灌田九萬餘頃。兵亂以來，廢壞淤淺。古今之際，可恨如此。守敬更立牐堰，皆復其舊。二年，授都水少監。守敬言：舟自中興，沿河四晝夜至東勝，可通漕運。及見查泊兀郎海，古渠甚多，宜加修理。又言：金時，自燕京之西麻峪村，分引蘆溝一支，東流穿西山而出，是謂金口。其水自金口以東，燕京以北，灌田若干頃，其利不可勝計。兵興以來，典守者懼有所失，因以大石塞之。今若按視故跡，使水得東流，上可以致西山之利，下可以廣京畿之漕。又言：當於金口西，預開減水口，西南還大河，令其深廣，以防漲水突入之患。帝善之。十二年，丞相伯顔南征，議立水站，命守敬行視河北山東，可通舟者。不行視，誰則知之？非其人，若何行視？自陵州至大名，又自濟州至沛縣，又南至呂梁，又自東平至綱城，又自東平清河逾黄河古道，至與御河相接，又自衛州御河至東平，又自東平西南水泊至御河，乃得濟州大名東平泗汶與御河相通形勢，爲圖奏之。二十八年，有言灤河自永平挽舟逾山而上，可至開平。有言瀘溝自麻峪，可至尋麻林。朝廷遣守敬相視：灤河不可行，瀘溝舟亦不通。守敬因陳水利十有一事。一相視，即言者莫敢妄言。不相視而直指爲妄言，即郭生亦無由自見。第非郭生，固不諳相視耳。其大都運糧河，不用一畝泉舊原，別引北山白浮泉水，西折而南，經甕山泊，自西水門入城，環匯於積水潭。復東折而南，出南水門，合入舊運糧河。每十里置一牐。比至通州，凡爲牐七。距牐里許，上重置斗門，互爲提閼，以通舟止水。帝覽奏，喜曰：當速行之。於是復置都水監，俾守敬領之。帝命丞相以下，皆親操畚牐倡工，待守敬指授而後行事。置牐之處，往往於地中偶值舊時甎木，時人爲之感服。船既通行，公私省便。先是，通州至大都，陸運官糧，歲若干萬石。方秋霖雨，驢畜死者不可勝計，至是皆罷之。三十年，帝還自上都，過積水潭，見舳艫蔽水，大悦，名曰通惠河。守敬又言，於澄清閘稍東，引與北壩河接。且立閘麗正門西，令舟楫得環城往來，志不就而罷。大德二年，召守敬至上都，議開鐵幡竿渠。守敬奏：山水頻年暴下，非大爲渠堰，廣五七十步不可。執政吝於工費，以其言爲過，縮其廣三之一。俗吏之爲害如此。明年大雨，山水注下，渠不能容，漂没人畜廬帳，幾犯行殿。成宗謂宰臣曰：『郭太史神人也。』自然之理，何神之有哉？守敬在西夏，常挽舟溯流而上，究所謂河源者。又嘗自孟門以東，循黄河故道，縱廣數百里間，各爲側量地平，或可以分殺河勢，或可以灌溉田土，具有圖誌。又嘗以海面較京師至汴梁地形高下之差，謂汴梁之水，去海甚遠，其流峻急，而京師之水，去海至近，其流且緩。其言信而有徵。此水利之學，其不可及者也。

丘濬曰：井田之制雖不可行，而溝洫之制則不可廢。北方正可井田，正可如古人之制，但不必限田耳。今京畿之地，地勢平衍，率多洿下。一有數日之雨，即便淹没，不必霪潦之久，輒有害稼之苦。農夫終歲勤苦，盻盻然而望此麥禾，以爲一年衣食之計，賦役之需，垂成而不得者多矣，良可憫也。北方地經霜雪，不甚懼旱，惟水潦之是懼。十歲之間，旱者什一二，而潦恒至六七也。旱非不懼，其所傷不如潦多耳。旱而蝗，大可懼也，而蝗又生於潦也。爲今之計，莫若少仿遂人之制：每郡以境中河水爲主，又隨地勢，各爲大溝廣一丈以上者，以達於大河。又各隨地勢，各開小溝廣四五尺以上者，以達於大溝。又各隨地勢，開細溝廣二三尺以上者，委曲以達於小溝。其大溝，則官府爲之。小溝，則合有田者共爲之。細溝，則人各自爲於其田。每歲二月以後，官府遣人督其開挑，而又時常巡視，不使淤塞。如此，則旬月以上之雨，下流盈溢。或未必得其消涸。下流何故盈溢，乃可不爲措置？若夫旬日之間，縱有霖雨，亦不能爲害矣。朝廷於此，又遣治水之官，疏通大河，使無壅滯。又於夾河兩岸，築爲長隄，高一二丈許，則衆溝之水，皆有所歸，不至溢出，而田禾無淹没之苦，生民享收成之利矣。是亦王政之一端也。

徐貞明《請亟修水利以預儲蓄疏》曰：臣惟神京雄據上遊，以御六合，兵食厥惟重務，宜近取諸畿甸而自足。乃食則轉漕，兵則清勾，若皆取給於東南，不可一日缺者；豈西北古稱富强之地，不足以裕食而簡兵乎？夫賦税所出，括民脂膏，而軍船之費，夫役之煩，常以數石而轉一石，東南之力竭矣。而河流多變，運道時梗。忠於謀國者，鏡勝國之往事，以慮變於將來，竊有隱憂焉。是竭東南之力，而不能保國計於無虞。此西北水利所當亟修者也。軍丁遣戍，雖有骨肉，而軍裝出於戶丁，幫解出於里遞，每軍不下百金，東南之民困。而軍非土著，志不久安，輒賂衛官以私回。衛官利其初見之賂，又可以頂軍而冒糧也，輒縱之而使回，又皆冒支存恤月糧。是困東南之民，而不能使軍政之有賴。此東南軍勾所當議停者也。臣待罪該科，水利修舉，職掌攸關。先任山陰時，於軍勾之苦，又嘗目擊。敢竭愚衷，爲我皇上陳之：

西北之地，夙號沃壤，皆可耕而食也。惟水利不修，則旱潦無備。旱潦無備，則田里日荒。遂使千里沃壤，莽然彌望，徒枵腹以待江南，非策之全也。臣聞陝西河南，故渠廢堰，在在有之。山東諸泉，可引水成田者甚多。今且不暇遠論。即如都城之外，與畿輔諸郡邑，或支河所經，或澗泉所出，可皆引之成田。北人未習水利，惟苦水害，而水害之未除者，正以水利之未修也。

蓋水聚之則爲害，而散之則爲利。棄之則爲害，用之則爲利。今順天真定河間等處地方，桑麻之區，半爲沮洳之場。揆厥所由，以上流十五河之水，而泄於貓兒一灣，欲其不泛濫而壅塞，勢不能也。今誠於上流疏渠濬溝，引之成田，以殺水勢，下流多開支河，以泄横流，其澱之最下者，留以瀦水，澱之稍高者，皆如南人圩岸之制，則水利興，而水患亦除矣。此畿内之水利所宜修也。臣又嘗考《元史》，學士虞集建議，欲於京東瀕海地方，如浙人築塘，捍水成田。惜其議中格。及末年，海運不繼，始有海口萬戶之設，已無救於元事矣。臣嘗臨文歎惋，恨集言不蚤售於當時。今自永平灤州，以抵滄州慶雲之境，地皆萑葦，土實膏腴，集議斷然可行。當全盛之時，河漕歲通，而思患預防，紛然獻議，獨於集議尚廢焉未講。若仿其意，招撫南人，築塘捍水，雖北起遼海，南濱青齊，皆可成田，有不煩轉漕於江南而自足者。其思患預防之深意，又不止於開河通漕而已。此瀕海之水利所宜修也。議者或以水利久廢，驟而行之，必役重而民擾，勢逆而功難。臣以爲不然。蓋施爲緩急，在當時酌而行之耳。民所素業者，姑置勿問，而荒蕪不治，人所共棄者，從而經略其端，則不棄者，群起以效力矣。功力難施者，姑置勿問，而勢順費省，功力易成者，從而經略其端，則難成者，以漸而就緒矣。順民之情，因地之勢，亦何憚而不爲哉？伏乞敕下工部，酌議覆請，特命憲臣實心爲國爲民者，假以事權，不沮浮議，需以歲月，不求近功。將畿輔諸郡，及京東瀕海水利，相度土宜，率先修舉。或撫窮民，而給其牛種，或任富室，而緩其科稅；或選健卒。而分建屯營；或招南人，而許其占籍。諸凡招徠勸相，俱許便宜行事。俟行之稍有成績，次及山東河南陝西等處地方。將江南歲運，酌量改折，助其費而究其功。東南之歲運漸減，西北之儲畜常裕，不惟民力可紓，而國計永保於無虞矣。東南之民，素稱柔脆，本不宜於遠戍也。勾補無用，莫不知之，而軍伍日漸虛耗，又不能舉其法而盡廢。今徒致嚴於勾補之中，而不議處於勾補之外，非計之得也。各處軍戶，除戶絶法當除豁，及戶内消耗止有老弱不堪，法當紀録外，其有應解軍戶，丁田衆多，不願遠戍者，如匠班事例，量徵軍班行。分其戶爲三等，而上下其班行。上戶若干，中戶若干，下戶若干，俱解赴應戍之所，以資召募。班行既定，可免歲歲清勾，軍戶無遠戍之苦，里遞免解送之勞。此班行之有益於民，所當議者也。歲徵班行，或類解京師，或轉發該衛，就便召募土著，則可揀擇壯丁，不至老弱充數，得備禦之實用。土著安居，永無逃亡之患。存恤月糧，又可裁革，並資召募。此班行之有益於國，所當議者也。議者或以清勾，則解丁永戍，班行則每歲誅求，似於軍政有礙。臣以爲不然。夫所裨於軍政者，不當眩於勾補之虛數，當求召募之實用耳。今軍班歲出不甚多，然積數歲以通募，則一軍之班，雖募兩軍可也。軍戶畏於軍補，漸脱戶而隱丁。若止徵班銀，軍戶必無隱脱，則一時之召募，遂爲經制可也。較之清勾有虛數而無實用，所得不又倍哉？伏乞敕下兵部酌議覆請，查照先年匠班事例，將應解軍丁免其解補。每年量徵班行，以資召募。將存恤月糧裁革，以杜虛冒。使南北之勾補永罷，西北之行伍漸充。不惟民困獲甦，而軍政坐見其有賴矣。又照畿内諸郡邑，統轄既分，事多牽制。先因亟拯民溺，以奠内地事宜，議欲專遣憲臣一員，竟以畿内差多，未經允行。臣以爲水利重務，必專其事權，方克有濟。各省清軍，先有專差。近浙江南直隸雲貴四川，因先差御史養病升任停差，令各巡按御史兼攝，惟湖廣廣東廣西江西福建，尚有專差。是以政體未一。伏乞敕下都察院酌議覆請，專差老成憲臣一員，經略畿内水利。如畿内差多，則裁減別差，並歸水利亦便。將前各省清軍御史取回別差，俱令巡按御史兼攝，則水利之事權專，而清軍之政體一矣。豈有一年一差，而能經略此事者？若久任按臣又不可。蓋此撫院之事，所宜久任，而責成功焉耳。但得其人，又何煩別設耶？

又 卷一三《水利·東南水利上》

宋范仲淹上呂相公並呈中丞咨目曰：去年姑蘇之水，逾秋不退，某爲民之長，豈敢曲阻焉？然初未甚曉，惑於群説，及按而視之，則了然可照。今得一二而陳焉，願垂鈞造，審而勿倦，則浮議自破，斯民之福也。姑蘇四郊略平，窊而爲湖者，十之二三。西南之澤尤大，謂之太湖，納數郡之水。湖東一派，濬入於海，謂之松江。積雨之時，湖溢而江壅，横沒諸邑。雖北壓揚子江而東抵巨浸，河渠至多，堙塞已久，莫能分其勢矣。惟松江退落，漫流始下。或一歲之水，久而未耗，來年暑雨，復爲沴焉，人必薦饑，可不經畫？今疏導者，不惟使東南入於松江，又使西北入於揚子之於海也，其利在此。或曰：江水已高，不納此流。某謂不然。江河所以爲百谷王者，以其下之，豈獨不下於此耶？江流或高，則必滔滔旁來，豈復姑蘇之有乎？矧今開畎之處，下流不息，亦明驗矣。或曰：日有潮來，水安得下？某謂不然。大江長淮，無不潮也，來之時刻少，退之時刻多，故大江長淮，會天下之水，畢能歸於海也。或曰：沙因潮至，數年復塞，豈人力之可支？某謂不然。新導之河，必設諸閘，常時扃之，禦其潮來，沙不能塞也。每春理其閘外，工減數倍矣。旱歲亦扃之，駐水灌田，可救熯涸之災。潦水則啟之，疏積水之患。或謂開畎之力，重勞民力。某謂不然。東南之田，所植惟稻，大水一至，秋無他望。災沴之後，必有疾疫。乘其羸敗，十不救一。謂之天災，實由饑耳。或謂力役之際，大費軍食。某謂不然。姑蘇歲納苗米三十四萬斛，官司之糴，又不下數十百萬斛。去秋蠲放者三十萬，官司之糴，無復有焉。玄扈先生曰：宋時歲納之少如此，蠲放之多如此。如豐穰之歲，春役萬人，人食三升，一月而罷，用米九千石耳。荒歉之歲，日食五升，召民爲役而賑濟，一月而罷，用米萬五千石耳。量此之出，較彼之入，孰爲費軍食哉？何消如此計算？力役者皆人也。不力役其人遂不食耶？或謂陂澤之田，動成渺瀰，導川而無益也。某謂不然。吳中之田，非水不殖，減之使淺，則可播種，非決而涸之，然後爲功也。昨開五河，泄去積水，今歲和平，秋望七八。積而未去，猶有二三未能播種。復請增理數道，以分其流，使不停壅。縱遇大水，其去必速，而無來歲之患矣。此理通於天下之水，何必東南？又松江一曲，號曰盤龍。父老傳云：出水猶利。如總數道而開之，災必大減。蘇秀間有秋之半，利已大矣。畎澮之事，職在郡縣，不時開導，刺史縣令之職也。然今之所興作，橫議先至，非朝廷主之，則無功有毀也。守土之人，恐無建事之意矣。蘇常湖秀，膏腴千里，國之倉庾也。浙漕之任，及數郡之守，宜擇精心盡力之吏，不可以尋常資格而授之。恐功利不至，重爲朝廷之憂，且失東南之利也。

元任仁發《水利集》曰：議者曰：古者吳淞江狹處尚二里許，猶不能吞受太湖之水，於是添浚三十六浦以佐之，且後時有渰沒田疇之患。今所開江二十五丈，置閘十座，其能去水幾何？其利則未知也。答曰：所開江身二十五丈，置閘十座，每閘闊二丈五尺，可以泄水二十五丈。吳淞江緣潮水往來之故也。此必然之畫。古人論泄水之法極詳，范文正公曰：三分其時，損居二焉。謂如一日十二時，晝夜兩潮，四時辰潮漲，八時辰潮落。所設之閘，晝夜皆去水之時也，所以終江面二里之寬，不如十閘之功也。吳淞二里上海浦未大也。黃浦既闊二里餘，已代吳淞泄水矣。豈開江二十五丈，遂足當二里之舊吳淞哉？任亦不達於水理，亦不考於古今之故矣。且閘止能閉潮無入，豈能晝夜皆去水而當二里餘之舊江也？況今東南有上海浦，泄放澱山湖三泖之水，東則劉家港耿涇，疏通昆承等湖之水。吳淞江置閘十座，以居其中。潮平則閉閘而拒之。潮退，則開閘以放之。滔滔不絕，勢若建瓴，直趨於海，實疏通瀦水之上策也。與古三江，其勢相埒。若夫時水，雖太湖汪洋瀰漫，其涸亦可待矣。旱則閉閘瀦水以灌溉，乃一舉兩得其利也。議者曰：吳淞江自古無閘，今置之，非也。何不開闊疏通，使江復故道，一任潮水往來，豈不便易？答曰：治水之法，先度地形之高下，次審水勢之往來，並追源溯流，各順其性。古人謂水歸深源。又曰：沙泥隨潮而來，清水蕩滌而去。今所往上海劉家港等處，水深數丈，今所開之河，止二丈五尺。若不置閘以限潮沙，則渾潮捲沙而來，清水歸深源而去。新開江道，水性不順，兼以河沙約住河泥，不數月間，必復淺塞，前工俱廢。故閘不可不置也。范文正公曰：新導之河，必設諸閘。正此謂也。若欲再復吳淞江之故道，須候諸閘啟閉流深，衆水歸源，其洶湧之勢，孰得而制禁？當於此諸閘都閉，挑開一處堰壩，任潮水往來，借清水力東衝而洪，自復成江矣。大謬！無此理。《考工記》曰『善溝水者，水齧之』之謂也。議者曰：吳淞江前時流通，今日何爲而塞？豈非海變桑田之說，黃河日走千里，非人力所可爲者歟？答曰：東坡有言：若要吳淞江不塞，吳江一縣人民，可盡徙於他處，庶使上流寬瀉，清水力盛，沙泥自不能積，何致有堙塞之患哉？疏通清水，以滌渾潮，自是正論。後來東南治水，宜仿此意。然瀦水之處，日淤日淺，亦天地自然之勢。不然，寶帶垂虹，何自而立哉？歸附之後，將太湖東岸水出去處，或釘木爲柵，或用土草爲堰，或築狹河身爲橋，置爲驛路。及有湖泖港汊，又慮私鹽船往，來多行塞斷，所有水脈不通，清水日弱，渾潮日盛，沙泥日積，而吳淞江日就淤塞。今日江勢，正與東坡所見合。如曰海變桑田，黃河奔突，一時之謂，謂黃河非人力可爲，亦謬。則聖人手足胼胝，盡力溝洫，皆虛言也。聖人豈欺我哉？所當盡人力而爲可見也。議者曰：錢氏有國一百有餘年，止長盈年間一次水災。亡宋南渡一百五十餘年，止景定間一二次水災。今則一二年，或三四年，水災頻仍，其故何也？答曰：錢氏有國，亡宋南渡，全藉蘇湖常秀數郡所產之米，以爲軍國之計。當時盡心經理，使高田低田，各有制水之法。其間水利當興，水害當除。合役居民，不以繁難，合用錢糧，不吝浩大。又使名卿重臣，專董其事。富豪上戶，美言不能亂其法，財貨不能動其心。凡利害之端，可以興除者，莫不備舉。又復七里爲一縱浦，十里爲一橫塘。或作五里一縱浦。田連阡陌，位位相承，悉爲膏腴之産。設有水患，人力未嘗不盡，遂使二三百年之間水患罕見。欽惟國朝，四海一統，人才畢集。擢居重任者，或未知風土之所宜也，以爲浙西地土水利，與諸處同一例，任地之高下，任天之水旱。所以一二年間，水災頻仍，皆不諳風土之同異故也。諸處何獨不然？蓋天地之間，無一處不宜興修水利者。議者曰：蘇州地勢低，與江水平，故曰平江，故稱澤國。其地不可作田，必然之理也。今欲圍築硬岸，亦逆土之性耳。答曰：晉宋以降，倉廩所積，悉仰給於浙西水田之利，故曰『蘇湖熟，天下足』。若謂地勢高下，不可作田，以爲必然之理，此誠無用之論也。浙西之地，低於天下，而蘇湖又低於浙西，澱山湖又低於蘇州。此低之又低者也。彼中富戶數千家，於中每歲種植茭蘆，埋釘樁笆，委埋封土，圍築硬岸，豈非逆土之性？何爲今日盡成膏腴之田？此明效之驗，不可掩也。既是澱山最低之湖，經理尚可以爲田，卻説已成之田，不可作田。天下寧有是理也？議者曰：水旱天時，非人力所可勝。自來討究浙西治水之法，終無寸成。答曰：浙西水利，明白易曉。特行之不得其要，何謂無成？大抵治水之法，其事有三：浚河港必深瀉，築圍岸必高厚，置閘竇必多廣。設遇水旱，有河港深瀉隄防而乘除之，自然不能爲害。河港泄瀉，圍岸隄防，閘竇乘除。倘有人力不至，而一切委數於天，天下寧有豐年也？東坡有言：浙西水旱，此謂人事不修之積，非時之數，今之謂也。昔范文正公親開海浦，時議者阻之。公鋭意完具，排浮議，疏浚横潦，數年大稔。乃謂終無寸利？爲是説者，皆聽受富家驅使，而妄爲無稽之言也。何處水旱，非緣人事不修，人不講不做耳。東南久做久講，所以有人如此説。議者曰：吴淞江開之後，自合浙西永無水害，何爲大德十年，自濟以南，直至浙西，有水害甚深？答曰：且體比年浙西所收子粒分數，比之淮北，數幾十倍，皆吴淞江三閘，並諸壩口，出放澇水之力。以未開吴淞江之前，大德七年，亦遭水害，所收子粒分數，比大德十年，不及三分之一。以此論之，則水監豈爲無功？天災流行，水淹爲害，人力之所致，可不備禦隄防之，若除一分之害，則享一分之利。謂當永無水害，乃不近人情之論。爲執政者，不當便聽其言，不察是否，乃直謂無功而輒罷之，正如咽喉噎而廢食也。況自歸附以來，二三十年，所積之病，豈半年工役之所能盡哉？議者曰：行都水監，既是有益衙門，何謂衆口一詞，皆謂無益，而明議罷之？答曰：民可使由之，不可使知之。事之利害，久而復明，非高識遠見，熟於世務，通於水利者，安知有久遠無窮之利？彼愚民無知，但見一時工夫之繁。豪民肆奸，有吝供輸募夫之費。所以百端阻撓，但爲無益以敗事。殊不知浙西有數等之水，拯治方略，皆不相同，非專司不能盡力責其成功。使水監衙門，真如無事，古之有國者，亦廢而不舉久矣。何謂周漢唐宋之世，未嘗不一日用心盡力。經營水利之事，列之史傳，代不乏人。故諺曰『水利通，民力鬆』，斯言信矣。並浙西水利低下之處，不須水監拯治，即今中原高阜之鄉，安用水監河道司爲哉？然則高阜之處，水監既不可缺，而低下之處，乃謂不必置立，何不思之甚也？議者曰：水利不可不修，今隴西唐宋二渠，正是責於有司疏浚，田禾有收，民便不擾。浙西水利，與隴西一體，責之有司兼管，豈不便哉？答曰：隴西唐、宋二渠，長湖水也，浚成深渠，水自下流，何難拯治？浙西地面，有江、海、河、浦、湖、泖、蕩、漾、溪、澗、溝、渠、汊、涇、浜、漕、漊等名；水有長流活水、瀦定死水、往來潮水、泉石迸水、霖淫雨水、風決漲水、潮泥渾水、南來交水、風潮賊水、海嘯淫水等名。水名既異，則拯治方略亦殊。豈可以唐、宋二渠長流水例之哉？略舉浙西治水，礶堰、壩水、函石、倉石囤、蘧蒢、土帚、刺子、水管、銅輪、鐵筢、木杴、木井、木簷、木匝、水車、風車、手戽、桔槔等器牐、竇、碶、斗門，隴西未必有也。今設爲此策，乃不知地理之人，如醯雞井蛙，豈足與議遠大之事？宋賢如范文正公、蘇文忠公、朱文公、王荊公，皆命世大儒，經綸天下之大材，尚各各建策，設官置兵，盡力經營水利之事，不令有司兼管，必有所見而爲之。當時有司兼管，何往而不敗事？爲是説者，未必長於蘇、范諸公之議也。況浙西地形高下，水旱不均。古人有言：『東州之官，莫問西州之利。』或利於此，必害於彼，此事今於畿輔最急。便有彼疆我界之分。若無水監通行管領，一體整治，何能用心協力於均水利也哉？

劉鳳《續吴録》曰：蘇之三江：曰吴淞江，曰婁河即婁江，曰黄浦即東江。昔嘉定尹龍晉，以御史左官，濬治吴淞百年以來淤滯，民大被其利，名之御史河。方鑿地時，獲一石，上云：『得一龍，江水通。』蓋豫記之矣。近巡撫海公復疏之，後乃專官以憲令督視者累年。蓋吴利水稻，其豐穰，惟在水之節宣得其所。昔單諤有書，繼則沈憲副啓圖誌尤詳，實不越《禹貢》所云『三江既入，震澤底定』二言也。

玄扈先生曰：淞江之側，有小聚落，名三江口。酈善長云：『淞江自湖東北徑七十里，至江水分流，謂之三江口。』《吳越春秋》載范蠡去越，乘舟出三江口，入五湖，皆謂此也。三江，即《禹貢》所指者。宜興士人單諤著《吳中水利書》，其説謂：蘇、湖常三州之水，豬爲太湖。湖之水，溢於松江以入海，故少水患。今吳江岸，界於松江、太湖之間，岸東則江，岸西則湖，江東則大海也。自慶曆二年，欲便糧道，遂築此隄，横截江流五十里，遂致太湖之水，常溢而不泄，浸灌三州之田。又睹岸東江尾與海相接之處，茭蘆叢生，沙沱漲塞，而又江岸之東，自築岸以來沙漲，今爲民居民田。雖增吳江一邑之賦，而三州之賦，不知反損幾百倍矣。今若泄太湖之水，莫若先開江尾茭蘆之地，遷沙村之民，運其所漲之泥，然後以吳江岸，鑿其土，爲木橋千所，以通糧運。隨橋谹開茭蘆爲港走水，仍於下流開白蜆、安亭二江，使太湖之水，由華亭青龍入海，則三州水患必滅。元祐中，東坡在翰苑，奏其書請行之。

吳恩《吳中水利》曰：蘇州之地，北枕長江，東表溟海，而水泉之勢，則與江平，故曰平江郡。然江水復高於海，而平江之水，決之赴海則順，導之出江則平。是以禹開三江於內地，決震澤之豬，由三江以入海，而底定之功，垂之百代。逮至有宋，則因吳越錢氏舊議，決湖水以入揚子江，而其地之高下，不甚相懸，所以易爲通塞也。唐人竊見一時利害，輕視禹跡，不尋三江之舊，而遂築長隄，横截江湖之上，凡四十五里，以通漕舟。今寶帶橋一路是也。所賴以泄湖波之怒，下通吳淞者，則有松陵治東之出耳。而元人又有垂虹石梁之築，雖足以爲公私病涉之利，而於東南經久之規，殆未嘗有深思遠慮以及之者矣。故其橋洞雖設，而梗塞日滋，沙淤寖高，而咽喉益隘，終不若宋時木橋之爲得也。今二橋不可去，而三江之上流，實在於此。今欲順其歸海之勢，而議者欲去二橋兩旁之塞，大濬而擴清之，使其深廣峻發。湖不自淺，而清水果盛，則二橋之兩旁，何由而塞？此一説也，惟不得禹之故道。而范文正公乃欲導之以出揚子江，於是有開濬白茆之議。蓋因唐郡守李人原開常熟塘，借湖水以救旱，而後人因之以分太湖之水耳。議者又欲分太湖之上流，於是單諤欲開濬百瀆横塘，以分荊谿之流。又欲濬石隄江尾茭蘆之地，改木橋以通壅。蘇文忠公獨取其説，上之於朝，乃謂：『雖增吳江一縣之稅，顧二州之逋失者，蓋不貲也。』獨以開江又不能經久通利，於是郟亶論其不便，蓋自沿江東自江陰，逶常熟太倉，一路高阜之地，謂之堈身，凡三百餘里，闊厚亦不下數十里。其土粗而高燥，脈理椎結。此天所以限長江，而奠生民者也。其中則爲低下之田，爲圍百萬畝。其南則有太湖之壅，憑陵於上。一遇水澇，則泛溢旁出，以蕩沒低田，無所於救。民天所寄，國需所出，遂爲魚龍之宮。識治者蓋所不忍，而必欲爲之所者矣。且水澇之年，江水必漲。今鑿堈身，以出湖波，堈身豈所以限長江，乃海之涯也。是引湖水以浸低田，而出江之流，又未免爲江潮之壅遏，則倒流入田，其勢亦易見矣。又江潮之入也常速，出也常緩，不幾歲月，淤積泥沙，其塞可期而待也。而其子郟僑復申其説，識者又多採之。今欲不廢已成之隄橋，而又欲疏通久長之利，則必悉舉衆議。而於奮入蕪湖之水，限之不使東注，復修常州十四瀆北出之防，而下之江陰，則於太湖之上流，可以分殺矣。又於吳江江尾之壅，決去不疑，而下開澱山湖，以便吳淞江之入。如是而始通白茆入江之路，則可久得其益也。永樂中，夏忠靖公開濬白茆，通八十九年。而今開鑿不過二十年而塞者，得非人力有缺也，如錢氏之撩淺軍歟？得非隄防未至也，如宋人之設閘留清，駛以導之歟？得非濬法未詳也，如古之曲則深、直則塞歟？凡此皆可細究，而通謀盡利之方，厚民益國之務，莫有急於此時者矣。然置閘之法，則不可比京口江陰之例。蓋京口借江水以通漕，不得不閘以禦其去。江陰地居常熟之上，江水尤高，其外潮之入也有時，而內水之出也有限，故亦可閘。非比白茆之口，即今已一百餘丈矣。若欲置閘，則必厚築兩旁；厚築兩旁，則內水之出也益隘，將欲疏之，適以阻之矣。江闊而以閘束之可乎？必如任仁發之説，江二十五丈則十閘乃可，今言兩旁支港置閘，亦妙，但河身必與江等深，而閘口必與江容等例爲是。然欲留清水以滌淤沙，則如之何？謂宜大疏兩旁支港，使節節深濬，横置木閘大則石閘，俟潮來即閉，潮退則開，庶可少得導沙之益矣。然撩淺之夫，則終不能廢也。其撩淺之法，募人爲卒，官爲雇值，設四指揮以督事。今若用之，則指揮不必設，而以各縣治水縣丞主之。官爲雇卒，而又有本府水利通判督之於上，使憂勤相須，以期事功。事不有益矣乎？夫東南諸郡，國家之外府也，而蘇之貢賦，又半於東南。一遇旱澇，至於逋亡者，不知有若干人於茲矣。隄防之修，旱暵之備，實有不可緩焉者。若救旱之法，則必先於近山高阜之地，多爲積水池。如前人開鑿穹窿支溝，豬蓄雨泉以待用，而於堈身之地，則使多穿陂塘。而又必官爲之處，上下提督，則百錢石米之富，可復見於今日也。不然，則東南民事，將不知其所終矣。然此其大略也，來源去委，並列於後：

一、太湖所受之水。吳爲澤國，其藪具區，其浸五湖，又曰震澤，曰笠澤，即今太湖也。酈道元曰：『萬水所聚，觸地成川。』一自建康常潤宜興，由荊溪以入；一自天目宣歙臨安苕霅諸溪以入。周圍五百里，浸洪三州，而豬聚汪洋，盈溢東注，則皆東南出吳江，奔流分三道以入海。謂之三江，禹治之舊跡也。

一、三江遺跡。《史記正義》、《吳地記》所載三江，並難尋究。唐宋土人所稱，獨指吳淞一江爲存耳。今考自吳縣鱟塘即俗人所謂鯰魚口北折，經郡城之婁門者，爲婁江。從吳江縣長橋東北，合龐山湖者，爲淞。其自大姚分支，入長洲縣界，匯澱山湖，東出嘉定縣界，合於黃浦，經嘉定之江灣，青浦東北行，名吳淞江者，爲東江。此曲說也。震澤出海，實無三江。《禹貢》所謂，自指大江爲三江耳。

一、太湖小肢，其東出胥口，與別流匯於石湖。復東行抵郡城，折北至閶門婁東入常熟塘，下入白茆浦。其分水墩，北走觀瀆橋，散出楊涇者，皆入常熟塘。其合沙湖者，入昆山至和塘，直入太倉者，歸於海，及分合於吳淞江，向東而行。

一、吳江石隄，隔塞江路。自唐元和中，刺史王仲舒，築石隄以達松江糧運，長亙數十里，橫截江路，隄外爲江，隄內爲湖。雖橋洞僅通五十三處，名曰寶帶橋，而宣泄細澀，終不輕快。回流積淤，漸盤蘆葦，而向所謂可敵千浦之江，遂爲淺渚平沙之境矣。當時經制權宜，實爲有益，不虞水道漸塞，竟爲諸郡良田之梗也。

一、垂虹橋復阻東流之勢。自石隄橫截江路，所恃以東注者，淞陵治東之泄也。但湖水爲石隄所拘，湍怒流急，遂折縣治之旁爲二，於是風濤盛，而公私隔矣。慶曆中，縣尉王庭堅作木橋以利來往，而吳淞江獨眇然通利。至元泰定中，州判張顯祖遂構石梁，而虛洞列至六十之外，僅如管窺，蓋不知前人立木之意也，遂使流沙日壅，裹湖水而不得出。而山原溪洞之來，又成日至。其泛溢自恣，瀰漫浸淫，無怪乎其然矣。

一、澱山湖狹隘不能展舒吐納。吳中諸湖，惟澱山爲最下，而界於昆山、吳江、長洲之間，南屬華亭，而太湖之水入於淞江，藉此以爲傳送者也。元時，尚有僧寺特立湖中，而今則寺在良田之中，則水路之隘可知矣。議者欲復辟其故道，暢而通之，則未易爲力。然此湖獨爲低下，而吐納之機，實在於此，則其說或可採也。自古無濬湖受水者，不知濬法如何。

一、白茆河形。夫水性，帶東南則稍下，帶北則稍高。而今之白茆，則直向東北合，亦從其下趨之勢，因其勢而利導之，古之善經也。而近年開鑿，已非夏忠靖舊開之路，是以通塞久近，爲驗較然矣。其必於近江二三十里處，相其形便，開向東南，以從其性，或可久得其利也。

一、夾浦橋不可立。湖自大姚分肢，一從柳胥港瓜涇而北，又一從吳江縣北門，委直北至夾浦橋而入，以下吳淞。此僅一脈之存耳。國初嘗有石梁，爲水齧廢，而周文襄公乃使造舟爲梁，鎖兩端而中貫之，以通行者，至今爲便。而近者鄉人，又謀疊石，此政不可許也。

一、疏通次第。夫旱暵之年，來源必少，霜降水涸，可以賦功。若使先疏上源，則下流必壅，合無先啟白茆之路乎？其次，則七丫浦。又其次，則吳江堤長橋之導。而又次，則理百瀆以北，以下江陰之江，分荊溪之注。又次，則理宣歙九陽江之水，以入蕪湖。而中間各縣，隄渠水竇之設，則分投就近得利之家，隨宜開浚，則施工之日，遂爲三州有秋之望矣。

一、開江始末。夫田租始加於漢唐，而徵輸遂極於後代。徵法愈倍，則耕法愈詳。何者？民之苦於不得已也。故沿江之民，鑿堈身以救旱，而於其中低窪之處，了不相涉。而水澇之年，則太湖被隄橋之壅，泛溢瀰漫，而各縣之低田，遂成巨浸。於是內水高而江水下，而見者遂欲決之以入於江，此開江之說所由起也。暫時處置，實爲有益。及至江水復漲，則內水高而不得出，亦有時而然者。此皆一時所見，而欲節宣不費，永益良田，以無失東南之利者，則人事之修，不可以不詳定也。然禹治震澤，則分疏東南之流，以歸於海，無紛紛多事。而後人開江，得一益或生一事，至紛紜補葺，煩切而不可救，而又不能已者，何也？蓋自井邑丘甸之設，則必有卒兩軍師之制，水利之興，則江防不可不留意也。一自江陰之江開，始以通魚鹽之利耳，而竟開北兵窺南之路，僞吳守之以捍吳，而國家得之以入金陵。一自福山之江開，爲張士誠襲蘇之徑，而國家亦因之以取吳。一自許浦白茆之江開，而金人每於此窺宋。其後李寶破敵兵於此，遂設許浦軍，而白茆乃有制置節度之設，宿重兵而恒恐其不足。一自劉家港之江開，而元人以之通海運，交六國市舶，而朱清、張瑄之徒，爲患不絕。其後二人招懷，而海邊之軍鎮，遂相望而列矣。然永樂中，尚有倭賊之寇，又設守禦千戶所於崇明沙。今縱不能如禹之行水，而上下煩勞，則皆開江之利啟之也。然地維開張，本爲國家之用，而竊發時見，未清消弭之源，則其敦本厚民之實，力田務農之政，誠不可漫爲之説者矣。但積沙既爲漲灘，而富家因爲己有，是以客土恃勢力以負國，暴水縱積怒以困民，其害相因而不解也。

又卷一四《水利・東南水利中》

《荒政要覽》曰：戊戌正月，太祖高皇帝令康茂才爲營田使。上諭之曰：『比因兵亂，隄防頹圮，民廢耕耨，故設營田司以修築隄防，專掌水利。今軍務實殷，用度爲急，理財之道，莫先於農事。故命爾此職，分巡各處，俾高無患乾，卑不病潦，務在蓄泄得宜。大抵設官爲民，非以病民。若但使有司增飭館舍，迎送奔走，所至紛擾，無益於民而反害之，則非付任之意。』

正統五年庚申，令『天下有司秋成時修築圩岸，濬陂塘，以便農作。仍具數繳報，候考滿以憑黜陟』。

夏原吉奏《治蘇松水利疏》曰：成化五年上以蘇松水旱爲憂，命臣特往疏治。八月遣都御史俞吉齎《水利集》以賜臣原吉，講究拯治之法。臣與共事官屬，及諳曉水利者，參考輿論，頗得梗概。蓋浙西諸郡，蘇、松最居下流。太湖綿亙數百里，受納杭、湖、宣、歙諸州溪澗之水，散注澱山等湖，以入三江。頃爲浦港湮塞，匯流漲溢，傷害苗稼。拯治之法，要在浚滌吳淞江諸浦，導其壅塞以入於海。但吳淞江延袤二百五十餘里，廣一百五十餘丈，西接太湖，東通大海。前代屢浚屢塞，不能經久。自下江長橋至夏駕浦，約一百二十餘里，雖云通流，多有狹淺之處。自夏駕浦抵上海縣南蹌浦口，一百三十餘里，湖沙漸漲，已成平陸。欲即開浚，工費浩大，且灩沙遊泥，浮泛動蕩，難以施工。臣等相視，得劉家港即古婁江，徑通大海，常熟之白茆港，徑入大江，皆繫大川，水流迅疾。宜浚吳淞江南北兩岸安亭等浦港，以引太湖諸水入劉家白茆二港，使直注江海。又松江大黃浦乃通吳淞江要道。今下流壅遏難流。傍有范家浜，至南蹌浦口，可徑通海，宜浚令深闊，上接大黃浦，以達泖湖之水。此即《禹貢》三江入海之跡。每年水涸之時，修築圩岸，以禦暴流。如此，則事功可成，於民爲便也。

徐貫《治東南水患疏》曰：弘治八年臣等竊見嘉湖常鎮，水之上流；蘇、松，水之下流。上流不浚，無以開其源；下流不浚，無以導其歸。於是督同委官人等，將蘇州府吳江長橋一帶茭蘆之地，疏濬深闊，導引太湖之水，散入澱山陽城昆承等湖。又開吳淞江，並大石趙屯等浦，泄澱山湖水，由吳淞江以達於海。開白茆港，並白魚洪鯰魚口等處，泄昆承湖水以注於江。又開七浦鹽鐵等塘，泄陽城湖水以達於海。下流疏通，不復壅塞。開湖水之溇涇，泄天目諸山之水，自西南入於太湖。開常州之百瀆，泄荊溪之水，自西北入於太湖。又開各斗門，以泄運河之水，由江陰以入江。上流疏通，不復湮滯。自弘治七年十一月十七日興工，至八年二月十五日畢。幸而一向天氣晴和，人無疫癘，凡百眾庶，爭先效勞。即今水患稍弭，人無墊溺之憂，田有豐稔之望。是非臣等之能，皆皇上盛德大福，廣被東南之所致也。

吳岩《興水利以充國賦疏》曰：弘治十四年竊惟國家財賦，多出於東南，而東南財賦，皆資於水利。是故禹之治水也，以四海爲壑，而盡力乎溝洫。宋元以來，諸儒以開江置閘治田爲東南第一義，有由然矣。夫何近年以來，東南地方，下流淤塞，圍岸傾頹，疏導不得其法，董治不得其人？臣等備員該科，於地方水利嘗悉心推究。謹將東南水利之切要者二事，曰疏濬下流，曰修築圍岸。

一、疏濬下流。臣嘗考之，浙西諸郡，蘇、松最居下流。太湖綿亙數百餘里，受納天目諸山溪澗之水，由三江以入於海。是太湖者，諸郡之水所瀦，而三江又太湖之所泄也。《禹貢》所謂『三江既入，震澤底定』是已。若下流淤湮，眾水泛溢，渰沒禾稼，爲害匪輕。爲今之計，要在隨其源委，相其利害，酌量便宜，爲之區處。如白茆港七浦塘劉家河，此蘇州東北泄水之大川。如吳淞江大黃浦，此蘇松南北交境與松江南境泄水之大川。而吳淞之南北與白茆諸港，又各有支渠，引上流諸水以歸於其中，而並入於海。此所謂源委者也。就其中論之，蘇州之七浦塘劉家河，松江之大黃浦，並皆深闊，通利無阻。惟白茆一港，自弘治七年疏濬之後，今二十五六年。吳淞一江，自天順間疏濬之後，今六十有餘年。聞之白茆入海之處，潮沙壅積，勢若丘阜。吳淞雖名一江，僅如溝洫，潮回水落，雖舟楫亦艱於行。其旁渠港，亦多湮塞。下流既壅，上流曷歸？加以霪霖，能不泛溢？此其利害之可見者也。今能濬白茆一港，使之通利如七浦劉家河，則蘇州東北之水，有所歸而不積矣。濬吳淞一江，使之通利如大黃浦，則吳淞南北兩界之水，有所歸而不積矣。

一、修築圍岸。臣嘗考之，浙西之田，高下不等，隨其多寡，各自成圍，遠近相望。吳越以來，素稱膏腴。宋儒范仲淹嘗論於朝曰：『江南圍田，中有渠，外有門閘，旱則開閘，引江水之利；澇則閉閘，拒江水之害。旱澇不及，爲農美利。』雖然圍田全仗乎岸塍，岸塍常利於修築。修築堅完，旱澇有備，否則反是。臣願自今以後，每歲於農隙之時，治農府州縣官，督令田主佃戶，各將圍田，取土修築。水漲則專增其裏，水涸則仍築其外。務令高闊堅固，可通往來，隨其旱澇，而車戽出入。如此先事有備，而田皆成熟矣。

葉紳《請治水以防災荒疏》曰：弘治十六年竊惟直隸之蘇、松、常，浙江之杭、嘉、湖，約其土地，雖無一省之多，計其賦稅，實當天下之半。況他郡所輸，猶多雜賦，六郡所出，純爲粳稻。玄扈先生曰：公知六郡之水利修，可以當天下之半；不知天下之水利修，皆可爲六郡也。誠國家之基本，生民之命脈，不可一日而不經理也。若水道不通，爲六郡農田之害，所係亦重矣。夫天目諸山之水，瀦爲太湖，而六郡環乎其外。太湖之水，又由江河以入於海。聞昔人於溧陽，則爲堰壩，以遏其衝；於常州，則穿港瀆以分其勢；於蘇、松，則開江河，以導其流。惟是入海之處，潮汐往來，易爲湮塞，故前代或置開江之卒，或置撩淺之夫，以時浚治，僅免水患。歷歲既久，其法廢弛，遂致諸湖巨浸，壅遏其中，江河故道，淤漲於外。土民利其膏腴，或堰而爲田，築而爲圃，是以渰沒田疇，漂淪廬舍，固其所也。方弘治四年一澇，迨五年復澇。今歲大水，視昔尤甚。伏乞聖明思念東南大害，於廷臣中，選差有才力通曉水利者一二員，授以節鉞，重以委任，前會同撫按，講求民瘼，設法賑恤。俟民困稍甦，然後指定地方，分投相視，何地爲山水入湖之衝，何港爲太湖入海之道，自源徂流，一一講究。相與度其經費，量其事期，然後大加浚治，使下流得以宣泄。然當此饑饉之際，欲興大役，若非任事者處之得其道，則民力不堪，不能不重困也。

胡體乾《修舉水利六款疏》曰：嘉靖十年禹之治水有三：導川入海，泄之以去害也；瀦水爲澤，蓄之以興利也；濬甽及川，乂之以播種也。蓋高山大原，眾水雜流，必有一低下處爲之壑，如人之有腹臟焉，彭蠡震澤是也。旁溪別緒，萬派朝宗，必有一合流入海之川爲之泄，如人之有腸胃焉，江淮河漢是也。今以三吳水利觀之，有宣歙杭湖數郡之山原，而導之得所入，然後有太湖之汪洋。有太湖環五百里之容受，而泄之得所歸，然後有蘇、松、常、嘉、湖五郡之財賦。漫衍浸注，爲蕩爲漾，縱橫分合，爲浜爲塘。於是江浦領之，經帶迂廻而放之海。此吳中形勢之大都，亦諸方言水利之準則矣。《禹貢》載治水成功，則曰『九川滌源，九澤既陂，四海會同』，而盡力溝洫，乃則壤陝宅中事也。故總敘其事，不過始之以決九川，距四海，終之以濬甽澮距川。今列水利事宜：一曰禁淤湖蕩，廣水利之翕聚也。二曰疏經河，通其幹也。三曰開溝渠，濬其支也。四曰築隄岸，防川澤之泛濫，固田間之圍欄也。並山鄉積水，沿海護塘，共爲六條。所採昔人之議，俱江南治水方略。引以爲例，他可類推云。

呂光洵《修水利以保財賦重地疏》曰：嘉靖二十年臣聞善治病者，必攻其本。善救患者，必探其源。水利之興廢，乃吳民利病之源也。臣嘗巡歷各該地方，相視高下，詢問父老，頗得其說，輒敢條爲五事，仰俟聖明裁擇：一曰廣疏濬以備瀦泄，二曰修圩岸以固橫流，三曰復板閘以防淤澱，四曰量緩急以處工費，五曰專委任以責成功。何謂廣疏濬以備瀦泄？蓋三吳之地，古稱澤國。其西南翕受太湖陽城諸水，形勢尤卑，而東北際海岡隴之地，視西南特高。大抵高者其田常苦旱，卑者其田常苦澇。昔人治之，高下曲盡其制。既於下流之地，疏爲塘浦，導諸河之水，由北以入於江，由東以入於海，而又甽引江潮，流行於岡隴之外。是以瀦泄有法，而水旱皆不爲患。近年以來，縱浦橫塘，多湮塞不治。惟二江頗通：一曰黃浦，二曰劉家河。然太湖諸水，源多而勢盛，二江不足以泄之，而岡隴支河，又多壅絕，無以資灌溉。於是上下俱病，而歲常告災。臣據各府所報河浦湮塞之處，在下流者以百計，而其大者十餘所。在上流者亦以百計，而其大者六七所。治之之法，當自要害者始。宜先治澱山等處一帶茭蘆之地，導引太湖之水，散入陽城昆承三泖等湖。又開吳淞江並大石趙屯等浦，泄澱山之水以達於海。濬白茆港並鯰魚口等處，泄昆承之水以注於江。開七浦鹽鐵等塘，泄陽城之水以達於江。又導田間之水，悉入於小浦，小浦之水，悉入於大浦。使流者皆有所歸，而瀦皆有所泄，則下流之地治，而澇無所憂矣。乃濬臧村等港，以溉金壇。濬澡港等河，以溉武進。濬艾祁通波，以溉青浦。濬顧浦吳塘，以溉嘉定。濬大瓦等浦，以溉昆山之東。濬許浦等塘，以溉常熟之北。凡岡隴支河湮塞不治者，皆濬之深廣，以復其舊。則上流之地亦治，而旱無所憂矣。此三吳水利之大經也。何謂修圩岸以固橫流？蓋四府最居東南下流，而蘇、松又居常鎮下流，其水易瀦而難泄。雖導河濬浦，引注於江海，而每遇秋霖泛漲，風濤相薄，則河浦之水，逆行田間，衝齧爲患。宋轉運使王純臣常令蘇湖作田塍禦水，民甚便之。而司農丞郟亶亦云：『治河以治田爲本。』其説多可採行。臣嘗詢問故老，以爲二三十年以前，民間足食無事，歲時得因其餘力，營治圩岸，而田益完美。近年空乏勤苦，救死不贍，不暇修繕，故田圩漸壞，而歲多水災。是吳下之田，以圩岸爲存亡也。失今不治，則坍没日甚，而農桑日蹙矣。宜令民間如往年故事，每歲農隙，各出其力，以治圩岸。圩岸高則田自固，雖有霖潦，不能爲害。且足以制諸湖之水，不得漫行，而咸歸於河浦，則河浦之水，自高於江，江之水，自高於海。不得決泄，自然湍流。而岡隴之地，亦因江水稍高，又得畎引以資灌溉，蓋不但利於低田而已。何謂復板閘以防淤澱？河浦之水，皆自平原流入江海，水漫而潮急，沙隨浪湧，其勢易淤。不數年，即沮洳成陸。歲修之，則不勝其費。昔人權其便宜，去江海十餘里或七八里，夾流而爲閘。平時隨潮啟閉，以禦淤沙。歲旱則閉而不啟，以蓄其流。歲澇，則啟而不閉，以泄其流。閘有三利，蓋謂此也。而宋臣郟僑亦云：『錢氏循漢唐遺事，自松江而東至於海，又遵海而北至於揚子江，又沿江而西，至於江陰界。一河一浦，大者皆有閘，小者皆有堰。』臣按郡志，蓋與僑之言頗合，然多湮廢，惟常熟縣福山閘尚存。正德間，巡按御史謝琛議復吳塘等閘而不果。即今金壇縣議復莊家閘，江陰縣議復桃花閘，嘉定縣議於横瀝練塘等處，各置閘如舊。臣訪諸故老，皆以爲便。以是推之，凡河浦入海之地，皆宜置閘，然後可以久而不壅，蓋不獨數處爲然也。何謂量緩急以處工費，夫經略得宜，則事易集，施爲有漸，則民不煩。往歲凡有興作，皆並役於一時，是以功未成而財食告匱。爲今之計，宜令所在有司，檢勘某水利害大，某水利害小，某水最急，某水差緩。其最大而急者，則今歲修之；次者明年修之；次者，又明年修之。則興作有序，民不知勞，而其工費之資，亦可以先時而集矣。但方今歲時荒歉，公私俱絀，既不可加斂於民，而内帑又不敢望。乞將見年未完錢糧，係糧解大戶侵欺者，督令有司，設法清追數十餘萬兩，存留在官。略仿宋臣范仲淹以官糧募饑民修水利之法，行令有司，查審應賑人數，籍其老病無力者爲一等，壯健有力者爲一等。無力者日給米一升，聽其自便。有力者日給米三升，就令開濬。通將前項官銀及賑濟錢糧，一體通融給散，各另造冊查考，則官不徒費，民不徒勞，所謂一舉而兩利者也。

林應訓《修築河圩以備旱潦以重農務事文移》曰：萬曆五年任直隸巡按。爲照溝洫圩岸，皆以備旱潦，而爲三農之急務，人人所當自盡者。縱使官府開深江浦，而各區各圖之溝洫圩岸不修，則終無以獲灌溉之利，杜浸淫之患也。除幹河支港，工力浩大者，官爲估計處置興工外，至於田間水道，應該民力自盡。爲此酌定式則，出給簡明告示，緣圩張掛，仍刻成書冊，給散糧里，令民一體遵守施行。

一、定式樣以便稽查。吳中之田，雖有荒熟貴賤之不同，大都低鄉病澇，高鄉病旱，不出二病而已。病澇者，則以修築圩岸爲急。圩岸既各高厚，雖有水溢，自難潰入而淹没之矣。病旱者，則以開濬溝洫爲急。溝洫既各深通，雖遇旱乾，自可引流而灌注之矣。況開渠者，勢必置土於圩旁。築圩者，理當取土於溝内。二者又自有相成之機乎？今後不必差官泛然丈量，該府縣止分别孰爲低鄉，當急修圩，孰爲高鄉，當急開渠。每年府縣水利官先時議定開築之法。如開溝洫，不論舊時疏通與否，其闊即以兩傍老岸爲主，其深務以一丈二尺爲率。若相地宜，應加深闊者聽，決不許減少前數。挑起之土，務要置在舊隄之内，就便護隄，庶使雨水不能淋漓，復流於河。如附近有低田堪以培高者，即以其土培之亦可。至於極高地方，不用隄岸，而土無堆放者，亦即就靠内一邊攤放。蓋高鄉多種荳棉，一時不妨陸種。挑得河深，則灌溉自利，内中田畝，仍自不妨於水種也。若惜此尺寸之地，弗令攤土，沿河堆積，復入河中，無水灌溉，則内中田畝，悉成枯槁矣。至於築圍岸，不論舊時完固與否，其底闊務要一丈，其面闊務要六尺，其高如底之數，底闊一丈而高五尺者，是塹堵也。南方土性浮虚，圩高一丈，面闊六尺，其底必二丈六尺。然猶過峻，稍令人畜登降，一兩年後必無面矣。要必三丈以外方可。若如下方所言，則牆也，非岸也。若應加高厚者聽，決不許減少前數。如田過五百畝以上者，便要從中增築一界岸，一千畝以上者，便要從中增築二界岸。每界岸底闊四尺，面闊二尺，高與外圩平。岸之兩傍，仍可栽種荳麥。如極低鄉，或近湖蕩深處，難於取土者，就便分别令民於圩内傍圩之田，起土增築。岸外再築圩岸一層，高止一半，如階級之狀。岸上遍插水楊，圩外雜植茭蘆，以防風浪衝激。取土之田，計其所損，量派各田出銀津貼，俟後陸續篙取河泥填平，照舊耕種，永無後憂。是所損者小，而所益者大也。若互相吝惜，不分界岸，即如今年霪雨連旬，洪水一發，車救不前，全圩無望矣。又有一等低窪田畝，嵌坐中心，無從蓄泄。有願開鑿通河、運泥增高者聽。廢田之價，衆戶均認，廢田之稅，牽攤本圩。照此式樣，給示遍諭。委官分投區畫，每一圩爲一圖，明白貼說前件，每一圖作二本，一送縣備照，一付圩甲諭衆。俟至冬十月，刻日出示興工。

一、定夫役以杜騷擾。各鄉溝洫圩岸，雖有長短廣狹不齊，然不過爲一圩之田而設也。故田少則圩必小，田多則圩必大，而環圩之溝洫因之。此水利此圩之田，則當役此圩有田之戶矣。各縣即令塘長備開：某圩周圍若干丈，外環溝洫若干丈，圩內之田若干畝，某人得業若干畝，共該圍岸若干丈。不論官民士庶，隨田起役，各自施工。如田橫闊一丈者，築岸一丈。此法誤矣。要須計算本圩之田，與本圩之岸，平分丈尺，不宜偏累近岸之田。開河亦然。多有一家數畝狹長之田，全並河岸者，既盡壞其田，復盡用其力，非偏累乎？橫闊十丈者，築岸十丈。開河亦然。對河兩家，各開其半。溝頭岸側，非一家所能辦者，計畝出夫，衆共協力，挨序編號，置簿稽查，仍備載前圖之後。興工之日，塘長亦不必沿門催夫，徒取需求科派之議。先期五日，插標分段，責令圩甲播告各戶。某日興工。聽其至期各行照段用力，如式挑築。

一、設圩甲以齊作止。塘長之設，舉一區而言之也。一區之中，各有數圩，若不立甲，何以統衆而集事也？計當僉舉殷實之家充之。但一時僉報，諸弊俱生。或圖展脫，或營冒充，無不至矣。各縣不必僉報，即以本圩田多者爲之。雖其殷實與否不可知，然其田既甲於一圩之中，則其人自足以當一圩之長矣。興工之日，塘長責令圩甲，躬行倡率，某日起工，某日完工，庶幾有所統領，而無泛散不齊之弊。中有業戶不聽倡率，聽其開名呈治。如圩甲不行正身充當，或至別行代頂，查出枷號示衆。是圩之有甲也，專爲本圩修濬而立，工完即罷，非如里長有勾攝之苦，亦非如塘長有奔走之煩。雖一時倡率，不無勞費，然利歸其田，又非若驅之赴公家之役者等也。

一、嚴省視以責成功。訪得常年非不議行修濬，而水利之官，多不下鄉，乃使各區塘長，至縣報數，或朔望遞結而已。如此虛文，何益實事？今後興工之日，各塘長圩甲務要在圩時時催督。開濬工完，未可便行開壩放水，俱聽各府縣掌印官並水利官，分投親勘。如一圩不完，責在圩甲，一區不完，責在塘長。輕則懲戒，重則罰治。本院與該道，又不時間出以察之。如一縣中有十處不完，責在縣官，一府有二十處不完，則官又有不得不任其咎矣。

一、禁侵截以通便利。訪得各鄉水利，原自疏通。近多豪家，適己自便，於上流要害，廣種茭菱，稍有淤墊，即謀佃爲田。所司不察，輕付執照。亦有居民貪圖小利，竭澤而漁，沿流置籪。及有挑出田內泥土、增廣田圩，堆放竹排木排，橫截河港。甚有上鄉全賴潮水灌溉，奸猾人戶，乃於浦口下流，設堰橫截，百般刁難，然後放水入內。又其甚者，假以報稅起科，遂侵爲己物，豬水專利，以致內地灌溉無資。若不通行嚴禁，終爲水道之梗。今後各府縣水利官，責令各塘長圩甲，凡有侵截之家，即便報出，姑令改正免罪。至於灘田，先年曾經丈量，收入會計冊內，無礙水道者，姑聽如舊。其未經徵糧者，盡數報官開除。

《荒政要覽》曰：萬曆戊子年水大，蘇州自沉湖澱湖三泖抵松江，一望滔天，河水高出田間數尺。其一二堤岸高厚處，仍有不妨插蒔者。乃知大澇時，吳田盡可作湖，百姓生命，寄於堤岸。蓋沿河堤圍，阻截水勢成田，田間各自成圩，又藉圩岸隔斷。若堤岸不堅緻，卒然崩潰，諸農盡作魚鱉矣。蘇松地形卑下，當震澤委流，數郡山原之水，從此入海。若非年年濬渠築圍，田卒汙萊，在所不免。

玄扈先生量算河工及測驗地勢法萬曆癸卯送上海劉邑侯：

一、量某河自某處起，至某處止，共實該應開河幾何丈尺。每步五尺，每二十步立一木界椿，編定號數。自某處起天字一號，盡十號。又起地字一號，盡十號。直編至某處止。要見若干號數，若干丈尺。凡丈尺俱用官尺算，每二步折一丈。

一、量每號木界椿下，兩岸準平，相去今闊幾何丈尺。木椿下老岸至河中心水底，今深幾何丈尺。算該兩岸斜平，至底，見在河身空處，每丈已得幾何方數。中有坳突，又用法加減，實該河身空處，每丈已得幾何方數。今照原議，或新議所酌定，河面應闊幾何丈。河底應闊幾何丈。應加深幾何尺。算該木椿下兩老岸，各去土幾何尺。河底中心去土幾何尺。河岸兩傍各去土幾何尺。此號內十丈河身中，共該起土幾何方數。兩岸各用步弓，量至二十步足。此岸下定木椿，人足抵椿立，對岸人亦於步盡處站定。椿上人將矩度對岸準平，對岸人豎起套竿，權繩取直，將套夾靠定套竿，漸移向下，兩岸取平。對岸人即於平處站定，或用土石記定。椿上人用矩度對準人足或記處，看在直景何度何分，用地平測遠法算得河面闊處。河狹者，只用竹篾活步弓對岸量之亦得。次將丈竿豎起河中心，權繩取直。將矩極對準水面丈竿盡處，用勾股量深法算，即得木樁至水面股數，再加水深數，即得河底深數。或用重矩勾股量深法亦得。或於水際兩傍取平，對準樁頂，用重矩重表勾股量高法算亦得。或不用算法，徑將套竿套定横尺，用豎尺那移，逐步量下，至水際總算豎尺多少數亦得。或只於水次豎起一丈竿，權繩取直，依前兩岸取平法，樁上人用矩極照看亦得。後二法於淺狹河道用之尤便。次將兩岸闊數河底深數，用積方法算，即得河身見在每丈已得幾何方數。中有坳突，亦用套竿量取高下，小步弓量取圍徑，用堆積法扣算加減，即得見在實該河身方數，次將議定河面應闊之數，比照原闊應加幾何，用木石記定。即於兩岸記處，用套竿量至折半處，即今應開河底中處，比原樁深幾何，比照今議應深幾何，即得今應加深幾何。或用二繩，各長如今議闊數之半，中用轆轤交接，復用一繩記取尺寸，繫權墜下亦得。或中繫方空木，用丈竿溜下亦得。次於新河底中處，用套竿量開如新議河底闊數，盡處記定，視其高下，即知今應加深左傍幾何，右傍幾何。次將兩老岸加闊，河底加深，河底兩傍加深五法，用積方法總算即得。此號內十丈河身中，共該起土幾何方數，注入號簿。

一、量見在河身面闊底深酌量坰定之數，折中議定今應開面底二闊丈尺數及加深尺數。河身底、面、腰深廣，必須三法相稱，方得上下相承，不致坍壞。若河底深闊，岸勢高峻，不免隨時崩坍。開闊河底，虛費工力。似應用前量深法量今木樁下至河底，算定勾幾何，股幾何，弦幾何。量取數處，便見何等勾股，方得免坍。今新開勾股，欲依舊數，量行加勾減股，不致大段懸絕，大率要令勾數少於股數，則弦上陂陀，不致坍損。兩股之間，即河底闊數，就令稍狹，政自無妨。

一、用眾測水，驗今河底深淺，酌量加深之數。今見在河底，深淺不同。若酌定加深尺數，一概開濬，即深者愈深，淺者仍淺，水走不順，極易填淤。且前量下樁編號，止據見在老岸，未免高下不齊。所云量深諸法，亦止據號樁下至本號河底，未得通河準平，就用矩極以漸量算，亦止能測驗地勢。若水走之勢，西高東下，仍與地勢稍異，必須水準方平。但長流之水，消長不易，隨流測量，一人可就。此方潮汐，每日再消再長，時刻不同，測驗未易，必須用眾同時量度。相應照前編定號樁若干，即每樁用兵夫一名，各帶短槍，或木棍一條，不拘大小刀一把。每隊長另帶銃一門，並火藥火繩藥線諸物，照號樁編給號票，令各守號樁。約潮退將涸未漲時，四境火炮應聲俱發。炮響後，各兵夫悉於各號河底中心，將木棍量定水痕，用刀刻記，回繳號票。隨驗所刻水痕尺寸，注定票上，編成號簿，逐一扣算酌量加深之數，即河身砥平，不致停積渾水，以成淺淤。若行此法，與矩極參驗，用前量深加闊之法，便可絲毫不爽。

一、河工完後，考驗課程，果否如法，河面、河底闊數量法具前。兩岸弦上，用繩取直，考驗俱易，惟獨深數易殽。如留取樣墩，即可培高。如釘下樣樁，便易拔起。別有用活絡樣樁者，亦可挖井取出。有打水線者，亦恐中途節水作弊。有用輪車推驗者，河闊便難造施用。有用木鵝推移者，難施於未放水之河。今只用前量深諸法：如極深極闊者，宜用勾股度高度深法。如河身稍狹，欲求便易，即用套竿漸量法。或慮遣委工役，宛轉欹斜，那移作弊，即用轆轤下繩，方空下竿二法。其轆轤方空，或加三，或加五，以驗底闊弦直尤便。此二法須極力挺直，才得取平，無法可令加高毫末。即令開河工役，自用量度，亦難作弊。

一、量所開河，某境起至某處，如前法已得曲折弦若干丈尺。今欲知直弦幾何丈尺，東西直股幾何丈尺，南北直勾幾何丈尺，東邊地形，下於西邊幾何丈尺，要見本處地形，沿河而來，幾何丈而下一尺，東西直股，幾何丈而下一尺，南北直勾，幾何丈而下一尺，其大勾股之弦，於二十四向中，當作何向。先於某境第一號量至第二號，用繩取直。下定指南鍼，審定繩直於三百六十分度內，定是何向，注於號簿。如河岸迴曲，一號中可分作二，或作三、四，格定注實。格完，又用矩極，於第一號上立一人，持丈竿取直。於第二號上立，對準取平。又互換覆看，對準取平。即知第二號下於第一號幾何尺寸，注於號簿。每號俱用此二法，至號盡而止。事畢布算，先將逐號小弦，依本號坐向，與子午鍼對算，即知小勾幾何。與卯酉鍼對算，即知小股幾何。逐號算成小勾股，注於號簿。次將小勾積算，即知大勾，小股積算，即知大股。以大勾股求弦，即知大直弦丈尺；以大勾股依子午卯酉鍼上取弦，即知大直弦於二十四向中，定作何向。又用矩極所測高下，分寸積算，便知二境相去高下之數，亦便知沿河而來，每幾何丈尺而下一尺。次用大勾股歸除之，即知直股上每幾何丈尺而下一尺。

直勾上每幾何丈尺而下一尺。

玄扈先生看泉法曰：取過泉。過泉者，乃山泉遠來，大旱不絕。其流橫來，將下流作壩，水隨壩長，乃無限之水。又看流之緩急，緩者源小，急者源大。又看嚴冬不凍，其氣如霧，即春夏用水之時，又無竭涸之患。此過泉之當取也。棄仰泉。仰泉者，乃地泉也，其泉即從本地而起。水來有限，不能隨壩長。有限之水，即有鉅河，其流必緩，嚴冬必凍。用水之時，必有乾涸之患矣。此仰泉之當棄也。

又曰：源大亦可用也，過泉孰非仰泉乎？

又有大河，如涿州拒馬河，固安渾河，其水皆可用。此亦可激取用之，是在人耳。

又曰：王鍔用拒馬河水以鑄泉，余數舉以問，人無應者，亦激取之法也。顧非動支朝廷錢糧，築堤建閘，鉅費望固，此水不敢用也。

凡看地勢，墾水田，可蓄可泄，即可田矣。入水之處，地勢宜高；泄水之處，地勢宜低。水能行動，看其下稍愈低愈妙，可無淹沒之患矣。北邊於夏至後，時發泓波，地勢宜平坦廣闊，則無衝激之患矣。土色不拘黃、黑，堅則爲佳。土鬆總是漏水地。取土作圍，注水於內，水不漏去，此土即可田矣。土鬆別有用處，何必水田？地內稍有石子，不妨農事。如是純沙，則不可用也。

又卷一五《水利·東南水利下》

耿橘《大興水利申》曰：竊照東南之難，全在賦稅。而賦稅之所出，與民生之所養，全在水利。蓋瀦泄有法，則旱澇無患，而年穀每登，國賦不虧也。計常熟縣民間，田租之入，最上每畝至三斗二升，畝不過一石二斗，而實入之數，不過一石。乃糧之重者，每畝至三斗二升，而實費之數，殆逾四斗，是什四之賦矣。玄扈先生曰：蘇、松大率如此，常鎮嘉湖次之。以故爲吾民者，一遇小小水旱，輒流散四方，逋負動以數萬計焉。嗟嗟，賦不可減，歲不可必，元元其何以爲命？則惟有水利大興，俾歲時無害，爲今日救時之急務。矧本縣坐落江海之交，潮汐三面而至，且居蘇常諸府下流，諸湖水由此入海。其水之利害，視他處爲尤鉅，而其經理爲尤急也。卑職以其暇日，單騎輕舠，遍歷川原，進諸父老，講求水利之故。凡地形高下之宜，水勢通塞之便，疏瀹障排之方，大小緩急之序，夫田力役之規，官帑補助之則，經營量度之法，催督考驗之術，一一條畫，著爲圖說。以至區里利害之殊，土性肥瘠之異，錢糧輕重之等，田野荒熟之故，風俗淳澆之由，形勢險夷之辨，無不備具。務紓百世之訏謨，期垂一方之永利。爲此將查歷過通縣河圩形勢，繪圖貼說，造冊具申。

開河法凡九條

一、照田起夫，量工給食。

宋臣范仲淹曰：『荒歉之歲，召民爲役，日以五升，因而賑濟。』此宋時斗斛也，幸勿慮多。蓋老成長慮之見如此。常熟民素驕侈，傭趁之人頗少，況挑河非重其直不應。故莫善於照田起夫，量工給銀之法。然照田起夫，亦難言矣。説者謂：有近水利者，遠水利者，不得水利者，及田止十畝以下者，分爲四等。除十畝以下者免役外，餘以三等爲伸縮。蓋往年之役如此。職深以爲不然。本縣之田，未有不藉水而成者，但河有枝幹之殊，水有大小之異耳。水大者則當施瀦蓄之法，水小者則當施疏鑿之方。彼幹河引江湖之水，而枝河非引幹河之水者乎？田近幹河者稱利矣，田近枝河者，非幹河之利乎？若必爲四等之説，則奸戶積書，朦朧作弊。上戶那而爲中戶，中戶那而爲下戶。近利那而爲遠利，遠利那而爲不得利。而田少愚弱之氓，反差重役。如小民之偏苦何！故開河必觀水勢所向，無一寸不受水利之田，亦無一寸不應開河之田。應用某區某圖之民，必無論大戶小戶，通融驗派，然後於法均，於事便，於民無擾耳。派夫之法，先弔黃冊，查明該區該圖，坐圩田地總數。分區分圖，未必與河道相應，要當以河道爲主。隨令區書，將業戶一一注明。然後通融算派，某河應役田若干畝，每田若干畝，坐夫一名。田多者領夫，田少者湊補足數，名曰協夫。其勘明坍江板荒田地，俱豁免。如此貧富適均，眾擎易舉矣。

一、水利不論優免。

濬河以備旱澇，便轉輸也。論田而士夫之田多於小民。河成而灌運之利，當亦多於小民。故同心協力，舉地方之大利，在士夫原有此意矣。職客歲開濬福山河，以此意白之本縣士夫，士夫咸各樂從。興工之日，倡率鼓舞，工反先於百姓。而百姓蒸蒸，無不子來趨事，爭先恐後，已有成績矣。今後凡濬河築岸之事，必如往規，庶勞逸均而上下悅服也。

一、準水面算土方多寡，分工次難易。

開河之法，其説甚難。均是河也，中間不無淤塞深淺之殊，地形亦有高下凹凸之異，而土方之多寡，工次之難易，必有判焉不相同者。宋臣郟僑云：『以地面爲丈尺，不以水面爲丈尺。不問高下，勻其淺深，欲水之東注，必不可得。』須於勘河之時，先行分段編號。算土之法：若本河有水，即沿河點水。有深淺不同之處，差一尺者，即另爲一段。假如通河水深一尺，而有深二尺者，即易段也；深三尺者，又易段也；深四尺者，極易段也；深與議開尺寸等者，免挑段也。闊仿此。各立樁編號以記之，隨令精算者，逐段計算土方。其法：每土四傍上下各一丈爲一方，每方計土一千尺。假如本河，議開面闊五丈，底闊三丈，水面下開深五尺，每長一丈，該土二方。誤算矣！然不言總深，亦難算其實數。假若原深一丈，而加深廣五尺，該土二方又八百尺也。假若不論原深，以此權説，應開實土，則有水一尺者，實開土一方又五百二十尺也。有水二尺者，實開土一方零八十尺也。有水三尺者，開土六百八十尺也。有水四尺者，開土三百二十尺也。又如某段水深一尺，該穵土方四分，實開土一方六分，爲難工。某段水深二尺，該穵土方八分，實開一方二分，爲易工。三尺四尺五尺仿此。闊仿此。若本河無水，即督夫先於中心挑一水線，深廣各三尺，或二尺。務要徹頭徹尾，一脈通流。卻於水面上丈量，露出餘土，有厚薄不同之處，差一尺者，另爲一段。假如通河皆餘土一尺，而有餘二尺者，即難段也；餘三尺者，又難段也；餘四尺者，大難段也；餘五尺者，極難段也。立樁編號，算土如前法。但此乃計水上之土，而水下應挑之土可一律齊矣。然後通算本河，該實開土若干方，兩旁得利田若干畝，起夫若干名，每夫該土若干方。分工定宕，第從土方。土少者宕長，土多者宕短，齊土方不齊丈尺，而後夫役爲至均，河形爲至平也。

附：打水線法。

水線，至平也，而人心不平，奸巧百出。如三十三年開福山塘，打水線十數日不成，管工官皆不知。職既識破其術，隨設法五里委一官，官各乘馬。一里委一皂，皂各飛奔。如是往來不停，看其水線，不令陰阻，乃一日而成，奸巧立破。何以故？渠功少者，於水線中暗藏小壩。官來則暫決之，過則壩住。雖土高無水之處，而兩頭藏壩，中間水可不絕。此奸不破，高低不明，水線爲虛。何以知其然也？陰壩初決者，其水流動，不然者其水靜定也。

一、分工定宕。

難易有號矣，土方有數矣。而夫役之來，道里遠近不同，市野食宿異便。而土性亦有緊漫堅散之殊，崖岸不無險夷高下之別。強者奸者，於此爭利焉。倘無術以處之，亦非盡善之道也。然此不可爲之河濱，宜先爲之於堂上。查照區圖遠近，自頭至尾，算定丈尺，挨定工次，要令遠近適中。一一明注比工簿內，用印發各千百長，照簿豎立夫樁，一定不移，庶紛爭之擾可免，而亦無作奸之處矣。第初時量河，最要的確。臨期分宕，務秉至公。不則吏書虛報丈尺，而實尅夫價者有矣。強梁之徒，夫多宕少者亦有矣。大都正官能一親行，自無此弊。上司親行尤妙。

一、堆土法。

夫役偷安，類於近便岸上抛土。不思老岸平坦，一遇天雨淋漓，此土隨水流入河心，倏挑倏塞，徒費錢糧，徒勞夫工，亦竟何益。必於河岸平坦之處，務令遠挑二十步之外，照魚鱗法層層散堆。若有懶夫就便亂抛者重究。若有古岸高出田上者，即挑土岸內相幫，以固子岸亦可。其平岸之處，不得援此爲例。若岸有半圮之處，即宜挑土補塞，築成高岸。挑成一層，堅築一番，層層而上，岸必堅牢，一舉兩得。不可姑置岸上，待後日築之。後來日久人玩，貽害河道不小也。若田中有漊蕩，或原因取土，致田深陷者，即用河土填平。若岸邊有民房，有園亭，逼近不便挑土者，即令業戶自定樁笆於房園邊，旋築成岸，亦兩利之道也。若河狹則不可耳。

一、考工法。

《金藻水學》曰：『勤省視者，官廉能也。或不省視，與無廉能同。省視不賞罰，與不省視同。賞罰不繼續，與不賞罰同。』職亦曰：廉能矣，省視矣，賞罰矣，繼續矣，而無考驗之法，與不廉能，不省視，不賞罰，不繼續同。夫考工之法，先必立信樁、樣樁，以防其奸僞。樣樁者，用木橛刻畫尺寸，與應濬尺寸同。信樁，則一木橛可已。法於號段既定之後，每段將畫尺木橛，釘入河心，與水面平。本河無水者，與水線之水面平，俗所謂水平樁是也。俟開方之後，以此橛爲準。蓋橛露一尺，則工滿一尺矣，故曰樣樁。卻將二橛書明號段，直對樣樁，釘入兩岸老土，深與岸平，名曰信樁。此樁四旁，封識老岸數尺，不許抛土鎮壓，致難認記。另具直丈竿一條，丈籚一條，立竿樣樁之頂，拽籚信樁之上，以量虛河深淺。如籚在竿十尺上，則虛河深十尺矣。必十尺以下，所有尺寸，乃算實工。虛河尺丈、籍而藏之。夫役認宕時，又各立小樁，書某字第幾號，某千長，下百長某，分管領夫某，協夫某，應濬長若干，名曰夫樁。又按仰月形三闊丈尺之數，爲橫丈竿三條，俱畫尺寸，做成木輪車，架此三竿。每查工之日，必攜籍持竿、拽籚架車而往。先稽號樁，而知其宕之長短，即據信樁、樣樁，拽篾豎竿，而得其工之淺深。工完之後，沿河推運三竿車，而驗其工之闊狹。勤慎在目，賞罰必加，而後人力齊工不虚耳。必信樁者，虞樣樁之上下其手也。又虞老岸之偽增其高也。驗老岸，驗信樁，驗樣樁，驗三竿車，而後偽無容矣。迨工完之後，復打水線以驗之，有淤滯處，隨令復濬，務求線道通流，方可決壩放水。其或濬深水多，打水線不便，則於放水之後，用木鵝沿河較覈。木鵝者，用直木一條，長與河深平，鐵裹其下端，隨濬過尺寸處，拴繫長繩，兩岸拽之，直立水中，循水面而進，遇鵝仆處，則土高水淺處也。將該管千百長究治，仍令撈泥，務如原議分數。須木鵝通行無滯，然後爲完工矣。

附：輪竿式：

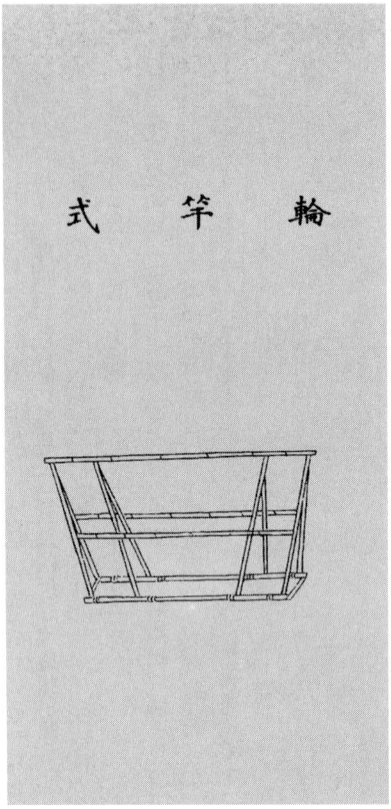

此仰月形也，面腹底三濶乃可以滿載水，而又經久。若止用面底二濶斜坡而下，是曰斧形，易于傾圮矣。若上下同濶，是曰筐形，更易圮矣。

一、分管員役。

諺曰：『寧管千軍，莫管一夫。』言無紀律而難御也。故督責之法，必自下而上，由小及大，則工程易起。故每宕百丈，必用百長一名分催。千丈，必用千長一名督催。然此役，須點該區田多大戶充之，蓋大戶必愛惜身家，又衆所推服。令此輩各照信地，千長立一小旗一大樁，百長立一小樁，各書應管丈尺分數。千長催百長，百長催小夫，而水利官又專督千百長，責任攸分，大小相驅。然後卑職不時親詣稽查，考其工次，别其勤惰，量加賞罰。即頑猾之民，亦不得不盡其力矣。

附：用千百長法

千百長，非身家才幹兼全者，不能服衆。邇來照捋尖册點用，十得八九。乃法立弊生，區書將大戶田花分，顯小戶於册首，點者半係小戶。除將該書枷號外，其千長多用該區公正，不足則令公正舉報。乃參之捋尖，始稱得人。得人而工不難完矣。

一、立章程，賞勤罰惰，以示鼓舞。

號段定矣，宕認夫集矣，催督有人矣，然衆力難齊，衆心難一。不有以約之，則勤者何所勸，而惰者無以懲，將使勤而爲惰矣。今定一河工比簿，每十日親查一次，是爲一限。假如本河自水面而下，應開深五尺，則第一限要見工二尺，爲浮泥易做也。二限，黄泥難做，要見工一尺五寸。三限通完，深闊如式。工大者，亦以此法寬立期限。凡比工，每百長管百夫，就以十夫爲一分。千長管十百長，就以一百長爲一分。又立一賞功單，如依限如式開完者，即給一功單。日後遇有過犯，許齎單贖罪以示勸。其有奸頑惰功者，即查千百長該管十分中，一分不及限者，責各小夫。二分不及限者，並責百長。三分不及限者，並責千長以示懲。庶章程既立，賞罰明而民自鼓舞，莫敢耽延矣。

附：比簿式

都

領夫　田

協夫　田

共實熟田

算派　夫　應開土方

今派　字　號歸見　尺　寸　分工

算該開河　丈

初限　日開深　尺開闊　尺堆土離河　丈　尺　月

日起至　日止

二限　日開深　尺開闊　尺堆土離河　丈　尺　月

日起至　日止

三限　日開深　尺開闊　尺堆土離河　丈　尺　月

日起至　日止

附：功單式

水利功單

常熟縣爲頒賞功单以昭勸懲事照得本縣賦重民疲田多蕪瘠高皐者因水利之不通坐澤者皆岸塍之低薄每遇旱澇防救無資本縣爲民父母安忍坐視以故修河築岸不惟勞瘁但慮爾等勤惰不齊相應激勸特置功单果有濬築如式蚤完工次者録給功单後日遇有過犯許齊赴贖罪决不爽示須至单者

右給付　　　　收執

年　　月　　日給

縣　　常字　　號

一、幹河甫畢，刻期齊濬枝河。

凡田附幹河者少，而附枝河者多。蓋河有枝幹，譬之樹焉。千百枝皆附一幹而生，是幹爲重矣。然敷葉開花結子，功在於枝，不可忽也。彼枝河切近圩圩，灌溉之益，所關匪細。若濬幹河而不濬枝河，則枝河反高，水勢難以逆上，而幹河兩旁所及有限，枝河所經之多田，反成荒棄，即幹河之水，又焉用之？法當於幹河半工之時，即耑官料理枝河。責令各枝河得利業戶，俱照田論工，一齊並舉。仍責令該枝河千百長催督，務要先期料理停妥。俟幹河工完之日，先放各枝河水。放畢隨於各枝河口，築一小壩，俟小壩成，然後決大壩而放湖水。其工之次第如此。蓋濬幹河時，凡幹河水悉放之枝河，而後大功可就。濬枝河時，凡枝河之水，悉歸之幹河，而後衆小工易成。況枝河高，幹河低，不過一決之力。若先放湖水，則方浚之初，水勢必大。此時枝河不能直入，必假車戽，勞費鉅矣。濬河者，往往於幹河告成之後，心懈力疲，置枝河於不問。爲民者，亦曰姑俟異日也，而前工荒矣。蓋機不可失，而勢不可辭。其工之始終又如此。幹河之大者，量給官銀。枝河則專用民力焉。

築岸法凡五條

一、圍岸分難易三等及子岸同腳異頂法。

老農之言曰：『種田先做岸。』蓋低田患水，以圍岸爲存亡也。低鄉如此。

矧本縣東南一帶，極目汪洋，十年九澇。故有田無岸，與無田同。岸不高厚，與無岸同。岸高厚而無子岸，與不高厚同。今考修圍之法，難易略有三等：一等難修，係水中突起，無基而成。又兩水相夾，易於浸倒，須用木樁，甚則用竹笆，又甚則石礉，方可成功。樁笆黃石，宜佐官帑，難委民力。民力酌量出工，工大繁者，並佐以官帑。二等次難，係平地築基，較前稍易，不用樁笆。三等易修，係原有古岸，而後稍頽塌者，止費修補之力。築法：水漲則專增其裏，水涸則兼補其外。此二等岸，專用民力。三等岸，腳闊皆九尺，頂闊皆六尺，高以一丈爲率。又須相度田形，以爲高卑。大抵極低之田，務築極高之岸，雖大潦之年，而圍無恙，田必登，乃爲築岸有功耳。廣詢父老，詳稽水勢，能比往昔大潦之水，高出一尺，則永無患矣。其田之稍高者，岸亦不妨稍卑。惟田有高卑，而岸能平齊，則水利大成矣。子岸者，圍岸之輔也，較圍岸又卑一二尺，蓋慮外圍水浸易壞，故內作此以固其防。築法與圍岸同腳而異頂。如圍岸頂闊六尺，子岸須頂闊八尺，方爲堅固。其腳基總闊二丈，須一齊築起爲妙。圍岸一名圩岸，又名正岸。子岸一名副岸，又俗名畂塌。總之一岸也。

一、戧岸岸外開溝難易亦分三等。

圍田無論大小，中間必有稍高稍低之別。若不分別彼此，各立戧岸，將一隙受水，遍圍汪洋，將彼此推諉，勢必難救。稍高者曰：吾禍未甚也，將觀望而不之戽。稍低者曰：吾瑣瑣者，奈此浩浩何？將畏難而不敢戽。如此則圍岸雖築，亦屬無用。法：於圍內細加區分，某高某低，某稍高某稍低，某太高某太低。隨其形勢截斷，另築小岸以防之。蓋大圍如城垣，小戧如院落，二者不可缺一。萬一水潰外圍，纔及一戧，可以力戽。即多及數戧，亦可以衆力戽。乃家自爲守，人自爲戰之法。築時要於堤田外邊，開溝取土，內邊築岸。內岸既成，外溝亦就。外溝以受高田之水，使不內浸。內岸以衛低田之稼，俾免外入。又爲高低兩便之法。此岸大略亦有三等：一等難修，係地勢窪下，從水築起者，雖不似圍岸之難，工力亦頗稱鉅。二等次難，係稍低之地，岸亦稍卑，且平地築起，較前稱易。三等稍高之地，其岸亦卑。三等岸俱腳闊五尺，頂闊三尺，高低隨地形爲之。俱民力自築。

一、圍外依形連搭築岸，圍內隨勢一體開河。

宋臣范仲淹言於朝曰：『江南圍田，每一圍方數十里，中有河渠，外有門閘。旱則開閘引江水之利，澇則閉閘拒江水之害。旱澇不及，爲農美利。』我朝吳嵩之疏有曰：『治農之官，督令田主佃戶，各將圍岸，取土修築，高闊堅固。旱則車水以入，澇則車水以出。』夫車水出入以救旱澇，常熟之田，亦多有之。但此能禦小小旱澇，而不能禦大旱大澇。須建閘開渠，如文正之言，乃盡水田之制，而得水利之實。今查各圩疆界，多係犬牙交錯，勢難逐圩分築，況又不必於分築者。惟看地形，四邊有河，即隨河做岸，連搭成圍。大者合數十圩，數千百畝，共築一圍。小者即一圩數十畝，自築一圍亦可。但外築圍岸，內築戧岸，務合規式，不得鹵莽。其大小圍內，除原有河渠水勢通利，及雖無河渠，而田形平稔者照舊外，不然者，必須相度地勢，割田若干畝而開河渠。蓋土之不平而水之弗便，或四面高中心下如仰盂形者，或中心高四面下如覆盂形者，或半高半下或高下宛轉諸不等形者。外岸既成，其何以救腹里之旱澇？故須因形制宜，或開十字河，或丁字一字月樣弓樣等河，小者一道，大者數道。於河口要處，建閘一座或數座。旱澇有救，高下俱熟，乃稱美田。又不但爲旱澇高下之用而已。柴糞草餅，水通船便，可無難於搬運云。

一、築岸務實及取土法。

凡築岸，先實其底。下腳不實，則上身不堅。務要十倍工夫，堅築下腳，漸次累高。加土一層，又築一層，杵搗其面，棍鞭其旁，必錐之不入，然後爲實築也。法如岸高一丈，其下五尺，分作十次加土，每加五寸，築一次。上五尺，乃作五次加土，每加一尺，築一次。如此用工，何患不實？一勞永逸，法當如是。但低鄉水區，不患無堅築之人，而患無可用之土。合無先按圩中形勢，果有仰盂覆盂，高下不等，宜開十字丁字一字月樣弓樣等河渠者，查議的確，申明開鑿取土，以築其岸。高下旱澇，均屬有救，計無便於此者。田價眾戶均出，遺糧申入緩徵項下，候有升科抵補。不然者，即查附近有河浜漊淤淺可濬者，斬壩戽水，就其中取土築岸。岸既得高，而河又得深，計亦無便於此者。然潭塘、任陽、唐市、五瞿、湖南、畢澤諸極低之鄉，往往田浮水面，四邊純是塘涇。又圩段延袤，大者千頃，小者五六十頃，中間包絡水蕩數十百處。河渠既多，而浜漊又深，無撮土可取也。本縣再四思維，此等處，須查本地有老板荒田，其糧已入緩徵項下，年久無人告墾者，查明坵段丈尺，出示聽民採土築岸。又不然者，須查有新荒田，與夫九荒一熟，究且必有板荒者，與夫年遠廢基遺址，不便耕種者。查議的確，糧入緩徵項下，俱聽民採土築岸。又不然者，須查本地有茭蘆場之介居水次，止收草利，止徵蕩稅者，申免其稅，聽民採土築岸。但茭蘆場俱占於大姓，納百一之稅，享十倍之利，人所不敢詰，官所不能問，處之爲難。然興大利者，無恤小言，本縣籌已熟矣。又不然者，令民於岸里二丈以外，開溝取土，其溝寧廣無深，深不過二尺，違者有刑。夫就岸取土，岸高溝深，內外水浸，岸旋爲土，法之所深忌也。但離岸遠，則岸址寬，而溝水未能即侵，溝身淺，則受水少，而填塞後易爲力。但所取之溝，諭令佃人勻攤田面之土，兼篰外河之泥。一年內務填平滿，無令損岸始得。又查本縣低鄉，土脈有三色不堪用者：有烏山土，有灰蘿土，有豎門土。烏山土，性堅硬而質腴，種禾茂且多實，但湊理疏而透水，以之築岸易高，以之障水不密。灰蘿土，即烏山之根，入田一二尺，其色如灰，握之不成團，浸之則漫漶。無論障水不能，即杵之亦不必堅矣。豎門土，其性不橫而直，其脈自於水底貫穿，圍岸雖固，水卻從田底溢出，欲圍而救之無益也。此三者築法，必從岸腳，先掘成溝，深三尺，或用潮泥，或取別境白土實之，然後以本土築岸其上，方爲有用。此等處俱屬一等難工，宜佐以官帑。

附：魚鱗取土法

田面上四散挑土，俗呼爲抽田肋。高鄉以此法換土插田。挑田肋置於岸邊，篰河泥蓋於田面，而田益熟矣。其法：方一尺，取一鍬，四散掘之，如魚鱗相似。此法亦可取土築岸，但用力多，見功少。

一、業戶出本，佃戶出力，自佃窮民，官爲出本。

常熟之岸塍，何其多壞而不修耶，詢諸父老，其故有五：小民困於工力難繼，則苟且目前而不修。大戶之田，與小民之田，錯壤而處，一寸之瑕，並累其百丈之瑜，即大戶亦徘徊四顧而不修。又有小民而佃大戶之田者，佃者原非己業，業者第取其租，則彼此躭誤而亦不修。或業戶肯出本矣，而佃戶者，心虞其岸成而或爲他人更佃也，竟虛應故事而不實修。或工費浩大，望助於官，官又以錢糧無處，厚責於民，則公私相吝，因循苟且而不修。無怪乎田圩日壞也。除一等難修之岸，另行查議外，其二三等易修者，即令業戶各於秋成之後，出給工本，俾佃戶出力修築，官爲省視。高厚堅實，務如規式。若窮戶自佃己田者，查果貧難，官給工本。開河工本仿此。

附：佃戶對支業戶工食票

佃戶支領工食票

常熟縣爲大興水利以足民足國事切惟國家賦税賴租税以輸將業戶田租賴佃戶以耕種業戶佃戶實有一體相須休戚相關之義本縣督民濬河築岸不能盡佐官帑量其工程難易著令各業戶出備工食給付佃戶儲工此雖一時小費實貽無窮後利邑中如法付佃者固有而恡惜屬民者不無擬合給票爲式如業戶某人應濬河一丈應給佃戶某人工食米若干築岸一丈應給佃戶某人工食米若干著各該公正填注票尾佃戶執票對支領訖方付業戶執照如有指扣賴租宿債凌虐佃戶者即將原票繳還公正類齊造冊繳縣至納租日許令佃戶加倍算除設使目今因而惰悞工次定行嚴提枷責加倍罰工不恕須至票者

計開　區公正

業戶　應濬　估定每天給工食米

　　　應築　估定每天給工食米

　　　共應給工食米

右給付佃戶　准此

年　月　日給

縣　常字　號

附：守岸法

正岸六尺，通人行。子岸八尺，閒而無用。宜種植其上。法惟種藍爲最上。蓋藍之爲物，必增土以培其根，愈培愈高。種藍三年，岸高尺許。其有土名烏山不宜於藍者，或種麻豆，或種菜茹亦得。蓋利之所出，民必惜之，但禁鋤時勿損其岸可也。若正岸外址，令民蒔葑，或種菱其上。蓋菱與葑，其苗皆可禦浪，使岸不受齧。況菱實可啖，葑苗可薪，又其下皆可藏魚。利之所出，民必惜之。岸不期守，自無虞矣。

附：建閘法

宋臣范仲淹有言：『修圍濬河置閘，三者如鼎足，缺一不可。』郟僑亦云：『漢唐遺法，自松江而東至於海，遵海而北至於揚子江，沿江而西至於江陰界，一浦一港，大者皆有閘，小者皆有堰，以外控江海，而內防旱澇也。』夫所謂遵海沿江，而至於江陰界者，半係常熟地方。自今考之，惟白茆港口，福山港口，七浦之斜堰，僅有閘跡，其他更不多見，何也？蓋有閘必有守閘者。寇盜豪強，不利於大閘者十九，而江海口，地多曠廓，守之爲難。況波濤衝蝕，水道又有遷徙之患，勢必難存者。此等閘，工費動逾千金，銷毁不逾數月，置而不論可也。至於圍田之上流，涇浜之要口，小閘小堰，外抵橫流，內泄漲溢，關係旱澇不小，且工費亦不多，如之何其不爲之。所用工費，驗田均派，如某區某圖，應建閘若干座，合用物料銀若干兩，得利某圩某字號田若干畝。驗法：每畝該銀五釐以下者，民力自爲之。一分者，官助二釐。壩堰法同此。

附：水利用湖不用江爲第一良法

本縣地勢，東北濱海，正北西北濱江。白茆湖水極盛者，達於小東門，此海水也。白茆之南，若鐺腳港、陸和港、黄浜、湖漕、石撞浜，皆爲海水。自白茆抵江陰縣，金涇、高浦、唐浦、四馬涇、吳六涇、東瓦浦、西瓦浦、滸浦、千步涇、中沙涇、海洋塘、野兒漕、耿涇、崔浦、蘆浦、福山港、萬家港、西洋港、陳浦、錢巷港、奚浦、三丈浦、黄泗浦、新莊港、烏泥港、界涇等港口數十處，皆江水也。江潮最勝者，及於城下。縣治正西、西南、正南、東南三面而下，東北而注之海，注之江者，皆湖水也。此常熟水利之大經也。夫湖水清，灌田田肥，其來也，無一息之停。江水渾，灌田田瘦，其來有時，其去有候。來之時，雖高於湖水，而去則泯然矣。乃正北西北東北正東一帶小民，第知有江海，而不知有湖，不思濬深各河，取湖水無窮之利，第計略通江口，待命於潮水之來。當潮之來也，各爲小壩以留之，朔望汛大水盛，則爭取焉，逾期汛小水微，則坐而待之。曾不思縣南一帶，享湖水之利者，無日無夜無時而不可灌其田也。夫江水寧惟利小，抑且害大。彼其浮沙日至，則河易淤，來去衝刷，而岸易崩，往往濬未幾而塞隨之矣。厥害一。江水灌田，沙積田內，田日薄，一遇水雨，浮沙滲入禾心，禾日枯。厥害二。湖水澄清，底泥淤腐，農夫篰取壅田，年復一年，田愈美而河愈深，江水浮沙，日積於河，而不可取以爲用，徒淤其河。厥害三。況江口通流，鹽船盜艘，揚帆出入，百姓日受其擾。厥害四。欲求永利而驅四害，宜何如？曰：沿江大小港浦，淤淺者，隨急緩濬之。濬之時，必於港口築壩。濬畢而壩不決，則湖水不出，而江水不入。清濁判於一堤，利害縣於霄壤，而此河亦永永無勞再濬，何也？縣以南，凡用湖水者，未聞有塞河也，此不待大智而後見也。獨無良之民，偷壩興謠，爲可慮耳。然此亦論其常耳。若大旱之年，湖水竭，江水盛，大澇之年，江水低，湖水高，不妨決壩以濟之。但濬河每先幹河而後枝河。枝河未濬而身高，湖水低，不能上濟，江潮稍高足以濟之，則壩亦不復留矣。福山港小壩正坐此弊。吁，安得並舉幹枝，而成此悠遠之利也！

附：興工止工

凡事號令信，則民從。不信，則民弗從。濬築大事，動大衆，可不慎乎？所以預行勘定，某河某區圖，應開某岸；某區圖，應用田若干；或某字號某圩田若干，某民力，某官帑，俱注明。各河岸下，出示三月，民無異言，隨刊成冊，再不更改。章程既立，衆志皆定，然後每年擇其最急者而爲之。其法：每十月滌場之後，下令興工，官爲省視。至次年三月終，東作之期放工，則事有緒而農不妨，工易舉矣。

又卷一六《水利・浙江水利附修築海塘、滇南水利**》** 紹興二十三年，諫議大夫史才言：浙西民田最廣，而平時無甚害，太湖之利也。近年瀕湖之地，多爲兵卒侵據，累土增高，長堤彌望，名曰壩田。旱則據之以溉，而民田不沾其利；澇則遠近泛濫，而民田盡沒。欲乞盡復太湖舊跡，使軍民各安，田疇均利。二十九年，知平江府陳正同言：相視到常熟諸浦，舊來雖有潮汐之患，每得上流迅湍，可以推滌，不致淤塞。後來被人戶圍裹湖瀼爲田，認爲永業。乞加禁止。戶部奏：在法瀦水之地，衆共溉田者，輒許人請佃承買，並請佃承買人，各以違制論。乞下平江府，明立界至，約束人戶，毋得占射圍裹。有旨從之。

永和五年，太守馬臻始築塘立湖，周三百十里，溉田九千餘頃，人獲其利。《輿地志》：「山陰南海，縈帶郊郭，白水翠岩，互相映發，若鏡若圖。」任昉《述異記》云：「軒轅氏鑄鏡湖邊，因得名。」紹興二十九年，上因與同知樞密院王綸論溝洫利害云：往年宰臣皆欲盡乾鑒湖，云歲可得米十萬石。朕答云：「若旱無湖水引灌，即所損未必不過之，凡慮事須及遠也。」綸曰：「貪目前之小利，忘經久之遠圖，最謀國之深戒。」

《復鏡湖議》曰：會稽山陰兩縣之形勢，大抵東南高，西北低。其東南皆至山，而北抵於海。故凡水源所出，總之三十六源。當其未有湖之時，水蓋西北流入於江，以達於海。自東漢永和五年，太守馬公臻始築大堤，瀦三十六源之水，名曰鏡湖。堤之在會稽者，自五雲門東，至於曹娥江，凡七十二里。在山陰者，自常喜門西，至於小西江，一名錢清，凡四十五里。故湖之形勢亦分爲二，而隸兩縣。隸會稽曰東湖。隸山陰曰西湖。東西二湖，由稽山門驛路爲界。出稽山門一百步有橋，曰三橋，橋下有水門，以限兩湖。湖雖分爲二，其實相通。凡三百五十有八里，灌溉民田九千餘頃。湖之勢高於民田，民田高於江海。故水多則泄民田之水入於江海，水少則泄湖之水以溉民田。而兩縣湖及湖下之水啟閉，又有石牌以則之。一在五雲門外，小淩橋之東，今春夏水則深一尺有七寸，秋冬水則深一尺有二寸，會稽主之。一在常喜門外，跨湖橋之南，今春夏水則高三尺有五寸，秋冬水則高二尺有九寸，山陰主之。會稽地形高於山陰，故曾南豐述杜杞之説，以爲會稽之石，水深八尺有五寸，山陰之石，水深四尺有五寸。是會稽水則，幾倍山陰。今石牌淺深乃相反，蓋今立石之地，與昔不同。今會稽石，立於瀕堤水淺之處，山陰石，乃立湖中水深之處。是以水則淺深，異於曩時。其實會稽之水，常高於山陰二三尺，於三橋閘見之。城外之水，亦高於城中二三尺，於都四閘見之。乃若湖下石牌，立於都泗門東會稽山陰接壤之際，春季水則高三尺有二寸，夏則三尺有六寸，秋冬季皆二尺。凡水如則，乃固斗門以蓄之，其或過則，然後開斗門以泄之。自永和迄我宋幾千年，民蒙其利。祥符以來，並湖之民，始或侵耕以爲田。熙寧中，朝廷興水利。有廬州觀察推官江衍者，被遣至越訪利害。衍無遠識，不能建議復湖，乃立石牌以分內外，牌內者爲田，牌外者爲湖。凡曰牌內之田，始皆履畝，許民租之，號曰湖田。政和末，郡守方侈進奉，復廢牌外之湖以爲田，輸所入於府。自是環湖之民，不復顧忌，湖之不爲田者，無幾矣。隆興改元，十一月，知府事吳公芾，因歲饑請於朝，取江衍所立石牌之外盜爲田者，盡復之，凡二百七十七頃四十四畝二角二十二步。計工度廬，先從禹廟後，唐賀知章放生池開濬，百餘日訖工。每歲期以農隙用工，至農務興而罷。然次鐸出入阡陌，詢故老，面形勢，度高卑，始知吳公未得復湖之要領。夫爲高必因丘陵，爲下必因川澤，豈有作陂湖不因高下之勢，而徒欲資畚插以爲功哉？馬公惟知地勢之所趨，橫築堤塘，障捍三十六源之水，故湖不勞而自成。歷歲滋久，淤泥填塞之處，誠或有之，然湖所以廢爲田者，非直以此也。蓋以歲月彌遠，湖塘既浸壞，斗門堰閘，諸私小溝，固護不時，縱闢無節，湖水盡入江海，而瀕湖之民，始得增高益卑，盜以爲田。使其堤塘固，堰閘堅，斗門啟閉及時，暗溝禁窒不通，則湖可坐復，民雖欲盜耕爲尺寸田，不可得也。紹熙五年冬，孝宗皇帝靈駕之行，府縣懼漕河淺涸，盡塞諸斗門，固護諸堰閘。雖當霜降水涸之時，不雨者逾月，而湖水僅減一二寸，湖田被浸者久之。訖事，決堤開堰，放斗門，水乃得去。是則復湖之要，又較然可見者也。夫斗門堰閘陰溝之爲泄水，均也，然泄水最多者曰斗門，其次曰諸堰，若諸陰溝，則又次焉。今兩湖之爲斗門堰閘陰溝之類，不可殫舉，大抵皆走泄湖水處也。吴公釋此不察，弊弊從事於開濬之，誤矣。故吴公所開湖，才數年，皆復爲田，故湖廢塞殆盡，而水所流行，僅有從横枝港可通舟行而已。每歲田未告病，而湖港已先涸矣。昔之湖，本爲民田之利。而今之湖，反爲民田之害。蓋春水泛漲之時，民田無所用水，而耕湖者懼其害己，輒請於官，以放斗門。官不從，相與什伯爲群，決堤縱水，入於民田之內。是以民常於春時重被水潦之害。至夏秋之間，雨或愆期，又無瀦蓄之水爲灌溉之利。於是兩縣無處無水旱，監司府縣，亦無歲無賑濟。利害曉然，甚易知也。然則湖其可不復乎？道聽塗説者，方以闕上供、失民業爲説，是不然。夫湖田之上供，歲不過五萬餘石，兩縣歲一水旱，其所損所放賑濟勸分，殆不啻十餘萬石。其得失多寡，蓋已相絕矣。湖之爲田若蕩地者，不過二千餘頃，耕湖之民，多亦不過數千家之小利。而使兩縣湖下之田九千頃，民數萬家，歲受水旱饑饉而弗之恤，利害輕重，亦甚相遠。況湖未爲田之時，其民豈皆無以自業乎？使湖果復舊，水常瀰滿，則魚鱉蝦蟹之類不可勝食，茭荷菱芡之實不可勝用。縱民採捕其中，其利自溥，何失業之足慮哉？次鐸論載既畢，又有援執舊説而詰之曰：從子之説，不必濬湖使深，必須增隄使高，且懼隄高壅水，萬一決潰，必敗城郭，於時爲之奈何？是又未知形勢利害者也。夫水之湍急者，其地或狹不能容，於是有衝激決溢之患。今湖之水源，不過三十六所，而湖廣餘三百里，以其地容其水，裕如也。況自水源所出，北抵於堤及城，遠者四五十里，近猶一二十里，其水勢固已平緩，於衝堤也何有？且堤之去漢如此其久，是必有虧無增。今誠築堤增於高者二三尺，計其勢方與昔同。昔不慮其決，而今顧慮之，何哉？【略】

二谷山人《水利策》曰：『夫滇南水利，於天下猶之彈丸黑子也。然而滇之人，非穀不養，穀非農不入，農非水利不植。』聞之曰：『水利之在天下，猶人之有血氣，一指之搐，一足之皸，固亦仁人之所隱也。』請先論古今之所以異者，而質以芻蕘之慮可乎？夫自禹陂九澤以來，三代之君蓋靡不以農爲急，而其臣曾莫以水利稱者，非無其人也。誠以神禹其功，灑沈澹災，施於後世，後世賴之。故抑鴻水，非徒已昬墊也，亦以興溝洫。興溝洫，非徒灌溉也，亦以殺流。故禹之稱曰『盡力溝洫』，而《周官·稻人》亦曰：『溝以蕩水，澮以瀉水。』則九州之地，何者非穀土？土之所漸，何者非水利乎？自秦開阡陌，水利乃興，於是史不絕書，以爲偉績。章氏俊卿所謂『名生於不足』者也。究而論之，非獨鄭國、史起、鄧晨、白居易、程上元爾也。李冰、文翁之於蜀也，鄭當時、白公之於渭也，番係之於汾也，莊熊羆之於洛也，趙充國之於鮮水也，皆其著者也。鄧艾、張闓之於晉也，刁雍、裴延俊之於魏也，雲得臣、李襲稱之於唐也。倪寬因於鄭國，杜詩因於召信臣，王景、劉義欣因於孫叔敖，許景山因於蕭何。或襲或創，或微或鉅。雖人自爲制，地自爲制，而其疏導蓄泄之宜，夫固三代溝洫之遺也。我國家撫有滇土，漸之文教，鎮之重兵。兵之屯者，什七以耕，什三以肄，其恩厚矣，其慮深矣。爲兵慮也，爰有屯田，爲田慮也，爰有水利，法至密也。夫何近年以來，軍政稍弛，什七者耗，什三者饑，乃有如明問所憂水旱者何歟？是有説也。夫曲靖之水，洱海之旱，患之久矣，而未聞有治之者，不重也。今有司所重，乃在夫藏府貯積，酤榷盈縮，泉布出入，徵輸緩急之間，即自詭以足國裕民之理盡矣。而曾不知其本。其説在任氏之窖粟也。昔者漢楚之際，豪傑爭居金玉，任氏獨窖粟。已而粟貴，則金玉盡歸任氏，任氏以富，豪傑以貧，此不知務之患也。蓋金玉者以權粟，而非所以養也。今誠有知粟之重者，則必相務於穡，而水利從此興矣。故曰『知務爲急』也。夫國家之於水利重矣，秉之以憲臣，籍之以專敕，並屯田職之以令於有司，以彼其權之重且專也。以治區區之水，而有不治者何也？官侵而令不一也。蓋有司之水利有分職，而職憲者，不得專其予奪廢置，則不能以引繩而積之功。屯田利孔，奸所窟也。職憲者司其入而不得司其出，則不能以稽售僞而杜之弊。其説在宓子之請書史也。昔者宓子令單父，請善書者二人，書則肘引之，醜則怒之。書者以告。魯君曰：『子賤以吾擾單父也。』命毋徵發，而單父治。今誠能以治水之官，治粟之吏，功罪之予奪，倉庾之出入，悉挈而還之職憲之臣，則職不分，責不諉，以治水而水治矣。故曰『任職爲急』也。且曲靖之水，前未有也。蓋諸山源水，合流南出，東則東山，西則真峰山東焉。中爲草場，舊稱荒海。水至以通流，水去以牧馬。既而馬廢不牧，地聽開墾，稍稍築圍，然未甚也。迺始歲近十歲間，則悉覈而征之，於是起圍遍於荒海，而水之所委無幾矣。迺始歲歲患潦，而民之黄糧，軍之屯糧胥病矣。及水之盛，則或決圍，而圍田亦病矣。夫其所爲病如此，治而愈之非難也，而有不能者，蓋有二焉：官不能捐稍入之利，而武弁豪右，窟穴其間者，倡爲成功之説，忍而不能去。其説在龍介之論決蹯也。夫繫蹄得虎，而虎決蹯，非不愛也，不以蹯故害其軀。奈何其以小利害大事也？謂宜博詢利害，即不盡除，猶當先其甚者去之。官減其額，歲歲稍除，期以水不爲災而止可矣。故曰『審計爲急』也。洱海之旱，非他也，梁王山之水，分流而下者，故皆有壩蓄之。諸甸今略已湮廢，而青海周官海之流，亦罔瀦蓄，以故一遇恒暘，赤地千里，而莫之救也。夫陂塘蓄泄，前人經營，以爲水計慮者，甚悉也。其始之稍隳，以補苴易矣，則廢而任之，以至於大壞，而有司者猶莫以爲意。其説在醫師之論解㑊也。夫解㑊之爲病也，脈理縱緩，神氣不攝，無疾痛之急，旦暮之虞，而甚害於身。玩愒者亦然。苟以避擅興之嫌，偷恬靜之譽，需秩滿遷次，則去之耳。後來繼今者，又復盡然。非課之章程，厲以誅賞，此病不除。故曰『課功爲急』也。夫知務也，任職也，審計也，課功也，四者治水之要也。此非愚之言也，嘗徵之古矣。夫九官熙載，禹稷爲烈何也？則以禹治水，而稷治粟也。鄭國在秦，則關中沃野，遂無凶年。李冰在蜀，亦沃野千里，號稱陸海。彼寧無雨暘天時之虞哉？誠以地利勝之也。此知務者也。史公之歌，白公之歌，召父杜母之歌，蓋民心也。埭稱召伯，頌起新豐，渠號右史，則士譽也。興化之民，至乃以范爲姓，垂之子孫，皆何以致之哉？此任職者也。唐之世，富商大賈牟利壅遏鄭白渠者，一切毀之。而宋臣所陳圍田湮塞水之道害尤悉。馬氏所謂『徒知湖之可田，而不知湖外之田，將胥而爲水也。』章氏所謂『豪民獲豐植之資，官私享租輸之入，日增歲衍，而水利之故地，皆爲創置之良田。曩之仰水利以耕者，今不勝旱溢之苦。倘公上不利絲毫之賦，守令不恤豪右之民，毋惑於紛紛之議，則何害之不除哉？』曲靖之水是已，此審計者也。且禹，司空也，手足胼胝。召伯，伯也，循行阡陌。王尊端坐堤上。蘇軾自呼營間。若是乎其急之也！今玩愒之吏，徒擁符重茵，雍容堂戺，曾不聞以時行水，按視倉廩，而以委小吏何也？蓋宋時趙尚寬高賦，皆以水利被留再任。有功則升陟，無功終不得去，如此則人自勸矣。此課功者也。嗟乎！古法之不可復久矣。兵農分矣，溝洫廢矣，嘗以爲古法之僅垂者，莫如屯田與水利，以其近之也。蓋成周畎畝之制，水之與田，分地而處，治水之人乃羨於治田。一同之地，至五萬夫，非其重且急也，先王豈輕棄士穀與耕夫哉？而李悝、商鞅，苟以盡地力而隳經制，亦惑矣。李悝、商鞅亦未及今所言。然則法先王者，法其近焉可也。此水利之所以不可不講也。雖然，滇之水利，非獨此也。鄧川之龍泉，勢將豁川。永昌之疊水河，每患淤塞。其他源委當講者，亦多矣。

清 王夫之《讀通鑑論》卷二四《德宗》 貞元八年，江、淮水潦，米價加倍，畿輔公儲委積，陸敬輿請減江、淮運米，令京兆邊鎮和糴，酌一時之緩急，權其重輕，信得之矣，然未可為立國之令圖也。豐凶者，不定之數；田畝所出，則有定之獲也。豐而餘，凶而不足，通十年之算，豐而有餘，凶而猶無不足，則遠方之租米，畢令輕齊，京邊之庸調，悉使納米可也。如其不然，則豐年之所偶餘，留之民間，以待凶歲，使無頓竭之憂；柰何乍見其豐，遽糴之以空在民之藏乎？

為國用計者，耕九餘三，恒使有餘以待凶歲。如其饋有限，吏祿軍食，豐僅給而凶則乏，又值京邊穀餘而價賤，則抑以錢絹代給，使吏與軍自糴於民，猶之可爾。何也？自糴則食有節而支不糜，民尚不至虛廩囷以自匱。若官與和糴，就令無抑買捐民之弊，而必求如額以供坐食者之狼戾與窖藏之紅朽，不復念此粟者，他日小民炊煙屢絕，求粒米而無從者邪！況乎立國有經，恒畜有餘以待水旱，則江、淮薦饑，自可取足太倉，捐歲運以蘇民，何事斂民之積以虛根本哉？

敬與所陳，令江、淮斗米折錢八十，計其所贏餘錢十萬四千緡，一時行之，覺為公私之兩利，而國無常守之經，官操商敗之計，空內地之積，奪凶歲之儲，使牟利之臣，因得營私以殃民，其失也大矣。以要言之，京邊之盈餘，不可聚於上而急食之也。此不易之定論也。

清 魯之裕《急溺瑣言一》 天一生水，而後大地盡水荒也。一元一會之交，蓋必有水厄焉。泰西之籍有曰：當洪水時，亞你墨尼亞為甚，猛雨四旬，地面全沒，止遺諸厄數人。裕按其時，則帝嚳之八年壬辰也。林孟鳴嘗考堯時水患，蓋十有七年云，揭靜叔則以為一百五十八年。裕又按《竹書》：堯在位十有九年，命共工治河。六十一年，改命崇伯鯀治之。六十九年，鯀無功黜。七十年，虞舜登庸。七十五年，舜命司空伯禹嗣鯀職。八十六年，司空人覲。是則堯時之治水也，先共工，次鯀，皆以堙水被流殛。堙之云者，即今築堤障水之術也。《國語》太子晉云：共工墮高堙卑，以禍天下；皇天弗福，共工用滅。有崇伯鯀稱遂共工之過，堯殛之於羽山，厥後奏平成者，實在舜攝之己巳歲耳。《書》謂：堯以諸艱試舜，納於大麓，烈風雷雨弗迷。孟子謂舉舜而敷治焉。然則納大麓者，使之治水入山林，斷非若桓譚大錄之說，亦非張萱之所謂壇會諸侯也。何也？其時水氣盛而草木鳥獸繁殖，非益之烈焚、禹之隨刊，何以施其相度哉？《國語》又云：共工之孫四岳，助禹疏川以導滯。《史記·殷世家》云：契，長佐治水有功。然則禹之治水，益也，嶽也，固皆佐之者也。由是觀之，曩昔水之為患與夫救患之孰罪孰功，古史雖簡漏弗詳，而順道之與曲防，何嘗不了如指掌也哉！

清　魯之裕《急溺瑣言二》　水之為患，非水性也。下流壅，不得不泛耳。是故禹之治四瀆也，始於冀，繼而兗。蓋冀者，河之下流，而兗則河入海之路也。下流無壅，斯河得所歸也矣。嗣是而青，而徐，而揚，而荊。夫青徐者，淮之下流；揚荊者，江與漢之下流也。夫而後自荊而豫，自豫而梁，自梁而雍，蓋荊、豫、梁、雍者，江漢河濟之上源也。上源之勢殺，斯水無或逞其怒焉矣。是則禹績之載諸其史者然也。然而禹之所以稱神者，不盡在乎其能疏瀹決排乎四瀆而已。裕嘗味乎孔子之贊禹曰『盡力乎溝洫』，而孟子之贊禹曰『行其所無事』。夫曰盡力，則非行所無事矣；而行所無事，則何庸於盡力哉？迨後觀於周人分疆畫井之制而豁然興曰：是蓋伯禹之盡力遺風乎？何也？溝、洫、澮、川，次第消泄，縱橫曲直，疆理條通，旱澇備儲，農隙修守，則夫當是時也，遍九有之溝洫以容水，盡耕作之亞族以治水，日盡力而日行所無事也。是乃所謂水雹地中行也。合孔孟之贊禹互觀之，禹之神於治水，卒令千有餘歲無患者，盡力溝洫之效也。漢唐而後無識此者。今我夫子奉命治水，而以消積水為先務也。裕竊以為纘禹之績在此，豈阿好哉？

清　魯之裕《急溺瑣言三》　水之治也不一，其術有疏、有浚、有塞。何謂疏？分其流而導之是也。何謂浚？挑其淤而深之是也。何謂塞？扼其狂而阻之、當其沖而禦之是也。三者之施也不一，其用有生地，有故道，有河身，有減水。地之生者，有直有紆，疏而不順其勢，直者湍，紆者滯矣。道之故者，有高有卑，浚而不得其平，高者壅，卑者瀦矣。河身者，河渠雖通，而面底中邊之廣狹淺深不律也。淺狹者，流不暢也。辟之便深廣者，岸易崩也。防之便減水者，水浩蕩則旁分以泄之，水衝突則瀠洄以緩之，是則疏浚之大略然也。若夫塞則有堤有埽，而堤則有創有增有補，有拉水、截水、挑水、護岸、夾堤、月堤、縷堤、遙堤、石船之分，而欲深左則堤右，欲深右則堤左，欲其中之深也，則左右之皆堤。至於埽，有岸埽、水埽、龍尾攔頭、馬頭之異。其為埽臺也，有推卷、牽制、掛薤之法，有用土、用石、用草、用木、用纜、用樁、用鐵之方。即堤埽之施於水也，有決口、豁口、龍口之不同，尤有開口放淤之奇智。決口者，新潰成川，其勢方洶湧者也。豁口者，舊決既退，其口敞而未閉者也。龍口者，築塞將合，而水泓激湍，必立表貫絙，網聯巨規，而穴且窒之，然後實以土石，掉至龍口，去窒沉艦，壓以大埽，隨壓隨築，歷晝夜不息而後可以合口也。放淤者，就堤之旁先為月堤，極堅極固，視月堤本堤之上下而開口，以誘渾水之人，上口視下口倍高。俟渾水滿灌於月堤之中，泥盤旋而自落，則清水泛焉。於是開下口以縱之，半日之間，月堤平而大堤厚，雖有狼窩、獾洞、鱔蚓穿潛之隙，莫不彌而實之矣。要之疏也、浚也、塞也，其功之難易迴殊。大率疏易於浚，浚易於塞，而疏之需於器者畚鍤車筐之類，浚之需於器者鍬兜船爬之類，塞之需於料者草土木石麻鐵之類，而草工為鉅。蓋柔能制水，水草狎而泥生，其力之重與碇等，木不能與較也。然而推轉絡拽資於絙，堅立穩植資於代，夾輔鎮重資於石。有治水之責者，尚其於是留心乎。

清　魯之裕《急溺瑣言四》　有問於裕曰：聞子於漳水之復故與不復也，有三利六害之說，可得聞乎？裕應之曰：此裕之多言也，庸足聞。或強之不已，於是避席告之曰：漳之為水，挾沙而行者也。水斗則泥升六焉，而泥膏敷地，寸畝獲可數鍾。利一。漳性勁湍，當其漲而無所於束也，則疾行易涸，汙萊之地停其泥，瞬息化為腴壤云。利二。運河東西兩岸曲如蚓，曲則水至而當其沖，名曰『險工』。司堤者往往築月堤護之，而豁其上下之口以誘漳入。而濁沉清泛，須臾間險者平矣。利三。濱漳之民所以幸漳之不復也，若夫漳之悍倍於永定，而自入衛濟運以來，竟若與汶衛之柔狎。何也？二清一濁，二柔一悍，則夾輔以行，自刷沙而平其悍也。今乃分而逆使返其故，不堅其堤，則必潰；堅之，亦恐難以禦其悍。永定其前車矣。害一。天下濁水之性，其流皆不任受分也，分則必奪溜焉，而漳為甚。茲既貪其濟衛汶之弱，而又疾其有淤運之泥，輒思留其半以濟運，分其半以返故。無論其不任受分也，藉曰受分而全流固泥，半流之泥安往乎？且夫運以漳之全力幸濟也，半則力微，力微猶能濟運乎？至於不濟，而千百（糟）［漕］艘滯於東，危矣。害二，漳之故道，蓋由青縣鮑家嘴以入運而達海者也。其地與子牙河鄰。二流之洶湧既同，二流之經由復逼，不幸而沖崩以匯於一，附河之村莊不足惜，將附河之城郭亦不足惜乎？害三。汶衛與漳分清濁，其汛與涸分蚤蚤，同『早』

遲，且往往分強弱焉。使其候相等而勢相均，無論矣。倘或清遲而濁早，清柔而濁強，則早者、強者必先涸，先涸者泥必壅。迨乎清至，力微不能以滌壅，則夫慮漳泥之有需於挖淺也。故卻而復之。乃復漳而汶衛不足以負糧艘，仍必需於挖淺，何必多糜國家數百萬之金錢，以試吾不效之奇也哉？害四。況乎漳之故道，其不絕者如綫耳。復之自必開鑿，一如其現行之道，闊五六十丈，深丈餘，而後容其蕩漾也。夫以寬五六十丈、長七八百里一路之地計之，畝則千百其頃，廬則千萬其區，而邱壟園林皆不可以勝算。一旦掘而度徙之，生者欲托足而無所，葬者求遷厝而無方，怨苦悲號，見聞慘戚。聖仁之世，宜有此乎？害五。吾思謀者之議漳復故也，特以丁戊二年之雨，遂謂衛汶之自足濟運，可以不資於漳，致有濁泥淤運之患耳。不思丁戊之雨，不可以歲歲律也。醫者之療疾也，有餘易痊，不足難效。是故運溢則有閘以減之，運涸則無術以增之。漳歸其故，而運不幾病於不足乎？害六。漳復之害，昭昭若此。知其若此而默無一言焉，裕也將局外人哉，而裹手視之也。裕於此蓋不敢求免乎多言之咎，而惟竊幸其言之不中也。已問者於是乎惟惟而退。

清 魯之裕《急溺瑣言五》 古今之言治水，未有不功禹而罪鯀者，而身膺其職，則往往宗鯀而祧禹。夫豈疏瀹決排難而完繕堤防易哉？未乘除乎利害費勞之多寡遠近而僥倖一時之補救焉耳。夫伐薪運石，千萬其貲，發卒鳩工，萬億其役，當其潰也，瓦解冰消。酸棗宣房，非殷鑒歟？何惑乎賀讓之譏『止兒啼而塞其口』也。厥後有宋創遙堤之制，課民藝棗桑榆柳以為防，歲首事於正月，至季春而畢。善哉！未幾而有治遙堤不如分水勢之議。務在酌遠近而多立水門，以時啟閉，庶幾舟楫通而灌溉利，是亦富民之資也。又未幾而復河故道之說興。歐陽永叔則又詆之曰：河本泥沙，無不淤之理。而淤澱之勢，常先下流，下流淤高，水流不快，必自上流淤處而決。夫避高趨下，水之本性。河流已棄之故道，復之實難。天禧以來，決河非不能力塞，故道非不能力復，而不久即以決告者，故道淤而水不能行也。然則因水之欲注而寬為之防，以約攔之，使不至於狂蕩，則猶不失其為順水之性者。而元人賈魯乃以塞築奏績，可訓乎？有明徐有貞之言曰：治水以知天時、地利、人事為三要。故其治決也，先疏之。俟其勢既平，而後堙其決。決止，乃多建閘壩，以時節宣之期，無或溢涸而河晏如矣。繼有貞者，劉大夏為尤善。其言曰：國家誠不惜棄地，不憚勤民，而捨小以成大，捐少以圖多，勿惑浮言，任心膂而委以便宜，因就下之勢條分之，而後從下以上蕩滌其淤，使河身有容而不溢，河委暢適以有歸，而又任事得其人，積以歲月，因時制宜，隨見長智，斯害日除而利日興焉矣。若夫萬曆以後潘季馴之治水也，專以填土膠泥、堅固堤防為策，譬之重門待暴，增纊禦寒，律以行所無事，則不足言智也。何也？堤以防潰，施諸黃、淮可也。畿輔則地平且窪，瀝水易積，河雖防，瀝則阻矣。前訓具在，來者盍審而用之？

清 魯之裕《急溺瑣言六》 凡水之性，宜合而不宜分，宜急而不宜緩。何也？合則急，急則通，分則緩，緩則淤。至於淤，則未有不壅者；至於壅，則未有不決者。蓋壅與決，恒相因者也。然必上先決而後其下壅，未有下先壅而後其上決者。蓋其初也由壅而有決，其繼也則因決而益壅，是故人有憎水之急與濁而欲分之者。予輒起而阻之，非執也。清流、緩流可分，急流、濁流不任受分也。不觀之黃河乎？古今之治水，未有不稱神乎禹者？然禹之疏河而九之也，在殺之於龍門以下之高地。夫水行高地，則引之東而東，引之西而西矣，是故九分之可也。即七八分之、十分之，亦無不可也。至於今，河徙而南，則地平矣，而土復沙矣。土之力不足以敵水，水於是任其所欲之。至於任其所欲之而尚可分哉？計惟有堤以束之，束之所以急之也，急則濁沙不能以自停，而淤壅自能以蕩滌，所謂不橫溢於兩旁，自刷沙於中底者是也。是則以水治水之良法，禹之所以行所無事也。觀於黃而漳可知，觀於漳而滹沱可知矣。故《記》曰：河不兩行。支河一開，正河必塞。此俗所以有奪溜之說也。

清 魯之裕《急溺瑣言七》 堤以約水，而水以束而力愈勁，則堤之當其沖者必潰焉。是惟有栽柳以護之。然而栽柳之術非一也，有臥柳，有編柳，有高柳，有低柳，有深柳，有漫柳。六柳之術備，而堤安於盤石矣。臥柳者何？堤之初築必在冬春之交，其時正土脈升而柳枝萌芽之候也。於是焉取指大柳條長四五寸者，以萬計，每築土一層，即於內外堤邊，相去三四寸，橫鋪柳枝一層，其枝入土者半而露出者半，自堤根以至堤頂，不可間斷。編柳者何？取柳條如雞卵大者，長四尺為度，以數千計，用木橛從堤根相去七八寸打直眼，深三尺，乃以柳條插人眼中，露一尺於外，緊築之。俟一二月後，此條與臥柳俱又發芽成條，乃使人將此橫鋪與直插之新條，輕匀縱橫而編之，編一層加土一層，務使之築實而平滿，以次上至於堤頂。若堤高一丈，則柳可編十層，蓋由一尺而層累以升也。如是則根株糾結於土中，枝葉綢繆於堤面，浪激而土不浮，風狂而根不動，遙望其堤，不啻若綠藤之纏裹金墉矣。高柳者何？以柳枝之大如拳而長五尺許者，去堤四五步深栽堅築之。待其上枝茂而下根生，則取其材可以供埽料，而排為林可以禦風濤，其為力甚鉅而為用亦甚廣也。然而護之尤棘，則獸噬之矣；看之無人，則衆竊之矣。是在官之有以衛之耳。低柳者何？種於高柳之外丈餘，聽其叢生而歲刈。其稍以為器，而又用以敵浪，而護高柳之足者也。雖有巨浪奔濤，遇之未有不減其怒者，以其柔也，以其多也，且取其易生也。故古人謂之『活龍尾埽』。深柳者何？高低編臥之柳，所以防水之氾濫而衛堤者耳。若夫風狂濤潑，奔騰沖突，漂屋廬，拔樹木，而直沖乎堤岸者，高低編臥之柳且不足以自固其根株矣。是唯於堤外二三十步之遠，取勁直柳椿如椽大者，長四五六尺，或七八尺至丈餘者，掘穴深埋，縱橫布置，或十層，或十四五層，泥漿和土，堅築如林。待其根蒂糾紛，穿插盤結，既可以固堤外之灘頹，且可以禦漂來之器物，並可以竹纜維持，繫長木，加釘粧，下草埽，實土石，以與滔天之水相角其功，蓋倍蓰於臨時下椿以搶塞其決者矣。漫柳者何？坡水漫淹之處，欲築堤而不能，不築堤而不可，然則為之奈何？計惟有於漫水岸邊密插柳枝，蓋柳性喜水，既不畏乎浸爛，又能留彼浮泥。迨乎漲退沙淤，則柳已葉生根活矣。於是泥漸淤高，柳亦隨淤而長。任吾意所欲堤之長短曲折而栽之，數年之後，泥以柳為之骨，柳以泥為之膚，不假人力而自能堆積淤壅，以成一堤矣。柳堤既成，若係渾水之濱，則加以夯硪而益堅之，可以放淤，使堤內盡為高地。若係清水之濱，則開為阡陌，亦即可以種稻藝麥，而黍稌蔬果莫不宜矣。柳之為功於堤也，詎不大哉！

清 魯之裕《急溺瑣言八》 人之言曰堤防，夫曰堤而又曰防者，堤固所以防水，而堤又需人以防之也。是故有堤而無人也，與無堤同；有人而無法也，與無人同。其法維何？曰晝防。五、六、七、八此四月間，雨多水漲之候也。常以人巡堤上，搜獾洞，實鱔孔，灌柳枝，堆土牛，而於要害之處則尤宜積粧草、檾麻、柳稍等物以備之。曰夜防。防於夜，則燈竿不可不設也，而設燈竿，則信地尤不可不定也。大約堤長一里，宜分三鋪，鋪各三夫，而里以數計，鋪以號編。夫各分其信地，而又鋪十有長，里十有官。當夫汛至而堤有欲決之勢，則鋪長鳴金，左右鋪夫奔而至，至即運土牛，下椿埽，以搶禦之。倘一長之夫力不勝，則鋪長疊振其金，而官督其十里之夫以齊來。料備夫齊，則將決未決之堤未有不可保者矣。曰雨防。防雨之法與夜等。惟是三鋪之間，須更設一窩鋪，使夫雨有蔽而勞亦可以暫息也。然非聽其熟睡也，宜標禁於窩鋪之前，違者務嚴懲之如軍法，乃不虞於或誤。曰風防。四防之中，風為劇。蓋濤之洶湧，風致之。無風，則雖漲易禦耳。法宜於平時預束秸藁、翹薪、柳枝、蒿藜等物，以為把而貯於兩岸之上。及其水發風狂，則自下風之岸將所束之把浮繫於樹，以柔浪而殺其勢。迨乎浪平風定，水退堤安，即仍將把束收曬而高貯之，以為卷埽之需。四防之候，每歲不過五、六、七、八月，而此數月之水，其發不過數次，每次亦不過數日。然而初發之水不盛也，再次則猛矣。至於八月以後，則雖發而勢亦衰。惟是極盛之時，苟防之而不能禦，則須避其鋭焉。其法在謹守要害，而以不要害處委之。非然，即不能固此要害也。俟其勢退，而即急補其所委，蓋恐其再至，則愈流而愈深，不特深而補之難為力也。決口既深，則正流必淤，正流一淤，欲從而疏之，其費多而工鉅矣。兵法有云：善委敵者敵必疲。此法可以為防堤之一助。

清 魯之裕《急溺瑣言九》 水之束也，堤力也。然而堤之高低厚薄有定者也，水之消長盛衰無定者也，以有定待無定，能保其力之常固歟？是故閘壩之建，所以殺怒浪之奔沖而保堤者也。涵洞之設，又以泄積水而灌溉乎窪下之地，且能淤磽瘠而沃壤之者也。不寧惟是，積水泄則閘壩且受其衛焉，閘壩堅則大堤並蒙其奠焉。何也？閘壩所減之水，非漲而平槽之水，乃激而思逞之水也。其勢既突而洶湧於閘間，則閘基且岌岌乎撼矣。而跌落之力，又將淘穴乎閘底而陷之於斯時也。乃有涵洞之水出而與之相瀠洄旋轉焉，斯閘基可免於震撼，閘底無虞於淘穴，涵洞之有助於閘壩，因有功於大堤也。其用如此。惟是建閘必先擇地。蓋非堅土不足以開基，而開基必先挖固土之塘，乃可以釘椿。椿頭取平，上施龍骨木鋪板，灰麻艌縫，次砌底石，迎水處立石一行，攔門椿二行，跌水處亦立石二行，攔門椿八行。由是而砌金門，疊雁翅，其功不可缺而序尤不可紊也。若夫建壩，則須擇要害卑窪之處，堅其基，以釘椿。其雁翅宜長宜坡，迎水之石宜短，立石攔門與閘同。凡石縫，俱宜糯汁和灰以艌之。涵洞之擇基、釘椿、砌石也亦然。涵洞之孔，則審水以酌之。水勢盛者，二其孔；不盛，則可一其孔。

清 魯之裕《急溺瑣言十》 《論語》道國之要五者，而節用、愛人居其二。然則學古而入官也，可不於是兢兢哉？至於治水則不然。何也？欲保民者，必先有以勞乎民。善理財者，必先有以用其財，是豈民力帑金之不恤哉？蓋勞民正所以保民，而費財正所以經國也。從來無米不可以為炊，徒手不可以善搏，夫人而知之矣。而於疏渠、築壩、建閘、設涵、下埽、簽樁一切搶修預備之計，則往往以不節不愛議其後，而不知夫因天之時，相地之利，順水之性，以保民生而奠國計者，斷斷乎不能以省力而奏轉危為安之效。是故派夫勤限之不容以後時，請帑興修之動輒以千計，勢在則然，欲不出於此焉不得也。夫無所為而勞民傷財焉，則道在愛人而節用；不得已而保民經國焉，則道又在於救災除患矣。然則任河責者，將以姑息畏縮者之為盡職乎？抑以急公不苟者之為盡職乎？好議者請一為思之。

清 張士元《農田議》《清經世文編》卷三六 國家自西南用兵以來，所費不貲。又自辛酉之夏，京畿大水，民困未甦，饋饟與賑恤兼行，財力固不能不屈矣。當此之時，爲公家長計，使上下俱受其利，而有備無患者。亦惟務本而已矣。漢人所謂地有遺利，民有餘力，以今之亦然。使盡墾生穀之土，盡驅遊食之民歸農，則國家財力之完富，可計日而俟也。愚不能周行天下，不知四方治田若何，然以足跡所至，諮訪所及者言之，則天下之田，未有如大江以南之治者。江南本水鄉，雖無古井田之法，而溝洫畎澮，防水寫水之制猶古也。其民雖有遊手，然田無不耕者。阡陌之中，春榮菜麥，秋榮禾稻，桑麻茂密，雞犬相聞，方二三千里，幾於尺土必墾，所以公私糧食，常取給於東南一隅也。踰淮而北，過山東、直隸之境，則平原曠野，千里荒蕪。雖有種禾黍者，亦少深耕易耨之功，歲收益薄，而不足之處。又不種桑而種柳棗，其民不出於農畝，則業於商販，其尤無藉者。鬻歌取食，男女年八歲以上，十四五以下，使跕屣鳴弦，伺候客館，而優笑滋多矣。此無他，北方久無溝洫之制，其田專仰雨水，命懸於天，田者少利，則放而之末作耳。以一方觀之，則天下地力、民力之未盡可知也。近聞湖南辰州府，設碉卡八百餘座，募勇丁駐守，使居民均出田畝十分之七，與勇丁耕種自食，麻陽民不願，至於赴京陳訴，是其地有能耕之民，而無可耕之田也。又壬戌春，見京師水災新退，流民散處城內外者。以萬億計，其饑且病而死者所在多有也。朝廷設粥煮餅以食之。又出倉米，賤其價以糶之，爲惠甚厚，然使捨業而待朝夕之給，所謂以餓殍之養養之也。何如與之閒田，設法安置，而使之耕乎？

夫田少之處，至奪田以耕，田多之處，或棄田不耕，而饑民且置其手足於無所用，則大計可決矣。其一曰勸農功，語曰：『一夫不耕，或受之饑，一女不織，或受之寒。』然愚民無所勸則不勤。漢以趙過爲搜粟都尉，教代田人之法。二千石遣令長三老力田及里父老善田者。受田，學耕種養苗狀，自是流民漸還，田野辟而儲積多。今誠下令使州縣長吏，親行課農，以勤惰爲賞罰，召募流亡，申明崇本抑末之教，而多方以誘導之，則遊手當日寡，而地利日出矣。其二曰寬賦科，康熙時，令郡縣墾荒田，約六年成熟，起科納賦，而畿輔報墾者甚少。北方既無溝洫之制，則新墾之田，旱即成赤土，水即成巨浸，有收無收不可知，而賦科一定，不可復免，所以小民聽其荒蕪而不願墾也。當時陸稼書先生宰靈壽縣，嘗具陳巡撫於公云：與其稽查太嚴，使民畏而不敢耕，何如稍假有司以便宜，使得以熟補荒。因請寬至十年起科，其言極明切，今宜遵而行之也。其三曰權水利，古遂人之法，未能遽行於天下，而穿渠溉田，則代有人焉。若魏史起、秦鄭國之類是也。今中原陸地，誠引水以溉之，則久不耕之縵田，其息必倍，如慮今日財力不能及此，則隨地相視，一浦一港，善爲蓄泄，皆足以利田疇，振農氓。或亦如虞伯生京東之議，募富民疏渠，而以其所溉之田多少，爲賞爵之上下，其補官在諸色捐納之先，則民必有願效力者。久之，則水利廣矣。由北方推行之，則東南之漕運可寬矣。漕運寬，則積穀儲倉，以時斂散，而東南之民，亦受無窮之惠矣。此萬世之利，非僅目前小補之計也。但當行之有序，而需之以歲月耳。愚又聞之，王者之富，藏之於民。故孔子曰：『百姓足，君孰與不足，百姓不足，君孰與足。』又曰：『不患寡而患不均，不患貧而患不安。』自古治天下者，求足用之道，未有舍本務而别開利孔者也。故言農田於理財之日，事似迂遠，而實不易之至理也。

綜述

《尚書・夏書・禹貢》 禹别九州，隨山濬川，任土作貢。

禹敷土，隨山刊木，奠高山大川。

冀州。既載壺口，治梁及岐。既修太原，至于岳陽。覃懷厎績，至於衡漳。厥土惟白壤，厥賦惟上上錯，厥田惟中中。恆、衛既從，大陸既作。島夷皮服，夾右碣石入于河。

濟、河惟兗州。九河既道，雷夏既澤，灉、沮會同。桑土既蠶，是降丘宅土。

厥土黑墳，厥草惟繇，厥木惟條。厥田惟中下，厥賦貞，作十有三載，乃同。厥貢漆絲，厥篚織文。浮于濟、漯，達于河。海、岱惟青州。嵎夷既略，濰、淄其道。厥土白墳，海濱廣斥。厥田惟上下，厥賦中上。厥貢鹽、絺，海物惟錯。岱畎絲、枲、鉛、松、怪石。萊夷作牧，厥篚檿絲。浮于汶，達于濟。海、岱及淮惟徐州。淮、沂其乂，蒙、羽其藝。大野既豬，東原厎平。厥土赤埴墳，草木漸包。厥田惟上中，厥賦中中。厥貢惟土五色，羽畎夏翟，嶧陽孤桐，泗濱浮磬，淮夷蠙珠暨魚，厥篚玄纖縞。浮于淮、泗，達于河。淮、海惟揚州。彭蠡既豬，陽鳥攸居。三江既入，震澤厎定。篠簜既敷，厥草惟夭，厥木惟喬。厥土惟塗泥，厥田惟下下。厥賦下上錯。厥貢惟金三品，瑤、琨、篠簜，齒、革、羽、毛惟木。島夷卉服，厥篚織貝，厥包橘、柚，錫貢。沿于江、海，達于淮、泗。荊及衡陽惟荊州。江、漢朝宗于海，九江孔殷，沱、潛既道，雲土夢作乂。厥土惟塗泥，厥田惟下中，厥賦上下。厥貢羽、毛、齒、革惟金三品。杶、榦、栝、柏，礪、砥、砮、丹，惟箘、簵、楛。三邦厎貢，厥名包匭、菁茅，厥篚玄纁、璣組，九江納錫大龜。浮于江、沱、潛、漢，逾于洛，至于南河。荊、河惟豫州。伊、洛、瀍、澗，既入于河。滎波既豬，導菏澤，被孟豬。厥土惟壤，下土墳壚。厥田惟中上，厥賦錯上中。厥貢漆、枲、絺、紵，厥篚纖、纊，錫貢磬錯。浮于洛，達于河。華陽、黑水惟梁州。岷、嶓既藝，沱、潛既道。蔡、蒙旅平，和夷厎績。厥土青黎，厥田惟下上，厥賦下中三錯。厥貢璆、鐵、銀、鏤、砮、磬，熊、羆、狐、貍、織皮，西傾因桓是來。浮于潛，逾于沔，入于渭，亂于河。黑水、西河惟雍州。弱水既西，涇屬渭汭。漆沮既從，灃水攸同。荊、岐既旅，終南惇物，至于鳥鼠。原隰厎績，至于豬野。三危既宅，三苗丕敍。厥土惟黃壤，厥田惟上上，厥賦中下，厥貢惟球、琳、琅玕。浮于積石，至于龍門、西河，會于渭汭。織皮、崑崙、析支、渠搜，西戎即敍。導岍及岐，至于荊山，逾于河。壺口、雷首，至于太岳。厎柱、析城，至于王屋。大行、恒山，至于碣石，入于海。西傾、朱圉、鳥鼠，至于太華。熊耳、外方、桐柏，至于陪尾。導嶓冢至于荊山，內方至于大別。岷山之陽，至于衡山，過九江，至于敷淺原。導弱水至于合黎，餘波入于流沙。導黑水至于三危，入于南海。導河、積石，至于龍門。南至于華陰，東厎柱，又東至于孟津，東過洛汭至于大伾，北過降水至于大陸，又北播爲九河，同爲逆河，入于海。嶓冢導漾，東流爲漢，又東爲滄浪之水。過三澨至于大別。南入于江。東匯澤爲彭蠡，東爲北江，入于海。岷山導江，東別爲沱，又東至于澧。過九江至于東陵，東迆北會于匯，東爲中江，入于海。導沇水，東流爲濟，入于河，溢爲滎。東出于陶丘北，又東至于菏。又東北會于汶，又北東入于海。導淮自桐柏，東會于泗、沂，東入于海。導渭自鳥鼠同穴，東會于灃，又東會于涇。又東過漆沮，入于河。導洛自熊耳，東北會于澗、瀍，又東會于伊，又東北入于河。九州攸同。四隩既宅，九山刊旅，九川滌源，九澤既陂。四海會同，六府孔修。庶土交正，厎慎財賦，咸則三壤，成賦中邦，錫土姓，祗台德先，不距朕行。五百里甸服：百里賦納總，二百里納銍，三百里納秸服，四百里粟，五百里米。五百里侯服：百里采，二百里男邦，三百里諸侯。五百里綏服：三百里揆文教，二百里奮武衛。五百里要服：三百里夷，二百里蔡。五百里荒服：三百里蠻，二百里流。東漸于海，西被于流沙，朔南暨聲教。訖于四海。禹錫玄圭，告厥成功。

《史記》卷二九《河渠書》

《夏書》曰：禹抑洪水十三年，過家不入門。《索隱》：抑音憶。抑者，遏也。洪水滔天，故禹遏之，不令害人也。《漢書·溝洫志》作『堙』。堙，抑，皆塞也。陸行載車，水行載舟，泥行蹈毳，山行即橋。《集解》：徐廣曰：『橋，近遙反。一作「檋」。檋，直轅車也，音己足反。尸子曰「山行乘欙」。音力追反。又曰「行塗以楯，行險以樶，行沙以軌」。又曰「乘風車」。音去喬反。』《索隱》：毳字亦作『橇』，同音昌芮反。注以樶，子芮反，又子絕反，與蕝音同。以別九州，隨山浚川，任土作貢。通九道，陂九澤，《正義》：顏師古云：『通九州之道，及障遏其澤也。』度九山。《正義》：度，田洛反。釋名云『山者，産也』。治水以志九州山澤所生物産，言於地所宜，商而度之，以制貢賦也。然河菑衍溢，害中國也尤甚。唯是爲務。故道河自積石歷龍門，《正義》：在同州韓城縣北五十里，爲鑿廣八十步。南到華陰，《正義》：華陰縣也。魏之陰晉，秦惠文王更名寧秦，漢高帝改曰華陰也。東下砥柱，《正義》：底柱山俗名三門山，在硤石縣東北五十里，在河之中也。及孟津、《正義》：在洛州河陽縣南門外也。雒汭，至于大邳。《正義》：孔安國云：『山再成曰邳。』按：在衛州黎陽縣南七里是也。於是禹以爲河所從來者高，水湍悍，《集解》：韋昭曰：『湍，疾；悍，強也。』難以行平地，數爲敗，乃廝二渠以引其河。《集解》：《漢書音義》曰：『廝，分也。二渠，其一出貝丘西南二折者也，其一則漯川。』《索隱》：廝，《漢書》作『灑』，《史記》舊本亦作『灑』，字從水。按：韋昭云『疏決爲灑』，字音疏跬反。廝，即分其流泄其怒是也。又按：二渠，其一即漯川，其二王莽時遂空也。北載之高地，過降水，《正義》：降水源出潞州屯留縣西南方山東北。至于大陸，《正義》：

大陸澤在邢州及趙州界，一名廣河澤，一名鉅鹿澤也。播爲九河，《正義》：言過降水及大陸水之口，至冀州分爲九河。同爲逆河，入于勃海《集解》：瓚曰：『《禹貢》云「夾石碣石入于海」，然則河口之入海乃在碣石也。武帝元光二年，河徙東郡，更注勃海。禹之時不注勃海也。』九川既疏，九澤既灑，諸夏艾安，功施于三代。

自是之後，滎陽下引河東南爲鴻溝，《索隱》：楚漢中分之界，文穎云即今官渡水也。蓋爲二渠：一南經陽武，爲官渡水；一東經大梁城，即鴻溝，今之汴河是也。以通宋、鄭、陳、蔡、曹、衛，與濟、汝、淮、泗會。于楚，西方則通渠漢水、雲夢之野，東方則通溝江淮之間。於吳，則通渠三江、五湖。《集解》：韋昭曰：『五湖，湖名耳，實一湖，今太湖是也，在吳西南。』《索隱》：三江，按《地理志》北江從會稽毗陵縣北東入海，中江從丹陽蕪湖縣東北至會稽陽羨縣東入海，南江從會稽吳縣南東入海，故禹貢有北江、中江也。五湖者，郭璞《江賦》云具區、洮滆，彭蠡、青草、洞庭是也。又云太湖周五百里，故曰五湖。於齊，則通菑濟之閒。於蜀，蜀守冰《集解》：《漢書》曰：『冰姓李。』鑿離碓，《集解》：晉灼曰：『古「堆」字也。』辟沫水之害，《索隱》：辟音避。沫音末。按：說文云『沫水出蜀西南徼外，與青衣合，東南入江』也。穿二江成都之中。《正義》：《括地志》云：『大江一名汶江，一名管橋水，一名清江，亦名水江，西南自溫江縣界流來。』又云：『郫江一名成都江，一名市橋江，亦名中日江，亦曰內江，西北自新繁縣界流來。二江並在益州成都縣界。任豫《益州記》云「二江者，郫江、流江也」。風俗通云「秦昭王使李冰爲蜀守，開成都縣兩江，溉田萬頃。神須取女二人以爲婦，冰自以女與神爲婚，徑至祠勸神酒，酒杯澹澹，因厲聲責之，因忽不見。良久，有兩蒼牛鬬於江岸，有閒，輒還，流汗謂官屬曰：『吾鬬疲極，不當相助耶？南向腰中正白者，我綬也。』主簿刺殺北面者，江神遂死」。《華陽國志》云「蜀時濯錦流江中，則鮮明也」。』此渠皆可行舟，有餘則用溉騑，百姓饗其利。至于所過，往往引其水益用溉田疇之渠，以萬億計，然莫足數也。

西門豹引漳水溉鄴，《正義》：《括地志》云：『漳水一名濁漳水，源出潞州長子縣西力黃山。《地理志》云濁漳水在長子鹿谷山，東至鄴，入清漳。』按：力黃、鹿谷二山，北鹿也。鄴，相州之縣也。以富魏之河內。

而韓聞秦之好興事，欲罷之，毋令東伐，《集解》：如淳曰：『欲罷勞之，息秦伐韓之計。』乃使水工鄭國《集解》：韋昭曰：『鄭國能治水，故曰水工。』閒說秦，令鑿涇水自中山西邸瓠口爲渠，《索隱》：小顏云『中音仲，即今九嵏山之東仲山是也。邸，至也』。瓠口即谷口，乃郊祀志所謂『寒門谷口』是也。與池陽相近，故曰『田於何所，池陽谷口』也。《正義》：《括地志》云：『中山一名仲山，在雍州雲陽縣西十五里。又云焦穫藪，亦名瓠，在涇陽北城外也。』邸，至也。至渠首起雲陽縣西南二十五里，今枯也。並北山東注洛《集解》：徐廣曰：『出馮翊懷德縣。』三百餘里，欲以溉田。中作而覺，秦欲殺鄭國。鄭國曰：『始臣爲閒，然渠成亦秦之利也。』《索隱》：《溝洫志》鄭國云『臣爲韓延數歲之命，爲秦建萬代之功』是也。秦以爲然，卒使就渠。渠就，用注填閼之水，溉澤鹵之地四萬餘頃，《索隱》：溉音古代反。澤，一作『舄』，音昔，又並音尺。本或作『斥』，則如字讀之。收皆畝一鍾。於是關中爲沃野，無凶年，秦以富彊，卒并諸侯，因命曰鄭國渠。

漢興三十九年，孝文時河決酸棗，東潰金隄，《正義》：《括地志》云：『金隄一名千里隄，在白馬縣東五里。』於是東郡大興卒塞之。

其後四十有餘年，今天子元光之中，而河決於瓠子，東南注鉅野，《正義》：《括地志云》：『鄆州鉅野縣東北大澤是。』通於淮、泗。於是天子使汲黯、鄭當時興人徒塞之，輒復壞。是時武安侯田蚡爲丞相，其奉邑食鄃。《索隱》：音輸。韋昭云『清河縣也』。《正義》：貝州縣也。鄃居河北，河決而南則鄃無水菑，邑收多。蚡言於上曰：『江河之決皆天事，未易以人力爲彊塞，塞之未必應天。』而望氣用數者亦以爲然。於是天子久之不事復塞也。

是時鄭當時爲大農，言曰：『異時關東漕粟從渭中上，度六月而罷，而漕水道九百餘里，時有難處。引渭穿渠起長安，並南山下，至河三百餘里，徑，易漕，度可令三月罷；而渠下民田萬餘頃，又可得以溉田：此損漕省卒，而益肥關中之地，得穀。』天子以爲然，令齊人水工徐伯表，《索隱》：舊說，徐伯表水工姓名也。小顏以爲表者，巡行穿渠之處而表記之，若今豎標，表不是名也。悉發卒《集解》：徐廣曰：『一云「悉衆」。』數萬人穿漕渠，三歲而通。通，以漕，大便利。其後漕稍多，而渠下之民頗得以溉田矣。

其後河東守番係《索隱》：上音婆，又音潘。按：詩小雅云『番維司徒』，番，氏也。下音系也。言：『漕從山東西，《索隱》：按：謂從山東運漕而西入關也。歲百餘萬石，更砥柱之限，敗亡甚多，而亦煩費。穿渠引汾《正義》：《括地志》云：『汾水源出嵐州靜樂縣北百三十里管涔山北，東南流，入并州，即西南流，入至絳州、蒲州入河也。』溉皮氏、汾陰下，《正義》：《括地志》云：『皮氏故城在絳州龍門縣西百三十步。自秦、漢、魏、晉，皮氏縣皆治此。汾陰故城俗名殷湯城，在蒲汾陰縣北九里，漢汾陰縣是也。』引河溉汾陰、蒲坂下，度可得五千頃。五千頃故盡河壖弃地，《集解》：韋昭曰：『壖音而緣反。謂緣河邊地也。』《索隱》：又音人兗反。民茭牧其中耳，《索隱》：茭，乾草也。謂人收茭及牧畜於中也。今溉田之，度可得穀二百萬石以上。穀從渭上，與關中無異，而砥柱之東可無復漕。』天子以爲然，發卒數萬人作渠田。數歲，河移徙，渠不利，則田者不能償種。久之，河東渠田廢，予越人，令少府以爲稍入。《集解》：如淳曰：『時越人有徙者，以田與之，其租税入少府。』《索隱》：其田既薄，越人徙居者習水利，故與之，而稍少其税，入之于少府。

其後人有上書欲通襃斜道《集解》：韋昭曰：『襃中縣也。斜，谷名，音邪。』瓚曰：『襃，斜，二水名。』《正義》：《括地志》云：『襃谷在梁州襃城縣北五十里。斜水源出襃城縣西北九十八里衙嶺山，與襃水同源而派流，《漢書・溝洫志》云「襃水通沔，斜水通渭，皆以行船」是也。』按：襃城即襃中縣也。及漕事，下御史大夫張湯。湯問其事，因言：『抵蜀從故道，《正義》：《括地志》云：『鳳州兩當縣，本漢故道縣也，在州西五十里。』故道多阪，回遠。今穿襃斜道，少阪，近四百里；而襃水通沔，斜水通渭，皆可以行船漕。漕從南陽《正義》：南陽縣即今鄧州也。上沔入襃，襃之絶水至斜，閒百餘里，以車轉，從斜下下渭。如此，漢中之穀可致，山東從沔無限，《正義》：無限，言多也。山東，謂河南之東，山南之東及江南、淮南，皆經砥柱上運，今並從沔，便於三門之漕也。便於砥柱之漕。且襃斜材木竹箭之饒，擬於巴蜀。』天子以爲然，拜湯子卬爲漢中守，發數萬人作襃斜道五百餘里。道果便近，而水湍石，《集解》：徐廣曰：『湍，一本作「渡」。』不可漕。

其後莊熊羆言：『臨晉《正義》：《括地志》云：『同州本臨晉城也。一名大荔城，亦曰馮翊城。』民願穿洛以溉重泉《正義》：洛，漆沮水也。《括地志》云：『重泉故城在同州蒲城縣東南四十五里，在同州西北亦四十五里。』以東萬餘頃故鹵地。誠得水，可令畝十石。』於是爲發卒萬餘人穿渠，自徵《集解》：應劭曰：『徵在馮翊。』《索隱》：音懲，縣名也。小顏云即今之澄城也。引洛水至商顏山下。《集解》：服虔曰：『顏音崖。或曰商顏，山名也。』《索隱》：顏音崖，又如字。商顏，山名也。岸善崩，《集解》：如淳曰：『洛水岸。』《正義》：言商原之崖岸，土性疏，故善崩毁也。乃鑿井，深者四十餘丈。往往爲井，井下相通行水。水穨以絶商顏，《集解》：瓚曰：『下流曰穨。』東至山嶺十餘里閒。井渠之生自此始。穿渠得龍骨，《正義》：《括地志》云：『伏龍祠在同州馮翊縣西北四十里。故老云漢時自徵穿渠引洛，得龍骨，其後立祠，因以伏龍爲名。今祠頗有靈驗也。』故名曰龍首渠。作之十餘歲，渠頗通，猶未得其饒。

自河決瓠子後二十餘歲，歲因以數不登，而梁楚之地尤甚。天子既封禪巡祭山川，其明年，旱，乾封少雨。天子乃使汲仁、郭昌發卒數萬人塞瓠子決。於是天子已用事萬里沙，《正義》：《括地志》云：『萬里沙在華州鄭縣東北二十里也。』則還自臨決河，沈白馬玉璧于河，令羣臣從官自將軍已下皆負薪寘決河。是時東郡燒草，以故薪柴少，而下淇園之竹《集解》：晉灼曰：『衛之苑也。多竹篠。』以爲楗。《集解》：如淳曰：『樹竹塞水決之口，稍稍布插接樹之，水稍弱，補令密，謂之楗。以草塞其裏，乃以土填之；有石，以石爲之。音建。』《索隱》：楗音其免反。楗者，樹於水中，稍下竹及土石也。

天子既臨河決，悼功之不成，乃作歌曰：『瓠子決兮將柰何？皓皓旰旰兮閭殫爲河！《集解》：如淳曰：『殫，盡也。』駰謂州閭盡爲河。殫爲河兮地不得寧，功無已時兮吾山平。《集解》：徐廣曰：『東郡東阿有魚山，或者是乎？』駰按：如淳曰『恐水漸山使平也』。韋昭曰『鑿山以填河也』。吾山平兮鉅野溢，《集解》：如淳曰：『瓠子決，灌鉅野澤使溢也。』魚沸鬱兮柏冬日。《集解》：徐廣曰：『柏猶迫也，冬日行天邊，若與水相連矣。』駰按：《漢書音義》曰『鉅野滿溢，則衆魚沸鬱而滋長也。迫冬日乃止。』延道弛兮離常流，《集解》：徐廣曰：『延，一作「正」。』駰按：晉灼曰『言河道皆弛壞也』。《索隱》：言河之決，由其源道延長弛溢，故使其道皆離常流。故晉灼云『言河道皆弛壞』。蛟龍騁兮方遠遊。歸舊川兮神哉沛，《集解》：瓚曰：『水還舊道，則羣害消除，神祐滂沛。』不封禪兮安知外！爲我謂河伯兮何不仁，泛濫不止兮愁吾人？齧桑浮兮淮、泗滿，《集解》：張晏曰：『齧桑，地名也。』如淳曰：『邑名，爲水所浮漂。』久不反兮水維緩。』一曰：『河湯湯兮激潺湲，北渡污兮浚流難。搴長茭兮沈美玉，《集解》：如淳曰：『搴，取也。茭，草也，音郊。一曰茭，竿也。取長竿樹之，用著石閒，以塞決河。』瓚曰：『竹葦絙謂之茭，下所以引致土石者也。』《索隱》：搴音己免反。茭音交，竹葦絙也。一作『茇』，音廢，鄒氏又音紼也。河伯許兮薪不屬。《集解》：如淳曰：『旱燒，故薪不足。』薪不屬兮衛人罪，燒蕭條兮噫乎何以禦水！穨林竹兮楗石菑，《集解》：如淳曰：『河決，楗不能禁，故言菑。』韋昭曰：『楗，柱也。木立死曰菑。』宣房塞兮萬福來。』於是卒塞瓠子，築宮其上，名曰宣房宮。而道河北行二渠，復禹舊迹，而梁、楚之地復寧，無水災。

自是之後，用事者爭言水利。朔方、西河、河西、酒泉皆引河及川谷以溉田；而關中輔渠、靈軹《集解》：如淳曰：『《地理志》盩厔有靈軹渠。』《索隱》：按：溝洫志兒寬爲左内史，奏請穿六輔渠。小顏云『今尚謂之輔渠，亦曰六渠也』。引堵水；《集解》：徐廣曰：『一作「諸川」。』汝南、九江引淮；東海引鉅定；《集解》：瓚曰：『鉅定，澤名。』泰山下引汶水：皆穿渠爲溉田，各萬餘頃。佗小渠披山通道者，不可勝言。然其著者在宣房。

太史公曰：余南登廬山，觀禹疏九江，遂至于會稽太湟，《集解》：徐廣曰：「一作『濕』。」上姑蘇，望五湖；東闚洛汭、大邳，迎河，行淮、泗、濟、漯洛渠；西瞻蜀之岷山及離碓；北自龍門至于朔方。曰：甚哉，水之爲利害也！余從負薪塞宣房，悲瓠子之詩而作河渠書。《集解》：徐廣曰：『溝洫志行田二百畝，分賦田與一夫二百畝，以田惡，故更歲耕之。』

《索隱·述贊》：水之利害，自古而然。禹疏溝洫，隨山濬川。爰洎後世，非無聖賢。鴻溝既劃，龍骨斯穿。填閼攸墾，黎蒸有年。宣房在詠，梁楚獲全。

又 卷三〇《平準書》 其明年，山東被水菑，民多飢乏，於是天子遣使者虛郡國倉廥以振貧民。猶不足，又募豪富人相貸假。尚不能相救，乃徙貧民於關以西，及充朔方以南新秦中，《集解》：服虔曰：『地名，在北方千里。』如淳曰：『長安已北，朔方已南。』瓚曰：『秦逐匈奴以收河南地，徙民以實之，謂之新秦。今以地空，故復徙民以實之。』七十餘萬口，衣食皆仰給縣官。數歲，假予產業，使者分部護之，冠蓋相望。其費以億計，不可勝數。於是縣官大空。

《漢書》卷二七上《五行志上》 桓公元年『秋，大水』。董仲舒、劉向以爲桓弒兄隱公，民臣痛隱而賤桓。後宋督弒其君，師古曰：『宋華父督爲太宰，弒殤公，事在桓公二年。』諸侯會，將討之，師古曰：『謂齊、陳、鄭也。』桓受宋賂而歸，師古曰：『謂郜大鼎。』又背宋。諸侯由是伐魯，仍交兵結讎，伏尸流血，百姓愈怨，師古曰：『桓會宋公者五，與宋公、燕人盟，已而背盟伐宋。宋公、燕人怨而求助，齊、衛助之。桓公懼，而會紀侯、鄭伯及四國之師大戰。』故十三年夏復大水。一曰，夫人驕淫，將弒君，陰氣盛，桓不寤，卒弒死。師古曰：『已解於上也。』劉歆以爲桓易許田，不祀周公，師古曰：『許田，魯朝宿之邑，而有周公別廟。桓既篡位，遂以許田與鄭，而取鄭之祊田，故云不祀周公。』廢祭祀之罰也。

嚴公七年『秋，大水，亡麥苗』。董仲舒、劉向以爲嚴母文姜與兄齊襄公淫，共殺桓公，嚴釋父讎，復取齊女，未入，先與之淫，一年再出，會於道逆亂，臣下賤之之應也。

十一年『秋，宋大水』。董仲舒以爲時魯、宋比年爲乘丘、鄑之戰，師古曰：『比年，頻年也。莊十年，公敗宋師于乘丘。十一年，公敗宋師于鄑。乘丘、鄑，魯地。鄑音子移反。』百姓愁怨，陰氣盛，故二國俱水。劉向以爲時宋愍公驕慢，睹災不改，明年與其臣宋萬博戲，婦人在側，矜而罵萬，萬殺公之應。師古曰：『萬，宋大夫也。戰敗獲于魯，復歸宋，又爲大夫，與愍公博，婦人在側。萬曰：「甚矣，魯侯之淑，魯侯之美！天下諸侯宜爲君者唯魯侯耳。」愍公矜此婦人，妒其言，顧曰：「此虜也。爾虜焉故魯侯之美惡乎至！」萬怒，搏愍公，絕其脰而死。事在莊十二年。』

二十四年，『大水』。董仲舒以爲夫人哀姜淫亂不婦，陰氣盛也。劉向以爲哀姜初入，公使大夫宗婦見，用幣，師古曰：『宗婦，同姓之婦也。大夫妻及宗婦見夫人者，皆令執幣，是踰禮也。』又淫於二叔，公弗能禁。臣下賤之，故是歲、明年仍大水。師古曰：『仍，頻也。』劉歆以爲先是嚴飾宗廟，刻桷丹楹，以夸夫人，臣瓚曰：『桷，榱也。』韋昭曰：『楹，柱也。』師古曰：『莊公二十三年丹桓宮楹，二十四年刻桓宮桷。將迎夫人，故爲盛飾。』簡宗廟之罰也。師古曰：『簡，慢也。』

宣公十年『秋大水，飢』。董仲舒以爲時比伐邾取邑，師古曰：『比，頻也。九年秋，取根牟。公羊傳曰：「根牟者何？邾婁之邑也。」十年，公孫歸父帥師伐邾取繹，故云比年也。』亦見報復，兵讎連結，百姓愁怨。劉向以爲宣公殺子赤而立，子赤，齊出也，師古曰：『赤母姜氏。赤死，姜氏大歸，齊市人皆哭，魯人謂之哀姜。』故懼，以濟西田賂齊。師古曰：『宣既即位，與齊侯會于平州，以定其位。元年六月，齊人取濟西田，爲立公故，以賂齊也。』邾子貜且亦齊出也，師古曰：『貜且，邾文公之子邾定公也。亦齊女所生。貜音俱碧反，又音钁。且音子余反。』而宣比與邾交兵。師古曰：『比，頻也。』臣下懼齊之威，創邾之旤，師古曰：『創，懲艾也，音初亮反。』皆賤公行而非其正也。

成公五年『秋，大水』。董仲舒、劉向以爲時成幼弱，政在大夫，前此一年再用師，師古曰：『成三年春，公會晉侯、宋公、衛侯、曹伯伐鄭，秋，叔孫僑如帥師圍棘，是也。』明年復城鄆以彊私家，師古曰：『四年城鄆。鄆，季氏邑，音運。』仲孫蔑、叔孫僑如顓會宋、晉，陰勝陽。師古曰：『仲孫蔑，孟獻子也。成五年春，仲孫蔑如宋。夏，叔孫僑如會晉荀首于穀。顓與專同，專者，不秉命于公。』

襄公二十四年『秋，大水』。董仲舒以爲先是一年齊伐晉，襄使大夫帥師救晉，師古曰：『襄二十三年秋，齊伐衛，遂伐晉。八月，叔孫豹帥師救晉，次于雍榆。』後又侵齊，師古曰：『二十四年，仲孫羯帥師侵齊。』國小兵弱，數敵彊大，百姓愁怨，陰氣盛。劉向以爲先是襄慢鄰國，是以邾伐其南，師古曰：『十五年，邾人伐我南鄙是也。』齊伐其北，師古曰：『十六年，齊人伐我北鄙是也。』莒伐其東，師古曰：『十二年，莒人伐我東鄙是也。』百姓騷動，後又仍犯彊齊也。師古曰：『十八年，公會晉侯、宋公、衛侯、鄭伯同圍齊。二十三年救晉，二十四年又侵齊，是重犯也。』大水，饑，穀不成，其災甚也。

高后三年夏，漢中、南郡大水，水出流四千餘家。四年秋，河南大水，伊、雒流千六百餘家，汝水流八百餘家。八年夏，漢中、南郡水復出，流六千餘家。南陽沔水流萬餘家。師古曰：『沔，漢水之上也，音彌善反。』是時女主獨治，諸呂相王。

文帝後三年秋，大雨，晝夜不絕三十五日。藍田山水出，流九百餘家。漢水出，壞民室八千餘所，殺三百餘人。先是，趙人新垣平以望氣得幸，爲上立渭陽五帝廟，欲出周鼎，以夏四月，郊見上帝。師古曰：『事並見《郊祀志》。』歲餘懼誅，謀爲逆，發覺，要斬，夷三族。是時，比再遣公主配單于，賂遺甚厚，師古曰：『比，頻也。高祖使劉敬奉宗室女翁主爲冒頓單于閼氏。冒頓死，其子老上單于初立，文帝復遣宗人女爲單于閼氏。』匈奴愈驕，侵犯北邊，殺略多至萬餘人，漢連發軍征討戍邊。

元帝永光五年夏及秋，大水。潁川、汝南、淮陽、廬江雨，壞鄉聚民舍，及水流殺人。先是一年有司奏罷郡國廟，是歲又定迭毀，師古曰：『親盡則毀，故云迭毀。事在韋玄成傳。迭音大結反。』罷太上皇、孝惠帝寢廟，皆無復修，通儒以爲違古制。刑臣石顯用事。師古曰：『石顯宦者，故曰刑臣。』

成帝建始三年夏，大水，三輔霖雨三十餘日，郡國十九雨，山谷水出，凡殺四千餘人，壞官寺民舍八萬三千餘所。元年，有司奏徙甘泉泰畤、河東后土于長安南北郊。二年，又罷雍五畤、郡國諸舊祀，凡六所。

又卷二九《溝洫志》

應劭曰：『溝廣四尺，深四尺；洫廣深倍於溝。』師古曰：『洫音許域反。』

《夏書》：禹堙洪水十三年，如淳曰：『堙，沒也。』師古曰：『堙，塞也。洪水氾溢，疏通而止塞之。堙音因。』過家不入門。陸行載車，水行乘舟，泥行乘毳，孟康曰：『毳形如箕，擿行泥上。』如淳曰：『毳音茅蕝之蕝。謂以板置泥上以通行路也。』師古曰：『孟說是也。毳讀如本字。』山行則梮，如淳曰：『梮謂以鐵如錐頭，長半寸，施之履下，以上山，不蹉跌也。』韋昭曰：『梮，木器，如今輿牀，人舉以行也。』師古曰：『如說是也。梮音居足反。』以別九州；師古曰：『分其界。』隨山浚川，師古曰：『順山之高下而深其流。』任土作貢；師古曰：『任其土地所有以定貢賦之差也。』通九道，陂九澤，度九山。師古曰：『言通九州之道，及鄣遏其澤，商度其山也。度音大各反。』然河災之羨溢，害中國也尤甚。師古曰：『羨讀與衍同，音弋展反。』唯是爲務，故道河自積石，師古曰：『道，治也，引也。從積石山而治引之令通流也。道讀曰導。』歷龍門，南到華陰，東下底柱，師古曰：『底音之履反。』及盟津、雒內，至于大伾。鄭氏曰：『山一成爲伾，在修武、武德界。』張晏曰：『成皋縣山是也。臣瓚以爲今修武、武德無此山也。成皋縣山又不一成也。今黎陽山臨河，豈是乎？』師古曰：『內讀曰汭。伾音皮彼反。解在《地理志》。』於是禹以爲河所從來者高，水湍悍，難以行平地，師古曰：『急流曰湍。悍，勇也。湍音它端反。』數爲敗，乃釃二渠以引其河，孟康曰：『釃，分也。分其流，泄其怒也。二渠，其一出貝丘西南南折者也，其一則漯川也。河自王莽時遂空，唯用漯耳。』師古曰：『釃音山支反。漯音它合反。』北載之高地，過洚水，至於大陸，播爲九河，師古曰：『播，布也。』同爲迎河，入于勃海。臣瓚以爲『《禹貢》「夾右碣石入于河」，則河入海乃在碣石也。武帝元光二年，河移徙東郡，更注勃海。禹時不注也。』師古曰：『解在《地理志》。』九川既疏，九澤既陂，諸夏乂安，師古曰：『疏，分流。』功施乎三代。

自是之後，滎陽下引河東南爲鴻溝，以通宋、鄭、陳、蔡、曹、衛，與濟、汝、淮、泗會。於楚，西方則通渠漢川、雲夢之際，東方則通溝江淮之間。於吳，則通渠三江、五湖。於齊，則通淄濟之間。於蜀，則蜀守李冰鑿離𡸣，晉灼曰：『𡸣，古堆字也。𡸣，岸也。』師古曰：『音丁回反。』避沫水之害，師古曰：『沫音本末之末。水出蜀西南徼外，東南入江。』穿二江成都中。此渠皆可行舟，有餘則用溉，師古曰：『溉，灌也，音工代反。』百姓饗其利。至於它，往往引其水，用溉田，溝渠甚多，然莫足數也。

魏文侯時，西門豹爲鄴令，有令名。師古曰：『有善政之稱。』至文侯曾孫襄王時，與羣臣飲酒，王爲羣臣祝曰：『令吾臣皆如西門豹之爲人臣也！』史起進曰：『魏氏之行田也以百畝，師古曰：『賦田之法，一夫百畝也。』鄴獨二百畝，是田惡也。漳水在其旁，西門豹不知用，是不智也。知而不興，是不仁也。仁智豹未之盡，何足法也！』於是以史起爲鄴令，遂引漳水溉鄴，以富魏之河內。民歌之曰：『鄴有賢令兮爲史公，決漳水兮灌鄴旁，終古舃鹵兮生稻粱。』蘇林曰：『終古，猶言久古也。《爾雅》曰「鹵，鹹苦也」。』師古曰：『舃即斥鹵也。謂鹹鹵之地也。』

其後韓聞秦之好興事，欲罷之，無令東伐。如淳曰：『息秦滅韓之計也。』師古曰：『罷讀曰疲，令其疲勞不能出兵。』乃使水工鄭國間說秦，師古曰：『間音居莧反。其下亦同。』令鑿涇水，自中山西邸瓠口爲渠，師古曰：『中讀曰仲，即今九嵕之東仲山也。邸，至也。』並北山，東注洛，三百餘里，師古曰：『並音步浪反。洛水，即馮翊漆沮水。』欲以溉田。中作而覺，師古曰：『中作，謂用功中道，事未竟也。』秦欲殺鄭國。鄭國曰：『始臣爲間，然渠成亦秦之利也。臣爲韓延數歲之命，而爲秦建萬世之功。』秦以爲然，卒使就渠。渠成而用注填閼之水，溉舃鹵之地四萬餘頃，收皆畝一鍾。

師古曰：『注，引也。閼讀與淤同，音於據反。填閼謂壅泥也。言引淤濁之水灌鹹鹵之田，更令肥美，故一畝之收至六斛四斗。』於是關中爲沃野，無凶年，秦以富彊，卒幷諸侯，因名曰鄭國渠。

漢興三十有九年，孝文時河決酸棗，東潰金隄，師古曰：『潰，潰決也。金隄，河隄名也，在東郡白馬界。隄音丁奚反。』於是東郡大興卒塞之。

其後三十六歲，孝武元光中，河決於瓠子，東南注鉅野，師古曰：『鉅野，澤名，舊屬兗州界，即今之鄆州鉅野縣。』通於淮、泗。上使汲黯、鄭當時興人徒塞之，輒復壞。是時武安侯田蚡爲丞相，其奉邑食鄃。鄃居河北，師古曰：『奉音扶用反。鄃音輸，清河之縣也。』河決而南則鄃無水災，邑收入多。蚡言於上曰：『江河之決皆天事，未易以人力彊塞，彊塞之未必應天。』而望氣用數者亦以爲然，是以久不復塞也。

時鄭當時爲大司農，言『異時關東漕粟從渭上，師古曰：『異時，往時也。』度六月罷，師古曰：『計度其功，六月而後可罷也。度音大各反。』而渭水道九百餘里，時有難處。引渭穿渠起長安，旁南山下，師古曰：『旁音步浪反。』至河三百餘里，徑，易漕，師古曰：『徑，直也。易音弋豉反。』度可令三月罷；而渠下民田萬餘頃又可得以溉。此損漕省卒，而益肥關中之地，得穀。』上以爲然，令齊人水工徐伯表，師古曰：『巡行穿渠之處而表記之，今之豎標是。』發卒數萬人穿漕渠，三歲而通。以漕，大便利。其後漕稍多，而渠下之民頗得以溉矣。

後河東守番係師古曰：『姓番名係也。番音普安反。』言：『漕從山東西，歲百餘萬石，師古曰：『謂從山東運漕而西入關也。』更底柱之艱，師古曰：『更，歷也，音庚。』敗亡甚多而煩費。穿渠引汾溉皮氏、汾陰下，引河溉汾陰、蒲坂下，師古曰：『引汾水可用溉皮氏及汾陰以下，而引河水可用溉汾陰及蒲坂以下，地形所宜也。』度可得五千頃。故盡河壖棄地，師古曰：『謂河岸以下緣河邊地素不耕墾者也。壖音而緣反。』民茭牧其中耳，師古曰：『茭，乾草也。謂收茭草及牧畜產於其中。茭音交。』今溉田之，師古曰：『溉而種之。』度可得穀二百萬石以上。穀從渭上，與關中無異，師古曰：『雖從關外而來，於渭水運上，皆可致之，故曰與關中收穀無異也。』而底柱之東可毋復漕。』上以爲然，發卒數萬人作渠田。數歲，河移徙，渠不利，田者不能償種。師古曰：『言所收之直不足償糧種之費也。種音之勇反。』久之，河東渠田廢，予越人，令少府以爲稍入。如淳曰：『時越人有徙者，以田與之，其租稅入少府也。』師古曰：『越人習於水田，又新至，未有業，故與之也。稍，漸也。其入未多，故謂之稍也。』

其後人有上書，欲通褒斜道及漕，師古曰：『褒、斜，二谷名，其谷皆各自有水耳。斜音弋奢反。』事下御史大夫張湯。湯問之，言『抵蜀從故道，故道多阪，回遠。師古曰：『抵，至也。故道屬武都，有蠻夷，故曰道，即今鳳州界也。回音胡內反。』今穿褒斜道，少阪，近四百里；而褒水通沔，斜水通渭，皆可以行船漕。漕從南陽上沔入褒，褒絕水至斜，間百餘里，以車轉，從斜下渭。如此，漢中穀可致，而山東從沔無限，便於底柱之漕。且褒斜材木竹箭之饒，儗於巴蜀。』師古曰：『儗，比也。』上以爲然。拜湯子卬爲漢中守，發數萬人作褒斜道五百餘里。道果便近，而水多湍石，不可漕。

其後嚴熊言『臨晉民願穿洛以溉重泉以東萬餘頃故惡地。師古曰：『臨晉、重泉皆馮翊之縣也。洛即漆沮水。』誠即得水，可令畝十石。』於是爲發卒萬人穿渠，自徵引洛水至商顏下。應劭曰：『徵在馮翊。商顏，山名也。』師古曰：『徵音懲，即今所謂澄城也。商顏，商山之顏也。謂之顏者，譬人之顏額也，亦猶山領象人之頸領。』岸善崩，如淳曰：『洛水岸也。』師古曰：『善崩，言憙崩也。』乃鑿井，深者四十餘丈。往往爲井，井下相通行水。水隤以絕商顏，師古曰：『下流曰隤。』東至山領十餘里間。井渠之生自此始。穿得龍骨，故名曰龍首渠。作之十餘歲，渠頗通，猶未得其饒。

自河決瓠子後二十餘歲，歲因以數不登，而梁楚之地尤甚。上既封禪，巡祭山川，其明年，乾封少雨。師古曰：『乾音干。解在《郊祀志》。』上乃使汲仁、郭昌發卒數萬人塞瓠子決河。於是上以用事萬里沙，則還自臨決河，湛白馬玉璧，師古曰：『湛讀曰沈。沈馬及璧以禮水神也。』令羣臣從官自將軍以下皆負薪寘決河。師古曰：『寘音大千反。』是時東郡燒草，以故薪柴少，而下淇園之竹以爲揵。晉灼曰：『淇園，衛之苑也。』如淳曰：『樹竹塞水決之口，稍稍布插按樹之，水稍弱，補令密，謂之揵。以草塞其裏，乃以土填之。有石，以石爲之。』師古曰：『揵音其偃反。』上既臨河決，悼功之不成，乃作歌曰：

瓠子決兮將奈何？浩浩洋洋，慮殫爲河。如淳曰：『殫，盡也。』師古曰：『浩浩洋洋，皆水盛貌。慮猶恐也。浩音胡老反。洋音羊。』殫爲河兮地不得寧，功無已時兮吾山平。如淳曰：『恐水漸山使平也。』韋昭曰：『鑿山以填河。』師古曰：『韋說是也。已，止也。言用功多不可畢止也。』吾山平兮鉅野溢，如淳曰：『瓠子決，灌鉅野澤使溢也。』魚弗鬱兮柏冬日。孟康曰：『鉅野滿溢，則衆魚弗鬱而滋長，迫冬日乃止也。』師古曰：『孟說非也。弗鬱，憂不樂也。水長涌溢，濊濁不清，故魚不樂，又迫於冬日，將甚困也。柏讀與迫同。弗音佛。』正道弛兮離常流，晉灼曰：『言河道皆弛壞。』蛟龍騁兮放遠游。歸舊川兮神哉沛，臣瓚曰：『水還舊道，則羣害消除，神祐滂沛也。』師古曰：『沛音普大反。』不封禪兮安知外！師古曰：『言不因巡狩封禪而出，則不知關外有此水。』皇謂河公兮何不仁，泛濫不止兮愁吾人！齧桑浮兮淮、泗滿，張晏曰：『皇，武帝也。河公，河伯也。』久不反兮水維緩。如淳曰：『齧桑，邑名，爲水所浮漂。』師古曰：『水維，水之綱維也。』

河湯湯兮激潺湲，師古曰：『歌有二章，自「河湯湯」以下更是其一，故云一曰也。湯湯，疾貌也。潺湲，激流也。湯音傷。潺音仕連反。湲音于權反。』北渡回兮迅流難。師古曰：『迅，疾也，音訊。』搴長茭兮湛美玉，如淳曰：『搴，取也。茭，草也，音郊。一曰，茭，竿也。取長竿樹之，用著石間以塞決河也。』臣瓚曰：『竹葦絙謂之茭，所以引置土石也。』師古曰：『瓚說是也。搴，拔也。絙，索也。湛美玉者，以祭河也。茭字宜從竹。搴音騫。茭音交，又音爻。湛讀曰沈。絙音工登反。』河公許兮薪不屬。如淳曰：『旱燒，故薪不足也。』師古曰：『沈玉禮神，但許福祐，但以薪不屬逮，故無功也。屬音之欲反。』薪不屬兮衛人罪，師古曰：『東郡本衛地，故言此衛人之罪也。』燒蕭條兮噫乎何以御水！師古曰：『燒草皆盡，故野蕭條然也。噫乎，歎辭也。噫音於期反。』隤林竹兮揵石菑，師古曰：『隤林竹者，即上所說「下淇園之竹以爲揵」也。石菑者謂臿石立之，然後以土就填塞也。菑亦臿耳，音側其反，義與插同。』宣防塞兮萬福來。

於是卒塞瓠子，築宮其上，名曰宣防。而道河北行二渠，復禹舊迹，師古曰：『道讀曰導。』而梁、楚之地復寧，無水災。

自是之後，用事者爭言水利。朔方、西河、河西、酒泉皆引河及川谷以溉田。而關中靈軹、成國、湋渠如淳曰：『《地理志》「盩厔有靈軹渠」。成國，渠名，在陳倉。湋音韋，水出韋谷。』引諸川，汝南、九江引淮，東海引鉅定，臣瓚曰：『鉅定，澤名也。』泰山下引汶水，師古曰：『汶音問。』皆穿渠爲溉田，各萬餘頃。它小渠及陂山通道者，不可勝言也。師古曰：『陂山，因山之形也。道，引也。陂音彼義反。道讀曰導。一曰，陂山，遏山之流以爲陂也，音彼皮反。』

自鄭國渠起，至元鼎六年，百三十六歲，而兒寬爲左內史，奏請穿鑿六輔渠，師古曰：『在鄭國渠之裏，今尚謂之輔渠，亦曰六渠也。』以益溉鄭國傍高卬之田。師古曰：『素不得鄭國之溉灌者也。卬謂上向也，讀曰仰。』上曰：『農，天下之本也。泉流灌寖，所以育五穀也。師古曰：『寖，古浸字。』左右內史地名山川原甚衆，細民未知其利，故爲通溝瀆，畜陂澤，師古曰：『畜讀曰蓄。』所以備旱也。今內史稻田租挈重，不與郡同，師古曰：『租挈，收田租之約令也。郡謂四方諸郡也。挈音苦計反。』其議減。令吏民勉農，盡地利，平繇行水，勿使失時。』師古曰：『平繇者，均齊渠堰之力役，謂俱得水利也。繇讀曰徭。』

後十六歲，太始二年，趙中大夫白公鄭氏曰：『白，姓。公，爵。時人多相謂爲公。』師古曰：『此時無公爵也，蓋相呼尊老之稱耳。』復奏穿渠。引涇水，首起谷口，尾入櫟陽，師古曰：『谷口即今雲陽縣治谷是。』注渭中，袤二百里，師古曰：『袤，長也，音茂。』溉田四千五百餘頃，因名曰白渠。民得其饒，歌之曰：『田於何所？池陽、谷口。鄭國在前，白渠起後。師古曰：『鄭國興於秦時，故云前。』舉臿爲雲，決渠爲雨。師古曰：『臿，鍫也，所以開渠者也。』涇水一石，其泥數斗。且溉且糞，長我禾黍。如淳曰：『水渟淤泥，可以當糞。』衣食京師，億萬之口。』言此兩渠饒也。

是時方事匈奴，興功利，言便宜者甚衆。齊人延年上書師古曰：『史不得其姓。』言：『河出昆侖，經中國，注勃海，是其地勢西北高而東南下也。可案圖書，觀地形，令水工準高下，開大河上領，晉灼曰：『上領，山頭也。』出之胡中，東注之海。如此，關東長無水災，北邊不憂匈奴，可以省隄防備塞，士卒轉輸，胡寇侵盜，覆軍殺將，暴骨原野之患。天下常備匈奴而不憂百越者，以其水絕壤斷也。此功壹成，萬世大利。』書奏，上壯之，報曰：『延年計議甚深。然河乃大禹之所道也，師古曰：『道讀曰導。』聖人作事，爲萬世功，通於神明，恐難改更。』

自塞宣房後，河復北決於館陶，分爲屯氏河，師古曰：『屯音大門反。而隋室分析州縣，誤以爲毛氏河，乃置毛州，失之甚矣。』東北經魏郡、清河、信都、勃海入海，廣深與大河等，故因其自然，不隄塞也。此開通後，館陶東北四五郡雖時小被水害，而兗州以南六郡無水憂。宣帝地節中，光祿大夫郭昌使行河。北曲三所水流之勢皆邪直貝丘縣。師古曰：『直，當也。』恐水盛，隄防不能禁，乃各更穿渠，直東，經東郡界中，不令北曲。渠通利，百姓安之。元帝永光五年，河決清河靈鳴犢口，師古曰：『清河之靈縣鳴犢河口也。』而屯氏河絕。

成帝初，清河都尉馮逡師古曰：『逡音七旬反。』奏言：『郡承河下流，與兗州東郡分水爲界，城郭所居尤卑下，土壤輕脆易傷。頃所以闊無大害者，以屯氏河通，兩川分流也。師古曰：『闊，稀也。』今屯氏河塞，靈鳴犢口又益不利，獨一川兼受數河之任，雖高增隄防，終不能泄。如有霖雨，旬日不霽，必盈溢。師古曰：『雨止曰霽，音子計反，又音才詣反。』靈鳴犢口在清河東界，所在處下，雖令通利，猶不能爲魏郡、清河減損水害。禹非不愛民力，以地形有勢，故穿九河，今既滅難明，屯氏河不流行七十餘年，新絕未久，其處易浚。師古曰：『浚謂治道之令其深也。浚音峻。」又其口所居高，於以分流殺水力，道里便宜，可復浚以助大河泄暴水，備非常。又地節時郭昌穿直渠，後三歲，河水更從故第二曲間北可六里，復南合。今其曲勢復邪直貝丘，百姓寒心，宜復穿渠東行。不豫修治，北決病四五郡，南決病十餘郡，然後憂之，晚矣。」

事下丞相、御史，白博士許商治尚書，善爲算，能度功用。師古曰：『白，白於天子也。度音大各反。』遣行視，師古曰：『行音下更反。』以爲屯氏河盈溢所爲，方用度不足，師古曰：『言國家少財役。』可且勿浚。

後三歲，河果決於館陶及東郡金隄，泛溢兗、豫，入平原、千乘、濟南，凡灌四郡三十二縣，水居地十五萬餘頃，深者三丈，壞敗官亭室廬且四萬所。御史大夫尹忠對方略疏闊，上切責之，忠自殺。遣大司農非調師古曰：『大司農名非調也。』調均錢穀河決所灌之郡，師古曰：『令其調發均平錢穀遭水之郡，使存給也。調音徒釣反。』謁者二人發河南以東漕船五百㮴，師古曰：『一船爲一㮴，音先勞反，其字從木。』徙民避水居丘陵，九萬七千餘口。河隄使者王延世使塞，師古曰：『命其爲使而塞河也。《華陽國志》云延世字長叔，犍爲資中人也。』以竹落長四丈，大九圍，盛以小石，兩船夾載而下之。三十六日，河隄成。上曰：『東郡河決，流漂二州，校尉延世隄防三旬立塞。其以五年爲河平元年。卒治河者爲著外繇六月。』如淳曰：『律說，戍邊一歲當罷，若有急，當留守六月。今以卒治河之故，復留六月。』孟康曰：『外繇，戍邊也。治水不復戍邊也。』師古曰：『如、孟二說皆非也。以卒治河有勞，雖執役日近，皆得比繇戍六月也。著謂著於簿籍也。著音竹助反。下云「非受平賈，爲著外繇」，其義亦同。』惟延世長於計策，功費約省，用力日寡，朕甚嘉之。其以延世爲光祿大夫，秩中二千石，賜爵關內侯，黃金百斤。』

後二歲，河復決平原，流入濟南、千乘，所壞敗者半建始時，復遣王延世治之。杜欽說大將軍王鳳，以爲『前河決，丞相史楊焉言延世受焉術以塞之，蔽不肯見。今獨任延世，延世見前塞之易，恐其慮害不深。又審如焉言，延世之巧，反不如焉。且水勢各異，不博議利害而任一人，如使不及今冬成，來春桃華水盛，必羨溢，有填淤反壤之害。師古曰：『月令「仲春之月，始雨水，桃始華」。蓋桃方華時，既有雨水，川谷冰泮，衆流猥集，波瀾盛長，故謂之桃華水耳。而韓詩傳云「三月桃華水」。反壤者，水塞不通，故令其土壤反還也。羨音弋繕反。淤音於庶反。』如此，數郡種不得下，師古曰：『種，五穀之子也，音之勇反。』民人流散，盜賊將生，雖重誅延世，無益於事。宜遣焉及將作大匠許商、諫大夫乘馬延年雜作。孟康曰：『乘馬，姓也。』師古曰：『乘音食證反。』延世與焉必相破壞，深論便宜，以相難極。師古曰：『壞，毀也，音怪。極，窮也，音居力反。』商、延年皆明計算，能商功利，師古曰：『商，度也。』足以分別是非，擇其善而從之，必有成功。』鳳如欽言，白遣焉等作治，六月乃成。復賜延世黃金百斤。治河卒非受平賈者，爲著外繇六月。蘇林曰：『平賈，以錢取人作卒，顧其時庸之平賈也。』如淳曰：『律說，平賈一月，得錢二千。』師古曰：『賈音價。』

後九歲，鴻嘉四年，楊焉言『從河上下，患底柱隘，可鐫廣之』。師古曰：『鐫謂琢鑿之也，音子全反。』上從其言，使焉鐫之。鐫之裁沒水中，不能去，而令水益湍怒，爲害甚於故。

是歲，勃海、清河、信都河水溢溢，灌縣邑三十一，師古曰：『溢，踊也，音普頓反。』敗官亭民舍四萬餘所。河隄都尉許商與丞相史孫禁共行視，圖方略。師古曰：『圖，謀也。行音下更反。』禁以爲『今河溢之害數倍於前決平原時。今可決平原金隄間，開通大河，令入故篤馬河。韋昭曰：『在平原縣。』至海五百餘里，水道浚利，又乾三郡水地，得美田且二十餘萬頃，足以償所開傷民田廬處，又省吏卒治隄救水，歲三萬人以上』。許商以爲『古說九河之名，有徒駭、胡蘇、鬲津，今見在成平、東光、鬲界中。師古曰：『此九河之三也。徒駭在成平，胡蘇在東光，鬲津在鬲。成平、東光屬勃海，鬲屬平原。徒駭者，言禹治此河，用功極衆，故人徒驚駭也。胡蘇，下流急疾之貌也。鬲津，言其陿小，可鬲以爲津而度也。鬲與隔同。』自鬲以北至徒駭間，相去二百餘里，今河雖數移徙，不離此域。孫禁所欲開者，在九河南篤馬河，失水之迹，處勢平夷，旱則淤絕，水則爲敗，不可許』。公卿皆從商言。先是，谷永以爲『河，中國之經瀆，師古曰：『經，常也。』聖王興則出圖書，王道廢則竭絕。今潰溢橫流，漂沒陵阜，異之大者也。修政以應之，災變自除』。是時李尋、解光亦言『陰氣盛則水爲之長，故一日之間，晝減夜增，江河滿溢，所謂水不潤下，雖常於卑下之地，猶日月變見於朔望，明天道有因而作也。衆庶見王延世蒙重賞，競言便巧，不可用。議者常欲求索九河故迹而穿之，今因其自決，可且勿塞，以觀水勢。河欲居之，當稍自成川，跳出沙土，然後順天心而圖之，必有成功，而用財力寡』。於是遂止不塞。滿昌、師丹等數言百姓可哀，上數遣使者處業振贍之。師古曰：『處業，謂安處之使得其居業。』

哀帝初，平當使領河隄，師古曰：『爲使而領其事。』奏言『九河今皆寘滅，按經義治水，有決河深川，師古曰：『決，分泄也。深，浚治也。』而無隄防雍塞之文。師古曰：『雍讀曰壅。』河從魏郡以東，北多溢決，水迹難以分明。四海之衆不可誣，宜博求能浚川疏河者』。下丞相孔光、大司空何武，奏請部刺史、三輔、三河、弘農太守舉吏民能者，莫有應書。待詔賈讓奏言：

治河有上中下策。古者立國居民，疆理土地，必遺川澤之分，度水勢所不及。師古曰：『遺，留也。度，計也。言川澤水所流聚之處，皆留而置之，不以爲居邑而妄墾殖，必計水所不及，然後居而田之也。分音扶問反。度音大各反。』大川無防，小水得入，陂障卑下，以爲汙澤，師古曰：『停水曰汙，音一胡反。』使秋水多，得有所休息，左右游波，寬緩而不迫。夫土之有川，猶人之有口也。治土而防其川，猶止兒啼而塞其口，豈不遽止，然其死可立而待也。師古曰：『遽，速也，音其庶反。』故曰：『善爲川者，決之使道；師古曰：『道讀曰導。導，通引也。』善爲民者，宣之使言。』蓋隄防之作，近起戰國，雍防百川，各以自利。師古曰：『雍讀曰壅。』齊與趙、魏，以河爲竟。師古曰：『竟讀曰境。』趙、魏瀕山，齊地卑下，師古曰：『瀕山，猶言以山爲邊界也。』師古曰：『瀕音頻，又音賓。』作隄去河二十五里。河水東抵齊隄，則西泛趙、魏，趙、魏亦爲隄去河二十五里。雖非其正，水尚有所游盪。時至而去，則填淤肥美，民耕田之。或久無害，稍築室宅，遂成聚落。大水時至漂沒，則更起隄防以自救，稍去其城郭，排水澤而居之，湛溺自其宜也。師古曰：『湛讀曰沈。』今隄防陿者去水數百步，遠者數里。近黎陽南故大金隄，從河西西北行，至西山南頭，乃折東，與東山相屬。師古曰：『屬，連及也，音之欲反。』民居金隄東，爲廬舍，往十餘歲更起隄，王念孫說『往』當作『住』。從東山南頭直南與故大隄會。又內黃界中有澤，方數十里，環之有隄，師古曰：『環，繞也。』往十餘歲太守以賦民，師古曰：『以隄中之地給與民。』民今起廬舍其中，此臣親所見者也。東郡白馬故大隄亦復數重，民皆居其間。從黎陽北盡魏界，故大隄去河遠者數十里，內亦數重，此皆前世所排也。河從河內北至黎陽爲石隄，激使東抵東郡平剛；師古曰：『激者，聚石於隄旁衝要之處，所以激去其水也。激音工歷反。』又爲石隄，使西北抵黎陽、觀下；師古曰：『觀，縣名也，音工喚反。』又爲石隄，使東北抵東郡津北；又爲石隄，使西北抵魏郡昭陽；又爲石隄，激使東北。百餘里間，河再西三東，迫阸如此，不得安息。

今行上策，徙冀州之民當水衝者，決黎陽遮害亭，放河使北入海。河西薄大山，東薄金隄，勢不能遠泛濫，朞月自定。難者將曰：『若如此，敗壞城郭田廬冢墓以萬數，百姓怨恨。』昔大禹治水，山陵當路者毀之，故鑿龍門，辟伊闕，師古曰：『辟讀曰闢。闢，開也。』析底柱，破碣石，師古曰：『析，分也。』墮斷天地之性。師古曰：『墮，毀也，音火規反。』此乃人功所造，何足言也！今瀕河十郡治隄歲費且萬萬，及其大決，所殘無數。如出數年治河之費，以業所徙之民，遵古聖之法，定山川之位，使神人各處其所，而不相奸。師古曰：『奸音干。』且以大漢方制萬里，豈其與水爭咫尺之地哉？此功一立，河定民安，千載無患，故謂之上策。

若乃多穿漕渠於冀州地，使民得以溉田，分殺水怒，雖非聖人法，然亦救敗術也。

難者將曰：『河水高於平地，歲增隄防，猶尚決溢，不可以開渠。』臣竊按視遮害亭西十八里，至淇水口，乃有金隄，高一丈。自是東，地稍下，隄稍高，至遮害亭，高四五丈。往六七歲，河水大盛，增丈七尺，壞黎陽南郭門，入至隄下。如淳曰：『然則隄在郭內也。』臣瓚曰：『謂水從郭南門入，北門出，而至隄也。』師古曰：『瓚說是也。』水未踰隄二尺所，從隄上北望，河高出民屋，百姓皆走上山。水留十三日，隄潰，吏民塞之。臣循隄上，行視水勢，師古曰：『行音下更反。』南七十餘里，至淇口，水適至隄半，計出地上五尺所。今可從淇口以東爲石隄，多張水門。初元中，遮害亭下河去隄足數十步，至今四十餘歲，適至隄足。由是言之，其地堅矣。恐議者疑河大川難禁制，滎陽漕渠足以卜之，如淳曰：『今礫谿口是也。言作水門通水流，不爲害也。』師古曰：『礫谿，谿名，即水經所云沛水東通礫谿者。』（殿本『涑』作『沛』。王先謙說作『沛』是。）其水門但用木與土耳，今據堅地作石隄，勢必完安。冀州渠首盡當卬此水門。治渠非穿地也，師古曰：『卬音牛向反。』但爲東方一隄，北行三百餘里，入漳水中，其西因山足高地，諸渠皆往往股引取之；如淳曰：『股，支別也。』旱則開東方下水門溉冀州，水則開西方高門分河流。通渠有三利，不通有三害。民常罷於救水，半失作業；師古曰：『此一害也。罷讀曰疲。』水行地上，湊潤上徹，民則病溼氣，木皆立枯，鹵不生穀；師古曰：『此二害。』決溢有敗，爲魚鼈食：此三害也。若有渠溉，則鹽鹵下溼，填淤加肥；師古曰：『此一利。』故種禾麥，更爲秔稻，高田五倍，下田十倍；師古曰：『此二利也。秔謂稻之不粘者也，音庚。』轉漕舟船之便：此三利也。今瀕河隄吏卒郡數千人，伐買薪石之費歲數千萬，足以通渠成水門；又民利其溉灌，相率治渠，雖勞不罷。師古曰：『罷讀曰疲。』民田適治，河隄亦成，此誠富國安民，興利除害，支數百歲，故謂之中策。

若乃繕完故隄，增卑倍薄，勞費無已，數逢其害，此最下策也。

王莽時，徵能治河者以百數，其大略異者，長水校尉平陵關並師古曰：『桓譚新論云並字子陽，材智通達也。』言：『河決率常於平原、東郡左右，其地形下而土疏惡。聞禹治河時，本空此地，以爲水猥，盛則放溢，師古曰：『猥，多也。』少稍自索，師古曰：『索，盡也，音先各反。』雖時易處，猶不能離此。上古難識，近察秦漢以來，河決曹、衛之域，其南北不過百八十里者，可空此地，勿以爲官亭民室而已。』大司馬史長安張戎師古曰：『新論云字仲功，習溉灌事也。』言：『水性就下，行疾則自刮除成空而稍深。河水重濁，號爲一石水而六斗泥。今西方諸郡，以至京師東行，民皆引河、渭山川水溉田。春夏乾燥，少水時也，故使河流遲，貯淤而稍淺；雨多水暴至，則溢決。而國家數隄塞之，稍益高於平地，猶築垣而居水也。可各順從其性，毋復灌溉，則百川流行，水道自利，無溢決之害矣。』御史臨淮韓牧師古曰：『新論云字子台，善水事。』以爲『可略於禹貢九河處穿之，縱不能爲九，但爲四五，宜有益』。大司空掾王橫師古曰：『橫字平中，琅邪人。見儒林傳。中讀曰仲。』言：『河入勃海，勃海地高於韓牧所欲穿處。往者天嘗連雨，東北風，海水溢，西南出，浸數百里，九河之地已爲海所漸矣。師古曰：『漸，浸也，讀如本字，又音子廉反。』禹之行河水，本隨西山下東北去。周譜云定王五年河徙，如淳曰：『譜音補，世統譜諜也。』則今所行非禹之所穿也。又秦攻魏，決河灌其都，決處遂大，不可復補。宜卻徙完平處，更開空，師古曰：『空猶穿。』使緣西山足乘高地而東北入海，乃無水災。』沛郡桓譚爲司空掾，典其議，爲甄豐言：『凡此數者，必有一是。宜詳考驗，皆可豫見，計定然後舉事，費不過數億萬，亦可以事諸浮食無產業民。師古曰：『事謂役使也。』空居與行役，同當衣食；衣食縣官，而爲之作，乃兩便，師古曰：『言無產業之人，端居無爲，及發行力役，俱須衣食耳。今縣官給其衣食，而使修治河水，是爲公私兩便也。』可以上繼禹功，下除民疾。』王莽時，但崇空語，無施行者。

贊曰：古人有言：『微禹之功，吾其魚乎！』師古曰：『左氏傳載周大夫劉定公之辭也。言無禹治水之功，則天下之人皆爲魚鼈耳。』中國川原以百數，莫著於四瀆，而河爲宗。孔子曰：『多聞而志之，知之次也。』師古曰：『《論語》稱孔子之言曰：「多聞擇其善者而從之，多見而志之，知之次也。」志，記也，字亦作識，音式冀反。』國之利害，故備論其事。

唐 岑文本《大水上封事極言得失》《册府元龜》卷五三二

臣聞開撥亂之業者，其功既難；守已成之基者，其道不易。故居安思危，所以定其業也；有始有卒，所以崇其基也。今雖億兆乂安，邊隅寧謐，既承喪亂之後，又接凋弊之餘，户口減損尚多，田疇開辟猶少。覆燾之恩著矣；而瘡痍未復；德教之風被矣。而資產屢空。是以古人譬之種樹，年紀綿遠，則枝葉扶疏，若種之日淺，根本未固，雖壅之以黑壤，暖之以春日，一人搖之，必至枯槁。今之百姓，頗類於此。常加含養，則日就滋息；暫有征役，則隨之凋耗。凋耗既甚，則人不聊生。人不聊生，則怨氣充塞。怨氣充塞，則離叛之心生矣。故帝舜曰：『可愛非君？可畏非民？』孔安國曰：『人以君爲命，故可愛。君失道則人叛之，故可畏。』仲尼曰：『君猶舟也，人猶水也。水所以載舟，亦所以覆舟。』是以古之哲王，雖休勿休，日慎一日者，良爲此也。

伏惟陛下覽古今之事，察安危之機，上以社稷爲重，下以億兆爲念。明選舉，慎賞罰，進賢才，退不肖，聞過即改，從諫如流。爲善在於不疑，出令期於必信。頤神養性，省畋獵之娱；去奢從儉，減工役之費。務靜方內，而不求辟土，載櫜弓矢，而無忘武備。凡此數者，雖爲國之常道，陛下之所常行，臣之愚心，唯願陛下思之而不倦，行之而不怠。則至道之美，與三王比隆，億載之祚，隨天地長久。雖使桑穀爲妖，龍蛇作孽，雉雊於鼎耳，石言於晉地，猶當轉禍爲福，變災爲祥。況雨水之患，陰陽常理，豈可謂天譴之而繫聖心哉？臣聞古人有言：『農夫勞而君子養焉，愚者言而智者擇。』輒陳狂瞽，伏待斧鉞。

唐 許景先《奏停賜射疏》《舊唐書》卷一九〇

近臣以三九之辰，頻賜宴射，已著格令，猶降綸言。但古制雖存，禮章多闕，官員累倍，帑藏未充，水旱相仍，繼之師旅，既不足以觀德，又未足以威邊，耗國損人，且爲不急。夫古之天子，以射選諸侯，以射飾禮樂，以射觀容志，故有騶虞貍首之奏，采蘩采蘋之樂。天子則以備官爲節，諸侯則以時會爲節，卿大夫以循法爲節，士以不失職爲節：皆審志固行，德美事成，陰陽克和，暴亂不作。故諸侯貢士，亦試於射宮，容體有虧，則絀其地。是以諸侯君臣，皆盡志於射，射之禮也大矣哉！今則不然，衆官既多，鳴鏑亂下，以苟獲爲利，以偶中爲能，素無五善之容，頗失三侯之禮。冗官厚秩，禁衛崇班，動盈累千，其算無數。近河南河北，水潦處多，林胡小蕃，見寇郊壘，軍書日至，河朔騷然，命將除兇，未圖克捷，興師十萬，日費千金。去歲豫、亳兩州，微遭旱損，庸賦不辧，以致流亡，聖人憂勤，降使招恤，雖經歲月，猶未能安，人之困窮，以至於此！今一箭偶中，是費一丁庸調，用之既無惻隱，獲之固無恥慚，考古循今，則爲未可。且禁衛武宮，隨番許射，能中的者，必有賞焉，此則訓武習戎，時習不闕。待寇寧歲稔，率由舊章，則愛禮食人，幸甚幸甚！

唐 張鷟《龍筋鳳髓判》卷一《滄瀛等州申稱：神龍元年百姓遭水，奉旨貸半租，供漁陽軍，許折，明年又遭澇，免，無租可折。至三年，百姓訴州以去年合折，不許，百姓不伏》 滄瀛等州，頻遭水澇，泥牛轉盛，滂沛成河，石燕爭飛，霖霪變浦。當時奉旨，令貸半租。此日蠲科，仍聞款訴。準旨有明年之語，據條無三年之文。以此狐疑，莫能龜決。明年復澇，乃是折空；後歲總徵，元無折處。

菖蒲去蚤蝨，而蚰蜒竟來；礬石止齲痛，而牙根遽折。所益全少，所損愈多。徵一丁之半租，招百姓之深怨，是則國家之信，不及於豚魚；王者之仁，不流於行葦。得原失信，文公之所不爲；獻鼎棄言，展季由其未許。有家有國，乍可去食而去兵；大車小車，不可無輗而無軏。譬如洞庭之嶼，彭蠡之湖，添隻雁不爲之多，去雙鳧不爲之少。貨藏天下，何必前徵而後徵？物寄人間，終是楚弓而楚得。元貸未折，許折還徵。涣汗發而卻收，絲綸抽而復返。四方取則，百姓何憑？政在養民，理從矜折。

唐 常衮《宣慰湖南百姓制》《唐大詔令集》卷一一六 敕：震澤之南，數州之地，頃以水澇暴至，沱潛溢。既敗城郭，復瀦原田，連歲大歉，元元重困。餒殍相望，流庸莫返，加之以師旅，煩之以賦役，哀我矜人，何以堪命？朕君臨之道猶鬱，牧養之政未宏，咎之所降，諒在於此。雖天災流行，則有恆數，而夕惕若厲，豈忘責躬。夫振人育物，大《易》之明義也。自漢魏以來，水旱之處，必遣使巡問，以安集之，國朝因其制焉。亦命近臣慰撫，俾喻求瘼之意，用舒科泛之急，宜令中散大夫給事中賀若察往湖南宣慰處置。其百姓遭損不能自存者，應須賑給蠲免，宜與本道觀察使商量處置訖聞奏。仍齋詔書，體問周恤，宣示郡邑，令悉朕懷。

唐 梁涣《對津吏告下方傷水判》《文苑英華》卷五二四 得津吏告下方傷水，請毀左右隄，水工景固爭。

遠通漕引，近切河渠，擁左右之連隄，隨深淺之積態。屬流水之至，長河沓起。桃花淼淼，實類迷牛之闕；竹箭滔滔，方比鑿龍之迅。委輸無限，傷害爲虞，既爲長隄固全，豈使下方傷水？導之則可，毀之匪宜，無從津史之言，請依水工之見。

唐 魏炬《對津吏告下方傷水判》《文苑英華》卷五二四 得津吏告下方傷水，請毀左右隄，水工景固爭。

決河之虞，備聞前載；隄防之設，厥務匪輕。故得其宜，則俗除隍墊；如失其道，則人受沈淪。由是禹得元圭，漢陳白璧，古來所慎，寧其怠諸？且將毀右隄，則左隄不理，下方之弊，爲患將深。漢代成規，自宜遵奉，不達舊載，昧於物宜。輕此毀除，未聞其可，水工之議，謂得通方。

唐 盧韞價《對津吏告下方傷水判》《文苑英華》卷五二四 得津吏告下方傷水，請毀左右隄，水工景固爭。

覆釜遐源，濫觴遙派。龍門激浪，飛竹箭於千里；馬頰驚流，擁桃花於三月。尺波不住，素序或臨，霧逐牛迷，查隨客至。維舟不易，航葦稱難，洪濤之委無涯，下方之傷遄及。隄防是制，啟塞隨時，固之則兩傷，毀之則雙美。津吏宅生禹跡，行偶堯封，名廁水官，位居河右。使回天之浪，遙注百川；濺日之波，傍流九派。水工末品，直買公心，箄垂柳之懸隄，借瓠子之成詠。雖守挈瓶之智，還貽膠柱之責。依津吏之請，杜水工之疑，不俟終日，於是乎在。

唐 李仲和《對津吏告下方傷水判》《文苑英華》卷五二四 得津吏告下方傷水，請毀左右堤。水工景固爭。

潤下斯弊，漂流是虛，欲崇堙塞，必藉堤防。津吏以下方致災，冀應除毀；水工以長堤作務，不可依憑。競有兩端，事難雙允。請辟千里，無虧五詞。則拯溺不待於規行，聞諸往說；而塞川頗類於防口，得自今辰。方見河渠之書，自媚標準；溝洫之志，以會規模。左毀則右傷，右毀則左弊；左右俱毀，便沈下方。津吏之言雖陳，水工之志難對。既不合毀，咸宜告知。

唐 鄭遂初《對津吏告下方傷水判》《全唐文》卷二三五 得津吏告下方傷水，請毀左右堤。水工景固爭。

九土之宜，高卑異等；百川之勢，面背殊源。所以堤設沈薪，以防其溢；河流酸棗，竟被其災。今者津吏所陳，水浸方盛，請毀堤而取便，遂抑強而扶弱。考古頹傾之異，前後乖奉之宜，疑未爽河渠之篇，深符溝洫之記。工人有諍，即事雖通，請更辨於今形，方可遵於古典。

唐 楊式宣《對水損免輸判》《全唐文》卷九五〇　天作淫雨，害於嘉穀。東夏之人，實罹其弊。發倉賙饑，已軫聖皇之心；舉恩累折，猶有下人之請。雖承恩屏水，皆在當年；而經國寧人，事資可久。人惟邦本，本固邦寧；人或不康，君何足取？且禮莫盛於封禪，懽莫大於觀禮。人泚厚慶，自給非常之恩；歲及大祲，何阻後時之澤？請從周賚，以副堯心。

唐 崔仁涗《詔諭八首》《全唐文》卷一〇〇〇　天授元年六月丁巳詔曰：『前主當四郡土崩之時，剷除寇賊，漸拓封疆，未及兼併海內，俄以酷暴御衆，以奸回爲至道，以威侮爲要術。徭煩賦重，人耗土虛。而猶宮室宏壯，不遵制度，勞役不止，怨讟滋興。於是竊號稱尊，殺妻戮子，天地不容，神人共怨！荒墜厥緒，可不戒乎？朕資羣公推戴之心，登九五統臨之極，移風易俗，咸與惟新，宜遵改轍之規，深鑒伐柯之則。君臣諧魚水之懽，河海協宴清之慶，内外羣庶，宜悉朕懷。』

辛酉詔曰：『設官分職，任能之道斯存；利俗安民，選賢之務是急。誠無官曠，何有政荒？朕叨膺景命，顯馭丕圖，顧臨蒞以難安，念庸虛之可懼。惟慮知人不明，審官多失，俾起遺賢之嘆，深乖得士之宜，寢興載懷，職此而已。内外庶僚，並稱其職，則匪獨今時之致理，足貽後代之可稱，宜其登庸列辟，歷試羣公，勉務精選，咸使僉諧。自中及外，具悉朕懷。』

乙丑詔曰：『爲國當務節儉，民富倉實，雖有水旱饑饉，不能爲患。所有内莊及東宮食邑積穀，歲久必多朽損。其以内奉郎中能梵爲審穀使。』

戊辰詔曰：『朕聞乘機革制，正謬是詳，導俗訓民，號令必順。前主以新羅階官郡邑之號，悉皆鄙野，改爲新制行之，累年民不習知，以至惑亂。今悉從新羅之制，其名義易知者，可從新制。』

辛亥詔曰：『前王視民如草芥，而惟欲之從，乃信讖緯，遽棄松岳，還居斧壤，營立宮室，百姓困於土功，三時失於農業。加以饑饉薦臻，疾疫仍起，室家棄背，道殣相望，一匹細布，直米五升，至使齊民賣身鬻子，爲人奴婢。朕甚閔焉！其令所在具錄以聞。』

又詔曰：『人君運佐時之奇略，樹蓋世之高勳者，錫之以分茅胙土，褒之以峻秩崇班。是百代之常典，千古之宏規也。朕出自側微，才識庸下，誠資羣望，克踐洪基。當其廢暴主之時，竭忠臣之節者，宜行賞賚，以獎勳勞。其以洪儒裴元慶、申崇謙、卜智謙爲第一等，給金銀器、錦繡綺被褥、綾羅布帛有差。堅權能實、權慎、廉湘金、樂連珠、麻暖爲第二等，給金銀器、錦繡綺被褥綾帛有差。其第三等二千餘人，各給綾帛穀米有差。朕與公等欲救生民，未能終守臣節，以此爲功，豈無慚德？然而有功不賞，無以勸將來，故有今日之賞，公等明知朕意。』

十五年五月甲申，諭羣臣曰：『頃完葺西京，徙民實之，冀憑地方，平定三韓，將都於此。今者民家雌鷄化爲雄，大風官舍頹壞，夫何災變至此？昔晉有邪臣，潛畜異謀，其家雌鷄化爲雄。卜云：『人懷非分，天垂警戒，不悛其惡，竟取誅滅。』吴王劉濞之時，大風壞門拔木，其卜亦同，濞不知戒，亦底覆亡。且《祥瑞志》云：『行役不平，貢賦煩重，下民怨上，有此之應。』以古驗今，豈無所召？今四方勞役不息，供費既多，貢賦未省，竊恐緣此，以致天譴，夙夜憂懼，不敢遑寧。軍國貢賦，難以蠲免。尚慮羣臣不行公道，使民怨咨，或懷非分之心，致此變異，各宜悛心，毋及於禍。』

十七年五月乙巳，幸禮山鎮。詔曰：『往者新羅政衰，羣盜競起，民庶亂離，暴骨荒野。前主服紛爭之黨，啟邦國之基，及乎末年，毒流下民，傾覆社稷。朕承其危緒，造此新邦，勞役瘡痍之民，豈予意哉？但草昧之時，事不獲已，櫛風沐雨，巡省州鎮，修完城柵，欲令赤子得免綠林之難，由是男盡從戎，婦猶在役，不忍勞苦，或逃匿山林，或號訴官府者，不知幾許。王親權勢之家，安知無肆暴淩弱，困我編氓者乎？予以一身，豈能家至而目睹？小民所以末由控告，呼吁彼蒼者也。宜爾公卿將相食祿之人，諒予愛民如子之意，矜爾祿邑編户之氓。若以家臣無知之輩，使于祿邑，惟務聚斂，恣爲割剝，爾亦豈能知之？雖或知之，亦不禁制，民有論訴者，官吏徇情掩護，怨讟之興，職競由此。予嘗誨之，欲使知之者增勉，不知者能誡。其違令者，別行染卷，猶以匿人過爲賢，不曾舉奏。善惡之實，曷得聞知？如此寧有守節改過者乎！爾等遵我訓辭，聽我賞罰。有罪者不論忠賤，罰及子孫，功多罪小，量行賞罰。若不改過，追其祿俸，或一年、二三年、五六年，以至終身不齒。若志切奉公，終始無瑕，生享榮祿，後稱名家，至於子孫，優加旌賞。此則非但今日，傳之萬世，以爲令範。人有爲民陳訴，勾喚不赴，必令再行勾喚，先下十杖，以治違令之罪，方論所犯。吏若故爲遷延，計日罪責。又有怙威恃力，令之不可觸者，以名聞。』

宋 董煟《救荒活民書》卷三《彭思永賑救水災》　彭思永通判睦州，

會海水夜敗臺州城郭，人多死。詔監司擇良吏往撫之，思永遂行。將至，吏民皆號訴於道。思永悉心救養，不憚勞苦，至忘寢食。盡葬溺死者，爲文以祭之。問疾苦，賑饑乏，去盜賊，撫羸弱。其始至也，城無完舍。思永周行相視，爲之規畫，朝夕暴露，未嘗憩息。民貧不能營葺者，命工伐木以助之。數月而公私舍畢，人復安其居。思永視故城頽壞，僅有彷彿，思爲遠圖。召僚屬而謂之曰：郡瀕海而無城，此水所以爲害也。當與諸君圖之。程役勸功，民忘其勞，城遂爲永利。天子嘉之，錫書獎諭。後去台還睦，二州之民喜躍啼戀者交於道。

又《洪浩救荒法》 宣和六年，浩爲秀州録事。秋大水，田不没者十一。流民塞路，倉庫空虛，無賑救策。公白於郡守，以荒政自任。悉籍境内粟，留一年食，發其餘糴於城之四隅。不能自食，官爲主之。立屋於西南兩廢寺，十人一室，男女異處，防其淆僞。涅墨子，識其手，東五之，南三之，負爨樵汲有職。民羸不可杖。有侵牟鬥囂者，亂其手文，逐之。借用所掌發運名錢，錢且盡，會浙東綱常平米斛四萬過城下，公遣吏鎖津柵，諭守使截留。守禁不肯，曰：此御筆所起也。罪死不赦。浩曰：民仰哺當至麥熟，今臘猶未盡，中道而止，則如勿救。寧以一身易十萬人命。迄留之。居無何，廉訪使者王孝竭至郡，曰：平江哀號訴饑者旁午，此獨無。何也？守具以對，即延公如兩寺驗視。孝竭曰：吾嘗行邊，軍法不過是也。違制抵罪，爲君脱之。又清得二萬石，所活九萬五千餘人。後諸卒以城畔擄掠，無一家免，過門曰：此洪佛子家也，汝毋得人。

元 柳貫《待制集》卷一六《送王吏部僉憲燕南序》 河北薦饑而屬去秋大雨水，鎮、定、瀛、易固同其患矣。然太行以南壑谷諸流，乘高直灌治河，而下合滹沱、滋陽二水，奔放横溢，蓋將澤鎮、定，而後被于瀛、易。向之禾壟既化黿坎，則為是數州之民，生意殆極斬斬。廟堂聞而憂焉，乃輟朝士，往視其菑，發粟勸分，凡以安活之者幾無遺策。於是臺臣又言曰：『燕南廉訪使者治鎮，而定、瀛、易皆其所部。今民阨於饑，去食新猶數月，不有以厚衛而深養之，譬諸人已痿痺，氣一散敗，全無日矣。』其議選官以聞，而吾友王君景先，實由吏部郎出簽其使事，紫衣金魚，承命即行，都人稚耋，咸一口言是。嘗持御史節按河南，首擊臣姦去之，用是廉問一部，豈可犯哉？然景先儒者，平時不務為矯亢之行，向獨遇事英發，以謂天子方張治具而卹民隱，顧容一梟鴆其間，使善類蹙蹙不遂，誠若吾節何？人徒見其排之之力而摧之之易，不知景先之心亦行其所無事而已。況今煦寒于既凜，濯痍于將殘，若安絃焉，急則中絶，緩則屢慢矣。本之學術之正，而質之試効之果，所為捄菑捍患之道，一誅強鋤梗之心也，而有異乎？夫是數州之民，其毋以困悴為傷而覆用自慰，則知朝廷慎簡憲僚之意，蓋在乎此。然予特懼君之惠將不能久專兹部也，故于其别先序以為信。至治三年四月九日柳貫序。

《元史》卷六四《河渠志一·壩河》 壩河，亦名阜通七壩。

成宗大德六年三月，京畿漕運司言：『歲漕米百萬，全藉船壩夫力。自冰開發運至河凍時止，計二百四十日，日運糧四千六百餘石，所轄船夫一千三百餘人，壩夫七百三十，占役俱盡，晝夜不息。今歲水漲，衝決壩隄六十餘處，雖已修畢，恐霖雨衝圮，走泄運水，以此點視河隄淺澀低薄去處，請加修理。』自五月四日入役，六月十二日畢。深溝壩九處，計一萬五千一百五十三工。王村壩二處，計七百十三工。鄭村壩一處，計一千一百二十五工。

西陽壩三處，計一千二百六十二工。郭村壩三處，計一千九百八十七工。千斯壩下一處，計一萬工。總用工三萬二百四十。

又《白浮甕山》 成宗大德七年六月，甕山等處看牐提領言：『自閏五月二十九日始，晝夜雨不止，六月九日夜半，山水暴漲，漫流隄上，衝決水口。』於是都水監委官督軍夫，自九月二十一日入役，至是月終輟工，實役軍夫九百九十三人。十一年三月，都水監言：『巡視白浮甕山河隄，崩三十餘里，宜編荊笆爲水口，以泄水勢。』計修笆口十一處，四月興工，十月工畢。

泰定四年八月，都水監言：『八月三日至六日，霖雨不止，山水泛溢，衝壞甕山諸處笆口，浸没民田。』計料工物，移文工部關支修治。自八月二十六日興工，九月十三日工畢，役軍夫二千名，實役九萬工，四十五日。

又《渾河》 至大二年十月，渾河水決左都威衛營西大隄，泛溢南流，沒左右二翊及後衛屯田麥，由是左都威衛言：『十月五日，水決武清縣王甫村隄，闊五十餘步，深五尺許，水西南漫平地流，環圓營倉局，水不没者無幾。恐來春冰消，夏雨水作，衝決成渠，軍民被害，或遷置營司，或多差軍民修塞，庶免墊溺。』三年二月十二日，省準下左右翊及後衛、大都路委官督工修治，至五月二十日工畢。

皇慶元年二月十七日，東安州言：『渾河水溢，決黄堝隄一十七所。』都水監計工物移文工部。二十七日，樞密知院塔失帖木兒奏：『左衛言渾河決隄口二處，屯田浸不耕種，已發軍五百修治。臣等議，治水有司職耳，宜令中書戒所屬用心修治。』從之。七月，省委工部員外郎張彬言：『巡視渾河，六月三十日霖雨，水漲及丈餘，決隄口二百餘步，漂民廬，沒禾稼，乞委官修治，發民丁刈雜草興築。』

延祐元年六月十七日，左衛言：『六月十四日，渾河決武清縣劉家莊隄口，差軍七百與東安州民夫協力同修之。』三年三月，省議：『渾河決隄堰，沒田禾，軍民蒙害，既已奏聞。差官相視，上自石徑山金口，下至武清縣界舊隄，長計三百四十八里，中間因舊修築者大小四十七處，漲水所害合修補者一十九處，無隄創修者八處，宜疏通者二處，計工三十八萬一百，役軍夫三萬五千，九十六日可畢。如通築則役大難成，就令分作三年爲之，省院差官先發軍民夫匠萬人，興工以修其要處。』是月二十日，樞府奏撥軍三千，委中衛僉事督修治之。七年五月，營田提舉司言：『去歲十二月二十一日，屯戶巡視廣武屯北渾河隄二百餘步將崩，恐春首土解水漲，浸沒爲患，乞修治。』都水監委濠寨，會營田提舉司官、武清縣官，督夫修完廣武屯北陷薄隄一處，計二千五百工；永興屯北隄低薄一處，計四千一百六十六工；落垡村西衝圮一處，計三千七百三十三工；永興屯北崩圮一處，計六千五百十八工；北王村莊西河東岸至白墳兒，南至韓村西道口，計六千九十三工；劉邢莊西河東岸北至寶僧百戶屯，南至白墳兒，計三萬七百十二工。總用工五萬三千七百二十二。

泰定四年四月，省議：『三年六月内霖雨，山水暴漲，泛沒大興縣諸鄉桑棗田園。移文樞府，於七衛屯田及見有軍内，差三千人修治。』

又《白河》 泰定元年二月，樞府臣奏：『臨清萬戶府言，至治元年霖雨，決壞運糧河岸，宜差軍修築。臣等議，誠利益事，令本府差軍三百執役。』從之。三年三月，都水監言：『河西務菜市灣水勢衝嚙，與倉相近，將來爲患，宜於劉二總管營相對河東岸，截河築隄，改水道與舊河合，可杜後患。』四年正月，省臣奏准，樞府差軍五千，大都路募夫五千人，日支糙米五升、中統鈔一兩，本監工部委官與前衛董指揮同監役，是年三月十八日興工，六月十一日工畢。

致和元年六月六日，臨清御河萬戶府言：『泰定四年八月二日，河溢，壞營北門隄約五十步，漂舊樁木百餘，崩圮猶未已。』工部議：『河岸崩摧，理宜修治，既都水監會計工物，各處支給，其役夫三千人，若擬差民，方春恐妨農務，宜移文樞密院撥軍。』省准修舊隄岸，展闊新河口東岸，計工五萬九千九百三十七，用軍三千、木匠十人。

至順元年六月，都水監言：『二十三日夜，白河水驟漲丈餘，觀音寺新修護倉隄，已督有司差夫救護，今水落尺餘，宜候伏槽興作。』

又《御河》 至大元年六月二十九日，左翼屯田萬戶府呈：『五月十八日申時，水決會川縣孫家口岸約二十餘步，南流灌本管屯田，已移文河間路、武清縣、清州有司，多發丁夫，管領修治。』由是樞密院檄河間路、左翊屯田萬戶府，差軍併工築塞。十月，大名路濬州言：『七月十一日連雨至十七日，清、石二河水溢李家道，東南橫流。詢社長高良輩，稱水源自衛輝路汲縣東北，連本州淇門西舊黑蕩泊，溢流出岸，漫黄河古隄，東北流入本州齊賈泊，復入御河，漂及門民舍。竊計今歲水勢逆行，及下流漳水漲溢，遏絶不能通，以致若此，實非人力可勝。又西關水手佐聚稱，七月十二日卯時，御河水驟漲三尺，十八日復添四尺，其水逆流，明是下流漲水壅逆，擬差官巡治。』

延祐三年七月，滄州言：『清池縣民告，往年景州吳橋縣諸處御河水溢，衝決隄岸，萬戶千奴爲恐傷其屯田，差軍築塞舊洩水郎兒口，故水無所洩，浸民廬及已熟田數萬頃，乞遣官疏闢，引水入海。及七月四日，決吳橋縣柳斜口東岸三十餘步，千戶移僧又遣軍閉塞郎兒口，水壅不得洩，必致漂蕩張管、許河、孟村三十餘村黍穀廬舍，故本州摘官相視，移文約會開闢，不從。』四年五月，都水監遣官與河間路官相視元塞郎兒口，東西長二十五步，南北闊二十尺，及隄南高一丈四尺，北高二丈餘，復按視郎兒口下流故河，至滄州約三十餘里，上下古跡寬闊，及減水故道，名曰盤河。今爲開闢郎兒口，增濬故河，決積水，由滄州城北達滹沱河，以入于海。

又《灤河》 大德五年八月十三日，平灤路言：『六月九日霖雨，至十五日夜，灤河與淝、洳三河並溢，衝圮城東西二處舊護城隄、東西南三面城牆，橫流入城，漂郭外三關瀕河及在城官民屋廬糧物，沒田苗，溺人畜，死者甚衆，而雨猶不止。至二十四日夜，灤、漆、淝、洳諸河水復漲入城，餘屋漂蕩殆盡。』

乃委吏部馬員外同都水監官修之。東西二隄，計用工三十一萬一千五十，鈔八千八十七錠十五兩，糙粳米三千一百一十石五斗，椿木等價鈔二百七十四錠二十六兩四錢。

延祐四年六月十六日，上都留守司言：『正月一日，城南御河西北岸爲水衝嚙，漸至頹圮，若不修治，恐來春水泛漲，漂沒民居。又開平縣言，四月二十六日霖雨，至二十八日夜，東關灤河水漲，衝損北岸，宜擬修築。本司議，即目仲夏霖雨，其水復溢，必大爲害。乃委官督夫匠興役。開平發民夫，幼小不任役，請調軍供作，庶可速成。』五月二十一日，留守司言：『灤河水漲決隄，計修築用軍六百，宜令樞密院差調，官給其食。』制曰：『今維其時，移文樞密院發軍速爲之。』虎賁司發軍三百治焉。

泰定二年三月十三日，永平路屯田總管府言：『國家經費咸出於民，民之所生，無過農作。本屯闢田收糧，以供億內府之用，不爲不重。訪馬城東北五里許張家莊龍灣頭，在昔有司差夫築隄，以防灤水，西南連清水河，至公安橋，皆本屯地分。去歲霖雨，水溢，衝盪皆盡，浸死屯民田苗，終歲無收。方今農隙，若不預修，必致爲害。』工部移文都水監，差濠寨洎本屯官及灤州官親詣相視，督令有司差夫補築。三年五月十日，上都留守司及本路總管府言：『巡視大西關南馬市口灤河遞北隄，侵嚙漸崩，不預治，恐夏霖雨水泛，貽害居民。』於是送都城所丈量，計用物修治，工部移文上都分部施行。七月二日，右丞相塔失帖木兒等奏：『斡耳朶思住冬營盤，爲灤河走凌河水衝壞，將築護水隄，宜令樞密院發軍千二百人以供役。』從之。樞密院請遣軍千二百人。

又《滹沱河》　延祐七年十一月，真定路言：『真定縣城南滹沱河，北決隄，寖近城，每歲修築。聞其源本微，與冶河不相通，後二水合，其勢遂猛，屢壞金大隄爲患。本路達魯花赤哈散於至元三十年言，准引關冶河自作一流，滹沱河水十退三四。至大元年七月，水漂南關百餘家，淤塞冶河口，其水復滹河。自後歲有潰決之患，略舉大德十年至皇慶元年，節次修隄，用捲埽葦草二百餘萬，官給夫糧傭直百餘萬錠。及延祐元年三月至五月，修隄二百七十餘步，其明堂、判官、勉村三處，就用橋木爲樁，徵夫五百餘人，執役月餘不能畢。近年米價翔貴，民匱於食，有丁者正身應役，單丁者必須募人，人日傭直不下三五貫，前工未畢，後役迭至。至七月八日，又衝塌李玉飛等莊及木方、胡營等村三處隄，長一千二百四十步，申請委官相視，差夫築月隄。延祐二年，本路前總管馬思忽嘗闢治河，已復湮塞。今歲霖雨，水溢北岸數處，浸沒田禾。其河元經康家莊村南流，不記歲月，徙於村北。數年修築，皆於隄北取土，故南高北低，水愈就下侵嚙。西至木方村，東至護城隄，數約二千餘步，比來春，必須修治。用椿梢築土隄，亦非永久之計。若濬木方村南舊湮枯河，引水南流，牐閉北岸河口，於南岸取土築隄，下至合頭村北與本河合。如此去城稍遠，庶可無患。』

都水監差官相視，截河築隄，闊千餘步，新開古岸，止闊六十步，恐不能制禦千步之勢。若於北岸闕破低薄處，比元料，增夫力，葦草捲掃補築，便計葦草丁夫，若令責辦民間，緣今歲旱澇相仍，民食匱乏，擬均料各州縣上中戶，價錢及食米於官錢內支給。限二月二十日興工，役夫五千，爲工十六萬七百一十九，度三十二日可畢。總計補築滹沱河北岸防水隄十處，長一千九百一十步，高闊不一，計三百四十萬七千七百五十尺，用推掃梯二十五，每梯用大檁三、小檁三，計大小檁一百五十，草三十五萬八百束，葦二十八萬六百四十束，梢柴七千二百束。

至治元年三月，真定路言：『真定縣滹沱河，每遇水泛，衝隄岸，浸沒民田，已差募丁夫修築，與廉訪司官相視講究，如將木方村南舊堙河道疏闢，導水東南行，牐閉北岸，却於河南取土，修築至合頭村，合入本河，似望可以民安。』都水監與真定路官相視議：『夫治水者，行其所無事，蓋以順其性也。牐閉滹沱河口，截河築隄一千餘步，開掘故河老岸，闊六十步，長三十餘里，改水東南行流，霖雨之時，水拍兩岸，截河隄堰，阻逆水性，新開故河，止闊六十步，焉能吞授千步之勢？上嘸下滯，必致潰決，徒靡官錢，空勞民力。若順其自然，將河北岸舊隄比之元料，增添工物，如法捲掃，堅固修築，誠爲官民便益。』省准補築滹沱河北岸縷水隄一十處，通長一千九百一十步，役夫五百名，計一十六萬七百三十九工。

泰定四年八月七日，省臣奏：『真定路言，滹沱河水連年泛溢爲害，都水監、廉訪司、真定路及瀕河州縣官洎耆老會議，其源自五臺諸山來，至平山縣王母村山口下，與平定州娘子廟石泉冶河合。夏秋霖雨水漲，瀰漫城郭，每年勞民築隄，莫能除害，宜自王子村、辛安村鑿河，長四里餘，接魯家灣舊澗，復開二百餘步，合入冶河，以分殺其勢。又木方村滹沱河南岸故道，疏滌三十里，北岸下椿捲掃，築隄捍水，令東流。今歲儲材，九月興役，期十一月功成。所用石鐵石灰諸物，夫匠工糧，官爲供給，力省功多，可永無害。工部議，若從所請，二河並治，役大民勞，擬先開治河，其真定路徵民夫，如不敷，可於鄰郡順德路差募人夫，日給中統鈔一兩五錢，如侵礙民田，官酬其直。中書省都水監差官，率知水利濠寨，督本路及當該州縣用工，廉訪司添力咸就，滹河近後再議。』從之。九月，委都水監官洎本道廉訪司真定路同監督有司併工修治。後真定路言：『閏九月五日爲始興工間，據趙州臨城諸縣申，天寒地凍，難於用工，候春暖開闢便，已於十月七日放散人民。』部議，人夫既散，宜准所擬。凡已給夫鈔二萬六千八百三十二錠，地價錢六百三十錠。

又 卷六五《河渠志二・黄河》 黄河之水，其源遠而高，其流大而疾，其爲患於中國者莫甚焉。前史載河決之患詳矣。

世祖至元九年七月，衛輝路新鄉縣廣盈倉南河北岸決五十餘步。八月，又崩一百八十三步，其勢未已，去倉止三十步。於是委都水監丞馬良弼與本路官同詣相視，差丁夫併力修完之。二十五年，汴梁路陽武縣諸處，河決二十二所，漂蕩麥禾房舍，委宣慰司督本路差夫修治。

成宗大德三年五月，河南省言：『河決蒲口兒等處，浸歸德府數郡，百姓被災。差官修築計料，合修七隄二十五處，共長三萬九千九十二步，總用葦四十萬四千束，徑尺樁二萬四千七百二十株，役夫七千九百二人。』

武宗至大三年十一月，河北河南道廉訪司言：

黄河決溢，千里蒙害。浸城郭，漂室廬，壞禾稼，百姓已罹其毒。然後訪求修治之方，而且衆議紛紜，互陳利害，當事者疑惑不決，必須上請朝省，比至議定，其害滋大，所謂不預已然之弊。大抵黄河伏槽之時，水勢似緩，觀之不足爲害，一遇霖潦，湍浪迅猛。自孟津以東，土性疏薄，兼帶沙滷，又失導洩之方，崩潰決溢，可翹足而待。

近歲亳、潁之民，幸河北徙，有司不能遠慮，失於規劃，使陂濼悉爲陸地。東至杞縣三汊口，播河爲三，分殺其勢，蓋亦有年。往歲歸德、太康建言，相次湮塞南北二汊，遂使三河之水合而爲一。下流既不通暢，自然上溢爲災。由是觀之，是自奪分泄之利，故其上下決溢，至今莫除。即今水勢趨下，有復鉅野、梁山之意。蓋河性遷徙無常，苟不爲遠計預防，不出數年，曹、濮、濟、鄆蒙害必矣。

今之所謂治水者，徒爾議論紛紜，咸無良策。水監之官，既非精選，知河之利害者，百無一二。雖每年累驛而至，名爲巡河，徒應故事。問地形之高下，則懵不知；訪水勢之利病，則非所習。既無實才，又不經練。乃或妄興事端，勞民動衆，阻逆水性，翻爲後患。

爲今之計，莫若於汴梁置都水分監，妙選廉幹、深知水利之人，專職其任，量存員數，頻爲巡視，謹其防護。可疏者疏之，可堙者堙之，可防者防之。職掌既專，則事功可立。較之河已決溢，民已被害，然後鹵莽修治以勞民者，烏可同日而語哉。

於是省令都水監議，檢照大德十年正月省臣奏準，昨都水監陞正三品，添官二員，鑄分監印，巡視御河，修缺潰，疏淺澀，禁民船越次亂行者，令擬就令分巡提點修治。本監議：『黄河泛漲，止是一事，難與會通河有壩牐漕運分監守治爲比。先爲御河添官降印，兼提點黄河，若使專一，分監在彼，則有妨御河公事。況黄河已有拘該有司正官提調，自今莫若分監官吏以十月往，與各處官司巡視缺破，會計工物督治，比年終完，來春分監新官至，則一一交割，然後代還，庶不相誤。』

工部照大德九年黄河決徙，逼近汴梁，幾至浸没。本處官司權宜開闢董盆口，分入巴河，以殺其勢，遂使正河水緩，併趨支流。緣巴河舊隘，不足吞伏，明年急遣蕭都水等閉塞，而其勢愈大，卒無成功，致連年爲害，南至歸德諸處，北至濟寧地分，至今不息。本部議：『黄河爲害，難同餘水。欲爲經遠之計，非用通知古今水利之人專任其事，終無補益。河南憲司所言詳悉，今都水監别無他見，止依舊例議擬未當。如量設官，精選廉幹奉公、深知地形水勢者，專任河防之職，往來巡視，以時疏塞，庶可除害。』省準令都水分監官專治河患，任滿交代。

仁宗延祐元年八月，河南等處行中書省言：『黄河涸露舊水泊汙池，多爲勢家所據，忽遇泛溢，水無所歸，遂致爲害。由此觀之，非河犯人，人自犯之。擬差知水利都水監官，與行省廉訪司同相視，可以疏闢隄障，比至泛溢，先加修治，用力少而成功多。又汴梁路睢州諸處，決破河口數十，内開封縣小黄村計會月隄一道，都水分監修築障水隄堰，所擬不一，宜委請行省官與本道憲司、汴梁路都水分監官及州縣正官，親歷按驗，從長講議。』由是委太常丞郭奉政、前都水監丞邊承務、都水監卿朶兒只、河南行省石右丞、本道廉訪副使站木赤、汴梁判官張承直，上自河陰，下至陳州，與拘該州縣官一同沿河相視。開封縣小黄村河口，測量比舊淺減六尺。陳留、通許、太康舊有蒲葦之地，後因閉塞西河、塔河諸水口，以便種蒔，故他處連年潰决。

各官公議：『治水之道，惟當順其性之自然。嘗聞大河自陽武、胙城，由白馬河間，東北入海。歷年既久，遷徙不常。每歲泛溢兩岸，時有衝决，强爲閉塞，正及農忙，科樁梢，發丁夫，動至數萬，所費不可勝紀，其弊多端，郡縣嗷嗷，民不聊生。蓋黄河善遷徙，惟宜順下疏泄。今相視上自河陰，下抵歸德，經夏水漲，甚於常年，以小黄口分洩之故，並無衝决，此其明驗也。詳視陳州，最爲低窪，瀕河之地，今歲麥禾不收，民饑特甚。欲爲拯救，奈下流無可疏之處。若將小黄村河口閉塞，必移患鄰郡。决上流南岸，則汴梁被害；决下流北岸，則山東可憂。事難兩全，當遺小就大。如免陳村差税，賑其饑民，陳留、通許、太康縣被災之家，依例取勘賑恤，其小黄村河口仍舊通流外，據修築月隄，并障水隄，閉河口，别難擬議。』於是凡汴梁所轄州縣河隄，或已修治，及當疏通與補築者，條列具備。

至五年正月，河北河南道廉訪副使奥屯言：『近年河决杞縣小黄村口，滔滔南流，莫能禦遏，陳、潁瀕河膏腴之地浸没，百姓流散。今水迫汴城，遠無數里，儻值霖雨水溢，倉卒何以防禦。方今農隙，宜爲講究，使水歸故道，達于江、淮，不惟陳、潁之民得遂其生，竊恐將來浸灌汴城，其害匪輕。』於是大司農司下都水監移文汴梁分監修治，自六年二月十一日興工，至三月九日工畢，總計北至槐疙疸兩舊隄，南至窰務汴隄，通長二十里二百四十三步。創修護城隄一道，長七千四百四十三步。下地修隄，下廣十六步，上廣四步，高一丈，六十尺爲一工。隄東二十步外取土，内河溝七處，深淺高下闊狹不一，計工二十五萬三千六百八十，用夫八千四百五十三，除風雨妨工，三十日畢。内流水河溝，南北闊二十步，水深五尺。河内修隄，底闊二十四步，上廣八步，高一丈五尺，積十二萬尺，取土稍遠，四十尺爲一工，計三萬工，用夫百人。每步用大樁二，計四十，各長一丈二尺，徑四寸。每步雜草千束，計二萬。每步簽樁四，計八十，各長八尺，徑三寸。水手二十，木匠二，大船二艘，梯钁一副，繩索畢備。

七年七月，汴梁路言：『滎澤縣六月十一日河决塔海莊東隄十步餘，横隄兩重，又缺數處。二十三日夜，開封縣蘇村及七里寺復决二處。』本省平章站馬赤親率本路及都水監官，併工修築，於至治元年正月興工，修隄岸四十六處，該役一百二十五萬六千四百九十四工，凡用夫三萬一千四百一十三人。

文宗至順元年六月，曹州濟陰縣河防官本縣尹郝承務言：『六月五日，魏家道口黄河舊隄將决，不可修築，以此差募民夫，創修護水月隄，東西長三百九步，下闊六步，高一丈。又緣水勢瀚漫，復於近北築月隄，東西長一千餘步，下廣九步，其功未竟。至二十一日，水忽泛溢，新舊三隄一時咸决，明日外隄復壞，急率民閉塞，而湍流迅猛，有蛇時出没於中，所下樁土，一掃無遺。又舊隄歲久，多有缺壞，差夫併工築成二十餘步。其魏家道口缺隄，東西五百餘步，深二丈餘，外隄缺口，東西長四百餘步。又磨子口護水隄，低薄不足禦水，東西長一千五百步。魏家道口卒未易修，先差夫補築。磨子口七月十六日興工，二十八日工畢。二十二日，按視至朱從馬頭西，舊隄缺壞，東西長一百七十餘步，計料隄外貼築五步，增高一丈二尺，與舊隄等，上廣二步。於磨子口修隄夫内，摘差三百一十人，於是月二十三日入役，至閏七月四日工畢。』

郝承務又言：『魏家道口塼堌等村，缺破隄堰，累下樁土，衝洗不存，若復閉築，緣缺隄周回皆泥淖，人不可居，兼無取土之處。又沛郡安樂等保，去歲旱災，今復水澇，漂禾稼，壞室廬，民皆缺食，難於差倩。其不經水害村保民人，先已遍差補築黄家橋、磨子口諸處隄堰，似難重役。如候秋凉水退，倩夫經理，庶蘇民力。今衝破新舊隄七處，共長一萬二千二百一十八步，下廣十二步，上廣四步，高一丈二尺，計用夫六千三百四人，樁九百九十，葦箔一千三百二十，草一萬六千五束。六十尺爲一工，無風雨妨工，度五十日可畢。』本縣準言，至八月三十日差夫二千四百二十，闕請郝承務督役。

郝承務又言：『九月三日興工修築，至十八日大風，十九日雨，二十四日復雨，緣此辛馬頭、孫家道口障水隄堰又壞，計工役倍於元數，移文本縣，添差二千人同築。二十六日，元與成武、定陶二縣分築魏家道口八百二十步修完。十月二日，至辛馬頭、孫家道口，從實丈量元缺隄，南北闊一百四十步，内水地五十步，深者至二丈，淺者不下八九尺，依元料用樁箔補築，至七日完。又於本處創築月隄一道，西北東南斜長一千六百二十七步，内成武、定陶分築一百五十步，實築一千四百七十七步，外有元料堌頭魏家道口外隄未築。即欲興工，緣冬寒土凍，擬候來春，併工修理，官民兩便。」

又《廣濟渠》 至文宗天曆三年三月，懷慶路同知阿合馬言：「天久亢旱，夏麥枯槁，秋穀種不入土，民匱於食。近因訪問耆老，咸稱丹水澆溉近山田土，居民深得其利，有沁水亦可溉田，中統間王學士亦爲天旱，奉詔開此渠，募自願人戶，於太行山下沁口古蹟，置分水渠口，開濬大河四道，歷溫、陟入黃河，約五百餘里，渠成名曰廣濟。設官提調，遇旱則官爲斟酌，驗工多寡，分水澆溉，濟源、河內、河陽、溫、武陟五縣民田三千餘頃咸受其賜。二十餘年後，因豪家截河起堰，立碾磨，壅遏水勢。又經霖雨，渠口淤塞，隄堰頹圮。河渠司尋亦革罷，有司不爲整治，因致廢壞。今五十餘年，分水渠口及舊渠跡，俱有可考，若蒙依前浚治，引水溉田，於民大便。可令河陽、河內、濟源、溫、武陟五縣使水人戶，自備工力，疏通分水渠口，立牐起堰，仍委諳知水利之人，多方區畫。遇旱，視水緩急，撤牐通流，驗工分水以灌溉；若霖雨泛漲，閉牐退還正流。禁治不得截水置碾磨，栽種稻田。如此，則澇旱有備，民樂趨利。請移文孟州、河內、武陟縣委官講議。」

尋據孟州等處申，親詣沁口，諮詢耆老，言舊日沁水正河內築土堰，遮水入廣濟渠，岸北雖有減水河道，不能吞伏，後值霖雨，蕩没田禾，以此堵閉。今若枋口上連土岸，及於浸水正河置立石堰，與枋口相平，如遇水溢，閉塞牐口，使水漫流石堰，復還本河，又從減水河分殺其勢，如此庶不爲害。約會河陽、武陟縣尹與耆老等議，若將舊廣濟渠依前開濬，減水河亦增開深闊，禁安磨碾，設立牐堰，自下使水，遇旱放牐澆田，值澇閉牐退水，公私便益。懷慶路備申工部牒，都水監回文本路，委官相視施行。

又《三白渠》 京兆舊有三白渠，自元伐金以來，渠堰缺壞，土地荒蕪。陝西之人雖欲種蒔，不獲水利，賦稅不足，軍興乏用。

太宗之十二年，梁泰奏：「請差撥人戶牛具一切種蒔等物，修成渠堰，比之旱地，其收數倍，所得糧米，可以供軍。」太宗準奏，就令梁泰佩元降金牌，充宣差規措三白渠使，郭時中副之，直隸朝廷，置司於雲陽縣。所用種田戶及牛畜，別降旨，付塔海紺不於軍前應副。是月，敕喻塔海紺不：「近梁泰奏修三白渠事，可於汝軍前所獲有妻少壯新民，量撥二千戶，及木工二十人，官牛內選肥腯齒小者一千頭，內乳牛三百，以畀梁泰等。如不敷，於各千戶、百戶內貼補，限今歲十一月內交付數足，趁十二月入工。其耕種之人，所收之米，正爲接濟軍糧。如發遣人戶之時，或闕少衣裝，於各千戶、百戶內約量支給，差軍護送出境，沿途經過之處，亦爲防送，毋致在逃走逸。驗路程給以行糧，大口一升，小者半之。」

又《練湖》 練湖在鎮江。元有江南之後，豪勢之家於湖中築隄圍田耕種，侵占既廣，不足受水，遂致泛溢。世祖末年，參政暗都剌奏請依宋例，委人提調疏治，其侵占者驗畝加賦。

至治三年十二月，省臣奏：「江浙行省言，鎮江運河全藉練湖之水爲上源，官司漕運，供億京師，及商賈販載，農民來往，其舟楫莫不由此。宋時專設人夫，以時修濬。練湖瀦蓄潦水，若運河淺阻，開放湖水一寸，則可添河水一尺。近年淤淺，舟楫不通，凡有官物，差民運遞，甚爲不便。委官相視，疏治運河，自鎮江路至呂城壩，長百三十一里，計役夫萬五百十三人，六十日可畢。又用三千餘人浚滌練湖，九十日可完。人日支糧三升、中統鈔一兩。行省、行臺分官監督。所用船物，今歲預備，來春興工。合行事宜，依江浙行省所擬。」既得旨，都省移文江浙行省，委參政董中奉率合屬正官，親臨督役。

於是董中奉言：「所委前都水少監崇明州知州任奉政、鎮江路總管毛中議等議：練湖、運河此非一事，宜依假山諸湖農民取泥之法，用船千艘，船三人，用竹籥撈取淤泥，日可三載，月計九萬載，三月之間，通取二十七萬載，就用所取泥增築湖岸。自鎮江在城程公壩，至常州武進縣呂城壩，河長百三十一里一百四十六步，擬開河面闊五丈，底闊三丈，深四尺，與見有水二尺，可積深六尺。所役夫於平江、鎮江、常州、江陰州及建康路所轄溧陽州田多上戶內差倩。若濬湖開河，二役並興，卒難辦集。宜趁農隙，先開運河，工畢就濬練湖。」省準所言，與都事王徵事等於泰定元年正月至鎮江丹陽縣，洎各監工官沿湖相視，上湖沙岡黃土，下湖茭根叢雜，泥亦堅硬，不可籥取。又議兩役並興，相離三百餘里，往來監督，供給爲難，願以所督夫一萬三千五百十二人，先開運河，期四十七日畢，次濬練湖，二十日可完。繼有江南行臺侍御史及浙西廉訪司副使俱至，乃議首事運河，備文咨稟，遂於是月十七日入役。

二月十八日，省臣奏：「開濬運河、練湖，重役也，宜依行省所議，仍令便宜從事。』後各監工官言：『已分運河作三壩，依元料深闊丈尺開浚，至三月四日工畢。數内平江崑山、嘉定二州，實役二十六日，常熟、吳江二州，長洲、吳縣，實役二十八日，餘皆役三十日，已於三月七日積水行舟。』又監修練湖官言：『任奉議指劃元料，增築隄堰及舊有土基，共增闊一丈二尺，平面至高底灘脚，增築共量斜高二丈五尺。依中堰西石䃮東舊隄臥羊灘修築，如舊隄高闊已及所料之上者，遇有崩缺，修築令完。中堰西石䃮至五百婆隄西上增高土一尺，有缺亦補之。五百婆隄至馬林橋隄水勢稍緩，不須修治，其隄底間有滲漏者，窒塞之。三月六日破土，九日入役，至十一日工畢，實役三日。歸勘任少監元料，開運河夫萬五百十三人，六十日畢，濬練湖夫三千人，九十日畢，人日支鈔一兩、米三升，共該鈔萬八千一十四錠二十兩，米二萬七千二十一石六斗，實徵夫萬三千五百十二人，共役三十三日，支鈔八千六百七十九錠三十六兩，糧萬三千十九石五斗八升。比附元料，省鈔九千三百三十四錠三十四兩，糧萬四千二石二升。其練湖未畢，相視地形水勢再議。』

參政董中奉又言：『練湖舊有湖兵四十三人，添補五十七名，共百人，於本路州縣苗糧三石之下、二石之上差充，專任修築湖岸。設提領二員、壕寨二人、司吏三人，於有出身人内選用。』工部議：『練湖所設提領人等印信，即同湖兵，宜咨本省遍行議擬。』又鎮江路言：『運河、練湖今已開濬，若不設法關防，徒勞民力。除關本路達魯花赤兀魯失海牙總治其事，同知哈散、知事程郇專管啟閉斗門。』行省從之。

又《吳松江》 浙西諸山之水受之太湖，下爲吳松江，東匯澱山湖以入海，而潮汐來往，逆湧濁沙，上湮河口，是以宋時設置撩洗軍人，專掌修治。元既平宋，軍士罷散，有司不以爲務，勢豪租占爲蕩爲田，州縣不得其人，輒行許準，以致湮塞不通，公私俱失其利久矣。

至治三年，江浙省臣方以爲言，就委嘉興路治中高朝列、湖州路知事丁將仕同本處正官，體究舊曾疏濬通海故道，及新生沙漲礙水處所，商度開滌圖呈。據丁知事等官按視講究，合開濬河道五十五處。内常熟州九處，十三段，該工百三十二萬一千五百六十二。崑山州十一處，九十五里，用工二萬七千四，日役夫四百五十六，宜於本州有田一頃之上戶内，驗田多寡，算量里步均派，自備糧赴功疏濬。正月上旬興工，限六十日工畢，二年一次舉行。嘉定州三十五處，五百三十八里，該工百二十六萬七千五十九，日支糧一升，計米萬二千六百七十石五斗九升，日役夫二萬一千一百一十七，六十日畢。工程浩大，米糧數多，乞依年例，勸率附河有田用水之家，自備口糧，佃戶傭力開濬。奈本州連年被災，今歲尤甚，力有不逮，宜從上司區處。

高治中會集松江府各州縣官按視，議合濬河渠，華亭縣九處，計五百二十八里，該工九百六十八萬四千八百八十二，役夫十六萬一千四百一十四，人日支糧二升，計米十九萬三千六百九十七石六斗四升。上海縣十四處，計四百七十一里，該工千二百三十六萬八千五十二，日役夫二萬六千一百三十四，人日支糧二升，計二十四萬七千三百六十一石四升，六十日工畢。官給之糧，傭民疏治。如下年豐稔，勸率有田之家，五十畝出夫一人，十畝之上驗數合出，止於本保開濬。其權勢之家，置立魚斷幷沙塗栽葦者，依上出夫。

其上海、嘉定連年旱澇，皆緣河口湮塞，旱則無以灌溉，澇則不能流洩，累致凶歉，官民俱病。至元三十年以後，兩經疏闢，稍得豐稔。比年又復壅閉，勢家愈加租占，雖得徵賦，實失大利。上海縣歲收官糧一十七萬石，民糧三萬餘石，略舉似延祐七年災傷五萬八千七百餘石，至治元年災傷四萬九千餘石，二年十萬七千餘石，水旱連年，殆無虛歲，不惟虧欠官糧，復有賑貸之費。近委官相視地形，講議疏濬，其通海大江，未易遽治；舊有河港聯絡官民田土之間藉以灌溉者，今皆填塞，必須疏通，以利耕種。欲令有田人戶自爲開濬，而工役浩繁，民力不能獨成。由是議上海、嘉定河港，宜令本處所管軍民站竈僧道諸色有田者，以多寡出夫，自備糧修治，州縣正官督役。其豪勢租占蕩田、妨水利者，並與除闢。本處民田稅糧全免一年，官租減半。今秋收成，下年農隙舉行。行省、行臺、廉訪司官巡鎮。外據華亭、崑山、常熟州河港，比上海、嘉定緩急不同，難爲一體，從各處勸農正官督有田之家，備糧併工修治。若遽興工，陰陽家言癸亥年動土有忌，預爲咨稟可否。

至泰定元年十月十九日，右丞相旭邁傑等奏：『江浙省言，吳松江等處河道壅塞，宜爲疏滌，仍立牐以節水勢。計用四萬餘人，今歲十二月爲始，至正月終，六十日可畢，用二萬餘人，二年可畢。其丁夫於旁郡諸色戶内均差，依練湖例，給傭直、糧食。行省、行臺、廉訪司幷有司官同提調。臣等議，此事官民兩便，宜從其請。若丁夫有餘，止令一年畢。命脫歡答剌罕諸臣同提調，專委左丞朶兒只班及前都水任少監董役。」得旨，移文行省，準擬疏治。江浙省下各路發夫入役，至二年閏正月四日工畢。

又 卷六六《河渠志三・黄河》 至正四年夏五月，大雨二十餘日，黄河暴溢，水平地深二丈許，北決白茅隄。六月，又北決金隄。並河郡邑濟寧、單州、虞城、碭山、金鄉、魚臺、豐、沛、定陶、楚丘、武城，以至曹州、東明、鉅野、鄆城、嘉祥、汶上、任城等處皆罹水患，民老弱昏墊，壯者流離四方。水勢北侵安山，沿入會通、運河，延袤濟南、河間，將壞兩漕司鹽場，妨國計甚重。省臣以聞，朝廷患之，遣使體量，仍督大臣訪求治河方略。

九年冬，脱脱既復爲丞相，慨然有志於事功，論及河決，即言于帝，請躬任其事，帝嘉納之。乃命集羣臣議廷中，而言人人殊，唯都漕運使賈魯，昌言必當治。先是，魯嘗爲山東道奉使宣撫首領官，循行被水郡邑，具得修捍成策，後又爲都水使者，奉旨詣河上相視，驗狀爲圖，以二策進獻。一議修築北隄以制横潰，其用功省；一議疏塞並舉，挽河使東行以復故道，其功費甚大。至是復以二策對，脱脱韙其後策。議定，乃薦魯于帝，大稱旨。

十一年四月初四日，下詔中外，命魯以工部尚書爲總治河防使，進秩二品，授以銀印。發汴梁、大名十有三路民十五萬人，廬州等戍十有八翼軍二萬人供役，一切從事大小軍民，咸禀節度，便宜興繕。是月二十二日鳩工，七月疏鑿成，八月決水故河，九月舟楫通行，十一月水土工畢，諸埽諸隄成。河乃復故道，南匯于淮，又東入于海。帝遣貴臣報祭河伯，召魯還京師，論功超拜榮禄大夫、集賢大學士，其宣力諸臣遷賞有差。賜丞相脱脱世襲答剌罕之號，特命翰林學士承旨歐陽玄製河平碑文，以旌勞績。

玄既爲河平之碑，又自以爲司馬遷、班固記河渠溝洫，僅載治水之道，不言其方，使後世任斯事者無所考則，乃從魯訪問方略，及詢過客，質吏牘，作《至正河防記》，欲使來世罹河患者按而求之。其言曰：

治河一也，有疏、有濬、有塞，三者異焉。釃河之流，因而導之，謂之疏。去河之淤，因而深之，謂之濬。抑河之暴，因而扼之，謂之塞。疏濬之别有四：曰生地，曰故道，曰河身，曰減水河。生地有直有紆，因直而鑿之，可就故道。故道有高有卑，高者平之以趨卑，高卑相就，則高不壅，卑不瀦，慮夫壅生潰，瀦生堙也。河身者，水雖通行，身有廣狹。狹難受水，水益悍，故狹者以計闢之；廣難爲岸，岸善崩，故廣者以計禦之。減水河者，水放曠則以制其狂，水隳突則以殺其怒。

治隄一也，有創築、修築、補築之名，有刺水隄，有截河隄，有護岸隄，有縷水隄，有石船隄。

治埽一也，有岸埽、水埽，有龍尾、欄頭、馬頭等埽。其爲埽臺及推卷、牽制、薶掛之法，有用土、用石、用鐵、用草、用木、用杙、用絙之方。

塞河一也，有缺口，有豁口，有龍口。缺口者，已成川。豁口者，舊常爲水所豁，水退則口下於隄，水漲則溢出於口。龍口者，水之所會，自新河入故道之漈也。

此外不能悉書，因其用功之次第，而就述於其下焉。

其濬故道，深廣不等，通長二百八十里百五十四步而強。功始自白茅，長百八十二里。繼自黄陵岡至南白茅，闢生地十里。口初受，廣百八十步，深二丈有二尺，已下停廣百步，高下不等，相折深二丈及泉。曰停、曰折者，用古算法，因此推彼，知其勢之低昂，相準折而取匀停也。南白茅至劉莊村，接入故道十里，通折墾廣八十步，深九尺。劉莊至專固，百有二里二百八十步，通折停廣六十步，深五尺。專固至黄固，墾生地八里，面廣百步，底廣九十步，高下相折，深丈有五尺。黄固至哈只口，長五十一里八十步，相折停廣墾六十步，深五尺。乃濬凹里減水河，通長九十八里百五十四步。凹里村缺河口生地，長三里四十步，面廣六十步，底廣四十步，深一丈四尺。自凹里生地以下舊河身至張贊店，長八十二里五十四步。上三十六里，墾廣二十步，深五尺；中三十五里，墾廣二十八步，深五尺；下十里二百四十步，墾廣二十六步，深五尺。張贊店至楊青村，接入故道，墾生地十有三里六十步，面廣六十步，底廣四十步，深一丈四尺。

其塞專固缺口，修隄三重，并補築凹里減水河南岸豁口，通長二十里三百十有七步。其創築河口前第一重西隄，南北長三百三十步，面廣二十五步，底廣三十三步，樹置樁橛，實以土牛、草葦、雜梢相兼，高丈有三尺，隄前置龍尾大埽。言龍尾者，伐大樹連梢繫之隄旁，隨水上下，以破嚙岸浪者也。築第二重正隄，并補兩端舊隄，通長十有一里三百步。缺口正隄長四里。兩隄相接舊隄，置樁堵閉河身，長百四十五步，用土牛、草葦、梢土相兼修築，底廣三十步，修高二丈。其岸上土工修築者，長三里二百十有五步有奇，高廣不等，通高一丈五尺。補築舊隄者，長七里三百步，表裏倍薄七步，增卑六尺，計高一丈。築第三重東後隄，并接修舊隄，高廣不等，通長八里。補築凹里減水河南岸豁口四處，置椿木，草土相兼，長四十七步。

於是塞黃陵全河，水中及岸上修隄長三十六里百三十六步。其修大隄刺水者二，長十有四里七十步。其西復作大隄刺水者一，長十有二里百三十步。內創築岸上土隄，西北起李八宅西隄，東南至舊河岸，長十里百五十步，顛廣四步，趾廣三之，高丈有五尺。仍築舊河岸至入水隄，長四百三十步，趾廣三十步，顛殺其六之一，接修入水。

兩岸埽隄並行。作西埽者夏人水工，徵自靈武；作東埽者漢人水工，徵自近畿。其法以竹絡實以小石，每埽不等，以蒲葦綿腰索徑寸許者從鋪，廣可一二十步，長可二三十步。又以曳埽索綯徑三寸或四寸、長二百餘尺者衡鋪之。相間復以竹葦麻檾大綷，長三百尺者爲管心索，就繫綿腰索之端於其上，以草數千束，多至萬餘，勻布厚鋪於綿腰索之上，橐而納之，丁夫數千，以足踏實，推卷稍高，即以水工二人立其上，而號於衆，衆聲力舉，用小大推梯，推卷成埽，高下長短不等，大者高二丈，小者不下丈餘。又用大索或五爲腰索，轉致河濱，選健丁操管心索，順埽臺立踏，或掛之臺中鐵猫大橛之上，以漸縋之下水。埽後掘地爲渠，陷管心索渠中，以散草厚覆，築之以土，其上復以土牛、雜草、小埽梢土，多寡厚薄，先後隨宜。修疊爲埽臺，務使牽制上下，縝密堅壯，互爲犄角，埽不動搖。日力不足，火以繼之。積累既畢，復施前法，卷埽以壓先下之埽，量水淺深，制埽厚薄，疊之多至四埽而止。兩埽之間置竹絡，高二丈或三丈，圍四丈五尺，實以小石、土牛。既滿，繫以竹纜，其兩旁並埽，密下大椿，就以竹絡上大竹腰索繫於椿上。東西兩埽及其中竹絡之上，以草土等物築爲埽臺，約長五十步或百步，再下埽，即以竹索或麻索長八百尺或五百尺者一二，雜厠其餘管心索之間，俟埽入水之後，其餘管心索如前薶掛，隨以管心長索，遠置五七十步之外，或鐵猫，或大椿，曳而繫之，通管束累日所下之埽，再以草土等物通修成隄。又以龍尾大埽密掛於護隄大椿，分折水勢。其隄長二百七十步，北廣四十二步，中廣五十五步，南廣四十二步，自顛至趾，通高三丈八尺。

其截河大隄，高廣不等，長十有九里百七十七步。其在黃陵北岸者，長十里四十一步。築岸上土隄，西北起東西故隄，東南至河口，長七里九十七步，顛廣六步，趾倍之而強二步，高丈有五尺，接修入水。施土牛、小埽梢草雜土，多寡厚薄隨宜修疊，及下竹絡，安大椿，繫龍尾埽，如前兩隄法。唯修疊埽臺，增用白闌小石。并埽上及前游修埽隄一，長百餘步，直抵龍口。稍北，欄頭三埽並行，埽大隄廣與刺水二隄不同，通前列四埽，間以竹絡，成一大隄，長二百八十步，北廣百一十步，其顛至水面高丈有五尺，水面至澤腹高二丈五尺，通高三丈五尺；中流廣八十步，其顛至水面高丈有五尺，水面至澤腹高五丈五尺，通高七丈。並創築縷水橫隄一，東起北截河大隄，西抵西刺水大隄。又一隄東起中刺水大隄，西抵西刺水大隄，通長二里四十二步，亦顛廣四步，趾三之，高丈有二尺。修黃陵南岸，長九里百六十步，內創岸土隄，東北起新補白茅故隄，西南至舊河口，高廣不等，長八里二百五十步。

乃入水作石船大隄。蓋由是秋八月二十九日乙巳道故河流，先所修北岸西中刺水及截河三隄猶短，約水尚少，力未足恃。決河勢大，南北廣四百餘步，中流深三丈餘，益以秋漲，水多故河十之八。兩河爭流，近故河口，水刷岸北行，洄漩湍激，難以下埽。且埽行或遲，恐水盡湧入決河，因淤故河，前功遂隳。魯乃精思障水入故河之方，以九月七日癸丑，逆流排大船二十七艘，前後連以大桅或長椿，用大麻索、竹絙絞縛，綴爲方舟。又用大麻索、竹絙周船身繳繞上下，令牢不可破，乃以鐵猫於上流硾之水中。又以竹絙絕長七八百尺者，繫兩岸大橛上，每絙或硾二舟或三舟，使不得下，船腹略鋪散草，滿貯小石，以合子板釘合之，復以埽密布合子板上，或二重，或三重，以大麻索縛之急，復縛橫木三道於頭桅，皆以索維之，用竹編笆，夾以草石，立之桅前，約長丈餘，名曰水簾桅。復以木楮拄，使簾不偃仆，然後選水工便捷者，每船各二人，執斧鑿，立船首尾，岸上捶鼓爲號，鼓鳴，一時齊鑿，須臾舟穴，水入，舟沉，遏決河。水怒溢，故河水暴增，即重樹水簾，令後復布小埽土牛白闌長稍，雜以草土等物，隨宜填垜以繼之。石船下詣實地，出水基趾漸高，復卷大埽以壓之。前船勢略定，尋用前法，沉餘船以竟後功。昏曉百刻，役夫分番甚勞，無少間斷。船隄之後，草埽三道並舉，中置竹絡盛石，並埽置椿，繫纜四埽及絡，一如修北截水隄之法。第以中流水深數丈，用物之多，施功之大，數倍他隄。船隄距北岸纔四五十步，勢迫東河，流峻若自天降，深淺叵測。於是先卷下大埽約高二丈者，或四或五，始出水面。修至河口一二十步，用工尤艱。薄龍口，喧豗猛疾，勢撼埽基，陷裂欹傾，俄遠故所，觀者股弁，衆議騰沸，以爲難合，然勢不容已。魯神色不動，機解捷出，進官吏工徒十餘萬人，日加獎諭，辭旨懇至，衆皆感激赴功。十一月十一日丁巳，龍口遂合，決河絕流，故道復通。又於隄前通卷欄頭埽各一道，多者或三或四，前埽出水，管心大索繫前埽，硾後闌頭埽之後，後埽管心大索亦繫小埽，硾前闌頭埽之前，後先羈縻，以錮其勢。又於所交索上及兩埽之間，壓以小石白闌土牛，草土相半，厚薄多寡，相勢措置。

埽隄之後，自南岸復修一隄，抵已閉之龍口，長二百七十步。船隄四道成隄，用農家場圃之具曰轆軸者，穴石立木如比櫛，薶前埽之旁，每步置一轆軸，以橫木貫其後，又穴石，以徑二寸餘麻索貫之，繫橫木上，密掛龍尾大埽，使夏秋潦水、冬春凌簿，不得肆力於岸。此隄接北岸截河大隄，長二百七十步，南廣百二十步，顛至水面高丈有七尺，水面至澤腹高四丈二尺；中流廣八十步，顛至水面高丈有五尺，水面至澤腹高五丈五尺；通高七丈。仍治南岸護隄埽一道，通長百三十步，南岸護岸馬頭埽三道，通長九十五步。修築北岸隄防，高廣不等，通長二百五十四里七十一步。白茅河口至板城，補築舊隄，長二十五里二百八十五步。曹州板城至英賢村等處，高廣不等，長一百三十三里二百步。稍岡至碭山縣，增培舊隄，長八十五里二十步。歸德府哈只口至徐州路三百餘里，修完缺口一百七處，高廣不等，積修計三里二百五十六步。亦思剌店縷水月隄，高廣不等，長六里三十步。

其用物之凡，椿木大者二萬七千，榆柳雜梢六十六萬六千，帶梢連根株者三千六百，藁秸、蒲葦、雜草以束計者七百三十三萬五千有奇，竹竿六十二萬五千，葦席十有七萬二千，小石二千艘，繩索小大不等五萬七千，所沉大船百有二十，鐵纜三十有二，鐵猫三百三十有四，竹篾以斤計者十有五萬，硾石三千塊，鐵鑽萬四千二百有奇，大釘三萬三千二百三十有二。其餘若木龍、蠶椽木、麥稭、扶樁、鐵叉、鐵吊、枝麻、搭火鉤、汲水、貯水等具皆有成數。官吏俸給，軍民衣糧工錢，醫藥、祭祀、賑恤、驛置馬乘及運竹木、沉船、渡船、下樁等工，鐵、石、竹、木、繩索等匠傭貲，兼以和買民地爲河，併應用雜物等價，通計中統鈔百八十四萬五千六百三十六錠有奇。

魯嘗有言：『水工之功，視土工之功爲難；中流之功，視河濱之功爲難；決河口視中流又難；北岸之功視南岸爲難。用物之效，草雖至柔，柔能狎水，水漬之生泥，泥與草并，力重如碇。然維持夾輔，纜索之功實多。』蓋由魯習知河事，故其功之所就如此。

玄之言曰：『是役也，朝廷不惜重費，不吝高爵，爲民辟害。脫脫能體上意，不憚焦勞，不恤浮議，爲國拯民。魯能竭其心思智計之巧，乘其精神膽氣之壯，不惜劬瘁，不畏譏評，以報君相知人之明。宜悉書之，使職史氏者有所考證也。』

又《涇渠》 涇渠者，在秦時韓使水工鄭國說秦，鑿涇水，自仲山西抵瓠口爲渠，並北山，東注于洛三百餘里以溉田，蓋欲以罷秦之力，使無東伐。秦覺其謀，欲殺之，鄭曰：『臣爲韓延數年之命，而爲秦建萬世之利。』秦以爲然，使迄成之，號鄭渠。漢時有白公者，奏穿渠引涇水，起谷口，入櫟陽，注渭中，袤二百里，溉田四千五百餘頃，因名曰白渠。歷代因之，皆享其利。至宋時，水衝囓，失其故蹟。熙寧間，詔賜常平息錢，助民興作，自仲山旁開鑿石渠，從高瀉水，名豐利渠。

元至元間，立屯田府督治之。大德八年，涇水暴漲，毀堰塞渠，陝西行省命屯田府總管夾谷伯顏帖木兒及涇陽尹王琚疏導之。起涇陽、高陵、三原、櫟陽用水人戶及渭南、櫟陽、涇陽三屯所人夫，共三千餘人興作，水通流如舊。其制編荊爲囤，貯之以石，復填以草以土爲堰，歲時葺理，未嘗廢止。

至大元年，王琚爲西臺御史，建言於豐利渠上更開石渠五十一丈，闊一丈，深五尺，積一十五萬三千工，每方一尺爲一工。自延祐元年興工，至五年渠成。是年秋，改堰至新口。泰定間，言者謂石渠歲久，水流漸穿逾下，去岸益高。至正三年，御史宋秉亮相視其堰，謂渠積年坎取淤土，疊壘於岸，極爲高崇，力難送土於上，因請就岸高處開通鹿巷，以便夫行。廷議允可。四年，屯田同知牙八胡、涇尹李克忠發丁夫開鹿巷八十四處，削平土壘四百五十餘步。二十年，陝西行省左丞相帖里帖木兒遣都事楊欽修治，凡溉農田四萬五千餘頃。

明 王守仁《王文成全書》卷一七《賑恤水災牌》 據南康、建昌、撫州、宜黃等縣申稱：非常水災，乞賜大施賑恤，急救生靈流移等情。看得橫水非常，下民昏墊，實可傷憫！但計府縣所積無多，實難溥賑，其地方被水既廣，而民困朝不謀夕，若候查實報名，造冊給散，未免曠日遲久，反生冒濫。已行二府各委佐貳官，及行所屬被水各縣掌印等官，用船裝載谷米，分投親至被水鄉村，驗果貧難下戶，就便量行賑給。

為照南昌所屬水災尤劇，但居民稠雜，數多頑梗；若賑給之時，非守巡臨督於上，或致騰踴紛爭。為此仰分守巡南昌官吏，即便分督該府縣官于預備倉內米穀，用船裝運，親至被水鄉村，不必揚言賑饑，專以踏勘水災為事，其間驗有貧難下戶，就便量給升斗，暫救目前之急。給過人戶，畧記姓名數目，完報查考，不必造冊擾害。所至之地，就督各官申嚴十家牌諭，通加撫慰開導，令各相安相恤。仍督各官俱要視民如子，務施實惠，不得虛文搪塞，徒費錢糧，無救民患，取罪不便。

明 王錡《寓圃雜記》卷九《近年大風雨》 鄉人云苗之易長，爲不熟之候。成化辛丑，苗插於田，不數日皆勃然而興，黝然而黑，農皆相聚而憂。至八月之望，其日如火，其水如煮者一旬，風雨暴作，水復横流，苗皆縮而不實。明年大饑。弘治改元以正月置閏。五月初，苗插遍矣，易長復如辛丑，祀田祖者，奔走不絕。十八日早，大風忽自東南來，須臾有拔山之勢，大雨隨之。不半日，水湧數尺，屋壞樹倒者十之三四，夜半方止，苗被陷者太半，其驗如此。豈物盛當殺，理之固然歟？

明 歸有光《震川别集》卷八《與沈敬甫四首》 午睡起，閱諸論，信如所論，中有實物者也。大抵得于四明為多，或言四明悞君，定謬耳。此等之作，混于數千卷烏言之中，有鼻孔者必能别之，不知何以沉滯至此也。為文須有出落，從有出落至無出落方妙。敬甫病自在無出落，便似陶者苦窳非器之美，所以古書不可不看。旋字、枕字即入杜集中，便稱佳，上乘法全在此也。字所以難下者，為出時非從中自然，所以推敲不定耳。餘已悉。

大水没路，不通人行，遂至音問隔絶。此鄉懲連年亢旱，今歲却種花荳，淫雨渰爛，奈無圩岸，横水泛溢，莫能措手。昨兩日雨止，覺水退一二寸，一年所望花荳已無有矣。方令人番畊，買秧揷蒔，倍費工本，又太後時，然不無萬一之望。人來言西鄉極恇擾。非是此地高強，此間人耐荒，西鄉人不耐荒耳。文字三首，送敬甫、子敬、懋儉共觀。嘗記泉老說王濟之：官至一品，富擬王侯，文字中乃自言家徒壁立，可笑。吾無隔日儲，然文字中着一貧字不得，殆不可曉也。

又 卷九《太僕寺揭帖》 蒙駁春季馬疋，當行該縣抵換補訖。今該秋季解俵，如數差官領解外，為炤本年大水異常，民間十分災傷，所買馬疋已不勝艱苦，據邢臺等縣知縣耿鳴世等俱各用心點揀，已多中用。本府馮知府復當堂看驗，又經補換。及今據沙河縣知縣王進朝稟稱，該縣解馬尺寸多不及式，而毛骨堅竦，氣力精強，比之麗然虛大者，殆為過之。仍恐此等之類，或因降式不合，或于衆羣中比校差劣，致有一二駁回，必破數家之產。懇乞俯念地方，前項馬疋果非下乘，足以分俵武衛騎操之士，並免回駁，庶以寬衃畿內凋瘵之民。由此具稟。

《明史》卷八三《河渠志一·黄河上》 黄河，自唐以前，皆北入海。宋熙寧中，始分趨東南，一合泗入淮，一合濟入海。金明昌中，北流絶，全河皆入淮。元潰溢不時，至正中受害尤甚，濟寧、曹、鄆間，漂没千餘里。賈魯爲總制，導使南，匯淮入海。

又 〔嘉靖〕二十六年秋，河決曹縣，水入城二尺，漫金鄉、魚臺、定陶、城武，衝穀亭。總河都御史詹瀚請於趙皮寨諸口多穿支河，以分水勢。詔可。

又 〔嘉靖〕三十一年九月，河決徐州房村集至邳州新安，運道淤阻五十里。總河副都御史曾鈞上治河方略，乃濬房村至雙溝、曲頭，築徐州高廟至邳州沂河。又言：『劉伶臺至赤晏廟凡八十里，乃黄河下流，淤沙壅塞，疏濬宜先。次則草灣老黄河口，衝激淹没安東一縣，亦當急築，更築長堤礶嘴以備衝激。又三里溝新河口視舊口水高六尺，開舊口有沙淤之患，而爲害稍輕；開新口未免淹没之虞，而漕舟頗便。宜暫閉新口，建置閘座，且增築高家堰長堤，而新莊諸閘甃石以遏横流。』帝命侍郎吳鵬振災戶，而悉從鈞奏。

三里溝新河者，督漕都御史應檟以先年開清河口通黄河之水以濟運。今黄河入海，下流澗口、安東俱漲塞，河流壅而漸高，瀉入清河口，沙停易淤，屢濬屢塞。溝在淮水下流黄河未合之上，故閉清河口而開之，使船由通濟橋遡溝出淮，以達黄河者也。

時濬徐、邳將訖工，一夕，水湧復淤。帝用嚴嵩言，遣官祭河神。而鵬、鈞復共奏請急築濬草灣、劉伶臺，建閘三里溝，迎納泗水清流；且於徐州以上至開封濬支河一二，令水分殺。其冬，漕河工竣，進鈞秩侍郎。

三十七年七月，曹縣新集淤。新集地接梁靖口，歷夏邑、丁家道口、馬牧集、韓家道口、司家道口至蕭縣薊門出小浮橋，此賈魯河故道也。自河患亟，别開支河出小河以殺水勢，而本河漸澀。至是遂決，趨東北段家口，析而爲六，曰大溜溝、小溜溝、秦溝、濁河、胭脂溝、飛雲橋，俱由運河至徐洪。又分一支由碭山堅城集下郭貫樓，析而爲五，曰龍溝、母河、梁樓溝、楊氏溝、胡店溝，亦由小浮橋會徐洪，而新集至小浮橋故道二百五十餘里，遂淤，不可復矣。自後，河忽東忽西，靡有定向，水得分瀉者數年不至壅潰。然分多勢弱，淺者僅二尺，識者知其必淤。

至四十四年七月，河決沛縣，上下二百餘里運道俱淤。全河逆流，自沙河至徐州以北，至曹縣棠林集而下，北分二支：南流者遶沛縣戚山楊家集，入秦溝至徐；北流者遶豐縣華山東北由三教堂出飛雲橋。又分而爲十三支，或橫絕，或逆流入漕河，至湖陵城口，散漫湖坡，達於徐州，浩渺無際，而河變極矣。乃命朱衡爲工部尚書兼理河漕，又以潘季馴爲僉都御史總理河道。明年二月，復遣工科給事中何起鳴往勘河工。

衡巡行決口，舊渠已成陸，而盛應期所鑿新河故跡尚在，地高，河決至昭陽湖不能復東，乃定計開濬。而季馴則以新河土淺泉湧，勞費不貲，留城以上故道初淤可復也。由是二人有隙。起鳴至沛，還，上言：『舊河之難復有五。黄河全徙必殺上流，新集、龐家屯、趙家圈皆上流也。以不貲之財，投於河流已棄之故道，勢必不能，一也。自留城至沛，莽爲巨浸，無所施工，二也。橫亙數十里，褰裳無路，十萬之眾何所棲身，三也。挑濬則淖陷，築岸則無土，且南塞則北奔，四也。夏秋淫潦，難保不淤，五也。新河開鑿費省，且可絕後來潰決之患。宜用衡言開新河，而兼採季馴言，不全棄舊河。』廷臣議定，衡乃決開新河。

時季馴持復故道之議，廷臣又多以爲然。遂勘議新集、郭貫樓諸上源地。衡言：

河出境山以北，則閘河淤；出徐州以南，則二洪涸；惟出境山至小浮橋四十餘里間，乃兩利而無害。自黄河橫流，碭山郭貫樓支河皆已淤塞，改從華山分爲南北二支：南出秦溝，正在境山南五里許，運河可資其利；惟北出沛縣西及飛雲橋，逆上魚臺，爲患甚大。

朝廷不忍民罹水災，拳拳故道，命勘上源。但臣參考地形有五不可。自新集至兩河口皆平原高阜，無尺寸故道可因，郭貫樓抵龍溝頗有河形，又係新淤，無可駐足，其不可一也。黄河所經，鮮不爲患，由新集則商、虞、夏邑受之，由郭貫樓則蕭、碭受之，今改復故道，則魚、沛之禍復移蕭、碭，其不可二也。河西注華山，勢若建瓴，欲從中鑿渠，挽水南向，必當築壩橫截，遏其東奔，於狂瀾巨浸之中，築壩數里，爲力甚難，其不可三也。役夫三十萬，曠日持久，騷動三省，其不可四也。大役踵興，工費數百萬，一有不繼，前功盡隳，其不可五也。惟當開廣秦溝，使下流通行，修築南岸長堤以防奔潰，可以甦魚、沛昏墊之民。

從之。衡乃開魚臺南陽抵沛縣留城百四十餘里，而濬舊河自留城以下，抵境山、茶城五十餘里，由此與黄河會。又築馬家橋堤三萬五千二百八十丈，石堤三十里，遏河之出飛雲橋者，趨秦溝以入洪。於是黄水不東侵，漕道通而沛流斷矣。方工未成，河復決沛縣，敗馬家橋堤。論者交章請罷衡。未幾，工竣。帝大喜，賦詩四章志喜，以示在直諸臣。

隆慶元年五月加衡太子少保。始河之決也，支流散漫遍陸地，既而南趨濁河。迨新河成，則盡趨秦溝，而南北諸支河悉併流焉。然河勢益大漲。三年七月決沛縣，自考城、虞城、曹、單、豐、沛抵徐州俱受其害，茶城淤塞，漕船阻邳州不能進。已雖少通，而黄河水橫溢沛地，秦溝、濁河口淤沙旋疏旋壅。朱衡已召還，工部及總河都御史翁大立皆請於梁山之南別開一河以漕，避秦溝、濁河之險，後所謂泇河者也。詔令相度地勢，未果行。

四年秋，黄河暴至，茶城復淤，而山東沙、薛、汶、泗諸水驟溢，決仲家淺運道，由梁山出戚家港，合於黄河。大立復請因其勢而濬之。是時，淮水亦大溢，自泰山廟至七里溝淤十餘里，而水從諸家溝傍出，至清河縣河南鎮以合於黄河。大立又言：『開新莊閘以通回船，復陳瑄故道，則淮可無虞。獨黄河在睢寧、宿遷之間遷徙未知所定，泗州陵寢可虞。請濬古睢河，由宿遷歷宿州，出小浮橋以洩二洪之水。且規復清河、魚溝分河一道，下草灣，以免衝激之患，則南北運道庶幾可保。』時大立已內遷，方受代，而季馴以都御史復起總理河道。部議令區畫。

九月，河復決邳州，自睢寧白浪淺至宿遷小河口，淤百八十里，糧艘阻不進。大立言：『比來河患不在山東、河南、豐、沛，而專在徐、邳，故先欲開泇河口以遠河勢、開蕭縣河以殺河流者，正謂浮沙壅聚，河面增高，爲異日慮耳。今秋水洊至，橫溢爲災。權宜之計，在棄故道而就新衝；經久之策，在開泇河以避洪水。』乞決擇於二者。部議主塞決口，而令大立條利害以聞。大立遂以開泇口、就新衝、復故道三策並進，且言其利害各相參。會罷去，策未決，而季馴則主復故道。

時茶城至吕梁，黄水爲兩崖所束，不能下，又不得決。至五年四月，乃自靈璧雙溝而下，北決三口，南決八口，支流散溢，大勢下睢寧出小河，而匙頭灣八十里正河悉淤。季馴役丁夫五萬，盡塞十一口，且濬匙頭灣，築縷堤三萬餘丈，匙頭灣故道以復。旋以漕船行新溜中，多漂沒，季馴罷去。

六年春復命尚書衡經理河工，以兵部侍郎萬恭總理河道。二人至，罷泇河議，專事徐、邳河，修築長堤，自徐州至宿遷小河口三百七十里，併繕豐、沛大黃堤，正河安流，運道大通。衡乃上言：『河南屢被河患，大爲堤防，今幸有數十年之安者，以防守嚴而備禦素也。徐、邳爲糧運正道，既多方以築之，則宜多方以守之。請用夫每里十人以防，三里一鋪，四鋪一老人巡視。伏秋水發時，五月十五日上堤，九月十五日下堤，願攜家居住者聽。』詔如議。六月，徐、邳河堤工竣，遂命衡回部，賞衡及總理河道都御史萬恭等銀幣有差。

是歲，御史吳從憲言：『淮安而上清河而下，正淮、泗、河、海衝流之會。河潦內出，海潮逆流，停蓄移時，沙泥旋聚，以故日就壅塞。宜以春夏時濬治，則下流疏暢，汎溢自平。』帝即命衡與漕臣勘議。而督理河道署郎中事陳應薦挑穵海口新河，長十里有奇，濶五丈五尺，深一丈七尺，用夫六千四百餘人。

衡之被召將還也，上疏言：『國家治河，不過濬淺、築堤二策。濬淺之法，或爬或撈，或逼水而衝，或引水而避，此可人力勝者。然茶城與淮水會則在清河，茶城、清河無水不淺。蓋二水互爲勝負，黃河水勝則壅沙而淤，及其消也，淮漕水勝，則衝沙而通。水力蓋居七八，非專用人力也。築堤則有截水、縷水之異，截水可施於閘河，不可施於黃河。蓋黃河湍悍，挾川潦之勢，何堅不瑕，安可以一堤當之。縷水則兩岸築堤，不使旁潰，始得遂其就下入海之性。蓋以順爲治，非以人力勝水性，故至今百五六十年爲永賴焉。清河之淺，應視茶城，遇黃河漲落時，輒挑河、潢，導淮水衝刷，雖遇漲而塞，必遇落而通，無足慮也。惟清江浦水勢最弱，出口處所適與黃河相值。宜於黃水盛發時，嚴閉各閘，毋使沙淤。若海口則自隆慶三年海嘯，壅水倒灌低窪之地，積瀦難洩。宜時加疏濬，毋使積塞。至築黃河兩岸堤，第當縷水，不得以攔截爲名。』疏上，報聞而已。

又 卷八四《河渠志二・黃河下》 萬曆元年，河決房村，築堤窪子頭至秦溝口。明年，給事中鄭岳言：『運道自茶城至淮安五百餘里，自嘉靖四十四年河水大發，淮口出水之際，海沙漸淤，今且高與山等。自淮而上，河流不迅，泥水愈淤。於是邳州淺，房村決，呂、梁二洪平，茶城倒流，皆坐此也。今不治海口之沙，乃日築徐、沛間堤岸，桃、宿而下，聽其所之。民之爲魚，未有已時也。』因獻宋李公義、王令圖濬川爬法。命河臣勘奏，從其所言。而是年秋，淮、河並溢。明年八月，河決碭山及邵家口、曹家莊、韓登家口而北，淮亦決高家堰而東，徐、邳、淮南北漂沒千里。自此桃、清上下河道淤塞，漕艘梗阻者數年，淮、揚多水患矣。總河都御史傅希摯改築碭山月堤，暫留三口爲洩水之路。其冬，並塞之。

四年二月，督漕侍郎吳桂芳言：『淮、揚洪潦奔衝，蓋緣海濱汊港久堙，入海止雲梯一徑，致海擁橫沙，河流汎溢，而鹽、安、高、寶不可收拾。國家轉運，惟知急漕，而不暇急民，故朝廷設官，亦主治河，而不知治海。請設水利僉事一員，專疏海道，審度地利，如草灣及老黃河皆可趨海，何必專事雲梯哉？』帝優詔報可。

桂芳復言：『黃水抵清河與淮合流，經清江浦外河，東至草灣，又折而西南，過淮安、新城外河，轉入安東縣前，直下雲梯關入海。近年關口多壅，河流日淺，惟草灣地低下，黃河衝決，駸駸欲奪安東入海，以縣治所關，屢決屢塞。去歲，草灣迤東自決一口，宜於決口之西開挑新口，以迎埽灣之溜，而於金城至五港岸築堤束水。語云：『救一路哭，不當復計一家哭。』今淮、揚、鳳、泗、邳、徐不啻一路矣。安東自眾流匯圍，祇文廟、縣署僅存椽瓦，其勢垂陷，不如委之，以拯全淮。』帝不欲棄安東，而命開草灣如所請。八月，工竣，長萬一千一百餘丈，塞決口二十二，役夫四萬四千。帝以海口開濬，水患漸平，賚桂芳等有差。

未幾，河決韋家樓，又決沛縣縷水堤，豐、曹二縣長堤，豐、沛、徐州、睢寧、金鄉、魚臺、單、曹田廬漂溺無算，河流齧宿遷城。帝從桂芳請，遷縣治、築土城避之。於是御史陳世寶請復老黃河故道，言：『河自桃源三義鎮歷清河縣北，至大河口會淮入海。運道自淮安天妃廟亂淮而下，十里至大河口，從三義鎮出口向桃源大河而去，凡七十餘里，是爲老黃河。至嘉靖初，三義鎮口淤，而黃河改趨清河縣，南與淮會，自此運道不由大河口而徑由清河北上矣。近者，崔鎮屢決，河勢漸趨故道。若仍開三義鎮口引河入清河北，或令出大河口與淮流合，或從清河西別開一河，引淮出河上游，則運道無恐，而淮、泗之水不爲黃流所漲。』部覆允行。

桂芳言：『淮水向經清河會黃河趨海。自去秋河決崔鎮，清江正河淤澱，淮口梗塞。於是淮弱河強，不能奪草灣入海之途，而全淮南徙，橫灌山陽、高、寶間，向來湖水不踰五尺，堤僅七尺，今堤加丈二，而水更過之。宜急護湖堤以殺水勢。』部議以爲必淮有所歸，而後堤可保，請令桂芳等熟計。報可。

開河、護堤二說未定，而河復決崔鎮，宿、沛、清、桃兩岸多壞，黃河日淤墊，淮水爲河所迫，徙而南，時五年八月也。希摯議塞決口，束水歸漕。桂芳欲衝刷成河，以爲老黃河入海之路。帝令急塞決口，而俟水勢稍定，乃從桂芳言。時給事中湯聘尹議導淮入江以避黃，會桂芳言：『黃水向老黃河故道而去，下奔如駛，淮遂乘虛湧入清口故道，淮、揚水勢漸消。』部議行勘，以河、淮既合，乃寢其議。

淮、泗之水不下清口而下山陽，從黃浦口入海。浦口不能盡洩，浸淫高、寶邵伯諸湖，而湖堤盡没，則以淮、泗本不入湖，而今入湖故也。淮、泗之入湖者，又緣清口向未淤塞，而今淤塞故也。清口之淤塞者，又緣黃河淤塞日高，淮水不得不讓河而南徙也。蓋淮水併力敵黃，勝負或亦相半，自高家堰廢壞，而清口內通濟橋、朱家等口淮水內灌，於是淮、泗之力分，而黃河得以全力制其敝，此清口所以獨淤於今歲也。下流既淤，則上流不得不決。

每歲糧艘以四五月畢運，而堤以六七月壞。水發之時不能爲力，水落之後方圖堵塞。甫及春初，運事又迫，僅完堤工，於河身無與。河身不挑，則來年益高。上流之決，必及於徐、呂，而不止於邳、遷；下流之涸，將盡乎邳、遷，而不止於清、桃。須不惜一年糧運，不惜數萬帑藏，開挑正河，寬限責成，乃爲一勞永逸。

至高家堰、朱家等口，宜及時築塞，使淮、泗併力足以敵黃，則淮水之故道可復，高、寶之大患可減。若興、鹽海口堙塞，亦宜大加疏濬。而湖堤多建減水大閘，堤下多開支河。要未有不先黃河而可以治淮，亦未有不疏通淮水而可以固堤者也。

事下河漕諸臣會議。

淮之出清口也，以黃水由老黃河奔注，而老黃河久淤，未幾復塞，淮水仍漲溢。給事中劉鉉請亟開通海口，而簡大臣會同河漕諸臣往治。乃命桂芳爲工部尚書兼理河漕，而裁總河都御史官。桂芳甫受命而卒。

六年夏，潘季馴代。時給事中李淶請多濬海口，以導衆水之歸。給事中王道成則請塞崔鎮決口，築桃、宿長堤，修理高家堰，開復老黃河。並下河臣議。季馴與督漕侍郎江一麟相度水勢，言：

海口自雲梯關四套以下，闊七八里至十餘里，深三四丈。欲別議開鑿，必須深闊相類，方可注放，工力甚難。且未至海口，乾地猶可施工，其將入海之地，潮汐往來，與舊口等耳。舊口皆係積沙，人力雖不可濬，水力自能衝刷。海無可濬之理，惟當導河歸海，則以水治水，即濬海之策也。河亦非可以人力導，惟當繕治堤防，俾無旁決，則水由地中，沙隨水去，即導河之策也。

頻年以來，日以繕堤爲事，顧卑薄而不能支，迫近而不能容，雜以浮沙而不能久。是以河決崔鎮，水多北潰，爲無堤也。淮決高家堰、黃浦口，水多東潰，堤弗固也。不咎制之未備，而咎築堤爲下策，豈通論哉！上流既旁潰，又岐下流而分之，其趨雲梯入海口者，譬猶強弩之末耳。水勢益分則力益弱，安能導積沙以注海。

故今日濬海急務，必先塞決以導河，尤當固堤以杜決，而欲堤之不決，必真土而勿雜浮沙，高厚而勿惜鉅費，讓遠而勿與爭地，則堤乃可固也。沿河堤固，而崔鎮口塞，則黃不旁決而衝漕力專。高家堰築，朱家口塞，則淮不旁決而會黃力專。淮、黃既合，自有控海之勢。又懼其分而力弱也，必暫塞清江浦河，而嚴司啟閉以防其內奔。姑置草灣河，而專復雲梯，以還其故道。仍接築淮安新城長堤，以防其末流。使黃、淮力全，涓滴悉趨於海，則力強且專，下流之積沙自去，海不濬而闢，河不挑而深，所謂固堤即以導河，導河即以濬海也。

黃水入徐，歷邳、宿、桃、清，至清口會淮而東入海。淮水自洛及鳳，歷盱、泗，至清口會河而東入海。此兩河故道也。元漕江南粟，則由揚州直北廟灣入海，未嘗遡淮。陳瑄始堤管家諸湖，通淮爲運道。慮淮水漲溢，則築高家堰堤以捍之，起武家墩，經大、小澗至阜寧湖，而淮不東侵。又慮黃河漲溢，則堤新城北以捍之，起清江浦，沿鉢池山、柳浦灣迤東，而黃不南侵。

其後，堤岸漸傾，水從高堰決入，淮郡遂同魚鼈。而當事者未考其故，謂海口壅閉，宜亟穿支渠。詎知草灣一開，西橋以上正河遂至淤阻。夫新河闊二十餘丈，深僅丈許，較故道僅三十之一，豈能受全河之水？下流既壅，上流自潰，此崔鎮諸口所由決也。今新河復塞，故河漸已通流，雖深闊未及原河十一，而兩河全下，沙隨水刷，欲其全復河身不難也。河身既復，闊者七八里，狹亦不下三四百丈，滔滔東下，何水不容？匪惟不必別鑿他所，即草灣亦可置勿濬矣。

故爲今計，惟修復陳瑄故蹟，高築南北兩堤，以斷兩河之內灌，則淮、揚昏墊可免。塞黃浦口，築寶應堤，濬東關等淺，修五閘，復五壩，則淮南運道無虞。堅塞桃源以下崔鎮口諸決，則全河可歸故道。黃、淮既無旁決，並驅入海，則沙隨水刷，海口自復，而桃、清淺阻，又不足言。此以水治水之法也。若夫爬撈之說，僅可行諸閘河，前人屢試無功，徒費工料。

於是條上六議：曰塞決口以挽正河，曰築堤防以杜潰決，曰復閘壩以防外河，曰創滾水壩以固堤岸，曰止濬海工程以省糜費，曰寢開老黃河之議以仍利涉。帝悉從其請。

七年十月，兩河工成，賚季馴、一麟銀幣，而遣給事中尹瑾勘實。八年春進季馴太子太保工部尚書，廕一子。一麟等遷擢有差。是役也，築高家堰堤六十餘里，歸仁集堤四十餘里，柳浦灣堤東西七十餘里，塞崔鎮等決口百三十，築徐、睢、邳、宿、桃、清兩岸遙堤五萬六千餘丈，碭、豐大壩各一道，徐、沛、豐、碭縷堤百四十餘里，建崔鎮、徐昇、季泰、三義減水石壩四座，遷通濟閘於甘羅城南，淮、揚間堤壩無不修築，費帑金五十六萬有奇。其秋擢季馴南京兵部尚書。季馴又請復新集至小浮橋故道，給事中王道成、河南巡撫周鑑等不可而止。自桂芳、季馴時罷總河不設，其後但以督漕兼理河道。高堰初築，清口方暢，流連數年，河道無大患。

至十五年，封丘、偃師、東明、長垣屢被衝決。大學士申時行言：『河所決地在三省，守臣畫地分修，易推委。河道未大壞，不必設都御史，宜遣風力老成給事中一人行河。』乃命工科都給事中常居敬往。居敬請修築大社集東至白茅集長堤百里。從之。

初，黃河由徐州小浮橋入運，其河深且近洪，能刷洪以深河，利於運道。後漸徙沛縣飛雲橋及徐州大、小溜溝。至嘉靖末，決邵家口，出秦溝，由濁河口入運，河淺，迫茶城，茶城歲淤，運道數害。萬曆五年冬，河復南趨，出小浮橋故道，未幾復堙。潘季馴之塞崔鎮也，厚築堤岸，束水歸漕。嗣後水發，河臣輒加堤，而河身日高矣。於是督漕僉都御史楊一魁欲復黃河故道，請自歸德以下丁家道口濬至石將軍廟，令河仍自小浮橋出。又言：『善治水者，以疏不以障。年來堤上加堤，水高淩空，不啻過顙。濱河城郭，決水可灌。宜測河身深淺，隨處挑濬，而於黃河分流故道，設減水石門以洩暴漲。』

給事中王士性則請復老黃河故道。大略言：

自徐而下，河身日高，而爲堤以束之，堤與徐州城等。束益急，流益迅，委全力於淮而淮不任。故昔之黃、淮合，今黃強而淮益縮，不復合矣。黃強而一啟天妃、通濟諸閘，則灌運河如建瓴。高、寶一梗，江南之運坐廢。淮縮則退而侵泗。爲祖陵計，不得不建石堤護之。堤增河益高，根本大可虞也。河至清河凡四折而後入海。淮安、高寶、鹽、興數百萬生靈之命託之一丸泥，決則盡成魚蝦矣。

紛紛之議，有欲增堤泗州者，有欲開顏家、灌口、永濟三河，南甃高家堰、北築滾水壩者。總不如復河故道，爲一勞永逸之計也。河故道由三義鎮達葉家衝與淮合，在清河縣北別有濟運河，在縣南蓋支河耳。河強奪支河，直趨縣南，而自棄北流之道，然河形固在也。自桃源至瓦子灘凡九十里，窪下不耕，無室廬墳墓之礙，雖開河費鉅，而故道一復，爲利無窮。

議皆未定。居敬及御史喬璧星皆請復專設總理大臣。乃復命潘季馴爲右都御史總督河道。

時帝從居敬言，罷老黃河議，而季馴抵官，言：『新集故道，故老言「銅幫鐵底」，當開，但歲儉費繁，未能遽行。』又言：『黃水濁而強，汶、泗清且弱，交會茶城。伏秋黃水發，則倒灌入漕，沙停而淤，勢所必至。然黃水一落，漕即從之，沙隨水去，不濬自通，縱有淺阻，不過旬日。往時建古洪、內華二閘，黃漲則閉閘以遏濁流，黃退則啟閘以縱泉水。近者居敬復增建鎮口閘，去河愈近，則吐納愈易。但當嚴閘禁如清江浦三閘之法，則河渠永賴矣。』帝方委季馴，即從其言，罷故道之議。未幾，水患益甚。

十七年六月，黃水暴漲，決獸醫口月堤，漫李景高口新堤，衝入夏鎮內河，壞田廬，沒人民無算。十月，決口塞。十八年，大溢，徐州水積城中者逾年。眾議遷城改河。季馴濬魁山支河以通之，起蘇伯湖至小河口，積水乃消。十九年九月，泗州大水，州治淹三尺，居民沉溺十九，浸及祖陵。而山陽復河決，江都、邵伯又因湖水下注，田廬浸傷。工部尚書曾同亨上其事，議者紛起。乃命工科給事中張貞觀往泗州勘視水勢，而從給事中楊其休言，放季馴歸，用舒應龍爲工部尚書總督河道。

二十年三月，季馴將去，條上辨惑者六事，力言河不兩行，新河不當開，支渠不當濬。又著書曰《河防一覽》，大旨在築堤障河，束水歸漕；築堰障淮，逼淮注黃。以清刷濁，沙隨水去。合則流急，急則蕩滌而河深；分則流緩，緩則停滯而沙積。上流既急，則海口自闢而無待於開。其治堤之法，有縷堤以束其流，有遥堤以寬其勢，有滚水壩以洩其怒。法甚詳，言甚辨。然當是時，水勢横潰，徐、泗、淮、揚間無歲不受患，祖陵被水。季馴謂當自消，已而不驗。於是季馴言詘，而分黃導淮之議由此起矣。

貞觀抵泗州言：『臣謁祖陵，見泗城如水上浮盂，盂中之水復滿。祖陵自神路至三橋、丹墀，無一不被水。且高堰危如累卵，又高、寶隱禍也。今欲洩淮，當以闢海口積沙爲第一義。然洩淮不若殺黃，而殺黃於淮流之既合，不若殺於未合。但殺於既合者與運無妨，殺於未合者與運稍礙。別標本，究利害，必當殺於未合之先。至於廣入海之途，則自鮑家口、黃家營至魚溝、金城左右，地勢頗下，似當因而利導之。』貞觀又會應龍及總漕陳于陛等言：『淮、黃同趨者惟海，而淮之由黃達海者惟清口。自海沙開濬無期，因而河身日高；自河流倒灌無已，因而清口日塞。以致淮水上浸祖陵，漫及高、寶，而興、泰運堤亦衝決矣。今議闢清口沙，且分黃河之流於清口上流十里地，去口不遠，不至爲運道梗。分於上，復合於下，則衝海之力專。合必於草灣之下，恐其復衝正河，爲淮城患也。塞鮑家口、黃家營二決，恐横衝新河，散溢無歸。兩岸俱堤，則東北清、沭、海、安窪下地不虞潰決。計費凡三十六萬有奇。若海口之塞，則潮汐莫窺其涯，難施畚鍤。惟淮、黃合流東下，河身滌而漸深，海口刷而漸闢，亦事理之可必者。』帝悉從其請。乃議於清口上流北岸，開腰鋪支河達於草灣。

既而淮水自決張福堤。直隸巡按彭應參言：『祖陵度可無虞，且方東備倭警，宜暫停河工。』部議令河臣熟計。應龍、貞觀言：『爲祖陵久遠計，支河實必不容已之工，請候明春倭警寧息舉行。』其事遂寢。

二十一年春，貞觀報命，議開歸、徐達小河口，以救徐、邳之溢；導濁河入小浮橋故道，以紓鎮口之患。下總河會官集議，未定。五月，大雨，河決單縣黃堌口，一由徐州出小浮橋，一由舊河達鎮口閘。邳城陷水中，高、寶諸湖堤決口無算。明年，湖堤盡築塞，而黃水大漲，清口沙墊，淮水不能東下，於是挾上源阜陵諸湖與山溪之水，暴浸祖陵，泗城淹沒。二十三年，又決高郵中堤及高家堰、高良澗，而水患益急矣。

先是，御史陳邦科言：『固堤束水未收刷沙之利，而反致衝決。法當用濬，其方有三。冬春水涸，令沿河淺夫乘時撈淺，則沙不停而去，一也。官民船往來，船尾悉繫鈀犂，乘風搜滌，則沙不寧而去，二也。倣水磨、水碓之法，置爲木機，乘水滚盪，則沙不留而去，三也。至淮必不可不會黃，故高堰斷不可棄。湖溢必傷堤，故周家橋潰處斷不可開。已棄之道必淤滿，故老黃河、草灣等處斷不可復。』疏下所司議。戶部郎中華存禮則請復黃河故道，并濬草灣。而是時，腰鋪猶未開，工部侍郎沈節甫言：『復黃河未可輕議，至諸策皆第補偏救弊而已，宜概停罷。』乃召應龍還工部，時二十二年九月也。

既而給事中吳應明言：『先因黃河遷徙無常，設遥、縷二堤束水歸漕，及水過沙停，河身日高，徐、邳以下居民盡在水底。今清口外則黃流阻遏，清口內則淤沙横截，強河横灌上流約百里許，淮水僅出沙上之浮流，而瀦蓄於盱、泗者遂爲祖陵患矣。張貞觀所議腰鋪支河歸之草灣，或從清河南岸別開小河至駱家營、馬廠等地，出會大河，建閘啟閉，一遇運淺，即行此河，亦策之便者。』至治泗水，則有議開老子山，引淮水入江者。宜置閘以時啟閉，拆張福堤而堤清口，使河水無南向。部議下河漕諸臣會勘。直隸巡按牛應元因謁祖陵，目擊河患，繪圖以進，因上疏言：

黃高淮壅，起於嘉靖末年河臣鑿徐、呂二洪巨石，而沙日停，河身日高，潰決由此起。當事者計無復之，兩岸築長堤以束，曰縷堤。縷堤復決，更於數里外築重堤以防，曰遥堤。雖歲決歲補，而莫可誰何矣。

黃、淮交會，本自清河北二十里駱家營，折而東至大河口會淮，所稱老黃河是也。陳瑄以其迂曲，從駱家營開一支河，爲見今河道，而老黃河淤矣。萬曆間，復開草灣支河，黃舍故道而趨，以致清口交會之地，二水相持，淮不勝黃，則竄入各閘口，淮安士民於各閘口築一土埂以防之。嗣後黃、淮暴漲，水退沙停，清口遂淤，今稱門限沙是也。當事者不思挑門限沙，乃傍土埂築高堰，横亘六十里，置全淮正流之口不事，復將從旁入黃之張福口一幷築堤塞之，遂倒流而爲泗陵患矣。前歲，科臣貞觀議闢門限沙，裁張福堤，其所重又在支河腰鋪之開。

總之，全口淤沙未盡挑闢，即腰鋪工成，淮水未能出也。況下流鮑、王諸口已決，難以施工。豈若復黃河故道，盡闢清口淤沙之爲要乎？且疏上流，不若科臣應明所議，就草灣下流濬諸決口，俾由安東歸五港，或於周家橋量爲疏通，而急塞黃堌口，挑蕭、碭渠道，濬符離淺阻。至宿遷小河爲淮水入黃正路，急宜挑闢，使有所歸。

應龍言：『張福堤已決百餘丈，清口方挑沙，而腰鋪之開尤不可廢。』工部侍郎沈思孝因言：『老黃河自三義鎮至葉家衝僅八千餘丈，河形尚存。宜亟開濬，則河分爲二，一從故道抵顏家河入海，一從清口會淮，患當自弭。請遣風力科臣一人，與河漕諸臣定畫一之計。』乃命禮科給事中張企程往勘。而以水患累年，迄無成畫，遷延糜費，罷應龍職爲民，常居敬、張貞觀、彭應參等皆譴責有差。

御史高舉請『疏周家橋，裁張福堤，闢門限沙，建滾水石壩於周家橋、大小澗口、武家墩、綠楊溝上下，而壩外濬河築岸，使行地中。改塘埂十二閘爲壩，灌閘外十二河，以闢入海之路。濬芒稻河，且多建濱江水閘，以廣入江之途。然海口日壅，則河沙日積，河身日高，而淮亦不能安流。有灌口者，視諸口頗大，而近日所決蔣家、鮑家、畀家三口直與相射，宜挑濬成河，俾由此入海。』工部主事樊兆程亦議闢海口，而言：『舊海口決不可濬，當自鮑家營至五港口挑濬成河，令從灌口入海。』俱下工部。請幷委企程勘議。

是時，總河工部尚書楊一魁被論，乞罷，因言：『清口宜濬，黃河故道宜復，高堰不必修，石堤不必砌，減水閘壩不必用。』帝不允辭，而詔以盡心任事。御史夏之臣則言：『海口沙不可劈，草灣河不必濬，腰鋪新河四十里不必開，雲梯關不必闢，惟當急開高堰，以救祖陵。』且言：『歷年以來，高良澗土堤每遇伏秋即衝決，大澗口石堤每遇洶湧即崩潰。是高堰在，爲高、寶之利小；而高堰決，則爲高、寶之害大也。孰若明議而明開之，使知趨避乎？』給事中黃運泰則又言：『黃河下流未洩，而遽開高堰、周橋以洩淮水，則淮流南下，黃必乘之，高、寶間盡爲沼，而運道月河必衝決矣。不如濬五港口，達灌口門，以入於海之爲得也。』詔幷行勘議。

企程乃上言：『前此河不爲陵患，自隆慶末年高、寶、淮、揚告急，當事狃於目前，清口既淤，又築高堰以遏之，堤張福以束之，障全淮之水與黃角勝，不虞其勢不敵也。迨後甃石加築，壅塞愈堅，舉七十二溪之水匯於泗者，僅留數丈一口出之，出者什一，停者什九。河身日高，流日壅，淮日益不得出，而瀦蓄日益深，安得不倒流旁溢爲泗陵患乎？今議疏淮以安陵，疏黃以導淮者，言人人殊。而謂高堰當決者，臣以爲屏翰淮、揚，殆不可少。莫若於其南五十里開周家橋注草子湖，大加開濬，一由金家灣入芒稻河注之江，一由子嬰溝入廣洋湖達之海，則淮水上流半有宣洩矣。於其北十五里開武家墩，注永濟河，由窰灣閘出口直達涇河，從射陽湖入海，則淮水下流半有歸宿矣。此急救祖陵第一義也。』會是時，祖陵積水稍退，一魁以聞，帝大悅，仍諭諸臣急協議宣洩。

於是企程、一魁共議欲分殺黃流以縱淮，別疏海口以導黃。而督漕尚書褚鈇則以江北歲祲，民不堪大役，欲先洩淮而徐議分黃。御史應元折衷其說，言：『導淮勢便而功易，分黃功大而利遠。顧河臣所請亦第六十八萬金，國家亦何靳於此？』御史陳煃嘗令寶應，慮周家橋既開，則以高郵、邵伯爲壑，運道、民產、鹽場交受其害，上疏爭之，語甚激，大旨：分黃爲先，而淮不必深治。且欲多開入海之路，令高、寶諸湖之水皆東，而後周家橋、武家墩之水可注。而淮安知府馬化龍復進分黃五難之說。潁州兵備道李弘道又謂宜開高堰。鈇遂據以上聞。給事中林熙春駁之，言：『淮猶昔日之淮，而河非昔日之河。先是河身未高，而淮尚安流，今則河身既高，而淮受倒灌，此導淮固以爲淮，分黃亦以爲淮。』工部乃覆奏云：『先議開腰鋪支河以分黃流，以倭儆、災傷停寢，遂貽今日之患。今黃家壩分黃之工若復沮格，淮壅爲害，誰職其咎？請令治河諸臣導淮分黃，亟行興舉。』報可。

二十四年八月，一魁興工未竣，復條上分淮導黃事宜十事。十月，河工告成，直隸巡按御史蔣春芳以聞，復條上善後事宜十六事。乃賞賚一魁等有差。是役也，役夫二十萬，開桃源黃河壩新河，起黃家嘴，至安東五港、灌口，長三百餘里，分洩黃水入海，以抑黃強。闢清口沙七里，建武家墩、高良澗、周家橋石閘，洩淮水三道入海，且引其支流入江。於是泗陵水患平，而淮、揚安矣。

然是時，一魁專力桃、清、淮、泗間，而上流單縣黃堌口之決，以爲不必塞。鈇及春芳皆請塞之。給事中李應策言：『漕臣主運，河臣主工，各自爲見。宜再令析議。』一魁言：『黃堌口一支由虞城、夏邑接碭山、蕭縣、宿州至宿遷，出白洋河，一小支分蕭縣兩河口，出徐州小浮橋，相距不滿四十里。當疏濬與正河會，更通鎮口閘裏湖之水，與小浮橋二水會，則黃堌口不必塞，而運道無滯矣。』從之。於是議濬小浮橋、沂河口、小河口以濟徐、邳運道，以洩碭、蕭漫流，培歸仁堤以護陵寢。

是時，徐、邳復見清，泗運道不利，鈇終以爲憂。二十五年正月，復極言黄堌口不塞，則全河南徙，害且立見。議者亦多恐下齧歸仁，爲二陵患。三月，小浮橋等口工垂竣，一魁言：

運道通利，河徙不相妨，已有明驗。惟議者以祖陵爲慮，請徵往事折之。洪武二十四年，河決原武，東南至壽州入淮。永樂九年，河北入魚臺。未幾，復南決，由渦河經懷遠入淮。時兩河合流，歷鳳、泗以出清口，未聞爲祖陵患。正統十三年，河北衝張秋。景泰中，徐有貞塞之，復由渦河入淮。弘治二年，河又北衝，白昂、劉大夏塞之，復南流，一由中牟至潁、壽，一由亳州至渦河入淮，一由宿遷小河口會泗。全河大勢縱横潁、亳、鳳、泗間，下溢符離、睢、宿，未聞爲祖陵慮，亦不聞堤及歸仁也。

正德三年後，河漸北徙，由小浮橋、飛雲橋、穀亭三道入漕，盡趨徐、邳，出二洪，運道雖濟，而泛溢實甚。嘉靖十一年，朱裳始有渦河一支中經鳳陽祖陵未敢輕舉之説。然當時，猶時濬祥符之董盆口、寧陵之五里鋪、滎澤之孫家渡、蘭陽之趙皮寨，又或決睢州之地丘店、界牌口、野雞岡，寧陵之楊村鋪，俱入舊河，從亳、鳳入淮，南流未絶，亦何嘗爲祖陵患。

嘉靖二十五年後，南流故道始盡塞，或由秦溝入漕，或由濁河入漕。五十年來全河盡出徐、邳，奪泗入淮。而當事者方認客作主，日築堤而窘之，以致河流日壅，淮不敵黄，退而内潴，遂貽盱、泗祖陵之患。此實由内水之停壅，不由外水之衝射也。萬曆七年，潘季馴始慮黄流倒灌小河、白洋等口，挾諸河水衝射祖陵，乃作歸仁堤爲保障計，復張大其説，謂祖陵命脈全賴此堤。習聞其説者，遂疑黄堌之決，下齧歸仁，不知黄堌一決，下流易洩，必無上灌之虞。況今小河不日竣工，引河復歸故道，去歸仁益遠，奚煩過計爲？

報可。

一魁既開小浮橋，築義安山，濬小河口，引武沂泉濟運。及是年四月，河復大決黄堌口，溢夏邑、永城，由宿州符離橋出宿遷新河口入大河，其半由徐州入舊河濟運。上源水枯，而義安束水横壩復衝二十餘丈，小浮橋水脈微細，二洪告涸，運道阻澀。一魁因議挑黄堌口迤上埽灣、淤嘴二處，且大挑其下李吉口北下濁河，救小浮橋上流數十里之涸。復上言：『黄河南旋至韓家道、盤岔河、丁家莊，俱岸闊百丈，深踰二丈，乃銅幫鐵底故道也。至劉家窪，始強半南流，得山西坡、永涸湖以爲壑，出溪口入符離河，亦故道也。惟徐、邳運道淺涸，所以首議開小浮橋，再加挑闢，必大爲運道之利。乃欲自黄堌挽回全河，必須挑四百里淤高之河身，築三百里南岸之長堤，不惟所費不貲，竊恐後患無已。』御史楊光訓等亦議挑埽灣直渠，展濟濁河，及築山西坡歸仁堤，與一魁合，獨鈇異議。帝命從一魁言。

一魁復言：『歸仁在西北，泗州在東南，相距百九十里，中隔重岡疊嶂。且歸仁之北有白洋河、朱家溝、周家溝、胡家溝、小河口洩入運河，勢如建瓴，即無歸仁，祖陵無足慮。濁河淤墊，高出地上，曹、單間闊一二百丈，深二三丈，尚不免横流，徐、邳間僅百丈，深止丈餘，徐西有淺至二三尺者，而夏、永、韓家道口至符離，河闊深視曹、單，避高就下，水之本性，河流所棄，自古難復。且運河本藉山東諸泉，不資黄水，惟當倣正統間二洪南北口建閘之制，於鎮口之下，大浮橋之上，呂梁之下洪，邳州之沙坊，各建石閘，節宣汶、泗，而以小浮橋、沂河口二水助之，更於鎮口西築壩截黄，開唐家口而注之龍溝，會小浮橋入運，以杜灌淤鎮口之害，實萬全計也。』報可。

二十六年春，從楊光訓等議，撤鈇，命一魁兼管漕運。六月，召一魁掌部事，命劉東星爲工部侍郎，總理河漕。

二十七年春，東星上言：『河自商、虞而下，由丁家道口抵韓家道口、趙家圈、石將軍廟、兩河口，出小浮橋下二洪，乃賈魯故道也。自元及我朝行之甚利。嘉靖三十七年，北徙濁河，而此河遂淤。潘季馴議復開之，以工費浩繁而止。今河東決黄堌，由韓家道口至趙家圈百餘里，衝刷成河，即季馴議復之故道也。由趙家圈至兩河口，直接三仙臺新渠，長僅四十里，募夫五萬濬之，踰月當竣，而大挑運河，小挑濁河，俱可節省。惟李吉口故道嘗挑復淤，去冬已挑數里，前功難棄，然至鎮口三百里而遥，不若趙家圈至兩河口四十里而近。況大浮橋已建閘蓄汶、泗之水，則鎮口濟運亦無藉黄流。』報可。十月，功成，加東星工部尚書，一魁及餘官賞賚有差。

初，給事中楊廷蘭因黄堌之決，請開泇河，給事中楊應文亦主其説。既而直隸巡按御史佴祺復言之。東星既開趙家圈，復採衆説，鑿泇河，以地多沙石，工未就而東星病。河既南徙，李吉口淤澱日高，北流遂絶，而趙家圈亦日就淤塞，徐、邳間三百里，河水尺餘，糧艘阻塞。

二十九年秋，工科給事中張問達疏論之。會開、歸大水，河漲商丘，決蕭家口，全河盡南注。河身變爲平沙，商賈舟膠沙上。南岸蒙墻寺忽徙置北岸，商、虞多被淹沒，河勢盡趨東南，而黃堌斷流。河南巡撫曾如春以聞，曰：『此河徙，非決也。』問達復言：『蕭家口在黃堌上流，未有商舟不能行於蕭家口而能行於黃堌以東者，運艘大可慮。』帝從其言，方命東星勘議，而東星卒矣。問達復言：『運道之壞，一因黃堌口之決，不早杜塞；更因幷力泇河，以致趙家圈淤塞斷流，河身日高，河水日淺，而蕭家口遂決，全河奔潰入淮，勢及陵寢。東星已逝，宜急補河臣，早定長策。』大學士沈一貫、給事中桂有根皆趣簡河臣。

御史高舉獻三策。請濬黃堌口以下舊河，引黃水注之東，遂塞黃堌口，而遏其南，俟舊河衝刷深，則幷塞新決之口。其二則請開泇河及膠萊河，而言河漕不宜幷於一人，當選擇分任其事。江北巡按御史吳崇禮則請自蒙墻寺西北黃河灣曲之所，開濬直河，引水東流。且濬李吉口至堅城集淤道三十餘里，而盡塞黃堌以南決口，使河流盡歸正漕。工部尚書一魁酌舉崇禮之議，以開直河、塞黃堌口、濬淤道爲正策，而以泇河爲旁策，膠萊爲備策。帝命急挑舊河，塞決口，且兼挑泇河以備用。下山東撫按勘視膠萊河。

三十年春，一魁覆河撫如春疏言：『黃河勢趨邳、宿，請築汴堤自歸德至靈、虹，以障南徙。且疏小河口，使黃流盡歸之，則瀰漫自消，祖陵可無患。』帝嘉納之。已而言者再疏攻一魁。帝以一魁不塞黃堌口，致衝祖陵，斥爲民。復用崇禮議，分設河漕二臣，命如春爲工部侍郎，總理河道。如春議開虞城王家口，挽全河東歸，須費六十萬。

三十一年春，山東巡撫黃克纘言：『王家口爲蒙墻上源，上流既達，則下流不可旁洩，宜遂塞蒙墻口。』從之。時蒙墻決口廣八十餘丈，如春所開新河未及其半，塞而注之，慮不任受。有獻策者言：『河流既回，勢若雷霆，藉其勢衝之，淺者可深也。』如春遂令放水，水皆泥沙，流少緩，旋淤。夏四月，水暴漲，衝魚、單、豐、沛間，如春以憂卒。乃命李化龍爲工部侍郎，代其任。

給事中宋一韓言：『黃河故道已復，陵、運無虞。決口懼難塞，宜深濬堅城以上淺阻，而增築徐、邳兩岸，使下流有所容，則舊河可塞。』給事中孟成己言：『塞舊河急，而濬新河尤急。』化龍甫至，河大決單縣蘇家莊及曹縣縷堤，又決沛縣四鋪口太行堤，灌昭陽湖，入夏鎮，橫衝運道。化龍議開泇河，屬之邳州直河，以避河險。給事中侯慶遠因言：『泇河成，則他工可徐圖，第毋縱河入淮。淮利則洪澤水減，而陵自安矣。』

三十二年正月，部覆化龍疏，大略言：『河自歸德而下，合運入海，其路有三：由蘭陽道考城，至李吉口，過堅城集，入六座樓，出茶城而向徐、邳，是名濁河，爲中路；由曹、單經豐、沛，出飛雲橋，汎昭陽湖，入龍塘，出秦溝而向徐、邳，是名銀河，爲北路；由潘家口過司家道口，至何家堤，經符離，道睢寧，入宿遷，由小河口入運，是名符離河，爲南路。南路近陵，北路近運，惟中路既遠於陵，且可濟運，前河臣興役未竣，而河形尚在。』因奏開泇有六善。帝從其議。

工部尚書姚繼可言：『黃河衝徙，河臣議於堅城集以上開渠引河，使下流疏通，復分六座樓、苑家樓二路殺其水勢，既可移豐、沛之患，又不至沼碭山之城。開泇分黃，兩工幷舉，乞速發帑以濟。』允之。八月，化龍奏分水河成。事具泇河志中。加化龍太子少保兵部尚書。會化龍丁艱候代，命曹時聘爲工部侍郎，總理河道。是秋，河決豐縣，由昭陽湖穿李家港口，出鎮口，上灌南陽，而單縣決口復潰，魚臺、濟寧間平地成湖。

三十三年春，化龍言：『豐之失，由巡守不嚴，單之失，由下埽不早，而皆由蘇家莊之決。南直、山東相推諉，請各罰防河守臣。至年來緩堤防而急挑濬，堤壞水溢，不咎守堤之不力，惟委濬河之不深。夫河北岸自曹縣以下無入張秋之路，南岸自虞城以下無入淮之路，惟由徐、邳達鎮口爲運道。故河北決曹、鄆、豐、沛間，則由昭陽湖出李家口，而運道溢；南決虞、夏、徐、邳間，則由小河口及白洋河，而運道涸。今泇河既成，起直河至夏鎮，與黃河隔絕，山東、直隸間，河不能制運道之命。獨朱旺口以上，決單則單沼，決曹則曹魚，及豐、沛、徐、邳、魚、碭皆命懸一線，堤防何可緩也。至中州荊隆口、銅瓦廂皆入張秋之路，孫家渡、野雞岡、蒙墻寺皆入淮之路，一不守，則北壞運，南犯陵，其害甚大。請西自開封，東至徐、邳，無不守之地，上自司道，下至府縣，無不守之人，庶幾可息河患。』乃敕時聘申飭焉。

其秋，時聘言：『自蘇莊一決，全河北注者三年。初泛豐、沛，繼沼單、魚，陳燦之塞不成，南陽之堤盡壞。今且上灌全濟，旁侵運道矣。臣親詣曹、單，上視王家口新築之壩，下視朱旺口北潰之流，知河之大可憂者三，而機之不可失者二。河決行堤，泛溢平地，昭陽日墊，下流日淤，水出李家口者日漸微緩，勢不得不退而上溢。溢於南，則孫家渡、野雞岡皆入淮故道，毋謂蒙墻已塞，而無憂於陵。溢於北，則芝麻莊、荊隆口皆入張秋故道，毋謂迦役已成，而無憂於運。且南之夏、商，北之曹、濮，其地益卑，其禍益烈，其挽回益不易，毋謂災止魚、濟，而無憂於民。顧自王家口以達朱旺，新導之河在焉。疏其下流以出小浮橋，則三百里長河暢流，機可乘者一。自徐而下，清黃並行，沙隨水刷，此數十年所未有，因而導水歸徐，容受有地，機可乘者二。臣與諸臣熟計，河之中路有南北二支：北出濁河，嘗再疏再壅；惟南出小浮橋，地形卑下，其勢甚順，度長三萬丈有奇，估銀八十萬兩。公儲虛耗，乞多方處給。』疏上留中。時聘乃大挑朱旺口。十一月興工，用夫五十萬。三十四年四月，工成，自朱旺達小浮橋延袤百七十里，渠廣堤厚，河歸故道。

六月，河決蕭縣郭煖樓人字口，北支至茶城、鎮口。三十五年，決單縣。三十九年六月，決徐州狼矢溝。四十年九月，決徐州三山，衝縷堤二百八十丈，遙堤百七十餘丈，梨林鋪以下二十里正河悉爲平陸，邳、睢河水耗竭。總河都御史劉士忠開韓家壩外小渠引水，由是壩以東始通舟楫。四十二年，決靈璧陳鋪。四十四年五月，復決狼矢溝，由蛤鰻、周柳諸湖入泇河，出直口，復與黃會。六月，決開封陶家店、張家灣，由會城大堤下陳留，入亳州渦河。四十七年九月，決陽武脾沙堽，由封丘、曹、單至考城，復入舊河。時朝政日弛，河臣奏報多不省。四十二年，劉士忠卒，總河闕三年不補。四十六年閏四月，始命工部侍郎王佐督河道。河防日以廢壞，當事者不能有爲。

天啟元年，河決靈璧雙溝、黃鋪，由永姬湖出白洋、小河口，仍與黃會，故道湮涸。總河侍郎陳道亨役夫築塞。時淮安霪雨連旬，黃、淮暴漲數尺，而山陽裏外河及清河決口匯成巨浸，水灌淮城，民蟻城以居，舟行街市。久之始塞。三年，決徐州青田大龍口，徐、邳、靈、睢河並淤，呂梁城南隅陷，沙高平地丈許，雙溝決口亦滿，上下百五十里悉成平陸。四年六月，決徐州魁山堤，東北灌州城，城中水深一丈三尺，一自南門至雲龍山西北大安橋入石狗湖，一由舊支河南流至鄧二莊，歷租溝東南以達小河，出白洋，仍與黃會。徐民苦淹溺，議集貲遷城。給事中陸文獻上徐城不可遷六議。而勢不得已，遂遷州治於雲龍，河事置不講矣。六年七月，河決淮安，逆入駱馬湖，灌邳、宿。

崇禎二年春，河決曹縣十四鋪口。四月，決睢寧，至七月中，城盡圮。總河侍郎李若星請遷城避之，而開邳州壩洩水入故道，且塞曹家口匙頭灣，逼水北注，以減睢寧之患。從之。四年夏，河決原武湖村鋪，又決封丘荊隆口，敗曹縣塔兒灣大行堤。六月黃、淮交漲，海口壅塞，河決建義諸口，下灌興化、鹽城，水深二丈，村落盡漂沒。逡巡踰年，始議築塞。興工未幾，伏秋水發，黃、淮奔注，興、鹽爲壑，而海潮復逆衝，壞范公堤。軍民及商竈戶死者無算，少壯轉徙，丐江、儀、通、泰間，盜賊千百嘯聚。至六年，鹽城民徐瑞等言其狀。帝憫之，命議罰河曹官。而是時，總河朱光祚方議開高堰三閘。淮、揚在朝者合疏言：『建義諸口未塞，民田盡沉水底。三閘一開，高、寶諸邑蕩爲湖海，而漕糧鹽課皆害矣。高堰建閘始於萬曆二十三年，未幾全塞。今高堰日壞，方當急議修築，可輕言開濬乎？』帝是其言，事遂寢。又從御史吳振纓請，修宿、寧上下西北舊堤，以捍歸仁。七年二月，建義決口工成，賜督漕尚書楊一鵬、總河尚書劉榮嗣銀幣。

八年九月，榮嗣得罪。初，榮嗣以駱馬湖運道潰淤，創挽河之議，起宿遷至徐州，別鑿新河，分黃水注其中，以通漕運。計工二百餘里，金錢五十萬。而其所鑿邳州上下，悉黃河故道，濬尺許，其下皆沙，挑掘成河，經宿沙落，河坎復平，如此者數四。迨引黃水入其中，波流迅急，沙隨水下，率淤淺不可以舟。及漕舟將至，而駱馬湖之潰決適平，舟人皆不願由新河。榮嗣自往督之，欲繩以軍法。有入者輒苦淤淺，弁卒多怨。巡漕御史倪于義劾其欺罔誤工，南京給事中曹景參復重劾之，逮問，坐贓，父子皆瘐死。郎中胡璉分工獨多，亦坐死。其後駱馬湖復潰，舟行新河，無不思榮嗣功者。

當是時，河患日棘，而帝又重法懲下，李若星以修濬不力罷官，朱光祚亦竟瘐死。而繼榮嗣者周鼎修泇利運頗有功，在事五年，竟坐漕舟阻淺，用故決河防例，遣戍煙瘴。給事中沈胤培、刑部侍郎惠世揚、總河侍郎張國維各疏請寬之，乃獲宥免云。

十五年，流賊圍開封久，守臣謀引黃河灌之。賊偵知，預爲備。乘水漲，令其黨決河灌城，民盡溺死。總河侍郎張國維方奉詔赴京，奏其狀。山東巡撫王永吉上言：『黃河決汴城，直走睢陽，東南注鄢陵、鹿邑，必害亳、泗，侵祖陵，而邳、宿運河必涸。』帝令總河侍郎黃希憲急往捍禦，希憲以身居濟寧不能攝汴，請特設重臣督理。命工部侍郎周堪賡督修汴河。

十六年二月，堪賡上言：『河之決口有二：一爲朱家寨，寬二里許，居河下流，水面寬而水勢緩；一爲馬家口，寬一里餘，居河上流，水勢猛，深不可測。兩口相距三十里，至汴堤之外，合爲一流，決一大口，直衝汴城以去，而河之故道則涸爲平地。怒濤千頃，工力難施，必廣濬舊渠，遠數十里，分殺水勢，然後畚鍤可措。顧築濬並舉，需夫三萬。河北荒旱，兗西兵火，竭力以供，不滿萬人，河南萬死一生之餘，未審能應募否？是不得不借助於撫鎮之兵也。』乃敕兵部速議，而令堪賡刻期興工。至四月，塞朱家寨決口，修堤四百餘丈。馬家口工未就，忽衝東岸，諸埽盡漂没。堪賡請停東岸而專事西岸。帝令急竣工。

六月，堪賡言：『馬家決口百二十丈，兩岸皆築四之一，中間七十餘丈，水深流急，難以措手，請俟霜降後興工。』已而言：『五月伏水大漲，故道沙灘壅涸者刷深數丈，河之大勢盡歸於東，運道已通，陵園無恙。』疏甫上，決口再潰。帝趣鳩工，未奏績而明亡。

又 卷八五《河渠志三·運河上》 明成祖肇建北京，轉漕東南，水陸兼輓，仍元人之舊，參用海運。逮會通河開，海陸並罷。南極江口，北盡大通橋，運道三千餘里。綜而計之，自昌平神山泉諸水，匯貫都城，過大通橋，東至通州入白河者，大通河也。自通州而南至直沽，會衛河入海者，白河也。自臨清而北至直沽，會白河入海者，衛水也。自汶上南旺分流，北經張秋至臨清，會衛河，南至濟寧天井閘，會泗、沂、洸三水者，汶水也。自濟寧出天井閘，與汶合流，至南陽新河，舊出茶城，會黄、沁後出夏鎮，循泇河達直口，入黄濟運者，泗、洸、小沂河及山東泉水也。自茶城秦溝，南歷徐、吕，浮邳，會大沂河，至清河縣入淮後，從直河口抵清口者，黄河水也。自清口而南，至於瓜、儀者，淮、揚諸湖水也。過此則長江矣。長江以南，則松、蘇、浙江運道也。淮、揚至京口以南之河，通謂之轉運河，而由瓜、儀達淮安者，又謂之南河，由黄河達豐、沛曰中河，由山東達天津曰北河，由天津達張家灣曰通濟河，而總名曰漕河。其踰京師而東若薊州，西北若昌平，皆嘗有河通，轉漕餉軍。

漕河之别，曰白漕、衛漕、閘漕、河漕、湖漕、江漕、浙漕。因地爲號，流俗所通稱也。淮、揚諸水所匯，徐、兗河流所經，疏瀹決排，繄人力是繄，故閘、河、湖於轉漕尤急。

閘漕者，即會通河，北至臨清，與衛河會，南出茶城口，與黄河會，資汶、洸、泗水及山東泉源。泉源之派有五。曰分水者，汶水派也，泉百四十有五。曰天井者，濟河派也，泉九十有六。曰魯橋者，泗河派也，泉二十有六。曰沙河者，新河派也，泉二十有八。曰邳州者，沂河派也，泉十有六。諸泉所匯爲湖，其浸十五。曰南旺，東西二湖，周百五十餘里，運渠貫其中。北曰馬蹋，南曰蜀山，曰蘇魯。又南曰馬場。又南八十里曰南陽，亦曰獨山，周七十餘里。北曰安山，周八十三里。南曰大、小昭陽，大湖袤十八里，小湖殺三之一，周八十餘里。由馬家橋留城閘而南，曰武家，曰赤山，曰微山，曰吕孟，曰張王諸湖，連注八十里，引薛河由地浜溝出，會於赤龍潭，並趨茶城。自南旺分水北至臨清三百里，地降九十尺，爲閘二十有一；南至鎮口三百九十里，地降百十有六尺，爲閘二十有七。其外又有積水、進水、減水、平水之閘五十有四。又爲壩二十有一，所以防運河之洩，佐閘以爲用者也。其後開泇河二百六十里，爲閘十一，爲壩四。運舟不出鎮口，與黄河會於董溝。

河漕者，即黄河。上自茶城與會通河會，下至清口與淮河會。其道有三：中路曰濁河，北路曰銀河，南路曰符離河。南近陵，北近運，惟中路去陵遠，於運有濟。而河流遷徙不常，上流苦潰，下流苦淤。運道自南而北，出清口，經桃、宿，溯二洪，入鎮口，陟險五百餘里。自二洪以上，河與漕不相涉也。至泇河開而二洪避，董溝闢而直河淤，運道之資河者二百六十里而止，董溝以上，河又無病於漕也。

湖漕者，由淮安抵揚州三百七十里，地卑積水，匯爲澤國。山陽則有管家、射陽，寶應則有白馬、氾光，高郵則有石臼、甓社、武安、邵伯諸湖。仰受上流之水，傍接諸山之源，巨浸連亙，由五塘以達於江。慮淮東侵，築高家堰拒其上流，築王簡、張福二堤，禦其分洩。慮淮侵而漕敗，開淮安永濟、高郵康濟、寶應弘濟，三月河以通舟。至揚子灣東，則分二道：一由儀真通江口，以漕上江湖廣、江西；一由瓜洲通西江嘴，以漕下江兩浙。本非河道，專取諸湖之水，故曰湖漕。

太祖初起大軍北伐，開蹋場口、耐牢坡，通漕以餉梁、晉。定都應天，運道通利：江西、湖廣之粟，浮江直下；浙西、吴中之粟，由轉運河；鳳、泗之粟，浮淮；河南、山東之粟，下黄河。嘗由開封運粟，泝河達渭，以給陜西，用海運以餉遼卒，有事於西北者甚鮮。淮、揚之間，築高郵湖堤二十餘里，開寶應倚湖直渠四十里，築堤護之。他小修築，無大利害也。

永樂四年，成祖命平江伯陳瑄督轉運，一仍由海，而一則浮淮入河，至陽武，陸輓百七十里抵衛輝，浮於衛，所謂陸海兼運者也。海運多險，陸輓亦艱。

九年二月乃用濟寧州同知潘叔正言，命尚書宋禮、侍郎金純、都督周長濬會通河。會通河者，元轉漕故道也，元末已廢不用。洪武二十四年，河決原武，漫安山湖而東，會通盡淤，至是復之。由濟寧至臨清三百八十五里，引汶、泗入其中。泗出泗水陪尾山，四泉並發，西流至兖州城東，合於沂。汶河有二。小汶河出新泰宫山下。大汶河出泰安仙臺嶺南，又出萊蕪原山陰及寨子村，俱至靜豐鎮合流，遶徂徠山陽，而小汶河來會。經寧陽北堽城，西南流百餘里，至汶上。其支流曰洸河，出堽城西南，流三十里，會寧陽諸泉，經濟寧東，與泗合。元初，畢輔國始於堽城左汶水陰作斗門，導汶入洸。至元中，又分流北入濟，由壽張至臨清，通漳、御入海。

南旺者，南北之脊也。自左而南，距濟寧九十里，合沂、泗以濟；自右而北，距臨清三百餘里，無他水，獨賴汶。禮用汶上老人白英策，築壩東平之戴村，遏汶使無入洸，而盡出南旺，南北置閘三十八。又開新河，自汶上袁家口左徙五十里至壽張之沙灣，以接舊河。其秋，禮還，又請疏東平東境沙河淤沙三里，築堰障之，合馬常泊之流入會通濟運。又於汶上、東平、濟寧、沛縣並湖地設水櫃、陡門。在漕河西者曰水櫃，東者曰陡門，櫃以蓄泉，門以洩漲。純復濬賈魯河故道，引黃水至塌場口會汶，經徐、呂入淮。運道以定。

其後，宣宗時，嘗發軍民十二萬，濬濟寧以北自長溝至棗林閘百二十里，置閘諸淺，濬湖塘以引山泉。正統時，濬滕、沛淤河，又於濟寧、滕三州縣疏泉置閘，易金口堰土壩爲石，蓄水以資會通。景帝時，增置濟寧抵臨清減水閘。天順時，拓臨清舊閘，移五十丈。憲宗時，築汶上、濟寧決堤百餘里，增南旺上、下及安山三閘。命工部侍郎杜謙勘治汶、泗、洸諸泉。武宗時，增置汶上袁家口及寺前舖石閘，濬南旺淤八十里，而閘漕之治詳。惟河決則挾漕而去，爲大害。

陳瑄之督運也，於湖廣、江西造平底淺船三千艘。二省及江、浙之米皆由江以入，至淮安新城，盤五壩過淮。仁、義二壩在東門外東北，禮、智、信三壩在西門外西北，皆自城南引水抵壩口，其外即淮河。清江浦者，直淮城西，永樂二年嘗一修閘。其口淤塞，則漕船由二壩，官民商船由三壩入淮，輓輸甚勞苦。瑄訪之故老，言：『淮城西管家湖西北，距淮河鴨陳口僅二十里，與清江口相值，宜鑿爲河，引湖水通漕，宋喬維嶽所開沙河舊渠也。』瑄乃鑿清江浦，導水由管家湖入鴨陳口達淮。十三年五月，工成。緣西湖築堤亘十里以引舟。淮口置四閘，曰移風、清江、福興、新莊。以時啟閉，嚴其禁。並濬儀真、瓜洲河以通江湖，鑿呂梁、百步二洪石以平水勢，開泰州白塔河以達大江。築高郵河堤，堤內鑿渠四十里。久之，復置呂梁石閘，並築寶應、汜光、白馬諸湖堤，堤皆置涵洞，互相灌注。是時淮上、徐州、濟寧、臨清、德州皆建倉轉輸。濱河置舍五百六十八所，舍置淺夫。水澀舟膠，俾之導行。增置淺船三千餘艘。設徐、沛、沽頭、金溝、山東、穀亭、魯橋等閘。自是漕運直達通州，而海陸運俱廢。

宣德六年用御史白圭言，濬金龍口，引河水達徐州以便漕。末年至英宗初，再濬，並及鳳池口水，徐、呂二洪，西小河，而會通安流，自永、宣至正統間凡數十載。至十三年，河決滎陽，東衝張秋，潰沙灣，運道始壞。命廷臣塞之。

景泰三年五月，堤工乃完。未匝月而北馬頭復決，掣漕流以東。清河訓導唐學成言：『河決沙灣，臨清告涸。地卑堤薄，黃河勢急，故甫完堤而復決也。臨清至沙灣十二閘，有水之日，其勢甚陡。請於臨清以南濬月河通舟，直抵沙灣，不復由閘，則水勢緩而漕運通矣。』帝即命學成與山東巡撫洪英相度。工部侍郎趙榮則言：『沙灣抵張秋岸薄，故數決。請於決處置減水石壩，使東入鹽河，則運河之水可蓄。然後厚堤岸，填決口，庶無後患。』

明年四月，決口方畢工，而減水壩及南分水墩先敗，已復盡衝墩岸橋梁，決北馬頭，掣漕水入鹽河，運舟悉阻。教諭彭塤請立閘以制水勢，開河以分上流。御史練綱上其策。詔下尚書石璞。璞乃鑿河三里，以避決口，上下與運河通。是歲，漕舟不前者，命漕運總兵官徐恭姑輸東昌、濟寧倉。及明年，運河膠淺如故。恭與都御史王竑言：『漕舟蟻聚臨清上下，請亟敕都御史徐有貞築塞沙灣決河。』有貞不可，而獻上三策，請置水閘，開分水河，挑運河。

六年三月詔羣臣集議方略。工部尚書江淵等請用官軍五萬以濬運。有貞恐役軍費重，請復陳瑄舊制，置撈淺夫，用沿河州縣民，免其役。五月，濬漕工竣。七月，沙灣決口工亦竣，會通復安。都御史陳泰一濬淮、揚漕河，築口置壩。黃河嘗灌新莊閘至清江浦三十餘里，淤淺阻漕，稍稍濬治，即復其舊。英宗初，命官督漕，分濟寧南北爲二，侍郎鄭辰治其南，副都御史賈諒治其北。

成化七年，又因廷議，分漕河沛縣以南、德州以北及山東爲三道，各委曹郎及監司專理，且請簡風力大臣總理其事。始命侍郎王恕爲總河。二十一年敕工部侍郎杜謙浚運道，自通州至淮、揚，會山東、河南撫按相度經理。

弘治二年，河復決張秋，衝會通河，命戶部侍郎白昂相治。昂奏金龍口決口已淤，河并爲一大支，由祥符合沁下徐州而去。其間河道淺隘，宜於所經七縣，築堤岸以衞張秋。下工部議，從其請。昂又以漕船經高郵甓社湖多溺，請於堤東開複河四十里以通舟。越四年，河復決數道入運河，壞張秋東堤，奪汶水入海，漕流絕。時工部侍郎陳政總理河道，集夫十五萬，治未效而卒。

六年春，副都御史劉大夏奉敕往治決河。夏半，漕舟鱗集，乃先自決口西岸鑿月河以通漕。經營二年，張秋決口就塞，復築黃陵岡上流。於是河復南下，運道無阻。乃改張秋曰安平鎮，建廟賜額曰顯惠神祠，命大學士王鏊紀其事，勒於石。而白昂所開高郵複河亦成，賜名康濟，其西岸以石甃之。又甃高郵堤，自杭家閘至張家鎮凡三十里。高郵堤者，洪武時所築也。陳瑄因舊增築，延及寶應，土人相沿謂之老堤。正統三年易土以石。成化時，遣官築重堤於高郵、邵伯、寶應、白馬四湖老堤之東。而王恕爲總河，修淮安以南諸決堤，且濬淮、揚漕河。重湖壖民盜決溉田之罰，造閘礎以儲湖水。及大夏塞張秋，而昂又開康濟，漕河上下無大患者二十餘年。

十六年，巡撫徐源言：『濟寧地最高，必引上源洸水以濟，其口在堈城石灞之上。元時治閘作堰，使水盡入南旺，分濟南北運。成化間，易土以石。夫土堰之利，水小則遏以入洸，水大則閉閘以防沙壅，聽其漫堰西流。自石堰成，水遂橫溢，石堰既壞，民田亦衝。洸河沙塞，雖有閘門，壓不能啟。乞毀石復土，疏洸口壅塞以至濟寧，而築堈城迤西春城口子決岸。』帝命侍郎李鐩往勘，言：『堈城石堰，一可遏淤沙，不爲南旺湖之害；一可殺水勢，不慮戴村壩之衝，不宜毀。近堰積沙，宜濬。堈城稍東有元時舊閘，引洸水入濟寧，下接徐、呂漕河。東平州戴村，則汶水入海故道也。自永樂初，橫築一壩，遏汶入南旺湖，漕河始通。今自分水龍王廟至天井閘九十里，水高三丈有奇，若洸河更濬而深，則汶流盡向濟寧而南，臨清河道必涸。洸口不可濬。堈城口至柳泉九十里，無關運道，可弗事。柳泉至濟寧，汶、泗諸水會流處，宜疏者二十餘里。春城口，外障汶水，內防民田，堤卑岸薄，宜與戴村壩並修築。』從之。正德四年十月，河決沛縣飛雲橋，入運。尋塞。

世宗之初，河數壞漕。嘉靖六年，光祿少卿黃綰論泉源之利，言：『漕河泉源皆發山東南旺、馬場、樊村、安山諸湖。泉水所鍾，亟宜修濬，且引他泉並蓄，則漕不竭。南旺、馬場堤外孫村地窪，若瀦爲湖，改作漕道，尤可免濟寧高原淺澀之苦。』帝命總河侍郎章拯議。而拯以黃水入運，運船阻沛上，方爲御史吳仲所劾。拯言：『河塞難遽通，惟金溝口迤北新衝一渠，可令運船由此入昭陽湖，出沙河板橋。其先阻淺者，則西歷雞塚寺，出廟道北口通行。』下部併議，未決。給事中張嵩言：『昭陽湖地庳，河勢高，引河灌湖，必致瀰漫，使湖道復阻。請罷拯，別推大臣。』部議如嵩言。拯再疏自劾，乞罷。不許。卒引運船道湖中。其冬，詔拯還京別敍，而命擇大臣督理。

諸大臣多進治河議。詹事霍韜謂：『前議役山東、河南丁夫數萬，疏濬淤沙以通運。然沙隨水下，旋濬旋淤。今運舟由昭陽湖入雞鳴臺至沙河，迂迴不過百里。若沿湖築堤，浚爲小河，河口爲閘，以待蓄洩，水溢可避風濤，水涸易爲疏濬。三月而土堤成，一年而石堤成，用力少，取效速。黃河愈溢，運道愈利，較之役丁夫以浚淤土，勞逸大不侔也。』尚書李承勛謂：『於昭陽湖左別開一河，引諸泉爲運道，自留城沙河爲尤便。』與都御史胡世寧議合。七年正月，總河都御史盛應期奏如世寧策，請於昭陽湖東鑿新河，自汪家口南出留城口，長百四十里，刻期六月畢工。工未半，而應期罷去，役遂已。其後三十年，朱衡始循其遺跡，濬而成之。是年冬，總河侍郎潘希曾加築濟、沛間東西兩堤，以拒黃河。

十九年七月，河決野雞岡，二洪涸。督理河漕侍郎王以旂請濬山東諸泉以濟運，且築長堤聚水，如閘河制。遂清舊泉百七十八，開新泉三十一。以旂復奏四事。一請以諸泉分隸守土官兼理其事，毋使堙塞。一請於境山鎮、徐、呂二洪之下，各建石閘，蓄水數尺以行舟，旁留月河以洩暴汛；築四木閘於武家溝、小河口、石城、匙頭灣，而置方船於沙坊等淺，以備撈濬。一言漕河兩岸有南旺、安山、馬場、昭陽四湖，名爲水櫃，所以匯諸泉濟漕河也。豪強侵占，蓄水不多，而昭陽一湖淤成高地，大非國初設湖初意。宜委官清理，添置閘、壩、斗門，培築堤岸，多開溝渠，濬深河底，以復四櫃。一言黃河南徙，舊閘口俱塞，惟孫繼口獨存。導河出徐州小浮橋，下徐、呂二洪，此濟運之大者。請於孫繼口多開一溝，及時疏瀹，庶二洪得濟。帝可其奏，而以管泉專責之部曹。

徐、吕二洪者，河漕咽喉也。自陳瑄鑿石疏渠，正統初，復濬洪西小河。漕運參將湯節又以洪迅敗舟，於上流築堰，逼水歸月河，河南建閘以蓄水勢。成化四年，管河主簿郭昇以大石築兩堤，錮以鐵錠，鑿外洪敗船惡石三百，而平築裏洪堤岸，又甃石岸東西四百餘丈。十六年增甃吕梁洪石堤、石壩二百餘丈，以資牽輓。及是建閘，行者益便之。

四十四年七月，河大決沛縣，漫昭陽湖，由沙河至二洪，浩渺無際，運道淤塞百餘里。督理河漕尚書朱衡循覽盛應期所鑿新河遺跡，請開南陽、留城上下。總河都御史潘季馴不可。衡言：『是河直秦溝，有所束隘。伏秋黄水盛，昭陽受之，不爲壑也。』乃決計開濬，身自督工，重懲不用命者。給事中鄭欽劾衡故興難成之役，虐民倖功。朝廷遣官勘新舊河孰利。給事中何起鳴勘河還，言：『舊河難復有五，而新河之難成者亦有三。顧新河多舊堤高阜，黄水難侵，濬而通之，運道必利。所謂三難者，一以夏村迤北地高，恐難接水，然地勢高低，大約不過二丈，一視水平加深，何患水淺。一以三河口積沙深厚，水勢湍急，不無阻塞，然建壩攔截，歲一挑濬之，何患沙壅。一以馬家橋築堤，微山取土不便，又恐水口投埽，勢必不堅，然使委任得人，培築高厚，無必不可措力之理。開新河便。』下廷臣集議，言新河已有次第，不可止。況百中橋至留城白洋淺，出境山，疏濬補築，亦不全棄舊河，羣議俱合。

帝意乃決。時大雨，黄水驟發，決馬家橋，壞新築東西二堤。給事中王元春、御史黄襄皆劾衡欺悮，起鳴亦變其說。會衡奏新舊河百九十四里俱已流通，漕船至南陽出口無滯。詔留衡與季馴詳議開上源、築長堤之便。

隆慶元年正月，衡請罷上源議，惟開廣秦溝，堅築南長堤。五月，新河成，西去舊河三十里。舊河自留城以北，經謝溝、下沽頭、中沽頭、金溝四閘，過沛縣，又經廟道口、湖陵城、孟陽、八里灣、穀亭五閘，而至南陽閘。新河自留城而北，經馬家橋、西柳莊、滿家橋、夏鎮、楊莊、硃梅、利建七閘，至南陽閘合舊河，凡百四十里有奇。又引鮎魚諸泉及薛河、沙河注其中，而設壩於三河之口，築馬家橋堤，遏黄水入秦溝，運道乃大通。未幾，鮎魚口山水暴決，沒漕艘。帝從衡請，自東邵開支河三道以分洩之，又開支河於東邵之上，歷東滄橋以達百中橋，鑿豸裏溝諸處爲渠，使水入赤山湖，由之以歸吕孟湖，下境山而去。

衡召入爲工部尚書，都御史翁大立代，上言：『漕河資泉水，而地形東高西下，非湖潴之則涸，故漕河以西皆有櫃；非湖洩之則潰，故漕河以東皆有壑。黄流逆奔，則以昭陽湖爲散漫之區；山水東突，則以南陽湖爲潴蓄之地。宜由回回墓開通以達鴻溝，令穀亭、湖陵之水皆入昭陽湖，即濬鴻溝廢渠，引昭陽湖水沿渠東出留城。其湖地退灘者，又可得田數千頃。』大立又言：『薛河水湍悍，今盡注赤山湖，入微山湖以達吕孟湖，此尚書衡成績也。

惟吕孟之南爲邵家嶺，黄流填淤，地形高仰，秋水時至，翕納者小，浸淫平野，奪民田之利。微山之西爲馬家橋，比草創一堤以開運道，土未及堅而時爲積水所撼，以尋丈之址，二流夾攻，慮有傾圮。宜鑿邵家嶺，令水由地浜溝出境山以入漕河，則湖地可耕，河堤不潰。更於馬家橋建減水閘，視旱澇爲啟閉，乃通漕長策也。』並從之。

三年七月，河決沛縣，茶城淤塞，糧艘二千餘皆阻邳州。大立言：『臣按行徐州，循子房山，過梁山，至境山，入地浜溝，直趨馬家橋，上下八十里間，可別開一河以漕。』即所謂泇河也。請集廷議，上即命行之。未幾，黄落漕通，前議遂寢。時淮水漲溢，自清河至淮安城西淤三十餘里，決禮、信二壩出海，寶應湖堤多壞。山東諸水從直河出邳州。大立以聞。其冬，自淮安板閘至清河西湖嘴開濬垂成，而裏口復塞。督漕侍郎趙孔昭言：『清江一帶黄河五十里，宜築堰以防河溢；淮河高良澗一帶七十餘里，宜築堰以防淮漲。』帝令亟濬裏口，與大立商築堰事宜，并議海口築塞及寶應月河二事。

四年六月，淮河及鴻溝境山疏濬工竣。大立方奏聞，諸水忽驟溢，決仲家淺，與黄河合，茶城復淤。未幾，自泰山廟至七里溝，淮河淤十餘里，其水從朱家溝旁出，至清河縣河南鎮以合於黄河。大立請開新莊閘以通回船，兼濬古睢河，洩二洪水，且分河自魚溝下草灣，保南北運道。帝命新任總河都御史潘季馴區畫。頃之，河大決邳州，睢寧運道淤百餘里。大立請開泇口、蕭縣二河。會季馴築塞諸決，河水歸正流，漕船獲通。大立、孔昭皆以遲悮漕糧削籍，開泇之議不果行。

五年四月，河復決邳州王家口，自雙溝而下，南北決口十餘，損漕船運軍千計，沒糧四十萬餘石，而匙頭灣以下八十里皆淤。於是膠、萊海運之議紛起。會季馴奏邳河功成，帝以漕運遲，遣給事中雒遵往勘。總漕陳炌及季馴俱罷官。

六年，從雒遵言，修築茶城至清河長堤五百五十里，三里一鋪，鋪十夫，設官畫地而守。又接築茶城至開封兩岸堤。從朱衡言，繕豐、沛大黃堤。衡又言：『漕河起儀真訖張家灣二千八百餘里，河勢凡四段，各不相同。清江浦以南，臨清以北，皆遠隔黃河，不煩用力。惟茶城至臨清，則閘諸泉爲河，與黃相近。清河至茶城，則黃河即運河也。茶城以北，當防黃河之決而入；茶城以南，當防黃河之決而出。防黃河即所以保運河，故自茶城至邳、遷，高築兩堤，宿遷至清河，盡塞缺口，蓋以防黃水之出，則正河必淤，昨歲徐、邳之患是也。自茶城秦溝口至豐、沛、曹、單，創築增築以接縷水舊堤，蓋以防黃水之入，則正河必決，往年曹、沛之患是也。二處告竣，故河深水束，無旁決中潰之虞。沛縣之窑子頭至秦溝口，應築堤七十里，接古北堤。徐、邳之間，堤逼河身，宜於新堤外別築遙堤。』詔如其議，以命總河侍郎萬恭。

萬曆元年，恭言：『祖宗時造淺船近萬，非不知滿載省舟之便，以閘河流淺，故不敢過四百石也。其制底平、倉淺，底平則入水不深，倉淺則負載不滿。又限淺船用水不得過六拏，伸大指與食指相距爲一拏，六拏不過三尺許，明受水淺也。今不務遵行，而競雇船搭運。雇船有三害，搭運有五害，皆病河道。請悉遵舊制。』從之。

恭又請復淮南平水諸閘，上言：『高、寶諸湖周遭數百里，西受天長七十餘河，徒恃百里長堤，若障之使無疏洩，是潰堤也。以故祖宗之法，徧置數十小閘於長堤之間，又爲令曰「但許深湖，不許高堤」，故設淺船淺夫取湖之淤以厚堤。夫閘多則水易落而堤堅，濬勤則湖愈深而堤厚，意至深遠也。比年畏修閘之勞，每壞一閘即堙一閘，歲月既久，諸閘盡堙，而長堤爲死障矣。畏濬淺之苦，每湖淺一尺則加堤一尺，歲月既久，湖水捧起，而高、寶爲盂城矣。且湖漕勿堤與無漕同，湖堤勿閘與無堤同。陳瑄大置減水閘數十，湖水溢則瀉以利堤，水落則閉以利漕，最爲完計。積久而減水故迹不可復得，湖且沈堤。請復建平水閘，閘欲密，密則水疏，無漲懣患；閘欲狹，狹則勢緩，無齧決虞。』尚書衡覆奏如其請。於是儀真、江都、高郵、寶應、山陽設閘二十三，濬淺凡五十一處，各設撈淺船二，淺夫十。

恭又言：『清江浦河六十里，陳瑄濬至天妃祠東，注於黃河。運艘出天妃口入黃穿清，特半餉耳。後黃漲，逆注入口，浦遂多淤。議者不制天妃口而遽塞之，令淮水勿與黃值。開新河以接淮河，曰「接清流勿接濁流，可不淤也」。不知黃河非安流之水，伏秋盛發，則西擁淮流數十里，并灌新開河。彼天妃口，一黃水之淤耳。今淮、黃會於新開河口，是二淤也。防一淤，生二淤，又生淮、黃交會之淺。歲役丁夫千百，濬治方畢，水過復合。又使運艘迂八里淺滯而始達於清河，孰與出天妃口者之便且利？請建天妃閘，俾漕船直達清河。運盡而黃水盛發，則閉閘絕黃，水落則啟天妃閘以利商船。新河口勿濬可也。』乃建天妃廟口石閘。

恭又言：『由黃河入閘河爲茶城，出臨清板閘七百餘里，舊有七十二淺。自創開新河，汶流平衍，地勢高下不甚相懸，七十淺悉爲通渠。惟茶、黃交會間，運盛之時，正值黃河水落之候，高下不相接，是以有茶城黃家閘之淺，連年患之。祖宗時，嘗建境山閘，自新河水平，閘沒泥淖且丈餘。其閘上距黃家閘二十里，下接茶城十里，因故基累石爲之，可留黃家閘外二十里之上流，接茶城內十里之下流，且挾二十里水勢，衝十里之狹流，蔑不勝矣。』乃復境山舊閘。

恭建三議，尚書衡覆行之，爲運道永利。而是時，茶城歲淤，恭方報正河安流，回空船速出。給事中朱南雍以回空多阻，劾恭隱蔽溺職。帝切責恭，罷去。

三年二月，總河都御史傅希摯請開泇河以避黃險，不果行。希摯又請濬梁山以下，與茶城互用，淤舊則通新而挑舊，淤新則通舊而挑新，築壩斷流，常通其一以備不虞。詔從所請。工未成，而河決崔鎮，淮決高家堰，高郵湖決清水潭、丁志等口，淮城幾沒。知府邵元哲開菊花潭，以洩淮安、高、寶三城之水，東方芻米少通。

明年春，督漕侍郎張翀以築清水潭堤工鉅不克就，欲令糧船暫由圈子田以行。巡按御史陳功不可。河漕侍郎吳桂芳言：『高郵湖老堤，陳瑄所建。後白昂開月河，距湖數里，中爲土堤，東爲石堤，首尾建閘，名爲康濟河。其中堤之西，老堤之東，民田數萬畝，所謂圈子田也。河湖相去太遠，老堤缺壞不修，遂至水入圈田，又成一湖。而中堤潰壞，東堤獨受數百里湖濤，清水潭之決，勢所必至。宜遵弘治間王恕之議，就老堤爲月河，但修東西二堤，費省而工易舉。』帝命如所請行之。是年，元哲修築淮安長堤，又疏鹽城石䃴口下流入海。

五年二月，高郵石堤將成，桂芳請傍老堤十數丈開挑月河。因言：『白昂康濟月河去老堤太遠，人心狃月河之安，忘老堤外捍之力。年復一年，不加省視，老、中二堤俱壞，而東堤不能獨存。今河與老堤近，則易於管攝。』御史陳世寶論江北河道，請於寶應湖堤補石堤以固其外，而於石堤之東復築一堤，以通月河，漕舟行其中。並議行。其冬，高郵湖土石二堤、新開漕河南北二閘及老堤加石、增護堤木城各工竣事。桂芳又與元哲增築山陽長堤，自板閘至黄浦亙七十里，閉通濟閘不用，而建興文閘，且修新莊諸閘，築清江浦南堤，創板閘漕堤，南北與新舊堤接。板閘即故移風閘也。堤、閘並修，淮、揚漕道漸固。

六年，總理河漕都御史潘季馴築高家堰，及清江浦柳浦灣以東加築禮、智二壩，修寶應、黄浦等八淺堤，高、寶減水閘四，又拆新莊閘，而改建通濟閘於甘羅城南。明初運糧，自瓜、儀至淮安謂之裏河，自五壩轉黄河謂之外河，不相通。及開清江浦，設閘天妃口，春夏之交重運畢，即閉以拒黄。歲久法弛，閘不封而黄水入。嘉靖末，塞天妃口，於浦南三里溝開新河，設通濟閘以就淮水。已又從萬恭言，復天妃閘。未幾，又從御史劉光國言，增築通濟，自仲夏至季秋，隔日一放回空漕船。既而啟閉不時，淤塞日甚，開朱家口，引清水灌之，僅通舟。至是改建甘羅城南，專向淮水，使河不得直射。

十年，督漕尚書凌雲翼以運船由清江浦出口多艱險，乃自浦西開永濟河四十五里，起城南窑灣，歷龍江閘，至楊家澗出武家墩，折而東，合通濟閘出口。更置閘三，以備清江浦之險。是時漕河就治，淮、揚免水災者十餘年。初，黄河之害漕也，自金龍口而東，則會通以淤。迨塞沙灣、張秋閘，漕以安，則徐、沛間數被其害。至崔鎮高堰之決，黄、淮交漲而害漕，乃在淮、揚間，湖潰則敗漕。季馴以高堰障洪澤，俾堰東四湖勿受淮侵，漕始無敗。而河漕諸臣懼湖害，日夜常惴惴。

十三年從總漕都御史李世達議，開寶應月河。寶應氾光湖，諸湖中最湍險者也，廣百二十餘里。槐角樓當其中，形曲如箕，瓦店翼其南，秤鈎灣翼其北。西風鼓浪，往往覆舟。陳瑄築堤湖東，蓄水爲運道。上有所受，下無所宣，遂決爲八淺，匯爲六潭，興、鹽諸場皆沒。而淮水又從周家橋漫入，溺人民，害漕運。武宗末年，郎中楊最請開月河，部覆不從。嘉靖中，工部郎中陳毓賢、戶部員外范韶、御史聞人詮、運糧千戶李顯皆以爲言，議行未果。至是，工部郎中許應逵建議，世達用其言以奏，乃決行之。濬河千七百餘丈，置石閘三，減水閘二，築堤九千餘丈，石堤三之一，子堤五千餘丈。工成，賜名弘濟。尋改石閘爲平水閘。應逵又築高郵護城堤。其後，弘濟南北閘，夏秋淮漲，吞吐不及，舟多覆者。神宗季年，督漕侍郎陳荐於南北各開月河以殺河怒，而溜始平。

十五年，督漕侍郎楊一魁請修高家堰以保上流，砌范家口以制旁決，疏草灣以殺河勢，修禮壩以保新城。詔如其議。一魁又改建古洪閘。先是，汶、泗之水由茶城會黄河。隆慶間，濁流倒灌，稽阻運船，郎中陳瑛移黄河口於茶城東八里，建古洪、内華二閘，漕河從古洪出口。後黄水發，淤益甚。一魁既改古洪，帝又從給事中常居敬言，令增築鎮口閘於古洪外，距河僅八十丈，吐納益易，糧運利之。

工部尚書石星議季馴、居敬條上善後事宜，請分地責成：接築塔山縷堤，清江浦草壩，創築寶應西堤，石砌邵伯湖堤，疏濬裏河淤淺，當在淮、揚興舉；察復南旺、馬踏、蜀山、馬場四湖，建築坎河滾水壩，加建通濟、永通二閘，察復安山湖地，當在山東興舉。帝從其議。未幾，衆工皆成。

十九年，季馴言：『宿遷以南，地形西窪，請開縷堤放水。沙隨水入，地隨沙高，庶水患消而費可省。』又請易高家堰土堤爲石，築滿家閘西攔河壩，使汶、泗盡歸新河。設減水閘於李家口，以洩沛縣積水。從之。十月，淮湖大漲，江都淳家灣石堤、邵伯南壩、高郵中堤、朱家墩、清水潭皆決。郎中黄曰謹築塞僅竣，而山陽堤亦決。

二十一年五月，恒雨。漕河汎溢，潰濟寧及淮河諸堤岸。總河尚書舒應龍議：築堽城壩，遏汶水之南，開馬踏湖月河口，導汶水之北。開通濟閘，放月河土壩以殺洶湧之勢。從其奏。數年之間，會通上下無阻，而黄、淮並漲，高堰及高郵堤數決害漕。應龍卒罷去。建議者紛紛，未有所定。

楊一魁代應龍爲總河尚書，力主分黄導淮。治逾年，工將竣，又請決湖水以疏漕渠，言：『高、寶諸湖本沃壤也，自淮、黄逆壅，遂成昏墊。今入江入海之路既濬，宜開治涇河、子嬰溝、金灣河諸閘及瓜、儀二閘，大放湖水，就湖疏渠，與高、寶月河相接。既避運道風波之險，而水涸成田，給民耕種，漸議起科，可充河費。』命如議行。時下流既疏，淮水漸帖，而河方決黄堌口。督漕都御史褚鈇恐洩太多，徐、邳淤阻，力請塞之。一魁持不可，濬兩河口至小浮橋故道以通漕。然河大勢南徙，二洪漕屢涸，復大挑黄堌下之李吉口，挽黄以濟之，非久輒淤。

一魁入掌部事。二十六年，劉東星繼之，守一魁舊議，李吉口淤益高。歲冬月，即其地開一小河，春夏引水入徐州，如是者三年，大抵至秋即淤。乃復開趙家圈以接黄，開泇河以濟運。趙家圈旋淤，泇河未復，而東星卒。於是鳳陽巡撫都御史李三才建議自鎮口閘至磨兒莊倣閘河制，三十里一閘，凡建六閘於河中，節宣汶、濟之水，聊以通漕。漕舟至京，不復能如期矣。東星在事，開邵伯月河，長十八里，濶十八丈有奇，以避湖險。又開界首月河，長千八百餘丈。各建金門石閘二，漕舟利焉。

三十二年，總河侍郎李化龍始大開泇河，自直河至李家港二百六十餘里，盡避黄河之險。化龍憂去，總河侍郎曹時聘終其事，疏敘泇河之功，言：『舒應龍創開韓家莊以洩湖水，而路始通。劉東星大開良城、侯家莊以試行運，而路漸廣。李化龍上開李家港，鑿都水石，下開直河口，挑田家莊，殫力經營，行運過半，而路始開，故臣得接踵告竣。』因條上善後六事，運道由此大通。其後，每年三月開泇河壩，由直河口進，九月開召公壩入黄河，糧艘及官民船悉以爲準。

四十四年，巡漕御史朱堦請修復泉湖，言：『宋禮築壩戴村，奪二汶入海之路，灌以成河，復導洙、泗、洸、沂諸水以佐之。汶雖率衆流出全力以奉漕，然行遠而竭，已自難支。至南旺，又分其四以南迎淮，六以北赴衛，力分益薄。況此水夏秋則漲，冬春而涸，無雨即夏秋亦涸。禮逆慮其不可恃，乃於沿河昭陽、南旺、馬踏、蜀山、安山諸湖設立斗門，名曰水櫃。漕河水漲，則瀦其溢出者於湖，水消則決而注之漕。積泄有法，盜決有罪，故旱澇恃以無恐。及歲久禁弛，湖淺可耕，多爲勢豪所占，昭陽一湖已作藩田。比來山東半年不雨，泉欲斷流，按圖而索水櫃，茫無知者。乞敕河臣清核，亟築堤壩斗門以廣蓄儲。』帝從其請。

方議濬泉湖，而河決徐州狼矢溝，由蛤鰻諸湖入泇河，出直口，運船迎溜艱險。督漕侍郎陳荐開武河等口，洩水平溜。後二年，決口長淤沙，河始復故道。總河侍郎王佐加築月壩以障之。至泰昌元年冬，佐言：『諸湖水櫃已復，安山湖且復五十五里，誠可利漕。請以水櫃之廢興爲河官殿最。』從之。

天啟元年，淮、黄漲溢，決裏河王公祠，淮安知府宋統殷、山陽知縣練國事力塞之。三年秋，外河復決數口，尋塞。是年冬，濬永濟新河。自凌雲翼開是河，未幾而閉。總河都御史劉士忠嘗開壩以濟運，已復塞。而淮安正河三十年未濬。故議先挑新河，通運船回空，乃濬正河，自許家閘至惠濟祠長千四百餘丈，復建通濟月河小閘，運船皆由正河，新河復閉。時王家集、磨兒莊湍溜日甚，漕儲參政朱國盛謀改濬一河以爲漕計，令同知宋士中自泇口迤東抵宿遷陳溝口，復泝駱馬湖，上至馬頰河，往迴相度。乃議開馬家洲，且疏馬頰河口淤塞，上接泇流，下避劉口之險，又疏三汊河流沙十三里，開滔莊河百餘丈，濬深小河二十里，開王能莊二十里，以通駱馬湖口，築塞張家等溝數十道，束水歸漕。計河五十七里，名通濟新河。五年四月，工成，運道從新河，無劉口、磨兒莊諸險之患。明年，總河侍郎李從心開陳溝地十里，以竟前工。

崇禎二年，淮安蘇家嘴、新溝大壩並決，沒山、鹽、高、泰民田。五年，又決建義北壩。總河尚書朱光祚濬駱馬湖，避河險十三處，名順濟河。六年，良城至徐塘淤爲平陸，漕運愆期，奪光祚官，劉榮嗣繼之。

八年，駱馬湖淤阻，榮嗣開河徐、宿，引注黄水，被劾，得重罪。侍郎周鼎繼之，乃專力於泇河，濬麥河支河，築王母山前後壩、勝陽山東堤、馬蹄厓十字河攔水壩，挑良城閘抵徐塘口六千餘丈。九年夏，泇河復通，由宿遷陳溝口合大河。鼎又修高家堰及新溝漾田營堤，增築天妃閘石工，去南旺湖彭口沙礓，濬劉呂莊至黄林莊百六十里。而是時，黄、淮漲溢日甚，倒灌害漕。鼎在事五年，卒以運阻削職。繼之者侍郎張國維，甫莅任，即以漕涸被責。

十四年，國維言：『濟寧運道自棗林閘泝師家莊、仲家淺二閘，歲患淤淺，每引泗河由魯橋入運以濟之。伏秋水長，足資利涉。而挾沙注河，水退沙積，利害參半。旁自白馬河匯鄒縣諸泉，與泗合流而出魯橋，力弱不能敵泗，河身半淤，不爲漕用。然其上源寬處正與仲家淺閘相對，導令由此入運，較魯橋高下懸殊，且易細流爲洪流，又減沙滲之患，而濟仲家淺及師莊、棗林，有三便。』又言：『南旺水本地脊，惟藉泰安、新泰、萊蕪、寧陽、汶上、東平、平陰、肥城八州縣泉源，由汶入運，故運河得通。今東平、平陰、肥城淤沙中斷，請亟濬之。』復上疏運六策：一復安山湖水櫃以濟北閘，一改挑滄浪河從萬年倉出口以利四閘，一展濬汶河、陶河上源以濟邳派，一改道沂河出徐塘口以並利邳、宿，其二即開三州縣淤沙及改挑白馬湖也。皆命酌行。國維又濬淮、揚漕河三百餘里。當是時，河臣竭力補苴，南河稍寧，北河數淺阻。而河南守臣壅黃河以灌賊。河大決開封，下流日淤，河事益壞，未幾而明亡矣。

又 卷八六《河渠志四・運河下》 江南運河，自杭州北郭務至謝村北，爲十二里洋，爲塘棲，德清之水入之。踰北陸橋入崇德界，過松老抵高新橋，海鹽支河通之。繞崇德城南，轉東北，至小高陽橋東，過石門塘，折而東，爲王灣。至皁林，水深者及丈。過永新，入秀水界，踰陡門鎮，北爲分鄉舖，稍東爲繡塔。北由嘉興城西轉而北，出杉青三閘，至王江涇鎮，松江運艘自東來會之。北爲平望驛，東通鶯脰湖，湖州運艘自西出新興橋會之。北至松陵驛，由吴江至三里橋，北有震澤，南有黃天蕩，水勢淵湃，夾浦橋屢建。北經蘇州城東鮎魚口，水由蠡塘入之。北至楓橋，由射瀆經滸墅關，過白鶴舖，長洲、無錫兩邑之界也。錫山驛水僅浮瓦礫。過黃埠，至洛社橋，江陰九里河之水通之。西北爲常州，漕河舊貫城，入東水門，由西水門出。嘉靖末防倭，改從南城壕。江陰，順塘河水由城東通丁堰，沙子湖在其西南，宜興鍾溪之水入之。又西，直瀆水入之，又西爲奔牛、呂城二閘，常、鎮界其中，皆有月河以佐節宣，後並廢。其南爲金壇河，溧陽、高淳之水出焉。丹陽南二十里爲陵口，北二十五里爲黃泥壩，舊皆置閘。練湖水高漕河數丈，一由三思橋，一由仁智橋，皆入運。北過丹徒鎮，有猪婆灘多軟沙。丹徒以上運道，視江潮爲盈涸。過鎮江，出京口閘，閘外沙渚延袤二十丈，可藏舟避風，由此浮於江，與瓜步對。自北郭至京口首尾八百餘里，皆平流。歷嘉而蘇，衆水所聚，至常州以西，地漸高仰，水淺易洩，盈涸不恒，時濬時壅，往往兼取孟瀆、德勝兩河，東浮大江，以達揚、泰。

洪武二十六年嘗命崇山侯李新開溧水胭脂河，以通浙漕，免丹陽輸輓及大江風濤之險。而三吴之粟，必由常、鎮。三十一年濬奔牛、呂城二壩河道。

永樂間，修練湖堤。即命通政張璉發民丁十萬，濬常州孟瀆河，又濬蘭陵溝，北至孟瀆河閘，六千餘丈，南至奔牛鎮，千二百餘丈。已復濬鎮江京口、新港及甘露三港，以達於江。漕舟自奔牛溯京口，水涸則改從孟瀆右趨瓜洲，抵白塔，以爲常。

宣德六年從武進民請，疏德勝新河四十里。八年，工竣。漕舟自德勝北入江，直泰興之北新河。由泰州壩抵揚子灣入漕河，視白塔尤便。於是漕河及孟瀆、德勝三河並通，皆可濟運矣。

正統元年，廷臣上言：『自新港至奔牛，漕河百五十里，舊有水車捲江潮灌注，通舟溉田。請支官錢置車。』詔可。然三河之入江口，皆自卑而高，其水亦更迭盈縮。八年，武進民請濬德勝及北新河。浙江都司蕭華則請濬孟瀆。巡撫周忱定議濬兩河，而罷北新築壩。白塔河之大橋閘以時啟閉，而常、鎮漕河亦疏濬焉。

景泰間，漕河復淤，遂引漕舟盡由孟瀆。三年，御史練綱言：『漕舟從夏港及孟瀆出江，逆行三百里，始達瓜洲。德勝直北新，而白塔又與孟瀆斜直，由此兩岸橫渡甚近，宜大疏淤塞。』帝命尚書石璞措置。會有請鑿鎮江七里港，引金山上流通丹陽，以避孟瀆險者。鎮江知府林鶚以爲迂道多石，壞民田墓多，宜濬京口閘、甘露壩，道里近，功力省。乃從鶚議。浙江參政胡清又欲去新港、奔牛等壩，置石閘以蓄泉。亦從其請。而濬德勝河與鑿港之議俱寢。然石閘雖建，蓄水不能多，漕舟仍入孟瀆。

天順元年，尚寶少卿凌信言，糧艘從鎮江裏河爲便。帝以爲然，命糧儲河道都御史李秉通七里港口，引江水注之，且濬奔牛、新港之淤。巡撫崔恭又請增置五閘。至成化四年，閘工始成。於是漕舟盡由裏河，其入二河者，回空之艘及他舟而已。定制，孟瀆河口與瓜、儀諸港俱三年一濬。孟瀆寬廣不甚淤，裏河不久輒涸，則又改從孟瀆。

弘治十七年，部臣復陳夏港、孟瀆遠浮大江之害，請亟濬京口淤，而引練湖灌之。詔速行。正德二年復開白塔河及江口、大橋、潘家、通江四閘。十四年從督漕都御史臧鳳言，濬常州上下裏河，漕舟無阻者五十餘載。

萬曆元年又漸涸，復一濬之。歲貢生許汝愚上言：『國初置四閘：曰京口，曰丹徒，防三江之涸；曰呂城，曰奔牛，防五湖之洩。自丹陽至鎮江蓄爲湖者三：曰練湖，曰焦子，曰杜墅。歲久，居民侵種，焦、杜二湖俱涸，僅存練湖，猶有侵者。而四閘俱空設矣。請濬三湖故址通漕。』總河傅希摯言：『練湖已濬，而焦子、杜墅源少無益。』其議遂寢。未幾，練湖復淤淺。

五年，御史郭思極、陳世寶先後請復練湖，濬孟瀆。而給事中湯聘尹則請於京口旁別建一閘，引江流內注，潮長則開，縮則閉。御史尹良任又言：『孟瀆渡江入黃家港，水面雖闊，江流甚平，由此抵泰興以達灣頭、高郵僅二百餘里，可免瓜、儀不測之患。至如京口北渡金山而下，中流遇風有漂溺患，宜挑甘露港夾岸洲田十餘里，以便回泊。』御史林應訓又言：『自萬緣橋抵孟瀆，兩厓陡峻，雨潦易圮，且江潮湧沙，淤塞難免。宜於萬緣橋、黃連樹各建閘以資蓄洩。』又言：『練湖自西晉陳敏遏馬林溪，引長山八十四溪之水以溉雲陽，堤名練塘，又曰練河，凡四十里許。環湖立涵洞十三。宋紹興時，中置橫埂，分上下湖，立上、中、下三閘。八十四溪之水始經辰溪衝入上湖，復由三閘轉入下湖。洪武間，因運道澀，依下湖東堤建三閘，借湖水以濟運，後乃漸堙。今當盡革侵占，復濬爲湖。上湖四際夾阜，下湖東北臨河，原埂完固，惟應補中間缺口，且增築西南，與東北相應。至三閘，惟臨湖上閘如故，宜增建中、下二閘，更設減水閘二座，界中、下二閘間。共革田五千畝有奇，塞沿堤私設涵洞，止存其舊十三處，以宣洩湖水。冬春即閉塞，毋得私啟。蓋練湖無源，惟藉瀦蓄，增堤啟閘，水常有餘，然後可以濟運。臣親驗上湖地仰，八十四溪之水所由來，懼其易洩；下湖地平衍，僅高漕河數尺，又常懼不盈。誠使水裕堤堅，則應時注之，河有全力矣。』皆下所司酌議。

十三年，鎮江知府吳撝謙復言：『練湖中堤宜飭有司春初即修，以防衝決，且禁勢豪侵占。』從之。十七年濬武進橫林漕河。

崇禎元年，濬京口漕河。五年，太常少卿姜志禮建漕河議，言：『神廟初，先臣寶著漕河議，當事采行，不開河而濟運者二十餘年。後復佃湖妨運，歲累畚鍤，故老有言「京口閘底與虎丘塔頂平」，是可知挑河無益，蓄湖爲要也。今當革佃修閘，而高築上下湖圍埂，蓄水使深。且漕河閘座非僅京口、呂城、新閘、奔牛數處而已，陵口、尹公橋、黃泥壩、新豐、大犢山節有閘，皆廢去，並宜修建。而運道支流如武進洞子河、連江橋河、扁擔河，丹陽簡橋河、陳家橋河、七里橋河、丁議河、越瀆河、滕村溪之大壩頭，丹陽甘露港南之小閘口，皆應急修整。至奔牛、呂城之北，各設減水閘。歲十月實以土，商民船盡令盤壩。此皆舊章所當率由。近有欲開九曲河，使運船竟從泡港閘出江，直達揚子橋，以免瓜洲啟閘稽遲者，試而後行可也。回空糧艘及官舫，宜由江行，而於河莊設閘啟閉。數役並行，漕事乃大善矣。』議不果行。

江漕者，湖廣漕舟由漢、沔下潯陽，江西漕舟出章江、鄱陽而會於湖口，暨南直隸寧、太、池、安、江寧、廣德之舟，同浮大江，入儀真通江閘，以溯淮，揚入閘河。瓜、儀之間，運道之咽喉也。洪武中，餉遼卒者，從儀真上淮安，由鹽城汎海；餉梁、晉者，亦從儀真赴淮安，盤壩入淮。江口則設壩置閘，凡十有三。濬揚子橋河至黃泥灣九千餘丈。永樂間，濬儀真清江壩、下水港及夾港河，修沿江堤岸。洪熙元年濬儀真壩河，後定制儀真壩下黃泥灘、直河口二港及瓜洲二港、常州之孟瀆河皆三年一濬。宣德間，從侍郎趙新、御史陳祚請，濬黃泥灘、清江閘。成化中，建閘於儀真通江河港者三，江都之留潮通江者二。已而通江港塞。弘治初，復開之，既又於總港口建閘蓄水。儀真、江都二縣間，有官塘五區，築閘蓄水，以溉民田，豪民占以爲業，真、揚之間運道阻梗。嘉靖二年，御史秦鉞請復五塘。從之。萬曆五年，御史陳世寶言：『儀真江口，去閘太遠，請於上下十數丈許增建二閘，隨湖啟閉，以截出江之船，盡令入閘，庶免遲滯。』疏上，議行。

白塔河者，在泰州。上通邵伯，下接大江，斜對常州孟瀆河與泰興北新河，皆浙漕間道也。自陳瑄始開。宣德間，從趙新、陳祚請，命瑄役夫四萬五千餘人濬之，建新閘、潘家莊、大橋、江口四閘。正統四年，水潰閘塞，都督武興因閉不用，仍自瓜洲盤壩。瓜洲之壩，洪武中置，凡十五，列東西二港間。永樂間，廢東壩爲廠，以貯材木，止存西港七壩。漕舟失泊，屢遭風險。英宗初年，乃復濬東港。既而，巡撫周忱築壩白塔河之大橋閘，以時啟閉，漕舟稍分行。自鎮江裏河開濬，漕舟出甘露、新港，徑渡瓜洲；而白塔、北新，皆以江路險遠，捨而不由矣。

衛漕者，即衛河。源出河南輝縣，至臨清與會通河合，北達天津。自臨清以北皆稱衛河。詳具本志。

白漕者，即通濟河。源出塞地，經密雲縣霧靈山，爲潮河川。而富河、罾口河、七渡河、桑乾河、三里河俱會於此，名曰白河。南流經通州，合通惠及榆、渾諸河，亦名潞河。三百六十里，至直沽會衛河入海，賴以通漕。楊村以北，勢若建瓴，底多淤沙。夏秋水漲苦潦，冬春水微苦澀。衝潰徙改頗與黃河同。耍兒渡者，在武清、通州間，尤其要害處也。自永樂至成化初年，凡八決，輒發民夫築堤。而正統元年之決，爲害尤甚，特敕太監沐敬、安遠侯柳溥、尚書李友直隨宜區畫，發五軍營卒五萬及民夫一萬築決堤。又命武進伯朱冕、尚書吳中役五萬人，去河西務二十里鑿河一道，導白水入其中。二工並竣，人甚便之，賜河名曰通濟，封河神曰通濟河神。先是，永樂二十一年築通州抵直沽河岸，有衝決者，隨時修築以爲常。迨通濟河成，決岸修築者亦且數四。萬曆三十一年從工部議，挑通州至天津白河，深四尺五寸，所挑沙土即築堤兩岸，著爲令。

大通河者，元郭守敬所鑿。由大通橋東下，抵通州高麗莊，與白河合，至直沽，會衛河入海，長百六十里有奇。十里一閘，蓄水濟運，名曰通惠。又以白河、榆河、渾河合流，亦名潞河。洪武中漸廢。

永樂四年八月，北京行部言：『宛平昌平西湖、景東牛欄莊及青龍華家甕山三閘，水衝決岸。』命發軍民修治。明年復言：『自西湖、景東至通流，凡七閘，河道淤塞。自昌平東南白浮村至西湖、景東流水河口一百里，宜增置十二閘。』從之。未幾，閘俱堙，不復通舟。

成化中，漕運總兵官楊茂言：『每歲自張家灣舍舟，車轉至都下，僱值不貲。舊通惠河石閘尚存，深二尺許，修閘瀦水，用小舟剝運便。』又有議於三里河從張家灣烟墩橋以西疏河泊舟者。下廷臣集議，遣尚書楊鼎、侍郎喬毅相度。上言：『舊閘二十四座，通水行舟。但元時水在宮牆外，舟得入城內海子灣。今水從皇城金水河出，故道不可復行。且元引白浮泉往西逆流，今經山陵，恐妨地脈。又一畝泉過白羊口山溝，兩水衝截難引。若城南三里河舊無河源，正統間修城壕，恐雨多水溢，乃穿正陽橋東南窪下地，開壕口以洩之，始有三里河名。自壕口八里，始接渾河。舊渠兩岸多廬墓，水淺河窄，又須增引別流相濟。如西湖草橋源出玉匠局、馬跑等地，泉不深遠。元人曾用金口水，洶湧沒民舍，以故隨廢。惟玉泉、龍泉及月兒、柳沙等泉，皆出西北，循山麓而行，可導入西湖。請濬西湖之源，閉分水清龍閘，引諸泉水從高梁河，分其半由金水河出，餘則從都城外壕流轉，會於正陽門東。城壕且閉，令勿入三里河併流。大通橋閘河隨旱澇啟閉，則舟獲近倉，甚便。』帝從其議。方發軍夫九萬修濬，會以災異，詔罷諸役。所司以漕事大，乃命四萬人濬城壕，而西山、玉泉及抵張家灣河道，則以漸及焉。越五年，乃敕平江伯陳銳，副都御史李裕，侍郎翁世資、王詔督漕卒濬通惠河，如鼎、毅前議。明年六月，工成，自大通橋至張家灣渾河口六十餘里，濬泉三，增閘四，漕舟稍通。然元時所引昌平三泉俱遏不行，獨引一西湖，又僅分其半，河窄易盈涸。不二載，澀滯如舊。正德二年嘗一濬之，且修大通橋至通州閘十有二，壩四十有一。

嘉靖六年，御史吳仲言：『通惠河屢經修復，皆爲權勢所撓。顧通流等八閘遺跡俱存，因而成之，爲力甚易，歲可省車費貲二十餘萬。且歷代漕運皆達京師，未有貯國儲於五十里外者。』帝心以爲然，命侍郎王軏、何詔及仲偕相度。軏等言：『大通橋地形高白河六丈餘，若濬至七丈，引白河達京城，諸閘可盡罷，然未易議也。計獨濬治河閘，但通流閘在通州舊城中，經二水門，南浦、土橋、廣利三閘皆闤闠衢市，不便轉輓。惟白河濱舊小河廢壩西，不一里至堰水小壩，宜修築之，使通普濟閘，可省四閘兩關轉搬力。』而尚書桂萼言不便，請改修三里河。帝下其疏於大學士楊一清、張璁。一清言：『因舊閘行轉搬法，省運軍勞費，宜斷行之。』璁亦言：『此一勞永逸之計，萼所論費廣功難。』帝乃却萼議。

明年六月，仲報河成，因疏五事，言：『大通橋至通州石壩，地勢高四丈，流沙易淤，宜時加濬治。管河主事宜專委任，毋令兼他務。官吏、閘夫以罷運裁減，宜復舊額。慶豐上閘、平津中閘今已不用，宜改建通州西水關外。剝船造費及遞歲修艌，俱宜酌處。』帝以先朝屢勘行未即功，仲等四閱月工成，詔予賞，悉從其所請。仲又請留督工郎中何棟專理其事，爲經久計。從之。九年擢棟右通政，仍管通惠河道。是時，仲出爲處州知府，進所編《通惠河志》。帝命送史館，採入會典，且頒工部刊行。自此漕艘直達京師，迄於明末。人思仲德，建祠通州祀之。

薊州河者，運薊州官軍餉道也。明初，海運餉薊州。天順二年，大河衛百戶閔恭言：『南京並直隸各衛，歲用旗軍運糧三萬石至薊州等衛倉，越大海七十餘里，風濤險惡。新開沽河，北望薊州，正與水套、沽河直，袤四十餘里而徑，且水深，其間阻隔者僅四之一，若穿渠以運，可無海患。』下總兵都督宋勝、巡按御史李敏行視可否。勝等言便，遂開直沽河。闊五丈，深丈五尺。成化二年一濬，二十年再濬，幷濬鴉鴻橋河道，造豐潤縣海運糧儲倉。正德十六年，運糧指揮王瓚言：『直沽東北新河，轉運薊州，河流淺，潮至方可行舟。邊關每匱餉，宜濬使深廣。』從之。初，新河三歲一濬。嘉靖元年易二歲，以爲常。十七年濬殷留莊大口至舊倉店百十六里。

豐潤環香河者，濬自成化間，運粟十餘萬石以餉薊州東路者也。後堙廢，餉改薊州給，大不便。嘉靖四十五年從御史鮑承蔭請，復之，且建三閘於北濟、張官屯、鴉鴻橋以瀦水。

昌平河，運諸陵官軍餉道也。起鞏華城外安濟橋，抵通州渡口。袤百四十五里，其中淤淺三十里難行。隆慶六年大濬，運給長陵等八衛官軍月糧四萬石，遂成流通。萬曆元年復疏鞏華城外舊河。

又　卷八七《河渠志五・淮河》　淮河，出河南平氏胎簪山。經桐柏，其流始大。東至固始，入南畿潁州境，東合汝、潁諸水。經壽州北，肥水入焉。至懷遠城東，渦水入焉。東經鳳陽、臨淮，濠水入焉。又經五河縣南，而納澮、沱、漴、潼諸水，勢盛流疾。經泗州城南，稍東則汴水入焉。過龜山麓，益折而北，會洪澤、阜陵、泥墩、萬家諸湖。東北至清河，南會於大河，即古泗口也，亦曰清口，是謂黃、淮交會之衝。淮之南岸，漕河流入焉，所謂清江浦口。又東經淮安北、安東南而達於海。

永樂七年，決壽州，泛中都。正統三年，溢清河。天順四年，溢鳳陽。皆隨時修築，無鉅害也。正德十二年，復決漕堤，灌泗州。泗州，祖陵在焉，其地最下。初，淮自安東雲梯關入海，無旁溢患。迨與黃會，黃水勢盛，奪淮入海之路，淮不能與黃敵，往往避而東。陳瑄鑿清江浦，因築高家堰舊堤以障之。淮、揚恃以無恐，而鳳、泗間數爲害。嘉靖十四年，用總河都御史劉天和言，築堤衛陵，而高堰方固，淮暢流出清口，鳳、泗之患弭。隆慶四年，總河都御史翁大立復奏濬淮工竣，淮益無事。

至萬曆三年三月，高家堰決，高、寶、興、鹽爲巨浸。而黃水躡淮，且漸逼鳳、泗。乃命建泗陵護城石堤二百餘丈，泗得石堤稍寧。於是，總漕侍郎吳桂芳言：『河決崔鎮，清河路淤。黃強淮弱，南徙而灌山陽、高、寶，請急護湖堤。』帝令熟計其便。給事中湯聘尹議請導淮入江。會河從老黃河奔入海，淮得乘虛出清口。桂芳以聞，議遂寢。

六年，總河都御史潘季馴言：『高堰，淮、揚之門戶，而黃、淮之關鍵也。欲導河以入海，必藉淮以刷沙。淮水南決，則濁流停滯，清口亦堙。河必決溢，上流水行平地，而邳、徐、鳳、泗皆爲巨浸。是淮病而黃病，黃病而漕亦病，相因之勢也。』於是築高堰堤，起武家墩，經大小澗、阜陵湖、周橋、翟壩，長八十里，使淮不得東。又以淮水北岸有王簡、張福二口洩入黃河，水力分，清口易淤淺，且黃水多由此倒灌入淮，乃築堤捍之。使淮無所出，黃無所入，全淮畢趨清口，會大河入海。然淮水雖出清口，亦西淫鳳、泗。

八年，雨澇，淮薄泗城，且至祖陵壖中。御史陳用賓以聞。給事中王道成因言：『黃河未漲，淮、泗間霖雨偶集，而清口已不容洩。宜令河臣疏導堵塞之。』季馴言：『黃、淮合流東注，甚迅駛。泗州岡阜盤旋，雨潦不及宣洩，因此漲溢。欲疏鑿，則下流已深，無可疏；欲堵塞，則上流不可逆堵。』乃令季馴相度，卒聽之而已。十六年，季馴復爲總河，加泗州護堤數千丈，皆用石。

十九年九月，淮水溢泗州，高於城壕，因塞水關以防內灌。於是，城中積水不洩，居民十九淹沒，侵及祖陵。疏洩之議不一，季馴謂當聽其自消。會嘔血乞歸，言者因請允其去。而帝遣給事中張貞觀往勘，會總河尚書舒應龍等詳議以上，計未有所定。連數歲，淮東決高良澗，西灌泗陵。帝怒，奪應龍官，遣給事中張企程往勘。議者多請拆高堰，總河尚書楊一魁與企程不從，而力請分黃導淮。乃建武家墩經河閘，洩淮水由永濟河達涇河，下射陽湖入海。又建高良澗及周橋減水石閘，以洩淮水，一由岔河入涇河，一由草子湖、寶應湖下子嬰溝，俱下廣洋湖入海。又挑高郵茆塘港，通邵伯湖，開金家灣下芒稻河入江，以疏淮漲，而淮水以平。其後三閘漸塞。

崇禎間，黃、淮漲溢，議者復請開高堰。淮、揚在朝者公疏力爭，議遂寢。然是時，建義諸口數決，下灌興、鹽，淮患日棘矣。

又《泇河》 泇河，二源。一出費縣南山谷中，循沂州西南流，一出嶧縣君山，東南與費泇合，謂之東、西二泇河。南會彭河水，從馬家橋東，過微山、赤山、呂孟等湖，踰葛墟嶺，而南經侯家灣、良城，至泇口鎮，合蛤鰻、連汪諸湖。東會沂水，從周湖、柳湖，接邳州東直河。東南達宿遷之黃墩湖、駱馬湖，從董、陳二溝入黃河。引泗合沂濟運道，以避黃河之險，其議始於翁大立，繼之者傅希摯，而成於李化龍、曹時聘。

隆慶四年九月，河決邳州，自睢寧至宿遷淤百八十里。總河侍郎翁大立請開泇河以避黃水，未決而罷。明年四月，河復決邳州，命給事中雒遵勘驗。工部尚書朱衡請以開泇口河之說下諸臣熟計。帝即命遵會勘。遵言：『泇口河取道雖捷，施工實難。葛墟嶺高出河底六丈餘，開鑿僅至二丈，硼石中水泉湧出。侯家灣、良城雖有河形，水中多伏石，難鑿，縱鑿之，湍激不可通漕。且蛤鰻、周柳諸湖，築堤水中，功費無算。微山、赤山、呂孟等湖雖可築堤，然須鑿葛墟嶺以洩正派，開地浜溝以散餘波，乃可施工。』請罷其議。詔尚書朱衡會總河都御史萬恭等覆勘。衡奏有三難，大略如遵指。且言漕河已通，徐、邳間堤高水深，不煩別建置。乃罷。

萬曆三年，總河都御史傅希摯言：『泇河之議嘗建而中止，謂有三難。而臣遣錐手、步弓、水平、畫匠，於三難處核勘。起自上泉河口，開向東南，則起處低窪，下流趨高之難可避也。南經性義村東，則葛墟嶺高堅之難可避也。

從陡溝河經郭村西之平坦，則良城侯家灣之伏石可避也。至泇口上下，河渠深淺不一，湖塘聯絡相因，間有砂礓，無礙挑空。大較上起泉河口，水所從入也，下至大河口，水所從出也。自西北至東南，長五百三十里，比之黃河近八十里，河渠、河塘十居八九，源頭活水，脈絡貫通，此天之所以資漕也。誠能捐十年治河之費，以成泇河，則黃河無慮壅決，茶城無慮填淤，二洪無慮艱險，運艘無慮漂損，洋山之支河可無開，境山之閘座可無建，徐、呂之洪夫可盡省，馬家橋之堤工可中輟。今日不貲之費，他日所省抵有餘者也。臣以爲開泇河便。』乃命都給事中侯于趙往會希摯及巡漕御史劉光國確議以聞。于趙勘上泇河事宜：『自泉河口至大河口五百三十里內，自直河至清河三百餘里，無賴於泇，事在可已。惟徐、呂至直河上下二百餘里，河衝蕭、碭則涸二洪，衝睢寧則淤邳河，宜開以避其害，約費百五十餘萬金。特良城伏石長五百五十丈，開鑿之力難以逆料。性義嶺及南禹陵俱限隔河流，二處既開，則豐、沛河決，必至灌入。宜先鑿良城石，預修豐、沛堤防，可徐議興功也。』部覆如其言，而謂開泇非數年不成，當以治河爲急。帝不悅，責于趙阻撓，然議亦遂寢。

二十年，總河尚書舒應龍開韓莊以洩湖水，泇河之路始通。至二十五年，黃河決黃堌口南徙，徐、呂而下幾斷流。方議開李吉口、小浮橋及鎮口以下，建閘引水以通漕，而論者謂非永久之計。於是，工科給事中楊應文、吏科給事中楊廷蘭皆謂當開泇河，工部覆議允行。帝命河漕官勘報，不果。二十八年，御史佴祺復請開泇河。工部覆奏云：『用黃河爲漕，利與害參用；泇河爲漕，有利無害。但泇河之外，由微山、呂孟、周柳諸湖，伏秋水發虞風波，冬春水涸虞淺阻，須上下別鑿漕渠，建閘節水。』從之。總河尚書劉東星董其事，以地多沙石，工艱未就。工科給事中張問達以爲言。御史張養志復陳開泇河之說有四：

一曰開黃泥灣以通入泇之徑。邳州沂河口，入泇河門戶也。進口六七里，有湖名連二汪，其水淺而闊，下多淤泥。欲挑濬則無岸可修，欲爲壩埽則無基可築。湖外有黃泥灣，離湖不遠，地頗低。自沂口至湖北崖約二十餘里，於此開一河以接泇口，引湖水灌之，運舟可直達泇口矣。

一曰鑿萬家莊以接泇口之源。萬家莊，泇口迤北地也。與臺家莊、侯家灣、良城諸處，皆山岡高阜，多砂礓石塊，極難爲工。東星力鑿成河。但河身尚淺，水止二三尺，宜更鑿四五尺，俾韓莊之水下接泇口，則運舟無論大小，皆沛然可達矣。

一曰濬支河以避微口之險。微山湖在韓莊西，上下三十餘里，水深丈餘。必探深淺，立標爲嚮導，風正帆懸，頃刻可過，突遇狂飈，未免敗沒。今已傍湖開支河四十五里，上通西柳莊，下接韓莊，牽挽有路。當再疏濬，庶無漂溺之患。

其一則以萬莊一帶勢高，北水南下，至此必速。請即其地建閘數座，以時蓄洩。

詔速勘行。而東星病卒。御史高舉獻河漕三策，復及泇河。工部尚書楊一魁覆言：『泇河經良城、彭河、葛墟嶺，石礓難鑿，故口僅丈六尺，淺亦如之，當大加疏鑿。其韓莊渠上接微山、呂孟，宜多方疏導，俾無淤淺。順流入馬家橋、夏鎮，以爲運道接濟之資。』帝以泇河既有成績，命河臣更挑濬。

三十年，工部尚書姚繼可言泇河之役宜罷，乃止不治。未幾，總河侍郎李化龍復議開泇河，屬之直河，以避河險。工科給事中侯慶遠力主其說，而以估費太少，責期太速，請專任而責成之。三十二年正月，工部覆化龍疏，言：『開泇有六善，其不疑有二。泇河開而運不借河，河水有無聽之，善一。以二百六十里之泇河，避三百三十里之黃河，善二。運不借河，則我爲政得以熟察機宜而治之，善三。估費二十萬金，開河二百六十里，視朱衡新河事半功倍，善四。開河必行召募，春荒役興，麥熟人散，富民不擾，窮民得以養，善五。糧船過洪，必約春盡，實畏河漲，運入泇河，朝暮無妨，善六。爲陵捍患，爲民禦災，無疑者一。徐州向苦洪水，泇河既開，則徐民之爲魚者亦少，無疑者二。』帝深善之，令速鳩工爲久遠之計。八月，化龍報分水河成，糧艘由泇者三之二。會化龍丁艱去，總河侍郎曹時聘代，上言頌化龍功。然是時，導河、濬泇，兩工並興，役未能竟。而黃河數溢壞漕渠。給事中宋一韓遂詆化龍開泇之誤，化龍憤，上章自辨。時聘亦力言泇可賴，因畫善後六事以聞。部覆皆從其議。且言：『泇開於梗漕之日，固不可因泇而廢黃；漕利於泇成之後，亦不可因黃而廢泇。兩利俱存，庶幾緩急可賴。』因請築郗山堤，削頓莊嘴，平大泛口湍溜，濬貓兒窩等處之淺，建鉅梁吳衝閘，增三市徐塘壩，以終泇河未就之功。詔如議。越數年，泇工未竟，督漕者復舍泇由黃。舟有覆者，遷徙黃、泇間，運期久踰限。

三十八年，御史蘇惟霖疏陳黃、泇利害，請專力於泇，略言：『黃河自清河經桃源，北達直河口，長二百四十里。此在泇下流，水平身廣，運舟日行僅十里。然無他道，故必用之。自直河口而上，歷邳、徐達鎮口，長二百八十餘里，是謂黃河。又百二十里，方抵夏鎮。其東自貓窩、泇溝達夏鎮，止二百六十餘里，是謂泇河。東西相對，舍此則彼。黃河三四月間淺與泇同。五月初，其流洶湧，自天而下，一步難行。由其水挾沙而來，河口日高。至七月初，則淺涸十倍。統而計之，無一時可由者。溺人損舟，其害甚劇。泇河計日可達，終鮮風波，但得實心任事之臣，不三五年缺略悉補，數百年之利也。』工科給事中何士晉亦言：『運道最險無如黃河。先年水出昭陽湖，夏鎮以南運道衝阻，開泇之議始決。避淺澀急溜二洪之險，聚諸泉水，以時啟閉，通行無滯者六年。乃今忽欲舍泇由黃，致倉皇損壞糧艘。或改由大浮橋，河道淤塞，復還由泇。以故運抵灣遲，汲汲有守凍之慮，由黃之害略可見矣。顧泇工未竟，闊狹深淺不齊。宜拓廣濬深，與會通河相等。重運空回，往來不相礙，迴旋不相避，水常充盛，舟無留行。歲捐水衡數萬金，督以廉能之吏，三年可竣工。然後循駱馬湖北岸，東達宿遷，大興畚鍤，盡避黃河之險，則泇河之事訖矣。或謂泉脈細微，太闊太深，水不能有。不知泇源遠自蒙、沂，近挾徐塘、許池、文武諸泉河，大率視濟寧泉河略相等。呂公堂口既塞，則山東諸水總合全收，加以閘壩堤防，何憂不足？或謂直抵宿遷，此功迂而難竟，是在任用得人，綜理有法耳。』疏入，不報。

明年，部覆總河都御史劉士忠泇黃便宜疏，言：『泇渠春夏間，沂、武、京河山水衝發，沙淤潰決，歲終當如南旺例修治。顧別無置水之地，勢不得不塞泇河壩，令水復歸黃流。故每年三月初，則開泇河壩，令糧艘及官民船由直河進。至九月內，則開召公壩，入黃河，以便空回及官民船往來。至次年二月中塞之。半年由泇，半年由黃，此兩利之道也。』因請增驛設官。又覆惟霖疏，言：『直隸貓窩淺，爲沂下流，河廣沙淤，不可以閘，最爲泇患。宜西開一月河，以通沂口。凡水挾沙來，沙性直走，有月河以分之，則聚於洄伏之處，撈刷較易，而泇患少減矣。』俱報可。其後，泇河遂爲永利，但需補葺而已。然泇勢狹窄，冬春糧艘回空仍由黃河焉。

四十八年，巡漕御史毛一鷺言：『泇河屬夏鎮者有閘九座，屬中河者止藉草壩。分司官議於直口等處建閘，請舉行之。』詔從其議。

崇禎四年，總漕尚書楊一鵬濬泇河。九年，總河侍郎周鼎奏重濬泇河成。久之，鼎坐決河防遠戍。給事中沈胤培訟其修泇利運之功，得減論。

又《漳河》 漳河，出山西長子曰濁漳，樂平曰清漳，俱東經河南臨漳縣，由畿南真定、河間趨天津入海。其分流至山東館陶西南五十里，與衛河合。洪武十七年，河決臨漳，敕守臣防護。復諭工部，凡堤塘堰壩可禦水患者，皆預修治。有司以黃、沁、漳、衛、沙五河所決堤岸丈尺，具圖計工以聞。詔以軍民兼築之。永樂七年，決固安縣賀家口。九年，決西南張固村河口，與滏陽河合流，下田不可耕。臨漳主簿趙永中乞令災戶於漳河旁墾高阜荒地。從之。是年築沁州及大名等府決堤。十三年，漳、滏並溢，漂沒磁州田稼。二十二年，溢廣宗。洪熙元年，漳、滏並溢，決臨漳三塚村等堤岸二十四處，發軍民修築。宣德八年復築三塚村堤口。

正統元年，漳、滏並溢，壞臨漳杜村西南堤。三年，漳決廣平、順德。四年，又決彰德。皆命修築。十三年，御史林廷舉言：『漳河自沁州發源，七十餘溝會而爲一，至肥鄉，堤岸逼隘。水勢激湍。故爲民患。元時分支流入衛河。以殺其勢。永樂間堙塞，舊跡尚存，去廣平大留村十八里。宜發丁夫鑿通，置閘，遏水轉入之，而疏廣肥鄉水道。則漳河水減，免居民患，而衛河水增，便漕。』從之。漳水遂通於衛。

正德元年濬滏陽河。河舊在任縣新店村東北，源出磁州。經永年、曲周、平鄉，至穆家口，會百泉等河北流。永樂間，漳河決而與合，二水每並爲患。至景泰間，又合漳，衝曲周諸縣，沿河之地皆築堤備之。成化間，舊河淤，衝新店西南爲新河，合沙、洺等河入穆家口，亦築堤備之。英宗時，漳已通衛。弘治初，益徙入御河，遂棄滏堤不理。其後，漳水復入新河，兩岸地皆沒。任縣民高暘等以爲言，下巡撫官勘奏，言：『穆家口乃衆河之委，當從此先，而併濬新舊河，令分流。漳、滏缺堤，以漸而築。』從之。自此漳、滏匯流，而入衛之道漸堙矣。

萬曆二十八年，給事中王德完言：『漳河決小屯，東經魏縣、元城，抵館陶入衛，爲一變，其害小。決高家口，析二流於臨漳之南北，俱至成安東呂彪河合流，經廣平、肥鄉、永年，至曲周入滏水，同流至青縣口方入漕河，爲再變，其害大。滏水不勝漳，而今納漳，則狹小不能束巨浪，病溢而患在民。衛水昔仰漳，而今舍漳，則細緩不能捲沙泥，病涸而患在運。塞高家河口，導入小屯河，費少利多，爲上策。仍迴龍鎮至小灘入衛，費鉅害少，爲中策。築呂彪河口，固堤漳水，運道不資利，地方不罹害，爲下策。』命河漕督臣集議行之。直隸巡按倪祺亦請引漳河。並下督臣，急引漳會衛，以圖永濟。不果行。

又《滹沱河》 滹沱河，出山西繁峙泰戲山。循太行，掠晉、冀，逶迤而東，至武邑合漳。東北至青縣岔河口入衛，下直沽。或云九河中所稱徒駭是也。

明初，故道由藁城、晉州抵寧晉入衛，其後遷徙不一。河身不甚深，而水勢洪大。左右旁近地大率平漫，夏秋雨潦，挾衆流而潰，往往成巨浸。水落，則因其淺淤以爲功。修堤濬流，隨時補救，不能大治也。洪武間一濬。建文、永樂間，修武強、真定決岸者三。至洪熙元年夏，霪雨，河水大漲，晉、定、深三州，藁城、無極、饒陽、新樂、寧晉五縣，低田盡沒，而滹沱遂久淤矣。宣德六年，山水復暴泛，衝壞堤岸，發軍民濬之。正統元年溢獻縣，決大郭鼂窩口堤。四年溢饒陽，決醜女堤及獻縣郭家口堤，淹深州田百餘里，皆命有司修築。十一年復疏晉州故道。

成化七年，巡撫都御史楊璿言：『霸州、固安、東安、大城、香河、寶坻、新安、任丘、河間、肅寧、饒陽諸州縣屢被水患，由地勢平衍，水易瀦積。而唐、滹沱、白溝三河上源堤岸率皆低薄，遇雨輒潰。官吏東西決放，以鄰爲壑。宜求故跡，隨宜濬之。』帝即命璿董其事，水患稍寧。至十八年，衛、漳、滹沱並溢，潰漕河岸，自清平抵天津決口八十六。因循者久之。

弘治二年修真定縣白馬口及近城堤三千九百餘丈。五年又築護城堤二道。後復比年大水，真定城內外俱浸。改挑新河，水患始息。

嘉靖元年築束鹿城西決口，修晉州紫城口堤。未幾，復連歲被水。十年冬，巡按御史傅漢臣言：『滹沱流經大名，故所築二堤衝敗，宜修復如舊。』乃命撫、按官會議。其明年，敕太僕卿何棟往治之，棟言：『河發渾源州，會諸山之水，東趨真定，由晉州紫城口之南入寧晉泊，會衛河入海，此故道也。晉州西高南下，因衝紫城東溢，而束鹿、深州諸處遂爲巨浸。今宜起藁城張村至晉州故堤，築十八里，高三丈，廣十之，植椿榆諸樹。乃濬河身三十餘里，導之南行，使歸故道，則順天、真、保諸郡水患俱平矣。』又用郎中徐元祉言，於真定濬滹沱河以保城池，又導束鹿、武強、河間、獻縣諸水，循滹沱以出。皆從之。自後數十年，水頗戢，無大害。

萬曆九年，給事中顧問言：『臣令任丘，見滹沱水漲，漂沒民田不可勝紀。請自饒陽、河間以下水占之地，悉捐爲河，而募夫深濬河身，堅築堤岸，以圖永久。』命下撫、按官勘議。增築雄縣橫堤八里，任丘東堤二十里。

又卷八八《河渠志六·直省水利》 三代疆理水土之制甚詳。自井田廢，溝遂堙，水常不得其治，於是穿鑿渠、塘、井、陂，以資灌溉。明初，太祖詔所在有司，民以水利條上者，即陳奏。越二十七年，特諭工部，陂、塘、湖、堰可蓄洩以備旱潦者，皆因其地勢修治之。乃分遣國子生及人材，徧詣天下，督修水利。明年冬，郡邑交奏。凡開塘堰四萬九百八十七處，其恤民者至矣。嗣後有所興築，或役本境，或資鄰封，或支官料，或採山場，或農隙鳩工，或隨時集事，或遣大臣董成。終明世水政屢修，可具列云。

洪武元年修和州銅城堰閘，周迴二百餘里。四年修興安靈渠，爲陡渠者三十六。渠水發海陽山，秦時鑿，溉田萬頃。馬援葺之，後圮。至是始復。六年發松江、嘉興民夫二萬開上海胡家港，自海口至漕涇千二百餘丈，以通海船。且濬海鹽澉浦。八年開登州蓬萊閣河。命耿炳文濬涇陽洪渠堰，溉涇陽、三原、醴泉、高陵、臨潼田二百餘里。九年修彭州都江堰。十二年，李文忠言：『陝西病鹹鹵，請穿渠城中，遙引龍首渠東注。』從其請，甃以石。十四年築海鹽海塘。十七年築磁州漳河決堤。決荊州嶽山壩以灌民田。十九年築長樂海堤。二十三年修崇明、海門決堤二萬三千九百餘丈，役夫二十五萬人。四川永寧宣慰使言：『所轄水道百九十灘，江門大灘八十二，皆被石塞。』詔景川侯曹震往疏之。二十四年修臨海橫山嶺水閘，寧海、奉化海堤四千三百餘丈。築上虞海堤四千丈，改建石閘。濬定海、鄞二縣東錢湖，灌田數萬頃。二十五年鑿溧陽銀墅東壩河道，由十字港抵沙子河胭脂壩四千三百餘丈，役夫三十五萬九千餘人。二十七年濬山陽支家河。鬱林州民言：『州南北二江相去二十餘里，乞鑿通，設石陡諸閘。』從之。二十九年修築河南洛堤。復興安靈渠。時尚書唐鐸以軍興至其地，圖渠狀以聞。請濬深廣，通官舟以餉軍。命御史嚴震直燒鑿陡澗之石，餉道果通。三十一年，洪渠堰圮，復命耿炳文修治之。且濬渠十萬三千餘丈。建文四年疏吳淞江。

永樂元年，修安陸京山漢水塌岸，章丘漯河東堤，高密、濰決岸，安陽河堤，福山護城決堤，浙江赭山江塘，餘干龍窟壩塘岸，臨潁褚河決口，濰縣白浪河堤，潛山、懷寧陂堰，高要青岐、羅婆圩，通州徐竈、食利等港，平遙廣濟渠，句容楊家港、王旱圩等堤，肇慶、鳳翔遙頭岡決岸，南陽高家、屯頭二堰及沙、澧等河堤，夏縣古河決口三十餘里。修築和州保大等圩百二十餘里，蓄水陡門九。濬昌邑河渠五所，鑿嘉定小横瀝以通秦、趙二涇，濬崑山葫蘆等河。

命夏原吉治蘇、松、嘉興水患，濬華亭、上海運鹽河，金山衛閘及漕涇分水港。原吉言：『浙西諸郡，蘇、松最居下流，嘉、湖、常頗高，環以太湖，綿亙五百里。納杭、湖、宣、歙溪澗之水，散注澱山諸湖，以入三泖。頃爲浦港堙塞，漲溢害稼。拯治之法，在濬吴淞諸浦。按吴淞江袤二百餘里，廣百五十餘丈，西接太湖，東通海，前代常疏之。然當潮汐之衝，旋疏旋塞。自吴江長橋抵下界浦，百二十餘里，水流雖通，實多窄淺。從浦抵上海南倉浦口，百三十餘里，潮汐淤塞，已成平陸，灩沙游泥，難以施工。嘉定劉家港即古婁江，徑入海，常熟白茆港徑入江，皆廣川急流。宜疏吴淞南北兩岸、安亭等浦，引太湖諸水入劉家、白茆二港，使其勢分。松江大黄浦乃通吴淞要道，今下流遏塞難濬。旁有范家浜，至南倉浦口徑達海。宜濬深濶。上接大黄浦，達泖湖之水，庶幾復禹貢『三江入海』之舊。水道既通，乃相地勢，各置石閘，以時啟閉。每歲水涸時，預修圩岸，以防暴流，則水患可息。』帝命發民丁開濬。原吉晝夜徒步，以身先之，功遂成。

二年修泰州河塘萬八千丈，興化南北堤、泰興沿江圩岸、六合瓜步等屯。濬丹徒通潮舊江，又修象山茭湖塘岸，海康、徐聞二縣那隱坡、調黎等港堤岸，黄巖混水等十五閘、六陡門，孟津河堤，分宜湖塘，武陟馬田堤岸，香山竹徑水陂，復興安分水塘。興安有江，源出海陽山。江中横築石埭，分南北渠，溉民田甚溥。埭上疊石如鱗，以防衝溢。嚴震直撤石增埭，水迫無所洩，衝塘岸，盡趨北渠，南渠淺澀，民失利。至是修復如舊。

海門民請發淮安、蘇、常民丁協修張墩港、東明港百餘里潰堤。帝曰：『三郡民方苦水患，不可重勞。』遣官行視，以揚州民協築之。當塗民言：『慈湖瀕江，上通宣、歙，東抵丹陽湖，西接蕪湖。久雨浸淫，潮漲傷農，宜遣勘修築。』帝從其請，且諭工部，安、徽、蘇、松、浙江、江西、湖廣凡湖泊卑下，圩岸傾頹，亟督有司治之。夏原吉復奉命治水蘇、松，盡通舊河港。又濬蘇州千墩浦、致和塘、安亭、顧浦、陸皎浦、尤涇、黄涇共二萬九千餘丈，松江大黄浦、赤雁浦、范家浜共萬二千丈，以通太湖下流。

先是，修含山崇義堰。未幾，和州民言：『銅城閘上抵巢湖，下通揚子江，決圩岸七十餘處，乞修治。』其吏目張良興又言：『水淹麻、澧二湖田五萬餘頃，宜築圩埂，起桃花橋，訖含山界三十里。』俱從之。

三年修上虞曹娥江壩埂，溫縣馱塢村堤堰四千餘丈，南海衛蓮塘、四會縣鵶鶻水等堤岸，無爲州周興等鄉及鷹揚衛烏江屯江岸。築昌黎及歷城小清河決堤，應天新河口北岸，從大勝關抵江東驛三千三百丈。濬海州北舊河，上通高橋，下接臨洪場及山陽運鹽河十八里。

四年修築宣城十九圩，豐城穆湖圩岸，石首臨江萬石堤，溧水決圩。修懷寧斗潭河、彭灘圩岸，順天固安，保定荊岱，樂亭魯家套、社河口，吉水劉家塘、雲陂，江都劉家圩港。築湖廣廣濟武家穴等江岸。新建石頭岡圩岸、江浦沿江堤。開泰州運鹽河、普定秦潼河、西溪南儀阡三處河口，導流興化、鹽城界入海。濬常熟福山塘三十六里。

五年修長洲、吴江、崑山、華亭、錢塘、仁和、嘉興堤岸，餘姚南湖壩，築高要銀岡、金山等潰堤，溉田五百餘頃。治杭州江岸之淪者。六年濬浙江平陽縣河。七年修安陸州渲馬灘決岸、海鹽石堤，築泰興攔江堤三千九百餘丈。且濬大港北淤河，抵縣南，出大江，四千五百餘丈。八年修丹陽練湖塘，汝陽汝河堤岸，南陵野塘圩、蚌蕩壩，松滋張家坑、何家洲堤岸，平度州濰水、浮糠河決口百十二，堤堰八千餘丈，吴江石塘官路橋梁。

九年修安福丁陂等塘堰，安仁饒家陂、壽光堤，安陸京山景陵圩岸，長樂官塘，長洲至嘉興石土塘橋路七十餘里，泄水洞百三十一處，監利車水堤四千四百餘丈，高安華陂屯陂堤，仁和、海寧、海鹽土石塘岸萬餘丈。築沂州沭河口決岸，并淪沭陽沭河。築直隸新城張村等口決堤、仁和黄濠塘岸三百餘丈、孫家圍塘岸二十餘里。濬濰縣干丹河、定襄故渠六十三里，引滹沱水灌田六百餘頃。疏福山官渠，濬江陰青陽河道，鄒平白條溝河三十餘里。

麗水民言：『縣有通濟渠，截松陽、遂昌諸溪水入焉。上、中、下三源，流四十八派，溉田二千餘頃。上源民洩水自利，下源流絶，沙壅渠塞。請修堤堰如舊。』部議從之。齊東知縣張昇言：『小清河洪水衝決，淹沒諸鹽場及青州田。請濬上流，修長堤，使水行故道。』皇太子遣官經理之。鄜州民言：『洛水横決而西，衝塌州城東北隅。請濬故道，循州東山麓南流。』從之。

十年修浙江平陽捍潮堤岸，黄梅臨江決岸百二十餘里，海門捍潮堤百三十里。築新會圩岸二千餘丈，獻縣、饒陽恭儉等岸，安丘紅河決岸，安州直亭等河決口八十九，華容、安津等堤決口四十六。濬上海蟠龍江、濰縣白浪河。北京行太僕卿楊砥言：『吳橋、東光、興濟、交河及天津等衛屯田，雨水決堤傷稼。德州良店驛東南二十五里有黄河故道，與州南土河通。穿渠置閘，分殺水勢，大爲民便。』命侍郎藺芳往理之。

十一年修蕪湖陶辛、政和二圩，保定、文安二縣河口決岸五十四，應天新河圩岸，天長福勝、戚家莊二塘，滎澤大濱河堤。濬崑山太平河。十二年修鳳陽安豐塘水門十六座及牛角壩、新倉舖塌岸，武陟郭村、馬曲堤岸，聊城龍灣河，濮州紅船口，范縣曹村河堤岸。築三河決堤。濬海州官河二百四十里。解州民言：『臨晉涑水河逆流，決姚暹渠堰，入砂地，淹民田，將及鹽池。』尋又言：『硝池水溢，決豁口，入鹽池。』以涑水渠、姚暹渠併流，故命官修築如其請。

十三年修興濟決岸、南京羽林右衛刁家圩屯田堤。吴江縣丞李昇言：『蘇、松水患，太湖爲甚，急宜洩其下流。若常熟白茆諸港，崑山千墩等河，長洲十八都港汊，吳縣、無錫近湖河道，皆宜循其故迹，濬而深之。仍修蔡涇等閘，候潮來往，以時啟閉。則泛濫可免，而民獲耕種之利。』從之。十五年修固安孫家口及臨漳固塚堤岸。十六年修魏縣決岸。

十七年，蕭山民言：『境内河渠四十五里，溉田萬頃，比年淤塞，乞疏濬，仍置閘錢清小江壩東，庶旱潦無憂。』山東新城民言：『縣東鄭黄溝源出淄川，下流壅沮，霖潦妨農。陳家莊南有乾河，上與溝接，下通烏江，乞濬治。』並從之。十八年，海寧諸縣民言：『潮没海塘二千六百餘丈，延及吳家等壩。』通政岳福亦言：『仁和、海寧壞長降等壩，淪海千五百餘丈。東岸赭山、巖門山、蜀山舊有海道，淤絶久，故西岸潮愈猛。乞以軍民修築。』並從之。明年修海寧等縣塘岸。

二十一年修嘉定抵松江潮圮圩岸五千餘丈、交阯順化衛決堤百餘丈。文水民言：『文谷山常稔渠分引文谷河流，袤三十餘里，灌田。今河潰洩水。』從其奏，葺治之。二十二年修臨海廣濟河閘。

洪熙元年修黄巖濱海閘壩。視永樂初，增府判一員，專其事。修獻縣、饒陽恭儉堤及窯堤口。

宣德二年，浙江歸安知縣華嵩言：『涇陽洪渠堰溉五縣田八千四百餘頃。洪武時，長興侯耿炳文前後修濬，未久堰壞。永樂間，老人徐齡言於朝，遣官修築，會營造不果。乞專命大臣起軍夫協治。』從之。三年修灌縣都江等堰四十四。臨海民言：『胡巉諸閘瀦水灌田，近年閘壞而金鼇、大浦、湖涞、舉嶼等河遂皆壅阻，乞爲開築。』帝曰：『水利急務，使民自訴於朝，此守令不得人爾。』命工部即飭郡縣秋收起工。仍詔天下：『凡水利當興者，有司即舉行，毋緩視。』

巡按江西御史許勝言：『南昌瑞河兩岸低窪，多良田。洪武間修築，水不爲患。比年水溢，岸圮二十餘處。豐城安沙繩灣圩岸三千六百餘丈，永樂間水衝，改修百三十餘丈。近者久雨，江漲堤壞。乞敕有司募夫修理。』中書舍人陸伯倫言：『常熟七浦塘東西百里，灌常熟、崑山田，歲租二十餘萬石。乞聽民自濬之。』皆詔可。

四年修獻縣柳林口堤岸。潛江民言：『蚌湖、陽湖皆臨襄河，水漲岸決，害荊州三衛、荊門、江陵諸州縣官民屯田無算。乞發軍民築治。』從之。福清民言：『光賢里官民田百餘頃，堤障海水。堤壞久，田盡荒。永樂中，嘗命修治，迄今未舉，民不得耕。』帝責有司亟治，而諭尚書吳中嚴飭郡邑，陂池堤堰及時修濬，慢者治以罪。

五年，巡撫侍郎成均言：『海鹽去海二里，石嵌土岸二千四百餘丈，水齧其石，皆已刓敝。議築新石於岸内，而存其舊者以爲外障。乞如洪武中令嘉、嚴、紹三府協夫舉工。』從之。

六年修瀏陽、廣濟諸縣堤堰，豐城西北臨江石堤及西南七圩壩，石首臨江三堤。濬餘姚舊河池。巡撫侍郎周忱言：『溧水永豐圩周圍八十餘里，環以丹陽、石臼諸湖。舊築埂壩，通陟門石塔，農甚利之。今頹敗，請葺治。』教諭唐敏言：『常熟耿涇塘，南接梅里，通昆承湖，北達大江。洪武中，濬以溉田。今壅阻，請疏導。』並從之。

七年修眉州新津通濟堰。堰水出彭山，分十六渠，溉田二萬五千餘畝。河東鹽運使言：『鹽池近地姚暹河，流入五星湖轉黄流河，兩岸窪下。比歲雨溢水漲，衝至解州。浪益急，遂潰南岸，没民田三十餘里，鹽池護堤皆壞。復因下流涑水河高，壅淤逆流，姚暹以決。乞起民夫疏瀹。』從之。

蘇州知府況鍾言：『蘇、松、嘉、湖湖有六，曰太湖、龐山、陽城、沙湖、昆承、尚湖。永樂初，夏原吉濬導，今復淤。乞遣大臣疏濬。』乃命周忱與鍾治之。是歲，汾河驟溢，敗太原堤。鎮守都司李謙、巡按御史徐傑以便宜修治，然後馳奏。帝嘉獎之。

八年葺湖廣偏橋衛高陂石洞；完縣南關舊河；復和州銅城堰閘；修安陽廣惠等渠，磁州滏陽河、五爪濟民渠。

九年修江陵枝江沿江堤岸，築薊州決岸，毀蘇、松民私築堤堰。

十年築海鹽潮決海塘千五百餘丈。主事沈中言：『山陰西小江，上通金、嚴，下接三江海口，引諸暨、浦江、義烏諸湖水以通舟。江口近淤，宜築臨浦戚堰障諸湖水，俾仍出小江。』詔部覆奪。

正統元年修吉安沿江堤，築海陽、登雲、都雲、步村等決堤，濬陝西西安灞橋河。二年築蠡縣王家等決口，修新會鸞臺山至瓦塘浦頹岸，江陵、松滋、公安、石首、潛江、監利近江決堤，又修湖廣老龍堤，以爲漢水所潰也。三年疏泰興順德鄉三渠，引湖溉田；潞州永祿等溝渠二十八道，通於漳河。四年修容城杜村口堤，設正陽門外減水河，并疏城內溝渠。荊州民言：『城西江水高城十餘丈，霖潦壞堤，水即灌城。請先事修治。』寧夏巡撫都御史金濂言：『鎮有五渠，資以行溉，今明沙州七星、漢伯、石灰三渠久塞，請用夫四萬疏濬，溉蕪田千三百餘頃。』並從之。

五年修太湖堤，海鹽海岸，南京上中下新河及濟川衛新江口防水堤，滹縣、南宮諸堤。築順天、河間及容城杜村口、郎家口決堤，塞海寧蠣巖決堤口，濬鹽城伍祐、新興二場運河。初，溧水有鎮曰廣通，其西固城湖入大江，東則三塔堰河入太湖，中間相距十五里，洪武中鑿以通舟。縣地稍窪，而湖納寧國、廣德諸水，遇潦即溢，乃築壩於鎮以禦之，而堰水不能至壩下。是歲，改築壩於葉家橋。胭脂河者，水入秦淮道也。蘇、松船皆由以達，沙石壅塞，因并濬之。山陽涇河壩，上接漕河，下達鹽城，舊置絞關以通舟，歲久且敝，又恐盜洩水利，遂築塞河口。是歲，從民請，修壩并復絞關。

六年造宣武門東城河南岸橋，修江米巷玉河橋及堤，并濬京城西南河，築豐城沙月諸河堤、蕪湖陶辛圩新埂，濬海寧官河及花塘河、硤石橋塘河，築瓦石堰二所。疏南京江洲，殺其水勢，以便修築塌岸。高郵知州韓簡言：『官河上下二閘皆圮，河亦不通，且子嬰溝塞，減水陰洞閉，致旱澇無所濟。俱乞濬治。』詔部覈實以行。

七年修江西廣昌江岸、蕭山長山浦海塘、彭山通濟堰，築南京浦子口、大勝關堤、九江及武昌臨江塌岸，濬江陵、荊門、潛江淤沙三十餘里。

八年修蘭溪卸橋浦口堤、弋陽官陂三所，濬南京城河。

九年修德州耿家灣等堤岸、杞縣離溝堤；築容城杜村堤決口；易上虞菱湖土壩爲石閘；挑無錫里谷、蘇塘、華港、上村、李走馬塘諸河，東南接蘇州苑山湖塘，北通揚子江，西接新興河，引水灌田；濬杞縣牛墓岡舊河，武進太平、永興二河；疏海鹽永安河，茶市院新涇、陶涇塘諸河。都御史陳鎰言：『朝邑多沙鹻，難耕。縣治洛河，與渭水通，請穿渠灌之。』新安民言：『城南長溝河，西通徐、漕二水，東連雄縣直沽，沙土淤塞，請發丁夫疏濬。』海陽民蕭瑤言：『縣有長溪，源出山麓，流抵海口，周袤潮郡，故登隆等都俱置溝通溉。惟隆津等都陸野絕水，歲旱無所賴。乞開溝如登隆。』長樂民劉彥梁言：『嚴湖二十餘里，南接稠菴溪，西通倒流溪，可備旱溢。又有張塘涵、塘前涵、大塘涵、陳塘港，其利如嚴湖。乞令有司疏濬。』廣濟民言：『縣與鄰邑黄梅，歲運糧三萬石於望牛墩。小車盤剝，不堪其勞。連城湖港廖家口有溝抵墩前，淤淺不能行船。請與黄梅合力濬通，以便水運。』並從之。

十一年修洞庭湖堤。築登州河岸。濬通州金沙場八里河，以通運渠。任丘民言：『凌城港去縣二十五里，內有定安橋河，北十八里通流，東七里沙塞。宜疏通與港相接，入直沽張家灣。』巡撫周忱言：『應天、鎮江、太平、寧國諸府，舊有石臼等湖。其中溝港，歲辦魚課。其外平圩淺灘，聽民牧放孳畜，採掘菱藕，不許種耕。故山溪水漲，有所宣洩。近者富豪築圩田，遏湖水，每遇泛溢，害即及民，宜悉禁革。』並從之。

十二年疏平度州大灣口河道，荊州公安門外河，以便公安、石首諸縣輸納。浙江聽選官王信言：『紹興東小江，南通諸暨七十二湖，西通錢塘江。近爲潮水湧塞，江與田平，舟不能行，久雨水溢，鄰田輒受其害。乞發丁夫疏濬。』從之。

十三年築寧夏漢、唐壩決口，疏山西涑水河、南海縣通海泉源，鑿宣府城濠，引城北山水入南城大河。湖廣五開衛言：『衛與苗接，山路峻險。去衛三十里有水通靖州江，亂石沙灘，請疏以便輸運。』雲南鄧川州言：『本州民田與大理衛屯田接壤湖畔，每歲雨水沙土壅淤，禾苗淹沒。乞命州衛軍民疏治。』並從之。

十四年濬南海潘埇堤岸，置水閘。和州民言：『州有姥鎮河，上通麻、澧二湖，下接牛屯大河，長七十里許，廣八丈。又有張家溝，連銅城閘，通大江，長減姥鎮之半，廣如之，灌溉降福等七十餘圩及南京諸衛屯田。近年河潰閘圮，率皆淤塞。請興役疏濬，仍於姥鎮、豐山嘴、葉公坡各建閘以備旱澇。』從之。

景泰元年築丹陽甘露等壩。二年修玉河東西堤，濬安定門東城河，永嘉三十六都河，常熟顧新塘，南至當湖，北至揚子江。三年修泰和信豐堤。築延安、綏德決河，綿州西岔河通江堤岸。濬常熟七浦塘，劍州海子。疏孟瀆河浜涇十一。工部言：『海鹽石塘十八里，潮水衝決，浮土修築，不能久。』詔別築石塘捍之。

四年濬江陰順塘河十餘里，東接永利倉大河，西通夏港及揚子江。雲南總兵官沐璘言：『城東有水南流，源發邵甸，會九十九泉爲一，抵松花壩分爲二支：一繞金馬山麓，入滇池；一從黑窯村流至雲澤橋，亦入滇池。舊於下流築堰，溉軍民田數十萬頃，霖潦無所洩。請令受利之家，自造石閘，啟閉以時。』報可。五年疏靈寶黎園莊渠，通鴻濾澗，溉田萬頃。六年濬華容杜預渠，通運船入江，避洞庭險；修容城白溝河杜村口、固安楊家等口決堤。

七年，尚書孫原貞言：『杭州西湖舊有二閘，近皆傾圮，湖遂淤塞。按宋蘇軾云：『杭本江海故地，水泉鹹苦。自唐李泌引湖水入城爲六井，然後井邑日富，不可許人佃種。』周淙亦言：『西湖貴深濶。』因招兵二百，專一撈湖。其後，豪戶復請佃，湖日益填塞，大旱水涸。詔郡守趙與篡開濬，芰荷茭蕩悉去，杭民以利。此前代經理西湖大略也。其後，勢豪侵占無已，湖小淺狹，閘石毀壞。今民田無灌溉資，官河亦澀阻。乞敕有司興濬，禁侵占以利軍民。』從之。

天順二年修彭縣萬工堰，灌田千餘頃。五年，僉事李觀言：『涇水出涇陽仲山谷，道高陵，至櫟陽入渭，袤二百里。漢開渠溉田，宋、元俱設官主之。今雖有瓠口鄭、白二渠，而堤堰摧決，溝洫壅潴，民弗蒙利。』乃命有司濬之。

八年，永平民言：『漆河遶城西南流入海，城趾皆石，故水不能決。其餘則沙土易潰，前人於東北築土堤，西南甃岸。今歲久日塌，宜作堤於東流，橫以激之，使合西流，庶無蕩析患。』都御史項忠言：『涇陽之瓠口鄭、白二渠，引涇水溉田數萬頃，至元猶溉八千頃。其後，渠日淺，利因以廢。宣德初，遣官修鑿，畝收四三石。無何復塞，渠旁之田，遇旱爲赤地。涇陽、醴泉、三原、高陵皆患苦之。昨請於涇水上源龍潭左側疏濬，訖舊渠口，尋以詔例停止，今宜畢其役。西安城西井泉鹹苦，飲者輒病。龍首渠引水七十里，修築不易，且利止及城東。西南皂河去城一舍許，可鑿，令引水與龍首渠會，則居民盡利。』邳州知州孟琳言：『榆行諸社俱臨沂河，久雨岸崩二十八處，低田盡淹。乞與修築。』並從之。

成化二年修壽州安豐塘。四年疏石州城河。六年修平湖周家涇及獨山海塘。七年，潮決錢塘江岸及山陰、會稽、蕭山、上虞，乍浦、瀝海二所，錢清諸場，命侍郎李顒修築。八年，堤襄陽決岸。十年，廷臣會議，江浦北城圩古溝，北通滁河浦子口；城東黑水泉古溝，南入大江。二溝相望，岡壠中截，宜鑿通成河，旱引澇洩。從之。

十一年濬杭州錢塘門故渠，左屬湧金門，建橋閘以蓄湖水。巡撫都御史牟俸言：『山東小清河，上接濟南趵突諸泉，下通樂安沿海高家港鹽場。大清河，上接東平坎河諸泉，下通濱州海豐、利津，沿海富國鹽場。淤塞，苦盤剝，雨水又患淹沒。勸農參政唐澞濬河造閘，請令兼治水利。』詔可。

十二年，巡按御史許進言：『河西十五衛，東起莊浪，西抵肅州，緜亘幾二千里，所資水利多奪於勢豪，宜設官專理。』詔屯田僉事兼之。

十四年，俸言：『直隸蘇、松與浙西各府，頻年旱澇，緣周環太湖，乃東南最窪地，而蘇、松尤最下之衝，故每逢積雨，衆水奔潰，湖泖漲漫，淹沒無際。按太湖即古震澤，上納嘉、湖、宣、歙諸州之水，下通婁、東、吳淞三江之流，東江今不復見，婁、淞入海故跡具存。其地勢與常熟福山、白茆二塘俱能導太湖入江海，使民無墊溺，而土可耕種，歷代開濬具有成法，本朝亦常命官修治，不得其要。而濱湖豪家盡將淤灘栽葑爲利。治水官不悉利害，率於泄處置石梁，壅土爲道，或慮盜船往來，則釘木爲柵。以致水道堙塞，公私交病。請擇大臣深知水利者專理之，設提督水利分司一員隨時修理，則水勢疏通，東南厚利也。』帝即令俸兼領水利，聽所濬築。功成，乃專設分司。

十五年修南京內外河道。十八年濬雲南東西二溝，自松華壩黑龍潭抵西南柳壩南村，灌田數萬頃。修居庸關水關、城券及隘口水門四十九，樓鋪、墩臺百二。二十年修嘉興等六府海田堤岸，特選京堂官往督之。二十二年濬南京中下二新河。

弘治三年，從巡撫都御史丘鼐言，設官專領灌縣都江堰。六年敕撫民參政朱瑄濬河南伊、洛，彰德高平、萬金，懷慶廣濟，南陽召公等渠，汝寧桃陂等堰。

七年濬南京天、潮二河，備軍衛屯田水利。七月命侍郎徐貫與都御史何鑑經理浙西水利，明年四月告成。貫初奉命，奏以主事祝萃自隨。萃乘小舟究悉源委。貫乃令蘇州通判張旻疏各河港水，瀦之大壩。旋開白茆港沙面，乘潮退，決大壩水衝激之，沙泥刷盡，潮水蕩激，日益闊深，水達海無阻。又令浙江參政周季麟修嘉興舊堤三十餘里，易之以石，增繕湖州長興堤岸七十餘里。貫乃上言：『東南財賦所出，而水患爲多。永樂初，命夏原吉疏濬。時以吳淞江灩沙浮蕩，未克施工。迨今九十餘年，港浦愈塞。臣督官行視，濬吳江長橋，導太湖散入澱山、陽城、昆承等湖泖。復開吳淞江並大石、趙屯等浦，洩澱山湖水，由吳淞江以達於海。開白茆港白魚洪、鮎魚口，洩昆承湖水，由白茆港以注於江。開斜堰、七鋪、鹽鐵等塘，洩陽城湖水，由七丫港以達於海。下流疏通，不復壅塞。乃開湖州之漊涇，洩西湖、天目、安吉諸山之水，自西南入於太湖。開常州之百瀆，洩溧陽、鎮江、練湖之水，自西北入於太湖。又開諸陡門，洩漕河之水，由江陰以入於大江。上流亦通，不復堙滯。』是役也，修濬河、港、涇、瀆、湖、塘、陡門、堤岸百三十五道，役夫二十餘萬，祝萃之功多焉。

巡撫都御史王珣言：『寧夏古渠三道，東漢、中唐並通。惟西一渠傍山，長三百餘里，廣二十餘丈，兩岸危峻，漢、唐舊跡俱堙。宜發卒濬鑿，引水下流。即以土築東岸，建營堡屯兵以遏寇衝。請帑銀三萬兩，并靈州六年鹽課，以給其費。』又請於靈州金積山河口，開渠灌田，給軍民佃種。並從之。

十八年修築常熟塘壩，自尚湖口抵江，及黃、泗等浦，新莊等沙三十餘處。濬杭州西湖。

正德七年修廣平滏陽河口堤岸。十四年濬南京新江口右河。十五年，御史成英言：『應天等衛屯田在江北滁、和、六合者，地勢低，屢爲水敗。從金城港抵濁河達烏江三十餘里，因舊跡濬之，則水勢洩而屯田利。』詔可。

嘉靖元年築濬東鹿、肥鄉、獻、魏堤渠。初，蘇、松水道盡爲勢家所據。巡撫李充嗣畫水爲井地，示開鑿法，戶占一區，計工刻日。造濬川爬，用巨筏數百，曳木齒，隨潮進退，擊汰泥沙。置小艇百餘，尾鐵帚以導之。濬故道，穿新渠，巨浦支流，罔不灌注。帝嘉其勞，賚以銀幣。二年修德勝門東、朝陽門北城垣河道，築儀真、江都官塘五區。

十年，工部郎中陸時雍言：『良鄉盧溝河，涿州琉璃、胡良二河，新城、雄縣白溝河，河間沙河，青縣滹沱河，下流皆淤。宜以時濬，使達於海。』詔巡撫議之。

十一年，太僕卿何棟勘畿封河患有二。一論滹沱河。其一言：『真定鴨、沙、磁三河，俱發源五臺。會諸支水，抵唐河藺家圈，合流入河間。東南經任丘、霸州、天津入海，此故道也。河間東南高，東北下，故水決藺家口，而肅寧、新安皆罹其害，宜築決口，濬故道。涿州胡良河，自拒馬分流，至州東入渾河。良鄉琉璃河，發源磁家務，潛入地中，至良鄉東入渾河。比者渾河壅塞，二河不流，然下流淤沙僅四五里，請亟濬之。』部覆允行。

郎中徐元祉受命振灾，上言：『河本以洩水，今反下壅；淀本以瀦水，今反上溢。故畿輔常苦水，順天利害相半，真定利多於害，保定害多於利，河間全受其害。弘、正間，嘗築長堤，排決口，旋即潰敗。今惟疏濬可施，其策凡六。一濬本河，俾河身寬邃。九河自山西來者，南合滹沱而不侵真定諸郡，北合白溝而不侵保定諸郡。此第一義也。一濬支河。令九河之流，經大清河，從紫城口入；經文都村，從涅槃口入；經白洋淀，從藺家口入；經章哥窪，從楊村河入。直遂以納細流，水力分矣。一濬決河。九河安流時，本支二河可受，遇漲則岸口四衝。宜每衝量存一口，復濬令合成一渠，以殺湍急，備淫溢。一濬淀河。令淀淀相通，達於本支二河，使下有所洩。一濬淤河。九河東逝，悉由故道，高者下，下者通。占據曲防者，抵罪。一濬下河。九河一出青縣，一出丁字沽，二流相匝於苑家口。故施工必自苑家口始，漸有成效，然後次第舉行，庶減諸郡水害。』帝嘉納之。

明年，香河郭家莊自開新河一道，長百七十丈，闊五十丈，近舊河十里餘。詔河官亟繕治。

十三年，巡撫都御史周金言：『藺家圈決口，塞之則東溢，病河間；不塞則東流漸淤，病保定。宜存決口而濬廣新河，使水東北平流，無壅涸患。』從之。

二十四年濬南京後湖。初，胡體乾按吳，以松江泛溢，進六策：曰開川，曰濬湖，曰殺上流之勢，曰決下流之壅，曰排潮漲之沙，曰立治田之規。是年，呂光洵按吳，復奏蘇、松水利五事：

一曰廣疏濬以備瀦洩。三吳澤國，西南受太湖諸澤，水勢尤卑。東北際海，岡隴之地，視西南特高。高苦旱，卑苦澇。昔人於下流疏爲塘浦，導諸湖水北入江，東入海，又引江潮流衍於岡隴外。瀦洩有法，水旱無患。比來縱浦横塘，多堙不治，惟黄浦、劉河二江頗通。然太湖之水源多勢盛，二江不足以洩之。岡隴支河又多壅絶，無以資灌溉，於是高下俱病，歲常告災。宜先度要害，於澱山等茭蘆地，導太湖水散入陽城、昆承、三泖等湖。又開吳淞江及大石、趙屯等浦，洩澱山之水以達於海。濬白茆、鮎魚諸口，洩昆承之水以注於江。開七浦、鹽鐵等塘，洩陽城之水以達於江。又導田間之水，悉入小浦，以納大浦，使流者皆有所歸，瀦者皆有所洩。則下流之地治，而澇無所憂矣。乃濬艾祁、通波以溉青浦，濬顧浦、吳塘以溉嘉定，濬大瓦等浦以溉崑山之東，濬許浦等塘以溉常熟之北，濬臧村等港以溉金壇，濬澡港等河以溉武進。凡隴岡支河堙塞不治者，皆濬之深廣，使復其舊。則上流之地亦治，而旱無所憂矣。此三吳水利之經也。

一曰修圩岸以固横流。蘇、松、常、鎮東南下流，而蘇、松又常、鎮下流，易瀦難洩，雖導河濬浦引注江海，而秋霖泛漲，風濤相薄，則河浦之水逆行田間，衝齧爲患。宋轉運使王純臣嘗令蘇、湖作田塍禦水，民甚便之。司農丞郟亶亦云：『治河以治田爲本。』故老皆云，前二三十年，民間足食，因餘力治圩岸，田益完美。近皆空乏，無暇修繕，故田圩漸壞，歲多水災。合敕所在官司專治圩岸。岸高則田自固，雖有霖潦不能爲害，且足制諸湖之水咸歸河浦中，則不待決洩，自然湍流。而岡隴之地，亦因江水稍高，又得畝引以資灌溉，不特利於低田而已。

一曰復板閘以防淤澱。河浦之水皆自平原流入江海，水慢潮急，以故沙隨浪湧，其勢易淤。昔人權其便宜，去江海十里許夾流爲閘，隨潮啟閉，以禦淤沙。歲旱則長閉以蓄其流，歲澇則長啟以宣其溢，所謂置閘有三利，蓋謂此也。近多堙塞，惟常熟福山閘尚存。故老以爲河浦入海之地，誠皆置閘，自可歷久不壅。

一曰量緩急以處工費。

一曰重委任以責成功。

詔悉如議。光洵因請專委巡撫歐陽必進。從之。二十六年，給事中陳斐請仿江南水田法，開江北溝洫，以祛水患，益歲收。報可。

三十八年，總督尚書楊博請開宣、大荒田水利。從之。巡撫都御史翁大立言：『東吳水利，自震澤濬源以注江，三江導流以入海，而蘇州三十六浦，松江八匯，毘陵十四瀆，共以節宣旱澇。近因倭寇衝突，汊港之交，率多釘柵築堤以爲捍禦，因致水流停瀦，淤滓日積。渠道之間，仰高成阜。且具區湖泖，並水而居者雜蒔茭蘆，積泥成蕩，民間又多自起圩岸，上流日微，水勢日殺。黄浦、婁江之水又爲舟師所居，下流亦淤。海潮無力，水利難興，民田漸磽。宜於吳淞、白茆、七浦等處造成石閘，啟閉以時。挑鎮江、常州漕河深廣，使輸輓無阻，公私之利也。』詔可。

四十二年，給事中張憲臣言：『蘇、松、常、嘉、湖五郡水患疊見，請濬支河，通潮水；築圩岸，禦湍流。其白茆港、劉家河、七浦、楊林及凡河渠河蕩壅淤沮洳者，悉宜疏導。』帝以江南久苦倭患，民不宜重勞，令酌濬支河而已。四十五年，參政凌雲翼請專設御史督蘇、松水利。詔巡鹽御史兼之。

隆慶三年開湖廣竹筒河以洩漢江。巡撫都御史海瑞疏吳淞江下流上海淤地萬四千丈有奇，江面舊三十丈，增開十五丈，自黄渡至宋家橋長八十里。明年春，瑞言：『三吳入海之道，南止吳淞，北止白茆，中止劉河。劉河通達無滯，吳淞方在挑疏。土人請開白茆，計濬五千餘丈，役夫百六十四萬餘。』又言：『吳淞役垂竣，惟東西二壩未開。父老皆言崑山夏駕口、吳江長橋、長洲寶帶橋、吳縣胥口及凡可通流下吳淞者，逐一挑畢，方可開壩。』並從之。是年築海鹽海塘。越四年，從巡撫侍郎徐栻議，復開海鹽秦駐山，南至澉浦舊河。

萬曆二年築荊州采穴，承天泗港、謝家灣諸決堤口。復築荊、岳等府及松滋諸縣老垸堤。

四年，巡撫都御史宋儀望言：『三吳水勢，東南自嘉、秀沿海而北，皆趨松江，循黄浦入海；西北自常、鎮沿江而東，皆趨江陰、常熟。其中太湖瀦蓄，匯爲巨浸，流注龐山、瀆墅、澱山、三泖、陽城諸湖。乃開浦引湖，北經常熟七浦、白茆諸港入於江，東北經崑山、太倉穿劉家河，東南通吳淞江、黄浦，各入於海。諸水聯絡，四面環護，中如仰盂。杭、嘉、湖、常、鎮勢繞四隅，蘇州居中，松江爲諸水所受，最居下。乞專設水利僉事以裨國計。』部議遣御史董之。

六年，巡撫都御史胡執禮請先濬吳淞江長橋、黃浦。先是，巡按御史林應訓言：

蘇、松水利在開吳淞江中段，以通入海之勢。太湖入海，其道有三：東北由劉河，即古婁江故道；東南由大黃浦，即古東江遺意；其中爲吳淞江，經崑山、嘉定、青浦、上海，乃太湖正脈。今劉河、黃浦皆通，而中江獨塞者，蓋江流與海潮遇，海潮渾濁，賴江水迅滌之。劉河獨受巴、陽諸湖，又有新洋江、夏駕浦從旁以注；大黃浦總會杭、嘉之水，又有澱山、泖蕩從上而灌。是以流皆清駛，足以敵潮，不能淤也。

惟吳淞江源出長橋、石塘下，經龐山、九里二湖而入。今長橋、石塘已堙，龐山、九里復爲灘漲，其來已微。又有新洋江、夏駕浦掣其水以入劉河，勢乃益弱，不能勝海潮洶湧之勢而滌濁渾之流，日積月累，淤塞僅留一綫，水失故道，時致淫濫，支河小港，亦復壅滯，舊熟之田，半成荒畝。

前都御史海瑞力破羣議，挑自上海江口宋家橋至嘉定艾祁八十里，幸尚通流。自艾祁至崑山慢水港六十餘里，則俱漲灘，急宜開濬，計淺九千五百餘丈，闊二十丈。此江一開，太湖直入於海，濱江諸渠得以引流灌田，青浦積荒之區俱可開墾成熟矣。

並從之。至是，工成。應訓又言：

吳江縣治居太湖正東，湖水由此下吳淞達海。宋時運道所經，畏風阻險，乃建長橋、石塘以通牽挽。長橋百三十丈，爲洞六十有二。石塘小則有竇，大則有橋，內外浦涇縱橫貫穿，皆爲洩水計也。石塘涇竇半淤，長橋內外俱圮，僅一二洞門通水。若不疏濬，雖開吳淞下流，終無益也。宜開龐山湖口，由長橋抵吳家港。則湖有所洩，江有所歸，源盛流長，爲利大矣。

松江大黃浦西南受杭、嘉之水，西北受澱、泖諸蕩之水，總會於浦，而秀州塘、山涇港諸處實黃浦來源也。澱山湖入黃浦道漸多淤淺，宜爲疏瀹。而自黃浦、橫潦、洙涇，經秀州塘入南泖，至山涇港等處，萬四千餘丈，待濬尤急。

他如蘇之茜涇、楊林、白茆、七浦諸港，松之蒲匯、官紹諸塘，常、鎮之澡港、九曲諸河，併宜設法開導，次第修舉。

蘇、松諸郡幹河支港凡數百，大則洩水入海，次則通湖達江，小則引流灌田。今吳淞江、白茆塘、秀州塘、蒲匯塘、孟瀆河、舜河、青暘港俱已告成，支河數十，宜盡開濬。

俱從其請。

久之，用儀望議，特設蘇、松水利副使，以許應逵領之，乃濬吳淞八十餘里，築塘九十餘處，開新河百二十三道，濬內河百三十九道，築上海李家洪老鴉嘴海岸十八里，發帑金二十萬，應逵以其半訖工。三十七、八年間，霪雨浸溢，水患日熾。越數年，給事中歸子顧言：『宋時，吳淞江闊九里。元末淤塞。正統間，周忱立表江心，疏而濬之。崔恭、徐貫、李充嗣、海瑞相繼濬者凡五，迄今四十餘年，廢而不講，宜使江闊水駛，塘浦支河分流四達。』疏入留中。巡按御史薛貞復請行之，下部議而未行。至天啟中，巡撫都御史周起元復請濬吳淞、白茆。崇禎初，員外郎蔡懋德、巡撫都御史李待問皆以爲請。久之，巡撫都御史張國維請疏吳江長橋七十二谼及九里、石塘諸洞。御史李謨復請濬吳淞、白茆。俱下部議，未能行也。

十年，增築雄縣橫堤八里，禦滹沱暴漲。

十三年，以尚寶少卿徐貞明兼御史，領墾田使。貞明爲給事中，嘗請興西北水利如南人圩田之制，引水成田。工部覆議：『畿輔諸郡邑，以上流十五河之水洩於貓兒一灣，海口又極束隘，故所在橫流。必多開支河，挑濬海口，而後水勢可平，疏濬可施。然役大費繁，而今以民勞財匱，方務省事，請罷其議。』乃已。後貞明謫官，著《潞水客譚》一書，論水利當興者十四條。時巡撫張國彥、副使顧養謙方開水利於薊、永有效，於是給事中王敬民薦貞明，特召還，賜敕勘水利。貞明乃先治京東州邑，如密雲燕樂莊，平谷水峪寺、龍家務莊，三河塘會莊、順慶屯地。薊州城北黃厓營，城西白馬泉、鎮國莊，城東馬伸橋，夾林河而下別山舖，夾陰流河而下至於陰流。遵化平安城，夾運河而下沙河舖西，城南鐵廠、湧珠湖以下韭菜溝、上素河、下素河百餘里。豐潤之南，則大寨、刺榆坨、史家河、大王莊，東則榛子鎮，西則鴉紅橋，夾河五十餘里。玉田青莊塢、後湖莊、三里屯及大泉、小泉，至於瀕海之地，自水道沽關、黑巖子墩至開平衛南宋家營，東西百餘里，南北百八十里。墾田三萬九千餘畝。至真定將治滹沱近堧地，御史王之棟言：『滹沱非人力可治，徒耗財擾民。』帝入其言，欲罪諸建議者。申時行言：『墾田興利謂之害民，議甚舛。顧爲此說者，其故有二。北方民游惰好閑，憚於力作，水田有耕耨之勞、胼胝之苦，不便一也。貴勢有力家侵占甚多，不待耕作，坐收蘆葦薪芻之利；若開墾成田，歸於業戶，隸於有司，則己利盡失，不便二也。然以國家大計較之，不便者小，而便者大。惟在斟酌地勢，體察人情，沙鹻不必盡開，黍麥無煩改作，應用夫役，必官募之，不拂民情，不失地利，乃謀國長策耳。』於是貞明得無罪，而水田事終罷。

巡撫都御史梁問孟築横城堡邊牆，慮寧夏有黄河患，請堤西岔河，障水東流。從之。十九年，尚寶丞周弘禴言：『寧夏河東有漢、秦二壩，請依河西漢、唐壩築以石，於渠外疏大渠一道，北達鴛鴦諸湖。』詔可。

二十三年，黄、淮漲溢，淮、揚昏墊。議者多請開高家堰以分淮。寶應知縣陳煃爲御史，慮高堰既開，害民產鹽場，請自興、鹽迤東，疏白塗河、石礎口、廖家港爲數河，分門出海，然後從下而上，濬清水、子嬰二溝，且多開瓜、儀閘口以洩水。給事中祝世祿亦言：『議者欲放淮從廣陽、射陽二湖入海。廣陽闊僅八里，射陽僅二十五丈，名爲湖，實河也。且離海三百里，迂迴淺窄，高、寶七州縣水惟此一線宣洩之，又使淮注焉，田廬鹽場，必無幸矣。廣陽湖東有大湖，方廣六十里，湖北口有舊官河，自官蕩至鹽城石礎口，通海僅五十三里，此導淮入海一便也。』下部及河漕官議，俱格不行。既而總河尚書楊一魁言：『黄水倒灌，正以海口爲阻。分黄工就，則石礎口、廖家港、白駒場海口，金灣、芒稻諸河，急宜開刷。』乃命如議行之。

三十年，保定巡撫都御史汪應蛟言：『易水可溉金臺，滹水可溉恒山，溏水可溉中山，滏水可溉襄國，漳水可溉鄴下，而瀛海當衆河下流，故號河中，視江南澤國不異。至於山下之泉，地中之水，所在皆有，宜各設壩建閘，通渠築堤，高者自灌，下則車汲。用南方水田法，六郡之内，得水田數萬頃，畿民從此饒，永無旱澇之患。不幸濱河有梗，亦可改折於南，取糴於北。此國家無窮利也。』報可。應蛟乃於天津葛沽、何家圈、雙溝、白塘，令防海軍丁屯種，人授田四畝，共種五千餘畝，水稻二千畝，收多，因上言：『墾地七千頃，歲可得穀二百餘萬石，此行之而效者也。』

是年，真定知府郭勉濬大鳴、小鳴泉四十餘穴，溉田千頃。邢臺達活、野狐二泉流爲牛尾河，百泉流爲澧河，建二十一閘二堤，灌田五百餘頃。

天啟元年，御史左光斗用應蛟策，復天津屯田，令通判盧觀象管理屯田水利。明年，巡按御史張慎言言：『自枝河而西，靜海、興濟之間，萬頃沃壤。河之東，尚有鹽水沽等處爲膏腴之田，惜皆蕪廢。今觀象開寇家口以南田三千餘畝，溝洫蘆塘之法，種植疏濬之方，皆具而有法，人何憚而不爲。大抵開種之法有五。一官種。謂牛、種、器具、耕作、雇募皆出於官，而官亦盡收其田之入也。一佃種。謂民願墾而無力，其牛、種、器具仰給於官，待納稼之時，官十而取其四也。一民種。佃之有力者，自認開墾若干，迨開荒既熟，較數歲之中以爲常，十一而取是也。一軍種。即令海防營軍種葛沽之田，人耕四畝，收二石，緣有行、月糧，故收租重也。一屯種。祖宗衛軍有屯田，或五十畝，或百畝。軍爲屯種者，歲入十七於官，即以所入爲官軍歲支之用。國初兵農之善制也。四法已行，惟屯種則今日兵與軍分，而屯僅存其名。當選各衛之屯餘，墾津門之沃土，如官種法行之。』章下所司，命太僕卿董應舉管天津至山海屯田，規畫數年，開田十八萬畝，積穀無算。

崇禎二年，兵部侍郎申用懋言：『永平灤河諸水，逶迤寬衍，可疏渠以防旱潦。山坡隙地，便栽種，宜令有司相地察源，爲民興利。』從之。

清　顧祖禹《讀史方輿紀要》卷一二五《川瀆二・大河上》

《傳》有言：微禹之功，吾其魚乎！夫自禹治河之後千百餘年，中國不被河患。河之患萌于周季，而浸淫于漢，横潰於宋。自宋以來，淮、濟南北數千里間，岌岌焉皆有其魚之懼也。神禹不生，河患未已。國計民生，靡所止定矣。次大河源流，而參互以古今之變，爲此紀也，其有憂患乎！【略】

大河在孟津縣北五里，北岸至孟縣三十里今孟縣西南至孟津縣五十餘里，蓋嘉靖中孟津益徙而西也。即古之孟津也，河橋在焉。自昔爲設險之處，河陽三城置於此詳見河南重險，今廢。《宋史》：乾德二年，孟州水漲，壞中潬橋。《金史》：大定十一年，河決王村，南京、孟、衛州界多被其害王村，今山東濮州治也。孟州，即今孟縣。南京，即今開封府。蓋下流壅，故倒灌上流也。嘉靖十七年河漲，孟津縣圮於水。蓋河自孟津而上，多循山麓。行至孟津，兩岸平闊，河勢漸張，潰溢之患，於是乎見端矣。夫決在下流，河之患猶淺；決在上流，河之患乃深。孟津，河行平陸之上流也，河患及此，下流之壅閼必日甚，横決必且益多。征之往事，不信然與。

丘氏濬曰：河爲中原大害，自古治之者，未有能得上策者也。蓋以河自星宿發源，東入中國，逾萬里，凡九折焉。合華戎諸水千流萬派以趨於海，其源之來也遠矣，其水之積也衆矣。夫以萬川而歸於一壑，所來之路孔多，所收之門束隘，而欲其不汜濫也難矣。況孟津已下，地平土疏，易爲衝決，

而移徙不常也哉。【略】

大河在鞏縣北十里西去孟津縣八十里，洛水自西南流入焉詳見河南大川洛水。又東經溫縣南二十里，濟水入焉濟水，詳見《禹貢》導川。《里道紀》：自鞏縣東北至溫，凡四十里。宋太平興國二年，河決孟州之溫縣，蓋河既出險就平，復南納洛川之注，北並濟水之流，縱横震盪，勢不能已。疏導無方，鞏洛而下，《禹貢》舊跡，安得不月異而歲不同哉！【略】

大河在汜水縣北一里《里道記》：渡河西北，至溫縣二十五里。又東經滎陽縣北二十五里。明洪武十五年，河決滎陽，命修塞之。正統十三年，河復決滎陽，經曹、濮，衝張秋曹，曹州。濮，濮州。張秋，在山東東阿縣。今詳見漕河，潰沙灣東堤沙灣，在濟甯州壽張縣。亦詳見漕河，奪濟、汶入海。尋自開封西南經陳留，自亳入渦河，又經蒙城至懷遠縣入淮陳留縣，屬河南開封府亳州。蒙城縣、懷遠縣，俱屬江南鳳陽府，而開封城遂在河北，久之始復故道。而武陟縣南去大河五十里，西南與滎陽縣接境。沁水自北來，至縣南入于大河沁水，詳見山西大川。其入河之處，舊名沁黄口，今曰南賈口。宋熙寧十年，河溢懷州黄沁口，即其地云。

又 大河在河陰縣北十三里《里道記》：自河陰縣渡河，至武陟縣五十六里。縣西二十里有石門渠，即古之滎口。秦始皇二十三年攻魏，引河溝灌大梁。漢王横言：秦攻魏，決河灌其都，決處遂大，不可復補，即此矣。後漢初，河自滎陽決入汴河陰，故滎陽縣地。永平十三年，詔修汴渠堤，自滎陽東至千乘海口千餘里，蓋始功於此今詳見河陰縣。自河陰而東三十里，經滎澤縣北五里。滎澤地稍下，古滎水所鍾也。唐開成三年，河決，浸鄭州外城。五代漢乾祐三年，河決鄭州。周廣順二年，河復決於鄭州。説者曰：自滎澤縣決而南也《五代史》：河決原武縣。或曰當在滎澤。顯德初，遣使修塞決河又《五代史》：周廣順中，河決河陰。宋太平興國二年，河決於滎澤。熙寧十年，河復決滎澤。元延祐十年，河決滎澤之塔海莊東堤塔海莊，在縣東南七里。久之始塞。明正統十三年，河決滎陽。既而自孫家渡決而南孫家渡，在縣東南五十里。全河南徙，久之始塞。弘治五年，河大決於封丘。撫臣徐恪請開孫家渡。從之，既而復塞《河渠攷》：先是弘治二年，河決原武，命戶部侍郎白昂治之。昂於滎澤縣楊橋開支渠，引中牟尉氏決河，由陳潁至壽州達淮。楊橋，在縣東南，與孫家渡相近。蓋引決河使入正統時南決舊道也。至是河流横潰，張秋決口塞而復決。恪上言：決河湍悍之勢，未可遽回。今自滎澤孫家渡口舊河東經朱仙鎮，下至項城南頓，猶有涓涓之流。若疏之由泗入淮，可殺上流之勢。又黄陵岡有賈魯舊河，南經曹縣梁清口，下通歸德丁家道口。今梁靖以北淤塞將平，計功力之施八十餘里。若疏而浚之，使由徐入淮，以殺下流之勢，則決口可塞，運道可完也。時多從其策。而衛輝府之獲嘉縣南去大河六十里，與滎澤河陰接壤。宋太平興國三年，河決懷州之獲嘉。蓋亦堤防之處矣。

又 又東經原武縣北，陽武縣南。

大河在原武縣北二十二里。五代周廣順中河決原武，尋遣使修塞。又顯德六年，鄭州奏河決原武。宋元豐元年，河復決於此。五年，又決下流，納梁山濼梁山濼，在山東壽張縣。《宋志》：河決原武埽，溢入利津河、陽武溝、刁馬河，歸納梁山濼。利津等河皆在陽武以東。明洪武十四年，河決原武及祥符、中牟。二十四年，河決原武黑陽山在縣北二十里。東經開封城北五里，又南行至項城，經潁州潁上縣，東至壽州正陽鎮正陽鎮在壽州西六十里，全入於淮。而河之故道淤塞，疏久之，乃復舊。弘治三年，河復決原武，支流爲三：一決封丘金龍口亦作荊隆口，漫祥符及長垣直隸長垣縣，下曹、濮，衝張秋長堤。一出中牟，下尉氏。一汜濫于蘭陽、儀封、考城、歸德，入宿州。詔白昂修塞之《河渠考》：昂爲戶部侍郎，奉命治河。築陽武長堤以防張秋之決，引中牟決河出滎澤楊橋，下達於淮，浚宿州古汴河達泗州。又浚睢河，自歸德飲馬池中經符離橋，至宿遷縣入漕河。上築長堤，下修減水閘。又疏月河十餘以殺其勢，塞決口三十六。由河入汴，汴入睢，睢入泗，泗入淮，以達海，水患稍息。昂又以河南入淮非正道，恐不能容，乃復自魚臺歷德州，至吴橋，修古河堤。又自東平北至興濟鑿小河十二道，引水入大清河及古黄河入海。河口各作石堰，以時啟閉。昂意蓋欲於東北分其流，於東南疏其淤也。未幾，河復決徙，昂所規畫一時皆廢。吴橋、興濟今直隸屬縣也。而陽武南距大河十餘里，舊時大河經城北，與衛輝府之新鄉、汲縣接境。自決塞不時，河遂徙而南。周廣順二年，河決陽武，尋修塞之時又決常樂驛，或曰驛在陽武西。宋乾德三年，河決陽武。開寶五年，復決陽武。金大定十七年，河決陽武之白溝白溝，在縣東南三里。明昌五年，河決陽武故堤決口地名光禄村，灌封丘而東。元至元二十五年，陽武諸處河決。泰定三年，河決陽武，漂居民萬六千五百餘家，尋復塞治。明洪武十五年，河決陽武。天啟元年，河決陽武縣脾沙堈在縣東南三十里，由封丘、曹、單至考城，復入舊河。自河出陽武之南，而新鄉、汲縣、胙城之境，皆去河漸遠。禹跡之益，不可問也，自陽武之決塞始也。【略】

大河舊在開州城南，漢之濮陽，宋之澶州，皆其地也。漢元光三年，河水徙從頓丘東南流，既而決瓠子在今州西南二十五里，東南注巨野巨野澤，見山東巨野縣，通於淮、泗此爲黃河入淮之始。丘氏以宋熙寧十年爲黃河入淮之始，誤矣，泛郡十六。使汲黯、鄭當時興人徒塞之，輒復壞。元封二年，自臨決河塞之，作瓠子之歌，是也。五代周廣順三年，澶州河溢。宋乾德三年，河決澶州。開寶四年，河復決澶州，東匯於鄆、濮，壞民田舍。五年，河復決濮陽，命潁州團練使曹翰往塞之。淳化四年，河復決澶州，陷北城，壞廬舍七千餘區。景德元年，河決澶州橫隴埽在州東，自是遂爲故道，所謂橫隴河也。四年，又壞澶州王八埽在州西南。大中祥符七年，河決澶州大吳埽在州東。天聖六年，又決州之王楚埽在州西南。景祐元年，復決於橫隴埽。慶曆八年，又決州之商胡埽在州東北三十里。自是遂爲故道，所謂商胡河也。宋人謂橫隴決而東爲濱、棣諸州患，商胡決而北爲河北患是也。《宋志》：商胡決河自魏北至恩、冀、乾、寧入海，爲北流。其二股河自魏、恩東至德、滄入海，爲東流。嘉祐元年，河復決於六塔河六塔河，在州東北十七里。自商胡東南通橫隴河之支渠也。先是皇祐二年，河決館陶縣之郭固。四年，塞郭固而河勢猶盛。議者請於澶州開六塔河以披其勢，於是遣使相度詣銅城鎮海口，以約古道高下之勢。歐陽修以塞商胡開橫隴，回大河于故道計一千餘里，役巨費煩，速宜停罷。李仲昌等固請開六塔河，使歸橫隴。時橫隴湮塞已二十年，商胡復決數歲矣。賈昌朝等又欲移決河於京東故道，歐陽修曰：六塔止是別河下流，已爲濱、棣、德、博諸州患，若全回大河，其害必甚故道，理不可復，不待智者而知也。至是遂塞商胡北流入六塔河，不能容。是夕遂決，河北被患者數千里，銅城鎮在濱州海口。熙寧四年，河溢澶州之曹村在州西南，十年，大決于曹村，澶淵北流斷絕，河道南徙，東匯于梁山、張澤濼梁山濼見前。張澤濼，或曰即今山東汶上縣之南旺湖。分爲二派，一合南清河入淮，一合北清河入海南清河，今泗水也。北清河，大清河也。《金志》：明昌四年，都水監丞田櫟言黃河利害云：前代每遇古堤南決，多經南北清河分流。南清河北下，有枯河數道，河水流其中者，長至七八分。北清河乃濟水故道，可容二三分。因欲於滑州牆村決河入梁山濼故道，依舊作南北兩清河分流。不果。蓋誤引此說也，灌郡縣四十五，濮、濟、鄆、徐更甚。元豐元年，決口塞，改曹村埽曰靈平。築堤斷流，河復歸北。三年，澶州孫村、陳埽及大吳、小吳埽復決孫村等埽俱在州東。四年，小吳埽復大決，自澶注入御河，恩州危甚。五年，河溢內黃，決大吳埽，以紓靈平水患放之使北也。《宋史》：元豐八年，時河流雖北而孫村低下，夏秋霖而漲水，往往東出小吳決口。既而決大名小張口，王令圖議浚滑州迎陽埽舊河，于孫村修金堤，使河復故道東流。既又言故道難復，請于南樂大名埽開直河並簽河，分引水勢入孫村口，以解北京向下水患。時吳安持等亦主回河東流，趙偁等以爲不可。請開闞村下至栲栳堤七節河門、修平鄉巨鹿埽、焦家等堤，浚澶淵故道以備漲水。不從。闞村等堤俱在內黃魏縣以北，時大河流合御河也。又是時陳祐甫上言：商胡河道填淤漸高，今當修者有三：商胡，一也；橫隴，二也；禹舊跡，三也。然商胡、橫隴故道地勢高平，水土疏惡，皆不可復，復亦不久。惟禹故瀆在大伾、太行間，地卑勢固。故昔李垂、今臣孫民先，皆議修復，乞命民先自衛州王供埽案視，迄於海口。從之，既復中止。蓋自河入御河之後，而宋澶州之患稍緩。至金大定以後，河益徙而南，澶州之流遂絕。明正統十三年，河決滎陽，自陽武衝入故道，直至州治南。又東抵濮州，壞張秋堤入海，後復塞治。蓋瓠子、靈平之舊跡，皆不可復識矣。

考自滑縣開州以下，此秦漢以來之故道，非禹治河之故道也。蓋自周定王以來，禹跡不可復矣。史稱漢武塞瓠子，而導河北行二渠，復禹舊跡，豈其然耶？

開州之東北爲清豐縣之西，內黃縣之東。

大河舊道，在內黃縣東南及清豐縣西南《水經注》：大河故瀆，東北徑戚城西，又經繁陽故城東，陰安故城西，是也。戚城，見開州。繁陽，見內黃。陰安，見清豐縣。漢時河皆經此。元光三年，河徙，從頓丘東南流頓丘，今清豐縣境是也。後決塞不時，故道廢。宋時澶州河屢決，河復行北道。開寶八年，河決澶州之頓丘。太平興國二年，河復決於頓丘。元祐八年，河溢內黃埽時有司進梁村上下約束狹河門，河遂漲潰，南犯德清，西決內黃，東淤梁村，北出闞村。宗城決口，復行魏店。北流淤斷，河水四出。壞東郡浮梁，遣官修塞。許將言大河勢盛，宜因梁村口以行東，因內黃口以行北，而盡閉諸口，以絕大名諸州之患。俟春夏水至，乃觀水勢所宜，或閉內黃，或塞梁村爲便。梁村，在清豐縣東南。元符二年，河決內黃口，灌邢、莗諸州，而東道之流遂絕《宋志》：元符二年，河決內黃口，遂由魏縣而北。挾衛漳之水，並流而東北。大觀二年，邢州言河決，陷巨鹿縣。既而冀州言河溢，壞信都、南宮兩縣。三年，河復溢冀州信都縣。未幾，復南決於清河埽。自是大河不復北矣。

又東北經南樂縣及大名縣、元城縣之東。

《水經注》：大河故瀆，徑昌樂故城東，即南樂也。宋時大河亦徑此。嘉祐五年，韓贄請分浚二股、五股諸河於縣境，以減下流恩、冀之患。治平元年，始命都水監浚治。熙甯初，河自恩、冀北注。議者請開二股河，漸閉北流。二年，張鞏等奏大河東徙，北流淺小，請閉北流。從之。未幾，河自其南四十里許家港東北，氾濫大名、恩、德、滄、永靜五州軍境永靜軍，本定遠軍，今景州。詔遣官相度。六年，王安石奏自大名之東南開修直河，使大河還二股故道，於是河勢增漲。十年，河遂大決於澶州此即宋人回河之誤。《宋史》：嘉祐五年，河流派別于魏州之第六埽，曰二股河，行一百三十里。經魏、恩、德、博之境，亦曰四界首河。於是河北漕臣韓贄言：四界首古大河所經，即《溝洫志》所謂平原金堤，開通大河，入篤馬河，至海五百餘里者，浚之一月可畢。支分流入金、赤河，使深六尺，爲利可必。商胡決河自魏至恩、冀、乾甯入於海。今二股河自魏、恩東至德、滄入海，分而爲二。則上流不壅，可無決溢之患。從之。既而商胡堙塞，冀州界河淺，房家、武邑二埽潰，復塞之。熙寧四年，河溢恩、冀、瀛諸州，下屬恩、冀，決御河奔衝爲一。張茂則等謂二股河地最下，宜浚其湮塞。又開清水鎮河以折其勢，則捍者可回，決者可塞。從之。五年，河溢夏津縣。王安石又請開修直河，使大河還二股故道，由德滄以達海。十年，河大決于曹村，而二股、直河俱廢。元豐以後，王令圖、范子奇等復執回河之説，欲自孫村口而東仍出二股河，功卒不就。金、赤二河在東平平原間。清水鎮河，蓋衛河之支流，舊在南樂縣境，今湮。而大名元城縣，亦皆大河所經也。唐開元十四年，魏州河溢《唐書》：開元十四年，魏州河溢。十五年，冀州河溢。先是，河決博州，故水溢而北也。宋嘉祐七年，河決大名第五埽。元豐七年，河溢元城埽，決橫堤。冀、莄、北京皆被其害。八年，河決大名之小張口在元城縣東。《宋志》：是時河流雖北，而孫村低下，夏秋霖雨，往往東出。小吳之決未塞，於是又決于此，河北諸郡皆被其害。宋時以大名爲北京，堤防障遏，無歲不講也。

又東北經館陶縣東，又東北經臨清州及高唐州之境，又東北徑恩縣南。

大河故道，自元城冠縣間入館陶界冠縣、館陶俱山東屬縣。《漢·溝洫志》：自塞宣房即瓠子河，見開州後，河復北決于館陶，分爲屯氏河，東北經魏郡、清河、信都、勃海入海，廣深與大河等，因其自然不堤塞也屯氏河，見館陶縣。元帝永光五年，河決清河靈鳴犢口，而屯氏河絕靈縣，見山東博平縣。鳴犢口，見直隸清河縣。成帝建始二年，河復決于館陶所決之河，亦名屯氏別河，及東郡金堤，氾濫兗、豫，入平原、千乘、濟南，凡灌四郡三十二縣。又鴻嘉四年，清河、勃海、信都河水湓溢，灌縣邑三十一。新莽始建國三年，河決魏郡，泛清河以東數郡漢所稱魏郡，大約主館陶以北言之。《漢書》：先是，莽恐河決，爲元城塚墓害。及決東去，元城不憂水災，故遂不堤塞。《水經注》：大河故瀆，經甘陵故城南甘陵，在臨清、夏津之間，亦見清河縣，又東北徑靈縣故城南。河瀆於縣別出爲鳴犢河，又東徑鄃縣故城東鄃縣故城，在今平原縣西南五十里。《漢志》鄃居河北，即此。此即漢時河所出之道。宋皇祐二年，河決館陶縣之郭固在縣東北，四年，塞之即《宋史》所稱郭固塞而河勢猶盛，議者請開澶州六塔河者。熙寧四年，北京新堤第四、第五埽決，漂溺館陶、永濟、清陽以北永濟廢縣，今在臨清州西。仁宗皇祐元年，河合永濟渠注乾寧軍，縣以永濟渠而名也。清陽廢縣，亦見清河縣，下屬恩、冀，合於御河。五年，河溢于夏津，而清河即宋之恩州也。熙甯元年，河溢恩州烏攔堤在州東。是年，又決冀州棗強埽，北注瀛州。既又溢瀛州樂壽埽。元祐四年，又溢冀州南宮等五埽。時都水監言：前二年，河決南宮下埽。去三年，決上埽。今四年，決宗城中埽。蓋皆自恩州決而北也。政和二年，河決冀州棗強埽。都水孟揆言：棗強東堤決溢，其漫水行流多鹹鹵及積水之地，不犯州軍，止經數縣地。分迤邐接御河歸納黃河。今欲自決口上恩州之地水堤爲始，增補舊堤，接續御河東岸，簽合大河。從之。宣和三年，河決恩州清河埽。蓋自內黃決後，河出清河之北，至此下流漸壅。故上流復決，河又從瀛冀而西南矣。【略】

東阿，自昔大河之衝也。南漲則滲東平，東溢則侵濟南。五代梁末，唐遣李嗣源取鄆州，守楊劉今見東阿縣。梁人攻楊劉，決河口以限晉兵。決口益大，連年爲曹、濮患。同光二年，命婁繼英督汴滑兵塞之，未幾復壞。晉天福二年，河決鄆州自東阿決而南也。開運三年，河決楊劉，西入莘縣，廣四十里，自朝城北流自東阿決而西也。周顯德初，命宰相李穀治堤，自陽穀抵張秋口遏塞之《五代史》：先是，河自楊劉至博州百二十里，連年東潰，分爲二派，匯爲大澤，彌數百里。又東北壞古堤而出，灌齊、棣、淄諸州，至於海涯，漂沒田廬，不可勝計。朝廷屢遣使，不能塞。至是穀詣澶、鄆、齊，案視堤塞，役徒六萬三十日而畢。宋乾德二年，河決鄆州之竹村在州西北。三年，鄆州河決。太平興國七年，河漲挾清河謂濟水也。淩鄆州，城將陷，州將塞其門以遏水。馳奏遣使往固其城。咸平三年，河決鄆州王陵埽在州西，浮巨野，入淮泗，水勢悍激，侵迫州城。明道二年，廢鄆州王橋渡以避水渡在州東。是時河流漲入小清河，濟南淄川皆被其患。後河勢益趨而北，鄆州之患始少。此五代及宋鄆州水患也。而博平、茌平亦大河東出之道矣。【略】

又東北經商河縣北，武定州南。

此昔時大河所經也。唐長壽二年，河溢棣州時壞居民二千餘家。又開元十年，棣州河決。太和二年，河決，壞棣州城。宋祥符四年，河決棣州聶家口在今武定州西南三十里，舊州城之西南。五年，又決于州東南李氏灣，環城數十里民舍多壞時大河挾商河爲患，議者請徙商河以殺其勢。役興逾年，捍護築塞，財力俱困，僅免決溢而湍流益暴，壖地日削。河勢高民屋逾一二丈，民以爲憂。乃議徙州治于陽信之八方寺。六年，徙州治而北，以避河患。自是澶、滑之間，大河屢溢，而棣州之流漸絕矣。

又卷一二六《川瀆三·大河下》 大河今自陽武縣南，又東徑開封府城北，封丘縣南。大河今在開封府城北十里。宋元符三年，河決開封之蘇村舊志云：府西三十餘里有蘇村。元至元二十三年，河決開封、祥符等郡縣十五處開封、祥符、陳留、杞、太康、通許、鄢陵、扶溝、洧川、尉氏、陽武、延津、中牟、原武、睢州，此十五處也。又二十五年，河復決汴梁之太康、通許、杞三縣，灌陳、潁二州。皇慶三年，河決開封陳留等縣，沒民田舍時又決陳、亳、睢三州。延祐七年，河決開封縣蘇村及七里寺諸處。泰定二年，河溢汴梁。三年，復壞汴梁樂利堤，發民夫築塞。明洪武七年，河決開封堤。十六年，，又決開封東堤。自陳橋至陳留陳橋，在府東北二十里，潰流數十里。二十年，河復決開封城。三十年，河溢開封。正統十三年，河決滎陽。尋自滎澤縣孫家渡決而東南，開封遂在河北。景泰中，始復故《河渠考》：明初開封城北去大河四十里。洪武二十四年，河決原武，而東經城北五里至此，遂出府南。築塞以後，大河經城北不過十數里。天順五年，河溢，決開封府北門。弘治三年，河決開封，南入淮。成化十四年，河決開封府西杏花營在府西二十里。萬曆十七年，河決府西北劉獸醫等堤十餘處劉獸醫堤，在府西北三十五里。四十四年，河決開封陶家店、張家灣陶家店，在府西北二十里。張家灣，在府西北十五里。由護城堤下經陳留等處，入亳州渦河。是冬決口淤，河復舊道。崇禎十五年，賊決開封西北朱家寨在城西北十七里。城陷大河，自陳、潁諸州漫入淮泗。蓋大河出陽武之南，開封城外皆爲浸淫沮洳之場矣。而河北之封丘縣南去大河五十一里，舊時大河在縣西北四十餘里。金明昌五年，河決陽武，灌封丘而東，此封丘隔在河北之始也。元至大二年，河決封丘。順帝至元初，河復決于封丘。明弘治二年，河決原武。其支流決封丘荊隆口在縣西南三十餘里，漫祥符，下曹、濮，衝張秋。五年，河復決于荊隆口，潰儀封之黃陵岡，更犯張秋，壞會通河。尋命劉大夏治之《河渠考》：弘治六年，都禦史劉大夏受命治河，上言：河流湍悍，張秋乃下流噤喉，未可輒治。宜於上流分道南行，復築長堤以禦橫波，且防大名山東之患。俟其循軌而後決河可塞也。報可。大夏乃浚孫家渡口，開新河七十餘里，導水南行，由中牟至潁州東入淮。又浚祥符東南四府營淤河，由陳留至歸德，灑爲二道。一由符離出宿遷小河口，一由亳州渦河會於淮。又于黃陵岡南浚賈魯舊河四十里，由曹縣出徐州合泗入淮。支流既分，水勢漸殺，張秋遂塞。又築西長堤，起河南胙城，經滑、長垣、東明、曹、單諸縣，下盡徐州，亙三百六十里，謂之太行堤，凡五旬而功畢。《志》云：縣東南有陳橋集在縣東南四十餘里，與祥符縣接界。東連馬家口，西抵荊隆口，爲大河衝要。弘治七年，河決陳橋集。嘉靖二十四年，河復決於此。又有於家店、中欒城與荊隆口相連中欒西爲荊隆口。又西即於家店。《志》云：開封西北三十里爲於家店渡。即此。皆濱河要地也。萬曆十五年，河復決于荊隆口，長垣、東明幾於陷溺，堤防切焉。

考自陽武而入封丘，河益東南流。荊隆口直東則經長垣、東明，出曹、濮，直趨大清河矣。較之出徐、沛，合淮、泗以入海者，道爲徑易。夫河行之道，宜直不宜紆。入海之口，宜近不宜遠。河之兩岸宜闊，而歸流宜深歸流，即俗語所謂落漕也。平水則宜置斗門，且多置之。用王景更相回注之意，使不至旁溢，河未必不可東也後世遙堤之法，即兩岸宜闊之意矣。縷堤之法，即歸流宜深之意矣。滾水石壩及格堤之法，亦即斗門回注之意矣。蓋未有舍古法而可以集事者。夫得其大意，尚能隨試輒效，使究其精微而權其通變，悠悠黃河，豈終付之不可問乎。雖然，大河東，則會通河廢。會通河不廢，則大河不可得而東。兩者不並立矣。此終明之世大河所以屢決而東，終抑之使南也與。

又東經陳留縣及蘭陽縣之北。河之北岸，爲長垣縣之境。

大河在陳留縣北三十里《河防考》：大河北岸，有陳留寨、銅瓦廂，爲黃河衝激之處，屬陳留界內。又東三十五里，至蘭陽縣縣北，去大河十五里大河舊在縣北三十餘里。《志》云：大河經陳留、蘭陽而東，水流溢溢，衝激曹、單。嘉靖七年，于蘭陽縣北開趙皮寨白河一帶以分殺水勢趙皮寨，在縣北十餘里，南達巴河，或謂巴河爲白河。是時，刑部尚書胡世甯言：運道之塞，河流致之。舊時河自經汴以來，南分二道。一出滎澤，經中牟、陳、潁至壽州入淮。一出祥符，經陳留、睢、亳至懷遠入淮。其東南一道，自歸德、宿、虹出宿遷，其北分新舊五道：一自長垣、曹、鄆出陽穀，一自曹州、雙河口出魚台塌場，一自儀封、歸德出徐州小浮橋，一出沛縣飛雲橋，一出徐、沛間境山之北溜溝。此六者，皆入漕渠而南匯於淮，今俱湮塞，止存沛縣一河，勢合岸狹，不得不溢。所以豐、沛、徐州漫爲鉅浸。近溢入沛北之昭陽，以致運道壅淤，今宜因故道而分其勢。其陽穀、魚臺二道勢近東北，恐河壅而決，不可復開。汴西滎澤孫家渡至壽州一道，宜常浚以分上流之勢。自汴東南出懷遠、宿遷小浮橋、溜溝四道，宜擇其便利者開浚一道，以分下流之勢。至於修城武以南廢堤，塞沛縣北廟道口之新決而防其北流，亦一計也。河臣盛應期復奏開趙皮寨白河一帶，以分水勢。從之。十三年，河遂決趙皮寨口，南入淮，既而河流遷徙，趙皮寨口復塞。十九年，兵部侍郎王以旂於縣東開李景高支河在縣東北十里，引河由蕭縣出徐州小浮橋，凡六百餘里，以濟二洪之涸時河決睢州而南也。未幾，復淤。萬曆十七年，河決李景高口，入睢、陳故道決河故道也。尋塞之。而長垣縣南數里有河堤，舊爲大河所經即弘治中劉大夏所築太行堤也。《河防考》：長垣縣南堤，長九十七里，西與封丘縣新豐村接界。堤外有淘北河，相傳即黃河故道。萬曆十七年，河自荊隆口決入挾淘北河，衝決長堤之大社口，長、東兩邑俱被昏墊，尋復修塞。又有大岡集，與東明縣之社勝集，舊俱爲長堤要害。今縣去大河六十里而遥矣。

又東徑儀封縣北。河之北岸，爲東明縣界。

大河今在儀封縣北二十里。元至元二十三年以後，河屢決汴梁路，河出蘭陽、儀封之南。大德元年，河決杞縣蒲口儀封西南至杞縣九十五里。蒲口，在杞縣東北。《元史》蒲口決，詔尚文相度。文言：陳留抵睢，東西百有餘里，南岸舊河口十一，已塞者二，自涸者六，通川者三。岸高於水，計六七尺，或四五尺。北岸故堤，其水比田高三四尺，或高下等。大抵南高於北約八九尺，則堤安得不壞，水安得不北也。蒲口今決千有餘步，迅疾東行，得河舊瀆二百里。至歸德橫堤之下，復合正流。或強湮遏，上決下潰，功不可成。揆今之計，河西郡縣，宜順水性，遠築長堤，以禦氾濫。歸德、徐、邳民避衝潰，聽從安便。被害之家，量于河南退灘內給付頃畝，以爲永業。異時河決他所者，亦如之。亦一時救患良策也。蒲口不塞便，河朔、山東爭言不可，乃塞之。未幾，蒲口復決，水竟北達，河復故道。二年，蒲口復決，漂溺歸德屬縣田廬。三年，復決蒲口，歸德郡縣皆罹水災。明洪武十六年，河決開封東堤，尋決杞縣，入于巴河。弘治二年，河決原武，分流氾濫于儀封、考城、歸德，趨宿州。五年，河決封丘荊隆口，潰儀封黃陵岡在縣東北五十里，衝張秋。今縣東北有三家莊、石家樓諸處，皆爲堤防要害。而河北之東明縣，西接長垣，東南接曹縣。縣南舊有長堤，爲河流所徑，今河益引而東南，東明去河遠矣。

又東南徑睢州及考城縣之北，又東南徑歸德府北。河之北岸，爲曹縣界。

大河南去睢州七十里。明嘉靖十九年，河決睢州野雞岡在州北六十餘里，其旁決處曰孫繼口。由渦河經亳州入淮，徐州呂梁、百步二洪皆涸，尋修塞之。又東經考城縣北，南去縣三里，縣境尤爲河流之衝也《河防考》：大河南岸有芝麻莊、陳隆口，爲縣境堤防要地。又東南逕歸德府北，南去府城三十里。自元以前，歸德去河遠，患頗少。元至元二十三年，河衝決河南郡縣，歸德始被其患。大德二年，河決蒲口，漂溺境內田廬。三年，復決蒲口，侵歸德郡縣。至大二年，河決歸德。是時河南徙，歸德常在河北。至順以後，河漸決而北，歸德仍在河南。明洪武二十三年，河決歸德，命修塞之《志》云：是年決歸德東南之鳳池口，漂沒夏邑、永城二縣。自正統以後，河決而南，歸德又在河北。正德以後，則仍在河南。其新集口及丁家道口皆河濱衝要也新集口，在府北三十里，稍東即丁家道口。嘉靖三十七年，新集河淤，河流於是一變《河防考》：大河舊道由新集歷丁家道口、馬牧集、韓家道口、司家道口、牛黃堌、趙家圈至蕭縣薊門集，出徐州小浮橋，此賈魯所復故道，河流勢若建瓴，上下順利。後因河南水患頗急，另開一道，出小河口，意欲分殺水勢。而河不兩行，本河日就淺澀。至是自新集至小浮橋，淤凡二百五十餘里。河流北徙，出碭山縣治之背，趨單縣東南之段家口，又析爲六股，曰大溜溝、小溜溝、秦溝、濁河、胭脂溝、飛雲橋。俱由運河至徐州洪。又分一股，由碭山堅城集下郭貫樓，又析五小股，爲龍溝、河母河、梁樓溝、楊氏溝、胡澱溝，亦由小浮橋合徐州洪。大河分十一流而勢弱，勢弱則淤益多，淤多則決溢更甚矣。今詳見下。四十四年，河淤益甚，而運河大受其病。未幾，河復決新集塞、龐家屯在府東北，東出飛雲橋。萬曆二十九年，河決蒙城集東南蕭家口蒙城集，在府東北三十里，以故蒙城而名。河復南徙，而曹縣在歸德府西北百里，南去大河五十餘里。縣爲河流南下之衝，一有隤決，縣輒當其患。金大定八年，河決李固渡在縣西，水潰曹州城，分流于單州之境今曹縣，故曹州也。單縣，故單州也。自宋時大河北決以後，尋復徙而南。《金史》所載河患，始見於此。二十九年，河復溢于曹州小堤之北。元至順元年，河決曹州北魏家道口。至正四年，河北決白茅堤在曹縣西北七十餘里，與東明縣接界。又北決金堤在濮州西南，亦曰老堤，並河郡縣濟甯、單州、虞城、碭山、金鄉、魚臺、豐、沛、定陶、楚丘、武城，以至曹州、東明、巨野、鄆城、嘉祥、汶上、任城等處，皆罹水患。水勢北浸安山安山，見山東平州安山湖，沿入會通河，延袤濟南、河間，將壞兩漕司鹽場，妨國計，發丁夫修築，不克。五年，河復決濟陰即曹州，漂官民廬舍殆盡。九年，白茅河東注沛縣，遂成鉅浸。乃命賈魯治之，疏塞並舉，河復故道，南匯於淮，又東入於海《元史・志》：魯之功，始自白茅，繼自黃陵岡，又南至劉莊村、塼堌、黃堌諸處，至歸德府之哈只口。又東至凹里村、張贊店，抵碭山縣。又東至徐州，凡六月而功畢。二十六年，河復自州境北徙州境，徐州境也，東明、曹、濮下迄濟寧，民皆被害《元史》：先是河決徐州小流口，達於清河。壞民居，傷禾稼，至是復北徙。明洪武元年，河決曹州，從雙河口入魚臺。正德四年，河決曹縣楊家口在縣西，奔流曹、單二縣境，東達王子河故河在單縣東，接豐縣之境，抵豐、沛，舟楫通行，遂爲大河。五年，起工修塞，弗就。七年，始塞之河臣劉愷築大堤，自縣西北魏家灣，東至雙堌集，亙八十里。趙璜繼其職，復增築三十里，曹、單始平。八年，河復決曹縣《河渠考》：是時決曹縣西之娘娘廟口及孫家口二處，河從城北東行，而曹、單居民被害益甚。既復驟雨漲，娘娘廟口以北五里之焦家口衝決，曹、單以北，城武以南，居民田廬，悉皆漂沒。嘉靖七年，河復決曹縣楊家口時又決單縣、城武縣梁靖口、吳士舉莊，衝雞鳴臺，沛縣以北，皆爲鉅浸。梁靖口，在曹縣東南，近歸德府大河北岸。吳士舉莊，在單縣西南。雞鳴臺，見沛縣。二十六年，河決曹縣，衝魚臺之谷亭。三十七年，河復自曹縣境東北出，衝單縣之東南。蓋歸德府北之新集淤，而河流四溢也。自嘉靖以前，曹縣河患稱爲首衝，幾與宋之澶、鄆同一轍矣。

考曹縣河患，論者謂始于金之大定中，非也。後漢永平中，詔書稱『河汴分流，復其舊跡。陶丘之北，漸就壤墳』，然則曹州於漢世已曾爲沮洳之場矣。大約濬、滑、澶、濮、曹、單數州縣間，大河東出，實爲腰膂之地。疏浚無方，病必先見。自古及今，其得免於墊溺者幾希矣。

又東爲虞城縣及夏邑縣之北。河之北岸，爲單縣之境。

大河在虞城縣北十三里。又東徑夏邑縣北二十二里。嘉靖十三年，河自蘭陽趙皮寨南決入淮，運河淤，二洪涸。繼而自夏邑縣太丘、回村等集太丘集，在縣東北三十里，接永城縣界。又西即回村集衝激數口，轉向東北，流經蕭縣城南，出徐州小浮橋，濟二洪之涸，運道得以不阻。趙皮寨尋塞，而單縣南去大河二十餘里，去夏邑縣八十餘里，亦河流之衝也。嘉靖六年，河決單縣，衝入沛縣。九年，河由單縣侯家村在縣東南決魚臺埸場口，衝谷亭決而東北也。埸場口，在魚臺縣南四十里。萬曆二十一年，河決單縣西南黃堌口近虞城縣界，一出徐州小浮橋，一出舊河，達鎮口閘舊河，沛縣南舊運河也。鎮口閘，在徐州之茶城。詳見漕河。二十五年，河復大決于黃堌口《河渠考》：時運河淺澀，河復大決于黃堌，溢于河南之夏邑、永城界，逕宿州符離橋，出宿遷小河口入大河，半由徐州入舊河，而二洪涸。先是河臣楊一魁謂黃堌口深淵難塞，議浚小浮橋，引汴、泗之水及浚沂河口，築小河口以濟運。既而久旱，河復決單縣之義安、東壩。一魁又議浚黃堌口及上埽灣、活嘴，以受黃水，救小浮橋泗上之涸。又導義安決水入小浮橋，濟二洪之涸。運僅無阻，至是二洪涸，一魁議浚李吉口以挽黃流，不克。李吉口，《志》云：在單縣東南四十里，西去黃堌口二十里，南去碭山縣五十里。二十九年，河決單縣之蒙牆寺在縣西南七十里。《河渠考》：時河臣劉東星代一魁治河，復開李吉口。時黃堌未塞，大河日益南。李吉口在黃堌之下，澱淤益高，北流遂絕。彭城、呂梁之間，褰裳可涉矣。東星即李吉口旁開一小河，引水下徐州濟運。又增建六閘，以節宣山東汶、濟之水，藉其南流，漕舟遲阻，至京往往後期。二十九年，黃堌口垂塞，復決上流蒙牆寺，入歸德、商、永，南流與淮會，注于洪澤，爲泗州患。三十年，河復決單縣之蘇莊在縣東南，衝魚臺、豐、沛。明年，復決蘇莊，衝入沛縣太行堤在縣西北，灌昭陽湖，入夏鎮俱詳漕河，橫衝運道，於是泇河之議起《河渠考》：二十九年，河決歸德蕭家口。河臣魯如春議開虞城西北王家口新河，以回河濟運。決河廣，新河不任受。三十年，河溢，決蘇莊，衝魚臺、豐、沛，功遂寢。明年，復決蘇莊，入沛縣，而運道益阻，因議開泇以濟運。蓋河患之劇，曹、單其最矣。

又東爲碭山縣之北，又東經豐縣之南。

大河在碭山縣北二十里，爲豐、沛上游縣西北有堅城集，爲單縣接境之處。舊築斜壩於其東，以防墊溢。又西有劉霄等口，亦爲河流衝要。《志》云：大河舊經縣南三十里。嘉靖三十八年，河流北徙，始出縣北。又東經豐縣南三十里縣西南有秦溝口，亦曰邵家口。嘉靖四十五年，河決邵家口，出秦溝，入運。又縣東南有濁河口。隆慶元年，秦溝迤南衝濁河一道，爲黃河支流。後河分流，遂徙於此。萬曆中，築壩堤防，使河不得北決以妨運，

又東入蕭縣界。

又東徑沛縣之南，蕭縣之北。

大河在沛縣南五十餘里，此隆、萬間河流也。初，大河自豐、碭間經蕭縣。沛去河遠，雖有衝決之虞，而非經流之所也。正德四年，河決曹縣，直達豐、沛。既又決城南飛雲橋，入運河。嘉靖二年，河決沛縣《志》云：亦自曹、單決而南也。又五年，決縣西老和尚寺。又決入豐縣境內云。六年，河自曹、單境衝縣東北之雞鳴臺。七年，河決而南，縣北廟道口在縣西北三十里淤三十餘里。八年，飛雲橋之水北徙魚臺縣之谷亭，舟行閘面。九年，沛縣北境之水決魚臺埸場口，衝谷亭，水經三年不去。十三年，廟道口復淤《河渠考》：自正德四年大河從曹、單決入沛縣，飛雲橋以北皆爲鉅浸。嘉靖七年，大河東溢，逾漕河入昭陽湖，泥沙聚壅，運道大阻。於是河臣盛應期請開趙皮寨以殺水勢。八年，飛雲橋之水北徙谷亭。十三年，河決趙皮寨。於是谷亭流絕，而廟道口復淤。久之，稍復故道。詳見漕河。三十七年，歸德新集口淤，大河散溢，支流衝入飛雲橋。四十四年，大河淤塞。自蕭縣趙家圈氾濫而北，至曹縣南崇朴集復分二股。南股繞沛縣戚山在縣西南三十里、楊家集亦在縣西南，入秦溝在徐州東北三十里，至徐。北股繞豐縣華山在縣東南三十里，由山東馬村集漫入秦溝，接大小溜溝大溜溝，在徐州北五十里，亦曰南溜溝。小溜溝，在州北六十里，亦曰北溜溝，溢入運河，至徐。其北股又自華山而東北，分爲一大股，出飛雲橋，散爲十三股，縱橫以入漕河。至湖陵城口在沛縣北五十里，又逾漕河漫入昭陽湖、促沙河灌二洪，浩淼無際，而河變極矣《河防考》：時碭山縣東郭貫樓支河淤，全河遂逆行，俱入於北股云。明年，河復決沛縣南二、三等鋪，衝入運河，亦由湖陵城口入湖陂。是時，河臣朱衡、潘季馴方改浚新河，既而縣東馬家橋堤成馬家橋，在沛縣東南四十里，障水南趨，橫流復定詳見漕河。而蕭縣在大河南五十里，亦隆、萬間河流也。舊時大河自縣西六十里之趙家圈經冀門集在今縣西北十三里，出徐

州之小浮橋，皆安流無恙。嘉靖三十七年，大河北徙，其後東西靡定。一變爲溜溝，再變爲濁河濁河，在徐州西北二十餘里，又變爲秦溝。嘉靖末，大抵自縣西北崔家口、石城集、雁門集、北陳溝、梁樓溝、胡澱溝東下小浮橋崔家口東至石城集十五里，又東至雁門集十里。又東十餘里至北陳溝，北陳至梁樓溝三十里。又十五里至胡澱溝，又東三十里即小浮橋，經行陸地。水深或僅一二尺，比之故道，高三丈有餘。停阻汜濫，蕭縣境內，一望彌漫，城內城外，皆爲澤國。隆慶四年，決溢崔家口。五年，河臣潘季馴上言：大河原自新集口經虞城、夏邑之北，碭山之南，至蕭縣冀門，出小浮橋。其後河流遷徙，行水之處俱係民間住址。陸地水不能刷，衝不成漕，雖一望茫然，而深不及尺。且大勢盡趨濁河，出小浮橋者不過十之一二。決裂之患，正恐不免。日者臣由夏鎮歷豐、沛至崔家口，復自崔家口歷河南至新集口，則見黃河大勢已直趨潘家口。鄉老言：去此十二三里，自丁家道口以下二百二十餘里，舊河形跡見在，可開。臣即自潘家口歷丁家道口、馬牧集、韓家道口、司家道口、牛黃堌馬牧集，屬虞城縣。以下皆屬碭山縣。《輿程記》：馬牧集去丁家道口四十里，其韓家道口則在趙家圈西五十里，又西三十五里則司家道口也。牛黃堌，即單縣之黃堌集、趙家圈，至蕭縣一帶，皆有河形，中間淤平者四分之一。河底俱係湧沙，見水即可衝刷，莫若修而復之。河之復，其利有五：從潘家口出小浮橋，則新集迤東河道俱爲平陸，曹、單、豐、沛永無昏墊，一利也。河身深廣，受水必多。每歲可免泛溢之患，虞、夏、豐、沛之民，皆得安居，二利也。河從南行，去會通河甚遠，閘渠無虞，三利也。來流既深，建瓴之勢，導滌自易，則徐州以下河身，亦必因而深刷，四利也。小浮橋來流既遠，則秦溝可免復衝，茶城永無淤塞，五利也。報可。既而季馴以言去，遂中止。萬曆五年，河衝蕭縣。三十二年，河臣李化龍言：河自開封、歸德而下，合運入海，其路有三。由蘭陽出茶城，向徐、邳，名濁河，爲中路。由曹、單、豐、沛出飛雲橋，向秦溝，名銀河，爲北路。由潘家口入宿遷，出小河口，名符離河，爲南路。南路近陵，北路近運，惟中路既遠於陵，亦濟於運。前興役未竣，今自堅城以至鎮口，河形宛然，宜仍舊開浚。從之。三十四年，河工成。自碭山朱旺口至小浮橋，袤一百七十里，河歸故道。自是蕭縣去大河十五里而近，而沛縣去河益遠《河渠考》：萬曆三十三年，河由沛縣昭陽湖穿李家口，出鎮口閘，全河上灌南陽，北薄新店。明年，河臣曹時聘挑朱旺口由堅城集出小浮橋，凡二百里。於是河回故道，魚、沛、單、濟、金鄉之水，悉歸大河。

又東經徐州之北，又東南經靈壁縣之北。

大河在徐州城東北，今爲漕、黃交會之衝，咽喉重地也。嘉靖八年，河決州北大溜溝。三十二年，河決州東南之房村在州東南五十里，旋塞之《河防考》：河決房村，由鯉魚山出直河，睢寧、新安以下四十里皆淺淤，鳩工浚塞之。四十四年，河由秦溝衝茶城，運道大阻。萬曆元年，河決房村。三十三年，河決州北境之蘇家莊，淹豐、沛。黃水逆流，灌濟寧、魚臺、單縣，而魚臺尤甚。於是呂梁河澀，明年復故。三十九年，河決狼矢溝在州東二十里，塞之。明年，又決三山在州東南二十里，灌睢甯諸處，出白洋小河，復合正河。尋塞之。四十四年，復決狼矢溝，由蛤、蝘、周、柳等湖蛤湖、蝘湖與周湖、柳湖俱在邳州西北入泇河出直口直河口也，詳見邳州，復與黃會，既而復故《河防考》：萬曆十七年，河臣潘季馴築長、塔二山長堤，中建石壩，以防狼矢溝之決。其地卑窪，河往往仍從此潰溢。是年，漕臣陳薦檄開武河等口，泄水平溜，既而決口淤，河復故道。天啟三年，河決徐州青田、大龍口，尋塞之《河防考》：青田等口俱在州東南三十餘里。先是，河決靈壁雙溝，至是復決於此。徐、邳、靈、睢、黃河並淤，呂梁城南隅陷，沙高平地尺許。雙溝決口亦滿。上下一百五十里，盡成平陸。浚塞兼舉，乃復舊。四年，黃水大漲，灌州城，乃遷州治于雲龍山。而靈壁縣亦大河所經也大河在縣東北五十餘里。隆慶四年，河決縣西北之雙溝《河渠考》：嘉靖末，河漲徐州上下，茶城至呂梁兩崖束山，河不得下，又不得決。至是乃自雙溝而下，北決油房、曹家、青羊諸口，南決關家、曲頭集、馬家淺、閻家、張擺渡、王家、房家、白浪淺諸口，凡十一處。支流既散，幹流遂微。乃淤邳州匙頭灣以東八十里，而河又一變。河臣潘季馴浚治，故道旋復。萬曆十七年，河又決雙溝單家口。四十二年，河決靈壁縣之陳鋪，決口旋淤，河流復故。天啟元年，河決雙溝黃鋪，水由永姬湖在睢寧縣境出白洋、小河口，仍與黃會白洋河見宿遷縣。故道湮涸，復築塞之。

又東南經睢寧縣北，邳州城南。

大河在睢寧縣西北五十里。隆慶四年，河決睢甯之曲頭集曲頭集、王家口、馬家淺、新安集一帶，皆縣西北境之要口也，尋築塞之，而邳州尤大河之襟要也大河在州城南二里。城北有沂河，從山東沂州界南流，逕城下，分東西流，南入大河。又州西北有泇河，亦自山東嶧縣界流入境，會沂水入於河。隆慶六年，邳州河決是年，河決靈壁縣境內大河北岸栲栳灣，連邳州界。先是，河決雙溝、曲頭集諸處，自睢甯白狼淺至宿遷小河口，淤百八十里。河臣翁大立請開泇河以避淤，又請開蕭縣河以殺河流。至是復申前議，潘季馴以爲不可。萬恭亦言：泇口限嶺阻石，不可開。乃專治徐、邳河，分築南北兩堤。北堤起徐州磨臍口，迄邳州直河。南堤起徐州東南梨林鋪，迄宿遷小河口。各延袤三百七十里，於是河復故道。萬曆二年，河決邳州是年，決州東婁兒莊等數口，尋築塞之。三年，邳州河溢是時河決崔鎮，逆灌邳、徐。既而潘季馴浚塞之，河復舊道。十七年，季馴于河南岸睢寧界上築羊山至土山橫堤以防橫溢，河益安流。三十二年，泇河成而黃、運分爲兩途矣。

又東逕宿遷縣南，又東經桃源縣北。

大河在宿遷縣南十里，東流爲小河口，睢水入大河之道也睢水在縣東南十餘里。又縣東南三十餘里有白洋河，舊皆爲大河旁溢之道。萬曆六年，河臣潘季馴築歸仁集堤於此，今詳見運河。又東經桃源縣城北。縣西北三十里曰崔鎮口。隆慶五年，河決於此，運河淺阻時淮決高堰而南，河亦決崔鎮而北，桃源、清河之間河道遂塞。萬曆六年，河臣潘季馴始修塞之季馴築遙堤于河北岸，又于崔鎮以東徐昇、季泰、三汊諸處俱築減水石壩，以防橫溢之水，而于河南岸築馬廠坡堤，以防大河南溢入淮，由是縣無水災。二十六年，於縣境開新河，分導黃河入海，既而復塞《河防考》：萬曆十六年，科臣王士性建議，於縣東三汊鎮分導大河入清河縣治北老黃河故道，又引而東，從顏家河至赤晏廟下大河入海。常居敬以爲自三汊入清河縣界大概淤平，故河不可復問。清河縣東北數里有訾家營，西北正迎淮口。議開支河，分引河流東入於草灣河，出赤晏廟，復歸大河，庶爲近便。潘季馴以爲非是，遂中止。二十四年，黃、淮漲溢，河臣楊一魁主分黃導淮之説，因於桃源開黃壩新河，自縣東十里黃家嘴起，至安東縣北五港灌口，分泄黃河入海，令毋得盡入淮。從之。既而復塞。

又東南經清河縣南，而淮河來合焉。

大河在清河縣治南一里，淮河自西南來合焉。縣當淮、黃交會之衝，形勢特重。《志》云：黃河經流，即泗水舊道也泗水亦名南清河，縣因以名。縣西三十里，有三汊河口。泗水至此，分爲大小二清河。大清河逕縣治東北入淮，俗訛爲老黃河，今堙。其小清河在縣治西，南入淮，即今之清口也。天下之喉吭，清口實司之矣。

又東經淮安府城北，又東經安東縣南，而入於海。

河、淮合流經淮安府城北五里。明永樂十四年，平江伯陳瑄經理漕渠，于北河南岸淮人謂黃河爲北河，淮河爲南河，亦曰外河，而漕河爲裏河築堤四十餘里。自是常修築之。隆慶三年，河溢。自清河抵淮安城西，淤三十餘里，決方、新二壩二壩在府城西北三十里，清江浦堤之東。出海，平地水深尺余是時寶應湖堤崩，山東莒、郯諸處皆水溢，從沂河、直河灌入邳州，人民墊溺。四年，淮決高堰在府西南四十里，詳見淮河。河決崔鎮見桃源縣，橫流四溢，連年不治。萬曆六年，河臣潘季馴培高堰以障淮水之東，塞崔鎮以防大河之北，而黃、淮復合先是隆慶五年，漕臣王宗沐亦築高堰諸處。萬曆三年，仍復潰溢，至是始稱安流矣。是時，亦增築清江浦、新城及缽池山、柳浦灣迤東堤岸柳浦迤東四十里爲高嶺。又二十里戴百戶營。是時皆接築長堤，自清江浦而東，凡百三十餘里，稱爲完固。十四年，河決范家口在府城東北。水灌淮城，全河幾奪。又決天妃壩即清江浦口舊壩也。詳見漕河，淤福興等閘，尋塞治之。二十三年，河、淮決溢，邳、泗、高、寶諸處，皆患水災。按臣牛應元言：治河在闢清口浮沙，次疏草灣下流草灣河，詳淮安府。達伍港灌口見安東縣，廣其途入海。治淮在開周家橋，達芒稻河入江，詳見淮河。河臣楊一魁亦議先分黃，次導淮。分黃則開黃家嘴新河在桃源縣，分泄黃水。導淮則辟清口積沙數十里，又于高堰旁若周家橋、武家墩稍引淮支流分入江海，水患稍息。天啟元年，河決王公堤堤在清江浦北岸，逼鄰大河。《志》云：自淮安西門外抵清江浦約三十里，內外二河僅隔一堤，相距不過尋丈。王公堤勢最危急，二瀆南徙，衝刷日甚。捲埽堤壩，不可不密也。《河渠考》：天啟元年，淮安淫雨連旬，黃、淮暴漲數尺。淮安、山陽之裏河，則決王公祠、楊家廟、清江浦、磨盤莊、謝家墩、鳳、直二廠等處，外河則決安樂鄉、顏家莊、張家窪、高堰、武家墩諸處，清河則決龍王廟、徐家路諸處。惟時水灌淮安、新聯二城，小民蟻城而居，裏、外河，清河一帶匯成鉅浸。郡守宋統殷等力塞王公堤，患始殺焉。三年，復決磨盤莊在城西二十餘里。蓋淮郡爲漕、淮、黃綰轂之口也。而安東城在黃、淮北岸，海口漸近，上流無壅水，自奔趨以赴海矣。

考大河之流，自漢至今，流移變異，不可勝紀。然孟津以上，則禹跡宛然。以海爲壑，則千古不易也。由孟津而東，由北道以趨於海，則澶、滑其必出之途。由南道以趨於海，則曹、單其必經之地。衝澶、滑必由陽武之北，而出汲縣、胙城之間。衝曹、單必由陽武之南，而出封丘、蘭陽之下。此河變之托始也。由澶、鄆而極之，或出大名，歷邢、冀，道滄、瀛以入海。或歷濮、范，趨博、濟，由濱、棣以入海。由曹、單而極之，或溢巨野，浮濟、鄆謂濟甯、東平，挾汶、濟以入海。或經豐、沛，出徐、邳，奪淮、泗以入海。此其究竟也。要以北不出漳、衛，南不出長淮，中間數百千里，皆其縱橫糜爛之區矣。又自古大河深通，獨爲一瀆。今九河故道既湮滅難知，即歷代經流，亦填淤莫據。大抵決而北則掩漳、衛，決而東則侵清、濟，決而南則陵淮、泗。昔人謂河不兩行，余謂自漢以來河殆未嘗獨行矣丘氏以宋熙寧十年，黃河南徙，一合南清河入淮，一合北清河入海，爲黃河入淮之始。此殆未詳考耳。先是真宗咸平三年，河浮巨野入淮。天禧十年，河合清水、古汴東入於淮。又太宗太平興國八年，河決滑州，東南流，至彭城入淮。更遠而漢武帝元光中，河決瓠子，通於淮、泗。然則河之趨於淮也舊矣。獨是合淮三百年而不變者，唯有近時耳。

漢賈讓言：堤防之作，近起戰國，壅防百川，各以自利。齊與趙、魏以河爲竟，趙、魏瀕山，齊地卑下，作堤去河二十五里，河水東抵齊堤，則西注趙、魏。趙、魏亦爲堤去河二十五里，雖非其正，水尚有所遊蕩。時至而去，則填淤肥美，民耕田之。或久無害，稍築室宅，遂成聚落。大水時至湮沒，則更起堤防以自救，稍去其城郭，排水澤而居之，沉溺自其宜也。今堤防陿者去水數百步，遠者數里，此皆前世所排也。今徙冀州之民當水衝者，放河使北入海。此功一立，河定民安，千載無患，謂之上策胡氏謂昔人上策，大抵迂遠不經，是矣。若乃多穿漕渠于冀州地，使民得以溉田，分殺水怒，據堅地作石堤，北行三百餘里入漳水中，旱則開東方下水門溉冀州，水則開西方高門分河流，民田適治，河堤亦成，謂之中策。若乃繕完故堤，增卑倍薄，勞費不已，數逢其害，此最下策。

北魏鄭偕言：水之湊下，浸潤無間。九河通塞，屢有變更，不可一準古法，皆循舊堤。何者？河決瓠子，梁、楚幾危。宣防既建，水還舊跡。十數年間，戶口豐衍。又決屯氏，兩川分流。東北數郡之地，僅得支存。及不通靈鳴，水由一路。往昔豐腴，十分病九，邑居凋雜，墳井毀滅。良由水去渠狹，又不開瀉。衆流壅塞，曲直乘之所致也。至若量其逶迤，穿鑿溝澮，分立堤堨，所在疏通。預決渠路，令無停蹙，隨其高下，必得地形。土木參功，務從省便。使地有金堤之堅，水有非常之備，鉤連相注，多置水口，從河入海，遠邇經通，潤其境鹵，泄此陂澤。九月農罷，量月計工。十月昏正，立匠表度。縣遣能工，麾畫形勢。郡發明使，籌察可否。審地推岸，辨其脈流。樹板分崖，練厥從往。別使案驗，分佈是非。遐睇川原，明審通塞。當境修治，不勞役遠。終春自罷，未須人功。即以高下營田，因於水陸。水種秔稻，陸藝桑麻。必使室有久儲，門豐餘積。斯實上策禦災之方，亦爲終古井田之制已上大概論水門之利。

宋歐陽修言：河本泥沙，無不淤之理。淤澱之勢，常先下流。下流淤高，水行不快，上流乃決，此其常勢。然避高趨下，水之本性。故河流已棄之道，自古難復。決河非不能力塞，故道非不能力復。不久終決於上流者，由故道淤高，水不能行也已上論舊河不可復。

蘇轍曰：黃河之性，急則通流，緩則淤澱。既無東西皆急之勢，安有兩河並行之理？

任伯雨曰：禹之治水，不獨行所無事，亦未嘗不因其變而導之。蓋河流混濁，泥沙相半，流行既久，迤邐淤澱。則久而必決者，勢也。惟因其所向，寬立堤防，約攔水勢，使不至大段漫流而已已上論防河。

元歐陽玄曰：治河一也，有疏、有浚、有塞，三者異焉。釃河之流，因而導之，謂之疏。去河之淤，因而深之，謂之浚。抑河之暴，因而扼之，謂之塞。疏浚之別有四：曰生地，曰故道，曰河身，曰減水河。生地有直有紆，因直而鑿之，可就故道。故道有高有卑，高者平之以趣卑。高卑相就，則高不壅，卑不豬。慮夫壅生潰，豬生堙也。河身者，水雖通行，身有廣狹。狹難受水，水益悍，故狹者以計闢之。廣難爲岸，岸善崩，故廣者以計禦之。減水河者，水放曠則以制其狂，水隳突則以殺其怒。治堤一也，有創築、修築、補築之名。有刺水堤，有截河堤，有護岸堤，有縷水堤，有石舡堤。治埽一也，有岸埽、水埽，有龍尾、攔頭、馬頭等埽。其爲埽臺及推卷、牽制、薶掛之法，有用土、用石、用鐵、用草、用木、用杙、用絙之方。塞河一也，有缺口，有豁口，有龍口。缺口者，已成川。豁口者，舊常爲水所豁，水退則下于堤，水漲則溢出於口。龍口者，水之所會，自新河入故道之潨也。凡水工之功，視土工爲難。中流之功，視河濱爲難。塞十丈之口，視百丈爲尤難。北岸之功，視南岸爲難也已上論治水法。

明徐有貞曰：平水土在知天時、地利、人事。天時既經，地利既緯，人事乃究。夫水之性，可順以導，不可逆以湮。河自雍而豫，出險固，之平衍，勢已濫肆。又由豫而兗，土益疏，水益肆。決潰之患，勢不能已。新渠既移，故渠隨淤。措畫之法，惟宜首疏水勢，勢平乃治其決，決止乃浚其淤。

潘季馴曰：水以海爲壑，海口外壅，則河身內潰季馴嘗言：上決而後下壅，非下壅而後上決。是故草灣開而西橋故道淤，崔鎮決而桃、清以下塞，崔家口決而秦溝遂爲平陸。然壅與決相因，其初必由壅而決，其繼則由決而益壅也。議者欲以浚海爲上策，不知大河入海之處，潮汐往來，人力難以施工。然舊口皆係積沙，水力自能衝刷，故海無可浚之理。惟導河以歸之海，則以水治水，導河即浚海之策也。然河非專以人力導也。欲順其性，先懼其溢。惟繕治堤防，俾無旁決，則水由地中，沙隨水去，治堤即導河之策也。若治堤之法，有縷堤以束其流，有遙堤以寬其勢，又有滾壩以泄其怒。水雖横暴，以三者預爲之防，自足以無患。又曰：河之性宜合不宜分，宜急不宜緩。合則流急，急則蕩滌而河深。分則流緩，緩則停滯而沙淤。此以堤束水，借水攻沙，爲以水治水之良法，切要而不可易也季馴嘗言：水分則勢緩，勢緩則沙停，沙停則河淤。尺寸之水，皆由沙面，止見其高。水合則勢猛，勢猛則沙刷，沙刷則河深。尋丈之水，皆由河底，止見其卑。築堤束水，以水攻沙，不旁溢於兩旁，則必深刷於河底。又曰：欲疏下流，先固上源。欲遏旁支，先防正道。築塞似爲阻水，不知力不專則沙不刷，阻之乃所以疏之也。合流似爲益水，不知力不盛則沙不滌，益之乃所以殺之也季馴嘗言：治河者無一勞永逸之功，惟有補偏救弊之策。不可有喜新炫奇之智，惟當收安常處順之休。毋持求全之心，苛責於責難之事。毋以束濕之見，強制於叵測之流。毋厭已試之規，遂惑於道聽之説。循兩河之故轍，守先哲之成謨，所謂行所無事者與。

考自古及今治河之説，亦紛如矣，然終未有奇策秘計也。其稍異者，亦曰移河而北，載之高地耳。夫宋人回河而東，爲千古之誚。今遽欲回河而北，不復蹈其前轍乎？或曰：別穿漕渠，無藉於河，河必無如我何。夫漕渠縱無藉於河，河可任其横決乎？淮、濟諸州之民何罪，而盡委之谿壑乎？且自《禹貢》以至於今，大河常爲轉輸之道，置河而言漕，不猶因噎而廢食乎？或曰：棄地以畀河，使遂其遊蕩。夫九州之內，莫大於海。乃舍其歸宿之地，而於都邑閭井間別求一貯水之壑，此更不通之論也。然則治河者將如何？曰人事修舉而已矣。所謂人事者，疏也，浚也，堤也，塞也，無不可用也。上流利用疏，暴漲利用疏。漢桓譚《新論》曰：河水濁，一石水，六斗泥。而民競引溉田，令河不通利，至三月桃花水至則決，以其噎不利也。可禁民勿復引河，此即後人河不兩行之佐證也。賈讓以多開水門爲中策，而説者非之謂河流不常，與水門每不相值，或並淤漫之。且旱則河水已淺，難於分溉。潦固可泄，而西方地高，水安可往，似矣。然今榆林、寧夏以西皆引河灌溉，有沃饒之利。誠上流多爲支分，稍殺其悍激之勢，未必非利也。至漫溢四出之日，浚塞之功，茫然莫措，於是多爲派別，平其氾濫，而後隨宜致功，軌之於正。疏可偏廢乎？歸流宜用浚，農隙水涸時宜用浚。河出險就平，中土曠衍。孟、鞏而東，曾無崇山鉅陵爲之防，重陂大澤爲之節。惟恃河身深闊，庶幾順流無阻，安可不察其湮障，急爲蕩滌？又北方土厚，水流迅直，霜降水涸，往往曾不容舠，及伏秋淫潦，百川灌輸，澒洞之勢，一瀉千里。使不於淺涸無事時預爲經理，使深廣如一，忽然奔潰，而後圖之，其有濟乎？河流散漫宜用堤，地勢卑薄宜用堤堤有遙、直、逼、曲四種之分。蓋河性易遷，任其浸淫，無以約之，則變且不測。堤以束之，使順堤直趨，無從旁溢。所謂因其勢而爲之防，非逆其流而爲之障也。若其沙土疏薄，形勢卑窪，則必當規其遠近，隨其平險，多方以制其侵齧，禦其奔衝。若以勞費爲虞，是厝火於積薪之下也。故道當因則新口宜塞，正流欲利則旁支宜塞。歐陽子謂故道不可復，亦謂故道之湮滅難返者耳。若源流未改，而忽以一時之衝溢，遂棄舊道於不問，將隨其決裂，何所抵止。又水之横潰，多在上流。惟下流淤，然後上流潰；亦必上流緩，然後下流淤此上流謂近海口之上流。近海之處，正當厚其力而速其勢，不當多爲之途以弱其力也如草灣河、新黄河之類，非治河勝策也。所謂塞亦可用者，非乎？要以與時變通，因端順應，本之以己饑己溺之心，揆之於行所無事之智，河未必終於不可治也夫《宋志》：黄河隨時漲落，故舉物候爲水勢之名。自立春之後，東風解凍，河邊人候水。初至凡一寸，則夏秋當至一尺，頗爲信驗，謂之信水。二月桃花始開，冰泮雨積，川流猥集，波瀾盛長，謂之桃花水。春末蕪菁花開，謂之菜花水。四月末，壟麥結秀，擢芒變色，謂之麥黄水。五月瓜實延蔓，謂之瓜蔓水。朔野之地，深山窮谷，固陰沍寒，冰堅晚泮。逮乎盛夏，消釋方盡，而沃蕩山石，水帶礬腥，並流於河。故六月中旬後，謂之礬山水。七月菽豆方秀，謂之豆花水。八月菼薍花開，謂之荻苗水。九月以重陽紀節，謂之登高水。十月水落安流，復其故道，謂之落槽水。十一月、十二月斷冰雜流，乘寒復結，謂之蹙凌水。水信有常，率以爲准。非時暴漲，謂之客水。其水勢：凡移谼横注，岸如刺毀，謂之劄岸。漲溢逾防，謂之抹岸。埽岸故朽，潛流漱其下，謂之塌岸。浪勢旋激，岸土上隤，謂之淪卷。水侵岸逆漲，謂之上展，順漲，謂之下展。或水乍落，直流中忽屈曲横射，謂之徑窗。水猛驟移，其將澄處，望之明白，謂之拽白，亦謂之明灘。湍怒略渟，勢稍汩起，行舟值之多溺，謂之薦浪。水退淤澱，夏則膠土肥腴，初秋則黄滅土，頗爲疏壤，深秋則白滅土，霜降後皆沙也。

右今大河。

又 卷一二七《川瀆四·淮水》 淮水在泗州城南一里。淮之南岸，去盱眙縣城北二里。兩城相距凡七里，自昔爲淮流衿束之處，戰守所必資也。汴水自河南境流經泗城東而合于淮汴水，詳河南大川，亦謂之汴口。宋時以此爲漕運要衝，今惟涓流可辨耳。由泗城而東三十里，龜山峙焉山見盱眙縣。淮流至此，乃盤折而北。又二十餘里，而洪澤、阜陵、泥墩、萬家諸湖環匯於淮之東岸，淮水漲溢，恒在於此。泗州逼淮而地下，故侵陵之患，每不能免也《唐志》：貞元八年，淮水溢，沒泗州城。又《宋志》：開寶七年，淮水溢，入泗州城。咸平四年，復溢。天聖四年，又溢。景祐三年，作外堤以衛淮水，高三十有三尺。自是患稍弭。歐陽修云：泗州之患，莫暴於淮。是也。元大德十一年，淮水溢入南門，深七尺餘。明正德十二年，泗州水患尤劇。萬曆十九年，泗州大水，淮水泛溢，高於泗州城，溺人無算，浸及祖陵。蓋淮之患，未有不首被於泗者。

又《漢水》 漢水在襄陽府城北。漢江北岸，即古樊城也。夾江對峙，爲古今之形勝，南北之要膂。有事戰守者必資於此。漢建安中，關羽圍于禁于樊城，會沔水泛溢三丈有餘，羽乘水急擊，遂克之。自古襄陽倚樊城爲固，而樊城恃漢水爲險也。《志》云：漢水重濁，與大河相似，襄陽實當其衝，爲患最劇。自唐以來皆築堤繞城以防潰決，故有襄陽大堤之稱。明正統、嘉靖間，兩被漂溺，皆以大堤廢損故也。惟修築舊址，倍高且厚，襄城庶恃以無恐。自襄陽以下，漢水益折而南，凡百二十里而經宜城縣東漢水西去縣四里。又南，入承天府界。

又南經安承天府城西，又南逕荊門州東。

漢水自宜城縣南流，凡百七十里而至承天府城西。府控臨津流，爲南北衝要。江沔有事，此亦必爭之地也。而濁流齧決，最爲可虞。嘉靖末，曾被其患，不可不預爲備《實録》：嘉靖四十四年，府境支河盡塞，而下流竹筒河復淤。下滯上圮，漂溺不可勝紀。竹筒河，在沔陽州北。又南流四十里而經荊門州東境州東去漢水八十餘里，漢江至此，復漸折而東矣。

又東南經潛江縣北，又東經景陵縣南，沔陽州北。

漢水在潛江縣西北四十里，又東南經縣北而入景陵縣境。北去縣百里，南接沔陽州亦百餘里。《志》曰：漢水由荊門州界折而東，大小群川咸匯焉。勢盛流濁，浸淫蕩決，爲患無已。而潛江地居汙下，遂爲衆水之壑。一望彌漫，無復涯際。漢水經其間，重湖浩淼，經流支川，不可辨也。蓋漢水爲湖北之害，而襄、郢二州爲甚。潛江又承襄、郢之委流，當漢江曲折回合之處，瀦爲大澤，勢不能免矣。而景陵、沔陽，又潛江之委流也。今沔陽四境惟湖陂連亙幾數百里，皆爲漢水所匯。蓋漢水性曲，往往十里九灣。語曰：勁莫如濟，曲莫如漢。郢、沔之間，波流回蕩，自必瀦爲藪澤。小民見填淤之利，復從而堤防之。爲民牧者，又不講于節宣之宜、疏瀹之理，歲月之間，苟幸無事。大水時至，則委之洪濤中耳。童承敘明人，撰《沔陽州志》曰：漢水至濁，與江湖水合，其流必澄。故常填淤，而沮澤之區因成沃壤。民漸芟剔，墾爲阡陌。又因其地之高下，修堤防以障之。大者輪廣數十里，小者十餘里，謂之曰垸。其不可堤者，悉棄爲萊蕪。昔時垸必有長，統丁夫，主修葺。其後法久弊滋，修不以時。垸愈多，水愈迫，客堤益高，主堤益卑，故水至不得寬緩，湍怒迅激，勢必衝齧，主堤先受其害，客堤隨之氾濫洶湧，悉爲鉅浸矣。

考均州以上，漢水發源未遠，故潰決常少。漢川以下，漢水入江已近，故橫溢鮮聞。惟襄陽以迄于沔陽，上流既遠，而衆流日益，入江尚遙，而地勢愈卑，漢水氾濫其中，如潰癰然，不可不察其病而圖其方矣。

天下之水，大河而外，重濁而善決者，在北則漳與沁又桑乾、滹沱兩河經太行而東出，自高趨下，流濁勢急，故潰決亦常見，在南則漢。漳附衛入海，而後漳水之決少；漢附江入海，而後漢水之決少。沁本濁而又併入於河，故河之決最多。或謂河合於淮，藉淮以刷河，而河庶幾可治。然淮終非河敵也，又安能使河之不至於決哉？

又卷一二九《川瀆六・漕河》 漕河自揚州府以達于淮安，所謂南河也。洪武九年，命揚州修高郵、寶應湖堤六十餘里，以捍風濤時老人柏叢桂奏置湖堤，因命知州趙原督民夫修築。既而叢桂又言：寶應自槐角樓抵界首，沿湖堤岸，屢修屢圮，民苦役無已。請開寶應直渠。從之。就湖外穿渠，南北四十里，築長堤與渠等，引水於內，以便舟楫。休民力，免沉溺，時以爲利。宣德七年，平江伯陳瑄築高郵、寶應氾光、白馬諸湖長堤，以便牽輓堤下皆置涵洞，互相灌注。成化八年，河臣王恕請治揚州至淮安湖塘，造閘礎，引塘水接濟運河是時恕以揚州一帶河道止藉高郵、邵伯等湖兩水接濟，河身高於湖面，湖水消耗，則河不能行舟。因議浚深河身，並嚴防近湖居民決水溉田，使湖得儲水以濟運，蓋時勢不同矣。弘治二年，戶部侍郎白昂以高郵西甓社湖漕舟經此往往覆溺，觸岸輒壞，乃奏開複河於故堤東，以避其患，亙四十餘里，賜名康濟河。正德十六年，管河郎中楊勖請修築寶應越河，不果。嘉靖三年，郎中陳胤賢奏稱：寶應西氾光湖，運船入湖三十餘里。湖堤舊基俱是土石築成，僅高河面三尺許。堤西湖身高，堤東田勢下，唯賴一堤以障水。且西有天長、六合、泗州諸水乘高而下，一遇淫潦，即時彌漫。加以黄河水漲，又由淮口横奔，數年水患不時。非惟運糧有妨，而寶應、鹽城、興化、通泰諸境民田渰沒，饑荒隨至。此江北第一患也。請照康濟河事例，於湖堤迤東修築運河一道，庶可免風波之患。復不果。五年，御史戴金請浚高、寶一帶堤下久壅河道。十七年，漕臣周金奏修寶應一帶堤岸。隆慶四年，淮決高堰見前淮水，高、寶湖堤崩壞。五年河臣萬恭奏修治平水諸閘。其略曰：高、寶諸湖周遭數百里，西受天長七十餘河，秋水灌湖，徒恃百里長堤。若障之使無疏泄，是潰堤也。以故祖宗之法，遍置數十小閘於長堤之間，又爲令曰：但許深湖，不許高堤。故以淺船淺夫取河之淤，厚湖之堤。夫閘多則水易落而堤堅，浚勤則湖愈深而堤厚。意至遠也。比年畏修閘之勞，每壞一堤，即堙一閘。歲月既久，諸閘盡堙，而長堤爲死障矣。畏浚淺之苦，每湖淺一尺，則加堤一尺。歲月既久，湖水捧起，而高寶爲盂城矣恭又曰：湖漕弗堤，與無漕同。湖堤弗閘，與無堤同。陳平江置減水閘數十於長堤間，令丁夫以時啓閉。湖溢則瀉之以利堤，湖落則閉之以利漕，完計也。積久而減水故跡不可復得，湖駸駸且沉堤矣。今大治平水閘，閘欲密欲狹。密則水疏無脹悶之患，狹則勢緩無齧決之虞。于高郵設六，江都設四，寶應設八，山陽設二。復有民自設者，曰民閘。因禮泰山祠而願設者，曰靈應閘。皆從平水之制，上之灌輸無恙，下之膏腴旱澇有備。因而勿壞，公私百世之利也。萬曆三年，淮復決高堰，高、寶堤壞，山陽、興、鹽一帶，悉爲鉅浸《河漕考》：是年，高郵西堤決清水潭及丁志口諸處。四年，漕臣吳桂芳修復高郵西湖老堤，改挑康濟越河，並築中堤老堤即洪武九年所築。弘治中，白昂於堤東越民田三里鑿康濟河，通餉避湖，謂之東堤。其捍隔民田者，爲中堤。中堤之中，有田數十萬頃，謂之圈田。後圈田渰沒，老堤傾圮。至是修復老堤，傍老堤爲越河。廢東堤，改築中堤，以便牽挽云。八年，決高郵城南敵樓之北，堤南上河田廬皆沒。又決寶應之黃浦，尋築塞之。十二年，科臣陳大科等請挑寶應、氾光等越河三十六里，置南北閘二座，以避湖險。從之。河成，賜名弘濟後以南北閘水湍溜損船，改爲平水閘。十三年，修築高郵護城堤漕臣王宗沐檄郎中許應逵修砌高郵護城堤西北杭家嘴、小湖口堤，各數百丈。又寶應界首三里湖堤，亦稱險地，並築治之。十九年，淮、湖大漲，決揚州邵伯湖堤及高郵中堤《河漕考》：是年，淮、湖衝決邵伯湖淳家灣石堤，又決邵伯鎮南小壩、椿板工二處。又決高郵中堤朱家墩、清水潭二處。郎中黃日謹等築塞之。二十一年，淮、湖復漲，壞高、寶諸堤《河漕考》：是年，淮、湖溢決高郵南北中堤及魏家舍等處大小二十八口，長百餘丈。湖水漫過西老堤，衝決東堤，又決寶應六淺潭堤二十九丈。郎中沈季文等築塞之。六淺，在縣南十里，曰白田淺。二十三年，高郵中堤復決。河臣楊一魁等分導淮流，患稍弭。詳見淮瀆。二十八年，河臣劉東星檄開邵伯及界首鎮越河避湖險東星檄郎中顧雲鳳等開邵伯越河長十八里。又挑界首鎮越河十餘里，各建南北金門石閘二座。其邵伯越河又建減水石閘一座，舟行者便之。三十年，高郵北關小閘口潰，旋塞之。四十一年，漕臣陳薦檄開寶應南北月河《河漕考》：是年，薦檄郎中何慶元等開寶應弘濟河北月河一道，長百三十丈。南月河一道，長百五十丈。又建近湖西堤八淺、九淺滾水石壩二座。先是弘濟河南北二閘，每遇夏秋淮水漲發，二閘不及吞吐，舟行覆溺。至是水溜遂平。八淺曰白馬淺，在縣北十里。九淺即黃浦淺也。四十七年，復修高郵城西石堤河臣王佐檄行郎中徐待聘修高郵西門窯港口迤南石工凡數里。是年，浚界首鎮南北淤河。天啓二年，寶應西堤一淺等處爲風浪衝卸一淺亦曰子嬰溝淺，復築治之。三年，修高郵中堤及浚界首運河。又修築邵伯石堤，人以爲便《漕河考》：高郵中堤長亙四十餘里，歲久不修，夏秋水漲，農田被潦，因築南北金門二閘，以爲障，艚由外湖，每遭覆溺，至是修築。而界首運河迤北一帶，當高、寶接界處，每歲淺淤。市滑擅淺剝之利，私阻官浚。至是察其弊，大加撈浚，重運無阻。又邵伯湖一帶風浪拍堤，行舟往往觸石覆溺，亦更加修治。而露筋廟湖口石堤，從水中疊土築砌，長百六丈，爲牽挽之利。《輿程記》：自揚州而北十五里，曰揚子灣一名灣頭。灣頭北五里曰高廟。又十五里曰東西灣，又十里即邵伯驛。又北三十里，曰邵伯驛亦曰邵伯鎮。其西爲邵伯湖。湖堤有一淺、二淺諸處，爲湖心衝要。萬曆十七年，河臣潘季馴修築石堤幾二千丈以備之，自是而西北湖泊相連，風波殊險。又三十五里，曰烈女廟俗稱露筋廟。自邵伯而北十里地名三溝。又十里曰腰鋪。又十五里至露筋廟，爲湖波衝激之處。有露筋廟闕口，漕舟憚之。又三十里，至高郵州。繞城西而北，一望彌漫，皆大湖也康濟河在焉。舊有東中西三堤，今有西堤、中堤，漕舟出其間。又北二十里，曰清水潭地形卑窪，每爲湖波衝齧。又西北數里，有朱家墩、丁志港諸處，皆萬曆中決潰處也。又北十五里，曰張家溝有巡司。又北二十五里，曰界首驛亦曰界首鎮。又北十里，曰子嬰溝溝西接運河，東連潼河，入於廣洋湖。淮湖灌溢藉此旁泄。有子嬰鋪。又十里有氾水閘，又五里爲瓦店閘。又十里即槐角樓矣。又三十里，爲槐角樓亦曰槐樓鎮，湖波頽洞，濱堤爲險。又二十里，至寶應縣，環城三面，重湖浩淼城南爲清水湖，西北接氾光、白馬諸湖。萬曆十二年，越河成。自城西北至槐角樓以南長三十六里，即舊堤爲西堤。而別堤其東，引水注之，舟行其中。又築滾水三壩於兩堤間，水漲則注于支河，由射陽、廣洋湖以入於海。又北二十里，曰黃浦亦湖流決齧處也。萬曆十七年，河臣潘季馴以黃浦水多傍潰入湖，致淮安新閘一帶流緩沙渟，乃築西土堤數里，以束漕水。又北十里，曰涇河首受漕河，東達射陽湖。萬曆二十三年，河臣楊一魁開涇河以泄淮水之橫溢，即此，而入淮安府界《志》云：寶應、山陽以黃浦爲界，自涇河而北十里曰平河橋。又三十里至楊家廟，又十里即淮安府城。此皆運艘必經之地，不可少有間阻者也。淮、揚南北統計三百有十里，爲輸輓噤喉之地。然漕之治否，由於諸湖之節宣得宜。而諸湖之治否，又由於淮、黃之分合無阻。嘉、隆以來，高、寶之間，載胥及溺矣。說者曰：欲開閘洞，先浚支河。欲浚支河，先通海口。

此亦救弊之善策歟？

又北經淮安府城南，西折而入於淮，又北出以入於河。

漕河在淮安府城南。永樂十四年，平江伯陳瑄疏浚故沙河，置閘通舟，謂之清江浦《河渠考》：初，漕至淮安，悉從府東北車盤過壩入淮，逆水行六十里。至是瑄因宋喬維岳所開沙河舊渠益加疏治，置閘通舟，又於新城東西置五壩，引湖水繞城，抵壩口。遇清口淤塞，運船從城東經城東北仁、義二壩入淮，官民商船從城西經城西北禮、智、信三壩入淮，人以爲便。今詳見淮安西三十里之新城。今自城而西十五里曰板閘本名移風閘，後改。萬曆五年，漕臣吳桂芳等增築山陽運堤，自板閘至黄浦長七十餘里。又增建興文閘于府城南十里。又十五里，曰清江閘分司主事駐此，俗謂此爲清江浦。又十五里曰福興閘舊閘在清江閘西五里，去通濟閘二十里。萬曆六年，河臣潘季馴改建于壽州廠適中之地，即今閘也。又十里曰通濟閘舊名新莊閘，亦曰天妃閘，與清河口對岸。嘉靖末，濁流填淤，因改置通濟閘于浦南三里溝。隆慶中，河臣萬恭復開天妃閘以通運。萬曆六年，河臣潘季馴奏移置通濟閘于甘羅城東，去新莊舊閘不及一里。河口斜向西南，以避黄趨淮。因議廢新莊舊閘，建壩閘內，爲車盤入淮之道。其舊置五壩，信壩以近淮城，係黄河埽灣，久廢。仁、義二壩，原共一口出船，亦係黄河埽灣，又與清口閘相鄰，恐有意外衝漫，不復修復，止將禮、智二壩修復，與新莊舊閘爲車盤三壩。十四年，河決天妃壩，淤福興閘，乃築塞之。《河渠考》：初，陳瑄創鑿清江浦一帶，以通黄、淮兩河。而黄流甚濁，恐至淤澱。乃設天妃等閘遞相啟閉，以時節宣。時將入伏，閘外即築軟壩，一應船隻，俱從五壩車盤。九月水落，復開壩由閘。二百餘年，皆因其制。後漸廢弛。天妃閘全納濁流，舟行阻滯。乃改置閘於三里溝，以避黄就淮。隆慶五年，河臣萬恭言：舊道天妃口入黄河，穿清河，半晌耳。嗣緣黄河水漲，逆入天妃口，而清江口多淤，議者乃塞天妃口，開新河以接淮河，蓋以避黄水之淤耳。及伏秋黄水發，則西擁淮流數十里，並灌新開河，未嘗不淤也。又使運艘迂八里淺滯始達於清河，孰與出天妃口之便且利哉？因復開舊閘，既而啟閉不時，淤塞益甚。萬曆五年，開朱家口，引清水灌之，僅可通舟。六年，潘季馴乃改建通濟閘，專向淮水，用清避濁。五六月間黄水盛發，慮其逆上，仍築軟壩，隨時啟塞。申嚴舊制，運道賴以無阻。閘口即清江浦口，爲漕河入淮之處。稍折而北，乃爲清口，即黄淮合會處也。《河漕考》明艾南英合輯：景泰七年，河灌新莊閘口至清江浦三十餘里，淤淺阻漕，命浚治之，尋復舊。隆慶四年，淮決高堰，河決崔鎮見桃源縣，漕河漲溢。萬曆三年，高堰、崔鎮復決，山陽以南，匯爲鉅浸。五年，漕臣吳桂芳等增築山陽運堤，築清江浦南堤以禦湖水，增河岸以禦黄、淮。六年，河臣潘季馴復築高堰長堤，修清江浦北岸迤東長堤，而漕大治。十四年，河決天妃壩，尋塞之。天啟元年，山陽裏河、外河、清河俱溢決數處，水灌淮城詳見大河。三年，山陽外河謂淮河決乾溝、新河乾溝，在清江浦西南，新河即永濟河也，西湖決馬湖閘、月壩等處西湖，即管家湖。馬湖閘、月壩，俱在府西南二十里清江浦南岸，尋築塞之。四年，浚新河起自府城南十里楊家廟，西至武家墩文華寺止，幾七十里，旋浚正河時正河淺淤，因先浚新河以通回空漕舟，而次浚正河以行重運，又修築護城堤以防水患城南築包家圍、洋信港諸處，城西築西湖嘴至許家閘諸處。説者曰，漕河要害莫甚於清江口一帶，倘南河水發謂淮河，必奔入浦口，衝閘決堤，漫湖壞壩。決而北，則掃河頭、湖嘴諸市而入北河，決而南則出高家堰，席捲湖蕩，破諸涵洞。包家圍以南，必且爲沮洳之區矣。倘北河水發，不衝齧北河堤岸，亦必注南河，破運道，氾濫于高家堰一帶。然此猶南北獨漲之患也。倘兩河並溢，則上至清河、邳、宿，下至高、寶、興、鹽，且蕩然一壑耳。《淮志》《淮安府志》，明陳文燭修云：平江伯創挑運河，開清江浦口。其法全仗水平，清江口自新莊閘而下，因其高卑，遞爲五閘五閘或曰舊通濟閘，原在新莊、福興之間，旋廢。故福興、新莊相去至二十餘里，潘季馴因而改置也。板閘而下，南抵瓜、儀，堤湖鑿渠，置閘設洞，水各相平，以時蓄泄。又慮河溢則南侵漕，於是堤北河南岸長四十餘里以護漕河，而石甃雞嘴雞嘴壩，一名順水壩，於草灣對岸之衝以護堤。慮淮漲則北侵漕，於是築漕南之高家堰，長二十六里餘，以護漕河，而甃磚洞于高卑有辨之界以護堰。一防北河黄流入口，不免泥淤，因詳爲閘壩之制。一防各閘啟閉無時，不免淺涸，因嚴其啟放之規。法至密也。其後日就廢弛。不究水平法度，不審壩閘利病，何怪淮之日卻，而南河亦乘之同注于漕渠哉《漕河議》：淮安城南漕渠之西，有涇河，有管家西南諸湖。湖滿則入漕渠，渠東岸堤自城南包家圍至寶應界，可六十里，有涵洞、有平水閘。水滿則過閘入洞。洞外有溝，接受閘洞餘水，會諸圳洫，不妨田疇，且資灌溉。與涇河並橫亙而東，並入射陽湖，薄鹽城石䃀口入海。又郡城之東，有澗河，有馬邏、建義諸港。中間各有田疇，各有溝洫。或順澗河，或順諸港，各入射陽湖，由廟灣暨鹽城縣北出捍海塘以入海，此亦疏導壅閼之一法也。【略】

漕河在州城東北。自州北以達於臨清，所謂泉河也汶、泗之水與諸泉匯流而成川，故曰泉河，亦曰閘河。其舊道自梼栳灣而西北十五里至房村，又十里至呂梁洪，舊稱懸流千仞處也。今鐫鑿屢施，無復嵯岈之患矣詳見徐州。又二十里曰黄鐘集，又十五里曰樊家店，又七里曰狼矢溝萬曆中，河屢決於此。今詳見大河及徐州境內。又十八里，至百步洪。峭石驚湍，險與呂梁相埒，今亦鏟鑿就平詳見徐州。

然上流決潰，漕舟經此輒有淺澀之虞嘉靖十九年，河決睢州，二洪涸。兵部侍郎王以旂開蘭陽李景高口以濟運，上言：漕河初開，原不資于大河。後因黃河屢被衝決，曹、單、豐、沛、魚臺數十年間氾濫彌漫，因其勢而曲爲宣防。故徐、呂二洪亦賴濟運。然魯橋以下諸閘及昭陽湖泊多被淤塞。今河漸南徙，舊決各口俱已乾塞。惟存野雞岡、孫繼口二處，亦係舊渠，導河支流直出徐州小浮橋，徑下徐、呂二洪。比之往年出自豐、沛、魚臺等處，絕不相同，與諸閘無干，可免淤塞之患。若令本口多開一溝，常借三分支流使歸渠內，則二洪得以通行無阻矣。其後二洪益至淺涸，河流亦復遷徙。萬曆二十五年，河決單縣黃堌口，入河南夏邑、永城界，二洪復涸。河臣楊一魁亦言：國家運道原不資于河，全河初出亳、壽之郊，以不治治之，故歲無治河之費。其後全河漸決入運，因遂資其灌輸。五十餘年，久假不歸。又日築垣而居之，涓滴不容外泄。於是濁沙日淤，河身日高。上遏汶、泗，則鎮口受淤，魚、滕被侵。下壅清、淮，則退而內瀦，盱泗爲魚。以至頻河沒溺，歲運飄流，甚至侵及祖陵。而當事者猥以運道所資，勢不能卻之他徙。臣謂宜改弦易轍，但用小浮橋股引之流及節宣汶、泗、沂、兗之水，已足濟運。正不必殫力決塞，以回全河也。既而二洪益涸，河患無已。乃復挽黃流，疏徐、邳運河。蓋自徐、呂二洪至清河五百四十里，重運出其間，欲僅以汶、泗餘波濟之，必不得之數矣。又二里，出州城東北大浮橋在舊城東北三里，本名萬會橋，今去新遷州城五里許。又西北二十里，至秦梁洪。又十里，至茶城，舊爲北接閘河之口大河舊道，從城東北隅小浮橋合運。嘉靖末，河益徙而北，小浮橋漸淤，遂自茶城接於閘河。《河漕考》：徐州北三十里有秦溝，正與茶城對衝。戚家港一帶，水勢湍溜，自河入秦溝濟運，往往覆溺漕舟。因另開河北岸塔山支河以行舟，後復淤，因開內華等閘。隆慶六年，河臣朱衡言時河決邳州，運道阻，衡奉命浚徐、邳河：茶城以北，防黃河之決而入；茶城以南，防黃河之決而出。故自茶城至邳州、宿遷，高築兩堤，宿遷至清河，盡塞決口。蓋防黃河出，則正河淤也。自茶城、秦溝口至豐、沛、曹、單，皆接築溲水舊堤。蓋防黃河入則漕渠淤也。二處告竣，則沛縣窯子頭在沛縣東南三十里至秦溝口，應築堤捍禦。從之。萬曆十六年，潘季馴言：河水濁而強，汶、泗清而弱，交處則茶城也。水漲沙停，水落沙去，全在閘禁嚴明，啟閉以時。所謂建閘易，守閘難也《河漕考》：萬曆九年，中河郎中陳瑛以茶城口逼近黃流，水發則倒灌茶城，沙停易淤，因移河口於茶城東八里，創建古洪、內華二閘，黃漲則閉閘避淤，黃退則啟閘衝刷。十六年，科臣常居敬復于古洪閘東南二里餘增築鎮口閘，去河愈近，衝刷益易。十七年，河臣潘季馴議以鎮口、古洪以東多傍山麓，以西一望平曠，濁河經流，更無堤防，黃水出岸，橫截閘河，腹心受病。因于塔山支河接築縷堤一道。而牛角灣，即茶城舊運渠也，又築壩一道，東接塔山，西接長堤，凡二里許。又以壩地本係河身，因于壩南舊縷堤支將軍廟起，東接塔山，築長堤以衛之，黃流始無從逸入。是時季馴復請開小浮橋舊河，議者謂自歸德丁家道以東舊河多成平陸，小浮橋去古洪三十餘里，難以濟運，遂寢。三十四年，復開小浮橋河由故道。又十里，曰梁境閘其地有境山，因名。《輿程記》：境山北二十里，曰黃家閘。又十餘里，曰皮溝閘。又九里，即留城矣。《漕河記》：運河自茶城北出臨清，舊有七十二淺。新河開後，悉爲通渠。惟茶城爲黃運交會間，正值運盛時，黃水淺，高下不相接，是以有茶城黃家閘之淺，因復設境山閘以節宣之。又三十里，至留城，接沛縣境。嘉靖四十四年，黃河橫決，絕漕河入昭陽湖，氾濫而東詳見大河。運道大阻。遣工部尚書朱衡浚治，衡奏開新河，自留城北至南陽閘，凡百四十一里有奇新河在舊河東三十里，舊河自留城以北十二里，曰謝溝閘。又十里，曰下沽頭閘。又北五里，曰中沽頭閘。又五里，爲上沽頭閘。又七里，爲金溝閘。又十里，至沛縣。又北三十里，曰廟道口閘。又北十八里，爲湖陵城閘，入魚臺縣界。而沛縣東北有昭陽湖及沙、薛諸水，皆入金溝閘，注於運河。初，嘉靖七年，河決曹、單，侵沛北，逾漕入昭陽湖。沙泥聚壅，運道大阻。河臣盛應期請于昭陽湖左別開新渠，北起姜家口，南至留城百四十餘里，以通漕舟。而廷臣胡世寧亦言，宜於昭陽湖東岸滕、沛、魚臺、鄒縣地方之中，地名獨山、新安社諸處，別開一河，南接留城，北接沙河口二處舊河，以爲運道，而以昭陽爲河流漫散之區，所謂不與水爭地也。從之。功未畢，爲異議所阻。至是河流變異，運道悉皆淤塞。朱衡謂運道之利，莫如應期所開之地，乃上言：自古治河，惟欲避害。今之治河，兼資其利。河流出境山之北，則閘河淤。出徐州之南，則二洪淤。惟出自境山，至徐州小浮橋四十餘里間，乃兩利而無害。自黃河橫流，碭山郭貫樓支河皆已淤塞。河從華山分爲南北二支，南出秦溝，正在境山以南五里許。此誠運河之流也。惟北出沛西及飛雲橋，逆上魚臺，爲患甚大。今議者多以復故道爲言，其不可有五：自新集至兩河口皆平原高阜，無尺寸故道可因，郭貫樓至龍溝一帶頗有河形，又係新淤，無可駐足，一也。河流由新集，則商丘、虞城、夏邑受之。由郭貫樓，則蕭、碭受之，今改復故道，則魚、沛之禍，復移蕭、碭，二也。黃河西注華山，勢若建瓴，欲從中鑿渠挽水南向，必當築壩，爲力甚難，三也。曠日持久，四也。工費告匱，五也。惟宜廣開秦溝，使下流通行，修築長堤，以防奔潰。從之。及新河成，引鯰魚諸泉、薛河、沙河注其中壩。三河口築馬家橋堤，遏水俱入于秦溝，而橫流始殺。三河口諸處，見滕縣及沛縣境。運河通利。浚舊河自留城至境山之南，凡五十三里有奇一作留城至赤龍潭，凡五十三里。《河渠考》：隆慶元年，河衝濁河雞爪溝，從徐入洪，繼而山水暴發，淤新河三河口。朱衡于薛河則築王家口、豸里溝等壩，開支河引水，由呂孟湖出地浜溝西南入運河。於沙河則築皇輔等壩，開支河引水，會趙溝等泉而入獨山湖注運河。凡新河之爲閘九，其利建閘屬北河，而珠梅以南八閘屬夏鎮。又減水閘凡二十，壩十有三。薛河口石壩一，南陽河石堤三十餘里。又開支河凡八，旱則資以濟漕，澇則泄之昭陽。而運道盡通，所謂夏鎮河也。三年，河溢豐、沛間。衡復自城東北二十餘里開回回墓河，上通昭陽湖口、陵城河口以泄漲水。既而河臣翁大立開鴻溝廢渠，亦自昭陽東出留城，爲節宣之利云。今自留城而北十三里，曰馬家橋閘自閘而北五里有百中橋。又十里曰西柳莊閘一名蕭縣閘，西去沛縣四十里。又五里曰滿家橋閘，又五里曰夏鎮閘有夏鎮城分司駐焉，在縣東北四十里，萬曆三十三年，泇河成。漕由直河而西北至夏鎮，始合於正河，不復出徐、沛東矣。自夏鎮而北，又六里曰楊莊閘舊名楊家樓閘，在縣東北四十三里。《河漕考》：楊莊閘東北即薛河壩，又北即沙河壩，所謂沙河口也。西北去滕縣五十里。又北即山東魚臺縣境。【略】

漕河自東平州戴家淺閘西北十五里，至安平鎮，即古張秋也東北至東阿縣六十里，西南至壽張縣五十餘里。正統十三年，河決滎陽而東，衝張秋，潰沙灣沙灣在壽張縣東北三十里，當張秋之南。命廷臣石璞及王永和等修塞，弗克。景泰三年，沙灣復決《河渠考》：時決潰沙灣東堤大洪口，濟、汶諸水皆從之入海，會通河遂淤。漕運艱阻，命都御史徐有貞治之有貞言：大河東決，沙灣東大洪口適當其衝。於是決而奪濟、汶入海之路以去。諸水從之而泄，渠隤堤淤，澇則溢，旱則涸，此漕途所由阻。然欲驟堙，則隤者益隤，淤者益淤。今請先疏上流，水勢平，乃治決。決止，乃浚淤。多爲之方，以時節宣，庶幾有成。從之。有貞爲廣濟渠以疏決河渠首起張秋，西南行九里至濮陽濼。又九里至博陵陂，又六里至壽張沙河。又八里至東、西影堂，又十五里至白嶺灣，又三里至李堆，又西上二十里，至竹口蓮花池。又三十里至大豬潭，乃逾范暨濮。又上而西凡數百里，經澶淵以接河、沁。有貞以河、沁之水過則害，微則利。乃節其過而導其微，用平水勢。渠成，賜名廣濟渠。張秋之閘曰通源閘。設九堰，以堰河流之旁出而不順者，水遂不東衝沙灣，更北以濟運矣。大豬潭，一作大伾潭，漕復通利時有貞既治決河，乃浚漕渠。由沙灣北至臨清凡二百四十里，南至濟寧凡三百十里，復建閘於東昌之龍灣、魏灣者凡八。水漲則開而泄之，皆導古河以入海云。弘治三年，河決原武，其支流自封丘決而東衝張秋。五年，張秋復決《河渠考》：是時，河自封丘荊隆口隤儀封黄陵岡，下張秋，入漕河，與汶水合而北流。七年，河復決張秋東堤，奪運河水東流，由東阿縣舊鹽河奔注於海，命都御史劉大夏塞之大夏議于山東、河南與北直大名接界處修整黄陵南北古堤，防河東注。疏曹、單間賈魯古河，導河盡南下徐沛，由淮入海。乃于張秋鎮南北各造滾水石壩，中砌石堤十餘里，仍疏引汶水接濟運河，萬一河再東決，壩可泄漲水，堤可捍衝流。或夏秋水溢，南邊石壩逼近上流，河口船隻不便往來，則于賈魯河或雙河口徑達張秋北下，且免濟寧一帶閘河險阻，尤爲便利。漕河復治。於是更名張秋堤曰安平鎮河防分司駐焉。自鎮而北十二里，爲荊門上下二閘。又十二里，爲阿城上下二閘。又十二里，爲七級上下二閘。又十五里，爲官窯口。又十里，曰周店閘荊門以下諸閘，俱屬陽穀縣界，而入東昌府界。【略】

漕河在臨清州城西。自州北以達于天津，皆衛河也。《志》云：漕河自清平縣戴家灣閘二十里，至雙淺鋪。又二十里，至州南三里之板閘。又北至城下曰新開上閘。稍北曰南板閘，爲北接衛河之口。閘河至此勢弱流緩，而衛河流濁勢盛，故於其間櫛比置閘，以防閘河之北出，又以防衛河之南溢也《漕河考》：閘河高而衛河下，此爲交合之處。每三四月間，雨少泉澀，閘河既淺，衛水又消。高下陟峻，勢若建瓴，節宣不可無術也。漕舟入衛河，始無啟閉之阻，安流以達天津矣。由臨清而北四十里，曰夏城窯一作油坊巡司。又北二十里，入夏津縣界，東北去縣四十里。又二十里，曰渡口驛。又三十里經武城縣城西，又東北五十里曰甲馬營有巡司，而接恩縣界。【略】

漕河在武清縣東三十五里。自天津衛以達於神京，皆白河之流也。亦謂之通惠河元人創開運道，自昌平州引神山諸泉，經都城至通州，合于白河。又南以至於天津，皆曰通惠河，今亦曰大通河。今自天津而西北十里，曰丁字沽。又十里，曰尹兒灣。又十里，曰桃花口。又十里，曰滿溝兒。又二十里，曰楊村驛潘氏曰：楊村以北，通惠之勢峻若建瓴，白河之流淤沙易阻，夏秋水漲則懼其潦，冬春水微則病其澀。浮沙之地，既難建閘以備節宣，惟有浚築之工耳。沿河兩堤如搬罾口、火燒屯、通濟廠、東耍兒渡口、黄家務、華家口、閻家口、棉花市、豬市口、觀音堂、蔡家口、桃花口以上堤岸，卑薄最甚，民居漕艘，被患不時。所當以時浚築，不可或忽也。又三十里，曰南、北蔡村。又十里，曰磚廠。又十里，曰黄家務。又十里，曰蒙村。又十里，曰白廟兒。又十里，曰河西務西南至武清縣三十里。又三十里，曰紅廟《里道記》：河西驛十五里，至王家擺渡口。又十里，至魯家渡。又五里，至紅廟。又十里，曰靳家莊。又十里，曰搬罾口。又十里，曰蕭家林。又十里，曰和合驛屬通州。又二十里至漷縣楊家莊。又二十里，至漷縣。又十里，則火燒屯也。自河西務以至通州張家灣，計百四十里。河狹水迅，路曲沙渟，凡五十有九淺云。

又北至通州之南，而輸於太倉。

漕河至州南十五里，曰張家灣。東南運艘，畢集於此。乃運入通州倉《里道記》：火燒屯而北七里，曰公雞店。又七里，曰沙孤堆。又六里，曰保運觀，亦謂之李二寺。又十里，即張家灣矣。自通州而西又四十五里，乃達於都城。則上流淺阻，置閘節宣，僅容盤運，非運艘直達之道矣詳見京師大通河。潘季馴曰：治河莫難於我朝，亦莫善於我朝。宋、元以來，惟欲避河之害，故賈讓不與河爭地之説爲上策。

自永樂以來，由淮及徐，藉河資運，欲不與之爭，得乎？此之謂難。然以治河之工而收治漕之利，漕不可一歲不通，則河不可一歲不治。一舉兩得，所謂善也。故宋、元以前，黄河或北或南，曾無定歲。我朝河不北徙二百餘年，此兼漕之利也。今欲別尋一道，遂置兩河於不治，則堯舜之時，氾濫於中國者，此河也。縱使漕運無阻，民可得而食乎？又曰：運河自瓜、儀至淮安，則資湖；自淮安至徐州鎮口閘，則資河；自鎮口閘至臨清板閘，則資汶、泗。河洚洞之水，患在澇；汶、泗涓涓之流，患在涸。固其堤使之可捍，深其渠使之可容，此治澇法也。湖以蓄之使不匱，閘以節之使可繼，此治涸法也。邵伯堤固而湖水無氾濫之虞，寶應堤成而閘口免回沙之積，高堰無傾圮之患則淮、揚免昏墊之災。淮河絕支岐之流，則清口有專攻之力；茶城、鎮口之閘建，深得重門禦暴之方；永通、通濟之閘增，自無長堤濟運之困；五湖堤界明，則汶、泗渟涵而不時之需可待。斗門閘壩設，則蓄泄有所而湖河之利相須。汶、泗趨而泉河易竭，故坎河大壩之關係匪輕；汶北注而南旺之東流必微，故何家一壩之利賴不少。至於捲築障埽，加幫卑薄，雖非一勞永逸之計，然亦每歲修防之必不可已者也夏允彝曰：漕河南盡瓜儀，北通燕薊，其間自昌平縣神山泉諸水，由西山貫都城，過大通橋，東至通州入白河者，大通河也。自通州而南至直沽，會衛水入海者，白水也。自天津而南，至臨清會閘河者，衛水也。閘河自南旺分流，北經張秋，至臨清會衛河，南至濟寧天井閘，會泗、沂、洸三水者，汶水也。自濟寧城東北出天井閘，與汶合南流，至南陽出夏鎮，每年俱于三月開彭壩入泇河，出直口入黄以濟重運。九月閉彭壩，由徐州大浮橋入黄南下者，泗、洸、沂並山東泉水也。自直河口至清口者，黄河也。自清口通淮南至儀真、瓜洲者，淮湖諸水也。王在晉曰：東南糧餉，由會通河而達京師，南北不啻數千里。總命曰漕河，其實有六：爲白漕，爲衛漕，爲閘漕，爲河漕，爲湖漕，爲浙漕。大抵水勢迴異，而治法亦各有緩急之殊。六漕之中，惟河漕、湖漕最急。河漕爲有源之水，而遷決靡定。湖漕爲無源之水，而衝齧可虞謝肇淛曰：漕河由廣陵而達淮安，爲南河。由黄河而達豐、沛，爲中河。由山東而達天津，爲北河。由天津而達張家灣，爲通惠河。之四者，天下之脈絡所關也。余毅中曰：國家定鼎燕都，轉漕吳楚，其治河也匪直祛其害而復資其利，故較之往代爲最難。然通漕於河，則治河即以治漕；會河於淮，則治淮即以治河。合河、淮而同入於海，則治河、淮即以治海，故較之往代亦最利。邇歲以來，横議滋起。有以決口爲不必塞，而且欲就決爲漕者，不知水分勢緩，沙停漕淤。雖有旁決，將安用之。無論沮洳難舟，田廬咸沼也。是索途於冥者也。有以縷堤爲足恃，而疑遙堤無益者，不知河挾萬流，湍激異甚。堤近則逼迫難容，堤遠則容蓄廣寬，謂遙不如縷，是貯斛於盂者也。有謂海口淺墊，須別鑿一口者，不知非海口不能容二瀆，乃二瀆失其注海之本體耳。使二瀆仍復故流，則海口必復故額。若人力所開，豈能幾舊口萬分之一。別鑿之説，是穿咽於胸者也。又有謂高堰築則泗州溢，而欲任淮東注者，不知堰築而後淮口通，淮口通而後入海順。欲拯泗患而訾堰工，是求前於卻者也。他如絕流而挑，方舟而浚，疏渠以殺流，引洫以灌溉，襲虚舊之談，而懵時宜之竅者，紛紛籍籍，載道盈廷。至於釣奇之士，則又欲舍其舊而新是圖，於是有泇、膠、睢三河之説焉。不知既治河而又別治漕，是以財委壑也。又有興復海運之説焉，不知歲用民賦而又歲用民命，是以民委壑也。是又不達于水可攻水之理耳。蓋黄河之性，合則流急，分則流緩。急則蕩滌而疏通，緩則停滯而淤塞。故以人力治之，則逆而難；以水力治之，則順而易。大都盡塞諸決，則水力合矣。寛築堤防，則衝決杜矣。多設減壩，則遙堤固矣。並堤歸仁，則黄不及泗矣。築高堰，復閘壩，則淮不東注矣。堤柳浦，繕西橋，則黄不南侵矣。修寶應之堤，浚揚、儀之淺，則湖捍而渠通矣。河身益深而河之赴海也順，淮口益深而淮之合河也切。河淮並力以推滌海淤，而海口之宣洩二瀆也易。此借水攻沙之明效也。若謂水馴於分，湧於合，恐其合而湧也，則堤址既遙而崩騰可悉，是寓分於合矣。若謂胡不用浚而純用築也，則築堅而水自合，水合而河自深，是藏浚於築矣。若謂胡不使黄、淮分背，而乃使淮助河勢，河扼淮勢也，則合流之後海口即大闢。蓋河不旁決，正流自深，得淮羽翼而愈深，是用淮於河矣。若謂河決爲天數，不可以人力強塞，故曰故道難復也。然既塞之後，河即安瀾，是全天於人矣。若謂胡不創築一渠而拘拘膠柱爲也，則二百年成規本無庸創，而自今復之，是兼創於守矣。若謂閘壩之復，行旅稍滯，然河渠既奠，而行旅益通，何便如之，是含速於滯矣。雖然，排河、淮非難，而排天下之異議難；合河、淮非難，而合天下之人情難。使非選擇明而任用專，何能奏難成之績哉？右漕河。

清　韓菼《有懷堂文稿》卷一二《擬策問五道》　問天人相與之際，蓋可畏矣。人事兆於下，則天表應於上。災異者，固盛世所宜有，而人君強勉之所起與，然滋懼矣。我皇上以沖齡嗣歷服，於天之不假易，蓋兢兢焉。乃即位以來，彗星見於翼軫及婁。歷十有三宿，京師地震，河北淮南水暴溢，侵廬舍，壞城郭。陝西元霜降，大雨雪，偃禾稼，殺人民。山東西大饑，人相食。江北旱蝗，都城墮陷十餘丈，下視水中若廬舍然，或訛言佛出，相驚恐。蓋五六年之間，變故多矣。我皇上飭躬齋精，思與海内更新，求直言，赦罪囚，已逋責，蠲租賦，發倉廩，賑貧窮，恤孤獨，停不時之繇，斥貪酷之吏，恩澤及民甚厚，所以偕大小臣工，修省闕失者甚至。乃入春以來，白氣亘天，長數丈，如疋練，灼爍有光。陝西益饑，民死相枕。河數潰徙，淮上州縣被水災，而畿輔亢旱不雨。五月癸卯，大白晝見，凡三日不滅。垂象著明，赫然可畏。夫變不虚發，緣感而起。厥咎何占，其應云何。何修何飭，而可使風雨節，寒暑時，年穀熟，星緯順序，川後循職，以幾于太和之盛。其悉意直陳。毋以讖緯亂經，毋以偏黨害公。將欲究天人之致，明治亂之極焉。

清　任啓運《清芬樓遺稿》卷一《請開北方水利疏》　伏見江南淮、徐、鳳、潁地方，水患異常，皇上憂勞特甚。其賑也，既動用常平倉，又動用封貯備公銀百數十萬，又將癸亥運京漕糧酌留，又借浙江、永濟二倉，又將山東漕撥濟，又諭河南、山東、江西、湖廣饑民入境，隨地安插留養，動用該處常平倉，計口均給。體恤之忱，無所不至。而二月上諭陂、塘、溝、洫之類，宜加意講求，俾除其害而收其益，已先事豫見。及七月上諭：兩江歷被水災，皆不善宣洩容納所致，務救目前之災荒，永除將來之水患。神明洞燭，誠堯、舜憂民之盛心也。皇上中和在躬，參贊位育，何以有是水災？臣反復思之，知天所大啟，必與之以大憂，堯、舜非有洚水，無以彰千古之大聖；禹、稷不假成平，無以顯千古之大功。蓋愚民可與樂成，難與慮始，昵目前之安，而與計後日之久，未有能從者也。故天欲爲一朝開至治，必震動其民而後可。因民之所甚苦，因民之所甚順而爲之。古語曰：『聖人不能爲時而能乘時。』豈非因禍而爲福，轉敗而爲功，固有特於大聖人哉？

臣，江南人也，常歷淮、徐，涉黄河以至京。又由直隸之真定、保安，抵山西之太原、大同，見沿黄河之地多苦水，而自直隸北境及山西，大抵土廣而人稀。江南二百四十步爲畝，山西千步爲畝，而田之歲入，不及江南之什一。竊嘗怪之，謂江、浙爲《禹貢》揚州之域，所稱『厥田下下』者也。而今蘇、杭饒沃甲天下，真定、保安、太原、大同，皆《禹貢》冀州之域，所稱『厥賦上上』者也，而今盡成磽确。則以江、浙之溝洫修，而民之耕耘亦盡其法，北土之溝洫不修，而號爲農者，亦鹵莽滅裂而不盡其道也。孔子稱禹之功曰：『盡力乎溝洫。』禹自序其績曰：『浚畎澮距川，決川距海。』畎者，田間水道，深廣盈尺耳，溝倍之，洫又倍之，澮則巨矣，川則多藉溪谷大水爲之，或高皋盡用人力開闢，若史所稱鄭渠、白渠亦是也。蓋五穀之性，無不藉水以滋，不特秫稻爲然，即麻、黍、菽、麥宜燥，亦未有久旱而不槁者也。故一區之中，亦必有畝有畎，畝以植穀，畎以利水，雨則由畎而溝而澮，以達之川，旱則由川戽之而澮而溝而升畎，以滋其畝。故川者，宣洩容納之大區也。今北土數千百里，無一溝洫，即所樹藝，亦無畎畝之分。當其旱，則立而槁；或數日雨，又浸而萎矣。此其害在田疇，而自雍、冀以逮淮、徐，數千里之水，悉注於一黄河，而河與漕亦受其病。河吏值水之盛，恐河之決，不得不稍有所泄，以殺甚怒，而濱河之地，亦因浸而屢告荒。然後知禹之兩言，千古治田之要，亦千古治河之要也。

議者或謂遷南民以開北土，庶南無人稠田少之憂，北無土廣人稀之患。但安土重遷，人之常情，孰肯舍鄉墓之安，而就磽确之地？即有願者，而道路之費，牛種之給，於何資焉？而今適有鳳、潁、徐、淮之水，其民四散遷流，河南、山東、湖廣、江西既可安插，直隸、山西何不可安插？且湖廣、江西亦苦人多田少，何如直隸、山西田多人少之可安插乎？此正因天因地之大時也。今被災州縣，極重自十月開賑，次重十一月，次十二月開賑，或六月至一月爲差。欽差及兩江督撫大臣，皆日夜焦勞，以稱明旨，但流民未盡歸，災民未可藝。臣愚以爲可因此時諭民，願以其家遷者，具明家口男女之數報官給引，使遷所過地方，如旨所諭：動用該處常平倉計口日給，自真定以北凡可留之地，有卑下者，即使開浚，如江南開土方法計工給食，以成大渠。大邑可安插千口，小邑半之，官從優敘。凡地之無糧者，聽民自占，於公項給牛種之資。至三年外，酌納租糧，使爲永業。流民既定，徐募蘇、杭、常、鎮民之精於農者，略如古力田之科，使爲田師，教民畎畝種植之詳，大抵一畝之渠，可濟十畝之旱潦，而五穀之入必豐，豐則民豔之，而願爲溝洫者必日衆，此轉瘠土爲沃壤之大機也。

其民欲復業而不肯遠遷者，則因今尚無可藝之地，先使大臣相古黄河入海及今海口爲黄河所宜宣洩之處，集民廣爲開浚，計工日給其直，寧優毋刻，寓役於賑。蓋饑民不可使之集而無所爲，聚則鬱蒸之氣生，無所聊賴，則言不及義，而行險徼幸之計作。此又爲民防患於未然，而即爲黄河他日之容納宣洩計者也。在《易》上經十二卦爲《否》，下經十二卦爲《益》，先儒謂《泰》《否》初變爲《損》《益》，《損》以持《泰》，《益》以救《否》，故《益》之四，自《坤》而上曰『利用爲依遷國』，言遷乃爲民之依；初自《乾》而下，曰『利用爲大作』，言可因是時立大功也。《彖》曰：『凡《益》之道，與時偕行。』則因今之時爲賑荒計，並爲溝洫河渠計，不亦可乎！夫爲流民計安全，一時之便計也。爲北土計灌溉，爲黄河計蓄泄，亦百年之長計也。

我皇上爲堯、舜之君，如神之志氣，有開必先，自督撫、卿貳以下，大小臣工，必有能實心任事者。伏惟皇上用《乾》之斷，體天之行，兼集群策群力而善行之，幸甚。

《清史稿》卷一二六《河渠志一·黄河》 中國河患，歷代詳矣。有清首重治河，探河源以窮水患。聖祖初，命侍衛拉錫往窮河源，至鄂敦塔拉，即星宿海。高宗復遣侍衛阿彌達往，西踰星宿更三百里，乃得之阿勒坦噶達蘇老山。自古窮河源，無如是之詳且確者。然此猶重源也。若其初源，則出葱嶺，與漢書合。東行爲喀什噶爾河，又東會葉爾羌、和闐諸水，爲塔里木河，而匯於羅布淖爾。東南潛行沙磧千五百里，再出爲阿勒坦河。伏流初見，輒作黄金色，蒙人謂金『阿勒坦』，因以名之。是爲河之重源。東北會星宿海水，行二千七百里，至河州積石關入中國。經行山間，不能爲大患。一出龍門，至滎陽以東，地皆平衍，惟賴隄防爲之限。而治之者往往違水之性，逆水之勢，以與水爭地，甚且因緣爲利，致潰決時聞，勞費無等，患有不可勝言者。

自明崇禎末李自成決河灌汴梁，其後屢塞屢決。順治元年夏，黄河自復故道，由開封經蘭、儀、商、虞，迄曹、單、碭山、豐、沛、蕭、徐州、靈壁、睢寧、邳、宿遷、桃源，東逕清河與淮合，歷雲梯關入海。秋，決溫縣，命內祕書院學士楊方興總督河道，駐濟寧。二年夏，決考城，又決王家園。方興言：『自遭闖亂，官竄夫逃，無人防守。伏秋汛漲，北岸小宋、曹家口悉衝決，濟寧以南田廬多淹沒。宜乘水勢稍涸，鳩工急築。』上命工部遴員勘議協修。七月，決流通集，一趨曹、單及南陽入運，一趨塔兒灣、魏家灣，侵淤運道，下流徐、邳、淮陽亦多衝決。是年孟縣海子村至渡口村河清二日，詔封河神爲顯佑通濟金龍四大王，命河臣致祭。明年，流通集塞，全河下注，勢湍激，由汶上決入蜀山湖。五年，決蘭陽。

七年八月，決荊隆朱源寨，直往沙灣，潰運隄，挾汶由大清河入海。方興用河道方大猷言，先築上游長縷隄，遏其來勢，再築小長隄。八年，塞之。九年，決封丘大王廟，衝圮縣城，水由長垣趨東昌，壞平安隄，北入海，大爲漕渠梗。發丁夫數萬治之，旋築旋決。給事中許作梅，御史楊世學、陳斐交章請勘九河故道，使河北流入海。方興言：『黄河古今同患，而治河古今異宜。宋以前治河，但令入海有路，可南亦可北。元、明以迄我朝，東南漕運，由清口至董口二百餘里，必藉黄爲轉輸，是治河即所以治漕，可以南，不可以北。若順水北行，無論漕運不通，轉恐決出之水東西奔蕩，不可收拾。今乃欲尋禹舊蹟，重加疏導，勢必别築長隄，較之增卑培薄，難易曉然。且河流挾沙，束之一，則水急沙流，播之九，則水緩沙積，數年之後，河仍他徙，何以濟運？』上然其言，乃於丁家寨鑿渠引流，以殺水勢。

是年，復決邳州，又決祥符朱源寨。戶部左侍郎王永吉、御史楊世學均言：『治河必先治淮，導淮必先導海口，蓋淮爲河之下流，而濱海諸州縣又爲淮之下流。乞下河、漕重臣，凡海口有爲姦民堵塞者，盡行疏濬。其漕隄閘口，因時啟閉，然後循流而上。至於河身，剔淺去淤，使河身愈深，足以容水。』議皆不果行。十一年，復決大王廟。給事中林起龍劾方興侵冒，上解方興任，遣大理卿吳庫禮、工科左給事中許作梅往按。起龍坐誣，復方興任。十三年，塞大王廟，費銀八十萬。

十四年，方興乞休，以吏部左侍郎朱之錫代之。是年決祥符槐疙疸，隨塞。十五年，決陽柴溝姚家灣，旋塞。復決陽武慕家樓。十六年，決歸仁隄。先是御史孫可化疏陳淮、黄隄工，事下總河。之錫言：『桃源費家嘴及安東五口淤澱久，工繁費鉅。且黄河諺稱「神河」，難保不旋濬旋淤，惟有加意修防，補偏救弊而已。』之錫陳兩河利害，條上工程、器具、夫役、物料八弊。又言：『因材器使，用人所亟。獨治河之事，非澹泊無以耐風雨之勞，非精細無以察防護之理，非慈斷兼行無以盡羣夫之力，非勇往直前無以應倉猝之機，故非預選河員不可。』因陳預選之法二：曰薦用，曰儲才。諳習之法二：曰久任，曰交代。又條上河政十事：曰議增河南夫役，曰均派淮工夫役，曰察議通惠河工，曰建設柳園，曰嚴剔弊端，曰釐覈曠盡銀兩，曰慎重職守，曰明定河工專職，曰申明激勸大典，曰酌議撥補夫役。均允行。

十七年，決陳州郭家埠、虞城羅家口，隨塞。康熙元年五月，決曹縣石香爐、武陟大村、睢寧孟家灣。六月，決開封黄練集，灌祥符、中牟、陽武、杞、通許、尉氏、扶溝七縣。七月，再決歸仁隄。河勢既逆入清口，又挾睢、湖諸水自決口入，與洪澤湖連，直趨高堰，衝決翟家壩，流成大澗九，淮陽自是歲以災告。二年，決睢寧武官營及朱家營。三年，決杞縣及祥符閻家寨，再決朱家營，旋塞。四年四月，河決上游，灌虞城、永城、夏邑，又決安東茆良口。

五年，之錫卒，以貴州總督楊茂勳爲河道總督。六年，決桃源煙墩、蕭縣石將軍廟，逾年塞之。又決桃源黄家嘴，已塞復決，沿河州縣悉受水患，清河衝沒尤甚，三汊河以下水不沒骭。黄河下流既阻，水勢盡注洪澤湖，高郵水高幾二丈，城門堵塞，鄉民溺斃數萬，遣官蠲賑。冬，命明珠等相視海口，開天妃、石闥、白駒等閘，毁白駒姦民閉閘碑。

八年，決清河三汊口，又決清水潭。副都御史馬紹曾、巡鹽御史李棠交章劾茂勳不職，罷之，以羅多爲河道總督。九年，決曹縣牛市屯，又決單縣譙樓寺，灌清河縣治。是歲五月暴風雨，淮、黄并溢，撞卸高堰石工六十餘段，衝決五丈餘，高、寶等湖受淮、黄合力之漲，高堰幾塌，淮陽岌岌可虞。工科給事中李宗孔疏言：『水之合從諸決口以注於湖也，江都、高、寶無歲不防隄、增隄，與水俱高。以數千里奔悍之水，攻一綫孤高之隄，值西風鼓浪，一瀉萬頃，而江、高、寶、泰以東無田地，興化以北無城郭室廬。他如淥陽、平望諸湖，淺狹不能受水。各河港疏濬不時，范公隄下諸閘久廢，入海港口盡塞。雖經大臣會閲，嚴飭開閘出水，而年深工大，所費不貲，兼爲傍海奸竈所格，竟不果行。水迂回至東北廟灣口入海，七邑田舍沈沒，動經歲時。比宿水方消，而新歲横流又已踵至矣。』御史徐越亦言高堰宜乘冬水落時大加修築。於是起桃源東至龍王廟，因舊址加築大隄三千三百三十丈有奇。臘後冰解水溢，沿河村舍林木剷刷殆盡。

十年春，河溢蕭縣。六月，決清河五堡、桃源陳家樓。八月，又決七里溝。以王光裕總督河道。光裕請復明潘季馴所建崔壩鎮等三壩，而移季太壩於黄家嘴舊河地，以分殺水勢。是歲，茆良口塞。十一年秋，決蕭縣兩河口、邳州塘池舊城，又溢虞城，遣學士郭廷祚等履勘。十二年，桃源七里溝塞。十三年，決桃源新莊口及王家營，又自新河鄭家口北決。十四年，決徐州潘家塘、宿遷蔡家樓，又決睢寧花山壩，復灌清河治，民多流亡。十五年夏，久雨，河倒灌洪澤湖，高堰不能支，決口三十四。漕隄崩潰，高郵之清水潭，陸漫溝之大澤灣，共決三百餘丈，揚屬皆被水，漂溺無算。上遣工部尚書冀如錫、戶部侍郎伊桑阿訪究利病。是歲又決宿遷白洋河、于家岡，清河張家莊、王家營，安東邢家口、二鋪口，山陽羅家口。塞桃源新莊。

十六年，如錫等覆陳河工壞潰情形，光裕解任勘問。以安徽巡撫靳輔爲河督。輔言：『治河當審全局，必合河道、運道爲一體，而後治可無弊。河道之變遷，總由議治河者多盡力於漕艘經行之處，其他決口，則以爲無關運道而緩視之，以致河道日壞，運道因之日梗。河水裹沙而行，全賴各處清水併力助刷，始能奔趨歸海。今河身所以日淺，皆由從前歸仁隄等決口不即堵塞之所致。查自清江浦至海口，約長三百里，向日河面在清江浦石工之下，今則石工與地平矣。向日河身深二、三、四丈不等，今則深者不過八九尺，淺者僅二三尺矣。河淤運亦淤，今淮安城堞卑於河底矣。運淤，清江與爛泥淺盡淤，今洪澤湖底漸成平陸矣。河身既墊高若此，而黄流裹沙之水自西北來，晝夜不息，一至徐、邳、宿、桃，即緩弱散漫。臣目見河沙無日不積，河身無日不加高，若不大修治，不特洪澤湖漸成陸地，將南而運河，東而清江浦以下，淤沙日甚，行見三面壅遏，而河無去路，勢必衝突內潰，河南、山東俱有淪胥沈溺之憂，彼時雖費千萬金錢，亦難剋期補救。』因分列大修事宜八：曰取土築隄，使河寬深；曰開清口及爛泥淺引河，使得引淮刷黄；曰加築高家堰隄岸；曰周橋閘至翟家壩決口三十四，須次第堵塞；曰深挑清口至清水潭運道，增培東西兩隄；曰淮揚田及商船貨物，酌納修河銀；曰裁併河員以專責成；曰按里設兵，畫隄分守。廷議以軍務未竣，大修募夫多，宜暫停。疏再上，惟改運土用夫爲車運，餘悉如所請。

於是各工並舉。大挑清口、爛泥淺引河四，及清口至雲梯關河道，創築關外束水隄萬八千餘丈，塞于家岡、武家墩大決口十六，又築蘭陽、中牟、儀封、商丘月隄及虞城周家隄。明年，創建王家營、張家莊減水壩二，築周橋翟壩隄二十五里，加培高家堰長隄，山、清、安三縣黄河兩岸及湖堰，大小決口盡塞。優詔褒美。十八年，建南岸碭山毛城鋪、北岸大谷山減水石壩各一，以殺上流水勢。二十年，塞楊家莊，蓋決五年矣。是歲增建高郵南北滾水壩八，徐州長樊大壩外月隄千六百八十九丈。

大修至是已三年，河未盡復故道，輔自劾。部議褫職，上命留任。二十一年，決宿遷徐家灣，隨塞。又決蕭家渡。先是河身僅一綫，輔盡堵楊家莊，欲東水刷之，而引河淺窄，淤刷鼎沸，遇徐家灣隄卑則決，蕭家渡土鬆則又決。會候補布政使崔維雅上《河防芻議》，條列二十四事，請盡變輔前法。上遣尚書伊桑阿、侍郎宋文運履勘，命維雅隨往。維雅欲盡毀減水壩，別圖挑築。伊桑阿等言輔所建工程固多不堅，改築亦未必成功。輔亦申辨『工將次第告竣，不宜有所更張』。並下廷議。因召輔至京，輔言『蕭家口明正可塞，維雅議不可行』，上是之，命還工。二十二年春，蕭家渡塞，河歸故道。明年，上南巡閱河，賜詩褒美。

二十四年秋，輔以河南地在上游，河南有失，則江南河道淤澱不旋踵。乃築考城、儀封隄七千九百八十九丈，封丘荊隆口大月隄三百三十丈，滎陽埽工三百十丈，又鑿睢寧南岸龍虎山減水閘四。上念高郵諸州湖溢淹民田，命安徽按察使于成龍修治海口及下河，聽輔節制。旋召輔、成龍至京集議。成龍力主開濬海口；輔言下河海口高內地五尺，應築長隄高丈六尺，束水趨海。所見不合，下廷臣議，亦各持一說。上以講官喬萊江北人，召問，萊言輔議非是。因遣尚書薩穆哈等勘議，還言開海口無益。會江寧巡撫湯斌入爲尚書，詢之，斌言海口開則積水可洩，惟高郵、興化民慮毀廬墓爲不便耳。乃黜薩穆哈，須內帑二十萬，命侍郎孫在豐董其役。時又有督修下河宜先塞減水壩之議，上不許。召輔入對，輔言南壩永塞，恐淮弱不敵黃強，宜於高家堰外增築重隄，截水出清口不入下河，停丁溪等處工程。成龍時任直撫，示以輔疏，仍言下河宜濬，修重隄勞費無益。議不決。復遣尚書佛倫等勘議，佛倫主輔議。二十七年，御史郭琇劾輔治河無績，內外臣工亦交章論之，乃停築重隄，免輔官，以閩浙總督王新命代之，仍督修下河，鐫在豐級，以學士凱音布代之。

明年，上南巡，閱高家堰，謂諸臣曰：『此隄頗堅固，然亦不可無減水壩以防水大衝決。但靳輔欲於舊隄外更築重隄，實屬無益。』並以輔於險工修挑水壩，令水勢回緩，甚善。車駕還京，復其官。三十一年，新命罷，仍令輔爲河督。輔以衰疾辭，命順天府丞徐廷璽副之。輔請於黃河兩岸值柳種草，多設涵洞，俱報可。是冬，輔卒，上聞，歎悼，予騎都尉世職。以于成龍爲河督。

越二年，召詢成龍曰：『減水壩果可塞否？』對曰：『不宜塞，仍照輔所修而行。』上曰：『如此，何不早陳？爾排陷他人則易，身任總河則難，非明驗耶？』三十四年，成龍遭父憂，以漕督董安國代之。明年，大水，決張家莊，河會丹、沁，偪滎澤，徙治高埠。又決安東童家營，水入射陽湖。是歲築攔黃大壩，於雲梯關挑引河千二百餘丈，於關外馬家港導黃由南潮河東注入海。去路不暢，上游易潰，而河患日亟。三十六年，決時家馬頭。明年，仍以成龍爲河督。三十八年春，上南巡，臨視高家堰等隄，謂諸臣曰：『治河上策，惟以深浚河身爲要。河底浚深，則洪澤湖水直達黃河，興化、鹽城等七州縣無汎濫之患，田產自然涸出。若不治源，治流終無裨益。今黃、淮交會之口過於徑直，應將河、淮之隄各迤東灣曲拓築，使之斜行會流，則黃不致倒灌矣。』

明年，成龍卒，以兩江總督張鵬翮爲河督。是歲塞時家馬頭，從鵬翮先疏海口之請，盡拆雲梯關外攔黃壩，賜名大清口；建宿遷北岸臨黃外口石閘，徐州南岸楊家樓至段家莊月隄。四十一年，上謂永定河石隄甚有益，欲推行黃河兩岸，自徐州至清口皆修石隄。鵬翮言：『建築石工，必地基堅實。惟河性靡常，沙土鬆浮，石隄工繁費鉅，告成難以預料。』遂作罷。四十二年，上南巡，閱視河工，製河臣箴以賜鵬翮。秋，移建中河出水口於楊家樓，逼溜南趨，清水暢流敵黃，海口大通，河底日深，黃水不虞倒灌。上嘉鵬翮績，加太子太保。四十六年八月，決豐縣吳家莊，隨塞。明年，鵬翮入爲刑部尚書，以趙世顯代之。四十八年六月，決蘭陽雷家集、儀封洪邵灣及水驛張家莊各隄。

六十年八月，決武陟詹家店、馬營口、魏家口，大溜北趨，注滑縣、長垣、東明，奪運河，至張秋，由五空橋入鹽河歸海。自河工告成，黃流順軌，安瀾十餘年矣，至是遣鵬翮等往勘。九月，塞詹家店、魏家口；十一月，塞馬營口。世顯罷，以陳鵬年署河道總督。六十一年正月，馬營口復決，灌張秋，奔注大清河。六月，沁水暴漲，衝塌秦家廠南北壩臺及釘船幫大壩。時王家溝引河成，引溜由東南會滎澤入正河，馬營隄因無恙。鵬年復於廣武山官莊峪挑引河百四十餘丈以分水勢。九月，秦家廠南壩甫塞，北壩又決，馬營亦漫開；十二月，塞之。

雍正元年六月，決中牟十里店、婁家莊，由劉家寨南入賈魯河。會鵬年卒，齊蘇勒爲總河，慮賈魯河下注之水，山盱、高堰臨湖隄工不能容納，亟宜相機堵閉，上命兵部侍郎嵇曾筠馳往協議。七月，決梁家營、詹家店，復遣大學士張鵬翮往協修，是月塞。九月，決鄭州來童寨民隄，鄭民挖陽武故隄洩水，並衝決中牟楊橋官隄，尋塞。是歲建清口東西束水壩以禦黃蓄清。二年，以嵇曾筠爲副總河，駐武陟，轄河南河務，東河分治自此始。六月，決儀封大寨、蘭陽板橋，逾月塞之。

三年六月，決睢寧朱家海，東注洪澤湖。明年四月，塞未竣，河水陡漲，衝塌東岸壩臺，睢寧、虹、泗、桃源、宿遷悉被淹，命兩廣總督孔毓珣馳勘協防，十二月塞。是月河清，起陝西府谷訖江南桃源。五年，齊蘇勒以朱家海素稱險要，增築夾壩月隄、防風埽，並於大溜頂衝處削陡岸爲斜坡，懸密葉大柳於坡上，以抵溜之汕刷。久之，大溜歸中泓，柳枝沾掛泥滓，悉成沙灘，易險爲平，工不勞而費甚省。因請凡河崖陡峻處，俱仿此行。六年，曾筠內遷禮部尚書，副總河如故，命署廣東按察使尹繼善協理江南河務。

七年，改河道總督爲江南河道總督，駐清江，以孔毓珣任，省副總河。以曾筠爲山東河道總督，駐濟寧。上以明臣潘季馴有每歲派夫加高隄身五寸之議，前靳輔亦以爲言，計歲費不過三四萬，下兩河總督議。毓珣等請酌緩急，分年輪流加倍，約歲需二萬餘金，下部議行。八年，毓珣卒，曾筠調督南河，田文鏡兼署東河總督。五月，敕建河州口外河源神廟成，加封號。是月，河清，起積石關訖撒喇城查漢斯。是歲決宿遷及桃源沈家莊，旋塞。以封丘荊隆口大溜頂衝開黑堈口至柳園口引河三千三百五十丈。十年，增修高堰石隄成。十一年，揀派部院司員赴南河學習，期以三年。授曾筠文華殿大學士兼吏部尚書，督南河如故，命兩淮鹽政高斌就習河務。曾筠旋遭母憂，斌署南河總督。

乾隆元年四月，河水大漲，由碭山毛城鋪閘口洶湧南下，隄多衝塌，潘家道口平地水深三五尺。上以下流多在蕭、宿、靈、虹、睢寧、五河等州縣，今止議濬上源而無疏通下游之策，則水無歸宿，下江南、河南各督撫暨兩總河委勘會議，並移南副總河駐徐州以專督率。旋高斌請濬毛城鋪迤下河道，經徐、蕭、睢、宿、靈、虹至泗州安河陡門，紆直六百餘里，以達洪澤，出清口會黃，而淮揚京員夏之芳等言其不便。明年，召斌詢問，斌繪圖呈覽，乃知之芳等所言失實，令同總督慶復確估定議，並將開濬有利無害，曉喻淮揚士民。初，斌疏濬毛城鋪水道，別開新口塞舊口，以免黃河倒灌。至三年秋，河漲灌運，論者多歸咎新開運口。斌言：『十月後黃水平退，湖水暢流，新淤隨溜刷去，可無虞淺澀。』四年，斌又言『上年清水微弱，時值黃水異漲，並非開新口所致』，而南人言者不已。上遣大學士鄂爾泰馳勘，亦言新口宜開。明年，黃溜仍南逼清口，仿宋陳堯佐法，製設木龍二，挑溜北行。

六年，斌以宿遷至桃源、清河二百餘里，河流湍激，北岸只縷隄六，並無遙隄，又內逼運河，將運河南岸縷隄通築高厚，作黃河北岸遙隄，更於縷隄內擇要增築格隄九。未成，斌調督直隸，完顏偉繼之。先是上以河溜逼清口，倒漾爲患，詔循康熙間舊迹，開陶莊引河，導黃使北，遣鄂爾泰會勘。議甫定，以汛水驟漲停工，斌亦去任。至是，完顏偉慮引河不就，於清口迤西、黃河南岸設木龍挑溜北走，引河之議遂寢。厥後四十一年，上決意開之，踰年工竣，新河直抵周家莊，會清東下，倒漾之患永絕。

七年，決豐縣石林、黃村，奪溜東趨，又決沛縣縷隄，旋塞。完顏偉調督東河，改白鍾山南河總督。初豐、沛決時，大學士陳世倌往勘，添建滾水石壩二於天然南北二壩處，以分洩水勢。十年，決阜寧陳家浦。時淮、黃交漲，沿河州縣被淹。漕督顧琮言：『陳家浦逼近海口，以下十餘里向無隄工，每遇水漲，任其散溢。若仍於此堵塞，是與水爭地，費多益少，應於上流築遙隄以束水勢。』事下訥親、高斌，仍議塞舊決口。十一年，鍾山罷，顧琮署南總河，建木龍三於安東西門，逼溜南趨，自木龍以上皆淤灘，化險爲平。十三年，琮調督東河，詔大學士高斌管南河事。斌以雲梯關下二套漲出沙灘，大溜南趨，直逼天妃宮辛家蕩隄工，開分水引河，並修補徐州東門外蟄裂石隄。琮亦以祥符十九堡南岸日淤，大溜北趨逼隄根，建南北壩臺，並於壩外捲埽籤樁。十六年六月，決陽武，命斌赴工，會琮堵築，十一月塞。十七年，上以豫省河岸大隄外有大行隄一，連接直、東，年久殘缺，在直隸者，令方觀承勘修，其山東界內，有無汕刷殘缺，令鄂容安查修。鄂容安言曹、單二縣大行隄大小殘缺三千四百三十丈，並加幫卑薄，補築缺口三百三十餘丈，疏濬隄南洩水河以宣坡水。

十八年秋，決陽武十三堡。九月，決銅山張家馬路，衝塌內隄、縷越隄二百餘丈，南注靈、虹諸邑，入洪澤湖，奪淮而下。以尹繼善督南河，遣尚書舒赫德偕白鍾山馳赴協理。同知李焞、守備張賓侵帑誤工，爲學習河務布政使富勒赫所劾，勘實，置之法。高斌及協理張師載坐失察，縛視行刑。是冬，河塞。

方銅山之始決也，下廷議，吏部尚書孫嘉淦獨主開減河引水入大清河，略言：『自順、康以來，河決北岸十之九。北岸決，潰運者半，不潰者半。凡其潰道，皆由大清河入海者也。蓋大清河東南皆泰山基脚，其道亙古不壞，亦不遷移。前南北分流時，已受河之半。及張秋潰決，且受河之全，未聞有衝城郭淹人民之事，則此河之有利無害，已足徵矣。今銅山決口不能收功，上下兩江二三十州縣之積水不能消涸，故臣言開減河也。上游減則下游微，決口易塞，積水早消。但河流湍急，設開減河而奪溜以出，不可不防，故臣言減入大清河也。現開減河數處，皆距大清河不遠。計大清河所經，只東阿、濟陽、濱州、利津四五州縣，即有漫溢，不過偏災，忍四五州縣之偏災，可減兩江二三十州縣之積水，並解淮、揚兩府之急難，此其利害輕重，不待智者而後知也。減河開後，經兩三州縣境，或有漫溢，築土埂以禦之，一入大清河，則河身深廣，兩岸堵築處甚少，計費不過一二十萬，而所省下游決口之工費，賑濟之錢米，至少一二百萬，此其得失多寡，亦不待智者而後知也。計無便於此者。』上慮形勢隔礙，不能用。

自銅山塞後，月隄內積水尚深七八尺至丈八九尺。上命於引河兜水壩南再開引河分溜，使新工不受衝激。二十一年，決孫家集，隨塞。明年二月，上南巡至天妃閘閱木龍。時鍾山調總南河，偕東河總督張師載言：『徐州南北岸相距甚迫，一遇盛漲，時有潰決。請挑濬淤淺，增築隄工，並堵築北岸支河，爲南北分籌之計。』制可。二十三年，命安徽巡撫高晉協理南河。秋七月，決竇家寨新築土壩，直注毛城鋪，漫開金門土壩。晉言：『土壩過高，阻遏水勢，以致壅決，不須再築。』上不許，並令開蔣家營、傅家窪引河仍導入黃。二十六年七月，沁、黃並漲，武陟、滎澤、陽武、祥符、蘭陽同時決十五口，中牟之楊橋決數百丈，大溜直趨賈魯河。遣大學士劉統勳、公兆惠馳勘，巡撫常鈞請先築南岸。上謂河流奪溜，宜亟堵楊橋，鈞言大謬，調撫江西，以胡寶瑔爲河南巡撫，並令高晉赴豫協理。十一月塞，上聞大喜，命於工所立河神廟。

三十年，上南巡，祭河神，閱清口東壩木龍惠濟閘。三十一年，決銅沛廳之韓家堂，旋塞。三十三年，豫撫阿思哈請以豫工節省銀加築隄岸，總河吳嗣爵言：『豫省河面寬，溜勢去來無定，旋險旋平，若將土埽劃爲成數，恐各工員視爲年例額支，轉啟興工冒銷之弊。』議遂寢。明年，嗣爵言：『銅瓦廂溜勢上隄，楊橋大工自四五埽至二十一埽俱頂衝迎溜。請於桃汛未屆拆修，加鑲層土層柴，鑲壓堅實。兩岸大隄外多支河積水，汛發時，引溜注隄，宜多築土壩攔截。』上俱可其奏。三十七年，東河總督姚立德言：『前築土壩，保固隄根，頻歲安瀾，已著成效。請俟冬春閒曠，培築土壩，密栽柳株，俾數年後溝槽淤平，可永固隄根。』上嘉獎之。

三十八年五月，河溢朝邑，漲至二丈五尺，民居多漂沒。三十九年八月，決南河老壩口，大溜由山子湖下注馬家蕩、射陽湖入海，板閘、淮安俱被淹沒，尋塞。四十一年，嗣爵言黃水倒灌洪湖、運河，清口挑挖引河恐於事無濟。會內遷，薩載署南總河，上命偕江南總督高晉勘議。晉等言：『臣晉在工二十餘年，歷經倒灌。惟有將清口通湖引河挑挖，使得暢流，匯黃東注，併力刷沙，則黃河不濬自深，海口不疏自治，補偏救弊，惟此一法。』又言：『清口西所建木龍，原冀排溜北趨，刷陶莊積土，使黃不逼清。但驟難盡刷，宜於陶莊積土之北開一引河，使黃離清口較遠，至周家莊會清東注，不惟可免倒灌，淤沙漸可攻刷，即圩堰亦資穩固，所謂治淮即以治黃也。』明年二月，引河成。上喜成此鉅工，一勞永逸，可廢數百年藉清敵黃之說，飭建河神廟於新口石壩，自製文記之。

四十三年，決祥符，旬日塞之。閏六月，決儀封十六堡，寬七十餘丈，地在諸口上，掣溜湍急，由睢州、寧陵、永城直達亳州之渦河入淮。命高晉率熟諳河務員弁赴豫協堵，撥兩淮鹽課銀五十萬、江西漕糧三十萬賑恤災民，並遣尚書袁守侗勘辦。八月，上游迭漲，續塌二百二十餘丈，十六堡已塞復決。十二月再塞之。越日，時和驛東西壩相繼蟄陷。遣大學士公阿桂馳勘。明年四月，北壩復陷二十餘丈。上念儀工綦切，以古有沈璧禮河事，特頒白璧祭文，命阿桂等詣工所致祭。四十五年二月塞。是役也，歷時二載，費帑五百餘萬，堵築五次始合，命於陶莊河神廟建碑記之。六月，決睢寧郭家渡，又決考城、曹縣，未幾俱塞。十一月，張家油房塞而復開。

四十六年五月，決睢寧魏家莊，大溜注洪澤湖。七月，決儀封，漫口二十餘，北岸水勢全注青龍岡。十二月，將塞復蟄塌，大溜全掣由漫口下注。四十七年，兩次堵塞，皆復蟄塌。阿桂等請自蘭陽三堡大壩外增築南隄，開引河百七十餘里，導水下注，由商丘七堡出隄歸入正河，掣溜使全歸故道，曲家樓漫口自可堵閉。上從其言。明年二月，引河成，三月塞。四十九年八月，決睢州二堡，仍遣阿桂赴工督率，十一月塞。

先是上念豫工連歲漫溢，隄防外無宣洩之路，欲就勢建減水壩，俾大汛時有所分洩，下阿桂及河、撫諸臣勘議。至是，阿桂等言：『豫省隄工，滎澤、鄭州土性高堅，距廣武山近，毋庸設減壩。中牟以下，沙土夾雜，或係純沙，建壩不能保固。至隄南洩水各河，惟賈魯河係洩水要路。經鄭州、中牟、祥符、尉氏、扶溝、西華至周家口入沙河。又惠濟係賈魯支河，二河窄狹淤墊，如須減黃，應大加挑浚，需費浩繁，非一時所能集事。惟蘭、儀、高家寨河勢坐灣，若挑濬取直，引溜北注，河道可以暢行。』上然之。五十一年秋，決桃源司家莊、烟墩，十月塞。明年夏，復決睢州，十月塞。十二月，山西河清二旬，自永寧以下長千三百里。五十四年夏，決睢寧周家樓，十月塞。五十九年，決豐北曲家莊，尋塞。

嘉慶元年六月，決豐汛六堡，刷開運河余家莊隄，水由豐、沛北注山東金鄉、魚臺，漾入昭陽、微山各湖，穿入運河，漫溢兩岸，江蘇山陽、清河多被淹。南河總督蘭錫第導水入藺家山壩，引河由荊山橋分達宿遷諸湖，又啟放宿遷十家河竹絡壩、桃源顧家莊隄，洩水仍入河下注，並於漫口西南挑挖舊河，引溜東趨入正河，繪圖以聞。上令取直向南而東，展寬開挖，俾溜勢直注正河，較爲得力。命兩江總督蘇凌阿、山東布政使康基田會勘籌辦。十一月，復因淩汛蟄塌壩身二十餘丈，時蘇凌阿按事江西，改命東河總督李奉翰赴工會辦。明年二月塞，加奉翰太子太保，調督兩江，兼管南河事。是年七月，河溢曹汛二十五堡。

三年春，壩工再蟄，奉翰自劾，遣大學士劉墉、尚書慶桂履勘，並責問奉翰等因循。墉等言漫口已跌成塘，晌届凌汛，請展至秋後興工。八月，溢睢州，水入洪澤湖。上游水勢既分，曹工遂以十月塞。明年正月，睢工亦塞。三月，以河南布政使吳璥署東河總督。璥言：『豫東兩岸隄工丈尺加增，而淤墊如故，病在豐、曹、睢疊經漫溢，雖塞後順軌安瀾，然引河不能寬暢，且徐城河狹，旁洩過多，遂成中梗。去淤之法，惟在束水攻沙，以隄束水。聞江南河臣康基田培築隄工，極爲認真，應令酌看堤埽情形，守護閘壩，宣洩有度，自可日見深通。』上命與基田商辦。八月，決碭汛邵家壩。十二月，已塞復滲漏，又料船不戒，延燒殆盡，基田奪職留工，調璥督南河，以河南布政使王秉韜爲東河總督，移東河料物迅濟南河。

五年冬，邵家壩塞。六年九月，溢蕭南唐家灣，十一月塞。八年九月，決封丘衡家樓，大溜奔注，東北由范縣達張秋，穿運河東趨鹽河，經利津入海。直隸長垣、東平、開州均被水成災。上飭布政使瞻住撫卹，復遣鴻臚卿通恩等治賑，兵部侍郎那彦寶赴工，會同東河總督嵇承志堵築。明年二月塞。

十年閏六月，兩江總督鐵保言：『河防之病，有謂海口不利者，有謂洪湖淤墊者，有謂河身高仰者。此三説皆可勿論。惟宜專力於清口，大修各閘壩，借湖水刷沙而河治。湖水有路入黃，不虞壅滯，而湖亦治。』上嘉其言明晰扼要。『至謂清水敵黃，所爭在高下不在深淺，所論固是，但湖不深，焉能多蓄？是必蓄深然後力能敵黃。俟大汛後，會商南河總督徐端，迅將高堰五壩，及各閘壩支河，酌量施工。』時有議由王營減壩改河經六塘河入海者，鐵保偕南河總督戴均元上言：『新河隄長四百里，中段漫水甚廣，急難施工，必須二三年之久，約費三四百萬。堵築減壩，不過二三月，費只二百餘萬。且舊河有故道可尋，施工較易。』上從之。十一年四月，兵部侍郎吳璥再督東河。六月，復置南副總河，降徐端爲之。七月，決宿遷周家樓。八月，決郭家房。先後塞之。

十二年六月，漫山、安馬港口、張家莊，分流由灌口入海，旋塞。七月，決雲梯關外陳家浦，分流強半由五辛港入射陽湖注海。十三年二月，陳家浦塞。鐵保等請復毛城鋪石壩、王營減壩，培兩岸大隄，接築雲梯關外長堤，及培高堰、山盱隄後土坡。遣大學士長麟等馳勘。太僕寺卿莫瞻菉言：『河入江南，惟資淮以爲抵禦。淮萃七十二河之水匯於洪澤，以堰、盱石隄五壩束之，令出清口匯黃入海，此即束水攻沙之道。今治南河，宜先治清口，保守五壩。五壩不輕啟洩，則湖水可並力刷黃。黃不倒灌，運河自可疏通。今河臣請接築雲梯關外長隄二百餘里，則於坐灣取直處，必須添築埽段以爲防護。既設修防，必添建廳營，多設官兵。是徒多糜費之煩，未必收束刷之效。至謂修復毛城滾壩，挑挖洪、濉，爲減黃流異漲，以保徐城則可，若恃此助清濟運則不可。自黃水入湖淤停，水勢奔注，堰、盱五壩且難防守，又何能使之暢出清口？故加培五壩，使湖水暢出，悉力敵黃，順流直下，即可淘刷河身以入海。』御史徐亮言：『鐵保等條陳修防各事，惟於原議高堰石坦坡，未曾籌及蓄清刷黃，專在固守高堰，實得全河關鍵，以柔制剛，其法最善。風浪衝擊，至坡則平。然全堰俱得坦坡外護，則五壩可永閉不開，清水可全力刷黃，淮陽可長登衽席，此萬世永圖而目前急務也。海口，尾閭也。清口，咽喉也。高堰則心腹也。要害之地，宜先著力。』璥亦以爲言。長麟等覆稱：『毛城壩易致衝決，應無庸議。王營減霸積水太深，難以施工。請改建滾壩於其西，並添築石壩。至碎石坦坡，工段綿長，時難猝辦，先築土坡。』餘如鐵保言。均元病免，端復督南河。

初，陳家浦漫溢，由射陽湖旁趨入海。鐵保等以挑河費鉅，徑由射陽湖入海，較正河爲近，因有改河道之議。至是，命瓛等履勘。瓛等言：『前明及康熙間所有灌河入海之路，覆轍俱在。現北潮河匯流馬港口、張家莊漫水尚在，壅積可見。去路不暢，又不能刷出河槽，此外更無可另闢海口之路。仍請修復故道，接築雲梯關外大隄，束水東注。』上如其言。是年六月，決堂子對岸千根棋杆及荷花塘，掣通臨湖甎百餘丈，堂子對岸及千根棋杆隨塞，荷花塘既堵復蟄。端再降副總河，以瓛總南河。明年正月塞。是年冬，築高堰碎石坦坡。十五年八月，端復督南河，省副總河。十一月，大風激浪，決山盱屬仁、義、智三壩甎石堤三千餘丈，及高堰屬甎石堤千七百餘丈。端啟高郵車邏大壩及下游歸江各閘壩，並先堵仁、智壩以洩水勢。時瓛養病家居，上垂詢辦法。瓛言義壩應一律堵築，高堰石工尤須於明年大汛前修竣。上嘉所論切要。未幾，仁、義、智三壩及馬港俱塞，河歸正道入海。

明年四月，馬港復決。五月，王營減壩蟄陷。七月，決邳北綿拐山及蕭南李家樓。十二月，王營減壩塞。十七年二月，李家樓亦塞。十八年九月，決睢州及睢南薛家樓、桃北丁家莊，褫東河總督李亨特職，以均元代之。明年正月，均元內召，起瓛再督東河，董理睢工。二十年二月塞。二十三年六月，溢虞城。二十四年七月，溢儀封及蘭陽，再溢祥符、陳留、中牟，奪葉觀潮職，以李鴻賓督東河。瓛時爲刑部尚書，偕往會籌。未幾，陳留、祥符、中牟俱塞，而武陟縷隄決，觀潮連堵溝槽五。又決馬營壩，奪溜東趨，穿運注大清河，分二道入海。儀封缺口尋涸。上命枷示觀潮河干。均元以大學士偕侍郎那彥寶履勘。那彥寶留督馬營壩工。久之，壩基不定，鴻賓被斥責，遂以不諳河務辭。上怒，奪其職，觀潮復督東河。二十五年三月，馬營口塞，加河神金龍四大王、黃大王、朱大王封號。是月儀封又漫塌，削觀潮及豫撫琦善職。宣宗立，仍命瓛及那彥寶赴工會辦，十二月塞。

道光元年，禮部右侍郎吳烜言：『據御史王雲錦函稱，去冬回籍過河，審視原武、陽武一帶，隄高如嶺，堤內甚卑。向來堤高於灘約丈八尺，自馬營壩漫決，灘淤，堤高於灘不過八九尺。若不急於增隄，恐至夏盛漲，不免有出隄之患。』上命河督張文浩偕豫撫姚祖同履勘。三年，江督孫玉庭、河督黎世序加培南河兩岸大隄，令高出盛漲水痕四五尺，除有工及險要處堤頂另估加寬，餘悉以丈五尺及二丈爲度。五月工竣。四年十一月，大風，決高堰十三堡，山盱周橋之息浪菴壞石堤萬一千餘丈，奪文浩職，以嚴烺督南河，遣尚書文孚、汪廷珍馳勘。侍講學士潘錫恩言：『蓄清敵黃，相傳成法。大汛將至，則急堵禦黃壩，使黃水全力東趨。今文浩遲堵此壩，致黃河倒灌，釀成如此巨患。且欲籌減洩，當在下游。乃輒開祥符閘，減黃入湖。壩口既灌於下，閘口復灌於上，黃無出路，湖墊極高，爲患不可勝言。』尋文孚等亦以爲言。文浩遣戍。玉庭褫職留任。十二月，十三堡、息浪菴均塞。

五年十月，東河總督張井言：『自來當伏秋大汛，河員皆倉皇奔走，救護不遑。及至水落，則以現在可保無虞，不復求疏刷河身之策，漸至清水不能暢出，河底日高。堤身遞增，城郭居民，盡在水底之下。惟仗歲積金錢，擡河於最高之處。』上嘉所言切中時弊。初，琦善等有改移海口以減黃，拋護石坡以蓄清之議。至是，井言灌河海口屢改屢決，自不可輕易更張，即碎石坦坡，亦有議及流弊者。尤不可不從長計議。是月增培河南十三廳、山東漕河、糧河二廳堤堰壩戧各工，皆從井請也。

六年春，河復漲，命井偕琦善、烺會勘海口。琦善、烺知海口不能改，乃條上五事，皆一時補苴之計。井言：『履勘下游，河病中滿，淤灘梗塞難疏，海口無可移改，請由安東東門工下北岸別築新隄，改北隄爲南隄，相距八十里，中挑引河，導河由北傍舊河行至絲網濱入海。河水高隄內灘丈五六尺，引河挑深一丈，則水勢高下幾三丈，形勢順利。自東門工至禦黃壩六十里，去路既暢，上游可落水四五尺。黃落則禦壩可啟，束清壩，挑清水，外出刷黃，底淤攻盡，黃可落至丈餘。湖水蓄七八尺，已爲建瓴，石工易保。』上善其策。於是烺坐堰、盱新工掣卸，降三品調署東河，而以井督南河，淮揚道潘錫恩副之，使經畫其事。而琦善以改河非策，請啟王家營減壩，將正河挑乞深通，放清水刷滌，再堵壩挽黃歸正河。已允行矣，給事中楊煊言：『嘉慶中王家營減壩開，上下游州縣俱災。如止減黃不奪溜，何必奏籌撫卹？今奏啟減壩，至預及撫卹堵口事宜，即與從前情形無異。下壅上潰，不可不防。』事下江督、河督會議。井初議安東改河，時撓之者謂東門工埽外有舊拋碎石，正當咽喉，恐有阻遏。井謂有石處可啟除其吳工碎石千餘方，但上下掣通，亦斷不致礙全河。然議者終以爲疑。及井見煊奏，復言：『嘉慶間減壩遇水後，次年黃仍倒灌，今河底淤高丈四五尺，豈如當時深通。兼以洪湖石工隱患甚多，本年二月，存水丈二尺八寸，遇風已多掣卸。秋後湖水止能蓄至三丈，冬令有耗無增，來年重運經行，必黃水止存二丈八九尺，清方高於黃一尺。若黃加高，即成倒灌。禦黃壩外河底墊高，淤運淤湖，爲害不小。且海州積水未消，鹽河遙堤地高，去路不暢，啟壩後河必擡高，徒深四邑之災，無補全河之病。請於減壩迤下安東門工上山安廳李工遙隄外築北隄，斜向趨東，仍與前議改河隄工相連，增長七千餘丈，挑河至八套即入正河。李工至八套舊隄長四萬一千丈，取直築隄，僅長三萬二千餘丈，可避東門碎石之阻。河減清高，漕行自利。督臣意以開放減壩已經奏定，不得以旁觀一言輒思變計，並臚列七難駁臣所議。臣已逐條致覆。』疏入，上終以改河爲創舉，從琦善議。

十一年七月，決楊河廳十四堡及馬棚灣，十二月塞。十二年八月，決祥符。九月，桃源姦民陳瑞因河水盛漲，糾衆盜乞于家灣大隄，放淤肥田，致決口寬大，掣全溜入湖。桃南通判田銳等褫職遣戍。是月祥符塞。明年正月，于家灣塞。十五年，以栗毓美爲東河總督。時原武汛串溝受水寬三百餘丈，行四十餘里，至陽武汛溝尾復入大河，又合沁河及武陟、滎澤諸灘水畢注隄下。兩汛素無工，故無稭料，隄南北皆水，不能取土築隄。毓美試用抛磚法，於受衝處抛磚成壩。六十餘壩甫成，風雨大至，支河首尾決，而壩如故。屢試皆效。遂請減稭石銀兼備磚價，令沿河民設窯燒磚，每方石可購二方磚。行之數年，省帑百三十餘萬，而工益堅。會有不便其事者，持異議。於是御史李蒓請停燒磚。上遣蒓隨尚書敬徵履勘，卒以溜深急則磚不可恃，停之。十九年，毓美復以磚工得力省費爲言，乃允於北岸之馬營、滎原兩堤，南岸之祥符下汛、陳留汛，各購磚五千方備用。

二十一年六月，決祥符，大溜全掣，水圍省城。河督文沖請照睢工漫口，暫緩堵築。遣大學士王鼎、通政使慧成勘議。文沖又請遷省治，上命同豫撫牛鑑勘議。時河溜由歸德、陳州折入渦會淮注洪澤湖，拆展禦黃、東清各壩，尚不足資宣洩，並展放禮、智、仁壩，義河亦啟放。八月，鑑言節逾白露，水勢漸落，城垣可無虞，自未便輕議遷移。鼎等言：『河流隨時變遷，自古迄無上策，然斷無決而不塞、塞而不速之理。如文沖言，俟一二年再塞，且引睢工爲證。查黃水經安徽匯洪澤，宣洩不及，則高堰危，淮揚盡成巨浸。況新河所經，須更築新堤，工費均難數計。即幸而集事，而此一二年之久，數十州縣億萬生靈流離，豈堪設想。且睢工漫口與此不同。河臣所奏，斷不可行。』疏入，解文沖任，枷示河干，以朱襄繼之。

二十二年，祥符塞，用帑六百餘萬，加鼎太子太師。七月，決桃源十五堡、蕭家莊，溜穿運由六塘河下注。未幾，十五堡掛淤，蕭家莊口刷寬百九十餘丈，掣動大溜，正河斷流。河督麟慶意欲改道，遣尚書敬徵、廖鴻荃履勘。敬徵等言，改河有礙運道，惟有汛堵漫口，挽歸故道，俟明年軍船回空後，築壩合龍，從之。十一月，以吏部侍郎潘錫恩總督南河。二十三年，御史雷以諴言，決口無庸堵塞，請改舊爲支，以通運道。下錫恩勘議。錫恩言灌口非可行河之地，北岸無可改河之理，不敢輕議更張，漕船仍由中河灌塘。上然之，更命侍郎成剛、順天府尹李德會勘。六月，決中牟，水趨朱仙鎮，歷通許、扶溝、太康入渦會淮。復遣敬徵等赴勘，以鍾祥爲東河總督，鴻荃督工。旋以尚書麟魁代敬徵。二十四年正月，大風，壩工蟄動，旋東壩連失五占，麟魁等降黜有差，仍留工督辦。七月，上以頻年軍餉河工一時並集，經費支絀，意欲緩至明秋興築。鍾祥等力陳不可。十二月塞，用帑千一百九十餘萬。二十九年六月，決吳城。十月，命侍郎福濟履勘，會同堵合。

咸豐元年閏八月，決豐北下汛三堡，大溜全掣，正河斷流。時侍郎瑞常典試江南，命試竣便道往勘，又命福建按察使查文經馳赴會辦。三年正月，豐北三堡塞，敕建河神廟，從河督楊以增請也。五月大雨，水長溜急，豐北大壩復蟄塌三十餘丈。上責以增及承修各員加倍罰賠。

五年六月，決蘭陽銅瓦廂，奪溜由長垣、東明至張秋，穿運注大清河入海，正河斷流。上念軍務未平，餉糈不繼，若能因勢利導，使黃流通暢入海，則蘭陽決口即可暫緩堵築。事下河督李鈞察奏。鈞旋陳三事：『曰順河築埝。東西千餘里築隄，所費不貲，何敢輕議。除河近城垣不能不築堤壩以資抵禦，餘擬就漫水所及，酌定埝基，勸民接築，高不過三尺，水小藉以攔阻，水大聽其漫過。散水無力，隨漫隨淤，地面漸高，且變沙磧爲沃壤矣。曰遇灣切灘。河性喜坐灣，每至漲水，遇灣則怒而橫決。惟於坐灣之對面，勸令切除灘嘴，以寬河勢，水漲即可刷直，就下愈暢，並可免兜灘沖決之虞。曰堵截支流。現在黃流漫溢，既不能築堅隄以束其流，又不能挑引河以殺其勢，宜乘冬令水弱溜平，勸民築壩斷流，再於以下溝槽跨築土格，高出數尺。漫水再入，上無來源，下無去路，冀漸淤成平陸。』東撫崇恩亦以爲言。上令直隸、山東、河南各督撫妥爲勸辦。

十一年，御史薛書堂言：『南河自黄水改道，下游已無工可修，請省南河總督及廳員。』下廷臣議。侍郎沈兆霖言：『導河始自神禹，九河故道皆在山東，入海處在今滄州，是《禹貢》之河，固由東北入海。自漢王莽時河徙千乘入海，而禹之故道失。歷東漢迄隋、唐，從無變異。宋神宗時，河分南北兩派並行，北派由北清河入海。即今大清河。至元至元間，會通河成，懼河北行礙運，而北流塞。歷今五六百年，河屢北決，無不挽之使南。説者謂河一入運，必挾泥沙以入海，而運道亦淤，故順河之性，北行爲宜。乾隆朝，孫嘉淦請開減河入大清河一疏，言之甚詳，足破北行礙運之疑。夫河入大清，由利津入海，正今黄河所改之道。現在張秋以東，自魚山至利津海口，皆築民埝，惟蘭儀之北、張秋之南，河自決口而出，奪趙王河及舊引河，汎濫平原，田廬久被淹浸。張秋高家林舊堰殘缺過多，工程最鉅。如東明、長垣、菏澤、鄆城，其培築較張秋爲易。宜乘此時順水之性，聽其由大清河入海，諭令紳民力籌措辦，或應開減河，或應築堤堰，統於水落興工。河慶順軌，民樂力田，缺額之地丁可復，歷年之賑濟可停，就此裁去南河總督及廳員，可省歲帑數十萬，而歸德、徐、淮一帶地幾千里，均可變爲沃壤，逐漸播種升科，似亦一舉而兼數善者矣。』下直督恆福、東撫文煜、豫撫慶廉、東河總督黄贊湯勘議。六月，省南河總督，及淮揚、淮海、豐北、蕭南、宿南、宿北、桃南、桃北各道廳，改置淮揚徐海兵備道，兼轄河務。

同治二年，復省蘭儀、儀睢、睢寧、商虞、曹考五廳。六月，漫上南各廳屬，水由蘭陽下注，直、東境内涸出村莊，復被淹沒。菏澤、東明、濮、范、齊河、利津等州縣，水皆逼城下。署河督譚廷襄上言：『河已北行，攔水惟恃民埝，從未議疏導，恐漸次淤墊，海口稍有扞格阻滯，事更爲難。查濮、范一帶舊有金堤，前臣任東撫時，設法修築，未久復被沖缺，上游毗連直隸開州處亦有沖缺。開州不修，濮、范築亦無益。東、長之埝，開、濮之堤，須設法集貲督民修築，庶可以衛城池而保廬墓。此外既未專設河員，要在沿河地方官督率修理，並勸助裒集，以助民力之不逮。請飭下直督、東撫迅將蘭陽下游漫溢地方，揀員會同該州縣妥辦。』從之。十二月又言：『今年夏秋陰雨，來源之盛，迥異尋常。一股直下開州，一股旁趨定陶、曹、單。豫省以有堤壩，幸獲保全。直、東則無，不能不聽其汎濫。迄今半載，直隸未聞如何經畫。開州缺口，亦未興工。至山東被害尤深。或欲培築堤埝，或欲疏濬支河，議無一定。濮州金堤，亦因開未動工。不能興辦。瞬屆春汛，何以禦之？臣遣運河道宗稷辰履勘，直至利津之鐵門關，測量水勢，深至六七丈，去路不爲不暢，而上游仍到處旁溢，則大清河身太狹不能容納之故。如蒲臺、齊東、濟陽、長清、平陰、肥城民埝缺口，寬數丈或數十丈，不下三四十處，不加修築，則來歲依然漫淹。是欲求下游永奠，必先開支渠以減漲水，而後功有可施。必將附近徒駭、馬頰二河設法疏濬，庶水有分洩，再堵各缺口，並築壩以護近水各城垣，此大清河下游之當先料理者也。至開、濮金堤及毗連菏澤之史家隄，當先堵築，並加培舊堰，擇要接修，此大清河上游之當先經畫者也。』復下直督劉長佑、東撫閻敬銘會籌。明年三月，以濮州當河衝，允敬銘請，移治舊城，並築堤捍禦。

五年七月，決上南廳胡家屯。長佑言：『溜勢趨重西北，新修金隄，概被沖刷。開州沖開支河數道，自開、滑之杜家寨至開、濮界之陳家莊，險工五段，長九千六百餘丈，均須加厚培高，方資捍禦。惟上游在豫，下游在東，非直隸一省所能辦理。應會同三省統籌全修，再行設汛，撥款備料，庶可一勞永逸。自河流改道，直隸隄工應並歸河督管轄，作豫、直、東三省河督，以專責成。』疏入，命河督蘇廷魁履勘，會同三省督撫籌議。

七年六月，決滎澤十堡，又漫武陟趙樊村，水勢下注潁、壽入洪澤湖。侍郎胡家玉言：『不宜專塞滎澤新口，疏蘭陽舊口，宜仿古人發卒治河成法，飭各將領督率分段挑濬舊河，一律深通，然後決上游之水，掣溜東行，庶河南之患不移於河北，治河即所以治漕。』下直督曾國藩、鄂督李瀚章、江督馬新貽、漕督張之萬，及河督，江蘇、河南、山東、安徽各巡撫妥議。國藩等言：『以今日時勢計之，河有不能驟行規復者三。蘭陽漫決已十四年，自銅瓦廂至雲梯關以下，兩岸堤長千餘里，歲久停修，堤塌河淤，今欲照舊時挑深培高，恐非數千萬金不能蕆事。且廳營久裁，兵夫星散，一一復設，仍應分儲料物，廂辦埽壩，並預籌防險之費，又歲須數百萬金。當此軍務初平，庫藏空虛，安從籌此鉅款？一也。滎澤地處上游，論形勢自應先堵滎澤，蘭工勢難並舉。使滎口掣動全黄，則蘭工可以乾涸。今滎口分溜無多，大溜仍由蘭口直注利津入海，其水面之寬，跌塘之深，施工之難，較之滎工自增數倍。滎工堵合無期，蘭工更無把握。原奏決放舊河，掣溜東行，似言之太易。

且瞬交春令，興工已難。二也。漢決酸棗，再決瓠子，爲發卒治河之始。元、明發丁夫供役，亦以十數萬計。現在直、東、江、豫捻氛甫靖，而土匪游勇在在須防。所留勇營，斷難盡赴河干，亦斷不敷分挑之用。若再添募數十萬丁夫，聚集沿黄數千里間，駕馭失宜，滋生事端，尤爲可慮。三也。應俟國庫充盈，再議大舉。因時制宜，惟有趕堵滎工，爲保全豫、皖、淮揚下游之計。』上然之。八年正月，滎澤塞。

十年八月，決鄆城侯家林，東注南旺湖，又由汶上、嘉祥、濟寧之趙王、牛朗等河，直趨東南，入南陽湖。時廷魁內召，命新河督喬松年會同東撫丁寶楨勘辦。寶楨方以病在告，乃偕護撫文彬至工相度。文彬言：『河臣遠在豫省，若往返咨商，恐誤要工。一面飛咨河臣遴派掌壩，並管理正雜料廠員弁，及諳習工程之弁兵工匠，帶同器具，於年內來東，一面由臣籌購應需料物，以期應手。』上責松年剋期興工，松年言已飭原估委員並熟習工程人員赴東聽遣，並飭購備竹纜，及覓雇綑鑲船隻備提用。惟已交立春，春水瞬生，辦工殊無把握。並移書文彬主持其事。文彬不能決。寶楨力疾視事，上言：『河臣職司河道，疆臣身任地方，均責無旁貸。乃松年一概諉之地方，不知用意所在。現在已過立春，若再候其的信以定行止，恐誤要工。且此口不堵，必漫淹曹、兖、濟十餘州縣。若再向南奔注，則清、淮、裏下河更形喫重。松年既立意諉卸，臣若避越俎之嫌，展轉遷延，實有萬趕不及之勢。惟有力疾銷假，親赴工次，擇日開工，俟松年所遣員弁到工，即責成該工員等一手經理，剋期完工，保全大局。應請破格保奬，以昭激勸。倘敢陽奉陰違，有心貽誤，一經驗實，應請便宜行事，即將該員弁正法工次，以爲罔上殃民者戒。』上嘉其勇於任事，並諭松年當和衷共濟，不遽加責也。

十一年二月，侯家林塞，予寶楨優敘。先是同知蔣作錦條上河、運事宜，朝廷頗韙其議，下河、漕、撫臣議奏。未幾，侯家林決，松年、寶楨意見齟齬。及寶楨塞侯家林，松年上言：『作錦所陳，卓然有見，可以采取。並稱東境黄水日愈汎濫，運道日愈淤塞，宜築隄束黄，先堵霍家橋諸口，並修南北岸長隄，俾黄趨張秋以濟運。挑濬張秋迤南北淤塞，修建閘壩，以利漕行。』上以松年意在因勢利導，不爲無見，令寶楨、文彬詳議，毋固執己見。旋覆稱：『目前治黄之法，不外堵銅瓦廂以復淮、徐故道，與東省築隄即由利津入海兩策。顧謂二者之中，以築堤束黄爲優，而上下游均歸緩辦，臣實未見其可。自銅瓦廂至牡蠣嘴，計千三百餘里，創建南北兩隄，相距牽計，約須十里。除現在淹沒不計外，尚須棄地數千萬頃，其中居民不知幾億萬，作何安插？是有損於財賦者一也。東省沿河州縣，自二三里至七八里者不下十餘。若齊河、齊東、蒲台、利津，皆近在臨水，築堤必須遷避，是有難於建置者二也。大清河近接泰山麓，山陰水悉北注，除小清、溜瀰諸河均可自行入海，餘悉以大清河爲尾閭。置堤束黄以後，水勢擡高，向所洩水之處，留閘則虞倒灌，堵遏則水無所歸，是有妨於水利者三也。東綱鹽場，坐落利津、霑化、壽光、樂安等縣，濱臨大清河兩岸。自黄由大清入海，鹽船重載，溯行於湍流，甚形阻滯，而灘地間被漫溢，產鹽日絀，海灘被黄淤遠，納潮甚難，東綱必至驟廢，私梟亦因而蠭起。是有礙於鹺綱者四也。臣寶楨身任地方，於通省大局所關，固宜直陳無隱。然使於治運漕果有把握，則京倉爲根本至計，猶當權利害之輕重，而量爲變通。臣等熟思審計，實未見其可恃，而深覺其可慮。似仍以堵合銅瓦廂使復淮、徐故道爲正辦。』並陳四便。御史游百川亦言河、運並治，宜詳籌妥辦。疏入，廷議不能決。

下直督李鴻章。鴻章因遣員周歷齊、豫、徐、海，訪察測量，期得要領。十二年六月，上言：『治河之策，原不外恭親王等「審地勢，識水性，酌工程，權利害」四語，而尤以水勢順逆爲要。現在銅瓦廂決口寬約十里，跌塘過深，水涸時猶逾一二丈。舊河身高，決口以下，水面二三丈不等。如欲挽河復故，必挑深引河三丈餘，方能吸溜東趨。查乾隆間蘭陽青龍岡之役，費帑至二千餘萬。阿桂言引河深至丈六尺，人力無可再施，今豈能挑深至三丈餘乎？十里口門進占合龍，亦屬創見。國初以來，黄河決口寬不過三四百丈，且屢堵屢潰，常閱數年而不成。今豈能合龍而保固乎？且由蘭陽下抵淮、徐之舊河，身高於平地三四丈。年來避水之民，移住其中，村落漸多，禾苗無際。若挽地中三丈之水，跨行於地上三丈之河，其停淤待潰、危險莫保情形，有目者無不知之。歲久隄乾，即加修治，必有受病不易見之處。萬一上游放溜，下游旋決，收拾更難。議者或以河北行則穿運爲運道計，終不能不強之使南以會清口。臣查嘉慶以後清口淤墊，夏令黄高於清，已不能啟壩送運。道光以後，禦黄壩竟至終歲不啟，遂改用灌塘之法，自黄浦洩黄入湖，湖身頓高，運河水少，灌塘又不便，遂改行海運。今即能復故道，亦不能驟復河運，非河一南行，即可僥倖無事。此淮、徐故道勢難挽復，且於漕運無益之實在情形也。至河臣所請就東境東黃濟運一節，查清口淤墊，即借黃濟運之病。今張秋運河寬僅數丈，兩岸廢土如山，若引重濁之黃，以閘壩節宣用之，水勢擡高，其淤倍速。人力幾何，安能挑此日進之沙？且所挑之沙，仍堆積於積年廢土之上，兩淋風蕩，河底日高，閘亦壅塞，久之黃必難引。明弘治中，荊龍口，銅瓦廂屢次大決，皆因引黃濟張秋之運，遂致導隙濫觴。臨清地勢低於張秋數丈，而必以後無掣溜奪河之害，臣亦不敢信也。至霍家橋堵口築隄，工尤不易。該處本非決口、乃大溜經行之地，兩頭無岸，一望浮沙，並無真土可取。勉強堆築，節節逼溜下注，恐浮沙易塌，實足攖河之怒，而所耗實多。一遭潰決，水仍別穿運道，而不專會張秋，豈非全功盡棄？至作錦擬導衛濟運，原因張秋以北無清水灌運，故爲此議。查元村集迆南有黃河故道，地多積沙，施工不易。且以全淮之水不能敵黃，尚致倒灌停淤，豈一清淺之衛，遂能禦黃濟運耶？其意蓋襲取山東諸水濟運之法。不知泰山之陽，水皆西流，因勢利導，十六州縣百八十泉之水，源旺派多，自足濟運。衛水來源，甚弱最順，今必屈曲使之南行，勢多不便。此借黃濟運及築隄束水均無把握，與導衛濟運之實在情形也。惟河既不能挽復故道，則東境財賦有傷，水利有礙，城池難以移置，鹽場間被漫淹，如寶楨所陳，誠屬可慮。臣查大清河原寬不過十餘丈，今已刷寬半里餘，冬春水涸，尚深二三丈，岸高水面又二三丈，是不汛時河槽能容五六丈，奔騰迅疾，水行地中，此人力莫可挽回之事，亦祀禱以求而不可得之事。目下北岸自齊河至利津，南岸齊東、蒲台，皆接築民埝，雖高僅丈許，詢之士人，遇盛漲出槽不過數尺，尚可抵禦。岱陰、繡江諸河，亦經擇要築隄，汛至則漲，汛過則消，受災不重。至齊河、濟陽、齊東、蒲臺、利津各城，近臨河岸十九，年來幸防守無患，以後相勢設施。若驟議遷徙，經費無籌，民情難喻，無此辦法。東省鹽場在海口者，雖受黃淤產鹽不旺，經撫臣南運膠濟之鹽時爲接濟，引地無虞淡食，惟價值稍昂耳。河在東省固不能無害，但得設法維持，尚不至爲大患。昔乾隆中，銅山決口不能成功，孫嘉淦曾有分河入大清之疏。其後蘭陽大工屢敗垂成，嵇璜又有改河大清之請。此外裘曰修、錢大昕、胡宗緒、孫星衍、魏源諸臣議者更多。其時河未北流，尚欲挽之使北。今河自北流，乃欲挽使南流，豈非拂逆水性？大抵南河堵築一次，通牽約七八百萬，歲修約七百餘萬，實爲無底之壑。今河北徙，近二十年未有大變，亦未多費巨款，比之往代，已屬幸事。且環拱神京，尤得形勝。自銅瓦廂東決，粵、捻諸逆竄擾曹、濟，幾無虛日，未能過河一步，而北岸防守有所憑依，更爲畿輔百世之利。此兩相比較，河在東雖不亟治而後患稍輕，河回南即能大治，而後患甚重之實在情形也。近世治河兼言治運，遂致兩難，卒無長策。臣愚以爲天庾正賦，以蘇、浙爲大宗，國家治安之道，尤以海防爲重。今沿海洋舶駢集，爲千古創局，已不能閉關自治。正不妨借海運轉輸之便，逐漸推廣，以擴商路而實軍儲。蘇、浙漕糧，現既統由海運，臣前招致華商購造輪船搭運，漸有成效，由海船解津，較爲便速。至海道雖不暢通，河務未可全廢，此時治河之法，不外古人「因水所在，增立隄防」一語。查北岸張秋以上，有古大金堤可恃以爲固，張秋以下，岸高水深，應由東撫隨時飭將民埝保護加培。至侯家林上下民埝應倣照官堤辦法，一律加高培厚，更爲久遠之計。又銅瓦廂決口，水勢日向東坍刷，久必汎濫南趨。請飭松年察看形勢，量築堤埝，與曹州之堤相接，俾資周防而期順軌。至南河故道千餘里，居民佔種豐收，並請查明升科，以免私墾爭奪之患。』疏入，議乃定。

是年夏秋，決開州焦丘、濮州蘭莊，又決東明之岳新莊、石莊戶民埝，分溜趨金鄉、嘉祥、宿遷、沭陽入六塘河。寶楨勘由鄆城張家支門築隄堵塞。旋乞假展墓。十三年春，溜益南趨，潰漫不可收拾，江督累章告災。九月，寶楨回任，改由菏澤賈莊建壩。十二月興工。

光緒元年三月，東明決塞，並築李連莊以下南隄二百五十里。時河督曾國荃請設南岸七廳。部議俟直、東、豫籌有防汛的款再定。二年春，署東撫李元華言：『黃河南隄，自賈莊至東平二百餘里均完固，惟上游毗連直、豫，自東明謝寨至考城七十餘里，並無隄岸，此工刻不可緩。昔年侯家林塞，後怵於費多，未暇顧問，遂至賈莊決口。此次賈莊以下堤雖完固，上游若不修築，設有漫決，豈惟前功盡棄，河南、安徽、江蘇仍然受害，山東首當其衝無論已。臣擬調營勇，兼僱民夫，築此七十餘里長隄。深恐呼應不靈，已商直督、豫撫協力襄辦。至濮、范之民，自黃河改道，昏墊十有餘年。賈莊決後，稍有生機，及賈莊塞，受災如故。查南隄距北面金隄六七十里，以屏蔽京師則可，於濮、范村莊田畝則不能保衛。該處紳民願修北隄，惟力有未支，請酌加津貼，既成以後，派弁勇一律修防，濮、范、陽穀、壽張、東阿五縣地畝可涸出千餘頃。又查濮、范以上，有黃水二道。擬於壽張、東阿境內新河尾閭，抽挑引河二，冀歸併一渠。於南隄之北、黄河之南，再立小隄以束水，又可涸出地畝千餘頃。至北隄上游內有八里係開州轄，若不一律修築，不惟北堤徒勞無功，即畿輔亦難保不受其患。已商直督遣員協助，妥速蒇功。惟所壓直、豫地畝，該處居民無甚大益，而山東百姓受益無窮，自應由山東折償地價。上游收束既窄，下游水溜勢急，不可不防。自東平至利津海口九百餘里，已飭沿河州縣就民堤加培，酌給津貼，以工代賑。各項通計需費二千餘萬。此黄河大段擬辦情形也。』事下所司。

五年，決歷城溞溝。明年，復決。八年，決歷城桃園，十一月塞。九年，東撫陳士杰創建張秋以下兩岸大隄。時山東數遭河患，朝士屢以爲言。上遣侍郎游百川馳往會勘。百川言：『自來論河者，分持南行、北行二說。臣詳察形勢，將來遇伏秋盛漲，復折而東，自尋故道，亦未可知。若挽以人力，則勢有萬難。一則北隄決後，已沖刷淨盡，築隄進占，工已甚鉅。且全河正流北行，中流堵禦以圖合龍，必震駭非常，辦理殊無把握。一則故道旁沙嶺勢難挑動，且徐、海一帶河身涸出淤地千餘里，民盡墾種，一旦驅而之他，民豈甘心失業？此南行之説應無庸議也。至大清河本汶、濟交會，自黄流灌入，初猶水行地中，今則河身淤墊，既患水不能洩，自濟河上下，北則濟陽、惠民、濱州、利津，南則青城、章丘、歷城至鄒、長、高、博，漫決十一處。竊惟河入濟瀆已二十八年，其始誤於山東無辦河成案，誘民自爲堤埝，縱屢開決，未肯形諸奏牘，貽患至斯。今則泛濫數百里，漂沒數百村，徧歷災區，傷心慘目。謹擬辦法三。一、疏通河道。黄初入濟，尚能容納，淤墊日高，至海口尤日形淤塞。沙淤水底，人力難施，計惟多用船隻，各帶鐵篦混江龍，上下拖刷，使不能停蓄，日漸刮深。疏導之方，似無踰此。一、分減黄流。濟一受黄，其勢岌岌不可終日。查大清河北，徒駭最近，馬頰較遠，鬲津尤在其北。大清河與徒駭最近處在惠民白龍灣，相距十許里。若由此開築減壩，分入徒駭河，其勢較便。再設法疏通其間之沙河、寬河、屯民等河，引入馬頰、鬲津，分疏入海，當不復虞其滿溢。一、亟築縷堤。民間自築縷隄，近臨河干，多不合法，且大率單薄，又斷續相間，屢經塌陷，一築再築，民力困竭。今擬自長清抵利津，南北岸先築縷隄，其頂衝處再築重隄，約長六百餘里，仍借民力，加以津貼，可計日成功，爲民捍患，民自樂從。至謂治水不與水爭地，其法無過普築遙隄。然濟、武兩郡，地狹民稠，多占田畝，小民失業，正非所願。且其間村鎮廬墓不可數計，兼之齊河、濟陽、齊東、蒲台、利津皆城臨河干，使之實逼處此，民情未免震駭。價買民田，需款不下四五百萬，工艱費鉅，可作緩圖。臣所以請築縷隄以濟急，而不敢輕持遙隄之議者此也。』士杰持異議。會海豐人御史吳峋言徒駭、馬頰二引河不可輕開，命直督李鴻章偕士杰會勘，亦如峋言。乃定議築兩岸長隄。

是年決利津十四戶，十年三月塞。閏五月，決歷城河套圈、霍家溜，齊河李家岸、陳家林、蕭家莊，利津張家莊、十四戶，先後塞之。是年兩岸大堤成，各距河流數百丈，即縷隄也，而東民仍守臨河埝，有司亦諭令先守民埝，如埝決再守大隄，而隄內村廬未議遷徙，大漲出槽，田廬悉淹，居民遂決隄洩水，官亦不能禁，馴是只守埝不守大隄矣。十一年，蕭家莊、溞溝再決，又決齊河趙莊。十二月，溞溝、趙莊塞。明年二月，蕭家莊塞。六月，再決河套圈，又決濟陽王家圈、惠民姚家口、章丘河王莊、壽張徐家沙窩，惟王家圈工緩辦，餘皆年內塞。東境河雖屢決，然皆分溜少奪溜，每堵築一次，費數萬或數十萬，多亦不過一二百萬，較南河時所省正多，被淹地畝亦較少，地平水緩故也。

十三年六月，決開州大辛莊，水灌東境，濮、范、壽張、陽穀、東阿、平陰、禹城均以災告。八月，決鄭州，奪溜由賈魯河入淮，直注洪澤湖。正河斷流，王家圈旱口乃塞。鄭州既決，議者多言不必塞，宜乘此復故道。戶部尚書翁同龢、工部尚書潘祖蔭同上言：『河自大禹以後，行北地者三千六百餘年，南行不過五百餘年，是河由雲梯關入海，本不得謂故道。即指爲故道，而現在溜注洪澤湖，形北高南下，不能導之使出清口，去故道尚百餘里，其勢斷不能復。或謂山東數被水害，遂以河南行爲幸。不知河性利北行。自金章宗後，河雖分流。有明一代，北決者十四，南決者五；我朝順、康以來，北決者十九，南決者十一。況淮無經行之渠，黄入淮安有歸宿之地？下流不得宣洩，上游必將復決，決則仍入東境，山東之患仍未能弭。至黄水南注，有二大患、五可慮。黄注洪澤，而淮口淤墊，久不通水，僅張福口引河，闊不過數丈，大溜東注，以運河爲尾閭，僅恃東隄爲護，已岌岌可危。今忽加一黄河，必不能保。大患一。洪澤淤墊，高家堰久不可恃，黄河勢悍，入湖後難保不立時塌卸。不東衝裏下河，即南灌揚州，江、淮、河、漢併而爲一，東南大局，何堪設想！大患二。裏下河爲產米之區，萬一被淹，漕米何從措辦？可慮一。即令漕米如故，或因黄挾沙墊運，不能浮送。或因積水漫溢，縴道無存，漕艘停滯。且山東本借黃濟運，黃既遠去，沂、汶微弱，水從何出？河運必廢。可慮二。兩淮鹽場，胥在范公隄東。范隄不保，鹽場淹沒，國課何從徵納？可慮三。潁、壽、徐、海，好勇鬬狠，小民蕩析，難保不生事端。可慮四。黃汛合淮，勢不能局於湖瀦，必別尋入海之道，橫流猝至，江鄉居民莫保旦夕。可慮五。至入湖之水，亦須早籌宣洩。裏下河地勢，西北俯、東南仰，宜順其就下之勢，由興化以北，歷朦朧、傅家塢入舊河，避雲梯關淤沙，北濬大通口，入潮河以達淮河，海口則取徑直，形勢便，經費亦不過鉅。』

上命江督曾國荃、漕督盧士杰籌議。適國荃、士杰亦言：『捍河匯淮東下，其危險百倍尋常。查治水不外宣防二策，而宣之用尤多。洪湖出路二，皆由運入江。今大患特至，不能不於湖之上游多籌出路，分支宣洩，博採羣議。桃源有成子河，南接洪湖，北至舊河，又北爲中運河。若加挑成子河，使通舊河，直達中運河，兩岸築隄，即可引漫水由楊莊舊河至雲梯關入海，此洪湖上面新闢一去路也。清河有碎石河，西接張福口，引河東達舊河，大加挑挖，亦可引漫水由楊莊舊河至雲梯關入海，此洪湖下面新闢一去路也。詢之耆舊，僉謂舍此別無良法。是以臣等議定即勘估興工，不敢拘泥成規，往返遷延，致誤事機。』上韙之，並遣前山西布政使紹誠、降調浙江按察使陳寶箴、前山東按察使潘駿文迅赴鄭工，隨同河督成孚、豫撫倪文蔚襄理河務。時工賑需款鉅且急，戶部條上籌款六事：一、裁防營長夫；一、停購軍械船隻機器；一、停止京員兵丁米折銀；一、酌調附近防軍協同工作；一、令鹽商捐輸給獎；一、預徵當商匯號稅銀。議上，詔裁長夫、捐鹽商及預徵稅銀，餘不允。九月，命禮部尚書李鴻藻偕刑部侍郎薛允升馳勘，鴻藻留督工。時黃流漫溢，河南州縣如中牟、尉氏、扶溝、鄢陵、通許、太康、西華、淮寧、祥符、沈丘、鹿邑多被淹浸，水深四五尺至一二丈，特頒內帑十萬，並截留京餉三十萬賑撫。而河工需款急，允御史周天霖、李世琨請，特開鄭工新捐例，奪成孚職，以李鶴年署河督。

十月，東撫張曜言：山東河淤潮高，黃流實難容納，請乘勢規復南河故道。下鴻藻、鶴年議。鴻藻等遂請飭迅籌合辦。上以：『黃河籌復故道，迭經臣工條奏，但費鉅工繁，斷難於決口未堵之先，同時並舉。此奏於故道宜復，止空論其理，語簡意疏。一切利害之輕重，地勢之高下，工用之浩大，時日之迫促，並未全局通籌，縷晰奏覆。如此大事，朝廷安能據此寥寥數語，定計決疑？故道一議，可暫從緩。至所稱一切工作，先自下游開辦，南河舊道現在情形如何，工程能否速辦，經費能否立籌，有無滯礙，著國荃、士杰、崧駿迅速估奏。』國荃言：『黃流東注，淮南北地處下游，宜籌分洩之策。請就楊莊以下舊河二百餘里挑濬，以分沂、泗之水，騰出中運河，預備洪河盛漲，挾黃北行，堪以容納，是上游籌有去路。而淮由三河壩直趨而東，則運堤極爲喫重，勢不能不開壩宣洩，裏下河如臨釜底，而枝河頗多，若預先疏導，使水能順軌，則田廬民命亦可保全。同龢、祖蔭所言，洵得水性就下之勢，業經遣員履勘，並請調熟悉河工之江蘇臬司張富年督理。』制可。先是侍郎徐郙有通籌黃河全局之疏。文蔚言：『郙所陳口門北岸上游酌開引河，上南廳以下河內挑川字河，及築排水壩，三者皆河南必辦之事，即前人著效之法。臣前請於河身闊處切灘疏淤，即郙酌開引河及川字河之意。河員以近日河勢略變，須更籌辦法，且有引河不可挑之說。而此項土夫，皆係應賑之人，無論何工，皆係應辦之事，將來或幫挑運河，或幫築河身，應就商河臣隨時調度。』報聞。

十二月，國荃、士杰言：『同龢等所陳二患五慮，不啻身歷其境，將臣等所欲言者，代達宸聰。當經派員分投履勘。自傅家塢入舊黃河，過雲梯關至大通口，測量地勢，北高丈五七尺，揆諸就下之性，殊未相宜。不敢不恪遵聖訓，於興化境內別籌疏淤。查下河入海河道，以新陽、射陽兩河爲最，鬬龍港次之。祇以支河阻塞，未能通暢。查興化屬之大圍閘、丁溪場屬之古河口小海，均極淤淺。疏濬以後，如果高郵開壩，可冀水皆順軌，由新陽等河宣暢歸海。其閘門窄狹過水不暢者，另於左右開挖越河，俾得滔滔直注。此外幹、支各河，再接續擇要興挑，以期逐節通暢，核與同龢、祖蔭之奏事異功同。』

十四年正月，國荃等又言：『徐郙通籌河局疏，稱淮揚實無處位置黃河，宜先籌宣洩之方，再求堵合之法，洵屬確中肯綮。至請挑天然及張福口引河，本係由淮入黃咽喉，昔人建導淮之議，皆從引河入手。祇以張福淤墊太高，挑不得法，且恐沂、泗倒灌。又順清河爲清江三閘來源，曩時堵築以資自衛。自河北徙，此壩久廢。今既引淮入黃，仍須堵築順清壩，庶三閘可保無虞。經臣等派員審度河底，雖北高南低，加工挑深，尚可配平。順清河雖水深溜急，多備料土，亦可設法堵築。又經臣士杰履勘，陳家窰可開引河，上接張福口，下達吳城七堡，與碎石河功用相同。已於十月分段興挑，自張福口、內窰河起，至順清河止，開深丈四尺至二丈，冀上游多洩一分之水，下河即少受一分之災。其工段亦間調哨勇幫同挑濬，以補民夫之不足。以上辦法，與該侍郎所陳江南數條，不謀而合。』

先是上以將來河仍北趨，有『趁湍流驟減，挑濬東明長隄，開州河身，加培堤埝』之諭。至是，鴻章言：『直境黃河長八九十里，一律挑濬，工鉅費煩。即酌挑北面數處，亦需二三十萬。兩岸河灘高於中洪一二丈，河身尚可容水。惟東明南隄歷年衝刷，亟應擇要修築，已調派大名練軍春融赴工，並募民夫同時力作。開州全隄殘缺已甚，亦經派員估修。至長垣南岸小堤，離河較遠，尚可緩辦。北岸民埝，飭勸民間修培，不得逼束河流，致礙大局。』

六月，小楊莊塞。是月，鴻藻言鄭工兩壩，共進占六百一十四丈，尚餘口門三十餘丈，因伏秋暴漲，人力難施，請緩俟秋汛稍平，接續舉辦。上嚴旨切責，褫鶴年職，與成孚並戍軍台。鴻藻、文蔚均降三級留任。以廣東巡撫吳大澂署河道總督。大澂言：『醫者治病，必考其致病之由，病者服藥，必求其對症之方。臣日在河干，與鄉村父老諮詢舊事，證以前人紀載，知豫省河患非不能治，病在不治。築隄無善策，鑲埽非久計，要在建壩以挑溜，逼溜以攻沙。溜入中洪，河不著隄，則堤身自固，河患自輕。廳員中年久者，僉言咸豐初滎澤尚有磚石壩二十餘道，隄外皆灘，河溜離隄甚遠，就壩築埽以防險，而堤根之埽工甚少。自舊壩失修，不數年廢棄殆盡，河勢愈逼愈近，埽數愈添愈多，廳員救過不遑，顧此失彼，每遇險工，輒成大患。河員以鑲埽爲能事，至大溜圈注不移，旋鑲旋蟄，幾至束手。臣親督道廳趕拋石垛，三四丈深之大溜，投石不過一二尺，溜即外移，始知水深溜激，惟拋石足以救急，其效十倍埽工，以石護溜，溜緩而埽穩。歷朝河臣如潘季馴、靳輔、粟毓美，皆主建壩挑溜，良不誣也。現以數十年久廢之要工，數十道應修之大壩，非一旦所能補築竣工。惟有於鄭工款內核實撙節，省得一萬，即多購一萬之石垛，省得十萬，即多做十萬之壩工，雖係善後事宜，趁此乾河修築，人力易施，否則鄭工合龍後，明年春夏出險，必至措手不及。雖不敢謂一治而病即愈，特愈於不治而病日增。果能對症發藥，一年而小效，三五年後必有大效。』上嘉勉之。

大澂又言：『向來修築壩垛，皆用條磚碎石，每遇大汛急溜，壩根淘刷日深，不但磚易衝散，重大石塊亦即隨流坍塌。聞西洋有塞門德土，拌沙黏合，不患水侵。趁此引河未放，各處須築挑壩，正在河身乾涸之時，擬於磚面石縫，試用塞門德土塗灌，斂散爲整，可使壩基做成一片，足以抵當河溜，用石少而工必堅，似亦一勞永逸之法。』報聞。十二月，鄭工塞，用帑千二百萬，實授大澂河督，詔於工次立河神廟，並建黃大王祠，賜扁額，與黨將軍俱加封號。是年七月，決長垣范莊。未幾塞。十五年六月，決章丘大寨莊、金王莊，分溜由小清河入海。又決長清張村、齊河西紙坊，山東濱河州縣多被淹浸。是冬塞。

十六年二月，東撫張曜言：『前南總河轄河工九百餘里，東總河轄五百餘里。自決銅瓦廂，河入山東，遂裁南總河，而東河所轄河工僅二百餘里。今東河縣長九百里，日淤日高，全恃隄防爲保衛。本年臣駐工二百餘日，督率修防，日不暇給。請將自菏澤至運河口河道二百餘里，歸河督轄，與原轄之河道里數相等。』部議以此段工程，向由巡撫督率地方官兼管，河督恐呼應不靈。曜又言：『向來沿河州縣，本歸河臣兼轄，員缺仍會河臣題補，遇有功過，河臣亦應舉劾，尚無呼應不靈之患。請並下河督籌議。』先是大澂遣員測繪直、東、豫全河，至是圖成上之。五月，決齊河高家套，旋塞。

十八年六月，決惠民白茅墳，奪溜北行，直趨徒駭入海。又決利津張家屋、濟陽桑家渡及南關、灰壩，俱匯白茅墳漫水歸徒駭河。七月，決章丘胡家岸，夾河以內，一片汪洋，遷出歷城、章丘、濟陽、齊東、青城、濱州、蒲臺、利津八縣災民三萬三千二百餘戶。初，河督許振禕請於歲額六十萬內，提十二萬歸河防局，籌添料石，先事預防，由河督主之，至是部令分案題銷。振禕言：『河工大險，恃法不如用人。如以恃法論，則從來報銷例案，工部知之，河工亦知之，故自每年添款及鄭工報銷之千數百萬，未聞其不合例也。如以用人論，則臣近此改章從事，比年大險橫生，亦均次第搶補，幸奏安瀾，至添料添石，固有不盡合例者矣。原臣立河防局，意有二端。一則恐廳員遇險推諉，藉口無錢無料，故提此鉅款先事預防之資。一則恐廳員不實不盡，故添委官紳臨時匡救之用，而限十二萬纖悉到工，不准絲毫入局，並不准開支薪水。河南官紳吏民罔不知之。即如今歲之得保鉅險，就買石一款，已用過十一萬數千兩，餘則補鄭工金門沈裂之隄，此不能分案題銷者也。又多方買石，隨處搶堵，險未平必加拋，險已過即停止，此不能繪圖貼説者也。』

上如所請行。是年白茅墳各口塞。

二十一年六月，決壽張高家大廟、齊東趙家大隄。未幾，決濟陽高家紙坊、利津呂家窪、趙家園、十六戶。是冬次第塞。明年六月，決利津西韓家、陳家。御史宋伯魯條上東河積弊：一、冒領矇銷，宜嚴定處分；一、收發各料，宜設法稽查；一、申明賠修舊例，以防隨意改名；一、武弁宜認真巡察。詔東撫嚴除積弊，並令有河務各督撫查察，遇有劣員，嚴參懲辦。二十三年正月，決歷城小沙灘、章丘胡家岸，隨塞。十一月淩汛，決利津姜家莊、扈家灘，水由霑化降河入海。二十四年六月，決山東黑虎廟，穿運東洩，仍入正河。又決歷城楊史道口、壽張楊家井、濟陽桑家渡、東阿王家廟，分注徒駭、小清二河入海。遣鴻章偕河督任道鎔、東撫張汝梅會勘。未幾，省東河總督，尋復置。

二十五年二月，鴻章等言：『山東黄河自銅瓦廂改道大清河以來，時當軍興，未遑修治。同治季年，漸有潰溢，始築上游南隄。光緒八年後潰溢屢見，遂普築兩岸大隄。乃民間先就河涯築有小埝，緊逼黄流。大隄成後，復勸民守埝，且有改爲官守者。於是隄久失修，每遇汛漲埝決，水遂建瓴而下，隄亦隨決，此歷來失事病根也。上游曹、兗屬南北隄湊長四百餘里，兩隄相距二十里至四十里，民埝偶決，水由隄内歸入正河，大決則隄亦不保。計南北埝工二十四，同治以來，決僅四五見，此上游情形也。中游濟、泰屬兩岸隄埝各半，湊長五百里，南岸上段傍山無隄，下段守埝，北岸上守堤，下守埝，參差不一，無非爲隄内村莊難遷，權爲保守計。下游武、定屬南岸全守隄，北岸全守埝，湊長五百餘里，地勢愈平，水勢愈大，險工七十餘處，二十五年來，已決二十三次，此中下游情形也。東省修防事本草創，間有興作，皆因費絀，未按治河成法。前撫臣李秉衡歷陳山東受河之害，治河之難，謂近幾無歲不決，無歲不數決。朝廷屢縻鉅金，閭閻終無安歲。若不按成規大加修治，何以仰答愛養元元之意？臣等詳考古來治河之法，惟漢賈讓徙當水衝之民，讓地於水，實爲上策。前撫臣陳士杰建築中下游兩岸大隄，湊長千里，兩堤相距五六里至八九里，就此加培修守，似不失爲中策。惟先有棄隄守埝處，如南岸濼口上下，守埝者百一十里，上段近省六十里，商賈輻輳，近險工稍平，暫緩推展；下段要險極多，十餘年來，已決九次，擬遷出埝外二十餘村，棄埝守隄，離水稍遠，防守易固。此南岸酌擬遷民廢埝辦法也。至北岸隄工，自長清至利津四百六十里，埝外堤内數百村莊。長埝逼近湍流，河面太狹，無處不灣，無灣不險。河唇淤高，埝外地如釜底，各村斷不能久安室家。且埝破隄必破，欲保埝外數百村，併隄外數千村同一被災，尤覺非計。但小民安土重遷，屢被沈災，不肯遠去，非可旦夕議定。今擬北岸自長清官莊至齊河六十餘里，河面尚寬，利津至鹽窩七十餘里，地皆斥鹵，不便徙民，均以埝作隄，埝外之民，無庸遷徙。其齊河至利津尚有三百二十里，民埝緊逼河干，竟有不及一里者，勢不得不廢埝守堤。但北隄殘缺多半，無可退守，且需款過鉅，遷民更難，應暫守舊埝，此北岸分別守埝作隄，及將來再議廢埝守隄辦法也。至南北大隄，爲河工第一重大關係。既處處卑薄，擬並改埝之隄，及暫定之民埝，照河工舊式，一律修培，總期足禦汛漲。至下口入海尾閭，尤關全河大局。查鐵門關故道尚有八十餘里，愈下愈寬深，直通海口，形勢較絲網口、韓家垣爲順，工費亦較省。然建攔河大壩，挑引河、築兩岸大隄，需費頗鉅，下口不治，全河皆病，不得不核實勘估，此又加培兩岸隄工、改正下口辦法也。約估工費需九百三十萬有奇，分五六年可告竣。』朝議如所請，先發帑百萬，交東撫毓賢督修。

毓賢言：『黄河治法，誠如部臣所云，展寬河面、盤築隄身、疏通尾閭三事爲扼要。查尾閭之害，以鐵板河爲最。全河挾沙帶泥，到此無所歸束，散漫無力，經以風潮，膠結如鐵，流不暢則出路塞而横流多，故無十年不病之河。擬建長隄直至淤灘，防護風潮，縱不能徑達入海，而多進一步即多一步之益。至隄埝卑薄，擬修培時，土方必足，夯硪必堅，尤加意保守。其坐灣處，一灣一險，如上游賈莊、孫家樓，中流坰家岸、霍家溜、桑家渡，下游白龍潭、北鎮家集鹽窩，均著名巨險，餘險尤多，固非裁灣取直不可，然亦須相度形勢，必引河上口能迎溜勢、下口直入河心方得。蒲臺迤西魏家口至迤東宋莊，約長四十里，河水分流，納正河之溜三分之。若就勢修隄建壩挑溜，使歸北河，正河如淤，蒲臺城垣永免水患。此裁灣取直之最有益者，擬即勘估興辦。』報聞。

二十六年，拳匪亂作，未續請款。嗣時局日艱，無暇議及河防矣。是年淩汛，決濱州張肖堂家。明年三月塞。六月，決章丘陳家窑、惠民楊家大堤，隨塞。黄河之初北徙也，忠親王僧格林沁有裁總河之請。嗣東河改歸巡撫兼轄，河督喬松年復以爲請。至是，河督錫良言：『直、東河工久歸督撫管轄，豫撫本有兼理河道之責。請仿山東成案，改歸兼理，而省東河總督。』制可。二十八年夏，決利津馮家莊。秋，決惠民劉旺莊。逾年二月，劉旺莊塞。六月，決利津寧海莊，十二月塞。三十年正月，淩汛，決利津王莊、扈家灘、姜莊、馬莊，隨塞。六月，河溢甘肅皋蘭，淹沒沿灘村莊二十餘。又決山東利津薄莊，淹村莊、鹽窩各二十餘。

先是山東屢遭河患，當事者皆就水立隄，隨灣就曲，水不暢行。張秋以下，隄卑河窄，又無石工幫護。利津以下，尾閭改向南，形勢益不順。巡撫周馥請帑三百萬，略事修培，部臣靳不予。不得已，自籌二十萬添購石料，又給貲遷利津下民之當水衝者，而民徙未盡。又於隄南增建大堤，以備舊隄壞，民有新居可歸。至薄莊決，水東北由徒駭河入海。馥言：『舊河淤成平陸，若依舊堵合，估須九十萬有奇，鉅款難籌。且堵合之後，防守毫無把握，漫口以下，水深丈餘至二三丈，奔騰浩瀚，就下行疾，入徒駭後，勢益寬深，較鐵門關、韓家垣、絲網口尤暢達。與其逆水之性，耗無益之財，救民而終莫能救，不如遷民避水，不與水爭地，而使水與民各得其所。依此而行，其益有三：尾閭通順，流暢消速，益一；舟楫便利，商貨流通，益二；河流順直，險輕費省，益三。所省堵築費猶不計也。然補救之策，費財亦有三：一、遷民之費；二、築埝之費；三、移設鹽垣之費。約需五十萬金，較堵築費省四之三，而受益過之。』制可，遂不堵。嗣是東河安瀾，數年未嘗一決。

宣統元年，決開州孟民莊。明年塞。三年，東撫孫寶琦言：『自黃入東省，河道深通，初無修防。積久淤溢，始築民埝，緊逼黃流。嗣經普築大隄，而復令民守埝。埝有漫決，官無處分，直、東兩省，定例皆然。元年開州決，水循東省上游埝外隄內下注，至中游始歸正河，濮、范、壽張受災甚重。臣會商直督，遣員協款堵築，上年始告成功。如能通籌，分別勘治，改歸官守上游橫決，爲患何堪設想！臣昔隨李鴻章來東勘河，時比工程司建議築隄伸入海深處爲最要辦法，卒以費鉅不果。如由主治者統籌經費，分年築隄，藉束水爲攻沙之計，再酌購外洋挖泥輪機，往來疏濬，尾閭可望深通，全局皆受其益。河工爲專門之學，非久於閱歷，不能得其奧竅。亟宜仿照豫省定章，改定文武額缺爲終身官，三省互相遷調。臣上年設立河工研究所，招集學員講求河務，原爲養成治河人材；如設廳汛，此項人員畢業，即可分別試用，於工程大有裨益。以上四端，必應興辦。臣愚以爲宜設總河大員，歷勘會商，將三省常年經費百數十萬，統歸應用，俟議定大治辦法，隨時請撥，俾免掣肘而竟事功。』疏入，詔會商直督、豫撫通籌。未及議覆，而武昌變作，遂置不行。

又卷一二七《河渠志二·運河》 夫黃河南行，淮先受病，淮病而運亦病。由是治河、導淮、濟運三策，羣萃於淮安、清口一隅，施工之勤，糜帑之鉅，人民田廬之頻歲受災，未有甚於此者。蓋清口一隅，意在蓄清敵黃。然淮強固可刷黃，而過盛則運隄莫保，淮弱末由濟運，黃流又有倒灌之虞，非若白漕、衛漕僅從事疏淤塞決，閘漕、湖漕但期蓄洩得宜而已。至江漕、浙漕，號稱易治。江漕自湖廣、江西沿漢、沔、鄱陽而下，同入儀河，溯流上駛。京口以南，運河惟徒、陽、陽武等邑時勞疏濬，無錫而下，直抵蘇州，與嘉、杭之運河，固皆清流順軌，不煩人力。今撮其受患最甚、工程最鉅者著於篇。

順治四年夏久雨，決江都運隄，隨塞。六年夏，高郵運隄決數百丈。七年，運隄潰，挾汶水由鹽河入海。八年，募民夫大挑運河。十四年，河督朱之錫言：『南旺南距台莊高百二十尺，北距臨清高九十尺，應遵定例，非積六七尺不准啟閘，以免瀉涸。閉下閘，啟上閘，水凝亦深；閉上閘，啟下閘，水旺亦淺。重運板不輕啟，回空板不輕閉。』從之。十五年，董口淤。之錫於石牌口迤南開新河二百五十丈，接連大河，以通飛輓。先是漳水於九年從丘縣北流，逕青縣入海。至十七年春夏之交，衛水微弱，糧運澀滯，乃堰漳河分溉民田之水，入衛濟運。時河北累年亢旱，部司姜天樞言：『昔僉事江良材欲導河注衛，增一運道，今獨不可借其議而反用之導衛以注河乎？』之錫從其言，並置衛河主簿，著爲令。

康熙元年，定運河修築工限：三年內衝決，參處修築官；過三年，參處防守官；不行防護，致有衝決，一並參處。四年秋，高郵大水，決運隄。五年，運河自儀徵至淮淤淺，知縣何崇倫募民夫濬之。漕督林起龍言：『糧艘北行，處處阻閘阻淺，請飭河臣履勘安山、馬踏諸湖，暨各櫃閘子隄斗門隄岸，及東平、汶上諸泉，有無堵塞，務期濬泉清湖，以通運道。』六年，決江都露筋廟。明年，塞之。十年，決高郵清水潭。明年，再決，十三年始塞。十四年，決江都邵伯鎮。十五年夏，久雨，漕隄崩潰，高郵清水潭、陸漫溝，江都大潭灣，共決三百餘丈。

十六年，以靳輔爲河督。時東南水患益深，漕道益淺。輔言：『河、運宜爲一體。運道之阻塞，率由河道之變遷。向來議治河者，多盡力於漕艘經行之地，其他決口，以爲無關運道而緩視之，以致河道日壞，運道因之日梗。是以原委相關之處，斷不容歧視也。又運河自清口至清水潭，長約二百三十里，因黃内灌，河底淤高，居民日患沈溺，運艘每苦阻梗。請敕下各撫臣，將本年應運漕糧，務於明年三月内盡數過淮。俟糧艘過完，即封閉通濟閘壩，督集人夫，將運河大爲挑濬，面寬十一丈，底寬三丈，深丈二尺，日役夫三萬四千七百有奇，三百日竣工。並堵塞清水潭、大潭灣決口六，及翟家壩至武家墩一帶決口，需帑九十八萬有奇。』又言：『向因河身淤墊，阻滯盤剥，艱苦萬端。若清口一律浚深，則船可暢行，省費甚多。因令量輸所省之費，作治河之用，請俟運河浚深，船艘通行，凡過往貨物船，分别徵納剥淺銀數分，一年停止。』均允行。

十七年，築江都漕隄，塞清水潭決口。清水潭逼近高郵湖，頻年潰決，隨築隨圮，決口寬至三百餘丈，大爲漕艘患。前年尚書冀如錫勘估工費五十七萬，夫柳仍派及民間，猶慮功不成。輔周視決口，就湖中離決口五六十丈爲偃月形，抱兩端築之，成西隄一，長六百五丈，更挑繞西越河一，長八百四十丈，僅費帑九萬。至次年工竣。上嘉之，名河曰永安，新河隄曰永安隄。是歲挑山、清、高、寶、江五州縣運河，塞決口三十二。輔又請按里設兵，分駐運隄，自清口至邵伯鎮南，每兵管兩岸各九十丈，責以栽柳蓄草，密種菱荷蒲葦，爲永遠護岸之策。又言：『運河既議挑深，若不束淮入河濟運，仍容黃流内灌，不久復淤。請於高堰隄工單薄處，幫修坦坡，爲久遠衛隄計。』均如所議行。

十八年，決山陽戚家橋，隨塞。明初江南各漕，自瓜、儀至清江浦，由天妃閘入黃。後黃水内灌，潘季馴始移運口於新莊閘，納清避黃，仍以天妃名。然口距黃、淮交會處僅二百丈，黃仍内灌，運河墊高，年年挑濬無已。兼以黃、淮會合，瀠洄激蕩，重運出口，危險殊甚。至是，輔議移南運口於爛泥淺之上，自新莊閘西南挑河一，至太平壩，又自文華寺永濟河頭起挑河一，南經七里閘，轉而西南，亦接太平壩，俱遠爛泥淺。引河内兩渠並行，互爲月河，以舒急溜，而爛泥淺一河，分十之二佐運，仍挾十之八射黃，黃不内灌，並難抵運口。由是重運過淮，揚帆直上，如履坦途。是歲開滚水壩於江都鰍魚骨，創建宿遷、桃源、清河、安東減壩六。

十九年，創建鳳陽廠減壩一，碭山毛城鋪、大谷山，宿遷攔馬河、歸仁隄，邳州東岸馬家集減壩十一。康熙初，糧艘抵宿遷，由董口北達。後董口淤塞，遂取道駱馬湖。湖淺水面闊，縴纜無所施，舟泥濘不得前，挑掘舁送，宿邑騷然。輔因創開皂河四十里，上接泇河，下達黃河，漕運便之。是歲霪兩，淮、黃並漲，決興化漕隄，水入高郵治，壞泗州城郭，特築滚壩於高郵南八里，及寶應之子嬰溝。

二十年七月，黃水大漲，皂河淤澱，不能通舟。衆議欲仍由駱馬湖，輔力持不可，親督挑掘丈餘，黃落清出，仍刷成河。隨閉皂河口攔黃壩，於迤東龍岡岔路口至張家莊挑新河三千餘丈，使出皂河，石磡之清水盡由新河行，至張家莊入黃河，是爲張莊運口。是歲增築高郵南北滚水壩八，對壩均開越河，以防舟行之險，凡舊隄險處，皆更以石。二十二年九月，黃河由龍岡漫入，新河又淤。隨於石磡築攔黃壩，復設法疏導，旬餘，新河仍暢行。二十三年，上南巡閱河，至清口，以運口水緊，令添建石閘於清河運口。

二十五年，輔以運道經黃河，風濤險惡，自駱馬湖鑿渠，歷宿遷、桃源至清河仲家莊出口，名曰中河。糧船北上，出清口後，行黃河數里，即入中河，直達張莊運口，以避黃河百八十里之險。議者多謂輔此功不在明陳瑄鑿清口下。而按察使于成龍、漕督慕天顔先後劾輔開中河累民，上斥其阻撓。二十七年，復遣尚書張玉書、圖納，左都御史馬齊等往視，亦稱中河安流，舟楫甚便。但逼近黃流，不便展寬，而裏運河及駱馬湖之水俱入此河，窄恐難容，應於蕭家渡、楊家莊、新莊各建減壩，俾水大可宣洩；仲家閘口大直恐倒灌，應向東南斜挑以避黃流。詔俟臨閱時定奪。是歲大雨，中河決，淹清河民田數千頃。

明年春，上南巡，閲視河工，至宿遷支河口，謂諸臣曰：『河道關繫漕運民生，地形水勢，隨時權變。今觀此河狹隘，逼近黃岸，萬一黃隄潰決，失於防禦，中河、黃河將溷爲一。此河開後，商民無不稱便，安識日後若何？』圖納、馬齊言：『臣等勘河時，正值大水，懼河隘不能容諸水，故議於迤北遥隄修減壩三，令由舊河形入海。』輔言：『臣意開此河，可束水入海，及濬畢觀之，漕艘亦可行。今若加增遥堤，以保固黃河隄岸，當可無慮。』河督王新命言：『支河口止一鎮口閘，微山湖諸水甚大，遇淫潦不能支，必致潰決。若於駱馬湖作減壩，令漲水入黄，再修築郯城禹王臺，以禦流入駱馬湖之水，令注沭河，則中河無慮。』上謂可仍開支河，其黄河運道，並存不廢。先是玉書等請閉攔馬河，事下總河，至是新命言：『攔馬河原以宣黄水異漲，似應仍留，水漲則開放，水平則閉，以免中河淤墊。至駱馬湖三減壩，玉書等議留二座於隄內，減水入中河，又恐中河不能容，擬於迤東蕭家渡、楊家莊、新河口量建減壩宣洩。臣謂既以中河不能容，何必留此二壩之水減入中河，復從蕭家渡等處建壩，多此曲折？不若將三壩俱留遥隄外，令由舊河形入海，於蕭家渡三處量留缺口二，酌水勢以宣塞之爲愈。郯城沭水口舊有禹王臺，障遏水勢，會白馬河、沂河之水入駱馬湖，愈覺泛溢不可遏，應於臺舊基迎水處堵塞斷流，令仍由故道入海。』下扈從諸臣確議。惟駱馬湖減壩用玉書等原議，餘如新命言。

三十二年，直隸運河決通州李家口等五口，天津耍兒渡等八口。衛河微弱，惟恃漳爲灌輸，由館陶分流濟運。明隆、萬間，漳北徙入滏陽河，館陶之流遂絶。至是三十六年，忽分流，仍由館陶入衛濟運。三十八年，廷議改高郵減壩及茆家園等六壩均爲滚水壩，增加高堰石工五尺。三十九年，上以清口日淤，恐誤糧艘，海道運津又極艱險，擬以沙船載糧，自江下海，至黄河入海之口，運入中河，則海運不遠。下河督張鵬翮籌議。鵬翮言運河決口已塞，清水又已引出，糧船當可暢達。若改載沙船，僱募水手，徒滋糜費。且由江入海，從黄河海口入中河，風濤不測，實屬難行。從之。初，河督于成龍以中河南逼黄河，難以築隄，乃自桃源盛家道口至清河，棄中河下段，改鑿六十里，名曰新中河。至是，鵬翮見新中河淺狹，且盛家道口河頭灣曲，輓運不順，因於三義壩築攔河隄，截用舊中河上段、新中河下段合爲一河，重加修濬，運道稱便。

四十年，以湖口清水已出，宜籌節宣之法，允鵬翮請，於張福口、裴家場二引河間，再開引河一，合力敵黄。若黄漲在糧艘已過，堵攔黄壩，使不得倒灌；漲在行船時，閉裴家場引河口，引清水入三汊河至文華寺濟運。是歲建中河口南岸石閘。四十二年，以仲莊牐清水出口，逼溜南趨，致礙運道，詔移中河運口於楊家莊，即大清水故道，由是漕鹽兩利。逾年，又命建直隸運河楊村減壩以分水勢。

四十四年，上言高堰及運河減壩不開放，則危及堤堰，開洩又潦傷隴畝，宜於高堰三滚壩下挑河築隄，束水入高郵、邵伯諸湖，其減壩下亦挑河築隄，束水由串場溪注白駒、丁溪、草堰諸河入海。令江、漕、河各督勘估，遣官督修。自是淮、揚各郡悉免漫溢之患。四十五年，鵬翮於中河横隄建草壩二，鮑家營引河處建草壩一，相機啟閉，免中河淤墊。又以運河水漲，隄岸難容，於文華寺建石閘，閘下開引河，自楊家廟、單楊口迄白馬湖，長萬四千八百丈有奇，水漲開放入湖，水涸堵閉。是年，濟寧道張伯行請引漳自成安柏寺營通漳之新河，接館陶之沙河，古所謂馬頰河者，疏其淤塞，使暢流入衛。議未及行。越二年，全漳入館陶，漳、衛合而勢悍急，恩、德當衝受害，乃於德州哨馬營、恩縣四女寺建壩，開支河以殺其勢。

六十年，東撫李樹德請開彭口新河。先是濟寧道某言，彭口一帶有昭陽、微山、西湖，噴沙積於三洞橋内，屢開屢塞，阻滯糧艘，應挑新河、避噴沙，以疏運道。至是，樹德以爲言。上曰：『山東運河，自西湖之水流入。前此百姓以爲宜開即開，以爲宜閉亦閉。開者何意？堵者何意？務悉其故，方可定其開否。不然，虚耗矣。』又曰：『山東運河，全賴湖、泉濟運。今多開稻田，截上流以資灌溉，湖水自然無所蓄瀦，安能濟運？往年東民欲開新河，朕恐下流泛濫，禁而弗許。今又請開新河。此地一面爲微山湖，一面爲嶧縣諸山，更從何處開鑿耶？張鵬翮到東，將此旨詳諭巡撫，申飭地方，相度泉源，蓄積湖水，俾漕運無誤，自易易耳。』

雍正元年，河督齊蘇勒偕漕督張大有言：『山東蓄水濟運，有南旺、馬踏、蜀山、安山、馬場、昭陽、獨山、微山、郗山等湖，水漲則引河水入湖，涸則引湖水入槽，隨時收蓄，接應運河，古人名曰「水櫃」。歷年既久，昭陽、安山、南旺多爲居民占種私墾。現除已成田不追外，餘俟水落丈量，樹立封界，永禁侵佔，設法收蓄。至馬踏、蜀山、馬場、南陽諸湖，原有斗門閘座，加以土壩，可收蓄深廣，備來年濟運之資。惟獨山一湖，濱臨運河，一綫小堰，且多缺口。相度水勢，河水盛漲，聽其灌入湖中；湖、河平，即築堰堵截；河水稍落，不使湖水走洩涓滴。或遇運河淺塞，則引湖水下注，庶幾接濟便捷。至諸湖閘座，仍照舊例，灌塘積水，啟閉以時，則湖水深廣，運道疏通矣。』下所司議行。

二年，齊蘇勒以駱馬湖東岸低窪易洩，舊壩不足抵禦，於湖東陸塘河通寧橋西高地築攔河滚壩，再築攔水堤六百丈，口門寬三十丈，以便宣洩。又幫築運河西岸地洞口堤身五百十丈，高、寶、江東西岸隄工五千二十四丈，寶應西堤七里閘迤南至柳園頭埽工五百七十丈。

四年，齊蘇勒改种家渡南之舊彭口於十字河，而彭口沙壅積如故。先是侍郎蔣陳錫疏陳漕運事宜，上命內閣學士何國宗等勘視豫東運道，至是覆稱：『山東運河必賴湖水接濟，請將安山湖開濬築隄；南旺、馬踏諸隄及關家壩俱加高培厚，建石閘以時啟閉；其分水口兩岸沙山下，各築束水壩一；汶水南戴村壩應加修築；建坎河石壩於汶水北；恩縣四女寺應建挑壩一；塼平運河西岸修復進水關二，東岸建滚壩一；濮州沙河會趙王河處，舊有土壩引河，應修築開濬，其河西州縣，聽民開通水道，匯入沙河，於運道民生，均有裨益；武城及恩縣北岸，各挑引河一。河南運河自北泉而下，歷仁、義、禮、智、信五閘，遏水旁注，愚民不無截流盜水之弊。請拆去五閘，於泉池南口建石堰一，開口門三，分爲三渠，築小隄使無旁洩；東西各開一渠，渠各建五閘，分溉民田。小丹河自清化鎮下應開濬築小隄，河東一里開水塘一，石閘三，分爲三渠，以小丹河爲官渠，東西各一爲民渠。其洹河石壩皆已湮廢，宜增修爲挑壩。諸泉源應各開深廣，入衛濟運。』下所司議行。五年，東撫塞楞額以柳長河日見淤淺，雖一帶相連，而中有金錢嶺分隔，特開引河二，一從嶺北注安山入湖，一從嶺南出閘口濟運。

八年，河督嵇曾筠言：『宿遷駱馬湖舊有十字河口門，引湖濟運，兼以刷黃。嗣湖水微弱，恐黃倒灌，堵閉河口，又於西寧橋迤西建攔湖壩，因是湖水不通，專資黃濟運，致中河之水挾沙淤墊。今秋山水暴漲，去路遏塞，漫溢橫出。請復十字河舊口門，俾湖水入中河，刷深運道，攔湖壩酌量開寬，俾上游之水，由六塘河入海。』從之。是年始設黃、運兩岸守堤堡夫，二里一堡，堡設夫二，住堤巡守，遠近互爲聲援。

九年，兼總河田文鏡言：『汶南流濟運，向有玲瓏及亂石、滚水三壩。伏秋盛漲，水由滚壩入鹽河，沙由玲瓏、亂石洞隙隨水滚瀉。自何國宗於三壩內增建石壩，涓滴不通，既無尾閭洩水，又無罅隙通淤，致汶挾沙入運，淤積日高。請改壩爲牐，建磯心五十六，中留水門五十五，安牐板以資宣洩。又以不能啟閉，別築土堤，名春秋壩。』如所請行。十一年，東撫岳濬言：『東省水櫃，舊有東平之安山湖廢閘四。自國宗議復安山湖水櫃，重築臨河及圈湖隄，修通湖、蛇溝二閘，並於八里灣、十里鋪兩廢閘間建石閘一，曰安濟閘，俱經修竣，仍不能蓄水濟運。緣湖底土疏，非圈隄所能收蓄，均宜修防。其圈湖隄缺，概停補築，以免糜費。』從之。十二年，直督李衛以故城與山東德州、武城毗連，係河流東注轉灣處，向無隄埝，水漲漫溢，勸諭民間攢修土埝，量給食米，以工代賑。東撫岳濬以德州河溜頂衝，於東岸挑新河、建滚壩，兩岸各築遙隄，酌開涵洞，以資宣洩。

乾隆二年，御史馬起元言：『直、東運河，近多淤塞。』尚書來保言：『衛水濟運灌田，請飭詳查地勢，使漕運不阻，民田亦資灌溉。』上命侍郎趙殿最、侍衛安寧，會同直、漕、河三督，豫、東兩撫勘奏。經部議：『東省泉源四百三十九，無不疏通，閘壩亦完固，惟戴廟、七級、柳林、新店、師莊、棗林、萬年、頓莊各閘，或雁翅潮蟄，或面石裂縫，兩岸斗門涵洞，有滿家三空橋雁翅低陷，石閘面太低，應交河督興修。又馬踏、蜀山、馬場、獨山、微山諸湖，嚴禁佔種蘆葦，南旺、南陽、昭陽諸湖水櫃，僅堪洩水，小清河久淤塞，均宜次第修治。至衛水濟運灌田，宜於館陶、臨清各立水則一，測驗淺深，以時啟閉。』起元又言，通州至天津河路多淤淺，糧艘不便。命殿最偕顧琮勘議。尋議天津溯流而上，設有兵弁，無官管轄。應增置漕運通判一，駐張家灣，專司疏濬；把總二，外委四，聽通判調遣。又普濟寺等四閘屬通州，增置吏目一，慶豐等七閘屬大興，增置主簿一，遇應開挑處，報坐糧廳覈實修濬。用鄂爾泰言，建獨流東岸滚壩，並開引河，注之中塘窪，以免靜海有羨溢之虞，並減天津三汊口爭流之勢。是歲，大挑淮、揚運河，自運口至瓜洲三百餘里。

三年，河督白鍾山言：『衛河水勢，惟在相機啟閉。殿最前奏設館陶、臨清二水閘，可不必立。嗣雨水調勻，百泉各渠閘照舊官民分用。儻值水淺澀，即暫閉民渠民閘以利漕運。或河水充暢，漕艘早過，官渠官閘亦酌量下板以灌民田。』是年，修復三教堂減壩，挑濬淤填支河，使洩水入馬頰河。又於三空橋舊址修減壩，仍挑通支河，使洩水入徒駭河。增建裴家口東南涵洞二，修築房家口上下堤岸、馬家閘土隄，及自嶧縣臺莊迄臨清板閘運隄八百里縴道，亦資障護瀕河田廬。

先是疏濬毛城鋪河道時，高斌以黃流倒灌，移運口於上游七十餘丈，與三汊河接。次年，黃仍灌運，論者多謂新開運口所致，特命大學士鄂爾泰相度。旋言：『運口直對清口，湖水由裴家場引河東北直趨清口，入運之水仍係迴流平緩；惟新口外挑水壩稍短，清水盛旺，或恐溜寬，宜再築長壩，不必仍舊開口。惟舊河直捷，新河紆曲，今新建閘壩未開，漕船應行舊河，以利挽運。新河於天妃閘下重建通濟、福興二閘，隨時啟閉。每歲漕船過後，河水充溢，則開放新河以分水勢，湖水漲溢，則閉舊河及新河閘以待水消，庶新舊兩河可以交用。』

鄂爾泰又言：『詳勘漳河故道，一自直隸魏縣北，經山東丘縣城西，至效口村會滏陽河，入大陸澤，下會子牙河，由天津入海。一由魏縣北老沙河，自潘爾莊經丘縣城東，歷清和、武城、景州、阜城各地，過千頃窪，入運歸海。丘縣城西故道去衛河較遠，舊迹既淹，開通匪易。且滏陽河下會子牙河，全漳之水亦難容納。惟老沙河即古馬頰河，河形寬闊，於此挑復故道，自和爾寨村東承漳河北折之勢，開至漳洞村，歸入舊河，勢順工省。即於新挑河頭下東流入衛處建閘，如衛水微弱，則啟以濟運，衛水足用，則閉閘使歸故道；再於青縣下酌建閘壩，臨清以北運道可免淤墊，青縣以下田廬永無浸淹。應飭直、東兩省會勘估修。』五年，改山東管河道爲運河道，專司蓄洩疏濬閘壩事，仍管河庫，從白鍾山請也。

二十二年，添建高郵東隄石壩，酌定水則，視水勢大小以爲啟閉。巡漕給事中海明言：『江南運河，惟桃源之古城砂礓，溜灘灣沙積，黄河以南，惟揚州之灣頭閘至范公祠三千三百餘丈間段阻淺，均應挑濬。鎮江至丹徒、常州，水本無源，恃江潮灌注，冬春潮小則淺。加以每日潮汐易淤，兩岸土鬆易卸，應六年大挑一次，否則三年亦須擇段撈淺。丹徒兩閘以下，常州之武進等縣，亦間段淺滯，均應一律挑濬。』詔：『挑河易滋浮冒，宜往來查察，毋得屬之委員。』

二十四年，命海明及河督張師載、東撫阿爾泰會勘直、東運河。初，運河水漲，漫溢德州等處，景州一帶道路淤阻。至是，海明等言：『漳、衛二河，伏秋盛漲，宜旁加疏洩。自臨清至恩縣四女寺二百五十餘里，河身盤曲，臨清塔灣東岸原有沙河一，即黄河遺迹，由清平、德州、高唐入馬頰河歸海。請開挑作滾水石壩，使汶、衛合流，分洩水勢。四女寺、哨馬營兩支河，原係旁洩汶、衛歸海之路，請將狹處展寬，以免下游德州等處衝溢。』二十五年，巡漕給事中耀海偕師載言：『南旺以北僅馬踏一湖，水患不足。獨山湖有金綫閘，水祗南流，利濟閘水可北注。請移金綫閘於柳林閘北，使獨山諸湖全注北運河。』制可。二十七年，以魚臺辛莊橋北舊有洩水口二，口門刷深，難以節制，允師載等請改建滾壩一。是歲，挑德州西方菴對岸引河，自魏家莊至新河頭，長四十丈，建築齊家莊挑溜埽壩，接築清口東西壩，修李家務石閘。二十八年，用阿爾泰言，於臨清運河逼近村莊處開引河五，以分水勢。

三十三年，黄水入運，命大學士劉統勳等往開臨黄壩，以洩盛漲，並疏濬運河淤淺。三十七年，河督姚立德言：『泗河下流董家口向建石壩分洩，今泗水南趨，轉爲石壩所累。請拆去，並展寬孟家橋舊石橋。』如所請行。五十年，命大學士阿桂履勘河工。阿桂言：『臣初到此間，詢商薩載、李奉翰及河上員弁，多主引黄灌湖之説。本年湖水極小，不但黄絕清弱，至六月以後，竟至清水涓滴無出，又值黄水盛漲，倒灌入運，直達淮、揚。計惟有借已灌之黄水以送回空，蓄積弱之清水以濟重運。查本年二進糧艘行入淮河，全藉黄水浮送，方能過淮渡黄，則回空時雖值黄水消落，而空船喫水無多，設法調劑，似可銜尾遄行。』借黄濟運，自此始也。五十一年，運河盛漲，致淮安迤下東岸涇河洩水石閘牆墊底翻，難資啟閉。越五年，山陽、寶應士民修復之。

嘉慶元年，河決豐汛，刷開南運河佘家莊隄，由豐、沛北注金鄉、魚臺，漾入微山、昭陽各湖，穿入運河，漫溢兩岸。是冬，漫口塞，凌汛復蟄陷。次年，東西兩壩並蟄，二月工始竣。自豐工決後，若曹工、睢工、衡工，幾於無歲不決。九年，因山東運河淺塞，大加濬治；又預蓄微山諸湖水爲利運資。然自是以後，黄高於清，漕艘轉資黄水浮送，淤沙日積，利一而害百矣。十二年，倉場侍郎德文等請挑修張家灣正河，堵築康家溝以復運道，御史賈允升請挑濬減河，均下直督溫承惠勘辦。承惠請濬溫榆河上游。上命侍郎托津、英和偕德文等覆勘。尋奏言：『頻年漕運皆藉溫榆下游倒漾之水，以致泥沙淤積。若從上游深挑，直抵石壩，實爲因勢利導。惟地勢高下，須逐細測量，俾全河毫無滯礙方善。』制可。

十三年，通州大水，康家溝壩衝決成河，張家灣河道遂淤。倉場侍郎達慶請來年糧艘由康家溝試行一年，暫緩挑復張家灣河身。上命尚書吳璥往勘，與達慶議合，遂允之。明年，御史史祜言，康家溝河道難行，請復張家灣正河。下直督溫承惠。承惠言：『康家溝溜勢奔騰，漕船逆流而上，大費縴輓。該處地勢正高，恐旱乾之歲，河水一瀉無餘，漕行更爲棘手。惟張家灣兩岸沙灘，壩基難立，而正河積淤日久，挑濬亦甚不易。』上復遣工部尚書戴均元往勘，亦言壩基難立，且時日已迫，恐河道未復，漕運已來，請仍由康家溝行，再察看一年酌定。如所請行。時淮、揚運河三百餘里淺阻，兩淮鹽政阿克當阿請俟九月內漕船過竣，堵閉清江三壩，築壩斷流，自清江至瓜洲分段挑濬。下部議覆稱：『近年運河淺阻，固由疊次漫口，而漫口之故，則由黃水倒灌，倒灌之故，則由河底墊高，清水頂阻，不能不借黃濟運，以致積淤潰決，百病叢生。是運河爲受病之地，而非致病之原。果使清得暢出敵黃，並分流濟運，則運口內新淤不得停留，舊淤並可刷滌。若不除倒灌之根，而亟亟以挑濬運河爲事，恐旋挑旋淤，運河之挑濬愈深，倒灌之勢愈猛，決隄吸溜，爲患滋多。』命尚書托津等偕河督勘辦。十八年，漕督阮元以邳、宿運河閘少，水淺沙停，請於匯澤閘上下添建二閘。下江督百齡核奏。

道光元年，山東河湖山水並發，戴村壩迤北隄埝漫決六十餘丈，草工刷三十餘丈，四女寺支河南岸汶水旁洩處三。用巡撫姚祖同言，於正河旁舊河形內抽溝導水濟運，兼顧湖瀦。三年，漫直隸王家莊，由各廳汛賠修。是歲添築戴村壩北官堤碎石壩四。四年，侍講學士潘錫恩陳借黃濟運之弊，略言：『蓄清敵黃，爲相傳成法。今年張文浩遲堵禦黃壩，致倒灌停淤，釀成巨患。若更引黃入運，河道淤滿，處處壅溢，恐有決口之患。』下尚書文孚等妥議。

自嘉慶之季，黃河屢決，致運河淤墊日甚，而歷年借黃濟運，議者亦知非計，於是有籌及海運者。五年，上因漕督魏元煜等籌議海運，羣以窒礙難行，獨大學士英和有通籌漕、河全局，暫雇海船以分滯運，酌折漕額以資治河之議，下所司及督撫悉心籌畫。卒以黃、運兩河受病已深，非旦夕所能疏治，詔於明年暫行海運一次。

新授兩江總督琦善言：『臣抵清江，即赴運河及濟運、束清各壩逐加履勘。自借黃濟運以來，運河底高一丈數尺，兩灘積淤寬厚，中泓如綫。向來河面寬三四十丈者，今只寬十丈至五六丈不等，河底深丈五六尺者，今只存水三四尺，並有深不及五寸者。舟隻在在膠淺，進退俱難。濟運壩所蓄湖水雖漸滋長，水頭下注不過三寸，未能暢注。淮安三十餘里皆然，高、寶以上之運河全賴湖水，其情大可想見。請飭河、漕二臣將河面淤墊處展挑寬深，再放湖水，藉資輓送，以期不誤北上期限。』上以：『借黃濟運，原係權宜辦理，孫玉庭察看漕艘挽運艱難，不早陳奏變計，魏元煜舊任漕督，及與顔檢坐觀事機敗壞，隱忍不言，糜帑病民，是誠何心？令將運河淤墊一律挑深，費由玉庭、元煜、檢分賠。』琦善又言：『自禦黃壩堵閉，運河淤墊不復增高，而洪湖清水蓄至丈餘，各船可資浮送，不敢冒昧挑濬。工費至省在百萬外，玉庭等罄其所有，斷無如許家資。更可慮者，欲濬運河，必先堵束清壩，阻絕來源，而後可以涸底挑辦。現湖水下注湍急，束清壩外跌塘甚深，又係清水，不能掛淤閉氣。設正事興挑，而束清壩潰開，則工廢半途，費歸虛擲。請停止裏、揚運河挑工，以免草率而節糜費。』允之。是年，築溫榆河上游果渠村壩埽。七年，東河總督張井、副總河潘錫恩請修復北運河劉老澗石滾壩、中河廳南縴堤、揚糧二廳東西縴隄及隄外石工，移建昭關壩。上遣英和等馳勘，乃定移昭關壩於其北三元宮之南，餘如所請行。

十一年，高郵湖河漫馬棚灣及十四堡，湖河連爲一。江督陶澍請依嘉慶間故事，運河決口，重空糧艘均繞湖行。八月，十四堡塞。冬，馬棚灣塞。先是澍撫蘇時，以鎮江運河並無水源，祇恃江潮浮送，下練湖湮塞已久，移建黃泥閘於張官渡以當湖之下流，俾得擎托湖流，使之回漾，稍濟江潮之不逮，曾著成效。至十四年遷江督，復偕巡撫林則徐相度，於湖頂沖之黃金壩及東岡築兩重蓄水壩，培圩埂二千八百八十丈，使水得入湖。又建減水石壩二於湖之東堤，俾可宣洩暴漲。於入運處修復念七家古涵，以作水門，並建石閘以放水濟運。是冬工竣，由涵引水出，竟能倒漾上行數十里，軍船得銜尾而南。越二年，溜勢變遷，河形灣曲，復移建黃泥閘於迤上二百丈，改爲正越二閘，中建磯心，並改張官渡迤下六十里呂城閘爲正越二閘，以利漕行。十五年，移築囊沙引渠沙壩於西河滸外，以資收蓄，從東河總督吳邦慶請也。

十八年，運河淺阻，用河督栗毓美言，暫閉臨清閘，於閘外添築草壩九，節節擎蓄，於韓莊閘上朱姬莊迤南築攔河大壩一，俾上游各泉及運河南注之水，並攔入微山湖。定收瀦濟運章程六。十九年，毓美以戴村壩卑矮，致汶水多旁洩，照舊制增高之。初，給事中成觀言淮、揚芒稻閘、人字河不宜堵壩，阻水去路，下陶澍等議。至是覆稱：『此壩蓄水由來已久，並不攔阻衆水歸江，不得輕議更張。』從之。時衛河淺澀，難以濟運。東撫經額布請變更三日濟運、一日灌田例。詔將百門泉、小丹河各官渠官閘一律暢開，暫避民渠民閘，如有賣水阻運盜乞情弊，即行嚴懲。明年，漕督朱澍復言：『衛河不能下注，有妨運道。』命河督文沖、豫撫牛鑑察勘。文沖等言：『衛河需水之際，正民田待溉之時。民以食爲天，斷不能視田禾之枯槁置之不問。嗣後如雨澤愆期，衛河微弱，船行稍遲，毋庸變通舊章。倘天時亢旱，糧船阻滯日久，是漕運尤重於民田，應暫閉民渠民閘，以利漕運。』從之。

咸豐元年，甘泉閘河撐隄潰塌三十餘丈，河決豐縣，山東被淹，運河漫水，漕艘改由湖陂行。先是戶部尚書孫瑞珍言十字河爲全漕之害，若於河西改寬新河，以舊河爲囊沙，於彭口作滾壩，納濁水而漾清流，漕船無阻，可省起剝費二十萬。下東河總督顏以燠議。至是以燠言：『改乞新河事無把握，無庸輕議更張。』報聞。二年，決北運河北寺莊隄，命尚書賈楨、侍郎李鈞勘堵，並改次年漕糧由海道運津。自是遂以海運爲常。同治而後，更以輪船由海轉運，費省而程速，雖分江北漕糧試行河運，然分者什一，藉保運道而已。五年，銅瓦廂河決，穿運而東，隄埝衝潰。時軍事正棘，僅堵築張秋以北兩岸缺口。民埝殘缺處，先作裹頭護埽，黃流倒漾處築壩收束，未遑他顧也。十年，決淮揚馬棚灣。

同治五年，決清水潭。八年，河決蘭陽，漫水下注，運河隄埝殘缺更甚。自張秋以北，別無來源，歷年惟借黃濟運而已。九年，漕督張之萬請於黃流穿運處堅築南北兩隄，酌留運口爲漕船出入門戶，並築草壩，平時堵閉以免倒灌。已下所司議，之萬旋改撫江蘇，繼任張兆棟以『既築隄束水留口門，又築壩堵閉，恐過水稍滯，而上游一氣奔注，新築隄閘難當沖激。設奪運北趨，則東昌、臨清暨天津、河間，淹沒在所必至，北路衛河亦將廢壞。惟有於鄆城沮河一帶遏黃東流，即以保南路之運道，於張秋、八里廟等處疏運河之淤墊，即以通北上之漕行，較之築隄束水，稍有實際』。制可。

十年，侯家林河決，直注南陽、昭陽等湖，鄆城幾爲澤國。漕督蘇鳳文言：『安山以北，運河全賴汶水分流，至臨清以上，始得衛水之助。今黃河橫亙於中，挾汶東下，安山以北毫無來源，應於衛河入運及張秋清黃相接處，各建一閘，蓄高衛水，使之南行，俟漕船過齊，即啟臨清新閘，仍放衛北流，以資浮送。並於張秋淤高處挑深丈餘，安山以南亦一律挑濬，庶黃水未漲以前，運河既深，舟行自易。』江督曾國藩言：『河運處處艱阻，如嶧縣大泛口沙淤停積，水深不及二尺，必須挑深四五尺，並將近灘石堆剷除，與河底配平，方利行駛。北則滕縣郗山口入湖要道，淺而且窄，微山湖之王家樓、滿家口、安家口，獨山湖之利建閘，南陽湖北之新店閘、華家淺、石佛閘，南旺閘分水龍王廟北之劉老口、袁口閘，處處淤淺，或數十丈至百餘丈，須一律挑深。此未渡黃以前，阻滯之宜預爲籌辦者。至黃水穿運處，漸徙而南，自安山至八里廟五十五里運隄，盡被黃水衝壞，而十里鋪、姜家莊、道人橋均極淤淺，宜一面疏濬，一面於缺口排釘木樁，貫以巨索，俾船過有所依傍牽挽。此渡黃時運道艱滯，宜預爲籌辦者。渡黃以後，自張秋至臨河二百餘里，河身有高下，須開挖相等，於黃漲未落時，閉閘蓄水，以免消耗，或就平水南閘迤東築挑壩，引黃入運。此渡黃後運道易涸，宜預爲籌辦者。東平運河之西有鹽河，爲東省鹽船經行要道。若漕船由安山左近入鹽河，至八里廟仍歸運道，計程百餘里，較之徑渡黃流，上有缺口大溜，下有亂石樹樁者，難易懸殊。如行抵安山，遇黃流過猛，宜變通改道，須先勘明立標爲誌。此又渡黃改道，宜預爲籌辦者。』下河、漕督及東撫商籌。

十一年，河督喬松年請在張秋立閘，借黃濟運。同知蔣作錦則議導衛濟運。上詢之直督李鴻章，鴻章言：『當年清口淤墊，即借黃濟運之病。今張秋河寬僅數丈，若引重濁之黃以閘壩節宣用之，水勢抬高，其淤倍速。至作錦導衛，原因張秋北無清水灌運，故爲此議。以全淮之強，不能敵黃，尚致倒灌停淤，豈一清淺之衛，遂能禦黃濟運耶？其意蓋襲取山東諸水濟運之法。不知泰山之陽，水皆西流，因勢利導，百八十泉之水，源旺派多，自足濟運。衛水微弱，北流最順，今必屈曲使之南行，一水兩分，勢多不便。若分沁入衛以助其源，沁水猛濁，一發難收，昔人已有明戒。近世治河兼言利運，遂致兩難，卒無長策。事窮則變，變則通。今沿海數千里，洋船駢集，爲千古以來創局，正不妨借海道轉輸，由滬解津，較爲便速。』疏入，詔江、安糧道漕米年約十萬石仍由河運，餘仍由海運。光緒三年，東撫李元華條上運河上、中、下三等辦法，並言量東省財力，擬用中等，將北運河一律疏通，復還舊址，並建築北閘。時值年荒，寓賑於工，省而又省，需費三十萬有奇。下所司議。

五年，有請復河運者。江督沈葆楨言：『以大勢言之，前人之於河運，皆萬不得已而後出此者也。漢、唐都長安，宋都汴梁，舍河運無他策。然屢經險阻，官民交困，卒以中道建倉，伺便轉餽，而後疏失差少。元則專行海運，故終元世無河患。有明而後，汲汲於河運，遂不得不致力於河防，運甫定章，河忽改道，河流不時遷徙，漕政與爲轉移，我朝因之。前督臣創爲海運之說，漕政於窮無復之之時，藉以維持不敝。議者謂運河貫通南北，漕艘藉資轉達，兼以保衛民田，意謂運道存則水利亦存，運道廢則水利亦廢。臣以爲舍運道而言水利易，兼運道而籌水利難。民田於運道勢不兩立。兼旬不雨，民欲啟涵洞以溉田，官必閉涵洞以養船。迨運河水溢，官又開閘壩以保隄，隄下民田立成巨浸，農事益不可問。

議者又太息經費之無措，舳艫之不備，以致河運無成。臣以爲即使道光間歲修之銀與官造之船至今一一俱存，以行漕於借黃濟運之河，未見其可也。近年江北所雇船隻，不及從前糧艘之半，然必俟黃流汛漲，竭千百勇夫之力以挽之，過數十船而淤復積。今日所淤，必甚於去日，而今朝所費，無益於明朝。即使船大且多，何所施其技乎？近因西北連年亢旱，黃河來源不旺，遂乃狎而玩之。物極必返，設因濟運而奪溜，北趨則畿輔受其害，南趨則淮、徐受其害，如民生何？如國計何？」

八年，伏秋大汛，張家灣運河自蘇莊至姚辛莊沖開新河一段，長七百餘丈，上下口均與舊河接，形勢順直，大溜循之而下。舊河上口至下口，長六千四百餘丈，業已斷流，惟新河身係自行沖開，不能一律深通。明年，直督李鴻章飭製新式鐵口刮泥大板，在兩岸拖拉，使一律通暢。十二年，通州潮白河之平家疃漫口，東趨入箭杆河。未幾，堵復運河故道。十三年六月，復漫刷平家疃新工下之北市莊東小隄，並老隄續塌百數十丈，連成一口，奪溜東趨十之八。尋堵塞之。是年，河決鄭州，山東黃水斷流，漕船不能南下，向之借黃濟運者，至是束手無策。旋將臨口積淤疏挑，空船始得由黃入運。十五年，東撫張曜言：「河運未能久停，請改海運漕米二十萬仍歸河運。」從之。

十六年，用江督曾國荃言，修揚屬南運河隄閘涵洞，及附城附鎮塼工。又用漕督松椿言，濬邳、宿運河。十九年，潮白河漲溢，運隄兩岸決口七十餘，上游務關廳決口七。是冬均塞。二十年，濬濟寧、汶上、滕、嶧、茌平、陽穀、東平各屬運河。明年，濬陶城埠至臨清運河二百餘里。二十四年，侍讀學士瑞洵言南漕改折，有益無損，請每年提折價在津購米以實倉庾。御史秦夔揚亦言河漕勞費太甚，請停江北河運。皆不許，仍飭認真疏濬，照常起運。二十六年，聯軍入京師，各倉被占踞，倉儲粒米無存，江北河運行至德州，改由陸路運送山、陝。二十七年，慶親王奕劻、大學士李鴻章言：「漕糧儲積，關於運務者半，因時制宜，請詔各省漕糧全改折色，其採買運解收放儲備各事，分飭漕臣倉臣籌辦。」自是河運遂廢，而運河水利亦由各省分籌矣。

又卷一二八《河渠志三・淮河》　淮水源出桐柏山，東南經隨州，復北折過桐柏東，歷信陽、確山、羅山、正陽、息、光山、固始、阜陽、霍丘、潁上，所挾支水合而東注，達正陽關。其下有沙河、東西淝河、洛河、洱河、芡河、天河，俱入於淮。過鳳陽，又有渦河、澥河、東西濠及崇、澮、沱、潼諸水，俱匯淮而注洪澤湖。又東北，逕清河、山陽、安東，由雲梯關入海。逕行湖北、河南、安徽、江蘇四省，千有七百餘里，淮固不爲害也。自北宋黃河南徙，奪淮瀆下游而入海，於是淮受其病。淮病而入淮諸水泛溢四出，江、安兩省無不病。夫下壅則上潰，水性實然，故治河即所以治淮，而治淮莫先於治河。有清一代，經營於淮、黃交匯之區，致力綦勤，糜帑尤鉅。迨咸豐中，銅瓦廂決，黃流北徙，宋、元來河道爲之一變。然河徙淤留，導淮之舉又烏容已。今於淮流之源委分合，及清口之蓄洩，洪澤湖之堰壩工築，皆備列焉。

順治六年夏，淮溢息縣，壞民田舍。康熙元年，盱、泗民由古溝鎮南及谷家橋北盜決小渠八，淮水強半分洩高、寶諸湖，而清口淮弱，無力敵黃。六七年間，淮大漲，沖潰古溝、翟家墩，由高、寶諸湖直射運河，決清水潭，又溢武家墩、高良澗，清口湮而黃流上潰。十五年，淮又大漲，合睢湖諸水并力東激，高良澗板工決口二十六，高堰石工決口七，涓滴不出清口。黃又乘高四潰，一入洪澤湖，由高堰決口會淮，並歸清水潭，下流益淤墊。

總河靳輔言：「洪澤下流，自高堰西至清口約二十里，原係汪洋巨浸，爲全淮會黃之所。自淮東決、黃內灌，一帶湖身漸成平陸，止存寬十餘丈、深五六尺至一二尺之小河，淤沙萬頃，挑濬甚難。惟有於兩旁離水二十丈許，各挑引河一，俾分頭沖刷，庶淮河下注，可以沖闢淤泥，徑奔清口，會黃刷沙，而無阻滯散漫之虞。」輔又言：「下流既治，淮可直行會黃刷沙，但臨湖一帶隄岸，除決口外，無不殘缺單薄，危險堪虞。板工固易壞，即石工之傾圮亦不可勝數。惟堤下係土坦坡，雖遇大水不易沖，今求費省工堅，惟有於隄外近湖處挑土幫築坦坡。每隄一丈，築坦坡寬五尺，密布草根草子其上，俟其長茂，則土益堅。至高堰石工，亦宜幫築坦坡，埋石工於內，更爲堅穩，較之用板用石用埽，可省二十一萬有奇，且免沖激頹卸之患。」又言：「自周家閘歷古溝、唐埂至翟家壩南，估計築三十二里之隄，並堵此原沖成之九河，及高良澗、高家堰、武家墩大小決口三十四，需費七十萬五千有奇，皆係用埽，不過三年，悉皆朽壞。臣斟酌變通，除鑲邊裹頭必須用埽，餘俱宜密下排樁，多加板纜，用蒲包裹土，繩縶而填之，費可省半，而堅久過之。今擬改下埽爲包土，仍築坦坡。』制可。十八年，大濬清口、爛泥淺、裴家場、帥家莊引河，使淮水全出清口，會黃東下。

三十五年，總河董安國因泗州知州莫之翰議，請開盱眙聖人山禹王河，導淮注江，略言：『禹王古河，自盱眙聖人山歷黑林橋、桐城鎮、楊村、天長縣迄六合之八里橋，各有河形溪澗崗不等。若開引入江，則天長、楊村、桐城各汊澗，大水時可不入高郵湖，湖水不致泛溢，而下河之水可減。至古河之口，現與淮不通流，必立閘座，水小閉閘以濟漕，漲則開閘以洩水，庶淮水洶湧之勢可減。』格廷議不行。明年，上有宜堵塞高堰壩之諭。逾二年，總河于成龍申塞六壩之請。會病卒，未底厥績。其年水復大至，已堵三壩，旋委洪流。三十九年，張鵬翮爲總河，盡塞之，使淮無所漏，悉歸清口；又開張福、裴家場、張家莊、爛泥淺、三岔及天然、天賜引河七，導淮以刷清口；又以清口引河寬僅三十餘丈，不足暢洩全湖之水，加開寬闊。於是十餘年斷絕之清流，一旦奮湧而出，淮高於黃者尺餘。四十年，築高堰大隄。

四十四年，聖祖南巡，閱高堰隄工，詔於三壩下濬河築隄，束水入高郵、邵伯諸湖。又洪湖水漲，泗、盱均被水災，應於受水處酌量築隄束水。四十五年，兩江總督阿山等請於泗州溜淮套別開河道，直達張福口，以分淮勢，計費三百十餘萬。部議靳之。廷臣亦以河工重大，請上親臨指示。逾年，上南巡閱河，諭曰：『詳勘溜淮套地勢甚高，雖開鑿成河，亦不能直達清口。且所立標杆多在墳上，若依此開河，不獨壞田廬，甚至毀墳冢，何必多此一事。今欲開溜淮套，必鑿山穿嶺，不獨斷難成功，且恐汛水泛溢，不浸入洪湖，必衝決運河。』命撤去標杆，並譴阿山、鵬翮等有差。上又謂：『明代淮、黃與今迥異。明代淮弱，故有倒灌之虞。今則淮強黃弱。與其開溜淮套無益之河，不若於洪湖出水處再行挑濬寬深，使清水愈加暢流，爲利不淺。』四十九年，加長禦黃西壩工程，從河督趙世顯請也。

雍正元年，重建清口東西束水壩於風神廟前以蓄清，各長二十餘丈。三年，總河齊蘇勒因朱家海衝決，湖底沙淤，恐高堰難保，改低三壩門檻一尺五寸以洩湖水，而救一時之急。不知水愈落，淮愈不得出，致力微不能敵黃，連年倒灌，分溜直趨。李衛頗非之。先是高堰石工未能一律堅厚。至七年冬，發帑百萬，命總河孔繼珣、總督尹繼善將隄身卑薄傾圮處拆砌，務令一律堅實。十年秋，高堰石工成。

乾隆二年，用總河高斌言，飭疏濬毛城鋪迤下河道，經徐、蕭、睢、宿、靈、虹各州縣，至泗州之安門陡河，紆曲六百餘里，以達洪湖，出清口，而淮揚京員夏之芳等言其不便。下各督撫及河、漕督會議，並召詢斌。斌至，進圖陳説，乃知芳等所言非現在情形，卒從斌議。明年，毛城鋪河道工竣。四年，高宗以高堰三壩既改低，過岸之水足洩，用大學士鄂爾泰言，永禁開放天然二壩。五年秋，西風大暴，湖浪洶湧，高堰汛第八堡舊隄撞擊，倒卸十四段，旋修補之。六年，斌言：『江都三汊河乃瓜、儀二河口門，瓜河地勢低，淮水入瓜河分數少，故溜緩不能刷深，河道致日漸淤墊。應築壩堵閉瓜河舊口門，於洋子橋營房迤下別挑越河，減淮水入瓜河之分數，則儀河可分流刷淤，並堵閉瓜洲廣惠閘之舊越河，於閘下別開越河，使閘越二河水勢均平，既緩淮水直下入江之勢，於運道更爲便利。』七年，河湖並漲，議者又謂淮河上游諸水俱匯入洪湖，邵伯以下宜多開入江之路。斌亦以爲言。於是開濬石羊溝舊河直達於江，築滾壩四十丈，並開通芒稻閘下之董家油房、白塔河之孔家涵三處河流，增建滾壩，使淮水暢流無阻。八年，淮暴漲丈餘，逼臨淮城，改治於周樑橋。

十六年，上以天然壩乃高堰尾閭，盛漲輒開，下游州縣悉被其患，命立石永禁開放。並用斌言，於三壩外增建智、信二壩，以資宣洩。十八年七月，淮溢高郵，壞車邏壩、邵伯二閘，下河田廬多沒。二十二年，以湖水出清口賴東西二壩堵束，併力刷黃，湖水過大，奔溢五壩，亦恐爲下河患。因定制五壩過水一寸，東壩開寬二丈，以此遞增，泐石東壩。嗣是遇湖水增長，即展寬東壩以洩盛漲，有展寬至六七十丈者。二十七年，上言：『江南濱湖之區，每遇大汛，霖潦堪虞，洪澤一湖，尤爲橐籥關鍵。爲澤國計安全，莫如廣疏清口，爲及今第一要義。現在高堰五壩高於水面七尺有奇，清口口門見寬三十丈，當即依此酌定成算。將來兩壩水增長至一尺，拆寬清口十丈，水遞長，口遞寬，以此爲率。』是年六月，五壩水誌逾一尺。河督高晉遵旨拆寬清口十丈，宣洩甚暢。三十二年，南河總督李宏言：『正陽關三官廟舊立水誌，考驗水痕，本年所報消長，與下游不符。請於荊山、塗山間及臨淮鎮，各增設水誌一，以驗諸水消長。』允之。三十四年，上恐高堰五壩頂封土障水，不足當風浪，命酌加石工。高晉等言其不便，乃增用柴柳。四十年，大修堰、盱各壩及臨河甎石工。

先是上以清口倒灌，詔循康熙中張鵬翮所開陶莊引河舊跡挑空，導黄使北，遣鄂爾泰偕斌往勘，以汛水驟至而止。旋完顔偉繼斌爲河督，慮引河不易就，乃用斌議，自清口迤西，設木龍挑溜北趨，而陶莊終不敢議。次年，南河督吴嗣爵内召，極言倒灌爲害。薩載繼任，亦主改口議。上乃決意開之。於是清口東西壩基移下百六十丈之平成臺，築攔黄壩百三十丈，並於陶莊迤北開引河，使黄離清口較遠，清水暢流，有力攻刷淤沙。明年二月，引河成，黄流直注周家莊，會清東下，清口免倒灌之患者近十年。

五十年，洪湖旱涸，黄流淤及清口，命河南巡撫畢沅祭淮瀆，疏賈魯、惠濟諸河流以助清，湖水仍不出，黄復内灌。上欲開毛城鋪、王家營減壩，下大學士阿桂等議。阿桂言：『欲治清口之病，必去老壩工以下之淤，尤當掣低黄水，使清水暢出攻沙，不勞自治。』於是閉張福口四引河，浚通湖支河，蓄清水至七尺以上，治開王營壩減洩黄水，盡啟諸河，出清口滌沙，修清口兜水壩，易名束清壩。復移下惠濟祠前之東西束水壩三百丈於福神巷前，加長東壩以禦黄，縮短西壩以出清，易名禦黄壩。

嘉慶元年，湖水弱，清低於黄者丈餘，淮遏不出。淮漲則開山盱五壩、吴城七堡，黄漲或減水入湖，以救清口之倒灌。五年，用江督費淳、河督吴璥言，開吴城七堡引渠，使洩湖水入黄，以減盛漲。八年，黄流入海不暢，直注洪澤湖。璥赴海口相度，請力收運口各壩，止留口門，清雖力弱難出，黄亦不能再入。七月，淮漲，高堰危甚，開信、義兩壩洩水。西風大作，壞仁、智兩壩，淮南奔清口。上責璥，遂罷免。九年春，湖水稍發，伏汛黄仍倒灌。河督徐端以束清壩在運口北，分溜入運，致不敵黄，請移建湖口迤南。從之。十一年，江督鐵保言：『潘季馴、靳輔治河，專力清口，誠以清口暢出，則河腹刷深，海口亦順，洪澤亦不致泛濫。爲今之計，大修閘壩，借清刷沙，不能不多蓄湖水。即不能不保護石隄，尤不能不急籌去路。』又偕徐端陳河工數事：一、外河廳之方家馬頭及三老壩爲淮、揚保障，宜填護碎石；一、義壩宜堵築；一、仁、智、禮、信四壩殘損宜拆修。廷議如所請。上恐四壩同修，清水過洩，命次第舉行。

十五年十月，大風激浪，義壩決，堰、盱兩工掣坍千餘丈。議者謂宜築碎石坦坡，以費鉅不果。璥與端請加培大隄外靳輔所築二隄，以爲重門保障，亦爲廷議所駁。及陳鳳翔督南河，復申二隄之請。下江督百齡議。百齡言不若培修大隄。十七年，遣協辦大學士松筠履勘，亦主百齡議。於是築大隄子堰，自束清壩尾至信壩迤南止。鳳翔以不知蓄清於湖未漲之先，即啟智、禮兩壩，致禮壩潰，下游淹，清水消耗，貽誤全河，爲百齡所劾，奪職遣戍。十八年，百齡及南河督黎世序以仁、義、禮三壩屢經開放，壞基跌塘，請移建三壩於蔣家壩南近山岡處，各挑引河，先建仁、義壩，因禮壩基改築草壩，備本年宣洩。上命先建義壩，如節宣得宜，再分年遞修。二十三年，增建束清二壩於束清壩北，收蓄湖水。

道光二年，增修高堰石工。四年冬，河漲，洪澤湖蓄水至丈七尺，尚低於黄尺許，高堰十三堡隄頂被大水掣動，山盱周橋之息浪菴亦過水八九尺，各壩均有坍損。上遣尚書文孚、汪廷珍履勘，而褫河督張文浩職。十三堡缺口旋塞。侍郎朱士彦言：『高堰石工在事諸臣，惟務節省，辦理草率。又因搶築大隄，就近二隄取土，事後亦不培補。至山盱五壩，宣洩洪湖盛漲，未能謹守舊章，相機開放，致石工掣卸。』並下文孚等勘覈。明年春，從文孚等議，改湖隄土坦坡爲碎石，於仁、義、禮舊壩處所各增建石滾壩，以防異漲。

八年，上以禦黄壩上下積淤丈餘，清水不能多蓄，禦黄壩終不可開，下南總河張井等籌議。井等言：『乾隆間湖高於河七八尺或丈餘，入夏拆展禦黄壩，洩清刷淤，至冬始閉。嘉慶間，因河淤，改夏閉秋啟。而黄水偶漲，即行倒灌。今積淤日久，縱清水能出，止高於黄數寸及尺餘，暫開即閉，僅免倒灌，未能收刷淤之効。』上不懌，曰：『以昔證今，已成不可救藥之勢。爲河督者，祇知洩清水以保堰，閉禦壩以免倒灌，增工請帑，但顧目前，不思經久，如國計何？如民生何？如後日何？』

十年，井言：『淮水歸海之路不暢，請於揚糧廳之八塔鋪、商家溝各斜挑一河，匯流入江，分減漲水，並拆除芒稻河東西閘，挑空淤灘，可抵新闢一河之用。』從之。十二年，移建信壩於夏家橋。十四年，以義字引河跌深三四丈，堵閉不易，允河督麟慶請，改挑義字河頭。二十一年，河決祥符，奪溜注洪澤湖，而江潮盛漲，又復頂托，因拆展禦黄、束清及禮、智、仁各壩，並啟放車邏等壩，以洩湖水。二十三年，河決中牟，全溜下注洪澤湖，高堰石工掣卸四千餘丈，先後拆展束清、禦黄、智、信各壩，並啟放順清、禮、義等河，金灣舊壩及東西灣壩同時並啟，減水入江。

咸豐五年，河復決銅瓦廂，東注大清河入海。黄河自北宋時一決滑州，再決澶州，分趨東南，合泗入淮。蓋淮下游爲河所奪者七百七十餘年，河病而淮亦病。至是北徙，江南之患息。士民請復淮水故道者，歲有所聞。

同治八年，江督馬新貽濬張福口引河，淮遂由清口達運。嗣又挑楊莊以下之淤黄河，以洩中運河盛漲。九年，新貽等言：『測量雲梯關以下河身，及成子河、張福口、高良澗一帶湖心，始知黄河底高於洪湖底一丈至丈五六尺不等，必先大濬淤黄，使淮得暢流入海，繼闢清口，導之入舊黄河，再堵三河，以杜旁洩而資擡蓄。然非修復堰、盱石工，堅築運河兩隄，不敢遽堵三河、闢清口。統籌各工，非數百萬金不能集事。擬分别緩急，次第籌辦，不求利多，但求患減，爲得寸得尺之計，收循序漸進之功。』

光緒七年，江督劉坤一言：『臣此次周歷河湖，知淮揚水利有關國計民生。前議導淮，未可中輟。自楊莊以下，舊黄河淤平，則山東昭陽、微山等湖之水，由中運河直趨南運河，夏秋之間，三閘甚形喫重。自洪澤湖淤淺，淮水不能合溜，北高於南，水之分入張福引河者無多，大溜由禮河徑趨高、寶等湖。上年挑濬舊黄河後，山東蛟水屢次暴發，由此分瀉入海。築禮壩後，湖水瀦深，且由張福河入運口者頗旺。此挑舊河、築禮壩之不無微効也。惟是張福河淺，湖水仍趨重禮河越壩，終爲可慮。倘遇湖水汎濫，禮河即無越壩，亦難分消，必開信、智兩壩，由高寶湖入南運河，亦必開車邏、南關等壩，由裏下河入海，沿途淹沒田廬，所損匪細。今擬就張福河開挖寬深，以引洪澤湖之水，復挖碎石河，以分張福河之水，由吴城七堡匯順清河。水小則由順清入運，途紆而勢稍舒，水大則由舊黄河入海，途直而勢自順。約三四年間便可告竣，所費尚不過鉅。議者或謂導淮入海，當盡瀉洪湖之水，有妨官運民田。臣以爲别開引河，或不免有此患。今循張福河、碎石河故道以歸順清河，自非淮漲一二丈，則順清河之水何能高過中運河，溢出舊黄河？如使淮水暴漲，方有潰決之虞，惟恐水無去路，此正導淮之本意也。議者或謂多引湖水入運，恐三閘不能支持。不思洪湖未淤以前，湖水四平，蓄水深廣，張福以外，有四引河以濟漕運。維時黄未北徙，每遇漕船過閘，方且蓄清敵黄，以五引河全注運口，而三閘屹然，今特張福一河，決無致損三閘之理。且上年挑通舊黄河，已分減中運河水，其入南運河者不過三四成。湖水雖增，與前略等，即遇大水，有舊黄河可以分減，亦不至專出三閘也。議者又謂如此，導淮無弊，亦屬無利，何必虛費帑藏。其説亦不盡然。夫治水之道，必須通盤規畫，並須預防變遷。洪湖南有禮河，北有張福河，均爲分洩淮水。而水勢就下，禮河常苦水大，築禮河壩所以蓄張福之水，濬張福口所以顧禮河之隄，彼此互相維繫。如使禮河受全湖之沖，新壩恐不能保，續修則所費彌鉅，不修則爲害滋深，下者益下，高者益高，張福河漸形壅塞矣。且導淮之舉，原防盛漲肆虐。如引湖由張福出順清，以舊黄河爲出海之路，偶有泛溢，該處土曠人稀，趨避尚易。若張福不暢，全湖之水折而南趨，則淮揚繁盛之區，億萬生靈將有其魚之歎。導淮之利，見於目前者猶小，見於日後者乃大也。』疏入，下部知之。

八年，江督左宗棠言：『濬沂、泗爲導淮先路，洵爲確論。惟雲梯關以下二百餘里，河身高仰，且有遠年沙灘。昔以全黄之力所不能通者，今欲以沂、泗分流通之，其勢良難。大通在雲梯關下十餘里，舊黄河北岸，係嘉慶中漫口，東北流四十餘里，至響水口，接連潮河，至灌河口入海。就此加挑寬深，出海較便。沂、泗來源，當大爲分減，淮未復而運道亦可稍安，淮既復而歸海無虞阻滯。此疏濬下游，宣洩沂、泗，實導淮先路，不可不亟籌者也。淮挾衆流，匯爲洪澤，本江、皖巨浸。自道光間爲黄所淤，北高南下，由禮河趨高寶湖以入運者垂三十年。今欲導之復故，不啻挽之逆流。自張福口過大通、響水口入海三百五十餘里，節節窒碍，非下游暢其去路，上游塞其漏卮，其不能舍下就高入黄歸海也明甚。查張福口及天然引河，皆北趨陳家集之大沖，至碎石河以達吴城七堡，又北至順清河口，接楊莊舊黄河。張福河面六十餘丈，宜加寬深，天然河更須疏瀹，吴城七堡一帶高於張福河底丈六七尺，尤必大加挑濬，使湖水果能入黄，然後可堵禮河，以截旁趨之出路，堵順清河，以杜運河之奪河。此引淮入海工程，當以次接辦者也。湖水不高，不能入黄。太高，不特堰、盱石工可慮，運口閘壩難支，且於盱眙、五河近湖民田有礙。擬修復智、信等壩以洩湖漲，更建閘大沖，俾湖水操縱由人，多入淮而少入運。此又預籌以善其後者也。』

三十四年，江督端方會勘淮河故道，力陳導淮四難，因於清江浦設局，遴紳籌議。久之無端緒，乃撤局。宣統元年，江蘇諮議局開，總督張人駿以導淮事列案交議，決定設江淮水利公司，先行測量，務使導淮復故，專趨入海。二年，侍讀學士惲毓鼎以濱淮水患日深，上言：『自魏、晉以降，瀕淮田畝，類皆引水開渠，灌溉悉成膏腴。近則沿淮州縣，年報水災，浸灌城邑，漂沒田廬，自正陽至高、寶，盡爲澤國，實緣近百年間，河身淤塞，下游不通，水無所歸，浸成汎濫。是則高堰壩之爲害也。異時黄、淮合流，有南下之勢，治河者欲束淮以敵黄，故特堅築高堰壩頭，逼淮由天妃閘以濟運。今黄久北徙，堰壩無所用之，當別籌入海之途。其道有二，以由清口西壩、鹽河至北潮河爲便。尾閭既暢，水有所歸，不獨潁、壽、鳳、泗永濬沈災，即高、寶、興、泰亦百年高枕矣。』事下江督張人駿、蘇撫程德全、皖撫朱家寶勘議。人駿等言：『正事測量，俟測勘竣，即遴員開辦。』報聞。三年，御史石長信言：『導淮一舉，詢謀僉同。美國紅十字會亦擬遣工程師來華查勘。則我之思患預防，尤不可緩。江蘇水利公司既允部撥費用，安徽亦應設局測量，以爲消弭巨災之圖。』下部議允之。

導淮之舉，經始於同治六年。時曾國藩督兩江，嘗謂『復瀆之大利，不敢謂其遽興，淮揚之大害，不可不思稍減』。迨黄流北徙，言者益多，大要不出兩策。一謂宜堵三河，闢清口，濬舊河，排雲梯關，使由故道入海。一謂導淮當自上流始，洪澤湖乃淮之委，非淮之源，宜於上游闢新道，循睢、汴北行，使淮未注湖，中途已洩其半，再由桃源之成子河穿舊黄河，經中河雙金閘入鹽河，至安東入海，使全淮分南北二道，納少瀉多，淮患從此可減。二説所持各異。然同、光以來，濬成子、碎石、沂、泗等河，疏楊莊以下至雲梯關故道，固已小試其端。卒之淮爲黄淤，積數百年，已無經行之渠，由運入江，勢難盡挽，迄於國變，終鮮成功。

又《永定河》 永定河亦名無定河，即桑乾下游。源出山西太原之天池，伏流至朔州、馬邑復出，匯衆流，經直隸宣化之西寧、懷來，東南入順天宛平界，逕盧師臺下，始名盧溝河，下匯鳳河入海。以其經大同合渾水東北流，故又名渾河，元史名曰小黄河。從古未曾設官營治。其曰永定，則康熙間所錫名也。永定河匯邊外諸水，挾泥沙建瓴而下，重巒夾峙，故鮮潰決。至京西四十里石景山而南，逕盧溝橋，地勢陡而土性疏，縱横蕩漾，遷徙弗常，爲害頗鉅。於是建隄壩，疏引河，宣防之工亟焉。

順治八年，河由永清徙固安，與白溝合。明年，決口始塞。十一年，由固安西宮村與清水合，經霸州東，出清河；又決九花臺、南里諸口，霸州西南遂成巨浸。康熙七年，決盧溝橋隄，命侍郎羅多等築之。三十一年，以河道漸次北移，永清、霸州、固安、文安時被水災，用直隸巡撫郭世隆議，疏永清東北故道，使順流歸淀。

三十七年，以保定以南諸水與渾水匯流，勢不能容，時有汎濫，聖祖臨視。巡撫于成龍疏築兼施，自良鄉老君堂舊河口起，逕固安北十里鋪、永清東南朱家莊，會東安狼城河，出霸州柳岔口三角淀，達西沽入海，濬河百四十五里，築南北隄百八十餘里，賜名永定。自是渾流改注東北，無遷徙者垂四十年。三十九年，郎城淀河淤且平，上游壅塞，命河督王新命開新河，改南岸爲北岸，南岸接築西隄，自郭家務起，北岸接築東隄，自何麻子營起，均至柳岔口止。四十年，加築南岸排樁遙隄，修金門閘。四十八年，決永清王虎莊，旋塞。五十六年，修兩岸沙隄大隄，決賀堯營。六十一年，復決賀堯營，隨塞。

雍正二年，修郭家務大隄，築清涼寺月隄，修金門閘，築霸州堂二鋪南隄決口。三年，因郭家務以下兩岸頓狹，永清受害特重，命怡親王允祥、大學士朱軾，引渾水別由一道入海，毋使入淀，遂於柳岔口少北改爲下口，開新河自郭家務至長莠河，凡七十里，經三角淀達津歸海，築三角淀圍隄，以防北軼。又築南隄自武家莊至王慶坨，北隄自何麻子營至范甕口，其冰窖至柳岔口隄工遂廢。十二年，決梁各莊、四聖口等處三百餘丈，黄家灣河溜全奪，水穿永清縣郭下注霸州之津水窪歸淀。總河顧琮督兵夫塞之。十三年，決南岸朱家莊、北岸趙家樓，水由六道口小隄仍歸三角淀。

乾隆二年，總河劉勷勘修南北隄，開黄家灣、求賢莊、曹家新莊各引河，濬雙口、下口、黄花套。六月，漲漫南岸鐵狗、北岸張客等村四十餘處，奪溜由張客決口下歸鳳河。命吏部尚書顧琮察勘，請倣黄河築遙隄之法。大學士鄂爾泰持不可，議『於北截河隄北改挑新河，以北隄爲南隄，沿之東下，下游作洩潮埝數段，復於南北岸分建滚水石壩四，各開引河：一於北岸張家水口建壩，即以所衝水道爲引河，東匯鳳河；一於南岸寺臺建壩，以民間洩水舊渠入小清河者爲引河；一於南岸金門閘建壩，以渾河故道接牤牛河者爲引河；一於南岸郭家務建壩，即以舊河身爲引河。合清隔濁，條理自明』。詔從其請。

四年，直督孫嘉淦請移寺臺壩於曹家務，張客壩於求賢莊。又於金門閘、長安城添築草壩，定以四分過水。顧琮言，金門閘、長安城兩壩水勢僅一河宣洩，恐汛發難容，擬分引河爲兩股，一由南窪入中亭河，一由楊青口入津水窪。又言郭家務、小梁村等處舊有遙河千七百丈，年久淤塞，請發帑興修。均從之。五年，孫嘉淦請開金門閘重隄，濬西引河，開南隄，放水復行故道。六年，凌汛漫溢，固、良、新、涿、雄、霸各境多淹。從鄂爾泰議，堵閉新引河，展寬雙口等河，挑葛漁城河槽，築張客、曹家務月隄，改築郭家務等壩。八年，濬新河下口及董家河、三道河口，修新河南岸及鳳河以東隄埝。又疏穆家口以下至東蕭莊、鳳河邊二十里有奇。九年，以范甕口下統以沙、葉兩淀爲歸宿，兩汛水多歸葉淀，遂疏注沙淀路，並將南北舊減河濬歸鳳河。

十五年五月，河水驟漲，由南岸第四溝奪溜出，逕固安城下至牛坨，循黃家河入津水窪，一由牤牛河入中亭河。命侍郎三和同直督堵禦，於口門下另挑引河，截溜築壩，遏水南溢，使歸故道。十六年，凌汛水發，全河奔注冰窖隄口，即於王慶坨南開引河，導經流入葉淀，以順水性。十九年，南埝水漫隄頂，決下口東西老隄，奪溜南行，漫勝芳舊淀，逕永清之武家廠、三聖口，霸州之信安入口。明年，高宗臨視，改下游由調河頭入海，挑引河二十餘里，加培埝身二千二百餘丈。二十一年，直督方觀承請於北埝外更作遙隄，預爲行水地，鳳河東隄亦接築至遙埝尾。從之。二十四年，大雨，直隸各河並漲，下游悉歸淀內，大清河不能宣洩，轉由鳳河倒漾，阻遏渾流，南岸四工隄決。命御前侍衛赫爾景額協同直督剋日堵築。

三十五年、三十六年，兩岸屢決。三十七年，命尚書高晉、裘曰修偕直督周元理履勘，疏言：『永定河自康熙間築隄以來，凡六改道。救弊之法，惟有疏中洪、挑下口，以暢奔流，築岸隄以防衝突，濬減河以分盛漲。』遂興大工，用帑十四萬有奇。自是水由調河頭逕毛家窪、沙家淀達津入海。三十八年，調河頭受淤，其澄清之水散漫而下，別由東安響水村直趨沙家淀。四十年，堵北三工、南頭工漫口。四十四年，展築新北隄，加培舊越隄，廢去瀕河舊隄，使河身寬展。四十五年，盧溝橋西岸漫溢，北頭工衝決，由良鄉之前官營散溢求賢村減河歸黃花店，爰開引溝八百丈，引溜歸河。五十九年，決北二工隄，溜注求賢村引河，至永定河下游入海。旋即斷流，又漫南頭工隄，水由老君堂、莊馬頭入大清河，凡築南隄百餘丈。又於玉皇廟前築挑水壩。

嘉慶六年，決盧溝橋東西岸石隄四、土隄十八，命侍郎那彥寶、高杞分駐堵築，並疏濬下游，集民夫五萬餘治之。御製《河決歎》，頒示羣臣。兩月餘工竣。十五年，永定河兩岸同時漫口，直督溫承惠駐工堵合之。十七年，河勢北趨，葛漁城淤塞，水由黃花店下注。乃於舊淤河內挑空引河，並於上游築草壩，挑溜東行，另建圈隄以防泛衍。二十年，拆鳳河東隄民埝以去下壅。六月大雨，北岸七工漫塌，開引河，由舊河身稍南，直至黃花店，東抵西洲，長五千六百九丈。九月，水復故道。二十四年，北岸二工漫溢，頭工繼溢，側注口門三百餘丈，大興、宛平所屬各村被淹。九月塞決口，並重濬北上引河。

道光三年，河由南八工隄盡處決而南，直趨汪兒淀。四年，侍郎程含章勘議濬復，未果。十年，直督那彥成請於大范甕口挑引河，並將新隄南遙埝加高培厚。報可。十一年春，河溜改向東北，逕竇淀，歷六道口，注大清河，汪兒淀口始塞，水由范甕口新槽復歸王慶坨故道。十四年，宛平界北中、北下汛決口，水由龐各莊循舊減河至武清之黃花店，仍歸正河尾閭入海。良鄉界南二工決口，水由金門閘減河入清河，經白溝河歸大清河。爰挑引河，自漫口迤下至單家溝，間段修築二萬七千四百餘丈。二十四年，南七工漫口，就迤北三里許之河西營爲河頭，挑引河七十餘里，直達鳳河。三十年五月，上游山水下注，河驟漲，北七工漫三十餘丈，由舊減河逕母豬泊注鳳河。勘於馮家場北河灣開引河，十月竣工。

咸豐間，南北隄潰決四次。時軍務方棘，工費減發，補苴罅漏而已。

同治三年，因河日北徙，去路淤淺，於柳坨築壩，堵截北流，引歸舊河，展寬挑深張坨、胡家房河身，經東安、武清、天津入海。六年以後，時有潰決。八年，直督曾國藩請於南七工築截水大壩，兩旁修築圈埝，並挑濬中洪，疏通下口，以免壅潰。從之。十年，南岸石隄漫口，奪溜逕良鄉、涿州注大清河入海。明年，允直督李鴻章請，修金門閘壩，疏濬引河，由童村入小清河。石隄決口塞。十二年，南四工漫口，由霸州牤牛河東流。爰將引河增長，復築挑水壩一。

光緒元年，南二汛漫口，隨塞。四年，北六汛決口，築合後，復於坦坡埝尾接築民埝至青光以下。十年，以鳳河當永定河之衝，年久淤墊，以工代賑，起南苑五空閘，訖武清縹上村，間段挑濬，並培築隄壩決口。十六年，大水，畿輔各河並漲，永定北上汛、南三汛同時漫決。命直督迅籌堵築，添修挑壩岸隄，又疏引河六十餘里。十八年夏，大雨，河水陡漲，南上汛灰壩漫口四十餘丈。給事中洪良品言北岸頭工關繫最重，請接連石景山以下添砌石隄，以資捍衛。

下所司籌議。因工艱費鉅，擇要接築石隄八里，並添修石格。十九年冬，因頻年潰決爲患，命河督許振禕偕直督會勘籌辦。振禕陳疏下游、保近險、濬中洪、建減壩、治上游五事。直隸按察使周馥並建議於盧溝南岸築減水大石壩，以水抵涵洞上楣爲準，逾則瀉去。詔如所請。二十二年，北六工、北中汛先後漫溢，由韓家樹匯大清河，遂挑濬大清河積淤二十餘里。

二十五年，詔直督裕祿詳勘全河形勢，以紓水患。裕祿言：『畿輔緯川百道，總匯於南北運、大清、永定、子牙五經河，由海河達海，惟永定水渾善淤，變遷無定。從前下口遙隄寬四十餘里，分南、北、中三洪。嗣因南、中兩洪淤墊，全由北洪穿鳳入運。』因陳統籌疏築之策七：一、先治海河，俾暢尾閭，然後施工上游；一、宜以鳳河東隄外大窪爲永定下口；一、修築北運河西隄；一、規復大清河下口故道於西沽；一、修築格淀；一、修築韓家樹横直各隄；一、疏濬中亭河，以期一勞永逸。需費七十七萬有奇。帝命分年籌辦。適有拳匪之亂，不果行。

三十年後，南北岸屢見潰決，均隨時堵合。論者以爲若將險工全作石隄，灣狹處改從寬直，並於南七工放水東行，傍淀達津，再加以石壩分洩盛漲，庶幾永保安瀾云。

傳記

《史記》卷三二《齊太公世家》

太公望呂尚者，東海上人。《集解》：呂氏春秋曰：『東夷之士。』《索隱》：譙周曰：『姓姜，名牙。炎帝之裔，伯夷之後，掌四岳有功，封之於呂，子孫從其封姓，尚其後也。』按：後文王得之渭濱，云『吾先君太公望子久矣』，故號太公望。蓋牙是字，尚是其名，後武王號爲師尚父也。其先祖嘗爲四嶽，佐禹平水土甚有功。虞夏之際封於呂，《集解》：徐廣曰：『呂在南陽宛縣西。』或封於申，《索隱》：《地理志》申在南陽宛縣，申伯國也。呂亦在宛縣之西也。姓姜氏。夏商之時，申、呂或封枝庶子孫，或爲庶人，尚其後苗裔也。本姓姜氏，從其封姓，故曰呂尚。

又　卷一二〇《汲鄭列傳》

汲黯字長孺，濮陽人也。其先有寵於古之衛君。《集解》：文穎曰：『六國時，衛但稱君。』至黯七世，世爲卿大夫。黯以父任，孝景時爲太子洗馬，以莊見憚。《索隱》：按：莊者，嚴也，謂嚴威也。按：自漢明帝諱莊，故已後『莊』皆云『嚴』。孝景帝崩，太子即位，黯爲謁者。東越相攻，上使黯往視之。不至，至吳而還，報曰：『越人相攻，固其俗然，不足以辱天子之使。』河内失火，延燒千餘家，上使黯往視之。還報曰：『家人失火，屋比延燒，不足憂也。臣過河南，河南貧人傷水旱萬餘家，或父子相食，臣謹以便宜，持節發河南倉粟以振貧民。臣請歸節，伏矯制之罪。』上賢而釋之，遷爲滎陽令。黯耻爲令，病歸田里。上聞，乃召拜爲中大夫。以數切諫，不得久留内，遷爲東海太守。黯學黄老之言，治官理民，好清靜，擇丞史而任之。《集解》：如淳曰：『律，太守、都尉、諸侯内史史各一人，卒史書佐各十人。今總言「丞史」，或以爲擇郡丞及史使任之。鄭當時爲大農，推官屬丞史，亦是也。』其治，責大指而已，不苛小。黯多病，臥閨閤内不出。歲餘，東海大治。稱之。上聞，召以爲主爵都尉，列於九卿。治務在無爲而已，弘大體，不拘文法。

《漢書》卷七五《翼奉傳》

翼奉字少君，東海下邳人也。治齊詩，與蕭望之、匡衡同師。三人經術皆明，衡為後進，望之施之政事，而奉惇學不仕，好律歷陰陽之占。元帝初即位，諸儒薦之，徵待詔宦者署，數言事宴見，天子敬焉。【略】

是歲，關東大水，郡國十一飢，疫尤甚。上迺下詔江海陂湖園池屬少府者以假貧民，勿租稅；損大官膳，減樂府員，省苑馬，諸宮館稀御幸者勿繕治；太僕少府減食穀馬，水衡省食肉獸。明年二月戊午，地震。其夏，齊地人相食。七月己酉，地復震。上曰：『蓋聞賢聖在位，陰陽和，風雨時，日月光，星辰靜，黎庶康寧，考終厥命。今朕共承天地，託于公侯之上，明不能燭，德不能綏，災異並臻，連年不息。乃二月戊午，地大震于隴西郡，毁落太上廟殿壁木飾，壞敗豲道縣城郭官寺及民室屋，師古曰：『豲音桓。』厭殺人衆，山崩地裂，水泉涌出。一年地再動，天惟降災，震驚朕躬。治有大虧，咎至於此。夙夜兢兢，不通大變，深懷鬱悼，未知其序。比年不登，元元困乏，不勝飢寒，以陷刑辟，朕甚閔焉。憯怛於心。師古曰：『憯音千感反。』已詔吏虚倉廪，開府臧，振捄貧民。師古曰：『捄，古救字。』羣司其茂思天地之戒，師古曰：『茂，勉也。』有可蠲除減省以便萬姓者，各條奏。悉意陳朕過失，靡有所諱。』師古曰：『悉，盡也。』因赦天下，舉直言極諫之士。奉奏封事曰：【略】

臣又聞未央、建章、甘泉宮才人各以百數，皆不得天性。師古曰：『言絕男女之好也。』若杜陵園，其已御見者，臣子不敢有言，雖然，太皇太后之事也。及諸侯王國，與其後宮，宜為設員，出其過制者，此損陰氣應天救邪之道也。

今異至不應，災將隨之。其法大水，極陰生陽，反為大旱，甚則有火災，春秋宋伯姬是矣。師古曰：『伯姬，魯成公女，宋恭公之夫人也。幽居守寡，既久而遇火災，極陰生陽也。』唯陛下財察。師古曰：『財與裁同。』

又 卷八五《谷永傳》 陛下即位，委任遵舊，未有過政。元年正月，白氣較然起乎東方，師古曰：『較，明貌。』至其四月，黃濁四塞，覆冒京師，申以大水，著以震蝕。師古曰：『申，重也。著，明也。』各有占應，相爲表裏，百官庶事無所歸倚，陛下獨不怪與？師古曰：『倚音於綺反。與讀曰歟。』白氣起東方，賤人將興之表也；黃濁冒京師，王道微絕之應也。夫賤人當起而京師道微，二者已醜。師古曰：『已，甚也。』陛下誠深察愚臣之言，致懼天地之異，長思宗廟之計，改往反過，抗湛溺之意，解偏駁之愛，師古曰：『抗，舉也。湛讀曰沈。駁，不周普也。』奮乾剛之威，平天覆之施，使列妾得人人更進，猶尚未足也，師古曰：『更，互也，音工衡反。』急復益納宜子婦人，毋擇好醜，毋避嘗字，如淳曰：『王鳳上小妻弟以納後宮，以嘗字乳。王章言之，坐死。今永及此，爲鳳洗前過也。』毋論年齒。推法言之，陛下得繼嗣於微賤之間，乃反爲福。得繼嗣而已，母非有賤也。師古曰：『苟得子耳，勿論其母之貴賤。』後宮女史使令有直意者，廣求於微賤之間，師古曰：『直，當也。令音力成反。』以遇天所開右，師古曰：『右讀曰佑。佑，助也。』慰釋皇太后之憂慍，師古曰：『釋，散也。』解謝上帝之譴怒，則繼嗣蕃滋，災異訖息。師古曰：『蕃，多也。訖，止也。蕃音扶元反。』陛下則不深察愚臣之言，忽於天地之戒，咎根不除，水雨之災，山石之異，將發不久；發則災異已極，天變成形，臣雖欲捐身關策，不及事已。師古曰：『言禍敗既成，不可如何也。已，語終辭也。』【略】

諸夏舉兵，萌在民饑饉而吏不卹，興於百姓困而賦斂重，發於下怨離而上不知。《易》曰：『屯其膏，小貞吉，大貞凶。』孟康曰：『膏者所以潤人肌膚，爵祿亦所以養人者也。小貞，臣也。大貞，君也。遭屯難饑荒，君當開倉廩，振百姓，而反吝，則凶；臣吝嗇，則吉。論語曰：「出內之吝，謂之有司。」』師古曰：『易屯卦九五爻辭。』傳曰：『飢而不損茲謂泰，厥災水，厥咎亡。』師古曰：『《洪範傳》之辭。』訞辭曰：『關動牡飛，辟爲無道，臣爲非，厥咎亂臣謀篡。』師古曰：『《易・訞占》之辭也。訞即妖字耳。』王者遭衰難之世，有飢饉之災，不損用而大自潤，故凶；百姓困貧無以共求，師古曰：『共讀曰供。無以供在上之所求。』愁悲怨恨，故水；城關守國之固，固將去焉，故牡飛。往年郡國二十一傷於水災，禾黍不入。今年蠶麥咸惡。百川沸騰，江河溢決，大水泛濫郡國十五有餘。比年喪稼，師古曰：『比，頻也。』時過無宿麥。師古曰：『時過者，失時不得種也。秋種夏收，故云宿麥。』百姓失業流散，羣輩守關。如淳曰：『欲入就賤穀也。』大異較炳如彼，水災浩浩，黎庶窮困如此，宜損常稅小自潤之時，師古曰：『言所潤益於己者，當減小之。』而有司奏請加賦，甚繆經義，逆於民心，布怨趨禍之道也。牡飛之狀，殆爲此發。古者穀不登虧膳，災婁至損服，凶年不塈塗，明王之制也。師古曰：『塈，仰泥屋也，音許既反。』詩云：『凡民有喪，扶服捄之。』師古曰：『《邶國・谷風》之詩。服音蒲北反。捄，古救字。』論語曰：『百姓不足，君孰予足？』師古曰：『《論語》載有若對魯哀公之辭也。言百姓不足，君安得獨足乎？』臣願陛下勿許加賦之奏，益減大官、導官、中御府、均官、掌畜、廩犧用度，止尚方、織室、京師郡國工服官發輸造作，以助大司農。流恩廣施，振贍困乏，開關梁，內流民，恣所欲之，師古曰：『之，往也。』以救其急。立春，遣使者循行風俗，宣布聖德，師古曰：『行音下更反。』存卹孤寡，問民所苦，勞二千石，師古曰：『勞，慰勉也。二千石，謂郡守、諸侯相也，音來到反。』敕勸耕桑，毋奪農時，以慰綏元元之心，防塞大姦之隙，師古曰：『綏，安也。』諸夏之亂，庶幾可息。

又 卷八九《循吏傳・召信臣》 召信臣字翁卿，九江壽春人也。師古曰：『召讀曰邵。』以明經甲科爲郎，出補穀陽長。舉高第，遷上蔡長。其治視民如子，所居見稱述。超爲零陵太守，病歸。復徵爲諫大夫，遷南陽太守，其治如上蔡。

信臣爲人勤力有方略，好爲民興利，務在富之。躬勸耕農，出入阡陌，止舍離鄉亭，師古曰：『言休息之時，皆在野次。』稀有安居時。行視郡中水泉，師古曰：『行音下更反。』開通溝瀆，起水門提閼凡數十處，師古曰：『閼，所以壅水，音一曷反。』以廣溉灌，歲歲增加，多至三萬頃。民得其利，畜積有餘。師古曰：『畜讀曰蓄。』信臣爲民作均水約束，師古曰：『言用之有次第也。』刻石立於田畔，以防分爭。

宋 程頤《明道先生行狀》《二程文集》卷一二 曾祖希振，任尚書虞部員外郎。妣，高密縣君崔氏。祖遹，贈開府儀同三司、吏部尚書。妣孝感縣太君張氏、長安縣太君張氏。父珦，見任大中大夫，致仕。母，壽安縣君侯氏。先生名顥，字伯淳，姓程氏。其先曰喬伯，為周大司馬，封於程，後遂以為氏。先生五世而上，居中山之博野。高祖贈太子少師，諱羽，太宗朝以輔翊功顯賜第於京師，居再世。曾祖而下，葬河南，今為河南人。

先生生而神氣秀爽，異於常兒。未能言，叔祖母任氏太君抱之行。不覺釵墜，後數日方求之。先生以手指示，隨其所指而往，果得釵，人皆驚異。數歲，誦詩書，强記過人。十歲能為詩賦。十二三時，羣居庠序中，如老成人，見者無不愛重。故户部侍郎彭公思永謝客到學舍，一見異之，許妻以女。

踰冠，中進士第，調京兆府鄠縣主簿。令以其年少，未知之，民有借其兄宅以居者，發地中藏錢。兄之子訴曰：『父所藏也。』令曰：『此無證佐，何以决之？』先生曰：『此易辨耳。』問兄之子曰：『爾父藏錢幾何時矣？』曰：『四十年矣。』『彼借宅居幾何時矣？』曰：『二十年矣。』即遣吏取錢十千視之，謂借宅者曰：『今官所鑄錢，不五六年即遍天下，此錢皆爾未居前數十年所鑄，何也？』其人遂服，令大奇之。南山僧舍有石佛，歲傳其首放光，遠近男女聚觀，晝夜雜處，為政者畏其神，莫敢禁止。先生始至，詰其僧曰：『吾聞石佛歲現光，有諸？』曰：『然。』戒曰：『俟復見，必先白吾，職事不能往，當取其首就觀之。』自是不復有光矣。府境水害，倉卒興役，諸邑率皆狼狽，惟先生所部，飲食茇舍無不安便。時盛暑，泄痢大行，死亡甚衆，獨鄠人無死者。所至治役，人不勞而事集，常謂人曰：『吾之董役，乃治軍法也。』當路者欲薦之，多問所欲，先生曰：『薦士當以才之所堪，不當問所欲。』

再期，以避親罷，再調江寧府上元縣主簿，田税不均，比他邑尤甚，蓋近府美田，為貴家富室以厚價薄其税而買之，小民苟一時之利，久則不勝其弊。先生為令畫法，民不知擾，而一邑大均。其始，富者不便，多為浮論，欲摇止其事，既而無一人敢不服者。後諸路行均税法，邑官不足，益以他官，經歲歷時，文案山積，而尚有訴不均者，計其力比上元不啻千百矣。會令罷去，先生攝邑事。上元劇邑，訴訟日不下二百，為政者疲於省覽，奚暇及治道？先生處之有方，不閲月，民訟遂簡。江南稻田，賴陂塘以溉。盛夏塘堤大决，計非千夫不可塞。法當言之府，府禀於漕司，然後計功調役，非月餘不能興作。先生曰：『比如是，苗槁久矣，民將何食？救民獲罪，所不辭也。』遂發民塞之，歲則大熟。江寧當水運之衝，舟卒病者則留之，為營以處，曰小營子，歲不下數百人，至者輒死。先生察其由，蓋既留然後請於府給券，乃得食，比有司文具，則困於饑已數日矣。先生白漕司，給米貯營中，至者與之食，自是生全者大半。措置於纖微之間，而人已受賜，如此之比，所至多矣。先生常云：『一命之士，苟存心於愛物，於人必有所濟。』【略】

為守者嚴刻多忌，通判而下，莫敢與辯事。始意先生嘗任臺憲，必不盡力職事，而又慮其慢己，既而先生事之甚恭，雖筦庫細務，無不盡心，事小未安，必與之辨，遂無不從者，相與甚歡。屢平反重獄，得不死者前後蓋十數。河清卒於法不他役，時中人程昉為外都水丞，怙勢，蔑視州郡，欲盡取諸埽兵治二股河，先生以法拒之。昉請於朝，命以八百人與之。天方大寒，昉肆其虐，衆逃而歸。州官晨集城門，吏報河清兵潰歸，將入城，衆官相視，畏昉欲弗納，先生曰：『此逃死自歸，弗納必為亂。昉有言，某自當之。』即親往開門撫諭，約歸休三日復役，衆歡呼而入。具以事上聞，得不復遣。後昉奏事過州，見先生，言甘而氣懾。既而揚言於衆曰：『澶卒之潰，乃程中允誘之，吾必訴於上。』同列以告先生，曰：『彼方憚我，何能爾也。』果不敢言。會曹村埽决，時先生方救護小吴，相去百里，州帥劉公涣以事急告，先生一夜馳至，帥俟於河橋，先生謂帥曰：『曹村决，京城可虞。臣子之分，身可塞亦為之。請盡以廂兵見付，事或不集，公當親率禁兵以繼之。』帥義烈士，遂以本鎮印授先生曰：『君自用之。』先生得印，不暇入城省親，徑走决堤，諭士卒曰：『朝廷養爾輩，正為緩急爾。爾知曹村决，則注京城乎？吾與爾曹以身捍之。』衆皆感激自效。論者皆以為勢不可塞，徒勞人爾，先生命善泅者運細繩以渡，决口水方奔注，達者百一，卒能引大索以濟衆，兩岸並進，晝夜不息，數日而合。其將合也，有大木自中流而下，先生顧謂衆曰：『得彼巨木横流入口，則吾事濟矣。』語纔已，木遂横，衆以為至誠所致。其後曹村之下復决，遂久不塞，數路困擾，大為朝廷憂，人以為，使先生在職，安有是也？郊祀霈恩，先生曰：『吾罪滌矣，可以去矣！』遂求監局，以便親養，得罷歸。

自是醜正者競揚避新法之説。歲餘，得監西京洛河竹木務。薦者言其未嘗叙年勞，丐遷秩，特改太常丞。神宗猶念先生，會修《三經義》，嘗語執政曰：『程某可用。』執政不對，又嘗有登對者自洛至，問曰：『程某在彼否？』連言佳士。其後彗見翼軫間，詔求直言，先生應詔，論朝政極切。還朝，執政屢進擬，神宗皆不許。既而手批與府界知縣，差知扶溝縣事，先生詣執政，復求監當，執政諭以上意不可改也。數月，右府同薦，除判武學，新進者言其新法之初，首為異論，罷復舊任。

先生為治，專尚寬厚，以教化為先，雖若甚迂，而民實風動。扶溝素多盗，雖樂歲，强盗不減十餘發。先生在官，無强盗者幾一年。廣濟蔡河出縣境，瀕河不逞之民，不復治生業，專以脇取舟人物為事，歲必焚舟十數以立威。先生始至，捕得一人，使引其類，得數十人，不復根治舊惡，分地而處之，使以挽舟為業，且察為惡者，自是邑境無焚舟之患。畿邑田稅重，朝廷歲常蠲除以為惠澤，然而良善之民憚督責而先輸，逋負獲除者皆頑民也。先生為約，前科獲免者，今必如期而足，於是惠澤始均。司農建言，天下輸役錢，達户四等，而畿内獨止第三，請亦及第四。先生力陳不可，司農奏其議，謂必獲罪，而神宗是之，畿邑皆得免。先生為政，常權穀價，不使至甚貴甚賤。會大旱，麥苗且枯，先生教人掘井以溉，一井不過數工，而所灌數畝，闔境賴焉。水災民饑，先生請發粟貸之，鄰邑亦請。司農怒，遣使閲實。使至鄰邑，而令遽自陳穀且登，無貸可也。使至，謂先生盍亦自陳？先生不肯，使者遂言不當貸。先生力言民饑，請貸不已，遂得穀六千石，饑者用濟。而司農益怒，視貸籍户同等而所貸不等，檄縣杖主吏。先生言，濟饑當以口之衆寡，不當以户之高下，且令實為之，非吏罪，乃得已。内侍都知王中正巡閲保甲，權寵至盛，所至凌慢縣官，諸邑供帳，競務華鮮，以悦奉之。主吏以請，先生曰：『吾邑貧，安能效他邑？且取於民，法所禁也。令有故青帳，可用之。』先生在邑歲餘，中正往來境上，卒不入。鄰邑有寃訴府，願得先生決之者，前後五六。有犯小盜者，先生謂曰：『汝能改行，吾薄汝罪。』盜叩首，願自新。後數月，復穿窬，捕吏及門，盜告其妻曰：『吾與太丞約：不復為盜，今何面目見之邪？』遂自經。官制改，除奉議郎。朝廷遣官括牧地，民田當沒者千頃，往往持累世契券以自明，皆弗用。諸邑已定，而扶溝民獨不服。遂有朝旨，改稅作租，不復加益。及聽賣易如私田，民既倦於追呼，又得不加賦，乃皆服。先生以為不可。括地官至，謂先生曰：『民願服而君不許，何也？』先生曰：『民徒知今日不加賦，而不知後日增租奪田，則失業無以生矣。』因為言仁厚之道，其人感動，謝曰：『寧受責，不敢違公。』遂去之他邑。不踰月，先生罷去，其人復至，謂攝令者曰：『程奉議去矣，爾復何恃而敢稽違朝旨？』督責甚速，數日而事集。鄰邑民犯盜，繫縣獄而逸，既又遇赦，先生坐是以特旨罷。邑人知先生且罷，詣府及司農丐留者千數。去之日，不使人知，老稚數百，追及境上，攀挽號泣，遣之不去。

《宋史》卷三一四《范仲淹傳》 會郭皇后廢，率諫官、御史伏閤爭之，不能得。明日，將留百官揖宰相廷爭，方至待漏院，有詔出知睦州。歲餘，徙蘇州。州大水，民田不得耕，仲淹疏五河，導太湖注之海，募人興作，未就，尋徙明州，轉運使奏留仲淹以畢其役，許之。拜尚書禮部員外郎、天章閣待制，召還，判國子監，遷吏部員外郎、權知開封府。

又 卷三三一《程師孟傳》 程師孟字公闢，吳人。進士甲科。累知南康軍、楚州，提點夔路刑獄。瀘戎數犯渝州邊，使者治所在萬州，相去遠，有警，率浹日乃至。師孟奏徙於渝。夔部無常平粟，建請置倉，適凶歲，振民不足，即矯發他儲，不俟報。吏懼，白不可，師孟曰：『必俟報，餓者盡死矣。』竟發之。

徙河東路。晉地多土山，旁接川谷，春夏大雨，水濁如黃河，俗謂之『天河』，可溉灌。師孟勸民出錢開渠築堰，淤良田萬八千頃，裒其事爲水利圖經，頒之州縣。爲度支判官。知洪州，積石爲江隄，浚章溝，揭北閘，以節水升降，後無水患。

又 卷四二六《循吏傳・魯有開》 魯有開字元翰，參知政事宗道從子也。好禮學，通《左氏春秋》。用宗道蔭，知韋城縣。曹、濮劇盜橫行旁縣間，聞其名不敢入境。知確山縣，大姓把持官政，有開治其最甚者，遂以無事。興廢陂，溉民田數千頃。富弼守蔡，薦之，以爲有古循吏風。

知金州，有蠱獄，當死者數十人，有開曰：『欲殺人，衷謀之足矣，安得若是衆邪？』訊之則誣。天方旱，獄白而雨。知南康軍，代還。熙寧行新法，王安石問江南如何，曰：『法新行，未見其患，當在異日也。』以所對乖異，出通判杭州。

知衛州，水災，人乏食，擅貸常平錢粟與之，且奏乞蠲其息。徙冀州，增隄，或謂：『郡無水患，何以役爲？』有開曰：『豫備不虞，古之善計也。』卒成之。明年河決，水果至，不能冒隄而止。朝廷遣使河北，民遮誦有開功狀，召爲膳部郎中。元祐中，歷知信陽軍、洺滑州，復守冀，官至中大夫，卒。

明 黃佐《革除遺事》卷三《陳迪》 陳迪，字景通，寧國宣城人。世居麻姑山西村。曾祖巨卿，元江州路總管。祖有賢，父仲康，撫州守禦千戶所百戶。迪自幼倜儻有志操。洪武中，爲郡學訓導。己未，以通經召除翰林院編修。乙丑二月，陞侍讀，預修大典。辛未八月，陞山東布政司左參政，捕蝗彌盜，民甚德之。甲戌十月，丁内艱，奪情起復，辭，不允。乙亥二月，陞雲南布政使。時普定、曲靖、烏撒、烏蒙等處苗賊猖獗，迪率土兵擊破之，獻俘于朝，有白金綵幣之賜。戊寅八月，徵詣行在，陞禮部尚書，授特進榮祿大夫。庚辰，水旱，有旨集議。廸言：『刑獄未清，宜敕法司，擇公廉仁厚者分詣郡縣，審覈獄囚，無令久淹，致傷和氣。』又言：『逃民家業既喪，且畏公私逋負之追，失今不恤，必嘯聚爲惡，宜使有司招徠之。其不願歸者，聽附籍種田，暫免其差役，則民安而盜息矣。』上皆從之。辛巳三月，加太子少保，辭所兼俸不受。靖難師逼，與黄子澄等上疏，陳論大計。廸受命攢運糧儲於外，過家未嘗入，聞變即赴京師。

文廟入繼統，召廸責問，始嫚罵不屈，與子鳳山、丹山等六人同日就戮。將刑，鳳山呼曰：『父親累我。』廸叱使勿言。因罵不絕口，命割鳳山等鼻舌熬熟，俾廸食之。廸吐唾之，益肆指斥，遂俱凌遲而死。有老蒼頭拾其遺骸歸葬縣之計家橋。洪熙初，詔釋廸宗姻在戍者還鄉，給復産業。成化壬寅，郡人祀于鄉賢祠。甲辰，郡守復於廸故里立祠祀之。

明 佚名《建文皇帝遺迹》 明年乙卯，水旱相仍，下詔求言得失。禮部尚書陳廸條陳清刑獄，恤流民二十餘事，兼陳太祖皇帝時用人，狥其名而不求其實，以小善而遽進之，以小過而遽退之，因歷陳古人所以教養任用之道，嗣皇深采納之。

《明史》卷二八一《循吏傳・貝秉彝》 貝秉彝，名恒，以字行，上虞人。永樂二年進士。授邵陽知縣，以憂去，補東阿。善決獄，能以禮義導民。歲大侵，上平糴備荒議。帝從之，班下郡縣如東阿式。邑西南有巨浸，積潦爲田害。秉彝相視高下，鑿渠，引入大清河，涸之，得沃壤數百頃，民食其利。尤善綜畫，凡廢鐵、敗皮、朽索、故紙悉藏之。暇令工匠煮膠、鑄杵、擣紙、絞索貯於庫。會成祖北巡，敕有司建席殿。秉彝出所貯濟用，工遂速竣。帝將召之，東阿耆老百餘人詣闕自言，願留貝令，帝許之。九載考滿入都，詔進一階，仍還東阿。嘗坐累，罰役京師。民競代其役，三罰三代，乃復官。

秉彝爲吏明察而仁恕。素善飲，已仕，遂已之。宣德元年卒官。

清 朱軾《廣惠編》卷下 宋富弼為青州刺史，時河北京東大水，流民就食青州。弼勸所部民出粟，益以官廪，得公私廬舍十餘萬區，散處其人，以便薪水。官吏待缺寄居者，皆給其祿，使即民所聚，選老弱病瘠者廪之。仍書其勞，約他日為奏請旌賞。率五日，輒遣人持酒肉飯糗慰藉。出於至誠，人人為盡力。山林川澤之利可資以生者，聽民擅取。及麥大熟，民各以遠近受糧而歸。凡活五十餘萬人。立法簡便，天下傳以為式。

又 明周忱巡撫南直隸，蘇、松二郡大水，秋禾不登，餓莩載道。忱隨一二小蒼頭，棹小舟一葉，親行各鄉里，諮詢疾苦。間遇村中老叟，呼至舟，命臥榻下與談，竟夕不倦。見郡縣牧令坐官衙不出者，責之曰：流民載道，忍安坐乎？民隱不上聞，將以爾等償萬民命。或饋灑食者，即責之曰：民皆乏食，我一人何忍獨飽？立罷斥之。寮屬震懾，各發倉庫，親齎散給。又令各里甲月具死逃人數申院，以甄別州縣之能否。以是人皆盡力救濟，所活甚衆。

《清史稿》卷二七九《張鵬翮傳》 張鵬翮，字運青，四川遂寧人。康熙九年進士，選庶吉士。改刑部主事，累遷禮部郎中。十九年，授江南蘇州知府，丁母憂。除山東兗州知府，舉卓異，擢河東鹽運使，内遷通政司參議，轉兵部督捕副理事官。從内大臣索額圖等勘定俄羅斯界，還擢大理寺少卿。二十八年，授浙江巡撫。疏言紳民願畝捐穀四合，力不能者聽。旋以杭州、嘉興等府秋收歉薄，請暫免輸穀。上曰：『昨歲浙江被災，循例蠲賦，並豁免錢糧，豈可強令捐輸？鵬翮原題力不能者聽，自相矛盾。』下部議奪官，上寬之。尋授兵部侍郎，督江南學政。三十六年，遷左都御史。三十七年，遷刑部尚書，授江南江西總督。三十八年，上南巡，命鵬翮扈從入京，賜朝服、鞍馬、弓矢。

初，陝西巡撫布喀劾四川陝西總督吴赫等侵蝕貧民籽粒銀兩，命鵬翮與傅臘塔往按。

還奏未稱旨，命鵬翮與傅臘塔復往陝西詳審。三十九年春，還奏布喀、吴赫及知州藺佳選、知縣張鳴遠等侵蝕挪用，各擬罪如律。上諭大學士曰：『鵬翮往陝西，朕留心訪察，一介不取，天下廉吏無出其右。』

尋授河道總督，入辭，上諭令毀攔黄壩通下流，濬芒稻河、人字河湖入江。鵬翮到官，請撤協理徐廷璽及河工隨帶人員，並乞敕工部毋以不應查駁之事阻撓，並從之。尋疏言：『臣過雲梯關，見攔黄壩巍然如山，下流不暢，無怪上流之潰決。應拆攔黄壩，挑濬河身，與上流一律寬深。』又言清口淤墊，應於張福口開引河，引清水入運敵黄，建閘以時啟閉。又言人字河至芒稻山分二派，又名芒稻河，應濬使暢流；並濬鳳凰橋引河及雙橋、灣頭二河，皆匯芒稻河入江。俱下部議行。尋以攔黄壩既撤，河身開濬深通，暢流入海，疏請賜名大通口。上嘉鵬翮章奏詞簡意明，治事精詳，遣員外郎拖抗拖和、中書張古禮馳驛令鵬翮舉所規畫入奏。鵬翮疏陳開濬引河、運口，培修河岸隄壩諸事，並下部速議行。尋又疏陳河工諸弊，並請河員承挑引河，偶致淤墊，免其賠修；夫役勞苦，工成日請給印票免雜徭。上嘉其陳奏切要周備。尋又請於歸仁隄五堡建磯心石閘，並於三義壩舊中河築隄，改入新中河，合爲一河，便糧艘通行。上謂所議甚當，並如所請。

上倚鵬翮治河，謂鵬翮得治河秘要，諭大學士曰：『鵬翮自到河工，日乘馬巡視隄岸，不憚勞苦。居官如鵬翮，更有何議？』鵬翮以修治事狀遣郎中王進楫入奏，上諭進楫歸語鵬翮，加意防守高家堰。鵬翮乃增築月隄及旁近諸隄壩。洪澤湖溢，泗州、盱眙被災，上詢修治策，鵬翮言：『泗州、盱眙屢被災，即開六壩亦不能免。』上怒曰：『塞六壩乃于成龍題請，不自鵬翮始。頃因泗州、盱眙災，令與阿山議修治，非欲開六壩救泗州、盱眙而令淮、揚罹水患也。鵬翮何昏憒乃爾！』四十一年，鵬翮疏請加築清河縣黃河南北岸戧隄，天妃閘改築運口，草壩建石壩，改卞家莊土隄爲石隄，皆議行。又以桃源城西烟墩黃水大漲，請加築衛城月隄，並於邵家莊、顏家莊開引河，上慮部議遲延，特允之。四十二年，上南巡視河，製河臣箴、淮黃告成詩以賜，並書榜賚鵬翮父烺。

山東泰安、沂州等州饑，上命截漕二萬石交鵬翮往賑。鵬翮令河員動常平倉穀二十八萬餘石散賑，疏請以山東各官俸工補還。上責鵬翮河員發倉穀邀譽，乃令山東各官補還，鵬翮謝罪，仍以『殫心宣力、清潔自持』，加太子太保。

河決時家馬頭，數年未堵塞。鵬翮以淮安道王謙言劾山安同知佟世禄冒帑誤工，奪官追償。世祿再叩閽，上令尚書徐潮按治，鵬翮、謙坐誣劾當譴，上特寬鵬翮。工部侍郎趙世芳又劾鵬翮浮銷十三萬有奇，請逮治。上曰：『河工錢糧原不限數，水大所需多，水小所需少。如謂鵬翮以十三萬入己，必無之事。河工恃用人，鵬翮用人不勝事，故至此耳。』因還世芳疏。上南巡，閱清口，見黃水倒灌，詰鵬翮，鵬翮不能對。上曰：『汝爲王謙輩所欺，流於刻薄。大儒持身如光風霽月，況大臣爲國，若徒自表廉潔，於事何益？』上舟渡河閱九里岡，嘉鵬翮修治如法，御製詩書扇以賜。及秋，淮、黃並漲，古溝、清水溝、韓家莊並溢，廷臣議奪官，上命仍留任。尋督塞諸處漫口。

四十五年，疏請開鮑家營引河，尋用通判徐光啟言，擬開引河出張福口，分洪澤湖異漲，即爲高家堰保障，謂爲溜淮套。鵬翮與總督阿山、總漕桑額合疏請上蒞視。四十六年，上南巡，閱所擬引河道，諭曰：『朕自清口至曹家廟，見地勢甚高，標竿錯雜。依此開河，不惟壞田產，抑且毁塚墓。鵬翮讀書人，乃爲此殘忍事，讀書何爲？』詰責鵬翮，鵬翮謝罪。上以議爲河山所主，非鵬翮意，削太子太保，奪官，仍留任。四十七年，以黃、運、湖、河修防平穩，命復官，並免應追帑銀。尋遷刑部尚書。四十八年，調戶部。

五十一年，江南總督噶禮與巡撫張伯行互劾，命鵬翮與總漕赫壽往按。鵬翮等右噶禮，請罷伯行。五十二年，調吏部。伯行劾布政使牟欽元，赫壽時爲總督，與異議。五十三年，命鵬翮與副都御史阿錫鼐往按，復請雪欽元，議伯行罪斬。事互詳伯行傳。尋丁父憂，以原官回籍守制，服闋還朝。

六十年，汶水旱涸阻運，命往勘。請疏濬坎河、雞爪諸泉分注南旺，而於彭口築隄，障沙水入微山湖。河決開州，横流至山東張秋，阻運，命往勘。請築南旺、馬場等湖隄，蓄水濟運；並陳引沁入運利害，謂地勢西北高於東南，若沁水從高直下，而河躡其後，害且叵測。

六十一年，世宗即位，加太子太傅。雍正元年，授武英殿大學士。河決馬營口，久未塞，命往勘。議幷塞詹家店四口，濬治黃、沁合流處積沙，從之。三年，卒，加少保，命於定例外加祭，漢堂上官、科道皆會賜葬，謚文端。

又 卷三〇三《福敏傳》 福敏，字龍翰，富察氏，滿洲鑲白旗人。康熙三十六年進士，選庶吉士，散館，以知縣待銓。時世宗在藩邸，高宗初就傅，命福敏侍讀。及世宗即位，擢內閣學士，兼禮部侍郎。雍正三年，遷吏部侍郎。出署浙江巡撫。四年，擢左都御史，兼翰林院掌院學士。復出署湖廣總督。沔陽、潛江等十州縣水災，疏請發常平倉穀治賑。謬沖花苗叛，福敏檄貴州兵截後路，以湖廣兵擣其巢，討平之。安陸、荊州被水，疏請老弱婦女治賑如常，而以丁壯修隄，俾民得食而隄亦完。上眷福敏厚，嘗手詔諭曰：『朕令爾暫攝總督，苟得其人，即命往替。近日廊廟中頗乏才，皇子左右亦待爾輔翼。留爾湖廣非得已，宜體朕意勉爲之。』

五年，召還京，授吏部尚書。六年，以巡撫浙江時徇布政使佟吉圖動庫銀，奪職。八年，命協理兵部侍郎，遷左都御史。十年，署工部尚書，協辦大學士，旋署刑部尚書。乾隆三年，擢武英殿大學士，兼工部尚書、翰林院掌院學士。四年，加太保，六年七月，高宗初幸木蘭行圍，福敏疏言：『行圍邊外，內外章奏按期馳送，較宮廷清穆勞逸迴殊。宜朝乾夕惕，清明在躬，從容應之。留京百官，必因事警察，勿使偷惰者得行其私。巡行之日，言路宜舉大利害，不當瑣細瀆陳傷政體。聖祖於獵地平易險阻無不了然，故周旋中度，馳射如神。願皇上籌度於先。弁兵布圍，未必無參差，乞少加從容，俾黽勉從事。弁兵從行日久，資斧不繼，量加恩澤，費無多而惠無窮。』上諭曰：『覽大學士所奏，老成忠懇，補衮陳善，朕皆嘉納焉。』八年，疏陳時政，言：『河防事重，請如災民請賑例，便宜處置，以時上聞。災民流移，情非得已。若有司不善拊循，徒禁越境，致輾轉溝壑，宜加以玩視罪。江南、湖廣偏災，請留南漕賑濟。定數多寡，當出上裁。庶上不虧儲，下足濟食。』疏入，從之。

又 卷三〇四《夢麟傳》 夢麟，字文子，西魯特氏，蒙古正白旗人，尚書憲德子。乾隆十年進士，改庶吉士，授檢討。十五年，遷侍講學士，再遷祭酒，提督河南學政。十六年，授內閣學士。十七年，湖北羅田民據天堂寨謀亂，夢麟以河南商城鄰羅田，馳往捕治，上嘉之。疏言：『商城界江、楚，峻嶺深巖，易藏奸宄，請增兵巡察。』下河南巡撫議，移駐守備，增兵百。十八年，署戶部侍郎，充江南鄉試考官，即命提督江蘇學政。二十年，授工部侍郎，代還，調署兵部，兼鑲白旗蒙古副都統。二十一年，命在軍機處學習行走。大臣在軍機處，資望少淺者曰『學習行走』，自夢麟始。

是歲，河決孫家集。二十二年，河道總督白鍾山奏請開荊山橋河，命夢麟馳勘，趣即興工，工竟，議敘。上南巡閱河，以六塘河以下積潦，桃源、宿遷、清河諸縣卑成浸，令夢麟勘治。尋奏：『六塘河上承駱馬湖，至清河分兩派，由武障、義澤等河匯潮河入海，長三百餘里，中間淤淺數十處，已令速疏濬南北兩堰。並去年水壞宿遷堰工，及諸缺口，俱加修築。諸縣積水，開溝十五，設涵洞五，建閘四，俾得宣洩。』工既竟，又奏：『荊山橋河道經銅、沛、邳、睢四州縣，分設四汛；黃水自丁家樓匯入蘇家閘，荊山橋正當其衝，應令堵築。微山湖至荊山橋河下游王母山，紆長灣曲，每歲霜降後應令疏濬。居民就灣築堰壩捕魚，渡口叠石爲步，皆阻河道，應令嚴禁。』上命如所議行。

山東巡撫鶴年奏金鄉、魚臺、濟寧諸州縣水患，命侍郎裘曰修偕夢麟馳往相度，合疏言：『諸縣久爲微山湖水所浸，當籌分洩之路。韓莊閘南伊家河至江南梁旺城入運，今已久淤，當開濬引積水東注。』從之。兩江總督尹繼善以沂水入運爲害，奏建湖口閘，命夢麟與在工諸臣分任其責。合疏言：『沂水自盧口傍洩，淹民田，阻運河。當築壩堵截，使不得入運，毋礙微山諸湖入河歸海之路。六塘河在駱馬湖下游，爲沂水疏洩要道，宿遷、桃源諸水自沭入漣歸海，並宜疏治宣通。兼濬六塘河出口，使無淺阻。此治沂水之概要也。夏邑、永城諸水，自睢河下注洪澤湖，出清口會黃入海。近歲河道多淤，董家溝諸地尤宜急治，兼濬洪澤湖出口。清口東水二壩，遵旨撤除。各閘口門亦宜加寬。此治睢河之概要也。』疏入，上許爲頗得要領。調戶部。冬，工竟，還京師。二十三年，復調工部，署翰林院掌院學士。卒，賜祭葬。

論曰：照紬於盤錯，而優於詞翰，高宗知之審矣。汝來以清節著，惪華等以文學庸，而安國博辨羣書，好學深思，自爲家法。蕙田治禮，綜歷代政事學術，貫串會通，體大思精，尤彬彬名世之大業也。夢麟早歲負清望，參大政，方駕遽稅，惜哉！

又 卷三〇九《崔應階傳》 崔應階，字吉升，湖北江夏人。父相國，官浙江處州鎮總兵。應階，廕生。初授順天府通判，遷西路同知。雍正中，擢山西汾州知府。乾隆十五年，授河南驛鹽道。擢安徽按察使。丁母憂，服闋，補貴州按察使。二十一年，擢湖南布政使，署巡撫。總督碩色劾應階子甘肅東樂知縣琇附驛寄家書，應階不檢舉，上特命降調。二十二年，補江南常鎮揚道。再遷山東布政使。

二十八年，遷貴州巡撫，調山東。疏請濬荊山橋舊河，洩積水。二十九年，疏言：『武城運河東岸牛蹄窩、祝官屯，西岸蔡河陂水匯注，俱爲隄隔，浸灌民田，請各建閘啟閉。』均如所議。三十一年，疏言：『各州縣民壯有名無實，飭屬汰老弱，選精壯，改習鳥鎗，與營伍無二。不增糧餉，省得精壯三千三百餘名。』得旨嘉奬。三十二年，疏言：『武定濱海，屢有水患：一在徒駭尾閭不暢，一在鉤盤淤塞未開。徒駭上游寬百餘丈，至霑化入海處僅十餘丈，紆回曲折，歸海遲延。徒駭舊有漫口，徑二十五里，寬至四五十丈，水漲賴以宣洩。若就此開濬，庶歸海得以迅速。又有八方泊爲衆水所匯，伏秋霖雨，下游阻滯，淹及民田。泊東北爲古鉤盤河，經一百三十餘里，久成湮廢。若就此開濬，引水入海，則上游不致停蓄，積水亦可順流而下。』皆如所請。

又 卷三一〇《齊蘇勒傳》 齊蘇勒，字篤之，納喇氏，滿洲正白旗人。自官學選天文生爲欽天監博士，遷靈臺郎。擢內務府主事，授永定河分司。康熙四十二年，聖祖南巡閲河，齊蘇勒扈蹕。至淮安，上諭黄河險要處應下挑水埽壩，命往煙墩、九里岡、龍窩修築。齊蘇勒於回鑾前畢工，上嘉之。洊擢翰林院侍講、國子監祭酒，仍領永定河分司事。河決武陟，奉命同副都御史牛鈕監修隄工。疏言：『自沁河隄頭至滎澤大隄十八里，擇平衍處築遥隄。使河水趨一道，專力刷深，不致旁溢。』六十一年，世宗即位，擢山東按察使，兼理運河事。命先往河南籌辦黄河隄工。時河南巡撫楊宗義請於馬營口南舊有河形處濬引河。齊蘇勒同河道總督陳鵬年疏言：『河不兩行，此洩則彼淤。馬營口隄甫成，若開引河，慮旁洩侵隄。』事乃寢。

雍正元年，授河道總督。既上官，疏言：『治河之道，若瀕危而後圖之，則一丈之險頓成百丈，千金之費糜至萬金。惟先時豫防，庶力省而功易就。』又言：『各隄壩歲久多傾圮，弊在河員廢弛，冒銷帑金。宜嚴立定章示懲勸。』並允行。乃周歷黄河、運河，凡隄形高卑闊狹，水勢淺深緩急，皆計里測量。總河私費，舊取給屬官，歲一萬三千餘金，及年節餽遺，行部供張，齊蘇勒裁革殆盡。舉劾必當其能否，人皆懍懍奉法。

陽武、祥符、商丘三縣界黄河，北岸有支流三，逼隄繞行五十餘里；南岸青佛寺有支流一，逼隄繞行四十餘里。齊蘇勒慮刷損大隄，令築壩堵禦，并接築子隄九千二百八十八丈，隔隄七百八十丈。又以洪澤湖水弱，慮黄水倒灌，奏築清口兩岸大壩，中留水門，束高清水以抵黄流。及淮水暢下，壩在波濤中，又慮壩爲水蝕，遣員弁駐工，湖漲下埽防壩，黄漲則用混江龍、鐵篦子諸器，駕小舟往來疏濬，不使沙停，水患始緩。詔豫籌山東諸湖蓄洩以利漕運，疏言：『兖州、濟寧境内，如南旺、馬踏、蜀山、安山、馬場、昭陽、獨山、微山、稀山等湖，皆運道資以蓄洩，昔人謂之「水櫃」。民乘涸占種，湖身漸狹。宜乘水落，除已墾熟田，丈量立界，禁侵越。謹渟蓄：當運河盛漲，引水使與湖平，即築堰截堵；如遇水淺，則引之從高下注諸湖。或宜隄，或宜樹，或宜建閘啟閉，令諸州縣量事程功，則湖水深廣，漕艘無阻矣。』

二年，廣西巡撫李紱入對，上諭及淮、揚運河淤墊年久，水高於城，危險可慮。紱請於運河西別濬新河，以其土築西隄；而以舊河身作東隄，東岸當不至潰決。上命與齊蘇勒商度，齊蘇勒奏言：『淮河上接洪澤，下通江口。西岸臨白馬、寶應、界首諸湖，水勢汪洋無際。若別挑新河，築西隄於湖水中，不惟糜費巨金，抑且大工難就。』上是其言。是秋颶風作，海潮騰踴丈餘。黄河入海之路，二水衝激，歷三晝夜，而濱海隄岸屹然。上嘉其修築堅固，賜孔雀翎，并予拜他喇布勒哈番世職。

三年，副總河嵇曾筠奏於祥符縣回回寨濬引河，事將竣，齊蘇勒奉命偕總督田文鏡察視。齊蘇勒奏言：『濬引河必上口正對頂衝，而下口有建瓴之勢，乃能吸大溜入新河，借其水力滌刷寬深。今所濬引河，與現在水向不甚相對。當移上三十餘丈，對衝迎溜。復於對岸建挑水壩，挑溜順行，以對引河之口。俟水漲時相機開放，庶河流東注，而南岸隄根可保無虞。』上命内閣學士何國宗等以儀器測量，命齊蘇勒會勘。齊蘇勒奏：『儀器測度地勢，於河工高下之宜甚有準則。今洪澤湖滚水壩舊立門檻太高，不便於洩水。請敕諸臣繞至湖口，用儀器測定，將門檻改低，庶宣防有賴。』又奏言：『治河物料用葦、柳，而柳尤適宜。今飭屬於空閒地種柳，沮洳地種葦。應請凡種柳八千株、葦二頃者，予紀錄一次，著爲例。』均稱旨。尋又奏言：『供應節禮，並已裁革。河標四營舊有坐糧，歲千餘金，以之修造墩臺，製换衣甲、器械；鹽商陋規歲二千金，爲出操驗兵賞功犒勞之用。每年往來勘估，伏秋兩汛，出駐工次，車馬舟楫，日用所需，拮据實甚。河庫道收額解錢糧，向有隨平餘銀五千餘，除道署日用工食，請恩准支銷。』上允之。四年，以堵築睢寧朱家口決口，加兵部尚書、太子太傅。五年，疏言：『黄河斗岸常患衝激，應改斜坡，俾水隨坡溜，坡上懸密柳抵之。既久溜入中泓，柳枝霑泥，併成沙灘，則易險爲平。』從其請。是年，齊蘇勒有疾，上遣醫往視。尋入覲，命歲支養廉萬金。

六年，兩江總督范時繹、江蘇巡撫陳時夏濬吴淞江，上命齊蘇勒料理。築壩陳家渡，松江知府周中鋐、千總陸章乘舟督工下埽，潮迴壩陷，溺焉。齊蘇勒往視察，下爲土埂，中有停沙，因督令疏濬，壩工乃竟。復偕曾筠會勘河南雷家寺支河，是秋事畢。於是黄河自碭山至海口，運河自邳州至江口，縱横緜亘三千餘里，兩岸隄防崇廣若一，河工益完整。

又《嵇曾筠傳》 嵇曾筠，字松友，江南長洲人。父永仁，諸生，從福建總督范承謨死事；母楊守節，撫曾筠成立：事分見忠義、列女傳中。

曾筠，康熙四十五年進士，選庶吉士，授編修。累遷侍講。雍正元年，直南書房，兼上書房。擢左僉都御史，署河南巡撫，即充鄉試考官。遷兵部侍郎。

河決中牟劉家莊、十里店諸地。詔往督築，逾數月，工竟。二年春，奏言：『黃、沁並漲，漫溢銚期營、秦家廠、馬營口諸隄。循流審視，窮致患之由。見北岸長沙灘，逼水南趨，至倉頭口，繞廣武山根，逶迤屈曲而下。官莊峪又有山嘴外伸，河流由西南直注東北，秦家廠諸地頂衝受險。請於倉頭口對面橫灘開引河，俾水勢由西北而東南，毋令激射東北；並培釘船幫大壩，更於上下增築減水壩，秦家廠諸地險勢可減。』又與河督齊蘇勒會奏培兩岸隄，北起滎澤，至山東曹縣；南亦起滎澤，至江南碭山：都計十二萬三千餘丈。皆從之。

授河南副總河，駐武陟。疏言：『鄭州大隄石家橋迤東大溜南趨，應下埽簽樁，復於埽灣建磯嘴壩一。中牟拉牌寨黃流逼射，應下埽護岸，建磯嘴挑水壩二。穆家樓隄工坐衝，亦應下埽加鑲。陽武北岸祥符珠水、牛趙二處隄工，近因中牟迤下，新長淤灘，大溜北趨成衝，應順埽加鑲。』又言：『小丹河自辛句口至河內清化鎮水口二千餘里。昔人建閘開渠，定三日放水濟漕，一日塞口灌田。日久閘夫賣水阻運，請嚴飭。仍用官三民一之法，違治其罪。』又言祥符南岸回回寨對面淤灘直出河心，致河勢南趨逼省城。請於北岸舊河身濬引河，導水直行。上諮齊蘇勒用曾筠議。四年，奏衛河水盛，請於汲、湯陰、內黃、大名諸縣築草壩二十七。又請培鄭州薛家集諸處埽壩。

五年，命兼管山東黃河隄工。尋轉吏部侍郎，仍留副總河任。六年，疏言：『儀封北岸因水勢衝急，雷家寺上首灘崖刷成支河。請將舊隄加幫，接築土壩，跨斷支河，以防掣溜侵隄。青龍岡水勢縈紆，將上灣淘作深兜，與下灣相對。請乘勢開引河，導水東行。』尋擢兵部尚書，調吏部，仍管副總河事。奏請培蘭陽耿家寨北隄，下埽簽樁築壩。

七年，授河南山東河道總督，疏請開荊隆口引河。八年，署江南河道總督，疏言：『山水異漲，匯歸駱馬湖，溢運浮黃，河、湖合一。請於山盱周橋以南開壩洩水，並啟高、寶諸堰，分水入江海。高堰山盱石工察有樁腐石欹，順砌卑矮者，應築月壩，加高培實。其年久傾圮者，全行改築。興工之際，築壩攔水，留舊石工爲障。俟新基築定，再除舊石，仍留舊底二層，以禦風浪。』又奏：『禹王臺壩工爲江南下游保障。沭水源長性猛，壩工受衝。請於現有竹絡壩二十七丈外，依頂衝形勢，建石工六百餘丈。接連岡阜，仍築土隄，並濬沭河口門，使循故道直趨入海。』十年，奏揚州芒稻河閘商工草率，改歸官轄，並增設閘官。十二月，加太子太保。十一年四月，授文華殿大學士，兼吏部尚書，仍總督江南河道，予一品封典。十二月，丁母憂，命在任守制。曾筠奏懇回籍終制，溫詔許之。以高斌暫署，仍諭曾筠本籍距淮安不遠，明歲工程，就近協同經理。十二年四月，同高斌奏增築海口辛家蕩隄閘。同副總河白鍾山奏修清江龍王閘，濬通鳳陽廠引河。十三年，諭曾筠葬母事畢赴工。高宗御極，命總理浙江海塘工程。

乾隆元年，兼浙江巡撫。尋命改爲總督，兼管鹽政。曾筠條奏鹽政，請改商捕爲官役，嚴緝私販，定緝私賞罰。地方有搶鹽奸徒，官吏用盜案例參處。又疏請於海寧築尖山壩，建魚鱗石塘七千四百餘丈。入覲，加太子太傅。二年，疏請築淳安淳河石磡。三年，疏請修樂清濱海隄；又疏請發省城義倉運溫、台諸縣平糶：並從之。尋召入閣治事，以疾請回籍調治。上令其子璜歸省，又遣醫診視。卒，贈少保，賜祭葬，謚文敏，祀浙江賢良祠。又命視靳輔、齊蘇勒例，一體祠祀。

曾筠在官，視國事如家事。知人善任，恭慎廉明，治河尤著績。用引河殺險法，前後省庫帑甚鉅。第三子璜，亦由治河有功，官大學士，繼其武。

璜，字尚佐。幼讀《禹貢》，曰：『禹治水皆自下而上，蓋下游宣通，水自順流而下。』長老咸驚異。雍正七年，賜舉人。八年，成進士，選庶吉士，年裁二十。授編修，再遷諭德。乾隆元年，命直南書房。三年，丁父憂，服闋，擢庶子。兩歲四遷左僉都御史。九年，奏：『督撫閱兵，祇就趨走應對定將弁能否。請近省命大臣，邊省命將軍、副都統，簡閱行伍。』是歲令大學士訥親閱河南、山東、江南三省行伍，璜此奏發之也。

璜侍曾筠行河，習工事。奏河工疏築諸事：請浚毛城鋪壩下引河，並於順河集諸地開河引溜，修築黃河岸，留新黃河、韓家堂諸地舊口，洩盛漲，議行。授大理寺卿。累遷戶部侍郎。十八年十月，黃、淮並漲。璜疏請濬銅山以下、清口以上河身，並仿明劉天和製平底方船，用鐵耙疏沙，修補高堰石工、歸仁隄閘，酌復江南境內減水閘壩。尚書舒赫德等被命視河，奏請派熟諳工程大員董理堤防，因令璜偕工部侍郎德爾敏督修。璜奏：『高堰工程有甎石之殊，年分有新舊之異。今當修砌石工，隄外築攔水壩，並將舊有甎工盡改石工。石較甎重，樁木應培增。舊修石隄用石二進，石後用甎二進，甎與土不相融結，久經風浪，根空基圮，令於甎石後加築灰土三尺，以禦衝刷。』又奏：

『串場河爲諸水總匯。請自石䃴閘南更建閘二，並就舊河道疏濬，直達海口。』十九年，奏：『高堰、高澗、龍門、古溝四處深塘兜灣，請修復草壩。』皆從之。是年隄工竟，議敘，轉吏部。二十年，以母病，乞假歸。

二十二年春，上以璜母病愈，授南河副總河，並諭曰：『璜侍父曾筠久任河工，見聞所及，諳練非難。母雖年近八十，常、淮帶水，儘可輕舟迎養，固無異在家侍奉也。』四月，上南巡，臨視高堰、清口及徐州諸工。以伏汛將至，近河諸地歲頻歉，貧民甚多，諭疏築諸工同時並舉，以工代賑。因璜前奏請於昭關增滾壩、濬支河，南關舊壩改建滾水石壩，即命璜董其事。璜奏：『運河東隄減水入下河，經劉莊、伍祐、新興諸場，分注鬭龍、新洋二港歸海。但劉莊大團閘至新興石䃴閘相距較遠，請於伍祐沿窪口、蔡家港各增建石閘，引水出新洋港。並疏射陽湖港口，使之徑直。濬串場河以西孔家溝、岡溝河、皮家河支流凡三。此皆下河歸海之路也。湖河諸水，歸海紆迴，歸江逕直。多一分入江，即少一分入海。應挑河築壩，使湖河水勢相平，乃將各壩開放。則湖水既減，可爲容納來水地。伏秋水盛，洩高郵湖引入運河，出車邏、南關二壩，則歸海水少，下河田廬可無慮矣。』上諭曰：『璜此奏分別緩急，因勢利導，會全局而熟籌之。改紆爲直，移遠爲近，濬淺爲深，具有條理。即令尹繼善、白鍾山等會璜次第興舉。』十一月，高郵運河東隄新建石壩工成，奏請酌定水則，車邏、南關二壩過水至三尺五寸，開五里中閘；至五尺，開新建石壩。又奏：『車邏、南關壩脊高於高郵湖面二尺七寸。芒稻閘爲湖水歸江第一尾閭，請常年啟放，俾江、湖脈絡貫通。』上深嘉之，從所請，並降旨命勒石閘畔。

二十三年正月，擢工部尚書。五月，上下江諸工皆竟。九月，調禮部。二十四年四月，請在籍終養。二十五年，詣京師祝上壽。歸至清江浦，奏言：『歸江之路，尚有應籌。請於金灣壩下開引河，並濬董家溝。又以廖家溝、石羊溝、董家溝三壩改低三尺，使與芒稻閘相準。』上命交尹繼善等勘議。二十九年，丁母憂。三十二年，服闋，署禮部尚書，旋實授。七月，授河東河道總督，奏：『楊橋大壩爲河南第一要工，雖已堵閉，時輒滲漏。而北岸河灘順直，既不能挑引河分溜，大壩迤東又遍地飛沙，不能建越隄。請將壩身裏戧培厚，用資完固。』璜每巡河，不避艱險，身先屬吏。一夕聞虞城工險，馳往。天甫曉，雨雹交下，下埽岌岌欲崩，從者失色，勸璜姑退。璜立隄上叱曰：『埽去我與俱去！』雨雹息，隄卒無恙。

三十三年九月，召授工部尚書，罷直南書房。尋以在河督任未甄別佐雜，左遷左副都御史。三十六年，遷工部侍郎。三十八年，擢尚書，調兵部。四十年，復調工部。四十四年，調吏部，協辦大學士。初，璜議挽黃河北流仍歸山東故道，入對嘗及之。是歲河決青龍岡，大學士阿桂視工。上以璜議諮阿桂及河督李奉翰，僉謂地北高南低，水性就下；欲導河北注，揣時度勢，斷不能行。上復命廷臣集議，仍謂黃河南徙已久，不可輕議改道，寢其事。

又《高斌傳》

高斌，字右文，高佳氏，滿洲鑲黃旗人，初隸內務府。雍正元年，授內務府主事。再遷郎中，管蘇州織造。六年，授廣東布政使，調浙江、江蘇、河南諸省。九年，遷河東副總河。十年，調兩淮鹽政，兼署江寧織造。十一年，署江南河道總督。十二年，回鹽政任。復署河道總督，培范公隄六萬四千餘丈。十三年，回鹽政任。旋授江南河道總督。

乾隆元年，疏請河工搶修工段需用土方，令河兵挑運十之四，用民工十之六。又請葦蕩營採柴均歸廠運。又請各州縣河工外解各項悉歸河庫道。河南永城、江南蕭縣頻年被河患，上命高斌會兩江總督趙弘恩、河南巡撫富德籌疏通之策。高斌等奏：『黃河南岸碭山毛城鋪向有減水石壩一，蕭縣王家山有天然減水石閘一，睢寧縣峯山有減水閘四，建自康熙間，誠分黃導淮以水治水之善策。年久淤淺，水發爲患。毛城鋪舊有洪溝、巴河二河，爲減洩黃水故道。閘下地勢，東北偏高，水向南行，漫入祝家口。請俟水涸疏濬二河，並於二河上游開蔣溝河，築祝家口、潘家口二壩。漳水南流，使盡入蔣溝、洪溝、巴河分流下注，永城、碭山諸縣當無水患。王家山天然閘減水會入徐溪口，舊有引河，間有淤淺；峯山減水四閘，歷年既久，引河亦有淤淺，均應疏濬。』又奏：『淮揚運河自清口至瓜洲三百餘里，其源爲分洪澤湖水入天妃閘，建瓴而下，經淮安、寶應、高郵、揚州以達於江，惟借東西漕隄爲障。請於天妃、正越兩閘之下，相距百餘丈，各建草壩三。壩下建正石閘二，越河石閘二。又於所建二閘尾各建草壩三。重重關鎖，層層收蓄，則水平溜緩，可禦洪澤湖異漲，亦可減運河水勢。湖水三分入運，七分會黃。山盱尾閭天然南北二壩，非洪澤湖異漲不可輕開，使清水全力禦黃；而高、寶諸湖所受之水，循軌入口，不至泛溢下河。則高、寶、興、鹽諸縣民田可免洪湖洩水之患。』疏入，均議行。

御史夏之芳等疏言：『毛城鋪引河一開，則高堰危，淮、揚運道民生可慮。』命高斌會大學士嵇曾筠、副總河劉永澄等詳度。安徽布政使晏斯盛、廣東學政王安國復請濬海口，又命高斌與宏恩及江蘇巡撫邵基會勘。二年三月，高斌請入覲。趙弘恩內擢戶部尚書，亦詣京師。上命王大臣集議，並召之芳等皆與。高斌言：『毛城鋪減水壩，康熙十七年靳輔所建，減水歸洪澤湖，助清刷黃。六十年來，河道民生，均受其益。現濬毛城鋪，乃因壩下舊河量加挑濬，使水有所歸，並非開壩。況減下之水，紆迴曲折六百餘里，經徐、蕭、睢、宿、靈、虹諸州縣，有楊疃等五湖爲之渟蓄。入湖時即已澄清，無挾沙入湖之患，亦無湖不能容之慮。』之芳等仍執所見，議未決，御史甄之璜奏：『毛城鋪開河，淮、揚百萬之衆，憂慮惶恐。』鍾衡條奏亦及之。上卒用高斌議，斥之璜、衡、之芳等。

高斌復請別開新運口，堵塞舊運口，以避黃河倒灌。三年正月，淮、揚運河工竟，有旨嘉獎。四年，上聞時論議高斌所改新運口離黃稍遠，而上游水勢遇黃河異漲，仍不見倒灌，命大學士鄂爾泰乘驛往勘。鄂爾泰仍主開新運口，如高斌議。八月，高斌入覲，命便道與直隸總督孫嘉淦、總河顧琮會勘直隸河道。六年，奏言：『黃河自宿遷下至清河，河流湍急，內逼運河，脣齒相依。請培運河南岸縷隄，作爲黃河北岸遙隄。』又言：『江都瓜河地勢卑下，請量改口門，別濬越河，以減淮水入瓜河分數。』又言鎮江南岸埽工宜改甎工。均下部議行。

調直隸總督，兼管總河。奏言：『永定河惟在尾閭通暢，請於三角淀旁開引河，下接大清河老河頭，上接鄭家樓水口。挑去積土，即於北岸圈築坡埝，以防北軼。南岸亦量爲接築，以遏南溜。下口河脣，隨時疏通。至上游應籌分洩，請於南岸雙營，北岸胡林店、小惠家莊各增建三合土滾壩一；並減隄高，使卑於壩。南岸郭家隄舊草壩應一律修築如式。』七年，淮、揚水災，上命高斌及侍郎周學健會總督德沛等治賑。事畢，還直隸，復奏言：『永定河上游爲桑乾河，自山西大同至直隸西寧，兩岸可各開渠灌田。自西寧石閘村入山，經宣化黑龍灣、懷來和合堡、宛平沿河口，兩山夾峙，一線中趨。若於山口取巨石錯落堆疊，仿竹絡壩之意，爲玲瓏水壩，以殺其洶湧，則下游河患可減。』疏上，均議行。十年三月，加太子太保。五月，授吏部尚書，仍管直隸水利、河道工程。十二月，命協辦大學士、軍機處行走。

十一年，御史楊開鼎劾南河河道總督白鍾山河決匿災不報，命高斌往江南會總督尹繼善按治，白鍾山坐奪官。疏言：『淮、黃二瀆，每年伏秋水漲，以老壩口水誌爲準則。乾隆七年最大，水誌連底水一丈四尺七寸，當以此較量每年水勢。各處閘壩開閉，應以就近石工水漲尺寸爲度。』運河水漲，又命高斌往勘。疏陳培六塘河謝家莊、龍溝口諸處隄堰，濬中墩河、項家衝東門河；又疏請豁免海州、沭陽、贛榆諸縣逋賦，及板浦、徐瀆、中正、莞瀆、臨洪、興莊諸場折價帶徵銀。並從之。高斌嘗謂黃水宜合不宜分，清水宜蓄不宜洩，惟規度湖河水勢，視其縮盈以定蓄洩，方不至泛溢阻礙爲民害。諸所籌畫，皆可循守。十二年三月，授文淵閣大學士。四月，命往江南同河道總督周學健督理防汛。五月，直隸水利工竟。

十三年，命偕左都御史劉統勳如山東治賑。又命偕總督顧琮如浙江按巡撫常安婪賄狀，高斌等頗不欲窮治。上又遣大學士訥親往按，責高斌模棱，下吏議，奪官，命留任。閏七月，周學健得罪，命兼管江南河道總督。尋以籍學健家產徇私瞻顧，奪大學士，仍留河道總督。十六年三月，上南巡，命仍以大學士銜管河道總督事。閏五月，暫管兩江總督。八月，盱南陽武漫工未合龍，詔往相度修築，命未下，高斌奏請馳赴協辦。上獎其急公任事，得大臣體。十一月，工竟，命同侍郎汪由敦勘天津諸處河工。十七年，年七十，賜詩。

十八年，洪澤湖溢，邵伯運河二閘衝決，高郵、寶應諸縣被水，下部嚴議。學習河務布政使富勒赫奏劾南河虧帑，命署尚書策楞、尚書劉統勳往按。策楞等疏發外河同知陳克濟、海防同知王德宣虧帑狀；並及洪澤湖水溢，通判周冕未爲備，水至不能禦，不即奏劾狀。上責高斌徇縱，與協辦河務張師載並奪官，留工効力贖罪。九月，黃河決銅山張家路，南注靈、虹諸縣，歸洪澤湖，奪淮而下。上以秋汛已過，何至衝漫河隄，責高斌命往銅山勒限堵塞。策楞尋奏同知李燉、守備張賓侵帑誤工狀，上命斬燉、賓，縶高斌、張師載使視行刑，仍傳旨釋之。二十年三月，卒於工次。予內大臣銜，發內庫銀一千治喪。

二十二年，上南巡，諭曰：『原任大學士、內大臣高斌，任河道總督時頗著勞績。即如毛城鋪所以分洩黃流，高斌設立徐州水誌，至七尺方開。後人不用其法，遂致黃弱沙淤，隱貽河患。其於黃河兩岸汕刷支河，每歲冬季必率廳汛填築。近年工員疏忽，因有孫家集奪溜之事。至三滾壩洩洪湖盛漲，高斌堅持堵閉，下游州縣屢獲豐收。功在民生，自不可沒。癸酉張家路及運河河閘之決，則其果於自信，抑且年邁自滿之失。在本朝河臣中，即不能如靳輔，較齊蘇勒、嵇曾筠有過無不及。可與靳輔、齊蘇勒、嵇曾筠同祀，使後之司河務者知所激勸。』二十三年，賜謚文定。御製懷舊詩，列五督臣中。命祀賢良祠。

子高恒，高恒子高樸，皆坐事獲譴，自有傳。上復錄高斌孫高杞授內務府郎中。從子高晉。

高晉，字昭德。父述明，涼州總兵。高晉初授山東泗水知縣，累遷安徽布政使，兼江寧織造。乾隆二十年，擢安徽巡撫。二十二年，上南巡視河，命高晉協辦徐州黃河兩岸隄工。高晉奏言：『鳳、潁災區諸工並舉，米價日昂，動工程銀三萬兩購米，尚慮不敷。上念淮徐海道諸工，截漕二十萬石平糶。請分五萬濟上江各工。』從之。工竟，加太子少傅。

二十六年，遷江南河道總督。奏言：『高、寶、興、泰積年被水，上命封南關、車邏等壩，於金灣壩下濬引河，洩水歸江，使洪澤湖、運河之水不致漫壩東注。下河各縣支河汊港及田間積水，均匯入串場河，北至鹽城石䃥、天妃等閘，出新洋港。又自興化白駒、青龍、八社、大團等閘出鬬龍港，分二道歸海。惟下河形如釜底，積潦驟難消涸。請浚興化迤南丁溪、小梅二閘引河，使出王家港，興化迤北上岡、北草堰、陳家衝三閘引河，使匯射陽湖，增二道歸海，俾數州縣積水節節流通，沮洳漸成沃壤。』從之。二十七年，授內大臣，奏言：『運河歸江，邵伯以下舊設六閘。自鹽河分流下注，請將六閘金門量爲展寬。又鹽河舊設中、南、北各二閘，應留北二閘以濟鹽、運。南、中二閘過水遲滯，應添建石壩，接長土隄，酌挑引河，俾高、寶湖水歸江益暢。』二十八年，加太子太傅。二十九年，奏言：『清口以上桃、宿等廳，專受黃水；清口東壩以下，淮、黃合流，至雲梯關迤東歸海。北岸五套、南岸陳家浦頂衝入溜，議培築舊隄。臣以雲梯關外近海，與其築隄束水，不若於舊隄上首作斜長子堰，使水匯正河入海。』上均是之。

三十年，遷兩江總督，仍統理南河事務。三十一年，按蘇州同知段成功縱僕擾民，高晉以成功方病，擬寬之，上責其袒庇。三十三年，署湖廣總督，兼攝荊州將軍事。三十四年，回任，兼署江蘇巡撫。上命採洋銅鑄錢，高晉請收小錢，並運雲南銅供鑄，費省於洋銅，上用其議。三十六年，兼署漕運總督，授文華殿大學士，兼禮部尚書，仍任總督如故。尋命同侍郎裘曰修、總督楊廷璋籌勘永定河工。事竟，還江南。

四十年，河東河道總督姚立德奏請以蜀山湖收蓄伏秋汛水，工部以舊例蜀山湖於十月後收蓄汶河清水議駁，上命高晉會勘。尋奏：『蜀山湖周六十五里，在汶河南、運河東，爲第一水櫃。向定蓄水限九尺七八寸，請改以一丈一尺爲率，兼蓄伏秋汛水。』從之。四十一年，河督吳嗣爵奏黃河淤高，命高晉與總督薩載籌議。請浚清口以內引河停淤，使清水暢出，與黃河匯流東注，並力刷沙，則黃河不濬自深，海口不疏自治。』上諭曰：『此奏甚合機宜形勢，爲治淮、黃一大關鍵。屆時妥爲之。』是冬，入覲，上以高晉年七十，書牓以賜。

四十三年，命赴浙江會巡撫王亶望相度海塘，又命赴河南堵築儀封漫口。秋，河決時和驛，高晉請議處，命寬之。冬，時和驛工竟。儀封新修埽工蟄陷，部議奪官，仍命留任。十二月，卒，賜祭葬，謚文端。懷舊詩并列五督臣中。子書麟、廣興，自有傳。

又《完顏偉傳》 完顏偉，完顏即其氏，滿洲鑲黃旗人。雍正間，自內務府筆帖式累遷戶部員外郎。命往江南學習河務。乾隆二年，授浙江海防道。調江南河務道，尋擢浙江按察使。方建尖山壩工，巡撫盧焯奏以偉督工；歲賚銀五百。六年，命爲江南副總河，就擢河道總督。高郵南關、五里、車邏三壩，值河、湖盛漲，洩水輒浸下河州縣民田。上命閉洪澤湖天然壩及三壩，不使水入下河。知州沈光曾以上河濱湖灘地被水，議以濟運餘水由三壩減洩，並易芒稻河閘爲壩，疏寶應、高郵、甘泉諸湖南注之路。偉劾其擾亂河工，光曾坐奪官。

初，上以黃河大溜逼清口，命循康熙舊迹，開陶莊引河，導使北注。大學士鄂爾泰與河道總督高斌合勘，甫定議，會暴汛積淤，工遂停。高斌亦去任，復命偉相度。偉議自清口迤西黃河南岸設木龍挑溜，使漸趨而北。七年，疏言：『淮源上游雨多水發，賈魯河盛漲，由渦達淮，匯于洪澤湖。三石滾壩減歸高、寶、邵伯等湖，而古溝、東壩漫刷過水又自白馬湖來會，水勢益大。臣督築子堰捍禦，並開高郵老土壩及南關等三壩，水勢始定。』上嘉之。

是歲黃河亦盛漲，石林口減水過多，沛縣及山東魚臺、滕、嶧諸縣皆被水。

偉具疏請罪。御史吳煒劾偉用人不得當，偉疏辨，上不深責，調河東河道總督。九年，奏言：『山東歷年被水，由於上游散漫，下游梗阻。運河東接汶、泗、沂、濟諸水，洩入微山、蜀山、南旺、馬踏諸湖；北接漳、衛二水，洩入鹽河、徒駭、馬頰、鉤盤諸河。遇伏秋異漲，宣洩不及，應於運河內增閘壩以分其勢，疏下河以暢其流。其經由各州縣，凡溝渠淤狹者浚之，隄堰殘缺者修之。』報可。十年，以母老乞回京，有旨慰留。十三年，授左副都御史。旋卒。

又《顧琮傳》 顧琮，字用方，伊爾根覺羅氏，滿洲鑲黄旗人，尚書顧八代孫。父顧儼，歷官副都統。顧琮，以監生錄入算學館，修算法諸書，書成議敘。康熙六十一年，授吏部員外郎。雍正三年，授戶部郎中，遷御史。四年，巡視長蘆鹽政。八年，遷太僕寺卿。九年，授霸州營田使。十一年，協理直隸總河，遷太常寺卿，署直隸總督。尋授直隸河道總督。十二年，奏報：『永定河口深通，上流始得暢注入淀。近因淤，議濬引河，自然開刷，不勞民力，號爲天賜引河。』

上令報祀。疏請更定管河廳汛，增設員缺，下部議行。

乾隆元年，署江蘇巡撫。丁父憂回旗。二年，命協辦吏部尚書事。永定河決，命偕總督李衛督修。旋署河道總督。三年正月，改授朱藻，命協同辦理。奏畿輔西南諸水匯於東西兩淀，淤墊漫溢爲患。請設垡船撈泥，以三角淀通判、清河同知司其事。藻罷去，復授河道總督。五年，濬青縣興濟、滄州捷地兩減河，疏陳善後諸事，請疏海口，築遙隄，多設涵洞。六年，請改定子牙河管河官制。尋以裁缺回京。是年，授漕運總督。七年，奏言：『清江以上，運河兩岸，向來只知束水濟運，未知借水灌田，坐聽萬頃源泉，未收涓滴之利。同此田畝，淮南、淮北，腴瘠相懸。或疑運河洩水，於濟運有妨。不知漕艘道經淮、徐，五月上旬即可過竣。稻田須水，正在夏秋間。若屆時始行宣導，是祗借閉蓄之水爲灌溉之資，於漕運初無所妨。況清江左右所建涵洞，成效彰彰。推此仿行，萬無疑慮。請特遣大臣總理相度，會同督、撫、河臣詳酌興工。』議未及行。八年，以督運詣京師。入對，請行限田，上斥其擾民。

十年六月，疏請於馬莊集、曹家店各建石閘，束上游之水，並將駱馬湖入運處改在皁河以上蛇車頭，建閘挑渠，引水濟運。十字河竹絡壩開放後，黄水湍激，横截運河，糧艘提溜爲難。當於竹絡壩下束黄壩迤東接堤堵截，別於蘇家閘南濬河越黄入運，從之。十一年，署江南河道總督。十二年，命偕大學士高斌按浙江巡撫常安貪婪狀。坐未窮治，奪官，命留任。尋調河東河道總督。十七年，疏言：『運河隄未設堡房。請視黄河例，每二里建堡房，都計四百餘座。』十九年，坐江南總河任內浮費工銀，奪官。旋卒。

又《白鍾山傳》 白鍾山，字毓秀，漢軍正藍旗人。雍正初，自戶部筆帖式遷江南山清裏河同知。累擢江蘇布政使。奏：『狼山、蘇松二鎮駐地距蘇州俱遠，軍糈輓運維艱，請就所駐及附近州縣配給。崇明孤懸海外，地不產米，請由江、廣採運，撥萬石貯崇明倉，備平糶。海濱漲出沙洲，民人占居，當築土墩以避潮患。』從之。十二年，授南河副總河，旋擢河東河道總督。

乾隆元年，奏：『河標兵駐濟寧，無倉儲，每稱貸貴糴。請以生息銀二千七百有奇買穀四千石，設倉存貯，春借秋收。』又奏：『豫東河防，水落時，當堵塞支河。伏秋水漲，購料募夫，每慮不及。請發河南、山東司庫銀分存鄭州及武陟、封丘、曹、單諸縣，永遠貯備。』皆從之。四年，疏言：『漳水舊自直隸入海，康熙四十五年，引漳入衛濟運，故道漸淤，全歸衛河，勢難容受。嗣於德州哨馬營建滾水壩，開引河洩衛水，由鉤盤河達老黄河入海。然漳、衛二水隨時淤塞，虛糜帑金。漳水舊有正河、支河，應擇易浚者復其故道。於館陶建閘，衛水大，聽漳入海以防漲；衛水小，分漳入衛以濟運。』奏入，命大學士鄂爾泰詳議，議在丘縣東和爾寨村承漳河北折之勢，接開十餘里，至漳洞村入舊河；因於新河東流入衛處建閘，以時啟閉，上從之。時漕運總督補熙請造十丈大船，運河當以水深四尺爲則。白鍾山謂：『牐河無源之水，雨至而後泉旺，泉旺而後河盈。上牐閉，下牐啟，則下牐倍深，上牐倍淺。各牐相距遠近不均，水近者深，則遠者必淺。以人役水，以水送舟，必不能均深四尺。』侍郎趙殿最又請於館陶、臨清各立衛河水則，白鍾山謂：『尺寸不足，將衛輝民田渠牐盡閉，致妨灌溉，事既難行，尺寸既足，將官渠官牐盡閉，來源頓息。下流已逝，運河之水亦立見消涸。二者均屬非計。』議並寢。

八年，調江南河道總督，疏言：『石林口堵築堅固，大溜直趨下流。黄村、韓家塘等處新築子堰，恐不足抵禦，於對岸濬引河，導溜南注，並加厚子堰，派兵駐防。』又奏言：『葦蕩左右兩營，歲輸柴二百二十五萬束。積久生弊，輪運不齊。請禁兵民雜採，定採葦期限，濬運柴溝渠，編柴船幫號。』皆允行。

十一年，御史楊開鼎劾：『白鍾山出納慳吝，任情駁減，用損工偷，縱僕役婪索。陳家浦決七百餘丈，止稱二十餘丈。興築延緩，阜寧、鹽城二縣受其害。』命高斌會尹繼善按治，以開鼎從。尋覆奏駁減、婪索無實據，惟陳家浦漫口衝刷，貽害累民。上召白鍾山詣京師，奪官，效力河工。總河顧琮復論白鍾山措處失當，上命籍其貲逾十萬以償。

十五年，授永定河道。十八年，河決張家路，命從尚書舒赫德往勘。旋命以按察使銜協辦南河事。十九年，復授河東河道總督。二十年，署山東巡撫。請罷孔氏世襲曲阜知縣，上命改授世襲六品官。尋奏濟寧以南積水未消，請緩開汶河大壩，疏濬下游河道。上命白鍾山往勘南河，文武各官聽調遣。

二十二年，調江南河道總督，疏言：『自河決張家路，沙停河淤，下流不暢，南高北窪。迨孫家集復決，河底益高。黃河受病，率由水勢側注北岸，沖刷溝槽。惟有南北分籌，南宜疏，北宜築。築則支河不致奪溜，疏則稍分有餘之水勢，庶徐州得以少安。臣與河臣張師載商榷，以爲南岸長灘較北岸更險，必於橫亙處濬引河，導溜歸中，岸隄益加高厚。北岸無隄，漫水如梁家馬路、徐家莊等處支河數十道，及黃家莊、郭家堂等處漫槽矮灘，宜築土壩。水平則收束以刷正河，水漲則平漫平消，不至沖槽奪溜。並於孫家集培隄增壩，以爲重障。駱馬湖北受蒙陰山水，西受微山湖水，其尾閭在六塘河。上游湖隄在在殘缺，亟應修補捍防。』皆從之。

荊山橋工竟，議敍。奏言：『寧夏上游河水陡漲，急報下游防範。正陽關爲淮水上下關鍵，應仿寧夏水報法，派員專司其事。』又奏：『上江諸水皆歸安河以達洪澤湖。安河間段淤淺，連年水患由此。宜多募漁船，伐蘆撈泥，俾尾閭一通，上游皆有去路。又歸仁隄下舊有涵洞，穿鮑家河以達安河，久經湮塞。擬開浚分林子河一支，則安河進水之地亦有所分，患可漸減。』報聞。

二十三年，加太子少保。二十六年，卒，贈太子太保，賜祭葬，謚莊恪。

又 卷三七九《陶澍傳》 陶澍，字雲汀，湖南安化人。嘉慶七年進士，選庶吉士，授編修，遷御史、給事中。疏劾吏部重籤，河工冒濫，及外省吏治積弊。巡中城，決滯獄八百有奇。巡南漕，革陋規，請濬京口運河。二十四年，出爲川東道，日坐堂皇，剖決獄訟如流。請減鹽價，私絕課增。總督蔣攸銛薦其治行爲四川第一。歷山西按察使、安徽布政使。

道光三年，就擢巡撫。安徽庫款，五次清查，未得要領。澍自爲藩司時，鉤覈檔案，分別應劾、應償、應豁，於是三十餘年之糾轕，豁然一清。嚴交代，禁流攤，裁捐款，至是奏定章程，俾有司釋累，得專力治民。瀕江水災，購米十萬石，勸捐數十萬金，賑務覈實，災民賴之無失所。治壽州城西湖、鳳臺蕉岡湖、鳳陽花源湖；又懷遠新漲沙洲阻水，並開引河，導之入淮。淮水所經，勸民修隄束水，保障農田。各縣設豐備倉於鄉村，令民秋收後量力分捐，不經吏役，不減糶，不出易，不假貸，歲歉備賑，樂歲再捐，略如社倉法而去其弊。創輯《安徽通志》，旌表忠孝節烈以勵風俗。

五年，調江蘇。先是洪澤湖決，漕運梗阻，協辦大學士英和陳海運策，而中外紛議撓之。澍毅然以身任，奏請蘇、松、常、鎮、太五府州漕糧百六十餘萬石歸海運，親赴上海，籌雇商船，體恤商艱，羣情踴躍。六年春，開兌，至夏全抵天津，無一漂損者，驗米色率瑩潔，過河運數倍。商船回空，載豆而南，兩次得值船餘耗米十餘萬石，發部帑收買，由漕項協濟天津、通倉之用，及調劑旗丁，尚節省銀米各十餘萬。事竣，優詔褒美，賜花翎。明年，遂偕總督蔣攸銛合疏陳海運章程八條，冀垂令甲，永紓漕累，格於部議，未果行。又以紳衿包完漕米，橫索陋規，爲漕務之害，奏請懲辦。學政辛從益意不合，爭之。澍復疏言：『陋規日增，勢必取償小民。若預計有司不減浮收，置陋規於不問，非釜底抽薪之計。』仍執前議，治包抗從嚴焉。

江蘇頻遭水患，由太湖水洩不暢。疏言：『太湖尾閭在吳淞江及劉河、白茆河，而以吳淞江爲最要。治吳淞以通海口爲最要。』於是以海運節省銀二十餘萬興工，擇賢任事，至八年工竣。又以江以南運道，徒陽運河最易淤阻，而練湖爲其上游，孟瀆爲其旁支。澍自巡漕時，條奏利害，至是先濬徒陽河，將以次舉劉河、白茆、練湖、孟瀆諸工。後在總督任，與巡撫林則徐合力悉加疏濬，吳中稱爲數十年之利，語詳則徐傳。

又 十九年，卒。遺疏上，優詔軫惜，稱其『實心任事，不避嫌怨』，晉贈太子太保，依尚書例賜卹，賜其子桄主事，謚文毅。祝名宦祠，於海州建專祠。

又 卷四七七《循吏傳二・周克開》 周克開，字乾三，湖南長沙人。乾隆十二年舉人。十九年，以明通榜授甘肅隴西知縣。調寧朔，縣屬寧夏府，並河有三渠，曰漢來、唐延、大清，皆引河入渠灌田。唐延渠所經地多沙易漫，克開治之使深狹，又頗改其水道，渠行得安。渠有石竇，洩水於河，以備旱潦，民謂之暗洞。時暗洞崩塞，渠水不行，上官欲填暗洞而竭唐延入漢來，以便寧夏縣之引河，寧夏利而寧朔必病。克開恐夏、秋水盛無所宣洩，時新水將至，不可待。克開請五日爲期，取故渠及廢閘之石，晝夜督工，五日而暗洞復，兩縣皆利。大清渠長三十餘里，鑿自康熙間，久而石門首尾壞，民失其利，克開亦修之，皆費省而工速。再以卓異薦，擢固原知州，父憂去。服闋，補洮州。

尋擢貴州都匀知府。從總督吴達善、侍郎錢維城治貴州逆苗獄，用法有失當者，力爭無少遜。調貴陽，亦以強直忤巡撫宫兆麟，因公累解職。引見，復授山西蒲州知府，調太原。清釐積獄，修復風峪山堤堰，障山潦，導之入汾，民德之。擢江西吉南贛寧道，署布政使，以王錫侯書案被議。高宗知其賢，發江南，以同知用。會南巡，克開署江寧府，迎駕，授江西九江知府，尋擢浙江糧儲道。

時巡撫王亶望貪黷，屬吏多重徵以奉上官。克開至，誓不取一錢，請於巡撫，約與之同心。亶望姑應之，心厭克開，乃奏克開才優，請移治海塘，於是調杭嘉湖道。會改建海岸石塘，總督欲徙柴塘近數百丈以避潮，克開曰：『海與河異，讓之則潮必益侵，無益也。』乃止。年餘，以督工勞瘁卒。

克開在寧朔治水績最著，生平治獄多平反。禮儒士，嘗以私錢興書院。歿無餘貲，天下稱清吏。當時守令以興水利著者，又有鄭基、康基淵、言如泗，後有周際華。

又 卷四七八《循吏傳二·鄭基》 基，字築平，廣東香山人。以諸生入貲爲知縣。乾隆間銓授安徽鳳臺縣，東鄉有通川三：曰黑濠，曰涇泥，曰裔溝。匯潁上、蒙城諸縣水以達淮，歲久盡湮，秋潦輒成巨浸。侍郎裘曰修奉使治淮、潁諸水，獨不及鳳臺。基具牘陳利害及工事甚悉，曰修允其請。基察土宜，穿故渠，三河交暢。釃上游諸水以通淮流，不逾時工成。魯松灣地遠淮而卑，頻患潦，捐俸倡築隄障，遂成膏腴。調定遠，舉卓異，擢壽州知州。安豐塘，古芍陂也。塘圮，基審覈舊制，繕復之，爲水門三十六，爲閘六，爲橋一。其旁則爲堨、爲堰、爲圩，啟閉以時，汙萊盡闢。嘗循行阡陌，見沙地磽确多不治，教民種薯蕷，佐菽麥，俾無曠土。壽州不知蠶織，而地多椿樗，可飼蠶。購蠶種，教民飼之，農桑並興。其後遇旱，獨鳳臺、壽州秋成稔於他縣，以水利修也。遷泗州直隸州知州。賑水災，飢而不害。擢江蘇淮安知府，淮安爲衆水所聚，於城東濬澗市河，於北開漁濱山字河，於西開護城河，壅滯悉通，民便之。

基博覽前史，於河渠水利圖經丹鉛殆徧，施行輒有成效。乾隆四十一年，擢江南守巡道，命甫下而卒。

又 卷四七八《循吏傳三·張吉安》 張吉安，字迪民，江蘇吴縣人。乾隆四十二年舉人，六十年，大挑知縣，發浙江。時清治各縣虧空，責彌補。富陽令惲敬獨不奉上官意旨，檄吉安往摘印署事。至則士民羣集，乞留敬。吉安見之，默然徒手返，白臺司曰：『惲敬賢吏，乞保全之。且州縣賦入有常經，前官不謹致虧，責彌補於後來者，恐開掊克之漸。方今楚、豫奸民蠭起，皆以有司貪殘爲口實。宜用讀書人加意拊循，乃無形之彌補耳。』聞者迂其言。委攝縣丞及杭州府通判，吉安自以不諧於時，乞改教職，上官留之。

嘉慶二年，署淳安，尋調象山。海盜由閩擾浙，沿海窮民業漁鹽者，多以米及淡水火藥濟盜，且爲嚮導。吉安革船埠商漁之稅，嚴禁水、米出洋，盜漸窮蹙，值颶風覆盜艇，泅至岸，悉爲舟師所獲。提督李長庚歎曰：『牧令盡如張象山，盜不足平也。』又建議縣境南田爲海中大島，宜如明湯和策，封禁以斷盜翼。韭山當海盜之衝，石浦、昌國兵力皆薄，請增兵以資鎮懾。事雖見格，後卒如所議。

四年，署新城，漕倉設省城，民輸折色，縣官浮收，運丁需索，習以爲常。吉安平其折價，不及舊時十之六七，民感之。

五年，署永康，蛟水猝發，田廬蕩析，爲棚廠以棲災民，阻水者具舟餉之，溺者具棺厝之，不待申詳報可，所以賑卹者甚至。上官或斥其有違成例，巡撫阮元素重之，悉如所請。六年，調署麗水，竭誠禱雨，旱不爲災。縣多山，民處險遠者，艱於赴愬。吉安輒巡行就山寺讞獄，咸樂其便。

八年，署浦江，值水災，奸民糾衆掠富室，伐墓樹，鄰邑咸煽動。吉安曰：『非法無以止奸民，非米無以安良民，良民安則奸民氣散。』請運兵米所餘以賑之，民心漸定，乃擒首惡治如律。補餘杭，九年春，雨傷禾，糶倉穀以平米價，又運川米千石濟之。十年，復被水，分鄉設廠，煮粥以賑，規畫詳密，竟事無擁擠之擾。邑多名區，次第修復之。懲訟師，勤聽斷，修志、葺學，文教丕振。在餘杭七年，引疾歸，遂不出。歿後，永康士民請祀名宦，建立專祠。

當時吏治積弊，有南漕北賑之說，南利在漕，相率諱災。督撫藉詞酌劑，置災民於不問。苟有切求民瘼者，轉不得安於位。吉安官浙前後幾二十年，所蒞多災區，皆能舉職。在新城減漕之三四，時論尤以爲難。北賑之弊亦然。同時江蘇知縣李毓昌，以不扶同侵賑致禍，仁宗優卹之，重懲諸貪吏，蓋欲以力挽頹風云。

紀事

《尚書·虞書·堯典》 帝曰：『咨！四岳。湯湯洪水方割，蕩蕩懷山襄陵，浩浩滔天。下民其咨，有能俾乂？』僉曰：『於，鯀哉！』帝曰：『吁！咈哉！方命圮族。』岳曰：『异哉，試可，乃已。』帝曰：『往，欽哉！』九載，績用弗成。

又《益稷》 帝曰：『來，禹！汝亦昌言。』禹拜曰：『都，帝！予何言？予思日孜孜。』皋陶曰：『吁！如何？』禹曰：『洪水滔天，浩浩懷山襄陵；下民昏墊。予乘四載，隨山刊木。暨益奏庶鮮食。予決九川，距四海；濬畎澮，距川。暨稷播奏庶艱食、鮮食，懋遷有無化居。烝民乃粒，萬邦作乂。』皋陶曰：『俞，師汝昌言。』

《春秋·莊公七年》 秋，大水。無麥、苗。

又《莊公十一年》 秋，宋大水。

《左傳·莊公十一年》 秋，宋大水。公使弔焉，曰：『天作淫雨，害于粢盛，若之何不弔？』對曰：『孤實不敬，天降之災，又以為君憂，拜命之辱。』臧文仲曰：『宋其興乎。禹、湯罪己，其興也悖焉；桀、紂罪人，其亡也忽焉。且列國有凶，稱孤，禮也。言懼而名禮，其庶乎。』既而聞之曰：『公子御說之辭也。』臧孫達曰：『是宜為君，有恤民之心。』

又《昭公十九年》 鄭大水，龍鬭于時門之外洧淵。國人請為禜焉，子產弗許，曰：『我鬬，龍不我覿也；龍鬬，我獨何覿焉？禳之，則彼其室也。吾無求於龍，龍亦無求於我。』乃止也。

《竹書紀年》卷上《文丁》 三年，洹水一日三絕。

《史記》卷四二《鄭世家》 二十五年，鄭使子產於晉，問平公疾。平公曰：『卜而曰實沈、臺駘爲祟，史官莫知，敢問？』對曰：『高辛氏有二子，長曰閼伯，季曰實沈，居曠林，《索隱》：賈逵曰：『曠，大也。』不相能也，日操干戈以相征伐。后帝弗臧，《集解》：賈逵曰：『后帝，堯也。臧，善也。』遷閼伯于商丘，主辰，《集解》：賈逵曰：『商丘在漳南。』杜預曰：『商丘，宋地。』服虔曰：『辰，大火，主祀也。』商人是因，故辰爲商星。《集解》：服虔曰：『商人，契之先，湯之始祖相土封閼伯之故地，因其故國而代之。』遷實沈于大夏，主參，《集解》：服虔曰：『大夏在汾澮之閒，主祀參星。』杜預曰：『大夏，今晉陽縣。』唐人是因，服事夏、商，《集解》：賈逵曰：『唐人謂陶唐氏之胤劉累事夏孔甲，封於大夏，因實沈之國，子孫服事夏、商也。』《正義》：《括地志》云：『故唐城在絳州翼城縣西二十里。徐才宗國都城記云。』唐國，帝堯之裔子所封。《春秋》云：夏孔甲時有堯苗胄劉累者，以豢龍事孔甲，夏后嘉之，賜曰御龍氏，以更豕韋之後。龍一雌死，潛醢之以食夏后。既而使求之，懼而遷于魯縣。』夏后蓋別封劉累之後于夏之墟，爲唐侯。至周成王時，唐人作亂，成王滅之而封太叔，遷唐人子孫于杜，謂之杜伯，范氏所云在周爲唐杜氏也』。《地記》云：『唐氏在大夏之墟，屬河東安縣。今在絳城西北一百里有唐城者，以爲唐舊國。』然則叔虞之封卽此地也。其季世曰唐叔虞。《集解》：杜預曰：『唐人之季世，其君曰叔虞。』當武王邑姜方娠大叔，夢帝謂己：《集解》：賈逵曰：『帝，天也。己，武王也。』『余命而子曰虞，《集解》：杜預曰：『取唐君之名。乃與之唐，屬之參而蕃育其子孫。』及生有文在其掌曰『虞』，遂以命之。及成王滅唐而國大叔焉。故參爲晉星。《集解》：賈逵曰：『晉主祀參，參爲晉星。』由是觀之，則實沈，參神也。昔金天氏有裔子曰昧，爲玄冥師，《集解》：服虔曰：『金天，少暤也。玄冥，水官也。師，長也。昧爲水官之長。』生允格、臺駘。《集解》：服虔曰：『允格、臺駘，兄弟也。』臺駘能業其官，《集解》：服虔曰：『脩昧之職。』宣汾、洮，《集解》：賈逵曰：『宣猶通也。汾、洮，二水名。』障大澤，《集解》：服虔曰：『陂障其水也。』以處太原。《集解》：服虔曰：『太原，汾水名。』杜預曰：『太原，晉陽也，臺駘之所居者。』帝用嘉之，國之汾川。《集解》：服虔曰：『帝顓頊也。』沈、姒、蓐、黄實守其祀。《集解》：賈逵曰：『四國臺駘之後也。』今晉主汾川而滅之。《集解》：賈逵曰：『滅四國。』由是觀之，則臺駘，汾、洮神也。然是二者不害君身。山川之神，則水旱之菑禜之；《集解》：服虔曰：『禜爲營，攢用幣也。若有水旱，則禜祭山川之神以祈福也。』日月星辰之神，則雪霜風雨不時禜之；若君疾，飲食哀樂女色所生也。平公及叔嚮曰：『善，博物君子也！』厚爲之禮於子產。

又卷四三《趙世家》 三國攻晉陽，歲餘，引汾水灌其城，城不浸者三版。《正義》：何休云：『八尺曰版。』城中懸釜而炊，易子而食。羣臣皆有外心，禮益慢，唯高共《集解》：徐廣曰：「一作『赫』。」不敢失禮。襄子懼，乃夜使相張孟同《索隱》：按：《戰國策》作『張孟談』。談者，史遷之父名，遷例改爲『同』。私於韓、魏。韓、魏與合謀，以三月丙戌，三國反滅知氏，共分其地。於是襄子行賞，高共爲上。張孟同曰：「晉陽之難，唯共無功。」襄子曰：「方晉陽急，羣臣皆懈，惟共不敢失人臣禮，是以先之。」於是趙北有代，南并知氏，彊於韓、魏。遂祠三神於百邑，使原過主霍泰山祠祀。《正義》：《括地志》云：「三神祠今名原過祠，今在霍山側也。」

又　十八年，齊、魏伐我，我決河水灌之，兵去。二十二年，張儀相秦。趙疵與秦戰，敗，秦殺疵河西，取我藺、離石。二十三年，韓舉《集解》：徐廣曰：「韓將。」與齊、魏戰，死于桑丘。《集解》：《地理志》云泰山有桑丘縣。《正義》：《括地志》云：「桑丘城在易州遂城縣界。」或云在泰山，非也。此時齊伐燕桑丘，三晉皆來救之，不得在泰山之桑丘縣，此說甚誤也。

又　十七年，樂毅將趙師攻魏伯陽。《正義》：《括地志》云：「伯陽故城一名邯會城，在相州鄴縣西五十五里，七國時魏邑，漢邯會城。」而秦怨趙不與己擊齊，伐趙，拔我兩城。十八年，秦拔我石城。《集解》：《地理志》云右北平有石城縣。《正義》：《括地志》云：「石城在相州林慮縣西南九十里。」疑相州石城是。王再之衛東陽，決河水，伐魏氏。大潦，漳水出。魏冄來相趙。十九年，秦取我二城。趙與魏伯陽。趙奢將，攻齊麥丘，取之。《正義》：《括地志》云：「東陽故城在貝州歷亭縣界。」按：東陽先屬衛，今屬趙。河歷貝州南，東北流，過河南岸即魏地也。故言王再之衛東陽伐魏氏也。

又　卷四四《魏世家》　秦昭王謂左右曰：「今時韓、魏與始孰彊？」對曰：「不如始彊。」王曰：「今時如耳、魏齊與孟嘗、芒卯孰賢？」對曰：「不如。」王曰：「以孟嘗、芒卯之賢，率彊韓、魏以攻秦，猶無柰寡人何也。今以無能之如耳，魏齊而率弱韓、魏以伐秦，其無柰寡人何亦明矣。」左右皆曰：「甚然。」中旗馮琴《索隱》：按：《戰國策》作『推琴』者，《春秋後語》作『伏琴』，而韓子作『推瑟』，《說苑》作『伏瑟』，文各不同。而對曰：「王之料天下過矣。當晉六卿之時，知氏最彊，滅范、中行，又率韓、魏之兵以圍趙襄子於晉陽，決晉水以灌晉陽之城，《正義》：《括地志》云：「晉水源出并州晉陽縣西懸壅山。《山海經》云懸壅之山，晉水出焉，東南流注汾水。昔趙襄子保晉陽，智氏防山以水灌之，不沒者三版。其瀆乘高西注入晉陽城，以周灌溉，東南出城注於汾陽也。」不湛者三版。知伯行水，魏桓子御，韓康子爲參乘。知伯曰：「吾始不知水之可以亡人之國也，乃今知之。」汾水可以灌安邑，《正義》：安邑在絳州夏縣，本魏都。汾水東北歷安邑西南入河也。絳水可以灌平陽。《正義》：平陽，晉州，本韓都也。《括地志》云：「絳水一名白水，今名弗泉，源出絳山。飛泉奮湧，揚波北注，縣流積壑二十許丈，望之極爲奇觀矣。」按：引此灌平陽城也。魏桓子肘韓康子，韓康子履魏桓子，肘足接於車上，而知氏地分，身死國亡，爲天下笑。今秦兵雖彊，不能過知氏；韓、魏雖弱，尚賢其在晉陽之下也。此方其用肘足之時也，願王之勿易也！」於是秦王恐。

又　卷四六《田敬仲完世家》　七年，與魏王會平阿南。《正義》：沛郡平阿縣也。明年，復會甄。魏惠王卒。《索隱》：明年，梁惠王卒。案紀年，梁惠王乃是齊湣王爲東帝，秦昭王爲西帝時。此時梁惠王改元稱一年，未卒也。而系家以其後卽爲魏襄王之年，又以此文當齊宣王時，實所不能詳考。明年，與魏襄王會徐州，諸侯相王也。十年，楚圍我徐州。十一年，與魏伐趙，趙決河水灌齊、魏，兵罷。十八年，秦惠王稱王。

又　卷五〇《楚元王世家》　遂既王趙二十六年，孝景帝時坐鼂錯以適削趙瑺山之郡。吳楚反，趙王遂與合謀起兵。其相建德、《索隱》：建德，其相名，史先失姓也。內史王悍諫，不聽。遂燒殺建德、王悍，發兵屯其西界，欲待吳與俱西。北使匈奴，與連和攻漢。漢使曲周侯酈寄擊之。趙王遂還，城守邯鄲，相距七月。吳楚敗於梁，不能西。匈奴聞之，亦止，不肯入漢邊。欒布自破齊還，乃并兵引水灌趙城。趙城壞，趙王自殺，邯鄲遂降。《正義》：邯鄲，洺州縣也。趙幽王絕後。

又　卷一二二《酷吏列傳》　會渾邪等降，漢大興兵伐匈奴，山東水旱，貧民流徙，皆仰給縣官，縣官空虛。於是丞上指，請造白金及五銖錢，籠天下鹽鐵，排富商大賈，出告緡令，《正義》：緡音岷，錢貫也。武帝伐四夷，國用不足，故稅民田宅船乘畜產奴婢等，皆平作錢數，每千錢一算，出一等，賈人倍之；若隱不稅，有告之，半與告人，餘半入官，謂緡。出此令，用鋤築豪強兼并富商大賈之家也。一算，百二十文也。鉏豪彊并兼之家，舞文巧詆以輔法。湯每朝奏事，語國家用，日晏，天子忘食。丞相取充位，《集解》：徐廣曰：「時李蔡、莊青翟爲丞相。」天下事皆決於湯。百姓不安其生，騷動，縣官所興，未獲其利，姦吏並侵漁，於是痛繩以罪。則自公卿以下，至於庶人，咸指湯。湯嘗病，天子至自視病，其隆貴如此。

《漢書》卷一《高帝紀》　六月，漢王還櫟陽。壬午，立太子，赦罪人。令諸侯子在關中者皆集櫟陽爲衛。引水灌廢丘，廢丘降，章邯自殺。定，八十餘縣，置河上、渭南、中地、隴西、上郡。令祠官祀天地四方上帝山川，以時祠之。興關中卒乘邊塞。

又 卷三《高后紀》 三年夏，江水、漢水溢，流民四千餘家。師古曰：『水所漂沒也。』秋，星晝見。

又 八年春，封中謁者張釋卿爲列侯。孟康曰：『宦官也。』如淳曰：『百官表謁者掌賓贊受事。灌嬰爲中謁者，後常以閹人爲之。諸官加中者，多閹人也。』諸中官、宦者令丞皆賜爵關內侯，食邑。如淳曰：『列侯出關就國，關內侯但爵耳。其有加異者，與之關內之邑，食其租稅。宣紀曰「德、武食邑」是也。』師古曰：『諸中官，凡閹人給事於中者皆是也。宦者令丞，宦者署之令丞。』夏，江水、漢水溢，流萬餘家。

又 卷四《文帝紀》 四月，齊楚地震，二十九山同日崩，大水潰出。師古曰：『旁決曰潰，上湧曰出。』

又 詔曰：『間者數年比不登，師古曰：『比猶頻也。』又有水旱疾疫之災，朕甚憂之。愚而不明，未達其咎。意者朕之政有所失而行有過與？師古曰：『與讀曰歟，音弋於反。下皆類此。』乃天道有不順，地利或不得，人事多失和，鬼神廢不享與？何以致此？將百官之奉養或費，無用之事或多與？何其民食之寡乏也！夫度田非益寡，而計民未加益，師古曰：『度謂量計之，音徒各反。』以口量地，其於古猶有餘，而食之甚不足者，其咎安在？無乃百姓之從事於末以害農者蕃，師古曰：『末謂工商之業也。蕃亦多也，音扶元反。』爲酒醪以靡穀者多，師古曰：『醪，汁滓酒也。靡，散也。醪音來高反。靡音縻。』六畜之食焉者衆與？細大之義，吾未能得其中。其與丞相列侯吏二千石博士議之，有可以佐百姓者，率意遠思，無有所隱。』

又 卷六《武帝紀》 〔建元〕三年春，河水溢于平原，大飢，人相食。師古曰：『河溢之處損害田畝，故大飢。』

又 〔元光三年〕河水決濮陽，氾郡十六。師古曰：『濮陽，東郡之縣也。水所氾及，凡十六郡界也。氾音敷劍反。』發卒十萬救決河。起龍淵宮。服虔曰：『宮在長安西，作銅飛龍，故以冠名也。』如淳曰：『三輔黃圖云有龍淵宮，今長安城西有其處。《溝洫志》救河決亦起龍淵宮於其傍。』孟康曰：『在西平界，其水可用淬刀劍，特堅利。古龍淵之劍取於此水。』師古曰：『黃圖云龍淵廟在茂陵東，不言宮也。此言救決河，起龍淵宮，則宮不在長安之西矣。又漢章帝賜尚書韓稜龍淵劍。孟說是也。淬音千內反。』

又 〔元狩三年〕遣謁者勸有水災郡種宿麥。師古曰：『秋冬種之，經歲乃熟，故云宿麥。』舉吏民能假貸貧民者以名聞。師古曰：『貸音吐戴反。』

又 〔元鼎二年〕夏，大水，關東餓死者以千數。

又 〔元鼎二年〕秋九月，詔曰：『仁不異遠，義不辭難。師古曰：『遠近如一，是爲仁也。不憚艱難，是爲義也。』今京師雖未爲豐年，山林池澤之饒與民共之。今水潦移於江南，迫隆冬至，朕懼其飢寒不活。江南之地，火耕水耨，應劭曰：『燒草下水種稻。草與稻並生，高七八寸，因悉芟去，復下水灌之，草死，獨稻長，所謂火耕水耨。』方下巴蜀之粟致之江陵，遣博士中等分循行，師古曰：『行音下更反。』諭告所抵，無令重困。師古曰：『抵，至也。重音直用反。』吏民有振救飢民免其戹者，具舉以聞。』

又 卷七《昭帝紀》 〔元鳳三年〕罷中牟苑賦貧民。師古曰：『在滎陽。』詔曰：『乃者民被水災，頗匱於食，朕虛倉廩，師古曰：『倉，新穀所藏也。廩，穀所振入也。』使使者振困乏。其止四年毋漕。三年以前所振貸，非丞相御史所請，邊郡受牛者勿收責。』應劭曰：『武帝始開三邊，徙民屯田，皆與犁牛。後丞相御史復間有所請。今敕自上所賜與勿收責，丞相所請乃令其顧稅耳。』

又 卷八《宣帝紀》 九月，詔曰：『朕惟百姓失職不贍，遣使者循行郡國問民所疾苦。吏或營私煩擾，不顧厥咎，朕甚閔之。今年郡國頗被水災，已振貸。鹽，民之食，而賈咸貴，師古曰：『賈讀曰價。其下亦同。』衆庶重困。師古曰：『更增其困也。重音直用反。』其減天下鹽賈。』

又 卷九《元帝紀》 〔初元元年〕九月，關東郡國十一大水，饑，或人相食，轉旁郡錢穀以相救。詔曰：『間者陰陽不調，黎民饑寒，無以保治，師古曰：『保，安也。』惟德淺薄，不足以充入舊貫之居。應劭曰：『言己德淺薄，不足以充舊貫。舊貫者，常居也。』師古曰：『論語稱閔子騫云「仍舊貫」。帝自謙，言不足充入先帝之宮室，故引以爲言也。』其令諸宮館希御幸者勿繕治，師古曰：『繕，補也。』太僕減穀食馬，水衡省肉食獸。』師古曰：『減謂損其數。省者，全去之。』

又 六月，關東饑，齊地人相食。秋七月，詔曰：『歲比災害，民有菜色，師古曰：『五穀不收，人但食菜，故其顏色變惡。』慘怛於心。師古曰：『慘，痛也。怛，悼也。』已詔吏虛倉廩，開府庫振救，賜寒者衣。今秋禾麥頗傷。一年中地再動。北海水溢，流殺人民。陰陽不和，其咎安在？公卿將何以憂之？其悉意陳朕過，靡有所諱。』師古曰：『悉意，盡意也。靡，無也。』

又 〔永光五年〕秋，潁川水出，流殺人民。

又 卷一〇《成帝紀》 〔建始三年〕秋，關內大水。七月，虒上小女陳持弓聞大水至，走入横城門，闌入尚方掖門，服虔曰：『虒音斯。』應劭曰：『虒上，地名，在渭水邊。陳，姓也。持弓，名也。無符籍妄入宫曰闌。掖門者，正門之傍小門也。』如淳曰：『横音光。三輔黄圖北面西頭第一門。』師古曰：『掖門在兩傍，言如人臂掖也。』至未央宫鉤盾中。吏民驚上城。九月，詔曰：『乃者郡國被水災，流殺人民，多至千數。京師無故訛言大水至，師古曰：『訛，偽言。』吏民驚恐，奔走乘城。師古曰：『乘，登也。』殆苛暴深刻之吏未息，元元冤失職者衆。師古曰：『職，常也。失其常業。』遣諫大夫林等循行天下。』師古曰：『行音下更反。』

又［建始四年］秋，桃李實。大水，河決東郡金隄。師古曰：『金隄者，河隄之名，今在滑州界。』冬十月，御史大夫尹忠以河決不憂職，自殺。

又河平元年春三月，詔曰：『河決東郡，流漂二州，師古曰：『兖州、豫州之地。』校尉王延世隄塞輒平，其改元爲河平。賜天下吏民爵，各有差。』

又遣光禄大夫博士嘉等十一人行舉瀕河之郡，師古曰：『巡行而舉其狀也。瀕，水厓也。瀕河，言傍河也。行音下更反。瀕音頻，又音賓。傍音步浪反。』水所毁傷困乏不能自存者，財振貸。師古曰：『財與裁同，謂量其等差而振貸之。』

其爲水所流壓死，不能自葬，令郡國給槥櫝葬埋。師古曰：『槥櫝謂小棺。槥音衛。櫝音讀。』已葬者與錢，人二千。避水它郡國，在所冗食之，文穎曰：『冗，散也。散廩食使生活，不占著户給役使也。』如淳曰：『散著人間給食之，官償其直也。』師古曰：『文說是也。冗音如勇反。食讀曰飤。』謹遇以文理，無令失職。師古曰：『勿使失其常理。』舉惇厚有行能直言之士。

又［陽朔二年］秋，關東大水，流民欲入函谷、天井、壺口、五阮關者，勿苛留。應劭曰：『天井在上黨高都。壺口在壺關。五阮在代郡。』如淳曰：『阮音近捲反。』師古曰：『苛，細刻也。阮音其遠反。苛音何。』遣諫大夫博士分行視。師古曰：『行音下更反。』

又［鴻嘉四年］秋，勃海、清河河溢，被災者振貸之。

又卷一一《哀帝紀》［綏和二年］秋，曲陽侯王根、成都侯王況皆有罪。根就國，況免為庶人，歸故郡。詔曰：『朕承宗廟之重，戰戰兢兢，懼失天心。間者日月亡光，五星失行，郡國比比地動。師古曰：『比比，猶言頻頻也。』迺者河南、潁川郡水出，流殺人民，壞敗廬舍。朕之不德，民反蒙辜，朕甚懼焉。已遣光禄大夫循行舉籍，師古曰：『舉其名籍也。行音下更反。』賜死者棺錢，人三千。師古曰：『賜錢三千以充棺。』其令水所傷縣邑及他郡國災害什四以上，民貲不滿十萬，皆無出今年租賦。』師古曰：『什四，謂十分損四。』

又卷二四上《食貨志上》元帝即位，天下大水，關東郡十一尤甚。二年，齊地飢，穀石三百餘，民多餓死，琅邪郡人相食。在位諸儒多言鹽鐵官及北假田官、常平倉可罷，毋與民爭利。上從其議，皆罷之。又罷建章、甘泉宫衛，角抵，齊三服官，省禁苑以予貧民，減諸侯王廟衛卒半。又減關中卒五百人，轉穀振貸窮乏。其後用度不足，獨復鹽鐵官。

成帝時，天下亡兵革之事，號爲安樂，然俗奢侈，不以畜聚爲意。永始二年，梁國、平原郡比年傷水災，師古曰：『比，頻也。』人相食，刺史守相坐免。

又卷二四下《食貨志下》其明年，山東被水災，民多飢乏，於是天子遣使虚郡國倉廩以振貧。猶不足，又募豪富人相假貸。尚不能相救，乃徙貧民於關以西，及充朔方以南新秦中，應劭曰：『秦始皇遣蒙恬攘卻匈奴，得其河南造陽之北千里地甚好，於是爲築城郭，徙民充之，名曰新秦。四方雜錯，奢儉不同，今俗名新富貴者爲「新秦」，由是名也。』七十餘萬口，衣食皆仰給於縣官。數歲，貸與産業，使者分部護，冠蓋相望，費以億計，縣官大空。而富商賈或墆財役貧，孟康曰：『墆，停也。』轉轂百數，李奇曰：『轂，車也。』廢居居邑，服虔曰：『居穀於邑也。』如淳曰：『居賤物於邑中以待貴也。』師古曰：『二說皆未盡也。此言或有所廢置，有所居蓄，而居於邑中，以乘時射利也。』封君皆氐首仰給焉。晉灼曰：『氐音抵距之抵。』服虔曰：『仰給於商賈，言百姓好末作也。』師古曰：『二說皆非也。封君，受封邑者，謂公主及列侯之屬也。氐首，猶俯首也。時公主、列侯雖有國邑而無餘財，其朝夕所須皆俯首而取給於富商大賈，後方以邑入償之。氐音丁奚反。』冶鑄鬻鹽，財或累萬金，而不佐公家之急，黎民重困。

又是時山東被河災，及歲不登數年，人或相食，方二三千里。

又卷二七上《五行志上》箕子乃言曰：我聞在昔，鯀陻洪水，汩陳其五行。應劭曰：『陻，塞也。汩，亂也。水性流行，而鯀障塞之，失其本性，其餘所陳列皆亂，故曰亂陳五行也。』師古曰：『汩音骨。』帝乃震怒，弗畀《洪範》九疇，彝倫逌斁。師古曰：『帝謂上帝，即天也。震，動也。畀，與也。疇，類也。九類即九章也。斁，敗也，音丁故反。』鯀則殛死，禹乃嗣興。師古曰：『殛，誅也，見誅而死。殛音居力反。』

又卷二七中之上《五行志中之上》昭帝始元元年七月，大水雨，自七月至十月。

又卷二七下之上《五行志下之上》文帝元年四月，齊楚地山二十九所同日俱大發水，潰出，劉向以爲近水沴土也。天戒若曰，勿盛齊楚之君，今失制度，將爲亂。

又 成帝河平三年二月丙戌，犍爲柏江山崩，捐江山崩，皆廱江水，師古曰：『廱讀曰壅。次下亦同。』江水逆流壞城，殺十三人，地震積二十一日，百二十四動。元延三年正月丙寅，蜀郡岷山崩，廱江，江水逆流，三日乃通。劉向以爲周時岐山崩，三川竭，而幽王亡。岐山者，周所興也。漢家本起於蜀漢，今所起之地山崩川竭，星孛又及攝提、大角，從參至辰，如淳曰：『孛星尾長及攝提、大角，始發於參至辰也。』殆必亡矣。其後三世亡嗣，王莽篡位。

又 成帝建始三年十月丁未，京師相驚，言大水至。渭水虒上小女陳持弓年九歲，師古曰：『虒上，地名也。音斯。』走入橫城門，入未央宮尚方掖門，殿門門衛戶者莫見，至句盾禁中而覺得。師古曰：『句盾，少府之署。覺得，事覺而見執得也。』民以水相驚者，陰氣盛也。小女而入宮殿中者，下人將因女寵而居有宮室之象也。名曰持弓，有似周家檿弧之祥。《易》曰：『弧矢之利，以威天下。』師古曰：『下繫之辭也。』是時，帝母王太后弟鳳始爲上將，秉國政，天知其後將威天下而入宮室，故象先見也。其後，王氏兄弟父子五侯秉權，至莽卒篡天下，蓋陳氏之後云。京房《易傳》曰：『妖言動衆，茲謂不信，路將亡人，司馬死。』

又 卷七五《翼奉傳》 ［初元元年］是歲，關東大水，郡國十一飢，疫尤甚。上迺下詔江海陂湖園池屬少府者以假貧民，勿租税；損大官膳，減樂府員，省苑馬，諸宮館稀御幸者勿繕治；太僕少府減食穀馬，水衡省食肉獸。

漢 荀悦《前漢紀》卷六《高后紀》 ［八年］夏，江水漢水溢流萬餘家，河內水溢流萬家。

《三國志》卷一《魏志一·武帝紀》 ［建安二十四年］八月，漢水溢。

晋 袁宏《後漢紀》卷一六《後漢孝安皇帝紀上》 ［永初元年］青、兖、豫、徐、冀、并六州民饑。

又 ［永初元年五月］是時水雨屢降，災虐並生，百姓饑饉，盜賊群起。於是策免太尉防、司空勤。太傅禹稱疾告退。

又 卷二三《後漢孝靈皇帝紀上》 ［光和六年］秋，金城河水溢出二十餘里。

《後漢書》卷一下《光武帝紀下》 ［建武三十年］五月，大水。

又 ［建武］三十一年夏五月，大水。

又 卷二《孝明帝紀》 ［永平三年］是歲，起北宮及諸官府。京師及郡國七大水。

又 ［永平十三年］夏四月，汴渠成。辛巳，行幸滎陽，巡行河渠。乙酉，詔曰：『自汴渠決敗，六十餘歲，加頃年以來，雨水不時，汴流東侵，日月益甚，水門故處，皆在河中，漭瀁廣溢，莫測圻岸，蕩蕩極望，不知綱紀。今兖、豫之人，多被水患，乃云縣官不先人急，好興它役。又或以爲河流入汴，幽、冀蒙利，故曰左隄彊則右隄傷，左右俱彊則下方傷，宜任水埶所之，使人隨高而處，公家息壅塞之費，百姓無陷溺之患。議者不同，南北異論，朕不知所從，久而不決。今既築隄理渠，絶水立門，河、汴分流，復其舊迹，陶丘之北，漸就壤墳，《爾雅》曰：『丘再成曰陶丘。』孫炎曰：『形如累兩盂也。』郭璞曰：『今濟陰定陶城中有陶丘也。』《尚書》曰：『厥土惟黑壤，下土墳壚。』孔安國曰：『無塊曰壤。墳，起也。』故薦嘉玉絜牲，以禮河神。禮記曰：『凡祭玉曰嘉玉。』《儀禮》曰：『絜牲剛鬣。』東過洛汭，歎禹之績。水北曰汭。洛汭，洛水入河處也。績，功也。河、洛皆禹所加功，故歎之。今五土之宜，反其正色，《周禮》曰『山林、川澤、丘陵、墳衍、原隰，謂之五土』也。色謂其黄、白、青、黑之類。孔安國曰『水所去，土復其性』也。濵渠下田，賦與貧人，無令豪右得固其利，濵，近也。豪右，大家也。庶繼世宗瓠子之作。』瓠子，隄名也。武帝元封二年，發卒數萬人塞瓠子決河，沈白馬，玉璧，令羣臣皆負薪填河。在今濮州濮陽縣西也。

又 卷四《孝和帝紀》 ［永元元年］是歲，郡國九大水。

又 ［永元十年］夏五月，京師大水。

又 ［永元十二年］六月，舞陽大水，賜被水灾尤貧者穀，人三斛。

又《孝殤帝紀》 ［延平元年］秋七月庚寅，勑司隸校尉、部刺史曰：『夫天降灾戾，應政而至。閒者郡國或有水灾，妨害秋稼。朝廷惟咎，憂惶悼懼。而郡國欲獲豐穰虚飾之譽，遂覆蔽灾害，多張墾田，不揣流亡，競增戶口，掩匿盜賊，令姦惡無懲，署用非次，選舉乖宜，貪苛慘毒，延及平民。平民謂善人也。《書》曰：『延及于平人。』刺史垂頭塞耳，阿私下比，『不畏于天，不愧于人』。假貸之恩，不可數恃，自今以後，將糾其罰。二千石長吏其各實覈所傷害，爲除田租、芻稾。』

又 卷五《孝安帝紀》［永初元年冬十月］辛酉，新城山泉水大出。

又 ［永初二年］六月，京師及郡國四十大水，大風，雨雹。

又 ［延平元年九月］六州大水。己未，遣謁者分行虚實，舉灾害，賑乏絕。

又［延平元年］冬十月，四州大水，雨雹。

又卷七《孝桓帝紀》［永興二年］六月，彭城泗水增長逆流。

又卷九〇《五行志三・大水》《五行傳》曰：『簡宗廟，不禱祠，廢祭祀，鄭玄曰：『牽牛主祭祀之牲。』逆天時，鄭玄曰：『月在星紀，周以爲正，月在玄枵，殷以爲正，皆不得四時之正，逆天時之象也。《春秋》定十五年「夏五月辛亥郊」，譏運卜三正，以至失時，是其類也。』則水不潤下。』鄭玄曰：『君行此四者，爲逆天北宮之政也。北宮於地爲水。水性浸潤下流，人所用灌溉者也。無故源流竭絕，川澤以涸，是爲不潤下。其他變異皆屬沴。』謂水失其性而爲災也。《太公六韜》曰：『人主好破壞名山，壅塞大川，決通名水，則歲多大水，五穀不成也。』又曰：『聽之不聰，是謂不謀。鄭玄曰：『君聽不聰，則是不能謀其事也。』《洪範》曰：『聽作謀。』孔安國曰：『所謀必成當。』馬融曰：『上聽則下進其謀。』厥咎急，鄭玄曰：『君臣不謀則急矣。』《易傳》曰：『誅罰絕理，不云下也；顓事有知，不云謀也。』厥罰恆寒，鄭玄曰：『聽曰水，水主冬，冬氣藏，藏氣失，故常寒。』厥極貧。鄭玄曰：『藏氣失，故於人爲貧。』時則有鼓妖，鄭玄曰：『鼓聽之應也。』時則有魚孽，鄭玄曰：『魚，蟲之生水而游於水者也。』時則有豕禍，鄭玄曰：『豕，畜之居閑衛而聽者也，屬聽。』時則有耳痾，鄭玄曰：『聽氣失之病。』時則有黑眚、黑祥，惟火沴水。』魚孽，劉歆傳以爲介蟲之孽，謂蝗屬也。《月令章句》：『介者，甲也。謂龜蟹之屬也。』《古今注》曰：『光武建武四年，東郡以北傷水。七年六月戊辰，雒水盛，溢至津城門，帝自行水，弘農都尉治析爲水所漂殺，民溺，傷稼，壞廬舍。二十四年六月丙申，沛國睢水逆流，一日一夜止。章帝建初八年六月癸巳，東昏城下池水變赤如血。』臣昭案：諸史光武之時，郡國亦嘗有水災，而志不載。本紀『八年秋大水』，又云『是歲大水』，今據杜林之傳，列之孝和之前。《東觀書》曰：『建武八年閒，郡國比大水，湧泉盈溢。杜林以爲倉卒時兵擅權作威，張氏雖皆降散，猶尚有遺脫，長吏制御無術，令得復熾，元元侵陵之所致也。上疏曰：『臣聞先王無二道，明聖用而治。見惡如農夫之務去草焉，芟夷蘊崇之，絕其本根，勿使能殖，畏其易也。古今通道，傳其法於有根。狼子野心，奔馬善驚。成王深知其終卒之患，故以殷氏六族分伯禽，七族分康叔，懷姓九宗分唐叔，撿押其姦宄，又遷其餘於成周，舊地雜俗，旦夕拘錄，所以挫其強御之力，詘其驕恣之節也。及漢初興，上稽舊章，合符重規，徙齊諸田，楚昭、屈、景，燕、趙、韓、魏之後，以稍弱六國強宗。邑里無營利之家，野澤無兼并之民，萬里之統，海內賴安。後輒因衰贏之痛，脅以送終之義，故遂相率而陪園陵，無反顧之心。追觀往法，政皆神道設教，強幹弱枝，本支百世之要也。是以皆永享康寧之福，無怵惕之憂，繼嗣承業，恭己而治，蓋此助也。其被災害民輕薄無累重者，兩府遣吏護送饒穀之郡。或懼死亡，卒爲傭賃，亦所以消散其口救，贍全其性命也。昔魯隱有賢行，將致國於桓公，乃留連貪位，不能早退。況草創兵長，卒無德能，直以擾亂，乘時擅權，作威玉食，狙猱之意，徼幸之意，曼延無足，張步之計是也。小民負縣官不過身死，負兵家滅門殄世。陛下昭然獨見成敗之端，或屬諸侯官府，元元少得舉首仰視，而尚遺脫，二千石失制御之道，令得復昌熾從橫。比年大雨，水潦暴長，湧泉盈溢，災壞城郭官寺，吏民廬舍，潰徙離處，潰成坑坎。臣聞水，陰類也。易卦「地上有水比」，言性不相害，故曰樂也。而猥相毀墊淪失，常敗百姓安居。殆陰下相爲蠹賊，有小大勝負不齊，均不得其所，侵陵之象也。《詩》云：「畏天之威，于時保之。」唯陛下留神明察，往來懼思，天下幸甚。』謝承書曰：『陳宣子興，沛國蕭人也。剛猛性毅，博學，明魯詩。遭王莽篡位，隱處不仕。光武即位，徵拜諫議大夫。建武十年，雒水出造津，城門校尉欲奏塞之，宣曰：「昔周公卜雒以安宗廟，爲萬世基，水不當入城門。如爲災異，人主過而不可辭，塞之無益。昔東郡金堤大決，水欲沒郡，令、吏、民散走；太守王尊亡身勑以住立不動，水應時自消。尊人臣，尚修正弭災，豈況朝廷中興聖主，天所挺授，水必不入。」言未絕，水去。上善其言。後乘輿出，宣列引在前，行遲，乘輿欲驅，鉤宣車蓋使疾行，御者墮車下。宣前諫曰：「王者承天統地，動有法度，車則和鸞，步則佩玉，動靜應天。昔孝文時，邊方有獻千里馬者，還而不受。陛下宜上稽唐虞，下以文帝爲法。」上納其言，遂徐行按轡。遷爲河堤謁者，以病免，卒於家。』

和帝永元元年七月，郡國九大水，傷稼。《穀梁傳》曰：『高下有水災曰大水。』京房《易傳》曰：『顓事有知，誅罰絕理，厥災水。其水也，雨殺人，隕霜，大風，天黃。飢而不損，茲謂泰，厥水水殺人。辟遏有德，茲謂狂，厥水水流殺人，已水則地生蟲。歸獄不解，茲謂追非，厥水寒殺人。追誅不解，茲謂不理，厥水五穀不收。大敗不解，茲謂皆陰，厥水流入國邑，隕霜殺穀。』《春秋考異郵》曰『陰監臣逆，民悲情發，則水出河決』也。是時和帝幼，竇太后攝政，其兄竇憲幹事，及憲諸弟皆貴顯，並作威虣虐，嘗所怨恨，輒任客殺之。其後竇氏誅滅。《東觀書》曰：『十年五月丁巳，京師大雨，南山水流出至東郊，壞民廬舍。』

［和帝］十二年六月，潁川大水，傷稼。是時和帝幸鄧貴人，陰有欲廢陰后之意，陰后亦懷恚怨。一曰，先是恭懷皇后葬禮有闕，竇太后崩後，乃改殯梁后，葬西陵，徵舅三人皆爲列侯，位特進，賞賜累千金。《廣州先賢傳》曰：『和帝時策問陰陽不和，或水或旱，方正鬱林布衣養奮，字叔高，對曰：「天有陰陽，陰陽有四時，四時有政令。春夏則予惠布施寬仁，秋冬則剛猛盛威行刑。賞罰殺生各應其時，則陰陽和，四時調，風雨時，五穀升。今則不然，長吏多不奉行時令，爲政舉事干逆天氣，上不卹下，下不忠上，百

姓困乏而不卹哀，衆怨鬱積，故陰陽不和，風雨不時，災害緣類。水者陰盛，小人居位，依公營私，讒言誦上。雨漫溢者，五穀有不升而賦稅不爲減，百姓虛竭，家有愁心也。」」

殤帝延平元年五月，郡國三十七大水，傷稼。董仲舒曰：『水者，陰氣盛也。』是時帝在襁抱，鄧太后專政。臣昭案：本紀是年九月，六州大水。袁山松書曰：『六州河、濟、渭、雒、洧水盛長，泛溢傷秋稼。』

安帝永初元年冬十月辛酉，河南新城山水虣出，突壞民田，壞處泉水出，深三丈。是時司空周章等以鄧太后不立皇太子勝而立清河王子，故謀欲廢置。十一月，事覺，章等被誅。是年郡國四十一水出，漂沒民人。謝沈書曰：『死者以千數。』《讖》曰：『水者，純陰之精也。陰氣盛洋溢者，小人專制擅權，妒疾賢者，依公結私，侵乘君子，小人席勝，失懷得志，故涌水爲災。』

二年，大水。臣昭案：本紀京師及郡國四十大水。《周嘉傳》是夏旱，嘉收葬客死骸骨，應時澍雨，歲乃豐稔，則水不爲災也。

三年，大水。臣昭案：《本紀》京師及郡國四十一雨水。

四年，大水。臣昭案：《本紀》云三郡。

五年，大水。臣昭案：《本紀》郡國八。

延光三年，大水，流殺民人，傷苗稼。是時安帝信江京、樊豐及阿母王聖等讒言，免太尉楊震，廢皇太子。臣昭案：左雄傳順帝永建四年，司冀二州大水，傷禾稼。楊厚傳永和元年夏，雒陽暴水，殺千餘人。

質帝本初元年五月，海水溢樂安、北海，溺殺人物。是時帝幼，梁太后專政。《春秋漢含孳》曰：『九卿阿黨，擠排正直，驕奢僭害，則江河潰決。』《方儲對策》曰：『民悲怨則陰類強，河決海潰，地動土湧。』

桓帝建和二年七月，京師大水。去年冬，梁冀枉殺故太尉李固、杜喬。

三年八月，京都大水。是時梁太后猶專政。

永興元年秋，河水溢，漂害人物。臣昭案：《朱穆傳》云『漂害數十萬户』。《京房占》曰：『江河溢者，天有制度，地有里數，懷容水澤，浸漑萬物。』今溢者，明在位者不勝任也，三公之禍不能容也，率執法者利刑罰，不用常法。

二年六月，彭城泗水增長，逆流。《梁冀別傳》曰：『冀之專政，天爲見異，衆災並湊，蝗蟲滋生，河水逆流，五星失次，太白經天，人民疾疫，出入六年，羌戎叛戾，盜賊略平民，皆冀所致。』《敦煌實錄》張衡對策曰：『水者，五行之首，滯而逆流者，人君之恩不能下及而教逆也。』《潛潭巴》曰：『水逆者，反命也，宜修德以應之。』

永壽元年六月，雒水溢至津陽城門，漂流人物。臣昭案：《本紀》又南陽大水。是時梁皇后兄冀秉政，疾害忠直，威權震主。後遂誅滅。

延熹八年四月，濟北河水清。九年四月，濟陰、東郡、濟北、平原河水清。襄楷上言：『河者諸侯之象，清者陽明之徵，豈獨諸侯有規京都計邪？』其明年，宮車晏駕，徵解犢亭侯爲漢嗣，即尊位，是爲孝靈皇帝。

永康元年八月，六州大水，勃海海溢，沒殺人。是時桓帝奢侈淫祀，其十一月崩，無嗣。

靈帝建寧四年二月，河水清。袁山松書曰：『禱于龍硊。』五月，山水大出，漂壞廬舍五百餘家。袁山松書曰：『是河東水暴出也。』

熹平二年六月，東萊、北海海水溢出，漂沒人物。

三年秋，雒水出。

四年夏，郡國三水，傷害秋稼。

光和六年秋，金城河溢，水出二十餘里。

中平五年，郡國六水大出。臣昭案：袁山松書曰『山陽、梁、沛、彭城、下邳、東海、琅邪』，則是七郡。

獻帝建安二年九月，漢水流，害民人。是時天下大亂。袁山松書曰：『曹操專政。十七年七月，大水，洧水溢。』

十八年六月，大水。《獻帝起居注》曰：『七月，大水，上親避正殿；八月，以雨不止，且還殿。』

二十四年八月，漢水溢流，害民人。袁山松書曰『明年禪位于魏』也。

《宋書》卷五《文帝紀》［元嘉十七年］八月，徐、兖、青、冀四州大水，己未，遣使檢行賑卹。

又卷六《孝武帝紀》［大明元年］五月，吴興、義興大水，民饑。

又卷三三《五行志四·水不潤下》 晉武帝咸寧元年九月，徐州水；二年七月癸亥，河南魏郡暴水，殺百餘人；八月，荊州郡國五大水。

咸寧三年六月，益、梁二州郡國八暴水，殺三百餘人；七月，荊州大水；九月，始平郡大水；十月，青、徐、兖、豫、荊、益、梁七州又水。

咸寧四年七月，司、冀、兖、豫、荊、揚郡國二十大水。

晉武帝太康二年六月，泰山、江夏大水。泰山流三百家，殺六千餘人；江夏亦殺人。

太康四年七月，司、豫、徐、兗、荊、揚郡國二十大水，傷秋稼，壞屋室，有死者。

太康六年三月，青、涼、幽、冀郡國十五大水。

太康七年九月，西方安定等郡國八大水。

太康八年六月，郡國八大水。

晉惠帝元康二年，有水災。

元康五年五月，潁川、淮南大水；六月，城陽、東莞大水殺人；荊、揚、徐、兗、豫五州又大水。

元康六年五月，荊、揚二州大水。

元康八年九月，荊、揚、徐、兗、冀五州大水。

晉惠帝永寧元年七月，南陽、東海大水。

晉惠帝太安元年七月，兗、豫、徐、冀四州水。

晉孝懷帝永嘉四年四月，江東大水。

晉元帝太興三年六月，大水。

太興四年七月，大水。

晉元帝永昌二年五月，荊州及丹陽、宣城、吴興、壽春大水。

晉明帝太寧元年五月，丹陽、宣城、吴興、壽陽大水。

晉成帝咸和元年五月，大水。

咸和二年五月戊子，京都大水。

咸和四年七月，丹陽、宣城、吴興、會稽大水。

咸和七年五月，大水。

晉成帝咸康元年八月，長沙、武陵大水。

晉穆帝永和四年五月，大水。

永和五年五月，大水。

永和六年五月，大水。

晉穆帝升平二年五月，大水。

升平五年四月，大水。

晉海西太和六年六月，京都大水，平地數尺，侵及太廟。丹陽、晉陵、吴國、吴興、臨海五郡又大水，稻稼蕩沒，黎庶饑饉。

晉孝武帝太元三年六月，大水。

太元五年，大水。

太元六年六月，荊、江、揚三州大水。

太元十年夏，大水。

太元十五年七月，兗州大水。

太元十九年七月，荊州、彭城大水傷稼。

太元二十年，荊州、彭城大水。

太元二十一年五月癸卯，大水。

晉安帝隆安三年五月，荊州大水。

隆安五年五月，大水。

義熙三年五月丙午，大水。

義熙六年五月丁巳，大水。乙丑，盧循至蔡洲。

義熙八年六月，大水。

義熙九年五月辛巳，大水。

義熙十年五月丁丑，大水；戊寅，西明門地穿涌水出，毁門扉及限；七月乙丑，淮北災風大水殺人。

義熙十一年七月丙戌，大水，淹漬太廟，百官赴救。

宋文帝元嘉五年六月，京邑大水。

元嘉十一年五月，京邑大水。

元嘉十二年六月，丹陽、淮南、吴、吴興、義興五郡大水，京邑乘船。

元嘉十八年五月，江水汎溢，沒居民，害苗稼。

元嘉十九年、二十年，東諸郡大水。

元嘉二十九年五月，京邑大水。

孝武帝孝建元年八月，會稽大水，平地八尺。

孝武帝大明元年五月，吴興、義興大水。

大明四年八月，雍州大水。

大明四年，南徐、南兗州大水。

後廢帝元徽元年六月，壽陽大水。

順帝昇明元年七月，雍州大水，甚於關羽樊城時。

《南齊書》卷一九《五行志》 建元二年，吴、吴興、義興三郡大水。

二年夏，丹陽、吴二郡大水。

四年，大水。

永明五年夏，吴興、義興水雨傷稼。

六年，吴興、義興二郡大水。

建武二年冬，吴、晉陵二郡水雨傷稼。

永元元年七月，濤入石頭，漂殺緣淮居民。應本傳。

北魏 酈道元《水經注》卷五《河水五》 武帝元光中，河決濮陽、汜郡十六，發卒十萬人塞決河，起龍淵宫。蓋武帝起宫於決河之傍，龍淵之側，故曰龍淵宫也。河水東北流而徑濮陽縣北，爲濮陽津案：此十五字原本及近刻並訛作經，今考經次濮陽在衛縣下，于地望疎舛，故注正其失。故城在南，與衛縣分水。城北十里有瓠河口，有金堤、宣房堰案：近刻訛作塸。粤在漢世，河決金堤，涿郡王尊案：近刻訛作遵，下同。自徐州刺史遷東郡太守。河水盛溢，泛浸瓠子，金堤決壞，尊躬率民吏，投沉白馬，祈水神河伯，親執圭璧，請身填堤，廬居其上，民吏皆走案：近刻作吏民皆走，尊立不動而水波齊足而止，公私壯其勇節。

《魏書》卷一一二《靈徵志上·大水》 太祖天賜三年八月，霖雨，大震，山谷水溢。

太宗泰常三年八月，河内大水。

世祖延和元年六月甲戌，京師水溢，壞民廬舍數百家。

真君八年七月，平州大水。

高祖太和二年夏四月，南豫、徐、兖州大霖雨。

六年七月，青、雍二州大水。

八月，徐、東徐、兖、濟、平、豫、光七州，平原、枋頭、廣阿、臨濟四鎮大水。

九年九月，南豫、朔二州各大水，殺千餘人。

二十二年戊午，兖、豫二州大霖雨。

二十三年六月，青、齊、光、南青、徐、豫、兖、東豫八州大水。

世宗景明元年七月，青、齊、南青、光、徐、兖、豫、東豫，司州之潁川、汲郡大水，平隰一丈五尺，民居全者十四五。

正始二年三月，青、徐州大雨霖，海水溢出於青州樂陵之隰沃縣，流漂一百五十二人。

永平三年七月，州郡二十大水。

延昌元年夏，京師及四方大水。

二年五月，壽春大水。

肅宗熙平元年六月，徐州大水。

二年九月，冀、瀛、滄三州大水。

正光二年夏，定、冀、瀛、相四州大水。

孝昌三年秋，京師大水。

出帝太昌元年六月庚午，京師大水，穀水汎溢，壞三百餘家。

孝靜元象元年，定、冀、瀛、滄四州大水。

興和四年，滄州大水。

《梁書》卷八《昭明太子傳》 吴興郡屢以水災失收，有上言當漕大瀆以瀉浙江。中大通二年春，詔遣前交州刺史王弁假節，發吴郡、吴興、義興三郡民丁就役。太子上疏曰：『伏聞當發王弁等上東三郡民丁，開漕溝渠，導泄震澤，使吴興一境，無復水災，誠矜恤之至仁，經略之遠旨。暫勞永逸，必獲後利。未萌難覩，竊有愚懷。所聞吴興累年失收，民頗流移。吴郡十城，亦不全熟。唯義興去秋有稔，復非常役之民。即日東境穀價猶貴，劫盗屢起，在所有司，不皆聞奏。今征戍未歸，強丁疏少，此雖小舉，竊恐難合，吏一呼門，動爲民蠹。又出丁之處，遠近不一，比得齊集，已妨蠶農。去年稱爲豐歲，公私未能足食；如復今兹失業，慮恐爲弊更深。且草竊多伺候民間虚實，若善人從役，則抄盗彌增，吴興未受其益，内地已罹其弊。不審可得權停此功，待優實以行聖心垂矜黎庶，神量久已有在。臣意見庸淺，不識事宜，苟有愚心，願得上啟。』高祖優詔以喻焉。

《晉書》卷三《武帝紀》 ［泰始四年］九月，青、徐、兖、豫四州大水，伊洛溢，合於河，開倉以振之。

又 ［泰始五年二月］辛巳，白龍二見於趙國。青、徐、兖三州水，遣使振恤之。

又 ［泰始七年六月辛丑］大雨霖，伊、洛、河溢，流居人四千餘家，殺三百餘人，有詔振貸給棺。

又 ［咸寧三年九月］兖、豫、徐、青、荆、益、梁七州大水，傷秋稼，詔振給之。

又 卷七《成帝紀》［咸和七年］五月，大水。

又 卷二七《五行志上》 傳曰：『簡宗廟，不禱祠，廢祭祀，逆天時，則水不潤下。』

說曰：水，北方，終藏萬物者也。其於人道，命終而形藏，精神放越。聖人爲之宗廟，以收魂氣，春秋祭祀，以終孝道。王者即位，必郊祀天地，禱祈神祇，望秩山川，懷柔百神，亡不宗事。慎其齋戒，致其嚴敬，是故鬼神歆饗，多獲福助。此聖王所以順事陰氣，和神人也。及至發號施令，亦奉天時。十二月咸得其氣，則陰陽調而終始成。如此，則水得其性矣。若迺不敬鬼神，政令逆時，水失其性。霧水暴出，百川逆溢，壞鄉邑，溺人民，及淫雨傷稼穡，是爲水不潤下。

京房《易傳》曰：『顓事者加，誅罰絕理，厥災水。其水也，雨，殺人，以隕霜，大風天黃。饑而不損，茲謂泰，厥大水，水殺人。避遏有德，茲謂狂，厥水，水流殺人也。已水則地生蟲。歸獄不解，茲謂追非，厥水寒，殺人。追誅不解，茲謂不理，厥水五穀不收。大敗不解，茲謂皆陰，厥水流入國邑，隕霜殺穀。』董仲舒曰：『交兵結讎，伏尸流血，百姓愁怨，陰氣盛，故大水也。』

魏文帝黄初四年六月，大雨霖，伊洛溢，至津陽城門，漂數千家，殺人。初，帝即位，自鄴遷洛，營造宮室，而不起宗廟。太祖神主猶在鄴，嘗於建始殿饗祭如家人禮，終黄初不復還鄴。又郊社神祇，未有定位。此簡宗廟廢祭祀之罰也。

吴孫權赤烏八年夏，茶陵縣鴻水溢出，漂二百餘家。十三年秋，丹楊、故鄣等縣又鴻水溢出。案權稱帝三十年，竟不於建鄴創七廟。惟父堅一廟遠在長沙，而郊祀禮闕。嘉禾初，羣臣奏宜郊祀，又不許。末年雖一南郊，而北郊遂無聞焉。吴楚之望亦不見秩，反祀羅陽妖神，以求福助。天戒若曰，權簡宗廟，不禱祠，廢祭祀，故示此罰，欲其感悟也。

太元元年，又有大風涌水之異。是冬，權南郊，宜是鑒咎徵乎！還而寢疾，明年四月薨。一曰，權時信納譖訴，雖陸遜勳重，子和儲貳，猶不得其終，與漢安帝聽讒免楊震，廢太子同事也。且赤烏中無年不用兵，百姓愁怨。八年秋，將軍馬茂等又圖逆。

魏明帝景初元年九月，淫雨，冀、兗、徐、豫四州水出，沒溺殺人，漂失財產。帝自初即位，便淫奢極慾，多占幼女，或奪士妻，崇飾宮室，妨害農戰，觸情恣慾，至是彌甚，號令逆時，飢不損役。此水不潤下之應也。

吴孫亮五鳳元年夏，大水。亮即位四年，乃立權廟。又終吴世不上祖宗之號，不修嚴父之禮，昭穆之數有闕。亮及休、晧又並廢二郊，不秩羣神。此簡宗廟不祭祀之罰也。又，是時孫峻專政，陰勝陽之應乎！

孫休永安四年五月，大雨，水泉涌溢。昔歲作浦里塘，功費無數，而田不可成，士卒死叛，或自賊殺，百姓愁怨，陰氣盛也。休又專任張布，退盛沖等，吴人賊之應也。

五年八月壬午，大雨震電，水泉涌溢。

武帝泰始四年九月，青、徐、兗、豫四州大水。七年六月，大雨霖，河、洛、伊、沁皆溢，殺二百餘人。自帝即尊位，不加三后祖宗之號。泰始二年又除明堂南郊五帝座，同稱昊天上帝，一位而已。又省先后配地之祀。此簡宗廟廢祭祀之罰也。

咸寧元年九月，徐州大水。二年七月癸亥，河南、魏郡暴水，殺百餘人。閏月，荆州郡國五大水，流四千餘家。去年采擇良家子女，露面入殿，帝親簡閱，務在姿色，不訪德行，有蔽匿者以不敬論，搢紳愁怨，天下非之，陰盛之應也。

三年六月，益、梁二州郡國八暴水，殺三百餘人。七月，荆州大水。九月，始平郡大水。

十月，青、徐、兗、豫、荆、益、梁七州又大水。是時賈充等用事專恣，而正人疏外者多，陰氣盛也。

四年七月，司、冀、兗、豫、荆、揚郡國二十大水，傷秋稼，壞屋室，有死者。

太康二年六月，泰山、江夏大水，泰山流三百家，殺六十餘人，江夏亦殺人。時平吴後，王濬爲元功而詆劾妄加，荀、賈爲無謀而並蒙重賞，收吴姬五千，納之後宮，此其應也。

四年七月，兗州大水。十二月，河南及荆、揚六州大水。五年九月，郡國四大水，又隕霜。是月，南安等五郡大水。六年四月，郡國十大水，壞廬舍。七年九月，郡國八大水。八年六月，郡國八大水。

惠帝元康二年，有水災。五年五月，潁川、淮南大水。六月，城陽、東莞大水，殺人，荆、揚、徐、兗、豫五州又水。是時帝即位已五載，猶未郊祀，其蒸嘗亦多不親行事。此簡宗廟廢祭祀之罰。

六年五月，荊、揚二州大水。是時賈后亂朝，寵樹賈、郭，女主專政，陰氣盛之應也。

八年五月，金墉城井溢。漢志，成帝時有此妖，後王莽僭逆。今有此妖，趙王倫篡位，倫廢帝於此城，井溢所在，其天意也。九月，荊、揚、徐、冀、豫五州大水，是時賈后暴戾滋甚，韓謐驕猜彌扇，卒害太子，旋以禍滅。九年四月，宮中井水沸溢。

永寧元年七月，南陽、東海大水。是時齊王冏專政，陰盛之應也。

太安元年七月，兖、豫、徐、冀四州水。時將相力政，無尊主心，陰盛故也。

孝懷帝永嘉四年四月，江東大水。時王導等潛懷翼戴之計，陰氣盛也。

元帝太興三年六月，大水。是時王敦內懷不臣，傲很陵上，此陰氣盛也。四年七月，又大水。

永昌二年五月，荊州及丹楊、宣城、吳興、壽春大水。

明帝太寧元年五月，丹楊、宣城、吳興、壽春大水。是時王敦威權震主，陰勝陽故也。

成帝咸和元年五月，大水。是時嗣主幼沖，母后稱制，庾亮以元舅決事禁中，陰氣盛故也。

二年五月戊子，京都大水。是冬，以蘇峻稱兵，都邑塗地。

四年七月，丹楊、宣城、吳興、會稽大水。是冬，郭默作亂，荊豫共討之，半歲乃定，兵役之應也。

七年五月，大水。是時帝未親機務，政在大臣，陰勝陽也。

咸康元年八月，長沙、武陵大水。

穆帝永和四年五月，大水。五年五月，大水。六年五月，又大水。時幼主沖弱，母后臨朝，又將相大臣各執權政，與咸和初同事也。

七年七月甲辰夜，濤水入石頭，死者數百人。是時殷浩以私忿廢蔡謨，遐邇非之。又幼主在上而殷桓交惡，選徒聚甲，各崇私權，陰勝陽之應也。一說，濤水入石頭，以爲兵占。是後殷浩、桓溫、謝尚、荀羨連年征伐，百姓愁怨也。

升平二年五月，大水。五年四月，又大水。是時桓溫權制朝廷，專征伐，陰勝陽也。

海西太和六年六月，京師大水，平地數尺，浸及太廟。朱雀大航纜斷，三艘流入大江。丹楊、晉陵、吳郡、吳興、臨海五郡又大水，稻稼蕩沒，黎庶饑饉。初，四年桓溫北伐敗績，十喪其九，五年又征淮南，踰歲乃克，百姓愁怨之應也。

簡文帝咸安元年十二月壬午，濤水入石頭。明年，妖賊盧竦率其屬數百人入殿，略取武庫三庫甲仗，遊擊將軍毛安之討滅之，兵興陰盛之應也。

孝武帝太元三年六月，大水。是時帝幼弱，政在將相。五年五月，大水。六年六月，揚、荊、江三州大水。八年三月，始興、南康、廬陵大水，平地五丈。十年五月，大水。自八年破苻堅後，有事中州，役無寧歲，愁怨之應也。

十三年十二月，濤水入石頭，毀大航，殺人。明年，慕容氏寇擾司兖，鎮戍西北，疲於奔命，愁怨之應也。

十五年七月，沔中諸郡及兖州大水。是時緣河紛爭，征戍勤瘁之應也。

十七年六月甲寅，濤水入石頭，毀大航，漂船舫，有死者。京口西浦亦濤入殺人。永嘉郡潮水湧起，近海四縣人多死。後四年帝崩，而王恭再攻京師，京師亦發衆以禦之，兵役頻興，百姓愁怨之應也。

十八年六月己亥，始興、南康、廬陵大水，深五丈。十九年七月，荊徐大水，傷秋稼。二十年六月，荊、徐又大水。二十一年五月癸卯，大水。是時政事多弊，兆庶非之。

安帝隆安三年五月，荊州大水，平地三丈。去年殷仲堪舉兵向京師，是年春又殺郗恢，陰盛作威之應也。仲堪尋亦敗亡。

五年五月，大水。是時會稽王世子元顯作威陵上，又桓玄擅西夏，孫恩亂東國，陰勝陽之應也。

元興二年十二月，桓玄篡位。其明年二月庚寅夜，濤水入石頭。商旅方舟萬計，漂敗流斷，骸胔相望。江左雖頻有濤變，未有若斯之甚。三月，義軍克京都，玄敗走，遂夷滅之。三年二月己丑朔夜，濤水入石頭，漂沒殺人，大航流敗。

義熙元年十二月己未，濤水入石頭。二年十二月己未夜，濤水入石頭。明年，駱球父環潛結桓胤、殷仲文等謀作亂，劉稚亦謀反，凡所誅滅數十家。

三年五月丙午，大水。四年十二月戊寅，濤水入石頭。明年，王旅北討。

六年五月丁巳，大水。乙丑，盧循至蔡洲。

八年六月，大水。九年五月辛巳，大水。十年五月丁丑，大水。戊寅，西明門地穿，湧水出，毀門扇及限，亦水沴土也。七月乙丑，淮北風災，大水殺人。十一年七月丙戌，大水，淹漬太廟，百官赴救。明年，王旅北討關河。

又 太和四年八月，大雨霖三十餘日，伊、洛、河、漢皆溢，歲以凶饑。

又 武帝泰始六年六月，大雨霖。甲辰，河、洛、伊、沁水同時並溢，流四千九百餘家，殺二百餘人，沒秋稼千三百六十餘頃。

又 ［太康五年］是秋，魏郡西平郡九縣、淮南、平原霖雨暴水，霜傷秋稼。

《隋書》卷二二《五行志上》 《洪範五行傳》曰：『水者，北方之藏，氣至陰也。宗廟者，祭祀之象也。故天子親耕以供粢盛，王后親蠶以供祭服，敬之至也。發號施令，十二月咸得其氣，則水氣順。如人君簡宗廟，不禱祀，逆天時，則水不潤下。』

梁天監二年六月，太末、信安、豐安三縣大水。《春秋考異郵》曰：『陰盛臣逆人悲，則水出河決。』是時江州刺史陳伯之、益州刺史劉季連舉兵反叛，師旅數興，百姓愁怨，臣逆人悲之應也。

六年八月，建康大水，濤上御道七尺。七年五月，建康又大水。是時數興師旅，以拒魏軍。十二年四月，建康大水。是時大發卒築浮山堰，以遏淮水，勞役連年，百姓悲怨之應也。

中大通五年五月，建康大水，御道通船。京房《易飛候》曰：『大水至國，賤人將貴。』蕭棟、侯景僭稱尊號之應也。

後齊河清二年十二月，兗、趙、魏三州大水。天統三年，并州汾水溢。讖曰：『水者純陰之精。陰氣洋溢者，小人專制。』是時和士開、元文遙、趙彥深專任之應也。

武平六年八月，山東諸州大水。京房《易飛候》曰：『小人踊躍，無所畏忌，陰不制於陽，則湧水出。』是時羣小用事，邪佞滿朝。閹豎嬖倖，伶人封王。此其所以應也。

開皇十八年，河南八州大水。是時獨孤皇后干預政事，濫殺宮人，放黜宰相。楊素頗專。水陰氣，臣妾盛強之應也。

仁壽二年，河南、河北諸州大水。京房《易傳》曰：『顓事有智，誅罰絶理，則厥災水。』亦由帝用刑嚴急，臣下有小過，帝或親臨斬決，又先是柱國史萬歲以忤旨被戮，誅罰絶理之應也。

大業三年，河南大水，漂沒三十餘郡。帝嗣位已來，未親郊廟之禮，簡宗廟，廢祭祀之應也。

《漢書》卷三六《劉向傳》顔師古注 師古曰：謂桓元年秋大水，十三年夏大水，莊七年秋大水，十一年秋宋大水，二十四年秋大水，二十五年秋大水，宣十年秋大水，成五年秋大水，襄二十四年秋七月大水。

《舊唐書》卷三七《五行志》 貞觀十一年七月一日，黄氣竟天，大雨，穀水溢，入洛陽宮，深四尺，壞左掖門，毀宮寺一十九；洛水暴漲，漂六百餘家。帝引咎，令羣臣直言政之得失。中書侍郎岑文本曰：『伏唯陛下覽古今之事，察安危之機，上以社稷爲重，下以億兆爲念。明選舉，慎賞罰，進賢才，退不肖。聞過即改，從諫如流。爲善在於不疑，出令期於必信。頤神養性，省畋游之娱；去奢從儉，減工役之費。務静方内，不求闢土；載櫜弓矢，而無忘武備。凡此數者，願陛下行之不怠，必當轉禍爲福，化咎爲祥。況水之爲患，陰陽常理，豈可謂之天譴而繫聖心哉！』十三日，詔曰：『暴雨爲災，大水泛溢，靜思厥咎，朕甚懼焉。文武百僚，各上封事，極言朕過，無有所諱。諸司供進，悉令減省。凡所力役，量事停廢。遭水之家，賜帛有差。』二十日，詔廢明德宮及飛山宮之玄圃院，分給河南、洛陽遭水戶。九月，黄河泛溢，壞陝州河北縣及太原倉，毀河陽中潬，太宗幸白馬坂以觀之。

永徽五年六月，恒州大雨，自二日至七日。滹沱河水泛溢，損五千三百家。

總章二年七月，冀州奏：六月十三日夜降雨，至二十日，水深五尺，其夜暴水深一丈已上，壞屋一萬四千三百九十區，害田四千四百九十六頃。九月十八日，括州暴風雨，海水翻上，壞永嘉、安固二縣城百姓廬舍六千八百四十三區，殺人九千七十、牛五百頭，損田苗四千一百五十頃。

咸亨元年五月十四日，連日澍雨，山水溢，溺死五千餘人。

永淳元年六月十二日，連日大雨，至二十三日，洛水大漲，漂損河南立德弘敬、洛陽景行等坊二百餘家，壞天津橋及中橋，斷人行累日。先是，頓降大雨，沃若懸流，至是而泛溢衝突焉。西京平地水深四尺已上，麥一束止得一二升，米一斗二百二十文，布一端止得一百文。國中大饑，蒲、同等州沒徙家口并逐糧，飢餒相仍，加以疾疫，自陝至洛，死者不可勝數。西京米斗三百已下。二年三月，洛州黄河水溺河陽縣城，水面高於城內五六尺。自鹽坎已下至縣十里石灰，並平流，津橋南北道無不碎破。

文明元年七月，溫州大水；漂流四千餘家。

長安三年，寧州大霖雨，山水暴漲，漂流二千餘家，溺死者千餘人，流屍東下。十七日，京師大雨雹，人有凍死者。四年，自九月至十月，晝夜陰晦，大雨雪。都中人畜，有餓凍死者。令開倉賑恤。

神龍元年七月二十七日，洛水漲，壞百姓廬舍二千餘家。

又 開元五年六月十四日，鞏縣暴雨連日，山水泛漲，壞郭邑廬舍七百餘家，人死者七十二；汜水同日漂壞近河百姓二百餘戶。八年夏，契丹寇營州，發關中卒援之。軍次澠池縣之闕門，野營穀水上。夜半，山水暴至，二萬餘人皆溺死，唯行網役夫樗蒲，覺水至，獲免逆旅之家，溺死死人漂入苑中如積。其年六月二十一日夜，暴雨，東都穀、洛溢，入西上陽宮，宮人死者十七八。畿內諸縣，田稼廬舍蕩盡。掌關兵士，凡溺死者一千一百四十八人。京城興道坊一夜陷爲池，一坊五百餘家俱失。其年，鄧州三鵶口大水塞谷，初見二小兒以水相潑，須臾，有大蛇十圍已上，張口向天，人或斫射之，俄而暴雷雨，漂溺數百家。十年二月四日，伊水泛漲，毀都城南龍門天竺、奉先寺，壞羅郭東南角，平地水深六尺已上，入漕河，水次屋舍樹木蕩盡。河南汝、許、仙、豫、唐、鄧等州，各言大水害秋稼，漂沒居人廬舍。十四年六月戊午，大風拔木發屋，端門鴟吻盡落，都城內及寺觀落者約半。七月十四日，瀍水暴漲，流入洛漕，漂沒諸州租船數百艘，溺死者甚衆，漂失楊、壽、光、和、廬、杭、瀛、棣租米一十七萬二千八百九十六石，并錢絹雜物等。因開斗門決堰，引水南入洛，漕水燥竭，以搜漉官物，十收四五焉。七月甲子，懷、衛、鄭、滑、汴、濮、許等州澍雨，河及支川皆溢，人皆巢舟以居，死者千計，資產苗稼無孑遺。滄州大風，海運船沒者十一二，失平盧軍糧五千餘石，舟人皆死。潤州大風從東北，海濤奔上，沒瓜步洲，損居人。是秋，天下八十五州言旱及霜，五十州水，河南、河北尤甚。十五年七月甲寅，雷震興教門樓兩鴟吻，燒樓柱，良久乃滅。二十日，鄜州雨，洛水溢入州城，平地丈餘，損居人廬舍，溺死者不知其數。二十一日，同州損郭邑及市，毀馮翊縣。八月八日，澠池縣夜有暴雨，澗水、穀水漲合，毀郭邑百餘家及普門佛寺。是歲，天下六十三州大水損禾稼、居人廬舍，河北尤甚。十八年六月乙丑，東都瀍水暴漲，漂損揚、楚、淄、德等州租船。壬午，東都洛水泛漲，壞天津、永濟二橋及漕渠斗門，漂損提象門外助鋪及仗舍，又損居人廬舍千餘家。二十七年八月，東京改作明堂，訛言官取小兒埋于明堂下，以爲厭勝。村邑童兒藏于山谷，都城騷然，或言兵至。玄宗惡之，遣主客郎中王佶往東都及諸州宣慰百姓，久之乃定。二十九年，暴水，伊、洛及支川皆溢，損居人廬舍，秋稼無遺，壞東都天津橋及東西漕；河南北諸州，皆多漂溺。

又 永泰元年，先旱後水。九月，大雨，平地水數尺，溝河漲溢。時吐蕃寇京畿，以水，自潰而去。二年夏，洛陽大雨，水壞二十餘坊及寺觀廨舍。河南數十州大水。

大曆四年秋，大雨。是歲，自四月霖澍，至九月。京師米斗八百文，官出太倉米賤糶以救饑人。京城閉坊市北門，門置土臺，臺上置壇及黃幡以祈晴。秋末方止。五年夏，復大雨，京城饑，出太倉米減價以救人。十二年秋，大雨。是歲，春夏旱，至秋八月雨，河南尤甚，平地深五尺，河決，漂溺田稼。

貞元二年夏，京師通衢水深數尺。吏部侍郎崔縱，自崇義里西門爲水漂浮行數十步，街舖卒救之獲免；其日，溺死者甚衆。東都、河南、荊南、淮南江河泛溢，壞人廬舍。四年八月，連雨，灞水暴溢，溺殺渡者百餘人。八年秋，大雨，河南、河北、山南、江淮凡四十餘州大水，漂溺死者二萬餘人。時幽州七月大雨，平地水深二丈；鄚、涿、薊、檀、平五州，平地水深一丈五尺。又徐州奏：自五月二十五日雨，至七月八日方止，平地水深一丈二尺，郭邑廬里屋宇田稼皆盡，百姓皆登丘塚山原以避之。

元和七年正月，振武界黃河溢，毀東受降城。五月，饒、撫、虔、吉、信五州山水暴漲，壞廬舍，虔州尤甚，水深處四丈餘。八年五月，許州奏：大雨摧大隗山，水流出，溺死者千餘人。六月庚寅，京師大風雨，毀屋揚瓦，人多壓死。水積城南，深處丈餘，入明德門，猶漸車輻。辛卯，渭水暴漲，毀三渭橋，南北絕濟者一月。時所在霖雨，百源皆發，川瀆不由故道。丙申，富平大風，折樹一千二百株。辛丑，出宮人二百車，人得娶納，以水害誡陰盈也。九年秋，淮南、宣州大水。十一年五月，京畿大雨，害田四萬頃，昭應尤甚，漂溺居人。衢州山水湧，深三丈，壞州城，民多溺死。浮梁、樂平溺死者一百七十人，爲水漂流不知所在者四千七百戶。潤、常、湖、陳、許等州各損田萬頃。十二年秋，大雨，河南北水，害稼。其年六月，京師大雨，街市水深三尺，壞廬舍二千家，含元殿一柱陷。十五年九月十一日至十四日，大雨兼雪，街衢禁苑樹無風而摧折、連根而拔者不知其數。仍令閉坊市北門以禳之。滄州大水。

長慶二年十月，好畤山水泛漲，漂損居人三百餘家，河南陳、許二州尤甚。詔賑貸粟五萬石，量人戶家口多少，等第分給。

大和三年四月，同官暴水，漂沒三百餘家。六年，徐州自六月九日大雨至十一日，壞民舍九百家。四年夏，鄆、曹、濮雨，壞城郭田廬向盡。蘇、湖二州水，壞六堤，水入郡郭，溺廬井。許州自五月大雨，水深八尺，壞郡郭居民大半。

會昌元年七月，襄州漢水暴溢，壞州郭。均州亦然。

《舊五代史》卷一四一《五行志》 梁開平四年十月，梁、宋、輝、亳水，詔令本州開倉賑貸。十一月，大風，下詔曰：『自朔至今，異風未息，宜命祈禱。』

唐同光二年七月，汴州雍邱縣大雨風，拔樹傷稼。曹州大水，平地三尺。八月，江南大兩溢漫，流入鄆州界。十一月，中書門下奏：『今年秋，天下州府多有水災，百姓所納秋稅，請特放加耗。』從之。

三年六月至九月，大雨，江河崩決，壞民田。七月，洛水泛漲，壞天津橋，漂近河廬舍，艤舟爲渡，覆沒者日有之。鄴都奏，御河漲于石灰窯口，開故河道以分水勢。鞏縣河堤破，壞倉廒。八月，敕：『如聞天津橋未通往來，百官以舟檝濟渡，因茲傾覆，兼踣泥塗。自今文武百官，三日一趨朝，宰臣即每日中書視事。』

四年正月，敕：『自京以來，幅圓千里，水潦爲沴，流亡漸多。宜自今月三日後，避正殿，減常膳，徹樂省費，以答天譴。應去年經水災處鄉村，有不給及逃移人戶，夏秋兩稅及諸折科，委諸處長吏切加點檢，並與放免，仍一年內不得雜差遣。應在京及諸縣，有停貯斛㪷，並令減價出糶，以濟公私，如不遵守，仰具聞奏。』

長興元年夏，鄜州上言，大水入城，居人溺死。

二年四月，棣州上言，水壞其城。是月己巳，鄆州上言，黃河水溢岸，闊三十里，東流。五月丁亥，申州奏大水，平地深七尺。是月戊申，襄州上言，漢水溢入城，壞民廬舍，又壞均州郛郭，水深三丈，居民登山避水，仍畫圖以進。是月甲子，洛水溢，壞民廬舍。六月壬戌，汴州上言，大雨，雷震文宣王廟講堂。十一月壬子，鄆州上言，黃河暴漲，漂溺四千餘戶。

三年七月，諸州大水，宋、亳、潁尤甚。宰臣奏曰：『今秋宋州管界，水災最盛，人戶流亡，粟價暴貴。臣等商量，請于本州倉出斛㪷，依時出糶，以救貧民。』從之。是月，秦州大水，溺死窯谷內居民三十六人。夔州赤甲山崩，大水漂溺居人。

清泰元年九月，連雨害稼。詔曰：『久雨不止，禮有祈禳都城門，三日不止，乃祈山川，告宗廟社稷。宜令太子賓客李延範等禜諸城門，太常卿李懌等告宗廟社稷。』

晉天福初，高祖將建義于太原，城中數處井泉暴溢。

四年七月，西京大水，伊、洛、瀍、澗皆溢，壞天津橋。八月，河決博平，甘陵大水。

六年九月，河決于滑州，一概東流，居民登丘塚，爲水所隔。詔所在發舟檝以救之。兖州、濮州界皆爲水所漂溺，命鴻臚少卿魏玭、將作少監郭廷讓、右金吾衛將軍安濬、右驍衛將軍田峻于滑、濮、澶、鄆四州，檢河水所害稼，并撫問遭水百姓。兖州又奏，河水東流，闊七十里，至七年三月，命宋州節度使安彥威率丁夫塞之。河平，建碑立廟于河決之所。

開運元年六月，黃河、洛河泛溢堤堰，鄭州原武、滎澤縣界河決。

周廣順二年七月，暴風雨，京師水深二尺，壞墻屋不可勝計。諸州皆奏大雨，所在河渠泛溢害稼。

三年六月，諸州大水，襄州漢江漲溢入城，城內水深五尺，倉庫漂盡，居人溺者甚眾。

又 〔晉開運〕三年九月，大水，

《新唐書》卷三六《五行志三・水不潤下》 文明元年七月，溫州水，漂千餘家；括州溪水暴漲，溺死百餘人。

如意元年四月，洛水溢，壞永昌橋，漂居民四百餘家。七月，洛水溢，漂居民五千餘家。八月，河溢，壞河陽縣。

長壽二年五月，棣州河溢，壞居民二千餘家。是歲，河南州十一，水。

萬歲通天元年八月，徐州大水，害稼。

神功元年三月，括州水，壞民居七百餘家。是歲，河南州十九，水。

又 會昌元年七月，江南大水，漢水壞襄、均等州民居甚衆。

大中十二年八月，魏、博、幽、鎮、兗、鄆、滑、汴、宋、舒、壽、和、潤等州水，害稼；徐、泗等州水深五丈，漂沒數萬家。十三年夏，大水。

咸通元年，潁州大水。四年閏六月，東都暴水，自龍門毀定鼎、長夏等門，漂溺居人。七月，東都、許汝徐泗等州大水，傷稼。九月，孝義山水深三丈，破武牢關金城門汜水橋。六年六月，東都大水，漂壞十二坊，溺死者甚衆。七年夏，江淮大水。秋，河南大水，害稼。十四年八月，關東、河南大水。

乾符三年，關東大水。

光化三年九月，浙江溢，壞民居甚衆。

又 神龍中，渭水有蝦蟆大如鼎，里人聚觀，數日而失。是歲大水。

又 光化三年九月，杭州有龍鬬于浙江，水溢，壞民廬舍。占同天寶十四載。

《續資治通鑒長編》卷一二 ［開寶四年十一月庚戌］河決澶州，東匯于鄆、濮，壞民田。

又 卷一三 ［開寶五年夏四月］丙午，以水災，遣左司員外郎侯陟等四人，乘傳分視民田。

又 ［五月癸酉］河又決大名府朝城縣，河南北諸州皆大水。

又 ［六月］庚寅，河決陽武縣，汴水決鄭州、宋州。

又 卷一八 ［太平興國二年秋七月］乙丑，澶州言河決頓丘，滑州言河決白馬，道州言大水壞民廬舍。

又 ［閏七月己酉］汴水溢，壞開封大寧隄，浸民田，害稼，詔發懷、孟丁夫三千五百人塞之。

又 卷二二 ［太平興國六年秋七月丙申］河中府、鄜州皆言大水。

又 ［庚午］寧州言大水。

又 卷二三 ［太平興國七年夏四月己丑］潤州言丹徒等縣大水 害稼，詔給復一年。

又 ［太平興國七年六月丁卯］齊州言河決臨濟縣。

又 ［太平興國七年秋七月］先是，袁廓知鄆州，河水溢入城，浸居民廬舍。至冬月，結爲冰。廓大發民鑿取，以竹輿舁出城散積之。朝廷使者至，謂其方略，水獨不入城中，歸奏其狀。優詔褒奬，由殿中丞擢監察御史。及春解凍，州城地窪下，流澌自四隅入，民益被其患。

又 ［太平興國七年秋七月丙辰］均州、南劍州皆言大水壞廬舍。

又 ［太平興國七年八月庚申］梧州言大水。

又 ［太平興國七年十月壬申］懷州河決武德縣，害民田，詔蠲其租。

又 卷二四 ［太平興國八年］五月丙辰朔，河大決滑州房村，泛澶、濮、曹、濟諸州民田，壞居人廬舍，東南流至彭城界，入于淮。有司議大發丁夫塞之。上曰：『鄉者發民塞韓村決河水，不能成，俱爲勞擾。』乃命出卒數萬人，賜以內府金帛命內客省使郭守文往護其役。

又 ［太平興國八年六月］甲午，河南府言伊、洛、瀍、穀水皆漲，壞官寺民廬甚衆，死者以萬計。詔悉加賑卹。

又 ［太平興國八年六月己亥］陝州言大水壞軍民廬舍千餘區。

又 ［太平興國八年七月］辛巳，詔開封府諸縣民田爲河水所傷者，並蠲其租。

又 ［太平興國八年］陝西、河北、峽路諸州皆言大水。

又 ［太平興國八年九月癸丑］宿州言河水泛民田。

又 卷二六 ［雍熙二年秋七月］鼎州言江水溢害稼。

又 卷二七 ［雍熙三年秋七月］癸巳，階州言福津縣有大山自龍帝峽飛來，壅白江水逆流高十餘丈，壞民田數百里。

又 卷三二 ［淳化二年五月］乙酉，汴水決浚儀縣，壞連隄，泛民田。

又 卷四五 ［咸平二年冬十月］癸亥，漳州言山水泛濫，壞民舍千餘區，有溺死者。

又 卷四七 ［咸平三年五月己酉］先是，河決，灌濟、泗，鄆州城中常苦水患，至是，大雨彌月，積潦益甚。

又 卷五七 ［景德元年九月庚子］宋州言汴水決，壞田廬。命內侍王懷昭督兵匠護塞之，踰月工就。

又 卷六一 ［景德二年十月丙申］詔京東水災，罷州縣不急之務。

又 卷六三 ［景德三年六月］甲午，汴水暴漲，命宣政使李神福、東上閤門使曹利用與馬軍副都指揮使曹璨、步軍副都指揮使王隱巡護隄岸。中夜，河溢于城西，毀外隄，壞廬舍，即時完塞。

又 卷六五 ［景德四年六月］己亥，鄭州言索水暴漲，漂滎陽縣居民四十二戶，有溺死者。詔給其家廩粟，委長吏存卹之。

又 ［景德四年乙卯］鄧州及南劍州言水災，並遣使存撫。

又 卷七二 ［大中祥符二年秋七月辛未］乙亥，京東徐、濟、淄、青、兗等七州水，詔遣使馳驛按視，仍令本路轉運使、提點刑獄官分道檢校堙塞之，傷田悉蠲其租。

又 ［大中祥符二年八月］甲午，京城西積水壞民田，遣中使與閤門祗候康宗元領徒畎導。宗元等因請大修堤防，上曰：『沮洳之際，何以施工，且堤防峻隘，決壞必多，況秋水已落，宜竢來春修築。仍豫經度，畫圖以聞。』康宗元，未見。

乙未，遣使臣督京東路導治積水。

又 ［大中祥符二年冬十月庚寅］御史中丞王嗣宗，言許州積水害民田，蓋惠民河不謹堤防，每歲決壞，即詔閤門祗候錢昭厚經度之。昭厚請開小潁河，分導水勢，上曰：『泄其上源，無乃移患於下流乎？』昭厚不能對。判陳州石保吉，復言此河浸廣，則郡當水衝，爲害甚大，乃命白波發運判官史瑩視之。瑩請修頓固雙斗門於減水河口，爲東水鹿巷以均節壅溢，奏可。因詔三班選幹局習事者巡護堤岸，殿最如黃、汴法。自是吏謹其職，而水災稍息。實録選使臣視堤岸在八月丙戌，今依本志，載史瑩建議之後。昭厚、瑩，邑里未詳。

又 卷七六 ［大中祥符四年六月甲子］江、淮南水災民饑。丙寅，命起居舍人、直史館李迪爲安撫使，內殿崇班、閤門祗候張利用爲都監，所至存問里閭，察訪官吏，訊詳犴獄，寬節財征，以便宜從事。既而迪等言，廬、壽州早稻已登，江、洪、筠、袁州漲溢民田，不至全傷。張利用，未見。

又 ［大中祥符四年八月］戊辰，河決通利軍，合御河，壞大名城，傷田廬。

又 卷七七 ［大中祥符五年春正月癸酉］蘇州言水災，詔蠲其民秋租。

又 卷七八 ［大中祥符五年七月］乙未，慶州言懷安鎮山水暴漲，漂溺居民。詔人賜千錢，米一斛。

又 卷八一 ［大中祥符六年十一月甲午］以水潦，免濱、棣州牛稅一年。

又 卷八二 ［大中祥符七年六月］丁巳，泗州言水害民田，遣使賑卹。

又 卷八三 ［大中祥符七年八月］甲戌，河決澶州大吴埽，詔徙民即高阜，官給舟渡。遣使修塞，役徒數千，築新隄亙二百四十步，水乃順道。

又 卷八四 ［大中祥符八年春正月壬午］緣河、江、淮，兩浙民田經水災者，悉蠲其稅。

又 ［大中祥符七年戊戌］時故城積糧甚多，或者病其難徙，士遜視瀕河數州方歉食，即計其餘以貸民，期來歲輸新治，公私便之。孫沖既徙知襄州，復上疏論徙州非便，且著河書以獻，既而大水没故城丈餘。據孫沖本傳云：河決棣州，知天雄軍寇準請徙州滴河，命沖往按視，還，言徙州動民，亦未免治隄，不若塞河爲便，遂以知棣州。自秋至春凡四決口，皆塞之。及準爲樞密使，卒徙州陽信，而沖坐守護河隄過嚴，民輸送往來隄上者輒榜之，爲使者論奏，徙襄州。按實録、會要及本志，則徙河之議乃王曙、李應機所建，非出於準也。曙即準女壻，豈當時議果出於準耶？及是，則曙已去矣，衆見準在樞密，棣州卒徙，因以爲徙州實準初議，恐未必然也。沖既徙襄州，猶爭徙州不便，然故城没水丈餘，則州豈可不徙耶？沖傳不究其本末，似因當時人所作碑誌、行狀略刪潤之耳，蓋不可信，當考。

又 卷八七 ［大中祥符九年］延州言州洎定平、安遠、塞門、栲栳四寨，山水汎溢，壞隄城。

又 卷九九 ［乾興元年八月辛亥］辛亥，詔蘇州仍歲水災，令長吏賑卹之。

又 卷一〇〇 ［天聖元年春正月］戊子，遣鹽鐵判官張傳、閤門祗候張永德安撫京東、淮南諸州，水災故也。

又 ［三月］壬寅，詔徐州仍歲水災，民頗艱食，已嘗發常平倉及以種糧貸中下戶，又罷散蠶鹽，常慮或致流徙，其令京東體量安撫臣僚倍加拯卹。

又 卷一〇三 ［天聖三年十一月］辛卯，襄州言漢水害民田，詔蠲其租。

又 卷一〇四 ［天聖四年六月癸巳］河中府、鄭州言大水。

又 卷一〇八 ［天聖七年六月］是月，河北大水，壞澶州浮橋。

又 卷一二八 ［康定元年］九月甲寅，滑州言河水泛溢，壞居民廬舍。

又 卷一六五 ［慶曆八年八月］己丑，以河北、京東西水災，罷秋燕。

又 ［慶曆八年十一月癸亥］時雨潦害稼，壞隄防，兩河間尤甚。

又 卷一六六 ［皇祐元年春正月］戊申，以河北水災罷上元張燈、車駕朝謁，停作樂。

又 ［皇祐元年二月辛未］初，河北大水，流民入京東者不可勝數。弼擇所部豐稔者五州，勸民出粟，得十五萬斛，益以官廩，隨所在貯之。擇公私廬舍十餘萬區，散處其人，以便薪水。官吏自前資待闕寄居者，皆給其祿，使即民所聚，選老弱病者廪之。山林河泊之利，有可取以爲生者，聽流民取之，其主不得禁。官吏皆書其勞，約爲奏請，使他日得以次受賞於朝，率五日輒遣人以酒肉糧飯勞之，人人爲盡力。流民死者，爲大冢葬之，謂之叢冢，自爲文祭之。及流民將復其業，又各以遠近受糧。凡活五十餘萬人，募而爲兵者又萬餘人。帝聞之，遣使慰勞，就遷其秩。弼曰：『救災，守臣職也。』辭不受。前此，救災者皆聚民城郭中，煮粥食之。饑民聚爲疾疫，及相蹈藉死。或待次數日不食，得粥皆僵仆，名爲救人，而實殺之。弼所立法，簡便周至，天下傳以爲法。弼墓誌、神道碑、朱墨史附傳並云：弼先以救災加禮侍，辭不受。又以捕齊兵再加禮侍，亦不受。考其事跡，蓋顛倒也。先加禮侍在去年三月，乃捕齊兵；後加禮侍，則救災之故。蓋河北大水，實緣去年六月河決商胡，民流當夏秋間。若春時，河北固未嘗有大水也。今悉正之。

又 卷一七三 「皇祐四年九月甲辰」遣内侍諭中書：『鄜州大水，而知州薛向不能捍城，至壞倉廪及軍民廬舍，今雖力能修完，止可免責，不當更議酬庸。』八月庚寅所書上嘉歎之，與此頗異，當考。

又 卷一八一 「至和二年至和二年九月」丁卯，詔：『自商胡之決，大河注金隄，寖爲河北患。其故道又以河北、京東歲饑，未能興役。今勾當河渠司事李仲昌欲約水入六塔河，使歸横隴舊河，以舒一時之急。其令兩制以上、臺諫官與河渠司同詳定開故道、修六塔利害以聞。』

又 卷一八二 「嘉祐元年六月」辛未，詔開封府界及京東西、河北轉運司，水潦害民田，其選官蠲放税賦。

又 卷一八七 「嘉祐三年春正月乙未」初，有司言：『至和大水，京城罹其患。請自祥符縣界葛家崗穿河，直城南好草陂，北入惠民河，分注魯溝河，則自此無水患矣。』戊戌，發官卒調民丁鑿河。

又 「嘉祐三年秋七月」乙亥，詔京西轉運司，京、索河水浸民田，其發卒二千往護築之。

又 「嘉祐三年秋七月」丙戌，案丙戌宋史作丙子，亦誤。詔：『比廣濟河溢，害東明民田。原武縣河決汴隄長城口，漂浸封邱等處苗稼。其權倚閣夏税及食鹽錢，仍令開封府界提點按行諸縣而賑救之。』

又 卷一九四 「嘉祐六年秋七月」乙酉，泗州言淮水溢。

又 己亥，起居舍人、同知諫院龔鼎臣爲淮南路體量安撫使，侍御史陳經爲兩浙路體量安撫，以水災也。

又 卷二二六 「熙寧四年九月」丙戌，鄆州言，州界有黄河決水入故道。詔京東提舉常平司遣官相視深淺、闊狹、水所歸處，具圖以聞。

又 卷二八三 「熙寧十年秋七月」乙丑，河大決於澶州曹村下埽。

又 「熙寧十年秋七月乙亥」河既大決於曹村下埽，甲戌，澶州言：『北流繼絕，河道南徙，又東匯於梁山張澤濼，分爲二流：一合南清河入於淮，一合北清河入於海。凡灌州縣四十五，而濮、齊、鄆、徐尤甚，壞官亭、民舍數萬，田三十萬頃。』已上據會要，蓋因孫洙《靈津廟記》，但記以絕流爲壬申耳。本志亦與會要同。新、舊紀于丙子日乃書：河決澶州曹村埽，十七日，大決曹村。

又 「熙寧十年秋七月」是月，河復溢衛州王供，四年十月，河溢王供。溢懷州黄、沁，溢衛州汲縣上下埽，溢滑州韓村，遂大決澶州曹村。此據河渠志增入月末。實録但於二十八日書曹村埽河決耳，然曹村大決乃十七日也。韓村于八月四日始書，黄、沁于八月十四日始書。

又 卷二八四 「熙寧十年八月」是月，河決鄭州滎澤埽。此據本志，附見月末。

又 卷二八六 「熙寧十年十二月」甲申，手詔：『比楊琰、高靖檢河道回，具所見條上，可召審問，參質利害，庶被災之民不致枉有勞役。』初，河決曹村，命官塞之，而故道已堙，高仰，水不得下。議者欲自夏津縣東開簽河入董固護舊河，袤七十里九十步，又自張村埽直東築隄至龐家莊古隄，袤五十里二百步，計用兵三百餘萬，物料三十餘萬。而琰等以爲口塞水流，則河道自成，不必開築，以縻工役。上重其事，故令審問，仍詔侍御史知雜事蔡確同相視以聞。既而以確母病，改命樞密都承旨韓縝。後縝言：『漲水衝刷新河，已成河道。河勢變移無常，雖開河就隄，及於河身創立生隄，枉費功力。欲止用新河，量加增修，可以經久。』從之。縝言在明年正月，今依朱本移入此。

又 卷二八七 「元豐元年春正月己巳」詔河北路權停折納。以經水災，糧草貴也。

又 卷二九〇 「元豐元年六月己酉」京東路體量安撫黄廉言：『本路被水之初，乞委監司察災傷縣令不得力者，聽於不經水災若事簡縣對移，如闕人，即於得替待闕人不依常例奏舉；及乞申敕有司檢計溝河，候豐熟令所屬調丁夫濬治；梁山、張澤兩濼累歲填淤，浸民田，亦乞自下流浚至濱州。」從之，開濬溝河，令都水監遣官同轉運司檢視工料。廉受命安撫京東在熙寧十年八月九日。

又 卷三一二 〔元豐四年五月庚寅〕詔：『河決小吴埽，已全奪過大河，若止循例以三五千人急夫，必不能塞。方當蠶麥收成，民力不宜妄有調發，宜速令燕達相度，如有以東退背諸埽兵可發，即更不差急夫。其被水州縣民户，令轉運司救護城郭，并差官以船栰濟人，仍令東、西路提舉司速賑濟。』

澶州言：『河決浸城，水勢猛惡，本州無兵差撥及無梢草，乞劄刷本路兵五七百人，及借支河埽場内椿千條，梢二萬束，本州豫買草四萬束。』從之。

甲午，燕達言：『小吴故道斷流，今接近漲水，河門口皆深闊，塾塌未定，難計功料，未可修塞。』詔達且發赴闕，仍以權知澶州李立之權判都水監，令立之自河陽至小吴決口點檢埽岸。

又 卷四六五 〔元祐六年〕閏八月庚申，知杭州林希言：『太湖積水未退，爲蘇、湖大患。乞專委監司躬詣瀕海泄水處，相度開決，庶使積水漸退，民田復出，流移歸業。』

又 卷五〇二 〔元符元年九月壬子〕御史中丞安惇言：『北京在澶州大河漲溢，溺民田宅，乞下本路提舉司委官鈔録被災人户，速行賑濟。』

又 卷五〇三 〔元符元年冬十月〕丁酉，詔：『河北、京東路州縣有漕黄河漲水，渰溺人户田廬，多致失所。遣工部員外郎梁鑄，體量應合賑恤并體訪見今河勢利害以聞。』九月七日安惇建請差官。

又 卷五〇四 〔元符元年十一月〕監察御史蔡蹈言齊、鄆、濱、滄等州大被水患，爲害甚遠，良由北外都水丞司自去年七月以至今年，一歲之閒，略無措置，以備捍禦，馴致今日之患。

又 卷五一一 〔元符二年六月〕己亥，河決内黄口，東流斷絶。此據元符二年十月二十六日工部狀追書，紹聖史官專主北流之議，至東流斷絶，乃略不正言其月日，蓋姦臣意別有主，于記述則未暇詳細耳。趙鼎臣《河渠書》云：元符二年六月，河決内黄第一埽，復北流故道。詔遣吏部員外郎王祖道賑濟被水之民，又命水部員外郎曾孝廣詣河北相度河事。按遣祖道在七月九日，遣孝廣在七月十八日。

《文獻通考》卷二六《國用考四・賑恤》 武帝四年，山東被水災，民多饑乏。於是天子遣使虛郡國倉稟，以振貧民。

又 成帝河平四年，振貧瀕河郡水傷不能自存者，避水他郡國，所在冗食之冗，散。稟食使生活，不占著户給役使也。

又 明帝景初元年，冀、兗、徐、豫四州遇水，遣使循行。沒溺死亡及失產財者，所在開倉振給之。

又 宋文帝元嘉中，三吴水潦，穀貴人饑。彭城王義康立議：『以東土災荒，人稠穀踴，富商蓄米，日成其價。宜班下所在，隱其虛實，令積蓄之家，聽留一年儲，餘皆勒使糶貨，爲制平價。又沿淮歲豐，令三吴饑人，即以貸給，使強壯轉運，以贍老弱。』又詔以會稽、宣城二郡米穀百萬斛賜遭水人。

又 宣武延昌元年，州郡十一大水，詔開倉振恤，以京師穀貴，出倉粟八十萬石以振恤貧民。

又 慶曆八年，河北、京東西大水，大饑，人相食。

又 元豐元年，詔以濱、棣滄州被水災，令民第四等以下立保貸請常平糧有差，仍免出息。

又 哲宗元祐六年，翰林學士承旨、知杭州蘇軾言：『浙西二年諸郡災傷，今歲大水，蘇、湖、常三州水通爲一，杭州死者五十餘萬，蘇州三十萬，未數他郡。』

又 卷二九六《物異考二・水災》 《春秋》桓公元年『秋，大水』，董仲舒、劉向以爲桓弑兄隱公，民臣痛隱而賤桓。十三年復大水。一曰，夫人驕淫，將弑君，陰氣盛，桓不悟，卒見殺。莊公七年『秋，大水，亡麥苗』。董仲舒、劉向以爲莊公母與兄通，共弑桓公，莊釋父仇，復取齊女，臣下賤之之應。十一年『秋，宋大水』。董仲舒以爲時魯、宋比年爲乘邱、鄑之戰，百姓愁怨，陰氣盛，故二國俱水。明年，宋萬弑閔公。二十四年『大水』。董仲舒謂夫人哀姜淫亂不婦，陰氣盛也。宣公十年『秋，大水』。董仲舒以爲時北伐邾取邑，亦見報復，兵仇連結，百姓愁怨。

成公五年『秋，大水』。董仲舒、劉向以爲時成幼弱，政在大夫，三家專兵，陰勝陽。襄公二十四年『秋，大水』。劉向以爲襄慢鄰國，邾、齊、莒交伐之，魯國小兵弱，數敵強大，百姓愁怨，陰氣盛。

漢高后三年夏，漢中、南郡大水，水出流四千餘家。四年秋，河南大水，伊、雒流千六百餘家，汝水流八百餘家。八年夏，漢中、南郡水復出，流六千餘家。南陽沔水流萬餘家。是時女主獨治，諸呂相王。文帝十二年十一月，河決東郡。

後三年秋，大水，晝夜不絕三十五日。藍田山水出，流九百餘家，滍壞民室八千餘所，殺三百餘人。時新垣平得幸，立渭陽五帝廟，郊見上帝。後歲餘，謀爲逆，誅，夷人三族。匈奴數犯北邊，殺略甚衆，漢連歲征討。武帝建元二年春，河水溢於平原。元光三年春，河水徙，從頓邱東南流入渤海。五月，河決濮陽，汜郡十六。發卒十萬救決河。起龍淵宫。元鼎二年夏，大水，關東餓死以千數。元帝初元元年，關中十一郡大水。二年，北海水溢，流殺人民。五年夏及秋，大水。潁川、汝南、淮陽、廬江雨，壞鄉聚民舍，及水流殺人。

先是一年，有司奏罷郡國廟，是歲又定疊毀，罷太上皇、於惠帝寢廟，皆無復修。

刑臣石顯用事。成帝建始三年夏，大水。三輔霖雨三十餘日，郡國十九雨，山谷水出，凡殺四千餘人，壞官寺民舍八萬三千餘所。四年，河決東郡金隄。

陽朔二年秋，關東大水。

王莽始建國二年，河決魏郡，泛清河以東數郡。

後漢光武建武六年，東郡以北傷水。七年六月戊辰，雒水溢至津城門，弘農都尉治爲水所漂殺民人，傷稼及廬舍。八年秋，大水。三十一年五月，大水。明帝永平三年，京師及郡國七大水。七年秋，郡國十四大水。和帝永元元年七月，郡國九大水，傷稼《穀梁傳》曰：『高下有水災曰大水。』。

京房《易傳》曰：『顯事私知，誅罰絕理，厥災水。其水也雨殺人，隕霜，大風，天黃。饑而不損，兹謂泰，厥災水殺人。辟遏有德，兹謂狂，厥災水流殺人，已水則地生蟲。歸獄不解，兹謂追非，厥水寒殺人。追誅不解，兹謂不理，厥水五穀不收。大敗不解，兹謂皆陰，厥水流入國邑，隕霜殺穀《春秋考異郵》曰：『陰盛臣逆，民悲情發，則水出河決也。』。』是時和帝幼，竇太后攝政，其兄竇憲幹事，及憲諸弟皆貴顯，並作威虣虐，常所怨恨，輒任客殺人。其後竇氏誅滅。十年五月丁巳，京師大雨，山水流出至東郊，壞民廬舍。十二年六月，潁川大水，傷稼。時和帝幸鄧貴人，廢陰后。殤帝延平元年五月，郡國三十七大水，傷稼。董仲舒曰：『水者，陰氣盛也。』是時帝在繈抱，鄧太后專政臣昭按：本紀是年九月，六州大水。袁山松書曰：『六州河、濟、渭、雒、洧水盛長泛溢，傷秋稼。』。安帝永初元年冬十月辛酉，河南新城山水虣出，突壞民田，壞處泉水出，深三丈。是時司空周章等以鄧太后不立皇太子勝而立清河王子，故謀欲廢置。十一月，事覺，章等被誅。是年郡國四十一水出，漂沒人民謝沈書曰：『死者以千數。』。《讖》曰：『水者，純陰之精也。陰氣盛洋溢者，小人專制擅權，治疾賢者，依公結私，侵乘君子，小人席勝，失懷得志，故湧水爲災。二年，大水臣昭按：本紀京師及郡國四十有水。《周嘉傳》：是夏旱，嘉收葬客死骸骨，應時澍雨，歲乃豐稔，則水不爲災也。』。

三年，大水臣昭按：本紀京師及郡國四十一雨水。四年，大水臣昭按：本紀云三郡。五年，大水臣昭按：本紀郡國八。六年，河東池水變色，皆赤如血水變。占曰：『水化爲血者，好任殘賊，殺戮不辜，延及親戚，水當爲血。』。是時鄧太后猶專政《古今注》曰：『元初二年，潁川襄城臨水化爲血。』《京房占》曰：『流水化爲血，兵且起，以日辰占與其色。』《博物記》曰：『江河水赤。占曰，泣血道路，涉蘇於河以處。』。延光三年，大水，流殺人民，傷苗稼。是時安帝信江京、樊豐及阿母王聖等讒言，免太尉楊震，廢皇太子臣昭按：《左雄傳》：順帝永建四年，司、冀二州大水，傷稼。《楊厚傳》：永和元年夏，雒陽暴水，殺千餘人。質帝本初元年五月，海水溢樂安、北海，溺殺人物。時帝幼，梁太后專政《春秋漢含孳》曰：『九卿阿黨，擠排正直，驕奢僭害，則江河潰決。』《方儲對策》曰：『民悲怨則陰類強，河決海濱，地動土湧。』。桓帝建和二年七月，京師大水。去年冬，梁冀枉殺故太尉李固、杜喬。三年八月，京都大水。時梁太后猶專政。永興元年秋，河水溢，漂害人物臣昭按：《朱穆傳》云：『漂害數千萬户。』《京房占》曰：『江河溢者，天有制度，地有里數，懷容水澤，漫溉萬物。今溢者，明在位者不勝任也，三公之禍不能容也。率執法者利刑罰，不用常法。』。二年六月，彭城泗水增長，逆流《梁冀別傳》曰：『冀之專政，天爲見異，衆災並湊，蝗蟲滋生，河水逆流，五星失次，太白經天，人民疾疫，出入六年，羌戎叛戾，盜賊略平民，皆冀所致。』《燉煌實録》張衡對策曰：『水者，五行之首，滯而逆流者，人君之恩不能下及而致逆也。』《潛潭巴》曰：『水逆者，反命也。宜修德以應之。』。

永壽元年六月，雒水溢至津陽城門，漂流人物臣昭按：本紀又南陽大水。

是時梁皇后兄冀秉政，疾害忠直，威權震主。後遂誅滅。延熹八年四月，濟北水清。九年四月，濟陰、東郡、濟北、平原河水清。襄楷上言：『河者諸侯之象，清者陽明之徵，豈獨諸侯有規京都計邪？』其明年，宫車晏駕，徵解犢亭侯爲漢嗣，即尊位，是爲孝靈皇帝。永康元年八月，六州大水，渤海海溢，沒殺人。

是時桓帝奢侈淫祀，十一月崩，無嗣。靈帝建寧四年二月，河水清。袁山松書曰：『禱於龍砣。』五月，山水大出，漂壞廬舍五百餘家。袁山松書曰：『是河東之水暴出也。』熹平二年六月，東萊北海海水溢出，漂流人物。三年秋，雒水出。四年夏，郡國三水，傷害秋稼。光和六年秋，金城河溢，東出二十餘里。中平五年，郡國六水大出臣昭按：袁山松書曰：『山陽、梁、沛、彭城、下邳、東海、琅琊』，則是七郡。獻帝建安二年九月，漢水溢流，害民田廬舍。是時天下大亂。袁山松書曰：『曹操專政。十七年七月，大水，洧水溢。』十八年六月，大水《獻帝起居注》曰：『七月，大水，上親避正殿；八月，以雨不止，且還殿。』。二十四年八月，漢水溢流，害民田廬舍明年禪位於魏。

魏文帝黄初四年六月，大雨霖，伊、洛溢，至津陽城門，漂數千家，殺人。初，帝即位，自鄴遷洛，營造宮室，而不起宗廟。太祖神主猶在鄴，嘗於建始殿饗祭如家人禮，終黄初不復還鄴。又郊社神祇，未有定位。簡宗廟廢祭祀之罰也。

明帝景初元年九月，淫雨，冀、兗、徐、豫四州水出，沒溺殺人，漂失財產。時帝崇飾宮室，妨害農戰，觸情恣欲，水不潤下之應。

吴孫權赤烏八年夏，茶陵縣洪水溢出，漂二百餘家。十三年秋，丹陽、故鄣等縣又洪水溢出。按權稱帝三十年，竟不於建業創七廟，唯父堅一廟遠在長沙，而郊祀禮闕。末年雖一南郊，而北郊無聞。吴、楚之望亦不見秩，反祀羅陽妖神，以求福助。簡宗廟廢祭祀之罰也。太元元年，又有大風湧水之異。時權信讒，廢太子，又無年不用兵，百姓愁怨。孫亮五鳳元年夏，大水。亮即位四年，乃立權廟。又終吴世不上祖宗號，修嚴父禮，廢二郊，不秩羣神。罰同前。又，時孫峻專政，陰勝陽之應。孫休永安四年五月，大雨，水泉湧溢。昔歲作浦里塘，功費無數，而田不可成，士卒死叛，或自賊殺，百姓愁怨，陰氣盛。五年八月壬午，大雨震電，水泉湧溢。

晉武帝泰始四年九月，青、徐、兗、豫四州大水。七年六月，大雨霖，河、洛、伊、泌皆溢，殺二百餘人。自帝即尊位，不加三后祖宗之號。至泰始二年又除明堂南郊五帝座，同稱昊天上帝，一位而已。又省先後配地之祀。此簡宗廟廢祭祀之罰也。咸寧元年九月，徐州大水。二年七月癸亥，河南、魏郡暴水，殺百餘人。閏月，荊州郡國五大水，流四千餘家。去年採擇良家子女，露面入殿，帝親簡閱，務在姿色，不訪德行，有蔽匿者以不敬論，縉紳愁怨，天下非之，陰盛之應也。三年六月，益、梁二州郡國八暴水，殺三百餘人。七月，荊州大水。

九月，始平郡大水。十月，青、徐、兗豫、荊、益、梁七州又大水。是時賈充等用事專恣，而正人疏外者多，陰氣盛也。四年七月，司、冀、兗、豫、荊、揚郡國二十大水，傷秋稼，壞屋室，有死者。太康三年六月，泰山、江夏大水，泰山流三百家，殺六千餘人，江夏亦殺人。時平吴後，王濬爲元功而詆劾妄加，荀、賈爲無謀而並蒙重賞，收吴姬五千，納之後宮，此其應也。四年七月，兗州大水。十二月，河南及荊、揚六州大水。五年九月，郡國四大水，又殞霜。是月南安等五郡大水。六年四月，郡國十大水，壞廬舍。七年九月，郡國八大水。

八年六月，郡國八大水。惠帝元康二年，有水災。五年五月，潁川、淮南大水。六月，城陽、東莞大水，殺人，荊、揚、徐、兗、豫五州又水。

是時帝即位已五載，猶未郊祀，其蒸嘗亦多不親行事，此簡宗廟廢祭祀之罰。六年五月，荊、揚二州大水。是時賈后亂朝，寵樹賈、郭，女主專政，陰氣盛之應也。八年五月，金墉城井溢。《漢志》，成帝時有此妖，後王莽僭逆。今又有此妖，趙王倫篡位，倫廢帝於此城，井溢所在，其天意也。九月，荊、揚、徐、冀、豫五州大水。是時賈后暴戾滋甚，韓謐驕猜彌扇，卒害太子，旋以禍滅。九年四月，宮中井水沸溢。永寧元年七月，南陽、東海大水。是時齊王冏專政，陰盛之意也。泰安元年七月，兗、豫、徐、冀四州水。時將相力政，無尊主心，陰盛故也。元帝太興三年六月，大水。是時王敦內懷不臣，沴狠陵上，此陰氣盛也。四年七月，又大水。永昌二年五月，荊州及丹陽、宣城、吴興、壽春大水。明帝太寧元年五月，丹陽、宣城、吴興、壽陽大水。是時王敦威權震主，陰氣盛故也。成帝咸和元年五月，大水。是時嗣主幼沖，母后稱制，庾亮以元舅決事禁中，陰勝陽故也。二年五月戊子，京都大水。是冬，以蘇峻稱兵，都邑塗地。七年五月，大水。是時帝未親機務，政在大臣，陰勝陽也。咸康元年八月，長沙、武陵大水。穆帝永和四年五月，大水。五年五月，大水。六年五月，又大水。是時幼主沖弱，母后臨朝，又將相大臣各執權政，與咸和初同事也。七年七月甲辰夜，濤水入石頭，死者數百人。是時殷浩以私忿廢蔡謨，遐邇非之。又幼主在上而殷桓交惡，選徒聚甲，各崇私權，陰勝陽之應也。一説濤水入石頭，以爲兵占。後殷浩、桓溫、謝尚、荀羨連年征伐，百姓愁怨也。升平二年五月，大水。五年四月，又大水。是時桓溫權制朝廷，專征伐，陰勝陽也。海西太和六年六月，京師大水，平地數尺，浸及太廟。朱雀大航纜斷，三艘流入大江。丹陽、晉陵、吴郡、吴興、臨海五郡又大水，稻稼蕩沒，黎庶饑饉。初，四年桓溫北伐敗績，十喪其九；五年又征淮南，逾歲乃克，百姓愁怨之應也。黽文帝咸安元年十二月壬午，濤水入石頭。明年，袄賊盧竦率其屬數百人入殿，略取武庫三庫甲仗，遊擊將軍毛安之討滅之，兵興陰盛之應也。

孝武帝太元三年六月，大水。是時帝幼弱，政在將相。五年五月，大水。六年六月，揚、荊、江三州大水。八年三月，始興、南康、廬陵大水，平地五丈。

十年五月，大水。自八年破苻堅後，有事中州，役無寧歲，愁怨之應。十三年十二月，濤水入石頭，毀大航，殺人。明年慕容氏寇擾司、兗，鎮戍西北，疲於奔命，愁怨之應也。十五年七月，沔中諸郡及兗州大水。是時緣河紛爭，征戍勤悴之應也。十七年六月甲寅，濤水入石頭，毀大航，漂船舫，有死者。京口西浦亦濤入殺人。永嘉郡潮水湧起，近海四縣人多死。後四年帝崩，而王恭再攻京師，京師亦發衆以禦之，兵役頻興，百姓愁怨之應也。十八年六月己亥，始興、南康、廬陵大水，深五丈。十九年七月，荊、徐大水，傷秋稼。二十年六月，荊、徐又大水。安帝隆安三年五月，荊州大水，平地三丈。去年殷仲堪舉兵向京師，是年春又殺郗恢，陰盛作威之應也。仲堪尋亦敗亡。五年五月，大水。是時會稽王世子元顯作威陵上，又桓元擅西夏，孫恩亂東國，陰勝陽之應也。元興二年十二月，桓元簒位。其明年二月庚寅夜，濤水入石頭，商旅方舟萬計漂敗流斷，骸胔相望。江左雖頻有濤變，未有若斯之甚。三月，義軍克京都，元敗走，遂夷滅之。三年二月己丑朔夜，濤水入石頭，漂沒殺人，大航流敗。義熙二年十二月己未夜，濤水入石頭。明年，駱球父環潛結桓允、殷仲文等謀作亂，劉稚亦謀反，凡所誅滅數十家。三年五月丙午，大水。四年十二月戊寅，濤水入石頭。明年，王旅北討。六年五月丁巳，大水。乙丑，盧循至蔡州。八年六月，大水。九年五月辛巳，大水。十年五月丁丑，大水。戊寅，西明門地穿，湧水出，毀門扇及限，亦水沴土也。七月乙丑，淮北風災，大水殺人。十一年七月丙戌，大水，淹漬太廟，百官赴救。明年，王旅北討關、河。

宋文帝元嘉五年六月，都下大水。七年十二月，吳興、晉陵、義興大水。十二年六月，丹陽、淮南、吳興、義興大水，都下乘船。十七年八月，徐、兗、青、冀四州大水。十八年五月甲申，河水汎溢，害居人。十九年閏五月，都下水。二十四年，徐、兗、青、冀四州大水。二十五年冬，青州城南，遠望見地中如水出有影，謂之地鏡也。孝武大明元年正月庚午，都下雨水。

齊武帝永明九年，吳興、義興大水。廢帝永元元年七月，都下大水，死者甚衆。

梁武帝天監二年六月，太末、信安、安豐三縣大水。《春秋考異郵》曰：『陰盛，臣逆人悲，則水出河決。』時江州刺史陳伯之、益州刺史劉季連舉兵反叛，師旅數興，百姓愁怨，臣逆人悲之應也。六年八月，建康大水，濤上御道七尺。七年五月，建康又大水。時數興師旅，以拒魏軍。十二年四月，建康大水。時大發卒築浮山堰，以遏淮水，勞運連年，百姓悲怨之應也。普通元年七月己卯，江、淮、海並溢。中大通五年五月，建康大水，御道通船。京房《易飛候》曰：『大水至國，賤人將貴。』蕭棟、侯景僭稱尊號之應也。

後魏宣武帝元年，州鎮十八，水，饑。延昌元年，郡國十一，大水。二年，十三郡大水。

東魏孝靜帝元象元年，山東大水，蝦蟇鳴於樹上。

後齊武成河清二年十二月，兗、趙、魏大水。後主天統三年，并州汾水溢。讖曰：『水者純陰之精。陰氣洋溢者，小人專制。』時和士開、元文遙、趙彥深等專任。武平六年八月，山東諸州大水。時羣小用事，奸佞滿朝。

隋文帝開皇六年，山南荊、浙七州水。十八年，河南八州大水。時獨孤后預政，楊素頗專，水陰氣，臣妾盛強之應。仁壽二年，河南、河北諸州大水。時帝用刑嚴急。京房《易傳》：『誅罰絕理，則厥災水。』煬帝大業三年，河南大水，漂沒三十餘郡。帝嗣位已來，未親郊廟之禮，簡宗廟廢祭祀之應也。

唐太宗貞觀三年秋，貝、譙、鄆、泗、沂、徐、亳、蘇、隴九州水。水，太陰之氣也。若臣道顓，女謁行，夷狄彊，小人道長，嚴刑以逞，下民不堪其憂，則陰類勝，其氣應而水至；其謫見於天，月及辰星與列星之司水者爲之變，若七曜循中道之北，皆水祥也。四年秋，許、戴、集三州水。七年八月，山東、河南州四十，大水。八年七月，山東、江淮大水。十年，關東及淮海旁州二十八大水。十一年七月癸未，黃氣際天，大雨，穀水溢，入洛陽宮，深四尺，壞左掖門，毀官寺十九；洛水漂六百餘家。九月丁亥，河溢，壞陝州之河北縣及太原倉，毀河陽中沾。十六年秋，徐、戴二州大水。十八年秋，穀、襄、豫、荊、徐、梓、忠、綿、宋、亳十州大水。十九年秋，沁、易二州水，害稼。二十一年八月，河北大水，泉州海溢，驩州水。二十二年夏，瀘、越、徐、交、渝等州水。高宗永徽元年六月，新豐、渭南大雨，零陵山水暴出，漂廬舍；宣、歙、饒、常等州大雨，水，溺死者數百人。秋，齊、定等州十六水。二年秋，汴、定、濮、亳等州水。四年，杭、夔、果、忠等州水。五年五月丁丑夜，大雨，麟遊縣山水沖萬年宫元武門，入寢殿，衛士有溺死者。六月，河北大水，滹沱溢，損五千餘家。六年六月，商州大水。秋，冀、沂、密、兖、滑、汴、鄭、婺等州水，害稼；洛州大水，毁天津橋。十月，齊州河溢。顯慶元年九月，温州暴風雨，海水溢，壞安固、永嘉二縣。四年七月，連州山水暴出，漂七百餘家。麟德二年十月，鄜州大水，壞居人廬舍。總章二年六月，括州大風雨，海溢，壞永嘉、安固二縣，溺死者九千七十人。冀州大雨，水平地深一丈，壞民居萬家。咸亨元年五月丙戌，大雨，山水溢，溺死者五千餘人。二年八月，徐州山水，漂百餘家。四年七月，婺州大雨，山水暴漲，溺死五千餘人。上元三年八月，青州大風，海溢，漂居人五千餘家；齊、淄等七州大水。永隆元年九月，河南、河北大水，溺死者甚衆。二年八月，河南、河北大水，壞民居十萬餘家。永淳元年五月丙午，東都連日澍雨；乙卯，洛水溢，壞天津橋及中橋，漂居民千餘家。六月乙亥，京師大雨，水平地水深數尺。秋，山東大雨，水，民大饑。二年七月己巳，河溢，壞河陽橋。八月，恒州滹沱河及山水暴出，害禾稼。文明元年七月，温州大水，漂千餘家。括州溪水暴漲，溺死百餘人。武后如意元年四月，洛水溢，壞永昌橋，漂居民四百餘家，七月，洛水溢，漂居民五千餘家。八月，河溢，壞河陽縣。長壽二年五月，棣州河溢，壞居民二千餘家。是歲，河南州十一水。神功元年三月，括州水，壞民居七千餘家。是歲，河南州十九水。聖曆二年七月丙辰，神都大雨，洛水壞天津橋。秋，河溢懷州，漂千餘家。三年三月辛亥，鴻州水，漂千餘家，溺死四百餘人。長安三年六月，寧州大雨，水，漂二千餘家，溺死千餘人。四年八月，瀛州水溢，壞民居數千家。中宗神龍元年四月，雍州同官縣大雨，水，漂沒居民五百餘家。六月，河北州十七大水。七月甲辰，洛水溢，壞民居二千餘家。二年四月辛丑，洛水壞天津橋，溺死者數百人。八月，魏州水。景龍三年七月，澧水溢，害稼。九月，密州水，壞民居數百家。元宗開元三年，河南、河北水。四年七月丁酉，洛水溢，沉舟數百艘。五年六月甲申，瀍水溢，溺死者千餘人；鞏縣大水，壞城邑，損居民數百家；河南水，害稼。八年夏，契丹寇營州，發關中卒援之，宿澠池之缺門，營穀水上，夜半，山水暴至，萬餘人皆溺死。六月庚寅夜，穀、洛溢，入西上陽宫，宫人死者十七八，畿内諸縣田稼廬舍蕩盡，掌闈衛兵溺死千餘人，京師興道坊一夕陷爲池，居民五百餘家皆沒不見。是年，鄧州三鵶口大水塞谷，或見二小兒以水相沃，須臾，有蛇大十圍，張口仰天，人或斬射之，俄而暴雷雨，漂溺數百家。十年五月辛酉，伊水溢，毁東都城東南隅，平地深六尺；河南許、仙、豫、陳、汝、唐、鄧等州大水，害稼，漂沒民居，溺死甚衆。六月，博州、棣州河決。十二年六月，豫州大水。八月，兖州大水。十四年秋，天下州五十水，河南、河北尤甚，河及支川皆溢，懷、衛、鄭、滑、汴、濮人或巢或舟以居，死者千計；潤州大風自東北，海濤沒瓜步。十五年五月，晉州大水。

七月，鄧州大水，溺死數千人；洛水溢，入鄜城，平地丈餘，死者無算，壞同州城市及馮翊縣，漂民居二千餘家。八月，澗、穀溢，毁澠池縣。是秋，天下州六十三大水，害稼及居人廬舍，河北尤甚。十八年六月壬午，東都瀍水溺揚、楚等州租船，洛水壞天津、永濟二橋及民居千餘家。二十年秋，宋、滑、兖、鄆等州大水。二十二年秋，關輔、河南州十餘水，害稼。二十七年三月，澧、袁、江等州水。二十八年十月，河南郡十三水。二十九年七月，伊、洛及支川皆溢，害稼，毁天津橋及東西漕，上陽宫仗舍，溺死千餘人。是秋，河南、河北郡二十四水，害稼。天寶四載九月，河南、淮陽、睢陽、譙四郡水。十載，廣陵大風駕海潮，沉江口船數千艘。十三載九月，東都瀍、洛溢，壞十九坊。代宗廣德元年九月，大雨，水平地數尺。時吐蕃寇京畿，以水自潰去。二年五月，東都大雨，洛水溢，漂二十餘坊；河南諸州水。大曆元年七月，洛水溢。二年秋，湖南及河東、河南、淮南、浙東西、福建等道州五十五水災。七年二月，江州江溢。十年七月，杭州海溢。十一年七月戊子夜，澍雨，京師平地水尺餘，溝渠漲溢，壞民居千餘家。十二年秋，京畿及宋、亳、滑三州大雨水，害稼，河南尤甚，平地深五尺，河溢。德宗建中元年，幽、鎮、魏、博大雨，易水、滹沱橫流，自山而下，轉石折樹，水高丈餘，苗稼蕩盡。貞元二年六月丁酉，大風雨，京城通衢水深數尺，有溺死者。東都、河南、荊南、淮南江河溢。三年三月，東都、河南、江陵、汴揚等州大水。四年八月，灞水暴溢，殺數百人。

八年秋，自江淮及荊、襄、陳、宋至於河朔州四十餘大水，害稼，溺死二萬餘人，漂沒城郭廬舍，幽州平地水深二丈，徐、鄭、涿、薊、檀、平等州皆深丈餘。九年六月，淮水溢，平地七尺，沒泗州城。十一年十月，朗、蜀二州江溢。十二年四月，福、建二州大水；嵐州暴雨，水深二丈。十八年春，申、光、蔡等州大水。順宗永貞元年夏，朗州之熊武五溪溢。秋，武陵、龍陽二縣江水溢，漂萬餘家。京畿長安等九縣山水害稼。憲宗元和元年夏，荊南及壽、幽、徐等州大水。四年十月丁未，渭南暴水，漂民居二百餘家。六年七月，鄜坊、黔中水。

七年正月，振武河溢，毀東受降城。五月，饒、撫、虔、吉、信五州暴水，虔州尤甚，平地有深至四丈者。八年五月，陳州、許州大雨，大隗山摧，水流出，溺死者千餘人。六月庚寅，大風，毀屋揚瓦，人多壓死；京師大水，城南深丈餘，入明德門，猶漸車輻。辛卯，渭水漲，絕濟。時所在百川發溢，多不由故道。滄州水潦，浸鹽山等四縣。九年秋，淮南及岳安、宣、江、撫、袁等州大水，害稼。十一年五月，京畿大雨水，昭應尤甚；衢州山水害稼，深三丈，毀州郭，溺死百餘人。六月，密州大風雨，海溢，毀城郭；饒州浮梁、樂平二縣暴雨，水，漂沒四千餘戶；潤、常、潮、陳、許五州及京畿水，害稼。十二年六月乙酉，京師大雨，水，含元殿一柱傾，市中水深三尺，毀民居二千餘家；河南、河北大水，洺、邢尤甚，平地二丈；河中、江陵、幽澤潞晉隰蘇臺越州水，害稼。十五年秋，洪、吉、信、滄等州水。穆宗長慶二年七月，河南陳、許、蔡等州大水；好時山水漂民居三百餘家；處州大雨，水，平地深八尺，壞城邑、桑田大半。

四年夏，蘇、湖二州大雨，水，太湖決溢；睦州及壽州之霍山山水暴出；鄆、曹、濮三州雨，水，壞州城，民居、田稼略盡；襄、均、復、郢四州漢水溢決。敬宗寶曆元年秋，鄜、坊二州暴水；兗、海、華三州及京畿奉天等六縣水，害稼。

文宗太和二年夏，京畿及陳、滑二州水，害稼；河陽水，平地五尺；河決，壞棣州城；越州大風，海溢；河南鄆、曹、濮、淄、青、齊、德、兗、海等州並大水。

三年四月，同官縣暴水，漂沒三百餘家；宋、亳、徐等州大水，害稼。

四年夏，江水溢，沒舒州太湖、宿松、望江三縣民田數百戶；鄜、坊水，漂三百餘家；浙西、浙東、宣歙、江西、鄜坊、山南東道、淮南、京畿、河南、江南、荊襄、鄂岳、湖南大水，皆害稼。五年六月，元武江漲，高二丈，溢入梓州羅城；淮西、浙東、浙西、荊襄、岳鄂、東川大水，害稼。六年二月，蘇、湖二州大水。

六月，徐州大雨，壞民居九百餘家。八年秋，江西及襄州水，害稼；蘄州湖水溢；滁州大水，溺萬餘戶。開成元年夏，鳳翔麟遊縣暴雨，水，毀九成宮，壞民舍數百家，死者百餘人。三年夏，河決，浸鄭、滑外城；陳、許、鄜、坊、鄂、曹、濮、襄、魏、博等州大水；江、漢漲溢，壞房、均、荊、襄等州民居及田產殆盡；蘇、湖、處等州水溢入城，處州平地八尺。四年秋，西川、滄景、淄青大雨，水，害稼及民廬舍，德州尤甚，平地水深八尺。武宗會昌元年七月，江南大水，漢水壞襄、均等州民居甚衆。宣宗大中十二年八月，魏、博、幽、鎮、兗、鄆、滑、汴、宋、舒、壽、和、潤、等州大水，害稼；徐、泗等州水深五丈，漂數萬家。十三年夏，大水。懿宗咸通元年，潁州大水。四年閏六月，東都暴水，自龍門毀定鼎、長夏等門，漂溺居人。七月，東都、許汝徐泗等州大水，傷稼。九月，孝義山水深三丈，破武牢關金城門汜水橋。六年六月，東都大水，漂壞十二坊，溺死者甚衆。七年夏，江、淮大水。秋，河南大水，害稼。十四年八月，關東、河南水，僖宗乾符三年，關東水。昭宗光化三年九月，浙江溢，壞民居。乾寧三年四月，河圮於滑州，朱全忠決其隄，因爲二河，散漫千餘里。

梁太祖開平四年十月，滑、宋、許、亳水。

後唐莊宗同光二年秋，水災。三年七月，洛水泛漲，壞天津橋，漂近河廬舍，艤舟爲渡，覆沒者日有之。鄴都奏，御河漲，於石灰窰口開故河道，以分水勢。鞏縣河決，注倉敖。明帝長興三年七月，諸州大水，宋、亳、潁尤甚。晉高祖天福四年七月，西京大水，伊、洛、瀍、澗皆溢，壞天津橋。八月，河決博平，甘陵大水。六年九月，河決於滑州，一溉東流，居民登邱冢，爲水所隔，詔所在發舟船以救之。兗州、濮州界，皆爲水所漂溺。兗州奏，河水東流，闊七十里，水勢南流，入沓河、揚州、河界，出帝開運元年六月，黃河、洛河泛溢，壞堤堰；鄭州原武、滎澤縣界河決。周太祖廣順二年七月，暴風雨，京師水深二尺，壞墻屋不可勝計，諸州皆奏大雨，所在河渠泛溢害稼。三年六月，諸州大水，襄州漢江漲溢，壞羊馬城，大城內水深一丈五尺，倉庫漂盡，居人溺者甚衆。

宋太祖建隆元年十月，棣州河決，壞厭次、商河二縣居民廬舍田疇。二年，宋州汴水溢；孟州河溢，壞堤；蔡州大霖雨，道路行舟，襄州漢水漲溢數丈。四年八月，齊州河決。乾德二年四月，揚州廣陵、揚子等縣潮水害民田。七月，泰州山水暴漲，壞居民廬舍數百區，牛畜死者甚衆。三年七月，蘄州大雨，水，壞居民廬舍；開封府河溢陽武，塞縣門；河中府、孟州並河漲，孟州壞沾軍營、民舍數百區，河中壞石臺百餘步；澶州河壞隄，毁護岸石百八十步，又溢於鄆州，壞民田；泰州湖溢，損鹽城縣民田；淄州濟水並清河溢，害鄒平、高苑縣民田。四年四月，鄆州東阿縣河溢，損民田數百頃；澶州觀城縣河決，壞居民廬舍，注大名。又滑州靈河縣堤壞，水東注衛南縣境及曹州南華縣城。又七月，鄭州滎澤縣河南北堤壞。又八月，宿州汴水溢，壞堤；淄州青河水溢，壞高苑縣城，溺數百家及鄒平縣田疇民舍；泗州淮溢；衡州大雨，水，月餘。五年，衛州河溢，毁州城，沒溺者衆，城中水深五尺。開寶元年六月，州府二十三大雨，水，江河汎溢，壞民田、廬舍。二年二月，車駕駐蹕潞州，積雨累日未止。七月，宋州下邑縣河水決。九月，京師大雨霖，是歲青、蔡、宿、淄、宋州水及雹，害夏苗；真定府、澶滑澤博洺齊潁蔡陳宋亳宿許州水，害秋苗。三年，鄭、澶、滑、鄆、淄、濟、虢、蔡、解、徐、岳州水災，害民田。四年六月，汴水決宋州穀熟縣濟陽鎮；又鄆州河及汶水、清河皆溢，注東阿縣及陳空鎮，壞倉庫、民舍；鄭州河決原武縣；蔡州淮及白露、舒、汝、廬、潁五水並漲，壞廬舍及民田。

七月，青、齊州水，傷田。五年五月，京師雨，連旬不止；河決澶州濮陽縣；河南、河北諸州皆言大雨霖；絳、和、廬、壽州大水。六月，河又決開封府陽武縣之小劉村；宋州、鄭州並汴水決；忠州江水漲二百尺。六年六月，鄆州河決楊劉口；懷州河決獲嘉；潁州淮、渒水溢，渰民舍、田疇甚衆。七月，貝州歷亭縣御河決，單、濮州並大雨，水，壞州廨、倉庫、軍營、民舍。是秋，大名府、宋亳淄青汝澶滑州並水，傷田。七年四月，衛、亳州水。泗州淮暴漲入城，壞居民五百家；相州安陽河漲，壞居民廬舍數百區。八年五月，京師大雨，水；濮州河決郭龍村。六月，澶州河決頓邱縣；沂州大雨，水入城，壞民居舍、田疇。

九年三月，京師大雨，水；秋又霖雨。淄州水，害田。太宗太平興國二年六月，孟州河溢；又漲於澶州，壞英公村堤三十步；陝州壞浮梁，失舟十五；開封府汴水溢，壞大靈隄，浸害民田；忠州江漲二十五丈；又興州江漲，毁棧道四百餘間；鄭州管城縣焦肇水暴漲，逾京水；濮州大水，害民田凡五千七百四十三戶；潁州潁水漲，壞城門、軍營、民舍。七月，集州江漲，汎嘉川縣民十三戶。是歲，道州春霖雨不止，平地水二丈餘。三年五月，懷州河決獲嘉縣，北注；又汴水決宋州寧陵縣境。六月，泗州淮漲，溢入南城，汴水又漲一丈，塞州北門。

十月，滑州靈河已塞復決。四年三月，河南府洛水漲七尺五寸，壞民舍；泰州雨，水，害禾稼；宋州河漲宋城縣；衛州河決汲縣，壞新場堤。八月，梓州江漲，壞閣道、營舍。又九月，澶州河漲，陷浮梁上囤十六；鄆州清、汶二水漲，壞東阿縣民田。五年五月，京師連旬雨不止；潁州潁水溢，壞堤及民舍；徐州白溝河溢入州城。七月，復州江水漲，毁民舍，隄塘皆壞。六年，河中府河漲，陷連堤，溢入城，壞軍營七所、民舍百餘區。鄜、延、寧州並三河水漲，溢入州城。

鄜州壞軍營，延州壞倉庫、軍民廬舍千六百區，寧州壞州城五百餘，堵軍營神祠民舍五百二十區。七年三月，京兆府渭水漲，壞浮梁，溺者五十四人。四月，耀、密、博、衛、常、潤州水，害禾稼。六月，均州涓水、均水、漢江並漲，壞民居，人畜死者甚衆；漢陽軍江水漲五丈餘。七月，大名府御河漲，壞范濟口；南劍州江州水漲，壞居人廬舍一百四十餘區；京兆府咸陽縣渭水漲，壞浮梁，工人溺死五十四人。九月，梧州江水漲三丈，入城，壞倉廩及民廬舍。又十月，河決懷州武陟縣，害民田。八年五月，河大決滑州房村，徑澶、濮、曹、濟諸州，浸民田，壞居人廬舍，東南流入淮。六月，陝州河水漲，壞浮梁；又永定澗水漲，壞民舍、軍營千餘區；河南府澍雨，洛水漲五丈餘，壞鞏縣官署、軍營、民舍殆盡；穀、洛、伊、瀍四水暴漲，壞京城官署、軍營、寺觀、祠廟、民舍萬餘區，溺死者以萬計；又壞河清縣豐饒務倉庫、軍營、民舍千餘區，夔州江水漲七尺。七月，祚州資河漲，溢入城，壞軍營民舍百餘區；雄州易水漲一丈三尺，壞民廬；鄜州河水漲，溢入城，壞官寺、民舍四百餘區；荊門軍長林縣山水暴漲，壞民居舍五十一區，凡五十六人溺死。八月，徐州清河水漲丈七尺，溢出隄，塞州三面門以禦之。九月，宿州睢水漲，汎民舍六十里。是夏及秋，開封、浚儀、酸棗、陽武、封邱、長垣、中牟、尉氏、襄邑、雍邱等縣河水害田。九年七月，嘉州江水暴漲，壞官署、民舍，溺死者千餘人。又八月，延州南北兩河漲，溢入東西兩城，壞官寺、民舍；淄州霖雨，孝婦河漲溢，壞官寺、民舍，漂溺人畜；澶州河漲，壞民田；孟州河漲，斷浮梁，損民田；雅州江水漲九丈，壞民廬舍；新州江漲，入南寨，壞軍營。雍熙二年七月，朗州江溢，害稼。三年六月，壽州大水。端拱元年五月，英州江水漲五丈餘，壞民田及廬舍數百區。七月，磁州漳、滏二水漲，淳化元年六月，吉州大雨，江漲丈三尺，漂壞民田、廬舍；蘄州黄梅縣堀口湖水漲，壞民田、廬舍都盡；江州江水漲二丈八尺。七月，洪州江水漲，壞州城三十堵及民廬舍二千餘區，漂二千餘戶；秦州隴城縣大雨，壞官私廬舍殆盡，溺死者百三十七人。二年四月，京兆府河水漲，壞咸陽縣浮梁，漂艦十七。

六月乙酉，汴水溢於浚儀縣，壞連隄，浸民田，上親臨視，督衛士塞之。辛卯，又決於宋州宋城縣；博州大霖雨，河漲溢，壞民廬舍八百七十區；亳州河水溢，東流汎民田，壞廬舍。七月，齊州明水漲，壞黎濟寨城百餘堵；許州沙河溢；雄州唐河水漲，害民田殆盡；嘉州江漲丈八尺，溢入州城，毀民舍；復州蜀、漢二江水漲，壞民田、廬舍。九月，邛州蒲江等縣山水暴漲，壞民舍七十區，死者七十九人。是秋，荊南北路江水注溢，浸田亩甚衆。三年七月，河南府洛水漲，壞七里、鎮國二橋；又山水暴漲，壞豐饒務官舍、民居，溺死者二百四十人。十月，商州上津縣大雨，河水溢，壞民舍，溺者三十七人。四年六月，隴城縣大雨，牛頭河漲二十丈，没溺居人廬舍。七月，京師大雨，十晝夜不止，朱雀、崇明門外積水尤甚，軍營、廬舍多壞。九月，澶州河水漲，沖陷北城，壞居民廬舍、官署、倉庫殆盡，民溺死者甚衆；梓州元武縣涪江漲二丈五尺，壅決，流入州城，壞官私廬舍萬餘區，溺死者甚衆。是秋，陳、潁、宋、亳、許、蔡、徐、濮、澶、博州霖雨，秋稼多敗。十月，澶州河決，西北流入御河，浸大名府城，知州趙昌言壅城門禦之。五年秋，開封府、宋亳陳潁泗壽鄧州雨水害稼。至道元年四月甲辰，京師大雨雷電，道上水數尺。二年六月，河南府瀍、澗、洛三水漲，壞鎮國橋。七月，建州溪水漲，溢入州城内，壞倉庫、民舍萬餘區；鄆州河水漲，壞連隄四處；宋州河決穀熟縣。閏七月，陝州河漲，漂大樹，壞浮梁，失連艦。

是月，廣南諸州並雨水。真宗咸平元年正月，昭州雨霖，害民田，溺死者百五十七人；齊州清、黄河汎溢，壞田廬。二年十月，潭州山水汎溢，壞民舍千餘區，民黄拏等十家俱溺死。三年三月，梓州江水漲，壞民田。五月，河決鄆州王陵埽。七月，洋州漢水溢，民多有溺死者。四年七月，同州洿谷水溢夏陽縣，民溺死者數十人。五年二月，雄霸瀛深滄州、乾寧軍水，溢害民田。六月，京師大雨，漂壞廬舍，民有厭死者；積潦浸道路，自朱雀門東抵宣化門尤甚，皆注惠民河，河復漲，溢軍營多壞。景德元年九月，宋州汴水決，浸民田，壞廬舍；河決澶州横隴埽等。二年六月，寧州山水汎溢，壞民舍、軍營，多溺死者。三年七月，應天府汴水決，南注亳州，合浪宕渠東入於淮。四年五月，鄭州索水漲，高四丈許，漂滎陽縣居民四十二戶，有溺死者。六月，鄧州江水暴漲；南劍州山水汎溢，漂溺居人。七月，河溢澶州，壞王八埽。大中祥符元年六月，開封府尉氏縣惠民河決。二年七月，徐、濟、淄、青州大水。八月，無爲軍大風雨拔木，壞城門、營壘、民舍，壓溺千餘人；鳳州大水，漂溺居民。十月，兖州霖雨，害稼；京畿惠民河決，壞民田。三年五月辛丑，京師大雨，平地數尺，壞軍營、民舍，多壓死者，近畿積潦。六月，吉州、臨江軍並江水汎溢，害民田。

九月，河決河中府白浮圖村。四年七月，江、洪、筠、袁州江漲，害民田，壞州城。八月，河決通利軍，大名府御河水溢，合流壞府城，害民田，人多溺死者。

九月，河溢於孟州溫縣；蘇州吴江汎溢，壞民廬舍。十一月，楚、秦州潮水害田，民多溺死。五年正月，河決棣州聶家口。七月，慶州淮安鎮山水暴漲，漂溺居民。六年六月，保安軍積雨河溢，浸城壘，壞廬舍，判官趙震溺死，又兵民溺者凡六百五十人。七年六月，泗州水溢害民田；河南府洛水漲；秦州定西寨山水暴漲，有溺死者。八月，河決澶州。十月，濱州河溢於安定鎮。九年六月，秦州獨孤谷水漲，壞長道縣鹽官鎮城橋及官廨、民舍共二百九十五區，溺死者六十七人。七月，延州洎定平、安遠、寨門、栲栳四寨山水汎溢，壞隄城。九月，雄、霸州界河汎溢；利州水漂棧閣萬一千八百間。天禧三年六月，河決滑州城西南，漂没公私廬舍，死者甚衆，歷澶、濮、鄆、濟、單至徐州，與清河合，浸城壁，不没者四版。明年，既塞，六月，復決於西北隅。

又卷二九七《物異考三・水灾》 天聖四年六月丁亥，建州、劍州、邵武軍大水，壞廬舍，溺人；庚寅，京師及河南府、鄭州大水。九月，京東、江淮、兩浙、福建諸州軍雨，水，壞民廬舍。

是歲，汴水決溢。六年七月，江寧府、揚真潤三州江水溢，壞廬舍；雄，霸州大水。八月，永興軍山水暴漲，溺死居民。是月河決王楚埽。七年六月，河北大水。明道二年，京師水，壞軍營、府庫。景祐元年，泗州淮、汴溢。七月，澶州河決橫隴埽。三年，虔、吉等州水。四年六月，杭州江潮溢，壞隄千餘丈。八月，越州大水，漂溺居民。寶元元年，建州水。康定元年，滑州河溢。慶曆八年六月，河決澶州商胡埽。是歲，河北大水。皇祐元年二月，河北黃、御二河決，並注於乾寧軍；河朔頻年水災。二年，鎮定復大水，並邊尤被其害。三年七月，河決大名府館陶縣郭固口。嘉祐元年六月，京師及京東西、河北水潦害民田；雨，壞社稷壇及官私廬舍數萬區，城中繫筏渡人。七月，京東西、荊湖北路水災；淮水自夏秋暴漲，環浸泗水城。是歲，諸路江河決溢，河北尤甚，民多流亡。六年，淮水溢。英宗治平元年，京師、許蔡陳潁唐泗濠楚廬壽杭宣鄂洪施渝州、光化軍俱有水災。二年八月庚寅，京師大雨，地上湧水，壞廬舍，漂人畜。神宗熙寧元年秋，霸州山水漲溢，保定軍大水，害稼，壞官私廬舍、城壁，漂溺居民。河決恩、冀州，漂溺居民。二年八月，河決滄州饒安，漂溺居民，移縣治於張爲村；泉州大風雨，水與潮相沖泛溢，損田稼、官私廬舍。四年八月，金州大水，毀城，壞官私廬舍。七年六月，熙州大雨，洮河汎溢；陝州大雨，漂溺陝、平陸二縣。八年四月，潭、衡、邵、道州江水溢，壞官私廬舍。九年七月，太原府汾河夏秋霖雨，水大漲。十月，潮州海陽、潮陽二縣海潮漲溢，壞廬舍，溺居民。十年七月，河決曹村下埽，澶淵絕流，河南徙，又東匯於梁山、張澤濼，凡壞郡縣四十五，官亭、民舍數萬，田三十萬頃；洺州漳河決，注城；大雨水，二丈河、陽河水湍漲，壞南倉，溺居民。元豐元年，齊州章邱河水溢，壞公私廬舍、城壁，漂溺居民。舒州山水暴漲，浸官私廬舍。四年四月，澶州臨河縣小吳河溢北流，漂溺居民。五月，淮水泛漲。

七月，泰州海風駕大雨，漂浸州城，壞公私舍數千楹。七年七月，河北東西路水；北京館陶河溢，水入府城，壞官私廬舍。八月，趙、邢、洺、磁、相州河水汎溢，壞城郭、軍營。是年，相州漳河決，溺臨漳縣居民；懷州黃、沁河泛溢，大雨，水，損稼，壞廬舍、城壁；磁州諸縣鎮，夏秋漳、滏河水汎溢；相州臨漳縣斛律口決，壞官私廬舍，傷田稼，損居民。哲宗元祐八年，京畿、京東西、淮南、河北諸路大水。紹聖元年，京畿、曹、濮、陳、蔡等州水，害稼。元符元年，河北、京東等路大水。二年六月，陝西、京西、河北大水，河溢，流漂人民、廬舍。徽宗崇寧元年，京城水，壞廬舍，溺人。大觀元年夏，京畿大水，詔工部都水監疏導，至於八角鎮；河北、京西河溢，漂溺民戶。十月，蘇、湖水災。二年秋，黃河決，陷沒邢州鉅鹿縣。三年七月，階州久雨，江溢。

四年夏，鄧州大水，漂沒順陽縣。政和五年六月，江寧府、太平宣州水災。八月，蘇、湖、常、秀等諸郡水災。七年，瀛、滄州河水決，滄州城不沒者三板，民死百餘萬。八年夏，江、淮、荊、浙諸路大水，民流移漂溺者衆，分遣使者賑濟。發運使任諒，坐不奏泗州壞官私廬舍等勒停。宣和元年五月，大雨，水驟高十丈餘，犯都城，自西北牟宸岡連萬勝門外馬監，居民盡沒。前數日，城中井皆渾，宣和殿後井水溢，蓋水信也。至是，詔都水使者決西城索河隄殺其勢，城南居民冢墓俱被浸，遂壞籍田親耕之稼。水至益猛，直冒安上、南薰諸門城守凡半月。已而入汴，汴渠將溢，於是募人決下流，由城北入五丈河，下通梁山濼，乃平。十一月，東南州縣水災。高宗紹興二年閏四月，徽、嚴州水，害稼。三年七月丙子，泉州水，壞城郭、廬舍。五年秋，西川郡國水。六年冬，饒州雨，水，壞城四百六十餘丈。十六年，潼川府東、南江溢，水入城，浸民廬。

十八年八月，越、明、婺州水。二十八年六月，興利二州、大安軍大雨，水，流民廬，壞橋棧，死者甚衆。九月，江東、淮南數郡水；浙東，西沿江海郡縣大風水；平江、紹興、湖、常、秀、潤爲甚。三十年五月，畿縣於潛、臨安、湖州安吉等三縣山水暴出，漂民廬，壞田桑，人溺死甚衆。三十二年四月，淮水溢數百里，漂民田廬，死者甚衆。六月，浙西郡縣山湧暴水，漂民室，壞田覆舟。

孝宗隆興元年八月，浙東、西州縣大風水，越、蘇、湖及崇德縣爲甚。二年七月，蘇、湖、常、秀、潤、昇、宣、池、太平、廣德、廬、和、光、壽春、無爲及淮東郡皆大水浸城郭，壞廬舍、圩田、軍壘，舟行廛市累日，人溺死甚衆。越月，積陰苦雨，水患益甚。乾道元年六月，常湖水壞圩田。二年八月，溫州大風，海濤流溢沿江民廬、鹽場，覆舟溺死者二萬餘人，江濱胔骼尚七千餘人。

三年六月，廬、舒、蘄州水，壞苗稼，漂人畜。七月，臨安府天目山湧暴水，決臨安縣五鄉民廬二百八十餘家，人多溺死。八月，上虞縣、湖秀州水，壞民田廬。時積潦至於九月，禾稼皆腐；江東水溢於山，江西隆興四縣爲甚。四年七月，衢州大水，敗城三百餘丈，漂民廬，孳牧，壞禾稼；江陵、建寧、紹興、饒、信皆水。五年夏秋，溫、臺凡三大風，水漂民廬，壞稼，溺人甚衆，黄巖縣爲甚。六年五月，蘇、昇、宣、溫、湖、秀、太平、廣德大水，城市有深丈餘者，江西亦大水。八年五月，吉、筠、臨江、隆興皆大水。六月，四川郡縣大水，嘉、眉、邛、蜀、永康、金堂尤甚。九年五月，嚴、吉、饒、信、池、太平、建康、隆興、廣德軍水漂民居，壞圩田，分水縣沙塞四百餘畝。六月，湖北郡縣水。黽熙元年七月，錢塘大風濤，決臨安府江隄一千六百六十餘丈，漂民居六百三十餘家。三年八月，臺州大風雨，海濤、溪流合激爲大水，決江岸，壞民廬，溺人。是月，行都及浙東西、江東郡邑多水。四年五月，建寧、福南劍大雨水，漂民廬數千家；錢塘江濤大溢，敗隄一百八十餘丈；明州瀕海風，濤敗隄，漂沒民田。九月，大風雨駕海濤，錢塘、餘姚、上虞、定海、鄞縣敗隄溺人。五年六月，階州水，壞城郭；福州、興化俱大水。六年夏秋，衢、溫、臺、湖、秀、太平、寧國水，壞圩田，溺人。八年五月，嚴州、紹興府大水，流民舍，敗隄岸，腐禾稼；徽、江州亦水。十年五月，信州、襄陽及江東西、浙東數郡水。秋，臺州水。八月，雷州大風激海濤，沒瀕海民舍，溺人。九月，福、漳州大風雨，水暴至，瀕海聚落、廬舍、人舟皆流入海，漳城半沒。

十一年四月，和州水。五月，階州白江水溢，壞隄及民舍，溺人。七月，明州大風雨，山水暴至，浸城覆舟殺人。十二年六月，婺州水。是歲，鄂州水，浸民廬，自夏徂冬乃退。十四年，汀州水。十五年五月，淮甸大雨水，淮水溢，廬、濠、楚、無爲、安豐、高郵、盱眙軍皆漂民室，壞田稼；荊江溢，鄂州大水，漂民室三千餘家，復、岳、澧、江陵、常德、德安、漢陽皆水。至六月，建寧、隆興、袁、撫臨江皆水，圮民廬。十六年五月，沅、靖州山水溢，沿江下辰州，常德府城沒一丈五尺，漂民廬舍。六月，鎮江、潼川俱水，溢壞民廬及田。光宗紹熙二年五月，建寧水，福州水，浸城屬縣，漂沒民廬；利州、潼川，嘉陵江暴漲，興州、綿、果、合、金、龍、漢、崇慶、懷安、右泉、大安俱有水患，民溺死甚衆。三年五月，常德府水，浸民田廬；徽、宣、池、廣德皆水。七月，臺州、襄陽、江陵、荊門、復州俱水，鎮江水，損稼。四年，安豐、紹興寧國、廣德、筠州水，害稼；興國、贛州、江州、江陵皆水。七月，臨江、隆興、吉州水，圮民廬。自夏及秋，江西九州三十七縣皆水。興化風激海濤，沒田廬。五年五月，池州、寧國太平、紹興皆水。八月，行都及明臺溫嚴常、平江鎮江、寧國、江陰、常德皆水。寧宗慶元元年六月，臺州諸縣大風雨，山洪濤並作，沒田廬無算。二年秋，浙東郡國大水。三年九月，紹興、婺州水，害稼。五年秋，臺、溫、衢、婺水，漂廬溺人。六年五月，嚴、衢、婺、饒、信、徽、南劍、建寧及江西郡國皆大水，自庚午至甲戌，漂民廬，害稼。嘉泰二年七月，汀州、建寧、福州、南劍及江西郡邑水，害苗稼。開禧元年九月，淮、漢水溢荊襄。二年五月，婺州東陽山崩洪，漂聚落五百四十餘所，湮田二萬餘頃。三年，江、浙、淮郡縣水，鄂、漢尤甚。嘉定二年六月，西和、利州、成州、閬州、遂寧皆水。七月，臺州海濤流圮民廬，溺人。三年四月，嚴、衢、婺、徽大水，行都水浸民廬，西湖溢，瀕湖民居皆圮。五年五月，嚴州臺州水。六年六月，嚴州及臨安、紹興、湖州屬縣皆水。九年五月，行都及紹興、嚴、衢、婺、臺、處、信、饒、福、漳、泉、興化十二郡大水，漂田廬，害稼。十年冬，浙江濤溢，圮瀕江廬舍，覆舟溺人；蜀、漢二州大江沒城郭。十二年，畿縣鹽官海失故道，潮汐沖平野三十餘里，至是侵縣治，鹽場多圮。十五年七月，紹興水，衢、婺、徽、嚴暴流與江濤合，圮田廬，害稼。十六年五月，江、淮、浙、荊、蜀郡縣水，蘇、湖、常、秀、池、鄂、楚、太平、廣德爲甚；鄂州江湖合漲，城市沈沒，累月不泄。是秋，江濤溢，圮沿江民廬，畿縣及福、漳、泉、興化大水，壞田稼十五六。十七年五月，福建大水，建寧、南劍尤甚；建昌大水，圮民廬城郭，敗稼。

又《水異》 此即前史《五行志》所謂火沴水也。世以河清爲祥。而以水變赤爲妖，其爲水異一也，故並載於此。

史記魯襄公二十三年，穀、洛水鬭，將毀王宮。劉向以爲近火沴水也。周靈王將壅之，有司諫曰：『不可。長民者不崇藪，不墮山，不防川，不竇澤竇，穴也。今吾執政毋乃有所辟邪，辟也，而滑夫二川之神滑，亂也，使至於爭明明，水道也，以防王宮室，王而飾之，毋乃不可乎言爲欲防固王宮，使水不得毀故遏飾二川！懼及子孫，王室愈卑。』王卒壅之。以傳推之，以四瀆比諸侯，穀、洛其次，卿大夫之象也，爲卿大夫將分爭以危亂王室也。後數年有如日者五。

是歲早霜，靈王崩。景王立二年，儋括欲殺王，而立王弟佞夫。佞夫不知，景王並誅佞夫。及景王死，五大夫爭權，或立子猛，或立子朝，王室大亂。京房《易傳》曰：『天子弱，諸侯力政，厥異水鬭。』考王二年，河水赤於晉龍門三日。

秦武王三年，渭水赤者三日。昭王三十四年，渭水又赤三日。劉向以爲近火沴水也。秦連相坐之法，棄灰於道者黥，網密而刑虐，加以武伐横出，殘賊鄰國，至於變亂五行，氣色謬亂。天戒若曰，勿爲刻急，將致敗亡。昔三代居三河，河洛出圖書，秦居渭陽，而渭水數赤，瑞異應德之效也。京房《易傳》曰：『君湎於酒，淫於色，賢者潛，國家危，厥異流水赤也。』

後漢元武二十四年六月丙申，沛國睢水逆流，一日一夜止。安帝永初六年，河東池水變色，皆赤如血水變。占曰：『水化爲血者，好任殘賊，殺戮不辜，延及親戚，水當爲血。』。時鄧太后猶專政。元初二年，潁州襄城臨水化爲血，不流。京房《占》曰：『水化爲血，兵且起。』桓帝延熹八年四月，濟陰、東郡、濟北、河水清裴楷説見《水災門》。靈帝建寧四年二月，河水清。

致堂胡氏曰：『水性潤下而質不同，或清或濁，或輕或重，或弱或悍，或黑或白，或寒或溫，或甘或澮，是其質也。若大河之質則黄濁，數千里而不可澄汰者也。凡物反常爲妖，濁而忽清，猶地而出堆阜，山而沸泉湧，非所當有變異之象也。故裴楷言『自古未有河清者』，後世乃以爲大慶，君臣動色，載於年號，著於邑名，形於歌詠，紀於史牒，不亦異乎！至若大海朝宗衆流，自非並岸風水激薄沙泥渾汙之處，則萬里渟瀅，未嘗濁也。而佞人諂媚，又有以海清爲賀者，不亦異之甚乎！』

晉武帝太康五年六月，任城、魯國池水皆赤如血。按劉向説，近火沴水，聽之不聰罰也。穆帝升平三年二月，涼州城東池中有火。四年四月，姑臧澤水中又有火。此火沴水之妖也。明年，張天錫殺中護軍張邕。邕，執政之人也。

安帝元興二年十月，錢塘臨平湖水赤，桓元諷吳郡使言開除以爲己瑞，俄而元敗。

苻堅時，長安有水影，遠觀若水，視地則見人，至堅晚年而止。

宋文帝元嘉二十四年夏四月，河、濟俱清。二十五年冬，青州城南，遠望見地中如水有影，謂之地鏡。孝武孝建五年，河、濟清。

齊東昏侯永元元年七月辛未，淮水變赤如血。

陳宣帝大建十四年七月時後主已即位，江水赤如血，自建康西至荊州。

後主禎明中，江水赤，自方州，東至海。《洪範五行傳》曰：『火沴水也。法嚴刑酷，傷水性也。五行變節，陰陽相干，氣色繆亂，皆敗亂之象也。』京房《易占》曰：『水化爲血，兵且起。』其後爲隋所滅。禎明二年四月，郢州南浦水，黑如雲。黑水在關中，而今淮南水黑，荊、揚之地，陷於關中之應。

後齊武成河清元年四月，河、濟清。裴楷曰：『河，諸侯象。濁反清，諸侯將爲天子之象。』後十餘歲，隋有天下。

後周靜帝大象元年六月，咸陽池水變血。與大建十四年同占。是時刑罰嚴急，未幾國亡。

隋煬帝大業三年，武陽郡河清，數里鏡徹。十二年，龍門又河清。後二歲，唐受禪。

唐高祖武德元年七月，新豐鸜鵒谷水清。世傳此水清，天下平。開皇初，暫清復濁，至是復清。七年閏七月，長安古城鹽渠水生鹽，色紅而味甘，狀似方印。九年二月，蒲州河清。裴楷以爲：『河，諸侯象；清，陽明之效也。』太宗貞觀十四年二月，陝州、泰州河清。十六年正月，懷州河清。十七年十二月，鄭州、滑州河清。二十三年四月，靈州河清。高宗永徽元年正月，濟州河清。二年十二月，衛州河清。五年六月，濟州河清十六里。調露二年夏，豐州河清。武后時，來俊臣井水變赤如血，井中常有吁嗟聲。長安初，醴泉坊太平公主第井水溢流。又并州文水縣猷水竭，武氏井溢。長安中，晉州祠水赤如血。

中宗神龍二年二月壬子，洛陽城東七里，地色如水，樹木車馬，歷歷見影，漸移至都，月餘乃滅。長安街中，往往見水影。昔苻堅之將死也，長安嘗有是。景龍四年三月庚申，京師井水溢。占曰：『君兇。』又曰：『兵將起。』元宗開元二十二年八月，清夷軍黄帝祠古井湧浪。二十五年五月，淄州、棣州河清。二十九年，亳州老子祠九井涸復湧。肅宗乾元二年七月，嵐州合河關河三十里清如井水，四日而變。寶應元年九月甲午，太州至陝州二百餘里河清，澄徹見底。代宗大曆末，深州束鹿縣中有水影長七八尺，遙望見人馬往來，如在水中，及至前，則不見水。德宗建中四年五月乙巳，滑州、濮州河清。

十四年閏五月乙丑，滑州河清。

貞元四年，自陝至河陰，河水黑，流入汴，至汴州城，一宿而復。十七年，福州劍池水赤如血。二十一年，夏，越州鏡湖竭。是歲，朗州熊、武五溪水鬬。占曰：『山崩川竭，國必亡。』又曰：『方伯力政，厥異水鬬。』穆宗長慶元年七月，河水赤三日止。九月，靈州奏：『黄河清，從陝至定遠界二百五十里見底。』文宗開成二年夏，旱，揚州運河竭。宣宗大中八年正月，陝州河清。懿宗咸通七年，鄭州永福湖水赤如凝血者三日。八年七月，泗州下邳雨湯，殺鳥雀。水沸於火，則可以傷物，近火沴水也。雨者，自上而降；鳥雀，民象。僖宗光啟元年正月，潤州江水赤凡數日。中和三年秋，汴水入於淮水鬬，壞船數艘。廣明元年，汝州峴陽峰龍池涸。近川竭也。

宋真宗咸平元年五月，撫州王羲之墨池水色變黑如雲。大中祥符元年五月丁丑，泰山王母池水變紅紫色。四年二月己未，河中府寶鼎縣瀵泉有光，如燭焰四五炬，其聲如雷。郭璞注《爾雅》曰：『河東汾陰縣有水口如車輪許，噴沸涌出，其深無限，名之爲瀵。』即此也。泉本八眼，其一尤沸猛。上祀后土畢，臨觀之，七眼皆湧，此獨澄然若鑒，詔賜泉北五龍廟曰神淵。三年八月，解州鹽池紫泉場水次二十許里不種自生，其味特嘉，命屯田員外郎何敏中往祭池廟。

八月，東池水自成鹽，僅半池，潔白成塊，晶瑩異常。祀汾陰經度制置使陳堯叟繼獻，凡四千七百斤，分賜臣及諸軍列校。神宗元豐四年十月，環州河水變甘。徽宗大觀元年八月，乾寧軍河清。二年十二月，陝州河清，同州韓城縣、郃陽縣至清及百里，涉春不變。自是迄政和、宣和，諸路數奏河清，輒遣郎官致祭，宰臣等率百官拜表賀，歲以爲常。

高宗紹興十四年五月，饒州樂平縣何沖里，田隴數十百頃，當霽天無雲，田水如爲物所吸，聚爲一直西行，高平地數尺，不假隄防而水自行；里南程氏家井水溢，亦高數尺，夭矯如長虹，聲如雷，穿墻毁樓。二水鬬於杉墩，且前且却，約十刻乃解，各反故壑，與史記魯穀、洛水鬬同。占京房曰：『天子弱，諸侯力政，厥異水鬬。』

《金史》卷二七《河渠志・黄河》 大定八年六月，河決李固渡，水潰曹州城，分流于單州之境。九年正月，朝廷遣都水監梁肅往視之。河南統軍使宗室宗敘言：『大河所以決溢者，以河道積淤，不能受水故也。今曹、單雖被其患，而兩州本以水利爲生，所害農田無幾。今欲河復故道，不惟大費工役，又卒難成功。縱能塞之，他日霖潦，亦將潰決，則山東河患又非曹、單比也。又沿河數州之地，驟興大役，人心動搖，恐宋人乘間構爲邊患。』而肅亦言：『新河水六分，舊河水四分，今若塞新河，則二水復合爲一。如遇漲溢，南決則害於南京，北決則山東、河北皆被其害。不若李固南築隄以防決溢爲便。』尚書省以聞，上從之。

又［大定］十年三月，拜宗敘爲參知政事，上諭之曰：『卿昨爲河南統軍時，嘗言黄河堤埽利害，甚合朕意。朕每念百姓凡有差調，吏互爲姦，若不早計而迫期徵斂，則民增十倍之費。然其所徵之物，或委積經年，至腐朽不可復用，使吾民數十萬之財，皆爲棄物，此害非細。卿既參朝政，凡類此者皆當革其弊，擇所利而行之。』

又［大定］十一年，河決王村，南京孟、衛州界多被其害。

又［大定］十二年正月，尚書省奏：『檢視官言，水東南行，其勢甚大。可自河陰廣武山循河而東，至原武、陽武、東明等縣孟、衛等州增築堤岸，日役夫萬一千，期以六十日畢。』詔遣太府少監張九思、同知南京留守事紇石烈邈監護工作。

又［大定］十三年三月，以尚書省請修孟津、滎澤、崇福埽堤以備水患，上乃命雄武以下八埽並以類從事。

又［大定］十七年秋七月，大雨，河決白溝。十二月，尚書省奏：『修築河堤，日役夫一萬一千五百，以六十日畢工。』詔以十八年二月一日發六百里內軍夫，并取職官人力之半，餘聽發民夫，以尚書工部郎中張大節、同知南京留守事高蘇董役。

先是，祥符縣陳橋鎮之東至陳留潘崗，黄河堤道四十餘里以縣官攝其事，南京有司言，乞專設埽官，十九年九月，乃設京埽巡河官一員。

又［大定］二十年，河決衛州及延津京東埽，瀰漫至于歸德府。檢視官南京副留守石抹輝者言：『河水因今秋霖潦暴漲，遂失故道，勢益南行。』宰臣以聞。乃自衛州埽下接歸德府南北兩岸增築堤以捍湍怒，計工一百七十九萬六千餘，日役夫二萬四千餘，期以七十日畢工。遂于歸德府創設巡河官一員，埽兵二百人，且詔頻役夫之地與免今年稅賦。

又［大定］二十一年十月，以河移故道，命築堤以備。

又　［大定］二十六年八月，河決衛州堤，壞其城。上命戶部侍郎王寂、都水少監王汝嘉馳傳措畫備禦。而寂視被災之民不爲拯救，乃專集衆以網魚取官物爲事，民甚怨嫉。上聞而惡之。既而，河勢泛濫及大名。上於是遣戶部尚書劉瑋往行工部事，從宜規畫，黜寂爲蔡州防禦使。

冬十月，上謂宰臣曰：『朕聞亡宋河防一步置一人，可添設河防軍數。』它日，又曰：『比聞河水泛溢，民罹其害者，貲產皆空。今復遣官於被災路分推排，何耶？』右丞張汝霖曰：『今推排者皆非被災之處。』上曰：『雖然，必其鄰道也。既鄰水而居，豈無驚擾遷避者乎，計其貲產，豈有餘哉，尚何推排爲。』十一月，又謂宰臣曰：『河未決衛州時嘗有言者，既決之後，有司何故不令朕知。』命詢其故。

又　［大定］二十七年春正月，尚書省言：『鄭州河陰縣聖后廟，前代河水爲患，屢禱有應，嘗加封號廟額。今因禱祈，河遂安流，乞加褒贈。』上從其請，特加號曰昭應順濟聖后，廟曰靈德善利之廟。

二月，以衛州新鄉縣令張簴、丞唐括唐古出、主簿溫敦偎喝，以河水入城閉塞救護有功，皆遷賞有差。御史臺言：『自來沿河京、府、州、縣官坐視管內河防缺壞，特不介意。若令沿河京、府、州、縣長貳官皆於名銜管勾河防事，如任內規措有方能禦大患，或守護不謹以致疏虞，臨時聞奏，以議賞罰。』上從之，仍命每歲將泛之時，令工部官一員沿河檢視。於是以南京府及所屬延津、封丘、祥符、開封、陳留、胙城、杞縣、長垣，歸德府及所屬宋城、寧陵、虞城，河南府及孟津，河中府及河東，懷州河內、武陟，同州朝邑，衛州汲、新鄉、獲嘉，徐州彭城、蕭、豐，孟州河陽、溫，鄭州河陰、滎澤、原武、汜水，濬州衛，陝州閿鄉、湖城、靈寶，曹州濟陰，滑州白馬，睢州襄邑，滕州沛，單州單父，解州平陸，開州濮陽，濟州嘉祥、金鄉、鄆城，四府、十六州之長貳皆提舉河防事，四十四縣之令佐皆管勾河防事。

初，衛州爲河水所壞，乃命增築蘇門，遷其州治。至二十八年，水息，居民稍還，皆不樂遷。於是遣大理少卿康元弼按視之。元弼還奏：『舊州民復業者甚衆，且南使驛道館舍所在，向以不爲水備，以故被害。若但修其堤之薄缺者，可以無虞，比之遷治，所省數倍，不若從其民情，修治舊城爲便。』乃不遷州，仍勅自今河防官司怠慢失備者，皆重抵以罪。

又　［大定］二十九年五月，河溢于曹州小堤之北。六月，上諭旨有司曰：『比聞五月二十八日河溢，而所報文字如此稽滯。水事最急，功不可緩，稍緩時頃，則難固護矣。』十二月，工部言：『營築河堤，用工六百八萬餘，就用埽兵軍夫外，有四百三十餘萬工當用民夫。』遂詔命去役所五百里州、府差顧，於不差夫之地均徵顧錢，驗物力科之。每工錢百五十文外，日支官錢五十文，米升半。仍命彰化軍節度使內族裔、都水少監大齡壽提控五百人往來彈壓。

先是，河南路提刑司言：『沿河居民多困乏逃移，蓋以河防差役煩重故也。竊惟禦水患者，不過堤埽，若土功從實計料，薪藁樁杙以時徵斂，亦復何難。今春築堤，都水監初料取土甚近，及其興工乃遠數倍，人夫懼不及程，貴價買土，一隊之間多至千貫。又許州初科薪藁十八萬餘束，既而又配四萬四千，是皆常歲必用之物，農隙均科則易輸納。自今堤埽興工，乞令本監以實計度，量一歲所用物料，驗數折稅，或令和買，於冬月分爲三限輸納爲便。』詔尚書省詳議以聞。

又　明昌元年春正月，尚書省奏：『臣等以爲，自今凡興工役，先量負土遠近，增築高卑，定功立限，牓諭使人先知，無令增加力役。并河防所用物色，委都水監每歲於八月以前，先拘籍舊貯物外實闕之數，及次年春工多寡，移報轉運司計置，於冬三月分限輸納。如水勢不常，夏秋暴漲危急，則用相鄰埽分防備之物，不足，則復於所近州縣和買。然復慮人戶道塗泥淖，艱于運納，止依稅內科折他物，更爲增價，當官支付，違者並論如律，仍令所屬提刑司正官一員馳驛監視體究，如此則役作有程，而河不失備。』制可之。

又　［明昌］四年十一月，尚書省奏：『河平軍節度使王汝嘉等言「大河南岸舊有分流河口，如可疏導，足泄其勢，及長堤以北恐亦有可以歸納排瀹之處，乞委官視之。濟北埽以北宜創起月堤」。臣等以爲宜從所言。其本監官皆以諳練河防故注以是職，當使從汝嘉等同往相視，庶免異議。如大河南北必不能開挑歸納，其月堤宜依所料興修。』上從之。

十二月，勅都水監官提控修築黃河堤，及令大名府差正千戶一員，部甲軍二百人彈壓勾當。

又　［明昌］五年春正月，尚書省奏：『都水監丞田櫟同本監官講議黃河利害，嘗以狀上言，前代每遇古堤南決，多經南、北清河分流，南清河北下有枯河數道，河水流其中者長至七八分，北清河乃濟水故道，可容三二分而已。今河水趨北，齧長堤而流者十餘處，而堤外率多積水，恐難依元料增修長堤與創築月堤也。可於北岸牆村決河入梁山濼故道，依舊作南、北兩清河分流。然北清河舊堤歲久不完，當立年限增築大堤，而梁山故道多有屯田軍戶，亦宜遷徙。今擬先於南岸王村、宜村兩處決堤導水，使長堤可以固護，姑宜仍舊，如不能疏導，即依上開決，分爲四道，俟見水勢隨宜料理。』尚書省以櫟等所言與明昌二年劉瑋等所案視利害不同，及令陳言人馮德輿與櫟面對，亦有不合者，送工部議。復言『若遽於牆村疏決，緣瀕北清河州縣二十餘處，兩岸連亙千有餘里，其堤防素不修備，恐所屯軍戶亦卒難徙。今歲先於南岸延津縣堤決堤洩水，其北岸長堤自白馬以下，定陶以上，並宜加功築護，庶可以遏將來之患。若定陶以東三埽棄堤則不必修，止決舊壓河口，引導積水東南行，流堤北張彪、白塔兩河間，礙水軍戶可使遷徙，及梁山濼故道分屯者，亦當預爲安置』。宰臣奏曰：『若遽從櫟等所擬，恐既更張，利害非細。比召河平軍節度使王汝嘉同計議，先差幹濟官兩員行戶工部事覆視之，同則就令計實用工物、量州縣遠近以調丁夫，其督趣春工官即充今歲守漲，及與本監官同議經久之利。』詔以知大名府事內族裔、尚書戶部郎中李敬義充行戶工部事，以參知政事胥持國都提控。又奏差德州防禦使李獻可、尚書戶部郎中焦旭於山東當水所經州縣築護城堤，及北清河兩岸舊有堤處別率丁夫修築，亦就令講究河防之計。

他日，上以宋閣士良所述黃河利害一帙付參知政事馬琪曰：『此書所言亦有可用者，今以賜卿。』

二月，上諭平章政事守貞曰：『王汝嘉、田櫟專管河防，此國家之重事也。朕比問其曾於南岸行視否？乃稱「未也」。又問水決能行南岸乎？又云「不可知」。且水趨北久矣，自去歲便當經畫，今不稱職如是耶？可諭旨令往盡心固護，無致失備，及講究所以經久之計。稍涉違慢，當併治罪。』

三月，行省并行戶工部及都水監官各言河防利害事。都水監元擬於南岸王村、宜村兩處開導河勢，緣比來水勢去宜村堤稍緩，唯王村岸向上數里臥捲，可以開決作一河，且無所犯之城市村落。又擬於北岸牆村疏決，依舊分作兩清河入梁山故道，北清河兩岸素有小堤不完，後當築大堤。尚書省謂：『以黃河之水勢，若於牆村決注，則山東州縣膏腴之地及諸鹽場必被淪溺。設使修築壞堤，而又吞納不盡，功役至重，虛困山東之民，非徒無益，而又害之也。況長堤已加固護，復於南岸疏決水勢，已寢決河入梁山濼之議，水所經城邑已勸率作護城堤矣，先所修清河舊堤已遣罷之。監丞田櫟言定陶以東三埽棄堤不當修，止言「決舊壓河口以導漸水入堤北張彪、白塔兩河之間，凡當水衝屯田戶須令遷徙」。臣等所見，止當堤前作木岸以備之，其間居人未當遷徙，至夏秋水勢泛溢，權令避之，水落則當各復業，此亦戶工部之所言也。』上曰：『地之相去如此其遠，彼中利害，安得悉知？惟委行省盡心措畫可也。』

四月，以田櫟言河防事，上諭旨參知政事持國曰：『此事不惟責卿，要卿等同心規畫，不勞朕心爾。如櫟所言，築堤用二十萬工，歲役五十日，五年可畢，此役之大，古所未有。況其成否未可知，就使可成，恐難行也。遷徙軍戶四千則不爲難，然其水特決，尚不知所歸，儻有潰走，若何枝梧。如令南岸兩處疏決，使其水趨南，或可分殺其勢。然水之形勢，朕不親見，難爲條畫，雖卿亦然。丞相、左丞皆不熟此，可集百官詳議以行。』百官咸謂：『櫟所言棄長堤，無起新堤，放河入梁山故道，使南北兩清河分流，爲省費息民長久之計。臣等以爲黃河水勢非常，變易無定，非人力可以斟酌，可以指使也。況梁山濼淤填已高，而北清河窄狹不能吞伏，兼所經州縣農民廬井非一，使大河北入清河，山東必被其害。櫟又言乞許都水監符下州府運司，專其用度，委其任責，一切同於軍期，仍委執政提控。緣今監官已經添設，又於外監署司多以沿河州府長官兼領之，及令佐管勾河防，其或怠慢已有同軍期斷罪的決之法，凡櫟所言無可用。』遂寢其議。

八月，以河決陽武故堤，灌封丘而東，尚書省奏，都水監、行部官有失固護。詔命同知都轉運使高旭、武衛軍副都指揮使女奚列奕同往規措。尚書省奏：『都水監官前來有犯，已經戒諭，使之常切固護。今王汝嘉等殊不加意，既見水勢趨南，不預經畫，承留守司累報，輒爲遷延，以至害民。即是故違制旨，私罪當的決。』詔汝嘉等各削官兩階，杖七十罷職。

上謂宰臣曰：『李愈論河決事，謂宜遣大臣往，以慰人心，其言良是。嚮慮河北決，措畫堤防，猶嘗置行省，況今方橫潰爲害，而止差小官，恐失衆望。自國家觀之，雖山東之地重於河南，然民皆赤子，何彼此之間。』乃命參知政事馬琪往，仍許便宜從事。上曰：『李愈不得爲無罪，雖都水監官非提刑司統攝，若與留守司以便宜率民固護，或申聞省部，亦何不可使朕聞之。徒能張皇水勢而無經畫，及其已決，乃與王汝嘉一往視之而還，亦未嘗有所施行。

問王村河口開導之月，則對以四月終，其實六月也，月日尚不知，提刑司官當如是乎。』

尋命戶部員外郎何格賑濟被浸之民。

時行省參知政事胥持國、馬琪言：『已至光祿村周視堤口。以其河水浸漫，堤岸陷潰，至十餘里外乃能取土。而堤面窄狹，僅可數步，人力不可施，雖窮力可以暫成，終當復毀。而中道淤澱，地有高低，流不得泄，且水退，新灘亦難開鑿。其孟華等四埽與孟陽堤道，沿汴河東岸，但可施功者，即悉力修護，將於農隙興役，及凍畢工，則京城不至爲害。』

參知政事馬琪言：『都水外監員數冗多，每事相倚，或復邀功，議論紛紜不一，隳廢官事。擬罷都水監掾，設勾當官二員。又自昔選用都、散巡河官，止由監官辟舉，皆諸司人，或有老疾，避倉庫之繁，行賄請託，以致多不稱職。擬升都巡河作從七品，於應入縣令廉舉人內選注外，散巡河依舊，亦於諸司及丞簿廉舉人內選注，並取年六十以下有精力能幹者。到任一年，委提刑司體察，若不稱職，即日罷之。如守禦有方，致河水安流，任滿，從本監及提刑司保申，量與升除。凡河橋司使副亦擬同此選注。』繼而胥持國亦以爲言，乃從其請。

閏十月，平章政事守貞曰：『馬琪措畫河防事，未見功役之數，加之積歲興功，民力將困，今持國復病，請別遣有材幹者往議之。』上曰：『堤防救護若能成功，則財力固不敢惜。第恐財殫力屈，成而復毀，如重困何。』宰臣對曰：『如盡力固護，縱爲害亦輕，若恬然不顧，則爲害滋甚。』上曰：『無乃因是致盜賊乎？』守貞曰：『宋以河決興役，亦嘗致盜賊，然多生於凶歉。今時平歲豐，少有差役，未必至此。且河防之役，理所當然，今之當役者猶爲可耳。至於科徵薪芻，不問有無，督輸迫切則破產業以易之，恐民益困耳。』上曰：『役夫須近地差取，若遠調之，民益艱苦，但使津濟可也。』庚辰，琪自行省還，入見，言：『孟陽河堤及汴堤已填築補修，水不能犯汴城。自今河勢趨北，來歲春首擬於中道疏決，以解南北兩岸之危。凡計工八百七十餘萬，可於正月終興工。臣乞前期再往河上監視。』上以所言付尚書省，而治檢覆河堤并守漲官等罪有差。

他日，尚書省奏事，上語及河防事，馬琪奏言：『臣非敢不盡心，然恐智力有所不及。若別差官相度，儻有奇畫，亦未可知。如適與臣策同，方來興功，亦庶幾稍寬朝廷憂顧。』上然之，命翰林待制奧屯忠孝權尚書戶部侍郎、太府少監溫昉權尚書工部侍郎，行戶、工部事，修治河防，且諭之曰：『汝二人皆朕所素識，以故委任，冀副朕意。如有錯失，亦不汝容。』

又 承安元年七月，勑自今沿河傍側州、府、縣官雖部除者皆勿令員闕。

又 泰和二年九月，勑御史臺官：『河防利害初不與卿等事，然臺官無所不問，應體究者亦體究之。』

又 〔泰和〕五年二月，以崔守真言，『黃河危急，芻藁物料雖云折稅，每年不下五六次，或名爲和買，而未嘗還其直』，勑委右三部司正郭澥、御史中丞孟鑄講究以聞。澥等言『大名府、鄭州等處自承安二年以來，所科芻藁未給價者，計錢二十一萬九千餘貫』。遂命以各處見錢差能幹官同各州縣清強官一一酬之，續令按察司體究。

又 宣宗貞祐三年十一月壬申，上遣參知政事侯摯祭河神於宜村。

又 〔貞祐〕三年四月，單州刺史顏盞天澤言：『守禦之道，當決大河使北流德、博、觀、滄之境。今其故堤宛然猶在，工役不勞，水就下必無漂沒之患。而難者若不以犯滄鹽場損國利爲說，必以浸沒河北良田爲解。臣嘗聞河側故老言，水勢散漫，則淺不可以馬涉，深不可以舟濟，此守禦之大計也。若曰浸民田，則河徙之後，淤爲沃壤，正宜耕墾，收倍于常，利孰大焉。若失此計，則河南一路兵食不足，而河北、山東之民皆瓦解矣。』詔命議之。

又 〔貞祐〕四年三月，延州刺史溫撒可喜言：『近世河離故道，自衞東南而流，由徐、邳入海，以此，河南之地爲狹。臣竊見新鄉縣西河水可決使東北，其南有舊堤，水不能溢，行五十餘里與清河合，則由濬州、大名、觀州、清州、柳口入海，此河之故道也，皆有舊堤，補其缺罅足矣。如此則山東、大名等路，皆在河南，而河北諸郡亦得其半，退足以爲禦備之計，進足以壯恢復之基。』又言：『南岸居民，既已籍其河夫修築河堰，營作戍屋，又使轉輸芻糧，賦役繁殷，倍於他所，夏秋租稅，猶所未論，乞減其稍緩者，以寬民力。』事下尚書省，宰臣謂：『河流東南舊矣。一旦決之，恐故道不容，衍溢而出，分爲數河，不復可收。水分則淺狹易渡，天寒輒凍，禦備愈難，此甚不可。』詔但令量宜減南岸郡縣居民之賦役。

又《盧溝河》 大定十年，議決盧溝以通京師漕運，上忻然曰：『如此，則諸路之物可徑達京師，利孰大焉。』命計之，當役千里內民夫，上命免被災之地，以百官從人助役。已而，勑宰臣曰：『山東歲飢，工役興則妨農作，能無怨乎。開河本欲利民，而反取怨，不可。其姑罷之。』十一年十二月，省臣奏復開之，自金口疏導至京城北入壕，而東至通州之北，入潞水，計工可八十日。十二年三月，上令人覆按，還奏『止可五十日』。上召宰臣責曰：『所餘三十日徒妨農費工，卿等何爲慮不及此。』及渠成，以地勢高峻，水性渾濁。峻則奔流漩洄，齧岸善崩，濁則泥淖淤塞，積滓成淺，不能勝舟。其後，上謂宰臣曰：『分盧溝爲漕渠，竟未見功，若果能行，南路諸貨皆至京師，而價賤矣。』平章政事駙馬元忠曰：『請求識河道者，按視其地。』竟不能行而罷。

又［大定］二十五年五月，盧溝決於上陽村。先是，決顯通寨，詔發中都三百里內民夫塞之，至是復決，朝廷恐枉費工物，遂令且勿治。

又［大定二十七年］夏四月丙子，詔封盧溝水神爲安平侯。

又［大定二十八年］六月，盧溝堤決，詔速遏塞之，無令泛溢爲害。右拾遺路鐸上疏言，當從水勢分流以行，不必補修玄同口以下、丁村以上舊堤。上命宰臣議之，遂命工部尚書胥持國及路鐸同檢視其堤道。

又《滹沱河》 大定八年六月，滹沱犯真定，命發河北西路及河間、太原、冀州民夫二萬八千，繕完其堤岸。

十年二月，滹沱河創設巡河官二員。

十七年，滹沱決白馬崗，有司以聞，詔遣使固塞，發真定五百里內民夫，以十八年二月一日興役，命同知真定尹鶻沙虎、同知河北西路轉運使徐偉監護。

又《漳河》 大定二十年春正月，詔有司修護漳河牐，所須工物一切並從官給，毋令擾民。

明昌二年六月，漳河及盧溝堤皆決，詔命速塞之。

四年春正月癸未，有司言修漳河堤埽計三十八萬餘工，詔依盧溝河例，招被水闕食人充夫，官支錢米，不足則調礙水人戶，依上支給。

又 卷三五《禮志八·瀘溝河神》 大定十九年，有司言：『瀘溝河水勢泛決嚙民田，乞官爲封冊神號。』禮官以祀典所不載，難之。已而，特封安平侯，建廟。二十七年，奉旨，每歲委本縣長官春秋致祭，如令。

《宋史》卷六一《五行志一上》 建隆元年十月，棣州河決，壞厭次、商河二縣居民廬舍、田疇。二年，宋州汴河溢。孟州壞堤。襄州漢水漲溢數丈。四年八月，齊州河決。九月，徐州水損田。

乾德二年四月，廣陵、揚子等縣潮水害民田。七月，泰山水，壞民廬舍數百區，牛畜死者甚衆。三年二月，全州大雨水。七月，蘄州大雨水，壞民廬舍。開封府河決，溢陽武。河中府、孟州並河水漲，孟州壞中潬軍營、民舍數百區。河壞隄岸石，又溢于鄆州，壞民田。泰州潮水損鹽城縣民田。淄州、濟州並河溢，害鄒平、高苑縣民田。四年，東阿縣河溢，損民田。觀城縣河決，壞居民廬舍，注大名。又靈河縣隄壞，水東注衛南縣境及南華縣城。七月，滎澤縣河南北隄壞。八月，宿州汴水溢，壞堤。淄州清河水溢，壞高苑縣城，溺數百家及鄒平縣田舍。泗洲淮溢。衡州大雨水月餘。五年，衛州河溢，毀州城，沒溺者甚衆。

開寶元年六月，州府二十三大雨水，江河汎溢，壞民田、廬舍。七月，泰州潮水害稼。八月，集州霖雨河漲，壞民廬舍及城壁、公署。二年七月，下邑縣河決。是歲，青、蔡、宿、淄、宋諸州水，真定、澶滑博洺齊潁蔡陳亳宿許州水，害秋苗。三年，鄭、澶、鄆、淄、濟、虢、蔡、解、徐、岳州水災，害民田。四年六月，汴水決宋州穀熟縣濟陽鎮。又鄆州河及汶、清河皆溢，注東阿縣及陳空鎮，壞倉庫、民舍。鄭州河決原武縣。蔡州淮及白露、舒、汝、廬、潁五水並漲，壞廬舍、民田。七月，青、齊州水傷田。五年，河決澶州濮陽。絳、和、廬、壽諸州大水。六月，河又決開封府陽武縣之小劉村。宋州、鄭州並汴水決。忠州江水漲二百尺。六年，鄆州河決楊劉口。懷州河決獲嘉縣。潁州淮、渒水溢，渰民舍、田疇甚衆。七月，歷亭縣御河決。單州、濮州並大雨水，壞州廨、倉庫、軍營、民舍。是秋，大名府、宋亳淄青汝澶滑諸州並水傷田。七年四月，衛、亳州水。泗州淮水暴漲入城，壞民舍五百家。安陽縣河漲，壞居民廬舍百區。八年五月，京師大雨水。濮州河決郭龍村。六月，澶州河決頓丘縣。沂州大雨，水入城，壞居舍、田苗。九年三月，京師大雨水。淄州水害田。

太平興國二年六月，孟州河溢，壞溫縣堤七十餘步，鄭州壞滎澤縣寧王村堤三十餘步；又漲于澶州，壞英公村堤三十步。開封府汴水溢，壞大寧堤，浸害民田。忠州江漲二十五丈。興州江漲，毀棧道四百餘間。管城縣焦肇水暴漲，踰京水。濮州大水，害民田凡五千七百四十三頃。潁州潁水漲，壞城門、軍營、民舍。七月，復州蜀、漢江漲，壞城及民田、廬舍。集州江漲，汎嘉川縣。三年五月，懷州河決獲嘉縣北注。又汴水決宋州寧陵縣境。六月，泗州淮漲入南城，汴水又漲一丈，塞州北門。十月，滑州靈河已塞復決。四年三月，河南府洛水漲七尺，壞民舍。泰州雨水害稼。宋州河決宋城縣。衛州河決汲縣，壞新埸堤。八月，梓州江漲，壞閣道、營舍。九月，澶州河漲。鄆州清、汶二水漲，壞東阿縣民田。復州沔陽縣湖皛漲，壞民舍、田稼。五年五月，潁州潁水溢，壞堤及民舍。徐州白溝河溢入州城。七月，復州江水漲，毁民舍，堤塘皆壞。六年，河中府河漲，陷連堤，溢入城，壞軍營七所、民舍百餘區。鄜、延、寧州並三河水漲，溢入州城：鄜州壞軍營，建武指揮使李海及老幼六十三人溺死；延州壞倉庫、軍民廬舍千六百區；寧州壞州城五百餘步，諸軍營、軍民舍五百二十區。七年三月，京兆府渭水漲，壞浮梁，溺死五十四人。四月，耀、密、博、衛、常、潤諸州水害稼。六月，均州溳水、均水、漢江並漲，壞民舍，人畜死者甚衆。又河決臨邑縣。漢陽軍江水漲五丈。七月，大名府御河漲，壞范濟口。南劍州江水漲，壞居民舍一百四十餘區。京兆府咸陽渭水漲，壞浮梁，工人溺死五十四人。九月，梧州江水漲三丈，入城，壞倉庫及民舍。十月，河決懷州武陟縣，害民田。八年五月，河大決滑州房村，徑澶、濮、曹、濟諸州，浸民田，壞居民廬舍，東南流入淮。六月，陝州河漲，壞浮梁；又永定澗水漲，壞民舍、軍營千餘區。河南府澍雨，洛水漲五丈餘，壞鞏縣官署、軍營、民舍殆盡。穀、洛、伊、四水暴漲，壞京城官署、軍營、寺觀、祠廟、民舍萬餘區，溺死者以萬計。又壞河清縣豐饒務倉庫、軍營、民舍百餘區。雄州易水漲，壞民廬舍。鄜州河水漲，溢入城，壞官寺、民舍四百餘區。荊門軍長林縣山水暴漲，壞民舍五十一區，溺死五十六人。八月，徐州清河漲丈七尺，溢出，塞州三面門以禦之。九月，宿州睢水漲，汎民舍六十里。是夏及秋，開封、浚儀、酸棗、陽武、封丘、長垣、中牟、尉氏、襄邑、雍丘等縣河水害民田。九年七月。嘉州江水暴漲，壞官署、民舍，溺者千餘人。八月，延州南北兩河漲，溢入東西兩城，壞官寺、民舍。淄州霖雨，孝婦河漲溢，壞官寺、民田。孟州河漲，壞浮梁，損民田。雅州江水漲九丈，壞民廬舍。新州江漲，入南砦，壞軍營。

雍熙二年七月，朗江溢，害稼。八月，瀛、莫州大水，損民田。三年六月，壽州大水。

端拱元年二月，博州水害民田。五月，英州江水漲五丈，壞民田及廬舍數百區。七月，磁州漳、滏二水漲。

淳化元年六月，吉州大雨，江漲，漂壞民田、廬舍。黄梅縣堀口湖水漲，壞民田、廬舍皆盡，江水漲二丈八尺。洪州漲壞州城三十堵、民廬舍二千餘區，漂二千餘戶。孟州河漲。二年四月，京兆府河漲，陝州河漲，壞大堤及五龍祠。六月乙酉，汴水溢于浚儀縣，壞連堤，浸民田；上親臨視，督衛士塞之。辛卯，又決于宋城縣。博州大霖雨，河漲，壞民廬舍八百七十區。亳州河溢，東流汎民田、廬舍。七月，齊州明水漲，壞黎濟砦城百餘堵。許州沙河溢。雄州塘水溢，害民田殆盡。嘉州江漲，溢入州城，毁民舍。復州蜀、漢二江水漲，壞民田、廬舍。泗州招信縣大雨，山河漲，漂浸民田、廬舍，死者二十一人。八月，藤州江水漲十餘丈，入州城，壞官署、民田。九月，邛州蒲江等縣山水暴漲，壞民舍七十區，死者七十九人。是秋，荊湖北路江水注溢，浸田畝甚衆。三年七月，河南府洛水漲，壞七里、鎮國二橋；又山水暴漲，壞豐饒務官舍、民廬，死者二百四十人。十月，上津縣大雨，河水溢，壞民舍，溺者三十七人。四年六月，隴城縣大雨，牛頭河漲二十丈，沒溺居人、廬舍。九月，澶州河漲，衝陷北城，壞居人廬舍、官署、倉庫殆盡，民溺死者甚衆。梓州玄武縣涪河漲二丈五尺，壅下流入州城，壞官私廬舍萬餘區，溺死者甚衆。十月，澶州河決，水西北流入御河，浸大名府城，知府趙昌言壅城門禦之。

至道元年四月甲辰，京師大雨雷電，道上水數尺。五月，虔州江水漲二丈九尺，壞城，流入深八尺，毁城門。二年六月，河南、澗、洛三水漲，壞鎮國橋。七月，建州溪水漲，溢入州城，壞倉庫、民舍萬餘區。鄆州河漲，壞連堤四處。宋州汴河決穀熟縣。閏七月，陝州河漲。是月，廣南諸州並大雨水。

咸平元年七月，侍禁、閤門祗候王壽永使彭州回，至鳳翔府境，山水暴漲，家屬八人溺死。齊州清、黄河泛溢，壞田廬。二年十月，漳州山水泛溢，壞民舍千餘區，民黄拏等十家溺死。三年三月，梓州江水漲，壞民田。五月，河決鄆州王陵埽。七月，洋州漢水溢，民有溺死者。四年七月，同州洿谷水溢夏陽縣，溺死者數十人。五年二月，雄霸瀛莫深滄諸州、乾寧軍水，壞民田。六月，京師大雨，漂壞廬舍，民有壓死者；積潦浸道路，自朱雀門東抵宣化門尤甚，皆注惠民河，河復漲，溢軍營。

景德元年九月，宋州汴水決，浸民田，壞廬舍。河決澶州橫隴埽。二年六月，寧州山水泛溢，壞民舍、軍營，多溺死者。三年七月，應天府汴水決，南注亳州，合浪宕渠東入于淮。八月，青州山水壞石橋。四年六月，鄭州索水漲，高四丈許，漂滎陽縣居民四十二戶，有溺死者。鄧州江水暴漲。南劍州山水泛溢，漂溺居人。七月，河溢澶州，壞王八埽。八月，橫州江漲，壞營舍。

大中祥符元年六月，開封府尉氏縣惠民河決。二年七月，徐、濟、青、淄大水。八月，鳳州大水，漂溺民居。十月，京畿惠民河決，壞民田。三年六月，吉州、臨江軍並江水泛溢，害民田。九月，河決河中府白浮梁村。四年七月，洪、江、筠、袁州江漲，害民田，壞州城。八月，河決通利軍，大名府御河溢，合流壞府城，害田，人多溺死。九月，河溢于孟州溫縣。蘇州吳江汎溢，壞廬舍。十一月，楚、泰州潮水害田，人多溺者。五年正月，河決棣州聶家口。七月，慶州淮安鎮山水暴漲，漂溺居民。六年六月，保安軍積雨河溢，浸城壘，壞廬舍，判官趙震溺死，又兵民溺死凡六百五十人。七年六月，泗州水害民田。河南府洛水漲。秦州定西砦有溺死者。八月，河決澶州。十月，濱州河溢于安定鎮。八年七月，坊州大雨河溢，民有溺死者。九年六月，秦州獨孤谷水壞長道縣鹽官鎮城橋及官廨、民舍二百九十五區，溺死六十七人。七月，延州洎定平、安遠、塞門、栲栳四砦山水泛溢，壞堤、城。九月，雄、霸州界河泛溢。利州水漂棧閣萬二千八百間。

天禧三年六月，河決滑州城西南，漂沒公私廬舍，死者甚衆，歷澶州、濮、鄆、濟、單至徐州，與清河合，浸城壁，不沒者四板。明年既塞，六月，復決于西北隅。

乾興元年正月，秀州水災，民多艱食。十月己酉夜，滄州鹽山、無棣二縣海潮溢，壞公私廬舍，溺死者甚衆。是歲，京東、淮南路水災。

天聖初，徐州仍歲水災。三年十一月辛卯，襄州漢水壞民田。四年六月丁亥，劍州、邵武軍大水，壞官私廬舍七千九百餘區，溺死者百五十餘人。是月，河南府、鄭州大水。十月乙酉，京山縣山水暴漲，漂死者衆，縣令唐用之溺焉。是歲，汴水溢，決陳留堤，又決京城西賈陂入護龍河，以殺其勢。五年三月，襄、潁、許、汝等州水。七月辛丑，泰州鹽官鎮大水，民多溺死。六年七月壬子，江寧府、揚真潤三州江水溢，壞官私廬舍。是月，雄、霸州大水。八月甲戌，臨潼縣山水暴漲，民溺死者甚衆。是月，河決楚王埽。七年六月，河北大水，壞澶州浮橋。

明道元年四月壬子，大名府冠氏等八縣水浸民田。

景祐元年閏六月甲子，泗州淮、汴溢。七月，澶州河決橫隴埽。八月庚午，洪州分寧縣山水暴發，漂溺居民二百餘家，死者三百七十餘口。三年六月，虔、吉諸州久雨，江溢，壞城廬，人多溺死。四年六月乙亥，杭州大風雨，江潮溢岸，高六尺，壞堤千餘丈。八月甲戌，越州大水，漂溺居民。

寶元元年，建州自正月雨，至四月不止，谿水大漲，入州城，壞民廬舍，溺死者甚衆。

康定元年九月甲寅，滑州大河泛溢，壞民廬舍。

慶曆元年三月，汴流不通。八年六月乙亥，河決澶州商胡埽。是月，恒雨。七月癸丑，衛州大雨水，諸軍走避，數日絕食。是歲，河北大水。

皇祐元年二月甲戌，河北黃、御二河決，並注于乾寧軍。河朔頻年水災。二年，鎮定復大水，並邊尤被其害。三年七月辛酉，河決館陶縣郭固口。八月，汴河絕流。四年八月，鄜州大水，壞軍民廬舍。

嘉祐二年六月，開封府界及京東西、河北水潦害民田。自五月大雨不止，水冒安上門，門關折，壞官私廬舍數萬區，城中繫栰渡人。七月，京東西、荊湖北路水災。淮水自夏秋暴漲，環浸泗州城。是歲，諸路江河決溢，河北尤甚，民多流亡。三年七月，京、索、廣濟河溢，浸民田。五年七月，蘇、湖二州水災。六年七月乙酉，泗州淮水溢。七年六月，代州大雨，山水暴入城。七月，賓州山水壞城。河決北京第五埽。

治平元年，慶許蔡潁唐泗濠楚廬壽杭宣鄂洪施渝州、光化軍水。九月，陳州水災。二年八月庚寅，京師大雨，地上湧水，壞官私廬舍，漂人民畜產不可勝數。是日，御崇政殿，宰相而下朝參者十數人而已。詔開西華門以洩宮中積水，水奔激，殿侍班屋皆摧沒，人畜多溺死，官爲葬祭其無主者千五百八十人。

熙寧元年秋，霸州山水漲溢，保定軍大水，害稼，壞官私廬舍、城壁，漂溺居民。河決恩、冀州，漂溺居民。二年八月，河決滄州饒安，漂溺居民，移縣治於張爲村。泉州大風雨，水與潮相衝泛溢，損田稼，漂官私廬舍。四年八月，金州大水，毀城，壞官私廬舍。七年六月，熙州大雨，洮河泛溢。八年四月，潭、衡、邵、道諸州江水溢，壞官私廬舍。九年七月，太原府汾河夏秋霖雨，水大漲。十月，海陽、潮陽二縣海潮溢，壞廬舍，溺居民。十年七月，河決曹村下埽，澶淵絕流，河南徙，又東匯于梁山、張澤濼，凡壞郡縣四十五，官亭、民舍數萬，田三十萬頃。洺州漳河決，注城。大雨水，二丈河、陽河水湍漲，壞南倉，溺居民。滄、衛霖雨不止，河濼暴漲，敗廬舍，損田苗。

元豐元年，章丘河水溢，壞公私廬舍、城壁，漂溺民居。舒州山水暴漲，浸官私廬舍，損田稼，溺居民。四年四月，澶州臨河縣小吳河溢北流，漂溺居民。五月，淮水泛漲。五年秋，陽武、原武二縣河決，壞田廬。七年六月，青田縣大水，損田稼。七月，河北東、西路水。北京館陶水，河溢入府城，壞官私廬舍。八月，趙、邢、洺、磁、相諸州河水汎溢，壞城郭、軍營。是年，相州漳河決，溺臨漳縣居民。懷州黃、沁河泛溢，大雨水，損稼，壞廬舍、城壁。磁州諸縣鎮，夏秋漳、滏河水泛溢。臨漳縣斛律口決，壞官私廬舍，傷田稼，損居民。

元祐四年，夏秋霖雨，河流泛漲。八年，自四月雨至八月，晝夜不息，畿內、京東西、淮南、河北諸路大水。詔開京師宮觀五日，所在州令長吏祈禱，宰臣呂大防等待罪。

紹聖元年七月，京畿久雨，曹、濮、陳、蔡諸州水，害稼。

元符元年，河北、京東等路大水。二年六月，久雨，陝西、京西、河北大水，河溢，漂人民，壞廬舍。是歲，兩浙蘇、湖、秀等州尤罹水患。

大觀元年夏，京畿大水。詔工部都水監疏導，至于八角鎮。河北、京西河溢，漂溺民戶。十月，蘇、湖水災。二年秋，黃河決，陷沒邢州鉅鹿縣。三年七月，階州久雨，江溢。四年夏，鄧州大水，漂沒順陽縣。

政和五年六月，江寧府、太平宣州水災。八月，蘇、湖、常、秀諸郡水災。七年，瀛、滄州河決，滄州城不沒者三版，民死者百餘萬。

重和元年夏，江、淮、荊、浙諸路大水，民流移、溺者衆，分遣使者振濟。發運使任諒坐不奏泗州壞官私廬舍等勒停。

宣和元年五月，大雨，水驟高十餘丈，犯都城，自西北牟駝岡連萬勝門外馬監，居民盡沒。前數日，城中井皆渾，宣和殿後井水溢，蓋水信也。至是，詔都水使者決西城索河堤殺其勢，城南居民冢墓俱被浸，遂壞藉田親耕之稼。水至溢猛，直冒安上、南薰門城守凡半月。已而入汴，汴渠將溢，於是募人決下流，由城北入五丈河，下通梁山濼，乃平。十一月，東南州縣水災。四年十二月戊戌，詔：『訪聞德州有京東、西來流民不少，本州振濟有方，令保奏推恩。餘路遇有流移，不即存恤，按劾以聞。』六年秋，京畿恒雨。河北、京東、兩浙水災，民多流移。

建炎二年春，東南郡國水。

紹興二年閏月，徽、嚴州水，害稼。三年七月丙子，泉州水三日，壞城郭、廬舍。五年秋，西川郡國水。六年冬，饒州雨水壞城四百餘丈。十四年五月丙寅，婺州水。乙丑，蘭溪縣水侵縣市，丙寅中夜，水暴至，死者萬餘人。十六年，潼川府東、南江溢，水入城，浸民廬。十八年八月，紹興府、明婺州水。二十二年，淮甸水。二十三年，金堂縣大水。潼川府江溢，浸城內外民廬。宣州大水，其流泛溢至太平州。七月，光澤縣大雨，溪流暴湧，平地高十餘丈，人避不及者皆溺，半時即平。二十七年，鎮江建康紹興府、真太平池江洪鄂州、漢陽軍大水。二十八年六月丙申，興、利二州及大安軍大雨水，流民廬，壞橋棧，死者甚衆。九月，江東、淮南數郡水。浙東、西沿江海郡縣大風水，平江紹興府、湖常秀潤爲甚。二十九年七月戊戌，福州水入城，閩、侯官、懷安三縣壞田廬，官吏不以聞，憲臣樊光遠坐黜。三十年五月辛卯夜，於潛、臨安、安吉三縣山水暴出，壞民廬、田桑，溺死者甚衆。三十一年八月，建始縣大水，流民廬，死者甚衆。三十二年四月，淮溢數百里，漂民田廬，死者尤衆。六月，浙西郡縣山湧暴水，漂民舍，壞田覆舟。

隆興元年八月，浙東、西州縣大風水，紹興平江府、湖州及崇德縣爲甚。二年七月，平江鎮江建康寧國府、湖常秀池太平廬和光州、江陰廣德壽春無爲軍、淮東郡皆大水，浸城郭，壞廬舍、圩田、軍壘，操舟行市者累日，人溺死甚衆。越月，積陰苦雨，水患益甚，淮東有流民。

乾道元年六月，常、湖州水壞圩田。二年八月丁亥，温州大風，海溢，漂民廬、鹽場、龍朔寺，覆舟溺死二萬餘人，江濱胔骼尚七千餘。三年六月，廬、舒、蘄州水，壞苗稼，漂人畜。七月己酉，臨安府天目山湧暴水，決臨安縣五鄉民廬二百八十餘家，人多溺死。八月，湖秀州、上虞縣水，壞民田廬。時積潦至于九月，禾稼皆腐。江東山水溢，江西諸郡水，隆興府四縣爲甚。四年七月壬戌，衢州大水，敗城三百餘丈，漂民廬、孳牧，壞禾稼。諸暨縣大水害稼。江寧、建康府水。是歲，饒、信亦水。五年七月丁巳，建寧府瑞應場大漈、山棗等山暴水湧出，漂民廬，溺死甚衆。是歲夏秋，溫、台州凡三大風，水漂民廬，壞田稼，人畜溺死者甚衆，黃巖縣爲甚，郡守王之望、陳巖肖不以聞，皆黜削。六年五月，平江建康寧國府、溫湖秀太平州、廣德軍及江西郡大水，江東城市有深丈餘者，漂民廬，湮田稼，潰圩隄，人多流徙。八年五月，贛州、南安軍山水暴出，及隆興府、吉筠州、臨江軍皆大雨水，漂民廬，壞城郭，潰田害稼。六月壬寅，四川郡縣大雨水，嘉眉邛蜀州、永康軍及金堂縣尤甚，漂民廬，決田畝。九年五月戊午，建康隆興府、嚴吉饒信池太平州、廣德軍水，漂民居，壞圩湮田，分水縣沙塞四百餘畝，采石流民多渡江。六月，湖北郡縣水。

淳熙元年七月壬寅，癸卯，錢塘大風濤，決臨安府江隄一千六百六十餘丈，漂居民六百三十餘家，仁和縣瀕江二鄉壞田圃。三年八月辛巳，台州大風雨，至于壬午，海濤、溪流合激爲大水，決江岸，壞民廬，溺死者甚衆。癸未，行都大雨水，壞德勝、江漲、北新三橋及錢塘、餘杭、仁和縣田，流入湖、秀州，害稼。浙東西、江東郡縣多水，婺州、會稽、嵊、廣德軍、建平三縣尤甚。四年五月庚子，建寧府、福南劍州大雨水，至于壬寅，漂民廬數千家。己亥夜，錢塘江濤大溢，敗臨安府隄八十餘丈；庚子，又敗隄百餘丈。明州瀕海大風，海濤敗定海縣隄二千五百餘丈、鄞縣隄五千一百餘丈，漂沒民田。九月丁酉、戊戌，大風雨駕海濤，敗錢塘縣隄三百餘丈；餘姚縣溺死四十餘人，敗隄二千五百六十餘丈；敗上虞縣隄及梁湖堰及運河岸；定海縣敗隄二千五百餘丈；鄞縣敗隄五千一百餘丈。五年六月戊辰，古田縣大水，漂民廬，圮縣治市橋。閏月己亥，階州水，壞城郭。乙巳，興化軍及福清縣及海口鎮大水，漂民廬、官舍、倉庫，溺死者甚衆。六年夏，衢州水。秋，寧國府、溫台湖秀太平州水，壞圩田，樂清縣溺死者百餘人。七年五月戊戌，分宜縣大水，決田害稼。八年五月壬辰，嚴州大水，漂浸民居萬九千五百四十餘家、壘舍六百八十餘區。紹興府大水，五縣漂浸民居八萬三千餘家，田稼盡腐；漁浦敗隄五百餘丈，新林敗隄通運河。是歲，徽、江二州亦水。十年五月辛巳，信州大水入城，沈廬舍、市井。襄陽府大水，漂民廬，蓋藏爲空。江東、浙東數郡亦水。八月辛酉，雷州大風激海濤，沒瀕海民舍，死者甚衆。九月乙丑，福漳州大風雨，水暴至，長溪、寧德縣瀕海聚落、廬舍、人舟皆漂入海，漳城半沒，浸八百九十餘家。丁卯，吉州龍泉縣大水，漂民廬，壞田畝，溺死者衆。十一年四月，和州水，湮民廬，壞圩田。五月丙申，階州白江水溢，決隄圮城，浸民廬、壘舍、祠廟、寺觀甚多。建康府、太平州水。六月甲申，處州龍泉縣大雨，水浸民舍，壞杠梁，匯田害稼。七月壬辰，明州大風雨，山水暴出，浸民市，圮民廬，覆舟殺人。十二年六月，婺州及富陽縣皆水，浸民廬，害田稼。八月戊寅，安吉縣暴水發棗園村，漂廬舍、寺觀，壞田稼殆盡，溺死千餘人，郡守劉藻不以聞，坐黜。是歲，鄂州自夏徂冬，水浸民廬。九月，台州水。十四年三月辛未，汀州水，漂百餘家、軍壘六十餘區。十五年五月，淮甸大雨水，淮水溢，廬濠楚州、無爲安豐高郵盱眙軍皆漂廬舍、田稼，廬州城圮。荊江溢，鄂州大水，漂軍民壘舍三千餘。江陵常德德安府、復岳澧州、漢陽軍水。戊午，祁門縣羣山暴匯爲大水，漂田禾、廬舍、冢墓、桑麻、人畜什六七，浮胔甚衆，餘害及浮梁縣。六月，建寧隆興府、袁撫州、臨江軍水圮民廬。七月，黃巖縣水敗田瀦。番易湖溢番易縣，漂民舍、田稼，有流徙者。十六年四月甲戌，紹興府新昌縣山水暴作，害稼湮田，漂民廬。五月丙辰，沅、靖州山水暴溢至辰州，常德府城沒一丈五尺，漂民廬舍。汀州大水，浸民廬千五百餘家，溺死三千人。分宜縣水。丁巳，階州白江水溢，浸城市民廬。六月庚寅，鎮江府大雨水五日，浸軍民壘舍三千餘。辛卯，潼川府東南二江溢，決隄，毀橋，浸民廬，涪城、中江、射洪、通泉、郪縣沒田廬。

紹熙二年三月，寧化縣連水漂廬舍、田畝，溺死二十餘人。五月戊申，建寧州水。己酉，福州水，浸附郭民廬，懷安、候官縣漂千三百餘家，古田、閩清縣亦壞田廬。庚午，利州東江溢，壞隄、田、廬舍。辛未，潼川府東、南江溢；六月戊寅，又溢，再壞隄橋，水入城，沒廬舍七百四十餘家，郪、涪、射洪、通泉縣匯田爲江者千餘畝。七月癸亥，嘉陵江暴溢，興州圮城門、郡獄、官舍凡十七所，漂民居三千四百九十餘，潼川崇慶府、緜果合金龍漢州、懷安石泉大安軍、魚關皆水。時上流西蕃界古松州江水暴溢，龍州敗橋閣五百餘區，江油縣溺死者衆。三年五月壬辰，常德府大雨水，浸民田廬。乙未，潼州府東、南江溢，後六日又溢，浸城外民廬，人徙於山。己亥，池州大雨水連夕，青陽縣山水暴湧，漂田廬殺人，蓋藏無遺；貴池縣亦水。庚子，涇縣大雨水，敗隄，圮縣治、廬舍。六月辛丑，建平縣水，敗隄入城，漂浸民廬。甲戌，祈門縣水。七月壬申，天台、仙居縣大水連夕，漂浸民居五百六十餘，壞田傷稼。襄陽、江陵府大雨水，漢江溢，敗隄防，圮民廬、沒田稼者逾旬；復州、荊門軍水，亦如之。鎮江府三縣水，損下地之稼。四年四月，上高縣水，浸二百餘家。五月壬申、癸酉，奉新縣大雷雨水，漂浸八百二十餘家。五月辛未、丙子，鎮江府大雨水，浸營壘六千餘區。戊寅，安豐軍大水，平地三丈餘，漂田廬、絲麥皆空。是月，諸暨、蕭山、宣城、寧國縣大水，壞田稼。廣德軍屬縣水害稼。筠州水浸民廬。戊寅，進賢縣水，圮百二十餘家。六月丙申，興國軍水，池口鎮及大冶縣漂民廬，有溺死者。戊戌，靖安縣水，漂三百二十餘家。是夏，江贛州、江陵府亦水。七月乙酉，豐城縣水，壬午，臨江軍水，皆圮民廬。丁亥，新淦縣漂浸二千三百餘家。八月辛丑，隆興府水，圮千二百七十餘家。吉州水，漂浸民廬及泰和縣官舍。自夏及秋，江西九州三十七縣皆水。是歲，興化軍大風激海濤，漂沒田廬尤多。五年五月辛未，石埭、貴池、涇縣皆水，圮民廬，溺死者衆。是月，泰州大水。七月壬申，慈溪縣水，漂民廬，決田害稼，人多溺死。乙亥，會稽、山陰、蕭山、餘姚、上虞縣大風駕海濤，壞隄，傷田稼。八月辛丑，錢塘、臨安、新城、富陽、於潛縣大雨水，餘杭縣尤甚，漂沒田廬，死者無筭。安吉縣水，平地丈餘。平江鎮江寧國府、明台溫嚴常州、江陰軍皆水。是秋，武陵縣江溢，圮田廬甚衆。

慶元元年六月壬申，台州及屬縣大風雨，山洪、海濤並作，漂沒田廬無筭，死者蔽川，漂沉旬日；至于七月甲寅，黃巖縣水尤甚。常平使者莫漳以緩於振恤坐免。七月，臨安府水。二年秋，浙東郡國大水。三年九月，紹興府屬縣二、婺州屬縣二，水害稼。五年秋，台、溫、衢、婺水，漂民廬，人多溺死，衢守張經以匿災恡振坐黜。六年五月，建寧府、嚴衢婺饒信徽南劍州及江西郡縣皆大水，自庚午至于甲戌，漂民廬，害稼。

嘉泰二年七月丙午，上杭縣水，圮田廬，壞稼，民多溺死。建安縣漂軍民廬舍百二十餘，山摧，覆民廬七十七家，溺壓死者六十餘。丁未，長溪縣漂民廬二百八十餘家。古田縣漂官舍、民廬甚衆，溺死者二百七十。劍浦縣圮三百五十餘家，死者亦衆。三年四月，江南郡邑水害稼。

開禧元年九月丙戌，漢、淮水溢，荊襄、淮東郡國水，楚州、盱眙軍爲甚，圮民廬，害稼。二年五月庚寅，東陽縣大水，山千七百三十餘所同夕崩洪，漂聚落五百四十餘所，湮田二萬餘畝，溺死者甚衆。三年，江、浙、淮郡邑水，鄂州、漢陽軍尤甚。

嘉定二年五月己亥，連州大水，敗城郭百餘丈，沒官舍、郡庠、民廬，壞田畝聚落甚多。六月辛酉，西和州水，沒長道縣治、倉庫。丙子，昭化縣水，沒縣治，漂民廬。成州水，入城，圮壘舍。同谷縣及遂寧府、閬州皆水。七月壬辰，台州大風雨激海濤，漂圮二千二百八十餘家，溺死尤衆。三年四月甲子，新城縣大水。五月，嚴衢婺徽州、富陽餘杭鹽官新城諸暨淳安大雨水，溺死者衆，圮田廬、市郭，首種皆腐。行都大水，浸廬舍五千三百，禁旅壘舍之在城外者半沒，西湖溢。四年七月辛酉，慈溪縣大水，圮田廬，人多溺者。八月，山陰縣海敗堤，漂民田數十里，斥地十萬畝。五年五月庚戌，嚴州水。六月丁丑，台州及建德、諸暨、會稽縣水，壞田廬。六年六月丁丑，淳安縣山湧暴水，陷清泉寺，漂五鄉田廬百八十里，溺死者無筭，巨木皆拔。丁亥，於潛縣大水。戊子，諸暨縣風雷大雨，山湧暴作，漂十鄉田廬，溺死者尤多。錢塘縣，臨安餘杭、於潛、安吉縣皆水。九年五月，行都及紹興府，嚴、衢、婺、台、處、信、饒、福、漳、泉州，興化軍大水，漂田廬，害稼。十年冬，浙江濤溢，圮廬舍，覆舟，溺死甚衆。蜀、漢二州江沒城郭。十一年六月戊申，武康、吉安縣大水，漂官舍、民廬，壞田稼。人畜死者甚衆。十二年，鹽官縣海失故道，潮汐衝平野三十餘里，至是侵縣治，廬州、港瀆及上下管、黃灣岡等場皆圮；蜀山淪入海中，聚落、田疇失其半，壞四郡田，後六年始平。十四年，建康府大水。十五年七月，蕭山縣大水。時久雨，衢、婺、徽、嚴暴流與江濤合，圮田廬，害稼。十六年五月，江、浙、淮、荊、蜀郡縣水，平江府、湖、常、秀、池、鄂楚、太平州、廣德軍爲甚，漂民廬，害稼，圮城郭、隄防，溺死者衆。鄂州江湖合漲，城市沈沒，累月不泄。是秋，江溢，圮民廬。餘杭、錢塘、仁和縣大水。福漳泉州、興化軍水壞稼十五六。十七年五月，福建大水，漂水口鎮民廬皆盡，候官縣甘蔗砦漂數百家，人多溺死；建寧府沒平政橋，入城；南劍州圮郡治、城樓、郡獄、官舍，城壞，民避水樓上者皆死。乙卯，建昌軍大水，城不沒者三板，漂民廬，圮官舍、城郭、橋梁，害稼。

紹定二年，天台、仙居縣大水。四年，沿江水災。

端平三年三月辛酉，蘄州大雨水，漂民居。是年，英德府、昭州及襄、漢江皆大水。

嘉熙元年，饒、信州水。二年，浙江溢。

淳祐二年，紹興府、處婺州水。七年，福建水。十年，嚴州水。十一年八月甲辰，汀州山水暴至，漂人民。九月，江陵水。是年，江、浙多水，饒州亦水。十二年六月，建寧府、嚴衢婺信台處南劍州、邵武軍大水，冒城郭，漂室廬，死者以萬數。

寶祐元年七月，温、台、處、信、饒州大水。

開慶元年五月己未，婺州水，漂民廬。是歲，滁、嚴州水。

景定二年，浙東水。

咸淳六年五月，大雨水。七月五月甲申，諸暨縣大水，漂廬舍。是月，重慶府江水泛溢者三，漂城壁，壞樓櫓。十年三月，廬州水。四月，紹興府大雨水。八月，臨安府水，安吉、武康縣水。

又 卷六七《五行志五》 雍熙三年，階州福津縣常峽山圮，壅白江水，逆流高十許丈，壞民田數百里。

淳化二年五月，名山縣大風雨，登遼山圮，壅江水逆流入民田，害稼。

咸平元年七月庚午，寧化軍汾水漲，壞北水門。

又 卷九二《河渠志二・黄河中》 [熙寧七年] 十月，安石去位，吴充爲相。十年五月，滎澤河堤急，詔判都水監俞光往治之。是歲七月，河復溢衛州王供及汲縣上下埽、懷州黄沁、滑州韓村；己丑，遂大決於澶州曹村，澶淵北流斷絶，河道南徙，東匯于梁山、張澤濼，分爲二派，一合南清河入于淮，一合北清河入于海，凡灌郡縣四十五，而濮、齊、鄆、徐尤甚，壞田逾三十萬頃。遣使修閉。

元 歐陽玄《拯荒事略》 宋洪皓爲秀州録事，州大水，流移塞路，倉府空虚，無以爲賑。

《元史》卷五〇《五行志上・水》 至元元年，真定、順天、河間、順德、大名、東平、濟南等郡大水。四年五月，應州大水。五年八月，亳州大水。六年十二月，獻、莫、清、滄四州及豐州、渾源縣大水。九年九月，南陽、懷孟、衛輝、順天等郡，洺、磁、泰安、通、灤等州淫雨，河水並溢，圮田廬，害稼。十三年十二月，濟寧及高麗瀋州水。十四年六月，濟寧路雨水，平地丈餘，損稼。曹州定陶、武清二縣，濮州、堂邑縣雨水，沒禾稼。十二月，冠州、永年縣水。十六年十二月，保定等路水。十七年正月，磁州、永平縣水。八月，大都、北京、懷孟、保定、東平、濟寧等路水。十八年二月，遼陽懿州、蓋州水。十一月，保定清苑縣水。二十年六月，太原、懷孟、河南等路沁河水涌溢，壞民田一千六百七十餘頃。衛輝路清河溢，損稼。南陽府唐、鄧、裕、嵩四州河水溢，損稼。十月，涿州巨馬河溢。二十一年六月，保定、河間、濱、棣大水。二十二年秋，南京、彰德、大名、河間、順德、濟南等路河水壞田三千餘頃。高郵、慶元大水，傷人民七百九十五戸，壞廬舍三千九十區。二十三年六月，安西路華州華陰縣大雨，潼谷水湧，平地三丈餘。杭州、平江二路屬縣水，壞民田一萬七千二百頃。大都涿、漷、檀、順、薊五州，汴梁、歸德七縣水。二十四年六月，霸州益津縣雨水。九月，東京義、静、威遠、婆娑等處水。二十五年七月，膠州大水，民采橡爲食。十二月，太原、汴梁二路河溢，害稼。二十六年二月，紹興大水。十月，平灤路水，壞田稼一千一百頃。二十七年正月，甘州、無爲路大水。五月，江陰州大水。六月，河溢太康縣，沒民田三十一萬九千畝。八月，沁水溢。廣州清遠縣大水。十一月，河決祥符義唐灣，太康、通許二縣，陳、潁二州，大被其患。二十八年二月，常德路水。八月，浙東婺州水。九月，平灤、保定、河間三路大水。二十九年五月，龍興路南昌、新建、進賢三縣水。六月，鎮江、常州、平江、嘉興、湖州、松江、紹興等路府水。揚州、寧國、太平三郡大水。岳州華容縣水。三十年五月，深州静安縣大水。十月，平灤路水。三十一年八月，趙州寧晉縣水。十月，遼陽路水。

元貞元年五月，建康溧陽州，太平當塗縣，鎮江金壇、丹徒等縣，常州無錫州，平江長洲縣，湖州烏程縣，鄱陽餘干州，常德沅江、澧州安鄉等縣水。六月，泰安州奉符、曹州濟陰、兖州嵫陽等縣水。歷城縣大清河水溢，壞民居。七月，遼東和州、大都武衛屯田水。九月，廬州、平江二郡大水。二年五月，太原平晉縣，獻州交河、樂壽二縣，莫州任丘、莫亭等縣，湖南醴陵州水。六月，大都路益津、保定、大興三縣水，損田稼七千餘頃。真定鼓城、獲鹿、藁城等縣，保定葛城、歸信、新安、束鹿等縣，汝寧潁州，濟寧沛縣，揚、廬、岳、澧四郡，建康、太平、鎮江、常州、紹興五郡水。八月，棣州、曹州水。九月，河決河南杞、封丘、祥符、寧陵、襄邑五縣。十月，河決開封縣。十二月，江陵潛江縣，沔陽玉沙縣，淮安、海寧、朐山、鹽城等縣水。

大德元年三月，歸德徐州，邳州宿遷、睢寧、鹿邑三縣，河南許州臨潁、郾城等縣，睢州襄邑，太康、扶溝、陳留、開封、杞等縣，河水大溢，漂沒田廬。五月，河決汴梁，發民夫三萬五千塞之。漳水溢，害稼。龍興、南康、澧州、南雄、饒州五郡水。六月，和州歷陽縣江水溢，漂廬舍一萬八千五百區。七月，郴州耒陽縣、衡州酃縣大水，溺死三百餘人。九月，溫州平陽、瑞安二州水，溺死六千八百餘人。十一月，常德武陵縣大水。二年六月，河決蒲口，凡九十六所，泛溢汴梁、歸德二郡。大名、東昌、平灤等路水。三年八月，河間郡水。四年五月，保定、真定二郡，通、薊二州水。六月，歸德睢州大水。五年五月，宣德、保定、河間屬州水。寧海州水。六月，濟寧、般陽、益都、東平、濟南、襄陽、平江七郡水。七月，江水暴風大溢，高四五丈，連崇明、通、泰、真州定江之地，漂沒廬舍，被災者三萬四千八百餘戶。遼陽大寧路水。八月，平灤郡雨，灤河溢。順德路水。六年四月，上都大水。五月，濟南路大水。歸德府徐州、邳州睢寧縣雨五十日，沂、武二河合流，水大溢。東安州渾河溢，壞民田一千八十餘頃。六月，廣平路大水。七年五月，濟南、河間等路水。六月，遼陽、大寧、平灤、昌國、瀋陽、開元六郡雨水，壞田廬，男女死者百十有九人。修武、河陽、新野、蘭陽等縣趙河、湍河、白河、七里河、沁河、潦河皆溢。台州風水大作，寧海、臨海二縣死者五百五十人。八年五月，太原陽武縣、衛輝獲嘉縣、汴梁祥符縣河溢。大名滑州、濬州雨水，壞民田六百八十餘頃。八月，潮陽颶風海溢，漂民廬舍。九年六月，汴梁陽武縣思齊口河決。東昌博平、堂邑二縣雨水。潼川郪縣雨，綿江、中江溢，水決入城。龍興、撫州、臨川三郡水。七月，沔陽玉沙縣江溢。嶧州水。揚州泰興縣、淮安山陽縣水。八月，歸德府寧陵，陳留、通許、扶溝、太康、杞縣河溢。大名元城縣大水。十年五月，雄州、漷州水。平江、嘉興二郡水，害稼。六月，保定滿城、清苑二縣雨水。大名、益都、定興等路大水。七月，平江路大風，海溢。吳江州大水。十一年六月，靖海、容城、束鹿、隆平、新城等縣水。七月，冀寧文水縣汾水溢。十一月，盧龍、灤河、遷安、昌黎、撫寧等縣水。

至大元年七月，濟寧路雨水，平地丈餘，暴決入城，漂廬舍，死者十有八人。真定路淫雨，大水入南門，下注藁城，死者百七十人。彰德、衛輝二郡水，損稻田五千三百七十頃。二年七月，河決歸德府，又決汴梁封丘縣。三年六月，洧川、鄄城、汶上三縣水。峽州大雨，水溢，死者萬餘人。七月，循州、惠州大水，漂廬舍二百九十區。四年六月，大都三河縣、潞縣，河東祁縣、懷仁縣，永平豐盈屯雨水害稼。七月，東平、濟寧、般陽、保定等路大水。江陵松滋縣、桂陽臨武縣水。

皇慶元年五月，歸德睢陽縣河溢。六月，大寧、水達達路雨，宋瓦江溢，民避居亦母兒乞嶺。八月，松江府大風，海水溢。二年五月，辰州沅陵縣水。六月，涿州范陽縣，東安州，宛平縣，固安州，霸州益津，永清、永安等縣雨水，壞田稼七千六百九十餘頃。河決陳、亳、睢三州，開封、陳留等縣。八月，崇明、嘉定二州大風，海溢。

延祐元年五月，常德路武陵縣雨水，壞廬舍，溺死者五百人。六月，涿州范陽、房山二縣渾河溢，壞民田四百九十餘頃。七月，沅陵、盧溪二縣水。八月，肇慶、武昌、建康、杭州、建德、南康、江州、臨江、袁州、建昌、贛州、安豐、撫州等路水。二年六月，河決鄭州，壞汜水縣治。七月，京師大雨。漷州、昌平、香河、寶坻等縣水。全州、永州江水溢，害稼。三年四月，潁州太和縣河溢。七月，婺源州雨水，溺死者五千三百餘人。四年正月，解州鹽池水。五年四月，廬州合肥縣大雨水。六年六月，河間路漳河水溢，壞民田二千七百餘頃。益都、般陽、濟南、東昌、東平、濟寧等路，曹、濮、泰安、高唐等州大雨水害稼。遼陽、廣寧、瀋陽、永平、開元等路水。大名路屬縣水，壞民田一萬八千頃。汴梁、歸德、汝寧、彰德、真定、保定、衛輝、南陽等郡大雨水。七年四月，安豐、廬州淮水溢，損禾麥一萬頃。城父縣水。五月，江陵縣水。六月棣州、德州大雨水，壞田四千六百餘頃。七月，上蔡、汝陽、西平等縣水。八月，霸州文安、文成二縣滹沱河溢，害稼。汾州平遙縣水。是歲，河決汴梁原武縣。

至治元年六月，霸州大水，渾河溢，被災者三萬餘戶。七月，薊州平谷、漁陽二縣，順州邢臺、沙河二縣，大名魏縣，永平石城縣大水。彰德臨漳縣漳水溢。大都固安州，真定元氏縣，東安，寶坻縣，淮安清河、山陽等縣水。東平、東昌二路，高唐、曹、濮等州雨水害稼。乞里吉思部江水溢。八月，安陸府雨七日，江水大溢，被災者三千五百戶。雷州海康、遂溪二縣海水溢，壞民田四千頃。九月，京山、長壽二縣漢水溢。十月，遼陽、肇慶等郡水。二年正月，儀封縣河溢。二月，濮州大水。閏五月，睢陽縣亳社屯大水。六月，奉元郿縣，邠州新平、上蔡二縣水。八月，廬州六安、舒城二縣水。十一月，平江路大水，損民田四萬九千六百頃。三年五月，東安州水，壞民田一千五百餘頃。真定武邑縣水害稼。六月，大都永清縣雨水，損田四百頃。七月，灤州雨水害稼。九月，漳州、建昌、南康等郡水。

泰定元年五月，灤州、固安州水。隴西縣大雨水，漂死者五百餘家。龍慶路雨水傷稼。六月，益都、濟南、般陽、東昌、東平、濟寧等郡二十有二縣，曹、濮、高唐、德州等處十縣淫雨，水深丈餘，漂沒田廬。大同渾源河溢。陳、汾、順、晉、恩、深六州雨水害稼。真定滹沱河溢，漂民廬舍。陝西大雨，渭水及黑水河溢，損民廬舍。渠州江水溢。七月，真定、河間、保定、廣平等郡三十有七縣大雨水五十餘日，害稼。大都路固安州清河溢。順德路任縣沙、澧、洺水溢。奉元朝邑縣、曹州楚丘縣、開州濮陽縣河溢。九月，延安路洛水溢。奉元長安縣大雨，澧水溢。濮州館陶縣水。十二月，杭州鹽官州海水大溢，壞隄塹，侵城郭，有司以石囤木櫃捍之不止。二年正月，大都寶坻縣、肇慶高要縣雨水。鞏昌路水。閏正月，雄州歸信縣大水。二月，甘州路大雨水，漂沒行帳孳畜。三月，咸平府清、寇二河合流，失故道，隳堤堰。四月，涿州房山、范陽二縣水。岷、洮、文、階四州雨水。五月，檀州大水，平地深丈有五尺。高郵興化、江陵公安二縣水。河溢汴梁，被災者十有五縣。六月，冀寧路汾河溢。潼川府綿江、中江水溢入城，深丈餘。衛輝汲縣、歸德宿州雨水。濟寧路虞城、碭山、單父、豐、沛五縣水。七月，睢州河決。八月，霸州，涿州，永清、香河二縣大水，傷稼九千五十餘頃。九月，開元路三河溢，沒民田，壞廬舍。十月，寧夏鳴沙州大雨水。三年正月，恩州水。二月，歸德府河決。六月，大同縣大水。汝寧光州水。七月，河決鄭州，漂沒陽武等縣民一萬六千五百餘家。東安、檀、順、灤四州雨，渾河決，溫榆水溢，傷稼。延安路膚施縣水，漂民居九十餘戶。八月，鹽官州大風，海溢，捍海隄崩，廣三十餘里，袤二十里，徙居民千二百五十家以避之。真定蠡州，奉元蒲城縣，無爲州，歷陽、含山等縣水。九月，平遙縣汾水溢。十一月，崇明州三沙鎮海溢，漂民居五百家。十二月，遼陽大水。大寧路瑞州大水，壞民田五千五百頃，廬舍八百九十所，溺死者百五十人。四年正月，鹽官州潮水大溢，捍海隄崩二千餘步。四月，復崩十九里，發丁夫二萬餘人，以木柵竹落磚石塞之，不止。六月，大都東安、固安、通、順、薊、檀、灤七州，永清、良鄉等縣雨水。七月，上都雲州大雨。北山黑水河溢。雲安縣水。八月，汴梁扶溝、蘭陽二縣河溢，漂民居一千九百餘家。濟寧虞城縣河溢，傷稼。十二月，夏邑縣河溢。汴梁中牟、開封、陳留三縣，歸德邳、宿二州雨水。

致和元年三月，鹽官州海隄崩，遣使禱祀，造浮圖二百十六，用西僧法壓之。河決碭山、虞城二縣。四月，鹽官州海溢，益發軍民塞之，置石囤二十九里。六月，南寧、開元、永平等路水。河間臨邑縣雨水。益都、濟南、般陽、濟寧、東平等郡三十縣，濮、德、泰安等州九縣雨水害稼。七月，廣西兩江諸州水。

天曆元年八月，杭州、嘉興、平江、湖州、建德、鎮江、池州、太平、廣德九郡水，沒民田萬四千餘頃。二年六月，大都東安、通、薊、霸四州，河間靖海縣雨水害稼。永平昌國諸屯水。

至順元年六月，河決大名路長垣、東明二縣，沒民田五百八十餘頃。曹州、高唐州水。七月，海潮溢，漂沒河間運司鹽二萬六千七百引。閏七月，平江、嘉興、湖州、松江三路一州大水，壞民田三萬六千六百餘頃，被災者四十萬五千五百餘戶。杭州、常州、慶元、紹興、鎮江、寧國等路，望江、銅陵、長林、寶應、興化等縣水，沒民田一萬三千五百餘頃。大都、保定、大寧、益都屬州縣水。二年四月，潞州潞城縣大雨水。五月，河間莫亭縣、寧夏河渠縣、紹慶彭水縣及德安屯田水。六月，彰德屬縣漳水決。十月，吳江州大風，太湖水溢，漂民居一千九百七十餘家。十二月，深州、晉州水。三年三月，奉元朝邑縣洛水溢。五月，汴梁河水溢。江都、泰興、雲夢、應城等縣水。六月，汾州大水。

明 佚名《皇明本紀》 ［元至正十五］夏五月，值天大雨，連陰二旬不止，山川溢流，且降者皆船居，若非潦水盈溢，雖有船降，不能得達和陽。

明 佚名《奉天靖難記》卷一 時諸王坐廢，允炆日益驕縱，【略】紀綱壞亂，搆成大禍。自是災異疊見，恬不自省。夜宴張燈熒煌，忽不見人。寢宮初成，見男子提一人頭，血色模糊，直入宮內，隨索之，寂無所有。狐狸滿室，變怪萬狀，徧置鷹犬，亦不能止。他如日赤無光，星辰無度，彗掃軍門，熒惑守心犯斗，飛煌蔽天，山崩地震，水旱疫癘，連年不息，錦衣衛火，武庫自焚，文華殿燬，承天門災，雖變異多端，而酗樂自如。

明 李賢《天順日録》 天順四年秋，天下大水，江南北尤甚，田盡淹沒。時上意明察，凡事臣下莫敢發端。一日，因召問畢，從容言曰：『臣聞今年水災甚大，數十年來未嘗見此，百姓不能存活。』上曰：『為之奈何？』賢曰：『若非大施恩典，安得蘇息！』上曰：『何如行則可？』賢曰：

『宜下詔免徵糧草。』上曰：『固可，但詔非一二條可行，莫若以旨意與戶部，行於天下。』賢曰：『如此尤善。』於是，令被災州縣申報巡撫、巡按官，災重者全免，稍重者免半，又輕者免三分。已而，天下奏水災者無虛日，通政司奏對無日不有。上初以賢言或過，至是見其實。然人或以賢多言取愆，賢嘆曰：『居此尚不敢言，更誰言邪？』

又　自天順四年水災以來，天下米穀皆貴，人民艱難。至五年尤甚，賢深憂之。六月中，因陝西、涼州、莊浪一帶虜寇侵犯，圍困城堡，日久不退，及遣將官仇廉領兵自蘭州過河與莊浪合兵，又被虜賊截路殺退，賊益猖獗，過河搶掠羊馬財物，官軍莫敢與敵，關中震恐，乞大軍勦殺。於是，以兵部尚書馬昂總督軍務，懷寧伯孫鏜為總兵官，京師出軍一萬五千，河南、山東調軍二萬。賢因此事與會昌侯孫繼宗、吏部尚書王翺及馬昂四人言於上曰：『今天下人民艱難，況又起兵，宜寬恤以蘇民困。』上有難色，不得已而允之。太監牛玉亦聞下情如此，力贊行之。於是，開寫十數條最苦於民者，悉皆停止。

又　自王振專權，上干天象，災異疊見。振略不驚畏，兇狠愈甚，且諱言災異。初，浙江紹興山移於平田，民告於官，不敢聞。又地動，白毛徧生，奏之如常。又陝西二處山崩，壓折人家數十戶，一處山移有聲，叫三日，移數里，不敢詳奏。又黃河改往東流於海，淹没人家千餘戶。又振宅新起於內府，訖方未踰時，一火而盡。又南京殿宇一火而盡，是夜大雨，明日殿基上生荊棘二尺高，始下詔赦。盜不可遏，蝗不可滅，天意不可回矣！胡寇乘機大舉犯邊，聲息甚急，日報數十次。

按：宣廟以前，天子無日不御文華晉接羣臣，商榷政務，幽隱必達，天下號稱太平。正統初，英廟幼沖，深居大內，不議朝政，王振肆志擅權，天變於上而不知，地震於下而不懼，水火為災而略不警，飛蝗蔽天而且諱言，胡寇乘機，遂基土木之變。權奸誤國，罪安道哉！

明　祝允明《野記》卷四　戊午六月十一日，蘇州水溢，不以江、湖、陂、塘、井、溝，一時平起數寸，頃之即平。予在友人園地中，正見之，後乃知所在甚廣，南盡浙地，北盡邳、徐，正古揚州境也。

《明史》卷二八《五行志一·水潦》　洪武元年六月戊辰，江西永新州大風雨，蛟出，江水入城，高八尺，人多溺死。事聞，使賑之。三年六月，溧水縣江溢，漂民居。四年七月，南寧府江溢，壞城垣。衢州府龍游縣大雨，水漂民廬，男女溺死。五年八月，嵊縣、義烏、餘杭山谷水湧，人民溺死者衆。六年二月，崇明縣為潮所沒。七月，嘉定府龍游縣洋、雅二江漲，翼日南溪縣江漲，俱漂公廨民居。七年八月，高密縣膠河溢，傷禾。八年七月，淮安、北平、河南、山東大水。十二月，直隸蘇州、湖州、嘉興、松江、常州、太平、寧國，浙江杭州俱水。九年，江南、湖北大水。七月，湖廣、山東大水。十年六月，永平灤、漆二水沒民廬舍。七月，北平八府大水，壞城垣。十一年七月，蘇、松、揚、台四府海溢，人多溺死。十月丙辰，河決蘭陽。十二年五月，青田山水沒縣治。十三年十一月，崇明潮決沙岸。人畜多溺死。十四年八月庚辰，河決原武。十五年二月壬子，河南河決。三月庚午，河決朝邑。七月，河溢滎澤、陽武。是歲，北平大水。十七年八月丙寅，河決開封，橫流數十里。是歲，河南、北平俱水。十八年八月，河南又水。是年，江浦、大名水。二十三年正月庚寅，河決歸德。七月癸巳，河決開封，漂沒民居。又海門縣風潮壞官民廬舍，漂溺者衆。是歲，襄陽、沔陽、安陽水。二十四年十月，北平、河間二府水。二十五年正月，河決陽武，開封州縣十一俱水。二十六年十一月，青、兖、濟寧三府水。二十七年三月，寧陽汶河決。二十八年八月，德州大水，壞城垣。三十年八月丁亥。河決開封，三面皆水，犯倉庫。

永樂元年五月，章丘漯河決岸，傷稼。南海、番禺潮溢。八月，安邱縣紅河決。二年六月，蘇、松、嘉、湖四府俱水。七月，湖廣、江西水。九月，河決開封，壞城。三年三月，溫縣水決隄四十餘丈。濟、澇二水溢。八月，杭州屬縣多水，渰男婦四百餘人。七年五月，安陸州江溢，決渲馬灘圩岸千六百餘丈。六月，壽州水決城。是歲，泰興江岸淪於江者三千九百餘丈。渾河決固安。八年五月，平度州濰水及浮糠河決，浸百十三所。七月，平陽縣潮溢，漂廬舍。八月庚申，河溢開封。十二月戊戌，河決汴梁，壞城。九年正月，高郵甓社等九湖及天長諸水暴漲。六月，揚州屬州縣五江潮漲四日，漂人畜甚衆。七月，海寧潮溢，漂溺甚衆。八月，漳、衛二水決隄渰田。九月，雷州颶風暴雨，淹遂溪、海康，壞田禾八百餘頃，溺死千六百餘人。是歲，湖廣、河南水。十年七月，盧溝水漲，壞橋及隄岸，溺死人畜。保定縣決河岸五十四處。十一月，吳橋、東光、興濟、交河、天津決隄傷稼。十二月，安州水決直亭等河口八十九處。十二年十月，臨晉涑河逆流，決姚暹渠堰，流入硝池，淹沒民田，將及鹽池。崇明潮暴至，漂廬舍五千八百餘家。十三年六月，北畿、河南、山東水溢，壞廬舍，沒田禾，臨清尤甚。滏、漳二水漂磁州民舍。十四年夏，南昌諸府江漲，壞民廬舍。七月，開封州縣十四河決隄岸。永平灤、漆二河溢，壞民田禾。福寧、延平、邵武、廣信、饒州、衢州、金華七府，俱溪水暴漲，壞城垣房舍，溺死人畜甚衆。遼東遼河、代子河水溢，浸沒城垣屯堡。十八年夏秋，仁和、海寧潮湧，堤淪入海者千五百餘丈。二十年五月，廣東諸府潮溢，漂廬舍，壞倉糧，溺死三百六十餘人。夏秋，湖廣沔陽江漲，河南北及鳳陽河溢。二十一年五月，峨眉溪水漲，溺死百三十人。八月，瓊州府潮溢，漂溺甚衆。二十二年七月，黃巖潮溢，溺死八百人。九月庚辰，河溢開封。

洪熙元年六月，驟雨，白河溢，衝決河西務、白浮、宋家等口堤岸。臨漳漳、滏二河決堤岸二十四。真定滹沱河大溢，沒三州五縣田。七月，容城白溝河漲，傷禾稼。渾河決盧溝橋東狼窩口，順天、河間、保定、灤州俱水。

宣德元年六七月，江水大漲，襄陽、穀城、均州、鄖縣，緣江民居漂沒者半。黃、汝二水溢，淹開封十州縣及南陽汝州、河南嵩縣。三年五月，邵陽、武岡、湘鄉暴風雨七晝夜，山水驟長，平地高六尺。永寧衞大水，壞城四百丈。六月，渾河水溢，決盧溝河堤百餘丈。七月，北畿七府俱水。五年七月，南陽山水泛漲，衝決堤岸，漂流人畜廬舍。六年六月，渾河溢，決徐家等口，順天、保定、真定、河間州縣二十九俱水。河決開封，沒八縣。七年六月，太原河、汾並溢，傷稼。八年六月，江西瀕江八府江漲，漂沒民田，溺死男婦無算。九年正月，沁鄉沁水漲，決馬曲灣，經獲嘉、新鄉，平地成河。五月，寧海縣潮決，徙地百七十餘頃。六月，渾河決東岸，自狼河口至小屯廠，順天、順德、河間俱水。七月，遼東大水。

正統元年閏六月，順天、真定、保定、濟南、開封、彰德六府俱大水。二年，鳳陽、淮安、揚州諸府，徐、和、滁諸州，河南開封，四五月河、淮泛漲，漂居民禾稼。九月，河決陽武、原武、滎澤。湖廣沿江六縣大水決江堤。三年，陽武河決，武陟沁決，廣平、順德漳決，通州白河溢。四年五月，京師大水，壞官舍民居三千三百九十區。順天、真定、保定三府州縣及開封、衞輝、彰德三府俱大水。七月，滹沱、沁、漳三水俱決，壞饒陽、獻縣、衞輝、彰德堤岸。八月，白溝、渾河二水溢，決保定安州堤。蘇、常、鎮三府及江寧五縣俱水，溺死男婦甚衆。九月，滹沱復決深州，淹百餘里。五年五月至七月，江西江溢，河南河溢。八月，潮決蕭山海塘。六年五月，泗州水溢丈餘，漂廬舍。七月，白河決武清、鄚縣堤二十二處。八月，寧夏久雨，水泛，壞屯堡墩臺甚衆。八年六月，渾河決固安。八月，台州、松門、海門海潮泛溢，壞城郭、官亭、民舍、軍器。九年七月，揚子江沙洲潮水溢漲，高丈五六尺，溺男女千餘人。閏七月，北畿七府及應天、濟南、岳州、嘉興、湖州、台州俱大水。河南山水灌衞河，沒衞輝、開封、懷慶、彰德民舍，壞衞所城。十年三月，洪洞汾水堤決，移置普潤驛以遠其害。夏，福建大水，壞延平府衞城，沒三縣田禾民舍，人畜漂流無算。河南州縣多大水。七月，延安衞大水，壞護城河堤。九月，廣東衞所多大水。十月，河決山東金龍口陽穀堤。十一年六月，渾河溢固安。兩畿、浙江、河南俱連月大雨水。是歲，太原、兖州、武昌亦俱大水。十二年春，贛州、臨江大水。五月，吉安江漲淹田。十三年六月，大名河決，淹三百餘里，壞廬舍二萬區，死者千餘人。河南、濟南、青、兖、東昌亦俱河決。七月，寧夏大水。河決漢、唐二壩。河南八樹口決。漫曹、濮二州，抵東昌，壞沙灣等堤。十四年四月，吉安、南昌臨江俱水，壞壇廟廨舍。

景泰元年七月，應天大水，沒民廬。三年六月，河決沙灣白馬頭七十餘丈。八月，徐州、濟寧間，平地水高一丈，民居盡圮。南畿、河南、山東、陝西、吉安、袁州俱大水。四年春夏，河連決沙灣。五年六月，揚州潮決高郵、寶應堤岸。七月，蘇、松、淮、揚、廬、鳳六府大水。八月，東、兖、濟三府大水，河漲淹田。六年六月，開封、保定俱大水。閏六月，順天大水，灤河泛溢，壞城垣民舍，河間、永平水患尤甚。武昌諸府江溢傷稼。七年六月，河決開封，河南、彰德田廬淹沒。是歲，畿內、山東俱水。

天順元年夏，淮安、徐州、懷慶、衞輝俱大水，河決。三年六月，穀城、景陵，襄水湧泛傷稼。四年夏，湖北江漲，淹沒麥禾。北畿及開封，汝寧大水。七月，淮水決，沒軍民田廬。五年七月，河決開封土城，築磚城禦之。越三日，磚城亦潰，水深丈餘。周王後宮及官民乘筏以避，城中死者無算。襄城水決城門，溺死甚衆。崇明、嘉定、崑山、上海海潮衝決，溺死萬二千五百餘人。浙江亦大水。六年七月，淮安大水，潮溢，溺死鹽丁千三百餘人。七年七月，密雲山水驟漲，軍器、文卷、房屋俱沒。

成化三年六月，江夏水決江口堤岸，迄漢陽，長八百五十丈有奇。五年，湖廣大水。山西汾水傷稼。六年六月，北畿大水。七年閏九月，山東及浙江杭、嘉、湖、紹四府俱海溢，淹田宅人畜無算。九年六月，畿南五府及懷慶俱大水。八月，山東大水。十一年五月，湖廣水。十二年八月，浙江風潮大水。淮、鳳、揚、徐亦俱大水。十三年二月甲戌，安慶大雪。次日大雨，江水暴漲。閏二月，河南大水。九月，淮水溢，壞淮安州縣官舍民屋，淹沒人畜甚衆。十四年四月，襄陽江溢，壞城郭。五月，陝州大水，人多淹死。七月，北畿、山東水。九月，河決開封護城堤五十丈。十八年七月，昌平大水，決居庸關水門四十九，城垣、鋪樓、墩臺一百二。八月，衛、漳、滹沱並溢，自清平抵天津。

弘治二年五月，河決開封黃沙岡抵紅船灣，凡六處，入沁河。所經州縣多災，省城尤甚。七月，順、永、河、保四府州縣大水。八月，盧溝河堤壞。四年八月，蘇、松、浙江水。五年夏秋，南畿、浙江、山東水。七年七月，蘇、常、鎮三府潮溢，平地水五尺，沿江者一丈，民多溺死。九年六月，山陰、蕭山山崩水湧，溺死三百餘人。十四年五月，貴池水漲，蛟出，淹死二百六十餘人，旁邑十二皆大水。七月，廉州及靈山海漲，淹死百五十餘人。閏七月，瓊山颶風潮溢，平地水高七尺。八月，安、寧、池、太四府大水，蛟出，漂流房屋。十五年七月，南京江水泛溢，湖水入城五尺餘。十七年六月，盧山平地水丈餘，溺死星子、德安民，及漂沒廬舍甚衆。

正德元年六月，陝西徽州河溢，漂沒居民孳畜。二年六月，固原河漲，平地水高四尺，人畜溺死。三年九月，延綏、慶陽大水。五年九月，安、寧、太三府大水，溺死二萬三千餘人。十一月，蘇、松、常三府水。六年六月，汜水暴漲，溺死百七十六人，毀城垣百七十餘堵。十二年，順天、河間、保定、真定大水。鳳陽、淮安、蘇、松、常、鎮、嘉、湖諸府皆大水。荊、襄江水大漲。十五年五月，江西大水。十六年七月，遼陽湯跕堡大水決城。

嘉靖元年七月，南京暴風雨，江水湧溢，郊社、陵寢、宮闕、城垣吻脊欄楯皆壞。拔樹萬餘株，江船漂沒甚衆。廬、鳳、淮、揚四府同日大風雨雹，河水泛漲，溺死人畜無算。二年七月，揚、徐復大水。夏、秋間，山東州縣俱大水。八月，蘇、松、常、鎮四府大水，開封亦如之。五年六月，陝西五郎壩大水三丈餘，衝決官舍。徐、沛河溢，壞豐縣城。六年秋，湖廣水。十六年秋，兩畿、山東、河南、陝西、浙江各被水災，湖廣尤甚。二十六年七月丙辰，曹縣河決，城池漂沒，溺死者甚衆。二十七年正月，汧陽大水沒城。

隆慶元年夏，京師大水。六月，新河鮎魚口沉運船數百艘。是歲，襄陽、鄖陽水。二年七月，台州颶風，海潮大漲，挾天台山諸水入城，三日溺死三萬餘人。沒田十五萬畝，壞廬舍五萬區。三年閏六月，真定、保定、淮安、濟南、浙江、江南俱大水。七月壬午，河決沛縣，自考城、虞城、曹、單、豐、沛至徐州，壞田廬無算。九月，淮水溢，自清河至通濟閘及淮安城西，淤三十里，決二壩入海。莒、沂、郯城之水又溢出邳州，溺人民其衆。四年七月，沙、薛、汶、泗諸水驟溢，決仲家淺等漕堤。八月，陝西大水，河決邳州。五年四月，又決邳州，自曲頭集至王家口新堤多壞。是歲，山東、河南大水。

萬曆元年七月，荊州、承天大水。二年六月，福建永定大水，溺七百餘人。是歲，海鹽海大溢，死者數千人。八月庚午，淮安、揚州、徐州河溢傷稼。三年四月，淮、徐大水。五月，淮水大決。六月，杭、嘉、寧、紹四府海湧數丈，沒戰船、廬舍、人畜不計其數。八月，淮、揚、鳳、徐四府州大水，河決高郵、碭山及邵家口、曹家莊。九月，蘇、松、常、鎮四府俱水。四年正月，高郵清水堤決。九月，河決豐、沛、曹、單。十一月，淮、黃交溢。五年閏八月，徐州河淤，淮河南徙，決高郵、寶應諸湖堤。六年六月，清河水溢。七年五月，蘇、松、鳳陽、徐州大水。八月，又水。是歲，浙江大水。九年五月，從化、增城、龍門溪壑泛漲，田禾盡沒，淹死男婦無算。七月，福安洪水踰城，漂沒廬舍殆盡。八月，泰興、海門、如皐大水，塘圩坡埂盡決，溺死者甚衆。十年正月，淮、揚海漲，浸豐利等鹽場三十，淹死二千六百餘人。七月，蘇、松六州縣潮溢，壞田禾十萬頃，溺死者二萬人。十一年四月，承天江水暴漲，漂沒民廬人畜無算。金州河溢沒城。十四年夏，江南、浙江、江西、湖廣、廣東、福建、雲南、遼東大水。十五年五月，浙江大水。七月，開封及陝州、靈寶河決。是歲，杭、嘉、湖、應天、太平五府江湖泛溢，平地水深丈餘。七月終，颶風大作，環數百里，一望成湖。十六年八月，河決東光魏家口。十七年六月，浙江海沸，杭、嘉、寧、紹、台屬縣廨宇多圮，碎官民船及戰舸，壓溺者二百餘人。十九年六月，蘇、松大水，溺人數萬。七月，寧、紹、蘇、松、常五府濱海潮溢，傷稼淹人。九月，泗州大水，州治浸三尺。淮水高於城，祖陵被浸。十月，揚州湖淮漲溢，決邵伯堤五十餘丈，高郵南北閘俱衝。二十年夏秋，真、順、廣、大四府水。二十一年五月，邳州、高郵、寶應大水決湖堤。二十二年七月，鳳陽、廬州大水。二十三年四月，泗水浸祖陵。二十四年秋，杭、嘉、湖三府大水。二十九年八月，沔陽大水入城。三十年六月，京師大水。三十一年五月，成安、永年、肥鄉、安州、深澤，漳、滏、沙、燕河並溢，決堤橫流。祁州、靜海圮城垣，廬舍殆盡。六月，泰安大水，渰八百餘人。八月，泉州諸府海水暴漲，溺死萬餘人。三十二年六月，昌平大水，壞各陵橋道。七月，永平、真、保三府俱水，渰男婦無算。八月，河決蘇家莊，渰豐、沛，黃水逆流灌濟寧、魚臺、單縣。三十五年六月，黃州蛟起。武昌、承天、鄖陽、岳州、常德大水，漂沒廬舍。徽州、寧國、太平、嚴州四府山水大湧，漂人口甚衆。閏六月，京師大水，長安街水深五尺。三十七年九月，福建、江西大水。四十一年六月，通惠河決。七月，京師大水。南畿、江西、河南俱大水。八月，山東、廣西、湖廣俱大水。九月，遼東大水。四十二年，浙江、江西、兩廣俱水。四十四年七月，江西、廣東水。四十六年八月，潮州六縣海颶大作，溺萬二千五百餘人，壞民居三萬間。

天啟三年，睢寧河決。六年秋，河決匙頭灣，倒入駱馬湖，自新安鎮抵邳、宿，民居盡沒。是歲，順天、永平二府大水，邊垣多圮。

崇禎元年七月壬午，杭、嘉、紹三府海嘯，壞民居數萬間，溺數萬人，海寧、蕭山尤甚。三年，山東大水。四年六月，又大水。五年六月壬申，河決孟津口，橫浸數百里。七年五月，邛、眉諸州縣大水，壞城垣、田舍、人畜無算。十年八月，敘州大水，民登州堂及高阜者得免，餘盡沒。十三年五月，浙江大水。十四年七月，福州風潮泛溢，漂溺甚衆。十五年六月，汴水決。九月壬午，河決開封朱家寨。癸未，城圮，溺死士民數十萬。

又《水變》 洪武五年，河南黃河竭，行人可涉。

又 弘治十四年八月丙辰，融縣河水紅濁如黃河。十月丙辰，馬湖底渦江水白可鑑，翌日濁如泔漿，凝兩岸沙石上者如土粉，十七日乃澄。丁巳，敍州東南二河白如雪，濃如漿者三日。十五年九月丙戌，濮州井溢，沙土隨水而出。

又 萬曆二十二年四月，南京正陽門水赤三日。

又 ［萬曆］四十六年四月，宣武、正陽門外水赤三里，如血，一月乃止。四十七年四月，宣武門響閘至東御河，水復赤。

又 ［崇禎十年］河南汝水變色，深黑而味惡，飲者多病。

又 ［崇禎］十三年，華陰渭水赤。

又 卷八三《河渠志一・黃河上》 明洪武元年決曹州雙河口，入魚臺。徐達方北征，乃開塌場口，引河入泗以濟運，而徙曹州治於安陵。塌場者，濟寧以西、耐牢坡以南直抵魚臺南陽道也。八年，河決開封太黃寺堤。詔河南參政安然發民夫三萬人塞之。十四年決原武、祥符、中牟，有司請興築。帝以爲天災，令護舊堤而已。十五年春，決朝邑。七月決滎澤、陽武。十七年決開封東月堤，自陳橋至陳留橫流數十里。又決杞縣，入巴河。遣官塞河，蠲被災租稅。二十二年，河沒儀封，徙其治於白樓村。二十三年春，決歸德州東南鳳池口，逕夏邑、永城。發興武等十衛士卒，與歸德民併力築之。罪有司不以聞者。其秋，決開封西華諸縣，漂沒民舍。遣使振萬五千七百餘戶。二十四年四月，河水暴溢，決原武黑洋山，東經開封城北五里，又東南由陳州、項城、太和、潁州、潁上，東至壽州正陽鎮，全入於淮。而賈魯河故道遂淤。又由舊曹州、鄆城兩河口漫東平之安山，元會通河亦淤。明年復決陽武，氾陳州、中牟、原武、封丘、祥符、蘭陽、陳留、通許、太康、扶溝、杞十一州縣，有司具圖以聞。發民丁及安吉等十七衛軍士修築。其冬，大寒，役遂罷。三十年八月決開封，城三面受水。詔改作倉庫於滎陽高阜，以備不虞。冬，蔡河徙陳州。先是，河決，由開封北東行，至是下流淤，又決而之南。

又 永樂三年，河決溫縣堤四十丈，濟、澇二水交溢，淹民田四十餘里，命修堤防。四年修陽武黃河決岸。八年秋，河決開封，壞城二百餘丈。民被患者萬四千餘戶，沒田七千五百餘頃。帝以國家藩屏地，特遣侍郎張信往視。信言：『祥符魚王口至中欒下二十餘里，有舊黃河岸，與今河面平。濬而通之，使循故道，則水勢可殺。』因繪圖以進。時尚書宋禮、侍郎金純方開會通河。帝乃發民丁十萬，命興安伯徐亨、侍郎蔣廷瓚偕純相治，併令禮總其役。九年七月，河復故道，自封丘金龍口，下魚臺塌場，會汶水，經徐、呂二洪南入於淮。是時，會通河已開，黃河與之合，漕道大通，遂議罷海運，而河南水患亦稍息。已而決陽武中鹽堤，漫中牟、祥符、尉氏。工部主事蘭芳按視，言：『堤當急流之衝，夏秋泛漲，勢不可驟殺。宜捲土樹樁以資捍禦，無令重爲民患而已。』又言：『中欒導河分流，使由故道北入海，誠萬世利。』但緣河堤埽，止用蒲繩泥草，不能持久。宜編木爲囤，填石其中，則水可殺，堤可固。』詔皆從其議。十四年決開封州縣十四，經懷遠，由渦河入於淮。二十年，工部以開封土城堤數潰，請濬其東故道。報可。

又　宣德元年霪雨，溢開封州縣十。三年，以河患，徙靈州千戶所於城東。六年從河南布政使言，濬祥符抵儀封黃陵岡淤道四百五十里。是時，金龍口漸淤，而河復屢溢開封。十年從御史李懋言，濬金龍口。

又　正統二年築陽武、原武、滎澤決岸。又決濮州、范縣。三年，河復決陽武及邳州，灌魚臺、金鄉、嘉祥。越數年，又決金龍口、陽穀堤及張家黑龍廟口，而徐、呂二洪亦漸淺，太黃寺巴河分水處，水脈微細。十三年方從都督同知武興言，發卒疏濬。而陳留水夏漲，決金村堤及黑潭南岸。築垂竣，復決。其秋，新鄉八柳樹口亦決，漫曹、濮，抵東昌，衝張秋，潰壽張沙灣，壞運道，東入海。徐、呂二洪遂淺澀。命工部侍郎王永和往理其事。永和至山東，修沙灣未成，以冬寒停役。且言河決自衛輝，宜敕河南守臣修塞。帝切責之，令山東三司築沙灣，趣永和塞河南八柳樹，疏金龍口，使河由故道。明年正月，河復決聊城。至三月，永和濬黑洋山西灣，引其水由太黃寺以資運河。修築沙灣堤大半，而不敢盡塞，置分水閘，設三空放水，自大清河入海。且設分水閘二空於沙灣西岸，以泄上流，而請停八柳樹工。從之。是時，河勢方橫溢，而分流大清，不耑向徐、呂。徐、呂益膠淺，且自臨清以南，運道艱阻。

又　景泰二年特敕山東、河南巡撫都御史洪英、王暹協力合治，務令水歸漕河。暹言：『黃河自陝州以西，有山峽，不能爲害；陝州以東，則地勢平緩，水易泛溢，故爲害甚多。洪武二十四年改流，從汴梁北五里許，由鳳陽入淮者爲大黃河。其支流出徐州以南者爲小黃河，以通漕運。自正統十三年以來，河復故道，從黑洋山後徑趨沙灣入海，但存小黃河從徐州出。岸高水低，隨濬隨塞，以是徐州之南不得飽水。臣自黑洋山東南抵徐州，督河南三司疏濬。臨清以南，請以責英。』未幾，給事中張文質劾暹、英治水無績，請引塌場水濟徐、呂二洪，濬潘家渡以北支流，殺沙灣水勢。且開沙灣浮橋以西河口，築閘引水，以灌臨清，而別命官以責其成。詔不允，仍命暹、英調度。

時議者謂：『沙灣以南地高，水不得南入運河。請引耐牢坡水以灌運，而勿使經沙灣，別開河以避其衝決之勢。』或又言：『引耐牢坡水南去，則自此以北枯澀矣。』甚者言：『沙灣水湍急，石鐵沉下若羽，非人力可爲。宜設齋醮符咒以禳之。』帝心甚憂念，命工部尚書石璞往治，而加河神封號。

璞至，濬黑洋山至徐州以通漕，而沙灣決口如故。及命中官黎賢、阮洛，御史彭誼協治。璞等築石堤於沙灣，以禦決河，開月河二，引水以益運河，且殺其決勢。三年五月，河流漸微細，沙灣堤始成。及加璞太子太保，而於黑洋山、沙灣建河神二新廟，歲春秋二祭。六月，大雨浹旬，復決沙灣北岸，掣運河之水以東，近河地皆沒。命英督有司修築。復敕中官黎賢、武艮，工部侍郎趙榮往治。四年正月，河復決新塞口之南，詔復加河神封號。至四月，決口乃塞。五月，大雷雨，復決沙灣北岸，掣運河水入鹽河，漕舟盡阻。帝復命璞往。乃鑿一河，長三里，以避決口，上下通運河，而決口亦築壩截之，令新河、運河俱可行舟。工畢奏聞。帝恐不能久，令璞且留處置，而命諭德徐有貞爲僉都御史耑治沙灣。

時河南水患方甚，原武、西華皆遷縣治以避水。巡撫暹言：『黃河舊從開封北轉流東南入淮，不爲害。自正統十三年改流爲二。一自新鄉八柳樹由故道東經延津、封丘入沙灣。一決滎澤，漫流原武，抵祥符、扶溝、通許、洧川、尉氏、臨潁、郾城、陳州、商水、西華、項城、太康。沒田數十萬頃，而開封患特甚。雖嘗築大小堤於城西，皆三十餘里，然沙土易壞，隨築隨決，小堤已沒，大堤復壞其半。請起軍民夫協築，以防後患。』帝可其奏。

太僕少卿黃仕儁亦言：『河分兩派，一自滎澤南流入項城，一自新鄉八柳樹北流，入張秋會通河，並經六七州縣，約二千餘里。民皆蕩析離居，而有司猶徵其稅。乞敕所司覆視免徵。』帝亦可其奏。巡撫河南御史張瀾又言：『原武黃河東岸嘗開二河，合黑洋山舊河道引水濟徐、呂。今河改決而北，二河淤塞不通，恐徐、呂乏水，必妨漕運，黑洋山北，河流稍紆廻，請因決口改挑一河以接舊道，灌徐、呂。』帝亦從之。

有貞至沙灣，上治河三策：『一置水閘門。臣聞水之性可使通流，不可使堙塞。禹鑿龍門，闢伊闕，爲疏導計也。故漢武堙瓠子終弗成功，漢明疏汴河踰年著績。今談治水者甚衆，獨樂浪王景所述制水門之法可取。蓋沙灣地土皆沙，易致坍決，故作壩作閘皆非善計。請依景法損益其間，置閘門於水，而實其底，令高常水五尺。小則拘之以濟運，大則疏之使趨海，則有通流之利，無堙塞之患矣。一開分水河。凡水勢大者宜分，小者宜合。今黃河勢大恒衝決，運河勢小恒乾淺，必分黃水合運河，則有利無害。請度黃河可分之地，開廣濟河一道，下穿濮陽、博陵及舊沙河二十餘里，上連東、西影塘及小嶺等地又數十餘里，其內則有古大金堤可倚以爲固，其外有八百里梁山泊可恃以爲泄。至新置二閘亦頗堅牢，可以宣節，使黃河水大不至泛溢爲害，小亦不至乾淺以阻漕運。』其一挑深運河。帝諭有貞，如其議行之。

有貞乃踰濟、汶，沿衛、沁，循大河，道濮、范，相度地形水勢，上言：『河自雍而豫，出險固而之夷斥，水勢既肆。由豫而兗，土益疎，水益肆。而沙灣之東，所謂大洪口者，適當其衝，於是決焉，而奪濟、汶入海之路以去。諸水從之而洩，堤以潰，渠以淤，澇則溢，旱則涸，漕道由此阻。然驟而堰之，則潰者益潰，淤者益淤。今請先疏其水，水勢平乃治其決，決止乃濬其淤。』於是設渠以疏之，起張秋金堤之首，西南行九里至濮陽濼，又九里至博陵陂，又六里至壽張之沙河，又八里至東、西影塘，又十有五里至白嶺灣，又三里至李崔，凡五十里。由李崔而上二十里至竹口蓮花池，又三十里至大豬潭，乃踰范暨濮，又上而西，凡數百里，經澶淵以接河、沁，築九堰以禦河流旁出者，長各萬丈，實之石而鍵以鐵。六年七月，功成，賜渠名廣濟。沙灣之決垂十年，至是始塞。亦會黃河南流入淮，有貞乃克奏功。凡費木鐵竹石累數萬，夫五萬八千有奇，工五百五十餘日。自此河水北出濟漕，而阿、鄄、曹、鄆間田出沮洳者，百數十萬頃。乃濬漕渠，由沙灣北至臨清，南抵濟寧，復建八閘於東昌，用王景制水門法以平水道，而山東河患息矣。

七年夏，河南大雨，河決開封、河南、彰德。其秋，畿輔、山東大雨，諸水並溢，高地丈餘，堤岸多衝決。仍敕有貞修築。未幾，事竣，還京入見。獎勞甚至，擢副都御史。

又 天順元年修祥符護城大堤。五年七月，河決汴梁土城，又決磚城，城中水丈餘，壞官民舍過半。周王府宮人及諸守土官皆乘舟筏以避，軍民溺死無算。襄城亦決縣城。命工部侍郎薛遠往視，恤災戶，蠲田租，公廨、民居以次修理。明年二月，開祥符曹家溜，河勢稍平。

又 ［天順］七年春，河南布政司照磨金景輝考滿至京，上言：『國初，黃河在封丘，後徙康王馬頭，去城北三十里，復有二支河：一由沙門注運河，一由金龍口達徐、呂入海。正統戊辰，決滎澤，轉趨城南，并流入淮，舊河、支河俱堙，漕河因而淺澀。景泰癸酉，因水迫城，築堤四十里，勞費過甚，而水發輒潰，然尚未至決城壕爲人害也。至天順辛巳，水暴至，土城磚城並圮，七郡財力所築之堤，俱委諸無用，人心惶惶，未知所底。夫河不循故道，併流入淮，是爲妄行。今急宜疏導以殺其勢。若止委之一淮，而以堤防爲長策，恐開封終爲魚鼈之區。乞敕部檄所司，先疏金龍口寬闊以接漕河，然後相度舊河或別求泄水之地，挑濬以平水患，爲經久計。』命如其說行之。

又 成化七年命王恕爲工部侍郎，奉敕總理河道。總河侍郎之設，自恕始也。時黃河不爲患，恕耑力漕河而已。

又 ［成化］十四年，河決開封，壞護城堤五十丈。巡撫河南都御史李衍言：『河南累有河患，皆下流壅塞所致。宜疏開封西南新城地，下抵梁家淺舊河口七里壅塞，以洩杏花營上流。又自八角河口直抵南頓，分導散漫，以免祥符、鄢陵、睢、陳、歸德之災。』乃敕衍酌行之。明年正月遷滎澤縣治以避水，而開封堤不久即塞。

又 弘治二年五月，河決開封及金龍口，入張秋運河，又決埽頭五所入沁。郡邑多被害，汴梁尤甚，議者至請遷開封城以避其患。布政司徐恪持不可，乃止。命所司大發卒築之。九月命白昂爲戶部侍郎，修治河道，賜以特敕，令會山東、河南、北直隸三巡撫，自上源決口至運河，相機修築。

三年正月，昂上言：『臣自淮河相度水勢，抵河南中牟等縣，見上源決口，水入南岸者十三，入北岸者十七。南決者，自中牟楊橋至祥符界析爲二支：一經尉氏等縣，合潁水，下塗山，入於淮；一經通許等縣，入渦河，下荊山，入於淮。又一支自歸德州通鳳陽之亳縣，亦合渦河入於淮。北決者，自原武經陽武、祥符、封丘、蘭陽、儀封、考城，其一支決入金龍等口，至山東曹州，衝入張秋漕河。去冬，水消沙積，決口已淤，因併爲一大支，由祥符翟家口合沁河，出丁家道口，下徐州。此河流南北分行大勢也。合潁、渦二水入淮者，各有灘磧，水脈頗微，宜疏濬以殺河勢。合沁水入徐者，則以河道淺隘不能受，方有漂沒之虞。況上流金龍諸口雖暫淤，久將復決，宜於北流所經七縣，築爲堤岸，以衛張秋。但原敕治山東、河南、北直隸，而南直隸淮、徐境，實河所經行要地，尚無所統。』於是，併以命昂。

昂舉郎中婁性協治，乃役夫二十五萬，築陽武長堤，以防張秋。引中牟決河出滎澤陽橋以達淮，濬宿州古汴河以入泗，又濬睢河自歸德飲馬池，經符離橋至宿遷以會漕河，上築長堤，下修減水閘。又疏月河十餘以洩水，塞決口三十六，使河流入汴，汴入睢，睢入泗，泗入淮，以達海。水患稍寧。

昂又以河南入淮非正道，恐卒不能容，復於魚臺、德州、吴橋修古長堤；又自東平北至興濟鑿小河十二道，入大清河及古黄河以入海。河口各建石堰，以時啟閉。蓋南北分治，而東南則以疏爲主云。

六年二月以劉大夏爲副都御史，治張秋決河。先是，河決張秋戴家廟，掣漕河與汶水合而北行，遣工部侍郎陳政督治。政言：『河之故道有二：一在滎澤孫家渡口，經朱仙鎮直抵陳州；一在歸德州飲馬池，與亳州地相屬。舊俱入淮，今已淤塞，因致上流衝激，勢盡北趨。自祥符孫家口、楊家口、車船口，蘭陽銅瓦厢決爲數道，俱入運河。於是張秋上下勢甚危急，自堂邑至濟寧堤岸多崩圮，而戴家廟減水閘淺隘不能洩水，亦有衝決。請濬舊河以殺上流之勢，塞決河以防下流之患。』政方漸次修舉，未幾卒官。帝深以爲憂，命廷臣會薦才識堪任者。僉舉大夏，遂賜敕以往。

十二月，巡按河南御史涂昇言：『黄河爲患，南決病河南，北決病山東。昔漢決酸棗，復決瓠子；宋決館陶，復決澶州；元決汴梁，復決蒲口。然漢都關中，宋都大梁，河決爲患，不過瀕河數郡而已。今京師專藉會通河歲漕粟數百萬石，河決而北，則大爲漕憂。臣博采輿論，治河之策有四：

『一曰疏濬。滎、鄭之東，五河之西，飲馬、白露等河皆黄河由渦入淮之故道。其後南流日久，或河口以淤高不洩，或河身狹隘難容，水勢無所分殺，遂泛濫北決。今惟躧上流東南之故道，相度疏濬，則正流歸道，餘波就壑，下流無奔潰之害，北岸無衝決之患矣。二曰扼塞。既殺水勢於東南，必須築堤岸於西北。黄陵岡上下舊堤缺壞，當度下流東北形勢，去水遠近，補築無遺，排障百川悉歸東南，由淮入海，則張秋無患，而漕河可保矣。』三曰用人，薦河南僉事張鼐。四曰久任，則請專信大夏，且於歸德或東昌建公廨，令居中裁決也。帝以爲然。

七年五月命太監李興、平江伯陳鋭往同大夏共治張秋。十二月築塞張秋決口工成。初，河流湍悍，決口闊九十餘丈，大夏行視之，曰：『是下流未可治，當治上流。』於是即決口西南開越河三里許，使糧運可濟，乃濬儀封黄陵岡南賈魯舊河四十餘里，由曹出徐，以殺水勢。又濬孫家渡口，別鑿新河七十餘里，導使南行，由中牟、潁川東入淮。又濬祥符四府營淤河，由陳留至歸德分爲二。一由宿遷小河口，一由亳渦河，俱會於淮。然後沿張秋兩岸，東西築臺，立表貫索，聯巨艦穴而窒之，實以土。至決口，去窒沉艦，壓以大埽，且合且決，隨決隨築，連晝夜不息。決既塞，繚以石堤，隱若長虹功乃成。帝遣行人齎羊酒往勞之，改張秋名爲安平鎮。

大夏等言：『安平鎮決口已塞，河下流北入東昌、臨清至天津入海，運道已通，然必築黄陵岡河口，導河上流南下徐、淮，庶可爲運道久安之計。』廷議如其言。乃以八年正月築塞黄陵岡及荊隆等口七處，旬有五日而畢。蓋黄陵岡居安平鎮之上流，其廣九十餘丈，荊隆等口又居黄陵岡之上流，其廣四百三十餘丈。河流至此寬漫奔放，皆喉襟重地。諸口既塞，於是上流河勢復歸蘭陽、考城，分流逕徐州、歸德、宿遷，南入運河，會淮水，東注於海，南流故道以復。而大名府之長堤，起胙城，歷滑縣、長垣、東明、曹州、曹縣抵虞城，凡三百六十里。其西南荊隆等口新堤起于家店，歷銅瓦厢、東橋抵小宋集，凡百六十里。大小二堤相翼，而石壩俱培築堅厚，潰決之患於是息矣。帝以黄陵岡河口功成，敕建黄河神祠以鎮之，賜額曰昭應。其秋，召大夏等還京。荊隆即金龍也。

十一年，河決歸德。管河工部員外郎謝緝言：『黄河一支，先自徐州城東小浮橋流入漕河，南抵邳州、宿遷。今黄河上流於歸德州小壩子等處衝決，與黄河別支會流，經宿州、睢寧，由宿遷小河口流入漕河。於是小河口北抵徐州水流漸細，河道淺阻。且徐、呂二洪，惟賴沁水接濟，自沁源、河內、歸德至徐州小浮橋流出，雖與黄河異源，而比年河、沁之流合而爲一。今黄河自歸德南決，恐牽引沁水俱往南流，則徐、呂二洪必至淺阻。請亟塞歸德決口，遏黄水入徐以濟漕，而挑沁水之淤，使入徐以濟徐、呂，則水深廣而漕便利矣。』帝從其請。

未幾，河南管河副使張鼐言：『臣嘗請修築侯家潭口決河，以濟徐、呂二洪。今自六月以來，河流四溢，潭口決齧彌深，工費浩大，卒難成功。臣嘗行視水勢，荊隆口堤內舊河通賈魯河，由丁家道口下徐、淮，其迹尚在。若於上源武陟木欒店別鑿一渠，下接荊隆口舊河，俟河流南遷，則引之入渠，庶沛然之勢可接二洪，而糧運無所阻矣。』帝爲下其議於總漕都御史李蕙。

越二歲，兖州知府龔弘上言：『副使鼐見河勢南行，欲自荊隆口分沁水入賈魯河，又自歸德西王牌口上下分水亦入賈魯河，俱由丁家道口入徐州。但今秋水從王牌口東行，不由丁家口而南，顧逆流東北至黄陵岡，又自曹縣入單，南連虞城。乞令守臣亟建疏濬修築之策。』於是河南巡撫都御史鄭齡言：『徐、呂二洪藉河、沁二水合流東下，以相接濟。今丁家道口上下河決堤岸者十有二處，共闊三百餘丈，而河淤三十餘里。上源奔放，則曹、單受害，而安平可虞；下流散溢，則蕭、碭被患，而漕流有阻。濬築誠急務也。』部覆從之，乃修丁家口上下堤岸。

初，黃河自原武、滎陽分而爲三：一自亳州、鳳陽至清河口，通淮入海；一自歸德州過丁家道口，抵徐州小浮橋；一自窪泥河過黃陵岡，亦抵徐州小浮橋，即賈魯河也。迨河決黃陵岡，犯張秋，北流奪漕，劉大夏往塞之，仍出清河口。十八年，河忽北徙三百里，至宿遷小河口。正德三年又北徙三百里，至徐州小浮橋。四年六月又北徙一百二十里，至沛縣飛雲橋，俱入漕河。

是時，南河故道淤塞，水惟北趨，單、豐之間河窄水溢，決黃陵岡、尚家等口，曹、單田廬多沒，至圍豐縣城郭，兩岸闊百餘里。督漕及山東鎮巡官恐經鉅野、陽穀故道，則奪濟寧、安平運河，各陳所見以請。議未定。明年九月，河復衝黃陵岡，入賈魯河，汎溢橫流，直抵豐、沛。御史林茂達亦以北決安平鎮爲虞，而請濬儀封、考城上流故道，引河南流以分其勢，然後塞決口，築故堤。

工部侍郎崔巖奉命修理黃河，濬祥符董盆口、滎澤孫家渡，又濬賈魯河及亳州故河各數十里，且築長垣諸縣決口及曹縣外堤、梁靖決口。功未就而驟雨，堤潰。巖上疏言：『河勢衝蕩益甚，且流入王子河，亦河故道，若非上流多殺水勢，決口恐難卒塞。莫若於曹、單、豐、沛增築堤防，毋令北徙，庶可護漕。』且請別命大臣知水利者共議。於是帝責巖治河無方，而以侍郎李堂代之。堂言：『蘭陽、儀封、考城故道淤塞，故河流俱入賈魯河，經黃陵岡至曹縣，決梁靖、楊家二口。侍郎巖亦嘗修濬，緣地高河澱，隨濬隨淤，水殺不多，而決口又難築塞。今觀梁靖以下地勢最卑，故衆流奔注成河，直抵沛縣，藉令其口築成，而容受全流無地，必致迴激黃陵岡堤岸，而運道妨矣。至河流故道，堙者不可復疏，請起大名三春柳至沛縣飛雲橋，築堤三百餘里，以障河北徙。』從之。六年二月，功未竣，堂言：『陳橋集、銅瓦廂俱應增築，請設副使一人耑理。』會河南盜起，召堂還京，命姑已其不急者。遂委其事於副使，而堤役由此罷。

八年六月，河復決黃陵岡。部議以其地界大名、山東、河南，守土官事權不一，請耑遣重臣，乃命管河副都御史劉愷兼理其事。愷奏，率衆祭告河神，越二日，河已南徙。尚書李鐩因請祭河，且賜愷羊酒。愷於治河束手無策，特歸功於神。曹、單間被害日甚。

《宋會要輯稿·瑞異三·水災》太宗太平興國二年七月，河決鄭州滎澤縣，孟州溫縣，詔民田被水災者悉蠲其租。

淳化四年九月，梓州言：『涪江水漲二丈五尺，壅不流，陷州城，壞居人廬舍、官寺、倉庫萬餘區，溺死者甚衆。』詔賜溺死者人鐵錢三千，孤窮乏食者官與賑貸。

仁宗天聖四年六月十二日，福建路提點刑獄司言：『建州邵武軍大水，壞官舍四十餘間，民舍三千八百餘間，溺死者五十餘人。』詔被溺者見存家屬，每三口以上給米二碩，不及三口給米一碩。內溺死之人無主者及貧乏者，官爲埋瘞，仍致祭奠。

十六日，京師自申時至夜大雨雷電，達明方止，平地水數尺，壞官私舍宇，被壓溺而死者數百人。自京而西及鞏洛以來，悉罹水患。帝避殿徹膳，以答天誡。時京師民居舍宇牆垣率多摧壞，于街巷權蓋舍宇居住。詔新城里都，同巡檢鈐轄巡檢兵士夜往來警巡，無致疎虞。

二十二日，福建路提點刑獄司言：『福州侯官縣界洪水壞沿溪居民舍宇，溺死者甚衆。』詔速令存恤。

二十三日，行慶關言：『汜河水泛漲，沖注關城，溺死軍馬不少，乞差兵士防護。』詔遣使臣領宣武兵士一百人往彼權駐泊。時孟州汜水縣尉劉文蔚溺死父母妻男共七口，又汜水漂失鹽酒稅務官物，監官借職馮益兒女皆溺死。詔文蔚除令錄，免持服，仍賜錢百千，及益賜錢五十千，仍轉一資，與家便差遣。所失官物，令三司勘會除破。

慶曆八年七月十八日，衛州言：『頻降大雨，並懷州一帶山河水入城，諸軍出城走避，數月絶食。已借支七月糧，而軍食未繼，望特蠲除。』從之。

十一月，詔：『河北水，災民流離道路，男女不能自存者，聽人收養之，後毋得復取；其雇傭者自從私券。』

十二月，詔：『河北水災尤甚，民多乏食，特出內藏庫錢帛，令三司轉漕斛斗往本路。仍令安撫、轉運使分行賑贍之。』

至和三年六月二十九日，詔令大名府、澶、博州賑濟經水人戶。以知制誥韓絳、西上合門副使王道恭爲河北路體量安撫使副。是歲夏雨霖，京師大水，壞城及水窗以入，諸軍營房、社稷諸祠壇壝並被浸損，都人壓溺，擊栰以居。而諸路皆奏江河決溢，而河北尤甚。既命所在賑救，而絳等有是命。

嘉佑元年五月，京師大雨不止。踰月，水冒安上門，門關折，壞官私廬舍數萬區，城中繫栰渡人。詔輔臣分行諸門。而諸路亦奏江河決溢，河北尤甚，民多流亡。乃下責躬詔，令所在賑救之。

七月，詔京西、荊湖北路轉運使、提點刑獄分行賑貸水災州軍。若漂蕩廬舍，聽於寺院或官屋寓止。仍遣官體量，放今年稅，其已倚合者勿復檢覆。

是月，賜河北諸州軍因水災而徙他處者米，人五斗至六斗。其壓溺者，父母妻賜錢三千，餘二千。又出內藏庫絹二十萬匹、銀十萬兩賑貸之。

英宗治平元年六月八日，慶州言：『淮安鎮河水泛漲，摧東山三百余步，居民壓溺而沒者四十餘家。』

十六日，命諸路轉運使副、提點刑獄分詣水災州軍，存恤人民。以是夏多言水災故也。

七月二日，詔：『水災逐路安撫、轉運、提點刑獄督責知州、通判存恤被災人戶，諸科率不急妨農者，令一切罷之。』前此，慶、許、蔡、隸、唐、泗、濠、楚、廬、壽、杭、宣、鄂、洪、施、渝州、光化軍皆大水，既屢勑存恤，及命蹤治，乃有是詔。至八月，又遣使按視存撫。

二年八月，京師大雨，壞官私廬舍，漂殺人民、蓄產不可勝數。乃開西華門，以泄宮中積水。詔曰：『蓋聞古之聖賢在位，陰陽和，風雨時，日月光，星辰靜，黎民阜蕃，以底休平，朕甚慕之。朕猥以眇身，托于王公之上，夙夜以思，懼不能以承先帝鴻業。而比年以來，水潦爲沴。乃八月庚寅大雨，京師室廬墊傷，被溺者衆，大田之家，害於有秋。竊跡災變之來，曾不虛發。豈朕之不敏於德而不明於政歟？將天下刑獄滯冤，賦徭煩苦，民有愁孀亡聊之聲以幹其順氣歟？不然，何天戒之甚著也？今飭躬焦思，欲消復災異，而未聞在位者之忠言，進祈自新，厥路何繇焉。應中外臣僚，並許上實封言時政闕失及當世之利病，可以佐元元者，悉心以陳，毋所忌諱。執政大臣皆朕之股肱，其協德交修，以輔朕之不逮。』初，學士草詔云：『其惕思天變。』帝批曰：『雨水爲災，專以戒朕不德。』命改爲『協德交修』云。乃詔罷開樂宴，仍賜被水諸軍借事人錢。

神宗熙甯元年七月，詔：『恩、冀州河決水災，可選官分詣，若有溺死人口，量其大小，賜錢有差。其居處未安，令於官地搭蓋，或寺觀廟宇存泊。內有被浸貧下人戶，令省倉賜粟。』

二十四日，上批：『河北地震、水災，宜擇能吏，以易庸暗年老之人。』以尚書都官員外郎馬淵知沂州，虞部員外郎陸濟權知德州。是日，降德音。

八月，詔三司支錢五十萬貫，賜河北轉運司應副昨經水災諸州支給，以免科擾民間。

二年七月，詔：『水災州軍，令本路轉運使、判官、提點刑獄分往被災處所恤貧民闕食者，支廣惠倉粟賑濟；如不足，量支省倉。仍於人戶住近處減常平米價就糶。若貧人無錢，相度賒糶，令至秋送納。其非稅戶，即與遠立日限納價錢，並委就近從長施行訖奏。應遭水災之家收買竹木凡箔，權與免稅。鄉村鎮市買撲酒坊，實遭浸損酒麴者，亦與據所浸日數，等第放課利。』

七年五月二十八日，大雨水，漂溺陝、平陸二縣。詔被水災民給口食三月。

十年七月十七日，黃河大決于曹村下埽，澶淵絕流，河道南徙，又東匯於梁山張澤濼，凡壞郡縣四十五，官亭民舍數萬，田三十萬頃。詔發倉廩，開府庫，徙民移粟，以賑濟之。

元豐四年七月二十四日，泰州言：九日大雨，浸州城公私屋舍數千間。

哲宗元佑八年八月三日，宰臣呂大防等劄子言：『雨水過常，近京諸郡尤被其患，乞降黜以警庶位。』詔皆不允。

高宗紹興三年二月十一日，臣僚言：『伏見自正月元日至今近四十日，陰雲晦昧，陽光不舒，加以連雨，旦暮不已，細民告病。如此，是爲陰盛于陽，非天地和平之氣也。臣恐四方偏州下邑有困於苛吏、不安田里者；囹圄之中有無辜干連、淹久未釋者；兵興以來，忠義之士沒身兵刃，齎恨九泉，未見省錄者；嫠婦弱子，流離異鄉，州縣弗恤，不能自存者。凡此之類，倘有之，則雲氣之慘聚，苦雨之霖淹，殆非適然。乞詔大臣詳思其由，修厥事以應之。』詔劄示諸路宣諭官。

四年六月十七日，左諫議大夫唐煇言：『伏見近以霪雨爲沴，陛下惕然祗懼，思可以應變弭災者無所不至。竊謂政事失於下，則天變動於上。唯聖人仰畏天變，則俯修政事。望詔大臣講求修政事之實，無見於空言，斯爲盡善。』詔劄示三省、樞密院。

九年三月十九日，詔：『連日陰雨，細民不易。其臨安府內外官私房錢並白地錢，不以貫百，並放三日。其後凡遇連雨，或蠲公私房錢，或免客販柴薪油面門稅。』

三十一年四月十五日，宰執以殿中侍御史陳俊卿論久雨章疏進呈。上曰：『應天以實不以文，可令侍從、台諫並具時政缺失利害、消弭災變之術，各以己見實封以聞。事有不便者，便與改正施行。』

紹興三十二年孝宗已即位，未改元。七月五日，詔以霖雨不止，浙西州郡山水發洪，令侍從、台諫條上害民之事與可以爲民之利者。從正言袁孚請也。

孝宗隆興元年三月二十八日，詔：『霖雨爲沴，雖側身修行，尚恐誠意未孚。可令諸路監司、守令應遇災傷去處常切賑恤困窮，糾察刑禁。仍各條具聞奏。』

九月十二日，詔：『浙東西州軍有螟螣、風水傷稼去處，可令守臣疾速條具應合賑恤蠲放事件聞奏，即不得隱漏泛溢。』

二年八月二十六日，詔：『久雨未晴，慮恐刑獄淹延，有干和氣。特令侍御史尹穡日下躬親前去大理寺、臨安府檢察決遣。』

二十七日，詔浙西、江東霖雨害稼，令逐路提刑司疾速躬親前去州縣檢察決遣刑獄。

二十八日，詔：『訪聞淮東有被水去處及遷徙到人，竊慮缺食，可令錢端禮于本路見管米斛內支撥一萬石措置賑濟；如不足，於淮東總領所大軍米內取撥。』

九月十二日，詔江東、浙西監司郡守：『朕嗣服以來，求民之瘼。比緣江東、浙右俱被水災，思拯民於愁孍，寤寐不忘。卿等既分外台之寄，皆爲共理之良，宜究乃心，各揚爾職。能于所部講明田事，預爲陂塘渠堰，防患未然，使顯効著於將來者，朕當不次親擢。其或但爲文具，尚畏權勢，無益於備患，徒擾于庶民，國有典刑，朕必不赦。』

乾道元年二月二十四日，詔：『朕以淫雨不止，有傷蠶麥，可自二十五日避正殿，減常膳。其浙東西路災傷去處人戶各納乾道元年身丁錢絹，臨安府、紹興府、湖、常州並與全免一年，溫、台、處州、鎮江府並各減放一半。將減下之數於內庫紐支錢絹，撥還戶部，以充軍用。』

二年四月六日，詔：『淫雨爲沴，有傷農事。朕自今月七日避正殿，減常膳。』

九月十一日，詔：『溫州諸邑近遭水災，宜遣使存撫。可差度支郎中唐珣限三日起發，同提舉常平宋藻、守臣劉孝韙遍詣被水去處，按驗覆寔，具合行賑恤事件，疾速措置聞奏。內劉孝韙權將州事交割與以次官。』

十二日，詔：『溫州諸邑近被水災，已差唐珣前去存撫賑恤。可就令點檢本州並諸縣刑禁，須管日近結絕，將杖罪以下先次疎放。如有冤抑，從實改正。仍具已斷放過名件，申尚書省。』

十一月六日，度支郎中唐珣劄子奏：『被旨前去溫州存撫賑恤，被水去處，並皆邊海，今來人戶田畝盡被海水沖蕩，鹹鹵浸入土脈，未可耕種。兼今次水災之後，損失人口不少，又慮人力不足，及闕少牛具，不能遍耕，難令虛認苗稅。望委本州守臣，候來年春耕，即委清彊官遍行體訪。如委有未堪耕種之田，及人力耕種未遍去處，保明申奏，取朝廷指揮，更與減放當年苗稅。』詔從之。

三年三月十九日，詔：『知溫州劉孝韙爲不葬被水之人骸骨，以至暴露，可放罷。』以提舉常平宋藻按劾也。

閏七月二十六日，詔：『臨安府臨安縣被水，隨本府具到人戶等第蠲放。』知臨安府事周淙奏：『契勘本府管下臨安縣七月十四日因天目山洪水暴漲，沖損高六等五鄉民戶屋宇，渰死人口。已具奏聞，差官同令佐遍詣被水去處，支給錢米賑濟訖，計二百八十五戶。竊見上件人戶被水之後，理宜寬恤。今具所差官錢塘縣丞余禹成具到，除五戶無稅可放，二百八十家各有合納稅賦，乞將被水之家合納稅賦隨輕重減放。內周向等二十四家沖損屋宇家計，溺死人口，欲放今年夏秋兩料並來年夏料錢；於興等一百四十一家沖損屋宇、什物不存，欲放今年夏秋稅兩料；盛慶全等七十家沖損一半屋宇、什物，欲放今年夏料。以上三項，並係第五等以下人戶。及鍾友端等四十五家各係上戶，內鍾友端等四戶被水至重，欲放今年夏料；施理等四十一戶被水次重，欲放半料。以上通計合放和買夏稅紬絹綾本色折帛一千三百四疋三丈有畸，零綿百九十二兩一錢，役錢四百二十四貫七百七十三文，丁錢六十九貫二百文，苗米三十七碩有畸，零茶錢一十九貫有畸。乞降付有司，特與蠲放。』並從之。

八月二十日，詔：『以近日連雨不止，令諸路監司、守令將見禁公事速行結絕，無辜干連之人並與日下疎放，少欠私債寬限理還。』從知臨安府周淙請也。

二十三日，尚書左僕射葉顒、右僕射魏杞、參知政事蔣芾、同知樞密院事兼權參知政事陳俊卿等上表，以霖雨待罪。詔以：『秋霖爲沴，寔朕不德。方賴二三大臣克修庶政，以致消弭。亟覽謙辭，殊非所望。卿等即安厥位，其思叶濟之道。所請不允。』

二十四日，詔：『以霖雨，差官分決滯獄。大理寺、臨安府並三衙及淛東西州縣見禁罪人，在內委御史台官，在外令提刑司，州委守官，縣委通判，躬親日下前去檢察，決遣了絕。仍具已斷放過名件，申尚書省。應申奏案狀，督責疾速依條施行。』

二十六日，詔：『久雨未晴，令御廚今月二十六日兩日御膳並進素。自二十七日以後，早晚常膳減半進葷。』九月十一日並如之。同日，詔：『近來連日陰雨，切慮民田有被水去處，出限陳訴不及。可行下兩淛漕臣展限半月，許令人戶陳訴。』

四年十二月二十六日，詔令禮部給降度牒十道，付廣西提刑司變賣，措置賑濟雷州實被水人戶。先是，廣西提點刑獄兼提舉常平司狀：『據雷州申，八月一日早因颶風發作，海潮暴漲，渰浸東南鄉居民，其水直至東南城門。本州實時差官分頭前去收救失水人，各於寺院及空舍安箔，及委官抄劄被水浸溺人戶，及收瘞死屍，候見數目，別具狀供申。』所有被水遷徙居民，本州一面支給錢米賑濟外，故有是命。

五年十月三日，權發遣兩淛路計度轉運副使劉敏士狀：『近巡歷至台州，詢得本州黃岩縣今歲連遭風水，渰損屋宇、田稻、農畜。本州已委官巡門抄劄被水人戶，及取撥常平義倉米支給。將最重去處支二十日，次重處支半月，大口日支一升，小口日支五合。緣黃岩縣被水比之常年不同，今來本州雖已措置賑濟，最重處支二十日，次重處支半月，若以報到抄劄支散日分相次住支，目今被水之人多是未有存居，及田地亦無工力修整耕種，委實缺食。近根刷得本州及管下逐縣有常平義倉米九萬八千餘石，今來被水大小口計二萬七千四十一口，共合支米四千三百四十餘石外，尚有見管米數不多，合行措置。乞下本州速行措置，接續賑濟施行。』從之。

六日，權發遣兩淛路計度轉運副使公事劉敏士奏：『溫、台二州近因風水，雖將義倉米賑濟，緣秋成尚遠，將何以繼！今來溫州已募上戶借與錢本，見行措置。唯是台州財賦窘乏，無以爲計。欲望支降錢五十萬貫給與台州，令勸募上戶般販米斛，接續出糶。』有旨，令兩淛轉運司差撥人船於近便州軍戶部樁管米及常平義倉米內取撥三萬石前去台州，委官檢視被水去處，減價出糶到錢，令本司拘收，撥還元取米去處。』

十一日，詔右朝散大夫、直秘閣、權發遣兩浙路計度轉運副使劉敏士特降授右朝請郎，右朝奉大夫、直秘閣、權兩浙路轉運判官姚憲特降授右朝散郎，右朝請大夫、直敷文閣、新除江南東路提點刑獄公事王彥洪別與差遣。並以溫、台州災澇，失於按劾守臣也。

十四日，詔：『已降指揮，溫、台二州近被水災，逐州守臣王之望、陳巖肖各不即聞奏，巖肖仍賑恤遲緩。之望特降一官，巖肖落職放罷。近台州申，獲海賊首領毛大等五十七人；溫州申，獲次首領許大等九十六人。之望、巖肖各有捕賊之勞，以功贖過，特與放罷。巖肖差提舉台州崇道觀。』先是，權尚書兵部侍郎陳良翰進對奏：『切聞今歲自夏涉秋，浙東一路瀕海之郡三遭風水之虞。在法，水傷去處差官檢視蠲減田租以聞。州縣之吏恐爲己累，懵不加恤，唯懼朝廷之得聞也。望委浙東監司及諸郡守臣詢問著實被水去處，分遣清彊官檢視，定其高下，減免租稅，務在實利及民，不爲文具，使一路之民無不被其澤者。並乞下諸路委監司、郡守覺察，或有災傷，仰先期從實奏上，庶幾州縣之吏不敢欺隱。陛下寬大惠養之政，及元元矣。』上曰：『都不曾奏來，朕所不聞。』良翰奏曰：『凡四方風雨水旱之事，州縣當達之監司，監司當達之朝廷，可以奏知陛下矣。朝廷既不得而聞，則陛下何由而得知！』上曰：『此非小事，卿所論甚好。』故有是命。

九年閏正月十四日，詔：『久雨未止，恐妨農事。應有寬恤事，可令宰執條具來上。』

淳熙元年七月十九日，詔：『沿江被水之家，令守臣胡與可躬親巡門相視。如委是貧乏之家，悉具姓名以聞。』既而相視到沿江被水貧乏之家六百三十有八，詔令左藏南庫每家支錢五貫文，令莫漳躬親支散。仍許於沿江白地二百畝內依元來丈尺指射，蓋屋居止，量立白地租錢。

二年七月十四日，詔：『建因連雨，渰寖寨屋一千一百餘家。雖都統司已行支給錢米，更宜優恤。令淮西總領單夔于見管錢米內每家支錢三貫、米一石。』二十八日，鎮江水，支給錢米同。

八月十日，詔：『秋成在即，陰雨過多，慮刑獄淹延。見禁罪人在內委台官，在外委提刑前去檢察決遣。』

三年八月二十三日，台州水。既而詔令臣尤袤多方措置賑恤，務在實惠及民，無致滅裂。仍委本路提舉常平官核實，保明聞奏。

九月十七日，婺州水。既而詔令浙東提舉常平官疾速多方措置賑恤，務在實惠及民，無致失所。

十月九日，台州水。既而詔令何澹于本州常平義倉米內更取三千石接濟賑給。如不足，通路取撥應副。其合收瘞人，亦仰依條施行。仍令南庫支降會子四千貫付本州，專充修城並捍水台使用，務要堅固如法。其未起錢絹，自來年爲始，分限三年帶發。

四年六月三日，福州建甯府南劍州水。詔令守臣多方措置存恤。

九月二十七日，詔浙東提舉司將被水人戶多方存恤，依條賑濟，毋令失所。其沖損塘岸去處，仰紹興府專委官監視，如法修築。從浙東提舉姚宗之請也。

五年七月二十一日，福州福清縣及海口鎮興化軍水。既而詔令本州軍守臣更加存恤，仍仰本路提舉依條賑濟。

六年七月二十日，溫州樂清縣、台州黃岩縣水。既而詔令逐州守臣更切存恤。

二十四日，知溫州胡與可以支常平錢五百貫並係省錢五百貫賑給被水人戶自劾。上曰：『國家積常平米，政爲此也，可放罪。』

七年七月十二日，袁州分宜縣水。江西帥臣張子顏乞將本縣被水人戶未納今年夏稅，自第四等以下並權行住催，候至來年夏稅帶納。從之。

八年五月十六日，都省言：『陰雨未已，竊慮刑獄淹延，大理寺委卿少，三衙委主帥，在外州軍委知通，縣委令佐決囚。尚慮未盡。』詔：『如大情已正，內鬬殺情理輕並雜犯死罪至徒罪以上，並降一等斷放，杖罪以下及干係人並日下釋放。其州郡所委官如到刑獄官司，限當日決遣了畢，仍具斷放過名件人數聞奏。應申奏案狀，督責疾速依條施行。內命官先次召保責出，一面申奏，毋致違戾。』

是月十九日，又劄子：『勘會已降指揮，疎決刑獄。刑部見擬斷兩浙州軍並大理寺、臨安府侍報獄案，其降有鬬殺情輕並雜犯死罪之人，尊稟上件指揮，並降一等斷放。緣鬬殺情理輕，死罪降至流，依法斷訖，本處居作一年，滿日放。及彊盜死罪降至流，依法尚有刺配之類。兼命官犯贓罪，合照應減降指揮施行。』詔令諸作並刺配人斷遣訖，依條施行。命官除犯入己贓外，並依已降指揮。

六月九日，紹興府嚴州水。既而詔：『人戶納今年夏稅，內漂壞屋宇第四等以下戶並與蠲免，第三等以上戶蠲免一半。渰寖屋宇第四等以下戶並與倚閣，三等以上戶倚閣一半。』從浙西提舉趙伯渙請也。

十一年六月十一日，詔：『浙西、江東路州軍被水去處，令兩浙提舉司多方勸諭有田之家，將本戶佃客優加借貸，候秋成歸還。』

八月，階州水。詔更加存恤，毋致失所。

十六日，處州龍泉縣水。詔令提舉司同守臣優加存恤。

十一月十八日，鎮江府水。詔浙西提舉司於近便州府常平義倉米內通融斟量應副。

十二年九月六日，湖州安吉縣、台州臨海縣水。詔令逐州守臣優與存恤。

十三年五月三日，建寧府松溪、政和縣水。既而二十五日進呈右諫議大夫蔣繼周言：『據轉運司奏，松溪、政和兩縣渰沒人家，淤塞田畝，瑞應場渰死者不下千人，被傷者不下二千家。知建甯府陳良佑所奏，全不言及數目，豈所以奉承陛下勤恤民隱之意哉！良佑比乞宮祠，欲望從其所請。仍乞委本路監司依已降指揮存恤外，其損壞廬舍田苗，據所領分數等第聞奏，量與蠲減租稅。庶使一方漂蕩窮民咸受實惠。』上曰：『依奏。』又進呈提刑應孟明言：『建甯府大水，朱孝倫、周世楠有防遏未萌之功，乞旌賞。』上曰：『可各轉兩資。』又曰：『有功者賞，無功者罷，庶幾人人知所勸懲矣。』

十五年六月十八日，袁州萍鄉、分宜兩縣水。詔優加存恤，毋致失所。

七月五日，鄂州言：『五月以來連雨，江水氾濫，居民及軍寨被寖近三千家。』詔令沈樞等將被水軍民優加賑恤，毋致失所。

八月，詔令隆興府、撫州、臨江軍各將被水之家優與存恤。從本路運判劉穎請也。

十一日，徽州祈門縣水。既而臣僚言：『漂蕩屋廬，沖壞田畝，溺死人畜，乞特詔監司差官體量詣實。仍將守令量行責罰，以爲不恤百姓者之戒。』詔謝深甫究實以聞。其被水之家，優與賑恤。

十月十五日，詔湖北路諸州沿江湖水泛漲，居民田畝多被渰寖。令提舉司將被水去處優與賑恤。既而司農少卿、湖廣總領王尚之、秘書郎兼權倉部郎官王厚之、湖北提舉薛伯宣等奏：『竊見湖北路復州、漢陽軍、江陵府、岳州、鄂州、安德府、澧州、常德府管下縣分，間有被水人戶，渰寖田畝。已恭奉行下逐州措置，多方存恤。』

十六年正月二十二日，權發遣襄陽府錢之望、權發遣楚州吳曦言：『准省劄，錢之望奏，本州今歲大水，抄劄到貧乏闕食民戶一萬四百餘家，合議賑濟、賑糶。』詔楚州糶濟事，令吳曦候到任議定，申尚書省。既而令開具如右：

『一、賑濟楚州元冊內，欲自十二月爲始支。至來年二月，計支三個月，米共二萬四百餘石。乞撥義倉米五千五百七十三石九斗，及賑濟歸正、歸附、使等米二千八百餘石，合就本路轉運司三分課子內取撥。及有勸諭到上戶陳宏等米一萬石，尚少米二千石。乞于前任守臣糴到椿管米內支撥，共湊成二萬四百餘石賑濟。本州未承回降指揮間，爲見民戶闕食，一面將勸諭到陳宏等二戶已納到州倉米四千五百石，並于轉運司三分課子米內兑借三千六百六十四石九斗，先次賑濟十二月分米，委官支散了當。乞劄下本路提舉常平司，於義倉內撥米四千五百石，給還陳宏等。其兑借賑濟過轉運司三分課子米三千六百六十四石九斗，亦乞劄下轉運司，於撥下本州賑濟米一萬五千石數內理豁施行。一、賑糶楚州元冊內，乞撥常平司米一萬六千餘石，並椿管米三萬石，共湊成四萬六千石，應副賑糶。之望等照得本州椿管米近蒙朝廷指揮，支撥二萬石應副修城及曦陳請支撥米一萬二千石賑給外，所餘不多。兼已蒙本路轉運、常平兩司科撥高郵軍椿管米三萬石，令本州般取賑糶，立定每斗價錢一百二十文省。之望等竊聞所撥高郵軍米椿積年深，雖價錢低平，兼恐貧民艱得見錢收糴，已行下諸縣截發宮錢，雇般高郵軍今來議定先次般取米五千石，于諸縣置場去處，依價賑糶。候見得有人收糴，即接續前去般取賑糶。一、本州雖有提舉司撥到常平等米二萬一千六百餘石，並錢二萬貫，並係賑貸，止可供給有田產稅戶收糴耕牛農具等，候將來豐熟拘還。其無田產人戶及貧乏客戶，皆不均及。惟是賑濟一項，方得普沾朝廷德澤。』詔依，仍核實無產人戶並貧乏客戶，如合賑濟，依條施行，具數申尚書省。

淳熙十六年四月十四日，紹興府新昌縣水。既而詔令紹興府將被水之家優與存恤，毋令失所。以浙東提舉司言故也。

六月五日，鎮江府水。既而以御前諸軍都統制劉超言：『本府自六月二日至五日大雨，運河水滿，灌注入城，致諸軍營寨內有地形低下去處浸渰三千餘家。即時將官兵老小移往高阜屋內安箔，給散官錢，付水渰之家。已般移每家一貫文，不般移每家五百文。』詔令總領所照都統司已支錢數倍與支給一次。

紹熙二年四月三十日，汀州甯化縣水。既而以福建轉運提刑司言：『汀州寧化縣洪水泛漲，浸死百姓一十八人，推去屋宇等。即委官措置，滂漉屍首，如法埋瘞。救到生存之數，支錢米賑恤。』詔令福建路諸司將應被水軍民更切賑恤，毋令失所。

五月一日，建甯府福州水。既而詔令福州路諸司將被水居民更切賑恤，毋致失所。以福建提舉司言故也。

二十三日，漢州雒縣、石泉軍龍安縣水。既而詔令制置司行下諸司並逐州府，將被水之家優加存恤，毋令失所。以四川制置司言故也。

七月十八日，興州水。既而以知興州吳挺言嘉陵大江暴漲，漂浸居民。委官抄劄到被水人戶三千四百九十二家，一萬九千二百九口，又長舉縣被水人戶一百七十九家，一千六十三口。並從本縣賑濟施行。及有沿江道店被水人戶數目，續行賑濟。

三年五月二十九日，常德府水。既而以湖北提舉張孝曾言：『本府山水與江水暴漲，渰浸城外居民及田疇等。至六月四日又雨，未得晴霽，見行祈禱。』詔本司行下常德府，將被水之家優與存恤。

四年五月三日，紹興府諸暨縣水。既而以本府申：『自四月末至五月三日連雨大作，江溪泛漲，渰沒居民屋舍、禾稼，沖倒百有餘里。』詔令轉運、提舉司並紹興府將被水之家更切優與存恤，毋致失所。

五年五月十一日，池州石埭、貴溪兩縣、甯國府涇縣水。既而以江東提舉司言：『池州石埭縣梅雨大作，山間發洪，居民屋宇悉被渰浸。已行下本縣，以見管度牒米量行賑濟。又池州貴溪縣、甯國府涇縣山水暴漲，沖損屋宇，及有死損人數。已委官抄劄，支撥常平錢米賑恤。』詔令江東提舉司將被水之家更切優加存恤，毋令失所。

紹熙五年八月二十九日，臨安府言：『本府餘杭、臨安、新城、富陽、錢塘、於潛等六縣大水爲災，沖損民居，目今闕食。本府已支撥常平官錢，分差委官前去各縣，同縣官巡門賑給外，有四等、五等被水人戶合行給散口食米，已措置先各給十日，大人一斗，小兒五升，及委通判黃瀚前去諸縣賑給。據報到餘杭一縣渰浸之家計二萬戶，每戶約三人五人，計八萬口，共約米七千餘石，別無有管米糧可以賑給。若計諸縣，其所用米數至多，雖即具報提舉司，乞行下有管州縣支撥，未承發到。今來事勢迫切，緣本府因去歲旱歉減放，即無有管米斛可以那容。若候提舉司行下外州等處撥到，竊慮般運遠涉，恐人戶闕食未便。欲望特賜指揮，權行借撥三萬石應副即日賑給。纔候提舉司發到，卻行撥還，庶得不致闕悮。』詔令豐儲倉借撥一萬石應副賑給，仰提舉司疾速科撥米斛，餘依。

嘉泰四年十月十二日，洋州言：『本州七月九日管下灙水河暴漲，其水發源在北山谷中，屬真符縣化洽鄉第十都、十六都一帶。沿流人家被水，漂蕩屋宇、水碓、什物之類，流入漢江。即時行下興道、真符兩縣火急差官體訪抄劄，如有損人口，先募人打撈屍首。興道縣體訪漢中係接連真符縣界，漂損一十七戶，已支給銅會一十道，粟米一石充賑恤。真符縣體訪化洽鄉沿流七十七家被水，州司逐急那省司錢引五百道充賑濟錢米外，有漂損田苗、田土，專委兩縣究實，從條倚閣稅租，並申監司、制置司證會訖。』詔令洋州更切多方措置賑恤，毋致失所。仍劄下本路常平、轉運司及四川安撫制置司證會施行。

開禧三年六月十五日，臨安府言：『錢塘縣五月二十六日安吉定山南管係邊江去處，被上江洪水、入浦潮水相沖，湧入本鄉，浸沒田畝並大路、民間住屋，驛路去處，水沒約八尺有餘，今來已退一尺有餘。未知水退去後，民間住屋、田畝、苗稼成秀如何。已委錢塘縣知佐火急差官遍往鄉村抄劄實係被水人戶，將本府撥去錢米多方措置賑給，務要實惠及民，毋令失所。』詔令臨安府將錢塘縣被水之家更切優加賑恤，務要各令安業，毋致失所。

同日，兩浙運司言：『嚴州申：「本州並管下六縣自五月以來，曉夜驟雨不止，溪水泛漲衝突，直入城市，渰浸居民。及給散米斛賑恤，本州倉庫素來匱乏，既無見管錢斛可以指擬賑濟，欲給降官會五七萬緡，或度牒五七十道，從本州變轉糴米賑濟，及給散被水居民助造屋宇。今知淳安縣石宗萬申，本縣大溪正係徽港，緣連日陰雨發洪，溪流暴漲，水勢洶湧，頃刻之間，居民屋宇悉皆渰浸，止留縣前二十餘家。已具因依供申。其水漸次歸港，宗萬即時徒走，沿古城腳，自廟後穴牆而入，至門樓上堆垛官錢，多募舟船，差得力弓兵同稍人救濟民旅，並無一人損失。緣其水經停三晝夜，家業生計並無所存，即行乏食，逐急將在庫板帳等錢和糴米斛，躬親沿門量行賑給。每家給米一斗，錢一百文。縣郭共一千三百三十五戶，皆獲少濟。仍給牓沿湖州縣，招誘客人興販米斛前來接濟。唯是淳安地瘠民貧，平居尚且困匱，遭此巨浸，狼狽異常。凡五百四十二家，幸而屋宇僅存者，其牆壁頹毀，生理已蕩然一空，啼號之聲，所不忍聞。所有管下一十四鄉、三十五都皆被渰浸，沿溪屋宇盡皆漂流，所種早晚禾悉被推去，田多爲沙石沖淤，或打入溪港，其被害尤甚。如近郭開化縣楓潭八十四家，被水推去八十一家，見今流離。本司雖撥去錢米，係是有限之數。如淳安所申，向後日月尚長，田間既遭渰損，秋收自難指擬。深慮米價增長，小民艱食，利害匪輕，欲望敷奏，給降度牒或官會，發下本州，令守臣、知縣火急措置，又糴米斛，分置場分，減價賑糶，庶幾被水饑民接續得食。其有貧落無所依倚之人，即行賑濟。若不早爲之圖，必致流離狼狽。已備申朝廷施行。檢會開禧三年六月十三日敕節文，嚴州淳安等縣被水，令提領豐儲倉于所椿管米內支撥一萬石付嚴州充賑濟被水居民食用，務要實惠，毋致流移失所。』詔令禮部給降空名度牒二十道付嚴州，每道價錢八百貫，從便出賣，同撥去米專充措置賑濟被水人戶使用，餘依已降指揮。

十九日，知紹興府章燮、浙東提刑李珏、提舉魯幵言：『竊見紹興府蕭山縣、諸暨、嵊縣、山陰、會稽、上虞等諸邑自五月二十四日以後至今月九日節次申到，及百姓等狀，並以水傷，乞行賑恤。惟蕭山縣被害最酷，已分委州縣官相視水勢，將常平錢米多方賑恤。已具申尚書省外，蓋緣諸暨縣多是高原，積雨暴漲，至有衝突渰浸之患，而水亦易退，不至重傷。惟是蕭山正居下流，地形窊狹，又無大湖泊以殺水勢，而諸暨、嵊縣之水湍激如建瓴，嚴、徽、衢、婺之水旁沖其肘腋，雖一時開掘堰埧，以速內水之去，築捺塘埂，以拒外水之來，然事出倉猝，終不能制横流之患。所恃去海近而易於通流。夫何適遭大汛，壅逆愈見增加，以此十五鄉之地渺若江湖。今已半月，室廬蕩析，生計一空，田苗腐敗，歲事無望。老稚號泣，口食不充。似此災傷，誠爲罕見。雖目今便獲晴霽，亦是數日之後，水勢方平。設使屋宇尚，何以爲修葺之費？晚田可種，何以爲秧本之資？若非官司力加振救，必致流移死亡。證對紹興一府所管常平義倉米止一萬九千石，錢六千餘緡，尤爲鮮薄。去後日長，委是用度不敷。伏睹淳熙八年本府災傷，孝宗皇帝特降御筆，加惠一方，撥賜錢米，蠲閣官賦，比之他郡，尤爲優厚。蓋以本府密拱行都，山陵所在，以是倍加撫存。況今來方此修奉大行太皇太后陵寢，蕭山爲邑，首當應辦，而百姓乃有饑溺之憂。若不爲之控瀝血誠，祈告君父，罪不容誅矣。除已具狀申朝廷，伏望敷奏，檢證淳熙體例，早賜矜恤施行。』詔令封樁庫給降會子五萬貫，豐儲倉證年辰資次支撥三萬石，付紹興府，專充賑濟被水居民使用。務要實惠，毋致流移失所。

二十三日，徽州言：『本州自五月中旬以來，連日雨勢轉急，溪水湧溢，城里外居民多被渰浸。即時分委歙縣東尉、西尉巡檢，部轄舟船，及委縣丞監督，預先緘裝簰筏，般救居民入城，於州治後園城樓等處權泊。及支米煮粥，分頭差官吏俵散，率州郡官僚遍詣寺觀神廟等處祈禱。當晚雨漸止，水勢退落開霽。並祈門縣亦有被水之家，差官抄劄被水居民。內有沖損渰浸之家，支給常平錢米賑濟外，自余犒賞支費，本州自行支給。所有祁門縣委知縣仿此施行。』詔令徽州將被水之家更切優加賑恤，務要各令安業，毋致失所。

開禧三年七月五日，福建提舉司言：『崇安縣申，本縣自五月初旬以來，連雨暴作，忽東西兩溪洪水泛漲，浸上縣街。即率同官分往諸祠祈禱，急回登鼓樓觀望，水勢猛甚，人心惶惶，顧戀財物，不肯走避。隨即分頭差人拆下縣宇四圍門扇、樓板、木植，縛排救接。其間多有婦女、小兒上屋被水者，卻用樓板接續引過縣樓。未移時間，水沖入縣門，浸上廳堂數尺。其縣獄、鹽倉、庫宇、吏舍俱爲渰浸。其本縣前街及兩岸沿溪一帶居民屋宇多被推蕩，獄中重囚隨即領出。緣一時急於救活人命，上下愴惶，應干官物、簿書並皆般移不徹，其間並遭浸蕩，一縣狼狽，不可具述。除已躬親及委縣官隨門撫諭，抄劄被水浸蕩之家，所有流離無歸之民，並令於縣學、米倉、寺觀、廟宇等處從便居住。及委縣丞權將常平倉米減價出糶，及永隆、光化院、齋堂三處煮粥，監施被水之家，支撥米斛賑濟，多方存恤。本司即牒建寧府速行委官前去崇安縣，取見被水之家，支撥常平錢米，分等第多方賑濟，務要實惠及民。又五月二十日，政和縣申，本縣梅雨連綿，勢不少緩，遂至溪流泛溢。即率佐官躬詣靈跡公祠，親許水陸佛事等。雨勢轉加，損壞橋樑，狂濤入市，官吏士民悉皆恐懼。又詣城隍，敬許清醮，將本縣監納贓賞等錢盡行蠲免，官私房廊白地錢亦放五日。至晡時，雨方少霽，即與同官遍視被水之家，漂損頗多。次日遂晴，即以白米煮粥，分頭散施存撫，賑糶米斛。竊慮間有溺死人數及流蕩屋宇去處，括責賑濟，躬親核實。本司移牒建寧府，取撥常平倉米四百石，差官賑濟被水人戶，並行體究有無渰浸損傷人口。並帖政和縣，將撥到賑糶米斛照等第支給，務要實惠及民。具已支過錢米總數供申證會。』詔令建寧府將逐縣被水之家更切優加賑恤，務要各令安業，毋致失所。仍劄下福建提舉司證會。

十一日，御筆：『朕德弗類，致天之災。比者郡邑間被大水，加以飛蝗爲孽，永惟咎證，用震悼於予衷。顧惸然在疚，方重貶抑。諮爾二三大臣，其助朕祗畏，思正厥事，以迪百工，俾內無誕謾私詖之風以害吾治，外無貪墨暴刻之政以殘吾民。其有災傷，當行賑恤去處，具以狀聞，無得蒙蔽，庶幾實惠宣究宣，天心降格。矧今兵戍久勞，瘡痍未息，一念及此，痛如在躬。疆埸之吏，尤當極力安輯，以稱朕憫仁元元之意。』

嘉定二年八月二十九日，兩浙轉運司言：『台州申，本州七月一日夜風雨大作，潮水泛漲，除近州地無損外，續詢訪得臨海縣管下沿海地名章安、碓頭一帶，枕近海門，邊江居民屋宇多有被水漂流及倒損淹死人命去處。竊慮有貧乏無力津送之人，州司即時支給常平錢一百五十貫文，就委臨海縣尉及北近杜瀆知監前去地頭躬親詢訪，有被渰死無力埋瘞之人，即將所支官錢收買棺木埋瘞。仍驗視喪失人命及被水飄流倒塌屋宇之家，抄劄戶口，保明供申。據逐官申，除邊江居民渰死人命有主識認自行埋瘞外，有海洋客商船隻被水打壞溺死，屍首隨潮流入港內，無人識認。已將支下官錢收買棺木埋瘞。及委知臨海縣核實到飄流屋宇及溺死共三百一十七戶，倒塌渰浸共一千九百六十六戶。州司已支撥義倉米一千一百四十一石七斗，次第給濟，及牒提舉常平司行下賑恤施行。』詔令台州將被水人戶更優支常平錢米，多方措置賑恤，毋致失所。

四年九月六日，浙東提舉常平司言：『慶元府申，七月二十三日，慈溪縣申，金州鄉洪水發作，沖損民屋陸種，渰死人民計二百六十六家。共支米二百十石五斗，官會二千七百貫文賑濟。府司緣闕米，證時價行下軍資庫，支官會八百六十貫文，發下慈溪知縣，躬親點名俵散外，申本司證會。』詔令慶元府將被水之家更切多方措置賑恤，毋令失所。並劄下轉運、提舉司證應施行。

六年六月十八日，兩浙轉運司言：『紹興府諸暨縣申，本縣近因闕雨，妨於插種，縣官每日躬詣觀音殿靈祠去處，精加祈禱。五月二十六日，方獲通濟。二十八日至六月初一日，暴雨連作，山洪水泛。緣本縣地勢低下，溪流窄狹，遂至渰沒民田，沖倒屋宇，道路不通，民居被浸，雨勢未止，民情皇皇。深慮別有不測，縣司已預備船隻，般載人民赴本縣兩廊並高仰寺觀從便歇泊，多方存恤。及從父老所乞，集衆官照例時暫下放縣牌，厭禳水災。並嚴潔修設，祈求晴霽外，申乞照會。本司已牒紹興府及諸暨縣，將被水之家支給錢米，優加存恤，毋令失所，及牒浙東提舉常平司照會施行。』詔令紹興府更切多方優加賑恤，具已賑恤過人數申尚書省。

十年八月十一日，臣僚奏：『臣聞守令之職，於民最親。境內若有水旱，縣申州，州即申所部，詞狀以時接受，禾稻以時檢踏，委有損傷，即合從實蠲減。蠲減既畢，即議賑濟。豈復有流離餓殍之患？今也不然，縣有水旱，令則觀望州郡，不即受狀，守則顧惜郡計，惡聞言損。既不申奏，又不檢視。或因諸司覺察，不得已而差官檢踏，動在深冬。彼時旱禾多爲牛馬蹂踐，民間無以續食，先自耕犁旱田，播種菜麥，官吏所至，稱是無槁秸可驗，多不減放，遂使有田者不被蠲租之恩，無業者不沾賑濟之惠，民生茲郡，何不幸耶！此字民之官不損猶應言損，唐代宗所以深咎於守令也。是豈非守令無愛民之誠，有欺心而然乎？且監司之職，爰諮爰諏，部內必有水旱，當令州縣及時具申。既見得果有災傷，即合嚴督州縣，差官驗踏，照分數蠲減稅乞。或有傷重去處，合蠲閣舊欠者，速與申奏朝廷。俟得回降，方與行下蠲閣，庶免日後舉催之患。今也不然，部內若有災傷，監司更不嚴督州郡及時檢放，漕憲、倉司各掠美名，爭出文榜，不候申聞朝省，輒將人戶新舊稅盡行倚閣，以示寬恤。鄉民無知，一時聽信，至有持錢帛入城而復攜以歸者。自後朝省初無行下，州縣再行舉催，小民輸納既已後時，逮至來年，縣道起催新稅，又督舊逋，追逮監繫，倍有所費。名曰利之，適以害之。此口惠而實不至，怨菑及其身，吾夫子所無取於諸責也。是豈非監司沽愛之譽，無實惠而然乎？側聞孝宗皇帝嘗詔諸路轉運司，令所部州軍自今水旱並以實聞。或州縣隱而不言，監司體訪聞奏不實，並當重寘典憲。又因進呈檢放兩浙、江東西路災傷倚閣錢物。上曰：「既是災傷，若與倚閣稅賦，亦無從出，可並與蠲放。」大哉王言！真可爲萬世賑荒恤民之高抬貴手也。竊聞浙東及江東西今歲多有被旱，救荒之政，正當講究。欲望陛下仰稽烈祖孝宗之訓，俯鑒唐宗孔子之言，下臣此章，戒飭諸路監司、守令，應是旱傷去處，並仰從實開具被傷輕重聞奏，及時差官檢踏，蠲減稅租。其舊欠若合蠲閣者，亦仰先次申奏朝省，候得回降，方與施行。不得前期擅自倚閣，簧惑民聽，有誤及時輸納。庶幾守令各知愛民，而不萌欺心，監司不敢沽譽，而務行實惠。如更循襲舊弊，故作違戾，容臣察訪，按劾以聞，重寘典憲。』詔從之。

十六年八月二十八日，江南東路轉運判官陳宗仁言：『本路今歲自五六月間霖雨不止，江河山溪之水一時暴漲，居民多遭巨浸，低田率皆渰沒。其間可以施人力者謂可車卷，尚堪插蒔，水未及退，一夕之雨，又復渺漫。今建康瀕江之圩田茫然與江混而爲一，不復可見畦町，而太平州圩田埂埕雖存，坍損實多，蕩然幾與江湖無異。至於甯國之宣城、廣德之建平、池之銅陵，凡曰圩田，大率相似。而建德、青陽雖非江，又以發洪，山水沖決，至有漂失人口者，其田遂爲沙漲之地。諸邑水災雖各不同，歲事失望，其實則一。宗仁已將城市被水居民從本司那融錢米賑給，行下州縣，將見催官賦權寬一月催納，並令諸縣置櫃，從條限令被水人戶申訴外，將來檢放苗米，其被水浸荒不曾再種之田，勢須全與蠲放。但夏秋二稅本出於田，田既荒廢，稅何從出！州縣迫於期限，催督不容不嚴。其第四等以上人戶猶可勉強，至於下五第人戶，所仰數畝之田，以爲卒歲之計。今既一空，猶恐不能糊其口，里胥登門，甚于星火，質貸供輸，艱難萬狀。宗仁深知此等民戶困不聊生，念欲具申朝廷，乞將夏稅盡與倚閣，重以家國供億所繫，人戶雖小，數目實繁。每三以思，不敢遽然有請。所催夏稅什已六七，往往皆是貧窶，所有措辦將來官司賑濟之人，若征督不已，未免追擾，其勢必至流移，誠爲可念。宗仁濫將漕挽，一路休戚，實司其責。耳聞目接，用敢冒昧申告朝廷。欲望行下本司，將建康、太平諸邑並建平、宣城、銅陵、建德、青陽共一十三縣被水不曾再種，見今拋荒第五等以下人戶合納今年殘零夏稅權與倚閣，候來年秋收，卻與催理。庶幾貧民下戶籍此得以少蘇，免致流徙。』詔令戶部將建康府、太平州及建平、宣城、銅陵、建德、青陽縣嘉定十六年見催第五等以下人戶殘零夏稅權與倚閣，候來年秋成日，卻與催理。仍令本路安撫、轉運、提刑、提舉司疾速依條差官檢視，體量合放分數，除程限半月聞奏。

十二月二日，臣僚言：『恭聞孝宗皇帝于乾道間因閩中飢歉，嘗降御筆付漕臣等曰：「民頗艱食，甚念之，不知作何措置，不致有流移之人否？」大哉聖言！此在今日所當取法而講明之也。今歲自五月不雨，以至於秋，繼而烈風拔水，洛水襄陵，漂蕩屋廬，渰損禾稼。加以怒潮驟溢，河海通流，民無蓋藏，食充藜藿，轉徙流移，略無生意。爲民父母之官，自當汲汲軫由己之念，或減租賦以寬民力，或發倉廩以濟民饑，比皆職所當爲者。今乃恬然坐視，以罔聞知。臣嘗搜閱月申，諸郡皆未嘗以水潦而上聞，或徑指作無旱傷而申者。顆粒不入，而催科之額如故，省限未及，而追呼之令已嚴。間有縣官惻然，受理告損之詞，督賦稍寬，而郡守乃誚之以爲好名，反遭譴責。若是，則何以仰體陛下寬恤之意乎？況閩之爲郡，山多田少，地狹人稠，豐年樂歲，尚有一飽不足之憂，加上凶荒，若何爲計？往歲猶仰客舟船販浙米以相接濟，今浙右諸郡多被水災，已有皇皇不自給之患，儻不明詔監司、郡守急舉荒政，必多爲溝中之瘠矣。欲望聖慈仰體孝宗皇帝勤恤小民之心，專委漕臣措畫，行下諸郡，須管詣實，照災傷分數減放。仍多方招諭販米客舟，免收稅錢，務行平糴之政。其有貧乏不能自存者，開發常平，廣行賑濟，要施實惠。』詔令福建轉運司行下所部州軍，將被水去處日下證應的實災傷分數，從條減放。仍多方招誘客人興販米斛出糶，與免收稅。仍令提舉司將合賑恤去處疾速措置施行。

十七年三月二十八日，臣僚言：『去歲被水去處不爲不廣，農人失望，俱不聊生。所恃者二麥耳，苦於積潦，種者無幾；插種既少，饑民嗸嗸。所望者成熟耳，青黃不交，尚賒收刈。下之所以仰給公家，上之所以接續民食者，獨有賑濟、賑糶可以全民命耳。朝廷支撥米斛，爲濟糶用，給降度牒，爲糴米用，朝奏暮下，德意至美也。痛革吏奸，行其所無事足矣，而奉行者何未之思歟？且勸分之數，誰肯樂從？富室既已承認，千斛在市，其價自平，此昔人之至論也。所積或多，聽其自行出糶可也；忽嚴禁糶之令，而所在上市之米即少，其價安得而不踴貴乎？近者本台引放詞狀，畿甸郡邑既以物力抑勒敷糶，又以勸諭爲名，逼令添認，引惹詞訴，利未及民，已不勝其擾矣。監糶之官，率皆弛慢不職，勸分之米，多是計囑作弊，糶不如數。糶場之吏不惟偷減升合，乞覓量錢，且夾雜糠穀粞碎，歸略舂臼事，尤當曲盡其心，要在所委之官上體九重愛民之意，推擇鄉曲忠厚誠愨之士，相與朝夕講論康濟小民之策，庶幾民無餓殍之憂。欲望聖慈申敕攸司，疾速契勘去歲被水州縣，下臣此章，戒諭常平使者及諸守臣，選差官吏，留意濟糶，革絕弊幸。其有不以濟糶爲意者，臣當廉訪聞奏。』詔從之。

四月十三日，臣僚言：『去歲水澇異常，臣嘗乞修舉救荒之政。陛下惻然，亟俞臣請，軫恤黎元之心，先後無二，民之戴上恩德者遐邇無間也。臣竊謂荒政之徒講，而殿最之尚行，則爲州郡者趨賞避罰之意，憧憧往來于中，黃紙蠲放，而白紙催追，竭民之膏血而不顧，視民之愁孅而不恤。比較將及，則剗刷殘零，重迭科抑，期於充數。甚者又獻羨餘，爲己計則善矣，其如民病何！若是，則九重有寬恤之仁心，而州縣無奉行之實政，其爲無益於救荒一也。試以救荒一事言之，賑濟、賑糶，其初本以利民也。今州縣之間，常平義倉移用殆盡，動是科取于有田之家，名曰勸糶，其實強之。況田有去存，而物力未嘗消豁，中下之戶無米出糶，反罹其擾。甚者不得已而應命，則以濕惡米穀雜以糠粃，賂吏而塞責，較之市糴，反有不逮，民亦厭糴，徒爲吏奸。今人情嗸嗸，二麥尚未可望，豈可吏急科斂，以爲郡守貳媒榮取寵之地哉！朝廷既以經費取辦大農，大農以賞罰而比較諸郡，郡迫之縣，縣迫之民，上下煎熬，惟財賦之爲急，而求爲升陟之計。故善足國者當自裕民始，善裕民者當自寬州縣始。欲寬州縣，其可例行比較之法耶？今戶部比較，正其時實繫水傷去處，權免比較一次。仍乞行下戶部、司農寺，符合與權免比較州軍，仰體寬恤之意，毋致虐取於民，庶幾被水州縣期限可寬，而民力可裕矣。』詔令戶部、司農寺看詳，申尚書省。

十七年七月二日，臣僚言：『近聞閩中諸郡因五月二十一日積雨之後，溪流暴漲，爲災特甚。自建甯、南劍以至福州水口，沿溪居民蕩然一空。福之城中西南兩門水高七尺以上，侯官縣甘蔗寨漂流數百家，多有溺死者。南劍衝突尤甚，水勢直至郡治，城樓、郵亭、司理院獄悉皆渰浸類毀。城中人家初見水來，盡挈籠仗上樓，未幾與樓俱去，誠可憫念。市西地名鐵冶嶺一帶，皆爲瀰漫之所。建甯平政橋最爲高處，水沒其上，洶湧入城。即此而觀，則其它城外低下去處及諸外縣被害可知。今來雖據逐處申到，並不言其詳，但雲支撥錢米，例行賑濟。然臣竊謂監司不過委之郡守，郡守不過委之州縣官，而被差之官或不留意，實惠未必及民，至今有未復業者。欲望聖慈下臣此章，疾速委令監司、守臣以體國愛民爲念，斟酌措置，更與多方賑恤，無令失所。』

貼黃：臣近得建昌守臣陳章公劄，亦稱是月四邑之水會于盱江城，不沒者三版。早禾方包，既已失望，晚禾甫種，多就渰沒，其禍至慘。聞之父老，數十年間，未嘗有此。嘗申朝廷，乞檢度牒，以充糴本，事勢可知。並乞聖慈，即賜一體行下，以救千里生靈之命。詔從之。以上《永樂大典》卷一一一二一。

又《地震》［治平四年］九月二十七日，廣南經略安撫司言：『潮州地大震，拆裂泉湧，壓覆兩縣寺觀、居民舍屋並本州樓閣、營房等，士民、軍兵、僧道死者甚衆。』詔以等給錢，死而無主者官爲瘞之。【略】

熙甯元年七月十四日，《通考》甲申。京師地震。十五日，《通考》乙酉。又震。二十一日，《通考》辛卯。又震。

二十四日，上批：『河北地震、水災，宜擇能吏，以易庸暗年老之人。』以尚書都官員外郎馬淵知沂州，虞部員外郎陸濟權知德州。是日，降德音。

二十七日，上批：『御史錢顗言河北地震，今尚未息，居民殆無生意，其欠稅當權倚閣。方民乏食之際，宜早施行。』翌日河北都轉運司又言：『自秋淫雨，繼以地震，諸河決溢，民皆走徙，恐無以輸夏稅，願賜蠲免。』於是下畫一蠲減租賦指揮。即日，又詔：『應河北州軍輸納未及七分，被災甚者並除之，餘聽倚閣。』【略】

熙寧二年二月二十七日，富弼言：『竊知累有入奏，陳請凡百災變，皆係時數，不由人事者。陛下明睿英哲，必不信納。又慮奸人能以甘詞致陛下或時而信，信則恤災救患、答謝天譴之意有時而怠，怠則虧損聖德，不爲宗社生民之福。若數路地震之異，河北特甚，人民流散，去如鳥獸，死于道路者爲不少，甚可痛也。堯、湯大聖人，其佐皆聖賢，上下同德，協心戮力，無一夫不獲，無一物失所，故其水旱可以歸之時數。然亦不聞有重役橫賦、勞民驚衆之事，亦不聞有流移餒死于道路之人。惟聞常有九年之蓄，民無菜色，而天下之奉堯、湯，亦如無水旱之事也。是雖遭水旱，而民不被其害，國不憂其危也。自秦漢以降則不然，凡有災變怪異，皆由時君世主不能用賢退不肖。災異既作，又不能恐懼修省，坐視赤子，不能相保，乃妄欲比堯、湯水旱，以災異歸於時數，是欺天欺民之甚也。夫地者至大、至厚、至靜，不可動搖之物也。古今固亦有震動之時，隨其所震大小遠近，必有災患應之。然未常聞數路皆震，且未有一日或十數震者也。震又不一日而止，有至今踰半年尚震而未止者也。是豈不爲大災變耶？此陛下正當究窮致震之由，推至誠，行至德，思所以厭塞其變，以謝天地之譴告焉。奸人謀身害國，若陛下萬一惑其所說，以災變歸於時數，而聖懷坦然，不以災變爲懼，羣有所司之不職者不加擇，政事之不平者不加治，萬民窮困失所者不加恤，則陰陽之氣何由而和，天地之變何由而息也？惟陛下深賜裁察。』

《清史稿》卷四〇《災異志一》 順治元年八月，東陽大水，邢台大水。二年四月，萬載大水，淹沒田禾；東安大水。七月，嵊縣大水，邢台大水，棗強大水，真定滹沱河溢，雞澤大水，單陽大水。三年二月，阜陽大水，亳州大水。五月，兗州大水，漂沒廬舍，沂州、蒙滇大水。七月，高平大水，臨淄大水。四年四月，萬載大水。六月，平樂、蕭縣、銅山、望江、無爲、阜陽、亳州大水。七月，瑞安、曲阜、沂水、樂安、汶上、昌樂、安丘大水。八月，高州、高郵大水，寧陽汶水溢。五年春，五河、平原、汶上大水。五月，平樂、永安、密雲、獻縣、新河、柏鄉、霸州大水；白河堤決。六月，武強、平鄉、南和、永年、棗強、密雲、晉州、宿松大水；建德蛟起大水。七月，潁上、亳州、太平、常山大水。六年四月，九江、漢陽、鍾祥大水。五月十八日，阜陽淮河漲，平地水深丈許，壞民舍無算。七月，鹽城、文安、真定、順德、廣平、大名、河間大水。七年正月，漢陽九真山蛟發水。五月，齊河河決，長清河決，荊隆口平地水深丈餘，村落漂沒殆盡，黃河決；剡城、日照大水。六月，蒼梧、遂昌、台州、湖州、興安、安康大水。秋，東阿大水，淹沒六十七村；東明、荊隆口決，河溢，陸地行舟；茌平、昌邑濰水決，漂沒田禾；石城、膠州、恩縣、堂邑、武定府屬大水。十月，仙居大水，城北隅塌，壞田廬無數，民多溺死；撫寧、欒城大水。八年正月，石埭、蘇州大水；景州河決。四月初七日，潛山蛟出千百條，江暴漲，壞民居無算；望江大雷雨。五月，旌德大雨，蛟發水，平地水深丈餘，溺死人畜無算。八月，烏程、瑞安、高淳、鎮洋大水傷禾。十月，廣宗、南樂、玉田、邢台、寧河、南和大水。九年二月，東流大潦，湖水出，江湧高丈餘。三月，齊東黃河決。五月，臨清、平定、樂平、壽陽、武定、商河、樂陵大水，村落多淹沒。六月，樂平、岳陽、平陽、滎河、壽光、昌樂、安丘、高苑大水。七月，蒙陰、秦州、隴西、烏程、鍾祥、開平大水害禾稼。八月，普寧、桐鄉大水。

十年四月，石首、枝江大水；松滋堤潰。五月，沁水、壽陽、興安大水；欽州海水溢。六月乙卯，蘇州大風雨，海溢，平地水深丈餘，人多溺死；安定、白河雷雨暴至，水高數丈，漂沒居民；陽穀大水，田禾淹沒，民舍多圮；陸地行舟；文登大雨三日，海嘯，河水逆行，漂沒廬舍，衝壓田地二百五十餘頃。七月，鎮洋、蕭縣、嘉興大水。八月，莘縣、臨清大水。十一年三月，武昌縣雷山寺蛟起，水平地深丈許；沔陽堤潰大水。五月，興寧、龍川大水。六月，茌平黃河決，村墟漂沒。十二年正月，鹽城海溢，人民溺死無算。四月，石埭、嘉興、鍾祥、潛江大水。六月，漳水溢，平地水深丈許，陸地行舟。十三年五月，武強、湖州大水，興寧大水，陸地行舟。六月，萬載、萍鄉、寧都大水。十月，平湖、烏程、天台大水。十四年六月，太平、石埭、銅陵大水。秋，望都、高要、安丘大水。十五年三月，台州、臨海大水。夏，歸州、峽江、宜昌、松滋、武昌、黃州、漢陽、安陸、公安、嵊縣大水；宜城漢水溢，浮沒民田；當陽水決城堤，浮沒田廬人畜無算；荊門州大水，漂沒禾稼房舍甚多。秋，蘇州、五河、石埭、舒城、婺源大水，城市行舟；鍾祥大水；天門漢堤決；潛江大水。十六年四月，湖州、信宜大水。五月，衢州、江山、常山、江陵大水。六月，江夏、漢川、沔陽大水。十一月，仙居、通州、延川大水。十二月，望都、獻縣大水。十八年五月，龍川、峽江、萬載大水。六月，河源、平樂、蒼梧、武強大水。八月，淳安、慶元、南昌各府大水。

康熙元年五月，廣州大水。六月，洵陽、白河、興安、榆林大水。七月，孝感、沔陽、廣陵、江陵、松滋、鉅鹿、興化、蕭縣、沛縣、寧州大水。八月，天門漢水溢，堤決，舟行城上，成安、鍾祥、潛江大水。九月，冀州、阜城大水。二年六月，漢中、漢江、交河大水。七月，永安州、平樂、貴州、咸寧、大冶、蘄州、江陵大水。八月，松滋堤決，大水浸公安，民溺無算；枝江大水，漂沒民居，浮屍旬日不絕；宜都、黃岡、鍾祥、麻城、鉅鹿大水。九月，浦江、當塗、望江大水。十二月，蒲圻、大冶、沔陽、天門大水；江陵郝穴堤潰，大水。三年三月，阜城、萬載大水。六月，偏關河水暴發，壞民舍甚多，城內水深丈餘；海寧海決，水入城壕，天門、大埔大水。閏六月，延安、昌黎大水。七月，交河、梧州大水。八月，餘姚、山陰大水害稼，仙居、桐鄉大水。十二月，汾州府屬大水。四年三月，阜陽、望都大水，鳳陽水入城。七月，平定嘉水溢，景州、肥鄉、湖州、麗水、萍鄉、望都、雞澤大水，天門水決入城。八月，高邑、仁化、平樂、梧州大水。六年八月，懷來、河間、蠡縣大水，萊陽大水高數丈。七年五月，麻城、玉田、大埔大水。六月，欒城、南宮、藁城、磁州大水。七月，趙州、臨城、高邑、深澤、安平、永年、蠡縣、鉅鹿、黃巖、樂清、萍鄉大水。八月，交河、高平、蒼梧大水。八年六月，三水、茂名、化州大水；房縣大水，壞田廬；東莞潦潮大溢。九年，鍾祥、應城、蒲圻、崇陽、枝江、鳳陽大水，湖州太湖水陡漲丈餘，漂沒人畜廬舍無算；青浦、全椒、五河、鄞縣、上虞大水；博野等二十九州縣大水。

十年秋七月，松滋、宜都大水。八月，文安、安肅、濟寧州大水，沭陽、石首大水。十一年，巴縣、忠州大水入城，酆都、遂寧、平樂、永安州、任縣大水。六月，湖州、宜興大水，漂沒民房，英德、杭州、邢台大水，宜都、潛江、松滋、太平、烏程大水。十二年六月，高要、蒼梧、虹縣、濟南府屬大水。十三年三月，蘇州大水，霸州等十一州縣水。五月，任縣、萬載大水；瓊州海水溢，民舍漂沒入海，人畜死者無算。十四年六月，五河、新城、蠡縣、肅寧大水。

八月，梧州大水。十五年正月，潛江、穀城大水；宜城漢水溢，漂沒人畜禾稼房舍甚多。五月，白河、永安州、平樂、武昌、大冶、蒲圻、黃陂、孝感、沔陽、廣濟、宜城、天門、梧州大水。六月，黃岡、江陵、監利、蘇州、青浦大水；廣濟江決，大水；懷集、震澤、蕭縣大水。九月，銅山、南樂大水。十六年二月，高郵、銅山、蕭縣大水。四月，潛江、望江大水。七月，河間、安丘、任縣、雞澤、欽州、蒼梧、橫州、潯州大水。十七年四月，龍川、和平、湖州大水。六月，欽州、惠來、遂州、合江大水。七月，任縣、邢台、蕭縣、銅山、延安、平樂大水。十八年七月，祁州、肅寧大水。八月，漢中大水，潛江堤決。十九年六月，廣濟、宜都、宜昌、宜興、武進、福山、沂水、蒙陰、滕縣大水。七月，峽江、宜昌、宜都大水。八月，太湖溢，湖州大水。

二十年四月，常山、封川大水。五月，昌化、湯溪、江陵、監利大水，死者無算；新建等十四州縣水。二十一年春，秀水大水。五月，封川、枝江、建德大水入城。十七日，嚴州府屬六邑大水，二十一日方退。六月初五，水復大至。七月，平樂、蒼梧、建德、震澤、太湖、宿松、鄒平大水。二十二年七月，永安州、蒼梧大水。十月，藁城、單縣、寧州大水。二十三年正月，銅陵、東昌大水。四月，寧州、莘縣、樂安、藁城大水。二十四年正月，饒陽、臨城、遷安、獻縣、河間、樂亭、東平大水。夏，江夏、通城、黃岡、蘄水、麻城、黃陂、黃梅、廣濟、羅田、鍾祥、沔陽、荊州、江陵、監利、孝感、蒲圻、公安、高苑、安平、武強大水。二十五年六月，常山、樂安、壽光、昌樂、蓬萊大水。七月，台州、薊州大水。二十六年，高明、連州大水。秋，震澤、高苑大水。二十七年五月，澄海、澤州、定遠廳大水。二十八年夏，永安州、平樂大水；河源大水，陸地行舟。二十九年八月，餘姚大水，蛟蜃出者以千計，平地水深丈餘；諸暨、上虞皆被水，田禾盡淹；薊州、寶坻大水。

三十年，永寧河決，淹沒田二百餘頃。三十一年二月，新城、新安、鄒平大水。七月，嘉定、眉州、緜州、灌縣、新津、威遠河水漲，損民舍，傷稼。九月十二日，新市河中水忽湧立高丈餘，徑圍俱有丈餘。三十二年七月，陽高、高郵、保定、順天、武定、河間大水。三十三年十二月，銅山溢，陽湖、高郵、東明大水。三十四年五月，湖州、桐鄉、澄海、公安、三水、樂安、震澤大水。三十五年六月，新安、即墨、藁城大水。七月，江夏江水決；崇陽溪、黃陂、蒲圻、江陵大水；黃潭堤決；枝江大水入城，五日方退，廬舍漂沒殆盡。八月，黃岡、饒陽、秦州、歙縣、沛縣、遷安大水。九月，深澤、榮成大水。三十六年七月，崑山、臨榆大水。三十七年五月，婺源、堂邑、鳳陽、東昌、五河、新安、建昌大水。三十八年六月，新城、泰順、建德、新安、無極大水。閏七月，杭州大水。八月，台州大水，平地高丈餘；金華、湯溪、西安、江山、常山、贛縣、沔陽大水。三十九年七月，剡城、沂州、高郵大水。

四十年，平樂、鶴慶、廣平、連州、廣州大水。六月，大埔、黃岡、海陽大水。四十一年五月，英山、澄海、寧縣大水。四十二年五月，高唐、南樂、寧津、東阿、江陵、監利、湖州大水；平樂灘江漲，平地水深丈餘，民舍傾圮；青城、陽穀、沂州、平遙、南樂、廣平大水；恩縣大水，陸地行舟；衛河決。七月，登州府屬大水。十一月，漢中府屬七州縣大水，濟南府屬大水。四十三年二月，景州、漢江、天門、沔陽、監利大水。五月，連州、山陽大水，平地深丈餘；蒼梧、湖州、漢陽、漢川、監利、邢台大水。四十四年，新建、豐城、廬陵、吉水大水。秋，青浦、柏鄉、六合大水。十一月，隨州涓水溢，壞民居；江夏、嘉興、漢川、潛江、天門、沔陽、監利、當陽大水。四十五年，清江、新淦、瑞金、穀城、鍾祥、天門大水。秋，沛縣、銅陵、阜陽大水。四十六年五月，鶴慶、龍門、河源、蒼梧、鄒平大水。冬，霸州六州縣大水。四十七年五月，杭州、高淳、南匯、太平、銅陵、無爲、廬江、巢縣、太湖、南陵、崑山大水。六月，太湖水溢。七月，西安、常山、江陵、上海、武進、丹陽、蘇州大水。冬，當塗、蕪湖、翼山大水。四十八年春，潁川、阜陽、臨安大水。五月，慶元、江陵、監利、應城、荊門州、漢陽、漢川、孝感、潛江、光化大水。六月，婺源大水，漂沒田廬；黃河溢；灤河溢；東安、單縣、台州大水。四十九年八月，銅陵、無爲、舒城、巢縣、嵊縣大水。十一月，棗強、霸州、慶雲、崇陽大水。

五十年五月，沂水大水。十月，平陽大水，漂沒居民數百人。五十二年五月，海陽、興安、鶴慶大水，石城河決，浸入城，田舍漂沒殆盡；贛州山水陡發，衝圮城垣。八月，台州、廬州大水。五十三年五月，石城、肅□大水。五十四年春，梧州、鎮安府、崑山大水，江夏七州縣大水。四月，全州大水，城內深四五尺。五月，澄海大水，堤決；丘縣、壽光、獲鹿、獻縣、武定、濱州、海豐、陽信大水；長山河溢，湧起數丈。六月，蘇州大水，城水深五六尺，廬舍田地衝沒殆盡；杭州、枝江大水。秋，東昌河決。十一月，德平大水。五十五年三月，黃梅、廣濟、江陵、監利大水。五月，昌化、常山、寧武、建昌、丘縣、樂安大水；漳水決，寧陽、濟寧、汶上均受其災；崇陽、黃陵、天門、銅陵、太湖大水。九月，濟南府屬大水；潛山江水泛溢，田廬盡淹。五十七年三月，萬全、光化大水。五月，大埔大水。六月，旌德大水，漂沒人民橋梁無算；海豐、普寧、嘉應州、黃定縣、崇陽大水。秋，黃陂大水。五十八年正月，清河大水。七月，福山、日照、濰縣大水；膠州大水，平地深丈餘，漂沒廬舍無算，城垣崩圮。五十九年五月，龍川、海陽、澄海、慶元、桐鄉、高郵大水。六月，石首大水，漂沒民居殆盡；蒲圻、漢陽、漢川、沔陽大水。七月，橫州、宣化、隆安、永淳、蒼梧大水。六十一年六月，東阿河決；沂水河決，山東曹、單、濮等州縣均受其災；海州海溢；齊河金龍口河決。

雍正元年夏，東流、房縣大水；海陽韓江漲，保康水溢。七月，上海、大埔大水。二年二月，饒陽、肅宣、新樂、三河、寧河大水。四月，饒平大水。五月，澄海大水，堤決四十餘丈；光化漢水溢，傷人畜禾稼；房縣大水入城，漂沒民居甚多；穀城大水，一月始退；潛江、天門大水入城；鍾祥大水，堤決；沔陽、江陵、慶元大水。六月，東阿河決，陸地行舟。七月，泰州海水泛溢，漂沒官民田八百餘頃；南匯大風雨，海潮溢，田廬鹽場人畜盡沒；海寧海潮溢，塘堤盡決；餘姚海溢，漂沒廬舍，溺死二千餘人；海鹽海水溢；太湖溢；定海大風海溢，漂沒廬舍；鎮海大風雨，海水溢；鄞縣、慈谿、奉化、象山、上虞、仁和、海寧、平湖、山陰、會稽、嵊縣、永嘉，於七月十八日同時大水。八月己丑，蘇州海溢；樂清大水；即墨大水，民舍多圮。十二月，漢水暴發入城。三年正月，寶坻大水。二月，濟南、齊河、濟陽、德州大水。四月，廣州西江水溢。五月，饒平大水。六月，沂州河决；武強滹沱河溢，平地水深數尺，田禾盡淹沒；普宣大水；澄海大水，堤決五百丈。八月十五夜，大埔大水，陸地行舟；曲陽、武強、雞澤、邢台、棗強、薊州、清苑、遵化州大水；新安大水，南北堤同日決。四年，濟南府屬大水。六月，大埔、應城、黄梅、黄岡、江陵、監利大水；蘄州江水高起丈餘；天門大水，陸地行舟。七月，嘉應、信宜、慶陽、漢陽、漢川、黄陂、江夏、武強、祁州、唐州、黄安、平鄉、饒平、蒼梧、普宣、濟寧州、兖州、東昌大水；崇陽蛟起，水浸入城。八月，桐鄉、南昌、新建、豐城、進賢、清江、新淦、建昌、德化、高淳、鶴慶大水。十二月，曹縣、單縣、菏澤、兖州、東昌大水。五年，漢水溢，武昌、安陸、荊州三府堤決。五月，蒼梧、安南、荊門州、黄岡、蘄州、廣濟大水。六月，平魯山水暴發，漂沒民居；慶陽、蒼梧、石城大水。七月，臨安、孝豐兩縣蛟出，山水陡發，餘杭、新城、安吉、德清、武康俱被水；蘄州江水漲；羅田、石首、公安、廣濟、嵊縣、安肅、容城大水；霍山蛟發水，黄河高數丈，沿河居民漂沒甚衆。十月初三日，昌邑海溢，人多溺死；高郵、銅陵、廬江、舒城大水。六年，崇陽、漢陽、潛江大水。七年五月，大庾、南康大水。八年五月，蘇州、震澤大水。八年六月，武定、濱州、海豐、利津、霑化、滕縣、寧陽、兖州大水；濟南小清河決，傷禾稼；萊州霪雨兩月，河水暴發，田禾漂沒，民多溺死；衡水、沙河、雞澤、大名、順德、廣平、永年、高苑、博興、樂安大水；慶雲北河溢，清潤、黄河、無定河溢，漂沒人畜。九年春，樂安、壽光、東昌、長寧、慶雲大水。四月，宜昌溪水暴溢，壞民田。六月，碭山、長山大水。十月，濟南、鄒平大水。十年四月，富川大水。五月，峩眉大水，沖塌房七十九間，淹斃人口九十五口；滎經、雅安、南安、南昌、撫州、瑞州、吉安大水。六月，黄岡大水。七月，蘇州大風雨，海溢，平地水深丈餘，漂沒田廬人畜無算；鎮洋颶風，海潮大溢，傷人無算；崑山海水溢；寶山颶風雨晝夜，海潮溢，高丈餘，人多溺斃；嘉定海溢；崇明海溢，溺人無算；青浦大風海溢。八月，崑山海水復溢，溺人無算。十一年，武強、邢台、饒陽、豐潤、薊州、肅寧、沙河、盧龍、昌黎、獻縣大水；三河、寧河溢；沙州山水驟發，沖塌民房五百七十餘間。八月，剡城、高淳大水。十二年三月，懷安大水入城。

乾隆元年，鍾祥漢水溢；漢川、江陵、沔陽、天門大水。七月，鄞縣海水溢，慶元大水。二年二月，樂清、永嘉、瑞安大水。五月，鳳台、黄岡大水。七月，武強、饒陽、獲鹿、欒城、平山、景州、容城、獻縣、新樂、新河、高邑、順天、莘縣大水，東昌衛河決。三年七月，黄岡、麻城、柏鄉、肅寧、滄州、武強、東安、新安、饒平、獻縣、遂寧、合江、邢台大水；渾河溢，秋禾被災者一百九十村；深澤、無極、滋河水溢。四年四月，亳州河決，潁上、阜陽、五河大水。秋，陽穀、壽張大水，禾盡淹；潤德泉溢。六年四月，鍾祥、天門、沔陽大水。五月，龍川、潮陽、寧都大水。七月，永嘉海溢，瑞州海溢，寶山海溢，蒼梧、湖州大水。八月，鍾祥南郊大水。七年六月，光化、宜城、江陵、枝江、南安府屬、永寧大水；游水發，田廬盡沒。七月，鹽城河決，毀民居數萬間；銅山河決，漂沒廬舍；安丘水溢六七里，人有溺斃者；膠河溢；剡城、袁州、江夏、嘉魚、東流、漢陽、漢川、黄陂、孝感、鍾祥大水，潁上、五河、亳州大水。八年夏，黄岡、宜都、興國、高淳大水。九年，天津、河間、霸州、撫寧大水。五月，澄海大水；東林堤決六十餘丈，沖倒民房數百間；大埔洪水入城，漂沒民房一百九十餘間。六月，漢川、遂寧、簡州、崇慶、綿州、卭州、成都、華陽、金堂、新都、郫縣、崇寧、溫江、新繁、彭水、什邡、羅江、彭山、青神、樂山、仁壽、資陽、射洪大水，溺死居民六百餘人。七月，當陽江水暴發，田禾盡淹；紹興、徽縣岩水發，海溢，田禾盡淹；常山大水，溺人無算；淳安江濤暴漲，城市淹沒；桐廬江水驟漲，市城水高二丈，凡浸五日方退；昌化、建德、嘉善大水。

十年四月，西桂、普安州大水，潛江、沔陽等九州縣大水。五月，泰州海溢；亳縣水災；七沃、滄河大水，淹沒人畜無算；渭水溢；秦州藉水溢；白沙北堤決，水入城，民居漂沒甚多；隴石、棗陽、江陵大水。十一月，濟南大水。十一年，棗陽、潛江、沔陽、袁州、高苑大水。六月，連州、臨武大水。七月，鳳陽、潁上、亳州大水。十月，江陵、萬城隄潰，潛江被水災甚重。十一月，即墨大水。十二年五月，遊仙山水驟發。六月，應州、渾源、大同三州縣大水。七月，海寧潮溢；鎮海海潮大作，沖圮城垣；蘇州颶風海溢；常熟、昭文大水，淹沒田禾四千四百八十餘頃，壞廬舍二萬二千四百九十餘間，溺死男女五十餘人；崑山海溢，傷人無算；泰州大風潮溢，淹鹽城，傷人甚多；棗陽大水，淹沒田禾；濟陽、德平、平原、霑化、兖州、濟寧州、嘉祥、剡城、莒州、蒙陰、日照、蘭山大水；東口、赤城水災。十三年五月，日照海溢、金鄉、魚台、濟寧州、寧陽、范縣、壽光、膠州、岐山、潤德、肥城、潛江、漢川、天門、沔陽、江陵、監利大水，太原汾水溢。九月，鄖西、房縣大水。十四年三月，壽光海溢，海豐、全州、太湖大水。八月，宜都漢水漲，沖沒民居百餘家；沔陽、潛江、天門、江陵、監利、漢川大水。十五年三月，平遠大水，連日洪水漲發，壞田屋，漂沒人畜無算。五月，樂亭海潮，運河上，田禾盡淹；英山大水，淹沒田廬；肅寧、阜平、武進、阜陽大水；淳安水驟發，田禾淹沒。六月，日照水溢；隨州溳水溢，壞民田舍；富平、容城、祁州大水。十六年三月，濰縣海水溢；掖縣大風雨，海水溢，漂沒人畜。四月，平度海溢；兗州府屬大水。七月，東昌、日照、利津、霑化、惠民、蒲台、壽光、永樂大水，灤州河溢。十七年正月，鄖縣、鍾祥、京山等十六州縣大水。四月，洛川水。六月，雷州、文登、榮成、遵化、陵縣、臨邑大水。七月，仁和、海寧水驟至，田禾盡淹。八月，襄陽、棗陽、宜城、穀城、均州、龍川大水。冬，桐鄉南柵大水。十八年二月，峽江、潛江、沔陽、天門、吉安、蘄水大水。六月，饒平大水，漂沒民房五百六十餘間。八月，海豐、利津海溢，壽光海溢，濱州、霑化、蘭山、剡城、日照大水。九月，淮水溢，壞民舍；涑水漲，淹沒西王等村；太湖、鳳陽、五河大水；信宜大水，淹沒廬舍二百餘間，男婦五十餘口。十月，黃河溢，漂沒民舍甚多；慶雲大水。十二月，天門江溢。

二十年，金鄉、魚台、潛江、沔陽、荊門、江陵、監利、光化大水。十二月，潛江團湖垸堤潰，光化、壽州、鳳陽、潮州大水。二十一年十二月，五河、德州、金鄉、魚台、壽張大水，東昌衛河決。二十三年，青浦、金鄉、魚台、濟寧州大水，普寧大水入城。二十四年八月，泰州大風潮溢，淹沒禾稼；臨清衛河決；太湖、潛山大水。二十五年五月，慶元、洵陽、柏鄉大水。秋，屏山縣百溪水暴漲。二十六年五月，潛江、沔陽等七州縣大水。六月，南宮河水溢；雲夢河水漲，高湧丈餘，田宅盡淹，死者無算；峽江大水溢；江陵、婁縣、固安、永清、寧河、文安、望都、容城、盧龍大水；樂陵、金鄉、魚台、寧陽、汶上、壽張大水。八月，東昌衛河決。二十七年四月，慶雲、棗強、安肅、望都大水。七月，丘縣漳水溢，淹沒田禾；海鹽潮溢塘圮，水入城，漂沒民居；仁和、錢塘、海寧、餘杭大風雨，山水驟發，竈場、田禾盡淹；平湖、蒲台、義烏、青浦、東昌、德平、黃縣大水。二十八年五月，瑞安潮溢，陸地行舟；資陽大水。二十九年二月，南昌、吉安、九江、漢陽、漢川、武昌、江夏大水。四月，黃安、黃州、黃岡、蘄水、廣濟、石首大水；洞庭湖漲，漂沒民居無算。五月，宣平、達州大水。

三十年三月，長清、惠民、諸城大水。七月，府谷河漲；薊州大水；北山蛟水陡發，漂沒房舍。三十一年秋，東昌衛河決，濟南、禹城、惠民、商河、利津、金鄉、魚台大水。三十二年，江夏、武昌、黃陂、漢陽、荊門州、黃岡、蘄水、羅田、廣濟、江陵、枝江大水。三十三年七月，太原、武清、慶雲、寧河、南樂、安肅、望都大水。三十四年五月，蒼梧、懷集、新樂、溧水大水。六月，太湖溢，武進、潛山、湖州、嘉善大水。十月，江夏、武昌、崇陽、黃陂、漢陽、黃岡、廣濟、江陵、枝江大水。三十五年春，鄞縣、慶元大水。夏，古北口山水暴發，滄州、寶坻、武清、喀喇河屯廳、望都、洵陽、白河、武寧大水，鄖西漢水溢。秋，濟南、東昌大水。壽光大風雨，海溢，傷民畜無算。三十六年正月，鳳陽大水。五月，寧陽、安丘、壽光、博興大水。秋，五河、鄒平、商河、惠民、東昌、德平大水。

四十年春，直隸省四十州縣大水。八月，河津汾水溢，近城高數尺，次日退。四十一年六月，海子山水驟發，浪高丈許，壞城垣廬舍，人多溺死。秋，代州秋峪口河決，田廬多沒。四十四年六月，臨清衛河決；施南清江水溢；鍾祥漢水溢，入城，壞民廬舍；江陵大水，田禾盡淹；宜都、武昌大水。四十五年三月，慶元大水。五月，袁州、義烏大水入城，鍾祥、沔陽、潛江、荊州三衛大水。六月，常山大雨，湖水暴發，民房多圮；武清、房山、滕縣大水。九月，慶元、金華大水。四十六年十二月，宜城、江陵、壽光、博興大水。四十七年六月十七日，郪、涪二江漲，頃刻水高丈餘，民田廬舍淹沒殆盡。中江、三台、射洪、遂安、蓬溪、鹽亭同日大水，江夏、武昌、黃陂、漢陽、安陸、德安、瑞安大水。四十八年五月，宣平大水，漂沒田禾。六月，江夏、黃梅、武昌三衛、黃岡、廣濟大水。

五十一年春，霑化、崇陽大水。八月，江陵大水。五十三年五月，宜昌大水，沖去民舍數十間；常山、慶元、南昌、新建、進賢、九江、臨榆大水。六月，荊州萬城堤決，城內水深丈餘，官署民房多傾圮，水經兩日始退。漳河溢；枝江大水入城，深丈餘，漂沒民居；羅田大水，城垣傾圮，人多溺死；江夏、漢陽九衛、武昌、黃陂、襄陽、宜城、光化、應城、黃岡、蘄水、羅田、廣濟、黄梅、公安、石首、松滋、宜都大水。七月，江陵萬城堤潰，潛江被災甚重；漢陽大水。五十四年五月，瑞安、寧海、東湖大水。八月，安州、臨榆大水。五十五年七月，長清、濱州大水；運河決，水溢，禹城、平原等縣水深數尺。八月，灤州灤河溢；樂亭、武強、高唐大水。五十六年正月，湖州大水。十月，即墨沽河水溢。十一月，保康大水，田廬多沒。五十七年十一月，臨江、吉安、撫州、九江大水。五十八年春，青浦大水；貴定大水，壞民舍。四月，隨州、黄安、南昌大水。七月，海鹽潮溢，壞民舍。大名、元城大水。五十九年三月，衛河溢，武城大水，襄陽、光化、宜城、黄安、清苑、蠡縣、撫寧大水，滹沱河溢。六十年五月，漢水溢，麗水、分宜、玉山、潛江、沔陽、松滋大水，朱家阜堤決。

嘉慶二年六月，武進、東平、良鄉、天津、靜海、青縣、滄州大水。七月，樂亭、永清大水；寧都霪雨，水驟發，毀民居瓦房一萬八千九百三十間，草房一千二百四十五間，淹斃男婦四千三百九十二名。三年夏，武昌、文安大水。四年二月，蠡縣大水。七月，長清大水。五年，霸州、河間、任丘、隆平、晉寧、定州大水。六年春，禹城運河決，水至城下；長清、觀城、任丘、靜海、黄縣、平鄉大水；滹沱河溢，田禾盡沒；鎮西堤決。六月，武清、昌平、涿州、薊州、平谷、武強、玉田、定州、南樂、望都、萬全、大興、宛平、香河、密雲、大城、永清、東安、撫寧、南宮、金華大水，灤河溢，永定河溢。七月，義烏大雨，江水入城；新城、縉雲大水。七年四月，義烏大水，禾盡沒。五月，定海大水，田禾盡沒。七月，新城大水，漂沒民房一萬七千餘間；漢川、沔陽、鍾祥、京山、潛江、天門、江陵、公安、監利、松滋等州縣連日大雨，江水驟發，城内水深丈餘，公安尤甚，衙署民房城垣倉厫均有倒塌，而人畜無損。九月，鄖西大水，鍾祥大水，堤決。八年五月，隨州大水。冬，黄河溢，大水；東阿河決，壞民田廬舍；東昌河決；蒲台、利津、濱州、霑化、雲夢、范縣、觀城大水。九年三月，南昌、撫州、贛州、九江大水。十年六月，文安、安州、新城、霸州大水。十一年七月，溫州、寧波、鍾祥、珙縣大水。十三年三月，武進、望都、清苑、定州大水。五月，新城、慶元大水。七月，慶元復大水。九月，南宮、袁州、九江大水。十四年四月，望都、房縣大水。六月，南宮大水。十五年四月，新林、宜城大水。六月，濟南大水。七月，永定河溢，南宮、平度、廣元、鹽源大水。十月，宜城大水。十六年四月，保定、文安、大城、固安、永清、東安、宛平、涿州、良鄉、雄縣、安州、新安、任丘大水。秋，肥城、即墨、平度、寧海大水。十七年春，南昌、臨江大水。五月，竹溪大水入城。六月，麗水、房縣大水。二十年四月，歷城、長清大水。二十二年七月，宜城、穀城、嬰武大水。二十四年二月，黄縣大水，沖塌民房，人多溺死。四月，唐山、灤州大水。二十五年，宣化、寧晉、寧河、寶坻、文安、東安、涿州、高陽、安州、靜海、滄州、埠山、大名、南樂、長垣、保安、萬全、懷安、西寧、懷來、新河、豐潤大水。六月，麗水大水。

道光元年三月，寧津大水。五月，保康、隨州、博興、即墨大水。秋，濟南、惠民、商河、霑化、潛江、任康大水。二年正月，鍾祥大水，堤決；潛江大水。五月，光化漢水溢；竹山、鄖縣大水。六月，武城河決；武強河水溢；清苑、唐山、蠡縣、任丘、曲陽大水。七月，定遠廳、應城大水。八月，霑化徒駭河溢；東昌衛河決，壞民田；長清、日照、菏澤、觀城、鉅野大水。三年三月，石首、江陵大水；郝穴堤淤；平鄉、固安、武清、平谷、清苑、蠡縣、任丘、青縣、曲陽、玉田、霸州大水。六月，武城河決；江山、黄梅、鉅野、通州大水；東昌衛河決。七月，太湖溢；鮑家壩決，下河禾稼盡淹，蘇州、高淳大水。四年二月，大興、宛平等九州縣大水。七年五月，房縣汪家河水溢，壞田廬無算；西河水溢入城；蘄州大水，漂沒田廬人畜；江陵大水。六月，枝江大水入城；日照大水。八月，崇陽山水陡發，城中水深數尺；潛江大水堤潰。九年秋，霑化、長清大水。

十年五月，通山水陡發高數丈，淹沒田廬人畜無算；崇陽大水。六月，枝江大水入城，漂沒田廬；宜都、興山大水。十一年，貴築、黄安、黄岡、麻城、蘄水、公安、宜都大水；石首堤潰。六月，雲夢堤決，漂沒田廬無算；房縣、安陸大水。七月，日照、清苑、惠民、商河、霑化、高淳、武進大水。八月，鍾祥大水漫堤，黄陂、漢陽大水。十一月，陸河水大漲，房縣、黄州、應山、武昌、南昌、南康、瑞州、袁州、饒州、撫州、文安、清苑大水。十二年夏，松滋堤決；江夏、應山、麻城、鄖縣大水，民房多壞；玉田大水。七月，鍾祥大水，堤決；漢江暴漲，城圮二百四十餘丈，溺人無算；堵水溢，壞官署民房過半；襄陽、宜城大水。八月，均州漢水溢入城，深七尺，民房坍塌無算；應城水溢，青田大水。九月，觀城、鉅野大水，武城河決。十三年春，平鄉大水。四月，貴溪、江山、咸寧、江夏、黄陂大水；武昌大水至城下。五月，公安、宜都、歸州大水。六月，漢江溢；黄岡、蘄州、黄梅大水；大興、宛平、望都、撫寧、石首、公安、松滋大水。五月，麗水、孝義廳大水。六月，榆林大水，淹没田禾；縉雲大水。十五年五月，沔縣漢水溢，漂没田廬；鍾祥大水。七月，霑化、蒲台、邢台大水。十六年春，寧海海溢，淹没民田。七月，鍾祥大水堤潰。十八年六月，宜都水溢，南陽淹没民居甚多。七月，恩施清江水溢。十九年正月，惠民、霑化、濟寧州大水。三月，枝江大水入城，公安、松滋、鄖西大水。四月，鍾祥大水堤潰。六月，武昌、臨江大水；文昌、天門、公安、枝江、宜都、松滋大水。六月，汶水溢；臨邑、陵縣大水；玉田大水，相繼五年，被災甚重。秋，静海溢，禾稼盡没；霑化大水；沔縣漢水溢。

二十一年夏，武昌、黄陂、漢陽、松滋、黄州、鍾祥大水。二十二年五月，江陵大水入城，松滋大水。二十四年七月，嵊縣堤潰，溺死七十餘人；江陵大水，城圮；松滋、枝江大水入城；南昌、袁州、饒州、南康、惠民、霑化、蒲台大水。二十五年六月，東平大水。七月，青縣、縉雲、雲和、太平、公安大水，樂亭海溢。二十六年正月，灤河溢。五月，枝江大水入城；青浦大水，漂没數千家。六月，汶水漲，堤決；青縣大水。二十七年，鹽山等二十六州縣大水。二十八年，松滋、安陸、隨州大水；黄州大水至清源門；保康大水，田廬多損。六月，南昌、袁州、饒州、南康、陵縣大水；雲夢山水陡漲，堤盡潰；咸寧、江夏、黄陂、漢陽、高淳、武清大水；蒲圻水漲，高數丈。十二月，隨州、應山、黄岡、江陵、公安大水。二十九年四月，應山大水，居民漂没無算；黄岡大水入城；蘇州、嘉興大水；湖州大水，田禾盡淹。五月，興安、黄陂、漢陽大水，鑾水溢。六月，公安、羅田、麻城、蘄水、歸州、宜昌、蒲圻、咸寧、安陸大水，黄州大水入城，枝江大水入城。七月，三原河溢，漂没田舍，溺人甚多；日照大水；武昌大水，陸地行舟。十二月，桐鄉大水，田禾盡淹。三十年六月，黄河漲，漂没田廬無算；青田、東平大水。

咸豐元年正月東平，夏太平大水。秋，懷州大水。二年六月，平河、高陽大水。七月，鍾祥、穀城、襄陽、潛江、公安大水。三年三月，麗水大水。五月，孝義廳、嵊縣、太平大水。六月，左田、如德山水暴漲，平地深丈餘。七月，保定府屬大水；宜城漢水溢，堤潰，城垣圮一百五十丈；均州大水入城。四年五月，松陽大水；廣昌蛟出水，西南北三面城圮，淹斃男婦以萬計，官廳、民舍僅存十之一二。秋，保定府屬大水。五年七月，麗水、雲和大水；景寧山水暴發，田廬盡壞，黄陂、麻城、黄岡、蘄州、廣濟陂塘水溢。十二月，鍾祥水暴溢。六年五月，嵊縣、太平大水。七年夏，松滋、枝江大水。七月，縉雲、濱州大水。八年十二月，江陵、松滋、公安大水。十一年六月，鍾祥大水堤潰。七月，景寧大水。

同治元年五月，公安大水，日照大水。秋，臨江大水。二年春，湖州海水溢。六月，鍾祥大水；潛江高家拐堤決；保康大水，淹没田舍；公安大水。秋，鄖西大水。三年夏，公安大水。秋，鄖西大水。四年四月，公安大水。五年夏，公安、德安、崇陽、咸寧大水。九月，臨江、江夏大水。六年三月，羅田大水。五月，江陵、興山大水。八月，宜城漢水溢，入城深丈餘，三日始退；襄陽、穀城、定遠廳、沔縣、鍾祥、德安大水；潛江朱家灣堤潰。九月，臨邑大水，黄河溢。九年六月，滹沱河溢；宜城漢水溢；公安、枝江大水入城，漂没民舍殆盡；歸州江水暴溢；黄岡、黄州大水。秋，孝義廳、武昌、黄陂大水。十年夏，武清、平谷大水。秋，公安大水，泗河堤潰。十一年三月，公安、枝江大水。六月，滹沱河溢，漫入滋河；直隸諸郡大水；高淳、甘泉、臨朐大水。十二年六月，公安大水。秋，臨朐、高淳大水，灤河溢，青縣黑港河決。秋，潛江大水。十三年五月，公安大水。秋，甘泉、孝義廳大水；潛江大水深丈餘，宣平北門外洪水泛濫，水高丈許，沖塌民房八十餘間，男婦二十餘人。

光緒元年二月，青浦、魚台河決，境内淹没過半；潛江大水。二年五月，南昌、臨江、吉安、撫州、饒州、南康、九江、潛江大水。六月，青田、宣平大水。八月，邢台白馬河溢。三年五月，宣平大水。四年夏，常山大水入城，南昌、臨江、吉安、撫州、南康、九江、饒平、廣信、武昌大水。五年五月，玉田、薊運河決；階州大水；文縣大水，城垣傾圮，淹没一萬八百三十餘人。六月，文縣南河、階州西河先後水漲，淹没人畜無算。八年三月，武昌、德安大水；常山大水，田禾盡淹，秋復大水。九年正月，玉田、孝義廳、皋蘭、順天大水。十一年五月，黄河溢，惠民徒駭河溢，霑化大水。十三年秋，灤州、洮州大水。十八年六月，南樂衛河決，洮州大水。二十年七月，太平、松門溢，堤盡潰；南樂衛河決。

宣統元年六月，蘭州黄河漲，泰安大水。

又 順治十一年二月初九日，香山河水如血，次日復故；崖州東荔枝塘水赤如血，旬日乃已。十二年，萬泉井水黑。十三年，江州泉水忽赤如血。十四年三月，畢節雙井出紅水，龍潭出黑水。十五年四月，潮陽江水變色黑而濁。十八年八月，通州河水黑如墨。

康熙十五年九月，渭水赤。三十二年，襄陵水赤，半月始復。

雍正二年七月，桐鄉海水入內河，味如滷。

乾隆三十三年六月，歙縣西鄉池塘、井泉之水沸起如立，移時乃平。

道光元年六月，曹縣城中坑水赤。

咸豐三年七月，應城堰水無故由南趨北，湧起如山，南北水二道中凹見底，移時始合；安陸水鬭。四年十一月，蘄水水湧，躍高數尺；青浦水無故自湧。五年六月，雲夢池水自溢，高尺許，頃復故。十一月初五，宜昌堰水，無風水自湧起尺許。

光緒四年五月十二日，孝感塘水忽沸起，高二尺許，逾時始定；黃岡水自湧；雲夢塘自溢，久之始定。

宣統元年六月，隴水赤三日。

又［乾隆］五十五年五月，定海舟山龍起，漂沒田廬，淹斃人口。

又［嘉慶］九年，曲陽濟瀆河水暴發，見龍車數乘涉水而沒，水退。十四年五月，有龍戲于瑞州城隍廟江均河，水立丈餘。二十年六月，黃岡柳子巷蛟起，傷一百四十餘人，衝沒田宅無算。

又［道光］六年六月初五日，宜都蛟起，壞民居，溺人無算。七年五月初十日，房縣汪家河水溢，蛟起，壞民田無算。

又［道光］七月十二日，永嘉起蛟，裂山而出，漂沒田廬，淹斃人畜無算。

又 卷一二九《河渠志四·直省水利》 清代軫恤民艱，亟修水政，黃、淮、運、永定諸河、海塘而外，舉凡直省水利，亦皆經營不遺餘力，其事可備列焉。

順治四年，給事中梁維請開荒田、興水利，章下所司。十一年，詔曰：『東南財賦之地，素稱沃壤。近年水旱爲災，民生重困，皆因水利失修，致誤農工。該督撫責成地方官悉心講求，疏通水道，修築隄防，以時蓄洩，俾水旱無虞，民安樂利。』

康熙元年，重修夾江龍興堰，又鑿大渠以廣灌溉。二年，修和州銅成堰，龍首、通濟二渠。交城磁瓦河漲，水侵城，築隄障之。三年，修嘉定楠木堰。九年，修郿縣金渠、寧曲水利。十二年，重修城固五門堰。十九年，濬常熟白茆港、武進孟瀆河。二十三年，修五河南湖隄壩。二十七年，修徽州魚梁壩。三十七年，命河督王新命修畿輔水利。

三十八年，聖祖南巡，至東光，命直隸巡撫李光地察勘漳河、滹沱河故道。覆疏言：『大名、廣平、真定、河間所屬，凡兩河經行之處，宜開濬疏通，由館陶入運。老漳河與單家橋支流合，至鮑家嘴歸運，可分子牙河之勢。』三十九年，帝巡視子牙河隄，命於閻、留二莊間建石閘，隨時啟閉。御史劉珩言，永平、真定近河地，應令引水入田耕種。諭曰：『水田之利，不可太驟。若剋期齊舉，必致難行。惟於興作之後，百姓知其有益，自然鼓勵效法，事必有成。』四十年，李光地言：『漳河分四支，三支歸運皆弱，一支歸淀獨強。遇水大時，當用挑水壩等法，使水分流，北不至挾滹沱以浸田，南不至合衛河以害運。』如所請行。

四十三年，挑楊村舊引河。先是子牙河廣福樓開引河時，文安、大城民謂有益，青縣民謂不便，各集河干互控。至是河成，三縣民皆稱便。天津總兵官藍理請於豐潤、寶坻、天津開墾水田，下部議。旋諭曰：『昔李光地有此請，朕以爲不可輕舉者，蓋北方水土之性迥異南方。當時水大，以爲可種水田，不知驟漲之水，其涸甚易。觀琉璃河、莽牛河、易河之水，入夏皆涸可知。』次年部臣仍以開墾爲請，諭以此事暫宜存置，可令藍理於天津試開水田，俟冬後踏勘。

四十八年，濬鄭州賈魯河故道，自東趙訖黃河涯口新莊。於東趙建閘一，黃河涯口築草壩石閘各一。甘肅巡撫舒圖言：『唐渠口高於身，水勢不暢，應引黃河之水匯入宋澄堡。如水不足用，更於上游近黃處開河引水，酌建閘壩，以資蓄洩。』從之。江蘇巡撫于凖言：『丹陽練湖，冬春洩水濟運，夏秋分灌民田。自奸民圖利，將下湖之地佃種升科，民田悉成荒瘠。請復令蓄水爲湖，得資灌溉。』從之。五十七年，以沛縣連年被水，命河督趙世顯察勘。世顯言：『金鄉、魚臺之水，由沛之昭陽湖歷微山湖，從荊山口出貓兒窩入運。近因荊山口十字河淤墊，致低田被淹。應將沙淤濬通，再於十字河上築草壩。若遇運河水淺，即令堵塞，俾水全歸微山湖，出湖口閘以濟運，則民田漕運兩有裨益。』從之。

世宗時，於畿輔水利尤多區畫。雍正三年，直隸大水，命怡親王允祥、大學士朱軾相度修治。因疏請濬治衛河、淀池、子牙、永定諸河，更於京東之灤、薊，京南之文、霸，設營田專官，經畫疆理。召募老農，謀導耕種。四年，定營田四局，設水利營田府，命怡親王總理其事，置觀察使一。自五年分局至七年，營成水田六千頃有奇。後因水力贏縮靡常，半就湮廢。是年命侍郎通智、單疇書，會同川督岳鍾琪，開惠農渠於查漢托護，以益屯守，復建昌潤渠於惠農渠東北。六年，浚文水近汾河渠，引灌民田，開嵩明州楊林海以洩水成田。

八年，帝以寧夏水利在大清、漢、唐三渠，日久頹壞，命通智同光祿卿史在甲勘修。是年修廣西興安靈渠，以利農田，通行舟。濬陳、許二州溝洫。

十年，雲貴總督鄂爾泰言：『滇省水利全在昆明海口，現經修濬，膏腴田地漸次涸出。惟盤龍江、金棱、銀棱、寶象等河俱與海口近，亟宜建築壩臺。』又言：『楊林海水勢暢流，周圍草塘均可招民開墾。宜良江頭村舊河地形稍高，宜另開河道以資灌溉。尋甸河整石難鑿，宜另濬沙河，俾得暢流。東川城北漫海，水消田出，亦可招墾。』均從之。十二年，營田觀察使陳時夏言：『文安、大城界內修橫隄千五百餘丈，營田四十八頃俱獲豐收。但恐水涸即成旱田，請於大隄東南開建石閘，北岸多設涵洞，以資宣洩。』從之。

乾隆元年，大學士嵇曾筠請疏濬杭、湖水利。兩廣總督鄂彌達言：『廣、肇二屬沿江一帶基圍，關繫民田廬舍，常致衝坍，請於險要處改土爲石，陸續興建。』下部議行。江南大雨水，淮陽被淹，命濬宿遷、桃源、清河、安東及高郵、寶應各水道。二年，命總督尹繼善籌畫雲南水利，無論通粵通川及本省河海，凡有關民食者，及時興修。陝西巡撫崔紀陳鑿井灌田以佐水利之議。諭令詳籌，勿擾閭閻。

三年，大學士管川陝總督事查郎阿言：『瓜州地多水少，民田資以灌溉者，惟疏勒河之水，河流微細。查靖逆衛北有川北、羣昌兩湖，西流合一，名蘑菇溝。其西有三道柳條溝，北流歸擺帶湖。請從中腰建閘，下濬一渠，截兩溝之水盡入渠中，爲回民灌田之利。』貴州總督張廣泗請開鑿黔省河道，自都勻經舊施秉通清水江至湖南黔陽，直達常德，又由獨山三脚坉達古州，抵廣西懷遠，直達廣東，興天地自然之利。均下部議行。四年，安徽布政使晏斯盛言，江北鳳、潁以睢水爲經，廬州以巢湖爲緯，他如六安舊有堤堰，滁、泗亦多溪壑，概應動帑及時修濬，從之。川陝總督鄂彌達等言：『寧夏新渠、寶豐，前因地震水湧，二縣治俱沉沒。請裁其可耕之田，將漢渠尾展長以資灌溉。惟查漢渠百九十餘里，渠尾餘水無多，若將惠農廢渠口修整引水，使漢渠尾接長，可灌新、寶良田數千頃。』上嘉勉之。

五年，河督顧琮言：『前經總河白鍾山奏稱「漳河復歸故道，則衛河不致泛溢，爲一勞永逸之計」。臣等確勘，自和兒寨東起，至青縣鮑家嘴入運之處止，計程六百餘里，河身淤淺，兩岸居民稠密。若益以全漳之水，勢難容納，則改由故道，於直隸不能無患，然不由故道，又於山東不能無患。惟有分洩防禦，使兩省均無所害，庶爲經久之圖。』總辦江南水利大理卿汪漋言：『鹽城東塘河及阜寧、山陽各河道，高郵、寶應下游，及串場河、溱潼河，俱淤淺，應挑濬。其串場河之范堤，及拼茶角二場隄工，俱逼海濱，應加寬厚。揚州各閘壩應疏築，限三年告成。』均如所請行。安徽巡撫陳大受言：『江北水利關繫田功。原任藩司晏斯盛奏定興修，估銀四十餘萬。竊思水利固爲旱澇有備，而緩急輕重，必須熟籌。各州縣所報，如河圩湖澤，及大溝長渠，工程浩繁，民力不能獨舉，自應官爲經理。其餘零星塘堨，現有管業之人，原皆自行疏濬，朝廷豈能以有限錢糧，爲小民代謀畚鍤？』上韙之。河南巡撫雅爾圖言：『豫省水利工程，惟上蔡估建隄壩，係防蔡河異漲之水。其餘汝河、湍河隄堰，應令地主自行修補。至開濬汝河、潁河等工，請停罷以節糜費。』報聞。

六年春，雅爾圖言：『永城地窪積潦，城南舊有渠身長三萬一千餘丈，通澮河，年久淤淺。現乘農隙，勸諭紳民挑濬，俾水有歸。』又言：『前奉諭旨，開濬省城乾涯河，復於中牟創開新河一，分賈魯河水勢，由沙河會乾涯河，以達江南之渦河而匯於淮，長六萬五千餘丈，今已竣工。』賜名惠濟。

九年，御史柴潮生言：『北方地勢平衍，原有河渠淀泊水道可尋。如聽其自盈自涸，則有水無利而獨受其害。請遣大臣齎帑興修。』命吏部尚書劉於義往保定，會同總督高斌，督率辦理。尋請將宛平、良鄉、涿州、新城、雄縣、大城舊有淀渠，與擬開河道，並隄埝涵洞橋閘，次第興工。下廷議，如所請行。先是御史張漢疏陳湖廣水利，命總督鄂彌達查勘。至是疏言：『治水之法，有不可與水爭地者，有不能棄地就水者。三楚之水，百派千條，其江邊湖岸未開之隙地，須嚴禁私築小垸，俾水有所匯，以緩其流，所謂不可爭者也。其倚江傍湖已闢之沃壤，須加謹防護隄塍，俾民有所依以資其生，所謂不能棄者也。其各屬迎溜頂衝處，長隄連接，責令每歲增高培厚，寓疏濬於壅築之中。』報聞。

十一年，大學士署河督劉於義等疏陳慶雲、鹽山續勘疏濬事宜，下部議行。青州瀰河水漲，衝開百餘丈決口，旋堵。博興、樂安積水，挑引河導入溜河。十二年夏，宿遷、桃源、清河、安東之六塘河，及沭陽、海州之沭河，山水漲發，地方被淹，命大學士高斌、總督尹繼善，會同河臣周學健往勘。議於險處加寬挑直，建石橋，開引河，官民協力防護，從之。十三年，湖北巡撫彭樹葵言：『荊襄一帶，江湖袤延千餘里，一遇異漲，必借餘地容納。宋孟珙知江陵時，曾修三海八櫃以瀦水。無如水濁易淤，小民趨利者，因於岸脚湖心，多方截流以成淤，隨借水糧魚課，四圍築隄以成垸，人與水爭地爲利，以致水與人爭地爲殃。惟有杜其將來，將現垸若干，著爲定數，此外不許私自增加。』報聞。十四年，雲南巡撫圖爾炳阿以疏鑿金沙江底績，纂進金沙江志。

十七年，江蘇巡撫莊有恭言：『蘇州之福山塘河，太倉之劉河，乃常熟等八州縣水利攸關，歲久不修，旱澇無備。請於附河兩岸需及水利各區，按畝酌捐，興工修建。』得旨嘉奬。十八年，陝甘總督黃廷桂言：『巴里坤之尖山子至奎素，百餘里內地畝皆取用南山之水，自山口以外，多滲入沙磧，必用木槽接引，方可暢流。請於甘、涼、肅三處撥種地官兵千名，前往疏濬。』如所請行。以江南、山東、河南積年被水，而山東之水匯於淮、徐，河南之水達於鳳、潁，須會三省全局以治之，命侍郎裘曰修、夢麟往來察閱，會江蘇、安徽、河南各巡撫計議。尋曰修言：『包、澮二河在宿、永連界處，爲洩水通商之要道。入安徽境內有石橋六，應加寬展。洪河、睢河與虹縣之柏家河、下江之林子河、羅家河，應補修子堰。鳳臺之裔溝、黑濠、涇泥三河應挑深，使暢達入淮。』夢麟言：『碭山、蕭縣、宿遷、桃源、山陽、阜寧、沭陽共有支河二十餘，應分晰疏濬。』均從之。

二十三年，豫省開濬河道工竣，允紳民請，於永城建萬歲亭，並御製文誌之。山東巡撫阿爾泰言：『濟寧、汶上、嘉祥毗連蜀山湖，地畝湮沒約千餘頃，擬將金綫、利運二閘啟閉，使湖水濟運，坡水歸湖，可以盡數涸出。』得旨嘉奬。二十四年，濬京師護城河及圓明園一帶河。御史李宜青請疏濬畿輔水源，命直隸總督方觀承條議以聞。觀承言：『東西二淀千里長隄，即宋臣何承矩興堰遺蹟。今昔情形有異。倘泥往迹，害將莫救。如就淀言利，則三百餘里中水村物產，視昔加饒，惟遇旱而求通雨澤於水土之氣，則人事有當盡者耳。』四川總督開泰言：『灌縣都江大堰引灌成都各屬及眉、邛二州田畝，寧遠南有大渡河，自冕寧抵會理三口，與金沙江合，支河雜出，堰壩最多，俱應相機修濬。』部議從之。

初，御史吳鵬南請責成興修水土之政，命各督撫經畫。浙江巡撫莊有恭言水之大利五，江、湖、海、渠、泉。他省得其二三，而浙實兼數利。金、衢、嚴三郡，各有山泉溪澗，灌注成渠，堰壩塘蕩，無不具備。惟仁和、錢塘之上中市、三河垸、區塘、苕溪塘，海鹽之白洋河、湯家舖廟、涇河，長興之東西南漊港，永嘉之七都新洲陡門、九都水湫、三十四都黃田浦陡門，實應修舉，以收已然之利。至杭州臨平湖、紹興夏蓋湖，有關田疇大利，應設法疏挑，或召佃墾種，再體勘辦理。』允之。

二十五年，阿爾泰疏言：『東省水利，以濟運爲關鍵，以入海爲歸宿。濟、東、泰、武之老黃河、馬頰、徒駭等河，兗、沂、曹之洸、涑等河，共六十餘道，皆挑濬通暢。運河民埝計長七百餘里，亦修整完固。青、萊所屬樂安、平度、昌邑、濰縣、高密等州縣，應挑支河三十餘，俱節次挑竣。萊州之膠萊河，納上游諸水，高密有膠河，亦趨膠萊，易致漫溢，應導入百脈湖，以分水勢。沂州屬蘭、郯境內應開之武城等溝河二十五道，又續挑之響水等溝河二十五道，引窪地之水由江南邳州入運，並已工竣。』帝嘉之。

二十六年，河東鹽政薩哈岱言：『鹽池地窪，全恃姚暹渠爲宣洩。近因渠身日高，漲漫南北隄堰禁牆內。黑河實產鹽之本，年久淺溢。涑水河西地勢北高南下，倘汛漲南趨，則鹽池益難保護。五姓湖爲衆水所匯，恐下游阻滯，逆行爲患。均應及時疏通。』從之。明年，帝南巡，諭曰：『江南濱河阻洳之區，霖潦堪虞，而下游蓄洩機宜，尤以洪澤湖爲關鍵。自邵伯以下，金灣及東西灣滾壩，節節措置，特爲三湖旁疏曲引起見。若溯源絜要，莫如廣疏清口，乃及今第一義。至六塘河尾閭橫經鹽河以達於海，所有修防事宜，該督、撫、河臣會同鹽政，悉心覈議以聞。』

二十八年，帝以天津、文安、大城屢被霪潦，積水未消，命大學士兆惠督率經理。又以曰修前辦豫省水利有效，命馳往會勘，復命阿桂會同總督方觀承酌辦。阿桂等以『子牙河自大城張家莊以下，分爲正、支二河，支河之尾歸入正河，形勢不順。請於子牙河村南斜向東北挑河二十餘里；安州依城河爲入淀尾閭，應挑長二千二百餘丈；安、肅之漕河，應挑長三千七百餘丈。其上游之姜女廟，應建滚水石壩，使水由正河歸淀。新安韓家埝一帶爲西北諸水匯歸之所，應挑引河十三里有奇』。如所議行。

二十九年，改建惠濟河石閘。修湖北溪鎮十里長隄，及廣濟、黄梅江隄。濬江都堰，開支河一，使漲水徑達外江。三十二年，修築淀河隄岸，自文安三灘里至大城莊兒頭，長二千七百餘丈。山東巡撫崔應階言：『武定近海地窪，每遇汛漲，全恃徒駭、馬頰二河分流入海。徒駭下游至霑化入海處，地形轉高，難議興挑。勘有壩上莊舊漫口河形地勢順利，應開支河，俾兩道分洩。』江蘇巡撫明德言：『蘇州南受浙江諸山經由太湖之水，北受揚子江由鎮江入運之水，伏秋汛發，多致漫溢。請修吴江、震澤等十縣塘路。』均從之。

三十三年，滹沱水漲，逼臨正定城根，添築城西南新隄五百七十餘丈，迴水隄迤東築挑水壩五。河神祠前築魚鱗壩八十丈。藁城東北兩面，滹水繞流，順岸築埽三百六十丈，埽後加築土埝。三十五年，挑濬蘇郡入海河道，白茆河自支塘鎮至滚水壩，長六千五百三十餘丈；徐六涇河自陳蕩橋至田家壩，長五千九百九十餘丈。三十六年，濬海州之薔薇、王家口、下坊口、王家溝四河。以直隸被水，命侍郎袁守侗、德成分往各處督率疏消。尚書裘曰修往來調度，總司其事。山東巡撫徐績查勘小清河情形，請自萬丈口挑至還河口，計四十里，使正、引兩河分流，由河入泊，由泊達溝歸海。詔如所議行。廣西巡撫陳輝祖言：『興安陡河源出海陽山，至分水潭，舊築鏵嘴以分水勢，七分入湘江爲北陡，三分入灕江爲南陡，於進水陡口內南北建大小天坪，以資蓄洩，復建梅陽坪，以遏旁行故道，並以引灌糧田。近因連雨衝陷，請修復土石各工。』下部知之。

三十八年，挑濬禹城漯河、高密百脈湖引河。四十年，修築武昌省城金河洲、太乙宫濱江石岸。江南旱，高、寶皆歉收。總督高晉，河督吴嗣爵、薩載合疏言：『嗣後洪湖水勢，應以高堰誌樁爲準，各閘壩涵洞相機啟放，總使運河存水五尺以濟漕，餘水儘歸下河以資灌溉。』從之。四十一年，修西安四十七州縣渠堰共千一百餘處。總督高晉言：『瓜洲城外查子港工接連迴瀾壩，江岸忽於六月裂縫，坍塌入江約百餘丈，西南城牆塌四十餘丈。現在水勢已平，擬將瓜洲量爲收進，讓地於江，並沿岸築土壩以通縴路。』諭令妥善經理。

四十二年，山西巡撫覺羅巴延三言：『太原西有風峪口，旁倶大山，大雨後山水下注縣城，猝難捍禦。請自峪口起，開河溝一，直達汾水，所占民田止四十餘畝，而太原一城可期永無水患。』四十三年，疏濬湖州漊港七十二。修昌邑海隄，居民認墾隄內鹻廢地千二百餘頃。濬鎮洋劉河，自西陳門涇上頭起，至王家港止。四十四年，改建宣化城外柳川河石壩，並添築石坦坡。漳河下游沙莊壩漫口，淹及成安、廣平，水無歸宿。於成安柏寺營至杜木營，繞築土埝千一百餘丈。

四十七年，雲南巡撫劉秉恬言：『鄧川之瀰苴河，上通浪穹，下注洱海，中分東西兩湖。東湖由河入海，河高湖低，每遇夏秋漲發，迴流入湖，淹沒附近糧田。紳民倡捐，將湖尾入海處堵塞，另開子河，引東湖水直趨洱海，又自青石澗至天洞山，築長隄、建石閘，使河歸隄內，水由閘出，歷年所淹田萬一千二百餘畝，全行涸出。』得旨嘉獎。又言：『楚雄龍川江自鎮南發源，入金沙江。近年河溜逼城，請於相近鎮水塔挑濬深通，導引河溜復舊。又濬江之撫仙湖下游，有清水、渾水河各一，渾水之牛舌石壩被衝，匯流入清，以致爲害。請於牛舌壩東另開子河，以洩渾水，並將河身改直，使清水暢達。』上獎勉之。

五十年，河南巡撫何裕城言：『衛河歷汲、淇、滑、濬四縣，濱河田畝，農民築隄以防淹浸，不能導河灌田。輝縣百泉地勢卑下，而獲嘉等縣較高，難以紆迴導引。其餘汲縣、新鄉並無泉源，祇有鑿井一法，既可灌田，亦藉以通地氣，已派員試開。』濬賈魯、惠濟兩河。修寧夏漢延、唐來、大清、惠農四渠。五十一年，山東商人捐資挑濬鹽河，並於東阿、長清、齊河、歷城建閘八。

五十三年，荆州萬城隄潰，水從西北兩門入，命大學士阿桂往勘。尋疏言：『此次被水較重，土人多以下游之窖金洲沙漲逼溜所致，恐開挑引河，江水平漾無勢，仍至淤閉。請於對岸楊林洲靠隄先築土壩，再接築雞嘴石壩，逐步前進，激溜向南，俟洲坳刷成兜灣，再趁勢酌挑引河，較爲得力。』報聞。五十四年，濬通惠河、朝陽門外護城河及溫榆河。五十五年，培修千里長堤，瀦龍河、大清河、盧僧河等隄，鳳河東隄，及西沽、南倉、海河等疊道，改建豐城東西隄石工。築潛江仙人舊隄千二百八十餘丈。挑濬永城洪河。

五十七年，兩江總督書麟等言：『瓜洲均係柴壩，江流溜急，接築石磯，不能鞏固。請於迴瀾舊壩外，抛砌碎石，護住埽根，自裏頭坍卸舊城處所靠岸，亦用碎石抛砌，上面鑲埽。嗣後每年挑溜，可期溜勢漸遠。』得旨允行。又言：『無爲州河形兜灣，應將永成圩壩加築寬厚。擬於馬頭埂開穵河口三十丈，曾家腦至東圩壩舊河亦展寬三十丈，俾河流順暢。』上韙之。改蕭山荷花池隄爲石工，堵河內民堰漫口五十餘丈，修復豐城江岸石隄。五十九年，荊州沙市大壩，因江流激射，勢露頂衝，添建草壩。

嘉慶五年，挑濬牤牛河、黄家河，及新安、安、雄、任丘、霸、高陽、正定、新樂八州縣河道。六年，京師連日大雨，撥內帑挑濬紫禁城內外大城以內各河道，及圓明園一帶引河。文安被水，命直督陳大文詳議。疏言：『文地極窪，受水淺，地與河平，自建治以來，別無疏濬章程。惟查大城河之廣安橫隄，爲文邑保障，迤南有河間千里長隄，可資外衛。兩隄之中，有新建閘座，以洩河間漫水。再於地勢稍下之龍潭灣，開溝疏濬，或不致久淹。』從之。

八年，伊犂將軍松筠言：『伊犂土田肥潤，可耕之地甚多，向因乏水，今擬設法疏渠引泉，以資汲灌。應請廣益耕屯，以裕滿兵生計，並借官款備辦耕種器物。』如所請行。十一年，疏築直隸千里長隄，及新舊格淀隄。十二年，湖廣總督汪志伊言：『隄垸保衛田廬，關繫緊要。漢陽等州縣均有未涸田畝，未築隄塍。應亟籌勘辦，以興水利而衛民田。』從之。十六年，以畿輔災歉，命修築任丘等州縣長隄，並雄縣疊道，以工代賑。十七年，濬武進孟瀆河。挑阜寧救生河，太倉劉河。修天津、靜海兩縣河道。濬東平小清河，及安流、龍拱二河，民便河。十八年。江南河道總督初彭齡疏陳江省下河水利，宜加修理。得旨允行。十九年，大名、清豐、南樂三縣七十餘莊地畝，久爲衛水淹沒，村民自願出夫挑穵，請官爲彈壓。御史王嘉棟疏言：『杭、嘉、湖被旱歉收，請開濬西湖，以工代賑。』皆允之。二十一年，疏濬吴淞江。二十二年，章丘民言，長白、東嶺二山之水，向歸小清河入海。自灰壩被衝，水歸引河，章丘等縣屢被水災。命禮部侍郎李鴻賓往勘。次年，巡撫陳預疏言：『小清河以章丘、鄒平、長山、新城爲上游，高苑、博興、樂安爲下游，正河及支派溝多有淤墊。請先疏濬上游，並將滸山等二泊一湖挑穵寬深，則水勢不至建瓴直注，下游亦不驟虞漫溢。』得旨允行。建沔陽石閘，挑引渠，以時啟閉。

二十五年，修都江堰。御史陳鴻條陳興修水利營田事宜，命直隸、山東、山西、河南各督撫一體籌畫興舉。修襄陽老龍石隄。庫車辦事大臣嵩安疏報別什托固喇克等處挑渠引水，墾田五萬三千餘畝。有詔褒勉。

道光元年，修湖州黑窰廠江隄，濬涇陽龍洞渠、鳳陽新橋河。二年，加築襄陽老龍石隄。濬正定柏棠、護城、洩水、東大道等河，並修斜角、迴水等隄。興修杭州北新關外官河縴道。直隸總督顔檢請築滄州捷地減河閘壩，濬青縣、興濟兩減河，修通州果渠村壩埝。皆如議行。疏濬銅山荊山橋河道，及南鄉奎河。挑江都三汊河子、鹽河五閘淤淺，及沙漫州江口沙埂。修豐城及新建惠民橋隄。三年，修汾河隄堰，並移築李綽堰，改穵河身。修天門、京山、鍾祥隄垸，及監利櫻桃堰、荊門沙洋堤。挑穵熱河旱河，並添修荊條罩壩。堵文安崔家窰、崔家房漫口。修河東鹽池馬道護隄，並濬姚暹渠、李綽堰、涑水河。刑部尚書蔣攸銛言：『上年漳河漫水下流，由大名、元城直達紅花隄，潰決隄埝，由館陶入衛，應亟籌議。』命大學士戴均元馳勘。尋奏言：『元城引河穿隄入衛，河身窄狹，應挑直展寬，以暢其流。紅花隄以下新刷水溝五百餘丈，應挑成河道，以期分洩。』又：『漳自南徙合洹以來，衛水爲其頂阻，每遇異漲，民埝不能捍禦，以致安陽、內黄頻年衝決。今漳北趨，業已分殺水勢。擬於樊馬坊、陳家村河幹北岸築壩堵截，使分流歸併一處。自柴村橋起，接連洹河北岸，建築土壩，樊馬坊以下王家口添築土格土壩，以免串流南趨，使漳、洹不致再合。』詔皆從之。

四年，築德化、建昌、南昌、新建四縣圩隄。修培荊州萬城大隄橫塘以下各工，及監利任家口、吴謝垸漫決隄塍。給事中朱爲弼請疏浚劉河、吴淞，及附近太湖各河。御史郎葆辰請修太湖七十二漊港，引苕、霅諸水入湖以達於海。御史程邦憲請擇太湖洩水最要處所，如吴江隄之垂虹橋、遺愛亭、龐山湖，疏剔沙淤，剷除蕩田，令東注之水源流無滯。先後疏入，命兩江總督孫玉庭、江蘇巡撫韓文綺、浙江巡撫帥承瀛會勘。玉庭等言：『江南之蘇、松、常、太，浙江之杭、嘉、湖等屬，河道淤墊，遇漲輒溢。現勘水道形勢，疆域雖分兩省，源委實共一流。請專任大員統治全局。』命江蘇按察使林則徐綜辦江、浙水利。

御史陳澐疏陳畿輔水利，請分別緩急修理。給事中張元模請於趙北口連橋以南開橋一座，以古趙河爲引河，並挑北盧僧河，以分減白溝之獨流。帝命江西巡撫程含章署工部侍郎，辦理直隸水利，會同蔣攸銛履勘。含章請先理大綱，興辦大工九。如疏天津海口，濬東西淀、大清河，及相度永定河下口，疏子牙河積水，復南運河舊制，估修北運河，培築千里長隄，先行擇辦。此外如三支、黑龍港、宣惠、滹沱各舊河，沙、洋、洺、滋、洨、唐、龍鳳、龍泉、瀦龍、牤牛等河，及文安、大城、安州、新安等隄工，分年次第辦理。又言勘定應濬各河道，塌河淀承六減河，下達七里海，應挑寬罾口河以洩北運、大清、永定、子牙四河之水入淀。再挑西隄引河，添建草壩，洩淀水入七里海，挑邢家坨，洩七里海水入薊運河，達北塘入海。至東淀、西淀爲全省瀦水要區，十二連橋爲南北通途，亦應擇要修治。均如所請行。濬虞城惠民溝，夏邑巴清河、永城減水溝。玉庭言：『三江水利，如青浦、婁縣、吳江、震澤、華亭承太湖水，下注黃浦，各支河淺滯淤阻，亟應修砌。吳淞江爲太湖下注幹河，由上海出閘，與黃浦合流入海。因去路阻塞，流行不暢，應於受淤最厚處大加挑浚。』得旨允行。

五年，陝西巡撫盧坤疏報咸寧之龍首渠，長安之蒼龍河，涇陽之清、冶二河，盩厔之澇、峪等河，鄠縣之井田等渠，岐山之石頭河，寶雞之利民等渠，華州之方山等河，榆林之榆溪河、芹河，均挑濬工竣，開復水田百餘頃至數百頃不等。修監利江隄，襄陽老龍石隄。已革御史蔣時進《畿輔水利志》百卷。直隸總督蔣攸銛疏陳防守千里長隄善後事宜，報聞。安陽、湯陰廣潤陂，屢因漳河決口淤墊，命巡撫程祖洛委員確勘挑渠，將積水引入衛河，使及早涸復。築荊州得勝臺民隄。

七年，閩浙總督孫爾準言：『莆田木蘭陂上受諸渠之水，下截海潮，灌溉南北洋平田二十餘萬畝。近因屢經暴漲，泥沙淤積，陡門石隄損壞，以致頻歲歉收。現經率同士民捐資修培南北兩岸石工告竣。』得旨嘉獎。濬漢川草橋口、消渦湖口水道。御史程德潤言荊山王家營屢決，下游各州縣連年被災。請飭相度修築。命湖廣總督嵩孚籌議，因請仿黃河工程切灘法，平其直射之溜勢，再將下游沙洲開挑引河，破其環抱，以順正流。帝恐與水爭地，虛糜無益，命刑部尚書陳若霖等往勘。覆言：『京山決口三百二十餘丈，鍾祥潰口百七十餘丈，正河經行二百餘年，不應舍此別尋故道。惟有挑除胡李灣沙塊，先暢下游去路，將京山口門挽築月隄，展寬水道，鍾祥口門於堵閉後，添築石壩二，護隄攻沙。』帝韙之，命嵩孚駐工督辦。

八年，河南巡撫楊國楨言：『湯河、伏道河並廣潤陂上游之羑河、新惠等河，向皆朝宗於衛，因故道久湮，頻年漫溢。現爲一勞永逸之計，因勢利導，悉令暢流。又南陽白河、淅川、丹江水勢浩瀚，俱切近城根，亟應築碎石、磨盤等壩二十餘道，分別挑溜抵禦。』均如所請行。挑濬冀州東海子淤塞溝身，以工代賑。

九年，修宿遷各河隄岸，丹陽下練湖閘壩。濬宿州奎河。築喀什噶爾新城沿河隄岸。

兩江總督蔣攸銛言：『徐州河道，如蕭縣龍山河，邳州睢寧界之白塘河，邳州舊城民便河，碭山利民、永定二河，又沛縣隄工，邳州沂河民埝，豐縣太行隄，皆最要之工，請次第估辦興挑。』從之。十年，修湖北省會江岸，並添建石壩。挑濬漳河故道。修保定南關外河道，及徐河石橋、河間陳家門隄。濬東平小清河，及安流、龍拱二河。修公安、監利隄。

十一年，修南昌、新建、進賢圩隄，及河間、獻縣河隄，天門漢水南岸隄工。桐梓被水，開濬戴家溝河道。命工部尚書朱士彥察勘江南水患，疏請修築無爲及銅陵江壩。給事中邵正笏言江湖漲灘占墾日甚，諭兩江總督陶澍、湖廣總督盧坤等飭屬詳勘，其沙洲地畝無礙水道者，聽民認墾，否則設法嚴禁。十二年，挑除星子蓼花池淤沙，疏通溝道，並築避沙塹壩。修築南昌、新建圩隄，又改豐城土隄爲石。

十三年，湖廣總督訥爾經額請修襄陽老龍及漢陽護城石隄，武昌、荊州沿江隄岸。兩江總督陶澍請修六合雙城、果盒二圩隄埂，濬孟瀆、得勝、灣港三河，並建閘座。均如議行。戶部請興修直隸水利城工，命總督琦善確察附近民田之溝渠陂塘，擇要興修，以工代賑。御史朱逵吉言，湖北連年被水，請疏江水支河，使南匯洞庭湖，疏漢水支河，使北匯三臺等湖，並疏江、漢支河，使分匯雲夢，七澤間隄防可固，水患可息。御史陳諠言，安陸濱江隄塍衝決爲害，請建五閘壩，挑濬河道，以洩水勢。疏入，先後命訥爾經額、尹濟源、吳榮光等遴員詳勘。

十四年，修良鄉河道橋座。濬沔陽天門、牛蹏支河，漢陽通順支河，並修築濱臨江、漢各隄。濬石首、潛江、漢川支河，修荊州萬城大隄，華容等縣水衝官民各垸。濬碭山利民、永定二河。築南昌、新建、進賢、建昌、鄱陽、德安、星子、德化八縣水淹圩隄。修潛江、鍾祥、京山、天門、沔陽、漢陽六州縣臨江潰隄，以工代賑。修邳、宿二州縣沂河隄埝、及王翻湖等工。濬太倉、七浦及太湖以下泖澱，並修元和南塘寶帶橋。

十六年，濬河東姚暹渠。修庫車沿河隄壩。濬海鹽河道。又貸江蘇司庫銀濬鹽城皮大河、豐縣順隄河，並修築隄工，從兩江總督林則徐等請也。命大學士穆彰阿、步軍統領耆英、工部尚書載銓，勘估京城內外應修河道溝渠。十七年，修武昌沿江石岸，鍾祥劉公菴、何家潭老隄，潛江城外土隄，及豐城土石隄工，並建小港口石閘石埽。十八年，修黃梅隄。濬豐潤、玉田黑龍河。

十九年，修武昌保安門外江隄，蘄州衛軍堤，漢陽臨江石隄。葉爾羌參贊大臣恩特亨額覆陳巴爾楚克開墾屯田情形。先是，帝允伊犁將軍特依順保之請，命於巴爾楚克開墾屯田。嗣署參贊大臣金和疏陳不便，復命恩特亨額詳籌。至是，疏言：『該處渠身僅三百二十八里有奇，沿隄兩岸培修，水勢甚旺，足資灌溉。並派屯丁分段看守，遇水漲時，有渠旁草湖可洩，不致淹漫要路。』諭：『照舊妥辦，務於屯務邊防實有裨益。』伊犁將軍關福疏報，額魯特愛曼所屬界內塔什畢圖，開正渠二萬五千七百餘丈，計百四十餘里，得地十六萬四千餘畝，實屬肥腴，引水足資灌溉。詔褒勉之。

是歲漢水盛漲，漢川、沔陽、天門、京山隄垸潰決。二十年，總督周天爵疏報江、漢情形，擬疏堵章程六：一、沙灘上游作一引壩，攔入湖口，再作沙隄障其外面，以堵旁洩；一、江之南岸改虎渡口東支隄爲西隄，別添新東堤，留寬水路四里餘，下達黃金口，歸於洞庭，再於石首調弦口留三四十里沮洳之地，瀉入洞庭；一、江之北岸舊有閘門，應改爲滚壩，冬啟夏閉；一、襄陽上游多作挑壩，撑水外出，再於險要處所，加築護隄護灘；一、襄陽河四面隄畔，應用磚石多砌陡門，夏令相機啟閉；一、襄河水勢浩大，應添造滚壩，冬啟夏閉，於兩岸低窪處所，引渠納水。下所司議行。是年修華容、武陵、龍陽、沅江四縣官民隄垸，又修荊州大隄，及公安、監利、江陵、潛江四縣隄工。

二十二年，堵鹿邑渦河決口。先是，黃水決口，大溜直趨渦河，將南岸觀武集、鄭橋、劉窪莊、古家橋及淮寧之閻家口、吳家橋、徐家灘、婁家林、季家樓隄頂漫塌，太和民田悉成巨浸，阜陽以次州縣亦被漫淹。至是，安徽巡撫程楙采言：『豫工將次合龍，渦河決口若不及時興修，下游受害益深。請敕河南撫臣迅籌堵築。』從之。湖廣總督裕泰等疏報江水盛漲，衝陷萬城隄以上之吳家橋水閘，並決下游上漁埠頭大堤，直灌荊州郡城，倉庫監獄均被淹漫。水消退後，而埠頭漫口較寬，勢難對口接築。擬修挽月隄一，並先於上下游各築橫隄一。如所請行。修築庫倫隄壩，及鄒縣橫河口、李家河口民堰。

二十三年，直隸總督訥爾經額疏陳直隸難以興舉屯政水利，略云：『天津至山海關，戶口殷繁，地無遺利。其無人開墾之處，乃沿海鹻灘，潮水鹹濇，不足以資灌溉。至全省水利，歷經試墾水田，屢興屢廢，總由南北水土異宜，民多未便。而開源、疏泊、建閘、修塘，皆需重帑，未敢輕議試行。但宜於各境溝洫及時疏通，以期旱潦有備，或開鑿井泉，以車戽水，亦足裨益田功。』如所議行。修海陽寮哥宮、涸溪、竹崎頭隄工。

二十四年，修江夏江隄。濬海州沭河。七月，荊州江勢汎漲，李家埠內隄決口，水灌城內。江陵虎渡口汛江支各隄亦多漫溢。諭總督裕泰籌款修築。九月，萬城大隄合龍。伊犁將軍布彦泰等言：『惠遠城東阿齊烏蘇廢地可墾復良田十餘萬畝，擬引哈什河水以資灌注，將塔什鄂斯坦田莊舊有渠道展寬，接開新渠，引入阿齊烏蘇東界，並間段酌挑支河。』又言：『伊拉里克地畝與喀喇沙爾屬蒙古游牧地以山爲界，該處河水一道，由山之東面流出，距游牧地尚隔一山，於蒙古生計無礙，堪以開墾。請濬大渠支渠並洩水渠，引用伊拉里克河水。』又言：『奎屯地方寬廣，有河一道，係由庫爾喀喇烏蘇南山積雪融化匯流成河，近水地畝早有營屯戶民承種。又蘇沁荒地有萬餘畝，土脈肥潤，衹須挑渠引水，可以俱成沃壤。』均如所請行。

二十五年，濬賈魯河，修汶上馬踏湖民堰。命喀喇沙爾辦事大臣全慶查勘和爾罕水利，疏言：『和爾罕地本膏腴，宜將西北哈拉木扎什水渠並東南和色熱瓦特大渠接引，可資耕種。中隔大小沙梁，業已挑通，宜於衝要處砌石釘樁，使沙土不致坍卸，渠道日深，足以灌溉良田。』又言：『伊拉里克地居吐魯番所轄托克遜軍臺之西，土脈腴潤，謂之板土戈壁，其西爲沙石戈壁。二百餘里，至山口出泉處，有大阿拉渾、小阿拉渾兩水，匯成一河。從前渠道未開，水無收束，一至沙石戈壁，散漫沙中，而板土戈壁水流不到，轉成荒灘。今將極西之水導引而東，在沙石戈壁鑿成大渠三段，復於板土戈壁多開支渠，即遇大汛，水有所歸。又吐魯番地畝多係掘井取泉，名曰卡井，連環導引，其利甚溥。惟高埠難引水逆流而上，應聽戶民自行穵井，冬春水微時，可補不足。』下廷臣議行。

二十六年，烏魯木齊都統惟勤請修理喀喇沙爾渠道壩隄，並陳章程四，命伊犁將軍薩迎阿覆覈，尚無流弊，詔如所請行。六塘河隄衝潰，各州縣連年被水，命兩江總督璧昌等覈辦。覆言，海州境內六塘河及薔薇河淤墊衝決，田廬受淹，於運道宣防，大有關繫，應從速借款挑築，允之。修溫榆河果渠村壩埽。二十七年，扎薩克郡王伯錫爾呈獻私墾地畝，內有生地四千八百三十餘畝，接濬新渠二，添開支渠二，以資分灌。

二十八年，兩江總督李星沅請修沛縣民埝埽壩，裕泰請修江夏隄工、鍾祥廖家店外灘岸，直隸總督訥爾經額請修築萬全護城石壩，均如所請。御史楊彤如劾河南撫臣三次挑穵賈魯河決口，費幾百萬，迄無成功，請敕查辦。詔褫鄂順安以下職。新任巡撫潘鐸疏言：『賈魯河工程應以復朱仙鎮爲修河關鍵。惟朱仙鎮內及街南北河道淤墊最甚，今議添辦柴稭埽工，以防兩岸淤沙。其淤沙最深處，挑濬較難，另擇乾土十數里，改道以通舊河，責成各員賠修，限四十五日工竣。』從之。

二十九年，江蘇巡撫傅繩勛言：『陰雨連緜，積水無從宣洩，以致江、淮、揚等屬隄圩多被衝破。請仿農政全書櫃田之法，以土護田，堅築高峻，內水易於車涸，勸民舉行，以工代賑，並查勘海口，開穵閘洞洩水。』帝嘉勉之。三十年，修襄陽老龍石隄，及漢陽隄壩，武昌沿江石岸，潛江土堤、鍾祥高家隄。御史汪元方以浙江水災，多由棚民開山，水道淤阻所致，疏請禁止。諭巡撫吳文鎔嚴查，並命江蘇、安徽、江西、湖廣各督撫一體稽查妥辦。

咸豐元年，浙江巡撫常大淳疏陳清理種山棚民情形，略言：『浙西水利，餘杭、南湖驟難濬復，應先開支河、修石閘，以資蓄洩。上游治而下游之患亦可稍平。浙東則紹興之三閘口外，鄞縣、象山等河溪，現經籌挑。』報聞。三年，太常卿唐鑑進畿輔水利備覽，命給直隸總督桂良閱看，並著於軍務告竣時，酌度情形妥辦。

同治元年，御史朱潮請開畿輔水利，並以田地之治否，定府縣考績之殿最。命直隸總督文煜等將所轄境內山泉河梁淀湖及可開渠引水地方詳查，並妥議章程。尋覆疏言：『有可舉行之處，或礙於地界，或限於力量，或當掘井製車，或須抽溝築圩，均設法催勸，推行盡利。』三年，江蘇士民殷自芳等以『山陽、鹽城境內市河、十字河、小市河蜿蜒百里，東注馬家蕩，沿河民田數千頃，旱則資其灌溉，潦則資其宣洩。自乾隆六年大挑以後，迄今百餘年，河淤田廢，水旱均易成災。墾請挑濬築墟，引運河水入市河，以蘇民困』。命兩江總督、江蘇巡撫覈辦。

五年，御史王書瑞言，浙江水利，海塘而外，又有漊港。烏程有三十九漊，長興有三十四漊。自逆匪竄擾後，泥沙堆積，漊口淤阻，請設法開濬。又言蘇、松諸郡與杭、嘉、湖異派同歸，湖州處上游之最要，蘇、松等郡處下游之最要。上游阻塞，則害在湖州，下游阻塞，則害在蘇、松，並害及杭、嘉、湖。請飭江蘇一併勘治。從之。六年，濬清河張福口引河。八年，安徽巡撫吳坤修言，永城與宿州接壤之南股河，久經淤塞，下接靈璧，低窪如釜，旱成巨浸，水無出路，擬查勘籌辦。從之。

九年，濬白茆河道，改建近海石閘。江蘇紳民請濬復淮水故道，命兩江總督、江蘇巡撫、漕運總督會籌。覆疏言：『挽淮歸故，必先大濬淤黄河，以暢其入海之路，繼開清口，以導其入黄，繼堵成子河、張福口、高良澗三河，以杜旁洩。應分別緩急興工，期以數年有效。』下部議，從之。是年内閣侍讀學士鍾佩賢亦以疏濬海港爲請。於是浙撫楊昌濬言：『漊港年久淤塞，查明最要次要各工，分別估修，擬趁冬隙時，先將寺橋等九港及諸、沈二漊趕辦，其餘各工及碧浪湖工程，次第籌畫，應與吳江長橋及太湖出水各口同時修濬。』得旨允行。

十年，修龍洞舊渠，並開新渠以引涇水。江蘇巡撫張之萬請設水利局，興修三吳水利。於是重修元和、吳縣、吳江、震澤橋竇各工。最大者爲吳淞江下游至新閘百四十丈，別以機器船疏之。凡太倉七浦河，昭文徐六涇河，常熟福山港河、常州河，武進孟瀆、超瓢港，江陰黄田港、河道塘閘、徒陽河、丹徒口支河，丹陽小城河，鎮江京口河，均以次分年疏導，幾及十年，始克竣事。先是侯家林決口，河督喬松年以爲時較晚，請來年冬舉辦。至是，巡撫丁寶楨言，此處決口不堵，必致浸淹曹、兗、濟十餘州縣，若再向東南奔注，則清津、裏下河一帶更形吃重，請親往督工堵築。詔獎勉之。

十二年，以直隸河患頻仍，命總督李鴻章仿雍正間成法，籌修畿輔水利。旋議定直隸諸河，皆以淀池爲宣蓄。西淀數百里河道，爲民生一大關鍵，先堵趙村決口，築磁河、豬龍河南隄，以禦外水，挑濬盧僧、中亭兩河，分減大清河水勢，以免倒灌。並疏通趙王河道，將苟各莊以上巨隄及下口鷹嘴壩各建閘座。是年秋，直隸運河隄決，內閣學士宋晉請擇修各河渠，以工代賑，從之。十三年，挑濬天津陳家溝至塌河淀邊減河三千七百餘丈，又自塌河淀循金鐘河故道斜趨入薊運河，開新河萬四千一百餘丈，俾通省河流分溜由北塘歸海。石莊戶決口，奪溜南趨，命寶楨速籌堵築。旋以決口驟難施工，請在迤下之賈莊建壩堵合，即於南北岸普築長隄。而北岸濮州之上游爲開州，並飭直督合力籌辦。

光緒元年，濬文安勝芳河，修菏澤賈莊南岸長隄及北岸金隄。二年，濬張家橋新舊泗河。三年，濬濟寧夏鎮迤南十字河。給事中夏獻馨請修水利以裕民食，諭各督撫酌奪情形，悉心區畫。四年，修補濱江黃柏山至樊口四十里老隄，並於樊口內建石閘。五年，修都江堰隄，灌縣、溫江、崇慶舊淹田地涸復八萬二千餘畝。

七年，挑濬大清河下游，使水暢入東淀，並於獻縣朱家口古羊河東岸另闢滹沱減河，使水歸子牙河故道，達津入海。濬寶坻、武清境內北運減河。大學士左宗棠請興辦順直水利，以陝甘應餉之軍助直隸治河之役。總督李鴻章言：『近畿水利，受病過深，凡永定、大清、滹沱、北運、南運五大河，及附麗之六十餘支河，原有閘壩堤埝，無一不壞，減河引河，無一不塞，而節宣諸水之南泊、北泊、東淀、西淀，早被濁流填淤，僅恃天津三岔口一綫海河，迤邐出口。平時既不能暢消，秋冬海潮頂托倒灌，節節皆病。修治之法，須先從此入手。五大河中，以永定之害爲最深。其大清、北運、南運，須分別挑濬築隄，修復減河。滹沱趨向無定，自來未設隄防。同治七年，由藁城北徙，以文安大窪爲壑，其故道之難復，上游之難分，下游之難洩，曾國藩與臣詳陳有案。東西淀寬廣數百里，淤泥厚積，人力難施。頻年以來，修復永定河金門閘壩，裁灣切灘，加築隄段。大清河則於新、雄境內開盧僧減河，霸州、文安境內接開中亭、勝芳等河，分洩上游盛漲；於任丘開趙王減河，分洩西淀盛漲；又於文安左各莊至臺頭挑河身二十餘里，以暢下游去路。滹沱河則於河間及文安穵開引河二，又於獻縣朱家口另闢減河三十餘里，均歸子牙河達津。北運河則於通州築壩，挽潮白河歸槽，於香河王家務、武清筐兒港修復石壩，以洩漲水，於天津霍家嘴疏濬引河，以通下口。又於武清、寶坻挑挖王家務、筐兒港兩減河，以資暢洩。南運河則於青、滄、靜海修隄二百餘里，於靜海新官屯另闢減河六十餘里，使別途出海。又於天津城東永定、大清、滹沱、北運交會之陳家灣，開河百餘里，分洩四大河之水，逕達北塘入海。其無極、蠡、博、高陽一帶，則堅築珠龍河隄，以防滹沱北越。任丘至天津一帶，則加築千里隄、格淀隄，使河自河而淀自淀。又於廣平開洺河，順德挑澧河，趙州濬洨、槐、午諸河。此外河道受害較深者，均酌量疏築。今宗棠請以隨帶各營移治上游，正可輔直隸之不逮。此後應修何處，當隨時會商，實力襄助。』疏入，命恭親王奕訢、醇親王奕譞會同辦理。是年加修子牙河隄萬七千四百餘丈，文安西隄二千九百餘丈，展寬靜海東堤二千四百餘丈。

九年，安徽學政徐郙言：『江、皖兩省水患頻仍，亟須挑泗、沂爲導淮先路，仿抽溝法，循序疏治，由大通口引河入海，洩水較易。』命宗棠、昌濬會商籌辦。尋疏覆言：『天下無有利無害之水，疏舊黃河，分減泗、沂，近年已著成效，自當加挑寬深，兼疏大通口以暢出海之途，設復淮局於清江，派員提調。估計分年分段興辦，去其太甚之害，留其本然之利。江北於皖省爲下游，下游利，上游自無不利矣。』報聞。

十年，河南巡撫鹿傳霖言：『豫省地勢平衍，衛、淇、沁、潭襟帶西北，淮、汝、渦、潁交匯東南，如果一律疏通，加以溝渠引灌，農田大可受益。今河道半皆壅滯，溝渠亦多荒廢，擬借人力以補天災，派員分赴各州縣履勘籌畫，或疏或濬，志在必成，使民間曉然於有利農田，自能踴躍用命。』詔如所請行。宗棠言：『興修江南水利各工，最大者爲朱家山、赤山湖。朱家山自浦口至張家堡，接通滁河，綿亙百二十餘里。赤山湖自道士壩、蟹子壩至三汊河下游，亦綿亙百二十里。兩年工竣，不惟沿江圩田均受其利，而糧艘貨船亦可由內河行，尤屬農商兩便。』下部知之。十一年七月，以張曜所部十營、馮南斌二營、蔣東才四營，濬京師內外護城河，十一月竣工。十三年，河決鄭州，全溜注淮，因濬張福口引河，及興化之大周閘河、丁溪場之古河口、小海三河，俾由新陽、射陽等河入海。十四年，鑿廣西江面險灘，由蒼梧迄陽朔七百餘里，共開險灘三十五。

十六年，江蘇巡撫剛毅以寶山蘊藻河道失修，迤西大壩壅遏水脈，請興工挑築。給事中金壽松言利少害多，命總督曾國荃妥籌。覆疏言，擬拆去同治間所築土壩，以通嘉定、寶山之水道，仍規復咸豐間所建舊閘，以還嘉定之水利。另開引河以通河流，俾得隨時宣洩。下部知之。挑濬餘杭南湖，並疏濬苕溪。華州羅紋河下游各村連年遭水，沿河數百頃良田盡成澤國。巡撫鹿傳霖請由吴家橋北大荔之胡村，開渠引水注渭，則其流舒暢，被淹民田，即可涸復耕作，從之。

給事中洪良品以直隸頻年水災，請籌疏濬以興水利。事下總督籌議。鴻章言：『原奏大致以開溝渠、營稻田爲急，大都沿襲舊聞，信爲確論，而於古今地勢之異致，南北天時之異宜，尚未深考。夫以太行左轉，西北萬峰矗天，伏秋大雨，口外數千里千溪萬派之水，奔騰而下，畿南一帶地平土疏，頃刻輒漲數尺或一二丈，衝蕩泛溢，勢所必然。聖祖慮清濁河流之不可制也，乃築千里隄、格淀隄，使淀與子牙河各行一路。世宗慮永定河南行之淤淀也，令引渾河別由一道，改移下口。其餘官隄民隄，今昔增築，綜計不下三四千里，沙土雜半，險工林立，每當伏秋盛漲，兵民日夜防守，甚於防寇，豈有放水灌入平地之理？今若語沿河居民開渠引水，鮮不錯愕駭怪者。且水田之利，不獨地勢難行，即天時亦南北迥異。春夏之交，布秧宜雨，而直隸彼時則苦雨少泉涸。今釜陽各河出山處，土人頗知鑿渠藝稻。節屆芒種，上游水入渠，則下游舟行苦淺，屢起訟端。東西淀左近窪地，鄉民亦散布稻種，私冀旱年一穫，每當伏秋漲發，輒遭漂沒。此實限於天時，斷非人力所能補救者也。以近代事考之，明徐貞明僅營田三百九十餘頃，汪應蛟僅營田五十頃，董應舉營田最多，亦僅千八百餘頃，然皆黍粟兼收，非皆水稻。且其志在墾荒殖穀，並非藉減水患。今訪其遺蹟，所營之田，非導山泉，即傍海潮，絕不引大河無節制之水以資灌溉，安能藉減河水之患，又安能廣營多穫以抵恃大之入？雍正間，怡賢親王等興修直隸水利，四年之間，營治稻田六千餘頃，然不旋踵而其利頓減。九年，大學士朱軾、河道總督劉於義，即將距水較遠、地勢稍高之田，聽民隨便種植。可見直隸水田之不能盡營，而踵行擴充之不易也。恭讀乾隆二十七年上諭『物土宜者，南北燥溼，不能不從其性。儻將窪地盡改作秧田，雨水多時，自可藉以儲用，雨澤一歉，又將何以救旱？從前近京議修水利營田，始終未收實濟，可見地利不能強同。』謨訓昭垂，永宜遵守。即如天津地方，康熙間總兵藍理在城南墾水田二百餘頃，未久淤廢。咸豐九年，親王僧格林沁督師海口，墾水田四十餘頃，嗣以旱潦不時，迄未能一律種稻，而所費已屬不貲。光緒初，臣以海防緊要，不可不講求屯政，曾飭提督周盛傳在天津東南開挖引河，墾水田千三百餘頃，用淮勇民夫數萬人，經營六七年之久，始獲成熟。此在潮汐可恃之地，役南方習農之人，尚且勞費若此。若於五大河經流多分支派，穿穴隄防濬溝，遂於平原易黍粟以秔稻，水不應時，土非澤埴，竊恐欲富民而適以擾民，欲減水患而適以增水患也。』

十七年，剛毅言：『吴淞江爲農田水利所資，自道光六年浚治後，又經六十餘年，淤墊日甚。前年秋雨連旬，河湖汎濫，積潦竟無消路。去年十月，派員開辦，並調營勇協同民夫，分段合作，約三月內可告竣。』報聞。鴻章又言：『寶坻青龍灣減河，自香河之王家務經寶坻至寧河入海。去歲霪雨兼旬，河流狂漲，橫隄決岸，寶坻受害獨深。廣安橋以下，河身淺窄，大寶莊以上，並無河槽，應與昔年所開之普濟河、黄莊新河一律挑深，添建石閘。』沈秉成、松椿言：『淮南堰圩廳所管之洪澤湖，關繫水道利病鹽漕諸務。今全湖之水下趨，毫無節制。現勘得應行先辦之工，曰修復三壩，曰修整束水隄，曰展挑三福口，計三項工程，不過數萬兩可以集事。或有議於禮河迤西蔡家莊建滾水石壩，使水可蓄洩，較有把握。惟巨款難籌，應暫緩辦。』均詔如所請。堵築吴橋宣惠河缺口二。河陜汝道鐵珊，以閿鄉北濱黄河，城垣屢被衝坍，因於城外築大石壩，挑溜護城。

十八年，疏鑿福山港、徐六涇二河，及高浦、耿涇、海洋塘、西洋港四河。山東巡撫福潤言：『小清河爲民田水利所關，年久淤塞。前撫臣張曜籌議疏通，因工漲款絀，僅修下游博興之金家橋至壽光海道，長百餘里。其上游工程，應接續興挑，庶使歷城等縣所受各水，悉可入海。今擬規復小清河正軌，而不拘牽故道，由金家橋而西取直，擇窪區接開正河，歷博興、高苑、新城、長山、鄒平至齊東曹家坡，長九十七里，又於金家橋迤下開支河二十四里，至柳橋，以承濟麻大湖上游各河之水，引入新河，計長四千二百餘丈。』詔從之。

二十年，崇明海岸被潮衝嚙，逼近城牆。於青龍港東西兩面設立敵水壩四，加建木橋，疊砌石塊，以禦風潮。二十一年，署兩江總督張之洞言：『黄河支流之減水河洪河，自虞城、夏邑、永城經碭山、蕭縣，達宿州、靈壁、泗州之睢河，而注於洪湖。其間湖港紛歧，皆下注睢河。乾隆年間，以睢河不能容，導水爲三，曰北股、中股、南股。中股爲睢河正流。咸豐初，黄河日益淤墊，漸及改徙，豫、江、皖各河亦逐段淤阻，水潦泛溢爲害，尤以永、蕭、碭爲甚。同治間建議疏河，恆以工程過大，屢議屢輟。今擬改道辦法，導北股河之水以達靈壁岳河，導中股、南股河之水合流入宿州運糧溝，以達澮河，而運糧一溝恐不能容納，應治沱河梁溝以復其舊，使各河之水皆順軌下注洪湖，不致横溢，則各屬水患永息矣。』詔如所請行。

二十二年，御史華煇疏陳興修水利八事：曰引泉，曰築塘，曰開渠，曰通湖，曰開井，曰蓄水，曰用車，曰填石。下所司議。二十四年，濬太倉劉河，自殷港門至浦家港口四千一百餘丈。二十八年，江西巡撫李興鋭言：『近年水患頻仍，皆由鄱陽湖日見淤淺，而長江昔寬今狹，驟遭大雨，疏洩不及，遂至四溢爲災。請於冬晴水淺時，購製挖泥機器輪船數艘，將全湖分别挑挖。其上游河道亦一律擇要疏治。既爲防水患起見，亦爲興商務張本。』從之。修湖北省城北路隄紅關至春山八段，南路隄白沙洲至金口十段，以禦外江之汛漲。建石閘數座，以備内湖之宣洩。又於附郭沿江十餘里，一律增修石剁岸。濬小清河，開徒陽河百二十餘里。

宣統元年，署直隸總督那桐言：『通州鮎魚溝隄岸，自光緒九年決口，流入港溝而歸鳳河。嗣後屢堵屢潰。至二十四年大汛復決，迄今未能堵閉，以致武清百數十村頻年潰沒。今擬於鮎魚溝暫建滚水壩，俾全溜不致旁趨。倘遇盛漲，即將土埝挑除，俾資分洩。一面將上游堤壩挑補整齊，疏濬青龍灣等處引河，以減盛漲，築攔水埝以禦渾流，修估龍鳳河以疏積潦。滚水壩工程應即興辦。其修隄及疏引河，應於本年秋後部署，來年二月興工。攔水埝及龍鳳河，應於來年秋後部署，次年二月興工。均限伏汛前報竣。』下部議行。湖廣總督陳夔龍請修復江、襄潰口，略謂：『江、襄各隄，以潛江之袁家月隄爲最要。此次潰口，隄身沖刷，頓落四百餘丈，迴流湍急，附近悉成澤國，應及時築合。此外郭家嘴、禹王廟潰隄，及天門黑牛渡、沔陽呂蒙營、公安高李公、松滋楊家腦、監利河龍廟各隄工，均擬派員督辦籌修，以期鞏固。』從之。

寧夏滿營開墾馬廠荒地，先治唐渠，以裕瀦停之地。挑濬百二十餘里，曰正渠；自靖益堡開支口，引水西北行四十餘里而入之溝，曰新渠；沿渠列小口四十，挾水以歸諸田，曰支渠。唐渠以西，淪爲澤國，非溝以宣之不爲功。自杏子湖起，穿溝二百八十餘里，建大小石閘、木閘四十二，石橋、木橋三十三，經始上年九月，至本年八月告成，名曰湛恩渠，約成腴田二十萬畝。是年，東三省總督、奉天巡撫合詞請修遼河，先從雙臺子河隄入手，次年續修鴨島、冷家口工程，並挑挖海口攔江沙，與遼河工程同時舉辦。下部知之。

著録

《文獻通考·自序》 《記》曰：『國家將興，必有禎祥。國家將亡，必有妖孽。』蓋天地之間，有妖必有祥，因其氣之所感，而證應隨之。自伏勝作《五行傳》，班孟堅而下踵其説，附以各代證應爲《五行志》，始言妖而不言祥。然則陰陽五行之氣，獨能爲妖孽而不能爲禎祥乎？其亦不達理矣。雖然，妖祥之説固未易言也。治世則鳳凰見，故有虞之時有來儀之祥，然漢桓帝元嘉之初、靈帝光和之際，鳳凰亦屢見矣，而桓、靈非治安之時也。誅殺過當，其應爲恆寒，故秦始皇時有四月雨雪之異，然漢文帝之四年，亦以六月雨雪矣，而漢文帝非淫刑之主也。斬蛇夜哭，在秦則爲妖，在漢則爲祥，而概謂之龍蛇之孽可乎？僵樹蟲文，在漢昭帝則爲妖，在宣帝則爲祥，而概謂之木不曲直可乎？前史於此不得其説，於是穿鑿附會，强求證應而罙有所不通。竊嘗以爲物之反常者，異也，其祥則爲鳳凰、麒麟、甘露、醴泉、慶雲、芝草，其妖則山崩、川竭、水湧、地震、豕禍、魚孽。妖祥不同，然皆反常而罕見者，均謂之異可也，故今取歷代史《五行志》所書，並旁搜諸史本紀及傳記中所載祥瑞，隨其朋類，附入各門，不曰妖，不曰祥，而總名之曰物異。如恆雨、恆暘、恆燠、恆寒、恆風、水潦、水災之屬，俱妖也，不可言祥，故仍前史之舊名。至如魏晉時魚集武庫屋上，前史所謂魚孽也；若周武王之白魚入舟，則祥而非孽。然妖祥雖殊，而其爲異一爾，故均謂之魚異。秦孝公時，馬生人，前史所謂馬禍也；若伏羲之龍馬負圖，則祥而非禍。然妖祥雖殊，而其爲異亦一爾，故均謂之馬異。其餘鳥獸、昆蟲、草木、金石，以至童謠、詩讖之屬，前史謂之羽蟲、毛蟲、龍蛇之孽，或曰詩妖、華孽，今所述皆並載妖祥，故不曰妖，不曰孽，而均以『異』名之，其豕禍、鼠妖，則無祥可述，故亦仍前史之舊名，至於木不曲直者，木失其常性而爲妖，如桑穀共生之類是也。若雨木冰，乃寒氣脅木而成冰，其咎不在木也，而劉向以雨木冰爲木不曲直。華孽者，花失其常性而爲妖，如冬桃李華之類是也。若冰花乃冰有異而結花，其咎不在花也，而《唐志》以冰花爲華孽。二者俱失其倫類，今革而正之，俱以入恆寒門，附雨雹之後。又前志以鼠妖爲青眚、青祥，物自動爲木沴金，物自壞爲金沴木，其説俱後學所未諭，今以鼠妖、青眚各自爲一門，而自動、自壞直以其事名之，庶覽者易曉云。作《物異考》第二十。二凡二十卷。

清　魯之裕《急溺瑣言・序》　淵語移時，諄諄以畿南水患屬治，則夫畿南之民之溺也，裕溺之矣。裕溺之而致廑我聖人之優，裕能一日安其食息乎？惟是宋元以前之治水也，去其害焉爾矣。由明至今，則且欲兼資其利，一事而兩謀之。去害則難乎為利，而欲收其利，又難免於為害也。乃頹迂如裕，受事一年，竟獲以無愆告。裕能也乎哉？裕蓋幸備員於制河兩大人左右，時奉兩大人教，而因知夫水性之不可違，水勢之不可逆，而水之地之不可與爭也。水欲行，不可以強而障也；水欲止，不可以強而通也。且因而知民力之不可輕勞也，即一溝一洫而推類乎百城之役；國帑之不可虛糜也，即一銖一粟而務核其尺寸之工。於是乎朝焉夕焉諮焉度焉，而畿南之水之所以不治與其所以就治者，裕雖不敏，亦漸窺其條理矣。兩大人之啟迪乎？裕也又何如哉！爰輯《急溺瑣言》於左者。

乾隆五年歲庚乘申五月朔日三南魯之裕題並書。

清　魯之裕《急溺瑣言・跋》　治水至今，術備矣。瑣瑣十則，而災之木焉，唾餘千秋。而裕固職於清河者，職清河，思清河，言而行者唯清河，外此而浩瀚乎言之出位矣。是故由漢迄今，水官志籍汗百牛，咸涉獵之，未敢撏撦之也。但期年來瑣瑣於清河者，期於其屬共勉焉。今備書爰刊以布之。

裕再書後百字。

藝文

唐　高適《高常侍集》卷三《東平路中遇大水》　天災自古有，昏墊彌今秋。霖霪溢川原，澒洞涵田疇。指途適汶陽，挂席經蘆洲。永望齊魯郊，白雲何悠悠。傍沿鉅野澤，大水縱橫流。蟲蛇擁獨樹，麋鹿奔行舟。稼穡隨波瀾，西成不可求。室居相枕藉，蛙黽聲啾啾。仍憐穴蟻漂，益羡雲禽游。農夫無倚着，野老生殷憂。聖主當深仁，廟堂運良籌。倉廩終爾給，田租應罷收。我心胡鬱陶，征旅亦悲愁。縱懷濟時策，誰肯論吾謀。

唐　呂周任《泗州大水記》《文苑英華》卷八三三　《春秋左氏傳》曰：『天反時爲災，地反物爲妖。』其於水也，反利爲害矣。在唐堯時，包山陵而浩滔天，在漢武時，浮齧桑而浸鉅野，皆震蕩上心，昏墊下人，其故何哉？天其或者警休明而表忠誠也。皇唐貞元八年，歲在壬申夏六月，上帝作孽，罰茲東土，浩淼長瀾，周亙千里，請究其本而言之。是時山泐桐柏，發㴱噴湧，下注淮瀆，平湍七丈，浮壽逾濠，下連滄波，東風駕海，潮上不落，兩水相逆，濺濤倒流，矗縮回薄，衝壅淮泗，積陰驟雨，河瀉瓴建，不捨晝夜，至於旬時。乾坤合怒，雲雷爲屯，以水濟水，吞州漂防，走不及竄，飛不及翔，連甍爲河海，噍類如魚鱉，事出慮外，孰能圖之。開府儀同三司檢校右散騎常侍兼御史大夫泗州刺史武當郡王張公伾，以其始至也，聚邑老以訪故，搴薪楗石以禦之，其漸盛也，運心術以馭事，維舟編桴以載之，遂連舳促艣，斂邑之惸嫠老弱，州之庫藏圖籍，官府之器，先寘於遠墅，軍資甲楯，士女馬牛，遽遷於水次。將健丁壯，遏水之不可者，任便而自安，迨數日而計行矣。洪波汗漫，不辨涯涘，驚飈鼓濤，舟不得不覆；鉅浪崩山，城不得不圮。崇邱如島，稍稍而沒，廈屋如查，泛泛相繼，天回地轉，混茫其中。公獨與左右十數人，纜丹於郡城西南隅女墻濕堵之上，以向衝波之來，不亦危哉！公之左右失色，同辭請移。公曰：『伾癸子守土臣也，苟有難而違之，若王命何？且南山隔淮，幾五六里，吾能往矣，況是別境，離局奸也，雖死不爲。』公於是使部內十驛，遷於虹城西鄙而南，傍南山而東四百里，達維揚之路，俾星郵無壅。又東北直渡，經下邳五百里，至於徐州，通廉察之問。又移書淮南南城將，令斷扁舟往來，立標樹信，以虞寇賊之變。公每端拱對水而訴曰：『伾奉聖主明詔，司牧此州，以親萬姓，河公何爲不仁？降此大沴，伾之罪也。』厲聲正色，阽危不撓，歷數旬而水定，又再旬而水耗，自水始至，及水始耗，已六時矣。又一時而復流，郊境之內，無平不陂，郛郭之間，無岸不谷，尺椽片尾，蕩稀無所有。可異者，惟公之路寢與內寢，巋然存焉，豈不可浮而往，抑不可顛而壞乎？斯則神仰公之仁，先庶物而遺己；神賞公之忠，臨大難而守節。神高公之義，動適權以成務，故保其聽政養安之所，旌公之善也。昔召伯之理也，人愛某棠而勿翦，方茲神靈扶持，不亦遠乎！公乃捨車而徒，棄輴而泥，吊亡恤存，綏復軍郡。遠軫聖慮，詔左庶子姚公吊而賑之，至於修府署，建城池，詔有司計功而償緡，立廛市，造井屋，公申勸科程，以貰以貸，纔逾年而城邑復常矣。其餘縮板爲垣，樹柳爲麗，端衢四達，廨宇雙峙，雙闕雲聳，瓊臺中天，即公之新惠也。天炎流行，何代無之，逢昏即盛，遇賢即退，故劉昆反風而火滅，王尊臨河而水止，蓋中誠之至也。公嘗領羸兵守孤城，以百當萬俾國家全山東之地，名載青史，公即國之長城也。今以一葦之航，絓於危堞之上，以當漲海之勢，城頹而一塊不傾，水止而所濟獲全，公即國之貞臣也。固知明主之委任於公也，皆感而通焉。周任不敏，學於舊史氏，借古人以諭公，或曰未同年矣，謹述而記之。時貞元十三年歲在丁丑清和之月，哉生魄，勒於石。

唐 梁肅《通愛敬陂水門記》《全唐文》卷五一九　歲在戊辰，揚州牧杜公命新作西門，所以通水庸，致人利也。冬十有二月，土木之工告畢，從事徵其始，請刻石以爲記云。

《書》載『浚畎澮距川』，《傳》稱『爲川者決之使導』，然道與政損益，政舉則道舉，政污則道污。污則革，革則久，賢哲之治也。當開元以前，京江岸於揚子，海潮內於邗溝，過茱萸灣，北至邵伯堰，湯湯渙渙，無隘滯之患。其後江派南徙，波不及遠，河流浸惡，日淤月填。若歲不雨，則鞠爲泥塗，舟楫陸沈，困於牛車，積臭含敗。人中其氣，爲疾爲瘵。長民者時興人徒，以事開鑿。既費累鉅萬，或妨奪農功，殫財竭力，隨導隨塞，人不寛息，物不滋殖，百有餘年矣。

貞元初，公由秋官之貳，出鎮茲土。既下車，乃驗圖考地，謀新革故，相川原，度水勢。自江都而西，循蜀岡之右，得其浸曰句城湖，又得其浸曰愛敬陂，方圓百里，支輔四集，盈而不流，決而可注。圖以上聞，帝用嘉允。乃召工徒，修利舊防，節以斗門，釃爲長源，直截城隅，以灌河渠，水無羨溢，道不回遠。於是變濁爲清，激淺爲深，潔清澹澄，可灌可鑒。然後漕挽以興，商旅以通，自北自南，泰然懽康。其夾隄之田，旱暵得其溉，霖潦得其歸。化磽薄爲膏腴者，不知幾千萬畝。野人誦曰：『膴膴原田。自今以始，歲其豐年。』都人誦曰：『沔彼流水。我邦是紀。鍾美不知。』向非我公有先物之知，移俗之才，則曷能運可大之謀，蠲累世之弊，繇旬朔之勞，致無疆之逸！宜乎人之永嘆也如此。

按陂塘本魏廣陵守陳登所設，時人愛其功而敬其事，故以名之。謝文靜成堰，又以召公之德爲稱。有魏以還五百餘載，不朽之績，及公而三，皆在斯邦，不其盛歟！水門之作，將以重成功，示長利，非登臨遊宴之爲。嘻！後之人抑可以知。

唐 梁肅《磻溪銘并序》《全唐文》卷五二〇　陰陽和而萬物生，聖賢合而天下平。和者時也，合者運也。在昔堯舜合禹抑洪水，而天下平者四百年。湯合伊尹革桀驁，而天下平者六百年。文武合太公一戎衣，而天下平者八百年。與夫風雨寒暑，五行四時，佐天生物一也。天之數不可以不變，時則有懷山襄陵浩浩滔天之災；君之運不可以不極，時則有作威殺戮毒痡四海之變。變則通，時則有四載之庸；極則反，時則有放伐之功。於戲！惟尚父鍾其運而遇其主，躡其機而作其合者歟？于後伯陽不顯，仲尼旅人，其不合者歟？故曰君子得其進則大行，不得其時則龍蟠也。嘉尚之父動靜不失其時，作《磻溪銘》曰：

至人無心，與道出處。處則土木，出則雷雨。惟殷道絕，粵有尚父。爰宅于幽，盤桓草莽。天地闔辟，陰陽運行。明極而昏，昏極而明。遇主水濱，謨泰八紘。牧野桓桓，一麾而平。惟彼日月，得天而光。惟彼聖賢，得時而彰。獨夫昏迷，我乃豹藏。文武作周，我乃鷹揚。故曰：大道無體，大人無方。運用變通。至虛而常。作銘磻溪，今古茫茫。

唐 沈亞之《沈下賢集》卷五《淮南都梁山倉記》　汴水別河而東合於淮。淮水東，米帛之輸關中者也，由此會入。其所交販往來，大賈豪商，故物多遊利，鹽鐵之臣亦署致其間。國擇官分曹，以榷庶貨，而部貢之。吏盡令鹽鐵諸官，校遣之疾徐用賞罰。大梁、彭城控兩河，皆屯兵居卒，食出官田。而畎畝頗夾河，與之俱東，仰澤河流，言其水溫而泥多，肥比涇水，四月農事作，則爭爲之派決而就所事，視其源綿綿，不能通槁葉矣。天子以爲兩地兵食所急，不甚阻其欲。舟艫曝滯，相望其間，歲以爲常，而木文多敗裂。自四月至七月，舟傭食盡不能前。

元和九年，隴西李稼爲鹽鐵官，掌淮口院。病其涸滯，思欲以爲救，而乃與揚子留使議之曰：『今閩越已西，百郡所貢，輳挽皆出於是。而以炎天累月之久，滯於咫尺之地。篙工諸傭，盡其所儲不能賑。十年之食，只益奸偷耳。幾或有終歲而不得返其家者。今誠得十敖之倉，列於所便，以造出入，計無憂也。正月河冰始泮，盡發所蓄而西。六月之前，虛廩以待東之至者。如此則役者逸，而弊何從生哉！』議定，即以狀白，得遂其便。於是稼度泗土卑濕無堪地，遂創庾於淮南都梁山。

十二年，詔以誅蔡之師食窘，促令鹽鐵所挽皆趨郾城下。是時下淮南倉，發春吏計春。其工人曰：『春材必櫟若榆。』吏欲令工就山林剪市之，稼曰：『夫火方焚，日將燋，萬家當頃刻之閒，雖得弊穢之器，奮濁污之波，百夫汲而揚之，立足滅患。如曰不然，我欲利其器，待我柘桂之杓，致滂沲之流，操以救之，彼言而後謀，則然灰尚不可望，而況全者。今縣軍十萬，旦暮不賑，其爲急也，間不容釐，今待汝訪山求材然後用，何異乎柘杓滂流之語耶？其倉材所剪之餘，大可以爲臼，小可以爲杵，長可以爲杵之梁，簿可以爲胜樞夾峙。』促命裁之，即日而春，成百具。其餘米與吏分辦之，先以家奴就役，次及羣吏，各有差。所春凡二十八萬石。不涉旬，俱得浮淮而西矣。

十三年夏，泗水大災，淮溢壞城，邑民人逃水西崗，夜多掠奪，更相驚恐號呼。而鹽鐵貨帛十餘萬，乃囊之於布，緘用吏名，載與渡，貨帛無遺尺，乃納倉中，不能盈一㪷，其餘皆蔭仕家之急。時余過泗上，得其事，故與悉論善濟之方，而著之以明其績。

唐 韋瓘《宣州南陵縣大農陂記》《全唐文》卷六九五 宣郡支邑十城，而南陵處劇。蓋由庶民囂豪，物產多狀，山川鬬錯，風俗詭浮。故理束則民潰，政放則民怠，俱不得其極。自非肅廉和敏，措動守中，則莫至良能，況功利及物邪？皇帝四年，今地官侍郎盧公觀察宣部，精心厚下，重難邑長，乃以寧國令順陽范君假南陵印爲大夫。於是肅以檢奸，廉以約身，和以納民，敏以應物，物不夭落，民得休泰。盧公嘗曰：『時或爽候，雲龍遁逃，膏澤翔枯，物不遂液，吾人其瘁乎？』下令邑中，有能修復陂塘，積水防患者，終懋厥功。

先時縣有廢陂曰大農，積歲不理，荒梗幽邑，邱隰遁形，空規殘狀，非鄉黨之壽耋，不可款識。輿人飛語，他邑病能，訾訾囂囂，波翻風合。范君獨判於心，不畏騰口，曰：『利於人也，使吾獲戾而罹悔，真吾心也。且黔愚皆苦於始作，而泰於成功。況吾君俟明，吾天子聖，尚何懼哉？』乃召鄉老里正，尹而計之，具畚挶，列緶鍤，筥礫礱堅，披材葦壤，日必巡丈周，察勢便，仁以撫馴，悅以附來，法以督奸，勤以勸勞。于是雲動雷行，斬莽辟蕪，撥腐曝淤，培高徹卑，不知形疲，不憚苦骨，不殘民力，不費金刀，潛軼化工，事於農隙，三旬而華，不戮一人。其始也，驅江波六十里，活活下來，辟荒梗數萬畝，汪汪虛明。疊石搆嶺，縱三百步，龍蟠虎鬬，橫殺衝波，泄流引洫，臂發三港，支分脈散，澤入大田。厥功既成，乃有風雨暴鬬，洄激換晨，虺虺沸會，似聞搆作。及乎雨斬雲除，則沙洲突出，力捍嶺下，若自開辟之初。信爲神物所相，雖使江河合災，驚濤懷山，大浸崩驅，暴猛來敵，亦不能軼峻防而侵厚趾。斯乃天贊其功，豈非仁深於物乎？其或火雲爇天，旱魃爲虐，歊蒸癉怒，蛟龍道誅，而翠瀲搖岸，澄瀾洗月，溶溶浩浩，獨落天光，順勢導流，猶潤百里。則貫畦浮塍，卒歲之溉，千頃豈爲多哉。其細也，孕鱗甲之族，育鳧雁之羣，羅生菰蒲，蔓合菱藻，漁父舟人，浩歌揚檝，厚生之物，永永不極。斯其功也，可以灼當世而芳千古矣。

昔者西門豹治鄴，召翁卿治上蔡，而史氏書美，顯白良能，以其因水茂功，利澤及物者也。則大農傑跡，功符天作，可以論古對能，豈有愧乎？范君尋遷御史。後三年，吏民益慕，而願表尤功。今連率范公，以文行德器，挺爲時賢，爰領宣部，仁義明舉，其下聳善，常推至公。邑人三請於公，乃曰：『他人有善，惟恐不聞，況伯也。功利如是，吾豈詭故哉。』乃從之。邑長李尹，久以材能宏張其化，吏民甚安之。追論大農盛績，因民之心，以成其善志，亦《春秋》之事也。鄉將石定、錄事丁宗、耆壽戴誠、佐史章佾，或參其議，或督其事，洎百姓朱綸、李縱、田邱、程胤等若干人，咸請予爲記云。元和八年歲次癸巳六月壬午朔十五日丙申建。

唐 孫樵《孫可之文集》卷四《梓潼移江記》 涪繚於郪，迫城如蟠。淫潦漲秋，狂瀾陸高，突堤嚙涯，包城蕩墟，歲殺州民，以爲官憂。滎陽公始至，則思所以洗民患。顧聞前觀察使欲鑿江東瑱地，別爲新江，使東北注流五里，復匯而東，即堤墟舊江，使水道與地相遠，以薄江怒。遂命武吏發卒三千，跡其前謀。役興三月，功不可就。有謁於滎陽公曰：『公開新江，將扶民憂。然江勢不可決，訛言不可絕。公將何以終之？』滎陽公曰：『吾欲厚其直以勸其卒，可乎？』對曰：『鐖卒賴厚直，民惜其田以覬得，不可。』滎陽公曰：『吾欲戮其將以動其卒，可乎？』對曰：『代之將者，必苦吾卒，卒苦叛，不可。』滎陽公曰：『奈何？』對曰：『夫民可與樂終，難與圖始。故自興役以來，彼其民曰：「夏王鞭促萬靈，以導百川。今果能改夏王跡耶？非徒無功，抑有後災。」羣疑牽綿，民心蕩搖。前時觀察使欲鑿新江，中輟議而罷，豈病此耶？公即能先堤民言，新江可度日而決也。』滎陽公曰『諾。』明日，滎陽公視政加猛，決獄加斷。又明日，杖殺左右有所貳事，鞭官吏有所阻政者。遂下令曰：『開新江非我家事，將脫郪民於魚腹耳。民敢橫議者死。』

民以滎陽公嘗爲京兆，既憚其猛，及是民心大慄，羣舌如斬。未幾而新江告成，滎陽公懽出臨視，班賞罷卒。已而嘆曰：『民言不堤，新江其不決耶！』新江長步一千五百，闊十分其長之二，深十分其闊之一。盤堤既隆，舊江遂墟，凡得男五百畝。其年七月，水果大至，雖逾防稽陸，不能病民，其績宜何如哉！滎陽公既以上聞，有司劾其不先白，詔奪俸錢一月之半。樵嘗爲褒城驛記，恨所在長吏不肯出毫力以利民，及觀滎陽公以開新江受譴，豈立事者亦未易耶？是歲開成五年也。

唐　李善夷《責漢水辭》《全唐文》卷八二九　《春秋》僖公四年，齊桓公合諸侯之師，盟于召陵，責楚之苞茅不入，問昭王南征而不復。楚子使屈完對曰：『貢之不入，寡君之罪也。敢不供給？昭王南征之不復，君其問諸水濱。』按昭王南征至漢，舟人膠其舟，王遂溺死。夫山林川澤，天子祀之，必有其神。楚人膠其船而禍其君，神不能福，神之罪也。余過漢，見其波濤滉瀁，而責其水。辭曰：

漢之廣兮，風波四起。雖有風波，不如蹄涔之水。蹄涔之水，不爲下國而傾天子。漢之深兮，其堤莫量，不如行潦之汪。行潦之汪，不爲下國而溺天王。漢之美者曰魴，吾雖饑，不食其魴，恐污吾之饑腸。

唐　盧肇《海潮賦》并序及進賦狀　《唐文粹》卷五　夫潮之生，因乎日也；其盈其虛，繫乎月也。古君子所未究之，將爲之辭。猶憚人有所未通者，故先序以盡之。

肇始窺《堯典》，見曆象日月以定四時，乃知聖人之心，蓋行乎渾天矣。渾天之法著，陰陽之運不差。陰陽之運不差，萬物之理皆得。萬物之理皆得，其海潮之出入，欲不盡著，將安適乎？近代言潮者，皆驗其及時而絕，過朔乃興，月弦乃小羸，月望乃大至。以爲水爲陰類，牽於月而高下隨之也。遂爲濤志，定其朝夕，以爲萬古之式，莫之逾也。殊不知月之與海同物也。物之同，能相激乎？《易》曰：『天地睽而其事同也，男女睽而其志通也。』夫物之形相睽，而後震動焉，生植焉。譬猶烹飪，置水盈鼎，而不爨之，故望膳羞之熟，成五味之美，其可得乎？潮亦然也。天之行健，晝夜復焉。日傅於天，天右旋入海，而日隨之。日之至也。水其可以附之乎？故因其灼激而退焉。退於彼，盈於此，則潮之往來，不足怪也。其小大之期，則制之於月。大小不常，必有遲有速。故盈虧之勢，與月同體。何以然？日月合朔之際，則潮殆微絕。以其至陰之物，邇於至陽，是以陽之威不得肆焉，陰之輝不得明焉。陰陽敵，故無進無退，無進無退，乃適平焉。是以月之與潮，皆隱乎晦，此潮生之實驗也。其朒其朓，則潮亦隨之。乃知日激水而潮生，月離日而潮大。斯不刊之理也。古之人或以日如平地執燭，遠則不見。何甚謬乎！夫日之入海，其必然之理乎。且自朔之後，月入不盡，晝常見焉，以至於望。自望之後，月出不盡，晝常見焉，以至於晦。見於晝者，未嘗有光，必待日入於海，隔以映之。受光多少，隨日遠近，近則光少，遠則光多，至近則甚虧，至遠則大滿。此理又足證夫日至於海，水退於潮，尤較然也。

肇適得其旨，以潮之理，未始著於經籍間，以類言之，猶乾坤立，則易行乎其中，易行乎其中，則物有象焉，物有象而後有辭，此聖人之教也。肇觀乎日月之運，乃識海潮之道，識海潮之道，亦欲推潮之象，得其象亦欲之辭。非敢炫於學者，蓋欲請示千萬祀，知聖代有苦心之士如肇者焉。賦曰：

開圓靈於混沌，包四極以永貞。艴至陽之元精，作寒暑與晦明。截穹崇以高步，涉浩漾而下征。回龜鳥於兩至，曾不忒乎度程。其出也，天光來而氣曙；其入也，海水退而潮生。何古人之守惑，謂茲濤之不測。安有夫虞泉之鄉，沃焦之域。棲悲谷以成暝，浴蒙汜而改色。鉅鱒隱見以作規，介人呼吸而爲式。陽侯玩威於鬼工，伍胥泄怒乎忠力。是以納人於聾昧，遺羞乎後代。曾未如海潮之生兮自日，而太陰裁其小大也。今將考之以不惑之理，著之於不刊之辭。陳其本則晝夜之運可見其影響，言其徵則朔望之候不爽乎毫釐。豈不謂乎有耳目之疾，而燿將判乎神醫者也。粤若太極，分陰分陽。陽爲日，故節之以分至啟閉；陰爲水，故霏之以雨露雪霜。雖至賾而可見，雖至大而可量。豈謂居其中而不察乎渺漠，亡其外而不考其茫洋者哉。故水者陰之母，日者陽之祖。陽不下而昏曉之望不得成，陰不升而雲雨之施不得睹。因上下之交泰，識洪濤之所鼓。胡爲乎曆象取其枝葉而迷其本根也，策其涓滴而喪其泉源也。於是欲抉其所迷而論之，採其所長而存之。光乎廓乎，汩磅礴乎。索蜿蜒乎乾龍，駕轇轕乎坤輿。知六合之外，洪波無所泄；識四海之內，至精有所儲。差瀴溟之無際，曷鴻濛而可以盡度乎。乃知夫言潮之初，心遊六虛。不然，何以使百川赴之而不溢，萬古揆之而靡餘也。是乃察乎濤之所由生也。

駭乎哉！彼其爲廣也，視之而蕩蕩矣；彼其爲壯也，欲乎其沆沆矣。其增其羸，其難爲狀矣。當夫鉅浸所稽，視無巔倪。洶湧鴻洞，窮東極西。浮厚地也體定，半圓天而勢齊。謂無物可以激其至大，故有識而皆迷。及其碧落右轉，陽精西入。抗雄威之獨燥，卻衆柔之繁濕。高浪瀑以旁飛，駭水洶而外集。霏細碎以霧散，屹奔騰以山立。鉅泡邱浮而疊起，飛沫雹婎以驚急。且其日之爲體也，若熾堅金，圓徑千里。土石去之，稍邇而必焚；魚龍就之，雖遠而皆靡。何海水之能逼，而不澎濞沸渭以四起。故其所以淩鎖，其所以薄激者，莫不魄落焯爍，如爨鉅鑊。艴兮不可探乎滈滈之內，呀焉若天地之有齟齬，其始也。漏光迸射，虹截寓縣。拂長庚而尚隱，帶餘霞而未殄。其漸沒狗兮，若后羿之時，平林載馳。驅貙虎與兕象，慑千熊及萬羆呀偃蹇而矍鑠，忽劃礫而矍鑠，劃礫而齟齹。其少進也，若兆人繽紛，填城溢郭。蹄相蹂躄，轂相摩錯。哄闐澶漫，淩強侮弱。倏皇輿之前蹕，孰不奔走而揮霍。及其勢之將極也，渻兮若牧野之師，昆陽之衆。定足不得，駭然來奔。騰千壓萬，蹴搏沸亂。雄棱後鬩，懦勢前判。慑仁兵而自僵，倏谷呀而巘斷。此者皆海濤遇日之形，聞者可以識其畔岸也。

賦未畢，有知元先生諷之曰：『斯義也，古人未言，吾將揮乎文墨之場，以貽永久，爲天下稱揚。』爰有博聞之士，駭潮之義，始盱衡而抵掌，俄齺而愕眙。攬衣下席，蹈足掀臂，將欲致詰，領畫天地。久之而乃謂先生曰：『伊潮之源，先賢未言。枚乘循涯而止記其極，木華指近而未考其垠。焉有末學後塵，遽荒唐而敢論。』先生矍然而疑乃因其後，推車捧席執腒伺顏。言之少間，請見徵之所如。客乃曰：『人所不知而不言，不謂之訥，人所未職而不道，不謂之愚。彼亦何敢擅談天之美，斡究地之揄。指溢漭之難悟，欲蠱聽於羣儒。今將盡索乎波潮之至理，何得與日月而相符。且大章所步，東西有極。容成叩元，陰陽已測。陽秀受乎江政，元冥佐乎水德。莫不窮海運，稽日域。及周公之爲政也。則土圭致晷，周髀作則。裨竈窮情乎天象，子雲贊數於幽默。張衡考動以鑄儀，淳風述時而建式。彼皆凝神於經緯之間，極思乎圓方之壺。胡不立一辭於茲潮，以明乎繫日之根本也？先生苟奇之，胡不思之？先生將寶之，胡不考之？苟由日升，當若準若繩，何春夏差小，而秋冬勃興？其逾朔也當少進，何遽激而鬬增？其過望也當少退，何積日而馮陵？晝何常微？夜何常大？何錢塘洶然以獨起，殊百川之進退？何仲秋忽爾而自興，異三時之霧霈？日之赫焉，猶火之烈，火至水中，其威乃絕。入洪溟以深漬，何日光而不滅？潮之往來，既云因日，日惟一沉，潮何再出？萬流之多，匪江匪河，發自畎澮，往成天波，終古不極，盍沉四國，何成彼潮，而小大一式？爲潮之外，水歸何域？又云水實浮地，在海之心，日潛其下，而逢彼太陰。且其土厚石重，山峻川深，投塊置水，靡有不沉。豈同其芥葉，而泛以蹄涔，緊坱圠之至大，何水力之能任？吾國之，天地噫氣，有吸有呼，晝夜成候，潮乃不逾。豈由日月之所運，作誇誕以相誣者哉！』先生閱賦之初，深通厥旨。及聞客論，欣然啟齒。於是謂客徐坐，善聽厥辭。蓋聞南越無頒冰之禮，鄭人有市璞之嗤。常桎梏於獨見，終沉溺於羣疑。既別白而不悟，爰提耳而告之。然事有至理，無爭無勝。猶權衡之在懸，審錙銖而必應。稽海潮之奧旨，諒余心之足證。當爲子窮幽而洞冥，豈止於揆物而稱哉！

夫日北而燠，陽生於復。離南斗而景長，邇中都而夜促。當是時也，氣蒸川源，潤歸草木。既作雲而泄雨，乃襄陵而溢谷。魚龍發坼於胎卵，鳥獸含滋於孕育。且水生之數一，而得土之數六。不測者雖能作於溟渤，苟窮之當無羨於升掬。其散也爲萬物之腴，其聚也歸四海之腹。歸則視之而有餘，散則察之而不足。春夏當氣散之時，故潮差而小也。及其日南而涼，陰生於垢。退東井而延夕，遠神州而減晝。當是時也，草木辭榮，風霜入候。水泉閉而土涸，滋液歸而下湊。瘁萬物以如焃，運大澤而若漏。縮於此者盈於彼，信吾理之非謬。秋冬當氣聚之時，故潮差而大也。兩曜之形，大小唯敵。既當朔以制威，陽雖盛而難迫。其離若爭，其合如擊。始交綏而並鬬，終摩壘而先釋。日沮其雄，水凝其液。既冒威於一朝，信畜怒乎再夕。且潮之所恃者月，所畏者日。月違日以漸遙，水畏威而乃溢。亦猶羣后納職，來造王門。獲命以出，望寧而奔。引百寮而盡退，何一跡之敢存。此潮象之所以逾朔二日而鬬增也。黃道所遵，遐邇已均。肆極陽而不礙，故積水而皆振。自朔而退，退爲順式；自望而進，進爲干德。伊坎精之既全，將就晦而見逼。勢由望而積壯，故信宿而乃極。此潮之所以後望二日而方盛也。自曉至昏，潮終復始。陽光一潛，水復迸起。復來中州，逾八萬里。其勢涵澹，無物能弭。分晝於戌，作夜於子。子之前日下而陰滋，子之後日上而陽隨。滋於陰者，故鑠之於水而不能甚振；隨於陽者，故迫之爲潮而莫肯少衰。此潮之所以夜大而晝稍微也。嘗信彼東遊，亦聞其揆。賦之者究物理，盡人謀。水無遠而不識，地無大而不搜。觀古者立名而可驗，何天之造物而難籌。且浙者折也，蓋取其潮出海屈折而倒流也。夫其地形也。則右蟠吳而大江覃其腹，左挾越而鉅澤灌其喉。獨茲水也，夾羣山而遠入，射一帶而中投。夫潮以平來，百川皆就。浙入既深，激而爲鬬。此一覽而可知，又何索於詳究。羣陰既歸，水與天違。當宵分之際，避至烈之輝。因圓光之既對，引大海以羣飛。夫秋之中而陰盛，亦猶春之半而陽肥。事苟稽於已著，理必辨於猶微。故濤生於八月之望者，尤岌岌而巍巍也。萬物之中，分日之熱。叩琢鑽研，其火乃烈。吹煙得焰，傳薪就爇。附於堅則難消，焚於槁則易絕。所依無定，遇水乃滅。太陽之精，火非甚匹。至威無焰，至精無質。入四海而水不敢濡，照八紘而物莫能屈。就之者咸得其光學，仰之者不知其何物。其體若是，豈比夫寒灰死炭，遇濕而同漂汩哉！方輿之下，陽祖所回，歷亥子而右盛，逾丑寅而左來。右激之遠兮遠爲朝，左激之遠兮遠爲夕。既因月而大小成，亦隨時而前後隔。此日之所以一沉，而潮之所以兩析也。天地一氣也。陰陽一致也。其虛其盈，隨日之經。界寒暑之二道，將無差於萬齡。故小大可法，而乾坤永寧也。若夫雲者雨者，風者霧者，爲雪爲霜者，爲雹爲露者，雷之所鼓者，龍之所赴者，羣生之所賦者，萬物之所附者。彼皆與日而推移，所以就其衰而成其茂也。然後九圍無餘，而萬流爲之長輔。

談未竟，客又勸而言曰：若乃寒暑定而風雨均也。吾聞之《洪範》云：豫常燠，急常寒。狂乃陰雨爲沴，僭則陽氣來干。苟日月之躔一定，又何遠於王政之大端？彼有後問，姑紓前言。夫三才者，其德之必同。天以陽爲主，地以陰爲宗。參二儀之道，在一人之功。一人行之，三才皆協。德順時則雨霽均，行逾常則兇荒接。僭慢所以犯陽德也。故暴尪莫之哀。狂急所以犯陰德也，故離畢爲之災。此則爲政之所致，非可以常度而剸裁也。客曰：『唯其餘如何？』復從而解之曰：惟坤與乾，余常究焉。清者浮於上，濁者積於淵。濁以載物爲德，清以不極爲元。載物者以積鹵負其大，不極者以上規莫其圓。故知鹵不積則其地不能載，元不運則其氣無以宣。夫如是，山嶽雖大，地載之而不知其重；華夷雖廣，鹵承之而不知其然也。氣之輕者，其升乃高。故積雲如岳，不駐鴻毛。輕而清也，而物莫能勞。及其干霄勢窮，霏然下墜。隨坳壑而虛受，任畎澮之疏潰。著則重也，故舟楫可以浮寄。至夫離九天，堙九地。作重陰之膠固，自堅冰以馴致。固可以乘鴻溟以自安，受萬有而不圯者也。聽茲言，較茲道。定一陽之所宗，何衆理之難考。且合昏知暮，而翰音司晨。安有懷五常之美，預率土之濱，苟無諒乎此旨，亦何足齒於吾人。子以天地之中，元氣噫嘰。爲夕爲朝，且登且沒。泛辭波而甚雄，處童蒙而未發。孰覩地喙乎深泉之涯，孰指天吭乎鉅海之窟。既無究於茲源，寧有因其呼吸而騰勃者哉！客謝曰：『辭既已矣，欲入壺奧，願申一問，先生幸以所聞教之。嘗居海裔，覩潮之勢。或久往而方來，或合沓而相際。曷舛互之若斯，今幸指乎所制。』先生撰屨旁眄，亦窮其變。吾因訊夫墨客，當大索其所見。彼亦告於余曰：日往月來，氣回天轉。其激也大，則體甚而相疏；其作也小，則勢接而相踐。惟體勢之可準，故合沓而有羨。其何怪焉！

客乃跽軀斂色，交袂而辭。彼圓元方賾，古惑今疑。嘆載籍之不具，恨象數之尚遺。方盡迷於閫域，非先生親得於學者，而孰肯論之。於是乎若卵判雛生，鼓擊聲隨。雷雹至而幽蟄起，蛟龍升而雲雨滋。形開夢去，醒至酲離。既手之舞之，足之蹈之。乃避席而稱詩爲賀，演知元先生之辭。辭曰：噫哉古人，迷潮源兮。刓編鬱翰，曾未言兮。羅虛列怪，無藩垣兮。名儒幽討，理可尊兮。高駕日域，窺天門兮。潮疑一釋，永立言兮。若和與扁，祛吾惛兮。昔之論者，何其繁兮。意摩心揣，只爲懽兮。陰陽數定，水長存兮。進退與日，遊混元兮。一升一降兮寒暑成，下凝濁兮上浮清。隨盈任縮兮浮四溟，釜鬲蒸爨兮擬厥形。願揚此辭兮顯爲經，高誇百氏兮貽億齡。先生曰：彼能賦之，子能演之。非文鋒之破鏑，何以解乎羣疑　客乃酣然自得，由然而退也。

唐 盧肇《海潮賦後序》《唐文粹》卷五　夫以璿樞顯視，周四七而成文；玉琯潛聆，載十二而分統。肇在憑翼，生乎象先。雖迷放屬之源，終識踆躔之數。是以迎推洞乎三合，分至貞乎四禽。既測洪荒，了分清濁。於是九圍所沓，必揆於靈臺；萬古無差，可徵於幽贊。且彤車白馬，先命羲和；紫極黃龍，次分甘石。雖東流不溢，天問猶疑；而北户承陽，地維何隱。稽乎儒氏之業也。莫不咸思蟻轉，盡愧鵾如。安可命曰三靈，或至迷其二大。愚以始聞方數，側揆元黃。亦嘗以大寶酬嘲，敢云早慧。既不用蛉膠習戲，自鄙童心。及竊譽里中，拘法長者。執經堂奧，避席嚴師。自悟牖間，愧非胡廣；頻依廡下，虛感伯通。而日月居諸，榆槐屢改。管窺之心妄切，瞽史之學難修。而又爛額焦頭，方思馬褐；捉襟見肘，久困牛衣。颯垂領以若驚，顧生髀而增嘆。信天人之際，難可究思；考經緯之文，固有宗旨。竊以海潮之事，代或迷之。今於賦中，盡抉疑滯。輒依洛下閎、張平子、何承天等以渾天爲法，水與地居其半，日月繞乎其下，以證夫激而成潮之理。並納華夷郡國，環以二十八宿，黃道所交及。立北極爲上規，南極爲下規。以正乎日月之所由昇降，其理昭然可辨，謂之潮圖。施諸粉繢，庶將無闕。緬螢囊之已久，撫魚網而多慚。敢避識者之譏，固受不知之罪云耳。

唐 佚名《占四時甲子雨》《古謠諺》卷五七　春雨甲子，赤地千里。夏雨甲子，乘船入市。秋雨甲子，

禾頭生耳。冬雨甲子，牛羊凍死。鵲巢下地，其年大水。

宋 王禹偁《小畜集》卷三《七夕商州作**》**　去年七月七，直廬閒獨坐。西日下紫垣，東窻暈青瑣。露柳蜩忽鳴，風簾鷰頻過。寂寂紅藥堦，槿花開一朵。時清無詔誥，性澹忘物我。兀然何所營？橫枕通中卧。夢入無何鄉，蛺蝶甚么麼。孰謂處深巖，自得放慵惰。中官傳宣旨，御詩令屬和。驚起儼衣冠，拜舞蒼苔破。逸翰龍蛇走，雅調金石播。洋洋治世音，乃賡強牽課。暮隨丞相出，自謂天上墮！歸來備乞巧，酒殽間瓜果。海物雜時味，羅列繁且夥。家人樂熙熙，兒戲舞娑娑叶韻蘇可反。寵辱方若驚，倚伏忽成禍！九月謫商於，羈縻復窮餓。鳳儀困鴟嚇，驥足翻鼈跛。山城已僻陋，旅舍甚叢脞。夏旱麥禾死，春霜花木挫。吾親極衰耄，吾命何轗軻！稚子啼我前，孺人病我左。玄髮半凋落，紫綬空垂拖。客計魚脱泉，年光蟻旋磨。昨夜枕簟凉，西郊忽流火。河漢勢清淺，牛女姿婀娜。商土本磽瘠，商民久勞癉。霜旱固不支，水潦復無奈！今歲商山秋大水。居人且艱食，行商不通貨。郡小數千家，今夕唯愁嗬。吾兒索來禽即林禽，傾市得一顆。舉家成大笑，愁眉略舒嚲。自念一歲間，榮辱兩偏頗。賴有道依據，故得心安妥。窮乎止旅人，達也登王佐。匏瓜從係滯，糠秕任揚簸。批鳳不足言，失馬聊自賀。委順信吾生，無可無不可！

宋 范仲淹《范文正集》卷六《泰州張侯祠堂頌》　生祠，民報德也。制置公本汝潁之奇，以文武事朝廷，為勳臣於四方。而嘗戰守秦塞，制勝非一。招降屬寇，全活甚衆。撫南夷以乂遠俗，使北疆以尋大信。光華之命，所嚮凝績。天禧中，國家以鹽鐵饋運之計重於東，南命公領之，於兹八年。公夙夜不懈，闕政咸舉。初，淮浙之間鹽民告困，海利云剝。公請振崇、泰、楚三郡亭人，歲增課數十萬石。三郡鹽課虧者十年。公訪其利害，請加買直、蠲積負，行數事以蘇之，課乃大增。興杭、秀、海三郡鹽場，歲入課四十萬石。又嘗蘇、秀間太湖漲溢，害于甫田，公請導入于海，復租六十萬石。白沙郡大江之北，有灣數里，風濤為險，舟檝不利，公於是開長蘆、西河以濟之。又高郵之北，漕河屢決，阻我糧道，破我農畝，公於是作隄二百里，旁置石限，平其增損，以均灌漕焉。惟兹海陵，古有潮堰，舊功弗葺，驚波荐至，鹽其稼穡，偃其桑梓。此邦之人，極乎其否。公堅請脩復，乃興厥功。橫議囂然，僅使中廢。公又與轉運使胡公再列其狀，朝廷可之，仍許兼領是郡，以觀厥成。起基於天聖二載之秋，畢工於六載之春。既而捍其大災，蠲其積負。朞月之內，民有復諸業、謝諸田者，共一千六百戶，將歸其租者又三千餘戶。海陵民因潮之患，而倚閣其租者三千餘户。天聖四年，勑依制置司奏，候堰成日定奪。今漸復焉。撫之育之，以簡以愛。優優其政，洽于民心。於是請肖公之儀，以奉于祠，期子孫之不忘乎！秉筆者故作頌焉。

我公雄傑，經制楚越。鑒洞毛髮，誠揭日月。建利除孽，代天工發。海陵嗷嗷，古防弗牢。萬頃良膏，歲凶於濤。民焉呼號，不粒而逃。公聞憯怛，乃按乃察。草奏屢達，狂議四遏。心過金鐵，對天不奪。宸聽既聰，宰謀既同。展矣胡公，協力諧忠。兵民交充，興防之功。盤盤偃偃，百里而遠。雲矗不散，山亘不斷。如天作限，奠萬家產。朝以公賢，兼于蕃宣。傷者我全，疾者我痊。逋亡幾千，咸復于田。公義不爽，欲報彌廣。建牙列壤，將有攸往。衆圖其象，以永瞻仰。列星之精，列嶽之靈。儀焉亭亭，神焉熒熒。居千百齡，此邦鎮寧。既寧既聚，濤莫我苦。比比牖戶，鱗鱗場圃。而翁而豎，于歌于舞。天子穆清，諸侯經營。民兮樂成，穀兮登盈。作為頌聲，告于神明。

宋 梅堯臣《宛陵集》卷三四《五月十三日大水》　誰知山中水，忽向舍外流。誰知門前路，已通溪中舟。窮蛇上竹枝，聚蚓登階陬。我家地勢高，四顧如湖滮。浮萍穿籬眼，斷葑過屋頭。官吏救市橋，停車當市樓。應念此中居，望不辯疑當作辨馬牛。危湍瀉天河，漫漫無汀洲。羣蛙正得時，日夜鳴不休。戢戢後池魚，隨波去難留。揚鬐雖自在，江上多網鉤。紛紜閭里兒，踴躍競學泅。吾慕孔宣父，有意乘桴浮。

宋 劉敞《公是集》卷一四《吴中大水有負郭田在常州云已漂潰作一首示公儀》　百谷馳東南，三江澆吴會。積陰漏雲漢，湧水翻積塊。斯民既昏墊，我稼墮顛沛。魚鼈有餘糧，郊原靡遺穗。餬口竊自恕，矜寡將何賴。天道有盈虛，吾寧罪于歲。救飢苦謀拙，禹稷不可待。行矣帆長風，因之浮海外。

又 卷一五《送楊十七秘丞知瀛州河間》　洪濤翻金堤，冀州變泥塗。哀哉百萬室，所憂半爲魚。流穴接道路，呻吟交里閭。若無慈仁長，安使疲疹蘇。

子在新密時，治聲溢西都。大水無麥禾，閔然若疾痛。不忍使者求，建言解其粗。邦人喜更生，老幼歡以呼。繩墨制奸吏，弦歌訓諸儒。復新卓侯廟，慕用己不誣。今者河朔行，豈其易然乎。彼將譽所試，况子材有餘。但恨治者小，百里爲區區。割雞用牛刀，孔聖所歎吁。賢者必愛民，民活心乃愉。幼學長行之，固爲聖人徒。位下非所恤，勉哉寧君軀。

又 卷二六《聞德州河决》 九河乘積雨，大水出平原。無復金堤固，空驚漏澤翻。蛟龍移窟宅，魚鼈害黎元。直想崑崙圻，兼疑渤澥渾。三山屢漂蕩，百谷互并吞。大懼彝倫斁，誰能謁帝閽。

宋 鄭獬《鄖溪集》卷二五《淮揚大水》 淮揚水暴不可言，繞城四面長波皺。如一大瓢寄滄海，十萬生聚瓢中存。水之初作自何爾，舊堤有病亡其唇。劃然大浪劈地出，正如百萬狂牛犇。頃之漂泊成大澤，壯士挾山不可堙。居民竄避爭入郭，郭内衆人還塞門。老翁走哭覓幼子，哀赴卒爲蛟龍吞。豈獨異物乃爲害，惡人行劫不待昏。此時蝦蟆亦得志，撩鬚睥睨河伯尊。附城廬舍盡水府，惟見屋脊波間横。間或大雨又暴作，直疑瓶盎相奔傾。溝渠漲滿無處泄，往往床下飛泉鳴。只恐此城須洞徹，城中坐見魚頰生。豪子室中具大筏，此筏豈便長全身。朝夕築塞漸排去，兩月未見車間塵。且喜餘生尚存世，資儲誰復傷漂淪。京師乃處天下腹，亦聞大水來扣閽。至於河朔南兩蜀，長江大河俱騰掀。豈惟淮陽一彈地，洪濤乃撼半乾坤。臣聞九疇天公書，三十六字先五行。兹謂水德不潤下，蓋與土氣交相爭。願召近臣講大義，使之搜鑿災害根。下書遣使巡郡國，曠然一發天子恩。家貧溺死無以葬，賜以棺轊收冤魂。蠲除租賦勿收責，寬其衣食哺子孫。開發倉庫收寒餓，庶幾瘡痏無瘢痕。不爾便恐委溝壑，强者趣聚蠶蝨群。伏藏山林弄凶器，今可先事塞其源。朝廷固當有處置，賤臣何者敢僭論。元元仰首望德澤，惟願陛下無因循。

又 卷二六《臨淮大水》 大水沒樹杪，涉冬原隰平。蛟龍移窟宅，蒲稗出縱横。壞屋久不補，汙田晚更耕。接春恐流散，何策活蒼生。

宋 沈遼《雲巢編》卷三《零陵觀大水》 春雨淫不已，江水一夕漲。初聞漸其柵，離明已三丈。老弱走山去，浮沉困丁壯。高樓半欲沒，木杪維舟舫。睢阜已懷襄，那能辨閭巷。升高瞰其下，犬牙縈疊嶂。始知地形隘，何由保無恙。湘川浩東下，其勢不相讓。安得驅山澤，移徙就空曠。市井安且平，黎民獲生養。羣流亦適性，千里肆夷漾。斯懷知未遂，蓬茆獨怊悵。

宋 司馬光《傳家集》卷四《又和夜雨宿村舍》 積雨久未闋，豈徒行客憂。夜聞屋中人，歎息悲田疇。方春播殖時，種食皆外求。鞭訶犯赤日，酷烈憊羸牛。草蕆競禾長，從人借鉏耰。晨薅戴星起，日闇未能休。豈無一時勤，所覬歲有秋。今兹昏墊災，大埜成洪流。直疑滄海溢，繭栗浮陵丘。昔時百丈原，汎汎皆拏舟。喬木失端杪，飢鳥下無投。黍稷沉黄泥，圭合安可收。嗟予乏技能，無以易糠粃。販鬻固所昧，敢託市井遊。欲依盗賊羣，懦不閑戈矛。已哉任天地，無益徒為愁。一身無死所，况為妻兒謀。之美愛物者，凄然涕霑裘。一夫有不獲，伊尹為深羞。何當富斯民，比屋困倉稠。惜哉禄秩卑，此志終宜酬。

又 卷一三《送孟著作翶字仲習**知濟陰》** 聖主焦勞意，誰云百里輕。東州比災害，劇令選精明。水去良田闊，人歸旅穀生。閭閻還舊觀，鷄犬變新聲。盗散疲民活，姦窮老吏驚。政成知不日，雙耳為君傾。

宋 劉攽《彭城集》卷一一《西湖水决》 平原出大水，蟻壤潰長汀。舟檝疑藏壑，波濤駭建瓴。蛟龍隨過雨，魚鼈問滄溟。聞道蓬萊水，桑田亦屢經。

宋 蘇軾《東坡全集》卷一〇《答郡中同僚賀雨》 水旱行十年，饑疫遍九土。奇窮所向惡，歲歲祈晴雨。雖非爲己求，重請終愧古。鬼神亦知我，老病入腰膂。何曾拜向人，此意難不許。重雲凄已合，微潤先流礎。蕭蕭止還作，坐聽及三鼓。天明將吏集，泥土滿靴屨。登城望麰麥，綠浪風掀舞。愧我賢友生，雄篇鬬新語。君看大熟歲，風雨占十五。天地本無功，祈禳何足數。渡河不入境，豈若無蝗虎。而况刑白鵝，下策君勿取。

宋 蘇轍《欒城集》卷一二《次韵王適大水》 高安昔到歲方閏，大水初去城如墟。危譙墮地瓦破裂，長橋斷纜船逃逋。漂浮隙穴亂羣蟻，奔走沙礫摧嘉蔬。里閭破散兵火後，飲食敝陋魚蝦餘。投荒豈復有便地，遇災祇復傷羸軀。人言西有蛟蜃穴，閏年每與風雷俱。漫溝溢壑恣游蕩，傾崖拔木曾須臾。鷄豚浪走不復保，老稚裸泣空長吁。滯留再與兹水會，淪胥未哂斯民愚。人生所遇偶然耳，得失何用分錙銖。

又 卷一七《超然臺賦并叙**》** 子瞻既通守餘杭，三年不得代。以轍之在濟南也，求爲東州守。既得請高密，其地介於淮海之間，風俗朴陋，四方賓客不至。受命之歲，承大旱之餘孽，驅除螟蝗，逐捕盜賊，廩恤饑饉，日不遑給。幾年而後少安，顧居處隱陋，無以自放，乃因其城上之廢臺而增葺之。日與其僚覽其山川而樂之，以告轍曰：『此將何以名之？』轍曰：『今夫山居者知山，林居者知林，耕者知原，漁者知澤，安於其所而已。其樂不相及也，而臺則盡之。天下之士，奔走於是非之場，噣於榮辱之海，囂然盡力而忘反，亦莫自知也。而達者哀之，二者非以其超然不累於物故邪。《老子》曰：『雖有榮觀，燕處超然。』嘗試以「超然」命之，可乎？』因爲之賦以告曰：東海之濱，日氣所先。巋高臺之陵空兮，溢晨景之潔鮮。幸氛翳之收霽兮，逮朋友之燕閒。舒堙鬱以延望兮，放遠目於山川。設金罍與玉斝兮，清醪潔其如泉。奏絲竹之憤怒兮，聲激越而眇綿。下仰望而不聞兮，微風過而激天。曾陟降之幾何兮，棄溷濁乎人間。倚軒楹以長嘯兮，袂輕舉而飛翻。極千里於一瞬兮，寄無盡於雲煙。前陵阜之洶湧兮，後平野之淡漫。喬木蔚其蓁蓁兮，興亡忽乎滿前。懷故國於天末兮，限東西之險艱。飛鴻往而莫及兮，落日耿其夕躔。嗟人生之漂搖兮，寄流枍於海壖。苟所遇而皆得兮，遑既擇而後安。彼世俗之私己兮，每自予於曲全。中變潰而失故兮，有驚悼而汍瀾。盍求誠達觀之無不可兮，又何有於憂患。顧游宦之迫隘兮，常勤苦以終年。紛既醉而樂於一醉兮，滅膏火之焚煎。雖晝日其猶未足兮，俟明月乎林端。紛既醉而相命兮，霜凝磴而跰蹸。馬躑躅而號鳴兮，左右翼而不能鞍。各雲散於城邑兮，徂清夜之既闌。惟所往而樂易兮，此其所以爲超然者邪。

宋 郭祥正《青山集》卷一三《治水謠》 去年圩破官不救，闕食逋亡十八九。今年大水如去年，民困適遭何令賢。賢哉何令能治水，槍木編蘆多准擬。賞罰公平貧富均，赤脚親臨食亡匕。每趨危塹必身先，往復連宵幾百里。浪頭作惡工莫施，一拜能令二龍起。白龍先去黑龍隨，鱗鬣分明皆見之。須臾浪定埂可禦，父老驚嗟咸涕洟。西門投巫安足比，亦勝乘輿濟溱洧。活我生靈十萬家，惠澤陰功浹神理。天子臨軒方用才，時時有詔搜草萊。請歌何令能治水，願採斯言獻天子。

宋 唐庚《眉山詩集》卷三《戊子大水二首》 踏歌喧喧雜鐃鼓，潭邊呼龍今作雨。龍嗔揮水十丈餘，千村萬落幾爲魚。寄謝龍神且安處，熟睡深潭不驚汝。

夜半傳呼河入室，攬衣下床深没膝。舊來水不到譙門，老巫歸咎西門君。西門君去老巫舞，明年却娶河伯婦。

宋 葛勝仲《丹陽集》卷一八《次韻道祖大水》 君不見綠槐蔭夏摇千門，移秧遍野緑盈盆。天公忽作彌月雨，憂歲上勤黄屋尊。我家茆廬劣容膝，隨水傾摧非瑞室。街衢生魚堪佐饔，簷霤垂龍欲穿石。仰天又見興油雲，乾雨誤點波連村。馬牛不辯固其理，鼋鼍同處何容論。休歎棲苴接飛翼，林端會見賓紅日。木饑水毁儻時運，救灾行看恩洋溢。

宋 周紫芝《太倉稊米集》卷四《次韻伯達大水見懷二絶》 雨漲平池緑似淮，半扉春水眼慵開。無錢得買扁舟去，莫道舊來今不來。

相望千家信不通，懸知春在雨聲中。蹇驢欲去愁泥滑，安得西飛六尺鴻。

又 卷五《六月四日大水》 夜雨聲喧萬壑雷，奔流明日自天來。深疑瓠子河初决，復訝浮山堰始摧。水涸成梁真漫爾，山行乘橇信悠哉。望中何物關詩眼，銀海光中碧玉堆。

宋 黄公度《知稼翁集》卷上《大水二首》 巨浸滔天後，遺黎復業初。桑田皆變海，老稚半爲魚。鑿石開新道，行人問故廬。客愁那對此，搔首重欷歔。

洚水應垂儆，高穹豈不仁。發陳遵故事，執咎定何人。岸落溪容改，山摧土色新。傷心問耆舊，誰與弔斯民。

宋 韓元吉《南澗甲乙稿》卷四《記建安大水》 孤城雨脚暮雲平，不覺魚龍自滿庭。托命已甘同木偶，置身端亦似羸瓶。浮家却羨鴟夷子，弄月常憂太白星。當日乘槎便仙去，故人應罪曲江靈。

宋 朱熹《晦庵集》卷一〇《杉木長澗四首》 我行杉木道，弛轡長澗東。傷哉半菽子，復此巨浸攻。沙石半川原，阡陌無遺蹤。室廬或僅存，釜甑久已空。壓溺餘鰥孤，悲號走哀恫。賻恤豈不勤，喪養何能供。我非肉食徒，自閉一畝宫。簞瓢正可樂，禹稷安能同。竭來一經行，歔欷涕無從。所慙越尊俎，豈憚勞吾躬。攀躋倦冢頂，永嘯回淒風。眷焉撫四海，失志嗟何窮。

朝發長澗頭，夕宿長澗尾。傷哉長澗人，禍變乃如此。縣官發廩存鰥孤，民氣未覺回昭蘇。老農向我更揮涕，陂壞渠絶田苗枯。阡陌縱横不可尋，死傷狼籍正悲吟。若知赤子元無罪，合有人間父母心。

又 卷八六《秋賽謁廟文》 今兹薦罹水旱之數，宜不得下熟，然頗有所收，足以慰夫三農之心而供有司之賦者，實神有以祐之也。不然，民饑而死，吏之憂豈有所極哉。仲冬之月，祇循故事，以告謝神，不敢愛其潔牲醴酒。惟不足以答神之賜，而豈敢有所祈？

又《祈晴文》 東土之民，薦罹水旱。其幸免於溝壑者，指二麥以救朝夕之急，而又相與戮力事農，以冀有秋。其得失之筭，死生係之，非常歲比也。乃今天雨不休，湖水汎濫，小麥之未收者亦既折腐，不得以食，而新苗未立，水没其顛，又將無復西成之望。吏民憂懼，術無所施。惟神威靈，作鎮兹土，其必以顧而哀之，汛掃浮陰，錫以晴霽，則神之惠也，民之幸也。熹等濫將使指，實分顧憂，敢不齊祓再拜以請，惟神鑒之！謹告。禹廟云：『王威神在天，降食兹土。』

又《謝晴文》 乃者以水潦之災，有禱於神。蒙神之休，開廓氛翳，使麥收稻植，人得逭其溝壑之憂既有日矣。熹等敢不躬拜祠下，跪薦牲酒，以答靈貺。惟神歆顧，終此大恩，賚以豐年，驅其厲鬼，俾我民復得以遂其有生之樂，則神之賜於兹土為無窮，其食於兹土為無愧！

又《祈雨文》 吏既不德，無以媚於上下，以召和氣而福斯人。其所以布主恩、救民命者，罔不惟神之依。故熹往者嘗輒有請於神，而亦既受其賜矣。然方是時，霖潦之災獨環越百里之間為然；若今之旱，則自浙河以東，為州者七，無不告病。捐瘠之民，凜然日有狼顧之憂。乃不齊祓奔走以告於神，其將安所歸命？敢叩祠庭，頓顙屏息，以俟嘉應。惟神幸哀憐之！謹告。

宋 陸游《劍南詩稿》卷三五《枕上作時聞臨海四明皆大水》 撫枕時時猶嘆欷，阨窮已極畏兇饑。雨聲淅瀝孤齋冷，客夢蕭條萬里歸。山邑風雷移蜃穴，海城水潦半民扉。如雲秋稼方相賀，一飽還憂與願違。

宋 王炎《雙溪類稿》卷二《大水行》 屯雲墨色日將暮，晦明揮霍雨如注。水聲夜半摇匡床，平旦出門吁可畏。盤渦渼瀁吞邊旁，悍流洶湧行中央。日中雨復綆縻下，溝塍水躍皆渾黄。黑風拗怒雷擊地，浪頭起立三丈强。杈枒老木根株拔，崚嶒古屋椽桷裂。快馬萬蹄迸突而憑凌，靈鼉百面澒洞而砯砰。鋭兵鏖戰城柵倒，猛虎嘷吼崖谷崩。旁觀氣奪目力眩，瀕流上下俱不寧。升高辟害叫舟楫，篙工倚柂不敢行。寂寥向晚頗衰落，斷霞返照回新晴。鳥飛不盡天界闊，蒼烟淡淡山青青。銜杯引滿幸無恙，收召魂魄猶屏營。往年秋水沈半壁，闔門九死得一生。今日思之痛方定，一見洪波心震驚。吾聞山挾河回衝底柱，峽束江盤投灧澦。魚龍百怪家其中，風濤暴横無終窮。小溪常時清且淺，漪漣不動平於板。淺津可涉深可梁，一旦沸騰能漭茫。傳聞漬洫山裂破，黑蛟夜出作奇禍。抉崖走石勢力粗，十家六七無室廬。百年枯塚尚漂泊，變生倉卒人爲魚。君不見去年四月不雨至七月，澗谿一綫皆斷絶。川居人曾死於暍，山居人今死於溺。下田黄塵曾蓬勃，高田白沙今障没。嗚呼災害何其頻，勦民之命誰肯任。勦民之命誰肯任，蒼天蒼天實照臨。

宋 曾豐《緣督集》卷三《甲申大水二首》 吾州背山面江流，一雨便有泛溢憂。況復梅霖倒江海，白晝洶若龍移湫。眼看上流没高樹，下流屋廬渺無處。君不見甲子之歲至甲申，如此災變已三度。

歙水震蕩方流東，婺水南來塞其衝。二水爭雄屹不去，孤城匯爲河伯宫。經旬水落流民復，身存不用嗟無屋。君不見去年金虜破淮壖，城郭千里無人烟。

又《辛丑大水》 天公哀此生人苦，潸然出涕灑下土。五晝五夜涕不已，平陸成河山作渚。是方爲邑本窪下，今者之變頃未覩。何止人家水半扉，或壓或溺遍處所。居家老稚幾爲魚，夜乘一葉投山塢。雖知此邦禍可免，頗念吾廬欹莫拄。朝登山巔聊放目，流尸蔽江可勝數。何處奔洪之所擠，一旦至斯辜非汝。天公用是涕愈流，陽侯正自喜且舞。我願天公且收涕，憂之反傷亦奚補。但令老眼開日月，蒼生自然得安堵。

宋 方岳《秋崖集》卷五《五月初四大水》 山雲一夜雨，溪漲疾於飛。小市通爲壑，幽居半及扉。木披龍有迹，牆斷鶴無歸。書帙方狼籍，誰看舊釣磯。

宋 陳剛中《視澇》（嘉靖）《江陰縣志》卷二一 暨陽古澤中，今歲仍大水。舟行民田中，一浪四十里。農夫相對泣，父子飢欲死。酷吏亦何心，誅求殊未已。豈緊竭膏血，直欲剝膚髓。哀此無告民，有生皆赤子。天災自流行，助虐亦何理。我愧才術疎，陸陸佐小壘。熟視不能救，有淚空如灑。皇心念下民，惻怛形詔旨。丁寧既諄複，象魏幾黄紙。要須盡蠲除，仰稱德意美。人微言或棄，歸休從此始。

宋 方回《桐江續集》卷一七《五月初二日聞祁門縣四月二十七日大水没鼓樓蛟龍鬭爭溺死者多休寧縣江潭等處亦多漂溺》 今歲知何處，天刑亦慘哉。潢池猶未靜，浲水復爲災。民叛非無説，官貪有自來。祁門鄭龍鬭，此禍又誰貽。

金 元好問《遺山集》卷一《觀浙江漲》 一旱千里赤，一雨垣屋敗。浙故以江名，暴與衆壑會。初驚沙石捲，稍覺川谷隘。雷風入先驅，大塊供一噫。千帆鼓前浪，萬馬接後派。崩崖不暇顧，拔木無留礙。憑陵如藉勢，洄洑各有態。平分乍舒徐，怒觸忽碎壞。雲蒸楚樹杪，雪映商嶺背。髣髴千丈潮，恍與海門對。欱飛鬭蛟鱷，燃犀出鱗介。陽侯富陰族，萬首露光怪。翠蕤澹偃蹇，鉦鼓亂硠磕。永懷疏鑿力，重歎神禹大。乾坤海為壑，未礙變横潰。納汙非無處，流惡聊自快。投詩與龍盟，滌蕩煩一再。

元 郝經《陵川集》卷一《怒雨賦》己酉五月十三日 時拜大赦五日矣。 蟾骨畢而膨脝，箕侈口而饞吞。帝惡貪兮赫怒，氣軒軒兮不平。乃命箕伯，召坎師，轉陰軸，翻陽機。鬱抑乎兩儀，蘊隆乎四維，包并乎八荒，充塞乎九圍。括一囊而大舉，疆萬里以長吹。陣雲移海而起，雙霓貫斗而飛。肅肅慄慄，泬寥慘戚。收兩造之和氣，寒凛凛兮來逼。忽六合之破碎，迸金光于虛碧。震來兮虩虩，迅擊兮霹靂。轟萬乘之空車，隕千尋之絕壁。勁穿心而裂耳，訝踵入而頂出。間剝啄之聲落，似沙石而還濕。忽抑絕而閉默，等萬籟之喧寂。驟江傾而河沛，瀽天瓢為一滴。滔滔蕩蕩，漭漭泱泱，千里一注，瞿塘峽上。急浪驚湍，沕潏飛蟠，從天而下，底柱山間。紛秦堅之百萬，避晉玄之五千。怒夫差之水犀，既射潮而矢天。少瑟縮而淅瀝，復誕漉以連泫。蛟龍奮而不屈，走陸梁以高騫。蚯蚓喑而不鳴，蛙黽噎而不喧。疑天地之嘉運，欲覆世而一湔。罔兩驚而轉石，罔象喜而跳淵。溢溷中之汙穢，没庭下之蘭荃。疑天地之衰運，復太古之茫然。稚子踣而不蘇，畏崩壞而壞垣。老媪伏而不動，固局束以攣拳。彼胸中兮何主，宜外物之變遷。羌獨台兮草堂，方偃蹇而高眠。為攬衣而徐起，正冠襟而待旃。主之乎以忠信，彼胡為乎詖偏。倏孤雹之長掃，賈餘勇而忽還。星吐焰而耿耿，月流波而娟娟。於是撫牀而下，擊藜而歌之。歌曰：尸居兮龍見，淵默兮雷殷。彼自怒而為幻，我惟常而是允。存而守之一心而定，推而放之四海而準，又何怒之遷、而喜之引也。

又《冠軍樓賦》有序 中統元年庚申夏六月，奉命使宋，道出宿州，潦路霖雨，蒸厲作惡，遂為稽留。時東平嚴侯之弟開府于是，一日置燕于冠軍樓，在城北隅，西望平遠，盡得東南之勝，乃為賦之。其辭曰：

庚伏苦雨，沴氣中人。壞垣毀屋，没馬滑輪。蒸飈鬱攸，卷局不伸。予乃斷羈忌，振氛翳，藏天倪，肆棲倚。將超超乎邁往，而沛沛乎凌厲。為引領而延佇，快遐觀而馳睨。玉臺公子，金羈列侯，立馬却坐，起予勝遊。越黃泥之坂，而登冠軍之樓。清風翛翛，火雲四收，別入一天，曠如三秋。闊步高視，覺九州之外復有九州。欲中天而上征，削塵蔓與隱憂。頡汗漫以為友，翥逍遥以為儔。旁薄乎希闊，徜徉乎燕休。既而觴豆粲列，吹歌疊發，凉入翠綃，怨生瑶瑟。邊聲跌宕，壯氣激烈。卷山河於霞腴，駐風雲於玉節。目與天遠，萬象入睫。夾右齊魯，面左楚越。海岱連絡，遡東北而去。淮甸平遠，轉東南而坼。聯陂塘而際野，渺青山於一抹。屹震南之相望，嶷鼇頭而岌嶪。千麾霜横，萬壘星列。皇輿鞏固，藩墻不決。隱若長城，淮海有截。惟威惠之並舉，俾姦宄則遯跡。雖平衍之一區，固形勢如四塞。伊將臣之司邊，不在于地而在于人，不在于兵而在于德，所以為冠軍也。玉盤醽醁，遽一再行。吳歈楚謠，激為新聲。淋漓參錯，飲驥澆鯨。酒酣氣張，心翼馮馮。慨嘆今昔，反有累乎高情。顧瞻彭城，隱隱垓下。想見高帝之嫚罵，項羽之叱吒。騰擲宇宙，而競為凌跨。白骨蔽野，魚龍戰罷。孰得孰失，皆為解瓦。一時偶然，莫驚王霸。睢水復為之流，而怒魄邈然而化。還望維揚，壞堤迆迆。土蛇一脊，千有餘里。負汴水而依淮，猶繚首而曳尾。遺長雲與老樹，見窮奢而極侈。藐瓊花於天風，弔荒淫之帝子。凡以欲而從人，乃保宗而延祀。將以位而為憂，固兢兢而不恣。詎可從耳目之欲，血生人而肆一己哉！其僨社沈族，身被其戮，為萬世笑宜矣。登高而賦，樂極生悲。擾擾紛紛，將安所之。納萬變於一息，復駕焉而還歸。月在疎桐，步玉馳嘯，書而為賦，以寓遐眺。

又 卷四《新館八月三日雨》 氛祲積穢沴，旁魄宇宙滿。驕陽鑠洪爐，竪電繞新館。輪囷赬雲擁，決驟白雨建。迅雷初喑嗚，缺裂蟠空遠。猛風忽著人，潑目氣即偃。光怪入肝膈，勢若山壓卵。柱天金塔碎，奮地火旗卷。連閃復疊擊，黑海共旋轉。羣龍破壁飛，驚浪拍戶翦。大舟千斛翻，空車萬乘碾。夜久怒益甚，惴惴懼難免。童僕儘顛頓，覆面不敢喘。牀第等階阤，無復辨深淺。記異古未有，大變見亦鮮。祗應和龍氣，突兀揭幽顯。都將生靈恨，六合岔一闡。蠢爾禍國徒，聞此無愧覸。

元 范梈《范德機詩集》卷二《四月朔經楊林作詩奉命宣布郡縣值大水蠶麥俱盡深念民生》 吉日涉大川，單舟若鴻毛。摇摇遇順風，泛泛凌雄濤。已過赤岸渚，復宿楊林臯。櫂師何心術，在險益無勞。受命未踰期，觸目歎所遭。

蠶熟麥再空，萬口聲哀嗸。年時有災地，白屋皆滔滔。不能補分寸，奚用徵秋毫。綸言本温厚，下布肅官曹。奉宣吾職爾，庶用救蕭騷。

又　卷七《伏睹中書以内郡飢遍行拯救新令感激有作》　江南往歲旱連州，河北今年水逆流。恭體朝廷寛卹意，少紓田里散離憂。表章有道誠長策，衣食無功本拙謀。國制由來重農畝，太平政不在他求。

元　柳貫《待制集》卷五《河南北水後民往往告饑胡安常以工部主事實被選爲其省員外郎賦贈識别》　千里河堤蟻穴空，新來魚鱉總兒童。外廷亦用調元手，化地何殊宰物功。柱後法冠行動色，幕中鴻筆看生風。過家急奉高堂酒，一日民恫百歲同。

雜録

《莊子》卷六下《秋水》　於是逡巡而卻，告之海曰：夫千里之遠，不足以舉其大；千仞之高，不足以極其深。禹之時，十年九潦，而水弗爲加益；湯之時，八年七旱，而崖不爲加損。夫不爲頃久推移，不以多少進退者，此亦東海之大樂也。

漢　劉向《説苑》卷二《臣術》　王制曰：『假於鬼神時日卜筮以疑於衆者殺也。』子路爲蒲令，備水災，與民春修溝瀆，爲人煩苦，故予人一簞食，一壺漿，孔子聞之，使子貢復之，子路忿然不悦，往見夫子曰：『由也以暴雨將至，恐有水災，故與人修溝瀆以備之，而民多匱於食，故與人一簞食一壺漿，而夫子使賜止之，何也？夫子止由之行仁也，夫子以仁教而禁其行仁也，由也不受。』子曰：『爾以民爲餓，何不告於君，發倉廩以給食之；而以爾私饋之，是汝不明君之惠，見汝之德義也，速已則可矣，否則爾之受罪不久矣。』子路心服而退也。

《漢書》卷二七中之上《五行志中之上》　元帝時童謡曰：『井水溢，滅竈煙，灌玉堂，流金門。』至成帝建始二年三月戊子，北宫中井泉稍上，溢出南流，象春秋時先有鸜鵒之謡，而後有來巢之驗。井水，陰也；竈煙，陽也；玉堂、金門，至尊之居：象陰盛而滅陽，竊有宫室之應也。王莽生於元帝初元四年，至成帝封侯，爲三公輔政，因以篡位。

又　卷二七中之下《五行志中之下》　《史記》曰，秦武王三年渭水赤者三日，昭王三十四年渭水又赤三日。劉向以爲近火沴水也。秦連相坐之法，棄灰於道者黥，孟康曰：『商鞅爲政，以棄灰於道必坋人，坋人必鬬，故設黥刑以絶其原也。』臣瓚曰：『棄灰或有火，火則燔廬舍，故刑之也。』師古曰：『孟説是也。坋音蒲頓反。』罔密而刑虐，加以武伐横出，殘賊鄰國，至於變亂五行，氣色謬亂。天戒若曰，勿爲刻急，將致敗亡。秦遂不改，至始皇滅六國，二世而亡。昔三代居三河，河洛出圖書，師古曰：『謂夏即安邑，即河東也；殷都朝歌，即河内也；周都洛陽，即河南也。』秦居渭陽，而渭水數赤，師古曰：『數音山角反。』瑞異應德之效也。京房《易傳》曰：『君湎于酒，淫于色，師古曰：『湎，流也，音莫踐反。』賢人潛，國家危，厥異流水赤也。』

唐　李觀《李元賓文編》卷三《上陸相公書》　苟德澤加，號令信，利開而害除，民悦而物遂，則天下有幾欲至矣，安得不曰神乎？不曰幾乎？不曰深乎？然是者，曷由臻也？誠在理運遭明主，明主遭賢臣，賢臣舉善人而官之乃能。今相國既遭明時，既輔睿主，持政廟堂，當仁天下，則用何而相聖人之道？用何而成天下之務？伏欲聞其言而頌其實也。噫！夫惟宰相之官，陰陽之爐冶，天下之樞鎋，賢人作者之器用也，非守常人之所宜坐也，不故不可序進而久升也。董仲舒雖未久，不害爲輔佐。繇是相國立身以來，不二十年，踐乎諸生，興乎三公，鼓動天化，鈎深含靈，茂實葳蕤，榮聲洋溢。《烝民》之詩曰：『天監有周，昭假於下。保兹天子，生仲山甫。天子有命，仲山甫將之。』猗歟！實謂相國之謂歟？相國何以承之哉？切惟三年於兹，天下亦無大不治，民亦無大不安，陰陽亦無大不和。而議者竊不能云，曾不討其本而思其中，斯皆好言鄙夫。且人君内設公卿士大夫，理内也；外建方岳侯伯，理外也：内外之官，各得其理。今議者則不然，睹職之乖，則曰宰相；聞一郡之災，則曰宰相；聽一民之咨，則曰宰相。苟如此而求，仲虺巫咸，不能無過也。然議雖非，不可不察也。天下之人，理難求也。執事但求人之要，而不求天下之理，則非也。夫天下之人，不可盡勝，執事者耳目之至也，當在用人而理也，用人而亂也。故昔漢用張敞召信臣文翁，則理也；用東廣川，則亂也。然則有刺史案其治亂，隨而陟降，三代已還，有考績之典，今則闕然無取。州郡者或連歲而來，逾紀而去，惡不加勸，害民者滋深。利民者不立，和氣爲仁，沴氣爲災；人傷憂苦，則和氣不興，沴氣升至，虧損陰陽，結積水旱，牧守非人之故所生也。一人不修，一境罹災；十人不修，十境罹災。

修者寡，不修者衆，則沴氣多，和氣寡。凡天下幾十境而不溥耶？

近者天下往往水災，是其效也。今或不能率復三代與漢舊典，何不選舉公良，分郡按察，邦伯牧長，責其親臨。及其風俗，以勸以懲。又漢朝每策舉髦俊賢良之士，吏事咸通儒書，問以治亂，求以災祥，處之民上，試之臧否，國家曠之，殆殊急賢。吁！黔首之上，必有欺吏；白屋之間，必有純人，不用，務奚以成？天下之人，必共而安之；天下之務，必共而成之。任有怍職，是謂不朗；忌而不求，是謂害賢。宰相職也，在明二端。

又《外編》卷一《與張宇侍御書》 觀受性不敏，言事務直，侍御幕府俊選，屬城具瞻，不腆之書，深冀開覽。觀年十有八，再忝鄉薦，身未入洛，家猶寄吳。心惟使氣，性不偶合，仗前輩奇節，捱窮居清操，天下之事，能傾腹心，不但以董生下帷，蘇子刺股而已。觀於還淳遁跡，向歷數歲，蓬户卻埽，侍親之側，其志未果，屈躬增修。竊見有被注渝濫官朱利見，前任此邑丞，腐儒孤官，才受三命，無賴令史前削除名銜，裂其冠冕，奪其祿利。亡家既久，求食無所，危於累卵，急於倒懸，如何聖朝，有厥濫罰。每一念此，悲涕交注。觀比有一書上此州獨孤使君，先論朱利見，續以古今事。爾時獨孤公尺書見招，知己相遇，緩躡珠履，偕升蘭堂，飽之以嘉肴，醉之以芳醑，特賞才調，且憐義聲。仍謂觀曰：『見足下高作，奇之又奇，良深靦容，敢不承命！』其所上獨孤公書，兼錄呈上，惟少披睹，明不虛耳。頃者韓相國臨十數州，殺人不問罪，自用若無上，晝聚冤氣。夜啼枉魂，人人畏威，莫敢諷議。今尚書領藩翰之任，抱澄清之志，視民如子，龔上若父，寄公耳目，固宜竭誠。伏見太陽炎赫，砂礫燋鑠，旱魃作厲，農夫憂饑，直爲囚繫無辜之所致也。雖欲禱桑林，焚巫尪，亦將奚及？不如疏決滯獄，速宥疑罪，則歲稔國富，不期而至。觀所説是方伯政本，非豎儒之譚。執事之人，用收採否？如理以爲當，言之可行，請馳一介之使，問三逕之客，即荷衣蕙帶，以趨下風。必謂狂簡，終不惠顧，則退臥巖藪，俟有知己。翹足仰望，以聽指南。

唐 瞿曇悉達《開元占經》卷六《日占二・日晝昏》 《孝經雌雄圖》曰：『子日晝冥者，水溢山崩，水灌涼州，凶在武都、酒泉。丑日晝冥者，鬼山崩，水出灌兗州，凶在濟陰、任城。寅日晝冥者，虎山崩水，灌徐州，凶在下邳、琅琊。卯日晝冥者，水山崩，一日風，山水灌青州，凶在平原、齊國。辰日晝冥者，風山崩，水出灌揚州，凶在豫章、廬江。巳日晝冥者，龍山崩，一曰水山崩，水灌豫州，凶在淮揚、汝南、會國，一曰凶在淮揚、南昌。午日晝冥者，水山崩，一曰上山；水灌幽州，凶在日南、蒼梧。一曰水灌青州，凶在平原、齊南。未日晝冥者，土山崩，一曰水山；水出灌荊州，凶在南陽。申日晝冥者，石山崩、水灌益州，凶在蜀郡、廣漢，酉日晝冥者，鐵山崩，水灌並州，凶在河內、五原。戌日晝冥者，氣山朋，水灌兗州，凶在河內、太原，一曰凶在河內、京兆。亥日晝冥者，岑山崩，水灌冀州，凶在趙國、清河。一曰，水灌兗州人民也。』

又 卷九《日占五・日蝕從下起七》 郗萌曰：『日蝕下，皆爲責在民；青則民相譖，後有疾疫蟲災；赤則衆庶上，僭強乘弱，後有旱災；黃則失民，飭宮室，爭土疆，後有土功，皆奪主光，減年算；白則民相賊害，後有小兵；黑則小民多怨，後有水災，期三年也。』

又 卷一〇《日占六・日十二月蝕三》 石氏曰：『三月日蝕，不見光，水大出。』

又《日六甲蝕三》 《春秋潛潭巴》曰：『辛未日蝕，大水湯湯。』【略】《春秋潛潭巴》曰：『庚寅日蝕，誅相，大水，多死傷。』【略】京氏曰：『壬辰日蝕，諸侯欲弒其君，當誅，日復蝕之，後有大水在東方。』

又 卷一二《月占二・月與五星相犯蝕四》 《黃帝占》曰：『辰星入月中，不出三旬，内有匿謀，春夏有大水，秋冬有大雪，牛馬疾疫，穀貴。』按《晉陽秋考》曰：『太元十三年十一月戊子，辰星入月在晉。濤水入石頭，春大水，冬大雪，牛馬死，穀踴貴不出百日。

又 卷二六《歲星占四・歲星犯奎一》 石氏曰：『歲星居奎，五穀以水傷；處奎中，有土功之事。』

又 卷二七《歲星占五・歲星犯柳三》 巫咸曰：『歲星守柳，多水災，萬物五穀不成。』

又 卷二八《歲星占六・歲星犯天江二十一》 巫咸曰：『歲星犯守天江，下有水；若入之，大水齊城郭，人民饑亡，去其鄉。』

又《歲星犯積水四十》 巫咸曰：『歲星犯守積水，其國有水災，物不成，魚鹽貴；一曰以水爲敗，糴大貴，人民饑，期二年。』

又 卷二九《歲星占七・歲星犯龜星六》 《海中占》曰：『歲星犯龜星，天下有水旱之災；守陽則旱，守陰則水。』

又《歲星犯魚星八》 甘氏曰：『歲星犯守魚星之陽，爲大旱，魚行人道；犯守魚星之陰，爲大水，魚鹽貴。』

又《歲星犯鱉星十》《黄帝占》曰：『歲星守鱉星，爲有白衣之會。』石氏曰：『歲星守鱉星，有白衣若聚衆，若大水。』巫咸曰：『歲星守鱉星，國有水旱之災，守陽則旱，守陰則水。』

又《歲星犯九坎十一》 石氏曰：『歲星守九坎，天下旱，名水不水，五穀不登，人民大饑；一曰：之陰大水，之陽大旱。』

又《歲星犯咸池》 甘氏曰：『歲星入咸池，有兵喪，天子且以火敗，失忠臣，若旱；一曰大水，道不通，貴人死，以入日占國。』郗萌曰：『歲星入咸池，爲有以迷惑人主者；一曰大旱，歲饑。』郗萌曰：『歲星入咸池北，大水；出咸池南，旱。』《荆州占》曰：『歲星入咸池，天下大亂，人君死，易政；以入日占其國。』

又《歲星犯天淵三》 郗萌曰：『歲星守天淵，海水出，江河決溢，若海魚出。』

又 卷三二《熒惑占三・熒惑犯危五》《文曜鉤》曰：『熒惑守危，民多疾疫，歲旱不熟，天下大饑，兵起。』《海中占》曰：『熒惑守危，春旱，秋多水災。』

又 卷三三《熒惑占四・熒惑犯婁二》 巫咸曰：『熒惑守婁中，民病，大水，金銀貴。』

又 卷三五《熒惑占六・熒惑犯南北河戍三十九》《玄冥占》曰：『熒惑守北河三十日不下，天下大水，人民饑，期不出年，若二年。』

又 卷三六《熒惑占七・熒惑犯積水四十一》 巫咸曰：『熒惑入積水，大臣誅。熒惑守積水，有大名水出，出入定有水兵。』甘氏曰：『熒惑守積水，兵起，國有水災。』《荆州占》曰：『熒惑入積水，若守之，大小兵起。』巫咸曰：『犯守積水，水物不成，魚鹽貴。一曰以水爲敗，糴大貴；民饑，期二年。』

又《熒惑犯水位四十三》《荆州占》曰：『熒惑守水位，下田不治。』石氏曰：『熒惑犯守水位，天下以水爲害，津關不通；一曰大水入城郭傷人民，皆不出二年。』

又 卷三七《熒惑占八・熒惑犯軍井十一》《荆州占》曰：『熒惑入軍井三日以上，其歲大水。』

又《熒惑犯水府十二》《荆州占》曰：『熒惑入水府，有謀臣；一曰逆行水府，天下大水。』郗萌曰：『熒惑守水府，天下洪水。』

又《熒惑犯天淵五》《荆州占》曰：『熒惑入天淵，大旱，出焦枯；若守之，海水出，江河決溢，若海魚出。』

又 卷四二《填星占五・填星犯柳三》 石氏曰『填星犯柳，有木功事；若名木見伐者；若宿柳，不旱即水。』郗萌曰『填星出入留舍柳，有急令，丹青貴。』石氏曰：『填星守柳，天子戒飲食，食官欲殺主。』甘氏曰：『填星守柳，君臣和同，天下道與。』郗萌曰：『填星守柳，萬物五穀不成，大饑，民多疾疫；一曰爲叛臣中兵也；以德令解之。』《海中占》曰：『填星守柳，宫中大亂以相驚；若有土國事。』郗曰：『填星守柳，女主不祭祀；一曰多水災。』

又《填星犯翼六》《黄帝占》曰：『填星逆行翼，女主亂朝。填星在翼，大臣誅。』石氏曰：『填星守翼，有叛臣中兵也，若有土功事；一曰萬物不成。』郗萌曰：『填星守翼，有兵。』甘氏曰：『填星守翼，王者承德，君臣賢明，六合同風，天下和平，禮樂大與；若守一年，豐；一曰女主有喜者。』巫咸曰：『填星守翼，多水災，五穀不成。』《南宫候》曰：『填星守翼，后夫人有喜。』

又 卷四三《填星占六・填星犯天江二十》 巫咸曰：『填星守犯天江，天下有水；若入之，大水齊，城郭損，民饑亡，去其鄉。』

又《填星犯積水三十九》 巫咸曰：『填星犯守積水，其國有水災，萬物不成，魚鹽貴，一曰以水爲敗，糴大貴，人民饑，期二年。』

又《填星犯水位四十一》 石氏曰：『填星守犯水位，天下水爲害，津關不通；一曰大水入城郭，傷人民，不出二年。』

又 卷四四《填星占七・填星犯龜星六》《海中占》曰：『填星犯守龜星，天下有水旱之災；守陽，則旱；守陰，則水。』

又《填星犯魚星八》 石氏曰：『填星犯守魚星，凶。』甘氏曰：『填星守魚星之陽，爲人旱，魚行人道；守陰，爲大水，魚鹽貴。』

又《填星犯鱉星十》《黄帝占》曰：『填星守鱉星，爲有白衣之會。』巫咸曰：『填星守鱉星，國有水旱之災；守陽，則旱；守陰，則水。』

又《填星犯九坎十一》 石氏曰：『填星守九坎，天下旱，河水不流，五穀不登，人民大饑；一曰之陽大旱，之陰有水。』

又《填星犯玉井二十一》《黄帝占》曰：『填星入玉井，強國失地，其出之，強國得地。』巫咸曰：『填星入玉井，國有水憂；若以水爲敗，水物不成，期不出年。』

又卷五一《太白占七・太白犯螣蛇二十九》《玄冥占》曰：『太白守螣蛇，諸侯若先駈者；一曰以水爲災，水物不成。』

又《太白犯積水四十一》 巫咸曰：『太白犯守積水，其國有水災，水物不成，魚鹽貴；一曰以水爲敗，糴大貴，人民饑，期二年。』

又《太白犯水位四十三》 石氏曰：『太白犯守水位，天下以水爲害，津關不通；一曰大水入城郭，傷人民，期不出二年。』

又卷五二《太白占八・太白犯玉井十七》《黄帝占》曰：『太白入玉井，爲強國失地；其出之，強國得地。』巫咸曰：『太白入玉井，國有水憂；若以水爲敗，水物不成，期不出年。』《感精符》曰：『太白入守玉井，水兵大起，若以水爲變，魚鹽十倍。』

又卷五四《辰星占二・辰星犯角一》《黄帝占》曰：『辰星出中道，天下太平；出陽道，旱；出陰道，多雨，多陰謀；乘左角爲旱；乘右角爲水、兵，小戰。乘右角，將相，若后家族有坐法死者。近角合斗，女子爲天下害，大臣殺主。留兩角間，關梁不通，軍有寡，國庭邊境不通。守角，王者刑罰急，國有帝者，天下大亂；又爲水災，一曰多水災；一曰五穀不成；又曰大水滂滂，民往來舟船相望。守左右角，黑爲水；赤爲旱；青爲憂；白爲喪。守角中央，爲大臣憂。』

又卷五八《辰星占六・辰星犯天江二十》《黄帝占》曰：『辰星入天江，大水決城郭。』陳卓曰：『暴水爲害，不出其年。』巫咸曰：『犯守天江，天下有水；若入之，大水齊城郭，人民饑，去其鄉。』

又《辰星犯積水三十九》 石氏曰：『辰星守積水，旱。』巫咸曰：『犯守積水，其國有水災，水物不成，魚鹽貴，一曰以水爲敗，糴大貴，人民饑，期二年。』

又《辰星犯水位四十一》 石氏曰：『辰星犯守水位，天下以水爲害，津關不通；一曰大水入城郭，浸傷人民，皆不出二年。』

又卷六六《石氏中官・水位星占四十三》 石氏曰：『水位四星，在東井東，南北列。』南星入井十九度半，去極七十二度半，在黄道外三度太。《黄帝占》曰：『水位，主水官也；其星微小，如其故，則陰陽和，雨澤以時，天下安；其星明大，大水横流，溝渠溢滿，五穀死傷，民以水饑。』石氏曰：『水位星，主水衡，衡平象水，澤平而后流，澤不壅塞也；星明大，則兵水興。』焦延壽曰：『水位星上近北戍，國沒爲河，不乃有滔天之水，以日占國。』《石氏讚》曰：『水位四星，瀉溢流。』

又卷六八《石氏外官・魚星占八》 石氏曰：『魚一星，在尾後河中。』入尾十四度，去極百二十二度在黄道外十二度也。《黄帝占》曰：『魚星，一名據星；一名蒙星；忽然不明而在，則魚多；星亡，則魚少。』《黄帝占》曰：『魚星，主雲旗，其星忽然不明，如雲常居漢中，微而不明，則陰陽和，風雨時；其星明而動搖，則陰陽不調，雨澤不時，有大水。』《春秋元命苞》曰：『魚星主雲旗，統陰事，調和雲雨之期。』《黄帝占》曰：『魚星常居河旁；中河而處，則兵起，期七月；常在河東，近箕。』石氏曰：『魚星大而明，則陰陽和。』又曰：『魚星動搖，則水暴出。』又曰：『魚星出河，大魚死；一曰旱。』《海中占》曰：『魚星中河而居，而明大，天下大水，津道塞；若微小，出河，中外天下大旱，五穀不成。』焦延壽曰：『魚星明，則河海水皆出。』

又《石氏外官・九坎星占十一》 石氏曰：『九坎九星，在牽牛南。』西南星入斗十四度半，去極百三十六度，在黄道外十九度太。巫咸曰：『九坎，水官也。』《荆州占》曰：『九坎九星，主水旱之事。』《黄帝占》曰：『九坎，主通水泉。星明，則陰陽調和，百川通流，皆注於海；星若不明，百泉不通，河海枯竭，天下大旱，人民饑饉，國有憂。』

又卷七二《流星占二・流星犯危五》 石氏曰：『流星入危中，若從危出；不出一年，大水，萬民饑，賣畜生財物，不能自食。』

又卷七三《流星占三・流星犯天江二十二》 石氏曰：『流星入天江，有大水，河海溢，人民饑。』

又《流星犯螣蛇二十九》《玄冥》曰：『流星入螣蛇，雨水爲害，魚鹽貴，水物不成，期不出年。』

又《流星犯天船三十五》《玉曆》曰：『流星入天船，天下大水，舟船用，若津道不通，有急事。』

又《**流星犯積水四十二**》 甘氏曰：『流星入抵積水，有大水，舟船用，民大饑。』

又《**流星犯水位四十四**》 齊伯曰：『流星入水位，天下有水，河海溢流，五穀不成，流民大饑，期三年。』

又 卷七五《**流星占五・流星犯龜星六**》 齊伯曰：『流星入龜星，天下有水，珠玉貴；流星出之，天下大旱，五穀貴，期不出年。』郗萌曰：『流星出龜星，色青黑，所之國大水；赤黃，所之國大旱。』

又《**流星犯魚星八**》 《海中占》曰：『流星抵魚星，天下水，魚鹽貴；星若出之，天下旱，魚行人道。』

又《**流星犯鱉星十**》 《文曜鉤》曰：『流生入鱉星，國有大水；色赤，出鱉，其國大旱。』郗萌曰：『大流星出鱉星，色青黑，爲大水；赤黃，爲大旱；視其所之，以命邑。』

又《**流星犯九坎十一**》 巫咸曰：『流星入九坎，有水旱之變；從南入，則大旱；從北入，則大水。』

又《**流星犯厠所星二十三**》 巫咸曰：『流星入廁星，天下大饑，人相食；一曰若大水，陷廁中，有謀兵。』

又《**流星犯水府二**》 郗萌曰：『有大流星，赤黃色，出水府，所之邑大旱。』郗萌曰：『有大流星，青色，出水府，所之邑大水。』

又《**流星犯天淵二**》 郗萌曰：『大流星色青黑，出天淵，所之邑大水。大流星色赤黄，出天淵，所之邑大旱。』

又 卷七九《**客星占三・客星犯危五**》 郗萌曰：『客星犯危，國有哭泣之事。』案《宋書天文志》曰：魏明帝景初二年十月癸已。客星見危。逆行在離宮北，騰蛇南，三年正月，明帝崩。一曰：多雨水，五穀不收，人相食於道。』《荆州占》曰：『客星入危，有土功，王者築宮室；不出一年，大水；不出三年，大饑，萬人無食。』

又 郗萌曰：『客星出危中，大水，一曰大饑。』

又 卷八三《**客星占七・客星犯太微四十五**》 黃帝占曰：『客星入端門，出西門，天下大水，民人饑。』

又 卷九〇《**彗孛犯天江二十二**》 巫咸曰：『彗星出天江，天下大水，舟船用，五穀不登，其歲人相食，期三年。』

又《**彗孛犯騰蛇三十**》 陳卓曰：『彗孛干犯騰蛇，水道不通，天下隔，期二年。』《聖洽符》曰：『彗星出騰蛇，以水雨爲害，大水出，萬物不成，民人饑；一曰：水蟲爲敗。』

又《**彗孛犯九坎十一**》 齊伯曰：『彗星出九坎，有水旱之災；出南，則大旱；出北，則大水。』

又 卷九六《**雲氣犯列宿占・九坎**》 赤雲氣入九坎，天下大旱；黑氣入，大水。

又《**騰蛇**》 黑氣出入天蛇，天下大水。

又《**積水**》 蒼白氣入積水，天下水災。

又《**水位**》 黑氣入水位，大水；赤氣入，大旱。

明 劉昌《**懸笥瑣探・龍卵**》 成化五年六月初九日，河決杏花營，水及堤。明日，三司以牲醴致奠。既歸，有一卵浮于河，大如人首，下銳上圓，質青白，微具五色，又多黧黑點。漁者得之，守河者以十疋布易焉，因馳以告。始觀之甚恐，以手撼之，中汩汩作水聲，又甚重，氣煖而澤潤，不知何祥也。或曰龍卵，吾聞龍有胎未聞卵生；或曰蛇亦卵生，此固其類也。越三日，予遇和僉憲于州橋西，見圖其狀于壁，具書其上曰：『玄珠占法，江湖見龍卵，主大水。』又聞前一日卵送開封府，皆懼不敢收，守與判相卻之間墜于地，中惟水而已。

雨灾部

題解

《**管子**》**卷二〇**《**形勢解**》 風，漂物者也；風之所漂，不避貴賤美惡。雨，濡物者也；雨之所墮，不避小大強弱。風雨至公而無私，所行無常鄉，人雖遇漂濡，而莫之怨也；故曰：『風雨無鄉，而怨怒不及也。』

又《**版法解**》 萬物尊天，而貴風雨，所以尊天者，為其莫不受命焉也。

所以貴風雨者，為其莫不待風而動，待雨而濡也，若使萬物釋天而更有所受命，釋風而更有所仰動，釋雨而更有所仰濡，則無為尊天而貴風雨矣。

《呂氏春秋》卷三《季春紀·盡數》 大寒、大熱、大燥、大溼、大風、大霖、大霧，七者動精則生害矣。

《爾雅·釋天》 暴雨謂之涷，小雨謂之霡霂，久雨謂之淫，淫謂之霖，濟謂之霽。

漢 劉熙《釋名》卷一《釋天》 雨，羽也，如鳥羽動則散也。

又 霂，小雨也。言裁霡歷霑漬，如人沐頭，惟及其上枝而根不濡也。

漢 王充《論衡》卷一一《説日篇》 夫雨從山發，月經星麗畢之時，麗畢之時當雨也。時不雨，月不麗，山不雲，天地上下自相應也。月麗於上，山烝於下，氣體偶合，自然道也。雲霧，雨之徵也，夏則爲露，冬則爲霜，溫則爲雨，寒則爲雪。雨露凍凝者，皆由地發，不從天降也。

《説文解字》卷一一《雨部·雨》 王矩切。水从雲下也。一象天，冂象雲，水霝其閒也。凡雨之屬皆从雨。

《爾雅注疏》卷六《釋天》 『雨霓爲霄雪』者，霓，水雪雜下也，因名霄雪，霄即消也。《詩·小雅·頍弁》云：『如彼雨雪，先集維霰。』鄭箋云：『將大雨雪，始必微，溫雪自上下，遇溫氣而搏，謂之霰。』案《大戴禮》：曾子云：『陽之專氣爲霰，陰之專氣爲雹。盛陽之氣在雨水則溫暖，爲陰氣薄而脅之，不相入，則搏爲雹也。盛陰之氣在雨水則凝滯而爲雪，陽氣薄而脅之，不相入，則消散而下，因水而爲霰。』是霰由陽氣所薄而爲之。故鄭言遇溫氣而搏也。與霰音義同。『暴雨謂之涷』者，暴雨謂驟雨也，一名涷。郭云：『今江東人呼夏月暴雨爲涷雨。《離騷》云：「令飄風兮先驅，使涷雨兮灑塵。」是也』者，此《離騷·九歌·大司命》文。案彼云：『廣開兮天門，紛吾乘兮玄雲。令飄風兮先驅，使涷雨兮灑塵。』是也。『小雨謂之霡霂』者，小雨一名霡霂。《小雅·信南山》云：『益之以霡霂。』是也。李巡云：『冰雪俱下。』案此文上有暴雨，下云久雨，於中間無雪事，而云冰雪俱下，妄矣。『久雨謂之淫』者，淫，過也。久雨過多，害於五稼，故謂之淫。《月令》：『季春行秋令，則天多沈陰，淫雨早降。』謂久雨也。注云『《左傳》曰：天作淫雨』者，莊十一年傳文也。『淫謂之霖』者，淫雨又名霖也。郭云『雨自三日已上爲霖』者，隱九年《左傳》文也。『濟謂之霽』者，濟，止也，雨止名霽。郭云：『今南陽人呼雨止爲霽。』《書》云：『曰霽。』

宋 秦觀《淮海集》卷一六《奇兵》 陰陽之氣，怒為風，交為電，亂為霧，薄而為雷，激而為霆，融散而為雨露，凝結而為霜雪，天地之奇也。

宋 黎靖德《朱子語類》卷二《理氣下》 問：龍行雨之説。曰：『龍，水物也。其出而與陽氣交蒸，故能成雨。但尋常雨自是陰陽氣蒸鬱而成，非必龍之爲也。「密雲不雨，尚往也」，蓋止是下氣上升，所以未能雨。必是上氣蔽蓋無發洩處，方能有雨。橫渠《正蒙》論風雷雲雨之説最分曉。』

木之

又 卷九九《張子書二》 橫渠云：『陽為陰累，則相持為雨而降。』陽氣正升，忽遇陰氣，則相持而下為雨。蓋陽氣輕，陰氣重，故陽氣為陰氣壓墜而下也。『陰為陽得，則飄揚為雲而升。』陰氣正升，忽遇陽氣，則助之飛騰而上為雲也。『陰氣凝聚，陽在內者不得出，則奮擊而為雷霆。』陽氣伏于陰氣之内不得出，故爆開而為雷也。『陽在外者不得入，則周旋不舍而為風。』陰氣凝結于內，陽氣欲入不得，故旋繞其外不已而為風，至吹散陰氣盡乃已也。『和而散，則為霜雪雨露；不和而散，則為戾氣曀霾。』戾氣，飛雹之類；曀霾，黃霧之類；皆陰陽邪惡不正之氣，所以雹水穢濁，或青黑色。

元 虞裕《談撰》《説郛》卷三五上 陰陽之氣，行乎天地之間。其相薄也，則感而為雷，激而為霆。其偏勝也，則怒而為風，和而為雨。故東方之氣雷，南方之氣電，西方之氣虹蜺，北方之氣雲、雨、雪、雹、霰，中央之氣露。是以陰凝，故雨墜為雪。雨者，水氣也。陽氣蒸於九泉之下，洩而為雲。山雲草莽，水雲魚鱗，旱雲烟火，雨雲水波，各從其類耳。北方之氣寒，東方之氣溫，風自北自東者，寒溫之氣也。故為雲為雨。

明 烏斯道《天辨》《明文海》卷一一〇 空中二氣，交則為雲、為雨，蕩焉則為電、為雷霆，陰氣遊焉，則為霜雪、為霰。

明 郎瑛《七修類稿》卷二《天地類·夏雨》 夏月雨暘，鬲輒而三時不同者，蓋雨乃陰氣，從地而生。夏則陽氣盛極於外，或有陰生，即為消爍。惟龍，陽物也，隨時以計。雲從龍者，陰氣附陽而升也，升必降而為雨。《埤雅》所謂蛟龍雨也。龍各有域，故鬲輒也。至於咫尺而分者，此陽氣消陰之不盡，俗謂過雲雨也。餘時龍已潛，陰陽常和，雨之正也。

又 卷三《天地類·雨夾雪》 雨者，氣之升而雲之致也。雪者，雨之凝而寒極之致也。其雨雪相雜而下者，雲有高低之故，低成雨而高成雪也。

明　謝肇淛《五雜俎》卷一《天部一》　日，陽精也，而雷、電、虹、霓皆陽屬也；月，陰精也，而雨、露、霜、雪皆陰屬也。星宿風雲，行乎陰陽之間者也。日月，恒有者也；雷、電、雨、露之屬，不恒有者也。星宿體生於地，而精成于天，風雲皆從地起而行天者也，故兼陰陽之氣也。

又　《四時纂要》曰：『梅熟而雨曰梅雨。』《瑣碎録》云：『閩人以立夏後逢庚日爲入梅，芒種後逢壬爲出梅。』按梅雨詩，人多用之，而閩人所謂入梅、出梅者，乃黴濕之黴，非梅也。

又　江南每歲三四月，苦霪雨不止，百物黴腐，俗謂之梅雨，蓋當梅子青黄時也。自徐、淮而北，則春夏常旱，至六七月之交，愁霖不止，物始黴焉，俗亦謂之梅雨，蓋黴與梅同音也。又江南多霹靂，北方差少。

《康熙字典》戌集中《雨字部・雨》　《説文》水从雲下也。一象天，冂象雲，水霝其閒也。《玉篇》雲雨也。《元命包》陰陽和爲雨。《大戴禮》天地之氣和則雨。《釋名》輔也。言輔時生養。《易・乾卦》雲行雨施，品物流行。《書・洪範》八庶徵，曰雨，曰暘。

又《爾雅・釋天》暴雨謂之涷，小雨謂之霡霂，久雨謂之淫。陸佃云：疾雨曰驟，徐雨曰零，久雨曰苦，時雨曰澍。

又穀雨，二十四氣之一。見《後漢・律曆志》。

又《正字通》雨虎，蟲名。遁甲開天圖曰：霍山有雨虎，狀如蠶，長七八寸，在石内，雲雨則出，可炙食。或曰石蠶之類。詳見《本草綱目》。

又《集韻》歐許切，音扵。義同。

又《廣韻》《集韻》《韻會》丛王遇切，音芋。《集韻》自上而下曰雨。《韻會》風雨之雨上聲，雨下之雨去聲。《詩・邶風》雨雪其雱。

又《小雅》雨我公田。《釋文》雨，于付反。《禮・月令》仲春始雨水。《註》漢始以雨水爲二月節。又叶羽軌切，音以。《易林》陰積不已，雲作淫雨。

論説

《晏子春秋》卷一《内篇諫上・景公飲酒不恤天灾致能歌者晏子諫第五》　景公之時，霖雨十有七日。公飲酒，日夜相繼。晏子請發粟于民，三請，不見許。公命柏遽巡國，致能歌者。晏子聞之，不説，遂分家粟于氓，致任器于陌，徒行見公曰：『十有七日矣！懷寶鄉有數十，飢氓里有數家，百姓老弱，凍寒不得短褐，飢餓不得糟糠，敝撤無走，四顧無告。而君不卹，日夜飲酒，令國致樂不已，馬食府粟，狗饜芻豢，三保之妾，俱足粱肉。狗馬保妾，不已厚乎？民氓百姓，不亦薄乎？故里窮而無告，無樂有上矣；飢餓而無告，無樂有君矣。嬰奉數之筴，以隨百官之吏，民飢餓窮約而無告，使上淫湎失本而不卹，嬰之罪大矣。』再拜稽首，請身而去，遂走而出。公從之，兼于塗而不能逮，令趣駕追晏子其家，不及。粟米盡于氓，任器存于陌，公驅及之康内。

公下車從晏子曰：『寡人有罪，夫子倍棄不援，寡人不足以有約也，夫子不顧社稷百姓乎？願夫子之幸存寡人，寡人請奉齊國之粟米財貨，委之百姓，多寡輕重，惟夫子之令。』遂拜于途。晏子乃返，命稟巡氓，家有布縷之本而絶食者，使有終月之委；絶本之家，使有期年之食，無委積之氓，與之薪橑，使足以畢霖雨。令柏巡氓，家室不能禦者，予之金；巡求氓寡用財乏者，死三日而畢，後者若不用令之罪。公出舍，損肉撤酒，馬不食府粟，狗不食饘肉，辟拂嗛齊，酒徒減賜。三日，吏告畢上：貧氓萬七千家，用粟九十七萬鍾，薪橑萬三千乘；懷寶二千七百家，用金三千。公然後就内退食，琴瑟不張，鐘鼓不陳。晏子請左右與可令歌舞足以留思虞者退之，辟拂三千，謝于下陳，人待三，士待四，出之關外也。

《吕氏春秋》卷一《孟春紀・孟春》　春行夏令，則風雨不時，草木早槁，國乃有恐。行秋令，則民大疫，疾風暴雨數至，藜莠蓬蒿並興。行冬令，則水潦爲敗，霜雪大摯，首種不入。

又　卷三《季春紀・季春》　季春行冬令，則寒氣時發，草木皆肅，國有大恐。行夏令，則民多疾疫，時雨不降，山陵不收。行秋令，則天多沈陰，淫雨早降，兵革並起。

又　卷四《孟夏紀・孟夏》　行之是令，而甘雨至三旬。孟夏行秋令，則苦雨數來，五穀不滋，四鄙入保。行冬令，則草木早枯，後乃大水，敗其城郭。行春令，則蟲蝗爲敗，暴風來格，秀草不實。

漢　孔臧《孔叢子》卷上《論書第二》　宰我問《書》云：『納于大麓，烈風雷雨弗迷』，何謂也？孔子曰：此言人事之應乎天也。堯既得舜，歷試諸難。

已而納之於尊顯之宮，使大録萬機之政。是故陰陽清和，五星不悖，烈風雨各以其應。不有迷錯愆伏，明舜之行合於天也。

《春秋穀梁傳・隱公九年》 經：三月，癸酉，大雨，震電。庚辰，大雨雪。

傳：震，雷也。電，霆也。志疏數也，八日之間，再有大變，陰陽錯行，故謹而日之也。雨月，志正也。

又《成公十六年》 經：十有六年，春，王正月，雨，木冰。

傳：雨而木冰，志異也。傳曰，根枝折。

《春秋公羊傳・隱公九年》 經：三月癸酉，大雨震電。

傳：何以書？記異也。何異爾？不時也。

《淮南子》卷三《天文訓》 天墜未形，馮馮翼翼，洞洞灟灟，故曰太昭。道始于虛霩，虛霩生宇宙，宇宙生氣。氣有涯垠，清陽者薄靡而爲天，重濁者凝滯而爲地。清妙之合專易，重濁之凝竭難，故天先成而地後定。天地之襲精爲陰陽，陰陽之專精爲四時，四時之散精爲萬物。積陽之熱氣生火，火氣之精者爲日；積陰之寒氣爲水，水氣之精者爲月。日月之淫爲精者爲星辰。天受日月星辰，地受水潦塵埃。昔者共工與顓頊爭爲帝，怒而觸不周之山，天柱折，地維絕。天傾西北，故日月星辰移焉；地不滿東南，故水潦塵埃歸焉。天道曰圓，地道曰方。方者主幽，圓者主明。明者，吐氣者也，是故火曰外景；幽者，含氣者也，是故水曰內景。

吐氣者施，含氣者化，是故陽施陰化。天之偏氣，怒者爲風；地之含氣，和者爲雨。陰陽相薄，感而爲雷，激而爲霆，亂而爲霧。陽氣勝則散而爲雨露，陰氣勝則凝而爲霜雪。毛羽者，飛行之類也，故屬於陽。介鱗者，蟄伏之類也，故屬於陰。日者，陽之主也，是故春夏則群獸除，日至而麋鹿解。月者，陰之宗也，是以月虛而魚腦減，月死而蠃蛖膲。火上蕁，水下流，故鳥飛而高，魚動而下。

漢 劉向《説苑》卷一《君道》 宋大水，魯人弔之曰：『天降淫雨，谿谷滿盈，延及君地，以憂執政，使臣敬弔。』宋人應之曰：『寡人不佞，齋戒不謹，邑封不修，使人不時，天加以殃，又遺君憂，拜命之辱。』君子聞之曰：『宋國其庶幾乎！』問曰：『何謂也？』曰：『昔者夏桀殷紂不任其過，其亡也忽焉；成湯文武知任其過，其興也勃焉；夫過而改之，是猶不過。故曰其庶幾乎！』宋人聞之，夙興夜寐，早朝晏退，弔死問疾，戮力宇內。三年，歲豐政平，嚮使宋人不聞君子之語，則年穀未豐而國未寧，詩曰：『佛時仔肩，示我顯德行。』此之謂也。

《後漢書》卷五一《陳龜傳》 龜臨行，上疏曰：『臣龜蒙恩累世，馳騁邊垂，雖展鷹犬之用，頓斃胡虜之庭，魂骸不返，薦享狐狸，猶無以塞厚責，荅萬分也。臣至頑駑，器無鈆刀一割之用，過受國恩，榮秩兼優，生年死日，永懼不報。臣聞三辰不軌，擢士為相；蠻夷不恭，拔卒為將。臣無文武之才，而忝鷹揚之任，上慚聖明，下懼素餐，雖殁軀體，無所云補。今西州邊鄙，土地塉埆，鞍馬為居，射獵為業，男寡耕稼之利，女乏機杼之饒，守塞候望，懸命鋒鏑，聞急長驅，去不圖反。自頃年以來，匈奴數攻營郡，殘殺長吏，侮略良細。戰夫身膏沙漠，居人首係馬鞍。或舉國掩戶，盡種灰滅，孤兒寡婦，號哭空城，野無青草，室如懸磬。雖含生氣，實同枯朽。往歲并州水雨，災螟互生，稼穡荒耗，租更空闕。老者慮不終年，少壯懼於困厄。陛下以百姓為子，品庶以陛下為父，焉可不日昃勞神，垂撫循之恩哉！唐堯親捨其子以禪虞舜者，是欲民遭聖君，不令遇惡主也。故古公杖策，其民五倍；文王西伯，天下歸之。豈復輿金輦寶，以為民惠乎！近孝文皇帝感一女子之言，除肉刑之法，體德行仁，為漢賢主。陛下繼中興之統，承光武之業，臨朝聽政，而未留聖意。且牧守不良，或出中官，懼逆上旨，取過目前。呼嗟之聲，招致災害，胡虜凶悍，因衰緣隙。而令倉庫單於豺狼之口，功業無銖兩之效，皆由將帥不忠，聚姦所致。前涼州刺史祝良，初除到州，多所糾罰，太守令長，貶黜將半，政未踰時，功效卓然。實應賞異，以勸功能，改任牧守，去斥姦殘。又宜更選匈奴烏桓護羌中郎將校尉，簡練文武，授之法令，除并涼二州今年租更，寬赦罪隸，埽除更始。則善吏知奉公之祐，惡者覺營私之禍，胡馬可不窺長城，塞下無候望之患矣。』

唐 吴兢《大風陳得失疏》《新唐書》卷一三三 自春以來，亢陽不雨，迺六月戊午，大風拔樹，壞居人廬舍。傳曰：『欲德不用，厥災旱。上下蔽隔，庶位逾節，陰侵於陽，則旱災應。』又曰：『政悖德隱，厥風發屋壞木。』陰類大臣之象，恐陛下左右，有奸臣擅權，懷謀上之心。臣聞百王之失，皆由權移於下，故曰人主與人權，猶倒持太阿，授之以柄。夫天降災異，欲人主感悟，願深察天變，杜絕其萌。且陛下承天后和帝之亂，府庫未充，冗員尚繁，户口流散，法出多門，賕謁大行，趨競彌廣：此弊未革，實陛下庶政之闕也。臣不勝惓惓，願斥屏羣小，不爲慢遊，出不御之女，減不急之馬，明選舉，慎刑罰，杜僥幸，存至公，雖有旱風之變，不足累聖德矣。

唐　羅隱《讒書》卷一《風雨對》　風雨雪霜，天地之所權也。山川藪澤，鬼神之所伏也。故風雨不時，則歲有饑饉。雪霜不時，則人有疾病。然後禱山川藪澤以致之，則風雨雪霜，果爲鬼神所有也明矣。得非天之高，不可以自理，而寄之山川。地之厚，不可以自運，而憑之鬼神。苟祭祀不時則饑饉作，報應不至則疾病生。是鬼神用天地之權也，而風雨雪霜爲牛羊之本矣。復何歲時爲，復何人民爲，是以大道不旁出，懼其弄也。大政不問下，懼其偷也。夫欲何言。

《舊唐書》卷三七《五行志》　右僕射唐休璟以霖雨爲害，咎在主司，上表曰：『臣聞天運其工，人代之而爲理；神行其化，爲政資之以和。得其理則陰陽以調，失其和則災沴斯作。故舉才而授，帝唯其難；論道於邦，官不必備。頃自中夏，及乎首秋，郡國水災，屢爲人害。夫水，陰氣也，臣實主之。臣忝職右樞，致此陰沴，不能調理其氣，而乃曠居其官。雖運屬堯年，則無治水之用；位侔殷相，且闕濟川之功。猶負明刑，坐逃皇譴。皇恩不弃，其若天何？昔漢家故事，丞相以天災免職。臣竊遇聖時，豈敢靦顔居位。乞解所任，待罪私門，冀移陰咎之徵，復免夜行之眚。』

宋　范仲淹《范文正集》卷八《上呂相公并呈中丞諮目知蘇州時**》**　某諮目，再拜上僕射相公：伏蒙同賜鈞翰，又訪以疏導積水之事。何巖廊之上而意及畎畝？是伊尹恥一物不獲之心也，天下幸甚！某連蹇之人，常欲省事，及觀民患，不忍自安。去年姑蘇之水，踰秋不退。計司議之於上，窮俗語之於下，某為民之長，豈敢曲沮焉？然初未甚曉，惑於羣；及按而視之，究而思之，則了然可照。今得一二以陳焉，願垂鈞造審而勿倦，則浮議自破，斯民之福也。姑蘇四郊畧平窊，而為湖者十之二三。西南之澤尤大，謂之太湖，納數郡之水。湖東一派，濬入于海，謂之松江。積雨之時，湖溢而江壅，横没諸邑，雖北壓揚子江，而東抵巨浸，河渠至多，堙塞已久，莫能分其勢矣。惟松江退落，漫流始下。或一歲大水，久而未耗，來年暑雨，復為沴焉，人必荐饑，可不經畫！今疏導者，不惟使東南入于松江，又使西北入于揚子之與海也，其利在此。夫水之為物，蓄而停之，何為而不害？決而流之，何為而不利？或曰，江水已高，不納此流。某謂不然。江海所以為百谷王者，以其善下之，豈獨不下於此耶！江流或高，則必滔滔旁來，豈復姑蘇之有乎？矧今開畎之處，下流不息，亦明驗矣。或曰，日有潮來，水安得下？某謂不然。大江長淮無不潮也，來之時刻少，而退之時刻多，故大江長淮會天下之水，畢能歸于海也。或曰，沙因潮至，數年復塞，豈人力之可支？某謂不然。新導之河，必設諸閘，常時扃之，禦其來潮，沙不能塞也。每春理其閘外，工減數倍矣。旱歲亦扃之，駐水溉田，可救熯涸之災。潦歲則啟之，疏積水之患。或謂開畎之役，重勞民力。某謂不然。東南之田，所植惟稻，大水一至，秋無他望。災沴之後，必有疾疫乘其羸，十不救一。謂之天災，實由饑耳。如能使民以時，導達溝瀆，保其稼穡，俾百姓不饑而死，曷為其勞哉？民勤而生，不亦愈於惰而死者乎！或謂力役之際，大費軍。某謂不然。姑蘇歲納苗米三十四萬斛，官私之糴，又不下數百萬斛。去秋蠲放者三十萬，官私之糴無復有焉。如豐穰之歲，春役萬人，人食三升，一月而罷，用米九千石耳。荒歉之歲，日以五升，召民為役，因而賑濟，一月而罷，用米萬五千石耳。量此之出，較彼之入，孰為費軍食哉！或謂陂澤之田，動成渺瀰，導川而無益也。某謂不然。吳中之田，非水不殖。減之使淺，則可播種，非必決而涸之，然後為功也。昨開五河，洩去積水，今歲平和，秋望七八。積而未去者，猶有二三，未能播殖，復請增理數道，以分其流，使不停壅。縱遇大水，其去必速，而無來歲之患矣。又松江一曲，號曰盤龍港。父老傳云，出水尤利。如總數道而開之，災必大減。蘇、秀間有秋之半，利已大矣。畎澮之事，職在郡縣，不時開導，刺史、縣令之職也。然今之世，有所興作，横議先至，非朝廷主之，則無功而有毀。守土之人，恐無建事之意矣。蘇、常、湖、秀，膏腴千里，國之倉庾也。浙漕之任及數郡之守，宜擇精心盡力之吏，不可以尋常資格而授，恐功利不至，重為朝廷之憂，且失東南之利也。某已具此聞于相府，仰惟中丞有憂天下之心，為亦留意於此焉。干冒威重，卑情不任惶懼之至。

宋　歐陽修《文忠集》卷九二《爲雨水爲灾待罪乞避位第一表治平二年八月**》**　臣某言：臣聞任非其人，則官必曠職；時多闕政，則天為降災。惟譴咎之有歸，難僥幸於獨免。臣某中謝伏念臣本以庸妄，遭逢盛明，擢貳宰司，與聞國論。不能協宣上德，輔導至和。頻年已來，害氣交作。春饑已甚，饉疫相望，秋潦暴興，覆溺無數，下致生民之愁苦，上貽聖主之焦勞。臣獨何心，安於厥位？舉朝廷之典法，便合黜幽；賴覆幬之寬仁，尚容自劾。伏望皇帝陛下，特回天造，俯察愚忠，俾解政機，推行憲罰，以塞上穹之降責，以警庶位之惰官。然後別選雋賢，俾居參輔，益圖更化之術，上副求治之心。自然人神以和，災異咸弭，不惟臣適其分，亦俾國無屈刑。

又《**乞避位第二表**》 臣某言：近以雨水之變，上表待罪，蒙降批答不允者。上天告戒，比屋罹災。虔思消異之方，願避進賢之路。特迂聖訓，未諒愚誠，退自省循，豈遑安處？臣某中謝。伏以天人之相去不遠，見於事常若響之應聲；賞罰之至要易知，舉其大則以一而警百。是以政有得而有失，則災祥以類而來；官若成而若虧，則黜陟以時而舉。伏念臣猥由愚陋，進冒寵榮。一貳政機，五更歲律。相府之事無不總，既皆得以與聞；斯人之居不聊生，欲於何而歸咎？辜朝廷之委任，貽君父之憂勞。此而不誅，何以勵眾？伏望皇帝陛下，奮然睿斷，赫以皇明，理其曠敗之愆，正厥經常之法，置之散地，全以寬恩。誓堅犬馬之心，終效涓埃之報。

又《**乞避位第三表**》 臣某言：近以雨水之災，再上表待罪，蒙降批答不允，仍斷來章者。陰沴干時，聖心軫慮。明詔一下，群臣震惶。況居任責之司，敢為幸免之計！臣某中謝伏惟皇帝陛下，身膺眷命，光紹丕圖，總覽萬幾之繁，講求三代之治。旰不遑食，勵文王之小心；行之以勤，躬伯禹之盛德。固已生民受賜，品匯蒙休，宜召至和，以來嘉應，而善氣未效，時災薦臻。惟天聰明，異不虛出，示人警戒，咎必有歸。所以三事之臣，連章瀝懇。況臣最為濫竊，尤玷寵榮。方平日以尸居，不知引分；及敗官而宜罰，其敢逃刑？伏惟皇帝陛下，俯抑至慈，深思大譴。退其不肖，以為修政之先；不以空文，庶得應天之實。

又卷一一一《**乞罷上元放燈札子**嘉祐四年》 臣伏以上元放燈，不出典禮，蓋因前世習俗所傳。陛下俯徇眾心，欲同民樂，勉出臨幸，非為嬉游。若乃時歲豐和，人物康富，以為樂事，亦是人情。今自立春以來，陰寒雨雪，小民失業，坊市寂寥，寒凍之人，死損不少，薪炭食物，其價增倍，民憂凍餓，何暇遨游！臣本府日閱公事，內有投井投河不死之人，皆稱因為貧寒，自求死所。今日有一婦人凍死，其夫尋亦自縊。惟里巷之中，失所之人何可勝數？昨日聖恩差官俵錢，正為如此。目下陰雪未解，假使便得晴明，坊市不免泥淖，聖駕所歷，沖冒風寒。況方以日蝕之災避殿減膳，聖心憂畏，中外所知。欲乞特罷放燈，所有常年酌獻之禮，若至日未得晴明，亦乞差大臣攝事，所有見今供擬游幸及修道路寒凍兵士，並乞放罷，庶幾上副陛下畏天憂民之心。今取進止。

宋　韓琦《**安陽集**》**卷二八**《**灾異待罪第一表**》 臣某言：伏以人主之操賞罰，貴乎不私；宰相之調陰陽，在乎無忒。苟天時之作沴，繫人事之不修。當責其誰？是惟冢輔。臣某中謝。伏念臣頃遭際會，遂冠臣鄰。當堯舜之纂承，乏皋夔之事業。故聖心願治，日極於咨詢；而樸學素空，卒無於補助。居常省分，屢已抗章。雖引去之未容，益自知其難處。今此仲秋之始，忽興淫雨之災。京邑之間，日纔信宿，室居之壞，十殆四三，民胥嗷然，駭無所止。伏惟皇帝陛下紹膺寶命，勤究永圖。言動之微，亦無過舉；政刑之謹，必憲先猷。惟高穹之甚明，宜嘉應之遄格。茲咎安在？其來有繇：蓋臣充位無聞，素餐已久，衆賢沈抑而不能彙進，輿情鬱塞而不能上通。既汩五行，遂隳庶務。豈可以頑然自若，恬不知慚！伏望皇帝陛下稽合天心，申明國典，驗往誥雨暘之所自，法前朝災異之所行，敷告大廷，亟行顯黜。四海之內，皆知震曜之威；則諸福之來，是猶桴鼓之答。臣無任云云。

又《**灾異待罪第二表**》 臣某言：近以天雨之淫，都城特甚，乞從免黜，以塞咎災，蒙降批荅不允者。竊以三公之理陰陽，冢宰之主政治，蓋今首相之任，誠繫四方之瞻。官匪其人，變不易發。臣某中謝。伏念臣素無他技，徒偶亨期，因緣犬馬之勞，忝冒鼎槐之冠。推賢避路，既未遂於愚衷；竊位素餐，固不容於天理。而自皇帝陛下紹承統緒，振葺紀綱，思兼三王，待旦之勤已至；恭用五事，承天之德無差。何茲暴霆之來，頗戾至和之應。遇栽以懼，煩引咎之過深；責相之愚，幸寘刑而有舊。願正燮調之失，特申竄謫之科。如此，則風雨時而三階平，自銷民沴；股肱良而元首起，坐見治功。臣無任云云。

又《**灾異待罪第三表**》 臣某言：近以淫雨之災，乞從罷免，伏蒙聖慈再降批荅不允，仍斷來章。宰職不修，當明於國憲；君恩過厚，尚損於詔音。雖聖度之如天，欲自容而無地。臣某中謝。臣聞古者至治之世，風雨節，陰陽和，百穀歲登，萬物時遂。蓋有德者進，而無德者退，有功者上，而無功者下。人事既得，天心自符，應之善祥，是若影響。恭惟皇帝陛下協大横之兆，承累盛之基，即位以來，勵精為治。臨朝親決，有唐堯之聰明；約已自修，侔夏禹之勤儉。然猶吏多弛職，俗靡還淳。得非黜典之公不先貴近，故俾政綱之紊未振隳頹？今大異之所來，匪冢司而孰咎？宜因此變，遂正彝章。縱寬斧鉞之誅，必用竄投之法。則人心自化，坐移偷薄之風；天監弗違，日見太平之象。臣無任。

宋 王珪《華陽集》卷一三《雨灾許言時政闕失詔》 蓋聞古之聖賢在位，陰陽和，風雨時，日月光，星辰靜，黎民阜蕃，以底休平，朕甚慕之。朕猥以眇身，託于王公之上，夙夜之思，惟懼不能以承先帝鴻業。而比年以來，水潦為沴，乃八月庚寅，大雨京師，室廬墊傷，被溺者衆，大田之稼，害于有秋。竊迹災變之來，曾不虛發，豈朕之不敏于德而不明于政歟？將天下刑獄滯冤，賦繇煩苦，民有愁嘆亡聊之聲，以干其順氣歟？不然，則何天戒之甚著也？今飭躬焦思，欲銷復大異，而未聞在位者之忠言。進祈自新，厥路何繇焉？應中外臣寮，並許上實封，言時政闕失，及當世之利病，可以佐元元者，悉心以陳，毋有所諱。執政大臣，皆朕之股肱，其協德交修，以輔朕之不逮。

又 卷二八《賜宰臣韓琦雨灾乞退第一表不允批答》 省表，具之。蓋聞天右王者，故災異數下，以譴告之。顧德不明，蒙淫雨之罰，水泉涌出，壞民室廬，朕甚懼焉。方反躬念愆，思有以答天之戒。而正陽顯見，感不旋日，豈特朕力之致哉？誠股肱大臣飭正萬事之應也。《書》不云乎，『百姓有過，在予一人』。何遽上書，欲上大丞相印綬，漠然予心，將何寄焉？所請宜不允。

又《賜韓琦雨灾乞退第二表不允斷來章批答》 省表，具之。朕接隆平之序，懷寅畏之心。迺素秋之甫成，忽淫雨之暴降。然止於近郊，則顧其害靡大；彌於再宿，則迹其感不遲。今人事之已修，天變之已返，而猶據災而引咎，援故而辭權。雖蹈夫聖賢遠覽之思，殆謬於君臣交儆之意。《書》云勑天之命，方徯咎繇之歌；《詩》曰畏天之威，始安文王之道。勉規弗及，終底於休。所請宜不允，仍斷來章。

又《賜韓琦雨灾乞退第三表不允斷來章批答》 省表，具之。堯被襄陵之災，終勤於稽古；湯離剪爪之患，猶勉於承天。朕不能跂二帝之功，摹三王之迹，而陰陽之靡順，風雨之不時，未飭厥事之違，乃歸有司之責。如是則謬於疇采，空興四岳之嗟；忘於綏人，孤式九圍之命。尚蘄丕應，宜彌來封。所請宜不允，仍斷來章。

又《賜宰臣曾公亮雨灾乞退第一表不允批答》 省表，具之。朕迹災變之繇，率緣象類；而至格休平之應，莫匪誠忱之通。比積陰以盭和，乃淫雨之降儆；稼穡卒瘁於近甸，室廬幾潰於橫流。方責躬以永思，俄導順而來復。欽惟元德之宰，惕奉明威之臨，外協釐於庶工，內輔飭於五事。奚列章而自咎，欲謝寵以為安？且堯沴九年，未聞去位之佐；而宋災一國，猶興罪己之言。過實在予，疑何及此？所請宜不允。

又《賜曾公亮雨灾乞退第三表不允斷來章批答》 省表，具之。天人之交，其微可畏，陰陽之沴，厥罰有來。自淫雨之下祥，已高穹之返聽。申眷弼疑之任，重懲譴異之由，欲避位於鼎司，數置章於軍府。無流民之讁，而過援石慶之歸；非愆陽之災，而固引祖棨之咎。在於匪德，良亦非懷。所請宜不允，仍斷來章。

宋 范祖禹《范太史集》卷一四《論農事札子七月十日》 臣近蒙賜告，暫至許昌，竊見畿內已苦雨潦，詢之村民，皆云鄉村安靜，公私少事，無呼召煩擾。唯是年歲未得豐熟，不旱則水，民嘗艱食。夏麥既薄，或全不收；秋苗雖茂，唯憂滂損。臣竊惟陛下哀矜百姓，賑恤鰥寡，德澤所及，可謂至厚；然猶和氣未應，陰陽隔并，欲修政事以應之，願陛下推其心而已矣。夫天道不遠，在君心所以感之。人君愛民，則天亦愛人君。愛民者，在知其勞苦而恤其困窮。天下之人至勞苦而常困窮者，農民是也。周公作《無逸》，戒成王以先知稼穡之艱難。又言：『商之逸王不知稼穡之艱難，不聞小人之勞，唯躭樂之從。』夫稼穡之艱難與小人之勞，人君不可以不知。天生時而地生財，自一粒一縷以上皆出於民力，然後人得而用。人臣之祿受之於君，故不可不報君；人君之奉取之於民，故不可不愛民。天子者，合天下之力而共尊養之，凡宮室、車馬、服食、器用，無非取於天下，皆百姓之膏血也。其作之也甚勞，其成之也甚難。安而享之，不可不思其所從來；思其所從來，則愛之而有不忍費財之心，憂之而有不忍勞民之心。以此之心，行此之政，而天下不安者未之有也。天下之大，生民之衆，唯繫於一人之心。君心靜，則天下靜，君心不靜，則天下亦不靜。朝廷唯躬儉節用，無所營為，常恐煩百姓，則天下安息。先王豈能人人而食之，人人而衣之哉，推其仁心，修其仁政，以及天下，則所被者廣矣。臣願陛下，當食則思天下有飢而不得食者，當衣則思天下有寒而不得衣者。凡於每事，莫不皆然，唯推至誠，以召和氣，庶幾皇天報應，降豐年之祥，使百姓家給人足，則太平矣。昔漢昭帝耕於鉤盾弄田，其事至微，史臣書之，蓋以昭帝欲知稼穡之艱難，與周公戒成王之意同也。周世宗留心農事，嘗刻木為耕夫蠶婦，置之殿庭，欲見之而不忘。國朝祖宗以來，尤重農穡。太宗嘗謂近臣曰：『耕耘之夫，最可矜閔。春蠶既登，併功紡績，而繒帛不及其身；田禾大稔，充其腹者不過疏糲。若風雨乖候，稼穡不登，將如之何？』真宗於內殿植稻麥，臨觀刈穫，欲知田畝之勞，至今遵之。惟陛下深留意於農政，而常以保惠小民為先，則天下幸甚。取進止。

宋 文彥博《潞公文集》卷二五《奏西京灾傷事元豐四年六月**》** 臣體量得西京畿內諸縣，今春以來，麥苗極盛，有望豐登。無何自四月五月中直至收穫之際，大雨頻併，繼日不止，遂至頗損麥苗。所存者三四分，須至趂時收穫上場，所冀收拾殘餘，粗捄饑困。臣體訪得所收多者，僅及三四分。日有人戶經官披訴苗傷，又緣官吏拘文，為已收割在場，及有持打了者，不以為憑，須得存留，查苗在地，方可驗覆。今若不與檢放，必至人戶逃移。況今夏多雨害稼，衆所明知，難為巧詐。伏望朝廷特降指揮，下本路轉運司仔細體量，實有災傷，即早與減放分數，所貴人戶不致逃移。更望朝廷矜察，早降指揮。取進止。

宋 蘇軾《東坡全集》卷四五《御試制科策并策問**》** 皇帝若曰：朕承祖宗之大統，先帝之休烈，深惟寡昧，未燭於理，志勤道遠，治不加進。夙興夜寐，於茲三紀。朕德有所未至，教有所未孚，闕政尚多，和氣或盭。田野雖闢，民多亡聊。邊境雖安，兵不得撤。利入已浚，浮費彌廣。軍冗而未練，官冗而未澄。庠序比興，禮樂未具。戶罕可封之俗，士忽胥讓之節。此所以訟未息於虞、芮，刑未措於成、康。意在位者不以教化為心，治民者多以文法為拘。禁防繁多，民不知避。敘法寬濫，吏不知懼。纍繫者衆，愁嘆者多。仍歲以來，災異數見。六月壬子，日食於朔。淫雨過節，煖氣不效。江河潰決，百川騰溢。永思厥咎，深切在予。變不虛生，緣政而起。五事之失，六沴之作，劉向所傳，呂氏所紀，五行何修而得其性？四時何行而順其令？非正陽之月，伐鼓救變，其合於經乎？方盛夏之時，論囚報重，其考於古乎？京師諸夏之表則，王教之淵源。百工淫巧無禁，豪右僭差不度。治當先內，或曰，何以為京師？政在摘姦，或曰，不可撓獄市。推尋前世，探觀治跡。孝文尚老子而天下富殖。孝武用儒術而海內虛耗。道非有弊，治奚不同？王政所由，形于詩道。周公《豳》詩，王業也，而係之《國風》。宣王北伐，大事也，而載之《小雅》。周以冢宰制國用，唐以宰相兼度支。錢穀，大計也。兵師，大衆也。何陳平之對，謂當責之內史？韋賢之言，不宜兼於宰相？錢貨之制，輕重之相權；命秩之差，虛實之相養；水旱蓄積之備；邊陲守禦之方；圜法有九府之名；樂語有五均之義。富人強國，尊君重朝。弭災致祥，改薄從厚。此皆前世之急政，而當今之要務。子大夫其悉意以陳，毋悼後害。

臣謹對曰：臣聞天下無事，則公卿之言輕於鴻毛；天下有事，則匹夫之言重於泰山。非智有所不能，而明有所不察，緩急之勢異也。方其無事也，雖齊桓之深信其臣，管仲之深得其君，以握手丁寧之間，將死深悲之言，而不能去其區區之三豎。及其有事且急也，雖唐代宗之庸，程元振之用事，柳伉之賤且疎，而一言以入之，不終朝而去其腹心之疾。夫言之於無事之世者，足以有所改為，而常患於不信。言之於有事之世者，易以見信，而常患於不及改為。此忠臣志士之所以深悲，天下之所以亂亡相尋，而世主之所以不悟也。今陛下處積安之時，乘不拔之勢，拱手垂裳，而天下嚮風；動容變色，而海內震恐。雖有一事之失常，一物之不獲，固未足以憂陛下也。所謂親策賢良之士者，以應故事而已。豈以臣言為真足以有感於陛下耶？雖然，君以中求之，臣以實應之。陛下為是名也，臣敢不為是實也。

伏惟制策有念祖宗先帝大業之重，而自處於寡昧，以為『志勤道遠，治不加進』，臣竊以為陛下即位以來，歲歷三紀，更於事變，審於情僞，不為不熟矣。而『治不加進』，雖臣亦疑之。然以為『志勤道遠』，則雖臣至愚，亦未敢以明詔為然也。

夫志有不勤而道無遠。陛下苟知勤矣，則天下之事，粲然無不畢舉，又安以訪臣為哉？今也猶以道遠為嘆，則是陛下未知勤也。臣請言勤之說。夫天以日運，故健；日月以日行，故明；水以日流，故不竭；人之四肢以日動，故無疾；器以日用，故不蠹。天下者，大器也。久置而不用，則委靡廢放，日趨於弊而已矣。陛下深居法宮之中，其憂勤而不息耶？臣不得而知也。其宴安而無為耶？臣不得而知也。然所以知道遠之嘆由陛下之不勤者，誠見陛下以天下之大，欲輕賦稅則財不足，欲威四夷則兵不強，欲興利除害則無其人，欲敦世厲俗則無其具，大臣不過遵用故事，小臣不過謹守簿書，上下相安，以苟歲月。此臣所以妄論陛下之不勤也。

臣又竊聞之。自頃歲以來，大臣奏事，陛下無所詰問，直可之而已。臣始聞而大懼，以為不信，及退而觀其效見，則臣亦不敢謂不信也。何則？人君之言，與士庶不同。言脱於口，而四方傳之，捷於風雨。故太祖、太宗之世，天下皆諷誦其言語，以為聳動之具。今陛下之所震怒而賜譴者，何人也？所與朝夕論議深言者，何人也？越次躐等召合於聖意誘而進之者，何人也？所與朝夕論議深言者，何人也？越次躐等召而問訊之者，何人也？四者，臣皆未之聞焉。此臣所以妄論陛下之不勤也。

臣願陛下條天下之事，其大者有幾，可用之人有幾。某事未治，某人未用，雞鳴而起，曰：吾今日為某事，用某人。他日又曰：吾所為某事，其事果濟矣乎；所用某人，其人果才矣乎。如是孜孜焉不違於心，屏去聲色，放遠善柔，親近賢達，遠覽古今，凡此者勤之實也，而道何遠乎！【略】

伏惟制策有『仍歲以來，災異數見，乃六月壬子，日食于朔。淫雨過節，暖氣不效。江河潰決，百川騰溢。永思厥咎，深切在予。變不虛生，緣政而起』。此豈非陛下厭聞諸儒牽合之論，而欲聞其自然之説乎？臣不敢復取《洪範傳》、《五行志》以為對，直以意推之。夫日食者，是陽氣不能履險也。何謂陽氣不能履險？臣聞五月二十三分月之二十，是為一交，交當朔則食。交者，是行道之險者也。然而或食或不食，則陽氣之有強弱也。今有二人並行而犯霧露，其疾者，必其弱者也。其不疾者，必其強者也。道之險一也，而陽氣之強弱異。故夫日之食，非食之日而後為食，其虧也久矣，特遇險而見焉。陛下勿以其未食也為無災，而其既食而復也為免咎。臣以為未也，特出於險耳。夫淫雨大水者，是陽氣融液汗漫而不能收也。諸儒或以為陰盛。臣請得以理折之。夫陽動而外，其於人也為噓，噓之氣溫然而為濕；陰動而內，其於人也為噏，噏之氣冷然而為燥。以一人推天地，天地可見也。故春夏者，其一噓也。秋冬者，其一噏也。夏則川澤洋溢，冬則水泉收縮，此燥濕之效也。是故陽氣汗漫融液而不能收，則常為淫雨大水，猶人之噓而不能噏也。今陛下以至仁柔天下，兵驕而益厚其賜，戎狄桀傲而益加其禮，蕩然與天下為咻呴溫暖之政，萬事惰壞而終無威刑以堅凝之，亦如人之噓而不能噏，此淫雨大水之所由作也。天地告戒之意，陰陽消復之理，殆無以易此矣！

又　卷五七《奏浙西災傷第二狀》　元祐五年七月二十五日，龍圖閣學士左朝奉郎知杭州蘇軾狀奏。右臣近奏，為浙西數郡淫雨風濤為害，恐災傷之勢，甚於去年，而常平斛斗，例皆出糶，見在數少，恐來年民間闕食，無可賑濟，乞備錄臣奏，下戶部及本路提、轉、鈐轄司相度，合如何擘畫收糴，準備出糶。未蒙施行。今月二十一日、二十二日、二十三日，皆連晝夜大風雨，二十四日雨稍止，至夜復大雨。竊料蘇、湖等州風濤所損，必加於前，若不早作擘畫，廣行收糴常平斛斗準備，則來歲必有流殍之憂。伏惟聖慈早賜愍救，檢會前奏，速賜施行。臣別無材術，惟知屢奏，喧瀆聖聽，罪當萬死。謹錄奏聞，伏候勅旨。

又　卷七六《上呂僕射論浙西災傷書》　軾頓首上書門下僕射相公閣下。軾近上章，論浙西淫雨颶風之災。伏蒙恩旨，使與監司諸人議所以為來歲之備者。謹已條上二事。軾才術淺短，禦災無策，但知叫號朝廷，乞寬減額米，截賜上供。言狂計拙，死罪！死罪！

然三吳風俗，自古浮薄，而錢塘為甚。雖室宇華好，被服粲然，而家無宿舂之儲者，蓋十室而九。自經熙寧饑疫之災，與新法聚斂之害，平時富民殘破略盡，家家有市易之欠，人人有鹽酒之債，田宅在官，房廊傾倒，商賈不行，市井蕭然。譬如衰羸久病之人，平時僅自支持，更遭風寒暑濕之變，便自委頓。仁人君子，當意外將護，未可以壯夫常理期也。今年，錢塘賣常平米十八萬石，得米者皆叩頭誦佛云：『官家將十八萬石米，於烏鳶狐狸口中，奪出數十萬人，此恩不可忘也。』夫以區區戰國公子，尚知焚券市義，今以十八萬石米易錢九萬九千緡，而能活數十萬人，此豈下策也哉！竊惟仁聖在上，輔以賢哲，一聞此言，理無不行。但恐世俗諂薄成風，揣所樂聞與所忌諱，不以仁人君子期左右，爭言無災，或言有災而不甚，積眾口之驗，以惑聰明，此軾之所私憂過慮也。八月之末，秀州數千人訴風災，吏以為法有訴水旱而無訴風災，拒閉不納。老幼相騰踐死者十一人，方按其事。由此言之，吏不喜言災者，蓋十人而九，不可不察也。

軾既條上二事，且以關白漕、憲兩司，官吏皆來見軾，曰：『此固當今之至計也，然恐朝廷疑公為漕司地，奈何？』軾曰：『吾為數十萬人性命言也，豈恤此小小悔吝哉？』去年秋冬，諸郡閉糴，商賈不行。軾既劾奏通之，又舉行災傷法，約束本路，不得收五穀力勝錢。三郡米大至，施及浙東。而漕司官吏，緣此慍怒，幾不見容。文符往來，僚吏恐悚，以軾之私意，其不為漕司地也審矣。力勝之免，去歲已有成法，然今歲未敢舉行者，實恐再忤漕司，怨咎愈深。此則軾之疲懦畏人，不免小有回屈之罪也。伏望相公一言，檢舉成法，自朝廷行下，使五穀通流，公私皆濟，上以明君相之恩，下以安孤危之跡，不勝幸甚。去歲朝旨，免力勝錢，止於四月。浙中無麥，須七月初間見新穀，故自五月以來，米價復增。軾亦曾奏乞展限至六月，終不報。今者若蒙施行，則乞以六月為限。去歲恩旨，寬減上供額米三分之一，而戶部必欲得見錢，浙中遂有錢荒之憂。軾奏乞以錢和買銀絹上供，三請而後可。今者若蒙施行，即乞一時行下。

軾竊度事勢，若不且用愚計，來歲恐有流殍盜賊之憂。或以其狂淺過計，事難施用，即乞別除一小郡，仍選才術有餘可以坐消災沴者，使任一路之責。幸甚！幸甚！干冒台重，伏紙慄戰。不宣。

宋 洪邁《容齋五筆》卷七《風灾霜旱》 慶元四年，饒州盛夏中，時雨頻降，六七月之間未嘗請禱，農家水車龍具，倚之於壁，父老以為所未見，指期西成有秋，當倍常歲，而低下之田，遂以潦告。餘干、安仁乃於八月罹地火之厄。地火者，蓋苗根及心，蠈蟲生之，莖幹焦枯，如火烈烈，正古之所謂蟊賊也。九月十四日，嚴霜連降，晚稻未實者，皆為所薄，不能復生，諸縣多然。有常產者，訴於郡縣，郡守孜孜愛民，有意蠲租，然僚吏多云：『在法無此兩項。』又云：『九月正是霜降節，不足為異。』案白樂天諷諫杜陵叟一篇曰：『九月霜降秋早寒，禾穗未熟皆青乾。長吏明知不申破，急斂暴征求考課。』此明證也。予因記元祐五年蘇公守杭日，與宰相呂汲公書，論浙西災傷曰：『賢哲一聞此言，理無不行，但恐世俗諂薄成風，揣所樂聞與所忌諱，爭言無災，或有災而不甚損。八月之末，秀州數千人訴風災，吏以為法有訴水旱而無訴風災，閉拒不納，老幼相騰踐，死者十一人。由此言之，吏不喜言災者，蓋十人而九，不可不察也。』蘇公及此，可謂仁人之言。豈非昔人立法之初，如所謂風災、所謂早霜之類，非如水旱之田可以稽考，懼貪民乘時，或成冒濫，故不輕啟其端。今日之計，固難添創條式。但凡有災傷，出於水旱之外者，專委良守令推而行之，則實惠及民，可以救其流亡之禍，仁政之上也。

宋 董煟《救荒活民書》卷上 大曆二年，秋霖損稼。渭南令劉澡稱縣境苗獨不損。上曰：霖雨溥溥，豈渭南獨無？更命御史朱敖視之，損三千餘頃。上歎曰：縣令，字民之官，不損猶應言損，乃不仁如是乎？貶澡南浦尉。

煟曰：代宗斯言，真得人君之體。然今之縣令，孰無愛民之心？顧惟一有荒歉，縣道固難支吾矣，而上司責令賑救，供給紛然，費擾不一；又有使者不測巡按，吏輩誅求，小不滿意，則妄生事端。由是月椿月解，愈難辦集。今須上宮先灼見此弊，上下同心，勤恤民隱可也。

又 淳熙九年，雨。兩降指揮諸路官司不許遏糴，多出文榜曉諭。如敢違戾，令總司覺察申奏。

煟曰：本朝列聖，一有水旱，皆避內殿，減膳徹樂，或出官人，理冤獄，此皆得古聖人用心。孝宗尤切惓惓焉。宜其享國長久，恩德在人，雖千百世而未艾也。

宋 真德秀《西山文集》卷二《庚午六月十五日輪對奏札一》時為秘書郎兼學士院權直 臣恭惟陛下天資高明，克自抑畏，檢身約己，敬天愛民，有前代帝王所不及者，固宜至和之氣蟠塞穹壤，而歲比旱蝗，民以病告，喁喁之望，日徯有秋。乃仲夏以來，常陰為沴，淫雨連亘，閱月彌旬，間嘗開霽，旋復霧霔。湖水暴漲，溢入都城，細民失業，粒米翔貴。近畿州縣，被災者廣，或頹城郭，沒官寺，毀廬舍，溺人民，決壞堤防，渰浸田畝，平疇沃壤，浩如濤波。是非小變也，陛下亦嘗察其故乎？蓋自柄臣擅政，導諛成風，更化以還，餘習未殄。旱暵酷矣，或謂其不傷農；螟蝗熾矣，或謂其不食稼。元元愁苦之狀，有閭巷知之而士大夫不知者，士大夫知之而廟堂不知者，況陛下深居九重，其能盡知之乎？下情不通，民隱莫訴，故作淫雨，京畿尤甚，將以感悟宸衷，亟圖惟新之政，天心仁愛，蓋可見矣。陛下惕然祗懼，禱祠賑卹，細大畢舉，休證潛格，雲陰洞開。臣愚竊慮陛下狃於目前之應，不復推原致異之由，天意靡常，尤足深懼。臣謹按《春秋》莊公十一年，宋大水，董仲舒以為陰盛之所致。嘉祐水災，歐陽修上疏曰：水，陰也，兵亦陰也。修之言蓋為當時發。若推其類言之，則宮庭嚴密之地，左右褻近之私，陰也。內而姦邪小人，外而兵戎盜賊，亦陰也。人君者，秉至陽之德以御衆陰，故主道宣明，則陽暢陰伏，各由其序而弗為災，否則陰盛而忏陽。咎證之來，未有不緣類而著見者，天人相與之際，甚可畏也。陛下聖性濬然，固無便嬖女謁之累，然除授命令，間煩特旨，夤緣請托，侵紊成憲，尚或有之。倖門既開，奔湊日衆，豈所以杜幾微而窒萌漸乎，此陰沴所為而作也。更化之初，分別淑慝，國論嘗一定矣。衆正在廷，元氣充實，姦邪之黨，尚肆窺覦。一二年來，俊賢耆艾，引去相踵，甚而二三近臣之進退，倉猝皇遽，或不知所從來，於是善良之士寖不自安而窺伺者益衆矣。朝廷紀綱，寄於給舍，維持法守，政所當然，聞諸道塗，顧猶有不得其職者。紀綱一廢，何事不生？

臣恐憸人非類，洋洋乎動心矣，此陰沴所為而作也。敵國更成，既難遽恃，弄兵之徒，日益披猖，彼其嘯聚之始，非有跳梁不可制之埶也，使陛下帥守得人，監司得人，撲其燄於未張，一巡尉力耳。奈何擁兵之帥，或萌玩寇之心，分土之臣，各啟倖功之念，養成癰疽，馴致決潰，乃始草薙而禽獮之，世豈有斃千萬人於干戈而天不為之變者！或者幸其納降。曲意招誘。不知損威喪重，適啟姦心。二者蓋胥失矣。寇虐肆行，流毒甚慘，嗸嗸之衆，籲辜于天，此又陰沴所為而作也。抑臣聞之，潦於夏者其秋必旱，陰盛之極，陽必生焉。漢儒之言，厥有深指。今庫下之田既厄於水，設不幸七八月之間，雨弗時至，高田之稼，復壞於成，飢饉相仍，愁嘆滋甚，豈獨峒丁逋卒能為患哉？比者三衢之事蓋可鑒已。陛下誠能念災變之可畏，思君道之當修，秉持乾綱，法象天德，開公正之路，窒邪枉之蹊，使裏謁不忓于朝，外言不納諸梱，以絶近倖侵權之端，尊信仁賢，容受忠讜，使正人端士得以行其志。而僉邪巧佞不得售其私，以抑小人道長之漸，淮甸創殘之餘，遴柬良牧，寄以赤子之命，招輯流民，咸俾奠居，收瘞遺骸，勿令暴露，江湖之間，寇孽方熾，申敕帥守，戮力同心，仍遣王人，銜命督護，整齊師律，激勵士心，以挫羣盜方張之鋭，則積陰之沴庶乎其可銷，方來之患庶乎其可弭也。《易》之初六曰『履霜堅冰至』，古之聖人於陰之將盛不忘戒謹如此，今災異頻仍，證應甚著，陛下可不亟加聖心乎？臣以踈庸，備數文館，睿恩拔擢，俾攝禁林，惓惓愚忠，冀一吐露久矣，幸因進對，敢竭罤罤之思，意切言狂，惟陛下裁赦。

明 劉基《覆瓿集》卷八《天説下》 或曰：『天災流行，陰陽舛訛，天以之警於人與？』曰：『否。天以氣為質，氣失其平則變，是故風雨、雷電、晦明、寒暑者，天之喘汗、呼噓、動息、啟閉、收發也。氣行而通，則陰陽和，律吕正，萬物並育，五位時若，天之得其常也。氣行而壅，壅則激，激則變，變而後病生焉，故吼而為暴風，鬱而為虹蜺，不平之氣見也。抑拗憤結，迴薄切錯，暴怒溢發，冬雷夏霜，驟雨疾風，折木漂山，三光盪摩，五精亂行，晝昏夜明，瘴疫流行，水旱愆殃，天之病也。霧濁星妖，暈背祲氛，病將至而色先知也。天病矣，物受天之氣以生者也，能無病乎？是故瘥癘夭札，人之病也。狂亂反常，顛蹶披揭，中天之病氣而不知其所為也，雖天亦無如之何也。』

清 南懷仁《坤輿圖説》卷上《雲雨》 雲乃濕氣之密且結者也。地水之氣，被日爆暖，沖至空際中域，一遇本域之寒，即棄所帶之熱，而反元冷之情，因漸湊密，終結成雲。則或薄而稀，或厚而密者。又由于氣之乾濕清濁相勝之異勢也，薄稀者輕浮，易為風所撥散，難以成雨，是為枯瘠無益之雲。若厚密者，多含潤澤，故易化雨而益物。則雨無他，乃施雨之雲耳。凡初雨之時，必濛濛而細，漸而近地，則其雨點愈大矣。蓋雨落時多細微雨點彼此相沾，若下之路遠，則相沾之更多，而加重大。故山頂比山根之雨點微小，因雲離山頂近，離山根遠故也。又冬月比夏月雨點微小，因冬月天冷時，雲離地不遠，夏天大暑日雲高，離地更遠。然雲遠則雨點從上而下，一路彼此相沾之，多而加重大；雲近則路短，而相沾之雨點小。

雨雹時亦然。若當時有大風，雹子而橫斜下，其體更加重大。蓋橫斜之路，比正直之路更遠，路遠則雹子相沾之多。間有如彈丸大者，若剖而細視之，則灼見多小雹子沾于一處，由此故也。

綜述

宋 張載《張子全書》卷二《正蒙一·參兩篇第二》 陰性凝聚，陽性發散；陰聚之，陽必散之，其勢均散。陽為陰累，則相持為雨而降；陰為陽得，則飄揚為雲而升。故雲物班布太虚者，陰為風驅，斂聚而未散者也。凡陰氣凝聚，陽在內者不得出，則奮擊而為雷霆；陽在外者不得入，則周旋不舍而為風；其聚有遠近虚實，故雷風有小大暴緩。和而散，則為霜雪雨露；不和而散，則為戾氣曀霾；陰常散緩，受交于陽，則風雨調，寒暑正。

又 卷八《祭祀》 八蜡：先嗇，一也，始治稼穡者，據易則神農是也；司嗇是修此職者，二也；農，三也；郵表畷，四也；貓虎，五也；坊，六也；水庸，七也；百種，八也。百種，百穀之種。舊説以昆蟲為八，昆蟲是為害者，不當祭。此歲終大報也。

『龍見而雩』，當以孟夏為百穀祈甘雨也。水旱既其氣使然，祈禱復何用意也？民患若此，不可坐視，聖人憂民而已，如人之疾，其子祈禱，不過卒歸無益也，故曰『丘之禱久矣』。

宋 任廣《書叙指南》卷一三《陰晴塵淖》 重陰曰沈陰鬱泱。李固。天陰雨曰下潦上霧。馬援。久雨曰連雨未霽，《後紀》。又曰霖雨積時，陳蕃。

又曰值無已之雨，應璩。又曰霖潦浩庭除。曹顔遠。小雨不止曰霧雨淫淫。《楚辭·景差》。重霧曰苦霧。《舞鶴賦》。陰闇曰陰曀不陽，班叔皮。又曰陰闇連日。《後·郎顗》。雨阻曰平路伊阻。陶潛。開晴曰雲氣四除，嵇康。又曰雲消霧除，相如。又曰風止雨霽，《高唐賦》。又曰風止雨還。《舞鶴賦》。夏間晴曰夕霽風氣涼。《選·十二》。雲遽散曰霍然四除。王莽。晴景曰天氣清和，翟方進。又曰景物澄廓，鮑昭。又曰澄霽斂氣，楞嚴經。又曰清暘昇天。上。夜晴曰氣昏夜歇。上。塵埃曰埃霧闇塞，李密。又曰氣埃，《選·十五》。又曰塵埃張天，《外傳》。又曰埃壒，班固。又曰紅塵晝昏，太沖，吴都。又曰埃風。《楚辭》。塵埃中曰塵坌中。劉禹錫。輕塵著物曰流塵。劉元休。多泥雨曰淖途水轍，劉夢得。又曰天雨淖，韋元成。又曰中逵泥濘。太沖，吴都。汙於泥曰濆淖。《荀子·修身》。前路有泥曰有淖於前。《左·成》。

明 郎瑛《七修類稿》卷二《天地類·龍治水》 嘗聞老人相傳曆日所載，龍多治水即雨少，龍少即雨多也。又《傳》云：夏潦則秋旱，理也。而《甲申雜記》記：熙寧四年乙酉，十一龍治水。其年自春及秋，皆大雨水。今嘉靖丙申，十二龍治水，而雨水之多，亦如熙寧，冬則連晴二月也。

又 卷五《天地類·黑雲蕩日大水入京》 嘉靖二十四年十二月二十以後，接連五日，時有黑塊，大小不一，往來衝日。早暮人皆見之。二十五年六月二十五之夕，北京連雨，西山水發，湧入都城數尺。房屋多倒沒，死者無算，直入皇城。其年無災變者，豈非人能勝天意也。

紀事

《春秋·隱公九年》 三月癸酉，大雨，震電。庚辰，大雨雪。

又 《宣公八年》 冬十月己丑，葬我小君敬嬴，雨，不克葬。庚寅，日中而克葬。

又 《成公十六年》 十有六年春王正月，雨木冰。

《史記》卷七《項羽本紀》 ［秦二世三年］宋義遣其子宋襄相齊，身送之至無鹽，飲酒高會。天寒大雨，士卒凍飢。

又 卷三二《齊太公世家》 ［周武王十一年］居二年，紂殺王子比干，囚箕子。武王將伐紂，卜龜兆，不吉，風雨暴至。

又 卷三八《宋微子世家》 襄公七年，宋地實星如雨，與雨偕下。

《漢書》卷一《高帝紀》 ［秦二世三年］五月，項羽拔襄城還。項梁盡召別將。六月，沛公如薛，與項梁共立楚懷王孫心爲楚懷王。章邯破殺魏王咎、齊王田儋於臨濟。七月，大霖雨。沛公攻亢父。

又 九月，章邯夜銜枚擊項梁定陶，大破之，殺項梁。時連雨自七月至九月。

又 卷二《惠帝紀》 ［四年］三月甲子，皇帝冠，赦天下。省法令妨吏民者；除挾書律。長樂宫鴻臺災。宜陽雨血。

又 卷五《景帝紀》 ［六年］六年冬十二月，雷，霖雨。

又 卷六《武帝紀》 ［元狩六年冬十月］雨水亡冰。

又 卷七《昭帝紀》 ［始元元年］秋七月，赦天下，賜民百戶牛酒。大雨，渭橋絶。

又 卷九《元帝紀》 ［永光元年三月］是月雨雪，師古曰：『雨音于具反。』隕霜傷麥稼，秋罷。如淳曰：『當言罷某官某事，爛脱失之。』晋灼曰：『或無稼字，或稼字在秋下。五行志永光元年三月隕霜殺桑，九月二日隕霜殺稼，天下大饑。言傷麥稼，秋罷，是也。』師古曰：『晋説得之。秋者，謂秋時所收穀稼也。今俗猶謂麥豆之屬爲雜稼。云秋罷者，言至秋時無所收也。』

又 ［永光三年］冬十一月，詔曰：『乃者己丑地動，中冬雨水，大霧，盗賊並起。吏何不以時禁？各悉意對。』

又 卷二七上《五行志上》 《春秋》成公十六年『正月，雨木冰』。

又 桓公元年『秋，大水』。

又 嚴公七年『秋，大水，亡麥苗』。

又 ［嚴公］十一年『秋，宋大水』。

又 ［嚴公］二十四年，『大水』。

又 宣公十年『秋大水，飢』。

又 成公五年『秋，大水』。

又 襄公二十四年『秋，大水』。

又 高后三年夏，漢中、南郡大水，水出流四千餘家。四年秋，河南大水，伊、雒流千六百餘家，汝水流八百餘家。八年夏，漢中、南郡水復出，流六千餘家。南陽沔水流萬餘家。

又 文帝後三年秋，大雨，晝夜不絶三十五日。

又　元帝永光五年夏及秋，大水。潁川、汝南、淮陽、廬江雨，壞鄉聚民舍，及水流殺人。

又　成帝建始三年夏，大水，三輔霖雨三十餘日，郡國十九雨，山谷水出，凡殺四千餘人，壞官寺民舍八萬三千餘所。

又　卷二七中之上《五行志中之上》　隱公九年『三月癸酉，大雨，震電；庚辰，大雨雪』。

又　昭帝始元元年七月，大水雨，自七月至十月。成帝建始三年秋，大雨三十餘日；四年九月，大雨十餘日。

又　卷二七中之下《五行志中之下》　惠帝二年，天雨血於宜陽，一頃所，劉向以為赤眚也。

又　哀帝建平四年四月，山陽湖陵雨血，廣三尺，長五尺，大者如錢，小者如麻子。後二年，帝崩，王莽擅朝，誅貴戚丁、傅，大臣董賢等皆放徙遠方，與諸呂同。誅死者少，雨血亦少。

又　卷二七下之上《五行志下之上》　文帝五年，吴暴風雨，壞城官府民室。時吴王濞謀為逆亂，天戒數見，終不改寤，後卒誅滅。

又　昭帝元鳳元年，燕王都薊大風雨，拔宫中樹七圍以上十六枚，壞城樓。燕王旦不寤，謀反發覺，卒伏其辜。

又　卷九九中《王莽傳中》　［新莽天鳳二年］邯鄲以北大雨霧，水出，深者數丈，流殺數千人。

又　卷九九下《王莽傳下》　［新莽地皇元年九月］是月，大雨六十餘日。

又　［新莽地皇三年］四月，遣太師王匡、更始將軍廉丹東，祖都門外，天大雨，霑衣止。

《三國志》卷二《魏志二·文帝紀》　［黄初元年四年六月］是月大雨，伊、洛溢流，殺人民，壞廬宅。

又　卷三《魏志三·明帝紀》　［太和四年］九月，大雨，伊、洛、河、漢水溢，詔真等班師。

又　［景初元年］秋七月丁卯，司徒陳矯薨。孫權遣將朱然等二萬人圍江夏郡，荊州刺史胡質等擊之，然退走。初，權遣使浮海與高句驪通，欲襲遼東。遣幽州刺史毌丘儉率諸軍及鮮卑、烏丸屯遼東南界，璽書徵公孫淵。淵發兵反，儉進軍討之，會連雨十日，遼水大漲，詔儉引軍還。

又　卷五《魏志五·后妃傳·文帝郭皇后》　［景初］五年，帝東征，后留許昌永始臺。時霖雨百餘日，城樓多壞，有司奏請移止。

又　卷八《魏志八·公孫度傳》　［景初］二年春，遣太尉司馬宣王征淵。六月，軍至遼東。淵遣將軍卑衍、楊祚等步騎數萬屯遼隧，圍塹二十餘里。宣王軍至，令衍逆戰。宣王遣將軍胡遵等擊破之。宣王令軍穿圍，引兵東南向，而急東北，即趨襄平。衍等恐襄平無守，夜走。諸軍進至首山，淵復遣衍等迎軍殊死戰。復擊，大破之，遂進軍造城下，為圍塹。會霖雨三十餘日，遼水暴長，運船自遼口徑至城下。雨霽，起土山、脩櫓，為發石連弩射城中。淵窘急。糧盡，人相食，死者甚多。

又　卷九《魏志九·曹真傳》　［太和四年］真以『蜀連出侵邊境，宜遂伐之。數道並入，可大克也』。帝從其計。真以八月發長安，從子午道南入。司馬宣王泝漢水，當會南鄭。諸軍或從斜谷道，或從武威入。會大霖雨三十餘日，或棧道斷絕，詔真還軍。

又　卷一三《魏志十三·王朗傳》　［魏明帝太和］四年，大司馬曹真征蜀，肅上疏曰：『前志有之，「千里饋糧，士有飢色，樵蘇後爨，師不宿飽」，此謂平塗之行軍者也。又況於深入阻險，鑿路而前，則其為勞必相百也。今又加之以霖雨，山阪峻滑，衆逼而不展，糧縣而難繼，實行軍者之大忌也。聞曹真發已踰月而行裁半谷，治道功夫，戰士悉作。是賊偏得以逸而待勞，乃兵家之所憚也。言之前代，則武王伐紂，出關而復還；論之近事，則武、文征權，臨江而不濟。豈非所謂順天知時，通於權變者哉！兆民知聖上以水雨艱劇之故，休而息之，後日有釁，乘而用之，則所謂悦以犯難，民忘其死者矣。』於是遂罷。

又　卷一五《魏志十五·劉馥傳》　建安十三年卒。孫權率十萬衆攻圍合肥城百餘日，時天連雨，城欲崩，於是以苫蓑覆之，夜然脂照城外，視賊所作而為備，賊以破走。揚州士民益追思之，以為雖董安于之守晉陽，不能過也。

又　卷一七《魏志十七·于禁傳》　建安二十四年，太祖在長安，使曹仁討關羽於樊，又遣禁助仁。秋，大霖雨，漢水溢，平地水數丈，禁等七軍皆沒。禁與諸將登高望水，無所回避，羽乘大船就攻禁等，禁遂降，惟龐德不屈節而死。

又 卷一八《魏志十八·龐德傳》 仁使德屯樊北十里，會天霖雨十餘日，漢水暴溢，樊下平地五六丈，德與諸將避水上堤。

又 卷二五《魏志二十五·楊阜傳》 時初治宮室，發美女以充後庭，數出入弋獵。秋，大雨震電，多殺鳥雀。

又《高堂隆傳》 帝愈增崇宮殿，彫飾觀閣，鑿太行之石英，采穀城之文石，起景陽山於芳林之園，建昭陽殿於太極之北，鑄作黄龍鳳皇奇偉之獸，飾金墉、陵雲臺、陵霄闕。百役繁興，作者萬數，公卿以下至于學生，莫不展力，帝乃躬自掘土以率之。而遼東不朝。悼皇后崩。天作淫雨，冀州水出，漂沒民物。

又 卷二六《魏志二十六·滿寵傳》 關羽圍襄陽，寵助征南將軍曹仁屯樊城拒之，而左將軍于禁等軍以霖雨水長為羽所沒。

又 卷三六《蜀志六·關羽傳》 ［建安二十四年］是歲，羽率衆攻曹仁於樊。曹公遣于禁助仁。秋，大霖雨，漢水汎溢，禁所督七軍皆沒。

又 卷四八《吴志三·孫亮傳》 ［建興元年十二月］是月，雷雨，天災武昌端門；改作端門，又災内殿。

又 ［太平］二年春二月甲寅，大雨，震電。

又《孫休傳》 ［永安］四年夏五月，大雨，水泉涌溢。

又 ［永安五年］八月壬午，大雨震電，水泉涌溢。

晋 袁宏《後漢紀》卷二七《孝獻皇帝紀》 ［初平三年］秋七月，李傕使樊稠至郿葬董卓，大風暴雨，流水入墓，漂其棺槨。

又 ［初平四年］是時帝使侍御史裴茂之詔獄，原輕繫者二百餘人，其中有善士爲傕所枉者。傕表之曰：『茂之擅出囚徒，疑有姦故，宜置於理。』詔曰：『災異數降，陰雨爲害，使者銜命，宣布恩澤，原解輕微，庶合天心，欲解冤結而復罪之乎？一切勿問。』

《後漢書》卷一下《光武帝紀下》 ［建武七年］是夏，連雨水。

又 卷二《顯宗孝明帝紀》 ［永平八年］秋，郡國十四雨水。

又 卷四《孝和帝紀》 ［永元十年］冬十月，五州雨水。

又 ［永元十三年］荊州雨水。九月壬子，詔曰：『荊州比歲不節，今兹淫水爲害，餘雖頗登，而多不均浹，深惟四民農食之本，慘然懷矜。其令天下半入今年田租、芻稾；有宜以實除者，如故事。貧民假種食，皆勿收責。』

又 ［永元十四年］是秋，三州雨水。冬十月甲申，詔：『兖、豫、荊州今年水雨淫過，多傷農功。其令被害什四以上皆半入田租、芻稿；其不滿者，以實除之。』

又 ［永元十五年］是秋，四州雨水。

又 ［永元十六年］二月己未，詔兖、豫、徐、冀四州比年雨多傷稼，禁沽酒。

又《孝殤帝紀》 ［延平元年六月］郡國三十七雨水。己未，詔曰：『自夏以來，陰雨過節，煖氣不效，將有厥咎。寤寐憂惶，未知所由。昔夏后惡衣服，菲飲食，孔子曰「吾無閒然」。今新遭大憂，且歲節未和，徹膳損服，庶有補焉。其減太官、導官、尚方、内署諸服御珍膳靡麗難成之物。』

又 卷五《孝安帝紀》 ［永初三年］是歲，京師及郡國四十一雨水雹。并涼二州大飢，人相食。

又 ［永初四年］秋七月乙酉，三郡大水。

又 ［永初五年］是歲，九州蝗，郡國八雨水。

又 ［永初十二年］是歲，郡國十八地震；四十一雨水，或山水暴至。

又 ［元初三年秋］京師及郡國十雨水。

又 ［元初四年七月］京師及郡國十雨水。詔曰：『今年秋稼茂好，垂可收穫，而連雨未霽，懼必淹傷。夕惕惟憂，思念厥咎。夫霖雨者，人怨之所致。其武吏以威暴下，文吏妄行苛刻，鄉吏因公生姦，爲百姓所患苦者，有司顯明其罰。又月令「仲秋養衰老，授几杖，行糜粥」。方今案比之時，郡縣多不奉行。雖有糜粥，糠秕相半，長吏怠事，莫有躬親，甚違詔書養老之意。其務崇仁恕，賑護寡獨，稱朕意焉。』

又 ［永寧元年十月］自三月至是月，京師及郡國三十三大風，雨水。

又 ［建光元年］是秋，京師及郡國二十九雨水。

又 ［建光元年冬十一月］丙午，詔京師及郡國被水雨傷稼者，隨頃畝減田租。

又 是歲，京師及郡國二十七雨水，大風，殺人。詔賜壓溺死者年七歲以上錢，人二千；其壞敗廬舍、失亡穀食，粟，人三斛；又田被淹傷者，一切勿收田租；若一家皆被災害而弱小存者，郡縣爲收斂之。

又〔延光二年〕九月，郡國五雨水。

又〔延光三年〕是歲，京師及郡國二十三地震；三十六雨水，疾風，雨雹。

又 卷六《孝順帝紀》〔永建四年夏〕五州雨水。秋八月庚子，遣使實覈死亡，收斂稟賜。

又〔永建五年〕夏四月，京師旱。辛巳，詔郡國貧人被灾者，勿收責今年過更。京師及郡國十二蝗。

又 卷七《孝桓帝紀》〔延熹二年〕夏，京師雨水。

又 卷八《孝靈帝紀》〔建寧元年〕六月，京師雨水。

又〔熹平元年〕六月，京師雨水。

又〔中平六年六月〕辛酉，葬孝靈皇帝于文陵。雨水。

又〔中平六年九月〕自六月雨，至于是月。

又 卷九《孝獻帝紀》 下邳賊闕宣自稱天下。雨水。

又〔建安十八年夏〕大雨水。

又〔建安〕十九年，夏四月，旱。五月，雨水。

又 卷四六《陳寵傳》 永初元年，以雨水傷稼，策免就國。

又《陳忠傳》 又霖雨積時，河水涌溢，百姓騷動。忠上疏曰：『臣聞位非其人，則庶事不敘；庶事不敘，則政有得失；政有得失，則感動陰陽，妖變為應。陛下每引災自厚，不責臣司，臣司狃恩，莫以為負。故天心未得，隔并屢臻，青、冀之域淫雨漏河，徐、岱之濱海水盆溢，兗、豫蝗蝝滋生，荊、楊稻收儉薄，并、涼二州羌戎叛戾。加以百姓不足，府帑虛匱，自西徂東，杼柚將空。臣聞《洪範》五事，一曰貌，貌以恭，恭作肅，貌傷則狂，而致常雨。春秋大水，皆為君上威儀不穆，臨蒞不嚴，臣下輕慢，貴倖擅權，陰氣盛彊，陽不能禁，故為淫雨。』

又 卷五四《楊震傳》〔延光二年〕震因地震，復上疏曰：『臣蒙恩備台輔，不能奉宣政化，調和陰陽，去年十二月四日，京師地動。臣聞師言：「地者陰精，當安靜承陽。」而今動搖者，陰道盛也。其日戊辰，三者皆土，位在中宮，此中臣近官盛於持權用事之象也。臣伏惟陛下以邊境未寧，躬自菲薄，宮殿垣屋傾倚，枝柱而已，無所興造，欲令遠近咸知政化之清流，商邑之翼翼也。而親近倖臣，未崇斷金，驕溢踰法，多請徒士，盛修第舍，賣弄威福。道路讙譁，眾所聞見。地動之變，近在城郭，殆為此發。又冬無宿雪，春節未雨，百僚燋心，而繕修不止，誠致旱之徵也。書曰：「僭恆陽若，臣無作威作福玉食。」唯陛下奮乾剛之德，棄驕奢之臣，以掩訞言之口，奉承皇天之戒，無令威福久移於下。』

又 卷六六《王允傳》〔初平〕三年春，連雨六十餘日，允與士孫瑞、楊瓚登臺請霽，復結前謀。瑞曰：『自歲末以來，太陽不照，霖雨積時，月犯執法，彗孛仍見，晝陰夜陽，霧氣交侵，此期應促盡，內發者勝。幾不可後，公其圖之。』允然其言，乃潛結卓將呂布，使為內應。會卓入賀，呂布因刺殺之。

又 卷七二《董卓傳》〔初平三年〕明年夏，大雨晝夜二十餘日，漂沒人庶，又風如冬時。帝使御史裴茂訊詔獄，原繫者二百餘人。其中有為傕所枉繫者，傕恐茂赦之，乃表奏茂擅出囚徒，疑有姦故，請收之。詔曰：『災異屢降，陰雨為害，使者銜命宣布恩澤，原解輕微，庶合天心。欲釋冤結而復罪之乎！一切勿問。』

又 卷八二下《方術列傳下・公沙穆傳》 永壽元年，霖雨大水，三輔以東莫不湮沒。穆明曉占候，乃豫告令百姓徙居高地，故弘農人獨得免害。

又 卷八六《南蠻西南夷傳・哀牢》 建武二十三年，其王賢栗遣兵乘箄船，南下江、漢，擊附塞夷鹿茤。鹿茤人弱，為所禽獲。於是震雷疾雨，南風飄起，水為逆流，翻涌二百餘里，箄船沈沒，哀牢之眾，溺死數千人。

又 卷一〇一《天文志中》〔孝明永平〕八年六月壬午，長星出柳、張三十七度，犯軒轅，刺天船，陵太微，氣至上陛，凡見五十六日去。柳，周地。是歲多雨水，郡十四傷稼。

又〔孝和永元元年〕是歲七月，又雨水漂人民，是其應。

又〔孝和永元元年〕是歲郡國四十一縣三百一十五雨水。四瀆溢，傷秋稼，壞城郭，殺人民，是其應也。

又 卷一〇一《五行志一・淫雨》 和帝永元十年，十三年，十四年，十五年，皆淫雨傷稼。

安帝元初四年秋，郡國十淫雨傷稼。

永寧元年，郡國三十三淫雨傷稼。

建光元年，京都及郡國二十九淫雨傷稼。是時羌反久未平，百姓屯戍，不解愁苦。

延光元年，郡國二十七淫雨傷稼。

二年，郡國五連雨傷稼。

順帝永建四年，司隸、荊、豫、兖、冀部淫雨傷稼。

六年，冀州淫雨傷稼。

桓帝延熹二年夏，霖雨五十餘日。是時，大將軍梁冀秉政，謀害上所幸鄧貴人母宣，冀又擅殺議郎邴尊。上欲誅冀，懼其持權日久，威勢強盛，恐有逆命，害及吏民，密與近臣中常侍單超等圖其方略。其年八月，冀卒伏罪誅滅。

靈帝建寧元年夏，霖雨六十餘日。是時大將軍竇武謀變廢中官。其年九月，長樂五官史朱瑀等共與中常侍曹節起兵，先誅武，交兵闕下，敗走，追斬武兄弟，死者數百人。

熹平元年夏，霖雨七十餘日。是時中侍曹節等，共誣白勃海王悝謀反，其十月誅悝。

中平六年夏，霖雨八十餘日。是時靈帝新棄群臣，大行尚在梓宮，大將軍何進與佐軍校尉袁紹等共謀欲誅廢中官。下文陵畢，中常侍張讓等共殺進，兵戰京都，死者數千。

又 卷一〇五《五行志三・冬雷》 中平四年十二月晦，雨水，大雷電，雹。

又 卷一〇六《五行志四・大風拔樹》 靈帝建寧二年四月癸巳，京都大風雨雹，拔郊道樹十圍已上百餘枚。其後晨迎氣黃郊，道於雒水西橋，逢暴風雨，道鹵簿車或發蓋，百官霑濡，還不至郊，使有司行禮。迎氣西郊，亦壹如此。

又 卷一〇八《五行志六・日蝕》 〔和帝永元〕十五年四月甲子晦，日有蝕之，在東井二十二度。東井，主酒食之宿也。婦人之職，無非無儀，酒食是議。去年冬，鄧皇后立，有丈夫之性，與知外事，故天示象。是年水，雨傷稼。

《宋書》卷五《文帝紀》 〔元嘉十九年五月〕閏月，京邑雨水。

又 〔元嘉二十一年〕六月，連雨水。丁亥，詔曰：『霖雨彌日，水潦為患，百姓積儉，易致乏匱。二縣官長及營署部司，各隨統檢實，給其柴米，必使周悉。』

又 〔元嘉二十九年五月〕是月，京邑雨水。

又 卷六《孝武帝紀》 〔大明元年春正月〕京邑雨水，辛未，遣使檢行，賜以樵米。

又 〔大明五年〕秋七月丙辰，詔曰：『雨水猥降，街衢泛溢。可遣使巡行。窮弊之家，賜以薪粟。』

又 卷七《前廢帝紀》 〔大明六年八月己丑〕京師雨水。

又 卷八《明帝紀》 〔泰始二年六月〕京師雨水。

又 卷九《後廢帝紀》 〔泰豫元年六月〕京師雨水，詔賑卹二縣貧民。

又 卷三〇《五行志一・木不曲直》 魏文帝黃初六年正月，雨，木冰。

又 晉元帝太興三年二月辛未，雨，木冰。

又 晉穆帝永和八年正月乙巳，雨，木冰。

又 晉孝武帝太元十四年十二月乙巳，雨，木冰。

又《恒雨》 魏明帝太和元年秋，數大雨，多暴雷電，非常，至殺鳥雀。

又 太和四年八月，大雨霖三十餘日，伊、洛、河、漢皆溢，歲以凶饑。孫亮太平二年二月甲寅，大雨震電；乙卯，雪，大寒。

又 晉武帝泰始六年六月，大雨霖，甲辰，河、洛、沁水同時並溢，流四千九百餘家，殺二百餘人，沒秋稼千三百六十餘頃。晉武太康五年七月，任城、梁國暴雨，害豆麥。太康五年九月，南安霖雨暴雪，折樹木，害秋稼；魏郡、淮南、平原雨水，傷秋稼。是秋，魏郡、西平郡九縣霖雨暴水，霜傷秋稼。

晉惠帝永寧元年十月，義陽、南陽、東海霖雨，淹害秋麥。

晉成帝咸康元年八月乙丑，荊州之長沙攸、醴陵、武陵之龍陽三縣，雨水浮漂屋室，殺人，傷損秋稼。

宋文帝元嘉二十一年六月，京邑連雨百餘日，大水。

孝武帝大明元年正月，京邑雨水。

大明五年七月，京邑雨水。

大明八年八月，京邑雨水。

明帝太始二年六月，京邑雨水。

又 卷三二《五行志三・赤眚赤祥》 晉惠帝永康元年三月，尉氏雨血。夫政刑舒緩，則有燠赤祥之妖。此歲正月，送愍懷太子幽於許宮。天戒若曰，不宜緩恣姦人，將使太子冤死。惠帝愚眊不悟，是月愍懷遂斃。於是王室釁成，禍流天下。淖齒殺齊閔王日，天雨血沾衣，天以告也，此之謂乎。京房《易傳》曰：『歸獄不解，茲謂追非，厥咎天雨血，茲謂不親，民有怨心，不出三年，無其宗人。』又曰：『佞人祿，功臣戮，天雨血。』

又 **卷二三《五行志四·水不潤下》** 魏文帝黄初四年六月，大雨霖，伊、洛溢至津陽城門，漂數千家，流殺人。

又 吴孫權赤烏八年夏，茶陵縣鴻水溢出，流漂二百餘家；十三年秋，丹陽故鄣等縣又鴻水溢。

又 魏明帝景初元年九月，淫雨過常，冀、兗、徐、豫四州水出，沒溺殺人，漂失財產。

又 吴孫亮五鳳元年夏，大水。

又 吴孫休永安四年五月，大雨，水泉涌溢。

又 吴孫休永安五年八月壬午，大雨震電，水泉涌溢。

又 晉武帝泰始四年九月，青、徐、兗、豫四州大水；七年六月，大雨霖，河、洛、伊、沁皆溢，殺二百餘人。

又 **《雷震》** 吴孫亮建興元年十二月朔，大風震電；是月又雷雨。

又 晉武帝太康十年十二月癸卯，廬江、建安雷電大雨。

又 晉元帝永昌二年十一月，會稽、吴郡雨震電。

又 晉成帝咸和元年十月己巳，會稽郡大雨震電。

又 晉穆帝永和七年十月壬午，雷雨、震電。

又 晉安帝隆安二年九月壬辰，雨雷。

又 **卷三四《五行志五·恒風》** 晉惠帝元康四年六月，大風雨拔樹。

又 ［晉孝武帝］太元二年閏三月甲子朔，暴風疾雨俱至，發屋折木。

又 晉安帝元興二年二月甲辰，大風雨，大航門屋瓦飛落。

又 ［宋］文帝元嘉二十六年二月庚申，壽陽驟雨，有回風雲霧，廣三十許步，從南來，至城西回散滅。當其衝者，室屋樹木摧倒。

元嘉三十年正月，大風拔木，雨凍殺牛馬，雷電晦冥。

又 **《山崩地陷裂》** ［晉武帝］太康八年七月，大雨。殿前地陷，方五尺，深數丈。

《南齊書》卷三《武帝紀》 ［建元四年五月］癸未，詔曰：『頃水雨頻降，潮流荐滿，二岸居民，多所淹漬。遣中書舍人與兩縣官長優量賑卹。』

又 ［永明五年］六月辛酉，詔曰：『比霖雨過度，水潦洊溢，京師居民，多離其弊。遣中書舍人、二縣官長隨宜賑賜。』

又 八月乙亥，詔『今夏雨水，吴興、義興二郡田農多傷，詳蠲租調。』

又 ［永明八年］八月丙寅，詔『京邑霖雨既過，居民汎濫，遣中書舍人、二縣官長賑卹。』

又 ［永明十年］十一月戊午，詔曰：『頃者霖雨，樵糧稍貴，京邑居民，多離其弊。遣中書舍人、二縣官長賑賜。』

又 ［永明十一年］六月壬午，詔『霖雨既過，遣中書舍人、二縣官長賑賜京邑居民。』

又 **卷七《東昏侯紀》** ［永元三年］六月，京邑雨水，遣中書舍人、二縣官長賑賜有差。

又 **卷一九《五行志》** 永明八年四月，己巳起陰雨，晝或暫晴，夜時見星月，連雨積霖，至十七日乃止。

十一年四月辛巳朔，去三月戊寅起，而其間暫時晴，從四月一日又陰雨，晝或見日，夜乍見月，回復陰雨，至七月乃止。

永泰元年十二月二十九日雨，至永元元年五月二十一日乃晴。

又 ［永明］六年十月甲申，夜陰細雨，始聞雷鳴於西北上。

永明九年十二月甲申，陰雨，有電光，因聞西南及西北上雷鳴，頻續三聲。辛亥，雷雨。

又 ［永明］八年六月乙酉，時加子，風起迅急，暴疾浪津，發屋折木，塵沙，從西南未上來，因雷雨，須臾，風微雨止。

又 ［九年］九月乙丑，時加未，雷，驟雨，風起迅急，暴疾浪津，從西北戌上來。

又 建元二年，吴、吴興、義興三郡大水。

二年夏，丹陽、吴二郡大水。

四年，大水。

永明五年夏，吴興、義興水雨傷稼。

六年，吴興、義興二郡大水。

建武二年冬，吴、晉陵二郡水雨傷稼。

《魏書》卷二《太祖道武帝紀》 ［天賜四年］夏五月，北巡。自參合陂東過蟠羊山，大雨，暴水流輜重數百乘，殺百餘人。

又 卷三《太宗明元帝紀》〔泰常三年〕八月，雁門、河内大雨水，復其租税。

又 卷一九下《南安王楨傳》 太和二十五年五月至鄴，入治日，暴風大雨，凍死者十數人。楨又以旱祈雨于群神。鄴城有石虎廟，人奉祀之。楨告虎神像云：『三日不雨，當加鞭罰。』請雨不驗，遂鞭像一百。

又 熙以七月入治，其日大風寒雨，凍死者二十餘人，驢馬數十匹。

又 卷三九《李彦傳》 延昌二年夏，大霖雨，川瀆皆溢。

又 卷五六《崔楷傳》 於時冀定數州，頻遭水害，楷上疏曰：

臣聞有國有家者，莫不以萬姓為心，故矜傷軫於造次，求瘼結於寢興。黎民阻飢，唐堯致歎；眾庶斯饉，帝乙罰己。良以為政與農，實繫民命。水旱緣兹以得濟，夷險用此而獲安。頃東北數州，頻年淫雨，長河激浪，洪波汩流，川陸連濤，原隰通望，彌漫不已，汎濫為災。戶無擔石之儲，家有藜藿之色。華壤膏腴，變為舄鹵；菽麥禾黍，化作雚蒲。斯用痛心徘徊，潸然佇立也。

又 卷六六《李崇傳》 五月，大霖雨十有三日，大水入城，屋宇皆没，崇與兵泊於城上。

又 卷七一《裴絢傳》 時揚州霖雨，水入州城，刺史李崇居於城上，繫船憑焉。絢率城南民數千家汎舟南走，避水高原。

又 卷一〇五之二《天象志二》〔泰常三年〕三年八月，雁門、河内大雨水，復其租税。

又 卷一〇五之三《天象志三》〔太和五年〕京師大霖雨，州鎮十二饑。

又〔太和十一年〕其後連年亢陽，而吴中比歲霖雨傷稼也。

又〔太和十四年〕時江南北連歲災雨，至十七年，有劫殺之禍，誅死相踵焉。

又 卷一〇五之四《天象志四》〔延昌元年〕自元年二月不雨至六月雨，大水。

又 卷一一二上《靈徵志上・大風》 肅宗熙平二年九月，瀛州暴風大雨，自辛酉至於乙丑。

正光三年四月癸酉，京師暴風大雨，發屋拔樹。

又《大水》 太祖天賜三年八月，霖雨，大震，山谷水溢。

又 高祖太和二年夏四月，南豫、徐、兗州大霖雨。【略】二十二年戊午，兗、豫二州大霖雨。

又 正始二年三月，青、徐州大雨霖，海水溢出於青州樂陵之隰沃縣，流漂一百五十二人。

又《雷》 世祖神䴥元年十月己酉，雨，雷電。

又 高祖太和三年十一月庚戌，豫州雷雨。

戊申，豫州大雷雨，平地水三寸。

《梁書》卷二《武帝紀中》〔天監二年〕十一月乙卯，雷電大雨，晦。

又 卷二二《始興忠武王憺傳》〔天監〕六年，州大水，江溢堤壞，憺親率府將吏，冒雨賦丈尺築治之。雨甚水壯，眾皆恐，或請憺避焉。

又 卷二五《徐勉傳》 年六歲，時屬霖雨，家人祈霽，率爾為文，見稱耆宿。

《北齊書》卷四《文宣帝紀》〔天保七年〕六月乙卯，蕭軌等與梁師戰於鍾山之西，遇霖雨，失利，軌及都督李希光、王敬寶、東方老、軍司裴英起並没，士卒散還者十二三。

又 卷七《武成帝紀》〔河清二年冬十二月〕是時，大雨雪連月，南北千餘里平地數尺，霜晝下，雨血於太原。

又〔河清三年〕六月庚子，大雨晝夜不息，至甲辰乃止。

又 卷八《後主紀》〔天統四年〕六月甲子朔，大雨。

又〔武平七年〕秋七月丁丑，大雨霖。

又 卷二五《張纂傳》 大軍將還山東，行達晉州，忽值寒雨，士卒饑凍，至有死者。

《周書》卷二《文帝紀下》〔大統十六年〕九月丁巳，軍出長安。時連雨，自秋及冬，諸軍馬驢多死。

又 卷四《明帝紀》〔武成元年〕六月戊子，大雨霖。詔曰：『昔唐咨四嶽，殷告六眚，睹災興懼，咸寘時雍。朕撫運應圖，作民父母，弗敢怠荒，以求民瘼。而霖雨作沴，害麥傷苗，隤屋漂垣，洎于昏墊。諒朕不德，蒼生何咎。刑政所失，罔識厥由。公卿大夫士爰及牧守黎庶等，今宜各上封事，讜言極諫，罔有所諱。朕將覽察，以答天譴。其遭水者，有司可時巡檢，條列以聞。』

又 卷五《武帝紀上》［建德三年秋七月乙酉］京師連雨三旬，是日霽。

又 卷二八《賀若敦傳》［武成元年］敦每設奇伏，連戰破瑱，乘勝徑進，遂次湘州。因此輕敵，不以為虞。俄而霖雨不已，秋水汎溢，陳人濟師，江路遂斷。

《陳書》卷一《高祖紀上》［紹泰二年六月壬子］其夜大雨震電，暴風拔木，平地水丈餘，齊軍晝夜坐立泥中，懸鬲以爨，而臺中及潮溝北水退路燥，官軍每得番易。

又 卷五《宣帝紀》［太建九年秋七月］庚辰，大雨，震萬安陵華表。

又 ［太建十年］六月丁卯，大雨，震大皇寺刹、莊嚴寺露盤、重陽閣東樓、千秋門內槐樹、鴻臚府門。

又 ［太建十二年夏四月］壬午，雨。

又 ［秋八月］甲戌，大雨霖。

又 冬十月癸丑，大雨雹震。

又 卷一一《黃法氍傳》［太建五年］時又大雨，城崩，克之，盡誅戍卒。

《晉書》卷三《武帝紀》［泰始七年六月］大雨霖，伊、洛、河溢，流居人四千餘家，殺三百餘人，有詔振貸給棺。

又 ［太康七年十二月］己亥，河陰雨赤雪二頃。

又 卷七《成帝紀》［咸和四年］二月，大雨霖。

又 卷八《穆帝紀》［永和七年］冬十月，雷雨，震電。

又 卷九《孝武帝紀》［太元三年］三月乙丑，雷雨，暴風，發屋折木。

又 ［太元十四年］冬十二月乙巳，雨，木冰。

又 卷一二《天文志中・日蝕》［咸康八年正月乙未朔］京都大雨，郡國以聞。

又 卷二六《食貨志》［咸寧三年］詔曰：『今年霖雨過差，又有蟲災。潁川、襄城，自春以來，略不下種，深以為慮。主者何以為百姓計，促處當之。』

又 卷二七《五行志上》 魏文帝黃初六年正月，雨，木冰。

元帝太興三年二月辛未，雨，木冰。

穆帝永和八年正月乙巳，雨，木冰。

孝武帝太元十四年十二月乙巳，雨，木冰。

又 魏文帝黃初四年六月，大雨霖，伊洛溢，至津陽城門，漂數千家，殺人。

吴孫權赤烏八年夏，茶陵縣鴻水溢出，漂二百餘家。十三年秋，丹楊、故鄣等縣又鴻水溢出。

魏明帝景初元年九月，淫雨，冀、兗、徐、豫四州水出，沒溺殺人，漂失財産。帝自初即位，便淫奢極慾，多占幼女，或奪士妻，崇飾宮室，妨害農戰，觸情恣慾，至是彌甚，號令逆時，飢不損役。此水不潤下之應也。

吴孫亮五鳳元年夏，大水。

孫休永安四年五月，大雨，水泉涌溢。

五年八月壬午，大雨震電，水泉湧溢。

武帝泰始四年九月，青、徐、兗、豫四州大水。七年六月，大雨霖，河、洛、伊、沁皆溢，殺二百餘人。

咸寧元年九月，徐州大水。二年七月癸亥，河南、魏郡暴水，殺百餘人。閏月，荊州郡國五大水，流四千餘家。

三年六月，益、梁二州郡國八暴水，殺三百餘人。七月，荊州大水。九月，始平郡大水。十月，青、徐、兗、豫、荊、益、梁七州又大水。

四年七月，司、冀、兗、豫、荊、揚郡國二十大水，傷秋稼，壞屋室，有死者。

太康二年六月，泰山、江夏大水，泰山流三百家，殺六十餘人，江夏亦殺人。

四年七月，兗州大水。十二月，河南及荊、揚六州大水。五年九月，郡國四大水，又隕霜。是月，南安等五郡大水。六年四月，郡國十大水，壞廬舍。七年九月，郡國八大水。八年六月，郡國八大水。

惠帝元康二年，有水災。五年五月，潁川、淮南大水。六月，城陽、東莞大水，殺人，荊、揚、徐、兗、豫五州又水。

六年五月，荊、揚二州大水。

八年九月，荊、揚、徐、冀、豫五州大水。

永寧元年七月，南陽、東海大水。

太安元年七月，兗、豫、徐、冀四州水。

孝懷帝永嘉四年四月，江東大水。

元帝太興三年六月，大水。是時王敦內懷不臣，傲很陵上，此陰氣盛也。

四年七月，又大水。

永昌二年五月，荆州及丹楊、宣城、吴興、壽春大水。

明帝太寧元年五月，丹楊、宣城、吴興、壽春大水。

成帝咸和元年五月，大水。

二年五月戊子，京都大水。

四年七月，丹楊、宣城、吴興、會稽大水。

七年五月，大水。

咸康元年八月，長沙、武陵大水。

穆帝永和四年五月，大水。五年五月，大水。六年五月，又大水。

升平二年五月，大水。五年四月，又大水。

海西太和六年六月，京師大水，平地數尺，浸及太廟。丹楊、晉陵、吴郡、吴興、臨海五郡又大水，稻稼蕩沒，黎庶饑饉。

孝武帝太元三年六月，大水。是時帝幼弱，政在將相。五年五月，大水。六年六月，揚、荆、江三州大水。八年三月，始興、南康、廬陵大水，平地五丈。十年五月，大水。

十五年七月，沔中諸郡及兗州大水。

十八年六月己亥，始興、南康、廬陵大水，深五丈。十九年七月，荆徐大水，傷秋稼。二十年六月，荆徐又大水。二十一年五月癸卯，大水。

安帝隆安三年五月，荆州大水，平地三丈。

五年五月，大水。

三年五月丙午，大水。

六年五月丁巳，大水。乙丑，盧循至蔡洲。

八年六月，大水。九年五月辛巳，大水。十年五月丁丑，大水。戊寅，西明門地穿，涌水出，毀門扇及限，亦水沴土也。七月乙丑，淮北風災，大水殺人。十一年七月丙戌，大水，淹漬太廟，百官赴救。

又《恒雨》 魏明帝太和元年秋，數大雨，多暴卒，雷電非常，至殺鳥雀。案楊阜上疏，此恒雨之罰也。時天子居喪不哀，出入弋獵無度，奢侈繁興，奪農時，故水失其性而恒雨為罰。

吴孫亮太平二年二月甲寅，大雨，震電。乙卯，雪，大寒。案劉歆說，此時當雨而不當大，大雨，恒雨之罰也。

太和四年八月，大雨霖三十餘日，伊、洛、河、漢皆溢，歲以凶饑。

武帝泰始六年六月，大雨霖。甲辰，河、洛、伊、沁水同時並溢，流四千九百餘家，殺二百餘人，沒秋稼千三百六十餘頃。

太康五年七月，任城、梁國暴雨，害豆麥。

惠帝永寧元年十月，義陽、南陽、東海霖雨，淹害秋麥。

元帝太興三年，春雨至于夏。

永昌元年，春雨四十餘日，晝夜雷電震五十餘日。

成帝咸和四年，春雨五十餘日，恒雷電。

咸康元年八月乙丑，荆州之長沙攸、醴陵，武陵之龍陽，三縣雨水，浮漂屋室，殺人，損秋稼。

又 卷二八《五行志中·赤眚赤祥》 永康元年三月，尉氏雨血。夫政刑舒緩，則有常燠赤祥之妖。此歲正月，送愍懷太子幽於許宮。天戒若曰，不宜緩恣姦人，將使太子冤死。惠帝愚眊不寤，是月愍懷遂斃。於是王室成釁，禍流天下。淖齒殺齊湣王日，天雨血霑衣，天以告也，此之謂乎？京房《易傳》曰：『歸獄不解，茲謂追非，厥咎天雨血，茲謂不親，下有惡心，不出三年，無其宗。』又曰：『佞人祿，功臣戮，天雨血也。』

愍帝建興元年十二月，河東地震，雨肉。四年十二月丙寅，丞相府斬督運令史淳於伯，血逆流上柱二丈三尺，此赤祥也。

又 卷二九《五行志下·雷震》 孫亮建興元年十二月朔，大風震電。是月，又雷雨。

又 武帝太康十年十二月癸卯，廬江、建安雷電大雨。

又 愍帝建興元年十一月戊午，會稽大雨震電。己巳夜，赤氣曜於西北。是夕，大雨震電。

又 元帝太興元年十一月乙卯，暴雨雷電。

又 成帝咸和元年十月己巳，會稽郡大雨震電。

又 穆帝永和七年十月壬午，雷雨震電。

又 安帝隆安二年九月壬辰，雷雨。

又《庶徵恒風》 惠帝元康四年六月，大風雨，拔木。

又 孝武帝太元二年閏三月甲子朔，暴風疾雨俱至，發屋折木。

又 安帝元興二年二月甲辰夜，大風雨，大航門屋瓦飛落。

又《山崩地陷裂》 武帝太康八年七月，大雨，殿前地陷，方五尺，深數丈，中有破船。

又 惠帝元康九年六月夜，暴雷雨，賈謐齋屋柱陷入地，壓謐床帳，此木沴土，土失其性，不能載也。

又 卷三一《樊毅傳》 ［太建七年］及呂梁喪師，詔以毅為大都督，進號平北將軍，率眾渡淮，對清口築城，與周人相抗，霖雨城壞，毅全軍自拔。

又 卷三四《杜預傳》 咸寧四年秋，大霖雨，蝗蟲起。

又 卷七一《郭璞傳》 永昌元年，皇孫生，璞上疏曰：【略】臣去春啟事，以囹圄充斥，陰陽不和，推之卦理，宜因郊祀作赦，以蕩滌瑕穢。不然，將來必有愆陽苦雨之災，崩震薄蝕之變，狂狡蠢戾之妖。其後月餘，日果薄鬥。去秋以來，諸郡並有暴雨，水皆洪潦，歲用無年。適聞吴興復欲有構妄者，咎徵漸成，臣甚惡之。頃者以來，役賦轉重，獄犴日結，百姓困擾，甘亂者多，小人愚嶮，共相扇惑。雖勢無所至，然不可不虞。案《洪範傳》，君道虧則日蝕，人憤怨則水涌溢，陰氣積則下代上。此微理潛應已著實於事者也。

又 卷九四《龔壯傳》 會天久雨，百姓饑墊，壯上書說壽以歸順，允天心，應人望，永為國藩，福流子孫。

又 卷一〇二《劉聰載記》 聰以其太廟新成，大赦境內，改年建元。雨血於其東宮延明殿，徹瓦在地者深五寸。

又 漢昌元年，雨血於平陽。

又 卷一〇四《石勒載記上》 會霖雨歷三月不止，元帝使諸將率江南之眾大集壽春，勒軍中飢疫死者太半。

又 卷一〇五《石勒載記下》 大雨霖，中山、常山尤甚，滹沱汎溢，衝陷山谷，巨松僵拔，浮于滹沱，東至渤海，原隰之間皆如山積。

又 勒將營鄴宮，時大雨霖，中山西北暴水，流漂巨木百餘萬根，集于堂陽。

又 暴風大雨，震電建德殿端門、襄國市西門，殺五人。

又 卷一〇六《石季龍載記上》 尚書朱軌與中黄門嚴生不協，會大雨霖，道路陷滯不通，生因而譖軌不修道，又訕謗朝政，季龍遂殺之。於是立私論之條，偶語之律，聽吏告其君，奴告其主，威刑日濫，公卿已下，朝會以目，吉凶之問，自此而絕。軌之囚也，冠軍苻洪諫曰：『臣聞聖主之馭天下也，土階三尺，茅茨不翦，食不累味，刑措而不用。亡君之馭海內也，傾宮瓊榭，象箸玉杯，截脛剖心，脯賢刳孕，故其亡也忽焉。今襄國、鄴宮足康帝宇，長安、洛陽何為者哉？盤于游田，耽於女德，三代之亡必由此。而忽為獵車千乘，養獸萬里，奪人妻女，十萬盈宮。尚書朱軌，納言大臣，以道路不修，將加酷法，此自陛下政之失和，陰陽災沴，暴降霖雨七旬，霽方二日，縱有鬼兵百萬，尚未及修之，而況人乎！刑政如此，其如史筆何！其如四海何！特願止作徒，休宮女，赦朱軌，允眾望。』季龍省之不悅，憚其強，但寢而不納，弗之罪也。乃停二京作役焉。

又 卷一〇七《石季龍載記下》 ［永和三年］暴風大雨，死者數萬人。

又《石遵載記》 暴風拔樹，震雷，雨雹大如盂升。

又 卷一一二《苻洪載記》 先是，隴右大雨，百姓苦之，謠曰：『雨若不止，洪水必起。』故因名曰洪。

又《苻健載記》 會大雨霖，河渭溢。

又 卷一一九《姚泓載記》 時大霖雨，渭水泛溢，讚等不得北渡。

又 卷一二一《李雄載記》 驤軍不利，又遇霖雨，驤引軍還，爭濟瀘水，士眾多死。

《隋書》卷一《高祖文帝紀上》 ［開皇二年五月］己酉，旱，上親省囚徒。其日大雨。

又 卷二《高祖文帝紀下》 ［仁壽元年五月］壬辰，驟雨震雷，大風拔木，宜君湫水移於始平。

又 卷二二《五行志上・水不潤下》 梁天監二年六月，太末、信安、豐安三縣大水。

六年八月，建康大水，濤上御道七尺。七年五月，建康又大水。十二年四月，建康大水。

中大通五年五月，建康大水，御道通船。

後齊河清二年十二月，兗、趙、魏三州大水。天統三年，并州汾水溢。

武平六年八月，山東諸州大水。

開皇十八年，河南八州大水。

仁壽二年，河南、河北諸州大水。

大業三年，河南大水，漂沒三十餘郡。

又《**常雨水**》梁天監七年七月，雨，至十月乃霽。《洪範五行傳》曰：『陰氣強積，然後生水雨之災。』

陳太建十二年八月，大雨霪霖。

東魏武定五年秋，大雨七十餘日，元瑾、劉思逸謀殺後齊文襄之應也。

後齊河清三年六月庚子，大雨，晝夜不息，至甲辰。山東大水，人多餓死。

天統三年十月，積陰大雨。

武平七年七月，大霖雨，水澇，人戶流亡。

後周建德三年七月，霖雨三旬。時衛剌王直潛謀逆亂。屬帝幸雲陽宮，以其徒襲肅章門，尉遲運逆拒破之。其日雨霽。

又《**大雨雪**》後齊河清二年二月，大雪連雨，南北千餘里，平地數尺，繁霜晝下。

陳太建元年七月，大雨，震萬安陵華表，又震慧日寺剎，瓦官寺重閣門下一女子震死。

又 卷二三《**五行志下·赤眚赤祥**》後齊河清二年，太原雨血。劉向曰：『血者陰之精，傷害之象。僵尸之類也。』明年，周師與突厥入并州，大戰城西，伏屍百餘里。京房《易飛候》曰：『天雨血染衣，國亡君戮。』亦後主亡國之應。

又 卷二四《**食貨志**》〔開皇十六年二月〕其後山東頻年霖雨，杞、宋、陳、亳、曹、戴、譙、潁等諸州，達于滄海，皆困水災，所在沉溺。

又〔大業五年〕其年，帝親征吐谷渾，破之於赤水。慕容佛允，委其家屬，西奔青海。帝駐兵不出，遇天霖雨，經大斗拔谷，士卒死者十二三焉，馬驢十八九。

又 卷四六《**趙煚傳**》時周人於江南岸置安蜀城以禦陳，屬霖雨數旬，城頹者百餘步。

又 卷七三《**循吏傳·辛公義**》〔開皇年間〕後遷牟州刺史，下車，先至獄中，因露坐牢側，親自驗問。十餘日間，決斷咸盡，方還大廳。受領新訟，皆不立文案，遣當直佐僚一人，側坐訊問。事若不盡，應須禁者，公義即宿廳事，終不還閤。人或諫之曰：『此事有程，使君何自苦也！』答曰：『刺史無德可以導人，尚令百姓係於囹圄，豈有禁人在獄而心自安乎？』罪人聞之，咸自款服。後有欲諍訟者，其鄉閭父老遽相曉曰：『此蓋小事，何忍勤勞使君。』訟者多兩讓而止。時山東霖雨，自陳、汝至于滄海，皆苦水災。境內犬牙，獨無所損。

《**南史**》**卷二**《**宋世祖孝武帝紀**》大明元年春正月辛亥朔，大赦，改元。庚午，都下雨水。

又 卷四《**齊世祖武帝紀**》〔永明八年六月〕丙申，大雷雨，有黃光竟天，照地狀如金。

又 卷六《**梁高祖武帝紀**》〔天監二年〕十一月乙卯，雷電，大雨，晦。

又 卷九《**陳高祖武帝紀**》〔紹泰二年六月〕壬子，齊軍至玄武湖西北莫府山南，將據北郊壇。眾軍自覆舟東移，頓郊壇北，與齊人相對。其夜，大雨震電，暴風拔木，平地水丈餘。

又 卷一〇《**陳高宗孝宣帝紀**》〔太建九年秋七月〕庚辰，大雨，震萬安陵華表。

又〔太建十年〕閏六月丁卯，大雨，震大皇寺剎、莊嚴寺露盤、重陽閣東樓、千秋門內槐樹及鴻臚府門。

又〔太建十二年夏四月〕己卯，大雩。壬午，雨。

又〔太建十二年秋八月〕甲戌，大雨霖。

又〔太建十二年〕冬十月癸丑，大雨，震電。

又 卷一四《**元凶劭傳**》〔元嘉〕二十九年，熒惑逆行守氐，自十一月霖雨連雪，陽光罕曜。

又 卷六〇《**徐勉傳**》年六歲，屬霖雨，家人祈霽，率爾為文，見稱耆宿。

又 卷六七《**樊毅傳**》〔太建七年〕及呂梁喪師，詔以毅為大都督，率眾度淮，對清口築城，與周人相抗。霖雨城壞，毅全軍自拔。尋遷中領軍。

《**北史**》**卷一**《**魏太祖道武帝紀**》〔天賜三年〕夏五月，北巡，自參合陂東過蟠羊山，大雨，暴水流輜車數百乘，殺百餘人。

又《**魏太宗明元帝紀**》〔泰常三年〕秋七月戊午，車駕至京師。八月，雁門、河内大雨水，復其租税。

又**卷七《齊顯祖文宣帝紀》**［天寶七年］六月乙卯，蕭軌等與梁師戰於鍾山西，遇霖雨失利，軌及都督李希光、王敬寶、東方老、軍司裴英起並沒，士卒還者十二三。

又**卷八《齊世祖武成帝紀》**［河清二年冬十二月］是時，大雨雪連月，南北千餘里，平地數尺，霜晝下，雨血於太原。

又**《後主紀》**［天統四年］六月甲子朔，大雨。

又［武平七年］秋七月丁丑，大雨霖。

又**卷九《周太祖文帝紀》**［大統十六年］九月丁巳，軍出長安。連雨，自秋及冬，諸軍馬驢多死。

又**《周世宗明帝紀》**［武成元年］六月戊子，大雨霖。

又**卷一一《隋高祖文帝紀》**［仁壽元年夏五月］壬辰，驟雨震雷，大風拔木，宜君湫水，移於始平。

又**卷一八《魏南安王楨傳》**太和二十年五月，至鄴。上日，暴雨大風，凍死者數十人。

又**《拓跋熙傳》**後授相州刺史，熙以七月上，其日大風寒雨，凍死者二十餘人，驢馬數十匹。

又**卷三一《李希光傳》**頓軍丹陽城下，值霖雨五十餘日，及戰，兵器並不堪施用，故致敗亡。

又**卷四三《李崇傳》**五月，大霖雨十有三日，大水入城，屋宇皆沒。

又**《裴絢傳》**彥先弟絢，揚州中從事。時揚州霖雨，水入城，刺史李崇居城上，繫船憑焉。

又**卷五五《張纂傳》**從征玉壁，大軍將還山東，至晉州忽遇寒雨，士卒饑凍有死者。

又**卷八二《樂遜傳》**武成元年六月，以霖雨經時，詔百官上封事。

又**《黎景熙傳》**保定三年，盛營宮室，春夏大旱，詔公卿百僚，極言得失。【略】或恐極陽生陰，秋多雨水，年復不登，人將無覬。如又薦飢，為慮更甚。

又**卷八六《辛公義傳》**後遷并州刺史，下車，先至獄中，因露坐牢側，親自驗問，十餘日間，決斷咸盡。方還大廳，受領新訟。皆不立文案，遣當直佐僚一人，側坐訊問。事若不盡，應須禁者，公義即宿廳事，終不還閤。人或諫之曰：『此事有程，使君何自苦也？』答曰：『刺史無德可以導人，尚令百姓係於囹圄，豈有禁人在獄，而心自安乎！』罪人聞之，咸自款服。後有欲諍訟者，鄉閭父老遽相曉曰：『此蓋小事，何忍勤勞使君！』訟者多兩讓而止。時山東霖雨，自陳汝至于滄海，皆苦水災。境内犬牙，獨無所損。

又**卷一〇〇《李彥傳》**延昌二年夏，大霖雨，川瀆皆溢。

《舊唐書》卷一《高祖紀》［大業十三年秋七月］丙辰，師次靈石縣，營於賈胡堡。隋武牙郎將宋老生屯霍邑以拒義師。會霖雨積旬，餽運不給，高祖命旋師，太宗切諫乃止。

又**卷三《太宗紀下》**［貞觀十一年］秋七月癸未，大霪雨。

又**卷四《高宗紀上》**［永徽五年］閏五月丁丑夜，大雨，水漲暴溢，漂溺麟遊縣居人及當番衛士，死者三千餘人。

又 六月，恒州大雨，滹沱河泛溢，溺五千餘家。癸丑，蒲州汾陰縣暴雨，漂溺居人，浸壞廬舍。

又［龍朔三年］十一月癸酉，雨冰。

又**卷五《高宗紀下》**［總章二年六月］括州大風雨，海水泛溢永嘉、安固二縣城郭，漂百姓宅六千八百四十三區，溺殺人九千七十、牛五百頭，損田苗四千一百五十頃。

又［總章二年七月］癸巳，冀州大都督府奏，自六月十三日夜降雨，至二十日水深五尺，其夜暴水深一丈已上，壞屋一萬四千三百九十區，害田四千四百九十六頃。

又［咸亨四年秋七月］辛巳，婺州暴雨，水泛溢，漂溺居民六百家，詔令賑給。

又［上元三年八月］青、齊等州海泛溢，又大雨，漂溺居人五千家，遣使賑卹之。

又［儀鳳三年十一月］丙申，雨木冰。

又［永淳元年五月］自丙午連日澍雨，洛水溢，壞天津及中橋、立德弘教景行諸坊，溺居民千餘家。

又 六月，關中初雨，麥苗澇損，後旱，京兆、岐、隴螟蝗食苗並盡，加以民多疫癘，死者枕藉於路，詔所在官司埋瘞。

又 卷六《則天皇后紀》［如意元年］秋七月，大雨，洛水泛溢，漂流居人五千餘家，遣使巡問賑貸。

又［長安三年］六月，寧州雨，山水暴漲，漂流二千餘家，溺死者千餘人。

又 卷八《玄宗紀上》［開元五年］六月壬午，鞏縣暴雨連月，山水泛濫，毀郭邑廬舍七百餘家，人死者七十二。

又［開元八年］六月壬寅夜，東都暴雨，穀水泛漲。

又［開元十年］五月，東都大雨，伊、汝等水泛漲，漂壞河南府及許、汝、仙、陳等州廬舍數千家，溺死者甚衆。

又［開元十六年］九月丙午，以久雨，降死罪從流，徒以下原之。

又［開元二十一年十二月］是歲，關中久雨害稼，京師饑，詔出太倉米二百萬石給之。

又 卷九《玄宗紀下》［開元二十九年］九月，大雨雪，稻禾偃折，又霖雨月餘，道途阻滯。

又 是秋，河北博、洛等二十四州言雨水害稼，命御史中丞張倚往東都及河北賑恤之。

又［開元二十九年十一月］己巳，雨木冰，凝寒凍冽，數日不解。

又［天寶十年］是秋，霖雨積旬，牆屋多壞，西京尤甚。

又［天寶十二年］八月，京城霖雨，米貴，令出太倉米十萬石，減價糶與貧人。

又［天寶十三年］秋八月丁亥，以久雨，左相、許國公陳希烈為太子太師，罷知政事。是秋，霖雨積六十餘日，京城垣屋頹壞殆盡，物價暴貴，人多乏食，令出太倉米一百萬石，開十場賤糶以濟貧民。

又 卷一〇《肅宗紀》［乾元二年四月］癸亥大雨，至癸酉不止，詔疏理刑獄，甲戌方止。

又［乾元三年四月］時大霧，自四月雨至閏月末不止。米價翔貴，人相食，餓死者委骸于路。

又［上元二年］自七月霖雨，至是方止，牆宇多壞，漉魚道中。

又 卷一一《代宗紀》［廣德二年］自七月大雨未止，京城米斗值一千文。

又［永泰元年九月］自丙午至甲寅大雨，平地水流。

又［永泰二年］自五月大雨，洛水泛溢，漂溺居人廬舍二十坊。

又［大曆四年八月］自夏四月連雨至此月，京城米斗八百文。

又［大曆六年］自八月連雨，害秋稼。

又［大曆九年］是秋大雨。

又［大曆十一年］秋七月戊子夜，暴澍雨，平地水深盈尺，溝渠漲溢，壞坊民千二百家。

又［大曆十二年八月］乙巳，以久雨宥常參百僚，不許御史點班。

又 卷一二《德宗紀上》［貞元元年二月］辛卯，大雨。

又［貞元二年］五月丙申，自癸巳大雨至於茲日，饑民俟夏麥將登，又此霖澍，人心甚恐，米斗復千錢。

又 卷一三《德宗紀下》［貞元八年秋七月］辛巳，大雨。

又［貞元十年］是春霖雨，罕有晴日。

又［貞元十年六月］辛未晦，有水鳥集於左藏庫，是夜暴雨，大風折木。

又［貞元十六年］五月戊戌朔，以雨罷朝。

又［貞元十九年］八月乙未，大雨霖。

又 卷一四《憲宗紀上》［永貞元年八月］乙巳，即皇帝位於宣政殿。先是，連月霖雨，上即位之日晴霽，人情欣悅。

又［元和元年冬十月］久雨，京師鹽貴，出庫鹽二萬石，糶以惠民。

又［元和三年］是秋，京師大雨。

又 卷一五《憲宗紀下》［元和八年］六月辛巳朔。時積雨，延英不開十五日。是日，上謂宰臣曰『今後每三日，雨亦對來。』

又 庚寅，京師大風雨，毀屋飄瓦，人多壓死。所在川瀆暴漲，行人不通。

又［元和十一年］九月丁卯，饒州奏浮梁、樂平二縣，五月內暴雨水溢，失四千七百戶，溺死者一百七十人。

又［元和十二年六月］乙酉，京師大雨，含元殿一柱傾，市中水深三尺，壞坊民二千家。

又 卷一六《穆宗紀》［元和十五年九月］己酉，大雨三日，至是雨雪，樹木無風而摧仆者十五六。

又［長慶元年九月］壬寅，大雨震霆。

又 卷一七上《敬宗紀》 ［長慶四年六月］辛巳，勑以霖雨命疏決京城繫囚。

又 ［長慶四年］秋七月戊申朔。己酉，睦州清溪等六縣大雨，山谷發洪水泛溢，漂城郭廬舍。

又 乙丑，鄆、曹、濮暴雨水溢，壞城郭廬舍。

又 卷一七下《文宗紀下》 ［大和五年］六月丁卯朔。戊寅，以霖雨涉旬，詔疏理諸司繫囚。

又 ［大和］六年春正月乙未朔，以久雪廢元會。戊戌，振武李泳招收得黑山外契苾部落四百七十三帳。壬子，詔：『朕聞「天聽自我人聽，天視自我人視」。朕之菲德，涉道未明，不能調序四時，導迎和氣。自去冬已來，踰月雨雪，寒風尤甚，頗傷于和。念茲庶甿，或罹凍餒，無所假貸，莫能自存。中宵載懷，旰食興歎，怵惕若厲，時予之辜。思弘惠澤，以順時令。天下死罪囚，除官典犯贓、故意殺人外，并降從流，流已下遞降一等。應京畿諸縣，宜令以常平義倉斛斗賑恤。京城內鰥寡癃殘無告不能自存者，委京兆尹量事濟恤，具數以聞。言念赤子，視之如傷。天或警予，示此陰沴，撫躬夕惕，予甚悼焉。』

又 ［大和八年秋七月］戊午，奉先、美原、櫟陽等縣雨，損夏麥。辛酉，定陵臺大雨，震東廊，廊下地裂一百三十尺，詔宗正卿李仍叔啟告修塞。

又 ［大和八年十一月］壬子，滁州奏清流等三縣四月雨至六月，諸山發洪水，漂溺戶萬三千八百。

又 卷一九上《懿宗紀》 ［咸通二年二月］鄭滑節度使、檢校工部尚書李福奏：『屬郡潁州去年夏大雨，沈丘、汝陰、潁上等縣平地水深一丈，田稼、屋宇淹沒皆盡，乞蠲租賦。』從之。

又 卷一九下《僖宗紀》 ［咸通十四年八月］河南大水，自七月雨不止，至釋服後方霽。

又 ［中和四年五月］戊辰，大雨，平地水深三尺，溝河漲溢。

又 卷二〇下《哀宗紀》 ［天祐三年九月］是月積陰霖雨不止，差官禜都門。

又 卷三六《天文志下》 ［至德三年］是時自四月初大霧大雨，至閏四月末方止。

又 ［大曆四年］是歲自四月霖雨，至秋末方息，京師米斗八百文。

又 ［大曆十二年］是歲，春夏旱，八月大雨，河南大水，平地深五尺。

又 卷三七《五行志》 貞觀十一年七月一日，黃氣竟天，大雨，穀水溢，入洛陽宮，深四尺，壞左掖門，毀宮寺一十九；洛水暴漲，漂六百餘家。

又 永徽五年六月，恒州大雨，自二日至七日。滹沱河水泛溢，損五千三百家。

又 總章二年七月，冀州奏：六月十三日夜降雨，至二十日，水深五尺，其夜暴水深一丈已上，壞屋一萬四千三百九十區，害田四千四百九十六頃。九月十八日，括州暴風雨，海水翻上，壞永嘉、安固二縣城百姓廬舍六千八百四十三區，殺人九千七十、牛五百頭，損田苗四千一百五十頃。

又 咸亨元年五月十四日，連日澍雨，山水溢，溺死五千餘人。

又 永淳元年六月十二日，連日大雨，至二十三日，洛水大漲，漂損河南立德弘敬、洛陽景行等坊二百餘家，壞天津橋及中橋，斷人行累日。先是，頓降大雨，沃若懸流，至是而泛溢衝突焉。西京平地水深四尺已上，麥一束止得一二升，米一斗二百二十文，布一端止得一百文。國中大饑，蒲、同等州沒徙家口并逐糧，飢餒相仍，加以疾疫，自陝至洛，死者不可勝數。

又 長安三年，寧州大霖雨，山水暴漲，漂流二千餘家，溺死者千餘人，流屍東下。十七日，京師大雨雹，人有凍死者。四年，自九月至十月，晝夜陰晦，大雨雪。都中人畜，有餓凍死者。令開倉賑恤。

又 開元五年六月十四日，鞏縣暴雨連日，山水泛漲，壞郭邑廬舍七百餘家，人死者七十二；汜水同日漂壞近河百姓二百餘戶。

又 開元八年六月二十一日夜，暴雨，東都穀、洛溢，入西上陽宮，宮人死者十七八。

又 開元八年，鄧州三鵶口大水塞谷，初見二小兒以水相潑，須臾，有大虵十圍已上，張口向天，人或斫射之，俄而暴雷雨，漂溺數百家。

又 開元十四年七月甲子，懷、衛、鄭、滑、汴、濮、許等州澍雨，河及支川皆溢，人皆巢舟以居，死者千計，資產苗稼無孑遺。

又 開元十五年七月甲寅，雷震興教門樓兩鴟吻，燒樓柱，良久乃滅。二十日，鄜州雨，洛水溢入州城，平地丈餘，損居人廬舍，溺死者不知其數。

又 開元十五年八月八日，澠池縣夜有暴雨，澗水、穀水漲合，毀郭邑百餘家及普門佛寺。

又 天寶十三載秋，京城連月澍雨，損秋稼。

又 上元二年，京師自七月霖雨，八月盡方止。京城宮寺廬舍多壞，街市溝渠中漉得小魚。

又 永泰元年，先旱後水。九月，大雨，平地水數尺，溝河漲溢。時吐蕃寇京畿，以水，自潰而去。二年夏，洛陽大雨，水壞二十餘坊及寺觀廨舍。河南數十州大水。

又 大曆四年秋，大雨。五年夏，復大雨，京城饑，出太倉米減價以救人。十二年秋，大雨。是歲，春夏旱，至秋八月雨，河南尤甚，平地深五尺，河決，漂溺田稼。

又 貞元四年八月，連雨，灞水暴溢，溺殺渡者百餘人。八年秋，大雨，河南、河北、山南、江淮凡四十餘州大水，漂溺死者二萬餘人。時幽州七月大雨，平地水深二丈；鄚、涿、薊、檀、平五州，平地水深一丈五尺。又徐州奏：自五月二十五日雨，至七月八日方止，平地水深一丈二尺，郭邑廬里屋宇田稼皆盡，百姓皆登丘塚山原以避之。

又 元和八年五月，許州奏：大雨摧大隗山，水流出，溺死者千餘人。六月庚寅，京師大風雨，毀屋揚瓦，人多壓死。水積城南，深處丈餘，入明德門，猶漸車輻。辛卯，渭水暴漲，毀三渭橋，南北絕濟者一月。時所在霖雨，百源皆發，川瀆不由故道。十一年五月，京畿大雨，害田四萬頃，昭應尤甚，漂溺居人。衢州山水涌，深三丈，壞州城，民多溺死。浮梁、樂平溺死者一百七十人，為水漂流不知所在者四千七百戶。潤、常、湖、陳、許等州各損田萬頃。十二年秋，大雨，河南北水，害稼。其年六月，京師大雨，街市水深三尺，壞廬舍二千家，含元殿一柱陷。十五年九月十一日至十四日，大雨兼雪，街衢禁苑樹無風而摧折、連根而拔者不知其數。仍令閉坊市北門以禳之。滄州大水。

又 大和六年，徐州自六月九日大雨至十一日，壞民舍九百家。四年夏，鄆、曹、濮雨，壞城郭田廬向盡。蘇、湖二州水，壞六堤，水入郡郭，溺廬井。許州自五月大雨，水深八尺，壞郡郭居民大半。

又 儀鳳三年十一月十四日，雨木冰。

又 開元二十九年十一月二十二日，雨木冰，凝寒凍冽，數日不解。

又 乾元三年閏四月，大霧，大雨月餘。是月，史思明再陷東都，京師米斗八百文，人相食，殍骸蔽地。

又 貞元二年正月，大雨雪，平地深尺餘。雪上有黄色，狀如浮埃。四年正月，陳留十里許雨木，皆大如指，長寸餘，木有孔通中，所下立者如植。其年，宣州暴雨震電，有物墮地，豬首，手腳各有兩指，執一赤斑蛇食之。逡巡，黑雲合，不見。八年二月，京師雨土。十年六月辛丑晦，有水鳥集於左藏庫。其夜暴雨，大風拔樹。十七年二月五日，大雨雹。十六夜，大雨，震雷且雹。十九日，大雨雪而雹。

又 長慶元年九月壬寅，京師震電，大風雨。

又 大和八年六月癸未，暴風雷雨壞長安縣廨及經行寺塔。同、華大旱。

又 開成元年夏六月，鳳翔麟遊縣暴風雨，飄害九成宮正殿及滋善寺佛舍，七月辛酉，定陵臺大風雨，震，東廊之下地裂一百三十尺，其深五尺。

又 長安四年九月後，霖雨并雪，凡陰一百五十餘日，至神龍元年正月五日，誅二張，孝和反正，方晴霽。

又 景龍中，東都霖雨百餘日，閉坊市北門，駕車者苦甚污，街中言曰：『宰相不能調陰陽，致兹恒雨，令我污行。』

又 貞元二十一年，順宗風疾，叔文用事，連月霖雨不霽。乃以憲宗為皇太子，制出日即晴。

又 開元十八年二月十八日，大雨雪，俄又雷震，飛龍廄災。

又 開元四年六月，郴州馬嶺山下，有白蛇長六七尺，黑蛇長丈餘。兩蛇鬭，白蛇吞黑蛇，至麤處，口眼流血，黑蛇頭穿白蛇腹出，俄而俱死。旬日內桂陽大雨，山水暴溢，漂五百家，殺三百餘人。

又 卷四九《食貨志下》 開元二十一年，耀卿為京兆尹，京師雨水害稼，穀價踴貴。

又 卷九五《讓皇帝憲傳》 ［開元］二十九年冬，京城寒甚，凝霜封樹，時學者以為春秋『雨木冰』即此是，亦名樹介，言其象介冑也。

又 卷一〇八《韋見素傳》 天寶十三年秋，霖雨六十餘日，京師廬舍垣墉頹毀殆盡，凡一十九坊汙潦。

又 卷一一二《李峘傳》 天寶十三載，連雨六十餘日，宰臣楊國忠惡其不附己，以雨災歸咎京兆尹，乃出為長沙郡太守。

又 卷一三三《李愬傳》 愬將襲元濟，會雨水，自五月至七月不止，溝塍潰溢，不可出師。

又 卷一四九《奚陟傳》 貞元八年，擢拜中書舍人。是歲，江南、淮西大雨為災，令陟勞問巡慰，所在人安悅之。

又 卷一九四《頡利可汗傳》 〔武德七年〕初，關中霖雨，糧運阻絕，太宗頗患之，諸將憂見於色，頓兵於豳州。

又 卷二〇〇下《黄巢傳》 〔中和四年〕五月，大雨震雷，平地水深三尺，壞賊壘，賊自離散，復聚於尉氏，逼中牟。翌日，營汴水北。是日，復大雨震雹，溝塍漲流。

《舊五代史》卷四《梁書・太祖紀四》 〔開平二年〕秋七月甲戌，大霖雨，陂澤泛溢，頗傷稼穡，帝幸右天武軍河亭觀水。

又 〔開平三年〕八月甲午，以秋稼將登，霖雨特甚，命宰臣以下禱于社稷諸祠。

又 卷五《梁書・太祖紀五》 〔開平四年〕五月己丑朔，以連雨不止，至壬辰，御文明殿，命宰臣分拜祠廟。

又 〔開平四年九月〕辛丑，以久雨，命宰臣薛貽矩禜定鼎門，趙光逢祠嵩岳。

又 卷八《梁書・末帝紀上》 〔貞明元年秋七月〕是月，劉鄩自洹水潛師由黄澤路西趨晉陽，至樂平縣，值霖雨積旬，乃班師還。

又 卷二三《梁書・劉鄩傳》 〔貞明元年六月〕軍至樂平，會霖雨積旬，師不克進，鄩即整眾而旋。

又 卷二五《唐書・武皇紀上》 〔中和四年〕四月，武皇合徐、汴之師破尚讓于太康，斬獲萬計，進攻賊于西華，賊將黄鄴棄營而遁。是夜大雨，巢營中驚亂，乃棄西華之壘，退營陳州北故陽里。五月癸亥，大雨震雹，平地水深數尺，賊營為水所漂而潰。戊辰，武皇引軍營于中牟，大破賊于王滿渡。庚午，巢賊大至，濟汴而北。是夜復大雨，賊黨驚潰。

又 卷二八《唐書・莊宗紀二》 〔天祐十二年秋七月〕時霖雨積旬，鄩軍倍道兼行，皆腹疾足腫，加以山路險阻，崖谷泥滑，緣蘿引葛，方得少進。

又 卷三二《唐書・莊宗紀六》 〔同光二年秋七月〕曹州大雨，平地水三尺。

又 〔同光二年八月〕宋州大水，鄆、曹等州大風雨，損稼。

又 〔同光三年六月〕壬申，京師雨足。自是大雨，至于九月，晝夜陰晦，未嘗澄霽，江河漂溢，隄防壞決，天下皆訴水災。

又 卷三三《唐書・莊宗紀七》 同光三年秋七月丁酉，以久雨，詔河南府依法祈晴。滑州上言，黄河決。陝州上言，河漲二丈二尺，壞浮橋，入城門，居人有溺死者。乙卯，汴州上言，汴水泛漲，恐漂沒城池，于州城東西權開壕口，引水入古河。澤潞上言，自今月一日雨，至十九日未止。戊午，以刑部尚書、判太常卿兼判吏部尚書銓事李琪為吏部尚書，依前判太常卿，以兵部侍郎、集賢殿學士、判院事盧文紀為吏部侍郎；以給事中李光序為尚書右丞。許州、滑州奏，大水。

又 〔同光三年九月〕甲寅，幸壽安陵。司天上言：『自七月三日大雨，至九月十八日後方晴，三辰行度不見。』

又 卷三五《唐書・明宗紀一》 天復中，梁祖遣氏叔琮將兵五萬，營于洞渦。是時，諸道之師畢萃于太原，郡縣多陷于梁，晉陽城外營壘相望。武皇登陴號令，不遑飲食。屬大雨彌旬，城壘多壞，武皇令帝與嗣昭分兵四出，突入諸營，梁軍由是引退，帝率偏師追襲，復諸郡邑。

又 卷三七《唐書・明宗紀三》 〔天成元年秋八月〕壬辰，以久雨，放百僚朝參，詔天下疏理繫囚。

又 卷三九《唐書・明宗紀五》 〔天成三年〕三月丁未朔，以久雨，詔文武百辟極言時政得失。

又 卷四三《唐書・明宗紀九》 〔長興三年六月〕詔以霖雨積旬，久未晴霽，京城諸司繫囚，並宜釋放。甲子，以大雨未止，放朝參兩日。洛水漲泛二丈，廬舍居民有溺死者。

又 卷四八《唐書・末帝紀下》 〔清泰三年六月〕庚午，詔曰：『時雨稍愆，頗傷農稼，分命朝臣祈禱。』

又 卷五二《唐書・李嗣昭傳》 〔天復元年四月〕嗣昭朝夕選精騎分出諸門，掩擊汴營，左俘右斬，或燔或擊，汴軍疲于奔命，又屬霖雨，軍多足腫腹疾，糧運不繼。

又 卷五五《唐書・蓋寓傳》 初，武皇既平王行瑜，旋師渭北，暴雨六十日，諸將或請入覲，且雲：『天顔咫尺，安得不行觀禮。』武皇意未決，寓白曰：『車駕自石門還京，寢未安席，比為行瑜兄弟驚駭乘輿，今京師未寧，奸宄流議，大王移兵渡渭，必恐復動宸情。君臣始終，不必朝覲，但歸藩守，姑務勤王，是忠臣之道也。』武皇笑曰：『蓋寓尚阻吾入覲，況天下人哉！』即日班師。

又卷五七《唐書·郭崇韜傳》［同光］三年夏，雨，河大水，壞天津橋。

又卷六四《唐書·王晏球傳》［天成二年］時大雨，晏球出師逆戰，特哩袞復敗，追至易州，河水暴漲，所在陷沒，俘獲二千騎而還。

又卷七八《晉書·高祖紀四》［天福四年六月］西京大風雨，應天福門屋瓦皆飛，鴟吻俱折。

又卷七九《晉書·高祖紀五》［天福六年五月］庚午，涇州奏，雨雹，川水大溢，壞州郡鎮戍三十四城。

又卷八二《晉書·少帝紀二》天福八年秋七月丁丑朔，京師雨水深三尺。

又卷八三《晉書·少帝紀三》［開運元年］是日宣赦未畢，會大雷雨，匆遽而罷。時都下震死者數百人，明德門內震落石龍之首，識者以為石乃國姓，蓋不祥之甚也。

又卷八四《晉書·少帝紀四》［開運三年七月］辛亥，宋州穀熟縣河水雨水一概東流，漂沒秋稼。自夏初至是，河南、河北諸州郡餓死者數萬人，羣盜蜂起，剽略縣鎮，霖雨不止，川澤汎漲，損害秋稼。

又［開運三年八月］是月，秦州雨，兩旬不止，鄴都雨水一丈，洛京、鄭州、貝州大水，鄴都、夏津臨清兩縣，餓死民凡三千三百。盜入臨濮、費縣。

又［開運三年九月］詔開封府，以霖雨不止，應京城公私僦舍錢放一月。是月，河南、河北、關西諸州奏，大水霖雨不止，溝河泛濫，水入城郭及損害秋稼。

又卷九八《晉書·趙德鈞傳》天成中，定州王都反，契丹遣特哩袞領精騎五千來援都，至唐河，為招討使王晏球所敗。會霖雨相繼，所在泥淖，敗兵北走，人馬饑疲，德鈞於要路邀之，盡獲餘眾，擒特哩袞已下首領數十人，獻於京師。

又卷一〇〇《漢書·高祖紀下》［天福十二年］十一月壬子，雨木冰。辛酉，雨木冰。癸酉，雨木冰。

又卷一〇二《漢書·隱帝紀中》［乾祐元年二月］戊戌，大雨霖。

又［乾祐元年九月］鄴都、磁、相、邢、洺等州奏，霖雨害稼。西京奏，洛水溢岸。

又卷一〇三《漢書·隱帝紀下》［乾祐三年五月］閏月癸巳，京師大風雨，壞營舍，吹鄭門扉起，十數步而墮，拔大木數十，震死者六七人，水平地尺餘，池隍皆溢。

又［乾祐三年］秋七月庚午，河陽奏，河漲三丈五尺。乙亥，滄州奏，積雨約一丈二尺。安州奏，溝河泛溢，州城內水深七尺。

又卷一一一《周書·太祖紀二》［廣順元年六月］甲午，邢州大雨霖。癸丑，詔宰臣範質參知樞密院事。鄴都、洛、滄、貝等州大雨霖。

又卷一一二《周書·太祖紀三》［廣順二年六月］帝至軍，凡駐蹕九日而賊平，果以六月二日發離城下，近代親征克捷，無如此之速也。是日大雨，城下行宮水深數尺。

又［廣順二年秋七月］是日大風雨，破屋拔樹，尚書省都堂有龍穿屋壞獸角而去，西壁有爪迹存焉。襄州大水。

又卷一一三《周書·太祖紀四》［廣順三年春三月］是月河南、河北諸州大水，霖雨不止，川陂漲溢。

又［廣順三年］秋七月戊寅朔，徐州言，龍出豐縣村民井中，即時澍雨，漂沒城邑。

又［廣順三年八月］丁卯，河決河陰，京師霖雨不止。甲戌，潭州王逵奏：『朗州劉言與淮賊通連，差指揮使鄭玟部領兵士，欲併當道。鄭玟為軍眾所執，奔入武陵，劉言尋為諸軍所廢，臣已至朗州安撫訖。』詔劉言勒歸私第，委王逵取便安置。是月所在州郡奏，霖雨連綿，漂沒田稼，損壞城郭廬舍。

又［廣順三年］十二月戊申，雨木冰。

又卷一一四《周書·世宗紀一》［顯德元年三月］甲午，次高平縣。詔賜河東降軍二千餘人各絹二匹，并給其衣裝，鄉兵各給絹一匹，放還本部。是日大雨。

又［顯德元年六月］會大雨時行，軍士勞苦，復以忻口之師不振，帝遂決旋師之意。

又 卷一二〇《周書·恭帝紀》 〔顯德六年六月〕是月，州郡十六奏大雨連旬不止。

又 〔顯德六年秋七月〕是月，諸道相繼奏大雨，所在川渠漲溢，漂溺廬舍，損害苗稼。

又 〔顯德六年九月〕是月，京師及諸州郡霖雨踰旬，所在水潦為患，川渠泛溢。

又 卷一三九《天文志·日食》 長興元年，六月癸巳朔，日食。其日陰冥不見，至夕大雨。

又《雲氣》 唐同光三年，九月丁未，遍天陰雲，北方有聲如雷，四面雞雉皆雊，俗謂之『天狗落』。是歲，日有背氣，凡十二。是月，司天監奏：『自七月三日陰雲大雨，至九月十八日後方晴，三辰行度災祥，數日不見。』

又 卷一四一《五行志·水淹風雨》 唐同光二年七月，汴州雍邱縣大雨風，拔樹傷稼。曹州大水，平地三尺。八月，江南大兩溢漫，流入鄆州界。十一月，中書門下奏：『今年秋，天下州府多有水災，百姓所納秋稅，請特放加耗。』從之。

三年六月至九月，大雨，江河崩決，壞民田。七月，洛水泛漲，壞天津橋，漂近河廬舍，艤舟為渡，覆沒者日有之。鄴都奏，御河漲於石灰窯口，開故河道以分水勢。鞏縣河堤破，壞倉廒。

長興元年夏，鄜州上言，大水入城，居人溺死。

二年四月，棣州上言，水壞其城。是月己巳，鄆州上言，黃河水溢岸，闊三十里，東流。五月丁亥，申州奏大水，平地深七尺。是月戊申，襄州上言，漢水溢入城，壞民廬舍，又壞均州郛郭，水深三丈，居民登山避水，仍畫圖以進。是月甲子，洛水溢，壞民廬舍。六月壬戌，汴州上言，大雨，雷震文宣王廟講堂。十一月壬子，鄆州上言，黃河暴漲，漂溺四千餘戶。

三年七月，諸州大水，宋、亳、潁尤甚。宰臣奏曰：『今秋宋州管界，水災最盛，人戶流亡，粟價暴貴。臣等商量，請於本州倉出斛㪷，依時出糶，以救貧民。』從之。是月，秦州大水，溺死窯谷內居民三十六人。夔州赤甲山崩，大水漂溺居人。

清泰元年九月，連雨害稼。詔曰：『久雨不止，禮有祈禳都城門，三日不止，乃祈山川，告宗廟社稷。宜令太子賓客李延範等禜諸城門，太常卿李懌等告宗廟社稷。』

晉天福四年七月，西京大水，伊、洛、瀍、澗皆溢，壞天津橋。八月，河決博平，甘陵大水。

六年九月，河決於滑州，一概東流，居民登丘塚，為水所隔。詔所在發舟檝以救之。兗州、濮州界皆為水所漂溺，命鴻臚少卿魏玭、將作少監郭廷讓、右金吾衛將軍安濬、右驍衛將軍田峻於滑、濮、澶、鄆四州，檢河水所害稼，并撫問遭水百姓。兗州又奏，河水東流，闊七十里，至七年三月，命宋州節度使安彥威率丁夫塞之。河平，建碑立廟於河決之所。

開運元年六月，黃河、洛河泛溢堤堰，鄭州原武、滎澤縣界河決。

周廣順二年七月，暴風雨，京師水深二尺，壞墻屋不可勝計。諸州皆奏大雨，所在河渠泛溢害稼。

三年六月，諸州大水，襄州漢江漲溢入城，城內水深五尺，倉庫漂盡，居人溺者甚眾。

又《草木石冰》 晉開運元年七月一日，少帝御明德門，宣赦改元。是日，遇大雷雨，門內有井亭，亭有石盆，有走水槽，槽有龍首，其夕悉飄行數十步，而龍首斷焉。

三年九月，大水，太原葭蘆茂盛，最上一葉如旗狀，皆南指。十二月己丑，雨木冰。是月戊戌，霜霧大降，草木皆如冰。

《新唐書》卷二《太宗紀》 〔貞觀十一年〕七月癸未，大雨，水，穀、洛溢。

又 卷三《高宗紀》 〔永徽二年十一月〕甲申，雨木冰。

又 〔顯慶元年十一月〕自八月霜且雨至於是月。

又 〔儀鳳三年〕五月壬戌，如九成宮。大雨霖。

又 〔儀鳳三年〕閏十一月丙申，雨木冰。

又 卷四《則天皇后紀》 〔延載元年十月〕癸酉，雨木冰。

又 〔聖曆二年〕七月丙辰，神都大雨，洛水溢。

又《中宗紀》 〔景龍四年三月〕庚申，雨木冰，井溢。

又 卷五《睿宗紀》 〔先天二年〕六月辛丑，以雨霖避正殿，減膳。

又《玄宗紀》 〔開元十六年〕九月丙午，以久雨降囚罪，徒以下原之。

又［開元十八年］二月丙寅，大雨，雷震左飛龍廄，災。

又［開元二十九年十一月］己巳，雨木冰。

又卷六《代宗紀》［永泰元年］三月庚子，雨木冰。

又［大曆二年］十一月辛未，雨木冰。

又卷七《德宗紀》［貞元十年六月］辛未，雨，大風拔木。

又《文宗紀》［開成元年］七月，滹沱溢。乙亥，雨土。

又《武宗紀》［開成五年］八月甲寅，雨。

又［會昌三年九月］丁未，以雨霖，理囚，免京兆府秋稅。

又《宣宗紀》［大中四年］四月壬申，以雨霖，詔京師、關輔理囚，蠲度支、鹽鐵、戶部逋負。

又卷九《僖宗紀》是歲，雨血於靖陵。

又卷一〇《昭宗紀》［乾寧元年］七月，以雨霖避正殿，減膳。

又《哀帝紀》［天祐三年閏十二月］乙亥，震電，雨雪。

又卷三二《天文志二·星變》［乾寧三年］三年六月，天暴雨，雷電，有星大如碗，起西南，墜于東北，色如鶴練，聲如羣鴨飛。占為姦謀。

又卷三四《五行志一·常雨》武德六年秋，關中久雨。少陽曰暘，少陰曰雨，陽德衰則陰氣勝，故常雨。

貞觀十五年春，霖雨。

永徽六年八月，京城大雨。

顯慶元年八月，霖雨，更九旬乃止。

開元二年五月壬子，久雨，禜京城門。十六年九月，關中久雨，害稼。

天寶五載秋，大雨。十二載八月，久雨。十三載秋，大霖雨，害稼，六旬不止。

至德二載三月癸亥，大雨，至甲戌乃止。

上元元年四月，雨，訖閏月乃止。二年秋，霖雨連月，渠竇生魚。

永泰元年九月丙午，大雨，至于丙寅。

大曆四年四月，雨，至于九月，閉坊市北門，置土臺，臺上置壇，立黃幡以祈晴。六年八月，連雨，害秋稼。

貞元二年正月乙未，大雨雪，至于庚子，平地數尺，雪上黃黑如塵。五月乙巳，雨，至于丙申。時大飢，至是麥將登，復大雨霖，衆心恐懼。十年春，雨，至閏四月，間止不過一二日。十一年秋，大雨。十九年八月己未，大霖雨。

元和四年四月，冊皇太子寧，以雨霑服罷。十月，再擇日冊，又以雨霑服罷。近常雨也。六年七月，霖雨害稼。十二年五月，連雨。八月壬申，雨，至于九月戊子。十五年二月癸未，大雨。八月，久雨，閉坊市北門。宋、滄、景等州大雨，自六月癸酉至于丁亥，廬舍漂沒殆盡。

寶曆元年六月，雨，至于八月。

大和四年夏，鄆、曹、濮等州雨，壞城郭廬舍殆盡。五年正月庚子朔，京城陰雪，彌旬。

開成五年七月，霖雨，葬文宗，龍輴陷不能進。

大中十年四月，雨，至于九月。

咸通九年六月，久雨，禜明德門。

乾符五年秋，大霖雨，汾、澮及河溢流害稼。

廣明元年秋八月，大霖雨。天復元年八月，久雨。

又《火不炎上》開元十八年二月丙寅，大雨雪，俄而雷震，左飛龍廄災。

大順二年七月癸丑甲夜，汴州相國寺佛閣災。是日暮，微雨震電，或見有赤塊轉門譙藤網中，周而火作。頃之，赤塊北飛，轉佛閣藤網中，亦周而火作。既而大雨暴至，平地水深數尺，火益甚，延及民居，三日不滅。

又《羊禍》乾符二年，洛陽建春門外因暴雨，有物墮地如羖羊，不食，頃之入地中，其跡月餘不滅，或以為雨土也。

又《赤眚赤祥》武德初，突厥國中雨血三日。

貞元二十一年正月甲戌，雨赤雪於京師。

又卷三五《五行志二·稼穡不成》貞元二年五月，麥將登而雨霖，米斗千錢。

又《常風》開元九年七月丙辰，揚州、潤州暴風雨，發屋拔木。

貞元六年四月甲申，大風雨。

元和八年六月庚寅，京師大風雨，毀屋飄瓦，人多壓死者。

廣明元年四月甲申，京師及東都、汝州雨雹，大風拔木。四年六月乙巳，太原大風雨，拔木千株，害稼百里。

又《詩妖》永淳元年七月，東都大雨，人多殍殕。

又卷三六《五行志三・水不潤下》 貞觀三年秋，貝、譙、鄆、泗、沂、徐、豪、蘇、隴九州水。四年秋，許、戴、集三州水。七年八月，山東、河南州四十，大水。八年七月，山東、江淮大水。十年，關東及淮海旁州二十八，大水。十一年七月癸未，黄氣際天，大雨，穀水溢，入洛陽宮，深四尺，壞左掖門，毁官寺十九；洛水漂六百餘家。九月丁亥，河溢，壞陜州之河北縣及太原倉，毁河陽中潬。十六年秋，徐、戴二州大水。十八年秋，穀、襄、豫、荊、徐、梓、忠、綿、宋、亳十州大水。十九年秋，沁、易二州水，害稼。二十一年八月，河北大水，泉州海溢，驩州水。二十二年夏，瀘、越、徐、交、渝等州水。

永徽元年六月，新豐、渭南大雨，零口山水暴出，漂廬舍；宣、歙、饒、常等州大雨，水，溺死者數百人。秋，齊、定等州十六，水。二年秋，汴、定、濮、亳等州水。四年，杭、夔、果、忠等州水。五年五月丁丑夜，大雨，麟遊縣山水衝萬年宮玄武門，入寢殿，衛士有溺死者。六月，河北大水，滹沱溢，損五千餘家。六年六月，商州大水。秋，冀、沂、密、兖、滑、汴、鄭、婺等州水，害稼；洛州大水，毁天津橋。十月，齊州河溢。

顯慶元年七月，宣州涇縣山水暴出，平地四丈，溺死者二千餘人。九月，括州暴風雨，海水溢，壞安固、永嘉二縣。四年七月，連州山水暴出，漂七百餘家。

麟德二年六月，鄜州大水，壞居人廬舍。

總章二年六月，括州大風雨，海溢，壞永嘉、安固二縣，溺死者九千七十人；冀州大雨，水平地深一丈，壞民居萬家。

咸亨元年五月丙戌，大雨，山水溢，溺死五千餘人。二年八月，徐州山水漂百餘家。四年七月，婺州大雨，山水暴漲，溺死五千餘人。

永隆元年九月，河南、河北大水，溺死者甚衆。二年八月，河南、河北大水，壞民居十萬餘家。

永淳元年五月丙午，東都連日澍雨；乙卯，洛水溢，壞天津橋及中橋，漂居民千餘家。六月乙亥，京師大雨，水平地深數尺。秋，山東大雨，水，大饑。二年七月己巳，河溢，壞河陽橋。八月，恒州滹沱河及山水暴溢，害稼。【略】

聖曆二年七月丙辰，神都大雨，洛水壞天津橋。秋，河溢懷州，漂千餘家。三年三月辛亥，鴻州水，漂千餘家，溺死四百餘人。

久視元年十月，洛州水。

長安三年六月，寧州大雨，水，漂二千餘家，溺死千餘人。四年八月，瀛州水，壞民居數千家。

神龍元年四月，雍州同官縣大雨，水，漂居民五百餘家。六月，河北州十七，大水。七月甲辰，洛水溢，壞民居二千餘家。二年四月辛丑，洛水壞天津橋，溺死數百人。八月，魏州水。

景龍三年七月，澧水溢，害稼。九月，密州水，壞民居數百家。

開元三年，河南、河北水。四年七月丁酉，洛水溢，沈舟數百艘。五年六月甲申，瀍水溢，溺死者千餘人；鞏縣大水，壞城邑，損居民數百家；河南水，害稼。八年夏，契丹寇營州，發關中卒援之，宿澠池之缺門，營穀水上，夜半，山水暴至，萬餘人皆溺死。六月庚寅夜，穀、洛溢，入西上陽宮，宮人死者十七八，畿内諸縣田稼廬舍蕩盡，掌閑衛兵溺死千餘人，京師興道坊一夕陷為池，居民五百餘家皆沒不見。是年，鄧州三鵶口大水塞谷，或見二小兒以水相沃，須臾，有蛇大十圍，張口仰天，人或斫射之，俄而暴雷雨，漂溺數百家。十年五月辛酉，伊水溢，毁東都城東南隅，平地深六尺；河南許、仙、豫、陳、汝、唐、鄧等州大水，害稼，漂沒民居，溺死者甚衆。六月，博州、棣州河決。十二年六月，豫州大水。八月，兖州大水。十四年秋，天下州五十，水，河南、河北尤甚，河及支川皆溢，懷、衛、鄭、滑、汴、濮人或巢或舟以居，死者千計；潤州大風自東北，海濤沒瓜步。十五年五月，晉州大水。七月，鄧州大水，溺死數千人；洛水溢，入鄜城，平地丈餘，死者無筭，壞同州城市及馮翊縣，漂居民二千餘家。八月，澗、穀溢，毁澠池縣。是秋，天下州六十三，大水，害稼及居人廬舍，河北尤甚。十七年八月丙寅，越州大水，壞州縣城。十八年六月壬午，東都瀍水溺揚、楚等州租船，洛水壞天津、永濟二橋及民居千餘家。十九年秋，河南水，害稼。二十年秋，宋、滑、兖、鄆等州大水。二十二年秋，關輔、河南州十餘，水，害稼。二十七年三月，澧、袁、江等州水。二十八年十月，河南郡十三，水。二十九年七月，伊、洛及支川皆溢，害稼，毁天津橋及東西漕、上陽宮仗舍，溺死千餘人。是秋，河南、河北郡二十四，水，害稼。

天寶四載九月，河南、淮陽、睢陽、譙四郡水。十三載九月，東都瀍、洛溢，壞十九坊。

廣德元年九月，大雨，水平地數尺，時吐蕃寇京畿，以水自潰去。二年五月，東都大雨，洛水溢，漂二十餘坊；河南諸州水。

大曆元年七月，洛水溢。二年秋，湖南及河東、河南、淮南、浙東西、福建等道州五十五水災。七年二月，江州江溢。十年七月，杭州海溢。十一年七月戊子，夜澍雨，京師平地水尺餘，溝渠漲溢，壞民居千餘家。十二年秋，京畿及宋、亳、滑三州大雨水，害稼，河南尤甚，平地深五尺，河溢。

建中元年，幽、鎮、魏、博大雨，易水、滹沱橫流，自山而下，轉石折樹，水高丈餘，苗稼蕩盡。

貞元二年六月丁酉，大風雨，京城通衢水深數尺，有溺死者。東都、河南、荊南、淮南江河溢。三年三月，東都、河南、江陵、汴揚等州大水。四年八月，灞水暴溢，殺百餘人。八年秋，自江淮及荊、襄、陳、宋至于河朔州四十餘，大水，害稼，溺死二萬餘人，漂沒城郭廬舍，幽州平地水深二丈，徐、鄭、涿、薊、檀、平等州，皆深丈餘。八年六月，淮水溢，平地七尺，沒泗州城。十一年十月，朗、蜀二州江溢。十二年四月，福、建二州大水，嵐州暴雨，水深二丈。十三年七月，淮水溢于亳州。十八年春，申、光、蔡等州大水。

永貞元年夏，朗州之熊、武五溪溢。秋，武陵、龍陽二縣江水溢，漂萬餘家。京畿長安等九縣山水害稼。

元和元年夏，荊南及壽、幽、徐等州大水。二年六月，蔡州大雨，水平地深數尺。四年十月丁未，渭南暴水，漂民居二百餘家。六年七月，鄜坊、黔中水。七年正月，振武河溢，毀東受降城；五月，饒、撫、虔、吉、信五州暴水，虔州尤甚，平地有深至四丈者。八年五月，陳州、許州大雨，大隗山摧，水流出，溺死者千餘人。六月庚寅，大風，毀屋揚瓦，人多壓死；京師大水，城南深丈餘，入明德門，猶漸車輻。辛卯，渭水漲，絕濟。時所在百川發溢，多不由故道。滄州水潦，浸鹽山等四縣。九年秋，淮南及岳、安、宣、江、撫、袁等州大水，害稼。十一年五月，京畿大雨水，昭應尤甚；衢州山水害稼，深三丈，毀州郭，溺死百餘人。六月，密州大風雨，海溢，毀城郭；饒州浮梁、樂平二縣暴雨，水，漂沒四千餘戶；潤、常、潮、陳、許五州及京畿水，害稼。八月甲午，渭水溢，毀中橋。十二年六月乙酉，京師大雨，水，含元殿一柱傾，市中水深三尺，毀民居二千餘家；河南、河北大水，洺、邢尤甚，平地二丈；河中、江陵、幽澤潞晉隰蘇台越州水，害稼。十三年六月辛未，淮水溢。十五年秋，洪、吉、信、滄等州水。

長慶二年七月，河南陳、許、蔡等州大水；好時山水漂民居三百餘家；處州大雨，水，平地深八尺，壞城邑、桑田太半。四年夏，蘇、湖二州大雨，水，太湖決溢；睦州及壽州之霍山山水暴出；鄆、曹、濮三州雨，水壞州城、民居、田稼略盡；襄、均、復、郢四州漢水溢決。秋，河南及陳、許二州水，害稼。

寶曆元年秋，鄜、坊二州暴水；兗、海、華三州及京畿奉天等六縣水，害稼。

大和二年夏，京畿及陳、滑二州水，害稼；河陽水，平地五尺；河決，壞棣州城；越州大風，海溢；河南鄆、曹、濮、淄、青、齊、德、兗、海等州並大水。三年四月，同官縣暴水，漂沒三百餘家；宋、亳、徐等州大水，害稼。四年夏，江水溢，沒舒州太湖、宿松、望江三縣民田數百戶；鄜、坊水，漂三百餘家；浙西、浙東、宣歙、江西、鄜坊、山南東道、淮南、京畿、河南、江南、荊襄、鄂岳、湖南大水，皆害稼。五年六月，玄武江漲，高二丈，溢入梓州羅城；淮西、浙東、浙西、荊襄、岳鄂、東川大水，害稼。六年二月，蘇、湖二州大水。六月，徐州大雨，壞民居九百餘家。七年秋，浙西及揚、楚、舒、廬、壽、滁、和、宣等州大水，害稼。八年秋，江西及襄州水，害稼；蘄州湖水溢；滁州大水，溺萬餘戶。

開成元年夏，鳳翔麟遊縣暴雨，水，毀九成宮，壞民舍數百家，死者百餘人。七月，鎮州滹沱河溢，害稼。三年夏，河決，浸鄭、滑外城；陳、許、鄜、坊、鄂、曹、濮、襄、魏、博等州大水；江、漢漲溢，壞房、均、荊、襄等州民居及田產殆盡；蘇、湖、處等州水溢入城，處州平地八尺。四年秋，西川、滄景、淄青大雨，水，害稼及民廬舍，德州尤甚，平地水深八尺。五年七月，鎮州及江南水。

又《常寒》　顯慶四年二月壬子，大雨雪。

又　儀鳳三年五月丙寅，高宗在九成宮，霖雨，大寒，兵衛有凍死者。

又　開元二十九年九月丁卯，大雨雪，大木偃折。

又　貞元二十年二月庚戌，始雷，大雨雹，震電，大雨雪。

又　元和十二年九月己丑，雨雪，人有凍死者。十五年八月己卯，同州雨雪，害稼。

又　大和六年正月，雨雪踰月，寒甚。

又　咸通五年冬，隰、石、汾等州大雨雪，平地深五尺。

又《雷電》　建中四年四月丙子，東都畿汝節度使哥舒曜攻李希烈，進軍至潁橋，大雨震電，人不能言者十三四，馬驢多死。

又 大和八年七月辛酉，定陵臺大雨，震，廡下地裂二十有六步。

又《**常陰**》長安四年，自九月霖雨陰晦，至于神龍元年正月。

又 二年十一月，淮南陰晦雨雪，至明年二月不解。

又《**豕禍**》［貞元四年］是歲，宣州大雨震電，有物墮地如豬，手足各兩指，執赤班蛇食之。

又《**火沴水**》咸通八年七月，泗州下邳雨湯，殺鳥雀。水沸于火，則可以傷物，近火沴水也。雨者，自上而降；鳥雀，民象。

又 卷五三《**食貨志三**》開元二十一年，耀卿為京兆尹，京師雨水，穀踊貴。

又 卷一一八《**韋見素傳**》天寶十三載，玄宗苦雨潦閱六旬，謂宰相非其人，罷左相陳希烈，詔楊國忠審擇大臣。

又 卷一二六《**韓滉傳**》大曆十二年秋，大雨害稼什八，京兆尹黎幹言狀，滉恐有所蠲貸，固表不實。

又 卷一六二《**李訥傳**》召為河南尹。時久雨，洛暴漲，訥行水魏王堤，懼漂汩，疾馳去，水遂大毀民廬。

又 卷一八二《**李玨傳**》會秋大雨，梓宮至安上門陷于濘，不前，罷為太常卿。

又 卷一八三《**豆盧瑑傳**》仕歷翰林學士、戶部侍郎，與崔沆皆拜同中書門下平章事。是日，宣告于廷，大風雷雨拔樹。

又 卷一九一《**呂子臧傳**》武德初，朱粲新衄，子臧率兵與元規并力。元規軍不進，子臧曰：『乘賊新敗，上下惶沮，一戰可禽；若遷延，其衆稍集，吾食盡，致死於我，不可當也。』不納。子臧請以所部兵獨進，又不許。俄而粲得衆，復張，元規嬰城，子臧扼腕曰：『謀不見用，坐公死矣。』賊圍固。會霖雨，雉堞崩剝，或勸其降，子臧曰：『我，天子方伯，且降賊乎？』乃率麾下數百人赴敵死，城亦陷，元規死之。

又 卷二〇六《**楊國忠傳**》［天寶十二年］它年，大雨敗稼，帝憂之，國忠擇善禾以進，曰：『雨不為災。』

又 卷二〇七《**高力士傳**》［天寶十三年］十三年秋大雨，帝顧左右無人，即曰：『天方災，卿宜言之。』

又 卷二一六下《**婢婢傳**》婢婢遣將厖結心、莽羅薛呂擊恐熱於河州之南，伏兵四萬，結心據山射書極罵，恐熱怒甚，盛兵出鬬。結心偽北，恐熱追至數十里，莽羅薛呂以伏兵衷擊，大風雨，河溢，溺死甚衆，恐熱單騎而逃。

又 卷二二四下《**喬琳傳**》大曆中，淫雨壞河中鹽池，味苦惡。

《**新五代史**》**卷一**《**梁紀·太祖帝紀**》［龍紀元年］冬，大雨，水，不能軍而旋。

又 卷四《**唐紀·莊宗紀上**》［乾寧二年十一月］是時，晉軍渭北，遇雨六十日，或勸克用入朝，克用未決，都押衙蓋寓曰：『天子還自石門，寢未安席，若晉兵渡渭，人情豈復能安？勤王而已，何必朝哉？』克用笑曰：『蓋寓猶不信我，況天子乎！』乃收軍而還。

又 ［天復元年］會天大雨霖，梁兵多疾，皆解去。

又 卷五《**唐紀·莊宗紀下**》［同光二年］八月，大雨霖，河溢。

又 ［同光三年九月］自六月雨至於是月。

又 卷九《**晉紀·出帝紀**》［開運三年］秋七月，大雨，水，河決楊劉、朝城、武德。

又 ［開運三年九月］大雨霖，河決臨黃。

又 卷一一《**周紀·太祖紀**》［廣順三年］夏六月，大雨，水。

又 卷二〇《**周世宗符皇后傳**》世宗征淮，后以帝不宜親行，切諫止之，世宗不聽。師久無功，遭大暑雨，后以憂成疾而崩。

又 卷二一《**敬翔傳**》太祖已破趙匡凝，取荊、襄，遂攻淮南。翔切諫，以謂新勝之兵，宜持重以養威。太祖不聽。兵出光州，遭大雨，幾不得進，進攻壽州，不克，而多所亡失，太祖始大悔恨。

又 卷二四《**郭崇韜傳**》同光三年夏，霖雨不止，大水害民田，民多流死。

又 卷三二《**劉仁贍傳**》世宗攻壽州，圍之數重，以方舟載砲，自淝河中流擊其城；又束巨竹數十萬竿，上施版屋，號為『竹龍』，載甲士以攻之；又決其水砦入於淝河。攻之百端，自正月至於四月不能下，而歲大暑，霖雨彌旬，周兵營寨水深數尺，淮、淝暴漲，砲舟竹龍皆飄南岸，為景兵所焚，周兵多死。

又 卷三九《**王鎔傳**》行過親事營，軍士閉門大譟，天雨震電，暴風拔木，屋瓦皆飛。

又 卷五二《杜重威傳》〔開運〕三年秋，契丹高牟翰詐以瀛州降，復以重威為北面行營招討使。是秋，天下大水，霖雨六十餘日，飢殍盈路，居民拆木以供爨，剉稿席以秣馬牛，重威兵行泥潦中，調發供饋，遠近愁苦。

又 卷五九《司天考二》 天福十二年十一月壬子，雨木冰。辛酉，雨木冰。癸酉，雨木冰。

又 廣順三年十二月戊申，雨木冰。

又 卷六二《南唐世家》〔永樂十四年〕夏，大雨，周師在揚、滁、和者皆却，諸將請要其險隘擊之。

又 卷七〇《東漢世家·劉繼元》 初，太祖皇帝命引汾水浸其城，水自城門入，而有積草自城中飄出塞之。是時，王師頓兵甘草地中，會歲暑雨，軍士多疾，乃班師。

《續資治通鑒長編》卷二一 〔太平興國五年〕五月，大霖雨，命近臣分詣京城寺觀、宮廟祈晴。

又 卷四五 〔咸平二年秋七月〕庚寅，陝州言靈寶縣暴雨，崖圮，壓居民二十三戶。

又 卷五二 〔咸平五年六月〕是月，都城大雨，漂壞廬舍，東南隅地形尤下，上累遣覘視。

又 卷七三 〔大中祥符三年五月〕辛丑，京師大雨，平地數尺，壞軍壘民舍，民有壓死者，賜以金帛。

又 〔大中祥符三年六月〕乙卯，汴口淺澁，命知制誥孫僅祭告，既而澍雨，水漲，公私無滯。

又 卷七七 〔大中祥符五年春正月〕己丑，詔以霖潦害稼，除開封府民所欠秋租。

又 卷八五 〔大中祥符八年閏六月庚午〕坊州言大雨河溢，民有溺死者。詔賜其家緡錢。

又 卷九四 〔天禧三年秋七月〕甲子，京東、京西、河北轉運使言河決壞民田，輸稅艱阻。詔應經水州縣，夏稅許從便送納，田產壞者特倚閣之。

丙寅，光祿少卿薛顔言：『滑州自今月三日雨，五晝夜未止，河水增漲，北岸逼州城。請權徙甲仗、錢帛置通利軍，其軍民聽從便遷徙。』詔顔規度固護，必不可則如所請。考究竟曾徙與否。

又 卷九六〔天禧四年秋七月〕甲子，大雨，流潦泛溢公私廬舍大半，有壓死者。是月連雨，而此夕爲甚。

又 卷九七〔天禧五年春正月癸巳〕京東路水災。乙未，命直史館章得象、閤門祗候張士安乘傳安撫。

又 〔天禧五年秋七月戊寅〕令京畿蠶鹽緣科並上納見錢，以雨水害稼故也。

又 卷九八 〔乾興元年二月癸卯〕蘇、湖、秀州雨，壞民田，詔出廩粟以貸饑民。

又 卷一〇〇 〔天聖元年二月〕甲辰，蠲畿內民所逋體量草。畿內體量買草凡千萬束，輸未及半，而雨久不止。上曰：『霖雨逾旬，草價騰踴，四等以下戶悉蠲之。』

又 卷一〇四 〔天聖四年六月〕庚寅，大雨震電，平地水數尺，壞京城民舍，壓溺死者數百人。

又 〔天聖四年九月壬申〕詔京東西、淮南、兩浙、福建諸州軍雨水壞民田廬，所在存土之。

又 卷一一一 〔明道元年十二月〕丙辰，以給事中李若谷知壽州。安豐芍陂皆美田，多豪右分占，盛夏雨溢壞田，輒盜決。若谷擿冒占者逐之，每決，輒調瀕陂諸豪使塞隄，其後盜決乃止。

又 卷一一八 〔景祐三年壬申〕江西轉運司言久雨，江水溢，壞虔、吉諸州城郭廬舍。詔賜被溺之家緡錢有差。

又 卷一三五 〔慶曆二年三月〕乙卯，詔河北比歲積雨壞道塗，其塹官路兩旁闊五尺深七尺，民田各於封界闊三尺深五尺，以泄水潦，限半年畢工。

又 卷一六五 〔慶曆八年十一月癸亥〕時雨潦害稼，壞隄防，兩河間尤甚。

又 卷一八〇 〔至和二年八月戊子〕詔河北緣邊久雨爲患，瀕河之民至有流移者，其令所在賑貸之。

又 卷一八二〔嘉祐元年六月〕乙亥，雨壞太社、太稷壇。

又 〔嘉祐元年〕時京師自五月大雨不止，水冒安上門，門關折，壞官私廬舍數萬區，城中繫栰渡人，命輔臣分行諸門；而諸路亦奏江河決溢，河北尤甚，民多流亡，令所在賑救之。

又 卷一八九 〔嘉祐四年春正月丁酉〕自去年雨雪不止，民飢寒，死道路甚衆。

又 卷一九〇 〔嘉祐四年八月〕甲申，詔：『比者霖雨害稼，其遣官體量減放開封界及京東路民税以聞。』

又 卷一九四 〔嘉祐六年秋七月〕是月，河北、京西、淮南、兩浙東西並言雨水爲災。

又 卷二〇六 〔治平二年〕八月庚寅，大雨。

辛卯，地涌水，壞官私廬舍，漂殺人民畜産，不可勝數。是日，御崇政殿，宰相而下朝參者十數人而已。詔開西華門以洩宫中積水，水奔激東殿，侍班屋皆摧沒，人畜多溺死。

又 〔治平二年九月〕壬戌，以霖雨罷大宴。

又 卷二七二 〔熙寧九年春正月〕乙丑，雨木冰。

又 卷三二一 〔元豐四年十二月〕是歲，置昌化軍感恩縣，蘭州龕谷寨，東關，皐蘭二堡。秦州大雨，壞廬舍。鳳翔府、鳳階州饑。河北水，遣官振䘏。十朝綱要：是歲，府界及三路上保丁數凡六十九萬有奇。

又 卷四〇八 〔元祐三年二月〕庚辰，以久雨，免期參五日。

《文獻通考》卷三〇三《物異考九·恒雨》

《春秋》魯隱公九年『三月癸酉，大雨，震電；庚辰，大雨雪。』師古曰：『雨雪，雨音于具反。』大雨，雨水也；師古曰：『下雨音于具反。後類並同。』震，雷也。劉歆以爲三月癸酉，於曆數春分後一日，始震電之時也，當雨，而不當大雨。大雨，恒雨之罰也。於始震雷八日之間而大雨雪，恆寒之罰也。劉向以爲周三月，今正月也，當雨水，雪雜雨，雷電未可以發也。既已發也，則雪不當復降。皆失節，故謂之異。於《易》雷以二月出，其卦曰《豫》，師古曰：『坤下震上也。』言萬物隨雷出地，皆逸豫也。以八月入，其卦曰《歸妹》，師古曰：『《兑》下《震》上也。』言雷復歸。入地則孕毓根核，保藏蟄蟲，師古曰：『毓字與育同。核亦荄字也。草根曰荄，音該。』避盛陰之害；出地則養長華實，發揚隱伏，宣盛陽之德。入能除害，出能興利，人君之象也。

是時，隱以弟桓幼，代而攝立。公子翬見隱居位已久，勸之遂立。師古曰：『公子翬，魯大夫羽父也。勸殺桓公，己求爲太宰。翬音揮。』隱既不許，翬懼而易其辭，師古曰：『反謂桓公云隱欲殺之。』遂與桓共殺隱。天見其將然，故正月大雨水而雷電。是陽不閉陰，出涉危難而害萬物。天戒若曰，爲君失時，賊弟佞臣將作亂矣。後八日大雨雪，陰見間隙而勝陽，篡殺禍將成也。公不寤，後二年而殺。

漢昭帝始元元年七月，大水雨，自七月至十月。成帝建始三年秋，大雨三十餘日。四年九月，大雨十餘日。

王莽地皇元年九月，大雨六十餘日。

光武建武六年九月，大雨連月，禾稼更生，鼠巢樹上。十七年，洛陽暴雨，壞民廬舍，壓殺人，傷害禾稼。和帝永元十年、十三年、十四年、十五年，皆淫雨傷稼。安帝永初元年四年秋，郡國十淫雨傷稼。《方儲對策》曰：『雨不時節，妄賞賜也。』永寧元年，郡國三十三淫雨傷稼。建光元年，京都及郡國二十九淫雨傷稼。是時，羌反久未平，百姓屯戍，不解愁苦。延光元年，郡國二十七淫雨傷稼。按本傳陳忠奏，以爲王侯二千石爲女使伯榮獨拜車下，柄在臣妾。二年，郡國五連雨傷稼。順帝永建四年，司隸、荊、豫、兗、冀部淫雨傷稼。六年，冀州淫雨傷稼。桓帝延熹二年夏，霖雨五十餘日。是時，大將軍梁冀秉政。擅殺。其年，冀伏誅。靈帝建寧元年夏，霖雨六十餘日。時大將軍竇武謀誅中官事泄，爲曹節等所害。熹平元年夏，霖雨七十餘日。時宦官曹節等譖殺渤海王悝。中平六年夏，霖雨八十餘日。時靈帝初崩，大將軍何進等謀誅廢宦官，中常侍張讓等共殺進，兵戰京都地，死者數千。

魏明帝太和元年秋，數大雨，多暴卒雷電，非常，至殺鳥雀。時帝居喪不哀，出入弋獵無度，奢侈繁興，故恒雨爲罰。四年八月，大雨霖三十餘日，伊、洛、河、漢皆溢。

吴孫亮太平二年二月甲寅，大雨，震電。乙卯，雪，大寒。按劉歆以爲，此時當雨而不當大雨。劉向以爲既已雷電，則雪不當復降，皆失時候之異，與《春秋》魯隱同。其後亮卒見廢。

晉武帝泰始六年六月，大雨霖。甲辰，河、洛、伊、沁水同時並溢，流四千九百餘家，殺二百餘人，沒秋稼千三百六十餘頃。太康五年七月，任城、梁國暴雨，害豆麥。九月，南安郡霖雨暴雪，樹木摧折，害秋稼。是秋，魏郡西平郡九縣、淮南、平原霖雨暴水，霜傷秋稼。惠帝永寧元年十月，義陽、南陽、東海霖雨，淹害秋麥。元帝太興三年春，雨，至於夏。是時，王敦執權，不恭之罰也。永昌元年春，雨四十餘日，晝夜雷電震五十餘日。是時，王敦興兵，王師敗績之應也。成帝咸和四年春，雨三十餘日，恆雷電。是時雖斬蘇峻，其餘黨猶據守石頭，至其滅後，淫雨乃霽。咸康元年八月乙丑，荊州之長沙攸、醴陵，武陵之龍陽三縣，雨水浮漂屋室，殺人，損秋稼。是時帝幼，權在於下。

梁武帝天監七年，七月雨，至十月乃霽。時頻年興師，諸軍頗捷，而士卒疲敝，百姓怨望，陰氣畜積之應也。

陳宣帝太建十二年八月，大雨霆霖。時始興王叔陵驕恣，陰氣強盛之應也。

明年，帝崩，後主立。叔陵作亂，討平之。

東魏孝靜武定五年秋，大雨七十餘日。元瑾、劉思逸謀殺齊文襄之應也。

北齊武成河清三年六月庚子，大雨，晝夜不息，至甲辰。山東大水，人多餓死。是歲，突厥寇并州，陰戎作梗之應。

後主天統三年十月，積陰大雨。胡大后淫亂所感。

武平七年七月，大霖雨，水潦，人户流亡。時駱提婆、韓長鸞等用事，小人專政。

後周武帝建德三年七月，霖雨三旬。時衛刺王直潛謀逆亂。屬帝幸雲陽宮，以其徒襲肅章門，尉遲運逆拒破之，其日雨霽。

唐高祖武德六年秋，關中久雨。少陽曰暘，少陰曰雨，陽德衰則陰氣勝，故常雨。太宗貞觀十五年春，霖雨。

高宗永徽六年八月，京城大雨。顯慶元年八月，霖雨，更九旬乃止。元宗開元二年五月壬子，久雨，禜京城門。十六年九月，關中久雨，害稼。天寶五載秋，大雨。十二載八月，久雨。十三載秋，大霖雨，害稼，六旬不止。

九月，閉坊市北門，蓋並，禁婦人入街市，祭元冥太社，禜明德門，壞京城垣屋殆盡，人亦乏食。肅宗至德二載三月癸亥，大雨，至甲戌乃止。上元元年四月，雨，訖閏月乃止。二年秋，霖雨連月，渠竇生魚。代宗永泰元年九月丙午，大雨，至於丙寅。大曆四年四月，雨，至於九月，閉坊市北門，置土臺，臺上置壇，立黃幡以祈晴。六年八月，連雨，害秋稼。德宗貞元二年正月乙未，大雨雪，至於庚子，平地數尺，雪上黃黑如塵。五月乙巳，雨，至於丙申。時大饑，至是麥將登，復大雨霖，衆心恐懼。十年春，雨，閏四月間，止不雍一二日。十一年秋，大雨。十九年八月己未，大霖雨。憲宗元和四年四月，冊皇太子寧，以雨沘服罷。十月，再擇日冊，又以雨沘服罷。近常雨也。六年七月，霖雨害稼。十二年五月，連雨。八月壬申，雨，至於九月戊子。十五年二月癸未，大雨。八月，久雨，閉坊市北門。宋、滄、景等州大雨，自六月癸酉至於丁亥，廬舍漂沒殆盡。敬宗寶曆元年六月，雨，至于八月。文宗太和四年夏，鄆、曹、濮等州雨，壞城郭廬舍殆盡。五年正月庚子朔，京城陰雪，彌旬。

開成五年七月，霖雨，葬文宗，龍輴陷不能進。宣宗大中十年四月，雨，至於九月。懿宗咸通九年六月，久雨，禜明德門。僖宗乾符五年秋，大霖雨，汾、澮及河溢流害稼。廣明元年秋八月，大霖雨。昭宗天復元年八月，久雨。

後唐莊宗同光三年六月至九月，大雨，江河決，壞民田。

廢帝清泰元年九月，連雨，害稼。

周太祖廣順二年七月，暴風雨，京師水深二尺，諸州皆奏大雨。

宋太祖開寶元年六月，州府二十三大雨水，江河泛溢，壞民田、廬舍。二年二月，車馬駐潞州，積雨累日未止。九月，京師大雨霖。五年五月，京師大雨，連旬不止，諸州皆言大雨霖。八年五月，京師大雨水。九年三月，京師大雨水。秋，又霖雨。太宗太平興國五年五月，京師連旬雨不止。雍熙三年八月，京師大霖雨。鼂化三年九月，京師霖雨。四年七月，京師大雨，十晝夜不止。五年秋，開封府、宋亳陳潁泗壽鄧州雨水，害稼。至道元年四月甲辰，京師大雨雷電，道上水數尺。二年，廣南諸州並大雨水。真宗咸平四年六月，京師大雨，漂壞廬舍，積潦浸路。天禧四年七月，京師連雨彌月；甲子夜，大雨，流潦泛溢民舍軍營。自是頻雨，及冬方止。乾興元年二月，蘇、湖、秀三州雨，壞民田。仁宗天聖四年六月庚寅，京師大雨震雷，平地水數尺。九月壬申，京東江、淮、閩、浙諸州雨水。七年，自春涉夏，雨不止。嘉祐元年五月丁未，晝夜大雨。乙亥，雨壞太社太稷壇。自五月大雨不止，水壞官私廬舍，城中繫筏渡人。四年八月，霖雨害稼。六年七月，河北、京西、淮南、江、浙四路淫雨爲災。閏八月，京師久雨。英宗治平元年，京師自夏歷秋，久雨不止，真宗及穆、獻、懿三后陵臺爲雨所摧。二年八月庚寅，大雨，地上湧水，壞官私廬舍，漂殺人畜不可勝數。是日，御崇政殿，宰執而下朝參者十數人而已。詔開西華門以泄宮中積水，水奔激，東殿侍班屋皆摧沒，人畜溺死。官爲葬祭其無主者千五百八十人。神宗熙寧七年六月，熙州大雨，洮河溢。陝州大雨，漂溺陝、平陸二縣。九年七月，太原府汾河夏秋霖雨，水大漲。哲宗元祐二年七月丁卯，以雨罷集英殿宴。四年，夏秋霖雨，河流泛漲。八年，自四月常雨至八月，晝夜霪霖，畿內及諸路大水，詔開京師宮觀五日，所在令長吏祈禱，宰臣呂大防等待罪。紹聖元年七月，京畿久雨，諸路水，害稼。二年六月，久雨。

九月，以久雨罷秋宴。三年七月，久雨，哲宗大昇轝在道陷泥中。

徽宗建中靖國元年二月，久雨。崇寧元年七月，久雨，壞京城廬舍，民多壓溺死。三年六月，久雨。四年五月，京師久雨。又自七月至九月，所在霖雨傷稼，十月始霽。宣和元年五月，大雨，水驟高十餘丈。六年秋，京畿常雨。河北、兩浙水災，民多流移。欽宗靖康元年四月，京師大雨，天氣清寒。

又自五月甲申至六月，暴雨，傷麥，夏行秋令。高宗建炎二年春，霪雨。三年二月，上至杭州，久陰霖雨。占曰：『陰盛，下有陰謀。』時苗、劉爲逆，後五十日伏誅。五月，霖雨，夏寒。紹興元年，行都雨，壞城三百八十丈。是歲婺州雨，亦敗城郭。三年，雨，自正月元日至於二月尋詔恤刑。七月，四川霖雨，至於越歲正月上謂張浚久屯繁調所致，戒以撫民。四年六月，霪雨，害稼，蘇、湖二州爲甚乙未，緩賦。九月，久雨。時逆豫連金虜入寇。十月戊戌，上親征而霽。五年三月，霖雨，傷蠶麥，行都雨甚庚子，慮獄。己未，發廩。九月，雨至，於明年正月振都民者再。七年十月，上如建鄴，久雨。八年三月，積雨，至於四月，傷蠶麥，害稼。二十一年夏，襄陽府大雨十餘日。二十三年六月，大雨，壞軍壘、民田辛酉，予緡蠲賦。三十年五月辛卯，大風雨。語在《水傳》。

三十一年四月，久雨，傷蠶麥，害稼。

三十二年六月，浙西大霖雨。孝宗隆興元年三月，霖雨，行都壞城郭三百三十餘丈。二年六月，霪雨，沉陰。七月，浙西、江東大雨霖，傷稼。八月，風雨霖霪逾月，乾道三年正月，霪雨，至於四月。夏寒，江、浙郡國損稼，蠶麥不登。三年八月，霖雨，妨穡，江、浙、淮、閩禾麻菽粟多腐。四年四月，陰雨彌月。六年五月，連雨六十餘日。十一月，連雨，辛巳，郊，開雲於圜丘，百步外有霪雨。八年四月，四川陰雨七十餘日，六月壬寅，大雨徹晝夜，至於己酉，爲災。九年閏正月，霪雨。亀熙三年五月，淮、浙積雨，損禾麥。八月，浙東西、江東連雨。癸未、甲申，行都大風雨。九月，久雨，妨穡。六年九月，連雨；己巳，將郊而霽。八年四月，雨腐禾麥。五月，久雨，敗首種。十一年四月，霪雨。十二年五月、六月，皆霖雨。十五年五月，荊、淮郡國連雨。十六年五月，浙西、湖北、福建、淮東、利西諸道大雨霖。

光宗紹熙元年春，久陰連雨，至於三月。二年四月，福建路霖雨，至五月。七月，利路久雨，傷種麥。八月，行都久雨。三年五月，江東、湖北路連雨。七月，淮西、鎮江、襄陽雨，害禾麥。四年四月，霖雨，至於五月，浙東西、江東、湖北、淮西郡縣壞圩田，害蠶麥蔬稑。五年八月，霖雨，浙東西北待害稼。九月，雨，至於十月，江東西、福建皆苦雨。

寧宗慶元元年正月，霖雨。二月，又雨，至三月，害麥。五月，霖雨。七月，雨，至八月。二年八月，行都霖雨五十餘日。三年七月，雨連月。五年五月，行都雨壞城，夜壓附滅民廬，多死者。六月，浙東、西霖雨，至於八月。嘉泰二年六月，福建路連雨，至於七月。三年八月，久雨。開禧元年七月，利路霖雨，敗稼。十月，行都霪雨，至明年春三月。嘉定三年三月，陰雨六十餘日。五月，潦雨，至於六月，首種多敗，蠶麥不登。四年八月，霖雨，至於九月。

五年春，霪雨，至於三月，傷蠶麥。十一月，雨雪積陰，至於明年春二月，霪雨。五月，霖雨，陰沉。浙東西雨，至於七月。七年九月，陰雨。至於十月，害禾麥。九年四月，霖雨。六月，大雨霖二十餘日，浙東、西郡縣爲災。十年三月，連雨，至於四月。十月，霖雨，敗穡。十一年六月，浙西大霖雨。十二年六月，霖雨彌月。十五年七月，浙東、西霖雨爲災。十六年五月，霖雨，浙西、湖北、江東、淮東尤甚。八月，大風雨，敗稼。十七年八月，霖雨。

《遼史》卷一《太祖紀上》［即位七年夏四月］師次札堵河，大雨暴漲。

又　卷三《太宗紀上》［天顯七年］八月壬戌，捕鵝於沿柳湖，風雨暴至，舟覆，溺死者六十餘人，命存恤其家，識以為戒。

又　卷四《太宗紀下》［會同二年］六月丁丑，雨雪。

又　卷一三《聖宗紀四》［統和九年六月］是月，南京霖雨傷稼。

又［統和十一年］六月，大雨。

又　卷一四《聖宗紀五》［統和二十七年］秋七月甲寅朔，霖雨，潢、土、斡剌、陰涼四河皆溢，漂沒民舍。

又　卷一五《聖宗紀六》［統和］二十九年春正月乙亥朔，班師，所降諸城復叛。至貴州南峻嶺谷，大雨連日，馬駝皆疲，甲仗多遺棄，霽乃得渡。

又［開泰六年］六月戊辰朔，德妃蕭氏賜死，葬兔兒山西。後數日，大風起塚上，晝暝，大雷電而雨不止者踰月。

又卷一七《聖宗紀八》［太平十一年］夏五月，大雨水，諸河橫流，皆失故道。

又卷二二《道宗紀二》［咸雍二年］夏四月，霖雨。

又［咸雍四年秋七月］是月，南京霖雨，地震。

又卷二四《道宗紀四》［太康八年秋七月］南京霖雨，沙河溢永清、歸義、新城、安次、武清、香河六縣，傷稼。

又卷二五《道宗紀五》［大安三年秋七月］庚午，大雨，罷獵。

又［大安五年夏四月］甲子，霖雨，罷獵。

又［大安七年］八月庚寅，以霖雨，罷獵。

又卷二六《道宗紀六》［壽隆四年］夏四月辛丑，以雨，罷獵。

又卷二七《天祚帝紀一》［乾統二年］六月壬辰，以雨罷獵，駐蹕散水原。

又秋七月，獵黑嶺，以霖雨，給獵人馬。

又［乾統八年］秋七月戊辰，以雨罷獵。

又卷七六《趙延壽傳》會同六年冬，晉人背盟，帝親征，延壽為先鋒，下貝州，授魏、博等州節度使，封魏王。敗晉軍於南樂，獲其將賽項羽。軍元城，晉將李守貞、高行周率兵來逆，破之。至頓丘，會大霖雨，帝欲班師。延壽諫曰：『晉軍屯河濱，不敢出戰，若徑入澶州，奪其橋，則晉不足平。』上然之。

又卷九九《蕭忽古傳》時北院樞密使耶律乙辛以狡佞得幸，肆行兇暴。忽古伏於橋下，伺其過，欲殺之。俄以暴雨壞橋，不果。

又卷一〇二《耶律余睹傳》時蕭奉先之妹亦為天祚元妃，生秦王。奉先恐秦王不得立，深忌余睹，將潛圖之。適耶律撻葛里之妻會余睹之妻於軍中，奉先諷人誣余睹結駙馬蕭昱、撻葛里，謀立晉王，尊天祚為太上皇。事覺，殺昱及撻葛里妻，賜文妃死。余睹在軍中聞之，懼不能自明被誅，即引兵千餘，并骨肉軍帳叛歸女直。會大霖雨，道途留阻。天祚遣知奚王府蕭遐買、北宰相蕭德恭、大常袞耶律諦里姑、歸州觀察使蕭和尚奴、四軍太師蕭幹追捕甚急。至閭山，及之。

又卷一〇五《大公鼎傳》咸雍十年，登進士第，調瀋州觀察判官。時遼東雨水傷稼，北樞密院大發瀕河丁壯以完隄防。

又《蕭文傳》壽隆末，知易州，兼西南面安撫使。高陽土沃民富，吏其邑者，每黷於貨，民甚苦之。文始至，悉去舊弊，務農桑，崇禮教，民皆化之。時大旱，百姓憂甚，文禱之輒雨。屬縣又蝗，議捕除之，文曰：『蝗，天災，捕之何益！』但反躬自責，蝗盡飛去；遺者亦不食苗，散在草莽，為烏鵲所食。會霪雨不止，文復隨禱而霽。是歲，大熟。朝廷以文可大用，遷唐古部節度使，高陽勒石頌之。後不知所終。

《金史》卷一《世祖紀》間數年，烏春來攻，世祖拒之。時十月已半，大雨累晝夜，冰澌覆地，烏春不能進。

又卷二《太祖紀》［天輔五年七月］尋以連雨罷親征。

又卷四《熙宗紀》［皇統九年］四月壬申夜，大風雨，雷電震壞寢殿鴟尾，有火入上寢，燒幃幔，帝趨別殿避之。

又卷六《世宗紀上》［大定四年七月］辛丑，大風雷雨，拔木。

又卷七《世宗紀中》［大定十七年七月］是月，大雨，河決。

又卷一〇《章宗紀二》［明昌四年］辛巳，諭左司，遍諭諸路，令月具雨澤田禾分數以聞。癸未，以久雨，禜。

又［明昌六年六月］以久雨，禜。

又［承安二年］六月乙巳，命禮部尚書張暐報祀高禖。丙午，雨雹。戊申，以澄州刺史王遵古為翰林直學士，仍勑無與撰述，入直則奏聞，或霖雨，免入直，以遵古年老，且嘗侍講讀也。

又卷一五《宣宗紀中》［興定元年］冬十月丁未，以霖雨，詔寬農民輸稅之限。

又卷一六《宣宗紀下》［興定四年］正月壬子，晝晦，有頃大雷電，雨以風。

又卷一七《哀宗紀上》［正大二年］夏四月甲午，以京畿旱，遣使慮囚。鈞、許州大雨雹。丁酉，宿、鄭州雨傷麥。

又五月己未，大雨。乙丑，大雨。

又［正大五年］二月乙巳朔，大寒，雷，雨雪，木之華者盡死。

又 卷二〇《天文志一·日薄食輝珥雲氣》 天興三年正月己酉，日大赤無光，京、索之間雨血十餘里。

又 卷二二《曆志下·渾象》 明昌六年秋八月，風雨大作，雷電震擊，龍起渾儀鼇雲水趺下，臺忽中裂而摧，渾儀仆落臺下，旋命有司營葺之，復置臺上。

又 卷二三《五行志》 穆宗攻阿跣日，辰巳間，忽暴雨昏曀，雷電環阿跣所居，是夕有巨火聲如雷，墜阿跣城中，遂攻下之。

又 太宗天會二年，曷懶移鹿古水霖雨害稼，且為蝗所食。秋，泰州潦，害稼。

又 皇統九年四月壬申夜，大風雨，雷電震寢殿鴟尾壞。

又 貞元三年十二月己丑，雨，木冰。

又 明昌元年七月，淫雨傷稼。

又 五年七月丙戌，天壽節，先陰雨連日，至是開霽，有龍曳尾於殿前雲間。八月，河決陽武故堤，灌封丘而東。六年二月丁丑，京師地震，大雨雹，晝晦，大風，震應天門右鴟尾壞。六年八月，大雨震電，有龍起於渾儀鼇趺，臺忽中裂而摧，儀仆於臺下。

又 宣宗貞祐元年十二月乙卯，雨，木冰。二年六月，潮白河溢，漂古北口鐵裹關門至老王谷。十二月己酉，雨，木冰。

又 興定元年秋，霖雨。

又 三年十二月壬申，雨，木冰。四年正月壬子，晝晦，有頃大雷風雨。

又 天興二年六月，上遷蔡，自發歸德，連日暴雨，平地水數尺，軍士漂沒。

又 卷二七《河渠志·黃河》 大定十七年秋七月，大雨，河決白溝。

又 卷四七《食貨志二·租賦》 興定四年，御史中丞完顏伯嘉奏，亳州大水，計當免租三十萬石，而三司官不以實報，止免十萬而已。詔命治三司官虛妄之罪。七月，以河南大水，下詔免租勸種，且命參知政事李復亨為宣慰使，中丞完顏伯嘉副之。十月，以久雨，令寬民輸稅之限。

又 卷六七《烏春傳》 後數年，烏春舉兵來戰，道斜寸嶺，涉活論、來流水，舍於朮虎部阿里矮村滓布乃勃菫家。是時十月中，大雨累晝夜不止，冰澌覆地，烏春不能進，乃引去。

又 卷八二《移剌温傳》 歷永定、震武、崇義節度使，移臨海軍。州治近水，秋雨，水潦暴至城下，城頗決，百姓惶駭，不知所為。温躬督役夫繕完之，雖臨不測，無所避。僚屬或止温，温曰：『為政疵癘，水泛溢為災，守臣之罪。當以此身為百姓謝，雖死不恨。』移鎮武定，歲旱且蝗，温割指，以血瀝酒中，禱而酹之。既而雨霑足，有群鴉啄蝗且盡，由是歲熟，人以為至誠之感云。以老致仕，卒。

又 卷八三《張汝霖傳》 先是，右丞相襄言：『熙宗聖節蓋七月七日，為係景宣忌辰，更用正月受外國賀。今天壽節在七月，雨水淫暴，外方人使赴闕，有礙行李，乞移他月為便。』汝霖言：『帝王之道當示信於天下。昔宋主構生日，亦係五月。是時，都在會寧，上國遣使賜禮，不聞有霖潦礙阻之說。今與宋構好日久，遽以暑雨為辭，示以不實。萬一雨水踰常，愆期到闕，猶愈更用別日。』

又 卷八四《奔睹傳》 天眷元年，授鎮國上將軍，除東平尹。明年夏，宋將岳飛以兵十萬，號稱百萬，來攻東平。東平有兵五千，倉卒出禦之。時桑柘方茂，昂使多張旗幟於林間，以為疑兵，自以精兵陣於前。飛不敢動，相持數日而退。昂勒兵襲之，至清口，飛衆泛舟逆水而去。時霖雨晝夜不止，昂乃附水屯營。

又 卷九三《抹撚史扢搭傳》 泰和六年，南鄙用兵，授同知蔡州防禦使事。五月，宋將李爽圍壽州，田俊邁陷蘄縣，平章政事僕散揆謂諸將曰：『符離、彭城，齊魯之蔽，符離不守，是無彭城，彭城陷則齊魯危矣。』乃遣安國軍節度副使納蘭邦烈與史扢搭以精騎三千戍宿州。俊邁果率步騎二萬來襲，邦烈、史扢搭逆擊，大破之。邦烈中流矢。宋郭倬、李汝翼以衆五萬繼至，遂圍城，攻之甚力，城中叢射，敵不能逼。會淫雨潦溢，敵露處勞倦，邦烈遣騎二百潛出敵後突擊之。敵亂，史扢搭率騎蹂之，殺傷數千人。敵復聞援軍將至，遂夜遁。邦烈、史扢搭躡其後，黎明合擊，大破之，獲田俊邁。十月，揆以行省兵三萬出潁、壽，史扢搭為驍騎將中軍副統，克安豐軍，戰霍丘、花靨，功居多。十二月，從攻和州，中流矢卒。

又 卷九四《内族襄傳》 衆皆奔斡里札河。遣安國追躡之。衆散走，會大雨，凍死者十八九，降其部長，遂勒勳九峰石壁。

又 卷一〇〇《李復亨傳》 ［興定四年］七月，河南雨水害稼，復亨為宣慰使，御史中丞完顏伯嘉副之，循行郡縣，凡官吏貪汙不治者，得廢罷推治。

又 卷一〇一《承暉傳》 改知大興府事。宦者李新喜有寵用事，借大興府妓樂。承暉拒不與，新喜慚。章宗聞而嘉之。豪民與人爭種稻水利不直，厚賂元妃兄左宣徽使李仁惠。仁惠使人屬承暉右之。承暉即杖豪民而遣之，謂其人曰：『可以此報宣徽也。』復改知大名府事。雨潦害稼，承暉決引潦水納之濠隍。

又 卷一一七《時青傳》 ［元光元年］五月，兵還，距淮二十里，諸軍將渡，全矯稱密詔『諸軍且留收淮南麥』，遂下令人獲麥三石以給軍。衆惑之，訛可及諸將佐勸之不聽，軍留三日。訛可謂全曰：『今淮水淺狹，可以速濟。時方暑雨，若值暴漲，宋乘其後，將不得完歸矣。』全力拒之。從宜達阿、移失不、斜烈、李辛稍稍不平，全怒曰：『訛可一帥耳，汝曹黨之。汝曹致身至此，皆吾之力。吾院官也，於汝無不可者。』衆乃不敢言。是夜，大雨。明日，淮水暴漲，乃為橋渡軍。宋兵襲之，軍遂敗績。橋壞，全以輕舟先濟，士卒皆覆沒。

又 卷一一八《武仙傳》 ［元光元年］無何，仙復謂衆曰：『蔡州道梗，吾兵食少，恐不能到。且蔡不可堅守，縱到亦無益。近遣人覘視宋金州，百姓據山為柵極險固，廣袤百里，積糧約三百萬石。今與汝曹共圖之，可不勞而下，留老弱守此寨以為根本，然後選勁勇趨蔡，迎上西幸未晚也。』衆未及應，即令戒行李。取淅川泝流而上，山路險阻，霖雨旬日水湍悍，老幼溺死者不可勝數，糧食絕，軍士亡者八九。

又 卷一二九《蕭肄傳》 皇統九年四月壬申夜，大風雨，雷電震壞寢殿鴟尾，有火自外入，燒內寢幃幔。

《宋史》卷一《太祖紀一》 ［乾德元年六月］丙午，雨。

又 ［乾德元年八月］丙申，北漢靜陽十八砦首領來降。泉州陳洪進遣使來朝貢。齊州河決。京師雨。

又 卷二《太祖紀二》 ［開寶元年六月］辛巳，龍出單父民家井中，大風雨，漂民舍四百區，死者數十人。

又 卷三《太祖紀三》 ［開寶五年五月］甲戌，以霖雨，出後宮五十餘人，賜予以遣之。丁亥，河南、北淫雨，澶、滑、濟、鄆、曹、濮六州大水。

又 卷五《太宗紀二》 ［雍熙三年八月］丁未，大雨，遣使禱岳瀆，至夕雨止。

又 ［淳化二年十二月］大雨無冰。

又 ［淳化四年］七月丁酉，大雨。戊戌，復沿江務，置諸路茶鹽制置使。八月丙辰朔，日有食之。癸酉，以向敏中、張詠始同知銀臺、通進司，視章奏案牘以稽出入。九月丙申，詔：諸雜除禁錮人，州縣有闕得次補以責效，能自新勤幹者具聞再敘。乙巳，以給事中封駁隸銀臺、通進司。丙午，命侍從舉任才堪五千戶以上縣令者二人。自七月雨，至是不止。是月，河水溢，壞澶州；江溢，陷涪州。詔：溺死者給斂具，澶人千錢，涪人鐵錢三千，仍發廩以振。

又 ［淳化五年八月］庚子，大雨。

又 ［至道元年夏四月］甲辰，大雨，雷電。

又 卷六《真宗紀一》 ［咸平五年］六月癸酉，繼遷圍麟州，曹璨請濟師，詔發并、代、石、隰州兵援之。乙亥，以侍衛馬軍都虞候王超為定州路駐泊行營都部署。己卯，以宣徽南院使、知樞密院事周瑩為永清軍節度使。己酉，詔益兵八千分屯環慶、涇原。知麟州衛居實言繼遷以衆二萬來攻，城兵出擊走之，殺傷過半。是月，都城大雨，壞廬舍，民有壓死者，振恤其家。秋七月甲午朔，日有食之。戊戌，幸啟聖院、太平興國寺、上清宮致禱，雨霽，遂幸龍衛營視所壞垣室，勞賜有差。

又 卷七《真宗紀二》 ［咸平六年十一月］庚戌，雨木冰。

又 ［祥符二年冬十月］甲辰，兗州霖雨害稼，振恤其民。

又 ［淳化五年夏四月］癸卯，大雨。

又 ［祥符三年五月］辛丑，京師大雨，平地數尺，壞廬舍，民有壓死者，賜布帛。

又 ［祥符五年正月］戊寅，雨木冰。

又 卷八《真宗紀三》 ［祥符六年六月］癸酉，保安軍雨，河溢，兵民溺死，遣使振之。

又 ［祥符八年］坊州大雨，河溢。

又 ［天禧元年］秋七月丁未，霖雨，放朝。

又 ［元禧四年秋七月］辛酉，京城大雨，水壞廬舍大半。

又［元禧四年九月］己未，久雨，放朝。

又卷九《仁宗紀一》［天聖四年六月］庚寅，大雨震電，京師平地水數尺。

又［天聖七年六月］丁未，大雷雨，玉清昭應宮災。

又卷一〇《仁宗紀二》［景祐三年秋七月］庚子，大雨震電。太平興國寺災。

又［慶曆六年秋七月］庚寅，河東經略司言雨壞忻、代等州城壁。

又［慶曆八年三月］壬戌，以霖雨，錄繫囚。

又［慶曆八年］十二月乙丑朔，以霖雨為災，頒德音，改明年元，減天下囚罪一等，徒以下釋之。出內藏錢帛賜三司，貿粟以濟河北，流民所過，官為舍止之，所齎物毋收算。

又卷一二《仁宗紀四》［皇祐二年八月］壬申，深州大雨，壞廬舍。

又［皇祐四年］八月癸未，詔開封府，比大風雨，民廬摧圮壓死者，官為祭斂之。

又［嘉祐元年夏四月］是月，大雨，水注安上門，門關折，壞官私廬舍數萬區。諸路言江、河決溢，河北尤甚。

又［嘉祐元年六月］乙亥，雨壞太社、太稷壇。

又［治平元年］十二月乙巳，雨土。

又［治平二年］八月庚寅，京師大雨，水。癸巳，賜被水諸軍米，遣官視軍民水死者千五百八十人，賜其家緡錢，葬祭其無主者。乙未，以雨災詔責躬乞言。初，學士草詔曰：『執政大臣，其惕思天變。』帝書其後曰：『雨災專以戒朕不德，可更曰「協德交修」。』己亥，以水災罷開樂宴。

又［治平二年］冬十月乙巳，雨木冰。

又卷一四《神宗紀一》［熙寧元年］二月辛亥，令諸路每季上雨雪。

又［熙寧元年秋七月］甲申，京師地震。乙酉，又震，大雨。

又卷一五《神宗紀二》［熙寧三年冬十月］甲子，雨木冰。

又［熙寧七年五月］乙丑，大雨水，壞陝、平陸二縣。

又［熙寧八年春正月］乙卯，詔出使廷臣，所至采吏治能否以聞。雨木冰。

又［熙寧九年］九年春正月乙丑，雨木冰。

又卷一八《哲宗紀二》［元符元年］九月丁未，以霖雨罷秋宴。

又［元符二年九月］壬戌，雨，罷秋宴。

又卷一九《徽宗紀一》［崇寧元年秋七月］甲辰，以雨水壞民廬舍，詔開封府振恤壓溺者。

又［崇寧三年八月］壬寅，大雨，壞民廬舍，令收瘞死者。

又卷二〇《徽宗紀二》［崇寧四年二月］冬十月，自七月雨，至是月不止。

又卷二三《欽宗紀》［靖康元年］乙卯，雨木冰。

又［靖康元年十一月閏月］甲辰，大雨雪。金人陷亳州。遣間使召諸道兵勤王。乙巳，大寒，士卒噤戰不能執兵，有僵仆者。帝在禁中徒跣祈晴。時勤王兵不至，城中兵可用者惟衛士三萬，然亦十失五六。金人攻城急。丙午，雨木冰。丁未，始避正殿。己酉，遣馮澥、曹輔與宗室仲溫、士訸使金軍請和。命康王為天下兵馬大元帥，速領兵入衛。辛亥，金人來議和，要親王出盟。壬子，金人攻通津、宣化門，范瓊以千人出戰，渡河冰裂，沒者五百餘人，自是士氣益挫。甲寅，大風自北起，俄大雨雪，連日夜不止。

又［靖康二年春正月］丁酉，雨木冰。

又卷二五《高宗紀二》［建炎三年六月］己酉，以久雨召郎官已上言闕政，呂頤浩請令實封以聞。遂用司勳員外郎趙鼎言，罷王安石配享神宗廟庭，以司馬光配。

又卷二七《高宗紀四》［紹興三年春正月］辛未，震電雨雹。

又［紹興三年秋七月］是月，四川霖雨，地震。

又［紹興三年八月］甲辰，以雨暘不時，蘇、湖地震，求直言。

又［紹興三年八月］庚子，以霖雨罷不急之役。

又卷三二《高宗紀九》［紹興］三十一年春正月甲戌朔，以日食不受朝。丁丑，雷。丁亥，免湖州增丁所輸絹。夜，風雷雨雪交作。辛卯，詔江、浙官民戶均輸和市絁帛。壬辰，劉寶落節鉞，福建路居住。丙申，大雨雪，給三衙衛士、行在貧民錢及薪炭，命常平振給輔郡細民，諸路監司決獄。

又［紹興三十一年］夏四月丁巳，以久雨傷蠶麥，盜賊間發，命侍從、臺諫條上弭災除盜之策。

又［紹興三十二年夏四月］是月，大雨，淮水暴溢數百里，漂沒廬舍，人畜死者甚衆。

又 卷三三《孝宗紀一》［紹興三十二年］秋七月戊戌，興州中軍統制吴挺復鞏州。庚子，判建康府張浚入見。以雨水、飛蝗，令侍從、臺諫條上民間利害。

又［隆興元年三月］庚申，以久雨，命有司振災傷，察刑禁。

又［隆興二年六月］辛酉，以淫雨，詔州縣理滯囚。

又［隆興二年秋七月］八月甲寅朔，以災異，避殿減膳。戊午，南丹州莫延廪為諸蠻所逐來歸，詔補脩武郎。命江東、浙西守臣措置開決圍田。甲子，秦國大長公主薨。以久雨決繫囚。

又［隆興二年九月］辛丑，以王之望為參知政事、權刑部侍郎，吴芾為給事中兼淮西宣諭使。金人犯邊。以久雨，出内庫白金四十萬兩，糴米賑貧民。

又［乾道二年］夏四月戊寅，以久雨，命侍從、臺諫議刑政所宜以聞。

又 卷三四《孝宗紀二》［乾道三年八月］甲寅，以久雨，命臨安府決繫囚。

又［乾道四年秋七月］己丑，以久雨，御延和殿慮囚，減臨安府、三衙死罪以下囚，釋杖以下。

又［乾道九年閏正月］閏月戊申，以久雨，命大理、三衙、臨安府及兩浙州縣決繫囚，減雜犯死罪以下一等，釋杖以下。

又［淳熙三年八月］壬午，以久雨，命中外決繫囚。

又［淳熙三年］冬十月甲戌，以久雨，命中外決繫囚。

又 卷三五《孝宗紀三》［淳熙五年二月］甲申，雨土。

又［淳熙五年夏四月］丁丑，雨土。

又［淳熙八年五月］辛卯，以久雨，減京畿及兩浙囚罪一等，釋杖以下，貸貧民稻種錢。

又［淳熙八年七月］辛卯，賞監司、守臣修舉荒政者十六人。以不雨決繫囚。

又［淳熙］十一年春正月辛卯朔，雨土。【略】甲寅，雨土。

又 卷三六《光宗紀》［紹熙元年三月］庚午，以久雨釋杖以下囚。

又［紹熙二年］二月庚辰朔，大雨雪。

又［紹熙二年三月］癸酉，建寧府雨雹，大如桃李，壞民居五千餘家。溫州大風雨，雷雹，田苗桑果蕩盡。

又［紹熙二年九月］乙丑，以久雨，命大理、三衙、臨安府及兩浙決繫囚，釋杖以下。

又［紹熙二年十一月］壬申，合祭天地于圜丘，以太祖、太宗配，大風雨，不成禮而罷。

又［紹熙五年夏四月］癸卯，雨土。

又 卷三七《寧宗紀一》［紹熙元年冬十月］庚子，以久雨命大理、三衙、臨安府、兩浙州縣決繫囚，釋杖以下。

又［紹熙元年十一月］辛亥，雨木冰。

又［慶元元年春正月］辛亥，以久雨振給臨安貧民。

又［慶元元年二月］癸亥，以久雨釋大理、三衙、臨安府、兩浙路杖以下囚。

又［慶元元年九月］乙酉，以久雨決繫囚。

又［慶元四年］八月丁卯朔，以久雨決繫囚。

又［慶元五年夏五月］戊申，以久雨，民多疫，命臨安府振恤之。

又 卷三八《寧宗紀二》［嘉泰三年］三月丁丑，以久雨詔大理、三衙、臨安府決繫囚。

又［開禧元年春正月］壬午，雨霾。

又［開禧二年二月］丁巳，以久雨詔大理、三衙、臨安府及諸路決繫囚。

又 卷三九《寧宗紀三》［嘉定三年三月］丙辰，以久雨釋兩浙州縣繫囚。

又［嘉定三年五月］癸丑，以久雨發米振貧民。

又［嘉定五年三月］戊辰，以久雨詔大理、三衙、臨安府、兩浙州縣決繫囚。

又［嘉定五年秋七月］戊辰，以雷雨毁太廟屋，避正殿減膳。

又［嘉定七年九月］丙戌，以久雨釋大理、三衙、臨安府杖以下囚。

又 卷四〇《寧宗紀四》［嘉定十年］五月辛巳，以久雨釋大理、三衙、臨安府杖以下囚，蠲茶鹽賞錢。

又［嘉定十年］冬十月乙巳朔，以久雨釋大理、三衙、臨安府及兩浙諸州杖以下囚。癸酉，蠲三衙、江上諸軍公私逋負錢。

又　卷四一《理宗紀一》［寶慶二年］三月癸酉，以久雨詔大理寺、三衙、兩浙運司、臨安府諸屬縣榷酒所，凡贓賞等錢，罪已決者，一切勿徵，毋錮留妻子。自是霖潦、寒暑皆免。

又［寶慶二年］秋七月戊辰，雷雹雨，晝晦，大風。遂安、休寧兩縣界山裂，洪水壞公宇、民居、田疇。

又　卷四二《理宗紀二》［端平三年九月］辛未，祀明堂，大赦。雷雨。

又［嘉熙二年］秋七月壬午，以霖雨不止，烈風大作，詔避殿、減膳、徹樂，令中外之臣極言闕失。

又［嘉熙三年三月］辛卯，雨土。

又［淳祐二年六月］是月盛夏積雨，浙右大水。

又　卷四四《理宗紀四》［寶祐三年］五月，久雨。【略】辛酉，太陰入畢。嘉定大雨雹，與敘南同日地震；浙西大水。

又　卷四五《理宗紀五》［景定二年六月］六月乙未，詔霖雨為沴，避殿減膳徹樂。

又　卷四六《度宗紀》［咸淳元年閏五月］閏月乙巳，久雨，京城減直糶米三萬石。自是米價高即發廩平糶，以為常。

又［咸淳三年八月］壬申，久雨，命在京三獄、赤縣、直司、簽廳擇官審決獄訟，毋滯。

又［咸淳七年六月］丙申，諸暨縣大雨、暴風、雷雹，發米振遭水家。

又［咸淳八年冬十月］庚戌，以秋雨水溢，詔減錢塘、仁和兩縣民田租什二，會稽湖田租什三，諸暨湖田租盡除之。

又　卷四七《瀛國公紀》［咸淳十年八月］癸丑，大霖雨，天目山崩，水涌流，安吉、臨安、餘杭民溺死者亡算。

又　卷六一《五行志一上·水上》　建隆元年十月，棣州河決，壞厭次、商河二縣居民廬舍、田疇。二年，宋州汴河溢。孟州壞堤。襄州漢水漲溢數丈。四年八月，齊州河決。九月，徐州水損田。

又　乾德二年四月，廣陵、揚子等縣潮水害民田。七月，泰山水，壞民廬舍數百區，牛畜死者甚衆。三年二月，全州大雨水。七月，蘄州大雨水，壞民廬舍。開封府河決，溢陽武。河中府、孟州並河水漲，孟州壞中潬軍營、民舍數百區。河壞隄岸石，又溢于鄆州，壞民田。泰州潮水損鹽城縣民田。淄州、濟州並河溢，害鄒平、高苑縣民田。四年，東阿縣河溢，損民田。觀城縣河決，壞居民廬舍，注大名。又靈河縣隄壞，水東注衛南縣境及南華縣城。七月，宿州汴水溢，壞堤。淄州清河水溢，壞高苑縣城，溺數百家及鄒平縣田舍。泗洲淮溢。衡州大雨水月餘。五年，衛州河溢，毀州城，沒溺者甚衆。

又　開寶元年六月，州府二十三大雨水，江河汎溢，壞民田、廬舍。七月，泰州潮水害稼。八月，集州霖雨河漲，壞民廬舍及城壁、公署。二年七月，下邑縣河決。是歲，青、蔡、宿、淄、宋諸州水，真定、澶滑博洺齊潁蔡陳亳宿許州水，害秋苗。三年，鄭、澶、鄆、淄、濟、虢、蔡、解、徐、岳州水災，害民田。四年六月，汴水決宋州穀熟縣濟陽鎮。又鄆州河及汶、清河皆溢，注東阿縣及陳空鎮，壞倉庫、民舍。鄭州河決原武縣。蔡州淮及白露、舒、汝、廬、潁五水並漲，壞廬舍、民田。七月，青、齊州水傷田。五年，河決澶州濮陽。絳、和、廬、壽諸州大水。六月，河又決開封府陽武縣之小劉村。宋州、鄭州並汴水決。忠州江水漲二百尺。六年，鄆州河決楊劉口。懷州河決獲嘉縣。潁州淮、淠水溢，渰民舍、田疇甚衆。七月，歷亭縣御河決。單州、濮州並大雨水，壞州廨、倉庫、軍營、民舍。是秋，大名府、宋亳淄青汝澶滑諸州並水傷田。七年四月，衛、亳州水。泗州淮水暴漲入城，壞民舍五百家。安陽縣河漲，壞居民廬舍百區。八年五月，京師大雨水。濮州河決郭龍村。六月，澶州河決頓丘縣。沂州大雨，水入城，壞居舍、田苗。九年三月，京師大雨水。淄州水害田。

又　太平興國二年六月，孟州河溢，壞温縣堤七十餘步，鄭州壞滎澤縣寧王村堤三十餘步；又漲于澶州，壞英公村堤三十步。開封府汴水溢，壞大寧堤，浸害民田。忠州江漲二十五丈。興州江漲，毀棧道四百餘間。管城縣焦肇水暴漲，踰京水。濮州大水，害民田凡五千七百四十三頃。潁州潁水漲，壞城門、軍營、民舍。七月，復州蜀、漢江漲，壞城及民田、廬舍。集州江漲，汎嘉川縣。三年五月，懷州河決獲嘉縣北注。又汴水決宋州寧陵縣境。六月，泗州淮漲入南城，汴水又漲一丈，塞州北門。十月，滑州靈河已塞復決。四年三月，河南府洛水漲七尺，壞民舍。泰州雨水害稼。宋州河決宋城縣。衛州河決汲縣，壞新埸堤。八月，梓州江漲，壞閣道、營舍。九月，澶州河漲。

鄆州清、汶二水漲，壞東阿縣民田。復州沔陽縣湖皛漲，壞民舍、田稼。五年五月，潁州潁水溢，壞堤及民舍。徐州白溝河溢入州城。七月，復州江水漲，毀民舍，堤塘皆壞。六年，河中府河漲，陷連堤，溢入城，壞軍營七所、民舍百餘區。鄜、延、寧州並三河水漲，溢入州城：鄜州壞軍營，建武指揮使李海及老幼六十三人溺死；延州壞倉庫、軍民廬舍千六百區；寧州壞州城五百餘步，諸軍營、軍民舍五百二十區。七年三月，京兆府渭水漲，壞浮梁，溺死五十四人。四月，耀、密、博、衛、常、潤諸州水害稼。六月，均州涓水、均水、漢江並漲，壞民舍，人畜死者甚衆。又河決臨邑縣。漢陽軍江水漲五丈。七月，大名府御河漲，壞范濟口。南劍州江水漲，壞居民舍一百四十餘區。京兆府咸陽渭水漲，壞浮梁，工人溺死五十四人。九月，梧州江水漲三丈，入城，壞倉庫及民舍。十月，河決懷州武陟縣，害民田。八年五月，河大決滑州房村，徑澶、濮、曹、濟諸州，浸民田，壞居民廬舍，東南流入淮。六月，陝州河漲，壞浮梁；又永定澗水漲，壞民舍、軍營千餘區。河南府澍雨，洛水漲五丈餘，壞鞏縣官署、軍營、民舍殆盡。穀、洛、伊、四水暴漲，壞京城官署、軍營、寺觀、祠廟、民舍萬餘區，溺死者以萬計。又壞河清縣豐饒務倉庫、軍營、民舍百餘區。雄州易水漲，壞民廬舍。鄜州河水漲，溢入城，壞官寺、民舍四百餘區。荊門軍長林縣山水暴漲，壞民舍五十一區，溺死五十六人。八月，徐州清河漲丈七尺，溢出，塞州三面門以禦之。九月，宿州睢水漲，汎民舍六十里。是夏及秋，開封、浚儀、酸棗、陽武、封丘、長垣、中牟、尉氏、襄邑、雍丘等縣河水害民田。九年七月，嘉州江水暴漲，壞官署、民舍，溺者千餘人。八月，延州南北兩河漲，溢入東西兩城，壞官寺、民舍。淄州霖雨，孝婦河漲溢，壞官寺、民田。孟州河漲，壞浮梁，損民田。雅州江水漲九丈，壞民廬舍。新州江漲，入南砦，壞軍營

又　雍熙二年七月，朗江溢，害稼。八月，瀛、莫州大水，損民田。三年六月，壽州大水。

又　端拱元年二月，博州水害民田。五月，英州江水漲五丈，壞民田及廬舍數百區。七月，磁州漳、滏二水漲。

又　淳化元年六月，吉州大雨，江漲，漂壞民田、廬舍。黃梅縣堀口湖水漲，壞民田、廬舍皆盡，江水漲二丈八尺。洪州漲壞州城三十堵，民廬舍二千餘區，漂二千餘戶。孟州河漲。二年四月，京兆府河漲，陝州河漲，壞大堤及五龍祠。六月乙酉，汴水溢于浚儀縣，壞連堤，浸民田；上親臨視，督衛士塞之。辛卯，又決于宋城縣。博州大霖雨，河漲，壞民廬舍八百七十區。亳州河溢，東流汎民田、廬舍。七月，齊州明水漲，壞黎濟砦城百餘堵。許州沙河溢。雄州塘水溢，害民田殆盡。嘉州江漲，溢入州城，毀民舍。復州蜀、漢二江水漲，壞民田、廬舍。泗州招信縣大雨，山河漲，漂浸民田、廬舍，死者二十一人。八月，藤州江水漲十餘丈，入州城，壞官署、民田。九月，邛州蒲江等縣山水暴漲，壞民舍七十區，死者七十九人。是秋，荊湖北路江水注溢，浸田畝甚衆。三年七月，河南府洛水漲，壞七里、鎮國二橋；又山水暴漲，壞豐饒務官舍、民廬，死者二百四十人。十月，上津縣大雨，河水溢，壞民舍，溺者三十七人。四年六月，隴城縣大雨，牛頭河漲二十丈，沒溺居人、廬舍。九月，澶州河漲，衝陷北城，壞居人廬舍、官署、倉庫殆盡，民溺死者甚衆。梓州玄武縣涪河漲二丈五尺，壅下流入州城，壞官私廬舍萬餘區，溺死者甚衆。十月，澶州河決，水西北流入御河，浸大名府城，知府趙昌言壅城門禦之。

又　至道元年四月甲辰，京師大雨雷電，道上水數尺。五月，虔州江水漲二丈九尺，壞城，流入深八尺，毀城門。二年六月，河南、潤、洛三水漲，壞鎮國橋。七月，建州溪水漲，溢入州城，壞倉庫、民舍萬餘區。鄆州河漲，壞連堤四處。宋州汴河決穀熟縣。閏七月，陝州河漲。是月，廣南諸州並大雨水。

又　咸平元年七月，侍禁、閤門祗候王壽永使彭州回，至鳳翔府境，山水暴漲，家屬八人溺死。齊州清、黃河泛溢，壞田廬。二年十月，漳州山水泛溢，壞民舍千餘區，民黃罕等十家溺死。三年三月，梓州江水漲，壞民田。五月，河決鄆州王陵埽。七月，洋州漢水溢，民有溺死者。四年七月，同州洿谷水溢夏陽縣，溺死者數十人。五年二月，雄霸瀛莫深滄諸州、乾寧軍水，壞民田。六月，京師大雨，漂壞廬舍，民有壓死者；積潦浸道路，自朱雀門東抵宣化門尤甚，皆注惠民河，河復漲，溢軍營。

又　景德元年九月，宋州汴水決，浸民田，壞廬舍。河決澶州橫隴埽。二年六月，寧州山水泛溢，壞民舍、軍營，多溺死者。三年七月，應天府汴水決，南注亳州，合浪宕渠東入于淮。八月，青州山水壞石橋。四年六月，鄭州索水漲，高四丈許，漂滎陽縣居民四十二戶，有溺死者。鄧州江水暴漲。南劍州山水泛溢，漂溺居人。七月，河溢澶州，壞王八埽。八月，橫州江漲，壞營舍。

又　大中祥符元年六月，開封府尉氏縣惠民河決。二年七月，徐、濟、青、淄大水。八月，鳳州大水，漂溺民居。十月，京畿惠民河決，壞民田。三年六月，吉州、臨江軍並江水泛溢，害民田。九月，河決河中府白浮梁村。四年七月，洪、江、筠、袁州江漲，害民田，壞州城。八月，河決通利軍，大名府御河溢，合流壞府城，害田，人多溺死。九月，河溢于孟州温縣。蘇州吴江汎溢，壞廬舍。十一月，楚、泰州潮水害田，人多溺者。五年正月，河決棣州聶家口。七月，慶州淮安鎮山水暴漲，漂溺居民。六年六月，保安軍積雨河溢，浸城壘，壞廬舍，判官趙震溺死，又兵民溺死凡六百五十人。七年六月，泗州水害民田。河南府洛水漲。秦州定西砦有溺死者。八月，河決澶州。十月，濱州河溢于安定鎮。八年七月，坊州大雨河溢，民有溺死者。九年六月，秦州獨孤谷水壞長道縣鹽官鎮城橋及官廨、民舍二百九十五區，溺死六十七人。七月，延州洎定平、安遠、塞門、栲栳四砦山水泛溢，壞堤、城。九月，雄、霸州界河泛溢。利州水漂棧閣萬二千八百間。

又　天禧三年六月，河決滑州城西南，漂沒公私廬舍，死者甚衆，歷澶州、濮、鄆、濟、單至徐州，與清河合，浸城壁，不沒者四板。明年既塞，六月，復決于西北隅。

乾興元年正月，秀州水災，民多艱食。十月己酉夜，滄州鹽山、無棣二縣海潮溢，壞公私廬舍，溺死者甚衆。是歲，京東、淮南路水災。

又　天聖初，徐州仍歲水災。三年十一月辛卯，襄州漢水壞民田。四年六月丁亥，劍州、邵武軍大水，壞官私廬舍七千九百餘區，溺死者百五十餘人。是月，河南府、鄭州大水。十月乙酉，京山縣山水暴漲，漂死者衆，縣令唐用之溺焉。是歲，汴水溢，決陳留堤，又決京城西賈陂入護龍河，以殺其勢。五年三月，襄、潁、許、汝等州水。七月辛丑，泰州鹽官鎮大水，民多溺死。六年七月壬子，江寧府、揚真潤三州江水溢，壞官私廬舍。是月，雄、霸州大水。八月甲戌，臨潼縣山水暴漲，民溺死者甚衆。是月，河決楚王埽。七年六月，河北大水，壞澶州浮橋。

又　明道元年四月壬子，大名府冠氏等八縣水浸民田。

又　景祐元年閏六月甲子，泗州淮、汴溢。七月，澶州河決横隴埽。八月庚午，洪州分寧縣山水暴發，漂溺居民二百餘家，死者三百七十餘口。三年六月，虔、吉諸州久雨，江溢，壞城廬，人多溺死。四年六月乙亥，杭州大風雨，江潮溢岸，高六尺，壞堤千餘丈。八月甲戌，越州大水，漂溺居民。

又　寶元元年，建州自正月雨，至四月不止，谿水大漲，入州城，壞民廬舍，溺死者甚衆。

又　康定元年九月甲寅，滑州大河泛溢，壞民廬舍。

又　慶曆元年三月，汴流不通。八年六月乙亥，河決澶州商胡埽。是月，恒雨。七月癸丑，衛州大雨水，諸軍走避，數日絶食。是歲，河北大水。

又　皇祐元年二月甲戌，河北黄、御二河決，並注于乾寧軍。河朔頻年水災。二年，鎮定復大水，並邊尤被其害。三年七月辛酉，河決館陶縣郭固口。八月，汴河絶流。四年八月，鄜州大水，壞軍民廬舍。

又　嘉祐二年六月，開封府界及京東西、河北水潦害民田。自五月大雨不止，水冒安上門，門關折，壞官私廬舍數萬區，城中繫栰渡人。七月，京東西、荊湖北路水災。淮水自夏秋暴漲，環浸泗州城。是歲，諸路江河決溢，河北尤甚，民多流亡。三年七月，京、索、廣濟河溢，浸民田。五年七月，蘇、湖二州水災。六年七月乙酉，泗州淮水溢。七年六月，代州大雨，山水暴入城。七月，賓州山水壞城。河決北京第五埽。

又　治平元年，慶許蔡潁唐泗濠楚廬壽杭宣鄂洪施渝州、光化軍水。九月，陳州水災。二年八月庚寅，京師大雨，地上涌水，壞官私廬舍，漂人民畜産不可勝數。是日，御崇政殿，宰相而下朝參者十數人而已。詔開西華門以洩宫中積水，水奔激，殿侍班屋皆摧沒，人畜多溺死，官為葬祭其無主者千五百八十人。

又　熙寧元年秋，霸州山水漲溢，保定軍大水，害稼，壞官私廬舍、城壁，漂溺居民。河決恩、冀州，漂溺居民。二年八月，河決滄州饒安，漂溺居民，移縣治於張為村。泉州大風雨，水與潮相衝泛溢，損田稼，漂官私廬舍。四年八月，金州大水，毁城，壞官私廬舍。七年六月，熙州大雨，洮河泛溢。八年四月，潭、衡、邵、道諸州江水溢，壞官私廬舍。九年七月，太原府汾河夏秋霖雨，水大漲。十月，海陽、潮陽二縣海潮溢，壞廬舍，溺居民。十年七月，河決曹村下埽，澶淵絶流，河南徙，又東匯于梁山、張澤濼，凡壞郡縣四十五，官亭、民舍數萬，田三十萬頃。洺州漳河決，注城。大雨水，二丈河、陽河水湍漲，壞南倉，溺居民。滄、衛霖雨不止，河濼暴漲，敗廬舍，損田苗。

又　元豐元年，章丘河水溢，壞公私廬舍、城壁，漂溺民居。舒州山水暴漲，浸官私廬舍，損田稼，溺居民。四年四月，澶州臨河縣小吳河溢北流，漂溺居民。五月，淮水泛漲。五年秋，陽武、原武二縣河決，壞田廬。七年六月，青田縣大水，損田稼。七月，河北東、西路水。北京館陶水，河溢入府城，壞官私廬舍。八月，趙、邢、洺、磁、相諸州河水汎溢，壞城郭、軍營。是年，相州漳河決，溺臨漳縣居民。懷州黄、沁河泛溢，大雨水，損稼，壞廬舍、城壁。磁州諸縣鎮，夏秋漳、滏河水泛溢。臨漳縣斛律口決，壞官私廬舍，傷田稼，損居民。

又　元祐四年，夏秋霖雨，河流泛漲。八年，自四月雨至八月，晝夜不息，畿内、京東西、淮南、河北諸路大水。

又　紹聖元年七月，京畿久雨，曹、濮、陳、蔡諸州水，害稼。

又　元符元年，河北、京東等路大水。二年六月，久雨，陝西、京西、河北大水，河溢，漂人民，壞廬舍。是歲，兩浙蘇、湖、秀等州尤罹水患。

又　大觀元年夏，京畿大水。詔工部都水監疏導，至于八角鎮。河北、京西河溢，漂溺民戶。十月，蘇、湖水災。二年秋，黄河決，陷沒邢州鉅鹿縣。三年七月，階州久雨，江溢。四年夏，鄧州大水，漂沒順陽縣。

又　政和五年六月，江寧府、太平宣州水災。八月，蘇、湖、常、秀諸郡水災。七年，瀛、滄州河決，滄州城不沒者三版，民死者百餘萬。

又　重和元年夏，江、淮、荊、浙諸路大水，民流移、溺者衆，分遣使者振濟。發運使任諒坐不奏泗州壞官私廬舍等勒停。

又　宣和元年五月，大雨，水驟高十餘丈，犯都城，自西北牟駝岡連萬勝門外馬監，居民盡沒。前數日，城中井皆渾，宣和殿後井水溢，蓋水信也。至是，詔都水使者決西城索河堤殺其勢，城南居民冢墓俱被浸，遂壞藉田親耕之稼。水至溢猛，直冒安上、南薰門，城守凡半月。已而入汴，汴渠將溢，於是募人決下流，由城北入五丈河，下通梁山濼，乃平。十一月，東南州縣水災。四年十二月戊戌，詔：『訪聞德州有京東、西來流民不少，本州振濟有方，令保奏推恩。餘路遇有流移，不即存恤，按劾以聞。』六年秋，京畿恒雨。河北、京東、兩浙水災，民多流移。

又　建炎二年春，東南郡國水。

又　紹興二年閏月，徽、嚴州水，害稼。三年七月丙子，泉州水三日，壞城郭、廬舍。五年秋，西川郡國水。六年冬，饒州雨水壞城四百餘丈。十四年五月丙寅，婺州水。乙丑，蘭溪縣水侵縣市，丙寅中夜，水暴至，死者萬餘人。十六年，潼川府東、南江溢，水入城，浸民廬。十八年八月，紹興府、明婺州水。二十二年，淮甸水。二十三年，金堂縣大水。潼川府江溢，浸城内外民廬。宣州大水，其流泛溢至太平州。七月，光澤縣大雨，溪流暴湧，平地高十餘丈，人避不及者皆溺，半時即平。二十七年，鎮江建康紹興府、真太平池江洪鄂州、漢陽軍大水。二十八年六月丙申，興、利二州及大安軍大雨水，流民廬，壞橋棧，死者甚衆。九月，江東、淮南數郡水。浙東、西沿江海郡縣大風水，平江紹興府、湖常秀潤為甚。二十九年七月戊戌，福州水入城，閩、候官、懷安三縣壞田廬，官吏不以聞，憲臣樊光遠坐黜。三十年五月辛卯夜，於潛、臨安、安吉三縣山水暴出，壞民廬、田桑，溺死者甚衆。三十一年八月，建始縣大水，流民廬，死者甚衆。三十二年四月，淮溢數百里，漂民田廬，死者尤衆。六月，浙西郡縣山涌暴水，漂民舍，壞田覆舟。

又　隆興元年八月，浙東、西州縣大風水，紹興平江府、湖州及崇德縣為甚。二年七月，平江鎮江建康寧國府、湖常秀池太平廬和光州、江陰廣德壽春無為軍、淮東郡皆大水，浸城郭，壞廬舍、圩田、軍壘，操舟行市者累日，人溺死甚衆。越月，積陰苦雨，水患益甚，淮東有流民。

又　乾道元年六月，常、湖州水壞圩田。二年八月丁亥，温州大風，海溢，漂民廬、鹽場、龍朔寺，覆舟溺死二萬餘人，江濱胔骼尚七千餘。三年六月，廬、舒、蘄州水，壞苗稼，漂人畜。七月己酉，臨安府天目山湧暴水，決臨安縣五鄉民廬二百八十餘家，人多溺死。八月，湖秀州、上虞縣水，壞民田廬。時積潦至于九月，禾稼皆腐。江東山水溢，江西諸郡水，隆興府四縣為甚。四年七月壬戌，衢州大水，敗城三百餘丈，漂民廬、孳牧，壞禾稼。諸暨縣大水害稼。江寧、建康府水。是歲，饒、信亦水。五年七月丁巳，建寧府瑞應場大漈，山棗等山暴水湧出，漂民廬，溺死甚衆。是歲夏秋，温、台州凡三大風，水漂民廬，壞田稼，人畜溺死者甚衆，黄巖縣為甚，郡守王之望、陳巖肖不以聞，皆黜削。六年五月，平江建康寧國府、温湖秀太平州、廣德軍及江西郡大水，江東城市有深丈餘者，漂民廬，湮田稼，潰圩隄，人多流徙。八年五月，贛州、南安軍山水暴出，及隆興府、吉筠州、臨江軍皆大雨水，漂民廬，壞城郭，潰田害稼。六月壬寅，四川郡縣大雨水，嘉眉邛蜀州、永康軍及金堂縣尤甚，漂民廬，決田畝。九年五月戊午，建康隆興府、嚴吉饒信池太平州、廣德軍水，漂民居，壞圩湮田，分水縣沙塞四百餘畝，采石流民多渡江。六月，湖北郡縣水。

又 淳熙元年七月壬寅、癸卯，錢塘大風濤，決臨安府江隄一千六百六十餘丈，漂居民六百三十餘家，仁和縣瀕江二鄉壞田圃。三年八月辛巳，台州大風雨，至于壬午，海濤、溪流合激為大水，決江岸，壞民廬，溺死者甚衆。癸未，行都大雨水，壞德勝、江漲、北新三橋及錢塘、餘杭、仁和縣田，流入湖、秀州，害稼。浙東西、江東郡縣多水，婺州、會稽嵊廣德軍建平三縣尤甚。四年五月庚子，建寧府、福南劍州大雨水，至于壬寅，漂民廬數千家。己亥夜，錢塘江濤大溢，敗臨安府隄八十餘丈；庚子，又敗隄百餘丈。明州瀕海大風，海濤敗定海縣隄二千五百餘丈、鄞縣隄五千一百餘丈，漂沒民田。九月丁酉、戊戌，大風雨駕海濤，敗錢塘縣隄三百餘丈；餘姚縣溺死四十餘人，敗隄二千五百六十餘丈；敗上虞縣隄及梁湖堰及運河岸；定海縣敗隄二千五百餘丈；鄞縣敗隄五千一百餘丈。五年六月戊辰，古田縣大水，漂民廬，圮縣治市橋。閏月己亥，階州水，壞城郭。乙巳，興化軍及福清縣及海口鎮大水，漂民廬、官舍、倉庫，溺死者甚衆。六年夏，衢州水。秋，寧國府、温台湖秀太平州水，壞圩田，樂清縣溺死者百餘人。七年五月戊戌，分宜縣大水，決田害稼。八年五月壬辰，嚴州大水，漂浸民居萬九千五百四十餘家、壘舍六百八十餘區。紹興府大水，五縣漂浸民居八萬三千餘家，田稼盡腐；漁浦敗隄五百餘丈，新林敗隄通運河。是歲，徽、江二州亦水。十年五月辛巳，信州大水入城，沈廬舍、市井。襄陽府大水，漂民廬，蓋藏為空。江東、浙東數郡亦水。八月辛酉，雷州大風激海濤，沒瀕海民舍，死者甚衆。九月乙丑，福漳州大風雨，水暴至，長溪、寧德縣瀕海聚落、廬舍、人舟皆漂入海，漳城半沒，浸八百九十餘家。丁卯，吉州龍泉縣大水，漂民廬，壞田畝，溺死者衆。十一年四月，和州水，湮民廬，壞圩田。五月丙申，階州白江水溢，決隄圮城，浸民廬、壘舍、祠廟、寺觀甚多。建康府、太平州水。六月甲申，處州龍泉縣大雨，水浸民舍，壞杠梁，匯田害稼。七月壬辰，明州大風雨，山水暴出，浸民市，圮民廬，覆舟殺人。十二年六月，婺州及富陽縣皆水，浸民廬，害田稼。八月戊寅，安吉縣暴水發棗園村，漂廬舍、寺觀，壞田稼殆盡，溺死千餘人，郡守劉藻不以聞，坐黜。是歲，鄂州自夏徂冬，水浸民廬。九月，台州水。十四年三月辛未，汀州水，漂百餘家、軍壘六十餘區。十五年五月，淮甸大雨水，淮水溢，廬濠楚州、無為安豐高郵盱眙軍皆漂廬舍、田稼，廬州城圮。荊江溢，鄂州大水，漂軍民壘舍三千餘。江陵常德德安府、復岳澧州、漢陽軍水。戊午，祁門縣羣山暴匯為大水，漂田禾、廬舍、冢墓、桑麻、人畜什六七，浮胔甚衆，餘害及浮梁縣。六月，建寧隆興府、袁撫州、臨江軍水圮民廬。七月，黃巖縣水敗田豬。番易湖溢番易縣，漂民舍、田稼，有流徙者。十六年四月甲戌，紹興府新昌縣山水暴作，害稼湮田，漂民廬。五月丙辰，沅、靖州山水暴溢至辰州，常德府城沒一丈五尺，漂民廬舍。汀州大水，浸民廬千五百餘家，溺死三千人。分宜縣水。丁巳，階州白江水溢，浸城市民廬。六月庚寅，鎮江府大雨水五日，浸軍民壘舍三千餘。辛卯，潼川府東南二江溢，決隄，毁橋，浸民廬，涪城、中江、射洪、通泉、郪縣沒田廬。

又 紹熙二年三月，寧化縣連水漂廬舍、田畝，溺死二十餘人。五月戊申，建寧州水。己酉，福州水，浸附郭民廬，懷安、候官縣漂千三百餘家，古田、閩清縣亦壞田廬。庚午，利州東江溢，壞隄、田、廬舍。辛未，潼川府東、南江溢；六月戊寅，又溢，再壞隄橋，水入城，沒廬舍七百四十餘家，郪、涪、射洪、通泉縣匯田為江者千餘畝。七月癸亥，嘉陵江暴溢，興州圮城門、郡獄、官舍凡十七所，漂民居三千四百九十餘，潼川崇慶府、緜果合金龍漢州、懷安石泉大安軍、魚關皆水。時上流西蕃界古松州江水暴溢，龍州敗橋閣五百餘區，江油縣溺死者衆。三年五月壬辰，常德府大雨水，浸民田廬。乙未，潼州府東、南江溢，後六日又溢，浸城外民廬，人徙於山。己亥，池州大雨水連夕，青陽縣山水暴湧，漂田廬殺人，蓋藏無遺；貴池縣亦水。庚子，涇縣大雨水，敗隄，圮縣治、廬舍。六月辛丑，建平縣水，敗隄入城，漂浸民廬。甲戌，祈門縣水。七月壬申，天台、仙居縣大水連夕，漂浸民居五百六十餘，壞田傷稼。襄陽、江陵府大雨水，漢江溢，敗隄防，圮民廬、沒田稼者逾旬；復州、荊門軍水，亦如之。鎮江府三縣水，損下地之稼。四年四月，上高縣水，浸二百餘家。五月壬申、癸酉，奉新縣大雷雨水，漂浸八百二十餘家。五月辛未、丙子，鎮江府大雨水，浸營壘六千餘區。戊寅，安豐軍大水，平地三丈餘，漂田廬、絲麥皆空。是月，諸暨、蕭山、宣城、寧國縣大水，壞田稼。廣德軍屬縣水害稼。筠州水浸民廬。戊寅，進賢縣水，圮百二十餘家。六月丙申，興國軍水，池口鎮及大冶縣漂民廬，有溺死者。戊戌，靖安縣水，漂三百二十餘家。是夏，江贛州、江陵府亦水。七月乙酉，豐城縣水，壬午，臨江軍水，皆圮民廬。丁亥，新淦縣漂浸二千三百餘家。八月辛丑，隆興府水，圮千二百七十餘家。吉州水，漂浸民廬及泰和縣官舍。自夏及秋，江西九州三十七縣皆水。是歲，興化軍大風激海濤，漂沒田廬尤多。五年五月辛未，石埭、貴池、涇縣皆水，圮民廬，溺死者衆。是月，泰州大水。七月壬申，慈溪縣水，漂民廬，決田害稼，人多溺死。乙亥，會稽、山陰、蕭山、餘姚、上虞縣大風駕海濤，壞隄，傷田稼。八月辛丑，錢塘、臨安、新城、富陽、於潛縣大雨水，餘杭縣尤甚，漂沒田廬，死者無筭。安吉縣水，平地丈餘。平江鎮江寧國府、明台温嚴常州、江陰軍皆水。是秋，武陵縣江溢，圮田廬甚衆。

又 慶元元年六月壬申，台州及屬縣大風雨，山洪、海濤並作，漂沒田廬無筭，死者蔽川，漂沉旬日；至于七月甲寅，黄巖縣水尤甚。常平使者莫漳以緩於振恤坐免。七月，臨安府水。二年秋，浙東郡國大水。三年九月，紹興府屬縣二、婺州屬縣二，水害稼。五年秋，台、温、衢、婺水，漂民廬，人多溺死，衢守張經以匿災恡振坐黜。六年五月，建寧府、嚴衢婺饒信徽南劍州及江西郡縣皆大水，自庚午至于甲戌，漂民廬，害稼。

又 嘉泰二年七月丙午，上杭縣水，圮田廬，壞稼，民多溺死。建安縣漂軍民廬舍百二十餘，山摧，覆民廬七十七家，溺壓死者六十餘。丁未，長溪縣漂民廬二百八十餘家。古田縣漂官舍、民廬甚衆，溺死者二百七十。劍浦縣圮三百五十餘家，死者亦衆。三年四月，江南郡邑水害稼。

又 開禧元年九月丙戌，漢、淮水溢，荊襄、淮東郡國水，楚州、盱眙軍為甚，圮民廬，害稼。二年五月庚寅，東陽縣大水，山千七百三十餘所同夕崩洪，漂聚落五百四十餘所，湮田二萬餘畝，溺死者甚衆。三年，江、浙、淮郡邑水，鄂州、漢陽軍尤甚。

又 嘉定二年五月己亥，連州大水，敗城郭百餘丈，沒官舍、郡庠、民廬，壞田畝聚落甚多。六月辛酉，西和州水，沒長道縣治、倉庫。丙子，昭化縣水，沒縣治，漂民廬。成州水，入城，圮壘舍。同谷縣及遂寧府、閬州皆水。七月壬辰，台州大風雨激海濤，漂圮二千二百八十餘家，溺死尤衆。三年四月甲子，新城縣大水。五月，嚴衢婺徽州、富陽餘杭鹽官新城諸暨淳安大雨水，溺死者衆，圮田廬、市郭，首種皆腐。行都大水，浸廬舍五千三百，禁旅壘舍之在城外者半沒，西湖溢。四年七月辛酉，慈溪縣大水，圮田廬，人多溺者。八月，山陰縣海敗堤，漂民田數十里，斥地十萬畝。五年五月庚戌，嚴州水。六月丁丑，台州及建德、諸暨、會稽縣水，壞田廬。六年六月丁丑，淳安縣山涌暴水，陷清泉寺，漂五鄉田廬百八十里，溺死者無筭，巨木皆拔。丁亥，於潛縣大水。戊子，諸暨縣風雷大雨，山涌暴作，漂十鄉田廬，溺死者尤多。錢塘縣、臨安餘杭於潛安吉縣皆水。九年五月，行都及紹興府、嚴衢婺台處信饒福漳泉州、興化軍大水，漂田廬，害稼。十年冬，浙江濤溢，圮廬舍，覆舟，溺死甚衆。蜀、漢二州江沒城郭。十一年六月戊申，武康、吉安縣大水，漂官舍、民廬，壞田稼。人畜死者甚衆。十二年，鹽官縣海失故道，潮汐衝平野三十餘里，至是侵縣治，廬州、港瀆及上下管、黄灣岡等場皆圮；蜀山淪入海中，聚落、田疇失其半，壞四郡田，後六年始平。十四年，建康府大水。十五年七月，蕭山縣大水。時久雨，衢、婺、徽、嚴暴流與江濤合，圮田廬，害稼。十六年五月，江、浙、淮、荊、蜀郡縣水，平江府、湖常秀池鄂楚太平州、廣德軍為甚，漂民廬，害稼，圮城郭、隄防，溺死者衆。鄂州江湖合漲，城市沈沒，累月不泄。是秋，江溢，圮民廬。餘杭、錢塘、仁和縣大水。福漳泉州、興化軍水壞稼十五六。十七年五月，福建大水，漂水口鎮民廬皆盡，候官縣甘蔗砦漂數百家，人多溺死；建寧府沒平政橋，入城；南劍州圮郡治、城樓、郡獄、官舍，城壞，民避水樓上者皆死。乙卯，建昌軍大水，城不沒者三板，漂民廬，圮官舍、城郭、橋梁，害稼。

又 紹定二年，天台、仙居縣大水。四年，沿江水災。

又 端平三年三月辛酉，蘄州大雨水，漂民居。是年，英德府、昭州及襄、漢江皆大水。

又 嘉熙元年，饒、信州水。二年，浙江溢。

又 淳祐二年，紹興府、處婺州水。七年，福建水。十年，嚴州水。十一年八月甲辰，汀州山水暴至，漂人民。九月，江陵水。是年，江、浙多水，饒州亦水。十二年六月，建寧府、嚴衢婺信台處南劍州、邵武軍大水，冒城郭，漂室廬，死者以萬數。

又 寶祐元年七月，温、台、處、信、饒州大水。

又 開慶元年五月己未，婺州水，漂民廬。是歲，滁、嚴州水。

又 景定二年，浙東水。

又 咸淳六年五月，大雨水。七月五月甲申，諸暨縣大水，漂廬舍。是月，重慶府江水泛溢者三，漂城壁，壞樓櫓。十年三月，廬州水。四月，紹興府大雨水。八月，臨安府水，安吉、武康縣水。

又 卷六二《五行志一下・水下》 淳熙十一年二月，臨安府新城縣深浦天雨黑水終夕。十六年六月，行都錢塘門啟，黑風入，揚沙石。

又 乾德五年夏，京師雨，有黑龍見尾于雲際，自西北趨東南。占主大水。明年，州府二十四水壞田廬。

又 開寶六年四月，單父縣民王美家龍起井中，暴雨飄廬舍，失族屬，及壞舊鎮廨舍三百五十餘區，大木皆折。七年六月，棣州有火自空墮于城北門樓，有物抱東柱，龍形金色，足三尺許，其氣甚腥。旦視之，壁上有煙痕，爪跡三十六。

又 宣和元年夏，雨，晝夜凡數日。及霽，開封縣前茶肆中有異物如犬大，蹲踞臥榻下。細視之，身僅六七尺，色蒼黑，其首類驢，兩頰作魚頷而色正綠，頂有角，生極長，於其際始分兩歧，聲如牛鳴，與世所繪龍無異。茶肆近軍器作坊，兵卒來觀，共殺食之。已而京城大水，訛言龍復讐云。

又 乾道五年七月乙亥，武寧縣龍鬥于復塘村，大雷雨，二龍奔逃，珠墜，大如車輪，牧童得之。自是連歲有水災。

又 慶元二年六月辛未，黄巖縣大石自隕，雷雨甚至，山水瀵湧。

又 卷六四《五行志二下・火下》 慶曆三年十二月二十六日，天雄軍、德博州天降紅雪，晝，血雨。

又 端平三年七月甲申，天雨血。

又 寶祐二年，蜀雨血。

又 卷六五《五行志三・木》 ［熙寧］二年，建州民楊緯言：『元年三月，大雷雨，所居之西有黄龍見，下獲一木如龍，而形未具。七月，大雷雨，復有龍飛其下。及霽，木龍尾、翼、足皆具，歸合舊木，宛然一體。』圖象以進。

又 建隆元年十月，蔡州大霖雨，道路行舟。

又 開寶二年八月，帝駐潞州，積雨累日未止。九月，京師大雨霖。五年，京師雨，連旬不止。河南、河北諸州皆大霖雨。九年秋，大霖雨。

又 太平興國二年，道州春夏霖雨不止，平地二丈餘。五年五月，京師連旬雨不止。七年六月，齊州逮捕臨邑尉王坦等六人，繫獄未具，一夕，大風雨壞獄戶，王坦等六人並壓死。

又 雍熙二年八月，京師大霖雨。

又 淳化元年六月，隴城縣大雨，壞官私廬舍殆盡，溺死者百三十七人。三年九月，京師霖雨。四年七月，京師大雨，十晝夜不止，朱雀、崇明門外積水尤甚，軍營、廬舍多壞。是秋，陳、潁、宋、亳、許、蔡、徐、濮、澶、博諸州霖雨，秋稼多敗。五年秋，開封府、宋亳陳潁泗壽鄧蔡潤諸州雨水害稼。

又 咸平元年五月，昭州大雨霖，害民田，溺死者百五十七人。

又 景德三年八月，青州大雨，壞鼓角樓門，壓死者四人。

又 大中祥符二年八月，無為軍大風雨，折木，壞城門、軍營、民舍，壓溺千餘人。十月，兖州霖雨害稼。三年四月，昇州霖雨。五月辛丑，京師大雨，平地數尺，壞軍營、民舍，多壓者，近畿積潦。五年九月，建安軍大霖雨，害農事。

又 天禧四年七月，京師連雨彌月。甲子夜大雨，流潦汎溢，民舍、軍營圮壞太半，多壓死者。自是頻雨，及冬方止。

又 乾興元年二月，蘇、湖、秀州雨，壞民田。

又 天聖四年六月戊寅，莫州大雨，壞城壁。七年，自春涉夏，雨不止。

又 明道二年六月癸丑，京師雨，壞軍營、府庫。

又 景祐三年七月庚子，大雨震電。

又 慶曆六年七月丁亥，河東大雨，壞忻、代等州城壁。

又 皇祐二年八月，深州大雨，壞民廬舍。四年八月癸未，京城大風雨，民廬摧圮，至有壓死者。

又 嘉祐二年八月，河北緣邊久雨，瀕河之民多流移。五月丁未，晝夜大雨。六月乙亥，雨壞太社、太稷壇。三年八月，霖雨害稼。六年七月，河北、京西、淮南、兩浙、江南東西霪雨為災。閏八月，京師久雨。是歲頻雨，及冬方止。

又 治平元年，京師自夏歷秋，久雨不止，摧真宗及穆、獻、懿三后陵臺。

又 熙寧元年八月，冀州大雨，壞官私廬舍、城壁。七年六月，陝州大雨，漂溺陝、平陸二縣。

又 元豐四年七月，泰州海風駕大雨，漂浸州城，壞公私舍數千楹。

又 元祐二年七月丁卯，以雨罷集英殿宴。

又　元符二年九月，以久雨罷秋宴。三年七月，久雨，哲宗大昇轝在道陷泥中。

又　建中靖國元年二月，久雨，時欽聖憲肅皇后、欽慈皇后二陵方用工，詔京西祈晴。

又　崇寧元年七月，久雨，壞京城廬舍，民多壓溺而死者。三年六月，久雨。四年五月，京師久雨。又自七月至九月，所在霖雨傷稼；十月，始霽。

又　靖康元年四月，京師大雨，天氣清寒。又自五月甲申至六月，暴雨傷麥，夏行秋令。

又　建炎二年春，淫雨。三年二月癸亥，高宗初至杭州，久霖雨，占曰：『陰盛，下有陰謀。』時苗傅、劉正彦為亂。五月，霖雨，夏寒。

又　紹興元年，行都雨，壞城三百八十丈。是歲，婺州雨，城壞。三年，雨，自正月朔至于二月。七月，四川霖雨，至于明年正月。四年六月，淫雨害稼，蘇、湖二州為甚。九月，久雨，時劉豫連金人入寇；十月，高宗親征而霽。五年三月，霖雨，傷蠶麥，行都雨甚。九月，雨，至于明年正月。六年五月，久雨不止。七年十月，高宗如建康，久雨。八年三月，積雨，至于四月，傷蠶麥，害稼。二十一年夏，襄陽府大雨十餘日。二十三年六月，大雨，壞軍壘、民田。三十年五月，久雨，傷蠶麥，害稼。八月，施州大風雨。三十二年六月，浙西大霖雨。

又　隆興元年三月，霖雨，行都壞城三百三十餘丈。二年六月，陰雨。七月，浙西、江東大雨害稼。八月，風雨踰月。

又　乾道元年二月，行都及越、湖、常、潤、溫、台、明、處九郡寒，敗首種，損蠶麥。二年正月，淫雨，至于四月。夏寒，江、浙諸郡損稼，蠶麥不登。三年五月丙午，泉州大雨，晝夜不止者旬日。八月，淫雨，江浙淮閩禾、麻、菽，麥、粟多腐。四年四月，陰雨彌月。六年五月，連雨六十餘日。十一月，連雨。辛巳，郊祀，雲開于圜丘，百步外有澍雨。八年四月，四川陰雨七十餘日。六月壬寅，大雨徹晝夜，至于己酉。九年閏正月，淫雨。

又　淳熙二年夏，建康府霖雨，壞城郭。三年五月，淮、浙積雨損禾麥。八月，浙東西、江東連雨。癸未、甲申，行都大風雨。九月，久雨；十月癸酉，孝宗出手詔決獄，援筆而風起開霽。四年九月丁酉、戊戌，紹興府餘姚、上虞二縣大風雨。五年閏六月己亥，階州暴雨，至于戊申。乙巳，興化軍、福州福清縣暴風雨夜作。六年四月，衢州霖雨。九月，連雨；己巳，將郊而霽。八年四月，雨腐禾麥。五月，久雨，敗首種。十年五月，信州霖雨，自甲戌至于辛巳。八月，福州大雨霖，自己未至于九月乙丑，吉州亦如之。十一年四月，淫雨。戊寅，建康府、太平州大雨霖。六月甲申，處州龍泉縣暴雨。十二年五月、六月，皆霖雨。十三年秋，利州路霖雨，敗禾稼穜稑，金、洋、階、成、岷、鳳六州亦如之。十五年五月，荊、淮郡國連雨。戊午，祁門縣霖雨。十六年四月，西和州霖雨，害禾麥。五月，浙西、湖北、福建、淮東、利西諸道霖雨。

又　紹熙元年春，久陰連雨，至于三月。夏，階、成、岷、鳳四州霖雨傷麥。二年二月，贛州霖雨，連春夏不止，壞城四百九十丈，圮城樓、敵樓凡十五所。四月，福建路霖雨，至于五月。七月，利路久雨，傷種麥。癸亥，興州暴雨連日。八月，行都久雨。三年五月，江東、湖北路連雨。常德府大雨徹晝夜，自壬辰至于庚子。寧國府、池州、廣德軍自己亥至于六月辛丑朔，雨甚，祁門縣至于庚戌。七月壬申，天台、仙居二縣大雨連旬。淮西路、鎮江襄陽府皆害禾麥。八月，普州雨害稼。四年四月，霖雨，至于五月，浙東西、江東、湖北郡縣壞圩田，害蠶、麥、蔬、稑，紹興、寧國府尤甚。鎮江府大雨，自辛未至于丙子，淮西郡縣自丙子至于戊寅。五年八月，霖雨，畿縣、浙東西皆害稼。九月，雨，至于十月癸巳，大雨三晝夜不止，江東西、福建郡縣皆苦雨。

又　慶元元年正月，霖雨。甲辰，帝蔬食露禱，丙午霽。二月，又雨，至于三月，傷麥。五月，霖雨。七月，雨，至于八月。二年六月壬申，台州猋風暴雨連夕。八月，行都霖雨五十餘日。三年七月，雨連月。四年八月，久雨。五年五月，行都雨壞城，夜壓附城民廬，多死者。六月，浙東、西霖雨，至于八月。六年五月庚午，嚴州霖雨，連五晝夜不止。

又　嘉泰二年六月，福建路連雨，至于七月丁未，大風雨為災。三年八月，久雨。

又　開禧元年七月，利路郡縣霖雨害稼。閏月，盱眙軍陰雨，至于九月，敗禾稑。十月，行都淫雨，至于明年春。二年春，淫雨，至于三月。

又　嘉定二年五月戊戌，連州大雨連晝夜。六月，利、閬、成、西和四州霖雨。七月壬辰，台州大風雨夜作。三年三月，陰雨六十餘日。五月，淫雨，至于六月，首種多敗，蠶麥不登。四年八月，霖雨，至于九月。五年春，淫雨，至于三月，傷蠶麥。十一月，雨雪積陰，至于明年春。六年春，淫雨，至于二月。丁亥，雨雪集霰。五月，陰雨經日。辛酉，嚴州霖雨。六月戊子，紹興府大風雨，浙東、西雨，至于七月。七年九月，陰雨，至于十月，害禾麥。九年四月、六月，大霖雨，浙東、西郡縣尤甚。十年三月，連雨，至于四月。十月，霖雨害稼。十一年六月，霖雨，浙西郡縣尤甚。十二年六月，霖雨彌月。十五年七月，浙東、西霖雨為災。十六年五月，霖雨，浙西、湖北、江東、淮東尤甚。八月，大風雨害稼。十七年八月，霖雨。

又［淳化四年］明年，京師秋冬積雨，衢路水深數尺。

又 紹興八年五月，汴京太康縣大雷雨，下冰龜數十里，隨大小皆龜形，具首足卦文。

又 卷六七《五行志五·土》［開寶］八年十月，廣州颶風起，一晝夜雨水二丈餘，海為之漲，飄失舟檝。

又［太平興國］六年九月，高州大風雨，壞廨宇及民舍五百區。

又［熙寧四年］七月，溫州大風雨，漂城樓、官舍。

又［元豐四年］七月甲午夜，泰州海風作，繼以大雨，浸州城，壞公私廬舍數千間。靜海縣大風雨，毀官私廬舍二千七百六十三楹。丹陽縣大風雨，溺民居，毀廬舍。

又［靖康二年正月］庚戌，大風雨。

又 紹興二十八年七月壬戌，平江府大風雨駕潮，漂溺數百里，壞田廬。

又［隆興］二年八月，大風雨，漂蕩田廬。

又 乾道二年八月丁亥，溫州大風雨駕海潮，殺人覆舟，壞廬舍。

又［淳熙三年］六月乙巳夜，福清縣、興化軍大風雨，壞官舍、民居、倉庫及海口鎮，人多死者。

又 慶元二年六月壬申，台州暴風雨駕海潮，壞田廬。六年三月甲子，大風拔木。

又［嘉定二年］七月壬辰，台州大風雨駕海潮，壞屋殺人。

又 咸淳四年閏月丁巳，大風雷雨，居民屋瓦皆動。

又［建炎］二年七月癸未，風雨晝晦。

又 慶元九年十二月乙未，天雨霾。

又 淳化二年五月，名山縣大風雨，登遼山圮，壅江水逆流入民田，害稼。

又 開禧元年正月壬午，雨霾。

又 咸平元年七月庚午，寧化軍汾水漲，壞北水門，山石摧圮，軍士有壓死者。二年七月庚寅，靈寶縣暴雨崖圮，壓居民，死者二十二戶。三年三月辛丑夜，大澤縣三陽砦大雨崖摧，壓死者六十二人。四年正月，成紀縣山摧，壓死者六十餘人。

又 慶元二年六月辛未，台州黃巖縣大雨水，有山自徙五十餘里，其聲如雷，草木、冢墓皆不動，而故址潰為淵潭。時臨海縣清潭山亦自移。

又 卷九一《河渠志一·黃河上》［乾德］三年秋，大雨霖，開封府河決陽武，又孟州水漲，壞中潬橋梁，澶、鄆亦言河決，詔發州兵治之。

又 開寶四年十一月，河決澶淵，泛數州。官守不時上言，通判、司封郎中姚恕棄市，知州杜審肇坐免。五年正月，詔曰：『應緣黃、汴、清、御等河州縣，除準舊制種藝桑棗外，委長吏課民別樹榆柳及土地所宜之木。仍案戶籍高下，定為五等：第一等歲樹五十本，第二等以下遞減十本。民欲廣樹藝者聽，其孤、寡、惸、獨者免。』是月，澶州修河卒賜以錢、鞋，役夫給以茶。三月，詔曰：『朕每念河渠潰決，頗為民患，故署使職以總領焉，宜委官聯佐治其事。自今開封等十七州府，各置河堤判官一員，以本州通判充；如通判闕員，即以本州判官充。』

五月，河大決濮陽，又決陽武。詔發諸州兵及丁夫凡五萬人，遣潁州團練使曹翰護其役。翰辭，太祖謂曰：『霖雨不止，又聞河決。朕信宿以來，焚香上禱于天，若天災流行，願在朕躬，勿延于民也。』翰頓首對曰：『昔宋景公諸侯耳，一發善言，災星退舍。今陛下憂及兆庶，懇禱如是，固當上感天心，必不為災。』

六月，下詔曰：『近者澶、濮等數州，霖雨荐降，洪河為患。朕以屢經決溢，重困黎元，每閱前書，詳究經瀆。至若夏后所載，但言導河至海，隨山濬川，未聞力制湍流，廣營高岸。自戰國專利，堙塞故道，小以妨大，私而害公，九河之制遂隳，歷代之患弗弭。凡搢紳多士、草澤之倫，有素習河渠之書，深知疏導之策，若為經久，可免重勞，並許詣闕上書，附驛條奏。朕當親覽，用其所長，勉副詢求，當示甄獎。』時東魯逸人田告者，纂禹元經十二篇，帝聞之，召至闕下，詢以治水之道，善其言，將授以官，以親老固辭歸養，從之。翰至河上，親督工徒，未幾，決河皆塞。

又［太平興國］八年五月，河大決滑州韓村，泛澶、濮、曹、濟諸州民田，壞居人廬舍，東南流至彭城界入于淮。詔發丁夫塞之。隄久不成，乃命使者按視遙堤舊址。使回條奏，以為『治遙堤不如分水勢。自孟抵鄆，雖有隄防，唯滑與澶最為隘狹。於此二州之地，可立分水之制，宜於南北岸各開其一，北入王莽河以通于海，南入靈河以通于淮，節減暴流，一如汴口之法。其分水河，量其遠邇，作為斗門，啟閉隨時，務乎均濟。通舟運，溉農田，此富庶之資也。』不報。時多陰雨，河久未塞，帝憂之，遣樞密直學士張齊賢乘傳詣白馬津，用太牢加璧以祭。十二月，滑州言決河塞，羣臣稱賀。

又真宗咸平三年五月，河決鄆州王陵埽，浮鉅野，入淮、泗，水勢悍激，侵迫州城。命使率諸州丁男二萬人塞之，踰月而畢。始，赤河決，擁濟、泗，鄆州城中常苦水患。至是，霖雨彌月，積潦益甚，乃遣工部郎中陳若拙經度徙城。若拙請徙於東南十五里陽鄉之高原，詔可。是年，詔：『緣河官吏，雖秩滿，須水落受代。知州、通判兩月一巡隄，縣令、佐迭巡隄防，轉運使勿委以他職。』又申嚴盜伐河上榆柳之禁。

又［元豐］八年三月，哲宗即位，宣仁聖烈皇后垂簾。河流雖北，而孫村低下，夏、秋霖雨，漲水往往東出。小吳之決既未塞，十月，又決大名之小張口，河北諸郡皆被水災。知澶州王令圖建議濬迎陽埽舊河，又於孫村金堤置約，復故道。本路轉運使范子奇仍請於大吳北岸修進鋸牙，擗約河勢。於是回河東流之議起。

又［元豐四年］八月丁未，翰林學士蘇轍言：

夏秋之交，暑雨頻併。河流暴漲出岸，由孫村東行，蓋每歲常事。而李偉與河埽使臣因此張皇，以分水為名，欲發回河之議，都水監從而和之。河事一興，求無不可，況大臣以其符合己說而樂聞乎。

臣聞河道西行孫村側左，大約入地二丈以來，今所報漲水出岸，由新開口地東入孫村，不過六七尺。欲因六七尺漲水，而奪入地二丈河身，雖三尺童子，知其難矣。然朝廷遂為之遣都水使者，興兵功，開河道，進鋸牙，欲約之使東。方河水盛漲，其西行河道若不斷流，則遏之東行，實同兒戲。

臣願急命有司，徐觀水勢所向，依累年漲水舊例，因其東溢，引入故道，以紓北京朝夕之憂。故道隄防壞決者，第略加修葺，免其決溢而已。至於開河、進約等事，一切毋得興功，俟河勢稍定然後議。不過一月，漲水既落，則西流之勢，決無移理。兼聞孫村出岸漲水，今已斷流，河上官吏未肯奏知耳。

是時，吳安持與李偉力主東流，而謝卿材謂『近歲河流稍行地中，無可回之理』，上河議一編。召赴政事堂會議，大臣不以為然。癸丑，三省、樞密院言：『繼日霖雨，河上之役，恐煩聖慮。』太后曰：『訪之外議，河水已東復故道矣。』乙丑，李偉言：『已開撥北京南沙河直堤第三鋪，放水入孫村口故道通行。』又言：『大河已分流，即更不須開淘。因昨來一決之後，東流自是順快，渲刷漸成港道。見今已為二股，約奪大河三分以來，若得夫二萬，於九月興工，至十月寒凍時可畢。因引導河勢，豈止為二股通行而已，亦將遂為回奪大河之計。今來既因擗拶東流，修全鋸牙，當迤邐增進一埽，而取一埽之利，比至來年春、夏之交，遂可全復故道。朝廷今日當極力必閉北流，乃為上策。若不明詔有司，即令回河，深恐上下遷延，議終不決，觀望之間，遂失機會。乞復置修河司。』從之。

又 **卷九四《河渠志四·蔡河》** 乾德二年二月，令陳承昭率丁夫數千鑿渠，自長社引潩水至京師，合閔水。潩水本出密縣大隗山，歷許田。會春夏霖雨，則泛溢民田。至是渠成，無水患，閔河益通漕焉。

又 真宗咸平五年七月，京師霖雨，溝洫壅，惠民河溢，泛道路，壞廬舍，知開封府寇準治丁岡古河泄導之。

又 **《京畿溝洫》** 徽宗大觀元年七月，以京城霖雨，水浸居民，道路不通，遣官分督疏導。是月又詔：『自京至八角鎮，積水妨行旅。轉運司選官疏導，修治橋梁，毋使病涉。』

又 **卷九五《河渠志五·河北諸水》** ［熙寧十年］九月，入內內侍省都知張茂則言：『河北東、西路夏秋霖雨，諸河決溢，占壓民田。』詔委官開畎。

又 **卷九六《河渠志六·東南諸水上》** 重和元年二月，前發運副使柳庭俊言：『真揚楚泗、高郵運河堤岸，舊有斗門水牐等七十九座，限則水勢，常得其平，比多損壞。』詔檢計修復。六月，詔：『兩浙霖雨，積水多浸民田，平江尤甚，由未濬港浦故也。其復以趙霖為提舉常平，措置救護民田，振恤人戶，毋令流移失所。』八月，詔加霖直秘閣。

又 **卷一一〇《禮志十三·上尊號儀》** 熙寧元年，宰臣曾公亮等上表請加尊號，詔不允。先是，翰林學士司馬光言：『尊號起唐武后、中宗之世，遂為故事。先帝治平二年，辭尊號不受，天下莫不稱頌聖德。其後佞臣建言，國家與契丹常有往來書，彼有尊號而中國獨無，足為深恥。於是羣臣復以非時上尊號，論者甚為朝廷惜之。今羣臣以故事上尊號，臣愚以為陛下聰明睿知，雖宜享有鴻名，然踐祚未久，又在亮陰之中，考之事體，似未宜受。陛下誠能斷以聖意，推而不居，仍令更不得上表請，則頌歎之聲將洋溢四海矣。』詔賜光曰：『覽卿來奏，深諒忠誠。朕方以頻日淫雨，甲申地震，天威彰著，日虞傾禍，被此鴻名，有慚面目，況在亮陰，亦難當是盛典。今已批降指揮，可善為荅辭，使中外知朕至誠慚懼，非欺衆邀名。』其後，宰臣數上表請，終不允。

又 卷一二七《樂志二》 嘉祐元年正月，帝御大慶殿受朝，前一夕，殿庭設仗衛，既具而大雨雪，至壓宮架折，帝於禁中跣而告天，遂暴感風眩，人以羲叟之言為驗。

又 卷一七三《食貨志上一・農田》 〔淳熙八年〕是歲連雨，下田被浸，詔兩浙諸州軍與常平司措置，再借種糧與下戶播種，毋致失時。

又 卷一七五《食貨志上三・農田・和糴》 孝宗乾道三年秋，江、浙、淮、閩淫雨，詔州縣以本錢坐倉收糴，毋强配於民。

又 卷一七八《食貨志上六・振恤》 孝宗隆興二年秋，霖雨害稼，出內帑銀四十萬兩，變糴以濟民。

又 卷二〇一《刑法志三》 七年春，京師雨，彌月不止。

又 卷二四五《周王元儼傳》 慶曆三年冬，大雨雪，大冰，陳、楚之地尤甚。

又 卷二五四《赵贊傳》 世宗再征壽春，命造橋渦口，以通濠、泗。令騎帥韓令坤董其役，俾贊副之。屬霖雨，淮水漲溢，濠人謀乘輕舟奄焚其橋，贊覘知之，設伏橋下。

又 卷二六七《趙昌言傳》 時京城連雨，昌言請出廄馬分牧外郡。或以盛秋備敵，馬不可闕。昌言曰：『塞下積水，敵必不至。』太宗從之。

又 《何承矩傳》 屬霖雨為災，典者多議其非便。承矩引援漢、魏至唐屯田故事，以折衆論，務在必行。

又 卷二七四《翟守素傳》 太平興國三年夏，河決滎陽，詔守素發鄭之丁夫千五百人，與卒千人領護塞之。是秋，梅山洞蠻恃險叛命，詔遣守素率諸州屯兵往擊之。值霖雨彌旬，弓弩解弛，不堪用，明日，將接戰，守素一夕令削木為弩。及旦，賊奄至，交射之，賊遂敗。乘勝逐北，盡平其巢穴。

又 《薛奎傳》 徙儀州推官，嘗部丁夫運糧至鹽州，會久雨，粟麥潰腐，奎白轉運盧之翰，請縱民還州而償所失。

又 卷二八七《王嗣宗傳》 明年十月，嗣宗復請對，言：『去歲八月至今年十月不雨，宿麥不登。及秋，兗、鄆苦雨，河溢害稼，刑政有失，致成災沴。孔冕冤枉，播在人口，王曾尚居近班，願示黜退，以正朝典，臣請露章以聞。』

又 卷二九二《張觀傳》 仁宗即位，遷太常丞，擢右正言、直史館，為三司度支判官，同修起居注，改右司諫、知制誥、判登聞檢院，出知杭州。還判國子監，權發遣開封府事，進為翰林學士、知審官院，累遷左司郎中，以給事中權御史中丞。

時星流、地震、雷發正月，詔求直言。觀謂：『承平日久，政寬法慢，用度漸侈，風俗漸薄，以致災異。』因上四事：一曰知人，二曰嚴禁，三曰尚質，四曰節用。河北大雨水，又條七事，曰：導積水以廣播種，緩催欠以省禁錮，寬刑罰以振淹獄，收逃田以募歸復，罷工役以先急務，止配率以阜民財，通商旅以濟艱食。復知審官院，遂拜同知樞密院事。

又 卷二九七《鞠咏傳》 大安殿柱生芝草，召羣臣就觀。詠言：『陛下新即位，河決未塞，霖雨害稼，宜思所以應災變。臣願陛下以援進忠良、退斥邪佞為國寶，以訓勸兵農、豐積倉廩為天瑞。草木之怪，何足尚哉！』

又 卷二九八《司馬旦傳》 時王安石守常州，開運河，調夫諸縣。旦言：『役大而亟，民有不勝，則其患非徒不可就而已。請令諸縣歲遞一役，雖緩必成。』安石不聽。秋，大霖雨，民苦之，多自經死，役竟罷。

又 卷三〇〇《楊畋傳》 嘉祐六年，京師大水，畋上言：『《洪範五行傳》：「簡宗廟則水不潤下。」又曰：「聽之不聽，厥罰常水。」去年夏秋之交，久雨傷稼，澶州河決，東南數路，大水為沴。陛下臨御以來，容受直諫，非聽之不聽也。以孝事親，非簡於宗廟也。然而災異數見，臣愚殆以為萬機之聽，必有失於審者；七廟之享，必有失於順者，惟陛下積思而矯正之。』乃下其章禮官并兩制考議，咸言南郊三聖並侑，溫成皇后立廟，皆違經禮。於是詔：『今南郊以太祖皇帝定配，改溫成廟為祠殿。』

又 卷三〇二《賈黯傳》 後與兩制合議，請以濮王為皇伯，執政弗從，數詣中書爭論。會大雨水，時黯已被疾，疏言：『簡宗廟，逆天時，則水不潤下。今二三執政，知陛下為先帝後，乃阿諛容說，違背經義，建兩統貳父之說，故七廟神靈震怒，天降雨水，流殺人民。』

又 卷三一〇《李肅之傳》 神宗初即位，諒祚寇大順城。肅之入奏，帝訪以西夏事，奏對稱旨。以為右諫議大夫、知慶州；數日，徙瀛州。大雨地震，官舍民廬推陷。

又《王曾傳》 天聖四年夏，大雨。傳言汴口決，水且大至，都人恐，欲東奔。帝問曾，曾曰：河決，奏未至，第民間妖言爾，不足慮也。』已而果然。

又 卷三一二《曾孝寬傳》 孝寬字令綽，以蔭知桐城縣。選知咸平縣，民詣府訴雨傷麥，府以妄杖之。孝寬躬行田，辨其實，得蠲賦。除祕閣修撰、提點開封府界鎮縣。

又 卷三一五《韓絳傳》 ［元豐元年］夏，大雨，伊、洛間民被溺者十五六。絳發廩振恤，環城築隄，數月，水復至，民賴以免。

又 卷三二一《呂誨傳》 上疏請蚤建皇嗣，曰：『竊聞中外臣僚，以聖嗣未立，屢有密疏請擇宗人。唯陛下思忠言，奮獨斷，以遏未然之亂。又聞太史奏，彗躔心宿，請備西北。按《天文志》，心為天王正位，前星為太子，直則失勢，明則見祥。今既直且暗，而妖彗乘之，臣恐咎證不獨在西北也。自夏及秋，雨淫地震，陰盛之沴，固有冥符。近者宗室之中，訛言事露，流傳四方，人心駭惑，窺覦之志，可不防其漸哉！願為社稷宗廟計，審擇親賢，稽合天意，宸謀已定，當使天下共知。萬一有姦臣附會其間，陽為忠實，以緩上心，此為患最大，不可不察也。』仁宗以誨章付中書韓琦，由此定議。

又 卷三二三《高化傳》 天聖六年夏，大雨，命護汴堤。

又 卷三二六《康德輿傳》 天聖中，使夏州，賜趙德明冬服。夏人謂曰：『前康將軍戰靈武者，非先世邪？』德輿懼其復仇，紿曰：『非也。』還，勾當汴口，改西頭供奉官。用樞密使曹利用薦，遷內殿崇班、河陰兵馬都監，建沿汴斗門以節水。會積雨，汴水將溢，德輿請自京西導水入護龍河，水得不溢。

又《張昭遠傳》 會大雨，陂塘大溢，昭遠勒兵築長堤，以捍其衝。

又 卷三二八《李清臣傳》 時大雨霖，災異數見，論者歸咎濮議。

又 卷三三〇《杜常傳》 崇寧中，至工部尚書，以龍圖閣學士知河陽軍。苦旱，及境而雨，大河決，直州西上埽，勢危甚。常親護役，徙處埽上，埽潰水溢，及常坐而止。於是役人盡力，河流遂退，郡賴以安。

又 卷三三一《孫長卿傳》 通判河南府。秋，大雨，軍營壞，或言某衆將叛，洛中讙然。長卿馳諭之曰：『天雨敗屋廬，未能葺，汝輩豈有欲叛意，得無有乘此動吾軍者邪？』推首惡一人誅之，留宿其所，衆遂定。

又《程師孟傳》 徙河東路。晉地多土山，旁接川谷，春夏大雨，水濁如黃河，俗謂之『天河』，可溉灌。師孟出錢開渠築堰，淤良田萬八千頃，裒其事為水利圖經，頒之州縣。為度支判官，知洪州，積石為江隄，浚章溝，揭北牐以節水升降，後無水患。

又 卷三三四《劉彝傳》 熙寧初，為制置三司條例官屬，以言新法非便罷。神宗擇水官，以彝悉東南水利，除都水丞。久雨汴漲，議開長城口，彝請但啟楊橋斗門，水即退。

又 邕地卑下，水易集，夏大雨彌月，弼登城以望，三邊皆漫為陂澤，亟窒垠江三門，諭兵民即高避害。俄而水大至，弼身先版臿，召僚吏賦役，為土囊千餘置道上，水果從竇入，隨塞之。城雖不壞，而人皆乏食，則為發廩以振於內，方舟以餽於外，水不及女牆者三板，旬有五日乃退，公私一無所失亡。

又 卷三四四《鮮于侁傳》 徙京東西路。河決澶淵，議欲勿塞，侁言：『東州匯澤惟兩濼，夏秋雨淫，猶溢而害，若縱大河注其中，民為魚矣。』作議河書上之，神宗嘉納。後兩路合為一，以侁為轉運使。

又 卷三五〇《王光祖傳》 瀘夷乞弟殺王宣，詔從韓存寶討之，軍于梅嶺。夷數萬衆出駐落箇棧，欲老我師。霖雨不止，光祖勸存寶早決戰，不聽。林廣至，復從征，蕩其巢窟。

又 卷三五三《路昌衡傳》 徽宗立，應詔上書曰：『頻年以來，西方用兵，致興大役，利源害政，佞臣蔽主，四者皆陰之過盛。自陝以西，民力傷殘，人不聊生。災異之變，生於天地之不和，起於人心之怨望。故妖星出見，大河橫決，秋雨霖淫，諸路饑饉，殍死道路，妻子棄捐，破析貲儲，以應星火之令。勤勞憔悴，多不生還，人心如此，而欲其無怨，難矣。』

又 卷三六〇《趙鼎傳》 久雨，詔求闕政。

又 卷三六六《劉錡傳》［紹興十年五月］是夕大雨，平地水深尺餘。乙卯，兀朮拔營北去，錡遣兵追之，死者萬數。

又 卷三七七《季陵傳》［政和］三年六月，淫雨，詔求直言。陵言：『金人累歲侵軼，坐靈塗炭，怨氣所積，災異之來，固不足怪。惟先格王，正厥事，則在我者其可忽邪？臣觀廟堂無擅命之臣，惟將帥之權太盛；宮闈無女謁之私，惟宦寺之習未革。今將帥擁兵自衛，浸成跋扈，苗、劉竊發。勤王之師一至，凌轢官吏，莫敢誰何？此將帥之權太盛有以干陽也。宦寺縱橫，上下共憤，卒碎賊手，可為戒矣。比聞復召藍珪，黨與相賀，聞者切齒，此宦寺之習未革有以干陽也。《洪範》休徵曰，肅時雨若，謀時寒若；咎徵曰，狂恆雨若，急恆寒若。自古天子之出，必載廟主行，示有尊也。前日倉卒迎奉，不能如禮。既至錢塘，置太廟於道宮，薦享有闕；留神御於河滸，安奉後時。不肅之咎，臣意宗廟當之。比年盜賊例許招安，未幾再叛，反墮其計。忠臣之憤不雪，赤子之冤莫報，不謀之咎，臣意盜賊當之。道路之言謂鑾輿不久居此，自臣臆度，決無是事，假或有之，不幾於狂乎？軍興以來，既結保甲，又改巡社，既招弓手，又募民兵，民力竭矣，而猶誅求焉，不幾於急乎？此皆陰道太盛所致。』帝嘉納之。

又《劉珏傳》 以久雨詔求言，珏疏論消天變、收人心數事，詞極激切，並陳荊、陝、江、淮守禦之略：『願申詔大臣，悉屏細務，唯謀守禦。自京及荊、淮之郡，置大帥，屯勁兵。命沿江之守，各上措畫之方，明斥堠，設險阻，節大府之出，廣大農之入，檢察戰艦而習之，則守禦詳盡，人心安，天意回，大業昌矣。』遷吏部尚書。

又 卷三八一《張闡傳》［紹興］三十一年春，大雨，無麥苗，荊、浙盜起，詔侍從、臺諫條陳弭災、禦盜之術。闡上疏曰：『和議以來，歲有聘幣，民不堪命，臣願陛下毋以金人困中國可乎？歸正人時有遣還之命，怨聲聞道路，臣願陛下毋使金人得以甘心可乎？州縣吏職卑地遠，漁奪之禍被于編籍，臣願陛下嚴贓吏之誅可乎？蠲租之令，已赦復征，寬大之澤例為虛文，臣願陛下申詔令之禁可乎？是數者能次第行之，則足以動天地，召和氣，災異、盜賊不足慮也。』又言：『金主亮將入侵，宜守要害，防海道，三邊不可無良將，督視不可無大帥。』疏奏，帝嘉納，面諭曰：『卿所言深中時病，但遣人北歸，已載約書，朕不忍渝也。』遷將作監，進宗正少卿。

又 卷三八五《龔茂良傳》 遷右正言。會內侍李珂沒，贈節度，謚靖恭，茂良諫曰：『中興名相如趙鼎，勳臣如韓世忠，皆未有謚，如朝廷舉行，亦足少慰忠義之心。今施於珂為可惜。』竟寢其謚。嘗論大淵、覿姦回，至是又極言之，曰：『今積陰弗解，淫雨益甚，熒惑入斗，正當吳分，天意若有所怒而未釋。二人害政，甚珂百倍。』上諭以『皆潛邸舊，非他近習比，且俱有文學，敢諫爭，未嘗預外事』。

又 卷三八六《李彥穎傳》 兼吏部侍郎，權尚書兼侍讀。月食淫雨，言：『甲申歲以淫雨求言，今十年矣，中間非無水旱，而不聞求言之詔，豈以言多沽激厭之耶？比欺蔽成風，侍從、臺諫猶慎嘿，況其他乎？陰沴之興，未必不由此。』

又 卷三八七《王十朋傳》［紹興］三十一年正月，風雷雨雪交作，十朋以為陽不勝陰之驗，遺陳康伯書，冀以春秋災異之說力陳于上，崇陽抑陰，以弭天變。遷大宗正丞，亟請祠歸。金犯邊，起劉錡為江、淮、浙西制置，張浚帥金陵，悉如其言。

又 饒久旱，入境雨至；湖積霖，入境即霽。凡禱必應，其至誠不獨感人，而亦動天地鬼神。

又 卷三九一《周必大傳》 久雨，奏請減後宮給使，寬浙郡積逋，命省部議優恤。

又 卷三九六《王淮傳》 八年，拜右丞相兼樞密事。先是，自夏不雨至秋，是日甘雨如注，士大夫相賀，上亦喜命相而雨，乃命口算諸郡絹錢盡蠲一年，為緡八十餘萬。

又 卷四〇一《柴中行傳》 兼國史編修、實錄檢討。孟春，大雨震電，雷雹交作，邊烽告急，至失地喪師，淮甸震洶。

又 卷四〇四《張運傳》 拜刑部侍郎，言：諸斥逐累赦未還者，宜從湔洗。諸申請條制，多重複牴牾，失於太煩。諸編置不以赦原、不以蔭論之類，失於太重。外路刑獄三經翻異，移送大理，刀鋸數施，非所以示遠。及諸不便。皆從之。又請廣儲蓄，興鼓鑄，脩屯田，作鄉兵。亦皆聽納。兼權戶部侍郎。時久雨傷蠶麥，及邊報有警，詔侍從臺諫陳弭災禦侮之策。運言：『天災人事，有甚可畏而不足畏者，視吾政之脩不脩；有甚可憂而不足憂者，視吾自治之善不善。』及『宜邊淮建三大鎮以守之』。

又 卷四〇五《袁甫傳》 移提舉江東常平。適歲旱，亟發庫庾之積，凡州縣窠名隸倉司者，無新舊皆住催，為錢六萬一千緡，米十有三萬七千、麥五千八百石，遣官分行振濟，饑者予粟，病者予藥，尺籍之單弱者，市民之失業者，皆曲軫之。又告于朝曰：『江東或水而旱，或旱而水，重以雨雪連月，道殣相望，至有舉家枕藉而死者。此去麥熟尚賒，事勢益急。』詔給度牒百道助費。時江、閩寇迫饒、信，慮民情易動，分榜諭安之。檄諸郡，關制司，聞于朝，為保境捍患之圖，寇迄不犯。遂提點本路刑獄兼提舉，移司番陽。霜殺桑，春夏雨久湖溢，諸郡被水，連請于朝，給度牒二百道振恤之。

又 卷四〇六《許奕傳》 移知夔州，表辭不行，改知遂寧府。【略】進龍圖閣待制，加寶謨閣直學士、知潼川府。霖雨壞城，撤而築之，不以煩民，亦捐緡錢十二萬為十縣民代輸，於是其民亦相與祠于東山僧舍。

又 卷四〇八《吴昌裔傳》 臺臣故事，季詣獄點檢。時有爭常州田萬四千畝，平江亦數百畝，株逮百餘人，視其牘，乃趙善湘之子汝楳、汝梓也，州縣不敢決，昌裔連疏劾罷之。冬洊雷，春大雨雪，昌裔居齋宮秉燭草疏，凡上躬缺失，宮庭嬖私，廟堂除授，皆以為言。又言：『將帥方命，女寵私謁，舊黨之用，邊疆之禍，皆此陰類。』且曰：『今大昕坐朝，間有時不視事之文；私第謁假，或有時不入堂之報。上有耽樂慆逸之漸，下無協恭和衷之風。內則嬖御懷私，為君心之蠹；外則子弟寡謹，為朝政之累。遊言噂沓，寵賂章聞，欲簾、勺大和，得乎？』

又 卷四一四《鄭清之傳》 〔端平〕三年八月，霖雨大風，四疏匄去。九月，禋祀雷變，請益力。

又 卷四四二《文苑傳四・蘇舜欽》 初以父任補太廟齋郎，調滎陽縣尉。玉清昭應宮災，舜欽年二十一，詣登聞鼓院上疏曰：【略】

臣觀今歲自春徂夏，霖雨陰晦未嘗少止，農田被菑者幾於十九。臣以謂任用失人，政令多過，賞罰弗中之所召也。天之降災，欲悟陛下，而大臣歸咎于刑獄之濫，陛下聽之，故肆赦天下以為禳救。如此則是殺人者不死，傷人者不抵罪，而欲以合天意也。

又 卷四六〇《列女傳・張氏》 於是石泉連三日地大震，有聲如雷，天雨雪，屋瓦皆落，邦人震恐。

又 卷四六四《李璋傳》 以武成軍節度使知鄆州。京東盜白日殺縣令，略人道中，璋信賞罰擒捕，盜為衰止。歲大雨水，競以船筏邀利，多溺死者，璋一切籍之，約所勝載如黃河法。

《元史》卷三《憲宗紀》 〔憲宗七年九月〕宗王塔察兒率諸軍南征，圍樊城，霖雨連月，乃班師。元帥卜鄰吉解軍自鄧州略地，遂渡漢江。

又 〔憲宗九年〕夏四月丙子，大雷雨凡二十日。

又 卷七《世祖紀四》 八月戊辰朔，築環城以逼襄陽。【略】辛卯，保定路霖雨傷禾稼。

又 〔至元九年〕六月壬辰，遣高麗國西京屬城諸達魯花赤及質子金鎰等歸國。減乞里吉思屯田所入租，仍遣南人百名，給牛具以往。是夜京師大雨，壞牆屋，壓死者衆。

又 卷八《世祖紀五》 〔至元十年〕是歲，諸路蟲蝻災五分，霖雨害稼九分，賑米凡五十四萬五千五百九十石。天下戶一百九十六萬二千七百九十五。

又 〔至元十二年〕是歲，衛輝、太原等路旱，河間霖雨傷稼，凡賑米三千七百四十八石、粟二萬四千二百六石。天下戶四百七十六萬四千七十七。斷死罪六十八人。

又 卷一四《世祖紀十一》 〔至元十年六月〕乙亥，霸州益津縣霖雨傷稼。

又 〔至元二十四年〕九月辛卯，東京、義、靜、麟、威遠、婆娑等處大霖雨，江水溢，沒民田。

又 保定、太原、河間、般陽、順德、南京、真定、河南等路霖雨害稼，太原尤甚，屋壞壓死者衆。

又 卷一五《世祖紀十二》 五月丙戌，敕武平路括馬千匹。戊子，諸王察合子闊闊帶叛，床兀兒執之以來。己丑，汴梁大霖雨，河決襄邑，漂麥禾。

又 六月甲寅朔，以新附軍修尚食局。【略】壬申，睢陽霖雨，河溢害稼，免其租千六十石有奇。【略】癸未，處州賊柳世英寇青田、麗水等縣，浙東道宣慰副使史耀討平之。資國、富昌等一十六屯雨水、蝗害稼。

又 〔至元二十五年秋七月〕庚子，太白犯鬼。膠州連歲大水，民採橡而食，命減價糶米以賑之。霸、灤二州霖雨害稼，免其今年田租。

又 〔至元二十五年八月〕丁丑，嘉祥、魚臺、金鄉三縣霖雨害稼，蠲其租五千石。

又 九月癸未朔，熒惑犯天江。大駕次野狐嶺。甘州旱饑，免逋税四千四百石。丙戌，置汀、梅二州驛。己丑，獻、莫二州霖雨害稼，免田租八百餘石。

又 〔至元二十五年十二月〕因雨雹、河溢害稼，除民租二萬二千八百石。

又 〔至元二十六年六月〕丁丑，汲縣民朱良進紫芝。濟寧、東平、汴梁、濟南、棣州、順德、平灤、真定霖雨害稼，免田租十萬五千七百四十九石。

又 〔至元二十六年秋七月〕辛巳，兩淮屯田雨雹害稼，蠲今歲田租。

又 癸巳，平灤屯田霖雨損稼。

又 〔至元二十六年秋八月〕辛酉，大都路霖雨害稼，免今歲租賦，仍減價糶諸路倉糧。

又 〔至元二十六年九月〕丙申，熒惑犯太微西垣上將。增浙東道宣慰使一員。江淮省平章沙不丁言：『提調錢穀，積怨於衆，乞如要束木例，撥戍兵三百人為衛。』從之。平灤、昌國等屯田霖雨害稼。

又 卷一六《世祖紀十三》 〔至元二十七年二月〕癸巳，晉陵、無錫二縣霖雨害稼，並免其田租。

又 〔至元二十七年夏四月〕丙子，太陰犯井。辛巳，命大都路以粟六萬二千五百六十四石賑通州、河西務等處流民。芍陂屯田以霖雨河溢，害稼二萬二千四百八十畝有奇，免其租。

又 秋七月，終南等屯霖雨害稼萬九千六百餘畝，免其租。丙午，禁平地、忙安倉釀酒，犯者死。戊申，江西霖雨，贛、吉、袁、瑞、建昌、撫水皆溢，龍興城幾没。【略】鳳翔屯田霖雨害稼，免其租。

又 〔至元二十八年秋七月〕雨壞都城，發兵二萬人築之。

又 〔至元二十八年八月〕丙子，太陰犯牽牛。大名之清河、南樂諸縣霖雨害稼，免田租萬六千六百六十九石。

又 九月辛丑，以平章政事麥朮丁商議中書省事，復以咱喜魯丁平章政事代之。乙巳，景州，河間等縣霖雨害稼，免田租五萬六千五百九十五石。

又 卷一七《世祖紀十四》 〔至元三十年〕三月庚申，以同知樞密院事扎散知樞密院事。以平章政事范文虎董疏漕河之役。平章政事李庭率諸軍扈從上都。雨壞都城，詔發侍衛軍三萬人完之，仍命中書省給其傭直。

又 卷一九《成宗紀二》 〔元貞二年八月〕是月，德州、彰德、太原蝗。咸寧縣，金、復州，隆興路隕霜殺禾。寧海州大雨。大名路水。

又 〔大德二年二月〕丙子，以梁德珪為中書平章政事，楊炎龍為中書右丞。賜爪忽而所部鈔三十萬錠，近侍伯顏鐵木而等三萬錠，也先鐵木而等市馬價三萬四千四百餘錠，鎮南王脫歡六萬錠。浙西嘉興、江陰，江東建康溧陽、池州水、旱，並賑恤之。湖廣省漢陽、漢川水，免其田租。甘肅省沙州鼠傷禾稼。

又 秋七月癸巳，太陰犯心。汴梁等處大雨，河決壞隄防，漂沒歸德數縣禾稼、廬舍，免其田租一年。

又 卷二〇《成宗紀三》 〔大德五年〕秋七月戊戌朔，晝晦，暴風起東北，雨雹兼發，江湖泛溢，東起通、泰、崇明，西盡真州，民被災死者不可勝計，以米八萬七千餘石賑之。【略】浙西積雨泛溢，大傷民田，詔役民夫二千人疏導河道，俾復其故。

又 八月戊辰，給軍人羊馬價及定遠王所部鈔十四萬三千錠。己巳，平灤路霖雨，灤、漆、淝、汝河溢，民死者衆，免其今年田租，仍賑粟三萬石。

又 〔大德六年冬十月〕壬午，熒惑犯太微西垣上將。濟南濱、棣、泰安、高唐州霖雨，米價騰湧，民多流移，發粟賑之，併給鈔三萬錠。

又 十二月庚申朔，熒惑犯填星。辛酉，御史臺臣言：『自大德元年以來數有星變及風水之災，民間乏食。陛下敬天愛民之心，無所不盡，理宜轉災為福；而今春霜殺麥，秋雨傷稼。五月太廟災，尤古今重事。臣等思之，得非荷陛下重任者不能奉行聖意，以致如此。若不更新，後難為力。乞令中書省與老臣識達治體者共圖之。』復請禁諸路釀酒，減免差税，賑濟饑民。帝皆嘉納，命中省即議行之。

又 卷二一《成宗紀四》 〔大德七年六月〕乙巳，罷行省僉省。浙西淫雨，民饑者十四萬，賑糧一月，仍免今年夏税并各戶酒醋課。

又 〔大德八年五月〕是月，蔚州之靈仙，太原之陽曲，隆興之天城、懷安，大同之白登大風雨雹傷稼，人有死者。大名之濬、滑，德州之齊河霖雨。汴梁之祥符、太康，衛輝之獲嘉，太原之陽武河溢。

又［大德八年六月］丁酉，汝寧妖人李曹驢等妄言得天書惑衆，事覺伏誅。益津蝗，汴梁祥符、開封、陳州霖雨，蠲其田租。

又 秋七月辛酉，罷江淮等處財賦總管府。癸亥，諸王合贊自西域遣使來貢珍物。賜諸王也孫鐵木而等鈔二十萬錠，戍北千戶十五萬錠，怯憐口等九萬餘錠，西平王奧魯赤二萬錠。以順德、恩州去歲霖雨，免其民租四千餘石。

又 八月，太原之交城、陽曲、管州、嵐州，大同之懷仁雨雹隕霜殺禾，杭州火，發粟賑之。以大名、高唐去歲霖雨，免其田租二萬四千餘石。

又［大德八年九月］以冀、孟、輝、雲内諸州去歲霖雨，免其田租二萬二千一百石。

又［大德九年三月］以濟寧去歲霖雨傷稼，常寧州饑，並賑恤之。

又［大德九年六月］甲午，潼川霖雨江溢，漂沒民居，溺死者衆，敕有司給糧一月，免其田租。以瓊州屢經叛寇，隆興、撫州、臨江等路水，汴梁霖雨為災，並給糧一月。桓州、宣德雨雹。

又［大德十年閏正月］是月，以曹之禹城去歲霖雨害稼，民饑，發陵州糧二千餘石賑之。

又［大德十年二月］是月，大同路暴風大雪，壞民廬舍，明日雨沙陰霾，馬牛多斃，人亦有死者。

又 三月戊寅，歲星犯亢。己卯，崆古王遣使來貢方物。乙未，慮大都囚，釋上都死囚三人。賜駙馬蠻子帶鈔萬錠。道州營道等處暴雨，江溢山裂，漂蕩民廬，溺死者衆，復其田租。

又［大德十年夏四月］是月，以廣東諸郡、吉州、龍興、道州、柳州、漢陽、淮安民饑，贛縣暴雨水溢，賑糧有差。鄭州暴風雨雹，大若雞卵，麥及桑棗皆損，蠲今年田租。

又［大德十年六月］壬戌，來安路總管岑雄叛，湖廣行省遣宣慰副使忽都魯鐵木而招諭之，雄令其子世堅來降，賜衣物遣之。復淮西道廉訪司。大名、益都、易州大水。景州霖雨。

又 卷二二《武宗紀一》［至大元年秋七月］己巳，真定淫雨，水溢，入自南門，下及藁城，溺死者百七十七人，發米萬七百石賑之。

又［至大元年九月］九月丙辰朔，以内郡歲不登，諸部人馬之入都城者，減十之五。中書省臣言：『夏秋之間，鞏昌地震，歸德暴風雨，泰安、濟寧、真定大水，廬舍蕩析，人畜俱被其災。江浙饑荒之餘，疫癘大作，死者相枕籍。父賣其子，夫鬻其妻，哭聲震野，有不忍聞。臣等不才，猥當大任，雖欲竭盡心力，而聞見淺狹，思慮不廣，以致政事多舛，有乖陰陽之和，百姓被其災殃，願退位以避賢路。』帝曰：『災害事有由來，非爾所致，汝等但當慎其所行。』立怯憐口提舉司，秩正五品，設官四員。

又 卷二四《仁宗紀一》［皇慶元年夏四月］癸未，熒惑犯積尸氣。庚寅，太白經天。大崇恩福元寺成，置隆禧院。龍興新建縣霖雨傷禾。

又 卷二五《仁宗紀二》［延祐元年五月］庚辰，盧陽、麻陽二縣以土賊作耗，蠲其地稅賦。營王也先鐵木兒支屬貧乏，賑糧兩月。武陵縣霖雨，水溢，溺死居民，漂沒廬舍禾稼，潭州、漢陽、思州民饑，並發廩減價糶賑之。

又［延祐二年春正月］丙寅，霖雨壞渾河隄堰，沒民田，發卒補之。膚施縣大風、雹，損禾并傷人畜。

又［延祐二年秋七月］是月，畿内大雨，灤州、昌平、香河、寶坻等縣水，沒民田廬；潭州、全州、永州路，茶陵州霖雨，江漲，沒田稼，出米減價賑糶。禁民煉鐵。發卒浚灤州漕河。

又 卷二六《仁宗紀三》［延祐五年五月］己卯，德慶路地震。鞏昌隴西縣大雨，南土山崩，壓死居民，給糧賑之。

又 卷二七《英宗紀一》［延祐七年五月］辛巳，汝寧府霖雨傷麥禾，發粟五千石賑糶之。

又 是歲，決獄輕重七千六百三十事。河決汴梁原武，浸灌諸縣；滹沱決文安、大城等縣；渾河溢，壞民田廬。秦州成紀縣暴雨，山崩，朽壤墳起，覆沒畜產。汴梁延津縣大風晝晦，桑多損。大同雨雹，大者如雞卵。諸衛屯田隕霜害稼。益津縣雨黑霜。

又［至治元年夏四月］庚戌，享太廟。江州、贛州、臨江霖雨，袁州、建昌旱，民皆告饑，發米四萬八千石賑之。

又［至治元年六月］己未，太陰犯虛梁。滁州霖雨傷稼，蠲其租。【略】丁卯，熒星于司天臺。大同路雨雹。戊辰，衛輝、汴梁等處蝗。己巳，以上都留守只兒哈郎為中書平章政事。臨江路旱，免其租。通濟屯霖雨傷稼。霸州大水，渾河溢，被災者二萬三千三百戶。

又［至治元年秋七月］乙酉，大雨，渾河防決。

傷稼，免其租。

又　卷二八《英宗紀二》〔至治二年閏五月〕壬戌，安豐屬縣霖雨傷稼，免其租。

又〔至治二年秋七月〕甲子，錄京師諸役軍匠病者千人，各賜鈔遣還。南康路大水，廬州六安縣大雨，水暴至，平地深數尺，民饑，命有司賑糧一月。

又〔至治〕三年春正月癸巳朔，暹國及八番洞蠻酋長，各遣使來貢。曹州禹城縣去秋霖雨害稼，縣人邢著、程進出粟以賑饑民，命有司旌其門。

又〔至治三年二月〕癸酉，畋于柳林，顧謂拜住曰：『近者地道失寧，風雨不時，豈朕纂承大寶行事有闕歟？』對曰：『地震自古有之，陛下自責固宜，良由臣等失職，不能燮理。』帝曰：『朕在位三載，於兆姓萬物，豈無乖戾之事。卿等宜與百官議，有便民利物者，朕即行之。』

又〔至治三年五月〕戊午，真定路武邑縣雨水害稼。【略】大名路魏縣霖雨。

又〔至治三年六月〕壬申，將作院使哈撒兒不花坐罔上營利，杖流東裔，籍其家。留守司以雨請修都城，有旨：『今歲不宜大興土功，其略完之。』

又〔至治三年七月〕漷州雨，水害屯田稼。

又　卷二九《泰定帝紀一》〔至治三年〕是歲，夏，諸衛屯田及大都、河間、保定、濟南、濟寧五路屬縣，霖雨傷稼。

又〔泰定元年六月〕己卯，諸王怯別等遣其宗親鐵木兒不花等，奉馴豹、西馬來朝貢。詔：『疏決繫囚，存恤軍士，免天下和買雜役三年，蜑戶差稅一年。百官四品以下，普覃散官一等，三品遞進一階。遠仕瘴地，身故不得歸葬，妻子流落者，有司資給遣還，仍著為令。』雲南大理路你囊為寇。大都，真定晉州、深州，奉元諸路及甘肅河渠營田等處，雨傷稼，賑糧二月。大司農屯田、諸衛屯田、彰德、汴梁等路雨傷稼，順德、大名、河間、東平等二十一郡蝗，晉寧、鞏昌、常德、龍興等處饑，皆發粟賑之。大同渾源河，真定滹沱河，陝西渭水、黑水，渠州江水皆溢，並漂民廬舍。

又〔泰定元年秋七月〕戊申，以籍入鐵木迭兒及子班丹、觀音奴貲產給還其家。奉元路朝邑縣、曹州楚丘縣、大名路開州濮陽縣河溢，大都路固安州清河溢，順德路任縣沙、澧、洺水溢，真定、廣平、廬州等十一郡雨傷稼，龍慶州雨雹大如雞子，平地深三尺，定州屯河溢、山崩，免河渠營田租。

又〔泰定元年八月〕癸未，敕樞密役軍凡三百人以上奏聞。詔諭雲南大車里、小車里。秦州成紀縣大雨，山崩，水溢，壅土至來谷河成丘阜。汴梁、濟南屬縣雨水傷稼，賑之。

又〔泰定元年九月〕癸丑，以籍入阿散家貲給其子脫列。改邕州為南寧路。岑世興遣其弟興元來朝貢。奉元路長安縣大雨，澧水溢，延安路洛水溢，濮州館陶縣及諸衛屯田水，建昌、紹興二路饑，賑糧有差。

又〔泰定二年閏正月〕己卯，河間、真定、保定、瑞州四路饑，禁釀酒。階州土蕃為寇，鞏昌總帥府調兵禦之。站八兒監藏叛於兀敦。伃定路饑，賑鈔四萬錠、糧萬五千石。雄州歸信諸縣大雨，河溢，被災者萬一千六百五十戶，賑鈔三萬錠。南賓州、棣州等處水，民饑，賑糧二萬石，死者給鈔以葬。

又〔泰定二年夏四月〕戊申，以許師敬為中書左丞；中政使馮亨為中書參知政事，仍中政使。奉元路白水縣雹。鞏昌路伏羌縣大雨，山崩。

又〔泰定二年五月〕丙子，旭邁傑等以國用不足，請減廄馬，汰衛士，及節諸王濫賜，從之。賜潛邸怯憐口千人鈔三萬錠。浙西諸郡霖雨，江湖水溢，命江浙行省及都水庸田司興役疏洩之。置諫議書院於昌平縣，祀唐劉蕡。

丙子，旭邁傑等以國用不足，請減廄馬，汰衛士，及節諸王濫賜，從之。賜潛邸怯憐口千人鈔三萬錠。浙西諸郡霖雨，江湖水溢，命江浙行省及都水庸田司興役疏洩之。置諫議書院於昌平縣，祀唐劉蕡。

又〔泰定二年六月〕丁未，立都水庸田使司，浚吳、松二江。敕營造毋役五衛軍士，止以武衛、虎賁二衛給之。開南州阿只弄、哀培蠻兵為寇，命雲南行省督所屬兵捕之。通州三河縣大雨，水丈餘。潼川府綿江、中江水溢入城郭。冀寧路汾河溢。秦州秦安山移。新州路旱，濟南、河間、東昌等九郡蝗，奉元、衛輝路及永平屯田豐贍、昌國、濟民等署雨傷稼，蠲其租。

又〔泰定二年秋七月〕壬申，御史臺臣言：『廉訪司蒞軍，非世祖舊制。賈胡鬻寶，西僧修佛事，所費不貲，於國無益，並宜除罷。』從之。敕太傅朵台、太保禿忽魯日至禁中集議國事。猺蠻潘寶寇鐔津、義寧、來賓諸縣，命廣西守將捕之。慶遠溪洞民饑，發米二萬五百石，平價糶之。

又〔泰定二年九月〕丁丑，浚河間陳玉帶河。廣西猺寇賓州。禮部員外郎元永貞言：『鐵失弒逆，皆由鐵木迭兒始禍，請明其罪，仍錄付史館，以為人臣之戒。』漢中道文州霖雨，山崩。

又　卷三〇《泰定帝紀二》〔泰定三年八月〕龍慶路雨雹一尺，大風損稼。真定蠡州、奉元蒲城等縣及無為州諸處水，河中府、永平、建昌印都、中慶、太平諸路及廣西兩江饑，並發粟賑之。揚州崇明州大風雨，海水溢，溺死者給棺斂之。

又〔泰定三年十一月〕己巳，徙上都清寧殿于伯亦兒行宮。弛永平路山澤之禁。階州土番為寇，武靖王遣臨洮路元帥盞盞諭降之。廣寧路屬縣霖雨傷稼，賑鈔三萬錠。沔陽府旱，免其稅。永平路大水，免其租，仍賑糧四月。

又〔泰定四年秋七月〕是月，籍田蝗。雲州黑河水溢。衢州大雨水，發廩賑饑者，給漂死者棺。延安屬縣旱，免其租稅。遼陽遼河、老撒加河溢，右衛率部饑，並賑之。

又〔泰定四年冬十月〕大都路諸州縣霖雨，水溢，壞民田廬，賑糧二十四萬九千石。

龍興路屬縣旱，免其租。

又 是歲，汴梁、延安、汝寧、峽州旱，濟南、衛輝、濟寧、南陽八路屬縣蝗。汴梁諸屬縣霖雨，河決。

又 卷三三《文宗紀二》〔天曆二年三月〕丁亥，雨土，霾。

又〔天曆二年六月〕丙午，永平屯田府所隸昌國諸屯大風驟雨，平地出水。**【略】**是月，陝西雨。

又〔天曆二年秋七月〕戊午，大都之東安、薊州、永清、益津、潞縣，春夏旱，麥苗枯；六月壬子雨，至是日乃止，皆水災。

又 卷三四《文宗紀三》〔至順元年二月〕癸巳，衛輝路胙城、新鄉縣大風雨災。

又 九月庚辰，江浙行省言：『今歲夏秋霖雨大水，沒民田甚多，稅糧不滿舊額，明年海運本省止可二百萬石，餘數令他省補運為便。』從之。**【略】**遼陽行省水達達路，自去夏霖雨，黑龍、宋瓦二江水溢，民無魚為食。

又 卷三五《文宗紀四》〔至順二年六月〕庚午，以揚州泰興、江都二縣去歲雨害稼，免今年租。

又〔至順二年秋七月〕甲午，歸德府雨傷稼，免今年租。

又〔至順二年九月〕湖州安吉縣久雨，太湖溢，漂民居二千八百九十戶，溺死男女百五十七人，命江浙行省賑卹之。

又〔至順二年冬十月〕辛酉，命西僧作佛事於興聖宮，十有五日乃罷。吳江州大風雨，太湖溢，漂沒廬舍資畜千九百七十家，命江浙行省給鈔千五百錠賑之。

又〔至順二年冬一二月〕丁巳，雨木冰。**【略】**癸亥，雨木冰。

又 卷三六《文宗紀五》〔至順三年六月〕益都、濟寧大雨。

又 卷三七《寧宗紀》〔至順三年八月〕高郵府之寶應、興化二縣，德安府之雲夢、應城二縣大雨，水。

又 卷三八《順帝紀一》〔元統二年三月〕元統二年春正月庚寅朔，雨血于汴梁，著衣皆赤。

又 是月，山東霖雨，水湧，民饑，賑糶米二萬二千石。

又〔至元元年六月〕庚辰，伯顏奏唐其勢及其弟塔剌海謀逆，誅之。執皇后伯牙吾氏幽於別所。大霖雨。

又 卷三九《順帝紀二》〔至元二年五月〕乙卯，南陽、鄧州大霖雨，自是日至于六月甲申，湍河、白河大溢，水為災。

又〔至元二年八月〕戊寅，祭社稷。大都至通州霖雨，大水，敕軍人修道。

又〔至元三年三月〕戊午，以玉寶、玉冊立弘吉剌氏伯顏忽都為皇后，因雨輟賀。

又〔至元三年六月〕辛巳，大霖雨，自是日至癸巳不止。京師、河南、北水溢，御河、黃河、沁河、渾河水溢，沒人畜、廬舍甚衆。

又〔至元四年六月〕己丑，邵武路大雨，水入城郭，平地二丈。

又 卷四〇《順帝紀三》〔至元五年十一月〕癸酉，瑞州路新昌州雨木冰，至明年二月始解。

又 卷四一《順帝紀四》〔至正三年秋七月〕是月，興國路大旱。河南自四月至是月，霖雨不止。

又〔至正四年五月〕是月，大霖雨，黃河溢，平地水二丈，決白茅堤、金堤，曹、濮、濟、兗皆被災。

又〔至正四年八月〕丁卯，山東霖雨，民饑相食，賑之。

又 五月丁酉朔，大霖雨，京城崩。

又 卷四二《順帝紀五》〔至正九年秋七月〕是月，大霖雨，水沒高唐州城；江、漢溢，漂沒民居、禾稼。

又 卷四三《順帝紀六》 ［至正十三年］秋七月丁卯，泉州天雨白絲，海潮日三至。

是歲，自六月不雨至于八月。

又 卷四四《順帝紀七》 ［至正十五年］是歲，薊州雨血。

又 卷五〇《五行志一·水》 至元元年，真定、順天、河間、順德、大名、東平、濟南等郡大水。四年五月，應州大水。五年八月，亳州大水。六年十二月，獻、莫、清、滄四州及豐州、渾源縣大水。九年九月，南陽、懷孟、衛輝、順天等郡，洺、磁、泰安、通、灤等州淫雨，河水並溢，圮田廬，害稼。十三年十二月，濟寧及高麗瀋州水。十四年六月，濟寧路雨水，平地丈餘，損稼。曹州定陶、武清二縣，濮州、堂邑縣雨水，沒禾稼。十二月，冠州、永年縣水。十六年十二月，保定等路水。十七年正月，磁州、永平縣水。八月，大都、北京、懷孟、保定、東平、濟寧等路水。十八年二月，遼陽懿州、蓋州水。十一月，保定清苑縣水。二十年六月，太原、懷孟、河南等路沁河水涌溢，壞民田一千六百七十餘頃。衛輝路清河溢，損稼。南陽府唐、鄧、裕、嵩四州河水溢，損稼。十月，涿州巨馬河溢。二十一年六月，保定、河間、濱、棣大水。二十二年秋，南京、彰德、大名、河間、順德、濟南等路河水壞田三千餘頃。高郵、慶元大水，傷人民七百九十五戶，壞廬舍三千九十區。二十三年六月，安西路華州華陰縣大雨，潼谷水涌，平地三丈餘。杭州、平江二路屬縣水，壞民田一萬七千二百頃。大都涿、漷、檀、順、薊五州，汴梁、歸德七縣水。二十四年六月，霸州益津縣雨水。九月，東京義、靜、威遠、婆娑等處水。二十五年七月，膠州大水，民采橡為食。十二月，太原、汴梁二路河溢，害稼。二十六年二月，紹興大水。十月，平灤路水，壞田稼一千一百頃。二十七年正月，甘州、無為路大水。五月，江陰州大水。六月，河溢太康縣，沒民田三十一萬九千畝。八月，沁水溢。廣州清遠縣大水。十一月，河決祥符義唐灣，太康、通許二縣，陳、潁二州，大被其患。二十八年二月，常德路水。八月，浙東婺州水。九月，平灤、保定、河間三路大水。二十九年五月，龍興路南昌、新建、進賢三縣水。六月，鎮江、常州、平江、嘉興、湖州、松江、紹興等路府水。揚州、寧國、太平三郡大水。岳州華容縣水。三十年五月，深州靜安縣大水。十月，平灤路水。三十一年八月，趙州寧晉縣水。十月，遼陽路水。

元貞元年五月，建康溧陽州，太平當塗縣，鎮江金檀、丹徒等縣，常州無錫州，平江長洲縣，湖州烏程縣，鄱陽餘干州，常德沅江、澧州安鄉等縣水。六月，泰安州奉符、曹州濟陰、兗州嵫陽等縣水。歷城縣大清河水溢，壞民居。七月，遼東和州、大都武衛屯田水。九月，廬州、平江二郡大水。二年五月，太原平晉縣，獻州交河、樂壽二縣，莫州任丘、莫亭等縣，湖南醴陵州水。六月，大都路益津、保定、大興三縣水，損田稼七千餘頃。真定鼓城、獲鹿、藁城等縣，保定葛城、歸信、新安、束鹿等縣，汝寧潁州，濟寧沛縣，揚、廬、岳、澧四郡，建康、太平、鎮江、常州、紹興五郡水。八月，棣州、曹州水。九月，河決河南杞、封丘、祥符、寧陵、襄邑五縣。十月，河決開封縣。十二月，江陵潛江縣，沔陽玉沙縣，淮安海寧朐山、鹽城等縣水。

大德元年三月，歸德徐州，邳州宿遷、睢寧，鹿邑三縣，河南許州臨潁、郾城等縣，睢州襄邑，太康、扶溝、陳留、開封、杞等縣，河水大溢，漂沒田廬。五月，河決汴梁，發民夫三萬五千塞之。漳水溢，害稼。龍興、南康、澧州、南雄、饒州五郡水。六月，和州歷陽縣江水溢，漂廬舍一萬八千五百區。七月，郴州耒陽縣、衡州酃縣大水，溺死三百餘人。八月，溫州平陽、瑞安二州水，溺死六千八百餘人。十一月，常德武陵縣大水。二年六月，河決蒲口，凡九十六所，泛溢汴梁、歸德二郡。大名、東昌、平灤等路水。三年八月，河間郡水。四年五月，保定、真定二郡，通、薊二州水。六月，歸德睢州大水。五年五月，宣德、保定、河間屬州水。寧海州水。六月，濟寧、般陽、益都、東平、濟南、襄陽、平江七郡水。七月，江水暴風大溢，高四五丈，連崇明、通、泰、真州定江之地，漂沒廬舍，被災者三萬四千八百餘户。遼陽大寧路水。八月，平灤郡雨，灤河溢。順德路水。六年四月，上都大水。五月，濟南路大水。歸德府徐州、邳州睢寧縣雨五十日，沂、武二河合流，水大溢。東安州渾河溢，壞民田一千八十餘頃。六月，廣平路大水。七年五月，濟南、河間等路水。六月，遼陽、大寧、平灤、昌國、瀋陽、開元六郡雨水，壞田廬，男女死者百十有九人。修武、河陽、新野、蘭陽等縣趙河、湍河、白河、七里河、沁河、潦河皆溢。台州風水大作，寧海、臨海二縣死者五百五十人。八年五月，太原陽武縣、衛輝獲嘉縣、汴梁祥符縣河溢。大名滑州、濬州雨水，壞民田六百八十餘頃。八月，潮陽颶風海溢，漂民廬舍。九年六月，汴梁陽武縣思齊口河決。東昌博平、堂邑二縣雨水。潼川郪縣雨，綿江、中江溢，水決入城。龍興、撫州、臨川三郡水。七月，沔陽玉沙縣江溢。嶧州水。揚州泰興縣、淮安山陽縣水。八月，歸德府寧陵，陳留、通許、扶溝、太康、杞縣河溢。大名元城縣大水。十年五月，雄州、漷州水。平江、嘉興二郡水，害稼。六月，保定滿城、清苑二縣雨水。大名、益都、定興等路大水。七月，平江路大風，海溢。吳江州大水。十一年六月，靖海、容城、束鹿、隆平、新城等縣水。七月，冀寧文水縣汾水溢。十一月，盧龍、灤河、遷安、昌黎、撫寧等縣水。

至大元年七月，濟寧路雨水，平地丈餘，暴決入城，漂廬舍，死者十有八人。真定路淫雨，大水入南門，下注藁城，死者百七十人。彰德、衛輝二郡水，損稻田五千三百七十頃。二年七月，河決歸德府，又決汴梁封丘縣。三年六月，洧川、鄄城、汶上三縣水。峽州大雨，水溢，死者萬餘人。七月，循州、惠州大水，漂廬舍二百九十區。四年六月，大都三河縣、潞縣，河東祁縣、懷仁縣，永平豐盈屯雨水害稼。七月，東平、濟寧、般陽、保定等路大水。江陵松滋縣、桂陽臨武縣水。

皇慶元年五月，歸德睢陽縣河溢。六月，大寧、水達達路雨，宋瓦江溢，民避居亦母兒乞嶺。八月，松江府大風，海水溢。二年五月，辰州沅陵縣水。六月，涿州范陽縣，東安州，宛平縣，固安州，霸州益津，永清、永安等縣雨水，壞田稼七千六百九十餘頃。河決陳、亳、睢三州，開封、陳留等縣。八月，崇明、嘉定二州大風，海溢。

延祐元年五月，常德路武陵縣雨水，壞廬舍，溺死者五百人。六月，涿州范陽、房山二縣渾河溢，壞民田四百九十餘頃。七月，沅陵、盧溪二縣水。八月，肇慶、武昌、建康、杭州、建德、南康、江州、臨江、袁州、建昌、贛州、安豐、撫州等路水。二年六月，河決鄭州，壞汜水縣治。七月，京師大雨。漷州、昌平、香河、寶坻等縣水。全州、永州江水溢，害稼。三年四月，潁州太和縣河溢。七月，婺源州雨水，溺死者五千三百餘人。四年正月，解州鹽池水。五年四月，盧州合肥縣大雨水。六年六月，河間路漳河水溢，壞民田二千七百餘頃。益都、般陽、濟南、東昌、東平、濟寧等路，曹、濮、泰安、高唐等州大雨水害稼。遼陽、廣寧、瀋陽、永平、開元等路水。大名路屬縣水，壞民田一萬八千頃。汴梁、歸德、汝寧、彰德、真定、保定、衛輝、南陽等郡大雨水。七年四月，安豐、廬州淮水溢，損禾麥一萬頃。城父縣水。五月，江陵縣水。六月棣州、德州大雨水，壞田四千六百餘頃。七月，上蔡、汝陽、西平等縣水。八月，霸州文安、文成二縣滹沱河溢，害稼。汾州平遙縣水。是歲，河決汴梁原武縣。

至治元年六月，霸州大水，渾河溢，被災者三萬餘戶。七月，薊州平谷、漁陽二縣，順州邢臺、沙河二縣，大名魏縣，永平石城縣大水。彰德臨漳縣漳水溢。大都固安州，真定元氏縣，東安，寶坻縣，淮安清河、山陽等縣水。東平、東昌二路，高唐、曹、濮等州雨水害稼。乞里吉思部江水溢。八月，安陸府雨七日，江水大溢，被災者三千五百戶。雷州海康、遂溪二縣海水溢，壞民田四千頃。九月，京山、長壽二縣漢水溢。十月，遼陽、肇慶等郡水。二年正月，儀封縣河溢。二月，濮州大水。閏五月，睢陽縣亳社屯大水。六月，奉元郿縣，邠州新平、上蔡二縣水。八月，廬州六安、舒城二縣水。十一月，平江路大水，損民田四萬九千六百頃。三年五月，東安州水，壞民田一千五百餘頃。真定武邑縣水害稼。六月，大都永清縣雨水，損田四百頃。七月，漷州雨水害稼。九月，漳州、建昌、南康等郡水。

泰定元年五月，漷州、固安州水。隴西縣大雨水，漂死者五百餘家。龍慶路雨水傷稼。六月，益都、濟南、般陽、東昌、東平、濟寧等郡二十有二縣，曹、濮、高唐、德州等處十縣淫雨，水深丈餘，漂沒田廬。大同渾源河溢。陳、汾、順、晉、恩、深六州雨水害稼。真定滹沱河溢，漂民廬舍。陝西大雨，渭水及黑水河溢，損民廬舍。渠州江水溢。七月，真定、河間、保定、廣平等郡三十有七縣大雨水五十餘日，害稼。大都路固安州清河溢。順德路任縣沙、澧、洺水溢。奉元朝邑縣、曹州楚丘縣、開州濮陽縣河溢。九月，延安路洛水溢。奉元長安縣大雨，澧水溢。濮州館陶縣水。十二月，杭州鹽官州海水大溢，壞隄塹，侵城郭，有司以石囤木櫃捍之不止。二年正月，大都寶坻縣、肇慶高要縣雨水。鞏昌路水。閏正月，雄州歸信縣大水。二月，甘州路大雨水，漂沒行帳孳畜。三月，咸平府清、寇二河合流，失故道，隳堤堰。四月，涿州房山、范陽二縣水。岷、洮、文、階四州雨水。五月，檀州大水，平地深丈有五尺。高郵興化、江陵公安二縣水。河溢汴梁，被災者十有五縣。六月，冀寧路汾河溢。潼川府綿江、中江水溢入城，深丈餘。衛輝汲縣、歸德宿州雨水。濟寧路虞城、碭山、單父、豐、沛五縣水。七月，睢州河決。八月，霸州，涿州，永清、香河二縣大水，傷稼九千五十餘頃。九月，開元路三河溢，沒民田，壞廬舍。十月，寧夏鳴沙州大雨水。三年正月，恩州水。二月，歸德府河決。六月，大同縣大水。汝寧光州水。七月，河決鄭州，漂沒陽武等縣民一萬六千五百餘家。東安、檀、順、漷四州雨，渾河決，溫榆水溢，傷稼。延安路膚施縣水，漂民居九十餘戶。八月，鹽官州大風，海溢，捍海隄崩，廣三十餘里，袤二十里，徙居民千二百五十家以避之。真定蠡州，奉元蒲城縣，無為州，歷陽、含山等縣水。九月，平遙縣汾水溢。十一月，崇明州三沙鎮海溢，漂民居五百家。十二月，遼陽大水。大寧路瑞州大水，壞民田五千五百頃，廬舍八百九十所，溺死者百五十人。四年正月，鹽官州潮水大溢，捍海隄崩二千餘步。四月，復崩十九里，發丁夫二萬餘人，以木柵竹落磚石塞之，不止。六月，大都東安、固安、通、順、薊、檀、漷七州，永清、良鄉等縣雨水。七月，上都雲州大雨。北山黑水河溢。雲安縣水。八月，汴梁扶溝、蘭陽二縣河溢，漂民居一千九百餘家。濟寧虞城縣河溢，傷稼。十二月，夏邑縣河溢。汴梁中牟、開封、陳留三縣，歸德邳、宿二州雨水。

致和元年三月，鹽官州海隄崩，遣使禱祀，造浮圖二百十六，用西僧法壓之。河決碭山、虞城二縣。四月，鹽官州海溢，益發軍民塞之，置石囤二十九里。六月，南寧、開元、永平等路水。河間臨邑縣雨水。益都、濟南、般陽、濟寧、東平等郡三十縣，濮、德、泰安等州九縣雨水害稼。七月，廣西兩江諸州水。

天曆元年八月，杭州、嘉興、平江、湖州、建德、鎮江、池州、太平、廣德九郡水，沒民田萬四千餘頃。二年六月，大都東安、通、薊、霸四州，河間靖海縣雨水害稼。永平昌國諸屯水。

至順元年六月，河決大名路長垣、東明二縣，沒民田五百八十餘頃。曹州、高唐州水。七月，海潮溢，漂沒河間運司鹽二萬六千七百引。閏七月，平江、嘉興、湖州、松江三路一州大水，壞民田三萬六千六百餘頃，被災者四十萬五千五百餘戶。杭州、常州、慶元、紹興、鎮江、寧國等路，望江、銅陵、長林、寶應、興化等縣水，沒民田一萬三千五百餘頃。大都、保定、大寧、益都屬州縣水。二年四月，潞州潞城縣大雨水。五月，河間莫亭縣、寧夏河渠縣、紹慶彭水縣及德安屯田水。六月，彰德屬縣漳水決。十月，吳江州大風，太湖水溢，漂民居一千九百七十餘家。十二月，深州、晉州水。三年三月，奉元朝邑縣洛水溢。五月，汴梁河水溢。江都、泰興、雲夢、應城等縣水。六月，汾州大水。

又《木》 至元九年六月丁亥，京師大雨。二十四年九月，太原、河間、河南等路霖雨害稼。二十五年七月，保定郡，霸、漷二州淫雨害稼。八月，嘉祥、魚臺、金鄉三縣淫雨。九月，莫、獻二州淫雨。保定路淫雨。二十六年六月，濟寧、東平、汴梁、濟南、順德、真定、平灤、棣州霖雨害稼。二十八年八月，大名、清河、南樂諸縣霖雨為災。九月，河間郡淫雨。

至大四年七月，河間、順德、大名、彰德、廣平等路，德、濮、恩、通等州及河東祁縣霖雨害稼。

皇慶元年，龍興路新建縣雨害稼。

延祐四年四月，遼陽蓋州雨水害稼。六年七月，霸州文成縣雨害稼三千餘頃。

至治元年，江州、贛州淫雨。二年閏五月，安豐路雨傷稼。三年五月，大名魏縣淫雨。保定定興縣，濟南無棣、厭次縣，濟寧碭山縣，河間齊東縣霖雨害稼。

泰定元年七月，真定、廣平、廬州十一郡雨傷稼。八月，汴梁考城、儀封，濟南霑化、利津等縣霖雨，損禾稼。

又《土》 致和元年三月壬申，雨霾。

又［大德］十一年三月，道州營道縣暴雨，山裂百三十餘處。

又［延祐五年］八月，伏羌縣山崩。秦州成紀縣暴雨，山崩，朽壤墳起，覆沒畜產。

又 泰定元年八月，成紀縣大雨，山崩水溢，壅土至來谷河成丘阜。

又 卷五一《五行志二・水不潤下》 元統元年五月，汴梁陽武縣河溢害稼。六月，京畿大霖雨，水平地丈餘。涇河溢，關中水災。黃河大溢，河南水災。泉州霖雨，溪水暴漲，漂民居數百家。七月，潮州大水。二年正月，東平須城縣、濟寧濟州、曹州濟陰縣水災。二月，灤河、漆河溢，永平路屬縣皆水。瑞州路水。三月，山東霖雨，水湧。四月，東平、益都水。五月，鎮江路水。宣德府大水。六月，淮河漲，漂山陽縣境內民畜房舍。九月，吉安路水。至元元年，河決汴梁封丘縣。二年五月，南陽鄧州大水。六月，涇水溢。八月，大都至通州霖雨，大水。三年二月，紹興大水。五月，廣西賀州大水害稼。六月，衛輝淫雨至七月，丹、沁二河泛漲，與城西御河通流，平地深二丈餘，漂沒人民房舍田禾甚眾。民皆棲於樹木，郡守僧家奴以舟載飯食之，移老弱居城頭，日給糧餉，月餘水方退。汴梁蘭陽、尉氏二縣，歸德府皆河水泛溢。黃州及衢州常山縣皆大水。四年五月，吉安永豐縣大水。六月，邵武大水，城市皆洪流，漂沿溪民居殆盡。五年六月庚戌，汀州路長汀縣大水，平地深三丈許，損民居八百家，壞民田二百頃，溺死者八千餘人。七月，沂州沂、沭二河暴漲，決隄防，害田稼。邵武光澤縣大水。常州宜興縣山水出，勢高一丈，壞民居。六年二月，京畿五州十一縣及福州路福寧州大水。五月甲子，慶元奉化州山崩，水湧出平地，溺死人甚衆。六月，衢州西安、龍游二縣大水。庚戌，處州松陽、龍泉二縣積雨，水漲入城中，深丈餘，溺死五百餘人。遂昌縣尤甚，平地三丈餘。桃源鄉山崩，壓溺民居五十三家，死者三百六十餘人。七月壬子，延平南平縣淫雨，水泛漲，溺死百餘人，損民居三百餘家，壞民田二頃七十餘畝。【略】四年五月，霸州大水。六月，河南鞏縣大雨，伊、洛水溢，漂民居數百家。【略】六月己丑，中興路松滋縣驟雨，水暴漲，平地深丈有五尺餘，漂沒六十餘里，死者一千五百人。是月，膠州大水。七月，高密縣大水。九年七月，中興路公安、石首、潛江、監利等縣及沔陽府大水。夏秋，蘄州大水傷稼。十年五月，龍興瑞州大水。六月乙未，霍州靈石縣雨水暴漲，決隄堰，漂民居甚衆。七月，汾州平遙縣汾水溢。靜江荔浦縣大水害稼。十一年夏，龍興南昌、新建二縣大水。安慶桐城縣雨水泛漲，花崖、龍源二山崩，衝決縣東大河，漂民居四百餘家。七月，冀寧路平晉、文水二縣大水，汾河汎溢東西兩岸，漂沒田禾數百頃。河決歸德府永城縣，壞黃陵岡岸。靜江路大水，決南北二弃渠。十二年六月，中興路松滋縣驟雨，水暴漲，漂民居千餘家，溺死七百人。七月，衢州西安縣大水。十三年夏，薊州豐潤、玉田、遵化、平谷四縣大水。七月丁卯，泉州海水日三潮。十四年六月，河南府鞏縣大雨，伊、洛水溢，漂沒民居，溺死三百餘人。秋，薊州大水。十五年六月，荊州大水。十六年，河決鄭州河陰縣，官署民居盡廢，遂成中流。山東大水。十七年六月，暑雨，漳河溢，廣平郡邑皆水。秋，薊州四縣皆大水。十八年秋，京師及薊州、廣東惠州、廣西四縣、賀州皆大水。十九年九月，濟州任城縣河決。二十年七月，通州大水。二十二年三月，邵武光澤縣大水。二十三年，孟州濟源、溫縣水。七月，河決東平壽張縣，圮城牆，漂屋廬，人溺死甚衆。二十四年三月，益都縣井水溢而黃。懷慶路孟州、河內、武陟縣水。七月，益都路壽光縣、膠州高密縣水。二十五年秋，薊州大水。東平須城、東阿、平陰三縣河決小流口，達于清河，壞民居，傷禾稼。二十六年二月，河北徙，上自東明、曹、濮，下及濟寧，皆被其害。六月，河南府大霖雨，瀍水溢，深四丈許，漂東關居民數百家。秋七月，汾州介休縣汾水溢。薊州四縣、衛輝、汴梁鈞州大水害稼。八月，棣州大清河決，濱、棣二州之界，民居漂流無遺。濟寧路肥城縣西黃水汎溢，漂沒田禾民居百有餘里，德州齊河縣境七十餘里亦如之。

又 至元二年五月乙卯，南陽鄧州大霖雨，自是日至于六月甲申乃止。三年六月，衛輝路淫雨。至正二年秋，彰德路霖雨。三年四月至七月，汴梁路滎澤縣，鈞州新鄭、密縣霖雨害稼。四年夏，汴梁蘭陽縣，許州長葛、郾城、襄城，睢州，歸德府亳州之鹿邑，濟寧之虞城淫雨害蠶麥，禾皆不登。八月，益都霖雨，饑民有相食者。五年夏秋，汴梁祥符、尉氏、洧川，鄭州、鈞州、亳州久雨害稼，二麥禾豆俱不登。河間路淫雨，妨害鹽課。八年五月，京師大霖雨，都城崩圮。鈞州新鄭縣淫雨害麥。九年七月，高唐州大霖雨，壞官署民居。歸德府淫雨浹十旬。十年二月，彰德路大雨害麥。二十年七月，益都高苑縣、陝州黽池縣大雨害稼。二十三年七月，懷慶路河內、修武、武陟三縣及孟州淫雨害稼。二十四年秋，密州安丘縣大雨。二十五年秋，密州安丘縣，潞州，汴梁許州及鈞州之密縣淫雨害稼。二十七年秋，彰德路淫雨。

又 ［至正］十七年正月己丑，杭州降黑雨，河池水皆黑。

又《木不曲直》 至元五年十一月癸酉，瑞州路新昌州雨木冰，至明年二月壬寅冰始解。至正四年正月，汴梁路鄭州尉氏、洧川、河陰三縣及龍興靖安縣雨木冰。十一月，東平雨木冰。十二年九月壬午，冀寧保德州雨木冰。十四年冬，龍興雨木冰。二十五年二月辛亥，汴梁雨木冰，狀如樓閣、人物、冠帶、鳥獸、花卉，百態具備，羽幢珠葆，彌望不絕，凡五日始解。

又 至元五年十一月癸酉，瑞州路新昌州雨木冰，至明年二月壬寅冰始解。至正四年正月，汴梁路鄭州尉氏、洧川、河陰三縣及龍興靖安縣雨木冰。十一月，東平雨木冰。十二年九月壬午，冀寧保德州雨木冰。十四年冬，龍興雨木冰。二十五年二月辛亥，汴梁雨木冰，狀如樓閣、人物、冠帶、鳥獸、花卉，百態具備，羽幢珠葆，彌望不絕，凡五日始解。

又《稼穡不成》 至正元年二月，汴梁路地震。二年四月辛丑，冀寧路平晉縣地震，聲如雷鳴，裂地尺餘，民居皆傾仆。七月，惠州雨水，羅浮山崩，凡二十七處，壞民居，塞田澗。【略】九年六月，台州地震。七月庚寅，泉州大風雨。永春縣南象山崩，壓死者甚眾。十年，冀寧徐溝縣地震。五月甲子，龍興寧州大雨，山崩數十處。【略】二十六年三月，海州地震如雷，贛榆縣吳山崩。六月，汾州介休縣地震。紹興山陰縣臥龍山裂。七月辛亥，冀寧路徐溝縣，石、忻、臨三州，汾之孝義、平遙二縣同日地震，有壓死者。丙辰，泉州同安縣大雷雨，三秀山崩。是月，河南府鞏縣大霖雨，地震山崩。【略】二十七年五月，山東地震。六月，沂州山石崩裂，有聲如雷。七月丙戌，靜江靈川縣大藏山石崖崩。十月丙辰，福州雷雨，地震。

又 卷六四《河渠志一·壩河》 成宗大德六年三月，京畿漕運司言：『歲漕米百萬，全藉船壩夫力。自冰開發運至河凍時止，計二百四十日，日運糧四千六百餘石，所轄船夫一千三百餘人，壩夫七百三十，占役俱盡，晝夜不息。今歲水漲，衝決壩隄六十餘處，雖已修畢，恐霖雨衝圮，走洩運水，以此點視河隄淺澀低薄去處，請加修理。』自五月四日入役，六月十二日畢。

又《白浮甕山》 成宗大德七年六月，甕山等處看牐提領言：『自閏五月二十九日始，晝夜雨不止，六月九日夜半，山水暴漲，漫流隄上，衝決水口。』於是都水監委官督軍夫，自九月二十一日入役，至是月終輟工，實役軍夫九百九十三人。十一年三月，都水監言：『巡視白浮甕山河隄，崩三十餘里，宜編荊笆爲水口，以泄水勢。』計修笆口十一處，四月興工，十月工畢。

又 泰定四年八月，都水監言：『八月三日至六日，霖雨不止，山水泛溢，衝壞甕山諸處笆口，浸沒民田。』計料工物，移文工部關支修治。

又《渾河》 ［皇慶元年］七月，省委工部員外郎張彬言：『巡視渾河，六月三十日霖雨，水漲及丈餘，決隄口二百餘步，漂民廬，沒禾稼，乞委官修治，發民丁刈雜草興築。』

又 泰定四年四月，省議：『三年六月內霖雨，山水暴漲，泛沒大興縣諸鄉桑棗田園。移文樞府，於七衛屯田及見有軍內，差三千人修治。』

又《白河》 大德二年五月，中書省劄付都水監：運糧河隄自楊村至河西務三十五歲，用葦一萬九千一百四十束，軍夫二千六百四十九名，度三十日畢。於是本監分官率濠寨至楊村歷視壞隄，督巡河夫修理，以霖雨水溢，故工役倍元料，自寺洵口北至蔡村、清口、孫家務、辛莊、河西務隄，就用元料葦草，修補卑薄，創築月隄，頗有成功。其楊村兩岸相對出水河口四處，葦草不敷，就令軍夫採刈，至九月住役。楊村河上接通惠諸河，下通滹沱入江淮，使官民舟楫直達都邑，利國便民。奈楊村隄岸，隨修隨圮，蓋為用力不固，徒煩工役，其未修者，候來春水涸土乾，調軍夫修治。

又 泰定元年二月，樞府臣奏：『臨清萬戶府言，至治元年霖雨，決壞運糧河岸，宜差軍修築。臣等議，誠利益事，令本府差軍三百執役。』從之。

又《御河》 ［至大元年］十月，大名路濬州言：『七月十一日連雨至十七日，清、石二河水溢李家道，東南橫流。詢社長高良輩，稱水源自衛輝路汲縣東北，連本州淇門西舊黑蕩泊，溢流出岸，漫黃河古隄，東北流入本州齊賈泊，復入御河，漂及門民舍。竊計今歲水勢逆行，及下流漳水漲溢，遏絕不能通，以致若此，實非人力可勝。又西關水手佐聚稱，七月十二日卯時，御河水驟漲三尺，十八日復添四尺，其水逆流，明是下流漲水壅逆，擬差官巡治。』

又《灤河》 大德五年八月十三日，平灤路言：『六月九日霖雨，至十五日夜，灤河與淝、洳三河並溢，衝圮城東西二處舊護城隄、東西南三面城牆，橫流入城，漂郭外三關瀕河及在城官民屋廬糧物，沒田苗，溺人畜，死者甚眾，而雨猶不止。至二十四日夜，灤、漆、淝、洳諸河水復漲入城，餘屋漂蕩殆盡。』乃委吏部馬員外同都水監官修之。

延祐四年六月十六日，上都留守司言：『正月一日，城南御河西北岸為水衝嚙，漸至頹圮，若不修治，恐來春水泛漲，漂沒民居。又開平縣言，四月二十六日霖雨，至二十八日夜，東關灤河水漲，衝損北岸，宜擬修築。本司議，即目仲夏霖雨，其水復溢，必大為害。乃委官督夫匠興役。開平發民夫，幼小不任役，請調軍供作，庶可速成。』五月二十一日，留守司言：『灤河水漲決隄，計修築用軍六百，宜令樞密院差調，官給其食。』制曰：『今維其時，移文樞密院發軍速為之。』虎賁司發軍三百治焉。

泰定二年三月十三日，永平路屯田總管府言：『國家經費咸出於民，民之所生，無過農作。本屯闢田收糧，以供億內府之用，不為不重。訪馬城東北五里許張家莊龍灣頭，在昔有司差夫築隄，以防灤水，西南連清水河，至公安橋，皆本屯地分。去歲霖雨，水溢，衝盪皆盡，浸死屯民田苗，終歲無收。方今農隙，若不預修，必致為害。』工部移文都水監，差濠寨泊本屯官及灤州官親詣相視，督令有司差夫補築。三年五月十日，上都留守司及本路總管府言：『巡視大西關南馬市口灤河遞北隄，侵嚙漸崩，不預治，恐夏霖雨水泛，貽害居民。』於是送都城所丈量，計用物修治，工部移文上都分部施行。

又《滹沱河》 延祐二年，本路前總管馬思忽嘗闢治河，已復湮塞。今歲霖雨，水溢北岸數處，浸沒田禾。其河元經康家莊村南流，不記歲月，徙於村北。數年修築，皆於隄北取土，故南高北低，水愈就下侵嚙。

又《會通河》 ［至元］二十七年，省以馬之貞言霖雨岸崩，河道淤淺，宜加修濬，奏撥放罷輸運站戶三千，專供其役，仍俾採伐木石等以充用。

又 又況延祐六年雨多水溢，月河、土堰及石牐雁翅日被衝嚙，土石相離，深及數丈，其工倍多，至今未完。

又 卷六五《河渠志二・黄河》 ［文宗至順元年六月］郝承務又言：『九月三日興工修築，至十八日大風，十九日雨，二十四日復雨，緣此辛馬頭、孫家道口障水隄堰又壞，計工役倍於元數，移文本縣，添差二千人同築。』

又《洪口渠》 文宗天曆二年三月，屯田總管兼管河渠司事郭嘉議言：『去歲六月三日驟雨，涇水泛漲，元修洪堰及小龍口盡圮。水歸涇，白渠內水淺。為此計用十四萬九千五百十一工，役丁夫一千六百，度九十三日畢。於使水戶內差撥，每夫就持麻一斤，鐵一斤，繫囤取泥索各一，長四十尺，草苫一，長七尺，厚二寸。』

又 卷九三《食貨志一・農桑》 成宗大德元年，罷妨農之役。十一年，申擾農之禁，力田者有賞，遊惰者有罰，縱畜牧損禾稼桑棗者，責其償而後罪之。由是大德之治，幾於至元。然旱暵霖雨之災迭見，饑毀荐臻，民之流移失業者亦已多矣。

又 卷九四《食貨志二・鹽法》 延佑三年，以池為雨所壞，止辦課鈔八萬二千餘錠。

又 卷九六《食貨志四・賑恤》 ［中統二十七年］是年六月，以霖雨免河間等路絲料之半。

又 卷一一五《睿宗傳》 壬辰春，合達等知拖雷已北，合步騎十五萬躡其後。拖雷按兵，遣其將忽都忽等誘之，日且暮，令軍中曰：『毋令彼得休息，宜夜鼓譟以擾之。』太宗時亦渡河，遣親王口溫不花等將萬餘騎來會。天大雨雪，金人僵凍無人色，幾不能軍，拖雷即欲擊之，諸將請俟太宗至破之未晚。

又 卷一二四《李楨傳》 十三年，師圍壽春，天雨不止，楨言於察罕曰：『頓師城下，暑雨疫作，將有不利。且城久拒命，破必屠之，則生靈何辜。請退舍數里，身往招之。』從之。

又 卷一二七《伯顔傳》 ［至元十一年九月］萬戶武秀為前鋒，遇水灤，霖雨水溢，無舟不能涉。

又 ［至元三十一年冬二月］己亥，雨木冰。

又 卷一二八《阿朮傳》 ［中統］六年七月，大霖雨，漢水溢，宋將夏貴、范文虎相繼率兵來援，復分兵出入東岸林谷間。

又 卷一二九《來阿八赤傳》 ［至元九年］五月霖雨，宋將夏貴乘淮水溢，來爭正陽。

又 卷一三五《塔出傳》 ［至元十一年］宋夏貴帥舟師十萬圍正陽，決淮水灌城，幾陷，帝遣塔出往救之。道出潁州，遇宋兵攻潁，戍卒僅數百人，盛暑，塔出即發公庫弓矢，驅市人出戰，預度潁之北關攻易破，乃急徙民入城伏兵以待。是夜，宋人果焚北關，火光屬天，塔出率衆從暗中射之，矢下如雨，宋軍退走至沙河，大破之，溺死者不可勝計。明日，長驅直走正陽，時方霖雨，突圍入城，遂堅壁不出。俄復開霽，與右丞阿塔海分帥銳師以出，渡淮至中流，皆殊死戰，宋軍大潰，追數十里，斬首數千級，奪戰艦五百餘艘，遂解正陽之圍。

又 卷一三八《塔出傳》 ［至正三年］帝嘗駐蹕雲州，遇烈風暴雨，山水大至，車馬人畜皆漂溺，脫脫抱皇太子單騎登山，乃免。至六歲還，帝慰撫之曰：『汝之勤勞，朕不忘也。』

又 卷一四〇《別兒怯不花傳》 ［至正二年］或遇淫雨亢旱，輒出禱于神祠，所禱無不應。

又 卷一四三《余闕傳》 ［至正］十五年夏，大雨，江漲，屯田禾半沒，城下水湧，有物吼聲如雷，闕祠以少牢，水輒縮。秋稼登，得糧三萬斛。

又 卷一四八《文用傳》 十四年，詣汴漕司言事。適漕司議通沁水北東合流御河以便漕者，文用曰：『衛為郡，地最下，大雨時行，沁水輒溢出百十里間；雨更甚，水不得達于河，即浸淫及衛，今又引之使來，豈惟無衛，將無大名、長蘆矣。』會朝廷遣使相地形，上言：『衛州城中浮屠最高者，纔與沁水平，勢不可開也。』事遂寢。

又 ［至元二十二年］有以帝命建佛塔於宋故宮者，有司奉行甚急，天大雨雪，入山伐木，死者數百人，猶欲併建大寺。

又 卷一六二《史弼傳》 ［至元］二十一年，黄華反建寧，春復霖雨，米價湧貴，弼即發米十萬石，平價糶之，而後聞于省，省臣欲增其價，弼曰：『吾不可失信，寧輟吾俸以足之。』省不能奪，益出十萬石，民得不饑。

又 卷一六四《郭守敬傳》 先是，通州至大都，陸運官糧，歲若干萬石，方秋霖雨，驢畜死者不可勝計，至是皆罷之。

又 ［大德三年］明年大雨，山水注下，渠不能容，漂没人畜廬帳，幾犯行殿。

又 卷一六五《綦公直傳》 ［至元］十年，賜金符，命造征日本戰船于高麗。時宋未下，世祖知其勇，遣使召見，俾與乎不烈拔都等領兵，同行荆南等處招討司事。抵峽州青草灘，霖雨，不進，還屯玉泉山。率兵三千攻安進下寨，破之，殺宋軍百餘人，獲牛馬七百。還至襄陽，樞密院命督造戰艦、運舟。

又 卷一七〇《雷膺傳》 ［至元］二十二年，丁母憂，去官。明年，起復，授中議大夫、江南浙西道提刑按察使。時蘇、湖多雨傷稼，百姓艱食，膺請于朝，發廪米二十萬石賑之。

又 卷一七六《謝讓傳》 至大元年，轉戶部侍郎。時京倉主計吏，以倉廪多罅漏，惟久雨米壞，請覆糠粃其上，因揉諸米中，以給內外工人及宿衛者。讓察其奸，以藁秸易之，奸弊悉除。

又 卷一七八《劉敏中傳》 大德七年，詔遣宣撫使巡行諸道，敏中出使遼東、山北諸郡，守令恃貴倖暴橫者，一繩以法；錦州雨水為災，輒發廪賑之。

又 卷一九二《林興傳》 春旱，蟲食麥苗，興祖為文禱之，大雨三日，蟲死而麥稔。

（康熙）《吴江縣志》卷四三《灾祥》 ［成化十七年］春夏不雨，地拆川涸，禾槁及根。秋七月，雨，有颶風。八月連大雨，太湖水溢，平地深數丈，蕩民廬舍。九月朔，大風雨，晝夜如注。至冬無日不雨，禾稼僅存者悉漂沒。有司以水不爲災告，徵求轉迫，民不堪命，多死杖下，或自殺。明年大饑，人相食，米斗至百錢，郡縣設糜寺觀，聽人就食，吏人侵牟，所得無幾，死者如故。是年田皆蕪穢，稅不入，有司復責稔者代輸，民大困。

《明史》卷一《太祖紀一》 ［至正二十七年夏四月］是月，以旱減膳素食，復徐、宿、濠、泗、壽、邳、東海、安東、襄陽、安陸及新附地田租三年。六月戊辰，大雨，羣臣請復膳。太祖曰：『雖雨，傷禾已多，其賜民今年田租。』癸酉，命朝賀罷女樂。

又 卷二《太祖紀二》 ［洪武三年夏四月］壬戌，大雨。

又 ［洪武七年］六月，陝西平涼、延安、靖寧、鄜州雨雹，山西、山東、北平、河南蝗，竝蠲田租。

又 ［洪武九年］五月癸酉，自庚戌雨，至是日始霽。

又 ［洪武十二年二月］乙巳，詔曰：『今春雨雪經旬，天下貧民困於饑寒者多有，其令有司給以鈔。』

又 卷三《太祖紀三》 ［洪武十八年春正月］二月甲辰，以久陰雨雷雹，詔臣民極言得失。

又 ［洪武二十三年秋七月］癸巳，崇明、海門風雨海溢，遣官振之，發民二十五萬築隄。

又 卷九《宣宗紀》 ［宣德六年］庚辰，大雨雷電。

又 卷一一《景帝紀》 ［景泰三年六月］是月，大雨，河決沙灣。

又 ［景泰五年］二月乙巳，以雨暘弗時，詔修省，求直言。

又 卷一二《英宗後紀》 ［天順四年］秋七月乙亥朔，日有食之。辛卯，自五月雨至是月，淮水決，沒軍民田廬，遣使振卹。

又 卷一五《孝宗紀》 ［弘治二年］秋七月癸亥，以京師霪雨、南京大風雷修省，求直言。戊寅，振畿內水災，免稅糧，給貧民麥種。

又 ［弘治十五年］月庚戌，以南京、鳳陽霪雨大風，江溢為災，遣使祭告，敕兩京羣臣修省

又 卷一六《武宗紀》 ［正德元年六月辛酉］是日，大風雨壞郊壇獸瓦。

又 卷一九《穆宗紀》 ［隆慶元年］六月戊戌，以霪雨修省，素服避殿，御皇極門視事。

又 卷二〇《神宗紀一》 ［萬曆十一年］甲戌，承天大雨，江溢。

又 ［萬曆二十二年］六月己酉，雷雨，西華門災，敕修省。

又 卷二三《莊烈帝紀一》 ［崇禎元年秋七月］壬午，浙江風雨，海溢，漂沒數萬人。

又〔崇禎五年〕六月，京師大雨水。壬申，河決孟津。

又 卷二八《五行志一·水·恒寒》 景泰四年冬十一月戊辰至明年孟春，山東、河南、浙江、直隸、淮、徐大雪數尺，淮東之海冰四十餘里，人畜凍死萬計。五年正月，江南諸府大雪連四旬，蘇、常凍餓死者無算。是春，羅山大寒，竹樹魚蚌皆死。衡州雨雪連綿，傷人甚多，牛畜凍死三萬六千蹄。

又《恒陰》 十八年秋，廣昌大雨霧凡兩月，民病且死者相繼。

又《雨雪隕霜》 景泰四年，鳳陽八衛二三月雨雪不止，傷麥。【略】弘治六年十月，南京雨雪連旬。【略】十七年二月壬寅，鄖陽、均州雨雪雹，雪片大者六寸。六月癸亥，雨雪。【略】萬曆二十四年四月己亥，林縣雪。二十六年十一月辛亥，彰德隕霜，不殺草。三十八年四月壬寅，貴州暴雪，形如土磚，民居片瓦無存者。四十四年正月，雨紅黃黑三色雪，屋上多巨人跡。

又《雷震》 〔洪武十三年〕十二月己巳，廣州大風雨雷電。

又 十八年二月甲午，雷電雨雪。

又〔正統〕九年正月辛亥朔，雷電大雨。【略】十一年十二月壬寅，大雨雷電，翼日乃止。十四年六月丙辰，南京風雨雷電，謹身殿災。

又〔成化〕十二年十一月癸亥，南京大雷雨。十三年二月甲戌，安慶大雪，既而雷電交作。十一月辛未冬至，杭州大雷雨。戊寅，荊門州大雷電雨雪。十七年七月己亥，雷震郊壇承天門脊獸。十一月丁酉，江南大雷雨雪。

又〔弘治〕六年閏五月丁未，薊州大風雷，拔木偃禾，牛馬有震死者。十二月壬戌，南京雷雨，拔孝陵樹。七年六月癸酉，如之。【略】八年十二月丙子，長沙大雷電雨雪。丁丑，南昌、彭水俱大雷電，雨雪雹，大木折。

又 正德元年五月壬辰，雷震青州衣甲庫獸吻，有火起庫中。六月辛酉，雷擊西中門柱脊，暴風折郊壇松柏，大祀殿及齋宮獸瓦多墮落者。丙子，南京暴風雨，雷震孝陵白土岡樹。【略】四年十二月壬寅，杭州大雨雷電，越二日復作。【略】十二年八月癸亥，南京祭歷代帝王，雷雨大作，震死齋房吏。

又〔萬曆〕二十二年六月己酉，雷雨，西華門災。【略】二十四年二月己酉夜，鄗縣大雷雨，火光遍十餘里。

又《水潦》 洪武元年六月戊辰，江西永新州大風雨，蛟出，江水入城，高八尺，人多溺死。事聞，使賑之。三年六月，溧水縣江溢，漂民居。四年七月，南寧府江溢，壞城垣。衢州府龍游縣大雨，水漂民廬，男女溺死。五年八月，嵊縣、義烏、餘杭山谷水湧，人民溺死者衆。六年二月，崇明縣為潮所沒。七月，嘉定府龍游縣洋、雅二江漲，翼日南溪縣江漲，俱漂公廨民居。七年八月，高密縣膠河溢，傷禾。八年七月，淮安、北平、河南、山東大水。十二月，直隸蘇州、湖州、嘉興、松江、常州、太平、寧國，浙江杭州俱水。九年，江南、湖北大水。七月，湖廣、山東大水。十年六月，永平灤、漆二水沒民廬舍。七月，北平八府大水，壞城垣。十一年七月，蘇、松、揚、台四府海溢，人多溺死。十月丙辰，河決蘭陽。十二年五月，青田山水沒縣治。十三年十一月，崇明潮決沙岸。人畜多溺死。十四年八月庚辰，河決原武。十五年二月壬子，河南河決。三月庚午，河決朝邑。七月，河溢滎澤、陽武。是歲，北平大水。十七年八月丙寅，河決開封，橫流數十里。是歲，河南、北平俱水。十八年八月，河南又水。是年，江浦、大名水。二十三年正月庚寅，河決歸德。七月癸巳，河決開封，漂沒民居。又海門縣風潮壞官民廬舍，漂溺者衆。是歲，襄陽、沔陽、安陽水。二十四年十月，北平、河間二府水。二十五年正月，河決陽武，開封州縣十一俱水。二十六年十一月，青、兗、濟寧三府水。二十七年三月，寧陽汶河決。二十八年八月，德州大水，壞城垣。三十年八月丁亥。河決開封，三面皆水，犯倉庫。

永樂元年五月，章丘漯河決岸，傷稼。南海、番禺潮溢。八月，安邱縣紅河決。二年六月，蘇、松、嘉、湖四府俱水。七月，湖廣、江西水。九月，河決開封，壞城。三年三月，溫縣水決隄四十餘丈。濟、澇二水溢。八月，杭州屬縣多水，渰男婦四百餘人。七年五月，安陸州江溢，決渲馬灘圩岸千六百餘丈。六月，壽州水決城。是歲，泰興江岸淪於江者三千九百餘丈。渾河決固安。八年五月，平度州濰水及浮糠河決，浸百十三所。七月，平陽縣潮溢，漂廬舍。八月庚申，河溢開封。十二月戊戌，河決汴梁，壞城。九年正月，高郵甓社等九湖及天長諸水暴漲。六月，揚州屬州縣五江潮漲四日，漂人畜甚衆。七月，海寧潮溢，漂溺甚衆。八月，漳、衛二水決隄渰田。九月，雷州颶風暴雨，淹遂溪、海康，壞田禾八百餘頃，溺死千六百餘人。是歲，湖廣、河南水。十年七月，盧溝水漲，壞橋及隄岸，溺死人畜。保定縣決河岸五十四處。十一月，吳橋、東光、興濟、交河、天津決隄傷稼。十二月，安州水決直亭等河口八十九處。十二年十月，臨晉涑河逆流，決姚暹渠堰，流入硝池，渰沒民田，將及鹽池。崇明潮暴至，漂廬舍五千八百餘家。

十三年六月，北畿、河南、山東水溢，壞廬舍，沒田禾，臨清尤甚。滏、漳二水漂磁州民舍。十四年夏，南昌諸府江漲，壞民廬舍。七月，開封州縣十四河決隄岸。永平灤、漆二河溢，壞民田禾。福寧、延平、邵武、廣信、饒州、衢州、金華七府，俱溪水暴漲，壞城垣房舍，溺死人畜甚衆。遼東遼河、代子河水溢，浸沒城垣屯堡。十八年夏秋，仁和、海寧潮湧，堤淪入海者千五百餘丈。二十年五月，廣東諸府潮溢，漂廬舍，壞倉糧，溺死三百六十餘人。夏秋，湖廣沔陽江漲，河南北及鳳陽河溢。二十一年五月，峨眉溪水漲，溺死百三十人。八月，瓊州府潮溢，漂溺甚衆。二十二年七月，黃巖潮溢，溺死八百人。九月庚辰，河溢開封。

洪熙元年六月，驟雨，白河溢，衝決河西務、白浮、宋家等口堤岸。臨漳漳、滏二河決堤岸二十四。真定滹沱河大溢，沒三州五縣田。七月，容城白溝河漲，傷禾稼。渾河決盧溝橋東狼窩口，順天、河間、保定、灤州俱水。

宣德元年六七月，江水大漲，襄陽、穀城、均州、鄖縣，緣江民居漂沒者半。黃、汝二水溢，淹開封十州縣及南陽汝州、河南嵩縣。三年五月，邵陽、武岡、湘鄉暴風雨七晝夜，山水驟長，平地高六尺。永寧衞大水，壞城四百丈。六月，渾河水溢，決盧溝河堤百餘丈。七月，北畿七府俱水。五年七月，南陽山水泛漲，衝決堤岸，漂流人畜廬舍。六年六月，渾河溢，決徐家等口，順天、保定、真定、河間州縣二十九俱水。河決開封，沒八縣。七年六月，太原河、汾並溢，傷稼。八年六月，江西瀕江八府江漲，漂沒民田，溺死男婦無算。九年正月，沁鄉沁水漲，決馬曲灣，經獲嘉、新鄉，平地成河。五月，寧海縣潮決，徙地百七十餘頃。六月，渾河決東岸，自狼河口至小屯廠，順天、順德、河間俱水。七月，遼東大水。

正統元年閏六月，順天、真定、保定、濟南、開封、彰德六府俱大水。二年，鳳陽、淮安、揚州諸府，徐、和、滁諸州，河南開封，四五月河、淮泛漲，漂居民禾稼。九月，河決陽武、原武、滎澤。湖廣沿江六縣大水決江隄。三年，陽武河決，武陟沁決，廣平、順德漳決，通州白河溢。四年五月，京師大水，壞官舍民居三千三百九十區。順天、真定、保定三府州縣及開封、衞輝、彰德三府俱大水。七月，滹沱、沁、漳三水俱決，壞饒陽、獻縣、衞輝、彰德堤岸。八月，白溝、渾河二水溢，決保定安州堤。蘇、常、鎮三府及江寧五縣俱水，溺死男婦甚衆。九月，滹沱復決深州，淹百餘里。五年五月至七月，江西江溢，河南河溢。八月，潮決蕭山海塘。六年五月，泗州水溢丈餘，漂廬舍。七月，白河決武清、漷縣堤二十二處。八月，寧夏久雨，水泛，壞屯堡墩臺甚衆。八年六月，渾河決固安。八月，台州、松門、海門海潮泛溢，壞城郭、官亭、民舍、軍器。九年七月，揚子江沙洲潮水溢漲，高丈五六尺，溺男女千餘人。閏七月，北畿七府及應天、濟南、岳州、嘉興、湖州、台州俱大水。河南山水灌衞河，沒衞輝、開封、懷慶、彰德民舍，壞衞所城。十年三月，洪洞汾水堤決，移置普潤驛以遠其害。夏，福建大水，壞延平府衞城，沒三縣田禾民舍，人畜漂流無算。河南州縣多大水。七月，延安衞大水，壞護城河堤。九月，廣東衞所多大水。十月，河決山東金龍口陽穀堤。十一年六月，渾河溢固安。兩畿、浙江、河南俱連月大雨水。是歲，太原、兗州、武昌亦俱大水。十二年春，贛州、臨江大水。五月，吉安江漲淹田。十三年六月，大名河決，淹三百餘里，壞廬舍二萬區，死者千餘人。河南、濟南、青、兗、東昌亦俱河決。七月，寧夏大水。河決漢、唐二壩。河南八樹口決，漫曹、濮二州，抵東昌，壞沙灣等堤。十四年四月，吉安、南昌臨江俱水，壞壇廟廨舍。

景泰元年七月，應天大水，沒民廬。三年六月，河決沙灣白馬頭七十餘丈。八月，徐州、濟寧間，平地水高一丈，民居盡圮。南畿、河南、山東、陝西、吉安、袁州俱大水。四年春夏，河連決沙灣。五年六月，揚州潮決高郵、寶應堤岸。七月，蘇、松、淮、揚、廬、鳳六府大水。八月，東、兗、濟三府大水，河漲淹田。六年六月，開封、保定俱大水。閏六月，順天大水，灤河泛溢，壞城垣民舍，河間、永平水患尤甚。武昌諸府江溢傷稼。七年六月，河決開封，河南、彰德田廬淹沒。是歲，畿內、山東俱水。

天順元年夏，淮安、徐州、懷慶、衞輝俱大水，河決。三年六月，穀城、景陵，襄水湧泛傷稼。四年夏，湖北江漲，淹沒麥禾。北畿及開封、汝寧大水。七月，淮水決，沒軍民田廬。五年七月，河決開封土城，築磚城禦之。越三日，磚城亦潰，水深丈餘。周王後宮及官民乘筏以避，城中死者無算。襄城水決城門，溺死甚衆。崇明、嘉定、崑山、上海海潮衝決，溺死萬二千五百餘人。浙江亦大水。六年七月，淮安大水，潮溢，溺死鹽丁千三百餘人。七年七月，密雲山水驟漲，軍器、文卷、房屋俱沒。

成化三年六月，江夏水決江口堤岸，迄漢陽，長八百五十丈有奇。五年，湖廣大水。山西汾水傷稼。六年六月，北畿大水。七年閏九月，山東及浙江杭、嘉、湖、紹四府俱海溢，淹田宅人畜無算。九年六月，畿南五府及懷慶俱大水。八月，山東大水。十一年五月，湖廣水。十二年八月，浙江風潮大水。淮、鳳、揚、徐亦俱大水。十三年二月甲戌，安慶大雪。次日大雨，江水暴漲。閏二月，河南大水。九月，淮水溢，壞淮安州縣官舍民屋，渰沒人畜甚衆。十四年四月，襄陽江溢，壞城郭。五月，陝州大水，人多渰死。七月，北畿、山東水。九月，河決開封護城堤五十丈。十八年七月，昌平大水，決居庸關水門四十九，城垣、鋪樓、墩臺一百二。八月，衛、漳、滹沱並溢，自清平抵天津。

弘治二年五月，河決開封黄沙岡抵紅船灣，凡六處，入沁河。所經州縣多災，省城尤甚。七月，順、永、河、保四府州縣大水。八月，盧溝河堤壞。四年八月，蘇、松、浙江水。五年夏秋，南畿、浙江、山東水。七年七月，蘇、常、鎮三府潮溢，平地水五尺，沿江者一丈，民多溺死。九年六月，山陰、蕭山山崩，水湧，溺死三百餘人。十四年五月，貴池水漲，蛟出，渰死二百六十餘人，旁邑十二皆大水。七月，廉州及靈山海漲，渰死百五十餘人。閏七月，瓊山颶風潮溢，平地水高七尺。八月，安、寧、池、太四府大水，蛟出，漂流房屋。十五年七月，南京江水泛溢，湖水入城五尺餘。十七年六月，廬山平地水丈餘，溺死星子、德安民，及漂沒廬舍甚衆。

正德元年六月，陝西、徽州河溢，漂沒居民孳畜。二年六月，固原河漲，平地水高四尺，人畜溺死。三年九月，延綏、慶陽大水。五年九月，安、寧、太三府大水，溺死二萬三千餘人。十一月，蘇、松、常三府水。六年六月，汜水暴漲，溺死百七十六人，毁城垣百七十餘堵。十二年，順天、河間、保定、真定大水。鳳陽、淮安、蘇、松、常、鎮、嘉、湖諸府皆大水。荊、襄江水大漲。十五年五月，江西大水。十六年七月，遼陽湯站堡大水決城。

嘉靖元年七月，南京暴風雨，江水湧溢，郊社、陵寢、宫闕、城垣吻脊欄楯皆壞。拔樹萬餘株，江船漂沒甚衆。廬、鳳、淮、揚四府同日大風雨雹，河水泛漲，溺死人畜無算。二年七月，揚、徐復大水。夏、秋間，山東州縣俱大水。八月，蘇、松、常、鎮四府大水，開封亦如之。五年六月，陝西五郎壩大水三丈餘，衝決官舍。徐、沛河溢，壞豐縣城。六年秋，湖廣水。十六年秋，兩畿、山東、河南、陝西、浙江各被水災，湖廣尤甚。二十六年七月丙辰，曹縣河決，城池漂沒，溺死者甚衆。二十七年正月，汧陽大水沒城。

隆慶元年夏，京師大水。六月，新河鮎魚口沉運船數百艘。是歲，襄陽、鄖陽水。二年七月，台州颶風，海潮大漲，挾天台山諸水入城，三日溺死三萬餘人。沒田十五萬畝，壞廬舍五萬區。三年閏六月，真定、保定、淮安、濟南、浙江、江南俱大水。七月壬午，河決沛縣，自考城、虞城、曹、單、豐、沛至徐州，壞田廬無算。九月，淮水溢，自清河至通濟閘及淮安城西，淤三十里，決二壩入海。莒、沂、郯城之水又溢出邳州，溺人民其衆。四年七月，沙、薛、汶、泗諸水驟溢，決仲家淺等漕堤。八月，陝西大水，河決邳州。五年四月，又決邳州，自曲頭集至王家口新堤多壞。是歲，山東、河南大水。

萬曆元年七月，荊州、承天大水。二年六月，福建永定大水，溺七百餘人。是歲，海鹽海大溢，死者數千人。八月庚午，淮安、揚州、徐州河溢傷稼。三年四月，淮、徐大水。五月，淮水大決。六月，杭、嘉、寧、紹四府海湧數丈，沒戰船、廬舍、人畜不計其數。八月，淮、揚、鳳、徐四府州大水，河決高郵、碭山及邵家口、曹家莊。九月，蘇、松、常、鎮四府俱水。四年正月，高郵清水堤決。九月，河決豐、沛、曹、單。十一月，淮、黄交溢。五年閏八月，徐州河淤，淮河南徙，決高郵、寶應諸湖堤。六年六月，清河水溢。七年五月，蘇、松、鳳陽、徐州大水。八月，又水。是歲，浙江大水。九年五月，從化、增城、龍門溪壑泛漲，田禾盡沒，渰死男婦無算。七月，福安洪水踰城，漂沒廬舍殆盡。八月，泰興、海門、如皋大水，塘圩坡埂盡決，溺死者甚衆。十年正月，淮、揚海漲，浸豐利等鹽場三十，渰死二千六百餘人。七月，蘇、松六州縣潮溢，壞田禾十萬頃，溺死者二萬人。十一年四月，承天江水暴漲，漂沒民廬人畜無算。金州河溢沒城。十四年夏，江南、浙江、江西、湖廣、廣東、福建、雲南、遼東大水。十五年五月，浙江大水。七月，開封及陝州、靈寶河決。是歲，杭、嘉、湖、應天、太平五府江湖泛溢，平地水深丈餘。七月終，颶風大作，環數百里，一望成湖。十六年八月，河決東光魏家口。十七年六月，浙江海沸，杭、嘉、寧、紹、台屬縣廨宇多圮，碎官民船及戰舸，壓溺者二百餘人。十九年六月，蘇、松大水，溺人數萬。七月，寧、紹、蘇、松、常五府濱海潮溢，傷稼渰人。九月，泗州大水，州治浸三尺。淮水高於城，祖陵被浸。十月，揚州湖淮漲溢，決邵伯堤五十餘丈，高郵南北閘俱衝。二十年夏秋，真、順、廣、大四府水。二十一年五月，邳州、高郵、寶應大水決湖堤。二十二年七月，鳳陽、廬州大水。二十三年四月，泗水浸祖陵。二十四年秋，杭、嘉、湖三府大水。二十九年八月，沔陽大水入城。三十年六月，京師大水。三十一年五月，成安、永年、肥鄉、安州、深澤、漳、滏、沙、燕河並溢，決堤橫流。祁州、靜海圮城垣、廬舍殆盡。六月，泰安大水，渰八百餘人。八月，泉州諸府海水暴漲，溺死萬餘人。三十二年六月，昌平大水，壞各陵橋道。七月，永平、真、保三府俱水，渰男婦無算。八月，河決蘇家莊，渰豐、沛，黃水逆流灌濟寧、魚臺、單縣。三十五年六月，黃州蛟起。武昌、承天、鄖陽、岳州、常德大水，漂沒廬舍。徽州、寧國、太平、嚴州四府山水大湧，漂人口甚衆。閏六月，京師大水，長安街水深五尺。三十七年九月，福建、江西大水。四十一年六月，通惠河決。七月，京師大水。南畿、江西、河南俱大水。八月，山東、廣西、湖廣俱大水。九月，遼東大水。四十二年，浙江、江西、兩廣俱水。四十四年七月，江西、廣東水。四十六年八月，潮州六縣海颶大作，溺萬二千五百餘人，壞民居三萬間。

天啟三年，睢寧河決。六年秋，河決匙頭灣，倒入駱馬湖，自新安鎮抵邳、宿，民居盡沒。是歲，順天、永平二府大水，邊垣多圮。

崇禎元年七月壬午，杭、嘉、紹三府海嘯，壞民居數萬間，溺數萬人，海寧、蕭山尤甚。三年，山東大水。四年六月，又大水。五年六月壬申，河決孟津口，橫浸數百里。七年五月，邛、眉諸州縣大水，壞城垣、田舍、人畜無算。十年八月，敘州大水，民登州堂及高阜者得免，餘盡沒。十三年五月，浙江大水。十四年七月，福州風潮泛溢，漂溺甚衆。十五年六月，汴水決。九月壬午，河決開封朱家寨。癸未，城圮，溺死士民數十萬。

又《黑眚黑祥》　洪武十年正月丁酉，金華、處州雨水如墨汁。【略】成化七年四月丙辰，雨黑沙如漆。【略】正德七年六月壬戌，黑眚見順德、河間及涿，大者如犬，小者如貓，夜出傷人，有至死者。尋見於京師，形赤黑，風行有聲，居民夜持刀斗相警達旦，逾月乃息。後又見於封丘。十二年閏十二月丁丑夜，瑞州有紅氣變白，形如曲尺，中外二黑氣，相鬬者久之。八年十月癸巳，杭州雨黑水。【略】隆慶二年四月，天雨黑豆。【略】萬曆二十四年十二月辛卯，同安生黑毛。二十五年二月癸亥，湖州黑雨雜以黃沙。崇禎十年，山東雨黑水，新鄉亦如之。

又 卷二九《五行志二·火·恒雨》　洪武十三年七月，海康大雨，壞縣治。二十三年十一月，山東二十九州縣久雨，傷麥禾。

建文元年三月乙卯夜，燕王營於蘇家橋。大雨，平地水三尺，及王臥榻。

永樂元年三月，京師霪雨，壞城西南隅五十餘丈。七月，建寧衛霪雨壞城。二年七月，新安衛霪雨壞城。八月，霪雨壞北京城五千餘丈。六年七月，思明霪雨壞城。七年九月，浙江衛所五，颶風驟雨，壞城漂流房舍。八年七月，金鄉衛颶風驟雨，壞城垣公廨。十二年九月，密雲後衛霪雨壞城。二十年正月，信豐雨水壞城，瞿城衛如之。二十一年二月，六安衛霪雨壞城。是歲，建昌守禦所，淮安、懷來等衛，皆霪雨壞城。二十二年二月，壽州衛雨水壞城。三月，贛州、振武二衛雨水壞城。四月，霪雨壞密雲及薊州城。是歲，南、北畿、山東州縣，霪雨傷麥禾甚衆。

洪熙元年夏，蘇、松、嘉、湖積雨傷稼。閏七月，京師大雨，壞正陽、齊化、順成等門城垣。九月，久雨壞密雲中衛城。

宣德元年五月，永嘉、樂清颶風急雨，壞公私廨宇及壇廟。

正統元年七月，順天、山東、河南、廣東霪雨傷稼。四年夏，居庸關及定州衛霪雨壞城。五年二月，南京大風雨，壞北上門脊，覆官民舟。七年，濟南、青、萊、淮、鳳、徐州，五月至六月霪雨傷稼。九年閏七月，野狐嶺等處霪雨壞城及濠塹墩臺。十一年春，江西七府十六縣霪雨，田禾渰沒。十二年六月，瑞金霪雨，市水丈餘，漂倉庫，溺死二百餘人。十三年四月，雨水壞順天古北口邊倉。五月至六月，鳳陽、徽州久雨傷稼。九月，寧都大雨壞城郭廬舍，溺死甚衆。

景泰三年，永平、兗州久雨傷禾。大嵩等二十衛所久雨壞城。四年，南畿、河南、山東府十州一，自五月至於八月霪雨傷稼。五年，杭、嘉、湖大雨傷苗，六旬不止。七月，京師久雨，九門城垣多壞。六年，北畿府五、河南府二久雨傷稼，雲南大理諸府如之。七年，兩畿、江西、河南、浙江、山東、山西、湖廣共府三十；恒雨渰田。

天順元年，濟、兗、青三府大雨閱月，禾盡沒。四年，安慶、南陽雨，自五月至七月，渰禾苗。七年五月，淮、鳳、揚、徐大雨，腐二麥。武昌、漢陽、荊州廬舍漂沒，民皆依山露宿。

成化元年六月，畿東大雨，水壞山海關、永平、薊州、遵化城堡。八月，通州大雨，壞城及運倉。二年，定州積雨，壞城垣及墩臺垛口百七十三。八年七月，南京大風雨，壞天、地壇、孝陵廟宇。鳳陽大雨，壞皇陵牆垣。九年三月，南京大風雨，拔太廟、社稷壇樹。十三年七月，京城大雨。十四年八月，鳳陽大雨，沒城內民居以千計。十七年七月乙酉，南京大風雨，社稷壇及太廟殿宇皆摧。十八年，河南、懷慶諸府，夏秋霪雨三月，塌城垣千一百八十餘丈，漂公署、壇廟、民居三十一萬四千間有奇，淹死一萬一千八百餘人。

弘治二年七月，京師霪雨，求直言。三年七月，南京驟雨，壞午門西城垣。七年七月庚寅，南京大風雨，壞殿宇、城樓獸吻，拔太廟、天、地、社稷壇及孝陵樹。自五月至八月，義州等衛連雨害稼。八年五月，南京陰雨踰月，壞朝陽門北城堵。九月，潮州諸府颶風暴雨，壞城垣廬舍。十年七月，安陸霪雨，壞城郭廬舍殆盡。十一年七月，長安嶺暴風雨，壞城及廬舍。十四年六月，義、錦、廣寧霪雨，壞城垣、墩堡、倉庫、橋梁，民多壓死者。十五年六七月，南京大風雨，孝陵神宮監及懿文陵樹木、橋梁、牆垣多摧拔者。十六年五月，榆林大風雨，毀子城垣，移垣洞於其南五十步。十八年三月，雙山堡大雷雨壞城。六月至八月，京畿連雨。

正德元年七月，鳳陽諸府大雨，平地水深丈五尺，沒居民五百餘家。二年七月，武平大風雨，毀城樓。長泰、南靖大風雨三日夜，平地水深二丈，漂民居八百餘家。十二年，蘇、松、常、鎮、嘉、湖大雨，殺麥禾。十三年，應天、蘇、松、常、鎮、揚大雨彌月，漂室廬人畜無算。十六年，京師久雨傷稼。

嘉靖四年六月，登州大雨壞城。十六年，京師雨，自夏及秋不絕，房屋傾倒，軍民多壓死。二十五年八月，京師大雨，壞九門城垣。三十三年六月，京師大雨，平地水數尺。四十五年九月，鄖陽大霪雨，平地水丈餘。壞城垣廬舍，人民溺死無算。

隆慶元年六月，京師霪雨，遼東自五月至七月雨不止，壞垣牆禾黍。

萬曆元年七月，霪雨。十一年四月，承天大雨水。十二年正月，喜峰口大風雨，壞各墩臺。十五年五月至七月，蘇、松諸府霪雨，禾麥俱傷。六月，京師大雨。二十四年，杭、嘉、湖霪雨傷苗。二十八年七月，興化、莆田、連江、福安大雨數日夜，城垣、橋梁、隄岸俱圮。二十九年春夏，蘇、松、嘉、湖霪雨傷麥。三十二年七月，京師霪雨，城崩。三十三年五月丙申，鳳陽大風雨，損皇陵正殿御座。三十九年春，河南大雨。夏，京師、廣東大雨。廣西積雨五閱月。四十二年，浙江霪雨為災。

天啟六年閏六月，大雨連旬，壞天壽山神路，都城橋梁。是歲，遼東霪雨，壞山海關內外城垣，軍民傷者甚衆。七年，山東州縣二十有八積雨傷禾。

崇禎五年六月，大雨。八月，又雨，衝損慶陵。九月，順天二十七縣霪雨害稼。十一年夏，雨浹旬，圮南山邊垣。十二年十二月，浙江霪雨，阡陌成巨浸。十三年四月至七月，寧、池諸郡霪雨，田半為壑。十五年十月，黃、蘄、德安諸郡縣霪雨。十六年二月戊辰，親祀社稷，大風雨，僅成禮而還。

又卷二九《木冰》 洪武四年正月戊申，木冰。六年十二月乙丑，雨木冰。十一年正月丁亥，雨木冰。二十二年正月甲戌，雨木冰。正統三年十月丁丑曉，木介。天順七年十月甲辰，雨木冰。八年正月乙丑，雨木冰。成化十六年正月辛卯曉，雨木冰。二十三年十二月戊辰曉，木介。隆慶三年十一月癸巳，木冰。萬曆十四年冬，蘇、松木冰。崇禎元年十一月，陝西木冰，樹枝盡折。其後大河以北，歲有此異。

又卷三〇《五行志三・金土・恒風》 嘉靖元年七月己巳，南京暴風雨，郊社、陵寢、宮闕、城垣獸吻、脊欄皆壞，拔樹萬餘株。

又《風霾晦冥》 成化六年二月丁丑，開封晝晦如夜，黃霾蔽天。三月辛巳，雨霾晝晦。

又 ［嘉靖］四十年二月己酉，亦如之。四月癸巳，大風雨，黃土晝晦。

又《地震》 ［洪武四年七月］壬戌，京師風雨地震。

又 ［景泰］六年二月甲午，安福大雷雨。

又《山頹》 洪武六年正月壬戌夜，伏羌高山崩。正統八年十一月，浙江紹興山移於平田。是歲，陝西二處山崩。十三年，陝西夏秋霪雨，通渭、平涼、華亭三縣山傾，軍民壓死者八十餘口。天順四年十月，星子山裂。成化八年七月，隴州北山吼三日，裂成溝，長半里，尋復合。十六年四月壬子，巨津州金沙江北岸白石雪山斷裂里許，兩岸山合，山上草木如故。下塞江流，禾黍盡沒。久之其下漸開，水始泄。六月，長樂平地出小阜，人畜踐之輒陷。明年，復湧一高山。十七年十二月辛丑，壽陽縣城南山崩，聲如牛吼。弘治三年六月乙巳，河州山崩地陷。九年六月庚寅，山陰、蕭山二縣同日大雨山崩。十四年閏七月，烏撒軍民府大雨山崩。十五年八月戊申，宣府合河口石山崩。十八年六月丙子，河州沙子溝夜大雷雨，石岸山崩，移七八里，崩處裂為溝，田廬民畜俱陷。正德元年十二月癸亥，即墨三表山石崩。四年三月甲寅，遼東東山大家峪山崩二處，約丈餘。五年六月癸巳，秦州山崩，傷室廬、禾稼甚衆。龍王溝口山亦崩。六年七月丙寅，夔州獐子溪驟雨，山崩。十三年五月癸亥，雲南黑鹽井山崩，井塞。十五年八月丁丑，雲南趙州大雨，山崩。嘉靖四年七月乙酉，清源賈家山崩。

又 卷八三《河渠志一・黄河上》 宣德元年霪雨，溢開封州縣十。

又 ［景泰］三年五月，河流漸微細，沙灣堤始成。及加璞太子太保，而於黑洋山、沙灣建河神二新廟，歲春秋二祭。六月，大雨浹旬，復決沙灣北岸，掣運河之水以東，近河地皆沒。命英督有司修築。復敕中官黎賢、武艮、工部侍郎趙榮往治。四年正月，河復決新塞口之南，詔復加河神封號。至四月，決口乃塞。五月，大雷雨，復決沙灣北岸，掣運河水入鹽河，漕舟盡阻。

又 七年夏，河南大雨，河決開封、河南、彰德。其秋，畿輔、山東大雨，諸水並溢，高地丈餘，堤岸多衝決。仍敕有貞修築。未幾，事竣，還京入見。獎勞甚至，擢副都御史。

又 工部侍郎崔巖奉命修理黄河，濬祥符董盆口、滎澤孫家渡，又濬賈魯河及亳州故河各數十里，且築長垣諸縣決口及曹縣外堤、梁靖決口。功未就而驟雨，堤潰。

又 卷八四《河渠志二・黄河下》 二十一年春，貞觀報命，議開歸、徐達小河口，以救徐、邳之溢；導濁河入小浮橋故道，以紓鎮口之患。下總河會官集議，未定。五月，大雨，河決單縣黄堌口，一由徐州出小浮橋，一由舊河達鎮口閘。邳城陷水中，高、寶諸湖堤決口無算。明年，湖堤盡築塞，而黄水大漲，清口沙墊，淮水不能東下，於是挾上源阜陵諸湖與山溪之水，暴浸祖陵，泗城淹沒。

又 天啟元年，河決靈璧雙溝、黄舖，由永姬湖出白洋、小河口，仍與黄會，故道湮涸。總河侍郎陳道亨役夫築塞。時淮安霪雨連旬，黄、淮暴漲數尺，而山陽裏外河及清河決口匯成巨浸，水灌淮城，民蟻城以居，舟行街市。久之始塞。

又 卷八五《河渠志三・黄河下》 ［嘉靖四十四年］時大雨，黄水驟發，決馬家橋，壞新築東西二堤。

又 ［萬曆］二十一年五月，恒雨。

又 卷八七《河渠志五・淮河》 ［萬曆］八年，雨澇，淮薄泗城，且至祖陵墀中。御史陳用賓以聞。給事中王道成因言：『黄河未漲，淮、泗間霖雨偶集，而清口已不容洩。宜令河臣疏導堵塞之。』季馴言：『黄、淮合流東注，甚迅駛。泗州岡阜盤旋，雨潦不及宣洩，因此漲溢。欲疏鑿，則下流已深，無可疏；欲堵塞，則上流不可逆堵。』乃令季馴相度，卒聽之而已。

又《滹沱河》 明初，故道由藁城、晉州抵寧晉入衛，其後遷徙不一。河身不甚深，而水勢洪大。左右旁近地大率平漫，夏秋雨潦，挾衆流而潰，往往成巨浸。水落，則因其淺淤以為功。修堤濬流，隨時補救，不能大治也。洪武間一濬。建文、永樂間，修武強、真定決岸者三。至洪熙元年夏，霪雨，河水大漲，晉、定、深三州，藁城、無極、饒陽、新樂、寧晉五縣，低田盡沒，而滹沱遂久淤矣。

又 卷八八《河渠志六・直省水利》 海門民請發淮安、蘇、常民丁協修張墩港、東明港百餘里潰堤。帝曰：『三郡民方苦水患，不可重勞。』遣官行視，以揚州民協築之。當塗民言：『慈湖瀕江，上通宣、歙，東抵丹陽湖，西接蕪湖。久雨浸淫，潮漲傷農，宜遣勘修築。』帝從其請，且諭工部，安、徽、蘇、松、浙江、江西、湖廣凡湖泊卑下，圩岸傾頹，亟督有司治之。

又 ［洪武十年］北京行太僕卿楊砥言：『吴橋、東光、興濟、交河及天津等衛屯田，雨水決堤傷稼。德州良店驛東南二十五里有黄河故道，與州南土河通。穿渠置閘，分殺水勢，大為民便。』命侍郎藺芳往理之。

又 ［宣德二年］巡按江西御史許勝言：『南昌瑞河兩岸低窪，多良田。洪武間修築，水不為患。比年水溢，岸圮二十餘處。豐城安沙繩灣圩岸三千六百餘丈，永樂間水衝，改修百三十餘丈。近者久雨，江漲堤壞。乞敕有司募夫修理。』中書舍人陸伯倫言：『常熟七浦塘東西百里，灌常熟、崑山田，歲租二十餘萬石。乞聽民自濬之。』皆詔可。

又 七年修眉州新津通濟堰。堰水出彭山，分十六渠，溉田二萬五千餘畝。河東鹽運使言：『鹽池近地姚暹河，流入五星湖轉黄流河，兩岸窪下。比歲雨溢水漲，衝至解州。浪益急，遂潰南岸，沒民田三十餘里，鹽池護堤皆壞。復因下流涑水河高，壅淤逆流，姚暹以決。乞起民夫疏瀹。』從之

又 ［正統］十二年疏平度州大灣口河道，荊州公安門外河，以便公安、石首諸縣輸納。浙江聽選官王信言：『紹興東小江，南通諸暨七十二湖，西

通錢塘江。近為潮水湧塞，江與田平，舟不能行，久雨水溢，鄰田輒受其害。乞發丁夫疏濬。』從之。

又［天順八年］邳州知州孟琳言：『榆行諸社俱臨沂河，久雨岸崩二十八處，低田盡淹。乞與修築。』並從之。

又［成化］十一年濬杭州錢塘門故渠，左屬湧金門，建橋閘以蓄湖水。巡撫都御史牟俸言：『山東小清河，上接濟南趵突諸泉，下通樂安沿海高家港鹽場。大清河，上接東平坎河諸泉，下通濱州海豐、利津，沿海富國鹽場。淤塞，苦盤剝，雨水又患淹沒。勸農參政唐濵濬河造閘，請令兼治水利。』詔可。

又 十四年，俸言：『直隸蘇、松與浙西各府，頻年旱澇，緣周環太湖，乃東南最窪地，而蘇、松尤最下之衝。故每逢積雨，衆水奔潰，湖泖漲漫，淹沒無際。按太湖即古震澤，上納嘉、湖、宣、歙諸州之水，下通婁、東、吳淞三江之流，東江今不復見，婁、淞入海故跡具存。其地勢與常熟福山、白茆二塘俱能導太湖入江海，使民無墊溺，而土可耕種，歷代開濬具有成法。本朝亦常命官修治，不得其要。而濱湖豪家盡將淤灘栽蒔為利。治水官不悉利害，率於泄處置石梁，壅土為道，或慮盜船往來，則釘木為柵。以致水道堙塞，公私交病。請擇大臣深知水利者專理之，設提督水利分司一員隨時修理，則水勢疏通，東南厚利也。』帝即令俸兼領水利，聽所濬築。功成，乃專設分司。

又［萬曆］三十七八年間，霪雨浸溢，水患日熾。

又 卷一五九《高明傳》 憲宗立，拜南京右僉都御史。以留都春夏淫雨，請修人事以回天意。

又 卷一六八《江淵傳》［景泰三年］又明年二月改吏部，仍兼學士。是春，京師久雨雪。淵上言：『漢劉向曰，凡雨陰也，雪又雨之陰也。仲春少陽用事，而寒氣脅之，占法謂人君刑法暴濫之象。陛下恩威溥洽，未嘗不赦過宥罪，竊恐有司奉行無狀，冤抑或有未伸。且向者下明詔，免景泰二年田租之三，今復移檄追徵，則是朝廷自失大信於民，怨氣鬱結，良由此也。』帝乃令法司申冤濫，詰戶部違詔，下尚書金濂於獄，卒免稅如詔。

又 卷一七七《姚夔傳》［成化五年］五年代崔恭為吏部尚書。雨雪失時，陳時弊二十事。

又 卷一八一《劉健傳》 京師淫雨自六月至八月。健等乃上言：『陛下登極詔出，中外歡呼，想望太平。今兩月矣，未聞汰冗員幾何，省冗費幾何。詔書所載，徒為空文。此陰陽所以失調，雨暘所以不若也。如監局、倉庫、城門及四方守備內臣增置數倍，朝廷養軍匠費鉅萬計，僅足供其役使，寧可不汰。文武臣曠職僨事、虛糜廩祿者，寧可不黜。畫史、工匠濫授官職者多至數百人，寧可不罷。內承運庫累歲支銀數百餘萬，初無文簿，司鑰庫貯錢數百萬，未知有無，寧可不勾校。至如縱內苑珍禽奇獸，放遣先朝宮人，皆新政所當先，而陛下悉牽制不行，何以慰四海之望。』帝雖溫詔答之，而左右宦豎日恣，增益且日衆。

又 卷一八二《馬文升傳》 南京、鳳陽大風雨壞屋拔木，文升請帝減膳撤樂，修德省愆，御經筵，絕遊宴，停不急務，止額外織造，振饑民，捕盜賊。

又《劉大夏傳》［弘治十五年］南京、鳳陽大風拔木，河南、湖廣大水，京師苦雨沈陰。大夏請凡事非祖宗舊而害軍民者，悉條上釐革。

又 卷一八四《吳儼傳》［正德］十二年，武宗北巡，儼抗疏切諫。既明年復偕諸大臣上疏曰：『臣等初聞駕幸昌平，曾具疏極論，不蒙採納。既聞出居庸，幸宣、大，宰輔不及知，羣臣不及從，三軍之士不及衛，京師內外人心動搖。徐、淮以南，荒饉千里，去冬雨雪為災，民無衣食，安保其不為盜。所禦之寇尚遠隔陰山，而不虞之禍或猝起於肘腋，臣所大懼也。』不報。

又 卷一九三《顧鼎臣傳》 京師淫雨，四方多水災，鼎臣請振饑弭盜，報可。

又 卷一九六《夏言傳》 六月，嵩燕見，頓首雨泣，愬言見凌狀。帝使悉陳言罪，嵩因振暴其短。帝大怒，手敕禮部，歷數言罪，且曰：『郭勛已下獄，猶千羅百織。言官為朝廷耳目，專聽言主使。朕不早朝，言亦不入閣。軍國重事，取裁私家。王言要密，視等戲玩。言官不一言，徒欺謗君上，致神鬼怒，雨甚傷禾。』

又 卷二一五《周弘祖傳》 當隆慶初，以地震言事者，又有鄧洪震，宣化人，時為兵部郎中，上疏曰：『入夏以來，淫雨彌月。又京師去冬地震，今春風霾大作，白日無光。近大同又報雨雹傷物，地震有聲。陛下臨御甫半年，災異疊見。傳聞後宮游幸無時，嬪御相隨，後車充斥，左右近習濫賜予。政令屢易，前後背馳，邪正混淆，用舍猶豫。萬一奸宄潛生，寇戎軼犯，其何以待之。』帝納其言，下禮官議修省。

又 卷二二〇《舒化傳》 會刑部缺尚書，手詔用化，化言：『陛下仁心出天性。知府錢若賡、知州方復乾以殘酷死戍。請飭大小臣僚各遵律例，毋淫刑。大明律一書，高皇帝揭之兩廡，手加更定。今未經詳斷者，或命從重擬議，已經定議者，又詔加等處斬，是謂律不足用也。去冬雨雪不時，災異頻見，咎當在此。』帝優詔答之。

又《温純傳》 〔萬曆二十二年〕其夏，雷火燬祖陵明樓，妖蟲蝕樹，又大雨壞神道橋梁。帝下詔咨實政。世卿上疏曰：

今日實政，孰有切於罷礦稅者。古明主不貴異物，今也聚悖入之財，斂蒼生之怨，節儉之謂何？是為君德計，不可不罷者一。多取所以招尤，慢藏必將誨盜。鹿臺、鉅橋，足致倒戈之禍。是為宗社計，不可不罷者二。古者國家無事則預桑土之謀，有事則議金湯之策。安有鑿四海之山，榷三家之市，操弓挾矢，戕及良民，燬室踰垣，禍延雞犬，經十數年而不休者。是為國體計，不可不罷者三。貂璫漁獵，翼虎爲烋。毀掘冢墓則枯骨蒙殃，奸虐子女而良家飲恨。人與為怨，讙譟屢聞，此而不已，後將何極。是為民困計，不可不罷者四。國家財賦不在民則在官，今盡括入奸人之室。故督逋租而逋租絀，稽關稅而關稅虧，搜庫藏而庫藏絕，課鹽筴而鹽筴薄，徵贖鍰而贖鍰消。外府一空，司農若埽。是為國課計，不可不罷者五。天子之令，信如四時。三載前嘗曰『朕心仁愛，自有停止之時』，今年復一年，更待何日。天子有戲言，王命委草莽。是為詔令計，不可不罷者六。

陛下試思服食宮室，以至營造征討，上何事不取之民，民何事不供之上。嗟此赤子，曾無負於國，乃民方歡呼以供九重之欲，而陛下不少遂其欲。民方奔走以供九重之勞，而陛下不少慰其勞。民方竭蹶以赴九重之難，而陛下不少恤其難。返之於心，必有不自安者矣。陛下勿謂蠢蠢小民可駕馭自我，生殺自我，而不足介意也。民之心即天之心，今天譴頻仍，雷火妖蟲，淫雨疊至，變不虛生，其應非遠。故今日欲回天意在恤民心，欲恤民心在罷礦稅，無煩再計而決者。

帝優答之而不行。

又 卷二二一《王廷瞻傳》 廷瞻舉嘉靖三十八年進士，授淮安推官。入為御史，督畿輔屯政。穆宗在裕邸，欲易莊田，廷瞻不可。隆慶元年，所部久雨。

又 卷二二三《翁大立傳》 〔隆慶〕三年七月，河大決沛縣，漕艘阻不進。帝從大立請，大行振貸。大立又請漕艘後至者貯粟徐州倉，平價出糶。詔許以三萬石賚民。大立以下民昏墊、閭閻愁困狀，帝莫能周知，乃繪圖十二以獻。且言：『時事可憂，更不止此。東南財賦區，而江海泛溢，粒米不登，京儲可慮一也。邊關千里，悉遭洪水，墩堡傾頹，何恃以守，可慮二也。畿輔、山東、河南，霪雨既久，城郭不完，寇盜無備，可慮三也。江海間颶風鼓浪，舟艦戰卒悉入波流，海防可慮四也。淮、浙鹽場鹹泥盡沒，竈戶流移，商賈不至，國課可慮五也。望陛下以五患十二圖付公卿博議，速求拯濟之策。』帝留圖備覽，下其奏於所司。

又 卷二三〇《汪若霖傳》 五月朔，大雨雹。若霖謂用人不廣，大臣專權之象，具疏切言之。已而京師久雨，壞田廬。

又 卷二五八《李世祺傳》 〔崇禎〕五年八月，淫雨損山陵，昌平地動。世祺上言：『日者輔理調燮無聞，精神爲固寵之用；統軍衡才無術，緩急無可恃之人。中樞決策，掩耳盜鈴；主計持籌，醫瘡剜肉。州縣迫功令，鞭策不前；六曹窘簿書，救過不贍。簪筆執簡之臣，接跡囹圄；考槃薖軸之士，抗聲鴻舉。一人議，疑及衆人；一事訾，疑及衆事。黄衣之使，頡頏卿貳之堂；貂蟬之座，雄踞節鉞之上。低眉則氣折，強項則釁開。各邊監視之遣，已將期月，初雖間有摘發，至竟同歸模棱，效不效可概見。伏願撤回各使，以明陰不干陽之分。然後採公論以進退大臣，酌事情以衡量小臣，釋疑忌之根，開功名之路，庶天變可回，時艱可濟。』帝以借端瀆奏，切責之。

又 卷二六二《孫傳庭傳》 傳庭既已誅殺人龍，威讋三邊，日夜治軍爲平賊計，而賊遂已再圍開封。詔御史蘇京監延、寧、甘、固軍，趣傳庭出關。傳庭上言：『兵新募，不堪用。』帝不聽。傳庭不得已出師，以九月抵潼關。大雨連旬，自成決馬家口河灌開封。

又 卷二六六《申佳胤傳》 霪雨河決，艤舟怒濤中，塞其口。

又 卷二七七《侯峒曾傳》 大清兵來攻，峒曾乞師於吳淞總兵官吳志葵。志葵遣遊擊蔡祥以七百人來赴，一戰失利，束甲遁，外援遂絕，城中矢石俱盡。七月三日大雨，城隅崩，架巨木支之。明日雨益甚，城大崩，大清兵入。

又 卷二八一《李信圭傳》 正統元年用侍郎章敞薦，擢知蘄州。清河民詣闕乞留，命以知州理縣事。【略】天久雨，淮水大溢，沒廬舍畜產甚衆。信圭奏請振貸，并停歲辦物件及軍匠廚役、濬河人夫，報可。南北往來道死不葬者，信圭爲三大塚瘞之。

又《**李湘傳**》 永樂中，由國子生理刑都察院。以才擢東平知州，常祿外一無所取，訓誡吏民若家人然。城東有大村壩，源出岱嶽，雨潦輒爲民患，奏發丁夫隄之。

又《**陳幼學傳**》 遷湖州知府，甫至，即捕殺豪惡奴。【略】霪雨連月，禾盡死。幼學大舉荒政，活饑民三十四萬有奇。

又 卷二八六《**程敏政傳**》 弘治元年冬，御史王嵩等以雨災劾敏政，因勒致仕。

又 卷三一一《**烏撒傳**》 弘治十四年，烏撒所轄可渡河巡檢司言：『自閏七月二十七日大雷雨不止，至二十九日，水漲山崩地裂，山鳴如牛吼，地陷湧出清泉數十派，衝壞廬舍橋梁及壓死人口牲畜無算。又本府阿都地方，八月亦暴風雨，田土渰沒二百餘處，死者三百餘人。』

又 卷三一三《**曲靖傳**》 〔洪武〕二十四年徙越州衛於陸涼州；以英言雲南諸蠻皆降，惟阿資恃險屢叛，宜徙衛軍守禦。已，阿資復叛。命都督僉事何福爲平羌將軍，率師進討，屢敗賊衆。會連月淫雨水溢，阿資援絕，與其衆降。福擇曠地列柵，以置其衆。

又 卷三一四《**武定傳**》 正德二年四月，武定雨雹，溪水漲，決堤壞田，隕霜露殺麥。

又 卷三一八《**思明傳**》 〔永樂〕九年，免思明稅糧，以廣成言去秋雨水傷稼也。

《**清史稿**》**卷五**《**世祖紀二**》 〔順治十年閏六月〕庚辰，諭曰：『考之《洪範》，作肅為時雨之徵，天人感應，理本不爽。朕朝乾夕惕，冀迓天休。乃者都城霖雨匝月，積水成渠，壞民廬舍，窮黎墊居艱食，皆朕不德有以致之。今一意修省，祇懼天戒。大小臣工，宜相儆息。』

又 〔順治十五年〕冬十月壬午，以祖重光為順天巡撫。荊州、襄陽、安陸霪雨，江溢，漂沒萬餘人。

又 卷七《**聖祖紀二**》 〔康熙二十九年〕庚午，大雨。

又 〔康熙三十五年〕三月戊辰，上出行宮觀射。辛未，次滾諾，大雨雪，上露立，俟軍士結營畢，乃入行幄。

又 卷八《**聖祖紀三**》 〔康熙四十二年〕戊申，以山東大雨，遣官分賑。

又 卷一一《**高宗紀二**》 〔乾隆十九年閏四月〕壬申，京師雨。

又 卷一六《**仁宗紀**》 〔嘉慶元年〕八月丙子，以雨停秋獮。

又 〔嘉慶三年〕秋七月庚午，富楞泰卒。以德勒格楞貴為寧夏將軍。以雨停秋獮。

又 〔嘉慶六年〕六月壬子，大雨。永定河決，分遣卿員撫恤被水災民。以水災停本年秋獮。姜晟免，發永定河效力。起陳大文署直隸總督。丙辰，復雨。西安將軍恆瑞卒。辛未，上步禱社稷壇祈晴。是日，晴。

又 卷二一《**穆宗紀一**》 〔同治三年六月〕丁丑，雨。【略】辛卯，雨。

又 〔同治四年五月〕甲寅，雨。

又 〔同治四年閏五月〕庚寅，以久旱，諭修省求言。

又 〔同治四年六月〕丙午，雨。

又 卷二二《**穆宗紀二**》 〔同治十二年閏六月〕甲午，京畿久雨，上祈晴。

又 卷二三《**德宗紀一**》 〔光緒四年二月〕是月，河南雨。

又 〔光緒五年五月〕山西雨。

又 〔光緒十五年〕冬十月丁亥，以江、浙雨水為災，各撥庫儲五萬，並發內帑五萬賑濟。

又 〔光緒十六年六月〕辛亥，近畿霪雨成災，京師六門外增設粥廠，命撥京倉米萬五千石煮賑，並發內帑五萬充賑需。

又 〔光緒十七年〕五月丁卯至庚午連雨。

又 〔光緒十九年六月〕癸酉，京師雨災，詔於六門外等六處各設粥廠，撥京倉米萬石充賑。

又 卷二四《**德宗紀二**》 〔光緒三十二年〕閏四月丙戌，以暘雨失時，偏災屢告，懿旨飭君臣上下交儆。

又 〔光緒三十四年五月〕癸丑，廣東大雨，東西北三江並溢，衝決圍隄。

又 卷二五《**宣統紀**》 〔宣統二年九月〕丙午，江北徐州等屬雨潦災，命度支部發帑賑之。

又 〔宣統三年六月〕甲午，湖南常德府大雨河溢，浸屬縣，壞田廬，發帑銀六萬兩賑之。

又 〔宣統三年閏六月〕癸卯，安徽大雨，江潮暴發，濱江沿河各州縣澇災，發帑銀五萬兩賑之。

又 〔宣統三年七月〕己卯，江蘇各屬大雨，圩隄潰決，田禾淹沒，發帑銀四萬兩賑之。

又 **卷四〇《灾異志一・水》** 順治二年正月初一日，上元大雪雷雨。

又 〔順治〕三年十二月初二日，吴川雷鳴，岑溪大雷雨。

又 〔順治〕五年十月，揭陽大雷雨霹雳。

又 〔順治〕六年正月十一日，潞安雨雪雷電。五月初九日，石門大雷雨；安丘雷擊二人。

又 〔順治〕十二年九月，震澤雷電大雨。

又 〔順治〕十三年十月，安丘雷震大雨。

又 〔順治〕十七年十一月，鶴山大雨雷電。

又 康熙六年十二月，開平大雷雨，鳳凰洲雷鳴，揭陽雷，澄海雷鳴，欽州雷電。

又 〔康熙〕九年七月，東陽大風雨雷電。

又 〔康熙〕十二年十月十四日，貴州雷，東流大雨。

又 〔康熙〕二十三年正月，丹陽雷電雨雪，含山大雷電，兖州雷震。

又 〔康熙〕三十三年十二月，青浦雷電大雨。

又 〔康熙〕五十年十二月，陽春雷鳴。除夕，平樂雷電霹雳，驟雨達旦。

又 〔康熙〕五十九年七月，南籠大雷雨。九月，通渭縣暴雷，震死一人。

又 〔康熙〕六十一年十二月，欽州雷電大作，風雨暴至，吹塌城垣二十餘丈；陽春大雷雨，揭陽雷鳴，澄海雷鳴。

又 乾隆九年十月十五日，岐山雷電風雨。

又 〔乾隆〕十八年十二月，宜都大風雨雷電。

又 〔乾隆〕二十年正月，贛榆大雷電雨雪。

又 〔乾隆〕二十八年十月初四日，武進大雨雷電。

又 〔乾隆〕五十五年十二月二十四日，黄巖大雷雨，蘇州大雷電。

又 嘉慶十九年十二月，滕縣雨雪聞雷。

又 道光七年十二月，崇陽大雨雷電。

又 〔道光〕十九年十二月，文登大雷。除夕，靖遠雷電大雨。

又 〔道光〕二十一年正月三十日，定遠雨雪雷鳴。

又 〔道光〕二十四年十二月，鄱陽大雨雷電，麗水雷電，即墨雷電。

又 咸豐四年正月十三日，平鄉雨雪雷鳴。

又 同治四年正月十三日，平鄉雨雪雷鳴，震教堂；東光大雨雪雷電；棗陽大雨迅雷。

又 〔同治〕十一年十一月，臨榆大雨雷震。

又 〔同治〕五年十一月十五日，京山大雷雨，安陸大雷電；夜，蘄水雷電四次。

又 〔同治〕十三年正月，德安大雷而雨。

又 **卷四二《灾異志三・木》** 順治二年二月，河源霪雨。

三年二月，當塗恒雨。四月，南雄霪雨。

四年四月，章丘霪雨四十餘日。六月，高郵大雨數晝夜；丘縣霪雨，平地水深二尺；蕭縣暴雨三閲月；永安州、安邑大雨。秋，壽元霪雨四十餘日，即墨暴雨連綿，水與城齊，民舍傾頹無算。

五年春，新城霪雨六十餘日，水没城及半；莒州大雨兩月；武城霪雨一百日；東平大雨渰禾。五月，衡水霪雨數旬；咸陽大雨四十餘日。八月，句容大雨，屋舍傾圮無算；陵川霪雨害稼；沁水霪雨兩月餘。

六年五月，鳳陽霪雨八晝夜；阜陽、淮河霪雨晝夜不息。秋，沁水霪雨兩月餘，民舍傾倒。

七年二月，全椒大雨。四月，射洪大雨三晝夜，城内水深丈許，人畜淹没殆盡。五月，平陽霪雨四十餘日。六月，桐鄉霪雨。七月，解州、萊陽、萬泉霪雨；安邑大雨二十餘日，傾圮民舍。

八年春，嘉興、海鹽、桐鄉霪雨。五月，潞安霪雨八十餘日，傷禾稼，房舍傾倒甚多。六月，江陰霪雨六晝夜，禾苗爛死；吴平大雨傾盆，一晝夜方息；當塗大雨。秋，沁水大雨，東阿霪雨，青浦大雨彌日。

九年五月，陽信、霑化霪雨四十餘日，平地水深二尺；合浦大雨，城淹四尺。六月，壽陽霪雨四十餘日；襄陵霪雨兩匝月，民舍漂没甚多；稷山霪雨；博興大雨傾盆四十七晝夜。七月，濟寧、東平霪雨害稼。九月，遵化州霪雨彌月。

十年五月，文安、大城、保定大雨如注十晝夜，平地水深二丈。六月，文登大雨三日，昌平霪雨，蓬萊霪雨四十餘日。

十一年二月，蘭州大雨二十餘日。六月，亳州霪雨，壞民廬舍。七月，澄迈大雨，三日方止。

十二年八月，鶴峰州霪雨不止，田中水深三四尺。

十三年五月，常山大雨。

十五年二月，濟寧州霪雨傷麥，萬泉霪雨傷麥。秋，垣曲霪雨，儋州霪雨七晝夜，田禾多没，城垣傾圮，興安、白河、洵陽霪雨四十餘日；平湖大雨數晝夜，平地水深二尺許。

十六年正月，震澤、嘉定霪雨六十日方霽。二月，儀徵大雨彌月，平地水深丈餘。三月，蕭縣霪雨二十餘晝夜。秋，銅山霪雨三月餘，禾盡爛死；宿州大雨二十餘日，田廬漂没殆盡；虹縣霪雨六十餘日，平地水深丈餘，淹没田廬；梧州霪雨四十餘日；成都霪雨城圮。

十七年五月，崇明大雨一晝夜；和平大雨，平地水深丈餘，漂没田廬無算。

十八年六月，貴陽大雨，武寧霪雨二月未止。閏七月，孝感霪雨三日，殺麥。

又 康熙元年八月，朝城霪雨七晝夜；曲沃霪雨二十日，壞城垣廬舍無算；成安霪雨五晝夜；永年霪雨匝月；吉州大雨，壞城垣廬舍；蕭州大雨彌月，城垣傾圮；解州大雨四十日；猗氏大雨二十餘日，民舍傾圮。

四年春，蠡縣霪雨二十餘日。六月，府谷大雨。閏六月，延安霪雨彌月，壞廬舍。七月初七日，大城霪雨五晝夜，城垣倒壞十之六七，民房坍塌不下數萬間；東陽大雨，壞民舍。

五年六月，福山霪雨兩月，禾稼盡傷。十一月，襄垣、武鄉大雨。

六年六月，惠來大雨，平地水深三尺；房縣霪雨傷禾。七月，温州大風雨，壞城垣廬舍；瑞安大風雨，壞城垣廬舍。

七年四月，太平大雨如注。五月，太平積雨旬餘。六月，龍門大雨七日；武强霪雨；井陘大雨如注。七月，靈壽霪雨兩晝夜不止；元氏大雨七晝夜，城外水高數丈；真定府、懷來大雨七晝夜；内丘霪雨，淹没民舍；房縣霪雨傷禾。

八年六月，嘉興霪雨晝夜不息。

九年五月，湖州霪雨連旬；德清霪雨連旬，田疇盡没。六月，東陽大雨如注。

十年八月，嘉興大雨。

十一年秋，寧波霪雨。

十二年正月，海寧霪雨，至四月止。六月，高要霪雨四日，平地水深數尺，民舍傾圮；宿州大雨連綿兩日；陽江大雨。

十三年正月，桐廬霪雨，至二月方止。四月，海豐霪雨十六日，平地水深數尺。六月，開平霪雨陷民居；高明霪雨，傷損禾稼。

十五年五月，海寧霪雨匝月，傷禾；大冶霪雨。

十六年七月，高密霪雨二十餘日，田禾淹没。

十七年正月，永年霪雨匝月。四月，平湖霪雨匝月。五月，金華霪雨傷稼。七月，太平霪雨，民舍傾圮；萊州、膠州大雨傷稼；萬載霪雨數晝夜。

十八年八月，曲沃霪雨二十五日，城垣廬舍傾倒無算；太平霪雨；臨晉雨二十餘日，民舍盡圮；猗氏霪雨彌月不止；解州、安邑霪雨連旬；夏縣霪雨月餘，城垣傾倒，民居損壞，田禾淹没；廣靈霪雨匝月不止；漢中霪雨四十日，如傾盆者一晝夜，淹没民居；定遠廳霪雨四十日；甘泉霪雨彌月；興安大雨，田禾盡淹。

十九年二月，襄垣大雨四十餘日。六月，高郵霪雨連旬，壞民舍無算。七月，龍門大雨，平地水深尺許；鎮洋霪雨累月；長子大雨四十日不止，城垣傾圮；蒲縣霪雨四旬，傷禾。八月，上海驟雨，城内水高五尺；咸陽大雨四十餘日。十一月，震澤霪雨三日。

二十年三月，處州大雨，至五月始止。四月，寧波霪雨一月。七月，階州大雨月餘，傾倒民房千餘間。

二十一年三月，平遠州霪雨；紹興霪雨九旬，禾苗盡淹。五月，金華大雨五十餘日。

二十二年春，蘇州霪雨十二日，殺麥；青浦霪雨傷麥；陽湖恒雨殺麥；海寧大雨，至四月始止；桐鄉恒雨，至四月始止；平湖自二月至四月大雨不止；湖州恒雨；石門恒雨傷麥；天臺霪雨至四月不止，二麥無收；太平霪雨，麥無收；浦江霪雨；衢州恒雨至四月，無麥；嚴州自春徂夏，陰雨連綿，二麥無收。五月，靈川大雨；通州霪雨，臺州霪雨，麥無收。六月，兖州大雨，平地水深三尺，田盧苗稼盡淹。

二十三年春，恩縣霪雨；剡城霪雨，兩月不止。夏，昌樂霪雨害稼。七月十三日，臨縣大雨，至八月初八日止，平地水溢；太平霪雨四十餘日。八月，遂安霪雨兩月；隰州霪雨五十餘日，壞民舍甚多。

二十四年四月，湖州大雨。六月，靈壽霪雨害稼；固安大雨，壞民舍。十月，福州大雨數晝夜。十二月，歙縣霪雨四十餘日，和順大雨連月。

二十五年四月，宣平大雨五日，漂没田盧，溺者無算；麗水大雨四晝夜，漂没廬舍無算。閏四月，處州大雨，水高於城丈餘；松陽大雨四晝夜；景寧大雨三晝夜。六月，青州霪雨傷稼；壽光大雨兼旬。十一月，瓊州大雨連日如注，民舍多圮。

二十六年六月，新城霪雨害稼。七月，章丘霪雨四十日，民舍傾圮千餘間。

二十七年五月，玉屏大雨，壞城垣。二十八年四月，惠來大雨，廬舍淹没無算。

二十九年二月，開平大雨，至五月乃止。五月，湖州大雨一月，田盧俱損。七月，紹興大雨彌月，平地水深丈許，漂没田廬人畜無算。

三十年六月，湖州霪雨害稼。閏七月，介休霪雨，東城圮數十丈。

三十一年三月，武定大雨，平地水深丈許。秋，鎮安霪雨害稼。

三十二年四月，丘縣霪雨四十餘日。八月，咸陽霪雨，墻垣倒者甚多。

三十三年正月，海豐霪雨；咸陽大雨，水深二尺。十月，鄒平霪雨害稼。

三十四年四月，盧龍大雨，壞城垣百餘丈。五月，房縣霪雨傷麥。六月，蘇州、青浦霪雨傷稼；固安大雨，平地水深丈餘。

三十五年春，長山霪雨害稼。六月，昌邑霪雨害稼；欒平大雨彌月，沁州霪雨，三月方止。八月，饒陽大雨，七日方止；定州大雨八晝夜，傷稼；靜樂大雨兩晝夜；銅山霪雨，壞民居。九月，武定大雨七晝夜。冬，即墨霪雨六十日。

三十六年正月，香山霪雨匝月。二月，遵化州大雨如注。

三十七年八月，房縣霪雨傷稼。

三十八年六月，南欒大風雨，拔樹。七月，杭州大雨，平地水高丈餘。八月，桐鄉、石門霪雨傷稼。

三十九年正月，夏縣大雨壞城。

四十年九月，高密霪雨傷稼。

四十一年四月，陽江霪雨，壞民居甚多。六月，寧陽、青州霪雨。八月初八日，香山大風雨，拔樹倒墻；寶雞霪雨。

四十二年五月，慶雲霪雨，三旬不止。六月，東明、定州霪雨三旬不止；霑化霪雨連日，漂没民舍無算；高苑霪雨六十日；昌邑、掖縣霪雨害稼；高密霪雨彌月，禾稼盡没。八月，鄒平大雨害稼；齊河霪雨四十餘晝夜，民舍傾圮無算；濰縣、平度霪雨害稼。

四十三年六月，沂州大雨；興安大雨，漂没田廬。

四十四年五月，萊州霪雨害稼；高郵霪雨閱月；鹽城霪雨越三月不止，平地水深數尺。十一月，江夏霪雨害稼。

四十五年六月，東莞暴雨，平地水深五六尺，民居多圮。秋，宿州霪雨連月不止，傷稼。

四十六年九月，吴川大雨四晝夜，傾圮民房無數。

四十七年四月，石阡府霪雨。五月，嘉興大雨三日，田禾盡没；海豐大雨三月，田廬悉被淹没。六月，桐鄉恒雨，傷禾。七月，崇明霪雨百日；杭州暴風雨，田禾盡淹；江山大雨，壞民舍。

四十八年三月，沛縣大雨六十日，湖州大雨連旬，銅山霪雨凡五月，咸陽大雨至五日始止。四月，石門霪雨傷麥。六月，宿州大雨如注，田禾盡没；東平大雨，淹没田禾；汶上大雨三晝夜，田禾淹没；茌平霪雨兩月，民舍傾倒無算。秋，萊陽、榮成、文登霪雨害稼。

四十九年秋，青浦霪雨十八日，桐鄉霪雨傷稼，東流大雨，淹没田禾。

五十年十二月除夕，平欒驟雨達旦。

五十一年七月二十二日，靈川大雨七晝夜。九月，鶴慶、龍川霪雨。

五十二年四月，靈川大雨，平地水深數尺。五月，石城霪雨三月。七月，奉議州大雨，二旬始止，官署民房悉被淹没。

五十三年五月，遂安大雨連日，淹没田禾。

五十四年三月，震澤霪雨二十餘日。

五十五年四月，武寧霪雨匝月。五月，湖州暴雨，平地水高六七尺；桐鄉霪雨，淹没田禾。秋，桐廬大雨，平地水高尺許。

五十六年七月，掖縣大雨，平地水深三尺；香山大風雨，壞屋舍；雞澤霪雨四日。

五十七年三月，海陽霪雨，至五月始止。

五十八年六月，雞澤霪雨四晝夜；萊州霪雨，壞民舍無算。七月，昌樂、諸城、即墨、掖縣霪雨害稼，壞民舍；萊陽、文登大雨水，房舍田禾盡没。八月十九日，海陽大雨，損房舍無算。

五十九年五月，龍南大雨閲月。六十年七月，高苑大雨，田禾盡淹。

六十一年六月，霑化霪雨匝月。十二月，欽州大風雨，壞城垣二十餘丈。

又 雍正元年五月十九日，香山大雨，市可行舟；湖州恒雨，自秋及冬不絕。

二年三月，麻城霪雨傷麥。夏，獻縣大雨六十餘日。

三年五月，上海霪雨害稼；海豐大雨，至七月方止；東光大雨四十餘日。七月，青城霪雨兩月。八月，平原霪雨凡百日。九月，順德大雨三月。

四年五月，震澤霪雨為災；當塗、無為大雨彌月，田禾盡淹；南陵霪雨，至秋不絕。六月，濰縣大風雨，壞民廬舍；慶陽大雨，平地水深四五尺。七月，陽信霪雨連旬。八月，杭州、嘉興、湖州大雨；青浦、蘇州、昆山霪雨十餘日，害稼。

五年二月，吴興霪雨，鍾祥雨至四月不絕。五月，鎮海霪雨彌月。六月，揭陽、饒平霪雨一月。七月，惠來大雨害稼。六安州、霍山霪雨四十餘晝夜；陽信霪雨七晝夜，民舍傾圮甚多。

六年五月，平利大雨，沖塌城垣六十餘丈。

七年三月，陽春大雨，壞民居。

八年五月，日照霪雨四十餘日。六月，東阿、泰安、肥城大雨七晝夜，壞民田廬殆盡；昌樂、諸城、掖縣、膠州、濰縣、日照、萊州霪雨兩月，壞廬舍無算。七月，丘縣大雨傷禾。八月，嘉興大雨，水害稼；鄒平、銅陵霪雨害稼。冬，齊河大風雨，傷禾稼。

九年二月，連州大風雨，拔樹倒屋。六月，蒲臺霪雨害稼。秋，普安州霪雨，至次年春乃霽。

十年六月，寧津大雨，平地行舟。

十一年三月，沔陽霪雨。六月二十八日，景寧大雨。橋梁道路沖塌甚多。

十二年春，五河霪雨。

十三年五月，廣陽霪雨四十餘日。

又 乾隆二年八月，平陽大風雨七晝夜，田禾盡没；祁州霪雨害稼；蔚州大雨三晝夜。九月，長子大雨，禾盡没。

三年秋，祁州大雨。

四年五月，高要霪雨，壞民房。六月，瓊州霪雨閲月；東明大雨，平地水深三尺。

五年七月，絳縣大雨害稼。

六年五月，寧都霪雨。

七年春，商南霪雨一百餘日。五月，山陽大雨，鹽城霪雨害禾稼。秋，泰州霪雨，阜陽霪雨一百二十餘日。

八年四月，慶陽霪雨浹旬。

九年六月，資陽、仁壽、射洪暴雨如注，壞民房。七月，遂安霪雨六晝夜。

十年四月十六日，安遠驟雨，平地水高一丈餘，沖倒民房七百餘間。

十一年五月，平度大雨，漂没田禾；膠州霪雨害稼。六月，文登大雨傷禾；壽光、諸城霪雨閲月，田禾盡没。十一月，高密霪雨兩月。

十二年六月，福山、栖霞、文登霪雨匝月。七月，海豐大風雨，壞城垣數十丈；平陰、榮成大風雨，晚禾盡没。

十二年四月初五日，清河大風雨，民舍傾圮無數。五月，泰州、通州大風雨，拔木壞屋。

十四年秋，清河霪雨兩月。

十五年五月，高密霪雨害稼。六月，麻城大雨連旬，沖塌民房。

十六年秋，平度州大雨兩月，福山、栖霞、榮成霪雨害稼。

十七年八月，海豐大雨，淹没田禾。

十八年，高平自七月至十月霪雨；諸城大風雨，損禾。九月，解州陰雨連旬。

十九年八月，石門大雨淹禾稼；桐鄉大雨數晝夜，淹禾稼；嘉興大風雨一晝夜，傷稼；日照霪雨。

二十年二月至四月，蘇州霪雨，麥苗腐。三月，蕲州大風雨，壞民居三百餘家；荆門州霪雨兩月不絕。五月，澄海狂風驟雨，沖倒城垣五十七丈，民房三百餘間。六月，蘇州大雨傷稼，高郵霪雨四十餘日。七月，贛榆大風雨害稼，石門、桐鄉霪雨害稼。八月，東明大風雨拔木，田禾盡淹；沂州恒雨。十月，潮州霪雨損麥。

二十一年五月，介休霪雨，淹田禾六十餘頃。七月，曲沃霪雨數十日，廬舍多壞；芮城霪雨四旬，房舍多圮；和順霪雨二十餘日，害稼。八月，慶陽霪雨。

二十二年夏，惠來霪雨連綿。七月，介休霪雨，淹田禾八十餘頃，廬舍冲塌大半。

二十三年六月，介休大雨三日，淹没田禾；陵川霪雨連月不止，房舍多圮。秋，長子大雨傷禾。

二十四年四月，潮陽霪雨。六月二十九日，即墨大風雨一晝夜，大木盡拔，田禾淹没。七月，潞安大雨兩月。

二十五年五月，泰州連雨四十日。

二十六年六月，雞澤霪雨。秋，垣曲霪雨四晝夜不止，城垣盡圮。

二十七年四月，永年霪雨匝月始霽。七月，蘇州大風雨，積水經月，田禾盡没；海鹽大雨壞民居；嘉善大雨，風拔木壞屋；桐鄉暴雨十餘日。

二十八年七月，來鳳霪雨三晝夜，懷集多雨。

二十九年八月，通渭雨經旬。

三十一年六月，即墨大雨三日，西南城垣頹。七月，臨邑霪雨三晝夜，平地水深數尺，壞民舍無算；黄巖大雨如注，平地水深丈餘，溺死無算。

三十二年，南豐自正月雨至七月不絕。

三十三年八月，永昌霪雨五十餘日。三十四年夏，湖州霪雨連旬。七月，仁和、海寧大風雨，淹没田禾。

三十五年八月，壽光大風雨害稼。

三十六年五月，曲阜大雨，沂水霪雨。七月，長子大雨傷禾。

三十七年八月，嘉興、石門、桐鄉大雨，自辰至午，水高丈餘。

三十八年七月二十九日，薊州大風雨，拔木，熟禾盡損。

三十九年六月，雲和大雨，一晝夜不息。七月，桐鄉大風雨，壞廬舍無算。

四十二年四月，山陽大風雨，拔木；代州大雨六日，水深數尺。

四十四年春，江陵霪雨彌月。

四十五年六月，常山大雨，民房多圮。

四十六年正月，文登大風雨，傷稼。六月，濟南雨，水害稼；臨邑霪雨連月。

四十七年八月，東昌、文登大雨，水壞民廬舍。

四十八年秋，綏德州霪雨。

五十二年三月，山陽大雨傾盆，水高丈餘，漂没人畜無算。

五十三年秋，文登、榮成霪雨害稼。

五十四年七月，潼關霪雨連旬，民居傾圮。

五十五年四月，通州大雨，麥盡損。五月，莘縣霪雨，兩月始止。七月，濟南、臨邑、東昌大雨，平地水深數尺，禾盡淹。

五十六年五月，保康大雨，水冲没田廬，溺人無算；嘉興霪雨兩月。

五十七年六月，房縣霪雨，至九月始止。

五十八年八月，文登大雨。

五十九年七月，青浦大雨十晝夜；嘉興大風雨，壞民舍；昌黎、新樂霪雨害稼。

六十年五月二十一日，江山大雨一晝夜，壞廬舍，淹斃人畜。六月，石門霪雨。

又 嘉慶元年六月，滕縣大雨如注七晝夜。

二年六月，武進大風雨，拔木壞屋。七月，寧都霪雨，壞民居。

四年二月，監利大雨如注，平地水深尺許。七月，文登大風雨，傷稼。

五年六月，金華大雨三日，傷稼。

六年六月，邢臺、懷來、寧津大雨數晝夜，壞廬舍；清苑、新樂霪雨四十餘日。

七年四月，義烏霪雨，禾盡淹没。

九年三月，桐鄉恒雨，傷麥。五月，嘉興、蘇州霪雨，傷稼。

十年三月，嘉興、石門恒雨，傷麥。六月，黄巖大風雨，損稼。

十一年夏，樂亭霪雨四十餘日。

十三年五月，嘉興、石門大風雨，害稼。閏五月，新城大雨水，湖州霪雨。

十五年夏，臨邑霪雨四十餘日。秋，漢陽霪雨彌月。

十六年三月，永嘉霪雨匝月。七月，棲霞霪雨四十餘日。九月，榮成霪雨害稼。

十七年春，嘉興、石門、桐鄉霪雨傷麥。

十八年秋，東阿、曹縣霪雨四十餘日，田禾盡傷。

十九年秋，漢陽霪雨傷稼。

二十一年夏，滕縣大雨，平地水深數尺。

二十三年五月二十日夜，濟南大雨水，壞城垣廬舍，民多溺死。六月，文登大雨，平地水深數尺，民多溺死。八月十三日，永嘉大雨如注十晝夜，平地水深數尺。

二十四年六月，文登大風雨，害稼。

二十五年七月，新城大雨九日，平地水深丈餘；宣平霪雨，壞田禾。

又 道光元年七月，涇州霪雨，沖没橋梁田廬人畜。八月，臨邑霪雨連旬。

二年五月，莘縣霪雨傷稼。八月，章丘、東阿霪雨四十餘日，壞田廬禾稼。

三年三月，湖州霪雨，至五月不止；昌平霪雨傷麥；内丘大雨，三旬始止。四月，嵊縣霪雨，至九月始止。五月，金華、永嘉霪雨害稼；禮縣暴雨，漂没民舍。七月，青浦霪雨兩月；泰州大雨，平地水深數尺，禾稼盡淹。

四年二月，德州霪雨。五年八月，貴陽大雨，二十日始止。

六年六月，宜昌大雨連綿，十日不止，損田禾。

七年夏，恩施霪雨傷稼。

八年七月，武城霪雨。

十年五月，通山、崇陽霪雨連旬，漂没田廬甚多。六月，恩施霪雨傷稼。八月，宣平大雨如注，民舍盡漂没。

十一年五月，永嘉大雨水，歉收；江夏霪雨彌月。六月，宜城、穀城霪雨二十餘日，傷稼。七月，菏澤、滕縣霪雨百餘日，平地水深數尺；曹縣大雨，水深二尺。

十二年，光化霪雨，自六月至八月，禾苗盡傷；宜城大雨，晝夜不絕；定遠廳、保康霪雨兩月。七月，鄖陽大雨七晝夜，壞官署民房大半。冬，房縣霪雨害稼。

十三年夏，湖州霪雨害稼。

十四年四月，咸寧大風雨，拔木壞房。七月，麗水大風雨，平地水深數尺。

十五年夏，即墨霪雨傷稼，文登、榮成大雨六十餘日。八月，宣城霪雨傷稼。

十七年五月，崇陽、宜城霪雨害稼。

十八年六月，益都、臨淄大雨水。

十九年春，栖霞霪雨，南樂大雨。四月，招遠大雨十餘日；榮成大雨，至七月不止。九月，武進恒雨傷稼。

二十年五月，邢臺大雨，平地水深三尺。六月，平谷霪雨匝月不止。

二十一年二月，武進恒雨傷麥。

二十二年七月，麗水大雨，漂没田廬。冬至夜，滕縣大雨如注。

二十三年五月，平度霪雨傷田禾。

二十四年七月初九日，嵊縣大風雨，溺死男婦七十餘人。冬，松陽大雨連旬，壞田舍無數。

二十五年春，棗陽霪雨八十餘日。六月，滕縣大雨，平地水深數尺，人多溺死。

二十六年五月，東平大雨害稼。六月，樂平霪雨。

二十八年，潛江自二月至七月雨不止。六月，光化大雨，平地水深數尺，三月始退，溺斃人無算；保康霪雨兩月，壞田廬無算。七月十四日，永嘉大風雨，壞孔子廟及縣署。十九日，景寧大風雨三晝夜，壞田廬無算。

二十九年六月，樂亭大雨傷禾稼。七月，青浦霪雨五十日，湖州霪雨傷禾。

三十年五月二十五日，兩當暴雨，漂没人畜。

又 咸豐元年六月，禮縣霪雨四十餘日，傷禾。

二年，青縣大雨傷禾。

三年四月，靜海霪雨害稼。六月，永嘉、青田、景寧霪雨十晝夜；保康大雨十六日，漂没田舍甚多；房縣霪雨七晝夜不止，壞田舍無算。七月，宜城大雨匝月，壞城垣一百五丈；遠州霪雨害稼。

四年夏，湖州霪雨。

五年七月初十日，景寧大雨如注，田廬盡壞。

六年六月，昌平大雨傷稼。

七年春，崇陽霪雨。

八年四月，海□縣大雨損禾苗。

九年五月，蘇州大雨傷禾。

十年二月，蘇州霪雨閲月。六月，寧津、東光大雨傷稼。

十一年十一月，羅田大雨傷禾。

又 同治元年七月，蓬萊、黄縣、福山、招遠、萊陽、寧海大雨連綿，禾稼盡淹。

二年春，應城霪雨傷麥。五月，青縣大雨傷禾。

三年六月初十日，定海暴風疾雨，壞各埠船，溺死兵民無數。

四年六月至七月，萊陽大雨，平地水深七八尺，禾稼淹没，房舍傾圮無算。

五年秋，魚臺霪雨，水深數尺，傷禾稼。

六年八月，鄖陽霪雨三晝夜，壞官署民房甚多。

七年五月，皋蘭、金縣大雨，至七月乃止。秋，景寧大雨，傾没田廬無算。

八年春，江夏霪雨損麥。四月，嵊縣大雨，壞田廬。

九年六月，潛江霪雨傷稼。

十年七月，東光、新樂、曲陽霪雨十餘日。

十一年五月，東平霪雨害稼。十一月，青縣大雨害稼。

十二年七月，太平大風雨，壞城垣數十丈，民房數百間。八月，化平廳霪雨不止，壞民舍。

又 光緒元年六月，日照大風雨，平地水深數尺。

二年六月初八日，黄巖大風雨，拔木壞屋，田禾淹没殆盡。

三年六月，高陵大雨如注，平地水深三尺，田禾盡没。

四年九月，東平大雨傷禾稼。

五年五月，登州各屬大雨四十餘日。六月二十一日，永嘉大風雨，壞官廳民居。八月，莘縣霪雨十日方止。

六年三月，福山大雨。

七年秋，灤州霪雨連旬。

八年秋，宜城霪雨傷禾稼。冬，均州霪雨彌月。

九年六月，化平廳大雨，水深四五尺，傷禾稼。

十年八月，太平大雨，冲没廬舍。

十二年七月十四日，太平大風雨，二十日始止。

十三年閏四月，德安大雨三日，水高五六尺。

十五年七月二十六日夜，德安大雨如注，城崩百四十餘丈，淹斃男婦七十餘人。

十六年六月，山丹驟雨壞城郭。

二十二年春，寧津大雨壞民居。

二十五年七月，秦安大雨連旬。

二十七年七月，山丹大雨，平地水深數尺。

又 順治十年十月，當塗雨木冰。十一月，江陰木冰，潛山木冰，宿州雨木冰。

又 康熙三十年正月朔，江浦雨木冰。

又 乾隆十一年正月，湖州雨木冰。

二十年十二月，東流雨木冰。

二十三年冬，諸城雨木冰。

二十五年正月，曲阜雨木冰。

五十七年十二月辛卯，南陵雨木冰。

六十年冬，湖州木冰。

又 道光二十五年十二月，黄縣雨木冰。

又 咸豐四年十一月，黄岡雨木冰。十二月，武昌雨木冰。

又 同治二年正月，黄縣雨木冰。四年正月，武昌雨木冰。

又 光緒七年十二月，黄岡雨木冰。

又 **卷四四《灾異志五・土》** 康熙元年八月初三日，寧海颶風三晝夜，宜興大風雨拔木。

三年七月，慈谿大風雨，大木盡拔。

四年五月，東陽大風雷雨并至，拔木壞屋。

七年四月，東陽大風雨，壓倒民居七所，拔木無算。

三十五年八月十一日，海州大風雨，民舍盡傾。

四十八年八月，定海大風雨，孔子廟及御書楼皆圮。

五十二年三月，全州大風雨雹，屋瓦皆飛，大木盡拔。

五十六年七月十九日，掖縣暴風雨一晝夜，大木盡拔。

五十七年七月，日照、黄縣大風雨一晝夜，大木盡拔。

六十一年十二月，欽州大風雨，吹塌城垣二十餘丈。

又 雍正四年六月，濰縣大風雨，壞民舍十二家。

九年二月，連州大風雨，拔木壞屋。

又 乾隆十三年四月，清河大風雨，民舍傾圮無算。

三十八年秋，永年、薊州大風雨拔木，熟禾盡偃。

四十四年五月，南宮烈風雷雨，樹木多拔。

五十九年七月，桐鄉大風雨竟夜，拔去大成殿前柏二株；湖州、嘉善大風，拔木壞屋。

又 嘉慶二十四年七月初八日，平谷有怪風兼雨自南來，房舍皆摧折，禾盡偃，其平如掃。

又 道光二十八年七月十四日，永嘉大風兼雨連旬，毀孔子廟及縣署。

又 同治十年三月，湖州狂風驟雨，拔木覆舟。十一年六月二十七日夜，日照大風雨，偃禾拔木。

又 順治十六年秋，成都霪雨，錦屏山崩。

又 康熙元年秋，蕭山大雨，小山崩；平陸山崩；霪雨，四明山崩；兩當暴雨，山崩。

二年七月，河州大雷雨，并溝山崩，壓死居民二十餘口。

六年四月二十一日，開建大紫山崩；臺州臨海大雨，山崩。

四十一年秋，寶雞霪雨，山崩。

又 雍正八年五月，興安大雨，山崩。

又 乾隆十五年六月，棠陰大雨，西北山崩。

又 乾隆三十九年六月，雲和大雨，山崩，壓斃四人。

又 嘉慶五年六月二十一日，義烏霪雨，山崩。二十三日，金華大雨，山崩。

二十三年八月，永嘉大雨，西山崩，陷地丈許。

又 道光六年六月，宜昌大雨，山崩。

十五年六月，定遠廳霪雨，母豬硐山崩。

又 咸豐元年六月，禮縣霪雨，山崩；袁家崖山崩裂，聲震如雷，縱二尺許，橫二百丈。

三年六月二十六日，景寧大雨，山崩，壓斃七十三人。鄖縣青巖崩裂十餘丈；保康大山崩移十里許，毀田廬無算；永嘉大雨，龍泉村山圮覆屋，壓傷十九人。

四年七月，雲和山崩，壓斃三十餘人。

六年九月，松陽大雷雨，山崩數十丈。

又 卷一二六《河渠志一·黃河》［康熙九年］是歲五月暴風雨，淮、黃并溢，撞卸高堰石工六十餘段，沖決五丈餘，高、寶等湖受淮、黃合力之漲，高堰幾塌，淮陽岌岌可虞。

又 ［康熙］十五年夏，久雨，河倒灌洪澤湖，高堰不能支，決口三十四。

又 ［咸豐三年］五月大雨，水長溜急，豐北大壩復蟄塌三十餘丈。

又 卷一二七《河渠志二·運河》 順治四年夏久雨，決江都運堤，隨塞。

又 ［康熙］十五年夏，久雨，漕堤崩潰，高郵清水潭、陸漫溝，江都大潭灣，共決三百餘丈。

又 ［康熙二十五年］是歲大雨，中河決，淹清河民田數千頃。

又 卷一二八《河渠志三·永定河》［乾隆］二十四年，大雨，直隸各河并漲，下游悉歸淀內，大清河不能宣泄，轉由鳳河倒漾，阻遏渾流，南岸四工堤決。

又 ［嘉慶二十年］六月大雨，北岸七工漫塌，開引河，由舊河身稍南，直至黃花店，東抵西洲，長五千六百九丈。

又 ［光緒］十八年夏，大雨，河水陡漲，南上汛灰壩漫口四十餘丈。

又 卷一二九《河渠志四·直省水利》［乾隆元年］江南大雨水，淮陽被淹，命濬宿遷、桃源、清河、安東及高郵、寶應各水道。

又 ［嘉慶］六年，京師連日大雨，撥內帑挑濬紫禁城內外大城以內各河道，及圓明園一帶引河。

又 ［道光］二十九年，江蘇巡撫傅繩勛言：『陰雨連綿，積水無從宣泄，以致江、淮、揚等屬堤圩多被沖破。請仿《農政全書》櫃田之法，以土護田，堅築高峻，內水易於車涸，勸民舉行，以工代賑，并查勘海口，開挖閘洞泄水。』帝嘉勉之。

又 ［光緒］十七年，剛毅言：『吳淞江為農田水利所資，自道光六年浚治後，又經六十餘年，淤墊日甚。前年秋雨連旬，河湖汎濫，積澇竟無消路。去年十月，派員開辦，并調營勇協同民夫，分段合作，約三月內可告竣。』報聞。

鴻章又言：『寶坻青龍灣減河，自香河之王家務經寶坻至寧河入海。去歲霪雨兼旬，河流狂漲，橫堤決岸，寶坻受害獨深。廣安橋以下，河身淺窄，大寶莊以上，并無河槽，應與昔年所開之普濟河、黄莊新河一律挑深，添建石閘。』

又 二十八年，江西巡撫李興鋭言：『近年水患頻仍，皆由鄱陽湖日見淤淺，而長江昔寬今狹，驟遭大雨，疏泄不及，遂至四溢為災。請於冬晴水淺時，購製挖泥機器輪船數艘，將全湖分別挑挖。其上游河道亦一律擇要疏治。既為防水患起見，亦為興商務張本。』

又 卷二五四《噶尔漢傳》 ［康熙］十八年，謝泗、劉魁等掠竹山、竹谿諸縣，偪鄖城，與興安賊為聲援，噶尔漢往討之。時方溽暑，鄖西數百里，山逕陿隘，草木叢塞，霪雨洪注，師阻水，弗能進。

又 卷二六五《張伯行傳》 ［康熙］三十八年六月，大雨，潰，伯行募民囊土塞之。

又 卷二七三《瑪祜傳》 ［康熙］九年夏，淮安、揚州二府久雨，田廬多淹，詔發帑賑濟。

又 十二年，黄、淮水漲，清水潭石堤決，高郵等十八州縣衛所被災，瑪祜奏請發帑賑濟。十五年，霪雨久不霽，以忧卒。

又 卷二七八《慕天顔傳》 ［康熙］十九年，江南困霪雨，疏言：『附近吴淞江、劉河諸州縣水道通暢，旋溢旋消。宜興、常熟、武進、江陰、金坛諸縣水無出路，或要口湮塞，致積雨成壑。常熟白茆港為長洲、昆山、無錫諸水出海要道，武進孟瀆河為丹陽、宜興、金坛諸水歸江要道，請動帑疏濬。』上從之。

又 卷二九一《陳儀傳》 ［雍正］十一年，大雨，山水暴發，沒田廬。儀疏聞，諭籌賑，即命儀董其事，凡賑三十四萬餘口。

又 卷二九二《唐執玉傳》 ［雍正］是歲秋，積雨，永定、滹沱諸水皆盛漲。執玉疏報災，上命侍郎牧可登、副都統阿魯等分往治賑。執玉奏言：『諸州縣被水，消長不一。有上諭所及，而水消未成災者；有上諭所未及，而水大成災，田廬被淹，急須拯卹者：請飭治賑諸臣勘實。』上特允之。

又 卷三〇〇《沈起元傳》 乾隆二年，擢河南按察使。會久雨，被災者四十餘縣，饑民四走，或議禁之。起元謂：『民飢且死，奈何止其他徙？』令安置未被水諸縣，給以糧，遂無出河南境者。

又 卷三〇八《楊超曾傳》 ［乾隆六年］秋，大風雨，濱江、海諸州縣皆被水。超曾令先以本州縣所存銀米撫卹，並發司庫銀八萬、未被水諸州縣倉米十萬，賑上江各州縣；又發司庫銀十萬、各縣穀百餘萬，賑下江各州縣。疏入，上諭曰：『料理賑卹，頗爲得宜。當以至誠惻怛爲之，庶可稍救災黎也。』

又《潘思榘傳》 ［雍正］八年，授廣東南雄知府。驟雨水溢，郊野成巨浸，露宿於野。督吏卒治筏拯溺，出金瘞死贍生，活民無算。

又 卷三〇九《雅爾圖傳》 ［乾隆五年］三月，疏言：『河南上年霪雨，省城多積水。臣令淺處濬深，窄處開寬。爲合城受水之區通溝建閘，時其蓄洩。養魚植木，以利民用。』又言：『河南上年被水，奉命濬省城乾河涯及淮、潁、汝、蔡各水。目前二麥成熟，農務正殷，餘請概停開浚。』上從之。

又《崔應階傳》 ［乾隆］三十二年，疏言：『武定濱海，屢有水患：一在徒駭尾閭不暢，一在鈎盤淤塞未開。徒駭上游寬百餘丈，至霑化入海處僅十餘丈，紆回曲折，歸海遲延。徒駭舊有漫口，徑二十五里，寬至四五十丈，水漲賴以宣洩。若就此開濬，庶歸海得以迅速。又有八方泊爲衆水所匯，伏秋霖雨，下游阻滯，淹及民田。泊東北爲古鈎盤河，經一百三十餘里，久成湮廢。若就此開濬，引水入海，則上游不致停蓄，積水亦可順流而下。』皆如所請。

又 卷三二〇《三寶傳》 爲直隸布政使時，高宗幸熱河，至密雲，值大霖雨，水盛漲。上欲策騎亂流渡，三寶諫曰：『千金之子，坐不垂堂。今以萬乘輕狎波濤，使御騆有失，臣等雖萬段，何可追悔？』上曰：『滿洲舊俗宜親習勞勩，顧不可耶？』三寶復曰：『上方奉太后乘輿同臨幸，即上渡河安便，不識奉太后何所？』上動容，爲之回蹕。

又 卷三二三《莊有恭傳》 ［乾隆二十七年］是秋多雨水漲，有恭以嘉、湖兩府水歸太湖，河道多淤，下流尤壅閼；因請浚烏程、長興境内七十二漊，並遣吏至江南按行三江故道。

又 卷三二四《李世傑傳》 ［乾隆五十一年］秋大雨，河決司家莊。

又《鄭大進傳》 ［乾隆］二十九年，山東淫雨，高唐、茌平諸縣水漲阻道。大進相度宣洩，水不爲患。

又 卷三二五《李奉翰傳》 ［乾隆］五十九年，漳水溢，臨漳三臺漲發，命馳往勘察。奏：『漳河兩岸沙土浮鬆，水勢驟長驟落，向無隄堰。

上年大雨漫溢，應將下游淤墊處疏濬深通，再將三臺壩基填築，俾歸故道。』上從其議。

又 卷三五二《姜晟傳》 ［嘉慶］六年，畿輔久雨，永定河決。坐奏報遲延，褫職逮問，發河工效力。工竣，予主事銜，刑部行走。

又 卷三七六《辛從益傳》 嘉慶十七年，起復補原官。會京畿多雨，詔發廩平糶，從益在事，釐剔弊端，實惠及民，時稱之。

又 卷三七七《鄂木順額傳》 ［道光］十一年，大雨江溢，學政駐當塗，鄂木順額捐廉以賑，督守令勸捐，士民踊躍。知縣趙汝和盡心民事，而戇直忤大吏，調爲鄉試同考官。

又 卷三八一《程含章傳》 ［道光］四年，召署工部侍郎，治直隸水利，上疏略曰：『雍正、乾隆間四次興大工，皆歷數年蕆事，費帑數百萬，自此畿內無水患者數十年。迨嘉慶六年後，河道漸淤。道光二、三兩年淫雨，被水者多至百餘州縣。治水如治病，必先明病之源流，急則治標，緩則治本。【略】』

又 卷四二六《郭柏蔭傳》 ［同治］八年，多雨大水，柏蔭遣吏分道治賑。

又 卷四四一《夏同善傳》 ［同治］十年，遷兵部右侍郎。秋，患霪雨，奉其狀以上，乞申虔禱，實行敦節儉、廣賑濟、開言路、清庶獄諸政，語至剴切。

又 卷四四二《周家楣傳》 ［光緒］九年，霪雨河溢，州邑籲蠲，亟疏請帑，復募集銀百餘萬。

又 《張蔭桓傳》 ［光緒］七年，授安徽徽寧池太廣道。抉蕪湖關痼弊，稅驟進。會久霪雨，江流衍溢，州邑籲蠲，出俸錢賑之。

又 卷四四八《丁日昌傳》 光緒元年，起授福建巡撫，兼督船政，辭，不允。既莅事，會霪雨，城內水逾丈，躬散賑，口煦手拊，卵翼備至，全濟災民數十萬。衆感泣，僉曰：『活我者，丁中丞也！』

又 《于蔭霖傳》 ［光緒］八年，出爲湖北荊宜施道。是秋淫雨，漢水溢，檄所屬開倉賑濟。又濬紫貝淵上游，改閘爲壩，疏支流，洩積潦，水患始息。

又 卷四五一《丁壽昌傳》 ［同治］六年，率師從劉銘傳剿捻，迭敗之黃安、鄧州。賊南竄沭陽，霖雨，平地水數尺，捻酋任化邦竄渡沭水而西。

又 《鐵珊傳》 ［光緒］十六年夏，淫雨河漲，陝城不没者數版。民謂官能捍患，恃以不恐。

又 卷四五三《慶裕傳》 ［光緒］十一年，安東十二州縣告災，慶裕籌賑撫卹，民獲甦。是秋霪雨，遼河、大淩河暴漲，田禾被淹。發倉以濟。設粥廠牛莊、田莊臺收養之。

又 卷四六三《唐景崧傳》 逾月，法人攻劉軍吴鳳典營，景崧率談敬德馳救，大捷。敵既退，遂先薄宣光。城外地故荒服，迺督軍開山斬道，首龍州，訖館司，創設臺站，滇桂道始達。已而軍其南門，敵開壁出盪，疾擊之，逼城而壘，槍彈雨坌，攻益力。是時天霪雨，運饋絶，吏士無人色。

又 卷四六七《羅榮光傳》 ［同治七年］明年，西捻窺滑、濬，我師躡之，榮光戰數挫，而勇氣彌厲。鴻章謀困之黃、運間，緣河築長壘，榮光壁當敵衝，相持凡三閱月。會霖雨，寇多陷淖死，榮光復躡之東北，勢益蹙，張總愚自沉於河。

又 卷四七六《宋必達傳》 縣治瀕河，夏雨暴漲，城且沒。禱於神，水落，按故道疏治之，自是無水患。

又 《高蔭爵傳》 康熙初，謁選，授直隸蠡縣知縣。【略】秋又大霖雨，河暴溢，率吏民冒風雨捍禦，隄完而歲大熟，民乃安。

又 《周中鋐傳》 ［康熙］四十三年秋，大霪雨以風，海水驟溢，漂數縣。迺具衣糗棺槥救卹之，又爲請賑蠲租，活民甚衆。

又 卷四七八《張吉安傳》 ［嘉慶］補餘杭，九年春，雨傷禾，糶倉穀以平米價，又運川米千石濟之。十年，復被水，分鄉設廠，煮粥以賑，規畫詳密，竟事無擁擠之擾。

又 《王肇謙傳》 ［咸豐］三年，淫雨爲災，且賑且治軍，率團勇越境剿松源縣賊四千。

又 卷四八〇《顔元傳》 肥鄉漳南書院，邑人郝文燦請元往教。有文事、武備、經史、藝能等科，從游者數十人。會天大雨，漳水溢，牆垣堂舍悉沒，人跡殆絶。

又 卷四八九《沈齊義傳》 ［乾隆］三十七年，改授壽張。縣境趙王河湮三十餘年，大雨至，水無所洩，禾麥皆淹死，民多逃去。請募夫開濬，凡三十餘里，上引范、濮諸水，悉達諸五空橋，自是南鄙無水患，民皆復業。

著録

《文獻通考・自序》　《記》曰：『國家將興，必有禎祥。國家將亡，必有妖孽。』蓋天地之間，有妖必有祥，因其氣之所感，而證應隨之。自伏勝作《五行傳》，班孟堅而下踵其説，附以各代證應爲《五行志》，始言妖而不言祥。然則陰陽五行之氣，獨能爲妖孽而不能爲禎祥乎？其亦不達理矣。雖然，妖祥之説固未易言也。治世則鳳凰見，故有虞之時有來儀之祥，然漢桓帝元嘉之初、靈帝光和之際，鳳凰亦屢見矣，而桓、靈非治安之時也。誅殺過當，其應爲恒寒，故秦始皇時有四月雨雪之異，然漢文帝之四年，亦以六月雨雪矣，而漢文帝非淫刑之主也。斬蛇夜哭，在秦則爲妖，在漢則爲祥，而概謂之龍蛇之孽可乎？僵樹蟲文，在漢昭帝則爲妖，在宣帝則爲祥，而概謂之木不曲直可乎？前史於此不得其説，於是穿鑿附會，强求證應而罙有所不通。竊嘗以爲物之反常者，異也，其祥則爲鳳凰、麒麟、甘露、醴泉、慶雲、芝草，其妖則山崩、川竭、水湧、地震、豕禍、魚孽。妖祥不同，然皆反常而罕見者，均謂之異可也，故今取歷代史《五行志》所書，並旁搜諸史本紀及傳記中所載祥瑞，隨其朋類，附入各門，不曰妖，不曰祥，而總名之曰物異。如恒雨、恒暘、恒燠、恒寒、恒風、水潦、水災之屬，俱妖也，不可言祥，故仍前史之舊名。至如魏晉時魚集武庫屋上，前史所謂魚孽也；若周武王之白魚入舟，則祥而非孽。然妖祥雖殊，而其爲異一爾，故均謂之魚異。秦孝公時，馬生人，前史所謂馬禍也；若伏羲之龍馬負圖，則祥而非禍。然妖祥雖殊，而其爲異亦一爾，故均謂之馬異。其餘鳥獸、昆蟲、草木、金石，以至童謠、詩讖之屬，前史謂之羽蟲、毛蟲、龍蛇之孽，或曰詩妖、華孽，今所述皆並載妖祥，故不曰妖，不曰孽，而均以『異』名之，其豕禍、鼠妖，則無祥可述，故亦仍前史之舊名，至於木不曲直者，木失其常性而爲妖，如桑穀共生之類是也。若雨木冰，乃寒氣脅木而成冰，其咎不在木也，而劉向以雨木冰爲木不曲直。華孽者，花失其常性而爲妖，如冬桃李華之類是也。若冰花乃冰有異而結花，其咎不在花也，而《唐志》以冰花爲華孽。二者俱失其倫類，今革而正之，俱以入恒寒門，附雨雹之後。又前志以鼠妖爲青眚、青祥，物自動爲木沴金，物自壞爲金沴木，其説俱後學所未諭，今以鼠妖、青眚各自爲一門，而自動、自壞直以其事名之，庶覽者易曉云。作《物異考》第二十。二凡二十卷。

藝文

《詩經・小雅・節南山之什・雨無正》　《雨無正》，大夫刺幽王也。雨自上下者也，衆多如雨，而非所以為政也。

浩浩昊天，不駿其德。降喪饑饉，斬伐四國。旻天疾威，弗慮弗圖。舍彼有罪，既伏其辜。若此無罪，淪胥以鋪。

周宗既滅，靡所止戾。正大夫離居，莫知我勩。三事大夫，莫肯夙夜。邦君諸侯，莫肯朝夕。庶曰式臧，覆出為惡。

如何昊天？辟言不信。如彼行邁，則靡所臻。凡百君子，各敬爾身。胡不相畏，不畏于天？

戎成不退，飢成不遂。曾我暬御，憯憯日瘁。凡百君子，莫肯用訊。聽言則荅，譖言則退。

哀哉不能言，匪舌是出，維躬是瘁。哿矣能言，巧言如流，俾躬處休。

維曰于仕，孔棘且殆。云不可使，得罪于天子；亦云可使，怨及朋友。

謂爾遷于王都，曰予未有室家。鼠思泣血，無言不疾。昔爾出居，誰從作爾室？

《楚辭・屈原〈九歌・山鬼〉》　雷填填兮雨冥冥，猿啾啾兮又夜鳴。

《楚辭・屈原〈湘夫人〉》　令飄風兮先驅，使涷雨兮灑塵。

三國魏　曹丕《魏文帝集・愁霖賦》　脂余車而秣馬，將言旋乎鄴都。玄雲黯其四塞，雨濛濛而襲予。塗漸洳以沉滯，潦淫衍而橫湍。豈在余之憚勞，哀行旅之艱難。仰皇天而太息，悲白日之不暘。思若木以照路，假龍燭之末光。

三國魏　曹植《曹子建集》卷三《愁霖賦》　迎朔風而爰邁兮，雨微微而逮行。悼朝陽之隱曜兮，怨北辰之潛精。車結轍以盤桓兮，馬躑躅以悲鳴。攀扶桑而仰觀兮，假九日於天皇。瞻沉雲之泱漭兮，哀吾願之不將。

又《又愁霖賦》　曰：夫何季秋之淫雨兮。既彌日而成霖。瞻玄雲之晻晻兮。聽長霤之淋淋。中宵夜而歎息。起飾帶而撫琴。

三國魏　應瑒《應德璉集・愁霖賦》　聽屯雷之恒音兮，聞左右之歎聲。

情慘憒而含欷兮，起披衣而遊庭。三辰幽而重關，蒼曜隱而無形。雲曖曖而周馳，雨濛濛而霧零。排房帳而北入，振蓋服之沾衣。還空床而寢息，夢白日之餘暉。愓中寤而不效兮，意悽悷而增悲。

三國魏 阮瑀《阮元瑜集·苦雨》 苦雨滋玄冬，引日彌且長。丹墀自殲殪，深樹猶沾裳。客行易感悴，我心摧已傷。登臺望江沔，陽侯沛洋洋。

晉 傅咸《傅中丞集·患雨賦》 夫何遠寓之多懷，患霖雨之有經。自流炎以迄今，歷九旬而無寧。庶太清之垂曜，睹日月之光明。雲乍披而旋合，雷暫輟而復零。將收雷之要月，棄嘉穀於已成。前渴焉而不降，後患之而弗晴。惟二儀之神化，奚水旱之有并？湯亢陽於七載兮，堯洪泛乎九齡。天道且猶若茲，況人事之不平！

晉 成公綏《晉成公子安集·時雨賦》 兩儀協合，二氣煙熅。洪川起波，名山興雲。

又《陰霖賦》 百川泛濫，潢潦橫流。沉竈生鼃，中庭運舟。

晉 陸雲《陸士龍集》卷一《愁霖賦有序》 永甯三年夏六月，鄴都大霖旬，旬有奇日。稼穡沉煙，生民愁瘁，時文雅之士，煥然並作，同僚見命，乃做賦曰：

在朱明之季月兮，反極陽於重陰。與介丘之膚寸兮，墜崩雲而洪沉。谷風扇而攸遂兮，苦雨播而成淫。天泱漭以懷慘兮，民嚬蹙而愁霖。於是天地發揮，陰陽交烈，萬務混而同波兮，玄黃浩其無質。雷憑虛以振庭兮，電凌牖而輝室。雷鼎沸以駿奔兮，潦風驅而競疾。豈南山之暴濟兮，將冥海之甚溢。隱隱填填，若降自天，高岸渙其無涯兮，平原蕩而爲淵。遵渚回於凌河兮，黍稷仆於中田。匱多稼於億廩兮，虛夙敬於祈年。外薄郊甸，內荒都成，陰無晞景，靁無輟聲。纖波靡於前途兮，微津隔於峻庭。紛雲擾而霧塞兮，漫天頹而地盈。於是愁音比屋，歎發屢省，陽堂之乏，暉朗室無景。望曾雲之萬仞兮，想白日之寸陘。感虛無而思深兮，對寂漠而言靖。毒甚雨之未晞兮，悲夏日之方永。瞻大辰以頹息兮，仰天衢而引領。愁情沉寂，明發哀吟，永言有懷，感物傷心。結南枝之舊思兮，詠莊舄之遺音。羨弁彼之歸飛兮，寄予思乎江陰。渺天末以流日兮，涕潺湲而沾襟。何人生之倏忽，痛存亡之無期。方千歲於天壤兮，吾固以漏夫靈龜。矧百年之促節兮，又莫登乎期頤。哀戚容之易感兮，悲懽顏之難怡。考傷懷於種苦兮，愁豈霖之足悲。雲曇曇而疊結兮，雨淫淫而未散。晞朱陽於崇朝兮，悲此日之屢晏。勑豐隆於岳陽兮，執赤松於神館。命雲師以藏用兮，紲乘龍於河漢。照濛汜之清暉兮，炳扶桑之始旦。考幽明於人神兮，妙萬物以達觀。

晉 張協《張景陽集·苦雨》 黑蜧躍重川，商羊舞野庭。飛廉應南箕，豐隆迎號屏。雲根臨八極，雨足灑四溟。霖瀝過二旬，散漫亞九齡。階下伏泉踴，堂上水苔生。尺燼重尋桂，紅粒貴瑤瓊。

晉 潘尼《潘太常集·苦雨賦》 氣觸石而結蒸兮，雲膚合而仰浮。雨紛射而下注兮，潦波湧而橫流。豈信宿之云多，乃踰月而成霖。瞻中塘之浩汗，聽長靁之涔涔。始蒙瀎而徐墜，終滂霈而難禁。悲列宿之匿景，悼太陽之幽沉。雲暫披而驟合，雨乍息而亟零。旦縱縱以達暮，夜淋淋以極明。黿鼉遊於門闥，蛙蝦嬉乎中庭。懼二源之并合，畏黔首之爲魚。處者含瘁於窮巷，行者歎息於長衢。

晉 張載《張景陽集·霖雨》 霖雨餘旬朔，濛昧日夜墜。何以解愁懷，置酒招親類。悲歌結流風，逸響迴秋氣。

唐 張說《張燕公集》卷二五《祭江祈晴文》 滔滔大江，南國之紀，協靈通氣，降福禦災，是載方冊，代存祀典。歲維秋季，苗稼大熟，雨霖猥集，農夫未收，油油秔稻，垂生芽蘖。上則神威將廢，下則人心何仰？公私憂窘，靡禱不周。訴爾明靈，撤此雲雨，欽儲牲幣，俟答神休。謹以嘉酌脯醢，敬崇禋請。

年月朔日，具官某，敢昭告於大江之神：王有百穀，禮尊四瀆，善利維神，朝海作賓。發源岐山，駕福來臻，率此荊土，明靈是主。已成嘉穀，垂敗霖雨，聽我虔祈，福我農亩。既暵既獲，既埸既庾，欣欣衆心，願答神祜。潔牲明酌，寅奠江浦。

唐 張九齡《曲江集》卷一四《賀雨晴狀》 右：今月十日高力士宣聖旨，以霖雨方滯，有害稼穡之憂，將親禱上陽，三日內不坐。精意朝發，而重陰夕霽，洒數日已來，遂致開朗，誰謂天遠？其應甚速，遂得麥秋有望，蠶事且登。則知至人無心，與天地合契；神功潛運，豈陰陽不測？伏惟陛下明德自廣，兢業載懷，所致休徵，必加謙慎，天聖相合，福施羣生，日用不知，年和在此。臣等無能翊佐，徒忝近密，每有大猷，承奉不暇，無任欣戴慶躍之至。

唐 李覯《李元賓文編》卷二《苦雨賦》 帝何爲乎何譎，歲何爲乎何祥。水何爲乎競火，陰何爲乎乘陽。《易》曰：『大人者與天地合其德，日月合其明。』今則反矣，所謂合德者，變化合其序；所謂合明者，進退合其常。今則反矣，夫君德行乎下，天德行乎上。行乎上者下合，行乎下者上讓。今世則反矣，謂之合德則非應，謂之合明則迷向。豈大人之德，有時而不合；天地之德，有時而用罔。堯之代九州淪胥，湯之代天下焚如。彼二后者，帝矣王矣，其有所不合者乎？蓋所以天道遠，人道邇，不可以知約，不可以知窮已乎？客曰：『非也。夫堯之德，合天以仁，天合亦以仁。夫湯之德，合天以時，而天合亦以時。故堯曰：「惟天爲大，惟堯則之。」湯曰：「伊尹相湯伐桀，升自陑。」堯所以爲帝，湯所以爲王，其與天地合其德，與日月合其明矣。子誣聖人，吾不以矣。由是堯之水，堯民不悲；湯之旱，湯民不饑。故《志》曰：「聖人在上，雹不爲災。」其是之謂乎？子何陋矣。』曰：『噫！吾聞之，存不忘亡，安不忘危，人君之知也。又聞一夫不獲其所，則曰時予之辜，人君之仁也。今霆雨彌月，莫睹天符。雨陰氣也，陰疑於陽必戰。其水乎？其兵乎？下民有不獲者乎？予豈若商之患利，農之憂苗而已乎？誠有已念也。夫堯之水，而人不悲者，舜禹稷契之在朝也；夫湯之旱，而民不饑者，伊尹、仲虺之爲臣也。是雖八年之水，賢乎三季，七年之旱，賢乎二世。所謂有德者災非其眚，無德者吾見其無災而爲害也。故神降於莘，號之災也，熒惑守心，宋之祥也：二國者厥猶然也。堯湯之德，孰曰不動天地乎！』

又 卷二《説新雨》 雨不戾止，距冬迄春。下土嗷嗷，怨歸青旻。天視能審，哀民之甚。民號上訴，憂穀不稔。天初不言，民益凜凜。歲四月中，旱焱燭燭。飛土奪日，遊氛溢空。或車或徒，心務不同。爲害痛者，不惟在農。居無幾何，天乃憑怒。察民無慝，下洗其訴。陰祇告露，陽曜當措。騰龍汩浪，其寐初寤。排六合而上飛，倒百川而下注。懸流浩浩，靈怪相刺。迅雷竊發兮狂電交爇，聲轟輣軸兮氣懾日月。惠於魯而巫尪止焚，溢於河而誇父不蹶。雨始未作，大人貶食。乃雨既垂，謂君何力。君兹事帝，帝報之德。雨既油油，兆民不識。大田芸芸，溉渠脈分。關中之人，負鍤成雲。伊農趨時，如項伐秦。天澤汪濊，與人不仁。穆穆天子，綴旒高視。旱天方霽，王國如綺。南山峨峨，横碧千里。八元挺立，相與而議。昔湯之旱、堯之水，一則九年，一則七祀。力何不戮，禱何不至。浮天赤地，罔不畏死。今純陽微升，膏澤洪被。於我后之德，與堯湯百倍。斷可知矣，時有不肖，泣玉於象魏之下，而竊聞之，敢不志爾。

唐 權德輿《權載之文集》卷三二《洪州西山風雨池記》 山林川谷，能出雲爲風雨，皆曰神，諸侯在其地則祭之。鍾陵風雨池，在西山洪井之北，發源山椒，派分脈散，清淺數里，匯歸於兹。石壁峭絶，泉流其下，信乎精氣之所回復，風雨之所蓄泄。邦人敬享，相傳名之，並山北下二十餘里，有望祀之地。祠宇以神之，蘋蘩以薦之，祈農望歲，於是乎在。祀之豐約，在德之輕重；報之遲速，視誠之薄厚。大夫李公，理江西三年，寬仁清淨，正德利用，以黄韓篤厚之化，易吴楚剽輕之俗，里閭之間，歌頌相聞。歲在丁卯六月大旱，公勤身焦思所以救之之道，撰日潔誠，有事於神。齋心夕往，艤舳宵濟，厥明至於山下，達於祠宇。精誠旁魄，靈貺交感，通山澤之氣，致陰陽之和。和氣薰然，蒸爲時雨，未徹奠而繁陰起，不崇朝而甘液遍，蕩灑疵癘，布之休和。自時厥後，庶徵咸若，茂遂生物，登成甫田。而所治七諸侯，如公之誠，各修其封内之祀，化彼災沴。爲鳌爲福，其或散爲祥風，結爲卿雲。紛綸葳蕤，奔走來告，繇是九江之西，歲用大穰。昔董仲舒推陰陽啟閉之數，相區區江都之地，用無饑年，前史書之。况我公察廉八郡，政成化洽。人有頑薄之俗，以誠革；歲有水旱之沴，以德勝。庶富斯民，如此之盛也。春秋時，國有史氏，君舉必書。德輿從事於公，記事之徒也。以公之仁，池之神，明德參會，若合符節，是用追琢巖石，俾邦人識之。時貞元三年八月庚子記。

唐 白居易《白氏長慶集》卷一六《霜雨苦多，江湖暴漲，塊然獨望，因題北亭》 自作潯陽客，無如苦雨何。陰昏晴日少，閒悶睡時多。湖闊將天合，雲低與水和。籬根舟子語，巷口釣人歌。霧鳥沈黄氣，風帆蹙白波。門前車馬道，一宿變江湖。

又 卷二三《酬鄭侍御多雨春空過詩三十韻次用本韻》 南雨來多滯，東風動即狂。月行離畢急，龍走召雲忙。鬼轉雷車響，蛇騰電策光。浸淫天似漏，沮洳地成瘡。慘淡陰煙白，空濛宿霧黄。闇遮千里目，悶結九回腸。寂寞羈臣館，深沉思婦房。鏡昏鸞減影，衣潤麝消香。蘭濕難紉佩，花凋易落粧。沾黄鶯翅重，滋緑草心長。紫陌皆泥濘，黄汙共淼茫。恐霖成怪沴，望霽劇禎祥。楚柳腰肢嚲，湘筠涕淚滂。晝昏疑是夜，陰盛勝於陽。居士巾皆墊，行人蓋盡張。跳蛙還屢出，移蟻欲深藏。端坐交遊廢，閑行去步妨。愁生垂白叟，惱殺蹋青娘。變海常須慮，為魚慎勿忘。此時方共懼，何處可相將。此以下敘浙東政事。已望東溟禱，仍對北户禳。卻思逢旱魃，誰喜見商羊。預怕為蠶病，先憂作麥霜。惠應施浹洽，政豈假揄揚。祀典修咸秩，農書振滿床。丹誠期懇苦，白日會昭彰。賑廩賙飢户，苫城備壞牆。且當營歲事，寧暇惜年芳。德勝令災弭，人安在吏良。尚書心若此，不枉繫金章。

又《**祭城北門文**為濠州刺史作》 某年日月，某官某，敬以醴幣祭於外城北門。某聞北鄘四門之神，有水旱之災，於是乎禜之。今年春，天作淫雨，將害於農，墊於民。惟城積陰之氣，惟北太陰之位，是用昭告於城之北門，惟門有神裁之。某以天子之休命，殿於是邦，大懼天厲之不時，俾黎民阻饑，敢以正辭告神，神若之何不聽？敢以至誠感神，神若之何不吊？尚克陰沴不作，時暘咸若，百谷用成，庶民用寧，實惟鄘之神，門之靈。於戲！北鄘北門之神，明聽斯言，罔俾雨水昏墊，以作某之憂，神之羞。

唐 劉禹錫《**劉夢得文集**》**卷一六**《**爲京兆韋尹賀雨止表**》 臣某言：今月某日，中使吴文政奉宣聖旨，緣今年雨多，恐傷苗稼，諸有靈跡處並宜祈禱者。臣謹檢尋祀典，方議遍祠。惟德動天，倏已澄霽。伏以至教惠農，兆人務本。今歲宿麥，茂於常年。爰自季春，遂逢多雨。蓋陰陽常數，有以推遷，而隴亩之間，未聞傷敗。陛下勞謙思切，覆育恩深，或慮成災，先期軫念。昭薦未陳於方社，睿誠已格於上元。文明煥開，陰曀潛掃。有年之慶，實兆於兹辰；先天不違，夐超於前代。臣謬司京邑，虔撫蒸黎。欣抃之誠，倍百羣品。無任踴躍屏營之至。

又卷一七《**爲京兆韋尹賀祈晴獲應表**》 臣某言：今月十七日，中使某奉宣聖旨，以霖雨未晴，諸有靈跡處並令祈禱者。臣當時於興聖等竹林神親自祈祝，兼差官城外分路遍祠。伏以神祇效靈，景物澄霽。兆庶睹動天之德，大田俟多稼之期。臣謬荷恩輝，忝司京邑，抃説之至，實倍常情。

唐 佚名《**占四時甲子雨**》《古謡諺》卷五十七 春雨甲子，赤地千里。夏雨甲子，乘船入市。秋雨甲子，禾頭生耳。冬雨甲子，牛羊凍死。鵲巢下地，其年大水。

宋 王禹偁《**小畜集**》**卷六**《**雷**》 商山春夏旱，旱雷不降雨。及秋又霖霪，雷聲時一舉。南山復北山，硧礚若贙虎。君子容必變，所以敬天怒。無乃豐隆鬼，恣意撾雷鼓。此怒既非天，敬之亦奚取。

又《**秋霖**》 秋霖過百日，歲望終何如。嘉穀就穗生，茁茁垂青鬚。宿麥未入土，大田多泥塗。河闊不辨馬，原高恐生魚。時政苟云失，生民亦何辜。雨若是天淚，天眼應已枯。山雲百日雨，山水十丈波。田疇與道路，一夕成江河。巨石大於甕，吹轉如蓬窠。夏旱既損麥，秋潦復無禾。津梁盡傾壞，商販絶經過。斗米二百金，吾生將奈何。安敢比夷齊，愚聖不同科。應如元魯山，餓死深山阿。

宋 吴淑《**事類賦**》**卷二**《**天部・雨賦**》 夫雨者，蓋陰陽之和，而宣天地之施者也。若乃滃然凄凄，霈焉祁祁，納於大麓而弗迷，自我公田而及私。五政無差，十日為期。未能破塊，才堪濯枝。微若草間委露，密似空中散絲。飲酒方觀於御叔，假蓋寧聞於仲尼。若夫月方離畢，雲初觸石，紆灌壇之神馭，儼高唐之麗質。雖潤不崇朝，而暴難終日。爾其驂屏翳，駕玄冥，歎室中之思婦，集水上之焦明。蜀道淋鈴，周郊洗兵。罷陛楯於秦殿，奏簫鼓於劉城。或以占中國之聖，或以伐無道之邢。及夫舟運庭中，衣生堂上，喜甘泉之已飛，伊百穀而是仰。亦有洞中鞭石，鞍上飛雲，煩河伯之使，藉無為之君。則有諒輔聚艾，戴封積薪。漂麥已稱於高鳳，流粟仍傳於買臣。隨景山子行車，折林宗之角巾。亦聞文侯期獵而守信，謝傅出行而致怒。或勤閔而求，或霖淫為苦。忤羅浮之神龜，鳴武昌之石鼓。復見商羊奮躍，石燕飛翔，玉女披衣，雷君出裝。認天河之浴豨，觀卯日之羣羊。利物為神，零雲有香。霈則喻宣尼之相魯，霖則為傅説之輔商。又云欒巴噀酒，樊英嗽水，浮朱鼈於波上，躍黑蜧於水底。陰陽胳合而風多，日月蔽虧而雲細。或因掩骼而降，或為省寃而。考於犧《易》，悵西郊之未零；翫彼麟經，睠北陵而可避。

宋 李覯《**盱江集**》**卷三五**《**喜雨**》 人皆喜膏澤，我獨憂豐年。歲凶已賤糴，年豐安得錢？賦役忽驚駭，倉廩甘棄捐。銖銅苟可換，富貴寧我憐。歸來官事了，相弔柴門邊。農夫未盡死，穀價應常然。王心幸仁聖，分職當忠賢。謂穀賤為美，咄咄無欺天。

又《**中春苦雨書懷**》 春秋書大雨，三日已為霖。如何方春時，終月常積陰。淙空若泉瀉，盪地成淵深。曾無晝夜別，顧恐山嶽沈。疑是天上河，底漏不可禁。傍無女媧石，欲補難為針。又疑坎宮水，陽曜所不臨。何等大鬼物，戲把北斗斟，誰籠三足烏，泠卧空桑林。勾芒失權柄，羞耻啼盈襟。枉殺幾樹花，恣許泥土浸一作侵。或云天有意，欲使誅荒淫。田穀彼何罪，芽頴當森森。一粒且漂溺，不啻千黃金。路絶弔客行，餒我一作死憂巢禽。風聲怒打屋，寒氣獰穿衾。況我出山遠，久次茲江潯。嗟嗟歲月晚，悠悠金玉音。無聊但詠笑，有得還歌吟。莫怪旅愁甚，旅人千萬心。

又《閔雨詩》 吳江之南，是曰豐國。五種之生天下食，一歲不登，吾民菜色。如何天不仁，縱彼旱孽稱其神。矯矯赤龍推火軒，來自東南山。咸池懊水不敢沃，陽侯失色愁烹煎。況茲畎畝流涓涓，何足吸之唇齒間。但見禾與黍，蓬勃紅塵起。土伯勑其屬，掃路迎飢鬼。哀哉氓蚩蚩，託身釜鬲惟蒸炊。小人怨咨君子知，天生天殺今其時。我聞皇穹大德在生育，愛養萬物同嬰兒。產民之身賦民食，中道絶之何所為。當時冥冥間，委任非其宜。山川之神各守土，羣龍受位司天池。上帝當軒親戒勑，十日一雨無愆期。帝心仁且信，臨下固不疑。謂言庶事有分職，屏去視聽思無為。安知愚下鬼，負德孤恩難制指。弄天之權侮人命，貪嗜牛羊邀祭祀。忽焉一物不稱情，因教此旱灾生靈。雷霆之官畏罪莫敢諫，頭枕天鼓眠不醒。帝在紫微垣，下隔千里雲。徒勞銜血向空哭，帝心雖聖安得聞。北斗侍帝側，斡運氣母均四時。五星暨衆宿，照曜亡偏私。夫何容此鬼，恣行胷臆輕天威。定是機務繁，耳目有所遺。小臣亦何者，草莽負奇節。欲係神頸無長繩，欲斬龍頭劒鋒缺。皇穹如未察凶邪，空使小臣心鬱結。

宋 宋祁《景文集》卷四八《北岳祈晴文》 維至和元年，歲次甲午，六月朔，越二十四日，具位臣宋祁，敢以酒幣昭告于北嶽安天元聖帝：按時令，是月大雨時行，雖然，久陰連澍，比稍無節，因而不止，恐害粢盛。常趙之人，勞寠久矣。若今無年，將遂轉溝壑，匱神祀，乏國賦，兩獲罪辜，則亦惟帝之閔。矧川瀆溢流，壞軍城室廬千所，屯吏走告，守臣不敢寧。惟智慮昏塞，無以招來和氣，是用投誠于神。帝若垂哀憐，解駁屯雲，使晴雨得宜，百穀成就，元元足食，其誰敢不據神惠而竭報禮以詫無疆！祁佩軍印，不獲身到祠所，謹遣司戶參軍李沖侍祠。

又 卷四九《安撫太師相公書》 祁惶恐。今茲淫雨溢河，相輔為患，無慮千里，人將其魚。安撫太師相公身督吏下，障塞濟護，一面堵安，人不流捐。發倉廩，墐道胔，存亡皆濟，此臯陶、益、稷、所以樹明德也。德之在人也深，則所報長。宜乎享萬鍾，壽期頤，常冠四輔，為國元老，决不疑已。比來百體若何？固太和憑厚而純祉咸荷也。祁部中有秋，什八以上，但地狹，纔數百里，林麓間之，不能及他，自濟而已，乃餘波所及也。州帑償直已辦，民無橫調，吏如律令，邊候寂然，乞紓深慮。秋晏，為邦國愛重。

宋 强至《祠部集》卷一《久雨》 雨師握天令，汲汲不停駕。疾驅鞭群龍，俛首隨叱咤。乘怒作霶霈，不復息晝夜。羲和久埋輪，縮手喜閑暇。山川盛奔溢，若虞歷陽化。農民驗甲子，其應旱在夏。我疑上天漏，誰能補天罅。慰此農民心，無使憂旱稼。

又 卷二《苦雨》 關輔連歲旱，耕地千里赤。官家放租稅，猶有道邊瘠。群國乞膏雨，童巫叫蜥蜴。神聽久寂寞，民意轉淒惻。天公忽瞑目，一怒乖龍殛。雨師偃其旁，驚起振厥職。不復計多寡，傾瀉信朝夕。入地知幾犁，地上但盈尺。淘如三峽注，那辨四檐滴。落勢曾未停，廬井反憂溺。始知天公難，不易人願適。舉頭告風伯，速吹濕雲坼。却還秋日光，迤邐照阡陌。俾民布新種，來歲飽麰麥。

宋 蔡襄《端明集》卷三《鄮陽行》 春秋書大水，災患古所評。去年積行潦，田畝魚蛙生。今歲穀翔貴，鼎餁無以烹。繼亦掇原野，草萊不得萌。剝伐及桑棗，折發連簷甍。誰家有倉囷，指此為兼并。頭會復箕斂，勸率以為名。壯強先轉徙，羸瘠何經營。天子憂元元，四郊揚使旌。朝暮給饘粥，軍廩闕豐盈。殍亡與疫死，顛倒投官坑。坑滿棄道傍，腐肉犬豕爭。往往互食噉，欲語心驚冤。荒村但寂寥，晚日多哭聲。哭哀聲不續，饑病焉能哭。止哭復吞聲，清血暗雙目。隴上麥欲黃，寄命在一熟。麥熟有幾何，人稀麥應足。縱得新麥嘗，悲哉舊親屬。我歌鄮陽行，詩成寧忍讀。

宋 張舜民《畫墁集》卷一《淮口阻雨己亥吴同年要飲舟次淮口作》 旱久不得雨，既雨不肯休。沄沄汴河水，初合淮河流。北來何處客，暫此駐扁舟。中有投荒人，萬里趨炎洲。聽水夜不眠，觀水朝亦愁。呼風捲重陰，放出赤日頭。捨舟出平地，走馬復西遊。

宋 歐陽修《文忠集》卷四九《又祭城隍神文滁州慶曆七年》 雨之害物多矣，而一作惟城者神之所職，不敢及他，請言城役。用民之力，六萬九千工；食民之米，一千三百石。衆力方作，雨則止之。城功既一作已成，雨又壞之。敢問雨者，於神誰尸？吏能知人一作成城，不能知一作為字雨。惟神有靈，可與雨一作以與語。吏竭其力，神祐以靈。各供其一作厥職，無愧斯民。

又《青州求晴祭文》 維年月日，具官修謹以清酌之奠，致告於東嶽天齊仁聖帝而言曰：

夫麥之為物，曆四時而後實，凡所以生育長養成就之功，可謂至矣。以四時之功而成之，以數日之雨而壞之，此殆非天之意也，非神之欲也。農服耒耜，有勞筋苦骨之勤，而水旱之災，螟蝗之孽，豐歲常少而凶歲常多，所得常不補其所失。天之至仁，憫斯民之若此也，故於其間，時賜一大豐之歲以償之。夫豐歲可謂難得也，既賜與之，又遽奪之，此非天之意也，非神之欲也。今在田者垂穗而蔽野，在場者其積而如坻，民傍徨而視之，穗者不得施其手，積者不得入於廩，使皆化為羽翼而飛揚之，豈不可惜也哉！此非天之意也，非神之欲也。惟神之惠，假以十日之不雨，以成天之大賜，使收穫得以時，而民足食，公足用。是則賴神之靈，假之旬浹之頃，而九州數千里之地，公私皆受其賜矣。蓋所假者少而所利者多，故敢以為請。尚饗！

又卷七二《祭沙山太守祈晴文皇祐五年**》** 修謹告祭於沙山太守之神：修扶護母喪，歸祔先域，大事有日，險雲屢興。修不孝罪逆，賴天地鬼神哀憐，行四千里之江，得無風波之恐。今即事矣，幸神寬之，假三日之不雨，則始終之賜，報德何窮！尚饗！

又《祈晴文》 吏之所以食民之賦而神之所以享民之祭祀者，吏以刑政庇民，而神能以禍福加之也。冤枉之無訴，刑罰之不明，此人力能為，而吏不舉之，其過宜在吏。水旱而不時，饑饉而疾疫，此人力所不能及，而皆職神之由。今自冬涉春，雨雪不止，居人無食，市肆不開，人皆食糟以延旦夕之命，至於無食有自殺者。此縣吏不能治民，以致神禍之過。此宜罰縣令之身，使為病恙災殃以塞其責，不宜使數千戶人皆受其災。雨雪雖久，及今而止，民猶有望焉。惟神閔之！

又卷八六《啓聖院齋殿内權奉明德元德章穆皇后今告遷赴普安院重徽隆福兩殿奉安祝文》 嚮以雨水為災，殿塗增緝。亦既新於叢構，庶來復於真遊。爰揆靈辰，冀茲安妥。緬惟慈佑丕鑒乃誠。

又卷一二七《歸田録·九射格附》 治平二年八月三日，大雨一夕，都城水深數尺，上降詔責躬，求直言。學士草詔，有『大臣惕思天變』之語。上夜批出云『淫雨為災，專戒不德』，遽令除去大臣思變之言。上之恭己畏天，自勵如此。

又卷一三五《唐石洪鍾山林下集序貞元二十年**》** 右《鍾山林下集序》者，石洪為浮圖總悟作也。石洪為處士而名重當時者，以常為韓退之稱道也。唐世號處士者為不少矣，洪終始無他可稱於人者，而至今其名獨在人耳目，由韓文盛行於世也。而洪之所為，與韓道不同而勢不相容也。然韓常歎籍、湜輩叛己而不絕之也，豈諸子駁雜，不能入於聖賢之域，而韓子區區誨誘，思援而出於所溺歟？此孔、孟之用心也。治平元年八月八日書。是日，上以霖雨不止，分命群臣祈禱。餘祈於太社，既歸而雨遂止，某謹記。

又卷一四四《與韓忠獻王稚圭**四十五通·七**慶曆八年**》** 某頓首。仲春下旬，到郡領職。疏簡之性，久習安閑，當此孔道，動須勉強。但日詢故老去思之言，遵範遺政，謹守而已。其余廨舍城池，數世之利，無復增修，完小小斯不敢廢壞爾。今年蝗蝻稍稍生長，二麥雖豐，雨損其半，民間極不易，猶賴盜賊不作，伏恐要知。龊龊之才，已難開展，又值罷絕回易，諸事裁損，日憂不濟，此尤苦爾。南北遼遠，音信難頻，輒此忉忉，以煩視聽。慚悚慚悚。

宋 韓琦《安陽集》卷八《庚申相臺閔稼》 淫雨農疇害復收，彼何恩厚此何仇。高田穀穗拖牛尾，卑地莊窠没獸頭。稔社徹宵喧鼓樂，災居無日苦飢流。如云禍福關為政，安得豐凶在一州。

又《苦雨》 直疑天際裂銀潢，大雨連傾特異常。數里河聲轟陣鼓，萬條簷溜卓戈槍。雷霆勢惡掀人腦，蛟蜃朋凶碎客航。正熟民田多没穗，幾時仁惻動蒼蒼。

又《次韻酬滑州梅龍圖惠酒》 久雨無書致睦隣，坦塗非邈盡長津。正憂吾里民災甚，敢覬公齋酒味醇。得騁蛟龍方倚浪，未鋤稂莠已齊身。太陽幾日披雲見，名少如葵仰望人。

宋 曾鞏《元豐類稿》卷一《苦雨》 霧圍南山鬱冥冥，狹谷荒風驅水聲。祇疑日失黃道去，又見雨含滄海生。如催病骨夜寒入，似送客心衰思驚。揚州青銅不在照，應有白鬢添數莖。

又卷四《多雨》 嗟江之濱地多雨，冬雷不收開蟄戶。陰氣濁晦化為霧，或雲於山水於礎。雜花萬株紅與紫，臘風吹開不可數。入春十日寒始至，春氣欲歸寒格住。羣山巉空雪相亙，摧折草木何可禦。霖傾潦瀉那復止，穹林大丘滅無渚。及今孟夏理宜熱，重裘無溫坐當午。四時云然了安謂，吁吾有愁誰可語。

又 卷三九《太平州祈晴文》 去歲之水，其為害大矣。民之免於死亡而不為盜賊，亦幸而已矣。水之既去，民於完堤防、修疆隴，以從事於田，其艱且勞亦甚矣。使今歲大穰，恐未足以復其力。今苗始莳而雨不止，若將又病之，民有轉死之憂。吏之不能事神治民，以降茲沴，不敢逃其責。然沴之既降，非吏之所能捍而止也。惟神舊依吾民，而食於于土，捍患除災，固神之職，敢不以告？使雨速止，而歲有成，亦惟神於此土，永有依歸，惟神其圖之。

又 卷四〇《謝晴文》 比苦雨淫，懼為歲害。蒙神之德，賜以時暘。今蠶麥甫成，里閭相慶。敢不嚴報，尚祈終惠。

又《洪州諸寺觀祈晴文》 佛有大慈，速於善應。人無常產，理則難安。惟穡事之將成，而雨淫之不止。腆然省懼，豈敢皇寧？蓋茲疲瘵之民，已出旱災之後。室家凋弊，閭里愁嗟。如復薦飢，將焉托命？今早稼甫畢，晚苗方興。窪下之田，已傷流潦。亢爽之地，實懼浸淫。是敢虔對睟容，仰陳淨懇。伏望廓山川之曀滯，回日月之光華。諧此順成，湛然澄霽。實其慧蔭，感慰輿情。附：諸觀云：道實無方，物來斯應。民惟難保，食足為先。虔對上靈，實繄真蔭。謹詞。諸廟云：神實無方，物來斯應。民惟難保，食足為先。虔對至靈，實繄妙蔭。謹告。

又《諸寺觀廟謝晴文》 比虞水溢，將敗歲功。不自皇寧，敢陳懇迫。果蒙陰施，即俾時暘。田里歡呼，粢盛有望。惟神靈所以賜于人者，豈愚足以當之。尚冀餘休，終成多稼。民能自保，神則有依。

宋 曾鞏《南豐曾子固先生集》卷一《喜晴赴田中》 自愁雨破西嶺出，只看水緣南澗生。青天忽從樹杪見，白日漸向谷中明。幽公滌場不可失，陶令負禾須自行。歸時小榼擕亦滿，固有阿連相伴傾。

宋 沈遼《雲巢編》卷一《澧陽大水》 澧陽地湫底，夏雨無時休。疏惡三尺城，民呫爲魚憂。竹屋易飄蕩，薄哉生生謀。羇人豈但免，飭隸資桴浮。洞庭信巨浸，畜洩浮荊州。無迺中江隘，千里壅其流。永懷吾州樂，宅土何夷猶。海隘不厭多，歲旱亦有收。胡爲此契潤，暴下安得瘳。嗟嗟南土人，狐貉守一丘。

宋 王安石《臨川文集》卷二五《苦雨》 靈場奔走尚無功，去馬來車道不通。風助亂雲陰更密，水爭高岸氣尤雄。平時溝洫今多廢，下戶京囷久已空。肉食自嗟何所報，古人憂國願年豐。

又 卷四六《謝晴青詞》 伏以密雲作雨，暘不時若。蒙神賜祐，災沴用除。奔走祓齋，以謝靈貺。祀儀有秩，不敢怠忘。

又《天地社稷宮觀等處祈晴青詞祝文》 積陰為沴，淫雨弗止，蕩決漂墊，將為民災。懼德不類，以干咎罰。是用齋祓，宗祈明靈。冀蒙垂矜，遂獲開霽。休嘉之錫，實被含生。

又《五岳四瀆諸廟祈晴祝文》 淫雨弗止，將為民災。懼德不孚，以罹咎罰。是用奔走，禱于明神。惟神監觀，惠以時暘。非民獨蒙嘉福，神亦永有休享。

又《泗州塔謝晴齋文》 天災于民，淫雨不止。祓除齋戒，並走以祈。實蒙等慈，俯應誠悃。永惟庇貺，其敢弭忘。

又 卷八六《祭鮑君永泰王文》 年月日，官某，敢告于鮑君之神。農之勞，神之所知也。歲之四時，而於冬為最隙，然猶築場圃，治屋廬，塗囷倉，糞田疇，未嘗一日而晏然以休息。今茲令又以其暇時，屬之使治渠川，比常歲，則農之勞蓋有加焉，神宜哀憐而有以相之也。治之無幾也而雨，雨且止，丁壯老弱相與行水而涸之。猶未也，而又雨。非民獨病也，而令亦夙夜以憂。惟神相之以霽，令是役早有卒也。夫令之所以憂，其職民也。惟神之食於民也為已久，而憂之亦不可在令後也。謹告。

二

年月日，敢再告于鮑君之神。謁於神之明日，而天地廓然以澂，民賴以供役。且卒事而復雨，雨淫不止，民愁而令恐。意者令之治行，無有可媚于神者，而神不卒聽之乎？令則有罪，而民何尤？且霜雪風雨之濫淫，固其責自神而無與於令也。巍然南面饗人之歸，事已而利澤不加焉，亦神羞也。惟神降意，以從令之言毋忽，令亦能發明神之令德，使民世事神不懈而有加焉。謹告。

宋 司馬光《傳家集》卷四《苦雨》 今春憂亢陽，引領望雲族。首夏忽滂沲，意為蒼生福。自爾無虛日，高原亦霑足。連年困饑饉，此際庶和熟。如何涉秋序，沈陰仍慘黷。長簷瀉潺湲，晝夜浩相續。喧豗流潦怒，突兀壞垣禿。駕牛泥没鼻，跨馬水平腹。瓦欹松漫白，道廢草濃緑。汙萊閔下田，漏濕憐破屋。縱橫委地麻，狼藉卧隴穀。怯聞飢嬰啼，愁聽寡婦哭。閒官雖無責，飽食愧有禄。世紛久去心，物役奈經目。欝陶聊秉筆，狂簡已盈幅。

又卷七《次韻和鄰幾秋雨十六韻》 氣象殊朝夕，興居錯晦明。混元初不宰，霪雨浩無程。蟄隘寧天意，咨嗟固物情。瞞嘔方有望，薈蔚已隨生。杲杲升還隱，悽悽斷復行。亂莎長被徑，荒蘚綠緣甍。轍迹康莊絶，潢汙壠畝平。茅茨不足庇，禾黍若為成。蟋蟀頽牆泣，蛜蝛壞竈盈。乘時衆鷗舞，得意怒蛙鳴。牛馬誰分異，蕭蘭已混并。居閒猶叵度，負重況遐征。舟泊川無渚，輪摧路有阬。轑羹愁病婦，煬竈擁寒嬰。災不妨明德，神應格至誠。淳光終下燭，時藿久心傾。

又卷八《苦雨》 積雨欲侵旬，朝晡漫不分。蒼涼微露日，慘澹已生雲。地半成泥滓，天應厭垢氛。時聞度鶬鴰，空外自為羣。

又卷八〇《晉祠謝晴文》 久雨不止，涉于積旬。汙邪既瀦，平原將溢。田恐蕪穢，民憂墊隘。有司恐懼，謀請于神。聰明感通，遽已晴霽。水返其壑，雲歸於山，蔬穀無虧，歲則大熟。蒙神之休，敢愛牲酒。尚饗！

宋 彭汝礪《鄱陽集》卷三《久雨》 十日七日雨，十步九步水。師徒宿蓁莽，宴坐吾亦恥。其誰護封穴，未忍鳥鼠死。天意若有謂，無人可言此。

宋 范祖禹《范太史集》卷三〇《賜宰相呂大防等爲雨水乞降黜不允詔》 省所劄子奏：『伏見雨水過常，害及民物，皆由充位無補，致此災譴，伏望特賜降黜。』事具悉。常雨為災，歷時不已，雖竭精禱，未蒙神休，陰陽失和，衆庶被害。側席思咎，殆天儆予。實賴左右輔臣，交修不逮。卿等躬任燮理，志同憂勞。雖引責抗章，義深懇惻，而遽請避位，予何倚毗？惟先格王，飭已正事，不聞歸罪股肱大臣。當體至懷，共圖救政。所請宜不允。

宋 劉攽《彭城集》卷一六《聞蜀中大水寄閬中諸弟》 蜀嶺參天近，巴江向海迂。百城同暗谷，獨鳥視前途。六月蒸雲甚，長風驟雨俱。漏天晴得補，深峽不時輸。回首蛇蛟鬬，傷心虎豹呼。劍關愁斷棧，天漢逼乘桴。臂飲通殊俗，巢居自一隅。遺黎待螺蚌，小邑斷樵蘇。絶域飛黃鵠，仙人用隻鳧。清秋已收潦，問爾麗泥塗。

宋 晁補之《雞肋集》卷一〇《閻子常携琴入村》 閻夫子，通古今。家徒四壁猶一琴，今年二月雨霖霪。喜君壠麥如人深，屋間幽默咸池音。高山流水我非聽，聽我說君辛苦吟。薛老村西十里地，旱日燎原無柳林。芒鞵曳杖逐鐮籠，當午未食飢燒心。芸芸麥田翻黃波，蝻蟲盤穗如蝸螺。麥未收打催種豆，屋下跡少田間多。閻夫子，時我過。我與夫子良同科，四體雖勤口餔衆。煮豆然萁窮奈何，人謂君琴語辛苦。此曲無乃傷天和，君不見夫子宋圍不糝猶弦歌。

宋 秦觀《淮海集》卷三一《祈晴文》 凡物平爲福，有餘爲禍，雖陰陽之大，猶不免焉。乃季春以來，雨霪不止，漫溝甽，漲川澮，麥苗垂敗，將弗克有秋。是用禱于爾神，惟神廟食此土，當赫厥靈，以福于民。民亦將有以事神，而不敢懈。尚饗。

宋 蘇軾《東坡全集》卷九九《祈晴風伯祝文》 維神開闔陰陽，鼓舞萬類。行巽之權，直箕之次。陰淫為霖，神能散之。下土墊溺，神能暵之。發軫西北，弭節東南。風反雨霽，神亦不慚。尚饗。

又《祈晴雨師祝文》 天以風雨寒暑付於神，亦如人君之設官置吏以治刑政也。人君未嘗不欲民之安，天亦何嘗不欲歲之豐乎？刑政之失中，民惟吏之怨。雨暘之不時，民亦不能無望於神也。今淫雨彌月，農工告窮，歲之豐凶，決於朝夕，而並走羣望，莫肯顧答。維天之所以畀於神，神之所以食於民者，庶其在此。尚率厥職，俾克有秋。尚饗。

又《祈晴吴山祝文》 歲既大熟，惟神之賜。害於垂成，匪神之意。築場為途，臥穟生耳。農泣于野，其忍安視。生為楚英，沒為吴豪。烈氣不泯，視此海濤。反雨為暘，何足告勞。有潔斯醴，匪神孰號。尚饗。

又《祈晴祝文》 大雪連日，凝陰傷春。閔惟艱食之民，重此常寒之虐。役兵墮指，行旅摧輈。老弱號呼，吏既慚於無術；陰陽舒卷，神何惜而不為。願掃重雲，以昭靈貺。使民奉事，永歲益虔。尚饗。

又《謝晴祝文》 軾以憂寄，出守此邦。歲之不登，實任其咎。政雖無術，心則在民。惟神聰明，其應如響。雨不暴物，晴不失時。喜愧之心，吏民所共。式陳菲薦，少荅神休。尚饗。

又《祈晴吴山廟祝文》 秋穀未登，既食其陳。嗣歲之虞，當斂其新。逮此秋暘，載獲載春。陰雨害之，穡人罔功。我發庫泉，以實高廩。曷敕雨官，遄止其淫。既暵我場，萬杵皆作。待此坻京，援我溝壑。英文烈武，雨霽在余。稽首告病，其忍弗圖。尚饗。

又《謝晴祝文》 賞罰在朝，吏申明之。及其有愆，吏得正之。雨暘在天，神奉行之。及其不時，神得請之。惟吏與神，各率其職。有求必獲，則無虚食。

淫雨既止，惟神之功。肴酒匪報，惟以告衷。尚饗。

又《謝晴祝文》 吏既不德，致災害民。一雨一霽，輒號於神。風回雪止，農事並作。神則有功，吏亦知作。凍餒之蘇，其賜不貲。嗟我吏民，為報之微。尚饗。

又《杭州禱觀音祈晴祝文》 三吳之災，連歲不稔。尚賴朝廷之澤，大分倉廪之陳。乃眷疲羸，僅免流殍。今者淫雨彌月，秋成半空。永惟嗣歲之憂，將有流離之懼。我大菩薩，行平等慈。覩此眾生，皆同赤子。反雨暘於指顧，化豐歉於斯須。雖某等不德而召災，念斯民無辜而可憫。願興慈率，一拯含生。

又《謝觀音晴祝文》 民無常心，固何知於帝力；天作淫雨，當有感於佛慈。慧光照臨，陰沴消復。拯農工於溝壑，寬吏責於簡書。某等共銜不報之恩，願頌難名之德。恭馳梵宇，少薦微誠。

又《謝晴祝文》 天作淫雨，害于粢盛。蒙神之休，猶得中蒸。薄奠匪報，式昭厥誠。

又《祈晴祝文》 均糴之法，著于甲令。視歲豐凶，以馭重輕。歲且中熟，雨則害之。如此失時，公私交病。神食此土，民命係焉。無俾歉荒，以作神羞。

宋 蘇轍《欒城集》卷五《次韻子瞻吳中田婦嘆》 久雨得晴唯恐遲，既晴求雨來何時。今年舟楫委平地，去年蓑笠為裳衣。不知天公誰怨怒，棄置下土塵與泥。丈夫強健四方走，婦女齷齪將安歸。塌然四壁倚機杼，收拾遺粒吹糠粞。東鄰十日營一炊，西鄰誰使救汝饑。海邊唯有鹽不旱，賣鹽連坐收嬰兒。傳聞四方同此苦，不關東海誅孝婦。

又卷一一《積雨二首》 山雨無時歇，江波上岸流。泥深未免出，橋斷更堪憂。房淺鄰糟甕，宵寒攬絮裘。朝來勢未已，歸路恐操舟。

微陽力尚淺，未解破重陰。雲氣山川滿，江流日夜深。凍牙生滯穗，餘潤及重衾。泥濘沉車轂，農輸絕苦心。

又卷二六《徐州漢高帝廟祈晴文代子瞻**》** 熙寧十年六月癸巳，具官蘇某謹以清酌少牢之奠，告於漢高皇帝之神曰：此方之民，以麥為命。今茲歲首，雨雪失候。麥苗病瘁，獲不償種。恃秋有成，庶幾無饑。菽粟滿野，淫雨為害。豐沛庳下，鞠為豬澤。暑雨方作，晴未可覬。雨暘之間，死生係之。吏民相視，無所控告。惟神奮自茲土，掃滅強暴。雖宅關輔，實懷故鄉。俯仰千歲，遺語猶在。閭里告病，其有不恤。驅除陰雲，導迎秋暘，神實能之。疏放流潦，改種秋稼，民實望之。道民之言，徼神之福，吏實職之。苟克有應，敢忘其報？尚饗。

又《南京祭神文七首》 熙寧十年九月戊辰，某官某謹告於某神曰：今茲禾稷將登，銍艾滿野。陰雨為沴，彌月不止。穗者將腐，角者將落。徐方大水，將浸東境。溝洫盈滿，流潦橫至。民貧無食，恃獲以飽。官貧無蓄，恃税以給，而雨并害之。公私困竭，神亦將乏享。吏既不職，無以格神之休。敢因民心，以乞晴於爾有神。神能掃除陰雲，顯見白日，使秋稼畢登，宿麥咸蓺。民免於饑，吏免於罪，則神之賜多矣，其何以報？謹告。

九月甲戌，某官某謹以清酌庶羞之奠，告於神曰：民能盡力於耕，而水旱之變，不能知也。吏能盡力於治，而饑饉之憂，不能為也。斡旋陰陽，開闔天地，其職在神，此吏民之所恃而依也。雖然，叩之而必聞，號之而必應，人有不能，而況於神之遠而微也？今者以雨病告，不旋日而雨止，種麥獲豆，不失其時也。太守不德而蒙斯貺，自視缺然，知無以堪之也。酒醴潔芳，肴蔌備具，匪以為報，惟致其意也。尚饗。

十二月己亥，某官某謹以酒果之奠，告於某神：宋維大都，兵食夥繁。一歲之奉，仰於諸藩。自河為災，千里汗漫。鄰邑告病，我邦獨完。賦稅百須，所恃惟田。終歲不雪，麥將大乾。患始於民，卒迫於官。神仁愛人，忍坐以觀。卷舒陰陽，職上通天。勞不崇朝，雨雪紛然。民食宿麥，癘疫莫干。久而不施，莫知誰愆。吏則不德，而民當哀憐。歸誠於神，其終捨旃。尚饗。

元豐元年正月庚申，某官某謹以肴酒之奠，祭於句芒之神：木氣既應，田事將起。肇出土牛，以令早晚。惟神體仁司春，發生萬物。時節風雨，佑我農夫。苟東作順敘，將終歲允賴。邦有舊典，敢率以告。尚饗。

二月己未，某官謹以肴酒之奠，告於某神：某來守是邦，自秋徂春，政事不修。雨暘失候，始以水告，繼以旱請。玩神瀆祀，至於再三，中心赧焉，懼獲譴咎。然今宿麥將槁，時雨不降，流亡布路，倉廪莫繼。與其病民，寧我獲戾。是用恭卜良日，申禱有神，其尚矜農夫，賜以膏澤。尚饗。

六月十七日，具官某謹以肴酒之奠，告於某神：梁宋之郊，頻年旱饑，盜賊煩興，囹圄填充。粤自茲夏，農獲六七。流亡既去，桴鼓隨息。庶幾秋成，民以阜安。而淫雨不節，水潦橫潰。荏菽禾黍，鞠為汙澤。秋氣方始，田可耕種。神誠愛民，錫之開晴。積水時去，晚稼復蓺。則民報神之心不在俎豆，將世以奉承，毋有厭斁。尚饗。

七月五日，具官某謹以肴酒之奠，告於某神：乃者暑雨薦至，溝澮盈滿。淤田棄水，相繼為虐。秋稼滿野，淪胥以敗。民號無告，吏莫之救。酌酒告神，庶幾哀憐。曾未旋踵，秋暘炳耀。匪神之仁，化為兇年。雖使民竭其所有，無以報稱，奉觴再拜，惟誠而已。其尚驅除陰沴，以終大賜。尚饗。

又《績溪謁城隍文》　某以不才，忝臨民社。謹因舊禮，拜謁祠下：神仁愛民，恭率神意，不敢不勉。神亦時節風雨，驅除癘疫，以佑相我治。謹告。

又《謁孔子廟文》　某結髮學問，今始為邑。無由之政事而治蒲，無偃之文學而治武城。進謁祠下，惟愧惟慄。謹告。

又《祭靈惠汪公文》　維元豐八年歲次乙丑八月壬戌朔十六日丁丑，承議郎、知縣事、騎都尉蘇轍，謹遣男適以巵酒特羊致祭于靈惠公汪王之神：神有功斯民，世享廟祀。轍來長是邑，即神舊邦。蒙神之休，雨暘以時。稼穡大熟，賦役畢具。獄訟衰少，才短政拙。何以獲此，意由僥幸。以致疾癘，寒熱為虐，下逮兒女，更相播染，臥者過半，迄茲痊損。自夏及秋，中間禱禳。神不厭瀆，卒保康乂。皆神之恩，茲用恭致薄禮，以謝不敏。敢告：驅除瘴癘，時節風氣，使民不告病，而吏與蒙貺。尚饗。

又《青辭三首·南京祈晴青辭》　嗟民之艱，豐歲常少。粵維茲夏，牟麥小熟。饑者未飽，而淫雨為沴。秋稼殄瘁，淪為塗潦。宿藏將盡，歲計莫續。盜賊將起，犴獄充斥，民之無辜，誰為此禍。吏實不德，得過於神。胡為殃民，以重吏愆。今茲歸誠天地，布其腹心。神仁愛人，豈終病之。其尚振揚清風，以逐屏翳。使太陽顯行，后土以乾。民趨於田，既獲且耕。亦有高廩，以祀以養。吏蒙其賜，不知其報。此亦天地之大德，下民之所仰望而求也。

又卷三四《祝文十二首·北京南開二股河祭河瀆星辰祝文》　維元祐四年歲次己巳月朔日，嗣天子名，謹遣承議郎、行太常博士、充秘閣校理、武騎尉劉唐老，敢昭告于尾宿星：乃者暑雨過常，河流東溢。因有司之來告，請以時而決疏。兵役暴興，冀明靈之垂祐，民心苟利，幸開塞之協宜。尚饗。

又《後苑祈晴祝文》　維元祐四年歲次己巳八月戊戌朔二十二日己未，皇帝遣入內侍省內東頭供奉官勾當後苑譚扆等，請僧三七人，於後苑華景亭開啟祈晴道場。伏以秋稼方登，淫雨作沴。矧合宮之大禮，迫季月之近期。塗潦為憂，寢食幾廢。仰祈法力之勝，時斂積雨之祥。開示秋暘，以成歲事。下慰勤農之念，上全享帝之誠。謹言。

又《太廟整漏奏告宣祖皇帝祝文》　維元祐四年歲次己巳九月戊辰朔六日癸酉，孝曾孫嗣皇帝臣名，謹遣朝請大夫、守太常少卿、直龍圖閣、柱國、賜紫金魚袋臣李周，敢昭告於宣祖昭武睿聖皇帝：伏以廟室久安，霖雨乘隙，飭工繕治，選日告虔。棟宇益堅，威靈無疏。尚饗。

宋　蘇轍《欒城後集》卷四《雨病》　晴送麥入倉，雨催穀含穗。共怪天公仁，曲盡老農意。誰為三日霖，下漉一丈地。百谷爭奔流，通川不可厲。夜聞屋山落，晝說城闉閉。老羸知奈何，脾病尤所畏。中宵得暴下，亭午臥忘起。良醫過我言，勿藥行自喜。損食存谷神，收心闢邪氣。兀然槁木居，油爾元和至。天唯不窮人，人則昧其理。學道三十年，愧爾良醫賜。

又卷一九《祝文二首·嵩山祝文》　轍昔緣吏役，自陳如洛，道出嵩少，秋雨方淫，繁雲如絮，纏覆山上。究觀近麓，莫矚諸嶺。據鞍默禱，庶幾一見。俯仰未幾，豁然雲移，如卷重帷，卻置山後，連峰角立，草木可數。驚顧竊嘆，莫知其由。昔韓愈南征，有感於衡。豈以無似，克配前烈。默然慚愓，不以語眾。至於今日，十有八年，永懷疇昔，有不能已。謹遣家兵以茶酒香燭及佛經，疏伸導薄誠，神鑒不昧，景響昭答。謹告。

宋　蘇轍《欒城三集》卷一《苦雨七月朔》　蠶婦絲出盎，田夫麥入倉。斯人薄福德，二事未易當。忽作連日雨，坐使秋田荒。出門陷塗潦，入室崩垣墻。覆壓先老稚，漂淪及牛羊。餘糧詎能久，歲晚憂糟糠。天災非妄行，人事密有償。嗟哉竟未悟，自謂予不戕。造禍未有害，無辜輒先傷。簞瓢吾何憂，作詩熱中腸。

又《殺麥二首》　麥幸十分熟，雨過三日霪。初晴尚未伏，半夜卷重陰。細築場無隙，輕推磨有音。驚聞諸縣水，一曬直千金。

雨後麥多病，庾中蛾欲飛。不辭終日暑，幸脫半年饑。潦水來何暴，秋田望已微。農夫愚可念，此報定誰非。

又《久雨》　雲低氣尚濁，雨細泥益深。經旬勢不止，晚稼日已侵。閒居賴田食，憂如老農心。堆場欲生耳，棲畝將陸沉。常賦雖半釋，雜科起相尋。兇年每多暴，此憂及山林。號呼天不聞，有言不如瘖。願見雲解脫，秋陽破羣陰。

又《遲往泉店殺麥》　罷民不耕獲，豈利有攸往。古人為我言，許此亦無妄。一冬免鋤犁，二麥盈甕盎。火老金尚伏，雨過築場壤。鄰家助伯亞，蒼耳割榛莽。朝陽得終日，經歲可無恙。老夫終病慵，長子幸可仗。劬勞慎勿厭，餅餌家共享。秋田雨初足，已作豐熟想。歸來報好音，相對開䕸醸。

又 卷二《九月陰雨不止病中把酒示諸子三首》 旱久翻成霧雨災，老人腹疾強銜杯。官醅菉豆適初熟，籬菊黃花終未開。兒女共憐佳節過，雞豚恐有故人來。衰年此會真餘幾，薄酒無多不用推。

九日不能飲，呦呦覺胃寒。妻孥勸把盞，萸菊正堆槃。懶極久成病，年高終鮮歡。道人嫌服藥，心息自相安。

庭菊兼黃白，村醪雜聖賢。微吟還自喜，不飲信徒然。陶亮貧非病，孟嘉醒亦顛。相看莫相笑，與爾各當年。

又《春陰》 春後誰令百日陰，雨淫風橫兩相侵。天公未有惜花意，野老空存念麥心。共怪叢筠亦黃落，終憐老檜獨蕭森。過中不克陽安在，夏旱前知未易禁。是春，所在竹林皆黃落，頃所未見。

又《蠶麥》 春寒風雨淫，蠶麥止半熟。耕桑未嘗親，有獲敢求足。鄰田老翁嫗，囊空庾無粟。機張久乏緯，食晏惟薄粥。熟耕種未下，屢禱雲不族。私憂止寒餓，王事念鞭朴。為農良未易，為吏畏簡牘。閉門差似可，忍饑有餘福。

又 卷三《春旱彌月郡人取水邢山二月五日水入城而雨》 春旱時聞孽火然，邢山龍老不安眠。麥生三寸未覆壟，雨過一犁初及泉。深愧貪民饑欲死，可憐肉食坐稱賢。南齋遺老知尤幸，湯餅黃齏又一年。

宋 張耒《柯山集》卷一〇《有感三首》 南風霏霏麥花落，豆田漠漠初垂角。山邊夜半一犁雨，田父高歌待收穫。雨多蕭蕭蠶簇寒，蠶婦低眉憂繭單。人生多求復多怨，天工供爾良獨難。

又 卷四《饑烏詞》 北風夜雨烏翅濕，低飛野畦啄遺粒，啄食不飽還畏人，嗚呼隔壠自求羣。我行陳宋經大澤，田荒生茅不種麥。空腸待飽明年禾，鴉鴉爾饑獨奈何。

又 卷四八《廣惠王祈晴文》 請雨未幾，又復謁晴。在人宜怒，況神之靈。沃野茫茫，歲將有秋，誰為之孽，雨淫不收。失望垂成，吁嗟憫憂，不敢避瀆，冒昧有求。神或哀之，疾尚可瘳。

又《靈濟王祈晴文》 徹救旱之奠，曾未逾旬；陳止雨之辭，則已在廟。不修人事，惟神之求，罔忌威靈，其瀆已甚。罪不能脫，誠或可通。今茲多稼既成，敗于將穫，積水且溢，決則不支。始幸倉廩之將盈，俄憂父子之不保。盛德未竟，大恩宜終。夫呼而為風雲，吸而為開霽，于神無費，庶禱必從。

又《景德寺祈晴文》 伏以雨既時若，歲將大熟，而陰霖不止，水潦將增。大懼堤防之圮隳，偃瀦之墊溺。欲除民病，惟賴佛乘。伏望消伏陰魔，開通慧日，拔幽沉為明達，變苦惱為歡謠。衆生之疾既除，能仁之願亦滿。

宋 畢仲游《西臺集》卷一八《苦雨》 陰雲藏雨來，風吼如海潮。乖龍喜當路，下雨連三霄。平河忽瀰漫，不見城東橋。蟄者灌其穴，飛者飄其巢。惟有魚與鼈，得勢饒腥臊。雖聞雷霆震，若有鬼神號。禾豐不得斂，穗濕依生苗。農家堵戶歎，始覺虛勤勞。乖龍莫之悟，自謂膏澤饒。始知旱魃虐，未得如雨妖。

宋 鄧肅《栟櫚集》卷八《大水雜言》 前日雨如絲，繽紛雜朝霧。昨日雨如注，萬壑爭馳騖。今朝有霽色，作意在芒屩。那知復如傾，漫天飛瀑布。介休借車振蒼穹，十八葉幡如火紅。濤頭起伏萬銀屋，河伯盡以山爲宮。門前小艇疾飛鴻，挽我同趨急流中。人生如夢貴適意，乘此可食千頭龍。醉中舉杯謝舟子，口腹自營吁可鄙。不聞大禹不過門，血指爲疏九年水。何如乘風拜張堅，喚取女媧來補天。坐令赤子脫魚腹，六合內外還桑田。柳枝却下蛟龍約，談笑支奇付鐵索。異時天上敢驚呼，斥作人間鎖折脚。

宋 李綱《梁溪集》卷一六《次韻顧子美見示久雨三首》 一春常苦雨，入夏尚慳晴。雲物頻舒卷，軒牕乍晦明。下田嗟漲溢，高岸惜頹傾。蔓草無情思，芟除又發生。

朝來疑欲霽，雲氣復如蒸。泥潦疲馳驟，晨昏錯寢興。及時初可喜，失節反堪憎。安得西山出，層樓共一登。

中夏猶裌衣，澤國信殊候。連陰不復開，似欲無晴晝。涓涓簷間滴，駃駃渠中溜。蒼生環堵完，遑恤吾廬漏。

宋 李光《莊簡集》卷二《和徐漕苦雨之什》 澤國三月雨，浩渺灌室廬。爕調歸化工，佞佛計已踈。乘時舞鰌鱔，快意鳧鶩趍。君來持龍節，問俗浮江湖。風濤正蹙蹙，斯民豈寧居。一飽不可期，況乃供軍須。素懷澄清志，慷慨時登車。田疇得安業，十郡通有無。陰霾會消釋，清風為驅除。漸聞閭里間，歡聲變嗟吁。

又《元夕陰雨孤城愁坐適魏十二介然書來言瓊臺將然萬炬因以寄之》 海濱遇元夕，况值愁陰天。重陰障佳月，微雨雜瘴煙。孤城欲黄昏，里巷已蕭然。荒祠鼓坎坎，老巫舞蹁躚。揮杖眩村氓，捩齒傳神言。異域俗尚鬼，殊形耳垂肩。邦人素敬畏，香燈競駢闐。使君招我飲，老病不得前。有如伏櫪馬，硉兀難加鞭。遥知瓊臺上，萬炬照綺筵。幽人正愁絶，跏趺坐深禪。霧靄埋羣山，不礙孤月圓。茅菴一燈留，照我獨不眠。夜闌香篆銷，息息火自傳。何當訪羽客，同上羅浮巔。羅浮山不甚穹而夜見日。東坡有詩云：『羅浮見日雞一鳴。』又小説，中秋大雷雨，坐有道人引客上羅浮頂，月色皎然，雲雷皆在山脚下。

宋 朱熹《晦庵集》卷一《冬雨不止》 忽忽時序改，白日藏光輝。重陰潤九野，小雨紛微微。蒼山寒氣深，高林霜葉稀。田家秋成意，落落乖所期。曠望獨興懷，戚戚愁寒饑。事至當復遣，且掩荒園扉。

又《冬至陰雨》 窮陽值歲晏，忽復層陰結。一雨散霏微，千林共騷屑。端居遺簿領，遠意懷幽潔。曠慮守微痾，殊方感新節。豈伊田廬念，邱壠心摧折。還登東嶺岡，瞻竚何由歇。

宋 陳造《江湖長翁集》卷七《春雨寒甚作長句》 白龍天飛宜莫測，吳儂解數歸消息。年年青帝發生時，似妬園林春動色。西山龍母誕彌月，歸覲親顔供子職。壽觴瓊醴俗共傳，玉鱗素鬐誰所覿。酸風鼓寒苦霧塞，行人縮頭欲僵立。蛟鼉凍蟄大水拔，更問嬌紅并眉白。閉門三夜淙簷雨，起視溪流高數尺。去年夏秋走祈禜，雲電收藏日血赤。農家倚鋤望眼穿，白汗呀流地龜拆。天可問，曷不遺，兩龍此時會生日。

宋 陸游《劍南詩稿》卷一五《舟過南莊呼村老與飲示以詩二首》 昔我過此時，荷花粲雲錦。今我復来遊，霜露已凄凛。鄉鄰福苦薄，積雨敗垂稔。禾頭耳[illegible][illegible]，熟計難高枕。所懼憂吾君，歲暮詔發廩。勿言村醪薄，排悶聊共飲。

玄雲吞落日，大風東北起。隔林鳴兩鳩，當道行衆螘。晴来未三日，雨候乃復爾。我場何時乾，嘉穀在泥滓。豐凶歲所有，遊惰古所恥。努力教子孫，天公終可倚。

宋 王炎《雙溪類稿》卷二《大水行》 屯雲墨色日將暮，晦明揮霍雨如注。水聲夜半摇匡床，平旦出門吁可畏。盤渦渼瀁吞邊旁，悍流洶湧行中央。日中雨復綆縻下，溝塍水躍皆渾黄。黑風拗怒雷擊地，浪頭起立三丈强。杈枒老木根株拔，崚嶒古屋椽桷裂。快馬萬蹄迸突而憑凌，靈鼉百面頵洞而硠砰。鋭兵鏖戰城柵倒，猛虎嗥吼崖谷崩。旁觀氣奪目力眩，瀕流上下俱不寧。升高辟害叫舟楫，篙工倚柂不敢行。寂寥向晚頗衰落，斷霞返照回新晴。鳥飛不盡天界闊，蒼烟淡淡山青青。銜杯引滿幸無恙，收召魂魄猶屏營。往年秋水沈半壁，闔門九死得一生。今日思之痛方定，一見洪波心震驚。吾聞山挾河回衝底柱，峽束江盤投灧澦。魚龍百怪家其中，風濤暴横無終窮。小溪常時清且淺，漪漣不動平於板。淺津可涉深可梁，一旦沸騰能漭茫。傳聞潰洫山裂破，黑蛟夜出作奇禍。抉崖走石勢力粗，十家六七無室廬。百年枯塚尚漂泊，變生倉卒人爲魚。君不見去年四月不雨至七月，澗谿一綫皆斷絶。川居人曾死於暍，山居人今死於溺。下田黄塵曾蓬勃，高田白沙今障沒。嗚呼災害何其頻，勦民之命誰肯任。勦民之命誰肯任，蒼天蒼天實照臨。

宋 虞儔《尊白堂集》卷二《和鮑倅暴雨大水之作》 坳堂方笑芥爲舟，驟雨俄驚匯衆流。天漏不知何處補，地卑轉覺此生浮。會須擊水扶摇上，政想乘風汗漫遊。宦海陸沉聊爾耳，詩人休詠白蘋洲。

又卷三《久雨》 秋到天公日日陰，林間厭聽鵓鳩鳴。向來南畝頻憂旱，此去西成只欠晴。簷有漏痕看菌出，徑無行跡認苔生。夜窗細誦秋陽賦，才謝坡仙和不成。

宋 真德秀《西山文集》卷二三《祈晴設醮青詞》 伏以事天事地，夙罄精忱；時雨時暘，未臻休應。念兹蠶月，重以麥秋，詎意浹旬之間，偶遭霖潦之變。三盆將獻，恐妨就簇之工；五穀最先，懼失食新之望。况連歲旱荒之相踵，而四方愁歎之未紓。重罹此災，一至斯極！皇矣上帝，本溥博以好生；今此下民，將困窮而阽死。願回慈愍，亟掃陰霾。庶寬寒餒之憂，少逭菲凉之責。無任懇禱之至。

又《求晴設醮青詞》 穡事方興，咸切豐年之願；梅霖不已，復罹積潦之災。慨念平疇，卷為巨浸。霑體塗足，二時殫種莳之功；疾首痛心，一旦墮渺茫之境。惟德弗類，上干至和。彼民何辜，使就死地！願收陰沴，亟煥陽明。庶幾高卬之獲全，尚或有無之相補。於神特嘘吸之易，而民免溝壑之憂。瀝懇投誠，鞠躬請命。

又《報恩天慶觀青詞》 伏以霖潦為災，粢盛告病，亟攄丹悃，虔扣蒼穹。曦馭上騰，陰霾盡掃。少慰羣元之望，仰繄大造之仁。用控精誠，少伸報謝。尚終祈於覆育，庶迄底於登成。

又《祭謝祝文》 伏以以人占天，曰日當食，陰雲布濩，景曜靡虧。尚虞四方，或睹兹變，側躬祗栗，冀格神休。尚饗。

又 卷四八《東岳清源洞祈晴青詞》 臣聞民之可憫，無若良農；物之難成，莫如嘉穀。自始秧而至既穗，非膏澤無以滋其生；迨垂穎而及登場，非烈日無以堅其實。惟均節而不忒，斯順成而靡虧。越從春夏以來，幸適陰陽之叙。今歲將大熟，而雨則過多。溪壑至於溢流，町畦幾於冒没。晢然待晡，不勝田野之情；壞於垂成，必非穹旻之意。敢抒誠懇，虔愬高靈。伏望憫其終歲之勤勞，賜以兼旬之明霽。百里而半九十，俾末路之獲全；甫田之取十千，庶豐年之可必。

又《寺觀設醮謝晴青詞疏語》 雨以潤物，過乎度則為災；天維子民，哀其窮而必救。《疏》云：甘霖本以潤物，過則為災；諸佛切於念民，窮斯必救。比以連陰之沴，凛乎害稼之憂，奔走有祈，顧答如響。剗重雲而見白日，六合清新；弭駭浪而為安流，百川順聽。仰至仁之易感，戴鴻施以何窮！屬當收穫之期，不厭晴明之久。崇墉新積，願克保於歲功；擊壤均懽，其敢忘於帝力！疏作佛力。

又《寺觀謝晴青詞疏語》 嘉穀告登，既卜有年之慶；連陰不已，遽為積潦之菑。不勝朝夕之憂，亟叩乾坤之造。賴神功之密運，《疏》云：不勝怵迫之情，亟叩慈悲之造，賴威神之密運。俾霽景之遄開。波漲平疇，昔幾壞於垂成之頃；雲屯高廩，今獲全於將失之餘。愁歎頓舒，歡欣相告。用是肅陳凈供《疏》云『凈醮』，祗薦微忱。曰雨曰暘，願益臻於時若；有稷有黍，更期遂於秋成。

宋 釋居簡《北磵詩集》卷八《趙憲使席上》 鄉來踏雪盱水濱，雪雲貼水一樣清。老玉堂仙在江上，玉色照耀梅花明。亦有過庭一雙玉，翠鸞矯矯停梧竹。乃翁事業在太史，天遣塤篪響相續。淛江以西秋雨餘，一道十九幾爲魚。懸金併日相煦濡，官憂輸賦私憂租。鮮明綉衣霄漢立，終日講明荒政急。只今人命在盆底，猶解倒懸端不啻。

宋 方岳《秋崖集》卷五《五月初四大水》 山雲一夜雨，溪漲疾於飛。小市通爲壑，幽居半及扉。木披龍有迹，牆斷鶴無歸。書帙方狼籍，誰看舊釣磯。

又 卷一四《霪雨》 朝雨暮雨不肯晴，昏昏冥冥如翳塵。舍中連月汗流礎，道傍前日泥埋輪。東南地傾水所匯，潮汐沙擁江之漘。埧頭中沙坐可想，往往政與洪濤瀕。陵遷谷變不知代，但見萬瓦差鱗鱗。老錢試手建都邑，蓋亦安土非經綸。海鹹舄鹵易嵐霧，况此梅蒸天絪緼。沮洳與吾類蠅黽，爽塏久欲還麋麕。因思吴趙寧愛此，適已灞上翔真人。當時倘匪地天泰，詎知無意雲雷屯。

宋 文天祥《指南後録》卷三《五月十七夜大雨歌》 去年五月望，流水滿一房。今年後三夕，大雨復没床。我辭江海來，中原路茫茫。舟楫不復見，車馬馳康莊。矧居圜土中，得水猶得漿。忽如巨石浸，倉卒殊徬徨。明星尚未啟，大風方發狂。叫呼人不譍，宛轉水中央。壁下有水穴，群鼠走踉蹡。或如魚潑剌，蟄溺無所藏。周身莫如物，患至不得防。業爲世間人，何處逃禍殃。朝來闢溝道，宛如決陂塘。盡室泥濘塗，化爲麋爛場。炎蒸迫其上，臭腐薰其傍。惡氣所侵薄，疫癘何可當。楚囚欲何之，寢食此一方。羈棲無復望，坐待仆且僵。乾坤莽空闊，何爲此凉凉。達人識義命，此事關綱常。萬物方焦枯，皇皇禱穹蒼。上帝實好生，夜半下龍章。但願天下人，家家足稻粱。我命渾小事，我死庸何傷。

宋 連文鳳《百正集》卷上《秋雨嘆》 秋雨何紛紛，百草凍欲爛。曈曨不見日，黤曖猶未旦。烟雲雜澒洞，霄壤雨漫漶。阡陌何由分，涇渭不復判。怒觸老木摧，響急猛獸散。平陸魚鼈飛，行客鳥鼠竄。田禾藜莠興，斗米衾裯換。書生破茅屋，展轉長夜半。此時蒼生憂，誰知幾百萬。

金 元好問《遺山集》卷二《乙酉六月十一日雨》 一旱近兩月，河洛東連淮。驕陽佐大火，南風捲黄埃。草樹青欲乾，四望令人哀。時時怪事發，雨雹如李梅。我夢天河飜，崩騰走雲雷。今日復何日，駛雨東南來。元氣淋漓中，焦卷意已回。良苗與新穎，鬱鬱無邊涯音崖。書生如老農，苦樂與之偕。閭閻聞吉語，一笑心顏開。酉年酒如漿，乾溢安能栽。唯當作高廩，多具尊與罍。家人笑問我：君田安在哉？駛雨，與快同音，見《魏志》。

又 卷二《觀浙江漲》 一旱千里赤，一雨垣屋敗。浙故以江名，暴與衆壑會。初驚沙石捲，稍覺川谷隘。雷風入先驅，大塊供一噫。千帆鼓前浪，萬馬接後派。崩崖不暇顧，拔木無留礙。憑陵如藉勢，洄洑各有態。平分乍舒徐，怒觸忽碎壞。雲蒸楚樹杪，雪映商嶺背。髣髴千丈潮，怳與海門對。佽飛鬬蛟鱷，燃犀出鱗介。陽侯富陰族，萬首露光怪。翠葆澹偃蹇，鉦鼓亂碕磕。永懷疏鑿力，重歎神禹大。乾坤海為壑，未礙變横潰。納汙非無處，流惡聊自快。投詩與龍盟，滌蕩煩一再。時拜大赦五日矣。

又　卷七《惡雨》　惡雨惡復惡，龍公何遽然。霆轟氷塔碎，雹掣玉繩連。高岸皆深谷，層霄一漏泉。黑來疑擁海，白散忽成烟。市響千門合，潮頭萬弩穿。天瓢休盡建上聲，枯旱有他年。

又　《甲辰夏五月積雨十餘日不止遣悶二首》　甲子霖霖雨，巡簷悶不禁。幻泡成實相，水樂激哀音。瘴海聞天漏，堯年見陸沉。鶩飛想雲表，癡坐若為心。《南史・王景文傳》：人居貴要，但問心若為耳。

甲子霖霖雨，農郊搏手空。排牆寧有禮，為虀竟何功。戰蟻侯王上，鳴蛙意氣中。掃晴應曉夕，少忍待秋風。排牆事見《王衍傳》，云：排牆之壓，猶有禮也。

元　劉因《静修集》卷一六《積雨》　萬象何為入杳冥，懸知物外自高明。前年憂旱有今歲，半月閉門如一生。捧日謾勞中夜夢，補天誰識寸心誠。陰雲政使高千丈，坐愛魚頭恐未平。

又　《秋霖》　春旱泥倉恐謾傳，誰從得雨得豐年。麻衣有垢供秋蘚，土銼無文換曉烟。果為松薪禁明月，真教斥鹵變桑田。胸中幾許晴霓在，四海霖霪獨慨然。

又　《次韻閔雨》　已酉豐凶不偶然，今年千里土生烟。夢游樂國每嫌覺，望見仙雲猶酷憐。畢竟蛟龍思得雨，何勞蟣虱謾呼天。山人萬慮消磨盡，惟有憂農阻静便。

又　《癸酉大雨次人韻》　黑風吹海入天瓢，誰信銀河直下潮。渾沌只疑還太古，規模應欲復唐堯。衣冠半夜方孤坐，塵溷千年共一漂。且喜開簾見白日，不須隴畝問秋苗。

元　錢惟善《江月松風集》卷一《久雨大風二首》　蒼生愁暑雨，甲子變秋霖。風自四方至，雲從六月陰。聞雞休舞劍，聽雁欲霑襟。渺渺江湖夢，區區畎畝心。

東南稱樂土，旱潦異中原。淫雨憂天漏，顛風畏海翻。旱禾登越甸，秋水漫吴門。學道甘清苦，翛然愧飽温。

元　楊維楨《鐵崖古樂府》卷五《苦雨謡》　去年雨，坍鹻土。今年雨，没竈釜。竈釜三月青無煙，官家火程不問雨。胥靡移來坐監主，旬申虧官走揷户旬申又作旬中。

元　倪瓚《清閟閣全集》卷四《苦雨行》　孟秋苦雨稻禾死，天地晦冥龍怒嗔。南隣老翁卧不起，漏屋濕薪愁殺人。自云今年八十剩，力農一生兹始病。兩逢赤旱三遇水，租税何曾應王命。吾今寧免身為魚，死當其時良可吁。

明　劉基《覆瓿集》卷四《辛卯仲冬雨中作二首》　江城積陰愁玄冬，千家萬家雲水中。烏啼黄昏雁叫夜，鼓角慘澹愁悲風。青燈無光掩關坐，飢鼠相銜啼過我。讀罷殘書有所思，凍雨霏霏淚交墮。

歲云暮矣風蕭蕭，木葉脱落惟空條。雲濃雨細白日短，慘慘不辨昏與朝。雨中行人足觳觫，去與公家製戎服。中原豺虎正横戈，天寒風急奈爾何。

雜録

漢　劉向《列仙傳》卷上《赤松子》　赤松子者，神農時雨師也。服水玉以教神農，能入火自燒。往往至崑崙山上，常止西王母石室中。隨風雨上下，炎帝少女追之，亦得仙，俱去。至高辛時，復為雨師。今之雨師本是焉。

漢　應劭《風俗通義》卷八《祀典・雨師》　春秋左氏傳説：『共工之子，爲玄冥師。』『鄭大夫子産禳於玄冥。』雨師也。

謹按：周禮：『以槱燎祀雨師。』雨師者，畢星也。詩云：『月離于畢，俾滂沱矣。』易師卦：『師者，眾也。』土中之眾者莫若水，雷震百里，風亦如之。至於太山，不崇朝而遍雨天下，異於雷風，其德散大，故雨獨稱師也。丑之神爲雨師，故以己丑日祀雨師於東北，土勝水爲火相也。

唐　瞿曇悉達《開元占經》卷三《天占・天雨五穀》　《天鏡》曰：『天雨五穀，是謂禾不熟，人君賦斂重數，故示戒，不出五年，因乏軍糧。』墨子曰：『天雨粟，不肖者食禄，與三公一位。天雨黍、豆、麥、粟、稻，是謂惡祥；不出一年，民負子流亡，莫有所向。』《易飛候》曰：『天雨五穀，其國大饑。』

又　卷九《日占五・日蝕而寒風雨雹雷十六》　京氏曰：『日食，焱風雨七日，折木乃蝕既，此臣剝其君之蝕也；五年，五穀化爲蟲。』京氏曰：『日蝕爲亂、爲兵；已蝕而風，是謂兵起；已蝕而雨，是爲分殃；已蝕而霧，群豪聚；已蝕而飛鳥，不復其鄉。』京氏曰：『君疾善下謀下，兹謂亂；厥蝕既，先雨雹殺走獸；赤質黄貫其中，此君不肯用賢，而任小人政教，君必逐。』京氏曰：『縱欲，兹謂不明，厥蝕先大雨三日，雨降而寒既蝕。』京氏曰：『日蝕而雷，國亡。』

又 卷九二《雨占・正月》 一日有風雨，三月穀貴。一曰：正月一日風雨，其年大惡；微風小雨，年小惡；風悲鳴，疾作災起；又曰：正月一日風雨，米貴，蠶傷；風雨從四方來，兵起；正月一日無風而雨，歲中，下田麥成，禾黍小貴；正月上旬雨卯，穀貴一倍；中旬雨卯，穀貴十倍；正月晦日雨風兼至，糴貴禾惡。

又《二月》 一日風雨，穀貴禾惡。【略】二月晦日風雨，多疾病、死亡。

又《四月》 一日風雨，米貴，麥惡，赤地千里；四月二日、三日有雨，其年五穀熟；四月四日至七日，當雨不雨，蟄蟲冬出，民自恣，不安其處；十一日至十四日，當雨不雨，歲惡；十八日，當雨不雨，大旱，冬溫；二十一日，當雨不雨，兵起東北千里；三十日，當雨不雨，有大風傷屋。四月四日雨，五穀貴；五日六日雨，宜旱麥；四日至七日風，大豆熟。四月晦日雨，至五月朔大饑，其年大水，麥惡，蝗生。

又《五月》 一日風雨，米大貴，人食草木；一曰牛貴。五月四日至七日當雨不雨。大旱，蟲生；十一日至十七日，當雨不雨，西方千里外，人疫病；二十日，當雨不雨，草木枯死；二十三日，當雨不雨，乳母多病；二十六日，當雨不雨，大旱，風，至秋九月多雨；二十九日三十日，當雨不雨，大暑熱。五月上辰日有雨，蝗蟲發；一曰：蟲隨雨下，食禾；巳日雨，同。五月晦日風雨，米貴，不則在其沖。

又《六月》 一日有風雨，米貴；六月三日、四日、六日，當雨不雨，角蟲多死；四日至二十日，當雨不雨，牛貴；二十日至二十二日，當雨不雨，下田水，人少食；二十三日至二十四日，當雨不雨，合凍；二十七日，當雨不雨，下田水，人饑。六月晦日風雨，來年春，穀貴。

夏甲乙丙丁日俱無雨，人不耕；甲申至己壬日雨，麥貴；夏甲申日雨，米大貴；夏丙寅、丁卯日雨，秋穀貴一倍；夏三月內辰日雨，百蟲生；未日雨，蟲死；夏甲子、庚辰、辛巳日雨，蟲死，有雷亦然。

又《七月》 一日大風雨，米貴，人多疾疸者；一曰：來春穀貴；七月七日大雨，糴倍貴，小雨，糴大賤；七月二十二日，當雨不雨，有大水；二十三日、二十四日，當雨不雨，大風害物；二十五日，當雨不雨，兵起外國。七月晦日風雨，穀貴。

又《八月》 一日風雨，穀貴；其日陰雨，宜麥，布貴，麻子大貴，占至三日而止；其日晴無雲，麥不實。八月一日，當雨不雨，有大雷風；二日至五日，當雨不雨，秋大霜，民病；八日至十五日，當雨不雨，多大寒；十九日，當雨不雨，民多妖言；二十一日，當雨不雨，牛貴二倍；二十六日，當雨不雨，冬多大雷；八月九日，有雨，牛貴一倍。八月晦日風雨，來年有水、有旱。京房曰：『八月晦日昏而雨，繒帛貴；人定時雨，貴人賤，賤人貴；夜半雨，米貴，嬰兒多損；雞鳴雨，兵起；一曰：夜半雨，雨所建，寇賊起；雞鳴雨，兵事急，民徙其鄉。』

又《九月》 一日雨，麻子貴十倍；二日雨，貴五倍；一曰：九月一日風雨，來年春旱、夏水。九月一日，當雨不雨，霜早降，殺物，人棄妻子；十二日，當雨不雨，民多死；二十日，當雨不雨，天下有恐。九月晦日有風雨，有水，歲惡。

又《十月》 一日有風雨，年內旱，來年夏多水，麻子貴；一曰：其歲惡；一曰：十月一日大雨，米大貴，小雨，小貴；十月二日雨，麻子貴五倍；十月三日，當雨不雨，兵起西北方；七日至十日，當雨不雨，江河決，水逆流；十三日至十五日，當雨不雨，多大風，寒；十九日，當雨不雨，小兒病；二十五日，當雨不雨，冬溫無水，連年疾病。十月晦日風雨，穀貴五倍，人多死。

又《十一月》 一日風雨，人多死；十一月四日，當雨不雨，大旱；八日至十一日，當雨不雨，乳母多死；十六日，當雨不雨，民多死亡，貧者富，富者貧。十一月晦日風雨，春旱，穀貴五倍。京房曰：『十一月雨，水橫流，天下饑。』又曰：『冬大雨水，君死國亡。』

又《十二月》 一日風雨，來年春旱，夏多雨，穀貴；二日、四日至六日，當雨不雨，大旱；九日至十三日，當雨不雨，多大霧；二十日，當雨不雨，有角蟲爲賊；二十七日，當雨不雨，有大風雷。十二月晦日風雨，春旱。

冬壬寅、癸卯日雨，春穀大貴；甲申至己丑日雨，米大貴；庚寅至癸巳日風雨，米賤，收穀者折閱。

又《干支占雨》 春雨甲子，六十日旱；夏雨甲子，四十日旱；秋雨甲子，四十日澇；冬雨甲子，二十七日寒雪。

春雨甲申，五穀熟；夏雨甲申，五禾大美；秋雨甲申，六畜死；冬雨甲申，人多死。

春雨乙卯，夏糴貴；夏雨丁卯，秋糴貴；秋雨辛卯，冬糴貴；冬雨癸卯，來春糴貴。

《黃帝占》曰：『春不欲雨乙卯，夏不欲雨丁卯，秋不欲雨辛卯，冬不欲雨癸卯，以此四日，占民安否，若其日雨，則疾疫起。凡四時卯日雨，皆主穀價：雨一卯，斛百文；雨二卯，斛二百文；雨三卯，斛三百；雨四卯，斛金一斤。正、五、九月，殺在丑；二、六、十月，殺在戌；三、七、十一月，殺在未；四、八、十二月，殺在辰，以此日雨，雨所建，賊犯之，期六十日。凡壬戌癸亥日雨，以乘甲子，旬乃止，賤人伐貴者。』

《京房占》曰：『諸寅卯日，有小雨，小急；大雨，大急；丙午日雨，有圍城；戊午日雨，霖三日止，其下大戰；乙卯日雨，旱，有兵起東方；丁卯雨，旱，有兵起南方；己卯雨，旱，有兵起中央；辛卯雨，旱，有兵起西方；癸卯雨，旱，有兵起北方。立春雨，復五穀；立秋雨，害五穀。』

風災及其他空氣污染部

題解

《管子》卷二一《版法解·管子解四》　萬物尊天，而貴風雨，所以尊天者，爲其莫不受命焉也。所以貴風雨者，爲其莫不待風而動，待雨而濡也，若使萬物釋天而更有所受命，釋風而更有所仰動，釋雨而更有所仰濡，則無爲尊天而貴風雨矣。

《呂氏春秋》卷三《季春紀·盡數》　大寒、大熱、大燥、大溼、大風、大霖、大霧，七者動精則生害矣。

又　卷一三《有始》　何謂八風？東北曰炎風，東方曰滔風，東南曰熏風，南方曰巨風，西南曰淒風，西方曰飂風，西北曰厲風，北方曰寒風。

《爾雅·釋天》　南風謂之凱風，東風謂之谷風，北風謂之涼風，西風謂之泰風。焚輪謂之穨，扶搖謂之猋，風與火爲庉，迴風爲飄，日出而風爲暴，風而雨土爲霾，陰而風爲曀。天氣下地不應曰雺，地氣發天不應曰霧。霧謂之晦。

《説文解字》卷一三《風部·風》　八風也。東方曰明庶風，東南曰清明風，南方曰景風，西南曰涼風，西方曰閶闔風，西北曰不周風，北方曰廣莫風，東北曰融風。風動蟲生。故蟲八日而化。从虫凡聲。凡風之屬皆从風。

漢　劉熙《釋名》卷一《釋天》　風，兖豫司冀横口合脣言之。風，氾也，其氣博氾而動物也。青徐言風，踧口開脣推氣言之。風，放也，氣放散也。

又　陰而風曰曀；曀，翳也，言掩翳日光使不明也。

又　風而雨土曰霾；霾，晦也，言如物塵晦之色也。

《魏書》卷一一二《靈徵志上·大風》　京房《易傳》曰：衆逆同志，至德乃潛，厥異風。

《爾雅注疏》卷六《釋天》　南風謂之凱風，《詩》曰：『凱風自南。』東風謂之谷風，《詩》云：『習習谷風。』北風謂之涼風，《詩》云：『北風其涼。』西風謂之泰風。《詩》云：『泰風有隧。』焚輪謂之穨，暴風從上下。穨，徒回切。扶搖謂之猋。暴風從下上。猋，必遙切。風與火爲庉，庉庉，熾盛之貌。庉，徒衰切。迴風爲飄。旋風也。飄音飄。日出而風爲暴，《詩》云：『終風且暴。』風而雨土爲霾，《詩》云：『終風且霾。』雨音預。陰而風爲曀。《詩》云：『終風且曀。』曀，於計切。天氣下地不應曰雺，言蒙昧。應音膺。地氣發天不應曰霧，霧謂之晦。言晦冥。

《毛詩正義》卷二之三《國風·邶風·北風》　北風其涼，雨雪其雱。興也。北風，寒涼之風。雱，盛貌。箋云：寒涼之風，病害萬物。興者，喻君政教酷暴，使民散亂。涼音良。雨，于付反，又如字，下同。雱，普康反。酷，苦毒反。**【略】**其虛其邪？既亟只且！

［疏］『北風』至『只且』。《正義》曰：言天既爲北風，其寒涼矣，又加之雨雪其雱然而盛。由涼風盛雪，病害萬物，以興君政酷暴，病害百姓也。百姓既見病害，莫不散亂，故皆云：彼有性仁愛而又好我者，我與此人攜手同道而去。欲以共歸有德。我所以去之者，非直爲君之酷虐，而在位之臣，雖先日其寬虛，其舒徐，威儀謙退者，今莫不盡爲急刻之行，故已所以去之。既，盡也。只且，語助也。箋『寒涼』至『散亂』。《正義》曰：風雪并喻君虐，而箋獨言涼風者，以風非所害物，但北風寒涼，故害萬物，與常風異，是以興君政酷暴也。而雪害物，不言可知。

又　卷一三之一《小雅·谷風之什·谷風》　習習谷風，維風及穨。穨，風之焚輪者也。風薄相扶而上，喻朋友相須而成。穨，徒雷反。上，時掌反。將恐將懼，寘予于懷。箋云：寘，置也。寘我于懷，言至親己也。寘，之豉反。將安將樂，棄予如遺！箋云：如遺者，如人行道遺忘物，忽然不省存也。

［疏］『習習』至『如遺』。《正義》曰：言習習然和調者，生長之谷風也，維生長之谷風，能及于焚輪謂之頹，使之旋轉而升，是風薄相扶而上也。以興良朋能佐于善友，使之道德益進，是朋友相率而成也。德既由友而成，則窮達不可相棄，故言何爲汝本且恐且懼，苦厄之時，則寘我于懷，至相親愛矣，今汝得且安且樂，志達之后，反更棄我，如人遺忘于物，忽然不省，無心念我也？傳『頹風』至『而成』。《正義》曰：《釋天》云：『焚輪謂頹，扶搖謂之猋。』李巡曰：『焚輪，暴風從上來降，謂之頹。頹，下也。扶搖，暴風從下升上，故曰猋。猋，上也。』孫炎曰：『回風從上下曰頹，回風從下上曰猋。』然則頹者風從上而下之名，回風從上而下，力薄不能更升。谷風與相遇，二風幷力，乃相扶而上。以喻朋友二人同心，乃相率而成也。彼回風從上下，谷風未與相扶，謂之爲頹。若谷風既與相扶而上，則于《爾雅》爲猋，不復爲頹也。詩音頹，據其未與相扶之名耳。

宋 秦觀《淮海集》卷一六《奇兵》 陰陽之氣，怒為風，交為電，亂為霧，薄而為雷，激而為霆，融散而為雨露，凝結而為霜雪，天地之奇也。

宋 黎靖德《朱子語類》卷二《理氣下》 風只如天相似，不住旋轉。今此處無風，蓋或旋在那邊，或旋在上面，都不可知。如夏多南風，冬多北風，此亦可見。

元 虞裕《談撰》《説郛》卷三五上 陰陽之氣，行乎天地之間。其相薄也，則感而為雷，激而為霆。其偏勝也，則怒而為風，和而為雨。故東方之氣雷，南方之氣電，西方之氣虹蜺，北方之氣雲、雨、雪、雹、霰，中央之氣露。是以陰凝，故雨墜為雪。雨者，水氣也。陽氣蒸於九泉之下，洩而為雲。山雲草莽，水雲魚鱗，旱雲烟火，雨雲水波，各從其類耳。北方之氣寒，東方之氣温，風自北自東者，寒温之氣也。故為雲為雨。風高者道遠，風下者道近。不鳴條摇之者四十里，拆木枝者四百里，折大木者五千里。三日三夕者天下盡風，二日二夕者天下半風半雨，一日一夜者其風行萬里。

明 葉子奇《草木子》卷一上《管窺篇》 風雨雲霧雷，天之用也。吹噴嘘呵呼，人之用也。天人一理也，但有小大之差耳。

風露能生物，亦能殺物。順陰陽之氣也。

風，陽也，故其氣清通而無形。雲，陰也，故其氣昏濁而可見。

邵子推雨風霧雷而分水火土石。曰：水雨霖，火雨滴，土雨濛，石雨雹，水風溫，火風熱。土風和，石風洌，水霧黑，火霧赤，土霧黄，石霧白，水雷霊，火雷虩，土雷連，石雷霳。

明 謝肇淛《五雜俎》卷一《天部一》 風之微也，一紙之隔，則不能過；及其怒也，拔木折屋，掀海搖山，天地爲之震動，日月爲之蔽虧。所謂『天下之至柔，馳騁天下之至剛』者耶？且百物之生，非風不能長養，而及其肅殺收成之者，亦風也。人居大塊之中，乘氣以行，鼻息呼吸，不能頃刻去風，而及其侵肌骨，中榮衛，卒然而發，雖盧、扁無如之何。至釋氏又謂業風一吹，金石皆成烏有，豈非陶鑄萬物，與天地相終始者哉？蓋天地之中，空洞無物，須得一氣鼓舞動盪其間方不至毁壞，即如人之有氣息一般。《莊子》所謂『野馬也，塵埃也，生物之以息相吹也。』此『息』字亦有二義：有生息之息，有休息之息。當其生息，便是薫風；及其休息，便是業風。小則爲春夏秋冬，大則爲元會運世，如斯而已。

又 海風謂之颶風，以其具四方之風，即石尤風『四面斷行旅』者也。相傳石氏女嫁爲尤郎婦，尤出賈，石思憶之至死曰：『吾當作大風，爲天下婦人阻商旅也。』故名『石尤』云，亦作『石郵』，見李義山詩。今閩人方音謂之颶風，音如貝焉。颶者，簸也。颶、颶字相近，晝容有訛，音不應差，或者誤作颶，而強爲之解耳。

北地之風，不減於海，而吹揚黄沙，天地晦冥，咫尺不相見，歲恒一二雲。然每月風之起，多以七八之日，無者得雨則解，閩地亦然也。閩中亦有風，但一歲不一二發，發輒拔樹、掀瓦而止耳。惟嶺南瓊、崖之間，風三五年始一發，發則村落、屋瓦、林木，數百里如洗，舟楫漂蕩，盡成齏粉。其將至數日前，土人皆知而預避之，巨室皆以鐵楞木爲柱，銅鐵爲瓦，防其患也。此亦可謂之『小業風』矣。

《周禮》以十有二風察天地之和，合乖別之妖祥，蓋每歲十有二辰，皆有風吹其律，以知其和與否，此後世《風角》之始也。春秋襄十八年，楚師伐鄭，師曠曰：『吾驟歌北風，又歌南風。南風不競，楚人多死。』古人音律之微，足以察天地，辨吉凶如此，其法今不復傳矣。但占卜之家，量晴較雨，一二應驗，其它災祥，即史官所占，不儘然也。

關東，西風則晴，東風則雨。關西，西風則雨，東風則晴。此《續博物志》之言，不知信否。大抵東西必雨，此理之常。《詩》云：『習習谷風，以陰以雨。』谷風，東風也。東風主發生，故陰陽和而雨澤降。西風剛燥，自能致旱。若吾閩中，西風連日，必有大災，亦以燥能召火也。

古語云：『巢居知風，穴居知雨。』然鳩鳴鳶團，皆爲雨候，則巢者亦知雨也。虎嘯猨見，皆爲風征，則穴者亦知風也。至於飛蛾、蜻蜓、蠅蟻之屬，皆能預知風雨，蓋得氣之先，不自知其所以然也。颾颻也，舶趠也，石尤也，羊角也，少女也，扶搖也，孟婆也，皆風之別名也。濯枝也，隔轍也，潑火也，霢霂也，皆雨之別名也。按《爾雅》：『風從上而下曰飆，亦曰扶搖。』《莊子》『摶扶搖羊角而上者九萬里』，言大鵬摶此二風而上也。近見諸書引用多云『搖羊角而上』，而以『摶扶』作連綿字，誤矣。即杜少陵詩：『五雲高太甲，六月曠摶扶。』想此老亦誤讀也。

《康熙字典》戊集下《風字部・風》 風以動萬物也。《莊子・齊物論》大塊噫氣，其名爲風。《河圖》風者，天地之使。《元命包》陰陽怒而爲風。《爾雅・釋天》南風謂之凱風，東風謂之谷風，北風謂之涼風，西風謂之泰風。《禮・樂記》八風從律而不姦。《疏》八方之風也。《史記・律書》東北方條風，立春至。東方明庶風，春分至。東南方清明風，立夏至。南方景風，夏至至。西南方涼風，立秋至。西方閶闔風，秋分至。西北方不周風，立冬至。北方廣莫風，冬至至。《周禮・春官・保章氏》以十有二風，察天地之和命，乖別之妖祥。《註》十有二辰皆有風吹其律，以知和不。

又《玉篇》散也。《易・繫辭》風以散之。又趨風，疾如風也。《左傳・成十六年》郤至三遇楚子之卒，見楚子必下免胄而趨風。

又《颶》 《韻會》海中大風。《投荒雜錄》嶺南諸郡，皆有颶風，以四面風俱至也。《南越志》颶風者，具四方之風也，常以五六月發，永嘉人謂之風癡。陸游曰：嶺表有瘴母，初起圜黑，久漸廣，謂之颶母。《韓愈・赴江陵詩》颶起最可畏，訇哮簸陵丘。《註》嶺表錄異云：嶺嶠夏秋雄風曰颶。按韻箋引楊慎說，颶作颶，音貝，佛經云，風虹如貝。柳宗元詩，颶母偏驚估客船，補入七隊逸字中。又《六書故》颶，補妹切，海之災風也，俗書誤作颶。又藝林伐山云：颶風之作，多在初秋。《南越志》亦云：颶母卽孟婆，春夏間有暈如虹是也。又李西涯譏許氏从具，謂具四方之風，乃北人不知南人之候，誤以貝爲具耳。西涯博學，必有所据，且閩粵諸儒，皆云颶風。今韻書多作具，姑誌以備考。

清 段玉裁《說文解字注》卷一三《風部・風》 八風也。東方曰明庶風。東南曰清明風。南方曰景風。西南曰涼風。西方曰閶闔風。西北曰不周風。北方曰廣莫風。東北曰融風。

樂記。八風從律而不姦。鄭曰。八風從律、應節至也。左氏傳。夫舞所以節八音而行八風。服注。八卦之風也。乾音石其風不周。坎音革、其風廣莫。艮音匏、其風融。震音竹、其風明庶。巽音木、其風清明。離音絲、其風景。坤音土、其風涼。兌音金、其風閶闔。易通卦驗曰。立春、調風至。春分、明庶風至。立夏、清明風至。夏至、景風至。立秋、涼風至。秋分、閶闔風至。立冬、不周風至。冬至、廣莫風至。白虎通調風作條風。條者、生也。明庶者、迎衆也。清明者、芒也。景者、大也。言陽氣長養也。涼、寒也。陰氣行也。閶闔者、咸收藏也。不周者、不交也。言陰陽未合化矣。廣莫者、大莫也。開陽氣也。按調風、條風、融風、一也。八卦、八節、八方、一也。通卦驗始於調風、許終於融風者、許依易八卦之次終於艮也。艮者、萬物之所以成終而成始也。風之用大矣。故凡無形而致者皆曰風。詩序曰。風風也。教也。風以動之。教以化之。劉熙曰。風、氾也。放也。

从虫。凡聲。

凡古音扶音切。風古音孚音切。在七部。今音方戎切。

風動蟲生。故蟲八日而匕。

依韵會此十字在从虫凡聲之下。此說从虫之意也。大戴禮、淮南書皆曰。二九十八。八主風。風主蟲。故蟲八日化也。謂風之大數盡於八。故蟲八日而化。故風之字从虫。

論説

《管子》卷二〇《形勢解》 風，漂物者也；風之所漂，不避貴賤美惡。雨，濡物者也；雨之所墮，不避小大強弱。風雨至公而無私，所行無常鄉，人雖遇漂濡，而莫之怨也；故曰：『風雨無鄉，而怨怒不及也。』

《文子》卷上《符言》 老子曰：聖人同死生，愚人亦同死生。聖人同死生明于分理，愚人同死生不知利害之所在。道懸天，物布地，和在人。人主不和，即天氣不下，地氣不上，陰陽不調，風雨不時，人民疾飢。

《子夏易傳》卷八《周易繫辭下》 天乾而地坤，雷動而山止，日照而雨濡，風散而澤潤，物之大者也。在乎萬物其生也。含陰陽而生其受也。偏象之氣，故乾為馬，坤為牛。震為龍，巽為雞。離為雉，坎為豕。艮為狗，兑為羊。是以天下之受可得矣。

又 卷九《周易說卦傳》 分陰分陽，迭用柔剛，故易六位而成。章天地定位，山澤通氣，雷風相薄，水火不相射，八卦相錯數。往者順知，來者逆是。

故易逆數也。雷以動之，風以散之，雨以潤之，日以晅之，艮以止之，兑以説之，乾以君之，坤以藏之。

又 定天地之位，合二物之交，通山澤之氣，雷風相薄而大，水火相革而生，重錯八卦以觀其所適，而天下之理得矣。如日月之更也，如四時之代也。古今往來其道一也。故往者從而數之來者，逆而前之。是故逆數者，易之智也。雷以動之，風以散之，雨以潤之，日以晅之，艮以止之，兑以説之，乾以首而倡之，坤以藏而成之。

《六韜·文韜》 文王問太公曰：『人主動作舉事善惡，有福殃之應、鬼神之福無？』太公曰：『有之。主動作舉事，惡則天應之以刑，善則地應之以德，逆則人備之以力，順則神授之以職。故人主好重賦斂，大宫室，多遊台，則民多病温，霜露殺，五穀、絲麻不成。人主好田獵罼弋，不避時禁，則歲多大風，禾穀不實。人主好破壞名山，雍塞大川，決通名水，則歲多大水，傷民，五穀不滋。人主好武事，兵革不息，則日月薄蝕，太白失行。故人主動作舉事，善則天應之以德，惡則人備之以力，神奪之以職。如響之應聲，如影之隨形。』文王曰：『誠哉！』

《吕氏春秋》卷三《季春紀·盡數》 二曰：天生陰陽寒暑燥溼，四時之化，萬物之變，莫不爲利，莫不爲害。聖人察陰陽之宜，辨萬物之利以便生，故精神安乎形，而年壽得長焉。長也者，非短而續之也，畢其數也。畢數之務，在乎去害。何謂去害？大甘、大酸、大苦、大辛、大鹹，五者充形則生害矣。大喜、大怒、大憂、大恐、大哀，五者接神則生害矣。大寒、大熱、大燥、大溼、大風、大霖、大霧，七者動精則生害矣。故凡養生，莫若知本，知本則疾無由至矣。

又 卷四《孟夏紀·孟夏》 行之是令，而甘雨至三旬。孟夏行秋令，則苦雨數來，五穀不滋，四鄙入保。行冬令，則草木早枯，後乃大水，敗其城郭。行春令，則蟲蝗爲敗，暴風來格，秀草不實。

又 卷六《季夏紀·季夏》 行之是令，是月甘雨三至，三旬二日。季夏行春令，則穀實解落，國多風欬，人乃遷徙。行秋令，則丘隰水潦，禾稼不熟，乃多女災。行冬令，則寒氣不時，鷹隼早鷙，四鄙入保。

又 卷八《仲秋紀·仲秋》 行之是令，白露降三旬。仲秋行春令，則秋雨不降，草木生榮，國乃有大恐。行夏令，則其國旱，蟄蟲不藏，五穀復生。行冬令，則風災數起，收雷先行，草木早死。

又 卷一〇《孟冬紀·孟冬》 孟冬行春令，則凍閉不密，地氣發泄，民多流亡。行夏令，則國多暴風，方冬不寒，蟄蟲復出。行秋令，則雪霜不時，小兵時起，土地侵削。

《淮南子》卷一《原道訓》 兩木相摩而然，金火相守而流，員者常轉，窾者主浮，自然之勢也。是故春風至則甘雨降，生育萬物，羽者嫗伏，毛者孕育，草木榮華，鳥獸卵胎，莫見其爲者，而功既成矣。秋風下霜，倒生挫傷，鷹鵰搏鷙，昆蟲蟄藏，草木注根，魚鼈湊淵，莫見其爲者，滅而無形。

又 卷三《天文訓》 天墜未形，馮馮翼翼，洞洞灟灟，故曰太昭。道始于虚霩，虚霩生宇宙，宇宙生氣。氣有涯垠，清陽者薄靡而爲天，重濁者凝滯而爲地。清妙之合專易，重濁之凝竭難，故天先成而地後定。天地之襲精爲陰陽，陰陽之專精爲四時，四時之散精爲萬物。積陽之熱氣生火，火氣之精者爲日；積陰之寒氣爲水，水氣之精者爲月。日月之淫爲精者爲星辰。天受日月星辰，地受水潦塵埃。昔者共工與顓頊爭爲帝，怒而觸不周之山，天柱折，地維絶。天傾西北，故日月星辰移焉；地不滿東南，故水潦塵埃歸焉。天道曰圓，地道曰方。方者主幽，圓者主明。明者，吐氣者也，是故火曰外景；幽者，含氣者也，是故水曰内景。

吐氣者施，含氣者化，是故陽施陰化。天之偏氣，怒者爲風；地之含氣，和者爲雨。陰陽相薄，感而爲雷，激而爲霆，亂而爲霧。陽氣勝則散而爲雨露，陰氣勝則凝而爲霜雪。毛羽者，飛行之類也，故屬於陽。介鱗者，蟄伏之類也，故屬於陰。日者，陽之主也，是故春夏則群獸除，日至而麋鹿解。月者，陰之宗也，是以月虚而魚腦減，月死而蠃蛖膲。火上蕁，水下流，故鳥飛而高，魚動而下。

又 日冬至則斗北中繩，陰氣極，陽氣萌，故曰冬至爲德。日夏至則斗南中繩，陽氣極，陰氣萌，故曰夏至爲刑。陰氣極，則北至北極，下至黄泉，故不可以鑿地穿井。萬物閉藏，蟄蟲首穴，故曰德在室。陽氣極，則南至南極，上至朱天，故不可以夷丘上屋。萬物蕃息，五穀兆長，故曰德在野。日冬至則水從之，日夏至則火從之，故五月火正而水漏，十一月水正而陰勝。陽氣爲火，陰氣爲水。水勝故夏至溼，火勝故冬至燥。燥故炭輕，溼故炭重。

日冬至，井水盛，盆水溢，羊脱毛，麋角解，鵲始巢；八尺之修，日中而景丈三尺。日夏至而流黄澤，石精出，蟬始鳴，半夏生，蟁蝱不食，駒犢鷙鳥不搏黄口；八尺之景，脩徑尺五寸。景脩則陰氣勝，景短則陽氣勝。陰氣勝則爲水，陽氣勝則爲旱。

又　何謂八風？距日冬至四十五日條風至，條風至四十五日明庶風至，明庶風至四十五日清明風至，清明風至四十五日景風至，景風至四十五日涼風至，涼風至四十五日閶闔風至，閶闔風至四十五日不周風至，不周風至四十五日廣莫風至。條風至則出輕繫，去稽留。明庶風至則正封疆，修田疇。清明風至則出幣帛，使諸侯。景風至則爵有位，賞有功。涼風至則報地德，祀四郊。閶闔風至則收縣垂，琴瑟不張。不周風至則修宫室，繕邊城。廣莫風至則閉關梁，決刑罰。

又 卷四《墜形訓》　何謂八風？東北曰炎風，東方曰條風，東南曰景風，南方曰巨風，西南曰涼風，西方曰飂風，西北曰麗風，北方曰寒風。

漢 班固《白虎通》卷六《八風》　風者何謂也？風之為言萌也，養物成功，所以象八卦。

陽立於五，極於九，五九四十五日變，變以為風，陰合陽以生風。距冬至四十五日條風至。條者，王也。四十五日明庶風至。明庶者，迎眾也。四十五日清明風至。清明者，青芒也。四十五日景風至。景大風，陽氣長養。四十五日涼風至。涼，寒也，行陰氣也。四十五日昌盍風至。戒收藏也。四十五日不周風至。不周者，不交也，陰陽未合化也。四十五日廣莫風。廣莫者，大也，同陽氣也。

故曰：條風至地暖，明庶風至萬物產，清明風至物形乾，景風至棘造實，涼風至黍禾乾，昌盍風至生薺麥，不周風至蟄蟲匿，廣莫風至則萬物伏。是以王者承順之，條風至則出輕刑、解稽留，明庶風至則修封疆、理田疇，清明風至出幣帛、使諸侯，景風至則爵有德、封有功，涼風至報地德、化四鄉，昌盍風至則申象刑、飾囷倉，不周風至則築宮室、修城郭，廣莫風至則斷大辟、行獄刑。

《漢書》卷二七下之上《五行志下之上》　傳曰：皇之不極，是謂不建，厥咎眊，服虔曰：「眊音老耄。」厥罰恆陰，厥極弱。

又　勝上《洪範五行傳》曰：「皇之不極，厥罰常陰，時則有下人伐上。」不敢察察言，臣瓚曰：「不敢察察明言之。」故云臣下有謀。光、安世讀之，大驚，以此益重經術士。後數日卒共廢賀，此常陰之明效也。京房《易傳》曰：「有蜺、蒙、霧。霧，上下合也。蒙如塵雲。蜺，日旁氣也。其占曰：后妃有專，蜺再重，赤而專，至衝旱。孟康曰：「專，員也。若五月再重，赤而員，至十一月旱也。」妻不壹順，黑蜺四背，又白蜺雙出日中。妻以貴高夫，茲謂擅陽，蜺四方，日光不陽，解而溫。服虔曰：「蒙氣解而溫。」內取茲謂禽，服虔曰：「人君內淫於骨肉也。」臣瓚曰：「人君取於國中也。」師古曰：取，如禮記「聚麀」之聚。瓚説非。蜺如禽，在日旁。以尊降妃，茲謂薄嗣，蜺直而塞，六辰乃除，夜星見而赤。韋昭曰：「六辰，謂從卯至申。」女不變始，茲謂乘夫，孟康曰：「始貴高於夫，終行此不變也。」蜺白在日側，黑蜺果之。氣正直。師古曰：「果謂干之也。」妻不順正，茲謂擅陽，蜺中窺貫而外專。夫妻不嚴茲謂媟，韋昭曰：「媟言媟慢也。」師古曰：「音先列反。」蜺與日會。婦人擅國茲謂頃，師古曰：「頃讀曰傾。」蜺白貫日中，赤蜺四背。服虔曰：「蜺背日。」適不答茲謂不次，服虔曰：「言適妻不見答也。」臣瓚曰：「夫不接妻謂不答。」師古曰：「適讀曰嫡。答，報也。言妻有承順之心，不見報答也。一曰，答，對也，言不以恩意接對之。」蜺直在左，蜺交在右。取於不專，茲謂危嗣，蜺抱日兩未及。君淫外茲謂亡，蜺氣左日交於外。取不達茲謂不知，蜺白奪明而大溫，溫而雨。師古曰：「取讀曰聚。」尊卑不別茲謂媟，蜺三出三已，三辰除，韋昭曰：「若從寅至辰也。蜺旦見西，晏則雨。」除則日出且雨。臣私祿及親，茲謂罔辟，韋昭曰：「辟，君也。」師古曰：「辟音壁。其下並同。」厥異蒙，其蒙先大溫，已蒙起，日不見。行善不請於上，茲謂作福，蒙一日五起五解。辟不下謀，臣辟異道，茲謂不見，上蒙下霧，風三變而俱解。立嗣子疑，茲謂動欲，蒙赤，日不明。德不序茲謂不聽，蒙，日不明，溫而民病。德不試，空言祿，師古曰：「試，用也。」蒙茲謂主窳臣夭，孟康曰：「謂君惰窳，用人不以次第，爲天也。」師古曰：「窳音庾。」蒙起而白。君樂逸人茲謂放，蒙，日青，黑雲夾日，左右前後行過日。公不任職，茲謂怙祿，蒙三日，又大風五日，蒙不解。利邪以食，茲謂閉上，蒙大起，白雲如山行蔽日。公懼不言道，茲謂閉下，蒙大起，日不見，若雨不雨，至十二日解，而有大雲蔽日。

祿生於下，茲謂誣君，蒙微而小雨，已乃大雨。下相攘善，茲謂盜明，蒙黄濁。下陳功，求於上，茲謂不知，蒙，微而赤，風鳴條，解復蒙。下専刑茲謂分威，蒙而日不得明。大臣厭小臣茲謂蔽，蒙微，日不明，若解不解，大風發，赤雲起而蔽日。衆不惡惡茲謂閉，蒙，尊卦用事，孟康曰：「尊卦，乾坤也。」臣瓚曰：「京房謂之方伯卦，震、兑、坎、離也。」師古曰：「孟説是。」三日而起，日不見。漏言亡喜，兹謂下厝用，師古曰：『厝音千各反。』蒙微，日無光，有雨雲，雨不降。廢忠惑佞兹謂亡，蒙，天先清而暴，蒙微而日不明。有逸民兹謂不明，蒙濁，奪日光。公不任職，兹謂不絀，蒙白，三辰止，則日青，青而寒，寒必雨。忠臣進善君不試，兹謂遏，師古曰：『試，用也。』蒙，先小雨，雨已蒙起，微而日不明。惑衆在位，兹謂覆國，蒙微而日不明，一溫一寒，風揚塵。知佞厚之兹謂庳，蒙甚而溫。君臣故弼兹謂悖，師古曰：『弼猶相戾也。悖，惑也。』厥災風雨霧，風拔木，亂五穀，已而大霧。庶正蔽惡，兹謂生孽災，厥異霧。』此皆陰雲之類云。

晋 干寶《搜神記》卷六《山亡論》 尚書金縢曰：『山徙者，人君不用道，士賢者不興，或祿去，公室賞罰不由君，私門成羣，不救，當爲易世變號。』説曰：『善言天者，必質於人；善言人者，必本於天。』故天有四時，日月相推，寒暑迭代，其轉運也。和而爲雨，怒而爲風，散而爲露，亂而爲霧，凝而爲霜雪，立而爲虹霓，此天之常數也。人有四肢五臟，一覺一寐，呼吸吐納，精氣往來，流而爲榮衛，彰而爲氣色，發而爲聲音，此亦人之常數也。若四時失運，寒暑乖違，則五緯盈縮，星辰錯行，日月薄蝕，彗孛流飛，此天地之危診也。寒暑不時，此天地之蒸否也。石立，土踊，此天地之瘤贅也。山崩，地陷，此天地之癰疽也。衝風，暴雨，此天地之奔氣也。雨澤不降，川瀆涸竭，此天地之焦枯也。

晋 袁宏《後漢紀》卷二一《後漢孝桓皇帝紀上》 ［元嘉元年］四月己丑，上微服幸河東梁不疑府。

是日天大風，尚書楊秉諫曰：『臣聞瑞由德至，災應事興。傳曰：禍福無門，惟人所召。乃者暴風迅疾，殆必有異，上天不言，以災異譴告。是以孔子曰：迅雷烈風，必有變動。詩云：敬天之怒，不敢驅馳。王者至尊，出入有常，敬蹕而行，清室而止，自非郊廟，鸞旗不駕。故詩稱『自郊徂宫』，易曰：王假有廟，致孝享也。未有私從意志，日般遊諸臣之家，降尊亂卑，等威無別，宿衛守空宫，璽紱委女妾，設有非常之變，任章之謀，上負先帝，下悔靡及。臣奕世受恩，得備納言，又以薄學充在勸講，特蒙光識，見照日月，恩重命輕，敢陳其愚。』大將軍冀怨秉，出為扶風太守。初秉侍講，以經學見重。太常黃瓊以秉勸講帷幄，不宜外遷，留拜光祿大夫。當冀之時，抑而不用。

又 卷二三《後漢孝靈皇帝紀上》 ［建寧二年］匈奴中郎將張奐上書曰：『臣聞風為號令，動物通氣。木者，火之本，相須乃明。蛇者屈伸，隱顯似龍。順至為休徵，逆來為災殃。故大將軍竇武忠肅恭儉，有援立之功。太傅陳蕃敦方抗直，夙夜匪懈。一旦被誅，天下驚怛，海內嘿嘿，莫不哀心。昔周公既薨，成王葬不具禮，天乃大風，偃木折樹。成王發書感悟，備禮改葬，天乃立反風，其木樹盡起。今宜改葬蕃、武，選其家屬，諸被禁錮，一宜蠲除，則災變可消，昇平可致也。』

唐 羅隱《讒書》卷一《風雨對》 風雨雪霜，天地之所權也。山川藪澤，鬼神之所伏也。故風雨不時，則歲有饑饉。雪霜不時，則人有疾病。然後禱山川藪澤以致之，則風雨雪霜，果爲鬼神所有也明矣。得非天之高，不可以自理，而寄之山川。地之厚，不可以自運，而憑之鬼神。苟祭祀不時則饑饉作，報應不至則疾病生。是鬼神用天地之權也，而風雨雪霜爲牛羊之本矣。復何歲時爲，復何人民爲，是以大道不旁出，懼其弄也。大政不問下，懼其偷也。夫欲何言。

五代 丘光庭《海潮論并序**》**《全唐文》卷八九九 夫元功美宰，神物混成，不可以智知，不可以情詰者。聖人皆置之度外，略而不論。而後之學者，獨以不論海潮爲闕事，多著文以窮之。今其遺文得見者三數家。《山海經》以『海鰍出入穴而爲潮』，王充《論衡》以『水者，地之血脈，隨氣進退而爲潮』，竇叔蒙《海濤志》以『月，水之宗，月有虧盈，水隨消長而爲潮』。盧肇《海潮賦》以『日出入於海，衝擊而爲潮』。斯乃俱無據驗，各以其意而爲言也。然而潮之所生元矣。尋其源而不可究其極，睹其末而不可窺其端。苟或是非，無所勘會。唯其近理，則謂得之。今觀諸家之説，咸盡乎善，不可備陳其短。輒以管見自立一家之言，名曰《海潮論》。其意以爲水之性，祇能流濕潤下，不能乍盈乍虛。靜而思之，直以地有動息上下，致其海有潮汐耳。乃立漁翁隱者更相答，凡四十問，分爲十篇，成一卷，冀其窮理盡性，多言或中者也。又以析理之書，不宜染尚文字，但以理明義白爲善也。故今之所論，直言其歸趣而已，所貴精微朗暢，覽讀無煩者焉。

又《論潮汐由來大略》《全唐文》卷八九九 東海漁翁訪於西山隱者曰：『余生於海上，若風雨雲霞雷電霜雪之自自者所從來之謂也，余皆略知宗旨矣。至於海潮之來，朝聞夕見，終莫曉其所由然也。退觀竹帛古者未有紙，或書於竹簡，或書繒帛，故呼經史爲竹帛，博考古今，海經夏禹治水之時記山川百物，其書名《山海經》也論衡之文後漢王充著書考論物理，其書名曰《論衡》，竇氏浙東處士竇叔蒙著《海濤志》盧侯之説袁州刺史盧肇著《海潮賦》，雖多端指諭，咸於義未安。聞君子志學能文，精智辯物。願爲余明白而陳之。』西山隱者曰：『僕巖居林處，遙海遠江，安能知濤潮之所起乎？且天地廣大，誰能睹其根源！請爲子遠取諸經，近取諸物以考之。雖其至廣至大，亦不能逃於理矣。今按《易》稱『水流濕』《周易》乾卦之文，《書》稱『水潤下』《尚書・洪範》之文，俱不言水能盈縮。斯則聖人之情可見矣。水既不能盈縮，則海之潮汐音夕，潮之落也，今人呼爲澤，不由於水，蓋由於地也。地之所處，於大海之中，隨氣出入而上下音暇，後意同者皆仿此。氣出則地下，氣入則地上。地下則滄海之水入於江河，地上則江河之水歸於滄海。入於江河之謂潮，歸於滄海之謂汐。此潮汐之大略備矣。』問曰：『古今言潮汐者多矣，皆以海水盈縮而爲之，未有言由地之上下者也。子之獨見，深得其源。然其必非海水之盈縮，從何理以知之？』答曰：『視百川則知之矣。百川亦水也，不能盈縮此破竇氏言月爲水之宗，水隨月盈縮者。海豈獨能盈縮乎？假令海異百川，獨能盈縮，則海水既盈，地亦隨盈而升，百川隨地而上。彼此俱上，則無潮矣。海水既縮，則地亦隨縮而降，百川亦隨地而下。彼此俱下，則無汐矣。固以百川居地之上，地居海之上。地動而海靜，動靜相違，則潮汐生矣。以斯知非海水之盈縮也。』

《爾雅注疏》卷六《釋天》 『南風謂之凱風』者，李巡曰：『南風長養萬物，萬物喜樂，故曰凱風。凱，樂也。』郭氏無説，義或當然。《詩・邶風》云：『凱風自南』是也。『東風謂之谷風』者，孫炎曰：『谷之言穀，穀，生也。谷風者，生長之風也。』《詩・邶風》云：『習習谷風』是也。『北風謂之涼風』者，北風一名涼風，言北方寒涼之風也。《月令》：『孟秋之月涼風至。』《詩・邶風》云：『北風其涼』是也。『西風謂之泰風』者，孫炎曰：『西風成物，物豐泰也。』《詩・大雅・桑柔》云：『泰風有隧』是也。『焚輪謂之頹』者，李巡曰：『焚輪，暴風從上來降謂之頹。頹，下也。』孫炎曰：『回風，從上下曰頹。』郭云：『暴風從上下。』與李同也。《詩・小雅》云：『習習谷風，維風及頹』是也。『扶搖謂之猋』者，李巡曰：『扶搖，暴風從下升上，故曰猋。猋，上也。』孫炎曰：『回風從下上曰猋。』郭云：『暴風從下上。』亦用李説。《莊子》説鵬云：『摶扶搖而上者九萬里。』《月令》：『孟春行秋令，則猋風暴雨總至』是也。『風與火爲庉』者，郭云：『庉，熾盛之貌。』言風自火出，火因風熾，而有大風者爲庉。『回風爲飄』者，郭云：『旋風也。』李巡曰：『一曰飄風，別二名也。』《詩・蓼莪》云：『飄風發發』是也。『日出而風爲暴』者，孫炎云：『陰云不興而大風暴起。』然則爲風之暴疾，故《詩・邶風》云：『終風且暴。』毛傳云：『暴，疾也。』『風而雨土爲霾』者，孫炎曰：『大風揚塵，土從上下也。』《詩・邶風》云：『終風且霾』是也。『陰而風爲曀』者，孫炎曰：『云風曀日光。』《詩・邶風》云：『終風且曀』是也。『天氣下地不應曰雺』者，郭云：『言蒙昧。』《洪範》云：『曰雺。』鄭注云：『雺聲近蒙。』《詩》：『零雨其蒙。』則雺是天氣下降，地氣不應而蒙暗也。『地氣發天不應曰霧，霧謂之晦』者，郭云：『言晦冥。』《月令》：『仲冬行夏令，氛霧冥冥。』鄭云：『霜露之氣散相亂也。』然則地氣發而上天不應之，則爲氛霧。霧又名晦。《春秋》僖十五年：『己卯，晦震夷伯之廟。』《公羊》、《穀梁》皆云：『晦，冥也。』是矣。

明 劉基《覆瓿集》卷八《天説下》 或曰：『天災流行，陰陽舛訛，天以之警於人與？』曰：『否。天以氣為質，氣失其平則變，是故風雨、雷電、晦明、寒暑者，天之喘汗、呼噓、動息、啟閉、收發也。氣行而通，則陰陽和，律呂正，萬物並育，五位時若，天之得其常也。氣行而壅，壅則激，激則變，變而後病生焉，故吼而為暴風，鬱而為虹蜺，不平之氣見也。抑拗憤結，迴薄切錯，暴怒溢發，冬雷夏霜，驟雨疾風，折木漂山，三光盪摩，五精亂行，晝昏夜明，瘴疫流行，水旱愆殃，天之病也。霧濁星妖，暈背祲氛，病將至而色先知也。天病矣，物受天之氣以生者也，能無病乎？是故瘥癘夭札，人之病也。狂亂反常，顛蹶披揭，中天之病氣而不知其所為也，雖天亦無如之何也。』

明 謝肇淛《五雜俎》卷一《天部一》 燕、齊之地，無日不風；塵埃漲天，不辨咫尺。江南人初至者，甚以爲苦，土人殊不屑意也。楚、蜀之地，則十日九雨；江干嶺側，行甚艱難。其風日晴朗者，一歲中不能三十日也。豈天地之氣。固有所偏耶？

清 南懷仁《坤輿圖説》卷上《風》 夫風之本質，乃地所發乾熱之氣。有多端可證。一、試春秋時多風，何也？是時空際多聚乾熱之氣。二、曉晨時多風，何也？日出而升，必攝多氣。三、雪化時多風，何也？雪內多有乾氣。是氣將分別于冷濕，故生風。四、空際忽見火色，知後必有風，何也？火者，乾熱之氣所致也。五、風愈大而物愈燥，何也？風之元質乾熱故也。由是可知空際之氣雖動，時或生風，亦能如風之清涼人物，然其實與風不同，則風之元質多屬乾氣，而乾氣中或亦有濕氣參之，故春時之風與海上之風多致物朽，可以為驗。

大海中黄道之下，恒有東風，故船往西行者，必宜順風，則行而疾；如東行，則逆風而遲。蓋太陽從冬至迄夏至，輪轉恒行黄道下，而其爆暖，不絕照於空際，正對之氣，令之沖上，然其故恒隨太陽從東而西，則東邊之風氣必後隨之，而恒補前氣之缺矣。大海之水亦然，恒隨太陽從東而西。蓋太陽西行，無一息之停，以其爆熱恒照，而吸西海之水氣，令之上沖，而成雲霧，因而在西之水面，比在東之水面恒卑。蓋東高西卑，則海水從東而西流，以補其缺，此自然之理也。

夫乾熱氣騰上，至于中域，為冷寒氣所厄，既不得上，而性輕，又不得下，則必致横飛也。又其飛之速遲强弱，由于氣之衆寡清濁，及其上沖之力與勢也。蓋氣之沖上者疾急，一值阻厄，其退飛亦必速迅，由是可知風飛時，其前後左右之氣，無不動而隨之者。是以氣動為風者，亦必有故也。

或問旋風何？曰：若上所論乾熱之氣入數雲内，複各爆出，適相撞結，因各隨所向之地，互相推逐，以成旋輪。譬之川水，其急流時，忽值山石阻遏，無由可出，即回而為旋窩也。又譬之諸風，凡從廣闊之地歸入隘巷，而無路可出，必迴旋矣。是風在平地，值物多起；在海中，值舟多沉。

夫風有多利，姑舉四端。其一、拂動近氣，令就平和，以利呼吸。人與諸生，緣此以免閉塞之傷。蓋近氣無風，則積聚不散，有傷生命故也。其二、帶雲成雨，以滋内地。蓋内地氣微，旋生旋滅，力不足成雲雨之功，惟大海廣受日照，猛起濕熱之氣，蓬蓬勃勃，升至中域，太陽返照，光力不及之際，遂乃變熱而涼，先結成雲，漸散成雨。然使無風帶入内地，則濕氣所成雲雨，複歸初升原處，何由利内地之人乎？其三、燥地所餘潮氣，悦生動物，速熟諸果。其四、助舟楫之力，以通貨財，以利天下是也。

綜述

唐　楊於陵《謝藩侍郎到宣慰表》《文苑英華》卷五九八　臣伏奉八月二十四日敕，陛下以江淮旱歉，軫念蒸黎，命度支鹽鐵轉運使户部侍郎兼御史中丞潘孟陽宣諭慰安，蠲除疾苦。以今月二十九日到臣本州，頒賜詔書，以示恩化。臣及官吏百姓等，咸蒙聖慈，特加存問。爰自城邑，達於里閭，喜氣浮川，懽聲被野。臣忝守藩服，恭承德音，荷載寵光，跼蹐無地。中謝。臣聞天覆無私，雖幽必燭，人心有繫，惟聖能通。伏惟皇帝陛下德冠君臨，澤均子愛。一物失所，如軫於納隍；一人不獲，載懷於馭朽。敷求至理，懋建大和，明命施行，率土欣戴。臣實庸瑣，叨領方隅。奉陛下亭育之仁，當海濱旱歉之後，人多遷徙，賦亦逋懸，夙夜憂兢，冰炭交戰。忽承慈旨，特降使臣，優貸俯及於藩條，勤恤遍加於凋瘵。以制國用，思致於均平；以勗庶官，俾甄其課效。發號而生靈交暢，先春而和氣導迎。宇雖廣而煦嫗必周，天雖高而感通寧遠。臣幸逢昌運，薦沐殊私，誓將罄竭駑駘，上裨萬一。無任激勵踴躍感恩之至。謹遣討擊副使曹序奉表陳謝以聞。

唐　韋温《請止上尊號疏》《全唐文》卷七六〇　德如三皇止稱皇，功如五帝止稱帝。徽號之來，乃聖王之末事。今歲三川水災，江淮旱歉，恐非崇飾徽稱之時。

秬字降之，國子監四門助教詹從子。開成中進士。劉從諫鎮澤潞，表佐幕府。其子稹拒命，上表斥損時政，或誣秬爲之。詔流崖州賜死。

唐　白居易《白氏長慶集》卷五七《與韋丹詔》　敕韋丹：竇從直至，省所陳賀，並奏江、饒等四州旱損，其所欠供軍留州錢米等，並已放免，又奏權減俸及修造陂堰並勸課種莳粟麥等事宜，具悉。朕頃緣時旱，慮害農功，雖推咎己之心，敢望動天之德，而未逾浹日，膏澤霈然，仰荷元休，俯增祗惕。卿喜深稱慶，忠切分憂，既覽賀陳，兼詳奏請。至如蠲逋以卹人隱，減俸以濟軍須，抑末業而移風，務茲菽麥，防旱年而歉雨，修利陂塘，皆合其宜，並依所奏。非卿公勤奉上，仁惻發中，則共理之心，不能至此，再三興嘆，一二難申。勉於始終，以副朕意，想宜知悉。

又　卷五八《奏請加德音中節目二件》　緣今時旱，請更減放江淮旱損州縣百姓今年租稅。

右，伏以聖心憂軫，重降德音，欲令實惠及人，無如減放租稅。昨正月中所降德音，量放去年錢米。伏聞所放數内，已有納者。縱未納者，多是逃亡。假令不放，亦徵不。得况旱損州縣至多，所放錢米至少，百姓未經豐熟，又納今年税租，疲乏之中重此徵迫，人力困苦，莫甚于斯。却是今年，伏望聖恩更與宰臣及有司商量，江淮先旱損用作分數，更量放今年租稅。當疲困之際，降惻隱之恩，感動人情，無出于此。敢竭愚見，以副聖心。

請揀放後宮内人

右，伏見大歷已來四十餘歲，宮中人數，稍久漸多。伏慮駈使之餘，其數猶廣。上則虛給衣食，有供億縻費之煩；下則離隔親族，有幽閉怨曠之苦。事宜省費，物貴遂情。頃者已蒙聖恩，量有揀放。聞諸道路，所出不多。臣伏見自太宗、玄宗已來，每遇災旱，多有揀放。書在國史，天下稱之。伏望聖慈，再加處分。則盛明之德，可動天心；感悅之情，必致和氣。光垂史册，美繼祖宗。貞觀、開元之風，復見于今日矣。非小臣愚懇，不能發此言；非陛下英明，不能行此事。如蒙允許，便請于德音中次第處分。謹具奏聞，伏待聖旨。謹奏。

又《論裴均進奉銀器狀》 右，臣伏聞向外傳説云裴均前月二十六日，于銀臺進奉前件銀器，雖未審知虛實，然而物議喧然，既有所聞，不敢不奏。

伏以陛下昨因時旱，念及疲人，特降德音，停罷進奉。天意如感，雨澤應期，巷舞途歌，咸呼萬歲。伏自德音降後，天下顒望遵行，未經旬月之間，裴均便先進奉。若誠有此事，深損聖德。臣或慮有人云：裴均所進銀器，發在德音之前，遂勸聖恩，不妨收納。以臣所見，事固不然。臣聞衆議，皆云裴均性本貪殘，動多邪巧，每假進奉，廣有誅求。料其深心，不願停罷。必恐即日修表，倍程進來，欲試朝廷，嘗其可否。何者？前月三日降德音，准諸道進奏院報事例不過四五日，即裴均合知。至二十六日，進物方到。以此詳察，足見姦情。今若便容，果落邪計。況一處如此，則遠近皆知。臣恐諸道依前，從此不守法度。則是陛下明降制旨，又自棄之，何以制馭四方？何以取信天下？臣反覆思慮，深為陛下惜之。

伏唯德音節文，除四節及旨條外，有違越進奉者，其物送納左藏庫，仍委御史臺具名聞奏。若此事果實，則御史臺必准制彈奏，諫官必諫，宰相必論。天下知之，何俾聖政？以臣所見，伏望明宣云：裴均所進銀器，雖在德音之前，恐四方不知，宜送左藏庫收納。如此，則海内悅服，天下歡心。事出宸衷，美歸聖德。又免至御史諫官奏論之，然後有處置。在于事體，深以為宜。伏願聖心速賜裁斷。謹具奏聞。謹奏。

宋 任廣《書叙指南》卷一三《天地日月下》 窮巷揚塵之風曰雌風。《選·宋玉賦》。帝所清泠之風曰雄風。上。風曰南箕之風，《七命》。又曰箕風，舞鶴。又曰大塊噫氣。《莊子》。夏涼風功曰愈病析酲。宋玉。風師曰屏翳。《洛神賦》。四方上下曰宇。《河圖·挺佐輔》。往古來今曰宙。上。風師曰箕伯。《風俗通》，箕一名亢，動則大風。四氣和為通正曰景風。《爾雅》。南風曰凱風。上。東風曰谷風。上。北風曰涼風。上。西風曰泰風。上。清而不及地二三尺曰君子風。《風俗通》。將雨初來微風曰少女風。《管公明傳》。將雨至急風曰少男風。上。風伯曰飛廉。《風俗通》。秋風曰商風。晉，《潘嶽賦》。仲夏風曰黃雀風。周處《風土記》。九月風曰素風。《金鑰》。三月風曰陽風。上。雷師曰豐隆。《張平子賦》。風雨土曰霾。《毛詩》。平地尺雪曰大雪。僖公。霜雪盛曰霜雪大摯。《月令》。冬無雪曰冬無宿雪。楊震。雪作曰素雪雲飛。《選·十五》。三日雨曰霖，土衡詩。又曰愁霖。《選·十六》。久雨曰霖瀝。《選·十五》。露曰沆瀣。《張平子賦》。雨師曰萍翳。《楚辭》。雪曰花雪。簡文啟，上，庭流。雨雪雜下曰霰，《爾雅》。又曰霄雪。上。雨止雲罷曰霋霩。《説文》。六月大雨曰濯枝雨。《風土記》。雹曰笑雹。歐陽詢《類聚》，或曰，出《搜神記》。霹靂曰霆霓，《爾雅》。又曰疾雷。郭璞《七注》。雷聲曰軯如伐鼓，晉，李顒《雷賦》。又曰轟若走轍。上。

明 劉昌《懸笥瑣探·風變得雨》 成化六年二月二十八日，清明之後二日也，旦時，微風，後漸大，至辰時，風自西北來，沙土滃然東騖，其色正黃，視街衢如柘染，然土沾人手面，洒洒如濕。少頃，天地晦冥，微覺窗牖間紅如血，仰視雲天，煌煌如絳紗，室内如夜，非燈不可辨，而紅色漸黯黑。至午未時，復黃，始開朗。當晦冥時，人相顧慘懼。時方憫雨，百計禱之，終不可得。至三月二日辰巳時，微雨。午後，忽黃氣四塞，日色如青銅，無風，而雨土以帚輕掃，拂之勃勃，如塵積地，皆黃色，至暮益甚，中夜有風如雷，明旦乃大雨土，烈望青天，昏黃四際，尤甚時，或紅黑。蓋不知其為何祥也。至六日，始發東北風，七日乃雨，至八日午後始霽，民庶大悅。

紀事

《尚書·周書·金縢》 既克商。二年。王有疾。弗豫。二公曰：我其爲王穆卜。周公曰：未可以戚我先王。公乃自以爲功。爲三壇同墠。爲壇於南方北面，周公立焉，植璧秉珪。乃告大王、王季、文王。史乃册祝曰，惟爾元孫某，遘厲虐疾，若爾三王，是有丕子之責于天，以旦代某之身。予仁若考。能多材多藝，能事鬼神，乃元孫不若旦多材多藝。不能事鬼神。乃命于帝庭，敷佑四方。用能定爾子孫于下地。四方之民，罔不祗畏。嗚呼。無墜天之降寶命。我先王亦永有依歸。今我即命于元龜，爾之許我，我其以璧與珪，歸俟爾命。爾不許我，我乃屏璧與珪。乃卜三龜。一習吉，啟籥見書。乃并是吉。公曰，體，王其罔害。予小子，新命于三王，惟永終是圖。茲攸俟能念予一人。公歸，乃納册于金縢之匱中，王翼日乃瘳。武王既喪，管叔及其羣弟，乃流言於國曰：公將不利於孺子。周公乃告二公曰：我之弗辟，我無以告我先王。周公居東二年。則罪人斯得。于後公乃爲詩以貽王。名之曰鴟鴞。王亦未敢誚公。秋大熟，未穫。天大雷電以風，禾盡偃，大木斯拔。邦人大恐。王與大夫盡弁，以啟金縢之書，乃得周公所自以爲功代武王之説。二公及王乃問諸史與百執事。對曰：信。噫，公命我勿敢言。王執書以泣。曰：其勿穆卜。昔公勤勞王家，惟予沖人弗及知。今天動威，以彰周公之德。惟朕小子其新逆，我國家禮亦宜之。王出郊，天乃雨。反風，禾則盡起。二公命邦人，凡大木所偃，盡起而築之。歲則大熟。

《漢書》卷一〇《成帝紀》［建始元年］十二月，作長安南北郊，罷甘泉、汾陰祠。是日大風，拔甘泉時中大木十韋以上。師古曰：『韋與圍同。』郡國被災什四以上，毋收田租。師古曰：『什四，謂田畝所收，十損其四。』

又　卷一二《平帝紀》［元始四年］冬，大風吹長安城東門屋瓦且盡。

晋　袁宏《後漢紀》卷一六《後漢孝安皇帝紀上》［元初二年］三月癸亥，京都大風拔樹。

又　卷二三《後漢孝靈皇帝紀上》［建寧二年］夏四月壬辰，青蛇見御座殿軒。癸巳，大風折木。詔群臣各上封事，靡有所諱。

《後漢書》卷四《孝和帝紀》［永元十五年］五月戊寅，南陽大風。

又　卷五《孝安帝紀》［永初二年］六月，京師及郡國四十大水，大風，雨雹。

又　［永初七年］八月丙寅，京師大風，蝗蟲飛過洛陽。

又　［永初十二年］是歲，郡國十八地震；四十一雨水，或山水暴至；二十八大風，雨雹。

又　［元初二年］三月癸亥，京師大風。

又　［元初六年四月］沛國、勃海大風，雨雹。

又　［永宁元年十月］自三月至是月，京師及郡國三十三大風，雨水。

又　［延光元年］是歲，京師及郡國二十七雨水，大風，殺人。

又　［延光二年正月］丙辰，河東、潁川大風。

又　［延光三年］是歲，京師及郡國二十三地震；三十六雨水，疾風，雨雹。

又　《五行志四·大風拔樹》　和帝永元五年五月戊寅，南陽大風，拔樹木。

安帝永初元年，大風拔樹。是時鄧太后攝政，以清河王子年少，號精耳，故立之，是爲安帝。不立皇太子勝，以爲安帝賢，必當德鄧氏也；後安帝親讒，廢免鄧氏，令郡縣迫切，死者八九人，家至破壞。此爲瞉霧也，是後西羌亦大亂涼州十有餘年。

二年六月，京都及郡國四十大風拔樹。

三年五月癸酉，京都大風，拔南郊道梓樹九十六枚。

七年八月丙寅，京都大風拔樹。

元初二年二月癸亥，京都大風拔樹。

六年夏四月，沛國、勃海大風，拔樹三萬餘枚。

延光二年三月丙申，河東、潁川大風拔樹。六月壬午，郡國十一大風拔樹。是時安帝親讒，曲直不分。

三年，京都及郡國三十六大風拔樹。

靈帝建寧二年四月癸巳，京都大風雨雹，拔郊道樹十圍已上百餘枚。其後晨迎氣黄郊，道於維水西橋，逢暴風雨，道鹵簿車或發蓋，百官霑濡，還不至郊，使有司行禮。迎氣西郊，亦壹如此。

中平五年六月丙寅，大風拔樹。

獻帝初平四年六月，右扶風大風，發屋拔木。

《宋書》卷三四《五行志五·恒風》　魏齊王正始九年十一月，大風數十日，發屋折樹；十二月戊子晦，尤甚，動太極東閤。

魏齊王嘉平元年正月壬辰朔，西北大風，發屋折木，昏塵蔽天。按管輅説此爲時刑，大風，執政之憂也。是時曹爽區瞀自專，驕僭過度，天戒數見，終不改革。此思心不叡，恒風之罰也。後踰旬而爽等滅。京房《易傳》曰：『衆逆同志，至德乃潛，厥異風。其風也，行不解，物不長，雨小而傷。政悖德隱，茲謂亂。厥風先風不雨，大風暴起，發屋折木。守義不進，茲謂耗。厥風與雲俱起，折五穀莖。臣易上政，茲謂不順。厥風大飈發屋。賦斂不理，茲謂禍。厥風絶經紀，止即温，温即蟲。侯專封，茲謂不統。厥風疾而樹不搖，穀不成。辟不思道利，茲謂無澤。厥風不搖木，旱無雲，傷禾。公常於利，茲謂亂。厥風微而温，生蟲蝗，害五穀。棄正作淫，茲謂惑。厥風温，螟蟲起，害有益人之物。侯不朝，茲謂叛。厥風無恒，地變赤，雨殺人。』

吴孫權太元元年八月朔，大風，江海涌溢，平地水深八尺，拔高陵樹二株，石碑磋動，吴城兩門飛落。按華覈對，役繁賦重，區瞀不叡之罰也。明年，權薨。

吴孫亮建興元年十二月丙申，大風震電。是歲，魏遣大衆三道來攻，諸葛恪破其東興軍，二軍亦退。明年，恪又攻新城，喪衆太半，還伏誅。

吴孫休永安元年十一月甲午，風四轉五，復蒙霧連日。是時孫綝一門五侯，權傾吴主，風霧之災，與漢五侯、丁、傅同應也。十二月丁卯夜，又大風，發木揚沙。明日，綝誅。

晉武帝泰始五年五月辛卯朔，廣平大風折木。

晉武帝咸寧元年五月，下邳、廣陵大風，壞千餘家，折樹木。

咸寧元年五月甲申，廣陵、司吾、下邳大風折木。

咸寧三年八月，河間大風折木。

晉武帝太康二年五月，濟南大風，折木傷麥。

太康二年六月，高平大風折木，發壞邸閣四十餘區。

太康八年六月，郡國八大風。

太康九年正月，京都風雹，發屋拔木。後二年，宮車晏駕。

晉惠帝元康四年六月，大風雨拔樹。

元康五年四月庚寅夜，暴風，城東渠波浪；七月，下邳大風，壞廬舍；九月，雁門、新興、太原、上黨災風傷稼。明年，氐、羌反叛，大兵西討。

元康九年六月，飈風吹賈謐朝服飛數百丈。明年，謐誅。

元康九年十一月甲子朔，京都連大風，發屋折木。十二月，太子廢。

晉惠帝永康元年二月，大風拔木。三月，愍懷被害。己卯，喪柩發許還洛，是日，大風雷電，幃蓋飛裂。

永康元年四月，張華第舍飈風折木，飛繒軸六七。是月，華遇害。

永康元年十一月戊午朔，大風從西北來，折木飛石。明年正月，趙王倫篡位。

晉惠帝永興元年正月癸酉，趙王倫祠太廟，災風暴起，塵沙四合。其年四月，倫伏辜。

晉元帝永昌元年七月丙寅，大風拔木，屋瓦皆飛。

永昌元年八月，暴風壞屋，拔御道柳樹百餘株。其風縱横無常，若風自八方來者。十一月，宮車晏駕。

晉成帝咸康四年三月壬辰，成都大風，發屋折木。四月，李壽襲殺李期。

晉康帝建元元年七月庚申，晉陵、吴郡災風。

晉穆帝升平元年八月丁未，策立皇后何氏。是日疾風。

升平五年正月戊戌朔，疾風。

晉海西公太和六年二月，大風迅急。

晉孝武帝寧康元年三月戊申朔，暴風迅起，從丑上來，須臾轉從子上來，飛沙揚礫。

晉孝武帝太元元年二月乙丑朔，暴風折木。

太元二年閏三月甲子朔，暴風疾雨俱至，發屋折木。

太元二年六月，長安大風拔苻堅宮中樹。其後堅再南伐，身戮國亡。

太元四年八月乙未，暴風。

太元十二年正月壬子夜，暴風。

太元十二年七月甲辰，大風拔木。

太元十七年六月乙卯，大風折木。

晉安帝元興二年二月甲辰，大風雨，大航門屋瓦飛落。明年，桓玄篡位，由此門入。

元興三年正月，桓玄遊大航南，飄風飛其輲輗蓋。三月，玄敗。

元興三年五月，江陵大風折木。是月，桓玄敗於崢嶸洲，身亦屠裂。

元興三年十一月丁酉，大風，江陵多死者。

晉安帝義熙四年十一月辛卯朔，西北疾風起。

義熙五年閏十月丁亥，大風發屋。明年，盧循至蔡洲。

義熙六年五月壬申，大風拔北郊樹，樹幾百年也。琅邪、揚州二射堂倒壞。

是日，盧循大艦漂沒。甲戌，又風，發屋折木。是冬，王師南討。

義熙十年四月己丑朔，大風拔木。

義熙十年六月辛亥，大風拔木。明年，西討司馬休之。

宋少帝景平二年正月癸亥朔旦，暴風發殿庭，會席翻揚數十丈。五月，帝廢。

文帝元嘉二十六年二月庚申，壽陽驟雨，有回風雲霧，廣三十許步，從南來，至城西回散滅。當其衝者，室屋樹木摧倒。

元嘉二十九年三月，大風，拔木飛瓦。

元嘉三十年正月，大風拔木，雨凍殺牛馬，雷電晦冥。二月，宮車晏駕。

孝武帝大明七年，風吹初寧陵隧口左標折。鍾山通天臺新成，飛倒，散落山澗。明年閏五月，帝崩。

前廢帝永光元年正月乙未朔，京邑大風。

明帝泰始二年三月丙申，京邑大風。

泰始二年四月甲子，京邑大風。

泰始二年五月丁未，京邑大風。

泰始二年五月己酉，京邑大風。

泰始二年九月乙巳，京邑大風。

後廢帝元徽二年七月甲子，京邑大風。

元徽三年三月丁卯，京邑大風。

元徽三年六月甲戌，京邑大風。

元徽四年十一月辛卯，京邑大風。

元徽五年三月庚寅，京邑大風，發屋折木。

元徽五年六月甲寅，京邑大風。

魏高貴鄉公正元二年閏正月戊戌，大風晦暝，行者皆頓伏。近夜妖也。劉向曰：『正晝而暝，陰爲陽，臣制君也。』時晉景王討毌丘儉，是日始發。

魏元帝景元三年十月，京都大震，晝晦。此夜妖也。班固曰：『夜妖者，雲風並起而杳冥，故與常風同象也。』劉向春秋說云：『天戒若曰，勿使大夫世官，將令專事，冥晦。明年，魯季友卒，果世官而公室卑矣。』魏見此妖，晉有天下之應也。

晉孝武帝太元十三年十二月乙未，大風晦暝。其後帝崩，而諸侯違命，干戈內侮，權奪於元顯，禍成於桓玄。是其應也。

又卷三四《五行志五·黃眚黃祥》 晉元帝太興四年八月，黃霧四塞，埃氣蔽天。案楊宣對，近土氣，亂之祥也。

晉元帝永昌二年正月癸巳，黃霧四塞。

晉穆帝永和七年三月，涼州大風拔木，黃霧下塵。是時張重華納譖，出謝艾爲酒泉太守，而所任非其人。至九年死，嗣子見弒。是其應也。京房《易傳》曰：『聞善不予，茲謂不知。厥異黃，厥咎聾，厥災不嗣。黃者，有黃濁氣四塞天下，蔽賢絕道，故災至絕世也。』

晉安帝元興元年十月丙申朔，黃霧皆濁，不雨。

吳孫亮太平三年，自八月沈陰不雨，四十餘日。是時將誅孫綝，謀泄。九月戊午，綝以兵圍宮，廢亮爲會稽王。此常陰之罰也。

吳孫晧寶鼎元年十二月，太史奏久陰不雨，將有陰謀。晧深驚懼。時陸凱等謀因其謁廟廢之。及出，留平領兵前驅，凱語平，平不許，是以不果。晧既肆虐，羣下多懷異圖，終至降亡。

宋後廢帝元徽三年四月，連陰不雨。

元徽三年八月，多陰。後二年，廢帝殞。

《南齊書》卷一九《五行志》 傳曰：『心者，土之象也。思心不睿，其過在瞀亂失紀。風於陽則爲君，於陰則爲大臣之象，專恣而氣盛，故罰常風。心爲五事主，猶土爲五行主也。』一曰：『陰陽相薄，偏氣陽多爲風，其甚也常風。陰氣多者，陰而不雨，其甚也常陰。』一曰：『風宵起而晝晦，以應常陰同象也。』

建元元年十一月庚戌，風夜暴起，雲雷合冥，從戌亥上來。

四年十一月甲寅，酉時風起小駃，至二更雪落，風轉浪津。

永明四年二月丙寅，巳時風迅急。

十一月己丑，戌時風迅急，從西北戌亥上來。

五年五月乙酉，子時風迅急，從西北戌亥上來。

七年正月丁卯，陽徵陰賊之日，時加子，風起迅急，從北方子丑上來，暴疾浪津，寅時止。

八年六月乙酉，時加子，風起迅急，暴疾浪津，發屋折木，塵沙，從西南未上來，因雷雨，須臾，風微雨止。

九年七月甲寅，陽羽廉貞之日，時加亥，風起迅急，從東方來，暴疾彭勃浪津，至乙卯陰賊時漸微，名羽動羽。

九月乙丑，時加未，雷，驟雨，風起迅急，暴疾浪津，從西北戌上來。

十月壬辰，陽羽姦邪之日，時加丑，風起從北方子丑上來，暴疾浪津，迅急，塵埃，五日寅時漸微，名羽動宮。

十年正月辛巳，陽商寬大之日，時加寅，風從西北上來，暴疾浪津，迅急，揚沙折木，酉時止。

二月甲辰，陽徵姦邪之日，時加辰，風起迅急，從西北亥上來，暴疾彭勃浪津，至酉時止。

三月丁酉，陽徵廉貞之日，時加未，風從北方子丑上來，迅急，暴疾浪津，戌時止。

七月庚申，陰角貪狼之日，時加午，風從東北丑上來，迅急浪津，至辛酉巳時漸微。

十一年二月庚寅，陽角廉貞之日，時加亥，風從西北亥上來，迅疾浪津，丑時漸微，爲角動角。

七月甲寅，陽羽廉貞之日，時加巳，風從東北寅上來，迅疾浪津，發屋折木，戌夜漸微，爲羽動徵。己巳，陽角寬大之日，時加未，風從戌上來，暴疾，良久止，爲角動商及宮。

凡時無專恣，疑是陰陽相薄。

建武元年三月乙酉，未時風起，浪津暴急，從北方上來，應本傳瞀亂。

建武二年、三年、四年，每秋七月、八月，輒大風，三吳尤甚，發屋折木，殺人。京房占『獄吏暴，風害人』。時帝嚴刻。

永元元年七月十二日，大風，京師十圍樹及官府居民屋皆拔倒，應本傳。

又 傳曰：『皇之不極，是謂不建，其咎在霧亂失聽，故厥咎霧。思心之咎亦霧。天者，正萬物之始，王者，正萬事之始，失中則害天氣，類相動也。天者轉於下而運於上，雲者起於山而彌於天，天氣動則其象應，故厥罰常陰。王者失中，臣下盛強，而蔽君明，則雲陰亦衆多而蔽天光也。

建元四年十月丙午，日入後土霧勃勃如火煙。

永明二年十一月己亥，四面土霧入人眼鼻，至辛丑止。

二年十一月丙子，日出後及日入後，四面土霧勃勃如火煙。

六年十一月庚戌，丙夜土霧竟天，昏塞濃厚，至六日未時小開，到甲夜後仍濃密，勃勃如火煙，辛慘入人眼鼻。

八年十月壬申，夜土霧竟天，濃厚勃勃如火煙，氣入人眼鼻，至九日辰時開除。

九年十月丙辰，晝夜恆昏霧勃勃如火煙，其氣辛慘入人眼鼻，兼日色赤黄，至四日甲夜開除。

十年正月辛酉，酉初四面土霧勃勃如火煙，其氣辛慘入人眼鼻。

又 卷五七《魏虜傳》［永明八年］土氣寒凝，風砂恒起，六月雨雪。

《魏書》卷一一二上《靈徵志上·大風》 太宗永興三年二月甲午，京師大風。五月己巳，昌黎王慕容伯兒謀反伏誅。

十一月丙午，又大風。五年，河西叛胡曹龍、張大頭等各領部衆二萬入蒲子。

四年正月癸卯，元會而大風晦冥，乃罷。

五年十一月庚寅，京師大風，起自西方。

神瑞元年四月，京師大風。

二年正月，京師大風。三月，河西飢胡反，屯聚上黨，推白亞栗斯爲盟主。

世祖太延二年四月甲申，京師暴風，宮牆倒，殺數十人。

三年十二月，京師大風，揚沙折樹。

真君元年二月，京師有黑風竟天，廣五丈餘。四月庚辰，沮渠無諱寇張掖，禿髮保周屯於刪丹嶺。

高宗和平二年三月壬午，京師大風晦暝。

高祖延興五年五月，京師赤風。

太和二年七月庚申，武川鎮大風，吹失六家，羊角而上，不知所在。壬戌，雍州赤風。

三年六月壬辰，相州大風，從西上來，發屋折樹。

七年四月，相、豫二州大風。

八年三月，冀、定、相三州暴風。

四月，濟、光、幽、肆、雍、齊六州暴風。

九年六月庚戌，濟、洛、肆、相四州及靈丘、廣昌鎮暴風折木。

十二年五月壬寅，京師連日大風，甲辰尤甚，發屋拔樹。

六月壬申，京師大風。

十四年七月丁酉朔，京師大風，拔樹發屋。

二十三年八月，徐州自甲寅至己未，大風拔樹。

閏月庚申，河州暴風，大雨雹。

世宗景明元年二月癸巳，幽州暴風，殺一百六十一人。

三年閏月甲午，京師大風，拔樹發屋，吹折閶闔門關。

九月丙辰，幽、岐、梁、東秦州暴風昏霧，拔樹發屋。

四年三月己未，司州之河北、河東、正平、平陽大風拔樹。

正始元年七月戊辰，東秦州暴風，拔樹發屋。

二年二月癸卯，有黑風羊角而上，起於柔玄鎮，蓋地一頃，所過拔樹。甲辰，至於營州，東入於海。

四年五月甲子，京師大風。

永平元年四月壬申，京師大風拔樹。八月癸亥，冀州刺史、京兆王愉據州反。

三年五月己亥，南秦州廣業、仇池郡大風，發屋拔樹。

延昌四年三月癸亥，京師暴風，從西北來，發屋折樹。

肅宗熙平二年九月，瀛州暴風大雨，自辛酉至於乙丑。

正光三年四月癸酉，京師暴風大雨，發屋拔樹。

四年四月辛巳，京師大風。

孝昌二年五月丙寅，京師暴風，拔樹發屋，吹平昌門扉壞，永寧九層撜折。於時天下所在兵亂。

前廢帝普泰元年夏，大風雨，吹普光寺門屋於地。

孝靜武定七年三月，潁川大風。

又《靈徵志上・霧》 班固說：上不寬大包容臣下，則不能居聖位。貌、言、視、聽，以心爲主，四者皆失，則區霿無識，故其咎霧。

世祖太延四年正月庚子，雨土如霧於洛陽。

高祖太和十二年十一月丙戌，土霧竟天，六日不開，到甲夜仍復濃密，勃勃如火煙，辛慘人鼻。

世宗景明三年二月己丑，秦州黃霧，雨土覆地。

八月己酉，濁氣四塞。

四年八月辛巳，涼州雨土覆地，亦如霧。

正始二年正月己丑夜，陰霧四塞，初黑後赤。

三年正月辛丑，土霧四塞。

九月壬申，黑霧四塞。

延昌元年二月甲戌，黃霧蔽塞。時高肇以外戚見寵，兄弟受封，同漢之五侯也。

《周書》卷七《宣帝紀》 ［大象二年春正月］戊申，雨雪。雪止，又雨細黃土，移時乃息。

《晉書》卷二七《五行志上》 武帝咸寧元年八月丁酉，大風折大社樹，有青氣出焉，此青祥也。占曰：『東莞當有帝者。』明年，元帝生。是時，帝大父武王封東莞，由是徙封琅邪。孫盛以爲中興之表，晉室之亂，武帝子孫無孑遺，社樹折之應，又常風之罰。

又卷二八《五行志中》 元康中，京洛童謠曰：『南風起，吹白沙，遥望魯國何嵯峨，千歲髑髏生齒牙。』又曰：『城東馬子莫嚨哅，比至來年纏女鬘。』南風，賈后字也。白，晉行也。沙門，太子小名也。魯，賈謐國也。言賈后將與謐爲亂，以危太子，而趙王因釁咀嚼豪賢，以成篡奪，不得其死之應也。

又卷二九《五行志下》 魏齊王正始九年十一月，大風數十日，發屋折樹。十二月戊午晦尤甚，動太極東閤。

嘉平元年正月壬辰朔，西北大風，發屋折樹木，昏塵蔽天。案管輅說，此爲時刑大臣，執政之憂也。是時，曹爽區霿自專，驕僭過度，天戒數見，終不改革，此思心不睿，恒風之罰也。後踰旬而爽等誅滅。京房《易傳》曰：『衆逆同志，至德乃潛，厥異風。其風也，行不解，物不長，雨小而傷。政悖德隱茲謂亂，厥風先風不雨，大風暴起，發屋折木。守義不進茲謂耗，厥風與雲俱起，折五穀莖。臣易上政茲謂不順，厥風大焱發屋。賦斂不理茲謂禍，厥風絕經紀，止即溫，溫即蟲。侯專封茲謂不統，厥風疾而樹不搖，穀不成。辟不思道利茲謂無澤，厥風不搖木，旱無雲，傷禾。公常於利茲謂亂，厥風微而溫，生蟲蝗，害五穀。棄政作淫茲謂惑，厥風溫，螟蟲起，害有益人之物。諸侯不朝茲謂畔，厥風無恒，地變赤，雨殺人。』

吳孫權太元元年八月朔，大風，江海涌溢，平地水深八尺，拔高陵樹二千株，石碑蹉動，吳城兩門飛落。案華覈對，役繁賦重，區霧不容之罰也。明年，權薨。

孫亮建興元年十二月丙申，大風震電。是歲，魏遣大衆三道來攻，諸葛恪破其東興軍，二軍亦退。明年，恪又攻新城，喪衆太半，還，伏誅。

孫休永安元年十一月甲午，風四轉五復，蒙霧連日。是時，孫綝一門五侯，權傾吳主，風霧之災，與漢五侯丁、傅同應也。十二月丁卯夜，有大風，發木揚沙。明日，綝誅。

武帝泰始五年五月辛卯朔，廣平大風，折木。

咸寧元年五月，下邳、廣陵大風，壞千餘家，折樹木。其月甲申，廣陵、司吾、下邳大風，折木。三年八月，河間大風，折木。

太康二年五月，濟南暴風，折木，傷麥。六月，高平大風，折木，發壞邸閣四十餘區。七月，上黨又大風，傷秋稼。八年六月，郡國八大風。九年正月，京都風雹，發屋拔樹。後二年，宮車晏駕。

惠帝元康四年六月，大風雨，拔木。五年四月庚寅夜，暴風，城東渠波浪殺人。七月，下邳大風，壞廬舍。九月，雁門、新興、太原、上黨災風傷稼。明年，氐羌反叛，大兵西討。

九年六月，飆風吹賈謐朝服飛數百丈。明年，謐誅。十一月甲子朔，京都連大風，發屋折木。十二月，愍懷太子廢，幽于許昌。

永康元年二月，大風拔木。三月，愍懷被害。己卯，喪柩發許昌還洛。是日，又大風雷電，幃蓋飛裂。四月，張華第舍飆風起，折木飛繒，折軸六七。是月，華遇害。十一月戊午朔，大風從西北來，折木飛沙石，六日止。明年正月，趙王倫簒位。

永寧元年八月，郡國三大風。

永興元年正月乙丑，西北大風。趙王倫建始元年正月癸酉，趙王倫祠太廟，災風暴起，塵四合。其年四月，倫伏辜。

元帝永昌元年七月丙寅，大風拔木，屋瓦皆飛。八月，暴風壞屋，拔御道柳樹百餘株。其風縱橫無常，若風自八方來者。是時，王敦專權，害尚書令刁協、僕射周顗等，故風縱橫若非一處也。此臣易上政，諸侯不朝之罰也。十一月，宮車晏駕。

成帝咸康四年三月壬辰，成都大風，發屋折木。四月，李壽襲殺李期，自立。

康帝建元元年七月庚申，晉陵、吳郡災，風。

穆帝升平元年八月丁未，策立皇后何氏。是日，疾風。後桓玄簒位，乃降后爲零陵縣君，不睿之罰也。五年正月戊戌朔，疾風。

海西公太和六年二月，大風迅急，是年被廢。

孝武帝寧康元年三月，京都大風，火大起。是時，桓溫入朝，志在陵上，帝又幼少，人懷憂恐，斯不睿之徵也。三年三月戊申朔，暴風迅起，從丑上來，須臾逆轉，從子上來，飛沙揚礫。

太元二年二月乙丑朔，暴風折木。閏三月甲子朔，暴風疾雨俱至，發屋折木。三年六月，長安大風，拔苻堅宮中樹。其後，堅再南伐，遂有淝水之敗，身戮國亡。四年八月乙未，暴風揚沙石。

十二年正月壬子夜，暴風。七月甲辰，大風折木。十三年十二月乙未，大風，晝晦。其後帝崩而諸侯違命，權奪於元顯，禍成於桓玄，是其應也。十七年六月乙卯，大風折木。

安帝元興二年二月甲辰夜，大風雨，大航門屋瓦飛落。明年，桓玄簒位，由此門入。

三年正月，桓玄出遊大航南，飄風飛其䡟輗蓋，經三月而玄敗歸江陵。五月，江陵又大風折木。是月，桓玄敗於崢嶸洲，身亦屠裂。十一月丁酉，大風，江陵多死者。

義熙四年十一月辛卯朔，西北疾風起。五年閏十月丁亥，大風發屋。明年，盧循至蔡洲。六年五月壬申，大風拔北郊樹，樹幾百年也。并吹琅邪、揚州二射堂倒壞。是日，盧循大艦漂沒。甲戌，又風，發屋折木。是冬，王師南討。九年正月，大風，白馬寺浮圖刹柱折壞。十年四月己丑朔，大風拔木。六月辛亥，大風拔木。七月，淮北大風，壞廬舍。明年，西討司馬休之應。

又 穆帝永和七年三月，涼州大風拔木。

又 惠帝元康四年十二月，大霧。帝時昏眊，政非己出，故有區霧之妖。

元帝太興四年八月，黃霧四塞，埃氛蔽天。

永昌元年十月，京師大霧，黑氣貫天，日無光。

明帝太寧元年正月癸巳，黃霧四塞。二月，又黃霧四塞。是時王敦擅權，謀逆愈甚。

穆帝永和七年三月，涼州大風拔木，黃霧下塵。是時，張重華納譖，出謝艾爲酒泉太守，而所任非其人，至九年死，嗣子見殺，是其應也。京房《易傳》曰：『聞善不予茲謂不知，厥異黄，厥咎聾，厥災不嗣。黄者，有黄濁氣四塞天下。蔽賢絶道，故災至絶世也。』

孝武太元八年二月癸未，黄霧四塞。是時，道子專政，親近佞人，朝綱方替。

安帝元興元年十月丙申朔，黄霧昏濁不雨。是時桓玄謀逆之應。

義熙五年十一月，大霧。十年十一月，又大霧。是時，帝室衰微，臣下權盛，兵及土地，略非君有，此其應也。

《隋書》卷二三《五行志下·常風》 梁天監六年八月戊戌，大風折木。京房《易飛候》曰：『角日疾風，天下昏。不出三月中，兵必起。』是歲魏軍入鍾離。

承聖三年十一月癸未，帝閲武於南城，北風大急，普天昏闇。《洪範五行傳》曰：『人君昏亂之應。』時帝既平侯景，公卿咸勸帝反丹陽，帝不從。又多猜忌，有昏亂之行，故天變應之以風。是歲爲西魏滅。

陳天嘉六年七月癸未，大風起西南，吹倒靈臺候樓。《洪範五行傳》，以爲大臣專恣之咎。

時太子沖幼，安成王頊專政，帝不時抑損。明年崩，皇太子嗣位，頊遂廢之。

太建十二年六月壬戌，大風吹壞皐門中闥。十二年九月，夜又風，發屋拔樹。始興王叔陵專恣之應。

至德中，大風吹倒朱雀門。

禎明三年六月丁巳，大風，自西北，激濤水入石頭、淮。是時，後主任司馬申，誅戮忠諫。沈客卿、施文慶，專行邪僻。江總、孔範等，崇長淫縱。杜塞聰明，昏亂之咎。

後齊河清二年，大風，三旬乃止。時帝初委政佞臣和士開，專恣日甚。天統三年五月，大風，晝晦，發屋拔樹。天變再見，而帝不悟。明年帝崩。後主詔内外表奏，皆先詣士開，然後聞徹。趙郡王叡、馮翊王潤，按士開驕恣，不宜仍居内職，反爲士開所譖，叡竟坐死。士開出入宫掖，生殺在口，尋爲琅邪王儼所誅。

七年三月，大風起西北，發屋拔樹。五日乃止。時高阿那瓌、駱提婆等專恣之應。

開皇二十年十一月，京都大風，發屋拔樹，秦、隴壓死者千餘人。地大震，鼓皆應。淨刹寺鍾三鳴，佛殿門鎖自開，銅像自出戸外。鍾鼓自鳴者，近鼓妖也。揚雄以爲人君不聰，爲衆所惑，空名得進，則鼓妖見。時獨孤皇后干預政事，左僕射楊素權傾人主。帝聽二人之讒，而黜僕射高熲，廢太子勇爲庶人，晉王鈞虚名而見立。思心昏亂，陰氣盛之象也。鎖及銅像，並金也。金動木震之，水沴金之應。《洪範五行傳》曰：『失衆心甚之所致也。』高熲、楊勇，無罪而咸廢黜，失衆心也。

仁壽二年，西河有胡人，乘騾在道，忽爲迴風所飄，并一車上千餘尺，乃墜，皆碎焉。京房《易傳》曰：『衆逆同志，至德乃潛，厥異風。』後二載，漢王諒在并州，潛謀逆亂，車及騾騎之象也。升空而墜，顛隕之應也。天戒若曰，無妄動車騎，終當覆敗，而諒不悟。及高祖崩，諒發兵反，州縣響應，衆至數十萬。月餘而敗。

又 梁承聖二年十月丁卯，大風，晝晦，天地昏暗。近夜妖也。京房《易飛候》曰：『羽日風，天下昏，人大疾。不然，多寇盜。』三年爲西魏所滅。

陳禎明三年正月朔旦，雲霧晦冥，入鼻辛酸。後主昏昧，近夜妖也。《洪範五行傳》曰：『王失中，臣下強盛，以蔽君明，則雲陰。』是時北軍臨江，柳莊、任蠻奴並進中款，後主惑佞臣孔範之言，而昏闇不能用，以至覆敗。

東魏武定四年冬，大霧六日，晝夜不解。《洪範五行傳》曰：『晝而晦冥若夜者，陰侵陽，臣將侵君之象也。』明年，元瑾、劉思逸謀殺大將軍之應。

又 梁大同元年，天雨土。二年，天雨灰，其色黄。近黄祥也。京房《易飛候》曰：『聞善不及，茲謂有知。厥異黄，厥咎龍，厥災不嗣。蔽賢絶道之咎也。』時帝自以爲聰明博達，惡人勝己。又篤信佛法，捨身爲奴，絶道蔽賢之罰也。

又 大寶元年正月，天雨黄沙。二年，簡文帝夢丸土而吞之。尋爲侯景所廢，以土囊壓之而斃，諸子遇害，不嗣之應也。

又 後周大象二年正月，天雨黄土，移時乃息。與大同元年同占。時帝昏狂滋甚，期年而崩，至于靜帝，用逐厥位。絶道不嗣之應也。

開皇二年，京師雨土。是時，帝懲周室諸侯微弱，以亡天下，故分封諸子，並爲行臺，專制方面。失土之故，有土氣之祥，其後諸王各謀爲逆亂。京房《易飛候》曰：『天雨土，百姓勞苦而無功。』其時營都邑。後起仁壽宮，頽山堙谷，丁匠死者太半。

《北史》卷一〇《周宣帝紀》 ［大象二年］戊申，雨雪，雪止又雨細黃土，移時乃息。

《舊唐書》卷三七《五行志》 元和三年四月壬申，大風毀含元殿西闕欄檻二十七間。八年三月丙子，大風拔崇陵上宮衙殿西鴟尾，并上宮西神門六戟竿折，行牆四十間簷壞。

長慶元年九月壬寅，京師震電，大風雨。四年五月庚辰，大風吹壞延喜、景風二門。

大和八年六月癸未，暴風雷雨壞長安縣廨及經行寺塔。同、華大旱。七月辛酉，定陵臺大風雨，震，東廊之下地裂一百三十尺，其深五尺。詔宗正卿李仍叔啟告修之。九年四月二十六日夜，大風，含元殿四鴟吻皆落，拔殿前樹三，壞金吾仗舍，廢樓觀內外城門數處，光化門西城牆壞七十七步。是日，廢長生院，起內道場，取李訓言沙汰僧尼故也。

開成元年夏六月，鳳翔麟遊縣暴風雨，飄害九成宮正殿及滋善寺佛舍，壞百姓屋三百間，死者百餘人，牛馬不知其數。

《新唐書》卷六《代宗紀》 ［大曆七年］五月乙酉，大雨雹，大風拔木。

又 ［大曆十年四月］甲申，大雨雹，大風拔木。

又 ［大曆十年五月］甲寅，大雨雹，大風拔木，震闕門。

又 卷三五《五行志二·常風》 武德二年十二月壬子，大風拔木。易巽爲風，『重巽以申命』。其及物也，象人君誥命，其鼓動於天地間，有時飛沙揚塵，怒也，發屋拔木者，怒甚也。其占：『大臣專恣而氣盛，衆逆同志，君行蒙暗，施於事則皆傷害，故常風。』又『飄風入宮闕，一日再三，若風聲如雷觸地而起，爲兵將興。』

貞觀十四年六月乙酉，大風拔木。

咸亨四年八月己酉，大風落太廟鴟尾。

永隆二年七月，雍州大風害稼。

弘道元年十二月壬午晦，宋州大風拔木。

嗣聖元年四月丁巳，寧州大風拔木。

垂拱四年十月辛亥，大風拔木。

永昌二年五月丁亥，大風拔木。

神龍元年三月乙酉，睦州大風拔木。崔玄暐封博陵郡王也，大風折其輅蓋。二年六月乙亥，滑州大風拔木。

景龍元年七月，郴州大風，發屋拔木。八月，宋州大風拔木，壞廬舍。二年十月辛亥，滑州暴風發屋。三年三月辛未，曹州大風拔木。

開元二年六月，京師大風發屋，大木拔者十七八。四年六月辛未，京師、陝、華大風拔木。九年七月丙辰，揚州、潤州暴風雨，發屋拔木。十四年六月戊午，大風拔木發屋，端門鴟尾盡落。端門，號令所從出也。十九年六月乙酉，大風拔木。二十二年五月戊子，大風拔木。

天寶十一載五月甲子，東京大風拔木。十三載三月辛酉，大風拔木。

永泰元年三月辛亥，大風拔木。

大曆七年五月乙酉，大風拔木。十年五月甲寅，大風拔木。

貞元元年七月庚子，大風拔木。六年四月甲申，大風雨。八年五月己未，暴風發太廟屋瓦，毀門闕、官署、廬舍不可勝紀。十年六月辛未，大風拔木。十四年八月癸未，廣州大風，壞屋覆舟。

元和元年六月丙申，大風拔木。三年四月壬申，大風毀含元殿欄檻二十七間。占爲兵起。四年十月壬午，天有氣如煙，臭如燔皮，日昳大風而止。五年三月丙子，大風毀崇陵上宮衙殿鴟尾及神門戟竿六，壞行垣四十間。八年六月庚寅，京師大風雨，毀屋飄瓦，人多壓死者。丙申，富平大風，拔棗木千餘株。十二年春，青州一夕暴風自西北，天地晦冥，空中有若旌旗狀，屋瓦上如蹂躪聲。有日者占之曰：『不及五年，兹地當大殺戮。』

長慶二年正月己酉，大風霾。十月，夏州大風，飛沙爲堆，高及城堞。三年正月丁巳朔，大風，昏霾終日。四年六月庚寅，大風毀延喜門及景風門。

大和八年六月癸未，暴風壞長安縣署及經行寺塔。九年四月辛丑，大風拔木萬株，墮含元殿四鴟尾，拔殿廷樹三，壞金吾仗舍，發城門樓觀內外三十餘所，光化門西城十數雉壞。

開成三年正月戊辰，大風拔木。五年四月甲子，大風拔木；五月壬寅，亦如之；七月戊寅，亦如之。

會昌元年三月，黔南大風飄瓦。

咸通六年正月，絳州大風拔木，有十圍者。十一月己卯晦，潼關夜中大風，山如吼雷，河噴石鳴，羣烏亂飛，重關傾側。十二月，大風拔木。

乾符五年五月丁酉，大風拔木。

廣明元年四月甲申，京師及東都、汝州雨雹，大風拔木。四年六月乙巳，太原大風雨，拔木千株，害稼百里。

光化三年七月乙丑，洺州大風，拔木發屋。

天復二年，昇州大風，發屋飛大木。

又　乾符二年二月，宣武境内黑風，雨土。

天祐元年閏四月乙未朔，大風，雨土。

又　貞觀七年三月丁卯，雨土。二十年閏三月己酉，有黄雲闊一丈，東西際天。黄爲土功。

永徽三年三月辛巳，雨土。

景龍元年六月庚午，陝州雨土。十二月丁丑，雨土。

天寶十三載二月丁丑，雨黄土。

大曆七年十二月丙寅，雨土。

貞元二年四月甲戌，雨土。八年二月庚子，雨土。

大和八年十月甲子，土霧晝昏，至于十一月癸丑。

開成元年七月乙亥，雨土。

咸通十四年三月癸巳，雨黄土。

中和二年五月辛酉，大風，雨土。

天復三年二月，雨土，天地昏霾。

天祐元年閏四月甲辰，大風，雨土。

又　垂拱二年九月己巳，雍州新豐縣露臺鄉大風雨。

開元十七年四月乙亥，大風震電，藍田山摧裂百餘步，畿内山也。

又　卷三六《五行志三》　長壽元年九月戊戌，黄霧四塞。霧者，百邪之氣，爲陰冒陽，本于地而應于天；黄爲土，土爲中宫。

神龍二年三月乙巳，黄霧四塞。

景龍二年八月甲戌，黄霧昏濁不雨。二年正月丁卯，黄霧四塞。十一月甲寅，日入後，昏霧四塞，經二日乃止。占曰：『霧連日不解，其國昏亂。』

開元五年正月戊辰，昏霧四塞。

天寶十四載冬三月，常霧起昏暗，十步外不見人，是謂晝昏。占曰：『有破國。』

至德二載四月，賊將武令珣圍南陽，白霧四塞。

上元元年閏四月，大霧。占曰：『兵起。』

貞元十年三月乙亥，黄霧四塞，日無光。

咸通九年十一月，龐勛圍徐州，甲辰，大霧昏塞，至于丙午。

光化四年冬，昭宗在東内，武德門内煙霧四塞，門外日色皎然。

《續資治通鑑長編》卷二三　〔太平興國七年十二月〕瓊州言颶風壞官寺民舍幾盡。

又　卷二四　〔太平興國八年五月〕丁巳，相州言風雹害稼。

又　卷六三　〔景德三年六月〕丙寅，大風，上恐傷稼，遣内臣視之，言無損。

又　卷六五　〔景德四年三月甲寅〕是夕，京師大風，黄塵蔽天，自大名府歷京畿，害桑稼，唐州尤甚。

《宋史》卷三八《寧宗紀二》　〔開禧元年春正月〕壬午，雨霾。

又　卷六二《五行志一下・水下》　淳化三年七月，泗州大風雨，震僧伽塔柱。

又　〔至道元年〕七月，泗州大風雨，雷震僧伽塔及壞鍾樓。

又　淳化三年六月，黑風晝晦。

景祐四年七月，黑氣長丈餘，出畢宿下。

康定元年，黑風晝晦。

又　〔淳熙〕十六年六月，行都錢塘門啟，黑風入，揚沙石。

又　天聖四年十月甲午，昏霧四塞。

靖康元年正月丁未，霧氣四塞，對面不見。

建炎二年十一月甲子，北京大霧四塞，是夕，城陷。

又　〔建炎三年〕六月，久陰。四年三月乙丑，四方霧下如塵。

紹興三年，自正月陰晦，陽光不舒者四十餘日。五年正月甲申，霧氣昏塞。七月，劉豫毁明堂，天地晦冥者累日。七年，氛氣翳日。八年三月甲寅，晝晦，日無光，陰霧四塞。乙卯，晝夜雲氣昧濁。四月，積雨方止，氛霧四塞，晝日無光。

隆興元年五月丙午，朝霧四塞。二年六月，積陰彌月。

乾道二年十一月，久陰。五年正月甲申，晝蒙。六年五月，連陰。六月，日青無光。

淳熙六年十一月乙丑，晝蒙；十三年正月丁亥。亦如之。

慶元二年二月己卯，晝暝，四方昏塞。三年二月丁卯，晝晦，昏霧四塞。六年十二月辛卯、嘉定三年正月丙午、十年正月乙未、十三年三月壬辰，皆晝蒙。

又 卷六七《五行志五・土》 乾德二年五月，揚州暴風，壞軍營舍僅百區。三年六月，揚州暴風，壞軍營舍及城上敵棚。

開寶二年三月，帝駐太原城下，大風一夕而止。八年十月，廣州颶風起，一晝夜雨水二丈餘，海為之漲，飄失舟楫。九年四月，宋州大風，壞甲仗庫、城樓、軍營凡四千五百九十六區。

太平興國二年六月，曹州大風，壞濟陰縣廨及軍營。四年八月，泗州大風，浮梁竹笮、鐵索斷，華表石柱折。六年九月，高州大風雨，壞廨宇及民舍五百區。七年八月，瓊州颶風，壞城門、州署、民舍殆盡。八年九月，太平軍颶風拔木，壞廨宇、民舍千八十七區。十月，雷州颶風，壞廩庫、民舍七百區。九年八月，白州颶風，壞廨宇、民舍。

端拱二年，京師暴風起東北，塵沙曀日，人不相辨。

淳化二年五月，通利軍大風害稼。三年六月丁丑，黑風自西北起，天地晦暝，雷震，有頃乃止。先是京師大熱，疫死者眾，及此風至，疫疾遂止。

至道二年八月，潮州颶風，壞州廨、營砦。

咸平元年八月，涪州大風，壞城舍。四年八月丙子，京師暴風。

景德二年六月甲午，大風吹沙折木。八月，福州海上有颶風，壞廬舍。三年七月丙寅，京師大風。四年三月甲寅夕，京師大風，黃塵蔽天，自大名歷京畿，害桑稼，唐州尤甚。

大中祥符二年四月乙未，大風起京師西北，連日不止。五年八月，京師大風。七年三月戊辰，京師大風，揚沙礫。是日，百官習儀恭謝壇，有隨仆者。八年六月辛亥，京師風起巳位，吹沙揚塵。

天禧二年正月，永州大風，發屋拔木，數日止。三年五月，徐州利國監大風起西南，壞廬舍二百餘區，壓死十二人。四年四月丁亥，大風起西北，飛沙折木，晝晦數刻。五月乙卯，暴風起西北有聲，折木吹沙，黃塵蔽天，占並主陰謀姦邪。是秋，內侍周懷政坐妖亂伏誅。

天聖九年十二月辛酉，大風三日止。

景祐元年六月己巳，無錫縣大風發屋，民被壓死者眾。九月甲寅夜漏上，風自丑起有聲，擺木鳴條。二年六月戊寅平明，風自未來，占者以為百穀豐衍之候。

皇祐四年七月丁巳，大風起西北方，拔木。

嘉祐二年正月元日平旦，有風從東北來，徧天有蒼黑雲，占云：『大熟多雨。』

熙寧四年二月辛巳，京東自濮州至河北旁邊，大風異常，百姓驚恐。六年四月，館陶縣黑風。九年十一月，海陽潮陽二縣颶風、潮，害民居田稼。十年六月，武城縣大風，壞縣廨，知縣李愈妻、主簿寇宗奭妻之母壓死。七月，溫州大風雨，漂城樓、官舍。

元豐四年六月，邕州颶風，壞城樓、官私廬舍。七月甲午夜，泰州海風作，繼以大雨，浸州城，壞公私廬舍數千間。靜海縣大風雨，毀官私廬舍二千七百六十三楹。丹陽縣大風雨，溺民居，毀廬舍。丹徒縣大風潮，飄蕩沿江廬舍，損田稼。六月，邕州颶風，壞城樓、官私廬舍。五年八月，朱崖軍颶風，毀廬舍。

元祐八年，福建、兩浙海風駕潮，害民田。

紹聖元年秋，蘇、湖、秀等州海風害民田。

靖康元年正月望夜，大風起西北有聲，吹沙走石，盡明日乃止。二月戊申，大風起東北，揚塵翳空。三月己巳夜五更，大風乍緩乍急，聲如叫怒。十一月丁亥，大風發屋折木。閏十一月甲寅，大風起北方，雪作盈數尺，連夜不止。二年正月己亥，天氣昏曀，狂風迅發，竟日夜，西北陰雲中如有火光，長二丈餘，闊數尺，民時時見之。庚戌，大風雨。二月乙酉，大風折木，晚尤甚。三月己亥，大風。四月庚申朔，大風吹石折木；辛酉，北風益甚，苦寒。

建炎元年正月丁酉，大風吹石折木。十二月乙酉，大風拔木。

紹興二十八年七月壬戌，平江府大風雨駕潮，漂溺數百里，壞田廬。三十二年七月戊申，大風拔木。溫州大風，壞屋覆舟。

隆興元年，浙東、西郡國風水傷稼。二年八月，大風雨，漂蕩田廬。

乾道二年八月丁亥，溫州大風雨駕海潮，殺人覆舟，壞廬舍。五年十月，台州大風水，壞田廬。八年六月丙辰，惠州颶風，壞海艦三十餘。時樞密院調廣東經略司水軍，四艦覆其三，死者百三十餘人。

淳熙三年六月，大風連日。四年九月，明州大風駕海潮，壞定海、鄞縣海岸七千六百餘丈及田廬、軍壘。六月乙巳夜，福清縣、興化軍大風雨，壞官舍、民居、倉庫及海口鎮，人多死者。五年正月庚戌，大風。六年十一月，鄂州大風覆舟，溺人甚眾。七年二月，江陵府大風，火及舟，焚溺死者尤眾。十年八月辛酉，雷州颶風大作，駕海潮傷人，禾稼、林木皆折。

紹熙二年三月癸酉，瑞安縣大風，壞屋拔木殺人。四年七月，興化軍海風害稼。五年六月丙子，大風。七月乙亥，行都大風拔木，壞舟甚眾。紹興府、秀州大風駕海潮，害稼。秋，明州颶風駕海潮，害稼。十月甲戌，行都大風拔木。

慶元二年六月壬申，台州暴風雨駕海潮，壞田廬。六年三月甲子，大風拔木。

嘉泰三年十月丁未，暴風。十一月癸未，大風；四年正月乙亥，亦如之。

開禧元年四月乙卯、九月庚戌，大風。

嘉定元年九月乙丑，大風。二年二月戊子，大風。七月壬辰，台州大風雨駕海潮，壞屋殺人。三年八月癸酉，大風拔木，折禾穗，墮果實；寧宗露禱，至于丙子乃息。後御史朝陵于紹興府，歸奏風壞陵殿宮牆六十餘所、陵木二千餘章。四年閏月丁未，大風。六年十二月，餘姚縣風潮壞海隄，亘八鄉。七年正月庚辰，江州放鐙，黑雲暴風忽作，遊人相踐，死者二十餘。十年正月乙未，大風拔木。十一月丁丑，大風。十一年二月甲寅，大風。十月戊午，大風。十三年十一月庚戌、壬子，大風。十二月戊午，大風。十四年六月辛巳，大風。十六年秋，大風拔木害稼。十七年秋，福州颶風大作，壞田損稼。冬，鄂州暴風，壞戰艦二百餘；壽昌軍壞戰艦六十餘；江州、興國亦如之。

嘉熙二年，風雹。三年，風雹。

淳祐十一年，泰州風。

景定四年十一月，福州颶風。

咸淳四年閏月丁巳，大風雷雨，居民屋瓦皆動。七年五月甲申，紹興府大風。十年四月，紹興府大風拔木。

端拱二年，京師暴風起東北，塵沙曀日，人不相辨。

淳化三年六月丁丑，黑風自西北起，天地晦冥，雷震，有頃乃止。

大中祥符二年九月，無為軍城北暴風，晝晦不可辨，拔木，壞城門、營壘、民舍。

天聖六年二月庚辰，大風晝暝。

康定元年三月丙子，大風晝暝，經刻乃復。

嘉祐八年十一月丙午，大風霾。

治平二年二月乙巳，大風晝晦。四年正月庚辰朔，大風霾。是日，上尊號，廷中仗衛皆不能整。時帝已不豫，後七日崩。

熙寧四年四月癸亥，京師大風霾。

元祐八年二月，京師風霾。

靖康二年正月己亥，天氣昏曀，風迅發竟日。三月丁酉，風霾。

建炎元年正月辛卯朔，大風霾。丁酉，風霾，日色薄而有暈。三月丁酉，汴京風霾，日無光。是日，張邦昌僭位。二年七月癸未，風雨晝晦。是日，東京留守宗澤薨。

又 乾道五年正月甲申，晝霾四塞。

淳熙五年四月丁丑，塵霾晝晦，日無光。

慶元九年十二月乙未，天雨霾。

開禧元年正月壬午，雨霾。

嘉定十年正月乙未，晝霾。二月癸巳，日無光。

德祐元年六月庚子朔，日有食之，既，天地晦冥，咫尺不辨人，雞鶩歸棲，自巳至午，其明始復。

又 治平元年三月壬戌，雨土。十二月己亥，雨黃土。

熙寧五年十二月癸未、七年三月戊午，並雨黃土。八年五月丁丑，雨黃土兼細毛。

元豐二年十一月丁亥、五年三月乙巳、六年四月辛未，雨土。

元祐七年正月戊午，天雨塵土，主民勞苦。

宣和元年三月庚午，雨土著衣，主不肖者食祿。

紹興十一年三月庚申，涇州雨黃沙。十八年十一月壬辰，肆赦，天有雲赤黃，近黃祥也，太史附秦檜旨奏瑞。

乾道四年三月己丑，雨土若塵。

淳熙四年二月戊戌，雨土；五年二月壬午、甲申，四月丁丑，六年十一月乙丑，十一年正月辛卯、甲寅，十三年正月壬寅，亦如之。十五年九月庚子，南方有赤黃氣。

紹熙四年十月甲寅，雨土；五年四月癸卯，亦如之。十月乙未，天有赤黃色，占曰：『是為天變。』色先赤後黃，近黃赤祥也。十一月辛亥，雨土。

慶元元年二月己卯、十一月己丑，天雨塵土。三年正月丙子、四月丙午、十二月甲申，天雨塵土。六年正月己巳、閏月丁未、十月己丑，雨土。九月辛丑、十一月辛卯，天雨塵土。

嘉泰元年六月己卯、九月己未、十二月辛丑，天雨塵土。

嘉定三年正月丙午，天雨塵土。八年二月己未、五月辛未，天雨塵土。九年十二月癸巳，天雨土。十年二月癸巳，雨土。十二年二月癸巳，天雨塵土。十三年三月辛卯，天雨塵土。十六年二月戊子，天雨塵土。

紹定三年三月丁酉，雨土。

嘉熙二年四月甲申，雨土。三年三月辛卯，天雨塵土。

淳祐五年二月丙寅朔，天雨塵土。十一年三月乙亥，天雨塵。

寶祐三年三月己未，雨土。六年二月壬辰，天雨塵土。

開慶元年三月辛酉，雨土。

景定五年二月辛未，雨土。

德祐元年三月辛巳，終日黃沙蔽天，或曰『喪氛』。

又 卷三二一《鄭俠傳》 是時，自熙寧六年七月不雨，至于七年之三月，人無生意。東北流民，每風沙霾曀，扶携塞道，羸瘠愁苦，身無完衣。並城民買麻秈麥麩，合米爲糜，或茹木實草根，至身被鎖械，而負瓦揭木，賣以償官，累累不絕。

《文獻通考》卷三〇二《物異考八·黃眚黃祥》 王莽天鳳元年六月，黃霧四塞。

後漢昭烈章武二年，東伐，二月，自秭歸進屯夷陵。六月，秭歸有黃氣見，長十餘里，廣數十丈。後逾旬，爲陸遜所破，近黃祥也。

晉惠帝元康四年正月，大霧。帝時昏眊，政非己出，故有大霧之妖。元帝太興四年八月，黃霧四塞，埃氛蔽天。永昌元年十月，京師大霧，黑氣貫天，日無光。明帝太寧元年正月癸巳，黃霧四塞。二月，又黃霧四塞。是時王敦擅權，謀逆愈甚。穆帝永和七年三月，涼州大風拔木，黃霧下塵。是時，張重華納譖，出謝艾爲酒泉太守，而所任非其人，至九年死，嗣子見殺，是其應也。京房《易傳》曰：『聞善不與，茲謂不知，厥異黃，厥咎聾，厥災不嗣。黃者，有黃濁氣四塞天下。蔽賢絕道，故災至絕世也。』孝武太元八年二月癸未，黃霧四塞。

是時，道子專政，親近佞人，朝綱方替。安帝元興元年十月庚申朔，黃霧昏濁不雨。是時桓元謀逆之應。義熙五年十一月，大霧。十年十一月，又大霧。是時，帝室衰微，臣下權盛，兵及土地，略非君有，此其應也。

宋文帝元嘉二十九年十二月戊辰，黃霧四塞。次年春，元兇劭弑逆。

齊武帝永明六年十一月丙戌，土氣竟天，如煙，入人眼鼻，三日乃止。八年六月丙申，大雷雨，有黃光竟天，照地狀如金。

梁武帝大同元年，天雨土。二年，天雨灰，其色黃，近黃祥也。京房《易飛候》曰：『聞善不與，茲謂不知，厥異黃，厥咎聾，厥災不嗣。蔽賢絕道之咎也。』時帝自以爲聰明博達，惡人勝己。又篤信佛法，捨身爲奴，絕道蔽賢之罰也。

簡文帝大寶元年正月，天雨黃沙。三年，夢丸土而吞之。帝尋爲侯景所廢，以土囊壓之而斃，諸子遇害，不嗣之應也。

陳後主時，夢黃衣人圍城。後主惡之，繞城橘樹，盡伐去之。隋高祖受禪後，上下通服黃衣。未幾隋師攻圍之應也。

後周靜帝大象二年，天雨細黃土，移時乃息。與大同元年同占。時宣帝昏狂滋甚，其年崩，靜帝立，禪於隋。

隋文帝開皇二年，京師雨土。時帝懲周室諸侯微弱至亡，乃分封諸子，並爲行臺，專制方面。失土之故，有土氣之祥，後諸王各謀爲逆亂。京房《易飛候》曰：『天雨土，百姓勞苦而無功。』時營都邑，起仁壽宮，頹山堙谷，死者大半。

唐太宗貞觀七年三月丁卯，雨土。二十年閏三月己酉，有黃雲闊一丈，東西際天。黃爲土功。高宗永徽三年三月辛巳，雨土。中宗景龍元年六月庚午，陝州雨土。十二月丁丑，雨土。元宗天寶十三載二月丁丑，雨黃土。代宗大曆七年十二月丙寅，雨土。德宗貞元二年四月甲戌，雨土。八年二月庚子，雨土。文宗太和八年十月甲子，土霧晝昏，至於十一月癸丑。開成元年七月乙亥，雨土。懿宗咸通十四年三月癸巳，雨黄土。僖宗中和二年五月辛酉，大風，雨土。昭宗天復三年二月，雨土，天地昏霾。天祐元年閏四月甲辰，大風，雨土。

宋太宗淳化三年正月乙卯，京師雨土。占曰：『小人叛。』自後李順盜據益州。英宗治平元年三月辛酉、十二月乙巳，雨土。二年三月壬戌，雨土。十二月己亥，雨黄土。神宗熙寧五年十二月癸未、七年三月戊午，並雨黄土。八年五月丁丑，雨黄土兼細毛。元豐二年十一月丁亥、五年二月乙巳、六年四月辛未，雨土。哲宗元祐七年正月戊午，天雨塵土。王民勞苦。徽宗宣和元年三月庚午，雨土著衣。主不肖者食祿。高宗紹興元年十二月庚辰夜，有黄白氣。

十一年，馮康國言，三月庚申，涇州雨黄沙。語在《金傳》及《夜妖》。十八年十一月壬辰，上御麗正門，肆赦，天有雲赤黄。近黄祥也。太史附秦檜旨奏以爲瑞。孝宗乾道四年三月己丑，雨土若塵。亀熙四年二月戊戌、五年二月甲申，四月丁丑，六年十一月乙丑，十一年正月辛卯、甲寅，十三年正月壬寅，皆雨土。十五年九月庚子，南方有赤黄氣。光宗紹熙四年十月甲寅，五年四月癸卯，皆雨土。十月乙未，天有赤黄色。占曰：『是爲天變。』色先赤後黄，近黄赤祥也。十一月辛亥，雨土。

又 卷三〇六《物異考十二·恒風》

《春秋》僖公十六年『正月，六鷁退蜚，過宋都。』師古曰：『鷁音五狄反。』《左氏傳》曰『風也』。劉歆以爲風發於他所，至宋而高，鷁高蜚而逢之，則退。經以見者爲文，故記退蜚，傳以實應著，言風，常風之罰也。象宋襄公區霧自用，不容臣下，逆司馬子魚之諫，而與彊楚爭盟，師古曰：『子魚，公子目夷也，桓公之子，而爲司馬。爭盟，謂爲鹿上之盟，以求諸侯於楚。子魚諫曰：「小國爭盟，禍也。」公不聽之。』後六年爲楚所執，師古曰：『僖二十一年，楚執宋公以伐宋，距六鷁退飛凡六年。』應六鷁之數云。京房《易傳》曰：『潛龍勿用，師古曰：『《乾》初九爻辭。』衆逆同志，至德迺潛，厥異風。其風也，行不解物，不長，師古曰：『不解物，謂物逢之而不解散也。不長，所起者近也。』雨小而傷。政悖德隱茲謂亂，厥風先風不雨，大風暴起，發屋折木。守義不進茲謂耄，厥風雲俱起，折五穀莖。臣易上政，茲謂不順，厥風大焱發屋師古曰：『焱，疾風也，音必遙反。』。賦斂不理茲謂禍，厥風絶經緯，如淳曰：『有所破壞，絶匹帛之屬也。』晉灼曰：『南北爲經，東西爲緯，絲因風暴，亂不端理也。』止即溫，溫即蟲。侯專封茲謂不統，厥風疾，而樹不搖，穀不成。辟不思道利，茲謂無澤，師古曰：『道讀曰導，不思導示於下而安利之。』厥風不搖木，旱無雲，傷禾。公常於利茲謂亂，師古曰：『公，上爵也。常於利，謂心常求利也。』厥風微而溫，生蟲蝗，害五穀，棄正作淫茲謂惑，厥風溫，螟蟲起，害有益人之物。侯不朝茲謂叛，厥風無恒，地變赤而殺人。』

漢文帝二年六月，淮南王都壽春大風毀民室，殺人。時淮南王破南越，後遂謀逆，帝赦之，遷蜀，道死。五年，吴暴風雨，壞城官府民室。時吴王濞謀爲逆亂，後卒誅滅。五年十月，楚王都彭城大風從東南來，毀市門，殺人。時王戊初嗣位，後坐淫削國，與吴王謀反，誅。武帝元光五年秋七月，大風拔木。

征和二年夏四月，大風發屋折木。昭帝元鳳元年，燕王都薊大風雨，拔宮中樹七圍以上十六株，壞城樓。後燕王旦謀反，發覺，誅。成帝建始元年十二月，大風，拔甘泉時中大木十圍以上。

王莽天鳳元年七月，大風拔木，飛北闕直城屋瓦。地皇元年七月，大風毀王路堂。

後漢光武於更始元年六月中破王尋、王邑兵于昆陽，大雷風，屋瓦皆飛。和帝永元五年五月戊寅，南陽大風，拔樹木。安帝永初元年，大風拔樹。是時鄧太后攝政，以清河王子年少，號精耳，故立之，是爲安帝。不立皇太子勝，以爲安帝賢，必當德鄧氏也。後安帝親讒，廢免鄧氏，令郡縣迫切，死者八九人，家至破壞。此爲瞽霿也，是後西羌亦大亂涼州十有餘年。二年六月，京師及郡國四十大風拔木。三年五月癸酉，京都大風，拔南郊道梓樹九十六株。七年八月丙寅，京都大風拔樹。元初二年二月癸亥，京都大風拔樹。六年夏四月，沛國、勃海大風，拔樹三萬餘株。延光二年三月丙申，河南、潁川大風拔樹。

六月壬午，郡國十一大風拔樹。是時安帝親讒，曲直不分。三年，京都及郡國三十六大風拔樹。靈帝建寧二年四月癸巳，京都大風雨雹，拔郊道樹十圍已上百餘株。其後晨迎氣東郊，道於雒水西橋，逢暴風雨，鹵簿車或發蓋，百官沾濡，還不至郊，使有司行禮。迎氣西郊，亦壹如此。中平五年六月丙寅，大風拔樹。獻帝初平四年六月，右扶風大風，發屋拔木。

魏齊王正始九年十一月，大風數十日，發屋折樹。十二月戊午晦，尤甚，動太極東閣。嘉平元年正月壬辰朔，西北大風，發屋折樹木，昏塵蔽天。按管輅説，此爲時刑，大風，執政之憂也。是時曹爽區霧自專，驕僭過度，此思心不睿，恆風之罰也。後逾旬而爽誅滅。

吴孫權太元元年八月朔，大風，江海湧溢，平地水深八尺，拔南陵樹二千株，石碑蹉動，吴城兩門飛落。按華覈對，役繁賦重，區霧不容之罰也。明年，權薨。

孫亮建興元年十二月甲申，大風震電。是歲，魏遣大衆三道來攻，諸葛恪破其東興軍，二軍亦退。明年，恪又攻新城，喪衆大半，還，伏誅。孫休永安元年十一月甲午，風四轉五，復蒙霧連日。是時孫綝一門五侯，權逼吴王，風霧之災，與漢五侯、丁、傅同應也。十二月丁卯夜，有大風，發木揚沙。明日，綝誅。

晉武帝泰始五年五月辛卯朔，廣平大風折木。咸寧元年五月，下邳、廣陵大風，壞千餘家，折樹木。其月甲申，廣陵、司吾、下邳大風折木。二年八月，河間大風折木。太康二年五月，濟南暴風，折木傷麥。六月，高平大風折木，發壞邸閣四十四區。七月，上黨又大風，傷秋稼。八年六月，郡國八大風。九年正月，京都風雹，發屋拔樹。後二年，宮車晏駕。惠帝元康四年六月，大風雨拔樹。五年四月庚寅夜，暴風，城東渠波浪殺人。七月，下邳大風，壞廬舍。

九月，雁門、新興、太原、上黨災風傷稼。明年，氐、羌反叛，大兵西討。九年六月，飆風吹賈謐朝服飛數百丈。明年，謐誅。十一月甲子朔，京都連大風，發屋折木。十二月，愍懷太子廢，幽於許昌。永康元年二月，大風拔木。三月，愍懷被害；己卯，喪柩發許昌還洛。是日，又大風雷電，幃蓋飛裂。四月，張華第舍飆風起，折木飛繒，折軸六七。是月，華遇害。十一月戊午朔，大風從西北來，折木飛沙石，六日止。明年正月，趙王倫篡位。永寧元年八月，郡國三大風。永興元年正月乙丑，西北大風。趙王倫建始元年正月癸酉，趙王倫祠太廟，災風暴起，塵四合。其年四月，倫伏辜。元帝永昌元年七月丙寅，大風拔木，屋瓦皆飛。八月，暴風壞屋，拔御道柳樹百餘株。其風縱横無常，若風自八方來者。是時，王敦專權，害尚書令刁協、僕射周顗等，故風縱横若非一處也。

此臣易上政，諸侯不朝之罰也。十一月，宮車晏駕。成帝咸康四年三月壬辰，成都大風，發屋折木。四月，李壽襲殺李期，自立。康帝建元元年七月庚寅，晉陵，吴郡災風。穆帝升平元年八月丁未，冊立皇后何氏。是日疾風。後桓元篡位，乃降后爲零陵縣君，不睿之罰也。五年正月戊午朔，大風。海西公太和六年二月，大風迅急，是年被廢。孝武帝寧康元年三月，京都大風，火大起。

是時，桓溫入朝，志在陵上，帝又幼小，人懷憂恐，斯不睿之徵也。三年三月戊申朔，暴風迅起，從丑上來，須臾逆轉，從子上來，飛沙揚礫。太元二年二月乙丑朔，暴風折木。閏三月甲子朔，暴風疾雨俱至，發屋折木。三年六月，長安大風，拔符堅宮中樹。其後，堅再南伐，遂有淝水之敗，身戮國亡。四年八月丁未，暴風揚沙石。十二年正月壬午夜，暴風。七月甲辰，大風折木。十三年十二月己未，大風，晝晦。其後帝崩而諸侯違命，權奪於元顯，禍成於桓元，是其應也。十七年六月乙未，大風折木。安帝元興二年二月夜，大風雨，大航門屋瓦飛落。明年，桓元篡位，由此門入。三年正月，桓元出遊大航南，風飄其轓輗上匹計反，下五計反蓋。經三月而元敗，歸江陵。五月，江陵又大風折木。是月桓元敗於崢嶸洲，身亦屠裂。十一月丁酉，大風，江陵人多死者。

義熙四年十一月辛卯朔，西北方疾風起。五年閏十一月丁亥，大風發屋。明年，盧循至蔡州。六年五月壬申，大風拔北郊樹，樹蓋幾百年也。並吹琅邪、揚州二射堂俱倒壞。是日，盧循大艦漂沒。甲戌，又風，發屋折木。是歲冬，王師南討。九年正月，大風，白馬寺浮圖刹初鎋反柱折壞。十年四月己丑朔，大風拔木。六月辛亥，又大風拔木。七月，淮北又大風，壞屋舍。皆爲明年西討司馬休之應也。

宋文帝元嘉二十九年三月壬午，大風拔木。

齊武帝永明四年二月丙寅，大風，吴興偏甚，樹葉皆赤。八年六月乙酉，都下大風發屋。

梁武帝天監六年八月戊戌，大風折木。京房《易飛候》曰：『角日疾風，天下昏。不出三月中，兵必起。』是歲，魏軍入鍾離。元帝承聖三年十一月癸未，帝閲武於南城，北風大急，普天昏闇。《洪範五行傳》曰：『人君瞀亂之應。』時帝既平侯景，公卿咸勸帝反丹陽，帝不從。又多猜忌，有瞀亂之行，故天變應之以風。是歲爲西魏滅。

陳文帝天嘉六年七月癸未，大風起西南，吹倒靈臺候樓。《洪範五行傳》以爲大臣專恣之咎。時太子沖幼，安成王頊專政，帝不時抑損。明年崩，皇太子嗣位，頊遂廢之。宣帝太建十二年六月壬戌，大風吹壞皐門中闥。九月夜，又風，發屋拔樹。始興王叔陵專恣之應。後主至德中，大風吹倒朱雀門。禎明三年六月丁巳，大風自西北激濤水入石頭、淮。是時，後主任司馬申，誅戮忠諫。沈客卿、施文慶專行邪僻，江總、孔範等崇長淫縱。杜塞聰明，瞀亂之咎。

北齊武成河清二年，大風，三旬乃止。時帝委政佞臣和士開，專恣日甚。後主天統三年五月，大風，晝晦，發屋拔木。明年，帝崩。七年三月，大風起西北，發屋拔木，五日乃止。時高阿那竭、駱提婆等專恣之應。

隋文帝開皇二十年十一月，京師大風，發屋拔木，秦、隴壓死者千餘人。仁壽二年，西河有胡人乘騾在道，忽爲迴風所飄，並一車上千餘尺乃墜，皆碎焉。

京房《易傳》曰：『衆逆同志，至德乃潛，厥異風。』後二載，漢王諒在并州，潛謀逆亂，車及騾騎之象也。昇空而墜，顛殞之應也。

唐高宗武德二年十二月壬子，大風。《易》巽爲風，『重巽以申命』。其及物也，象人君誥命，其鼓動於天地間，有時飛沙揚塵，怒也。發屋拔木者，怒甚也。其占：『大臣專恣而氣盛，衆逆同志，君行蒙暗，施於事則皆傷害，故常風。』又『飄風入宮闕，一日再三，若風聲如雷觸地而起，爲兵將興。』太宗貞觀十四年六月乙酉，大風拔木。高宗咸亨四年八月己酉，大風落太廟鴟尾。永隆二年七月，雍州大風害稼。弘道元年十二月壬午晦，宋州大風拔木。中宗嗣聖元年四月丁巳，寧州大風拔木。武后垂拱四年十月辛亥，大風拔木。永昌二年五月丁亥，大風拔木。中宗神龍元年三月乙酉，睦州大風拔木。崔元暐封博陵郡王也，大風折其輅蓋。二年六月乙亥，滑州大風拔木。景龍元年七月，郴州大風，發屋拔木。八月，宋州大風拔木，壞屋舍。二年十月辛亥，滑州暴風發屋。三年三月辛未，曹州大風拔木。元宗開元二年六月，京師大風發屋，大木拔者十七八。四年六月辛未，京師、陝、華大風拔木。

九年七月丙辰，揚州、潤州暴風雨，發屋拔木。十四年六月戊午，大風拔木發屋，端門鴟尾盡落。端門，號令所從出也。十九年六月乙酉，大風拔木。二十二年五月戊子，大風拔木。天寶十一載五月甲子，東京大風拔木。十三載三月辛酉，大風拔木。

代宗永泰元年三月辛亥，大風拔木。大曆七年五月乙酉，大風拔木。十年五月甲寅，大風拔木。德宗貞元元年七月庚子，大風拔木。六年四月甲申，大風雨。八年五月己未，暴風發太廟屋瓦，毀門闕、官署，屋舍不可勝紀。十年六月辛未，大風拔木。十四年八月癸未，廣州大風，壞屋覆舟。憲宗元和元年六月丙申，大風拔木。三年四月壬申，大風毀含元殿欄檻二十七間。占爲兵起。四年十月壬午，天有氣如煙，臭如燔皮，日昳大風而止。五年三月丙子，大風毀崇陵上宮衙殿鴟尾及神門戟竿六，壞行垣四十間。八年六月庚寅，京師大風雨，毀屋飄瓦，人多壓死者。丙申，富平大風，拔棗木千餘株。十二年春，青州一夕暴風自西北，天地晦冥，空中有若旌旗狀，屋瓦上如蹂躒聲。有日者占之曰：『不及五年，此地當大殺戮。』穆宗長慶二年正月己酉，大風霾。

十月，夏州大風，飛沙爲堆，高及城堞。三年正月丁巳朔，大風，昏霾終日。四年六月庚寅，大風毀延喜門及景風門。文宗太和八年六月癸未，暴風壞長安縣署及經行寺塔。九年四月辛丑，大風拔木萬株，墮含元殿四鴟尾，拔殿庭樹三，壞金吾仗舍，發城門樓觀内外三十餘所，光化門西城十數雉壞。開成三年正月戊辰，大風拔木。五年四月甲子，大風拔木；五月壬寅，亦如之；七月戊寅，亦如之。武宗會昌元年三月，黔南大風飄瓦。懿宗咸通六年正月，絳州大風拔木，有十圍者。十一月己卯晦，潼關夜中大風，山如吼雷，河噴石鳴，羣鳥亂飛，重關傾側。十二月，大風拔木。僖宗乾符五年五月丁酉，大風拔木。廣明元年四月甲申，京師及東都、汝州雨雹，大風拔木。四年六月乙巳，太原大風雨，拔木千株，害稼百里。昭宗光化三年七月乙丑，洺州大風，發屋拔木。天復二年，昇州大風，發屋飛大木。

後漢隱帝乾祐三年閏五月癸巳，京師西北風暴雨，至戴婁門外，壞營舍瓦木，吹鄭門門扉起十餘步落，拔大樹數十，震死者六七人，平地水深尺餘。其年十一月，隱帝遇害。

宋太祖乾德二年五月，揚州暴風，壞軍營舍僅百區。三年六月，揚州暴風，壞軍營及城上敵棚。開寶二年二月，車駕駐太原城下，大風一夕而止。八年十月，廣州颶風起，一晝夜雨水二丈餘，海爲之漲，飄失舟楫。九年四月，宋州大風，壞甲仗庫、城樓、軍營、民舍凡四千五百九十六區。太宗太平興國二年六月，曹州大風，壞濟陰縣廨及軍營。四年八月，泗州大風，浮梁竹笮、鐵索斷，華表石柱折。六年九月，高州大風，壞廨宇、民舍五百區。七年八月，瓊州颶風，壞城門、州署、民舍殆盡。八年九月，太平軍颶拔木，壞廨宇、民舍千八十七區。

十月，雷州颶風，壞廩庫、民舍七百區。九年八月，白州颶風，壞州廨、民舍。端拱二年，京師暴風起東北，塵沙曀日，人不相辨。亀化二年五月，通利軍大風害稼。三年六月丁丑，黑風自西北起，天地晦暝，雷震，有頃乃止。先是，都下大熱，疫死者衆，及此風至，疾疫遂止。至道二年八月，潮州颶風，壞州廨、營寨，漂刀魚舟。真宗咸平元年八月，涪州大風，壞城舍。四年八月丙子，京師暴風。景德二年六月甲午，大風吹沙折木。八月，福州海上有颶風，壞屋舍。三年七月丙寅，京師大風。四年三月甲寅夕，京師大風，黃塵蔽日，自大名府歷京畿，害桑稼，唐州尤甚。大中祥符二年四月乙未，大風起京師西北，連日不止。九月，無爲軍城北暴風雨，晝晦不可辨，拔木，壞城門、營壘、民舍，壓死千餘人。遣内侍張景宣馳驛恤視，壞屋者無出來年夏租，壓死者家賜米一斛，無主者官瘞之。五年八月，京師大風。七年二月戊辰，京師大風，揚沙礫。是日，百官習儀恭謝壇，有隨僕者。六年六月辛亥，京師大風起巳位，吹沙揚塵。

天禧二年正月，永州大風，發屋拔木，數日止。三年五月，徐州利國監大風起西南，壞廬舍二百餘區，壓死十二人。四年四月丁亥，大風起西北，飛沙折木，晝晦，數刻止。五月乙卯，大風起西北有聲，折木吹沙，黃塵蔽天。按占，並主陰謀奸邪。是秋，内侍周懷政坐妖亂伏誅。仁宗天聖六年二月庚辰，大風，晝暝。九年十二月辛酉，大風三日。景祐元年九月甲寅夜漏上，風自丑起有聲，擺木鳴條。二年六月戊寅平明，風自未來。占者以爲百穀豐衍之候。康定元年，大風，晝暝，經刻乃復。皇祐四年七月丁巳，大風拔木。神宗熙寧四年二月辛巳，京東自濮州至河北旁邊，大風異常，百姓驚恐。四月癸亥，京師大風霾。六年四月，北京館陶縣黑風。九年十一月，潮州海陽、潮陽二縣颶風，海潮害民田稼。十年六月，恩州武城縣大風，壞縣廨，知縣李愈妻、主簿寇宗奭妻之母壓死。七月，溫州大風雨，漂城樓、官舍。元豐四年六月，邕州颶風，壞城樓，官私廬舍。七月甲午夜，泰州海風作，繼以大雨，浸州城，壞公私廬舍數千間。又通州靜海縣大風雨，毁官私廬舍二千七百六十三楹。潤州丹陽縣大風雨，溺居民，毁廬舍。丹徒縣大風潮，飄蕩沿江廬舍，損田稼。五年八月，朱崖軍颶風，毁廬舍。哲宗元祐八年二月末，京師風霾，大寒。是歲，福建、兩浙海風駕潮，害民田。紹聖元年秋，蘇、湖、秀等州海風害民田。欽宗靖康元年正月望夜，大風起西北有聲，吹沙走石，盡明日乃止。二月戊申，大風起東北，揚塵翳空。三月己巳夜五更，大風乍慢乍急，聲如叫怒。十一月丁亥，大風發屋折木。閏十一月甲寅，大風起北方，雪繼作，積數尺，連夜不停。二年正月己亥，天氣昏曀，狂風迅發，竟日夜，西北陰雲中如有火光，長二丈餘，闊數尺，時時見；庚戌，大風雨。二月乙酉，大風折木，晚尤甚。三月丁酉，風霾；己亥，大風。四月庚申朔，大風吹石折木；辛酉，北風益甚，苦寒。高宗建炎元年二月乙酉，大風拔木。紹興二十八年七月壬戌，平江府大風雨駕潮，漂溺數百里，壞田廬。

三十二年七月戊申，大風拔木。溫州大風，壞屋覆舟。孝宗隆興元年，浙東、西郡國風水傷稼。二年八月，大風雨，飄蕩田廬。乾道二年八月丁亥，溫州大風雨駕海潮，殺人覆舟，壞廬舍。五年十月，臺州大風水，壞田廬。八年六月丙辰，惠州颶風，壞海艦三十餘。時樞密院調廣東經略司水軍，四艦覆其三，死者百三十餘人。亀熙三年六月，大風連日。四年九月，明州大風駕潮，壞定海、鄞縣海岸七千六百餘丈及田廬、軍壘。六月乙巳夜，福州福清縣、興化軍大風雨，壞官舍、民居、倉庫及海口鎮，人多死者。六年十一月，鄂州大風覆舟，溺人甚衆。七年二月，江陵府大風，焚溺岸舟，死者尤衆。十年八月辛酉，雷州颶風大作，駕海潮飄溢殺人，林木田禾皆折。光宗紹熙二年二月癸酉，溫州瑞安縣大風，仆屋拔木殺人。四年七月，興化軍海風害稼。五年七月乙亥，行都大風拔木，壞舟甚衆；紹興府、秀州大風駕海潮，害稼。秋，明州颶風駕海潮，害稼。十月甲戌，行都大風拔木。寧宗慶元二年六月壬申，臺州暴風雨駕海潮，壞田屋。六年夏，常風，當夏而寒。嘉定二年七月壬辰，臺州大風雨駕海潮，壞屋殺人。三年八月癸酉，大風連日，大木皆拔，折禾穗，墮果實。上露禱，至於丙子乃息。後御史朝陵於紹興府，歸奏風壞陵殿宫墻六十餘所、折陵木二千餘株。六年十二月，餘姚縣風潮壞海堤，亙八鄉。七年正月庚辰，江州燈夕，黑雲暴風暮作，郡治遊人相踐，死於門者二十餘人。十一月二日甲寅，大風。十六年秋，大風拔木害稼。十七年秋，福州颶風大作，壞田損稼。冬，鄂州暴風，壞戰艦二百餘；壽昌軍壞戰艦六十餘；江州、興國軍亦如之。

又 卷三〇七《物異考十三·雷震》 成王時，秋大熟未獲，天大雷電以風，禾盡偃。大木斯拔，邦人大恐。

又 孫亮建興元年十二月朔，大風震電。

又 長安四年五月丁亥，震雷，大風拔木，人有震死者。

又 大曆十年四月甲申，雷電，暴風拔木飄瓦，人有震死者，京畿害稼者七縣。

又 穆宗長慶二年六月乙丑，大風震電，落太廟鴟尾，破御史臺樹。

又 鼂化三年七月，泗州大風雨，震僧伽塔柱。

《元史》卷五〇《五行志上・水》 ［大德］四年三月，宣州涇縣、台州臨海縣風雹。

又 ［大德八年五月］太原、大同、隆興屬縣陽曲、天成、懷安、白登風雹害稼。

又 ［大德］十年四月，鄭州管城縣風雹，大如鷄卵，積厚五寸。

又 至大元年四月，般陽新城縣、濟南厭次縣、益都高苑縣風雹。

又 ［皇慶元年］六月，開元路風雹害稼。

又 延祐元年五月，膚施縣大風雹，損稼幷傷人畜。

又 ［延祐］五年四月，鳳翔府雹傷麥禾

又 ［延祐］七年八月，大同路雷風雨雹。

又 ［至治二年］六月，思州大風雨雹。

又 ［至治］三年五月，大風雨雹，拔柳林行宮大木。

又《木》 至治三年五月庚子，柳林行宮大木風拔三千七百株。

又《土》 太宗五年癸巳十二月，大風霾，凡七晝夜。

至元二十年正月，汴梁延津、封丘二縣大風，麥苗盡拔。

延祐七年八月，延津縣大風，晝晦，桑隕者十八九。

至治元年三月，大同路大風，走沙土，壅沒麥田一百餘頃。三年三月，衛輝路大風，桑彫蠶死。

泰定三年七月，寶坻、房山二縣大風折木。八月，大都昌平等縣大風一晝夜，壞民居九百餘家。四年五月，衛輝路輝州大風九日，禾盡偃。

天曆三年二月，胙城縣、新鄉縣大風。

又 至元二十四年，諸王薛徹都部雨土七晝夜，沒死牛畜。

大德十年二月，大同平地縣雨沙黑霾，斃牛馬二千。

至治三年二月丙戌，雨土。

致和元年三月壬申，雨霾。

天曆二年三月丁亥，雨土霾。

至順二年三月丙戌，雨土霾。

又 卷五一《五行志下・稼穡不成》 至正元年七月，廣西雷州颶風大作，湧潮水，拔木害稼。二年十月，海州颶風作，海水漲，溺死人民。十三年五月乙丑，潯州颶風大作，壞官舍民居，屋瓦門扉皆飄揚七里之外。十四年七月甲子，潞州襄垣縣大風拔木偃禾。二十一年正月癸酉，石州大風拔木，六畜皆鳴，人持槍矛，忽生火焰，抹之即無，搖之即有。二十四年，台州路黃巖州海溢，颶風拔木，禾盡偃。二十七年三月庚子，京師有大風，起自西北，飛砂揚礫，昏塵蔽天，逾時，風勢八面俱至，終夜不止，如是者連日。自後，每日寅時風起，萬竅爭鳴，戌時方息，至五月癸未乃止。

又 至元五年二月，信州雨土。至正三年三月至四月，忻州風霾晝晦。二十六年四月乙丑，奉元路黃霧四塞。

明 謝肇淛《五雜俎》卷一《天部一》 雨毛雨土，史不絕書，而元至元二十四年，雨土至七晝夜，深七八尺，牛畜盡沒死，則亦亙古未有之變也。

明 佚名《蓬軒類記》卷四 癸丑五月，蘇州大風雷，牛馬在野者多喪其首。民家一產五子，三男皆無首，肢體蠢動，二女臍下各有口眼，啼則上下相應，數日皆死。王指揮輔回自京師，聞有奏詞到部云。

《明史》卷二八《五行志一・黑眚黑祥》 洪武十年正月丁酉，金華、處州雨水如墨汁。十四年正月，黑氣亘天。十一月壬午，黑氣亘天者再。二十一年二月乙卯，黑氣亘天。宣德元年二月戊子，北方黑氣東西亘天。八月辛巳，樂安城中有黑氣如死灰。正統元年九月辛亥，未刻，黑氣亘天，自西南屬東北。二年八月甲申，北方黑氣東西亘天。十四年十一月己丑，晡時，西方有黑氣從地而生。景泰元年二月壬寅，黑氣南北亘天。十月辛未，西南黑氣如烟火，南北亘天。二年四月庚辰，有黑氣如烟，摩地而上。天順五年七月己亥朔，東方有黑氣，須臾蔽天。成化七年四月丙辰，雨黑沙如漆。八年三月庚子，黑氣起西北，臨清、德州晝晦。

又 ［弘治］十四年四月辛未，應州黑風大作。十六年二月庚子，宜良黑氣迷空，咫尺莫辨人形。正德七年六月壬戌，黑眚見順德、河間及涿，大

者如犬，小者如貓，夜出傷人，有至死者。尋見於京師，形赤黑，風行有聲，居民夜持刀斗相警達旦，逾月乃息。後又見於封丘。十二年閏十二月丁丑夜，瑞州有紅氣變白，形如曲尺，中外二黑氣，相鬬者久之。八年十月癸巳，杭州雨黑水。三十七年三月，衡州黑眚見。隆慶二年四月，天雨黑豆。六年四月，杭州黑霧，有物蜿蜒如車輪，目光如電，冰雹隨之。萬曆二十四年十二月辛卯，同安生黑毛。二十五年二月癸亥，湖州黑雨雜以黃沙。崇禎十年，山東雨黑水，新鄉亦如之。十一年，京師有黑眚，狀如狸，入民家為祟，半歲乃止。十三年正月丁卯，黑氣彌空者三日。

又 卷三〇《五行志三·恒風》 宣德六年六月，溫州颶風大作，壞公廨、祠廟、倉庫、城垣。正統四年七月，蘇、松、常、鎮四府大風，拔木殺稼。天順二年二月，暴風拔孝陵松樹，懿文陵殿獸脊、梁柱多摧。三年四月，順天、河間、真定、保定、廣平、濟南連日烈風，麥苗盡敗。成化十四年八月丁未，南京大風，拔太廟樹。十五年八月辛卯，大風拔孝陵木。二十一年五月，南京大風拔太廟樹，摧大祀殿及皇城各門獸吻。弘治三年六月壬午朔，陝西靖虜衛大風，天地昏暗，變為紅光如火，久之乃息。七年三月己亥，廣寧諸衛狂風，瀋陽、錦州城仆百餘丈。正德元年六月辛酉，暴風折郊壇松柏，壞大祀殿、齋宮獸瓦。二年閏正月癸亥，盧龍、遷安大風拔樹毀屋。乙丑，大風壞奉天門右吻。三年二月己丑，大同暴風，屋瓦飛動，三日而止。九年二月丁巳，長樂大雨雹，狂風震電，屋瓦皆飛。五月戊辰，曲阜暴風毀宣聖廟獸吻。十二年四月丙辰，來賓大風雨雹，毀官民廬舍，屋瓦皆飛。十一月癸巳，南京大風雪，仆孝陵殿前樹及圍牆內外松柏。十二月己酉，大理衛大風，壞城樓。十三年三月甲寅，慶符大風雹，壞學宮。十六年十二月辛卯，甘肅行都司狂風，壞官民廬舍樹木無算。嘉靖元年七月己巳，南京暴風雨，郊社、陵寢、宮闕、城垣獸吻、脊欄皆壞，拔樹萬餘株。五年，陝西屢發大風，捲掣廟宇、民居百數十家，了無蹤跡。萬曆十八年三月甲辰，大名狂風，天色乍黑乍赤。二十六年十月癸亥，喜峰路臺西北樓內，旋風大作，黑氣沖天，樓內有火光。三十四年七月丙戌，大風拔朝日壇樹。四十一年八月乙未，青州大風拔樹，傾城屋。天啟元年三月辛亥，大風揚塵四塞。四年五月癸亥，乾清宮東丹墀旋風驟作，內官監鐵片大如屋頂者，盤旋空中，隕於西墀，鏗訇若雷。八月戊戌，薊州寒風殺人。崇禎十四年五月，南陽大風拔屋。七月乙亥，福州大風，壞官署、民舍。十五年五月，保定廣平諸縣怪風，麥禾俱傷。十六年正月丁酉，大風，五鳳樓前門閂風斷三截，建極殿榱桷俱折。

又《風霾晦冥》 天順八年二月壬子，風霾晝晦。成化六年二月丁丑，開封晝晦如夜，黃霾蔽天。三月辛巳，雨霾晝晦。九年三月癸未，濟南諸府，狂風晝晦，咫尺莫辨。二十一年三月戊子，大名風霾，自辰迄申，紅黃滿空，俄黑如夜。已而雨沙，數日乃止。京師自正月至三月，風霾不雨。弘治二年二月辛亥，開封晝晦如夜。三月，黃塵四塞，風霾蔽天者累日。四年八月乙卯，南京晦冥。七年三月己亥，廣寧諸衛晝晦。正德五年三月甲子，大風霾，天色晦冥者數日。十六年十一月辛酉，甘肅行都司黑風晝晦，翌日方散。嘉靖元年九月己巳，大風霾，晝晦。八年正月戊戌朔，風霾，晦如夕。二十六年七月乙丑，甘州五衛風霾晝晦，色赤復黃。二十八年三月丙申，風霾四塞，日色慘白，凡五日。三十年正月辛卯，大風揚塵蔽天，晝晦。四十年二月己酉，亦如之。四月癸巳，大風雨，黃土晝晦。四十三年三月望，異風作，赤黃霾，至二十一日乃止。隆慶二年正月元旦，大風揚沙走石，白晝晦冥，自北畿抵江、浙皆同。萬曆十七年正月乙丑，蓋州衛風霾晝晦，壞廨宇、廬舍。二十五年二月戊寅，京師風霾。二十九年四月，連日風霾。三十八年四月戊戌，崇陽風霾晝晦，至夜轉烈，損官民屋木無算。四十八年八月以前，雲南諸府時晝晦。天啟元年四月乙亥午，寧夏洪廣堡風霾大作，墜灰片如瓜子，紛紛不絕，踰時而止。日將沈，作紅黃色，外如炊烟，圍罩畝許，日光所射如火燄，夜分乃沒。四年二月辛丑，風霾晝晦，塵沙蔽天，連日不止。崇禎元年正月癸亥，永年縣晝晦，咫尺不辨人物。七年三月戊子，黃州晝晦如夜。十三年閏正月丙申，南京日色晦曚，風霾大作，細灰從空下，五步外不見一物。後四年三月丙申，風霾晝晦。

又《黃眚黃祥》 正統十一年二月辛酉，有異氣現華蓋殿金頂及奉天殿鴟吻之上。成化九年四月乙亥，兩京雨土。十三年四月戊戌，陝西、甘肅冰厚五尺，間以雜沙，有青紅黃黑四色。弘治十年三月己酉，雨土。十一年四月辛巳，雨土。十七年二月甲辰，鄖陽、均州雨沙。嘉靖元年正月丁卯，雨黃沙。十三年二月己未，雨微土。二十一年，象山雨黃霧，行人口耳皆塞。隆慶元年三月甲寅，南鄭雨土。萬曆二十五年二月癸亥，湖州雨黃沙。四十六年三月庚午暮刻，雨土，濛濛如霧如霰，入夜不止。四十七年二月甲戌，從未至酉，塵沙漲天，其色赤黃。四十八年，山東省城及泰安、肥城皆雨土。崇禎十二年二月壬申，濬縣有黑黄雲起，旋分為二，頃之四塞。狂風大作，黃埃漲天，間以青白氣。五步之外，不辨人踪，至昏始定。十四年正月壬寅，黃埃漲天。

《清史稿》卷四〇《灾異志一·恒陰》 順治四年三月，獻縣、肅寧昏霧，四晝晦。十四年十月二十八日，東陽大霧，竟日不散。十五年正月朔，潛江大霧，晝晦。

康熙元年三月初八日，臨榆昏霧竟日。十六年，清河陰霧四十餘日。二十年三月，桐鄉恆陰。二十二年三月，蕭縣重霧傷麥。三十年正月，江浦大霧蔽天。四十三年八月，慶雲昏霧障天。六十一年六月，濰縣濃霧如煙。

雍正二年十二月十五日，掖縣大霧。

乾隆元年十一月二十一日，海陽大霧。二十六年八月初四日，獨山州宿霧冥濛，近午始霽。三十三年二月十六日，梧州大霧。

嘉慶元年三月二十六日，宜城昏霧，晝晦。四年十二月朔，蓬萊大霧竟日，氣如硫磺。十五年正月，榮成大霧。

道光六年五月，肅州大霧。二十九年正月，雲夢晝晦六閱月，天氣陰霾。三十年正月朔，登州陰霧。

咸豐元年十二月除夕，泰安、通渭大霧。二年正月二十四日，陵川大霧，晝晦。

同治元年正月庚寅，青浦大霧，著草如棉，日午始散。二年正月二十四日，陵縣大霧，晝晦。三月十六日，涇州大霧，通渭、泰安大霧，至四日乃止。六年二月，日照大霧。

光緒十一年，邢台大霧。

又 卷四四《灾異志五·颶風》 順治二年七月，湖州大風拔木。三年二月，孝感大風拔木。五年六月，無為州大風，壞屋拔木。八月，海豐颶風，毀廬舍無算。六年正月，潞安飆風大作。五月，五河狂風晝夜不息，大木盡拔。八月，惠來颶風大作，四晝夜不息，毀官署民舍。七年二月，阜陽、襄陽、漳南大風，拔木覆屋。九年五月，東陽大風拔木。十年八月，澄海颶風大作，舟吹陸地，屋飛空中，官署民房盡毀，壓斃男婦不計其數，從來颶風未有如此甚者。十一年二月，太湖大風，毀城內牌坊。六月，全椒颶風大作，屋瓦皆飛。十二年六月，石門大風拔木。十三年五月，章丘大風拔木。十四年三月，平樂颶風大作，飛石拔木，民房多傾頹。六月，石門大風毀民居。十六年正月二十八日，嘉應州大風拔木。十七年五月，慶元颶風拔木。

康熙元年八月初三日，寧海颶風三晝夜，宜興大風雨拔木。二年，遂溪颶風拔木。三年四月，臨城大風傷人。七月，清河颶風壞廬舍無算；慈谿大風雨，大木盡拔。八月，嘉興颶風大作，拔木飛瓦。四年二月，江陰大風拔木。五月，東陽大風雷雨并至，拔木壞屋。七月，嘉應州大風拔木。八月，長樂大風拔木。五年五月，海陽颶風拔木。八月，澄海颶風傷稼。六年四月，信宜大風，牆垣皆頹。七年四月，東陽大風雨，壓倒民居七所，拔木無算。六月，太平大風拔木。七月，瑞安大風，毀城垣廬舍。八年四月，大冶大風拔木。六月，海寧大風拔木。九年春，崇陽大風拔木。五月，全椒大風拔木。六月，安縣大風拔木，三晝夜乃息。七月，武定大風拔木。

十年正月，平遠大風拔木。十一年七月，榆社大風殺稼；瓊州颶風大作，官署民房悉圮無存，毀城垣十五丈。九月，吳川颶風，壞城垣廬舍。十二年正月，海陽颶風，拔木壞屋。八月十六日，澄海颶風大作。十三年二月，桐廬大風拔木。十四年二月，武強大風殺稼。三月，玉田大風，揚沙拔木。六月，新城大風拔木。十五年四月至六月，澄海颶風屢作，壞屋拔木。十六年四月，宜城大風拔木。六月，東陽大風，屋瓦皆飛。十七年六月，武強大風拔木。十八年六月，惠州大風，壞文星塔頂。十九年秋，瓊州大風拔木。

二十一年三月，望江大風拔木。七月，信宜大風拔木。二十二年二月初五日，單縣大風，揚塵蔽天，焱忽變幻五色。二十三年正月，清河大風拔木。二十四年三月，文登大風拔木。二十五年四月，漢中、定遠大風拔木。五月，西充、南充大風拔木。六月，岳陽大風拔木。二十六年三月，太湖大風拔木。六月，平樂、蒼梧大風拔木壞屋。七月，蘇州、崑山、武進大風傷禾。二十七年五月，昌樂、壽光大風拔木。六月，沁水大風拔木。二十八年五月，恩縣異風，損壞城樓，吹倒石坊。二十九年四月，鄖陽大風拔木。五月二十六日夜，六安狂風暴起，屋瓦皆飛，大木盡拔。八月，黃巖大風拔木。

三十年三月，寧陽大風拔木。四月，江浦大風，屋瓦皆飛。三十一年正月，蓬萊大風，拔木毀屋。二月，沛縣大風，拔木毀屋。五月，東昌、丘縣大風拔木。六月，高密大風拔木。三十二年六月，營山大風拔木，風過，草木如焚。

三十三年十月十六日，鄒平怪風，吹倒城垛六座。三十四年秋，長寧大風拔木。三十五年七月二十二日，青浦、澤州大風拔木。二十三日，桐鄉、石門、嘉興、湖州颶風大作，民居傾覆，壓傷人畜甚多。八月十一日，海州大風雨，民舍盡傾。三十七年四月，濟南大風拔木。七月，蘇州大風拔木。三十八年春，青州大風拔木。六月，南樂大風拔木。

四十一年八月，開平颶風，拔木倒牆。十月乙酉，東明大風拔木。四十二年五月，枝江大風拔木。六月，潮陽颶風傷稼。四十四年四月，崇陽大風拔木。五月，歷城、霑化、丘縣大風拔木。四十五年六月二十夜，什邡大風自東北來，飛瓦拔木。四十六年三月，鄒平、長山大風拔木。四十七年五月，惠民颶風大作，毀民舍。七月，台州大風拔木。四十八年四月，太原大風毀牌坊。八月，定海大風雨，孔子廟及御書樓皆圮。四十九年三月，中衛大風拔木。

五十年三月，祁州大風毀南城樓。五月，安丘、諸城大風拔木。五十一年四月，香山颶風拔木。八月，寨城、富川大風拔木。九月，北流大風拔木。五十二年三月，全州大風雨雹，屋瓦皆飛，大木盡拔。六月，潮陽大風壞北橋。五十三年五月，固安大風拔木。六月，順義大風，樹木盡拔。五十四年六月初一日，潮陽颶風拔木。五十五年閏三月朔，解州大風拔木。四月辛亥，靜寧州大風拔木。五十六年七月十九日，掖縣暴風雨一晝夜，大木盡拔。五十七年五月，澄海颶風拔木。六月，湯溪大風，拔巨木，壞廬舍。七月，日照、黃縣大風雨一晝夜，大木盡拔。五十八年五月，乾州大風拔木。六月，寶坻大風拔木。八月十九日夜，揭陽颶風大作，風中如燐火，樹木皆枯；澄海颶風大作，民房傾覆，壓倒男婦無算。五十九年正月，陽春颶風傷稼。六十年八月，澄海颶風大作，如燐火，毀城垣。六十一年四月，甘泉大風拔木。五月，慶雲大風拔木。十二月，欽州大風雨，吹塌城垣二十餘丈。

雍正元年四月，平鄉大風拔木。六月，岑溪大風拔木。冬，武寧大風拔木。二年二月，陽信、霑化大風，風中帶火。四年五月，高淳、當塗大風拔木。六月，濰縣大風雨，壞民舍十二家。五年七月，鎮海颶風大作，毀縣署大堂。九年二月，連州大風雨，拔木壞屋。六月，陽信大風拔木。十年七月，南匯大風拔木。八月，海陽大風拔木。十月，泰州大風拔木。十一年八月，沂州大風四晝夜。十二年七月，泰州大風，拔木壞屋。十三年八月，高淳大風三晝夜。

乾隆元年五月，翼城大風拔木。二年八月十五日，平陽大風。三年七月，鍾祥大風拔木。五年三月，通州大風拔木。六月，掖縣大風拔木。六年四月，平定、樂平、孟縣大風拔木。八年五月，光化大風拔木。十年三月，棲霞大風拔木。十一年七月十五日，高郵大風拔木。十二年七月，崑山、鹽城、清河、福山、棲霞、文登大風，拔木覆屋。十三年三月，鶴慶大風拔木。四月，清河大風雨，民舍傾圮無算。五月，泰州、通州大風拔木。十四年四月，池州大風拔木。六月，高邑大風拔木。十五年三月，武昌暴風起江中，覆舟無數。六月，武寧大風拔木。十六年七月，鶴慶大風。十七年五月十一日，長子縣王婆村大風雷，田禾如爇，屋瓦車輪有飛至數里外者。十八年六月，潮陽大風拔木。七月，雞澤大風拔木。十九年七月，陵川大風害稼。二十年三月，蘄州大風，壞民舍二百餘間，壓斃十餘人。五月，高平大風拔木。七月，昌樂大風拔木。二十二年六月，吳川颶風，拔木壞屋。七月，孟縣、樂平大風傷稼。二十三年六月二十九日，即墨大風，一夜，大木盡拔。二十四年八月，平定大風害稼。二十六年三月，潛山大風，拔木壞屋。二十七年三月十八日，潯州颶風毀城樓。七月，嘉善大風，拔木壞屋。二十八年二月，歙縣大風，拔木覆屋，壓斃人畜甚多。三十年三月，臨邑大風拔木。三十一年七月，黃縣大風拔木。三十二年三月，文登、榮成大風拔木。五月，濟寧州大風拔木。三十三年二月，安丘大風損麥。六月十八日，瓊州颶風大作，毀官署民房無算。三十四年五月，東平大風拔木。秋，嘉善大風，禾盡偃。三十五年六月，祁縣大風拔木。三十六年二月，文登、榮成大風拔木。三十七年八月十七日，慶雲夜起異風，拔木無算。三十八年秋，永年、薊州大風雨拔木，熟禾盡偃。三十九年二月，黃縣、文登、榮成大風連日，麥苗盡損。七月，滎陽大風拔木。四十一年，安丘大風蔽日，風內有火光。四十二年四月，山陽大風拔木。四十三年二月，光化大風拔木。四十四年五月，南宮烈風雷雨，樹木多拔。四十六年六月，金華、嘉善大風拔木。四十七年六月，新城大風拔木。四十八年二月，文登、榮成大風拔木。六月二十四日，吳川颶風大作，壞官署民房及城垣。四十九年二月，平陰大風拔木。五十年二月，永昌大風拔木。五十一年正月，文登、榮成大風拔木。五十七年七月壬戌，蘇州大風毀民舍。五十九年七月，桐鄉大風雨竟夜，拔去大成殿前柏二株；湖州、嘉善大風，拔木壞屋。六十年六月，石門大風拔木。

嘉慶元年八月朔，瑞安大風，傾覆民舍，壓斃男婦九十一人。二年六月，武進大風拔木。三年四月，宜城大風拔木。四年七月，文登大風拔木。五年四月，黄縣大風，拔木壞屋。六年二月初五日，滕縣大風，色黄，既而如墨。八年二月，黄縣大風，拔木壞屋。九年二月，文登大風損麥。十年六月，慶雲大風拔木。十二年二月十七日，肥城暴風，天色忽紅忽黑，一夜方止。八月，邢台大風拔木。十六年六月十二日，靜海大風拔木，摧折運糧船桅無算。十七年二月，麗水大風拔木。二十二年六月，棗陽大風拔木。二十三年四月，臨榆大風拔木。六月，永嘉大風拔木。二十四年七月初八日，平谷有怪風兼雨自南來，房舍皆摧折，禾盡偃，其平如掃。二十五年七月，樂清大風拔木。

道光二年六月，金華大風壞屋。七月，蘄州大風，拔木壞民舍。四年十一月十二日，泰州大風拔木，兩晝夜不止。五年六月，羅田大風拔木。六年二月二十六日，黄縣大風拔木。五月，肅州烈風拔木。七月，黄巖大風，拔木折屋。八年五月二十六日，黄縣大風拔木，屋瓦皆飛。十二年夏，公安大風三晝夜，拔樹無算。十四年四月，臨朐大風傷禾。六月，黄巖大風拔木，民居多壞。十五年七月，蓬萊、黄縣、棲霞、招遠大風三日，大木盡拔。八月，曲陽大風害稼。十六年六月二十九日，灤州怪風，毁南城樓。十七年八月，昌平大風拔木。二十年六月十九日，滕縣大風自西北來，拔大木數百株。二十二年八月，潛江狂風大作，飛石拔木，壞民居無算。二十三年七月，寧海暴風傷禾。二十六年六月，青浦大風拔木。二十七年三月朔，蓬萊大風拔木。六月，日照大風拔木。二十八年六月壬戌，通州颶風大作，毁屋。七月十四日，永嘉大風兼雨連旬，毁孔子廟及縣署。十八日，縉雲大風拔木。十月，武昌大風起江中，覆舟，人多溺死。三十年春，灤州大風傷稼。

咸豐二年五月初五日，肅州大風，拔木千餘株。六月，霑化大風拔木。三年三月初三日，宜昌大風拔木，民舍折損無算，牛馬有吹去失所在者。五月，隨州大風拔木。七月，蓬萊、黄縣大風拔木。七年四月，清苑、望都大風拔木。六月，寧津大風傷禾稼。八年四月，華縣大風拔木。十年二月，昌平怪風傷人。六月，房縣大風拔木。十一年四月，西寧大風拔木。七月，襄陽大風拔木。

同治元年二月初七日，宜都大風拔木。三月戊申，惠民大風拔木。二年二月，枝江大風，覆舟無算。五月，寧津狂風拔木。三年五月，房縣大風拔木。六月，嘉興、桐鄉大風拔木。四年正月，宜城大風，覆屋拔木。六年五月，高淳大風拔木。七月，菏澤、曹縣大風拔木。九年三月，嘉興府大風毁屋。四月，柏鄉大風毁屋。十年三月，湖州狂風驟雨，拔木覆舟。十一年六月二十七日夜，日照大風雨，偃禾拔木。秋，唐山大風，拔木損禾。十二年五月初六日，固原大風，壞城中回回寺。十三年五月，安陸大風拔木，府學牆頹。

光緒元年六月，皋蘭、均州大風拔木。七月，日照、臨朐大風傷稼。二年六月，黄巖大風拔木。三年八月，菏澤大風拔木。四年四月，臨江大風，覆舟無算。五年五月，蘄州大風拔木。六月十四日，寧海、文登、海陽、榮成大風，拔木壞屋。二十四日，萊陽怪風突起，屋瓦皆飛，民房被揭去樑棟椽柱，不知所之，拔大樹無算。七年七月，永嘉大風拔木。八年三月，孝義廳大風拔木。九年三月初八日，安陸大風拔木。十一年五月，光化大風拔木。十二年六月，涇州大風拔木。十五年六月十三日，灤州大風，拔木壞屋。十六年八月十五日，固原大風拔木。二十二年五月，南樂大風拔木。二十三年八月，靖遠大風拔木。二十七年六月，金縣大風拔木。二十八年四月初四日，曲陽大風拔木。二十九年六月十七日，洮州大風拔木。三十年七月二十二日，東樂大風拔木。

又《風霾、晦冥》 順治元年七月，平原狂風晝晦。二年十月，全椒晝晦。五年九月，漢陽大風晝晦。六年四月，莊浪風霾殺禾。九月，府谷風霾晝晦。七年十月，東明晝晦。十二年春，樂亭風霾晝晦。十三年七月，高邑大風霾晝晦。八月，邢台風霾。十四年二月，陽城黄霾蔽天，屋瓦皆飛。十六年四月朔，萬州晝晦。

康熙元年正月朔，長興晝晦。九月，昌黎風霾。二年正月，蘄州晝晦。四年正月朔，蕭縣晝晦。四月辛亥，臨邑晝晦。七年二月，咸寧晝晦。十二年七月，樂亭風霾。十三年二月，咸陽大風霾十餘日。三月，朝城晝晦。十四年三月二十六日，冀州起異風，自巳至戌，黄霾蔽天，屋瓦皆飛；懷安、西寧大風霾晝晦；玉田大風，揚沙拔木，陰霾竟日。十五年五月，貴州晝晦如夜。十六年春，清河風霾四十餘日。二十三年四月朔，朝城晝晦。七月望，壁山晝晦。二十四年正月二十三日，文安大風霾，晝晦如夜；武邑黑風晝晦。二十五年二月二十七日，鄆城黑風晝晦。二十七年四月朔，西寧、龍門、延安、文縣同日晝晦。二十九年三月十九日，廣宗風霾，紅、黄、黑、白互變。四月初五日，西寧晝晦。三十年三月初四日，寧陽大風晝晦。三十一年正月朔，廣宗晝晦，青州、沛縣、丘縣大風晝晦。二月朔，丘縣大風赤霾晝晦，廣宗晝晦。三十二年二月十七日，丘縣大風霾，空中望之如火。十八日，桐鄉大風霾。十九日，湖州大風霾。三十三年四月朔，保安州晝晦。三十四年四月，肅州晝晦。三十五年正月，靜樂晝晦。二月十八日，定陶黑風，觸器有光，行人不辨咫尺。三十六年三月朔，靖遠晝晦。三十七年四月，龍門晝晦。四十二年五月二十二日，鞏縣大風晝晦。四十四年五月十八日，利津、陽信晝晦。四十五年正月十二，商河狂風晝晦。四十七年六月二十五日，涼州晝晦如夜。四十八年六月，東昌大風霾蔽天。四十九年三月初七日，中衛晝晦者四日。六月初二日，什邡晝晦。五十年五月壬子，諸城晝晦。五十一年二月癸亥，東平、東阿大風，色紅黑，自申至亥方止；陽穀黑風晝晦；郯城、莘縣大風霾。三月十六日，鉅鹿風霾如火，晝晦如夜。六月十日，恩縣赤霾蔽天，咫尺不辨人物。十一月二十一日，宿州晝晦。五十三年二月二十一日，井陘風霾蔽天，晝晦。五十五年五月，壽光、臨朐大風晝晦。五十七年五月二十二日，新樂大風晝晦。五十九年五月二十六日，青城大風晝晦。六月，太平大風霾。六十年夏，丘縣大風霾連日。六十一年七月，元氏、沁州大風霾。

雍正元年三月，青州風霾。四月初七日，獻縣風霾晝晦；恩縣夜起大風，飛石拔木，有頃黑霾如墨，良久復變爲紅霾，乍明乍暗，逮曉方息；泰安大風霾晝晦。十一日，高密、高苑大風霾晝晦。十七日，邢台、元氏大風霾拔木。八月初八日，掖縣大風霾晝晦。二年二月初六日，元氏大風霾。八年正月十一日，高苑大風霾晝晦。

乾隆二年二月初五日，濟寧、鉅野風霾晝晦。三年正月十四日，武寧晝晦。五年五月，高郵大風霾。八年三月，贛州晝晦。十年三月，蒲台大風晝晦。十七年四月十八日，祁州、新樂風霾損禾。十九年三月朔，慶陽晝晦。二十四年秋，芮城大風霾。二十五年二月初十日，宜昌晝晦。五月朔，昌樂晝晦。二十九年五月二十八日，南陵晝晦。三十二年二月初二日，范縣晝晦。二十四日，南宮大風晝晦。三十三年二月，潞安大風晝晦。三十六年二月朔，太原大風晝晦。初二日，高邑大風霾晝晦。三十八年二月初八日，滕縣大風霾五色，晝晦。三十九年春，南宮多風霾。四十九年二月初二日，菏澤風霾晝晦。五十年二月二十五日，臨清晝晦。四月十八日，南宮、棗強大風霾晝晦。

嘉慶元年三月二十六日，宜城晝晦。二年四月十四日，灤州大風霾晝晦。三年二月二十九日，灤州、昌黎晝晦。十一年十一月，滕縣大風五色，晝晦。十二年二月，武強大風霾，色黃，復黑赤。三月十二日，東光大風霾。十五年正月十七日，臨邑、章丘、新城風霾晝晦。二十七日，滕縣晝晦；南樂大風霾，平地積沙二寸許。二十三年四月，清苑、定州、武強、無極、唐山、臨榆大風霾晝晦。二十四年四月朔酉刻，京師晝晦。

道光三年六月朔，棗陽晝晦。四年六月癸巳，沂水晝晦。六年二月二十二日，武強大風霾，晝晦如夜。二十四日，南宮大風霾晝晦凡三日，濟南風霾晝晦。十年三月二十八日，中衛晝晦。十一年七月十八日，曹縣晝晦。十四年五月十二日，即墨大風霾。十六年正月朔，樂亭風霾。十七年二月甲子，灤州晝晦。十九年三月初六日，元氏大風霾。二十年六月，撫寧晝晦。二十二年六月朔，太平、黃巖、湖州晝晦。二十九年，雲夢自正月至五月晝晦凡五閲月。三十年正月，嵊縣風霾十餘日。

咸豐元年五月丙午，灤州大風晝晦。二年二月，蓬萊大風晝晦。三年三月十四日，靈州晝晦，翼日始明。五年四月，灤州狂風晝晦。六年四月，南樂晝晦。七年四月初二日，景寧大風晝晦。十一年四月初四日，曹縣紅霾晝晦。

同治元年二月二十六日，霑化風霾日曀。三月初三日，武強風霾晝晦。二年二月，崇陽大風晝晦。三年六月，菏澤大風晝晦。四年正月十四日，棗陽晝晦。五年正月二十八日，霑化大風霾。九年正月二十五日，霑化大風霾日曀。十一年七月，灤州大風霾。十三年四月，曹縣大風晝晦。

光緒三年八月十五日，菏澤、曹縣大風晝晦。十年五月十三日，興山晝晦。二十年二月二十七日，甘州大風晝晦。二十八年四月初四日，曲陽大風晝晦。三十一年，邢台晝晦。

又《黃眚黃祥》 順治十五年六月，遂安雨黃沙。

康熙元年十一月，曹縣雨土數日。三十一年正月，襄垣雨土。三十七年四月，龍門雨黃沙。四十八年九月，丘縣黃埃障天。六十年春，安定雨土。

乾隆四年三月，甘泉雨土。十六年三月十五日，忠州夜雨黃土，着人物皆黃。二十四年二月初七日，薊州雨黃土。三月，永年雨黃土。四十八年三月十四日，寧陝廳雨土。五十年二月十五日，臨清雨土。五十一年正月，文登、榮成雨土。五十九年二月二十六日，翼城雨土。

嘉慶十四年冬，泰州雨土。二十三年四月，唐山雨土二寸許。

道光四年春，霑化雨土。

咸豐三年二月，棲霞雨土。三月，宜昌雨土。六年三月二十三日，咸寧雨土。

同治三年春，麻城雨土。

光緒四年二月二十九日，宜城雨黄沙。三月，蓬萊雨土。

藝文

《詩經・小雅・谷風之什・谷風》 《谷風》，刺幽王也。天下俗薄，朋友道絶焉。

習習谷風，維風及雨。將恐將懼，維予與女；將安將樂，女轉棄予。

習習谷風，維風及頹。將恐將懼，寘予于懷；將安將樂，棄予如遺。

習習谷風，維山崔嵬。無草不死，無木不萎。忘我大德，思我小怨。

又《四月》 《四月》，大夫刺幽王也。在位貪殘，下國構禍，怨亂並興焉。

四月維夏，六月徂暑。先祖匪人，胡寧忍予？

秋日淒淒，百卉具腓。亂離瘼矣，爰其適歸？

冬日烈烈，飄風發發。民莫不穀，我獨何害？

山有嘉卉，侯栗侯梅。廢為殘賊，莫知其尤。

相彼泉水，載清載濁。我日構禍，曷云能穀？

滔滔江漢，南國之紀。盡瘁以仕，寧莫我有。

匪鶉匪鳶，翰飛戾天。匪鱣匪鮪，潛逃于淵。

三國魏 曹植《曹子建集》卷九《誥咎文》 五行致災，先史咸以爲應政而作。天地之氣，自有變動，未必政治之所興致也。于時大風，發屋拔木，意有感焉，聊假天帝之命，以誥咎祈福。其辭曰：上帝有命，風伯雨師。夫風以動氣，雨以潤時。陰陽協和，庶物以滋。亢陽害苗，暴風傷條。伊周是過，在湯斯遭。桑林既禱，慶雲克舉。偃禾之復，姬公走楚。況我皇德，承天統民。禮敬川岳，祇肅百神。享兹元吉，釐福日新。至若炎旱赫羲，飆風扇發。嘉卉以萎，良木以拔。何谷宜填，何山應伐。何靈宜論，何神宜誥。於是五靈振竦，皇祇赫怒。招搖警法，攙搶奮斧。河伯典澤，屏翳司風。右呵飛廉，顧叱豐隆。息飆遏暴，元敕華嵩。慶雲是興，效厥年豐。遂乃沈陰坱圠，甘澤微微。雨我公田，爰暨予私。黍稷盈疇，芳草依依。靈禾重穗，生彼邦畿。年登歲豐，民無餒飢。

唐 杜甫《茅屋爲秋風所破歌》 《集千家注杜工部詩集》卷六 八月秋高風怒號，卷我屋上三重茅。茅飛度江灑江郊，高者掛罥長林梢，下者飄轉沈塘坳。南邨羣童欺我老無力，忍能對面爲盜賊，公然抱茅入竹去。脣焦口燥呼不得，歸來倚仗自歎息。俄頃風定雲墨色，秋天漠漠向昏黑。布衾多年冷似鐵，驕兒惡臥踏裏裂。牀頭屋漏無乾處，雨脚如麻未斷絶。自經喪亂少睡眠，長夜霑濕何由徹。安得廣廈千萬間，大庇天下寒士俱歡顔。風雨不動安如山，嗚呼！何時眼前突兀見此屋？吾廬獨破受凍死一作意亦足。

又卷一一《寒硤》 行邁日悄悄，山谷勢多端。雲門轉絶岸，積阻霾天寒。寒硤不可度，我實衣裳單。況當仲冬交，泝沿增波瀾。野人尋煙語，行子傍水餐。此生免荷殳，未敢辭路難。

唐 韓愈《昌黎文集》卷一二《雜著二・訟風伯》 維兹之旱兮其誰之由？我知其端兮風伯是尤。山升雲兮澤上氣，雷鞭車兮電摇幟。雨浸浸兮將墜，風伯怒兮雲不得止。暘烏之仁兮念此下民，閉其光兮不鬭其神。嗟風伯兮其獨謂何，我於爾兮豈有其他。求其時兮修祀事，羊甚肥兮酒甚旨。食足飽兮飲足醉，風伯之怒兮誰使。雲屏屏兮吹使醲之，氣將交兮吹使離之。鑠之使氣不得化，寒之使雲不得施。嗟爾風伯兮，欲逃其罪又何辭。上天孔明兮有紀有綱，我今上訟兮其罪誰當。天誅加兮不可悔，風伯雖死兮人誰汝傷？

唐 羅隱《讒書》卷一《風雨對》 風雨雪霜，天地之所權也。山川藪澤，鬼神之所伏也。故風雨不時，則歲有饑饉。雪霜不時，則人有疾病。然後禱山川藪澤以致之，則風雨雪霜，果爲鬼神所有也明矣。得非天之高，不可以自理，而寄之山川。地之厚，不可以自運，而憑之鬼神。苟祭祀不時則饑饉作，報應不至則疾病生。是鬼神用天地之權也，而風雨雪霜爲牛羊之本矣。復何歲時爲，復何人民爲，是以大道不旁出，懼其弄也。大政不問下，懼其偷也。夫欲何言。

宋 吴淑《事類賦》卷二《風賦》 大塊噫氣，其名為風。既破萌而開甲，亦養物以成功。識樹頭之少女，喜溪邊之鄭公。若乃詠其凉，稱有隧。入衿袖而留香，回桂椒而振氣。應廣莫以修刑，則明庶而施惠。待閶闔而藏庶物，候不周而謹邊備。空穴潛應，土囊暴起。復有應尹喜之占，被葛玄之指。乘之既聞於宗慤，御之亦傳於列子。賦宋玉之蘭臺，歌荊軻之易水；施晉武之瑠璃，置宋明之令史。南海何由而雀化，佷山何神而薤靡。清清泠泠，愈病析酲。才驚虎嘯，復訝鳶鳴。驗烏鵲之移巢，識鷄犬之無聲。若乃瞻臺上之銅烏，摇厨中之翣脯。既為天地之使，亦是陰陽之怒。來時而或能動揵，求處而每因焚羽。啟金縢而明旦，識爰居之集魯。或徵自蚩尤，或感由庶女。飛車初駭於奇肱，曲蓋始因於周武。至若稱離合，號焚輪。穴在宜都，門傳九真。駭法獄之逢獸，驚鞠陵之見人。悠然偃草，颯爾袪塵。常聞順物而布氣，亦復矈目而胗脣。爾其悠揚轉蕙，飄搖吹棘，號怒萬竅，退飛六鷁。扇授袁宏，衣飄賈謐。戒寒每當於火見，應類或聞於酒溢。調調刁刁，羊角扶搖，才能獵葉，殊不鳴條。雖負大翼，詎能終朝。至於習習扇和，依依解凍，當大麓之弗迷，豈庶人之所共。有虞興解慍之歌，黃帝得吹塵之夢。亦復便人寧體，動草搖枝。或歌豐沛以為樂，或濟汾河而有詞。占已聞於師曠，塵或惡於元規。奔厲而那堪拔木，祥和而秪可披衣。蓋君聖而時若，自均調而得宜。

宋 石介《徂徠集》卷二《寄永叔》 九龍行雨歲在子，皇天之命實勤止。泓湫水暖嗜慾飽，七龍嬉戲兩龍睡。卷藏密雲空自膏，畜聚甘雨不肯施。旱魃妖狂作民虐，風伯暴怒興日熾。訴號仰天天不聞，九州之禾皆乾瘁。嗟呼龍職職行雨，失職不雨民胡恃。驅虞義獸心實仁，不忍斯民不食死。向龍慢罵數龍罪，龍不能答滿面恥。偷向上帝譏騶虞，騶虞得罪龍竊喜。欲知龍與騶虞分，仁與不仁而已矣。

宋 蘇舜欽《蘇學士集》卷二《城南歸值大風雪》 一夜大雪風喧豗，未明跨馬城南回。四方迷惑共一色，揮鞭欲進還徘徊。舊時崖谷不復見，縱有直道令人猜。低頭搶朔風，兩眼不敢開。時時偷看問南北，但見白羽之箭紛紛來。既以脂粉傅我面，又以珠玉綴我頤。天公似憐我貌古，巧意裝點使莫偕。欲令學此兒女態，免使埋沒隨灰埃。據鞍照水失舊惡，容質潔白如嬰孩。雖然外飾得暫好，自覺面目如刀裁。又不知胸中肝膽掛鐵石，安能柔軟隨良媒。世人飾詐我尚笑，今乃復見天公乖。應時降雪故大好，慎勿改易吾形骸。

又 卷二《大風》 秋半收穫登郊原，欹側小屋愁夕眠。是夜大風拔樹走，吹倒南壁如崩山。夢中驚起但呼叫，病僕未動徒豗喧。驅令燃火偏照燎，瓦甓狼藉滿我前。披衣抱枕欲避去，去此乃是曠野田。況時風怒尚未息，直恐涇渭遭吹翻。露坐不免念禾黍，必已刮刷無完根。六事不和暴風作，嘗聞《洪範》有此言。昔時大風禾盡偃，上帝蓋直周公寃。方今天子至神聖，惟恐臣下辜其恩。是何此風乃震作，吹盡秋實傷元元。有能返風起禾者，亦足表異知所存。至誠皎潔固不昧，時雖今古同乾坤。

宋 宋祁《景文集》卷四八《風震祭土地祝文》 乃六月丙申，暴風震電，拔大木，并損室廬，刺史與邦人，葦然不敢寧。永惟怪祥發所治之地，必有以感之。邦人無罪，刺史其罪。或寃鬱未申，或底諸困窮，嗟呼怨詛，仰干神罰。刺史願誓神自新，省念咎愆，庶臻治理，以紓威責。匿首歸窮，惟神賜哀。不敢私請，輒以熟饗清酌，侑薦于前。

宋 强至《祠部集》卷四《大風》 正月明朝盡，東風半夜狂。乾坤摇蓋軸，草樹拔毫芒。亂瓦飄無數，寒沙走更忙。聖時譏口絕，天令莫乖常。

又 卷六《董役河上風霾繼日》 春遲地冷日蕭騷，野曠林疏風怒號。畚鍤一聲趨蟻垤，旗幡四面落鴻毛。黃埃成穗坐還積，綠鬢欲絲歌漫勞。暫閉柴荊如避寇，江湖歸思入漁舠。

宋 梅堯臣《宛陵集》卷二二《九月二十四日大風》 秋飈無蹤跡，空中聲奔馳。枯桑因已驗，老病仍先知。驚沙入破隙，危葉墮綠枝。幽懷聒不寐，山岳將恐移。

又 卷三二《大風》 夜風晝不止，天理何可常。正當春木榮，擺磨枝葉傷。東皇務長養，乃值此物狂。曷不訴於帝，斥之出遠方。風伯有罪五，孰肯進皂囊。往時歲苦旱，救熱雨欲滂。吹之不使下，雲雷遂深藏。復摇江海波，白日沈舟航。又卷關塞沙，千里填河隍。拔木與退鷁，書傳言已詳。今者天柔和，煦煦皆敷芳。獨爾何不仁，嚎怒事雄强。既其背天時，誅殛固所當。鳶鳴兼虎嘯，助惡黨亦昌。

宋 余靖《武溪集》卷一《松門守風》 彭蠡古來險，湯湯貫侯衛。源長雲共浮，望極天無際。傳聞五月交，茲時一陰至。颶風生海隅，餘力千里噎。萬竅爭怒號，驚濤得狂勢。涌恐楚山拔，聲疑夏鼎沸。妖蜃吐濃烟，層臺誇壯麗。奔雷鳴大車，連鼓聲粗厲。豈誠陰陽爭，長憂天地閉。孤舟一葉輕，飄如旍在綴。所以泝沿人，未嘗貪既濟。逆猶上坂丸，順比飛鴻翅。直待浮雲收，乾坤廓然霽。湖光百里平，波色連天翠。然後榜蘭橈，以避蛟龍害。進退甘遲留，克保無祗悔。我願修身者，體此操舟態。動靜惟時幾，畏慎存纖芥。跬足雖平易，盡心防曖昧。長如履險時，終身不危殆。

宋 劉敞《公是集》卷九《二十六日大風寄貢甫》 雨止天大風，草木皆怒號。居人不得寐，起見星月高。鳥獸羣悲鳴，空虛如波濤。行子今安至，愴愴我心勞。山川幸非遠，歲月亦未滔。自傷下澤車，不及鄉里豪。衮衮隨飛蓬，悲歌擊長刀。丈夫寒如此，何愧兒女曹。無由託飛雲，更寄身上袍。

又《墨河館連日大風》　空桐倚不周，近戴北斗魁。上天限夷夏，自古常風霾。我行迫隆冬，周覽窮荒回。魑魅醜正直，共工負其材。初如百萬兵，鳴鼓天上來。日月慘不光，星辰爲之頽。又如海水翻，洪洞奔天臺。四顧無復人，但聽萬壑雷。搖山墮危石，略野荒纖荄。鳥雀失食悲，虎豹忘羣哀。大呌不自聞，卻行尚欲摧。而我仗漢節，何由脱氛埃。先王外荒服，赤子棄草萊。陰奸竊號令，天網殊恢恢。我車傷崔嵬，我馬勞虺隤。感彼雞鳴詩，聊以慰永懷。

又卷一八《大風》　嘈嘈大風起朔方，白日不没天蒼蒼。洞庭彭蠡半飛灑，厚地圓天俱抑揚。鵾鵬變化不可測，風雲感會生羽翼。方春殺氣何時極，生物悲愁少顔色。

又卷二二《連日西南風戲作》　連日風且曀，端居突不黔。西南人殆絶，甲子雨還兼。巫峽雲屢起，洞庭波正添。誰能誅屏翳，試使後飛廉。

宋 歐陽修《文忠集》卷六一《石鷁論》　夫據天道，仍人事，筆則筆而削則削，此《春秋》之所作也。援他說，攻異端，是所是而非所非，此三《傳》之所殊也。若乃上揆之天意，下質諸人情，推至隱以探萬事之元，垂將來以立一王之法者，莫近於《春秋》矣。故杜預以謂經者不刊之書，范寧亦云義以必當為理。然至一經之指，三《傳》殊說，是彼非此，學者疑焉。

魯僖之十六年：『隕石於宋五。六鷁退飛，過宋都。』《左氏》傳之曰：『石隕於宋，星也。六鷁退飛，風也。』《公羊》又曰：『聞其磌真然，視之則石，察之則五，故先言石而後言五。視之則鷁，徐而視之則退飛，故先言六而後言鷁。』《穀梁》之意，又謂先後之數者，聚散之辭也，石、鷁猶盡其辭，而況於人乎？《左氏》則辨其物，《公》、《穀》則鑒其意。噫！豈聖人之旨不一邪？將後之學者偏見邪？何紛紛而若是也。

且《春秋》載二百年之行事，陰陽之所變見，災異之所著聞，究其所終，各有條理。且《左氏》以石為星者，莊公七年『星隕如雨』，若以所隕者是星，則當星隕而為石，何得不言星而直曰隕石乎？夫大水、大雪，為異必書。若以小風而鷁自退，非由風之力也。若大風而退之，則衆鳥皆退，豈獨退鷁乎？成王之風有拔木之力，亦未聞退飛鳥也。若風能退鷁，則是過成王之風矣，而獨經不書曰大風退鷁乎？以《公羊》之意，謂數石、視鷁而次其言。且孔子生定、哀之間，去僖公五世矣，當石隕、鷁飛之際，是宋人次於舊史，則又非仲尼之善志也。且仲尼隔數世修經，又焉及親數石而視鷁乎？《穀梁》以謂石後言五、鷁先言六者，石、鷁微物，聖人尚不差先後，以謹記其數，則於人之褒貶可知矣。若乃『西狩獲麟』不書幾麟，『鴝鵒來巢』不書幾鴝鵒，豈獨謹記於石、鷁，而忽於麟、鴝鵒乎？如此，則仲尼之志荒矣。殊不知聖人紀災異，著勸戒而已矣，又何區區於謹數乎？必曰謹物察數，人皆能之，非獨仲尼而後可也。

噫！三者之說，一無是矣。而周内史叔興又以謂陰陽之事，非吉凶所生。且天裂陽，地動陰，有陰陵陽則曰蝕，陽勝陰則歲旱。陰陽之變，出為災祥，國之興亡，由是而作。既曰陰陽之事，孰謂非吉凶所生哉？其不亦又甚乎！

宋 王珪《华阳集》卷二《京口遇大風》　虹蜺赫奕射中天，怒竅風號勢塕然。雲翼扶摶彌九萬，海帆飛迅越三千。鯢噓駭浪時開闔，鰲負靈山或泝沿。安得琴高控雙鯉，一驅霾曀静洪淵。

宋 王安石《臨川文集》卷三《霾風》　霾風摧萬物，暴雨膏九州。卉花何其多，天闕亦已稠。白日不照見，乾坤莽悲愁。時也獨奈何，我歌無有求。

又卷六《江上》　潮連風浩蕩，沙引客淹留。落日更清坐，空江無近舟。共看蒹葦宅，聊即稻粱謀。未敢嗟艱食，凶年半九州。

宋 劉攽《彭城集》卷七《大風》　朝風吹沙天宇窄，暮風吹沙地載薄。視天昏冥畏其壓，視地震蕩憂其坼。一春三月風不息，跼天蹐地勞筋力。波濤翻空礔礰怒，行路之難行不得。安得重雲十日雨，洗眼去瞇分白黑。

宋 陳師道《後山集》卷三《大風》　飛砂破面風裂石，平林隱隱傾霹靂。野火燎原塵漲天，道聞馬嘶不相得。老翁強欲作少年，立馬階除起無力。城南桃李春意動，少待明朝莫相失。

宋 韋驤《錢塘集》卷三《平望阻風》　大風嗥空聲烈烈，小舸逆牽饒𠪚䠡。交跗擁鼻坐其中，蚤暮恍然難以別。利名無繩人自縶，山林無扃人自絶。區區冷官何足賴，奔走勤勞可嗟咄。

宋 孔平仲《清江三孔集》卷二二《七月六日作》　隔江見雨來，尤苦風大疾。蓬蓬宇宙中，掀攪若無物。百川水倒流，瓦石亦飛越。濃雲最輕浮，暫聚非永結。隨吹東西揚，散漫頗倉猝。竟無點滴惠，初勢不可遏。正昏露青天，方曈見白日。但增塵土高，益使水泉竭。農夫憂歲事，悵望眼流血。蛟龍不能神，卷尾藏窟穴。空餘鳥雀噪，庭戶晚更熱。深夜氣稍蘇，林端挂明月。

宋 張嵲《紫微集》卷二《風》 一歲三百日，烈風朝暮吹。不知剖判來，曾有無風時。况兹踰年旱，小雨時散絲。蓬蓬從天來，一掃雲氣離。雖荷扇暍勞，要無膏潤滋。功過不相庚，退坐徒歎咨。何當快雨至，簷霤如綆縻。萬瓦躍冰丸，千虹注幽池。坐見槁死苗，翠浪翻前陂。雨罷樹不摇，溟溟天宇垂。此事恐無冀，忘言咏吾詩。

宋 洪皓《鄱陽集》卷一《次大風韻》 飛廉薄怒意云何，肆暴傷春氣不和。可但揚沙迷白晝，也應震海涌滄波。終霾捲地將飄屋，陰曀驚林定折柯。便欲奮飛聯六鷁，宋都未過且悲歌。

宋 陸游《劍南詩稿》卷四三《夏五月方閔雨忽大風雨三日未止二首·一》 海風一夕狂拔木，山雨三朝猛穿屋。向來望雲眼欲枯，雨甚還憂敗嘉穀。今年旱勢連吳中，吾州乃獨勞神龍。稽首龍公要斟酌，收雲歸山水歸壑。

宋 劉克莊《後村集》卷二五《秋旱繼以大風即事十首》 雖作堯時擊壤民，田家憂樂尚關身。抱珠難起龍公睡，走石誰撩颶毋嗔。

蘋末蕭蕭忽怒飛，松公欲仆竹君欹。無人委曲鐫風伯，晚稻方花最怕吹。

作苦三時逸在冬，安知一簣尚虧功。愁聞地籟吹羊角，不見天瓢滴馬鬃。

曾立龍墀忝近臣，深知玉座最憂民。近傳奎畫蠲租賦，稽首觚稜祝聖人。

吳中見説亦枯焦，勺水如金汲路遥。但有清塵無灑道，不能破塊止鳴條。

抱甕區區溉旱苗，忍飢終勝似操瓢。飲堯井水耕堯野，偶作樵歌亦譽堯。

古人一念感而通，不待焚巫祭雨工。湯反諸身防六事，漢移其咎責三公。

老農相戒早輸官，何日爰書得少寬。明府安知簾外事，路人却見水中癥。

禹功遠矣世猶思，誰穀吾州賴兩陂。待與閟宮碑歲月，併爲神作送迎詩。

少耽章句老明農，無意爲文忽自工。戲作小詩説場圃，細看似可續豳風。

元 郝經《陵川集》卷一《秋風賦有序》 久在舍館，偶因秋風之起，一時介佐三節人員皆為感愴，故作是賦，以激釋云。

駐星麾於江滸，歲月會于作噩。漲老天之黄雨，鬱餘蒸而欲灼。忽焉西南，天露雲駮。槭槭栗栗，慘慘邈邈。抵罅吹隙，涼冷遽作。始則叱虓突厲，撲蠛抑蚋。漸乃蕭瑟披離，衝牖動幕。散宿溼于雲梢，眇新聲于木末。觸餘感而興懷，倍陰森而索寞。既乃一時介佐，塌焉而嘘。撫髀搏膺，掩面向隅。以為行如返如？孰如棄如？相與愴悦怨艾，咎躬責己。天實斵余，行使尼止。方變故之無窮，則憂思其曷已。或當饋而三嘆，或中夜而九徙。歌缺壺而寓哀，痛撫牀而裂眥。金石化而色變，骨肉悲而心死。余乃紓徐而告之曰：『士不以一失自沮，一得自喜。金百鍊而方精，節萬折而逾厲。持此心之亢矯，奚外變之軒輊。今則暑勇退，涼風至，困疾蘇，淹抑肆。我雖連蹇，宋猶有禮。撫問仍存，德音在耳。當凌厲清氛，趯然而喜。排去鬱攸，攝衣躡屨。灑然濯熱，泠然淬志。快側佇於雲霄，期翺翔於帝里。乘此風以成行，俾照耀於萬世。何乃作楚囚對泣，竟不為魯連毛遂，而漫為宋玉之悲耶？子以秋風為悲，余獨以秋風為樂。夫以秋風為悲者非獨子也，常情皆然。門巷蕭條，良人遠征。傷心砧杵，掩淚邊城。庭樹翛翛，鴉啼柳斷。帷薄生寒，夢長人遠。此怨婦之以為悲者也。弱水雲沉，交河日落。風急霜清，重城擊柝。令重身輕，黄雲畫角。十年不代，有書無衣。呑聲飲泣，又下邊陲。此戍役之以為悲者也。塞北游子，江東賈客。去國朞年，音塵杳絶。行露沾衣，風吹曉月。草根蛩吟，喚愁啼血。四顧無人，氣填心拆。此羈旅之以為悲者也。囊中金盡，淚滿貂裘。從横不就，報主懷讎。葉落尊空，心事悠悠。知己不見，天高鴈沉。彈鋏風悲，長歌短吟。白草荒山，塵埃滿襟。此不遇之以為悲者也。菽粟青黄，草肥弓勁。瀚海波翻，鐵山塵亘。肉飽顔酡，控弦馳競。一噴生風，長林葉下。陳合鞭鳴，驍騰萬馬。破屋殘城，崩沙解瓦。此遺黎之以為悲者也。今則仁聖御世，霈德施惠。下輪臺之詔，發輪平之使。二鄙不聳，嗇人和會。麻麥幪幪，黍稷穟穟。室無怨曠之婦，塗無稽滯之旅。朝無不遇之嘆，戍無屯謫之苦。抄騎不出，烽燧不舉。則常情之所悲，亦將以為樂也。子何以所樂者重為悲乎？』於是介佐相與言曰：『吾等之昧，固如所云。吾子之樂，可得而聞？』曰：『可哉。麗金行秋，赫輪不鑠。大火西流，盲沴不作。有風颯然，云胡不樂。若夫洞庭波，木葉脱，陂潦盡，山雲薄。快萬里以長吹，卷餘苴與纖惡。汎六合以澄清，展青空而高闊。淨蒹葭之洲渚，閙芙蓉之城郭。留夕照于飛樓，挂殘虹於高閣。水落而江淨天澄，林疎而煙横霞抹。天痕虚而見歸鴻，露華涼而聽鳴鶴。金莖突兀，霜仗光寒。銀字聲凄，翠綃香著。泛新商於瑶瑟，戛清音於珠箔。際邁爽以昭曠，莫不凌兢而曲躍。是其所以清也。紛拂於青蘋之上，夷猶於銀漢之間。激怒於土囊之口，弄響於松篁之前。散驚矗於洪濤，發鏗輷於狂瀾。摐生金於曲岫，振鳴玉於空山。虎嘯而萬竅裂，龍吟而九淵翻。是其所以雄也。至於蜚霜激沙，撇捩秋草。白鷹蒼隼，金眸玉爪。飄飄搏擊，氣勁心老。沙場欲雪，代漠生雲。驊騮紫燕，渥洼龍文。輕風入足，赭沫追奔。朝飲溟渤，夕踏崑崙。尾閭潮回，天池浪激。鯨鬣搘山，鵬背閼日。乘化起運，扶摇發迹。超逸絶塵，杳不可及。是皆憑威靈而神變化，瑰奇壯浪，有不可紀極者。余於是時，則將掇蘭搴蕙，濯纓結佩。藹非煙之冉冉，御靈飆之沛沛。相羊逍遥，游於萬物之表，騖於八極之外。聽萬籟之秋聲，轉一元之和氣。舒而為春，融而為薰。騖仁壽於吾民，厝治安於吾君。是余所以樂也。子其束載秣馬，易悲為樂。鴻毛垂翅，乘此以飛揚。巨魚濡沫，快一縱于林壑也。』仍作歌以訊之曰：茂陵劉郎去不歸，秋風起兮白雲飛。余欲翔于帝鄉兮，蹇予行兮江之湄。南山有荑兮北山有薇，月皜皜兮風淒淒。有美人兮天之涯，搴桂子兮今其時。執子之佩兮，摯子之衣兮，與子歸兮，從風之吹兮，子毋以為悲兮。

元 楊維楨《鐵崖古樂府》卷五《大風謡》 大風起，不終朝。如何三日夜，日日夜夜旋扶摇。捲水覆我舟，卷土覆我窑。烏乎太平玉琯將誰調，五日一風不鳴條。

雜録

漢 應劭《風俗通義》卷八《祀典・風伯》 楚辭説：『後飛廉使奔屬。』飛廉，風伯也。

謹按：周禮：『以槱燎祀風師。』風師者，箕星也，箕主簸揚，能致風氣。易巽爲長女也，長者伯，故曰風伯。鼓之以雷霆，潤之以風雨，養成萬物，有功於人，王者祀以報功也。戌之神爲風伯，故以丙戌日祀於西北，火勝金爲木相也。

唐 瞿曇悉達《開元占經》卷九《日占五・日蝕而寒風雨雹雷十六》 京房《易傳》曰：『同姓上侵，兹謂誣君厥蝕；四方有雲，中央無雲，其日大風。』【略】京氏曰：『日食先炎風三日，乃食；蝕左右四方並有雲，濁，中央無雲，其日大寒，發於風；此同姓諸侯侵蝕也，后九年，殺。』京氏《易傳》曰：『宰相大臣，因專權日蝕，先大風，日食時，日居雲中，四方無雲也。闕。

京氏曰：『日食，焱風雨七日，折木乃蝕既，此臣剝其君之蝕也；五年，五穀化爲蟲。』京氏曰：『日蝕、爲亂、爲兵；已蝕而風，是謂兵起；已蝕而雨，是爲分殃；已蝕而霧，群豪聚；已蝕而飛鳥不復其鄉。』

又 卷一〇《日占六・日六甲蝕三》 《春秋潛潭巴》曰：『戊寅日蝕，天下大風，無園果。』

又 卷一五《月占五・月暈箕七》 石氏曰：『月暈箕，五穀以風傷。』郗萌曰：『月暈司空，不出百里，必有守倉求食者，以千數。』《荆州占》曰：『月暈箕，大風發屋。有坐口舌死者。非夷谷貴，燕趙大饑。』

又 卷二四《歲星占二・歲星犯箕七》 甘氏曰：『歲星守箕，多惡風，有旱災，其國大饑，人相食。』

又 卷二七《歲星占五・歲星犯翼六》 石氏曰：『歲星入翼，五穀風傷。期一年。』

又 卷三八《填星占一・填星盈縮失行五》 《海中占》曰：『填星去宿，天子不立后；去宿南數十尺，女主不用事，若大水；去其宿北數十尺，女主當之，若大旱；主好畋獵，走狗馳馬，出入不時，賜與不當，則填星失宿；民多病，歲多大風，黍稷無實。』

又 卷九一《風占・風名狀》 《爾雅》曰：『風而雨土曰霾，陰而風曰曀，日出而風爲暴，回風爲飄，焚輪謂之頹，扶搖謂之焱。』

李淳風曰：『按占風之家，多云發石、折木、揚沙、走石等語，若每占中俱著此語，其文至繁，今輒以一家例之。古云发屋、折木、揚沙、走石，今謂之怒風，多爲不吉之象。一日之内三轉移方，古云四轉五復，今謂之亂風，亂風者，狂亂不定之象。無雲晴爽，忽起大風，不經刻而止絶，絶復忽起，古云暴風卒起，乍有乍無，今謂之暴風，暴風主有卒暴事。鳴條擺樹，蕭蕭有聲，今謂之飄風，善惡依經旨。迅風觸塵蓬勃，古云觸塵蓬勃，今謂之勃風。迴旋羊角，古云扶搖羊角，今謂之回風，回風者，旋風也，回風卒起而圓轉扶搖，有如羊角，向上轉輪，有自上而下者，有自下而上者，或平條長，或磨地而起，總謂之回風，亦專有占。古云清涼溫和，塵埃不起，今謂之和風。古云暗冥昏濁寒克者，今謂之霾曀。

凡風，和暢清悦，溫涼適時，埃塵不起，人情恬淡，是謂祥風；天色晦暝，雲氣昏濁，風聲寒慘，埃壒蓬勃，是謂災風；風勢紛雜，交亂乍起乍止，深藏莫測，其聲聒耳，是謂小人魅惑風；風勢暴起，南北不定，離合氛埃，是謂上下不寧風；風勢冥冥，白日陰慘，黃霧四合，是謂政化未明風；風勢戚戚，南北雜亂，高下蓬勃，是謂大兵將至風；風勢凜烈，人懷戰悚，是謂刑罰怪刻風；風聲啾唧惶切，令人悲慘，爲大喪風；風聲欻欻，如火賓士，乍起乍息，爲旱火風；連風冥晦，四日五日，人皆悲傷，爲大水殺人風。

凡吉祥之風，日色清明，風勢和緩，從歲月日時德上來，或乘王相而來，去地稍高，不揚塵沙，人心喜悅，是謂祥風，人君德令下施之應。

凡凶災之風，日色白濁，天氣昏寒，風聲叫怒，飛沙卷塵，乘刑殺而至，當詳五音，定八方，觀其起止，占之。

又《**諸例**》《黃帝占》曰：『凡風之動，皆不安之象也。若在山川、海濱、空穴之間，風所出處，皆不可占之，以爲常式；若在宮宅、城營之內、戰陣之所，風勢異常，楊沙走石，日光昏濁，則必占之。凡人君理順四時，則春無淒風，夏無苦雨。先王之治，以天下爲家，兆民爲子，風起異常，用意察之，若紛錯、交橫、離合，氛埃相注，此風之應，必在人主。』【略】宮日，大風從乾來，有暴雨、湧水，若風不揚塵，氣色和暢，日光明盛，不寒慘者，國有善令；艮來，山陵崩壞，人君出行，水湧地裂；巽來，蝗蟲生，害五穀；坤來，有土功，走獸爲害。

己上，時加宮則占。征日，風從陽宮來，土功起，大旱，火災頓起宮寺；風從陰宮來，太子有疾。時加征，爲重征，有土功，火災起。

征日，風從壬寅陽征來，有火災，君有恐，走獸爲人害，宮寺多焚；從王相來，歲太旱，又多火災。風從未申陰征來，人君憂，走獸爲火災，一曰：六畜多死。

又 卷九三《**候星善惡雲氣占·七十二候·正月**》 是月也，東風解凍，蟄蟲始振，魚陟負冰，獺祭魚，候雁北，草木萌動。【略】行秋令，則其民大疫，猋風暴雨總至，藜莠蓬蒿並興。

又《**四月**》 螻蟈鳴，蚯蚓出，王瓜生，苦菜秀，靡草死，麥秋至。【略】行春令，則蝗蟲爲敗，暴風來格，秀草不實。

又《**六月**》 溫風至，蟋蟀居壁，鷹始摯，腐草爲螢，土潤溽暑，大雨時行。季夏行春令，則穀實鮮落，國多風欬，民乃遷徙；行秋令，則丘隰水潦，禾稼不熟，乃多女災；行冬令，則風寒不時，鷹隼早鷙，四鄙入保。

又《**八月**》 鴻雁來，玄鳥歸，群鳥養羞，雷始收聲，蟄蟲壞戶，水始涸。【略】行冬令，則風災數起，收雷先行，草木早死。

又《**十月**》 水始冰，地始凍，雉入大水爲蜃，虹藏不見，天氣上升，地氣下降，閉塞而成冬。【略】行夏令，則國多暴風，方冬不寒，蟄蟲復出。

明 郎瑛《**七修類稿**》**卷二**《**天地類·風水**》 徐州不打春，邳州無東門，若使打春與開門，蝎子咬死人。此俗諺如是，今果然。又青州城俗名臥牛城，以其形似也。府官有邊姓者，至則城必坍損。甘州城外有塔依城，其名鎮風。嘉靖間，傅都以其窺內也，徹之。日多大風。

雹灾部

題解

《**説文解字**》**卷一一**《**雨部·雹**》 雨冰也。从雨包聲。

漢 劉熙《**釋名**》**卷一**《**釋天**》 霰，星也，水雪相搏如星而散也。

又 雹，砲也。其所中物皆摧折，如人所盛砲也。

《**漢書**》**卷二七中之下**《**五行志中之下**》 劉向以爲盛陽雨水，溫煖而湯熱，陰氣脅之不相入，則轉而爲雹；盛陰雨雪，凝滯而冰寒，陽氣薄之不相入，則散而爲霰。故沸湯之在閉器，而湛於寒泉，則爲冰，及雪之銷，亦冰解而散，此其驗也。故雹者陰脅陽也，霰者陽脅陰也，春秋不書霰者，猶月食也。

又 說曰：凡物不爲災不書，書大，言爲災也。凡雹，皆冬之愆陽，夏之伏陰也。

《**宋書**》**卷三三**《**五行志第四**》 庶徵之恒寒，劉歆以爲『大雨雪、及未當雨雪而雨雪、及大雨雹、隕霜殺菽草，皆常寒之罰也』。京房《易傳》曰：『有德遭險，茲謂逆命。厥異寒。誅罰過深，當燠而寒，盡六日，亦為雹。害正不誅，茲謂養賊。寒七十二日，殺飛禽。道人始去，茲謂傷。其寒物無霜而死，涌水出。戰不量敵，茲謂辱命。其寒雖雨物不茂。』

《魏書》卷一一二上《靈徵志上》 《洪範論》曰：陽之專氣為雹，陰之聲氣為霰。此言陽專而陰脅之，陰專而陽薄之，不能相入，則轉而為雹。猶臣意不合於君心也。

宋 黎靖德《朱子語類》卷二《理氣下》 伊川說：世間人説雹是蜥蜴做。初恐無是理，看來亦有之。只謂之全是蜥蜴做，則不可耳。自有是上面結作成底，也有是蜥蜴做底，某少見十九伯説親見如此。記在別録。十九伯誠確人，語必不妄。又，此間王三哥之祖參議者云，嘗登五臺山，山極高寒，盛夏携綿被去。寺僧曰：『官人帶被來少。』王甚怪之。寺僧又爲借得三兩條與之。中夜之間寒甚，擁數床綿被，猶不煖。蓋山頂皆蜥蜴含水，吐之爲雹。少間，風雨大作，所吐之雹皆不見。明日下山，則見人言昨夜雹大作。問，皆如寺中所見者。又，《夷堅志》中載劉法師者，後居隆興府西山修道。山多蜥蜴，皆如手臂大。與之餅餌，皆食。一日，忽領無限蜥蜴入菴，井中之水皆爲飲盡。飲乾，即吐爲雹。已而風雨大作，所吐之雹皆不見。明日下山，則人言所下之雹皆如蜥蜴所吐者。蜥蜴形狀亦如龍，是陰屬。是這氣相感應，使作得他如此。正是陰陽交爭之時，所以下雹時必寒。今雹之兩頭皆尖，有稜道。疑得初間圓，上面陰陽交爭，打得如此碎了。『雹』字從『雨』，從『包』，是這氣包住，所以爲雹也。

又 卷九九《張子書二》 戾氣，飛雹之類；曀霾，黃霧之類；皆陰陽邪惡不正之氣，所以雹水穢濁，或青黑色。

《元史》卷五〇《五行志上・水》 五行，一曰水。潤下，水之性也。失其性爲沴，時則霧水暴出，百川逆溢，壞鄉邑，溺人民，及凡霜雹之變，是爲水不潤下。其徵恒寒，其色黑，是爲黑眚黑祥。

明 葉子奇《草木子》卷一上《管窺篇》 陰脅陽而為雹，沴氣也。陰凝而未盡勝陽，則為霰，正氣也。是以春秋書雹而不書霰，以人事驗之。沸湯以器密盛之，沈於寒泉則冰，此雹之理。雪積而日炙之，先必為後，此霰之理也。

明 烏斯道《天辨》《明文海》卷一一〇 空中二氣，交則為雲、為雨，蕩焉則為電、為雷霆，陰氣遊焉，則為霜雪、為霰。

明 謝肇淛《五雜俎》卷一《天部一》 雹似是霰之大者，但雨霰寒而雨雹不寒。霰難晴而雹易晴，如驟雨然，北方常遇之。相傳龍過則雹下，四時皆有。余在齊、魯。四五月間屢見之，不必冬也。然雹下之地，禾麥經年不生，蓋冷氣凝結，入地未化耳。史書所載，雹有大如桃李者，如雞子者，如斧者，如斗者，惟武帝元封中，雹大如馬頭，極矣。《稽神録》又載楊行自言：『天祐初，在鼓城，避暑於佛寺，忽聞大聲震地，走視門外，乃見一雹，其高與寺樓等，入地可丈餘，經月乃消。』其言似誕。然宇宙之中，恐亦何所不有。

《康熙字典》戌集中《雨字部・雹》 《説文》雨冰也。《大戴禮》陽之專氣爲霰，陰之專氣爲雹。霰雹者，一氣之化也。《註》陽氣在雨，溫暖如陽。陰氣薄之，不相入，搏而爲雹。故春秋穀梁説曰：雹者，陰脅陽之象也。《埤雅》陰包陽爲雹。申豐以爲古者藏冰固陰，沍寒而無雹，蓋陽無所洩，雹之所以生也。雹形似今半珠，其粒皆三出。雪六出成華，雹三出成實，雹冰之餘，造化權輿。曰：雹者，雨之冰也。又曰：北方之氣，雲雨雹霰雪。《禮・月令》仲夏行冬令，則雹凍傷穀。《註》子之氣乘之也。陽爲雨，陰起脅之，凝爲雹。《左傳・昭四年》聖人在上，無雹。雖有，不爲災。《韻會補》洮岷間，雨雹曰白雨。又曰硬頭雨。宋紹興十七年，臨安雨雹，太學屋瓦皆碎。學宮諱言雹，遂稱硬雨。

清 段玉裁《説文解字注》一一《雨部・雹》 雨仌也。仌舊作冰。今正。雨仌，謂自上而下之仌也。曾子曰：陰之專氣爲雹。劉向曰：盛陽雨水，溫暖而湯熱，陰氣脅之不相入，則轉而爲雹。故沸湯之在閉器而湛於甘泉則爲冰。此其驗也。左氏傳曰：聖人在上，無雹。雖有，不爲災。

論説

《左傳・昭公四年》 大雨雹。季武子問於申豐曰：『雹可禦乎？』對曰：『聖人在上，無雹。雖有，不為災。古者日在北陸而藏冰，西陸朝覿而出之。其藏冰也，深山窮谷，固陰沍寒，於是乎取之。其出之也，朝之祿位，賓食喪祭，於是乎用之。其藏之也，黑牲、秬黍，以享司寒。其出之也，桃弧、棘矢，以除其災。其出入也時，食肉之祿，冰皆與焉。大夫命婦喪浴用冰。祭寒而藏之，獻羔而啟之，公始用之，火出而畢賦，自命夫命婦至於老疾，無不受冰。山人取之，縣人傳之，輿人納之，隸人藏之。夫冰以風壯，而以風出。其藏之也周，其用之也偏，則冬無愆陽，夏無伏陰，春無淒風，秋無苦雨。雷出不震，無菑霜雹，癘疾不降，民不夭札。今藏川池之冰棄而不用，風不越而殺，雷不發而震。雹之為菑，誰能禦之？《七月》之卒章，藏冰之道也。』

《呂氏春秋》卷五《仲夏紀·仲夏》 仲夏行冬令，則雹霰傷穀，道路不通，暴兵來至。行春令，則五穀晚熟，百螣時起，其國乃饑。行秋令，則草木零落，果實早成，民殃於疫。

《春秋公羊傳·僖公十年》 經：冬，大雨雹。

傳：何以書？記異也。

漢 董仲舒《雨雹對》《古文苑》卷一一 元光元年七月，京師雨雹，鮑敞問董仲舒曰：『雹何物也，何氣而生之？』

仲舒曰：『陰氣脅陽氣，天地之氣，陰陽相半，和氣週回，朝夕不息。陽德用事，則和氣皆陽，建巳之月是也。故謂之正陽之月。陰德用事，則和氣皆陰，建亥之月是也。故謂之正陰之月。十月陰雖用事，而陰不孤立，此月純陰。疑於無陽，故謂之陽月。詩人所謂「日月陽止」者也。四月陽雖用事，而陽不獨存，此月純陽，疑於無陰，故亦謂之陰月。自十月以後，陽氣始生於地下，漸冉流散，故言息也。陰氣轉收，故言消也。日夜滋生，遂至四月純陽用事。自四月以後，陰氣始生於天下，漸冉流散，故云息也。陽氣轉收，故言消也。日夜滋生，遂至十月純陰用事。二月八月，陰陽正等，無多少也。以此推移，無有差慝，運動抑揚，更相動薄，則薰蒿歊蒸，而風雨雲霧，雷電雪雹生焉。氣上薄爲雨，不薄爲霧，風其噫也，雲其氣也。雷其相擊之聲也，電其相擊之光也。二氣之初蒸也，若有若無，若實若虛，若方若圓，攢聚相合，其體稍重，故雨乘虛而墜。風多則合速，故雨大而疏。風少則合遲，故雨細而密。其寒月則雨凝於上，體尚輕微，而因風相襲，故成雪焉。寒有高下，上煖下寒，則上合爲大雨，下凝爲冰，霰雪是也。

『雹霰之至也，陰氣暴上，雨則凝結成雹焉。太平之世，則風不鳴條，開甲散萌而已。雨不破塊，潤葉津莖而已。雷不驚人，號令啟發而已。電不眩目，宣示光耀而已。霧不塞望，浸淫被洎而已。雪不封條，淩殄毒害而已。雪則五色而爲慶，三色而成矞。露則結味而成甘，結潤而成膏。此聖人之在上，則陰陽和風雨時也。

『政多紕繆，則陰陽不調，風發屋，雨溢河，雪至牛目，雹殺驢馬。此皆陰陽相蕩而爲祲沴之妖也。』

敞曰：『四月無陰，十月無陽，何以明陰不孤立，陽不獨存邪？』

仲舒曰：『陰陽雖異，而所資一氣也。陽用事，此則氣爲陽；陰用事，此則氣爲陰。陰陽之時雖異，而二體常存，猶如一鼎之水，而未加火，純陰也。加火極熱，純陽也。

『純陽則無陰，息火水寒，則更陰矣。純陰則無陽，加火水熱，則更陽矣。然則建巳之月爲純陽，不容都無復陰也。但是陽家用事，陽氣之極耳。薺麥枯，由陰殺也。建亥之月爲純陰，不容都無復陽也。但是陰家用事，陰氣之極耳。薺麥始生，由陽升也。其著者，葶藶死於盛夏，款冬華於嚴寒，水極陰而有溫泉，火至陽而有涼焰，故知陰不得無陽，陽不容都無陰也。』

敞曰：『冬雨必煖，夏雨必涼，何也？』曰：『冬氣多寒，陽氣自上躋，故人得其煖，而上蒸成雪矣。夏氣多煖，陰氣自下升，故人得其涼，而上蒸成雨矣。』

敞曰：『雨既陰陽相蒸，四月純陽，十月純陰，斯則無二氣相薄，則不雨乎？』

曰：『然，純陽純陰，雖在四月十月，但月中之一日耳。』敞曰：『月中何日？』

曰：『純陽用事，未夏至一日。純陰用事，未冬至一日。朔旦夏至冬至，其正氣也。』敞曰：『然則未至一日，其不雨乎？』曰：『然，頗有之，則妖也。和氣之中，自生災沴，能使陰陽改節，煖涼失度。』敞曰：『災沴之氣，其常存邪？』

曰：『無也，時生耳。猶乎人四支五髒，中也有時。及其病也，四支五髒皆病也。』

敞遷延負牆，俛揖而退。

《漢書》卷二七中之下《五行志中之下》 劉歆以爲大雨雪，及未當雨雪而雨雪，及大雨雹，隕霜殺叔草，皆常寒之罰也。

《後漢書》卷三〇下《襄楷傳》 延熹九年，楷自家詣闕上疏曰：『臣聞皇天不言，以文象設教。堯舜雖聖，必歷象日月星辰，察五緯所在，故能享百年之壽，爲萬世之法。臣竊見去歲五月，熒惑入太微，犯帝坐，出端門，不軌常道。其閏月庚辰，太白入房，犯心小星，震動中耀。中耀，天王也；傍小星者，天王子也。夫太微天廷，五帝之坐，而金火罰星揚光其中，於占，天子凶；又俱入房、心，法無繼嗣。今年歲星久守太微，逆行西至掖門，還切執法。歲爲木精，好生惡殺，而淹留不去者，咎在仁德不修，誅罰太酷。前七年十二月，熒惑與歲星俱入軒轅，逆行四十餘日，而鄧皇后誅。其冬大寒，殺鳥獸，害魚鼈，城傍竹柏之葉有傷枯者。臣聞於師曰：「柏傷竹枯，不出三年，天子當之。」今洛陽城中人夜無故叫呼，云有火光，人聲正諠，於占亦與竹柏枯同。自春夏以來，連有霜雹及大雨靁，而臣作威作福，刑罰急刻之所感也。

『太原太守劉瓆、南陽太守成瑨，志除姦邪，其所誅翦，皆合人望，而陛下受閹豎之譖，乃遠加考逮。三公上書乞哀瓆等，不見採察，而嚴被譴讓。憂國之臣，將遂杜口矣。臣聞殺無罪，誅賢者，禍及三世。自陛下即位以來，頻行誅伐，梁、寇、孫、鄧，並見族滅，其從坐者，又非其數。李雲上書，明主所不當諱，杜衆乞死，諒以感悟聖朝，曾無赦宥，而并被殘戮，天下之人，咸知其冤。漢興以來，未有拒諫誅賢，用刑太深如今者也。

『永平舊典，諸當重論皆須冬獄，先請後刑，所以重人命也。頃數十歲以來，州郡翫習，又欲避請讞之煩，輒託疾病，多死牢獄。長吏殺生自己，死者多非其罪，魂神冤結，無所歸訴，淫厲疾疫，自此而起。昔文王一妻，誕致十子，今宮女數千，未聞慶育。宜修德省刑，以廣螽斯之祚。又七年六月十三日，河內野王山上有龍死，長可數十丈。扶風有星隕爲石，聲聞三郡。夫龍形狀不一，小大無常，故周易況之大人，帝王以爲符瑞。或聞河內龍死，諱以爲蛇。夫龍能變化，蛇亦有神，皆不當死。昔秦之將衰，華山神操璧以授鄭客，曰「今年祖龍死」，始皇逃之，死於沙丘。王莽天鳳二年，訛言黃山宮有死龍之異，後漢誅莽，光武復興。虛言猶然，況於實邪？夫星辰麗天，猶萬國之附王者也。下將畔上，故星亦畔天。石者安類，墜者失執。春秋五石隕宋，其後襄公爲楚所執。秦之亡也，石隕東郡。今隕扶風，與先帝園陵相近，不有大喪，必有畔逆。

『案春秋以來及古帝王，未有河清及學門自壞者也。臣以爲河者，諸侯位也。清者屬陽，濁者屬陰。河當濁而反清者，陰欲爲陽，諸侯欲爲帝也。太學，天子教化之宮，其門無故自壞者，言文德將喪，教化廢也。京房《易傳》曰：「河水清，天下平。」今天垂異，地吐妖，人厲疫，三者並時而有河清，猶春秋麟不當見而見，孔子書之以爲異也。臣前上琅邪宮崇受干吉神書，不合明聽。臣聞布穀鳴於孟夏，蟋蟀吟於始秋，物有微而志信，人有賤而言忠。臣雖至賤，誠願賜清閒，極盡所言。』

書奏不省。

唐 瞿曇悉達《開元占經》卷九《日占五・日蝕而寒風雨雹雷十六》

京氏曰：『君疾善下謀下，茲謂亂；厥蝕既、先雨雹、殺走獸；赤質黃貫其中，此君不肯用賢，而任小人政教，君必逐。』

又 卷九三《候星譱惡雲氣占・七十二候・五月》 螳螂生，鵙始鳴，反舌無聲，鹿角解，蜩始鳴，半夏生。仲夏行冬令，則雹凍傷穀，道路不通，暴兵來至；行春令，則五穀晚熟，百螣時起，其國乃饑；行秋令，則草木零落，果實早成，民殃於疫。

又 卷一〇一《雹》 《考異郵》曰：『陰陽專精，凝合生雹。雹之言合也。』

董仲舒曰：『雹者，陰氣脅陽也。』京房曰：『凡雹過大，人君惡聞其過也，抑賢不與共位，小人取利，布幣私施，所愛人專，施不普，當雨不雨，天反下雹，人有釁則嚴威集，人欲惑其君，故雹傷生。雹或殺飛鳥者，此人君信讒佞之言，行謫罰於廢人。』《月令》曰：『仲夏行冬令，則雹凍傷穀。』《感精符》曰：『大臣擅法，則雨雹。』京房曰：『雹下，或毀瓦，碎破車，殺馬牛者，此人君任小人，伐其人；雹下盡剝樹木之枝，又害五穀者，此人君賦斂酷，民有殺者；雹下，或多狀如積雪者，此臣欲弑君也；雹下，或盡敗人禾稼者，此人君因春夏庶人有罪，執殺之；雹下，或霜俱降者，此人君私邪人從后退而誅之；雹下，極地而睪者，此人君私施邪人而下成之；雹下，或狀如積水者，此臣欲殺人君；雹下，或多芒，狀如雪者，此人君欲害人而甚者；雹下，或如梨實者，此人君大亂庶人而惡甚者；雹下，或與風俱降者，此人君施大亂其寒過度罰深；雹下，或狀如珠者，此人君欲害人而甚也。』《漢書五行志》曰：『大雨雹，常寒之罰。武帝元封三年十二月，雨雹，大如馬頭；宣帝地節四年，山陽、濟陰雨雹，如雞子，深二尺五寸，殺二十餘人，皆霍氏誅征也。』《續漢書五行志》曰：『孝安永初三年，雨雹，大如雁子，傷稼。是時，鄧太后專陽政。』《晉中興書》曰：『太和三年四月，雨雹，是時海西昏亂，相龍朱實等淫逆。太元二十一年四月，雨雹，是時王道子輔政，奸佞競進，烈宗不能禁絕，王室大亂。』《天鏡》曰：『夏雨雹，民饑。』

清 南懷仁《坤輿圖說》卷上《雲雨》 雲乃濕氣之密且結者也。地水之氣，被日爆暖，沖至空際中域，一遇本域之寒，即棄所帶之熱，而反元冷之情，因漸湊密，終結成雲。則或薄而稀，或厚而密者。又由于氣之乾濕清濁相勝之異勢也，薄稀者輕浮，易為風所撥散，難以成雨，是為枯瘠無益之雲。若厚密者，多含潤澤，故易化雨而益物。則雨無他，乃施雨之雲耳。凡初雨之時，必濛濛而細，漸而近地，則其雨點愈大矣。蓋雨落時多細微，雨點彼此相沾，若下之路遠，則相沾之更多，而加重大。故山頂比山根之雨點微小，因雲離山頂近，離山根遠故也。又冬月比夏月雨點微小，因冬月天冷時，雲離地不遠，夏天大暑日雲高，離地更遠。然雲遠則雨點從上而下，一路彼此相沾之，多而加重大；雲近則路短，而相沾之雨點小。

雨雹時亦然。若當時有大風，雹子而橫斜下，其體更加重大。蓋橫斜之路，比正直之路更遠，路遠則雹子相沾之多。間有如彈丸大者，若剖而細視之，則灼見多小雹子沾于一處，由此故也。

综述

《漢書》卷二七中之下《五行志中之下》　釐公二十九年秋，大雨雹。劉向以爲盛陽雨水，溫煖而湯熱，陰氣脅之不相入，則轉而爲雹；盛陰雨雪，凝滯而冰寒，陽氣薄之不相入，則散而爲霰。故沸湯之在閉器，而湛於寒泉，則爲冰，及雪之銷，亦冰解而散，此其驗也。故雹者陰脅陽也，霰者陽脅陰也，春秋不書霰者，猶月食也。釐公末年信用公子遂，遂專權自恣，將至於殺君，故陰脅陽之象見。釐公不寤，遂終專權，後二年殺子赤，立宣公。左氏傳曰：『聖人在上無雹，雖有不爲災。』說曰：凡物不爲災不書，書大，言爲災也。凡雹，皆冬之愆陽，夏之伏陰也。

《元史》卷五〇《五行志一》　五行，一曰水。潤下，水之性也。失其性爲沴，時則霧水暴出，百川逆溢，壞鄉邑，溺人民，及凡霜雹之變，是爲水不潤下。其徵恒寒，其色黑，是爲黑眚黑祥。

傳記

《後漢書》卷五七《謝弼傳》　謝弼字輔宣，東郡武陽人也。中直方正，為鄉邑所宗師。建寧二年，詔舉有道之士，弼與東海陳敦、玄菟公孫度俱對策，皆除郎中。時青蛇見前殿，大風拔木，詔公卿以下陳得失。弼上封事曰：『【略】臣又聞爵賞之設，必酬庸勳；開國承家，小人勿用。今功臣久外，未蒙爵秩，阿母寵私，乃享大封，大風雨雹，亦由於茲。又故太傅陳蕃，輔相陛下，勤身王室，夙夜匪懈，而見陷群邪，一旦誅滅。其為酷濫，駭動天下，而門生故吏，並離徙錮。蕃身已往，人百何贖！宜還其家屬，解除禁網。夫台宰重器，國命所繼。今之四公，唯司空劉寵斷斷守善，餘皆素餐致寇之人，必有折足覆餗之凶。可因災異，並加罷黜。徵故司空王暢，長樂少府李膺，並居政事，庶災變可消，國祚惟永。臣山藪頑闇，未達國典。策曰「無有所隱」，敢不盡愚，用忘諱忌。伏惟陛下裁其誅罰。』

左右惡其言，出為廣陵府丞。去官歸家。

又　卷六〇下《蔡邕傳》　［建寧六年］初，帝好學，自造皇羲篇五十章，因引諸生能為文賦者。本頗以經學相招，後諸為尺牘及工書鳥篆者，皆加引召，遂至數十人。侍中祭酒樂松、賈護，多引無行趣埶之徒，並待制鴻都門下，憙陳方俗閭里小事，帝甚悅之，待以不次之位。又市賈小民，為宣陵孝子者，復數十人，悉除為郎中、太子舍人。時頻有雷霆疾風，傷樹拔木，地震、隕雹、蝗蟲之害。又鮮卑犯境，役賦及民。六年七月，制書引咎，誥群臣各陳政要所當施行。邕上封事曰：

『臣伏讀聖旨，雖周成遇風，訊諸執事，宣王遭旱，密勿祗畏，無以或加。臣聞天降災異，緣象而至。辟歷數發，殆刑誅繁多之所生也。風者天之號令，所以教人也。夫昭事上帝，則自懷多福；宗廟致敬，則鬼神以著。國之大事，實先祀典，天子聖躬所當恭事。臣自在宰府，及備朱衣，迎氣五郊，而車駕稀出，四時至敬，屢委有司，雖有解除，猶為疏廢。故皇天不悅，顯此諸異。鴻範傳曰：「政悖德隱，厥風發屋折木。」坤為地道，易稱安貞。陰氣憤盛，則當靜反動，法為下叛。夫權不在上，則雹傷物；政有苛暴，則虎狼食人；貪利傷民，則蝗蟲損稼。去六月二十八日，太白與月相迫，兵事惡之。鮮卑犯塞，所從來遠，今之出師，未見其利。上違天文，下逆人事。誠當博覽眾議，從其安者。臣不勝憤滿，謹條宜所施行七事表左：

『一事：明堂月令，天子以四立及季夏之節，迎五帝於郊，所以導致神氣，祈福豐年。清廟祭祀，追往孝敬，養老辟雍，示人禮化，皆帝者之大業，祖宗所祗奉也。而有司數以蕃國疏喪，宮內產生，及吏卒小汙，屢生忌故。竊見南郊齋戒，未嘗有廢，至於它祀，輒興異議。豈南郊卑而它祀尊哉？孝元皇帝策書曰：「禮之至敬，莫重於祭，所以竭心親奉，以致肅祗者也。」又元和故事，復申先典。前後制書，推心懇惻。而近者以來，更任太史。忘禮敬之大，任禁忌之書，拘信小故，以虧大典。禮，妻妾產者，齋則不入側室之門，無廢祭之文也。所謂宮中有卒，三月不祭者，謂士庶人數堵之室，共處其中耳，豈謂皇居之曠，臣妾之衆哉？自今齋制宜如故典，庶荅風霆災妖之異。

『二事：臣聞國之將興，至言數聞，內知己政，外見民情。是故先帝雖有聖明之姿，而猶廣求得失。又因災異，援引幽隱，重賢良、方正、敦朴、有道之選，危言極諫，不絕於朝。陛下親政以來，頻年災異，而未聞特舉博選之旨。誠當思省述脩舊事，使抱忠之臣展其狂直，以解易傳「政悖德隱」之言。

『三事：夫求賢之道，未必一塗，或以德顯，或以言揚。頃者，立朝之士，曾不以忠信見賞，恆被謗訕之誅，遂使群下結口，莫圖正辭。郎中張文，前獨盡狂言，聖聽納受，以責三司。臣子曠然，衆庶解悅。臣愚以為宜擢文右職，以勸忠謇，宣聲海內，博開政路。

『四事：夫司隸校尉、諸州刺史，所以督察姦枉，分別白黑者也。伏見幽州刺史楊憙、益州刺史龐芝、涼州刺史劉虔，各有奉公疾姦之心，憙等所糾，其效尤多。餘皆枉橈，不能稱職。或有抱罪懷瑕，與下同疾，綱網弛縱，莫相舉察，公府臺閣亦復默然。五年制書，議遣八使，又令三公謠言奏事。是時奉公者欣然得志，邪枉者憂悸失色。未詳斯議，所因寢息。昔劉向奏曰：「夫執狐疑之計者，開群枉之門；養不斷之慮者，來讒邪之口。」今始聞善政，旋復變易，足令海內測度朝政。宜追定八使，糾舉非法，更選忠清，平章賞罰。三公歲盡，差其殿最，使吏知奉公之福，營私之禍，則衆災之原庶可塞矣。

『五事：臣聞古者取士，必使諸侯歲貢。孝武之世，郡舉孝廉，又有賢良、文學之選，於是名臣輩出，文武並興。漢之得人，數路而已。夫書畫辭賦，才之小者，匡國理政，未有其能。陛下即位之初，先涉經術，聽政餘日，觀省篇章，聊以游意，當代博弈，非以教化取士之本。而諸生競利，作者鼎沸。其高者頗引經訓風喻之言；下則連偶俗語，有類俳優；或竊成文，虛冒名氏。臣每受詔於盛化門，差次錄第，其未及者，亦復隨輩皆見拜擢。既加之恩，難復收改，但守奉祿，於義已弘，不可復使理人及仕州郡。昔孝宣會諸儒於石渠，章帝集學士於白虎，通經釋義，其事優大，文武之道，所宜從之。若乃小能小善，雖有可觀，孔子以為「致遠則泥」，君子故當志其大者。

『六事：墨綬長吏，職典理人，皆當以惠利為績，日月為勞。褒責之科，所宜分明。而今在任無復能省，及其還者，多召拜議郎、郎中。若器用優美，不宜處之冗散。如有釁故，自當極其刑誅。豈有伏罪懼考，反求遷轉，更相放效，臧否無章？先帝舊典，未嘗有此。可皆斷絕，以覈真偽。

『七事：伏見前一切以宣陵孝子者為太子舍人。臣聞孝文皇帝制喪服三十六日，雖繼體之君，父子至親，公卿列臣，受恩之重，皆屈情從制，不敢踰越。今虛偽小人，本非骨肉，既無幸私之恩，又無祿仕之實，惻隱思慕，情何緣生？而群聚山陵，假名稱孝，行不隱心，義無所依，至有姦軌之人，通容其中。恒思皇后祖載之時，東郡有盜人妻者亡在孝中，本縣追捕，乃伏其辜。虛偽雜穢，難得勝言。又前至得拜，後輩被遺；或經年陵次，以暫歸見漏；或以人自代，亦蒙寵榮。爭訟怨恨，凶凶道路。太子官屬，宜搜選令德，豈有但取丘墓凶醜之人？其為不祥，莫與大焉。宜遣歸田里，以明詐偽。』

書奏，帝乃親迎氣北郊，及行辟雍之禮。又詔宣陵孝子為舍人者，悉改為丞尉焉。光和元年，遂置鴻都門學，畫孔子及七十二弟子像。其諸生皆敕州郡三公舉用辟召，或出為刺史、太守，入為尚書、侍中，乃有封侯賜爵者，士君子皆恥與為列焉。

又卷七九上《孔長彥傳》 長彥好章句學，季彥守其家業，門徒數百人。延光元年，河西大雨雹，大者如斗。安帝詔有道術之士極陳變眚，乃召季彥見於德陽殿，帝親問其故。對曰：『此皆陰乘陽之徵也。今貴臣擅權，母后黨盛，陛下宜脩聖德，慮此二者。』帝默然，左右皆惡之。舉孝廉，不就。

《魏書》卷八六《王崇傳》 王崇，字乾邕，陽夏雍丘人也。兄弟並以孝稱。身勤稼穡，以養二親。仕梁州鎮南府主簿。母亡，杖而後起，鬢髮墜落。未及葬，權殯宅西。崇廬於殯所，晝夜哭泣，鳩鴿群至。有一小鳥，素質墨眸，形大如雀，棲於崇廬，朝夕不去。母喪始闋，復丁父憂，哀毀過禮。是年，陽夏風雹，所過之處，禽獸暴死，草木摧折。至崇田畔，風雹便止，禾麥十頃，竟無損落，及過崇地，風雹如初。咸稱至行所感。崇雖除服，仍居墓側。於其室前生草一根，莖葉甚茂，人莫能識。至冬中，復有鳥巢於崇屋，乳養三子，毛羽成長，馴而不驚。守令聞之，親自臨視。州以聞奏，標其門閭。

又 卷九三《王椿傳》 永熙中，時有風雹之變，詔書廣訪讜言，椿乃上疏曰：『伏奉詔書，以風雹厲威，上動天眷，訪讜辭於百闢，詔輿誦於四海。宸衷懇切，備在絲綸，祗承兢感，心焉靡厝。伏惟陛下啟籙應期，馭育萬物，承綴旒之艱運。纂纖絲之危緒，忘餐日昃，求衣未明，俾上帝下臨，愍玆荼蓼，永濟溝壑。而滄浪降戾，作害中秋。上帝照臨，義不虛變。竊惟風為號令，皇天所以示威；雹者氣激，陰陽有所交諍。殆行令殊節，舒急臉中之所致也。昔澍雨千里，實緣教祀之誠；炎精三舍，寧非善言之力。讜不空發，徵豈謬應，誰謂蓋高，實符人事。伏願陛下留心曲覽，垂神遠察，禮賢登士，博舉審官，擢申滯怨，振窮省役。使夫滋水沒川之彥，畢居朝右；儀表丹青之位，未或虛加。圜土絕五毒之民，揆日息千門之費。巖巖廊署，無不遇之士；忪忪煢獨，荷酒帛之恩。則物見昭蘇，人如休泰，徐奏《薰風》之曲，無論《鴻雁》之歌，豈不天人幸甚，鬼神咸抃？』

《北史》卷八四《王崇傳》 王崇，字乾邕，陽夏雍人也。兄弟並以孝稱，身勤稼穡，以養二親。仕梁州鎮南府主簿。母亡，杖而後起，鬢髮墮落。未及葬，權殯宅西。崇廬於殯所，晝夜哭泣，鳩鴿群至。有一小鳥，素質黑眸，形大於雀，棲於崇廬，朝夕不去。母喪闋，復丁父憂，哀毀過禮。是年夏，風雹，所經處，禽獸暴死，草木摧折。至崇田畔，風雹便止，禾麥十頃，竟無損落。及過崇地，風雹如初。咸稱至行所感。崇雖除服，仍居墓側。於其室前，生草一根，莖葉甚茂，人莫能識。至冬中，復有鳥巢崇屋，乳養三子，毛羽成長，馴而不驚。守令聞之，親自臨視。州以聞奏，標其門閭。

又 卷九二《王椿傳》 永熙中，除瀛州刺史。時有風雹之變，詔書廣訪讜言，椿乃上疏言政事之宜。

《明史》卷一七一《徐有貞傳》 有貞既得志，則思自異於曹、石。窺帝於二人不能無厭色，乃稍稍裁之，且微言其貪橫狀，帝亦為之動。御史楊瑄奏劾亨、吉祥侵占民田。帝問有貞及李賢，皆對如瑄奏。有詔獎瑄。亨、吉祥大怨恨，日夜謀搆有貞。帝方眷有貞，時屏人密語。吉祥令小豎竊聽得之，故洩之帝。帝驚問曰：『安所受此語？』對曰：『受之有貞，某日語某事，外間無弗聞。』帝自是疏有貞。會御史張鵬等欲糾亨他罪，未上，而給事中王鉉泄之亨、吉祥。二人乃泣訴於帝，謂內閣實主之。遂下諸御史獄，併逮繫有貞及李賢。忽雷雹交作，大風折木。帝感悟，重違亨意，乃釋有貞出為廣東參政。

又 卷二五八《湯開遠傳》 湯開遠，字伯開，主事顯祖子也。早負器識，經濟自許。崇禎五年由舉人為河南府推官。帝惡廷臣玩愒，持法過嚴。開遠疏諫曰：

『陛下臨御以來，明罰敕法。自小臣至大臣，蒙重譴下禁獄者相繼，幾於刑亂國用重典矣。見廷臣薦舉不當，疑為黨徇；惡廷臣執奏不移，疑為藐抗。以策勵望諸臣，於是戴罪者多，而不開以立功之路；以詳慎責諸臣，於是引罪者眾，而不諒其致誤之由。墨吏宜逮，然望稍寬出入，無絀能臣。至三時多害，五方交警，諸臣怵參罰，惟急催科，民窮則易為亂。陛下寬一分在臣子，即寬一分在民生，此可不再計決者。尤望推諸臣以心，待諸臣以禮，諭中外法司以平允。至錦衣禁獄，非寇賊奸宄，不宜輕入。』

帝怒，摘其疏中『桁楊慘毒，遍施勞臣』語，責令指實。乃上奏曰：

『時事孔棘，諸臣有過可議，亦有勞可準；有罪可程，亦有情可原。究之議過不足懲過，而後事轉因前事以灰心；聲罪不足服罪，而故者更藉誤者以實口。綜核太過則要領失措，懲創太深則本實多缺。往往上以為宜詳宜新之事，而下以為宜略宜仍之事。朝所為縲辱擯棄不少愛之人，又野所為推重愧歎不可少之人。上與下異心，朝與野異議，欲天下治平，不可得也。

『蘇州僉事左應選任昌黎縣令，率士著保孤城。事平之日，擢任監司。乃用小過，卒以贓擬。城池失守者既不少貸，捍禦著績者又不獲原，諸臣安所適從哉。事急則鉅萬可捐，事平則錙銖必較，向使昌黎不守，同於遵、永，不知費朝廷幾許金錢，安所得涓滴而問之。臣所惜者此其一。

『給事中馬思理、御史高倬，值草場火發，狂奔盡氣，無救燎原，此不過為法受過耳，更欲以他罪論，則甚矣。今歲盛夏雪雹，地震京圻，草場不爇自焚。陛下不寬刑修省，反嚴鞫而長繫之，非所以召天和，稱善事也。臣所惜者此其一。

『宣大巡按胡良機，陛下知其諳練，兩任巖疆，尋因過悞褫革，輿論惜之，豈成命終難反汗哉！臣所惜者此其一。

『監兌主事吳澧，宵旦河干，經營漕事。運弁稽違，量行責戒，乃褫革之，又欲究治之。夫兵譁則為兵易將，將譁則為武抑文，勇於譁而怯於鬭，安用此驕兵驕將為也！臣所惜者此又其一。』
末復為都御史陳于廷、易應昌申辨。帝怒，切責之。

紀事

《春秋・僖公二十九年》 秋，大雨雹。

又《昭公三年》 冬，大雨雹。北燕伯款出奔齊。

又《昭公四年》 四年春王正月，大雨雹。

《左傳・僖公二十九年》 秋，大雨雹，為災也。

《史記》卷一一《孝景本紀》 二年秋，衡山雨雹，大者五寸，深者二尺。

又 中元年，衡山、原都雨雹，大者尺八寸。

又 中六年三月，雨雹。

《漢書》卷六《武帝紀》 〔元鼎三年〕夏四月，雨雹，關東郡國十餘飢，人相食。

又 卷二七中之下《五行志中之下》 昭公三年，『大雨雹』。是時季氏專權，脅君之象見。昭公不寤，後季氏卒逐昭公。

又 元封三年十二月，雷雨雹，大如馬頭。

又 宣帝地節四年五月，山陽濟陰雨雹如雞子，深二尺五寸，殺二十人，蜚鳥皆死。師古蜚讀曰『飛。』其十月，大司馬霍禹宗族謀反，誅，霍皇后廢。

又 成帝河平二年四月，楚國雨雹，大如斧，蜚鳥死。

又 卷三六《楚元王傳》 大雨雹。師古曰：『事在僖二十九年秋，及昭三年冬，四年正月。』

又 卷七八《蕭望之傳》 地節三年夏，京師雨雹，望之因是上疏，願賜清閒之宴，口陳災異之意。宣帝自在民間聞望之名，曰：『此東海蕭生邪？下少府宋畸問狀，無有所諱。』望之對，以爲『春秋昭公三年大雨雹，是時季氏專權，卒逐昭公。鄉使魯君察於天變，宜亡此害。今陛下以聖德居位，思政求賢，堯舜之用心也。然而善祥未臻，陰陽不和，是大臣任政，一姓擅勢之所致也。附枝大者賊本心，私家盛者公室危。唯明主躬萬機，選同姓，舉賢材，以爲腹心，與參政謀，令公卿大臣朝見奏事，明陳其職，以考功能。如是，則庶事理，公道立，姦邪塞，私權廢矣。』對奏，天子拜望之爲謁者。

又 卷九九中《王莽傳中》 始建國元年冬，真定、常山大雨雹。

又 〔天鳳元年〕七月，大風拔樹，飛北闕直城門屋瓦。雨雹，殺牛羊。

《三國志》卷四七《吴志二・吴主傳》 嘉禾四年夏，遣呂岱討桓等。秋七月，有雹。

又 赤烏十一年夏四月，雨雹。

《後漢書》卷四《孝和帝紀》 〔永元五年六月〕丁酉，郡國三雨雹。東觀記曰：『大如鴈子。』

又 卷五《孝安帝紀》 〔延平元年〕冬十月，四州大水，雨雹。詔以宿麥不下，賑賜貧人。

又 〔永初元年〕是歲，郡國十八地震；四十一雨水，或山水暴至；二十八大風，雨雹。

又 〔永初二年六月〕京師及郡國四十大水，大風，雨雹。東觀記曰：『雹大如芋魁、雞子，風拔樹發屋。』

又 〔永初三年〕是歲，京師及郡國四十一雨水雹。續漢書曰『雹大如鴈子』也。并涼二州大飢，人相食。

又 〔元初四年六月〕戊辰，三郡雨雹。

又 〔元初六年〕夏四月，沛國、勃海大風，雨雹。

又 〔延光元年〕夏四月癸未，京師郡國二十一雨雹。

又 〔延光三年〕是歲，京師及諸郡國二十三地震；三十六雨水，疾風，雨雹。

又 卷七《孝桓帝紀》 〔延熹四年五月〕己卯，京師雨雹。

又 〔延熹七年五月〕己丑，京師雨雹。

又 卷八《孝靈帝紀》 〔建寧二年夏四月〕癸巳，大風，雨雹。詔公卿以下各上封事。

又 〔建寧四年五月〕河東地裂，雨雹，山水暴出。

又 〔光和四年六月〕庚辰，雨雹。續漢書曰：『雹大如雞子。』

又 〔中平二年夏四月〕庚戌，大風，雨雹。

又 卷九《孝獻帝紀》 〔初平四年六月〕扶風大風，雨雹。

又 卷一六《寇榮傳》 榮逃竄數年，會赦令，不得除，積窮困，乃自亡命中上書曰：

『臣聞天地之於萬物也好生，帝王之於萬人也慈愛。陛下統天理物，為萬國覆，作人父母，先慈愛，後威武，先寬容，後刑辟，自生齒以上，咸蒙德澤。而臣兄弟獨以無辜為專權之臣所見批抵，青蠅之人所共搆會。以臣婚姻王室，謂臣將撫其背，奪其位，退其身，受其埶。於是遂作飛章以被於臣，欲使墜萬仞之阬，踐必死之地，令陛下忽慈母之仁，發投杼之怒。

『尚書背繩墨，案空劾，不復質确其過，寘於嚴棘之下，便奏正臣罪。司隸校尉馮羨佞邪承旨，廢於王命，驅逐臣等，不得旋踵。臣奔走還郡，沒齒無怨。臣誠恐卒為豺狼横見噬食，故冒死欲詣闕，披肝膽，布腹心。刺史張敬好為諂諛，張設機網，復令陛下興雷電之怒。司隸校尉應奉、河南尹何豹、洛陽令袁騰並驅爭先，若赴仇敵，罰及死沒，髡剔墳墓，但未掘壙出尸，剖棺露胔耳。

『昔文王葬枯骨，公劉敦行葦，世稱其仁。今殘酷容媚之吏，無折中處平之心，不顧無辜之害，而興虛誣之誹，欲使嚴朝必加濫罰。是以不敢觸突天威，而自竄山林，以俟陛下發神聖之聽，啟獨睹之明，拒譏慝之謗，絕邪巧之言，救可濟之人，援沒溺之命。不意滯怒不為春夏息，淹恚不為順時怠，遂馳使郵驛，布告遠近，嚴文尅剝，痛於霜雪，張羅海內，設罝萬里，逐臣者窮人迹，追臣者極車軌，雖楚購伍員，漢求季布，無以過也。

『臣遇罰以來，三赦再贖，無驗之罪，足以蠲除。而陛下疾臣愈深，有司咎臣甫力，止則見埽滅，行則為亡虜，苟生則為窮人，極死則為冤鬼，天廣而無以自覆，地厚而無以自載，蹈陸土而有沈淪之憂，遠巖牆而有鎮壓之患。精誠足以感於陛下，而哲王未肯悟。如臣犯元惡大憝，足以陳於原野，備刀鋸，陛下當班布臣之所坐，以解眾論之疑。臣思入國門，坐於胏石之上，使三槐九棘平臣之罪。而閶闔九重，陷阱步設，舉趾觸罘罝，動行絓羅網，無緣至萬乘之前，永無見信之期矣。

『國君不可讎匹夫，讎之則一國盡懼。臣奔走以來，三離寒暑，陰陽易位，當煖反寒，春常淒風，夏降霜雹，又連年大風，折拔樹木。風為號令，春夏布德，議獄緩死之時。願陛下思帝堯五教在寬之德，企成湯避遠讒夫之誡，以寧風旱，以弭災兵。

『臣聞勇者不逃死，智者不重困，固不為明朝惜垂盡之命，願赴湘、沅之波，從屈原之悲，沈江湖之流，弔子胥之哀。臣功臣苗緒，生長王國，懼獨含恨以葬江魚之腹，無以自別於世，不勝狐死首丘之情，營魂識路之懷。犯冒王怒，觸突帝禁，伏於兩觀，陳訴毒痛，然後登金鑊，入沸湯，糜爛於熾爨之下，九死而未悔。悲夫，久生亦復何聊！蓋忠臣殺身以解君怒，孝子殞命以寧親怨，故大舜不避塗廩浚井之難，申生不辭姬氏讒邪之謗。臣敢忘斯議，不自斃以解明朝之忿哉！乞以身塞重責。願陛下匄兄弟死命，使臣一門頗有遺類，以崇陛下寬饒之惠。先死陳情，臨章涕泣，泣血連如。』

帝省章愈怒，遂誅榮。寇氏由是衰廢。

又 卷六五《張奐傳》 建寧二年夏，青蛇見於御坐軒前，又大風雨雹，霹靂拔樹，詔使百僚各言災應。奐上疏曰：

『臣聞風為號令，動物通氣。木生於火，相須乃明。蛇能屈申，配龍騰蟄。順至為休徵，逆來為殃咎。陰氣專用，則凝精為雹。故大將軍竇武、太傅陳蕃，或志寧社稷，或方直不回，前以讒勝，並伏誅戮，海內默默，人懷震憤。昔周公葬不如禮，天乃動威。今武、蕃忠貞，未被明宥，妖眚之來，皆為此也。宜急為改葬，徙還家屬。其從坐禁錮，一切蠲除。又皇太后雖居南居，而恩禮不接，朝臣莫言，遠近失望。宜思大義顧復之報。』

天子深納奐言，以問諸黃門常侍，左右皆惡之，帝不得自從。

又 卷九〇《五行志第三》 和帝永元五年六月，郡國三雨雹，大如雞子。按：聚珍本東觀記作『郡國大雨雹，大如雁子』。春秋考異郵曰：『陰氣之專精凝合生雹。雹之爲言合也。以妾爲妻，大尊重，九女之妃闕而不御，坐不離前，無由相去之心，同輿參駟，房袵之內，歡欣之樂，專政夫人，施而不博，陰精凝而見成。』易讖曰：『凡雹者，過由人君惡聞其過，抑賢不揚，內與邪人通，取財利，蔽賢，施之，並當雨不雨，故反雹下也。』是時和帝用酷吏周紆爲司隸校尉，刑誅深刻。古今注曰：『光武建武十年十月戊辰，樂浪、上谷雨雹，傷稼。十二年，河南平陽雨雹，大如杯，壞敗吏民廬舍。十五年十二月乙卯，鉅鹿雨雹，傷稼。永平三年八月，郡國十二雨雹，傷稼。十年，郡國十八或雨雹，蝗。』易緯曰：『夏雹者，治道煩苛，繇役急促，教令數變，無有常法。不救爲兵，強臣逆謀，蝗蟲傷穀。救之，舉賢良，爵有功，務寬大，無誅罰，則災除。』

安帝永初元年，雨雹。二年，雨雹，大如雞子。三年，雨雹，大如鴈子，傷稼。劉向以爲雹，陰脅陽也。是時鄧太后以陰專陽政。

元初四年六月戊辰，郡國三雨雹，大如杅杯及雞子，殺六畜。古今注曰：『樂安雹如杅，殺人。』京房占曰：『夏雨雹，天下兵大作。』

延光元年四月，郡國二十一雨雹，大如雞子，傷稼。是時安帝信讒，無辜死者多。臣昭案：尹敏傳是歲河西大雨雹，如斗。安帝見孔季彦，問其故，對曰『此皆陰乘陽之徵也。今貴臣擅權，母后黨盛，陛下宜修聖德，慮此二者』也。

三年，雨雹，大如雞子。古今注曰：『順帝永建五年，郡國十二雨雹。順帝永建五年郡國十二雨雹。六年，郡國十二雨雹，傷秋稼。』

桓帝延熹四年五月己卯，京都雨雹，大如雞子。是時桓帝誅殺過差，又寵小人。

七年五月己丑，京都雨雹。是時皇后鄧氏僭侈，驕恣專幸。明年廢，以憂死，其家皆誅。

靈帝建寧二年四月，雨雹。

四年五月，河東雨雹。

光和四年六月，雨雹，大如雞子。是時常侍、黃門用權。

中平二年四月庚戌，雨雹，傷稼。

獻帝初平四年六月，右扶風雹如斗。袁山松書曰：『雹殺人。前後雨雹，此最爲大，時天下潰亂。』

又 中平四年十二月晦，雨水，大雷電，雹。

又 靈帝建寧二年四月癸巳，京都大風雨雹，拔郊道樹十圍已上百餘枚。其後晨迎氣黃郊，道於雒水西橋，逢暴風雨，道鹵簿車或發蓋，百官霑濡，還不至郊，使有司行禮。迎氣西郊，亦壹如此。

《宋書》卷三三《五行志第四》 嘉禾四年七月，雨雹，又隕霜。案劉向說，『雹者陰脅陽』。是時呂壹作威用事，詆毀重臣，排陷無辜。自太子登以下，咸患毒之，而壹反獲封侯寵異。與春秋公子遂專任，雨雹同應也。漢安帝信讒，多殺無辜，亦雨雹。董仲舒曰『凡雹皆爲有所脅，行專壹之政』故也。

又 赤烏十一年四月，雨雹。是時權聽讒，將危太子。其後朱據、屈晃以迕意黜辱，陳象以忠諫族誅，而太子終廢。此有德遭險，誅罰過深之應也。

又 咸寧五年五月丁亥，鉅鹿、魏郡雨雹傷禾、麥；辛卯，鴈門雨雹傷秋稼。咸寧五年六月庚戌，汲郡、廣平、陳留、滎陽雨雹；丙辰，又雨雹，損傷秋麥千三百餘頃，壞屋百三十餘間；癸亥，安定雨雹；七月丙申，魏郡又雨雹；閏月壬子，新興又雨雹；八月庚子，河東、弘農又雨雹，兼傷秋稼三豆。

又 晉武帝太康元年三月，河東、高平霜雹，傷桑、麥；四月，河南、河內、河東、魏郡、弘農雨雹，傷麥、豆；五月，東平、平陽、上黨、鴈門、濟南雨雹，傷禾、麥、三豆。太康元年四月庚午，畿內縣二及東平范陽縣雨雹；癸酉，畿內縣五又雨雹。是時王浚有大功，而權戚互加陷抑，帝從容不斷。陰脅陽之應也。

又 太康二年五月丙戌，城陽、章武、琅邪傷麥；庚寅，河東、樂安、東平、濟陰、弘農、濮陽、齊國、頓丘、魏郡、河內、汲郡、上黨雨雹，傷禾稼。太康二年六月，郡國十六雨雹。

又 太康五年七月乙卯，中山、東平雨雹，傷秋稼。太康五年七月甲辰，中山雨雹。

又 太康六年六月，滎陽、汲郡、雁門雨雹。

又 太康九年正月，京都大風雨雹，發屋拔木。

又 晉惠帝元康二年八月，沛及湯陰原雨雹。元康三年四月，滎陽雨雹；弘農湖、華陰又雨雹，深三尺。是時賈后凶淫專恣，與《春秋》魯桓夫人同事。陰氣盛也。元康五年六月，東海雨雹，深五寸；十二月，丹陽雨雹。

又 元康七年五月，魯國雨雹。

又 元康九年三月旬有八日，河南、滎陽、潁川隕霜傷禾；五月，雨雹。是時賈后凶躁滋甚，是冬遂廢愍懷。

又 晉惠帝永寧元年七月，襄城雨雹。是時齊王冏專政。十月，襄城、河南、高平、平陽風雹，折木傷稼。晉惠帝光熙元年閏八月甲申朔，霰雪。劉向曰：『盛陽雨水湯熱，陰氣脅之，則轉而為雹。盛陰雨雪凝滯，陽氣薄之，則散而為霰。』今雪非其時，此聽不聽之應也。

又 晉元帝太興二年三月丁未，成都風雹殺人。太興三年三月，海鹽郡雨雹。是時王敦陵上。

又 晉明帝太寧元年十二月，幽、冀、并州大雪。太寧二年四月庚子，京都大雨雹，燕雀死。太寧三年三月丁丑，雨雹；癸巳，隕霜；四月，大雨雹。是年帝崩，尋有蘇峻之亂。

又 晉成帝咸和六年三月癸未，雨雹。是時帝幼弱，政在大臣。

又 晉成帝咸康二年正月丁巳，皇后見于太廟。其夕雨雹。

又 晉穆帝永和三年八月，冀方大雪，人馬多凍死。永和五年六月，臨漳暴風震霆，雨雹大如升。永和十年五月，涼州雪。明年八月，桴罕護軍張瓘帥宗混等攻滅張祚，更立張曜靈弟玄靚。京房《易傳》曰：『夏雨雪，戒臣為亂。』

又 晉孝武帝太元二年四月己酉，雨雹；十二月，大雪。是時帝幼弱，政在將相。

又 太元十二年四月己丑，雨雹。是時有事中州，兵役連歲。太元二十年五月癸卯，上虞雨雹。太元二十一年四月丁亥，雨雹。是時張夫人專幸，及帝暴崩，兆庶尤之。

又 晉安帝隆安二年三月乙卯，雨雹。是秋，王恭、殷仲堪入伐，終皆誅。晉安帝元興二年十二月，酷寒過甚。是時桓玄篡位，政事煩苛，是其應也。晉氏失在舒緩，玄則反之。劉向曰：『周衰無寒歲，秦滅無燠年。』此之謂也。元興三年正月甲申，霰雪，又雷。雷霰不應同日，失節之應也。二月，義兵起，玄敗。元興三年四月丙午，江陵雨雹。是時安帝蒙塵。

又 晉安帝義熙元年四月壬申，雨雹。是時四方未一，鉦鼓日戒。義熙五年三月己亥，雪深數寸。義熙五年五月癸巳，溧陽雨雹；九月己丑，廣陵雨雹。明年，盧循至蔡洲。義熙五年九月己丑，廣陵雨雹。

又 義熙六年五月壬申，雨雹。義熙八年四月辛未朔，雨雹；六月癸亥，雨雹，大風發屋。是秋，誅劉藩等。義熙十年四月辛卯，雨雹。

又 宋文帝元嘉九年春，京都雨雹，溧陽、盱眙尤甚，傷牛馬，殺禽獸。元嘉十八年三月，雨雹。二十五虜寇青州。元嘉二十五年正月，積雪冰寒。元嘉二十九年五月，盱眙雨雹，大如雞卵。三十年，國家禍亂，兵革大起。

又 明帝泰始五年四月壬辰，京邑雨雹。

又 後廢帝元徽三年五月乙卯，京邑雨雹。

又 卷三四《五行志第五》 太康九年正月，京都風雹，發屋拔木。後二年，宮車晏駕。

又 卷五五《徐廣傳》 義熙六年，遷散騎常侍，又領徐州大中正，轉正員常侍。時有風雹為災，廣獻書高祖曰：『風雹變未必為災，古之聖賢輒懼而修己，所以興政化而隆德教也。嘗忝服事，宿眷未忘，思竭塵露，率誠於習。明公初建義旗，匡復宗社，神武應運，信宿平夷。且恭儉謙約，虛心匪懈，來蘇之化，功用若神。頃事故既多，刑德並用，戰功殷積，報敘難盡，萬機繁湊，固應難速，且小細煩密，群下多懼。又穀帛豐賤，而民情不勸；禁司互設，而劫盜多有，誠由俗弊未易整，而望深未易炳。追思義熙之始，如有不同，何者？好安願逸，萬物之大趣，習舊駭新，凡識所不免。要當俯順群情，抑揚隨俗，則朝野歡泰，具瞻允康矣。言無可採，願矜其愚款之志。』又轉大司農，領著作郎皆如故。

《南齊書》卷一九《五行志》 《傳》曰：『雨雹，君臣之象也。陽之氣專為雹，陰之氣專為霰。陽專而陰脅之，陰盛而陽薄之。雹者，陰薄陽之象也。霰者，陽脅陰之符也。《春秋》不書霰者，猶月蝕也。』

建元四年五月戊午朔，雹。永明元年九月乙丑，雹落大如蒜子，須臾乃止。十一年四月辛亥，雹落大如蒜子，須臾滅。

又 建元四年五月五日，雷雹暗都，雷震於樂遊安昌殿，電火焚蕩盡。

《魏書》卷七上《孝文帝紀上》 ［延興二年］六月，安州民遇水雹，丐租賑恤。

又 卷五七《崔挺傳》 州治舊掖城西北數里有斧山，峰嶺高峻，北臨滄海，南望岱嶽，一邦游觀之地也。挺於頂上欲營觀宇，故老曰：『此嶺秋夏之際，常有暴雨迅風，巖石盡落。相傳云是龍道，恐此觀不可久立。』挺曰：『人神相去，何遠之有？虯龍倏忽，豈唯一路乎！』遂營之。數年間，果無風雨之異。挺既代，即為風雹所毀，於後作，復尋壞，遂莫能立。眾以為善化所感。

又 卷一一二上《靈徵志上》 太和二十三年閏月庚申，河州暴風，大雨雹。

又 高祖延興四年四月庚午，涇州大雹，傷稼。承明元年四月辛酉，青、齊、徐、兗大風，雹。八月庚申，並州鄉郡大雹，平地尺，草木禾稼皆盡。癸未，定州大雹殺人，大者方圓二尺。世宗景明元年六月，雍、青二州大雨雹，殺麞鹿。四年五月癸酉，汾州大雨雹。六月乙巳，汾州大雨雹，草木、禾稼、雉兔皆死。七月甲戌，暴風，大雨雹，起自汾州，經並、相、司、兗，至徐州而止，廣十里，所過草木無遺。正始二年三月丁丑，齊、濟二州大雹，雨雪。永平三年五月庚子，南秦廣業郡大雨雹，殺鳥獸、禾稼。

《梁書》卷三《武帝紀》 中大通二年夏四月庚申，大雨雹。

又卷五四《吐谷渾傳》 其地則張掖之南，隴西之西，在河之南，故以為號。其界東至壘川，西鄰于闐，北接高昌，東北通秦嶺，方千餘里，蓋古之流沙地焉。乏草木，少水潦，四時恒有冰雪，唯六七月雨雹甚盛；若晴則風飄沙礫，常蔽光景。

《陳書》卷五《宣帝紀》 太建二年六月辛卯，大雨雹。

又 太建十年庚申，大雨雹。

又 太建十二年冬十月癸丑，大雨雹震。

又 太建十三年秋九月癸亥，夜，大風至自西北，發屋拔樹，大雷震雹。

《晉書》卷三《武帝紀》 「咸寧五年夏四月」丁亥，郡國八雨雹，傷秋稼，壞百姓廬舍。

又 「太康元年夏四月」河東、高平雨雹，傷秋稼。【略】三河、魏郡、弘農雨雹，傷宿麥。

又 「太康元年五月」郡國六雹，傷秋稼。

又 「太康二年夏六月」東夷五國內附。郡國十六雨雹，大風拔樹，壞百姓廬舍。江夏、泰山水，流居人三百餘家。秋七月，上黨又暴風雨雹，傷秋稼。

又 「太康五年秋七月」任城、梁國、中山雨雹，傷秋稼。

又卷四《惠帝紀》 「永平二年」是歲，沛國雨雹，傷麥。

又 「永平三年夏四月」滎陽雨雹。【略】六月，弘農郡雨雹，深三尺。

又 「永平五年六月」金城地震。東海雨雹，深五寸。

又 「永平五年十二月」丙戌，新作武庫，大調兵器。丹楊雨雹。

又 「永平七年」夏五月，魯國雨雹。

又卷五《愍帝紀》 「建興元年冬十月」己巳，大雨雹。

又卷六《元帝紀》 「永昌元年夏四月」己亥，雨雹。

又卷七《成帝紀》 「咸康二年」夏四月，雨雹。

又卷八《廢帝紀》 「太和三年夏四月」癸巳，雨雹，大風折木。

又卷九《孝武帝紀》 「太元二年夏四月」己酉，雨雹。

又 「太元十二年夏四月」己丑，雨雹。

又 「太元二十一年夏四月」丁亥，雨雹。

又卷二九《五行志下・雨雹》 吳孫權嘉禾四年七月，雨雹，又隕霜。案劉向說，『雹者，陰脅陽也』。是時，呂壹作威用事，詆毀重臣，排陷無辜。自太子登以下咸患毒之，而壹反獲封侯寵異，與春秋時公子遂專任雨雹同應也。漢安帝信讒，多殺無辜，亦雨雹。董仲舒曰：『凡雹皆為有脅，行專一之政故也。』

又 赤烏十一年四月，雨雹。是時權聽讒，將危太子。其後，朱據、屈晃以迕意黜辱，陳正、陳象以忠諫族誅，而太子終廢。此有德遭險，誅罰過深之應也。

又 咸寧五年五月丁亥，鉅鹿、魏郡雨雹，傷禾麥。辛卯，鴈門雨雹，傷秋稼。六月庚戌，汲郡、廣平、陳留、滎陽雨雹。丙辰，又雨雹，隕霜，傷秋麥千三百餘頃，壞屋百三十餘間。癸亥，安定雨雹。七月丙申，魏郡又雨雹。閏月壬子，新興又雨雹。八月庚子，河南、河東、弘農又雨雹，兼傷秋稼三豆。

又 太康元年三月，河東、高平霜雹，傷桑麥。四月，河南、河內、河東、魏郡、弘農雨雹，傷麥豆。是月庚午，畿內縣二及東平、范陽雨雹。癸酉，畿內縣五又雨雹。五月，東平、平陽、上黨、鴈門、濟南雨雹，傷禾麥三豆。是時王濬有大功，而權戚互加陷抑，帝從容不斷，陰脅陽之應也。

又 太康二年二月壬申，瑯邪雨雹，傷麥。五月庚寅，河東、樂安、東平、濟陰、弘農、濮陽、齊國、頓丘、魏郡、河內、汲郡、上黨雨雹，傷禾稼。六月，郡國十七雨雹。七月，上黨雨雹。

又 太康五年七月乙卯，中山、東平雨雹，傷秋稼。甲辰，中山雨雹。

又 太康六年六月，滎陽、汲郡、鴈門雨雹。

又 太康九年正月，京都大風雨雹，發屋拔木。

又 惠帝元康二年八月，沛及蕩陰雨雹。三年四月，滎陽雨雹。六月，弘農湖、華陰又雨雹，深三尺。是時，賈后凶淫專恣，與春秋魯桓夫人同事，陰氣盛也。

又 元康五年六月，東海雨雹，深五寸。十二月，丹陽建鄴雨雹。七年五月，魯國雨雹。

又 元康九年三月旬有八日，河南、滎陽、潁川隕霜，傷禾。五月，雨雹。是時，賈后凶躁滋甚，及冬，遂廢愍懷。

又 永寧元年七月，襄城、河南雨雹。十月，襄城、河南、高平、平陽又風雹，折木傷稼。

又 元帝太興二年三月丁未，成都風雹，殺人。三年三月，海鹽雨雹。是時，王敦陵上。

又 明帝太寧二年四月庚子，京都雨雹，燕雀死。三年三月丁丑，雨雪。癸巳，隕霜。四月，大雨雹。是年，帝崩，尋有蘇峻之亂。

又 成帝咸和六年三月癸未，雨雹。是時，帝幼弱，政在大臣。

又 咸康二年正月丁巳，皇后見于太廟，其夕雨雹。

又 穆帝永和五年六月，臨漳暴風震電，雨雹，大如升。

又 海西太和三年四月，雨雹，折木。

又 孝武太元二年四月己酉，雨雹。十二月，大雪。是時帝幼，政在將相，陰之盛也。

又 太元十二年四月己丑，雨雹。二十年五月癸卯，上虞雨雹。

又 太元二十一年四月丁亥，雨雹。是時，張夫人專寵，及帝暴崩，兆庶尤之。十二月，雨雪二十三日。是時嗣主幼沖，塚宰專政。

又 安帝隆安二年三月乙卯，雨雹。是秋，王恭、殷仲堪稱兵內侮，終皆誅之也。

又 元興三年正月甲申，霰雪又雷。雷霰同時，皆失節之應也。四月丙午，江陵雨雹。是時，安帝蒙塵。

又 義熙元年四月壬申，雨雹。是時，四方未一，鉦鼓日戒。

又 義熙五年三月己亥，雪，深數尺。五月癸巳，溧陽雨雹。九月己丑，廣陵雨雹。明年，盧循至蔡洲。

又 義熙六年正月丙寅，雪又雷。五月壬申，雨雹。八年四月辛未朔，雨雹。六月癸亥，雨雹，大風發屋。是秋，誅劉蕃等。

又 義熙十年四月辛卯，雨雹。

又 太康二年五月，濟南暴風，折木，傷麥。六月，高平大風，折木，發壞邸閣四十餘區。七月，上黨又大風，傷秋稼。八年六月，郡國八大風。九年正月，京都風雹，發屋拔樹。後二年，宮車晏駕。

又 卷一〇五《石勒載記下》 ［咸和七年］暴風大雨，震電建德殿端門、襄國市西門，殺五人。雹起西河介山，大如雞子，平地三尺，洿下丈餘，行人禽獸死者萬數，歷太原、樂平、武鄉、趙郡、廣平、鉅鹿千餘里，樹木摧折，禾稼蕩然。勒正服於東堂，以問徐光曰：『歷代已來有斯災幾也？』光對曰：『周、漢、魏、晉皆有之，雖天地之常事，然明主未始不為變，所以敬天之怒也。去年禁寒食，介推，帝鄉之神也，歷代所尊，或者以為未宜替也。一人吁嗟，王道尚為之虧，況群神怨憾而不怒動上帝乎！縱不能令天下同爾，介山左右，晉文之所封也，宜任百姓奉之。』勒下書曰：『寒食既并州之舊風，朕生其俗，不能異也。前者外議以子推諸侯之臣，王者不應為忌，故從其議，倘或由之而致斯災乎！子推雖朕鄉之神，非法食者亦不得亂也，尚書其促檢舊典定議以聞。』有司奏以子推歷代攸尊，請普復寒食，更為植嘉樹，立祠堂，給戶奉祀。勒黃門郎韋謏駁曰：『案《春秋》，藏冰失道，陰氣發泄為雹。自子推已前，雹者復何所致？此自陰陽乖錯所為耳。且子推賢者，曷為暴害如此！求之冥趣，必不然矣。今雖為冰室，懼所藏之冰不在固陰沍寒之地，多皆山川之側，氣泄為雹也。以子推忠賢，令綿、介之間奉之為允，於天下則不通矣。』勒從之。於是遷冰室於重陰凝寒之所，并州復寒食如初。

又 卷一〇六《石季龍載記上》 咸康元年，冀州八郡雨雹，大傷秋稼，下書深自咎責。遣御史所在發水次倉麥，以給秋種，尤甚之處差復一年。

又 卷一〇七《石季龍載記下》 ［永和五年夏五月］暴風拔樹，震雷，雨雹大如盂升。太武、暉華殿災，諸門觀閣蕩然，其乘輿服御燒者太半，光焰照天，金石皆盡，火月餘乃滅。雨血周遍鄴城。

《隋書》卷二二《五行志上》 梁中大通元年四月，大雨雹。《洪範五行傳》曰：『雹，陰脅陽之象也。』時帝數捨身為奴，拘信佛法，為沙門所制。

陳太建二年六月，大雨雹；十年四月，又大雨雹；十三年九月，又雨雹。時始興王叔陵驕恣，陰結死士，圖為不逞，帝又寵遇之，故天三見變。帝不悟。及帝崩，叔陵果為亂逆。

《南史》卷二《宋文帝紀》 ［元嘉］十八年春三月庚子，雨雹。

又 卷七《梁武帝紀下》 ［中大通二年夏四月］庚申，大雨雹。

又 卷一〇《陳宣帝紀》 ［太建二年六月］辛卯，大雨雹。

又 ［太建十年夏四月］庚申，大雨雹。

又 ［太建十三年］秋九月癸亥夜，大風從西北來，發屋拔樹，大雨雹。

又 卷三三《徐廣傳》 ［義熙］六年，遷驍騎將軍。時有風雹為災，廣獻言武帝，多所勸勉。

又 卷七九《吐谷渾傳》 其界東至疊川，西隣于闐，北接高昌，東北通秦嶺，方千餘里，蓋古之流沙地焉。乏草木，少水潦，四時恒有冰雪，唯六七月雨雹甚盛。若晴則風飄沙礫，常蔽光景。

《北史》卷三《魏孝文帝紀》 ［延興二年六月］安州遭水雹，詔丐租振恤。

《舊唐書》卷二《太宗紀》 ［貞觀二年］五月，大雨雹。

又 卷五《高宗紀》 ［咸亨元年］夏四月，雍州大雨雹。

又 卷六《則天皇后紀》 ［長安三年］秋七月，京師大雨雹，人畜有凍死者。

又 卷七《中宗紀》 ［神龍元年］夏四月，同官縣大雨雹，燕雀多死，漂溺居人四百家，遣使賑給。

又 ［景龍二年春正月］丙申，滄州雨雹，大如雞卵。

又 卷一一《代宗紀》 ［大曆七年五月］乙酉，雨雹，大風折樹。

又 ［大曆十年四月］甲申，大雨雹，暴風拔樹，飄屋瓦，落鴟吻，人震死者十之二，京畿損稼者七縣。

又 卷一三《德宗紀下》 ［貞元十七年二月］丁酉，雨雹。己亥，雨霜。戊申夜，雷震，雨雹。庚戌，大雨兼雹。

又 ［貞元二十年二月］庚戌，大雷震，雨雹。

又 ［貞元二十年］七月癸酉朔，大雨雹。

又 卷一五《憲宗紀下》 ［元和十二年夏四月］甲戌，渭南雨雹，中人有死者。

又 卷一六《穆宗紀》 ［元和十五年］三月戊辰夜，大風雹。

又 卷一九下《僖宗紀》 ［廣明元年四月］甲申朔，大雨雹，大風拔兩京街樹十二三，東都長夏門內古槐十拔七八，宮殿鴟尾皆落。

又 卷三七《五行志》 則天時，新豐縣東南露臺鄉，因大風雨雹震，有山踴出，高二百尺，有池周三頃，池中有龍鳳之形、禾麥之異。則天以為休徵，名為慶山。荊州人俞文俊詣闕上書曰：『臣聞天氣不和而寒暑隔，人氣不和而疣贅生，地氣不和而堆阜出。今陛下以女主居陽位，反易剛柔，故地氣隔塞，山變為災。陛下以為慶山，臣以為非慶也。誠宜側身修德，以答天譴。不然，恐災禍至。』則天怒，流於嶺南。

又 長安三年，寧州大霖雨，山水暴漲，漂流二千餘家，溺死者千餘人，流尸東下。十七日，京師大雨雹，人有凍死者。

又 景龍二年正月，滄州雨雹，大如雞卵。

又 大曆十年四月甲申夜，大雨雹，暴風拔樹，飄屋瓦，宮寺鴟吻飄失者十五六，人震死者十二，損京畿田稼七縣。

又 貞元十七年二月五日，大雨雹。

又 卷一五四《許孟容傳》 貞元十七年夏，好畤縣風雹傷麥，上命品官覆視，不實，詔罰京兆尹顧少連已下。敕出，孟容執奏曰：『府縣上事不實，罪止奪俸停官，其於弘宥，已是殊澤。但陛下使品官覆視後，更擇憲官一人，再令驗察，覆視轉審，隱欺益明。事宜觀聽，法歸綱紀。臣受官中謝日，伏請詔敕有須詳議者，則乞停留晷刻，得以奏陳。此敕既非急，宣可以少駐。』詔雖不許，公議是之。

《舊五代史》卷四六《唐末帝紀》 ［清泰元年］九月，京師大雨，雹如彈丸。

又 卷七九《晉高祖紀》 ［天福六年五月］庚午，涇州奏，雨雹，川水大溢，壞州郡鎮戍二十四城。

又 卷八四《晉少帝紀》 ［開運二年］夏五月，定州奏，大風雹，北岳廟殿宇樹木悉摧拔之。

《新唐書》卷三《高宗紀》 ［咸亨元年四月］雍州大雨雹。

又 ［咸亨二年］四月戊子，大風，雨雹。

又 ［上元二年］十月庚辰，雍州雨雹。

又 卷四《則天皇后紀》 ［長安三年］八月乙酉，京師大雨雹。

又 卷六《代宗紀》 ［大曆七年］五月乙酉，大雨雹，大風拔木。

又 ［大曆十年四月］甲申，大雨雹，大風拔木。

又 ［大曆十年五月］甲寅，大雨雹，大風拔木，震闕門。

又 卷七《德宗紀》 ［建中二年］五月，京師雨雹。

又 ［貞元二年八月］丙子，大雨雹。

又 ［貞元］十七年二月丁酉，大雨雹。

又 ［貞元十七年二月］戊申，大雨雹，震電。庚戌，大雪，雨雹。

又〔貞元〕二十年二月庚戌，大雨雹。七月癸酉，大雨雹。

又 卷八《穆宗紀》〔元和〕十五年三月戊辰，大風，雨雹。

又〔長慶三年五月〕壬申，京師雨雹。

又 卷九《僖宗紀》〔乾符五年五月〕丁酉，鄭畋、盧攜罷。翰林學士承旨、戶部侍郎豆盧□真然，視之則石，吏部侍郎崔沆為戶部侍郎：同中書門下平章事。是日，雨雹，大風拔木。

又〔廣明元年〕四月甲申，京師、東都、汝州雨雹，大風拔木。

又 卷三五《五行志第二》 廣明元年四月甲申，京師及東都、汝州雨雹，大風拔木。

又 卷三六《五行志第三》 貞元二十年二月庚戌，始雷，大雨雹，震電，大雨雪。既雷則不當雪，陰脅陽也，如魯隱公之九年。

又 乾符二年十二月，震雷，雨雹。

又 貞觀四年秋，丹、延、北永等州雹。

顯慶二年五月，滄州大雨雹，中人有死者。

咸亨元年四月庚午，雍州大雨雹。二年四月戊子，大雨雹，震電，大風折木，落則天門鴟尾三。先儒以為『雹者，陰脅陽也』。又曰：『人君惡聞其過，抑賢用邪，則雹與雨俱；信讒殺無罪，則雹下毀瓦、破車、殺牛馬。』

永淳元年五月壬寅，定州大雨雹，害麥禾及桑。

天授二年六月庚戌，許州大雨雹。

證聖元年二月癸卯，滑州大雨雹，殺燕雀。

神功元年，嬀、綏二州雹。

聖曆元年六月甲午，曹州大雨雹。

久視元年六月丁亥，曹州大雨雹。

長安三年八月，京師大雨雹，人畜有凍死者。

神龍元年四月壬子，雍州同官縣大雨雹，殺鳥獸。

景龍元年四月己巳，曹州大雨雹。二年正月己卯，滄州雨雹如雞卵。

開元八年十二月丁未，滑州大雨雹。二十二年五月戊辰，京畿渭南等六縣大風雹，傷麥。

大曆七年五月乙酉，雨雹。

貞元二年六月丙子，大雨雹。十七年二月丁酉，雨雹；己亥，霜；戊申，夜，震霆，雨雹；庚戌，大雨雪而雹。五月戊寅，好畤縣風雹，害麥。十八年七月癸酉，大雨雹。

元和元年，鄜、坊等州雹。十年秋，鄜、坊等州風雹，害稼。十二年夏，河南雨雹，中人有死者。十五年三月，京畿興平、醴泉等縣雹，傷麥。

長慶四年六月庚寅，京師雨雹如彈丸。

大和四年秋，鄜、坊等州雹。五年夏，京畿奉先、渭南等縣雨雹。

開成二年秋，河南雹，害稼。四年七月，鄭、滑等州風雹。五年六月，濮州雨雹如拳，殺人三十六，牛馬甚衆。

會昌元年秋，登州雨雹，文登尤甚，破瓦害稼。四年夏，雨雹如彈丸。

乾符六年五月丁酉，宣授宰臣豆盧瑑、崔沆制，殿庭氛霧四塞，及百官班賀于政事堂，雨雹如鳬卵，大風雷雨拔木。

廣明元年四月甲申朔，汝州大雨風，拔街衢樹十二三；東都有雲起西北，大風隨之，長夏門內表道古槐樹自拔者十五六，宮殿鴟尾皆落，雨雹大如杯，鳥獸殪於川澤。

又 卷一六〇《崔沆傳》 乾符五年，以戶部侍郎同中書門下平章事。昕旦告麻，大霧塞廷中，百僚就班脩慶，大風雨雹，時謂不祥。

又 卷一六二《許孟容傳》 京兆上言『好畤風雹害稼』，帝遣宦人覆視，不實，奪尹以下俸。孟容曰：『府縣上事不實，罪應罰。然陛下遣宦者覆視，紊綱紀。宜更擇御史一人參驗，乃可。』不聽。

又 卷二一六上《吐蕃傳上》 國多霆、電、風、雹，積雪，盛夏如中國春時，山谷常冰。

《新五代史》卷五九《司天考第二》〔清泰元年〕九月壬寅，雨雹於京師。

《續資治通鑑長編》卷二三〔太平興國七年三月癸巳〕宣州隕霜，害桑稼，詔蠲其租。

又 卷七二〔大中祥符二年冬十月庚子〕兗州雨霜害稼，甲辰，遣使巡撫。

又 卷八八〔大中祥符九年十一月〕戊申，大名府、澶相州民伐登聞鼓訴霜旱，宰臣請令轉運使體量，上曰：『比者轉運使固言無災傷，故州縣不為蠲減，雖慮支計不充，然朝廷矜卹之意不可稽也。』即命常參官分往按視而蠲復焉。

又 卷一七九 ［至和二年五月辛未］詔河東轉運司，今春隕霜殺桑，其被災州軍夏稅絹聽以中價輸錢。

《文獻通考》卷三〇五《物異考十一・雹木冰冰花》 劉向以木冰爲木不曲直，《唐志》以冰花爲華孽，愚按木不曲直與華孽者，皆花木失其常性而爲妖者也。若木冰，乃寒脅木而成冰，則妖不在木也；冰花，乃冰有異而結花，則妖不在花也。故以與雹同類，而附恆寒之後云。

《春秋》成公十六年『正月，雨，木冰。』劉歆以爲上陽施不下通，下陰施不上達，故雨，而木爲之冰，雰音紛氣寒，木不曲直也。劉向以爲冰者陰之盛而水滯也，木者少陽，貴臣卿大夫之象也。此人將有害，則陰氣脅木，木先寒，故得雨而冰也。時叔孫僑如出奔，公子偃誅死僑如淫，謀作亂，出奔。偃預僑如之謀，故誅。一曰，時晉執季孫行父，又執公，此執辱之異晉信僑如之譖，故執公及季孫。或曰，今之長老名木冰爲『木介』。介者，甲。甲，兵象也。

是歲晉有鄢陵之戰，楚王傷目而敗。屬常雨也。僖公二十九年『秋，大雨雹。』劉向以爲盛陽雨水，溫暖而湯熱。陰氣脅之不相入，則轉而爲雹；盛陰雨雹，凝滯而冰寒，陽氣薄之不相入，則散而爲霰。師古曰：『霰，雨雪雜下，音先見反。』故沸湯之在閉器，而湛於寒泉，則爲冰孟康曰：『投湯器中，以沈寒泉而成也。』師古曰：『湛讀曰沈。』。及雪之銷，亦冰解而散，此其驗也。

故雹者陰脅陽也，《春秋》不書霰者，猶月食也。僖公末年信用公子遂，遂專權自恣，將至於殺君，故陰脅陽之象也。僖公不寤，遂終專權，後二年殺子赤，立宣公師古曰：『公子遂，東門襄仲也。赤，文公太子，即惡也。』。《左氏傳》曰：『聖人在上無雹，雖有不爲災。』說曰：『凡物不爲災不書，書大，言爲災也。凡雹，皆冬之愆陽，夏之伏陰也師古曰：『愆，過也。過陽，冬溫也。伏陰，夏寒也。』』。昭公三年，『大雨雹』。是時季氏專權，脅君之象見。

昭公不寤，後季氏卒逐昭公。

漢武帝元鼎三年夏四月，大雨雹。元封三年十二月，雷雨雹，大如馬頭。

宣帝地節四年五月，山陽濟陰雨雹如鷄子，深二尺五寸，殺二十餘人，蜚鳥皆死。

其十月，大司馬霍禹宗族謀反，誅，霍皇后廢。

王莽天鳳元年七月，雨雹，殺牛羊。

後漢和帝永元五年六月，郡國三雨雹，大如鷄子《春秋考異郵》曰：『陰氣之專精凝合生雹。雹之爲言合也。以妾爲妻，大尊重，九女之妃闕而不御，坐不離前，無由相法之心，司輿參駟，房任之內，懽欣之樂，專政夫人，施而不博，陰精凝而見成。』《易讖》曰：『凡雹者，過由人君惡聞其過，抑賢不揚，內與邪人通，取財利，蔽賢，施之，並當雨不雨，故反雹下也。』。是時和帝用酷吏周紆爲司隸校尉，刑誅深刻《古今注》曰：『光武建武十年十月戊辰，樂浪、上谷雨雹，傷稼。十二年，河南平陽雨雹，大如杯，壞敗吏民屋舍。十五年十二月乙卯，鉅鹿雨雹，傷稼。永平三年八月，郡國十二雨雹，傷稼。十年，郡國十八或雨雹，蝗。』《易緯》曰：『夏雹者，治道煩苛，繇役急促，教令數變，無有常法。不救爲兵，強臣謀逆，蝗蟲傷穀。救之，舉賢良，爵有功，務寬大，無誅罰，則災除。』。安帝永初元年，雨雹。二年，雨雹，大如鷄子。三年，雨雹，大如雁子，傷稼。劉向以爲雹，陰脅陽也。是時鄧太后以陰專陽政。元初四年六月戊辰，郡國三雨雹，大如杅杯及鷄子，殺六畜《古今注》曰：『樂安雹如杅，殺人。』《京房占》曰：『夏雨雹，天下兵大作。』。延光元年四月，郡國二十一雨雹，大如鷄子，傷稼。是時安帝信讒，無辜死者多臣昭按《尹敏傳》，是歲河西大雨雹，如斗。安帝見孔季彥，問其故，對曰『此皆陰乘陽之徵也。今貴臣擅權，母后黨盛，陛下宜修聖德，慮此二者』也。三年，雨雹，大如鷄子《古今注》曰：『順帝永建五年，郡國十二雨雹。六年，郡國十二雨雹，傷秋稼。』。桓帝延熹四年五月己卯，京都雨雹，大如鷄子。

是時桓帝誅殺過差，又寵小人。七年五月己丑，京都雨雹。是時皇后鄧氏僭侈，驕恣專幸。明年廢，以憂死，其家皆誅。靈帝建寧二年四月，雨雹。四年五月，河東雨雹。光和四年六月，雨雹，大如鷄子。是時常侍、黃門用權。中平二年四月庚戌，雨雹，傷稼。

孫權嘉禾四年七月，雨雹，又隕霜。劉向說，『雹者，陰脅陽也』。時呂壹作威用事，詆毀重臣。自太子登以下，咸患毒之。與《春秋》公子遂專任，雨雹同應也。赤烏十一年四月，雨雹。時權臣聽讒，將危太子，誅罰過深之應也。

晉武帝咸寧五年五月丁亥，鉅鹿、魏郡雨雹，傷禾麥；辛卯，雁門雨雹，傷秋稼。六月庚戌，汲郡、廣平、陳留、滎陽雨雹；庚辰，又雨雹、隕霜，傷秋麥千三百餘頃，壞屋百三十餘間；癸亥，安定雨雹。七月丙申，魏又雨雹。閏月壬子，新興又雨雹。八月庚子，河南、河東、弘農又雨雹，兼傷秋稼三豆。太康元年三月，河東、高平霜，雹，傷桑麥。四月，河南、河內、河東、魏郡、弘農雨雹，傷麥豆。是月庚午，畿內縣二及東平、范縣雨雹；癸酉，畿內縣五又雨雹。

五月，東平、平陽、上黨、雁門、濟南雨雹，傷禾麥三豆。是時王濬有大功，而權戚互加陷抑，帝從容不斷，陰脅陽之應也。二年二月辛酉，隕霜於濟南、琅邪，傷麥；壬申，琅邪雨雹，傷麥。三月、甲午河東隕霜，害桑。五月丙戌，城陽、章武、琅邪雨雹，傷麥；庚寅，河東、樂安、東平、濟陰、弘農、濮陽、齊國、頓邱、魏郡、河內、汲郡、上黨雨雹，傷禾稼。六月，郡國十七雨雹，七月，上黨雨雹。三年十二月，大雪。五年七月乙卯，中山、東平雨雹，傷秋稼；甲辰，中山雨雹。六年六月，滎陽、汲郡、雁門雨雹。九年正月，京都大風雨雹，發屋拔木。惠帝元康二年八月，沛及蕩陰雨雹。三年四月，滎陽雨雹。六月，弘農湖、城華陰又雨雹，深三尺。時賈后兇淫專恣，與《春秋》魯桓公夫人同事，陰氣盛也。五年六月，東海雨雹，深五寸。十二月，丹陽建業雨雹。七年五月，魯國雨雹。九年五月，雨雹。永寧元年七月，襄城、河南雨雹。十月，襄城、河南、高平、平陽又雨雹，折木傷稼。元帝太興二年三月丁未，成都風雹，殺人。三年三月，海鹽雨雹。時王敦陵上。明帝太寧二年四月，京都大雨雹，燕雀死。三年四月，大雨雹。是年，帝崩，尋有蘇峻之亂。成帝咸和六年三月，雨雹。時帝幼弱，政在臣下。咸康二年正月丁巳，皇后見於太廟，其夕雨雹。穆帝永和五年六月，臨漳暴風震電，雨雹，大如升。海西太和三年四月，雨雹，折木。孝武太元二年四月，雨雹。十二年四月己丑，雨雹。二十年五月，上虞雨雹。二十一年四月，雨雹。是歲，帝暴崩。安帝隆安二年三月，雹。三年四月，江陵雨雹。是時，安帝蒙塵。義熙元年四月，雨雹。

五年五月，溧陽雨雹。九月，廣陵雨雹。六年五月，雨雹。八年四月、六月，皆雨雹。十年四月，雨雹。

石勒時，雹起西河界山，大如鷄子，平地三尺，洿哀都反下丈餘，行人、禽獸死者萬數，歷太原、樂平、武鄉、趙郡、廣平、鉅鹿千餘里，樹木摧折，禾稼蕩然。勒正服東堂，以問徐光曰：『歷代以來，有斯災幾也？』光對曰：『周、漢、魏、晉皆有之，雖天地之常事，然明主未始不爲變，所以敬天之怒也。去年禁寒食，介推，帝鄉之神也，歷代所尊，或者以爲未宜替也。一人吁嗟，王道尚爲之虧，況羣神怨憾而不怒動上帝乎！縱不能令天下同爾，介山左右，晉文之所封也，宜任百姓奉之。』勒下書曰：『寒食既并州之舊風，朕生其俗，不能異也。前者外議以子推諸侯之臣，王者不應爲忌，故從其議，倘或由之而致斯災乎！子推雖朕鄉之神，非法食者亦不得亂也，尚書其促檢舊典定議以聞。』有司奏以子推歷代攸尊，請普復寒食，更爲植嘉樹，立祠堂，給户奉祀，勒黄門郎韋謏駁曰：『按《春秋》，藏冰失道，陰氣發泄爲雹。自子推已前，雹者復何所致？此自陰陽乖錯所爲耳。且子推賢者，曷爲暴害如此！求之冥趣，必不然矣。今雖有冰室，懼所藏之冰不在固陰沍寒之地，多皆川池之側，氣泄爲雹也。以子推忠賢，令綿、介之間奉之爲允，於天下則不通矣。』勒從之。於是遷冰室於重陰凝寒之所，并州復寒食如初。

宋文帝元嘉十八年三月，雨雹。

梁武帝中大通元年四月，大雨雹。《洪範五行傳》曰：『雹，陰脅陽之象。』時帝數捨身爲奴，拘信佛法，爲沙門所制。

陳宣帝太建二年六月，大雨雹。十年四月，又大雨雹。十三年九月，大雨雹。時始興王叔陵驕恣，帝又寵遇之，後卒爲亂。

唐太宗貞觀四年秋，丹、延、北永等州雹。高宗顯慶二年五月，滄州大雨雹，中人有死者。咸亨元年四月庚午，雍州大雨雹。二年四月戊子，大雨雹，震電，大風折木，落則天門鴟尾三。先儒以爲『雹者，陰脅陽也』。又曰：『人君惡聞其過，抑賢用邪，則雹與雨俱。信讒殺無罪，則雹下毀瓦、破車、殺牛馬。』永淳元年五月壬寅，定州大雨雹，害麥禾及桑。武后天授二年六月庚戌，許州大雨雹。證聖元年二月癸卯，滑州大雨雹，殺燕雀。神功元年，嬀、綏二州雹。聖曆元年六月甲午，曹州大雨雹。久視元年六月丁亥，曹州大雨雹。長安三年八月，京師大雨雹，人畜有凍死者。中宗神龍元年四月壬子，雍州同官縣大雨雹，殺鳥獸。景龍元年四月己巳，曹州大雨雹。二年正月己卯，滄州雨雹如鷄子。元宗開元八年十二月丁未，滑州大雨雹。二十二年五月戊辰，京畿渭南等六縣大風雹，傷麥。代宗大曆七年五月乙酉，雨雹。德宗貞元二年六月丙子，大雨雹。十七年二月丁酉，雨雹；己亥，霜；戊申夜，震霆，雨雹；庚戌，大雨雪而雹。五月戊寅，好時縣風雹，害麥。一一十八年七月癸酉，大雨雹。憲宗元和元年，鄜、坊等州雹。十年秋，鄜、坊等州風雹，害稼。十二年夏，河南雨雹，中人有死者。十五年三月，京畿興平、醴泉等縣雹，傷麥。

穆宗長慶四年六月庚寅，京師雨雹如彈丸。文宗太和四年，鄜、坊等州雹。五年夏，京畿奉先、渭南等縣雨雹。開成二年秋，河南雹，害稼。四年七月，鄭、滑等州風雹。五年六月，濮州雨雹如拳，殺人三十六，牛馬甚衆。武宗會昌元年秋，登州雨雹，文登尤甚，破瓦害稼。四年夏，雨雹如彈丸。僖宗乾符六年五月丁酉，宣授宰臣豆盧瑑、崔沆制，殿庭氛霧四塞，及百官班賀於政事堂，雨雹如鶏卵，大風雷雨拔木。廣明元年四月甲申朔，汝州大風雨，拔街衢樹十二三。東都有雲起西北，大風隨之，長夏門内表道古槐樹自拔者十五六，宮殿鴟尾皆落，雨雹大如杯，鳥獸殪於川澤。

宋太祖建隆元年十月，大名府臨清縣雨雹，傷稼。二年七月，丹州義川、雲巖二縣大雨雹。三年七月，潞州武鄉等四縣雨雹。四年七月，海州風雹。乾德二年四月，開封府陽武縣雨雹。宋州寧陵縣風雨雹，傷民田。六月，潞州風雹；七月，同州郃陽縣雨雹，並害稼。八月，延州膚施縣風雹，隕霜。三年四月，開封府尉氏、扶溝二縣風雹，害民田，桑棗十損七八。六月，曹州濟陰、冤句二縣風雹，損田。六年八月，河南府河清縣雨雹。開寶三年夏，同州、滑州大風雨雹，害稼。四年八月，鄆州須城等三縣風雹。八年五月，邢、磁州風雹，害桑麥。太宗太平興國二年六月，瀛州景城縣雨雹。七月，相州永定縣大風雹，害稼。五年四月，大名府冠氏縣、壽州安豐縣風雹。七年五月，太平州蕪湖縣雨雹，傷稼。八年五月，相州風雹，傷民田。端拱元年五月，霸州大雨雹，殺麥苗。閏五月，鄆州雨雹，傷麥。亀化元年六月，許州大風雹，壞軍營、民舍千一百五十六區。單州魚臺縣風雹，害稼。至道二年十一月，代州風雹，傷田稼。真宗咸平元年九月，定州北平等縣風雹，傷稼。三年四月丁巳，京師雨雹，飛禽有損者。六年四月甲申，京師暴風雨雹，如彈丸。大中祥符三年八月丙辰，京師雨雹。五年八月丙辰，京師雨雹。天禧元年九月，鎮戎軍彭城寨風雹，害民田八百餘畝。仁宗天聖八年五月丙辰，大雨雹。慶曆元年七月壬午、六年四月甲辰，大雨雹。嘉祐四年四月，大震電，雨雹。神宗熙寧元年秋，鄜州雨雹。三年七月，七年四月、五月，京師雨雹。八年夏，鄜州、涇州雨雹。九年二月，京師雨雹。十年夏，鄜州雨雹。秦州大雨雹，哲宗紹聖三年十月辛未，西南方有雷聲，次大雨雹。四年二月癸卯，京師雨雹。

自辰初至申。徽宗建中靖國元年二月丙申，京師雨雹。五月辛酉，京師又大雨雹。崇寧三年十月辛丑，大觀元年十月己巳、三年五月戊申，京師大雨雹。政和七年六月，京師大雨雹，如拳，或如升器，幾兩時止。

宣和四年二月癸卯，京師雨雹。欽宗靖康元年十二月己卯、庚辰，京師雨雹。高宗建炎三年八月甲戌，大雨雹。劉向以爲盛陽雨水，陰氣脅之不相入，則轉而爲雹，故雹者陰脅陽也。一曰，人君惡聞其過，朋邪爲利，蔽賢施之，則雹與雨俱；信讒殷無罪則雹下毁瓦、破車、殺牛馬。紹興元年二月壬辰，上在越州，雨雹，震雷。二年二月丙子，上在臨安，大雨雹。三年正月辛未，雨雹震雷。陰氣之專精，凝合生雹，陽不禁閉，則非時雷出，陰脅陽象也。三月己未，雨雹，傷稼。五年閏二月乙巳朔，雨雹，雪。十月丁未，秀州華亭風雷，雨雹激射，疾於箭彈，壞舟覆屋。十一月戊辰，又雹。七年二月癸卯，先一夕雷，後一日雪；癸丑，又雹。按《晉書》，『雷以二月出。』陽出發泄，明日便大雪，皆失節之異。又《春秋》以陰脅陽爲臣專權，時秦檜始大用，是其應也。八年六月丙辰，大雨雹。九年二月甲戌，雹，傷麥。十二月辛未，又雹。十年二月辛亥，大雨雹。

十二月庚辰，又雹。十一年正月辛酉，雨雹。十三年二月甲子，雨雹，傷麥。五月戊午夜，雹。七月壬申，雹，害稼。十一月己未，又雹。十七年正月庚辰，雨雹。五月乙丑，又雹。二十一年三月己卯，雹，傷禾麥。二十八年四月辛亥，雨雹。二十九年二月戊戌，雹，損麥。孝宗隆興元年三月丙申夜，雨雹。二年二月丁丑，雹與霰俱。劉向以爲雹，陰脅陽；霰，陽薄陰也。四月庚午，雹。

七月丁未，雨雹。十二月己亥，雨雪而雹。乾道元年二月庚寅夜，雹。二年十月辛卯，雨。雹三年二月壬午，雪；癸未，雹。四年正月癸未夜，雹，有霰。二月丁酉，又雹；乙卯，又雹而雪。五年二月丙午，雹，損麥。六年二月壬午，雹，亦損麥。八年七月壬辰，雨雹。亀熙三年四月丁亥，雨雹；癸巳，天臺、臨海二縣大風雹，傷麥。四年正月丙寅，雨雹，六年正月丁丑，雹，傷麥。三月壬申夜，大雨雹，如彈丸。八年十二月甲寅，雨雹。十二年二月辛酉夜，有雹。十三年閏七月丙午，雨雹。十五年二月丁亥，雨雪而雹。六月丁卯，又雹。十六年二月己卯，雹與雨俱。光宗紹熙元年二月丙申，雪；丁酉，雹。二年正月戊寅，大雹，震雷電以雨。二月庚辰，大雪連數日。雷，陽也；雪，陰也。既雷則不當雪，皆失節之應乙酉，宰臣留正奏：『土木繁興，傷和之應。』上亟命停皇后家廟之役，詔羣臣言闕政。二月庚寅朔，建寧府大風雨雹，仆屋殺人。三月癸酉，又大風雨雹，大如桃李實，平地盈尺，壞城郭民舍七百餘家，鄉落四千三百餘家，禾苗不殖，桑麻種麥蔬果皆損。溫州瑞安縣亦如之，壞屋殺人尤衆皆令各郡振之。秋，西和州祐川縣大風雹，壞粟麥穜稑。寧宗慶元三年二月戊辰，雪；己巳，雹。四月乙丑，雨雹，大如杯，破瓦，殺燕雀。嘉泰元年三月丙寅、丁卯、戊辰，連雨雹。五月丁丑，又雹。七月癸亥，大雨而雹。二年四月庚寅，雨雹，傷稼。六月庚子，大風雹而寒。陰脅陽，又常寒也。

四年正月壬辰，雪與雹俱。開禧二年正月己酉，雨雹而雷。嘉定元年閏四月壬申，雨雹，害稼。二年三月乙未，雨雹。六年夏，江、浙郡國多雨雹，害稼。十五年九月癸丑，大震雨雹。陽不閉，陰脅陽，皆君道弱、臣道彊之象。十六年秋，又雹。

《遼史》卷二七《天祚帝紀一》［乾統三年］秋七月，中京雨雹，傷稼。

《金史》卷六《世宗紀上》［大定八年五月］甲子，北望淀大震、風、雨雹，廣十里，長六十里。

又 卷八《世宗紀下》［大定二十三年五月］丁亥，雷，雨雹，地生白毛。

又 卷一〇《章宗紀二》［明昌六年二月］丁丑，京師地震。大雨雹，晝晦，震應天門右鴟尾。

又 ［承安二年］六月丙午，雨雹。

又 卷一一《章宗紀三》［承安四年三月］戊午，雨雹。

又 卷一二《章宗紀四》［泰和八年閏三月］甲午，雨雹。

又 卷一五《宣宗紀中》［興定元年］夏四月戊午，單州雨雹傷稼，詔遣官勸諭農民改蒔秋田，官給其種。【略】五月壬辰，延州原武縣雨雹傷稼，詔官貸民種改蒔。

又 卷一七《哀宗紀上》［正大二年夏四月］甲午，以京

又 ［正大］三年三月，河南大雨雹。【略】六月辛卯，京東大雨雹，蝗盡死。

又 卷二三《五行志》 世宗大定八年五月甲子，北望淀大風，雨雹，廣十里，長六十里。

又 大定十一年六月戊申，西南路招討司苾里海水之地雨雹三十餘里，小者如鷄卵。其一最大，廣三尺，長丈餘，四五日始消。

又 大定二十三年五月丁亥，雨雹，地生白毛。

又 明昌元年六年二月丁丑，京師地震，大雨雹，晝晦，大風，震應天門右鴟尾壞。

又 承安二年六月丙午，雨雹。四年三月戊午，雨雹。

又 泰和八年閏四月甲午，雨雹。

又 興定元年四月，單州雹傷稼。

又 興定元年五月乙丑，河南大風，吹府門署以去。延州原武縣雹傷稼。

又 正大二年四月，旱。京畿大雨雹。

又 正大三年六月，京東雨雹，蝗死。

又 正大五年四月，鄭州大雨雹，桑柘皆枯。

《宋史》卷一《太祖紀一》［建隆二年］冬十月辛丑，丹州大雨雹。

又 ［建隆三年］秋七月丁卯，潞州大雨雹。

又 ［乾德二年］九月戊子，延州雨雹。

又 卷四《太宗紀一》［太平興國二年］八月，陝、澶、道、忠、壽諸州大水，鉅鹿步蝻生，景城縣雹。

又 ［太平興國五年］夏四月，壽州風雹，冠氏縣雨雹。

又 ［太平興國七年］五月，蕪湖縣雨雹。

又 ［太平興國八年］五月，相州風雹。

又 卷六《真宗紀一》［咸平元年］定州雹傷稼，遣使振恤，除是年租。

又 卷八《真宗紀三》［天禧元年］鎮戎軍風雹害稼，詔發廩振之，蠲租賦，貸其種糧。

又 卷九《仁宗紀一》［天聖八年五月］丙辰，大雨雹。

又 卷一一《仁宗紀三》［慶曆二年］秋七月戊午，大雨雹。

又 ［慶曆六年五月］甲申，京師雨雹，地震。

又 卷一二《仁宗紀四》［嘉祐四年夏四月］大震電，雨雹。

又 卷一五《神宗紀二》［熙寧三年］秋七月戊戌，雨雹。

又 ［熙寧七年］夏四月，雨雹。

又 ［熙寧七年五月］壬寅，雨雹。癸卯，大雨雹。

又 ［熙寧九年二月］乙卯，雨雹。

又卷一八《哲宗紀二》［紹聖三年冬十月］辛未，西南方雷聲，雨雹。
又［紹聖四年閏二月］癸卯，大雨雹。
又卷一九《徽宗紀一》［建中靖國元年］二月丙申，雨雹。
又［建中靖國元年五月］辛酉朔，大雨雹。
又［崇寧三年二月］辛未，雨雹。
又［崇寧三年冬十月］辛丑朔，大雨雹。
又卷二〇《徽宗紀二》［崇寧四年二月］甲子，雨雹。
又［大觀元年冬十月］己巳，大雨雹。
又［大觀三年五月］戊辰，大雨雹。
又卷二二《徽宗紀四》［宣和元年］十二月辛卯，大雨雹。
又［宣和四年二月］癸卯，雨雹。
又［宣和七年三月］癸酉朔，雨雹。
又卷二三《欽宗紀》［靖康元年］十二月庚辰，雨雹。
又卷二六《高宗紀三》［紹興元年二月］壬辰，雨雹。
又卷二七《高宗紀四》［紹興二年］二月乙亥，雨雹。
又［紹興三年］春正月辛未，震電雨雹。
又［紹興四年三月］戊午，雨雹。
又卷二八《高宗紀五》［紹興五年閏二月］閏月乙巳朔，雨雹。
又［紹興五年］十二月戊辰，夜雨雹。
又［紹興七年］二月癸丑，雨雹。
又卷二九《高宗紀六》［紹興十年二月］辛亥，雨雹。
又［紹興］十一年春正月辛酉，雨雹。
又卷三〇《高宗紀七》［紹興十三年秋七月］壬申，雨雹。
又［紹興十七年五月］乙丑，雨雹。
又［紹興二十一年］二月甲寅夜，雨雹。
又［紹興二十一年］三月丁丑，雨雹。
又卷三一《高宗紀八》［紹興二十八年］夏四月辛亥，雨雹。
又［紹興二十九年］二月戊戌，大雪，雨雹。
又卷三三《孝宗紀一》［隆興元年三月］丙申，雨雹。
又 隆興二年二月］丁丑，雨雹及雪。
又［隆興二年］秋七月丁未，雨雹。
又［隆興二年十二月］己亥，雨雹。
又［乾道元年］二月庚寅，雨雹。
又［乾道二年］冬十月辛卯，雨雹。
又卷三四《孝宗紀二》［乾道三年二月］癸未，雨雹。
又［乾道四年春正月］癸未，雨雹。
又［乾道四年二月］乙卯，雪，雨雹。
又［乾道五年二月］丙午，雨雹。
又［乾道八年］秋七月壬辰，雨雹。
又［淳熙三年夏四月］丁亥，雨雹。
又［淳熙四年春正月］丙寅，雨雹。
又卷三五《孝宗紀三》［淳熙六年春正月］丁丑，雨雹。
又［淳熙六年三月］壬申，雨雹。
又［淳熙八年十二月］甲寅，雨雹。
又［淳熙十二年］二月辛酉，雨雹。
又［淳熙十三年閏七月］閏月丙午朔，雨雹。
又［淳熙十五年六月］丁卯，雨雹。
又卷三六《光宗紀四》［紹熙元年二月］丁酉，雨雹。
又［紹熙二年春正月］戊寅，雷電，雨雹。
又［紹熙二年三月］癸酉，建寧府雨雹，大如桃李，壞民居五千餘家。溫州大風雨，雷雹，田苗桑果蕩盡。
又［紹熙四年六月］甲子，雨雹。秋七月乙丑朔，太白晝見。丙寅，大雨雹。
又卷三七《寧宗紀一》［慶元三年夏四月］乙丑，雨雹。
又卷三八《寧宗紀二》［嘉泰元年三月］丙寅，雨雹。戊辰，復雨雹。頒慶元寬恤詔令、役法撮要。己巳，雨雹。
又［嘉泰元年五月］丁丑，雨雹。
又［嘉泰元年］秋七月癸亥，雨雹。
又［嘉泰二年夏四月］庚寅，雨雹。
又［嘉泰二年六月］庚子，大雨雹。

又〔嘉泰四年〕春正月壬辰，雨雹。

又〔開禧二年春正月〕己酉，雷，雨雹。

又**卷三九《寧宗紀三》**〔嘉定元年夏四月〕閏月壬申，雨雹。

又〔嘉定二年〕三月丙申，雨雹。

又**卷四〇《寧宗紀四》**〔嘉定十五年〕九月癸丑，雷，大雨雹。

又**卷四一《理宗紀一》**〔紹定五年九月〕乙巳，雨雹，雷。

又〔紹定六年三月〕丙辰，大雨雹。

又**卷四二《理宗紀二》**〔端平二年五月〕乙未，雨雹。軍民交鬨，御前諸軍都統制趙勝削三秩，罷，命韓昱代之。丙申，大雨雹。

又〔端平三年六月〕庚戌，大雨雹。

又〔嘉熙元年二月〕壬寅，雨雹。

又〔淳佑二年夏四月〕壬申，雨雹。

又**卷四三《理宗紀三》**〔淳祐八年春二月〕癸巳，雨雹。【略】乙丑，雨雹。

又〔淳祐九年春正月〕乙丑，雨雹。

又**卷四四《理宗紀四》**〔寶祐三年五月〕辛酉，太陰入畢。嘉定大雨雹，與敍南同日地震；浙西大水。

又〔寶祐四年二月〕戊辰，雨雹。

又〔開慶元年〕五月辛亥，雨雹。

又**卷四五《理宗紀五》**〔景定元年〕二月庚申，雨雹。

又〔景定三年五月〕丙寅，雨雹。

又**卷六二《五行志一下》**淳熙十二年，淮水冰，斷流。是冬，大雪。自十二月至明年正月，或雪，或霰，或雹，或雨水，冰沍尺餘，連日不解。

又 建隆元年十月，臨清縣雨雹傷稼。二年七月，義川、雲岩二縣大雨雹。四年七月，海州風雹。

乾德二年四月，陽武縣雨雹。宋州寧陵縣風雨雹傷民田。六月，潞州風雹。七月，同州郃陽縣雨雹害稼。八月，膚施縣風雹霜害民田。三年四月，尉氏、扶溝二縣風雹，害民田，桑棗十損七八。

開寶二年，風雹害夏苗。

太平興國二年六月，景城縣雨雹。七月，永定縣大風雹害稼。五年四月，冠氏、安豐二縣風雹。七年五月，蕪湖縣雨雹傷稼。八年五月，相州風雹害民田。

端拱元年三月，霸州大雨雹殺麥苗。閏五月，潤州雨雹傷麥。

淳化元年六月，許州大風雹，壞軍營、民舍千一百五十六區。魚臺縣風雹害稼。

至道二年十一月，代州風雹傷田稼。

咸平元年九月，定州北平等縣風雹傷稼。三年四月丁巳，京師雨雹，飛禽有隕者。六年四月甲申，京師暴雨雹，如彈丸。

大中祥符三年丙申，京師雨雹。五年八月丙辰，京師雨雹。

天禧元年九月，鎮戎軍彭城砦風雹，害民田八百餘畝。

天聖元年五月丙辰，大雨雹。二年七月壬午，大雨雹。六年，京師雨雹。

嘉祐四年四月丙戌，震雷雨雹。

熙寧元年秋，鄜州雨雹。三年七月、七年四月五月，京師雨雹。八年夏，鄜州、涇州雨雹。九年二月，京師雨雹。十年夏，鄜州雨雹。秦州大雨雹。

紹聖二年十月辛未，西南方有雷聲，次大雨雹。四年閏二月癸卯，京師雨雹，自辰至申。

建中靖國元年二月丙申，京師雨雹。五月辛酉，京師大雨雹。

崇寧三年十月辛丑，京師雨雹。

大觀元年十月己巳、三年五月戊申，京師大雨雹。

政和七年六月，京師大雨雹，皆如拳，或如一升器，幾兩時而止。

宣和四年二月癸卯，京師雨雹。四年三月朔，雨雹。

靖康元年十二月己卯、庚辰，京師雨雹。

建炎三年八月甲戌，大雨雹。

紹興元年二月壬辰，高宗在越州，雨雹震雷。二年二月丙子，臨安府大雨雹。三年正月，雨雹震雷。四年三月己未，大雨雹傷稼。五年閏月乙巳朔，雨雹而雪。十月丁未夜，秀州華亭縣大風電，右邊，大如荔枝實，壞舟覆屋。十二月戊辰，雨雹。七年二月癸丑，雨雹。先一夕雷，後一日雪，癸丑又雹。八年六月丙辰，大雨雹。九年二月甲戌，雨雹傷麥。十二月辛未，雨雹。十年二月辛亥，大雨雹。十二月庚辰，雨不雹。十一年正月辛酉，雨雹。十三年二月甲子，雨雹傷麥。五月戊午夜，雹。七月庚午、壬申，雹害稼。十一月己未，雨雹。十七年正月庚辰，雨雹；五月丙寅，又雹。二十一年三月己卯，雹傷禾麥。二十八年四月辛亥，雨雹。二十九年二月戊戌，雹損麥。

隆興元年三月丙申夜，雨雹。二年二月丁丑，雹與霰俱。四月庚午，雹。六月，雨雹。七月丁未，雨雹。十月辛卯，雨雹。十二月己亥，雨雪而雹。閏月，雨雹。

乾道元年二月庚寅夜，雹。二年十月辛卯，雨雹。三年二月壬午，雪；癸未，雹。四年正月癸未夜，雹，有霰。二月丁酉、癸丑，雨雹；乙卯，雹而雪。五年二月丙午，雹損麥；六年二月壬午，亦如之。八年七月壬辰，雨雹。

淳熙三年四月丁亥，雨雹。癸巳，天台、臨海二縣大風雹，傷麥。四年正月，建康府雨雹。五月丙寅，雨雹。五年，建康府雨雹者再。六年正月丁丑，雹傷麥。三月壬申夜，大雨雹。八年十二月甲寅，雨雹。十二年二月辛酉夜，雨雹。十三年閏月丙午，雨雹。十五年二月丁亥，雨雪而雹。六月丁卯，雨雹。十六年二月己卯，雹而雨。

紹熙元年二月丙申，雪；丁酉，雹。二年正月戊寅，大雨雹，震雷雹以雨，至二月庚辰，大雪連數日。是月庚寅朔，建寧府大風雨雹，仆屋殺人。三月癸酉，大風雨雹，大如桃李實，平地盈尺，壞廬舍五千餘家，禾麻、蔬果皆損；瑞安縣亦如之，壞屋殺人尤衆。秋，祐川縣大風雹，壞粟麥。

慶元三年二月戊辰，雪；己巳，雹。四月乙丑，雨雹，大如栝，破瓦，殺燕爵。

嘉泰元年三月丙寅，雨雹三日。五月丁丑，雨雹。七月癸亥，大雨而雹。二年四月庚寅，雨雹傷稼。六月庚子，大風雹而寒。四年正月壬辰，雪而雹。

開禧二年正月己酉，雹而雷。

嘉定元年閏月壬申，雨雹害稼。二年三月乙未，雨雹。六年夏，江、浙郡縣多雨雹害稼。十五年九月癸丑，大震雨雹。十六年秋，雨雹。

紹定元年五月丁酉，雨雹。五年九月壬寅，雨雹。六年三月丙辰，大雨雹。

端平二年五月乙未，雹。三年六月庚戌，雨雹。

嘉熙元年二月壬辰，雨雹。

淳祐二年四月壬申，雨雹。八年二月壬辰，雨雹。三月乙丑，雨雹。九年正月，雨雹。

寶祐三年五月，嘉定府大雨雹。

開慶元年五月辛亥，雨雹。

景定元年二月庚申，雨雹。

又 嘉祐四年四月丙戌，大震雷，雨雹。

慶曆六年五月，雷雹地震。

紹聖三年十月十五日，西南方有雷聲，次雨雹。

大觀三年十月戊子，大雷雹而雨。

又 卷六三《五行志二上》 景祐三年七月庚子，太平興國寺火起閣中，延燔開先殿及寺舍數百楹。是夕，大雨雹。

又 卷六七《五行志五》 嘉熙二年，風雹。三年，風雹。

又 卷三七一《王倫傳》 紹興十年，金渝盟，兀朮等復取河南。倫居河間六載，至十四年，金欲以倫爲平灤三路都轉運使，倫曰：「奉命而來，非降也。」金益脅以威，遣使來趣，倫拒益力。金杖其使，俾縊殺之。倫厚賂使少緩，遂冠帶南鄉，再拜慟哭曰：「先臣文正公以直道輔相兩朝，天下所知。臣今將命被留，欲汙以僞職，臣敢愛一死以辱命！」遂就死，年六十一。於是河間地震，雨雹三日不止，人皆哀之。

又 卷四〇一《柴中行傳》 兼國史編修、實錄檢討。孟春，大雨震電，雷雹交作，邊烽告急，至失地喪師，淮甸震洶。中行亟奏內外二失，朝廷十憂，大要言：「今日之事，人主盡委天下以任一相，一相盡以天下謀之三數腹心，而舉朝之士相視以目，噤不敢言。甚至邊庭申請，久不即報，脫有闕誤，咎當誰執？」

又 卷四〇六《崔與之傳》 又曰：「比年以變故層出，盜賊跳梁，雷雹震驚，星辰乖異，皆非細故。京城之災，七年而兩見，豈數萬戶生靈皆獲罪於天者。百姓有過，在予一人，此陛下所當凜凜，惟有求直言可以裨助君德，感格天心。」

又 卷四一三《趙必愿傳》 兼敕令所刪修官，拜司農卿，兼職如故。翼日，改宗正少卿，仍兼刪修敕令兼國史編修實錄檢討，尋兼左司，遷太府卿，仍兼編修、檢討，遷宗正少卿。詔依舊太府卿，仍兼職，且兼中書門下檢正諸房公事。轉對，言：「中才庸主，惟其無所知覺，故言不可入，而敗亡隨之。陛下作敬天之圖，朝夕對越，謂宜天意可回，而熒惑失度，鬱攸煽災，迫近禁門，幾燬左藏。煙埃方息，白晝隕星，貫日之虹，脅陽之雹，疊見層出。

陛下觀時察變，何由致此？今日之事，動無良策，惟在側身修行，祈天永命而已。』遷起居舍人，兼職仍舊。

又卷四三七《真德秀傳》 嘉定二年，遷校書郎。又對，言暴風、雨雹、熒惑、蝻蝗之變，皆贓吏所致。

《元史》卷五《世祖紀二》 ［中統三年］五月，順天、平陽、河南、真定雨雹

又［中統四年］秋七月，燕京、河間、開平、隆興四路屬縣雨雹害稼。

又卷六《世祖紀三》 ［至元二年］彰德、大名、南京、河南府、濟南、淄萊、太原、弘州雹。

又［至元四年三月］辛丑，夏津縣大雨雹。

又［至元五年］六月甲申，中山大雨雹。

又［至元六年］秋七月壬戌，西京大雨雹。

又卷七《世祖紀四》 ［至元七年］五月辛丑，懷州河内縣大雨雹。

又卷一〇《世祖紀七》 ［至元十五年］十二月，海州贛榆縣雹傷稼，免今年田租。

又［至元］十六年，保定等二十餘路水旱風雹害稼。

又卷一四《世祖紀十一》 ［至元二十四年九月］辛卯，大定、金源、高州、武平、興中等處霜雹傷稼。【略】戊申，咸平、懿州、北京以乃顔叛，民廢耕作，又霜雹爲災，告饑。詔以海運糧五萬石賑之。

又［至元二十四年十二月］西京、北京、隆興、平灤、南陽、懷孟等路風雹害稼。【略】鞏昌雨雹，蚜蝪爲災。

又卷一五《世祖紀十二》 ［至元二十五年］三月己酉，徐、邳屯田及靈壁、睢寧二屯雨雹如雞卵，害麥。【略】五月辛亥，孟州烏河川雨雹五寸，大者如拳。

又［至元二十五年十二月］因雨雹，河溢害稼，除民租二萬二千八百石。

又［至元二十六年］秋七月辛巳，兩淮屯田雨雹害稼，蠲今歲田租。

又卷一六《世祖紀十三》 ［至元二十七年夏四月］癸巳，平山、真定、棗強三縣旱，靈壽、元氏二縣大雨雹，並免其租。

又［至元二十七年六月］己亥，棣州厭次、濟陽大風雹害稼，免其租。

又卷一七《世祖紀十四》 ［至元二十九年閏六月］丁酉，遼陽、瀋州、廣寧、開元等路雹害稼，免田租七萬七千九百八十八石。

又［至元三十年六月］壬子，易州雨雹，大如鷄卵。

又［至元三十年］真定、寧晉等處，被水、旱、蝗、雹爲災者二十九。

又卷一八《成宗紀一》 ［元貞元年五月］丙申，鞏昌府金州、西和州、會州雨雹，無麥禾。【略】秋七月壬寅，隆興路雹。

又卷一九《成宗紀二》 元貞二年五月，河中府之猗氏雹。【略】六月，大同、隆興、順德、太原雹。【略】秋七月，太原、懷孟雹。

又［大德元年六月］太原風、雹。

又［大德二年］二月丙子，大都檀州雨雹。

又卷二〇《成宗紀三》 ［大德三年］八月，隆興、平灤、大同、宣德等路雨雹。

又［大德四年］五月，同州、平灤、隆興雹。

又［大德五年秋七月］戊戌朔，晝晦，暴風起東北，雨雹兼發，江湖泛溢，東起通、泰、崇明，西盡真州，民被災死者不可勝計，以米八萬七千餘石賑之。

又卷二一《成宗紀四》 ［大德八年五月］蔚州之靈仙，太原之陽曲，隆興之天城、懷安，大同之白登大風雨雹傷稼，人有死者。【略】八月，太原之交城、陽曲、管州、嵐州，大同之懷仁雨雹隕霜殺禾。

又［大德九年六月］甲午，桓州、宣德雨雹。

又［大德十年］夏四月，鄭州暴風雨雹，大若鷄卵，麥及桑棗皆損，蠲今年田租。

又［大德十年］秋七月庚辰，宣德等處雨雹害稼。

又卷二二《武宗紀一》 ［至大元年五月］己巳，管城縣大雨雹。【略】癸未，濟南、般陽雨雹。

又［至大元年八月］戊子，大寧雨雹。

又卷二三《武宗紀二》 ［至大二年三月］己酉，濟陰、定陶雹。

又［至大二年］六月，金城、崞州、源州雨雹。延安之神木碾谷、盤西、神川等處大雨雹。

又［至大三年］夏四月丙子，靈壽、平陰二縣雨雹。

又 卷二四《仁宗紀一》 〔皇慶元年五月〕己未，彰德、河南、隴西雹。

又 卷二五《仁宗紀二》 〔延祐元年〕五月庚辰，膚施縣大風、雹，損禾并傷人畜。

又 〔延祐元年六月〕甲辰，宣平、仁壽、白登縣雹損稼，傷人畜。

又 〔延祐二年〕五月乙丑，秦州成紀縣山移。是夜，疾風雷雹，北山南移至夕河川，次日再移；平地突出土阜，高者二三丈，陷没民居。敕遣官覈驗賑恤。

又 卷二六《仁宗紀三》 〔延祐五年九月〕丁亥，大同路金城縣大雨雹。

又 〔延祐六年六月〕庚戌，大同縣雨雹，大如雞卵。

又 〔延祐六年六月〕丁丑，晋陽、西涼、鈞等州，陽翟、新鄭、密等縣大雨雹。

又 卷二七《英宗紀一》 〔至治元年六月〕戊午，涇州雨雹。【略】丁卯，大同路雨雹。

又 至治元年秋七月庚子，順德、大同等路雨雹。

又 卷二八《英宗紀二》 〔至治二年夏四月〕辛亥，涇州雨雹，免被災者租。【略】甲寅，南陽府西穰等屯風、雹，洪澤、芍陂屯田去年旱、蝗，並免其租。

又 〔至治二年六月〕庚寅，思州風、雹，建德路水，皆賑之。

又 〔至治三年五月〕庚子，大風，雨雹，拔柳林行宫内外大木二千七百。

又 卷二九《泰定帝紀一》 〔泰定元年六月〕己卯，宣德府、鞏昌路及八番金石番等處雨雹。【略】秋七月戊申，龍慶州雨雹大如雞子，平地深三尺。

又 〔泰定元年〕十二月乙亥延安路雹災，賑糧一月。

又 〔泰定二年〕夏四月戊申，奉元路白水縣雹。【略】五月丙子，大都路檀州大水，平地深丈有五尺，汴梁路十五縣河溢，江陵路江溢，洮州、臨洮府雨雹，潭州、興國屬縣旱，彰德路蝗，龍興、平江等十二郡饑，賑糶米三十二萬五千餘石。

又 〔泰定二年〕秋七月壬申，延安、鄜州、綏德、鞏昌等處雨雹，般陽新城縣蝗，宗仁衛屯田隕霜殺禾，睢州河決，順德、汴梁、德安、汝寧諸路旱，免其租。

又 泰定二年八月〕辛丑，大都路檀州、鞏昌府靜寧縣、延安路安塞縣雨雹。

又 〔泰定二年九月〕丁丑，檀州雨雹。

又 〔泰定二年〕陝西府雨雹。

又 卷三〇《泰定帝紀二》 〔泰定三年六月〕己亥，奉元、鞏昌屬縣大雨雹，峽州旱，東平屬縣蝗，大同屬縣大水，萊、蕪等處冶戶饑，賑鈔三萬錠。光州水，中山安喜縣雨雹傷稼，大昌屯河決，大寧、廬州、德安、梧州、中慶諸路屬縣水旱，並蠲其租。

又 〔泰定三年秋七月〕庚申，永平、大都諸屬縣水，大風，雨雹。龍興、辰州二路火。大名、永平、奉元諸路屬縣旱。汴梁路水。大名、順德、衛輝、淮安等路，睢、趙、涿、霸等州及諸位屯田蝗。大同渾源河溢。檀、順等州兩河決。溫榆水溢。賑永平、奉元鈔七萬錠。

又 〔泰定三年八月〕辛丑，龍慶路雨雹一尺，大風損稼。

又 〔泰定四年五月〕丁卯，常州、淮安二路，寧海州大雨雹。【略】六月乙未，中山府雨雹。

又 〔致和元年〕夏四月，靈州、濬州大雨雹。【略】五月，冀寧、廣平、真定諸路屬縣大雨雹。

又 〔致和元年〕六月，彰德屬縣大雨雹。

又 卷三三《文宗紀二》 〔天曆二年秋七月〕辛巳，冀寧陽曲縣雨雹，大者如雞卵。

又 卷三四《文宗紀三》 〔至順元年春正月〕辛巳，永平路以去年八月雹災告。

又 〔至順元年秋七月〕庚申，真定路之平棘，廣平路之肥鄉，保定路之曲陽、行唐等縣，大風雨雹傷稼。【略】丙寅，大都之順州、東安州大風雨雹傷稼。【略】庚午，開平路雨雹傷稼。

又 卷三五《文宗紀四》 〔至順二年〕秋七月，河南、奉元屬縣蝗，大都、河間、漢陽屬縣水，冀寧屬縣雨雹傷稼，廬州去年水，寧夏霜爲災，並免今年田租。

又卷三六《文宗紀五》［至順三年二月］己酉，德寧路去年旱，復值霜雹，民饑，賑以粟三千石。

又［至順三年五月］丁酉，甘州大雹。

又卷三八《順帝紀一》［元統二年二月］甲子，塞北東涼亭雹，民饑，詔上都留守發倉廩賑之。

又［至元元年］秋七月，西和州、徽州雨雹，民饑，發米賑貸之。

又卷三九《順帝紀二》［至元二年］八月甲戌朔，日有食之。高郵大雨雹。

又［至元四年夏四月］癸巳，車駕薄暮至八里塘，雨雹，大如拳，其狀有小兒、環玦、獅、象、龜、卵之形。

又卷四〇《順帝紀三》［至正二年五月］丁亥，東平雨雹如馬首。

又卷四一《順帝紀四》［至正六年春二月］辛未，興國雨雹，大者如馬首。

又［至正八年八月］己卯，山東雨雹。

又卷四二《順帝紀五》［至正十一年夏四月］乙巳，彰德路雨雹，形如斧，傷人畜。

又卷四三《順帝紀六》［至正十四年］六月辛卯朔，薊州雨雹。

又卷四五《順帝紀八》［至正十七年］八月丙寅，慶陽府鎮原州大雹。

又［至正二十年五月］丁亥朔，雨雹。

又卷四六《順帝紀九》［至正二十三年秋七月］戊辰朔，京師大雹，傷禾稼。

又卷四七《順帝紀十》［至正二十六年六月］壬子朔，平遙縣大雨雹。

又卷五〇《五行志一》 中統二年四月，雨雹，大如彈丸。三年五月，順天、平陽、真定、河南等郡雨雹。四年七月，燕京昌平縣，景州蓨縣，開平路興、松、雲三州雨雹害稼。

至元二年八月，彰德、大名、南京、河南、濟南、太原等郡雨雹。四年三月，夏津縣大雨雹。五年六月，中山大雨雹。六年七月，西京大同縣兩雹。七年五月，河內縣大兩雹。十五年閏十一月，海州贛榆縣雨雹傷稼。十九年八月，雨雹，大如鷄卵。二十年四月，河南風雷雨雹害稼。五月，安西路風雷雨雹。八月，真定元氏縣大風雹，禾盡損。二十二年七月，冠州雨雹。二十四年九月，大定、金源、高州、武平、興中等處雨雹。二十五年三月，靈壁、虹縣雨雹，如鷄卵，害麥。十二月，靈壽、陽曲、天成等縣雨雹。二十六年夏，平陽、大同、保定等郡大雨雹。二十七年四月，靈壽縣大風雹。六月，棣州厭次，濟陽二縣大風雹，傷禾黍菽麥桑棗。二十九年閏六月，遼陽、瀋州，廣寧、開元等路雨雹。三十一年四月，即墨縣雨雹。八月，德州安德縣大風雨雹。德州安德縣大風雨雹。據本書卷一八成宗紀至元三十一年八月條改正。按本書卷五八《地理志》，德州領安德縣。

元貞元年五月，鞏昌金州、會州、西和州雨雹大，無麥禾。七月，隆興路雨雹。二年五月，河中猗氏縣雨雹。二年五月，按上文已書『元貞元年』，此重出，從道光本刪。六月，隆興威寧縣，順德邢臺縣，太原交城、離石、壽陽等縣雨雹。太原交城離石壽陽等縣雨雹，據本書卷五八《地理志》改。按太原路領縣有交城，無『交河』。八月，懷孟武陟縣雨雹。

大德元年六月，太原崞州雨雹害稼。二年二月，檀州雨雹。八月，彰德安陽縣雨雹。四年三月，宣州涇縣、台州臨海縣風雹。八年五月，大寧路建州、蔚州靈仙縣雨雹。太原、大同、隆興屬縣陽曲、天成、懷安、白登風雹害稼。八月，管州、嵐州、交城、陽曲、懷仁等縣雨雹。九年六月，晉寧、冀寧、宣德、隆興、大同等郡大雨雹，害稼。十年四月，鄭州管城縣風雹，大如鷄卵，積厚五寸。五月，大雨雹。七月，宣德縣雨雹。十一年五月，建州雨雹。

至大元年四月，般陽新城縣、濟南厭次縣、益都高苑縣風雹。五月，管城縣大雹，深一尺，無麥禾。八月，大寧縣雨雹害稼，斃畜牧。二年三月，濟陰、定陶等縣雨雹。六月，崞州、源州、金城縣雨雹。延安神木縣大雹一百餘里，延安神木縣大雹一百餘里，據本書卷二三武宗紀至大二年六月條改。按卷六〇《地理志》，延安路葭州領縣有神木。新元史已校。擊死人畜。三年四月，靈壽、平陰等縣雨雹。四年四月，南陽雨雹。閏七月，宣寧縣雨雹。宣寧縣雨雹，按本書卷二四仁宗紀至大四年閏七月丁卯條有『大同宣寧縣雨雹』。又卷五八《地理志》，大同路領縣有宣寧。據改。本證已校。下同。

皇慶元年四月，大名濬州、彰德安陽縣、河南孟津縣雨雹。六月，開元路風雹害稼。二年七月，冀寧平定州雨雹。景州阜城縣風雹。八月，大同懷仁縣雨雹。

延祐元年五月，膚施縣大風雹，損稼并傷人畜。六月，宣平、仁壽、白登等縣雨雹。二年五月，大同、宣德等郡雷雹害稼。三年五月，薊州雹深一尺。五年四月，鳳翔府雹傷麥禾。六年六月，大同縣雨雹，大如鷄卵。七月，鞏昌隴西縣雹害稼。七年八月，大同路雷風雨雹。

至治元年六月，武州雨雹害稼。永平路大雹深一尺，害稼。七月，真定、順德等郡雨雹。二年四月，涇州涇川縣雨雹。六月，思州大風雨雹。三年五月，大風雨雹，拔柳林行宮大木。

泰定元年五月，冀寧陽曲縣雨雹傷稼。思州龍泉平雨雹傷麥。六月，順元、太平軍、定西州雨雹。七月，龍慶路雨雹，大如鷄卵，平地深三尺餘。八月，大同白登縣雨雹。二年四月，奉元白水縣雨雹。五月，洮州路可當縣、臨洮府狄道縣雨雹。臨洮府狄道縣雨雹，據本書卷六〇《地理志》改。按臨洮府領縣有狄道，無『狄邑』。本證已校。六月，興州、鄜州、靜寧州及成紀、通渭、白水、膚施、安塞等縣雨雹。七月，檀州雨雹。三年六月，鞏昌路大雨雹。中山府安喜縣、乾州永壽縣雨雹。七月，房山、寶坻、玉田、永平等縣大風雹，折木傷稼。八月，龍慶州雨雹一尺，龍慶州雨雹一尺，按本書卷五八《地理志》，大都路領龍慶州。據改。本證已校。大風損稼。四年七月，彰德湯陰縣，冀寧定襄縣，大同武、應二州雨雹害稼。

致和元年四月，濬州、涇州大雹傷麥禾。五月，冀寧陽曲縣、威州井陘縣雨雹。六月，涇川、湯陰等縣大雨雹。大寧、永平屬縣雨雹。

天曆二年七月，大寧惠州雨雹。八月，冀寧陽曲縣大雹如鷄卵，害稼。三年七月，順州、東安州及平棘、肥鄉、曲陽、行唐等縣風雹害稼。開元路雨雹。

至順二年十二月，冀寧清源縣雨雹。三年五月，甘州雨雹。

又 卷五一《五行志二》 元統元年三月戊子，紹興蕭山縣大風雨雹，拔木仆屋，殺麻麥，斃傷人民。二年二月甲子，塞北東涼亭雨雹。至元元年七月，西和州、徽州雹。二年八月甲戌朔，高郵寶應縣大雨雹。是時，淮、浙皆旱，唯本縣瀕河，田禾可刈，悉爲雹所害，凡田之旱者無一雹及之。四年四月癸巳，四年四月癸巳，上文已有『至元元年』，此『至元』二字重出，從道光本刪。清州八里塘雨雹，大過於拳，其狀有如龜者，有如小兒形者，有如獅象者，有如環玦者，或橢如卵，或圓如彈，玲瓏有竅，色白而堅，長老云：『大者固常見之，未有奇狀若是也。』至正二年五月，東平路東阿縣雨雹，大者如馬首。三年六月，東平陽穀縣雨雹。六年二月辛未，興國路雨雹，大如馬首，小者如鷄子，斃禽畜甚衆。五月辛卯，絳州雨雹，大者二尺餘。八年四月庚辰，鈞州密縣雨雹，大如鷄子，傷麥禾。龍興奉新縣大雨雹，傷禾折木。八月己卯，益都臨淄縣雨雹，大如盃盂，野無青草，赤地如赭。九年二月，龍興大雨雹。十年五月，汾州平遙縣雨雹。十一年四月乙巳，彰德雨雹，大者如斧，時麥熟將刈，頃刻亡失，田疇堅如築場，無稭粒遺留者，地廣三十里，長百有餘里，樹木皆如斧所劈，傷行人、斃禽畜甚衆。五月癸丑，文水縣雨雹。十三年四月，益都高苑縣雨雹，傷麥禾及桑。十四年六月，薊州雨雹。十七年四月，濟南大風雨雹。十九年四月，莒州蒙陰縣雨雹。五月，通州及益都臨朐縣雨雹害稼。二十年五月，薊州遵化縣雨雹終日。二十一年五月，東平雨雹害稼。二十二年八月，南雄雨雹如桃李實。二十三年五月，鄜州宜君縣雨雹，大如鷄子，損豆麥。七月，京師及隰州永和縣大雨雹害稼。二十五年五月，東昌聊城縣雨雹，大如拳，小者如鷄子，二麥不登。二十六年六月，汾州平遙縣雨雹。二十七年二月乙丑，永州城中晝晦，鷄棲于塒，人舉燈而食，既而大雨雹，逾時方明。五月，益都大雷雨雹。七月，冀寧徐溝縣大風雨雹，拔木害稼。二十八年六月，慶陽府雨雹，大如盂，小者如彈丸，平地厚尺餘，殺苗稼，斃禽獸。

《明史》卷二《太祖紀二》 ［洪武七年］六月，陝西平涼、延安、靖寧、鄜州雨雹，山西、山東、北平、河南蝗，並蠲田租。

又 卷三《太祖紀三》 ［洪武十八年］二月甲辰，以久陰雨雷雹，詔臣民極言得失。

又 卷一二《英宗後紀》 ［天順元年］夏四月己亥，大風雨雹，壞奉天門鴟吻，敕修省。

又 卷一三《憲宗紀一》 ［成化元年］夏五月辛酉，大雨雹。

又 卷二一《神宗紀二》 ［萬曆三十一年夏四月］戊寅，鳳陽大雨雹，毀皇陵殿脊。

又 卷二二《熹宗紀》 ［天啟四年六月］丙申，大雨雹。

又 卷二八《五行志一》 弘治十七年二月壬寅，鄖陽、均州雨雪雹，雪片大者六寸。

又 洪武二年六月庚寅，慶陽大雨雹，傷禾苗。三年五月丙辰，蔚州大雨雹，傷田苗。五年五月癸丑夜，中都皇城萬歲山雨冰雹，大如彈丸。七年八月甲午，平涼，延安綏德、米脂雨雹。九月甲子，鞏昌雨雹。八年四月，臨洮、平涼、河州雹傷麥。十四年七月己酉，臨洮大雨雹，傷稼。十八年二月，雨雹。

永樂七年秋，保定、浙東雨雹。十二年四月，河南一州八縣雨雹，殺麥。

正統三年，西、延、平、慶、臨、鞏六府及秦、河、岷、金四州，自夏逮秋，大雨雹。四年五月壬戌，京師大雨雹。五年四月丁酉，平涼諸府大雨雹，傷人畜田禾。六月壬申至丙子，山西行都司及蔚州連日雨雹，其深尺餘，傷稼。八月庚辰，保定大雨雹，深尺餘，傷稼。

景泰五年六月庚寅，易州大方等社雨雹甚大，傷稼百二十五里，人馬多擊死。六年閏六月乙巳，束鹿雨雹如雞子，擊死鳥雀狐兔無算。

天順元年六月己亥，雨雹大如雞卵，至地經時不化，奉天門東吻牌摧毀。八年五月丁巳，雨雹。

成化元年四月庚寅，雨雹大如卵，損禾稼。五月辛酉，又大雨雹。五年閏二月癸未，瓊山雨雹大如斗。八年七月丙午，隴州雨雹大如鵝卵，或如雞子，中有如牛者五，長七八寸，厚三四寸，六日乃消。九年五月丁巳，雨雹如拳。十三年春，湖廣大雨冰雹，牛死無算。十九年六月乙亥，潞州雨雹，大者如盌。二十年二月丙子，清遠雨雹，大如拳。丙戌，大雷電，復雨雹。二十一年三月己丑夜，番禺、南海風雷大作，飛雹交下，壞民居萬餘，死者千餘人。二十二年三月甲寅，南陽雨雹，大如鵝卵。

弘治元年三月壬申夜，融縣雨雹，壞城樓垣及軍民屋舍，死者四人。二年三月戊寅，賓州雨雹如雞子，擊殺牧豎三人，壞廬舍禾稼。庚辰，貴州安莊衛大雷，雨雪雹，壞麥苗。四月辛卯，洮州衛雨冰雹，水湧三丈。四年三月癸卯，裕、汝二州雨雹，大者如牆杵，積厚二三尺，壞屋宇禾稼。四月己酉，洮州衛雨雹及冰塊。水高三四丈，漫城郭，漂房舍，田苗人畜多淹死。五年四月乙丑，莒、沂二州，安丘、郯城二縣，雨雹大如酒盃，傷人畜禾稼。六年八月己巳，長子雨雹，大者如拳，傷禾稼，人有擊死者。辛未，雨雹，大如彈丸，平地壅積。八年二月壬申，永嘉暴風雨，雨雹，大如雞卵，小如彈丸，積地尺餘，白霧四起，毀屋殺黍，禽鳥多死。三月己亥，桐城雨雹，深五尺，殺二麥。己酉，淮、鳳州縣暴風雨雹，殺麥。四月乙亥，常州、泗、邳雨雹，深五寸，殺麥及菜。丙子，沂州雨雹，大者如盤，小者如盌，人畜多擊死。六月乙卯，雨雹。七月乙酉，洮州衛雨冰雹，殺禾。暴水至，人畜多溺死者。丙戌，甘肅西寧大雨雹，殺禾及畜。九年五月丙辰，雨雹。十年二月己卯，江西新城雨冰雹，民有凍死者。三月丁卯，北通州雨冰，深一尺。十三年八月戊子，雨雹。丙午，又雨雹。九月壬戌，又雨雹。十四年四月丁酉，徐州、清河、桃源、宿遷雨冰雹，平地五寸，夏麥盡爛。五月乙亥，登、萊二府雨雹殺禾。七月辛卯，雨雹。

正德元年六月戊辰，宣府馬營堡大雨雹，深二尺，禾稼盡傷。三年四月辛未，涇州雨雹，大如雞卵，壞廬舍菽麥。四年五月甲午，費縣大雨雹，深一尺，壞麥穀。八年十月戊戌，平陽、太原、沁、汾諸屬邑，大雨雹，平地水深丈餘，衝毀人畜廬舍。十一年六月甲戌，宣府大雨雹，禾稼盡死。九月丙申，貴州大雨雹。十二年五月己亥，安肅大雨雹，平地水深三尺，傷禾，民有擊死者。十三年四月壬午，衡州疾風迅雷，雨雹，大如鵝子，稜利如刀，碎屋，斷樹木如剪。

嘉靖元年四月甲申，雲南左衛各屬雨雹，大如雞子，禾苗房屋被傷者無算。五月己未，蓬溪雨雹，大如鵝子，傷亦如之。二年五月丁丑，大同前衛雨雹。四年四月丁未，大同衛雨雹。五月戊子，固安雨雹。五年五月甲辰，滿城雨雹。六月丁巳，大同縣雨冰雹，俱大如雞子。丁卯，萬全都司及宣府皆雨雹，大者如甌，深尺餘。七月癸未，南豐雨雹，大如盌，形如人面。遂昌雨雹，頃刻二尺，大殺麻豆。六年六月癸丑，鎮番衛大雨雹，殺傷三十餘人。十四年三月辛巳，漢中雨雹隕霜殺麥。四月庚子，開封、彰德雨雹殺麥。十八年五月壬辰，慶都、安肅、河間雨冰雹，大如拳，平地五寸，人有死傷者。二十八年三月庚寅，臨清大冰雹，損房舍禾苗。六月丁卯，延川雨雹如斗，壞廬舍，傷人畜。三十四年五月庚子，鳳陽大冰雹，壞民田舍。三十六年三月癸未，沂州雨雹，大如盂，小如雞卵，平地尺餘，徑八十里，人畜傷損無算。四十三年閏二月甲申，雨雹。四月庚寅，又雨雹。

隆慶元年七月辛巳，紫荊關雨雹，殺稼七十里。三年三月辛未，平溪衛雨雹。平地水湧三尺，漂沒廬舍。四月己丑，鄖陽縣雨雹。平地水深二尺。五月癸丑，延綏口北馬營堡雨雹，殺稼七十里。四年四月辛酉，宣府、大同雨雹，厚三尺餘，大如卵，禾苗盡傷。五年四月戊午，大雨雹。六年八月乙丑，祁、定二州大雨雹，傷損禾菽，擊斃三人。

萬曆元年五月辛巳，雨雹。四年四月丙午，博興大雨雹，如拳如卵，明日又如之，擊死男婦五十餘人，牛馬無算，禾麥毀盡。兗州相繼損禾。五月乙巳，定襄雨雹，大者如卵，禾苗盡損。九年八月庚子，遼東等衛雨雹，如雞卵，禾盡傷。十一年閏二月丁卯，泰州、寶應雨雹如雞子，殺飛鳥無算。五月庚子，大雨雹。十三年五月乙酉，宛平大雨雹，傷人畜千計，十五年五月癸巳，喜峰口大雨雹，如棗栗，積尺餘，田禾瓜果盡傷。十九年四月壬子，雨雹。二十一年二月庚寅，貴陽府大雨雹。十月丙戌，武進、江陰大冰雹，傷五穀。二十三年五月乙酉，臨邑雨雹，盡作男女鳥獸形。二十五年八月壬戌，風雹。二十八年六月，山東大風雹，擊死人畜，傷禾苗。河南亦雨冰雹，傷禾麥。三十年四月己未，大雨雹。三十一年五月戊寅，鳳陽皇陵雨雹。七月丁丑，大雨雹。三十四年七月丙戌，又大雨雹。平地水深三尺。三十六年五月戊子，雨雹。四十一年七月丁卯，宣府大雨雹，殺禾稼。四十六年三月庚辰，長泰、同安大雨雹，如斗如拳，擊傷城郭廬舍，壓死者二百二十餘人。十月壬午，雲南雨雹。

天啟二年四月壬辰，大雨雹。

崇禎三年九月辛丑，大雨雹。四年五月，襄垣雨雹，大如伏牛盈丈，小如拳，斃人畜甚衆。六月丙申，大雨雹。七年四月壬戌，常州、鎮江雨雹，傷麥。八年七月己酉，臨縣大冰雹三日，積二尺餘，大如鵝卵，傷稼。十年四月乙亥，大雨雹。閏四月癸丑，武鄉、沁源大雨雹，最大者如象，次如牛。十一年六月甲寅，宣府乾石河山場雨雹，擊殺馬贏四十八匹。九月，順天雨雹。十二年八月，白水、同官、雒南、隴西諸邑，千里雨雹，半日乃止，損傷田禾。十六年六月丁丑，乾州雨雹，大如牛，小如斗，毀傷牆屋，擊斃人畜。

又 弘治八年十二月丁丑，南昌、彭水俱大雷電，雨雪雹，大木折。

又 嘉靖元年七月，盧、鳳、淮、揚四府同日大風雨雹，河水泛漲，溺死人畜無算。

又 隆慶六年四月，杭州黑霧，有物蜿蜒如車輪，目光如電，冰雹隨之。

又 卷三〇《五行志三》 正德九年二月丁巳，長樂大雨雹，狂風震電，屋瓦皆飛。

又 正德十二年四月丙辰，來賓大風雨雹，毀官民廬舍，屋瓦皆飛。

又 正德十三年三月甲寅，慶符大風雹，壞學宮。

又 卷一七六《李賢傳》 ［成化元年］五月大雨雹，大風飄瓦，拔郊壇樹。賢言：『天威可畏，陛下當凜然加省，無狃左右近幸。崇信老成，共圖國是。』

又 卷一八〇《曹璘傳》 ［弘治元年七月］上言：『近日星隕地震，金木二星晝現，雷擊禁門，皇陵雨雹，南京內園災，狂夫叫閽，景寧白氣飛騰，而陛下不深求致咎之由，以盡弭災之實。經筵雖御，徒爲具文。方舉輒休，暫行遽罷，所謂「一日暴之，十日寒之」者。願日御講殿與儒臣論議，罷斥大學士劉吉等，以消天變。臣昨冬曾請陛下墨衰視政，今每遘節序，輒澣御黃衰，從官朱緋。三年之間，爲日有幾，宜但御淺服。且陛下方諒陰，少監郭鏞乃請選妃嬪。雖拒勿納，鏞猶任用，何以解臣民疑。祖宗嚴自宮之禁，今此曹干進紛紜，當論罪。朝廷特設書堂，令翰林官教習內使，本非高皇帝制。詞臣多夤緣以干進，而內官亦且假儒術以文奸，宜速罷之。諸邊有警，輒命京軍北征，此輩驕惰久，不足用。乞自今勿遣，而以出師之費賞邊軍。』帝得疏，不喜，降旨譙讓。

又 卷一八四《周洪謨傳》 ［弘治元年］四月，天壽山震雷風雹，樓殿瓦獸多毀。洪謨復力勸修省，帝深納之。

又 《傅瀚傳》 京師星變、地震、雨雹，四方多變異。瀚條上軍民所不便者，請躬行節儉以先天下。

又 《傅珪傳》 ［正德八年］五月，復奏四月災，因言：『春秋二百四十二年，災變六十九事。今自去秋來，地震天鳴，雹降星殞，龍虎出見，地裂山崩，凡四十有二，而水旱不與焉，災未有若是甚者。』極陳時弊十事，語多斥權倖，權倖益深嫉之。會戶部尚書孫交亦以守正見忤，遂矯旨令二人致仕。兩京言官交章請留，不聽。

又 卷一九一《吳一鵬傳》 ［嘉靖三年］一鵬極陳四方災異，言：『自去年六月迄今二月，其間天鳴者三，地震者三十八，秋冬雷電雨雹十八，暴風、白氣、地裂、山崩、產妖各一，民饑相食二。非常之變，倍於往時。願陛下率先羣工，救疾苦，罷營繕，信大臣，納忠諫，用回天意。』帝優詔報之。

又 卷二〇一《方良永傳》 錢寧以鈔二萬鬻於浙，良永上疏曰：『四方盜甫息，瘡痍未瘳，浙東西雨雹。寧廝養賤流，假義子名，躋公侯之列。賜予無算，納賄不貲，乃敢攫民財，戕邦本。有司奉行急於詔旨，胥吏緣爲奸，椎膚剝髓，民不堪命。鎮守太監王堂、劉璟畏寧威，受役使。臣何敢愛一死，不以聞。乞陛下寧詔獄，明正典刑，並治其黨，以謝百姓。』寧懼，留疏不下。謀遣校尉捕假勢鬻鈔者，以自飾於帝，而請以鈔直還之民，陰召還前所遣使。寧初欲散鈔徧天下，先行之浙江、山東，山東爲巡撫趙璜所格，而良永白發其奸，寧自是不敢鬻鈔矣。寧方得志，公卿、臺諫無敢出一語。良永以外僚訟言誅之，聞者震悚。良永念母老，恐中禍，三疏乞休去。

又 卷二〇七《方新傳》［嘉靖四十五年］十一月，御史方新上言：『黄河與北狄之患，自古有之。乃今豐、沛間陸地爲渠，而興都有陵寢之憂，鳳陽有冰雹之厄，河南有饑饉之災，堯之洚水不烈於此矣。諸邊將惰卒驕，寇至輒巽愞觀望，而寧武有軍士之變，南贛有土兵之叛，徽州諸府有礦徒竊發之虞，舜之三苗不棘於此矣。夫洚水、三苗不足爲累者，以堯、舜兢業於上，而禹、臯諸臣分憂於下也。今司論納者日獻禎祥，而疆埸之臣，惟冒首功，隱喪敗。爲國分憂者，誰也？斥罰之法，今不得不嚴。而陛下亦宜隨事自責，痛加修省，然後災變可息，而外患可弭也。』疏入，斥爲民。

又 卷二〇八《韋商臣傳》 嘉靖三年冬，商臣以『大禮』初定，廷臣下吏貶謫者無虚日，乃上疏曰：『臣所居官，以平獄爲職。乃自授任以來，竊見羣臣以議禮忤旨者，左遷則吏部侍郎何孟春一人，謫戍則學士豐熙等八人，杖斃則編修王思等十七人，以怫中使逮問，則副使劉秉鑑，布政馬卿，知府羅玉、查仲道等十人，以失儀就繫，則御史葉奇、主事蔡乾等五人，以京朝官爲所屬訐奏下獄，則少卿樂頀、御史任洛等四人。此皆不平之甚，上干天象，下駭衆心。臣竊以爲皆所當宥。況比者水旱疫癘，星隕地震，山崩泉湧，風雹蝗蝻之害，殆徧天下，有識莫不寒心。及今平反庶獄，復戍者之官，録死者之後，釋逮繫者之囚，正告訐者之罪，亦弭災禳患之一道也。』帝責以沽名賣直，謫清江丞，量移德安推官。

又 卷二一五《鄧洪震傳》 當隆慶初，以地震言事者，又有鄧洪震，宣化人。時爲兵部郎中，上疏曰：『入夏以來，淫雨彌月。又京師去冬地震，今春風霾大作，白日無光。近大同又報雨雹傷物，地震有聲。陛下臨御甫半年，災異疊見。傳聞後宮游幸無時，嬪御相隨，後車充斥。左右近習，濫賜予。政令屢易，前後背馳，邪正混淆，用舍猶豫。萬一奸宄潛生，寇戎軼犯，其何以待之。』帝納其言，下禮官議修省。

又 卷二三〇《汪若霖傳》 万历三十五年五月朔，大雨雹。若霖謂用人不廣，大臣專權之象，具疏切言之。

又 卷二三五《蔣允儀傳》 天啟二年擢御史。時廣寧已失，熊廷弼、王化貞俱論死，而兵部尚書張鶴鳴如故，糾之者反獲譴。允儀不平，疏詆其同罪佚罰，因言：『近言官稍進苦口，輒見齟齬，遷謫未已，申之戒諭。使諸臣不遵明諭，而引裾折檻以甘斥逐，天下事尚可爲也；使諸臣果遵明諭，而箝口結舌以保禄位，天下事尚忍言哉！頃者，恒暘不雨，二麥無秋，皇上於宫中祈禱，反得冰雹之災。變不虚生，各以類應。夫以坤維之厚重而震撼於妖孽，以鬚眉之丈夫而交關於婦寺，以籍叢煬竈之奸而托之奉公潔己，是皆陰脅陽之徵也。』報聞。

又 卷二三六《金士衡傳》 甘肅地震，復上疏曰：『往者湖廣冰雹，順天晝晦，豐潤地陷，四川星變，遼東天鼓震，山東、山西則牛妖、人妖，今甘肅天鳴地裂，山崩川竭矣。陛下明知亂徵，而泄泄從事，是以天下戲也。』因極言邊糈告匱，宜急出内帑濟餉，罷撤税使，毋事掊克，引鹿臺、西園爲戒。帝皆不聽。

又 卷二四六《滿朝薦傳》 天啟二年，遼東地盡失，海内多故，而廷臣方植黨逞浮議。朝薦深慮之，疏陳時事十可憂、七可怪，語極危切。尋進太僕少卿，復上疏曰：

『比者，風霾曀晦，星月晝見，太白經天，四月雹，六月冰，山東地震，畿内霪潦，天地之變極矣。四川則奢崇明叛，貴州則安邦彦叛，山東則徐鴻儒亂，民人之變極矣。而朝廷政令乃顛倒日甚。一乞骸耳，周嘉謨、劉一燝，顧命之元老，以中讒去，孫慎行，守禮之宗伯，以封典去，王紀，執法如山之司寇，以平反去，皆漠不顧惜；獨惓惓於三十疏劾之沈漼，即去而猶加異數焉。祖宗朝有是顛倒乎？一建言耳，倪思輝、朱欽相等之削籍，已重箝口之嗟；周朝瑞、惠世揚等之拂衣，又中一網之計。祖宗朝有是顛倒乎？一邊筴耳，西部索百萬之賞，邊臣猶慮其未飽；健兒乞錙銖之餉，度支尚謂其過奢。祖宗朝有是顛倒乎？一棄城耳，多年議確之犯或以庇厚而緩求；旬日矜疑之輩反以妬深而苛督。祖宗朝有是顛倒乎？一緝奸耳，正罪自有常律，平反原無濫條。遼陽之禍，起於袁應泰之大納降人。降人盡占居民婦女，故遼民發憤，招敵攻城。事發倉卒，未聞有何人獻送之說也。廣寧之變，起於王化貞之誤信西部，取餉金以啖插而不給卒伍，以故人心離散。敵兵過河，又不聞西部策應，遂至手足無措，抱頭鼠竄。亦事發倉卒，未聞有何人獻送之說也。深求奸細，不過爲化貞卸罪地耳。王紀不欲殺人媚人，反致削籍。祖宗朝有是顛倒乎？若夫閣臣之職，在主持清議。今章疏有妬才壞政者，非惟不斥也，輕則兩可，重則竟行其言矣。有殛奸報國者，非惟不納也，輕則見讓，重則遞加黜罰矣。尤有恨者，沈漼賄盧受得進，及受敗，又交通跋扈之奄以樹威。振、瑾僨裂之禍，皆漼作俑，而放流不加。他若戚畹，豈不當檢，何至以閹寺之讒，斃其三僕。三宮分有常尊，何至以傾國之眤，僭逼母儀。此皆顛倒之甚者也。顧成於陛下者什之一二，成於當事大臣者十之八九。臣誠不忍見神州陸沈，祈陛下終覽臣疏，與閣部大臣更絃易轍，悉軌祖宗舊章，臣即從逢、干於地下，猶生之年。」

既奏，魏忠賢激帝怒，降旨切責，褫職為民。大學士向高申救甚力，帝不納。

又 卷二五八《陳龍正傳》 崇禎十二年十月，彗星見。是歲冬至，大雷電雨雹。十三年二月，京師大風，天黃日眚，浹旬不解。龍正皆應詔條奏，大指在聽言省刑。

又 卷三〇四《曹吉祥傳》 景泰中，分掌京營。後與石亨結，帥兵迎英宗復位。遷司禮太監，總督三大營。嗣子欽，從子鉉、鐸、鏞等皆官都督，欽進封昭武伯，門下厮養冒官者多至千百人，朝士亦有依附希進者，權勢與石亨埒，時並稱曹、石。二人惡言官有言，共譖於帝，命吏部尚書王翺察核年三十五以上者留，不及者調用。於是給事何玘等十三人改州判官，御史吳禎等二十三人改知縣。會有風雷雨雹之變，帝乃悟，悉還其職。

又 卷三〇五《魏忠賢傳》 ［天啟二年］敍慶陵功，廕忠賢弟姪錦衣衛指揮僉事。給事中惠世揚、尚書王紀論沈漼交通客、魏，俱被譴去。會初夏雨雹，周宗建言雹不以時，忠賢讒慝所致。修撰文震孟、太僕少卿滿朝薦相繼言之，亦俱黜。

又 卷三一四《武定傳》 正德二年四月，武定雨雹，溪水漲，決堤壞田，隕霜露殺麥。

《清史稿》卷四《世祖紀一》 ［順治元年］秋七月癸丑，雨雹。

又 卷一〇《高宗紀一》 ［乾隆元年］五月甲寅，免四川南溪等州縣被風雹額賦。

又 ［乾隆元年秋七月］丁巳，賑甘肅隴西等州縣水雹災。

又 ［乾隆元年八月］丁亥，賑陝西神木、府谷雹災。

又 ［乾隆元年十一月］己未，賑陝西定邊雹災，江南長洲等十二州縣衛水災。

又 ［乾隆元年十二月］己巳，免陝西府谷、神木本年雹災額賦。

又 ［乾隆二年五月］乙卯，賑陝西商南、膚施等縣雹災。

又 ［乾隆二年秋七月］丙申，賑山東德平、陽穀等州縣旱雹各災。

又 ［乾隆二年八月］丁巳朔，賑陝西安塞等三縣雹災。

又 ［乾隆二年閏九月］壬午，賑貴州安順等府廳縣雹災。

又 ［乾隆二年十一月］癸亥，賑貴州郎岱等三廳縣雹災。

又 ［乾隆二年十二月］壬辰，賑陝西府谷等三縣雹災。

又 ［乾隆三年五月］癸丑，賑陝西蒲城等十州縣雹災。己未，賑山東章丘等州縣衛雹災。庚申，賑陝西雒南等八州縣雹災。

又 乾隆三年六月庚寅，賑山東東平等四州縣雹災。

又 ［乾隆三年九月］庚戌朔，免陝西長安等十五州縣雹災額賦。賑山東招遠縣雹災。

又 ［乾隆三年冬十月］庚辰朔，賑陝西安定等六州縣雹災。辛巳，免山東鄒平等八州縣本年雹災額賦。

又 ［乾隆三年十一月］癸丑，賑浙江歸安、烏程，陝西綏德等四州縣雹災。

又 ［乾隆三年十一月］乙丑，免山東招遠縣雹災額賦。

又 ［乾隆四年二月］丙戌，免貴州郎岱等四廳州縣雹災額賦。

又 ［乾隆四年六月］甲辰，甘肅秦安等六州縣雹災。

又 ［乾隆四年秋七月］庚戌，以甘肅秦安等十五州縣雹災，命無論已未成災，悉免本年額賦。【略】甲子，賑江蘇睢寧等十三州縣衛水雹各災。【略】己巳，賑安徽宿州雹災。【略】庚申，賑山東利津等二縣雹災。

又 ［乾隆四年九月］庚午，免甘肅秦安等十五州縣糧草三分之一，及靈州、碾伯等州縣本年水雹各災額賦。

又 ［乾隆四年冬十月］丁丑，丁亥，免陝西興平等十六州縣雹災額賦。

又 〔乾隆五年二月〕壬辰，免上年安徽宿州雹災、山東滕縣等五縣水災額賦。

又 〔乾隆五年十二月〕壬寅，免安徽宣城、宣州二縣衛雹災額賦。免托克托城等處雹災額賦。

又 〔乾隆六年二月〕甲寅，免陝西葭州等三州縣雹災額賦。

又 〔乾隆六年十一月〕丙寅，賑甘肅平番等十四州縣雹水災。

又 〔乾隆七年秋七月〕甲申，賑湖北漢川、襄陽等州縣衛水雹災，並停徵額賦。

又 〔乾隆七年十一月〕癸亥，賑甘肅狄道等州縣水雹災。

又 〔乾隆八年秋七月〕戊申，免直隸滄州被雹竈戶額賦。

又 〔乾隆八年十一月〕壬午，賑甘肅狄道等二十四州縣水蟲風雹災。

又 〔乾隆九年六月〕癸丑，蘭山等六州縣雹災。

又 〔乾隆九年九月〕乙未，免山西清水河本年雹災額賦。【略】庚午，賑直隸保定等十八州縣水蟲雹等災。【略】丙戌，賑甘肅河州等三十五州縣衛雹水各災。【略】甲子，免山東歷城等三十二州縣衛本年旱雹等災額賦。乙丑，免直隸保定等十一州縣廳本年水旱蟲雹災額賦。

又 〔乾隆十年秋七月〕戊子，賑安徽壽州等十八州縣衛水災雹災。

又 〔乾隆十年八月〕癸卯，停征湖北漢川等十七州縣水災、光化等二縣雹災額賦，並賑之。

又 〔乾隆十年十一月〕丁丑，賑山西大同等十八州縣旱霜雹災。

又 卷一一《高宗紀二》 〔乾隆十一年閏三月〕庚子，賑甘肅隴西等十二州縣水旱雹霜災。

又 〔乾隆十一年九月〕甲寅，賑江蘇豐縣等三州縣雹災。

又 〔乾隆十一年冬十月〕甲子，賑山西陽曲等二十二州縣水雹各災。

又 〔乾隆十二年秋七月〕己丑朔，撫恤山東歷城等二十州縣衛水雹各災。【略】丙午，賑順直固安等七十五廳州縣水旱雹災。

又 〔乾隆十三年五月〕壬子，免山西永濟等十二州縣上年水雹災額賦。

又 〔乾隆十三年秋七月〕癸卯，賑山東歷城等二十九州縣水雹等災。

又 〔乾隆十三年閏七月〕己卯，免江蘇元和等十縣本年雹災額賦。

又 〔乾隆十四年四月〕辛卯，免山東鄒平等二十州縣水災、甘肅皋蘭等十二廳州縣雹災額賦。

又 〔乾隆十五年冬十月〕甲午，免順直固安等四十六廳州縣水雹各災額賦，仍賑貸有差。

又 〔乾隆十五年十一月〕己酉，賑甘肅平涼二十八廳州雹旱災。

又 〔乾隆十六年夏四月〕己卯，免甘肅狄道等二十廳州縣十四年被水旱雹霜災額賦有差。

又 〔乾隆十六年閏五月〕免山西太原等十九州縣上年水雹等災額賦有差。

又 〔乾隆十六年六月〕壬子，賑江蘇靖江縣雹災。

又 〔乾隆十六年秋七月〕乙卯，免山西清水河廳雹災額賦。

又 〔乾隆十六年八月〕癸亥，免甘肅平涼等五州縣雹災碩賦。

又 〔乾隆十六年冬十月〕丙辰，賑山東齊東等七州縣本年水災、榮成縣雹災。戊午，賑直隸武清等二十六州縣水雹災。

又 〔乾隆十七年十二月〕戊子，賑甘肅皋蘭二十一廳州縣水災雹災。

又 〔乾隆十八年十一月〕甲子，賑甘肅皋蘭等二十九州縣衛所水雹災，並免額賦有差。

又 〔乾隆十九年三月〕癸亥，免直隸大城等十廳州縣十八年水雹旱災額賦。

又 〔乾隆十九年九月〕甲申，免甘肅皋蘭等十五州縣被水被雹額賦。

又 〔乾隆十九年冬十月〕乙卯，賑安徽壽州等十九州縣衛本年水災、山西馬邑雹災。

又 〔乾隆十九年十一月〕庚辰，賑順天直隸武清等十五州縣被水被雹飢民，並免額賦有差。

又 〔乾隆二十年八月〕丙午，賑江蘇海州等七州縣水災雹災。

又 卷一二《高宗紀三》 〔乾隆二十一年五月〕丁亥，賑甘肅皋蘭等二十廳州縣上年霜雹災。

又 〔乾隆二十一年八月〕乙丑，賑陝西長安等十三廳州縣雹災。

又 〔乾隆二十一年冬十月〕己卯，賑直隸延慶等八州縣衛本年水災雹災。

又 〔乾隆二十一年十一月〕丁未，賑甘肅皋蘭等二十六廳州縣水雹災。

又［乾隆二十二年三月］丙辰，免陝西潼關等廳州縣上年水雹災額賦。

又［乾隆二十二年夏四月］戊辰，免直隸延慶等州縣衛二十一年雹災水災額賦。

又［乾隆二十二年六月］己丑，賑安徽宿州等十六州縣衛水災、甘肅碾伯等三十八州縣廳水雹災。

又［乾隆二十二年秋七月］乙巳，賑安徽宿州等十州縣水災雹災。

又［乾隆二十二年十一月］戊午，賑甘肅皋蘭等二十二廳州縣霜雹等災。

又［乾隆二十三年秋七月］戊戌，賑山西靜樂等州縣水雹災。

又［乾隆二十三年秋七月］壬子，賑陝西延安等十七州縣旱雹災。

又［乾隆二十三年冬十月［丁卯，賑直隸大城等九縣水雹霜災。

又［乾隆二十四夏四月］甲子，賑甘肅狄道等二十三廳州縣衛旱災雹災。

【略】癸酉，免山西陽曲等五州縣上年水災雹災額賦。

又［乾隆二十四年冬十月］乙未，免甘肅狄道等二十二廳州縣上年水災雹災額賦。丙申，賑順天直隸固安等四十七州縣廳水霜雹蟲災，並蠲額賦有差。【略】壬寅，賑陝西定邊等九縣旱雹霜災。

又［乾隆二十五年冬十月］癸巳，免直隸宣化等七州縣本年水雹災額賦。

又［乾隆二十六年三月］乙卯，免直隸宣化等二縣上年雹災額賦。

又［乾隆二十七年夏四月］辛巳，賑甘肅安定等十州縣上年雹災。

又［乾隆二十七年冬十月］己酉，賑順直霸州等六十三州縣廳水雹霜災。

又［乾隆二十七年十一月］甲申，賑甘肅皋蘭等二十廳州縣本年冰雹霜雪災。

又［乾隆二十八年六月］壬辰，賑甘肅狄道等三十廳州縣水旱霜雹災。

又［乾隆二十八年十二月］乙酉，免直隸延慶等十州縣雹旱災額賦。

又［乾隆二十九年二月］己酉，免上年直隸蔚州雹災、萬全縣旱災額賦。

又［乾隆二十九年十一月］丙辰，賑甘肅皋蘭等十五廳州縣水雹災。

又［乾隆三十年夏四月］丙午朔，賑甘肅河州等三十六廳州縣上年雹水旱霜災。

又［乾隆三十年十一月］辛卯，甘肅狄道等十二州縣雹霜災。

又卷一三《高宗紀四》［乾隆三十二年十一月］壬寅，賑甘肅平涼等三十四廳州縣被雹災民。

又［乾隆三十五年］三月，蠲浙江仁和等八州縣，杭嚴、嘉湖二衛，陝西定遠縣三十四年被水被雹額賦。

又［乾隆三十六年十二月］乙亥，蠲甘肅隴西等三十三州縣三十三年被水旱雹霜等災額賦。

又［乾隆四十年冬十月］庚寅，蠲甘肅皋蘭等十七州縣廳水雹霜災額賦。

又卷一四《高宗紀五》［乾隆四十六年三月］己丑，免甘肅皋蘭等十五廳州縣雹災額賦有差。

又［乾隆五十年冬十月］免甘肅皋蘭等十二廳州縣衛本年雹水災額賦。

又［乾隆五十年］十一月賑山東嶧縣等九州縣旱災，甘肅河州等七州縣水雹災。

又卷一七《宣宗紀一》［道光］三年春正月，貸浙江海鹽、長興二縣旱災，陝西留壩等十一廳州縣雹災水災，甘肅靜寧等十七州縣地震災，兩淮板浦等九場水災，河南武陟等三縣，黑龍江齊齊哈爾、墨爾根城旗丁水災籽種糧石。

又［道光］四年春正月，賑直隸通州等三十八州縣上年雹災，河南武陟縣、濬縣旱災各一月。給江蘇太倉等三十州縣衛，安徽無爲等十七州縣衛，浙江海寧等十二州縣、橫浦等四場，兩淮安豐等九場水災，山東臨清等五州縣雹災一月口糧。

又［道光四年九月］貸江蘇瓜州營被災兵丁銀米，陝西安定等縣水災雹災倉穀。

又［道光五年］春正月，貸直隸文安、大城二縣，河南汝陽、淮寧二縣，陝甘寧羌等七州縣，甘肅狄道等四十州廳縣及肅州州同、莊浪等縣丞所屬水災旱災雹災籽種口糧，兩淮中正場水災竈戶口糧，雲南景東廳被水鹽井修費，並免上年額課。

又［道光五年九月］賑陝西綏德等四州縣雹災。蠲直隸開州等十五州縣旱災雹災新舊額賦。

又［道光五年］冬十月，賑陝西榆林等三縣雹災。

又［道光五年］十一月，賑甘肅岷州等六州縣水災雹災。

又［道光六年］春正月，貸奉天寧遠州旗民，河南鄢陵等七縣，甘肅岷州等十二州縣，山西襄垣縣，直隸寶坻等三縣水災旱災雹災籽種口糧倉穀。

又［道光七年］冬十月，貸山西定襄、潞城二縣旱災雹災倉穀，黑龍江墨爾根城歉收口糧。

又［道光七年］十一月，賑甘肅岷州等六州縣水災雹災。

又 卷一八《宣宗紀二》［道光十一年］十一月，蠲緩寧古塔、雙城堡雹災霜災新舊額賦。

又［道光十二年］冬十月，蠲緩直隸吳橋等十七州縣，江蘇桃源等六十三州廳縣衛，安徽五河等三十九州縣衛，浙江海寧等二十二州縣衛、仁和場，兩淮富安等十四場，湖南安鄉等七州縣衛，山西隰州等六州縣，湖北漢川等二十六州縣衛水災旱災雹災新舊額賦。

又［道光十三年］六月，貸直隸博野等三縣雹災籽種。

又［道光十四年］十月，貸甘肅皋蘭等八州縣旱災雹災口糧。

又［道光十五年］八月，給陝西府谷縣雹災口糧。

又［道光十五年九月］緩徵陝西榆林縣、葭州雹災，江西金谿等九縣旱災額賦。

又［道光］十六年春正月，貸甘肅金州等十四州縣、江西蓮花等五十一廳縣陝西葭州等九州廳縣、湖南澧州等四州縣、山西保德等十五州縣水旱雹災口糧籽種倉穀。

又［道光十六年］十一月，給陝西府谷等四縣霜雹災口糧。

又［道光十七年］春正月，貸山西朔州等十一州廳縣、陝西葭州等九州縣、甘肅金州等十三州縣水災旱災蝗災雹災霜災倉穀口糧籽種。

又［道光十九年］春正月，貸湖南武陵縣、陝西葭州等九州縣、甘肅固原等五州縣水旱災雹災口糧籽種。

又 卷一九《宣宗紀三》［道光二十一年］春正月，貸湖北沔陽等八州縣衛、湖南武陵縣、甘肅金州等五州廳縣水災籽種，江蘇上元等十一縣、甘肅皋蘭縣水災口糧，山西河曲縣雹災倉穀。

又［道光二十三年］八月，賑陝西沔縣等三縣水災雹災。

又［道光二十三年］九月，蠲緩直隸景州等二十七州縣、山東福山縣水災雹災正雜額賦。

又［道光二十三年］冬十月，賑安徽太和等三縣、山西岢嵐州水災雹災。

又［道光二十四年春正月］辛卯，貸陝西葭州等四州縣、山西大同等三縣水災雹災籽種。

又［道光二十四年］秋七月，貸陝西葭州雹災籽種。

又［道光二十四年］八月，賑山西汾陽縣水災雹災，並蠲緩汾陽等三縣額賦。

又［道光二十四年］冬十月，蠲緩直隸霸州等三十七州縣、奉天金州等八州縣廳、湖北沔陽等二十九州縣衛水旱災雹災新舊額賦。

又［道光二十七年］九月，蠲緩直隸安州等三十六州縣水旱災雹災新舊額賦。

又［道光二十九年］五月，貸山東滕縣雹災倉穀。

又 卷二一《穆宗紀一》［同治四年二月］癸未，以直隸諸省雷雹災異，詔修省。

又 卷二三《德宗紀一》［光緒三年冬十月］壬辰，賑三姓雹災。

又［光緒六年五月］丙子，賑洛陽等縣雹災。

又［光緒七年閏七月］賑江蘇、福建、四川水災，陝西雹災。

又［光緒八年］是冬，賑直隸地震災，四川、陝西雹災。

又［光緒十年冬十月］戊寅，賑江北廳等處水災雹災。

又［光緒十一年八月］己巳，賑皋蘭等處雹災水災。

又［光緒十一年九月］甲寅，賑賓川、恩安等處雹災。

又［光緒十二年五月］庚子，賑臨潼等縣風雹災。

又［光緒十二年九月］癸巳，賑甘肅雹災水災。

又［光緒十二年九月］乙巳，賑光山雹災。

又［光緒十三年六月］癸丑，賑凌雲風雹災。

又［光緒十三年秋七月］丁卯，賑洮州等屬雹災。

又［光緒十三年九月］是月，賑武陟、安縣、雲陽、皖北水災，漢口、龍州水災，建水、通海雹災。

又［光緒十四年夏四月］丁酉，雨雹。

又［光緒十五年秋七月］是月，賑莒州、沂水雹災，周家口水災，長安、西鄉、鄜州水災雹災。

又［光緒十五年九月］癸丑，賑咸寧等處水災雹災。

又［光緒十五年冬十月］乙亥，賑陽曲等處雹災水災。

又［光緒十五年冬十月］壬寅，賑綏德等屬雹災水災。

又［光緒十六年八月］賑陝西水災雹災，雲南水災，臺灣風災。

又［光緒十六年九月］乙亥，甲申，賑甘肅雹災。

又［光緒十八年十一月］庚戌，發庫帑十萬賑太原等屬水旱霜雹災。

又 **卷二四《德宗紀二》**［光緒二十一年五月］丁酉，賑長武等縣水災雹災。

又［光緒二十一年秋七月］戊申，賑商州、清澗等處水災雹災。

又［光緒二十二年］是秋，賑河南、奉天、湖北、安徽、山東、山西、吉林、黑龍江水災，湖南蛟災，及陝、甘水災雹災，新疆蝗災雹災，廣東洋面風災。

又［光緒二十三年］秋，賑陝西雹災水災，湖南北、江西、廣東、安徽、雲、貴水災，新疆蝗災。

又［光緒二十三年］十月，賑廣東風災，陝西雹災，湖南、江南水災。

又［光緒二十四年五月］戊寅，賑長安等州縣水災雹災。

又［光緒二十四年六月］辛丑，賑寧羌火災，洵陽等縣水災雹災。

又［光緒二十四年八月］丙戌，賑射洪等縣水災，略陽等縣水災雹災。

又［光緒二十四年冬十月］丁未，賑羅平水災雹災。

又［光緒二十九年］是秋，賑湖北、陝西等屬水災，懷柔雹災，雲南各屬水旱雹災，鎮西、綏來蝗災凍災。

又［光緒三十一年］是秋，賑貴州、雲南各屬水災，太康風災，鎮番暨巴燕戎格雹災風災。

又［光緒三十一年］是冬，賑會澤潦災，荊州水災，英吉沙爾水災雹災。

又［光緒三十四年］是夏，免雲南水旱雹災，奉天水災荒地額賦。賑江蘇風雹災，湖北水災。

又 **卷四〇《災異志一》** 《洪範》曰：『水曰潤下。』水不潤下，則爲咎徵。凡恆寒、恆陰、雪霜、冰雹、魚孽、蝗蝻、豕禍、龍蛇之孽、馬異、人痾、疾疫、鼓妖、隕石、水潦、水變、黑眚、黑祥皆屬之於水。

又 順治元年，沙河大雨雹。二年三月，平樂雨雹，大如鵝卵。五月二十四日，武鄉雨雹，大如鵝卵；南雄雹，拔木。四月，文安大雨雹，傷麥。四年五月，岑溪雨雹，大如碗。五年二月，丘縣大雨雹。三月，海豐雨雹，小者如雞卵，損麥。閏三月三日，崑山雨雹，大如斗，破屋殺畜。六年六月，臨淄大雨雹；壽光大雨雹，平地深數尺，木葉盡脱。九月，定遠廳雨雹，傷麥。十月十五日，咸寧大雨雹，所過赤地。七年五月，應山大雨雹；信陽雨雹，傷麥。六月，武鄉雨雹，其形如刀。八年二月十六日，順德雨雹，大如斗，擊斃牛馬。五月，丘縣大雨雹；汾西雨雹，大者如拳，小者如卵，牛畜皆傷，麥無遺莖。七月，黎城雨雹，大如鵝卵。九年四月二十三日，潞安雨雹，大如雞卵，屋瓦俱碎；長治雨雹，大如雞卵。五月十六日，臨縣雨雹，大如雞卵，積地尺許；嵐縣大雨雹，傷禾；膠州雨雹，大如雞卵。六月，臨縣雨雹，陽曲雨雹，大如鵝卵。十年四月四日，貴池雨雹，大如碗，屋瓦皆碎；武寧雨雹如石，殺鳥獸；崇陽雨雹，人畜樹木多傷。五月，海寧雨雹，大如雞卵，屋無存瓦，樹無存枝；涇陽雨雹，大如拳；永壽雨雹，大如拳，小如卵，積地五寸，二日始消，大傷禾稼。十月十日，袁州雨雹，大如栲栳者甚多，有一雹形如杵，長可一丈一尺有奇。十一年二月十五，蒼梧大雨雹。三月，松滋大雨雹。五月，長樂雨雹；漢陽雨雹，大如雞卵，平地深一尺。六月，雒南大雨雹，積地尺許，人不能行。十四年六月初三，猗氏大雨雹；霸、薊等七州，寶坻等二十一縣雨雹。十五年三月，寧波大雨雹，擊斃牛羊，桑葉盡折；鎮海大雨雹。閏三月朔，上虞、龍門大雨雹，倏忽高尺許，或如拳，有巨如石臼，至不能舉，人畜多擊死。十六年閏三月初四，順德大雨雹。四月，蕭縣大雨雹，殺麥。六月，清澗雨雹，大如鵝卵。八月，膠州雨雹，傷稼。九月，新河雨雹，傷數十人，至三月始消。十七年四月壬寅，清河雨雹，大如斗。十一月，鶴山雨雹，大如雞卵。十八年正月二十七日，順德大雨雹，傷人畜；揭陽雨雹，大如拳，屋瓦皆碎。三月初六，萍鄉雨雹，其狀或方或圓，或如犂，屋瓦皆碎。八月，懷安雨雹，大如雞卵，厚盈尺。冬，清澗雨雹，大如鵝卵，有徑尺者，積數尺。

康熙元年三月二十一，海寧大雨雹；河間雨雹，大如斗。五月，懷安大雨雹，人畜有傷；龍門大雨雹；榆社大雨雹，人畜多傷。二年正月二十八，望江雨雹。二月，安陸雨雹。三月朔，襄陽雨雹。四月十六日，鎮洋大雨雹。六年六月，香河雨雹，大如碗，平地深數尺，田禾盡傷，屋瓦皆碎，遠近數十里。八月，保安州大雨雹，傷人畜；宣化大雨雹，傷禾；懷來大雨雹，傷人畜。七年五月，新安雨雹，大如甑，屋舍禾稼盡傷。十二年三月，行唐大雨雹。七月，盧龍雨雹，大如斗。十七年三月，連山雨雹，大如拳，擊死牛畜。十八年正月，惠州雨雹，大如拳。十九年七月，陽曲雨雹，大如雞卵，有大如磑碾者，擊死人畜甚多。二十六年四月，平湖雨雹，大如升，小如拳。六月二十四日，文縣雨雹，大如雞卵，剖之，內有小魚、松苔。三十三年二月，開平大雨雹。五月，汶上雨雹，大者徑尺，擊死數人。三十四年三月，江夏雨雹，大如豆，中有黑水。三十六年閏三月，黃安大雨雹。四月，湖州大雨雹，三十七年正月十六，靈川雨雹，大如雞卵；安南雨雹，大如拳，麥無收。三十九年七月，元氏大雨雹。四十年二月，鶴慶大雨雹。四十二年三月，桐鄉大雨雹，損菜菽；湖州大雨雹；龍門大雨雹，或如拳、如臂、如首，或長或短，或方或圓，積深二三尺，壞民居無算，虎豹雉兔斃者甚多；崖州大雨雹，如霜，著樹皆萎；蒲縣雨雹。四十三年六月，翁源大雨雹；蒲縣雨雹，傷禾。七月，定襄雨雹，傷禾。四十四年三月，桐鄉大雨雹；湖州大雨雹。八月，密雲雨雹，傷禾。四十六年二月，湖州雨雹。三月初四日，陵川雨雹；瓊州雨雹，大如拳。六月，東明大雨雹，麥盡傷。四十八年二月初六日，荔浦雨雹，大如鵝卵，積地尺許。夏，大埔雨雹，白如繭，積地數尺；江浦、來安雨雹。五月十六日，雞澤大雨雹，傷人百餘。秋，代州雨雹。五十一年五月，解州雨雹；沁源雨雹，大如雞卵。七月，黃岡雨雹，擊斃人畜。五十二年三月二十七日，全州大雨雹，屋瓦皆飛。五十三年五月，固安西雨雹。七月朔，平大街雨雹，傷禾。五十四年三月，江浦雨雹，大如升，傷麥。五十五年夏，新樂雨雹，大如碗；浮山雨雹，大如雞卵，田禾盡傷；崇陽雨雹。五十七年三月，龍川雨雹，大如斗，壞民舍，牛馬擊斃無算。五十九年六月，雞澤雨雹，大如雞卵，傷禾。六十年三月，連平雨雹，毀民舍；鎮安、慈谿、上虞、餘姚雨雹，小者如碗，大者如斗。七月，柏鄉大雨雹，如雞卵，傷禾。六十一年四月，平定、樂平冰雹。五月，安丘大雨雹。十一月初十日，香山雨雹。十二月，贛州雨雹，大如雞卵，傷牲畜。

雍正元年正月，鶴慶大雨雹。三月，融縣雨雹。二年五月，福山雨雹，大如雞卵。八月，秦州雨雹，擊斃牛馬鳥雀無算；東安雨雹，傷稼。三年正月，定州大雨雹。三月，崑山大雨雹。夏，長寧雨雹，大如雞卵，傷鳥獸甚多。四年正月，甘泉雨雹，大者如斗，小者如升，屋舍盡毀。三月，吳川雨雹。五月，舒城雨雹，大如斗。六年五月，商南大雨雹，損屋舍。七年四月，惠來大雨雹，如雞卵，傷禾。高平、岑溪雨雹，樹皆折。七月，靜寧州雨雹，大如碗。八年六月，安遠大雨雹，擊斃禽畜甚多。八月，海寧、沁州大雨雹，毀屋舍。十年二月，連州大雨雹，損麥。八月，白水雨雹。九月，湖州、桐鄉大雨雹。十一年三月，海寧雨雹；桐鄉雨雹，傷麥。八月，陽信雨雹，大如雞卵，深三尺餘，田禾盡損。冬，嘉興雨雹，傷麥。十二年三月，無爲大雨雹；鶴慶大雨雹；蒲圻大雨雹。四月，湖州雨雹，損麥。

乾隆元年二月，廣州大雨雹。三月，滎經冰；方山大雨雹。五月十七日，青城雨雹，大如胡桃。六月，鄖西雨雹，鳥獸多擊死。七月二十五日，南和大雨雹；平鄉大雨雹，毀房廬，傷田禾；懷安雨雹，傷禾。九月，長子大雨雹，片片著禾如刈。十一月，京山雨雹。三年正月十四日，武寧雨雹，大者重四五斤。四月，白水大雨雹，傷麥。四年三月，北流雨雹；富平、臨清雨雹，傷禾。四月丙戌，蘇州大雨雹，損麥；崑山大雨雹，損麥。五年六月，絳縣雨雹，傷禾。六年秋，廣靈雨雹，傷稼。七年三月，畢節雨雹，大如雞卵。四月，涿州雨雹，大如雞卵。八年四月初五日，安州雨雹，大如雞卵，深三尺。初九日，崑山大雨雹，損麥。閏四月，高邑大雨雹。七月，高苑大雨雹，傷麥。十年五月，涿州雨雹。初八日，青城雨雹，大如酒杯。六月丁未，同官雨雹，大如彈；戊午，又雨雹，壞廬舍無算。八月，慶陽大雨雹，傷禾。十一年三月，禮縣大雨雹。四月，金鄉、魚台、莒州雨雹，大如雞卵，傷麥。五月，曲沃雨雹，大如車輪。十二年六月十一日，高平、文鎮大雨雹，傷稼。七月二十五日，安化雨雹，傷禾。十三年正月初二日，鶴慶、信宜、象州、恩縣、遂安雨雹，大如斗，傷麥。四月初四日，上海雨雹，傷麥豆；崑山大雨冰雹，擊死人畜無算。五月十一日，泰州、通州大雨雹，壞屋。十三日，滕縣大雨雹，大如臼，民舍損壞無算。六月，樂平雨雹，傷稼。秋，懷來、懷安、西寧、蔚州、保安雨雹成災。十二月，忠州、西鄉大雨雹，傷禾。十四年二月初七日，忠州雨雹。四日，太平雨雹。六月朔，高邑大風雹。十月，樂平、稷山雨雹，傷禾。十一月，正定府屬雨雹，傷稼。十五年五月，彭澤大雨雹，重三十餘觔。五月初四日，宜昌大雨雹。六月十五日，膠州、濱州大雨雹，傷人畜禾稼。八月戊子，白水雨雹，傷稼。九月，鄖縣、房縣大雨雹，傷人畜。十二月，信豐大雨雹。十六年三月，滎成大雨雹。十八年四月二日，定番州大雨雹，壞民舍百餘間。二十年三月，黄岡雨雹，長三十餘里，大者徑尺。四月初三，玉屏大雨雹，壞屋。五月十七日，高平大雨雹，人有擊斃者。二十一年六月，潮陽大雨雹，週遭二十餘里，禾稼多傷。二十二年八月，即墨大雨雹，深尺許。二十三年三月，龍川大雨雹；東湖雨雹，大如卵，積盈尺者十餘里。四月二十九日，永平大雨雹，形如鉢，人有擊斃者。五月，中部雨雹，大如卵，厚尺許；莊浪、環縣大雨雹。六月十六，長子大雨雹，十一日方止。二十三年三月，宜昌雨雹，大如卵，積地盈尺。四月，陵川雨雹，大如雞卵，深盈尺。十一月，武寧大雨雹，重五六觔。二十八年十月，羅田雨雹。二十九年二月，慶元大雨雹。三十年三月，臨邑大雨雹，鳥獸死者相枕藉。六月二十四日，樂平雨雹，傷稼。三十一年五月，鄞縣冰雹。三十二年五月，邢台大雨雹，深尺許。三十三年四月，莒州大雨雹。三十五年五月二十三，東平大雨雹。三十九年二月，樂平雨雹，傷麥。五月，黄縣大雨雹，厚積數寸。四十年三月十七日，屏山大雨雹。四十二年六月二日，壽陽雨雹，深者四尺，淺者二尺，月餘方消。四十三年五月，房縣雨雹，或方或圓，或如磚，傷人畜無算；合肥大雨雹。四十四年四月，平度大雨雹。五月，黄縣雨雹，傷麥。四十七年四月戊子，寶雞雨雹，傷麥。五月，文登大雨雹，傷禾。五十年二月二十三，瀘溪雨雹。三月，潛江雨雹。五十四年五月初四，洛川大雨雹。五十五年二月，荊州大風雹。四月初六，青浦雨雹，大如拳，擊死一牛。八月，江陵大雨雹。五十六年二月，永安州大雨雹。十月初八日，東光大雨雹。五十七年五月三日，泰州大雨雹；莒州雨雹，大如鵝卵，厚三尺，傷禾稼；禹城、陵縣、壽光大雨雹。七月，黄縣大雨雹，傷禾。五十八年三月，武寧雨雹，壞民舍。五十九年四月，黄州雨雹，大如盌，人畜多擊斃。十二日，江山大雨雹。

嘉慶元年正月，平谷大雨雹，形如雞卵。四月，邢台雨雹，大者如斗。二年六月，中部雨雹，大如卵，小如杏，傷人畜；枝江雨雹，大如雞卵，鳥獸擊傷。十二月，雲和冰雹，大如斗，屋瓦皆碎。三年四月，宜城雨雹，大如雞卵。四年四月，襄陽大雨雹。五年四月，白河縣雨雹，大如雞卵，深尺餘。五月，滕縣雨雹，大如碌碡。七月，延安大雨雹，屋瓦皆碎，秋禾無存。六年五月，博興大雨雹，壞官民廳舍。十年八月，中部雨雹，大如卵，積地五寸。十一年，灤州大雨雹，平地積尺許。十二年二月，貴陽雨雹，大如馬碲。四月，沂水大雨雹，如盃者盈尺，有大如碌碡者。八月，武強大雨雹，有如鵝卵者，屋瓦皆碎，禾葉盡脱；邢台雨雹。十三年春，武強大雨雹。十四年四月，薊州雨雹，傷麥；襄陽大雨雹；荊門州大雨雹。六月，南樂雨雹，大如雞卵。十五年三月，宜都雨雹，傷麥。八月，章丘雨雹；東光雨雹。十六年三月，枝江大雨雹。十七年三月，宜都雨雹，禾盡傷。秋，博野雨雹，成災。二十一年四月，棲霞雨雹，傷麥；定遠廳大雨雹，鳥獸多斃。二十二年五月，滕縣雨雹，平地深半尺，禾黍盡傷。二十三年五月，蘇州大雨雹；湖州大雨雹。

道光四年五月，日照大雨雹，傷禾。十月，曲陽大雨雹盈尺。五年四月八日，羅田雨雹，損麥豆無數；蘇州雨雹。五月，皋蘭大雨雹。八月初九，復雨雹。六年四月十七，雲夢雨雹，大如拳。七年十二月，宣平雨雹，折樹碎瓦。十三年五月癸未，臨朐雨雹，大如馬首。秋，博野等十三州縣雨雹。十月二十四日，宜城雨雹。十四年四月三日，三原雨雹，傷禾。初六，諸城雨雹，傷麥。十六年二月十六日，湖州大雨雹。四月二日，光化大雨雹。十七年七月十三日戊子，平谷大雨雹，如雞卵，秋禾盡平，屋瓦皆碎。十八年五月，通渭大雨雹。七月十八日丁巳，灤州雨雹，大如卵，秋禾盡損。十九年三月，元氏雨雹，厚尺許。二十年四月，黄安大雨雹，傷稼。七月二十六日，隨州大雨雹，傷稼。二十一年八月，陵縣大雨雹。九月又雨雹。二十三年五月二十二日，孝義廳大雨雹，狀如磚，有重數十觔者，人畜觸之即斃。七月十二日，雲和雨雹，大如斗，屋瓦皆碎，損傷人畜甚多。二十五日，安定雨雹，大如雞卵，山巔有徑尺者，數日不化。二十六日，隨州大雨雹，禾稼多傷。二十五年正月，崇陽大雨雹。四月，安丘大雨雹，損麥，三日不消。二十七年春，龍川大雨雹。夏，黄巖大雨雹。二十九年四月，應山雨雹，大如拳，鳥雀多擊死。六月，興山大雨雹，傷稼。七月，西寧大雨雹。三十年三月，黄岡雨雹，大如瓜，小如彈丸，壞稼傷人。

咸豐元年三月甲子，大雨雹，傷人畜，壞屋宇；懷來大雨雹。五月丙午，東光大雨雹，屋瓦皆毁，傷人畜。三年三月，崇仁雨雹，大者如盌，小者如拳，屋瓦盡毁。四年四月，黄安雨雹，重十餘觔，損麥。九年七月，黄岡雨雹，大如卵。十年七月，羅田大雨雹，傷禾無數；麻城雨雹，大如雞卵，擊斃牛馬；黄安大雨雹，樹俱折。十一年十一月，麻城、羅田、宜都雨雹，大如雞卵，傷禾稼，損屋舍。

同治元年六月，東湖大雨雹，擊斃牛馬無算。六月，狄道州雨雹，大如雞卵，禾蔬盡傷。二年五月，元氏雨雹，大如拳，禾稼盡傷，田廬俱損。六月，孝感雨雹，大如雞卵。四年正月十三日，日照大雨雹，傷禽獸；武昌、黄口、宜都雨雹，大如雞卵。二月，青田大雨雹，損麥。四月，均州雨雹，大如雞卵，破屋折樹。五月，房縣大雨雹，數百里禾稼盡傷。五年正月，均州大雨雹，積地深數尺。四月，隨州、江陵大雨雹，損麥。五月，通渭、泰安大雨雹，傷牛馬。六年七月，懷來、青縣大雨雹，秋禾損。九月十六日，高淳雨雹，大如拳，損屋舍。七年三月十八日，黄安、江夏大雨雹，鳥獸多擊死。八年五月十一日，肥城雨雹，平地深尺許，大如鵝卵。八月十三日，灤州大雨雹，闊十五里。九月，泰安大雨雹。九年三月十四日，潛江雨雹，大如雞卵。五月二十三日，階州大雷電，雨雹如注。十年二月，青田大雨雹。四月，上饒大雨雹。五月二十二日，階州、白馬關大雨雹，平地水深數尺，淹斃二百餘人。十一年二月，新城大雨雹。三月十一日，嘉興大雨雹；柏鄉大雨雹，重者十七觔；湖州大雨雹；景寧雨雹，大如盌；青田尤甚。十三年三月，黄岡雨雹，大如升，數十里麥盡損。四月乙未，青浦雨雹，有重至十餘觔者。

光緒元年四月二十二日，邢台雨雹，大如核桃，積地二寸許。二年四月，惠民大雨雹，鳥雀多擊死。三年四月十五日，沔縣雨雹，大如雞卵。六年夏，均州雨雹，大如雞卵。八年四月十一日，均州雨雹，大如鵝卵，袤百餘里，廣十餘里；二十五日，復雨雹，災尤重。八月，皋蘭雨雹，大如雞卵。九年七月初四日，山丹雨雹，大如雞卵。九月初二日，孝義廳雨雹，大如雞卵。十年五月二十五日，興山大雨雹，傷稼。八月，灤州大雨雹。十二年五月二十日，莊浪大雨雹，無極大雨雹。十四年六月十三日，新樂大雨雹，三十村禾盡損。十五年五月，化平川廳雨雹如蛙形，傷禾稼。十九年五月，狄道州雨雹，大如碗。二十二年九月，南樂大冰雹。二十四年四月二十四日，涇州雨雹，大如雞卵。五月，河州大風雨雹，平地水深三尺。二十五年五月初五日，海城雨雹，大如雞卵，擊死牛羊一千有餘。二十六年八月，南樂大雷雨雹。三十年七月，山丹大雨雹，傷禾。三十一年七月二十四日，洮州雨雹，大如雞卵，傷禾。

又 順治四年，山陽、商州雹蝗。

又 康熙二十年正月，宿州雷雨雹。

又 康熙五十三年十二月，福山大雷雹。

又 乾隆十四年十二月，信豐大雷電雨雹。

又 道光十三年十二月，宜城雷電雨雹。

又 卷四四《灾異志五》 康熙五十二年三月，全州大風雨雹，屋瓦皆飛，大木盡拔。

又 卷一二〇《食貨志一》 光緒二十八年，陝撫升允言：『西安馬廠各荒地，試開水旱田，行屯墾。營哨官賦地畝自六十以下，屯勇人十畝。每百畝貸官牛兩頭，籽種三石，官備農器，一年還牛，二年全交。并擬令分年節餉。開屯之初，歲發全餉，二歲裁半，三歲盡裁。』嗣後地爲水衝雹壞，穡入弗豐，因復上言：『驅無餉之兵，使自食其力，勢且壯志銷於畎畝，精鋭蝕於農作，有屯而實無兵，有兵而實無用，轉非創屯本意，不如不裁其餉，而悉以屯利歸公，再頒歲穫之二三行賞，此所謂兩利者也。』

又 卷二二五《費英東傳》 天命五年春三月，費英東卒，年五十有七。方疾革，日向西，雲起，有聲鏗鎗，雷電雨雹交至，不移時而霽。

又 卷二五〇《杜立德傳》 順治二年，考選戶科給事中。疏陳：『治平之道有三：一曰敬天。君爲天之子，當修省以迓天休。今秦、晉、燕畿水旱風雹，天心示警。凡開誠布公，懋德敦行，皆敬天事也。一曰法古。古者事之鑑，是非定於一時，法則昭於百代。故合經而後能權，遵法而後能創。凡建學明倫，立綱陳紀，皆法古事也。一曰愛人。自大臣以至百姓，宜一視同仁。且無論新舊，悉存棄短取長之心。凡親賢納諫，尚德緩刑，皆愛人事也。』上以其有裨治理，深嘉納之。

又 卷二七八《噶禮傳》 平遥民郭明奇等以噶禮庇貪婪知縣王綬，走京師詣巡城御史袁橋列訴。橋疏聞，并言『噶禮通省錢糧加火耗十之二，分補大同、臨汾等縣虧帑，餘並以入己，得四十餘萬；指修解州祠宇，用巡撫印簿勒捐；令家伶赴平陽、汾州、潞安三府迫富民饋遺；又以訟得臨汾、介休富民亢時鼎、梁湄金；縱汾州同知馬遴；庇洪洞知縣杜連登，皆貪吏；隱平定雹災』，凡七事。上命噶禮復奏，山西學政鄒士聰代太原士民疏留噶禮。御史蔡珍疏劾士璁『職在衡文，乃與巡撫朋比。且袁橋疏得旨二日後，太原士民即具呈，顯爲誣僞。噶禮與士璁同城，委爲不知，是昏憒也；知而不阻，是倖恩也。請併勅部議處』。尋噶禮復奏，以明奇等屢坐事走京師誣告，並辨橋、珍所言皆無據。下九卿察奏，明奇等下刑部治罪，橋、珍坐誣譴罷。

又 卷三一〇《嵇璜傳》 乾隆三十二年七月，授河東河道總督，奏：『楊橋大壩爲河南第一要工，雖已堵閉，時輒滲漏。而北岸河灘順直，既不能挑引河分溜，大壩迤東又遍地飛沙，不能建越隄。請將壩身裹戧培厚，用資完固。』璜每巡河，不避艱險，身先屬吏。一夕聞虞城工險，馳往。天甫曉，雨雹交下，下埽岌岌欲崩，從者失色，勸璜姑退。璜立隄上叱曰：『埽去我與俱去！』雨雹息，隄卒無恙。

藝文

唐 張鼎《禦雹賦》以日在北陸藏冰爲韻 《文苑英華》卷一七 聖人常夕惕而不寐，懼時令之有失。欲禦雹於明年，必藏冰於是日。深山窮谷於是收，桃弧棘矢而後出。蓋所以息天時之暴沴，萬國家之元吉。不然者，當純陽之用事，有伏陰之相蒸。炎雲際天而凍雨驟落，芳草竟野而淒風暴興。夫傷谷者莫大於雹，禦雹者其在乎冰。俾四時之事不悖，信《七月》之詩有徵。日臨下土，時在北陸。乃命淩人，出斯冰谷。威刺刺而正切，聲刺刺而軒速。雖暫勞而可倦，終永寧以多福。今國家酌於故實，考於先王。雖雹可以禦，亦冰其是藏。等至仁於天地，曾何咎於陰陽？斯道可久，百王不改，苟或失之，四方何罪？周官之禮是具，魯史之言斯在。抑爲人者仰於食，動於天者唯其德。苟能用於天道，自可忘其帝力。夫如是，用天與地，自南自北。寧有夭折之苦，曾無凍餒之色。若待反時之爲災，其何禦之能得？

宋 吴淑《事類賦》卷八《冰賦》 《易》曰：履霜始凝，馴致其道，而至於堅冰。爾其納於淩陰，出于朝覿，冲冲以鑿，峨峨斯積。洞清澈於玉壺，想肌膚於姑射。若夫得東風而自解，當北陸而斯藏。王祥求魚而見臥，子馮闕地而為牀。六尺積胡貉之地，五斛給汝南之喪。室在宣陽之側，井鑿雲臺之傍。至其梓慎曾占，淩人是掌。懷疑每見於狐聽，應候則聞於魚上。自立冬而始結，及仲冬而益壯。想慕容之涉海，自叶威靈，憶黄巾之渡河，俄聞敗喪。爾乃不讋自朗，向日方燃。遇勁風而自合，當白日而難全。王充一尺之説，東門五寸之言。庾儵之賦寒井，馬彪之詠長川。驗以一瓶之論，誦兹《七月》之篇。至夫斵彼積雪，生於寒水，思讐而常以在抱，負重而那勝見履。既泮而男女始合，將釋而農桑並起。井怪琅邪之寒，河訝滹沱之異。雖非登廟之寶，寔作羣臣之賜。開於春仲，方祭韭而獻羔；祠以司寒，必桃弧而棘矢。

宋 鄭獬《鄖溪集》卷二三《大寒呈張太博》 寒風怒蓬勃，排戶入吾室。沙灰漲天黑，白日赤黄色。捉衣擁肩坐，心脾寒慘慄。須臾天氣變，陰黯如塗漆。跳空雨雹飛，四走珠璣出。數子方嘆驚，共怪天公逸。先生携書來，昂頤杖飛策。乃召二三子，環坐與之席。呼童令取酒，盤飣雜梨栗。酒行寒氣除，春陽生四壁。先生説大義，馳騖何纖悉。洞徹人精神，兩耳飛霹靂。老語植根節，九牛不可屈。堯眉與舜目，緬若曾相識。如當夜黑中，光耀見赤日。退思聖賢業，所積在劘剔。韋皮畫山龍，塊泥亦瓦礫。人固有識智，非如物之植。而不自刻苦，晝夜如刀尺。年齒方壯健，男兒宜努力。方今太平民，尚未獲蘇息。誰能拱兩手，看人樹勳績。

又 卷二五《冬日示楊季若梁天機》 天河忽側飛雹傾，丁丁屋瓦相敲鳴。撲衣寫下白玉粒，脚底踏碎真珠聲。官舍高屋苦濩落，此時不易孤客情。潁侯恰寄玉泉釀，乳花甘滑琉璃清。紅糟淮白復脆美，佐之緑菘作吴羹。縱談往舊雜嘲戲，大笑觴倒金酒觥。閒以罰令却寂默，四座睥睨如伏兵。人生會合即爲樂，况子歸意淩青冥。赤尾鯉魚在泥滓，行見兩翅穿鱗生。跳身聳鬣望東海，蒼崖枯涸埋層冰。明年春風掃地起，一起萬物皆光明。

宋 曾鞏《南豐曾子固先生集》卷一《詩三十九首・雹》 窮谷結時雷已動，荒臺看處雪猶埋。崩騰沙礰乘風下，宛轉珠璣壓雨來。已激山聲如駭浪，更回天色似寒灰。何繇得見晴輝上，愁放昏昏睡眼開。

宋 洪朋《洪龜父集》卷上《和駒父大雨雹》 紹聖二年端月尾，南州雨雹如雁子。今朝霹靂清泠裏，雜然而下勢未已。狡獪變化何壯哉，欻唾珠玉天際來。銷毁金石不足道，梢殺林莽今可哀。聖人在上調玉燭，縱有此物寧爲災。邂逅豐年亦如此，長老相傳又堪記。吾今一飽良不易，摩挲枵腹聊自慰。

宋 劉子翬《屏山集》卷一一《春寒偶書》 浮雲匿晨暉，雨雹驚春晝。天公號令乖，陰晴變何驟。小徑踐芳泥，通渠走寒溜。風顛萬木偃，氣凜重幃透。鵷鸞護巢翔，奈此羣雛幼。擁爐烏薪然，雙手慵出袖。褰幃望空明，屋角見遥岫。

良朋不可招，塊處慚孤陋。青青桃葉長，奕奕蘭花秀。長吟曷咨嗟，佳辰去難又。

宋 吴芾《湖山集》卷七《三月十一日風雹》 向晚欣逢霽色開，方思花下共銜杯。一時雨雹排簷急，萬里風雲捲地來。掃蕩千花真可恨，摧殘二麥亦堪哀。賞心樂事俱休矣，惆悵青春去不回。

宋 魏了翁《重校鶴山先生大全文集》卷五《朝字韻詩諸丈倡酬未已再次韻》 風挾重陰牛戴牛，電雷雹雪來終朝。詩人隱憂寓酬倡，清輝錯落欺琨瑶。似驚一日四變異，須省二氣同根苗。非陰能勝陽不競，非物能眚人先妖。炎精未振剛受畜，睢水晝遁成臯跳。一從憒悱剛浸長，斡握地軸旋天杓。山中不知此何時，祇睹此象心爲焦。累臣九死何足恤，頑雲蒼慘天關遥。澤中但知賦鴻鴈，天上無復歌祈招自注：二音。醉頭新酒空似清，牆根新薺花如驕。便思傾罍芼鮮鯽，不妄爲取琴徽調。江張程子同一醉，芳草爲藉天爲裯。干戈滿地不忍見，恐調老弱征商軺。

宋 戴埴《雹》《江湖後集》卷九 玄默執徐歲，月律終無射。京師連雨雹，小者如彈，大者如拳。林柯葉亂下，烏鳶折飛翮。屋瓦砉劃遭擊撲，居人顛沛，行道錯愕。初疑巨颶掀捲馮夷宫，淵珍散墮光閃爍。復疑清霄萬里驅長蛟，泣淚盈盈驟飄薄。稜層水精碎，噴噀珠琲滑。有識覘天巧，一何景象惡。嘗聞聖人在上冬夏無愆伏，亭毒二氣不相剝。破塊封條已無異，祉羽無勞驗風角。今天子握極衡，運斗樞，景化豫順，羣慝蕭灼。精祲胡未孚，冰雨墮霄幕。其欲霈廣澤，胡不爲甘霖，沾丐枯焦重甲拆。其欲膏土脈，胡不爲晞薤，厭浥瀼瀼普漸洽。其欲表誅伐，胡不爲鎧霰，駟見而實，草木黄落。其欲弭螯蟲、滋生植，胡不爲嘉平之三白，驅蝗入地千百尺。或云水氣專一不解散，胡不爲長河玉岸之寒冰，可納凌室助頒刷。或云陰氣脅陽不相入，胡不爲氤氲五色之卿靄，叶應豐穰昭帝德。此雹舒不如雨露，慘不如霜雪，結不如冰澌之嚴沍，散不如雲霧之葱鬱。天非欲示懲，詎用作戲劇。漢儒説證應，紛紛太不一。或賢邪易位，或賦斂苛刻，或妻妾失倫，或大臣擅法。玄道幽且渺，牽附多穿鑿。仲尼百世師，麟經戒侵逼。此變凡在書，公室寖衰削。自下凌上曰僭，以柔變剛曰剝。沸湯湛冷泉，凝寒勝燠熱。溫雨受陰氛，凌沍自然結。時當秋氣杪，是理尤彰灼。風起庚，庚作令。日行西，西主殺。數至九變，金乃從革。大則爲兵小刑罰，内外靡不以時決。天地方會藏，沴候生京洛。得非少皞執矩未潔齊，得非蓐收爲正有顛錯，得非箕伯吞聲不掃除，青女護姦不除滅。穹旻赫然奮嚴威，重陰膠固紛零落。我願聖王覩此攬乾綱，用夬決，登俊良，屏邪慝。陰塵靜掃單于庭，陽和偏歙鄒子律。大明威威照九州，寒燠時序百穀熟。天若雨珠真可噱，請以綴衮冕之十二旒，龍旂和鸞之纓絡。

宋 方逢振《蛟峰文集》卷八《庚寅人日雨夕大雷電激而成雹陽專而陰不勝寒反爲燠復雷雹大雨彌旬燠極而霰繼以大雪三日深山盈丈自人日至晦凡二十三日雨雹霰雪農民告苦爲二十韻以記之》 龍馬交戰相長雄，一勝一負互始終。二氣脅擊威力窮，凝冰迸出焦火中。跳丸飛砲怒打空，一夜白晝午頭峰。頃田十萬銀裹封，東皇未肯開冶鎔。山眩水晃人滅蹤，癡猿凍鶴驚折松。鄰雞失旦僧懶鐘，昏曉不辨天地聾。鹽虎坐險終陷凶，獰獅見日空眼紅。書生徑臥身龍鍾，諷諫不到齊王宫。灞陵無驢句不工，萬家醜怪難形容。我聞古語盈尺豐，今深一丈愁殺農。欲將此意問天公，天公高高幾重。

宋 劉克莊《後村集》卷四《七月九日二首》 海激天翻電雹嗔，蒼松十丈劈爲薪。須臾龍卷它山去，誤殺田頭望雨人。

樵子俄從間路迴，因言溪谷響如雷。分明雨怕城中去，只隔前峯不過來。

宋 汪炎昶《古逸民先生集》卷一《五月二十三日雷雹大作》 午熱蒸崖嶂，晡時驟雨來。仍年頻見雹，中夏始聞雷。地撼山疑壓，林昏鳥誤回。吾寧識天意，吟苦自生哀。

雜録

清 方觀承《賑紀》卷二《核賑・部覆匯報秋灾賑恤蠲緩事宜疏》 户部爲詳報秋禾等事，據直隸總督高斌題前事，乾隆八年九月三十日題，十月十二日奉旨：該部速議具奏，欽此。於本月十三日抄出到部，臣等會查得總督高斌將本年直屬被災五十八州縣廳應行賑恤蠲緩事宜具題前來。

一、疏稱：除宛平、密雲、懷柔、涿州、易州、槀城、曲陽、延慶、懷來、赤城、萬全、龍門等十二州縣被水被雹被霜被蟲地畝，俱經勘明分數，均在四分以下，例不成災，又灤州被旱三四分以至四分五厘不等，均係不及五分，又宣化、蔚縣二處被雹二三四五六七分不等，勘明補種，不致成災，又尚未冊報之肅寧、靜海、欒城等三縣及官地被災之大城縣，並續報被水被雹之蔚州、蔚縣已未成災頃畝確數，俟各該州縣造送到日，另行分別補送外，所有霸昌道屬之霸州、固安、大城、通永道屬之薊州、熱河道屬之承德通判、永平府屬之玉田、豐潤、保定府屬之新城、唐縣、完縣、雄縣、束鹿、高陽、河間府屬之河間、獻縣、阜城、任邱、交河、寧津、景州、吴橋、故城、東光、天津府屬之天津、青縣、滄州、南皮、鹽山、慶雲、津軍廳、廣平府屬之威縣、清河、宣化府屬之蔚州、西寧、冀州屬之武邑、衡水、深州並所屬之武强、饒陽、安平等四十州縣廳已勘明成災之處，將被災地畝分數造冊具題等語。應將直隸送到霸州等四十州縣廳被災清冊存查外，仍令總督高斌將各州縣廳成災地畝應免錢糧，按照分數具題請豁，至宛平、涿州等十二州縣、灤州一州，該督既稱被災均不及五分，又宣化、蔚州二處被雹，仍獲有秋，不致成災，均無庸議。其未冊報之肅寧、靜海、欒城、大城、蔚州、蔚縣已未成災頃畝確數，應令該督作速勘明，飭催造報。

一、疏稱：承德通判、唐縣二處被雹成災五六七分不等，民情安帖，一切食用，盡可支援，無庸議賑。又雄縣、清河二縣被災僅止五分，例不應賑。又津軍廳地方應照例歸入天津縣查辦等語。除津軍廳所屬地方應入天津縣一體賑恤外，其承德通判、唐縣二處，該督既稱民情安帖，無庸議賑，雄縣、清河二縣被災僅止五分，例不應賑，均無庸議。

一、疏稱：固安縣被雹成災八分、十分地畝，均係旗人自種，並非當差應納糧租之地，無庸造冊送轉，其被災地户均有別地豐收，又玉田縣被雹係一隅偏災，查明居民未至乏食，均無庸議賑。其應徵新舊錢糧，照例蠲緩等語。查固安縣被雹成災地畝，該督既稱係旗人自種地户，均有別地豐收，玉田縣一隅偏災，民無乏食，應無庸議。

一、疏稱：蔚州被水災民並霸州、大城、薊州、豐潤、完縣、高陽、天津、西寧等州縣被災農民，見在均可度日，無庸先賑。其所需冬春賑恤，應同先行普賑一月之肅寧、寧津、故城、束鹿、欒城、威縣、衡水、深州、饒陽、安平、新城等十一州縣遵照偏災賑例，除被災五分者本年錢糧恩蠲一分緩徵，應於冬春之月，查有乏食窮民酌借口糧，無庸議賑外，其被災六分，極貧照例給賑一個月；被災七八分，極貧給賑兩個月，次貧給賑一個月；被災九分，極貧給賑三個月，次貧給賑兩個月；被災十分，極貧給賑四個月，次貧給賑三個月。又河間、獻縣、阜城、任邱、交河、景州、吴橋、東光、青縣、靜海、滄州、南皮、鹽山、慶雲、武邑、武强等十六州縣，遵照原題，於八月内先行普賑一個月，俟十一月大賑之期，將極貧加賑五個月，次貧加賑四個月。再，被災最重之河間等十六州縣及次重之肅寧等十一州縣，於普賑之後，若待至大賑，爲期尚遠，其實在孤寡老弱赤貧無依者難以延持，應請推廣皇仁。既奉部覆准原題，於普賑之後，再將此等窮民按月續賑，候十一月大賑之期，仍歸入極貧數内一體賑給。其天津縣雖無庸先行普賑，但災民中有實係老病孤寡無倚不能存活者，若僅按被災分數，統俟十一月大賑始得給領賑米，其間九、十兩月難以延待，似應先行按月賑給。以上給賑月日，飭令各屬分別辦理，所賑口糧，每日大口給米五合，小口減半，穀則倍之。應需賑米，在於各該本處倉糧及運津通倉米五十萬石内撥領散給，並動用司庫銀兩，遵照題明確數，米銀兼賑，務期無遺無濫，均沾實惠等語。均應如該督所請辦理。肅寧等十一州縣極貧次貧應行賑恤之處，亦應如所請，按照分數月分查辦。至所稱河間等十六州縣、肅寧等十一州縣並天津縣孤寡老弱按月續賑之處，查詳報秋禾等事案内，據該督以河間等州縣被災與常年不同，請將孤寡老弱於普賑後，按月賑給，俟十一月大雇時，一體接賑。經臣部議覆，行令分別妥辦在案。所有河間等十六州縣，既稱被災最重，所有老弱孤寡，應令遵照前題妥辦。至肅寧等十一州縣，據稱被災次重，則非河間等處可比，未便一例續賑。應令該督於普賑之後，統俟十一月大賑時，再行賑恤。其大小户口應給米穀數目並動撥倉糧銀兩米銀兼賑之處，業經臣部於原題河間等二十五州縣案内分晰覆准在案。今續報之各州縣，應令該督遵照前題分別妥辦，務使災黎均沾實惠。倘有官吏里役扣尅揑冒等弊，即行嚴參治罪，仍將賑過户口銀米穀石數目，造冊報部核銷。

一、疏稱：應賑之旗户、竈户、貧士，業經題明，照例賑恤。今續報成災之處，亦應一體辦理等語。查直督高斌題報河間、天津等處旱災案内，請將旗户、竈户、貧士照例一體賑恤。經臣部覆准在案，應令該督照例辦理。統於事竣之日，按照各旗竈户口，將賑過米穀銀兩各數，造冊報銷。

一、疏稱：各屬夏田被災已經借給子種補種秋禾並乏食農民請借口糧者，所借米穀，均應俟來歲秋後免息還倉。其勘報被水被雹被蟲之處，無論已未成災以及麥收歉薄地方，有缺乏麥種者，行令查明酌藉以資播種。所借銀麥，統於來年麥熟後還官，免其加息。其有冬春之際缺乏口糧子種應行酌借，並舊欠子種口糧米穀，均應緩至來年秋後免息追還。再，各屬本年春間出借口糧應還官者，除永平、宣化、大名三府及熱河道屬外，其餘各府州屬，業經奏准，照依歉收之例，概免加息。又各州縣如遇來春青黄不接之時，糧價昂貴，即酌動倉糧，照例減價平糶，以資民食等語。查本年六月內直督高斌折奏：得雨地方，惟永平、宣化、大名三府屬及古北口外已經沾足，本年春間出借口糧，應照例酌看收成分數分別加免外，其餘各府州屬本年出借口糧，照依歉收之例，概免加息，以紓民力等因。奉硃批：即照所請行，應諮部者，諮部知之。欽此。欽遵知照臣部在案。所有出借口糧免息之處，應令該督遵照原奏辦理；至來春青黄不接之時，如果糧價昂貴，即行照例減糶。再查乾隆四年四月內臣部折奏，民借倉糧，收成在五分以下者，緩至來年秋收後徵還；收成六分者，本年先完一半，次年徵完一半；收成七分者，本年秋後徵完，免其加息；收成八、九、十分者，本年秋收後照數還倉。亦在案。今各屬被災借給子種口糧以及舊欠米穀，應令該督按照被災分數，分別催追還倉報部，仍將出借過子種口糧米穀銀錢數目，先行造冊，送部備查。

一、疏稱：已未成災村莊，本年錢糧照例分別停緩帶徵，凡有應徵歷年舊欠錢糧，緩至來年麥熟後催徵，以紓民力。其餘未報被災處所，仍行催徵完解等語。除未經被災地畝應完新舊錢糧飭令各屬照例催徵完解外，其被災地方，無論已未成災，本年錢糧並歷年舊欠錢糧，應令直督高斌按照分數，將應行停緩帶徵之處，分晰造冊題報。

雪灾部

題解

《爾雅・釋天》 雨霓爲霄雪。

《説文解字》卷一一《雨部・䨮》 凝雨，説物者。从雨彗聲。

漢 韓嬰《韓詩外傳》卷二 夫霜雪雨露，殺生萬物者也，天無事焉，猶之貴天也。執法厭文，治官治民者，有司也，君無事焉，猶之尊君也。夫闢土殖穀者后稷也，決江疏河者禹也，聽獄執中者皋陶也，然而有聖名者堯也。故有道以御之，身雖無能也，必使能者爲己用也。無道以御之，彼雖多能，猶將無益於存亡矣。詩曰：『執轡如組，兩驂如舞。』貴能御也。

漢 劉熙《釋名》卷一《釋天》 雪，綏也。水下遇寒氣而凝，綏綏然也。

又 霰，星也，水雪相搏如星而散也。

漢 王充《論衡》卷一一《説日篇》 夫雨從山發，月經星麗畢之時，麗畢之時當雨也。時不雨，月不麗，山不雲，天地上下自相應也。月麗於上，山烝於下，氣體偶合，自然道也。雲霧，雨之徵也，夏則爲露，冬則爲霜，溫則爲雨，寒則爲雪。雨露凍凝者，皆由地發，不從天降也。

《文選・謝惠連〈雪賦〉》李善注 曾子曰：陰氣凝而爲雪。

《魏書》卷一一二《靈徵志上・雪》 《洪範論》曰：《春秋》之大雨雪，猶庶征之恒雨也，然尤甚焉。夫雨，陰也，雪又陰也。大雪者，陰之蓄積盛甚也。一曰與大水同，冬故為雪耳。

《北堂書鈔》卷一五二《天部四・雪篇》 《洪範五行傳》曰：大雨雪者，陰之蓄積盛甚也。

又 《春秋元命苞》云：陰凝為雪。

宋 任廣《書叙指南》卷一三《節令氣候下》 冬寒曰嚴氣欻升，《雪賦》。又曰風嚴且苛。《選・十四》。大寒曰至寒悽愴。王褒。冬深曰盛冬日短。《前・五行》。冬序曰寒冰凄然。向秀。冬晴暖曰冬日灑暉。唐，張登。大寒曰寒烈，馮異。又曰隆冬烈寒，《新序》。又曰猛寒。束晳《餅賦》。冬夜曰冬夜肅清。嵇康《琴賦》。漸冬深曰嚴寒向隆。陸景書。冬深曰嚴冰在節。梁，張纘啟。冬溫曰愆陽。《公羊》。

宋 秦觀《淮海集》卷一六《奇兵》 陰陽之氣，怒為風，交為電，亂為霧，薄而為雷，激而為霆，融散而為雨露，凝結而為霜雪，天地之奇也。

宋 黎靖德《朱子語類》卷二《理氣下・天地下》 霜只是露結成，雪只是雨結成。古人説露是星月之氣，不然。今高山頂上雖晴亦無露。露只是自下蒸上。人言極西高山上亦無雨雪。

『高山無霜露，卻有雪。某嘗登雲谷。晨起穿林薄中，並無露水沾衣。但見煙霞在下，茫然如大洋海，眾山僅露峰尖，煙雲環繞往來，山如移動，天下之奇觀也！』或問：『高山無霜露，其理如何？』曰：『上面氣漸清，風漸緊，雖微有霧氣，都吹散了，所以不結。若雪，則只是雨遇寒而凝，故高寒處雪先結也。道家有高處有萬里剛風之説，便是那裡氣清緊。低處則氣濁，故緩散。想得高山更上去，立人不住了，那裡氣又緊故也。離騷有九天之説，注家妄解，雲有九天。據某觀之，只是九重。蓋天運行有許多重數。以手畫圖暈，自内繞出至外，其數九。裡面重數較軟，至外面則漸硬。想到第九重，只成硬殼相似，那裡轉得又愈緊矣。』

雪花所以必六出者，蓋只是霰下，被猛風拍開，故成六出。如人擲一團爛泥於地，泥必濺開成稜瓣也。又，六者陰數，大陰玄精石亦六稜，蓋天地自然之數。

又 卷九九《張子書二》 横渠云：『陽為陰累，則相持為雨而降。』陽氣正升，忽遇陰氣，則相持而下為雨。蓋陽氣輕，陰氣重，故陽氣為陰氣壓墜而下也。『陰為陽得，則飄揚為雲而升。』陰氣正升，忽遇陽氣，則助之飛騰而上為雲也。『陰氣凝聚，陽在内者不得出，則奮擊而為雷霆。』陽氣伏于陰氣之内不得出，故爆開而為雷也。『陽在外者不得入，則周旋不舍而為風。』陰氣凝結于内，陽氣欲入不得，故旋繞其外不已而為風，至吹散陰氣盡乃已也。『和而散，則為霜雪雨露；不和而散，則為戾氣曀霾。』戾氣，飛雹之類；曀霾，黄霧之類；皆陰陽邪惡不正之氣，所以雹水穢濁，或青黑色。

元 虞裕《談撰》《説郛》卷三五上 陰陽之氣，行乎天地之間。其相薄也，則感而為雷，激而為霆。其偏勝也，則怒而為風，和而為雨。故東方之氣雷，南方之氣雹，西方之氣虹蜺，北方之氣雲、雨、雪、雹、霰，中央之氣露。是以陰凝，故雨墜為雪。

明 烏斯道《天辨》《明文海》卷一一〇 空中二氣，交則為雲、為雨，藹焉則為雹、為雷霆，陰氣遊焉，則為霜雪、為霰。

明 葉子奇《草木子》卷一上《管窺篇》 雪寒在上。故高山多雪。霜寒在下。故平地多霜。

明 郎瑛《七修類稿》卷三《天地類・雨夾雪》 雨者，氣之升而雲之致也。雪者，雨之凝而寒極之致也。其雨雪相雜而下者，雲有高低之故，低成雨而高成雪也。

明 謝肇淛《五雜俎》卷一《天部一》 《詩》：『相彼雨雪，先集維霰。』霰，雪之未成花者，今俗謂之米粒雪，雨水初凍結成者也。《爾雅》注引《詩》作霓，又謂之霄雪，疏：『霄即消。』蓋誤以霄爲霄也，失之愈遠矣。霄亦音屑，從雨從肖，非從肖也，楊用修辨之甚明。

《康熙字典》戊集中《雨字部・雪》 《説文》本作䨮。凝雨。《元命包》陰凝爲雪。《釋名》雪，綏也。水下遇寒氣而凝，綏綏然下也。《埤雅》雪六出而成華，言凡草木華五出，雪華獨六出，陰之成數也。《詩・邶風》雨雪其雱。

又《廣韻》除也。《韻會》洗也。《莊子・知北遊》澡雪而精神。《戰國策》得賢士與共國，以雪先王之恥，孤之願也。

又《廣韻》拭也。《家語》以黍雪桃。《史記・酈食其傳》沛公遽雪足杖矛，曰：延客入。又小雪、大雪，廿節候名。見《後漢・律曆志》。又山名。《後漢・明帝紀註》天山即祁連山。一名雪山。又陽春白雪，古曲名。又姓。《正字通》明洪武中巡簡雪霽。

又《雨字部・䨮》 《説文》雪本字。《埤雅》雪从彗，蓋雨雪之可埽者也，亦能淨坋穢若彗。

清 段玉裁《説文解字注》卷一一《雨部・䨮》 冰雨説物者也。冰各本作凝。今正。凝者，冰之俗也。釋名曰：雪，綏也。水下遇寒氣而凝。綏綏然下也。故許謂之冰雨。説今之悦字。物無不喜雪者。説與雪疊韵。从雨。彗聲。相絕切。十五部。

論説

《六韜・文韜》 武王伐殷，得二大夫，而問之曰：『殷之將亡，亦有妖乎？』其一人曰：『有。殷國嘗雨血、雨灰、雨石，小者如椎，大者如箕。六月雨雪深尺餘。』其一人曰：『是非國之大妖也。殷君喜以人餧虎，喜割人心，喜殺孕婦，喜殺人父，孤人之子，喜奪，喜誣，以信為欺、欺者為真，以忠為不忠，忠諫者死，阿諛者賞，以君子為下，小人為上，急令暴政，好田獵，出入不時，喜治宫室、修池台，日夜無已，喜為酒池肉林糟丘，而牛飲者三千餘人，無長幼之序、貴賤之禮，喜聽讒用舉，無功者賞，無德者富，所愛專利而擅令，無禮義，無忠信，無聖人，無賢士，無法度，無升斛，無尺丈，無稱衡。此殷國之大妖也。』

《呂氏春秋》卷一〇《孟冬紀・孟冬》 孟冬行春令，則凍閉不密，地氣發泄，民多流亡。行夏令，則國多暴風，方冬不寒，蟄蟲復出。行秋令，則雪霜不時，小兵時起，土地侵削。

《春秋公羊傳・隱公九年》 經：庚辰，大雨雪。

傳：何以書？記異也。何異爾？俶甚也。

又《桓公八年》 經：冬，十月，雨雪。

傳：何以書？記異也。何異爾？不時也。

《春秋穀梁傳・隱公九年》 經：三月，癸酉，大雨，震電。庚辰，大雨雪。

傳：震，雷也。電，霆也。志疏數也，八日之間，再有大變，陰陽錯行，故謹而日之也。雨月，志正也。

漢 董仲舒《雨雹對》《古文苑》卷一一 陰氣脅陽氣，天地之氣，陰陽相半，和氣週回，朝夕不息。陽德用事，則和氣皆陽，建巳之月是也。故謂之正陽之月。陰德用事，則和氣皆陰，建亥之月是也。故謂之正陰之月。十月陰雖用事，而陰不孤立，此月純陰。疑於無陽，故謂之陽月。詩人所謂「日月陽止」者也。四月陽雖用事，而陽不獨存，此月純陽，疑於無陰，故亦謂之陰月。自十月以後，陽氣始生於地下，漸冉流散，故言息也。陰氣轉收，故言消也。日夜滋生，遂至四月純陽用事。自四月以後，陰氣始生於天下，漸冉流散，故云息也。陽氣轉收，故言消也。日夜滋生，遂至十月純陰用事。二月八月，陰陽正等，無多少也。以此推移，無有差慝，運動抑揚，更相動薄，則薰蒿歊蒸，而風雨雲霧，雷電雪雹生焉。氣上薄爲雨，不薄爲霧，風其噫也，雲其氣也。雷其相擊之聲也，電其相擊之光也。二氣之初蒸也，若有若無，若實若虛，若方若圓，攢聚相合，其體稍重，故雨乘虛而墜。風多則合速，故雨大而疏。風少則合遲，故雨細而密。其寒月則雨凝於上，體尚輕微，而因風相襲，故成雪焉。寒有高下，上煖下寒，則上合爲大雨，下凝爲冰，霰雪是也。

晋 干寶《搜神記》卷六《山亡論》《尚書・金縢》曰：『山徙者，人君不用道，士賢者不興，或祿去公室，賞罰不由君，私門成羣，不救，當爲易世變號。』説曰：『善言天者，必質於人；善言人者，必本於天。』故天有四時，日月相推，寒暑迭代，其轉運也。和而爲雨，怒而爲風，散而爲露，亂而爲霧，凝而爲霜雪，立而爲虹霓，此天之常數也。人有四肢五臟，一覺一寐，呼吸吐納，精氣往來，流而爲榮衛，彰而爲氣色，發而爲聲音，此亦人之常數也。若四時失運，寒暑乖違，則五緯盈縮，星辰錯行，日月薄蝕，彗孛流飛，此天地之危診也。寒暑不時，此天地之蒸否也。石立，土踊，此天地之瘤贅也。山崩，地陷，此天地之癰疽也。衝風，暴雨，此天地之奔氣也。雨澤不降，川瀆涸竭，此天地之焦枯也。

唐 瞿曇悉達《開元占經》卷一二《月占二・月與五星相犯蝕四》《黄帝占》曰：『辰星入月中，不出三旬，内有匿謀，春夏有大水，秋冬有大雪，牛馬疾疫，穀貴。』按《晉陽秋考》曰：『太元十三年十一月戊子，辰星八月在晉。濤水入石頭，春大水，冬大雪，物馬死，穀踴貴不出百日。

又 卷一〇一《雪》《元命包》曰：『陰陽凝為雪。』《氾勝書》曰：『雪者，五穀之精。』曾子曰：『陰氣勝，則凝為雪。』《穆天子傳》曰：『雪盈數尺，年豐。』《八節占》曰：『冬有積雪，歲美人和。』又曰：『冬祁寒，降雪盈尺，年豐歲稔之候。』董仲舒曰：『太平之世，雪不封條，淩彌毒害而已。』《考異郵》曰：『庚辰，大雪深七尺，並者丈四尺。』京房曰：『雪附木者，此人君聽言殺忠臣也；雪未至地而復上，久而復下，此人君欲寬死罪；雪而溫者，此人君脱有罪。凡雪者，陰氣盛也，小人係公結私，以脅其主而專其權，二月、九月而不已，此執法權正引邪以成賊理，故雪厚，為旱；薄，則為水；皆一百九十二日。』《天鏡》曰：『春雨雪不消，妻党專政，擅持君威，天下饑，民死亡。』《易通卦驗》曰：『乾得坎之寒，則夏雨雪。』《天鏡》曰：『夏雨雪，必有大喪，天下兵起。』《詩推度災》曰：『違天地，絕人倫，則夏雨雪。』《晉朝雜事》曰：『太康七年，河陰雨赤雪二頃。』京房《易候》曰：『夏雨雪，國殃，必有喪，司馬為亂。』又曰：『君死國亡。』《天鏡》曰：『秋雨雪，百姓多死，草木零落，天下大喪。雪下，厚三尺以上，大兵方起。』

唐 吴兢《貞觀政要》卷八《辯興亡三四》 貞觀九年，北蕃歸朝人奏：『突厥内大雪，人饑，羊馬並死。中國人在彼者，皆入山作賊，人情大惡。』太宗謂侍臣曰：『觀古人君，行仁義，任賢良則理；行暴亂，任小人則敗。突厥所信任者，並共公等見之，略無忠正可取者。頡利複不憂百姓，恣情所爲，朕以人事觀之，亦何可久矣？』魏徵進曰：『昔魏文侯問李克，諸侯誰先亡？克曰：「吴先亡。」文侯曰：「何故？」克曰：「數戰數勝，數勝則主驕，數戰則民疲，不亡何待？」頡利逢隋末中國喪亂，遂恃衆內侵，今尚不息，此其必亡之道。』太宗深然之。

宋 包拯《包孝肅奏議集》卷七《請免陳州添折見錢》 臣訪聞知陳州任師中昨奏，為本州管下五縣，自去冬遇大雨雪，凍折桑棗等，并今年養蠶只及三五分，二麥不熟，全有損失去處。除擘畫不放省税外，只乞與免支移折變。已奉聖旨，令京西轉運司相度聞奏。竊知本路轉運司牒陳州，令將今年夏税大小麥與免支移，只令就本州送納見錢；却令將大小麥每斗折見錢一百文，脚錢二十文，諸般頭子倉耗又納二十文，是每斗麥納錢一百四十文。况見今市上小麥每斗實價五十文，乃是於災傷年分二倍誅剥貧民也；則民間錢貨從何出辦？兼將客户等蠶鹽一斤，一例折作見錢一百文；又將此一百文紐做小麥二斗五升，每斗亦令納見錢一百四十文，計每斤土鹽却納三百五十文。况一郡五縣數十萬口，非常暴歛，小民重困，體實非便。欲乞特降指揮，令本州疾速依見今在市二麥實價，估定錢數，令民取便送納見錢，或納本色，庶使京輔近地不濟人户，稍獲蘇息。兼慮本路應係災傷州軍，或有似此重行折變之處，亦乞特行勘會，速賜指揮，若稍稽延，恐無所及。

宋 歐陽修《文忠集》卷一一二《論乞賑救饑民札子》慶曆三年 臣伏見近降大雪，雖是將來豐熟之兆，然即日陜西饑民流亡者衆，同、華、河中尤甚，往往道路遺棄小兒不少。只聞朝旨令那移近邊兵馬及於有官米處出糶，此外未聞別行賑救。此急在旦夕，不可遲回。其遺棄小兒，亦乞早降指揮，令長吏收恤。仍聞京西、東大雪不止，毁折桑柘不少。竊慮向去絲蠶税賦無所出，致貧民起為盗賊，亦乞特降指揮體量。臣竊見國史書祖宗朝，每奏一兩州軍小有災傷，亦有多少賑恤，或蠲免税租。蓋以所放者少，不損國用，又察民疾苦，微細不遺，所以國恩流布，民不怨嗟，不必須待災傷廣闊，方行賑救也。方今人貧下怨之際，不厭頻推恩惠，伏望聖慈，特賜矜憫。取進止。

又 卷一一三《論救賑雪後饑民札子》慶曆三年 臣風聞京城大雪之後，民間饑寒之人甚多，至有子母數口一時凍死者，雖豪貴之家往往亦無薪炭，則貧弱之民可知矣。蓋京師小民例無蓄積，只是朝夕旋營口食，一日不營求，則頓至乏絶。今大雪已及十日，使市井之民十日不營求，雖中人亦乏絶矣，况小民哉！雪於農民雖為利澤，然農畝之利遠及春夏，細民所苦急在目前。日夕以來，民之凍死者漸多，未聞官司有所賑救。欲乞特降聖旨下開封府，或分遣使臣，遍録民間貧凍不能自存者，量散口食，並各於有官場柴炭草處就近支散，救其將死之命。至於諸營出軍家口，亦宜量加存恤，以示聖恩。所散不多，所利者衆。仍令兩府條件應有軍士在外辛苦，及民人支移税賦殘零、輸送艱辛等處，並與擘畫，早加存恤。若使戍兵愁苦，道路怨嗟，饑凍之尸列於京邑，則大雪之澤，其利未見，而數事之失，所損已多。伏望聖慈，特賜留意。取進止。

宋 范純仁《范忠宣集》卷下《論消復陰沴》元祐元年公時爲諫議大夫 臣竊見去冬以來，寒雪過常，今已中春，陰沴未解。商賈束手，不能營生，貧困之民，死者甚衆。聖心憂勞，修德禳變，賑卹備至，祈禱精虔，尚猶未有消復之應。臣竊思之：君子為陽，小人為陰，或慮朝廷之上，君子少而小人多，因致陰氣過盛，而陽不能勝也。伏望深詔三省，選用正人，在外者使復歸朝廷，在京者拔居要近，俾得聚會精神，講求政要，以裨聖治。所謂舉直錯枉，庶使民心悦服，自然協氣應誠，災異不作。

元 郝經《陵川集》卷一七《仁論》 運會變化，萬物紛錯，天地之間莫不得其所者，天之所充也；動容周旋，中禮合道，天下之人莫不得其所者，人之所充也。天而充之，則人與萬物皆得其仁；人而充之，則亦天之仁也。其或不能，而至於不充者，有害之者也。天之仁而莫大也，而或害之，則本然之差，不齊之氣也。日月之晦食，寒暑之舛謬，風霆雨雹之陵暴，草木鳥獸之夭折，則於天之仁有未既盡焉，然非天之罪也。天之仁而猶或未既盡，况於人乎！

又《教論》 天地生物本之者，道也。載以氣而流以形，使之各正性命，而不失其本焉者，教也。故播之以四時，推之以六氣，交之以五行，照之以日月之明，鼓之以風霆之力，潤之以雨露之澤，肅之以雪霜之威，發揮其精神，變化其氣質，無非所以為教，以成夫道也。

明 劉基《春秋明經》卷下 三月癸酉，大雨震電。庚辰，大雨雪。

《春秋》紀陰陽之失節，所以示人君不可忽天道也。夫《春秋》常事不書，惟異而後書之。震電雨雪常有之物，而以為異，何耶？盖周之三月乃夏時之正月，陽氣未大發也，而大雨震電，陽失節矣。震電既發，則雨雪不當復降。越八日而又大雨雪，是陽稺而陰復肆也。陰陽之交失若是，安得不以為異乎？

天人一理，有感則必有其應。觀《春秋》之所書，而隱公之失政可知矣。愚嘗求之《洪範》庶徵之論矣，君人者，所以建皇極而納民于福者也。是故雨暘燠寒風之若否由之而應，於是乎有恒寒恒燠之罰焉。人君知之，則遇灾而懼，雖有其象而無其應。不然則應復為感，而灾咎之來必矣。是故震電者陽精之發，而雨雪者陰氣之凝。震電則發于燠，雨雪則凝于寒，不可並行也。隱公即位九年于兹，不聞令政而多涼德，以諸侯而不事天子，以國君而不撫庶民，軍旅數興，政權下替，君道之失久矣。今以建寅之月，未當啓蟄之時，而大雨震電，陽氣之動已過于早矣。雷電既發于癸酉之辰，而雨雪復作於庚辰之日，陽不順令而動非其時，故不能勝陰之兆見矣。故震電而曰『大雨震電』，雨雪而又曰『大雨雪』，則皆非小變矣。為隱公者，盍亦反躬而自省矣。德不脩歟？政不舉歟？讒邪之未去歟？善人之弗用歟？抑小民之失其所而祭祀之不共歟？何上天降鑒之若是也。我其夙夜畏天之威而思所以自新，庶其免于戾矣。公則藐乎無所警也，方且伐宋取邑，會鄭入許，揚揚然自以為功，而鍾巫之難作矣。《春秋》所書雖然不言其應，而事應之符昭然不昧。故曰：非深明夫天人之理者，不可以言《春秋》也。抑嘗攷之於經，凡書雨雪者三，而兩在冬。若以夏時言之，則雨雪冬所當有，《春秋》法不當書。而況二百四十二年之間，豈止兩雨雪耶？故知《春秋》之以周正紀事而書冬之為建酉戌亥之月無疑也。此夏時之正月，則以震電雨雪兼作為異，且又大而過常，則皆為不時矣。嗚呼，讀《春秋》者不以全經貫之，而欲因一句以求義，安能得聖人之微意哉。

綜述

宋 董煟《救荒活民書》卷下《呂公著賑濟》 元祐三年冬，頻雪。民苦寒，多有凍死者。呂公著爲相，日與同列議所以救禦之術。乃發官米炭，遣官數十，分置場於京師，賤鬻以惠貧民。又出内庫錢十萬緡，委開封府官吏遍走閭閻，周視而賑之。又遣官按視四福田院存撫，丐者給以日廩，須春暮而止。農民貸種糧。流移在道者，所過州縣存恤，寓以官舍，續其食。流配罪人，隨所在寄禁，亦委官吏安存之。或爲饘粥湯藥以救疾，或爲氊笠綿衣以禦寒。民有棄老稚於路者，皆設法救養之。凡待賑而活者，一路或數十萬口，賴貸以濟者又倍焉。

傳記

明 佚名《蓬軒類記》卷一 王琦，字文進，仁和人。鄉貢試禮部副榜，授汝州學正。擢監察御史，以學行老成稱。陞山西按察僉事，提督學校，士風爲之丕變。改四川，不樂，乞致仕歸，年方五十。琦以清介自持，在官門無私謁，平生不治生産，居閑陶如也。值歲大祲，無以爲朝夕，冬且暮，大雪，日僵臥不能出門户。於有饋，非故舊推不受，即故舊至，數亦卻之。隣有唁之曰：『當路甚重公，舉一言，何所不濟，何乃自苦如此？』琦曰：『吾求無所愧於心耳。無所愧，雖饑與寒，無不樂也，何唁之有？』天順間，竟以饑寒卒。杭州守胡濬聞而弔之。告布按二司，爲奏祠琦於杭學鄉賢祠。出杭州賢祠録。

紀事

《春秋・隱公九年》 三月癸酉，大雨，震電。庚辰，大雨雪。

又《桓公八年》 冬十月，雨雪。

又《僖公十年》 冬，大雨雪。

《左傳・隱公九年》 九年春，王三月癸酉，大雨霖以震，書始也。庚辰，大雨雪，亦如之。書，時失也。凡雨，自三日以往為霖。平地尺為大雪。

《史記》卷六《秦始皇本紀》 ［秦王政二一年］昌平君徙於郢。大雨雪，深二尺五寸。

又 卷一三《六國年表》 ［周考王六年］［秦］六月雨雪。

又 卷四三《趙世家》 ［赵成侯］二年六月，雨雪。

又 卷一一〇《匈奴列傳》 是歲，漢使貳師將軍廣利西伐大宛，而令因杅將軍敖築受降城。其冬，匈奴大雨雪，畜多飢寒死。兒單于年少，好殺伐，國人多不安。

《漢書》卷五《景帝紀》 ［中元六年］春三月，雨雪。

又 卷六《武帝紀》 ［元狩元年］十二月，大雨雪，民凍死。

又 ［元鼎二年］三月，大雨雪。

又卷九《元帝紀》［永光元年三月］是月雨雪，師古曰：『雨音于具反。』隕霜傷麥稼，秋罷。如淳曰：『當言罷某官某事，爛脫失之。』晉灼曰：『或無稼字，或稼字在秋下。稼或作桑，或作霖。五行志永光元年三月隕霜殺桑，九月二日隕霜殺稼，天下大饑。言傷麥稼，秋罷，是也。』師古曰：『晉說得之。秋者，謂秋時所收穀稼也。今俗猶謂麥豆之屬爲雜稼。云秋罷者，言至秋時無所收也。』

又卷二七上《五行志上》隱公九年『三月癸酉，大雨，震電；庚辰，大雨雪』。

又卷一〇《成帝紀》［建始四年］夏四月，雨雪。

又［建昭二年］冬十一月，齊楚地震，大雨雪，樹折屋壞。

又卷二七中之下《五行志中之下》文帝四年六月，大雨雪。

景帝中六年三月，雨雪。

武帝元狩元年十二月，大雨雪，民多凍死。

元鼎三年三月水冰，四月雨雪，關東十餘郡人相食。

建昭四年三月，雨雪，燕多死。

陽朔四年四月，雨雪，燕雀死。

又卷九四《匈奴傳上·兒單于》又兒單于立，漢使兩使，一人弔單于，一人弔右賢王，欲以乖其國。【略】其冬，匈奴大雨雪，畜多飢寒死，而單于年少，好殺伐，國中多不安。

又　貳師在匈奴歲餘，衛律害其寵，會母閼氏病，律飭胡巫言先單于怒，曰：『胡攻時祠兵，常言得貳師以社，今何故不用？』於是收貳師，貳師罵曰：『我死必滅匈奴！』遂屠貳師以祠。會連雨雪數月，畜產死，人民疫病，穀稼不孰，單于恐，為貳師立祠室。

又《壺衍鞮單于》［本始二年］其冬，單于自將萬騎擊烏孫，頗得老弱，欲還。會天大雨雪，一日深丈餘，人民畜產凍死，還者不能什一。

又卷九九中《王莽傳中》［新莽天鳳三年］三年二月乙酉，地震，大雨雪，關東尤甚，深者一丈，竹柏或枯。

《宋書》卷八《明帝紀》［泰始三年正月］閏月庚午，京師大雨雪，遣使巡行，賑賜各有差。

《南齊書》卷一九《五行志》建元二年閏月己丑，雨雪。三年十一月，雨雪，或陰或晦，八十餘日，至四年二月乃止。

又卷五七《魏虜傳》［永明八年］土氣寒凝，風砂恒起，六月雨雪。

又卷三三《五行志四·恒寒》太康五年七月甲辰，中山雨雹；九月，南安大雪，折木。

《北齊書》卷七《武成帝紀》［河清二年冬十二月］是時，大雨雪連月，南北千餘里平地數尺，霜晝下，雨血於太原。

又卷八《後主紀》［天統二年］十一月，大雨雪。

《魏書》卷一六《陽平王傳》會是夜大風雨雪，模等班師，士卒凍死十二三。

又卷一一二《靈徵志上·雪》高祖太和四年九月甲子朔，京師大風，雨雪三尺。

世宗正始元年五月壬戌，武川鎮大雨雪。

四年二月乙卯，司、相二州暴風，大雨雪。

《周書》卷七《宣帝紀》［大象二年春正月］戊申，雨雪。雪止，又雨細黃土，移時乃息。

《晉書》卷二九《五行志下·雨雹》［太寧］三年三月丁丑，雨雪。

《南史》卷三《宋太宗明帝紀》［泰始三年］閏正月庚午，都下大雨雪，遣使巡行，振貸各有差。

《北史》卷八《齊世祖武成帝紀》［河清二年冬十二月］是時，大雨雪連月，南北千餘里，平地數尺，霜晝下，雨血於太原。

又《後主紀》［天統二年］十一月，大雨雪。

又卷一〇《周宣帝紀》［大象二年］戊申，雨雪，雪止又雨細黃土，移時乃息。

《舊唐書》卷六《則天皇后紀》［長安四年十一月］自九月至於是，日夜陰晦，大雨雪，都中人有飢凍死者，令官司開倉賑給。

又卷八《玄宗紀上》［開元十八年］二月丙寅，大雨雪，俄而雷震，左飛龍廄災。

又卷九《玄宗紀下》［開元］二十七年春正月乙巳，大雨雪。

又［開元二十九年］九月，大雨雪，稻禾偃折，又霖雨月餘，道途阻滯。

又卷一三《德宗紀下》［貞元十七年二月］庚戌，大雨雪兼雹。

又［貞元］十八年春正月戊午朔，大雨雪，罷朝賀。

又　卷一六《穆宗紀》［元十五年八月］同州雨雪害秋稼。

又　［元和十五年九月］己酉，大雨三日，至是雨雪，樹木無風而摧仆者十五六。

又　卷一七下《文宗紀下》［大和五年］是冬，京師大雨雪。

又　卷二五《禮儀志五》［貞觀十三年正月］初，甲辰之夜，大雨雪。

《新唐書》卷五《玄宗紀》［開元二十九年］九月丁卯，大雨雪。

又　卷八《武宗紀》［會昌三年］是春，大雨雪。

又　卷一〇《昭宗紀》［乾寧二年］四月，蘇州大雨雪。

又　［天復二年三月］乙卯，浙西大雨雪。

又　《哀帝紀》［天祐三年閏十二月］乙亥，震電，雨雪。

《新五代史》卷一七《晉高祖李皇后傳》［開運四年正月］是時雨雪寒凍，皆苦饑。

《續資治通鑒長編》卷一四五［慶曆三年十二月］丁巳，大雨雪，木冰。

又　卷一四六［慶曆四年春正月］庚午，詔京城積雪，民多凍餒，其令三司置場，減價出米穀、薪炭以濟之。

又　卷一七六［至和元年］二月乙未朔，詔天下州縣自今遇大雨雪，委長吏詳酌放官私房錢三日，歲毋得過三次。

又　卷一八二［嘉祐元年春正月］壬午，大雨雪，木冰。

又　卷一八九［嘉祐四年春正月丁酉］自去年雨雪不止，民飢寒，死道路甚眾。

又　卷三九四［元祐二年］春，正月甲寅朔。乙卯，詔以雪寒權停在京工役三日。御集正月二日。

又　卷四〇八［元祐三年春正月］丙辰，詔以春寒，展給賣薪炭限十有五日。時自去冬大雪寒，至於是月。

《文獻通考》卷三〇五《物異考十一·恒寒》　《春秋》桓公八年『十月，雨雪』。周十月，今八月也，未可以雪，劉向以爲時夫人有淫齊之行，而桓有妒媢之心，夫人將殺，其象見也。桓不覺寤，後與夫人俱如齊而殺死。凡雨，陰也，雪又雨之陰也，出非其時，迫近象也。董仲舒以爲象夫人專恣，陰氣盛也。

又　考王六年六月，秦雨雪。威烈王四年四月，晉大雨雪。

秦始皇初即位尚幼，委政太后。太后淫於呂不韋及嫪毐，封毐爲長信侯，以太原郡爲毐國，宮室苑囿自恣，政事斷焉。故天冬雷，以見陽不禁閉，以涉危害，舒奧迫近之應也。始皇既冠，毐懼誅作亂，始皇誅之，斬首數百級，大臣二十人，皆車裂以殉，夷滅其宗，遷四千餘家於房陵。是歲四月，寒，民有凍死者。數年之間，緩急如此，寒燠輒應，此其效也。劉歆以爲大雨雪，及未當雨雪而雨雪，及大雨雹，隕霜殺菽，皆常寒之罰也。京房《易傳》曰：『有德遭險，茲謂逆命，厥異寒。誅過深，當燠而寒，盡六日，亦爲雹。害正不誅，茲謂養賊，寒七十二日，殺蜚禽。道人始去茲謂傷，其寒物無霜而死，湧水出。戰不量敵，茲謂辱命，其寒雖雨物不茂。聞善不予，厥咎聾。』

漢文帝四年六月，大雨雪。後三年，淮南王長謀反，發覺，遷，道死。師古曰：『遷於蜀，未至而死於雍，故曰道死。』京房《易傳》曰：『夏雨雪，戒臣爲亂。』景帝中六年三月，雨雪。【略】元狩元年十二月，大雨雪，民多凍死。是歲，淮南、衡山王謀反，發覺，皆自殺。使者行郡國，治黨與，師古曰：『行音下更反。』，坐死者數萬人。元鼎二年三月，雪，平地厚五尺。是歲，御史大夫張湯有罪自殺，丞相嚴青翟坐與三長史謀陷湯，師古曰：『謂朱買臣爲丞相長史，王朝及邊通皆守丞相長史也。』，青翟自殺，三長史皆棄市。元鼎三年三月水冰，四月雨雪，關東十餘郡人相食。是歲，民不占緡錢有告者，以半畀之言政急刻也。元帝永光元年三月，雨雪，隕霜殺桑。【略】建昭二年十二月，齊楚地大雪，深五尺。是歲京房、張博爲石顯所譖死。四年三月，雨雪，燕多死。是日，皇后親蠶，疾風自西北，大寒雨雪，壞敗其功。成帝陽朔四年四月，雨雪，燕雀死。後十六年，許皇后自殺。

王莽天鳳元年四月，隕霜，殺草木。三年二月，大雨。雪關東尤甚，深者一丈，竹柏皆枯。

又　赤烏四年正月，大雪，平地深三尺，鳥獸死者大半。是年夏，全琮等四將軍攻略淮南、襄陽，戰死者千餘人。其後權以讒邪，數責讓陸議，議恚致卒。與漢景、武大雪同事。

又　惠帝元康六年三月，東海雨雪，殺桑麥。【略】光熙元年閏八月，霰雪。劉向曰：『盛陽雨水湯熱，陰氣脅之，則轉而爲雹。盛陰雨雪凝滯，陽氣薄之，則散而爲霰。今雪非其時，此聽不聽之應。』是年，帝崩。明帝太寧三年三月丁丑，雨雪；癸巳，隕霜。成帝咸和九年八月，成都大雪。是歲，李雄死。康帝建元元年八月，大雪。時政在將相，陰氣盛也。劉向曰：『凡雨陰也，雪又雨之陰也。出非其時，迫近象也。』穆帝永和三年八月，冀方大雪，人馬多凍死。十年五月，涼州雪，明年張祚護軍，張瓘廢祚，更立元靚。京房《易傳》曰：『夏雪，戒臣爲亂。』【略】安帝義熙五年三月己亥，雪，深數尺。

又 普通三年三月，大雪，平地三尺。雨，陰也；雪，又陰畜積甚盛也。妾不妾，臣不臣之應。

又 東魏靜帝興和二年五月，大雪。時神武作宰，發卒十餘萬築鄴城，百姓怨思。

武定四年二月，大雪，人畜凍死，相望於道。時步落稽舉兵反，寇亂數州，人多死亡。又爾朱文暢等謀害神武事泄，伏誅，黨與多濫死。

又 後主天統二年，大雪。三年正月，大雪，平地二尺。武平三年正月，又大雪。時馮淑妃、陸令萱內制朝政，陰氣積盛，故天變屢見。

又 顯慶四年二月壬子，大雨雪。方春，少陽用事，而寒氣脅之，古占以爲人君刑法暴濫之象。近常寒也。咸亨元年十月癸酉，大雪，平均三尺，人多凍死。【略】久視元年三月，大雪。

又 德宗貞元元年正月戊戌，大風雨，寒；丙午，又大風雪，寒，民饑，多凍死者。十二年十二月，大雪，甚寒，竹柏柿樹多死。占曰：『有德遭險，厥災暴寒。』十九年三月，大雪。二十年二月庚戌，始雷，大雨雹，震電，大雨雪。既雷則不當雪，陰脅陽也，如魯隱公之九年。【略】武宗會昌三年，春寒，大雪，江左尤甚，民有凍死者。【略】昭宗景福二年二月辛巳，曹州大雪，平地二尺。天復二年三月，浙西大雪，平地三尺餘，其氣如煙，其味苦。十二月，又大雪，江海冰。天祐元年九月壬戌朔，大風，寒如仲冬。浙東、浙西大雪。吳、越地氣常燠而積雪，近常寒也。

宋太祖建隆三年春，延、寧二州雪盈尺，溝洫復冰，草木不華。丹州雪二尺許。【略】太宗太平興國七年三月，宣州霜雪，害桑稼。雍熙四年冬，南康軍大雨雪，江水冰，勝重載。端拱元年閏五月，鄆州風雪傷麥。淳化三年三月，商州霜，花木皆死。九月，京兆府大雪，殺苗稼。四年二月，商州大雪，民多凍死。真宗咸平四年三月丁丑，京師及近畿諸州風雪損桑。【略】天禧元年十二月，京師大雪，苦寒，人多凍死，路有僵屍，遣中使瑾之四郊。二年正月，永州大雪，六晝夜方止，江溪魚皆凍死。仁宗至和元年正月，京師大雪，貧弱之民，凍死者甚衆。二年，河東自春至夏隕霜，殺桑。嘉祐四年正月，自冬雨雪，泥塗盡冰，都民饑寒，死於道路者甚衆。哲宗元祐二年冬，京師大雪連月，至春不止。久陰常寒，罷上元節遊幸，降德音諸道。八年十一月，京師大雪，多流民。元符二年正月甲辰朔，御大慶殿受朝賀，以雪罷。徽宗政和三年十一月，大雨雪，連十餘日不止，平地八尺餘。冰滑，人馬不能行，詔許百官乘轎入朝。飛鳥多死。七年十二月，大雪。詔收養內外乞丐老幼。欽宗靖康元年閏十一月，大雪，盈三尺不止。天地晦冥，或雪未下時，陰雲中有雪絲長數寸墮地。二年正月丁酉，大雪，天寒甚，地冰如鏡，行者不能定立。是月乙卯，車駕在青城，大雪數尺，人多死。【略】紹興元年二月寒食日，雪。【略】十三年三月，雪。

二十八年三月，雨雪。三十一年正月戊子，大雨雪，至己亥，逾旬不止，禁旅壘舍有壓者。時久雪寒甚。

《宋史》卷一《太祖紀一》［建隆三年］四月乙未，延州大雨雪，趙、衛二州旱。丙申，寧州大雨雪，溝洫冰。

又 卷二《太祖紀二》［開寶］三年春正月癸卯朔，雨雪，不御殿。

又 卷三《太祖紀三》［開寶］五年春正月壬辰朔，雨雪，不御殿。

又 ［開寶五年十二月］乙卯，大雨雪。

又 卷四《太宗紀一》［雍熙元年十二月］戊戌，大雨雪。

又 卷五《太宗紀二》［雍熙四年十二月］丁巳，大雨雪。

又 ［端拱二年十二月］丙辰，大雨雪。

又 ［淳化］三年春正月癸卯，大雨雪。

又 ［淳化三年］十二月丁卯，大雨雪。

又 ［淳化四年春正月］乙未，大雨雪。

又 ［淳化四年］十二月辛丑，大雨雪。

又 卷一〇《仁宗紀二》［慶曆三年十二月］丁巳，大雨雪，木冰。河北雨赤雪。

又 卷一二《仁宗紀四》［嘉祐元年春正月］是月，大雨雪，木冰。

又 卷六二《五行志一下·水下》 建隆三年春，延、寧二州雪盈尺，溝洫復冰，草木不華。丹州雪二尺。

太平興國七年三月，宣州霜雪害桑稼。

雍熙二年冬，南康軍大雨雪，江水冰，勝重載。

端拱元年閏五月，鄆州風雪傷麥。

淳化三年九月，京兆府大雪殺苗稼。四年二月，商州大雪，民多凍死。

咸平四年三月丁丑，京師及近畿諸州雪損桑。

天禧元年十二月，京師大雪，苦寒，人多凍死，路有僵尸，遣中使埋之四郊。二年正月，永州大雪，六晝夜方止，江溪魚皆凍死。

慶曆三年十二月丁巳，大雨雪。

皇祐四年十二月己丑，雪。初，帝以愆亢，責躬減膳，每見輔臣，憂形於色。龐籍等因言：『臣等不能燮理陰陽，而上煩陛下責躬引咎，願守散秩以避賢路。』帝曰：『是朕誠不能感天而惠不能及民，非卿等之過也。』是夕，乃得雪。

至和元年正月，京師大雪，貧弱之民凍死者甚衆。

嘉祐元年正月甲寅朔，御大慶殿受朝。前一夕，殿庭設仗衛既具，而大雨雪折宫架。是日，帝因感風眩，促禮行而罷。壬午，大雨雪，泥塗盡冰。都民寒餓，死者甚衆。

元祐二年冬，京師大雪連月，至春不止。久陰恒寒，罷上元節遊幸，降德音諸道。八年十一月，京師大雪，多流民。

元符二年正月甲辰朔，御大慶殿受朝賀，以雪罷。

政和三年十一月，大雨雪，連十餘日不止，平地八尺餘。冰滑，人馬不能行，詔百官乘轎入朝。飛鳥多死。七年十二月，大雪。詔收養内外乞丐老幼。

靖康元年閏十一月，大雪，盈三尺不止。天地晦冥，或雪未下時，陰雲中有雪絲長數寸墮地。二年正月丁酉，大雪，天寒甚，地冰如鏡，行者不能定立。是月乙卯，車駕在青城，大雪數尺，人多凍死。

建炎三年六月，寒。

紹興元年二月寒食日，雪。五年二月乙巳，雨雪。六年二月癸卯，雪。十三年三月癸丑，雨雪。十七年二月丙申，雪。十八年二月癸卯，雪。二十八年三月丙寅，雨雪。二十九年二月戊戌，大雪。三十一年正月戊子，大雨雪，至于己亥，禁旅壘舍有壓者，寒甚。

乾道元年二月，大雪。三月，暴寒，損苗稼。二年春，大雨，寒，至于三月，損蠶麥。二月丙申，雪。四年二月癸丑，大雪。五年二月戊子，雪。六年五月，大風雨，寒，傷稼。七年二月丙辰，雨雪。

淳熙十二年，淮水冰，斷流。是冬，大雪。自十二月至明年正月，或雪，或霰，或雹，或雨水，冰沍尺餘，連日不解。台州雪深丈餘，凍死者甚衆。十六年四月戊子，天水縣大雨雪傷麥。

紹熙元年三月，留寒至立夏不退。十二月，建寧府大雪深數尺。查源洞寇張海起，民避入山者多凍死。二年正月，行都大雪積沍，河冰厚尺餘，寒甚。是春，雷雪相繼，凍雨彌月。四年二月己未，雪。

慶元五年二月庚午，雪。六年二月乙酉，雪。五月，亡暑，氣凛如秋。

開禧三年二月戊申，雪。

嘉定元年二月甲寅，雪。四年二月丙子，雪。六年二月丁亥，雪。六月，亡暑，夜寒。九年二月乙酉、丙申，雪。十年二月庚申、壬戌，雪。十七年三月癸丑，雪。

寶慶元年四月辛卯，雪。

紹定四年二月己巳，雨雪。六年三月壬子，雨雪。

端平元年二月癸酉，雨雪。二年三月乙未，雨雪。

嘉熙二年二月乙未，雨雪。

淳祐六年二月壬申，雨雪。

寶祐元年二月壬子，雨雪。二年三月戊子，雨雪。六年二月，雨雪。

開慶元年二月庚辰，雨雪。

景定五年二月辛亥，雨雪。

《明英宗實録》卷一八四 〔明英宗正統十四年〕十月己未，是日大雨雪，夜大風雷電，雨。

（成化）《重修毗陵志》卷三二《祥異》 〔明代宗景泰四年〕十二月，常州大雪，木冰。

又 〔明代宗景泰五年〕正月，常州大雪，平地深三尺。

《明憲宗實録》卷一八 〔明憲宗成化元年〕六月癸巳，陝西布政司奏：西安府三十一州縣自春以來，風、雪、雨雹不時傷稼。

又 卷五三 〔明憲宗成化四年〕南京三月大雪盈尺。

又 卷一二七 〔明憲宗成化十年〕南京六科給事中言：南京去冬燠而無冰，今春寒而多雨。乃正月雷震，二月連大雨雪。

又 卷一二九 〔明憲宗成化十年〕六月丙寅，嚴州屬縣春多雨雪，蠶桑無收。

又 卷一四四 〔明憲宗成化十一年〕八月甲午，夜雷電雨雪。

又 卷一五七 〔明憲宗成化十二年〕九月丙午，雲南鶴慶軍民府雨雪雹，其色青紅，大者如雞鵝卵。

又 卷一六五 〔明憲宗成化十三年〕四月壬戌，遼東開原大風雪，天大寒，畜多凍死。

（弘治）《重修無錫縣志》卷二七《祥異》 〔明憲宗成化十九年〕正月朔，大雪越七日，木冰如花，連二日，陰晦，有氣如黑霧。

（弘治）《常熟縣志》卷一《灾祥》 〔明代宗景泰五年〕春正月大雪。是年正月初，雨雪，至二旬不止，凝積深丈餘，鳥獸餓死。至夏大水，饑饉。

《明孝宗實録》卷一四 〔明孝宗弘治元年〕南京今年閏正月雷電交作，大雪連朝。

又 卷二四 〔明孝宗弘治二年〕三月庚辰，貴州安莊衛大雷雨雪雹，壞麥苗並屋瓦。

又 卷八五 〔明孝宗弘治七年〕巡按監察御史韓明奏：江西南昌、九江等府自去年夏秋霪雨，水潦。交冬風雪連綿，沿江田地盡被渰没，軍民房屋城垣圩蕩亦多浸壞，黍麥牛羊凍死殆盡。十二月中，大雪，樹木結成冰，小者根株盡倒，大者枝柯壓折，屋瓦十室九破，道路阻塞，薪米騰貴，小民大困。命所司知之。

（正德）《大名府志》卷一〇《文章》 〔元仁宗延佑四年〕畿輔久旱，春夏多霾風。和甯諸甸大雪盈丈，人畜死傷。

（正德）《永康縣志》卷七《祥異》 〔明憲宗成化十九年〕大水，漂沒田廬不可勝計。冬大雪，一夕深五尺。

（嘉靖）《上高縣志》卷二《祥異》 〔明代宗景泰三年〕冬迄四年春凝雪六十日。

（正德）《淮安府志》卷一五《灾異》 〔明孝宗弘治六年〕自十月至十二月，雨雪連綿，大寒凝海。即唐長慶二年海水冰二百里之類。

（正德）《安慶府志》卷一七《祥異》 〔明代宗景泰二年〕大雪，雨雪彌旬，高屋積與簷齊，鳥獸俱人人室，捕獲甚多。

又 〔明武宗正德八年〕十月，雪，殺竹木花草三之二。

（正德）《永康縣志》卷七《祥異》 〔明武宗正德十年〕正月二十七日，大雪，彌月不止。

（正德）《松江府志》卷三二《祥異》 〔明代宗景泰五年〕春正月，大雨雪連四十日不止，平地深數尺，湖泖皆冰

（正德）《姑蘇志》卷四一《宦績》 〔明英宗正統元年〕正月，大雪彌旬，郊外之民有凍俀死者。

《明武宗實録》卷一五〇 〔明武宗正德十二年〕六月戊辰，雲南新興州地震，大雪雹傷禾稼。

明 祝允明《野記》卷二 景泰五年春，積雪恒陰，詔求直言。御史鍾公同手疏請朝兩宮復太子，未上，以示都御史劉廣衡，廣衡沮之，鍾不聽，稍易疏語，竟上之。詔廷臣集議。章恭毅公時為儀制郎中，方且封事欲發，遂急入奏，其疏大意亦言二事，與鍾類，五月己未也。晡時奏入，帝讀畢大怒，日已暝，宮門扃，乃傳旨自臬隙中出，命錦衣衛即時逮捕入獄。明日，加訊，無所指。又明日，大施榜掠，已無完膚，辭連鍾公，即逮置對復。下苛拷，迫令服通南內，皆不伏。乃用炮烙之刑，又不伏，更益窮慘酷，必欲致死。會大風沙，乃命禁錮獄中終身。大理少卿廖公莊在憂中，亦上疏言復儲事，帝怒，命伺服闋治之。既而，陛見，即命於朝堂以大杖杖之八十，瀕死而止，貶為定羌城驛丞。因是命錦衣衛封巨挺六，擇六壯卒，就獄中痛杖鍾、章二公各一百，每五杖易手。鍾公尤瘠，杖至三十，已僵不動。杖畢，頃之乃甦，眾以手舁入獄，又禁不與酒，既而三人皆不死。

（嘉靖）《靖江縣志》卷四《編年》 〔明代宗景泰四年〕十二月，大雪，木冰。

又 〔明代宗景泰五年〕正月，雪深三尺。

又 〔明孝宗弘治十六年〕冬，雪深三尺，冰堅尺許，橙、橘皆死。詔減租發賑。

又 〔明世宗嘉靖四十四年〕春正月，雪，雷，木冰。

（嘉靖）《重修如皋縣志》卷六《灾祥》 〔明代宗景泰五年〕二月，大冰雪，海邊水亦凍結，草木萎死；又大水，民饑，免稅糧。

（嘉靖）《衢州府志》卷一五《灾祥》 〔明代宗景泰五年〕大雪，

自春正月至二月，凡四十二日，深六七尺，鳥獸俱斃。

又［明武宗正德八年］春正月，大雪，頃刻數尺。

（嘉靖）《寧州志》卷六《祥異》［明代宗景泰五年］冬大雪。

（嘉靖）《汧陽志》卷一《郡紀》［明孝宗弘治六年］冬大雪，恒寒。

（嘉靖）《南陽府志》卷一〇《妖祥》［明孝宗弘治六年］十一月，雷電大雪，經月不止。

又［明世宗嘉靖元年］十二月二十七日，雷電，大雪。

（嘉靖）《永城縣志》卷四《災祥》［明孝宗弘治六年］冬，大雨雪，自十一月至次年正月，民多毀屋供炊，有凍餒死者。

（嘉靖）《柘城縣志》卷一〇《災祥》［明孝宗弘治六年］大雪塞户，民挖穴而出。

（嘉靖）《漢陽府志》卷二《方域》［明孝宗弘治六年］大雪，冰厚三尺。

（嘉靖）《隨志》卷上《災異》［明孝宗弘治七年］十月，大雪，震雹，至於正月。

又［明世宗嘉靖六年］四月，大雪。

（嘉靖）《興國州志》卷七《祥異》［明孝宗弘治八年］冬十一月至十二月，大雪，深四五尺，彌數旬不消，牛馬凍死無算，山林野獸手即可捕。

（嘉靖）《冀州志》卷七《災祥》［明武宗正德二年］冀州大雪。平地厚二三尺，溝塹皆平。

（嘉靖）《福寧州志》卷一二《祥異》［明武宗正德十四年］正月一日，雨雪，三日乃霽，積厚三尺，流水皆凝。牛畜禽蟲、荔枝龍眼等木皆死，蓋百年所未見。

又［明武宗正德十六年］正月元日，雨雪三日，平地積深三尺，數日始消。高山陰谷不消者彌月，鳥獸多死。

又［明世宗嘉靖十二年］正月十三日，大雪，積深尺許，復加以霜，交凝沍寒，宛若深冬。

（嘉靖）《廣東通志》卷六九《雜事》［明世宗嘉靖十五年］冬十二月，雨雪。

又卷七〇《雜事》［明世宗嘉靖十五年］冬，高明大雪，復雨雹。

（嘉靖）《廣西通志》卷四［明代宗景泰四年］冬大雪，河魚凍死幾盡。

（嘉靖）《蘭陽縣志》卷一〇《文詞》［明代宗景泰四年］春連陰，雨雪過多。

（嘉靖）《永豐縣志》卷四《雜志》［明代宗景泰五年］春，大雪四十餘日，永豐諸山丈，溪澗皆平，民絕樵采，多餓殍，禽獸皆死。

（嘉靖）《嘉興府圖記》卷二〇《叢記》［明憲宗成化十三年］正月，震雷，大雪。海鹽海溢，溺民居。

（嘉靖）《武義縣志》卷五《災異》［明憲宗成化二十二年］十二月初一日，夜大雪，平地高五尺餘。

（嘉靖）《固始縣志》卷九《災祥》［明憲宗成化二十三年］歲大饑，人相食。越明年，麥秋始安堵。大雪，平地三尺餘，民多凍死。

（嘉靖）《商城縣志》卷八《祥異》［明憲宗成化二十三年］冬大雪。

（嘉靖）《固安縣志》卷九《災異》［明孝宗弘治二年］大雪，平地三尺，貧民多凍死。

（嘉靖）《許州志》卷一一《祥異》［明孝宗弘治二年］冬大雪。

（嘉靖）《臨潁志》卷八《祥異》［明孝宗弘治二年］冬大雪。

又［明孝宗弘治六年］冬大雪，平地深三四尺，民多凍死。

（嘉靖）《潁州志》卷一《郡紀》［明孝宗弘治六年］九月二十五日，大雪，道路不通，村落不辨，河冰堅結，禽鳥絕飛。

（嘉靖）《六安州志》卷下《災異》［明孝宗弘治六年］六安縣秋九月十三日，大雪，七年三月二十七日止。深丈余，中有如血者，山畜枕藉而死。

（嘉靖）《六合縣志》卷二《災祥》［明孝宗弘治三年］冬，大雪三十餘日。

（嘉靖）《宿州志》卷八《災祥》［明孝宗弘治六年］大雨雪，自九月至次年二月乃止，民間多毀屋木器物以供爨。

（嘉靖）《泗志備遺》卷中《災患》［明孝宗弘治六年］大雨雪，

始自九月二十二日，至於明年正月乃止，山谷皆迷，行人絕路，民多毀屋器以供薪爨。

（嘉靖）《皇明天長志》卷七《灾祥》［明孝宗弘治六年］大雨雪，九月至於次年正月。

（嘉靖）《壽州志》卷八《灾祥》［明孝宗弘治六年］壽縣大雪三月。

（嘉靖）《河南通志》卷四《祥異》［明孝宗弘治六年］冬，大雪深丈餘。

又［明世宗嘉靖元年］冬十二月，雷電，雨雪。

（嘉靖）《懷慶府志》卷一《祥異》［明孝宗弘治六年］冬大雪，深丈餘。

（嘉靖）《夏邑縣志》卷五《灾異》［明孝宗弘治六年］冬，大雨雪，逾月不霽，民多凍餒死者。

（嘉靖）《清河縣志》卷一《祥異》［明武宗正德二年］冬，夜大雪，壅蔽門户，填塞街，行者不通。

（嘉靖）《寧波府志》卷一四《饑祥》［明武宗正德三年］冬大雪，河冰不解，草木萎死，民斃凍餒者甚衆。

（嘉靖）《象山縣志》卷一三《雜志》［明武宗正德四年］米騰踴，男女鬻於異鄉者接踵。冬大雪，草木萎死，民凍餒死者甚衆。

（嘉靖）《潮州府志》卷八《灾祥》［明武宗正德四年］冬十二月，隕雪，厚尺許。潮南地暖罕雪，書以紀之。

（嘉靖）《寧德縣志》卷四《祥異》［明武宗正德五年］十二月十八日，大雪連日，平地厚尺許，二十六日未消盡。父老凡百歲者素未之見。

（嘉靖）《通許縣志》卷上《祥異》［明武宗正德十年］三月二十七日，雪，雷，寒甚。

（嘉靖）《常熟縣志》卷一〇《灾異》［明武宗正德八年］冬大雪。

（嘉靖）《太康縣志》卷四《五行》［明武宗正德九年］正月十三日，雷電雨雪。正月二十三日，雨木冰。

（嘉靖）《杞縣志》卷八《祥異》［明世宗嘉靖元年］十二月二十九日，雷電，雨雪。

（嘉靖）《蘄水縣志》卷二《灾祥》［明世宗嘉靖二年］十二月二十九日，大雪深三尺，民多凍死者。

（嘉靖）《韶州府志》卷一〇《祥異》［明世宗嘉靖十一年］冬大雪，冰厚一尺，山木、河魚凍死幾盡。

（嘉靖）《内黄縣志》卷八《祥異》［明世宗嘉靖十五年］春三月，大雨雪，賑。

（嘉靖）《常德府志》卷一《祥異》［明世宗嘉靖二年］十二月，大風雪暴作，死者相枕藉。

（嘉靖）《真定府志》卷九《事紀》［明代宗景泰四年］春二月，恒陰積雪。

又［明武宗正德二年］春正月，真定府、冀州等處大雪，凍死人畜。時真定一路大雪，平地丈余，井谷皆平，民畜凍死不可勝計。

（嘉靖）《遼東志》卷八《祥異》［明世宗嘉靖四年］冬，遼陽大雪，深丈餘，人畜凍死。

（嘉靖）《全遼志》卷四《祥異》［明世宗嘉靖二十七年］是冬，金州大雪，深丈餘。

（嘉靖）《太原縣志》卷五《集文》［明世宗嘉靖三十二年］四月初四日，小滿後大雪，山中數日不消。

（嘉靖）《徽郡志》卷八《祥異》［明世宗嘉靖二十五年］十一月，大雨，次日大雪。

又［明世宗嘉靖二十六年］春，大陰，雨雪傷稼。

又［明世宗嘉靖二十九年］冬，大雨雪。

（嘉靖）《平涼府志》卷三《祥異》［明世宗嘉靖二十六年］秋大霖，雨雹，雪。

（隆慶）《雲南通志》卷一七《灾祥》［明憲宗成化十四年］七月二十五夜，河西縣大雪雨，山崩水溢，沖没田廬無計，淺葬者盡漂。

又［明世宗嘉靖十三年］大雪七日。

又［明穆宗隆慶三年］冬十二月，騰越大雪五日。

（隆慶）《高郵州志》卷一二《灾祥》［明孝宗弘治六年］冬，大雪五十日，民凍餒，及屋廬壓死者甚衆。

又〔明世宗嘉靖四十三年〕春大雪。

（隆慶）《岳州府志》卷八《變異》〔明武宗正德八年〕大雨雪，洞庭湖冰合，人騎可行。

《明世宗實録》卷三〇七〔明世宗嘉靖二十五年〕正月己未朔，元旦雪。

《明世宗實録》卷三六八〔明世宗嘉靖二十九年〕十二月乙丑，大雪。

明 沈鯉《議改北岳疏》舜時北巡狩至於北嶽，值大雪，遙祀之。

（萬曆）《江浦縣志》卷一《縣紀》〔明孝宗弘治三年〕冬，大雪月餘。

又〔明神宗萬曆七年〕春大雪。

又〔明神宗萬曆三十年〕春大雪。

（萬曆）《福寧州志》卷一〇《祥異》〔明武宗正德五年〕十二月十四、十八，正月初一皆大雪，蓋百年所未見。

又〔明武宗正德十六年〕正月一日，雪三日，高山彌月猶未消，鳥犬多死。

又〔明神宗萬曆六年〕五月初八日，柘洋大雪，人方插田，以手凍，不能終事而歸。

（萬曆）《福州府志》卷七五《時事》〔明世宗嘉靖十一年〕大雨雪，裡巷中群犬驚吠。是歲閩果不實。

又〔明世宗嘉靖三十五年〕十一月，大雨雪。

（萬曆）《福寧州志》卷一六《時事》〔明武宗正德五年〕秋冬月，大疫。十二月十八日，大雪。

（萬曆）《秀水縣志》卷一〇《祥異》〔明代宗景泰元年〕正月大雪，浹二旬，間有黑花，積丈許，民多餓死，鳥雀幾盡。夏，霪雨傷稼。大饑。

又〔明代宗景泰五年〕春二月，大雪四十日，覆壓民廬，溪湖皆冰。

（萬曆）《重修嘉善縣志》卷一二《灾祥》〔明代宗景泰元年〕正月，大雪二旬，間有黑花，凝積至丈餘，民多饑死，鳥鵲幾盡。夏，霪雨傷稼。大饑。

又〔明代宗景泰五年〕二月，大雪連四十日，諸港冰結，舟楫不通。入夏大水，漂沒田廬。斗米百錢，餓殍相枕，兩稅無征。

（萬曆）《新修余姚縣志》卷一四《灾祥》〔明代宗景泰五年〕十二月至二月，大雪，害麥。

又〔明武宗正德十二年〕螟害麥，民饑。冬十二月至閏十二月，大雪。

（萬曆）《崇德縣志》卷一一《灾祥》〔明憲宗成化十三年〕正月五日，大雪，時復雷震。

又〔明武宗正德十二年〕十一月朔，雷震。是月復大雪，至閏十二月止。

又〔明世宗嘉靖四十年〕二月二日，大雪三日。五月恒雨，五月初旬至九月終止，水溢淹禾，民廬多沒。歲大饑。

又〔明穆宗隆慶三年〕五月，雨中間雪。

（萬曆）《嘉定縣志》卷一七《祥異》〔明代宗景泰三年〕冬大雪，四十日始霽。

又〔明神宗萬曆三十三年〕二月初，大雪，三日始霽。

（萬曆）《銅陵縣志》卷一〇《祥異》〔明代宗景泰二年〕大雪，彌旬不霽。

（萬曆）《宜興縣志》卷一〇《灾祥》〔明代宗景泰四年〕冬大雪，平地深三尺。

又〔明代宗景泰五年〕春大雪，平地深五尺餘，河冰一月，草木至清明後萌芽。夏大潦。秋大旱，人相食。撫按勸令富民出粟賑貸，視其多寡，旌賞有差。

（萬曆）《如皋縣志》卷二《五行》〔明代宗景泰五年〕正月大雪，竹木多凍死。二月復大雪，冰厚三尺，海濱水亦凍結，草木萎死。

又〔明神宗萬曆四十二年〕九月，雪。

又〔明神宗萬曆四十四年〕正月，雨紅雪，沾衣成斑。

（萬曆）《太原府志》卷二六《灾祥》〔明憲宗成化二年〕代州十月大雪，人相食。

（萬曆）《平陽府志》卷一〇《灾祥》〔明憲宗成化二十二年〕八月望日，吉州雨雪深三四尺，饑饉薦臻。

（萬曆）《應天府志》卷二一《郡紀》〔明孝宗弘治五年〕冬，六合大雪。

又 卷三《**郡紀**》［明武宗正德三年］六月，空中有聲自北來，如數萬甲兵，都民震恐，逾月方止。冬大雪，樹皆枯死。

又［明世宗嘉靖三十九年］冬大雪，禽鳥戢翼凍死，木冰如花。

（萬曆）《**六合縣志**》**卷二**《**灾異**》［明世宗嘉靖三十九年］冬大雪。

又［明世宗嘉靖四十五年］十二月，大雪二十餘日，民有凍死者。

（萬曆）《**重修磁州志**》**卷八**《**雜述**》［明孝宗弘治六年］冬大雪，深丈餘。

（萬曆）《**合肥縣志・祥異**》［明孝宗弘治六年］合肥市冬雨雪，凡三月越，平地雪深丈餘，積寒冱凍，樹木摧折，禽獸死山中，民多凍餒而死。

又［明武宗正德七年］二月，大雪，色微紅。

又［明世宗嘉靖四十五年］冬大雪，積陰自十月至次年正月始霽，市地雪深數丈。

又［明穆宗隆慶元年］正月朔，大風異常，冱凍，民有墜指者。冬，復大雪，如前年。

（萬曆）《**太和縣志**》**卷一**《**灾異**》［明孝宗弘治六年］九月二十五日，大雪，道路不通，村落莫辨，鳥多凍饑以死，至次年二月始霽。

（萬曆）《**滁陽志**》**卷八**《**灾祥**》［明孝宗弘治六年］九月至次年正月，大雨雪。

又［明世宗嘉靖二十年］冬十二月有大雪，十八日方霽，山林盡折。

（萬曆）《**襄陽府志**》**卷三三**《**祥灾**》［明孝宗弘治七年］冬大雪，恒寒。

又［明世宗嘉靖十五年］十一月，大雪，從以雷電，燒劈大槐。

又［明世宗嘉靖十八年］九月，大雪。

又［明神宗萬曆五年］春正月甲寅，大雪。

（萬曆）《**寧津縣志**》**卷四**《**祥異**》［明武宗正德元年］冬大雪，深五六尺。

（萬曆）《**威縣志**》**卷下**《**祥異附**》［明武宗正德二年］冬大雪，擁蔽門户，填塞街衢。

（萬曆）《**廣宗縣志**》**卷八**《**雜識**》［明武宗正德二年］十二月，大雪，至除夕更甚，盡壅入門。

（萬曆）《**衛輝府志・灾祥**》［明武宗正德二年］十二月，大雪五日，平地深丈餘。

（萬曆）《**溧水縣志**》**卷一**《**縣紀**》［明武宗正德四年］冬大雪，樹皆枯死。

（萬曆）《**常山縣志**》**卷一**《**灾祥**》［明武宗正德四年］正月雪，凡二十有三日。

又［明武宗正德八年］冬十一月，雨雪三旬，牛畜凍死。

又［明神宗萬曆五年］九月十一日雨雪。

（萬曆）《**平陽府志**》**卷一〇**《**灾祥**》［明武宗正德十一年］秋八月，萬泉雨雪。

又［明神宗萬曆十六年］八月，鄉甯大雪。

又［明神宗萬曆二十五年］春正月，平陸大雨雹，越明日大雨雪。

又［明神宗萬曆二十八年］春正月，臨汾大雨雪，望後八日平地數尺，傷樹。

（萬曆）《**永福縣志**》**卷一**《**地紀**》［明武宗正德十四年］雨雪，平地五六寸，山頭有二三尺者。

又［明世宗嘉靖十一年］雨雪，犬皆驚吠

（萬曆）《**洪洞縣志**》**卷八**《**祥異**》［明世宗嘉靖十年］正月望日，大雨雪四晝夜不息，平地三四尺，壕池皆盈，樹枝多有壓折者，二麥無收，鹹謂『苦雪』。

又［明世宗嘉靖十八年］秋九月，大雨雪三日夜，平地數尺，化水成河，一夕大風，盡合為冰，至春始消。

又［明神宗萬曆六年］冬，大雪凝寒，人畜凍死者多，榴柿樹死者大半。

（萬曆）《**安邱縣志**》**卷一**《**總紀**》［明神宗萬曆六年］冬十一月，大雨雪，平地深三尺，牲畜、樹木凍死幾半。

（萬曆）《**諸城縣志**》**卷九**《**灾祥**》［明神宗萬曆六年］冬十一月，大雨雪，平地深及三尺，人畜多凍死，竹樹多枯。

（萬曆）《**泰興縣志**》**卷四**《**遺事**》［明神宗萬曆六年］冬大雪，

木冰，飛鳥墜地死。

（萬曆）《寧津縣志》卷四《祥異》［明世宗嘉靖十年］清明，雨雪傷果花。

（萬曆）《營山縣志》卷八《灾祥》［明世宗嘉靖十一年］大雪，十一月二十二日旌竹木皆折，父老有八九十歲者曾未之見。

（萬曆）《將樂縣志》卷一二《灾祥》［明世宗嘉靖十二年］冬，大雨嚴雪，魚鳥僵死。

（萬曆）《杞乘》卷二《今總紀》［明世宗嘉靖十五年］春正月，大雪擁户，人不能行。

（萬曆）《沂州志》卷一《灾祥》［明世宗嘉靖二十二年］春二月，大雪。

（萬曆）《惠州府志》卷二《事紀》［明世宗嘉靖二十八年］冬十二月，隕霜，雨雪。

（萬曆）《淄川縣志》卷二二《灾祥》［明世宗嘉靖三十五年］冬大雪，井凍不可汲，僵者填道。

（萬曆）《昆山縣志》卷八《灾祥》［明世宗嘉靖四十年］春陰，飛雪連綿不霽。至四、五月間霪雨尤甚，兼以江湖水横跨漲溢，苗方插蒔者盡沉水底，而雨復不歇，遂至民居皆在水中，郭門之外一白際天，茫無畔岸，田畝無復人跡。

（萬曆）《績溪縣志》卷一二《祥異》［明世宗嘉靖四十年］春，大雨雪。

（萬曆）《興化府志》卷一二《祥異》［明世宗嘉靖四十四年］正月，大雪，深四五尺。

（萬曆）《德州志》卷一〇《灾祥》［明穆宗隆慶二年］冬，大雨雪，泥没者越三月。

（萬曆）《廣東通志》卷六《事紀》［明穆宗隆慶三年］冬十二月，西樵山大雪，林木皆冰，二月乃解。

（萬曆）《南海縣志》卷三《灾祥》［明穆宗隆慶三年］十二月，西樵山大雪，林木皆冰，二日乃解。

（萬曆）《嵊縣志》卷一三《補遺》［明世宗嘉靖三十三年］六月十三日，集賢坊飛雪成片。

（萬曆）《舒城縣志》卷一〇《祥異》［明孝宗弘治六年］秋九月十三日，大雪，至次年三月二十七日止。積深丈余，中有如血者五寸，山畜沈藉而死。

又［明世宗嘉靖四十五年］十二月二日，大雪，竟月方止，積高數尺許。

又［明神宗萬曆六年］十一月，大雪，至次年初一日尤甚，平地深數尺，浹月始霽。

（萬曆）《錢塘縣志・灾祥》［明穆宗隆慶六年］春正月，大雨雪，連六七日不止。

（萬曆）《原武縣志》卷上《祥異》［明孝宗弘治六年］冬大雪，深丈餘。

（萬曆）《蒲台縣志》卷七《灾異》［明神宗萬曆元年］九月十八日，雪，行旅有凍死。

（萬曆）《重修寧羌州志・灾異》［明神宗萬曆四年］九月初七口，大雪盈尺，田禾折壞。

（萬曆）《帝鄉紀略》卷六《灾患》［明神宗萬曆六年］冬大雪，淮冰旴合，山谷迷漫，禽獸草木多凍死者，自十一月初至明年二月終，始霽。

又［明神宗萬曆十八年］冬大雨雪，水。

（萬曆）《常熟縣私志》卷四《叙灾》［明神宗萬曆十年］二月十九日，雪霰甚，積五寸，而雹閃雷烈，令人神驚。《春秋》雷雪同月以為災，況同日乎。

［明神宗萬曆四十六年］元旦，雪深三尺。

（萬曆）《汾州府志》卷一六《灾祥》［明神宗萬曆二十年］三月，大雨雪，折松柏枝。

（萬曆）《汝南志》卷二四《灾祥》［明神宗萬曆二十三年］正月初八日夜分，雷雹大雪，嚴寒數旬，禽獸斃者十之七。

（萬曆）《山西通志》卷二六《灾祥》［明神宗萬曆二十五年］春正月，平陸大雨雹，越明日大雨雪。

又［明神宗萬曆三十八年］春大雪。

（萬曆）《旌德縣志》卷一〇《藝文》［明神宗萬曆二十五年］丁

酉之冬，淫雪為祟，害戕二麥。

（萬曆）《鼎鎮華夷志》卷四《灾祥》［明神宗萬曆三十六年］正月內，陰霾障天，狂風逾月。至二月初二日起大雪，降深丈餘，凡山川禽獸死者不可勝數。

（萬曆）《歸州志》卷三《灾祥》［明神宗萬曆三十七年］三月二十日，峨眉山九灣等處雪雹，大如鵝蛋，滿地成堆，麥苗桐茶盡傷。本月三十日，新灘雷雨大作，頃刻傾盆，山崩石墜。

（萬曆）《武進縣志》卷四《賑貸》［明世宗嘉靖二十三年］四月，雨雪。夏秋大旱。免平米四萬三千八百余石，並緩徵平米十萬二千四百餘。

（萬曆）《沛志》卷一《邑紀》［明神宗萬曆六年］冬，大雪二十餘日不止。

（天啓）《江山縣志》卷八《灾祥》［明代宗景泰五年］大雪，自正月至二月凡四十二日，深六七尺，鳥獸俱斃。

又［明武宗正德八年］冬，連日大雪，寒凍極甚，林木俱瘁，有經春不生長者。

又［明神宗萬曆二十三年］春大雪，驚蟄尤甚，每風聚處積深盈丈。

又［明神宗萬曆四十五年］春大雪。

（天啓）《滇志》卷一《灾祥》［明神宗萬曆二年］八月，雨雪。

又［明神宗萬曆三年］八月，大雨雪。十月，霪雨，淹沒田禾。

又［明神宗萬曆二十九年］秋九月，大雪雨。

又［明神宗萬曆三十七年］三月，雨雪。

（天啓）《衢州府志》卷六《禮典》［明神宗萬曆五年］九月十一日雨雪。

又［明神宗萬曆十六年］衢州市春雪連宵，霪雨數月，二麥淹沒，饑餓流離，米價每石一兩八錢。西安令王公臨亭設法賑濟，民賴以安，五邑皆同。

（天啓）《新泰縣志》卷八《祥異》［明神宗萬曆六年］冬，大雪三日，深五尺，樹木凍死。

又［明神宗萬曆三十九年］冬，除日大雪，大雷電。

（天啓）《淮安府志》卷二三《祥異》［明神宗萬曆三十年］正二月，久雪。

又［明神宗萬曆三十七年］正月十九日，雷雪。

又［明神宗萬曆四十年］十二月二十日雷雨，二十八日丑時雷聲頻震，二十九日雪厚五寸五分。

又［明神宗萬曆四十六年］十一月、十二月多雨雪。

又［明光宗泰昌元年］十二月多雪。［明熹宗天啟元年］正月初一日，大風雪自艮方。

（天啓）《鳳陽新書》卷四［明孝宗弘治六年］大雪，自九月至明年二月。

（天啓）《新修來安縣志》卷九《祥異》［明孝宗弘治六年］九月至次年正月，大雨雪。

（天啓）《封川縣志》卷三《灾異》［明世宗嘉靖十一年］冬十二月，雪。

（天啓）《同州志》卷一六《祥祲》［明神宗萬曆六年］冬久雪。

《明神宗實録》卷二〇六［明神宗萬曆十六年］十二月乙未，寧夏八月大雪，積地尺許，軍士凍傷。

又　卷二七八［明神宗萬曆二十二年］遼陽市等十月戊申，遼陽雷動爍電，雪霰異常。

又　卷四七〇［明神宗萬曆三十八年］四月壬寅，貴州永赤地方，雷風雨異甚，俄暴雪形如土磚，至夜方止，房屋壇庵等片瓦無存，田禾悉深入泥。

又　卷五七〇［明神宗萬曆四十六年］五月戊申，陝西總督楊應聘奏：四月二十二日，陝西等處大雨雪，凍死各營馬贏駝共一千九百九十九匹頭只。

（崇禎）《吳縣志》卷一一《祥異》［明英宗正統元年］正月，大雪彌旬。夏水。

又［明代宗景泰五年］正月大雪，經二旬不止，凝積深義余，行人陷溝中，太湖諸港連底結冰，舟楫不通，禽獸草木皆死。

又［明憲宗成化九年］元旦雪。大水。

又［明憲宗成化十七年］立冬日大雷電，雨雪三閱月。明春大饑。

又［明孝宗弘治十四年］十一月，大雪。

又［明孝宗弘治十五年］九月，連陰雨，寒色慘栗，忽大雷電，忽大雪兩日，嚴寒。

又〔明孝宗弘治十六年〕十二月，雪深四五尺，洞庭諸山橘盡斃，無遺種。

又〔明武宗正德八年〕冬大雪。

又〔明武宗正德十四年〕正月朔，冰有花，陰處數日不解，連雪嚴寒。

又〔明世宗嘉靖四十年〕正月，雪雷。

又〔明神宗萬曆三十三年〕二月初，大雪三日，始霽。

又〔明神宗萬曆四十四年〕吴縣大雪，正月至二月初旬始霽，先後及丈餘。三月朔猶嚴寒。

又〔明神宗萬曆四十六年〕正月十日大雪，兩晝夜方霽。

又〔明熹宗天啟元年〕正、二月雨雪連綿，米價石一兩一錢。

又〔明熹宗天啟七年〕正月二十一日晨起嚴寒，忽雷電晦冥，霰雪交集，是夜雪積盈尺，後三日雷雪復作。八月，田中生螟蟲，傷稼，米價石一兩五分。十二月十四日大雪，連二晝夜，積三尺餘。

又〔明思宗崇禎元年〕二月下旬，大雪嚴寒，桑、麻、豆、麥、花、果並凍萎無收。

又〔明思宗崇禎十三年〕正月、閏正月雨雪連綿。

又 正月二十六日夜，雷電交作，雪下漫天，至曉始霽。

（崇禎）《新城縣志》卷一一《灾祥》〔明穆宗隆慶六年〕春正月元旦，雪深三尺。

（崇禎）《常熟縣志》卷一三《灾祥》〔明熹宗天啟七年〕驚蟄日大電，雷而雹，雨雪。

（崇禎）《靖江縣志》卷一一《灾祥》〔明熹宗天啟六年〕正月雪，大雷電。

又〔明熹宗天啟七年正月〕十九日迄二十一日風雨雷電，隨大雪兼雷雹。

又〔明思宗崇禎十四年〕春正月十七日大雪，木冰。

（崇禎）《瑞州府志》卷二四《祥異》〔明代宗景泰三年〕瑞州府冬至四年春凝雪六十餘日，寒甚。

又〔明孝宗弘治六年〕高安縣瑞州府冬雨雪，久嚴寒，樹木枯折。

（崇禎）《烏程縣志》卷四《灾異》〔明世宗嘉靖四十年〕正月雪雷，大水，無禾。民饑，疫。

又〔明神宗萬曆十五年〕元旦雨雪，浹旬不止；十六日雨木冰。

又〔明神宗萬曆十八年〕冬雪。

又〔明熹宗天啟七年〕水災兩見，丁卯正月二十二日卯時起，至辰巳之交震電，大雨雪。

（崇禎）《松江府志》卷四七《灾異》〔明英宗正統九年〕冬十二月，大雪七晝夜，積高一丈二尺，民居不能出入，皆就雪中開道往來，名曰雪際門。

又〔明神宗萬曆二十九年〕六月十七日，大雨如注，通晝夜不息，北鄉田禾盡没，天氣忽寒烈。後聞杭州富陽下雪尺餘。

（崇禎）《永年縣志》卷二《灾異》〔明武宗正德二年〕大雪，門户壅塞，街衢不通。

（崇禎）《義烏縣志》卷一八《灾祥》〔明武宗正德十一年〕雨雪二月。

（崇禎）《碭山縣志》卷下《祥異》〔明世宗嘉靖四十五年〕大雪傷禾。

（崇禎）《博羅縣志》卷一《年表》〔明世宗嘉靖二十八年〕冬十二月，雨霜，雨雪。

（崇禎）《開化縣志》卷六《雜志》〔明武宗正德八年〕春正月，大雪，頃刻數尺。

又〔明神宗萬曆十五年〕至次年春雪連宵，霪雨數月，黄豆無種，二麥淹没，饑餓流離，盜賊猖盛。五六月，饑甚。

（崇禎）《嘉興縣纂修啓禎兩朝實録·灾祥》〔明熹宗天啟七年〕十二月十四日大雪，至二十七日。

（崇禎）《隆平縣志》卷八《灾異》〔明思宗崇禎元年〕十一月，大雪，民凍餓。知縣陳所學單騎人各村，查貧丁數千名，捐俸百余金，糴米設粥廠九處，煮賑。隨有義民程宗周、王發連、白口、靳文科等捐米助之。至次年二月止，計存活數千人。

明 王世德《崇禎遺録》〔明思宗崇禎五年〕正月，雪深三尺。

明 張岱《陶庵夢憶》卷三 崇禎五年十二月，余住西湖，大雪三日，湖中人鳥聲俱絕。

（崇禎）《從化縣志》卷八《灾祥》　［明思宗崇禎七年］春正月，大雨雪，自四日至十日不止，山谷中有積至二三尺者。

（崇禎）《長沙府志》卷七《祥異》　［明神宗萬曆十年］安化縣二月，雷雹大作，雪雹大如球，破民居，傷畜產。

又　［明思宗崇禎七年］二月十二夜，大風，雨黑冰如指大，後雨黑水，十七日又雨黑水。三月二十八日，大熱，下午大風，下雪雹如桂圓，大小不一，頃刻遍地，雹心一點白如粉，冷侵入骨

（崇禎）《興寧縣志》卷六《灾異》　［明思宗崇禎七年］正月七日，大雪，至九日方止。

明　佚名《蓬軒類記》卷四　弘治六年癸丑十二月三日之夕，南京雷電交作，次日大雪。自是雪雨連陰，浹月始晴。考之周密野語，記元至正庚寅正月二十九日未時，電光繼以大雷，雪下如輪。是年二月三日春分。又記略云，春秋魯隱公九年三月，即今之正月，三國吴主孫亮太平二年二月，晉安帝元興三年五月，義熙六年正月，皆有雷雪之異。義熙以前云皆未攷。至元庚寅，密所親見也。然皆在正月、二月，今癸丑十二月六日大寒，二十一日方立春，尤可異也。

（嘉慶）《蘭溪縣志》卷五《祥異》　［明代宗景泰五年］大雪，自正月至於二月，深六七尺。

《宋會要輯稿·瑞異二·雪異·赤雪》　仁宗慶歷四年正月七日，天雄軍、德、博州言：『去歲十二月二十六日，天降紅雪，盡成血雨。』

三十年十二月二十六日，天雄軍、德、博州天降赤雪。

又《雪絲》　欽宗靖康元年閏十一月二十一日，天地晦暝。雪未下時，于陰雲中有雪絲長數寸，墜地。

又《奏雪》　神宗熙甯元年二月八日，詔：『近來諸州府軍監逐時降雨雪，多以爲常事，不即上聞。雖有先降指揮，官吏上下以其年歲深遠，便生怠慢。其令諸路檢會舊條，今後並即時具的實尺寸聞奏。仍令轉運司逐季舉行。』

又《春雪》　宋真宗咸平四年三月六日，風雪。帝曰：『霾曀頗甚，蓋陰陽不和，必人事所致。覩之寅畏，實不遑也。』宰臣李沆以暮春風變，再上表求罷，詔不許。

哲宗元佑三年正月八日，詔以春雪寒，展給賣薪炭十五日。時自去冬大雪寒，至於是月二十八日，御史中丞胡宗愈、侍御史王覿進對，太皇太后曰：『久陰不解，雪寒，民不易。』對曰：『陛下斥賣芻炭，所以惠都民甚備。』聞二聖焦勞，上元禁中不曾用樂，既不御樓，亦未嘗燕會。』既而尚書右僕射吕公等亦祈罷黜，詔不允。《豐稷傳》，哲宗時稷爲刑部侍郎兼侍講，元佑中春多雪，稷言：『今嘉祥未臻，沴氣交作，豈應天之實未充，事天之禮未備，畏天之誠未孚歟？宮掖之臣，有關預政事，如天聖之羅崇勳、江德明，治平之任守忠者歟？願陛下昭聖德，祇天成，總正萬事，以消天災。』

元符二年正月甲辰朔，上御大慶殿受朝賀，以雪罷。

高宗紹興元年二月寒食日，雪。五年二月乙巳，雨雪。六年二月癸卯，雪。十三年三月，雪。十七年二月丙申，雪。十八年二月癸卯，雪。二十八年三月，雨雪。

孝宗隆興元年正月二十七日，雪降非時。乾道五年二月戊子，雪。七年二月丙辰，雨雪。淳熙十六年二月十三日，雪。

光宗紹熙元年二月十二日、二年二月十三日、四年二月八日亦如之。

甯宗慶元五年二月庚子，雪。六年二月乙酉，雪。開禧三年二月二日戊申，其日雪降非時。嘉定元年二月甲寅，雪。四年二月二十三日丙子，其日雪降非時。六年二月丁亥，雪。九年二月十三日丙申，其日雪降非時。十年二月十五日壬戌，其日雪降非時。十六年春三月癸丑，雪。十七年三月癸丑，雪。

理宗紹定四年二月己巳，雨雪。六年三月壬子，雨雪。端平元年二月癸丑，雨雪。二年三月乙未，雨雪。嘉熙二年二月乙未，雨雪。淳佑六年二月壬申，雨雪。寶佑元年二月壬子，雨雪。二年三月戊子，雨雪。六年二月，雨雪。開慶元年、二年庚辰，雨雪。景定五年二月辛亥，雨雪。

哲宗元佑二年十一月二十七日，詔：『雪寒異常歲，民多死。宜厚加存恤，以錢谷給之。死者無親屬，則官爲收瘞。』

十二月七日，以大雪寒，賜諸軍薪炭錢。以錢百萬令開封府賜貧民。【略】

八年十一月二十一日，詔：『昨秋稼不登，衆庶闕食，中外流民當此雪寒，慮罹凍餒，宜賑恤之。』

十二月七日，大雪。詔收養內外乞丐老幼。

徽宗政和三年十一月大雨雪，連十餘日不止，平地八尺餘，冰滑，人馬不能行。詔許百官乘轎入朝。飛鳥多死。

欽宗靖康元年閏十一月二十一日，雪大作，盈三尺不止，天地晦瞑。或雪未下時，于陰雲中有雪絲長數寸墜地。

二年正月丁酉，大雪，天寒甚，地冰如鏡，行者不能定立。是月乙卯，車駕在青城，大雪數尺，人多死。

高宗紹興十三年癸亥三月十五日，大雪盈尺。

二十年十一月，建昌軍新城縣永安村大風雪。夜半，若數百千人行聲，語笑歌哭，雜擾忽遽，而凝寒陰黑，咫尺莫辨。明旦，雪中有人畜鳥獸蹄跡，流血洿染十餘里，入山乃絶。

三十一年正月戊子，大雨雪，至己亥逾旬不止，禁旅壘舍有壓者。時久雪寒甚。

孝宗乾道元年二月大雪，丙申又雪。

四年二月癸丑大雪。

淳熙十二年十二月，大雪，至明年正月，或雪或霰，或雹或雨冰，或冰冱尺余，連日不解。台州雪深丈餘，民凍死。

十六年四月戊子，成州天水縣大雨雪，麥皆凍死。

光宗紹熙元年十二月，建甯府大雪，深數尺。二年正月，行都大雪積冱，河冰厚尺餘，寒甚。是春雷雪相繼，凍雨彌月。

藝文

《詩經・國風・邶風・北風》 《北風》，刺虐也。衛國並爲威虐，百姓不親，莫不相攜持而去焉。

北風其涼，雨雪其雱。惠而好我，攜手同行。其虛其邪，既亟只且。

北風其喈，雨雪其霏。惠而好我，攜手同歸。其虛其邪，既亟只且。

莫赤匪狐，莫黑匪烏。惠而好我，攜手同車。其虛其邪，既亟只且。

又《小雅・鹿鳴之什・采薇》 《采薇》，遣戍役也。文王之時，西有昆夷之患，北有玁狁之難，以天子之命，命將率，遣戍役，以守衛中國。故歌采薇以遣之，出車以勞還，杕杜以勤歸也。

采薇采薇，薇亦作止。曰歸曰歸，歲亦莫止。靡室靡家，玁狁之故。不遑啟居，玁狁之故。

采薇采薇，薇亦柔止。曰歸曰歸，心亦憂止。憂心烈烈，載飢載渴。我戍未定，靡使歸聘。

采薇采薇，薇亦剛止。曰歸曰歸，歲亦陽止。王事靡盬，不遑啟處。憂心孔疚，我行不來。

彼爾維何？維常之華。彼路斯何？君子之車。戎車既駕，四牡業業。豈敢定居？一月三捷。

駕彼四牡，四牡騤騤。君子所依，小人所腓。四牡翼翼，象弭魚服。豈不日戒，玁狁孔棘。

昔我往矣，楊柳依依。今我來思，雨雪霏霏。行道遲遲，載渴載飢。我心傷悲，莫知我哀。

又《出車》 《出車》，勞還率也。

我出我車，于彼牧矣。自天子所，謂我來矣。召彼僕夫，謂之載矣。王事多難，維其棘矣。

我出我車，于彼郊矣。設此旐矣，建彼旄矣。彼旟旐斯，胡不旆旆？憂心悄悄，僕夫況瘁。

王命南仲，往城于方。出車彭彭，旂旐央央。天子命我，城彼朔方。赫赫南仲，玁狁于襄。

昔我往矣，黍稷方華；今我來思，雨雪載塗。王事多難，不遑啟居。豈不懷歸？畏此簡書。

喓喓草蟲，趯趯阜螽。未見君子，憂心忡忡。既見君子，我心則降。赫赫南仲，薄伐西戎。

春日遲遲，卉木萋萋。倉庚喈喈，采蘩祁祁。執訊獲醜，薄言還歸。赫赫南仲，玁狁于夷。

《魚藻之什・角弓》 《角弓》，父兄刺幽王也。不親九族而好讒佞，骨肉相怨，故作是詩也。

騂騂角弓，翩其反矣。兄弟昏姻，無胥遠矣。

爾之遠矣，民胥然矣。爾之教矣，民胥傚矣。

此令兄弟，綽綽有裕。不令兄弟，交相爲瘉。

民之無良，相怨一方，受爵不讓，至于己斯亡。老馬反爲駒，不顧其後。如食宜饇，如酌孔取。毋教猱升木，如塗塗附。君子有徽猷，小人與屬。雨雪瀌瀌，見晛曰消。莫肯下遺，式居婁驕。雨雪浮浮，見晛曰流。如蠻如髦，我是用憂

《甫田之什・頍弁》

《頍弁》，諸公刺幽王也。暴戾無親，不能宴樂同姓，親睦九族，孤危將亡，故作是詩也。

有頍者弁，實維伊何？爾酒既旨，爾殽既嘉。豈伊異人，兄弟匪他。蔦與女蘿，施于松柏。未見君子，憂心弈弈；既見君子，庶幾説懌。有頍者弁，實維何期？爾酒既旨，爾殽既時。豈伊異人，兄弟具來。蔦與女蘿，施于松上。未見君子，憂心怲怲；既見君子，庶幾有臧。有頍者弁，實維在首。爾酒既旨，爾殽既阜。豈伊異人，兄弟甥舅。如彼雨雪，先集維霰。死喪無日，無幾相見。樂酒今夕，君子維宴。

《谷風之什・信南山》

《信南山》，刺幽王也。不能脩成王之業，疆理天下，以奉禹功，故君子思古焉。

信彼南山，維禹甸之。畇畇原隰，曾孫田之。我疆我理，南東其畝。上天同雲，雨雪雰雰。益之以霢霂，既優既渥，既霑既足，生我百穀。疆埸翼翼，黍稷彧彧。曾孫之穡，以爲酒食。畀我尸賓，壽考萬年。中田有廬，疆埸有瓜。是剝是菹，獻之皇祖。曾孫壽考，受天之祜。祭以清酒，從以騂牡，享于祖考。執其鸞刀，以啟其毛，取其血膋。是烝是享，苾苾芬芬，祀事孔明。先祖是皇，報以介福，萬壽無疆。

《吴越春秋》卷一〇《勾踐伐吴外傳》

會秦怖懼，逆自引咎，越乃還軍，軍人悦樂，遂作《河梁之詩》，曰：『渡河梁兮渡河梁，舉兵所伐攻秦王。孟冬十月多雪霜，隆寒道路誠難當。陣兵未濟秦師降，諸侯怖懼皆恐惶。聲傳海内威遠邦，稱霸穆桓齊楚莊，天下安寧壽考長。悲去歸兮何無梁。』

屈原《九章・涉江》

《楚詞補注》卷四

入溆浦余儃佪兮，溆浦，水名。儃佪，一作邅迴。五臣云：溆亦浦類。邅，轉。迴，旋也。迷不知吾所如。迷，惑也。如，之也。言己思念楚國，雖循江水涯，意猶迷惑，不知所之也。一本『吾』下有『之』字。深林杳以冥冥兮，山林草木茂盛。一云：杳杳以冥冥。杳，一作晦。冥冥，一作冥寞。五臣云：冥冥暗貌。猨狖之所居。非賢士之道徑。一本此句上有『乃』字。五臣云：猨狖，輕捷之獸。喻國之昏亂，邪巧生焉，非賢智所能處也。山峻高目蔽日兮，言險阻危傾也。以，一作而。下幽晦目多雨。言暑溼泥濘也。霰雪紛其無垠兮，涉冰凍之盛寒。雲霏霏而承宇。室屋沈沒，與天連也。或曰：日以喻君，山以喻臣，霰雪以興殘賊，雲以象佞人。山峻高以蔽日者，謂臣蔽君明也。下幽晦以多雨者，羣下專擅施恩惠也。霰雪紛其無垠者，殘賊之政害仁賢也。雲霏霏而承宇者，佞人並進滿朝廷也。哀吾生之無樂兮，遭遇讒佞，失官爵也。幽獨處乎山中。遠離親戚，而斥逐也。吾不能變心而從俗兮，終不易志，隨枉曲也。固將愁苦而終窮。愁思無聊，身困窮也。

宋玉《九辯》

《楚詞補注》卷八

霜露慘悽而交下兮，君政嚴急，刑罰峻也。慘，一作憯。心尚幸其弗濟。冀過不成，得免脱也。幸，一作幸。尚幸，一云倘徉。霰雪雰糅其增加兮，威怒益盛，刑酷烈也。其，一作而。乃知遭命之將至。卒遇誅戮，身顛沛也。願徼幸而有待兮，冀蒙貰赦，宥罪法也。宥，一作止。泊莽莽與壄草同死。將與百卉俱徂落也。一云：泊莽莽兮與壄草同死。一作材草。（翻宋本作林草。）泊，一作汩。願自往而徑遊兮，不待左右之紹介也。一云：願自直而徑往。路壅絶而不通。讒臣嫉妒，無由達也。欲循道而平驅兮，遵放衆人，所履爲也。欲，一作願。又未知其所從。不識趣舍，何所宜也。然中路而迷惑兮，舉足猶豫，心回疑也。自壓桉而學誦。弭情定志，吟詩禮也。壓，一作厭。桉，一作按。一作壓塞。性愚陋以褊淺兮，姿質鄙鈍，寡所知也。信未達乎從容。君不照察其真僞也。乎，一作兮，一作於。一本云：然中路而迷惑兮，悲躇躇而無歸。性愚陋以褊淺兮，自壓桉而學詩。蘭蓀雜於蕭艾兮，信未達其從容。竊美申包胥之氣盛兮，申包胥，楚大夫也。昔伍子胥得罪於楚，將適於吴，見申包胥謂曰：『我必亡郢。』申包胥答曰：『子能亡之，我能存之。』遂出奔吴，爲吴王闔閭臣。興兵而伐楚，破郢。昭王出奔，於是申包胥乃之秦，請救兵，鶴立於秦庭，啼呼悲泣，七日七夜不絶聲，勺飲不入於口。秦伯哀之，爲發兵救楚。昭王復國，故言氣盛也。古本盛皆作晟。恐時世之不固。俗人執誓，多不堅也。何時俗之工巧兮？靜言諓諓，而無信也。滅規榘而改鑿。弃捐仁義，信讒佞也。獨耿介而不隨兮，執節守度，不枉傾也。願慕先聖之遺教。循行道德，遵典經也。處濁世而顯榮兮，謂仕亂君，爲公卿也。非余心之所樂。彼雖富貴，我不願也。與其無義而有名兮，宰嚭專吴，握君權也。寧窮處而守高。思從夷、齊於首陽也。食不媮而爲飽兮，何必秔粱與芻豢也。一無『而』字。衣不苟而爲溫。非貴錦繡，及綾紈也。一無『而』字。竊慕詩人之遺風兮，勤身修德，樂《伐檀》也。願託志乎素餐。不空食禄，而曠官也。《詩》云：彼君子兮，不素餐兮。謂居位食禄，無有功德，名曰素餐也。《釋文》作食，音孫。蹇充倔而無端兮，媒理斷絶，無因緣也。泊莽莽而無垠。幽處山野，而無鄰也。泊，一作汩。無衣裘以御冬兮，言己飢寒，家困貧也。御，一作禦。恐溘死不得見乎陽春。懼命奄忽，不踰年也。一本自『霜

露慘悽而交下』至此，爲一章。

漢 王逸《九思・憫上》《楚辭補注》卷一七 稾本兮萎落。稾本，香草也。喻賢愚易所。落，舊音格。覩斯兮僞惑。惑，一作盛。一云：疾斯兮僞忒。心爲兮隔錯。隔錯，失其性也。逡巡兮圃藪，藪林曰藪。率彼兮畛陌。田閒道曰畛。陌，塍分界也。川谷兮淵淵，深貌。山𠂤兮峉峉。峉峉，長而多有貌也。𠂤，一作阜，一作屈。峉，一作硌。叢林兮崯崯，崯崯，衆饒貌。崯，一作岭。株榛兮岳岳。岳岳，衆木植也。株，一作林。霜雪兮漼溰，積聚貌。一作溰溰，一作漼漼。冰凍兮洛澤。洛，竭也。寒而水澤竭成冰。東西兮南北，罔所兮歸薄。言四方皆無所停止也。庇廕兮枯樹，匍匐兮巖石。穴可居者。蜷跼兮寒局數，一云：蜷跼兮數年。一云：蜷跼兮寒風數。獨處兮志不申，蜷，傴僂也。年齒盡兮命迫促。

漢 劉向《遂初賦》《古文苑》卷五 軼中國之都邑兮，登句注以陵厲。歷雁門而入雲中兮，超絕轍而遠逝。濟臨沃而遙思兮，垂意兮邊都。野蕭條以寥廓兮，陵谷錯以盤紆。飄寂寥以荒昒兮，沙埃起之杳冥。迴風育其飄忽兮，回颸颸之泠泠。

薄涸凍之凝滯兮，茀溪谷之清涼。漂積雪之皚皚兮，涉凝露之降霜。揚雹霰之復陸兮，慨原泉之淩陰。激流澌之漻淚兮，窺九淵之潛淋。颯淒愴以慘怛兮，慽風漻以冽寒。獸望浪以穴竄兮，鳥脅翼之浚浚。山蕭瑟以鵾鳴兮，樹木壞而哇吟。

地坼裂而憤忽急兮，石捌破之巖巖。天烈烈以厲高兮，廖㝩窻以梟窂。雁邕邕以遲遲兮，野鸛鳴而嘈嘈。

漢 張衡《張河間集・西京賦》 於是孟冬作陰，寒風肅殺。寒氣急殺於萬物。孟冬十月，陰氣始盛，萬物彫落。善曰：禮記曰：孟秋天氣始肅，仲秋殺氣浸盛。雨雪飄飄，冰霜慘烈。飄飄，雨雪貌。慘烈，寒也。善曰：李陵書曰：邊土慘烈。百卉具零，剛蟲搏摯。草木零落，陰氣盛殺，鷹犬之屬，可摯擊也。善曰：毛詩曰：百卉具腓。禮記曰：季秋，豺祭獸戮禽也。爾乃振天維，衍地絡。維，綱也。絡，網也。謂其大如天地矣。振，整理也。衍，申布也。善曰：衍，以善切。蕩川瀆，簸林薄。林薄，草木叢生也。蕩，動也。簸，揚也。謂驅獸也。鳥畢駭，獸咸作。草伏木棲，寓居穴託。謂禽獸驚走，得草則伏，遇木則棲，非其常處，苟寄而居，值穴而託。爲人窮迫之意。起彼集此，霍繹紛泊。謂爲彼人所驚，而來集此人之前。霍繹紛泊，飛走之貌。

又 度曲未終，雲起雪飛。初若飄飄，後遂霏霏。飄飄、霏霏，雪下貌。皆巧僞作之。善曰：班固漢書曰：元帝自度曲。瓚曰：度曲歌終，更授其次，謂之度曲。毛詩曰：雨雪霏霏。

漢 秦嘉《贈婦》《古詩紀》卷一四 暖暖白日，引曜西傾。啾啾雞雀，群飛赴楹。皎皎明月，煌煌列星。嚴霜悽愴，飛雪覆庭。寂寂獨居，寥寥空室。飄飄桂帳，熒熒華燭。爾不是居，帷帳何施。爾不是照，華燭何爲。

漢 蔡邕《初平詩》《文選・謝朓〈新亭渚別范零陵詩〉》李善注 暮宿河南，悵望天陰，雨雪滂滂。

漢 繁欽《七言詩》《北堂書鈔》卷一五二 陰雲起兮白雪飄。

漢 曹操《苦寒行》《樂府詩集》卷三三 《樂府解題》曰：『晉樂奏魏武帝《北上篇》，備言冰雪溪谷之苦。其後或謂之《北上行》，蓋因武帝辭而擬之也。』

北上太行山，艱哉何巍巍！太行山，艱哉何巍巍！羊腸阪詰曲，車輪爲之摧。樹木何蕭瑟，北風聲正悲。熊羆對我蹲，虎豹夾道啼。溪谷少人民，雪落何霏霏。延頸長歎息，遠行多所懷。我心何怫鬱，思欲一東歸。水深橋樑絕，中道正徘徊。迷惑失徑路，暝無所宿棲。行行日以遠，人馬同時饑。擔囊行取薪，斧冰持作糜。悲彼東山詩，悠悠使我哀。

漢 蔡琰《悲憤詩》《後漢書》卷八四 漢季失權柄，董卓亂天常。志欲圖篡弑，先害諸賢良。逼迫遷舊邦，擁主以自彊。海內興義師，欲共討不祥。卓衆來東下，金甲耀日光。平土人脆弱，來兵皆胡羌。獵野圍城邑，所向悉破亡。斬截無孑遺，尸骸相牚拒。馬邊縣男頭，馬後載婦女。長驅西入關，迥路險且阻。還顧邈冥冥，肝脾爲爛腐。所略有萬計，不得令屯聚。或有骨肉俱，欲言不敢語。失意機微閒，輒言斃降虜。要當以亭刃，我曹不活汝。豈復惜性命，不堪其詈罵。或便加棰杖，毒痛參并下。旦則號泣行，夜則悲吟坐。欲死不能得，欲生無一可。彼蒼者何辜，乃遭此戹禍！邊荒與華異，人俗少義理。處所多霜雪，胡風春夏起。翩翩吹我衣，肅肅入我耳。感時念父母，哀歎無窮已。有客從外來，聞之常歡喜。迎問其消息，輒復非鄉里。邂逅徼時願，骨肉來迎己。己得自解免，當復棄兒子。天屬綴人心，念別無會期。存亡永乖隔，不忍與之辭。兒前抱我頸，問母欲何之。『人言母當去，豈復有還時。阿母常仁惻，今何更不慈？我尚未成人，柰何不顧思！』見此崩五內，恍惚生狂癡。號泣手撫摩，當發復回疑。兼有同時輩，相送告離別。慕我獨得歸，哀叫聲摧裂。馬爲立踟躕，車爲不轉轍。觀者皆歔欷，行路亦嗚咽。去去割情戀，遄征日遐邁。悠悠三千里，何時復交會？念我出腹子，匈臆爲摧敗。既至家人盡，又復無中外。城郭爲山林，庭宇生荊艾。白骨不知誰，從横莫覆蓋。出門無人聲，豺狼號且吠。煢煢對孤景，怛咤糜肝肺。登高遠眺望，魂神忽飛逝。奄若壽命盡，旁人相寬大。爲復彊視息，雖生何聊賴！託命於新人，竭心自勗厲。流離成鄙賤，常恐復捐廢。人生幾何時，懷憂終年歲！

嗟薄祜兮遭世患，宗族殄兮門户單。身執略兮入西關，歷險阻兮之羌蠻。山谷眇兮路曼曼，眷東顧兮但悲歎。冥當寢兮不能安，飢當食兮不能餐，常流涕兮眥不乾，薄志節兮念死難，雖苟活兮無形顔。惟彼方兮遠陽精，陰氣凝兮雪夏零。沙漠壅兮塵冥冥，有草木兮春不榮。人似禽兮食臭腥，言兜離兮狀窈停。歲聿暮兮時邁征，夜悠長兮禁門扃。不能寐兮起屏營，登胡殿兮臨廣庭。玄雲合兮翳月星，北風厲兮肅泠泠。胡笳動兮邊馬鳴，孤雁歸兮聲嚶嚶。樂人興兮彈琴箏，音相和兮悲且清。心吐思兮匈憤盈，欲舒氣兮恐彼驚，含哀咽兮涕沾頸。家既迎兮當歸寧，臨長路兮捐所生。兒呼母兮號失聲，我掩耳兮不忍聽。追持我兮走煢煢，頓復起兮毀顔形。還顧之兮破人情，心怛絶兮死復生。

三國魏 曹丕《苦寒行》《藝文類聚》卷四一 魏文帝苦寒行曰：北上太行山，艱哉何巍巍，羊腸阪詰屈，車輪爲之摧，壟樹何蕭瑟，北風聲正悲，溪谷少人民，雪落何霏霏，簷囊行取薪，斧冰待作糜，哀彼東山詩，悠悠使我悲。

三國魏 曹丕《寡婦賦》《藝文類聚》卷三四 陳留阮元瑜早亡，每感存其遺孤，未嘗不愴然傷心，故作斯賦。

惟生民兮艱危，在孤寡兮常悲，人皆處兮歡樂，我獨怨兮無依，撫遺孤兮太息，俯哀傷兮告誰，三辰周兮遞照，寒暑運兮代臻，歷夏日兮苦長，涉秋夜兮漫漫，微霜隕兮集庭，燕雀飛兮我前，去秋兮就冬，改節兮時寒，水凝兮成冰，雪落兮翻翻，傷薄命兮寡獨，内惆悵兮自憐。

三國魏 阮籍《咏懷詩》《初學記》卷三 良辰在何許，凝霜沾衣衿；寒風振山岡，玄雪起重陰。

三國魏 阮籍《阮步兵集·大人先生傳》 崔巍高山勃玄雲，朔風横厲白雪紛，積冰若陵寒傷人。陰陽失位日月隤，地坼石裂林木摧，大冷陽凝寒傷懷。陽和微弱隆陰竭，海凍不流綿絮折，呼翕不通寒傷裂。氣並代動變如神，寒倡熱隨害傷人，熙與真人懷大清。精神專一用意平，寒暑勿傷莫不驚，憂患靡由素氣寧。浮霧淩天恣所經，往來微妙路無傾，好樂非世又何爭，人且皆死我獨生。

晉 庾純《冰井賦》《藝文類聚》卷九 嘉陰陽之博施，美天地之廣宣，萬物雜而無越，不易類以相干，或專陽負暑，或固陰沍寒，塗雖殊而同歸，信協德而俱延。於是孟冬之月，羣陰畢升，霜雪紛其交淪，流波結而成淩，啟南墉之重隩，將却熱以藏冰，納遠宫之邃宇，靜幽淡以清徵，抱堅精之玄素，發川靈而長凝。

晉 成公綏《木蘭賦》《藝文類聚》卷八九 許昌西園中木蘭樹，余往觀之，遂爲賦曰：覽衆樹之列植，嘉木蘭之殊觀，至於玄冥授節，猛寒嚴烈，峨峨堅冰，霏霏白雪，木應霜而枯零，草隨風而摧折，顧青翠之茂葉，繁旖旎之弱條，諒抗節而矯時，獨滋茂而不雕。

晉 傅玄《大寒賦》《藝文類聚》卷三 五行倏而競騖兮，四節紛而電逝。諒暑往而寒來，十二月而成歲。日月會于析木兮，重陰凄而增肅。在中冬之大寒兮，迅季旬而逾蹙。綵虹藏于虚廓兮，鱗介潛而長伏。若乃天地凜冽，庶極氣否。嚴霜夜結，悲風晝起。飛雪山積，蕭條萬里。百川咽而不流兮，冰凍合于四海，扶木憔悴于暘谷，若華零落于濛汜。

晉 傅玄《季冬詩》《太平御覽》卷二七 季冬時慘烈，猛寒不可勝。嚴風截人耳，素雪墜地凝。林上飛霜起，波水自生冰。未夕結重衾，崇朝不敢興。

晉 鍾夫人《詩》《初學記》卷三 冽冽季冬，素雪其霏。

《文選·潘安〈寡婦賦〉》 自仲秋而在疚兮，踰履霜以踐冰。丁儀妻寡婦賦曰：自銜恤而在疚，履春冬之四節。韓詩曰：惸惸余在疚。凡人喪曰疚。鄭玄毛詩箋曰：在憂病之中。周易曰：履霜堅冰至。雪霏霏而驟落兮，風瀏瀏而夙興。丁儀妻寡婦賦曰：風蕭蕭而日勁，雪翩翩以交零。毛詩曰：雨雪霏霏。楚辭曰：秋風瀏以蕭蕭。王逸曰：瀏，風疾貌。霤泠泠以夜下兮，水溓溓以微凝。丁儀妻寡婦賦曰：霜凄凄而夜降，水溓溓而晨結。説文曰：霤，屋水流也。又曰：溓溓，薄冰也，力檢切。意忽怳以遷越兮，神一夕而九升。老子曰：惚兮怳兮，其中有象。楚辭曰：惟郢路之遼遠，魂一夕而九逝。庶浸遠而哀降兮，情惻惻而彌甚。東觀漢記，上賜東平王蒼書曰：歲月騖過，山陵浸遠。願假夢以通靈兮，目炯炯而不寢。陳琳神女賦曰：儀營魄於髣髴，託嘉夢以通精。楚辭曰：夜炯炯而不寐。炯，公冷切。夜漫漫以悠悠兮，寒凄凄以凜凜。夜漫漫，已見上文。楚辭曰：去白日之昭昭，襲長夜之悠悠。毛詩曰：秋日凄凄。説文曰：凜凜，寒也。氣憤薄而乘胸兮，涕交横而流枕。丁儀妻寡婦賦曰：氣憤薄而交縈，撫素枕而歔欷。長笛賦曰：泣血泫然，交横而下。亡魂逝而永遠兮，時歲忽其遒盡。丁儀妻寡婦賦曰：神爽緬其日永，歲功忽其已成。楚辭曰：歲忽忽而遒盡。毛萇詩傳曰：遒，終也。廣雅曰：遒，忽也。容貌儡以頓顇兮，左右悽其相慜。家語曰：儡乎若喪家之狗。禮記曰：喪容儡儡。鄭玄曰：儡，羸貌。鶡鵠曰：容貌慘以顦顇。丁儀妻寡婦賦曰：顧顔貌之艳艳，對左右而掩涕。洞簫賦曰：桀跖鬻博儡頓顇。説文曰：儡，敗也，洛罪切。艳，普楹切。感三良之殉秦兮，甘捐生而自引。毛詩秦風曰：黄鳥，哀三良也。國人刺穆公以人從死，而作是詩。左氏傳，文公六年，秦穆公卒，以子車氏之三子奄息、仲行、鍼虎爲殉，皆秦之良也。杜預曰：以人從葬爲殉。妻言願亦如三良死從於夫也。自引，自殺也。漢書，主簿謂王嘉曰：君侯宜引決。鞠稚子於懷抱兮，羌低徊而不忍。王粲寡婦賦曰：欲引刃以自裁，顧弱子而復停。史説曰：楚懷王稚子蘭。毛詩曰：母兮鞠我，出入腹我。毛萇曰：鞠，養也。鄭玄曰：腹，懷抱也。獨指景而心誓兮，雖形存而志隕。韓詩曰：謂余不信，有如皎日。楚辭曰：辭靈脩而隕志。

晋 張華《游獵篇》《樂府詩集》卷六七 《樂府解題》曰：『梁劉孝威《遊獵篇》云：「之罘講射所，上林娱獵場。」備言遊行射獵之事；亦謂之《行行遊且獵篇》。』

歲暮凝霜結，堅冰沍幽泉。厲風蕩原隰，浮雲蔽昊天。玄雲晻霮合，素雪紛連翩。

晋 陸機《陸士衡文集》卷六《苦寒行》 北遊幽朔城，凉野多嶮難。俯入窮谷底，仰陟高山盤。凝冰結重磵，積雪被長巒。陰雲興嵓側，悲風鳴樹端。不覩白日景，但聞寒鳥喧。猛虎憑林嘯，玄猿臨岸歎。夕宿喬木下，慘愴恒鮮歡。渴飲堅冰漿，飢待零露飡。離思固已乆，寤寐莫與言，劇哉行役人，慊慊恒苦寒。

晋 陸機《苦寒行》《樂府詩集》卷三三 北遊幽朔城，凉野多險艱。俯入穹谷底，仰陟高山盤。凝冰結重澗，積雪被長巒。陰雲興岩側，悲風鳴樹端。不睹白日景，但聞寒鳥喧。猛虎憑林嘯，玄猿臨岸歎。夕宿喬木下，慘慘恒鮮歡。渴飲堅冰漿，饑待零露餐。離思固已久，寤寐莫與言。劇哉行役人，慊慊恒苦寒。

《文選・陸機〈飲馬長城窟行〉》 驅馬陟陰山，山高馬不前。漢書，侯應上書曰：臣聞北邊塞有陰山。往問陰山候，勁虜在燕然。解嘲曰：西北一候。范曄後漢書曰：竇憲征北單于，登燕然山。戎車無停軌，旌旆屢徂遷。鄭玄考工記注曰：軌，轍跡也。仰憑積雪巖，俯涉堅冰川。冬來秋未反，去家邈以緜。邈，遠也。獫狁亮未夷，征人豈徒旋。獫狁，匈奴也。毛詩曰：赫赫南仲，獫狁于夷。毛萇曰：夷，平也。末德爭先鳴，凶器無兩全。吴越春秋，范蠡曰：夫人君勇者，逆德也；兵者，凶器也；爭者，國之末也。莊子曰：三軍五兵之運，德之末也。左氏傳，州綽謂齊侯曰：平陰之役，先二子鳴。師克薄賞行，軍没微軀捐。李陵書曰：薄賞子以守節。將遵甘陳迹，收功單于旃。漢書曰：甘延壽，字君況，北地人也。爲郎中諫大夫，使西域，與副校尉陳湯共誅斬郅支單于，封義成侯。又曰：陳湯，字子公，山陽人也。爲西域副校尉，與甘延壽俱出，同斬單于首，賜爵關内侯。班固漢書述曰：博望仗節，收功大夏。旃，旌旗也。振旅勞歸士，受爵槀街傳。穀梁傳曰：入曰振旅。毛詩序曰：杕杜，勞還役也。南都賦曰：受爵傳觴。漢書，陳湯上疏曰：斬郅支單于首，及名王以下，宜懸頭槀街蠻夷邸間。晋灼曰：黄圖，在長安城門内。邸，謂傳舍也。

晋 陸機《感時賦》《藝文類聚》卷三 悲夫，冬之爲氣，亦何憯懍以蕭索，天悠悠其彌高，霧鬱鬱而四幕，夜綿邈其難終，日晼晚而易落，伊夫時之方慘，曷萬物之能歡，猿長嘯於林杪，鳥高鳴於雲端，矧餘情之含瘁，恒睹物而增酸，曆四時以迭感，悲此歲之已寒，撫傷懷以嗚咽，望永路而汍瀾。

晋 陸雲《陸士龍集》卷一《寒蟬賦》 惟雨雪之霏霏，哀北風之飄飄。

晋 司馬彪《詩》《事類賦注》卷八自注 烈烈玄飆起。粲粲繁霜凝。勁風回白雪。長川激素冰。

晋 伏系之《雪賦序》《太平御覽》卷一二 結陰凝雪，皎如帔素。

晋 湛方生《懷歸謡》《藝文類聚》卷一九 辭衡門兮至懽，懷生離兮苦辛。豈羈旅兮一慨，亦代謝兮感人。四運兮道盡，化新兮歲故。氣慘慘兮凝晨，風凄凄兮薄暮。雨雪兮交紛，重雲兮四布。天地兮一色，六合兮同素。山木兮摧披，津壑兮凝沍。感羈旅兮苦心。懷桑梓兮增慕，胡馬兮戀北。越鳥兮依陽，彼禽獸兮尚然。況君子兮去故鄉。望歸途兮漫漫，盼江流兮洋洋。思涉路兮莫由，欲越津兮無梁。

晋 李顒《雪賦》《藝文類聚》卷二 何時雪之嘉澤，亦應變而俱凝。隨同雲而下降，固霑渥之所興。

晋 李顒《悲四時》《太平御覽》卷一二 雲黮䨴以時興，雪聯翩而驟密。枯枝皎如瓊翰，空岫朗若玉寶。

晉 包播《詩》《北堂書鈔》卷一五四 冬日淒慘，玄雲蔽天。素冰彌澤，白雪依山。

晉 陶淵明《陶淵明集》卷一《詩四言·答龐參軍》

昔我雲別，倉庚載鳴；今也遇之，霰雪飄零。
大藩有命，作使上京，豈忘宴安？王事靡寧。
慘慘寒日，肅肅其風，翩彼方舟，容裔江中。
勖哉征人，在始思終。敬茲良辰，以保爾躬。

晉 王韶之《咏雪離合》《太平御覽》卷一二 霰先集兮雪霏霏，散輝素兮被簷庭。曲室寒兮朔風厲，川陸涸兮百籟鳴。

晉 佚名《冬歌十七首》《古詩紀》卷五一 寒雲浮天凝，積雪冰川波。連山結玉嚴，修庭振瓊柯。

晉 佚名《安東平》《古詩紀》卷五二 淒淒烈烈，北風爲雪。船道不通，步道斷絕。

晉 佚名《十一月歌》《古樂府》卷七 素雪任風流，樹木轉枯悴，松柏無所憂。折楊柳，寒衣履薄冰，歡詎知儂否。

南朝宋 袁淑《七言詠寒雪》 渚幽寒兮石煙聚，日華收兮山氣深。邊亭哀兮夜燧滅，孤松振兮空岫吟。魚戢鱗兮鳥矜翰，虹蟄火兮龍藏金。

《文選·謝惠連〈雪賦〉》 歲將暮，時既昏。毛詩曰：歲亦暮止。劉向七言曰：時將昏暮白日午。昏，冥也。寒風積，愁雲繁。莊子曰：風積不厚，則其負大翼也無力。傅玄詩曰：浮雲含愁色，悲風坐自歎。班婕妤擣素賦曰：佇風軒而結睇，對愁雲之浮沈。然疑此賦非婕妤之文，行來已久，故兼引之。梁王不悅，游於兔園。此假主客以爲辭也。漢書曰：梁孝王，文帝子也。西京雜記曰：梁孝王好宮室苑囿之樂，築兔園也。迺置旨酒，命賓友。召鄒生，延枚叟。漢書，梁孝王待士，鄒陽從孝王游。又曰：枚乘爲弘農都尉，去官游梁。相如末至，居客之右。漢書曰：相如客游梁。又曰：田叔等十人，漢廷臣無能出其右者。俄而微霰零，密雪下。莊子曰：俄而死。王肅家語注曰：俄，有頃也。王迺歌北風於衛詩，詠南山於周雅。毛詩衛風曰：北風其涼，雨雪其滂。又小雅信南山曰：上天同雲，雨雪雰雰。授簡於司馬大夫，言大夫，尊之也。國語，越王勾踐曰：苟聞子大夫之言。《爾雅》曰：簡謂之畢也。郭璞曰：今簡札也。曰：『抽子秘思，騁子妍辭，侔色揣稱，爲寡人賦之。』鄭玄周禮注曰：侔，等也，莫侯切。說文曰：揣，量也，初委切。《爾雅》曰：稱，好也。老子曰：王公自謂孤寡不穀。相如於是避席而起，逡巡而揖。孝經曰：曾子避席。公羊曰：逡巡，北面再拜也。廣雅曰：逡巡，却退也。曰：臣聞雪宮建於東國，雪山峙於西域。孟子曰：齊宣王見孟子於雪宮。劉熙曰：雪宮，離宮之名也。漢書西域傳曰：天山冬夏有雪。岐昌發詠於來思，姬滿申歌於黃竹。岐，周所居；昌，文王名也。毛詩曰：昔我往矣，楊柳依依，今我來思，雨雪霏霏。姬，周姓也。滿，穆王名，昭王子也。孔安國尚書傳曰：申，重也。穆天子傳曰：天子遊黃臺之丘，大寒，北風雨雪。天子作詩三章，以哀人夫：我徂黃竹員閟寒。乃宿於黃竹。曹風以麻衣比色，楚謠以幽蘭儷曲。毛詩曹風曰：蜉蝣掘閱，麻衣如雪。宋玉諷賦曰：臣嘗行至，主人獨有一女，置臣蘭房之中，臣授琴而鼓之，爲幽蘭、白雪之曲。賈逵曰：儷，偶也。盈尺則呈瑞於豐年，袤丈則表沴於陰德。左氏傳曰：凡平地尺爲大雪。毛萇詩傳曰：豐年之冬，必有積雪。金匱曰：武王伐紂，都洛邑未成，雨雪十餘日，深丈餘。漢書曰：氣相傷謂之沴。沴，臨莅不和意也。春秋潛潭巴曰：大雪甚厚，後必有女主，天雪連月陰作威。宋均曰：雪爲陰，臣道也。雪之時義遠矣哉！請言其始。若迺玄律窮，嚴氣升。禮記曰：季冬之月，日窮於次，月窮於紀。又曰：孟冬之月，天地始肅。鄭玄曰：肅，嚴急之氣也。孟冬之月，天氣上騰。夏侯孝若寒雪賦曰：嚴氣枯殺，玄澤閉凝。焦溪涸，湯谷凝。酈元水經注曰：焦泉發于天門之左，南流成溪，謂之焦泉。盛弘之荊州記曰：南陽郡城北有紫山，東有一水，冬夏常溫，因名湯谷也。火井滅，溫泉冰。博物志曰：臨邛火井，諸葛亮往視，後火轉盛，以盆貯水煑之，得鹽。後人以火投井，火即滅，至今不燃。又曰：西河郡鴻門縣亦有火井祠，火從地出。張衡溫泉賦曰：遂適驪山觀溫泉。沸潭無湧，炎風不興。酈元水經注曰：以生物投之，須臾即熟。又曰：曲阿季子廟前，井及潭常沸，故名井曰沸井，潭曰沸潭。炎風在南海外，常有火風。夏日則蒸殺其過鳥也。呂氏春秋曰：何謂八風，東北曰炎風。高誘曰：一曰融風。北户墐扉，裸胡卦壤垂繒。毛詩曰：穹窒熏鼠，塞向墐户。毛萇曰：向，北出牖也。墐，塗也。東夷傳曰：倭國東四千餘里，裸人國也。字林曰：繒，帛揔名也。於是河海生雲，朔漠飛沙。淮南子曰：四海之雲湊。又曰：八澤之雲，以雨九州。公羊傳曰：河海潤千里。何休曰：河海興雲，雨及千里。說文曰：北方流沙。漢書，李陵歌曰：徑萬里兮度沙漠。范曄後漢書，袁安議曰：今朔漠既定。楊泉物理論曰：風怒則飛沙揚礫。連氛累靄，揜日韜霞。文字集略曰：靄，雲狀。又曰：靄，亦靄也。一大切。毛萇詩傳曰：揜，覆也。於儼切。杜預左氏傳曰：韜，藏也，吐刀切。霰淅瀝而先集，雪粉糅女又而遂多。韓詩曰：先集惟霰。薛君曰：霰，霙也，音英。夏侯孝若寒雪賦曰：集洪霰之淅瀝，煥摧磊以繻索。楚辭曰：雪紛糅其增加。鄭玄禮記注曰：糅，雜也。其爲狀也，散漫交錯，氛氳蕭索。王逸楚辭注曰：氛氳，盛貌。藹藹浮浮，瀌瀌弈弈。毛詩曰：雨雪浮浮。又曰：雨雪瀌瀌。方遙切。廣雅曰：藹藹弈弈，盛貌。聯翩飛灑，徘徊委積。始緣甍而冒棟，終開簾而入隙。杜預曰：甍，屋棟也。毛詩曰：下士是冒。傳曰：冒，覆也。字林云：隙，壁際孔，從阜傍，二小夾日也。初便娟於墀廡，末縈盈於帷席。便娟、縈盈，雪迴委之貌。楚辭曰：嬋娟修竹。王逸曰：嬋娟，好貌。説文曰：廡，堂下周屋也。釋名曰：大屋曰廡。既因方而爲珪，亦遇圓而成璧。眄隰則萬頃同縞，瞻山則千巖俱白。於是臺如重璧，逵似連璐。廣雅曰：縞，練也。穆天子傳曰：爲盛姬築臺，是曰重璧之臺。劉公幹清廬賦曰：蹈琳珉之塗。然即逵也。許慎淮南子注曰：璐，美玉也，音路。庭列瑶階，林挺瓊樹。瑶階，玉階也，已見西京賦。説文曰：挺，拔也，達鼎切。莊子曰：南方積石千里，樹名瓊枝。皓鶴奪鮮，白鷴失素。相鶴經云：鶴千六百年，形定而色白。復二千年，大毛落，茸毛生，色雪白。白鷴，鳥名也。西都賦曰：招白鷴。紈袖慙冶，玉顏掩姱。説文曰：紈，素也。冶，妖也。范子，紈素出齊。古詩曰：燕、趙多佳人，美者顏如玉。楚辭曰：美人皓齒。嫮與姱同，好貌。若迺積素未虧，白日朝鮮，爛兮若燭龍，銜燿照崑山。山海經曰：赤水之北，有章尾山，有神，人面蛇身，其瞑乃晦，其視乃明，是燭九陰，是謂燭龍。楚辭曰：日安不飛，燭龍何照。王逸曰：言天西北有幽冥無日之國，有龍銜燭而照之。山海經曰：鍾山之神，名曰燭陰。郭璞曰：即燭龍也。詩含神務曰：天不足西北，無有陰陽，故有龍銜火精以照天門中也。崑山，已見上文。爾其流滴垂冰，緣霤承隅。王逸楚辭注曰：霤，屋宇也。粲兮若馮夷，剖蚌列明珠。莊子曰：夫道，馮夷得之以遊大川。抱朴子釋鬼篇曰：馮夷，華陰人，以八月上庚日度河溺死，天帝署爲河伯。説文曰：蚌，蜃也。司馬彪以爲明月珠蚌蛤也。蜀志：秦宓奏記曰：剖蚌求珠。至夫繽紛繁騖之貌，皓汗曒絜之儀。迴散縈積之勢，飛聚凝曜之奇。固展轉而無窮，嗟難得而備知。若迺申娱翫之無已，夜幽静而多懷。風觸楹而轉響，月承幌而通暉。包氏論語注曰：棁者，梁上楹也。説文曰：楹，柱也。承，上也。文字集略曰：幌，以帛明牕也。酌湘吴之醇酎，御狐狢之兼衣。吴録曰：湘川酃陵縣水，以作酒，有名。吴興烏程縣若下酒有名。醇酎，已見魏都賦。論語曰：狐狢之厚以居。晏子春秋曰：景公時，雨雪三日，公被狐白之裘，晏子入，公曰：怪哉！雨雪三日不寒。晏子曰：古之賢者，飽而知飢，溫而知寒。公曰：善。出裘發粟以與飢人。夏侯孝若寒雪賦曰：既增覆而累鎮，又加裘而兼衣。對庭鵾之雙舞，瞻雲鴈之孤飛。西京雜記曰：公孫乘月賦曰：鵾雞舞於蘭渚，蟋蟀鳴於西堂。踐霜雪之交積，憐枝葉之相違。馳遥思於千里，願接手而同歸。杜篤衆瑞頌曰：千里遥思，展轉反側。毛詩曰：攜手同歸。鄒陽聞之，懣然心服。莊子曰：子貢懣然慙。又曰：使人以心服而不敢忤。説文曰：懣，煩也。蒼頡曰：悶也。莫本切。有懷妍唱，敬接末曲。於是迺作而賦積雪之歌。歌曰：攜佳人兮披重幄，援綺衾兮坐芳縟。燎薰鑪兮炳明燭，酌桂酒兮揚清曲。漢武帝秋風辭曰：攜佳人兮不能忘。劉向有薰鑪銘。楚辭曰：奠桂酒兮椒漿。薰，火煙上出也，字從黑。又續而爲白雪之歌。歌曰：曲既揚兮酒既陳，朱顏酡兮思自親。楚辭曰：美人既醉朱顏酡。王逸曰：酡，著也，面著赤色也，徒何切。願低帷以昵枕，念解珮而褫紳。昵，近也。褫，奪衣也。孔安國論語注曰：紳，大帶也。怨年歲之易暮，傷後會之無因。君寧見階上之白雪，豈鮮耀於陽春。楚辭曰：無衣裘以御冬，恐死不得見乎陽春。歌卒。王迺尋繹吟翫，撫覽扼腕。毛萇詩傳曰：繹，悦也。方言曰：繹，理也。説文曰：扼，把也。鄭玄曰：腕，掌後節也。史記曰：天下之士，莫不扼腕以言。顧謂枚叔，起而爲亂。亂者，理也。總理一賦之終也。亂曰：白羽雖白，質以輕兮。白玉雖白，空守貞兮。孟子曰：白羽之白也，猶白雪之白也歟？白雪之白也，猶白玉之白也歟？劉熙曰：孟子以爲白羽之白性輕，白雪之性消，白玉之性堅，雖俱白，其性不同。問告子，告子以爲三白之性同。未若茲雪，因時興滅。言隨時行藏也。玄陰凝不昧其潔，太陽曜不固其節。蔡雍述行賦曰：玄靈黮以凝結，零雨集之溱溱。正歷曰：日，太陽也。節豈我名，潔豈我貞。憑雲陞降，從風飄零。值物賦象，任地班形。任，猶因也。素因遇立，污隨染成。污，猶相染污也。縱心皓然，何慮何營？歸田賦曰：苟縱心於城外。孟子曰：我善養吾浩然之氣。敢問何謂浩然之氣？曰：難言也，其爲氣也，至大至剛，以直養而無害，則塞於天地之間。鴻安丘嚴平頌曰：無營無欲，澹爾淵清。

南朝宋　謝靈運《謝康樂集・折楊柳行》　騷屑出穴風，揮霍見日雪。颼颼無久摇，皎皎幾時潔。未覺泮春冰，已復謝秋節。空對尺素遷，獨視寸陰滅。否桑未易繫，泰茅難重拔。桑茅迭生運，語默寄前哲。

又《苦寒行》　歲歲層冰合，紛紛霰雪落。浮陽減清暉，寒禽叫悲壑。饑爨煙不興，渴汲水枯涸。

南朝宋　袁淑《七言咏寒詩》《北堂書鈔》卷一五六　霜雪滯兮潛天陽，浮澌結兮悲海陰。

南朝宋　沈約《芳樹》《謝宣城集》卷二　發蕚九華防，開跗露寒側。氛氳非一香，參差多異色。宿昔寒飆舉，摧殘不可識。霜雪交横至，對之長歎息。

南朝宋　鮑照《鮑明遠集》卷一《舞鶴賦》　於是窮陰殺節，急景凋年。凉沙振野，箕風動天。嚴嚴苦霧，皎皎悲泉。冰塞長河，雪滿羣山。

又　卷三《代北風凉行》　北風凉，雨雪雱，京洛女兒多妍粧。遥豔帷中自悲傷，沉吟不語若有忘。問君得行何當歸，苦使妾坐自傷悲。慮年至，慮顏衰。情易遠，恨難追。

又 卷四《擬古八首》 束薪幽篁裏，刈黍寒澗陰。朔風傷我肌，號鳥驚思心。歲暮井賦訖，程課相追尋。田租送函谷，獸藁輸上林。河渭冰未開，關隴雪正深。笞擊官有罰，呵辱吏見侵。不謂乘軒意，伏櫪還至今。

又 卷五《發後渚》 江上氣早寒，仲秋始霜雪。從軍乏衣糧，方冬與家別。蕭條背鄉心，悽愴清渚發。涼埃晦平皋，飛潮隱修樾。孤光獨徘徊，空煙視昇滅。塗隨前峰遠，意逐後雲結。華志分馳年，韶顔慘驚節。推琴三起歎，聲爲君斷絶。

又《從拜陵登京峴》 孟冬十月交，殺盛陰欲終。風烈無勁草，寒甚有凋松。軍井冰晝結，士馬氊夜重。晨登峴山首，霜雪凝未通。息鞍循隴上，支劔望雲峰。表裏觀地嶮，昇降究天容。東嶽覆如礪，瀛海安足窮。傷哉良永矣，馳光不再中、衰賤謝遠願，疲老還舊邦。深德竟何報，徒令田陌空。

又 卷八《發長松遇雪》 土牛既送寒，蓂陵方浹馳。振風搖地局，封雪滿空枝。江渠合爲陸，天野浩無涯。飲泉凍馬骨，斲冰傷役疲。昆明豈不慘，黍谷寧可吹。

《玉台新咏〈近代吴歌九首·冬歌〉》 淵冰厚三尺，素雪覆千里。我心如松柏，君心後何似。

北魏 慕容紹宗《檄梁文》《魏書》卷九八 蠕蠕境斜界黃河，望通豳夏，飛雪千里，層冰洞積。北風轉勁，實筋角之時；沍寒方猛，正氈裘之利。

南朝陳 陳叔寶《雨雪》《樂府詩集》卷二四 長城飛雪下，邊關地籟吟。濛濛九天暗，霏霏千里深。樹冷月恆少，山霧日偏沉。況聽南歸雁，切思朝笳音。

南朝陳 江暉《雨雪曲》《樂府詩集》卷二四 邊城風雪至，客子自心悲。風哀笳弄斷，雪暗馬行遲。輕生本爲國，重氣不關私。恐君猶不信，撫劍一揚眉。

南朝陳 張正見《雨雪曲》《樂府詩集》卷二四 胡關辛苦地，雲路遠漫漫。含冰踏馬足，雜雨凍旗竿。沙漠飛恆暗，天山積轉寒。無因辭日逐，團扇掩齊紈。

南朝陳 江總《雨雪曲》《樂府詩集》卷二四 雨雪隔榆溪，從軍度隴西。遶陣看狐跡，依山見馬蹄。天寒旗彩壞，地暗鼓聲低。漫漫愁雲起，蒼蒼别路迷。

南朝陳 陈暄《雨雪曲》《樂府詩集》卷二四 都尉出祁連，雨雪滿雞田。雕陵持抵鵲，屬國用和氊。冰合軍應渡，樓寒烽未然。花迷差未著，疎勒復經年。

南朝陳 謝燮《雨雪曲》《樂府詩集》卷二四 朔邊昔離別，寒風復淒切。峨峨六尺冰，飄飄千里雪。未塞袁安户，行封蘇武節。應隨隴水流，幾過空嗚咽。

北周 劉璠《雪賦》《周書》卷四二 天地否閉，凝而成雪。應乎玄冬之辰，在於沍寒之節。蒼雲暮同，嚴風曉别。散亂徘徊，雰霏皎潔。違朝陽之暄煦，就陵陰之慘烈。

若乃雪山峙於流沙之右，雪宫建於碣石之東。混二儀而並色，覆萬有而皆空。埋没河山之上，籠罩寰宇之中。日馭潛於濛汜，地險失於華嵩。既奪朱而成素，實矯異而爲同。

始飄飄而稍落，遂紛糅而無窮。縈回兮瑣散，暠皓兮溟濛。綏綏兮颯颯，瀌瀌兮渢渢。因高兮累仞，藉少兮成豐。曉分光而映淨，夜合影而通朧。似北荒之明月，若西崑之閬風。

爾乃憑集異區，遭隨所適。遇物淪形，觸途湮跡。何淨穢之可分，豈高卑之能擇。體不常消，質無定白。深谷夏凝，小山春積。偶仙宫而爲絳，值河濱而成赤。廣則彌綸而交四海，小則淅瀝而緣間隙。淺則不過二寸，大則平地一尺。乃爲五穀之精，寔長眾川之魄。大壑所以朝宗，洪波資其消釋。家有趙王之璧，人聚漢帝之金。既藏牛而没馬，又冰木而凋林。已墮白登之指，實愴黄竹之心。楚客埋魂於樹裏，漢使遷飢於海陰。𪆧雲中之狡獸，落海上之驚禽。庚辰有七尺之厚，甲子有一丈之深。無復垂霙與雲合，唯有變白作泥沉。

本爲白雪唱，翻作白頭吟。吟曰：昔從天山來，忽與狂風閲。遡河陰而散漫，望衡陽而委絶。朝朝自消盡，夜夜空凝結。徒云雪之可賦，竟何賦之能雪。初，蕭循在漢中與蕭紀牋及答國家書、移襄陽文，皆璠之辭也。

北周 庾信《庾子山集》卷三《正旦上司憲府》 詰旦啟門闌，繁辭湧筆端。蒼鷹下獄吏，獬豸飾刑官。司朝引玉節，盟載捧珠盤。窮紀星移次，歸餘律未殫。雪高三尺厚，冰深一丈寒。短笱猶埋竹，香心未啟蘭。孟門久失路，扶揺忽上搏。棲烏還得府，棄馬復歸欄。榮華名義重，虛薄報恩難。枚乘還起疾，貢禹遂彈冠。方垂蓮葉劍，未用竹根丹。一知懸象法，誰思垂釣竿。

又 卷四《郊行值雪》 風雲俱慘慘，原野共茫茫。雪花開六出，冰珠映九荒。還如驅玉馬，暫似獵銀獐。陣雲全不動，寒山無物香。薛君一狐白，唐侯兩驌驦。寒關日欲暮，披雪渡河梁。

隋 辛德源《成連》《樂府詩集》卷六〇 征夫從遠役，歸望絕雲端。蓑笠城逾壞，桑落梅初寒。雪夜然烽濕，冰朝飲馬難。寂寂長安信，誰念客衣單。

唐 虞世南《出塞》《樂府詩集》卷二一 上將三略遠，元戎九命尊。緬懷古人節，思酬明主恩。山西多勇氣，塞北有遊魂。揚桴上隴坂，勒騎下平原。誓將絕沙漠，悠然去玉門。輕齎不遑舍，驚策騖戎軒。凜凜邊風急，蕭蕭征馬煩。雪暗天山道，冰塞交河源。霧鋒黯無色，霜旗凍不翻。耿介倚長劍，日落風塵昏。

唐 盧照鄰《盧升之集》卷五《悲夫》 元冬慘兮陰氣凝，沸泉結兮炎洲冰。郊野昏兮寒沙漲，河海暗兮繁雲興。嚴風急兮密雪下，瑾户閉兮無留者。盼城郭兮，瓊爲樹兮玉爲樓；瞻通路兮，駕素車兮乘白馬。時眇眇兮歲冥冥，晝杳杳兮夜丁丁。庭有霜兮月華白，室無人兮燈影青。披重衾兮魂悄悄，臥空床兮目熒熒。御薰爐兮長不暖，對卮酒兮憂恆滿。悲繚繞兮從中來，愁纏綿兮何時斷？

重曰：四時兮代謝，萬物兮遷化。聽春鳥於春朝，聞秋蟲於秋夜。花覆地兮無待，河傾天兮不借。無靈草兮駐朽質乎千年，無雕戈兮回踆烏乎三舍。夏日長兮繩繩，炎風暑雨兮相蒸。草木扶疏兮如此，余獨蘭單兮不自勝。元月兮祁寒。窮急景兮摧殘，霰雪雰雰兮長委積，人事寥寥兮悵漫漫。春秋冬夏兮四序，寒暑榮悴兮萬端。春也萬物熙熙焉，感其生而悼其死；夏也百草榛榛焉，見其盛而知其闌；秋也嚴霜降兮，殷憂者爲之不樂；冬也陰氣積兮，愁顔者爲之鮮懽。聖人知性情之紛糾，故嘆之曰：『予欲無言，吾將焉往而適耳？箕有峰兮潁有瀾。』歌曰：歲去憂來兮東流水，地久天長兮人共死。明鏡羞窺兮向十年，駿馬停驅兮幾千里。麟兮鳳兮，自古吞恨無已。

唐 李嶠《十一月奉教作》《歲時雜咏》卷四六 凝陰結暮序，嚴氣肅長飆。霜犯狐裘夕，寒侵獸火朝。冰深遙架浦，雪凍近封條。平原已從獵，日暮整還鑣。

唐 李邕《李北海集》卷一《春賦》 冰皚皚而雪下，風颯颯而霜过？遲日一煦，挾纩旹多，遺晻岁之寒栗，袭初节之妍和，千岩爲之動色，万壑爲之流波，將回辔而秦望，請舉手而斸歌。

唐 李頎《从军行》《唐百家詩選》卷五 白日登山望烽火，黄昏飲馬傍交河。行人刁斗風沙暗，公主琵琶幽怨多。野雲萬里無城郭，雨雪紛紛連大漠。胡鴈哀鳴夜夜飛，胡兒眼淚雙雙落。聞道玉門猶被遮，應將性命逐輕車。年年戰骨埋荒外，空見蒲桃入漢家。

唐 李白《李太白集》卷二《北風行》 燭龍棲寒門，光曜猶旦開。日月照之何不及此，唯有北風號怒天上來。燕山雪花大如席，片片吹落軒轅臺。幽州思婦十二月，停歌罷笑雙蛾摧。倚門望行人，念君長城苦寒良可哀。別時提劍救邊去，遺此虎紋金鞞靫。中有一雙白羽箭，蜘蛛結網生塵埃。箭空在，人今戰死不復回。不忍見此物，焚之已成灰。黄河捧土尚可塞，北風雨雪恨難裁。

又 卷四《北上行》 北上何所苦，北上緣太行。磴道盤且峻，巉巖凌穹蒼。馬足蹶側石，車輪摧高崗。沙塵接幽州，烽火連朔方。殺氣毒劍戟，嚴風裂衣裳。奔鯨夾黄河，鑿齒屯洛陽。前行無歸日，返顧思舊鄉。慘戚冰雪裏，悲號絕中腸。尺布不掩體，皮膚劇枯桑。汲水澗谷阻，採薪壠坂長。猛虎又掉尾，磨牙皓秋霜。草木不可飡，饑飲零露漿。歎此北上苦，停驂爲之傷。何日王道平，開顔覩天光。

唐 高適《高常侍集》卷二《送蔡十二之海上時在衛中**》** 黯然何所爲，相對益悲酸。季弟念離別，賢兄救急難。河流冰處盡，海路雪中寒。尚有南飛鴈，知君不忍看。

又 卷七《苦雪四首》 二月猶北風，天陰雪冥冥。寥落一室中，悵然慚百齡。苦愁正如此，門柳復青青。

唐 杜甫《杜工部詩集》卷一八《前苦寒行二首》 漢時長安雪一丈，牛馬毛寒縮如蝟。楚江巫峽冰入懷，虎豹哀號又堪記。秦城老翁荊揚客，慣習炎蒸歲絺綌。玄冥祝融氣或交，手持白羽未敢釋。

去年白帝雪在山，今年白帝雪在地。凍埋蛟龍南浦縮，寒刮肌膚北風利。楚人四時皆麻衣，楚天萬里無晶輝。三足之烏足恐斷，羲和迭送將安歸。

唐 岑參《岑嘉州詩》卷二《白雪歌送武判官歸京》 北風卷地白

草折，胡天八月即飛雪。忽然一夜春風來，千樹萬樹梨花開。散入珠簾濕羅幕，狐裘不暖錦衾薄。將軍角弓不得控，都護鐵衣冷難著。瀚海闌幹百丈冰，愁雲黲淡萬里凝。中軍置酒飲歸客，胡琴琵琶與羌笛。紛紛暮雪下轅門，風掣紅旗凍不翻。輪台東門送君去，去時雪滿天山路。山回路轉不見君，雪上空留馬行處。

唐 元結《次山集》卷三《酬孟武昌苦雪》 積雪閑山路，有人到庭前。云是孟武昌，令獻苦雪篇。長吟未及終，不覺爲凄然。古之賢達者，與世竟何異。不能救時患，諷諭以全意。知公惜春物，豈非愛時和。知公苦陰雪，傷彼災患多。姦兇正驅馳，不合問君子。林鶯與野獸，無乃怨於此。兵興向九歲，稼穡誰能憂。何時不發卒，何日不殺牛。耕者日已少，耕牛日已希。皇天復何忍，更又恐斃之。自經危亂來，觸物堪傷歎。見君問我意，只益胸中亂。山禽飢不飛，山木凍皆折。懸泉化爲冰，寒水近不熱。出門望天地，天地皆昏昏。時見雙峰下，雪中生白雲。

唐 趙自勵《寒賦》《全唐文》卷四〇一 儒有討混元，搜綿祀，既覿寒暑之終，亦測興伏之始。覘風驚於一葉，委時換乎千里，寒之厥狀，自茲而起。若夫大火宿藏青霜晨烈，則蜀井煙閉，漲海氛滅。長河天浹，綴珠崖而生冰；幽朔地窮，蒙飛沙而雨雪。乃知蘇武增感，李陵愁絕，聽胡笳以攪思，儷漢庭之仳別。及幽林風掃，時物霜殘，柔條危勁，奧室凄寒。有美人兮心怳惚，情怵悼而難安，陰凝柳塞，怨龍庭之路隔；月透羅幌，憐鴛衾之夜單。屧銀階之悄悄，雪珠淚之珊珊，縫筐筥之紈素，寄戎幕之艱難。別有陸沈之子，廁跡荒藪，器宏偉而可觀，命屯剝而不偶。當其時也，趨炎俯僂，佩瞰噓吸，無詩人卒歲之衣，雨泉客將離之泣。豈祁寒而致憾，亦遭時而不息，終乖挾纊之暄，更悲綈袍之及。層冰咽溜，宋生則綴帳而相望；皓雪盈門，袁子則茹悲而於悒。雖居榮而可貴，亦憂道而不入，於時倚嘆窮律，佇目遐坰。伊鮮物之皆悴，獨霜松之常青，縱寒苦之飄激，淬堅明而自寧。汩吾情之浩蕩，願冥志於紫靈。

唐 李端《雨雪曲》《樂府詩集》卷二四 天山一丈雪，雜雨夜霏霏。濕馬胡歌亂，經烽漢火微。丁零蘇武別，疏勒範羌歸。若著關頭過，長榆葉定稀。

唐 韋應物《韋蘇州集》卷四《送令狐岫宰恩陽》 大雪天地閉，羣山夜來晴。居家猶苦寒，子有千里行。行行安得辭，荷此蒲壁榮。賢豪爭追攀，飲餞出西京。罇酒豈不懽，暮春自有程。離人起視日，僕御促前征。逶遲歲已窮，當造巴子城。和風被草木，江水日夜清。從來知善政，離別慰友生。

唐 長孫佐輔《隴西行》《全唐詩》卷二〇 陰雲凝朔氣，隴上正飛雪。四月草不生，北風勁如切。朝來羽書急，夜救長城窟。道隘行不前，相呼抱鞍歇。人寒指欲墮，馬凍蹄亦裂。射雁旋充飢，斧冰還止渴。寧辭解圍鬬，但恐乘疲沒。早晚邊候空，歸來養羸卒。

唐 李子卿《聚雪爲小山賦》《全唐文》卷四五四 皓色旁射兮清虛上騰，閑階之下兮聚雪崚嶒。歎此雪兮，具知其有興有滅；故爲山也，庶期乎不騫不崩。始也散而從風，類元氣之無象；今也結而爲阜，若胚渾之初凝。五嶺高標，三峰遠蹠。昔則心往，斯焉目擊。千裏之勢，存乎袤丈；萬仞之容，見乎盈尺。搞曜起平岑嶂，曈生乎樹石。峽裏則秋月長懸，封中則曉雲猶白。夫其以近則遠，以遠則親。玉林不夜，瑤草先春。照寒景而逾潔，拂朝霞而更新。嶺上林襂，作緱氏之仙鶴；岩中綽約，寫姑射之神人。樵傍壑而疏影，徑臨崖而絕鄰。至若霽日生暖，融風變朔。危容半頹，倘遇嵇康之醉；片影初墜，謂入郤詵之幄。因降高而就卑，遂散雕而爲樸。沍寒始勁，猶可持而斬；見晛則消，不可係而握。因知夫色不久鮮，物無常堅；始則有於無有，今乃然於自然。觀陵谷之推易，信人世之徂遷。亦何必怪桑田之變海，都邑之成川。

唐 孟郊《孟東野詩集》卷一《貧女詞寄從叔先輩簡》 蠶女非不勤，今年獨無春。二月冰雪深，死盡萬木身。時令自逆行，造化豈不仁。仰企碧霞仙，高控滄海雲。永別勞苦場，飄飄遊無垠。

又 卷三《飢雪吟》 飢烏夜相啄，瘡聲互悲鳴。冰腸一直刀，天殺無曲情。大雪壓梧桐，折柴墮崢嶸。安知鸞鳳巢，不與梟鳶傾。下有幸災兒，拾遺多新爭。但求彼失所，但誇此經營。君子亦拾遺，拾遺非拾名。將補鸞鳳巢，免與梟鳶并。因爲飢雪吟，至曉竟不平。

又 卷四《雪》 忽然太行雪，昨夜飛入來。崚嶒墮庭中，嚴白何皚皚。奴婢曉開户，四肢凍徘徊。咽言詞不成，告訴情狀摧。官給未入門，家人盡以灰。意勸莫笑雪，笑雪貧爲災。將暖此殘疾，典賣爭致杯。教令再舉手，誇曜餘生才。強起吐巧詞，委曲多新裁。爲爾作非夫，忍恥轟暍雷。書之與君子，庶免生嫌猜。

又 卷五《寒溪八首·三》 曉飲一杯酒，踏雪過清溪。波瀾凍爲刀，剸割梟與鷖。宿羽皆翦棄，血聲沉沙泥。獨立欲何語，默念心酸嘶。凍血莫作春，作春生不齊。凍血莫作花，作花發孀啼。幽幽棘針村，凍死難耕。

唐 柳宗元《柳河東集》卷一《奉平淮夷雅表・方城命愬守也卒入蔡得其大醜以平淮右》 雨雪洋洋，大風來加。于燠其寒，于邇其遐。

唐 劉叉《雪車》《全唐詩》卷三九五 臘令凝綈三十日，繽紛密雪一復一。孰云潤澤在枯荄，闤闠餓民凍欲死。死中猶被豺狼食，官車初還城壘未完備。人家千里無煙火，雞犬何太怨。天不卹吾甿，如何連夜瑤花亂。皎潔既同君子節，沾濡多著小人面。寒鑠侯門見客稀，色迷塞路行商斷。小小細細如塵間，輕輕緩緩成樸簌。官家不知民餒寒，盡驅牛車盈道載屑玉。載載欲何之，祕藏深宮以禦炎酷。徒能自衛九重間，豈信車轍血，點點盡是農夫哭。刀兵殘喪後，滿野誰爲載白骨。遠戍久乏糧，太倉誰爲運紅粟。戎夫尚逆命，扁箱鹿角誰爲敵。士夫困征討，買花載酒誰爲適。天子端然少旁求，股肱耳目皆姦慝。依違用事佞上方，猶驅餓民運造化防暑阨。吾聞躬耕南畝舜之聖，爲民吞蝗唐之德。未聞壚孽苦蒼生，相羣相黨上下爲蟊賊。廟堂食祿不自慚，我爲斯民歎息還歎息。

唐 楊巨源《奉酬竇郎中早入省苦寒見寄》《全唐詩》卷三三三 玄冥怒含風，羣物戒嚴節。空山頑石破，幽澗層冰裂。題詩金華彥，接武丹霄烈。曠懷玉京雲，孤唱粉垣雪。窮陰總凝沍，正氣直肅殺。天狼看墜地，霜兔敢拒穴。悠然蓬蒿士，亦得奉朝謁。羸驂苦遲遲，單僕怨切切。端闈仙階邃，廣陌凍橋滑。旭日鴛鴦行，瑞煙芙蓉闕。司寒中鄭重，成歲在凜冽。謝監逢酒時，袁生閉門月。漸思霜霰減，欲報陽和發。誰家挾纊心，何地當鑪熱。慘舒能一改，恭聽遠者說。

唐 元稹《元氏長慶集》卷二《書異》 孟冬初寒月，渚澤蒲尚青。飄蕭北風起，皓雪紛滿庭。行過冬至後，凍閉萬物零。奔渾馳暴雨，驟鼓轟雷霆。傳云不終日，通宵曾莫停。瘴雲愁拂地，急霤疑注瓶。洶湧潰潦濁，噴薄鯨鯢腥。跳趫井蛙喜，突兀水怪形。飛蚋奔不死，修蚰蟄再醒。應龍非時出，無乃歲不寧。吾聞陰陽户，啟閉各有扃。後時無肅殺，廢職乃玄冥。座配五天帝，薦用百品珍。權爲祝融奪，神其焉得靈。春秋雷電異，則必書諸經。仲冬雷雨苦，願省蒙蔽刑。

唐 盧仝《玉川子集》卷一《苦雪寄退之》 天王二月行時令，白銀作雪漫天涯。山人門前徧受賜，平地一尺白玉沙。雲頹月壞桂英下，鶴毛風剪亂參差。山人屋中凍欲死，千樹萬樹飛春花。菜頭出土膠入地，山莊取粟埋却車。冷絮刀生削峭骨，冷虀斧破慰老牙。病妻煙眼淚滴滴，飢嬰哭乳聲呶呶。市頭博米不用物，酒店買酒不肯賒。聞道西風弄劍戟，長堦殺人如亂麻。天眼高開欺草芽，我死未肯興歎嗟。但恨口中無酒氣，劉伶見我相揶揄。清風攪腸筋力絕，白灰壓屋梁柱斜。聖明有道□命漢，可得再見朝日耶。柴門沒脛晝不埽，黃昏遶樹棲寒鴉。唯有河南韓縣令，時時醉飽過貧家。

又《訓願公雪中見寄》 積雪三十日，車馬路不通。貧病交親絕，想憶唯願公。春鳩報春歸，苦寒生暗風。簷乳墮懸玉，日脚浮輕紅。梅柳意却活，園圃冰始融。更候四體好，方可到寺中。

唐 陸參《長城賦》《歷代名確論賢》卷三四 伊朝繼夕，自昏達明。時若炎風熾烈，川原盡竭。枯肌外焚，内火中竭。是民呻呻，憂秦未拔。至若苦雪初霽，陰風雨霜。凍髭折鬢，冰寒夜腸。是民惶惶，憂秦未亡。民之既酷，載僵載僕。饑兮不粟，寒兮不服。病不暇休，蟣不暇沐。基人之骸，壓人之肉。少者不違，老者不復。秦民嗚嗚，向城而哭。邊雲夜明，列雲鏵也。白日晝黑，揚塵沙也。築之登登，約之閣閣。遠而聽也，如長空散雹，蟄蟄而徵，沓沓而營。遠而望也，如大江流萍。

唐 賈島《長江集》卷一《朝飢》 市中有樵山，此舍朝無煙。井底有甘泉，釜中乃空然。我要見白日，雪來寒一作塞青天。坐聞西牀琴，凍折兩三絃。饑莫詣他門，古人有拙言。

唐 白居易《白氏長慶集》卷一《春雪》 元和歲在卯，六年春二月。月晦寒食天，天陰夜飛雪。連宵復竟日，浩浩殊未歇。大似落鵞毛，密如飄玉屑。寒銷春茫蒼，氣變風凛冽。上林草盡沒，曲江水復結。紅乾杏花死，綠凍楊枝折。所憐物性傷，非惜年芳絕。上天有時令，四序平分別。寒燠苟反常，物性皆夭閼。我觀聖人意，魯史有其說。或記水不冰，或書霜不殺。上將儆政教，下以防災孽。茲雪今如何，信美非時節。

又 卷一《村居苦寒》 八年十二月，五日雪紛紛。竹柏皆凍死，況彼無衣民。迴觀村閭間，十室八九貧。北風利如劍，布絮不蔽身。唯燒蒿棘火，愁坐夜待晨。乃知大寒歲，農者尤苦辛。顧我當此日，草堂深掩門。褐裘覆絁被，坐臥有餘溫。幸免饑凍苦，又無壠畝勤。念彼深可愧，自問是何人。

又 卷二《續古詩十首・四》 雨露長纖草，山苗高入雲。風雪折勁木，澗松摧爲薪。風摧此何意，雨長彼何因。百丈澗底死，寸莖山上春。可憐苦節士，感此涕盈巾。

又 卷二《秦中吟十首・重賦》 厚地植桑麻，所要濟生民。生民理布帛，所求活一身。身外充征賦，上以奉君親。國家定兩税，本意在愛人。厥初防其淫，明敕内外臣。税外加一物，皆以枉法論。奈何歲月久，貪吏得因循。浚我以求寵，斂索無冬春。織絹未成疋，繅絲未盈斤。里胥迫我納，不許蹔逡巡。歲暮天地閉，陰風生破村。夜深烟火盡，霰雪白紛紛。幼者形不蔽，老者體無温。悲喘與寒氣，併入鼻中辛。昨日輸殘税，因窺官庫門。繒帛如山積，絲絮如雲屯。號爲羨餘物，隨月獻至尊。奪我身上暖，買爾眼前恩。進入瓊林庫，歲久化爲塵。

又 卷二《秦中吟十首・歌舞》 秦城歲云暮，大雪滿皇州。雪中退朝者，朱紫盡公侯。貴有風雪興，富無饑寒憂。所營唯第宅，所務在追遊。朱門車馬客，紅燭歌舞樓。歡酣促密坐，醉暖脱重裘。秋官爲主人，廷尉居上頭。日中爲一樂，夜半不能休。豈知閿鄉獄，中有凍死囚。

又 卷一二《放旅雁・元和十年冬作》 九江十年冬大雪，江水生冰樹枝折。百鳥無食東西飛，中有旅鴈聲最飢。雪中啄草冰上宿，翅冷騰空飛動遲。江童持網捕將去，手携入市生賣之。我本北人今譴謫，人鳥雖殊同是客。見此客鳥傷客人，贖汝放汝飛入雲。鴈鴈汝飛向何處，第一莫飛西北去。淮西有賊討未平，百萬甲兵久屯聚。官軍賊軍相守老，食盡兵窮將及汝。健兒飢餓射汝喫，拔汝翅翎爲箭羽。

又 卷一四《雨雪放朝，因懷微之》 歸騎紛紛滿九衢，放朝三日爲泥塗。不知雨雪江陵府，今日排衙得免無。

又 卷二八《新製綾襖成，感而有咏》 水波文襖造新成，綾軟緜匀温復輕。晨興好擁向陽坐，晚出宜披蹋雪行。鶴氅毳踈無實事，木棉花冷得虚名。宴安往往歡侵夜，卧穩昏昏睡到明。百姓多寒無可救，一身獨暖亦何情。心中爲念農桑苦，耳裏時聞飢凍聲。爭得大裘長萬丈，與君都蓋洛陽城。

唐 林滋《小雪賦以『寒律变时，因風有渐』爲韵》《全唐文》卷七六六 偉兹雪之霏霏，應元冥而不失其期。賦象於虹藏之日，成形於冰凍之時。委地則微，庶表三冬之候；翻空雖小，那無六出之姿。當其寒氣初升，陰風始變。既淅瀝於遙野，卻飄颻於廣甸。邊城一望，龍山之淨色猶晞；上苑再瞻，鳳闕之清光未遍。眇若毫端，輕飛可觀。細細而千巖送令，飄飄而萬户迎寒。霏微墀廡之間，瑤臺月曉；仿佛草茅之上，玉樹花攢。回拂陰軒，高翻曉律。縈枝分盈尺之象，帶月誤如圭之質。微交月影，天邊之孤雁應迷；稍助山明，松際之浮煙已失。細糝長空，纖縁綺櫳。淨若蘆花之覆水，輕同柳絮之因風。是則謝氏林亭，盡在回眸之内；梁王池館，無非跬步之中。於以明潔白之姿，於以表陰凝之漸。雖見晛而無滯，詎因污而成染。初疑畫閣，妝奩之香粉微微；又若瓊筵，玉箸之凝酥點點。既而纖細繽紛，呈祥是因。掩日而難分薄霧，開簾而不辨輕塵。影入空帷，預想映書之子；光侵遠水，潛思訪戴之人。可謂不遠而來，自無而有。始縈盈於階砌，終散漫於林藪。安得不燎薰爐，命芳酒。作小雪之賦，繼大夫之後。

唐 杜牧《樊川文集》卷一《雪中書懷》 臘雪一尺厚，雲凍寒頑癡。孤城大澤畔，人踈煙火微。憤悱欲誰語，憂惱不能持。天子號仁聖，任賢如事師。凡稱曰治具，小大無不施。明庭開廣敞，才雋受羈維。如日月絙昇，若鸞鳳葳蕤。人才自朽下，棄去亦其宜。北虜壞亭障，聞屯千里師。牽連久不解，他盜恐旁窺。臣實有長策，彼可徐鞭笞。如蒙一召議，食肉寢其皮。斯乃廟堂事，爾微非爾知。向來躐等語，長作陷身機。行當臘欲破，酒齊不可遲。且想春候暖，甕間傾一卮。

唐 劉駕《苦寒吟》《全唐詩》卷五八五 百泉凍皆咽，我吟寒更切。半夜倚喬松，不覺滿衣雪。竹竿有甘苦，我愛抱苦節。鳥聲有悲歡，我愛口流血。潘生若解吟，更早生白髮。

唐 劉駕《出塞》《全唐詩》卷一八 胡風不開花，四氣多作雪。北人尚凍死，況我本南越。古來犬羊地，巡狩無遺轍。九土耕不盡，武皇猶征伐。中天有高閣，圖畫何時歇。坐恐塞上山，低於砂中骨。

唐 劉駕《苦寒行》《全唐詩》卷五八五 嚴寒動八荒，藾藾無休時。陽烏不自暖，雪壓扶桑枝。歲暮寒益壯，青春安得歸。朔雁到南海，越禽何處飛。誰言貧士歎，不爲身無衣。

唐 李咸用《大雪歌》《全唐詩》卷六四四 同雲慘慘如天怒，寒龍振鬣飛乾雨。玉圃花飄朵不勻，銀河風急驚砂度。謝客憑軒吟未住，望中頓失縱橫路。應是羲和倦曉昏，暫反元元歸太素？

唐 翁綬《雨雪曲》《樂府詩集》卷二四 邊聲四合殷河流，雨雪飛來遍隴頭。鐵嶺探人迷鳥道，陰山飛將濕貂裘。斜飄旌旆過戎帳，半雜風沙入戍樓。一自塞垣無李蔡，何人爲解北門憂。

唐 張孜《雪詩》《全唐詩》卷六〇七 長安大雪天，鳥雀難相覓。其中豪貴家，搗椒泥四壁。到處爇紅爐，周迴下羅冪。暖手調金絲，蘸甲斟瓊液。醉唱玉塵飛，困融香汗滴。豈知飢寒人，手脚生皴劈。

前蜀 釋貫休《苦寒行》《樂府詩集》卷三三 北風北風，職何嚴毒。摧壯士心，縮金烏足。凍雲囂囂，礙雪一片下不得。聲遶枯桑，根在沙塞。黄河徹底，頑直到海。一氣搏束，萬物無態。唯有吾庭前杉松樹枝，枝枝健在。

宋 吴淑《事類賦》卷二《天部·雪賦》 雪之時義遠矣哉！蓋陰氣之凝，五穀之精。始布同雲之影，俄飄六出之霙。謝女之風中絮起，侍臣之衣上花明。若夫雪苑創於梁王，雪宫建於齊國，應時而不必封條，為瑞而每聞盈尺。角哀道窮而併衣，東郭履穿而留迹。武王之五車兩騎，楚子之翠被豹舄。焦先露寢以自若，袁安高卧而不出。至於王恭鶴氅，曹國麻衣，麗見相如之賦，皓如姑射之肌。楚客之歌《陽春》，周文之詠『來思』，曾子《梁山》之操，穆滿《黄竹》之辭。訪戴逵而乘興，葬滕文而弛期。訝雲南於五月，怪空桑於四時。爾其玄陰晦，朔風厲，當空而初認散鹽。入夜而猶能映字。青雨廣延之國，赤布河陰之地，周王駭昆明之唱，西母貢嵰州之味。亦嘗見蘇武之持節，明漢女之無罪，悞晏子而流恩，感負薪而施惠。豈獨獵研山而為藥，獲玉馬而稱瑞云爾而已哉！

宋 田錫《咸平集》卷二〇《苦寒行》 昨日北風高，霏霏滿天雪。千里六出花，六日飛不歇。深山深一丈，樹木凍欲折。平地盈數尺，布肆不成列。覆物生輝光，照人清皎潔。紫塞羣玉峰，滄溟白銀闕。篁竹爲琅玕，松風篩玉悄。官吏來參賀，物情亦感悦。瘴癘已消除，豐穰及時節。長吏因疾恚，請假來一月。病眼爲寒昏，風頭因冷發。湯藥厭服餌，酒肉悉罷輟。夾幕映重簾，爐茵與衾袍。祿粟不憂饑，帑俸無乏絶。江海主恩深，素餐心激切。兒童溫且飽，當風泝凜冽。朝索暖寒酒，暮須湯餅設。不知有饑寒，燈火夜暖熱。越人輕活計，春稅供膏血。及至風雪時，日給多空竭。樵蘇與綱捕，負薪冰路滑。口噤無言語，股慄衣疏葛。藜藿不充饑，凍餓多不活。慚惶襦褲恩，徬徨空殞越。因作苦寒行，聊與兒童説。

宋 歐陽修《文忠集》卷二《永陽大雪》 清流關前一尺雪，鳥飛不度人行絶。冰連溪谷麋鹿死，風勁野田桑柘折。江淮卑濕殊北地，歲不苦寒常疫癘。老農自言身七十，曾見此雪才三四。新陽漸動愛日輝，微和習習東風吹。一尺雪，幾尺泥，泥深麥苗春始肥。老農爾豈知帝利，聽我歌此豐年詩。

又 卷四九《祈晴祭城隍神文》滁州慶曆七年 昨者王倫為盜，攻劫城市，州民被虐，餘毒未瘳，非待修言，乃神所見。近蒙朝旨，許理城隍，所以戒往弊，防未然。惟神愛福此州，必有陰助。今興役有期，而大雪不止，沮民害事，咎必有歸。惟修不能事神治民，當有明罰。而城之成否，自系神民。惟神之靈，敢以誠告，數日之内，豁然陽開，尚不失時，在神而已！尚饗！

宋 鄭獬《鄖溪集》卷二五《二月雪》 戊戌二月二十六，忽見大雪漫空來。長老驚嘆共相語，非時有雪誠怪哉。陽爻四畫已出地，至今百蟄不聞雷。怪得氣候斗暄暖，便疑赤帝來相排。黑風倏起捲滄海，白日黯黯如煙煤。須臾大雹雜猛雨，滿地走迸瓊與瑰。陰氣蓄怒固未已，即時飛雪相傾頽。青靈何處避威侮，蒼鳳停車寒毰毸。天地萬物失光彩，草樹僵凍成枯荄。凌暴春工大酷烈，似恨百花先時開。隱公三月亦雨雪，仲尼春秋書爲災。是時魯國行謬政，天心可用人理推。我疑此雪不虛應，必有沴氣戕栽培。去年六月已大水，居人萬類生魚顋。當時夏稅不得免，至今里正排門催。農夫出田掘野薺，餓倒只向田中埋。方春鳥獸尚有禁，不許彈獵傷胚胎。而况吾民戴君后，上官不肯一挂懷。豈無愁苦動天地，所以當春陰氣乖。只消黄紙一幅詔，敕責長吏須矜哀。蠲除餘租不盡取，收提赤子蘇饑骸。沛然德澤滿天下，坐中可使春風回。

又 卷二五《荆江大雪》 長鯨戲浪噴滄海，北風吹乾成雪花。漫空傾下不暫住，三日不見金老鴉。天工鬥巧變物境，玉作荆州十萬家。須臾堆地厚一尺，直疑天漏亡由遮。白頭老柏最崛强，壓折鐵幹紛鬖髿。竹屋夜倒不知數，但聞走下雷霆車。南方瘴土本炎熱，經臘猶生碧草芽。忽遭大雪固可怪，凍兒赤立徒悲嗟。青錢滿把不酬價，斗粟重於黄金沙。此時刺史頗自愧，起望霽景殊無涯。有民不能爲撫養，安用黄堂坐兩衙。

宋 韓琦《安陽集》卷一《廣陵大雪》 淮南常歲冬猶燠，今年陰沴何嚴酷！黑雲漫天素月昏，大雪飛揚平壓屋。風力軒號助其勢，擺撼琳琅摧凍木。通宵徹晝不暫停，堆積樓臺滿溪谷。有時造出可憐態，柳絮梨花亂紛撲。

乘温變化雨聲來，度日階庭恣淋漉。幾縈寒霰不成絲，驟集疎簷還掛瀑。蟄蛙得意欲跳擲，幽鷺無情成挫辱。罾魚江叟冰透蓑，賣炭野翁泥没輻。閭閻細民誠可哀，三市不喧游手束。牛衣破解突無煙，餓犬聲微飢子哭。我聞上天主時澤，亦有常數滋農穀。膏潤均於一歲中，是謂年豐調玉燭。此來盛冬過爾多，却慮麥秋欠霑足。太守憂仰天祝，願掃氛霾看晴旭。望晴不晴無柰何，擁被醉眠頭更縮。

宋 秦觀《淮海集》卷三一《代蔡州祈晴文》 謹以清酌庶羞之奠，敢昭告于某神：粤自去冬，陰氣爲沴，雪積袤丈。逮兹獻歲，寒不時歸，雪又復作。道途梗塞，物價翔踴，四郊農事，茫然無期。是用奔走，乞晴于爾明神。惟神廟食此土，宜赫厥靈，揮却慘黷，屏除翳昏，還我大明，毋使斯民，久罹重苦。

又《代蔡州謝晴文》 謹以清酌庶羞之奠，敢昭告于某神：間者，久陰不解，大雪荐作，寒氣揔至，民不聊生。於是率僚屬吏士，奔走分告，乞晴於神。神享其誠，荅以景貺，閉陰啓陽，變慘爲舒。清風既發，大明遂昇，一方熙然，僅有生意。吏實不德，何以克堪？敢憑酒殽，以謝神貺。

宋 文同《丹淵集》卷二《苦寒行》 上太行兮高盤盤，日將暮兮歲已闌。入谷口兮出林端，風慘慘兮吹骨寒。冰霜結兮玉巑岏，光上照兮天色乾。紛横委兮草樹殘，黯慄烈兮烟雲漫。僕足皸兮馬蹄抗，望所舍兮摧心肝。囊立空兮衣且單，嗟道途兮胡艱難。

宋 曾鞏《元豐類稿》卷二《咏雪》 嚴嚴層冰塞川澤，洶洶北風鳴木石。黄雲半夜滿千里，大雪平明深一尺。兩儀混合去纖間，萬類韜藏絶塵迹。蛟龍岌起抱巒岡，江海横奔控阡陌。野林縹緲苦難狀，庭樹鮮妍疑可摘。開門更覺山市静，散帙偏宜紙窗白。精光蕩射遍巖谷，氣象峥嶸見松柏。少年登望就臺觀，壯士衡凌向砂磧。饑鼯嗥卧伏牙爪，獵隼飛挐矜羽翮。茅簷客聚滿幽缶，桑徑人行没雙屐。高堂暖熱厭羅綺，環堵蕭條尚絺綌。何當仰見白日照，坐看先從沙際釋。漸涵溝畎兆豐富，洗濯閭閻消瘴疫。便乘東北生氣起，自駕疲牛理墝埆。

宋 王安石《臨川文集》卷七《和王勝之雪霽借馬入省》 泥水填馬不受轍，瓦雪得火猶藏溝。宿霧紛紛度城闕，朔氣凜凜吹衣裘。窮閻閉門無一客，剝啄驚我有前騶。强隨傳呼出屋去，鼻息凍合髭繆繆。投韁馬鬣任敧側，欲出操箠手還抽。行思江南悲故事，溪谷冬暖花常流。前年臘歸三見白，霽色嶺上班班留。杖藜此時將邑子，登眺置酒身優游。豈如都城今日事，秖恐一蹶爲親憂。因知田里駕款段，昔人豈即非良謀。君家洛陽名實大，談笑枯槁回春柔。平生意氣故應在，白髮未敢相尋求。從容退食想佳節，豈無歌聲相獻酬。奈何亦作苦寒調，嘆息朝夕無驊騮。超然遂有江湖意，滿紙爲我書窮愁。相如正應居客右，子路且莫乘桴浮。

又 卷三《秋熱》 火騰爲虐不可摧，屋窄無所逃吾骸。織蘆編竹繼欄宇，架以松櫟之條枚。豈惟賓至得清坐，因有餘地蘇陪臺。徂陽陵秋更暴横，焮我欲作昆明灰。金流玉熠何足怪，鳥焚魚爛爲可哀。憶我少時亦值此，翛然但以書自埋。老衰奄奄氣易奪，撫卷豈復能低徊。西風忽送中夜濕，六合一氣窑新開。簾窗幕户便防冷，且恐霰雪相尋來。

宋 韓維《南陽集》卷一一《和太素大雪苦寒》 晨興出户望，一色四方齊。旋委清池失，偏欺翠竹低。杯深憐絶景，毫健得新題。麗藻思風絮，衰顔怯凍梨。

宋 蘇轍《欒城三集》卷一《丙戌十月二十三日大雪》 秋成粟滿倉，冬藏雪盈尺。天意愍無辜，歲事了不逆。誰言豐年中，遭此大泉厄。肉好雖甚精，十百非其實。田家有餘糧，靳靳未肯出。閭閻但坐視，愍愍不得食。朝饑願充腸，三五本自足。飽食就茗飲，竟亦安用十。姦豪得巧便，輕重竊相易。鄰邦穀如土，胡越兩不及。閑民本無賴，翩然去井邑。土著坐受窮，忍饑待捐瘠。彼哉陶鈞手，用此狂且愎。天且無奈何，我亦長太息。

宋 張耒《柯山集》卷三《大雪歌》 老農占田得吉卜，一夜北風雪漫屋。屋壓欲折君勿悲，隴頭新麥一尺泥。泥深麥牢風莫吹，明年作餅大如箕。野人食飽官事少，莫畏瑟縮寒侵肌。高堂晨興何所爲，門無馬跡人更稀。珠樓玉閣互飛動，坐見貧屋生光輝。無功及物慚受禄，豐穰幸賴天與之。棄糧遺粒待雞犬，吾羹何得長烹藜。

又 卷四《苦寒行二首》 淮南苦寒不可度，積雪連山風倒樹。長淮凍絶魚龍愁，哀鴻傍人飛不去。雪中寒日無暖光，六龍瑟縮不肯驤。老憊孤舟且復止，堅冰三尺厚于牆。

茫茫楚鄉仲冬月，白屋無烟飛走絶。空林號風冰斷枝，長淮無人冰照雪。凍埋釣艇不復漁，南羹未嚼淮中魚。要須下擘澄湫水，剸取寒蛟烹腹腴。

又卷一〇《和大雪折木》 季秋木葉未全落，西風卷雲飛雪作。奔騰傾倒來不停，頃刻山川失寥廓。白頭老翁仰天歎，一生未見可吁愕。但悲無食饑凍死，何暇更議陰陽錯。樵車不來椽數盡，仰徹屋茅烹莧藿。坐愁窮臘安可度，律管未改初冬朔。我居堂前有大榆，百年老幹龍鱗剥。夜聲疑是神物伐，參天大枝脆如斲。披簷擲瓦事未測，起坐明燈徹其幄。命乖久遭窮鬼笑，當廬壓覆崩厥角。鹿山長官當此時，高樓大飲縱歡謔。兩邦相隣無百里，誰謂同時異憂樂。尚能怨嗟念窮苦，喜君于物心不薄。百里饑寒仰長官，勉充此心救民瘼。

又卷二六《絶句九首》 天高列岫出林外，霜落大江流地中。晚日橋邊數歸牧，牛羊部分聽兒童。

樹頭三唱雞賓日，門外斜行鴈寄書。十月江城霜霰薄，滿山林葉亂藍朱。

曉起山鴉噪作團，西園霜木倚空寒。風高斷鴈呼前伴，雨止歸雲赴舊山。

千林黄葉總飛霜，寂歷疎梅未肯糚。誰信輪囷臥山木，心知九地有微陽。

空山風雨冷蓬茅，晨起幽人理緼袍。深閉衡門且無出，濕雲如墨怒江號。

老去不禁茶力悍，兩甌破盡五更眠。月團三百真魔物，欲乞當壚當酒錢。

讀書老眼苦眵昏，茗飲無端遣夢魂。到處相逢真可喜，祗應酒是好知聞。

黄葉桑林赤土岡，蓬茅小逕度牛羊。似聞流乞之唐汝，歎息何人為發倉。

黄累年旱饑，流民就食唐汝。

歲弊寒驕風落山，卧聽園木怒濤翻。去年慈德門東雪，永夜宫廊喝探喧。

去年春大雪中，予以禮官奉欽聖喪事入宿内，東門凡數十鋪，直廬宫吏達旦不能寐。

宋 陳東《少陽集》卷五《大雪與同舍生飲太學初筵齋》 飛廉強攪朔風起，朔雪飄飄灑中土。雪花着地不肯消，億萬蒼生受寒苦。天公剛被陰雲遮，那知世人凍死如亂麻。人間愁歎之聲不忍聽，誰肯採摭傳説聞達太上家。地行賤臣無言責，私憂過計如杞國。揭雲直欲上天門，首爲蒼生訟風伯。天公倘信臣言憐世間，開陽闔陰不作難。便驅飛廉囚下酆都獄，急使飛雪作水流潺潺。東方日出能照耀，坐令和氣生人寰。

宋 李綱《梁溪集》卷二一《胡笳十八拍・第十六拍》 雨聲颼颼催早寒，歲暮窮陰耿未已。燕山雪花大如席，寒刮肌膚北風利。羣胡歸來血洗箭，陣前部曲終日死。漫漫胡天叫不聞，日夜更望官軍至。

宋 馮時行《縉雲文集》卷一《和郭信可苦寒曲一首》 朔風吹沙邊雲黄，行人墮指鳥獸僵。鸕鷀裘弊醉何有，呼吸七氣成冰霜。畫堂繡幕圍絲管，馥馥麝煙紅吐煖。貧人尺布不可縫，夜長展轉牛衣短。將軍領戍山上山，勁弩折角刁斗寒。鐵衣照雪夜如水，哀雁一聲心欲死。年年官賜冬衣絹，婦女從軍身不徧。來歲忍寒須努力，農家飢死無人織。

宋 朱翌《灊山集》卷一《大雪》 漢時長安雪一丈，少陵有詩不吾誑。今年廣陵雪一尺，忍寒長作縮龜狀。從來窮巷説多泥，自是泥深勞拄杖。閉門不出動經旬，出門無路將何向。故人乃遺咫尺書，遠祝長鬚問無恙。濕薪如桂米如珠，有突不黔且逾望。但携古鼎燒黄連，香穗流珠凝碧帳。嶠崒窗間石數峰，氣凌太華嵩衡上。黄楊冬青壓餘滋，碧幢羽蓋排仙仗。蒿廬頼有此清絶，興來何用山陰訪。飛鴻似帶燕山書，重冰怕結黄河浪。玄冥得意愈自嬌，歲律回春未全壯。吾君曲軫天下寒，語到三軍真挾纊。自憐難備絶域使，規模但可山中相。起來舉手祝羲車，何日金篦開眼障。

宋 范成大《石湖詩集》卷一四《乾道癸巳臘後二日，桂林大雪尺餘，郡人云前此未省見也，郭季勇機宜賦古風爲賀次其韻》 憶昔北征秋遇雪，穹廬苦寒不堪説。飛花如席暗燕然，把酒悲歌度佳節。胡兒館客類西河，鐍户不容浮蟻泄。當時已分餐氈荸，寧復夢遊炎嶺熱。忽逐梅花行萬里，又與故山輕話别。天公恐我愁瘴霧，十日號風吹石裂。同雲乃肯度嚴關，一夜玉峰高巀嶭。老榕蓊密最先縞，穉竹枵虛時一折。須知桂海接蓬瀛，滿目三山白銀闕。不管樓高翠袖單，但嫌酒淺金杯凸。東郭先生履雖敝，詩情却闘冰壺潔。歸撚凍髭搜好句，山館青燈對明滅。爲憐叶氣到黄茅，何止森森松柏悦。豐年作守會飽暖，羈宦思歸自愁絶。豈無菊徑樂琴書，亦有秫田供麴糵。東岡雪後一犁春，誰在陂頭憶調燮。

又卷二四《雪中苦寒戲嘲二絶》 冥凌分職大間關，辛苦行冬强作難。費盡無邊風與雪，劣能供得一番寒。

茸氈帳下玉杯寬，香裏吹笙醉裏看。風雪過門無入處，却投窮巷覓袁安。

又卷二四《雪復大作六言四首》 奇寒擁被曉枕，噩夢披蓑晚江。遥想漫天匝地，近聽穿幔鳴窗。

釀成送臘三白，功在迎年九秋。樵指擔肩相賀，飯囊酒甕何憂。

初報折篁搶地，旋聞壓柳堆橋。寧教風過掀舞，可惜雨來半銷。

伶傳凍雀蹲晚，噤滲疎梅鎖春。有客典衣沽酒，何人增價賣薪。

又 卷二六《立春大雪招親友共春盤坐上作》 積雪錮萬瓦，雲容如死灰。豈惟梅柳寒，小槽冰春醅。東風乃多事，仍將六花來。兒女曉翻餅，呵手把一杯。菘甲剪翠羽，韭黄鍔金釵。齒牙幸牢潔，對案心眼開。華年惜節物，況此霜鬢摧。如何千日病，三見寅杓回。旁人不堪憂，我心猶始孩。衰翁豈知道，癡絶忘形骸。化兒任惡劇，歡伯有奇懷。餘寒會退聽，一笑當安排。

又 卷二七《重陽後半月天氣温麗忽變奇寒晦日大雪鄉人御冬之計多未辦》 狂飈吹小春，刮面劇劍鋩。雲氣潑濃墨，午窗變曛黄。六花大如掌，浩蕩來無鄉。青女正熟睡，不記行新霜。寒暑故密移，滕巽乃爾狂。南鄰炭未買，北鄰綿未裝。敢論酒價湧，束薪逾桂芳。豈不解蚤計，善舞須袖長。頻年田薄收，十家九空囊。被凍知不免，但恨太匆忙。今朝復何朝，晴色挂屋梁。人物各解嚴，兒童笑相將。煕如谷黍温，免作溝木僵。兩鄰報無恙，爲汝歌慨慷。

又 卷三三《雪後苦寒》 旋融簷滴凍琅玕，風力如刀刮面寒。雪陣攪空風却軟，天公知我倚闌干。

宋 陸游《劍南詩稿》卷九《大雪歌 累日作雪竟不成戲賦此篇**》** 長安城中三日雪，潼關道上行人絶。黄河鐵牛僵不動，承露金盤凍將折。虬鬚豪客狐白裘，夜來醉眠寶釵樓。五更未醒已上馬，衝雪却作南山遊。千年老虎獵不得，一箭横穿雪皆赤。拏空爭死作雷吼，震動山林裂崖石。曳歸擁路千人觀，髑髏作枕皮蒙鞍。人間壯士有如此，胡不來歸漢天子。

又 卷一一《雪後苦寒行饒撫道中有感》 殘雪暮還結，朔風晴更寒。重裘猶粟膚，連酌無騂顔。指直不可握，終日縮袖間。十年走萬里，何適不艱難。附火財須臾，攬轡復慨嘆。恨不以此勞，爲國戍玉關。

又 卷一三《大雪歌》 若耶溪頭朝暮雪，鴉鵲墮死長松折。横飛忽已平屐齒，亂點似欲粧簾纈。放翁憑閣喜欲顛，摩挲拄杖向渠説。莫辭從我上嵯峨，此景與子同清絶。銀杯拌蜜非老事，石鼎煎茶且時啜。題詩但覺退筆鋒，把酒未易生耳熱。扶衰忍冷君勿笑，報國寸心堅似鐵。漁陽上谷要一行，馬蹄蹴踏河冰裂。

又 卷一七《大雪》 大雪江南見未曾，今年方始是嚴凝。巧穿簾罅如相覓，重壓林梢欲不勝。氊幄擲盧忘夜睡，金羈立馬怯晨興。此生自笑功名晚，空想黄河徹底冰。

又 卷一八《大雪自夜至旦欲午始晴》 薄暮雪雲低，清宵氣慘悽。方聽打窗急，已報與階齊。踈箔穿飛蝶，空庭聚戲猊。新晴思訪客，愁絶滿城泥。

又 卷二六《夜大雪歌》 朔風吹雪飛萬里，三更蔌蔌鳴窗紙。初疑天女下散花，復恐麻姑行擲米。異哉凍硯已生冰，信矣重衾如潑水。山中卧澗松竹折，庭前蔽地烏鳶死。昨日之燠殊昏昏，桃李欲坼春滿園。陰陽錯謬世或有，物窮則變古所言。雖云明年幸一麥，凍餒溝壑知誰存。嗚呼今夕之雪未足論，所憂明日巏嵼高塞門。

又 卷二八《癸丑十一月下旬温燠如春晦日忽大風作雪》 今年一冬晴日多，草木萌甲風氣和。百錢布被未議贖，老翁曝背兒行歌。吾儕小人慮不遠，積雪苦寒來豈晚。青天方行三尺烏，不料黑雲高巏嵼。明朝雪惡凍復餓，兒啼頻皺翁噤卧。九重巍巍那得知，閤門催班百官賀。

又 卷六〇《風雲晝晦夜遂大雪》 大風從北來，洶洶十萬軍。草木盡偃仆，道路瞑不分。山澤氣上騰，天受之爲雲。山雲如馬牛，水雲如魚黿。朝暗翳白日，暮重壓厚坤。高城岌欲動，我屋何足掀。兒怖床下伏，婢恐堅閉門。老翁兩耳聵，無地著戚欣。夜艾不知雪，但覺手足皸。布衾冷似鐵，燒糠作微温。豈不思一飲，流塵暗空樽。已矣可奈何，凍死向孤村。

又 卷六〇《大雪》 海天黯黯萬重雲，欲到前村路不分。烈風吹雪深一丈，大布縫衫重七斤。

宋 王炎《雙溪類稿》卷六《冬雪行 并序**》** 甲寅，歲雖小稔，縣官和糴，米價遂增，兩日雨雪，市中貧民有無炊烟者，艱糴反甚於去年之凶歉，父老輩遂具公牘赴訴于庭，因成冬雪行一篇，其辭如古樂府，其義則主文譎諫，言之可以無罪者也。

擁衾展轉夜不眠，細數更籌知苦寒。角聲未動紙窗白，兒曹報我雪滿簷。玉妃剪水出天巧，飛花萬點爭清妍。朱門貴人對之笑，初見一白來豐年。金罌玉爵雜蔬笋，飲罷敲冰煮新茗。繡幃中有紅麒麟，輕暖勝春尚嫌冷。窮巷小家真可憐，典衣糴米無炊烟。江頭津吏日來報，往往上流無米船。縣官要糴十萬斛，天上符移星火速。去年秋旱糴陳腐，今年秋熟米如玉。且願扶桑枝上紅，日轂東來却滕六。今年冬雪民已臞，明年春雪民更饑。九關有路虎豹守，欲語不敢空長吁。

宋 薛師魯《苦雪》《宋詩紀事》卷六九 六出夫何甚，經旬散野堂。喜心翻作厭，瑞物恐爲殃。歲晚思新火，天寒望太陽。荒邨風雪裏，賴有隔年糧。

宋　趙蕃《章泉稿》卷一《連雪偶書》　初雪爲歡謠，再雪猶喜視。三雪已恐多，四雪翻爲異。坐棲漏明屋，卧擁如鐵被。蕭條市無行，寂寞門半閉。官居且云然，野處當何似。凶年畧無儲，度日唯旋計。糟粕有十百，糠覈匪一二。葛根藉長鑱，蓼草同滯穗。哀哉當此時，已矣良不易。仰頭叩皇天，俯首蹐厚地。天地豈不仁，冰雪行且霽。春膏動土脈，好雨趨歲事。但勤力田科，且下半租賜。當思碩鼠去，切勿厭狼戾。

又《九月十一日雪二首》　九月天雨雪，何曾見南方。我行蔣山來，解轡菩提坊。一飯誰爲設，百錢倒空囊。平生遠遊意，到此增徬徨。勿厭在家貧，輕行更離鄉。

寒風動地至，有如窮冬時。居人不知感，客子深懷悲。故山邈何許，倏忽半歲辭。行脚債未了，悠悠遂臻茲。芻薪且弗給，更問裘褐爲。

又《大雪》　長年南雪不到地，瘴癘慘毒愁北人。今年初見臘前白，寵光併與梅花新。客居破屋愁欲裂，病目不嫌熏濕薪。鶉衣百結不蔽膝，戀戀誰憐范叔貧。

又《雪中過在伯》　北風一夜吹成雪，城東城西人斷絶。冒寒客有晨獨起，不畏風吹骨欲折。芻薪價高瓶粟竭，妻子亦作異縣隔。微官本爲饑寒計，到底却如生事拙。奈何曾不此爲憂，政爾發聲歌應節。豈惟入地絶遺蝗，便想連天摇宿麥。寒飈逼仄礙眼界，古岸寬平可車轍。寧能不見戴安道，我無逸興須渠發。

宋　劉克莊《後村集》卷五《牛田铺大寒萍鄉境内**》**　暝色蟠空起，獰飈激地吹。漸看雲布濩，稍有霰紛披。蔌蔌初飄瓦，輕輕已點墀。居人朝未覺，客子夜先知。巧似莊嚴就，匀如剪刻爲。充庭冰氏喜，縞户染人疑。灑密苔緘遍，擎多樹壓垂。高峰迷頂踵，遠渡失津涯。窘兔低蹲草，僵禽默墮枝。馬難分牝牡，烏不辨雄雌。倏忽斜還整，冥濛合又離。半埋官路堠，亂打寺廊碑。猛勢欺袍絮，寒光照鬢絲。店荒敲盡閉，橋滑步尤危。破釜羹霜菜，殘爐燎濕萁。廢粧憐婦怯，露骭笑兒癡。乍起毛皆蝟，深藏手亦龜。犬驚鄰吠急，雞噤野鳴遲。偏滯南轅路，翻思北戍時。旌旗鳴鴈塞，刁斗亂鵝池。呵筆堪飛檄，收燈可覆棋。暮營蒙虎卧，曉獵臂鷹隨。浴鐵成何事，披簑自一奇。空山吟忍凍，窮巷齧充饑。授簡悲才退，烘衣感氣衰。稍欣茅瘴薄，已覺麥畦滋。病怕村茶冷，愁嫌市酒醨。帶間三十韻，聊補昔人遺。

又卷一〇《和高九萬雪詩》　添盡綿衣體未和，小窗奈此苦寒何。極知上竺儺人喜，不道長安貧士多。窮巷都無晨噪鵲，邊城應有夜驚鵝。君才堪續梁臺賦，早晚樓船濟汴河。

宋　董嗣杲《廬山集》卷三《苦寒》　阴崖月馀雪未消，春入富池江上遥。寒林万木绝枝叶，终日强欲收堕樵。古屋羁人鬓萧萧，三冬暖曲无炭烧。掘地作炉煨榾柮，如此爲官徒折腰。

宋　于石《紫巖詩選》卷一《丁亥冬大雪》　頑雲撥不開，陰風挾嚴威。大雪止復作，細民已嘘嚱。人言豐年瑞，可樂胡反悲。頻年豈無雪，雪少寒不知。誰爲禦寒計，茅屋曝晴曦。今年雪大作，始信貧無衣。地爐燎濕薪，僵坐縮如龜。年豐固可樂，一飽遠莫期。但憂今日寒，未慮明年饑。豈知紈綺子，重裘擁柔肌。綉閣藹春風，金帳環蛾眉。惟恨雪不多，低唱飲羔兒。且盡一己歡，寧爲爾民思。爾民毋自苦，會有年豐時。雞豚燕同社，玉粒香浮炊。一飽有餘樂，八珍亦奚爲。寄語紈綺子，此意知不知。

元　艾性夫《剩語》卷下《丁亥冬大雪十數作鄧清曠以苦寒吟見寄》　十雪勢未已，一科天积阴。背風留更久，入夜落偏深。禾稼连冰柱，天花幻玉林。遥怜五峰老，尚寄苦寒吟。

元　方回《桐江續集》卷四《阻雪留丹陽苦寒》　雪沒無行路，風吹欲倒人。豈堪猶作客，忍負不貲身。似水驚衣被，如金議炭薪。從來無許冷，此際豈宜貧。

又《丹陽苦寒再賦》　凍雪猶凝滯，陰風欲怒號。樹梢棲鳥墮，船底積冰膠。孰匪焦先室，誰能范叔袍。竟無酤醉策，足與苦寒鏖。

又《留丹陽三日苦寒戲爲短歌》　自從書雲入嘉平，一月間無三日晴。大雪二十五六日，漫天塞地冰崢嶸。吴江渡橋意頗快，吕城爭堰心還驚。丹陽古縣暮落牽，凍人欲死無人行。夜投孤店風更緊，燃草不煙燈滅影。北人下馬驚相問，自古江南無此冷。求薪不可炭更難，僕御告餒衾裯單。我生南土六十二，自古江南無此寒。卧不脱衣袍帶斷，濕靴破襪泥袴綻。焉得閨人呵手縫，可向誰家借針線。船路不通驛路泥，田家閉户如雞棲。推車荷擔唤不去，寧煨藁秸烹糠粞。可以我而返不如，乾坤浩蕩歲云暮。豈無擁爐晝灰處，焉用遑遑問征路。

又 卷二五《二月朔大雪已五日三首》 侵尋半月是花朝，大雪漫天五日飄。臘月如春衆芳吐，繁華時節却蕭條。燕山雪花大如席，豈料江南亦見之。臘前六出知焉往，却在春風二月時。牛馬毛寒縮如蝟，古今此句絶奇奇。今春大雪亦將爾，鶯死無聲社燕遲。

元 仇遠《金淵集》卷二《雪後祈晴》 閏正月過二月來，溧陽溪頭花亂開。濃雲急雨洊雷電，不待羯鼓花奴催。江南天氣全然別，昨夜清寒今日熱。東風忽轉西北風，吹作霏霏一天雪。艷桃穠李睡海棠，顔色頓減仍減香。燕鶯羞澀未出谷，惟見野水生渾黄。晝夜交流已登岸，丘麥畦蔬根浸爛。州官憂水復憂民，明日祈晴泰清觀。

元 楊維楨《鐵崖古樂府》卷五《白雪辭一作積雪**》** 凝雲駕日日為黄，白光半夜漏東方。廣寒兎老玉髮蜕，一箭剛風落人世。錦宫肉屏香汗溶，酒如春江飲如虹。彩鸞簾額不受捲，酒面洗作梨花風。堦前獅子積不壞，十日瓊田換塵界。金鉦取挂扶桑曉，照見瓊田出寒草。

明 陳璉《歲寒軒賦》 至若万木号寒，穷陰闭塞，腊雪飞璚，山川改色，郊野斷樵牧之踪，江湖絶禽鸟之迹，百卉以之而摧残，万彙以之而变易。

雜録

《穆天子傳》卷五 丙辰，天子南遊于黄□室之丘，以觀夏后啟之所居，乃□于啟室。天子筮獵苹澤，其卦遇訟乾卦形坎卦形。逢公占之曰：『訟之繇，藪澤蒼蒼其中，□宜其正公，戎事則從，祭祀則憙，畋獵則獲。』□飲逢公酒，賜之駿馬十六，絺紵三十篋，逢公再拜稽首。賜筮史狐□。有陰雨，夢神有事，是謂重陰，天子乃休。日中大寒，北風雨雪，有凍人，天子作詩三章以哀民曰：『我徂黄竹，□員閟寒，帝收九行。嗟我公侯，百辟冢卿，皇我萬民，旦夕勿忘。我徂黄竹，□員閟寒，帝收九行。嗟我公侯，百辟冢卿，皇我萬民，旦夕勿窮。有皎者鴼，翩翩其飛，嗟我公侯，□勿則迁。居樂甚寡，不如迁土，禮樂其民。』天子曰：『余一人則淫，不皇萬民。』□登。乃宿于黄竹。天子夢羿射于塗山，祭公占之，疏□之□，乃宿于曲山。壬申，天子西升于曲山□。

《尸子》 雨雪，楚莊王披裘當戶曰：我猶寒，彼百姓賓客甚矣，乃使巡國中，求百姓賓客之無居宿絶糧者賑之，國人大悅。

漢 黄憲《天禄閣外史》卷四《觀雪》 秦王與征君飲，觀雪於庭。有姬臥貂帷，賦《白雪》之歌，起而覓瑟不得，倚帷而詠之，聲繞殿閣，積雪倒飛。秦王甚異之，乃鼓缶而和，命左右以觴進征君。征君曰：『王亦止缶乎？』秦王曰：『何謂也。』曰：『夫物不可過盛，音不可過揚。過盛則亢，過揚則淫。今王之缶淫矣，不可鼓也，臣是以請止之。』秦王曰：『嗟乎！先生欲以寡人之姬喻，是寡人有淫姬也，于缶何有焉？』遂不悦而罷酒，左右附秦王之耳告曰：『王請烹之。』秦王曰：『烹一士而動諸侯，不可謂武。』征君佯醉而出，秦王解白狐裘賜之以禦寒。征君謂李玄曰：『秦未可去也。』

漢 蔡邕《琴操》《藝文類聚》卷二《天部下・雪》 《琴操》曰：曾子耕太山之下，天雨雪，凍，旬日不得歸，思其父母，作梁山歌。

晉 王羲之《雪候帖》 雪候既不已，寒甚盛，冬平可苦患，足下亦當不堪之，轉復知問。王羲之。

唐 王方慶《魏鄭公諫録》卷三《對突厥内大雪》 北蕃歸朝人奏稱：『突厥境風大寒雪，人饑，羊馬並死。中國人在彼者，皆入山作賊，其人情大惡。』太宗聞之，謂公曰：『觀古來人君，行仁義、任賢良則理；行暴虐、任小人則亂。突厥所信任者，並共卿等見之，略無忠正可取者。頡利復不憂百姓，恣情所欲為，朕以人事觀之，亦何可久，卿以為何如？』公對曰：『昔晉文侯問李克，諸侯誰先亡克曰：吴先亡。文侯曰：何故克曰：戰數勝戰。數則人疲，數勝則主驕，以驕主馭疲人，不亡何待頡利逢隋末中國喪亂，遂恃衆内侵，今尚不息，此其必亡之道。』太宗然之。

唐 杜牧《樊川集》卷五《唐故宣州觀察使御史大夫韋公墓志銘》 後相國李公逢吉以相印鎮武昌，皆虚上職書，卑辭至門，公起赴武昌，未至府，拜監察禦史，遷左補闕，事文宗皇帝。時宰相百吏，願條帝功德，撰號上獻，公獨再疏曰：『今蜀之東川川溢殺萬家，京師雪積五尺，老幼多凍死，豈崇虚名報上帝時耶。』帝乃止。

宋 蘇軾《書雪》《蘇軾文集編年箋注》卷七一 黄州今年大雪盈尺，吾方種麥東坡，得此，固我所喜。但舍外無薪米者，亦為之耿耿不寐，悲夫。

明 宋濂《文憲集》卷八《送東陽馬生序》 當余之從師也，負篋曳屣，行深山巨谷中，窮冬烈風，大雪深數尺，足膚皸裂而不知。

明 丘濬《大學衍義補》卷一四八《修攘制御之策上》 唐太宗貞觀二年，北頡利政亂，薛延陀、回紇等叛之，頡利不能制，會大雪，羊馬多死，民大饑，鄭元璹使還，言於上曰：『戎狄興衰皆以羊馬為候，今突厥民饑畜瘦，將亡之兆也。』群臣多勸上乘間擊之，上曰：『背盟不信，利災不仁，乘危不武，縱其種落盡叛，六畜無餘，朕終不擊，必待有罪然後討之。』

臣按：太宗此言，得帝王之道大哉。王言天地之心也。

霜灾部

題解

《易·坤卦》 初六，履霜，堅冰至。象曰：履霜堅冰，陰始凝也。馴致其道，至堅冰也。

《詩經·國風·豳風·七月》 九月肅霜。

又《秦風·蒹葭》 蒹葭蒼蒼，白露為霜。

又《魏風·葛屨》 糾糾葛屨，可以履霜？

《山海經》卷五《中山經》 又東南三百里曰豐山【略】有九鐘，是知霜鳴。霜降則鐘鳴，故言知也。物有自然，感應而不可為也。

《國語·韋氏解》 隕霜而冬裘具。

漢 劉熙《釋名》卷一《釋天》 霜，喪也。其氣慘毒，物皆喪也。

《大戴禮記》卷五《曾子天圓》 陰陽之氣，各靜其所，則靜矣；偏則風，俱則雷，交則電，亂則霧，和則雨；陽氣勝，則散為雨露；陰氣勝，則凝為霜雪；陽之專氣為雹，陰之專氣為霰，霰雹者，一氣之化也。

漢 王充《論衡》卷一一《説日篇》 夫雨從山發，月經星麗畢之時，麗畢之時當雨也。時不雨，月不麗，山不雲，天地上下自相應也。月麗於上，山烝於下，氣體偶合，自然道也。雲霧，雨之徵也，夏則爲露，冬則爲霜，溫則爲雨，寒則爲雪。雨露凍凝者，皆由地發，不從天降也。

宋 秦觀《淮海集》卷一六《奇兵》 陰陽之氣，怒為風，交為電，亂為霧，薄而為雷，激而為霆，融散而為雨露，凝結而為霜雪，天地之奇也。

宋 黎靖德《朱子語類》卷二《理氣下·天地下》 霜只是露結成，雪只是雨結成。古人説露是星月之氣，不然。今高山頂上雖晴亦無露。露只是自下蒸上。人言極西高山上亦無雨雪。

又 卷九九《張子書二》 橫渠云：『陽為陰累，則相持為雨而降。』陽氣正升，忽遇陰氣，則相持而下為雨。蓋陽氣輕，陰氣重，故陽氣為陰氣壓墜而下也。『陰為陽得，則飄揚為雲而升。』陰氣正升，忽遇陽氣，則助之飛騰而上為雲也。『陰氣凝聚，陽在內者不得出，則奮擊而為雷霆。』陽氣伏于陰氣之內不得出，故爆開而為雷也。『陽在外者不得入，則周旋不舍而為風。』陰氣凝結于內，陽氣欲入不得，故旋繞其外不已而為風，至吹散陰氣盡乃已也。『和而散，則為霜雪雨露；不和而散，則為戾氣曀霾。』戾氣，飛雹之類；曀霾，黃霧之類；皆陰陽邪惡不正之氣，所以雹水穢濁，或青黑色。

明 葉子奇《草木子》卷一上《管窺篇》 雪寒在上。故高山多雪。霜寒在下。故平地多霜。

明 烏斯道《天辨》《明文海》卷一一〇 空中二氣，交則為雲、為雨，蕩焉則為電、為雷霆，陰氣遊焉，則為霜雪、為霰。

明 謝肇淛《五雜俎》卷一《天部一》 百草不畏雪而畏霜，蓋雪生於雲，陽位也；霜生於露，陰位也。不畏北風而畏西風，蓋西轉而北，陰未艾也，北轉而東，陽已生也。

論説

《左傳·昭公元年》 晉侯有疾，鄭伯使公孫僑如晉聘，且問疾。叔向問焉，曰：『寡君之疾病，卜人曰「實沈、臺駘為祟」，史莫之知，敢問此何神也？』子產曰：『昔高辛氏有二子，伯曰閼伯，季子曰實沈，居於曠林，不相能也。日尋干戈，以相征討。後帝不臧，遷閼伯于商丘，主辰。商人是因，故辰為商星。遷實沈于大夏，主參，唐人是因，以服事夏、商。其季世曰唐叔虞。當武王邑姜方震大叔，夢帝謂己：「余命而子曰虞，將與之唐，屬諸參，其蕃育其子孫。」及生，有文在其手曰「虞」，遂而命之。及成王滅唐而封大叔焉，故參為晉星。由是觀之，則實沈，參神也。昔金天氏有裔子曰昧，為玄冥師，生允格、臺駘。臺駘能業其官，宣汾、洮，障大澤，以處大原。帝用嘉之，封諸汾川；沈、姒、蓐、黃實守其祀。今晉主汾而滅之矣。由是觀之，則臺駘，汾神也。抑此二者，不及君身。山川之神，則水旱疫癘之災於是乎禜之；日月星辰之神，則雪霜風雨之不時，於是乎禜之。若君身，則亦出入、飲食、哀樂之事也，山川星辰之神又何為焉？僑聞之，君子有四時：朝以聽政，晝以訪問，夕以修令，夜以安身。於是乎節宣其氣，勿使有所壅閉湫底以露其體，茲心不爽，而昏亂百度。今無乃壹之，則生疾矣。僑又聞之，內官不及同姓，其生不殖，美先盡矣，則相生疾，君子是以惡之。故《志》曰：「買妾不知其姓，則卜之。」違此二者，古之所慎也。男女辨姓，禮之大司也。今君內實有四姬焉，其無乃是也乎？若由是二者，弗可為也已。四姬有省猶可，無則必生疾矣。」晉侯聞子產之言，曰：「博物君子也。」重賄之。

《六韜・文韜》 文王問太公曰：「人主動作舉事善惡，有福殃之應、鬼神之福無？」太公曰：「有之。主動作舉事，惡則天應之以刑，善則地應之以德，逆則人備之以力，順則神授之以職。故人主好重賦斂，大宮室，多遊臺，則民多病瘟，霜露殺，五穀、絲麻不成。人主好田獵罼弋，不避時禁，則歲多大風，禾穀不實。人主好破壞名山，雍塞大川，決通名水，則歲多大水，傷民，五穀不滋。人主好武事，兵革不息，則日月薄蝕，太白失行。故人主動作舉事，善則天應之以德，惡則人備之以力，神奪之以職。如響之應聲，如影之隨形。」文王曰：「誠哉！」

《文子》卷下《上德》 冬冰可折，夏木可結，時難得而易失。木方盛，終日采之而復生；秋風下霜，一夕而零。

又《下德》 老子曰：陰陽陶冶萬物，皆乘一氣而生。上下離心，氣乃上蒸，君臣不和，五穀不登，春肅秋榮，冬雷夏霜，皆賊氣之所生也。天地之間，一人之身也；六合之內，一人之形也。故明于性者，天地不能脅也。審于符者，怪物不能惑也。聖人由近以知遠，以萬里為一同。氣蒸乎天地，禮義廉恥不設，萬民莫不相侵暴虐，由在乎混冥之中也。廉恥陵遲，及至世之衰，用多而財寡，事力勞而養不足，民貧苦而忿爭生，是以貴仁。人鄙不齊，比周朋黨，各推其與，懷機械巧詐之心，是以貴義。男女群居，雜而無別，是以貴禮。性命之情，淫而相迫于不得已，則不和，是以貴樂。故仁義禮樂者，所以就敗也，非通治之道也。誠能使神明定于天下，而心反其初，則民性善；民性善，則天地陰陽從而包之，則財足而人贍，貪鄙忿爭之心不得生焉。仁義不用，而道德定于天下，而民不淫于采色，故德衰然後飾仁義，和失然後飾聲，禮淫然後飾容。故知道德，然後知仁義，不足行也。知仁義，然後知禮樂不足修也。

《呂氏春秋》卷一《孟春紀・孟春》 孟春行夏令，則風雨不時，草木早槁，國乃有恐；行秋令，則民大疫，疾風暴雨數至，藜莠蓬蒿並興；行冬令，則水潦為敗，霜雪大摯，首種不入。

又 卷六《季夏紀・明理》 五曰：五帝三王之於樂盡之矣。亂國之主未嘗知樂者，是常主也。夫有天賞得為主，而未嘗得主之實，此之謂大悲。是正坐於夕室也，其所謂正乃不正矣。凡生，非一氣之化也；長，非一物之任也；成，非一形之功也。故衆正之所積，其福無不及也；衆邪之所積，其禍無不逮也。其風雨則不適，其甘雨則不降，其霜雪則不時，寒暑則不當，陰陽失次，四時易節，人民淫爍不固，禽獸胎消不殖，草木庳小不滋，五穀萎敗不成。

又 卷一〇《孟冬紀・孟冬》 孟冬行春令，則凍閉不密，地氣發泄，民多流亡。行夏令，則國多暴風，方冬不寒，蟄蟲復出。行秋令，則雪霜不時，小兵時起，土地侵削。

又 卷一二《季冬紀・季冬》 季冬行秋令，則白露蚤降，介蟲為妖，四鄰入保；行春令，則胎夭多傷，國多固疾，命之曰逆；行夏令，則水潦敗國，時雪不降，冰凍消釋。

又 卷二一《開春論・察賢》 霜雨露時，則萬物育矣，人民修矣，疾病妖厲去矣。故曰堯之容若委衣裘，以言少事也。宓子賤治單父，彈鳴琴，身不下堂，而單父治。巫馬期以星出，以星入，日夜不居，以身親之，而單父亦治。巫馬期問其故於宓子，宓子曰：「我之謂任人，子之謂任力；任力者故勞，任人者故逸。」宓子則君子矣。逸四肢，全耳目，平心氣，而百官以治，義矣，任其數而已矣。巫馬期則不然，弊生事精，勞手足，煩教詔，雖治猶未至也。

漢 韓嬰《韓詩外傳》卷二 夫霜雪雨露，殺生萬物者也。天無事焉，猶之貴天也。執法厭文治官治民者有司也。君無事焉，猶之尊君也。夫闢土殖穀者後稷也，決江流河者禹也，聽獄執中者皋陶也，然而聖後者堯也。故有道以御之，身雖無能也，必使能者為己用也。元首以御之，彼雖多能，猶將無益於存亡矣。《詩》曰：『執轡如組，兩驂如舞。』貴能御也。

《淮南子》卷三《天文訓》 至秋三月，地氣不藏，乃收其殺，百蟲蟄伏，靜居閉戶，青女乃出，以降霜雪。

漢 董仲舒《春秋繁露》卷一二《陰陽出入》 陽日損而隨陰，陰日益而鴻，故至於季秋而始霜，至於孟冬而始大寒，下雪而物咸成，大寒而物畢藏，天地之功終矣。

又《煖燠孰多》 季秋九月，陰乃始多於陽，天於是時出溧下霜，出溧下霜，而大降物，固已皆成矣。

《禮記·月令》 季秋之月【略】是月也，霜始降，則百工休。乃命有司曰：寒氣總至，民力不堪，其皆入室。

又《祭義》 秋嘗，霜露既降，君子履之，必有悽愴之心，非其寒之謂也。

又《效特牲》 天子大社必受霜露風雨，以達天地之氣也。

漢 劉向《五經通義》 寒氣凝以為霜，從地升也。

《春秋緯·感精符》《初學記》卷二 霜，殺伐之表。季秋霜始降，鷹隼擊。王者順天行誅，以成肅殺之威。若政令苛，則夏下霜；誅伐不行，則冬霜不殺草。

又《元命苞》《初學記》卷二 霜以殺木，露以潤草。

又《考異郵》《開元占經》卷一〇一 霜者，陰精，冬令也。四時代謝，以霜收殺。霜之為言亡也，物以終身也。

漢 王充《論衡·説日篇》 夫雨從山發，月經星麗畢之時，麗畢之時當雨也。時不雨，月不麗，山不雲，天地上下自相應也。月麗于上，山烝於下，氣體偶合，自然道也。雲霧，雨之徵也，夏則為露，冬則為霜，溫則為雨，寒則為雪。雨露凍凝者，皆由地發，不從天降也。

漢 班固《白虎通》卷二《災變》 霜之為言亡也，陽以散亡。

《漢書》卷二七上《五行志上》 説曰：金，西方，萬物既成，殺氣之始也。故立秋而鷹隼擊，秋分而微霜降。其於王事，出軍行師，把旄杖鉞，誓士衆，抗威武，所以征畔逆止暴亂也。詩云：『有虔秉鉞，如火烈烈。』師古曰：『商頌長發之詩也。虔，固也。此美殷湯興師出征，固持其鉞，以誅有罪，威力猛盛，如火熾烈。』又曰：『載戢干戈，載櫜弓矢。』師古曰：『周頌時邁之詩也。戢，聚也。櫜，韜也。言天下太平，兵不復用，故戢斂而韜藏也。』動靜應誼，『説以犯難，民忘其死。』師古曰：『言以和悦使人，雖犯危難，不顧其生也。易兑卦彖曰『説以犯難，人忘其死』，故引之也。説讀曰悦。』如此則金得其性矣。若乃貪欲恣睢，務立威勝，師古曰：『睢音呼季反。』不重民命，則金失其性。蓋工冶鑄金鐵，金鐵冰滯涸堅，不成者衆，師古曰：『涸讀與沍同。沍，凝也，音下故反。春秋左氏傳曰『固陰沍寒』。』及爲變怪，是爲金不從革。

又卷三六《楚元王傳》 臣前幸得以骨肉備九卿，奉法不謹，乃復蒙恩。竊見災異並起，天地失常，徵表為國。欲終不言，念忠臣雖在甽畝，猶不忘君，惓惓之義也。況重以骨肉之親，又加以舊恩未報乎！欲竭愚誠，又恐越職，然惟二恩未報，忠臣之義，一杼愚意，退就農畝，死無所恨。臣聞舜命九官，濟濟相讓，和之至也。衆賢和於朝，則萬物和於野。故簫韶九成，而鳳皇來儀；擊石拊石，百獸率舞。四海之內，靡不和寧。及至周文，開基西郊，雜遝衆賢，罔不肅和，崇推讓之風，以銷分爭之訟。文王既沒，周公思慕，歌詠文王之德，其詩曰：『於穆清廟，肅雍顯相；濟濟多士，秉文之德。』當此之時，武王、周公繼政，朝臣和於內，萬國驩於外，故盡得其驩心，以事其先祖。其詩曰：『有來雍雍，至止肅肅，相維辟公，天子穆穆。』言四方皆以和來也。諸侯和於下，天應報於上，故周頌曰『降福穰穰』，又曰『飴我釐麰』。釐麰，麥也，始自天降。此皆以和致和，獲天助也。下至幽、厲之際，朝廷不和，轉相非怨，詩人疾而憂之曰：『民之無良，相怨一方。』衆小在位而從邪議，歙歙相是而背君子，故其詩曰：『歙歙訿訿，亦孔之哀！謀之其臧，則具是違；謀之不臧，則具是依！』君子獨處守正，不橈衆枉，勉彊以從王事則反見憎毒讒愬，故其詩曰：『密勿從事，不敢告勞，無罪無辜，讒口嗸嗸！』當是之時，日月薄蝕而無光，其詩曰：『朔日辛卯，日有蝕之，亦孔之醜！』又曰：『彼月而微，此日而微，今此下民，亦孔之哀！』又曰：『日月鞠凶，不用其行；四國無政，不用其良！』天變見於上，地變動於下，水泉沸騰，山谷易處。其詩曰：『百川沸騰，山塚卒崩，高岸為谷，深谷為陵。哀今之人，胡憯莫懲！』霜降失節，不以其時，其詩曰：『正月繁霜，我心憂傷；民之訛言，亦孔之將！』言民以是為非，甚衆大也。此皆不和，賢不肖易位之所致也。自此之後，天下大亂，簒殺殃禍並作，厲王奔彘，幽王見殺。至乎平王末年，魯隱之始即位也，周大夫祭伯乖離不和，出奔於魯，而春秋為諱，不言來奔，傷其禍殃自此始也。是後尹氏世卿而專恣，諸侯背畔而不朝，周室卑微。二百四十二年之間，日食三十六，地震五，山陵崩阤二，彗星三見，夜常星不見，夜中星隕如雨一，火災十四。長狄入三國，五石隕墜，六鷁退飛，多麋，有蜮、蜚，鸜鵒來巢者，皆一見。晝冥晦。雨木冰。李梅冬實。七月霜降，草木不死。八月殺菽。大雨雹。雨雪雷霆失序相乘。水、旱、饑，蝝、螽、螟蠡午並起。當是時，禍亂輒應，弑君三十六，亡國五十二，諸侯奔走，不得保其社稷者，不可勝數也。周室多禍：晉敗其師於貿戎；伐其郊；鄭傷桓王；戎執其使；衛侯朔召不往，齊逆命而助朔；五大夫爭權，三君更立，莫能正理。遂至陵夷不能復興。由此觀之，和氣致祥，乖氣致異；祥多者其國安，異衆者其國危，天地之常經，古今之通義也。今陛下開三代之業，招文學之士，優游寬容，使得並進。今賢不肖渾殽，白黑不分，邪正雜糅，忠讒並進。章交公車，人滿北軍。朝臣舛午，膠戾乖剌，更相讒愬，轉相是非。傳授增加，文書紛糾，前後錯繆，毁譽渾亂。所以營或耳目，感移心意，不可勝載。分曹為黨，往往羣朋，將同心以陷正臣。正臣進者，治之表也；正臣陷者，亂之機也。乘治亂之機，未知孰任，而災異數見，此臣所以寒心者也。夫乘權藉勢之人，子弟鱗集於朝，羽翼陰附者衆，輻湊於前，毁譽將必用，以終乖離之咎。是以日月無光，雪霜夏隕，海水沸出，陵谷易處，列星失行，皆怨氣之所致也。夫遵衰周之軌跡，循詩人之所刺，而欲以成太平，致雅頌，猶卻行而求及前人也。初元以來六年矣，案春秋六年之中，災異未有稠如今者也。夫有春秋之異，無孔子之救，猶不能解紛，況甚於春秋乎？原其所以然者，讒邪並進也。讒邪之所以並進者，由上多疑心，既已用賢人而行善政，如或譖之，則賢人退而善政還。夫執狐疑之心者，來讒賊之口；持不斷之意者，開羣枉之門。讒邪進則衆賢退，羣枉盛則正士消。故易有否泰。小人道長，君子道消，君子道消，則政日亂，故為否。否者，閉而亂也。君子道長，小人道消，小人道消，則政日治，故為泰。泰者，通而治也。詩又云『雨雪麃麃，見晛聿消』，與易同義。昔者鯀、共工、驩兜與舜、禹雜處堯朝，周公與管、蔡並居周位，當是時，迭進相毁，流言相謗，豈可勝道哉！帝堯、成王能賢舜、禹、周公而消共工、管、蔡，故以大治，榮華至今。孔子與季、孟偕仕於魯，李斯與叔孫俱宦於秦，定公、始皇賢季、孟、李斯而消孔子、叔孫，故以大亂，污辱至今。故治亂榮辱之端，在所信任；信任既賢，在於堅固而不移。詩云『我心匪石，不可轉也』。言守善篤也。易曰『渙汗其大號』。言號令如汗，汗出而不反者也。今出善令，未能踰時而反，是反汗也；用賢未能三旬而退，是轉石也。論語曰：『見不善如探湯。』今二府奏佞諂不當在位，歷年而不去。故出令則如反汗，用賢則如轉石，去佞則如拔山，如此望陰陽之調，不亦難乎！是以羣小窺見間隙，緣飾文字，巧言醜詆，流言飛文，譁於民間。故詩云：『憂心悄悄，慍於羣小。』小人成羣，誠足慍也。昔孔子與顔淵、子貢更相稱譽，不為朋黨；禹、稷與皋陶傳相汲引，不為比周。何則？忠於為國，無邪心也。故賢人在上位，則引其類而聚之於朝，易曰『飛龍在天，大人聚也』；在下位，則思與其類俱進，易曰『拔茅茹以其彙，征吉』。在上則引其類，在下則推其類，故湯用伊尹，不仁者遠，而衆賢至，類相致也。今佞邪與賢臣並在交戟之内，合黨共謀，違善依惡，歙歙訿訿，數設危險之言，欲以傾移主上。如忽然用之，此天地之所以先戒，災異之所以重至者也。自古明聖，未有無誅而治者也，故舜有四放之罰，而孔子有兩觀之誅，然後聖化可得而行也。今以陛下明知，誠深思天地之心，跡察兩觀之誅，覽否泰之卦，觀雨雪之詩，歷周、唐之所進以為法，原秦、魯之所消以為戒，考祥應之福，省災異之禍，以揆當世之變，放遠佞邪之黨，壞散險詖之聚，杜閉羣枉之門，廣開衆正之路，決斷狐疑，分別猶豫，使是非炳然可知，則百異消滅，而衆祥並至，太平之基，萬世之利也。臣幸得託肺附，誠見陰陽不調，不敢不通所聞。竊推春秋災異，以救今事一二，條其所以，不宜宣泄。臣謹重封昧死上。

漢 劉熙《釋名》卷一《釋天》 霜，喪也，其氣慘毒，物皆喪也。

晉 干寶《搜神記》卷六《山亡論》 尚書金縢曰：『山徙者，人君不用道，士賢者不興，或祿去，公室賞罰不由君，私門成羣，不救，當為易世變號。』說曰：『善言天者，必質於人；善言人者，必本於天。』故天有四時，日月相推，寒暑迭代，其轉運也。和而為雨，怒而為風，散而為露，亂而為霧，凝而為霜雪，立而為虹蜺，此天之常數也。

《後漢書》卷九八《祭祀志中》 安帝即位，元初六年，以《尚書》歐陽家說，謂六宗者，在天地四方之中，為上下四方之宗。以元始中故事，謂六宗《易》六子之氣日、月、雷公、風伯、山、澤者為非是。三月庚辰，初更立六宗，祀於雒陽西北戌亥之地，禮比太社也。【略】晉武帝初，司馬紹統表駁之曰：臣以為帝在於類，則禋者非天。山川屬望，則海岱非宗。宗猶包山，則望何秩焉？伏與歆、逵失其義也。六合之間，非制典所及；六宗之數，非一位之名。陰陽之說，又非義也。並五緯以為一，分文昌以為二，箕、畢既屬於辰，風師、雨師復特為位，玄之失也。安國案祭法為宗，而除其天地於上，遺其四方於下，取其中以為六宗。四時寒署日月衆星並水旱，所宗者八，非但六也。傳曰：山川之神，則水旱癘疫之災，於是乎禜之。日月星辰之神，則雪霜風雨之不時，於是乎禜之。又曰：龍見而雩。如此，禜者，祀日月星辰山川之名；雩者，周人四月祭天求雨之稱也。雪霜之災，非夫禜之所禳；雩祭之禮，非正月之所祈。周人之後說有虞之典，故于學者未盡喻也。且類於上帝，即禮天也。望於山川，禜所及也。案《周禮》云，昊天上帝，日月星辰，司中司命，風師雨師，社稷五祀五嶽，山林川澤，四方百物。又曰：兆五帝於四郊，四類四望亦如之。無六宗之兆。《祭法》之祭天，祭地，祭時，祭寒暑日月星，祭水旱，祭四方，及山林川谷丘陵能出雲為風雨、見怪物，皆是。有天下者祭百神，非此族也，不在祀典，復無六宗之文。明六宗所禋，即《祭法》之所及，《周禮》之所祀，即《虞書》之所宗，不宜特復立六宗之祀也。《春官》大宗伯之職，掌玉作六器，以禮天地四方。以蒼璧禮天，以黃琮禮地，以青圭禮東方，以赤璋禮南方，以白琥禮西方，以玄璜禮北方。天宗，日月星辰寒暑之屬也；地宗，社稷五祀之屬也；四方之宗者，四時五帝之屬也。如此，則羣神咸秩而無廢，百禮偏修而不瀆，於理為通。

唐 王方慶《諫孟春講武疏》《唐會要》卷二六　謹按《禮記·月令》：孟冬之月。天子命將帥講武。習射御角力。此乃三時務農，一時講武，以習射御，角校才力，蓋王者常事，安不忘危之道。孟春之月，不可以稱兵。兵者，干戈甲冑之總名。兵，皆金也。金性尅木，春盛德在木，而舉金以害盛德，逆生氣也。孟春行冬令，則水潦為敗，雪霜大摰，首種不入。蔡邕《月令章句》云：太陰新休，少陽尚微，而行冬令。以導水氣。故水潦至而敗物也。雪霜大摯，折傷者也。太陰干時，雨雪而霜，故大傷首種，首種謂宿麥也。麥以秋種，故謂之首種，入，收也。春為盛寒所傷，故夏至麥不成長也。孟春講武，是行冬令，以陽時犯陰氣，害發生之德，臣恐水潦敗物，雪霜損稼，夏麥不登，無所收入也。伏望天恩，不違時令，至孟冬教習，以順天道。

唐 張季友《閏賦》《文苑英華》卷二四　天時由之而式敘，國令於焉而合軌。春生夏長，不失其常；東作西成，孰知所以。雪應冬而絮落，雲識夏而峰起。秋之夕湛露為霜，春之朝堅冰為水。豈不以律之克中，閏之匪虛。以風以雨兮各得其序，曰寒曰燠兮無悖於初。

唐 盧肇《海潮賦》《全唐文》卷七六八　若夫雲者雨者，風者霧者，為雪為霜者，為雹為露者，雷之所鼓者，龍之所赴者，羣生之所賦者，萬物之所附者。彼皆與日而推移，所以就其衰而成其茂也。然後九圍無餘，而萬流為之長輔。

唐 羅隱《讒書》卷一《風雨對》　風雨雪霜，天地之所權也。山川藪澤，鬼神之所伏也。故風雨不時，則歲有饑饉。雪霜不時，則人有疾病。然後禱山川藪澤以致之，則風雨雪霜，果爲鬼神所有也明矣。得非天之高，不可以周理，而寄之山川。地之厚，不可以自運，而憑之鬼神。苟祭祀不時則饑饉作，報應不至則疾病生。是鬼神用天地之權也，而風雨雪霜爲牛羊之本矣。復何歲時爲，復何人民爲，是以大道不旁出，懼其弄也。大政不問下，懼其偷也。夫欲何言。

唐 瞿曇悉達《開元占經》卷一〇一《霜占》　《元命包》曰：『陰陽凝為霜。』《易坤卦》曰：『初六，履霜堅冰至。象曰：履霜堅冰，陰始凝也。馴致其道，至堅冰也。』《禮記月令》曰：『季秋之月，霜始降，百工休。孟冬行秋令，則雪霜不時。』《考異郵》曰：『霜者陰精，冬令也。四時相代，以霜收殺，霜之為言亡也，物以終也。』曾子曰：『陰氣勝，凝為霜。』《地鏡》曰：『視屋上瓦，獨無霜者，其下有寶藏。』《援神契》曰：『霜挫物。』京房曰：『凡候霜下早晚，若正月一日雷，知七月一日霜下；若二月一日雷，即知八月一日霜下。』又曰：『霜者，刑罰行也。霜者，所以成萬物也。刑罰者，所以誅惡人者也。刑一以懲十，殺一以全萬。非聖君居位，則刑罰妄行，誅殺不當，故天應以殞霜，于春于夏。臣依公結私，誅殺無罪，霜下在土；卻忠臣，依公結私，以緩有罪，霜附木；殺罰不由上，霜見風而飛；此皆刑罰不法之應。』又曰：『霜下，或未見日而欲曦者，此人君以喜怒行刑罰也；霜或見日而不曦，此人君執法堅不可犯也；霜或天陰不見星而有霜者，此臣下擅行誅罰也。興兵妄誅，厥災其霜殺五穀；誅不原情，茲謂不仁，冬先雨乃殞霜；有芒角，賢聖遭害，其霜附木，不下地。』《考異郵》曰：『穆公即位，仲夏霜殺草，日不消。僖公即位，殞霜不殺草，梅李實。不殺草者，臣威強；梅李大樹，此果為實，是君不能伐也。定公即位，殞霜殺菽；菽者，稼最強，季氏之萌也。』《天鏡》曰：『霜非時而殺草，是時而不殺，並為蟲蝗，是謂大饑；春隕霜殺草木，是謂陰隆，臣強君弱，下不事上。』京房曰：『春下霜七日，七年聖人滅。』《春秋命歷序》曰：『桀無道，夏隕霜。』《師曠占》曰：『春夏一日，有霜雲者，君父治政，大嚴大苦大殺，天以示之。何以言之，霜威殺萬草，坐大殺也，見變如此，宜損威殺，重人命。』京氏曰：『夏霜，君死國亡；霜下或無芒者，此人君行刑罰，而哀恕其人也；霜下或無芒者，此人君觀過，刺不深也；芒或旁指者，此人君旁言而刑人也；霜下或芒嚴者，此人君刺過深克者；芒或向下者，或如露微者，此人君盡欲加法一姓服屬也；霜下，或同類之物或不死，此人君知人有罰同，獨有所緩不誅，有以平法誅者；霜下或翩翩狀如雪者，此人君知人有罪，不以為意也，亦不出於狴牢也；霜或止於樹頭而不下地者，此下請決罪而上不下也；霜下，或有澤於物者，此人君欲殺直而下卻之也；霜下，晝夜不明而隕霜者，皆君臣誅，或心疑而徑行之，霜亦隨之於春；霜下，或重其日溫者，此行誅或依法深淺，故其日溫也；霜不下而物自以寒死者，此邪臣執法周密，眾人不知，物不得霜而死也；夜雨雪且為霜，為人君率臣重以為嚴也。』

宋 秦觀《淮海集》卷一六《奇兵》 陰陽之氣，怒為風，交為雹，亂為霧，薄而為雷，激而為霆，融散而為雨露，凝結而為霜雪，天地之奇也。

宋 黎靖德《朱子語類》卷二《理氣下》 霜只是露結成，雪只是雨結成。古人說露是星月之氣，不然。今高山頂上雖晴亦無露。露只是自下蒸上。人言極西高山上亦無雨雪。

高山無霜露，卻有雪。某嘗登雲谷。晨起穿林薄中，並無露水沾衣。但見煙霞在下，茫然如大洋海，衆山僅露峰尖，烟雲環繞往來，山如移動，天下之奇觀也！或問：高山無霜露，其理如何？曰：上面氣漸清，風漸緊，雖微有霧氣，都吹散了，所以不結。若雪，則只是雨遇寒而凝，故高寒處雪先結也。

又 卷六〇《孟子十・盡心上》 問『由太虛』云云。曰：本只是一箇太虛，漸漸細分，說得密耳。且太虛便是這四者之揔體，而不雜乎四者而言。由氣化有道之名，氣化是那陰陽造化，寒暑晝夜，雨露霜雪，山川木石，金水火土，皆是只這个，便是那太虛，只是便雜卻氣化說。雖雜氣化，而實不離乎太虛，未說到人物各具當然之理處。

又 卷九九《張子書二》 橫渠言：陽為陰累，則相持為雨而降。陽氣正升，忽遇陰氣，則相持而下為雨。蓋陽氣輕，陰氣重，故陽氣為陰氣壓墜而下也。陰為陽得，則飄揚為雲而升。陰氣正升，忽遇陽氣，則助之飛騰而上為雲也。陰氣凝聚，陽在內者不得出，則奮擊而為雷霆。陽氣伏于陰氣之內不得出，故爆開而為雷也。陽在外者不得入，則周旋不舍而為風。陰氣凝結於內，陽氣欲入不得，故旋繞其外不已而為風，至吹散陰氣盡乃已也。和而散，則為霜雪雨露；不和而散，則為戾氣曀霾。戾氣，飛雹之類；曀霾，黃霧之類；皆陰陽邪惡不正之氣，所以雹水穢濁，或青黑色。

又 卷一〇〇《邵子之書》 問：伊川云：露是金之。曰：露自是有清肅底氣象。古語云：露結為霜。今觀之誠然。伊川云不然，不知何故。蓋露與霜之氣不同：露能滋物，霜能殺物也。又雪霜亦有異：霜則殺物，雪不能殺物也。

宋 曾鞏《元豐類稿》卷三六《與北京韓侍中啓二首之二》 鞏啟：伏念鞏習吏非長，得州最劇。耗神明於簿領，疲精思於追胥。尚恃餘庥，幸無曠事。然而塞茅心而已甚，飾竿牘以未遑。故魂爽雖騖於門閎，而候問不通於幕府。仰繫明恕，終賜矜容。今者北土早霜，晏陰始肅。伏惟順天時之常序，養浩氣之至和，神明所依，福祿來萃。恭以司徒太師侍中股肱三世，高抬貴手四方。勤勞著於邦家，功德施於社稷。方且斂嘉謀於一面，鬱羣望者五年。郭令之繫安危，素形公論；周公之為左右，宜冠本朝。華夏蠻貊之傾心，昆蟲草木之望賜。豈伊蕞質，獨注微誠。伏惟上為宗祊，善調寢餗。

宋 蔡沈《洪範皇極內篇》卷一《皇極內篇上》 造化之為造化者，幽明屈信而已。天者，明而信者也，地者，幽而屈者也。暑者，明而信者也，寒者，幽而屈者也，晝者，明而信者也，夜者，幽而屈者也。天地也，寒暑也，晝夜也，幽明屈信以成變化者也。是故，陽者吐氣，陰者含氣。吐氣者施，含氣者化，陽施陰化而人道立矣，萬物繁矣，陽薄陰則繞而為風，陰因陽則奮而為雷，陽和陰則為雨、為露，陰和陽則為霜、為雪，陰陽不和則為戾氣。

明 王禕《祈天永命疏》《明經世文編》卷四 夫上天以生物為心，故春夏以長養之，秋冬以收藏之，皆所以生物也。其雷霆霜雪有時而搏擊焉。有時而肅殺焉。然皆暫而不常。向使雷霆霜雪無時而不有焉。則上天生物之心息矣。人君體上天生物之心，故一動一靜之間，務合乎天，不然。則天必示之變異以警戒之。

明 烏斯道《天辨》《明文海》卷一一〇 空中二氣，交則為雲、為雨，蕩焉則為雹、為雷霆，陰氣遊焉，則為霜雪、為霰。

《御定月令輯要》卷五《正月令》 增博雅：正月有微霜，八月浮雲不歸。通考：正月霜下著物，見日不消。小人在位，君子在野，五穀萬物不實，牛馬多疫死，著木凍損木枝，讒行賢傷。

綜述

明 張居正《論決重囚疏》《明經世文編》卷三二五　昨該司禮監太監孫得勝，口傳聖旨奉聖母諭：今歲大喜，命臣等于刑科三覆奏本上擬旨暫免行刑，欽此。仰惟聖母慈悲不殺之仁，皇上將順好生之美，臣等敢不仰承以廣德意，但查我祖宗舊制，凡官吏，軍民人等犯該死罪，有決不待時者，有監至秋後者，鞫問既明，悉依律處決。未有淹禁累年，不行處斷者。至嘉靖末年，我世宗皇帝以齋醮奉玄，始有暫免不決之令。或間從御筆所勾，量行處決，然此寔近年姑息之弊，非我祖宗垂憲之典也。夫春生秋殺，天道所以運行。雨露雪霜，萬物因之發育。若一歲之間，有春生而無秋殺，有雨露而無雪霜，則歲功不成而化理或滯矣。明王奉若天道，其刑賞予奪皆奉天意以行事。書曰天命有德，五服五章哉。天討有罪，五刑五用哉。若棄有德而不用，釋有罪而不誅，則刑賞失中，慘舒異用，非上天所以立君治民之意矣。臣等連日詳閱法司所開重犯招情，有殺祖父母父母者，有毆死親兄及同居尊屬者，有殺一家非死罪三人者，有強盜刼財殺人者，有鬬毆逞兇登時打死人命者。據其所犯，皆絕滅天理，傷敗彝倫，仁人之所痛惡，覆載之所不容者，天欲誅之。而皇上顧欲釋之，其無乃違上天之意乎。康誥曰，惟迪茲，不於我政人得罪，天惟與我民彝大泯亂，曰：乃其速由文王作罰，刑茲無赦。言彼寇攘姦宄不孝不友之人，所犯至於如此。若為政者不加之以罪，則天與我民之常道將至於泯滅而壞亂。必須速依文王所作之法，刑之而無赦。此書乃皇上近日所講習者。夫文王視民如傷，古所稱仁聖之主。而于此等之人，亦必刑之而無赦者。良以為惡之人，彼自蹈于刑辟，雖欲生之而不可得也。且稂莠不鋤，嘉禾不茂，冤憤不泄，戾氣不消。今聖母獨見犯罪者，身被誅戮之可憫，而不知被彼所戕害者皆含冤蓄憤於幽冥之中。明王聖主不為之一泄，彼以其怨恨冤苦之氣鬱而不散，上或蒸為妖沴氛之變，下或招致凶荒疫癘之災，則其為害又不止一人一家受其荼毒而已。獨柰何不于有罪之兇惡，而反忍于無辜之良善乎。其用仁亦舛矣。況此等之人，節經法司評審，九卿大臣廷鞫，皆已衆證明白，輸服無辭。縱使今年不決，將來亦無生理。不過遲延月日，監斃牢獄耳。然與其暗斃牢獄而人不及知。何如明正典刑猶足以懲奸而伸法乎。法令不行則犯者愈衆，年復一年，克滿囹圄，既費關防，又虧國典。其于政體又大謬也。伏願皇上念上天之意不可違，祖宗之法不可廢。母惑于浮屠之說，毋流於姑且之愛，奏上聖母，仍將各犯照常行刑以順天道。若聖心不忍盡殺，或仍照去年例，容臣等揀其情罪尤重者，量決數十人。餘姑牢固監候，俟明年大婚吉典告成，然後槩免一年，則春生秋殺，仁昭義肅，並行而不悖矣。臣等叨與密勿，此關係朝廷大政，祖宗舊典，不敢不盡其愚，伏惟聖明裁擇。

紀事

《春秋・成公十六年》　十有六年，春，王正月，雨木冰。

又《定公元年》　冬，十月，隕霜殺菽。

《竹書紀年・幽王四年》　夏六月，隕霜。

《春秋公羊傳・成公十六年》　十有六年春，王正月，雨木冰。雨木冰者何？雨而木冰也。何以書？記異也。

《春秋穀梁傳・成公十六年》　雨而木冰也。志異也。《傳》曰：根枝折。

又《定公元年》　未可以殺而殺，舉重。可殺而不殺，舉輕。其曰菽，舉重也。

《漢書》卷六《武帝紀》　［元光四年］夏四月，隕霜殺草。

又 卷九《元帝紀》　［永光元年三月］是月雨雪，師古曰：『雨音于具反。』隕霜傷麥稼，秋罷。如淳曰：『當言罷某官某事，爛脫失之。』晉灼曰：『或無稼字，或稼字在秋下。稼或作桑，或作霖。五行志永光元年三月隕霜殺桑，九月二日隕霜殺稼，天下大饑。言傷麥稼，秋罷，是也。』師古曰：『晉說得之。秋者，謂秋時所收穀稼也。今俗猶謂麥豆之屬爲雜稼。云秋罷者，言至秋時無所收也。』

又 卷二四上《食貨志上》　末年，盜賊羣起，發軍擊之，將吏放縱於外。北邊及青徐地人相食，雒陽以東米石二千。莽遣三公將軍開東方諸倉振貸窮乏，又分遣大夫謁者教民煑木爲酪；酪不可食，重爲煩擾。流民入關者數十萬人，置養澹官以稟之，吏盜其稟，飢死者什七八。莽恥爲政所致，乃下詔曰：『予遭陽九之阸，百六之會，枯旱霜蝗，饑饉荐臻，蠻夷猾夏，寇賊姦軌，百姓流離。予甚悼之，害氣將究矣。』歲爲此言，以至於亡。

又 卷二七中之下《五行志中之下》 始皇既冠，毐懼誅作亂，始皇誅之，斬首數百級，大臣二十人，皆車裂以徇，夷滅其宗，遷四千餘家於房陵。是歲四月，寒，民有凍死者。數年之間，緩急如此，寒奥輒應，此其效也。劉歆以爲大雨雪，及未當雨雪而雨雪，及大雨雹，隕霜殺叔草，皆常寒之罰也。劉向以爲常雨屬貌不恭。京房《易傳》曰：『有德遭險，茲謂逆命，厥異寒。誅過深，當奥而寒，盡六日，亦爲雹。害正不誅，茲謂養賊，寒七十二日，殺蜚禽。道人始去茲謂傷，其寒物無霜而死，涌水出。戰不量敵，茲謂辱命，其寒雖雨物不茂。聞善不予，厥咎聾。』

又 〔定公元年〕『十月，隕霜殺菽』。劉向以爲周十月，今八月也，消卦爲觀，陰氣未至君位而殺，誅罰不由君出，在臣下之象也。是時季氏逐昭公，公死于外，定公得立，故天見災以視公也。

又 〔武帝元光四年〕四月，隕霜殺草木。先是二年，遣五將軍三十萬衆伏馬邑下，欲襲單于，單于覺之而去。自是始征伐四夷，師出三十餘年，天下戶口減半。京房《易傳》曰：『興兵妄誅，茲謂亡法，厥災霜，夏殺五穀，冬殺麥。誅不原情，茲謂不仁，其霜，夏先大雷風，冬先雨，乃隕霜，有芒角。賢聖遭害，其霜附木不下地。佞人依刑，茲謂私賊，其霜在草根土隙間。不教而誅茲謂虐，其霜反在草下。』

元帝永光元年三月，隕霜殺桑；九月二日，隕霜殺稼，天下大飢。是時中書令石顯用事專權，與春秋定公時隕霜同應。成帝即位，顯坐作威福誅。

又 史記魯襄公二十三年，穀、洛水鬭，將毀王宮。劉向以爲近火沴水也。周靈王將擁之，有司諫曰：『不可。長民者不崇藪，不墮山，不防川，不竇澤。今吾執政毋乃有所辟，而滑夫二川之神，使至于爭明，以防王宮室，王而飾之，毋乃不可乎！懼及子孫，王室愈卑。』王卒擁之。以傳推之，以四瀆比諸侯，穀、洛其次，卿大夫之象也，爲卿大夫將分爭以危亂王室也。是時世卿專權，儋括將有簒殺之謀，如靈王覺寤，匡其失政，懼以承戒，則災禍除矣。不聽諫謀，簡嫚大異，任其私心，塞埤擁下，以逆水勢而害鬼神。後數年有黑如日者五。是歲蚤霜，靈王崩。景王立二年，儋括欲殺王，而立王弟佞夫。佞夫不知，景王幷誅佞夫。及景王死，五大夫爭權，或立子猛，或立子朝，王室大亂。京房《易傳》曰：『天子弱，諸侯力政，厥異水鬭。』

又 卷二七下之下《五行志下之下》 小人順受命者征其君云殺，厥食五色，至大寒隕霜，若紂臣順武王而誅紂矣。

又 卷三六《楚元王傳》 霜降失節，不以其時，其詩曰：『正月繁霜，我心憂傷；民之訛言，亦孔之將！』言民以是爲非，甚衆大也。張晏曰：『正月，夏之四月也，純陽用事，而反多霜，急恆寒若之災也。』師古曰：『此小雅正月之篇刺幽王之詩也。四月正陽之月，故謂之正月。繁，多也。訛，僞也。孔，甚也。將，大也。此言王政乖舛，陽月多霜，害於生物，故己心爲憂傷，而衆庶之人，共爲僞言，以是爲非，排斥賢儁，禍甚大也。』此皆不和，賢不肖易位之所致也。

又 七月霜降，草木不死。師古曰：『僖三十三年經書「冬隕霜，不煞草。」李梅實，未知在何月也。而此言李梅冬實，又云七月霜降，草木不死，與今春秋不同，未見義所出。』八月殺菽。師古曰：『謂定公元年「十月，隕霜殺菽。」周之十月，夏之八月。菽謂豆也。』

又 今陛下開三代之業，招文學之士，優游寬容，使得並進。今賢不肖渾殽，白黑不分，邪正雜糅，忠讒並進。章交公車，人滿北軍。朝臣舛午，膠戾乖剌，更相讒愬，轉相是非。傳授增加，文書紛糾，前後錯繆，毀譽渾亂。所以營或耳目，感移心意，不可勝載。分曹爲黨，往往羣朋，將同心以陷正臣。正臣進者，治之表也；正臣陷者，亂之機也。乘治亂之機，未知孰任，而災異數見，此臣所以寒心者也。夫乘權藉勢之人，子弟鱗集於朝，羽翼陰附者衆，輻湊於前，毀譽將必用，以終乖離之咎。是以日月無光，雪霜夏隕，海水沸出，陵谷易處，列星失行，皆怨氣之所致也。夫遵衰周之軌迹，循詩人之所刺，而欲以成太平，致雅頌，猶卻行而求及前人也。初元以來六年矣，案春秋六年之中，災異未有稠如今者也。夫有春秋之異，無孔子之救，猶不能解紛，況甚於春秋乎？

又 卷七一《于定國傳》 永光元年，春霜夏寒，日青亡光，上復以詔條責曰：『郎有從東方來者，言民父子相棄。丞相、御史案事之吏匿不言邪？將從東方來者加增之也？何以錯繆至是？欲知其實。方今年歲未可預知也，即有水旱，其憂不細。公卿有可以防其未然，救其已然者不？各以誠對，毋有所諱。』定國惶恐，上書自劾，歸侯印，乞骸骨。上報曰：『君相朕躬，不敢怠息，萬方之事，大錄于君。能毋過者，其唯聖人。方今承周秦之敝，俗化陵夷，民寡禮誼，陰陽不調，災咎之發，不爲一端而作，自聖人推類以記，不敢專也，況於非聖者乎！日夜惟思所以，未能盡明。經曰：「萬方有罪，罪在朕躬。」君雖任職，何必顓焉？其勉察郡國守相羣牧，非其人者毋令久賊民。永執綱紀，務悉聰明，強食慎疾。』定國遂稱篤，固辭。上乃賜安車駟馬、黄金六十斤，罷就第。

又 卷七五《京房傳》 是時中書令石顯顓權，顯友人五鹿充宗爲尚書令，與房同經，論議相非。二人用事，房嘗宴見，問上曰：『幽厲之君何以危？所任者何人也？』上曰：『君不明，而所任者巧佞。』房曰：『知其巧佞而用之邪，將以爲賢也？』上曰：『賢之。』房曰：『然則今何以知其不賢也？』上曰：『以其時亂而君危知之。』房曰：『若是，任賢必治，任不肖必亂，必然之道也。幽厲何不覺寤而更求賢，曷爲卒任不肖以至於是？』上曰：『臨亂之君各賢其臣，令皆覺寤，天下安得危亡之君？』房曰：『齊桓公、秦二世亦嘗聞此君而非笑之，然則任豎刁、趙高，政治日亂，盜賊滿山，何不以幽厲卜之而覺寤乎？』上曰：『唯有道者能以往知來耳。』房因免冠頓首，曰：『春秋紀二百四十二年災異，以視萬世之君。今陛下即位已來，日月失明，星辰逆行，山崩泉涌，地震石隕，夏霜冬靁，春凋秋榮，隕霜不殺，水旱螟蟲，民人飢疫，盜賊不禁，刑人滿市，春秋所記災異盡備。陛下視今爲治邪，亂邪？』上曰：『亦極亂耳。尚何道！』房曰：『今所任用者誰與？』上曰：『然幸其瘉於彼，又以爲不在此人也。』房曰：『夫前世之君亦皆然矣。臣恐後之視今，猶今之視前也。』上良久乃曰：『今爲亂者誰哉？』房曰：『明主宜自知之。』上曰：『不知也；如知，何故用之？』房曰：『上最所信任，與圖事帷幄之中進退天下之士者是矣。』房指謂石顯，上亦知之，謂房曰：『已諭。』

又 卷八六《王嘉傳》 元寿元年，光等請謁者召嘉詣廷尉詔獄，制曰：『票騎將軍、御史大夫、中二千石、二千石、諸大夫、博士、議郎議。』衛尉雲等五十人以爲『如光等言可許』。議郎龔等以爲『嘉言事前後相違，無所執守，不任宰相之職，宜奪爵土，免爲庶人。』永信少府猛等十人以爲『聖王斷獄，必先原心定罪，探意立情，故死者不抱恨而入地，生者不銜怨而受罪。明主躬聖德，重大臣刑辟，廣延有司議，欲使海內咸服。嘉罪名雖應法，聖王之於大臣，在輿爲下，御坐則起，疾病視之無數，死則臨弔之，廢宗廟之祭，進之以禮，退之以義，誅之以行。案嘉本以相等爲罪，罪惡雖著，大臣括髮關械、裸躬就笞，非所以重國褒宗廟也。今春月寒氣錯繆，霜露數降，宜示天下以寬和。臣等不知大義，唯陛下察焉。』有詔假謁者節，召丞相詣廷尉詔獄。

又 卷九九中《王莽傳中》 ［天鳳元年］四月，隕霜，殺中木，海瀕尤甚。

又 卷九九下《王莽傳下》 ［地皇二年］秋，隕霜殺菽，關東大饑，蝗。

又 ［地皇三年］四月，遣太師王匡、更始將軍廉丹東，祖都門外，天大雨，霑衣止。長老歎曰：『是爲泣軍！』莽曰：『惟陽九之阸，與害氣會，究于去年。枯旱霜蝗，飢饉薦臻，百姓困乏，流離道路，于春尤甚，予甚悼之。今使東嶽太師特進褒新侯開東方諸倉，賑貸窮乏。太師公所不過道，分遣大夫謁者並開諸倉，以全元元。太師公因與廉丹大使五威司命位右大司馬更始將軍平均侯之兗州，填撫所掌，及青、徐故不軌盜賊未盡解散，後復屯聚者，皆清潔之，期於安兆黎矣。』太師、更始合將銳士十餘萬人，所過放縱。東方爲之語曰：『寧逢赤眉，不逢太師！太師尚可，更始殺我！』卒如田況之言。

《三國志》卷四七《吴志二・吴主傳》 ［嘉禾三年］九月朔，隕霜傷穀。

又 卷六五《吴志二十・賀邵傳》 皓兇暴驕矜，政事日弊。邵上疏諫曰：

『古之聖王，所以潛處重闈之內而知萬里之情，垂拱衽席之上，明照八極之際者，任賢之功也。陛下以至德淑姿，統承皇業，宜率身履道，恭奉神器，旌賢表善，以康庶政。自頃年以來，朝列紛錯，真偽相貿，上下空任，文武曠位，外無山嶽之鎮，內無拾遺之臣；佞諛之徒拊翼天飛，干弄朝威，盜竊榮利，而忠良排墜，信臣被害。是以正士摧方，而庸臣苟媚，先意承旨，各希時趣，人執反理之評，士吐詭道之論，遂使清流變濁，忠臣結舌。陛下處九天之上，隱百重之室，言出風靡，令行景從，親洽寵媚之臣，日聞順意之辭，將謂此輩實賢，而天下已平也。臣心所不安，敢不以聞。

臣聞興國之君樂聞其過，荒亂之主樂聞其譽；聞其過者過日消而福臻，聞其譽者譽日損而禍至。是以古之人君，揖讓以進賢，虛己以求過，譬天位於乘犇，以虎尾為警戒。至於陛下，嚴刑法以禁直辭，黜善士以逆諫臣，眩燿毀譽之實，沈淪近習之言。昔高宗思佐，夢寐得賢，而陛下求之如忘，忽之如遺。故常侍王蕃忠恪在公，才任輔弼，以醉酒之間加之大戮。近鴻臚葛奚，先帝舊臣，偶有逆迕，昏醉之言耳，三爵之後，禮所不諱，陛下猥發雷霆，謂之輕慢，飲之醇酒，中毒隕命。自是之後，海內悼心，朝臣失圖，仕者以退為幸，居者以出為福，誠非所以保光洪緒，熙隆道化也。

又何定本趨走小人，僕隸之下，身無錙銖之行，能無鷹犬之用，而陛下愛其佞媚，假其威柄，使定恃寵放恣，自擅威福，口正國議，手弄天機，上虧日月之明，下塞君子之路。夫小人求入，必進姦利，定閒妄興事役，發江邊戍兵以驅麋鹿，結罝山陵，芟夷林莽，殫其九野之獸，聚於重圍之內，上無益時之分，下有損耗之費。而兵士罷於運送，人力竭於驅逐，老弱飢凍，大小怨歎。臣竊觀天變，自比年以來陰陽錯謬，四時逆節，日食地震，中夏隕霜，參之典籍，皆陰氣陵陽，小人弄勢之所致也。臣嘗覽書傳，驗諸行事，災祥之應，所爲寒慄。昔高宗脩己以消鼎雉之異，宋景崇德以退熒惑之變，願陛下上懼皇天譴告之誚，下追二君攘災之道，遠覽前代任賢之功，近寤今日謬授之失，清澄朝位，旌敍俊乂，放退佞邪，抑奪姦勢，如是之輩，一勿復用，廣延淹滯，容受直辭，祇承乾指，敬奉先業，則大化光敷，天人望塞也。

傳曰：「國之興也，視民如赤子；其亡也，以民爲草芥。」陛下昔韜神光，潛德東夏，以聖哲茂姿，龍飛應天，四海延頸，八方拭目，以成康之化必隆於旦夕也。自登位以來，法禁轉苛，賦調益繁；中宮內豎，分布州郡，橫興事役，競造姦利；百姓罹杼軸之困，黎民罷無已之求，老幼飢寒，家戶菜色，而所在長吏，迫畏罪負，嚴法峻刑，苦民求辦。是以人力不堪，家戶離散，呼嗟之聲，感傷和氣。又江邊戍兵，遠當以拓土廣境，近當以守界備難，宜特優育，以待有事，而徵發賦調，煙至雲集，衣不全裋褐，食不贍朝夕，出當鋒鏑之難，入抱無聊之慼。是以父子相棄，叛者成行。願陛下寬賦除煩，振恤窮乏，省諸不急，盪禁約法，則海內樂業，大化普洽。夫民者國之本，食者民之命也，今國無一年之儲，家無經月之畜，而後宮之中坐食者萬有餘人。內有離曠之怨，外有損耗之費，使庫廩空於無用，士民飢於糟糠。

又北敵注目，伺國盛衰，陛下不恃己之威德，而怙敵之不來，忽四海之困窮，而輕虜之不為難，誠非長策廟勝之要也。昔大皇帝勤身苦體，創基南夏，割據江山，拓土萬里，雖承天贊，實由人力也。餘慶遺祚，至於陛下，陛下宜勉崇德器，以光前烈，愛民養士，保全先軌，何可忽顯祖之功勤，輕難得之大業，忘天下之不振，替興衰之巨變哉？臣聞否泰無常，吉凶由人，長江之限不可久恃，苟我不守，一葦可航也。昔秦建皇帝之號，據殽函之阻，德化不脩，法政苛酷，毒流生民，忠臣杜口，是以一夫大呼，社稷傾覆。近劉氏據三關之險，守重山之固，可謂金城石室，萬世之業，任授失賢，一朝喪沒，君臣係頸，共為羈僕。此當世之明鑒，目前之炯戒也。願陛下遠考前事，近鑒世變，豐基彊本，割情從道，則成康之治興，而聖祖之祚隆矣。」

書奏，晧深恨之。

《後漢書》卷一六《寇榮傳》 榮逃竄數年，會赦令，不得除，積窮困，乃自亡命中上書曰：

『臣聞天地之於萬物也好生，帝王之於萬人也慈愛。陛下統天理物，為萬國覆，作人父母，先慈愛，後威武，先寬容，後刑辟，自生齒以上，咸蒙德澤。而臣兄弟獨以無辜為專權之臣所見批抵，青蠅之人所共搆會。以臣婚姻王室，謂臣將撫其背，奪其位，退其身，受其埶。於是遂作飛章以被於臣，欲使墜萬仞之阬，踐必死之地，令陛下忽慈母之仁，發投杼之怒。

『尚書背繩墨，案空劾，不復質確其過，寘於嚴棘之下，便奏正臣罪。司隸校尉馮羨佞邪承旨，廢於王命，驅逐臣等，不得旋踵。臣奔走還郡，沒齒無怨。臣誠恐卒為豺狼橫見噬食，故冒死欲詣闕，披肝膽，布腹心。刺史張敬好為諂諛，張設機網，復令陛下興雷電之怒。司隸校尉應奉、河南尹何豹、洛陽令袁騰並驅爭先，若赴仇敵，罰及死沒，髡剔墳墓，但未掘壙出尸，剖棺露胔耳。

『昔文王葬枯骨，公劉敦行葦，世稱其仁。今殘酷容媚之吏，無折中處平之心，不顧無辜之害，而興虛誣之誹，欲使嚴朝必加濫罰。是以不敢觸突天威，而自竄山林，以俟陛下發神聖之聽，啟獨睹之明，拒謏慝之謗，絕邪巧之言，救可濟之人，援沒溺之命。不意滯怒不為春夏息，淹恚不為順時怠，遂馳使郵驛，布告遠近，嚴文剋剝，痛於霜雪，張羅海內，設罝萬里，逐臣者窮人纹，追臣者極車軌，雖楚購伍員，漢求季布，無以過也。

『臣遇罰以來，三赦再贖，無驗之罪，足以蠲除。而陛下疾臣愈深，有司咎臣甫力，止則見埽滅，行則為亡虜，苟生則為窮人，極死則為冤鬼，天廣而無以自覆，地厚而無以自載，蹈陸土而有沈淪之憂，遠巖牆而有鎮壓之患。精誠足以感於陛下，而哲王未肯悟。如臣犯元惡大憝，足以陳於原野，備刀鋸，陛下當班布臣之所坐，以解眾論之疑。臣思入國門，坐於胏石之上，使三槐九棘平臣之罪。而閶闔九重，陷阱步設，舉趾觸罘罝，動行絓羅網，無緣至萬乘之前，永無見信之期矣。

『國君不可讎匹夫，讎之則一國盡懼。臣奔走以來，三離寒暑，陰陽易位，當煖反寒，春常淒風，夏降霜雹，又連年大風，折拔樹木。風為號令，春夏布德，議獄緩死之時。願陛下思帝堯五教在寬之德，企成湯避遠讒夫之誡，以寧風旱，以弭災兵。

『臣聞勇者不逃死，智者不重困，固不為明朝惜垂盡之命，願赴湘、沅之波，從屈原之悲，沈江湖之流，弔子胥之哀。臣功臣苗緒，生長王國，懼獨含恨以葬江魚之腹，無以自別於世，不勝狐死首丘之情，營魂識路之懷。犯冒王怒，觸突帝禁，伏於兩觀，陳訴毒痛，然後登金鑊，入沸湯，糜爛於熾爨之下，九死而未悔。悲夫，久生亦復何聊！蓋忠臣殺身以解君怒，孝子殞命以寧親怨，故大舜不避塗廩浚井之難，申生不辭姬氏讒邪之謗。臣敢忘斯議，不自斃以解明朝之忿哉！乞以身塞重責。願陛下匄兄弟死命，使臣一門頗有遺類，以崇陛下寬饒之惠。先死陳情，臨章涕泣，泣血連如。』

帝省章愈怒，遂誅榮。寇氏由是衰廢。

又 卷三〇下《襄楷傳》 延熹九年，楷自家詣闕上疏曰：

『臣聞皇天不言，以文象設教。堯舜雖聖，必歷象日月星辰，察五緯所在，故能享百年之壽，爲萬世之法。臣竊見去歲五月，熒惑入太微，犯帝坐，出端門，不軌常道。其閏月庚辰，太白入房，犯心小星，震動中耀。中耀，天王也；傍小星者，天王子也。夫太微天廷，五帝之坐，而金火罰星揚光其中，於占，天子凶；又俱入房、心，法無繼嗣。今年歲星久守太微，逆行西至掖門，還切執法。歲爲木精，好生惡殺，而淹留不去者，咎在仁德不修，誅罰太酷。前七年十二月，熒惑與歲星俱入軒轅，逆行四十餘日，而鄧皇后誅。其冬大寒，殺鳥獸，害魚鼈，城傍竹柏之葉有傷枯者。臣聞於師曰：「柏傷竹枯，不出三年，天子當之。」今洛陽城中人夜無故叫呼，云有火光，人聲正諠，於占亦與竹柏枯同。自春夏以來，連有霜雹及大雨靁，而臣作威作福，刑罰急刻之所感也。

『太原太守劉瓆、南陽太守成瑨，志除姦邪，其所誅翦，皆合人望，而陛下受閹豎之譖，乃遠加考逮。三公上書乞哀瓆等，不見採察，而嚴被譴讓。憂國之臣，將遂杜口矣。臣聞殺無罪，誅賢者，禍及三世。自陛下即位以來，頻行誅伐，梁、寇、孫、鄧，並見族滅，其從坐者，又非其數。李雲上書，明主所不當諱，杜衆乞死，諒以感悟聖朝，曾無赦宥，而并被殘戮，天下之人，咸知其冤。漢興以來，未有拒諫誅賢，用刑太深如今者也。

『永平舊典，諸當重論皆須冬獄，先請後刑，所以重人命也。頃數十歲以來，州郡翫習，又欲避請讞之煩，輒託疾病，多死牢獄。長吏殺生自己，死者多非其罪，魂神冤結，無所歸訴，淫厲疾疫，自此而起。昔文王一妻，誕致十子，今宮女數千，未聞慶育。宜修德省刑，以廣螽斯之祚。又七年六月十三日，河內野王山上有龍死，長可數十丈。扶風有星隕爲石，聲聞三郡。夫龍形狀不一，小大無常，故周易況之大人，帝王以爲符瑞。或聞河內龍死，諱以爲蛇。夫龍能變化，蛇亦有神，皆不當死。昔秦之將衰，華山神操璧以授鄭客，曰「今年祖龍死」，始皇逃之，死於沙丘。王莽天鳳二年，訛言黃山宮有死龍之異，後漢誅莽，光武復興。虛言猶然，況於實邪？夫星辰麗天，猶萬國之附王者也。下將畔上，故星亦畔天。石者安類，墬者失執。春秋五石隕宋，其後襄公爲楚所執。秦之亡也，石隕東郡。今隕扶風，與先帝園陵相近，不有大喪，必有畔逆。

『案春秋以來及古帝王，未有河清及學門自壞者也。臣以爲河者，諸侯位也。清者屬陽，濁者屬陰。河當濁而反清者，陰欲爲陽，諸侯欲爲帝也。太學，天子教化之宮，其門無故自壞者，言文德將喪，教化廢也。京房《易傳》曰：「河水清，天下平。」今天垂異，地吐妖，人厲疫，三者並時而有河清，猶春秋麟不當見而見，孔子書之以爲異也。臣前上琅邪宮崇受干吉神書，不合明聽。臣聞布穀鳴於孟夏，蟋蟀吟於始秋，物有微而志信，人有賤而言忠。臣雖至賤，誠願賜清閒，極盡所言。』

書奏不省。

又 卷三六《鄭興傳》 ［建武七年］三月晦，日食。興因上疏曰：

『春秋以天反時為災，地反物為妖，人反德為亂，亂則妖災生。往年以來，謫咎連見，意者執事頗有闕焉。案春秋「昭公十七年夏六月甲戌朔，日有食之」。傳曰：「日過分而未至，三辰有災，於是百官降物，君不舉，避移時，樂奏鼓，祝用幣，史用辭。」今孟夏，純乾用事，陰氣未作，其災尤重。夫國無善政，則謫見日月，變咎之來，不可不慎，其要在因人之心，擇人處位也。堯知鯀不可用而用之者，是屈己之明，因人之心也。齊桓反政而相管仲，晉文歸國而任郤縠者，是不私其私，擇人處位也。今公卿大夫多舉漁陽太守郭伋可大司空者，而不以時定，道路流言，咸曰「朝廷欲用功臣」，功臣用則人位謬矣。願陛下上師唐、虞，下覽齊、晉，以成屈己從衆之德，以濟群臣讓善之功。

『夫日月交會，數應在朔，而頃年日食，每多在晦。先時而合，皆月行疾也。日君象而月臣象，君亢急則臣下促迫，故行疾也。今年正月繁霜，自爾以來，率多寒日，此亦急咎之罰。天於賢聖之君，猶慈父之於孝子也，丁寧申戒，欲其反政，故災變仍見，此乃國之福也。今陛下高明而群臣惶促，宜留思柔剋之政，垂意《洪範》之法，博採廣謀，納群下之策。』

書奏，多有所納。

又《禮儀志中》　貙劉之禮：祠先虞，執事告先虞已，烹鮮時，有司告，乃逡巡射牲。獲車畢，有司告事畢。《古今注》曰：『永平元年六月乙卯，初令百官貙膢，白幕皆霜。』

又《五行志二》　〔延熹八年〕二月己酉，南宮嘉德署、黄龍、千秋萬歲殿皆火。四月甲寅，安陵園寢火。閏月，南宮長秋、和歡殿後鉤盾、掖庭朔平署各火。十一月壬子，德陽前殿西閤及黄門北寺火，殺人。袁山松書曰：『是時連月有火災，諸宮寺或一日再三發。又夜有訛言，擊鼓相驚。陳蕃、劉矩、劉茂上疏諫曰：「古之火皆君弱臣強，極陰之變也。前始春而獄刑慘，故火不炎上。前入春節連寒，木冰，暴風折樹，又八九州郡並言隕霜殺菽。春秋晉執季孫行父，木爲之冰。夫氣弘則景星見，化錯則五星開，日月蝕。災爲已然，異爲方來，恐卒有變，必於三朝，唯善政可以已之。願察臣前言，不棄愚忠，則元元幸甚。」書奏不省。』

《宋書》卷三〇《五行志一》　〔太康五年〕秋，魏郡、西平郡九縣霖雨暴水，霜傷秋稼。

又 卷三一《五行志二》　晉惠帝元康元年七月，雍州大旱，殞霜疾疫。關中飢，米斛萬錢。

又 卷三三《五行志四》　吴孫權嘉禾三年九月朔，隕霜傷穀。按劉向說，『誅罰不由君出，在臣下之象也』。是時校事呂壹專作威福，與漢元帝時石顯用事隕霜同應。班固書九月二日，陳壽言朔，皆明未可以傷穀也。壹後亦伏誅。京房《易傳》曰：『興兵妄誅，茲謂亡法。厥災霜，夏殺五穀，冬殺麥。誅不原情，茲謂不仁。其霜夏先大雷風，冬先雨，乃隕霜，有芒角。賢聖遭害，其霜附木不下地。佞人依刑，茲謂私賊。其霜在草根土隙間。不教而誅，茲謂虐。其霜反在草下。』

嘉禾四年七月，雨雹，又隕霜。案劉向說，『雹者陰脅陽』。是時呂壹作威用事，詆毀重臣，排陷無辜。自太子登以下，咸患毒之，而壹反獲封侯寵異。與春秋公子遂專任，雨雹同應也。漢安帝信讒，多殺無辜，亦雨雹。董仲舒曰『凡雹皆爲有所脅，行專壹之政』故也。

又　〔泰始九年〕四月辛未，隕霜。是時賈充親黨比周用事。與魯定公、漢元帝時隕霜同應也。

晉武帝咸寧三年八月，平原、安平、上黨、秦郡霜害三豆。

咸寧三年八月，河間暴風寒冰，郡國五隕霜傷穀。是後大舉征吴，馬隆又帥精勇討涼州。

又　晉武帝太康元年三月，河東、高平霜雹，傷桑、麥。

又　〔太康二年〕二月辛酉，殞霜于濟南、琅邪，傷麥。

又　〔太康二年〕三月甲午，河東隕霜害桑。

又　〔太康六年〕二月，東海霜傷桑、麥。三月戊辰，齊郡臨菑、長廣不其等四縣，樂安梁鄒等八縣，琅邪臨沂等八縣，河間易城等六縣，高陽北新城等四縣，隕霜傷桑、麥。

又　〔太康八年〕四月，齊國、天水二郡隕霜。

又　〔太康九年〕四月，隴西隕霜。〔太康十年〕四月，郡國八隕霜。

又　〔元康六年〕三月，東海隕霜殺桑、麥。

〔元康七年〕七月，秦、雍二州隕霜殺稼。

〔元康九年〕三月旬有八日，河南、滎陽、潁川隕霜傷禾；五月，雨雹。是時賈后凶躁滋甚，是冬遂廢愍懷。

又　〔太寧三年〕三月丁丑，雨雹；癸巳，隕霜；四月，大雨雹。是年帝崩，尋有蘇峻之亂。

《魏書》卷三《明元帝紀》　〔神瑞二年〕冬十月丙寅，詔曰：『古人有言，百姓足則君有餘，未有民富而國貧者也。頃者以來，頻遇霜旱，年穀不登，百姓飢寒不能自存者甚衆，其出布帛倉穀以賑貧窮。』

又 卷五《文成帝紀》　〔和平四年〕冬十月，以定、相二州霣霜殺稼，免民田租。

又 卷一二《孝靜帝紀》　〔天平三年〕八月，并、肆、汾、建四州隕霜，大飢。

又 卷一九下《元徽傳》 肅宗時，除右將軍、涼州刺史。徽以徑途阻遠，固請不行。除散騎常侍。其年，除後將軍、并州刺史。先是，州界夏霜，禾稼不熟，民庶逃散，安業者少。徽輒開倉賑之，文武咸共諫止。徽曰：『昔汲長孺，郡守耳，尚輒開倉，救民災弊，況我皇家親近，受委大藩，豈可拘法而不救民困也。』先給後表。肅宗嘉之。

又 卷六七《崔光傳》 正始元年夏，有典事史元顯獻四足四翼雞，詔散騎侍郎趙邕以問光。光表答曰：

『臣謹按《漢書·五行志》：宣帝黃龍元年，未央殿路軨中，雌雞化為雄，毛變而不鳴不將，無距。元帝初元中，丞相府史家雌雞伏子，漸化為雄，冠距鳴將。永光中，有獻雄雞生角。劉向以為雞者小畜，主司時起居，小臣執事為政之象也。言小臣將乘君之威，以害政事，指石顯也。竟寧元年，石顯伏辜，此其效也。靈帝光和元年，南宮寺雌雞欲化為雄，一身毛皆似雄，但頭冠尚未變。詔以問議郎蔡邕，邕對曰：「貌之不恭，則有雞禍。臣竊推之，頭為元首，人君之象也。今雞一身已變，未至於頭，而上知之，是將有其事，而不遂成之象也。若應之不精，政無所改，頭冠或成，為患滋大。」是後張角作亂，稱「黃巾賊」，遂破壞四方，疲於賦役，民多叛者。上不改政，遂至天下大亂。今之雞狀雖與漢不同，而其應頗相類矣。向、邕並博達之士，考物驗事，信而有證，誠可畏也。

『臣以邕言推之，翅足眾多，亦群下相扇助之象，雛而未大，腳羽差小，亦其勢尚微，易制御也。臣聞災異之見，皆所以示吉兇，明君睹之而懼，乃能招福；暗主視之彌慢，所用致禍。《詩》、《書》、《春秋》、秦、漢之事多矣，此陛下所觀者也。今或有自賤而貴，關預政事，殆亦前代君房之匹比者。南境死亡千計，白骨橫野，存有酷恨之痛，歿為怨傷之魂。義陽屯師，盛夏未返；荊蠻狡猾，征人淹次。東州轉輸，往多無還；百姓困窮，絞縊以殞。北方霜降，蠶婦輟事；群生憔悴，莫甚於今。此亦賈誼哭嘆、谷永切諫之時。司寇行戮，君為之不舉，陛下為民父母，所宜矜恤。國重戎戰，用兵猶火，內外怨弊，易以亂離。陛下縱欲忽天下，豈不仰念太祖取之艱難，先帝經營劬勞也？

『誠願陛下留聰明之鑒，警天地之意，禮處左右，節其貴越。往者鄧通、董賢之盛，愛之正所以害之。又躬饗加罕，宴宗或闕，時應親肅郊廟，延敬諸父。檢訪四方，務加休息，爰發慈旨，撫賑貧瘼。簡費山池，減撤聲飲，晝存政道，夜以安身。博採芻蕘，進賢黜佞。則兆庶幸甚，妖弭慶進，禎祥集矣。』

世宗覽之，大悅。後數日，而茹皓等並以罪失伏法，於是禮光愈重，加撫軍將軍。

又 ［神龜二年］九月，靈太后幸嵩高，光上表諫曰：

『伏聞明後當親幸嵩高，往還累宿。鑾遊近甸，存省民物，誠足爲善。雖漸農隙，所獲栖畝，飢貧之家指爲珠玉，遺秉滯穟，莫不寶惜。步騎萬餘，來去經踐，駕輦雜遝，競騖交馳，縱加禁護，猶有侵耗，士女老幼，微足傷心。秋末久旱，塵壤委深，風霾一起，紅埃四塞。轘關峭嶮，山路危狹，聖駕清道，當務萬安。乘履澗壑，蒙犯霜露，出入半旬，途越數百，飄曝彌日，仰虧和豫。七廟上靈，容或未許；億兆下心，實用悚慄。且藏蟄節遠，昆蟲布列，蠉蠕之類，盈於川原，車馬輾蹈，必有殘殺。慈矜好生，應垂未測，誠恐悠悠之議，將謂爲福興罪。廝役困於負檐，爪牙窘於賃乘，供頓候迎，公私擾費。廚兵幕士，方履敗穿，晝暄夜淒，罔所覆藉，監帥驅捶，泣呼相望。霜旱爲災，所在不稔，飢饉荐臻，方成儉弊。爲民父母，所宜存恤，靖以撫之，猶懼離散，乃於收斂初辰，致此行舉，自近及遠，交興怨嗟。伏願遠覽虞舜，恭己無爲，近遵老易，不出戶牖。罷勞形之遊，息傷財之駕，動循典防，納諸軌儀，委司責成，寄之耳目。人神幸甚，朝野抃悅。』

靈太后不從。

又 卷九九《張祚傳》 自署涼王，立宗廟，置百官，號和平元年。遣使朝貢。又追加軌以下王號。濫殺謝艾於酒泉。郎中丁琪諫祚僭竊，祚斬琪於闕下。廢諸神祀，山川枯竭。置五都尉，司人姦過。禁四品以下不得衣繒帛，庶人不得畜奴婢、乘車馬。百姓怨憤。有光狀如車蓋，聲如雷，震動城邑。仲夏降霜。有神降自稱『玄冥』，與人交語，祚日夜祈之，神言與其福利，祚信焉。衆知祚必敗，而祚暴虐彌甚。

又 卷一〇五之三《天象志三》 ［神瑞元年］二月，填入東井，犯天尊，旱祥也。天象若曰：土失其性，水源將壅焉；施于天尊，所以福矜寡之萌也。先是，去年九月至于五月，歲再犯軒轅大星；八月庚寅至二年三月，填再犯鬼積尸。歲星主農事，軒轅主雪霜風雨之神，返覆由之，所以告黃祇也。

土爰稼穡，鬼爲物之精氣，是謂稼穡潛耗，人將以饉而死焉。一曰大旱。是後，京師比歲霜旱，五穀不登，詔人就食山東，以粟帛賑乏，語在崔浩傳。

又 ［顯祖天安元年］八月丁亥，太白犯房。占曰『霜雨失節，馬牛多死』。

又 卷一一〇《食貨志》 ［天平三年］秋，并、肆、汾、建、晉、泰、陝、東雍、南汾九州霜旱，民飢流散。

又 卷一一二上《靈徵志上》 京房《易傳》曰：『興兵妄誅，茲謂亡法，厥災霜，夏殺五穀，冬殺麥；誅不原情，茲謂不仁，夏先大霜。』

太祖天賜五年七月冀州隕霜。

世祖太延元年七月庚辰，大隕霜，殺草木。

高宗和平六年四月乙丑，隕霜。

高祖太和三年七月，雍、朔二州及枹罕、吐京、薄骨律、敦煌、仇池鎮並大霜，禾豆盡死。

六年四月，潁川郡隕霜。

七年三月，肆州風霜，殺菽。

九年四月，雍、青二州隕霜。

六月，洛、肆、相三州及司州靈丘、廣昌鎮隕霜。

十四年八月乙未，汾州隕霜。

世宗景明元年四月丙子，夏州隕霜殺草。

六月丁亥，建興郡隕霜殺草。

八月乙亥，雍、并、朔、夏、汾五州，司州之正平、平陽頻暴風隕霜。

二年三月辛亥，齊州隕霜，殺桑麥。

四年三月壬戌，雍州隕霜，殺桑麥。

辛巳，青州隕霜，殺桑麥。

正始元年五月壬戌，武川鎮隕霜。

六月辛卯，懷朔鎮隕霜。

七月戊辰，東秦州隕霜。

八月庚子，河州隕霜殺稼。

二年四月，齊州隕霜。

五月壬申，恒、汾二州隕霜殺稼。

七月辛巳，豳、岐二州隕霜。

乙未，敦煌隕霜。

戊戌，恒州隕霜。

三年六月丙申，安州隕霜。

四年三月乙丑，豳州頻隕霜。

四月乙卯，敦煌頻隕霜。

八月，河州隕霜。

永平元年三月乙酉，岐、豳二州隕霜。

己丑，并州隕霜。

四月戊午，敦煌隕霜。

二年四月辛亥，武州鎮隕霜。

延昌四年三月癸亥，河南八州隕霜。

肅宗熙平元年七月，河南、北十一州霜。

《梁書》卷二《武帝紀中》 ［天監三年］三月，隕霜殺草。

又 ［天監六年］三月庚申朔，隕霜殺草。

又 卷三《武帝紀下》 ［大同三年］六月，青州朐山境隕霜。

《北齊書》卷一《神武帝紀上》 葛榮衆流入并、肆者二十餘萬，爲契胡陵暴，皆不聊生，大小二十六反，誅夷者半，猶草竊不止。兆患之，問計於神武。神武曰：『六鎮反殘，不可盡殺，宜選王素腹心者私使統焉。若有犯者，直罪其帥，則所罪者寡。』兆曰：『善，誰可行也？』賀拔允時在坐，請神武。神武拳毆之，折其一齒，曰：『生平天柱時，奴輩伏處分如鷹犬，今日天下安置在王，而阿鞠泥敢誣下罔上，請殺之。』兆以神武爲誠，遂以委焉。神武以兆醉，恐醒後或致疑貳，遂出，宣言受委統州鎮兵，可集汾東受令。乃建牙陽曲川，陳部分。有欵軍門者，絳巾袍，自稱梗楊驛子，願廁左右。訪之，則以力聞，常於并州市搭殺人者，乃署爲親信。兵士素惡兆而樂神武，於是莫不皆至。居無何，又使劉貴請兆，以并、肆頻歲霜旱，降戶掘黃鼠而食之，皆面無穀色，徒污人國土，請令就食山東，待溫飽而處分之。

又 卷二《神武帝紀下》 ［天平四年］二月乙酉，神武以并、肆、汾、建、晉、東雍、南汾、泰、陝九州霜旱，人饑流散，請所在開倉賑給。

又 卷七《武成帝紀》 ［河清二年］冬十二月，大雨雪連月，南北千餘里平地數尺，霜晝下，雨血於太原。

又 卷二二《盧勇傳》 尒朱滅後，乃赴晉陽。高祖署勇丞相主簿。屬山西霜儉，運山東鄉租輸，皆令載實，違者治罪，令勇典其事。琅邪公主虛僦千餘車，勇繩劾之。公主訴於高祖，而勇守法不屈。高祖謂郭秀曰：『盧勇懔懔有不可犯之色，真公直人也，方當委之大事，豈直納租而已。』遷汝北太守，行陝州事，轉行洛州事。

《陳書》卷五《宣帝紀》 ［太建十年］八月戊寅，隕霜，殺稻菽。

《晉書》卷三《武帝紀》 ［咸寧三年］八月癸亥，郡國五隕霜，傷穀。

又 ［太康五年］九月，郡國五大水，隕霜，傷秋稼。

又 ［太康六年］三月，郡國六隕霜，傷桑麥。

又 ［太康八年］夏四月，齊國、天水隕霜，齊國天水隕霜傷麥。

又 ［太康九年］夏四月，隴西隕霜，傷宿麥。

又 ［太康十年］夏四月，郡國八隕霜。

又 卷四《惠帝紀》 ［永平六年］三月，東海隕霜，傷桑麥。

又 ［永平七年］秋七月，雍、梁州疫。大旱，隕霜，殺秋稼。關中饑，米斛萬錢。詔骨肉相賣者不禁。

又 卷六《明帝紀》 ［太寧元年］二月丙寅，隕霜。壬申，又隕霜，殺穀。

又 ［太寧元年］三月丙戌，隕霜，殺草。

又 卷八《穆帝紀》 ［永和十一年］夏四月壬申，隕霜。

又 卷二七《五行志上》 ［咸寧五年］九月，郡國四大水，又隕霜。

又 ［太康五年］秋，魏郡西平郡九縣、淮南、平原霖雨暴水，霜傷秋稼。

又 卷二九《五行志下》 吳孫權嘉禾三年九月朔，隕霜傷穀。案劉向說，『誅罰不由君，出在臣下之象也。』是時，校事呂壹專作威福，與漢元帝時石顯用事隕霜同應。班固書九月二日，陳壽言朔，皆明未可以傷穀也。壹後亦伏誅。京房《易傳》曰：『興兵妄誅茲謂亡法，厥災霜，夏殺五穀，冬殺麥。誅不原情茲謂不仁，其霜，夏先大雷風，冬先雨，乃隕霜，有芒角。賢聖遭害，其霜附木不下地。佞人依刑茲謂私賊，其霜在草根土隙間。不教而誅茲謂虐，其霜反在草下。』

又 ［嘉禾四年］七月，雨雹，又隕霜。案劉向說，『雹者，陰脅陽也。』是時，呂壹作威用事，詆毀重臣，排陷無辜。自太子登以下咸患毒之，而壹反獲封侯寵異，與春秋時公子遂專任雨雹同應也。漢安帝信讒，多殺無辜，亦雨雹。董仲舒曰：『凡雹皆爲有所脅，行專一之政故也。』

又 ［泰始九年］四月辛未，隕霜。是時，賈充親黨比周用事，與魯定公、漢元帝時隕霜同應也。

咸寧三年八月，平原、安平、上黨、泰山四郡霜，害三豆。是月，河間暴風寒冰，郡國五隕霜傷穀。是後大舉征吳，馬隆又帥精勇討涼州。

又 ［咸寧五年］六月庚戌，汲郡、廣平、陳留、滎陽雨雹。丙辰，又雨雹，隕霜，傷秋麥千三百餘頃，壞屋百三十餘間。

又 ［太康元年］三月，河東、高平霜雹，傷桑麥。豆。

又 ［太康二年］二月辛酉，隕霜于濟南、琅邪，傷麥。

又 ［太康二年］三月甲午，河東隕霜，害桑。

又 ［太康六年］二月，東海隕霜，傷桑麥。三月戊辰，齊郡臨淄、長廣不其等四縣，樂安梁鄒等八縣，琅邪臨沂等八縣，河間易城等六縣，高陽北新城等四縣隕霜，傷桑麥。

又 ［太康八年］四月，齊國、天水二郡隕霜。

又 ［太康九年］四月，隴西隕霜。十年四月，郡國八隕霜。

又 ［元康七年］七月，秦、雍二州隕霜，殺稼也。

又 ［元康九年］三月旬有八日，河南、滎陽、潁川隕霜，傷禾。

又 ［太寧三年］三月癸巳，隕霜。

又 ［永和十一年］四月壬申朔，霜。十二月戊午，雷。己未，雪。是時帝幼，母后稱制，政在大臣，陰盛故也。

又 卷八六《張祚傳》 永和十年，太尉桓溫入關，王擢時鎮隴西，馳使於祚，言溫善用兵，勢在難測。祚既震懼，又慮擢反噬，即召馬岌復位而與之謀。密遣親人刺擢，事覺，不克。祚益懼，大聚衆，聲言東征，實欲西保敦煌。會溫還而止。更遣其平東將軍秦州刺史牛霸、司兵張芳率三千人擊擢，破之。擢奔于苻健。其國中五月霜降，殺苗稼果實。

《隋書》卷二二《五行志上》 ［後齊河清二年］二月，大雪連雨，南北千餘里，平地數尺，繁霜晝下。是時突厥木杆可汗與周師入并州，殺掠吏人，不可勝紀。

又 ［梁天監三年］三月，六年三月，並隕霜殺草。京房《易傳》曰：『興兵妄誅，謂亡法，厥罰霜。』是時，大發卒，拒魏軍於鍾離，連兵數歲。

又　卷二三《五行志下》　［大同三年］六月，朐山隕霜。［陳太建十年］八月，隕霜，殺稻菽。是時，大興師選衆，遣將吳明徹，與周師相拒於呂梁。

又　［梁天監五年］十一月，京師地震，木金水火沴土也。《洪範五行傳》曰：『臣下盛，將動而爲害。』京房《易飛候》曰：『地動以冬十一月者，其邑饑亡。』時交州刺史李凱舉兵反。明年，霜，歲儉人飢。

又　［大同三年］十一月，建康地震。京房《易飛候》曰：『地震以十一月，邑有大喪及飢亡。』明年，霜爲災，百姓飢。

《南史》卷六《梁武帝紀上》　［天監三年］三月，隕霜殺草。

又　［天監六年］春三月庚申，隕霜殺草。

又　卷七《梁武帝紀下》　［大同三年］六月，青州朐山隕霜。

又　卷一〇《陳宣帝紀》　［太建十年］八月戊寅，隕霜殺稻菽。

《北史》卷一《魏明元帝紀》　［神瑞二年］冬十月丙寅，詔以頻遇霜旱，年穀不登，命出布帛倉穀以振貧窮。

又　卷二《魏文成帝紀》　［和平四年］冬十月，以定、相二州霣霜傷稼，免其田租。

又　卷五《東魏孝静帝紀》　［天平三年］八月，并、肆、涿、建四州霜霣，大飢。

又　卷六《齊神武帝紀》　葛榮衆流入并、肆者二十餘萬，爲契胡陵暴，皆不聊生，大小二十六反，誅夷者半，猶草竊不止。兆患之，問計於神武。神武曰：『六鎮反殘，不可盡殺，宜選王素腹心者，私使統焉，若有犯者，罪其帥，則所罪者寡。』兆曰：『善！誰可行也？』賀拔允時在坐，請神武。神武拳毆之，折其一齒，曰：『生平天柱時，奴輩伏處分如鷹犬，今日天下安置在王，而阿鞠泥敢誣下罔上，請殺之。』兆以神武爲誠，遂以委焉。神武以兆醉，恐醒後或致疑貳，遂出，宣言『受委統州鎮兵，可集汾東受令』。乃建牙陽曲川，陳部分。有款軍門者，絳巾袍，自稱梗楊驛子，願則左右。訪之，則以力聞，嘗於并州市搤殺人者，乃署爲親信。兵士素惡兆而樂神武，於是莫不皆至。居無何，又使劉貴請兆，以并、肆頻歲霜旱，降戶掘黃鼠而食之，皆面無穀色，徒污人國土。請令就食山東，待溫飽而處分之。

又　二月乙酉，神武以并、肆、汾、建、晉、東雍、南汾、秦、陝九州霜旱，人飢流散，請所在開倉振給。

又　卷八《齊武成帝紀》　［河清二年］冬十二月，大雨雪連月，南北千餘里，平地數尺，霜晝下，雨血於太原。

又　卷一八《元徽傳》　明帝時，爲并州刺史。先是，州界夏霜，安業者少，徽輒開倉振之，文武咸共諫止。徽曰：『昔汲長孺郡守耳，尚輒開倉，救人災弊。況我皇家親近，受委大藩，豈可拘法而不救人困也？』先給後奏。明帝嘉之，加安北將軍。

又　卷三〇《盧勇傳》　尒朱氏滅，乃赴晉陽。神武署丞相主簿。屬山西霜儉，運山東租輸，皆令實載，違者罪之，令勇典其事。鄉郡公主虛僦千餘車，勇劾之。公主訴於神武，而勇守法不虧。神武謂郭秀曰：『盧勇懔懔，有不可犯色，真公直人也，方當委之大事，豈止納租而已。』

又　卷四四《崔光傳》　正始元年夏，有典事史元顯獻四足四翼雞，詔散騎侍郎趙邕以問光。光表曰：

『臣謹案《漢書・五行志》宣帝黃龍元年，未央殿路軨中雌雞化為雄，毛變而不鳴不將無距。元帝初元中，丞相府史家雌雞伏子，漸化為雄，冠距鳴將。永光中，有獻雄雞生角。劉向以為雞者小畜，主司時起居，小臣執事為政之象也，言小臣將乘君之威，以害政事，猶石顯也。竟寧元年，石顯伏辜，此其效也。靈帝光和元年，南宮寺雌雞欲化為雄，一身皆似雄，但頭冠上未變，詔以問議郎蔡邕。邕對曰：「貌之不恭，則有雞禍。臣竊推之，頭為元首，人君之象也。今雞一身已變，未至於頭，而上知之，是將有其事而不遂成之象也。若政無所改，頭冠或成，為患滋大。」是後張角作亂，稱黃巾賊，遂破壞四方，疲於賦役，人多叛者。上不改政，遂至天下大亂。今之雞狀不同，其應頗相類矣。向、邕並博達之士，考物驗事，信而有證，誠可畏也。臣以邕言推之，翅足衆多，亦群下相扇助之象。雛而未大，腳羽差小，亦其勢尚微，易制御也。

『臣聞災異之見，皆所以示吉凶。明君覩之而懼，乃能招福；闇主視之彌慢，所用致禍。詩、書、春秋、秦、漢之事多矣，此皆陛下所觀者。今或有自賤而貴，關預政事，殆亦前代君房之匹。比者南境死亡千計，白骨橫野，存有酷恨之痛，殁爲怨傷之魂。義陽屯師，盛夏未反；荊蠻狡猾，征人淹次。

東州轉輸，多往無還，百姓困窮，絞縊以殞。北方霜降，蠶婦輟事。羣生憔悴，莫甚於今。此亦賈誼哭歎，谷永切諫之時。司寇行戮，君爲之不舉，陛下爲人父母，所宜矜恤。國重戎戰，用兵猶火，內外怨弊，易以亂離。陛下縱欲忽天下，豈不仰念太祖取之艱難，先帝經營劬勞也？誠願陛下留聰明之鑒，警天地之意，禮處左右，節其貴越。往者鄧通、董賢之盛，愛之正所以害之。又躬饗如罕，宴宗或闕，時應親享郊廟，延敬諸父。檢訪四方，務加休息，爰發慈旨，撫振貧瘼。簡費山池，減撤聲飲，晝存政道，夜以安身。博采芻蕘，進賢黜佞，則兆庶幸甚，妖弭慶進，禎祥集矣。』

帝覽之大悅。後數日而茹皓等並以罪失伏法，於是禮光逾重。

《舊唐書》卷二《太宗紀上》［貞觀元年］八月，關東及河南、隴右沿邊諸州霜害秋稼。

又［貞觀二年］八月，河南、河北大霜，人饑。

又卷五《高宗紀下》咸亨元年，天下四十餘州旱及霜蟲，百姓飢乏，關中尤甚。詔令任往諸州逐食，仍轉江南租米以賑給之。

又卷八《玄宗紀上》［開元十四年］秋，十五州言旱及霜，五十州言水，河南、河北尤甚，蘇、同、常、福四州漂壞廬舍，遣御史中丞宇文融檢覆賑給之。

又［開元十五年秋，六十三州水，十七州霜旱。

又卷一一《代宗紀》［永泰元年］三月庚子夜，降霜，木有冰。歲饑，米斗千錢，諸穀皆貴。

又卷一三《德宗紀下》［貞元十七年］十七年二月己亥，雨霜。

又卷一五《憲宗紀下》［元和八年］十一月癸酉，京畿水、旱、霜，損田三萬八千頃。

又［元和九年］三月丁卯，隕霜殺桑。

又卷三七《五行志》［開元十四年］秋，天下八十五州言旱及霜，五十州水，河南、河北尤甚。

又［永泰元年］三月，降霜爲木冰。

又［貞元十七年］二月七日，大霜。

又卷七四《馬周傳》貞觀十一年，周又上疏曰：

『臣歷觀前代，自夏、殷及漢氏之有天下，傳祚相繼，多者八百餘年，少者猶四五百年，皆為積德累業，恩結於人心。豈無僻王？賴前哲以免。自魏、晉以還，降及周、隋，多者不過六十年，少者才二三十年而亡。良由創業之君，不務廣恩化，當時僅能自守，後無遺德可思。故傳嗣之主，政教少衰，一夫大呼而天下土崩矣。今陛下雖以大功定天下，而積德日淺，固當思隆禹、湯、文、武之道，廣施德化，使恩有餘地，為子孫立萬代之基，豈欲但令政教無失，以持當年而已！然自古明王聖主，雖因人設教，寬猛隨時，而大要唯以節儉於身，恩加於人二者是務。故其下愛之如日月，畏之如雷霆，此其所以卜祚遐長而禍亂不作也。今百姓承喪亂之後，比於隋時才十分之一。而供官徭役，道路相繼，兄去弟還，首尾不絕。遠者往來五六千里，春秋冬夏，略無休時。陛下雖每有恩詔令其減省，而有司作既不廢，自然須人，徒行文書，役之如故。臣每訪問，四五年來，百姓頗有嗟怨之言，以為陛下不存養之。昔唐堯茅茨土階，夏禹惡衣菲食，如此之事，臣知不可復行於今。漢文帝惜百金之費，輟露臺之役，集上書囊以為殿帷，所幸慎夫人衣不曳地。至景帝以錦繡纂組妨害女功，特詔除之，所以百姓安樂。至孝武帝雖窮奢極侈，而承文、景遺德，故人心不動。向使高祖之後，即有武帝，天下必不能全。此於時代差近，事跡可見。今京師及益州諸處，營造供奉器物，並諸王妃主服飾，議者皆不以為儉。臣聞昧旦丕顯，後世猶怠；作法於理，其弊猶亂。陛下少處人間，知百姓辛苦，前代成敗，目所親見，尚猶如此。而皇太子生長深宮，不更外事，即萬歲之後，固聖慮所當憂也。

『臣尋往代以來之事，但有黎庶怨叛，聚爲盜賊，其國無不即滅，人主雖改悔，未有重能安全者。凡修政教，當修於可修之時，若事變一起而後悔之，則無益者也。故人主每見前代之亡，則知其政教之所由喪，而皆不知其身之失。是以殷紂笑夏桀之亡，而幽、厲亦笑殷紂之滅；隋煬帝大業之初又笑齊、魏之失國。今之視煬帝，亦猶煬帝之視齊、魏也。故京房謂漢元帝云，「臣恐後之視今，亦猶今之視古」，此言不可不誡也。

『往者貞觀之初，率土霜儉，一匹絹纔得一斗米，而天下帖然。百姓知陛下甚愛憐之，故人人自安，曾無謗讟。自五六年來，頻歲豐稔，一匹絹得粟十餘石，而百姓皆以爲陛下不憂憐之，咸有怨言。又今所營爲者，頗多不急之務故也。自古以來，國之興亡，不由積畜多少，唯在百姓苦樂。且以近事驗之，隋家貯洛口倉，而李密因之；東都積布帛，而世充據之；西京府庫，亦爲國家之用，至今未盡。向使洛口、東都無粟帛，則世充、李密未能必聚大衆。但貯積者固是有國之常事，要當人有餘力而後收之，豈人勞而強斂之，更以資寇，積之無益也。然儉以息人，貞觀之初，陛下已躬爲之，故今行之不難也。爲之一日，則天下知之，式歌且舞矣。若人既勞矣而用之不息，倘中國被水旱之災，邊方有風塵之患，狂狡因之以竊發，則有不可測之事，非徒聖躬旰食晏寢而已。古語云：「動人以行不以言，應天以實不以文。」以陛下之明，誠欲勵精爲政，不煩遠采上古之術，但及貞觀之初，則天下幸甚。

『昔賈誼爲漢文帝云可慟哭及長歎息者，言當韓信王楚、彭越王梁、英布王淮南之時，使文帝即天子位，必不能安。又言賴諸王年少，傅相制之，長大之後，必生禍亂。歷代以來，皆以誼言爲是。臣竊觀今諸將功臣，陛下所與定天下者，皆仰稟成規，備鷹犬之用，無威略振主如韓、彭之難駕馭者。而諸王年並幼少，縱其長大，當陛下之日，必無他心。然即萬代之後，不可不慮。自漢、晉以來，亂天下者，何嘗不是諸王？皆爲樹置失宜，不預爲節制，以至於滅亡。人主熟知其然，但溺於私愛，故使前車既覆而後車不改轍也。今天下百姓極少，諸王甚多，寵遇之恩，有過厚者，臣之愚慮，不唯慮其恃恩驕矜也。昔魏武帝寵陳思，及文帝即位，防守禁閉，有同獄囚。以先帝加恩太多，故嗣王疑而畏之也。此則武帝寵陳思，適所以苦之也。且帝子何患不富貴，身食大國，封戶不少，好衣美食之外，更何所須，而每年加別優賜，曾無紀極。俚語曰，「貧不學儉，富不學奢」，言自然也。今大聖創業，豈唯處置見在子弟而已，當制長久之法，使萬代遵行。』

又言：

『臨天下者，以人為本。欲令百姓安樂，唯在刺史、縣令。縣令既衆，不能皆賢，若每州得良刺史，則合境蘇息；天下刺史悉稱聖意，則陛下端拱巖廊之上，百姓不慮不安。自古郡守、縣令，皆妙選賢德，欲有擢升宰相，必先試以臨人，或從二千石入為丞相。今朝廷獨重內官，縣令、刺史，頗輕其選。刺史多是武夫勛人，或京官不稱職，方始外出。而折沖果毅之內，身材強者，先入為中郎將，其次始補州任。邊遠之處，用人更輕，其材堪宰位，以德行見稱擢者，十不能一。所以百姓未安，殆由於此。』

疏奏，太宗稱善久之。

又 卷八三《張儉傳》 貞觀初，以軍功累遷朔州刺史。時頡利可汗自恃強盛，每有所求，輒遣書稱敕，緣邊諸州，遞相承稟。及儉至，遂拒不受，太宗聞而嘉之。儉又廣營屯田，歲致穀十萬斛，邊糧益饒。及遭霜旱，勸百姓相贍，遂免飢餒，州境獨安。

又 卷九五《讓皇帝憲傳》 〔開元二十九年〕冬，京城寒甚，凝霜封樹，時學者以爲春秋『雨木冰』即此是，亦名樹介，言其象介冑也。憲見而歎曰：『此俗謂樹稼者也。諺曰：「樹稼，達官怕。」必有大臣當之，吾其死矣。』十一月薨，時年六十三。

又 卷一〇一《辛替否傳》 睿宗即位，又為金仙、玉真公主廣營二觀。先是，中宗時斜封受官人一切停任，凡數百千人，又有敕放令卻上。替否時為左補闕，又上疏陳時政曰：

『臣嘗以為古之用度不時，爵賞不當，破家亡國者，口說不如身逢，耳聞不如眼見，臣請以有唐已來理國之得失，陛下之所眼見者以言之。惟陛下審之聽之，擇善而從之，則萬歲之業，自可致矣，何憂乎黎庶之不康，福祚之不永！

『伏以太宗文武聖皇帝，陛下之祖，撥亂反正，開階立極，得至理之體，設簡要之方。省其官，清其吏，舉天下職司無一虛授，用天下財帛無一枉費。賞必俟功，官必得俊，所為無不成，所征無不伏。不多造寺觀而福德自至，不多度僧尼而殃咎自滅。道合乎天地，德通乎神明。故天地憐之，神明祐之，使陰陽不愆，風雨合度。四人樂其業，五穀遂其成，腐粟爛帛，填街委巷。千里萬里，貢賦於郊；九夷百蠻，歸款於闕。自有帝皇已來，未有若斯之神聖者也，故得享國久長，多歷年所，陛下何不取而則之？

『中宗孝和皇帝，陛下之兄，居先人之業，忽先人之化，不取賢良之言，而恣子女之意。官爵非擇，虛食祿者數千人；封建無功，妄食士者百餘戶。造寺不止，枉費財者數百億；度人不休，免租庸者數十萬。是使國家所出加數倍，所入減數倍。倉不停卒歲之儲，庫不貯一時之帛。所惡者逐，逐多忠良；所愛者賞，賞多讒慝。朋佞喋喋，交相傾動。容身不為於朝廷，保位皆由於黨附。奪百姓之食，以養殘兇；剝萬人之衣，以塗土木。於是人怨神怒，親忿衆離，水旱不調，疾疫屢起。遠近殊論，公私罄然。五六年間，再三禍變，享國不永，受終於兇婦人。寺舍不能保其身，僧尼不能護妻子，取譏萬代，見笑四夷。此陛下之所眼見也，何不除而改之。

『依太宗之理國，則百官以理，百姓無憂，故太山之安立可致矣；依中宗之理國，則萬人以怨，百事不寧，故累卵之危立可致矣。頃自夏已來，霪雨不解，穀荒於壟，麥爛於場。入秋已來，亢旱成災，苗而不實，霜損蟲暴，草葉枯黃。下人咨嗟，未知賙賑；而營寺造觀，日繼於時，檢校試官，充臺溢署。伏惟陛下愛兩女，為造兩觀，燒瓦運木，載土填坑，道路流言，皆云計用錢百餘萬貫。惟陛下，聖人也，無所不知；陛下，明君也，無所不見。既知且見，知倉有幾年之儲，庫有幾年之帛？知百姓之間可存活乎？三邊之上可轉輸乎？當今發一卒以御邊陲，遣一兵以衛社稷，多無衣食，皆帶饑寒。賞賜之間，迥無所出，軍旅驟敗，莫不由斯。而乃以百萬貫錢造無用之觀，以受六合之怨乎！以違萬人之心乎！伏惟陛下續阿韋之醜跡，而不改阿韋之亂政。忍棄太宗之理本，不忍棄中宗之亂階；忍棄太宗久長之謀，不忍棄中宗短促之計。陛下又何以繼祖宗、觀萬國。

『昔陛下為皇太子，在阿韋之時，危亡是懼，常切齒於群兇。今貴為天子，富有海內，而不改群兇之事，臣恐復有切齒於陛下者也，陛下又何以非群兇而誅之？臣往見明敕，自今已後，一依貞觀故事。且貞觀之時，豈有今日之造寺營觀，加僧尼道士，益無用之官，行不急之務，而亂政者也！臣以為棄其言而不行其信，慕其善而不遷其惡，陛下又何以刑於四海？往者，和帝之憐悖逆也，為奸人之所誤，宗晉卿勸為第宅，趙履溫勸為園亭，損數百家之居，侵數百家之地。工徒斫而未息，義兵紛以交馳，卒使亭不得游，宅不得坐。信邪佞之說，成骨肉之刑，此陛下之所眼見也。今茲造觀，臣必知非陛下、公主之本意，得無趙履溫之徒將勸為之，冀誤其骨肉，不可不明察也。

『臣聞出家修道者，不預人事，專清其身心，以虛泊為高，以無為為妙，依兩卷《老子》，視一軀天尊，無欲無營，不損不害。何必璇臺玉榭，寶像珍龕，使人困窮，然後為道哉！且舊觀足可歸依，無造無營，以取窮竭。若此行之三年，國不富，人不安，朝廷不清，陛下不樂，則臣請殺身於朝，以令天下言事者。伏惟陛下行非常之惠，權停兩觀，以俟豐年。以兩觀之財，為公主施貧窮，填府庫，則公主福德無窮矣。不然，臣恐下人怨望，不減於前朝之時。前朝之時，賢愚知敗，人雖有口而不敢言，言未發聲，禍將及矣。韋月將受誅於丹徼，燕欽融見殺於紫庭，此人皆不惜其身而納忠於主，身既死矣，朝亦危矣。故先朝誅之，陛下賞之，是陛下知直言之士有裨於國。臣今直言，亦先代之直，惟陛下察之。』

疏奏，睿宗嘉其公直。

又卷一七八《李蔚傳》 懿宗奉佛太過，常於禁中飯僧，親爲贊唄。以旃檀爲二高座，賜安國寺僧徹，逢八飯萬僧。蔚上疏諫曰：

『臣聞孔丘聖者也，言則引周任之言；苻融賢者也，諫必稱王猛之議。誠以事求師古，詞貴達情。陛下自纘帝圖，克崇佛事，止當修外，未甚得中。臣略採本朝名臣啟奏之言，以證奉佛初終之要。

『天后時，曾營大像，功費百萬，狄仁傑諫曰：「夫寶鉸殫于綴飾，瓌材竭于輪奐。功不使鬼，必在役人，物不天來，皆從地出，非苦百姓，物何以求？物生有時，用之無度，臣每思惟，實所悲痛。至如往在江表，像法盛興，梁武、簡文，施捨無限。及乎三淮沸浪，五嶺騰烟，列刹盈衢，無救危亡之禍；緇衣蔽路，豈益勤王之師？況近年以來，風塵屢擾，水旱失節，征役稍繁。必若多費官財，又苦人力，一隅有難，將何以救？」此切當之言一也。

『中宗時，公主外戚，奏度僧尼，姚崇諫曰：「佛不在外，求之于心。佛圖澄最賢，無益於後趙；羅什多藝，不救於姚秦。何充、苻融，皆遭敗滅；齊襄、梁武，未免災殃。但志發慈悲，心行利益，若蒼生安樂，即是佛身。」此切當之言二也。

『睿宗爲金仙、玉真二公主造二道宫，辛替否諫曰：「自夏已來，淫雨不解，穀荒于壠，麥爛于場。入秋已來，亢旱爲災，苗而不實，霜損蟲暴，草菜枯黃，下人咨嗟，未加賑貸。陛下愛兩女而造兩觀，燒瓦運木，載土填沙。道路流言，皆云用錢百萬。陛下聖人也，遠無不知；陛下明君也，細無不見。既知且見，知倉有幾年之儲？庫有幾年之帛？知百姓之間可存活乎？三邊之士可轉輸乎？今發一卒以扞邊陲，追一兵以衛社稷，多無衣食，皆帶饑寒，賞賜之間，迥無所出。軍旅驟敗，莫不由斯。而陛下破百萬貫錢，造不急之觀，以賈六合之怨，以違萬人之心。」此切當之言三也。

『替否又諫造寺曰：「釋教以清淨為基，慈悲為主。常體道以濟物，不利己而害人。每去己以全真，不營身以害教。今三時之月，築山穿池，損命也；殫府虛藏，損人也；廣殿長廊，營身也。損命，則不慈悲，損人，則不濟物，營身，則不清淨。豈大聖至神之心乎？佛書曰：「一切有為法，如夢幻泡影，如露亦如電。」臣以為減雕琢之費以賑貧人，是有如來之德；息穿掘之苦以全昆蟲，是有如來之仁；罷營葺之直以給邊陲，是有湯武之功；回不急之祿以購清廉，是有唐虞之治。陛下緩其所急，急其所緩；親未來而疏見在，失真實而冀虛無。重俗人之所為，輕天子之功業，臣實痛之！」此切當之言四也。

『臣觀仁傑，天后時上公也；姚崇，開元時賢相也；替否，睿宗之直臣也。臣每覽斯言，未嘗不廢卷而太息，痛其言之不行也。

『伏以陛下深重緇流，妙崇佛事，其為樂善，實邁前蹤。但細詳時代之安危，渺鑒昔賢之敷奏，則思過半矣，道遠乎哉！臣過忝渥恩，言虧匡諫，但舉從繩之義，少裨負扆之明。營繕之間，稍宜停減。』

優詔嘉之。

又 卷一八五上《陳君賓傳》 貞觀二年，天下諸州並遭霜澇，君賓一境獨免，當年多有儲積，蒲、虞等州戶口，盡入其境逐食。太宗下詔勞之曰：『朕以隋末亂離，毒被海內，率土百姓，零落殆盡，州里蕭條，十不存一，寤寐思之，心焉若疚。是以日昃忘食，未明求衣，曉夜孜孜，惟以安養爲慮。每見水旱降災，霜雹失所，撫躬責己，自漸德薄。恐貧乏之黎庶，不免饑餒，傾竭倉廩，普加賑恤。其有一人絕食，若朕奪之，分命庶僚，盡心匡救。去年關內六州及蒲、虞、陝、鼎等復遭亢旱，禾稼不登，糧儲既少，遂令分房就食。比聞刺史以下及百姓等並識朕懷，逐糧戶到，遞相安養，迴還之日，各有贏糧，乃別齎布帛，以申贈遺，如此用意，嘉歎良深。一則知水旱無常，彼此遞相拯贍，不慮凶年。二則知禮讓興行，輕財重義，四海士庶，皆爲兄弟。變澆薄之風，敦仁慈之俗，政化如此，朕復何憂。其安置客口，官人支配得所，並令考司錄爲功最。養戶百姓，不吝財帛，已敕主者免今年調物。宜知此意，善相勸勉。』

又 卷一九八《党項羌傳》 氣候多風寒，五月草始生，八月霜雪降。

又 卷一九九下《室韋傳》 夏多霧雨，冬多霜霰。

《舊五代史》卷六九《張延朗傳》 末帝即位，授禮部尚書，兼中書侍郎、平章事、判三司。延朗再上表辭曰：

『臣濫承雨露，擢處鈞衡，兼叨選部之銜，仍掌計司之重。況中省文章之地，洪爐陶鑄之門，臣自揣量，何以當處。是以繼陳章表，疊貢情誠，乞請睿恩，免貽朝論。豈謂御批累降，聖旨不移，決以此官，委臣非器，所以強收涕泗，勉遏怔忪，重思事上之門，細料盡忠之路。竊以位高則危至，寵極則謗生，君臣莫保于初終，分義難防于毀譽。臣若保茲重任，忘彼至公，徇情而以免是非，偷安而以固富貴，則內欺心腑，外負聖朝，何以報君父之大恩，望子孫之延慶。臣若但行王道，惟守國章，任人必取當才，決事須依正理，確違形勢，堅塞倖門，則可以振舉宏綱，彌縫大化，助陛下含容之澤，彰國家至理之風，然而讒邪者必起憾詞，憎嫉者寧無謗議，或慮至尊未悉，群謗難明，不更拔本尋源，便俟甘瑕受玷，臣心可忍，臣恥可消。只恐山林草澤之人，稱量聖制；冠履軒裳之士，輕慢朝廷。

『臣又以國計一司，掌其經費，利權二務，職在捃收。將欲養四海之貧民，無過薄賦；贍六軍之勁士，又藉豐儲。利害相隨，取與難酌，若使罄山採木，竭澤求魚，則地官之教化不行，國本之傷殘益甚，取怨黔首，是黷皇風。況諸道所徵賦租，雖多數額，時逢水旱，或遇蟲霜，其間則有減無添，所在又申逃係欠。乃至軍儲官俸，常汲汲于供須；夏稅秋租，每懸懸于繼續。況今內外倉庫，多是罄空；遠近生民，或聞饑歉。伏見朝廷尚添軍額，更益師徒，非時之博糴難爲，異日之區分轉大。竊慮年支有闕，國計可憂。望陛下節例外之破除，放諸項以儉省，不添冗食，且止新兵，務急去繁，以寬經費，減奢從儉，漸俟豐盈，則屈者知恩，叛者從化，弭兵有日，富裕可期。

臣又聞治民尚清，爲政務易，易則煩苛並去，清則偏黨無施，若擇其良牧，委在正人，則境內蒸黎，必獲蘇息，官中倉庫，亦絕侵欺。伏望誠見在之處官，無乖撫俗；擇將來之莅事，更審求賢。儻一一得人，則農無所苦；人人致理，則國復何憂。但奉公善政者，不惜重酬，昧理無功者，勿頒厚俸，益彰有道，兼絕徇情。伏望陛下，念臣布露之前言，閔臣驚憂于後患，察臣愚直，杜彼讒邪，臣即但副天心，不防人口，庶幾萬一，仰答聖明。』

末帝優詔答之，召于便殿，謂之曰：『卿所論奏，深中時病，形之切言，頗救朕失。國計事重，日得商量，無勞過慮也。』延朗不得已而承命。

又 卷一四一《五行志》 〔晉開運三年〕十二月戊戌，霜霧大降，草木皆如冰。

《新唐書》卷二《太宗紀》 〔貞觀元年〕八月河南、隴右邊州霜。

又 卷三《高宗紀》 〔顯慶元年〕十一月，自八月霜且雨至於是月。

又 卷七《德宗紀》 〔貞元十七年〕七月，隕霜殺菽。

又 《憲宗紀》 〔元和九年〕三月丁卯，隕霜殺桑。

又卷八《宣宗紀》〔大中三年〕春，隕霜殺桑。

又卷九《僖宗紀》〔中和元年〕秋，河東霜殺禾。

又卷三四《五行志一》〔永泰元年〕三月庚子，夜霜，木有冰。

又卷三五《五行志二》永隆二年，關中旱，霜，大饑。

又卷三六《五行志三》〔元和八年〕十月，東都大寒，霜厚數寸，雀鼠多死。

又 貞觀元年秋，霜殺稼。京房《易傳》曰：『人君刑罰妄行，則天應之以隕霜。』三年，北邊霜殺稼。

調露元年八月，邠、涇、寧、慶、原五州霜。

永徽二年，綏、延等州霜殺稼。

證聖元年六月，睦州隕霜，殺草。吳、越地燠而盛夏隕霜，昔所未有。四年四月，延州霜殺草證聖元年六月【略】四年四月延州霜殺草。按證聖無四年，必有脫誤。四月純陽用事，象人君當布惠于天下，而反隕霜，是無陽也。

開元十二年八月，潞、綏等州霜殺稼。十五年，天下州十七，霜殺稼。

元和二年七月，邠、寧等州霜殺稼。九年三月丁卯，隕霜，殺桑。十四年四月，淄、青隕霜，殺惡草及荊棘，而不害嘉穀。

寶曆元年八月，邠州霜殺稼。

大和三年秋，京畿奉先等八縣旱霜，殺稼。

大中三年春，隕霜，殺桑。

中和元年春，霜。秋，河東旱霜，殺稼。

又〔貞元二年〕六月己亥，霜。

又卷八九《張公謹傳》 貞觀初，為代州都督，置屯田以省餽運。數言時政得失，太宗多所采納。後副李靖經略突厥，條可取狀於帝曰：『頡利縱欲肆凶，誅害善良，昵近小人，此主昏於上，可取一也。別部同羅、僕骨、回紇、延陀之屬，皆自立君長，圖為反噬，此衆叛於下，可取二也。突利被疑，以輕騎免，拓設出討，衆敗無餘，欲谷喪師，無託足之地，此兵挫將敗，可取三也。北方霜旱，稟糧乏絕，可取四也。頡利疏突厥，親諸胡，胡性翻覆，大軍臨之，內必生變，可取五也。華人在北者甚衆，比聞屯聚，保據山險，王師之出，當有應者，可取六也。』帝然所謀。

又卷九八《馬周傳》 又言：『臣歷觀夏、商、周、漢之有天下，傳祚相繼，多者八百餘年，少者猶四五百年，皆積德累業，恩結於人，豈無僻王，賴先哲以免。自魏、晉逮周、隋，多者五六十年，少者三二十年而亡。良由創業之君不務仁化，當時僅能自守，後無遺德可思，故傳嗣之主，其政少衰，一夫大呼，天下土崩矣。今陛下雖以大功定天下，而積德日淺，固當隆禹、湯、文、武之道，使恩有餘地，為子孫立萬世之基，豈特持當年而已。然自古明王聖主，雖因人設教，而大要節儉於身，恩加於人，故其下愛之如父母，仰之如日月，畏之如雷霆，卜祚遐長，而禍亂不作也。今百姓承喪亂之後，比於隋時才十分一，而徭役相望，兄去弟還，往來遠者五六千里，春秋冬夏，略無休時。陛下雖詔減省，而有司不得廢作，徒行文書，役之如故。四五年來，百姓頗嗟怨，以為陛下不存養之。堯之茅茨土階，禹之惡衣菲食，臣知不可復行於今。漢文帝惜百金之費而罷露臺，集上書囊以為殿帷，所幸慎夫人衣不曳地；景帝亦以錦繡纂組妨害女功，特詔除之，所以百姓安樂。至孝武帝雖窮奢極侈，承文、景遺德，故人心不搖。向使高祖之後即值武帝，天下必不能全。此時代差近，事跡可見。今京師及益州諸處，營造供奉器物，並諸王妃主服飾，皆過靡麗。臣聞昧旦丕顯，後世猶怠，作法於治，其弊猶亂。陛下少處人間，知百姓辛苦，前代成敗，目所親見，尚猶如此，而皇太子生長深宮，不更外事，即萬歲後，聖慮之所當憂也。

『臣竊尋自古黎庶怨叛，聚為盜賊，其國無不即滅，人主雖悔，未有重能安全者。凡脩政教，當脩之於可脩之時。若事變一起而後悔之，無益也。故人主每見前代之亡，則知其政教之所由喪，而不知其身之失。故紂笑桀之亡，而幽、厲笑紂之亡，隋煬帝又笑齊、魏之失國也。今之視煬帝，猶煬帝之視齊、魏也。

『往貞觀初，率土霜儉，一匹絹纔易斗米，而天下帖然者，百姓知陛下憂憐之，故人人自安無謗讟也。五六年來，頻歲豐稔，一匹絹易粟十餘斛，而百姓咸怨，以為陛下不憂憐之。何則？今營為者，多不急之務故也。自古以來，國之興亡，不由積畜多少，在百姓苦樂也。且以近事驗之，隋貯洛口倉而李密因之，積布帛東都而王世充據之，西京府庫亦為國家之用。向使洛口、東都無粟帛，王世充、李密未能必聚大衆。但貯積者，固有國之常，要當人有餘力而後收之，豈人勞而強斂之以資寇邪？

『夫儉以息人，貞觀初，陛下已躬為之，今行之不難也。為之一日，則天下知之，式歌且舞矣。若人既勞，而用之不息，萬一中國水旱，而邊方有風塵之警，狂狡竊發，非徒旰食晏寢而已。古語云：「動人以行不以言，應天以實不以文。」以陛下之明，誠欲厲精爲政，不煩遠采上古，但及貞觀初，則天下幸甚。

『昔賈誼謂漢文帝云「可痛哭及長歎息者」，言：當韓信王楚、彭越王梁、英布王淮南之時，使文帝即天子位，必不能安。又言：「賴諸王年少，傅相制之，長大之後，必生禍亂。」後世皆以誼言爲是。臣竊觀今諸將功臣，陛下所與定天下，無威略振主如韓、彭者；而諸王年並幼少，縱其長大，陛下之日，必無他心，然則萬代之後，不可不慮。漢、晉以來，亂天下者，何嘗不在諸王。皆由樹置失宜，不豫爲節制，以至滅亡。人主豈不知其然，溺於私愛爾。故前車既覆，而後車不改轍也。今天下百姓尚少，而諸王已多，其寵遇過厚者，臣愚慮之，非特恃恩驕矜也。昔魏武帝寵陳思王，文帝即位，防守禁閉同獄囚焉。何則？先帝加恩太多，故嗣王疑而畏之也。此武帝寵陳思王，適所以苦之也。且帝子身食大國，何患不富，而歲別優賜，曾無限極。里語曰：「貧不學儉，富不學奢。」言自然也。今大聖創業，豈唯處置見子弟而已，當制長久之法，使萬代奉行。

『臣聞天下者以人為本。必也使百姓安樂，在刺史、縣令爾。縣令既眾，不可皆賢，但州得良刺史可矣。天下刺史得人，陛下端拱巖廊之上，夫復何為？古者郡守、縣令皆選賢德，欲有所用，必先試以臨人，或由二千石高第入為宰相。今獨重內官，縣令、刺史頗輕其選。又刺史多武夫勛人，或京官不稱職始出補外；折沖果毅身力強者入為中郎將，其次乃補邊州。而以德行才術擢者，十不能一。所以百姓未安，殆在於此。』

疏奏，帝稱善。擢拜給事中，轉中書舍人。

又卷一一一《張儉傳》 高祖起，儉以功除右衛郎將，遷朔州刺史。時頡利可汗方彊，每有求取，所遣書輒稱詔敕，邊吏奉承不敢卻。及儉，獨拒不受。大教民營田，歲收穀數十萬斛。雖霜旱，勸百姓相振贍，免飢殍，州以完安。

又卷一一八《辛替否傳》 睿宗立，罷斜封官千餘人，俄詔復之。方營金仙、玉真觀。替否以左補闕上疏曰：

『臣謂古之用度不時、爵賞不當、國破家亡者，口說不若身逢，耳聞不若目見，臣請以有唐治道得失，陛下所及見者言之。

太宗，陛下之祖，撥亂立極，得至治之體。省官清吏，舉天下職司無虛授，用天下財帛無枉費；賞必待功，官必得才，為無不成，征無不服。不多寺觀而福祿至，不度僧尼而咎殃滅。陰陽不愆，五穀遂成，粟腐帛爛。萬里貢賦，百蠻歸款。享國久長，多歷年所。陛下何憚而不法之？

『中宗，陛下之兄，居先帝之業，忽先帝之化，不聽賢臣之言，而悅子女之意。虛食祿者數千人，妄食士者百餘戶；造寺蠹財數百億，度人免租、庸數十萬。是故國家所出日加，所入日減，倉乏半歲之儲，庫無一時之帛。所惡者逐，逐必忠良；所愛者賞，賞皆讒慝。朋佞喋喋，交相傾動。奪百姓之食以養殘兇，剝萬人之衣以塗土木。人怨神怒，親忿眾離，水旱疾疫，六年之間，三禍為變。享國不永，受終於兇婦，取譏萬代，詒笑四夷，陛下所見也。若法太宗治國，太山之安可致也；法中宗治國，累卵之危亦可致也。

『頃淫雨不解，穀荒于壟，麥爛于場，入秋亢旱，霜損蟲暴，草木枯黃，下人咨嗟，未知所濟。而營寺造觀，日繼于時，道路流言，計用緡錢百餘萬。陛下知倉有幾歲儲？庫有幾歲帛？百姓何所活？三邊何所輸？民散兵亂，職此由也。而以百萬構無用之觀，受天下之怨。陛下忍棄太宗之治本，不忍棄中宗之亂階；忍棄太宗久長之謀，不忍棄中宗短促之計。何以繼祖宗、觀萬國耶？陛下在韋氏時，切齒羣凶；今貴爲天子，不改其事，恐復有切齒於陛下者。

『往見明敕，一用貞觀故事。且貞觀有營寺觀，加浮屠、黃老，益無用之官，行不急之務者乎？往者和帝之憐悖逆也，宗晉卿勸爲第宅，趙履溫勸爲園亭，工徒未息，義兵交馳，亭不得游，宅不得息，信邪僻之說，成骨肉之刑，陛下所見也。今茲二觀，得無晉卿之徒陰勸爲之，冀誤骨肉？不可不察也。惟陛下停二觀以須豐年，以所費之財給貧窮，填府庫，則公主福無窮矣。』

疏奏，帝不能用，然嘉切直。

又卷一九七《陳君賓傳》 貞觀初，徙鄧州，州承喪亂後，百姓流亢，君賓加意勞徠，不期月，皆還自業。明年，四方霜潦，獨君賓所治有年，儲倉充羨，蒲、虞二州民就食其境。太宗下詔勞之曰：『去年關內六州穀不登，糇糧少，令析民房逐食。聞刺史與百姓識朕此懷，務相安養，還有贏糧，出布帛贈遺行者。此知水旱常數，更相拯贍，禮讓興行，海內之人皆爲兄弟，變澆薄之風，朕顧何憂？已命有司錄刺史以下功最；百姓養戶，免今年調物。』

又 卷二一五上《頡利可汗傳》 貞觀二年，突利自陳爲頡利所攻，求救。帝曰：『朕與頡利盟，又與突利有昆弟約，不可不救，奈何？』兵部尚書杜如晦曰：『夷狄無信，我雖如約，彼常負之，今亂而擊之，侮亡之道也。』乃詔將軍周範壁太原經略之，頡利亦擁兵窺邊。或請築古長城，發民乘塞。帝曰：『突厥盛夏而霜，五日並出，三月連明，赤氣滿野，彼見災而不務德，不畏天也。遷徙無常，六畜多死，不用地也。俗死則焚，今葬皆起墓，背父祖命，嫚鬼神也。與突利不睦，內相攻殘，不和於親也。有是四者，將亡矣，當爲公等取之，安在築障塞乎？』

又 卷二一九《室韋傳》 其氣候多寒，夏霧雨，冬霜霰。

又 卷二二一上《党項傳》 地寒，五月草生，八月霜降。

又 卷二二二上《南詔傳上》 貞元十六年，吐蕃顒城將楊萬波約降，事洩，吐蕃以兵五千守，皋將擊破之。萬波與籠官拔顒城以來，徙其人二千於宿川。皋將扶忠義又取末恭城，俘系牛羊千計。贊普大將既煎讓律以兵距十貢川一舍而屯，國師馬定德率種落出降。西貢節度監軍野多輸煎者，贊普乞立贊養子，當從先贊普殉，亦詣忠義降。於是虜氣衰，軍不振。欺徐濫鑠至鐵橋，南詔毒其水，人多死，乃徙納川，壁而待。是年，虜霜雪早，兵無功還，期以明年。

《續資治通鑑長編》卷二三 ［太平興國七年三月癸巳］宣州隕霜，害桑稼，詔蠲其租。

又 卷七二 ［大中祥符二年冬十月庚子］兗州雨霜害稼，甲辰，遣使巡撫。

又 卷八八 ［大中祥符九年十一月］戊申，大名府、澶相州民伐登聞鼓訴霜旱，宰臣請令轉運使體量，上曰：『比者轉運使固言無災傷，故州縣不爲蠲減，雖慮支計不充，然朝廷矜卹之意不可稽也。』即命常參官分往按視而蠲復焉。

又 卷一七九 ［至和二年五月辛未］詔河東轉運司，今春隕霜殺桑，其被災州軍夏稅絹聽以中價輸錢。

《文獻通考》卷三〇五《物異考十一·恒寒》 武帝元光四年四月，隕霜殺草木。先是二年，遣五將軍二十萬衆伏馬邑下，欲襲單于，單于覺之而去。自是始征伐四夷，師出三十餘年，天下户口減半。京房《易傳》曰：『興兵妄誅，茲謂亡法，厥災霜，夏殺五穀，冬殺麥。誅不原情，茲謂不仁，其霜，夏先大雷風，冬先雨，乃隕霜，有芒角。賢聖遭害，其霜附木不下地。佞人依刑，茲謂私賊，其霜在草根土隙間。不教而誅茲謂虐，其霜反在草下。』【略】元帝永光元年三月，雨雪，隕霜殺桑。九月二日，隕霜殺稼，天下大饑。時中書令石顯用事專權，與《春秋》定公時隕霜同應。【略】王莽天鳳元年四月，隕霜，殺草木。【略】地皇二年秋，隕霜，殺菽。

又 吳孫權嘉禾三年九月朔，隕霜，傷穀。按劉向說，『誅罰不由君出，在臣下之象也。』時校事吕壹專作威福，與漢元帝時石顯用事隕霜同應。四年七月，雨雹，又隕霜。【略】

晉武帝泰始九年四月，隕霜。時賈充親黨比周用事，與魯定公、漢元帝時隕霜同應。咸寧三年八月，平原、安平、上黨、泰山四郡霜，害三豆。是月，河間暴風寒冰，郡國五隕霜傷穀。是後征吳及討涼州賊。六月，汲郡、廣平、陳留、滎陽雨雹，隕霜，傷秋麥千三百餘頃。太康元年三月，河東高平霜雹，傷桑麥。

二年三月，河東隕霜，害桑。【略】六年三月，齊郡臨淄等四縣，樂安等八縣，琅邪等八縣，河間等六縣，高陽等四縣隕霜，傷桑麥。八年四月，齊國、天水二郡隕霜。九年四月，隴西隕霜。十年四月，郡國八隕霜。惠帝元康六年三月，東海雨雪，殺桑麥。七年七月，秦、雍二州隕霜，殺稼。九年三月，河南、滎陽、潁川隕霜，傷禾。【略】明帝太寧三年三月丁丑，雨雪；癸巳，隕霜。【略】

梁武帝天監三年三月，六年三月，並隕霜殺草。京房《易傳》曰：『興兵妄誅，謂亡法，厥罰霜。』是時，大發卒，拒魏兵於鍾離，連兵數歲。【略】

陳宣帝太建十年八月，隕霜，殺稻菽。時大興師衆，與周師相拒於吕梁。

又 唐太宗貞觀元年秋，霜殺稼。京房《易傳》曰：『人君刑罰妄行，則天應之以隕霜。』三年，北邊霜殺稼。高宗永徽二年，綏、延等州霜殺稼。【略】調露元年八月。邠、慶、寧、涇、原五州霜。開耀元年冬，大寒。武后證聖元年六月，睦州隕霜，殺草。吳越地燠而盛夏隕霜，昔所未有。四年四月，延州霜殺草。四月純陽用事，象人君當佈惠於天下，而反隕霜，是無陽也。【略】元宗開元十二年八月，潞、綏等州霜殺稼。

又 憲宗元和二年七月，邠、寧等州霜殺稼。六年十二月，大寒。八年十月，東都大寒，霜厚數寸，雀鼠多死。九年三月丁卯，隕霜，殺桑。【略】敬宗寶曆元年八月，邠州霜殺稼。文宗太和三年秋，京畿奉先等八縣旱霜，殺稼。【略】宣宗大中三年春，隕霜，殺桑。【略】僖宗中和元年春，霜。秋，河東旱霜，殺稼。

又　太宗太平興國七年三月，宣州霜雪，害桑稼。【略】雍化三年三月，商州霜，花木皆死。【略】景德四年七月，渭州瓦亭寨早霜，傷稼。大中祥符九年十一月，大名府、澶州、相州並霜害稼。

《遼史》卷一二《聖宗紀三》〔統和六年〕八月丁丑，大同軍節度使耶律抹只奏今歲霜旱乏食，乞增價折粟，以利貧民。詔從之。

又　卷二七《天祚帝紀一》〔乾統九年〕秋七月，隕霜，傷稼。

又　卷五九《食貨志上》統和六年，霜旱，災民饑，詔三司，舊以稅錢折粟，估價不實，其增以利民。

《金史》卷一七《哀宗紀上》〔正大四年〕八月己巳，隕霜，禾盡損。

又　卷二三《五行志》正隆四年十一月庚寅，霜附木。

又　〔承安五年十月〕癸卯晨，陰霜附木，至日入亦如之。

又　〔興定五年〕十二月丁丑，霜附木。

又　〔正大四年〕八月癸亥，風、霜損禾皆盡。

又　卷七五《康公弼傳》公弼好學，年二十三中進士，除著作郎、武州軍事判官。辟樞府令史，求外補，出爲寧遠令。縣中隕霜殺禾稼，漕司督賦急，繫之獄。公弼上書，朝廷乃釋之，因免縣中租賦，縣人爲立生祠。

又　卷一二四《馮延登傳》〔大安元年〕秋七月，霜害稼，民艱于食，延登發粟賑貸，全活甚衆。

《宋史》卷一《太祖紀一》〔建隆三年〕三月戊午朔，厭次貫霜殺桑。

又　卷四《太宗紀一》〔太平興國七年〕三月，宣州雪霜殺桑害稼。

又　卷六《真宗紀一》咸平二年，江、浙、廣南、荊湖旱，嵐州春霜害稼，分使發粟振之。

又　卷八《真宗紀三》祥符九年，諸州有隕霜害稼及水災者，遣使振卹，除其租。

又　卷一四《神宗紀一》〔治平四年〕冬十月庚戌，令糴穀振霜旱州縣。

又　卷六二《五行志一下》太平興國七年三月，宣州霜雪害桑稼。

又　建隆三年春，厭次縣隕霜殺桑，民不蠶。

淳化三年三月，商州霜，花皆死。

景德四年七月，渭州瓦亭砦早霜傷稼。

大中祥符九年十二月，大名、澶相州並霜害稼。

至和二年，河東自春隕霜殺桑。

紹興七年二月庚申，霜殺桑稼。

淳熙十六年七月，階、成、鳳、西和州霜，殺稼幾盡。

紹熙三年九月丁未，和州隕霜連三日，殺稼。是月，淮西郡國稼皆傷。

嘉熙元年三月，霜。

又　乾德二年八月，膚施縣風雹霜害民田。

又　卷二九四《胥偃傳》會有衛卒賂庫吏求揀冬衣，坐繫者三十餘人。時八月，霜雪暴至。偃推《洪範》『急，恆寒若』之咎，請從末減，奏可。

又　卷四〇五《袁甫傳》移提舉江東常平。適歲旱，亟發庫庾之積，凡州縣窠名隸倉司者，無新舊皆住催，爲錢六萬一千緡，米十有三萬七千、麥五千八百石，遣官分行振濟，饑者予粟，病者予藥，尺籍之單弱者，市民之失業者，皆曲軫之。又告于朝曰：『江東或水而旱，或旱而水，重以雨雪連月，道殣相望，至有舉家枕藉而死者。此去麥熟尚賒，事勢益急。』詔給度牒百道助費。時江、閩寇迫饒、信，慮民情易動，分榜諭安之。檄諸郡，關制司，聞于朝，爲保境捍患之圖，寇迄不犯。遂提點本路刑獄兼提舉，移司番陽。霜殺桑，春夏雨久湖溢，諸郡被水，連請于朝，給度牒二百道振恤之。

《元史》卷四《世祖紀一》〔中統二年〕秋七月庚辰，西京、宣德隕霜殺稼。

又　卷五《世祖紀二》〔中統三年〕五月甲申，西京、宣德、威寧、龍門霜。

又　〔中統三年〕八月戊申，河間、平灤、廣寧、西京、宣德、北京隕霜害稼。

又　〔中統四年〕夏四月丙寅，西京武州隕霜殺稼。

又　卷六《世祖紀三》至元二年，太原霜災。

又 卷七《世祖紀四》［至元七年］夏四月壬午，檀州隕黑霜三夕。

又 ［至元八年］秋七月乙亥，鞏昌、臨洮、平凉府、會、蘭等州隕霜殺禾。

又 卷一一《世祖紀八》［至元十七年］夏四月庚子，寧海、益都等四郡霜，真定七郡蟲，皆損桑。

又 卷一四《世祖紀十一》［至元二十四年］九月辛卯，大定、金源、高州、武平、興中等處霜雹傷稼。

又 ［至元二十四年］九月戊申，咸平、懿州、北京以乃顔叛，民廢耕作，又霜雹爲災，告饑。詔以海運糧五萬石賑之。

又 卷一五《世祖紀十二》［至元二十六年十二月］庚寅，禿木合之地霜殺稼，禿魯花之地饑，給九十日糧。

又 卷一六《世祖紀十三》［至元二十七年］五月庚戌，陝西南市屯田隕霜殺稼，免其租。

又 ［至元二十七年］十一月辛丑，興、松二州隕霜殺禾，免其租。

又 ［至元二十七年］十一月辛酉，隆興路隕霜殺稼，免其田租五千七百二十三石。

又 卷一七《世祖紀十四》［至元二十九年］二月壬辰，山東廉訪司申：『棣州境内春旱且霜，夏復霖澇，饑民啖藜藿木葉，乞賑卹。』敕依東平例，發附近官廩，計口以給。

又 ［至元二十九年］九月丁丑，以平灤路大水且霜，免田租二萬四千四十一石。

又 卷一八《成宗紀一》［元貞元年］春正月癸亥，安西王阿難答、寧遠王闊闊出皆言所部貧乏，賜安西王鈔二十萬錠、寧遠王六萬錠。又以隕霜殺禾，復賑安西王山後民米一萬石。

又 ［元貞元年］九月戊戌，武衛萬盈屯及延安路隕霜殺禾。

又 卷一九《成宗紀二》［元貞二年］八月，咸寧縣，金、復州，隆興路隕霜殺禾。

又 卷二〇《成宗紀三》［大德五年］五月，商州隕霜殺麥。

又 ［大德六年］十二月庚申朔，熒惑犯填星。辛酉，御史臺臣言：『自大德元年以來數有星變及風水之災，民間乏食。陛下敬天愛民之心，無所不盡，理宜轉災爲福；而今春霜殺麥，秋雨傷稼。五月太廟災，尤古今重事。臣等思之，得非荷陛下重任者不能奉行聖意，以致如此。若不更新，後難爲力。乞令中書省與老臣識達治體者共圖之。』復請禁諸路釀酒，減免差税，賑濟饑民。帝皆嘉納，命中省即議行之。

又 卷二一《成宗紀四》［大德七年］夏四月丁亥，濟南路隕霜殺麥。

又 ［大德七年］五月乙卯，般陽路隕霜。

又 ［大德八年］三月庚辰，濟陽等縣隕霜殺桑。

又 ［大德八年］八月，太原之交城、陽曲、管州、嵐州，大同之懷仁雨雹隕霜殺禾，杭州火，發粟賑之。

又 ［大德九年］三月戊午，河間、益都、般陽屬縣隕霜殺桑，撫之。

又 ［大德十年］秋七月辛巳，大同之渾源隕霜殺禾。

又 卷二二《武宗紀一》［至大元年］八月己酉，大同隕霜殺禾。

又 卷二三《武宗紀二》［至大二年］八月丁丑，永平路隕霜殺禾。

又 卷二四《仁宗紀一》［皇慶二年］三月壬子，禿忽魯言：『臣等職專燮理，去秋至春亢旱，民間乏食，而又隕霜雨沙，天文示變，皆由不能宣上恩澤，致茲災異，乞黜臣等以當天心。』帝曰：『事豈關汝輩耶？其勿復言。』

又 卷二五《仁宗紀二》［延祐元年］閏三月丁丑，汴梁、濟寧、東昌等路，隴州、開州、青城、齊東、渭源、東明、長垣等縣，隕霜殺桑果禾苗，歸州告饑，出糧減價賑糶。

又 卷二八《英宗紀二》［至治二年］閏月乙卯，以淮安路去歲大水，遼陽路隕霜殺禾，南康路旱，並免其租。

又 ［至治三年］秋七月丙辰，冀寧、興和、大同三路屬縣隕霜。

又 卷二九《泰定帝紀一》［泰定二年］秋七月壬申，延安、鄜州、綏德，鞏昌等處雨雹，般陽新城縣蝗，宗仁衛屯田隕霜殺禾，睢州河決，順德、汴梁、德安、汝寧諸路旱，免其租。

又 卷三〇《泰定帝紀二》［泰定三年］秋七月乙巳，怯憐口屯田霜，賑糧二月。

又 卷三四《文宗紀三》［至順元年］二月甲午，自庚寅至是日，京師大霜晝霁。

又 ［至順元年］二月癸卯，汴梁路封丘、祥符縣霜災。

又 ［至順元年］閏七月丙戌，忠翊衛左右屯田隕霜殺稼。

又 ［至順元年］閏七月庚寅，寧夏、奉元、鞏昌、鳳翔、大同、晉寧諸路屬縣隕霜殺稼。

又 卷三五《文宗紀四》 ［至順二年］秋七月，河南、奉元屬縣蝗。大都、河間、漢陽屬縣水，冀寧屬縣雨雹傷稼，廬州去年水，寧夏霜爲災，並免今年田租。

又 卷三六《文宗紀五》 ［至順三年］二月己酉，德寧路去年旱，復值霜雹，民饑，賑以粟三千石。

又 卷三七《寧宗紀》 ［至順三年］八月，渾源、雲內二州隕霜殺禾。

又 卷四一《順帝紀四》 ［至正七年］九月甲辰，遼陽霜早傷禾，賑濟驛戶。

又 卷四七《順帝紀十》 ［至正二十七年］夏五月丙子朔，以去歲水潦霜災，嚴酒禁。

又 ［至正二十七年］夏五月辛巳，大同隕霜殺麥。

又 ［至正二十八年］夏四月丙午，隕霜殺菽。

又 卷五〇《五行志一》 中統二年五月，西京隕霜殺禾。三年五月，宣德、威寧等路隕霜。八月，河間、平灤等路隕霜害稼。四年四月，武州隕霜殺麥禾。

至元二年八月，太原隕霜。七年四月，檀州隕霜。八年七月，鞏昌會、蘭等州霜殺稼。十七年四月，益都隕霜。二十一年三月，山東隕霜殺桑，蠶盡死，被災者三萬餘家。二十七年七月，大同、平陽、太原隕霜殺禾。二十九年三月，濟南、般陽等郡及恩州屬縣霜殺桑。

元貞二年八月，金、復州隕霜殺禾。

大德五年三月，湯陰縣霜殺麥。五月，商州霜殺麥。六年八月，大同、太原霜殺禾。七年四月，霜殺麥。八年三月，濟陽、灤城二縣霜殺桑。八月，隕霜殺稼。九年三月，河間、益都、般陽三郡屬縣隕霜殺桑。清、莫、滄、獻四州霜殺桑二百四十一萬七千餘本，壞蠶一萬二千七百餘箔。十年七月，大同渾源縣霜殺禾。八月，綏德州米脂縣霜殺禾二百八十頃。

至大元年八月，大同隕霜殺禾。

皇慶二年三月，濟寧霜殺桑。

延祐元年三月，東平、般陽等郡，泰安、曹、濮等州大雨雪三日，隕霜殺桑。閏三月，濟寧、汴梁等路及隴州、開州、青城、渭源諸縣霜殺桑，無蠶。七月，冀寧隕霜殺稼。四年夏，六盤山隕霜殺稼五百餘頃。五年五月，雄州歸信縣隕霜。六年三月，奉元路同州隕霜。七年八月，益津縣雨黑霜。

至治三年七月，冀寧陽曲縣、大同路大同縣、興和路威寧縣隕霜。八月，袁州宜春縣隕霜害稼。

泰定二年三月，雲需府大雪，民饑。

天曆三年二月，京師大霜，晝霿。

至順元年閏七月，奉元西和州，寧夏應理州、鳴沙州，鞏昌靜寧、邠、會等州，鳳翔麟遊，大同山陰，晉寧潞城、隰川等縣隕霜殺稼。

又 卷五一《五行志二》 至正七年八月，衛輝隕霜殺稼。

又 至正十三年秋，邵武光澤縣隕霜殺稼。二十三年三月，東平路須城、東阿、陽穀三縣隕霜殺桑，廢蠶事。八月，鈞州密縣隕霜殺菽。

又 至正二十七年五月辛巳，大同隕霜殺麥。

又 至正二十八年四月，奉元隕霜殺菽。

又 卷九六《食貨志四》 世祖中統四年，以秋旱霜災，減大名等路稅糧。

又 ［至元二十七年］十月，以興、松二州霜，免其地稅。

又 天曆元年，陝西霜旱，免其科差一年。

《明史》卷二八《五行志一》 正德元年四月，雲南武定隕霜殺麥，寒如冬。

又 正統八年，邳、海二州陰霧彌月，夏麥多損。

又 洪武二十六年四月丙申，榆社隕霜損麥。

又 成化二年四月乙巳，宣府隕霜殺青苗。十九年三月辛酉，陝西隕霜。

又 弘治八年四月庚申，榆社、陵川、襄垣、長子、沁源隕霜殺麥豆桑。辛酉，慶陽諸府縣衛所三十五，隕霜殺麥豆禾苗。九年四月辛巳，榆次隕霜殺禾。是月，武鄉亦隕霜。

又 正德八年四月乙巳，文登、萊陽隕霜殺稼。丙辰，殺穀。十三年三月壬戌，遼東隕霜，禾苗皆死。嘉靖二年三月甲子，郯城隕霜殺麥。辛未，殺禾。二十二年四月己亥，固原隕霜殺麥。隆慶六年三月丁亥，南宮隕霜殺麥。

又 萬曆二十六年十一月辛亥，彰德隕霜，不殺草。

又 崇禎十三年四月，會寧隕霜殺稼。十六年四月，鄢陵隕霜殺麥。

又 嘉靖十四年三月辛巳，漢中雨雹隕霜殺麥。

又 卷一七二《羅亨信傳》［正統十年］進右副都御史，巡撫如故。時遣官度二鎮軍田，一軍八十畝外，悉徵稅五升。亨信言：『文皇帝時，詔邊軍盡力墾田，毋徵稅，陛下復申命之，今奈何忽爲此舉？塞上諸軍，防邊勞苦，無他生業，惟事田作。每歲自冬徂春，迎送瓦剌使臣，三月始得就田，七月又復刈草，八月以後，修治關塞，計一歲中曾無休暇。況邊地磽瘠，霜早收薄，若更徵稅，則民不復畊，必致竄逸。計臣但務積粟，不知人心不固，雖有粟，將誰與守？』帝納其言而止。

又 卷二六六《陳純德傳》［崇禎十三年］成進士，年已六十矣。莊烈帝召諸進士，咨以時事。純德奏稱旨，立擢御史，巡按山西。七月，部內嚴霜，民凍餒。純德上疏請恤，因陳抽練之弊。言：『兵抽則人失故居，無父母妻子之依，田園丘壠之戀，思歸則逃，逢敵則潰。抽餘者既以餉薄而安於無用，抽去者又以遠調而不樂爲用。伍虛而餉仍在，不歸主帥，則歸偏裨，樂其逃而利其餉，凡藉以營求遷秩，皆是物也。精神不以束伍，而以侵餉；厚餉不以養士，而以求官。伍虛則無人，安望其練；餉糜則愈缺，安望其充。此今日行間大弊也。』帝不能用。

又 卷三一一《四川土司傳一・烏蒙烏撒東川鎮雄四軍民府》洪武十八年，烏蒙知府亦德言，蠻地刀耕火種，比年霜旱疾疫，民飢窘，歲輸之糧無從徵納。詔悉免之。

又 卷三一四《雲南土司傳二・武定》［正德二年］四月，武定雨雹，溪水漲，決堤壞田，隕霜露殺麥。

又 卷三一五《雲南土司傳三・南甸》南甸宣撫司，舊名南宋，在騰越南半箇山下，其山巔北多霜雪，南則炎瘴如蒸。

《清史稿》卷六《聖祖紀一》［康熙十六年］三月己丑，諭禮部：『帝王克謹天戒，凡有垂象，皆關治理。設立專官，謹司占候。今星辰淩犯，霜露非時，欽天監不以實告，有辜職掌。其察議以聞。』

又 卷一〇《高宗紀一》［乾隆二年］冬十月乙酉朔，賑山西永濟等三縣霜災。

又［乾隆八年］十一月壬寅，貸黑龍江被旱被霜兵丁等倉糧。

又［乾隆十年］十一月丁丑，賑山西大同等十八州縣旱霜雹災。

又 卷一一《高宗紀二》［乾隆十一年］閏三月庚子，賑甘肅隴西等十二州縣水旱雹霜災。

又［乾隆十一年］五月壬寅，免山西大同等十八州縣上年旱霜各災額賦。

又［乾隆十六年］夏四月己卯，免甘肅狄道等二十廳州縣十四年被水旱雹霜災額賦有差。

又［乾隆二十年］十二月己未，賑索倫、達呼爾水災霜災。

又 卷一二《高宗紀三》［乾隆二十一年］夏四月壬戌，免山西岢嵐州二十年霜災額賦。

又［乾隆二十一年］五月丁亥，賑甘肅皋蘭等二十廳州縣上年霜雹災。

又［乾隆二十二年］十一月戊午，賑甘肅皋蘭等二十二廳州縣霜雹等災。

又［乾隆二十三年］冬十月癸亥，賑浙江錢塘等十六縣場水災，山西朔平府屬霜災。丁卯，賑直隸大城等九縣水雹霜災。

又［乾隆二十四年］冬十月丙申，賑順天直隸固安等四十七州縣廳水霜雹蟲災，並蠲額賦有差。

又［乾隆二十四年］冬十月壬寅，賑陝西定邊等九縣旱雹霜災。

又［乾隆二十七年］冬十月己酉，賑順直霸州等六十三州縣廳水雹霜災。

又［乾隆二十七年］十一月甲申，賑甘肅皋蘭等二十廳州縣本年冰雹霜雪災。

又［乾隆二十八年］六月壬辰，賑甘肅狄道等三十廳州縣水旱霜雹災。

又［乾隆三十年］夏四月丙午朔，賑甘肅河州等三十六廳州縣上年雹水旱霜災。

又［乾隆三十年］十一月辛卯，賑山東章丘等十八州縣水災，甘肅狄道等十二州縣雹霜災。

又 卷一三《高宗紀四》［乾隆三十六年］十二月乙亥，蠲甘肅隴西等三十三州縣三十三年被水旱雹霜等災額賦。

又［乾隆四十年］冬十月庚寅，蠲甘肅皋蘭等十七州縣廳水雹霜災額賦。

又 卷一五《高宗紀六》 〔乾隆五十五年〕冬十月壬申，賑甘肅臯蘭等三縣霜災。

又 〔乾隆五十六年〕三月甲申，免甘肅臯蘭等三縣上年霜災額賦。

又 卷一八《宣宗紀二》 〔道光十一年〕十一月，蠲綏寧古塔、雙城堡雹災霜災新舊額賦。

又 〔道光十六年〕十一月，給陝西府谷等四縣霜雹災口糧。

又 〔道光十七年〕春正月，貸山西朔州等十一州廳縣、陝西葭州等九州縣、甘肅金州等十三州縣水災旱災蝗災雹災霜災倉穀口糧籽種。

又 卷二三《德宗紀一》 〔光緒十三年〕冬十月癸丑，賑綏來霜災。

又 〔光緒十八年〕十一月庚戌，發庫帑十萬賑太原等屬水旱霜雹災。

又 卷四〇《災異志一》 〔順治元年〕四月，棲霞隕霜殺麥。二年八月，垣曲隕霜。六年四月，莊浪隕霜殺麥。七年四月，靈臺隕霜殺麥。十五年四月，東昌隕霜殺麥。六月，高唐隕霜。十六年三月，滎河隕霜殺麥。十七年春穀雨後，岳陽霜屢降；萬全隕霜殺麥。

康熙二年四月二十三日，高苑隕霜殺麥。六月，雒南、商南隕霜三次。三年四月二十一日夜，清河風霜幷作。二十三日，新城、鄒平、陽信、長清、章丘、德平隕霜殺麥。二十四日，益都、博興、高苑、寧津、東昌、慶雲、雞澤隕霜殺麥。十一年四月，樂安隕霜殺麥。五月，通州隕霜殺麥。七月，岢嵐州、吉州隕霜殺禾。十二年正月四日，壽光隕霜殺麥。十四年四月，平度、掖縣、萊陽、昌樂、安丘、館陶、濱州、蒲臺隕霜殺麥。五月，冠縣隕霜殺麥。十五年四月，武強隕霜殺麥。十七年春，碭山、潁上、銅山隕霜殺麥。十八年三月，無極隕霜殺麥。十九年四月，榆社隕霜殺菽。六月，沂州隕霜。八月，高州大雪。二十一年三月，太平隕霜殺麥。二十二年七月，靜樂隕霜殺禾。二十三年四月，儀徵、靜寧州隕霜殺麥。二十六年七月，西寧隕霜。二十七年三月，臨潼隕霜殺麥。七月，岳陽隕霜殺禾。二十九年三月，商州隕霜。四月，長治隕霜。三十年五月，長治隕霜。八月，武進隕霜殺稼。五月朔，平遠雨雪。六月，龍川隕霜殺禾。三十三年八月，懷來隕霜殺稼。三十四年七月，盂縣隕霜殺禾。八月十五日，嵐縣、永寧州、中衛、絳縣、垣曲隕霜殺禾。三十五年八月，靜寧、介休、沁州、沁源、臨縣、陵川、和順、延安各處隕霜殺稼。三十六年七月，樂平、保德州隕霜殺禾。八月，岳陽隕霜殺禾；沁、涿霜災。九月，龍門大雪；西鄉隕霜殺稼。三十七年七月，陽高隕霜殺禾。四十四年三月，碭山、湖州大雪。六月，桐鄉、湖州大雪；狄道州隕霜殺禾。四十七年二月，鶴慶隕霜殺麥。四十八年七月，德州隕霜殺禾。五十年正月，潮陽隕霜。五十六年二月，涇陽隕霜殺麥。七月，通州大雪盈丈。五十九年七月，安定隕霜殺禾。八月，德州隕霜殺禾。六十年五月，臨朐隕霜殺麥。

雍正元年八月，懷安隕霜殺禾。二年八月，江浦隕霜殺稼。六年七月，甘泉隕霜殺禾。八年八月，沁州隕霜殺禾稼。九年八月，沁州復隕霜殺禾稼。

乾隆四年四月，通州隕霜殺麥。八年七月，無爲大雪。八月初一日，東光隕霜殺禾。十年七月，廣陵隕霜殺禾。十二年六月丙子，蘇州雨雪，己卯、庚辰又微雪。十三年四月，同官隕霜殺麥。十六年四月，同官隕霜殺麥。九月，龍川隕霜殺禾。二十年七月，正寧隕霜殺禾。八月，葭州隕霜殺禾。二十七年七月，會寧、正寧隕霜殺禾。二十八年五月，和順隕霜殺稼。三十一年三月，高邑隕霜。五十一年五月，通渭隕霜殺麥。五十二年七月，宣平隕霜殺菽。五十五年三月，平度、鄒平、臨邑隕霜殺麥。四月，范縣隕霜殺麥。五十六年三月，壽光、安丘、諸城隕霜殺麥；平陰隕霜殺麥，數日後復發新苗。

嘉慶十年三月，東平、濟寧、莘縣隕霜殺麥。十三年四月，靖遠、樂清隕霜殺禾。十四年立夏前三日，江山雨雪。十九年八月，望都隕霜殺稼。二十二年八月，涿州、望都隕霜殺稼。二十五年八月，貴陽隕霜殺稼。

道光十二年四月，諸城隕霜殺麥。七月，望都、寧津隕霜殺禾。十五年四月，黃縣隕霜殺麥。十八年八月，元氏隕霜殺禾。十九年八月，狄道州隕霜殺禾。二十年七月，臨朐隕霜殺禾。二十二年四月初八，秦州隕霜殺麥。

咸豐九年二月，沁源隕霜殺麥。

同治九年二月，沁源隕霜殺麥。

光緒二年八月初八日，寧津、東光、臨榆隕霜殺禾。十八年四月，化平川廳隕霜。二十八年八月，莊浪隕霜殺禾。

又 卷一二〇《食貨志一》 光緒二十二年，時陝西清荒甚力，巡撫張汝梅言：『陝地兵祲交乘，百姓流散，北山氣候，夏寒霜早，穡事無憑，又人工少而穀價廉，得不償失。匪惟客民去留無定，即土民亦作輟靡常。欲求地不復荒，惟紓首墾期限，寬牧令責成，則民少逃亡，官不顧慮，而公私兩益矣。』

又 道光五年，移駐戶七十七，墾熟地三萬三千一百餘晌，蓋富俊、松筠始終其事，故其效甚著。自後當事寖懈，又其地早霜氣寒，願徙者少，於是博啟圖改移駐戶爲千，因以所餘地，戶益十五晌，閒散不任耕，得買僕或賃傭以助。

又 卷三二二《納穆札爾傳》 乾隆十九年，杜爾伯特諸部來降，命赴北路料理游牧。偕喀爾喀親王得親扎布規畫安置輝特、和碩特十三旗於固爾班舒魯克，杜爾伯特十旗於鄂爾海西喇烏蘇，分界駐牧，設卡倫防範。納穆札爾撫降人頗至，當夏，慮赴京領餉不耐炎暑，請遣使轉餉至張家口散給；及秋，杜爾伯特諸旗遇霜雪損畜，入告，予米五百石賑撫。

又 卷三四二《富俊傳》 二十年，富俊親駐雙城子，地在拉林河西北，橫一百三十里，縱七十餘里，沃衍宜耕。遣員履丈，分撥伐木於拉林河上游，建立屯屋。分五屯，設協領一、佐領二，分左右翼統治之，即名屯地曰雙城堡，於二十一年一律開墾。是年霜早歉收，屯丁僅足餬口，又挈妻子者不敷居住，間有逃亡。乃展緩徵糧一年，添蓋窩棚，借給籽種，心始安。

藝文

《詩經·小雅·節南山之什·正月》 《正月》，大夫刺幽王也。

正月繁霜，我心憂傷。民之訛言，亦孔之將。念我獨兮，憂心京京。哀我小心，癙憂以痒。

父母生我，胡俾我瘉？不自我先，不自我後。好言自口，莠言自口。憂心愈愈，是以有侮。

憂心惸惸，念我無祿。民之無辜，并其臣僕。哀我人斯，于何從祿？瞻烏爰止，于誰之屋？

瞻彼中林，侯薪侯蒸。民今方殆，視天夢夢。既克有定，靡人弗勝。有皇上帝，伊誰云憎？

謂山蓋卑，為岡為陵。民之訛言，寧莫之懲。召彼故老，訊之占夢。具曰予聖，誰知烏之雌雄？

謂天蓋高，不敢不局。謂地蓋厚，不敢不蹐。維號斯言，有倫有脊。哀今之人，胡為虺蜴？

瞻彼阪田，有菀其特。天之扤我，如不我克。彼求我則，如不我得。執我仇仇，亦不我力。

心之憂矣，如或結之。今茲之正，胡然厲矣？燎之方揚，寧或滅之？赫赫宗周，褒姒烕之。

終其永懷，又窘陰雨。其車既載，乃棄爾輔。載輸爾載，將伯助予！

無棄爾輔，員于爾輻。屢顧爾僕，不輸爾載。終踰絕險，曾是不意？

魚在于沼，亦匪克樂。潛雖伏矣，亦孔之炤。憂心慘慘，念國之為虐。

彼有旨酒，又有嘉殽。洽比其鄰，昏姻孔云。念我獨兮，憂心慇慇。

佌佌彼有屋，蔌蔌方有穀。民今之無祿，天夭是椓。哿矣富人，哀此惸獨！

《楚辭·屈原〈九章·惜往日〉》 何芳草之早殀兮，微霜降而下戒。

又《悲回風》 吸湛露之浮源兮，漱凝霜之雰雰。【略】悲霜雪之俱下兮，聽潮水之相擊。

又《遠游》 微霜降而下淪兮，悼芳草之先零。

《楚辭·宋玉〈九辯〉》 秋既先戒以白露兮，冬又申之以嚴霜。【略】霜露慘悽而交下兮，心尚幸其弗濟。

《楚辭·東方朔〈七諫·沈江〉》 秋草榮其將實兮，微霜下而夜降。商風肅而害生兮，百草良而不長。

又《七諫·自悲》 何青雲之流瀾兮，微霜降之蒙蒙。

《楚辭·王褒〈九懷·蓄英〉》 微霜兮眇眇，病殀兮鳴蜩。

《楚辭·王逸〈九思·憫上〉》 霜雪兮漼溰，冰凍兮洛澤。

《淮南子》卷一《原道訓》 秋風下霜，倒生挫傷。

漢 劉歆《遂初賦》 《全漢文》卷四〇 薄涸凍之凝滯兮，茀谿谷之清涼。漂積雪之皚皚兮，涉凝露之降霜。揚雹霰之復陸兮，慨原泉之淩陰。激流澌之漻淚兮，窺九淵之潛淋。颭悽愴目慘怛兮，慽風漻以洌寒。

三國魏 曹植《曹子建集》卷三《迷迭香賦》 播西都之麗草兮，應青春而發暉。流翠葉于纖柯兮，結微根於丹墀。信繁華之速實兮，弗見凋于嚴霜。方暮秋之幽蘭兮，麗昆侖之芝英。既經時而收采兮，遂幽殺以增芳。去枝葉而特御兮，入綃穀之霧裳。附玉體以行止兮，順微風而舒光。

又 卷五《贈丁儀》 初秋涼氣發，亭樹微銷落。凝霜依玉除，清風飄飛閣。

三國魏 應瑒《西狩賦》《藝文類聚》卷六六 伊炎漢之建安，飛龍躍乎天衢，皇宰弈而陶運，樹匡翼而大摹，蕩無妄之氛穢，揚威靈乎八區，開九土之舊跡，暨聲教於海隅，時霜淒而淹野，寒風肅而川逝，草木紛而搖蕩，鷙鳥別而高厲，既乃揀吉日，練嘉辰，清風矢戒，屏翳收塵，於是魏公乃乘彫輅，駟飛黃，擁簫鉦，建九幢。按轡清途，颯沓風翔，於是圍網周合，雷鼓天震，千乘長羅，萬表星陳，雙翼伉旌，八校祖分，長燧電舉，高煙蔽雲，爾乃徒輿並興，方軌連質，驚飆四駭，沖禽驚溢，騁獸塞野，飛鳥蔽日，爾乃赴玄谷陵崇巒，俯掣奔猴，仰捷飛猿，雲幕被於廣野，京燎照乎平原，醴炰充給，洪施普宣。

三國魏 阮籍《阮步兵集・咏懷・其十六》 徘徊蓬池上，還顧望大梁。綠水揚洪波，曠野莽茫茫。走獸交橫馳，飛鳥相隨翔。是時鶉火中，日月正相望。朔風厲嚴寒，陰氣下微霜。羈旅無儔匹，俯仰懷哀傷。小人計其功，君子道其常。豈惜終憔悴，詠言著斯章。

晉 袁宏《北征賦》《太平御覽》卷二七 于時天高地涸，木落水凝，繁霜夜灑，勁風晨興。日曖曖其已頹，月亭亭而虛升。

晉 傅咸《傅中丞集・神泉賦》 序曰：余所居庭前有湧泉，在夏則冷，涉冬而溫。溫則水物冬生，冷則冰可以過。每夏遊之，不知歲之有暑耳。惟茲神泉，厥理難原。在冬則溫，既夏而寒。混混洋洋，載清載瀾。遂乃壇以文石，樹之柳杞。密葉雲覆，重蔭蔽沚。氣泠泠以含涼，風肅肅而恒起。于時朱明紀運，旭日馳光。鬱鬱隆暑，赫赫太陽。盥玉體於素波，身淒焉而自清。不知天時之有暑，忽謂繁霜之隕庭。逮至旻秋既逝，司寒騁節。六合蕭條，嚴風凜冽。河洛輟流，太陰凝結。彼湓湓而含凍，此灼灼而含熱。綠竹猗猗，荇藻青青。是托斯茂，是殖斯榮。

又《欵冬花賦》 余曾逐禽，登於北山。于時仲冬之月也，冰陵盈谷，積雪被崖。顧見款冬，煒然始敷，華豔春暉，既麗且殊。以堅冰爲膏壤，吸霜雪以自濡。非天然之真貴，曷能彌寒暑而不渝。

晉 傅玄《傅鶉觚集・大寒賦》 五行倏而競騖兮，四節紛而電逝。諒暑往而寒來，十二月而成歲。日月會於析木兮，重陰淒而增肅。彩虹藏於虛廓兮，鱗介潛而長伏。若乃天地凜冽，庶極氣否。嚴霜夜結，悲風晝起。飛雪山積，蕭條萬里。百川咽而不流兮，冰凍合于四海，扶木憔悴于湯谷，若華零落於濛汜。

晉 傅玄《季冬詩》《太平御覽》卷二七 季冬時慘烈，猛寒不可勝。嚴風截人耳，素雪墜地凝。林上飛霜起，波水自生冰。未夕結重衾，崇朝不敢興。

晉 夏侯湛《夏侯常侍集・秋夕哀》 秋可哀兮，哀秋日之蕭條，火迴景以西流，天既清而氣高，壤含素霜，山結玄霄，月延路以增夜，日遷行以收暉，屏絺於篋笥，納綸縞以授衣，秋可哀兮，哀新物之陳蕪，綢筱朔以斂稀，密葉摵以隕疏，雁擢翼於太清，燕蟠形乎榛墟，秋可哀兮，哀良夜之遙長，月翳翳以隱雲，時籠籠以投光，映前軒之疏幌，炤後帷之閒房，拊輕衾而不寐，臨虛檻而褰裳，感時邁以興思，情愴愴以含傷。

又 卷五《寒苦謠》 惟立冬之初夜，天慘懍以降寒。霜皚皚以被庭，冰溏瀬于井幹。草摵以疏葉，木蕭蕭以零殘。松隕葉於翠條，竹摧柯於綠竿。

晉 徐廣《秋賦》《初學記》卷三 於時招搖西建，天高氣清，飛霜凝灑，悴葉飄零。

晉 陸雲《陸士龍集》卷七《考志》 感秋林之夙暮，悲芳草之中霜。

又 卷九《答車茂安書》 季冬之月，牧事既畢，嚴霜隕而兼葭萎。

晉 謝靈運《謝康樂集・晚出西射堂詩》 曉霜楓葉丹，夕曛嵐氣陰。

南朝宋 鮑照《鮑明遠集》卷三《代白紵曲二首》 朱唇動，素腕舉，洛陽少童邯鄲女。古稱綠水今白紵，催絃急管為君舞。窮秋九月荷葉黃，北風驅雁天雨霜。夜長酒多樂未央。

又 卷五《發後渚》 江上氣早寒，仲秋始霜雪。從軍乏衣糧，方冬與家別。蕭條背鄉心，悽愴清渚發。涼埃晦平皋，飛潮隱修樾。孤光獨徘徊，空煙視昇滅。塗隨前峰遠，意逐後雲結。華志分馳年，韶顏慘驚節。推琴三起歎，聲為君斷絕。

又《從拜陵登京峴》 孟冬十月交，殺盛陰欲終。風烈無勁草，寒甚有凋松。軍井冰晝結，士馬氊夜重。晨登峴山首，霜雪凝未通。息鞍循隴上，支劒望雲峰。表裏觀地嶮，昇降究天容。東嶽覆如礪，瀛海安足窮。傷哉良永矣，馳光不再中。衰賤謝遠願，疲老還舊邦。深德竟何報，徒令田陌空。

南朝梁 江淹《講醴陵集・麗色賦》 憶雜珮兮且一欷，念錦衾兮以九傷。及沍陰凋時，冰泉凝茚。軒疊厚霜，庭澄積雪。

南朝梁 蕭綱《梁簡文帝集・雁門太守行》 輕霜中夜下，黃葉遠辭枝。

寒苦春難覺，邊城秋易知。風急旍旗斷，塗長鎧馬疲。少解孫吳法，家本幽並兒。非關買雁肉，徒勞皇甫規。

南朝梁 張率《咏霜詩》《初學記》卷二　駟見視乾度，鐘鳴測地機。秋冬交代序，朝霜白綏綏。原野生暮靄，階墀散夕霏。徘徊總嚴氣，悵望淪清輝。平臺寒月色，池水愴風威。凝陰同徂夜，遞雁獨歸飛。縈叢亂蕪絕，繁林紛已稀。貞松非受令，芳草徒具腓。

南朝梁 沈約《沈隱侯集·愍衰草賦》　愍衰草，衰草無容色。憔悴荒徑中，寒荄不可識。昔時兮春日，昔日兮春風。銜華兮佩實，垂綠兮散紅。岩陬兮海岸，冰多兮霰積。布綿密於寒皋，吐纖疏於危石。雕芳卉之九衢，霣靈茅之三脊。風急崤道難，秋至客衣單。既傷簷下菊，復悲池上蘭。飄落逐風盡，方知歲早寒。流鶯暗明燭，雁聲斷裁續。霜奪莖上紫，風銷葉中綠。秋鴻兮疏引，寒鳥兮聚飛。徑荒寒草合，草長荒徑微。園庭漸鞠沒，霜露日沾衣。

南朝梁 范雲《贈俊公道人詩》《藝文類聚》卷三　秋蓬飄秋甸，寒藻泛寒池。風條振風鄉，霜葉斷霜枝。幸及清江滿，無使明月虧。月虧君不來，相期竟悠哉。

《文選·張衡〈西京賦〉》　於是孟冬作陰，寒風肅殺。雨雪飄飄，冰霜慘烈，百卉具零，剛蟲搏摯。

《文選·張華〈雜詩〉》　晷度隨天運，四時互相承。東壁正昏中，固陰寒節升。繁霜降當夕，悲風中夜興。毛詩曰：正月繁霜。朱火青無光，蘭膏坐自凝。重衾無暖氣，挾纊如懷冰。左氏傳曰：楚子圍蕭，申公巫臣曰：師人多寒。王巡三軍，拊而勉之。三軍之士，皆如挾纊。伏枕終遙昔，寤言莫予應。永思慮崇替，慨然獨撫膺。

《文選·張協〈雜詩十首〉》　輕風摧勁草，凝霜竦高木。

《文選·成公綏〈嘯賦〉》　若夫假像金革，擬則陶匏，衆聲繁奏，若笳若簫，硠震隱，訇蓋卿嘈。發徵則隆冬熙蒸，騁羽則嚴霜夏凋，動商則秋霖春降，奏角則穀風鳴條。

北魏 佚名《吊殷比干墓文》《全後魏文》卷七　履霜以結冰兮，卒窘忠而彌濃。

北齊 尹義尚《與徐僕射書》《文苑英華》卷六八五　霜飄虎渠，距知朔野之寒。

北周 庾信《庾開府集·移虜留使文》　年月朔日，某官告配某州郡。前本欲發遣彼使。但某入境以來，國祥甫邇，自秋迄冬，未申款接。且狼星表邦，嚴霜已戒，浮河亂濟，長路苦寒。

南朝陳 沈炯《沈侍中集·武帝哀策文》　薤露落而暮日寒，玄霜凝而壟草白。

又《歸魂賦》　霜微凝而侵骨，樹裁動而風遒。

唐 釋道宣《廣弘明集》卷二〇《莊嚴旻法師成實論義疏序》　皎皎毒霜，童童苦樹，善田之苗不吐，意華之彩詎發。

又 卷二二《三藏聖教序》　萬里山川，撥煙霞而進影；百重寒暑，躡霜雨而前蹤。

唐 王勃《王子安集》卷七《冬日羈游汾陰送韋少府入洛序》　於時冰霜裂地，星象迴天。朔風動而關塞寒，明月下而樓臺曙。

又 卷九《上劉右相書》　陽事昇而雨露歸，陰駕凝而風霜厲。

唐 盧照鄰《盧升之集》卷一《秋霖賦》　覽萬物兮，竊獨悲此秋霖。風橫天而瑟瑟，雲覆海而沈沈。居人對之憂不解，行客見之思已深。若乃千井埋煙，百廛涵潦。青苔被壁，綠萍生道。於時巷無人跡，林無鳥聲。野陰霾而自晦，山幽暖而不明。長塗未半，茫茫漫漫。莫不埋輪據鞍，銜淒茹歎。借如尼父去魯，圍陳畏匡，將饑不爨，欲濟無梁。問長沮與桀溺，逢漢陰與楚狂。長櫛風而沐雨，永栖栖以遑遑。及夫屈平既放，登高一望，湛湛江水，悠悠千里。泣故國之長楸，見元雲之四起。嗟乎！子卿北海，伏波南川。金河別雁，銅柱辭鳶。關山夭骨，霜木凋年。眺窮陰兮斷地，看積水兮連天。

又 卷五《悲夫》　秋風起兮野蒼蒼，蒹葭變兮露為霜。【略】春也萬物熙熙焉，感其生而悼其死。夏也百草榛榛焉，見其盛而知其闌。秋也嚴霜降兮，殷憂者為之不樂。冬也陰氣積兮，愁顏者為之鮮歡。

唐 韋承慶《枯井賦》《文苑英華》卷四一　古桃憔顇兮無色，枯桐零落兮罷陰。霜霰積兮空園冷，荊棘攢兮荒徑深。

唐 蘇味道《咏霜詩》《初學記》卷二　金祇暮律盡，玉女暝氣歸。孕冷隨鐘徹，飄華逐劍飛。帶日浮寒景，乘風進曉威。自有貞筠質，寧將庶草腓。

唐 楊炯《楊盈川集》卷一《青苔賦》　春澹蕩兮景物華，承芳卉兮藉落花。歲崢嶸兮日雲暮，迫寒霜兮犯危露。

唐 陳子昂《陳拾遺集》卷六《堂弟孜墓志銘》 何意嚴霜兮降青春，玉樹摧落兮成黄塵。

唐 辛替否《諫造金仙玉真雨觀疏》《全唐文》卷二七二 入秋已來，亢旱成災，苗而不實，霜損蟲暴，草菜枯黄。

唐 李邕《李北海集》卷一《春賦》 冰皚皚而雪下，風颯颯而霜過。遲日一煦，挾纊胥多，遺疇歲之寒栗，襲初節之妍和，千岩為之動色，萬壑為之流波，將回轡而秦望，請舉手而豳歌。

唐 王景中《風草不留霜》《文苑英華》卷一八一 繁霜當永夜，寒草正驚風。飄素衰蘋末，流光晚蕙叢。悠揚方泛影，皎潔卻飛空。不定離披際，難凝翳薈中。低昂閒散質，肅殺想成功。獨感玄暉詠，依依此夕同。

唐 薛曜《子夜冬歌》《樂府詩集》卷四五 朔風扣羣木，嚴霜凋百草。借問月中人，安得長不老。

唐 高適《東征賦》《文苑英華》卷一二五 霜封野樹，冰凍寒苗。岸草無色，蘆花自飄。

唐 崔損《霜降賦以霜降之日，豺乃祭獸爲韻**》**《全唐文》卷四七六 天地之氣，嚴凝為霜。候高秋於玉琯，體正色於金方。表肅殺而順時戒節，協變化而開陰闔陽。激清風而增厲，淨皓月而浮光。驚鴻雁之嗷嗷，落蒹葭之蒼蒼。所以從地而升，應律而降。詠團扇而見托，班姬豈恨於長門？履堅冰以是階，袁安欲驚於陋恭。達重陰而首出，啟沍寒以先期，陰與律而相感，寒與氣而相資，百工由是休矣，萬物於焉成之。原夫日次於氐，月窮於戌，當青女以紀候，從白露以受質。洞庭之葉驚波，豐山之鐘應律，詩人可比，庶欲徹於玉壺。大國是資，亦將慚於淩室。凝於地也，似和光以同塵。凋於木也，類去華而取實。其進也，則有俟於清宵。其退也，則見□於旭日。若乃林有擊隼，野有祭豺，翻繽紛之槁葉，宿莽蒼之枯荄。烈女覩之而壯志，羈人對此而感懷。皚皚其姿，皎皎其彩，既無惡於菅蒯，亦何情於蘭茝？佐昊天之有成，參神功而不宰。笳聲乍拂，怨楊柳之衰兮。劍鍔可封，發芙蓉之厲乃。國家順乾坤之德，法天地之制布澤如春，肅物成歲。申其令以敦乎風俗，宣其威以殄厥災，服用有度，修典禮而罔差。稻熟可羞，先寢廟而攸祭。名籍籍於憲府，法棱棱於司寇，卻炎蒸而克敘四節，淒金石而率舞百獸。客有惜歲星之屢遷，傷志業而未就，獨沉吟於軒屏，望沉寥於宇宙，聞萬戶之輕砧，聽九重之永漏。近瞻庭樹，空聞槭槭而有聲。緬想澗松，誰惜青青而獨秀。夫如是，則可知霜降之候。

又《秋霜賦》 目長空以流思，偉繁霜之獨異，雖變露而成形，不憑雲以自致。向朝陽而既滅，逢夜晴而又墜，候暖而止，乘寒則飛。當鷹隼之始擊，值鴻雁之初歸。棱棱作氣，凜凜生威，比齊紈之顏色，奪楚劍之光輝。及其降池塘，被原陸，衰衆草，落羣木，萎南澗之白蘋，碎東籬之紫菊，梧桐為之失影，蕖荷為之銷馥。豈直若斯而已？徒美其威不妄作，動隨物情，因其死，者而死，保其生者而生，彫芝蘭而無怨色，拂松竹而不傷榮。譬大聖行刑，必順於時序。通賢用法，不害於堅貞。至若蒲海之居，桑河之汭，侵戰士之馬蹄，封將軍之狐毳，沾翠幕而生冷，凍朱旗而自脆，助陰氛之肅殺，壯堅冰之體勢。三冬閨閣兮貯相思，萬里江山兮苦留滯，不私於已，觸物而止。疑薄霧之初覆，似輕塵之未起，陵厲自然，嚴凝莫擬。故能發揮司寇，光揚御史，明忠臣之無事，承君子之所履。

唐 穆員《新安谷記》《文苑英華》卷八二三 秋之日，霜淒氣肅，萬象畢清。

唐 息夫牧《冬夜宴蕭十丈因餞殷郭二子西上詩序》《唐詩紀事》卷二〇 飛霜靄林，寒氣揔至，月落匝戶，夜將向晨。

唐 皇甫湜《傷獨孤賦》《全唐文》卷六八五 飛霜肅其早零兮，意慘慘而不長。

唐 崔國輔《古意》《國秀集》卷二 淨掃黄金堦，飛霜厚如雪。下簾彈箜篌，不忍見秋月。

唐 杜甫《杜工部詩集》卷一《冬日洛城北謁玄元皇帝廟》 翠柏深留景，紅梨迥得霜。風箏吹玉柱，露井凍銀牀。

又《壯游》 秋風動哀壑，碧蕙捐微芳。之推避賞從，漁父濯滄浪。榮華敵勳業，歲暮有嚴霜。

唐 孟郊《孟東野詩集》卷二《贈農人》 權爾勤耕田，盈爾倉中粟。勸爾伐桑株，減爾身上服。清霜一委地，萬草色不緑。狂飆一入林，萬葉不著木。青春如不耕，何以自結束。

唐 白居易《白香山詩集》卷一二《長恨歌》 鴛鴦瓦冷霜華重，翡翠衾寒誰與共。

又《真娘墓》 霜摧桃李風折蓮。

又 卷三一《夜招晦叔》 庭草留霜池結冰，黄昏鐘絶凍雲凝。碧氊帳上正飄雪，紅火爐前初炷燈。高調秦箏一兩弄，小花蠻榼二三升。為君更奏湘神曲，夜就儂家能不能？

又 卷三四《答夢得秋庭獨坐見贈》 林梢隱映夕陽殘，庭際蕭疏夜氣寒。霜草欲枯蟲思急，風枝未定鳥棲難。

唐 劉禹錫《劉賓客文集》卷二六《秋詞二首》 自古逢秋悲寂寥，我言秋日勝春朝。晴空一鶴排雲上，便引詩情到碧霄。

山明水淨夜來霜，數樹深紅出淺黄。試上高樓清入骨，豈如春色嗾人狂。

唐 徐敞《白露爲霜》《全唐詩》卷三一九 早寒青女至，零露結為霜。入夜飛清景，凌晨積素光。驅星初皙皙，葭菼復蒼蒼。色冒沙灘白，威加木葉黄。鮮輝襲紈扇，殺氣掩干將。葛屨那堪履，徒令君子傷。

唐 陸龜蒙《甫里集》卷六《送人罷官歸茅山》 呼僮曉拂鞍，歸上大茅端。薄俸雖休入，明霞自足餐。暗霜松粒赤，疏雨草堂寒。又鑿中峰石，重修醮月壇。

又 卷一〇《和初冬偶作寄南陽潤卿韻》 逐日生涯敢計冬，可嗟寒事落然空。窗憐返照緑書小，庭喜新霜為橘紅。

唐 顔粲《白露爲霜》《全唐詩》卷三一九 悲秋將歲晚，繁露已成霜。遍渚蘆先白，沾籬菊自黄。應鐘鳴遠寺，擁雁度三湘。氣逼襦衣薄，寒侵宵夢長。滿庭添月色，拂水斂荷香。獨念蓬門下，窮年在一方。

唐 許渾《晨裝》《全唐詩》卷五二八 帶月飯行侣，西遊闗塞長，晨雞鳴遠戍，宿雁起寒塘。雲卷四山雪，風凝千樹霜，誰家游俠子，沈醉卧蘭堂。

宋 王禹偁《小畜集》卷九《自嘲》 三月降霜花木死，九秋飛雪麥禾災。蟲蝗水旱霖淫雨，盡逐商山副使來。

宋 吴淑《事類賦》卷二《天部·霜賦》 蒹葭蒼蒼，白露爲霜。物當收縮，義取喪亡。庭樹槭以落，桑葉鬱其黄。非宜介樹，無爲檻羊。動感時之悽愴，增正月之憂傷。爾其皎潔凝條，紛披殺木，皚然皓白，凜乎慘毒。伯奇被逐以援琴，鄒衍遭讒而慟哭。既聞地升，還知露凝。房星見而衣裘具，百工休而膠漆停。至於嵊州味甘，廣延色碧，鴻鴈厲翼而南飛，鷹隼順時而始擊。於是行冬令，成婦功，覆員嶠之寒蠶，振豐山之洪鐘。亦聞鷫鴣蔽葉，崑崙運氣，知馬蹄之所踐，思葛屨之曾履。當陰氣之始凝，至堅冰而馴致。或應候而挫物，或當春而大擊。若其神爲青女，威立侯文，故不殺知其失政，夏隕表其暴君。然則道義得則時令順，夫復何云？

宋 歐陽修《文忠集》卷三《新霜二首》 天雲慘慘秋陰薄，卧聽北風鳴屋角。平明驚鳥四散飛，一夜新霜群木落。南山鬱鬱舊可愛，千仞巉巖如刻削。林枯山瘦失顔色，我意豈能無寂寞。衰顔得酒猶彊發，可醉豈須嫌酒濁。泉傍菊花方爛漫，短日寒輝相照灼。無情木石尚須老，有酒人生何不樂！

又 荒城草樹多陰暗，日夕霜雲意濃淡。長淮漸落見洲渚，野潦初清收瀲灩。蘭枯蕙死誰復弔，殘菊籬根爭黯黯。青松守節見臨危，正色凜凜不可犯。芭蕉芰荷不足數，狼藉徒能汚池檻。時行收斂歲將窮，冰雪嚴凝從此漸。咿呦兒女感時節，愛惜朱顔屢窺鑑。惟有壯士獨悲歌，拂拭塵埃磨古劍。

又 卷一〇《被牒行縣因書所見呈寮友》 周禮恤凶荒，軺車出四方。土龍朝祀雨，田火夜驅蝗。木落孤村迥，原高百草黄。亂鴉鳴古堞，寒雀聚空倉。桑野人行饁，魚陂鳥下梁。晚烟茅店月，初日棗林霜。墐戶催寒候，叢祠禱歲穰。不妨行覽物，山水正蒼茫。

《新唐書》卷三五《五行志二》 咸通七年，童謡曰：草青青，被嚴霜，鵲始後，看顛狂。

宋 邵雍《擊壤集》卷一四《霜露吟》 天地有潤澤，其降也瀼瀼。暖則為湛露，寒則為繁霜。為露萬物悦，為霜萬物傷。二物本一氣，恩威何照彰。

宋 蘇軾《東坡全集》卷四《吴中田婦嘆和賈收韻》 今年粳稻熟苦遲，庶見霜風來幾時。霜風來時雨如瀉，杷頭出菌鐮生衣。眼枯淚盡雨不盡，忍見黄穗卧青泥。茆苫一月壠上宿，天晴穫稻隨車歸。汗流肩赬載入市，價賤乞與如糠粃。賣牛納税拆屋炊，慮淺不及明年飢。官今要錢不要米，西北萬里招羌兒。龔黄滿朝人更苦，不如却作河伯婦。

又 卷三三《後赤壁賦》 是歲十月之望，步自雪堂，將歸於臨皐。二客從予，過黄泥之阪。霜露既降，木葉盡脱，人影在地，仰見明月。顧而樂之，行歌相答。已而歎曰：『有客無酒，有酒無肴；月白風清，如此良夜何？』客曰：『今者薄暮，舉網得魚，巨口細鱗，狀如松江之鱸。顧安所得酒乎？』歸而謀諸婦。婦曰：『我有斗酒，藏之久矣，以待子不時之需。』於是携酒與魚，復游於赤壁之下。江流有聲，斷岸千尺，山高月小，水落石出。曾日月之幾何，而江山不可復識矣。予乃攝衣而上，履巉岩，披蒙茸，踞虎豹，登虬龍，攀棲鶻之危巢，俯馮夷之幽宮。蓋二客不能從焉。劃然長嘯，草木震動，山鳴谷應，風起水湧。予亦悄然而悲，肅然而恐，凛乎其不可留也。反而登舟，放乎中流，聽其所止而休焉。時夜將半，四顧寂寥。適有孤鶴，橫江東來，翅如車輪，玄裳縞衣，戛然長鳴，掠餘舟而西也。須臾客去，予亦就睡。夢一道士，羽衣翩躚，過臨皋之下，揖予而言曰：『赤壁之遊樂乎？』問其姓名，俛而不答。嗚呼噫嘻！我知之矣。疇昔之夜，飛鳴而過我者，非子也耶？道士顧笑，餘亦驚悟。開戶視之，不見其處。

宋 張耒《柯山集》卷二六《絶句九首》 天高列岫出林外，霜落大江流地中。晚日橋邊數歸牧，牛羊部分聽兒童。

樹頭三唱雞賓日，門外斜行鴈寄書。十月江城霜霰薄，滿山林葉亂藍朱。

曉起山鴉噪作團，西園霜木倚空寒。風高斷鴈呼前伴，雨止歸雲赴舊山。

千林黃葉總飛霜，寂歷疎梅未肯粧。誰信輪囷臥山木，心知九地有微陽。

空山風雨冷蓬茅，晨起幽人理緼袍。深閉衡門且無出，濕雲如墨怒江號。

老去不禁茶力悍，兩甌破盡五更眠。月團三百真魔物，欲乞當壚當酒錢。

讀書老眼苦眵昏，茗飲無端遣夢魂。到處相逢真可喜，祗應酒是好知聞。

黃葉桑林赤土岡，蓬茅小逕度牛羊。似聞流乞之唐汝，歎息何人為發倉。黃累年旱饑，流民就食唐汝。

歲弊寒驕風落山，卧聽園木怒濤翻。去年慈德門東雪，永夜宮廊喝探喧。去年春大雪中，予以禮官奉欽聖喪事入宿內，東門凡數十鋪，直廬宮吏達旦不能寐。

宋 崔敦禮《宮教集》卷一《種松賦》 然皆摧折於飛雪之後，憔悴於嚴霜之辰。隨寒暑以同化，與糞壤以俱淪。

宋 楊萬里《誠齋集》卷一四《霜曉》 荒荒瘦日作秋暉，稍稍微暄破曉霏。只有江楓偏得意，夜挼霜水染紅衣。

宋 陸游《劍南詩稿》卷二一《重陽》 照江丹葉一林霜，折得黃花更斷腸。商略此時須痛飲，細腰宮畔過重陽。

元 楊維楨《鐵崖古樂府》卷一《履霜操》 霜鮮鮮兮草戔戔，兒獨履兮兒宿野田。衣荷之葉兮葉易穿，採楟花以為食兮不下咽。嗟兒天父兮天胡有偏，我不父順兮寧不兒憐。履晨霜兮泣吾天。

元 馬臻《霞外詩集》卷五《飛霜歌》 飛霜悴百草，芳蘭亦委柯。縱欲努舊力，奈此寒風何！在昔結花初，豈不受春多。恥隨桃李場，托跡空山阿。四時有代謝，陽豔忽已過。熏蕕苦不辨，一體同消磨。不如牡丹根，密幄相遮羅。傷心復傷心，傷此《飛霜歌》。

明 王稺登《霜寒》《御選宋金元明四朝詩》卷九八 烈烈瓦溝霜，他鄉草木黃。合歡牀上被，一半冷鴛鴦。

明 史明古《惜潛賦》《明文海》卷三三 秋風蕭條夕起兮，白露變而為霜。原野寂寥無色兮，草木為之不芳。

明 樊鵬《乞者賦》《明文海》卷三七 霜飈嚴肅，萬物凋殘。

清 愛新覺羅・玄燁《初寒》《清文穎》卷六 灑雪凝霜正渺漫，曉來朔色滿林巒。何當吹遍鄒陽律，盡卻人間黍谷寒。

又《曉寒念將士》 長河凍結朔風攢，帶甲橫戈未即安。每見霜華侵曉月，最憐將士不勝寒。

清 愛新覺羅・允祕《霜柳》《清文穎》卷七〇 瑟瑟微颸度柳寒，霜摧落葉滿溪灘。烟浮遠岸秋容淡，風過疎林碧縷殘。

幾處青山空暮靄，一灣碧澗自清瀾。迴思旖旎三春日，倏忽經今不忍看。

雜録

《逸周書》卷六 霜降之日，豺乃祭獸。

三國魏 王肅《孔子家語》卷六《本命解》 霜降而婦功成，嫁娶者行焉。

晉 崔豹《古今注》卷中《鳥獸》 南方有鳥名鷓鴣，自呼其名。常向日而飛，畏霜露，早晚稀出。有時夜飛，飛則以樹葉覆背。

唐 瞿曇悉達《開元占經》卷一〇《日占六・日六甲蝕三》 《春秋潛潭巴》曰：『甲申日蝕，蟲，四月大霜。』【略】《春秋潛潭巴》曰：『壬辰日蝕，河決海溢，久霜連陰。』【略】《春秋潛潭巴》曰：『乙卯日蝕，雷不行，霜不行，殺草長人入宮。』

又 卷三八《填星占一・填星盈縮失行五》 京房曰：『人君內無仁義，外多華飾，則填星失度，東西叛逆；不救，必憂霜雪；其救也，治社稷明常，近方直，親厚重之人，災消矣。』《荊州占》曰：不救，有雷雹、山崩、地坼之災也。

又 卷九六《雲氣犯列宿占・天高》 白氣出天高，早霜傷稼。

寒冬及其他低温灾害部

題解

《呂氏春秋》卷三《季春紀・盡數》 大寒、大熱、大燥、大溼、大風、大霖、大霧，七者動精則生害矣。

《説文解字》卷七《宀部・寒》 胡安切。凍也。从人在宀下，以茻薦覆之，下有仌。

漢 劉熙《釋名》卷一《釋天》 陰，陰也，氣在內奧蔭也。

又 寒，捍也，捍格也。

又 氛，粉也。潤氣著草木，因寒凍凝，色白若粉之形也。

明 郎瑛《七修類稿》卷五《天地類・木冰》 木冰者，雨及木而凝冰。諺云：木稼也。《洪範五行傳》謂之木斤，主兵甲。范氏謂之木介。介，甲也，亦兵甲之象。《春秋》成公十六年雨木冰。何休曰：木者少陽。幼君之象；冰者凝陰。兵之類也。君臣將執於兵之徵。馬氏《通考》曰：木冰者，乃寒脇木而成冰，妖不在木也；冰花者，乃冰有異而成花，妖不在花也。予意《洪範傳》、范氏解，恐皆未當；何休之註，因後有沙隨苕丘之事之故，若《通考》雖得其理，而未申明其義。夫雨也，冰也，成花凝木也。皆氣以致之。極陰之氣，凌脇於木，則木為受害，故不在木與花。五行之占，木為少陽，劉向謂貴臣卿大夫之象是也。又諺云：木生稼，達官怕，亦斯之意。成化丙戌冬，京都初霧下，少頃，草木皆白，移時則枝柯皆玲瓏如花矣。明春李文達公卒。此非其驗與？

明 謝肇淛《五雜俎》卷一《天部一》 《春秋》書『雨水冰』。蓋陰霧凝封樹上，連日不開，凍而成冰，人拆取之，枝葉皆具，謂之『樹介』，亦謂『木稼』。俗言『木雨稼，達官怕。』唐永徽、宋元豐中皆有此異，卒有牝雞、新法之禍。萬曆丁丑，余在楚，亦一見之。時江陵不奔喪，斥逐言官，卒天下多故，是其應也。

清 段玉裁《説文解字注》卷七《宀部・寒》 凍也。

凍當作冷。十一篇曰。凍、仌也。冷、寒也。此可證矣。釋名曰。寒、捍也。捍、格也。左傳寒盟。寒者、尋之反。尋卽燅字。

从人在宀下。从茻。上下爲覆。

《康熙字典》寅集上《宀字部・寒》 《説文》東也。本作　。从人在宀下，从茻薦覆之，下有仌。仌，水也。隸省作寒。《釋名》寒，捍也。捍，格也。《玉篇》冬時也。《易・繫辭》日月運行，一寒一暑。《書・洪範》庶徵曰燠，曰寒。《傳》燠以長物，寒以成物。又司寒，水神。《左傳・昭四年》黑牡秬黍，以享司寒。《註》司寒，玄冥，水神也。

又《周語》火見而清風戒寒。《荀悅・申鑒》下有寒民，則上不具服。又窮窘也。《史記・范睢傳》范叔一寒至此哉。《宋史・陳同甫傳》畸人寒士皆賴之。又國名，在北海，平壽縣東寒亭。《史記・夏本紀》伯明氏之讒子寒浞封國。又姓。漢博士寒朗。又叶胡田切，音賢。《楚辭・天問》何所冬暖，何所夏寒。焉有石林，何獸能言。又叶側鄰切，音眞。《歐陽修・答韓子華詩》後又沈下位，惡去善乃伸。家至與戶到，飽饑而衣寒。

論説

《晏子春秋》卷二《内篇諫下・景公爲履而飾以金玉晏子諫第十三》

景公為履，黃金之綦，飾以銀，連以珠，良玉之絇，其長尺。冰月服之以聽朝。

晏子朝，公迎之，履重，僅能舉足。問曰：『天寒乎？』

晏子曰：『君奚問天之寒也？古聖人製衣服也，冬輕而暖，夏輕而清。今君之履，冰月服之，是重寒也。履重不節，是過任也。失生之情矣。故魯工不知寒溫之節，輕重之量，以害正生，其罪一也；作服不常，以笑諸侯，其罪二也；用財無功，以怨百姓，其罪三也。請拘而使吏度之。』公苦，請釋之。

晏子曰：『不可。嬰聞之，苦身為善者，其賞厚；苦身為非者，其罪重。』公不對。晏子出，令吏拘魯工，令人送之境，使不得入。公撤履，不復服也。

又 卷五《内篇雜・景公問東門無澤年穀而對以冰晏子請罷伐魯第十七》 景公伐魯，傅許，得東門無澤，公問焉：『魯之年穀何如？』對曰：

『陰水厥，陽冰厚五寸。』不知，以告晏子。

晏子對曰：『君子也。問年穀，而對以冰，禮也。陰水厥，陽冰厚五寸者，寒溫節，節則刑政平，平則上下和，和則年穀熟。年充眾和而伐之，臣恐罷民弊兵，不成君之意。請禮魯以息吾怨，遣其執，以明吾德。』公曰：『善。』迺不伐魯。

《呂氏春秋》卷二《仲春紀・仲春》 仲春行秋令，則其國大水，寒氣總至，寇戎來征。行冬令，則陽氣不勝，麥乃不熟，民多相掠。行夏令，則國乃大旱，煖氣早來，蟲螟爲害。

又 卷三《季春紀・季春》 季春行冬令，則寒氣時發，草木皆肅，國有大恐。行夏令，則民多疾疫，時雨不降，山陵不收。行秋令，則天多沈陰，淫雨早降，兵革並起。

又《盡數》 二曰：天生陰陽寒暑燥溼，四時之化，萬物之變，莫不爲利，莫不爲害。聖人察陰陽之宜，辨萬物之利以便生，故精神安乎形，而年壽得長焉。長也者，非短而續之也，畢其數也。畢數之務，在乎去害。何謂去害？大甘、大酸、大苦、大辛、大鹹，五者充形則生害矣。大喜、大怒、大憂、大恐、大哀，五者接神則生害矣。大寒、大熱、大燥、大溼、大風、大霖、大霧，七者動精則生害矣。故凡養生，莫若知本，知本則疾無由至矣。

《春秋穀梁傳・成公十六年》 經：十有六年春，王正月，雨，木冰。

傳：雨而木冰，志異也。傳曰，根枝折。

《春秋公羊傳・成公十六年》 經：十有六年春，王正月，雨，木冰。

傳：雨木冰者何？雨而木冰也。何以書？記異也。

《漢書》卷二七上《五行志上》 春秋成公十六年『正月，雨，木冰』。劉歆以爲上陽施不下通，下陰施不上達，故雨，而木爲之冰，雰氣寒，師古曰：『雰音紛。』木不曲直也。劉向以爲冰者陰之盛而水滯者也，木者少陽，貴臣卿大夫之象也。此人將有害，則陰氣脅木，木先寒，故得雨而冰也。是時叔孫喬如出奔，公子偃誅死。師古曰：『叔孫喬如，叔孫宣伯也，通於宣公夫人穆姜，謀欲作亂，不克而出奔齊。公子偃，宣公庶子，成公弟也，豫喬如之謀，故見誅。事並在十六年冬。』一曰，時晉執季孫行父，又執公，此執辱之異。師古曰：『行父，季文子也。十六年秋，公會晉侯于沙隨，晉受喬如之譖而止公。是年九月，又信喬如之譖而執行父也。』或曰，今之長老名木冰爲『木介』。介者，甲。甲，兵象也。是歲晉有鄢陵之戰，楚王傷目而敗。師古曰：『晉楚戰于鄢陵，呂錡射恭王中目。鄢陵，鄭地。』屬常雨也。

又 嚴公二十八年『冬，大亡麥禾』。董仲舒以爲夫人哀姜淫亂，師古曰：『哀姜，莊公夫人，齊女也。』逆陰氣，故大水也。劉向以爲水旱當書，不書水旱而曰『大亡麥禾』者，土氣不養，稼穡不成者也。是時，夫人淫於二叔，內外亡別，師古曰：『二叔，謂莊公二弟仲慶父及叔牙。』又因凶飢，一年而三築臺，師古曰：『謂三十一年春築臺于郎，夏築臺于薛，秋築臺于秦也。郎、薛、秦，皆魯地也。』故應是而稼穡不成，飾臺榭內淫亂之罰云。遂不改寤，四年而死，師古曰：『莊公三十二年薨，距大無麥禾，凡四歲也。』旤流二世，師古曰：『謂子般及閔公，皆殺死。』奢淫之患也。

又 卷二七中之上《五行志中之上》 謀，時寒若；聖，時風若。師古曰：『凡言時者，皆謂行得其道，則寒暑風雨以時應而順之。』咎徵：師古曰：『言惡行之驗。』曰狂，恆雨若；僭，恆陽若；應劭曰：『僭，僭差。』舒，恆奧若；急，恆寒若；霿，恆風若。』服虔曰：『霿音人傋霿。』應劭曰：『人君殼霿鄙吝，則風不順之也。』師古曰：『凡言恆者，謂所行者失道，則寒暑風雨不時，而恆久爲災也。霿音莫豆反。傋殼，並音構，又音寇。』

又 卷二七中之下《五行志中之下》 傳曰：『聽之不聰，是謂不謀，厥咎急，厥罰恆寒，厥極貧。時則有鼓妖，時則有魚孽，時則有豕禍，時則有耳痾，時則有黑眚黑祥。惟火沴水。』

『聽之不聰，是謂不謀』，言上偏聽不聰，下情隔塞，則不能謀慮利害，失在嚴急，故其咎急也。盛冬日短，寒以殺物，政促迫，故其罰常寒也。寒則不生百穀，上下俱貧，故其極貧也。君嚴猛而閉下，臣戰栗而塞耳，則妄聞之氣發於音聲，故有鼓妖。寒氣動，故有魚孽。雨以龜爲孽，服虔曰：『多雨則龜多出。』龜能陸處，非極陰也；魚去水而死，極陰之孽也。於易坎爲豕，豕大耳而不聽察，聽氣毀，故有豕禍也。一曰，寒歲豕多死，及爲怪，亦是也。及人，則多病耳者，故有耳痾。水色黑，故有黑眚黑祥。凡聽傷者病水氣，水氣病則火沴之。其極貧者，順之，其福曰富。劉歆聽傳曰有介蟲孽也，庶徵之恆寒。劉向以爲春秋無其應，周之末世舒緩微弱，政在臣下，奧煖而已，故籍秦以爲驗。師古曰：『籍，假借。』秦始皇帝即位尚幼，委政太后，太后淫於呂不韋及嫪毐，師古曰：『嫪或音居虯反。嫪，姓也。毐，名也。許慎說以爲『嫪毐，士之無行者』。嫪音郎到反。毐音烏改反。與今史記、漢書本文不同，且摎樂之姓，又非嫪也，故當依本字以讀。』封毐爲長信侯，以太原郡爲毐國，宮室苑囿自恣，政事斷焉。故天冬雷，以見陽不禁閉，以涉危害，舒奧迫近之變也。始皇既冠，毐懼誅作亂，始皇誅之，斬首數百級，大臣二十人，皆車裂以徇，夷滅其宗，遷四千餘家於房陵。是歲四月，寒，民有凍死者。數年之間，緩急如此，寒奥輒應，此其效也。劉歆以爲大雨雪，及未當雨雪而雨雪，及大雨雹，隕霜殺叔草，皆常寒之罰也。劉向以爲常雨屬貌不恭。京房《易傳》曰：『有德遭險，茲謂逆命，厥異寒。誅過深，當奥而寒，盡六日，亦爲雹。害正不誅，茲謂養賊，寒七十二日，殺蜚禽。師古曰：『蜚讀曰飛。』道人始去茲謂傷，服虔曰：『有道之人去。』其寒物無霜而死，涌水出。戰不量敵，茲謂辱命，其寒雖雨物不茂。聞善不予，厥咎聾。』

《後漢書》卷二五《魯恭傳》 夫陰陽之氣，相扶而行，發動用事，各有時節。若不當其時，則物隨而傷。王者雖質文不同，而茲道無變，四時之政，行之若一。月令，周世所造，而所據皆夏之時也，其變者唯正朔、服色、犧牲、徽號、器械而已。故曰：『殷因於夏禮，周因於殷禮，所損益可知也。』易曰：『潛龍勿用。』言十一月、十二月陽氣潛臧，未得用事。雖煦嘘萬物，養其根荄，而猶盛陰在上，地凍水氷，陽氣否隔，閉而成冬。故曰：『履霜堅氷，陰始凝也。馴致其道，至堅氷也。』言五月微陰始起，至十一月堅氷至也。

夫王者之作，因時爲法。孝章皇帝深惟古人之道，助三正之微，定律著令，異承天心，順物性命，以致時雍。然從變改以來，年歲不熟，穀價常貴，人不寧安。小吏不與國同心者，率入十一月得死罪賊，不問曲直，便即格殺。雖有疑罪，不復讞正。一夫吁嗟，王道爲虧，況於衆乎？易十一月『君子以議獄緩死』，可令疑罪使詳其法，大辟之科，盡冬月乃斷。其立春在十二月中者，勿以報因如故事。

《晋書》卷二九《五行志下》 庶徵之恒寒，劉歆以爲大雨雪，及未當雨雪而雨雪，及大雨雹，隕霜殺菽草，皆恒寒之罰也。京房《易傳》曰：『有德遭險茲謂逆命，厥異寒。誅罰過深，當燠而寒，盡六日，亦爲雹。害正不誅茲謂養賊，寒七十二日，殺飛禽。道人始去茲謂傷，其寒，物無霜而死，涌水而出。戰不量敵茲謂辱命，其寒，雖雨物不茂。聞善不予，厥咎聾。』

唐 瞿曇悉達《開元占經》卷九《日占五・日蝕而寒風雨雹雷十六》 京氏曰：『日食已而寒，饑，陰疾，多喪。』京氏曰：『日大寒，饑病非一處，蝕陽下，平旦蝕，發于闕對蝕從外，后中國大饑，盜賊群君，夷狄動心，后九年諸侯亂。闕。京氏曰：『日蝕，白氣先出半天乃蝕，五色，至大寒黑貫日，有旋風，闕。

又 卷一〇一《冰》 《地鏡》曰：『冰以春冰，有兵，其歲不成；冰夏冰，胡兵將起，人民無病而死，大饑，民流；秋冰，下臣憂，大兵起。』《左傳》：『成公十六年春正月，雨木冰，寒過節，冰著樹也。』《穀粱傳》曰：『陰陽失度，時寒過節，雨而木冰，志異也，根枝折。』《墨子》曰：『三苗大亂，天命殛之，夏冰。』京房曰：『夏水冰凍者，國君有疾病，民流亡，五穀不成，人民饑。』《說苑》曰：『秦始皇即位，夏凍。』《地鏡》曰：『水三月至八月忽有冰者，大兵喪。』《漢書五行志》曰：『劉歆云：陽強不下通，陰弛不上達，故雨而木為冰。木，曲直也。劉向以為：水，陰之隆；木，少陽，貴臣象。此人將有害，則陰氣脅木。叔孫喬如出奔，公子偃誅死，公見執辱之異也。』或曰：『長老名木，水為木介，介甲兵象也。』《晉中興書》曰：『大興三年二月，雨木冰，其后有王敦之難。』京房《易候》曰：『夏而凍，其鄉有流亡。』《地鏡》曰：『水冬不冰，易王，或饑兵。』

又《寒》 京房曰：『有德遭險，茲謂逆命，厥異寒。』《洪範五行傳》曰：『聽之不聽，是謂不謀，厥罰恒寒。』《晉中興書》曰：『大興四年冬，大寒，民凍死。是時，王敦肆亂而天子不能禁，任意，專殺戮，及忠良。』京房《易候》曰：『夏有遺冬，人民行訴；夏而欠寒，其國有急；冬而不凍澤，其鄉有疾疫；冬至后十日不凍者，人君不行，刑不嚴；一曰：緩死罪，不誅。』

綜述

宋 陳旉《農書》卷上《天時之宜篇第四》 四時八節之行，氣候有盈縮踦贏之度。五運六氣所主，陰陽消長有太過不及之差。其道甚微，其效甚著。蓋萬物因時受氣，因氣發生，理固不易測也。若仲冬而李梅實，季秋而昆蟲不蟄藏，類可見矣。天反時爲災，地反物爲妖。災妖之生，不虛其應者，氣類召之也。陰陽一有愆忒，則四序亂而不能生成萬物。寒暑一失代謝，既節候差而不能運轉一氣。

宋 范祖禹《范太史集》卷一四《乞不限人數收養貧民札子》十二月二十日 臣伏見陛下以今冬大寒，異於常年，聖心憂軫，救恤小民，無所不至，近又出禁中錢十萬貫以賜貧民，此誠博施濟衆，堯舜之仁也。《禮記》曰：『財聚則人散，財散則人聚。』臣知此財一散，而人心皆聚於朝廷矣。古之聖人未有不矜恤孤窮者。堯命舜，舜命禹，皆以四海困窮爲託，《書》稱『不虐無告，不廢困窮，惟帝堯能之。』蓋置而不恤，則是虐之矣，棄而不養，則是廢之矣。伊尹稱湯曰：『先王子惠困窮。』周公曰：『文王懷保小民，惠鮮鰥寡。』孟子曰：『文王發政施仁，必先鰥寡孤獨。』夫聖人養天下之民，使貧者不至失所，則不貧者自安。是故古者爲政，必先恤困窮之民。國朝祖宗以來，惠恤孤貧，仁政非一。每遇大雨雪，則放公私房錢，以至糶米、賣炭、散錢，死者則賜錢瘞埋，惠及存歿。近日朝廷無不舉行，而又發内帑之錢，降非常之恩，德澤之厚，無以加矣。陛下勤恤小民如此，而臣忝在左右，竊思有可以少補聖政之萬一者，忍默而不言哉？古者鰥寡孤獨廢疾皆有養，既養之，則不至於凍餒而死。朝廷自嘉祐以前，諸路有廣惠倉以救恤孤貧，京師有東西福田院以收養老幼廢疾。至嘉祐八年十二月，又增置城南北福田，共爲四院，此乃古之遺法也。然每院止以三百人爲額。臣竊以爲京師之衆，孤窮者不止千二百人。又朝廷每遇大冬盛寒，則臨時降旨救恤，雖仁恩溥博，然民已凍餒，死損者衆。夫救饑於未饑之時，先爲之法，則人不至於飢死；救寒於未寒之時，預爲之備，則人不至於凍死。今每歲收養，與臨時救濟，二者等爲費用，不若多養之爲善也。臣愚以爲宜於四福田院增盖官屋，以處貧民，不限人數，並依舊法收養。委左右廂提舉使臣，每至冬月，多設方畧救濟，或給米豆，設糜粥，不必專散見錢。其使臣存活到人數，書爲課績，量與酬奬，死損多者，亦立殿罰。如四廂使臣提舉難徧，即委吏部臨時更選差使臣四員，相兼提舉，量與添給，仍理爲重難短使，存活死損殿最亦依四廂使臣法。其天下廣惠倉，竊慮州縣不以爲急，乞更申明成法，每歲以時舉行。委逐路監司丁寧行下所屬州縣，及因巡歷案視，或於逐州別差官點檢，使知朝廷掛意。令官吏用心振恤，須要實惠及貧民，不得輕易以爲末事。畿内諸縣，亦乞令擘畫官屋，依京師收養，無令遠者聚於都下。重立條禁，以絶主掌支散之人減刻之弊。如此，則物不虚費，而所活益多矣。國家富有四海，每歲用係省錢一二萬緡，於租賦之入，無異海水之一勺，而饑窮之人日得食錢之資，升合之米，則不死矣。此乃爲國者所當用，王政之所先也。況朝廷幸不惜費，唯更增修舊法，推廣祖宗仁政，以副陛下惨怛愛民之意，夫何難哉！臣竊惟陛下近日所行萬萬於此，而臣之所陳，事乃至微。然古之聖人，莫不以此爲先務，所以拯生民之性命，其法不可不備也。如臣言稍有可采，伏乞詳酌施行。取進止。

貼黄：臣竊見四福田院條制，逐院每年特與僧一名、紫衣行者三人剃度，推恩至厚，而所養人數不多。今若增添人，其恩澤亦乞詳酌立定分數，每存活若干人，即與剃度一名；如死損及若干人，即減剃度一名。所貴各務存養人命。

傳記

《漢書》卷七一《于定國傳》 于定國字曼倩，東海郯人也。師古曰：『郯音談。』其父于公爲縣獄史，郡決曹，決獄平，羅文法者于公所決皆不恨。師古曰：『羅，罹也，遭也。』郡中爲之生立祠，號曰于公祠。【略】

甘露中，代黄霸爲丞相，封西平侯。三年，宣帝崩，元帝立，以定國任職舊臣，敬重之。時陳萬年爲御史大夫，與定國並位八年，論議無所拂。師古曰：『言不相違戾也。拂音佛。』後貢禹代爲御史大夫，數處駮議，師古曰：『言與定國不同。』定國明習政事，率常丞相議可。師古曰：『天子皆可定國所言。』然上始即位，關東連年被災害，民流入關，言事者歸咎於大臣。師古曰：『言事者謂上書陳事也。』上於是數以朝日引見丞相、御史，師古曰：『五日一聽朝，故云朝日也。』入受詔，條責以職事，曰：『惡吏負賊，妄意良民，師古曰：『賊發不得，恐負其殿，故妄疑善人，致其罪也。』至亡辜死。或盜賊發，吏不亟追而反繫亡家，師古曰：『亟，急也。不急追賊，反禁繫失物之家。』後不敢復告，以故寖廣。師古曰：『寖，漸也。』民多冤結，州郡不理，連上書者交於闕廷。二千石選舉不實，是以在位多不任職。師古曰：『謂令長丞尉。』民田有災害，吏不肯除，收趣其租，以故重困。師古曰：『趣讀曰促。重音直用反。』關東流民飢寒疾疫，已詔吏轉漕，虚食廩開府臧相振救，賜寒者衣，至春猶恐不贍。師古曰：『贍，足也。』今丞相、御史將欲何施以塞此咎？師古曰：『塞，補也。』悉意條狀，陳朕過失。』師古曰：『悉，盡也。』定國上書謝罪。

永光元年，春霜夏寒，日青亡光，上復以詔條責曰：『郎有從東方來者，言民父子相棄。師古曰：『以遭飢饉不能相養。』丞相、御史案事之吏匿不言邪？將從東方來者加增之也？何以錯繆至是？師古曰：『錯，互也。繆，違也。謂吏及東方人言不相同也。』欲知其實。方今年歲未可預知也，即有水旱，其憂不細。公卿有可以防其未然，救其已然者不？各以誠對，師古曰：『言能防救已不，宜各以實對。』毋有所諱。』定國惶恐，上書自劾，歸侯印，乞骸骨。上報曰：『君相朕躬，不敢怠息，師古曰：『息謂自休息。』萬方之事，大錄于君。師古曰：『大錄，總錄也。』能毋過者，其唯聖人。方今承周秦之敝，俗化陵夷，師古曰：『言頹替也。』民寡禮誼，陰陽不調，災咎之發，不爲一端而作，自聖人推類以記，不敢專也，況於非聖者乎！師古曰：『非聖者謂常人。』日夜惟思所以，未能盡明。師古曰：『所以，所由也。言何由致此災。』經曰：『萬方有罪，罪在朕躬。』師古曰：『此論語堯曰篇載殷湯伐桀告天之辭。』君雖任職，何必顓焉？師古曰：『顓與專同。事不專由君也。』其勉察郡國守相［羣］牧，非其人者毋令久賊民。永執綱紀，務悉聰明，強食慎疾。』師古曰：『悉，盡也。』定國遂稱篤，固辭。上乃賜安車駟馬、黃金六十斤，罷就第。數歲，七十餘薨，謚曰安侯。

紀事

《漢書》卷一〇《成帝紀》［陽朔］二年春，寒。詔曰：『昔在帝堯立羲、和之官，應劭曰：『尚書堯典曰『乃命羲、和』。羲氏、和氏世掌天地之官。』命以四時之事，令不失其序。故書云『黎民於蕃時雍』，應劭曰：『黎，衆也。時，是也。雍，和也。言衆民於是變化，用是太和也。』韋昭曰：『蕃，多也。』師古曰：『此虞書堯典之辭也。今尚書作變，而此紀作蕃，兩說並通。蕃音扶元反。』明以陰陽爲本也。今公卿大夫或不信陰陽，薄而小之，師古曰：『謂爲輕小之事也。』所奏請多違時政。李奇曰：『時政，月令也。』傳以不知，周行天下，如淳曰：『在位者皆不知陰陽時政，轉相因，故令後人遂不知也。』師古曰：『如說非也。言遞相因循，以所不知之事施設教命，周徧天下。』而欲望陰陽和調，豈不謬哉！其務順四時月令。』

又 卷二七上《五行志上》 春秋成公十六年『正月，雨，木冰』。

又 卷二七中之下《五行志中之下》 武帝元狩元年十二月，大雨雪，民多凍死。

又 元鼎三年三月水冰，四月雨雪，關東十餘郡人相食。

又 建昭四年三月，雨雪，燕多死。

又 陽朔四年四月，雨雪，燕雀死。

又 卷九四《匈奴傳上・兒單于》 又兒單于立，漢使兩使，一人弔單于，一人弔右賢王，欲以乖其國。**【略】** 其冬，匈奴大雨雪，畜多飢寒死，而單于年少，好殺伐，國中多不安。

又 貳師在匈奴歲餘，衛律害其寵，會母閼氏病，律飭胡巫言先單于怒，曰：『胡攻時祠兵，常言得貳師以社，今何故不用？』於是收貳師，貳師罵曰：『我死必滅匈奴！』遂屠貳師以祠。會連雨雪數月，畜產死，人民疫病，穀稼不孰，單于恐，為貳師立祠室。

又《壺衍鞮單于》［本始二年］其冬，單于自將萬騎擊烏孫，頗得老弱，欲還。會天大雨雪，一日深丈餘，人民畜產凍死，還者不能什一。

又 卷九九中《王莽傳中》［新莽天凤三年］三年二月乙酉，地震，大雨雪，關東尤甚，深者一丈，竹柏或枯。

《後漢書》卷七三《公孫瓚傳》 中平中，以瓚督烏桓突騎車騎將軍張溫討涼州賊。**【略】** 時多雨雪，隊阬死者十五六，虜亦飢困，遠走柳城。

又《五行志三・大寒》 庶徵之恆寒。

靈帝光和六年冬，大寒，北海、東萊、琅邪井中冰厚尺餘。袁山松書曰：『是時羣賊起，天下始亂。』讖曰：『寒者，小人暴虐，專權居位，無道有位，適罰無法，又殺無罪，其寒必暴殺。』

獻帝初平四年六月，寒風如冬時。袁山松書曰：『時帝流遷失政。』養奮對策曰：『當溫而寒，刑罰慘也。』

《宋書》卷三〇《五行志一・木不曲直》 魏文帝黃初六年正月，雨，木冰。按劉歆說，木不曲直也。劉向曰：『冰者陰之盛，木者少陽，貴臣象也。此人將有害，則陰氣脅木，木先寒，故得雨而冰也。』是年六月，利成郡兵蔡方等殺太守徐質，據郡反，多所脅略，并聚亡命。遣二校尉與青州刺史共討平之。太守，古之諸侯，貴臣有害之應也。一說以木冰爲甲兵之象。是歲，既討蔡方，又八月，天子自將以舟師征吳，戎卒十餘萬，連旍數百里，臨江觀兵。

晉元帝太興三年二月辛未，雨，木冰。後二年，周顗、戴淵、刁協、劉隗皆遇害，與春秋同事，是其應也。一曰，是後王敦攻京師，又其象也。

晉穆帝永和八年正月乙巳，雨，木冰。是年，殷浩北伐，明年，軍敗，十年，廢黜。又曰，荀羨、殷浩北伐，桓溫入關之象也。

晉孝武帝太元十四年十二月乙巳，雨，木冰。明年二月，王恭爲北蕃；八月，庾楷爲西蕃；九月，王國寶爲中書令，尋加領軍將軍；十七年殷仲堪爲荊州。雖邪正異規，而終同摧滅，是其應也。一曰，苻堅雖敗，關、河未一，丁零鮮卑，侵略司、兖，竇揚勝扇逼梁、雍，兵役不已，又其象也。

又 卷三三《五行志四·恒寒》 庶徵之恒寒，劉歆以爲『大雨雪、及未當雨雪而雨雪、及大雨雹、隕霜殺菽草，皆常寒之罰也』。京房《易傳》曰：『有德遭險，茲謂逆命。厥異寒。誅罰過深，當燠而寒，盡六日，亦爲雹。害正不誅，茲謂養賊。寒七十二日，殺飛禽。道人始去，茲謂傷。其寒物無霜而死，涌水出。戰不量敵，茲謂辱命。其寒雖雨物不茂。』

又 卷三四《五行志五·恒風》 元嘉三十年正月，大風拔木，雨凍殺牛馬，雷電晦冥。

晉安帝元興二年十二月，酷寒過甚。是時桓玄篡位，政事煩苛，是其應也。晉氏失在舒緩，玄則反之。劉向曰：『周衰無寒歲，秦滅無燠年。』此之謂也。

《魏書》卷一六《陽平王傳》 會是夜大風雨雪，模等班師，士卒凍死十二三。

《晉書》卷二七《五行志上》 魏文帝黃初六年正月，雨，木冰。案劉歆說，上陽施不下通，下陰施不上達，故雨，而木爲之冰，雺氣寒，木不曲直也。劉向曰，冰者陰之盛，木者少陽，貴臣卿大夫象也。此人將有害，則陰氣脅木，木先寒，故得雨而冰也。是年六月，利成郡兵蔡方等殺太守徐質，據郡反。太守，古之諸侯，貴臣有害之應也。一說以木冰爲木介，介者甲兵之象。是歲，既討蔡方，又八月天子自將以舟師征吳，戍卒十餘萬，連旌數百里，臨江觀兵，又屬常雨也。

元帝太興三年二月辛未，雨，木冰。後二年，周顗等遇害，是陽施不下通也。

穆帝永和八年正月乙巳，雨，木冰。是年殷浩北伐，明年軍敗，十年廢黜。又曰，荀羡、殷浩北伐，桓溫入關之象也。

孝武帝太元十四年十二月乙巳，雨，木冰。明年二月王恭爲北藩，八月庾楷爲西藩，九月王國寶爲中書令，尋加領軍將軍，十七年殷仲堪爲荊州，雖邪正異規，而終同夷滅，是其應也。

《隋書》卷二二《五行志上·木冰》 東魏武定四年冬，天雨木氷。《洪範五行傳》曰：『陰之盛而凝滯也。木者少陽，貴臣象也。將有害，則陰氣脅木，木先寒，故得雨而氷襲之。木氷一名介，介者兵之象也。』時司徒侯景制河南，及神武不豫，文襄懼其爲亂而徵之，景因舉兵反。豫州刺史高元成、襄州刺史李密、廣州刺史暴顯並爲景所執辱，貴臣有害之應也。其後左僕射慕容紹宗與景戰於渦陽，俘斬五萬。

後齊天保二年，雨木氷三日。初，清河王岳爲高歸彥所譖，是歲以憂死。

武平元年冬，雨木氷；明年二月，又木氷。時録尚書事和士開專政。其年七月，太保、琅邪王儼矯詔殺之。領軍大將軍庫狄伏連、尚書右僕射馮子琮，並坐儼賜死。九月，儼亦遇害。

六年、七年，頻歲春冬木氷。其年周師入晉陽，因平鄴都。後主走青州，貴臣死散，州郡被兵者不可勝數。

又 卷二三《五行志下》 東魏武定四年二月，大寒。人畜凍死者，相望於道。京房《易飛候》曰：『誅過深，當燠而寒。』是時後齊神武作相。先是尒朱文暢等謀害神武，事泄伏誅，諸與交通者，多有濫死。

河清元年，歲大寒。京房《易傳》曰：『有德遭險，茲謂逆命。厥異寒。』讖曰：『殺無罪，其寒必異。』是時，帝淫於文宣李后，因生子，后愧恨，不舉之。帝大怒，於后前殺其子太原王紹德。后大哭，帝倮后而撻殺之，投于水中，良久乃蘇。冤酷之應。

梁天監三年三月，六年三月，並隕霜殺草。京房《易傳》曰：『興兵妄誅，謂亡法，厥罰霜。』是時，大發卒，拒魏軍於鍾離，連兵數歲。

《舊唐書》卷六《則天皇后紀》 ［長安四年一月］自九月至於是，日夜陰晦，大雨雪，都中人有飢凍死者，令官司開倉賑給。

又 ［長安三年秋九月］京師大雨雹，人畜有凍死者。

又 卷七《中宗紀》 ［景龍四年三月］庚申，京師雨木冰，井溢。

又 卷三七《五行志》 儀鳳三年十一月十四日，雨木冰。

開元十五年七月四日，雷震興教門兩鴟吻，欄檻及柱災。二十九年十一月二十二日，雨木冰，凝寒凍冽，數日不解。寧王見而歎曰：『諺云「樹稼達官怕」，必有大臣當之。』其月王薨。

《新唐書》卷三《高宗紀》 ［龍朔三年］十一月甲戌，雨木冰。

又 卷七《德宗紀》 ［貞元元年］是秋，雨木冰。

又 ［貞元四年正月］雨木冰于陳留。

又 卷三四《五行志一·木不曲直》 永徽二年十一月甲申，陰霧凝凍封樹木，數日不解。劉向以爲木少陽，貴臣象。此人將有害，則陰氣脅木先寒，故得雨而冰也。亦謂之樹介，介，兵象也。

麟德元年十二月癸酉，氛霧終日不解。甲戌，雨木冰。

儀鳳三年十一月乙未，昏霧四塞，連夜不解。丙申，雨木冰。

景龍四年三月庚申，雨木冰。

開元二十九年十一月己巳，寒甚，雨木冰，數日不解。

貞元元年十二月，雨木冰。二十年冬，雨木冰。

元和十五年九月己酉，大雨，樹無風而摧者十五六。

長慶三年十一月丁丑，雨木冰；

寶曆元年十一月丙申，雨木冰。

開成四年九月辛丑，雨雪，木冰。

會昌元年十二月丁丑，雨木冰。四年正月己酉，雨木冰。

又 卷三六《五行志三》 開耀元年冬，大寒。

神龍元年三月乙酉，睦州暴寒且冰。

大曆四年六月伏日，寒。

元和六年十二月，大寒。八年十月，東都大寒，霜厚數寸，雀鼠多死。

長慶元年二月，海州海水冰，南北二百里，東望無際。

［大和］九年十二月，京師苦寒。

天祐元年九月壬戌朔，大風，寒如仲冬。是冬，浙東、浙西大雪。吳、越地氣常燠而積雪，近常寒也。

《新五代史》卷一七《晉高祖李皇后傳》 ［開運四年正月］是時雨雪寒凍，皆苦饑。

又 卷四〇《李茂貞傳》 天復元年，胤召梁太祖以西，梁軍至同州，全誨等懼，與繼筠劫昭宗幸鳳翔。梁軍圍之逾年，茂貞每戰輒敗，閉壁不敢出。城中薪食俱盡，自冬涉春，雨雪不止，民凍餓死者日以千數。

又 卷一四一《五行志》 ［晉開運三年］十二月己丑，雨木冰。是月戊戌，霜霧大降，草木皆如冰。

《續資治通鑑長編》卷一四五 ［慶曆三年十二月］丁巳，大雨雪，木冰。

又 卷一四六 ［慶曆四年春正月］庚午，詔京城積雪，民多凍餒，其令三司置場，減價出米穀、薪炭以濟之。

又 卷一七六［至和元年］ 春正月辛未，詔京師大寒，民多凍餒死者，有司為瘞埋之。

又 卷一八二［嘉祐元年春正月］壬午，大雨雪，木冰。

又 卷一八九［嘉祐四年春正月丁酉］自去年雨雪不止，民飢寒，死道路甚眾。

又 卷二一六［熙寧三年冬十月］甲子，雨木冰。

又 卷二七二［熙寧九年春正月］乙丑，雨木冰。

又 卷三九四［元祐二年］春，正月甲寅朔。乙卯，詔以雪寒權停在京工役三日。御集正月二日。

又 卷四〇八［元祐三年春正月］丙辰，詔以春寒，展給賣薪炭限十有五日。時自去冬大雪寒，至於是月。

《文獻通考》卷三〇五《物異考十一・恒寒》 後漢靈帝光和六年冬，大寒，北海、東萊、琅邪井中冰厚尺餘。袁山松書曰：『時羣賊起，天下始亂。《讖》曰：「寒者，小人暴虐，專權居位，無道有位，謫罰無法，又殺無罪，其寒必暴殺。」』獻帝初平四年六月，寒風如冬時。帝流遷失政。右扶風雹如斗。袁山松書曰：『雹殺人，前後雨雹，此最爲大，時天下潰亂。』【略】

北齊武成河清元年，歲大寒。《讖》曰：『殺無罪，其寒必異。』時帝淫於文宣李后，又殺其子，冤酷之應。【略】

寧宗慶元六年五月，亡暑，氣如凜秋。嘉定六年六月，亡暑，夜寒。與京房『當燠而寒』同占。

又《木冰》 魏文帝黃初六年正月，雨，木冰。是年六月，利成郡兵蔡方等殺太守徐質據部反。太守，古諸侯，貴臣有害之應也。一說，木介甲兵之象。是歲既討蔡方，又帝自將舟師征吳，戍卒十餘萬，連旌數百里，臨江觀兵，是其應也。

晉元帝太興三年二月辛未，雨，木冰。後二年，周顗等遇害。是陽施不下通也。穆帝永和八年正月乙巳，雨，木冰。是年，殷浩北伐，明年，軍敗，十年，廢黜。孝武太元四年十二月乙巳，雨，木冰。明年，王恭、庾楷、殷仲堪居外藩，與王國寶等搆怨，終同夷滅。

東魏孝靜武定四年冬，天雨，木冰。時司徒侯景專制河南，神武薨，景舉兵反，慕容紹宗討平之。

北齊後主天保元年，雨，木冰三日。時清河王岳爲高歸彦所譖，憂死。武平元年冬，雨，木冰。明年二月，又雨，木冰。時録尚書事和士開專政，琅邪王儼矯詔殺之，儼尋遇害。六年、七年，頻歲雨木冰。其年周師入晉陽。

唐高宗永徽二年十一月甲申，陰霧凝凍封樹木，數日不解。劉向以爲木少陽，貴臣象。此人將有害，則陰氣脅木先寒，故得雨而冰。亦謂之樹介，兵象。麟德元年十二月癸酉，氛霧終日不解；甲戌，雨，木冰。儀鳳三年十一月，亦如之。武后延載元年十月癸酉，白霧，木冰。中宗景龍四年三月，雨，木冰。元宗開元二十九年十一月，雨，木冰，寒甚，數日不解。代宗永泰元年三月，雨，木冰。大曆二年十一月，氛霧如雪，草木冰。德宗貞元元年十二月，雨，木冰。

二十年冬，雨，木冰。穆宗長慶三年十一月，雨，木冰。敬宗寶曆元年十一月，雨，木冰。文宗太和七年十二月，夜霧，木冰。開成四年九月，雨雪，木冰。武宗會昌元年十二月，雨，木冰。四年正月，木冰。

後晉高祖天福十二年十一月旦，日天大昏霧，木有冰。至十一日，霜露著草木皆爲冰。時魏府杜重威叛，討降之。至來年正月二十七日，高祖崩。

後周太祖廣順三年十一月，雨，木冰。

宋真宗咸平元年十一月庚戌，雨，木冰。大中祥符五年正月戊寅，京師雨，木冰。仁宗慶曆三年十二月，大雨雪，木冰。占曰：『兵象。』英宗治平二年十月乙巳，雨，木冰。神宗熙寧三年十月、八年正月，京師雨，木冰。哲宗元祐八年二月，京師大寒，霰，雪，雨，木冰。徽宗宣和五年十月乙酉，雨，木冰。欽宗靖康元年十月乙卯，雨，木冰。二年正月丁酉，雨，木冰。

又《冰花》　唐昭宗景福中，滄州城壍中冰有文，如畫大樹華葉芬敷者，時人以爲地當有兵難。近華孽也。

後晉出帝開運二年正月，東京封邱門外壕内冰上有文，若大樹華芬敷之狀，相連數十株，宛如圖畫。

宋真宗景德元年二月，保順軍城壕冰，隱起文爲桃李華、雜人物之狀。大中祥符九年正月，霸州渠冰，有文如花葩狀。高宗紹興七年十二月，中書門下省檢正官張宗元出撫淮西軍，寓家建康府，盆冰有文如畫，佳卉茂木，華葉芬敷，日易以水，變趣奇出，盡春暄乃止。近華孽也。説曰：『其地當有兵難。』孝宗淳熙初，秀州吕氏家冰瓦有文，樓觀、車馬、人物、並蒂芙蓉、重荚牡丹、長春萱草、藤蘿，經日不釋，亦華孽類也。

中興以來，長老所記，或雨而木冰，或霜而木冰者甚多，不曰異，郡國不以聞。蓋日官失之，故木冰無録者。

又卷三〇六《物異考十二·恒陰》　漢昭帝元平元年四月崩，亡嗣，立昌邑王賀，賀即位，天陰，晝夜不見日月。

賀欲出，光禄大夫夏侯勝當車諫曰：『天久陰而不雨，臣下有謀上者，陛下欲何之？』賀怒，縛勝以屬吏師古曰：『屬，委也，音之欲反。』，吏白大將軍霍光。光時與車騎將軍張安世謀欲廢賀。光讓安世，以爲泄語，安世實不泄，召問勝。勝上《洪範五行傳》曰：『「皇之不極，厥罰常陰，時則有下人伐上。」不敢察察言臣瓚曰：『不敢察察明言之。』，故云臣下有謀。』光、安世讀之，大驚，以此益重經術士。後數日卒共廢賀，此常陰之明效也。』京房《易傳》曰：

『有蜺、蒙、霧。霧，上下合也。蒙如塵雲。蜺，日旁氣也。其占曰：『后妃有專，蜺再重，赤而專，至衡旱孟康曰：『專，員也。若五月再重，赤而員，至十一月旱也。』。妻不壹順，黑蜺四背，又白蜺雙出日中。妻以貴高夫，兹謂擅陽，蜺四方，日光不陽，解而溫服虔曰：『蒙氣解而溫。』。内取兹謂禽服虔曰：『人君内淫於骨肉也。』臣瓚曰：『人君取於國中也』師古曰：『取，如《禮記》「聚麀」之聚。瓚説非。』，蜺如禽，在日旁。以尊降妃，兹謂薄嗣，蜺直而塞，六辰廼除，夜星見而赤韋昭曰：『六辰，謂從卯至申。』。

女不變始，兹謂乘夫孟康曰：『始高貴於夫，終行此不變也。』，蜺白在日側，黑蜺果之，氣正直師古曰：『果謂干之也。』。妻不順正，兹謂擅陽，蜺中窺貫而外專。夫妻不嚴兹謂媟韋昭曰：『媟言媟慢也。』師古曰：『音先列反。』。蜺與日會。婦人擅國兹謂頃師古曰：『頃謂曰傾。』，蜺白貫日中，赤蜺四背服虔曰：『蜺背日。』。適不答兹謂不次服虔曰：『言適妻不見答也。』臣瓚曰：『夫不接妻爲不答。』師古曰：『適讀曰嫡。答，報也。言妻有承順之心，不見報答也。一曰，答，對也，言不以恩意接對之。』，蜺直在左，蜺交在右。取於不專，兹謂危嗣，蜺抱日兩未及。君淫外兹謂亡，蜺氣左日交於外。取不達兹謂不知，蜺白奪明而大溫，溫而雨。師古曰：『取讀曰聚。』尊卑不別兹謂媟，蜺三出三巳，三辰除韋昭曰：『若從寅至辰也。蜺旦見西，晏則雨。』，除則日出且雨。臣私禄及親，兹謂罔辟韋昭曰：『辟，君也。』師古曰：『辟音壁。其下並同。』，厥異蒙，其蒙先大溫，己蒙起，日不見。行善不請於上，兹謂作福，蒙一日五起五解。辟不下謀，臣辟異道，兹謂不見，上蒙下霧，風三變而俱解。立嗣子疑，兹謂動欲，蒙赤，日不明。德不序兹謂不聽，蒙，日不明，溫而民病。德不試，空言祿師古曰：『試，用也。』，兹謂主窳臣夭孟康曰：『謂君惰窳，用人不以次第，爲天也。』師古曰：『窳音庾。』，蒙起而白。君樂逸人兹謂放，蒙，日青，黑雲夾日，左右前後行過日。公不任職，兹謂怙祿，蒙三日，又大風五日，蒙不解。利邪以食，兹謂閉上，蒙大起，白雲如山行蔽日。公懼不言道，兹謂閉下，蒙大起，日不見，若雨不雨，至十二日解，而有大雲蔽日。祿生於下，兹謂誣君，蒙微而小雨，已乃大雨。下相攘善，兹謂盜明，蒙黃濁。下陳功，求於上，兹謂不知，蒙，微而赤，風鳴條，解復蒙。下専刑兹謂分威，蒙而日不得明。大臣厭小臣兹謂蔽，蒙微，日不明，若解不解，大風發，赤雲起而蔽日。衆不惡惡兹謂閉，蒙，尊卦用事孟康曰：『尊卦，《乾》、《坤》也。』臣瓚曰：『京房謂方伯卦，《震》、《兑》、《坎》、《離》也。』師古曰：『孟説是也。』，三日而起，日不見。漏言亡喜，兹謂下厝用師古曰：『厝音千各反。』，蒙微，日無光，有雨雲，雨不降。廢忠惑佞兹謂亡，蒙，天先清而暴，蒙微而日不明。有逸民兹謂不明，蒙濁，奪日光。公不任職，兹謂不詘，蒙白，三辰止，則日青，青而寒，寒必雨。忠臣進善君不試，兹謂遏師古曰：『試，用也，蒙，先小雨，雨已蒙起，微而日不明。惑衆在位，兹謂覆國，蒙微而日不明，一溫一寒，風揚塵。知佞厚之兹謂庳，蒙甚而溫。君臣故弼兹謂悖師古曰：『弼猶相戾也。悖，惑也。』，厥災風雨霧，風拔木，亂五穀，已而大霧。庶正蔽惡，兹謂生孽災，厥異霧。』此皆陰雲之類云。

後漢順帝陽嘉二年，郎顗上書云：『正月以來，陰闇連日。久陰不雨，亂氣也。得賢不用，猶久陰不雨也。』

吴孫亮太平三年，自八月沉陰不雨四十餘日。是時將誅孫綝，謀泄。九月戊午，綝以兵圍宮，廢帝爲會稽王。此常陰之罰也。孫皓寶鼎元年十二月，太史奏久陰不雨，將有陰謀，孫皓驚懼。時陸凱等謀因其謁廟廢之。及出，留平領兵前驅，凱先語平，平不許，是以不果。皓既肆虐，羣下多懷異圖，終至降亡。

隋文帝開皇二十年十月，久陰不雨。劉向曰：『王者失中，臣下蔽君明，則雲陰。』時獨孤后與楊素譖太子勇，廢之。

唐武后長壽元年九月戊戌，黃霧四塞。霧者，百邪之氣，爲陰冒陽，本於地而應於天也。黃爲土，土爲中宮。長安四年，自九月霖雨陰晦，至於神龍元年正月。中宗神龍二年三月乙巳，黃霧四塞。景龍二年八月甲戌，黃霧昏濁不雨。

三年正月丁卯，黃霧四塞。十一月甲寅，日入後，昏霧四塞，經二日乃止。占曰：『霧連日不解，其國昏亂。』元宗開元五年正月戊辰，昏霧四塞。天寶十四載冬三月，常霧昏暗，十步外不見人，是謂晝昏。占曰：『有破國。』肅宗至德二載四月，賊將武令珣圍南陽，白霧四塞。上元元年閏四月，大霧。占曰：『兵起。』德宗貞元十年三月乙亥，黃霧四塞，日無光。二十年秋，連月陰霪。憲宗元和十五年正月庚辰至於丙申，晝常陰晦，微雨雪，夜則晴霽。占曰：『晝霧夜晴、臣志得申。』懿宗咸通九年十一月，龐勳圍徐州，甲辰，大霧昏塞，至於丙午。十四年七月，靈州陰晦。僖宗乾符六年秋，多雲霧晦冥，日旦及禺申乃解。光啟元年秋，河東大雲霧。明年夏，晝陰積六十日。二年十一月，淮南陰晦雨雪，至明年二月不解。昭宗景福二年夏，連陰四十餘日，霧。光化四年冬，昭宗在東內，武德門煙霧四塞，門外日色皎然。

宋高宗建炎三年六月，久陰，上謂輔臣曰：『占爲陰盛，下有陰謀。』語在《常雨》。紹興三年，自正月陰晦，陽光不舒者四十餘日。八年三月乙卯，晝蒙。京房《易傳》曰：『霧，上下合也。蒙如塵雲。』四月，積雨方止，氛霧四塞，晝日無光，近常陰也。孝宗隆興二年六月，沈陰不解者月餘。乾道二年十一月，天久晦陰。五年正月甲申，晝蒙。六年五月，連陰。六月，日青無光。

罨熙六年十一月乙丑，晝蒙；十三年正月丁亥，亦如之。寧宗慶元六年十二月辛卯，嘉定三年正月丙午，十年正月乙未，十三年三月壬辰，皆晝蒙。

又《夜妖》 《春秋》僖公十五年『九月己卯晦，震夷伯之廟師古曰：『夷伯，司空無駭之後，本魯公族也，號展氏。』』。劉向以爲，晦，暝也；震，雷也。夷伯，世大夫，正晝雷，其廟獨冥師古曰：『冥，暗也。』。天戒若曰，勿使大夫世官，將專事暝晦。明年，公子季友卒，果世官師古曰：『謂季友之孫行父仍執政專國，自此以後常爲卿。』政在季氏。至成公十『六年正月甲午晦，』正晝皆暝，陰爲陽，臣制君也。成公不寤，其冬季氏殺公子偃師古曰：『爲季文子所殺也。已解於上。』。季氏萌於僖公師古曰：『萌，謂草木始生也。言其始有威權。』，大於成公，此其應也。董仲舒以爲夷伯，季氏之孚也師古曰：『孚，信也。所信任之臣也。』，陪臣不當有廟。震者雷也，晦暝，雷擊其廟，明當絶去僭差之類也。向又以爲此皆所謂夜妖者也。劉歆以爲《春秋》及朔言朔，及晦言晦，人道所不及，則天震之。展氏有隱慝，故天加誅於其祖夷伯之廟以譴告之也。成公十六年『六月甲午晦，晉侯及楚子、鄭伯戰于鄢陵』。皆月晦云。

漢高祖二年，東伐楚，入彭城。項羽以精兵擊漢軍，大破之，圍漢王三匝。大風起，揚沙石，晝晦，楚軍大亂，漢王得與數十騎遁去。

魏高貴鄉公正元二年正月戊戌，景帝討毋邱儉，大風晦暝，行者皆頓伏，近夜妖也。劉向曰：『晝晦而暝，陰爲陽，臣制君也。』元帝景元三年十月，京師大震，晝晦。此夜妖也。劉向《春秋説》云：『天戒若曰，勿使大夫世官，將令專事。暝晦，公室卑矣。』魏見此妖，晉有天下之應也。

晉武帝泰始三年三月丁未，晝昏。懷帝永嘉四年十一月辛卯，晝昏，至於庚子。此夜妖也。後年，劉曜寇洛川，王師頻爲賊所敗，帝蒙塵於平陽。孝武帝太元十三年十二月乙未，大風晦暝。其後帝崩，而諸侯違命，干戈內侮，權奪於元顯，禍成於桓元。

苻堅時，大風晝暝，恆星皆見，太史以爲西南國亡。明年，堅陷蜀。

梁元帝承聖二年十月丁卯，大風，晝暝，天地昏暗。近夜妖也。京房《易飛候》曰：『羽日風，天下昏，人大疾。不然，多寇盜。』三年爲西魏所滅。

陳後主禎明三年正月朔旦，雲霧晦暝，入鼻酸辛。後主昏昧，近夜妖也。時北軍臨江，柳莊、任蠻奴並進中款，後主惑佞臣孔範之言，而昏闇不能用，以至覆亡。

東魏孝靜武定四年冬，大霧六日，晝夜不解。《洪範五行傳》曰：『晝而晦冥若夜者，陰侵陽，臣將侵君之象也。』明年，元瑾、劉思逸謀殺大將軍之應。

北周靜帝大象二年，尉迥敗於相川。坑其黨與數萬人於遊豫園。其處每聞鬼夜哭聲。《洪範五行傳》曰：『哭者死亡之表，近夜妖也。鬼而夜哭者，將有死亡之應。』京房《易飛候》曰：『鬼夜哭，國將亡。』明，年周氏王公皆見殺，周室亦亡。

隋文帝仁壽中，仁壽宮及長城之下數聞鬼哭。尋而獻后及帝相次而崩於仁壽宮。煬帝大業八年，楊元感作亂於東都。尚書樊子蓋，坑其黨與長夏門外，前後數萬。洎於末年，數聞其處鬼哭，有呻吟之聲。與前同占。其後，王世充害越王侗於洛陽。

唐文宗太和九年十一月戊辰，晝晦。懿宗咸通七年九月辛卯朔，天闇。僖宗乾符二年二月，宣武境內黑風，雨土。昭宗天祐元年閏四月乙未朔，大風，雨土。

後周世宗顯德六年六月辛卯、辰巳間，京師天地晦暝，澍雨驟降，雨中有腥氣。其日世宗崩。

宋太宗端拱二年，京師暴風起東北，塵沙曀日，人不相辨。黽化三年六月丁丑，黑風自西北起，天地晦冥，雷震，有頃乃止。真宗大中祥符二年九月，無爲軍城北暴風雨，晝晦不可辨，拔木，壞城門、營壘、民舍。仁宗天聖六年二月庚辰，大風晝暝。康定元年三月丙子，大風晝暝，經刻乃復。嘉祐八年十一月丙午，大風霾。英宗治平二年二月乙巳，大風晝晦。四年正月庚辰朔，大風霾。是日，羣臣上尊號，廷中仗衛皆不能整。時帝不豫，越七日崩。神宗熙寧四年四月，京師大風霾。欽宗靖康二年正月己亥，天氣昏曀，風迅發竟日。

丁未，霧氣四塞，人對面不相視。高宗建炎元年三月丁酉，汴京風霾，日無光。

劉向曰：『正晝而暝，陰爲陽，臣制君也。』是日，張邦昌僭位。二年七月癸未，風雨，晝晦。是日，東京留守宗澤薨。十一月甲子，北京大霧四塞。是夕，城陷。三年三月，上發溫州航海，乙丑，御舟次松門，海中白霧，晝晦。近夜妖也。紹興八年三月甲寅，晝晦。是日光，陰霧四塞。乙卯，晝夜雲氣昧濁。十一年，主管成都等路茶事馮康國言：『三月庚申，虜居長安，晝晦，面不相睹。虜亡之象也。』孝宗乾道五年正月甲申，晝霾四塞。黽熙五年四月丁丑，塵霾晝晦，日無光。寧宗慶元元年二月己卯，晝暝，四方昏塞。三年二月丁卯，晝晦，昏霧四塞。嘉定十年正月乙未，晝霾。二月癸巳，日蒙無光。

《宋史》卷一《太祖紀一》［建隆三年］四月乙未，延州大雨雪，趙、衛二州旱。丙申，寧州大雨雪，溝洫冰。

又　卷五《太宗紀二》［淳化四年二月壬戌］是日，雨雪大寒，再遣中使賜孤老貧窮人千錢、米炭。置昭宣使。

又　卷六五《五行志三・木》　咸平六年十一月庚戌，雨木冰。

大中祥符五年正月戊寅，京師雨木冰。

天禧五年正月戊寅，京師雨木冰。

慶曆三年十二月丁巳，雪木冰，占曰：『兵象也。』

嘉祐元年正月，雨木冰。

治平二年十二月乙巳，雨木冰。

熙寧三年十月、八年正月、九年正月，京師雨木冰。

元祐八年二月，京師大寒，霰、雪，雨木冰。

宣和五年十月乙酉，雨木冰。

靖康元年十月乙卯，雨木冰。二年正月丁酉，雨木冰。

紹熙五年十一月辛亥，雨木冰。

《元史》卷五〇《五行志上・木》 大德七年十一月辛酉，木冰。

至順二年十一月丁巳，雨木冰。十二月癸亥，雨木冰。

又 卷五一《五行志下・木不曲直》 至元五年十一月癸酉，瑞州路新昌州雨木冰，至明年二月壬寅冰始解。至正四年正月，汴梁路鄭州尉氏、洧川、河陰三縣及龍興靖安縣雨木冰。十一月，東平雨木冰。十二年九月壬午，冀寧保德州雨木冰。十四年冬，龍興雨木冰。二十五年二月辛亥，汴梁雨木冰，狀如樓閣、人物、冠帶、鳥獸、花卉，百態具備，羽幢珠葆，彌望不絕，凡五日始解。

明 劉昌《懸笥瑣探・木冰》 成化丙戌十一月朔日，予自西華抵扶溝。明旦，坐堂上，見有若霧者從東來，著樹并草莖皆白，少頃堆積枝柯間，玲瓏雕鏤。甚怪，問輿皂此何物，曰樹孝也。因檢玉笥集，有云『冰凌禾稼達官怕。』既而聞河南李少保賢有疾，十二月十四日竟卒。大夫之所繫，固重也夫。

《明史》卷二八《五行志一・恒陰》 洪武十八年二月，久陰。正統五年七月戊午、己未及癸亥，曉刻陰沉，四方濃霧不辨人。八年，邳、海二州陰霧彌月，夏麥多損。景泰六年正月癸酉，陰霧四塞，既而成霜附木，凡五日。八年正月甲子，陰晦大霧，咫尺不辨人物。成化四年二月，昏霧蔽天，不見星日者累晝夜。九年三月甲午，四月丁卯，山東黑暗如夜。二十年五月丙申，番禺天晦，良久乃復。二十三年十二月辛卯，大霧不辨人。弘治十五年十一月，景東晝晦者七日。十六年四月辛亥，甘肅昏霧障天，咫尺不辨人物。十八年秋，廣昌大雨霧凡兩月，民病且死者相繼。正德十年四月，鉅野陰霧六日，殺穀。十四年三月戊午，陰晦。嘉靖元年正月丁卯，日午，昏霧四塞。三年，江北昏霧，其氣如藥。天啟六年閏五月丙戌，霧重如雨。六月己未，如之。

《宋會要輯稿・瑞異二・雪異・春雪》 哲宗元佑二年十一月二十七日，詔：『雪寒異常歲，民多死。宜厚加存恤，以錢谷給之。死者無親屬，則官爲收瘞。』

十二月七日，以大雪寒，賜諸軍薪炭錢。以錢百萬令開封府賜貧民。【略】

三年正月八日，詔以春雪寒，展給賣薪炭十五日。時自去冬大雪寒，至於是月二十八日，御史中丞胡宗愈、侍御史王覿進對，太皇太后曰：『久陰不解，雪寒，民不易。』對曰：『陛下斥賣芻炭，所以惠都民甚備。聞二聖焦勞，上元禁中不曾用樂。既不御樓，亦未嘗燕會。』既而尚書右僕射呂公著等亦乞罷黜，詔不允。二月八日，降德音。

八年十一月二十一日，詔：『昨秋稼不登，衆庶闕食，中外流民當此雪寒，慮罹凍餒，宜賑恤之。』

十二月七日，大雪。詔收養内外乞丐老幼。

徽宗政和三年十一月大雨雪，連十餘日不止，平地八尺餘，冰滑，人馬不能行。詔許百官乘轎入朝。飛鳥多死。

欽宗靖康元年閏十一月二十一日，雪大作，盈三尺不止，天地晦暝。或雪未下時，于陰雲中有雪絲長數寸墜地。

二年正月丁酉，大雪，天寒甚，地冰如鏡，行者不能定立。是月乙卯，車駕在青城，大雪數尺，人多死。

高宗紹興十三年癸亥三月十五日，大雪盈尺。

二十年十一月，建昌軍新城縣永安村大風雪。夜半，若數百千人行聲，語笑歌哭，雜擾忽遽，而凝寒陰黑，咫尺莫辨。明旦，雪中有人畜鳥獸蹄跡，流血洿染十餘里，入山乃絕。

三十一年正月戊子，大雨雪，至己亥逾旬不止，禁旅壘舍有壓者。時久雪寒甚。【略】

淳熙十二年十二月，大雪，至明年正月，或雪或霰，或雹或雨冰，或冰冱尺余，連日不解。台州雪深丈餘，民凍死。

十六年四月戊子，成州天水縣大雨雪，麥皆凍死。

光宗紹熙元年十二月，建甯府大雪，深數尺。二年正月，行都大雪積冱，河冰厚尺餘，寒甚。是春雷雪相繼，凍雨彌月。

《清史稿》卷四〇《灾異志一・恒寒》 順治九年冬，武清大雪，人民凍餒；遵化州大雪，人畜多凍死。十年冬，保安大雪帀月，人有凍死者；西寧大雪四十餘日，人多凍死。十一年冬，灤河大雪，凍死人畜無算。十三年冬，武強大雪四十日，凍死者相繼於塗；昌黎、灤州大雪五十餘日，人有陷雪死者。

康熙三年三月，晉州驟寒，人有凍死者；萊陽雨奇寒，花木多凍死。十二月朔，玉田、邢台大寒，人有凍死者；解州、芮城大寒，益都、壽光、昌樂、安丘、諸城大寒，人多凍死；大冶大雪四十餘日，民多凍餒；萊州奇寒，樹凍折殆盡；石埭大雪連緜，深積數尺，至次年正月方消；南陵大雪深數尺，民多凍餒；茌平大雪，株木凍折。十一年三月，文水大雪嚴寒，人多凍死。冬，昌化大雪，平地深三尺。十五年十一月，咸陽大雪深數尺，樹裂井凍。十六年九月，臨淄大雪深數尺，樹木凍死；武鄉大雨雪，禾稼凍死；沙河大雪，平地深三尺，凍折樹木無算。二十二年十一月，巫山大雪，樹多凍死；太湖大雪嚴寒，人有凍死者。二十四年四月，定陶烈風寒雨，人有凍死者。二十七年，郝昌大雪，寒異常，江水凍合。二十八年冬，衢州大雪，寒異常。二十九年十一月，高淳大雪，樹多凍死；武進大寒，木枝凍死。十二月，廬江大寒，竹木多凍死；當塗大雪，橘橙凍死；阜陽大雪，江河凍，舟楫不通，三月始消；宜都大雪口樹，飛鳥墜地死；竹谿大雪，平地四五尺，河水凍；三水大雪，樹俱枯；海陽大寒，凍斃人畜；揭陽大雪殺樹；澄海大雨雪，牛馬凍斃。三十年冬，房縣酷寒，人多凍死。四十二年春，房縣雨雪大寒。五十五年冬，高淳大雪盈丈。五十七年七月，通州大雪盈丈。十二月，太湖、潛山大雪深數尺。五十八年正月，嘉定嚴寒，太湖、潛山大雪四十餘日，大寒。

雍正五年冬，屯留大雪嚴寒，井凍。

乾隆五年正月，嵊縣大雨雪，奇寒；福山大寒。九年正月，曲沃大寒，井中有冰。十三年十二月，上海大寒雨雪。十六年三月，武強大雪，平地深尺許，人畜多凍死。二十二年正月，豐順雨雪大寒，人畜凍斃。二十四年冬，永年大寒。二十六年冬，福山大寒，樹多凍死；文登、榮成大雪寒甚；婁縣大寒，河冰塞路；臨朐大寒，井水凍；餘姚大寒，江水皆冰。五十七年六月，房縣大寒如冬。五十九年七月，湖州寒如冬。

嘉慶元年正月，青浦雨雪大寒，傷果植；灤州大寒井凍，花木多萎；永嘉大風寒甚，冰凍不解；湖州大雪，苦寒殺麥；義烏奇寒如冬；桐鄉大風雪寒。十二月，金華大雪，麥幾凍死。三年五月初五日，青浦大寒，廚竈皆冰。十年十二月，棗陽大雪，結寒冰厚五尺。十九年秋，招遠、黃縣大寒，海凍百餘里，兩月始解。二十四年十二月，南樂大雪，平地深數尺，人畜多凍死。

道光十一年冬，元氏、南樂大雪，井凍，冰深四五尺。十一年十二月朔，撫寧大雪，平地深三尺，飛鳥多凍死。二十一年正月，登州府各屬大雪深數尺，人畜多凍死。冬，高淳大雪深五尺，人畜多凍死；黃川大雪深數尺，經兩月始消，民多凍餒；羅田大雪深丈餘，民多凍餒。

咸豐八年七月，大通大雪厚二尺，壓折樹枝，穀皆凍，秕不收。九年六月，青浦夜雪大寒；黃巖奇寒如冬，有衣裘者。十一年十二月，臨江府及貴溪大寒，樹多凍折；蒲圻大雪，平地深五六尺，凍斃人畜甚多，河水皆冰。

同治元年六月，崇陽大寒。冬，咸寧冰凍奇寒。四年正月十四日，三原大風雪，人多凍死；棗陽雨雪連旬，樹多凍死。十六日，鍾祥、鄖陽大雪；漢水冰，樹木牲畜多凍死。十二年十一月，三原大雪六十餘日，樹多凍死。

光緒二年五月，遂昌奇寒，人皆重棉。

又 卷四二《灾異志三・木冰》 順治六年十二月，咸寧木冰。十年十月，當塗雨木冰。十一月，江陰木冰，潛山木冰，宿州雨木冰。十二月，海寧木冰。

康熙元年十二月，嘉定木介。二十年正月朔，儀徵木冰。三十年正月朔，江浦雨木冰。三十一年正月朔，儀徵木冰。

雍正二年十二月，掖縣木介。

乾隆十一年正月，湖州雨木冰。二十年十二月，東流雨木冰。二十三年冬，諸城雨木冰。二十五年正月，曲阜雨木冰。五十五年十二月，黃巖木介，宣平木介。五十七年十二月辛卯，南陵雨木冰，五十八年正月，金華木冰。六十年冬，湖州木冰。

嘉慶三年十一月，崇陽木冰。

道光二十五年十二月，黃縣雨木冰。二十九年正月，登州木介。

咸豐三年冬，湖州木冰。四年十一月，黃岡雨木冰。十二月，武昌雨木冰。同治二年正月，黃縣雨木冰。四年正月，武昌雨木冰。光緒七年十二月，黃岡雨木冰。

著録

《文獻通考·自序》 《記》曰：『國家將興，必有禎祥。國家將亡，必有妖孽。』蓋天地之間，有妖必有祥，因其氣之所感，而證應隨之。自伏勝作《五行傳》，班孟堅而下踵其説，附以各代證應爲《五行志》，始言妖而不言祥。然則陰陽五行之氣，獨能爲妖孽而不能爲禎祥乎？其亦不達理矣。雖然，妖祥之説固未易言也。治世則鳳凰見，故有虞之時有來儀之祥，然漢桓帝元嘉之初、靈帝光和之際，鳳凰亦屢見矣，而桓、靈非治安之時也。誅殺過當，其應爲恆寒，故秦始皇時有四月雨雪之異，然漢文帝之四年，亦以六月雨雪矣，而漢文帝非淫刑之主也。斬蛇夜哭，在秦則爲妖，在漢則爲祥，而概謂之龍蛇之孽可乎？僵樹蟲文，在漢昭帝則爲妖，在宣帝則爲祥，而概謂之木不曲直可乎？前史於此不得其説，於是穿鑿附會，強求證應而罙有所不通。竊嘗以爲物之反常者，異也，其祥則爲鳳凰、麒麟、甘露、醴泉、慶雲、芝草，其妖則山崩、川竭、水湧、地震、豕禍、魚孽。妖祥不同，然皆反常而罕見者，均謂之異可也，故今取歷代史《五行志》所書，並旁搜諸史本紀及傳記中所載祥瑞，隨其朋類，附入各門，不曰妖，不曰祥，而總名之曰物異。如恆雨、恆暘、恆燠、恆寒、恆風、水潦、水災之屬，俱妖也，不可言祥，故仍前史之舊名。至如魏晉時魚集武庫屋上，前史所謂魚孽也；若周武王之白魚入舟，則祥而非孽。然妖祥雖殊，而其爲異一爾，故均謂之魚異。秦孝公時，馬生人，前史所謂馬禍也；若伏羲之龍馬負圖，則祥而非禍。然妖祥雖殊，而其爲異亦一爾，故均謂之馬異。其餘鳥獸、昆蟲、草木、金石，以至童謠、詩讖之屬，前史謂之羽蟲、毛蟲、龍蛇之孽，或曰詩妖、華孽，今所述皆並載妖祥，故不曰妖，不曰孽，而均以『異』名之。其豕禍、鼠妖，則無祥可述，故亦仍前史之舊名，至於木不曲直者，木失其常性而爲妖，如桑穀共生之類是也。若雨木冰，乃寒氣脅木而成冰，其咎不在木也，而劉向以雨木冰爲木不曲直。華孽者，花失其常性而爲妖，如冬桃李華之類是也。若冰花乃冰有異而結花，其咎不在花也，而《唐志》以冰花爲華孽。二者俱失其倫類，今革而正之，俱以入恆寒門，附雨雹之後。又前志以鼠妖爲青眚、青祥，物自動爲木沴金，物自壞爲金沴木，其説俱後學所未諭，今以鼠妖、青眚各自爲一門，而自動、自壞直以其事名之，庶覽者易曉云。作《物異考》第二十。二凡二十卷。

藝文

《詩經·小雅·谷風之什·四月》 《四月》，大夫刺幽王也。在位貪殘，下國構禍，怨亂並興焉。

四月維夏，六月徂暑。先祖匪人，胡寧忍予？
秋日淒淒，百卉具腓。亂離瘼矣，爰其適歸？
冬日烈烈，飄風發發。民莫不穀，我獨何害？
山有嘉卉，侯栗侯梅。廢為殘賊，莫知其尤。
相彼泉水，載清載濁。我日構禍，曷云能穀？
滔滔江漢，南國之紀。盡瘁以仕，寧莫我有。
匪鶉匪鳶，翰飛戾天。匪鱣匪鮪，潛逃于淵。
山有蕨薇，隰有杞桋。君子作歌，維以告哀。

南朝梁 裴子野《寒夜賦》 《藝文類聚》卷五 何四序之平分。處脩冬而多慮。眷搖落兮道盡。悲荏苒其云除。日晼晚而易潛。夜悠長而難曙。既而庭流皓月。階被凝霜。風吹衣而懍懍。氣空積而蒼蒼。襲重裘兮弗燠。熾朱火兮無光。門蕭條兮晝閴。巷寂寞兮無人。疏三逕以負汲。結二耦而爲賓。晉夏侯湛寒苦謠曰：惟玄冬之初夜。天慘懍以降寒。霜皚皚以被庭。冰溏瀕於井幹。草槭槭以疏葉。木蕭蕭以零殘。松隕葉於翠條。竹摧柯於綠竿。

唐 李嶠《十一月奉教作》 《歲時雜咏》卷四六 凝陰結暮序，嚴氣肅長飆。霜犯狐裘夕，寒侵獸火朝。冰深遙架浦，雪凍近封條。平原已從獵，日暮整還鑣。

唐 李白《李太白集》卷三《北風行》 燭龍棲寒門，光曜猶旦開。日月照之何不及此，惟有北風怒號天上來。燕山雪花大如席，片片吹落軒轅臺。幽州思婦十二月，停歌罷笑雙蛾摧。倚門望行人，念君長城苦寒良可哀。

別時提劍救邊去，遺此虎文金鞞釵集作鞞鞻。中有一雙白羽箭，蜘蛛結網生塵埃。箭空在，人今戰死不復迴。不忍見此物，焚之已成灰。黃河捧土尚可塞，北風雨雪恨難裁。

唐 杜甫《後苦寒行二首》《集千家注杜工部詩集》卷二　南紀巫廬瘴不絕，太古已來無尺雪。蠻夷長老怨苦寒，崐崘天關凍應折。玄猨口噤不能嘯，白鵠翅垂眼流血，安得春泥補地裂？晚來江門失大木，猛風中夜吹白屋，天兵斷斬青海戎。殺氣南行動坤軸，不爾苦寒何太酷？巴東之峽生凌澌，彼蒼迴軒人得知。

唐 趙自勵《寒賦》《歷代賦彙》卷一三　儒有討混元，搜綿祀，既覿寒暑之終，亦測興伏之始。覘風驚於一葉，委時換乎千里，寒之厥狀，自茲而起。若夫大火宿藏青霜晨烈，則蜀井煙閉，漲海氛滅。長河天浹，綴珠崖而生冰；幽朔地窮，蒙飛沙而雨雪。乃知蘇武增感，李陵愁絕，聽胡笳以攬思，儷漢庭之仳別。及幽林風掃，時物霜殘，柔條危勁，奥室淒寒。有美人兮心恍惚，情怵悼而難安，陰凝柳塞，怨龍庭之路隔；月透羅幌，憐鴛衾之夜單。屣銀階之悄悄，雪珠淚之珊珊，縫筐笥之紈素，寄戎幕之艱難。別有陸沈之子，廁跡荒藪，器宏偉而可觀，命屯剝而不偶。當其時也，趨炎俯僂，佩瞰噓吸，無詩人卒歲之衣，雨泉客將離之泣。豈祁寒而致憾，亦遭時而不息，終乖挾纊之暄，更悲綈袍之及。層冰咽溜，宋生則綴悵而相望；皓雪盈門，袁子則茹悲而於悒。雖居榮而可貴，亦憂道而不入，於時倚嘆窮律，佇目遐坰。伊鮮物之皆悴，獨霜松之常青，縱寒苦之飄激，淬堅明而自寧。汩吾情之浩蕩，願冥志於紫靈。

唐 崔損《霜降賦以『霜降之日，豺乃祭獸』爲韻》《日涉编》卷九　天地之氣，嚴凝爲霜。候高秋於玉琯，體正色於金方。表肅殺而順時戒節，協變化而開陰闔陽。激清風而增厲，淨皓月而浮光。驚鴻雁之嗷嗷，落蒹葭之蒼蒼。所以從地而升，應律而降。詠團扇而見托，班姬豈恨於長門？履堅冰以是階，袁安欲驚於陋恭。達重陰而首出，啟沍寒以先期，陰與律而相感，寒與氣而相資，百工由是休矣，萬物於焉成之。原夫日次於氐，月窮於戌，當青女以紀候，從白露以受質。洞庭之葉驚波，豐山之鐘應律，詩人可比，庶欲徹於玉壺；大國是資，亦將慚於淩室。凝於地也，似和光以同塵；凋於木也，類去華而取實。其進也，則有俟於清宵；其退也，則見晞於旭日。若乃林有擊隼，野有祭豺，翻繽紛之槁葉，宿莽蒼之枯荄。烈女睹之而壯志，羈人對此而感懷。皚皚其姿，皎皎其彩，既無惡於菅蒯，亦何情於蘭茝？佐昊天之有成，參神功而不宰。笳聲乍拂，怨楊柳之衰兮；劍鍔可封，發芙蓉之厲乃。國家順乾坤之德，法天地之制布澤如春，肅物成歲。申其令以敦乎風俗，宣其威以殄厥災沴，服用有度，修典禮而罔差；稻熟可羞，先寢廟而攸祭。名籍籍於憲府，法棱棱於司寇，卻炎蒸而克敘四節，淒金石而率舞百獸。客有惜歲星之屢遷，傷志業而未就，獨沉吟於軒屏，望泬寥於宇宙，聞萬户之輕砧，聽九重之永漏。近瞻庭樹，空聞槭槭而有聲；緬想澗松，誰惜青青而獨秀。夫如是，則可知霜降之候。

唐 崔損《秋霜賦》《歷代賦彙》卷九　目長空以流思，偉繁霜之獨異，雖變露而成表，不憑雲以自致。向朝陽而既滅，逢夜晴而又墜，候暖而止，乘寒則飛。當鷹隼之始擊，值鴻雁之初歸。棱棱作氣，凜凜生威，比齊紈之顏色，奪楚劍之光輝。及其降池塘，被原陸，衰衆草，落羣木，萎南澗之白蘋，碎東籬之紫菊，梧桐爲之失影，蕖荷爲之銷馥。豈直若斯而已？徒美其威不妄作，動隨物情，因其死，者而死，保其生者而生，彫芝蘭而無怨色，拂松竹而不傷榮。譬大聖行刑，必順於時序；通賢用法，不害於堅貞。至若蒲海之居，桑河之汭，侵戰士之馬蹄，封將軍之狐毳，沾翠幕而生冷，凍朱旗而自脆，助陰氛之肅殺，壯堅冰之體勢。三冬閨閣兮貯相思，萬里江山兮苦留滯，不私於己，觸物而止。疑薄霧之初覆，似輕塵之未起，陵厲自然，嚴凝莫擬。故能發揮司寇，光揚御史，明忠臣之無事，承君子之所履。

唐 王起《履霜堅冰至賦以『君子之道，暗然而日章』爲韻》《全唐文》卷六四一　霜之履兮白商應，冰之堅兮元律分。其履也結之寒露，其堅也矗若長雲。當萬物始挫之時，降於青女；及六尺凝寒之日，可薦明君。信履微而知著，宜布象於前聞。乃若歲如何其，夜亦秋止。棱棱稍結，兢兢未履。漸皚皚於葛屨之下，將皎皎於玉壺之裏。雖嚴凝作氣，必納於輿人；而愴淒動容，先感於君子。此謂履霜之始。暨夫變化無朕，堅剛有期。律移緹幕之候，辰當黑帝之司。由是璀璨無積，清明自持。則豐山古鐘，不春容而鳴矣；鄰臺舊井，可皎潔而藏之。此所謂堅冰之時也。霜之飛兮至微，冰之潔兮自保。所以通變其德，所以馴致其道。畜峨峨之色，且寒於長河；改□□之光，寧留於勁草。凝冷兮漸滋，積素兮斯瞰。始落金波之上，有助其明；

終藏陰室之中，不欺於暗。冰因乎厚地，霜本乎高天。何質變而增勵，何節窮而更妍。亦由洪因纖起，高以下先。投一跡而千里路極，覆一簣而九仞功宣。則求已者知霜冰之言理有漸，周身者知霜冰之防於未然。固宜研精屑屑，覃思乾乾。豈玩蒹葭蒼蒼之色，鑿山谷沖沖之堅哉。士有錯綜文房，琢磨儒術。以修辭爲履霜也，不同於豺祭之辰；以干祿爲堅冰也，不同於狐聽之日。願察言而觀行，儻循名而責實。況乃良牧煌煌，近天子光。引凝陰之義，爲勸學之方。則因卑致崇，匪一朝一夕；爲大於細，在日就月將。然後知作者之微旨，嘉言孔彰。

唐 周存《授衣賦以『霜風轉厲，游子未歸』爲韻**》**《全唐文》卷五一一　二儀斡化兮，四運環周。大火中而退暑，白露泫而成秋。元鳥去巢，望雲海以幽蟄；旅雁違漠，指煙江而遨遊。農事雲就，婦功聿修。感蟲鳴之促織，念客恨之衣裘。慮之云誰，彼姝者子。弄機杼以成績，秉刀尺以循理。揣其修短，運纖手以俱營；善乃規模，敏惠心而獨揆。爾其上下有序，度量有常。咸循故以取制，豈崇異而違方。隨貴賤以合則，處元素而有章。伊四人之所授，必九月之降霜。彼美衣工，獻華服之楚楚；彼都人士，被狐裘之黃黃。清霜既降，商飆亦厲。衰草萎庭，墜葉流砌。氣蕭瑟以增冷，天泬寥而澄霽。雖人將入室，知所以戒寒，而時或無衣，則何以卒歲。是乃背《豳風》者無備，遵《月令》者有繼也。若乃白日向昏，愁雲四展。歸鳥時聚，斷蓬孤轉。風生虛室之寒，服念輕裘之善。則晏平仲悔累年之未易，桓將軍授新衣而不遺也。爰有別江山之墨客，遊他鄉而未歸。驚歲序之雲暮，恨籌謀之尚違。矧夫搖落秋聲，淒切霜氣。巡階除而不樂，撫心曲而誰謂。且士有知己，而我獨無；人皆授衣，而我獨未。因感時而增嘆，聊作歌以自慰。歌曰：秋霜落兮歲已終。秋雁吟兮悲遠空。短褐不完兮憂思充，庭樹蕭蕭兮冷暮風。

唐 李觀《李元賓文編》卷二《授衣賦》　窮秋之月，寒露既降。陽精既衰，陰氣初壯。川流清回，天宇寥曠。觸物易悲，幽懷難狀。於時元鳥已逝，白駒迅奔。枯木盡落，愁雲正昏。於是輕裘公子，長纓王孫。隕如雨之涕，驚離憂之魂。絕朱炎之盛夏，想冰紈之微溫。匪一腋之克成，償千金而靡論。則有征人之戍，遊客遠道。蕭條萬里，葉下如埽。展轉百年，志何能保。纖絺未襪，華髮先老。責頹光之不駐，嘆涼吹之云早。繫帛書於勁翮，秣戰馬於征草。蘭閨少婦，瑤琴徐擊。散涼風於幽幔，流皓月於遙夕。生不工於機杼，意頗妙於刀尺。忘其圍帶，忖以疇昔。青泥密封，紅箋淚滴。庶因夢寐，遂達行役。則有如賢非賢，烈心悢然。茹菜郊墟，被褐不全。方睹飛礫振野，遊氛翳天。海上斷雁，林間獨蟬。使我躑躅不進，捫心自憐。忽遇翰林大夫，揚眉奮須。叱僕問曰：幾年業儒，衣不完縷。體無肌膚。豈不爲連蹇雌伏，邅回守株，今欲邀之以同袍，策之以並驅。審將焉如。僕謂曰：道之未行，節曷可渝。俟天命，汝無我虞。

唐 李胄《冰井賦以『寒井陰固，冰以時入』爲韻**》**《文苑英華》卷四〇　冰井豈兮星歲闌。冰候井於春泮，井含冰而晝寒。其質也，惟至貞而可鑒；其量也，惟極深而可觀。夫其碧甃熒熒，清光炯炯，呀爾莫測，堅爾而靜。閉土膏之潛脈，奪霜空之麗景。濟時方候其獻羔，利物不資于短綆。前王何以貴冰，而鄰臺尚開乎舊井。下視千尺，旁窺百尋，足使貪夫勵志，君子戒心。或以慮危，則取象于履薄；或以思險，則取類于臨深。豈徒遠自窮谷，而納于淩陰。其道有恆，其跡無固。當未用也，雖處幽而無悶；當其用也，雖向炎而不懼。縱居井之未深，亦在冰而守素。若乃天地閉，河海凝，風落木，霜寒冰。或呈六出以表符瑞，或因五行而見咎徵。寧比夫在坎窞而不耀，遇陽和而自升。故知井之爲德，莫之可比。爰若汲引，于焉賓祭。是以頌之也遍，出之也時。雖應用而無倦，終待命于有司。東風可解，西陸可期，不以深而見棄，不以輕而見遺。側玉盤而有望，仰金門而可入。質惟務施，固不戀于深山；道貴能行，亦何慚于改邑。懿夫吾王之政無不修，化無不及，猶慮霜雹之爲災，故冰井所以立。

唐 史宏《冰井賦以『寒井陰固，冰以時入』爲韻**》**《文苑英華》卷四〇　鑿之冰井，厥用可觀。井因厚地而深，始將乎人力；冰以積陰而壯，必本乎司寒。所以候立春而氣至，當嚴寒之律殘。順乎時不愆於夏曆，守其典必驗於周官。若乃冽井者泉，藏冰者井。至陰相合，表虛受之無瑕；聚氣而堅，葉坤柔之至靜。況乎元律涸沍，寒光凝冷。積風塵於四郊，封雪霜於萬嶺者哉！觀其啟隈隩，洞幽深，矗如雪聚，皎若月臨。抱堅精之素質，體元妙之精心。期三淩以示乎遍用，言一日方屬乎窮陰。且渫其井，不愆於度。爰納其冰，轉增其固。妍媸必表，將金鏡而分形；明皎相鮮，與瓊漿而競素。影淋灕而未泮，質晶耀而凝沍，若玉壺之洞開，似金波之始露。其初也小人是承，剪乎荊棘，陟彼邱陵。當元冥之用事，供北陸而藏冰；出窮谷而方結，下重泉而轉凝。托影超象，因物爲比。或瓊碎而星流，或峰聯而岳峙。爲王者之恆典，俾羣生而是以。穿重壤之十仞，以表藏周；候朝覿而夏頒，用不私已。稽夫井以不變爲德，冰以至堅自持。井非冰而不能全其淨，冰非井而不能應其時。體剛居中，且異乎渫而不食；力柔其重，方同乎順以致辭。其功克廣，其用斯給。慎以祓除，節其出入。異彼廬陵之瑞，空存三色之名。同夫甲子之祥，用彰七月之什。當其舊典不廢，新令是緝。喜災害之無虞，頌皇王之御立。

唐 孟郊《孟東野詩集》卷一《羽林行》 朔雪寒斷指，朔風勁裂冰。胡中射鵰者，此日猶不能。翩翩羽林兒，錦臂飛蒼鷹。揮鞭決白馬，走出黃河凌。

唐 韓愈《昌黎文集》卷三八《表狀一·爲宰相賀雪表》 臣某言：臣伏以去歲冬間，雨雪頗少；今年春首，宿麥未滋。陛下深念黎甿，屢形詞旨，神監昭達，皇情感通。春雲始繁，時雪遂降，實豐穰之嘉瑞，銷癘疫于新年，東作可期，南畝有望，此皆陛下與天合德，視人如傷，每發聖言，則獲靈貺。見天人之相應，知朝野之同歡。臣等職在燮和，慚無效用，睹斯慶澤，實荷鴻休。

唐 韓愈《昌黎文集·外集》卷一《苦寒歌》 黃昏苦寒歌，夜半不能休。豈不有陽春，節歲聿其周。君何愛重裘，兼味養大賢。冰食葛制神所憐。填窗塞户慎勿出，暄風暖景明年日。

唐 白居易《白氏長慶集》卷一《村居苦寒》 八年十二月，五日雪紛紛。竹柏皆凍死，况彼無衣民！回觀村閭間，十室八九貧。北風利如劍，布絮不蔽身。唯燒蒿棘火，愁坐夜待晨。乃知大寒歲，農者尤苦辛。顧我當此日，草堂深掩門。褐裘覆絁被，坐臥有餘溫。倖免饑凍苦，又無壟畝勤。念彼深可愧，自問是何人。

又 卷二《秦中吟十首·重賦》 厚地植桑麻，所要濟生民。生民理布帛，所求活一身。身外充征賦，上以奉君親。國家定兩稅，本意在愛人。厥初防其淫，明敕内外臣。稅外加一物，皆以枉法論。奈何歲月久，貪吏得因循。浚我以求寵，斂索無冬春。織絹未成疋，繅絲未盈斤。里胥迫我納，不許暫逡巡。歲暮天地閉，陰風生破村。夜深烟火盡，霰雪白紛紛。幼者形不蔽，老者體無溫。悲喘與寒氣，併入鼻中辛。昨日輸殘稅，因窺官庫門。繒帛如山積，絲絮如雲屯。號爲羨餘物，隨月獻至尊。奪我身上暖，買爾眼前恩。進入瓊林庫，歲久化爲塵。

又《秦中吟十首·歌舞》 秦城歲云暮，大雪滿皇州。雪中退朝者，朱紫盡公侯。貴有風雪興，富無饑寒憂。所營唯第宅，所務在追遊。朱門車馬客，紅燭歌舞樓。歡酣促密坐，醉暖脫重裘。秋官爲主人，廷尉居上頭。日中爲一樂，夜半不能休。豈知閿鄉獄，中有凍死囚。

又 卷四《杜陵叟傷農夫之困也》 杜陵叟，杜陵居，歲種薄田一頃餘。三月無雨旱風起，麥苗不秀多黃死。九月降霜秋早寒，禾穗未熟皆青乾。長吏明知不申破，急斂暴徵求考課。典桑賣地納官租，明年衣食將何如。剝我身上帛，奪我口中粟。虐人害物即豺狼，何必鉤爪鋸牙食人肉！不知何人奏皇帝，帝心惻隱知八弊。白麻紙上書德音，京畿盡放今年稅。昨日里胥方到門，手持尺牒牓鄉村。十家租稅九家畢，虛受吾君蠲免恩。

唐 白居易《白香山詩集》卷一二《放旅雁》 九江十年冬大雪，江水生冰樹枝折。百鳥無食東西飛，中有旅鴈聲最飢。雪中啄草冰上宿，翅冷騰空飛動遲。江童持網捕將去，手攜入市生賣之。我本北人今譴謫，人鳥雖殊同是客。見此客鳥傷客人，贖汝放汝飛入雲。鴈鴈汝飛向何處？第一莫飛西北去。淮西有賊討未平，百萬甲兵久屯聚。官軍賊軍相守老，食盡兵窮將及汝。健兒飢餓射汝喫，拔汝翅翎爲箭羽。

唐 劉駕《苦寒行》《樂府詩集》卷三三 嚴寒動八荒，刺刺無休時。陽烏不自暖，雪壓扶桑枝。歲暮寒益壯，青春安得歸。朔鴈到南海，越禽何處飛。誰言貧士歎，不爲身無衣。

唐 陸龜蒙《唐甫里先生文集》卷一四《春寒賦》 宋玉雲夢侍從，賦成酒蘭。君王慘憺，顧曰春寒。玉少進曰：『大王之國三分，水居其一。大王之宮庭，女子充溢。洪波浮其空，幽憂積其中。不得不雨，不得不風。風橫雨斜，天地溟濛。寒之中人，有異於嚴冬。其來也低迷，其狀也惆悵。理雖辨而詞怍，色雖莊而意蕩。明滅薰壚，留連繡帳。相逢置酒，則少避□顏；獨自登樓，則偏淩遠望。臨窻户，繞池塘，絲輕畏逼，花怯愁當。遊蜂爲之絕跡，好鳥爲之深藏。齊紈失色，越絮騰光。掩抑兮幽襟更遠，連牽兮別緒彌長。芳神失職，陰御爭強。朝耕犢戰，暮箔蠶僵。民病如此，君何勿傷。』襄王於是下席稱謝，撤燕戲，省嬪嬙，以黃金爲玉壽，然後返駕於高唐。

又《蠶賦》并序 荀卿子有《蠶賦》，楊泉亦爲之，皆言蠶有功於世，不斥其禍於民也。余激而賦之，極言其不可，能無意乎？詩人碩鼠之刺，於是乎在。

古民之衣，或羽或皮。無得無喪，其遊熙熙。藝麻緝纑，官初喜窺。十奪四五，民心乃離。逮蠶之生，繭厚絲美。機杼經緯，龍鸞葩卉。官涎益饞，盡取後已。嗚呼！既豢而烹，蠶實病此。伐桑滅蠶，民不凍死。

唐 徐寅《唐秘書省正字先輩徐公釣磯文集》卷五《寒賦以『色悴顔愁，臣同役也』爲韻**》** 壬子歲，大雪濛濛，繁雲鎖空；白日光沒，樵蹊脈窮。地洞沍而履不得，天颸飀而飛不通。庭蘭落翠，禁樹催紅。安處王乃去廣殿，即深宮，獸炭呀焰，狐裘御風，頻謂左右曰：『寡人今日之寒斯甚，曷與下民而同？』憑虛侯進言曰：『大王自恐嚴凝，罔憂邦國，下民將欲凍死，大王未有寒色。』王曰：『下民之理，聞之可得？』對曰：『只如負御三邊，彌年不還。戍遠燕嶺，衣單雁山。鐵甲冰徹，金刀血殷。風刮衰力，砂昏少顔。大軍之生死頻決，上國之英豪甚閒。今則凍平遼水，雪滿蕭關，此戰士之寒也，王曷知其險艱？至若荷鍤田裏，勞乎農事。草荒而耒耜無力，地冷而身心將悴。賦役斯迫，鋤耰何利？凍體斯露，疏蓑莫庇。東皋孰閔其耕耘，北闕但爭其祿位。今則元律將結，元冬已繼，此農者之寒焉，王曷知其憂愧？復有萬里辭親，求名進身。韜玉待價，燃金食貧。賀清平於四塞，冒霜霰於三秦。北户無席，冬衣有鶉。幸偶乎勳華爲主，同思乎伊吕稱臣。今則顓頊威至，元冥令臻，此儒者之寒焉，主曷知其苦辛？別有苦寒之者，不能殫寫；在臣説矣，恐王煩也。於時陽氣收，陰氣浮，火井滅，朔風愁。千山之凍樹頻折，八水之凝波不流。王乃閔征戰之勞，命偃乎兵革；念農耕之苦，命蠲乎徭役。知儒者之寒，命選於宗伯。

唐 貫休《禪月集》卷二五《苦寒行》 北風北風，職何嚴毒，摧壯士心，縮金烏足。凍雲嚚嚚礙雪，一片下不得。聲繞枯桑，根在沙塞。黄河徹底，頑直到海。一氣搏束，萬物無態。唯有吾庭前杉松樹枝，枝枝健在。

唐 齊己《白蓮集》卷一〇《苦寒行》 冰峰撐空寒矗矗，雪凝水凍埋海陸。殺物之性，傷人之慾。既不能斷絶蒺藜荆棘之根株，又不能展鳳皇麒麟之拳跼。如此則何如爲和煦，爲膏雨。自然天下之榮枯，融融於萬戶。

宋 韓琦《安陽集》卷二〇《閔農》 仍歲農疇失夏秋，方春尤窘柰饑流。人無粒食何堪命，天作陰寒亦似愁。煮葉不遑為木酪，翳桑惟日徯囊糇。幾時膏澤充民望，待看來年十倍收。

宋 王安石《臨川文集》卷九《陰漫漫行》 愁雲怒風相追逐，青山滅沒滄江覆。少留燈火就空床，更聽波濤圍野屋。憶昨踏雪度長安，夜宿木瘤還苦寒。誰云當春便妍暖，十日九八陰漫漫。

宋 司馬光《傳家集》卷五《苦寒行》 窮冬北上太行嶺，霰雪糺結風崢嶸。熊潛豹伏飛鳥絶，一逕僅可通人行。僮飢馬羸石磴滑，戰慄流汗皆成冰。妻愁兒號強相逐，萬險歷盡方到并。并州從來號慘烈，今日乃信非虛名。陰煙苦霧朝不散，旭日不復能精明。跨鞍纜轡趨上府，髮拳鬚磔指欲零。炭爐炙硯湯涉筆，重複畫字終難成。誰言醇醪能獨立，壺腹迸裂無由傾。石脂裝火近不熱，蓬勃氣入頭顱腥。仰慙鴻雁得自適，隨陽南去何溟溟。又慙鼫鳥識時節，巖穴足以潛微形。我來蓋欲報恩分，契闊非狗利與榮。古人有為知己死，只恐凍骨埋邊庭。中朝故人豈念我，重裘厚履飄華纓。傳聞此北更寒極，不知彼民何以生。

明 劉基《太師誠意伯劉文成公集》卷一〇《苦寒行》 去年苦寒猶身可，今年苦寒愁殺我。去年苦寒凍裂唇，猶有草茅堪蔽身。今年苦寒凍入髓，妻啼子哭空山裏。空山日夜望官軍，燕頷虎頭聞不聞。

雜録

《吕氏春秋》卷二〇《恃君覽・長利》 戎夷違齊如魯，天大寒而後門，與弟子一人宿於郭外，寒愈甚，謂其弟子曰：『子與我衣，我活也；我與子衣，子活也。我國士也，爲天下惜死；子不肖人也，不足愛也。子與我子之衣。』弟子曰：『夫不肖人也，又惡能與國士之衣哉？』戎夷太息歎曰：『嗟乎！道其不濟夫。』解衣與弟子，夜半而死，弟子遂活。謂戎夷其能必定一世，則未之識；若夫欲利人之心，不可以加矣。達乎分仁愛之心識也，故能以必死見其義。

又 卷二五《似順論・分職》 衛靈公天寒鑿池。宛春諫曰：『天寒起役，恐傷民。』公曰：『天寒乎？』宛春曰：『公衣狐裘，坐熊席，陬隅有灶，是以不寒。今民衣弊不補，履決不組。君則不寒矣，民則寒矣。』公曰：『善。』令罷役。左右以諫曰：『君鑿池，不知天之寒也，而春也知之。以春之知之也而令罷之，福將歸於春也，而怨將歸於君。』公曰：『不然。夫春也，魯國之匹夫也，而我舉之，夫民未有見焉，今將令民以此見之。曰春也有善，於寡人有也，春之善非寡人之善歟？』靈公之論宛春，可謂知君道矣。君者固無任，而以職受任。工拙，下也；賞罰，法也；君奚事哉？若是則受賞者無德，而抵誅者無怨矣，人自反而已，此治之至也。

唐　瞿曇悉達《開元占經》卷二五《歲星占三・歲星犯牽牛二》　巫咸曰：『歲星守牽牛，馬五穀多傷。』《海中占》曰：『歲星守牽牛，臣謀君，糴貴，三月乃復。』郗萌曰：『歲量守牽牛，爲穀貴。』又曰：『歲星守牽牛東，春牛大癘。一曰居南，夏牛大癘。』陳卓曰：『歲星守牽牛南，五穀以水傷。守牛東，萬物不成，饑民流亡。六畜若牛多死病。大臣有謀事。守牛北，民寒凍死；守牛西，地氣發洩，歲多水。』

又　卷九三《候星善惡雲氣占・七十二候・三月》　桐始華，田鼠化爲鴽，虹始見，萍始生，鳴鳩拂其羽，戴勝降于桑。季春行冬令，則寒氣時發，草木皆肅，國有大恐。

又《四月》　螻蟈鳴，蚯蚓出，王瓜生，苦菜秀，靡草死，麥秋至。【略】行冬令，則草木早枯，后乃大水，敗其城郭。

暖冬及其他高温灾害部

題解

《呂氏春秋》卷三《季春紀・盡數》　大寒、大熱、大燥、大溼、大風、大霖、大霧，七者動精則生害矣。

漢　劉向《五經通義》（《藝文類聚》卷五）　冬至陽動於下。推陰而上之。故寒於上。夏至陰動於下。推陽而之上。故大熱於上。

漢　劉熙《釋名》卷一《釋天》　陽，揚也，氣在外發揚也。

又　暑，煮也，熱如煮物也。

又　熱，爇也，如火所燒爇也。

《說文解字》卷一〇《火部・燠》　熱在中也。从火奥聲。

《宋書》卷三二《五行志三・恒燠》　庶徵之恒燠，劉向、班固以冬亡冰及霜不殺草應之。

宋　黎靖德《朱子語類》卷九九《張子書之二》　『和而散，則為霜雪雨露；不和而散，則為戾氣曀霾。』戾氣，飛雹之類；曀霾，黄霧之類；皆陰陽邪惡不正之氣，所以雹水穢濁，或青黑色。

清　段玉裁《說文解字注》卷一〇《火部・燠》　熱在中也。《洪範》庶徵曰燠、曰寒。古多叚奥爲之。小雅。日月方奥。傳曰。奥、煖也。

《康熙字典》巳集中《火字部・燠》　《說文》熱在中也。《爾雅・釋言》燠煖也。《註》今江東通言燠。《書・洪範》曰燠曰寒。《前漢・王褒傳》不苦盛暑之鬱燠。又通作奥。《詩・唐風》不如子之衣，安且燠兮。《註》奥本又作燠。

又《小雅》日月方奥。《禮・內則》問衣燠寒。《註》燠本又作奥。按漢書五行志李尋王莽傳，燠皆作奥。又與隩同。《書・堯典》厥民隩。《史記・堯本紀》作其民燠。《集韻》或作噢。

又《唐韻》烏到切《集韻》《韻會》《正韻》於到切，丛音奥。義同。

又《廣韻》燠釜以水添釜。

又《集韻》威遇切，音嫗。燠休，痛念聲。或作噢。

又《集韻》《類篇》丛於求切，音憂。義同。《左傳・昭三年》民人痛疾，而或燠休之。《註》燠休，痛念之聲。《疏》燠，厚也。休，美也。按釋文休，虛喻反。燠，徐音憂。又於到反。又乙六反。三音皆可讀。《集韻》或亦作奥。

論說

《淮南子》卷三《天文訓》　物類相動，本標相應。故陽燧見日，則燃而爲火；方諸見月，則津而爲水。虎嘯而谷風至，龍舉而景雲屬，麒麟鬬而日月食，鯨魚死而彗星出，蠶珥絲而商弦絕，賁星墜而勃海決。人主之情，上通于天，故誅暴則多飄風，枉法令則多蟲螟，殺不辜則國赤地，令不收則多淫雨。四時者，天之吏也；日月者，天之使也；星辰者，天之期也；

虹蜺彗星者，天之忌也。天有九野，九千九百九十九隅，去地五億萬里；五星，八風，二十八宿，五官，六府紫宫，太微，軒轅，咸池，四守，天阿。

又 甲子氣燥濁，丙子氣燥陽，戊子氣溼濁，庚子氣燥寒，壬子氣清寒。丙子干甲子，蟄蟲早出，故雷早行。戊子干甲子，胎夭卵贕，鳥蟲多傷。庚子干甲子，有兵。壬子干甲子，春有霜。戊子干丙子，霆。庚子干丙子，夷。壬子干丙子，雹。甲子干丙子，地動。庚子干戊子，五穀有殃。壬子干戊子，夏寒雨霜。甲子干戊子，介蟲不爲。丙子干戊子，大旱，苽封熯。壬子干庚子，大剛，魚不爲。甲子干庚子，草木再死再生。丙子干庚子，草木復榮。戊子干庚子，歲或存或亡。甲子干壬子，冬乃不藏。丙子干壬子，星隊。戊子干壬子，蟄蟲冬出其鄉。庚子干壬子，冬雷其鄉。季春三月，豐隆乃出，以將其雨。至秋三月，地氣不藏，乃收其殺，百蟲蟄伏，靜居閉戶，青女乃出，以降霜雪。

又 天神之貴者，莫貴於青龍，或曰天一，或曰太陰。太陰所居，不可背而可鄉。北斗所擊，不可與敵。天地以設，分而爲陰陽。陽生於陰，陰生於陽。陰陽相錯，四維乃通。或死或生，萬物乃成。蚑行喙息，莫貴於人。孔竅肢體，皆通於天。天有九重，人亦有九竅。天有四時，以制十二月，人亦有四肢，以使十二節。天有十二月，以制三百六十日，人亦有十二肢，以使三百六十節。故舉事而不順天者，逆其生者也。以日冬至數來歲正月朔日，五十日者，民食足；不滿五十日，日減一斗；有餘日，日益一升。有其歲司也：攝提格之歲，歲早水晚旱，稻疾，蠶不登，菽麥昌，民食四升。寅。在甲曰閼蓬。單閼之歲，歲和，稻菽麥蠶昌，民食五升。卯。在乙曰旃蒙。執徐之歲，歲早旱晚水，小饑，蠶閉，麥熟，民食三升。辰。在丙曰柔兆。大荒落之歲，歲有小兵，蠶小登，麥昌，菽疾，民食二升。巳。在丁曰強圉。敦牂之歲，歲大旱，蠶登，稻疾，菽麥昌，禾不爲，民食二升。午。在戊曰著雝。協洽之歲，歲有小兵，蠶登，稻昌，菽麥不爲，民食三升。未。在己曰屠維。涒灘之歲，歲和，小雨行，蠶登，菽麥昌，民食三升。申。在庚曰上章。作鄂之歲，歲有大兵，民疾，蠶不登，菽麥不爲，禾蟲，民食五升。酉。在辛曰重光。掩茂之歲，歲小饑，有兵，蠶不登，麥不爲，菽昌，民食七升。戌。在壬曰玄黓。
大淵獻之歲，歲有大兵，大饑，蠶開，菽麥不爲，禾蟲，民食三升。困敦之歲，歲大霧起，大水出，蠶稻麥昌，民食三斗。子。在癸曰昭陽。赤奮若之歲，歲有小兵，早水，蠶不出，稻疾，菽不爲，麥昌，民食一升。

《禮記・月令》 孟春之月，日在營室，昏參中，旦尾中。其日甲乙。其帝大皞，其神句芒。其蟲鱗。其音角，律中大蔟。其數八。其味酸，其臭羶。其祀戶，祭先脾。東風解凍，蟄蟲始振，魚上冰，獺祭魚，鴻鴈來。天子居青陽左个。乘鸞路，駕倉龍，載青旂，衣青衣，服倉玉，食麥與羊，其器疏以達。是月也，以立春。先立春三日，大史謁之天子曰：某日立春，盛德在木。天子乃齊。立春之日，天子親帥三公九卿諸侯大夫以迎春於東郊。還反，賞公卿諸侯大夫於朝。命相布德和令，行慶施惠，下及兆民。慶賜遂行，毋有不當。乃命大史守典奉法，司天日月星辰之行，宿離不貸，毋失經紀，以初為常。是月也，天子乃以元日祈穀于上帝。乃擇元辰，天子親載耒耜，措之于參保介之御間，帥三公九卿諸侯大夫，躬耕帝藉。天子三推，三公五推，卿諸侯九推。反，執爵于大寢，三公九卿諸侯大夫皆御，命曰勞酒。是月也，天氣下降，地氣上騰，天地和同，草木萌動。王命布農事，命田舍東郊，皆脩封疆，審端經術。善相丘陵阪險原隰土地所宜，五穀所殖，以教道民，必躬親之。田事既飭，先定準直，農乃不惑。是月也，命樂正入學習舞。乃脩祭典。命祀山林川澤，犧牲毋用牝。禁止伐木。毋覆巢，毋殺孩蟲、胎、夭、飛鳥。毋麛，毋卵。毋聚大衆，毋置城郭。掩骼埋胔。是月也，不可以稱兵，稱兵必天殃。兵戎不起，不可從我始。毋變天之道，毋絕地之理，毋亂人之紀。孟春行夏令，則雨水不時，草木蚤落，國時有恐。行秋令則其民大疫，猋風暴雨總至，藜莠蓬蒿並興。行冬令則水潦為敗，雪霜大摯，首種不入。

仲春之月，日在奎，昏弧中，旦建星中。其日甲乙，其帝大皞，其神句芒。其蟲鱗。其音角，律中夾鍾。其數八。其味酸，其臭羶，其祀戶，祭先脾。始雨水，桃始華，倉庚鳴，鷹化為鳩。天子居青陽大廟，乘鸞路，駕倉龍，載青旂，衣青衣，服倉玉，食麥與羊，其器疏以達。是月也，安萌芽，養幼少，存諸孤。擇元日，命民社。命有司省囹圄，去桎梏，毋肆掠，止獄訟。是月也，玄鳥至。至之日，以大牢祠于高禖。天子親往，后妃帥九嬪御。乃禮天子所御，帶以弓韣，授以弓矢，于高禖之前。是月也，日夜分。雷乃發聲，始電，蟄蟲咸動，啟戶始出。先雷三日，奮木鐸以令兆民曰：雷將發聲，有不戒其容止者，生子不備，必有凶災。日夜分，則同度量，鈞衡石，角斗甬，止權概。是月也，耕者少舍。乃脩闔扇，寢廟畢備。毋作大事以妨農之事。是月也，毋竭川澤，毋漉陂池，毋焚山林。天子乃鮮羔開冰，先薦寢廟。上丁，命樂正習舞釋菜。天子乃帥三公九卿諸侯大夫親往視之。仲丁，又命樂正入學習舞。是月也，祀不用犧牲，用圭璧，更皮幣。仲春行秋令，則其國大水，寒氣總至，寇戎來征。行冬令，則陽氣不勝，麥乃不熟，民多相掠。行夏令，則國乃大旱，煖氣早來，蟲螟為害。

季春之月，日在胃，昏七星中，旦牽牛中。其日甲乙。其帝大皞，其神句芒。其蟲鱗。其音角，律中姑洗。其數八。其味酸，其臭羶。其祀戶，祭先脾。桐始華，田鼠化為鴽，虹始見，萍始生。天子居青陽右个，乘鸞路，駕倉龍，載青旂，衣青衣，服倉玉。食麥與羊，其器疏以達。是月也，天子乃薦鞠衣于先帝。命舟牧覆舟，五覆五反。乃告舟備具於天子焉，天子始乘舟。薦鮪于寢廟，乃為麥祈實。是月也，生氣方盛，陽氣發泄，句者畢出，萌者盡達。不可以內。天子布德行惠，命有司發倉廩，賜貧窮，振乏絕，開府庫，出幣帛，周天下。勉諸侯，聘名士，禮賢者。是月也，命司空曰：時雨將降，下水上騰，循行國邑，周視原野，修利隄防，道達溝瀆，開通道路，毋有障塞。田獵罝罘、羅網、畢翳、餧獸之藥，毋出九門。是月也，命野虞毋伐桑柘。鳴鳩拂其羽，戴勝降于桑。具曲植籧筐。后妃齊戒，親東鄉躬桑。禁婦女毋觀，省婦使以勸蠶事。蠶事既登，分繭稱絲效功，以共郊廟之服，毋有敢惰。是月也，命工師令百工審五庫之量，金鐵，皮革筋，角齒，羽箭幹，脂膠丹漆，毋或不良。百工咸理，監工日號：毋悖于時，毋或作為淫巧以蕩上心。是月之末，擇吉日，大合樂，天子乃率三公九卿諸侯大夫親往視之。是月也，乃合累牛騰馬，游牝于牧。犧牲駒犢，舉，書其數。命國難，九門磔攘，以畢春氣。季春行冬令，則寒氣時發，草木皆肅，國有大恐。行夏令，則民多疾疫，時雨不降，山林不收。行秋令，則天多沉陰，淫雨蚤降，兵革並起。

孟夏之月，日在畢，昏翼中，旦婺女中。其日丙丁。其帝炎帝，其神祝融。其蟲羽。其音徵，律中中呂。其數七。其味苦，其臭焦。其祀竈，祭先肺。螻蟈鳴，蚯蚓出，王瓜生，苦菜秀。天子居明堂左个，乘朱路，駕赤駵，載赤旂，衣朱衣，服赤玉。食菽與鷄，其器高以粗。是月也，以立夏。先立夏三日，大史謁之天子曰：某日立夏，盛德在火。天子乃齊。立夏之日，天子親帥三公九卿大夫以迎夏於南郊。還反，行賞，封諸侯。慶賜遂行，無不欣說。乃命樂師，習合禮樂。命太尉，贊桀俊，遂賢良，舉長大，行爵出祿，必當其位。是月也，繼長增高，毋有壞墮，毋起土功，毋發大衆，毋伐大樹。是月也，天子始絺。命野虞出行田原，為天子勞農勸民，毋或失時。命司徒巡行縣鄙，命農勉作，毋休于都。是月也，驅獸毋害五穀，毋大田獵。農乃登麥，天子乃以彘嘗麥，先薦寢廟。是月也，聚畜百藥。靡草死，麥秋至。斷薄刑，決小罪，出輕繫。蠶事畢，后妃獻繭。乃收繭稅，以桑為均，貴賤長幼如一，以給郊廟之服。是月也，天子飲酎，用禮樂。孟夏行秋令，則苦雨數來，五穀不滋，四鄙入保。行冬令，則草木蚤枯，後乃大水，敗其城郭。行春令，則蝗蟲為災，暴風來格，秀草不實。

仲夏之月，日在東井，昏亢中，旦危中。其日丙丁。其帝炎帝，其神祝融。其蟲羽。其音徵，律中蕤賓。其數七。其味苦，其臭焦。其祀竈，祭先肺。小暑至，螳蜋生。鵙始鳴，反舌無聲。天子居明堂太廟，乘朱路，駕赤駵，載赤旂，衣朱衣，服赤玉，食菽與鷄，其器高以粗。養壯佼。是月也，命樂師脩鞀鞞鼓，均琴瑟管簫，執干戚戈羽，調竽笙竾簧，飭鍾磬柷敔。命有司為民祈祀山川百源，大雩帝，用盛樂。乃命百縣，雩祀百辟卿士有益於民者，以祈穀實。農乃登黍。是月也，天子乃以雛嘗黍，羞以含桃，先薦寢廟。令民毋艾藍以染，毋燒灰，毋暴布。門閭毋閉，關市毋索。挺重囚，益其食。游牝別羣，則縶騰駒，班馬政。是月也，日長至，陰陽爭，死生分。君子齊戒，處必掩身，毋躁。止聲色，毋或進。薄滋味，毋致和。節耆欲，定心氣，百官靜事毋刑，以定晏陰之所成。鹿角解，蟬始鳴。半夏生，木堇榮。是月也，毋用火南方。可以居高明，可以遠眺望，可以升山陵，可以處臺榭。仲夏行冬令，則雹凍傷穀，道路不通，暴兵來至。行春令，則五穀晚熟，百螣時起，其國乃饑。行秋令，則草木零落，果實早成，民殃於疫。

季夏之月，日在柳，昏火中，旦奎中。其日丙丁。其帝炎帝，其神祝融。其蟲羽。其音徵，律中林鍾。其數七。其味苦，其臭焦。其祀竈，祭先肺。溫風始至，蟋蟀居壁，鷹乃學習，腐草為螢。天子居明堂右个，乘朱路，駕赤駵，載赤旂，衣朱衣，服赤玉。食菽與鷄，其器高以粗。命漁師伐蛟取鼉，登龜取黿。命澤人納材葦。是月也，命四監大合百縣之秩芻，以養犧牲。令民無不咸出其力，以共皇天上帝名山大川四方之神，以祠宗廟社稷之靈，以為民祈福。是月也，命婦官染采，黼黻文章，必以法故，無或差貸。黑黃倉赤，莫不質良，毋敢詐偽，以給郊廟祭祀之服，以為旗章，以別貴賤等給之度。是月也，樹木方盛，乃命虞人入山行木，毋有斬伐。不可以興土功，不可以合諸侯，不可以起兵動衆，毋舉大事，以搖養氣。毋發令而待，以妨神農之事也。水潦盛昌，神農將持功，舉大事則有天殃。是月也，土潤溽暑，大雨時行，燒薙行水，利以殺草，如以熱湯。可以糞田疇，可以美土疆。季夏行春令，則穀實鮮落，國多風欬，民乃遷徙。行秋令，則丘隰水潦，禾稼不熟，乃多女災。行冬令，則風寒不時，鷹隼蚤鷙，四鄙入保。

中央土。其日戊己。其帝黄帝，其神后土。其蟲倮，其音宫，律中黄鍾之宫。其數五。其味甘，其臭香。其祠中霤，祭先心。天子居大廟大室，乘大路，駕黄駵，載黄旂，衣黄衣，服黄玉，食稷與牛，其器圜以閎。

孟秋之月，日在翼，昏建星中，旦畢中。其日庚辛。其帝少皞，其神蓐收。其蟲毛。其音商，律中夷則。其數九。其味辛，其臭腥。其祀門，祭先肝。涼風至，白露降，寒蟬鳴。鷹乃祭鳥，用始行戮。天子居總章左个，乘戎路，駕白駱，載白旂，衣白衣，服白玉，食麻與犬，其器廉以深。是月也，以立秋。先立秋三日，大史謁之天子曰：某日立秋，盛德在金。天子乃齊。立秋之日，天子親帥三公九卿諸侯大夫，以迎秋於西郊。還反，賞軍帥武人於朝。天子乃命將帥，選士厲兵，簡練桀俊，專任有功，以征不義。詰誅暴慢，以明好惡，順彼遠方。是月也，命有司脩法制，繕囹圄，具桎梏，禁止姦，慎罪邪，務搏執。命理瞻傷，察創，視折，審斷。決獄訟，必端平。戮有罪，嚴斷刑。天地始肅，不可以贏。是月也，農乃登穀。天子嘗新，先薦寢廟。命百官，始收斂。完隄防，謹壅塞，以備水潦。修宫室，坏墻垣，補城郭。是月也，毋以封諸侯，立大官。毋以割地，行大使，出大幣。孟秋行冬令，則陰氣大勝，介蟲敗穀，戎兵乃來。行春令，則其國乃旱，陽氣復還，五穀無實。行夏令，則國多火災，寒熱不節，民多瘧疾。

仲秋之月，日在角，昏牽牛中，旦觜巂中。其日庚辛，其帝少皞，其神蓐收。其蟲毛。其音商，律中南呂。其數九。其味辛，其臭腥。其祀門，祭先肝。盲風至，鴻鴈來，玄鳥歸，羣鳥養羞。天子居總章大廟，乘戎路，駕白駱，載白旂，衣白衣，服白玉，食麻與犬，其器廉以深。是月也，養衰老，授几杖，行麋粥飲食。乃命司服，具飭衣裳，文繡有恒，制有小大，度有長短。衣服有量，必循其故，冠帶有常。乃命有司，申嚴百刑，斬殺必當，毋或枉橈。枉橈不當，反受其殃。是月也，乃命宰祝，循行犧牲，視全具，案芻豢，瞻肥瘠，察物色。必比類，量小大，視長短，皆中度。五者備當，上帝其饗。天子乃難，以達秋氣。以犬嘗麻，先薦寢廟。是月也，可以築城郭，建都邑，穿竇窖，脩囷倉。乃命有司，趣民收斂，務畜菜，多積聚。乃勸種麥，毋或失時。其有失時，行罪無疑。是月也，日夜分，雷始收聲。蟄蟲坏戶，殺氣浸盛，陽氣日衰，水始涸。日夜分，則同度量，平權衡，正鈞石，角斗甬。是月也，易關市，來商旅，納貨賄，以便民事。四方來集，遠鄉皆至，則財不匱，上無乏用，百事乃遂。凡舉大事，毋逆大數，必順其時，慎因其類。仲秋行春令，則秋雨不降，草木生榮，國乃有恐。行夏令，則其國乃旱，蟄蟲不藏，五穀復生。行冬令，則風災數起，收雷先行，草木蚤死。

季秋之月，日在房，昏虚中，旦柳中。其日庚辛。其帝少皞，其神蓐收。其蟲毛。其音商，律中無射。其數九。其味辛，其臭腥。其祀門，祭先肝。鴻鴈來賓，爵入大水為蛤。鞠有黄華，豺乃祭獸戮禽。天子居總章右个，乘戎路，駕白駱，載白旂，衣白衣，服白玉。食麻與犬，其器廉以深。是月也，申嚴號令。命百官貴賤無不務內，以會天地之藏，無有宣出。乃命冢宰，農事備收，舉五穀之要，藏帝藉之收於神倉，祗敬必飭。是月也，霜始降，則百工休。乃命有司曰：寒氣總至，民力不堪，其皆入室。上丁，命樂正入學習吹。是月也，大饗帝，嘗，犧牲告備于天子。合諸侯，制百縣，為來歲受朔日，與諸侯所稅於民輕重之法，貢職之數，以遠近土地所宜為度，以給郊廟之事，無有所私。是月也，天子乃教於田獵，以習五戎，班馬政。命僕及七騶咸駕，載旌旐，授車以級，整設于屏外。司徒搢扑，北面誓之。天子乃厲飾，執弓挾矢以獵，命主祠祭禽于四方。是月也，草木黄落，乃伐薪為炭。蟄蟲咸俯在內，皆墐其戶。乃趣獄刑，毋留有罪。收祿秩之不當，供養之不宜者。是月也，天子乃以犬嘗稻，先薦寢廟。季秋行夏令，則其國大水，冬藏殃敗，民多鼽嚏。行冬令，則國多盜賊，邊境不寧，土地分裂。行春令，則煖風來至，民氣解惰，師興不居。

孟冬之月，日在尾，昏危中，旦七星中。其日壬癸。其帝顓頊，其神玄冥。其蟲介。其音羽，律中應鍾。其數六。其味鹹，其臭朽。其祀行，祭先腎。水始冰，地始凍。雉入大水為蜃。虹藏不見。天子居玄堂左个，乘玄路，駕鐵驪，載玄旂，衣黑衣，服玄玉，食黍與彘，其器閎以奄。是月也，以立冬。先立冬三日，太史謁之天子曰：某日立冬，盛德在水。天子乃齊。立冬之日，天子親帥三公九卿大夫以迎冬於北郊，還反，賞死事，恤孤寡。是月也，命大史釁龜筴，占兆審卦吉凶，是察阿黨，則罪無有掩蔽。是月也，天子始裘。命有司曰：天氣上騰，地氣下降，天地不通，閉塞而成冬。命百官謹蓋藏。命司徒循行積聚，無有不斂。坏城郭，戒門閭，脩鍵閉，慎管籥，固封疆，備邊竟，完要塞，謹關梁，塞徯徑。飭喪紀，辨衣裳，審棺椁之薄厚，塋丘壟之大小高卑厚薄之度，貴賤之等級。是月也，命工師效功，陳祭器，按度程，毋或作為淫巧以蕩上心。必功致為上。物勒工名，以考其誠。功有不當，必行其罪，以窮其情。是月也，大飲烝。天子乃祈來年於天宗，大割祠于公社及門閭。臘先祖五祀，勞農以休息之。天子乃命將帥講武，習射御角力。是月也，乃命水虞漁師，收水泉池澤之賦。毋或敢侵削衆庶兆民，以為天子取怨于下。其有若此者，行罪無赦。孟冬行春令，則凍閉不密，地氣上泄，民多流亡。行夏令，則國多暴風，方冬不寒，蟄蟲復出。行秋令，則雪霜不時，小兵時起，土地侵削。

仲冬之月，日在斗，昏東壁中，旦軫中。其日壬癸。其帝顓頊，其神玄冥。其蟲介。其音羽，律中黃鍾。其數六。其味鹹，其臭朽。其祀行，祭先腎。冰益壯，地始坼。鶡旦不鳴，虎始交。天子居玄堂大廟，乘玄路，駕鐵驪，載玄旂，衣黑衣，服玄玉。食黍與彘，其器閎以奄。飭死事。命有司曰：土事毋作，慎毋發蓋，毋發室屋，及起大衆，以固而閉。地氣沮泄，是謂發天地之房，諸蟄則死，民必疾疫，又隨以喪。命之曰暢月。是月也，命奄尹，申宮令，審門閭，謹房室，必重閉。省婦事毋得淫，雖有貴戚近習，毋有不禁。乃命大酋，秫稻必齊，麴蘖必時，湛熾必絜，水泉必香，陶器必良，火齊必得，兼用六物。大酋監之，毋有差貸。天子命有司祈祀四海大川名源淵澤井泉。是月也，農有不收藏積聚者，馬牛畜獸有放佚者，取之不詰。山林藪澤，有能取蔬食，田獵禽獸者，野虞教道之；其有相侵奪者，罪之不赦。是月也，日短至。陰陽爭，諸生蕩。君子齊戒，處必掩身。身欲寧，去聲色，禁耆欲。安形性，事欲靜，以待陰陽之所定。芸始生，荔挺出，蚯蚓結，麋角解，水泉動。日短至，則伐木，取竹箭。是月也，可以罷官之無事，去器之無用者。塗闕廷門閭，築囹圄，此以助天地之閉藏也。仲冬行夏令，則其國乃旱，氛霧冥冥，雷乃發聲。行秋令，則天時雨汁，瓜瓠不成，國有大兵。行春令，則蝗蟲為敗，水泉咸竭，民多疥癘。

季冬之月，日在婺女，昏婁中，旦氐中。其日壬癸。其帝顓頊，其神玄冥。其蟲介。其音羽，律中大呂。其數六。其味鹹，其臭朽。其祀行，祭先腎。鴈北鄉，鵲始巢。雉雊，雞乳。天子居玄堂右个。乘玄路，駕鐵驪，載玄旂，衣黑衣，服玄玉。食黍與彘，其器閎以奄。命有司大難，旁磔，出土牛，以送寒氣。征鳥厲疾。乃畢山川之祀，及帝之大臣，天之神祇。是月也，命漁師始漁，天子親往，乃嘗魚，先薦寢廟。冰方盛，水澤腹堅。命取冰，冰以入。令告民，出五種。命農計耦耕事，脩耒耜，具田器。命樂師大合吹而罷。乃命四監收秩薪柴，以共郊廟及百祀之薪燎。是月也，日窮于次，月窮于紀，星回于天。數將幾終，歲且更始。專而農民，毋有所使。天子乃與公卿大夫共飭國典，論時令，以待來歲之宜。乃命太史次諸侯之列，賦之犧牲，以共皇天上帝社稷之饗。乃命同姓之邦，共寢廟之芻豢。命宰歷卿大夫至于庶民土田之數，而賦犧牲，以共山林名川之祀。凡在天下九州之民者，無不咸獻其力，以共皇天上帝社稷寢廟山林名川之祀。季冬行秋令，則白露蚤降，介蟲為妖，四鄙入保。行春令，則胎夭多傷，國多固疾，命之曰逆。行夏令，則水潦敗國，時雪不降，冰凍消釋。

《漢書》卷二七中之下《五行志中之下》

傳曰：『視之不明，是謂不悊，厥咎舒，厥罰恆奧，師古曰：『奧讀曰燠。燠，暖也，音於六反。其下並同。』厥極疾。韋昭曰：『以疾爲罰。』時則有草妖，時則有蠃蟲之孽，師古曰：『蠃、螟之類無鱗甲毛羽，故謂之蠃蟲也。音郎果反。』時則有羊旤，時則有目痾，時則有赤眚赤祥。惟水沴火。』

『視之不明，是謂不悊』，悊，知也。詩云：『爾德不明，以亡陪亡卿；不明爾德，以亡背亡仄。』師古曰：『大雅蕩之詩也。言不別善惡，有逆背傾仄者，有堪爲卿大夫者，皆不知之也。仄，古側字。』言上不明，暗昧蔽惑，則不能知善惡，親近習，長同類，師古曰：『習，狎也。近狎者則親愛之，同類者則長益也。』亡功者受賞，有罪者不殺，百官廢亂，失在舒緩，故其咎舒也。盛夏日長，暑以養物，政弛緩，故其罰常奧也。奧則冬溫，春夏不和，傷病民人，故極疾也。誅不行則霜不殺草，繇臣下則殺不以時，師古曰：『繇讀與由同，言誅罰由於臣下。』故有草妖。凡妖，貌則以服，言則以詩，聽則以聲。視則以色者，五色物之大分也，在於眚祥，故聖人以爲草妖，失秉之明者也。師古曰：『謂失所執之權也。音彼命反。』溫奧生蟲，故有蠃蟲之孽，謂螟螣之類師古曰：『螟食苗心，螣食苗葉之蟲也。螟音冥。螣音徒得反。』當死不死，未當生而生，或多於故而爲災也。劉歆以爲屬思心不容。於易，剛而包柔爲離，師古曰：『兩陽居外，一陰在内，故云剛包柔。』離爲火爲目。羊上角下蹏，剛而包柔，羊大目而不精明，視氣毁故有羊旤。一曰，暑歲羊多疫死，及爲怪，亦是也。及人，則多病目者，故有目痾。火色赤，故有赤眚赤祥。凡視傷者病火氣，火氣傷則水沴之。其極疾者，順之，其福曰壽。李奇曰：『於六極之中爲疾者，逆火氣，致疾病也。能順火氣，則旤更爲福。』劉歆視傳曰有羽蟲之孽，雞旤。説以爲於天文南方喙爲鳥星，故爲羽蟲；旤亦從羽，故爲雞；雞於易自在巽。説非是。庶徵之恒奥，劉向以爲春秋亡冰也。小奥不書，無冰然後書，舉其大者也。京房《易傳》曰：『禄不遂行茲謂欺，厥咎奥，雨雪四至而温。臣安禄樂逸茲謂亂，奥而生蟲。知罪不誅茲謂舒，其奥，夏則暑殺人，冬則物華實。重過不誅，茲謂亡徵，其咎當寒而奥六日也。』

桓公十五年『春，亡冰』。劉向以爲周春，今冬也。先是連兵鄰國，三戰而再敗也，師古曰：『三戰者，謂十年齊侯、衛侯、鄭伯來戰于郎，十二年與鄭師伐宋戰于宋，十三年會紀侯、鄭伯及齊侯、宋公、衛侯、燕人戰也。再敗者，謂郎之戰，穀梁傳曰『以吾敗也』，又宋之戰，穀梁亦曰『諱敗，舉其可道者也』。據左氏傳、公羊、穀梁，亦曰無冰，並在十四年，今此云十五年，未詳其意。』内失百姓，外失諸侯，不敢行誅罰，鄭伯突篡兄而立，公與相親，師古曰：『突，鄭莊公子，即厲公也。兄謂太子忽，即昭公也。莊公既卒，突因宋莊公之寵而得立，遂使昭公奔衛，故云篡兄也。公與相親者，謂十五年突爲祭仲所逐奔蔡，遂居櫟，而昭公入，公再與諸侯伐鄭，謀納厲公。』長養同類，不明善惡之罰也。師古曰：『言桓篡立，與突志同，故曰長養同類。』董仲舒以爲象夫人不正，陰失節也。師古曰：『夫人姜氏通于齊侯，故云不正。』

成公元年『二月，無冰』。董仲舒以爲方有宣公之喪，君臣無悲哀之心，而炕陽，作丘甲。師古曰：『時宣公薨始踰年，故云有喪也。丘甲，解在刑法志。』劉向以爲時公幼弱，政舒緩也。

襄公二十八年『春，無冰』。劉向以爲先是公作三軍，有侵陵用武之意，師古曰：『作三軍者，季氏欲專其權，非公本意，此説非也。侵陵用武者，謂入鄆取邿也。邿音詩。』於是鄰國不和，伐其三鄙，師古曰：『謂十二年三月，十四年夏，莒人伐我東鄙。十五年夏，齊侯伐我北鄙。秋，邾人伐我南鄙。十六年三月，齊侯伐我北鄙。』被兵十有餘年，因之以饑饉，百姓怨望，臣下心離，公懼而弛緩，不敢行誅罰，師古曰：『弛，放也，音式爾反。』楚有夷狄行，公有從楚心，不明善惡之應。師古曰：『有從楚心，謂二十八年公朝于楚。』董仲舒指略同。一曰，水旱之災，寒暑之變，天下皆同，故曰『無冰』，天下異也。桓公殺兄弑君，外成宋亂，與鄭易邑，背畔周室。師古曰：『隱攝公位，又桓之兄，故云殺兄弑君也。成宋亂者，謂宋華父督弑其君殤公及其大夫孔父，以郜大鼎賂公，公會齊侯、鄭伯于稷而平其亂也。與鄭易邑，謂以太山之田易許田也。許田者，魯朝宿之邑也，而以與鄭，明魯之不朝於王，故云背畔周室。』成公時，楚横行中國，師古曰：『謂成二年楚師侵衛，遂侵我，師于蜀。六年七月，楚公子嬰齊帥師伐鄭。九年，嬰齊帥師伐莒。十五年，楚子伐鄭。十六年，楚子與晉侯、鄭伯戰于鄢陵。十八年，楚子伐宋。』王札子殺召伯、毛伯，師古曰：『王札子，即王子捷也。召伯、毛伯，皆周大夫也。今春秋經王札子殺召伯、毛伯事在宣十五年，而此言成公時，未達其説。召讀曰邵。』晉敗天子之師于貿戎，師古曰：『貿戎，戎别種也。公羊傳成元年：『王師敗績于貿戎。孰敗之？蓋晉敗之。』貿音莫候反。』天子皆不能討。襄公時，天下諸侯之大夫皆執國權，師古曰：『謂襄十六年會于溴梁，諸侯之大夫盟皆類此。』君不能制。漸將日甚，善惡不明，誅罰不行。周失之舒，秦失之急，故周衰亡寒歲，秦滅亡奥年。

武帝元狩六年冬，亡冰。先是，比年遣大將軍衛青、霍去病攻祁連，絶大幕，師古曰：『比，頻也。祁連，山名也。幕，沙磧也。直度曰絶。祁音上夷反。』窮追單于，斬首十餘萬級，還，大行慶賞。乃閔海内勤勞，是歲遣博士褚大等六人持節巡行天下，師古曰：『行音下更反。』存賜鰥寡，假與乏困，舉遺逸獨行君子詣行在所。郡國有以爲便宜者，上丞相、御史以聞。天下咸喜。

昭帝始元二年冬，亡冰。是時上年九歲，大將軍霍光秉政，始行寬緩，欲以説下。

僖公三十三年『十二月，隕霜不殺草』。劉歆以爲草妖也。劉向以爲今十月，周十二月。於易，五爲天位，君位，九月陰氣至，五通於天位，其卦爲剥，師古曰：『坤下艮上。』剥落萬物，始大殺矣，明陰從陽命，臣受君令而後殺也。今十月隕霜而不能殺草，此君誅不行，舒緩之應也。是時公子遂顓權，師古曰：『公子遂，莊公之子，即東門襄仲也，時爲卿，專執國政也。』三桓始世官，師古曰：『謂父子相繼爲卿也。』天戒若曰，自此之後，將皆爲亂矣。文公不寤，其後遂殺子赤，三家逐昭公。師古曰：『並已解於上。』董仲舒指略同。京房《易傳》曰：『臣有緩茲謂不順，厥異霜不殺也。』

宋 蘇轍《欒城集》卷四六《論冬温無冰札子》 臣伏見前年冬温不雪，聖心焦勞，請禱備至，而天意不順，宿麥不蓄。去冬此災復甚，而加以無冰。二年之間，天氣如一。若非政事過差，上干陰陽，理不至此。謹案常燠之罰，載於《周書》；而無冰之災，書於《春秋》。聖人之言，必不徒設。臣謹推原經意，而驗以時事，惟陛下擇之。蓋《洪範》庶徵：哲則時燠，豫則常燠。謀則時寒，急則常寒。哲之為言明也，豫之為言舒也。故漢儒釋之曰：『上德不明，暗昧蔽惑，不能知善惡，無功者受賞，有罪者不殺，百官廢禮，失在舒緩。盛夏日長，暑以養物。政既弛緩，故其罰常燠。周失之舒，秦失之急，故周亡無寒歲，而秦滅無燠年。』今連年冬溫無冰，可謂常燠矣。刑政弛廢，善惡不分，可謂舒緩矣。臣非敢妄詆時政，以惑聖聽，請為陛下具數其實。然事在歲月之前者，臣不能盡言，請言其近者，凡有罪不誅者七，無功受賞者四：陸佃為禮部侍郎，所部有訟，而其兄子宇乃與訟者酒食交通。獄既具而有司當宇無罪，此有罪而不誅者一也。石麟之為開封府推官，與訴訟者私相往來，傳達言語，獄上而罷，更為郎官，此有罪而不誅者二也。李偉建言乞回奪大河，朝廷信之，為起大役，費用不貲。今黄河北流如故，漲水既退，東流淤填，遂成道路。臣屢乞正偉欺罔誤國之罪，不蒙採納，任偉如故，此有罪而不誅者三也。開封府推官王詔故入徒罪，雖該德音，法當沖替，而詔仍得守郡，至今經營差遣，遷延不去，此有罪而不誅者四也。知祥符張亞之，為官戶理索積年租課，至勘決不當償債之人，估賣欠人田產，及欠人見被枷錮，而田主毆擊至死，身死之後，監督其家，不為少止。本臺按發其罪，而朝廷除亞之真州，欲令以去官免罪。此有罪而不誅者五也。孫述知長垣縣，決殺訴災無罪之人，臺官有言，然後罷任，雖行推勘，而縱其抵欺，指望恩赦，此有罪而不誅者六也。秀州倚郭嘉興縣人訴災，州縣昏虐，不時受理，臨以鞭扑，使民相驚，自相蹈籍，死者四十餘人。雖加按治，而知州章衡反得美職，擢守大郡，此有罪而不誅者七也。近日差除戶部尚書以下十餘人，其間人材粗允公議者，不過二三人，其他多老病之餘及執政所厚善耳。臣與僚佐共議，以為不可勝言，是以置而不論。獨取其尤不可者杜常、王子韶二人論之，然皆不蒙施行。夫杜常在熙寧間，諂事呂惠卿兄弟，注解惠卿所撰手實文字，分配五常，比之經典。及其所至謬妄，取笑四方。其在都司，希合時忱、任永壽等旨意，施之政事，前後屢為臺官所劾。兼其人物凡猥，學術荒謬，而置之太常禮樂之地。命下之日，士人無不掩口竊笑。此無功受賞者一也。王子韶昔在三司條例司，諂事王安石，創立青苗、助役之法。臣時與之共事，實所親見。及呂公著為御史中丞，舉為臺官。公著以言新政罷去，而子韶隱忍不言。先帝覺其姦妄，親批聖語，指其罪狀。自是以來，士人不復比數。但以善事權要子弟，故前後多得美官，今又擢之秘書，指日循例當得侍從。公議所惜，實在於此。此無功而受賞者二也。張淳資才凡下，從第二任知縣擢為開封司錄。曾未數月，厭其繁劇，求為寺監丞，即得將作。又不數月，令權開封推官。意欲因權即真，迤邐遷上。此無功而受賞者三也。丁恟罷少府簿，經年不得差遣。一為韓維女婿，即時擢為將作監丞。此無功而受賞者四也。其因緣親舊，馳騖請謁，特從常調，與之堂除，以至除目猥多，待闕久遠，孤寒失望，中外嗟怨者，尚不可勝數。凡上件事，皆刑政不修，紀綱敗壞之實也。大率近歲所為，類多如此，譬如天時，有春夏而無秋冬，萬物雖得生育而不堅成。天之應人，頗以類至。宜指揮大臣，令已行者，即加改正，未行者，無踵前失，勉強修飭，以答天變。臣伏見去年，歲在庚午，世俗所傳，本非善歲，徒以二聖至仁無私，德及上下，故此兇歲化為有年。然事有過差，猶不免常燠無冰之異。由此觀之，天地雖遠，得失之應，無一可欺。若更能恐懼修省，戒飭在位相勉為善，則太平之功庶幾可致也。臣備位執法，實欲使陛下比隆堯舜，無缺可指，無災可救，是以區區獻言，不覺煩多。死罪死罪。取進止。

《文獻通考》卷二九九《物異考五・草異》

《春秋》僖公三十三年『十二月，隕霜不殺草，李梅實。』劉歆以爲草妖。

劉向以爲今十月，周十二月。於《易》，五爲天位，君位九月陰至，五通於天位，其卦爲《剝》，剝落萬物，始大殺矣，明陰從陽命，臣受君令而後殺也。今十月隕霜而不能殺草，此君誅不行，舒緩之應也。時公子遂專權，三桓始世官，其後遂殺子赤，三家逐昭公。董仲舒指略同。京房《易傳》曰：『臣有緩茲謂不順，厥異霜不殺也。』李梅當剝落，反實，近草妖。先華而後實，不書華，舉重者也。

陰成陽事，象臣顓君作威福。一曰，冬當殺，反生，象驕臣當誅，不行其罰也。

故冬華華者，象臣邪謀有端而不成，至於實，則成矣。一曰，君舒緩其，燠氣不藏，則華實復生。董仲舒以爲李梅實，臣下強也。記曰：『不當華而華，易大夫；不當實而實，易相室師古曰：『相室猶言相國，謂宰相也。相室，相王室。』冬，水王，木相，故象大臣。

綜述

《漢書》卷二七中之下《五行志七中之下》　惠帝二年，天雨血於宜陽，一頃所，劉向以爲赤眚也。時又冬雷，桃李華，常奥之罰也。

宋 陳旉《農書》卷上《天時之宜篇第四》　四時八節之行，氣候有盈縮踦贏之度。五運六氣所主，陰陽消長有太過不及之差。其道甚微，其效甚著。蓋萬物因時受氣，因氣發生，理固不易測也。若仲冬而李梅實，季秋而昆蟲不蟄藏，類可見矣。天反時爲災，地反物爲妖。災妖之生，不虛其應者，氣類召之也。陰陽一有愆忒，則四序亂而不能生成萬物。寒暑一失代謝，既節候差而不能運轉一氣。

紀事

《春秋·襄公二十八年》　二十有八年春，無冰。

《左傳·襄公二十八年》　二十八年春，無冰。梓慎曰：『今茲宋、鄭其饑乎？歲在星紀，而淫於玄枵，以有時菑，陰不堪陽。蛇乘龍，龍，宋、鄭之星也，宋、鄭必饑。玄枵，虛中也。枵，秏名也。土虛而民秏，不饑何為？』

《史記》卷六《秦始皇本紀》　孝公立十六年。時桃李冬華。

《漢書》卷二《惠帝紀》　五年冬十月，靁；桃李華，棗實。

又 卷三《高后紀》　［元年］秋，桃李華。

又 卷四《文帝紀》　六年冬十月，桃李華。

又 卷六《武帝紀》　［建元六年冬十月］雨水亡冰。師古曰：『雨音于具反。』

又 卷七《昭帝紀》　［始元元年］冬，無冰。

《宋書》卷三二《五行志三·恒燠》　庶徵之恒燠，劉向、班固以冬亡冰及霜不殺草應之。京房《易傳》又曰：『夏則暑殺人，冬則物華實。』

吴孫亮建興元年九月，桃李華。孫權世，政煩賦重，民彫於役。是時諸葛恪始輔政，息校官，原逋責，除關梁，崇寬厚。此舒緩之應也。一說桃李寒華爲草妖，或屬華孽。

魏元帝景元三年十月，桃李華。自高貴弒死之後，晉文王深樹恩德，事崇優緩，此其應也。

晉穆帝永和九年十二月，桃李華。是時簡文輔政，事多弛略，舒緩之應也。

宋順帝昇明元年十月，於潛桃、李、柰結實。

《南齊書》卷一九《五行志》　［建元］二年，武陵沅头都尉治有桑树，方冬生叶。《京房易传》曰：『木冬生花，天下有丧。』其占同。后二年，宮車晏驾。

《魏書》卷一一二上《靈徵志上》　庶徵之恒燠。劉向、班固以冬亡冰及霜，不殺草之應。京房《易傳》曰：夏暑殺人，冬則物華實。

世祖真君五年八月，華林園諸果盡花。

高祖延興五年八月，中山桃李花。

承明元年九月，幽州民齊淵冢杜樹結實既成，一朝盡落，花葉復生，七日之中，蔚如春狀。

世宗景明四年十一月，齊州東清河郡桃李花。

延昌四年閏十月辛亥，京師柰樹花。

《晉書》卷二八《五行志中》　庶徵之恒燠，劉向以爲春秋無冰也。小燠不書，無冰然後書，舉其大者也。京房《易傳》曰：『禄不遂行茲謂欺，厥咎燠。其燠，雨雲四至而温。臣安禄樂逸茲謂亂，燠而生蟲。知罪不誅茲謂舒，其燠，夏則暑殺人，冬則物華實。重過不誅茲謂亡徵，其咎當寒而燠盡六日也。』

吴孫亮建興元年九月，桃李華。孫權世政煩賦重，人彫於役。是時諸葛恪始輔政，息校官，原逋責，除關梁，崇寬厚，此舒緩之應也。一說桃李寒華爲草妖，或屬華孽。

魏少帝景元三年十月，桃李華。時少帝深樹恩德，事崇優緩，此其應也。

惠帝元康二年二月，巴西郡界草皆生華，結子如麥，可食。時帝初即位，楚王瑋矯詔誅汝南王亮及太保衛瓘，帝不能察。今非時草結實，此恒燠寬舒之罰。

穆帝永和九年十二月，桃李華。是時簡文輔政，事多弛略，舒緩之應也。

《隋書》卷二三《五行志下·常燠》　後齊天保八年三月，大熱，人或暍死。劉向五行傳曰：『視不明，用近習，賢者不進，不肖不退，百職廢壞，庶事不從，其過在政教舒緩。』時帝狂躁、荒淫無度之應。

《新唐書》卷三五《五行志二》　大和九年十一月戊辰，晝晦。

咸通七年九月辛卯朔，天闇。

又　卷三六《五行志三》　大曆二年十二月戊戌，黑氣如塵，彌漫于北方。黑氣，陰沴也。

貞元四年七月，自陝至河陰，河水黑，流入汴，至汴州城下，一宿而復。近黑祥也。占曰：『法嚴刑酷，傷水性也。五行變節，陰陽相干，氣色繆亂，皆敗亂之象。』十四年，潤州有黑氣如隄，自海門山横亙江中，與北固山相峙，又有白氣如虹自金山出，與黑氣交，將旦而沒。

大和四年正月壬寅，黑氣如帶，東西際天。

咸通十四年七月，僖宗即位，是日，黑氣如盤，自天屬含元殿庭。

又　長安四年，自九月霖雨陰晦，至于神龍元年正月。

貞元二十一年秋，連月陰霾。

元和十五年正月庚辰至于丙申，晝常陰晦，微雨雪，夜則晴霽。占曰：『晝霧夜晴，臣志得申。』

咸通十四年七月，靈州陰晦。

乾符六年秋，多雲霧晦冥，自旦及禺中乃解。

光啟元年秋，河東大雲霧。明年夏，晝陰積六十日。二年十一月，淮南陰晦雨雪，至明年二月不解。

景福二年夏，連陰四十餘日。

宋　周密《武林舊事》卷七　［淳熙十一年六月一日］太上宣諭云：今歲比常年熱甚。

《舊五代史》卷五七《唐書・郭崇韜傳》　［同光］三年夏，雨，河大水，壞天津橋。是時酷暑尤甚。莊宗嘗擇高樓避暑，皆不稱旨。宦官曰：『今大内樓觀，不及舊時長安卿相之家，舊日大明、興慶兩宮，樓觀百數，皆雕楹畫栱，干雲蔽日，今官家納涼無可御者。』莊宗曰：『余富有天下，豈不能辦一樓！』即令宮苑使經營之，猶慮崇韜有所諫止，使謂崇韜曰：『今年惡熱，朕頃在河上，五六月中，與賊對壘，行宮卑濕，介馬戰賊，恆若清涼。今晏然深宮，不奈暑毒，何也？』崇韜奏：『陛下頃在河上，汴寇未平，廢寢忘食，心在戰陣，祁寒溽暑，不介聖懷。今寇既平，中原無事，縱耳目之玩，不憂戰陣，雖層臺百尺，廣殿九筵，未能忘熱于今日也。願陛下思艱難創業之際，則今日之暑，坐變清涼。』莊宗默然。王允平等竟加營造，崇韜復奏曰：『内中營造，日有縻費，屬當災饉，且乞權停。』不聽。

《新五代史》卷七四《四夷附録・吐渾》　［天福七年］是歲大熱，吐渾多疾死，乃遣承福歸太原，居之嵐、石之間。

《文獻通考》卷二九九《物異考五・木異華孽**》**　《春秋》魯僖公三十三年『十二月，李梅實詳見《草異門》。』考王十三年冬，晉桃杏實。顯王元年冬，桃華於秦。

漢惠帝五年冬，桃李華，棗實。吕后元年秋，桃李華。文帝六年冬十月，桃李華。

又　魏文帝景初三年十月，桃李華。

吴孫亮建興元年九月，桃李華。

又　卷三〇四《物異考十・恒燠》　《春秋》桓公十五年『春，亡冰』。劉向以爲周春，今冬也。成公元年『二月，無冰』。襄公二十八年『春，無冰』。說曰：水旱之災，寒暑之變，天下皆同，故曰『無冰』，天下異也。桓公殺兄弑君，外成宋亂，與鄭易邑，背叛周室。成公時，楚横行中國，王札子殺召伯、毛伯，晉敗天子之師於貿戎，天子皆不能討。襄公時，天下諸侯之大夫皆執國權，君不能制。漸將日甚，善惡不明，賞罰不行。周失之舒，秦失之急，故周衰亡寒歲，秦滅亡燠年。

漢武帝元狩六年冬，亡冰。先是，比年遣大將軍衛青、霍去病攻祁連，絶大幕，窮追單于，斬首數十萬級，還，大行慶賞。乃閔海内勤勞，遣博士褚大等六人持節巡行天下，存賜鰥寡，假予困乏，舉遺逸獨行君子。郡國有以便宜上者，丞相、御史以聞。天下咸喜。昭帝始元二年冬，亡冰。是時上年九歲，大將軍霍光秉政，始行寬緩，欲以說下。

後齊天保八年三月，大熱，人或暍死。劉向《五行傳》曰：『視不明，用近習，賢者不進，不肖不退，百職廢壞，庶事不從，其過在政教舒緩。』時帝狂躁荒淫無度之應。

唐天寶元年冬，無冰。爲陰失節也。又曰：『知罪不誅，其罰燠，夏則暑殺人，冬則物華實。』蓋當寒反燠，象宜刑而賞之也。貞元十四年夏，大燠。元和九年六月，大燠。長慶二年冬，少雪，不冰凍，草木萌荑，如正月。廣明元年十一月，暖如仲春。

宋淳化二年冬，京師無冰。大中祥符二年，京師冬溫，無冰。天聖五年，夏秋大暑，毒氣中人。占者曰，此《洪範》所謂『恒燠』也。嘉祐六年冬，京師無冰。治平四年冬，無雪。元豐八年冬，無雪。元祐元年冬，無雪。四年冬，無雪。五年冬，無冰雪。紹興五年五月，大燠四十餘日，草木焦槁，山石可灼人，死於暑者甚衆。三十一年冬，無雪。乾道三年，冬溫，少雪無冰。五年，冬溫，亡雪。六年，冬復溫，無雪無冰。紹熙三年，潼川路不雨，氣燠如仲夏，日月皆赤，榮州尤甚。慶元元年冬，無雪。四年冬，無雪。越歲，春燠而雷。六年，冬燠無雪，桃李華，蟄蟲不藏。《管子》曰：『臣乘君威，則陰侵陽，盛冬不冰。』時韓侂胄擅朝，陰脅陽之象。開禧三年冬，少雪。嘉定元年，春燠如夏。六年，冬燠，無冰有雷，昆蟲不蟄。八年夏五月，大燠，草木枯槁，百泉皆竭，行都斛水百錢，江、淮杯水數十錢，暍死者甚衆。九年冬，無雪。十三年冬，無冰，臘無雪。越歲，春暴燠，土燥泉竭。

《宋史》卷六三《五行志二上》　乾德二年冬，無雪。五年冬，無雪。

開寶元年冬，京師無雪。二年冬，無雪。

淳化二年冬，京師無冰。

至道元年冬，無雪。二年冬，無雪。

大中祥符二年，京師冬溫，無冰。

天聖五年，夏秋大暑，毒氣中人。

嘉祐六年冬，京師無冰。

治平四年冬，無雪。

元豐八年冬，無雪。

元祐元年冬，無雪。四年冬，京師無雪。五年冬，無冰雪。

紹興五年五月，大燠四十餘日，草木焦槁，山石灼人，暍死者甚衆。

三十一年冬，無雪。

乾道三年，冬温，少雪無冰。五年，冬温，無雪。六年，冬温，無雪冰。

紹熙三年冬，潼川路不雨，氣燠如仲夏，日月皆赤，榮州尤甚。

慶元元年冬，無雪。二年冬，無雪。四年冬，無雪。越歲，春燠而雷。六年，冬燠無雪，桃李華，蟲不蟄。

開禧三年冬，少雪。

嘉定元年，春燠如夏。六年冬，燠而雷，無冰，蟲不蟄。八年夏五月，大燠，草木枯槁，百泉皆竭，行都斛水百錢，江、淮杯水數十錢，暍死者甚衆。九年冬，無雪。十三年冬，無冰雪。越歲，春暴燠，土燥泉竭。

《元史》卷五〇《五行志上・火》　皇慶元年，冬無雪，詔禱嶽瀆。

延祐元年，大都檀、薊等州冬無雪，至春草木枯焦。

又　卷五一《五行志下・火不炎上》　至元六年冬，京師無雪。至正八年九月，奉元路桃杏花。十四年八月，冀寧路榆次縣桃李花。十五年十一月，汾州介休縣桃杏花。十七年十一月，汾州桃杏花。

（嘉靖）《全遼志》卷四《祥異》［嘉靖三十六年］冬十一月，廣甯桃李華。

（嘉靖）《山西通志》卷三〇《祥異》［正德九年］冬，寧鄉縣桃李有花。

（嘉靖）《南陽府志》卷一〇《妖祥》［正德三年］六月，酷暑，多熱死者。

（嘉靖）《裕州志》卷一《灾祥》［正德六年］桃李冬華。

（嘉靖）《廣德州志》卷九《祥異》［正德二年］桃李冬花。

（嘉靖）《葉縣志》卷二《妖祥》［正德六年］桃李再華。

（嘉靖）《翼城縣志》卷一《灾祥》［嘉靖十二年］夏，無麥，樹無完皮。秋，桃李華。

（萬曆）《兗州府志》卷一五《灾祥》［正德十一年］桃李冬花。

（萬曆）《南陽府志》卷二《灾祥》［正德三年］鄧、裕、葉縣大饑。六月，酷暑，多熱死。

又［嘉靖三十八年］六月，酷暑，人多熱死。

（萬曆）《池州府志》卷七《祥異》［嘉靖三十八年］冬，桃李華。

（萬曆）《上海縣志》卷一〇《祥異》［隆慶二年］冬十月，夜雷電；桃李花，麥秀，梅杏災。

（萬曆）《續朝邑縣志》卷八《紀事》［萬曆七年］麥枯。夏大熱，閭閻者熱死。

（萬曆）《冠縣志》卷五《禨祥》［萬曆二十二年］四月，有氣自南來，其熱如炙，樹葉盡卷枯。

（天啓）《文水縣志》卷一〇《灾祥》［正德九年］冬，桃李華。

（崇禎）《吴縣志》卷一一《祥異》　［崇禎九年］夏大旱大熱。行人多冒暑僵死。

又［崇禎十五年］春米貴，石至三兩三錢，麥擔二兩三錢。民益艱食，流亡竄徙，老稚抛棄道旁，城鄉房舍半空傾倒，死屍枕藉。五月十四日，縣西南境大雨雹，嗣後霪潦不止，低鄉方栽禾，盡飄没。大疫，若麟設局施藥，得療者半。七月四日夜，颶風雷電，牆屋崩圮。八月大熱，西南鄉生稻虱，傷穗。縣境大半登撚，米價稍抑。十月二十八日戌時大雷電，大風雨雹。

秋，诸州县桃李花尽放。

又［萬曆四十一年］二月大雨，至四月下旬止，麥歉收。十二月二十九日酷熱，人多赤體淋汗；二十九日五更時雷電大雨，午霽。

（崇禎）《永年縣志》卷二《灾異》　［崇禎九年］夏酷炎，人熱死者甚眾。

又［萬曆二十四年］春大寒，至三月內，熱忽異常，牛畜熱死者甚眾；後半月餘，炎飆風陡作，草木悉焦，二麥之穗形狀如常，上段卻枯槁無實。

（崇禎）《醴泉縣志》卷四《灾祥》　［崇禎九年］無麥。六月，酷熱二十餘日。人多暍死。

（順治）《泗水縣志》卷一一《灾祥》　［正德十一年］桃李冬花。

（順治）《閔鄉縣志》卷一《灾祥》　［隆慶六年］九月，桃李花。

（順治）《饒陽縣後志》卷五《事紀》　［崇禎九年］大暑，人畜多熱死。

（順治）《靈台志》卷四《灾異》　［順治十三年］春三月，無雨，麥禾枯稿。是年，冬月熱，無雪。米麥價貴。

《明史》卷二九《五行志二・恒燠》　洪熙元年正月癸未，以京師一冬不雪，詔諭修省。正統九年冬，畿內外無雪。十二年冬，陝西無雪。景泰六年冬，無雪。天順元年冬，宮中祈雪。是年，直隸、山西、河南、山東皆無雪。二年冬，命百官祈雪。六年冬，直隸、山東、河南皆無雪。成化元年冬，無雪。五年冬，燠如夏。六年二月壬申，以自冬徂春，雨雪不降，敕諭羣臣親詣山川壇請禱。十年二月，南京、山東奏，冬春恒燠，無冰雪。十一年冬，以無雪祈禱。十五年冬，直隸、山東、河南、山西無雪。十九年冬，京師、直隸無雪。弘治九年冬，無雪。十五年冬，無雪。十八年冬，溫如春，無雪。正德元年冬，無雪。永嘉自冬至春，麥穗桃李實。三年冬，無雪。六年至九年，連歲無雪。十一年冬，無雪。嘉靖十四年，冬深無雪，遣官徧祭諸神。十九年冬，無雪。二十年十二月癸卯，禱雪於神祇壇。二十四年十二月甲午，命諸臣分告宮廟祈雪。三十二年冬，無雪。三十三年十二月壬申，以災異屢見，即禱雪日為始，百官青衣辦事。三十六年冬，無雪。三十九年冬，無雪。明年，又無雪。帝將躬禱，會大風，命亟禱雪兼禳風變。四十一年至四十五年冬，祈雪無虛歲。隆慶元年冬，無雪。四年冬，無雪。萬曆四年十二月己丑，命禮部祈雪。十六年、十七年、二十九年、三十七年、四十七年，亦如之。崇禎五年十二月癸酉，命順天府祈雪。六年、七年冬，無雪。

（康熙）《鎮江府志》卷四三《祥異》　［崇禎七年］冬十一月二十九日大熱。

（康熙）《廣平府志》卷一九《祥灾》　［崇禎九年］夏酷熱，人多暍死。

（康熙）《開封府志》卷三九《祥異》　［康熙三十二年］冬大燠，無雪。

（康熙）《永平府志》卷三《灾祥》　［康熙十七年］夏六月乙亥，炎熱異常，自京師至關內外熱傷人畜甚眾。

（康熙）《定州志》卷五《事紀》　［康熙十年］秋七月，大熱如熏灼。

（康熙）《蘭州志》卷三《祥異》　［崇禎十五年］冬十月，桃李華。

（康熙）《新昌縣志》卷六《灾祥》　［正德九年］桃李冬花成實。

（康熙）《寧陽縣志》卷六《灾祥》　［崇禎十五年］冬，桃李華。

（康熙）《解州志》卷九《灾祥》　［康熙十年］夏大熱，人多病者。秋生五色蟲，黑蟲如蠶。

（康熙）《潼關衛志》卷上《灾祥》　［隆慶六年］九月，桃李花。

（康熙）《撫寧縣志》卷二《灾祥》　［康熙十七年］夏六月己亥，炎熱異常，自京師至關內外熱傷人畜甚眾。

（康熙）《會稽縣志》卷八《灾祥》　［崇禎十五年］大旱連年。桃李冬花，民饑。

（康熙）《嵩縣志》卷一〇《灾祥》　［正德三年］嵩縣大暑，道路多渴死者。冬無雪。

（康熙）《望江縣志》卷一一《灾異》［萬曆四十四年］冬燠，桃李華。

（康熙）《新野縣志》卷八《祥異》［正德三年］六月，大暑，途有渴死者。

（康熙）《贛縣志》卷一《祥異》［萬曆五年］十月，大暑熱，民無所避；桃李華，竹筍拔地數尺。大寒中有霹靂聲，明春轟轟不已，雹如大圓珠下擊。

（康熙）《南豐縣志》卷一《灾祥》［萬曆四十年］除夕大熱，單衣汗流。

（康熙）《長寧縣志》卷六《事紀》［萬曆四十六年］夏秋酷熱，大旱，晚稻不熟。瘟疫，死者相枕藉。又冬暖少霜，桃李實。

（康熙）《武進縣志》卷三《灾祥》［天啟七年］秋八月，異蟲傷稼。八月初旬天氣蒸熱，田間宿水釀成螚蟲，籽粒無收。

（康熙）《交河縣志》卷七《祥灾》［正德六年］桃李冬華。

（康熙）《滕縣志》卷三《灾異》［正德十年］桃李冬花。

（康熙）《德平縣志》卷三《灾祥》［正德十年］桃李冬花，復結實，但視春實差小，亦不堪食。

（康熙）《德安安陸郡縣志》卷八《灾異》［正德十一年］桃李冬華。

（康熙）《咸寧縣志》卷六《灾異》［正德十一年］桃李冬華。

（康熙）《平山縣志》卷一《事紀》［嘉靖十八年］秋七月，雨雹傷禾。冬，桃李花。

（康熙）《寧陵縣志》卷一二《灾祥》［嘉靖三十年］大風拔樹木。桃李冬花。

（康熙）《修武縣志》卷四《灾祥》［萬曆十八年］冬無雪，桃李開花。

（康熙）《安慶府宿松縣志》卷二《祥異》［萬曆四十四年］冬燠，桃李華。

（康熙）《安慶府潛山縣志》卷一《祥異》［萬曆四十四年］冬燠，桃李華。

（康熙）《重修襄垣縣志》卷九《外紀》［崇禎九年］七月，蝗食禾，生蛹。秋，桃李復華。

（康熙）《建寧縣志》卷一二《灾異》［順治三年］冬十一月，暄燠如深春，桃李盡華，筍長數尺。十二月，大水。

（康熙）《宣化縣志》卷五《灾祥》［順治十七年］三月不雨，至夏五月。冬燠。

（康熙）《龍門縣志》卷二《灾祥》［順治十七年］冬燠。

（康熙）《唐縣新志》卷二《祥異》［康熙十年］夏六月，大旱。秋七月，大熱如熏灼。

（康熙）《芮城縣志》卷二《灾祥》［康熙十年］夏熱甚，人有暍死者，至八月猶熱。秋有五色蟲，穀鮮收。

（康熙）《滎河縣志》卷八《灾祥》［康熙十年］夏大熱，人有暍死者。

（康熙）《臨晉縣志》卷六《灾祥》［康熙十年］夏大熱，人多病暑，有暍死者。

（康熙）《巢縣志》卷四《祥異》［康熙十年］歲大饑。夏秋奇熱。

（康熙）《高密縣志》卷九《祥異》［康熙十三年］四月、五月大風霾，氣蒸如火，牆壁皆熱，飛塵四塞。

（康熙）《武陟縣志》卷一《灾祥》［康熙二十八年］春旱，麥枯，六月旱，酷熱，秋禾死十之七。冬饑。

又［康熙二十九年］春大饑，人食木葉。自正月至五月不雨，麥枯死，牛馬六畜疫死大半。三月，天雨黃沙三日，沁水竭。六月旱，酷熱，菽苗死，棉花不結，沁復竭。七月二十七日，雨雹。蟲生，食禾。八月，蝗。九月初，隕霜，殺蕎麥，棉花死，瘟疫時行。十月，雹，大旱，麥止種什一。

（雍正）《恩縣續志》卷四《灾祥》［雍正元年］四月初七日，熱風。如火灼人，申時大風忽自西北來，飛石拔木，有頃黑霾如漆，良久復變，赤霾乍明乍晦，逮曉方息。二麥枯萎，秋苗亦傷，民苦饑饉，流離載道。

（雍正）《懷遠縣志》卷八《灾異》［康熙八年］大水入城，夏大熱。

（雍正）《屯留縣志》卷一《祥異》［正德五年］秋，大風拔禾，桃李復華。

（乾隆）《河間府新志》卷一七《紀事》［正德六年］桃李冬華。

（乾隆）《陳州府志》卷三〇《雜志》［正德三年］夏五六月，旱，熱甚，途有暍死者。

（乾隆）《宣化府志》卷三《灾祥》［乾隆八年］夏暑熱，民有暍死者。

（乾隆）《永平府志》卷三《祥異》［乾隆八年］夏六月大熱、暍死人畜甚衆。

（乾隆）《直隸遵化州志》卷二《灾異》［乾隆八年］五月杪大熱，人多暍死。六月初五日，大風夜作，毒熱立解，萬姓以蘇。

（乾隆）《祁州志》卷八《祥異》［乾隆八年］五月大熱，屋壁地榻什物盡如火炙，人多熱死，連六七日。一夜清風微雨，熱始止。

（乾隆）《景州志》卷六《雜識》［乾隆八年］大旱。五六月間，晝夜炎風如炙，人多暍死，二麥枯稿，秋禾未種。民大困，蒙恩賑濟，自八月起至九年五月止，凡賑户四萬八千二十六，大小口十六萬二千七百七十一。

（乾隆）《亳州志》卷一《灾祥》［萬曆三十年］正月，大雪，積數尺。五月初四日，雨雹，人牛樹木傷，雨雹後風熱如火。

（乾隆）《富平縣志》卷八《祥異》［崇禎十四年］三月二十三日，雨土。夏大熱。

（乾隆）《南昌縣志》卷五〇《禨祥》［崇禎元年］秋九月，自重陽後酷熱，下旬尤甚，二十九之午暍不可言，是夜無風自寒。明日，魚浮蔽江，盡凍僵者。

（乾隆）《金山縣志》卷一八《祥異》［萬曆三年］夏五月丁卯，大風海溢，壞捍海塘，漂没廬舍，死者數百人，鹹潮入内地，經歲田爲斥鹵。六月毒熱，濃夫耕牛多中暑死。

（乾隆）《會昌縣志稿》卷三四《雜志》［萬曆五年］冬十月，桃李皆華，大雷雨雹。

（乾隆）《阜陽縣志》卷一《郡紀》［萬曆三十年］正月，雪深五尺許。二月二十四日雨黑水。五月初四，雨雹，沈丘鎮瓦店大如鵝卵，人牛樹物俱傷，雨後風熱如火。秋大水，傷禾。

（乾隆）《贛縣志》卷三三《五行》［萬曆四十六年］旱，秋酷熱，晚禾無收。民病疫癘，鄉落尤甚，闔門死者相枕。冬少霜，桃李實。

（乾隆）《丹陽縣志》卷六《祥異》［崇禎七年］冬十一月二十九日大熱。

（乾隆）《吴江縣志》卷四〇《灾變》［崇禎九年］大旱，夏酷熱，人多觸暑僵死。

（乾隆）《新安縣志》卷七《禨祥》［萬曆四十年］樗樹開花，鮮豔若桃李。是年，人大災。

（乾隆）《長治縣志》卷二一《祥異》［崇禎九年］七月，蝗食禾，生蝻。秋，桃李復花。

（乾隆）《如臯縣志》卷二四《祥祲》［雍正九年］冬，恒燠。

（乾隆）《臨榆縣志》卷一《灾祥》［康熙十七年］夏六月，熱，暍死人畜甚衆。

（乾隆）《樂亭縣志》卷一二《禨祥》［康熙十七年］酷暑，熱傷人畜。

（乾隆）《瑞金縣志》卷一《祥異》［康熙四十三年］二月二十七日，炎熱如蒸，行人皆裸，晝驟風雨，寒砭肌骨，入山樵采及行路者多僵死。

（乾隆）《蒲臺縣志》卷四《灾異》［雍正元年］四月，熱風傷稼。大饑，賑濟。

（乾隆）《瑞昌縣志》卷二〇《祥異》［乾隆四年］秋旱，晚禾損。十二月，暴熱。

（乾隆）《分宜縣志》卷一《禨祥》［乾隆四年］除夕大熱，人衣單揮扇，五更嚴寒，大風雪。

（乾隆）《寶坻縣志》卷一四《禨祥》［乾隆八年］五月大暑，人多暍死。

（乾隆）《寧河縣志》卷一六《禨祥》［乾隆八年］五月大暑，人多暍死。上命地方官設冰廠，施藥以濟。

（乾隆）《獲鹿縣志》卷三《灾祥》［乾隆八年］夏五月，大熱，民間多中暍者。

（乾隆）《無極縣志》卷三《灾祥》［乾隆八年］夏六月熱災。是年閏四月，入夏後三月不雨，六月初六旱熱甚，時有焦木氣觸人。初伏數日，人民中暍即斃，日數十人。人惴惴不自保，相近數百里皆然。

（乾隆）《元氏縣志》卷一《灾異》［乾隆八年］五月二十八日至六月初六日，薰熱難當，人多暍死，初六日未時得雨始安。

（乾隆）《東安縣志》卷九《禨祥》［乾隆八年］五月大暑，人多暍死。

（乾隆）《三河縣志》卷七《風物》［乾隆八年］五月大暑，人多病暍。

（乾隆）《新安縣志》卷七《禨祥》［乾隆八年］自春至六月不雨，酷暑，人死無數。雞子不抱成。

（乾隆）《河間縣志》卷一《紀事》［乾隆八年］大旱，五六月間晝夜炎風如炙，人多暍死，二麥盡枯，秋禾未種。奉旨蠲免地量，成災地一萬六千一百五十五頃十五畝，蠲銀八千一百十一兩，米一百八十石零。復詔賑饑民以谷，自八月至九年五月止，所賑十萬六千余人，米三萬四千四百八十一石，銀五萬一千七百二十二兩。

（乾隆）《獻縣志》卷一八《祥異》［乾隆八年］大旱。五月，炎風如炙，人多暍死，二麥盡枯，秋禾未種。

（乾隆）《衡水縣志》卷一一《事紀》［乾隆八年］夏六月，無雨，熱甚，人多暍死。勘成旱災，詳請蠲賑。

（乾隆）《饒陽縣志》卷下《事紀》［乾隆八年］大旱，人多暍死。東關等四十三村災，賑免地糧銀一千二百六十五兩有奇。

（乾隆）《棗强縣志》卷一《灾祥》［乾隆八年］六月，大熱，入畜多暍死。

（乾隆）《曲周縣志》卷一七《灾異》［乾隆八年］六月旱，酷暑，人多暍死。

（乾隆）《雞澤縣志》卷一八《灾祥》［乾隆八年］六月旱，酷暑，人多暍死。

（乾隆）《平鄉縣志》卷一《灾祥》［乾隆八年］五月二十六日至六月初五日，大熱，人多暍死。

（乾隆）《南和縣志》卷一《灾祥》［乾隆八年］五月二十六日至六月初五日，大熱，人暍死甚眾。

（乾隆）《長治縣志》卷二一《祥異》［乾隆八年］五月，日出赭色，照牆壁皆紅，酷熱，殆者甚多。

（乾隆）《浮山縣志》卷三四《祥異》［乾隆八年］夏五月，大熱，道路行人多有斃者。京師更甚，浮人在京貿易亦有熱斃者。

（乾隆）《平原縣志》卷九《灾祥》［乾隆八年］夏旱。五月下旬熱甚，有暍死者。

（乾隆）《惠民縣志》卷四《祥異》［乾隆八年］大旱，行人多熱死。奉旨截漕發帑，溥賑饑民，減免本年田租。

（乾隆）《蒲臺縣志》卷四《灾異》［乾隆八年］大旱，行人多熱死。

（乾隆）《青城縣志》卷一〇《祥異》［乾隆八年］大旱千里，室内器具俱熱，風炙，樹木向西南輒多死。自五月十一日至六月十七日始雨，十九日立秋。是歲早穀收三分，晚者收三分，但氣味不足，米有黑頭，秫蕎穗禿粒。風折豆苗，旱死秫蕎。斛斗至制錢一百五十文。六月間，自天津南武定府逃走者多，路人多熱死，井多無水，淺船不可行。

（嘉慶）《灤州志》卷一《祥異》［康熙十七年］夏六月，炎暑，熱傷人畜甚眾。

（嘉慶）《淞南志》卷二《灾祥》［順治十八年］五月至七月不雨，酷熱如焚，禾盡槁，大祲。

（嘉慶）《續修中部縣志》卷二《祥異》［萬曆四十四年］大旱，蝗。秋大水。桃李冬花。

（嘉慶）《東台縣志》卷七《祥異》［雍正九年］冬，恒燠。

（嘉慶）《義烏縣志》卷一九《祥異》［乾隆四十九年］冬十一月燠，桃李花。

（嘉慶）《邢臺縣志》卷九《灾祥》［乾隆八年］夏大熱。人多暍死。

（嘉慶）《廣宗縣志》卷一〇《禨祥》［乾隆八年］六月初十日，大熱，人有熱死者。

（道光）《武寧縣志》卷二七《祥異》［乾隆四年］除夕，酷熱如盛夏，人不能任衣，搖扇揮汗，農工多浴溪澗中，夜半雷鳴。

（道光）《薊州志》卷二《灾祥》［乾隆八年］五月大熱，人多渴死，上命地方官設冰廠，施藥以濟。

（道光）《深州直隸州志》卷末《禨祥》［乾隆八年］夏大旱，風日如火，禾苗盡槁。詔蠲免田租。

（道光）《白蒲鎮志》卷一〇《雜録》［嘉靖十年］閏六月酷熱，疫病大行，死者甚眾。

（道光）《新淦縣志》卷二七《祥異》［崇禎元年］九月，自重陽後酷熱，下旬尤甚，二十九日午暍不可言，是夜無風自寒。明日魚浮蔽江，盡凍僵者。

（道光）《高安縣志》卷二二《祥異》［正德九年］是歲桃李冬花，有成實者。

（道光）《重修儀征縣志》卷四六《祥異》［康熙十年］夏酷熱。疫大作，人多暴死。旱，蝗，大饑。

（道光）《武强縣志重修》卷一〇《禨祥》［乾隆八年］夏大旱，風日如火，人多暍死，禾苗盡槁，斗米千錢。題准賑免。

（咸豐）《新滕瑣志》卷二《祥異》［隆慶二年］夏秋大旱，毒熱，人多暍死。

（咸豐）《深澤縣志》卷一《編年》［乾隆八年］夏六月熱災。是年閏四月，入夏後三月不雨，六月初亢旱熱甚，時有焦木氣觸人。初伏數日，人民中暍即驟斃，日數十人。人惴惴不自保，相近數百里皆然，亦稀有之災也。

（咸豐）《容城縣志》卷八《灾異》［乾隆八年］天氣亢旱，自五月二十四日至六月初五日人多暍死，夜忽怪風起。

（同治）《黄縣志稿》卷五《灾祥》［嘉靖十年］夏六月，大熱，人多暍死。

（同治）《雙林鎮志》卷一九《灾異》［康熙四十九年］秋酷熱亢旱，疫癘間作。秋無收，民多逃亡。十月，發常平谷賑濟，大口二斗，小口一斗。十一月，紳富輸米，施粥一月，蠲緩漕糧地丁各項銀米。

（同治）《房縣志》卷六《事紀》［康熙三十九年］三月熱，旱。後得雨反寒，瘟疫流行。

（同治）《續天津縣志》卷一《祥異》［乾隆八年］五月大旱，苦熱，土石皆焦，桅頂金流，人多熱死。自春不雨，至於夏六月始雨，晚禾稿而復青。秋大有年。

（同治）《靈壽縣志》卷三《灾祥》［乾隆八年］夏有暍死者。十一月十七日雨，夜大風。

（光緒）《甘肅新通志》卷二《祥異》［順治十三年］是年冬熱，無雪。

（光緒）《松江府續志》卷三九《祥異》［同治十一年］三月朔，熱如暑。九月，桃花開。冬暖。

（光緒）《上海縣志札記》卷三〇《祥異》［康熙二十九年］立秋後，大熱。晚稻皆死。七月二十四至二十六連日大風。八月大雨，秋收又荒。九月至十一月無雨。十二月黄浦冰，十七日大風壞糧船五隻。

（光緒）《麻城縣志》卷二《大事》［嘉靖三十年］五月十八日，大熱，河魚盡斃，馬蹄踏土火出。

（光緒）《鉅鹿縣志》卷七《灾異》［嘉靖二十九年］三四月，紅風熱如火。

（光緒）《烏程縣志》卷二七《祥異》［崇禎九年］大旱，酷熱。

（光緒）《永嘉縣志》卷三六《雜志》［正德元年］自元年冬至二年春，麥穗、桃李實。其冬，永嘉花盡放。

（光緒）《嘉興縣志》卷一六《祥異》［正德二年］是冬，桃李華，蜂蠅集。

（光緒）《諸暨縣志》卷一八《灾異》［正德二年］冬，桃李花，有實者。

（光緒）《續修故城縣志》卷一《紀事》［正德六年］冬，桃李華。

（光緒）《慈溪縣志》卷五五《祥異》［康熙二十九年］夏久雨，暴熱，雞豚死者過半。

（光緒）《正定縣志》卷八《灾祥》［乾隆八年］六月亢旱，暍死人甚眾。入夏不雨，熱甚時有焦氣觸人，中之即斃。

（光緒）《撫寧縣志》卷三《前事》［乾隆八年］六月大熱，暍死人畜甚眾。

（光緒）《大城縣志》卷一〇《五行》［乾隆八年］大旱，炎風如炙，人多暍死，二麥盡枯。秋禾未種。

（光緒）《吴橋縣志》卷一〇《灾祥》［乾隆八年］大旱，炎風如炙，人多暍死。

（光緒）《長子縣志》卷一二《大事記》［乾隆八年］五月，出如如赭，牆壁皆紅，人至熱死。

（光緒）《寧津縣志》卷一一《祥異》［乾隆八年］大旱。炎風如火，人多暍死。

（光緒）《唐縣志》卷一一《祥異》［光緒元年］秋，熱如熏灼。

（光緒）《三續掖縣志》卷三《祥異》［光緒元年］夏暑熱，民或暍死。

（光緒）《南匯縣志》卷二二《祥異》［同治十一年］三月朔，熱如暑。九月，桃花開。冬暖。

（光緒）《費縣志》卷一六《祥異》［道光五年］春大疫，死者無算。五月，大旱，酷熱，河魚盡死。秋，烈風如火，菽爲之枯。

《清史稿》卷四一《灾異志二・恒燠》 順治十三年冬，莊浪燠，無雪。十八年冬，龍門無雪。

康熙二十一年冬，西寧無雪。二十七年冬，天鎮無雪。三十五年冬，臨縣無雪。四十一年冬，平原燠如夏。四十二年冬，咸陽燠，無雪。五十九年冬，浮山無雪。

乾隆四年冬，彭澤、元昌燠如夏，人有衣單衣者。四十九年冬，菏澤無雪。五十七年冬，蘇州無冰雪。

嘉慶三年冬，桐鄉燠。十三年冬，昌黎無雪。十八年冬，鄖縣無雪。二十年二月，湖州大燠。

咸豐十年冬，臯蘭無雪。

同治元年冬，黄縣大燠。

光緒元年冬，望都、撫寧無雪。十四年冬，臯蘭燠。

又卷四四《灾異志五・花妖》 順治四年九月，新安桃李華。五年秋，太谷桃李華。六年冬，德平桃李華。七年九月，階州桃再華。十月，銅陵桃李華。十一年九月，廣平桃李華。十三年冬，湖州桃李華。十五年十月，寧鄉桃李華。十七年冬，唐山牡丹華。

康熙二年十月，通州桃李華。四年十二月，德清吉祥寺牡丹開數莖。六年冬，寧津桃李華。七年秋，肥鄉桃李華。八年十一月，西充桃李華。十年八月，唐山海棠華，高邑丁香華。十一年九月，湖州桃李華。十七年十月，陽高桃李華。二十六年八月，新城桃李海棠華。三十年冬，潛江桃李華。三十六年七月，孟縣、平定桃李華。三十八年三月，石阡府學宮桂再華。四十三年冬，曲沃桃杏華。四十六年十月，瓊州海棠再華。五十四年冬，蒲台李華。五十六年十月，寧津牡丹華。六十年冬，揭陽桃李華。

雍正三年冬，順德桃李華。八年冬，通州桃李華。九年冬，高淳桃李華。十年八月，通州桃李華。十三年七月，清河李再華。

乾隆三年秋，曲沃桃李華。七年冬至日，崇明牡丹開。九年冬，桐鄉桃李華。十年八月，寧津桃李華。十三年五月，玉屏梅花盛開。十四年八月，鎮海杏再華。十六年九月，分宜高林寺牡丹開。十八年九月，新安縣署牡丹開花一朶，十月又開十朶，歷月不萎。九月，太原桃李華。二十年春，普安州桂花盛開。二十四年九月，潞安桃李華。三十年九月，高邑桃李華。三十三年九月，和順桃李華。四十三年九月，新城桃李華。冬，石門桃李華。四十六年九月，臨邑桃李華。四十九年十月，桐鄉鳳鳴寺牡丹開二花，單瓣紫色。十一月，金華桃李華。五十年秋，通州杏再華。六十年十二月，樂清桃李華。

嘉慶四年九月，邢台桃李華。六年八月，陸川桃李華。

道光三年九月，興國桃花盛開。九年十月，宜城桃李華。十七年冬，望都、清苑桃杏華。二十二年十月，崇陽桃李華。二十四年九月，滕縣桃李華。二十五年十月，鍾祥桃再華。二十九年秋，餘姚桃花盛開。三十年九月，竹山桃李牡丹華。

咸豐元年秋，貴溪桃李華。十月，鄖縣桃李華。四年冬，松滋桃李華。五年十一月，武昌桃李華。九年秋，崇陽桃再華。十月，宜昌桃李華。十年九月，嘉興桃李華。十一月，麻城桃再華。

同治元年十月，襄陽桃李華。二年冬，通州桃李華。四年冬，房縣桃李華。八年冬，黄安桃再華。十二年九月，惠民桃李華。

光緒元年十一月，莊浪桃杏華。四年冬，武昌、光化桃李華。五年冬至時，高淳羣花齊放，宛如春色。六年七月，歸州桃李華。九月，蒼溪桃再華。九年冬，興山桃李華。十一年九月，南樂杏再華。二十四年十月，南樂桃李華。三十二年秋，靖遠桃李華。三十四年八月，固原桃李華。

著録

《文獻通考・自序》 《記》曰：『國家將興，必有禎祥。國家將亡，必有妖孽。』蓋天地之間，有妖必有祥，因其氣之所感而證應隨之。自伏勝作《五行傳》，班孟堅而下踵其説，附以各代證應爲《五行志》，始言妖而不言祥。然則陰陽五行之氣，獨能爲妖孽而不能爲禎祥乎？其亦不達理矣。雖然，妖祥之説固未易言也。治世則鳳凰見，故有虞之時有來儀之祥，然漢桓帝元嘉之初、靈帝光和之際，鳳凰亦屢見矣，而桓、靈非治安之時也。誅殺過當，其應爲恆寒，故秦始皇時有四月雨雪之異，然漢文帝之四年，亦以六月雨雪矣，而漢文帝非淫刑之主也。斬蛇夜哭，在秦則爲妖，在漢則爲祥，而概謂之龍蛇之孽可乎？僵樹蟲文，在漢昭帝則爲妖，在宣帝則爲祥，而概謂之木不曲直可乎？前史於此不得其説，於是穿鑿附會，強求證應而罙有所不通。竊嘗以爲物之反常者，異也，其祥則爲鳳凰、麒麟、甘露、醴泉、慶雲、芝草，其妖則山崩、川竭、水湧、地震、豕禍、魚孽。妖祥不同，然皆反常而罕見者，均謂之異可也，故今取歷代史《五行志》所書，並旁搜諸史本紀及傳記中所載祥瑞，隨其朋類，附入各門，不曰妖，不曰祥，而總名之曰物異。如恆雨、恆暘、恆燠、恆寒、恆風、水潦、水災之屬，俱妖也，不可言祥，故仍前史之舊名。至如魏晉時魚集武庫屋上，前史所謂魚孽也；若周武王之白魚入舟，則祥而非孽。然妖祥雖殊，而其爲異一爾，故均謂之魚異。秦孝公時，馬生人，前史所謂馬禍也；若伏羲之龍馬負圖，則祥而非禍。然妖祥雖殊，而其爲異亦一爾，故均謂之馬異。其餘鳥獸、昆蟲、草木、金石，以至童謠、詩讖之屬，前史謂之羽蟲、毛蟲、龍蛇之孽，或曰詩妖、華孽，今所述皆並載妖祥，故不曰妖，不曰孽，而均以『異』名之，其豕禍、鼠妖，則無祥可述，故亦仍前史之舊名，至於木不曲直者，木失其常性而爲妖，如桑穀共生之類是也。若雨木冰，乃寒氣脅木而成冰，其咎不在木也，而劉向以雨木冰爲木不曲直。華孽者，花失其常性而爲妖，如冬桃李華之類是也。若冰花乃冰有異而結花，其咎不在花也，而《唐志》以冰花爲華孽。二者俱失其倫類，今革而正之，俱以入恆寒門，附雨雹之後。又前志以鼠妖爲青眚、青祥，物自動爲木沴金，物自壞爲金沴木，其説俱後學所未諭，今以鼠妖、青眚各自爲一門，而自動、自壞直以其事名之，庶覽者易曉云。作《物異考》第二十。二凡二十卷。

藝文

三國魏　繁欽《暑賦》《藝文類聚》卷五　暑景方徂，時惟六月。大火飄光。炎氣酷烈。翕翕盛熱。蒸我層軒。溫風淟涊。動靜增煩。雖託陰宮。罔所避旃。粉扇靡救。宴戲渺歡。庶望秋節。慰我愁歎。

三國魏　曹植《曹子建集》卷三《大暑賦》　炎帝掌節，祝融司方，羲和按轡，南雀舞衡。蛇折鱗於靈窟，龍解角於皓蒼。遂乃溫風赫戲，草木垂幹，山坼海沸。沙融礫爛，飛魚躍渚，潛黿浮岸，鳥張翼而近栖，獸交遊而雲散。于時黎庶徙倚，棊布葉分；機女絕綜，農夫釋耘。背暑者，不群而齊跡；向陰者，不會而成群。於是大人遷居，宅幽，緩神育靈，雲屋重構，閑房肅清；寒泉涌流，玄木奮榮。積素冰於幽館，氣飛結而爲霜。奏白雪於琴瑟，朔風感而增涼。

三國魏　劉楨《劉公幹集・大暑賦》　其爲暑也，羲和總駕發扶木，太陽爲輿達炎燭，靈威參垂步朱轂。赫赫炎炎，烈烈暉暉，若熾燎之附體，又溫泉而沉肌。獸喘氣於玄景，鳥戢翼於高危。農畯捉鎛而去疇，織女釋杼而下機。溫風至而增熱，歊悒熠而無依。披襟領而長嘯，冀微風之來思。

三國魏　王粲《王侍中集・大暑賦》　惟林鍾之季月，重陽積而上昇；喜潤土之溽暑，扇溫風而至興。獸狼望以倚喘，鳥垂翼而弗翔。遠昆吾之中景，天地翕其同光。征夫瘼於原野，處者困于門堂。患衽席之焚灼，譬烘燎之在床。起屏營而東西，欲避之而無方。仰庭槐而嘯風，風既至而如湯。於是帝后順時，幸九峻之陰岡。託甘泉之清野，御華殿於林光。潛廣室之邃宇，激寒流於下堂。重屋百層，垂陰千廡。九闥洞開，周帷高舉。堅冰常奠，寒饌代敘。

晉　夏侯湛《大暑賦》《藝文類聚》卷五　若乃三伏相仍，徂暑彤彤。上無纖雲，下無微風。扶桑赩其增憤，天氣曄其南升。爾乃土墳地坼，谷枯川竭。寒泉潛沸，冰井騰沫。洪液蒸於單簟兮，珠汗霑乎絺葛。溫風翕其至兮，若灑湯於玉質。沃新水以達夕，振輕箑以終日。

晉　卞伯玉《大暑賦》《藝文類聚》卷五　惟祝融之司運，赫溽暑之方隆。日貞躍於鶉首，律遷度於林鍾。溫風翕以辰至，星火爛以昏中。氣滔滔而方盛，暑永路而難終。流風兮莫繼，朱煙兮四纏。鬱邑兮中房，展轉兮長筵。體沸灼兮如燎，汗流爛兮珠連。

南朝宋 鮑照《鮑明遠集》卷三《代苦熱行》 赤坂横西阻，火山赫南威。身熱頭且痛，鳥墜魂來歸。湯泉發雲潭，焦煙起石圻。日月有恒昏，雨露未嘗晞。丹蛇踰百尺，玄蜂盈十圍。含沙射流影，吹蠱病行暉。瘴氣晝熏體，菵露夜霑衣。饑猨莫下食，晨禽不敢飛。毒涇尚多死，渡瀘寧具腓。生軀蹈死地，昌志登禍機。戈船榮既薄，伏波賞亦微。爵輕君尚惜，士重安可希。

南朝梁 蕭綱《梁簡文帝集》卷上《苦熱詩》 六龍鶩不息，三伏啟炎陽。寢興煩几案，俯仰倦幃床。滂沱汗似鑠，微靡風如湯。洄池愧生浪，蘭殿非含霜。細簾時半卷，輕幌乍横張。雲斜花影沒，日落荷心香。願見洪崖井，詎憐河朔觴。

南朝梁 任昉《任中丞集・苦熱》 旭旦煙雲卷，烈景入東軒。傾光望轉蕙，斜日照西垣。既卷蕉梧葉，復傾葵藿根。重簟無冷氣，挾石似懷溫。霢霂類珠綴，喘咻狀雷奔。

南朝梁 王筠《王詹事集・苦暑》 日阪散朱雰，天隅斂青靄。飛燄焕南陸，炎津通北瀨。繁星聚若珠，密雲屯似蓋。月至每開衿，風過時解帶。

南朝梁 劉孝威《劉庶子集・苦暑》 暮日苦炎溽，遷坐接階廊。月麗姮娥影，星含織女光。栖禽動夜竹，流螢出闇牆。香盤糅鮮粉，雕壺承玉漿。白羽徒棰握，淥水自周堂。弱紈猶覺重，纖絺尚少涼。弄風思漢朔，戲雨憶吴王。玄水術難驗，赤道漏猶長。誰能更吹律，還令黍谷涼。

南朝 梁何遜《何水部集・苦熱》 昔聞草木燋，今睹沙石爛。曀曀風逾靜，曈曈日漸旰。習靜悶衣襟，讀書煩几案。臥思清露浥，坐待高星燦。蝙蝠户中飛，蠛蠓窗間亂。實無河朔飲，空有臨淄汗。

唐 王維《王摩詰文集》卷一〇《苦熱》 赤日滿天地，火雲成山嶽。草木盡焦卷，川澤皆竭涸。輕紈覺衣重，密樹苦陰薄。莞簟不可近，絺綌再三濯。思出宇宙外，曠然在寥廓。長風萬里來，江海蕩煩濁。却顧身爲患，始知心未覺。忽入甘露門，宛然清凉樂。

唐 杜甫《毒熱寄簡崔評事十六弟》（《集千家注杜工部詩集》卷一四） 大火運金氣，荆揚不知秋。林下有塌翼，水中無行舟。千室但埽地，閉關人事休。老夫轉不樂，旅次兼百憂。蝮蛇暮偃蹇，空牀難暗投。炎宵惡明燭，况乃懷舊丘。開襟仰内弟，執熱露白頭。束帶負芒刺，接居成阻修。何當清霜飛，會子臨江樓。載聞大易義，諷興詩家流。蘊藉異時輩，檢身非苟求。皇皇使臣體，信是德業優。楚材擇杞梓，漢苑歸驊騮。短章達我心，理爲識者籌。

唐 劉長卿《劉隨州集》卷七《奉和李大夫同呂評事太行苦熱行兼寄院中諸公仍呈王員外》 迢遞太行路，自古稱險惡。千騎儼欲前，羣峰望如削。火雲從中出，仰視飛鳥落。汗馬臥高原，危旌倚長薄。清風竟不至，赤日方煎鑠。石枯山木燋，鱗窮水泉涸。九重今旰食，萬里傳明略。諸將候軒車，元凶愁鼎鑊。何勞短兵接，自有長纓縛。通越事豈難，渡瀘功未博。朝辭羊腸阪，夕望貝丘郭。漳水斜遶營，常山遥入幕。永懷姑蘇下，遥寄建安作。白雪和難成，滄波意空託。陳琳書記好，王粲從軍樂。早晚歸漢廷，隨公上麟閣。

唐 賈嵩《夏日可畏賦》以「昔聞宣子，之于政也」爲韻（《文苑英華》卷五） 赫爾陽精，當朱仲兮；厥狀難明，杲杲而威棱四序，炎炎而火烈羣生。九野飛塵，破氛昏而下燭；六龍銜耀，亙天地而横行。其初也，陰魄落彼，大明生矣。踆烏洶洶以飛來，蒼龍黯黯而光死。輾煙霞而炎駕旁轉，洞寰海而紅輪徐起。煙勃乎扶桑之津，鼎沸乎咸池之水。八紘疑火井之内，六合若炎邱之裏。路歧難處，傷哉行役之人；稼穡堪憂，嗟爾耕耘之子。始驚出地，漸見摩天。曈曨逾盛，翕赩彌宣。赫曦而光碎波濤，血殷江海；蓬勃而氣蒸林麓，焰起山川。則居上克明，當中益熾。想羲氏於執熱，當亢龍之用事。照邱陵而恐是焦原，蒸壠亩而皆成赤地。仰之者目眩精眊，處之者神昏體悸。草木爲之生煙，峰巒以之減翠。千里無雲，炎風不聞。木而棲者翕其翼，泉而躍者伏其羣。不黨黎甿，有異恩覃之士；無私蠻貊，終同炎德之君。可流金而爍石，可焦頭而爛額。浩浩兮坌紅埃，融融兮過虛碧。遂使無生襌子，愛其孤鶴片雲；休影逸人，戀此幽松古柏。斯則晉卿執法於前代，魯史立言於往昔。於戲！猛以濟威，剛以馭下。牧於外而寇亂咸戢，升於朝而諂諛斯寡。如夏日之赫焉，孰云不足畏也。

唐 李曾《山川出雲賦》以「維岳降神，生甫及申」爲韻（《文苑英華》卷一二） 天地爲大，不能獨生。山川通氣，然後化成。故雲者氣也，感時而先出；雨者施也，憑雲而後行。亦由將有邦家，神必生其賢智；獲其輔佐，化乃洽於文明。且觸石爰分，陵空可睹，雜峰巒而勢逸奇狀，掩山川而氣騰雄怒。變而可大，隨風散以飛揚；用而有成，從龍作爲霖雨。因知雲之將出，合君臣之道；賢之將來，爲帝王之輔。所以神致命於開周，岳降神而生甫者已。天不我欺，雲出以時。濟旱災而有望，播膏澤而無私。則臣既在兹，君當以維，黄彩有豐年之驗，青光表舉賢之期。豈獨鬱鬱紛紛，合嘉氣以成慶；朝朝暮暮，向陽臺而有思。其爲體也且多，其爲狀也難及。舒則杳冥而無際，卷則涓液而並入。況至帝鄉，而散城邑。隨蓋狀以徐轉，對陣影而遙集。君無謂輕，虚而不真，君無謂悠，揚而不親。有以通天地而爲化，有以合陰陽之至神。與道興滅，隨時屈申。爲君重陰，覆萬人於炎暑；爲君載雨，滌四海之埃塵。蔽虧窮巷，繞山扉以昇降；回旋翠幄，拂仙家而綿邈。應賢爲瑞，願浮色於洛川；改容非煙，冀騰光於昆岳。

唐　張鼎《霹靂賦》《文苑英華》卷一七《天象十七》　殷其靁，在南山之隈。黑蜧翔雲暗天起，黄雀驚風動地來。飄忽兮霏煙驛霧拂樓臺，慘烈兮飛砂走礫揚塵埃。波濤翻而海水激，樹根拔而山石摧。於是陰陽交戰，晦明相賊。或擊或馳，乍通乍塞；望騰蛇之上下，見飛龍之南北。電光開而山澤紅，雨氣合而原野黑；威聲奮擊於霄漢，逸響振動於都國。爾乃隱軫徘徊，謂高天壓而泰山頽；鼓怒發泄，謂厚地震而梁木折。聲之所射者向無不碎，氣之所奔者中無不絶。值石則片片冰開，當樹則重重瓦裂。其爲始也，則赫赫奕奕，若烈風猛火之燎崑崙；其爲終也，砰砰轟轟，若決水轉石之潰龍門。擬戰鼓則三軍亂擊，方戎車則百兩齊奔；川岳爲之搖蕩，天地爲之晝昏。豈直聞之者掩耳而奪氣，見之者瞑目而埋魂，若斯而已哉？觀其咈鬱氤氳，騰波磊落；輝光之所倏閃，聲氣之所噴薄。豈在微而應？必有感而作。擊齊堂也，識孝婦之懷冤；震魯廟也，哂佞臣之隱惡。故導風伯，從雨師；以豐隆爲號令，以列缺爲鞭笞。洪崖飛霆以瀝液，奔源走沫以流漦。迫鯨鯢使蹭蹬，怛蛟螭使躨跜；黿鼉喪明於竈穴，鱣鮪失路於庭墀。當此時也，别有讜履奸慝事兼狂狷，想人孽之無逃，慮天災之有譴。各憂心而股慄，咸戢驚而肉戰；惟重華順之而不恚，宣民驚之而不變。若乃依仁遊藝之伍，含道養性之流；心且静而神逸，名既揚而行修。通人倚柱而坦蕩，孝子繞墓而思柔，苟有言而寡悔，夫何懼而何憂？亂曰：『我何憂兮憂天怒，豈不欲往兮爲多露。我何懼兮懼天威，豈不欲往兮露未晞。素履直載，時道善肥。古而可作，吾與同歸。

唐　田沇《驕陽賦》《文苑英華》卷二〇　維皇穹之造物，何靈鑒之不昭？寂然陰閉，倏爾陽驕。風行天而啟象，水干土而成妖，山蛇則四翼呈歲，日烏則三足升朝。亭臯背春兮失色，草木先秋而欲凋，螢飛火井，蛙動陽飈。嗟乎林之雲滃，山之方焦，旱如何其？農爲是恤。雲祁祁而始布，日杲杲而行出，立嗇夫於丙丁，命小童於甲乙。春雷無聞奮豫，夜月罕當離畢，阡陌之多稌不滋，堯湯之下人斯疾。是則墳封孝婦，東海之守非才；圄繫冤囚，河南之尹未黜。而明明我后，罪已彤闈，日中而御菲食，昧爽而籠繡衣。慨祥正兮無潤，嗟上膏兮遠晞。冠華秉翟，郡縣襲舞雩之祭；務農嗇用，山川申祝鼎之祈。出德號兮休力役，鋪皇恩兮鑠帝暉。

於是驗靈圖，稽秘籙；封朽腐，宥冤獄；損有餘，補不足。躬籍田以率下，遣皇華以問俗。借如晉平老矣，所好者音，古樂俟文侯之睡，希聲懵師曠之心，德不足而自撫，災無何而是侵？赤地三年兮罕辟，皇天一怒兮何深？野無盈尺之潤，山無膚寸之陰。至如周宣中興，視人如子，旱魃爲虐於藩服，羣元輟耕於耒耜。饑饉薦臻，惔焚未已。畢崇奠酳之設，不絶郊宫之祀，寧莫我聽，憂心如圯。及夫下邳内史，任在責誠，鍾亢陽之有悔，毒殲殪之無生，乾坤不交兮兹焉中否，雷霆不動兮何時滿情？求下哀於人瘼，希通鑒於神明。爾其廣漢從事，捫衷自省，泚灑不時，奚能泣整？地則水淪金穴，天則泉枯玉井。走羣望而何階？誓中隅而有請。是以孫武止矢，誚梁君之射烏；臧文抗議，非魯國之焚巫。齊阻饑而問孔，鄭有事而咨屠，彼炎亢之爲患，信古來而有乎？

昔者商罪貫盈，邢爲不道。周師初克而年豐，衛國致疑於請討，矧玁狁兮叛涣，伊將驕兮師老，方按甲而天誅，未回戈而彗埽，行看郅支之亂，且見呼韓之保。將覆油陰，佇羞行潦。是時也，上方受釐宣室，訪議雲臺，所以仰乾封之兆，稱時運之災，濁河清兮龍馬出，滄海晏兮鯨魚來。山聲萬歲，壇勢三陔，式行和鸞之節常希法駕之回，皇乎備矣，俟不邁哉！

唐　柳宗元《柳河東集》卷四三《夏夜苦熱登西樓》　苦熱中夜起，登樓獨褰衣。山澤凝暑氣，星漢湛光輝。火晶燥露滋，野静停風威。探湯汲陰井，煬竈開重扉。憑闌久彷徨，流汗不可揮。莫辯亭毒意，仰訴璿與璣。諒非姑射子，静勝安能希。

唐　白居易《白氏長慶集》卷一《月夜登閣避暑》　旱久炎氣盛，中人若燔燒。清風隱何處，草樹不動搖。何以避暑氣，無如出塵囂。行行都門外，佛閣正岧嶢。清涼近高生，煩熱委静銷。開襟當軒坐，意泰神飄飄。迴看歸路傍，禾黍盡枯焦。獨善誠有計，將何救旱苗。

唐　僧鸞《苦熱行》《唐僧弘秀集》卷九　燭龍銜火飛天地，平陸無風海波沸。

彤雲疊疊聳奇峰，焰焰流光熱凝翠。煙島摶鵬彈雙翅，羲和赫怒強總轡。飲流夸父斃長途，如見當中印王字。明明夜西朝又東，古來有道仍再中。扶桑老葉蔽不得，輝華直欲凌蒼空。行人揮汗翻成雨，口燥喉乾嗌塵土。西郊雲色晝冥冥，如何不救生靈苦。何山怪木藏蛟龍，縮鱗卷鬣爲乖慵。不發滂澤注天下，欲使風雷何所從。旱苗原上枯成焰，嶽靈徒祝無神驗。豪家簾外喚清風，水紋明角鋪長簟。玉扇畫堂凝夜秋，歌豔繞梁催莫愁。陽烏落盡酒不醒，扶上西園當月樓。廢田暍死非吾屬，庫有黃金倉有粟。

唐 吴融《沃焦山賦》《全唐文》卷八二〇　域中公子問於方外先生曰：『蓋聞水之大也，下環乎地，上浮於空。無象無邊，夷猶洪濛。百派千流，皆歸於東。何鉅溟之深也，萬古能容？何九州之高也，不淪其中？』先生曰：『渾沌死，乾坤始。東西傾，川澤委。帝乃慮海旁溢，俾山中峙。復孕以火，用銷其水。此沃焦之爲義，真帝之元旨者也。請言其狀也，巉乎崒乎，赫曦乎，翕赩乎。陰陽熾炭，天地開爐。景風鼓吹，赤帝規模。成於妙有，拔彼虛無。處冷能熱，雖燔且濡。於律則黃鐘取法，在易則既濟相符。坡岮兮壓海萬里，鉅鴻洞兮烘天一隅。液馮夷，軋天吴。鱗介毀難以潛伏，草木安得其芬敷。鉅靈不能擘，畏其爛手。愚公不能移，憚其焚軀。靈漲疑竭，大室若枯。爾其水之來也，浩浩爭奔，滔滔不住。蹴嶽堆阜，跳天沃霧。暘谷無地，扶桑失樹。雷奔潮走，雪飛沫聚。吞吐造化，浮沈朝暮。一歸墟之積，積既久而還盈。一尾閭之泄，泄不供而旋注。苟彼不爲煎熬，何物當其委輸？』

公子曰：『夫萬物之是非也，當務所見，無矜所傳。不見五嶽，各司一邊。方蟠地極天，吐雲含煙。玉石產其下，豫章森其巔。高高下下，綿綿聯聯。彼面是傳，祀典是先。故無事則備王者之巡遊焉，有事則爲國家之關防焉。彼沃焦者，存耶亡耶？不知夫去中國幾千？其説何邇，其功豈然？』先生曰：『古不可以今論，遠不可以近識。至於先賢先聖，有功有德，或始火化，或始粒食。或衣裳兆民，或棟宇萬國。其人豈見？其道何極？但日用而不知，固神化之難測。抑又人之爲意，見頻則不怪，聞數則不驚。只如踆烏元兔，疊代虧盈。迅雷烈風，無形有聲。北冰不泮，南雨無晴。方諸向月而水出，陽燧映日而火生。鶴知半夜，鷄辨五更。螟蛉化而蜾蠃負，洛鐘鳴而蜀山傾。譚如詭妄，驗乃彰明。儻非目擊，皆必力爭。如沃焦者，茫茫靄靄，存於物外。屹溟漲以獨立，無邱陵之相帶。何地能勝，惟天粗蓋。堯災是弭，禹功是賴。但以遠而不見貴，以近而不見大。何異乎曾參冠百行之首，出四科而不載。姬旦有再造之功，爲三監之相害。有以見深藏若虛，明道若昧。只如高稱日觀，靈號天孫，魯瞻所重，兗鎮攸尊。能攻善惡，業召精魂。何盜跖壽而幸，何顏回夭而冤？何富慶，何貧原？靈獸出，何遭羈縻之困？海鳥來，何獲鐘鼓之喧？觀其倒置，孰爲司存？又如太華隱嶙，上五千仞，碧蓮若鍤，高掌如奮。然而設關太束，爲城太峻。苟一夫可守，四塞可鎮。終使險易恃而固易憑，而令驕易生而荒易徇。懼則能安，逸則成衅。又如嵐浮紫蓋，秀擢朱陵。北渚下壓，南箕上承。然而聚鬱蒸，限嚴凝。雁不可度，人何以登？其禍聖賢也，則帝舜之遊不返，昭王之死無憑。其殃忠讜也，靈均有葬魚之痛，賈誼有占鵩之徵。是非不辨，正直何稱？徒聞金簡玉書以爲貺，九向九背而自矜。又如幽并之墟，畢昴之位，岧嶢之上，磊落相次。然而藏趙符於上，成無恤之不義。產燕璧於中，假慕容之神器。大蛇蜿蜿，兩頭何異？嘉穀薿薿，五獲何利？旁扶跋扈之黨，坐索彤弓之賜。胡不懲革，而令馴致。又如據天地之中央，潤河洛之流光。岧亭壁立，壓疊屏張。而能降神表瑞，呼歲呈祥，控臨諸夏，標準四方。若乃陳蕃竇武，一時忠良。爲國除害，其謀乃臧。不獲天助，翻爲賊戕。劉聰劉曜，恣意焚傷。衣冠草莽，宮闕犬羊。俯折地軸，仰絕乾綱。漢陽九以遽畢，晉南渡而尋亡。曾何固護，自倚青蒼。月裏開宮，但容童子。雲中捻管，惟引鳳凰。吁其拙哉！彼五嶽者，長未一分，短以盈尺。論名則大，責實何益。封公封王，用珪用璧。邃宇崇館，朱殷粉白。然識者視之，何異沐猴而冠，牽牛負軛者耶？其次則有非方非嶽，亦怪亦神。崑崙則樹珠田芝，蓬萊則闕金臺銀。周王迷之於轍跡，漢帝感之於禮禋。荊山美玉，獻不遇君。隴山嬰鵡，語或陷人。嶰谷有竹，慘舒不均。嶧陽有桐，清濁難分。姑射何靈，如冰如雪。巫山何感，爲雨爲雲。怪山何怪，飛來至越。慶山何慶，湧出於秦。若然則遠者近者，大者小者，如沃焦之功，實冠於天下，何以名耶？至於南面巍巍，安尊定卑。建邦設都，來蠻走夷。其爲武也有干戚鈇鉞，其爲文也有俎豆樽彝。齊紈越絮，暖必如斯。周禾溫麥，飽必以時。胎化卵育，手捉足馳。其奉生也有歌鐘管籥，其事死也有棺槨幌帷。詒子詒孫，固本崇基。苟懷襄之不止，皆墊溺以何之。若然者，不惟九土潰而全墮，抑亦三光蕩而崩離。則堯舜禹湯之道，沒不傳矣。周孔揚孟之文，又安存斯？況又上無灌木，誘良工之斤鑿。下無靈鰲，招鉅人之釣索。不棲翠羽，飾綺被之彩錯。不孕明珠，供魏車之照灼。不滋金鐵，起兵交惡。不穴鰐鯨，吞舟恣虐。吉凶莫知，威福寧作。誰銜肸蠁，誰藏冥寞。所以貞瑁翠炎，卻絕罔錄。桂湯蘭肴，何嘗約略。固不復邀物以白犬曰鷄，媚人以靈草靈藥。但超世以崔嵬，爲普天之銷鑠。』

於是公子愕然如失，起而謝曰：『倏忽之神，能鑿人耳目。愈盧之術，善治人膏肓。向者聞衆人之論，浩然若涉津之無梁。今之也聞吾子之論，燿然若披雲霧而睹太陽。恨不能淩風雲，乘混茫，快意極觀，勒銘其旁。噫！有名之祀，所在感彰。至於山魅射影，水弩爲創，鴟夷鼓怒，耕父激揚。皆沾沃酹，不乏馨香。何茲山也，橫絕於萬代，不遇於百王。將無時如孔子，豈獨行於務光。近者泰階未平，四郊多壘。貳負尚活，三苗未死。水仙則多陷齊人，米賊則半驅妖鬼。室散機杼，田抛耒耜。郎官困採橡於野，將卒貧鬻薪於市。霧足妖興，雲多陣起。既走羣望，猶懸帝祉。豈褒崇之漏彼，致災害之如此。方今封有功而爵有德，小不遺而大寧弛。蓋九重之深，執事者未聞於天子。』

唐 吴融《沃焦山賦其二，以『蕩熱翻空，此焉銷鑠』爲韻**》**《全唐文》卷八二〇　海之大也，吞乎百川。百川不停也，海將溢焉。伊元化之相制，屹崇山之暗然。不知乎何代凝結，沈潛積熱。廣陂陁，高巀嵲。焰止不死，煙生莫絕。曈曨兮想二氣之爐中烈，沸湧兮疑九州之鼎下爇。當長鯨之鼓跳，此欻爾以潛銷；雖鉅鰲之噴躍，亦倏然而盡鑠。滲若一空，呀如四涸。得非火井通其腹，且孰問其穿鑿。當是燭龍蟠其根，又誰睹其照灼。但耗溟渤，自橫寥廓。莫不屹屹崇崇，燚虛燥空。向曙而晴霞助赫，連宵而陰火相烘。如欲以煆鮫室，災龍宮。雨露既難以澤，草木安和而豐。遂使乘槎之人，莫敢沿洄其側。銜石之鳥，無因棲息於中。是知陰陽之變也，本自相形。動靜之用也，歸於相養。苟畲岫之無作，則柔祇而必蕩。若然者，堯之水不止於九年之多，禹之功難均乎四海之廣。彼稱神稱仙者，有十洲之繁。封公封王者，有五嶽之尊。縹緲而雲霓自爍，崢嶸而日月爭翻。徒充覆載，莫補乾坤。曾未如千仞獨高，衆流皆委。非煎熬之不怠，則墊溺而何弭。所在雖遠，厥功難弛。有能光祀典於吾唐，宜褒崇於此。

唐 齊己《白蓮集》卷一〇《苦熱行》　離宮劃開赤帝怒，喝起六龍奔日馭。下土熬熬若煎煮，蒼生惶惶無處處。火雲崢嶸焚泬寥，東皋老農腸欲焦。何當一雨蘇我苗？爲君擊壞歌帝堯。

宋 張詠《乖崖集》卷五《苦熱》　赫赫炎炎爍遠空，泉邊樹底亦無風。行人莫便多辭苦，猶勝東郊炙背翁。

宋 劉攽《彭城集》卷八《苦熱》　南方炎德非尋常，六月高下俱探湯。羲和未息不可避，寒門安在徒相望。苦憐萬物暍且死，反顧一身困在床。願呼快雨洗六合，徑馭微風周八荒。

宋 張耒《柯山集》附録《春旱初雨》　春泥不沾犁，四月若三伏。哀哉麥無秀，父子壠頭哭。誰驚眈眠龍，霹靂震萬屋。從空倒江海，焦槁快一浴。終然霽威怒，飄颯斷還續。晚陰涼觀闕，夜響起松竹。後時悲夏穫，入土喜秋穀。聊爲目前慰，未敢信果腹。豐凶繫□詳，望歲走牲玉。我無憂民責，理此杞與菊。

宋 李綱《梁溪集》卷一〇《苦熱行》　南方苦暑殊中州，金遇火伏相拘囚。飛鳶跕跕草木愁，疑在鑪冶遭蒸烰。六龍中天停厥輈，火雲突兀燒高丘。炎風如焚汗翻油，祝融噓呵不肯休。赤脚踏冰邈難求，返視絺綌猶狐裘。行人病暍喘車牛，雖處廣廈非所庥。我欲登彼白玉樓，側身西望心悠悠。何當萬里來清秋，其帝少昊神蓐收。颯然風露洗我憂，涼生暑退火西流。四時代謝如環周，及茲又作徂年謀。人生寒暑爲寇讎，何異瘧癘脂髓瘳。有力負走藏壑舟，朱顏綠鬢安可留。以靜勝躁聊優游，何必遠期汗漫遊。

宋 陸游《劍南詩稿》卷五八《大熱》　五月頗閔雨，炎風吹旱塵。氣羸不給喘，流汗沾衣巾。呼婢使具浴，報以未買薪。汝事雖不恪，亦坐乃翁貧。汲井掬寒泉，自足忘我嗔。譬如寓逆旅，百事聽主人。

宋 真德秀《西山文集》卷四八《雲榭祈雨青詞》　月紀仲冬，宜寒而燠；氣臨大雪，欲雨而暘。繇郡政之多疵，致天行之失序。悾忱雖切，霈澤尚愆。雲屢合而輒離，風漸休而旋作。麥苗將槁，井汲復艱，近而有炎煬之虞，遠則有札瘥之患。惕然朝夕，殆若燬焚。用瀝悃於高穹，冀興憐於下土。瑞霙積地，非所敢祈；甘澍連朝，願言遄應。使有衆安生而可望，則以身塞咎而弗辭。稽首投誠，鞠躬聽命。

宋 方岳《秋崖集》卷三《秋熱》　蘊隆日日等西風，等得西風更蘊隆。四十日秋無點雨，誰將消息到梧桐。

其二

山氣爊爊旱火光，牆頭枯草半青黃。饑腸慣作晴雷吼，且乞梧桐一夜涼。

又 卷一二《社日以旱蔬食》 驕陽挾融風，合力爲此旱。南山膚寸雲，六合望彌滿。怒吹不待族，赤日行火繖。幽窗幾長身，玉立拯蕭散。中乾不自持，槁項何足算。以茲占西疇，可想一本稈。社公亦耐事，水舊不渠管。方勤玉食憂，下令屠牛坦。坐令宰平手，無肉醉町畽。但聞寬大書，已責寧使緩。龍湫有潛鱗，鬱屈睡欲懶。移文頌風伯，九關誰可款。

又《秋熱》 衰老不耐暑，喜甚秋咫尺。秋來幾何時，炮煮乃爾劇。老夫大失望，亦自媿兩屐。青山吾故人，可想不可覿。農家請言田，使我舌屢咋。六月潴爲泥，七月槁爲腊。十無一二存，政苦蝗音横狼藉。吾饑不能臘，子熱不能夕。子熱猶可涼，吾饑那可常。

又 殘暑何姦雄，酷烈不肯退。稺秋太君子，斂避不敢對。薰風來無期，民慍良憒憒。吳牛方喘月，渴想蓐收代。金行既用事，炎赫乃故在。於今幾何時，秋夏終晦昧。畏熱如畏虎，悸汗流浹背。南山殷其雷，崛起雲霮䨴。誰當殘老天，與世思盥頮。風雨一洗之，此熱不可再。

元 郝經《陵川集》卷一四《儀真館中暑一百韻》 五載淹江館，三年錯雨暘。熱中蒸滯氣，涸轍斷枯腸。黑井鹽煎火，紅爐鐵鍊鋼。帲幪加誕罔，坎窞觸機張。直壯無身慊，窮堅著命當。鼻煙從燎炬，溝汗盡翻漿。噎塞難通七，摧頹懶揭裳。沾濡粘弊屣，毒螫上空牀。甑擁輪囷肉，瓶熬鬵沸湯。喚喁氣尤偃，叫吼怒如狂。曉瘴煤生柱，晴霾土抹牆。片雲遮日薄，疎雨灑晴忙。熒惑凝青血，長庚迸赤芒。槁天高破碎，乾月死昏黄。翕熇渾無露，萎焦似有霜。燕呀棲不壘，鳶跕音喋墮難翔。雷殷轟蚊塔，沙生闇蜮槍。飛螢空自爓，戰蟻竟深藏。盤礴摧腰脊，低垂塌目眶。本來觀化日，誰使遇愆陽。風土聞南國，江山異朔方。豈期惟酷烈，無處别炎涼。故國包全晉，吾家壓太行。高寒雄地勢，瀟灑静雲莊。六月衣冠冷，千年草木香。長松撼潮海，絶壁隱虚堂。却到燕山北，行歌易水傍。雁霜凋夏木，鳩雨潤春桑。聘幣輝光重，徵車道路長。沙陀瞻帝里，雪谷拜天王。的皪星銜凍，嚴凝日隱光。羣雄奮氷窟，六合入氈囊。半世無蒸溼，于今重禍殃。襟裾堆蚤虱，肘腋沸蜩螗。豈免泥塗辱，還令羽翮戕。甘言雖未已，毒手益難量。夾柵仍規覘，重圍更限防。塹門深虎圈，擊柝鬧魚㮰。箝逼鑪錘密，枝梧觜吻荒。釜鬵烹則易，刀俎食非強。氣數俱臻極，天人盡反常。旱灾綿歲月，禍本入膏肓。重怒非長策，佳兵甚不祥。揶揄肆巖阻，鄙外極戎羌。信誓猶然在，明徵固未妨。但令心匪石，儘自口如簧。喟嘆愁仍積，吁嗟氣不揚。行人竟何罪，國體豈無傷。反已私尤責，知微實愧惶。逢時當際會，援溺止懷襄。自縛懸難解，輸人律否藏。惡心煨肺腹，畏景急炮煻。欲掘陰山鼠，翻思雪窖羊。履危從蹇剝，挺節不低昂。伊昔當崇慶，金源復靖康。白虹纏帝座，紫電激天狼。傅説騎箕尾，王良策駟房。一龍轟霹靂，萬馬快騰驤。歷塊無完國，蜚鋒舉斷吭。纔聞過燕趙，又已出河湟。此際通和好，惟時正擾攘。渾如沃薪火，大似堰流糠。狼籍三峯敗，顛連五國亡。濟師攻汴蔡，徼節到餘杭。海上盟空潤，城南事渺茫。劍關開要害，淮海失城隍。寓縣餘骸骨，乾坤一痏瘡。百年血肉運，萬里戰争場。邊將徼功賞，兵人藉糗糧。居然忘厄會，但請復侵疆。虎怒寧須激，鯨吞更請嘗。肌膏坐銷鑠，節鉞漫熒煌。破屋渾生亂音亂，方畦孰插秧。蘼蕪沒洲渚，潢潦漫陂塘。莽蒼人何在，陰森鬼正倀。雁兵秋滚滚，魚窟夜遑遑。豈忍仍擠石，無為更藥瘍。欃槍鬧三紀，絲枲紊千箱。已亂仁明出，中興祚胤昌。勝殘須必世，奕葉始呈芳。秦府鳳鱗質，周家金玉相。河山收殺氣，雲漢焕文章。潛邸人皆仰，春宫德益彰。厭兵符太母，歸馬勸先皇。禮樂尊周孔，聲名慕漢唐。恢弘張治具，突兀振乾綱。駿發輪平急，鋪敦大命將。奉書秪局脊，馳驛敢彷徨。加額人皆賀，摩肩衆所望。只今全父子，無復痛孤孀。延入拘營壘，周羅匝廡廊。只將人桎梏，不用鐵銀鐺。龍節埋泥穽，狐涎汨土甌。焚身無取齒，避竈豈争煬。炎赫惟加熾，風飈不許涼。秪愁化灰燼，何處薦珪璋。天問終無語，冥搜未易詳。艱屯果誰敢，壞亂實難匡。有賦誇鸚鵡，無媒獻驌驦。何當快風雨，吹去卧滄浪。

明 劉基《太師誠意伯劉文成公集》卷一〇《冬暖行》 孟冬十月暖，桃李花盛開。胡蝶草間出，飛上花枝來。蝶知愛花爲花出，不知冬暖無多日。霜風一夕花作塵，墜粉飄黄愁殺人。

又《苦熱行二首》 南風吹雲不成澤，朝霞暮霞山谷赤。赤松羽人潛大荒，火府朱陵氣相射。蜚廉翅跕不能奮，蓱號眼枯口流液。遠客魂銷畏絺綌。

憶昔伏波南伐時，穿岸爲宫避炎氣。青草茫茫起瘴烟，吹蟲含沙總堪畏。人生惜死非男兒，但有馬革可裹屍。武陵之曲何傷悲。

明 何景明《大復集》卷五《苦熱行二首》 火雲崢嶸連赤阪，白日苦長不得晚。庭前井乾生赭煙，炎埃晝起高塞天。侯家陰洞帶流水，紗幃白晝淒風起。美人氷盤薦朱李，道上行人多渴死。

晝眠苦多蠅，夜眠苦多蚊。炎霞熱霧蒸絪緼，四體拘促何由伸。仙人桂宫接蘭苑，下望青松踏幽巘。我欲從之諒非遠，塵世何堪遂仰偃。

又 卷七《冬雨率然有二十韻》 北風吹零雨，冬熱雪不作。二儀黯澹交，百川莽迴薄。沙霾翳白晝，遠望何由豁。六龍墮青冥，萬象淪玄朔。羲和扶日行，紆轡竟焉托。神媧補天裂，鍊石恐遺落。雨伯誰爲誅，雲師爾何惡。前者十月交，震雷轟城郭。岸條俱含柔，園卉亂吐萼。農家忍朝飢，歲暮食雜雀。豈無數畝禾，狼籍委秋雹。徵求皮肉盡，枯骨待削剥。妻孥在眼前，四季不得樂。胡因見陽春，所慮轉溝壑。閒居值泥淖，展矚翻蕭索。雖無長者轍，自閉寒士閣。長陰下脩麓，暝色起孤岳。喧啾後栖鴉，悵望暮歸鶴。世途紛轉蓬，生計倚叢藿。永懷昔人駕，冥心付寥廓。

又 卷一四《苦熱行簡問陶良伯》 六月二十火雲發，京師毒熱勝吳下。清晨衣冠不敢出，對食欲餐汗滿把。閉門袒跣真發狂，隱几寤寐何由假。風雲昨日忽入城，疾雷破牆雨破瓦。此地樓臺更鬱蒸，西山殿閣空瀟灑。姑蘇才人玉堂客，鄰近不得同杯斝。因君欲訪姑蘇臺，臺下清江千尺瀉。上有萬竿修竹林，干雲蔽日森炎夏。君不見，九衢亭午日如赭，鳥飛投林獸奔野，紅塵騎馬何爲者。

雜録

漢 佚名《括地圖》《藝文類聚》卷五 天毒國，最大暑熱，夏草木皆乾死。民善沒水，以避日入時暑，常入寒泉之下。

唐 瞿曇悉達《開元占經》卷一〇《日占六・日六甲蝕三》 《春秋潛潭巴》曰：『乙亥日蝕，陽不明，冬無冰。』

又 卷九二《雨占・四月》 十八日，當雨不雨，大旱，冬溫；二十一日，當雨不雨，兵起東北千里；三十日，當雨不雨，有大風傷屋。

又 卷九三《候星善惡雲氣占・七十二候・二月》 桃始華，倉庚鳴，鷹化爲鳩，玄鳥至，雷乃發聲。始電。【略】行夏令，則國乃大旱，暖氣早來，蟲螟爲害。

又《十月》 水始冰，地始凍，雉入大水爲蜃，虹藏不見，天氣上升，地氣下降，閉塞而成冬。【略】行夏令，則國多暴風，方冬不寒，蟄蟲復出。

宋 田錫《咸平集》卷一二《問喘牛論》 《漢書》稱丙吉嘗出，逢羣盜鬭者，死傷横道，吉過之不問。前行，逢人逐牛，牛喘息，吉使騎吏問牛行幾里而喘，或以譏吉，吉曰：『宰相不親小事，非所以道路問鬭傷也。方春少陽用事，未可以熱；近行而喘，此時氣失節，患有所傷害也。三公典調陰陽，職所當憂，是以問之。』錫嘗試論之曰：宰相尊天子，安諸侯，在乎總要綱，持大柄，務求賢以寘諸位，擇能以分其職。賢者在庶位，能者莅百職，庶位得人，百職具舉，則理道不紊於條貫，生民可得教化，所謂勞於求賢，而逸於致理。由是觀之，宰相猶哲匠爾。繩墨規矩，器於小大之材，材適其用，然後指麾衆工，授以制度，不勞親執斧斤，而崇屋搆矣。是皇王帝霸之道若崇屋，賢能才智之人皆衆工，宰相操執大道以指麾百官，量其器能，授於庶務，則不勞躬親小事，而理道成。理道成，則兆民悦，則富且壽，故民無怨嗟愁憤，悲傷夭札。所以天地交泰，水旱蟲霜不災於物，謂之陰陽和，由宰相總大政而致之，故謂之燮理元化，陶鎔品彙。丙吉拜丞相在孝宣神爵三年夏四月，至五鳳三年春正月薨。丙吉在相位，纔四載而薨。當其四載之間，有日蝕，有任宣坐謀反伏誅，有嚴延年得罪棄市；楊惲妄言，天不雨之事，後坐怨望處死公卿奏惲黨皆免官；京兆尹張敞亦被奏，因亡。於是京師吏民解弛，桴鼓數起，而冀州部中有大賊。上思敞功，徵拜理冀。又嘗有詔曰：『今郡國二千石，或擅為苛禁。』又有詔以吏不廉平，增加其俸。驗玆數事，冬朔日蝕，天久不雨，盜賊擾境，官吏伏法，斯亦未為陰陽和而天地泰。況羣鬬者死傷横道，高陵民兄弟争田，復未為庶民和悦。庶民既未之和悦，官吏又未之輯睦，河南殺人流血數里，豈不感傷和氣，而致春溫？溫和失時，人亦自覺，何必因牛之喘，方認時氣差違？矧丙吉拜相已來，未能進一賢人，黜一不肖。有黄霸，不能早用為同列；有于定國，不能早引為同寮；恥府中按吏之名，容車上吐茵之過，不足多也。欲待歲盡課人之殿最，方行賞罰，賞罰欲加誰哉？抑聖賢理天下，必致其道，然後政成而民悦。雖使夔、契為政，亦待三載而成功，若期月化醇，未之有也。後人讀漢史，言賢相，皆服膺問喘之理，企踵調元之道，不詳事實。錫謂丙吉矯歟？誠失問歟？

潮灾部

題解

明 葉子奇《草木子》卷一上《管窺篇》 海潮，天理之喘息也。天有晝夜，故潮有潮汐。隨月進退，從其類也。

又 嶺外錄：江浙之潮，自有定候。欽廉之潮，則朔望大潮，謂之先水。日止一潮，謂之小水。瓊海之潮，半月東流，半月西流。潮之大小，隨長短星，不係月之盛衰，豈不異哉。

論説

五代 邱光庭《論潮汐名義》《全唐文》卷八九九 漁翁問曰：『若如所論，則是地自上下，水乃去來，而爲之潮。何也？』答曰：『潮乾朝也潮音朝廷之朝，潮本無名，強名之曰潮。至江漢之流，自歸於海，而《夏書》謂之朝宗於海《尚書·禹貢》文也，其意言百川之赴海，如諸侯之朝天子也。古人見海來朝百川，亦名之曰潮。如天子出而見諸侯，亦謂之朝。故《明堂位》云《明堂位》，《禮記》篇名：『「昔者周公朝諸侯於明堂之位。」』意同於此矣周公，周成王之叔父也，成王年幼周公攝行天子之事，而受諸侯之朝也。』問曰：『謂之汐，何也？』答曰：『汐者水歸於海，如臣夕見於君然早見於君曰朝，晚見於君曰夕。故《左傳》曰：『國家無事，則朝音朝廷之朝也而不夕務閒也』，《詩》云：『邦君諸侯，莫肯朝夕《小雅·雨無正》篇』，此其義也。』問曰：『謂之濤，何也？』答曰：『濤，大波也。凡風之駕水皆謂之濤，不得專於潮也考其義理則竇氏盧侯謂潮爲濤失之矣。』

五代 邱光庭《論潮有大小》《全唐文》卷八九九 漁翁問曰：『潮來有大小，何也？』答曰：『二月八月，陰陽之氣交，月朔月望，天地之氣變。交變之時，其氣必盛。氣盛則出甚如人行步則喘急，氣出甚則地下甚下，者暇。意同者仿此，地下甚則潮來大。其非交變之時，其氣安靜則出微，氣微則地下微，地下微則潮來小。故二月八月，其潮遂大於諸月，月朔月望，其潮遂大於諸潮。』問曰：『大不正當朔望之日，常於朔望之後何也朔大於初二、初三、初四，望大於十六、十七、十八？』答曰：『凡物之動，先感而後應，先微而後盛，朔望之氣雖至，而地動之勢猶微，故潮來大常於朔望之後也。』問曰：『何知二月八月陰陽之氣交者？』答曰：『陽氣生於子謂十一月也，出於卯謂二月也，浮於午浮者盛於地上謂五月也，入於酉謂八月也。陰氣生於午，出於酉，浮於子，入於卯子午卯酉皆謂月建也。故曰卯酉者，陰陽出入之門户也二月陽氣出而陰氣入，八月陰氣出而陽氣入。是知二月八月，陰陽之氣交也。』問曰：『何知月朔月望，天地之氣變者？』答曰：『日，天倫也俱陽物也。月，地類也俱陰物也。朔，形交焉日月周旋故曰形文。望，光偶焉月望光滿，故曰光偶。光偶者，團圓盛大，與日相對。光偶形交，其變如一所以朔望之時天地之氣皆有變動，朔望無異故曰如一也。故陰陽書占正月之朔，知一歲之祥祥者善惡之通變，今人占歲且雲物風氣，知一年之內水旱豐荒也。又稱五月、十一月望爲天地牝之辰牝者陰陽交接之名也。彼其諸月，猶此一隅言諸月之朔望皆於正月、十一月之朔，舉此二月，則諸月可知。故曰猶此一隅，猶如也。隅，角也。是知月朔望，天地之氣變也。故《洪範》云：『星有好風箕星好風，星有好雨《畢星好雨》詩云：『月離于畢，俾滂沱矣。』離，麗也，麗，著也。』月之從星，則以風雨。然則月從其箕畢之星，天地尚爲之風雨，豈其交接而氣不變者乎？』

五代 邱光庭《論潮候漸差》《全唐文》卷八九九 漁翁問曰：『潮來或午或未，漸差何也？』答曰：『晝夜繫日，翕辟隨月。月臨子午則地辟，故潮之來，月皆臨子臨午夜潮月臨子，晝潮月臨午。天體西轉，日月東行。日遲而月速，每二十九日過半而月及日。日月同會，謂之月朔。故月朔之夜潮，日月俱臨於子，晝潮日月俱臨於午。自此之後，月速漸東，至午漸遲。故潮亦漸遲也天體西轉、日月東行，月速而日遲，從月朔之後，月去日漸遠，初二初三日，至未而月方至午，故潮來在午後未時也。所謂晝夜繫日翕辟隨月者也。又夜於海下而論，則天體東轉，日月西行，月速漸西，至子漸遲，故潮來亦漸遲月朔夜半潮來者，日月俱在子，至初二初三，月去日漸遠，日已至丑而月方至子，故潮來在子後丑時也，是以晝潮入夜一日午時，二日午後，三日未時，四日未後，五日申時，六日申後，七日酉時，八日酉後，此謂晝潮入夜也。』問曰：『何謂月臨子午，夜潮入晝一日子時，二日子後，三日丑時，四日丑後，五日寅時，六日寅後，七日卯時，八日卯後，所謂夜潮入晝也，則地辟乎？』答曰：『《禮運》云《禮記》篇名：『地秉陰竅於山川，播五行於四時鄭元云：竅，孔也。言地持陰氣，出內於山川以舒五行於四時也，和而後月生也言此氣和乃月生也。是以三五而盈，三五而闕。則是月爲地類也。《易》説陽氣生於子，陰氣生於午《易》説者《周易》之義也，故月臨子午則地氣生，地氣生則辟而出也。『問曰：』説卦云《周易》下繫也：『離爲日，坎爲月。』則是月爲水類。而《禮運》月爲地類，與説卦不同，何也？』答曰：『地、水皆屬於陰，俱主於月。故禮運説卦，互而言之，以相顯也。且日爲羣陽之精，非獨專於火也。月爲羣陰之精，非獨專於水也。何以言之？按五行，天一生水於北，地二生火於南。是故火爲雌，水爲雄也。若以日專主火，月專主水，則亦日雌而月雄也。今按《禮》説云《禮記》之義：『日爲君象，月爲臣象。』觀其所象，正與水火相違。故知日非專火，月非專水也。《易》曰：『乾，天也。』有君父之道焉《周易》説卦云：『乾爲天，爲君，爲父。』。坤，地也，有妻臣之道焉坤文云，地道也，妻道也，臣道也。然則日象與乾同日爲君象，月象與坤同月爲臣象，故曰三五而盈，三五而闕。三五者，水一火二木三金四土五此五行生數也，合其數爲十五。滿十五而盈月望也，盡十五而闕月晦也。既與坤道同象，總五行之氣，非地類而何地亦總五行也？與説卦參而求之，足表羣陰之義。』問曰：『陽燧開而火出陽燧者，五月丙午日午時，鑄銅錫爲之，其形如鏡，舉之照日以艾爇，得其火也，陰鑒舉而水流陰鑒者，用十一月壬子日子時鑄銅錫爲之，其形如蚌殼，舉之照月，以物取之，得水者也。則似月專於水矣。何以釋之？』答曰：『所言不專於水，豈謂全無水也？但其兼主諸陰，水亦在其中矣。舉陰鑒而得水，與掘地而得泉，何以異也？』問曰：『五行云：陽數奇，陰數偶。水一土五奇數，子云皆屬於陰，何也？』答曰：『水成數六，土成數十，然則水之與土，屬陽而終屬於陰，陰極則陽陽極則陰之義。』

五代 邱光庭《論浙潮》《全唐文》卷八九九

漁翁問曰：『浙江之潮特大，何也？』答曰：『諸江淮河，發源皆遠，其水多按楚江出岷山，淮出桐柏山，河出崑崙山。江水既多，則海水入少。水入既少，其潮皆小也。而浙江發源獨近，其水少浙江之源，近者三四百里，遠者不過千里。江水既少，則海水入多。水入既多，故其潮特大也。』問曰：『潮來有頭，何也？』答曰：『地勢廣遠，垂入海中今人見海岸謂之海際，非也。殊不知地勢漸低爲海水所漫，其際不可見也。地下則潮生下音暇，潮生於地際自際湧，湧則蹙，蹙則奔，奔則有頭，水之常勢也。』漁翁問曰：『浙江之潮，或東或西，何也？』答曰：『夫水之性，攻其盈而流其虚。沙隨其流百積其虚。積而不已，變虚爲盈。盈則受攻，終而復始。所以或東或西也。』問曰：『何故浙江之水，獨能攻其盈乎？』答曰：『大川皆然，非獨浙江也。凡水之回折之處，涯岸皆疊盈疊虚，或三十五五十年而一變，水勢使之然也今黄河及諸大川之岸皆有移易是也。《易》曰『地道變盈而流謙』，此之謂也。』

五代 邱光庭《論氣水相周日月行運》《全唐文》卷八九九

漁翁問曰：『子言氣盛於下，則海溢而上。氣盛於上，則海斂而下。則是海之下有氣，從何理以知之？』答曰：『《抱樸子》云葛洪所著書名：『從地向上，四千里之外，其氣剛勁，居物不落。』以此推之，則周天之氣皆剛，非獨地之上也。是知日月星辰，無物維持而不落者，乘剛氣故也。內物既不能出，而外物亦不能入。則日月星辰，雖從海下而回，莫得與水相涉此言乃見盧氏所言出入於海衝擊而爲潮之謬也。若其海下無氣，則日月星辰，並入於水。按星月無光，假日光而明。若日夜入於水，則星月無由明矣。故知日居元氣之內，光常周遍於天。雖當夜半之時，天中亦不昏黑日在上則光照下，在下則光照上，故雖通夜，光常遍於天，所以星月明也。以斯知海之下，有氣必矣。故人之氣海，亦在水藏之下，其取象於天地焉氣海在臍下。』問曰：『海之下既有氣，海之邊際則如何？』答曰：『亦氣也海之外，際無涯岸，皆剛氣捍其水，所謂周天之氣皆剛者也。氣之外有天，天周於氣，氣周於水，水周於地，內地而外天，天地相將，形如鷄卵黄即地也，白即水也，膜即剛氣，殼即天也。』問曰：『《虞書》謂東方之地曰暘谷，西方之地曰昧谷《尚書・堯典》文也。則似日之出入，皆從地穴中也。今子言日居元氣之內，而與虞書不同，何也？』答曰：『易離卦彖云：『日月麗乎天。』麗，著也。言日月之行，附著於天也，則所言日居元氣之內，無乃是乎？而《虞書》所稱暘谷者，皆在九州之域，此乃指其所見而爲言也。凡平地以望日出日入，皆如近在山谷間，故以谷言之耳。』問曰：『《周易》《虞書》，俱爲正典，安知《易》是而《書》非乎？』答曰：『視日月之行，則知之矣。按日月右旋而天左轉，日月行遲而天轉速。故日月隨天皆西邁，非著天而何？故知《易》是也。』問曰：『前篇雲日遲而月速，此雲日月遲而天轉速，何也？』答曰：『日行三百六十六日而一周天，月行不及三十日而一周天。天則一日一夜而轉一周，是月行速於日，遲於天也。比日言之則月速，比天言之則月遲。與前篇非相矛盾也矛盾者，相違背之辭。矛，槍也。盾，干桿也。今人謂之傍牌，事見《列子》。』

宋 姚寬《西溪叢語》卷上《會稽論海潮碑》

舊於會稽得一石碑，論海潮依附陰陽時刻，極有理。不知其誰氏，復恐遺失，故載之：

觀古今諸家海潮之説者多矣。或謂天河激湧，葛洪潮說。亦云地機翕張，見《洞正二真經》盧肇以日激水而潮生，封演云月周天而潮應，挺空入漢，山湧而濤隨；施師謂僧隱之言。析木大梁，月行而水大。見竇叔《蒙濤志》。源殊派異，無所適從，索隱探微，宜伸確論。

大中祥符九年冬，奉詔按察嶺外，嘗經合浦郡廉州沿南溟而東，過海康，雷州歷陵水，化州涉恩平，恩州住南海，廣州迨由龍川惠州抵潮陽，潮州洎出守會稽，越州移蒞勾章。明州已上諸郡，俱沿海濱，朝夕觀望潮汐之候者有日矣。汐，音夕，潮退也。得以求之刻漏，究之消息，消，進；息，退也。十年用心，頗有準的。

大率元氣嘘翕，天隨氣而漲歛，溟渤往來，潮隨天而進退者也。以日者，衆陽之母，陰生於陽，故潮附之於日也。月者，太陰之精，水乃陰類，故潮依之於月也。是故隨日而應月，依陰而附陽，盈於朔望消於朏敷尾切。魄，虚於上下弦，息於輝朒。朒，女六切。朔而日見東方也。故潮有小大焉。今起月朔夜半子時，潮平於地之子位四刻一十六分半，月離於日，在地之辰，次日移三刻七十二分，對月到之位，以日臨之次，潮必應之。過月望，復東行，潮附日而又西應之，至後朔子時四刻一十六分半，日月潮水俱復會於子位，其小盡則月離於日，在地之辰，次日移三刻七十三分半，對月到之位，以日臨之次，潮必應之。至後朔子時四刻一十六分半，日月潮水，亦俱復會於子位。於是知潮常附日而右旋，以月臨子午，潮必平矣，月在卯酉，汐必盡矣。或遲速消息之小異，而進退盈虚，終不失其期也。

或問曰：『四海潮平皆有漸，惟浙江濤至，則亘如山岳，奮如雷霆，水岸横飛，雪崖傍射，澎騰奔激。吁，可畏也！其漲怒之理，可得聞乎？』曰：『或云夾岸有山，南曰龕，北曰赭，二山相對，謂之海門，岸狹勢逼，湧而爲濤耳。』

若言『狹逼』，則東溟自定海，縣名，屬四明。吞餘姚、奉化二江，江以縣爲名，一屬會稽，一隸四明。侔之浙江，尤其狹逼，潮來不聞濤有聲也。今觀浙江之口，起自纂風亭，地名，屬會稽。北望嘉興大山，屬秀州。水闊二百餘里，故海商舶船，畏避沙墠，不由大江，水中沙爲墠，徒旱切。惟泛餘姚小江，易舟而浮運河達于杭、越矣。蓋以下有沙墠，南北亘連，隔礙洪波，蹙遏潮勢。夫月離震、兑，他潮已生，惟浙江潮水未至，洎月經乾、巽，潮來已半，濁浪堆滯，後水益來，於是溢於沙墠，猛怒頓湧，聲勢激射，故起而爲濤耳，非江山淺逼使之然也。

明 徐光啓《農政全書》卷一六《水利·浙江水利附修築海塘、滇南水利》

永樂間，平江伯陳瑄奉命以四十萬卒，修海岸八百里。

《海寧捍海塘記》曰：浙西江南之地，抑潮捍海之利以千計，是塘爲急；樹石培土，在在爲力，其工以萬計，是塘爲大；風猛潮峻，不勝衝齧，近海之濱，難築而善崩者以百計，是塘爲切。塘無壞，浙以西無海患；塘不葺，江以南且患海，況浙哉？夫是塘，其創也，自顧尹泳始，其工頗力。其修也，或十載或五載。民至於今獨稱楊郡丞冠，其工頗固。嗣是而修築者，不惟不固，且不力，有司病焉。是歲七八月之間，風潮倍於昔，而塘之決亦倍於昔。郡大夫蕭公有憂焉。於是具狀以上於大司空李公。李公曰：『盍亟圖之。』於是具狀以上於司空大夫林公。林公曰：『吾事也。』於是林公館於其地，蕭公往來於其塗，取財於郡帑，鳩卒於邑里，伐石於太湖，負土於草蕩，散工而甃之，列卒而築之，分官而蒞之。塘高若干丈，自下以上，尺無弗堅者；塘長若干丈，自北以南，丈無弗實者；塘闊若干丈，自内以外，寸無弗密者。一木一石，其度其畫，其堅其實其密，無弗經林公者。經始於九月，落成於十有一月，而塘告成。

《石海塘記》曰：淳祐十六年，定海縣新築石塘成。其高十有一層，側厚數尺，敷平倍之。袤六千五十尺有羸。基廣九尺，歛其上半之羸又十之五。高下若一，從横布之如棋局。仆巨木以奠其地，培厚土以實其背，植萬椿以殺其衝。役夫匠軍民，積土至三千餘萬，而人不告勞。閲春夏二時，舍田趨役，而農不告病，伐石於山，石頹而役者不傷。運之於海，波平而舟楫無恐。以己酉春正月己未初基，越六月甲寅，凡十有七旬又五日而訖事。先是，定海塘以土木從事，歲有決溢之虞。丁酉之秋，江海爲一，民廬官寺營壘師屯，被害尤酷。知縣事陳公亮創用石板以護其外，僅支數年。大水至，則與之俱去，蔑有存者。歲在戊申，風濤屢驚。九月，守臣岳甫，始合軍丁之辭，以告於上。命部使者與守行視，覈其費以聞。詔賜緡錢六萬五千有奇。聖訓丁寧，毋得苟簡。及是告成，不愆於素。《石海塘記》

綜述

清 顧祖禹《讀史方輿紀要》卷一二九《川瀆六·海道》 海在泉州府城東南四十里唐貞觀二十一年，泉州海溢。【略】

海在府北三十里，浙江、錢清江、曹娥江之水並會於此而入海，謂之三江海口唐太和二年，越州大風雨，海溢。

海在杭州府海甯縣南十里，與紹興府三江口相接，並爲襟要唐大曆十年杭州海溢。【略】

海在青州府日照縣東二十里，與贛榆縣接界唐上元三年，青州大風，海溢，漂居人五千餘家。

傳記

《明史》卷二八一《循吏傳·湯紹恩》 湯紹恩，安岳人。父佐，弘治初進士，仕至參政。紹恩以嘉靖五年擢第。十四年，由戶部郎中遷德安知府，尋移紹興。爲人寬厚長者，性儉素，內服疏布，外以父所遺故袍襲之。始至，新學宮，廣設社學。歲大旱，徒步禱烈日中，雨即降。緩刑罰，恤貧弱，旌節孝，民情大和。

山陰、會稽、蕭山三邑之水，匯三江口入海，潮汐日至，擁沙積如丘陵。遇霪潦則水阻，沙不能驟洩，良田盡成巨浸，當事者不得已決塘以瀉之。塘決則憂旱，歲苦修築。紹恩遍行水道，至三江口，見兩山對峙，喜曰：『此下必有石根，余其於此建閘乎！』募善水者探之，果有石脈橫亙兩山間，遂興工。先投以鐵石，繼以籠盛甃屑沉之。工未半，潮衝蕩不能就，怨讟煩興。紹恩不爲動，禱於海神，潮不至者累日，工遂竣。修五十餘尋，爲閘二十有八，以應列宿。於內爲備閘三，曰經漊，曰撞塘，曰平水，以防大閘之潰。閘外築石隄四百餘丈扼潮，始不爲閘患。刻水則石間，俾後人相水勢以時啟閉。自是，三邑方數百里間無水患矣。士民德之，立廟閘左，歲時奉祀不絕。屢遷山東右布政使，致仕歸，年九十七而卒。

紀事

《後漢書》卷六《孝質帝紀》 ［本初元年］五月，海水溢。戊申，使謁者案行，收葬樂安、北海人爲水所漂沒死者，又稟給貧羸。

《舊唐書》卷三七《五行志》 天寶十載，廣陵郡大風架海潮，淪江口大小船數千艘。上元二年，京師自七月霖雨，八月盡方止。京城宮寺廬舍多壞，街市溝渠中漉得小魚。

《續資治通鑑長編》卷一〇四 ［天聖四年九月］丁亥，詔修泰州捍海堰。先是，堰久廢不治，歲患海濤冒民田，監西溪鹽稅范仲淹言於發運副使張綸，請修復之。綸奏以仲淹知興化縣，總其役。難者謂濤患息則積潦必為災，綸曰：『濤之患十九，而潦之災十一，獲多亡少，豈不可乎。』役既興，會大雨雪，驚濤洶洶且至，役夫散走，旋濘而死者百餘人。眾譁言堰不可復，詔遣中使按視，將罷之。又詔淮南轉運使胡令儀同仲淹度其可否，令儀力主仲淹議。而仲淹尋以憂去，猶為書抵綸，言復堰之利。綸表三請，願身自總役。乃命綸兼權知泰州，築堰自小海寨東南至耿莊，凡一百八十里，而於運河置閘，納潮水以通漕。踰年堰成，流逋歸者二千六百餘戶，民為綸立生祠。令儀及綸各遷官。令儀，陳留人；仲淹，吳人也。張綸兼權知泰州乃五年六月辛卯，綸及胡令儀遷官乃六年七月甲午朔，今并書之，仍別出。

《宋史》卷六二《五行志一下》 嘉定十七年，海壞畿縣鹽官地數十里。先是，有巨魚橫海岸，民臠食之，海患共六年而平。

《元史》卷五〇《五行志上·水》 ［大德八年］八月，潮陽颶風海溢，漂民廬舍。【略】［大德十年］七月，平江路大風，海溢。吳江州大水。

又 ［泰定元年］十二月，杭州鹽官州海水大溢，壞隄塹，侵城郭，有司以石囤木櫃捍之不止。

又 致和元年三月，鹽官州海隄崩，遣使禱祀，造浮圖二百十六，用西僧法壓之。河決碭山、虞城二縣。四月，鹽官州海溢，益發軍民塞之，置石囤二十九里。

又 ［皇慶元年］八月，松江府大風，海水溢。［皇慶二年］八月，崇明、嘉定二州大風，海溢。

又 ［至治元年八月］雷州海康、遂溪二縣海水溢，壞民田四千頃。

又 ［至順元年］七月，海潮溢，漂沒河間運司鹽二萬六千七百引。

又 卷五一《五行志下·稼穡不成》 至正元年七月，廣西雷州颶風大作，湧潮水，拔木害稼。二年十月，海州颶風作，海水漲，溺死人民。【略】二十四年，台州路黃巖州海溢，颶風拔木，禾盡偃。

又 卷六五《河渠志二·鹽官州海塘》 鹽官州去海岸三十里，舊有捍海塘二，後又添築鹹塘，在宋時亦嘗崩陷。成宗大德三年，塘岸崩，都省委禮部郎中游中順，洎本省官相視，虛沙復漲，難於施力。至仁宗延祐己未、庚申間，海汛失度，累壞民居，陷地三十餘里。其時省憲官共議，宜於州後北門添築土塘，然後築石塘，東西長四十三里，後以潮汐沙漲而止。

至泰定即位之四年二月間，風潮大作，衝捍海小塘，壞州郭四里。杭州路言：『與都水庸田司議，欲於北地築塘四十餘里，而工費浩大，莫若先修鹹塘，增其高闊，填塞溝港，且濬深近北備塘濠塹，用樁密釘，庶可護禦。』江浙省準下本路修治。都水庸田司又言：『宜速差丁夫，當水入衝堵閉，其不敷工役，於仁和、錢塘及嘉興附近州縣諸色人戶內斟酌差倩，即目淪沒不已，旦夕誠爲可慮。』工部議：『海岸崩摧重事也，宜移文江浙行省，督催庸田使司、鹽運司及有司發丁夫修治，毋致侵犯城郭，貽害居民。』五月五日，平章禿滿迭兒、茶乃、史參政等奏：『江浙省四月內，潮水衝破鹽官州海岸，令庸田司官徵夫修堵，又令僧人誦經，復差人令天師致祭。臣等集議，世祖時海岸嘗崩，遣使命天師祈祀，潮即退，今可令直省舍人伯顏奉御香，令天師依前例祈祀。』制曰『可』。既而杭州路又言：『八月以來，秋潮洶湧，水勢愈大，見築沙地塘岸，東西八十餘步，造木櫃石囤以塞其要處。本省左丞相脫歡等議，安置石囤四千九百六十，抵禦鎪嚙，以救其急，擬比浙江立石塘，可爲久遠。計工物，用鈔七十九萬四千餘錠，糧四萬六千三百餘石，接續興修。』

致和元年三月，省臣奏：『江浙省幷庸田司官修築海塘，作竹籧篨，內實以石，鱗次壘疊以禦潮勢，今又淪陷入海，見圖修治，儻得堅久之策，移文具報。臣等集議，此重事也，旦夕駕幸上都，分官扈從，不得圓議。今差戶部尚書李家奴、工部尚書李嘉賓、樞密院屬衞指揮青山、副使洪灝、宣政僉院南哥班與行省左丞相脫歡及行臺、行宣政院、庸田使司諸臣，會議修治之方。合用軍夫，除戍守州縣關津外，酌量差撥，從便添支口糧。合役丁力，附近有田之民，及僧、道、也里可溫、答夫蠻等戶內點倩。凡工役之時，諸人毋或沮壞，違者罪之。合行事務，提調官移文稟奏施行。』有旨從之。四月二十八日，朝廷所委官，洎行省臺院及庸田司等官議：『大德、延祐欲建石塘未就。泰定四年春，潮水異常，增築土塘，不能抵禦，議置板塘，以水湧難施工，遂作籧篨木櫃，間有漂沉，欲踵前議，疊石塘以圖久遠。爲地脈虛浮，比定海、浙江、海鹽地形水勢不同，由是造石囤於其壞處疊之，以救目前之急。已置石囤二十九里餘，不曾崩陷，略見成效。』庸田司與各路官同議，東西接壘石囤十里，其六十里塘下舊河，就取土築塘，鑿東山之石以備崩損。

文宗天曆元年十一月，都水庸田司言：『八月十日至十九日，正當大汛，潮勢不高，風平水穩。十四日，祈請天妃入廟，自本州嶽廟東海北護岸鱗鱗相接。十五日至十九日，海岸沙漲，東西長七里餘，南北廣或三十步或數十百步，漸見南北相接。西至石囤，已及五都，修築捍海塘與鹽塘相連，直抵巖門，障禦石囤。東至十一都六十里塘，東至東大尖山嘉興、平湖三路所修處海口。自八月一日至二日，探海二丈五尺。至十九日、二十日探之，先二丈者今一丈五尺，先一丈五尺者今一丈。西自六都仁和縣界赭山、雷山爲首，添漲沙塗，已過五都四都，鹽官州廊東西二都，沙土流行，水勢俱淺。二十日，復巡視自東至西岸脚漲沙，比之八月十七日漸增高闊。二十七日至九月四日大汛，本州嶽廟東西，水勢俱淺，漲沙東過錢家橋海岸，元下石囤木植，並無頹圮，水息民安。』於是改鹽官州曰海寧州。

《明實録・太祖高皇帝實録》卷二〇二 ［洪武二十三年］六月丁卯，海門縣言：是月三日夜，颶風大作，潮汐騰湧，壞廬舍，溺死居民孳畜無算。

（弘治）《嘉興府志》卷一七《海塘》 ［成化八年］七月十七日，風潮大作，平地水深丈餘，飄蕩民居，人畜死者不可以數計，所築石塘悉皆傾圮，廟亦不存，數年之功爲之掃地。

（正德）《松江府志》卷三《水利》 ［成化七年］秋，大風海溢，漂人畜，沒禾稼。

又 卷三二《祥異》 ［成化八年］秋七月十七日，大風雨海溢，漂沒死者萬余人，鹹潮所經，禾稼並槁死。

（正德）《金山衞志》卷下《附海上事異》 ［永樂二年］七月二日，風雨大作，海溢，飄溺于餘家，瀕海之田爲鹹潮所浸，苗盡稿，如火炙然，大木多拔。

又 ［成化八年］七月十七日，風雨狂驟，已經兩日。是夜潮沙正上，風東北益狂，沙溢漫，忽轉西南，水湧平地，浮骸萬餘，牛馬畜不可計。自是修築捍海塘成。

（嘉靖）《廣東通志》卷七〇《雜事》 ［正德十一年］颶風，海溢至城，盡傷禾稼。民告災，減征。

（嘉靖）《寧波府志》卷一四《禨祥》 ［永樂二十年］海溢，陳兆塘壞。

又［嘉靖二年］八月大風雨，海溢，壞堤及廬舍，溺人。

又［嘉靖十八年］七月，象山縣海溢壞田。

（嘉靖）《潮州府志》卷八《灾祥》［正德四年］夏六月，颶作，海溢，潮、揭、饒三縣民溺死者衆。

又［嘉靖三年］秋八月大颶，海溢，潮、揭、饒之民沿海居者，皆爲漂沒，浮屍遍港，舟不能行。

（嘉靖）《嘉興府圖記》卷二〇《叢記》［天順二年］秋，海鹽海溢，溺死男女萬餘人。

（嘉靖）《通州志》卷五《人物》［洪武二十三年］江潮大作，蕩民室廬。

（嘉靖）《天長志》卷七《灾祥》［嘉靖元年］秋七月，海溢，大風拔木，鳥雀多死者。

（嘉靖）《臨山衛志》卷二《紀異》［天順八年］七月，海溢。

又［弘治十四年］秋旱，蝗，大饑。又大雷電，海溢，雨。

又［正德七年］秋七月，大雨震雷，山崩，海大溢，堤盡決，漂田廬、溺人畜無算。

（嘉靖）《海寧縣志》卷九《祥異》［嘉靖九年］海決，逼城。

（嘉靖）《靖江縣志》卷四《編年》［成化八年］八月，風潮。

又［正德七年］秋，風潮。

（嘉靖）《仁和縣志》卷六《水利》［成化八年］九月，江潮大溢，塘崩特甚。

（嘉靖）《海鹽縣志》卷一《輿地》［洪武三年］海溢，塘岸圮。

又［洪武二十年］六月海溢，塘圮。

又［正統九年］秋潮，海溢塘圮。

（嘉靖）《象山縣志》卷一三《雜志》［宣德五年］七月望，海溢。

又［嘉靖二年］八月大風雨，海溢，壞塘岸及廬舍寺溺人死。

（嘉靖）《江陰縣志》卷二《灾祥》［正德七年］秋，海潮溢。

（嘉靖）《海門縣志》卷三《建置》［正德七年］颶濤溢作，溺民漂屋，官民之居蕩然一墟。

（嘉靖）《蕭山縣志》卷六《祥異》［正德七年］七月，海溢，瀕塘民溺死無算，居亦無存者。

（嘉靖）《興化縣志》卷四《五行》［嘉靖十八年］秋閏七月初三日，興化海潮漲溢，高二丈餘，漂沒廬舍畜產不可勝紀，傷稼。十餘年不宜稻。

（嘉靖）《靖江縣志》卷四《編年》［嘉靖十八年］風潮。

（嘉靖）《重修如皋縣志》卷六《灾祥》［嘉靖十八年］秋閏七月初三日，海潮漲溢，高二丈餘，溺死民灶男女數千，漂沒廬舍不可勝記。

（嘉靖）《永嘉縣志》卷九《雜志》［嘉靖八年］八月大風雨，海溢。

明 葉權《賢博編》［隆慶三年閏六月］六月十五，海溢沿海郡縣，水暴長，溺死者甚衆。崇明一城俱沒，惟知縣帶吏胥往蘇州參謁得免。先是，東北風大發，海水騰沸數日。遂決入平地，壞田廬無算，至西南風起，水始退。

明 王圻《稗史彙編·灾祥》 嘉靖元年七月二十五日未申時，海風大作，沿江林木合抱者皆摧拔。至夜半風勢轉烈·平地水高二丈余，江海混爲一壑，茫無涯岸，巨木在高阜者，惟露枝梢。沿江軸艫廬舍皆漂溺，人死者無數。父老相傳百年來無此異也。時大水中有火光閃爍，其聲轟轟若萬馬之馳。近世或颶風大作，則夜間空中火飛無數，人皆見之。火衱明處，則風必極盛，樹木屋宇當之者無不摧撲。

（萬曆）《紹興府志》卷一三《灾祥》［弘治十五年］七月，大雷電，雨以風，海溢。

（萬曆）《揚州府志》卷二二《祥異》［正德六年］通州雨，海潮泛溢，傷禾。

又［嘉靖十八年］秋閏七月初三日海潮漲溢，高二丈餘，溺死民灶男婦二萬九千餘人。上命留餘鹽銀五萬兩及免稅糧九萬七千石有奇，發倉貯稻三萬七千四十四石賑恤之。

（萬曆）《通州志》卷二《禨祥》［洪武二十三年］七月海溢，壞捍海堤，溺死呂四等場鹽丁三萬餘口。

又［成化三年］七月，海溢，壞捍海堰六十九處，溺死呂泗等場鹽丁二百七十四人。遣都禦史林聰賑。

又［成化八年］七月，大雨海溢，壞鹽倉、軍民廬舍不可勝計。

又［正德七年］七月十八日，風雨大作，海溢，漂沒官民廬舍十之三，溺死男婦三千餘口。

又［嘉靖元年］七月二十五日，風雨大作，海溢，石港等處尤甚。

又［嘉靖十八年］七月，通州海門各鹽場海溢，高二丈餘，溺死民灶男婦二萬九千餘口，漂沒官民廬舍畜産不可勝計。

（萬曆）《新修餘姚縣志》卷二四《災祥》［弘治七年］七月，海溢。

又［正德十三年］秋，海溢。

又［嘉靖二十五年］海溢。

（萬曆）《會稽縣志》卷八《災異》［洪武二十年］閏六月，大風海溢，壞田廬。

又［成化八年］秋七月十七日，夜大風雨，拔木，海溢，漂廬舍傷苗，瀕海男女溺死者甚衆。

又［弘治七年］秋七月，海溢。

（萬曆）《鹽城縣志》卷一《祥異》［正德九年］海溢，漂溺海濱居民十分之七。

（萬曆）《黄巖縣志》卷七《紀變》［弘治十六年］九月十八日，海溢，波濤滿市，幾五尺許，越日不退。

（萬曆）《上虞縣志》卷二〇《災祥》［正德七年］七月十七日夜，颶風大作，海潮溢入，壞下五鄉民居，男女漂溺死者動以千計。潮患之大，此創見者。

（萬曆）《上海縣志》卷一〇《祥異》［嘉靖十八年］閏七月初三日，海嘯，風從東北起，漂沒人民數萬。

又［隆慶三年］六月朔，海溢，風從東南起，人畜漂沒無數，如嘉靖己亥。

又［萬曆十年］七月十三日，海溢，潮過捍海塘丈餘，漂沒人畜無數。後大風雨徹晝夜，壞禾稻、木棉。是歲饑。十月十三日，颶風從西北來，江濤陡作，舟皆簸溺。

（萬曆）《嘉定縣志》卷一七《祥異》［嘉靖十八年］秋閏七月，海水大溢，平地湧波三丈，瀕海田多渰沒，損糧是歲大祲。

又［隆慶三年］六月，海潮漲，東鄉大災。

又［萬曆十年］颶風，海溢，民多溺死。歲大祲。

（萬曆）《新修崇明縣志》卷八《災祥》［萬曆三年］六月初一日，颶風大作，洪潮沖瀉海岸，傷禾壞屋幾半；十三日風潮繼作，淹禾殆盡，諸沙告災。

又［萬曆十年］七月十三日，風潮並作，漂壞民居，溺者甚衆。

（萬曆）《蕭山縣志》卷六《祥異》［萬曆十七年］六月初九日，颶風大作，海溢，鹵潮灌沒沿江田禾四萬餘畝，拔木漂廬舍。

（萬曆）《寶應縣志》卷五《災祥》［萬曆十年］七月十四日晚大風，江翻海倒，數百年古木拔去，不知所之，城中牌樓、寺觀、廟宇、察院、縣堂、城樓及各處公署祠廳、民間房屋傾倒數千餘間，哭聲載道。十月十二日午間，暴起西北風、天日莫辨，崩浪如山，漕舟民船千餘艘，一時沉覆俱盡。

（天啓）《淮安府志》卷二三《祥異》［嘉靖十八年］七月三日，東北起大風，天地晝晦一二日。海潮大漲。

（天啓）《海鹽縣圖經》卷一六［嘉靖十五年］海溢，堤潰，漂沒田廬。

（崇禎）《松江府志》卷一三《荒政》［洪武十一年］七月蘇州、松江、揚州、台州四府海溢，漂民居，人多溺死者，詔遣官存恤之。

又卷四七《災異》［萬曆三年］五月晦，大風，海濤怒號西注，敗塘圩崇闕六百五十丈，又敗塘圩白沙二丈，漂沒廬舍百十區，民死者數百人，潮乘其缺，再入流溢，四境水味俱鹹。

又［萬曆十九年］七月十八日，上海海溢，自一團至九團，漂沒廬舍數千家，男婦死者萬余口，六畜無算。十九日，近海居民從海灘撈屍，遇潮至，群起登岸，陡傳倭至，時大雨徹晝夜不息，民奔入上海城。至二十一日，城中水深二尺，城閉，聞外叫號聲，知縣楊遇亟登城問故，啟關納之，爭入闐死城下者數十人，時渡海沒風濤者不可勝計。十月，雷電時作，至晦，夜大震。

又卷五七《志餘》［萬曆三年］五月三十日漕涇海溢，俗謂海嘯，漂沒千餘家，鹹潮入內地六里許，渰死苗稼。三年水尚咸，田爲斥鹵。時計敗塘圩漂闕者六百五十丈。

（崇禎）《太倉州志》卷一五《災祥》［萬曆三年］六月，颶風連旬，海溢。

（崇禎）《泰州志》卷七《災祥》［正德七年］七月，夜大風，海潮泛溢，渰没場灶廬舍大半，溺死以千計。

（崇禎）《寧志備考》卷四《堤塘》［萬曆三年］夏五月，颶風大作，海嘯，海鹽及海寧民溺死者百餘，漂房屋二百餘間。塘圮，咸水湧入内河、壞田地八萬餘畝。

又［崇禎元年］七月海寧海嘯，濤頭駕屋拔樹，瀕海居民淹死無算，邑東西之被災者凡四千餘家。

又 卷九《人物》［成化九年］海決，民流。

（崇禎）《東莞縣志》卷二《事紀》秋九月，海溢，壞稼。

（崇禎）《海澄縣志》卷一四《災祥》［萬曆三十一年］八月初五日未時，颶風大作，壞公廨、城垣、民舍。是日海水溢堤岸，自起丈餘，浸没沿海數千餘家，人畜死者無算。

（弘光）《州乘資》卷一《禨祥》［萬曆十年］七月己巳夜，大風拔木，海潮泛溢，漂溺民舍，人多死者。

（順治）《海寧縣志略・海塘》［永樂九年七月］海決，没赭山巡司，漂廬舍壞城垣，長安等壩淪於海者千五百餘丈，赭山岩門故道皆淤塞，民流移者六千七百余戶，田淪没者一千九百餘頃。朝廷遣保定侯孟瑛等，盡役蘇湖九郡，紫累鉅萬，積十三年其患始息。

（康熙）《浙江通志》卷二《祥異》［洪武二十三年］蕭山大風，海塘壞，潮抵千市。

又［崇禎二年］大風雨，海溢。

（康熙）《江南通志》卷五《祥異》［嘉靖十五年］海潮溢，高二丈餘，溺死鹽灶男婦二萬九千餘人。

（康熙）《杭州府志》卷一《祥異》［成化八年］秋七月，大風雨，江海湧溢。

又［萬曆三年］夏六月，大風潮，江海溢。是月初一日夜怪風，震濤沖決錢塘江岸，坍塌數千餘丈，漂流官民船千餘隻，溺死人無數。海寧亦然。咸水湧入内河，自上塘來者至粉河，自下塘來者至北關運河，海患尤甚。

（康熙）《嘉興府志》卷二《祥異》［成化三年］海溢，溺萬人。

又 卷一四《仙釋》［洪武二十年］夏，鹽官海決，禾城水溢丈餘，鹹津殺稼。

又 卷一七《人物》［洪武三年］海溢，淪田一千九百餘頃。

（康熙）《寧波府志》卷三六《祥異》［嘉靖四十三年］八月十四日至十八日夜，月圓如望，西滬海溢，三日不汐。

（康熙）《台州府志》卷一四《災變》［弘治十六年］九月十八日，海溢，波濤滿市幾尺，越日不退。

（康熙）《乍浦九山補志》卷九《石塘》［成化八年］秋七月十七日，海大溢，平地水丈餘，溺死無算。

（康熙）《海鹽縣志》卷一三《祥異》［崇禎元年］七月二十三日海溢，鹵潮入城，塘盡圮，四門吊橋大水沖塌。浮屍牛馬畜物蔽海，至上虞縣。榜額漂至海上。

（康熙）《海鹽縣志補遺・災祥》［成化十年］海連溢。

（康熙）《昆山縣志》卷二〇《祥異》［洪武二十三年］秋七月初，海風自東北來，拔木揚沙，雖犀兵萬隊，不足爲雄倒海排山，堆阜高陵皆爲漂没，三洲一千七百家盡葬魚腹。

（康熙）《秀水縣志》卷七《祥異》［成化二年］秋七月，海溢，大水敗稼。

又［天順二年］秋，海溢，溺死男女萬餘人。

又［萬曆三年］五月三十夜大風，海潮湧入。

（康熙）《山陰縣志》卷九《災祥》［正德七年］七月，颶風大作，海水漲溢，頃刻高數丈許，濱海居民漂没，男女枕藉以歿者萬計，苗穗淹溺。歲大歉。

（康熙）《餘姚縣志》卷五《災祥》［正統七年］秋，海溢。

又［正德十四年］秋，海溢。訛言雞禍，盡殺之。

（康熙）《桐鄉縣志》卷二《災祥》［成化二年］七月，海溢，大水敗稼。

（康熙）《嘉定縣志》卷二《戎鎮》［萬曆十年］七月，怒濤決李家泓，山漸坍没，城逼於海。

又 卷三《祥異》［隆慶三年］海潮漲，東鄉大災，歲祲。是年海潮凡三溢。

又［萬曆十三年］颶風，海溢。

又［順治十一年］大風雨，海溢，平地水深丈餘。

又［康熙四年］海嘯，水入吳淞城，水深五六尺，次日方退。歲大祲。

（康熙）《定海縣志》卷六《災祥》［萬曆十九年］七月，海溢，傷稼渰人。

又卷一二《禨祥》［正德七年］海溢，漂溺民居。

（康熙）《續定海縣志·禨祥》［隆慶元年］秋，北風連日大吼，海潮怒湧，溢入於城。

（康熙）《上海縣志》卷七《官署》［嘉靖元年］七月二十有四日，疾風甚雨，越明日，一晝夜乃止。災連南畿兩浙，數千里間洋海嘯，邑無完屋。

（康熙）《崇明縣志》卷七《祲祥》［嘉靖十八年］七月初三日，風潮大作，廬舍飄溺幾盡，渰死男婦數百口。

（康熙）《潮陽縣志》卷三《災祥》［萬曆四十六年］八月，大颶風。是月初三午，狂颶風，海溢，夜大風雨水，皆成災，傾壞廬舍，淹沒人畜無量。作颶之害，從所未有。

（康熙）《慶雲縣志》卷一一《災祥》［天啟二年］海溢。

（康熙）《蕭山縣志》卷九《災祥》［崇禎元年］七月連雨，念三日颶風大作，拔樹倒屋。酉刻海水驟溢，從白洋瓜瀝而入，漂沒廬舍田禾，淹死人民。念九日復大風雨。撫按奏聞：蕭山淹死人口共一萬七千二百餘口，老稚婦女不在數內。

（康熙）《海寧縣志》卷一二《災祥》［崇禎元年］浙江海嘯，漂沒民居，流屍積丘，錢塘、仁和、海寧俱被其患。時教諭趙維寰紀其事雲：『是月二十三日午後，狂飆猝發，驟雨如注，曆二時不歇，寧城內不通外河，溝洫一時騰溢，水入市肆有盈尺者。迨至酉刻傳報海嘯矣。民登城望，見潮頭幾二丈許，決塘入，沿海居民不及避，有升屋者且浮斃，有升樹者樹拔亦斃。屍相枕藉，天明起視，上有一浮圖，圓頂亦去矣。縣官出勘，漂沒者幾四千家，殺人無算。』考邑志所載，從未有如此甚者。

（康熙）《仁和縣志》卷二五《祥異》［崇禎元年］七月海潮。七月廿三驟雨烈風海嘯，沿江一帶廬屋居民漂沒幾盡。

（康熙）《登州府志》卷一《災祥》［崇禎十七年］二月，颶風大作，激海水至壖上。

（康熙）《靖江縣志》卷五《祲祥》［順治六年］海嘯，傷禾稼，民饑。八月旱，苗槁死。

（康熙）《利津縣新志》卷九《祥異》［康熙七年］三月二十九日大風，海溢數十里，人畜多傷。

（康熙）《靖江縣志》卷五《祲祥》［順治十一年］海嘯，平地水深丈餘，漂毀民房無數，溺死男婦千餘口。

（康熙）《文呂縣志》卷九《災祥》［康熙二十六年］七月，暴雷風作，毀折官民廨舍，海溢，殺稼至二十里許。

（雍正）《浙江通志》卷七五《蠲恤》［正德七年］十月，以水旱，免紹興、寧波、嘉興、金華、嚴、台、溫等府所屬縣稅糧，仍命海潮渰溺地方鎮巡等區畫賑濟。

（雍正）《崇明縣志》卷九《蠲賑》［雍正二年］七月十八、九兩日風潮海嘯，平地水深數尺，禾棉盡淹，廬舍飄沒，沿海淹斃男婦二千餘口。張公悉心籌畫，確查被災饑民戶口共一萬三千四十三戶，內大口二萬八千九百四十八口，小口一萬八千八百九十四口，倒房者六千五百七十八家，淹死人口者三百九十六戶。今二年之潮發於七月望後，夜月正明，又經從前三十五年之變，人知堤防，故房屋雖爲水驅，而人民飄沒反少。但七月半後，花稻皆已就熟，忽而席捲無存，遂至人人束手，災黎幸而生存者多嗷嗷待哺，田禾盡去，卒歲何資。

又卷一七《祲祥》［洪武十一年］七月四日，風潮大作，沿海漂沒。

又［洪武二十三年］七月，海溢，各沙壞屋傷人，十存二三。西沙人趙以劄詣闕請賑，擢工部主事。明初洪潮屢溢，父老詣憲告災，憲詰雲：潮勢約高幾何。父老對曰：一丈二尺。憲又詰雲：民不遠避，尚能測其數耶。對曰：八尺海岸，岸上三尺，黎嵩頭上水滔滔，故知丈二洪潮。憲信之，特爲請蠲請賑。

又［崇禎六年］五月初五、六兩日，有青色虹十數自東至西，其長竟天。是颶風不息，海潮淹沒。六月，颶風不息，二十四日稍止，二十五日又大風雨雹，民房損壞。七月二十五日，夜有白虹貫天，至二十七日隱。八月十五、六兩日大北風，颶潮，沿海盡渰，田禾俱漂。

（雍正）《分建南匯縣志》卷一六《災異》［天順二年］海溢，漂沒萬八千餘人。

又［隆慶三年］六月朔，海溢，風從東南起，人畜漂沒無數，鹹潮入內，禾稼盡死。蟛蜞蟲爲害。

（雍正）《文登縣志》卷一《灾祥》［正德元年］七月初六日，大雨，海溢，港水逆流三十里，禾稼淹沒，地變爲城鹵。

（雍正）《揭陽縣志》卷四《祥異》［正德八年］夏六月，颶風大作，海溢，溺者無數。官溪藍橋有黑水之異，偃木自起。

（雍正）《安東縣志》卷一五《祥異》［嘉靖十八年］海潮大漲。

又［萬曆十年］七月十三、四日，異常風雨，一時海嘯，淹沒田禾，沖淌人畜，倒壞房舍無算。

（乾隆）《蘇州府志》卷七七《祥異》［萬曆十九年］秋七月，海溢。

（乾隆）《杭州府志》卷五六《祥異》［永樂九年］七月辛未，浙江潮溢，沖決仁和縣黃濠塘岸三百余丈、孫家園塘岸二十餘里。

又［成化十年］海決，至城下。

（乾隆）《潮州府志》卷一一《祥異》［正德八年］夏六月，颶風，海水溢，民多溺死。是年官溪蘭橋水黑旬日。

又［嘉靖十四年］秋，海溢，水淹民居。

又［萬曆四十四年］夏五月，海水嘯。秋八月颶發，海溢，城內水深三尺，水中恍惚有光，漂廬舍，淹田禾，溺死民物，村落爲墟。

又［崇禎十三年］秋八月海溢。地屢震。

又［康熙八年］夏六月，秋七、八月連颶，淮海溢，東廂堤潰。

（乾隆）《泉州府志》卷七三《祥異》［康熙三十年］泉州大風雨，海溢數丈。惠安縣民居多漂沒。

（乾隆）《永平府志》卷三《祥異》［崇禎七年］海溢，漂沒沿海民居。地生土阜，山海關旱。

又［乾隆元年］六月，樂亭海潮逆河上，沿海禾稼淹。

（乾隆）《紹興府志》卷八〇《祥異》［嘉靖十八年］五月，紹興大水，衢、婺、嚴三府暴流與江濤合，入府城，高丈余，沿海居民溺死無算。蕭山西江塘壞，縣市可駕巨舟。大饑。會稽、諸暨、上虞俱大水。余姚旱。

（乾隆）《海寧州志》卷一六《灾祥》［永樂三年］海溢，詔免本年租稅。

（乾隆）《直隸通州志》卷二二《祥祲》［順治十一年］六月二十二日，颶風湧潮，死者以萬計。

（乾隆）《昆山新陽合志》卷三七《祥異》［天順五年］七月，海溢，昆縣人溺死甚眾。

（乾隆）《小海場新志》卷一〇《灾異》［正德六年］大水，海潮漲溢，覆沒田禾。

（乾隆）《海寧縣志》卷一二《灾祥》［洪武二十三年］海決，沖沒石墩巡檢司。

又［永樂六年］海決，陷沒桔山巡檢司。

又［成化八年］七月，海溢。

又［萬曆三年］五月晦，潮溢壞塘二千餘丈，溺百餘人，傷稼八萬餘畝。

又［崇禎元年］七月二十三日潮決，深入平野二十里，漂溺人畜廬舍無算。撫臣上其事，秋糧折半。

（乾隆）《嘉定縣志》卷三《祥異》［洪武十一年］七月四日，颶風海溢，人廬漂沒。

又［洪武二十三年］七月朔，颶風，海濱漂溺人廬無算。

又［崇禎二年］正月四日，龍見於東海。夏秋大水，六月三日、七月二日、八月一日三次海溢，人廬漂溺。

（乾隆）《華亭縣志》卷三《海塘》［洪武二年］海溢，人多溺死。

又［成化二年］海溢，漂沒人口無算，田禾悉爛。

又［崇禎六年］海溢，潰崇缺、橫涇塘，淹沒沿河田禾百千頃。

又［順治六年］大風，海溢，潰梅林涇周公墩塘。

又［康熙十年］海溢，壞蔡家馬頭、趙家馬頭，施家路、唐家路塘。

（乾隆）《揭陽縣志》卷七《事紀》［正德四年］夏六月，颶風作，海溢，民多溺死。

（乾隆）《如皋縣志》卷四《河渠》［正德七年］秋，潮變。

（乾隆）《諸城縣志》卷三《總紀》［康熙十七年］秋，海溢四十五里，人畜一無所傷，俗曰『海笑』。

（乾隆）《鄮縣志》卷二六《祥異》［雍正二年］七月十八日海潮，

沖決堤岸，奉旨賑濟。

（乾隆）《上海縣志》卷二《祥異》［雍正十年］秋七月十五日颶風大作，十六日大雨如注，海潮橫溢，城内水溢於途，浦東沿海水至樹杪，至十七日始息。被災之夜，皆雲龍見空中，故異災特甚。冬大饑，奉旨大賑，民乃得安。

（乾隆）《青浦縣志》卷三八《祥異》［隆慶三年］夏六月朔，海溢，大風從東南起，人畜漂沒無數。歲祲。

又［康熙四十一年］夏五月海溢。

（乾隆）《灘縣志》卷六《祥異》［乾隆十年］七月十九日，海潮溢，名爲海哭。

（乾隆）《海澄縣志》卷一八《灾祥》［康熙四十九年］五月，海溢傷稼。閏七月初五夜，潮水暴漲，漂沒沿海廬舍千有餘家，棺柩無數，民皆架梁奔命，死少傷多。計崩海岸八十余丈，知縣韓鐘捐俸百金修築。九月十八夜，海潮又漲，淹至鹿石山下東郊一帶，禾稼皆傷。

又［乾隆十九年］九月初二日，海潮崩岸，傷稼。

（乾隆）《惠民縣志》卷四《祥異》［康熙四十二年］海嘯，橫水氾濫，舟行平地。

（乾隆）《奉賢縣志》卷三《海塘》［萬曆三年］五月，大風敗崇闕塘，潮乘其缺，每日兩次沖入，禾黍豆蔬立致淹槁。

（乾隆）《金山縣志》卷一八《祥異》［萬曆三年］夏五月丁卯，大風海溢，壞捍海塘，漂沒廬舍，死者數百人，鹹潮入内地，經歲田爲斥鹵。

（乾隆）《平湖縣志》卷一《塘堰》［萬曆三年六月］海溢塘壞，自海鹽教場迤北至乍浦一帶，皆開河取土築塘。

（乾隆）《寶山縣志》卷二《城池》［萬曆十年］七月，潮決李家浜，坍及於城，後盡沖沒。

（乾隆）《晉江縣志》卷三三《人物》［嘉靖六年］大雨連綿，溪漲，海溢。

（乾隆）《嘉興府志》卷三五《祥異》［洪武二十三年］七月海溢，松江、海鹽溺死灶丁各二萬餘人。

（乾隆）《松江府志》卷八〇《祥異》［洪武二十三年］海溢，松江、海鹽溺死灶丁二萬餘人。

（嘉慶）《重修揚州府志》卷七〇《事略》［洪武十一年］七月，揚州海溢。

（嘉慶）《海州直隸州志》卷三一《祥異》［萬曆十年］七月，海州大風雨，海嘯，漂溺人畜無算。

又［嘉靖十八年］七月，大風晝晦，海潮大漲。

又［康熙六十一年］六月十九日海嘯，田爲潮淤，多成斥鹵。

（嘉慶）《直隸太倉州志》卷五八《祥異》［乾隆三年］八月十六日，大風雨，海潮溢岸數尺。

（嘉慶）《方泰志》卷三《雜綴》［隆慶三年］閏六月十四日，颶風海溢，傍海諸邑頃刻平地湧水數尺，人畜多死。

（嘉慶）《東台縣志》卷七《祥異》［洪武三十年］海溢。

又［成化八年］七月大雨，海漲，浸沒鹽倉及民灶田產。

又［正德七年］秋七月夜，颶風海溢，沒民廬舍，溺死三千餘人。

又［正德十四年］大風拔木，海潮溢，民居廬舍半漂沒，人多溺死。

又［萬曆十三年］大水，海溢。

又［順治二年］六月四日，海溢。

又［雍正十一年］大風，壞屋無算，海潮溢。

又［乾隆二十四年］秋大風，海潮溢。

（嘉慶）《嘉興縣志》卷二《列傳》［隆慶元年］海鹽海溢，壞田廬無算。

（嘉慶）《上海縣志》卷一九《祥異》［天順八年］海溢，民饑。

又［隆慶元年］六月，大風海溢。民大饑。

又［嘉慶四年］七月三日，大風雨，海溢。

（嘉慶）《上虞縣志》卷一四《祥異》［正德十三年］大風，海潮復溢。

（嘉慶）《潮陽縣志》卷一二《紀事》［正德八年］夏六月，颶風，海溢，民溺者無算。

又［嘉慶五年］九月，海溢。

（嘉慶）《里安縣志》卷一〇《祥異》［嘉靖八年］八月海溢。

（嘉慶）《桐鄉縣志》卷一二《禨祥》［崇禎元年］七月海潮溢，自海寧入，一夕水漲三尺餘，河流鹵，汲井池以飲。

（嘉慶）《山陰縣志》卷九《禨祥》［順治三年］八月初一日大風拔木，海溢，禾稼淹腐。

（道光）《嘉興府志》卷七《海塘》［嘉靖十四年］海溢，塘圮。

又［萬曆三年］五月晦，夜大風潮，塘盡崩，水高出平地二丈餘，溺死三千餘人。

又 卷一二《祥異》［萬曆三年］五月三十日，夜大風海潮，湧入海鹽城，平地水三尺，沿塘居民漂沒數萬，田禾淹沒月餘。水退，亢旱大荒。

（道光）《廉州府志》卷二一《事紀》［嘉慶七年］六月晦日，海溢。

（道光）《江南直隸通州志》卷三《城池》［嘉靖十八年］颶潮，溺民，土日甓。

（道光）《川沙撫民廳志》卷一二《灾異》［隆慶元年］六月，大風海溢。民大饑。

（道光）《泰州志》卷一《祥異》［嘉靖十八年］閏七月，海潮暴至，溺死數千人。

（道光）《乍浦備志》卷一〇《祥異》［天順三年］海溢。

又［成化十年］海溢。

又［嘉靖十五年］海溢。

又［崇禎六年］六月二十三日大風雨，海溢，壞獨山石塘，內河水鹵不能食。

又［康熙三年］秋八月二十一日，大風海溢，內河水經時色如斥鹵。

（道光）《璜涇志稿》卷七《灾祥》［洪武十一年］七月四日，海風自東北來，拔木揚沙，排山倒海，堆阜高陵皆爲漂沒，三洲一千七百家盡葬魚腹。

又［成化八年］七月大水，湖海漲溢，飄沒田廬。

又［康熙四年］七月初一日，大風海溢，是日龍降於麋長涇，自北而南至麋長廟，首下於地，過七浦至楊林塘，南北傷禾苗八九里，東西半里，傷人十餘，傷屋宅二十餘家。風潮至十三日止，花稻傷四、五分不等。八月初四日下午，黃龍見東南，近身雲氣皆黃。

又［康熙三十五年］六月初一日，大東北風，雨大潮漫，漂沒民廬，死者甚衆。七月二十三日，海溢乘風雨而來，不減六月。

又［雍正十年］秋七月十六日大風雨，海水怒泛，居人緣木升高，冀得免脫。遠見巨艦奔風，所觸皆解。器物、屋宇、人畜之激流者如萬矢之驟脫於弦也，哀聲四徹如鬼哭，天陰若遠若近，而不知其所自起也，閱日乃罷，流屍無算。丙午大雷電，雨甚，畎畝成渠，數日禾盡萎。時難民穴堤以爨，幃蓬以棲，霖雨所及，病者尤多。

（道光）《重修蓬萊縣志》卷一《灾祥》［嘉靖三十九年］七月七日，大風雨，越二日海溢，異風暴作，大雨如注，連綿三晝夜，廬舍傾圮，文廟古柏及民間樹株皆拔，禾稼一空；又二日霖雨再作，海嘯入城，沿海居民溺死無算。

（道光）《昆新兩縣志》卷三九《祥異》［洪武十一年］立秋日，大風海溢。

（道光）《榮成縣志》卷一《灾祥》［正德元年］七月初六日，大雨，海溢，港水逆流三十里，禾稼淹沒，地變爲堿鹵。

（道光）《晉江縣志》卷七四《祥異》［康熙三十年］大風雨，海溢數丈。

（道光）《臨邑縣志》卷一六《祥異》［康熙四十二年］河決海溢，水沒平地數尺，壞廬舍無算，禾稼盡渰。冬大饑。

（道光）《江陰縣志》卷八《祥異》［雍正二年］七月十九日夜，颶風作，海潮溢，瀕江及江心田岸沖坍，廬舍多圮，死者甚衆。勘報被災沙田七萬三千七百五十一畝三分，蠲免蘆課銀八百二十二兩，請撥留漕米煮振四月。計大小饑民五十八萬八千九百四十口，併發銀二百兩苫蓋坍塌民房。

（咸豐）《靖江縣志稿》卷二《祲祥》［正德六年］風潮，明知縣殷雲霄《水災詩》：斷荇飄蓬掛樹梢，水痕深沒石塘凹。潮連野郭蛙生灶，浪卷茅茨燕失巢。

（同治）《上海縣志》卷三〇《祥異》［正德元年］大風雨，海溢。崇明有變，邑人恐。

（光緒）《江東志》卷一《祥異》［洪武十一年］七月四日，隄風海溢，人廬漂沒。

又［嘉靖十八年］閏七月三日，颶風海溢，平地水三丈，人廬漂沒無算。十月，大疫。歲祲。

又［萬曆七年］七月十三日颶風，海溢，溺死無算。又大疫。

又［康熙二年］六月二十三日、七月二十一日俱颶風海溢。

又［康熙四年］秋海溢，平地水六、七尺。

又［雍正十年］七月十六、七兩日，東北湖風，海大溢，拔木壞屋，海潮橫溢，平地水高丈餘，溺死男女無算。十八日潮始退，屍橫途，鬼嘯連天，哭聲震地。相傳『小混沌』云。石米一兩四錢，斤花四分。

（光緒）《嘉興府志》卷一一《廟》［成化十年］風潮大作，塘大圮。

（光緒）《台州府志》卷二九《大事》［洪武十一年］秋七月，台州海溢，人多溺死，遣官存恤。

（光緒）《杭州府志》卷八《祥異》［康熙五十三年］五月十八日風雨海嘯，上江順流浮屍無數。

（光緒）《川沙廳志》卷一四《祥異》［萬曆十九年］秋七月辛巳，海溢，自九團至一團，幾及百里，大雨徹晝夜，平地水深二尺餘，漂沒人畜廬舍無算。

又［崇禎十七年］秋大海溢。

又［康熙三十五年］夏六月朔，颶風大雨，夜半海溢，漂溺人民無算，鹽場盡沒。秋七月二十三日天未明，復大風雨，竟日夕方止，海溢如前。

（光緒）《玉環廳志》卷一四《雜記》［隆慶二年］秋七月，大風雨海溢，漂沿海民居田地無算。次年又如之，於是三江、大崧、前塘、能仁等塘盡壞。

（光緒）《太倉直隸州志》卷三《祥異》［洪武二十三年］七月海溢，漂沒民田、三洲一千七百餘家。

又卷一九《蠲振》［洪武二十三年］七月，崇明、海門風雨海溢。遣官振之，發民二十五萬築堤。

（光緒）《通州直隸州志》卷末《祥異》［嘉慶二年］大風雨，海溢，傷居民。

（光緒）《常昭合志稿》卷四七《祥異》［正統元年］海溢傷禾。

又［正德六年］七月二十六七日，大風，海溢。大疫。

又［嘉靖十八年］七月海溢，高二丈餘。

又［萬曆十年］七月十三日暮，颶風大作，海水溢丈許，渰福山、梅李、白茆沿海廬舍，男婦死者十之二三。

又［康熙九年］七月大水，海溢，海濱人多溺死，歲大祲。

（光緒）《月浦志》卷一〇《祥異》［嘉靖十八年］秋閏七月，海溢，平地湧波三丈，民廬多坍沒。歲大祲，蠲糧八百余石。

（光緒）《鹽城縣志》卷一七《祥異》［永樂九年］鹽城市海溢堤圮，自海門至鹽城百三十里，命平江伯陳瑄以四十萬卒築治之，爲捍潮堤萬八千餘丈。

（光緒）《平湖縣志》卷二五《祥異》［天順二年］秋，海溢，溺死男女萬餘人。

又［萬曆三年］五月三十日，夜大風雨，海水湧溢，漂沒數十里。

（光緒）《泰興縣志》卷末《述異》［正德七年］秋七月，大風雨，潮溢。

又［順治十一年］夏六月，颶風湧潮。

（光緒）《鎮海縣志》卷三七《雜識》［正德六年］海溢，漂溺民居。

（光緒）《慈溪縣志》卷五五《祥異》［正德七年］瀕海地颶風大作，居民漂沒。是年乏食。

又［萬曆三年］六月戊辰，大風海溢，淹人畜廬舍。

（光緒）《嘉定縣志》卷五《禨祥》［隆慶三年］龍見北鄉，壞民居。秋，海水三溢，歲祲。

（光緒）《樂清縣志》卷一三《灾祥》［隆慶二年］秋七月大風雨，海溢，漂沿海民居田地無算。次年又如之，於是三江、大崧、前塘及能仁等塘盡壞。

又［萬曆十九年］秋八月，海溢，禾盡沒。

（光緒）《寶山縣志》卷一四《祥異》［萬曆十三年］颶風，海溢。

（光緒）《重修嘉善縣志》卷三四《祥眚》［萬曆三年］五月三十日，夜颶風，海水湧入，河水多咸，田禾潦死。月餘水退，亢旱大荒。

（光緒）《漳浦縣志》卷四《灾祥》［萬曆三十一年］八月初六日，大水，颶風暴作，濱海溺死者數於人。

（光緒）《上虞縣志校續》卷四一《祥異》　［順治三年］七月大風拔木，海潮入，禾稼淹腐。

（光緒）《重修奉賢縣志》卷二〇《灾祥》　［崇禎十七年］大風，海溢，鹹潮自歇浦來，漂廬舍，渰禾稼，壞捍海土塘五百十餘丈。

（光緒）《餘姚縣志》卷七《祥異》　［雍正元年］秋七月海嘯，颶風作，潮壞堤，漂廬舍萬家，人民俱淹。

（光緒）《阜寧縣志》卷二一《祥祲》　［乾隆十二年］七月十四五六日，大風拔木，海潮泛溢，漂沒民畜房舍。

（光緒）《黄巖縣志》卷三八《變異》　［嘉慶元年］七月十八日，夜大雨海溢，平地水高丈余，瀕海居民死者無算。

（光緒）《華亭鄉土志・政績》　［雍正十年］秋，颶風海溢，惟松江海塘無害。

（宣統）《樂會縣志》卷八《祥異》　［正德三年］七月，大風，海溢數十里。

《清史稿》卷一二八《河渠志三・海塘》　海塘惟江浙有之，於海濱衛以塘，所以捍禦鹹潮，奠民居而便耕稼也。在江南者，自松江之金山至寶山，長三萬六千四百餘丈。在浙江者自仁和之烏龍廟至江南金山界，長三萬七千二百餘丈。江南地方平洋暗潮，水勢尚緩。浙則江水順流而下，海潮逆江而上，其衝突激涌，勢尤猛險。唐宋以來，屢有修建，其制未備。清代易土塘爲石塘，更民修爲官修，鉅工累作，力求鞏固。濱海生靈，始獲樂利矣。

順治十六年，禮科給事中張惟赤言：『江、浙二省，杭、嘉、湖、寧、紹、蘇、松七郡皆濱海，賴有塘以捍其外，至海鹽兩山夾峙，潮勢尤猛。故明代特編海塘夫銀，以事歲修。近此欵不知銷歸何地，塘基盡圮。儻風濤大作，徑從坍口深入，恐爲害七郡匪淺。請嚴飭撫、按勒限報竣，仍定限歲修，以防患未然。』下部議行。康熙三年，浙江海寧海溢，潰塘二千三百餘丈。總督趙廷臣、巡撫朱昌祚請發帑修築，並修尖山石隄五千餘丈。二十七年，修海鹽石塘千丈。三十七年，颶風大作，海潮越隄入，衝決海寧塘千六百餘丈，海鹽塘三百餘丈，築之。五十七年，巡撫朱軾請修海寧石塘，下用木櫃，外築坦水，再開濬備塘河以防泛溢。五十九年，總督滿保及軾疏言：『上虞夏蓋山迤西沿海土塘衝坍無存，其南大亹沙淤成陸，江水海潮直衝北大亹而東，並海寧老鹽倉皆坍沒。』因陳辦法五：一，築老鹽倉北岸石塘千三百餘丈，保護杭、嘉、湖三府民田水利；一，築新式石塘，使之穩固；一，開中小亹淤沙，使江海盡歸赭山、河莊山中間故道，可免潮勢北衝；一，築夏蓋山石塘千七百餘丈，以禦南岸潮患；一，專員歲修，以保永固。下部議，如所請行。

雍正二年，帝以塘工緊要，命吏部尚書朱軾會同浙撫法海、蘇撫何天培勘估杭、嘉、湖等府塘工，需銀十萬五千兩有奇，松江府華、婁、上海等縣塘工，需銀十九萬兩有奇，部議允之。六年，巡撫李衛請將驟決不可緩待之工，先行搶修，隨後奏聞。『搶修』之名自此始。十一年，命内大臣海望、直督李衛赴浙查勘海塘，諭曰：『如果工程永固，可保民生，即費帑千萬不必惜。』尋請於尖、塔兩山間建石壩堵水，並改建草塘及條石塊石各塘爲大石塘，更於舊塘内添築上備塘。十二年，因堵尖山水口、開中小亹引河久未施工，責浙督程元章等督辦不力，命杭州副都統隆昇總理，御史偏武佐之。五月工竣。十三年，命南河督嵇曾筠總理塘工。曾筠言：『海寧南門外俯臨江海，請先築魚鱗石塘五百餘丈，保衛城池。』下廷臣議行。

乾隆元年，署蘇撫顧琮請設海防道，專司海塘歲修事。曾筠請於仁、寧等處酌建魚鱗大石塘六千餘丈，均從之。明年，建海寧浦兒兜至尖山頭魚鱗大石塘五千九百餘丈。四年，允浙撫盧焯請，築尖山大壩，次年秋工竣，御製文記之。六年，左都御史劉統勳言：『前據閩浙總督德沛請改老鹽倉至章家菴柴塘爲石塘，廷議准行。臣意以爲草塘改建不必過急，南北岸塘工實不宜緩。蓋通塘形勢，海寧之潮猶屬往來滌盪，而海鹽之潮，則對面直衝，其大石塘歲久罅漏，尤宜及早補苴。臣以大概計之，動發七十萬金，而通塘可有苞桑之固。』疏入，命統勳會同浙督德沛、浙撫常安察勘。尋覆稱：『改建石工，誠經久之圖，但須寬以時日，年以三百丈爲率。』七年，總督那蘇圖請先於最險處間段排築石簍，俟根脚堅實，再建石塘。越二年，遣尚書訥親勘視。疏言：『仁、寧二邑柴塘穩固，若慮護沙坍漲無常，第將中小亹故道開濬，俾潮水循規出入，上下塘俱可安堵。』於是改建石工之議遂寢。七月，蘇撫陳大受言：『寶山地濱大海，月浦土塘被潮衝刷，請建單石壩，外加樁石坦坡各百七十丈，並接築沙塘，使與土塘聯屬，中設涵洞宣洩。』下部議行。

十一年，常安言：『蜀山迤北有積沙四五百丈，横亙中間。先就沙嘴開溝四，以引潮水攻刷。今伏汛已過，南沙坍卸殆盡，蜀山已在水中，潮汐漸向南趨。倘秋汛不復涌沙，則大溜竟行中小亹矣。』報聞。十二年，常安委員疏濬蜀山一帶，用切沙法疏刷。十一月朔，中小亹引河一夕沖開，大溜經由故道，南北岸水遠沙長，皆成坦途。十三年，大學士高斌、訥親先後奉命查勘塘工。斌請於東西柴石各塘後身加築土堰，攩護潮頭。四月，訥親疏陳善後事宜，命巡撫方觀承酌議。觀承請於北塘北大亹故道，及三里橋、掇轉廟等處，設竹簍滾壩，堵禦潮溝，大小山圩改建塊石塘，南塘各工，預籌防護，並將右營員弁兵丁調派，分汛防駐。下廷議允行。十六年，允巡撫永貴請，改建山陰宋家漊土塘爲石塘，加築坦水。

十七年，巡撫雅爾哈善言：『中亹山勢僅寬六里，浮沙易淤，且南岸文堂山脚有沙嘴百三十餘丈，挑溜北趨，北岸河莊山外亦有沙嘴五十餘丈，頗礙中亹大溜。現將兩處漲沙挑切疏通，俾免阻滯。』得旨嘉勉。十九年，因浙省塘工無險，省海防道。二十一年，喀爾吉善言：『水勢南趨，北塘穩固，而險工在紹興一帶。擬於宋家漊、楊柳港，照海寧魚鱗大條石塘式，建四百丈。』從之。二十三年，增築鎮海縣海塘。二十六年，蘇撫陳宏謀言，常熟、昭文濱海地方，從太倉州境接築土塘。嗣開白茆河、徐六涇二口，建閘啟閉。本年潮漲，石牆傾圮，請改爲滾壩。得旨允行。

二十七年，帝南巡，閱海寧海塘工。諭曰：『朕念海塘爲越中第一保障。比歲潮勢漸趨北大亹，實關海寧、錢塘諸邑利害。計改老鹽倉一帶柴塘爲石，而議者紛歧。及昨臨勘，則柴塘沙性澀汕，石工斷難措手，惟有力繕柴塘，得補偏救弊之一策。其悉心經理，定歲修以固塘根，增坦水石簍以資擁護。』又諭曰：『尖山、塔山之間，舊有石塘。朕今見其横截海中，直逼大溜，實海塘扼要關鍵。就目下形勢論，或多用竹簍加鑲，或改用木櫃排砌。如將來沙漲漸遠，宜即改築條石壩工，俾屹然如砥柱，庶北岸海塘永資保障。該督撫等其善體朕意，動帑儹辦，並勒石塔山，以誌永久。』二十八年，蘇撫莊有恭言：『江南松、太海壖土性善坍，華亭、寶山向築坦坡，皆不足恃。應仿浙江老鹽倉改建塊石簍塘。』詔如所請。三十年春，帝南巡，閱視海寧海塘。諭曰：『繞城石塘，實爲全城保障。塘下坦水，祇建兩層，潮勢似覺頂衝。若補築三層，尤資裨益。著將應建之四百六十餘丈一律添建。』三月工竣。

三十五年，巡撫熊學鵬請於蕭山、山陰、會稽改建魚鱗大石塘。帝以潮勢正趨北亹，與南岸渺不相涉，斥之。三十七年，巡撫富勒渾疏報中亹引河情形，略言：『潮頭大溜，一由蜀山直趨引河，一由巖峰山西斜入引河，至河莊山中段會合，互相撞擊，仍分兩路西行，隨令員弁於引河中段挑堰溝二十餘道，導引潮溜，俾復中亹故道。』諭曰：『潮汛遷移，乃噓吸自然之勢，若開空引河，恐徒勞無益。止宜實力保衛隄塘，以待其自循舊軌，不必執意開溝引溜，欲以人力勝海潮也。』

四十三年，浙撫王亶望疏陳海塘情形，命江督高晉會同相度。尋疏言：『章家菴一帶柴工五百丈，潮神廟前柴塘三百丈，應添建竹簍，並排列兩層樁木以防動搖。』從之。四十五年，帝南巡，幸海寧尖山閱海塘。十二月，命大學士阿桂、南河督陳輝祖赴浙履勘。疏言：『海塘工程，應建石塘二千二百丈，若改爲條石，施工易而成事速，約計三年可以蕆工。』又言：『辦理魚鱗石塘，仿東塘之例，量地勢高下，用十六層至十八層，約需三十萬。』帝命工部侍郎楊魁駐工協辦，次年八月竣工。四十九年，帝幸杭州，閱視海塘，諭曰：『老鹽倉舊有柴塘，一律添建石塘四千二百餘丈，於上年告竣，自應砌築坦水保護。乃該督撫並未慮及，設遇異漲，豈能抵禦？著將柴塘後之土順坡斜做，並於其上種柳，俾根株盤結，則石柴連爲一勢，即以柴塘爲石塘之坦水。至范公塘一帶，亦必接建石工，方於省城足資鞏護。著撥帑五百萬，交該督撫覈算，分限分年修築。』五十二年工竣。

嘉慶四年，浙撫玉德請改山陰土塘爲柴塘。十三年，浙撫阮元請改蕭山土岸爲柴塘。十六年，浙撫蔣攸銛請將山陰各土塘隄一律建築柴塘；蘇撫章煦請將華亭土塘加築單壩二層。均從之。

道光十三年五月，巡撫富呢揚阿疏言『東西兩防塘工，先擇尤險者修築，需銀五十一萬二千餘兩』。十一月，又言『限內限外各工俱掣坍，需銀十九萬四千餘兩』。十二月，又言『東塘界內，應於前後兩塘中間，另建鱗塘二千六百餘丈，需銀九十二萬二千兩』。均下部議行。十四年，命刑部侍郎趙盛奎、前東河督嚴烺，會同富呢揚阿查勘應修各工。尋疏言：『外護塘根，無如坦水，擬自念里亭汛至鎮海汛，添建盤頭三座，改建柴塘三千三百餘丈；其西塘烏龍廟以東，應接築魚鱗石塊；海寧繞城石塘，應加高條石兩層。俟明年大汛時續辦。』遣左都御史吴椿往勘，留浙會辦。十六年三月工竣，計修築各工萬七千餘丈，用銀一百五十七萬有奇。三十年，巡撫吴文鎔疊陳海塘石工衝缺，令速搶辦。十月工竣。

咸豐七年八月，海塘埽各工猝被風潮衝坍。十二月，次第堵合。同治三年，御史洪燕昌言浙江海塘潰決，請速籌款修理。部議將浙海關等稅撥用。五年，內閣侍讀學士鍾佩賢疏陳海塘關繫東南大局，有四害三可慮。命巡撫馬新貽詳勘，修海寧魚鱗石工二百六十餘丈。六年，以浙江海塘工鉅費多，議分最要次要修築，期以十年告竣。七年，兩江總督曾國藩等請修華亭石塘護壩，嗣是塘工歲有修築。

光緒三年，修寶山北石塘護土，建護塘攔水各壩，及仁和、海寧魚鱗石塘千三百餘丈。十年，修昭文、華亭、寶山等處塘壩及石坦坡。十二年，浙江巡撫劉秉璋言，海鹽原建石塘四千六百餘丈，積年坍損過半，擬擇要興辦，埋砌者五百丈，建復者四百六十丈，需銀二十萬。允之。十八年，浙撫劉樹棠疏言，海寧繞城石塘坍塌日甚，請添築坦水，以塘工加抽絲捐積存餘欵先行開辦，隨籌款次第興修。從之。十九年，修太倉茜涇口椿石坦坡百五十一丈，鎮洋楊林口椿石二百丈，昭文施家橋至老人濱雙椿夾石護壩二百丈，華亭外塘純石斜壩四十六丈。

綜計兩省塘工，自道光中葉大修後，疊經兵燹，半就頹圮，迄同治初，興辦大工，庫款支絀，遂開辦海塘捐輸，並勸令兩省絲商，於正捐外，加抽塘工絲捐，給票請奬。旋即停止。光緒三十年，浙江巡撫聶緝槼請復捐輸舊章，以濟要工。因二十七年以後，潮汐猛烈，次險者變爲極險，擬將柴埽各工清底拆築，非籌集鉅款，不能歷久鞏固云。

著録

唐 盧肇《進海潮賦狀》《唐文粹》卷五　右，臣聞神農立極，先定乾坤；軒後統天，始宏曆象。蓋以大聖有作，而大法乃明。必自臣子之所爲，克成君父之至德。只如陳韶奏夏，允諧聖帝之音。而伐鼓鏗鐘，元在工人之手。業雖成於微賤，事乃表於皇王。臣今所陳，竊用此道。

伏惟睿文明聖孝德皇帝陛下德邁伊嬀，道包覆徒。垂衣而九有無外，執契而萬國來庭。日月貞明，天地交泰，珍圖瑞物，允膺得一之符。伯益皋繇，共佐千年之聖。臣實陋賤，亦忝方州。而微臣始自知書，志在稽古，或觀天地之道，得於經史之間。既察置圭，亦聞測管。究黃鐘於玉律，窺碧落於璿樞。伏念司馬遷則書載天官，張平子則儀鈞地動，臣仰遵前哲，輒揆圓虛，偶識海潮，深符易象。理皆摭實。事盡揣摩，既當鳳紀之朝，願陳蠡測之見。臣肇誠惶誠恐頓首頓首！

臣又聞天垂象而六合成，道生一而三才具，皆由日月運乎陰陽。是謂神明分乎晝夜。伏知此道，盡在陛下睿鑒之中。故不俟微臣因此別白。然自古以來，莫不以地厚難測，日既入而人不見其行。海大無涯，潮潛生而人不知其候。上古聖人則之於八卦，學者演之成六家。而有講論未明，根本不圖。天垂大法，假乎微臣。獲在聖朝，彰此愚見。

臣門地衰薄，生長江湖，志在爲儒，弱不好弄，研求近代寒苦，莫甚於斯。臣伏念爲業之初，家空四壁，夜無脂燭。則爇薪蘇，曉恨頑冥，亦嘗懸刺。在名場則最爲孤立，於多士則時負獨知。累竊皇恩，遽變白屋。臣於會昌三年應進士舉，故山南節度使同中書門下平章事王起擢臣爲進士狀頭。筮仕之初，故鄂岳節度使盧商自中書出鎮，辟臣爲從事。自後故江陵節度使贈太尉裴休，故太原節度使贈左僕射盧簡求，皆將相重臣，知臣苦心，謂臣有立。全無親黨，不能吹噓。悉賞微才，奏署門吏。臣前年二月，蒙恩自潼關防禦判官除秘書省著作郎。其年八月，又蒙恩除倉部員外郎充集賢院直學士。去年五月，又蒙恩除歙州刺史。臣謹行陛下法令，常懼愆違。理郡周星，未有政績，潛被百姓詣闕，以臣粗能緝理，求欲留臣。奉七月二十二日敕，又蒙聖恩賜臣金紫。臣素無強近之援，不異草澤之人，忽荷寵光，及此叨忝。臣不以平生志業，上奏於宸慈，實懼犬馬之微，忽先於溝壑。則臣積年無所闡揚，非唯自負片心，實亦上辜聖代，是敢竊以所撰前件《潮賦》並圖進上。臣爲此賦以二十餘年，前後詳參，實符象數。願潢污之水，輒赴溟渤之流。而雕蟲所爲，刻鵠難肖。塵冒天聽，罪當鼎鑊。今差軍事押衙盧師洎隨狀奉進，上瀆宸嚴，敢期睿覽。臣肇無任惶懼戰越屏營之至！謹録奏以聞，伏俟誅責。

藝文

《文選・木玄虛〈海賦〉》　木玄虛今書七志曰：木華，字玄虛。華集曰：爲楊駿府主簿。傅亮文章志曰：廣川木玄虛爲海賦，文甚儁麗，足繼前良。

昔在帝嬀古爲巨唐之代，帝嬀，謂舜也。《尚書》序曰：昔在帝堯。《尚書》曰：

鼇降二女于嬀汭。孔安國曰：舜所居嬀水之汭也。《左氏傳》，季文子使太史克對宣公曰：舜臣堯，舉八愷使主后土。杜預曰：爲堯臣也。天綱浡蒲沒滈以出，爲凋爲瘵側界反。言水之廣大，爲天綱紀。浡滈，沸涌貌。桓子《新論》曰：夏禹之時，鴻水浡滈。《說文》曰：滈，水涌出也。又《說文》曰：凋，半傷也。《爾雅》曰：瘵，病也。《尚書》曰：湯湯洪水方割。孔安國曰：割，害也。洪濤瀾汗，萬里無際。瀾汗，長貌。《西京賦》曰：起洪濤而揚波。長波涾徒答溨杜我，池羊氏涎延八裔。涾溨，相重之貌。池涎，邐迆相連也。八裔，猶八方也。於是乎禹也，乃鏟臨崖之阜陸，決陂潢而相泼。《孟子》曰：當堯之時，洪水橫流，氾濫天下。堯獨憂之，舉舜，舜使禹疏九河，瀹濟、漯。《蒼頡篇》曰：鏟，削平也。《淮南子》曰：禹有洪水之患，陂塘之事。高誘曰：陂，畜也；塘，堤也。《說文》曰：潢，積水池也。泼，灌也。啟龍門之岝嶺，墾陵巒而嶄七咸鑿。《尚書》琁璣鈐曰：禹開龍門，導積石。鄭玄注曰：龍門，山名也。岝嶺，高貌。岝，助格切。嶺，五格切。《廣雅》曰：墾，治也。墾與墾音義同。廣雅曰：鑴謂之鏨，仕咸切。鏨與嶄古字通。羣山既略，百川潛渫。息列切。孔安國尚書傳曰：治山通水，故以山名。《尚書》曰：嵎夷既略。孔安國曰：用功少曰略。《周書》曰：禹渫七十川，大利天下。《尚書大傳》曰：百川趨於海。《爾雅》曰：潛，深也。《說文》曰：渫，除去也。泱思朗漭莫廣瀹徒敢泞，騰波赴勢。泱漭，廣大也。瀹泞，澄深也。泞，音紵。江河既導，萬穴俱流。《尚書》曰：岷山導江，又曰：導河積石。《淮南子》曰：溏有萬穴。掎居蟻拔五嶽，竭涸九州。掎拔、竭涸，言水既除，掎拔而出，竭涸而乾也。掎，引也。《廣雅》曰：拔，出也。五嶽：泰、華、霍、恒、嵩。賈逵國語注曰：涸，竭也。《尚書》序曰：禹別九州。瀝滴滲淫七林，薈烏外蔚雲霧。涓流泱烏黨瀼乃朗，莫不來注。《說文》曰：瀝滴，水下滴瀝也。滲淫，小水津液也。滲，音侵。薈蔚，雲霧雰潤也。毛詩曰：薈兮蔚兮，南山朝隮。涓流，小流也。泱瀼，渟淤也。漢書，杜欽曰：屯氏河羨溢，有填淤反瀼之害。《說文》曰：注，灌也。於廓靈海，長爲委輸。毛萇詩傳曰：於，歎辭也。爾雅曰：廓，大也。孟子曰：舜使禹疏九河，瀹濟、漯，而注諸海。《禮記》曰：三王之祭川也，或源或委。鄭玄曰：委流所聚。《淮南子》曰：河水九折注海，而流不絕者，崑崙之輸也。其爲廣也，其爲怪也，宜其爲大也。爾其爲狀也，則乃潎由湙亦搁力冉灩以冉，浮天無岸。潎湙，流行之貌。搁灩，相連之貌。《玄中記》曰：天下之多者水焉，浮天載地。《說文》曰：浮，汎也。沖沖瀜沆胡廣瀁余兩，渺眇瀰彌湠炭漫。沖瀜沆瀁，深廣之貌。渺瀰湠漫，曠遠之貌。波如連山，乍合乍散。莊子曰：白波若山。噓噏許急百川，洗滌淮漢。噓噏，猶吐納也。百川，已見上文。淮漢之流小而且穢，故洗滌之。襄陵廣舄，漻交滈葛浩汗。《尚書》曰：懷山襄陵。又曰：海濱廣斥。《史記》曰：斥爲舄，古今字也。漻滈，廣深之貌。若乃大明摭彼苗轡於金樞之穴，言月將夕也。大明，月也。《周易》曰：懸象著明，莫大乎日月。摭，猶攬也。月有御，故言轡。金，西方也。《河圖·帝覽嬉》曰：月者金之精，月有窟，故言穴。伏韜望清賦曰：金樞理轡，素月告望。義出於此。翔陽逸駭於扶桑之津。言日初出也。翔陽，日也。《淮南子》曰：日，陽之主也。日中有烏，故言翔。逸駭，言出疾也。廣雅曰：駭，起也。《山海經》曰：湯谷上有扶木者，扶桑也，十日所浴。彯匹遙沙礐苦角石，蕩颸以出島濱。言此二時風尤疾也。易通卦驗曰：巽風不至，則大風發屋揚沙。《說文》曰：礐，石聲也。《春秋·命歷序》曰：大風飄石。颸，風疾貌。《說文》曰：島，海中往往有山可居曰島。於是鼓怒，溢浪揚浮。言風既疾，而波鼓怒也。《上林賦》曰：沸乎暴怒。更相觸搏，飛沫起濤。《蒼頡篇》曰：濤，大波也。狀如天輪，膠戾而激轉；《呂氏春秋》曰：天地如車輪，終則復始。高誘曰：輪，轉也。《上林賦》曰：宛潬膠盭。又似地軸，挺拔而爭迴。《河圖·括地象》曰：地下有四柱，廣十萬里，有三千六百軸。《廣雅》曰：挺，出也。岑嶺飛騰而反覆，五嶽鼓舞而相磓丁迴反。岑嶺、五嶽，言波濤之形，遞相觸激，故或反覆，故或相磓也。《爾雅》曰：山小而高曰岑。五嶽，已見上文。磓，猶激也。渭謂潰淪而滀丑六漯他答，鬱沏切迭而隆頹。渭，亂貌。潰淪，相糾貌。滀漯，攢聚貌。鬱，盛貌。沏迭，疾貌。隆頹，不平貌。盤盓乙于激而成窟，消七笑沸土含滐桀而爲魁。盤盓，旋遶也。消沸，峻波也。毛萇詩傳曰：傑，特立也。滐與傑同。賈逵《國語注》曰：川阜曰魁。潤失冉泊匹帛栢而迆以爾颺余諒，磊洛罪匒答匌苦合而相豗呼迴反。潤，疾貌。泊栢，小波也。迆颺，邪起也。磊，大貌。匒匌，重疊也。相豗，相擊也。驚浪雷奔，駭水迸集，七發曰：波湧而濤起，橫奔似雷。《字書》曰：迸，散也。開合解會，瀼瀼傷濕濕。瀼瀼濕濕，開合之貌。葩華踧子六汨女六，湏頂濘奴冷潗側立涾女及反。葩華，分散也。踧汨，蹙聚也。湏濘，沸貌。潗涾，沸聲。

若乃霾莫排曀一計潛銷，莫振莫竦。《爾雅》曰：風而雨土爲霾，陰而風爲曀。霾，音埋。《說文》曰：潛，藏也。《廣雅》曰：振，動也。竦，亦動也。輕塵不飛，纖蘿不動。《爾雅》曰：唐蒙，女蘿。猶尚呀呼加呷，餘波獨湧。言風雖靜而餘波猶壯。呀呷，波相吞吐之貌。澎匹宏濞灪於勿磈烏埋，碨烏罪磊山壟。澎濞，水聲。洞簫賦曰：澎濞，慷慨。灪磈，高峻貌。碨磊，不平貌。爾其枝岐潭以審淪藥，渤蕩成汜音似。管子，管仲對桓公曰：水，別於他水，入於大水及海者，命曰枝。《穆天子傳》曰：飲于枝詩之中。郭璞曰：水岐成詩。詩，小渚也，音止。潭淪，動搖之貌。毛詩曰：江有汜。毛萇曰：決復入爲汜也。乖蠻隔夷，迴互萬里。若乃偏荒速告，王命急宣。《列子》曰：殊方偏國。張湛曰：偏，邊也。毛詩曰：肅肅王命。飛駿鼓楫，汎海淩山。《爾雅》曰：駿，速也。郭璞曰：駿，猶迅速，亦疾也。《方言》曰：楫，謂之橈。東方朔對詔曰：淩山越海，窮天乃止。於是候勁風，揭桀百尺。《廣雅》曰：

揭，舉也。百尺，帆檣也。維長綃所交，挂帆席。綃，今之帆綱也，以長木爲之，所以挂帆也。劉熙釋名曰：隨風張幔曰帆，或以席爲之，故曰帆席也。望濤遠決，冏九永然鳥逝。《蒼頡篇》曰：冏，光也。鷸聿如驚鳧之失侶，倏如六龍之所掣充制反。鷸，疾貌。蘇武答李陵書曰：雖乘雲附景，不足以比速，晨鳧失羣，不足以喻疾。《春秋・命歷序》曰：皇伯登出扶桑日之陽，駕六龍以上下。《說文》曰：掣，引而縱也。一越三千，不終朝而濟所屆。《左氏傳》曰：子文訓兵於睽，終朝而畢。《爾雅》曰：濟，度也。孔安國尚書傳曰：屆，至也。

若其負穢臨深，虚誓愆祈。負穢，言身有罪，若負荷然。《尚書》曰：負罪引慝。杜預《左氏傳》注曰：愆，失也。鄭玄《周禮》注曰：祈，禱也。則有海童邀路，馬銜當蹊。吴歌曰：仙人齎持何，等前謁海童。《爾雅》曰：邀，遮也。陸綏海賦圖云：馬銜，其狀馬首一角而龍形。杜預《左氏傳》注曰：蹊，徑也。天吴乍見而髣髴，溆像暫曉而閃式染屍。《山海經》曰：朝陽之谷，神爲天吴，爲水伯。《說文》曰：髣髴，見不諟也。楚辭曰：時彷佛以遙見。國語，仲尼曰：丘聞之，水之怪龍罔象，木之怪夔魍魎。韋昭曰：罔象食人。閃屍，暫見之貌。羣妖遘迕，眇暚余沼治夷。《爾雅》曰：遘，遇也。《小雅》曰：迕，犯也。眇暚，視貌。冶夷，妖媚之貌。決帆摧橦直江，戕風起惡去聲。橦，百尺也。杜預《左氏傳》注曰：戕，卒暴之名也。起惡，起爲暴惡也。廓如靈變，惚怳幽暮。廓，猶開也，言廓然暫開，如神之變，惚怳之頃，而又幽暮也。鄭玄禮記注曰：幽闇者，不明也。氣似天霄，靉靆雲布。言海神吐氣，類於天霄。靉靆，昏闇貌。《韓子》曰：雲布風動。䨓叔昱絕電，百色妖露。䨓昱，疾貌。妖露，爲妖而呈露也。呵嗽許勿掩鬱，矆居縛睒失冉無度。呵嗽掩鬱，不明貌。《說文》曰：矆，大視也。又曰：睒，暫視也。飛澇勞相碤楚爽，激勢相沏楚櫛反。言戕風迅疾而波浪相衝也。澇，大波也。郭璞《方言》注曰：碤，錯也。碤與碤同。沏，摩也，楚乙切。崩雲屑雨，浤浤火宏汩汩屑雨，飛灑之貌，言波浪飛灑，似雲之崩，如雨之屑也。李尤辟雝賦曰：興雲動雷，飛屑風雨。浤浤汩汩，波浪之聲也。浤，音宏。甚勑踔丑角湛以甚濼藥，沸潰渝溢。趻踔湛濼，波前却之貌。潰，亂流也。渝，亦溢也。瀖霍泋卉濩鑊渭，蕩雲沃日。瀖泋濩渭，衆波之聲。於是舟人漁子，徂南極東。言風起而浪驚，故漂浮而無定。毛萇詩傳曰：極，至也。或屑沒於黿鼉之穴，或挂罥於岑嶅敖之峯。言被漂溺死，非一所也。屑，猶碎也。《禮記》曰：屑桂與薑。聲類曰：罥，係也。《爾雅》曰：山多小石曰嶅。或掣充制掣洩余制洩於裸人之國，或汎汎悠悠於黑齒之邦。掣掣洩洩，任風之貌。汎汎悠悠，隨流之貌。《淮南子》曰：自西南至東南，有裸人國，黑齒民。許慎曰：其民不衣也，其人黑齒也。或乃萍流而浮轉，或因歸風以自反。謝承《後漢書》，鄭玄《戒子書》曰：黃巾爲害，萍浮南北。徒識觀怪之多駭，乃不悟所歷之近遠。《蒼頡篇》曰：駭，驚也。《說文》曰：悟，覺也。

爾其爲大量也，則南澰歛朱崖，北灑天墟音虛。《廣雅》曰：澰，漬也。東都主人曰：南燿朱垠。垠亦崖也。《爾雅》曰：北陸虛也。東演析木，西薄青徐。《說文》曰：演，長流也。言流至析木之境。《爾雅》曰：析木謂之天津，海在青、徐之東，故云西薄。《小雅》曰：薄，迫也。《尚書》曰：海、岱惟青州。又曰：海、岱及淮惟徐州。經途瀴烏冷溟莫冷，萬萬有餘。鄭玄《周禮》注曰：經，謂里數也。瀴溟，猶絕遠杳冥也。吐雲霓，含龍魚。淮南子曰：四海之雲湊。隱鯤鱗，潛靈居。鯤鱗，或爲昆山。昆山，方壺之屬也。靈居，衆仙所處也。豈徒積太顛之寶貝，與隨侯之明珠。琴操曰：紂徙文王於羑里，擇日欲殺之，於是太顛、散宜生、南宮适之屬，得水中大貝以獻紂，立出西伯。《墨子》曰：和氏之璧，隋侯之珠。將世之所收者常聞，所未名者若無。言世之所收者，常聞其名，其或未名者，若本無也。且希世之所聞，惡烏審其名？言希世乃一聞之，故不能審其名。《魯靈光殿賦》曰：邈希世而特出。故可仿像其色，靉於愷靆虛氣其形。仿像、靉靆，不審之貌。

爾其水府之內，極深之庭。劉劭《趙都賦》曰：其東則有天浪水府，百川是理。則有崇島巨鼇，峌庭結峴五結孤亭。崇島，五嶽也。巨鼇，大鼇也。《列仙傳》曰：巨鼇負蓬萊山而抃滄海之中。《列子》曰：渤海之東，名曰歸墟，其中有五山，帝命禺強使巨鼇十五，舉首載五山，峙而不動。《說文》曰：海中往往有山可依止曰島。峌峴，高貌。擘洪波，指太清。山居海中，故云擘。峻極際天，故云指。鄭衆《周禮》注曰：擘，破裂也。東方朔《十洲記》曰：冥海洪波百丈。鶡冠子曰：上及泰清，下及太寧。竭磐石，栖百靈。鄭玄《禮記》注曰：竭，猶載也。聲類曰：磐，大石也。百靈，衆仙。颺凱風而南逝，廣莫至而北征。言巨鼇多力，遡風而行也。《呂氏春秋》曰：南方曰凱風，北方曰廣莫風。其垠銀則有天琛水怪，鮫人之室。天琛，自然之寶也。《尚書》曰：天球在東序。水怪奇石，生乎水濱也。《尚書》曰：鈆松怪石。曹子建七啟曰：戲鮫人。劉淵林吴都賦注曰：鮫人，水底居。瑕石詭暉，鱗甲異質。《說文》曰：瑕，玉之小赤色者也。詭暉，別色。《說文》曰：詭，變也。異質，殊形也。《廣雅》曰：質，軀也。若乃雲錦散文於沙汭之際，綾羅被光於螺蚌之節。言沙汭之際，文若雲錦；螺蚌之節，光若綾羅也。毛萇詩傳曰：芮，崖也，芮與汭通。曹植齊瑟行曰：蚌蛤被濱崖，光采如錦紅。繁采揚華，萬色隱鮮。《說文》曰：隱，蔽也。陽冰不冶，陰火潛然。言其陽則有不冶之冰，其陰則有潛然之火也。《晏子春秋》曰：陰冰凝，陽冰厚五寸。《說文》曰：冶，銷也。熺許眉炭重燔煩，吹炯古永九泉。熺炭，炭之有光也。《廣雅》曰：熺，熾也。重燔，猶重然也。吹，猶然也。《漢書》，趙氏無吹火焉。《說文》曰：炯，光也，言火之光下照九泉。地有九重，故曰九泉。朱燉焰綠煙，腰一眇眇蟬蜎一緣反。腰眇蟬蜎，煙豔飛騰之貌。燉與爓同。魚則橫海之鯨，突扤孤遊。弔屈原曰：橫江湖之鱣鱏。郭璞《山海經注》曰：橫，塞也。

突抏，高貌。戞巖㠑，偃高濤。戞，猶槩也。茹鱗甲，吞龍舟。《廣雅》曰：茹，食也。《莊子》曰：吞舟之魚，碭而失水。高誘《淮南子注》曰：龍舟，大舟。噏噓及波則洪漣踧蹜，吹澇則百川倒流。劉劭趙都賦曰：巨鼇冠山，陵魚吞舟，吸潦吐波，氣成雲霧。蹜，蹙聚貌。踧，子六切。蹜，所六切。或乃蹭七鄧蹬鄧窮波，陸死鹽田。蹭蹬，央勢之貌。鹽田，海邊也。張揖上林賦注曰：海水之崖，多出鹽也。巨鱗插雲，鬐鬣刺天。郭璞上林賦注曰：鰭，魚背上鬣也。南都賦曰：森蕁蕁而刺天。顱盧骨成嶽，流膏爲淵。《廣雅》曰：顱謂之顒顙。魏武四時食制曰：東海有魚如山，長五六里，謂之鯢，時死岸上，膏流九頃。春秋元命包曰：積骨成山，流血成淵。

若乃巖坻直夷之隈，沙石之嶔音欽。郭璞上林賦注曰：坻，岸也。《說文》曰：隈，水曲也。嶔，沙石嶔岑也。毛翼產鷇苦候，剖卵成禽。《爾雅》曰：生哺鷇。郭璞曰：鳥子須母食也。剖，猶破也。鳧雛離褷所宜，鶴子淋滲所今反。西京雜記曰：太液池，其間鳧雛、鶴子，布滿充積。離褷、淋滲，毛羽始生之貌。羣飛侶浴，戲廣浮深。翔霧連軒，洩余世洩淫淫。軒，舉也。洩洩淫淫，飛翔之貌。翻動成雷，擾翰爲林。翻，動貌。漢書，趙王曰：聚蚊成雷。孔安國尚書傳曰：擾，亂也。王弼周易注曰：翰，高飛貌。更相叫嘯，詭色殊音。詭，異也。

若乃三光既清，天地融朗。《淮南子》曰：夫道，紘宇宙而章三光。杜預《左氏傳注》曰：融，朗也。不汎陽侯，乘蹻去喬絕往。《淮南子》曰：武王渡于孟津，陽侯之波，逆流而擊。曹植苦寒行曰：乘蹻追術士，遠在蓬萊山。《抱朴子》曰：乘蹻可以周流天下。蹻道有三法，一曰龍蹻，二曰氣蹻，三曰鹿盧蹻。覿安期於蓬萊，見喬山之帝像。列仙傳曰：安期先生謂始皇曰：後千歲求我蓬萊山下。《史記》曰：武帝祭黃帝冢橋山。上曰：吾聞黃帝不死，今有冢，何也？或對曰：黃帝已仙上天，羣臣葬其衣冠也。羣仙縹匹妙眇，餐玉清涯音宜。縹眇，遠視之貌。魯靈光殿賦曰：忽瞟眇以響像。《列仙傳》曰：赤松子服水玉。履阜鄉之留舄，被羽翮之襂所今纚所宜反。《列仙傳》曰：安期先生，琅邪阜鄉人，自言千歲。秦始皇與語，賜金數千萬於阜鄉亭，皆置去，留書以赤玉舄一量爲報。言仙人以羽翮爲衣。漢書曰：天道將軍衣羽衣。襂纚，羽垂之貌。翔天沼，戲窮溟。《莊子》曰：窮髮之北有溟海者，天池也。甄古然有形於無欲，永悠悠以長生。言衆仙雖表有形而無情欲，故能久視長生也。鄭玄尚書緯注曰：甄，表也。《淮南子》曰：有形之類，莫尊於水。《莊子》曰：同乎無欲。《老子》曰：常無欲以觀其妙。又曰：長生久視之道。

且其爲器也，包乾之奥，括坤之區。《周易》曰：乾爲天，坤爲地。孔安國《尚書傳》曰：奥，内也。又曰：區，域也。惟神是宅，亦祇是廬。神祇，衆靈之通稱，非惟天地而已。禮記曰：有天下者，祭百神也。何奇不有？何怪不儲？《說文》曰：儲，積也。芒芒積流，含形內虛。班彪覽海賦曰：余有事於淮浦，觀滄海於茫茫。孫卿子曰：不積小流，無以成河海。含形內虛，言水能含衆形，內虛，似乎謙也。孫卿子曰：水清則見物之形。《周易》曰：君子以虛受人。曠哉坎德，卑以自居。《周易》曰：坎爲水。家語，金人銘曰：江海雖左長百川，以其卑也。周易曰：謙謙君子，卑以自牧。《管子》曰：夫人皆赴高，水獨赴下，卑也，而水以爲都居也。弘往納來，以宗以都。自海而往，弘之而令大，自外而來，納之而不逆。《尚書》曰：江、漢朝宗于海。《山海經》曰：和山實惟河之九都。郭璞曰：九水所潛，故曰九都。品物類生，何有何無！言諸品物以類相生，何所不有，何者而無。言其多也。《韓詩外傳》曰：夫水，羣物以生，品物以正。李尤翰林論曰：木氏海賦，壯則壯矣，然首尾負揭，狀若文章，亦將由未成而然也。

明 殷雲霄《水灾詩》（咸豐）《靖江縣志稿》卷二　斷荇飄蓬挂树梢，水痕深没石塘凹。潮连野郭蛙生灶，浪卷茅茨燕失巢。

雜録

唐 瞿曇悉達《開元占經》卷一〇《日占六・日六甲蝕三》　《春秋潛潭巴》曰：『壬辰日蝕，河決海溢，久霜連陰。』

又 卷三七《熒惑占八・熒惑犯天淵五》　《荆州占》曰：『熒惑入天淵，大旱，山焦枯；若守之，海水出，江河決溢，若海魚出。』

《明史》卷八六《河渠志四・海運》　海運始於元至元中。伯顔用朱清、張瑄運糧輸京師，僅四萬餘石。其後日增，至三百萬餘石。初，海道萬三千餘里，最險惡，既而開生道，稍徑直。後殷明略又開新道，尤便。然皆出大洋，風利，自浙西抵京不過旬日，而漂失甚多。

洪武元年，太祖命湯和造海舟，餉北征士卒。天下既定，募水工運萊州洋海倉粟以給永平。後遼左及迤北數用兵，於是靖海侯吳禎、延安侯唐勝宗、航海侯張赫、舳艫侯朱壽先後轉遼餉，以爲常。督江、浙邊海衛軍大舟百餘艘，運糧數十萬。賜將校以下綺帛、胡椒、蘇木、錢鈔有差，民夫則復其家一年，溺死者厚恤。三十年，以遼東軍餉嬴羨，第令遼軍屯種其地，而罷海運。

永樂元年，平江伯陳瑄督海運糧四十九萬餘石，餉北京、遼東。二年，以海運但抵直沽，別用小船轉運至京，命於天津置露囤千四百所，以廣儲蓄。四年，定海陸兼運。瑄每歲運糧百萬，建百萬倉於直沽尹兒灣城。天津衛籍兵萬人戍守。至是，命江南糧一由海運，一由淮、黄，陸運赴衛河，入通州，以爲常。陳瑄上言：『嘉定瀕海，當江流之衝，地平衍，無大山高嶼。海舟停泊，或值風濤，觸堅膠淺輒敗。宜於青浦築土爲山，立堠表識，使舟人知所避，而海險不爲患。』詔從之。十年九月，工成。方百丈，高三十餘丈。賜名寶山，御製碑文紀之。

十三年五月復罷海運，惟存遮洋一總，運遼、薊糧。正統十三年，減登州衛海船百艘爲十八艘，以五艘運青、萊、登布花鈔錠十二萬餘觔，歲賞遼軍。

成化二十三年，侍郎丘濬進大學衍義補，請尋海運故道與河漕並行，大略言：『海舟一載千石，可當河舟三，用卒大減。河漕視陸運費省什三，海運視陸省什七，雖有漂溺患，然省牽卒之勞、駁淺之費、挨次之守，利害亦相當。宜訪素知海道者，講求勘視。』其說未行。弘治五年，河決金龍口，有請復海運者，朝議弗是。

嘉靖二年，遮洋總漂糧二萬石，溺死官軍五十餘人。五年，停登州造船。二十年，總河王以旂以河道梗澀，言：『海運雖難行，然中間平度州東南有南北新河一道，元時建閘直達安東，南北悉由內洋而行，路捷無險，所當講求。』帝以海道迂遠，却其議。三十八年，遼東巡撫侯汝諒言：『天津入遼之路，自海口至右屯河通堡不及二百里，其中曹泊店、月坨桑、姜女墳、桃花島皆可灣泊。』部覆行之。四十五年，順天巡撫耿隨朝勘海道，自永平西下海，百四十五里至紀各莊，又四百二十六里至天津，皆傍岸行舟；其間開洋百二十里，有建河、糧河、小沽、大沽河可避風。初允其議，尋以御史劉翾疏沮而罷。是年，從給事中胡應嘉言，革遮洋總。

隆慶五年，徐、邳河淤，從給事中宋良佐言，復設遮洋總，存海運遺意。山東巡撫梁夢龍極論海運之利，言：『海道南自淮安至膠州，北自天津至海倉，島人商賈所出入。臣遣卒自淮、膠各運米麥至天津，無不利者。淮安至天津三千三百里，風便，兩旬可達。舟由近洋，島嶼聯絡，雖風可依，視殷明略故道甚安便。五月前風順而柔，此時出海可保無虞。』命量撥近地漕糧十二萬石，俾夢龍行之。

六年，王宗沐督漕，請行海運。詔令運十二萬石自淮入海。其道，由雲梯關東北歷鷹游山、安東衛、石臼所、夏河所、齊堂島、靈山衛、古鎮、膠州、鼇山衛、大嵩衛、行村寨，皆海面。自海洋所歷竹島、寧津所、靖海衛，東北轉成山衛、劉公島、威海衛，西歷寧海衛，皆海面。自福山之罘島至登州城北新海口沙門等島，西歷桑島、峭屺島，自峭屺西歷三山島、芙蓉島、萊州大洋、海倉口；自海倉西歷淮河海口、魚兒舖，西北歷侯鎮店、唐頭塞；自侯鎮西北大清河、小清河海口，乞溝河入直沽，抵天津衛。凡三千三百九十里。

萬曆元年，即墨福山島壞糧運七艘，漂米數千石，溺軍丁十五人。給事、御史交章論其失，罷不復行。二十五年，倭寇作，自登州運糧給朝鮮軍。山東副使于仕廉復言：『餉遼莫如海運，海運莫如登、萊。蓋登、萊度金州六七百里，至旅順口僅五百餘里，順風揚帆一二日可至。又有沙門、鼉磯、皇城等島居其中，天設水遞，止宿避風。惟皇城至旅順二百里差遠，得便風不半日可度也。若天津至遼，則大洋無泊；淮安至膠州，雖僅三百里，而由膠至登千里而遥，礁礙難行。惟登、萊濟遼，勢便而事易。』時頗以其議爲然，而未行也。四十六年，山東巡撫李長庚奏行海運，特設戶部侍郎一人督之，事具長庚傳。

崇禎十二年，崇明人沈廷揚爲內閣中書，復陳海運之便，且輯海運書五卷進呈。命造海舟試之。廷揚乘二舟，載米數百石，十三年六月朔，由淮安出海，望日抵天津。守風者五日，行僅一旬。帝大喜，加廷揚戶部郎中，命往登州與巡撫徐人龍計度。山東副總兵黃蔭恩亦上海運九議，帝即令督海運。先是，寧遠軍餉率用天津船赴登州，候東南風轉粟至天津，又候西南風轉至寧遠。廷揚自登州直輸寧遠，省費多。尋命赴淮安經理海運，爲督漕侍郎朱大典所沮，乃命易駐登州，領寧遠餉務。十六年加光祿少卿。福王時，命廷揚以海舟防江，尋命兼理糧務。南都既失，廷揚崎嶇唐、魯二王間以死。

當嘉靖中，廷臣紛紛議復海運，漕運總兵官萬表言：『在昔海運，歲溺不止十萬。載米之舟，駕船之卒，統卒之官，皆所不免。今人策海運輒主丘濬之論，非達於事者也。』

火灾部

題解

《説文解字》卷一一《火部》　天火曰烖。从火𢦏聲。

漢 劉熙《釋名》卷一《釋天》 灾，裁也。火所燒滅之餘曰裁，裁言其於物如是也。

《漢書》卷二七上《五行志上》 傳曰：『棄法律，逐功臣，殺太子，以妾爲妻，則火不炎上。』

又 說曰：火，南方，揚光煇爲明者也。其於王者，南面鄉明而治。師古曰：『鄉讀曰嚮。』書云：『知人則悊，能官人。』師古曰：『虞書咎繇謨之辭。悊，智也。能知其材則能官之，所以爲智也。』故堯舜舉羣賢而命之朝，師古曰：『謂稷、禼以下。』遠四佞而放諸壄。師古曰：『四佞，即四凶也。遠，離也。壄，古野字。』孔子曰：『浸潤之譖、膚受之訴不行焉，可謂明矣。』師古曰：『論語載孔子之言也。浸潤，言積漸也。膚受，謂初入皮膚以至骨髓也。』賢佞分別，官人有序，帥由舊章，師古曰：『帥，循也。由，從也，用也。』敬重功勳，殊別適庶，師古曰：『適讀曰嫡。』如此則火得其性矣。若乃信道不篤，師古曰：『篤，厚也。』或燿虛偽，讒夫昌，邪勝正，則火失其性矣。自上而降，及濫炎妄起，師古曰：『炎讀曰燄。』災宗廟，燒宮館，雖興師衆，弗能救也，是爲火不炎上。

《魏書》卷一一二上《靈徵志上》 《洪範傳》曰：棄法律，逐功臣，殺太子，以妾爲妻，則火不炎上。謂火失其性而爲災。

《元史》卷五〇《五行志上·火》 五行，二曰火。炎上，火之性也，失其性爲沴。董仲舒云：『陽失節，則火災出。』於是而濫炎妄起，災宗廟，燒宮館，雖興師衆弗能救也。是爲火不炎上。其徵恒燠，其色赤，是爲赤眚赤祥。

《康熙字典》巳集中《火字部·灾》 《說文》天火也。《春秋·桓十四年》御廩災。

又《玉篇》害也。《書·舜典》眚災肆赦。《傳》過而有害當緩赦之。《左傳·僖十三年》天災流行國家代有救災恤鄰道也。又作菑。《詩·大雅》無菑無害。亦作甾。《史記·秦始皇紀》甾害絕息。又叶子之切。《史記·龜筴傳》十有二月日至爲期，聖人徹焉，身乃無災。又叶將侯切。《班固·幽通賦》震鱗桼于夏庭兮，帀三正而滅周。巽羽化于宣宮兮，彌五辟而成災。

清 段玉裁《說文解字注》卷一〇《火部》 天火曰栽。

春秋宣十六年。夏。成周宣謝火。左傳曰。人火之也。凡火、人火曰火。天火曰災。按經多言災。惟此言火耳。引申爲凡害之偁。十五年傳曰。天反時爲災。地反物爲妖。民反德爲亂。亂則妖災生。

从火。𢦏聲。

祖才切。一部。今惟周禮作栽。經傳多借菑爲之。菑或譌爲葘。

或从宀火。

火起於下。焚其上也。

論説

《左傳·昭公十八年》 七月，鄭子產為火故，大為社，祓禳於四方，振除火災，禮也。乃簡兵大蒐，將為蒐除。子大叔之廟在道南，其寢在道北，其庭小，過期三日，使除徒陳於道南廟北，曰：『子產過女，而命速除，乃毀於而鄉。』子產朝，過而怒之。除者南毀。子產及衝，使從者止之，曰：『毀於北方。』

火之作也，子產授兵登陴。子大叔曰：『晉無乃討乎？』子產曰：『吾聞之，小國忘守則危，況有災乎？國之不可小，有備故也。』既，晉之邊吏讓鄭曰：『鄭國有災，晉君、大夫不敢寧居，卜筮走望，不愛牲玉。鄭之有災，寡君之憂也。今執事撊然授兵登陴，將以誰罪？邊人恐懼，不敢不告。』子產對曰：『若吾子之言，敝邑之災，君之憂也。敝邑失政，天降之災，又懼讒慝之間謀之，以啟貪人，荐為敝邑不利，以重君之憂。幸而不亡，猶可說也；不幸而亡，君雖憂之，亦無及也。鄭有他竟，望走在晉。既事晉矣，其敢有二心？』

《尸子·貴言》 熛火始起易息也。及其焚雲夢孟諸。雖以天下之役，抒江漢之水，弗能救也。夫禍之始也，猶熛火蘖足也，易止也；及其措於大事，雖孔子、墨翟之賢，弗能救也。屋焚而人救之，則知德之。年老者，使塗隙戒突，故終身無失火之患，而不知德也。

《呂氏春秋》卷七《孟秋紀·孟秋》 行之是令，而涼風至三旬。孟秋行冬令，則陰氣大勝，介蟲敗穀，戎兵乃來。行春令，則其國乃旱，陽氣復還，五穀不實。行夏令，則多火災，寒熱不節，民多瘧疾。

《韓非子》卷九《內儲說上七術第三十》 魯人燒積澤，天北風，火南倚，恐燒國，哀公懼，自將衆趣救火，左右無人，盡逐獸而火不救，乃召問仲尼，仲尼曰：『夫逐獸者樂而無罰，救火者苦而無賞，此火之所以無救也。』哀公曰：『善。』仲尼曰：『事急，不及以賞，救火者盡賞之，則國不足以賞於人，請徒行罰。』哀公曰：『善。』於是仲尼乃下令曰：『不救火者比降北之罪，逐獸者比入禁之罪。』令下未遍而火已救矣。

《春秋穀梁傳·昭公十八年》 經：夏，五月，壬午，宋、衛、陳、鄭災。

傳：其志，以同日也。其日，亦以同日也。或曰：『人有謂子產曰：「某日有災」，子產曰：「天者神，子惡知之？」』是人也，同日為四國災也。

《春秋公羊傳·昭公十八年》 經：夏五月壬午，宋、衛、陳、鄭災。

傳：何以書？記異也。何異爾？異其同日而俱灾也。外異不書，此何以書？為天下記異也。

《漢書》卷二七上《五行志上》 春秋桓公十四年『八月壬申，御廩災』。董仲舒以爲先是四國共伐魯，大破之於龍門。韋昭曰：『魯郭門。』百姓傷者未瘳，怨咎未復，而君臣俱惰，內怠政事，外侮四鄰，非能保守宗廟終其天年者也，故天災御廩以戒之。劉向以爲御廩，夫人八妾所春米之臧以奉宗廟者也，師古曰：『一娶九女，正嫡一人，餘者妾也，故云八妾。』時夫人有淫行，師古曰：『謂通於齊侯。』挾逆心，師古曰：『謂欲弒桓公。』天戒若曰，夫人不可以奉宗廟。桓不寤，與夫人俱會齊，師古曰：『十八年春，公會齊侯于濼，公與夫人姜氏遂如齊也。』夫人譖桓公於齊侯，師古曰：『言世子同非吾子，齊侯之子。』齊侯殺桓公。劉歆以爲御廩，公所親耕籍田以奉粢盛者也，師古曰：『黍稷曰粢，在器曰盛也。』棄法度亡禮之應也。

《後漢書》卷六二《荀爽傳》 臣聞之於師曰：『漢爲火德，火生於木，木盛於火，故其德爲孝，其象在周易之離。』夫在地爲火，在天爲日。在天者用其精，在地者用其形。夏則火王，其精在天，溫暖之氣，養生百木，是其孝也。冬時則廢，其形在地，酷烈之氣，焚燒山林，是其不孝也。故漢制使天下誦孝經，選吏舉孝廉。夫喪親自盡，孝之終也。今之公卿及二千石，三年之喪，不得即去，殆非所以增崇孝道而克稱火德者也。往者孝文勞謙，行過乎儉，故有遺詔以日易月。此當時之宜，不可貫之萬世。古今之制雖有損益，而諒闇之禮未常改移，以示天下莫遺其親。今公卿羣寮皆政教所瞻，而父母之喪不得奔赴。夫仁義之行，自上而始；敦厚之俗，以應乎下。傳曰：『喪祭之禮闕，則人臣之恩薄，背死忘生者衆矣。』曾子曰：『人未有自致者，必也親喪乎！』春秋傳曰：『上之所爲，民之歸也。』夫上所不爲而民或爲之，故加刑罰；若上之所爲，民亦爲之，又何誅焉？昔丞相翟方進，以自備宰相，而不敢踰制。至遭母憂，三十六日而除。夫失禮之源，自上而始。古者大喪三年不呼其門，所以崇國厚俗篤化之道也。事失宜正。過勿憚改。天下通喪，可如舊禮。

臣聞有夫婦然後有父子，有父子然後有君臣，有君臣然後有上下，有上下然後有禮義。禮義備，則人知所厝矣。夫婦人倫之始，王化之端，故文王作易，上經首乾、坤，下經首咸、恒。孔子曰：『天尊地卑，乾坤定矣。』夫婦之道，所謂順也。堯典曰：『釐降二女於嬀汭，嬪于虞。』降者下也，嬪者婦也。言雖帝堯之女，下嫁於虞，猶屈體降下，勤修婦道。易曰：『帝乙歸妹，以祉元吉。』婦人謂嫁曰歸，言湯以娶禮歸其妹於諸侯也。春秋之義，王姬嫁齊，使魯主之，不以天子之尊加於諸侯也。今漢承秦法，設尚主之儀，以妻制夫，以卑臨尊，違乾坤之道，失陽唱之義。孔子曰：『昔聖人之作易也，仰則觀象於天，俯則察法於池，覩鳥獸之文，與地之宜。近取諸身，遠取諸物，以通神明之德，以類萬物之情。』今觀法於天，則北極至尊，四星妃后。察法於地，則崐山象夫，卑澤象妻。覩鳥獸之文，鳥則雄者鳴鴝，雌能順服；獸則牡爲唱導，牝乃相從。近取諸身，則乾爲人首，坤爲人腹。遠取諸物，則木實屬天，根荄屬地。陽尊陰卑，蓋乃天性。且詩初篇實首關雎；禮始冠、婚，先正夫婦。天地六經，其旨一揆。宜改尚主之制，以稱乾坤之性。遵法堯、湯，式是周、孔。合之天地而不謬，質之鬼神而不疑。人事如此，則嘉瑞降天，吉符出地，五韙咸備，各以其叙矣。

昔者聖人建天地之中而謂之禮，禮者，所以興福祥之本，而止禍亂之源也。人能枉欲從禮者，則福歸之；順情廢禮者，則禍歸之。推禍福之所應，知興廢之所由來也。衆禮之中，婚禮爲首。故天子娶十二，天之數也；諸侯以下各有等差，事之降也。陽性純而能施，陰體順而能化，以禮濟樂，節宣其氣。故能豐子孫之祥，致老壽之福。及三代之季，淫而無節。瑤臺、傾宮陳妾數百。陽竭於上，陰隔於下。故周公之戒曰：『不知稼穡之艱難，不聞小人之勞，惟耽樂之從，時亦罔或克壽。』是其明戒。後世之人，好福不務其本，惡禍不易其軌。傳曰：『截趾適履，孰云其愚？何與斯人，追欲喪軀？』誠可痛也。臣竊聞後宮采女五六千人，從官侍使復在其外。冬夏衣服，朝夕稟糧，耗費縑帛，空竭府藏，徵調增倍，十而稅一，空賦不辜之民，以供無用之女，百姓窮困於外，陰陽隔塞于內。故感動和氣，災異屢臻。臣愚以爲諸非禮聘未曾幸御者，一皆遣出，使成妃合。一曰通怨曠，和陰陽。二曰省財用，實府藏。三曰脩禮制，綏眉壽。四曰配陽施，祈螽斯。五曰寬役賦，安黎民。此誠國家之弘利，天人之大福也。

夫寒熱晦明，所以爲歲；尊卑奢儉，所以爲禮：故以晦明寒暑之氣，尊卑侈約之禮爲其節也。易曰：『天地節而四時成。』春秋傳曰：『唯器與名不可以假人。』孝經曰：『安上治民，莫善於禮。』禮者，尊卑之差，上下之制也。昔季氏八佾舞於庭，非有傷害困於人物，而孔子猶曰『是可忍也，孰不可忍』。《洪範》曰：『惟辟作威，惟辟作福，惟辟玉食。』凡此三者，君所獨行而臣不得同也。今臣僭君服，下食上珍，所謂害于而家，凶於而國者也。宜略依古禮尊卑之差，及董仲舒制度之別，嚴督有司，必行其命。此則禁亂善俗足用之要。

唐 李筌《太白陰經》卷一《人謀上·天無陰陽篇》 夫天地不為萬物所有，萬物因天地而有之；陰陽不為萬物所生，萬物因陰陽而生之。天地不仁，以萬物為芻狗。陰陽之於萬物有何情哉！夫火之性自炎，不為焦灼萬物而生其炎；水之性自濡，不為漂蕩萬物而生其濡。水火者一其性，而萬物遇之，自有差殊；陰陽者一其性，而萬物遇之，自有榮枯。若水火有情，能浮石，沉木，堅金流土，則知陰陽不能勝敗、存亡吉凶、善惡明矣。夫春風東來，草木甲坼，而積廩之粟不萌；秋天肅霜，百卉具腓，而蒙蔽之草不傷。陰陽寒暑，為人謀所變；人謀成敗，豈陰陽所變之哉！

唐 瞿曇悉達《開元占經》卷四《地占·地燃》 京房《易傳》曰：『火出地，其國大；出水，其君死。』《述異記》曰：『姚興永和十年，華山東界地燃，廣百餘步，草木煙枯，井谷沸竭，置生物皆熟，民殘之徵也。晉惠帝光熙元年五月，范陽國北地燃，可爨。至九月而驃騎范陽王司馬虓薨。十一月，惠帝用食而崩。懷帝即位，太傅東海王司馬越殺太宰，河間王司馬顒專柄朝政，又尋死遂泪。永嘉之亂，海淪殪；越之亂，副亦皆殄滅。石勒焚越之屍，此其應也。』《前秦錄》曰：『初秦之未亂也，關中大燃，無火而煙氣大起，月餘不滅。』慕容熙光始四年，遼東新郡地燃。五年八月，為遼西太守邵顏聚徒反。至九月敗，誅。熙建始元年正月，華陽郡地燃。是歲熙僭號之七年也。其年五月，為尚書郎苻進謀反，事覺誅至，九月熙出逸，妻瘞，進餘黨推之賊高和為主，據城反，熙馳還，不得入，遂逃。不免，為和所誅。後三年，宋高祖平齊，冬，盡坑其眾，二燕並滅，慕容氏殲焉。此皆不祥之應也。』

宋 張咏《乖崖集》卷一一《謝傳宣撫問失火及安撫人户事狀》 右臣今月十四日，得入內內侍殿頭郝昭信到州傳宣：王智家失火，卿何不早與救滅，致傷人口？仰安撫人戶者。拜命之次，驚懼失圖。竊念臣謬處要官，叨知大郡，雖切向公之志，全無利物之能。況當州經偽號之餘，庶事失酌中之理。街衢褊隘，諒車馬以才通；屋宇低徊，複茅竹之相雜。一昨陽春始半，時雨稍愆，烈焰忽飛，狂風並作，人不及走，目不暇旋，一食之間，千室俱燼。雖有貔貅之士，參以保甲之民，眾力同馳，百心一濟，並防庫務，及護衙城，猛勢之中，幸而獲免。皆疑天火，或說人災。寔由郡政之未孚，致使炎靈之不佑，俾民罹禍，貽君遠憂。臣合自疏愆尤，請行典憲。甘從深譴，以謝無功。伏蒙皇帝陛下特遣近人，遠傳宥命，撫安居戶，奠祭亡魂。被苦之家，已識哀矜之旨；垂白之老，兼聞感泣之聲。臣敢不益勵赤誠，恭求要道，期收來效，少贖前非。臣與經火戶人，無任感天荷聖，激切屏營之至。

宋 蘇軾《蘇軾集》卷一一五《與程正輔四十七首之三》 某啟。本州黃燾推官，實甚廉干，郡中殊賴之。不知今歲舉削，能及之否？孤進無緣自達，不免僭言，不罪！不罪！博羅正月一日夜，忽失火，一邑皆為灰燼，公私蕩然。林令在式假，高簿權縣。颶風猛烈，人力不加，眾所知也。百姓千人，皆露宿沙灘，可知！可知！蓋屋固未能，茅竹皆不可得，一壺千金之時，黃燾擘劃得竹三萬竿往濟之，極可佳。火後事極多，林令有心力，可委。他在式假，自不當坐此。願兄專牒此子，令修復公宇、倉庫之類，及存撫被災之民，彈壓寇賊，則小民受賜矣。又，起造物料，若不依實價和買而行科配，則害民又甚於火矣。願兄嚴切約束本州，或更關牒漕司，依實支破，或專委黃推官提舉點檢催促及覺察科配。幸恕僭易。黃燾有一申狀，為催促廣州檢曇穎公案，附來人去此文字。蓋廣州不應副，非本官拖延也。至孝通直蒙惠書，極於感慰，深欲裁答，為連寫數書，燈下目昏，容後信也。不罪！不罪！六郎亦蒙問及，不殊此意。惟千萬節哀自重。幸恕簡略。

宋 李光《莊簡集》卷一一《論火灾狀》 臣近權刑部職事，今月二日準尚書省劄子，備坐臣僚章疏論臨安府回祿之警，一月之內，火凡數作，焚爇之家，通及千餘，乞申嚴昨降指揮，以淩遲處死治放火者，仍乞下密院劄付沿流州軍密行捕捉等事。三月十四日，三省同奉聖旨依奏。臣之區區竊有可疑者。臣聞堯以水為儆予，湯以大旱而罪己，未聞盡歸之於他人者。自昔火災之變，上應天道，蓋熒惑徘回斗牛之間久矣。牛斗吴分也，又南方之性察，陛下宜思所以致火之變。朝政之闕失，臣下之姦邪，賦役之重，民不聊生，流亡者多，百姓失業，州縣之吏或倚法而恣贓貪，囹圄之間或受賕而多枉濫，有一於此，皆足致災。今議者曾不卹此，方峻刑以治，失火之家緣及官司舍屋，皆付之極典。夫姦細固所當治也，而失火之家蓋有不幸者，臣恐淫刑濫罪横及無辜，非陛下遇災恐懼脩省之意。兼沿流州軍譏察細姦，自有約束，今乃使之各察放火之家，則是硫黄發燭千里而隨身矣。臣愚伏望聖慈止行下臨安府，令督責在城兵官各認地分，如有違犯，重寘典憲。所有今來已得聖旨指揮，臣未行出，謹録奏聞，伏候敕旨。御筆：前降指揮更不施行。

宋　董煟《救荒活民書》卷上　武帝時，河内失火，延燒千餘家。上使汲黯往視之，還報曰：家人失火，屋比延燒，不足憂。臣過河南，貧人傷水旱萬餘家，或父子相食。臣謹以便宜持節，發河南倉粟以賑貧民。臣請歸節，伏矯制之罪。上賢而釋之。

煟曰：古者社稷之臣，其識見施爲，與俗吏固不同也。黯時爲謁者，而能矯制以活生靈。今之太守，號曰牧民，一遇水旱，牽制顧望不敢專決，視黯當内愧矣。

綜述

《周禮・夏官司馬・司爟》　掌行火之政令，四時變國火以救時疾。季春出火，民咸從之；季秋内火，民亦如之。時則施火令。凡祭祀，則祭爟。凡國失火，野焚萊，則有刑罰焉。

傳記

清　朱軾《廣惠編》卷下　漢汲黯為謁者，河内失火，延燒千餘家，帝使往視之。還報曰：家人失火，比屋延燒，不足優也。臣過河南，貧人傷水旱萬餘家，或父子相食。臣謹以便宜持節發倉廪以賑之，請歸伏矯制之罪。帝賢而釋之。

紀事

《春秋・昭公十八年》　夏五月壬午，宋、衛、陳、鄭災。

《左傳・昭公十八年》　鄭之未災也，里析告子產曰：『將有大祥，民震動，國幾亡。吾身泯焉，弗良及也。國遷，其可乎？』子產曰：『雖可，吾不足以定遷矣。』及火，里析死矣，未葬，子產使輿三十人遷其柩。

又　火作，子產辭晉公子、公孫于東門，使司寇出新客，禁舊客勿出於宮。使子寬、子上巡群屏攝，至于大宮。使公孫登徙大龜，使祝史徙主祏於周廟，告於先君。使府人、庫人各儆其事。商成公儆司宮，出舊宮人，寘諸火所不及。司馬、司寇列居火道，行火所焮。城下之人伍列登城。明日，使野司寇各保其徵，郊人助祝史，除於國北，禳火于玄冥、回祿，祈于四鄘。書焚室而寬其征，與之材。三日哭，國不市。使行人告於諸侯。宋、衛皆如是。陳不救火，許不弔災，君子是以知陳、許之先亡也。

《史記》卷一一《孝景本紀》　三年正月乙巳，赦天下。長星出西方。天火《集解》：徐廣曰：『漢志無。』燔雒陽東宮大殿城室。《集解》：徐廣曰：『雒，一作「淮」。』《索隱》：雒陽漢書作『淮陽』。災，故徙王於魯也。

又　卷一二〇《汲鄭列傳》　河内失火，延燒千餘家，上使黯往視之。

漢　劉歆《西京雜記》卷二　惠帝七年，夏雷震南山。大木數千株，皆火燃至末。其下數十畝地草皆燋黄。其後百許日，家人就其間得龍骨一具，鮫骨二具。

《漢書》卷六《武帝紀》　［元鼎三年］正月戊子，陽陵園火。

又　卷九《元帝紀》　［初元三年］夏四月乙未晦，茂陵白鶴館災。詔曰：『乃者火災降於孝武園館，朕戰栗恐懼。不燭變異，咎在朕躬。師古曰：『燭，照也。』羣司又未肯極言朕過，以至於斯，將何以寤焉！百姓仍遭凶阨，無以相振，師古曰：『仍，頻也。』加以煩擾虖苛吏，拘牽乎微文，不得永終性命，師古曰：『永，長也。』朕甚閔焉。其赦天下。』

又　［永光四年］夏六月甲戌，孝宣園東闕災。

又 卷一〇《成帝紀》［鴻嘉三年］秋八月乙卯，孝景廟闕災。

又 永始元年春正月癸丑，太官凌室火。師古曰：『藏冰之室。』戊午，戾后園闕火。

又［永始四年］夏四月癸未，長樂臨華殿、未央宮東司馬門皆災。師古曰：『東面之司馬門也。』

又［永始四年］六月甲午，霸陵園門闕災。出杜陵諸未嘗御者歸家。詔曰：『乃者，地震京師，火災婁降，師古曰：『婁，古屢字。』朕甚懼之。有司其悉心明對厥咎，師古曰：『悉，盡也。』朕將親覽焉。』

又曰：『聖王明禮制以序尊卑，異車服以章有德，雖有其財，而無其尊，不得踰制，故民興行，師古曰：『行音下更反。』上義而下利。師古曰：『以義爲上，以利爲下。』方今世俗奢僭罔極，師古曰：『罔，無也。極，中也，一曰止也。』靡有厭足。公卿列侯親屬近臣，四方所則，師古曰：『則，法也。』未聞修身遵禮，同心憂國者也。或乃奢侈逸豫，務廣第宅，治園池，多畜奴婢，被服綺穀，師古曰：『被音皮義反。』設鐘鼓，備女樂，車服嫁娶葬埋過制。吏民慕效，寖以成俗，師古曰：『寖，漸也。』而欲望百姓儉節，家給人足，豈不難哉！詩不云乎？『赫赫師尹，民具爾瞻。』師古曰：『小雅節南山之詩也。赫赫，盛貌也。師尹，尹氏爲太師之官也。言居位甚高，備爲衆庶所瞻仰。』其申敕有司，以漸禁之。師古曰：『謂約束也。』青綠民所常服，且勿止。師古曰：『然則禁紅紫之屬。』列侯近臣，各自省改。師古曰：『省，視也。視而改之。論語稱曾子曰『吾日三省吾身』。』司隸校尉察不變者。』

又 卷二七上《五行志上》 太初元年十一月乙酉，未央宮柏梁臺災。先是，大風發其屋，夏侯始昌先言其災日。後有江充巫蠱衛太子事。

又 卷九九下《王莽傳下》［地皇三年］二月，霸橋災，數千人以水沃救，不滅。

晉 袁宏《後漢紀》卷二五《後漢孝靈皇帝紀下》［中平二年春二月］己酉，南宮雲臺災。庚戌，樂城門災，延及北闕、嘉德殿、和歡殿。本志曰：『雲臺者，乃周家之所造也，圖書珍寶之所藏。京房《易傳》曰：『君不思道，厥妖火燃宮。』天戒若曰：『刑濫賞淫，何以舊典為！』故焚其祕府也。』

《後漢書》卷五《五行志二·孝安帝紀》［永初二年］夏四月甲寅，漢陽城中火，燒殺三千五百七十人。

又《五行志二·災火》 五行傳曰：『棄法律，鄭玄注《尚書大傳》曰：『東井主法令也。』逐功臣，鄭玄曰：『功臣制法律者也。或曰，喙主尚食、七星主衣裳，張爲食廚，翼主天倡。經曰：『帝曰：臣作朕股肱耳目，予欲左右有民，汝翼。予欲觀古人之象，日、月、星辰、山、龍、華蟲，作繢宗彝，藻、火、粉、米、黼、黻、絺繡，以五采章施于五色作服，汝明。予欲聞六律、五聲、八音，在治忽，以出納五言，汝聽。』是則食與服樂，臣之所用爲大功也。七星北有酒旗，南有天廚，翼南有器府。』殺太子，鄭玄曰：『五行火生土，天文以參繼東井，四時以秋代夏，殺太子之象也。春秋傳曰：『夫千乘之主，將廢正而立不正，必殺正也。』』以妾爲妻，鄭玄曰：『軒轅爲后妃，屬南宮。其大星女主之位。女御在前，妾爲妻之象也。』則火不炎上。』鄭玄曰：『君行此四者，爲逆天南宮之政。南宮於地爲火，火性炎上，然行人所用烹餁者也，無故因見作熱，燔熾爲害，是爲火不炎上。其他變異，皆屬沴。』春秋考異郵曰：『火者，陽之精也。人合天氣五行陰陽，極陰反陽，極陽生陰，故應人行以災不祥，在所以感之，萌應轉旋，從逆殊心也。』謂火失其性而爲災也。

建武中，漁陽太守彭寵被徵。書至，明日潞縣火，災起城中，飛出城外，燔千餘家，殺人。京房《易傳》曰：『上不儉，下不節，盛火數起，燔宮室。』

安帝永初二年四月甲寅，古今注曰：『永初元年十二月，河南郡縣火，燒殺百五人。二年，河南郡縣又失火，燒五百八十四人。』漢陽阿陽城中失火，燒殺三千五百七十人。

［永初］四年三月戊子，杜陵園火。

順帝永建三年七月丁酉，茂陵園寢災。古今注曰：『二年五月戊辰，守宮失火，燒宮藏財物盡。四年，河南郡縣失火，燒人六畜。』

陽嘉元年，恭陵廡災，及東西莫府火。古今注曰：『十二月，河南郡國火燒廬舍，殺人』也。太尉李固以爲奢僭所致。陵之初造，禍及枯骨，規廣治之尤飾。又上欲更造宮室，益臺觀，故火起莫府，燒材木。

漢安元年三月甲午，雒陽劉漢等百九十七家爲火所燒，東觀書曰：『其九十家不自存，詔賜錢廪穀。』古今注曰：『火或從室屋間物中，不知所從起，數月乃止。十二月，雒陽失火。』後四年，宮車比三晏駕，建和元年君位乃定。

［延熹］八年二月己酉，南宮嘉德署、黄龍、千秋萬歲殿皆火。四月甲寅，安陵園寢火。閏月，南宮長秋、和歡殿後鉤盾、掖庭朔平署各火。十一月壬子，德陽前殿西閤及黄門北寺火，殺人。袁山松書曰：『是時連月有火災，諸宮寺或一日再三發。又夜有訛言，擊鼓相驚。陳蕃、劉矩、劉茂上疏諫曰：『古之火皆君弱臣強，極陰之變也。前始春而獄刑慘，故火不炎上。前入春節連寒，木冰，暴風折樹，又八九州郡並言隕霜殺菽。

春秋晉執季孫行父，木爲之沐。夫氣弘則景星見，化錯則五星開，日月蝕。災爲已然，異爲方來，恐卒有變，必於三朝，唯善政可以已之。願察臣前言，不棄愚忠，則元元幸甚。』書奏不省。』

［延熹］九年三月癸巳，京都夜有火光轉行，民相驚譟。袁山松書曰：『是時宦豎專朝，鉤黨事起，上尋無嗣，陳蕃、竇武爲曹節等所害，天下無復紀綱。』

靈帝熹平四年五月，延陵園災。

光和四年閏月辛酉，北宮東掖庭永巷署災。陳蕃諫云：『楚女悲而西宮災，不御宮女，怨之所致也。』

中平二年二月己酉，南宮雲臺災。庚戌，樂成門災南宮中門，延及北闕，度道西燒嘉德、和歡殿。案雲臺之災自上起，榱題數百，同時並然，若就縣華鐙，其日燒盡，延及白虎、威興門、尚書、符節、蘭臺。夫雲臺者，乃周家之所造也，圖書、術籍、珍玩、寶怪皆所藏在也。京房《易傳》曰：『君不思道，厥妖火燒宮。』是時黃巾作慝，變亂天常，七州二十八郡同時俱發，命將出衆，雖頗有所禽，然宛、廣宗、曲陽尚未破壞，役起負海，杼柚空懸，百姓死傷已過半矣。而靈帝曾不克己復禮，虐侈滋甚，尺一雨布，騶騎電激，官非其人，政以賄成，內嬖鴻都，並受封爵。京都爲之語曰：『今茲諸侯歲也。』天戒若曰：放賢賞淫，何以舊典爲？故焚其臺門祕府也。其後三年，靈帝暴崩，續以董卓之亂，火三日不絕，京都爲丘墟矣。魏志曰：『魏明帝青龍二年，崇華殿災，詔問太史令高堂隆：『此何咎？於禮寧有祈禳之義乎？』對曰：『夫災變之發，皆所以明教誡也，唯率禮修德可以勝之。易傳曰：『上不儉，下不節，孽火燒其室。』又曰：『君高其臺，天火爲災。』此人君苟飾宮室，不知百姓空竭，故天應之以旱，火從高殿起也。上天降監，故譴告陛下，陛下宜增崇人道，以荅天意。昔太戊有桑穀生於朝，武丁有雊雉登於鼎，皆聞災恐懼，側身修德，三年之後，遠夷朝貢，故號曰中宗、高宗。此則前代之明鑒也。今案舊占，災火之發，皆以臺榭宮室爲誡。然今宮室之所以充廣者，實由宮人猥多之故，宜簡擇留其淑懿，如周之制，罷省其餘。此則祖己之所以訓高宗，高宗之所以享遠號也。』詔問隆：『吾聞漢武帝時柏梁災，而起宮殿以厭之，其義云何？』對曰：『臣聞西京柏梁既災，越巫陳方，建章是營，以厭火祥，乃夷越之巫所爲，非聖賢之明訓也。五行志曰：『柏梁災，其後有江充巫蠱衛太子事。』如志之言，越巫建章無所厭也。孔子曰：『災者，修類應行，精祲相感，以戒人君。』是以聖主覩災責躬，退以修德，以消復之。今宜罷散民役，宮室之制務從約節，內足以待風雨，外足以講禮儀，清掃所災之處，不敢於此有所立作，萐莆嘉禾，必生此地，以報陛下虔恭之德。疲民之力，竭民之財，實非所以致符瑞而懷遠人也。』』臣昭曰：高堂隆之言災，其得天心乎！雖與本志所明不同，靈帝之時有焉，故載其言，廣災異也。

獻帝初平元年八月，霸橋災。其後三年，董卓見殺。臣昭案：劉焉傳，興平元年，天火燒其城府輜重，延及民家，館邑無餘也。

《宋書》卷五《文帝紀》 ［元嘉五年春正月］戊子，京邑大火，遣使巡慰賑賜。

又 卷三二《五行志三・火不炎上》 五行傳曰：『棄法律，逐功臣，殺太子，以妾爲妻，則火不炎上。』謂火失其性而爲災也。又曰：『視之不明，是謂不哲。厥咎舒，厥罰恒燠，厥極疾。時則有草妖，時則有嬴蟲之孽，時則有羊禍，時則有目痾，時則有赤眚、赤祥。惟水沴火。』嬴蟲，劉歆傳以爲羽蟲。

魏明帝太和五年五月，清商殿災。初，帝爲平原王，納河南虞氏爲妃。及即位，不以爲后，更立典虞車工卒毛嘉女，是爲悼皇后。后本仄微，非所宜升。以妾爲妻之罰也。

魏明帝青龍元年六月，洛陽宮鞠室災。

二年四月，崇華殿災，延于南閣。繕復之。至三年七月，此殿又災。帝問高堂隆：『此何咎也？於禮寧有祈禳之義乎？』對曰：『夫災變之發，皆所以明教誡也。唯率禮修德，可以勝之。易傳曰：『上不儉，下不節，孽火燒其室。』又曰：『君高其臺，天火爲災。』此人君苟飾宮室，不知百姓空竭，故天應之以旱，火從高殿起也。案舊占，災火之發，皆以臺榭宮室爲誡。今宜罷散民役，務從節約，清掃所災之處，不敢於此有所營造。萐莆嘉禾，必生此地，以報陛下虔恭之德。』不從。遂復崇華殿，改曰九龍。以郡國前後言龍見者九，故以爲名。多棄法度，疲民逞欲，以妾爲妻之應也。

吳孫亮建興元年十二月，武昌端門災。改作端門，又災內殿。案春秋魯雉門及兩觀災。董仲舒以爲天意欲使定公誅季氏，若曰去其高顯而奢僭者也。漢武帝世，遼東高廟災，其說又同。今此與二事頗類也。且門者，號令所出，殿者，聽政之所。是時諸葛恪秉政，而矜慢放肆，孫峻總禁旅，而險害終著。武昌，孫氏尊號所始，天戒若曰，宜除其貴要之首者。恪果喪衆殄民，峻授政於綝，綝廢亮也。或曰孫權毀徹武昌，以增太初宮，諸葛恪有遷都意，更起門殿，事非時宜，故見災也。京房《易傳》曰：『君不思道，厥妖火燒宮。』

吳孫亮太平元年二月朔，建業火。人火之也。是秋，孫綝始秉政，矯以亮詔殺呂據、滕胤，明年，又輒殺朱異。棄法律、逐功臣之罰也。

吴孫休永安五年二月，白虎門北樓災。六年十月，石頭小城火，燒西南百八十丈。是時嬖人張布專擅國勢，多行無禮，而韋昭、盛冲終斥不用，兼遣察戰等爲使，驚擾州郡，致使交趾反亂。是其咎也。

吴孫晧建衡二年三月，大火，燒萬餘家，死者七百人。案春秋，齊火。劉向以爲桓公好內，聽女口，妻妾數更之罰也。晧制令詭暴，蕩棄法度，勞臣名士，誅斥甚衆。後宫萬餘，女謁數行，其中隆寵佩皇后璽者又多矣。故有大火。

晋武帝太康八年三月乙丑，震災西閣、楚王所止坊，及臨商觀牕。

十年四月癸丑，崇賢殿災。十月庚辰，含章鞠室、脩成堂前廡、丙坊東屋、煇章殿南閣火。時有上書者曰：『漢王氏五侯兄弟迭任，今楊氏三公並在大位。天變屢見，竊爲陛下憂之。』楊珧由是乞退。是時帝納馮紞之間，廢張華之功；聽楊駿之讒，離衛瓘之寵。此逐功臣之罰也。明年，宫車晏駕。其後楚王承竊發之旨，戮害二公，身亦不免。震災其坊，又天意乎。

晋惠帝元康五年閏月庚寅，武庫火。張華疑有亂，先固守，然後救災。是以累代異寶，王莽頭，孔子履，漢高斷白蛇劍及二百萬人器械，一時蕩盡。是後愍懷見殺，殺太子之罰也。天戒若曰，夫設險擊柝，所以固其國，儲積戎器，所以戒不虞。今冢嗣將傾，社稷將泯，禁兵無所復施，皇旅又將誰衛。帝后不悟，終喪四海，是其應也。張華、閻纂皆曰，武庫火而氐、羌反，太子見廢，則四海可知矣。

元康八年十一月，高原陵火。是時賈后凶恣，賈謐擅朝，惡積罪稔，宜見誅絕。天戒若曰，臣妾之不可者，雖親貴莫比，猶宜忍而誅之，如吾燔高原陵也。帝既眊弱，而張華又不納裴頠、劉卞之謀，故后遂與謐誣殺太子也。干寶云：『高原陵火，太子廢，其應也。漢武帝世，高園便殿火，董仲舒對與此占同。』

晋惠帝永康元年，帝納皇后羊氏。后將入宫，衣中忽有火，衆咸怪之。太安二年，后父玄之以成都之逼，憂死。永興元年，成都遂廢后，處之金墉城，而殺其叔父同之。是後還立，立而復廢者四，又詔賜死，荀藩表全之。雖末還在位，然憂逼折辱，終古未聞。此孽火之應。

晋惠帝永興二年七月甲午，尚書諸曹火，延崇禮闥及閣道。夫百揆王化之本，王者棄法律之應也。清河王覃入爲晋嗣，不終于位，又殺太子之罰也。

晋孝懷帝永嘉四年十一月，襄陽火，死者三千餘人。是時王如自號大將軍、司雍二州牧，衆四五萬，攻略郡縣，以爲己邑。都督力屈，嬰城自守，賊遂攻逼襄陽。此下陵上，陽失節，火災出也。

晋元帝太興中，王敦鎮武昌。武昌火起，興衆救之。救於此而發於彼，東西南北數十處俱應，數日不絕。班固所謂濫炎妄起，雖興師不能救之之謂也。干寶曰：『此臣而君行，亢陽失節之災也。』

晋元帝永昌二年正月癸巳，京都大火。三月，饒安、東光、安陵三縣火，燒七千餘家，死者萬五千人。

晋明帝太寧元年正月，京都火。是時王敦威侮朝廷，多行無禮，內外臣下，咸懷怨毒。極陰生陽，故有火災。與董仲舒說春秋陳火同事也。

晋穆帝永和五年六月，震災石虎太武殿及兩廂、端門，光爛照天，金石皆盡，火月餘乃滅。是年四月，石虎死矣。其後胡遂滅亡。

晋海西太和中，郗愔爲會稽。六月，大旱災，火燒數千家，延及山陰倉米數百萬斛。炎烟蔽天，不可撲滅。

晋孝武帝寧康元年三月，京都風，火大起。是時桓溫入朝，志在陵上，少主踐位，人懷憂恐。此與太寧火同事。

晋孝武帝太元十年正月，立國子學。學生多頑嚚，因風放火，焚房百餘間。是後考課不厲，賞黜無章，有育才之名，無收賢之實。書云：『知人則哲。』此不哲之罰先兆也。

太元十三年十二月乙未，延賢堂災。丙申，螽斯、則百堂及客館、驃騎庫皆災。于時朝多弊政，衰陵日兆。不哲之罰，皆有象類。主相不悟，終至亂亡云。

晋安帝隆安二年三月，龍舟二乘災。是水沴火也。

晋安帝元興元年八月庚子，尚書下舍曹火。

元興三年，盧循攻略廣州，刺史吴隱之閉城固守。是年十月壬戌夜，大火起。時民人避寇，盈滿城內。隱之懼有應賊，但務嚴兵，不先救火，由是府舍焚燒蕩盡，死者萬餘人，因遂散潰，悉爲賊擒。殆與襄陽火同占也。

晋安帝義熙四年七月丁酉，尚書殿中吏部曹火。

義熙十一年，京都所在大行火災，吴界尤甚。火防甚峻，猶自不絕。王弘時爲吴郡，白日在聽事上，見天上有一赤物下，狀如信幡，徑集路南人家屋上，火即復大發。弘知天爲之災，不罪火主。

宋文帝元嘉五年正月戊子，京邑大火。

元嘉七年十二月乙亥，京邑火，延燒太社北牆。

元嘉二十九年三月壬午，京邑大火，風雷甚壯。

後廢帝元徽三年正月己巳，京邑大火。

元徽三年二月戊辰，京邑大火，燒二岸數千家。

《南齊書》卷一九《五行志》 火，南方，揚光輝，出炎爚爲明者也。人君向明而治，蓋取其象。以知人爲分，讒佞既遠，羣賢在位，則爲明而火氣從矣。人君疑惑，棄法律，不誅讒邪，則讒口行，內閒骨肉，外疎忠臣，至殺世子，逐功臣，以妾爲妻，則火失其性，上災宗廟，下災府榭，內熛本朝，外熛闕觀，雖興師衆，不能救也。

永元二年八月，宮內火，燒西齋璿儀殿及昭陽、顯陽等殿，北至華林牆，西及祕閣，凡屋三千餘閒。京房《易傳》曰：『君不思道，厥妖火燒宮。』祕閣與春秋宣榭火同，天意若曰，既無紀綱，何用典文爲也。

二年冬，京師民閒相驚云，當行火災，南岸人家往往於籬閒得布火纏者，云公家以此禳之。

三年正月，豫章郡天火燒三千餘家。京房易占曰：『天火下燒民屋，是謂亂治殺兵作。』是年，臺軍與義師偏衆相攻於南江諸郡。

三年二月，乾和殿西廂火，燒屋三十閒。是時西齋既火，帝徙居東齋，高宗所住殿也。與燒宮占同。

《魏書》卷一一二上《靈徵志上》 《洪範傳》曰：棄法律，逐功臣，殺太子，以妾爲妻，則火不炎上。謂火失其性而爲災。

高宗太安五年春三月，肥如城內大火，官私廬舍焚燒略盡，唯有東西二寺佛圖像舍火獨不及。

高祖太和八年五月戊寅，河內沁縣澤自燃，稍增至百餘步，五日乃滅。

世宗景明元年三月乙巳，恒岳祠災。

肅宗正光元年五月，鉤盾禁災。

孝昌二年夏，幽州遒縣地燃。

三年春，瀛州城內大火，燒三千餘家。

出帝永熙三年二月，永寧寺九層佛圖災。既而時人咸言有人見佛圖飛入東海中。永寧佛圖，靈像所在，天意若曰：永寧見災，魏不寧矣。勃海，齊獻武王之本封也，神靈歸海，則齊室將興之驗也。

三月，并州三級寺南門災。

孝靜天平四年秋，鄴閶闔門東闕火。

武定三年冬，汾州西河北山有火潛行地下，熱氣上出。

《晉書》卷二七《五行志上》 傳曰：『棄法律，逐功臣，殺太子，以妾爲妻，則火不炎上。』

說曰：火，南方，揚光輝爲明者也。其於王者，南面鄉明而治。書云：『知人則哲，能官人。』故堯舜舉羣賢而命之朝，遠四佞而放諸埜。孔子曰：『浸潤之譖，膚受之愬，不行焉，可謂明矣。』賢佞分別，官人有序，帥由舊章，敬重功勳，殊別嫡庶，如此則火得其性矣。若乃信道不篤，或耀虛僞，讒夫昌，邪勝正，則火失其性矣。自上而降，及濫炎妄起，焚宗廟，燒宮館，雖興師衆，不能救也，是爲火不炎上。

魏明帝太和五年五月，清商殿災。初，帝爲平原王，納河南虞氏爲妃。及即位，不以爲后，更立典虞車工卒毛嘉女爲后。后本仄微，非所宜升，以妾爲妻之罰也。

青龍元年六月，洛陽宮鞠室災。二年四月，崇華殿災，延於南閣，繕復之。至三年七月，此殿又災。帝問高堂隆：『此何咎也？於禮寧有祈禳之義乎？』對曰：『夫災變之發，皆所以明教誡也，惟率禮修德可以勝之。易傳曰：『上不儉，下不節，孽火燒其室。』又曰：『君高其臺，天火爲災。』此人君苟飾宮室，不知百姓空竭，故天應之以旱，火從高殿起也。案舊占曰：『災火之發，皆以臺榭宮室爲誡。』今宜罷散作役，務從節約，清掃所災之處，不敢於此有所營造，萐莆嘉禾必生此地，以報陛下虔恭之德。』帝不從。遂復崇華殿，改曰九龍。以郡國前後言龍見者九，故以爲名。多棄法度，疲衆逞欲，以妾爲妻之應也。

吳孫亮建興元年十二月，武昌端門災，改作，端門又災。內殿門者，號令所出；殿者，聽政之所。是時諸葛恪執政，而矜慢放肆，孫峻總禁旅，而險害終著。武昌，孫氏尊號所始。天戒若曰，宜除其貴要之首者，恪果喪衆殄人，峻授政於綝，綝廢亮也。或曰，孫權毀徹武昌以增太初宮，諸葛恪有遷都意，更起門殿，事非時宜，故見災也。京房《易傳》曰：『君不思道，厥妖火燒宮。』

太平元年二月朔，建鄴火，人之火也。是秋，孫綝始執政，矯以亮詔殺呂據、滕胤。明年，又輒殺朱異。棄法律逐功臣之罰也。

孫休永安五年二月，城西門北樓災。六年十月，石頭小城火，燒西南百八十丈。是時嬖人張布專擅國勢，多行無禮，而韋昭、盛沖終斥不用，兼遣察戰等爲內史，驚擾州郡，致使交阯反亂，是其咎也。

孫晧建衡二年三月，大火，燒萬餘家，死者七百人。案春秋齊大災，劉向以爲桓公好內，聽女口，妻妾數更之罰也。時晧制令詭暴，蕩棄法度，勞臣名士，誅斥甚衆，後宮萬餘，女謁數行，其中隆寵佩皇后璽綬者又多矣，故有大火。

武帝太康八年三月乙丑，震災西閣楚王所止坊及臨商觀窗。十年四月癸丑，崇賢殿災。十一月庚辰，含章鞠室、脩成堂前廡、景坊東屋、暉章殿南閣火。時有上書曰：『漢王氏五侯，兄弟迭任，今楊氏三公，並在大位，故天變屢見，竊爲陛下憂之。』由是楊珧求退。是時帝納馮紞之間，廢張華之功，聽楊駿之讒，離衞瓘之寵，此逐功臣之罰也。明年，宮車晏駕。其後楚王承竊發之旨，戮害二公，身亦不免。震災其坊，又天意乎。

惠帝元康五年閏月庚寅，武庫火。張華疑有亂，先命固守，然後救火。是以累代異寶，王莽頭，孔子屐，漢高祖斷白蛇劍及二百萬人器械，一時蕩盡。是後愍懷太子見殺之罰也。天戒若曰，夫設險擊柝，所以固其國，儲積戎器，所以戒不虞。今冢嗣將傾，社稷將泯，禁兵無所復施，皇旅又將誰衞。帝后不悟，終喪四海，是其應也。張華、閻纂皆曰，『武庫火而氐羌反，太子見廢，則四海可知』。

八年十一月，高原陵火。是時賈后凶恣，賈謐擅朝，惡積罪稔，宜見誅絕。天戒若曰，臣妾之不可者，雖親貴莫比，猶宜忍而誅之，如吾燔高原陵也。帝既眊弱，而張華又不納裴頠、劉卞之謀，故后遂與謐殺太子也。干寶以爲『高原陵火，太子廢之應。漢武帝世，高園便殿火，董仲舒對與此占同』。

永康元年，帝納皇后羊氏，后將入宮，衣中忽有火，衆咸怪之。永興元年，成都王遂廢后，處之金墉城。是後還立，立而復廢者四。又詔賜死，荀藩表全之。雖來還在位，然憂逼折辱，終古未聞。此孽火之應也。

永興二年七月甲午，尚書諸曹火起，延崇禮闥及閣道。夫百揆王化之本，王者棄法律之應也。後清河王覃入嗣，不終於位，又殺太子之罰也。

孝懷帝永嘉四年十一月，襄陽火，燒死者三千餘人。是時王如自號大將軍、司雍二州牧，衆四五萬，攻略郡縣。此下陵上，陽失其節之應也。

元帝太興中，王敦鎮武昌，武昌災，火起，興衆救之，救於此而發於彼，東西南北數十處俱應，數日不絕。舊說所謂『濫炎妄起，雖興師衆不能救之』之謂也。干寶以爲『此臣而君行，亢陽失節，是爲王敦陵上，有無君之心，故災也』。

永昌二年正月癸巳，京都大火。三月，饒安、東光、安陵三縣火，燒七千餘家，死者萬五千人。

明帝太寧元年正月，京都火。是時王敦威侮朝廷，多行無禮，內外臣下咸懷怨毒，極陰生陽也。

成帝咸和二年五月，京師火。

康帝建元元年七月庚申，吳郡災。

穆帝永和五年六月，震災石季龍太武殿及兩廟端門。震災月餘乃滅，金石皆盡。其後季龍死，大亂，遂滅亡。

海西公太和中，郗愔爲會稽太守。六月大旱災，火燒數千家，延及山陰倉米數百萬斛，炎煙蔽天，不可撲滅。此亦桓溫強盛，將廢海西，極陰生陽之應也。

孝武帝寧康元年三月，京師風火大起。是時桓溫入朝，志在陵上，少主踐位，人懷憂恐，此與太寧火事同。

太元十年正月，國子學生因風放火，焚房百餘間。是後考課不厲，賞黜無章。蓋有育才之名，而無收賢之實，此不哲之罰先兆也。

十三年十二月乙未，延賢堂災。是月丙申，螽斯則百堂及客館、驃騎府庫皆災。于時朝多弊政，衰陵日兆，不哲之罰，皆有象類，主相不悟，終至亂亡。會稽王道子寵幸尼及姏母，各樹用其親戚，乃至出入宮掖，禮見人主。天戒若曰，登延賢堂及客館者多非其人，故災之也。又，孝武帝更不立皇后，寵幸微賤張夫人，夫人驕妬，皇子不繁，乖『螽斯則百』之道，故災其殿焉。道子復賞賜不節，故府庫被災，斯亦其罰也。

安帝隆安二年三月，龍舟二乘災，是水沴火也。其後桓玄篡位，帝乃播越。天戒若曰，王者流遷，不復御龍舟，故災之耳。

元興元年八月庚子，尚書下舍曹火，時桓玄遙錄尚書，故天火，示不復居也。

三年，盧循攻略廣州，刺史吴隱之閉城固守，其十月壬戌夜，火起。時百姓避寇盈滿城内，隱之懼有應賊者，但務嚴兵，不先救火。由是府舍焚蕩，燒死者萬餘人，因遂散潰，悉爲賊擒。

義熙四年七月丁酉，尚書殿中吏部曹火。九年，京都大火，燒數千家。十一年，京都所在大行火災，吴界尤甚。火防甚峻，猶自不絶。王弘時爲吴郡，晝在聽事，見天上有一赤物下，狀如信幡，遙集路南人家屋上，火即大發。弘知天爲之災，故不罪火主。此帝室衰微之應也。

《隋書》卷二二《五行志上》 《洪範五行傳》曰：『火者南方，陽光爲明也。人君向南，蓋取象也。昔者聖帝明王，負扆攝袂，南面而聽斷天下。攬海内之雄俊，積之於朝，以續聰明，推邪佞之僞臣，投之于野，以通壅塞，以順火氣。夫不明之君，惑於讒口，白黑雜揉，代相是非，衆邪並進，人君疑惑。棄法律，間骨肉，殺太子，逐功臣，以孽代宗，則火失其性。』

梁天監元年五月，有盜入南、北掖，燒神武門總章觀。時帝初即位，而火燒觀闕，不祥之甚也。既而太子薨，皇孫不得立。及帝暮年，惑於朱异之口，果有侯景之亂，宮室多被焚燒。天誡所以先見也。

普通二年五月，琬琰殿火，延燒後宮三千餘間。中大通元年，朱雀航華表災。明年，同泰寺災。大同三年，朱雀門災。水沴火也。是時帝崇尚佛道，宗廟牲牷，皆以麪代之。又委萬乘之重，數詣同泰寺，捨身爲奴，令王公已下贖之。初陽爲不許，後爲默許，方始還宮。天誡若曰，梁武爲國主，不遵先王之法，而淫於佛道，横多糜費，將使其社稷不得血食也。天數見變，而帝不悟，後竟以亡。及江陵之敗，闔城爲賤隸焉，即捨身爲奴之應也。

陳永定三年，重雲殿災。

東魏天平二年十一月，閶闔門災。是時齊神武作宰，而大野拔斬樊子鵠，以州來降，神武聽讒而殺之。司空元暉免。逐功臣大臣之罰也。

武定五年八月，廣宗郡火，燒數千家。

後齊後主天統三年，九龍殿災，延燒西廊。四年，昭陽、宣光、瑤華三殿災，延燒龍舟。是時讒言任用，正士道消，祖孝徵作歌謠，斛律明月以誅死。讒夫昌，邪勝正之應也。京房《易傳》曰：『君不思道，厥妖火燒宮。』

開皇十四年，將祠泰山，令使者致石像神祠之所。未至數里，野火欻起，燒像碎如小塊。時帝頗信讒言，猜阻骨肉，滕王瓚失志而死，創業功臣，多被夷滅，故天見變，而帝不悟，其後太子勇竟被廢戮。

大業十二年，顯陽門災，舊名廣陽，則帝之姓名也。國門之崇顯，號令之所由出也。時帝不遵法度，驕奢荒怠，裴蘊、虞世基之徒，阿諛順旨，掩塞聰明，宇文述以讒邪顯進，忠諫者咸被誅戮。天戒若曰，信讒害忠，則除『廣陽』也。

《舊唐書》卷三七《五行志》 開元五年，洪、潭二州災，火延燒郡舍。郡人先見火精赤暾暾飛來，旋即火發。十五年，衡州災，火延燒三四百家。郡人見物大如瓮，赤如燭籠，此物所至，即火發。十八年二月十八日，大雨雪，俄又雷震，飛龍廄災。

天寶二年六月七日，東都應天門觀災，延燒左右延福門，經日不滅。九載三月，華嶽廟災。十載正月，大風，陝州運船失火，燒二百一十五隻，損米一百萬石，舟人死者六百人，又燒商人船一百隻。其年八月六日，武庫災，燒二十八間十九架，兵器四十七萬件。

寶應元年十一月，迴紇焚東都宣春院，延及明堂，甲子日而盡。

廣德元年十二月二十五夜，鄂州失火，燒船三千艘，延及岸上居人二千餘家，死者四五千人。

大曆十年二月，莊嚴寺佛圖災。初有疾風，震雷薄擊，俄而火從佛圖中出，寺僧數百人急救之，乃止，棟宇無損。

貞元七年，蘇州火。十九年四月，家令寺火。二十年四月，開業寺火。

元和四年，御史臺舍火。七年，鎮州甲仗庫一十三間災，節度使王承宗殺主守，坐死者百餘人。承宗方拒天軍，而兵仗爲災所焚，天意嫉惡也。十年四月，河陰轉運院火。十一月，獻陵寢宮永巷火。十一年十二月，未央宮及飛龍草場火，皆王承宗、李師道謀撓用兵，陰遣盜縱火也。時李師道於鄆州起宮殿，欲謀僭亂。既成，是歲爲災並盡，俄而族滅。

大和元年十月甲辰，昭德宮火，延燒至宣政東垣及門下省，至晡方息。八年十二月，昭成宮火。九年六月乙亥朔，西市火。

會昌三年六月，萬年縣東市火，燒屋宇貨財不知其數。又西内神龍宮火。

大順二年七月，汴州相國寺佛閣災。是日晚，微雨，震電，寺僧見赤塊在三門樓藤網中，周遶一帀而火作。良久，赤塊北飛，越前殿飛入佛閣網中，如三門周遶轉而火作。如是三日不息，訖爲灰燼。

《舊五代史》卷一四一《五行志》 唐天成四年十一月，汝州火，燒羽林軍營五百餘間。先是，司天奏，熒惑入羽林，飭京師為火備，至是果應。

長興二年四月辛丑，汴州封禪寺門扉上欻然火起，延燒近舍。是月，衢州奏，黎陽大火。先是，下詔于諸道，令為火備，至是驗之。

三年十二月壬戌，懷州軍營內，三處火光自起，人至即滅，並不焚燒舍宇。明宗謂侍臣曰：『火妖乎？』侍臣曰：『恐妖人造作，宜審詰之。』

晉天福三年十一月，襄州奏，火燒居民千餘家。

九年春，左龍武統軍皇甫遇從少帝禦契丹于鄆州北，將戰之夕，有火光熒熒然，生于牙竿之上。

周顯德五年四月，吳越王錢俶奏，十日夜，杭州火，焚燒府署殆盡。世宗命中使賫詔撫問。

《新唐書》卷三四《五行志一・火不炎上》 貞觀四年正月癸巳，武德殿北院火。十三年三月壬寅，雲陽石燃，方丈，晝則如灰，夜則有光，投草木則焚，歷年乃止。火失其性而沴金也。二十三年三月，甲弩庫火。

永徽五年十二月乙巳，尚書司勳庫火。

顯慶元年九月戊辰，恩州、吉州火，焚倉廩、甲仗、民居二百餘家。十一月己巳，饒州火。

證聖元年正月丙申夜，明堂火，武太后欲避正殿，徹樂。宰相姚璹以爲火因人，非天災也，不宜貶損。后乃御端門觀酺，引建章故事，復作明堂以厭之。是歲，內庫災，燔二百餘區。

萬歲登封元年三月壬寅，撫州火。

久視元年八月壬子，平州火，燔千餘家。

景龍四年二月，東都凌空觀災。

開元五年十一月乙卯，定陵寢殿火。是歲，洪州、潭州災，延燒州署，州人見有物赤而暾暾飛來，旋即火發。十五年七月甲戌，興教門樓柱災。是年，衡州災，延燒三百餘家，州人見有物大如甕，赤如燭籠，所至火即發。十八年二月丙寅，大雨雪，俄而雷震，左飛龍廄災。占曰：『天火燒廄，兵大起。』十月乙丑，東都宮佛光寺火。

天寶二年六月，東都應天門觀災，延燒左、右延福門，經日不滅。京房《易傳》曰：『君不思道，天火燔其宮室。』九載三月，華岳廟災，時帝將封西嶽，以廟災乃止。十載八月丙辰，武庫災，燔兵器四十餘萬。武庫，甲兵之本也。

寶應元年十二月己酉，太府左藏庫火。

廣德元年十二月辛卯夜，鄂州大風，火發江中，焚舟三千艘，延及岸上民居二千餘家，死者數千人。

大曆十年二月，莊嚴寺浮圖災。初有疾風震電，俄而火從浮圖中出。

貞元元年，江陵度支院火，焚江東租賦百餘萬。十三年正月，東都尚書省火。十九年四月，家令寺火。

二年七月，洪州火，燔民舍萬七千家。元和七年六月，鎮州甲仗庫災，主吏坐死者百餘人。八年，江陵大火。十一年十一月甲戌，元陵火。李師道起宮室於鄆州，將謀亂，既成而火。

大和二年十一月甲辰，禁中昭德寺火，延至宣政東垣及門下省，宮人死者數百人。三年十月癸丑，仗內火。四年三月，陳州、許州火，燒萬餘家。十月，浙西火。十一月，揚州海陵火。八年三月，揚州火。皆燔民舍千區。五月己巳，飛龍神駒中廄火。十月，揚州市火，燔民舍數千區。十二月，禁中昭成寺火。

開成二年六月，徐州火，延燒民居三百餘家。四年十二月乙卯，乾陵火。丁丑晦，揚州市火，燔民舍數千家。

會昌元年五月，潞州市火。三年六月，西內神龍寺火；萬年縣東市火，焚廬舍甚衆。六年八月，葬武宗，辛未，靈駕次三原縣，夜大風，行宮幔城火。

乾符四年十月，東都聖善寺火。

大順二年六月乙酉，幽州市樓災，延及數百步。七月癸丑甲夜，汴州相國寺佛閣災。是日暮，微雨震電，或見有赤塊轉門譙藤網中，周而火作。頃之，赤塊北飛，轉佛閣藤網中，亦周而火作。既而大雨暴至，平地水深數尺，火益甚，延及民居，三日不滅。

《文獻通考》卷二九八《物異考四・火災》 《春秋》桓公十四年『八月壬申，御廩災。』董仲舒以爲先是四國共伐魯，魯君臣內怠政事，外侮四鄰，非能保守宗廟終其天年者也。劉向以爲御廩，夫人入妾所舂米之藏以奉宗廟，時夫人有淫行通於齊侯挾逆心欲弒桓公，天戒若曰，夫人不可以奉宗廟。莊公二十年，『齊火災』。劉向以爲齊桓好色，以妾爲妻，嫡庶屢更，故致火災。僖公二十年『五月乙巳，西宮災』。董仲舒以爲僖娶於楚，而齊媵之，脅公立爲夫人。西宮，小寢，夫人所居也。若曰，妾何爲居此宮！誅去之意也。宣公十六年，『成周宣榭火』。榭，所以藏樂器，宣其名也。董仲舒、劉向以爲十五年王札子殺召伯、毛伯，天子不能誅。天戒若曰，不能行政令，何以禮樂爲而藏之？成公三年『二月甲子，新宮災』。《穀梁》以爲宣宮。一曰宣公弒子赤而立，不當列於羣祖，故天災其廟。襄公九年『春，宋災』。晉侯聞之，問士弱曰：『宋災，於是乎知有天道，何故？』對曰：『古之火正，或食於心，或食於咮，以出入火師古曰：』咮音竹救反。『。是故咮爲鶉火，心爲大火。陶唐氏之火正閼伯，居商邱，祀大火，而火紀時焉。

相土因之，故商主大火，商人閱其禍敗之釁必始於火，是以知有天道。』公曰：『可必乎？』對曰：『在道。國亂亡象，不可知也韋昭曰：『大亂之君，天不復告，故無象。』。』說曰：『古之火正，謂火官也，掌祭火星，行火政。季春昏，心星出東方，而咮、七星、鳥首正在南方，則用火；季秋，星入，則止火，以順天時，救民疾。帝嚳則有祝融，堯時有閼伯，民賴其德，死則以爲火祖，配祭火星，故曰『或食於心，或食於咮也』。相土，商祖契之曾孫師古曰：『契讀曰偰，音先列反。字或作壔，其用同耳。據諸典籍，相土即壔之孫，今云曾孫，未詳其意。』，代閼伯後主火星。宋，其後也，世司其占，故先知火災。賢君見變，能修道以除兇；亂君亡象，天不譴告，故不可必也。三十年『五月甲午，宋災』。劉向以爲先是宋公聽讒而殺太子痤，應火不炎上之罰也。

昭公六年『六月丙戌，鄭災』。是春三月，鄭人鑄刑書。士文伯曰：『火見，鄭其火乎？火未出而作火以鑄刑器，藏爭辟焉著刑於鼎，故稱刑器。法設下爭，故云爭辟。火而象之，不火何爲？』說曰：火星出於周五月，而鄭以三月作火鑄鼎，刻刑辟書，以爲民約，是爲刑器爭辟。故火星出，與五行之火爭明爲災，其象然也，又棄法律之占也。九年『夏四月，陳火』。時楚靈王滅陳，鄭裨竈曰：『五年，陳將復封，五十二年而遂亡。』子產問其故，對曰：『陳，水屬也。火，水妃也，而楚所相也。今火出而火陳，逐楚而建陳也。妃以五成，故曰五年。歲五及鶉火，而後陳卒亡，楚克有之，天之道也。』說曰：顓頊以水王，陳其族也師古曰：『陳，舜後也。舜本出顓頊。』。今茲歲在星紀，後五年在大梁。大梁，昴也。金爲水宗，得其宗而昌，故曰『五年陳將復封』。楚之先爲火正，故曰『楚所相也』。天以一生水，地以二生火，天以三生木，地以四生金，天以五生土。五位皆以五而合，而陰陽易位，故曰『妃以五成』。然則水之大數六，火七，水八，金九，土十。故水以天一爲火二牡，木以天三爲土十牡，土以天五爲水六牡，火以天七爲金四牡，金以天九爲木八牡。陽奇爲牡，陰耦爲妃師古曰：『奇音居宜反。』。故曰『水，火之牡也；火，水妃也』。於《易》，《坎》爲水，爲中男，《離》爲火，爲中女，蓋取諸此也。自大梁四歲而及鶉火，四周四十八歲，凡五及鶉火，五十二年而陳卒亡。火盛水衰，故曰『天之道也』。哀公十七年七月己卯，楚滅陳。昭公十八年『五月壬午，宋、衛、陳、鄭災』。董仲舒以爲象王室將亂，天下莫救，故災四國，言亡四方也。

定公二年『五月，雉門及兩觀災。』師古曰：『雉門，公宮南門也。兩觀謂闕。』董仲舒、劉向以爲此皆奢僭過度者也。先是，季氏逐昭公，昭公死於外師古曰：『謂死於乾侯。』。定公即位，不能誅季氏，又用其邪說，淫於女樂，而退孔子師古曰：『齊人歸女樂，季桓子勸定公受之，君臣相與觀之，廢朝禮三日，孔子乃行。』。天戒若曰，去高顯而奢僭者。一曰，門闕，號令所由出也，今捨大聖而縱有罪，亡以出號令矣。京房《易傳》曰：『君不思道，厥妖火燒宮。』哀公三年『五月辛卯，桓、釐宮災』。董仲舒、劉向以爲此二宮不當立，違禮者也。哀公又以季氏之故不用孔子。孔子在陳聞魯災，曰：『其桓、釐之宮乎！』以爲桓，季氏之所出，釐使季氏世卿者也。四年『六月辛卯，亳社火師古曰：『亳社，殷社也。』。』董仲舒、劉向以爲亡國之社，所以爲戒也師古曰：『存其社者，欲使君常思敬慎，懼危亡者也。』。天戒若曰，國將危亡，不用戒矣。《春秋》火災，屢於定、哀之間，不用聖人而縱驕臣，將以亡國，不明甚也。一曰，天生孔子，非爲定、哀也，蓋失禮不明，火災應之，自然象也。

漢惠帝四年十月乙亥，未央宮淩室災藏冰之室；丙子，織室災織作之室。劉向以爲太后立魯元公主女爲皇后。淩室所以供養飲食，織室所以奉宗廟衣服，與《春秋》御廩同又。天戒若曰，皇后亡奉宗廟之德，將絕祭祀。其後，帝崩，后亡子，取後宮美人子立之。呂后崩，諸呂爲亂，大臣誅之而立文帝，惠后幽廢。高后元年五月丙申，趙叢臺災。劉向以爲時呂氏女爲趙王后，嫉妒，將爲讒口以害趙王。王不悟，卒見憂死。文帝七年六月癸酉，未央宮東闕罘罳災師古曰：『罘罳，謂連闕曲閣也，以覆重刻垣墉之處，其形罘罳然，一曰屏也。罘音浮。』如淳曰：『闕與其兩傍俱災也。』。劉向以爲東闕所以朝諸侯之門也，罘罳在其外，諸侯之象也。

漢封諸侯王，連城數十。賈誼等以爲違古制度，必將叛逆。先是，淮南、濟北皆誅反，其後七國舉兵而誅。景帝中五年八月己酉，未央宮東闕災。時栗太子以罪廢，自殺。丞相周亞夫下獄死。武帝建元六年六月丁酉，遼東高廟災。四月壬子，高園便殿火。董仲舒對以。『《春秋》時，亳社、兩觀、桓釐廟災，四者皆不當立，天皆燔其不當立者以示魯。今高廟不當居遼東，高園殿不當居陵旁，於禮亦不當立，與魯所災同。』

按：古者諸侯不敢祖天子，則高廟不當立於遼東也。古者墓以藏體魄，廟以宅神靈，故祭於廟，不祭於墓，則高園殿不當居陵旁也。二者皆失禮之事，謂天燔其不當立者以示警猶之可也。而仲舒所對，累數百言，至謂：『天災若語陛下：「視親戚貴屬在諸侯遠正最甚者，忍而誅之，如吾燔遼東高廟；視近臣在國中處旁仄及貴而不正者，忍而誅之，如吾燔高園殿」。』大概勸帝以多行殺戮，而於郡國陵墓不當立廟之説，略無所發明。帝採其説，而使仲舒弟子吕步舒治淮南獄，深竟黨，與坐死者甚衆。蓋此對徒足以啟帝之忍心，而略不能革漢之失禮矣。故秖取其兩言，而餘語則盡削之云。

武帝太初元年十一月乙酉，未央宮柏梁臺災。先是，大風發其屋，夏侯始昌先言其災曰。後有江充巫蠱衛太子事。昭帝元鳳元年，燕城南門災。劉向以爲時燕王使邪臣通於漢，爲讒賊，謀逆亂。南門者，通漢道也。四年五月丁丑，孝文廟正殿災。劉向以爲是歲正月，上加元服，有明哲之性。而大將軍光久秉政不歸，亡周公之德，將有國害。故正月加元服，五月而災見。古之廟皆在城中，孝文廟始出居外，天戒若曰，去貴而不正者。宣帝既立，光猶秉政，驕溢過制，妻顯弑后，隨以誅滅。宣帝甘露元年四月丙申，中山太上皇廟災。甲辰，孝文廟災。元帝初元三年四月乙未，孝武園白鶴館災。劉向以爲先是前將軍蕭望之、光禄大夫周堪輔政，爲佞臣石顯、許章等所譖，望之自殺，堪廢黜。明年，白鶴館災。園中五里馳逐走馬之館五里者，言周回五里，不當在山陵昭穆之地。

天戒若曰，去貴近逸遊不正之臣，將害忠良。後章坐走馬上林下烽馳逐免官夜於上林苑下舉火馳射也。永光四年六月甲戌，孝宣杜陵園東闕南方災。時上復用周堪、張猛等，石顯終欲害之。園陵小於朝廷，闕在司馬門中，内臣顯之象也。孝宣，親而貴；門闕，法令所從出也。天戒若曰，去法令，内臣親而貴者必爲國害。後顯卒害猛。

按：魯哀公三年，桓、僖宮災。《左傳》載：孔子在陳，聞火，曰：『其桓、僖乎？』杜征南注以爲桓、僖親盡而廟不毁，故天示以災。《公羊傳》之説亦然。蓋逾禮畢而以諂瀆事神，則神亦不享其祭，故天降之災，非曰桓、僖有以獲罪於天，而火焚其廟也。至仲舒、劉向則謂以季氏之故，桓則季氏所出，而僖則使季氏世卿者。於是以爲其咎不在當時之君，而歸過於祖宗，其説鑿矣。至其論漢世以來之災異，如高廟之火，以爲爲諸侯王、大臣；文廟之火，以爲爲霍光；宣廟之火，以爲爲石顯。夫諸侯王之過制，霍光之專擅，石顯之奸欺，所以致之者，時君之過也，於先代何預？且曰貴而不正者天燔之，是天欲示警於子孫而焚其祖宗之廟，蓋亦迂遠而不切矣。況宗廟，人主所嚴事者也。災延宗廟，變異不小，不思側身脩行以謝天地祖宗，而方且以驕恣專擅之臣擬之，以爲天惡而欲燔之以示戒，其説不亦謬乎！

成帝建始元年正月乙丑，皇考廟災。初，宣帝爲昭帝後而立父廟，於禮不正。

又時大將軍王鳳擅朝，將害國家，故天見象。鴻嘉三年八月乙卯，孝景廟北闕災。十一月甲寅，許皇后廢。永始元年正月癸丑，大宮淩室災。戊午，戾后園南闕災。時趙飛燕大幸，許后既廢，上將立之，故天見象於淩室，與惠帝四年同應。又戾后起於微賤，與趙氏同應。天戒若曰，微賤亡德之人不可以奉宗廟，將絶祭祀。四年四月癸未，長樂宮臨華殿及未央宮東司馬門災。六月甲午，孝文霸陵園東闕南方災。長樂宮，成帝母王太后所居也。未央宮，帝所居也。霸陵，太宗盛德園也。時太后三弟相續秉政，舉宗居位，充塞朝廷，將害國家，故天象仍見。哀帝建平三年正月癸卯，桂宮鴻寧殿災。帝祖母傅太后所居也。時傅太后欲與成帝母等號齊尊，大臣以諫獲罪。後三年，帝崩，傅氏誅滅。平帝元始五年七月己亥，高皇帝原廟殿門災盡。時平帝幼，王太后臨朝，委政王莽，將篡漢祚，墮高帝宗廟，故天象見也。

王莽地皇三年二月，霸橋災，數千人以水沃救，不滅。

後漢光武建武六年十二月，雒陽市火。二十四年正月戊子，雷雨霹靂，火災高廟北門。明帝永平元年六月己亥，桂陽火飛來，燒城寺。章帝建初元年十二月，北宮火燒壽安殿，延及右掖門。元和三年六月丙午，雷雨，火燒北宮朱爵西闕。和帝永元八年十二月丁巳，南宮宣室殿火。時帝幸北宮，竇太后在南宮。明年，竇太后崩。十三年八月己亥，北宮盛饌門閤火。時和帝幸鄧貴人，陰氏以罪廢死，立鄧貴人爲皇后。十五年六月辛酉，漢中城固南城門災。此孝和皇帝將絕世之象也。其後二年，帝崩，殤帝及平原王皆早夭，和帝世絕。安帝永初元年十二月，河南郡縣火，燒殺百五人。二年，河南郡縣又失火，燒五百八十四人。四月甲寅，漢陽河陽城中失火，燒殺三千五百七十人。先是和帝崩，立殤帝，復早夭，平原王勝有廢疾，乃更立清河王子，是爲安帝。四年三月戊子，杜陵園火。元初四年二月壬戌，武庫火，燒兵物一百一十五種，直千萬以上。

時羌叛，大發兵御之，積十餘年，天下厭苦兵役。延光元年八月戊子，陽陵園寢殿災。凡災發於先陵，此太子將廢之象也。若曰：不當廢太子以自翦，如火不當害先陵之寢也。明年，上以讒言廢皇太子爲濟陰王。後二年，宮車晏駕。中黃門孫程等十九人起兵殿省，誅賊臣，立濟陰王。四年秋七月乙丑，漁陽城門樓災。順帝永建三年七月丁酉，茂陵園寢殿災《古今注》曰：『二年五月戊辰，守宮失火，燒宮藏財物盡。四年，河南郡縣失火，燒人六畜。』。陽嘉元年，恭陵廡災，及東西幕府火。《古今注》曰：『十二月，河南郡國火燒廬舍，殺人。』太尉李固以爲奢僭所致。陵之初造，禍及枯骨，規廣治之尤飾。又上欲更造宮室，益臺觀，故火起幕府，燒材木。永和元年十月丁未，承福殿火臣昭按《楊厚傳》是災。先是爵號阿母宋娥爲山陽君；後父梁商本國侯，又多益商封。商子冀不襲父爵，别封襄邑侯。皆過差非禮。漢安元年三月甲午，雒陽劉漢等百九十七家爲火所燒《古今注》曰：『火或從室屋間物中，不知所從起，數月乃止。』。後四年，宮車比三晏駕，建和元年君位乃定。桓帝建和六年五月癸丑，北宮掖庭中德陽殿火，及左掖門。時梁冀挾奸譖殺太尉杜喬。是後梁太后崩，梁氏誅滅。延熹四年正月辛酉，南宮嘉德殿火。戊子，丙署火。二月壬辰，武庫火。五月丁卯，原陵長壽門火。先是亳后因賤人得幸，號貴人，爲后。

上以后母宣爲長安君，封其兄弟，受寵隆崇，又多封無功者。去年春，白馬令李雲坐直諫死。至此彗除心、尾，火連作。五年正月壬午，南宮丙署火。四月乙丑，恭北陵東闕火。戊辰，虎賁掖門火。五月，康陵園寢火。甲申，中藏府承祿署火。七月己未，南宮承善闥內火。六年四月辛亥，康陵東署火。七月甲申，平陵園寢火。八年二月己酉，南宮嘉德署、黃龍千秋萬歲殿皆火。四月甲寅，安陵園寢火。閏月，南宮長秋、和懽殿後鈎盾、掖庭、朔平署各火。十一月壬子，德陽前殿西閤及黃門北寺火，殺人。袁山松書曰：『是時連月有火災，諸官寺或一日再三發。又夜有訛言，擊鼓相驚。陳蕃、劉志茂上疏諫曰：「古之火皆君弱臣強，極陰之變也。前始春而獄刑慘，故火不炎上。前入春節連寒，木冰，暴風折樹，又八九州郡並言隕霜殺菽。《春秋》晉執季孫行父，木爲之冰。夫氣弘則景星見，化錯則五星開，日月蝕。災爲己然，異爲方來，恐卒有變，必於三朝，唯言政可以已之。願察臣前言，不棄愚忠，則元元幸甚。」書奏不省。』九年三月癸巳，京都夜有火光轉行，民相驚噪。袁山松書曰：『是時宦豎專朝，鈎黨事起，上尋無嗣，陳蕃、竇武爲曹節等所害，天下無復紀綱。』靈帝熹平四年五月，延陵園災。光和四年閏月辛酉，北宮東掖庭永巷署災陳蕃諫云：『楚女悲而西宮災，不御宮女，怨之所致也。』。五年五月庚申，德陽前殿西北入門內永樂太后宮署火。中平二年二月己酉，南宮雲臺災。庚戌，樂城門災南宮中門，延及北闕道，西燒嘉德、和懽殿。案雲臺之災自上起，榱題數百，同時並然，若就縣華鐙，其日燒盡，延及白虎、威興門、尚書、符節、蘭臺。夫雲臺者，乃周家之所造也，圖書、術籍、珍玩、寶怪皆所藏在也。京房《易傳》曰：『君不思道，厥妖火燒宮。』是時黃巾作慝，七州二十八郡同時俱發，百姓死傷過半。靈帝虐侈滋甚，官非其人，政以賄成。天戒若曰，放賢賞淫，何以舊典爲？故焚其臺門秘府也。其後三年，靈帝暴崩，繼以董卓之亂，火三日不絕，京都邱墟。獻帝初平元年八月，霸橋災。其後三年，董卓見殺。

魏明帝太和五年五月，清商殿災。初，帝爲平原王，納河南虞氏爲妃。及即位，不以爲后，更立典虞車工卒毛嘉女爲后。后本仄微，非所宜升，以妾爲妻之罰也。青龍元年六月，洛陽宮鞠室災。二年四月，崇華殿災，延於南閣，繕復之。至三年七月，此殿又災。帝問高堂隆：『此何咎也？於禮寧有祈禳之義乎？』對曰：『夫災變之發，皆所以明教誡也，惟率禮脩德可以勝之。《易傳》曰：

「上不儉，下不節，孽火燒其室。」又曰：「君高其臺，天火爲災。」此人君苟飾宮室，不知百姓空竭，故天應之以旱，火從高殿起也。按《舊占》曰：「災火之發，皆以臺榭宮室爲誡。」今宜罷散作役，務從節約，清掃所災之處，不敢於此有所營造，蓮莆上所甲反，下音甫嘉禾必生此地，以報陛下虔恭之德。』帝不從。遂復崇華殿，改曰九龍。以郡國前後言龍見者九，故以爲名。多棄法度，疲衆逞欲，以妾爲妻之應也。

吴孫亮建興元年十二月，武昌端門災，改作端門，又災內殿。門者，號令所出；殿者，聽政之所。時諸葛恪執政，矜慢放肆，孫峻總禁旅，險害終著。

恪喪衆殄人，峻授政於綝，綝廢亮也。太平元年二月朔，建業火。時孫綝執政，矯詔殺呂據、滕允。明年，又殺朱異。棄法律逐功臣之罰也。孫休永安五年二月，城西門北樓災。六年十月，石頭小城火。時嬖人張布專國，多行無禮。孫皓建衡二年三月，大火，燒萬家，死者七百人。時皓制令詭暴，棄法度，誅名士，後宮女謁盛行。

晉武帝太康八年三月乙丑，震災西閣楚王所止坊及臨商觀窻。十年四月癸丑，崇賢殿災。十月庚辰，含章鞠室、脩成堂前廡、景坊東屋、暉章殿南閣火。

時有上書曰：『漢王氏五侯，兄弟疊任，今楊氏三公，並在大位，故天變屢見，竊爲陛下憂之。』由是楊珧音遙求退。是時帝納馮紞都敢反之間，廢張華之功，德楊駿之讒，離衛瓘之寵，此逐功臣之罰也。明年，宮車晏駕。其後楚王承竊發之旨，戮害二公，身亦不免。震災其坊，又天意乎。惠帝元康五年閏月庚寅，武庫火。張華疑有亂，先命固守，然後救火。是以累代異寶，王莽頭，孔子屐其逆反，漢高祖斷白蛇劍及二百萬人器械，一時蕩盡。是後愍懷見殺，太子之罰也。天戒若曰，冢嗣將傾，社稷將泯，禁兵無所復施，皇旅又將誰衛。帝后不悟，終喪四海。八年十一月，高原陵火。時賈后兇恣，賈謐專朝，惡罪宜見誅絕之應。永興二年七月甲午，尚書諸曹火起，延崇禮闥及閣道。夫百揆主化之本，王者棄法律之應也。後清河王覃入嗣，不終於位，又殺太子之罰也。

孝懷帝永嘉四年十一月，襄陽火，燒死者三千餘人。時王如自號大將軍、司雍二州牧，衆四五萬，攻略郡縣。此下陵上，陽失其節之應也。元帝太興中，王敦鎮武昌，武昌災，火起，興衆救之，於此而發於彼，東西南北數十處俱應，數日不絕。舊説所謂『濫炎妄起，雖興師衆不能救之』之謂也。干寶以爲『此臣而君行，亢陽失節，是爲王敦陵上，有無君之心，故災也。』永昌二年正月癸巳，京都大火。三月，饒安、東光、安陵三縣火，燒七千餘家，死者萬五千人。明帝太寧元年正月，京都火。是時王敦威侮朝廷，多行無禮，內外臣下咸懷怨毒，極陰生陽也。成帝咸和二年五月，京師火。康帝建元元年七月庚申，吴郡災。

穆帝永和五年六月，震災石季龍太武殿及兩廟端門。震災月餘乃滅，金石皆盡。

其後季龍死，大亂，遂滅亡。

海西公太和中，郄愔爲會稽太守。六月，大旱，災，火燒數千家，延及山陰倉米數百萬斛，炎煙蔽天，不可撲滅。此亦桓溫強盛，將廢海西，極陰生陽之應也。孝武帝寧康元年三月，京都風火大起。是時桓溫入朝，志在陵上，少主踐位，人懷憂恐，此與太寧火事同。太元十年正月，國子學生因風放火，焚房百餘間。是後考課不厲，賞黜無章。蓋有育才之名，而無收賢之實，此不哲之罰先兆也。十三年十二月乙未，延賢堂災。是月景申，螽斯則百堂及客館、驃騎府庫皆火。於時朝多弊政，衰陵日兆，不哲之罰，皆有象類，主相不悟，終至亂亡。會稽王道子寵幸尼及姏武酣反，老女稱母，各樹用其親戚，乃至出入宮掖，禮見人主。天戒若曰，登延賢堂及客館者多非其人，故災之也。又孝武帝更不立皇后，寵幸微賤張夫人，夫人驕妒，皇子不繁，乖『螽斯則百』之道，故災其殿焉。道子復賞賜不節，故府庫被災，斯亦其罰也。

安帝隆安二年三月，龍舟二乘災。是水沴火也。其後桓元篡位，帝乃播越。天戒若曰，王者流遷，不復御龍舟，故災之耳。元興元年八月庚子，尚書下舍曹火。

時桓元遙錄尚書，故天火，示不復居也。三年，盧循攻略廣州，刺史吴隱之閉城固守。其十月壬戌夜，火起。時百姓避寇盈滿城內，隱之懼有應賊者，但務嚴兵，不先救火。由是府舍焚蕩，燒死者萬餘人，因遂散潰，悉爲賊擒。義熙四年七月丁酉，尚書殿中吏部曹火。九年，京都大火，燒數千家。十一年，京都所在大行火災，吴界尤甚。火防甚峻，猶日不絕。王弘時爲吴郡，晝在聽事，見天上有一赤物下，狀如信幡，遙集路南人家屋上，火即大發。弘知天爲之災，故不罪火主。此帝室衰微之應也。

宋文帝元嘉五年正月戊子，都下大火。七年十二月，都下火，延燒大社北墻。二十九年三月壬午，都下火。

齊東昏侯永元二年七月甲申，宮內火，惟東閣內明帝舊殿數區及太極殿以南得存，餘皆蕩盡。

梁武帝天監元年五月，有盜入南、北掖，燒神武門、總章觀。時帝初即位，而火燒觀闕，不祥之甚。既而太子薨，皇孫不得立。及帝暮年，惑於朱異之口，果有侯景之亂，宮室多被焚燒，天誡所以先見也。普通二年五月，琬琰殿火，延燒後宮三千餘間。中大通元年，朱雀航華表災。明年，同泰寺災。大同三年，朱雀門災，水沴火也。時帝崇尚佛道，宗廟牲牷，皆以面代之。又數詣寺捨身爲奴，王公以下贖之。天變數見而不悟，後卒以亡。

陳武帝永定三年，重雲殿災。

東魏孝靜天平二年十一月，閶闔門災。是時齊神武作宰，而大野拔斬樊子鵠，以州來降，神武聽讒而殺之。司空元暉免。逐功臣、大臣之罰也。武定五年八月，廣宗郡火，燒數千家。

後齊後主天統三年，九龍殿災，延燒西廊。四年，昭陽、宣光、瑤華三殿災，延燒龍舟。是時讒言任用，正士道消，祖孝徵作歌謠，斛律明月以誅死。讒夫昌，邪勝正之應也。京房《易傳》曰：『君不思道，厥妖火燒宮。』

隋文帝開皇十四年，將祠泰山，令使者致石象神祠之所。未至數里，野火欻起，燒像碎如小塊。時帝頗信讒言，猜阻骨肉，滕王瓚失志而死，創業功臣，多被夷滅，故天見變，而帝不悟。其後太子勇竟被廢戮。煬帝大業十二年，顯陽門災，舊名廣陽，則帝之姓名。國門之崇顯，號令之所由出也。時帝不遵法度，驕奢荒怠，信讒害忠。天意若曰，害廣陽也。

唐太宗貞觀四年正月癸巳，武德殿北院火。二十三年三月，甲弩庫火。高宗永徽五年十二月乙巳，尚書司勳庫火。顯慶元年九月戊辰，恩州、吉州火，焚倉廩、甲仗、民居二百餘家。十一月己巳，饒州火。武太后證聖元年正月丙申夜，明堂火，武太后欲避正殿，徹樂。宰相姚璹以爲火因人，非天災也，不宜貶損。後乃御端門觀，酺，引建章故事，復作明堂以厭之。是歲，內庫災，燔二百餘區。萬歲通天元年三月壬寅，撫州火。久視元年八月壬子，平州火，燔千餘家。中宗景龍二年二月，東都淩空觀災。元宗開元五年十一月乙卯，定淩寢殿火。是歲，洪州、潭州災，延燒州署，州人見有物赤而暾暾飛來，旋即火發。

十五年七月甲戌，興教門樓柱災。是年，衡州災，延燒三百餘家，州人見有物大如甕，赤如燭籠，所至火即發。十八年二月丙寅，大雨雪，俄而雷震，左飛龍廄災。占曰：『天火燒廄，兵大起。』十月乙丑，東都宮佛光寺火。天寶二載六月，東都應天門觀災，延燒左、右延福門，經日不滅。京房《易傳》曰：『君不思道，天火燔其宮室。』九載三月，華嶽廟災，時帝將封西嶽，以廟災乃止。

十載八月丙辰，武庫災，燔兵器四十餘萬。武庫，甲兵之本也。肅宗寶應元年十二月己酉，太府左藏庫火。代宗廣德元年十二月辛卯夜，鄂州大風，火發江中，焚舟三千艘，延及岸上民居二千餘家，死者數千人。大曆十年二月，莊嚴寺浮圖災。初有疾風震電，俄而火從浮圖中出。德宗貞元元年，江陵度支院火，焚江東租賦百餘萬。十三年正月，東都尚書省火。十九年四月，家令寺火。

憲宗元和二年七月，洪州火，燔民舍萬七千家。七年六月，鎮州甲仗庫災，主吏坐死者百餘人。八年，江陵大火。十一年十一月甲戌，元陵火。李師道起宮室於鄆州，將謀亂，既成而火。文宗太和二年十一月甲辰，禁中昭德寺火。延至宣政東垣及門下省，宮人死者數百人。三年十月癸丑，使內火。四年三月，陳州、許州火，燒萬餘家。十月浙西火。八年三月，揚州火。皆燔民舍千區。五月己巳，飛龍駒中廄火。十月，揚州市火。燔民舍數千區。十二月，禁中昭成寺火。開成二年六月，徐州火，延燒居民三百餘家。四年十二月乙卯，乾陵火。丁丑晦，揚州市火，燔民舍數千家。武宗會昌元年五月，潞州市火。

三年六月，西內神龍寺火；萬年縣東市火，焚廬舍甚衆。六年八月，葬武宗，辛未，靈駕次三原縣，夜大風，行宮幔城火。僖宗乾符四年十月，東都聖善寺火。昭宗大順二年六月乙酉，幽州市樓災，延及數百步。七月癸丑甲夜，汴州相國寺佛閣災。是日暮，微雨，震電，或見有赤塊轉門譙藤網中，周而火作。頃之，赤塊北飛，轉佛閣籐網中，亦周而火作。既而大雨暴至，平地水深數尺，火益甚，延及民居，三日不滅。

後唐明帝天成四年十一月，汝州火，燒羽林軍營五百餘間先是，司天奏：『熒惑入羽林，請京師爲火備。』至是應之。長興二年四月，汴州封禪寺門上忽有火起，延燒近寺廬舍，相次黎陽縣亦火。

後晉高祖天福三年十一月，襄州奏，火焚居民千餘家。

周世宗顯德五年四月，吳越王錢弘俶奏：『十日夜，杭州火，焚燒府署殆盡。』上命中使賚詔恤問。

宋太祖建隆元年，宿州火，燔民舍萬餘區。二年三月，內酒坊火，燔捨百八十區，酒工死者三十餘。三年正月，滑州甲仗庫火，燔儀門及軍資庫一百九十區，兵器、錢帛並盡。開封府通許鎮民家火，燔廬舍三百四十餘區。二月，安州牙吏施延業家火，燔民舍並顯義軍營共六百餘區。五月，京師相國寺火，燔舍百餘區。海州火，燔數百家，死者十八人。乾德四年二月，岳州衙署、廪庫火，燔市肆、民舍殆盡，官吏逾城僅免。三年，陳州火，燔民舍數千區。潭州火，燔民舍五百區；逾月，民死者三十六人。是春，諸州言火者甚衆。八月，衡州火，燔公署、倉庫、民舍，僅存者千餘區。五年，京師建隆觀火。開寶二年八月，辰州廨火，及燔軍資庫。五年七月，忠州廨火，倉庫殆盡。七年九月，亳州永城縣火，燔民舍一千八十四區，八年四月，洋州火，燔州廨、民舍千七百區。

亳州永城縣火，燔軍營、民舍千九百八十區，死者九人。太宗太平興國七年八月，益州西倉災。雍熙元年五月丁丑，乾元、文明二殿災。初夕，陰雲雷震，火起月華門，翊日辰巳方止。二年九月庚戌夜，楚王元佐宮火，燔舍數百區。王自是以疾廢於家。端拱元年二月，雲安軍威棹營火。二年三月，衡州火，燔州縣官舍、倉庫、軍營三百餘區。又崇賢坊有烏銜火，燔數十處，七日不滅。亀化三年十月，蔡州懷愛軍營火，燔汝河橋民居、官舍三千餘區，死者數人。十二月，建安軍城西火，燔民舍、官廨等殆盡。四年二月，永州保安津舍火，飛焰過江，燒州門及民屋三百餘家。真宗咸平二年四月，池州倉火，燔米八萬七千斛。

景德元年正月，平虜軍營火，焚居民廬舍甚衆。四年十一月，郢州火，倉庫並盡。大中祥符元年正月，桂州甲仗庫災。二年四月，昇州火，燔軍營、民舍殆盡。七年，雄州甲仗庫火，八年二月甲寅，宗正寺火。四月壬申夜，榮王元儼宮火，自三鼓北風甚，癸酉亭午乃止，延燔承天祥符門、內藏左藏庫、朝元門、崇文院、秘閣、天書法物內香藥庫。九年五月甲子，左天廄坊草場火。天禧二年二月戊寅，北宅蔡州團練使德雍院火，延燔數百區。三年春，京師多火。

六月，永州軍營火，延民舍數百區。仁宗天聖七年六月丁未，玉清昭應宮災。

初，大中祥符元年，詔建宮以藏天書，七年宮始成，凡三千六百一十楹。至是，火發夜中，大雷雨，至曉而盡。明道元年八月壬戌，脩文德殿成。是夜，中火，延燔崇德、長春、滋福、會慶、延慶、崇徽、天和、承明八殿。景祐三年七月庚子，太平興國寺，火起閣中，延燔開先殿及寺舍數百楹。是夕，大雨雹。寶元三年六月丁丑，益州火，焚民廬舍三千餘區。康定元年六月乙未，南京鴻慶宮神御殿火。慶曆三年十一月丙寅，上清宮火。八年正月壬午，江寧府火。初，李景在江南大建宮室、府事，其制多仿帝室，至是一夕而焚，惟存一廳，乃玉燭殿也。至和二年，并州太宗神御殿火。嘉祐三年正月，溫州火，燔屋萬四千間，死者五十人。神宗治平四年十二月壬子夜，睦親宮火，焚九百餘間；甲寅，廣親宮又火。熙寧六年二月丙申，永昌陵上宮火，燔東城門。七年九月壬子，三司火，自巳至戌，焚屋千八十楹，案牘殆盡。十年正月，仙韶院火，撤屋二百五十楹。三月丙子，開封府火。元豐元年八月，邕州火，焚官舍千三百四十六區，諸軍衣萬餘襲，穀帛軍器百五十萬。四年六月，衡州火，燒官舍、民居七千二百楹。又欽州，亦大雷震，火焚城屋。五年二月，洞真宮火。八年二月辛巳，開寶寺火。時寓禮部貢院於寺，點檢試卷官翟曼、陳方、馬希孟焚死，吏卒死者十四人。哲宗元祐元年三月，宗室宮院火。六年十二月，開封府火。紹聖三年三月初七日，尚書省火，尋撲滅。上諭執政：禁中屢火，方醮禳，已罷春宴，仍不御垂拱殿三日。四年七月甲子，禁中火。元符元年四月，宗室宮院火。

徽宗建中靖國元年六月壬寅，集禧觀火，大雨中久而後滅。崇寧二年六月，太一宮火。三年三月辛丑，大內火。政和三年四月，蘇州火，延燒公私屋一百七十餘間。五月辛丑，京師大盈倉火。是歲，成都府大慈寺、溫州純州皆火。八年九月，掖庭大火，自甲夜達曉，大雨如傾，火益熾，幾爇五千餘間，後苑廣聖宮及宮人所居幾盡，焚死者甚衆。欽宗靖康元年十二月丙子夜，尚書省火，延燒禮、祠、工、刑、吏部，拆尚書省牌擲火中禳之乃息。二年三月戊戌，天漢橋火，焚百餘家。頃之，都亭驛又火。己酉，保康門火。高宗紹興元年十月乙酉，行在、越州大火，民多露處令有司賑緡粟，弛財葦之征。十二月辛未，越州再火，吏部文書多焚；乙酉，降旨移蹕錢塘。二年正月丁巳，宣州大火，燔城中民舍幾盡。五月庚辰，行在臨安府大火，頃刻，跨山亙六七里，燔民舍一萬數千家。十二月甲午，行都大火，燔吏刑工部、御史臺、官府、民廬、軍壘盡，乙未旦乃熄，銓選文書無存者令戶部發廩賑焚室。三年九月庚申，行都闕門外民廬火，燔者甚廣令戶部發廩以賑，命有司脩火政。四年正月戊寅，行都火，燔闤闠民廬數千家。六年二月，行都屢火，通燔千餘家詔沿流州縣幾執奸間者，以李光言而止。十二月，行都大火，燔民廬萬餘家，人有灼死者。

時上以劉豫入寇親征，都民之暴露者多凍死令留守秦檜發戶部米以賑。七年二月丁酉，太平州大火，州治宣撫司及官舍民廬、帑藏、文書皆盡，民之死於火者甚衆，錄事參軍呂應中死其職，當塗縣丞李致虛亦死焉。九年二月己卯，行都火。七月壬寅，復火。十年十月，行都火、燔民廬、官舍，延及省部。十一月丁巳，溫州大火，燔州學、酤征舶等務、永嘉縣治及民廬千餘家。十一年七月，婺州大火，燔郡獄、倉場務、寺觀甚廣，民廬幾毀其半。九月甲寅，建康府火，燔府治三千餘區，民廬三千餘家。十二年二月辛巳，鎮江府火，燔倉米數萬石，芻六萬束，民居之焚者尤衆。是月，太平、池州及蕪湖縣火，皆燔民廬。四月庚辰，行都火。九月甲子，行都民居火，經夕，漸近太室而滅乙丑，令有司撤火道，周廟垣二十步。十七年十二月辛亥，靜江府火，燔民舍甚衆。二十年正月壬午，行都火，燔吏部文書皆盡。二十六年，潭州南嶽廟火即請復作廟，令有司給以緡粟。二十九年四月，鎮江府火，焚軍壘、民廬令有司予財賑粟。雍熙乾道元年春，德安府應城縣廄驛火。二年冬，真州六合縣武鋒軍壘火。十二月，婺州火。自是火患不息，人火之也。九年九月，臺州火，經夕，至於翌日晝漏半，燔郡獄、縣治、醞務及民廬七千餘家。鼂熙元年十二月丁巳，泉州火，燔城樓、民舍五十餘家令有司賑恤。二年六月戊午，潭州南嶽廟火令有司給錢萬五千緡、粟三千斛改作。八月，嚴州火令守臣恤之。

十一月癸亥，麗正門內東廡災。是歲，瀘州火郡上焚室之書不實，部刺史張之俱坐貶秩。三年九月，大內射殿災，延及東宮門。四年十一月辛酉，鄂州南市火，暴風通夕，燔民舍千餘家令漕臣、郡守賑恤之。五年四月庚寅，興州沙市火，燔民舍三百四十餘家，人有焚死者。十一月，和州牧營火，燔一百六十區禁旅番上者居之也。七年二月，江陵府沙市大火，燔民舍數千家，江艦焚溺不可勝計，灼死者甚衆。八月，溫州試士，丁酉，火作於貢闈上令籍元卷姓名再試，防其溢於外貫也。八年正月，揚州火。九年九月合州大火，燔民居幾盡，官舍僅有存者。十二年八月，溫州火，燔城樓、居民廬四百餘家。

十月，鄂州大火，燔民居萬餘家。江風暴作，結廬於隄、泊艦於岸者，焚溺無遺令守臣恤之，且止民毋隄居。十四年五月，大內武庫火，戎器不害。

六月庚寅，行都寶蓮山民居火，延七百餘家，捄焚將校有死者令守臣以緡粟賑之。五月，成都府市火，燔民舍萬家令帥臣賑恤之。十六年九月，南劍州大火，民居存者無幾。光宗紹熙元年八月壬寅，處州火，延州市及民舍數百家。二年四月，行都傳法寺火，延及民廬。言者以戚里土木，爲孽火數起之應。時中宮建廟第，都民之應徙者多。是月，徽州大火，自庚子至於壬寅夜，燔州治、樵樓、官舍、郡獄、緡帑庫務，凡十九所，五百二十餘區，延户廬一千五百家令部使者賑之粟。五月己巳，金州火，燔州治、官舍、帑藏、保勝軍器庫、城內外民舍甚廣令總鑲及常平使者賑之。三年正月己巳，行都火，通夕，至於庚午，闤闠焚者半。十一月，又火，燔民居五百餘家。十二月甲辰，鄂州火，至於乙巳，燔民居八百家，市井樓簾無存者。寧宗慶元二年八月己酉，永州州市火，燔民廬三百家皆令守臣賑恤之。三年五月甲申，金州都統司中軍壘舍火，焚一千三百餘區。閏六月乙酉，又火，燔二千餘區令予緡錢營其壘。六年八月戊戌，徽州火，燔民舍八百餘家，延郡獄、官舍甚廣令守臣賑恤之。嘉泰元年三月戊寅，行都大火，至於四月辛巳，燔御史臺、司農寺、將作軍器監、進奏文思御輦院、太史局、軍頭皇城司、法物庫、御廚、班直諸軍壘及民居五萬八千九十七家，城內外亙十餘里。灼死之可知者五十有九人，而踐死者不可計。都城九毀其七，時百官皆僦舟以居是夕火作於寶蓮山御史臺胥楊浩居捨，諫議大夫程松請戮浩以謝都民。再疏，始黥萬安軍，猶免決。自是都民訛自相驚，亡賴因以縱火爲奸利壬午，上降次貶食，下哀痛之詔，內出帑錢一十六萬三千五百七十餘緡，米六萬五千一百九十餘石，賑焚室。三年正月丁酉，襄陽府火作而風暴，僅燔民舍六十家選鋒軍校于友直死於救焚，帥、漕臣上其功，贈二秩，官其二子。十一月甲午，福州火，民舍之焚者四百餘家。

四年三月丁卯，行都大火，燔尚書省、中書省、樞密院、六部、右丞相府、制敕糧料院、親兵營、脩內司，延及學士院、內酒庫、內宮門廡，夜召禁旅入撲。太室撤廟廡，神主移御壽慈宮，冊寶隨之。戊辰旦，火及和寧門鴟，禁卒張隆飛梯斧鴟，門以下不火。是夕火，分數道，燎民廬三千七十餘家詔出內帑緡錢、豐儲倉米以賑。己巳，神主回御太室。時省部皆寓治驛、寺壬申，上避路朝，下罪已詔。乙亥，令百官直言時政闕失。六月，盱眙軍天長縣禁旅戍壘火，鎧械爲盡。八月壬辰，鄂州外南市火，燔民舍五百餘家。開禧二年二月癸丑，壽宮火，乙卯，上降次去樂。四月壬子，行都火，燔民居數百家詔出封樁緡錢、豐儲倉粟以賑。嘉定二年八月己巳，信州火，燔民廬二百家。九月丁酉，吉州火，燔五百餘家。是歲，瀘州火，延及民廬一千餘家皆令郡賑恤之。四年閏二月己卯，紹興府嵊縣浦橋火，燔百餘家。三月，滁州火，燔民居甚廣皆令各郡賑恤之。十月，撫州火。辛卯，福州一夕再火，燔城門、僧寺、民廬千餘家，死者數人。五年五月己未，和州火，燔民廬二千家。八年八月辛丑，湖州火，燔寺觀及民廬三百家。九年七月甲戌，南劍州沙縣火，燔縣門、官舍及民廬一千一百餘家，有死者令各郡賑恤之。十一年二月，行都火，燔民居數百家。九月己巳，禁垣外萬松嶺民舍火，延及四百八十餘家令出緡粟賑之。

十二年二月庚寅，安豐軍故步鎮火，燔民廬千餘家，死傷於焚者五十餘人令郡守賑恤之。八月庚午，慶元府火，燔官舍、民廬、第宅、寺觀甚衆詔縣焚室而弛其年租賦。十一月壬子，行都火，燔城內民廬數萬家，禁壘百二十區賑軍民緡粟，令臨安府帥臣安集焚徙者，且弛財葦之征。十七年四月丁卯，西和州焚軍壘及繞城民廬二千餘家，人火之也守臣尚震午，聞虜焚之而遁，虜實不至。六月丁亥，岳州火，燔岳陽樓、郡獄、帑庫，以及民居八十家。己丑，又火，燔百餘家。

又《火異》 周武王伐紂，師渡孟津。既濟，有火自上復於下，至於王屋，流爲烏，其色赤，其聲魄云注見羽蟲之異。威烈王三年冬十一月，晉有火下於北方，有聲如鼓。

漢成帝河平四年六月，山陽火生石中，改元爲陽朔朔，始也。以火生石中，言陽氣之始。

後漢桓帝延熹九年三月癸巳，京師有火光轉行，人相驚譁。

晉惠帝永康元年，帝納后羊氏，將入宮，衣中忽有火，衆咸怪之。後后竟坐廢。光熙元年五月，范陽國地然，可以爨。穆帝升平元年，涼州城東池中有火，姑臧澤水中有火。

石虎時，石然於泰山，八日而滅。苻堅時，關中土然無火，而煙氣大起，方數十里中，月餘不滅。

齊武帝永明十一年，先是魏地謠言，『赤火南流喪南國』。是歲，有沙門從北賫此火至，火赤於常火而微，云以療疾。貴賤爭取之，多得其驗。二十餘日，都下大盛，咸云『聖火』。詔禁之不止。火灸至七炷而疾愈。吳興邱國賓密以還鄉，邑人楊道慶虛疾二十年，依法灸即差。

唐太宗貞觀十三年三月壬寅，雲陽石然，方丈，晝則如灰，夜則有光，投草木則焚，歷年乃止。火失其性而沴金也。幽州坊谷地常有火，長慶三年夏，遂積水爲池。近水沴火也。

宋太祖開寶七年六月，棣州有火自空墜於城北，有物如龍詳見龍蛇之異。

太宗端拱元年，瀘州鹽井竭，遣工入視，忽有聲如雷，火焰突出，工被傷。

高宗紹興三十二年，建昌軍新城縣有鉅室，篋中時有火光，燔衣帛過半而篋不焚。近孽火也。

《宋史》卷六三《五行志二上》 炎上，火之性也。火失其性，則為災眚。舊說以恒燠、草妖、羽蟲之孽，羊禍、赤眚、赤祥之類，皆屬之火，今從之。

建隆元年，宿州火，燔民舍萬餘區。二年三月，內酒坊火，燔舍百八十區，酒工死者三十餘。三年正月，滑州甲仗庫火，燔儀門及軍資庫一百九十區，兵器、錢帛並盡。開封府通許鎮民家火，燔廬舍三百四十餘區。二月，安州牙吏施延業家火，燔民舍并顯義軍營六百餘區。五月，京師相國寺火，燔舍數百區。海州火，燔數百家，死者十八人。

乾德四年二月，岳州衙署、廩庫火，燔市肆、民舍殆盡，官吏踰城僅免。三月，陳州火，燔民舍數十區。潭州火，燔民舍五百餘區；踰月，民周澤家火，又燔倉廩、民舍數百區，死者三十六人。是春，諸州言火者甚衆。八月，衡州火，燔公署、倉庫、民舍僅千餘區。五年，京師建隆觀火。

開寶三年八月，辰州廨火，燔軍資庫。五年七月，忠州火，倉庫殆盡。七年九月，永城縣火，燔民舍一千八百餘區。八年四月，洋州火，燔州廨、民舍千七百區。永城縣火，燔軍營、民舍千九百八十區，死者九人。

太平興國七年八月，益州西倉災。

雍熙元年五月丁丑，乾元、文明二殿災。初夕，陰雲雷震，火起月華門，翌日辰、巳方止。二年九月庚寅夜，楚王元佐宮火，燔舍數百區，王自是以疾廢于家。三年，光化軍民卻勳家火，延燔軍廨、舍、庫。

端拱元年二月，雲安軍威棹營火。二年三月，衡州火，燔州縣官舍、倉庫、軍營三百餘區。又崇賢坊有鳥燔數十處，七日不滅。

淳化三年十月，蔡州懷慶軍營火，燔汝河橋民居、官舍三千餘區，死者數人。十二月，建安軍城西火，燔民舍、官廨等殆盡。四年二月，永州保安津舍火，飛焰過江，燒州門及民屋三百餘家。

咸平二年四月，池州倉火，燔米八萬七千斛。

景德元年正月，平虜軍營火，焚民居廬舍甚衆。四年十一月，郢州火，燔倉庫並盡。

大中祥符元年正月，桂州甲仗庫災。二年四月，昇州火，燔軍營、民舍殆盡。四年八月，徐州草場火。十月，鎮州城樓、戰棚火。七月，雄州甲仗庫火。八年二月甲寅，宗正寺火。四月壬申夜，榮王元儼宮火，自三鼓北風甚，癸酉亭午乃譽宗延燔左承天祥符門、內藏庫、朝元殿、乾元門、崇文院、祕閣、天書法物內香藏庫。九年五月甲子，左天廄坊草場火。

天禧二年二月戊寅，北宅蔡州團練使德雍院火，延燔數百區。三年春，京師多火。六月，永州軍營火，延民舍數百餘區。五年四月丁巳，事材場火。

天聖三年二月丁卯，蘄州榷貨務火。五年四月壬辰，壽寧觀火。七年六月丁未，玉清昭應宮災。初，大中祥符元年，詔建宮以藏天書。七年，宮始成，凡二千六百一十楹。至是，火發夜中，大雷雨，至曉而盡。

明道元年八月壬戌，修文德殿成。是夜，禁中火，延燔崇德、長春、滋福、會慶、延慶、崇徽、天和、承明八殿。

景祐三年七月庚子，太平興國寺火起閣中，延燔開先殿及寺舍數百楹。是夕，大雨雹。十月己酉，澶州橫龍水口西岸料物場火，焚薪芻一百九十餘萬。

寶元二年六月丁丑，益州火，焚民廬舍二千餘區。

康定元年六月乙未，南京鴻慶宮神御殿火。

慶曆元年五月癸亥，慶州草場火，延燔州城樓櫓。三年十一月丙寅，上清宮火。四年三月丙戌夜，代州五臺山寺火。六月丁未，開寶寺靈感塔災。七月甲子，燕王宮火。六年七月辛丑，洪福禪院火。八年正月壬午，江寧府火。初，李景江南大建宮室、府寺，其制多倣帝室，至是一夕而焚，唯玉燭殿獨存。

皇祐五年正月丁巳，會靈觀火。

至和元年四月辛丑，祥元觀火。二年，并州太宗神御殿火。

嘉祐三年正月，溫州火，燔屋萬四千間，死者五十人。

治平四年十二月壬子夜，睦親宮火，焚九百餘間；甲寅，廣親宮又火。

熙寧六年二月丙申，永昌陵上宮火，燔東城門。七年九月壬子，三司火，自巳至戌，焚屋千八百楹，案牘殆盡。十一月，洞真宮火。九年十月，魯王、濮王宮火。十年正月，仙韶院火，撤屋二百五十楹。三月丙子，開封府火。

元豐元年八月，邕州火，焚官舍千三百四十六區，諸軍衣萬餘襲，穀帛軍器百五十萬。四年六月，衡州火，燒官舍、民居七千二百楹。欽州大雷震，火焚城屋。五年二月，洞真宮火。八年二月辛巳，開寶寺火。時寓禮部貢院於寺，點校試卷官翟曼、陳之方、馬希孟焚死，吏卒死者十四人。

元祐元年三月，宗室宮院火。六年十二月，開封府火。

紹聖三年三月七日，內尚書省火，尋撲滅。上諭執政：禁中屢火，方醮禳，已罷春宴，仍不御垂拱殿三日。四年七月甲子，禁中火。

元符元年四月，宗室宮院火。

建中靖國元年六月壬寅，集禧觀火，大雨中久而後滅。

崇寧二年六月，中太乙宮火。三年三月辛丑，大內火。

政和三年四月，蘇州火，延燒公私屋一百七十餘間。五月，封州火，延燒公私屋六百八十二間。五月辛丑，京師大盈倉火。是歲，成都府大慈寺、溫州絳州皆火。

重和元年九月，掖庭大火，自甲夜達曉，大雨如傾，火益熾，凡五千餘間，後苑廣聖宮及宮人所居幾盡，焚死者甚衆。

靖康元年十二月丙子夜，尚書省火，延燒禮、祠、工、刑、吏部，拆尚書省牌擲火中禳之乃息。二年三月戊戌，天漢橋火，焚百餘家。頃之，都亭驛又火。己酉，保康門火。

紹興元年十月乙酉，臨安府、越州大火，民多露處。十二月辛未，越州火，焚吏部文書，乙酉，移蹕錢塘。二年正月丁巳，宣州火，燔民居幾半。五月庚辰，臨安府大火，亙六七里，燔萬數千家。十二月甲午，行都大火，燔吏刑工部、御史臺、官府、民居、軍壘盡，乙未旦乃熄。三年九月庚申，行都闕門外火，多燔民居。四年正月戊寅，行都火，燔數千家。六年二月，行都屢火，燔千餘家。十二月，行都大火，燔萬餘家，人有死者。時高宗親征劉豫，都民之暴露者多凍死。七年正月辛未，平江府火。二月辛丑，鎮江府、楚真揚太平州火。是歲，臨安府火。八年二月丁酉，太平州大火，宣撫司及官舍、民居、帑藏、文書皆盡，死者甚衆，錄事參軍呂應中、當塗縣丞李致虛死焉。九年二月己卯，行都火。七月壬寅，又火。十年十月，行都火，燔民居，延及省部。十一月丁巳，溫州大火，燔州學、酤征舶等務、永嘉縣治及民居千餘。十一年七月癸亥，婺州大火，燔州獄、倉場、寺觀暨民居幾半。九月甲寅，建康府火，燔府治三十餘區，民居三千餘家。十二年二月辛巳，鎮江府火，燔倉米數萬石，芻六萬束，民居尤衆。是月，太平、池州及蕪湖縣皆火。三月丙申，行都火。四月，行都又火。十四年正月甲子，行都火。十五年，大寧監火，燔官舍、帑藏、文書。九月甲子，行都火，經夕，漸近太室而滅。十七年八月，建康府火。十二月辛亥，靜江府火，燔民舍甚衆。二十年正月壬午，行都火，燔吏部文書皆盡。二十五年，汴京宮室悉焚。二十六年，潭州南嶽廟火。二十九年四月，鎮江府火，焚軍壘、民居。十二月丙子，夔州大火，燔官舍、民居、寺觀，人有死者。

乾道元年正月，泰州火，燔民舍幾盡。是年春，德安府應城縣廄驛火。二年冬，真州六合縣武鋒軍壘火。十二月，婺州火。自是火患不息，人火之也。三年五月，泉州火。五年十二月壬申，太室東北垣外民舍火。七年十一月丁亥，禁垣外閹人私舍火，延及民居。九年九月，台州火，經夕，至于翌日晝漏半，燔州獄、縣治、酒務及居民七千餘家。

淳熙元年十二月丁巳，泉州火，燔城樓及五十餘家。二年六月戊午，潭州南嶽廟火。八月，嚴州火。十一月癸亥，麗正門內東廡災。是歲，瀘州火，坐上焚民居不實，守臣貶秩。三年九月，大內射殿災，延及東宮門。四年十一月辛酉，鄂州南市火，暴風通夕，燔千餘家。五年四月庚寅，興州沙市火，燔三百四十餘家，有死者。十一月，和州牧營火，燔一百六十區。七年二月，江陵府沙市大火，燔數千家，延及船艦，死者甚衆。八月，温州試士，火作于貢闈。八年正月，揚州火。九月乙亥，行都火。九年九月，合州大火，燔民居幾盡，官舍僅有存者。十一年二月辛酉，興元府義勝軍壘舍火。十二年八月，温州火，燔城樓及四百餘家。十月，鄂州大火，燔萬餘家。江風暴作，結廬隄上、泊舟岸下者，焚溺無遺。十四年五月，大內武庫災，戎器不害。六月庚寅，行都寶蓮山民居火，延燒七百餘家，救焚將校有死者。五月，成都府市火，燔萬餘家。十六年九月，南劍州大火，民居存者無幾。

紹熙元年八月壬寅，處州火，燔數百家。十二月戊申，建寧府浦城縣火。時查洞寇張海作亂，焚五百餘家。二年四月，行都傳法寺火，延及民居。言者以戚里土木為孽，火數起之應。是月，徽州大火，夜燔州治、譙樓、官舍、獄宇、錢帑庫務，凡十有九所，五百二十餘區，延燒千五百家，自庚子至于壬寅，乃熄。五月己巳，金州火，燔州治、官舍、帑藏、保勝軍器庫、城內外民居甚衆。三年正月己巳，行都火，通夕，至于翌日，闤闠焚者半。十一月，又火，燔五百餘家。十二月甲辰，鄂州火，至于翌日，燔八百家。

慶元二年八月己酉，永州火，燔三百家。三年閏月甲申，金州都統司中軍壘舍火，焚千三百餘區。閱六月乙酉，又火，燔二千餘區。是冬，紹興府僧寺火，延燒數百家。六年八月戊戌，徽州火，燔州獄、官舍，延及八百餘家。

嘉定元年三月戊寅，行都大火，至于四月辛巳，燔御史臺、司農寺、將作軍器監、進奏文思御輦院、太史局、軍頭皇城司、法物庫、御廚、班直諸軍壘，延燒五萬八千九十七家。城內外亙十餘里，死者五十有九人，踐死者不可計。城中廬舍九燬其七，百官多僦舟以居。火作於寶蓮山御史臺胥楊浩家，諫議大夫程松請戮浩以謝都民。疏再上，始黥配萬安軍，猶免決。自是民訛言相驚，亡賴因縱火為姦利。二年六月己卯，臨安府火。三年正月丁酉，襄陽府火作而風暴，選鋒軍校于友直死於救焚，止延燒六十餘家。帥、漕臣上其功，贈二秩，官其子二。十一月甲午，福州火，燔四百餘家。四年三月丁卯，行都大火，燔尚書中書省、樞密院、六部、右丞相府、制勅粮料院、親兵營、修內司，延及學士院、內酒庫、內宮門廡，夜召禁旅救撲。太室撤廟廡，遷神主并冊、寶於壽慈宮。翼日戊辰旦，火及和寧門鴟吻，禁卒張隆飛梯斧之，門以不焚。火作時，分數道，燔二千七十餘家。又翌日己巳，神主還太室。時省部皆寓治驛、寺。四月丙申，臨安府梵天寺火。六月，盱眙軍天長縣禁軍營火，鎧械為盡。八月壬辰，鄂州外南市火，燔五百餘家。

開禧二年二月癸丑，壽慈宮災。四月壬子，行都火，燔數百家。

嘉定二年八月己巳，信州火，燔二百家。九月丁酉，吉州火，燔五百餘家。是歲，瀘州火，燔千餘家。十一月丁亥，建寧府政和縣火，燔百餘家。四年閏二月己卯，紹興府嵊縣浦橋火，燔百餘家。三月，滁州火，燔民居甚多。十月，撫州火。辛卯，福州一夕再火，燔城門、僧寺，延燒千餘家，死者數人。五年五月己未，和州火，燔二千家。八年八月辛丑，湖州火，燔寺觀，延燒三百家。九年七月甲戌，南劍州沙縣火，燔縣門、官舍及千一百餘家，民有死者。十一年二月，行都火，燔數百家。九月己巳，禁垣外萬松嶺民舍火，燔四百八十餘家。十三年二月庚寅，安豐軍故步鎮火，燔千餘家，死者五十餘人。八月庚午，慶元府火，燔官舍、第宅、寺觀、民居甚衆。十一月壬子，行都火，燔城內外數萬家、禁壘百二十區。十七年四月丁卯，西和州焚軍壘及居民二千餘家，人火之也。守臣尚震午誤以為金人至而遁。六月丁亥，岳州火，燔岳陽樓、州獄、帑庫，延及八十家。己丑，又火，燔百餘家。

紹定元年三月，行都火，燔六百餘家。

嘉熙元年六月，臨安府火，燔三萬家。

淳祐元年，徽州火。十二年十一月丙申，行都火，至丁酉夜始熄。

景定四年，紹興火。五年，臨安府大火。

《元史》卷二〇《成宗紀三》［大德三年十一月］杭州火，江陵路蝗，並發粟賑之。

又 卷二一《成宗紀四》［大德八年］八月，太原之交城、陽曲、管州、嵐州，大同之懷仁雨雹隕霜殺禾，杭州火，發粟賑之。

又 卷五〇《五行志上・火》 定宗三年戊申，野草自焚，牛馬十死八九，民不聊生。

至元十一年十二月，淮西正陽火，廬舍、鎧仗悉燬。十八年二月，揚州火。

元貞二年，杭州火，燔七百七十家。

大德八年五月，杭州火，燔四百家。九年三月，宜黄縣火。十年十一月武昌路火。

延祐元年二月，真州揚子縣火。三年六月，重慶路火，郡舍十焚八九。六年四月，揚州火，燔官民廬舍一萬三千三百餘區。

至治二年四月，揚州、真州火。十二月，杭州火。三年五月，奉元路行宫正殿火。上都利用監庫火。九月，揚州江都縣火，燔四百七十餘家。

泰定元年五月，江西袁州火，燔五百餘家。三年六月，龍興路寧州高市火，燔五百餘家。七月，龍興奉新縣、辰州辰溪縣火。八月，杭州火，燔四百七十餘家。四年八月，龍興路火。十二月，杭州火，燔六百七十家。

天曆二年三月，四川紹慶彭水縣火。四月，重慶路火，延二百四十餘家。七月，武昌路江夏縣火，延四百家。十二月，江夏縣火，燔四百餘家。三年二月，河内諸縣火。

又 卷五一《五行志下・火不炎上》 元統元年六月甲申，杭州火。至正元年四月辛卯，台州火。乙未，杭州火，燔官舍民居公廨寺觀，凡一萬五千七百餘間，死者七十有四人。二年四月，杭州又火。六年八月己巳，延平路火，燔官舍民居八百餘區，死者五人。十年，興國路自春及夏，城中火災不絶，日數十起。二十年，惠州路城中火災屢見。二十三年正月乙卯夜，廣西貴州火，同知州事韓帖木不花、判官高萬章及家人九口俱死焉，居民死者三百餘人，牛五十頭，馬九匹，公署、倉庫、案牘焚燒皆盡。二十八年二月癸卯，京師武器庫災。己巳，陝西有飛火自華山下，流入張良弼營中，焚兵庫器仗。六月甲寅，大都大聖壽萬安寺災。是日未時，雷雨中有火自空而下，其殿脊東鰲魚口火焰出，佛身上亦火起。帝聞之泣下，亟命百官救護，唯東西二影堂神主及寶玩器物得免，餘皆焚燬。此寺舊名白塔，自世祖以來，爲百官習儀之所，其殿陛闌楯一如内庭之制。成宗時，置世祖影堂于殿之西，裕宗影堂于殿之東，月遣大臣致祭。

明 王鏊《王文恪公筆記・灾異》 正德七年三月，江西余干之仙居寨，夜大雷電以風，西北有火如箭墜旗竿上，如燈籠，光照四野。戍卒因撼動其旗，火直飛上竿首，卒因發火銃衝之，其火四散，闔寨鎗首皆有光如星，須臾而滅。

《明實録・孝宗敬皇帝實録》卷一三八 ［弘治十一年六月乙丑］貴州自春徂夏亢陽不雨，火災大作。

（嘉靖）《貴州通志》卷一〇《祥異》［嘉靖五年］火。先期有白蝴蝶如落葉，自東北蔽空而來，飛向西南。去方三日，至四日午時，大風火起，延撩東北二城樓、預備倉、社學、驛舍，及城中、東門外人居千余家，燒死七人。火息，蝴蝶復飛還東北，去衛城二十里堆積而死。

又 ［嘉靖七年］正月二十二日，城中風火交作，民舍盡毁，將延府治，推官鄭宗錦叩地籲天，反風滅火，府治倉庫無災。

（嘉靖）《陝西通志》卷四〇《灾祥》［嘉靖十八年］同州龍出於樹，大風雨，鳥鵲死者無數，樹火燃三日。

（嘉靖）《漢陽府志》卷二《方域》［嘉靖二十三年］大旱，民大饑。民間火。

（嘉靖）《六合縣志》卷二《灾祥》［嘉靖三十二年］春二月，火，木氣乘主，經旬不雨，民居數見火災。知縣董邦政爲文禱祝融神，逮三日，大雨雷電交作，火災頓息，民始奠居。

（順治）《藍田縣志》卷四《灾異》［嘉靖七年］八月，忽有天火一塊，大如甕，後隨如斗、如升、如拳者不絶，垂地而散，此時日色如火，地氣如蒸，人若居火中。至十六日大火，延燒房屋五千餘間、坊表數十座。

（順治）《潁上縣志》卷一一《灾祥》［萬曆二十九年］除夕，黑霧黄風，白晝若晦，火變異常，合邑驚惶，罔知所措，西關延燒數百家，四鄉罹火變者不可勝紀。

（順治）《虞城縣志》卷八《灾祥》［崇禎十六年］春火災。時人民回邑，旋結茅爲屋，天旱，屢遭火焚，燒强半。黄河絶流，夏旱。

《明史》卷二九《五行志二·火灾》 洪武元年七月丁酉，京師火，延燒永濟倉。三年二月己巳，大河衛火，燔及廣積庫。七月乙未，寶源局火。甲子，鳳臺門軍營火，延燒武德衛軍器局。四年十一月癸亥，京師大軍倉災。五年二月癸未，臨濠府火。壬辰至甲午，京師火，燬龍驤等六衛軍民廬舍。七月丁卯，永清衛軍器庫火。十二月丙戌，京師定遠等衛火，焚及軍器局兵仗。十七年十二月己未，潮州火，官廨民居及倉廩、兵仗、圖籍焚蕩無遺。二十一年二月戊辰，歷代帝王廟火，上元縣治亦災。甲戌，天界、能仁二寺災。二十九年二月辛丑，通州火，燔屋千九百餘。三十年四月甲午，廣南衛火，延燒城樓及衛治倉庫。

建文二年八月癸巳，承天門災。

永樂四年十二月辛亥，甌寧王邸第火，王薨。十三年正月壬子，北京午門災。十九年四月庚子，奉天、謹身、華蓋三殿災。二十年閏十二月戊寅，乾清宮災。

宣德三年三月己亥，東嶽泰山廟火。六年八月，武昌火，延燒楚王宮，譜系敕符俱燼。甲辰，天津右衛北城外火，飛燄入城，燒倉厫。九年二月庚午，京城東南樓火。

正統二年二月，西鎮吳山廟火。三年八月辛酉，順天貢院火，席舍多焚，改期再試。十二月乙亥，韓府承運殿災。四年三月戊午，代府寢殿火。七年正月，廣昌木廠火，焚松木八千八百餘株。戊午，南京內府火，燔廊房六十餘間，圖籍、器用、守衛衣甲皆空。三月辛未，趙城媧皇寢廟火。十年正月庚寅，忠義前後二衛災。是時太倉屢火，遣官禱祭火龍及太歲以禳之。五月甲申，忠義後衛倉復火。癸巳，通州右衛倉火。十一月丁酉，御花房火。十一年秋，武昌火，死者數百人。十二月乙未，周府災。十二年六月，南京山川壇災。十三年二月癸酉，忠義前衛倉火。十四年六月丙辰夜，南京謹身、奉天、華蓋三殿災。

景泰二年六月丙子，青州廢齊府火。三年八月戊寅，秦府火。五年春，南京火，延燒數數千家。七年九月壬申，寧府火，延燒八百餘家。

天順元年七月丙寅夜，承天門災。二年五月戊子，器皿廠火。三年九月庚寅，肅州城中火，延燒五千四百餘十家，死者六十餘人。四年八月己巳，光祿寺大烹內門火。是歲，楚府頻火，宮殿家廟悉燬。五年三月丁卯，南京朝天宮災。六年六月癸未，楚府火。七年正月丁酉，南京西安門木廠火，延燒皇牆。二月戊辰，會試天下舉人，火作於貢院，御史焦顯扃其門，燒殺舉子九十餘人。

成化二年九月癸未，南京御用監火。六年十一月己亥，江浦火，延燒二百六十餘家。九年七月庚戌，東直門災。十一年四月壬辰夜，乾清宮門災。十三年十一月壬辰，太倉米麥，歲久蒸浥，自焚百餘石。十八年八月丙午，合州火，延燒千五百餘家。乙卯，楚府火凡三發。十一月戊午，南京國子監火。十二月乙卯，器皿廠火。壬辰，寧河王府火。先有妖夜見，或為神，或為王侯，時舉火作欲焚狀，是夜燔府第無遺，冠服器用皆燼。二十年正月戊戌，欽天監火。二十二年六月，臨海縣災，延燒千七百餘家。

弘治元年三月庚寅，南京內花園火。十一月丁丑夜，南京甲字庫災。二年四月乙未，南京神樂觀火。四年二月戊午，禮部官舍火。六年四月甲寅，刑部官舍火。辛酉夜，南京舊內災。八年三月戊子，鎮東等堡躍火星如斗，燬公館倉厫，人馬多斃。十一年，自春徂夏，貴州大火，燬官民房舍千八百餘所，死傷者六千餘人。十月甲戌夜，清寧宮災。十二年六月甲辰夜，闕里聖廟災。十二月，建陽縣書坊火，古今書板皆燼。十三年二月乙酉，禮部官舍火。七月甲寅，南城縣空中有火，乍分乍合，流光下墜十餘丈，隱隱有聲，燬軍民廬舍。庚申，永寧衛雁尾山至居庸關之石縱山，東西四十餘里，南北七十餘里，延燒七晝夜。閏七月辛巳，福州城樓燬。八月己未，瀋府火。十一月庚辰，寧河府火。十六年三月庚午，遼東鐵嶺衛墜火如斗。丙子，火起，燒房屋二千五百餘間，死者百餘人。四月戊午，寬河衛倉災，燬米豆四萬餘石。九月戊寅，廣寧衛城火，燔三百餘家。十七年四月丁巳，淮安火焚五百餘家。五月癸巳，正陽門內西廊火，燔武功坊。

正德元年二月庚寅，鄖陽火，燬譙樓官舍，延百餘家。是歲，寧夏左屯衛紅氣亘天，既而火作，城樓臺堡俱燼。六月庚寅，大同平虜城災，燔藁百萬餘。十一月己亥，臨海縣治火，延燒數千家。七年三月己未，嶧縣有火如斗，自空而隕，大風隨之，燬官民房千餘間。火逸城外，延及丘木。庚申，成山衛秦皇廟火，屋宇悉燬，像設如故。是月，文登大桑樹火，樹燔而枝葉無損。五月癸酉至閏五月丙子，遼東懿路城火三作，焚官民廬舍之半。九月壬午，玉山火，燔學舍及民居三百餘家。八年六月辛酉，豐城縣西南連隕火星，如盆如斗。既而火作，至七月初始熄，燔二萬餘家。七月戊子，火隕龍泉縣，焚四千餘家。十月壬寅，饒州及永豐、浮梁火，各燔五百餘家。浮梁學舍災。庚申，臨江火，燔官舍，延八百餘家。九年正月庚辰，乾清宮火。十一年八月丁丑，黔陽火，燬城樓官廨，延七百餘家。十二年正月甲辰，清寧宮小房火。四月，裕陵神宮監火。八月丁卯，南昌火，燔三百家。九月壬午，建安火，燔二百五十餘家。十三年二月己卯，夷陵火，燔七百餘家。八月庚辰，獻陵明樓災。丁酉，延平火，燔五百餘家。十四年四月乙巳，淮安新城火。七月丙辰，泰寧火，燔五千餘家。十五年五月辛卯，靜樂火，燔八百餘家。

嘉靖元年正月己未，清寧宮後三小宮災，楊廷和言廢禮之應，不報。二月己丑，南京針線廠火。己亥，通州城樓火。二年五月丙子，榮府火。九月戊辰，秦府宮殿火。四年三月壬午夜，仁壽宮災，玉德、安喜、景福諸殿俱燼。五年三月乙酉，趙府家廟火。六年三月丁亥，西庫火。八年十月癸未，大內所房災。十年正月辛亥，大內東偏火。四月庚辰，兵、工二部公廨災，燬文籍。十三年六月甲子，南京太廟火，燬前後殿、東西廡、神廚庫。十五年四月癸卯，山西平虜衛火，盡燬神機官庫軍器。十八年二月乙丑，趙州及臨洺鎮行宮俱火。丁卯，駕幸磁州，行宮四更火，陸炳負帝出，後宮及內侍有殞於火者。六月丁酉，皇城北鼓樓災。二十年四月辛酉夜，宗廟災，燬成、仁二廟主。二十五年五月壬申，盔甲廠火。二十六年十一月壬午，宮中火，釋楊爵於獄。三十一年八月乙丑，南京試院火。三十五年九月戊辰，杭州大火，延燒數千家。三十六年四月丙申，奉天、華蓋、謹身三殿，文武二樓，午門、奉天門俱災。三十七年正月，光祿寺災。三十八年正月癸未，前軍都督府火。四十年十一月辛亥夜，萬壽宮災。四十四年三月己亥夜，大明門內西千步廊火。

隆慶二年正月，浙江省城外災，燬室廬舟艦以千計。三月乙亥，乾清、坤寧兩宮，一時俱燼。五年二月壬子，南京廣、惠二倉火。

萬曆元年十一月己亥，慈寧宮後舍火。三年四月甲戌，工部後廠火。五年十月丙申，禁中火。十一月癸未，宗人府災。十一年十二月庚午夜，慈寧宮災。十二年二月己酉，無逸殿災。十二月癸卯朔，又災。十五年五月甲子，司設監火。十八年三月辛酉，遼東寨山兒堡火，燬城堡器械，傷九十餘人。十九年十二月甲辰，萬法寶殿災。二十一年六月望，太倉公署後樓有礮聲，火藥器械俱燼。二十二年五月壬寅，天火燔鐵嶺衛千餘家。二十四年二月甲寅，潞府門火。三月乙亥，火發坤寧宮，延及乾清宮，俱燼。二十五年二月壬午，杭州火，燒官民房千三百餘間。丙戌，馬湖屏山災，延燔八百餘家，斃二十四人。三月癸卯，泗州大火，燒民房四千餘。盱眙火，燔民房百六十餘間。撥漕糧二萬石以振。六月戊寅，三殿災，火起歸極門，延皇極等殿，文昭、武成二閣，周遭廊房，一時俱燼。十二月甲寅，吏部文選司署火。二十七年十一月壬申，內府火，延燒尚寶司印綬監、工部廊，至銀作局山牆而止。二十八年三月，南陽火，延燒唐府。二十九年正月己巳，鐵嶺衛火，車輛火藥俱燼。八月己卯，大光明東配殿災。三十年二月乙酉，魏國公賜第火。十月丙申，孝陵災。十二月庚子，南海普陀山寺災。三十一年九月戊寅，通州漕艘火。三十三年二月乙丑，御馬監火。五月辛巳，洗白廠火。九月甲午，昭和殿火。丙申，官軍於盔甲廠支火藥，藥年久凝如石，用斧劈之，火突發，聲若震霆，刀鎗火箭迸射百步外，軍民死者無數。十一月丁卯，刑部提牢廳火。三十五年二月乙卯，易州神器庫火。四月丁酉，通州西倉火。十月己卯，南京行人司署燬。三十七年正月庚子，慶府火，燔寢宮及帑藏。三月丙戌，武昌火，越二日又火，共燔二百六十餘家。六月，慶府災。十月戊午，朝日壇火。三十八年四月丁丑夜，正陽門箭樓火。三十九年四月戊子，怡神殿災。四十一年五月壬戌，蜀府災，門殿為燼。四十三年四月壬午，黃花鎮柳溝火，延燒數十里。甲午，蜀府殿庭災。遼東長寧堡自二月至五月，火凡五發，燬房屋人畜無算。閏八月辛亥，通州糧艘火。九月丁丑，湖口稅廨燬。四十四年十一月己巳，隆德殿災。丁亥，南城延喜宮災。四十五年正月壬午，東朝房火，延燬公生門。十一月丙戌，宣禧宮災。四十六年閏四月丁丑夜，開原殷家莊堡臺杆八同時燼。甲申，煖閣廠膳房火。九月壬子，茂陵火。四十七年四月癸酉，盔甲廠火。

泰昌元年十月丁卯，曦鸞宮災。

天啟元年閏二月丙戌，昭和殿災。三月甲辰，杭州火，延燒六千餘家。七月戊子，復災，城內外延燬萬餘家。年五月丙申，旗纛廟正殿災，火藥盡焚，匠役多死者。三年七月辛卯，南京大內左傍宮災。六年五月戊申，王恭廠災，地中霹靂聲不絕，火藥自焚，煙塵障空，白晝晦冥，凡四五里。五月癸亥，朝天宮災。七月庚寅，登州城樓火。七年十月庚子，寧遠前屯火，傷男婦二百餘人。

崇禎元年四月乙卯，左軍都督府災。五月乙亥，鷹坊司火。丁亥，丁字庫火。七月己卯，公安縣火，燬文廟，延五千餘家。二年十一月庚子，火藥局災。三年三月戊戌，又災。八月癸酉，頭道關災，火器轟擊無餘。六年正癸丑，濟南舜廟災。七年九月庚申，盔甲廠災。十一年四月戊戌，新火藥局災，傷人甚衆。六月癸巳，安民廠災，震燬城垣廨舍，居民死傷無算。八月丁酉，火藥局又災。

又《**火異**》 成化二十一年正月甲申朔，有火光自中天而少西，墜於下，化為白氣，復曲折上騰，聲如雷。

又 弘治三年三月庚午，儀隴空中有紅白火燄，長三丈餘，自縣治東北流，至正東六十餘里而墜，聲震如雷。八年三月辛卯，廣寧右衛臺杆火，高五寸，杆如故。十年四月辛丑，阜平有火光，長八九尺，大如轆軸，有聲，自東南至西南而墜。

又 正德元年三月戊申夜，太原有火如斗大，墜寧化王殿前。廣寧墩臺火發旗杆，凡六。七月壬戌夜，火光墜即墨民家，化為綠石，員高尺餘。七年三月丁卯夜，大風雷電，餘干仙居寨有光如箭，墜旗竿上，俄如燭龍，光照四野。士卒撼其旗，飛上竿首，既而其火四散，鎗首皆有光如星。十二年五月己亥夜，火隕都察院獄，旋轉久之始滅。十五年六月癸未夜，台州火隕三，大如盤，觸草木皆焦。

又 嘉靖五年七月甲申，有火毬三，大五六尺，從北墜於東，其光燭天。

又 萬曆十四年，保定府民間牆壁内出火，三日夜乃熄。十五年二月，綏靖邊城各堡，脊獸旗杆俱出火。軍士以杖撲之，杖亦生火，三更乃熄。二十年三月，陝西空中有火，大如盆，後生三尾，隕於西北。二十一年二月庚辰夜分，大毛山樓上各獸吻俱有火，如雞卵，赤色。即時雨雪，火上嗟嗟有聲。二十三年九月癸巳夜，永寧有火光，形如屋大，隕於西北。永昌、鎮番、寧遠所見同。二十四年二月戊申夜，鄠縣雷雨，徧地火光，十有餘里。二十五年二月癸亥，平涼瓦獸口出火，水灌不滅。八月甲申，肅、涼二州火光在天，形如車輪，尾分三股，約長三丈。

又 天啟六年五月壬寅朔，厚載門火神廟紅毬滾出。前門城樓角有數千螢火，并合如車輪。

又 ［崇禎］十三年六月壬申，鎮安火光如斛，自西墜地，土木皆焦。

（**康熙**）《**永平府志**》**卷三**《**灾異**》 ［嘉靖六年］春三月，樂亭境内起黑風，火飛如斗，焚及木杪，禽鳥多死。

（**康熙**）《**温州府志**》**卷三〇**《**祥異**》 ［嘉靖十年］溫州市八月，有黑龍從泥岙起，遍天發火，傾屋拔木不可勝紀。

（**康熙**）《**江夏縣志**》**卷四九**《**灾異**》 ［嘉靖三十二年］大旱，譙樓儀門災，村市民舍火頻發。

（**康熙**）《**静海縣志**》**卷四**《**灾異**》 ［萬曆十四年］飛沙迷天，遇物有火，拔木傷禾，人心駭異。

（**康熙**）《**清豐縣志**》**卷二**《**編年**》 ［順治十四年］冬十月廿七日戌時，大風暴作，屋瓦皆鳴，有火起城西北，烈焰隨風，延燒民房數百間，男婦死者數百人，養濟院片時灰燼。綽楔焚毁幾盡。民間避火者移篋笥置空地，火自中出，抛置水中復燃。知縣錢念修解袍帽並縣治門上『清豐縣』牌投火禳之，乃息。有司析者言：先是城西北郊赤色閃閃，須臾有火塊如斗大，飛入城中，火乃大作。

（**雍正**）《**蒼梧志**》**卷四**《**紀事**》 ［崇禎十四年］七月，城外大火，米價忽貴，民心驚惶。

（**乾隆**）《**汀州府志**》**卷四五**《**祥異**》 ［成化二十三年］七月戊午夜，疾風迅雷，預備倉火繼發，燔米七百余石。

（**乾隆**）《**鄭州志**》**卷一〇**《**藝文**》 ［萬曆十七年］春三月，風霾大變，晝晦如夜，村落之露處者見火自空中下，迴旋輪轉，遂風繽紛。傳聞疑信，遇風夜人皆起望，無處不然，熾焰流烽，甚至拂屋傍壁，出自兵刃之鋒，火著物不毁，撲之不滅。人心迷惑，洶洶靡定。越明年，郡中多火災，焦頭爛額者相望於道，民甚苦之。

（**乾隆**）《**長樂縣志**》**卷一〇**《**祥異**》 ［嘉靖十八年］六月，日午驟雨大作，轟雷閃電，六都前山火起，石灘上數處並起，煙焰甚烈，雨盛而火益熾。

（**乾隆**）《**青浦縣志**》**卷四〇**《**雜記**》 青邑火災，未有如康熙三十二年十二月二十四日之甚者。太平橋北有業銅者，以溶銅致火，時固久旱，百物燥烈，遇火即熾，横沖南北，延燒數十家。

（**道光**）《**遵義府志**》**卷二一**《**祥異**》 ［萬曆四十年］春正月，郡城火。二月，雨微，疫。自正月晦前四日至二月朔後五日，數處火災，延燒甚廣，民不聊生。又自冬迄春不雨，日色常赤，郡守孫敏政率屬祈禱，遂獲微霖，火患方息。

（道光）《融縣志》［康熙三十七年］冬十一月十二日，南城火，自南城內失火起，狂風大作，瞬息延燎城外数百家。

（同治）《臨湘縣志》卷二《祥異》［嘉靖二十四年］五月，邑大火，焚民屋百餘家。

（光緒）《香山縣志》卷二二《祥異》［同治十三年］三月二十四日，雷火焚澳門夷人板障廟，斃夷人二；已而大雨，火愈熾，焚其所謂祖公十字架者，惟觀音殿龕獨存。秋八月十二夜颶風大水，害稼拔木，壞屋無算；澳門、小欖同時火災，水、火、風災交煽，澳門尤甚，舟盡覆漂，溺萬餘人，夷人聚而焚之。旋疫。

《宋會要輯稿·瑞異二·火灾》［大中祥符三年］八月，詔以昇、洪、潤州頻有火災，稍時雨，遣內侍鄭志誠、江德明分路往彼撫問軍民，犒設將校、耆老及祭醮管內名山、大川、祠廟，爲民祈福。【略】

［乾道］九年九月十九日，台州遺火，詔：『可於平江府常平米撥二萬石、秀州一萬石下臺州，令津遣海船般取。若以台州見在常平、義倉米充賑濟，即以此米充賑糶，委本州守臣拘錢發還兩郡。仍就委見差在本州措置會子官、監登聞鼓院耿延年與本州守臣同共措置。』二十日，守臣陶之真降兩官放罷，以拯救無方也。以上《乾道會要》。

淳熙元年九月十六日，衡州火。既而詔本路安撫司優加存恤，具已措置賑恤事件以聞。

十一月二十七日，瀘州火。既而十二月二十六日泉州，二年八月七日嚴州，四年十二月二十二日鄂州城南市，九年九月八日合州，十二年九月二日溫州，十四年六月二十二日臨安府，逐州守臣自劾，並放罷。令多方存恤，毋致失所。【略】

紹熙二年四月二十四日，徽州火。

《清史稿》卷四一《灾異志二·灾火》　順治元年七月，西鄉文廟火。六年正月初六日，無爲州城門大火。八年七月，嵐縣火焚民房。十二年五月十八日，梧州府城外大火；十二月又大火。十四年十月，蘄水火。十五年，連州大火。十八年五月，宜昌大火，延燒民舍千餘間。八月，嵊縣城中大火。

康熙元年五月，黃岡大火，焚民房十之八九。秋，荊州大火，燒民房殆盡。十月，興國火起自大西門，延燒城中，至大東門，男婦死者以千計。二年二月初三日，海陽西郊火起，延燒民房千餘家。七月十五日，黃岡大火，燒民舍殆盡。三年四月，梧州府城外大火，焚八百餘家。五月，海陽大火。六月，含山鼓樓火。四年正月，京山火，焚一百八十餘家。十月，懷遠大火，自西城外至驛前，延燒一百五十餘家。十一月，高州府城火，合浦火焚民舍。十二月，廣州府城火。五年正月，海陽南北二廂火起，延燒民房千餘間。二月十三日，鍾祥火，燬數百家，延及府署，焚死人畜甚多；二十八日，城內外又燔數百家。秋，靈川北廂火起，延燒民房殆盡。十二月，嚴州大火，民房盡燬，延燒城樓。六年正月，海陽城外四廂火起，延燒民房千餘間，死於火者二百餘人。七年三月，鄖陽府火，民舍盡燬。七月，大冶西市火，延燒百餘家。八月，宣化城內火，焚千餘家，次日城外又焚百餘家。八年二月，海陽西北二廂火，焚民房數百間。三月，鄖縣火。十月，獨山州大火，仙居、黃巖二縣火。九年，平樂南關火，延燒四十餘家。是年十二月至次年四月，火災凡四見。

十年五月，錢塘大火。七月，大冶西市火。九月初七日，浦江太極宮大火。十一年三月，縉雲大火，延燒縣署。十二年九月，宣縣西門外沙市被火災四次，燬數百家。十三年五月，靜樂火，燬民舍；興國唐村火，焚死二百三十七人。十五年七月，太平城內火，燬民房過半。十八年正月初三日，望江吉水鎮火災，燔百餘家。六月，順慶府治火。十九年正月十五日，平陽火，燬民居過半。三月初四日，海陽火，延燒百餘家，死者四十餘人。七月，和平城外火，延燒百餘家。

二十年二月，東湖縣署火。五月，蒼梧東廊火。八月，濟寧州大堂火，溫州火，燎民舍五千餘間。九月，永嘉城中大火，燎民舍千餘間。十月，思州府火，延燒五十餘家。二十一年春，濟寧州城內東偏大火，延及西隅，民舍皆盡，關壯繆侯祠亦燬，獨神像香案無恙。八月，池州天火，燬田禾芋苗，葉盡生煙。十月，萬載火，延燒城隍廟，連山西郊火。二十二年四月，□陽西門火。二十三年七月，長寧城隍廟火。冬，忠州石寶寨火。二十五年四月，萬載火，延燒城隍廟；六合南門火，焚市廛數百間。二十六年十月初一日，平陽城樓火，燔百餘家；忠州石寶寨又火。二十七年八月，婺源火，延燒五十餘家。十二月，合浦西橋火，郡城火。二十八年九月己卯，蒼梧西關火。十二月，松陽火。二十九年七月二十八日，酆都城內大火，民居盡燬。

三十年十月，平樂火，延燒二百餘家；獨山州大火。三十一年九月，平陽城樓火。三十二年夏，鎮安府署火，延燒民居數十間。九月，平陽東門外火，燔數十家。三十四年正月，馬平南川河下火，延燒大南門城樓。三十五年七月，江夏火起自火藥庫，死者無算。八月，陽高南街火。三十七年二月，漢陽漢口鎮火，延燒數千家。

四十年九月，陽山火，延燒二百餘家。四十一年二月，崖州火，傷四人。四十二年七月十六日，桐鄉青鎮火，燔民舍一百七十餘家。四十三年正月二十九日夜，灌陽火，焚東門外民舍殆盡。四十四年三月，婺源太平坊火。四十五年四月，竹溪火，官署民房俱燼。四十六年正月初四日，荔浦火，初口又火。巴縣太平門大火。四十八年三月，獨山州城內大火，居民無得免者。四十九年八月二十五日，嘉定火，延燒七十餘家。

五十年正月，大埔白堠墟火，燬民舍數百家。五月，萬載潭埠火，市店民房蕩然無存。五十二年十一月，宣平火。五十三年九月初八日，宣化沙市火，焚千餘家；獨山州大火。五十四年九月，江陵火，延燒二千餘家。五十五年九月，江陵又火，延燒二十餘家，死十一人；思州府城大火，延燒四十餘家。五十六年五月初三日，丹稜縣大火，延燒數百家。五十七年三月，合肥城內大火，延燒四十餘家。八月初一日，鍾祥城內火，延燒城外民房數百間。五十九年十月，蒼梧西門外大火。六十年四月十八日，鹽山縣城火，自學宮延燒東南北三門，燬民居數千家。六十一年二月，無爲州小西門內火，延燒三十餘家。七月，獨山州東門火。冬，麗水縣火。

雍正二年正月，沔陽仙桃鎮大火，焚百餘家，死者甚衆。七月，梧州梧城驛火。十月，城內火。十一月，戎墟火。十二月初一日，開化城內火，延燒百餘家。三年六月，梓潼縣文昌廟火。七月，馬平小南門火，延燒三百餘家。四年十二月初四日，平陽西門外火，燔百餘家。五年十二月，北流民舍失火，延燒縣署，案牘皆盡。六年正月十六日夜，蒼梧火，延燒民居一百七十餘間；高州城東火。十月，崑山火，焚朝陽門譙樓。七年九月，蒼梧戎墟火。九年正月，荊州大火。十年五月初三日，阜陽西城火，延燒民舍四千六百十一間。十一年七月初七日，玉屏聞空中有呼救火聲，越半月，鼓樓街災，燒民居數百家。十三年冬，婺源城隍廟災。

乾隆元年四月，通州北郭火，延燒百餘家。十一月，玉屏南門火。二年二月十八日，鎮安府城火，燔數百家。三月乙丑，同官明倫堂大火。五月，沁州大街火。九月，北流典史署火，延燒民舍。三年十月初七日，潮陽南門火。四年正月十七日，瑞安大火，燔百餘家。四月十八日，鎮安城內火，延燒八十餘家。五年二月，嵊縣火，延燒二百餘家。六年正月初六日，梧州府南門外火，延燒民房三百餘家。七年二月十四夜，饒平縣城火，延燒大樓房三十餘間，小屋無數。八年十一月，饒平縣又火。十年二月庚午，泰安縣署火，延燒百餘家。十一年六月，海豐龍津橋火，延燒蓬舖四十餘間。十二年八月，化州南街火。九月，豐順縣城火。十一月初十日，崖州東街火，延燒七十餘家，傷二人。十五年四月，泰安火。十七年正月朔，漢陽糧船火，焚數十艘。四月，桐鄉南柵大火，燬市廛三百餘家。五月二十二日，保昌孝悌街火，延燒三十餘家。十八年七月，陸川大火，燬民居。十月，梧州府城外大火，傷二十餘人。十九年八月，蒼梧府城外又火。二十年三月，高州府城火，五月又火。二十二年十月，宜昌東湖火，燔民居無數。二十三年三月初一日，重慶太平門外大火。四月，獨山州大火。二十四年十二月初八日，惠來縣署火。二十五年八月二十八日，朝天千斯門內大火。二十七年十月，石門玉溪鎮火，延燒百餘家。二十八年十二月初五日，慶元火，延燒五十餘家。二十九年五月，沂水縣城南綢市街火，延燒數百家。十月，婺源西關外居民失火，延燒數百家。三十年十月，梧州府城外火。三十一年十一月，蒼梧戎墟大火三次，共燒民房六百餘家。三十三年正月二十八日，梧州府城外火，延燒三百餘家。三十八年七月，金華府署火。四十二年十二月，青田城大火。四十四年十一月初四日，桐鄉大火，燔市廛四十餘家。四十六年夏，陸川城南失火，延燒縣署。四十七年六月，寧波府城火，燬鼓樓。四十八年五月庚子，慶元火，延燒百餘家。四十九年四月朔，成都大火，延燒官署民舍殆盡。五十年夏，潛江城外火。五十二年三月，江陵城隍廟火。五十五年三月，義烏縣署火。五十六年十二月，南昌火，延燒千餘家。

嘉慶三年二月丙子，京師乾清宮火。九年七月初三日，定海城中大火，延燒二百餘家。十三年五月十二夜，濟南府西門大火，延燒四百餘家。十六年三月二十九日，石門城西火。十七年春，齊東火，燒死數百人。十八年三月，貴陽城大火。二十年四月，尚山火。十二月二十日，蘭州西門火藥局焚軒轅城樓民舍，死者數十人。二十二年八月，黃陽火，燒民舍一百餘家。二十四年閏四月，青田火，延燒二百餘家。五月，青浦城火，延燒七十餘家。

道光二年六月十一日，大埔南門外火，延燒兩晝夜。九年七月十三日，江山江郎山火，延燒兩晝夜。十年八月，鉛山石塘火，延燒五百餘家；次年又火。十六年十二月十九日，雲和火，燬民舍八十餘家。十九年正月初二日，貴陽府道德橋火，延及貢院頭門。三月二十日，貴陽府學大成殿災；江陵沙市大火，燔數百家。四月，定海道頭港營船火。二十二年十月初三日，麗水火，燔一百四十七家。二十五年冬，黄巖蒼頭街火。二十六年五月，貴陽火，燒民房八百餘家。二十九年十二月初三日，太平城隍廟火災。

咸豐元年十月，太平火，燔百餘家。二年八月，通州西庫火。十月，武昌縣署火。十一月，漢陽火。六年十一月，枝江火，燔市廛八百餘家。七年五月，皋蘭西關火，延燒市廛二百餘間。八年秋，武昌縣左市火。十年二月，青浦火，麗水火。

同治元年冬，黄山石路橋大火。三年十月，黄巖火。五年十一月，漢口火；餘干瑞洪鎮火，延燒四百餘家。六年三月，江夏火藥局災，斃者以千計。五月二十五日，漢陽鮑家巷火，燔船隻，傷人口甚衆。七年十月，太平縣城火，燔四百餘家。九年冬，黄巖火。十一年四月，烏程火，延燒十餘里。十三年五月，武昌縣小西門火。

光緒二年七月壬午，青浦城火，延燒三十餘家；九月庚寅又火，東碼頭上下岸俱燼。六年十一月，武昌縣北市火。二十八年二月，皋蘭南街大火。二十九年十月，西寧火。三十一年七月，西寧大街火；十一月，孔子文廟災。

宣統元年正月初四日，皋蘭縣災，延燒官舍六十餘間。二月二十六日，蘭州省城院門南街大火，延燒房屋二百零九間。

著録

《文獻通考・自序》　《記》曰：『國家將興，必有禎祥。國家將亡，必有妖孽。』蓋天地之間，有妖必有祥，因其氣之所感，而證應隨之。自伏勝作《五行傳》，班孟堅而下踵其説，附以各代證應爲《五行志》，始言妖而不言祥。然則陰陽五行之氣，獨能爲妖孽而不能爲禎祥乎？其亦不達理矣。雖然，妖祥之説固未易言也。治世則鳳凰見，故有虞之時有來儀之祥，然漢桓帝元嘉之初、靈帝光和之際，鳳凰亦屢見矣，而桓、靈非治安之時也。誅殺過當，其應爲恒寒，故秦始皇時有四月雨雪之異，然漢文帝之四年，亦以六月雨雪矣，而漢文帝非淫刑之主也。斬蛇夜哭，在秦則爲妖，在漢則爲祥，而概謂之龍蛇之孽可乎？僵樹蟲文，在漢昭帝則爲妖，在宣帝則爲祥，而概謂之木不曲直可乎？前史於此不得其説，於是穿鑿附會，强求證應而罙有所不通。竊嘗以爲物之反常者，異也，其祥則爲鳳凰、麒麟、甘露、醴泉、慶雲、芝草，其妖則山崩、川竭、水湧、地震、豕禍、魚孽。妖祥不同，然皆反常而罕見者，均謂之異可也，故今取歷代史《五行志》所書，並旁搜諸史本紀及傳記中所載祥瑞，隨其朋類，附入各門，不曰妖，不曰祥，而總名之曰物異。如恒雨、恒暘、恒燠、恒寒、恒風、水潦、水災之屬，俱妖也，不可言祥，故仍前史之舊名。至如魏晉時魚集武庫屋上，前史所謂魚孽也；若周武王之白魚入舟，則祥而非孽。然妖祥雖殊，而其爲異一爾，故均謂之魚異。秦孝公時，馬生人，前史所謂馬禍也；若伏羲之龍馬負圖，則祥而非禍。然妖祥雖殊，而其爲異亦一爾，故均謂之馬異。其餘鳥獸、昆蟲、草木、金石，以至童謠、詩讖之屬，前史謂之羽蟲、毛蟲、龍蛇之孽，或曰詩妖、華孽，今所述皆並載妖祥，故不曰妖，不曰孽，而均以『異』名之，其豕禍、鼠妖，則無祥可述，故亦仍前史之舊名，至於木不曲直者，木失其常性而爲妖，如桑穀共生之類是也。若雨木冰，乃寒氣脅木而成冰，其咎不在木也，而劉向以雨木冰爲木不曲直。華孽者，花失其常性而爲妖，如冬桃李華之類是也。若冰花乃冰有異而結花，其咎不在花也，而《唐志》以冰花爲華孽。二者俱失其倫類，今革而正之，俱以入恒寒門，附雨雹之後。又前志以鼠妖爲青眚、青祥，物自動爲木沴金，物自壞爲金沴木，其説俱後學所未諭，今以鼠妖、青眚各自爲一門，而自動、自壞直以其事名之，庶覽者易曉云。作《物異考》第二十。二凡二十卷。

藝文

唐　崔湜《野燎賦并序》　《歷代賦彙》卷七一　先天二年十月，僕客於郢山之胡氏，胡氏之子體道之疑命，與僕有忘年之厚焉。常以暇日，登高縱觀，見火燎於野，壯而偉之，因謂僕曰：『吾讀文多矣，未嘗見有賦於是者，試爲吾賦之。』僕時負譴，觸物多興，援毫斐然，豈近聲律。其詞曰：

郢國東走，楚藩南極，江關蒼茫，千里一色。在季月之窮會，方短辰之驟匿，霜暟暟而夜途，靄淅淅而朝逼。百草同死，萬木皆枯瞻彼灌莽，鞠爲榛蕪，葉熕拏而積蔓，根擁腫而盤株，既攘壑以擢阜，亦累塍而冒塗。及乎農聚告畢，澤虞縱燎，遠靡不焚，近無不燒。灼地而山川卷色，炎天而日月隳照，固玉石以俱銷，何芝蘭之不燋？豈害物以利獲？將順時而通教？沃我公田之饒，遂及我私之效。盧城之曲客遊者，聞之訊之，其足觀也。迺命我賓僕，束吾征馬，登於高岡，一瞰平野。是時牧童樵豎，匍匐交馳，提爝秉炬，斯焉取斯。爾其薙棘崇蘊，縮茅始吹，殘芳未爇，短炬猶羸，或蠢蠕蓊勃，或宛延冶迤，晶翳翳而莫振，力綿綿而可羈，不利進而求退，每違高而趨卑，狀君子之攝勇，同哲人之守雌。及乎旭日照爛，晴風蕭索，憑燥鼓威，倏忽而作，光赩赩而傍翥，氣曈曈而上薄，翻紫焰於半天，迸紅星而四落。騞爾電烈，雄然雷奔，泉汩飈飂，沙勝霧昏。其始也。杳然若六氣含象開混元；其少進也，赫谷若十日揚光登天門。迫而察之，既似乎驚鑣失轂駭平原；遠而望也，又似乎列羽攢旗馳塞垣。於是走熾狂遷，衝煙怒擊，咆林吼叢，欲俗歎壁。或霍濩以燐亂，乍轟嗃而揊拍，飀如萬壑之崖崩，拉若千巖之石坼。經雪窟而歊靄，突冰淩而沸液，棲禽失竄以驚嘷，伏獸迷奔而墮蹶。應接不既，吁其可畏！能使烈士賈勇，懦夫增氣，開耳目之溷濁，蕩胸襟之滯欷。登農山之嶺，既瑣瑣焉，觀廣陵之濤，亦復何謂？及乎炎盛亢極，途窮勢摧，赫赫埽地，滅成煙煨。何倏興而忽歇？何有往而不來？無介推之生氣，見韓安之死灰。

僕迺愀然嘆息而謂胡公曰：『夫物忌太甚，火亦如之，得茲在茲，失茲在茲。徒觀其進德並命，策名逢時，三階式踐，六柄初持，方望會於朝論，亦謀明乎帝思。居則擊鐘陳鼎，出則長戟幡旗，咄嗟而嚴霜夏落，顧盼而腐草冬滋，道路多望塵而拜，朝廷以轉日相期。及乎過進受傷，滿盈致缺，或身辱名替，或氣隳心折，或朝失卿相之權，或暮爲匹夫之列，客稍引而多去，友雖求而已絕，高門翳羅雀之叢，曲池淪涸魚之轍。伊焰焰而不禁，固炎炎而就滅，聊假興於斯文，庶投鑒於來哲。』

唐 杜甫《火》《集千家注杜工部詩集》卷一四　楚山經月火，大旱則斯舉。舊俗燒蛟龍，驚惶致雷雨。爆嵌魑魅泣，崩凍嵐陰昈。羅落沸百泓，根源皆萬古。青林一灰燼，雲氣無處所。入夜殊赫然，新秋照牛女。風吹巨燄作，河棹騰煙柱。勢欲焚崑崙，光彌焮洲渚。腥至焦長蛇，聲吼纏猛虎。神物已高飛，不見石與土。爾寧要謗讟，憑此近熒侮。薄關長吏憂，甚昧至精主。遠遷誰撲滅，將恐及環堵。流汗臥江亭，更深氣如縷。

宋 吳淑《事類賦》卷八《火賦》　火之於人也，尊而不親。出內既觀於天象，內外亦見於《家人》。司烜效官，則取之陽燧；莊周著論，或言其指薪。每見焚和，嘗聞燥物。爾其觀彼熒臺，取之然石，既不戢而自焚，亦禍發而必克。炎洲照灼，上郡熒煌。當畚挶以為備，豈瓘斝之能禳。胡母之得子博，孫登之訓嵇康。至於岠山白首，符愚赤喙。伏鄭玄之先識，嘉韓康之幼慧。祖瑩蔽牕而服勤，管寧望島而來至。驚此浣布，戒茲燎原。或蕭芝共弊，或玉石俱焚。彰孝感於君仲，施至化於劉昆。或以散陶安之冶，或以燒子布之門。則有伊尹九變，甯生五色，越王握之而報吳，仙翁吐之而待客。嘉叔度之不禁，笑阿奴之下策。宋姬亳社之妖，閼伯商丘之職。因彼錯木，生於積油。日已出而宜息，金相守而斯流。觀炎炎於燧木，指赫赫於蕭丘。至其雨裏常燃，口中忽吐，類既就燥，味惟作苦。智伯曾言於入夢，曾子每聞於不舉。亦有望炎山之草木，瞻夢澤之雲霓，憶田單之縱牛，思江逌之放雞。佛圖曾說於救燕，郭憲嘗聞於噀齊。樊英之神寧測，欒巴之術難躋。則有驚武庫之焚蕩，訝圓淵之照灼。或涉之而不知，或處之而自若。亦云燧人用之而紀物，炎帝以之而名官。孝緒既云於徹屋，古初亦聞乎伏棺。別有生彼老槐，出於槁竹，雀集公車，烏流王屋。行司爟之政令，絕令丘之草木，憫池魚之及禍，藏臺之為福。又聞燒木不死，灼獸不燃。舉於雍時，照彼甘泉。孫子用之而攻敵，赤松蹈之而成仙。糜竺之貨財殆盡，獻之之神色恬然。猶有臨卬之井，神丘之穴。感通嘗見於鳥銜，焚燎忽驚於突決。為子推而見禁，逼仲都而不熱。斯配禮而主夏，實離象之餘烈也。

雜録

唐 長孫無忌《唐律疏義》卷二七《山陵兆域內失火》　諸於山陵兆域內失火者，徒二年；延燒林木者，流二千里；殺傷人者，減鬥殺傷一等。其在外失火而延燒者，各減一等。餘條在外失火準此。

『疏』義曰：『山陵』，前已釋訖。『兆域』者，鄧展云：『除地為塋，將有形兆。」韋昭曰：『兆，域也。起土為塋域。』孝經曰：『卜其宅兆而安厝之。』然山陵兆域之所，皆有宿衛之人，而於此内失火者，徒二年。延燒兆域内林木者，流二千里。殺傷人者，減鬥殺傷一等。『其在外失火』，謂於兆域外失火，延燒兆域内及林木者，『各減一等』，謂延燒兆域内，徒二年上減一等；若延燒林木者，流二千里上減一等。注云『餘條在外失火準此』，餘條謂『庫藏』以下諸條，因在外失火延燒者，各減於内失火一等。

又《**庫藏倉不得燃火**》　諸庫藏及倉内，皆不得燃火。違者，徒一年。

『疏』義曰：凡官庫藏及敖倉内，有舍者，皆不得燃火。違者，徒一年。

又《**非時燒田野**》　諸失火及非時燒田野者，笞五十非時，謂二月一日以後、十月三十日以前。；若鄉土異宜者，依鄉法。延燒人舍宅及財物者，杖八十；贓重者，坐贓論減三等；殺傷人者，減鬥殺傷二等。

『疏』義曰：『失火』，謂失火有所燒，及不依令文節制而非時燒田野者，笞五十。其於當家之内失火者，皆罪失火之人。注云『非時，謂二月一日以後、十月三十日以前。若鄉土異宜者，依鄉法』，謂北地霜早，南土晚寒，風土亦既異宜，各須收穫總了，放火時節不可一準令文，故云『各依鄉法』。延燒人舍宅及財物者，各杖八十。『贓重者』，謂計贓得罪重於杖八十，坐贓論減三等。準贓二十疋以上，即從贓科。『殺傷人者，減鬥殺傷罪二等』，謂燒殺人者，失火及燒田之人減死二等，合徒三年；不合償死者，從本殺傷罪減。其贓若損眾家之物者，併累亦倍論。

其行道燃火不滅，而致延燒者，各減一等。

『疏』義曰：人在行路之上，或須燃火，事了發去，皆須滅之。若不撲滅，而致延燒他人林木、舍宅、財物，或殺傷人者，各減上文罪一等：謂延燒贓少者，杖八十上減一等；贓重者，坐贓上減四等，罪止徒一年；殺傷人者，減鬥殺傷三等。故云『各減一等』。

又《**官府倉庫失火**》　諸於官府廨院及倉庫内失火者，徒二年；在宮内，加二等。廟、社内亦同。損害贓重者，坐贓論；殺傷人者，減鬥殺傷一等。延燒廟及宮闕者，絞；社，減一等。

『疏』義曰：若有人於内外官府、公廨院宇之中及倉庫内失火者，徒二年。『宮内，加二等』，宮内，謂殿門外有禁門，其内並是。若失火者，徒三年。注云『廟社内亦同』，謂於宗廟及太社院内失火，亦徒三年。『損害贓重者』，謂因失火延燒，有所損害財物，計贓重於徒二年者，即準坐贓科之，謂燒官府廨内財物，計贓五十疋，合徒三年。若因失火有殺傷人者，『減鬥殺傷罪一等』，謂殺人者，流三千里；傷人折二支，徒三年。若殺傷畜産，不合從上條稱『減鬥殺傷一等，償減價』，自從『水火損敗，誤失不償』。延燒廟及宮闕者，絞；社減一等，流三千里。

又《**燒官府私家宅舍**》　諸故燒官府廨舍及私家舍宅，若財物者，徒三年；贓滿五疋，流二千里；十疋，絞。殺傷人者，以故殺傷論。

『疏』義曰：凡官府廨宇及私家舍宅，無問舍宇大小，并及財物多少，但故燒者，徒三年。計贓滿五疋，流二千里；贓滿十疋者，絞。『殺傷人者，以故殺傷論』，謂因放火而殺人者，斬；傷人折一支者，流二千里之類。若對主故燒非積聚延燒之物，只同『棄毀人財物』論。

又《**見火起不告救**》　諸見火起，應告不告，應救不救，減失火罪二等。謂從本失罪減。其守衛宮殿、倉庫及掌囚者，皆不得離所守救火，違者杖一百。

『疏』義曰：見火起，燒公私廨宇、舍宅、財物者，並須告見在及鄰近之人共救。若不告不救，『減失火罪二等』，謂若於官府廨宇内及倉庫，從徒二年上減二等，合徒一年；若於宮及廟、社内，從徒三年上減二等，徒二年；若於私家，從笞五十上減二等，笞三十。故注云『從本失罪減』，明即不從延燒減之。其守衛宮殿、倉庫及掌囚者，雖見火起，並不得離所守救火，違者杖一百。雖見火起，不告，亦不合罪。

唐　**瞿曇悉達**《**開元占經**》**卷一〇**《**日占六・日六甲蝕三**》　《春秋潛潭巴》曰：『己巳日蝕，地動，火災數降。』【略】《春秋潛潭巴》曰：『庚午日蝕，後火燒後宮，有兵行。』

又　**卷二六**《**歲星占四・歲星犯昴四**》　巫咸曰：『歲星守昴，大饑；爲萬物不成。又曰：歲星守昴，大旱；多火災，若有兵。』

又　**卷二七**《**歲星占五・歲星犯七星四**》　巫咸曰：『歲星守七星，旱，多火災，萬物五穀不成，有兵饑。』

又《**歲星占五・歲星犯張五**》　巫咸曰：『歲星入張星，多火災，萬物五穀不成。』

又　**卷三二**《**熒惑占三・熒惑犯營室六**》　巫咸曰：『熒惑守營室，旱，五穀不成，多火災。』

又 卷三三《熒惑占四·熒惑犯婁二》 巫咸曰：『熒惑守婁中，民病，大水，金銀貴。熒惑守婁，旱，爲多火災，五穀貴。』

又 卷三四《熒惑占五·熒惑犯柳三》 氏曰：『熒惑守柳，爲反臣中外兵，以赦令解之。熒惑守柳，天下旱，多火災，萬物五穀不成，糴大貴。』

又 卷三六《熒惑占七·熒惑犯積薪四十二》 巫咸曰：『熒惑守積薪，大旱，江河易道，若火事。』石氏曰：『熒惑守積薪，大旱，爲火事；庖官以火爲憂。』郗萌曰：『熒惑守積薪，多火災，若火事，旱，兵起。』

又 卷九三《候星善惡雲氣占·七十二候·七月》 涼風至，白露降，寒蟬鳴，鷹乃祭鳥，天地始肅，禾乃登。孟秋行冬令，則陰氣大勝，介蟲敗穀，戎兵乃來；行春令，則其國乃旱，陽氣復還，五穀不實；行夏令，則其國火災，寒熱不節，民多瘧疾。

農業生物灾害總部

農業生物災害總部説明

農業生物災害主要是指危害農作物的生物在一定的環境條件下暴發或流行，造成農作物巨大損失的自然變異過程。從其成因上大體可分爲農業病害、農業蟲害、植物草害、鼠害以及鳥獸害、禽畜疫病等幾大類。生物對農業生産的危害，有些是緩慢進行的，對農業生物的生長發育只構成一定的脅迫；有的則是突發性的，可造成嚴重後果；農業生物災害一般指突發性和危害很大的有害生物。農業生物災害種類多，受災體廣，是農業災害中種類最多的一類，農業生物災害有時可造成毁滅性後果，使農作物大面積減産甚至絶收，或是使農産品大量變質。本總部結合現代農業災害學學科分類及中國古代文獻中記載情況與傳統災害分類，共輯録了蝗災部、其他蟲災部、鼠害部、其他鳥獸害部、人畜疫病部、生物病害部六個部。

蝗災部輯録了古代蝗災的相關記録。蝗災在歷史上曾與水旱災害并列爲農業三大自然災害，是古代最爲嚴重和主要的自然災害之一。大發生時遮天蔽日，所到之處禾草食盡，赤地千里，餓殍遍地。中國是一個蝗災頻發的國家，《詩經》中已提到『去其螟螣，及其蟊賊』。歷史上蝗災迭起，受災區多集中于河北、河南、山東三省，江蘇、安徽、湖北等省亦有分布，據鄧雲特《中國救荒史》統計，秦漢蝗災平均八點八年一次，兩宋爲三點五年，元代爲一點六年，明、清兩代均爲二點八年，受災範圍、受災程度堪稱世界之最。因而中國歷代蝗災與治蝗問題的研究成爲古今學者關注的主題之一。早在明清時期，就出現了不少影響深遠的治蝗類農書，在蝗蟲習性、蝗災發生規律、除蝗技術等方面有了初步的科學認識和總結。

其他蟲災部輯録了古代史料中蝗蟲之外的農業蟲害的相關記録。除蝗蟲外，危害農作物的害蟲種類很多，我國僅棉花就有三百多種害蟲，水稻有兩百多種，已發現的貯糧害蟲有一百多種。害蟲的爲害方式主要有兩種，一是直接取食植物，二是傳播病害。這些害蟲的爆發，經常會對農作物造成毁滅性後果。

鼠害部輯録了古代史料中鼠害的相關記録。我國已知有兩百多種鼠類，其中對農牧業危害嚴重的有三十餘種。鼠類的適應性很强，在中國分部極廣，不論平原、高山、森林、草原還是沙漠地區都有其蹤跡，常對農業生産釀成巨大災害。農作物從種到收全過程和農産品貯存過程都可能遭受鼠害，每年因鼠害而損失的糧食數目巨大。鼠類對人類和畜禽也有相當大的危害，各地經常發生咬傷人畜的事件，還是傳播疾病的重要媒介。此外，鼠類也能對農業建築物和一些農田水利設施造成很大危害。

其他鳥獸害部輯録了古代史料中鼠類之外其餘鳥獸爲害農業的相關記録。除鼠害外，其他動物也可能對農作物或牲畜造成危害，如野猪啃食作物，麻雀啄食灌漿中的穀粒，草原上的狼爲害畜群等，在這些動物數量較大危害嚴重時也需要進行防治。《詩經》中的『黄鳥黄鳥，無集於穀，無啄我粟』，就是對鳥類啄食農作物的早期記録。

人畜疫病部輯録了人類與禽畜傳染病對農業生産造成灾害的相關記録。畜禽傳染病對農業與牧業危害極大，有時可能造成某一地區所有畜類毁滅性的損失，嚴重影響農業生産。還有一些病爲人畜共患，對人類健康的威脅很大，造成重大的經濟損失與生命損失。

生物病害部輯録了農作物發生植物病害的相關記録。植物病害是指植物在生物或非生物因素的影響下，發生一系列形態、生理和生化上的病理變化，阻礙了正常生長、發育的進程，從而影響農業經濟效益的現象。中國古代典籍對灾害的記録往往以自然態的破壞性事件爲主要内容，以五行學説統攝灾變之理，往往只記録農作物生長不利的最終結果，界定也較爲模糊，缺乏對植物病害的系統記録與研究。

農業生物災害總部

蝗災部

題解

漢 伏勝《洪範五行傳》《藝文類聚》卷一〇〇 介蟲有甲。能蜚揚之類。陽氣所生。於春秋爲螽。今謂之蝗。皆其類也。旱氣動象至矣。故曰有介蟲之孽也。

《説文解字》卷一三《虫部・蝗》 螽也。从虫皇聲。

《文獻通考》卷三一四《物異考二十・蝗蟲蜚蝝螨**》** 《春秋》桓公五年『秋，螽』。師古曰：『螽即阜螽，即今之蝩蟲也。螽音終。蝩音之庸反。』劉歆以爲貪虐取民則螽，介蟲之孽也，與魚同占。劉向以爲介蟲之孽屬言不從。是歲公獲二國之聘，取鼎易邑，師古曰：『二國，宋、鄭也。宋以郜鼎賂公，鄭以泰山之田易許田也。』興役起城，師古曰：『謂五年夏城祝邱也。』諸螽略皆從董仲舒説云。莊公二十九年『有蜚』。劉歆以爲負蠜也，性不食穀，食穀爲災，介蟲之孽，師古曰：『蜚音扶味反。蠜音煩。』劉向以爲蜚色青，近青眚也，非中國所有。南越盛暑，男女同川澤，淫風所生，爲蟲臭惡，師古曰：『蜚者，中國所有，非南越之蟲，未詳向所説。』是時莊公取齊淫女爲夫人，既入，淫於兩叔，故蜚至。天戒若曰，今誅絕之尚及，不將生臭惡，聞於四方。莊不悟，其後夫人與二叔作亂，二嗣以殺，師古曰：『二嗣，謂子般及閔公也。』卒皆被辜，師古曰：『謂二叔、哀姜皆不得其死也。已解於上。』』。董仲舒指略同。僖公十五年『八月，螽』。劉向以爲先是僖有咸之會，後城緣陵。是歲復以兵爲牡邱會，使公孫敖帥師，及諸大夫救徐，兵比三年在外。文公三年『秋，雨螽于宋』。劉向以爲先是宋殺大夫而無罪，有暴虐賦斂之應。《穀梁傳》曰上下皆合，言甚。上下皆合，螽之多。董仲舒以爲宋三世內取，三世，謂襄、成、昭也。內取於國之大夫也。取讀曰娶。大夫專恣，殺生不中，故螽先死而至。劉歆以爲螽爲穀災，卒遇賊陰，墜而死也。八年『十月，螽』。時公伐邾取須朐，城郚。宣公六年『八月，螽』。劉向以爲先是宣伐莒向，後比再如齊，謀伐萊。十三年『秋，螽』。公孫歸父會齊伐萊。十五年『秋，螽』。宣亡熟歲，數有軍旅。『冬，蝝生』。師古曰：『《爾雅》曰：「蝝，蝮蜪。」説者以爲螽蝗之類。蝮音蒲北反。蜪徒高反。』』劉歆以爲蝝，蚍蠹之有翼者，孟康曰：『蚍蠹，音蚍蜉。』食穀爲災，黑眚也。董仲舒、劉向以爲蝝，螟始生也。一曰螟始生。是時民患上力役，解於公田解讀曰懈。宣是時初稅畝。稅畝，就民田畝擇美者稅其什一，亂先王制而爲貪利，故應是而蝝生，屬蠃蟲之孽。襄公七年『八月，螽』。劉向以爲先是襄興師救陳，滕子、郯子、小邾子皆來朝。夏，城費。哀公十二年，『十二月，螽』。是時哀用田賦，師古曰：『言重斂也。解在《刑法志》』。劉向以爲春用田賦，冬而螽。十三年『九月，螽。十二月，螽』。比三螽，虐取於民之效也。師古曰：『比，頻也。』劉歆以爲周十二月，夏十月也，火星既伏，蟄蟲皆畢，天之見變，因物類之宜，不得以螽，是歲再失閏也。周九月，夏七月，故傳曰：『火猶西流，司曆過也。』

明 郎瑛《七修類稿》卷四《天地類・蝗》 《爾雅》以蝗有四種。予所見者灰黄二色。大率於苗之心葉根節盡食之。或者四種寓於二色，不可知也。纔飛即交。數日產子如麥門冬。後數日，中出如黑蟻子八十一枚，即鑽入地中。《詩》註：螽斯一產八十一子是也。其子入地，來年禾秀時乃出，旋生翅羽，遇臘雪大則入地至深。坡詩遺蝗入地應千尺是也。其飛止跳躍，所向羣往，無一反逆者。渡水則後啣前翅，由由然若繩索之狀。一縣之地，或食其半，或食一角。有相隣而不食者，有踰山渡河以食者，殆若真有神役也。傳以謂戰死之士冤魂所化，理或然也。《淮南子》又謂魚子之變，非也。蓋此物畏水，而旱則生，所以雪大深入於地。浙土亦嘗飛來。亦嘗下子，明年絕不生者，江南水田也。豈有魚子畏水者哉。

《康熙字典》申集中《虫字部・蝗》 《説文》螽也。《陸佃云》蝗字从皇，今其首腹背皆有王字。《禮・月令》蟲蝗爲災。《前漢・文帝紀》旱，蝗。師古註：蝗即螽也，食苗爲災，今俗呼爲簸蝩。《後漢・五行志》蝗蟲貪苛之所致也。《吳志・趙達傳》少從單甫受學，治九宮一算之術，至計飛蝗，射隱伏，無不中效。又《唐韻古音》戶盲切，音橫。《演春秋繁露》云：徽州稻苦蟲害，俗呼橫蟲。

清 段玉裁《説文解字注》卷一三《虫部・蝗》 螽也。蚰部曰。螽，蝗也。

是爲轉注。《漢書・五行傳》曰：『介蟲之孽者。謂小蟲有甲飛揚之類。陽氣所生也。於《春秋》爲螽。今謂之蝗。按螽、蝗古今語也。是以《春秋》書螽。《月令》再言蝗蟲。《月令》呂不韋所作。』从虫。皇聲。乎光切。十部。陸氏引《說文》榮庚反。又《爾雅》釋文華孟反。皆音之轉也。

論説

《呂氏春秋》卷二《仲春紀・仲春》 仲春行秋令，則其國大水，寒氣總至，寇戎來征。行冬令，則陽氣不勝，麥乃不熟，民多相掠。行夏令，則國乃大旱，煖氣早來，蟲螟爲害。

又 卷四《孟夏紀・孟夏》 行之是令，而甘雨至三旬。孟夏行秋令，則苦雨數來，五穀不滋，四鄙入保。行冬令，則草木早枯，後乃大水，敗其城郭。行春令，則蟲蝗爲敗，暴風來格，秀草不實。

晉 袁宏《後漢紀》卷二二《孝桓皇帝紀上》 夫食者，有國之大寶，生民之至貴也。竊見比年以來，良苗盡於蝗螟之口，杼軸空於公孫之衣，野無青草，室如懸罄，所急朝夕之餐，所患靡盬之事，豈謂錢之鍥薄、銖兩輕重哉？今議者不達農殖之本，多言鑄錢之便。或欲因緣行詐，以賈國利。國利將盡，取者爭競，故造鑄錢之端，於是乎生。萬人鑄之，一人奪之，猶不能給；設令一人鑄之，則萬人奪之，雖以陰陽為炭，萬物為銅，役不食之民，使不饑之士，猶不足無厭之求也。陛下聖德，愍海内之憂，感天下之難，欲鑄錢齊貨，以救其厄，此猶養魚於沸鼎之中，棲鳥於烈火之上。夫火土湯水，魚鳥之所生，用之不時，必也焦爛。當今地廣而不得耕，民眾而無所食，群小競逐，吞噬無厭。誠恐卒有役夫窮匠，起於板築之間，投斤攘臂，登高大呼，則愁怨之人，狼跳虎駭，響應雲會，八方分崩，中夏魚潰。雖方尺之錢，不能救此，若不早寤，恐將及之。

唐 瞿曇悉達《開元占經》卷一〇二《蝗生》 《五行傳》曰：『介蟲者，小蟲有甲能蜚揚之類，陽氣所生，於《春秋》爲象蟲，今謂之蝗，皆其類也，曰介蟲之孽也。』《説文》曰：『蝗，螽也。旱氣動象，至使乞貸，則生螣。舊説螟、螣、蟊、賊，一種蟲也。如言寇、盜、奸、宄，内外言之耳，故捷爲文學曰：此四種，皆蝗也。』《禮月令》曰：『孟夏行春令，則蝗蟲爲災。』《春秋緯》曰：『愁精所感，擾氣所生，螽冬生，天不能滅，地不能藏。』《潛潭巴》曰：『生蝗蟲，兵大起，行千里。』《五行傳》曰：『君行暴虐，而賦税貪叨無厭，以師動衆，取邑治城而失衆心，則蟲爲害。』《爾雅》曰：『蝗蟲食苗心曰螟，食苗葉曰蟘，食苗根曰蟊，食苗節曰賊。』董仲舒《對災異》曰：『佞臣居位，貪叨之徵，邪人在位，則蝗蟲食葉；君用臣才不任職，則蟲食莖；君用佞人在朝，則蟲食節；君用奸賊在位，則蟲食根。』《禮月令》：『仲春行夏令，蟲蝗爲害。』《説文》曰：『螟蟲食穀心，從冥聲，吏冥冥犯法，即生螟。』《呂氏春秋》曰：『亂國之妖，有螟集其國，其年凶。』《淮南子》曰：『政惡生孽，蟲食心。』京房曰：『吏爲貪狼，多螟螣；宮室奢，蟲食葉。』《漢書五行志》曰：『《春秋》魯哀公十二年十二月，螟。十三年九月，螟。十二月，螟。劉向以爲，春用田賦，冬而螟。此三螟皆虐取民之效。』《春秋漢含孳》曰：『魯室履畝而税，貪恣太過，則蝝生。』《漢書五行志》曰：『劉歆以爲，蝝，蚍蠹之有翼音蚍蜉，食穀爲災。黑，青也。董仲舒以爲，蝝，螟始生也。是時初税畝，亂先王制，故應是而蝝生。』《詩推度災》曰：『在下不臣，蟲食葉。貸者，伐也。小臣爲政事，變其法，故立字貸，與伐同其變，臣欲殺也。』京房曰：『得無節，蟲食葉。』《説文》曰：『野蟲食草根者也。吏抵，冒取民，則生［蛑］。』京房曰：『臣安禄，厥災蟲食根；不絀無德，蟲食本；害忠孝，蟲食根。』《握鏡》曰：『螟蟲食根，咎在女主社稷。』《毛詩義禮》曰：『蟊長而細，或説云：蟊，螻蛄也。螻蛄食苗根，爲人患。』《詩推度災》曰：『傷苗食之賊也。』京房曰：『與公侯爭，蟲食葘，傷忠臣，蟲食葘。』《史記》：『秦始皇四年十月，螟蟲從東方來，蔽天，如嚴雪。是歲天下失芃瓠。』《漢書五行志》曰：『景帝中元三年秋，蝗，匈奴寇邊。武帝元光五年秋，蝗，五將衆三十萬伏馬邑，又四將征匈奴。元鼎五年秋，蝗，四將征南越。元封六年秋，蝗，兩將征朝鮮。太初元年夏，蝗從東方飛至敦煌。三年秋，復蝗，其年貳師征大宛，天下奉其役連年。征和三年秋，蝗，四年，夏蝗，先是一年，三將連衆十餘萬征匈奴，貳師七萬人没不還。平帝元始二年秋，蝗偏天下，是時王莽秉政。』《漢書》：『王莽地皇三年夏，蝗從東方來，蔽天，至長安，入未央宮緣殿。四年，漢兵斬莽。』《續漢書五行志》曰：『安帝永初四年夏，蝗，是時西羌寇亂，軍衆征，距之連年。五年夏，九州蝗。六年三月，去年蝗處復蝗子生。七年二月，郡國蝗。順帝永建五年，郡國十二蝗，是時鮮卑寇朔方，用衆征之。永和元年秋七月，偃師蝗。去年年冬，烏桓寇沙南，用眾征之。』《續漢書五行志》曰：『桓帝永興元年七月，郡國三十二，大蝗，是時梁冀秉政。』《東觀漢記》曰：『馬稜伯威爲廣陵太守，連年有蝗，穀貴，稜奏罷強官，薄賦稅，蝗蟲飛入海中，化爲魚蝦。』《晉中興徵祥説》曰：『元帝大興二年，徐州及揚州之西江郡蝗。三年，冀州蝗。皆胡肆暴之徵。武帝太元十六年五月，棠邑界有蝗，廣千里，長三十里許，從南來，其飛蔽天，害苗稼，是時官以賄成，皆入私庫，貪私苟得之徵也。』《趙書》曰：『石勒十四年五月，飛蝗穿地而生，二十日化如蠶，七八日而臥，四日蛻則飛，周遍河朔，百草無遺，唯不食三豆及麻。』

唐　姚崇《答捕蝗奏》《舊唐書》卷九六　庸儒執文，不識通變，凡事有違經而合道者，亦有反道而適權者。昔魏時山東有蝗傷稼，緣小忍不除，致使苗稼總盡，人至相食。後秦時有蝗禾稼及草木俱盡，牛馬至相啖毛。今山東蝗蟲，所在流滿，仍極繁息，實所稀聞。河北、河南，無多貯積，儻不收獲，豈免流離？事繫安危，不可膠柱，縱使除之不盡，猶勝養以成災。陛下好生惡殺，此事請不煩出敕，乞容臣出牒處分。若除不得，臣在身官爵，並請削除。

又《答盧懷慎捕蝗説》《舊唐書》卷九六　楚王吞蛭，厥疾用瘳；叔敖殺蛇，其福迺降。趙宣至賢也，恨用其犬；孔子將聖也，不愛其羊：皆志在安人，思不失禮。今蝗蟲極盛，驅除可得，若其縱食，所在皆空，山東百姓，豈宜餓殺？此事崇已面經奏定訖，請公勿復爲言。若救人殺蟲，因緣致禍，崇請獨受，義不仰關。

唐　韓思復《諫捕蝗疏》《舊唐書》卷一〇一　臣伏聞近日河南河北蝗蟲，頃日爲害，更益繁熾，經歷之處，苗稼都損。今漸翾飛向西，薦食至洛，使命來往，不敢昌言。山東數州，甚爲惶懼，且天災流行，埋瘞難盡。臣望陛下悔過責躬，發使宣慰，損不急之務，召至公之人，上下同心，君臣一德，持此誠實，以答休咎，前後驅蝗使等，伏望總停。《書》云：『皇天無親，惟德是輔；人心無常，惟惠是懷。』不可不收攬人心也。

唐　陸長源《上宰相書》《唐文粹》卷七九　月日，太中大夫守汝州刺史兼御史中丞本州防禦使陸長源謹奉書相公閣下：相公以命世之略，應佐時之器；發文苑之鴻猷，繼臺庭之盛業。聖上傾心，以待相公之啟沃；天下側耳，以待相公之政理。豈得與房、杜異日，而不與蘇、宋同年哉！某比在朝廷，接君子之步武，聽哲人之語言。區區之誠，願盡於此。

今上聰明英武，自漢魏以來，賢君哲后未有如今上者。自臨極以來，宰相未有如房、杜、蘇、宋者，何偶聖之有期，而得賢之無路？蓋有以也。夫誡人之失，亦由端其躬，而後求影之直。故宰相者，導生人之本，稽政化之源；正辭以固之，平氣以待之。物有其官，官得其人。則提綱而網目張，振領而毛裘舉。至如移制度，評軍國，事關社稷者，斯在宸衷，猶望宰相自古況今，獻可替否。其餘朝廷之常典，羣司之闕務，弛張由於下筆，指顧在於一言。使政歸常典，理革前弊；和氣浹於下，清風穆於上：自然宰輔之事行，弼諧之義暢。何必捨其易而攻其難，犯龍鱗之不測，蹈虎尾而莫顧哉？其宰相之寄也，在於用賢，賢不濫而人自理；次於秉政，政不撓而國自安。用賢者，除改是也；秉政者，賞罰是也。其用賢也，絕黨與、捨憎嫌，使韋弦各施，輪轅適用。頃者之用人也，聲利以撓其心，愛惡而昏其識。以枉爲直，破觚爲圓。除改出於門庭，賞罰隨其情欲。求道行事舉，其可得乎？且尚書六司，天下之理本：兵部無戎帳，户部無版圖，虞水不管山川，金倉不司錢穀，光祿不供酒，衛尉不供幕，秘書不校勘，著作不修撰：官曹虛設，祿俸枉請。計考者假而爲資，養聲者籍而爲地。一隅如是，諸司悉然。欲求網目張、裘毛舉，其可得乎？此宰相之職也。且棟傾者正之，則屋無壓焉之懼；疾甚者攻之，則人無浸沴之患。正傾在於良匠，攻疾在於良醫。故政化失，諫臣得抗疏以論之；貶累興，憲官得持法而繩之。諫臣須謇謇匪躬之士，憲官須孜孜嫉惡之人。今悉求溫潤美秀、沈默宏寬者爲之，蓋北轅適楚，圓鑿方枘。欲求扶傾愈疾，其可得乎？貞元初，兵戈初解，蝗旱爲災，邑多逃亡，人士殍餒。至使官廚有闕，國用增艱。《王制》曰：『國無九年之蓄，曰不足。無六年之蓄，曰急。無三年之蓄，曰國非其國也。三年耕，必有一年之食。九年耕，必有三年之食。以三十年之通，雖有兇旱水溢，民無菜色。然後天子之食，日舉以樂。』今歲豐年稔，穀賤傷農，誠宜出價以斂糴，實太倉之儲。豈可慢易於豐賤之日，危急於兇荒之際？比年國家和糴，殆不得人，文帳空存，倉廩不實：是由賞罰之典曠，姦濫之吏來，此亦宰相擇人之過也。其之州，户口減一萬，兵數無二千。夏率供秋，秋率供夏。儻四氣或爽，一歲無年，實恐投姦有虞，爲累非淺。況率土州縣，其事略同。古人云『旱則資舟』，雖在豐稔之時，須爲兇險之備，此亦宰相之職也。蝗旱之時，聖上憂畿縣凋瘵，親擇臺省十人，出爲畿令，其後京畿稍理，皆擢以大郡，則聖上旌賢賞功之意也。頃來度支敕符皆云，刺史、縣令以户口減殿一人，賦斂增最一人，與者騫騰於廊廟，嫌者沈淪於草莽。欲求其爲惡者懼，爲善者勸，其可得乎？此宰相之職也。況今北虜和親，縻費轉甚；西戎作梗，邊鄙未安。所望求方邵之才，選甘傅之將，聯營朔裔，復河外之城；振旅湟中，收隴右之地。且田單匹夫也，敗樂毅乘勝之師；謝艾書生也，破麻秋勁鋭之卒。豈有其時而無其人哉？在用與不用耳。此亦宰相之職也。太宗得房、杜，貞觀之政成；玄宗得蘇、宋，開元之業泰。今相公居廟堂之上，當臺衮之任，與房、杜、蘇、宋，列於青史。寧肯昵親愛，行肺腑，踵覆車之轍哉？

某齒髮向衰，志力猶在。遇賢相，逢明時，亦願一豁平生，少展微分。不然者，老於泉石，亦求仁而得仁。某再拜。

宋 王禹偁《小畜集》卷一四《書蝗》 仲尼修《春秋》，設九例，物為災則書之，不為災則闕之。蓋物之災祥，繫君之善惡，特取其為災者以垂戒爾。苟不為災者亦書之，則慮後之為君者，謂災不由德而由於數也。斯聖人之微旨在焉，故《傳》曰：『有蜚，不為災，亦不書。』噫，去聖漸遠。詭誕爭起，陰陽家流，得以蔓其說。使君天下者，視天災時變。不務德以禳之，但委其數而已。吁，可悲也！然則君有修德禦災、轉禍為福者，苟滅而不書，曷以儆後代？是以堯水湯旱，非不災也，能以德禦之爾。皇宋嗣統之七載，夏四月，有飛蝗。上念粢盛稼穡之重，則貶常膳，避正寢，徹宮懸，眚災卹刑，以赦天下。曾未旬浹，蝗死於野。或曰：皇上以勤儉之德，馴致太平，無為之風將有待也。天其或者因怠於理，故用蝗以為戒。果能修德以禦之，則我后之德，唐堯之德也。宋景之退熒惑，太宗之去蟲蝗，得為比邪？儒臣不佞，敢作《書蝗》一篇，附於國史之末，非獨彰我朝之善，亦欲垂後世之戒也

宋 李覯《盱江集》卷七《國用第十》 司稼『巡野觀稼，以年之上下，出斂法』。斂法者，豐年從正，凶年則損也。廩人『掌九穀之數』『以歲之上下，數邦用，以知足否，以詔穀用，以治年之豐凶。凡萬民之食食者，人四鬴，上也；人三鬴，中也；人二鬴，下也。若食不能人二鬴，則令邦移民就穀，詔王殺邦用』。謂以歲之豐凶，得税物多少之帳，計國之用，以知足否。若歲凶，税物少而用多，則不足。廩人既知多少、足否，乃詔告在上用穀之法也。夫什一而税，天下中正，是故謂之徹。徹者，通也。然耕穫之事，豐儉亡常，不幸凶旱水溢，或螟螣蟊賊，農雖盡力，穀有不登，而有司必求如法，於理安乎？孟子道龍子之言曰：『治地莫善於助，莫不善於貢。貢者，校歲之中以為常。樂歲粒米狼戾，多取之而不為虐，則寡取之。凶年，糞其田而不足，則必取盈焉。為民父母，使民盻盻然，將終歲勤動，不得以養其父母，又稱貸而益之，使老稚轉乎溝壑，惡在其為民父母也？』故聖人設官，必於穀之將熟，巡於田野，觀其豐凶，而後制税斂焉。豐年從正，亦不多取也；凶荒則損，何取盈之有哉？然則龍子所見，蓋周之末世，周公雖貢，未嘗聞其不善也。然而取之少，則用不得不殺。取少而用不殺，則國不能自濟，非反乎民，將焉得也？宜其知足否而詔穀用焉。《王制》曰：『冢宰制國用，必於歲之杪，五穀皆入，然後制國用。用地小大，視年之豐耗，以三十年之通制國用，量入以為出。』由此道也。後世作者，除減斂法則既聞之矣，至於邦用，其可忽諸？

宋 宋祁《景文集》卷四一《代昭文爲飛蝗乞罷免第一表》 臣聞燮贊陰陽，茂遂萬物，宰相之職也；銷伏災異，劾免三公，朝廷之法也。若夫得士乃昌，始可以捍患；匪人必黜，是之謂應天。應天者不取於浮言，捍患者必挺於成效。敢沿先事，俯瀝危悰。竊念臣材不逮羣，慮非經遠。偶階薄伐，進服寵光。乘時乏人，備位當國。所啟者故事，既昧奉行，莫急者朝章，未能練達。括囊自守，既犯史官之譏；俾民且迷，庸孤師尹之望。遂乃招致沴氣，挻為乾災。蝗蝝放紛，菽粟彫罄。郡國所被，千里而遥。原田其咨，何恃不恐。上貽焦勞之念，垂布憯惻之音。減膳深思，側身引咎。並走羣望，弗愛斯牲。卓然至誠，宜荷丕應。然而善祥未得，嘉頌弗興。以臣策之，其則不遠。蓋由宰政乏効，愚慮奪明。處可昧於大中，總領乖於時當。下民失職，長吏曠官。便文自營，多瘠罔詔。兹謂不聰之罰，則有介蟲之妖。臣叨相邦，誰任其咎？天監孔邇，人言莫懲。伏望皇帝陛下責謨明之罔功，暴承弼之無狀。顯效衆異，俾解上司。賜之觭輪，許就私里。然後改求哲乂，升備股肱。導迎太和，振除後咎。抑臣又聞《春秋考異》曰：『蝗者，貪擾所生。』京房占曰：『其救也，舉有道置於位。』如臣待罪，向涉再期，奉入不貲，賜予相繼，既見乎貪擾之應矣；若陛下矜照危迫，回命畯良，順時天工，俾乂民極，又合乎有道之救矣。如此則上帝悦豫，祟沴無疆之休；綿宇順穰，普蒙咸一之德。感於旋日，少慰愚衷。得請為期，所念靡極。

又《代中書爲飛蝗乞降官第一表》　臣某等言：恭聞應天之變，誼不以文；均國之憂，理難賴寵。而况饑蝗雜會，疵癘洊臻，民殫見糧，野乏青草。任責躬之懼，既無以萬方；稽失政之原，然本之四輔。尚安有悔之地，實愆同德之風。輒祈降階，少塞無狀。竊念臣等器慚過遠，慮匪及幾。誤奉聰謀，進叨弼直。號令風采，不足平章庶尹；奔走先後，無以感會萬幾。一昨沴氣成災，大田奪食，孽螽紛擾，淋澍怨咨。南挺江淮，東薄齊魯。吏雖火馳而重撫，民且狼顧而易遷。皇帝陛下至仁如傷，睿志先定。發倉氏以賙乏，督輸粟之期；募國人之毀家，濟蒙袂之困。分遣詔使，還定力農。間復走四方之種祠，捨六祝之移過。凛然馨治，貫乎有神。又謂修德莫如身先，於是減惟辟之常舉；動民不取徒善，於是損乃聖之全名。斷自至誠，祗承天意。臣等既微云補，徒用具員。亟昧死以自陳，願黜幽而賜罷。陛下惜邦之體，為下受愆，悉掩罔功，俾還視事。臣等重念動危辭位，則淺於納忠；赦罪責成，則鋭乎修政。遂相敕厲，期獲靖嘉。然以據廊廟之甚崇，假器名而見覩。善祥靡答，威怒未還。尚容容以自安，寧昭昭之垂戒？伏望陛下諒其至懇，責以協恭，許臣四人降官一等，明著燮調之失，俾圖消伏之方。在國典以甚宜，冀人言之少息。然後叶宜綿力，徐叩大猷。計一得之微勞，投萬分之深報。援天於此，得請為期。

宋 包拯《包孝肅奏議集》卷一《上仁宗要務七事奏》　臣非材備位諫職，思所以為補報者，惟言責而已：然言不激切，則不足開宸慮而補聖政。謹條上七事，皆當今之要務，詞理鄙直，惟陛下留神省察：【略】

六事：

臣伏見近歲已來，災異備至，天象謫見，地理傾震，蟲蝗為孽，水旱作沴，連綿三數年未已，而河北最甚，其次利州、京東西、兩浙、河東路，循環皆被大患矣。以陛下焦勞求理，恐一物失其所，持此寅畏，寧不感召和氣，格上天之福禄乎？然而致如此者，盖大臣不能同寅協恭，知無不為，切救時弊；而陛下志慮亦或有疑沮，未能委任忠賢，以成垂拱之美也。方今諸路饑饉，萬姓流離，府庫空虚，財力匱乏，官有數倍之濫，廪無二年之蓄，兵卒驕惰，夷狄盛強，即不幸繼以凶年，加之小寇，則何人可以倚仗而枝梧哉！臣所以夙夜怵惕，思進苦言，冀開悟陛下而不能已已也。臣願陛下切留宸慮，密以事詔今之執政，誰能盡心敢救天下之弊，敢當天下之責者，果得其人，願陛下主張而委任之；其陰拱循默，持禄取容，妬嫉賢能，以一己為計者，宜速罷免，毋俾久塞要路，則化危為安，變艱於易，如反掌矣。陛下固不可失此時而不為，儻失此時而不為，禍變一發，則雖欲為而不可為矣。惟陛下深存念之。

宋 蔡襄《端明集》卷一六《言災異三》　臣等伏覩陛下以災變屢見，飛蝗為殃，責躬引過，祈于天地宗廟社稷，不令殃及萬方。臣伏念災變之來，實由人事，政治闕失，感動天地。故古之人君，或遇災異，則避正殿，撤常膳，深自刻責，思所以致之之咎、改之之理。以至冊免三公者有之，詔求直言者有之。此皆消災異、召和氣之道也。方今天下之勢至危矣。外裔驕暴，凌脅中國盜賊縱横，驚刦郡縣。養兵至冗，擇將不精；配率頻繁，公私匱乏。内外之官務為辦事，而少矜恤之心；天下之民急於供應，而有流離之苦。治道如此，未聞救之之術。臣等伏見數年以來，天戒屢至，朝廷雖有警懼之意，然而因循舊弊，未甚改更。今日災變頻數，蓋天意必欲朝廷大修人事，以救其患，乃可變危為安也。救患之方，莫若原其致災之本。致災之本，由君臣上下之闕失也。闕失之事，臣等敢次第而言之。陛下不專聽斷，不攬威權，使號令不信於人，恩澤不及於下，此陛下之失也。持天下之柄，司生民之命，無嘉謀異議以救時弊，不盡忠竭節以副任用，此大臣之過也。朝有闕失而不能救，民有疾苦而不能達，陛下寬仁少斷而不能規，大臣循默避事而不能斥，百官邪正並進而不能辨，四夷交構内侵而不能謀，有願避之心，無力諍之節，此臣等之罪也。今陛下既有引過之言，達于天地神祇矣，伏乞陛下必踐其言，必行其實。踐言行實之要，莫若專聽斷，攬威權。號令信于人，恩澤及于下，則災異消而和氣應矣。某大臣不舉職之過，伏乞陛下以致變之由，赫然督責之。若督責之又無近效，則用災異冊免三公故事而去之，別求能賢，以救大患。如臣等蒙陛下非次選擢，不能稱職，尚致陛下有如此之失，大臣有如是之過，臣等負罪至深，伏乞朝廷遠加竄逐，求方正材識之人，俾居諫職，必能裨贊朝綱，上副聖選。臣等謹具狀待罪以聞。

宋 歐陽修《文忠集》卷一四五《與杜正獻公慶曆某年見（英辭類稿）**》**

某頓首啟。仲秋漸涼，伏惟致政相公尊體起居萬福。前者所遣人還，伏蒙寵賜書答，因得備問起居之節、進退之宜，私心喜幸，何可勝道。淮南歲旱，飛蝗群下，來自淮、泗。至秋，暑毒不解，不審沿汴如何？更望順時倍保尊重。

宋 蘇軾《東坡全集》卷七〇《徐州謝兩府啓》 移守河中，已愧超陞之異；改臨泗上，仍叨藩鎮之雄。既見吏民，周覽風俗。地形襟要，當東南水陸之衝；民食艱難，正春夏旱蝗之際。宜得一時之循吏，以安千里之疲民。如軾者才不逮人，學非適用。冒塵策府，自知拙直之難安；屢乞守符，意謂苟全之善計。然自往來三郡，首尾七年。足蹈危機，僅脱風波之險；心存吏役，都忘學術之源。既未決於歸耕，敢復求於善地。伏遇某官權衡萬物，高下一心。頑礦悍堅，實費陶鎔之力；散材疏惡，徒施封殖之恩。謹當筆策疲駑，鐫磨朽鈍。上酬天造，次答己知。

又 卷七三《上韓丞相論災傷手實書》 史館相公執事。軾到郡二十餘日矣。民物椎魯，過客稀少，真愚拙所宜久處也。然災傷之餘，民既病矣。自入境，見民以蒿蔓裹蝗蟲而瘞之道左，纍纍相望者，二百餘里，捕殺之數，聞于官者幾三萬斛。然吏皆言蝗不為災，甚者或言為民除草。使蝗果為民除草，民將祝而來之，豈忍殺乎？軾近在錢塘，見飛蝗自西北來，聲亂浙江之濤，上翳日月，下掩草木，遇其所落，彌望蕭然。此京東餘波及淮浙者耳，而京東獨言蝗不為災，將以誰欺乎？郡已上章詳論之矣。願公少信其言，特與量蠲秋稅，或與倚閣青苗錢。疎遠小臣。腰領不足以薦鈇鉞，豈敢以非災之蝗上罔朝廷乎？若必不信，方且重復檢按，則饑羸之民，索之於溝壑間矣。且民非獨病旱蝗也。方田均稅之患，行道之人舉知之。稅之不均也久矣，然而民安其舊，無所歸怨。今乃用一切之法，成於朞月之間，奪甲與乙，其不均又甚於昔者，而民之怨始有所歸矣。

今又行手實之法，雖其條目委曲不一，然大抵恃告訐耳。昔之為天下者，惡告訐之亂俗也，故有不干己之法，非盜及強姦不得捕告。其後稍稍失前人之意，漸開告訐之門。而今之法，揭賞以求人過者，十常八九。夫告訐之人，未有非凶姦無良者。異時州縣所共疾惡，多方去之，然後良民乃得而安。今乃以厚賞招而用之，豈吾君敦化、相公行道之本意歟？

凡為此者，欲以均出役錢耳。免役之法，其經久利病，軾所不敢言也。朝廷必欲推而行之，尚可擇其簡易為害不深者。軾以為定簿便當，即用五等古法，惟第四等、五等分上、中、下。昔之定簿者為役，役未至，雖有不當，民不爭也，役至而後訴耳。故簿不可用。今之定簿者為錢，民知當戶出錢也，則不容有大繆矣。其名次細別，或未盡其詳，然至於等第，蓋已略得其實。軾以為如是足矣。但當先定役錢所須幾何，預為至少之數，以賦其下五等。下五等，謂第四等上、中、下，第五等上、中也。此五等舊役至輕，須令出錢至少乃可，第五等下，更不當出分文。其餘委自令佐，度三等以上民力之所任者而分與之。夫三等以上錢物之數，雖其親戚，不能周知。至於物力之厚薄，則令佐之稍有才者，可以意度也。借如某縣第一等凡若干戶，度其力共可以出錢若干，則悉召之庭，以其數予之，不戶別也。令民自相差擇，以次分占，盡數而已。第二等則逐鄉分之，凡某鄉之第二等若干戶，度其力可以共出錢若干，召而分之，如第一等。第三等亦如之。彼其族居相望，貧富相悉，利害相形，不容獨有僥倖者也。相推相詰，不一二日自定矣。若析戶則均分役錢，典賣則著所割役錢於契要，使其子孫與買者各以其名附舊戶供官，至三年造簿，則不復用，舉從其新，如此，而朝廷又何求乎？所謂浮財者，決不能知其數。凡告者，亦意之而已。意之而中，其賞不貲。不中，杖六十至八十，極矣。小人何畏而不為乎？近者軍器監須牛皮，亦用告賞。農民喪牛甚於喪子，老弱婦女之家，報官稍緩，則撻而責之錢數十千，以與浮浪之人，其歸為牛皮而已，何至是乎！

軾在錢塘，每執筆斷犯鹽者，未嘗不流涕也。自到京東，見官不賣鹽，獄中無鹽囚，道上無遷鄉配流之民，私竊喜幸。近者復得漕檄，令相度所謂王伯瑜者欲變京東、河北鹽法置市易鹽務利害，不覺慨然太息也。密州之鹽，歲收稅錢二千八百餘萬，為鹽一百九十餘萬秤，此特一郡之數耳。所謂市易鹽務者，度能盡買此乎？苟不能盡，民肯捨而不煎，煎而不私賣乎？頃者兩浙之民，以鹽得罪者，歲萬七千人，終不能禁。京東之民，悍於兩浙遠甚，恐非獨萬七千人而已。縱使官能盡買，又須盡賣而後可，苟不能盡，其存者與糞土何異，其害又未可以一二言也。願公救之於未行。若已行，其孰能已之？

軾不敢論事久矣，今者守郡，民之利病，其勢有以見及。又聞自京師來者，舉言公深有拯救斯民為社稷長計遠慮之意。故不自揆，復發其狂言。可則行之，否則置之。願無聞於人，使孤危衰廢之蹤，重得罪於世也。干冒威重，不用戰慄。

又《補遺・與滕達道四十五首之二》 某再啟。東武今歲蝗災尤甚，而官吏多方繩以微文，蠲放絶少。自到任，不住有人戶告訴，既非檢覆之時，已奏乞體量減放，仍已申聞去訖，或更得明公一言，尤幸也。新法，隊伍已團結次，然有州縣不得干預之説，自古豈有郡守而不得管兵者？其他不便，未可以一二數也。咫尺無緣一見，以盡所懷。昨日得舍弟書，王殿丞又恐卻赴任，果爾，則闕命又未可知也。窮蹇圖事，無適而不齟齬，好笑！好笑！

宋 蘇轍《欒城後集》卷一一《歷代論五・姚崇》 唐史官稱姚崇善應變以成天下之務，宋璟善守文以持天下之正。斯言固二人之所長也，然應變者要不失正而後可。孟子有言：『所惡於智者，為其鑿也。如智者若禹之行水，則無惡於智矣。禹之行水也，行其所無事也。如智者亦行其所無事，則智亦大矣。』唐玄宗豪俊之君也，而崇復以豪俊事之。方其君臣遇合，天下事迎刃而解，若無足為者。雖然，以水濟水，後將有不可食者。開元四年，天下大蝗，民祭且拜之，坐視食苗而不敢捕。崇奏遣御史為捕蝗使，分道殺蝗。羣臣多不以為然，帝亦疑之，而崇行之愈力，蝗亦為息。捕蝗雖古之遺法，然遇災而懼，修德以荅天變，古之正道也。崇置之不言，而專以捕為事，已可疑矣。既而，崇所親吏趙誨以賕死，崇懼還政。時帝將幸東都，而太廟屋壞。宰相宋璟、蘇頲皆言三年喪未終，不可巡幸，壞壓之變，天戒也。請罷東巡，修德以荅至譴。帝以問崇，崇曰：『此苻堅故殿也，山有朽壤而崩，木蠹而折，理無足怪，但壞與行會，非緣行而壞也。今關中無年，饋餉勞弊，出幸東都，所以為人，非為己也。百司已戒，供擬已具，請車駕即東，而遷神主太極殿，更作新廟，此大孝也。』帝用其言，崇由此復相。開元末，帝在東都，欲還長安，裴耀卿等皆言農人場圃未畢，須冬可還。李林甫獨曰：『二都本東西宮耳，車駕往來，何用待時？假令妨農，獨赦所過租賦可也。』帝大悅，即駕而西。崇建東幸之計，林甫獻西還之議，其意同耳，孰謂崇獨賢乎？從崇之議，使人君上不畏天戒，中不敬宗廟，下不恤人言。三者皆忠臣之所諱，而崇居之不疑，何哉？其後崇、璟既沒，玄宗愈老，愈輕蔑羣臣。方任張九齡，而廢太子瑛；用牛仙客，則聽李林甫；方嬖楊國忠，而縱安祿山，則用輔璆琳，專以適己為悅。類崇有以啟之也，故吾謂開元之治，雖出於崇，而天寶之亂，亦崇之所自致。此人臣之至戒也。

宋 晁補之《雞肋集》卷四七《唐舊書雜論・志》 韓思復，開元初為諫議大夫時，山東蝗大起，姚崇為中書令，奏遣使，分往河南、河北諸道。殺蝗而埋之，思復以為蝗天災，當修德以禳之。恐非人力所能翦滅，上疏云云。崇迺請遣思復，往山東撿蝗，又請劉沼詳覆沼希崇旨，遂捶撻百姓回改舊狀以奏之。由是河南數州，竟不得免，思復遂為崇所擠出為德州刺史。

右韓思復傳，第五十一修德禳災，雖王者所務，然蝗遍天下，不加驅捕，坐視饑饉，父子相食而曰：天災勿除，但當修德。夫德修一日，何足以弭已然之變？而政事暫弛，則患不勝滋矣，要患至先除而後退，自儆勵，其誰曰：不可思復書生守文，而崇慮變深，以事不合旨，出為刺史，非擠也。

《續資治通鑑長編》卷一一四 〔景祐元年三月〕開封府判官謝絳言：『蝗亘田野，坌入郛郭，跳擲官寺，井堰皆滿，而使者數出，府縣監捕驅逐，蹂踐田舍，民不聊生。魯三書螟，穀梁以為哀公用田賦虐取於民。朝廷斂弛之法，近於廉平，以臣愚所聞，似吏不甚稱職而召其變。凡今典城牧民，有顓方面之勢，才者掠功取名，以嚴急為術，或辯偽無實，數蒙獎録；愚者期會簿書，畏首畏尾。二者政殊，而同歸於弊。夫為國在養民，養民在擇吏，吏循則民安氣和而災息。願先取大州邑數十百，詔公卿以下舉任州守者，使得自辟屬縣令長，務求術略，不限資考。然後寬以約束，許便宜從事。期年條上理狀，或徙或留，必有功化風跡，異乎有司以資而任之者焉。漢時，詔問京房災異可息之術，房對以考功課吏。臣願陛下博訪理官，除煩苛之令；申敕計臣，損聚斂之役。勿起大獄，勿用躁人，務靜安，守淵默。傳曰：「大祲之禮，百官備而不制。言省事也。」如此而沴氣不弭，嘉休不至，則靈意滿讕，而聖言罔惑矣。』絳疏不得其月日，本傳云：還朝為開封府判，即言此。絳為府判，乃二月丙午也，今附月末。案：「靈意滿讕」，語不可解，然宋史謝絳傳亦同，姑存其舊。

宋 朱熹《晦庵集》卷一七《御筆回奏狀》 御筆覽奏，知紹興府界蝗頗為災，朕心憂懼。今不欲專遣使人，降香二合付卿等，宜即虔潔，分詣祈禱。又聞蝗之小者滋育甚多，可更支賞，召人收捕，務速殄滅，毋使遺種，以為異日之害。故茲札示，當體至懷。

具位臣朱熹：

臣昨具奏，紹興府會稽縣廣孝鄉蝗蟲，臣已同本府發錢，專令本縣令尉親在地頭召人捕獲，收買焚埋。每得大者一斗，給錢一百文，小者每升給錢五十文。續奉御札，令臣分詣祈禱，更行支賞，召人收捕，務速殄滅。臣恭稟聖訓，夙夜不遑，即同帥臣王希呂就府治設醮祈禳。又發錢出牓曉諭，於先支賞錢之外，更行倍加增貼，召人收捕。仍差茶鹽司幹辦公事沈大雅前去監視督責，及敦請鄉官二員同縣官分頭給賞收捕。今據申到，截今月十三日，通計收到大蟲一石五斗三升六合，小蟲二十五石九斗三升九合，並已埋瘞。

目今尚有一分以上未至盡絶。臣續又見諸曁縣寄居與投詞人稱，紫巗鄉亦有飛蝗在境，臣即已專委本縣令佐親臨田陌，子細從實相視。如委的實，即從會稽縣所行，召人支賞收捕焚埋。去外，臣伏為本路所管衢、婺等六州今歲旱損，比之紹興，其災尤甚。本欲取本月上旬起離前往，親行檢視，預備賑恤，正緣收捕蝗蟲未盡，未得起發，今不住據逐州縣接續申到事理，委是大段緊急，不免定取十五日起發前去。經由蝗蟲地頭，更行督責，取見殄滅次第，然後取道嵊縣山間，望婺州界迤邐前去。前路有合奏聞事件，續次申發。所有上項事理，須至先具奏聞者。

右謹録奏聞，謹奏。

簽黄：臣竊聞旱蝗之災，過貽聖慮，夙夜焦勞，至忘寢味。臣雖疎賤，不勝感泣震懼之至。今此前去災傷州郡，敢不究心竭力，周爰咨詢，庶有以仰稱明詔之萬一。但前奏乞錢數事，欲望睿旨早賜施行。臣雖未到諸郡，近日提刑傳淇、張詔自彼來歸，其言所見，委實災傷至重，尚慮臣所乞錢數少，不足周給。臣緣未經目見，不敢再具懇請。且乞早賜指揮，依臣前奏應副施行，庶幾前路所到州郡，便可布宣德意，措約收糴，以慰饑民之望。若不得此，實無措手之處。將來坐視陛下赤子流離溝壑，臣雖萬死，不足贖罪。伏乞聖照。臣去年到任，已是深冬，狼狽急迫，措置不辦，只得將所蒙給賜錢米計口分俵，誠為可惜。今來雖是災傷，然日月尚寬，足可措置。臣已行下逐州通判，檢計有合興脩水利去處，將來廣募飢民，給食工作。唯是老弱殘疾婦女之類無依者，方與賑給，庶幾不至又似去年虚費官物。伏乞聖照。

又《奏蝗蟲傷稼狀》 簽黄：奏為紹興府會稽縣廣孝鄉蝗蟲入境，臣親到地頭田間看視，委有咬傷稻苗。今與知紹興府王希呂詢訪祈禱，打撲焚瘞奏聞事。

具位臣朱熹：

臣昨於今月初四日聞得紹興府會稽縣蝗蟲頗多，即遣人走探。昨已據所差人孫勝回報，會稽縣白塔寺相對東山下有蝗蟲數多，收拾得大者一籃，小者一袋。其地頭村人皆稱蝗蟲遇夜食稻，臣已具事狀并大小蝗蟲二色申尚書省，乞賜敷奏去訖。臣遂即時乘船出門，向曉至蝗蟲地頭廣孝鄉第十都、第十七都，同會稽令尉步行，親到田間看視。其蟲大者不多，小者無數，集於稻苗之上。其未結實者，莖葉皆為咬傷，其已結實者，穀苗皆為咬落，委是為災，有害苗稼。紹興府先已支錢一百貫文，付會稽縣募人打撲，赴官埋瘞。本司亦已支錢一百貫文付縣，添貼收買。據本縣申，兩日内已買到七石三斗八升五合，臣亦與帥臣王希呂一面詢究祈禱，打撲焚瘞外，須至奏聞者。

右謹録奏聞，謹奏。

又《奏巡歷沿路灾傷事理狀》

具位臣朱熹，今具沿路災傷事理下項，須至奏聞者：

一、臣七月十六日再到田間看視蝗蟲，大者絶少而小者尚多。當處多是旱中禾稻，皆已成熟，多被喫損。人戶皆稱檢官未到見分數，不敢收割。臣已牒本府，催促所差下官日下出門，前來檢視去訖。又支錢付曹娥監鹽官，收買十四、十五都蝗蟲，并行埋瘞。續據上虞、餘姚縣申到，本縣蝗蟲頗多，亦已行下，催促支錢收捕埋瘞。今來頻得雨澤，遠近沾足，竊意其蟲必當殄滅，已牒本府一面審實具奏，伏乞聖照。

一、臣十七日經歷上虞縣界，田皆遭旱，彌望焦赤。間有近水去處，尚有些小可望收成。觀其災傷，委是至重，而本縣不受人戶投訴，反將投訴人戶刷具舊欠，監繫門頭，及出招子催督税，賦無問貧富大小人戶，五日一限，逐限輸官之外，人吏定要乞錢一百文省。其不到者，即差公人下鄉追捉，搔擾尤甚，乞覓尤多。人戶不勝其苦，一日之間，遮臣泣訴者至五七百狀。臣已送本府存恤，究治施行去訖。更乞聖慈特賜指揮，庶幾州縣有所懲戒，免致重困飢民，不勝幸甚。

一、臣十八日到嵊縣，其旱勢尤甚於上虞。蓋紹興諸縣之旱，嵊為最而上虞次之，餘姚又次之。然上虞、餘姚去年猶得薄收，獨嵊縣一連三年遭此極重之災，雖其上戶中家已覺艱窘，鰥寡細民，則已有掇稗子而食者。臣曾支錢三十文，買到所採稗子一升，今申納尚書省。欲乞宣索，一賜觀覽，早降指揮，令紹興府將此三縣新舊税租特與倚閣，俟見秋苗合放分，數斷自宸衷，別賜處分，不勝幸甚。

一、臣十九日至新昌縣，是日午後連得大雨，幾至通夕。本縣先來亦苦乾旱，早稻皆已失收，中晚之田亦已龜拆。方自中旬以來，連日得雨，田中遂皆有水，中晚之禾間有可望去處，可勝上虞等縣。但諸縣大抵旱乾日久，得雨後時，秋序已深，氣候寒冷，其間稻苗雖尚青活，而不復能結實者，亦多有之，荒熟之形，尤難分別。臣已遍牒檢視官員，切宜子細，不可差誤。伏乞聖照。

一、沿路人户已損田段，不堪收割，皆欲及早耕犁，布種蕎麥二麥之屬，接續喫用。但以檢放未定，不敢施工。欲望聖慈特降指揮，催促檢放，庶幾不妨民間及早耕種。其有闕少種糧之人，更令官司量行應副，尤為厚幸。

一、臣二十一日入台州天台縣界，以後事理尋別具奏聞，伏乞聖照。

右，謹録奏聞，伏候敕旨。

又 卷二一《發蝗蟲赴尚書省狀》 本司近訪聞得紹興府累有飛蝗入境，即於今月初五日差人前去探問。據兵士孫勝報，今到會稽縣白塔寺相對東山下，有蝗蟲數多，收拾得大者一籃，小者一袋，其地頭村人皆稱蝗蟲遇夜食稻。熹即今前去看視，一面監督官吏打撲焚瘞，尋别具奏聞，須至申聞者。

右，具蝗蟲大小兩色，各用紫袋盛貯，隨狀見到。謹具申尚書省，伏乞敷奏施行。

宋 董煟《救荒活民書》卷上 畿内有蝗。上入苑中，見蝗，掇數枚，祝之曰：民以穀爲命，而汝食之，寧食吾之肺肝？舉手欲食之，左右諫曰：惡物，或成疾。上曰：朕爲民受災，何疾之避？遂吞之。是歲蝗不爲災。

煟曰：太宗存心愛民，觀其『朕爲民受災，何疾之避』之語，其愛民之心，真切如此。宜其一念感通，蝗不能爲害也。

又 建炎二年七月十九日，御批：大水、飛蝗爲害最重之處，仰百姓自陳，州縣監司次第保明奏聞，量輕重與免租稅。

煟曰：水旱檢放，止免田租而已。今御批欲與免稅，政合唐人免調之意。高宗真中興聖主哉！

又 卷中《捕蝗》 煟曰：太宗吞蝗，姚崇捕蝗，或者譏其以人勝天。臣曰不然。天災非一，有可以用力者，有不可以用力者。凡水與霜，非人力所爲，姑得任之。至於旱傷，則有車戽之利；蝗蝻，則有捕瘞之法。凡可以用力者，豈可坐視而不救耶？爲守宰者，當激勸斯民，使自爲方略以禦之可也。吳遵路知蝗不食豆苗，且慮其遺種爲患，故廣收豌豆，教民種食。非惟蝗虫不食，次年三四月間，民大獲其利。古人處事，其周悉如此。臣謹按：熙寧八年八月詔，有蝗蝻處，委縣令佐躬親打撲。如地里廣闊，分差通判、職官、監司提舉，仍募人得蝻五升或蝗一㪷，給細色穀一斗；蝗種一升，給麤色穀二升；給價錢者，作中等實直。仍委官燒瘞，監司差官覆按以聞。即因穿掘打撲損苗種者，除其稅，仍計價。官給地主錢數，毋過一頃。則本朝之法，尤爲詳悉。

宋 真德秀《西山文集》卷二《辛未十二月上殿奏札一時爲著作佐郎**》** 臣聞知父母之心者可以知天心，知人君之道者可以知天道。蓋父母之於子也，鞠育而遂字之，仁也；鞭朴而教戒之，亦仁也。君之於臣也，爵賞以褒勸之，仁也；刑罰以聳厲之，亦仁也。天佑民而作之君，其愛之深，望之切，無異親之於子，君之於臣也。故君德無愧則天為之喜而祥瑞生焉，君德有闕則天示之譴而災異形焉，災祥雖殊，所以勉其為善一也。天之愛君如此，為人君者其可不以天之心為心乎？臣伏觀近歲以來，旱蝗頻仍，饑饉相踵，陛下嚴恭寅畏，不敢荒寧，憂閔元元，形於玉色，上天降康，遂以有年，亦足以觀感格之效矣。而比者乾度告愆，星文示異，洊叠見於清臺之奏。謂陛下躬行之未至與，則豐穰之？應若何而致之？謂陛下躬行之已至與，則象緯之災又何為而數見也？天道幽遠，人所難知。臣竊思之，意者皇天佑宋之心，欲陛下不以積年之憂為易忘，而以目前之喜為僅足，其愛之深、望之切為何如耶！夫宫庭屋漏之邃，起居動作之微，一念方萌，天已洞見。陛下誠能守兢業之志，防慢易之私，孳孳服行，屢省毋怠，則將不待善言之三而有退舍之感矣。況今年雖告稔，民食僅充，然薦饑之餘，公私赤立，如人久疾，甫獲瘳而血氣未平，筋力猶憊，藥敗扶傷，正須加意，朝廷之上，未可遽忘矜卹之念也。恭聞間者内廷屢蕆醮事，固足以見陛下畏天之誠，然而修德行政者本也，禬禳祈請者末也，舉其末而遺其本，恐終不足以格天。矧今冬令已深，將雪復止，和氣尚鬱，嘉應未臻，此漢人所謂天有憂結未解、民有怨望未塞者也。臣愚不佞，伏望陛下體昊天仁愛之意，思星文變動之由，延訪近臣，勤求闕失，推行惠政以活斯民，則愁嘆銷於下而休證格於上矣。《詩》曰『敬之敬之，天維顯思，命不易哉』，惟陛下留神毋忽。

又 卷六《奏乞分州措置荒政等事同總領、提舉七月上**》** 伏見今歲江東九郡大旱者七，加以飛蝗所過，遺孽蔽江盈野，其積數尺，草木蘆葦為之一空。秋陽方驕，風日愈烈，耳目所接，無非焦熬窘促之狀，人情皇皇，略無生意。井泉溝澗，在在枯竭，居民行旅，汲飲無所。市糴翔踊，斗幾千錢，其長未已，居民相謂以平時三數日之資為一日糴，猶不能飽。至於村疃鎮戍，市無粒米，道路往來，有連日不得食者。據休寧縣申，民户金十八等數百人突入丞令廳求糴官米，令丞開倉給之，不足以繼。又據江西安撫司牒，建昌縣百姓方念八等百十人入靖安縣，強發富室倉米。又據建昌縣申，百姓王七八等刼掠民戶吳彥聰等家穀。池州道間亦有近放黥徒誘聚飢民，剽掠客旅，江流浮尸而下，莫知主名。若不急為措置，則弱者轉於溝壑，強者聚為盜賊，皆將上貽宵旰之憂臣等並將使，指親見生靈危急若此，寢食為之不遑。昨已具奏乞撥降米斛，借兑官錢，措置濟糴外，續會議到合施行事宜如後：

一、部內九郡，監司所當通察，至於措置提督，則當各以附近州縣分任其責。凡所施行，仍舊互相關報。蓋通察而不分任，則耳目難周，報應稽緩；分任而不互報，則血脉不貫，事體不均。檢照常平令，諸災傷縣計放税七分以上，監司各分州縣巡按檢察，月具賑濟人口工料錢穀奏聞。若當職官措置乖方，内知州奏裁，餘選官對移訖奏。以監司附近地方言之，則建康府、太平州、廣德軍當責之安撫、轉運司，寧國府、池、徽州當責之提舉司，饒、信州、南康軍當責之提刑司。臣等方欲上聞，忽準省劄，備從提刑司所申行下，臣某都運、臣某提舉已遵稟外，緣當來提刑司所申但及分任事理，而未有通察互報之文，兼所分州縣，當職官措置善否、推行勤惰及境内有無流移死亡之民，亦合許臣等將來分别奏聞，以聽陛下之賞罰。伏乞睿照。

小貼子：内饒、信兩州屢申得雨，臣等得於諮訪，饒州境内近來旱處亦多。據鄱陽、浮梁縣申，飛蝗已入其境，信州里地相接，竊恐將來蝗災亦所不免，故今分任之事未敢置二州於慮外。併乞睿照。准嘉定八年八月二日，省劄依已降指揮各行分管施行，如有已施行事件，仰逐司互相関報，其州縣當職官奉行濟糴勤惰，仰監司各照所管州軍，當職官具職位姓名申取朝廷旨揮。

一、救荒之政固當責之守令，而州縣之間，官事叢委，雖有憂民之吏，欲置它務以專意賑恤，而勢有所不能。其間庸惰之吏視為故常，付之吏手，徒耗官物，惠不及民，實為利害。臣都運、臣提舉自當躬親巡察外，更合選官不時前去點檢，而見任官各有本職，兼其才能可以倚仗者亦自有數。檢準常平令，諸災傷緣賑濟事應差官而本州縣闕者，聽監司於隣近選差，不足即選轄下得替待闕官。臣等今欲於應本道官屬并前資待闕内選擇忠信才幹之人，及雖不應差出者，亦聽添湊差委，候踏逐到人，續具名銜申省。其有勞續，將來結局分立等第申奏，優與推賞，庶幾不至闕事，伏乞睿照。

一遏糴閉粟，初非美政。今州縣之間各私其境，而監司又各私其所部，至有鄰境之民饑困待盡，不使斗斛流通。當天下一家之時，豈宜有此？臣某提舉昨嘗奏聞，行下湖南、湖北、江西、淮西轉運司并沿江州軍，通放客米，不得要阻收税，已蒙朝廷劄下江西、湖南北、淮西轉運司及各州軍，今諸處雖被受朝旨而壅遏自如。竊見江西、湖南連歲屢豐，今又及時得雨，秋熟可望，自合通融有無，豈可以鄰為壑，而湖南之米經從湖北，例遭拘遏，尤為非便。欲望聖慈檢會已降旨揮，再與申嚴行下，仍劄付京湖制置司照會，遵依施行。

一、江東諸郡旱勢既闊，官米有限，全藉收糴米斛赴官接續賑糶，見差官及募富家大室請領官錢四散廣糴。竊見逐州起發綱連，初無收糴之勞，止是關防偷盜欠折，交卸無虧，並沾醲賞。今所糴米若數目之多寡、道里之遠近、防閑之難易、風濤之險阻與綱運同，而於米有交糴之勞，於錢有收支之累，若全無優賞，何以使人？今欲乞聖慈有下司，量立賞格，分為三等，二萬石以上為一等，一萬石以上為一等，五千石以上為一等，有官人循資，白身人補右選或助教文學，如願封贈、占射、免役之類，斟酌輕重，等第推賞，分明頒下。庶幾爭欲自效，易以集事。

又　卷七《乞給降錢會下本路灾傷州郡下户收糴麥種》

臣等近以本路旱蝗為菑，屢以斯民危迫之狀仰瀆睿聽，陛下至仁垂憫，賜緡錢，發廩粟，恩意惻怛，與天同心。臣等欽體聖懷，分遣官吏，抄録戶口，舉行振䘏之政，欲使山谷窮僻之地咸被上恩。然此去來秋尚有期歲，公家之力有限，艱食之日甚長，蚤夜以思，未知攸濟。訪之父老，皆言若二麥及時布種，則人心自安。蓋村野小民，生計易足，田中苟有數畝之麥，便可指為温飽之資，目前雖甚艱難，終不舍之而去。富室大家，知其有所指擬，緩急舉貸，亦肯相賙。第目今麥價所在踴貴，其最平處每石為錢亦不下二貫有奇，惟上等殷富之家自能豫蓄種子，中戶糴買已病其艱，若四等而下，大抵皆貧困之民，今夏所收僅充三數月之食，飢腸所迫，豈有顆粒尚存，雖欲趨時耕種，有不可得。今秋田苗稼至少，檢放之數必多，官司坐失常賦已不可勝計，若麥復失種，則來歲夏税輸納必艱，上供之額何所取辦？況嗸嗸待哺者以百萬計，若廣種二麥則一飽有期，庶幾四五月之交，賑濟或可結局。若種麥稀少，不足救飢，則非至秋成，官司振給實難遽已。公家事力，豈易支吾，臣等恭覩陛下即位初年九月二十八日，尚書省劄子，勘會今年種麥是時，切恐細民無力耕種。有旨令兩浙兩淮提舉司，『應災傷去處將常平錢措置收糴麥種，并給降米斛，疾速賑貸施行，毋致有失布種。』寬䘏之恩，載在詔令，焕如日星。臣等今畧計本道災傷去處第四等以下闕少麥種人戶，為田數百萬畝，每畝用種五升，其費不可勝計。雖嘗亟下所部諸州，那融官錢，收糴給貸，然今州郡大抵空乏，必無餘力可及，而常平錢米本自無幾，見今專充糶濟，不復更有贏餘，只得傾竭愚誠，控告君父。伏望聖慈特詔有司，給降錢會，令臣等須下諸郡，酌量給貸，麥熟之日，令民隨税輸納。臣等謹當拘㩁，還之縣官，不敢分毫使用。干冒聖威，臣等無任震惕之至。謹録奏聞，伏候勅旨。

貼黄：照對種麥之期只盡九月，立冬之後，即難施工。前件奏請，若蒙聖慈以民食為重，俯賜俞允，即望速降旨揮，庶可及時給貸。併乞睿照。

又《乞倚閣本路八州軍第四第五等人户秋苗》　江東路安撫轉運使司狀，照對江東一路旱蝗為災，除信州成熟外，其餘州軍府嘉定七年苗米畸零，欠數不多，民正艱食，豈堪催科煎迫之苦，必無輸納，徒費鞭笞。今流移已多，或緣逃避追呼，不議蠲除，則來歲耕夫必少，所失經賦反多於零欠。公朝厚下，於民固無所靳。况權事體輕重，較然甚明，欲望朝廷將七年分人戶零苗特與除放，是亦賑荒之一助。伏候旨揮。八月二十九日，奉聖旨令建康、寧國府、太平、徽、饒、池州、、南康廣德軍，將嘉定七年第四第五等人戶見欠苗米權與倚閣，仍分明出榜曉諭。

元　張養浩《三事忠告》卷二《牧民忠告下・救荒第七・捕蝗》　故事：蝗生境内，必馳聞於上，少淹頃刻，所坐不輕。然長民者亦須相其小大多寡，為害輕重。若遽然以聞，洎其上者羣集族赴，供張徵索，一境騷然，其害反甚於蝗者。其或勢微種稚，則當亟率眾力以圖之，不必因細虞以來大難於民也。故凡居官，必先敢於負荷，而後可以有為。

清　魏裔介《兼濟堂文集》卷一六《踏勘蝗荒議》　海内生靈，當兵荒蹂躪之後，骨立而存，實萬死之餘，幸出水火，登衽席。【略】不意蝗災流行，秦、晉、燕、趙剝食甚慘，百姓迎蝗陣而跪禱，大聲悲號，三春勞苦，盡成枯幹，慘苦之狀，不忍見聞。雖撫按大略奏報，例應該部差官，踏勘災傷，方定蠲免分數。但所在被災，沿數千里，非如旱澇單在一方，一踏便明。况各處被災，必不能齊，道里遼遠，部臣差官猝難遍及。小民田間狼籍，有梗無穗之餘，收之無實，棄之可惜。若勉強收之，恐踏勘徒存空地，蹈冒報傷災之罪，若概不收拾，轉眼孟冬，寒氣凜冽，並麥地不及耕種，則來歲之生意盡矣。

愚以爲不若責成撫按，轉行道府，委廉幹官員，分投逐段，查明確報。既查之後，即以大張告示，令百姓收拾殘禾，及時種麥，不至坐待查勘，抛廢農業。然後差官所到，采訪報部，分別蠲免，果有虛冒，罪坐所司。如此，則事約易舉，千里之間，往返不過半月耳。雖無望於西成，尚有冀於來歲也。不然，蝗食已苦，殘禾在地，部查未到，坐失農時，煢煢小民，是再傷也。

清　沈受宏《捕蝗説》《清經世文編》卷四五　康熙十一年江南大蝗，七月入蘇州，有以蝗爲神，而不敢捕者。予聞之曰：甚矣其惑也！夫蝗，天之所以災民也。天雖災，即不使民之救災乎？天生之，民殺之，所以救災也。《詩》曰：『去其螟螣，及其蟊賊，無害我田稺，田祖有神，秉畀炎火。』此殺蝗之義也。《春秋》曰螟、曰螽、曰蝝，皆是物也。《春秋》紀災而不紀治，故不言捕。《周禮》司寇刑官之職，庶氏掌除毒蠱，翦氏掌除蠹物，蟈氏掌除蛙黽，壺涿氏掌去水蟲。凡爲除之法皆具，毒蠱、蠹物、蛙黽、水蟲皆可除而去，蝗獨不可去乎？爲害小而去，爲害大而不去，周公不爾也。

開元中，山東大蝗，民不敢殺，拜祭之。姚崇遣御史督州縣捕之，當是時，議者曰：『蝗多，除不可盡。』崇曰：『除之不盡，猶勝養以成災。』盧懷慎曰：『殺蝗多，恐傷和氣。』崇曰：『奈何不忍於蝗，而忍民之饑死。殺蝗有禍，崇請當之。』其後復大蝗，姚崇又命捕之。當是時，倪若水曰：『禳災當以德。劉聰嘗捕埋之，爲害益甚。』崇曰：『聰僞主，德不勝妖，聖朝妖不勝德。』因敕使者察捕蝗勤惰以聞，由是不至大饑，自古捕蝗之力，未有如崇者也。然不聞有禍，卒亦不至大饑。考之史，其書蝗災者，草木爲之消蝕，人民爲之亡竄，爲害曷可勝道，然皆不聞其捕蝗也。不捕則宜其害之至於此也。則坐視其害而不捕，毋寧捕之而害至乎？

夫天之生蝗，猶天之生盜賊也。盜賊之患常甚於蝗，王者執法，將盡力而誅之，無俾其橫行而莫之制，而顧怯於捕蝗乎？且水、旱、蝗，皆天之災也。蝗不敢捕，苟遇水將不爲泄乎？旱將不爲灌乎？人有奇疾，不藥將殺其身。或告之曰：『子之疾，天也，藥之恐有天殃。』則遂信其言乎？甚矣，人之惑也！

考之於經，證之於史，察於理之當然，宜捕乎？不宜捕乎？明天子，賢宰相，皆捕蝗以除害，而不以爲法，乃怵於愚迂不足聽信之言，多見其不察於理也，作《捕蝗説》以喻之。

清　陳芳生《捕蝗考・前代捕蝗法》　陳芳生曰：蝗未作，修德以弭之；蝗既作，必捕殺以殄之。雖為事不同，而道則無二。疽已發於背而進以調元氣之説，曰吾何事乎刀針！吾知元氣來及調，而毒已內攻心肺死矣。倪若水、盧懷慎所見，殆調元氣於疽發之際者與？大約鄙劣惰懦之夫，視民之死生、國家之存亡都無與於己，而惟恐我之稍拂乎鬼，則禍將立至。使朝廷下一令曰：蝗初作，守令捕不盡，致為民害，奪其職，沒入其家以備賑，則畏禍之念更切於諂鬼，而蝗可立盡。淳熙之敕似猶未嚴也。蓋天下之禍易於漫衍者，必於初發治之，則為力易而所害不大，而鄙夫非禍將切身，必不肯竭力以從事，故愚謂捕蝗之令，必嚴其法以督之。蓋亦一家哭，不如一路哭之意。且古良吏，蝗每不入其境。今有事於捕，已可愧矣，捕之而復不力，則良心已無，雖嚴罰，豈為過耶？

清 陳宏謀《出土蝻子責成佃户搜除檄》乾隆二十五年》《清經世文編》卷四五

蝗蝻損傷田禾，爲害甚巨；官員捕蝗不力，參處甚嚴。江南捕蝗條規，前院久已刊行。歲本部院行令設廠，收買蝻子，招示窮民搜挖，按升給錢，杜患未然，事半工倍，亦已有效。惟是土地寬廣，蝻在土中，土膏凍結，難於識别，搜挖不能必得，窮民不甚踴躍，今年報買甚少。即日地氣和暖，蝻子出土，形如螻蟻，甫能萌動，尚未跳躍。所生地面不過分釐，僅如席片之大。此時撲除，仍易滅絕。只因地主、佃戶，以長成之後，跳躍别處，未必盡食己苗，又慮起夫撲打，踐踏田苗，所以既不撲打，亦不報官。待至鄉保聞知報官，率夫遠來赴打，蝻子已能跳躍，蔓延寬廣，難於驟滅矣。

查捕蝗原爲保全田禾，於業、佃更關切要。辟除害苗之蟲，原係農工本務。若田主責成佃戶，各於所耕地內，留心搜查，一經出土，立即撲除，爲力甚易，除患更早。今年湖、河水漲，漫灘荒地，不無遺孽。正宜責成本戶，及早踐除，以免漸次蔓延。仰該司即便移行道、府、州、縣文武官弁，一面出示通行曉諭，一面傳齊鄉保，諭令逐戶傳諭田主、佃戶人等搜查。並令預備搜挖撲捕器具，趁此農隙之時，各於自種地內，細加搜掘。如挖有土中蝻子，仍令交地方官，照例給價收買。若蝻孽已經出土，則責成田主、佃戶立即撲除。如不撲除，聽其蔓延，報經官查根究起於何地，即將佃戶責處，仍罰田主出夫撲捕，務期盡淨，違者並責田主。其未耕未種之荒地，原無佃戶，專責成業主，河堤官地，責成汛官督率汛兵堡夫搜捕，如任跳躍蔓衍，責處兵、夫，並參汛官。至於上年如有飛蝗遺落，所生遺孽，多在堅硬山嶺，或蘆葦澤畔，人跡罕到之處，既無業主，亦無專官，惟責成附近鄉保，周流巡察。有挖出土中蝻子，亦准給錢收買，一有出土之蝻子，一面起夫撲打，一面報官督捕，如不報不捕，聽其跳躍滋蔓，查出並行重處。該道、府、州、縣及營汛各員弁，均須留心，實力督查，毋得玩視，並干重究。

所敘告示，務須簡明，人人易曉，不得含糊冗敘，奉行故套。此後民間仍有不知責成業、佃捕蝻之事者，惟地方官是問。

綜述

唐 陸贄《唐陸宣公翰苑集》卷一《答百寮賀利州連理木表》

珍木呈祥，允符靈貺，顧惟不德，何以當之。朕聞人事聿修，天休乃答。今則兇渠尚在，戎役方殷，虐旱妨農，飛蝗害稼，諒咎徵之未弭，曷嘉瑞而復臻？所冀公卿大夫，交匡不逮，睹茲稱述，益用懷慚。

宋 董煟《救荒活民書・拾遺・除蝗條令》

淳熙敕

諸蟲蝗初生，若飛落，地主鄰人隱蔽不言，耆保不即時申舉撲除者，各杖一百，許人告報。當職官承報不受理，及受理而不即親臨撲除，或撲除未盡而妄申盡淨者，各加二等。

諸官私荒田牧地同經飛蝗住落處，令佐應差募人取掘蟲子，而取不盡，因致次年生發者，杖一百。

諸蝗蟲生發飛落及遺子而撲掘不盡致再生長者，地主耆保各杖一百。

諸給散捕取蟲蝗穀而減克者，論如吏人鄉書手攬納税受乞財物法。

諸係公人因撲掘蟲蝗乞取人戶財物者，論如重録公人因職受乞法。

諸令佐遇有蟲蝗生發，雖已差出而不離本界者，若緣蟲蝗論罪並依在任法。

煟竊謂本朝捕蝗之法甚嚴，然蝗蟲初生，容易捕打。往往村落之民，惑於祭拜，不敢打撲，以故遺患未已。是未知姚崇、倪若水、盧懷慎之辯論也。臣今録於後，或遇蝗蝻生發去處，宜急刊此，作手榜散示，煩士夫父老轉相告諭，亦開曉愚俗之一端也。開元四年，山東大蝗。民祭拜，坐視食苗不敢捕。宰相姚崇奏云：秉彼蟊賊，付畀炎火。此古除蝗義也。乃出御史爲捕蝗使，分道殺蝗。汴州刺史倪若水上言：除天災者，當以德。昔劉聰除蝗不克而害愈甚。崇移書誚之曰：聰僞主德不勝妖，今妖不勝德。古者良守，蝗避其境。今坐視食苗，因以無年。刺史其謂何？若水懼，乃縱捕，得蝗十四萬石。時議者喧嘩，帝疑復問，崇曰：庸儒泥文，不知變。且討蝗縱不能盡，不愈於養以遺患乎？帝然之。盧懷慎曰：凡天災，安可以人力制也？且殺蟲多，必戾和氣。崇曰：昔楚王吞蛭而厥疾瘳，叔敖斷蛇而福乃降。今蝗幸可驅，若縱之，穀且盡。殺蟲救人，禍歸於崇，不以諉公也。蝗害遂息。

又《捕蝗法》

一、蝗在麥田禾稼深草中者，每日侵晨，盡聚草梢食露，體重不能飛躍。宜用筲箕栲栳之類，左右抄掠，傾入布袋，或蒸，或焙，或澆以沸湯，或掘坑焚火，傾入其中。若只瘞埋，隔宿多能穴地而出，不可不知。

一、蝗最難死，初生如蟻之時，用竹作搭，非惟擊之不救，且易損壞。莫若只用舊皮鞋底或草鞋、舊鞋之類，蹲地摑搭，應手而斃，且狹小不損傷苗稼。一張牛皮，可裁數十枚，散與甲頭，復收之。北人聞亦用此法。

一、蝗有在光地者，宜掘坑於前，長闊爲佳，兩旁用板及門扇接連八字鋪擺，卻集眾用木杖發喊，趕逐入坑。又於對坑用掃帚十數把，俟有跳躍而上者，復掃下，覆以乾草，發火焚之。然其下終是不死，須以土壓之，過一宿乃可（一法先燃火於坑，然後趕入）。

一、捕蝗不必差官下鄉，非惟文具，且一行人從未免蠶食里正，其里正又只取之民戶。未見除蝗之利，百姓先被捕蝗之擾，不可不戒。

一、附郭鄉村即印捕蝗法作手榜告示。每米一升，換蝗一斗，不問婦人、小兒，攜到即時交支。如此，則回還數十里內者可盡矣。

一、五家爲甲，姑且警眾，使知不可不捕。其要法只在不惜常平、義倉錢米，博換蝗蟲，雖不驅之使捕，而四遠自輻湊矣。然須是稽考錢米必支，倘或減克邀勒，則捕者沮矣。國家貯積，本爲斯民。今蝗害稼，民有餓殍之憂，譬之賑濟，因以捕蝗，豈不勝於化爲塵埃，耗於鼠雀乎？

一、燒蝗法：掘一坑，深闊約五尺，長倍之，下用乾柴茅草。發火正炎，將袋中蝗蟲傾下坑中。一經火氣，無能跳躍。此《詩》所謂秉畀炎火是也。古人亦知瘞埋可復出，故以火治之。事不師古，鮮克有濟。誠哉是言！

右件雖不仁之術，倘不屏除，則遺種昌熾，誠何以堪？姚崇所謂殺蟲救人，禍歸於崇，不以諉公，真賢相識見也。

金 趙秉文《滏水集》卷一〇《宰相爲蝗生乞罪表》 陰陽佐理，濫居承弼之司；蝗旱為災，深負燮調之職。兢惶失措，踧踖靡安。伏念臣等以斗筲之材，膺棟梁之任。外不能鎮四夷而撫百姓，內不能調元氣而率羣臣。徒累明恩，叨承重寄，以致旱暵為虐，貽當宁之憂；螟螣繼生，為下民之害。歲一不熟，罪將安歸？方聖主建中興之功，而臣等蹈素餐之責。位苟冒處，人其謂何？伏願皇帝陛下，憫臣以無功而自慚，察臣以有罪而自劾，別求俊乂，許就退閑。庶可下弭謗言，上消沴氣。則致天工之不曠，亦足為榮；但令賢路以無妨，猶云有補。

明 朱元璋《明皇陵碑》 孝子皇帝元璋謹述：洪武十四年夏四月，命江陰侯吳良督工新造皇堂，予時秉鑑窺形，但見蒼顏皓首，忽思往日之艱辛。況皇陵碑記，皆儒臣粉飾之文，恐不足為後世子孫戒，特述艱難，明昌運，俾世代見之。其辭曰：

昔我父皇，寓居是方，農業艱辛，日夜徬徨。俄爾天災流行，眷屬罹殃，皇考終于六十有四，妣批五十有九而亡。孟兄先死，合家守喪，田主德不我顧，呼叱昂昂，既不與地，鄰里惆悵。忽伊兄之慷慨，惠此黃壤。殯無棺槨，被體惡裳，浮掩三尺，奠何肴漿。既葬之後，家道惶惶，仲兄少弱，生計不張，孟嫂攜幼，東歸故鄉。值天無雨，遺蝗騰翔，里人缺食，草木為糧。予亦何有，心驚若狂，乃與兄計，如何是常？兄云去此，各度凶荒。兄為我哭，我為兄傷。皇天白日，泣斷心腸，兄弟異路，哀動遙蒼。汪氏老母，為我籌量，遣子相送，備醴馨香。空門禮佛，出入僧房。居未兩月，寺主封倉，眾各為計，雲水飄颺。我何作為，百無所長，依親自辱，仰天茫茫。既非可倚，侶影相將，朝望突煙而急進，暮投古寺以趨蹌，仰穹崖崔嵬而倚碧，聽猿啼夜月而淒涼。魂悠悠而覓父母無有，志落魄而佒佯。西風鶴唳，俄淅瀝以飛霜，身如蓬逐風而不止，心滚滚乎沸湯。一浮雲乎三載，年方二十而強。時乃長淮盜起，民生攘攘，于是思親之心昭著，日遙盼乎家邦。已而既歸，仍復業于於皇。住方三載，而又雄者跳梁，初起汝潁，次及鳳陽之南廂。

《明會典》卷一七《田土・災傷》 凡捕蝗，永樂元年，令吏部行文各處有司，春初差人巡視境內，遇有蝗蟲初生，設法撲捕，務要盡絕，如是坐視，致使滋蔓爲患者，罪之，若布按二司官，不行嚴督所屬，巡視打捕者，亦罪之，每年九月行文，至十一月再行，軍衛，令兵部行文，永爲定例。

宣德九年，差給事中、御史、錦衣衛官，往山東、河南，打捕蝗蟲。

清 陸曾禹《康濟録》卷四下三《捕蝗必覽》 捕蝗總論：《小雅·大田》之詩曰：去其螟螣，及其蟊賊，無害我田穉。田祖有神，秉畀炎火。其後，姚崇遣使捕蝗，即引此詩爲證。然其説未詳，而其法亦未大備。世云：蝗有蒸變而成者，有延及而生者，不知延及而生，實始於蒸變而成。若致力水涯，不容蒸變，禍端絶矣。既成之後，非多人不能撲滅。古人言：法在不惜常平義倉米粟，博换蝗蝻，雖不驅之使捕，而四遠自輻輳矣。倘克減遲滯，則捕者氣沮。誠哉是言也！故將蝗之始末盛衰，條分於後。蓋知之詳，則治之切，以助爲政者之萬一耳。

一、蝗之所自起

蝗之起，必先見於大澤之涯及驟盈驟涸之處。崇禎時，徐光啓疏：以蝗爲蝦子所變而成，確不可易。在水常盈之處，則仍又爲蝦。惟有水之際，倏而大涸，草留涯際，蝦子附之。既不得水，春夏鬱蒸，乘濕熱之氣，變而爲蝻，其理必然。故涸澤有蝗，葦地有蝗，無容疑也。

任昉《述異記》云：江中魚化爲蝗，而食五穀。《太平御覽》云：豐年蝗變爲蝦。此一證也。《爾雅·翼言》：蝦善遊而好躍，蝻亦好躍。此又一證也。有一僧云：蝗有二須。蝦化者須在目上，蝗子入土孳生者，須在目下，以此可别。

二、蝗之所由生

蝗既成矣，則生其子，必擇堅垎音劾黑土高亢之處，用尾栽入土中。其子深不及寸，仍留孔竅，勢如蜂窩。一蝗所下十餘，形如豆粒，中止白汁，漸次充實，因而分顆，一粒中即有細子百餘。蓋蝻之生也，群飛群食，其子之下也，必同時同地，故形若蜂房，易尋覓也。

老農云：蝻之初生如米粟，不數日而大如蠅，能跳躍群行，是名爲蝻。又數日群飛而起，是名爲蝗。所止之處，喙不停嚙，故易林名爲饑蟲。又數日而孕子於地，地下之子，十八日復爲蝻，蝻復爲蝗，循環相生，害之所以廣也。

三、蝗之所最盛

蝗之所最盛而昌熾之時，莫過於夏秋之間。其時百穀正將成熟，農家辛苦拮据，百費而至此。適與相當，不足以供一啖之需。是可恨也。

按：春秋至於勝國，其蝗災書月者，一百一十有一。内書二月者二，書三月者三，書四月者十九，書五月者二十，書六月者三十一，書七月者二十，書八月者十二，書九月者一，書十月者三。以此觀之，其盛衰亦有時也。

四、蝗之所不食

蝗所不食者，豌豆、緑豆、豇豆、大麻、檾麻、芝麻、薯蕷及芋桑。水中菱芡，蝗亦不食。若將稈草灰、石灰二者等分爲細末，或灑或篩於禾稻之上，蝗則不食。

有《王禎農書》及吴遵路諸事可考。植之，不但不爲其所食，而且可大獲其利。

五、蝗之所自避

良守之所在，蝗必避其境而不入。故有救民之責者，果能以生民爲己任，省刑罰，薄税斂，直冤枉，急賑濟，洗心滌慮，雖或有蝗，亦將歸於烏有而不爲害矣。

如卓茂、宋均、魯恭諸君子，載在前集，皆班班可考也。

六、蝗之所宜禱

蝗有禱之而不傷禾稼者，禱之未始不可；如禱而無益，徒事祭拜，坐視其食苗，其禱也不亦大可冷齒耶？

萬曆四十四年六月，丹陽有蝗從西北來，蔽天翳日，民爭刲羊豕禱於神。有蒲大王者，尤號靈異。凡禱之家，止嚙竹樹茭蘆，不及五穀。有一朱姓者，牲醞悉具。見蝗已過，遂止而不禱。須臾蝗復回，集於朱田凡七畝，盡嚙而去。鄰苗不損一穎。其事亦可異也。至於開元四年，山東大蝗，祭拜之而坐視其食苗。此一禱也，不可謂愚之至哉。

七、蝗之所畏懼

飛蝗見樹木成行，或旌旗森列，每翔而不下。農家若多用長竿，掛紅白衣裙，群然而逐，亦不下也。又畏金聲炮聲，聞之遠舉。鳥銃入鐵砂或稻米，擊其前行，前行驚奮，後者隨之而去矣。

凡蝗所住之處，片草不存，一落田間，頃刻千畝皆盡。故欲遂之，非此數法不可。以類而推，爆竹流星，皆其所懼，紅緑紙旗，亦可用也。

八、蝗之所可用

蝗若去其翅足，曝乾，味同蝦米，且可久貯而不壞。以之食畜，可獲重利。

明陳龍正曰蝗可和野菜煮食，見於范仲淹疏中。崇禎辛巳年，嘉湖旱蝗，鄉民捕蝗飼鴨，鴨最易大而且肥。又山中人養豬，無錢買食，捕蝗以飼之。其豬初重止二十斤，旬日之間，肥而且大，即重五十餘斤。始知蝗可供豬鴨。此亦世間之物性，有宜於此者矣。又有云：蝗性熱，積久而後用更佳。

九、蝗之所由除

蝗在麥田禾稼深草之中者，每日清晨，盡聚草稍食露，體重不能飛躍。宜用筲箕栲栳之類，左右抄掠，傾入布囊。或蒸，或煮，或搗，或焙，或掘坑焚火，傾入其中，若只掩埋，隔宿多能穴地而出。

蝗在平地上者，宜掘坑於前，長闊爲佳。兩旁用板，或門扇等類，接連八字擺列，集衆發喊，手執木板，驅而逐之，入於坑內。又於對坑用掃帚十數把，見其跳躍往上者，盡行掃入，覆以乾草，發火燒之。然其下終是不死，須以土壓之，過一宿乃可。一法先燃火於坑內，然後驅而入之。詩云：去其螟螣，及其蟊賊，毋害我田稺。田祖有神，秉畀炎火。此即是也。

煌若在飛騰之際，蔽天翳日，又能渡水，撲治不及。當候其所落之處，糾集人衆，各用繩兜兜取，盛於布袋之內，而後致之死。

此上三種之蝗，見其既死，仍集前次用力之人，舁向官司，或錢或米，易而均分。否則有產者或肯出力，無產者誰肯殷勤？古人立法之妙，亦當見之於累朝矣。列之於後。

十、蝗之所可滅

有滅於未萌之前者：督撫官宜令有司，查地方有湖蕩水涯及乍盈乍涸之處，水草積於其中者，即集多人，給其工食，侵水芟刈，斂置高處，待其乾燥，以作柴薪。如不可用，就地燒之。

有滅於將萌之際者：凡蝗遺子在地，有司當令居民里老，時加尋視。但見土脈墳起，即便去除，不可稍遲時刻。將子到官，易粟聽賞。

有滅於初生如蟻之時者：用竹作搭，非惟擊之不死，且易損壞。宜用舊皮鞋底，或草鞋舊鞋之類，蹲地摑搭，應手而斃，且狹小不傷損苗種。一張牛皮，可裁數十枚。散與甲頭，復可收之。聞外國亦用此法。

有滅於成形之後者：既名爲蝻，須開溝打捕，掘一長溝，溝之深廣各二尺。溝中相去丈許，即作一坑，以便埋掩。多集人衆，不論老幼，沿溝擺列，或持掃帚，或持打撲器具，或持鐵鍤。每五十人，用一人鳴鑼。蝻聞金聲，則必跳躍，漸逐近溝，鑼則大擊不止。蝻驚入溝中，勢如注水。衆各用力，掃者自掃，撲者自撲，埋者自埋，至溝坑俱滿而止。一村如此，村村若此，一邑如是，邑邑皆然。何患蝻之不盡滅也？

謹案：四法果能行之於未成、將成、已成之後，醜類自滅，何至蝗陣如雲，荒田如海？但窮民非食不生，苟不厚給，活其身家，誰肯多人合力，不盡滅之而不已哉？雖然給之厚矣，有司若不親加料理，烏知弗爲吏胥之所侵食也。故撲除之法有二：一在責重有司，一在厚給衆力。敢録前人之善政，以爲後世之芳規。視之者，幸無忽焉。

責重有司之例

唐開元四年夏五月，敕委使者詳察州縣勤惰者，各以名聞。

謹案：有此明詔，有司尚敢因循而不捕乎？故連歲蝗災而不至大饑者，罰在有司故也。

宋淳熙敕：諸蝗初生若飛落，地主鄰人隱蔽不言，耆保不即時申舉撲除者，各杖一百，許人告報；當職官承報不受理，及受理而不親臨撲除，或撲除未盡而妄申盡淨者，各加二等。

謹案：此敕初責地主鄰人，未嘗不是，末重當職官員，尤爲敦本之論。得捕蝗之要法，所欠者耆保諸人，告而能捕者，絕無賞給，尚無以爲鼓舞之道耳。

明永樂九年，令吏部行文各處有司，春初差人巡視境內，遇有蝗蟲初生，設法捕撲，務要盡絕。如或坐視，致令滋蔓爲患者，罪之。若布按二司不行嚴督所屬巡視打捕者，亦罪之。每年九月行文，至十月再令兵部行文軍衛，永爲定例。

謹案：此則專罪有司之不力，而又委其任於布按。噫！法至是而無以加矣。昔徐光啟疏中有云：主持在各撫按，勤事在各郡邑，盡力在各小民。美哉數語也！又陳氏有云：捕蝗之令，當嚴責其有司。蓋亦一家哭，何如一路哭之意。古之良吏，蝗不入境。有事於捕已可愧矣，捕復不力，雖嚴罰豈爲過耶？斯言誠可採也。

厚給捕蝗之例

晉天福七年，飛蝗爲災。詔有蝗處不論軍民人等，捕蝗一斗者，即以粟一斗易之。有司官員、捕蝗使者，不得少有掯滯。

謹案：捕蝗一斗，得粟一斗，非捕蝗而捕粟矣。小民何樂而不爲？有司若果奉行，蝗必盡捕而無疑矣。

宋熙寧八年八月，詔有蝗蝻處，委縣令佐躬親打撲。如地方廣闊，分差通判職官、監司提舉，分任其事。仍募人，得蝻五升或蝗一斗，給細色穀一斗；蝗種一升，給粗色穀二升。給銀錢者，以中等值與之。仍委官燒瘞，監司差官覆按。倘有穿掘打撲損傷苗種者，除其税，仍計價，官給地主錢數。

謹案：此詔給穀，既云詳盡，而又償及地主所損之苗，不但免税，而且償其價數。噫！捕蝗而至此詔，可云無間然矣。

紹興間，朱熹捕蝗，募民得蝗之大者，一斗給錢一百文，得蝗之小者，每升給錢五百文。

謹案：蝗蝻有大小之分，賢者別之最清。蓋害人之物除之宜早，不可令其長大而肆毒也。故捕蝗者，不可惜費。得蝗之小者，寧多給之，而勿吝也。蓋小時一升，大則豈止數石？文公給錢，大小迥異，不可爲捕蝗之良法歟？

明萬曆四十四年，御史過庭訓山東賑饑疏内有云：捕蝗男婦，皆饑餓之人，如一面捕蝗，一面歸家吃飯，未免稽遲時候。遂向市上買面做餅，挑於有蝗去處，不論遠近大小男女，但能捉得蝗蟲與蝗子一升者，换餅三十個。又查得嵩山鄰近兩廠領糧饑民一千零二十名，令其報效朝廷。今後將彼地蝗蟲或蝗子，捕半升者，方給米麵一升，以爲五日之糧。如無，不准給與。

謹案：過御史何見之不廣而責效甚速也？尹鐸之保障晉陽，馮驩之焚券薛地，何嘗責其必報，然亦未嘗不報也。今過御史命人擔餅易蝗，亦云小惠，且嵩山饑民，升数之粟，必令有蝗而始給，彼老弱殘疾，艱於行動，力不能捕蝗者，不盡死於此疏耶？

凡欲行捕蝗之法，可見不外嚴責有司，厚給捕者而已，但二者相因爲用，缺一不可。要知捕蝗易粟，官亦易於勵衆，衆亦樂於從官。若使不准開銷，於何取給，不亦仍成畫餅耶？故天子不可惜費，近臣不可蒙蔽，君臣一體，朝野同心，再法十宜而力行之，何患乎蝗之不除而蝻之不滅哉？

一宜委官分任。責雖在於有司，倘地方廣大，不能遍閲，應委佐貳學職等員，資其路費，分其地段，注明底册，每年於十月内令彼多率民夫，給以工食，芟除水草，於驟盈驟涸之處及遺子地方，搜鋤務盡。稱職者申請擢用，遺惡者記過待罰。

一宜無使隱匿。向係無蝗之地，今忽有之，地主鄰人果即申報，除易米之外，再賞三日之糧。如敢隱匿不言，被人首告，首人賞十日之糧，隱匿地主各與杖警。即差初委官員，速往搜除，無使蔓延獲罪。

三宜多寫告示，張掛四境。不論男婦小兒，捕蝗一斗者，以米一斗易之。得蝻五升者、遺子二升者，皆以米三斗易之，蓋蝻與遺子小而少故也。如蝗來既多，量之不暇遍，秤稱三十斤作一石，亦古之制也，日可稱千餘斤矣。惟蝻與子不可一例同稱，當以文公朱夫子之法爲法也。

四宜廣置器具。蝗之所畏服者，火炮彩旗、金鑼及掃帚栲栳筲箕之類。鄉人一時不能備辦，有司當爲廣置，給與各廠社長，分發多人，令其領用，事畢歸繳，庶不徒手徬徨。此即工欲善其事，必先利其器之意也。

五宜三里一廠，爲易蝗之所。令忠厚温飽社長社副司之，執筆者一人，協力者三人，共襄其事。出入有簿，三日一報，以憑稽察。敢有冒破，從重處分。使捕蝗易米者，無遠涉之苦，無久待之嗟，無擠踏之患。

六宜厚給工食。凡社長社副、執筆等人，有弊者既當重罰，無弊者豈可不賞？或給冠帶，或送門匾，或免徭役，隨其所欲而與之。其任事之時，社長社副執筆者共三人，每日各給五升；斛手二人、協力者一人，每日共給一斗。分其高下，而令人樂趨。

七宜急償損壞。因捕蝗蝻損壞人家禾稼田地，既無所收，當照畝數除其税糧，還其工本，俱依成熟所收之數而償之。先償其七，餘三分，看四邊田鄰所收而加足，勿令久於怨望。

八宜淨米大錢。凡换蝗蝻，不得插和粞穀糠粃。如或給銀，照米價分發，不許低昂；如若散錢，亦若銀例，不許加入低薄小錢。巡視官應不時訪察，以辨公私。

九宜稽察用人。社長社副等有弊無弊，誠僞何如，用鍾御史拾遺法以知之，公平者立賞，侵欺者立罰，周流環視，同於粥廠。其弊自除。

十宜立參不職。躬親民牧，縱蟲殺人，倪若水見誚於當時，盧懷慎遺譏於後世。飛煌尚不能爲之滅，饑賊奚能使之除？司道不揭，督撫安存？甚矣！有司之不可怠於從事也。

謹案：蝗之爲害，甚於水旱，民之不能去盡者，以無良法故也。今以十所闡發蝗之生滅，以十宜細説蝗之可除，曷勿事之？且古之聖王，川澤有禁，山野有官，既不濫殺，豈肯縱惡？此即驅虎豹蛇龍之意也。

宋王荊公罷相，鎮金陵。是秋，江左大蝗，有無名子題詩賞心亭曰：青苗免役兩妨農，天下嗷嗷怨相公。惟有蝗蟲感盛德，又隨鈞旆過江東。荊公一日餞客至亭上，覽之不悦，命左右物色之，竟莫能得。

謹案：古云：瑞不虛呈，必應聖哲；妖不自作，必候昏淫。荊公恃才妄作，天怒人怨，乖戾之氣，隨之而行，勢所必有。不思撲滅蝗蝻，反欲捕捉詩人，即或得之，亦不過江左之詩人，而能捕天下後世之詩人哉？識見不達，新法可知，怨者多矣。

錢穆甫爲如皋令，會歲旱，蝗大起。而泰興令獨紿郡將云：縣界無蝗。已而蝗亦大起，郡將詰之，令辭窮，乃言：縣本無蝗，蓋自如皋飛來，仍檄如皋請嚴捕蝗，無使侵鄰境。穆甫得檄，書其紙尾，報之曰：蝗蟲本是天災，實非縣令不才；既是敝邑飛去，卻請貴縣押來。未幾傳至郡下，無不絶倒。

謹案：二令皆可罷也。當此飛蝗食稼，困害良民之際，不思自罪，敬警格天，一欲委罪於人，一以批辭爲戲，則其平日之政，必不善矣，可受百里生民之寄乎？

賀德邵，號戎庵，湖廣荊門人。爲諸生時，徒步入城，路過麻城，拾遺金二百兩。留三日，待其人來，舉而還之。後宰臨邑，遇荒旱，設法賑濟，全活數萬人。鄰境之蝗蝻雲湧，而臨邑獨無。人皆異之，至今從祀不絶。

謹案：仰不愧於天，俯不怍於人，始可爲政。賀君晝返遺金，豈來暮夜？此蝗蝻之所以不入其境也。如以有爲無，除之不急，其爲害也，不特傷稼，且將食人，寧獨蔽天而已哉？

明顧仲禮，保定人。幼孤，事母至孝。遇歲凶，負母就養他郡，七年始歸。時蝗蟲遍野，食其田苗，仲禮泣曰：吾將何以爲養母之資乎？言未已，狂風大起，蝗蟲盡被吹散，苗得不傷。

謹案：人知官清，則蝗不入其境，不知人孝，則風亦能吹之而散，所以忠孝感神，捷如桴鼓。怨天尤人者，徒自增其罪戾耳。

清 陸世儀《桴亭先生文集》卷五《除蝗論》　蝗之爲災，其害甚大。然所至之處，有食有不食，雖田在一處，而截然若有界限。是蓋有神焉主之，非漫然而爲災也。然所謂神者，非蝗之自爲神也，又非有神焉爲蝗之長，而率之來率之往，或食或不食也。蝗之爲物，蟲焉耳。其種類多，其滋生速，其所過赤地而無餘，則其爲氣盛，而其關係民生之利害也深，地方之災祥也大。是故所至之處，必有神焉主之。是神也，非外來之神，即本處之山川、城隍、里社、厲壇之鬼神也。神奉上帝之命，以守此土，則一方之吉凶、豐歉，神必主之。故夫蝗之去，蝗之來，蝗之食與不食，神皆有責焉。此方之民而爲孝弟、慈良、敦樸、節儉，不應受氣數之厄，則神必佑之，而蝗不爲災；此方之民，而爲不孝、不弟、不慈、不良、不敦樸節儉，應受氣數之厄，則神必不佑，而蝗以肆害。抑或風俗有不齊，善惡而不類，氣數有不一，則神必分別而勸懲之，而蝗於是有或至或不至，或食或不食之分。是蓋冥冥之中，皆有一前定之理焉，不可以苟免也。

雖然，人之於人，尚許其改過而自新，乃天之於人，其仁愛何如者，寧視其災害戕食，而不許其改過自新乎？【略】顧改過自新之道有實有文，而又有曲體鬼神之情，殄滅袪除之法。何謂實？反身修德，遷善改過是也。何謂文？陳牲牢，設酒醴是也。何謂曲體鬼神之情，殄滅袪除之法？蓋鬼神之於民，其愛護之意，雖深且切，乃鬼神不能自爲袪除殄滅，必假手於人焉。所謂天視自我民視，天聽自我民聽也。故古之捕蝗，有呼噪、鳴金鼓，揭竿爲旗，以驅逐之者，有設坑焚火、卷掃瘞埋以殄除之者，皆所謂曲體鬼神之情也。今人之於蝗，俱畏懼束手，設祭演劇，而不知反身修德、袪除殄滅之道。是謂得其一而未得其二。

故愚以爲今之欲除蝗害者，凡官民士大夫皆當齋祓洗心，各於其所應禱之神，潔粢盛，豐牢醴，精虔告祝，務期改過遷善，以實心實意祈神佑。而仿古捕蝗之法，於各鄉有蝗處所，祀神於壇，壇旁設坎，坎設燎火，火不厭盛，坎不厭多，令老壯婦孺操響器，揚旗旛，噪呼驅撲。蝗有赴火及聚坎旁者，是神之靈之所拘也，所謂『田祖有神，秉畀炎火』者也，則卷掃而瘞埋之。處處如此，即不能盡除，亦可漸滅。苟或不然，束手坐待，姑望其轉而之他，是謂不仁。畏蝗如虎，不敢驅撲，是謂無勇。日生月息，不惟養禍於目前，而且貽禍於來歲，是謂不智。當此三空四盡之時，蓄積毫無，稅糧不免，吾不知其所底止也！

蝗最易滋息，二十日即生，生即交，交即復生，秋冬遺種於地，不值雪，則明年復起，故爲害最烈。小民無知，驚爲神鬼，不敢撲滅，故即以神道曉之。雖曰權道，實至理也。

鎮江一郡，凡蝗所過處，悉生小蝗，即《春秋》所謂蝝也。凡禾稻經其緣嚙，雖秀出者亦壞，然尚未解飛，鴨能食之，鴨群數百，入稻畦中，蝝頃刻盡，亦江南捕蝝一法也。

是年冬大雪深尺，民間皆舉手相慶。至次年，蝗復生。蓋巖石之下，有覆藏而雪所不及者，不能殺也。四月中，淫雨浹旬，蝗遂爛盡。以此知久雨亦能殺蝗也。又記。

清 姚文然《陳預備救荒疏》《清經世文編》卷四四 臣惟淮揚地方，爲漕運咽喉，南北要地，與別處不同，屢年被災，蒙皇上破格蠲賑，恩大而仁盡矣。然而水災未退，復旱且蝗，米價較昔踴貴。臣聞人一日不再食則饑，而糧之爲物，近則生長於地，待成於時，遠則轉運於四方，未可以旦夕得也。故備荒不在於臨時，而在於預畫。今淮揚本地之米既少，又聞湖廣、江西及上江等處，亦多苦秋旱米貴，即臣郡安慶米價，較之往年，亦增數倍。計今年上流米艘，到淮揚者，較往年必少，此後米價亦必日貴，乃一定之理，必至之勢也。

臣思備荒需糧別無奇策，惟在相道路之遠近，就便轉輸，以通米糧之有無而已。近年浙撫臣范承謨行之已有成效，臣聞山東東府地方所產大小米麥、黃黑豆等項，舊日多自膠州等處舟運至淮安之廟灣口，沿海邊而行，風順二三日可達，商船往來，終年絡繹。自禁海以後，糧食陳積應多，聞其斗較淮爲大，價較淮爲賤，若動官帑採買轉運，以備賑饑之用，則糴本省而得糧多，國帑不至甚虧，饑民可活多命，所格者，片板不許下海之嚴禁耳。

年來有言開禁者，皆蒙嚴綸切責，臣何敢多言妄瀆？但臣思禁者，禁一切軍民人等私出海口者也。凡物民間不敢用，獨朝廷用之者，名曰禁物。今朝廷以備荒之故，用地方職官，押官艘，運官糧，出口船若干，入口照舊，亦船若干，往返有期，稽察甚易，間行數次，糧足則止。此豈可謂開海禁乎？若以此爲開海禁，則如近日福建發船下海，搜近島遊賊，亦可謂之開海禁乎？

但其中有宜詳察確議者：一曰船隻之通融，二曰水程之遠近，三曰淮、齊兩地斗斛大小、時價低昂之大概。此非可以耳信，非可以理斷，必身在地方久諳風土者，方能洞悉。倘荷睿裁，謂臣言無必不可行之處，乞敕部酌議，行江南總督、總漕、該撫及東撫諸臣詳察熟計，以爲應止則止，以爲可行則行之，亦預備淮揚救荒之一策也。

此事兩省查議，必需數月之久，計聖駕東回，方能題復。倘到彼時，淮揚米價不至大貴，上流米船不至缺少，該督撫屆期題明，將此議仍可停止。古人所云『寧可備而不用，不可用而不備』者，此也。

清 俞森《捕蝗集要》 一、《王禎農書》言：蝗不食芋桑與水中菱芡，或言不食綠豆、豌豆、豇豆、大麻、檾麻、芝麻、薯蕷。吳遵路知蝗不食豆苗，廣收豌豆，教民種植。次年三四月，民大獲其利。

一、飛蝗見樹木成行或旌旗森列，每翔而不下。農家多用長竿掛紅白衣裙群逐之，亦不下也。又畏金聲炮聲，聞之遠舉。鳥銃入鐵砂或稻米，擊其前行，前行驚奮，後者隨之去矣。

一、用稈草灰、石灰等分細末篩羅禾稻之上，蝗即不食。

一、蝗最難死，初生如蟻之時，用竹作搭，非惟擊之不死，且易損壞。宜用舊皮鞋底或草鞋舊鞋之類，蹲地摑搭，應手而斃，且狹小不傷損苗種。一張牛皮，可裁數十枚，散與甲頭，復收之。

一、蝗在麥田禾稼深草中者，每日侵晨，盡聚草梢食露，體重不能飛躍。宜用筲箕栲栳之屬，左右抄掠，傾人布袋，蒸焙泡煮隨便。或掘坑焚火，傾入其中。若只瘞埋，隔宿多能穴地而出。

一、蝗有在光地者，宜掘坑於前，長闊爲佳，兩旁用板及門扇接連八字擺列，集衆發喊，推門趕逐入坑。又於對坑用掃帚十數把，見其躍跳而上者，盡行掃入，覆以乾草，發火焚之。然其下終是不死，須以土壓之，過宿方死。

一、燒蝗法：掘一坑，深廣約五尺，長倍之。下用乾茅草，發火正炎，將袋中蝗傾入坑中。一經火氣，無能跳躍。詩云『秉畀炎火』是也。

一、捕蝗不可差官下鄉，一行人從蠶食里正，里正又只取之民户，未見捕蝗之利，先被捕蝗之擾，蹂踐田舍，民不聊生。然小民多愚，愚者必惰，非官督率，不能踴躍；且必彼村此集，合力驅捕，一人惰則衆動者皆阻，故必遣官董事，惟以廉謹者充選。

一、附郭鄉村，即印刷捕蝗法，作手榜告示，每米一升換蝗一斗，不問婦人小兒擕到，即時交支。如此則回環數十里內者，可盡捕。得蝗種一升者，給米一升，則捕蝗種者多，後之生而爲害者必少矣。又萬曆四十四年，御史過庭訓山東賑饑疏：捕蝗男婦，皆饑餓之人，如一面捕蝗，一面歸家吃飯，未免稽遲時候。遂向市上買現成麵做餅，擔至有蝗去處，不論遠近大小男婦，但能捉得蝗蟲與蝗子一升者，換餅三十個。又查得崮山鄰近兩廠領糧饑民一千二百名，可乘機撥用。即傳告示云：朝廷自去年十一月養爾等饑民，使免於逃死，當知報效。今蝗蟲生發，正爾等報效之日也。自今以後，能將近地蝗蟲或蟲子捕得半升者，方給米麵一升，爲五日之糧。如無，不許准給。

一、嚴督保甲，使知不可不捕，然其要法只在不惜常平、義倉穀米，博換蝗蟲，雖不驅之使捕，而四遠自輻輳矣。倘或剋減邀勒，則捕者氣阻。

一、元仁宗皇慶二年，復申秋耕之令。蓋秋耕之利，掩陽氣於地中，蝗蝻遺種，翻覆壞盡。次年所種，必盛於常禾。

一、蝗災之時，最盛於夏秋之時與百穀長養成熟之時，正相值也，故爲害最廣。小民遇此，乏絕最甚。若二三月蝗者，是去歲之種蝗，非蟄蝗也。聞之老農言：蝗初生如粟米，數日旋大如蠅，能跳躍群行，是名爲蝻。又數日即群飛，是名爲蝗。所止之處，喙不停嚙。又數日孕子於地矣。地下之子，十八日復爲蝻，蝻復爲蝗，如是傳生，害之所以廣也。秋月下子者，則依附草木，枵然枯朽，非能蟄藏過冬也。然秋月下子者十有八九，而災子冬春者百止一二，則三冬之候，雨雪所摧，損滅者多矣。其自四月以後而爲災者，皆本歲之初蝗，非遺種也。故詳其所自生與其所自滅，可得殄絕之法矣。

一、蝗有蒸變而生者，有延及而生者，故蝗生之地，必於大澤之涯。然洞庭、彭蠡具區之旁，終古無蝗也。必也驟盈驟涸之處，如幽涿以南、長淮以北、青兗以西、梁宋以東諸郡之地，湖沼廣衍，旱溢無常，謂之涸澤，蝗則生之，故徐光啟以爲蝦子。江以南多大水而無蝗，蓋湖沼積潴，水草生之。南方水草，農家多取以壅田。就不其然，而湖水常盈，草恒在水，蝦子附之，則復爲蝦而已。北方之湖，盈則四溢，草隨水上，迨其既涸，草留涯際，蝦子附於草間，既不得水，春夏鬱蒸濕熱之氣，變爲蝗蝻，其勢然也。故知蝗生子蝦，蝦子之爲蝗，則因於水草之積也。故宜令：凡地方有湖蕩洵窪積水之處，遇霜降水落之後，即親臨勘視。本年潦水所到，今水涯有水草存積，即多集夫衆侵水芟刈，斂置高處，風戾日曝，待其乾燥，以供薪燎。如不堪用，就地焚燒，務求淨盡。春夏之月，居民於湖洵中捕得子蝦一石，減蝗百石，乾蝦一石，減蝗千石。但令民通知此理，當自爲之，不煩告戒矣。光啟又言：見傍湖居民言：蝗初生時最易撲治。宿夕變異，便成蝻子，散漫跳躍，勢不可遏。治之者，宜予每年十月，州縣官巡視境內有蟲蝗遺子之地，多方設法除之。蓋蝗蟲遺子，必擇堅垎黑土高亢之處，用尾栽入土中下子，深不及一寸，仍留孔竅，且同生而群飛群食，其下子必同時同地，勢如蜂窠，易尋覓也。一蝗所下十餘，形如豆粒，中止白汁，漸次充實，因而分顆，一粒中即有細子百餘。或云一生九十九子，不然也。夏月之子易成，八月內遇雨則爛壞，否則至十八日生蝻矣。冬月之子難成，至春而後生蝻，故遇臘雪春雨，則爛壞不成，亦非能入地千尺也。此種傳生，一石可至千石。故冬月掘除，尤爲急務。且農力方閑，可以從容搜索，官司即以數石粟易一石子，猶不足惜。第得子有難易，受粟宜有等差，且念其沖冒嚴寒，尤應厚給，使民樂趨其事可矣。

一、捕蝗宜重其事，嚴其法。昔宋淳熙敕：諸蟲蝗初生，若飛落，地主鄰人隱蔽不言，耆保不即時申舉撲除者，各杖一百；許人告報，當職官承報不受理及受理而不即親臨撲除，或撲除未盡而妄申盡淨者，各加二等；諸官司荒田墳地，經飛蝗住落處，令佐應差募人取撅蟲子，而取不盡因致次年生發者，杖一百；諸蝗生發飛落及遺子而撲掘不盡致再生發者，地主、耆保各杖一百；諸給散捕取蟲蝗穀而減克者，論如吏人鄉書手攬納稅受乞財物法；諸係工人因撲掘蟲蝗乞取人户財物者，論如重祿工人因職受乞法；諸令佐遇有蟲蝗生發雖已差出而不離本界者，若緣蟲蝗論罪，並在任法。又詔：因穿掘打撲損苗種者，除其稅，仍計價，官給地主錢數，毋過一頃。此外復有二法：一曰以粟易蝗。晉天福七年，命百姓捕蝻一斗，以粟一斗償之。此類是也。一曰食蝗。唐貞元元年夏蝗，民蒸蝗暴乾颺去翅足而食之。如此則蝗雖遺種，不致發生。即發生，或延及，亦不患蔓衍矣。

清 馬源《捕蝗記》（《清經世文編》卷四五） 康熙五十四年乙未，桐大饑，邑侯祖公秉圭設賑，至春末，饑者皆有起色矣。而邑東南濱江之地，接踵以蝻告。緣去歲蝗所過遺種土中，及四月中旬，蝻生遍野，厚尺餘，居民顧麥、禾在田，相望駭愕，至號泣，疾起愬於公。公星馳莅其境，督民剿捕，身自著草笠芒鞋，衣便衣，行沮洳中，杖其不力者，而捐穀以酬效力者，量所撲蝻子以斗，如其數盡易之，日百十石。蝻之生者日滋，於是問計於縣佐李君。李君前佐蒲臺，捕蝗有成績，遂以其法出教於民，循而用之，甫廿餘日而蝗滅，濱江之民慶更生，通邑皆嘖嘖歎異。

予聞，叩其法，李君曰：『蝻所生，大率在蘆渚、麥畦間，撲之，先渚而後畦，俟刈麥畢未晚，毋爲先蹂躪已成之麥。在蘆渚者，植竹爲柵，四周之，薙其蘆，以縺蓋更番擊之可盡。然此爲蝻生旬日内者言耳。既逾旬，便能躍尺許外，法當分地爲隊，隊役夫五十人，環渚斬蘆爲一衖，三面以夫守，前掘溝，長率三四丈，上闊尺七寸，下二尺五寸，深一尺，兩面修令平，溝底距三尺餘，掘一坎，然後伐其蘆，自後達之溝邊，乃呼三面守者合驅之，鳴金以趨之，蝻躍至溝而墜，厚以土掩之。其蘆渚之深廣者，距溝遠，難盡驅之入，掘兩溝則費工。法於中間所掘溝爲二面濠，先驅其一面盡，續從對面驅之，畢入溝而後瘞，其驅之也宜徐，急則旁入。溝所勿容人立，見人則奔回。蝻出十六七日生半翅，其行如水之流，將食田禾矣。如前以竹柵堵兩旁，於中埋蘇缸，向其來之路，蝻行自入於缸中，可以布袋收之，分隊之法，每隊夫五十，領以亭長、鄉三老、吏卒等四五人，探蘆中有蝻處，立長竿布旗以表之，爲一圍，次第施治，日限其捕十圍，雖不能殄絕，餘十之一二，定不能便盛，如撲之散去，至夜定還聚一所，次日又撲之，即絕矣。』

又曰：『蝻子之行也，恒東向，其壯而飛也。能浮水面，渡河渠，其首尾各有一蛆，生十八日而飛。又十八日而遺子九十有九，蛆旋食之而死。蝻之生在白露前者，不久即斃，無遺患，過白露而遺子，則來春始生。土人宜各志其處，思所以預防之。至翅成而飛，則無撲滅之法，惟聽農人之驅逐，自守其疆，則不免以鄰爲壑耳。』

予聞之而慨然也。《春秋》於宣公十五年書『冬，蝝生。』《傳》曰：『幸之也。』《注》謂蝝冬生而不成螽，未爲物害，故喜而書。愚謂此聖人謹小慎微之旨，雖不成災，而猶書示警，非以爲幸也。假令生當耕耘之日，不知其憂悚當何如！或以其微小而忽之，毫末不折，將尋斧柯，縱以唐宗之吞食，姚相之詔捕，而南畝之罹其害者已多矣。

余故感吾邑令佐兩公勤民之厚意，又喜其立法詳，而欲垂於後世也，是以記。

清 王勳竹《撲蝻曆效·撲蝻凡例凡十六則。初生爲蝻，高飛爲蝗**》**

一、蝗從鄰境飛來，急向附近村落鳴鑼糾眾，無暇細點夫役，止令其各備撲打器具。其具有四：曰棘針條，曰釘柄靴底，曰竹笆，曰口袋。棘條惟生於敝鄉山西盂、壽等邑土堅高凸處者，最是利害，惹衣傷手，令人望而生畏。一切蟲飛，偶著即為齏粉。奈平蕪下濕地不恒見，無已則用榆柳等條，要一枝數岐，太乾則脆，太新則無力。用鋼針十數横貫中間，針不宜過長，長則恐掛蝗其上，不便再撲。落地時若不即斃，用靴底拍打底有木柄。慣生蝗處，人都知備，用笆勾在一堆笆頭不得太寬，恐於隴間有礙，急裝入袋内，著一人監口，防其復甦竄出。初來時，用火炮驚驅亦好。但此不足為恃，驚之彼界，安知不復翻來此疆耶？至詳報從某處來，最宜斟酌。猶憶己丑六月，在舌畊官署偶見邸報某州某邑爭鬧狀，雖循良素著，兩敗俱傷，可不慎與！

一、本地蝻子初生，須看其多寡。大約五日内撲滅不盡，即宜稟報先稟後報，祈郡憲定奪。

一、初生時較蠶苗加大，一月間乃能搭鞍，兩月内乃能飛騰。偶於隴間得一卵，其色黄，可六七分長。破殼數，果是九十九粒。播弄間，即破綳跳去。詩人以此類比子孫眾多，奇甚，猶得從容佈置，細點夫役。遇老病婦稚，即行寬免。

一、撥夫時，竟有不肖衙官房吏串通本村頭目斂錢免夫者，令人發指，宜預早出牌嚴查。

一、成圍火速查夫，總不用唱名。只要靴底現成蝻不能遠起，故條笆等不隨，站西過東，歷落可數矣。

一、村落有大小，則人夫有多少，有一村可分為兩圍三圍者，有合兩三小村方可成一圍者，上圍三百，中下遞減一百。縫白布方旗，掛輕妙高竿，上下用鐵庫裹尖以便插池。如村大人多，則書自某村邊、頭自某人起、至某人止為一隊，共夫若干。餘彷此。村小人少，則書某村夫若干名、某村夫若干名合為一隊。官騎馬令快役抱旗緊隨，房吏掌旗簿，遍看畝間，揀其極稠較大處，將某旗插向中央。看其畝隴廣狹，酌用圍之上中下。中央鑿一二深穴，待蝻跳入坑滅，繞遠圍蝻三匝。蝻從第一匝竄出，第二匝打；從二匝竄出，第三匝打。已打成一圍，則另換一副旗，書某村。副旗用土黄紅雜色，將原旗拔去，再尋稠處插起。本隊打畢本圍，各認本旗圍打，則免混亂無紀耽延之失矣。

一、一切按甲力役，於紳士應有酌減。惟浚河塞口及撲蝻不得濫免，以犯公論，而諸紳士亦群樂令家僕佃户從事。若真實寒士，又當別論矣。曾記駱莊廠中，有生十數戴㬀笠至，詞色不愉，云某地方催來。余曰：本令原無著生員撲蝻之諭。諸生既惠然肯來，請看遍地妖蟲，漸漸長成羽翼，為禍不小。

兒輩偕衆撲打者兩月，鼻噴鮮紅，誰其憫之？本令既作撲蝻大帥，該生獨不可助力一臂，為行間偏將邪？試看隴頭有賣涼粉者、餅者、高粱飯者，現今載有制錢，可按庚癸放餉。諸生帶笑助理竟日，次日重來。

一、封羊豕作文禳祭，非迂也。韓文公祭鱷魚可驗。余封豕禳祭者四，諸生皆穿公服讀祝云。

一、火攻，創獲也。六月初撲打至牛星寨，與鉅鹿接壤，距駱莊約四十餘里。越五六日薄暮，駱莊廠人役飛報云：螞蚱皆飛入泊里蘆葦中去矣泊即大陸澤。余聞之不能就寢，夜坐苦思，至漏下十刻時，曰：得之矣。急傳來役持牌星回駱莊，著有畊種家連夜各備麥秸、乾草，到泊岸沿邊聽用。雞才鳴止，領家丁一、快手一飛騎回駱莊。時海日閃閃欲動，果見秸草屯疊沿岸。急命向葦低地硬可躡處，將秸草布散，間兩步一掇。泊水深處，雖荻蘆蔚起，可望不可即，止就臨岸不遠間遙投枝杪葉際；亦有駕小舟佈置者，而舟不能多得。恰係泊東南畔岸，東南風颼颼徐動，乘曉露未落，翅翎沾滯，不能驟飛，順風縱火，烈焰迅騰，直至荻叢斷處乃熄。不謂菁青嫩綠渟泓浩淼間，燎火易易乃爾。武侯謂利於水者必不利於火，今知生於水者翻易引以火。日晡餘，除水面焰收杳杳不能偵覘外，葦荻參差地硬處，妖蟲鋪疊，皆焦頭爛額而斃。不亦快哉！

一、中報雖蝻將淨而不敢報云已淨，只曰日夜撲滅，尚有零星，然不足為患矣。

一、稱買，無可奈何中激出也。六月行盡，娘娘廟、北張駱莊、牛星寨皆漸撲滅無遺，而間有長成羽翼者，不知何以會暗通風信，盡聯翼飛集於大陸澤東之東盟臺。地方報到，縱轡馳至。其地淤污熱濕，稻粱芑穈塍堰與荻蘆蒯麻錯綜參伍。余停鞭偃仰，盱睞既不能侶，地勢平衍，蝻不能飛之，可以三匝繞打，復不能如泊岸之無它瞻顧，可純用火攻。先將去歲撲滅飛蝗器具發出式樣，嗣將城關權秤多借賫來，逐處挑長渠牌示，云：每老官版錢六文，稱買蝗蟲一斤。一時成丁趨事外，兒童輩羅青蜓、捉蝴蝶，原是他們得意事，況又有錢，皆踴躍爭先。頃刻間便是十數口袋傾坑深渠，旬日余用制錢百十餘貫。一日，兩二兒童告余曰：如今一個螞蚱也沒有了。余笑曰：沒有了時敢罷。

一、初起事時，早查鄰近州邑有無蝻生。如有時，即便移關商確如何撲打之處。若待臨封失誤撲滅，移甾本境，不言則恐無辜受累，詳報則重傷同氣，尚宜彼此發憤。

一、各憲委文武員協打，原因事關重大，不能坐聽爾，其實竟不能得力。宜於廠之附近立隨便公館，供飲饌，備芟蒭，理應爾爾。當日唯沙河千户、內邱營把皆姓張氏，頗示關切。千户，字遇留，關中人也。余於丁艱旋里後，曾寄一絕云：捕蝻協力憶同仇，絕有沙河千户侯。再想將軍何姓氏，漢家帷幄藉前籌。

一、大水沮洳邊生蝻，較難措手。任邑未曾聞之，他處以理摹擬，應是久旱水縮，魚蝦子所變，其卵生中之化生與？既一望污漫，難乘橇從事，計惟於澤畔邊，照瀨之長短，挑成長溝，著設監守。待其強解跳躍時，既不肯投之深潭，勢必跳之高岸，跳入渠內，則撲滅易於反掌矣。

一、覆報乃可曰：蝻盡淨矣蝻盡處，麥豆一空。節尚早，續種穀黍；節遲，種蕎，蕎含月精結實，六十日還倉。

一、廠之左右，定有一二頗有力量仗義之家，更有閑亭別墅，不惟肯邀本官歇息，而並慨然替官款、待憲委無德色。事竣後，擬給匾表之，而竟未得確當匾音，靠實則著相，渾寫則泛常，不得已而在署中備杯酒稱善。

王竹坡曰：余生平坎壈特甚。丙子叨列賢書，遲之又久，於雍正元年乃筮得鉅鹿郡之任縣令。元年撲蝗查水，二年撲蝻，四閱時月。三年前旱後水，報荒請賑，九月內報完，代賠前任空五千有奇。十一月丁艱去任。後蹉跎更出，尋常萬萬。辛亥秋冬之交，遊大名郡，旋任。士民聞風遮道，攀邀入境，城鄉扶老攜幼，來看舊官，歌泣不一。然則種種苦憊，亦竟何負於鄙人哉！漫識。

清 李鍾份《捕蝗記》《清經世文編》卷四五

雍正十二年夏，余任山東濟陽令。聞直隸河間、天津屬，蝗蝻生發，六月初一二間，飛至樂陵，初五六飛至商河。樂、商二邑，羽檄關會，余飛詣濟、商交界境上，調吾邑四里鄉地，預造民夫冊，得八百名，委典史防守。班役、家人二十餘人，在境設廠守候。大書條約告示，宣諭曰：『倘有飛蝗入境，廠中傳炮爲號，各鄉地甲長鳴鑼，齊集民夫到廠。鄉約執大旗，地方執鑼，甲長執小旗，各甲民夫隨小旗，小旗隨大旗，大旗隨鑼。東莊人齊立於東，西莊人齊立於西。各聽傳鑼一聲，走一步。民夫按步徐行，低頭捕撲，不可踹壞禾苗。東邊人直捕至西盡處，再轉而東，西邊人直捕至東盡處，再轉而西。如此回轉撲滅，勤有賞，惰有罰。再每日東方微亮時，發頭炮，鄉地傳鑼，催民夫盡起早飯。黎明發二炮，鄉地、甲長帶領民夫，齊集被蝗處所。早晨蝗沾露不飛，如法捕撲。至大飯時，蝗飛難捕，民夫散歇。日午，蝗交不飛，再捕。未時後蝗飛，復歇，日暮蝗聚又捕，夜昏散回。一日止有此三時可捕飛蝗，民夫亦得休息之候。明日聽號復然，各宜遵約而行。』諭畢，余暫回看守城池、倉庫。

至十一日申刻，報稱本日飛蝗，由北入境，約長四里，寬四里。余即飭吏，具文通報，闔會鄰封，星馳六十里。二更到廠查問，據稟如法施行，已除過半。黎明親督捕撲，是日盡滅。遂犒賞民夫，據實申報。飛探北地，飛蝗未盡，余即在境堤防。

至十五日巳刻，飛蝗又自北而來，計長六里，寬四里，蔽天沿地，比前倍盛。余一面通報闔會，一面著往北再探，速即親到被蝗處所，發炮鳴鑼，傳集原夫，再傳附近三里鄉地、甲長帶民夫四百名，共民夫千二百名，勸勵協力大捕。自十五至十六晚，盡行撲滅無餘，禾苗無損。探馬亦飛報北面而飛蝗已盡，又復報明各憲。余大加褒獎鄉地、民夫，每名捐賞百文，逐名唱給。冊外尚有餘夫數十名，亦一體發賞，鄉地里民歡呼而散。

次早郡守程公亦至彼查看，問被蝗何處，民指其所。守見禾苗如常，絲毫無損，大訝問故。余具以告，守亦贊異焉。

清 陳芳生《捕蝗考・備蝗事宜》 王禎《農書》言：蝗不食芋桑與水中菱芡。或言：不食綠豆、豌豆、豇豆、大麻、檾麻、芝麻、薯蕷。吳遵路知蝗不食豆苗，且慮其遺種爲患，廣收豌豆，教民種植。次年三四月，民大獲其利。

飛蝗見樹木成行或旌旗森列，每翔而不下。農家多用長竿，掛紅白衣裙群逐之，亦不下也。又畏金聲炮聲，聞之遠舉。鳥銃入鐵砂或稻米，擊其前行，前行驚奮，後者隨之去矣。

用稈草灰、石灰等分細末篩羅禾稻之上，蝗即不食。

蝗最難死，初生如蟻之時，用竹作搭，非惟擊之不死，且易損壞。宜用舊皮鞋底或草鞋、舊鞋之類，蹲地摑搭，應手而斃，且狹小不傷損苗種。一張牛皮，可裁數十枚，散與甲頭，復收之。

蝗在麥田禾稼深草中者，每日侵晨，盡聚草梢食露。體重不能飛躍。宜用筲箕栲栳之屬左右抄掠，傾入布袋，蒸焙泡煮隨便，或掘坑焚火，傾入其中。若祗瘞埋，隔宿多能穴地而出。

蝗有在光地者，宜掘坑於前，長闊爲佳，兩旁用板及門扇接連八字擺列，集衆發喊，推門捍逐入坑。又於對坑用掃帚十數把，見其跳躍而上者，盡行掃入，覆以乾草，發火焚之。然其下終是不死，須以土壓之，過宿方死。

燒蝗法：掘一坑，深廣約五尺，長倍之，下用乾茅草，發火正炎，將袋中蝗傾入坑中。一經火氣，無能跳躍。《詩》云『秉畀炎火』是也。

捕蝗不可差官下鄉，一行人從蠶食里正，里正又祗取之民户，未見捕蝗之利，先被捕蝗之擾。謝絳論救蝗曰：竊見比日蝗蟲亙野，坌入郛郭，而使者數出，府縣監捕驅逐，蹂踐田舍，民不聊生。謹按：《春秋》書『螟』爲哀公賦斂之虐，又漢儒推蝗爲兵象。臣願令公卿以下舉州府守臣，而使自辟屬縣令長，務求方略，不限資格，然後寬以約束，許便宜從事，期年條上理狀，參考不誣，奏之朝廷旌賞録用，以示激勸。

附郭鄉村，即印刷捕蝗法，作手榜告示。每米一升換蝗一斗，不問婦人、小兒攜到，即時交支。如此，則迴環數十里內者可盡。

嚴督保甲，使知不可不捕。然其要法祗在不惜常平義倉穀米博換蝗蟲，雖不驅之使捕，而四遠自輻輳矣。倘或剋減邀勒，則捕者氣阻。

又《前代捕蝗法》 宋熙寧八年，詔有蝗蝻處，委縣令佐躬親打撲。如地里廣闊，分差通判職官監司提舉。仍募人，得蝻五升或蝗一斗，給細穀一斗；蝗種一升，給粗穀二升；給價錢者，作中等實直。仍委官燒瘞，監司差官覆按以聞。朱熹紹興捕蝗募民，得大者一斗給錢一百文，小者每升給錢五十文。

元仁宗皇慶二年，復申秋耕之令。蓋秋耕之利，掩陽氣於地中，蝗蝻遺種翻覆壞盡。次年所種必盛於常禾。

明永樂元年，令吏部行文各處有司，春初差人巡視境內。遇有蝗蟲初生，設法捕撲，務要盡絕。如或坐視，致令滋蔓爲患者，罪之。若布按二司官不行嚴督所屬巡視打捕者，亦罪之。每年九月行文，至十月再令兵部行文軍衛，永爲定例。宣德九年，差給事中、御史、錦衣衛官往山東、河南捕蝗。萬曆四十四年，御史過庭訓山東賑饑疏：捕蝗男婦，皆饑餓之人。如一面捕蝗，一面歸家吃飯，未免稽遲時候。遂嚮市上買現成麵做餅子，擔在有蝗去處，不論遠近大小男婦，但能捉得蝗蟲與蝗子一升者，換餅三十個。又查得崮山鄰近兩廠領糧饑民一千二十名，可乘機撥用，即傳告示云：朝廷自去年十一月養爾等饑民，使免於逃死，當知報效。今蝗蟲生發，正爾等報效之日也。自今以後，能將近地蝗蟲或蝗子捕得半升者，才給米麵一升，爲五日之糧。如無，不許准給。

崇禎時，徐光啟除蝗疏：國家不務畜積，不備凶饑，人事之失也。凶饑之因有三：曰水，曰旱，曰蝗。地有高卑，雨澤有偏，被水旱爲災，尚多倖免之處。惟旱極而蝗，數千里間草木皆盡，或牛馬幡幟皆盡，其害尤慘過於水旱者也。雖然水旱二災有重有輕，欲求恒稔，雖唐堯之世猶不可得。此殆由天之所設。惟蝗不然，先事修備，既事修救，人力苟盡，固可殄滅之無遺育。此其與水旱異者也。雖然，水而得一丘一垤，旱而得一井一池，即單寒孤子，聊足自救。惟蝗又不然，必藉國家之功令，必須郡邑之協心，必賴千萬人之同力，一身一家無戮力自免之理。此又與水旱異者也。總而論之，蝗災甚重，除之則易，必合衆力共除之然後易。此其大指矣。謹條例如左：

一、蝗災之時。謹按：春秋至於勝國，其蝗災書月者，一百二十有一，書二月者二，書三月者三，書四月者十九，書五月者二十，書六月者三十一，書七月者二十，書八月者十二，書九月者一，書十二月者三。是最盛於夏秋之間，與百穀長養成熟之時正相值也，故爲害最廣。小民遇此，乏絕最甚。若二三月蝗者，按《宋史》言：二月開封府等百三十州縣蝗蝻復生，多去歲蟄者。《漢書》安帝永和四年、五年，比歲書夏蝗，而六年三月書：去歲蝗處，復蝗子生，曰蝗蝻。蝗子則是去歲之種蝗，非蟄蝗也。聞之老農言：蝗初生如粟米，數日旋大如蠅，能跳躍群行，是名爲蝻。又數日即群飛，是名爲蝗。所止之處，喙不停嚙，故易林名爲饑蟲也。又數日，孕子於地矣。地下之子，十八日復爲蝻，蝻復爲蝗，如是傳生，害之所以廣也。秋月下子者，則依附草木枵然枯朽，非能蟄藏過冬也。然秋月下子者十有八九，而災於冬春者百止一二，則三冬之候，雨雪所摧損滅者多矣。其自四月以後而書災者，皆本歲之初蝗，非遺種也。故詳其所自生與其所自滅，可得殄絕之法矣。

一、蝗生之地。謹按：蝗之所生，必於大澤之涯。然而洞庭、彭蠡具區之旁，終古無蝗也。必也驟盈驟涸之處，如幽涿以南、長淮以北、青兗以西、梁宋以東諸郡之地，湖濼廣衍，暵溢無常，謂之涸澤，蝗則生之。歷稽前代及耳目所睹記，大都若此。若地方被災，皆有延及，與其傳生者耳。略摭往牘，如《元史》百年之間所載災傷路郡州縣幾及四百，而西至秦晉，稱平陽、解州、華州各二，稱隴陝、河中，稱絳、耀、同、陝、鳳翔、岐山、武功、靈寶者各一；大江以南，稱江浙龍興、南康、鎮江、丹徒各一。合之二十有二，於四百爲二十之一耳。自萬曆三十三年北上至天啟元年南還，七年之間，見蝗災者六，而莫盛於丁巳。是秋奉使夏州，則關陝邠岐之間遍地皆蝗，而土人云百年來所無也。江南人不識蝗爲何物，而是年亦南至常州。有司士民盡力撲滅，乃盡。故涸澤者，蝗之原本也。欲除蝗，圖之此其地矣。

一、蝗生之緣，必於大澤之旁者。職所見萬曆庚戌滕鄒之間，皆言起於昭陽、吕孟湖。任邱之人言蝗起於趙堡口，或言來從葦地。葦之所生，亦水涯也，則蝗爲水種，無足疑矣。或言是魚子所化，而職獨斷以爲蝦子。何也？凡倮蟲、介蟲與羽蟲，則能相變，如螟蛉爲蜾蠃，蛣蜣爲蟬，水蛆爲蚊是也。若鱗蟲能變爲異類，未之見矣。此一證也。《爾雅・翼言》：蝦善遊而好躍，蝻亦善躍。此二證也。物雖相變，大都蛻殼即成，故多相肖。若蝗之形酷類蝦，其身其首、其紋脈肉味、其子之形味，無非蝦者。此三證也。又蠶變爲蛾，蛾之子復爲蠶。《太平御覽》言豐年蝗變爲蝦，知蝦之亦變爲蝗也。此四證也。蝦有諸種，白色而殼柔者散子於夏初，赤色而殼堅者散子於夏末，故蝗蝻之生，亦早晚不一也。江以南多大水而無蝗，蓋湖濼積瀦，水草生之。南方水草，農家多取以壅田。就不其然，而湖水常盈，草恒在水，蝦子附之，則復爲蝦而已。北方之湖，盈則四溢，草隨水上，迨其既涸，草流涯際。蝦子附於草間，既不得水，春夏鬱蒸，乘濕熱之氣變爲蝗蝻，其勢然也。故知蝗生於蝦，蝦子之爲蝗，則因於水草之積也。

一、考昔人治蝗之法，載籍所記頗多。其最著者，則唐之姚崇；最嚴者，則宋之淳熙敕也。姚崇傳曰：開元三年，山東大蝗，民祭且拜，坐視食苗不敢捕。崇奏：《詩》云：秉彼蟊賊，付畀炎火。漢光武詔曰：勉順時政，親督農桑；去彼螟蜮，以及蟊賊。此除蝗詔也。蝗畏人易驅，又田皆有主，使自救其地，必不憚勤。請夜設火，坎其旁，且焚且瘞，乃可盡。古有討除不勝者，特人不用命耳。乃出御史爲捕蝗使，分道殺蝗。汴州刺史倪若水上言：除天災者，當以德。昔劉聰除蝗不剋而害愈甚。拒御史，不應命。崇移書謂之曰：聰僞主德不勝妖，今妖不勝德。古者良守，蝗避其境，謂修德可免。彼將無德致然乎？今坐視食苗，忍而不救，因以無年，刺史其謂德何？若水懼，乃縱捕，得蝗十四萬石。時議者喧嘩，帝疑，復以問。崇對曰：庸儒泥文不知事變事固有違經而合道、反道而適權者。昔魏世山東蝗，小忍不除，至人相食。後秦有蝗，草木皆盡，牛馬至相啖毛。今飛蝗所在充滿，加復蕃息，且河南、河北家無宿藏，一不獲，則流離安危繫之。且討蝗縱不能盡，不愈於養以遺患乎？帝然之。黄門監盧懷慎曰：凡天災，安可以人力制也？且殺蝗多，必戾和氣。願公思之。崇曰：昔楚王吞蛭而疾瘳，叔敖斷蛇而福降。今蝗幸可驅，若縱之，穀且盡，如百姓何？殺蟲救人，禍歸於崇，不以累公也。蝗害訖息。

宋淳熙敕：諸蝗蟲初生若飛落，地主鄰人隱蔽不言，耆保不即時申舉撲除者，各杖一百，許人告報；當職官承報不受理及受理而不即親臨撲除或撲除未盡而妄申盡淨者，各加二等；諸官司荒田牧地經飛蝗住落處，令佐應差募人取掘蟲子，而取不盡因致次年生發者，杖一百；諸蝗蟲生發飛落及遺子而撲掘不盡致再生發者，地主、耆保各杖一百；諸給散捕取蟲蝗穀而減剋者，論如吏人鄉書手攬納稅受乞財物法；諸係工人因撲掘蝗蝻乞取人户財物者，論如重祿工人因職受乞法；諸令佐遇有蟲蝗生發雖已差出而不離本界者，若緣蟲蝗論罪，並在任法。又詔：因穿掘打撲損苗種者，除其稅，仍計價，官給地主錢數，毋過一頃。此外復有二法：一曰以粟易蝗。晉天福七年，命百姓捕蝗一斗，以粟一斗償之。此類是也。一曰食蝗。唐貞元元年夏蝗，民蒸蝗暴乾，颺去翅足而食之。臣謹按：蝗蟲之災，不捕不止。倪若水、盧懷慎之説謬也。不忍於蝗而忍於民之饑而死乎？爲民禦災捍患，正應經義，亦何違經反道之有？修德修刑，理無相左。敵國盜賊，比於蝗災。總爲民害，寧云修德可弭，一切攘卻捕治之法廢而不爲也？淳熙之敕，初生飛落，咸應申報撲除取掘，悉有條章令之，官民所未聞見。似應依仿申嚴定爲功罪，著之絜令也。食蝗之事，載籍所書不過二三。唐太宗吞蝗以爲代民受患，傳述千古矣。乃今東省畿南用爲常食，登之盤飧。臣嘗治田天津，適遇此災。田間小民不論蝗蝻，悉將烹食。城市之內，用相餽遺。亦有熟而乾之鬻於市者，則數文錢可易一斗。啖食之餘，家户囷積，以爲冬儲，質味與乾蝦無異。其朝晡不充，恒食此者，亦至今無恙也。而同時所見山陝之民，猶惑於祭拜，以傷觸爲戒。謂爲可食，即復駭然。蓋妄信流傳，謂戾氣所化，是以疑神疑鬼，甘受戕害。東省畿南既明知蝦子一物，在水爲蝦，在陸爲蝗，即終歲食蝗，與食蝦無異，不復疑慮矣。

一、今擬先事消弭之法。臣竊謂：既知蝗生之緣，即當於原本處計畫。令山東、河南、南北直隸有司衙門，凡地方有湖蕩洵窪積水之處，遇霜降水落之後，即親臨勘視。本年潦水所至到，今水涯有水草存積，即多集大眾侵水芟刈，斂置高處，風戾日曝，待其乾燥，以供薪燎。如不堪用，就地焚燒，務求淨盡。此須撫按道府實心主持，令州縣官各各同心協力，方爲有益。若一方怠事，就此生發，蔓及他方矣。姚崇所謂『討除不盡者，人不用命』，此之謂也。若春夏之月，居民於湖洵中捕得子蝦一石，減蝗百石；乾蝦一石，減蝗千石。但令民通知此理，當自爲之，不煩告戒矣。

一、水草既去，蝦子之附草者可無生發矣。若蝦子在地，明年春夏得水土之氣，未免復生，則須臨時捕治。其法有三：其一、臣見湖旁居民，言蝗初生時，最易撲治；宿昔變異，便成蝻子，散漫跳躍，勢不可遏矣。法當令居民里老時加察視，但見土脈墳起，便即報官，集眾撲滅。此時措手，力省功倍。其二、已成蝻子，跳躍行動，便須開溝打捕。其法視蝻將到處，預掘長溝，深廣各二尺，溝中相去丈許，即作一坑，以便埋掩。多集人眾，不論老弱，悉要趨赴，沿溝擺列，或持帚，或持撲打器具，或持鍬鍤，每五十人用一人鳴鑼其後。蝻聞金聲，努力跳躍，或作或止，漸令近溝。臨溝即大擊不止，蝻驚入溝中，勢如注水。眾各致力，掃者自掃，撲者自撲，埋者自埋，至溝坑具滿而止。前村如此，後村復然；一邑如此，他邑復然，當淨盡矣。若蝗如豆大，尚未可食。長寸以上，即燕齊之民畚盛囊括負戴而歸，烹煮暴乾以供食也。其三、振羽能飛，飛即蔽天，又能渡水，撲治不及。則視其落處，糾集人眾，各用繩兜兜取，布囊盛貯，官司以粟易之，大都粟一石易蝗一石，殺而埋之。然論粟易，則有一説。先儒有言救荒莫要乎近其人，假令鄉民去邑數十里，負蝗易米，一往一返，即二日矣。臣所見蝗盛時，幕天匝地，一落田間，廣數里，厚數尺，行二三日乃盡。此時蝗極易得，官粟有幾，乃令人往返道路乎？若以金錢近其人而易之，隨收隨給，即以數文錢易蝗一石，民猶勸爲之矣。或言差官下鄉，一行人從未免蠶食里正民户，不可不戒。臣以爲不然也。此時爲民除患，膚髮可捐，更率人蠶食，尚可謂官乎？佐貳爲此，正官安在？正官爲此，院道安在？不於此輩創一警百而懲噎廢食，亦復何官不可廢？何事不可已耶？且一郡一邑，豈乏義士？若紳若弁，青衿義民，擇其善者，無不可使，亦且有自願捐貲者，何必官也？其給粟則以得蝗之難易爲差，無須預定矣。

一、事後剪除之法，則淳熙令之取掘蟲子是也。《元史・食貨志》亦云：每年十月，令州縣正官一員巡視境內有蝗蟲遺子之地，多方設法除之。臣按：蝗蟲遺子，必擇堅垎黑土高亢之處，用尾栽入土中下子，深不及一寸，仍留孔竅；且同生而群飛群食，其下子必同時同地，勢如蜂窠，易尋覓也。一蝗所下十餘，形如豆粒，中止白汁，漸次充實，因而分顆一粒，中即有細子百餘。或云一生九十九子，不然也。夏月之子易成，八日內遇雨則爛壞，否則至十八日生蝗矣。冬月之子難成，至春而後生蝻，故遇臘雪春雨則爛壞不成，亦非能入地千尺也。此種傳生，一石可至千石。故冬月掘除，尤爲急務，且農力方閑，可以從容搜索。官司即以數石粟易一石子，猶不足惜。第得子有難易，受粟宜有等差，且念其衝冒嚴寒，尤應厚給，使民樂趨其事可矣。臣按已上諸事，皆須集合衆力，無論一身一家、一邑一郡，不能獨成其功。即百舉一隳，猶足僨事。唐開元四年夏五月，勅委使者詳察州縣勤惰者，各以名聞。由是連歲蝗災，不至大饑。蓋以此也。臣故謂主持在各撫按，勤事在各郡邑，盡力在各郡邑之民。所惜者北土閑曠之地，土廣人稀，每遇災時，蝗陣如雲，荒田如海，集合佃衆，猶如晨星，畢力討除，百不及一，徒有傷心慘目而已。昔年蝗至常州，數日而盡，雖緣官勤，亦因民衆。以此思之，乃愈見均民之不可已也。

陳龍正曰：蝗可和野菜煮食，見於范仲淹疏。又曝乾可代蝦米，盡力捕之，既除害，又佐食，何憚不爲？然西北人肯食，東南人不肯食，亦以水區被蝗時少，不習見聞故耳。崇禎辛巳，嘉湖旱蝗。鄉民捕蝗飼鴨，鴨極易肥大。又山中人畜豬，不能買食，試以蝗飼之，其豬初重二十斤，旬日肥大至五十餘斤。可見世間物性，宜於鳥獸食者，人食之未必宜，若人可食者，鳥獸無反不可食之理。蝗可供豬鴨，無怪也。推之恐不止此，特表而出之。

清　周燾《敬籌除蝻滅種疏乾隆十七年**》**《清經世文編》卷四五　伏惟成周多稼，螟螣務除；姚崇捍災，焚坑並設。定例蝗蝻生發地方，責令有司撲捕，有不實力從事者，處分甚嚴。然上懸爲令甲，下應以空文，甚或甘受處分，毫無補救。及根究蝗蝻起處，則鄰封互相推諉，希圖卸責，亦其勢不得不然也。我皇上子惠黔黎，痌瘝在念，上年閏五月間，直隸河間縣偶有飛蝗，即敕諭督臣，令所在州縣預爲防範杜絕。爾時臣工，亦曾奏申嚴議處分之例。臣竊見事關民依，因再四諏訪，備細研究，始知捕蝗不如除蝻，除蝻不如滅種。謹以芻蕘之一得，爲我皇上陳之。

蝗蟲始由化生，繼則卵生。化生者，低窪之地，夏秋雨水停淹，魚鰕卵育，迨水勢涸落，魚子散在草間，沾惹泥塗，不能隨流而去，延及次年春夏，生機未絕，熱氣炎蒸，陰從陽化，鱗潛變爲羽翔，而蝻孽萌生矣。其初出小如蟻，漸如蒼蠅而色黑，數日則大如蟋蟀而無翼，土人名爲步蝻。及時撲滅，猶易爲力。若再過數日，則長翅飛騰，隨風飄揚，轉徙無定，其棲集之處，禾黍頓成赤地。若最盛則蔽日遮天，盈地數尺，壅埋人間房屋，遠望如山，縱行撲捕，亦苦人力難施，其爲害殆不可勝言矣。逮至蝗老身重，不能飛翔，則又群集種子。其種子也，以尾深插堅土，遺卵入地，形如小囊，內包九十九子，色如松子仁，較脂麻加小。種子在夏，則本年復生；種子在秋，則患延來歲。苟非冬雪盈尺，肅以嚴威，至春融啟蟄之後，滋生更繁，害稼更大。若各處撲捕之情形，則亦有可得而言者。有司縱不愛民，不能不畏處分，畏處分即不得不張惶撲捕。於是差衙役，糾保甲，撥煙户，設廠收買，似亦盡心竭力，不敢膜視矣。然有業之民，或本村無蝗，撥往別處撲捕，惟懼拋荒農務，往往囑託鄉地，勾通衙役，用錢買放，免一二人爲賣夫，免一村爲賣莊，鄉地、衙役，飽食肥囊，再往別村，仍復如故。若無業奸民，則又以官差捕蝗，得日食工價爲己利，每於山坡僻處，私將蝻種歲匿，聽其滋生，延衍流毒，待應差撲捕之時，蹂躪田疇，搶食禾穗，害更甚於蝗蝻。聞地方官值蝗盛之時，往往束手無策，不過叩禱劉猛，祈以神力驅除，要皆循行故事，未嘗講求拔本塞源之計者也。

臣聞蝗所自起，不過化生、卵生二端。化生者，宜於水涸草枯之時，縱火焚燒，使叢穢之區，草根、魚子都成灰燼，永絕孽芽。卵生者，春深風暖，土脈鬆脆，輒募民於前歲蝗集之處，掘地取種，送官給價。仿遵上年閏五月間欽奉上諭以米易蝗之令，州縣所收蝻種，詳報上司，核其真僞，動用米穀，准於公項開銷。在小民既可除害，復得餬口，自必踴躍從事。而以米易種，較之以米易蝗，費省功多。倘行之有效，亦勤民重穀之一事也。

清　史茂《敬陳捕蝗事宜疏乾隆二十四年**》**《清經世文編》卷四五　竊惟事必豫而後能有功，物必備而後可無患。今歲江南、山東等省，飛蝗偶發，上廑宸衷，欽命大臣，星馳督視，並查明飛蝗初起之地，嚴參重究。仰見我皇上整飭吏治，痌瘝民瘼之至意。

伏思蝗孽飛揚，爲害最烈，追捕不力，處分最嚴，捕蝗不如捕蝻，捕蝻不如滅種，凡屬地方官，無不周知，而往往官罹嚴譴，民受蟲災，貽禍於鄰封而莫救，追悔於事後而無及者，其故何也？

蓋捕蝗蝻，非鹵莽草率而爲者也。未發塞其源，既萌絶其類，方熾殺其勢。是故生長必有其地，蠕動必有其時，驅除必有其人，撲滅必有其器，經畫必有其法。乃人多狃於目前，而忽於遠慮。當冬春無事，有一二老成歷練之人，言及蝗蝻爲害，宜早爲籌辦，未有不以爲迂緩者。平日漫不經心，而一旦聞有蝗蝻，則茫然不知所措，意無成見，事無頭緒，東奔西馳，竭蹶遲延，以致飛蝗四佈，莫可挽回。夫蝗不常有，而地方官不可不時存有蝗之虞。故必於閒暇無事之時，爲未雨綢繆之計。

臣伏查搜捕蝗蝻款目，備載群書，謹採輯八條，敬繕清單，仰請敕下直隸、江南等省督撫，各就本地情形，詳悉妥議，轉發各州縣，飭令於閒暇無事之時，將地之宜勘，時之宜審，人之宜備，器之宜裕，法之宜修者，一一預爲籌畫。則先時而整頓妥協，自當幾而辦理裕如，又何至飛蝗爲災，有害田疇！臣所謂豫則有功，而備則無患者，此也。

抑臣更有請者，定例州縣報有蝗蝻，該管上司，即躬親督捕，法至善也。惟是地有蝗蝻則民擾，地方官適際此時則官累。該上司宜加意防維，曲爲體邺，一切供迎，不可責備，跟役減少，無令夫馬借備民間，家人、衙役、廚轎等夫，實心嚴查，勿許暗中勒索，則官民得專心撲捕，不致旁念紛雜矣。

清 竇光鼐《條陳捕蝗酌歸簡易疏乾隆三十五年》《清經世文編》卷四五

臣伏查乾隆二十五年，前督臣方觀承有見於通州等處捕蝗之失，飭司道議設護田夫，欲使官民兩便，旗民一體，意誠善也。而其立法有斷不可行者，有可行而未能行者，臣議條析陳之。

其議曰：『三家出夫一名，十名設一夫頭，百夫立一牌頭。每年二月爲始，七月底止，令各村按日輪流巡查。』臣謹按冊計之：大興、宛平二縣，共應出夫七千五六百名。此數千人者，果盡力巡查，且歷半年之久，勢將荒廢本業，不知衣食於何取給。今各州縣捕蝗，約用人夫二三千不等，少者五六日，多者十餘日，酌給錢米，民人猶以爲艱。若每縣之中，令數千人枵腹原野，積以半歲，臣知其必不能矣。且田各有主，耕作之餘，查察自便，捨種植之戶，而責之他人，勞且無益。若海濱、河澱闊遠之區，而與尋常村莊類設，又恐推諉誤事。此其不可一也。

又其議曰：『護田夫免其門差，牌頭並免大差。』臣竊考之，旗莊本無地方雜差可免，民人又不能盡免，冊造護田，此夫也，輪派雜差，亦此夫也。免差既屬空言，巡查寧有實力？而簿書查造，胥吏或因緣爲利。此其不可二也。

且其議三家出夫一名，計百戶之村，出夫三十名，五十戶之村，出夫十餘名，以之巡查則病其多，以之撲捕又病其少，若撥一千名，必合數十村，遠者不能即至，而本村近處反有餘人，例派不及。臣每遇飛蝗停落，目擊心怵，諭令就近加撥，夫始漸集。若依三家爲例，則可捕之時，人夫無幾，比數十里裹糧而至，而蝗之遠揚已過半矣。此其不可三也。

且其議曰：『民勞，病遠撥也。』又曰：『官費，慮貴僱也。』其名曰護田，欲不傷田禾也。今依其例出夫，則近村之夫，只有此數。近者不足用，必濟之以遠，而民之勞如故；遠者不及待，必出於貴僱，而官之費依然。且遠來當差人，常不肯盡力，而爲遠地代捕。又不甚惜田禾，極力飭禁，時猶不免。是以旗民均以爲病，不願捕蝗。此其不可四也。

至其議曰：『旗民一體設立護田夫，查則輪查，撥則均撥。』誠有合同井守望之議矣。但其法既不可行，而所謂護田夫者，空名而已。平日既不能輪查，臨時又安能均撥？且司道原議曰：『旗人不統於地方官，恐呼應不靈，奏明通行，庶知凜遵。』是旗莊之難齊，前司道早議及之矣。而前督臣未經具奏者，不能自信故也。姑允衆請嘗試之云耳。既而知其果不可行，而猶以其名而存之者，以護田之説，臨時便於派撥也。顧飛蝗停落之時，愚民無識，率以喊逐爲易，撲捕爲難，亦不獨旗佃爲然，而民人可以法繩，旗佃難於強使。況旗莊主人，未嘗與知其議，既無由申明約束，而地方官向莊頭取夫，每稱借用，出不出皆可自由，其不畫一無怪也。此臣所謂可行而未能行者也。

臣以捕蝗，察知利病，竊以爲去其法之煩擾，而獨取旗民一體捕蝗一節，並申明就近村莊多集人夫，著爲功令，則有護田之利而無其害，此臣前奏本意也。業蒙聖旨俞允，則其未能行者今已行矣。而督臣乃舉二十五年之議以爲定例，則臣所謂四不可行者，誠恐嗣後復舉以爲例，而奉行轉滋貽誤。臣不揣冒昧，謹就二十五年原議酌歸簡易，並將查捕所見情形，酌爲捕蝗事宜數條，附列於後。

一、捕蝗人夫，不必預設名數，致滋煩擾，但查清保甲冊，造村莊戶口，臨時酌撥應用。旗莊則理事同知，查造清冊，交州縣存查。

一、捕蝗必用本村近地之人，方得實用。嗣後凡本村及毗連村莊，在五里以內者，比戶出夫，計口多寡，不拘名數，止酌留守望饋餉之人而已。五里之外，每戶酌出夫一名，十里之外，兩戶酌出夫一名，十五里之外，仍照舊例三戶出夫一名，均調輪替。如村莊稠密之地，則五里以外，皆可少撥。如村莊稀少，則二十里內外，亦可多用。若城市閒人，無戶名可稽者，地方官臨時酌雇添用。

一、牌頭每縣，不過數十名，因而增之，大村酌設二三四名不等，中村酌設一名，小村則二三村酌設一名，免其雜差，俾領率查捕人夫。

一、各村田野令鄉地、牌頭勸率各田戶，自行巡查。若海濱、河澱闊遠之地，則令各州縣自行酌設護田夫數名，專司巡查。向來有以米易蝗子之例，若蝗子一升，給米三升，則搜刨自力。

一、凡蝗蝻生發，鄉地一面報官，牌頭即率本村居人齊集撲捕。如本村人不敷用，即糾集附近毗連村莊居人協捕。如能即時撲滅，地方官驗明，酌加賞賚。如扶同隱匿，一經查出，即將田戶與牌頭、鄉地一併治罪。如近村人夫，仍不敷用，地方官酌撥漸遠村莊，輪替協捕。如蟲孳散佈，連延數村，則各村之人，在本村撲捕，各於附近村莊，撥夫協濟，以次及遠。仍照例會同營汛兵丁，督以幹員妥役，則捕滅迅速，而田禾亦不致損傷。

一、外村調撥之夫，仍照舊例，每名日給米一倉升，或大錢十五文。其奮勇出力者，酌加優賞。如闊遠之地，須調撥遠夫者，加給米錢一倍。

一、捕蝗器具，莫善於條拍。其制以皮編直條爲之，或以麻繩代皮亦可。東省人謂之掛打子，最爲應手。順天各屬，向無此物，宜飭發式樣，使預製於平日，以便應用。其次則舊鞋底，各屬多用之。然常不齊全，宜預行通飭，若仍有以木棍小枝等物塞責者，即將鄉地牌一併究處。

一、蝻子利用開溝圍逼，加土掩埋。蝗翅初出，未能飛，亦可圍捕。至長成之後，則宜横排人夫，尾隨追捕，若乘黎明露濡，殲除尤易。若在禾稼之地，則宜隨壠趕捕，不得合圍喊逼，致令驚起，且易損田禾。

一、收買飛蝗之法，向例皆用之。總緣烏合之衆，非得錢不肯出力耳。其實掇拾收貯，給價往返掩埋，皆費工夫，故用夫多而收效較遲。惟施之老幼婦女，及搜捕零星之時，則善矣。若本村近鄰，力能護田，以精壯之人，持應手之器，當蝗勢厚集，直前追捕，較之收買，一人可以當數人之用，故用夫少而成功多。且蝗爛地面，長發苗麥，甚於糞壤也。

清 曹秀先《請捕蝗先行蠟祭疏》乾隆十八年《清經世文編》卷四五

臣竊觀邇來近畿郡縣，蝗災間發，蒙我皇上特遣大臣侍衛勤督地方有司，實力撲捕。天語悚切，懲賞攸昭，毋令滋生，貽害田稼。似此視民如傷，誠求保赤之心，固上天所垂鑒，下民所共感者。

臣嘗讀《小雅・大田》之詩曰：『去其螟螣，及其蟊賊，無害我田穉。田祖有神，秉畀炎火。』蓋言致禱於神，默除害也。唐臣姚崇遣使捕蝗，引此爲證，夜中設火，火邊掘坑，且焚且瘞。宋臣朱熹亦以爲古之遺法如此。他若史書所云：蝗不入境，又或一夕飛沉東海，未必概屬附會。而《禮》言：『蠟祭，七曰昆蟲。』宋儒陳澔注爲『螟蝗之屬』。又知螟蝗有靈，亦得與於祭也。蓋從來物類雖微，各受一命，物性雖蠢，咸格於誠，信及豚魚，幽明合契，驅虎祭鱷，著有明徵。今蝗蝻、螞蚱，雜然並生，蜎蜎蠕蠕，不可勝計，要亦各分造物之微命，慮其害我田稼，苦我百姓，勢不得不遵古法，竭力撲捕。然食苗亦死，不食苗亦死，此則情法俱窮之時也。

臣諦思螟蝗得與於祭之義，雖當蠟索，曷若及時？前者夏間少雨，官司禱求，不聞徵應，迨我皇上虔祈，甘霖立沛，德且足以格天，誠自可以動物。敢懇皇上萬幾之暇，御製祭文一道，頒發郡縣，遇有蝗蝻之地，即行敬謹謄黄，虔具酒楮，張幕焚香，告祭於神。俾蠢茲蝗蝻，限以一日二日遁跡於荒曠之野，宿莽之圩，各逃生命。逾期不用命，官吏鄉保，多倍人數，竭力撲滅。既以廣聖人好生之德，自當切爲民請命之誠。臣料田祖有神，陰相除殄，必不復留遺育，以滋擾於青疇綠野中也。可否仍於冬令，考稽故典，舉行蠟祭，以合《禮經》之義，恭候皇上欽定。

抑臣更有請者，舊時州縣捕蝗，多係捐辦。今奉恩旨，許令動公，該州縣更不得藉口無力，但一法立即一弊生，州縣意必報多，上司欲其報少，駁詰往返，愈繁案牘。請嗣後捕蝗時，雇募夫役，用支錢糧，須令同城教職佐雜，一面會同給發，一面即簽書名押，開報上司查核，至奏銷時准爲定據，並嚴飭不得假手家人書吏，致滋冒混。以往年恩賜絹、米、賑等件，尚有冒銷，其弊不可不預防也。

傳記

漢 圈稱《陳留耆舊傳》《藝文類聚》卷一〇〇 高慎。敦厚少華。子式。至孝。常盡力供養。永初中。蝝蝗爲災。獨不食式麥。圉令周強。以表州郡。

三國吴 陸胤《廣州先賢傳》《藝文類聚》卷一〇〇 黄豪，交趾人，除外黄令。豪均己節儉，麤衣蔬食，所得俸秩，悉賜貧民，一縣稱平。當時鄰縣蝗蟲爲災，而獨外黄無有，歲皆豐熟。民先流移者，悉歸附之。

晋 干寶《搜神記》卷一一 後漢，徐栩，字敬卿，吴由拳人，少爲獄吏，執法詳平。爲小黄令時，屬縣大蝗，野無生草，過小黄界，飛逝，不集。刺史行部責栩不治。栩棄官，蝗應聲而至。刺史謝令還寺舍，蝗即飛去。

晋 袁宏《後漢紀》卷三《光武皇帝紀》 茂字子康，南陽人。【略】初，茂到官，吏民皆笑之，鄰縣及府官以為下治。河南太守為置守令，茂治自若。數年，教化大行，路不拾遺。天下嘗蝗，河南二十縣皆傷蝗，獨不入密境。是時，王莽為安漢公，置大司農六部丞，勸課農桑。茂遷京部丞，吏民老小皆啼泣道路。王莽居攝，茂以病免，常為郡門下掾，不肯為職吏。更始立，以茂為侍中，從至長安，知更始政亂，以老乞骸，至是年七十餘矣。

《舊唐書》卷九五《姚崇傳》 開元四年，山東蝗蟲大起，崇奏曰：『毛詩云：「秉彼蟊賊，以付炎火。」又漢光武詔曰：「勉順時政，勸督農桑，去彼螟蜮，以及蟊賊。」此並除蝗之義也。蟲既解畏人，易爲驅逐。又苗稼皆有地主，救護必不辭勞。蝗既解飛，夜必赴火，夜中設火，火邊掘坑，且焚且瘞，除之可盡。時山東百姓皆燒香禮拜，設祭祈恩，眼看食苗，手不敢近。自古有討除不得者，祇是人不用命，但使齊心戮力，必是可除。』乃遣御史分道殺蝗。汴州刺史倪若水執奏曰：『蝗是天災，自宜修德。劉聰時除既不得，爲害更深。』仍拒御史，不肯應命。崇大怒，牒報若水曰：『劉聰僞主，德不勝妖；今日聖朝，妖不勝德。古之良守，蝗蟲避境，若其修德可免，彼豈無德致然！今坐看食苗，何忍不救，因以饑饉，將何自安？幸勿遲迴，自招悔吝。』若水乃行焚瘞之法，獲蝗一十四萬石，投汴渠流下者不可勝紀。

時朝廷喧議，皆以驅蝗爲不便，上聞之，復以問崇。崇曰：『庸儒執文，不識通變。凡事有違經而合道者，亦有反道而適權者。昔魏時山東有蝗傷稼，緣小忍不除，致使苗稼總盡，人至相食；後秦時有蝗，禾稼及草木俱盡，牛馬至相噉毛。今山東蝗蟲所在流滿，仍極繁息，實所稀聞。河北、河南，無多貯積，倘不收穫，豈免流離，事繫安危，不可膠柱。縱使除之不盡，猶勝養以成災。陛下好生惡殺，此事請不煩出敕，乞容臣出牒處分。若除不得，臣在身官爵，並請削除。』上許之。

黄門監盧懷慎謂崇曰：『蝗是天災，豈可制以人事？外議咸以爲非。又殺蟲太多，有傷和氣。今猶可復，請公思之。』崇曰：『楚王吞蛭，厥疾用瘳；叔敖殺蛇，其福乃降。趙宣至賢也，恨用其犬；孔丘將聖也，不愛其羊。皆志在安人，思不失禮。今蝗蟲極盛，驅除可得，若其縱食，所在皆空。山東百姓，豈宜餓殺！此事崇已面經奏定訖，請公勿復爲言。若救人殺蟲，因緣致禍，崇請獨受，義不仰關。』懷慎既庶事曲從，竟亦不敢逆崇之意，蝗因此亦漸止息。

《宋史》卷三一四《范仲淹傳》 歲大蝗旱，江、淮、京東滋甚。仲淹請遣使循行，未報。乃請間曰：『宫掖中半日不食，當何如？』帝惻然，迺命仲淹安撫江、淮，所至開倉振之，且禁民淫祀，奏蠲廬舒折役茶、江東丁口鹽錢，且條上救敝十事。

元 揭傒斯《文安集》一三《甘景行墓銘》 豐城甘君諱果，字景行，早以郡學諸生受業熊先生朋來之門。及長，好為詩。至元之末，與邑人蔡瓛、熊坦等十人結社龍澤山中。方是時，國家取士非一途，或以藝，或以資，或以功，或以法律，其最上者以文章薦，可立置館閣，然皆不好，唯以治田園，躬孝養，奉喪祭，給公上，禮賓客，卹貧乏，暇則讀書教子而已。天曆、至順之間，天下大旱，蝗，民相食，天子下詔，賑粟五百石以上，與秩有差，三百石旌其門。君出粟或賑或貸，或為粥以食，日所活以百計，而不受賞。未幾家人失火，尺椽不留，人皆弔之，笑曰：『昔有非有，今無本無，君何弔焉！』新構既定，以至元改元十有二月八日卒，年六十七。將以某年月日葬于某。其友熊君椅以書致其孤之意，請銘。君之先丹陽人，南唐時有曰從矩者，為豐城兵馬鈐轄，因家焉。其子稹在宋初為監察御史。稹孫令詢始居邑東功曹山之下榮場之里，逮君蓋十五世云。曾大父文昭，大父應欽。父一清宋登仕郎。君兄弟四人，君次居三，兄曰槩，曰桀，弟曰栗。娶周氏，生子熹、燮。繼黄氏，生三子：堅、屋、塤。他姬子二：圻、丁生。丁為兄槩後。余與君居同邑，生後先才五歲，常讀君之詩，慕君之為人而未及識，今竟不可復識矣，而得銘君墓，幸已。銘曰：

世貴以位，君以德義。世富以利，君以施惠。龍澤之山，高與天連。君去不回，君詩在焉。

明　宋濂《文憲集》卷一六《景祐廟碑》　景祐廟者，宋殿前司統制祖公廟也。公諱彧，字真夫，其先閩人，後徙明奉化之松溪。公有文武才，建隆中，以剛毅稱。居鄉黨，遇歲飢，發私廪以賑餒夫，所活以千計。里有昏喪貧不能成禮，出財帛周助之。子弟不能學者，為招師儒使就學焉，邑人咸德之。既沒，皇祐二年遂作廟于忠義鄉之福慶里，有故必相率趨禱。滅火愈疾，屢著奇徵。元祐中，漁者鄧祺、徐寶泛海，值風，舟起立者數四，懼死，呼神求救，公忽見于空中應之。俄而火光如斗墜檣下，風頓息。起視所在，舟已至公廟下矣。建炎四年，高宗南奔，御舟至崎頭，金人將舟師追其後。將及，見赤旗數萬蔽海上，金人沮懼而退。是夕，提領海舟張公裕夢神人虎韔魚服，奏對上前，自稱官位姓名。公裕以聞，高宗多公之績，制封文惠侯，賜廟額為『景祐』。元大德十二年大疫，死者相枕。民禱公，公降于人，指廟東井命民飲，病者飲水立愈。明年，蝗發境上，官督民捕蝗，日以斗斛徵之。民泣訴于公，頃之蝗飛積廟前高數丈，民取以輸。遺蝗亦皆自投于海，禾不為災。至正十一年海盜起，將剽掠邑民，會大風揚沙，晝晦不可辨，盜迷失道而退。後盜復至鈔民財，無所得，怒欲火廬舍。至廟，若聞絃誦聲，驚駭相顧，卒不敢犯。二十二年，有巨蝶集里巷，螫民膚即死。民神事之，迎置于廟，公復降于廟巫，手撲殺之。耆耋卓在明、汪敬行等列其事聞于朝。二十六年，加以『昭烈』之號。皇上有天下，以為凡神之封爵宜命于天，非人所敢與。洪武四年，乃詔儀曹易公號為『故義士祖公之神』，每歲季春，縣用剛鬛行祀事，著為恒制。敬行之弟敏學復謂公自宋初至于今四百年，功烈及于民者甚久，而未有文辭昭靈焯美，垂之無極，甚非事神之道，乃遺從子正來，請傳其事于碑。夫公以一將之微，其生也非有公侯之貴、萬鍾之富，而獨能惠其鄉。既死數世，復能濟其君于艱難而保鄉邑之民於無窮，非烈丈夫能然哉？是可歎也已。其詩曰：

斗牛之南大海堧，羣山律崒植翠旜。乾靈坤秀鬱不宣，篤生祖公維俊賢。虎眉虯髯高兩顴，右握寶刀左屬鞬。指揮貔貅立殿前，晚辭天子歸林泉。傾萬金貲振顛連，聞人急難刺在肩，有弗能拯食不咽。曰生施惠靡遑年，死為明神參化權。鬱攸肆虐焚氓廛，揮唾沃之不敢煽。颶風掀浪欲拍天，漁舟葉出立以旋。火燄如日墮檣端，手提白骨出重淵。鑾輿狩南濟大川，追者十萬犬羊羶。身率以君將樓船，赤幟塞島虜愕然。璽書褒忠禮彌虔，坐秉躬圭冠貂蟬。癘鬼跳浪民告瘨，以藥投井飲輒痊。飛蝗被野禍夫田，神氣一噓舞翩翩，如蛾赴火積成山，立使凶歲為有年。海盜操矛口垂涎，揚沙撲面懾以還，退奔相蹂行蹁躚。鉅蝶為妖大如鳶，家趨巷祭陳豆籩。以掌擊之民害蠲，邑民戴公綏以安。歲時扶攜謁廟門，清酤在觴几蒸豚。鐘宣鼓考雜管絃，公騎蒼麟手執鞭。龍旂獸盾衛者千，來如旋風止如烟。顧民欲去不忍言，民拜願公毋我捐。俾禾如茨黍蛇蟠，疾害不作福祐綿，公名不朽同坤乾。

明　李賢《天順日録》　吏部尚書郭璡出身早，不遑問學。然天資甚美，受氣完厚，臨事從容，喜怒不形於色。精於吏事，簡切不泛。為户曹屬，文廟已知其名。正統初，侍臣因蝗旱言大臣不能盡職，久妨賢路，有旨回奏，眾欲罷歸田里，以謝天譴，璡獨以為不可，云：『非是貪位，但主上幼冲，吾輩皆先帝簡任，受付托，若皆罷去，誰與共理職？宜戴罪修省改過，以回天意。』眾從其言，識者韙之。

又　霸州守張需，長於治民。先佐鄭州，有聲。渠有淤者，廢水田數十年，守相繼者莫能疏。需甫至，守言及此，憚於動眾。需往相之，曰：『若得人若干，三日可畢。』守怪以為妄。需乃聚人得其數，各帶器物，分量尺數，爭效其力，三日遂畢。守往視之，大驚，以為有神助。洎守霸，見其民遊食者多，每里置一簿，列其户，每户各報男女大小數口，派其合種粟、麥、桑、棗，紡績之具、雞豚之數，徧曉示之。暇則下鄉，至其户簿驗之，缺者罰之。於是民皆勤力，無遊惰者，不二年，俱有恒產，生理日滋。蓋以生道使人，其易如此。後以覲禮至京，遂受旌異之典。尋畿內蝗作，捕之有法，吏部侍郎魏公巡至其郡，異之，下其法於諸郡，人皆便之。有牧馬者擾其民，需咨之，領牧者譖於宦官王振，捕之下獄，捶楚幾至於死，竟謫戍邊城，人咸惜之而莫能救也。

紀事

《史記》卷六《秦始皇本紀》　〔秦王政元年〕秦質子歸自趙，趙太子出歸國。十月庚寅，蝗蟲從東方來，蔽天。天下疫。

又 卷一〇《孝文本紀》 ［後六年］天下旱，蝗。帝加惠：令諸侯毋入貢，弛山澤，減諸服御狗馬，損郎吏員，發倉庾，以振貧民，民得賣爵。

又 卷一一《孝景本紀》 ［中四年三月］置德陽宫。大蝗。秋，赦徒作陽陵者。

又 卷二八《封禪書》 ［太初元年］是歲，西伐大宛。蝗大起。

又 卷一〇六《吴王劉濞傳》 彗星出，蝗蟲數起，此萬世一時，而愁勞聖人之所以起也。

又 卷一二三《大宛列傳》 ［太初元年］而關東蝗大起，蜚西至敦煌。

又 卷一二八《龜策列傳》 若爲枯旱，風而揚埃，蝗蟲暴生，百姓失時。

《漢書》卷四《文帝紀》 ［后元七年］夏四月，大旱，蝗。師古曰：『蝗即螽也，食苗為災，今俗呼為簸蝩。蝗音胡光反。蝩音鍾。』令諸侯無入貢。弛山澤。減諸服御。損郎吏員。發倉庾以振民。民得賣爵。

又 卷五《景帝紀》 ［中元三年］秋九月，蝗。有星孛于西北。

又 ［中元四年］夏，蝗。

又 卷六《武帝紀》 ［建元五年］五月，大蝗。

又 ［元光七年］夏，大旱，蝗。

又 ［元封七年］秋，大旱，蝗。

又 ［太初元年］蝗從東方飛至敦煌。

又 ［太初二年］秋，蝗。

又 ［征和三年］秋，蝗。

又 卷一二《平帝紀》 ［元始二年夏四月］郡國大旱，蝗，青州尤甚，民流亡。安漢公、四輔、三公、卿大夫、吏民為百姓困乏獻其田宅者二百三十人，張晏曰：『王莽為太傅，孔光為太師，王舜為太保，甄豐為少傅，是為四輔。莽復兼大司馬，馬宫為司徒，王崇為司空，是為三公。』以口賦貧民。師古曰：『計口而給其田宅。』遣使者捕蝗，民捕蝗詣吏，以石斟受錢。師古曰：『量蝗多少而賞錢。』天下民貲不滿二萬，及被災之郡不滿十萬，勿租稅。民疾疫者，舍空邸第，為置醫藥。師古曰：『舍，止也。』賜死者一家六尸以上葬錢五千，四尸以上三千，二尸以上二千。罷安定呼池苑，以為安民縣，師古曰：『中山之安定也。池音大河反。』起官寺市里，募徙貧民，縣次給食。至徙所，賜田宅什器，假與犂、牛、種、食。師古曰：『種音之勇反。』又起五里於長安城中，如淳曰：『民居之里。』宅二百區，以居貧民。

又 卷二四下《食貨志下》 ［天鳳六年］民摇手觸禁，不得耕桑，繇役煩劇，而枯旱蝗蟲相因。

又 卷二五下《郊祀志下》 ［太初元年］是歲，西伐大宛，蝗大起。

又 卷二七中之下《五行志中之下》 ［宣公十五年］董仲舒、劉向以為蝝，螟始生也，一曰蝗始生。是時民患上力役，解於公田。

又 景帝中三年秋，蝗。

又 武帝元光五年秋，螟；六年夏，蝗。

又 元鼎五年秋，蝗。

又 元封六年秋，蝗。

又 太初元年夏，蝗從東方蜚至敦煌；三年秋，復蝗。元年貳師將軍征大宛，天下奉其役連年。

又 征和三年秋，蝗；四年夏，蝗。先是一年，三將軍衆十餘萬征匈奴。

又 平帝元始二年秋，蝗，遍天下。是時王莽秉政。

又 卷二七下之下《五行志下之上》 ［釐公十六年］止即温，温即蟲。侯專封茲謂不統，厥風疾，而樹不摇，穀不成。辟不思道利，茲謂無澤，厥風不摇木，旱無雲，傷禾。公常於利茲謂亂，厥風微而温，生蟲蝗，害五穀。棄正作淫茲謂惑，厥風温，螟蟲起，害有益人之物。侯不朝茲謂叛，厥風無恆，地變赤而殺人。

又 卷三五《吴王劉濞傳》 彗星出，蝗蟲起，此萬世一時，而愁勞，聖人所以起也。

又 卷六四《嚴助傳》 四年不登，五年復蝗，民生未復。

又 卷七五《夏侯勝傳》 蝗蟲大起，赤地數千里，或人民相食，畜積至今未復。

又 卷九〇《酷吏傳・嚴延年》 河南界中又有蝗蟲，府丞義出行蝗，還見延年，延年曰：『此蝗豈鳳皇食邪？』

又 卷九九中《王莽傳中》 ［始建國三年］瀕河郡蝗生。

又 卷九九下《王莽傳下》 ［地皇元年］惟即位以來，陰陽未和，風雨不時，數遇枯旱蝗螟為災，穀稼鮮耗，百姓苦飢，

又　［地皇二年］秋，隕霜殺菽，關東大饑，蝗。

又　［地皇三年］夏，蝗從東方來，蜚蔽天，師古曰：『蜚，古飛字也。』至長安，入未央宫，緣殿閣。莽發吏民設購賞捕擊。

三國吴　謝承《後漢書》《藝文類聚》卷一〇〇　吴郡徐栩，爲小黄令。時陳留遭蝗，過小黄，飛逝不集。刺史行部責栩不治。栩棄官，蝗應聲而至。刺史謝，令還寺舍，蝗即皆去。

又　謝夷吾爲壽張令，是時蝗食五穀，野無生草。過壽張界，飛逝不集。

又　許季長爲湖令，州郡皆被蝗災。過湖縣，飛去不入。

《三國志》卷一《魏書·武帝紀》　［興平元年］蝗蟲起，百姓大餓，布糧食亦盡，各引去。

又　**卷二《文帝紀》**　［黄初三年］秋七月，冀州大蝗，民饑，使尚書杜畿持節開倉廩以振之。

又　**卷六《董卓傳》**　是時蝗蟲起，歲旱無穀，從官食棗菜。諸將不能相率，上下亂，糧食盡。

又　**卷七《吕布傳》**　是時歲旱，蟲蝗，少穀，百姓相食，布東屯山陽。

又　**卷八《公孫瓚傳》**　時鄰縣接壤，蝗蟲為害，至博平界，飛過不入。

又　**卷九《夏侯惇傳》**　時大旱，蝗蟲起，惇乃斷太壽水作陂，身自負土，率將士勸種稻，民賴其利。

又　**卷一四《程昱傳》**　太祖與吕布戰于濮陽，數不利。蝗蟲起，乃各引去。

又　**卷二三《常林傳》**　當時旱蝗，林獨豐收，盡呼比鄰，升斗分之。

又　**卷二五《辛毗傳》**　連年戰伐，而介冑生蟣蝨，加以旱蝗，饑饉並臻，國無囷倉，行無裹糧，天災應於上，人事困於下，民無愚智，皆知土崩瓦解，此乃天亡尚之時也。

又　時連蝗民饑，群司以為不可，而帝意甚盛。

晋　虞預《會稽典録》《藝文類聚》卷一〇〇　鄭弘爲鄒令，永平十五年，蝗發泰山，郡國被害，過鄒不集。郡以狀上，詔書以爲不然，自朕治京師，尚不能攘蝗，鄒令何人，而令消弭，遣案驗之。

晋　袁宏《後漢紀》卷五《後漢光武皇帝紀》　［建武五年］自王莽末，天下旱蝗，稼穀不成。至建武之初，一石粟直黄金一斤，而人相食。二年秋，野穀旅生，野蠶成繭，民收其實，以為衣糧。是歲，野穀生漸少，南畝益墾矣。

又　**卷一三《後漢孝和皇帝紀上》**　［永元八年］九月，京都蝗蟲。

又　**卷一四《後漢孝和皇帝紀下》**　［永元九年］秋八月，蝗蟲飛過京都。

又　**卷二一《後漢孝桓皇帝紀上》**　［延熹元年］夏五月甲戌晦，日有蝕之。京師蝗。

又　**卷二八《後漢孝獻皇帝紀》**　［興平二年］是時蝗蟲大起，歲旱無穀。後宫食棗菜，諸將不相能率，上下亂，糧食盡。於是安東將軍楊奉、衛將軍董承、征東將軍韓暹謀以乘輿還洛陽。

《後漢書》卷一上《光武帝紀上》　［天鳳六年］莽末，天下連歲災蝗，寇盜鋒起。

又　［地皇元年］初，王莽末，天下旱蝗，黄金一斤易粟一斛；至是野穀旅生，麻尗尤盛，野蠶成繭，被於山阜，人收其利焉。

又　［建武四年］夏四月，旱，蝗。

又　**卷一下《光武帝紀下》**　［建武六年春正月丙辰］辛酉，詔曰：『往歲水旱蝗蟲為災，穀價騰躍，人用困乏。朕惟百姓無以自贍，惻然愍之。其命郡國有穀者，給稟高年、鰥、寡、孤、獨及篤癃、無家屬貧不能自存者，如律。二千石勉加循撫，無令失職。』

又　［建武六年］夏，蝗。

又　［建武二十二年］是歲，齊王章薨。青州蝗。

又　［建武三十一年］是夏，蝗。

又　［中元元年］秋，郡國三蝗。

又　**卷四《孝和帝紀》**　［永元四年］是夏，旱，蝗。

又　十二月壬辰，詔：『今年郡國秋稼為旱蝗所傷，其什四以上勿收田租、芻稿；有不滿者，以實除之。』

又　［永元八年］五月，河內、陳留蝗。

又　九月，京師蝗。吏民言事者，多歸責有司。詔曰：『蝗蟲之異，殆不虛生，萬方有罪，在予一人，而言事者專咎自下，非助我者也。朕寤寐恫瘝，思弭憂釁。昔楚嚴無災而懼，成王出郊而反風。將何以匡朕不逮，以塞災變？百僚師尹勉修厥職，刺史、二千石詳刑辟，理冤虐，恤鰥寡，矜孤弱，思惟致災興蝗之咎。」

又 〔永元九年〕六月，蝗，旱。戊辰，詔：『今年秋稼為蝗蟲所傷，皆勿收租、更、芻稿；若有所損失，以實除之，餘當收租者亦半入。其山林饒利，陂池漁採，以贍元元，勿收假税。』秋七月，蝗蟲飛過京師。

又 **卷五《孝安帝紀》** 〔延平四年〕夏四月，六州蝗。

又 〔永初五年〕戊戌，詔曰：『朕以不德，奉郊廟，承大業，不能興和降善，為人祈福。災異蜂起，寇賊縱横，夷狄猾夏，戎事不息，百姓匱乏，疲於徵發。重以蝗蟲滋生，害及成麥，秋稼方收，甚可悼也。朕以不明，統理失中，亦未獲忠良以毗闕政。傳曰：顛而不扶，危而不持，則將焉用彼相矣。公卿大夫將何以匡救，濟斯艱厄，承天誡哉？蓋為政之本，莫若得人，褒賢顯善，聖制所先。濟濟多士，文王以寧。思得忠良正直之臣，以輔不逮。其令三公、特進、侯、中二千石、二千石、郡守、諸侯相舉賢良方正、有道術、達於政化、能直言極諫之士各一人，及至孝與衆卓異者，並遣詣公車，朕將親覽焉。』

又 是歲，九州蝗，郡國八雨水。

又 〔永初六年〕三月，十州蝗。

又 〔永初七年〕八月丙寅，京師大風，蝗蟲飛過洛陽。詔賜民爵。郡國被蝗傷稼十五以上，勿收今年田租；不滿者，以實除之。

又 〔元初元年〕京師及郡國五旱，蝗。

又 〔元初二年〕五月，京師旱，河南及郡國十九蝗。甲戌，詔曰：『朝廷不明，庶事失中，災異不息，憂心悼懼。被蝗以來，七年於兹，而州郡隱匿，裁言頃畝。今群飛蔽天，為害廣遠，所言所見，寧相副邪？三司之職，内外是監，既不奏聞，又無舉正。天災至重，欺罔罪大。今方盛夏，且復假貸，以觀厥後。其務消救災眚，安輯黎元。』

又 〔延光元年〕六月，郡國蝗。

又 **卷六《孝順帝紀》** 〔永建五年〕京師及郡國十二蝗。

又 〔永和元年〕秋七月，偃師蝗。

又 **卷七《孝桓帝紀》** 〔永興元年〕秋七月，郡國三十二蝗。

又 〔永興二年〕詔司隸校尉、部刺史曰：『蝗災為害，水變仍至，五穀不登，人無宿儲。其令所傷郡國種蕪菁以助人食。』

又 〔永興二年六月〕京師蝗。東海朐山崩。

又 詔曰：『朝政失中，雲漢作旱，川靈湧水，蝗螽孳蔓，殘我百穀，太陽虧光，飢饉薦臻。其不被害郡縣，當為飢餒者儲。天下一家，趣不糜爛，則為國寶。其禁郡國不得賣酒，祠祀裁足。』

又 〔永壽三年〕京師蝗。

又 **卷八《孝靈帝紀》** 〔建寧六年〕夏四月，大旱，七州蝗。

又 **卷九《孝獻帝紀》** 〔興平元年〕乙巳晦，日有食之，帝避正殿，寢兵，不聽事五日。大蝗。

又 〔建安二年〕夏五月，蝗。

又 **卷二五《卓茂傳》** 平帝時，天下大蝗，河南二十餘縣皆被其災，獨不入密縣界。

又 **卷二六《趙憙傳》** 後青州大蝗，侵入平原界輒死，歲屢有年，百姓歌之。

又 **卷三〇上《楊厚傳》** 〔永建四年〕是歲，果六州大蝗，疫氣流行。

又 **卷三三《虞延傳》** 謝承書曰：『况字文伯，京兆杜陵人也。代爲三輔名族，該總五經，志節高亮，爲陳留太守。性聰敏，善行德教。永平十五年，蝗蟲起泰山，彌衍兖、豫，過陳留界，飛逝不集，五穀獨豐。章和元年，詔以况爲司徒。』

又 **卷四一《宋均傳》** 中元元年，山陽、楚、沛多蝗，其飛至九江界者，輒東西散去，由是名稱遠近。

又 **卷四六《陳寵傳》** 故天心未得，隔並屢臻，青、冀之域淫雨漏河，徐、岱之濱海水盆溢，兖、豫蝗蝝滋生，荆、楊稻收儉薄，並、涼二州羌戎叛戾。

又 **卷六〇上《馬融傳》** 〔元初二年〕臣愚以為雖尚頗有蝗蟲，今年五月以來，雨露時澍，祥應將至。

又 **卷六〇下《蔡邕傳》** 時頻有雷霆疾風，傷樹拔木，地震、隕雹、蝗蟲之害。

又 **卷七三《公孫瓚傳》** 是時旱蝗穀貴，民相食。

又 **卷七五《呂布傳》** 是時旱蝗少穀，百姓相食，布移屯山陽。

又 **卷七八《曹節傳》** 故蟲蝗為之生，夷寇為之起。

又 **卷八一《戴封傳》** 時汝、潁有蝗災，獨不入西華界。時督郵行縣，蝗忽大至，督郵其日即去，蝗亦頓除，一境奇之。

又 卷八七《西羌傳》 時連旱蝗飢荒，而驅蹙劫略，流離分散，隨道死亡，或棄捐老弱，或為人僕妾，喪其太半。

又 卷八九《南匈奴傳》 而匈奴中連年旱蝗，赤地數千里，草木盡枯，人畜飢疫，死耗太半。

又 ［建初元年］其年，南部苦蝗，大飢，肅宗稟給其貧人三萬餘口。

又 ［章和二年］時北虜大亂，加以飢蝗，降者前後而至。

又 和帝永元四年，蝗。臣昭案：本紀光武建武六年詔稱『往歲水旱蝗蟲為災。』古今注曰：『建武二十二年三月，京師、郡國十九蝗。二十三年，京師、郡國十八大蝗，旱，草木盡。二十八年三月，郡國八十蝗。二十九年四月，武威、酒泉、清河、京兆、魏郡、弘農蝗。三十年六月，郡國十二大蝗。三十一年，郡國大蝗。中元元年三月，郡國十六大蝗。永平四年十二月，酒泉大蝗，從塞外入。』謝承書曰：『永平十五年，蝗起泰山，彌行兗、豫。』謝沈書鍾離意譏起北宮表云：『未數年，豫章遭蝗，穀不收。民飢死，縣數千百人。』

又 八年五月，河內、陳留蝗。九月，京都蝗。九年，蝗從夏至秋。先是西羌數反，遣將軍將北軍五校征之。

又 安帝永初四年夏，蝗。是時西羌寇亂，軍眾征距，連十餘年。

又 六年三月，去蝗處復蝗子生。《古今注》曰：『郡國四十八蝗。』

又 七年夏，蝗。

又 元初元年夏，郡國五蝗。

二年夏，郡國二十蝗。

延光元年六月，郡國蝗。

順帝永建五年，郡國十二蝗。是時鮮卑寇朔方，用眾征之。

永和元年秋七月，偃師蝗。去年冬，烏桓寇沙南，用眾征之。

桓帝永興元年七月，郡國三十二蝗。是時梁冀秉政無謀憲，苟貪權作虐。《春秋考異郵》曰：『貪擾生蝗。』

又 二年六月，京都蝗。

永壽三年六月，京都蝗。

延熹元年五月，京都蝗。臣昭案：劉歆傳：『皆逆天時，聽不聰之禍也』。養奮對策曰：『佞邪以不正食祿饗所致。』謝沈書曰：『九年，揚州六郡連水、旱、蝗害也。』

又 靈帝熹平六年夏，七州蝗。

又 光和元年詔策問曰：『連年蝗蟲至冬踊，其咎焉在？』蔡邕對曰：『臣聞《易傳》曰：大作不時，天降災，厥咎蝗蟲來。《河圖祕徵篇》曰：帝貪則政暴而吏酷，酷則誅深必殺，主蝗蟲。蝗蟲，貪苛之所致也。』是時百官遷徙，皆私上禮西園以為府。

又 獻帝興平元年夏，大蝗。是時天下大亂。

又 建安二年五月，蝗。

《宋書》卷二五《天文志三》 ［太元十五年］八月，諸郡大水，兗州又蝗。

又 卷三三《五行志四·蝗蟲》 魏文帝黃初三年七月，冀州大蝗，民饑。案蔡邕說：『蝗者，在上貪苛之所致也。』是時孫權歸從，帝因其有西陵之役，舉大眾襲之，權遂背叛。

晉武帝泰始十年六月，蝗。是時荀、賈任政，疾害公直。

晉孝懷帝永嘉四年五月，大蝗，自幽、并、司、冀至于秦、雍，草木牛馬毛鬣皆盡。是時天下兵亂，漁獵生民，存亡所繫，唯司馬越、苟晞而已，而競為暴刻，經略無章。

晉愍帝建興四年六月，大蝗。去歲胡寇頻攻北地、馮翊，麴允等悉眾禦之。是時又禦劉曜，為曜所破，西京遂潰。

晉元帝太興元年六月，蘭陵合鄉蝗，害禾稼。乙未，東莞蝗蟲縱廣三百里，害苗稼。

太興元年七月，東海、彭城、下邳、臨淮四郡蝗蟲害禾、豆。

太興元年八月，冀、青、徐三州蝗食生草盡，至于二年。是時中州淪喪，暴亂滋甚。

太興二年五月，淮陵、臨淮、淮南、安豐、廬江諸郡蝗食秋麥。

太興三年五月癸丑，徐州及揚州江西諸郡蝗，吳民多餓死。去年，王敦并領荊州，苛暴之釁，自此興矣。又是年初，徐州刺史蔡豹帥眾伐周撫。

晉孝武帝太元十五年八月，兗州蝗。是時丁零寇兗、豫，鮮卑逼河南，征戍不已。

太元十六年五月，飛蝗從南來，集堂邑縣界，害苗稼。是年春，發取江州兵營甲士二千人，家口六七千人，配護軍及東宮，後尋散亡殆盡；又邊將連有征役。

又 卷三四《五行志五·恒風》 ［嘉平元年正月壬辰］厥風微而溫，

生蟲蝗，害五穀。

又 太康九年八月，郡國二十四螟。螟説與蝗同。

又 卷六〇《范泰傳》 其年秋旱蝗，又上表曰：陛下昧旦丕顯，求民之瘼，明斷庶獄，無倦政事，理出群心，澤謠民口，百姓翕然，皆自以為遇其時也。災變雖小，要有以致之。守宰之失，臣所不能究，上天之譴，臣所不敢誣。有蝗之處，縣官多課民捕之，無益於枯苗，有傷於殺害。臣聞桑穀時亡，無假斤斧，楚昭仁愛，不禜自瘳，卓茂去無知之蟲，宋均囚有異之虎，蝗生有由，非所宜殺。石不能言，星不自隕，春秋之旨，所宜詳察。

又 卷七二《始安王休仁傳》 況休祐吞噬聚斂，為西數州之蝗，取與鄙虐，無復人情。

《魏書》卷五《高宗文成帝紀》 ［興安元年］癸亥，詔以營州蝗，開倉賑恤。

又 ［太安三年］十有二月，以州鎮五蝗，民飢，使使者開倉以賑之。

又 卷七上《高祖孝文帝紀》 ［太和元年］丁未，詔以州郡八水旱蝗，民飢，開倉賑恤。以安定王休為儀同三司。

又 ［太和二年］京師蝗。

又 卷九五《臨渭氏苻健傳》 關中大飢，蝗虫生於華澤，西至隴山，百草皆盡，牛馬至相噉毛，虎狼食人，行路斷絶。

又 卷一一二上《靈徵志上》

蝗蟲螟

《洪範論》曰：刑罰暴虐，取利於下；貪饕無厭，以興師動衆；取邑治城，而失衆心，則蟲為害矣。

高祖太和五年七月，敦煌鎮蝗，秋稼略盡。

六年七月，青、雍二州虸蚄害稼。

八月，徐、東徐、兗、濟、平、豫、光七州，平原、枋頭、廣阿、臨濟四鎮，蝗害稼。

七年四月，相、豫二州蝗害稼。

八年三月，冀、州、相三州虸蚄害稼。

四月，濟、光、幽、肆、雍、齊、平七州蝗。

六月乙巳，相、齊、光、青四州虸蚄害稼。

十六年十月癸巳，枹罕鎮蝗，害稼。

世宗景明元年五月，青、齊、徐、兗、光、南青六州虸蚄害稼。

四年三月壬午，河州大螟，二麥無遺。

五月，光州虸蚄害稼。

六月，河州大蝗。

七月，東萊郡虸蚄害稼。

正始元年六月，夏、司二州蝗害稼。

四年四月，青州步屈蟲害棗花。

八月，涇州黃鼠、蝗蟲、班蟲，河州虸蚄、班蟲，涼州、司州恒農郡蝗蟲並為災。

永平元年六月己巳，涼州蝗害稼。

五年五月，青州步屈蟲害棗花。

七月，蝗蟲，京師虸蚄。

八月，青、齊、光三州虸蚄害稼，三分食二。

肅宗熙平元年六月，青、齊、光、南青四州虸蚄害稼。

顯祖天安元年六月，兗州有黑蟻與赤蟻交鬥，長六十步，廣四寸，赤蟻斷頭而死。黑主北，赤主南。十一月，劉彧兗州刺史畢衆敬遣使內屬，詔鎮南大將軍尉元納之，大破賊將周凱等。

高祖太和十年七月，并州治中張萬壽表：建興濩澤縣民賈日成以去四月中養蠶，有絲網成幕，中有卷物似絹帶，長四尺，廣三寸，薄上復得黃繭二，狀如履形。

世宗正始二年三月，徐州蠶蛾喫人，尪殘者一百一十餘人，死者二十二人。

《北齊書》卷四《文宣帝紀》 ［天保八年］自夏至九月，河北六州、河南十二州、畿內八郡大蝗。是月，飛至京師，蔽日，聲如風雨。甲辰，詔今年遭蝗之處免租。是月，周冢宰宇文護殺其主閔帝而立帝弟毓，是為明帝。

又 ［天保九年］山東大蝗，差夫役捕而坑之。

又 卷四一三《羊烈傳》 ［天保九年］是時，頻有災蝗，犬牙不入陽平境，敕書褒美焉。

《周書》卷五《武帝紀上》 ［建德元年］詔曰：『民亦勞止，則星動於天；作事不時，則石言於國。故知為政欲靜，靜在寧民；為治欲安，安在息役。頃興造無度，徵發不已，加以頻歲師旅，農畝廢業。去秋災蝗，年穀不登，民有散亡，家空杼軸。朕每旦恭己，夕惕兢懷。自今正調以外，無妄徵發。庶時殷俗阜，稱朕意焉。』

又［建德二年］關內大蝗。

《陳書》卷二《高祖紀下》［永定三年］吳州、緇州去歲蝗旱，郢田雖呪，鄭渠終涸，室靡盈積之望，家有填壑之嗟。

《晉書》卷三《世祖武帝紀》［泰始十年］是夏，大蝗。

又 卷四《孝惠帝紀》［永寧元年］是歲，郡國十二旱，六蝗。

又 卷五《孝懷帝紀》［永嘉四年］幽、并、司、冀、秦、雍等六州大蝗，食草木、牛馬毛，皆盡。

又［建興四年］六月丁巳朔，日有蝕之。大蝗。

又［建興五年］秋七月，大旱，司、冀、青、雍等四州螽蝗。石勒亦競取百姓禾，時人謂之『胡蝗』。

又 卷六《中宗元帝紀》［太興元年］八月，冀、徐、青三州蝗。

又［太興二年］五月癸丑，太陽陵毀，帝素服哭三日。徐楊及江西諸郡蝗。吳郡大饑。

又 卷一二《天文志中》荊州占云：『老子星色淳白，然所見之國，為饑為凶，為善為惡，為喜為怒。周伯星黃色煌煌，所至之國大昌。蓬絮星色青而熒熒然，所至之國風雨不節，焦旱，物不生，五穀不登，多蝗蟲。』

又［太元十五年］八月，諸郡大水，兖州又蝗。

又 卷二六《食貨志》［永興元年］桓帝永興元年，郡國少半遭蝗，河泛數千里，流人十餘萬戶，所在廪給。

又［咸寧三年］三年，又詔曰：『今年霖雨過差，又有蟲災。潁川、襄城，自春以來，略不下種，深以為慮。主者何以為百姓計，促處當之。』

又 幽、并、司、冀、秦、雍六州大蝗，草木及牛馬毛皆盡。

又［太興元年］其後頻年麥雖有旱蝗，而為益猶多。

又［咸和五年］是後頻年水災旱蝗，田收不至。

《隋書》卷二《高祖紀下》［開皇十六年］六月甲午，制工商不得進仕。并州大蝗。

又 卷二〇《天文志中・客星》所見之國，風雨不如節，焦旱，物不生，五穀不成登，蝗蟲多。

又 卷二三《五行志下・蟲妖》梁大同初，大蝗，籬門松柏葉皆盡。《洪範五行傳》曰：『介蟲之孽也。』與魚同占。京房《易飛候》曰：『食祿不益聖化，天視以蟲。蟲無益於人而食萬物也。』是時公卿皆以虛澹為美，不親職事，無益食物之應也。

後齊天保八年，河北六州、河南十二州蝗。畿人皆祭之。帝問魏尹丞崔叔瓚曰：『何故蟲？』叔瓚對曰：『《五行志》云：土功不時則蝗蟲為災。今外築長城，內修三臺，故致災也。』帝大怒，毆其頰，擢其髮，溷中物塗其頭。役者不止。九年，山東又蝗，十年，幽州大蝗。《洪範五行傳》曰：『刑罰暴虐，貪饕不厭，興師動衆，取城修邑，而失衆心，則蟲為災。』是時帝用刑暴虐，勞役不止之應也。

後周建德二年，關中大蝗。

開皇十六年，并州蝗。時秦孝王俊，裒刻百姓，盛修邸第。後竟獲譴而死。

又 卷二四《食貨志》武平之後，權幸並進，賜與無限，加之旱蝗，國用轉屈。乃料境內六等富人，調令出錢。

又 卷八四《北狄傳・突厥傳》天子震怒，下詔曰：【略】去歲四時，竟無雨雪，川枯蝗暴，卉木燒盡，饑疫死亡，人畜相半。舊居之所，赤地無依，遷徙漠南，偷存晷刻。

《南史》卷二《宋紀中・文帝》［元嘉三年］秋，旱且蝗。

又 卷三三《范泰傳》［元嘉三年］其年秋，旱蝗，又上表言：『有蝗之處，縣官多課人捕之，無益於枯苗，有傷於殺害。又女人被宥，由來尚矣，謝晦婦女猶在尚方，匹婦一至，亦能有所感激。』

又 卷五二《蕭脩傳》長史范洪胄有田一頃，將秋遇蝗，脩躬至田所，深自咎責。

又 卷五八《裴之禮傳》大同初，都下旱蝗，四籬門外桐柏凋盡，唯邃墓犬牙不入，當時異之。

又 卷八〇《賊臣傳・侯景》［大寶四年］時江南大饑，江、揚彌甚，旱蝗相係，年穀不登，百姓流亡，死者塗地。

《北史》卷二《魏世祖太武帝紀》［興安元年］癸亥，詔以營州蝗，開倉振恤。

又 ［太安三年］十二月，州鎮五蝗，百姓飢，使開倉振給之。

又 卷三《魏高祖孝文帝紀》 ［太和元年］丁未，州郡八水旱蝗，人飢，詔開倉振恤。

又 卷七《齊顯祖文宣紀》 ［天保八年］自夏至九月，河北六州、河南十三州、畿內八郡大蝗，飛至鄴，蔽日，聲如風雨。甲辰，詔今年遭蝗處，免租。

又 ［天保九年］是夏，山東大蝗，差人夫捕而坑之。

又 卷一〇《周高祖武帝紀》 ［建德元年］詔曰：『人勞不止則星動於天，作事不時則石言於國。頃興造無度，徵發不已，加以頻歲師旅，農畝廢業，去秋災蝗，年穀不登。自今正調以外，無妄徵發。』

又 ［建德二年］關中大蝗。

又 卷一一《隋高祖文帝紀》 ［開皇十六年］并州大蝗。

又 卷三二《崔仲方傳》 屬蝗蟲為災，帝以問叔瓚。對曰：『案漢書五行志：土功不時，蝗蟲作厲。當今外築長城，內興三臺，故致此災。』

又 卷三九《羊敦傳》 時頻有災蝗，犬牙不入陽平境，敕書褒美焉。

又 卷九九《突厥傳》 種類資給，唯藉水草，去歲四時，竟無雨雪，川枯蝗暴，卉木燒盡，飢疫死亡，人畜相半。

唐 吴兢《貞觀政要》卷八《務農三十》 貞觀二年，京師旱，蝗蟲大起。太宗入苑視禾，見蝗蟲，掇數枚而咒曰：『人以穀爲命，而汝食之，是害於百姓。百姓有過，在予一人，爾其有靈，但當蝕我心，無害百姓。』將吞之，左右遽諫曰：『恐成疾，不可。』太宗曰：『所冀移災朕躬，何疾之避！』遂吞之。自是蝗不復爲災。

《舊唐書》卷四《高宗紀上》 ［永徽元年］是歲，雍、絳、同等九州旱蝗，齊、定等十六州水。

又 ［永徽二年］二年春正月戊戌，詔曰：『去歲關輔之地，頗弊蝗螟，天下諸州，或遭水旱，百姓之間，致有罄乏。此由朕之不德，兆庶何辜？矜物罪己，載深憂惕。今獻歲肇春，東作方始，糧廩或空，事資賑給。其遭蟲水處有貧乏者，得以正、義倉賑貸。雍、同二州，各遣郎中一人充使存問，務盡哀矜之旨，副朕乃眷之心。』

又 卷五《高宗紀下》 ［永淳元年］六月，關中初雨，麥苗澇損，後旱，京兆、岐、隴螟蝗食苗並盡，加以民多疫癘，死者枕藉於路，詔所在官司埋瘞。

又 卷八《玄宗紀上》 ［延和三年］六月，山東諸州大蝗，飛則蔽景，下則食苗稼，聲如風雨。紫微令姚崇奏請差御史下諸道，促官吏遣人驅撲焚瘞，以救秋稼，從之。是歲，田收有穫，人不甚饑。

又 ［延和四年］是夏，山東、河南、河北蝗蟲大起，遣使分捕而瘞之。

又 ［延和五年］河南百姓給復一年，河南、河北遭澇及蝗蟲處，無出今年地租。

又 卷一一《代宗紀》 ［乾元二年］蝗食田。

又 是秋，蝗食田殆盡，關輔尤甚，米斗千錢。

又 卷一二《德宗紀》 ［興元元年］是秋，螟蝗蔽野，草木無遺。

又 乙亥，詔宋亳、淄青、澤潞、河東、恒冀、幽、易定、魏博等八節度，螟蝗為害，蒸民饑饉，每節度賜米五萬石，河陽、東畿各賜三萬石，所司般運，於楚州分付。

又 ［貞元元年］戊戌，大風雪，寒。去秋螟蝗，冬旱，至是雪，寒甚，民饑凍死者踣於路。

又 關中饑民蒸蝗蟲而食之。

又 關中蝗食草木都盡，旱甚，灞水將竭，井多無水。

又 自頃已來，災沴仍集，雨澤不降，綿歷三時，蟲蝗繼臻，彌亙千里。菽粟翔貴，稼穡枯瘁，嗷嗷蒸人，聚泣田畝，興言及此，實切痛傷。

又 卷一七《文宗紀下》 ［開成二年］魏、博、澤、潞、淄、青、滄、德、兗、海、河南府等州並奏蝗害稼。鄆州奏蝗得雨自死。

又 鄆州奏：『當州先廢天平、平陰兩縣，請復置平陰縣，以制盜賊。』從之。乙酉，以蝗旱，詔諸司疏決繫囚。己丑，遣使下諸道巡覆蝗蟲。是日，京畿雨，群臣表賀。外州李紳奏蝗蟲入境，不食田苗，詔書褒美，仍刻石于相國寺。

又 ［開成三年］丁丑，以前荊南節度使韋長為河南尹。癸未，詔去秋蝗蟲害稼處放逋賦，仍以本處常平倉賑貸。

又 魏博六州蝗食秋苗並盡。

又 壬戌，詔曰：『上天蓋高，感應必由乎人事；寰宇雖廣，理亂盡繫於君心。從古已來，必然之義。朕嗣膺寶位，十有三年，常克己以恭虔，每推誠於衆庶。將以導迎休應，漸致輯熙，期克荷於宗祧，思保寧於華夏。而德有所未至，信有所未孚，災氣上騰，天文謫見，再周期月，重擾星躔。當求衣之時，睹垂象之變，兢懼惕厲，若蹈泉谷。是用舉成湯之六事，念宋景之一言，詳求譴告之端，採聽銷禳之術。必有精理，蘊於衆情，冀屈法以安人，爰恤刑而原下。應京城諸道見繫囚，自十二月八日已前，死罪降流，已下遞減一等，十惡大逆、殺人劫盜、官典犯贓不在此限。今年遭水蝗蟲處，並宜存撫賑給。』

又［開成四年］天平、魏博、易定等管內蝗食秋稼。

又 壬申，鎮、冀四州蝗食稼，至於野草樹葉皆盡。

又卷一八上《武宗紀》［會昌元年三月壬申］山南東道蝗害稼。造靈符應聖院於龍首池。

又 關東大蝗傷稼。

又卷一九上《懿宗紀》［咸通三年］夏，淮南、河南蝗旱，民饑。

又［咸通九年］是歲，江、淮蝗食稼，大旱。

又［咸通十年］昨陝虢中使迴，方知蝗旱有損處，諸道長史，分憂共理，宜各推公，共思濟物。

又卷一九下《僖宗紀》［光啓二年］荊南、襄陽仍歲蝗旱，米斗三十千，人多相食。

又卷三六《天文志下》［開成二年］是歲，夏蝗大旱。

又卷三七《五行志》 貞觀二年六月，京畿旱，蝗食稼。太宗在苑中掇蝗，呪之曰：『人以穀為命，而汝害之，是害吾民也。百姓有過，在予一人，汝若通靈，但當食我，無害吾民。』將吞之，侍臣恐上致疾，遽諫止之。上曰：『所冀移災朕躬，何疾之避？』遂吞之。是歲蝗不為患。

開元四年五月，山東螟蝗害稼，分遣御史捕而埋之。汴州刺史倪若水拒御史，執奏曰：『蝗是天災，自宜修德。劉聰時，除既不得，為害滋深。』宰相姚崇牒報之曰：『劉聰偽主，德不勝妖；今日聖朝，妖不勝德。古之良守，蝗蟲避境，若言修德可免，彼豈無德致然。今坐看食苗，忍而不救，因此饑饉，將何以安？』卒行埋瘞之法，獲蝗一十四萬，乃投之汴河，流者不可勝數。朝議喧然，上復以問崇，崇對曰：『凡事有違經而合道，反道而適權者，彼庸儒不足以知之。縱除之不盡，猶勝養之以成災。』帝曰：『殺蟲太多，有傷和氣，公其思之。』崇曰：『若救人殺蟲致禍，臣所甘心。』八月四日，勑河南、河北檢校捕蝗使狄光嗣、康瓘、敬昭道、高昌、賈彥璿等，宜令待蟲盡而刈禾將畢，即入京奏事。諫議大夫韓思復上言曰：『伏聞河北蝗蟲，頃日益熾，經歷之處，苗稼都盡。臣望陛下省咎責躬，發使宣慰，損不急之務，去至冗之人。上下同心，君臣一德，持此至誠，以荅休咎。前後捕蝗使望並停之。』上出符疏付中書姚崇，乃令思復往山東檢視蟲災之所，及還，具以聞。二十五年，貝州蝗食苗，有白鳥數萬，群飛食蝗，一夕而盡。明年，榆林關有蝦蛅食苗，群雀來食，數日而盡。

天寶三載，貴州紫蟲食苗，時有赤鳥群飛，自東北來食之。

廣德元年秋，蝦蛅食苗，關西尤甚，米斗千錢。

興元元年秋，關輔大蝗，田稼食盡，百姓饑，捕蝗為食，蒸曝，颺去足翅而食之。明年夏，蝗尤甚，自東海西盡河、隴，群飛蔽天，旬日不息。經行之處，草木牛畜毛，靡有孑遺。關輔已東，穀大貴，餓饉枕道。京師大亂之後，李懷光據河中，諸軍進討，國用罄竭。衣冠之家，多有殍殕者。旱甚，灞水將竭，井皆無水。有司奏國用裁可支七旬。德宗減膳，不御正殿。百司不急之費，皆減之。

元和元年夏，鎮、冀蝗，害稼。

長慶三年秋，洪州旱，螟蝗害稼八萬頃。

大和元年秋，旱，罷選舉。

開成二年，河南、河北旱，蝗害稼；京師旱尤甚，徙市，閉坊南門。四年六月，天下旱，蝗食田，禱祈無効，上憂形于色。宰臣曰：『星官奏天時當爾，乞不過勞聖慮。』文宗懍然改容曰：『朕為天下主，無德及人，致此災旱。今又彗星謫見于上，若三日內不雨，當退歸南內，卿等自選賢明之君以安天下。』宰臣嗚咽流涕不能已。是歲，河南府界黑蟲食苗。河南、河北蝗，害稼都盡。鎮、定等州，田稼既盡，至于野草樹葉細枝亦盡。

會昌元年，山南鄧、唐等州蝗，害稼。

又卷九五《姚崇傳》 開元四年，山東蝗蟲大起，崇奏曰：『毛詩云：秉彼蟊賊，以付炎火。又漢光武詔曰：勉順時政，勸督農桑，去彼蝗蜮，以及蟊賊。此並除蝗之義也。蟲既解畏人，易為驅逐。又苗稼皆有地主，救護必不辭勞。蝗既解飛，夜必赴火，夜中設火，火邊掘坑，且焚且瘞，除之可盡。時山東百姓皆燒香禮拜，設祭祈恩，眼看食苗，手不敢近。自古有討除不得者，祇是人不用命，但使齊心戮力，必是可除。』乃遣御史分道殺蝗。汴州刺史倪若水執奏曰：『蝗是天災，自宜修德。劉聰時除既不得，為害更深。』仍拒御史，不肯應命。崇大怒，牒報若水曰：『劉聰偽主，德不勝妖；今日聖朝，妖不勝德。古之良守，蝗蟲避境，若其修德可免，彼豈無德致然！今坐看食苗，何忍不救，因以饑饉，將何自安？幸勿遲迴，自招悔吝。』若水乃行焚瘞之法，獲蝗一十四萬石，投汴渠流下者不可勝紀。

時朝廷喧議，皆以驅蝗為不便，上聞之，復以問崇。崇曰：『庸儒執文，不識通變。凡事有違經而合道者，亦有反道而適權者。昔魏時山東有蝗傷稼，緣小忍不除，致使苗稼總盡，人至相食；後秦時有蝗，禾稼及草木俱盡，牛馬至相噉毛。今山東蝗蟲所在流滿，仍極繁息，實所稀聞。河北、河南，無多貯積，儻不收穫，豈免流離，事繫安危，不可膠柱。縱使除之不盡，猶勝養以成災。陛下好生惡殺，此事請不煩出勑，乞容臣出牒處分。若除不得，臣在身官爵，並請削除。』上許之。

黄門監盧懷慎謂崇曰：『蝗是天災，豈可制以人事？外議咸以為非。又殺蟲太多，有傷和氣。今猶可復，請公思之。』崇曰：『楚王呑蛭，厥疾用瘳；叔敖殺蛇，其福乃降。趙宣至賢也，恨用其犬；孔丘將聖也，不愛其羊。皆志在安人，思不失禮。今蝗蟲極盛，驅除可得，若其縱食，所在皆空。山東百姓，豈宜餓殺！此事崇已面經奏定訖，請公勿復為言。若救人殺蟲，因緣致禍，崇請獨受，義不仰關。』懷慎既庶事曲從，竟亦不敢逆崇之意，蝗因此亦漸止息。

又卷一二一《李懷光傳》　時仍歲旱蝗，京師初復，經費不給，言事者多請赦懷光。

又卷一二三《班宏傳》　貞元初，仍歲旱蝗，上以賦調為急，改戶部侍郎，為度支使韓滉之副。

又《王紹傳》　貞元中，為倉部員外郎。時屬兵革旱蝗之後，令戶部收闕官俸，兼稅茶及諸色無名之錢，以為水旱之備。

又卷一三二《李芃傳》　時京畿兵亂之後，仍歲蝗旱，府無儲積。

又　芃將請告，謂所親曰：『今年夏被蝗旱，人主厭兵革，然則天下城壘堅厚矣，戈鋌銛利矣，以力勝之，則有得失，其可盡乎！除弊之急，莫先德化，循而理之，斯易致耳。方鎮之戴翼時主，宜先退讓，貪權持祿，吾所不取也。吾既疾病，豈能言而不踐乎！』

又卷一三五《李齊運傳》　貞元中，蝗旱方熾，齊運無政術，乃以韓洄代之，改宗正卿，兼御史大夫、閑廐宮苑使。

又卷一三六《劉滋傳》　時京師寇盜之後，天下蝗旱，穀價翔貴，選人不能赴調，乃命滋江南典選，以便江、嶺之人，時稱舉職。

又《盧邁傳》　邁以叔父兄弟姊妹悉在江介，屬蝗蟲歲饑，懇求江南上佐，由是授滁州刺史。

又卷一六五《韋夏卿傳》　時久旱蝗，詔於郎官中選赤畿令，改奉天縣令。

又卷一六四《王起傳》　時屬蝗旱，粟價暴踊，豪門閉糴，以邀善價。

又《齊抗傳》　德宗還京，大盜之後，天下旱蝗，國用盡竭。

又卷一七八《鄭畋傳》　近歲螟蝗作害，旱暵延災，因令無賴之徒，遽起亂常之暴，雖加討逐，猶肆猖狂。

又卷一八五《王方翼傳》　屬蝗儉，諸州貧人死於道路，而肅州全活者甚衆，州人為立碑頌美。

《舊五代史》卷三《梁書三・太祖紀》　〔開平二年〕己丑，令下諸州，去年有蝗蟲下子處，蓋前冬無雪，至今春亢陽，致為災沴，寔傷隴畝。

又卷一〇《梁書十・末帝紀下》　〔龍德元年〕而又水潦為灾，蟲蝗作沴，戒譴作于上，怨咨聞于下。

又卷一五《梁書十五・馮行襲傳》　行襲性嚴烈，為政深刻，然所至有天幸，境內嘗大蝗，尋有羣烏啄食，不為害；民或艱食，必有穭穀出于隴畝。

又卷三三《唐書九・莊宗紀》　〔同光三年〕青州大水，蝗。

又卷六四《唐書四十・朱漢賓傳》　在曹日，飛蝗去境，父老歌之。

又卷八〇《晉書六・高祖紀》　〔天福七年〕是春，鄴都、鳳翔、兖、陝、汝、恒、陳等州旱，鄆、曹、澶、博、相、洺諸州蝗。

又　是月，州郡十六處蝗。

又　是月，州郡五奏大水，十八奏旱蝗。

又 卷八一《晉書七・少帝紀一》［天福八年春］是時，河南、河北、關西並奏蝗害稼。

又 庚子，帝御正殿，宣制：『大赦天下，諸道州府諸色罪犯，除十惡五逆、殺人强盜、官典犯贓、合作毒藥、屠牛鑄錢外，其餘罪犯，咸赦除之。襄州安從進如能果決輸誠，並從釋放。其中外臣寮將校，並與加恩。天下有蟲蝗處，並與除放租稅。』

又 是月，州郡十七蝗。

又 應被安從進脅從者，一切不問。是月，河中、河東、河西、徐、晉、商、汝等州蝗。

又 時州郡蝗旱，百姓流亡，餓死者千萬計，東都人士僧道，請車駕復幸東京。

又 是月，河南、河北、關西諸州旱蝗，分命使臣捕之。案：歐陽史作供奉官，張福率威順軍捕蝗于陳州。

又 己亥，飛蝗自北翳天而南。

又 是時所在旱蝗，故有是詔。

又 六月庚戌，以螟蝗為害，詔侍衛馬步軍都指揮使李守貞為皐門祭告，仍遣諸司使梁進超等七人分往開封府界捕之。案：歐陽史作癸亥，供奉官七人帥奉國軍捕蝗于京畿，與是書異。

又 宿州奏，飛蝗抱草乾死。

又 開封府界飛蝗自死。庚申，河南府奏，飛蝗大下，遍滿山野，草苗木葉食之皆盡，人多餓死。

又 陝州奏，飛蝗入界，傷食禾稼及竹木之葉，逃戶凡八千一百。

又 是月，諸州郡大蝗，所至草木皆盡。

又 卷八二《晉書八・少帝紀二》［天福八年秋］州郡二十七蝗，餓死者數十萬。

又 卷八九《晉書十五・趙瑩傳》 是時，天下大蝗，境內捕蝗者獲蝗一斗，給粟一斗，使飢者獲濟，遠近嘉之。

又 卷九〇《晉書十六・趙在禮傳》 在宋州日，值天下飛蝗爲害，在禮使比戶張幡幟，鳴鼙鼓，蝗皆越境而去，人亦服其智焉。

又 《馬全節傳》 屬契丹侵寇，加之蝗旱，國家有所徵發，全節朝受命而夕行，治生餘財，必充貢奉。

又 鎮中山日，杜重威爲恆州，奏括境內民家粟，時軍吏引重威例，堅請行之，全節曰：『邊民遇蝗旱，而家食方困，官司復擾之，則不堪其命矣。我爲廉察，安忍效尤。』

又 《楊彥詢傳》 在任二年，屬部內蝗旱，道殣相望，彥詢以官粟假貸，州民賴之存濟者甚衆。

又 卷九九《漢書一・高祖紀》［天福七年］時天下大蝗，惟不入河東界。

又 卷一〇一《漢書三・隱帝紀上》［乾祐元年］是月，河北旱，青州蝗。

又 開封府言，陽武、雍丘、襄邑三縣，蝗為鸜鵒聚食，詔禁捕鸜鵒。

又 卷一〇二《漢書四・隱帝紀中》［乾祐二年］丁卯，宋州奏，蝗抱草而死。

又 兗州奏，捕蝗二萬斛，魏、博、宿三州蝗抱草而死。

又 己卯，滑、濮、澶、曹、兗、淄、青、齊、宿、懷、相、衛、博、陳等州奏蝗，分命中使致祭于所在川澤山林之神。開封府、滑、曹等州蝗甚，遣使捕之。案：《宋史・段思恭傳》：隱帝蝗詔徧祈山川。

又 兗州奏，捕蝗三萬斛。

又 卷一〇七《漢書九・劉銖傳》 乾祐中，淄、青大蝗，銖下令捕蝗，略無遺漏，田苗無害。

又 卷一四一《五行志・蝗》 梁開平元年六月，許、陳、汝、蔡、潁五州蝝生，有野禽羣飛蔽空，食之皆盡。

唐同光三年九月，鎮州奏，飛蝗害稼。

晉天福七年四月，山東、河南、關西諸郡蝗害稼，至八年四月，天下諸州飛蝗害田，食草木葉皆盡。詔州縣長吏捕蝗。華州節度使楊彥詢、雍州節度使趙瑩命百姓捕蝗一斗，以祿粟一斗償之。時蝗旱相繼，人民流移，饑者盈路，關西餓殍尤甚，死者十七八。朝廷以軍食不充，分命使臣諸道括粟麥，晉祚自茲衰矣。

漢乾祐元年七月，青、鄆、兗、齊、濮、沂、密、邢、曹皆言蝝生。開封府奏，陽武、雍丘、襄邑等縣蝗，開封尹侯益遣人以酒肴致祭，尋為鸜鵒食之皆盡。敕禁羅弋鸜鵒，以其有吞蝗之異也。

二年五月，博州奏，有蝝生，化為蝶飛去。宋州奏，蝗一夕抱草而死，差官祭之。

《新唐書》卷二《太宗紀》［貞觀二年］庚午，以旱蝗責躬，大赦。

又 卷三《高宗紀》［永淳元年］是月，大蝗，人相食。

又 卷八《文宗紀》［開成五年］六月丙寅，以旱避正殿，理囚，河北、河南、淮南、浙東、福建蝗疫州除其徭。

又 卷九《懿宗紀》［咸通十年］戊戌，以蝗旱理囚。

又 《僖宗紀》［乾符二年］七月，以蝗避正殿，減膳。

又 卷二〇《禮樂志・凶禮・序言》 凡四方之水、旱、蝗，天子遣使者持節至其州，位于庭，使者南面，持節在其東南，長官北面，寮佐、正長、老人在其後，再拜，以授制書。

又 卷三六《五行志三・蝗》 武德六年，夏州蝗。蝗之殘民，若無功而祿者然，皆貪撓之所生。先儒以為人主失禮煩苛則旱，魚螺變為蟲蝗，故以屬魚孽。

貞觀二年六月，京畿旱蝗。太宗在苑中掇蝗祝之曰：『人以穀為命，百姓有過，在予一人，但當蝕我，無害百姓。』將吞之，侍臣懼帝致疾，遂以為諫。帝曰：『所冀移災朕躬，何疾之避？』遂吞之。是歲，蝗不為災。三年五月，徐州蝗。秋，德、戴、廓等州蝗。四年秋，觀、兗、遼等州蝗。二十一年秋，渠、泉二州蝗。

永徽元年，夔、絳、雍、同等州蝗。

永淳元年三月，京畿蝗，無麥苗。六月，雍、岐、隴等州蝗。

長壽二年，台、建等州蝗。

開元三年七月，河南、河北蝗。四年夏，山東蝗，蝕稼，聲如風雨。二十五年，貝州蝗，有白鳥數千萬，羣飛食之，一夕而盡，禾稼不傷。

廣德二年秋，蝗，關輔尤甚，米斗千錢。

興元元年秋，螟蝗自山而東際于海，晦天蔽野，草木葉皆盡。

貞元元年夏，蝗，東自海，西盡河、隴，羣飛蔽天，旬日不息，所至草木葉及畜毛靡有孑遺，餓殣枕道，民蒸蝗，曝，颺去翅足而食之。

永貞元年秋，陳州蝗。

元和元年夏，鎮、冀等州蝗。

長慶三年秋，洪州螟蝗害稼八萬頃。

開成元年夏，鎮州、河中蝗，害稼。二年六月，魏博、昭義、淄青、滄州、兗海、河南蝗。三年秋，河南、河北鎮定等州蝗，草木葉皆盡。五年夏，幽、魏、博、鄆、曹、濮、滄、齊、德、淄、青、兗、海、河陽、淮南、虢、陳、許、汝等州螟蝗害稼。占曰：『國多邪人，朝無忠臣，居位食祿，如蟲與民爭食，故比年蟲蝗。』

會昌元年七月，關東、山南鄧唐等州蝗。

大中八年七月，劍南東川蝗。

咸通三年六月，淮南、河南蝗。六年八月，東都、同、華、陝、虢等州蝗。七年夏，東都、同、華、陝、虢及京畿蝗。九年，江淮、關內及東都蝗。十年夏，陝、虢等州蝗。不絀無德，虐取於民之罰。

乾符二年，蝗自東而西蔽天。

光啟元年秋，蝗，自東方來，羣飛蔽天。二年，荊、襄蝗，米斗錢三千，人相食；淮南蝗，自西來，行而不飛，浮水緣城入揚州府署，竹樹幢節，一夕如剪，幡幟畫像，皆齧去其首，撲不能止。旬日，自相食盡。

又 卷四六《百官志一・尚書省・吏部》 每歲，尚書省諸司具州牧、刺史、縣令殊功異行，災蝗祥瑞，戶口賦役增減，盜賊多少，皆上於考司。

又 卷四八《百官志三・司農寺・諸屯》 掌營種屯田，句會功課及畜產簿帳，以水、旱、蝝、蝗定課。

又 卷五一《食貨志一》 水、旱、霜、蝗耗十四者，免其租；桑麻盡者，免其調；田耗十之六者，免租調；耗七者，課役皆免。

又 卷一二六《韓滉傳》 左丞董晉白宰相劉滋、齊映曰：『昨關輔用兵，方蝗旱，琇不增一賦，而軍興皆濟，可謂勞臣。今被謫無名，刑濫人懼，假令權臣逞志，公胡不請三司鞫之？』

又 卷一四七《李芃傳》 以疾將請老，謂所親曰：『歲方旱蝗，上厭征伐，天下城壘堅，戈鋋利，然務以力勝，其可盡乎？救敝者莫若德，方鎮之臣宜先退讓，死權錮祿，吾敢哉！言而不踐，非吾志也。』

又 卷一四九《班宏傳》 貞元初，仍旱蝗，賦調益急，以戶部侍郎副度支使韓滉。

又卷一六七《李齊運傳》 久之，大蝗旱，齊運不能政，乃以韓洄代之，改宗正卿、閑廄宮苑使。

又《王起傳》 方蝗旱，粟價騰踊，起下令家得儲三十斛，斥其餘以市，否者死。

又卷一八一《李紳傳》 大旱，蝗不入境。

《新五代史》卷八《晉本紀第八・高祖》 ［天福七年］閏月，天興蝗食麥。

又卷九《晉本紀第九・出帝》 ［天福七年］旱，蝗。

又 ［天福八年］蝗。

又 供奉官張福率威順軍捕蝗于陳州。

又 五月，泰寧軍節度使安審信捕蝗于中都。

又 甲辰，以旱、蝗大赦。

又 六月庚戌，祭蝗于皋門。癸亥，供奉官七人帥奉國軍捕蝗于京畿。

又 甲辰，供奉官李漢超帥奉國軍捕蝗于京畿。

又卷一〇《漢本紀第十・隱帝》 ［乾祐元年］旱，蝗。

又 鴝鵒食蝗。

又 ［乾祐二年］六月辛卯，回鶻首領楊彥珣來。西涼府遣使者來。蝗。

又卷一七《石延煦傳》 是時，河北用兵，天下旱蝗，民餓死者百萬計，而諸鎮爭為聚斂，趙在禮所積鉅萬，為諸侯王最。

又卷二九《晉臣傳・景延廣》 時天下旱、蝗，民餓死者歲十數萬，而君臣窮極奢侈以相誇尚如此。

又卷三〇《漢臣傳・李業》 時天下旱、蝗，黄河決溢，京師大風拔木，壞城門，宮中數見怪物投瓦石、撼門扉。

又卷四二《雜傳・馮行襲》 行襲為人嚴酷少恩，而所至輒天幸，境旱有蝗，則飛鳥食之，歲凶，田中鹵穀自生。

又卷五一《雜傳・安重榮》 是歲，鎮州大旱、蝗，重榮聚飢民數萬，驅以鄉鄴，聲言入覲。

又卷七二《四夷附録一・耶律德光》 是時，天下旱蝗，晉人苦兵，乃遣開封府軍將張暉假供奉官聘于契丹，奉表稱臣，以脩和好。

《續資治通鑒長編》卷一 ［建隆元年秋七月］澶州蝗，遣使督官吏分捕。

又卷三 ［建隆三年秋七月辛巳］兖、濟、德、磁、洺五州蝗。

又 ［十二月戊戌］河北、陝西、京東諸州旱、蝗，河北尤甚，悉蠲其租。

又卷五 ［乾德二年六月］是月，河北、關西諸州蝗。

又卷二三 ［太平興國七年三月］辛酉，唐州言北陽縣蝗生，飛烏數萬食之皆盡。

又 ［五月己酉］大名府言蝗生。

又 ［五月庚申］陝州言蝗生，太平州雨雹傷稼。

又 ［九月癸丑］邠州言蝗食稼。

又卷二七 ［雍熙三年］春正月戊寅，德彝為右千牛衛大將軍、判沂州，時年十九。屬飛蝗入境，吏民請坎瘞火焚之，德彝曰：『上天降災，守土之罪也。』乃責躬引咎，齋戒致禱，而蝗自殪。

又卷八七 ［大中祥符九年五月］癸巳，京畿蝗，命輔臣詣玉清昭應宮、景靈宮、會靈觀建道場以禱之。

又 丁酉，知陳州馮拯言：『境内有蝗，尋遣官祭告，焚捕已盡，田稼無害。近頻得雨，麥菽滋茂。』上遣中使督諸州捕蝗，至襄州，知州孫冲不出迎，中使怒，乃奏蝗唯襄爲甚，而州將恝置，無卹民意。上怒，命即置獄。冲得屬縣言歲稔狀，馳驛以聞。上悟，爲追使者笞之。此據冲本傳，附見。

又 ［秋七月庚戌］中使自嵩山來，言蝗飛至山南，遇雨悉殞於澗中，殆數千斛。河東轉運使言潞州致祭，蝗悉飛出境，鄰州或祭或驅，皆漸殞散。辛亥，飛蝗過京城，上詣玉清昭應宮、開寶寺、靈感塔焚香祈禱，禁宮城音樂五日。

先是，上出死蝗以示大臣，曰：『朕遣人徧於郊野視蝗，多自死者。』翌日，執政有袖死蝗以進者，曰：『蝗實死矣，請示於朝，率百官賀。』王旦曰：『蝗出為災，災弭，幸也，又何賀焉！』皆力請之，旦固稱弗可，乃止。於時，二府方奏事，飛蝗蔽天，有墮於殿庭間者。上顧謂旦曰：『使百官方賀而蝗若此，豈不為天下笑耶！』執政皆頓首曰：『王旦遠識，非臣等所及也。』此事不得其的日，因是日實録書飛蝗過京城，故附見。是日辛亥，初九日也。

癸丑，上謂宰臣曰：『中使自兖州來，言飛蝗所至，不食禾苗，唯豆葉殆盡。仍折禾持至，穗甚長大。朕疑其不實，審詰之，具言大率若是，可以覆驗。京中蝗蝻頗多，聞城西隅有田家，粟止數畝，睹蝗至，相顧而泣，俄悉飛去無傷。亦有豪族設長塹埋瘞而益多者。』王旦曰：『今歲蝗騰，非有神物主張，則蔬果林葉殆無遺矣。』

［八月］永安三百戶，棣州、順安軍不食禾，博州、通利軍以霜寒悉斃於田野間。概而言之，十傷一二。上曰：『朕始見飛集，謂田畝一空。自來諸州以不傷為言，尚冀所收得半。今此按視，所傷殊尠。』旦曰：『陛下精衷念民，即弭災為福。』上曰：『所定蠲税分數更加優厚。』輔臣退而相謂曰：『自季夏以來，螟蟲為孽，宣示諸路奏章，上憂軫之意，無時暫捨。至於使者奉命出入，皆能上體憂恤，所至詢訪民隱，閱視禾稼，或採掇苗稼，千里而至，或能紀録農事，以達上聽。古者人君舉一善言，災星退舍，況日夜孜孜焉以祈天救民為意乎！前代中貴出使，惟負氣恣横，官吏無得接對，肯問民間疾苦耶！非至德化下，何由及此。』

又 卷八八 ［大中祥符九年九月丁未］侍御史李行簡使陝西還，言關外蝗傷民田，登實者十之七。

又 ［甲寅］令諸路轉運使督民焚捕蝗蝻，無使滋育。

又 是歲六月，京畿、京東西、河北路蝗蝻繼生，彌覆郊野，食民田殆盡，入公私廬舍。七月過京師，羣飛蔽空，延至江淮，趨河東，及霜寒始盡。飛蝗之過京城也，上方坐便殿閣中御膳，左右以告，上起，臨軒仰視，則蝗勢連雲障日，莫見其際。上默然還坐，意甚不懌，乃命撤膳，自是聖體遂不康。真宗屬疾，諸書多言，但不得其時，此據王曾筆録，當得其實也，今附見九月末。

又 ［冬十月壬辰］歲蝗旱，夷簡請責躬修政，嚴飭輔相，思所以共順天意，及奏彈李溥專利罔上。寇準判永興，黥有罪者徙湖南，道由京師，上準事變，夷簡曰：『準治下急，是欲中傷準爾，宜勿問，益徙之遠方。』上從之。夷簡數事，必不同時也，今附見，當考。

又 卷八九 ［天禧元年二月］乙亥，三司言河北昨買絹三十萬匹，本路以蝗旱，減其三之一，今請令京東路買十萬匹。上曰：『京東災傷甚於河北，安可重擾吾民乎？亟罷之。』

又 ［戊寅］河東提點刑獄司言晉、絳蝗旱，物價騰踊，百姓流移，望閣去秋殘税，詔可。上曰：『前轉運使言並無災傷，何也？宜按視，以稱朕軫卹之意。』

又 ［三月辛丑］入内高班王懷正言真州銅山去年蝗蟄，今春稍有飛者，兼生蝻虫。命本州設祭焚捕。

又 卷九八 ［乾興元年二月戊辰］始，中使迫迪上道，通判鄆州范諷輒留數日，為治裝祖行。諷，正辭子也。諷先知平陰縣，會河決王陵埽，水去而土肥，阡陌不復辨，民數爭，不能決。諷為手書，分別疆里，民皆持去，以為定券，無復爭者。後通判淄州，歲旱蝗，他穀皆不立，民以蝗不食菽，猶可藝，而患無種，諷行縣至鄒平，發官廩貸民，縣令爭不可，諷曰：『有責，令無與也。』即貸三萬斛。比秋，民皆先期而輸。鄆州承詔塞決河，募民入芻楗，而城邑與農戶等，諷曰：『貧富不同而輕重相若，農民必大困。且詔書使度民力，今則均取之，此有司誤也。』即改符，使富人輸三之一。因請下諸州，以鄆為率，朝廷從其言。

又 卷一〇五 ［天聖五年秋七月］甲寅，趙善言蝗自邢州南來，才二頃餘，不食苗。上謂輔臣曰：『但慮州郡所奏不實耳，其遣官按視之，速捕瘞以聞。』

又 卷一〇六 ［天聖六年五月］乙卯，河北、京東蝗。

又 卷一一四 ［景祐元年六月］是月，開封府、淄州言蝗。

又 卷一一五 ［景祐元年冬十月］乙亥，詔諸路募民掘蝗子，一升給二十錢。

又 卷一二三 ［寶元二年六月癸酉］曹、濮、單三州言蝗。

又 卷一二九 ［康定元年十二月癸巳］詔天下諸縣，凡撅飛蝗遺子一升者，官給以米豆三升。

又 卷一五〇 ［慶曆四年六月］甲寅，上謂輔臣曰：『方歲旱而飛蝗滋甚，百姓何罪而罹此！默禱上帝，願歸咎於眇躬。』章得象對曰：『臣等不能輔理宣化，致災斯民，且貽陛下憂。今聖言及此，必有以上感天心矣。』《五行志》云：『是歲，京師旱，飛蝗蔽天。』

戊午，雨。【略】

是月，諫官余靖等言：『臣等伏睹陛下以災變屢見，飛蝗為孽，責躬引過，祈於天地、宗廟、社稷，不令殃及萬方。臣等伏念災異之來，實由人事，政治闕失，感動天地。故古之人君，或遇災異，則避正殿，撤常膳，深自刻責，思所以致之及改治之理，以至冊免三公者有之，詔求直言者有之，此皆消災異、召和氣之道也。方今天下之勢至危矣，西北二敵，陵脅中國，盜賊縱横，驚劫州縣。養兵至冗，擇將不精，科配頻繁，公私匱竭。内外之官，務為辦事而少矜恤之人；天下之民，急其供億而有流離之苦。治道至此，未聞救之之術。臣等伏見數年以來，天戒屢至，朝廷雖有驚懼之意，然因循舊弊，未甚改更，所以今日災變頻數，蓋天意必欲朝廷大修人事，以救其患，乃可變危為安也。救患之方，莫若原其致災之本，致災之本，由君臣上下之闕失也。闕失之事，臣等敢次第言之。陛下不專聽斷，不攬威權，使號令不信於人，恩澤不及於下，此陛下之失也。持天下之柄，司生民之命，無嘉謀異議以救時弊，不盡忠竭節以副任用，此大臣之過也。朝有闕失而不能救，民有疾苦而不能達，陛下寬容少斷而不能規，羣臣循默避事而不能斥，百官邪正並進而不能辨，四夷交結内侵而不能謀，有顧避之心，無力諍之節，此臣等之罪也。今陛下既有引過之言，達於天地神祇矣，望陛下必踐其言，必行其實。踐言行實之要，莫若專聽斷，攬乞權，號令信於人，恩澤及於下，則災異消而和氣應矣。其大臣不舉職之過，伏乞陛下以致變之由，赫然督責之。若督責之，又無近效，則用災異冊免三公故事而去之，别求能賢，以救大患。如臣等蒙陛下非次選擢，不能稱職，尚致陛下有如此之失，大臣有如是之過，臣等負罪至深，伏乞朝廷遠加竄逐，别求方正、材識之人，俾居諫職，必能裨贊朝綱，上副聖選。』

又言：『臣等待罪，於今七日，曾不得報，憂媿益深，不知所措。竊以今天下之勢，外有羌戎結連侵脅之憂，内有邊陲守禦戰爭之苦。兵冗財竭，賦歛暴興，生民膏血，掊取無極，譬如投石入井，到底乃止。不幸有旱澇饑荒之變，盜賊乘時而起，將何以禦？今日視前一二年，國用民力固不如矣。復且因循，無有更改舊弊之術，後一二年，還視今日，又可知矣，非獨不如今日，其患至大，縱有知者，不能為謀。臣等以諫名官，見天下之勢至危如此，既不能開廣陛下恩信，以固民心，又不能糾正大臣闕失，以救時弊，是致災異頻數，中外恐懼。臣等上負陛下選擢之恩，下負生靈困苦之望，憂慮終日，譏責滿身，尚何顏面出入朝中？臣等罪咎實深，伏乞朝廷必加竄逐，以謝天下。』

又 卷一七五［皇祐五年十月丁巳］詔自春陟夏，蝗旱為災，其令監司諭親民官訪民間利害以聞。

又 卷二三六［熙寧五年閏七月丙辰］御史張商英言：『判刑部王庭筠立法，應蝗蝻為害，須捕盡乃得聞奏。今大名府，祁、保、邢、莫州，順安、保定軍所奏凡四十九狀，而三十九狀除捕未盡，進奏院以不應法不敢通奏。且蝗蝻幾遍河朔，而邸吏拘文封還奏牘，若俟其撲除盡淨方許以聞，則陛下欲於此時恐懼修省，以上答天戒而下卹民隱，亦晚矣，惟陛下裁省。』御批：『近亦據瀛州安撫司奏：「本司近據轄下諸州縣申到飛蝗蝻蟲，遂具奏，並準進奏院遞回，稱近制安撫司不得奏災傷。」必是緣此條約之故，可速除去。仍令進奏院遍指揮諸路安撫、轉運司并轄下州府軍監縣，今後應有災傷，並仰所在即時聞奏，以稱朝廷寅畏天威、遇災恐懼之意。』中書檢會應蝗蝻生本州及轉運司施行乞奏又一法：耆申縣，縣申州，州申轉運、提點刑獄司，集人夫捕盡，奏是蝗蝻生與捕盡俱奏。二法相為終始，乃進奏院誤會條貫，詔申明行下。王安石曰：『條貫已令本州、提點刑獄、轉運司申奏，安撫司自不須奏。』上曰：『安撫司奏何害？』王安石曰：『朝廷令本州及轉運司奏，已是兩處奏，亦足矣，更令提點刑獄司奏，誠太多。又恐逐司或有弛慢，故新法約束，若逐司不職，更覺察聞奏，不知何用？更令安撫司吏人枉費紙筆，遞鋪虛負腳力？又一處有蝗蟲，陛下閱六七紙奏狀，如此弊精神翻故紙，何益？何如惜取日力，深思熟講御天下大略？只如經略、安撫司有何限合經制事，卻須要管勾奏災傷狀作甚？』上笑。陳瓘論曰：神考當旱暵之時，遇災而懼，天下蝗蟲之奏，皆欲覽焉。四方奏狀已至京師，而奏邸卻之不得通奏，以新立不得奏蝗之法故也。創立新法，疑誤奏邸，壅天下之情，啟蒙蔽之患，此宰相之過舉而臺諫之所當言也。神考用臺諫之言，改不得奏蝗之法，所以恤民隱而防壅蔽也。而安石乃奏曰：『不知何用？更令安撫司吏人枉費紙筆，遞鋪虛費腳力？又一處有蝗蟲，陛下閱六七紙奏狀，如此勞弊精神翻故紙，何益？何如惜取日力，深思熟講御天下大略？』嗚呼，是何言歟，是何言歟！漢宣帝時，郡國不上災變，則丞相魏相輒奏言之，故天下無蒙蔽之患。神考曰：『漢之文、宣，孔子所謂吾無閒然者。』何安石之對，異於魏相之所奏言乎？夫聽諫改法，以正紀綱，御天下之略，正在於此，而安石乃以為勞敝精神，虛費日力，甚哉，其言之乖悖也！舊紀書：詔諸路被災有蝗者亟以聞，新紀因之。

又 卷二四一［熙寧五年］是歲，河北大蝗。舊紀有此。

又 卷二六六［熙寧八年秋七月壬申］詔京東路監司各具有飛蝗州軍及所撲滅、所害田苗分數以聞。

又 卷二六七［熙寧八年八月癸巳］詔：『有蝗處委縣令佐親部夫打撲。如地里廣闊，分差通判、職官、監司提舉。仍募人得蝻五升或蝗一斗，給細色穀一升；蝗種一升，給麤色穀二升。給價錢者，依中等實直。仍委官視燒瘞，監司差官覆案以聞。即因穿掘打撲損苗種者，除其稅，仍計價，官給地主錢穀，毋過一頃。』新紀書募民捕蝗，易以粟苗，損者償之，仍復其賦。

又 ［乙未］手詔：『聞陳、潁州蝗蝻所在蔽野，初無官司督捕，致重複孳生，自飛蝗已降，大小凡十餘等。雖自此漸得雨澤，麥種亦未敢下，蓋懼苗出即為所食，根亦隨壞。若至秋深，播種失時，則來歲夏田又無望矣。公私之間，實非細故。其令京西北路監司、提舉司嚴督官吏，速去除之。仍具析不督捕因依以聞。』

又 卷二八一 ［熙寧十年三月］壬申，詔：『時雨稍愆，令開封府界洎諸路監司分察州縣，檢舉除殄蝗蟲種子法施行，無使滋生。』

又 卷三一三 ［元豐四年六月戊辰］詔：『聞河北飛蝗極盛，漸已南來，速令開封府界提舉司、京東西路轉運司遣官督捕，仍告諭州縣收穫先熟禾稼。』舊紀於年末書河北蝗，新紀不書。

《文獻通考》卷二三《國用考一·歷代國用》 王莽末，邊兵二十萬人仰縣官衣食，用度不足，數橫賦斂。又一切稅吏民，訾三十而取一。又令公卿以下至郡縣黃綬吏，皆保養軍馬，師古曰：『保者，不許其死傷。』吏盡復以與民轉令百姓養之。民搖手觸禁，不得耕桑，繇役煩劇，旱蝗相因。上自公侯，下至小吏，皆不得奉祿，而私賦斂，民無以自存，盜賊蜂起。

又 卷二六《國用考四·賑恤》 文帝六年，大旱，蝗。發倉庾以賑貧民。

又 魏文帝黃初二年，冀州大蝗，民饑，遣使開倉廩以賑之。

又 卷三一四《物異考二十·蝗蟲蜚蝝螽**》** 秦始皇四年十月，蝗蟲自東方來，蔽天。

漢景帝中三年秋，蝗。先是匈奴寇邊，中尉不害魏不害將車騎材官士屯高柳。四年夏，蝗。武帝建元五年五月，大蝗。元光五年秋，螟。六年秋，蝗。先是，五將軍衆三十萬伏馬邑，欲襲單于。是歲，四將軍征匈奴。元鼎五年秋，蝗。是歲，四將軍征南粵及西南夷，開十餘郡。元封六年秋，蝗。先是，兩將軍征朝鮮，開三郡。太初元年夏，蝗從東方飛至燉煌。三年秋，復蝗。元年貳師將軍征大宛，天下奉其役連年。征和三年秋，蝗。四年夏，蝗。先是一年，三將軍衆十餘萬征匈奴，貳師七萬人沒不還。平帝元始二年秋，蝗，徧天下。時王莽秉政。

王莽地皇三年夏，蝗從東方來，蜚蔽天，至長安，入未央宮，緣殿閣，草木盡。

後漢光武二十八年，郡國共八十蝗。二十九年四月，威武、酒泉、清河、京兆、魏郡、弘農蝗。三十一年，郡國大蝗。明帝永平四年，酒泉大蝗，從塞外入。十五年，蝗起泰山，彌行兗、豫。和帝永元四年，蝗。八年五月，河內、陳留蝗。九月，京都蝗。九年，蝗從夏至秋。先是西羌數反，遣將軍將北軍五校征之。安帝永初四年夏，蝗。是時西羌寇亂，軍衆征距，連十餘年。五年夏，九州蝗《京房占》曰：『天生萬物百穀，以給民用。天地之性人爲貴。今蝗蟲四起，此爲國多邪人，朝無忠臣，蟲與民爭食，居位食祿如蟲矣。不救，致兵起，其救也，舉有道置於位，命諸侯試明經，此消災也。』。六年三月，去蝗處復蝗子生《古今注》曰：『郡國四十八蝗。』。七年夏，蝗。元初元年夏，郡國五蝗。二年夏，郡國二十蝗。延光元年六月，郡國蝗。順帝永建五年，郡國十二蝗。是時鮮卑寇朔方，用衆征之。永和元年秋，偃師蝗。去冬，烏桓寇沙南，用衆征之。桓帝永興元年七月，郡國三十二蝗。是時梁冀秉政無謀獻，苟貪權作虐《春秋考異郵》曰：『貪擾生蝗。』。二年六月，京都蝗。永壽三年六月，京都蝗。延禧元年五月，京都蝗臣昭按：劉歆傳『皆逆天時，聽不聽之禍也。』養奮對策曰：『佞邪以不正食祿饗所致。』謝沈書曰：『九年，揚州六郡連水、旱、蝗害也』。靈帝熹平六年夏，七州蝗。先是，鮮卑前後三十餘犯塞，是歲護烏桓校尉夏育、破鮮卑中郎將田晏、使匈奴中郎將臧旻將南單于以下，三道並出討鮮卑。大司農經用不足，殷斂郡國，以給軍糧。

三將無功，還者少半。光和元年詔策問曰：『連年蝗蟲至冬踴，其咎焉在？』蔡邕對曰：『臣聞《易傳》曰：「大作不時，天降災，厥咎蝗蟲來。」《河圖·秘徵篇》曰：「帝貪則政暴而吏酷，酷則誅深必殺，主蝗蟲。」蝗蟲，貪苛之所致也。』是時百官遷徙，皆私上禮西園以爲府蔡邕對曰：『蝗蟲出，息不急之作，省賦斂之費，進清廉，黜貪虐，分損承安，居省別藏，以贍國用，則其救也。《易》曰「得臣無家」，言有天下者何私家之有！』。獻帝興平元年夏，大蝗。是時天下大亂。建安二年五月，蝗。

魏文帝黃初三年七月，冀州大蝗，人饑。按蔡邕說，蝗者，在上貪苛之所致也。是時孫權歸順，帝因其有西陵之役，舉大衆襲之，權遂背叛也。

晉武帝泰始十年六月，蝗。是時荀、賈任政，疾害公直。

惠帝永寧元年，郡國六蝗。懷帝永嘉四年五月，大蝗，自幽、并、司、冀至於秦、雍，草木牛馬毛鬣皆盡。是時天下兵亂，漁獵黔黎，存亡所寄，惟司馬越、苟晞而已，競爲暴刻，經略無章，故有此孽。愍帝建興四年五月，大蝗。去歲劉曜頻攻北地、馮翊，麴允等悉衆禦之，卒爲劉曜所破，西京遂潰。五年，帝在平陽，司、冀、青、雍，螽。元帝太興元年六月，蘭陵合鄉蝗，害禾稼。乙未，東莞蝗蟲縱橫三百里，害苗稼。七月，東海、彭城、下邳、淮西郡蝗蟲害禾豆。八月，冀、青、徐三州蝗，食生草盡，至於二年。是時中州淪喪，暴亂滋甚也。二年五月，淮陵、臨淮、淮南、安豐、廬江等五郡蝗蟲食秋麥。是月癸丑，徐州及揚州江西諸郡蝗，吴郡百姓多餓死。去年，王敦並領荊州，苛暴之釁自此興矣。孝武帝太元十五年八月，兗州蝗。是時慕容氏逼河南，征戍不已，故有斯孽。十六年五月，飛蝗從南來，集堂邑縣界，害苗稼。是年春，發江州兵營甲士三千人，家口六七千，配護軍及東宮，後尋散亡殆盡。又邊將連有征役，故有斯孽。

劉聰末年，河東大蝗，唯不食黍豆。靳準率部人收而埋之，哭聲聞於十餘里，後乃鑽土飛出，復食黍豆。石虎時，河朔大蝗，初穿地而生，二旬則化，狀若蠶，七八日而臥，四日蛻而飛，彌亙百草，唯不食三豆及麻。苻健時，蝗蟲大起，自華陰至隴山，食百草無遺，牛馬相啖毛。

宋文帝元嘉三年秋，旱且蝗。

梁武帝大同初，大蝗，籬門松柏葉皆盡。京房《易飛候》曰：『食祿不益聖化，天視以蟲。蟲無益於人而食萬物也。』時公卿皆以虛澹爲美，不親職事，無益食物之應也。

北齊文宣天保八年，河北六州、河南十二州蝗，畿人皆祭之。時外築長城，内修三臺，役者不止。九年，山東又蝗。十年，幽州大蝗。河清二年，并、汾、晉、東雍、南汾五州蟲旱傷稼。

後周武帝建德二年，關中大蝗。

隋文帝開皇十六年，并州蝗。時秦孝王俊哀刻百姓，盛修邸第，後獲譴死。

唐高祖武德六年，夏州蝗。蝗之殘民，若無功而祿者然，皆貪撓之所生。先儒以爲人主失禮煩苛則旱，魚螺變爲蟲蝗，故以爲魚孽。太宗貞觀二年六月，京畿旱蝗。太宗在苑中掇蝗祝之曰：『人以穀爲命，百姓有過，在予一人，但當蝕我，無害百姓。』將吞之，侍臣懼帝致疾，遽以爲諫，帝曰：『所冀移災朕躬，何疾之避？』遂吞之。是歲，蝗不爲災。三年五月，徐州蝗。秋，德、戴、廓等州蝗。四年秋，觀、兗、遼等州蝗。二十一年秋，渠、泉二州蝗。高宗永徽元年，夔、絳、雍、同等州蝗。秋，陳州蝗。永淳元年三月，京畿蝗。無麥苗。六月，雍、岐、隴等州蝗。武后長壽二年，臺、建等州蝗。元宗開元三年七月，河南、河北蝗。四年夏，山東蝗，食稼，聲如風雨。二十五年，貝州蝗。有白鳥數千萬，羣飛食之，一夕而盡，禾稼不傷。代宗廣德二年秋，蝗，關輔尤甚，斗米千錢。德宗興元元年秋，螟蝗自山而東際於海，晦天蔽野，草木皆盡。貞元元年夏，蝗，自東海，西盡河、隴，羣飛蔽天，旬日不息，所至草木葉及畜毛靡有孑遺，餓殣枕道，民蒸蝗，曝，颺去翅足而食之。憲宗元和元年夏，鎮冀、等州蝗，穆宗長慶三年秋，洪州螟蝗害稼八萬頃。文宗開成元年夏，鎮州、河中蝗，害稼。二年六月，魏博、昭義、淄青、滄州、兗海、河南蝗。三年秋，河南、河北鎮定等州蝗，草木葉皆盡。五年夏，幽、魏、博、鄆、曹、濮、滄、齊、德、淄、青、兗、海、河陽、淮南、虢、陳、許、汝等州螟蝗害稼。占曰：『國多邪人，朝無忠臣，居位食祿，如蟲與民爭食，故比年蟲蝗。』武宗會昌元年七月，關東、山南鄧唐等州蝗。宣宗大中八年七月，劍南東州蝗。懿宗咸通三年六月，淮南、河南蝗。六年八月，東都、同、華、陝、虢等州蝗。七年夏，東都、同、華、陝、虢及京畿蝗。九年，江淮、關内及東都蝗。十年夏，陝、虢等州蝗。不紬無德，虐取於民之罰。僖宗乾符二年，蝗自東而西蔽天。光啟元年秋，蝗自東方來，羣飛蔽天。二年，荊、襄蝗，斗米錢三千，人相食。淮南蝗，自西來，行而不飛，浮水緣城入揚州府署，竹樹幢節，一夕如翦，幡幟畫像，皆齧去其首，撲不能止。旬日，自相食盡。

後梁太祖開平元年六月，許、陳、汝、蔡、潁五州蝝生，有野禽羣飛蔽空，食之皆盡。

後唐莊宗同光三年九月，鎮州奏飛蝗害稼。

晉高祖天福七年四月，山東、河南、關西諸郡蝗，害稼。至八年四月，天下諸道州飛蝗害稼，草木葉皆盡。詔州縣長吏捕蝗。華州節度使楊彥珣、雍州節度使趙瑩命百姓捕蝗一斗，以祿粟一斗賞之時蝗旱相繼，人民流遷，饑者盈路，關西餓殍尤甚，死者十有七八。朝廷以軍食不充，分命使臣諸道括借粟麥。晉氏自此衰矣。

後漢隱帝乾祐元年七月，青、鄆、兗、齊、濮、沂、密、邢、曹，皆言蝝生。

開封府奏陽武、雍邱、襄邑等縣蝗，開封尹侯益遣人以酒肴致祭，尋爲鴝鵒食之皆盡敕禁羅弋鴝鵒，以其有吞蝗之異也。二年五月，博州奏有蝝生，化爲蝶飛去。宋州奏，蝗一夕抱草而死。差官祭之，復命尚書侍郎段希堯祭東嶽，太府卿劉皥祭中嶽，皆慮蟲螟爲災故也。

宋太祖建隆元年七月，澶州蝗。二年五月，濮州范縣蝗。三年七月，兖、濟、德、磁、洺五州有蝝生。真定府、深州蝻蟲生。四年六月，澶、濮、曹、絳等州有蝗。懷州蝗生。乾德二年四月，相州蝻蟲食桑。五月，趙州昭慶縣有蝗，東西四十里，南北二十里。是夏，河南、河北、陝西諸州皆蝗。三年七月，諸路有蝗。淄州民韓贇斷手指以祭。開寶二年八月，真定府、冀、磁州蝗。太宗太平興國二年六月，磁州有黑蟲羣飛食桑，夜出晝隱，食葉殆盡。閏七月，衛州蝻蟲生。六年七月，河南府、宋州蝗。七年四月，唐州北陽縣蝻蟲生，有飛鳥食之盡。河南府、滑州蝻蟲生。五月，大名府、陝州、陳州蝗。七月，鄆州陽穀縣蝻蟲生。九年七月，泗州蝝蟲食桑。雍熙二年四月，天長軍蝝蟲食苗。三年七月，濮州鄄城縣有蝗俄自死。鼂化元年四月，鄆州中都縣蝻蟲生。七月，單州碭山縣蝗。曹州濟陰縣有蝗自北來，飛亙天，有聲。二年三月，亳州蝻蟲生，遇雨而死。六月，淄、澶、濮州，乾寧軍並蝗生。七月，寧邊軍有蝻，滄州蝻蟲食苗，棣州有飛蝗自北來，害稼。三年六月甲申，京師有蝗起東北趣西南，蔽空如雲翳日。七月，貝、許、滄、沂、蔡、汝、商、兖、單等州，淮陽、平定、靜戎軍蝗俄抱草自死。至道二年六月，亳、宿、密州蝗生，食苗。七月，許州長葛、陽翟二縣有蝻蟲食苗。齊州歷城、長青等縣有蝗。三年七月，單州蝻蟲生。真宗景德元年八月，陝、濱、棣州蟲害稼。二年六月，京東諸州蝻蟲生。三年八月，德、博州蝝生。四年九月，陳州宛邱縣、鄆州東河須城二縣蝗。大中祥符二年五月，雄州蝻蝗食苗。三年六月，開封府咸平、尉氏二縣蝻蟲生。四年六月，開封府祥符縣有蝗。七月，河南府及京東蝗生，食苗葉。八月，開封府祥符、咸平、中牟、陳留、雍邱、封邱六縣蝗生。九年六月，京畿、京東西、河北路蝗蝻繼生，彌覆郊野，食民田殆盡，入公私廬舍。七月辛亥，過京師，羣飛翳空，至淮南，趣河東，及霜寒始斃。天禧元年二月，開封府、京東西、河北、河東、陝西、江、淮兩浙、荊湖百三十州軍蝗蝻復生，多去歲蟄者。和州蝗生卵如稻粒而細。六月，江、淮大風，多吹蝗入江海，或抱草木僵死。二年四月，江陰軍蝻蟲生。仁宗天聖五年七月丙午，邢、洺州蝗。甲寅，趙州蝗，不食苗。是歲，京兆府旱蝗。六年五月己卯，河北、京東蝗。明道元年十月中甲寅，濠州蝗。二年七月庚辰，開封界、京東西、河北、河東、陝西蝗。景祐元年六月乙卯，開封府、淄州蝗，諸路募民掘蝗子萬餘石。寶元元年六月，曹、濮、單三州蝗。

慶曆四年春，淮南旱蝗。是歲，京師飛蝗蔽天。神宗熙寧元年，秀州蝗。五年，河北大蝗。六年四月，河北諸路蝗。是歲江寧府飛蝗自江北來。七年夏，開封府界及河北路蝗。七月，咸平縣鴝鵒食蝗。八年八月，淮西蝗，陳、潁州蔽野。九年夏，開封府畿、京東、河北、陝西蝗。五月，京湖南路地生黑蟲，化蛾飛去。全州生黑蟲食苗，黄雀來食之，皆盡。元豐四年六月，河北蝗。秋，開封府界蝗。五年夏，又蝗。六年夏，又蝗。五年，沂州蝗。哲宗元符元年八月，高郵軍言飛蝗抱草死。徽宗崇寧元年夏，開封府界、京東、河北淮南等路蝗。二年，諸路蝗，令有司酺祭。三年、四年，連歲大蝗，其飛蔽日，來自山東及府界，惟河北尤甚。宣和三年，諸路蝗。高宗建炎二年六月，京師、淮甸大蝗，令長吏修酺祭。紹興二十九年七月，盱眙軍、楚州處界三十里，蝗爲風所墜，風止，復飛回淮北，虜知天佑，自是不敢桀。三十二年六月，江東、淮南北郡國蝗，飛入湖州境，聲如風雨，自癸巳至於七月丙申，飛徧畿縣，餘杭、仁和、錢塘皆蝗。丙午，蝗入京城。八月，山東大蝗江、淮諸道乏食，令發廩萬石以振。癸丑，頒祭酺禮式。孝宗隆興元年七月，大蝗辛丑，詔羣臣言闕失。八月丙子，上降次貶食，詔諸道暴察冤，振災蠲賦，重匿災之罰，休息江、淮、襄、蜀科調，民忘兇年。八月壬申、癸酉，飛蝗過都蔽天日，徽、宣、湖三州及浙東郡縣害稼遂下捕蝗之令。九月，京東大蝗，襄、隨蝗甚，民爲乏食。二年夏，畿縣餘杭大蝗令漕臣察獄蒞捕。乾道元年六月，淮西蝗，憲臣姚岳貢死蝗爲瑞，上斥其佞，坐黜。淳熙三年八月，淮北飛蝗楚州，盱眙軍界，如雲陣風雷者逾時，遇大雨皆死，稼用不害。九年六月，滁州全椒縣、和州歷陽烏江縣蝗。乙卯，飛蝗過都，遇大雨，墮仁和界蘆蕩茅穗令徙瘞之。七月，淮甸大蝗，其、揚、泰州窖撲蝗五千斛，餘郡或日捕數十車，羣飛絶江，墮鎮江府，皆害稼令淮、浙郡國捕除。十年六月，淮、浙舊蝗遺育害稼。十四年七月，畿縣仁和蝗蝗始生，令捕除之，不爲災。光宗紹熙二年七月，泰州蝗自高郵縣。五年八月，楚、和州蝗。寧宗嘉泰二年，浙西大蝗，自丹陽入武進，若煙霧蔽天，其墮亙十餘里，常之三縣捕八千餘石，湖之長興捕數百石。時浙東近郡亦蝗。開禧三年夏秋旱，大蝗羣飛蔽天。先是，浙西郡縣首種不入，或種豆粟，皆既於蝗。《漢志》言魯宣公秋螽，以爲宣無熟歲，數有軍旅。又漢武帝比年秋蝗，興師征四夷之應。時韓侂胄開邊，兵禍連結，故有此孽也。嘉定元年五月，江、浙大蝗乙丑，上懼災，損膳露禱。六月乙酉，有事於圜丘方澤，且祭酺。七月，又酺，頒酺式於郡國。二年四月，又蝗下捕蝗令。五月丁酉，令諸郡修酺祀。六月辛未，飛蝗入畿縣令守臣修酺祭。七年六月，浙郡蝗。八年四月，北境飛蝗越淮而南，江、淮郡蝗，食禾苗，山林草木皆盡。乙卯，飛蝗入畿縣。己亥，祭酺，令蝗郡如式以祭。是歲，自夏徂秋，蝗患不息，諸道捕蝗者，以千萬石計，饑民競捕，官以粟易之。九年五月，浙東蝗。丁巳，令郡國酺祭令諸道部使者督捕之。是歲，薦饑，官以粟易蝗者，計千百斛及冬校比而賞罰之。十年四月，楚州蝗。

《遼史》卷一〇《聖宗紀一》［統和元年］九月癸丑朔，以東京、平州旱，蝗，詔振之。

又卷一五《聖宗紀六》［開泰六年］是月，南京諸縣蝗。

又卷二一《道宗紀一》［清寧二年］乙亥，中京蝗蝻為災。

又卷二二《道宗紀二》［咸雍三年］是歲，南京旱、蝗。

又卷二三《道宗紀三》［咸雍九年］丙寅，南京奏歸義、淶水兩縣蝗飛入宋境，餘為蜂所食。

又［大康二年］九月戊午，以南京蝗，免明年租稅。己卯，駐蹕藕絲淀。

又卷二四《道宗紀四》［大康七年］夏五月壬子，駐蹕嶺西。癸丑，有司奏永清、武清、固安三縣蝗。

又卷二五《道宗紀五》［大安四年］八月庚辰，有司奏宛平、永清蝗為飛鳥所食。

又卷二七《天祚帝紀一》［乾統四年］秋七月，南京蝗。

又卷五九《食貨志上》 聖宗乾亨五年詔曰：『五稼不登，開帑藏而代民稅；螟蝗為災，罷徭役以恤饑貧。』

又卷一〇五《蕭文傳》 屬縣又蝗，議捕除之，文曰：『蝗，天災，捕之何益！』但反躬自責，蝗盡飛去；遺者亦不食苗，散在草莽，為烏鵲所食。

又卷《王棠傳》 文知易州，雨暘應禱，蝗不為災。

《金史》卷四《熙宗紀》［皇統元年］是秋，蝗。

又［皇統二年］北京、廣寧府蝗。

又卷五《海陵紀》［正隆二年］是秋，中都、山東、河東蝗。

又［正隆三年］六月壬辰，蝗入京師。

又卷六《世宗紀上》［大定三年］三月丙申，中都以南八路蝗，詔尚書省遣官捕之。

又 中都蝗。詔參知政事完顔守道按問大興府捕蝗官。

又［大定四年］己丑，上謂宰臣曰：『北京、懿州、臨潢等路嘗經契丹寇掠，平、薊二州近復蝗旱，百姓艱食，父母兄弟不能相保，多冒鬻為奴，朕甚閔之。可速遣使閲實其數，出內庫物贖之。』

又［大定五年］復命有司，旱、蝗、水溢之處，與免租賦。

又［大定七年］九月乙丑朔，還宮。己巳，右三部檢法官韓贊以捕蝗受賂，除名。

又卷七《世宗紀中》［大定十六年］六月，山東兩路蝗。

又［大定十七年］辛亥，詔免河北、山東、陝西、河東、西京、遼東等十路去年被旱、蝗租稅。

又卷一〇《章宗紀二》［承安二年］乙酉，諭宰臣，今後水潦旱蝗、盜賊竊發，命提刑司預為規畫。

又卷一二《章宗紀四》［泰和六年］除飛蝗入境雖不損苗稼亦坐罪法。

又［泰和七年］乙丑，遣使捕蝗。

又［泰和八年］癸亥，詔移天壽節於十月十五日，丁卯，遣使分路捕蝗。

又 戊子，飛蝗入京畿。

又 庚子，詔更定蝗蟲生發坐罪法。

又 詔頒捕蝗圖于中外。

又卷一四《宣宗紀上》［至寧三年］丙申，河南路蝗，遣官分捕。上諭宰臣曰：『朕在潛邸，聞捕蝗者止及道傍，使者不見處即不加意，當以此意戒之。』

又［至寧四年］河南、陝西蝗。

又 戊寅，京兆、同、華、鄧、裕、汝、亳、宿、泗等州蝗。

又 丁未，河南大蝗傷稼，遣官分道捕之。

又 飛蝗過京師。

又 乙卯，以旱蝗，詔中外。

又 卷一五《宣宗紀中》 ［興定元年］乙酉，上宮中見蝗，遣官分道督捕，仍戒其勿以苛暴擾民。

又 ［興定二年］丁卯，河南諸郡蝗。

又 詔遣官督捕河南諸路蝗。

又 卷一七《哀宗紀上》 ［正大三年］己酉，遣使慮囚，遣使捕蝗。

又 六月辛卯，京東大雨雹，蝗盡死。

又 卷二三《五行志》 太宗天會二年，曷懶移鹿古水霖雨害稼，且為蝗所食。

又 皇統元年秋，蝗。

又 正隆二年六月壬辰，蝗飛入京師。秋，中都、山東、河東蝗。

又 ［大定］三年三月丙申，中都以南八路蝗。

又 中都南八路蝗飛入京畿。

又 是歲，中都、河北、山東、陝西、河東、遼東等十路旱、蝗。

又 二十二年五月，慶都蝗蝝生，散漫十餘里。一夕大風，蝗皆不見。

又 ［泰和八年閏四月］河南路蝗。六月戊子，飛蝗入京畿。

又 ［貞祐三年］四月，自去冬不雨，至于是月。五月，河南大蝗。

又 ［貞祐四年］五月，河南、陝西大蝗。

又 癸丑，飛蝗過京師。

又 興定元年三月，宮中有蝗。

又 二年四月，河南諸郡蝗。

又 ［正大三年］四月，旱、蝗。六月，京東雨雹，蝗死。

又 卷四七《食貨志二・租賦》 五年，命有司，凡罹蝗旱水溢之地，蠲其賦稅。

又 十七年三月，詔免河北、山東、陝西、河東、西京、遼東等十路去年被旱蝗租稅。

又 卷四九《食貨志四・鹽》 比歲河東旱蝗，加以邀糴，物價踴貴，人民流亡，誠可閔也。

又 卷七三《宗寧傳》 大定二年，為會寧府路押軍萬戶，擢歸德軍節度使。時方旱蝗，宗寧督民捕之，得死蝗一斗，給粟一斗，數日捕絕。移鎮寧昌軍，改知臨潢府事，移天德軍。

又 卷八二《移剌溫傳》 移鎮武定，歲旱且蝗，溫割指，以血瀝酒中，禱而酹之。既而雨霑足，有群鴉啄蝗且盡，由是歲熟，人以為至誠之感云。

又 卷八九《梁肅傳》 三年，坐捕蝗不如期，貶川州刺史，削官一階，解職。

又 卷九五《張萬公傳》 山東連歲旱蝗，沂、密、萊、莒、濰五州尤甚。

又 卷一〇〇《完顏伯嘉傳》 五月，充宣差河南提控捕蝗，許決四品以下。

又 卷一〇八《胥鼎傳》 河東兵革之餘，疲民稍復，然丁牛既少，莫能耕稼，重以亢旱蝗螟，而餽餉所須，徵科頗急，貧無依者俱已乏食，富戶宿藏亦為盜發，蓋絕無而僅有焉，其憔悴亦已甚矣。

又 卷一〇九《陳規傳》 賴陛下慈仁，上天眷佑，蝗災之餘而去歲秋禾、今年夏麥稍得支持。

又 加之連年蝗旱，百姓荐饑，行賑濟則倉廩懸乏，免征調則用度不足，欲其實惠及民，惟得賢守令而已。

又 卷一二一《忠義傳一・王維翰》 泰和七年，河南旱蝗，詔維翰體究田禾分數以聞。

又 七月，雨，復詔維翰曰：『雨雖霑足，秋種過時，使多種蔬菜猶愈於荒萊也。蝗蝻遺子，如何可絕？舊有蝗處來歲宜菽麥，諭百姓使知之。』

又 卷一二八《循吏傳・女奚烈守愚》 蝗起莒、密間，獨不入臨沂境。

《宋史》卷一《太祖紀一》 ［乾德元年］己亥，澶、濮、曹、絳蝗，命以牢祭。

又 ［乾德二年］辛未，河南北及秦諸州蝗，惟趙州不食稼。

又 卷四《太宗紀一》 ［太平興國六年］是月，延州、鄜、寧、河中大水，宋州蝗。

又 ［太平興國七年］北陽縣蝗，飛鳥數萬食之盡。

又 是月，陝州蝗，蕪湖縣雨雹。

又 是月，河決范濟口，淮水、漢水、易水皆溢，陽穀縣蝗，關、陝諸州大水。

又 邠州蝗。

又 **卷五《太宗紀二》**［雍熙三年］是歲，壽州大水，濮州蝗。

又 ［淳化元年］曹、單二州有蝗，不為災。

又 ［淳化二年］是月，河水溢，鄄城縣蝗，汴河決。

又 己巳，以歲蝗旱禱雨弗應，手詔宰相呂蒙正等：『朕將自焚，以答天譴。』翌日而雨，蝗盡死。

又 是月，楚丘、鄄城、淄川三縣蝗，河水、汴水溢。

又 是月，乾寧軍蝗，許、雄、嘉三州大水。

又 ［淳化三年］甲申，飛蝗自東北來，蔽天，經西南而去。是夕，大雨，蝗盡死。

又 是月，許、汝、兗、單、滄、蔡、齊、貝八州蝗，洛水溢。是月，許、汝、兗、單、滄、蔡、齊、貝八州蝗，洛水溢。

又 ［至道二年］是月，亳州蝗。

又 是月，汴水決穀熟縣，許、宿、齊三州蝗抱草死。

又 八月辛丑，密州言蝗不為災。

又 **卷七《真宗紀二》**［景德元年］江南東、西路饑，陝、濱、棣州蝗害稼，命使振之。

又 ［景德四年］宛丘、東阿、須城縣蝗，不為災。

又 **卷八《真宗紀三》**［祥符四年］畿內蝗。河北、陝西、劍南饑。

又 ［祥符九年］六月戊寅，幸會靈觀，宴祝禧殿。癸未，京畿蝗。

又 丙辰，開封府祥符縣蝗附草死者數里。

又 癸亥，以畿內蝗下詔戒郡縣。

又 磁、華、瀛、博等州蝗不為災。

又 甲寅，雨。督諸路捕蝗。丁巳，詔以旱蝗得雨，宜務稼省事及罷諸營造。

又 戊辰，青州飛蝗赴海死，積海岸百餘里。

又 ［天禧元年］諸路蝗食苗，詔遣內臣分捕，仍命使安撫。

又 陝西、江淮南蝗，並言自死。

又 戊申，以蝗罷秋宴。

又 諸路蝗，民飢。

又 **卷九《仁宗紀一》**［天聖五年］十一月丁酉朔，以陝西旱蝗，減其民租賦。

又 京兆府、邢洺州蝗。華州旱，虸蚄蟲食苗。

又 **卷一〇《仁宗紀二》**［明道二年］戊子，詔以蝗旱去尊號『睿聖文武』四字，以告天地宗廟，仍令中外直言闕政。

又 是歲，畿內、京東西、河北、河東、陝西蝗，淮南、江東、兩川飢，遣使安撫，除民租。

又 ［景祐元年］詔募民掘蝗種，給菽米。

又 開封府、淄州蝗。

又 ［寶元二年］是歲，曹、濮、單州蝗。

又 **卷一二《仁宗紀四》**［皇祐五年］丁巳，詔：以蝗旱，令監司諭親民官上民間利害。

又 ［嘉祐五年］壬子，詔以蝗澇相仍，敕轉運使、提點刑獄督州縣振濟，仍察不稱職者。

又 **卷一五《神宗紀二》**［熙寧七年］癸亥，詔河北兩路捕蝗。又詔開封淮南提點、提舉司檢覆蝗旱。以米十五萬石振河北西路災傷。

又 癸巳，以常平米於淮南西路易饑民所掘蝗種，又振河北東路流民。

又 ［熙寧八年］癸巳，募民捕蝗易粟，苗損者償之，仍復其賦。

又 ［熙寧九年］庚申，關以西蝗蝻、虸蚄生。

又 ［熙寧十年］壬申，詔州縣捕蝗。

又 **卷一六《神宗紀三》**［元豐四年］六月戊午，河北諸郡蝗生。

又 **卷一九《徽宗紀一》**［建中靖國元年］河東地震，京畿蝗，江、淮、兩浙、湖南、福建旱。

又 ［崇寧元年］是歲，京畿、京東、河北、淮南蝗。

又 ［崇寧二年］是歲，諸路蝗。

又 ［崇寧三年］是歲，諸路蝗。

又 **卷二二《徽宗紀四》**［宣和三年］是歲，諸路蝗。

又 **卷二五《高宗紀二》**［建炎二年］京畿、淮甸蝗。

又 辛丑，以春霖夏旱蝗，詔監司、郡守條上闕政，州郡災甚者蠲田賦。

又 **卷三一《高宗紀八》**［紹興二十九年］蠲中下戶所欠稅賦及江、浙蝗潦州縣租。

又　**卷三三《孝宗紀一》**［隆興元年］癸巳，蝗。

又　以雨水、飛蝗，令侍從、臺諫條上民間利害。

又　［隆興元年］乙巳，以旱蝗、星變，詔侍從、臺諫、兩省官條上時政闕失。

又　丙子，以飛蝗、風水為災，避殿減膳。罷借諸路職田之令。

又　大水、旱蝗，江東大水，悉蠲其租。

又　［隆興二年］丁未，蝗。

又　［乾道元年］壬辰，以淮南轉運判官姚岳言境內飛蝗自死，奪一官罷之。

又　**卷三四《孝宗紀二》**［乾道三年］是歲，兩浙水，四川旱，江東西、湖南北路蝗，振之。

又　**卷三五《孝宗紀三》**［淳熙九年］臨安府蝗，詔守臣亟加焚瘞。

又　臨安府蝗，詔守臣亟加焚瘞。

又　淮東、浙西蝗。壬子，定諸州官捕蝗之罰。

又　［淳熙十年］命州縣掘蝗。

又　［淳熙十四年］丙辰，命臨安府捕蝗，募民輸米振濟。

又　**卷三八《寧宗紀二》**［開禧三年］是歲，浙西旱蝗，沿江諸州水。

又　**卷三九《寧宗紀三》**［嘉定元年］乙丑，以飛蝗為災，減常膳。

又　乙酉，以蝗禱于天地、社稷。丙戌，詔侍從、兩省、臺諫舉沿邊守臣。

又　壬戌，以飛蝗為災，詔三省疏奏寬恤未盡之事。

又　［嘉定二年］夏四月乙丑，詔諸路監司督州縣捕蝗。

又　辛丑，申命州縣捕蝗。

又　是歲，諸路旱蝗，揚、楚、衡、郴、吉五州，南安軍盜起。

又　［嘉定三年］甲辰，以去歲旱蝗百官應詔封事，命兩省擇可行者以聞。

又　八月乙亥，大風拔木。是月，臨安府蝗。

又　［嘉定八年］是歲，兩浙、江東西路旱蝗。

又　［嘉定九年］辛巳，罷諸路旱蝗州縣和糴及四川關外科糴。

又　**卷四二《理宗紀二》**［嘉熙四年］六月甲午朔，江、浙、福建大旱，蝗。

又　秋七月乙丑，詔：『今夏六月恒陽，飛蝗為孽，朕德未修，民瘼尤甚，中外臣僚其直言闕失毋隱。』

又　**卷五〇《天文志三・二十八舍上・東方》**客星守，旱，蝗。

又　彗星犯之，大臣相疑；守之而出，為蝗、饑，又曰為兵。

又　守九十日，人流，兵起，蝗。

又　守之，為旱，為風，民疾；出入留箕，五穀不登，多蝗。

又　**卷五一《天文志四・二十八舍下・西方》**青雲氣入，蝗，饑，民流；赤，為旱；黑，為水；黄，則歲稔。

又　天屎一星，在天廁南。色黄，則年豐。凡變色，為蝗，為水旱，為霜殺物。

又　**卷五二《天文志五・七曜》**暈再重，歲豐；色青，為兵，穀貴；赤，蝗為災。

又　**卷六二《五行志一下・水下》**建隆元年七月，澶州蝗。二年五月，范縣蝗。三年七月，深州蝻蟲生。四年六月，澶、濮、曹、絳等州有蝗。七月，懷州蝗生。

乾德二年四月，相州蝻蟲食桑。五月，昭慶縣有蝗，東西四十里，南北二十里。是時，河北、河南、陝西諸州有蝗。三年七月，諸路有蝗。

開寶二年八月，冀、磁二州蝗。

太平興國二年閏七月，衛州蝻蟲生。六年七月，河南府、宋州蝗。七年四月，北陽縣蝻蟲生，有飛鳥食之盡。滑州蝻蟲生。是月，大名府、陝州、陳州蝗。七月，陽穀縣蝻蟲生。

雍熙三年七月，鄄城縣有蛾，蝗自死。

淳化元年七月，淄澶濮州、乾寧軍有蝗；滄州蝗蝻蟲食苗；棣州飛蝗自北來，害稼。三年六月甲申，京師有蝗起東北，趣至西南，蔽空如雲翳日。七月，貝、許、滄、沂、蔡、汝、商、兗、單等州，淮陽軍、平定彭城軍，蝗、蛾抱草自死。

至道二年六月，亳州、宿密州蝗生，食苗。七月，長葛、陽翟二縣有蝻蟲食苗。歷城、長清等縣有蝗。三年七月，單州蝻蟲生。

景德二年六月，京東諸州蝻蟲生。三年八月，德、博蝝生。四年九月，宛丘、東阿、須城三縣蝗。

大中祥符二年五月，雄州蝻蟲食苗。三年六月，開封府尉氏縣蝻蟲生。四年六月，祥符縣蝗。七月，河南府及京東蝗生，食苗葉。八月，開封府祥符、咸平、中牟、陳留、雍丘、封丘六縣蝗。九年六月，京畿、京東西、河北路蝗蝻繼生，彌覆郊野，食民田殆盡，入公私廬舍；七月辛亥，過京師，羣飛翳空，延至江、淮南，趣河東，及霜寒始斃。

天禧元年二月，開封府、京東西、河北、河東、陝西、兩浙、荊湖百三十州軍，蝗蝻復生，多去歲蟄者。和州蝗生卵，如稻粒而細。六月，江、淮大風，多吹蝗入江海，或抱草木僵死。二年四月，江陰軍蝻蟲生。

天聖五年七月丙午，邢、洺州蝗。甲寅，趙州蝗。十一月丁酉朔，京兆府旱蝗。六年五月乙卯，河北、京東蝗。

景祐元年六月，開封府、淄州蝗。諸路募民掘蝗種萬餘石。

寶元二年六月癸酉，曹、濮、單三州蝗。四年，淮南旱蝗。是歲，京師飛蝗蔽天。

皇祐五年，建康府蝗。

熙寧元年，秀州蝗。五年，河北大蝗。六年四月，河北諸路蝗。是歲，江寧府飛蝗自江北來。七年夏，開封府界及河北路蝗。七月，咸平縣鸜谷食蝗。八年八月，淮西蝗，陳、潁州蔽野。九年夏，開封府畿、京東、河北、陝西蝗。

元豐四年六月，河北蝗。秋，開封府界蝗；五年夏，又蝗；六年夏，又蝗。五月，沂州蝗。

元符元年八月，高郵軍蝗抱草死。

崇寧元年夏，開封府界、京東、河北、淮南等路蝗。二年，諸路蝗，令有司酺祭。三年、四年，連歲大蝗，其飛蔽日，來自山東及府界，河北尤甚。

宣和三年，諸路蝗。五年，蝗。

建炎二年六月，京師、淮甸大蝗。八月庚午，令長吏修酺祭。

紹興二十九年七月，盱眙軍、楚州金界三十里，蝗為風所墮，風止，復飛還淮北。三十二年六月，江東、淮南北郡縣蝗，飛入湖州境，聲如風雨；自癸巳至于七月丙申，偏于畿縣，餘杭、仁和、錢塘皆蝗。丙午，蝗入京城。八月，山東大蝗。癸丑，頒祭酺禮式。

隆興元年七月，大蝗。八月壬申、癸酉，飛蝗過都，蔽天日；徽、宣、湖三州及浙東郡縣，害稼。京東大蝗，襄、隨尤甚，民為乏食。二年夏，餘杭縣蝗。

乾道元年六月，淮西蝗，憲臣姚岳貢死蝗為瑞，以佞坐黜。

淳熙三年八月，淮北飛蝗入楚州、盱眙軍界，如風雷者逾時，遇大雨皆死，稼用不害。九年六月，全椒、歷陽、烏江縣蝗。乙卯，飛蝗過都，遇大雨，墮仁和縣界。七月，淮甸大蝗，真、揚、泰州窖撲蝗五千斛，餘郡或日捕數十車，羣飛絕江，墮鎮江府，皆害稼。十年六月，蝗遺種于淮、浙，害稼。十四年七月，仁和縣蝗。

紹熙二年七月，高郵縣蝗，至于泰州。五年八月，楚、和州蝗。

嘉泰二年，浙西諸縣大蝗，自丹陽入武進，若煙霧蔽天，其墮亘十餘里，常之三縣捕八千餘石，湖之長興捕數百石。時浙東近郡亦蝗。

開禧三年，夏秋久旱，大蝗羣飛蔽天，浙西豆粟皆既于蝗。

嘉定元年五月，江、浙大蝗。六月乙酉，有事于圜丘、方澤，且祭酺。七月又酺，頒酺式于郡縣。二年四月，又蝗，五月丁酉，令諸郡修酺祀。六月辛未，飛蝗入畿縣。三年，臨安府蝗。七年六月，浙郡蝗。八年四月，飛蝗越淮而南，江、淮郡蝗，食禾苗，山林草木皆盡。乙卯，飛蝗入畿縣。己亥，祭酺，令郡有蝗者如式以祭。自夏徂秋，諸道捕蝗者以千百石計，飢民競捕，官出粟易之。九年五月，浙東蝗。丁巳，令郡國酺祭。是歲，荐饑，官以粟易蝗者千百斛。十年四月，楚州蝗。

紹定三年，福建蝗。

端平元年五月，當塗縣蝗。

嘉熙四年，建康府蝗。

淳祐二年五月，兩淮蝗。

景定三年八月，兩浙蝗。

又 卷一〇二《禮志五·祈禜》 或啟建道場於諸寺觀，或遣內臣分詣州郡，如河中之后土廟，太寧宮，亳之太清、明道宮，兗之會真景靈宮、太極觀，鳳翔之太平宮，舒州之靈僊觀，江州之太平觀，泗州之延祥觀，皆函香奉祝，驛往禱之。凡旱、蝗、水潦、無雪，皆禜禱焉。

又 嘉定八年八月，蝗，禱于霍山。九年六月蝗，禱羣祀。淳祐七年六月大旱，命侍從禱于天竺觀音及霍山祠。

又 卷一〇三《禮志六·酺神》 又有酺神之祀。慶曆中上封事者言：

『螟蝗為害，乞內外並修祭酺。』

又 其酺神祝文曰：『維年歲次月朔某日，州縣具官某，敢昭告于酺神：蝗蝝荐生，害於嘉穀，惟神降祐，應時消殄。請以清酒、制幣嘉薦，昭告于神，尚享。』

紹興祀令：蟲蝗為害，則祭酺神。嘉定八年六月，以飛蝗入臨安界，詔差官祭告。又詔兩浙、淮東西路州縣，遇有蝗入境，守臣祭告酺神。

又 卷一七三《食貨志上一·農田·農田之制》 而又水旱、霜雹、蝗蝛間為之災，幸而收成，公私之債，交爭互奪。

又 卷一七八《食貨志上六·振恤》 振恤水旱、蝗螟、饑疫之災，治世所不能免，然必有以待之，周官『以荒政十有二聚萬民』是也。

又 卷一九二《兵志六·保甲》 況三路未至大饑，而盜賊猖熾已如此，萬一遇數千里之蝗旱，而失業饑寒、武藝成就之人，所在蜂起以應之，其為國家之患，可勝言哉！

又 卷二四四《魏王廷美傳》 飛蝗入境，吏民請坎瘞火焚之，德彝曰：『上天降災，守臣之罪也。』乃責躬引咎，齋戒致禱，既而蝗自殪。

又 卷二四七《趙希言傳》 適大旱，蝗集御前蘆場中，亙數里。希言欲去蘆以除害，中使沮其策，希言驅卒燔之。臨平塘堤決，希言督役，親捧土投石，兵民爭奮，堤成，因築重隄，後不復決。

又 《趙彥倓傳》 歲旱蝗，而軍需益急，屬邑令吳格負上供銀尤多，彥倓坐累貶秩，格愧謝。

又 卷二六一《陳若拙傳》 蝗旱之餘，勤于政治，郡民列狀乞留。

又 卷二七〇《段思恭傳》 隱帝時，蝗，詔徧祈山川。

又 卷二七一《趙延進傳》 淳化初，飛蝗不入境，詔褒之。

又 卷二八二《王旦傳》 天下大蝗，使人於野得死蝗，帝以示大臣。明日，執政遂袖死蝗進曰：『蝗實死矣，請示于朝，率百官賀。』旦獨不可。後數日方奏事，飛蝗蔽天，帝顧旦曰：『使百官方賀，而蝗如此，豈不為天下笑耶？』

又 卷二九八《司馬旦傳》 吏捕蝗，因緣搔民。旦言：『蝗，民之仇，宜聽自捕，輸之官。』

又 《燕度傳》 京東蝗，年飢盜發，度勸邑豪出粟六萬以濟民，又行保伍法以察盜，善狀日聞。

又 卷二九九 《李仕衡傳》 明年旱蝗，發積粟賑民，又移五萬斛濟京西。

又 《孫沖傳》 會京西蝗，真宗遣中使督捕，至襄，怒沖不出迎，乃奏蝗唯襄為甚，而州將日置酒，無卹民意。

又 卷三〇一《李行簡傳》 時頻歲蝗旱，問何以濟，迪請發內藏庫以佐國用，則賦斂寬，民不勞矣。

又 帝悅。又言：『陛下東封時，敕所過毋伐木除道，即驛舍或州治為行宮，裁令加塗塈而已。及幸汾、亳，土木之役，過往時幾百倍。今蝗旱之災，殆天意所以儆陛下也。』

又 卷三一七《錢彥遠傳》 時旱蝗，民乏食，彥遠發常平倉賑救之。

又 卷三二〇《蔡襄傳》 時有旱蝗、日食、地震之變，襄以為：『災害之來，皆由人事。數年以來，天戒屢至。原其所以致之，由君臣上下皆闕失也。不顯聽斷，不攬威權，使號令不信於人，恩澤不及於下，此陛下之失也。持天下之柄，司生民之命，無嘉謀異畫以矯時弊，不盡忠竭節以副任使，此大臣之失也。朝有敝政而不能正，民有疾苦而不能去，陛下寬仁少斷而不能規，大臣循默避事而不能斥，此臣等之罪也。陛下既有引過之言，達於天地神祇矣，願思其實以應之。』

又 卷三二一《孫洙傳》 旱蝗為害，致禱於朐山，徹奠，大雨，蝗赴海死。

又 卷三二五《桑懌傳》 明道末，京西旱蝗，有惡賊二十三人，樞密院召懌至京師，授以賊名姓，使往捕。

又 卷三四〇《呂大忠傳》 時河決，飛蝗為災，大忠入對，極論之，詔歸故官。

又 卷三四七《黃廉傳》 白神宗，召訪時務，對曰：『陛下意在便民，法非不良也，而吏非其人。朝廷立法之意則一，而四方推奉，紛然不同，所以法行而民病，陛下不盡察也。河朔被水，河南、齊、晉旱，淮、浙飛蝗，江南疫癘，陛下不盡知也。』

又 卷三七一《徐處仁傳》 以薦者召見，徽宗問京東歲事，處仁以旱蝗對。

又 卷三七四《胡銓傳》 時旱蝗、星變，詔問政事闕失，銓應詔上書數千言，始終以春秋書災異之法，言政令之闕有十，而上下之情不合亦有十。

又　自檜當國二十年間，竭民膏血以餌犬羊，迄今府庫無旬月之儲，千村萬落生理蕭然，重以蝗蟲水潦。

又　卷三七七《王庠傳》　崇寧壬午歲，應能書，為首選。京師蝗，庠上書論時政得失，謂：『中外壅蔽，將生寇戎之患。』張舜民見之，歎其危言。下第徑歸，奉親養志，不應舉者八年。

又　卷三八四《葉衡傳》　歲災，蝗不入境。

又　卷三九〇《張大經傳》　又言：『諸路荒政不實，飛蝗頗多。願益加恐懼，申飭大臣，俾內而百官有司輸忠讜、脩厥職，外而監司守臣察貪理冤、去苛斂、寬民力。』

又　卷三九五《莊夏傳》　夏時知贛州興國縣，上封事曰：『君者陽也，臣者君之陰也。今威福下移，此陰勝也。積陰之極，陽氣散亂而不收，其弊為火災，為旱蝗。願陛下體陽剛之德，使後宮戚里、內省黃門，思不出位，此抑陰助陽之術也。』

又　卷三九七《項安世傳》　宮中既省，則外廷之官吏，四方之州縣，從風而省，奔走不暇，簡樸成風。民志堅定，民生日厚，雖有水旱蟲蝗之災，可活也；國力日壯，雖有夷狄盜賊之變，可為也。

又　卷四〇三《趙方傳》　江西提舉常平趙希懌、知撫州高商老辟為臨川令，歲旱，勸糶捕蝗極其力。

又　卷四〇六《許奕傳》　夏旱，詔求言。奕言：『當以實意行實政，活民于死，不可責償于禱祠之間而已也。蝗至都城，然後下禮寺講酺祭，孰非王土，顧及境而懼，偶不至輦下，則終不以為災乎。』

又　卷四〇八《陳宓傳》　今赤地千里，蝗飛蔽天，如此其可畏，猶或諱晦以旱不為災，蝗不害稼，其他誣罔，抑又可知。臣故曰人主之德貴乎明。

又　卷四一〇《婁機傳》　飛蝗為災，機應詔言：『和議甫成，先務安靜，葺罅漏以成紀綱，節財用以固邦本，練士卒以壯國威。』

又　卷四一四《史嵩之傳》　荊襄連年水潦螟蝗之災，饑饉流亡之患，極力振救，尚不聊生，征調既繁，夫豈堪命？其勢必至於主戶棄業以逃亡，役夫中道而竄逸，無歸之民，聚而為盜，饑饉之卒，未戰先潰。

又　卷四一五《黃疇若傳》　帝以蝗災，令刺舉監司不才者，疇若同臺監考察上之。

又　卷四二一《楊棟傳》　入對，言：『飛蝗蔽天，願陛下始終一德，庶幾感格天心，消弭災咎。』

又　《常楙傳》　飛蝗幾及境，疾風飄入太湖。

又　卷四二二《徐僑傳》　僑曰：『陛下國本未建，疆宇日蹙；權幸用事，將帥非材；旱蝗相仍，盜賊並起；經用無藝，帑藏空虛；民困於橫斂，軍怨於掊克；羣臣養交而天子孤立，國勢阽危而陛下不悟：臣不貧，陛下乃貧耳。』

又　卷四二九《道學傳三·朱熹》　熹以前後奏請多所見抑，幸而從者，率稽緩後時，蝗旱相仍，不勝憂憤，復奏言：『為今之計，獨有斷自聖心，沛然發號，責躬求言，然後君臣相戒，痛自省改。其次惟有盡出內庫之錢，以供大禮之費為收糴之本，詔戶部免徵舊負，詔漕臣依條檢放租稅，詔宰臣沙汰被災路分州軍監司、守臣之無狀者，遴選賢能，責以荒政，庶幾猶足下結人心，消其乘時作亂之意。不然，臣恐所憂者不止於饑殍，而將在於盜賊；蒙其害者不止於官吏，而上及於國家也。』

又　卷四三〇《道學傳四·黃榦》　江西提舉常平趙希懌、知撫州高商老辟為臨川令，歲旱，勸糶捕蝗極其力。

又　卷四三七《儒林傳七·真德秀》　江東旱、蝗，廣德、太平為甚，德秀遂與留守、憲司分所部九郡大講荒政，而自領廣德、太平。

又　卷四四五《文苑傳七·熊克》　克言：『二浙荐饑，蝗且起，赦文不宜飾詞。』

又　卷四六四《外戚傳中·向經》　知河陽，會旱蝗，民乏食，經度官廩歲用無餘，乃先以圭田租入振救之，富人爭出粟，多所濟活。

又　卷四七九《世家傳二·西蜀孟氏·孟昶》　時契丹亂華，漢祖起并門，中土蝗旱連歲，昶益自大，開貢部，行郊祀禮，自此君臣奢縱。

《元史》卷二《太宗紀》　［十年］秋八月，陳時可、高慶民等言諸路旱蝗，詔免今年田租，仍停舊未輸納者，俟豐歲議之。

又　卷五《世祖紀二》　［中統三年］真定、順天、邢州蝗。

又　［中統四年］六月壬子，河間、益都、燕京、真定、東平諸路蝗。

又　濱、棣二州蝗，真定路旱。

又卷六《世祖紀三》［至元二年］秋七月辛酉，益都大蝗饑，命減價糶官粟以賑。

又 彰德、大名、南京、河南府、濟南、淄萊、太原、弘州雹，西京、北京、益都、真定、東平、順德、河間、徐、宿、邳蝗旱，太原霜災。

又［至元三年］東平、濟南、益都、平灤、真定、洺磁、順天、中都、河間、北京蝗，京兆、鳳翔旱。

又［至元四年］山東、河南北諸路蝗，順天束鹿縣旱，免其租。

又［至元五年］戊申，東平等處蝗。

又［至元六年］丁亥，河南、河北、山東諸郡蝗。癸巳，敕：『真定等路旱蝗，其代輸築城役夫戶賦悉免之。』

又卷七《世祖紀四》［至元七年］戊午，益都、登、萊蝗，旱，詔減其今年包銀之半。

又 大名、東平等路桑蠶皆災，南京、河南等路蝗，減今年銀絲十之三。

又 山東諸路旱、蝗。

又 丁亥，以南京、河南兩路旱、蝗，減今年差賦十之六。

又［至元八年］上都、中都、河間、濟南、淄萊、真定、衛輝、洺磁、順德、大名、河南、南京、彰德、益都、順天、懷孟、平陽、歸德諸州縣蝗。

又［至元九年］戊戌，以去歲東平及西京等州縣旱蝗水潦，免其租賦。

又卷一〇《世祖紀七》［至元十五年］戊申，濮州蝗。

又［至元十六年］大都等十六路蝗。

又 丙戌，左右衛屯田蝗蝻生。

又卷一一《世祖紀八》［至元十七年］真定、咸平、忻州、漣、海、邳、宿諸州郡蝗。

又卷一二《世祖紀九》［至元十九年］丙戌，別十八里城東三百餘里蝗害麥。

又卷一三《世祖紀十》［至元二十一年］乙丑，中衛屯田蝗。

又 大都、汴梁、益都、廬州、河間、濟寧、歸德、保定蝗。

又［至元二十二年］戊寅，京師蝗。

又卷一五《世祖紀十二》［至元二十五年］資國、富昌等一十六屯雨水、蝗害稼。

又 丙戌，真定、汴梁路蝗。

又 趙、晉、冀三州蝗。

又［至元二十六年］東平、濟寧、東昌、益都、真定、廣平、歸德、汴梁、懷孟蝗。

又卷一六《世祖紀十三》［至元二十七年］癸巳，河北十七郡蝗。

又卷一七《世祖紀十四》［至元二十九年］東昌路蝗。

又 乙卯，濟南、般陽蝗。

又 以廣濟署屯田既蝗復水，免今年田租九千二百十八石。

又［至元三十年］壬子，大興縣蝗。

又 辛巳，登州蝗，恩州水，百姓闕食，賑以義倉米五千九百餘石。

又 真定、寧晉等處，被水、旱、蝗、雹為災者二十九。

又卷一八《成宗紀一》［元貞元年］是月，東安州蝗。

又卷一九《成宗紀二》［元貞二年］是月，大都、真定、保定、太平、常州、鎮江、紹興、建康、澧州、岳州、廬州、汝寧、龍陽州、漢陽、濟寧、東平、大名、滑州、德州蝗。

又 辛巳，賜貴由赤戍軍鈔三萬九千餘錠。是月，平陽、大名、歸德、真定蝗。

又 是月，德州、彰德、太原蝗。

又［大德元年］歸德徐、邳州蝗。

又［大德二年］歸德等處蝗。

又 江南、山東、江浙、兩淮、燕南屬縣百五十處蝗。

又 山東、河南、燕南、山北五十處蝗。山北遼東道大寧路金源縣蝗。

又 揚州、淮安兩路旱、蝗，以糧十萬石賑之。

又卷二〇《成宗紀三》［大德三年］江陵路旱、蝗，弛其湖泊之禁；仍並以糧賑之。

又 丙申，揚州、淮安屬縣蝗，在地者為鶖啄食，飛者以翅擊死，詔禁捕鶖。

又 以淮安、江陵、沔陽、揚、廬、隨、黃旱，汴梁、歸德水，隴、陝蝗，並免其田租。

又 杭州火，江陵路蝗，並發粟賑之。

又［大德四年］是月，同州、平灤、隆興雹。揚州、南陽、順德、東昌、歸德、濟寧、徐、濠、芍陂旱、蝗。真定、保定、大都通、薊二州水。

又 大都路水。順德、懷孟蝗。

又 廣平、真定蝗。

又［大德五年］是歲，汴梁、歸德、南陽、鄧州、唐州、陳州、和州、襄陽、汝寧、高郵、揚州、常州蝗。

又［大德六年］真定、大名、河間等路蝗。

又 揚州、淮安路蝗。

又 大都諸縣及鎮江、安豐、濠州蝗。

又 卷二一《成宗紀四》［大德七年］東平、益都、濟南等路蝗。

又 大寧路蝗。

又［大德八年］益都臨朐、德州齊河蝗。

又 丁酉，汝寧妖人李曹驢等妄言得天書惑衆，事覺伏誅。益津蝗，汴梁祥符、開封、陳州霖雨，蠲其田租。

又［大德九年］通、泰、靜海、武清蝗。

又 是月，涿州、東安州、河間、嘉興蝗，象州、融州、柳州旱，歸德、陳州河溢，大名大水，揚州饑。

又［大德十年］鄭州暴風雨雹，大若雞卵，麥及桑棗皆損，蠲今年田租。真定、河間、保定、河南蝗。

又 大都、真定、河間蝗。

又 龍興、南康諸郡蝗。

又 卷二二《武宗紀一》［至大元年］真定、河間、順德、保定等郡蝗。

又 保定屬縣蝗。

又 德州蝗。

又 河間、真定等郡蝗。

又 汝寧、歸德二路旱，蝗，民饑，給鈔萬錠賑之。

又 晉寧等處蝗。

又 是月，保定、真定蝗。

又 從之。揚州、淮安蝗。

又 卷二三《武宗紀二》［至大二年］中書省臣言：『今農事正殷，蝗蝝遍野，百姓艱食，乞依前旨罷其役。』帝曰：『皇城若無角樓，何以壯觀！先畢其功，餘者緩之。』

又 益都、東平、東昌、濟寧、河間、順德、廣平、大名、汴梁、衛輝、泰安、高唐、曹、濮、德、揚、滁、高郵等處蝗。

又 六月癸亥，遣官督捕蝗。

又 霸州、檀州、涿州、良鄉、舒城、歷陽、合肥、六安、江寧、句容、溧水、上元等處蝗。

又 是月，濟南、濟寧、般陽、曹、濮、德、高唐、河中、解、絳、耀、同、華等州蝗。

又 真定、保定、河間、順德、廣平、彰德、大名、衛輝、懷孟、汴梁等處蝗。

又［至大三年］靈壽、平陰二縣雨雹。鹽山、寧津、堂邑、茌平、陽穀、高唐、禹城等縣蝗。

又 是月，合肥、舒城、歷陽、蒙城、霍丘、懷寧等縣蝗。

又 磁州、威州諸縣旱，蝗。

又 汴梁、懷孟、衛輝、彰德、歸德、汝寧、南陽、河南等路蝗。

又 卷二四《仁宗紀一》［皇慶元年］彰德安陽縣蝗。

又 卷二七《英宗紀一》［至治元年］是月，左衛屯田旱，蝗，左翊屯田蟲食麥苗，亳州水。

又 益都蝗。

又 丁丑，霸州蝗。

又 戊辰，衛輝、汴梁等處蝗。

又 癸酉，衛輝路胙城縣蝗。

又 庚寅，清池縣蝗。

又 壬午，通許、臨淮、盱眙等縣蝗。

又 丙午，泰興、江都等縣蝗。

又 寧海州蝗。

又 卷二八《英宗紀二》［至治二年］甲寅，南陽府西穰等屯風、雹，洪澤、芍陂屯田去年旱、蝗，並免其租。

又 徽州、廬州、濟南、真定、河間、大名、歸德、汝寧、鞏昌諸處及河南芍陂屯田水，大同、衛輝、江陵屬縣及豐贍署大惠屯風，河南及雲南烏蒙等處屯田旱，汴梁、順德、河間、保定、慶元、濟寧、濮州、益都諸屬縣及諸衛屯田蝗。

又［至治三年］保定路歸信縣蝗。

又 真定州諸路屬縣蝗。

又 卷二九《泰定帝紀一》［泰定元年］大司農屯田、諸衛屯田、彰德、汴梁等路雨傷稼，順德、大名、河間、東平等二十一郡蝗，晉寧、鞏昌、常德、龍興等處饑，皆發粟賑之。

又［泰定二年］大都路檀州大水，平地深丈有五尺，汴梁路十五縣河溢，江陵路江溢，洮州、臨洮府雨雹，潭州、興國屬縣旱，彰德路蝗，龍興、平江等十二郡饑，賑糶米三十二萬五千餘石。

又 新州路旱，濟南、河間、東昌等九郡蝗，奉元、衛輝路及永平屯田豐贍、昌國、濟民等署雨傷稼，蠲其租。濟寧、興元、寧夏、南康、歸州等十二郡饑，賑糶米七萬餘石。

又 延安、鄜州、綏德、鞏昌等處雨雹，般陽新城縣蝗，宗仁衛屯田隕霜殺禾，睢州河決，順德、汴梁、德安、汝寧諸路旱，免其租。梅州、饒州、鎮江、邠州諸路饑，賑糶米三萬餘石。

又 卷三〇《泰定帝紀二》［泰定三年］中書省臣言：『比郡縣旱、蝗，由臣等不能調燮，故災異降戒。今當恐懼儆省，力行善政，亦冀陛下敬慎修德，憫恤生民。』

又 奉元、鞏昌屬縣大雨雹，峽州旱，東平屬縣蝗，大同屬縣大水，萊、蕪等處冶戶饑，賑鈔三萬錠。

又 大名、順德、衛輝、淮安等路，睢、趙、涿、霸等州及諸位屯田蝗。

又 廬州、懷慶二路蝗。

又［泰定四年］大都、南陽、汝寧、廬州等路屬縣旱蝗。衛輝路大風九日，禾盡偃。河南路洛陽縣有蝗可五畝，群烏食之既，數日蝗再集，又食之。

又 大都、河間、濟南、大名、峽州屬縣蝗。

又 御史臺臣言，內郡、江南，旱、蝗荐至，非國細故，丞相塔失帖木兒、倒剌沙，參知政事不花、史惟良，參議買奴，並乞解職。

又 是月，籍田蝗。

又 大都、河間、奉元、懷慶等路蝗。

又 是歲，汴梁、延安、汝寧、峽州旱，濟南、衛輝、濟寧、南陽八路屬縣蝗。

又［致和元年］薊州及岐山、石城二縣蝗。

又 汝寧府潁州、衛輝路汲縣蝗。

又 卷三二《文宗紀一》［致和元年十一月己未］汴梁、河南等路及南陽府頻歲蝗旱，禁其境內釀酒。

又［天曆二年］諸王忽剌荅兒言黃河以西所部旱、蝗，凡千五百戶，命賑糧兩月。

又 大寧興中州、懷慶孟州、廬州無為州蝗。

又 益都莒、密二州春水，夏旱蝗，饑民三萬一千四百戶，賑糧一月。陝西延安諸屯，以旱免徵舊所逋糧千九百七十石。永平屯田府昌國、濟民、豐贍諸署，以蝗及水災，免今年租。汴梁蝗。

又 真定、河間、汴梁、永平、淮安、大寧、廬州諸屬縣及遼陽之蓋州蝗。

又 保定之行唐縣蝗。

又 卷三四《文宗紀三》［至順元年］廣平、河南、大名、般陽、南陽、濟寧、東平、汴梁等路，高唐、開、濮、輝、德、冠、滑等州，及大有、千斯等屯田蝗。

又 大都、益都、真定、河間諸路，獻、景、泰安諸州，及左都威衛屯田蝗。

又 奉元、晉寧、興國、揚州、淮安、懷慶、衛輝、益都、般陽、濟南、濟寧、河南、河中、保定、河間等路及武衛、宗仁衛、左衛率府諸屯田蝗。

又 卷三五《文宗紀四》［至順二年］陝州諸縣蝗。

又 衡州路屬縣比歲旱蝗，仍大水，民食草木殆盡，又疫癘，死者十九，湖南道宣慰司請賑糧米萬石，從之。河中府蝗。

又 河南、晉寧二路諸屬縣蝗。

又 是月，河南、奉元屬縣蝗。

又 卷三八《順帝紀一》［元統二年］大寧、廣寧、遼陽、開元、瀋陽、懿州水旱蝗，大饑，詔以鈔二萬錠，遣官賑之。

又 是月，南康路諸縣旱蝗，民饑，以米十二萬三千石賑糶之。

又 卷三九《順帝紀二》［元統二年秋七月］是月，黃州蝗，督民捕之，人日五斗。

又　河南武陟縣禾將熟，有蝗自東來，縣尹張寬仰天祝曰：『寧殺縣尹，毋傷百姓。』

又卷四二《順帝紀五》［至正十二年］六月丙午，中書省臣言，大名路開、滑、濬三州，元城十一縣水旱蟲蝗，饑民七十一萬六千九百八十口，給鈔十萬錠賑之。

又卷四五《順帝紀八》［至正十八年］是月，遼州蝗。

又　是月，京師大水，蝗，民大饑。

又［至正十九年］山東、河東、河南、關中等處，蝗飛蔽天，人馬不能行，所落溝塹盡平，民大饑。

又　是月，霸州及介休、靈石縣蝗。

又　己卯，蝗自河北飛渡汴梁，食田禾一空。

又　是月，大同路蝗。

又卷五〇《五行志一》　恒陽，則有介蟲之孽。釋者謂小蟲有甲飛揚之類，陽氣所生也，於春秋為螽，今謂之蝗。按劉歆云，貪虐取民則螽與魚同占。劉向以為介蟲之孽，當屬言不從。今倣之。

中統三年五月，真定、順天、邢州蝗。四年六月，燕京、河間、益都、真定、東平蝗。八月，濱、棣等州蝗。

至元二年七月，益都大蝗。十二月，西京、北京、順德、徐、宿、邳等州郡蝗。五年六月，東平等郡蝗。七年七月，南京、河南諸路大蝗。八年六月，上都、中都、大名、河間、益都、順天、懷孟、彰德、濟南、真定、衛輝、平陽、歸德、順德等路，淄、萊、洺、磁等州蝗。十六年四月，大都十六路蝗。十七年五月，忻州及漣、海、邳、宿等州蝗。十九年四月，別十八里部東三百餘里蝗害麥。二十五年七月，真定、汴梁蝗。八月，趙、晉、冀三州蝗。二十七年四月，河北十七郡蝗。二十九年六月，東昌、濟南、般陽、歸德等郡蝗。三十一年六月，東安州蝗。

元貞元年六月，汴梁陳留、太康、考城等縣，睢、許等州蝗。二年六月，濟寧任城、魚臺縣，東平須城、汶上縣，開州長垣、清豐縣，德州齊河縣，滑州太和縣，內黄縣蝗。八月，平陽、大名、歸德、真定等郡蝗。

大德元年六月，歸德邳州、徐州蝗。二年四月，燕南、山東、兩淮、江浙、燕南屬縣百五十處蝗。三年五月，淮安屬縣蝗，有鶖食之。十月，隴、陝蝗。五年六月，順德路、淇州蝗。七月，廣平、真定等路蝗。八月，河南、淮南、睢、陳、唐、和等州，新野、汝陽、江都、興化等縣蝗。六年四月，真定、大名、河間等路蝗。七月，大都涿、順、固安三州及濠州鍾離、鎮江丹徒二縣蝗。七年五月，益都、濟南等路蝗。六年，大寧路蝗。八年四月，益都臨朐、德州齊河縣蝗。六月，益津縣蝗。九年六月，通、泰、靖海、武清等州縣蝗。八月，涿州，良鄉、河間南皮、泗州天長等縣及東安、海鹽等州蝗。十年四月，大都、真定、河間、保定、河南等郡蝗。六月，龍興、南唐等郡蝗。

至大元年五月，晉寧路蝗。六月，保定、真定二郡蝗。八月，淮東蝗。二年四月，益都、東平、東昌、順德、廣平、大名、汴梁、衛輝等郡蝗。六月，檀、霸、曹、濮、高唐、泰安等州，良鄉、舒城、歷陽、合肥、大安、江寧、句容、溧水、上元等縣蝗。七月，濟南、濟寧、般陽，河中，解、絳、耀、同、華等州蝗。八月，真定、保定、河間、懷孟等郡蝗。三年四月，寧津、堂邑、茌平、陽穀，平原、齊河、禹城七縣蝗。七月，磁州、威州、饒陽、元氏、平棘、滏陽、元城、無棣等縣蝗。

皇慶元年，彰德安陽縣蝗。

延祐七年六月，益都路蝗。

至治元年五月，霸州蝗。六月，衛輝、汴梁等處蝗。七月，江都、泰興、胙城、通許、臨淮、盱眙、清池等縣蝗。十二月，寧海州蝗。二年，汴梁祥符縣蝗，有群鶖食蝗，既而復吐，積如丘垤。三年五月，保定路歸信縣蝗。

泰定元年六月，大都、順德、東昌、衛輝、保定、益都、濟寧、彰德、真定、般陽、廣平、大名、河間、東平等郡蝗。二年五月，彰德路蝗。六月，德、濮、曹、景等州，歷城、章丘、淄川、柳城、茌平等縣蝗。九月，濟南、歸德等郡蝗。三年六月，東平須城縣，興國永興縣蝗。七月，大名、順德、廣平等路，趙州、曲陽、滿城、慶都、修武等縣蝗。淮安、高郵二郡，睢、泗、雄、霸等州蝗。八月，永平、汴梁、懷慶等郡蝗。四年五月，洛陽縣有蝗五畝，群烏盡食之，越數日，蝗又集，又食之。七月，籍田蝗。八月，冠州、恩州蝗。十二月，保定、濟南、衛輝、濟寧、廬州五路，南陽、河南二府蝗。博興、臨淄、膠西等縣蝗。

致和元年四月，大都薊州、永平路石城縣蝗。鳳翔岐山縣蝗，無麥苗。五月，潁州及汲縣蝗。六月，武功縣蝗。

天曆二年四月，大寧興中州、懷慶孟州、廬州無為州蝗。六月，益都莒、密二州蝗。七月，真定、汴梁、永平、淮安、廬州、大寧、遼陽等郡屬縣蝗。三年五月，廣平、大名、般陽、濟寧、東平、汴梁、南陽、河南等郡，輝、德、濮、開、高唐五州蝗。

至順元年六月，滌、薊、固安、博興等州蝗。七月，解州、華州及河內、靈寶、延津等二十二縣蝗。二年三月，陝州諸路蝗。六月，孟州濟源縣蝗。七月，河南閿鄉、陝縣，奉元蒲城、白水等縣蝗。

又 卷五一《五行志二·金不從革》 至元二年七月，黃州蝗。三年六月，懷慶、溫州、汴梁陽武縣蝗。五年七月，膠州即墨縣蝗。至正四年，歸德府永城縣及亳州蝗。十七年，東昌茌平縣蝗。十八年夏，薊州、遼州、濰州昌邑縣、膠州高密縣蝗。秋，大都、廣平、順德及濰州之北海、莒州之蒙陰、汴梁之陳留、歸德之永城皆蝗。順德九縣民食蝗，廣平人相食。十九年，大都霸州、通州，真定，彰德，懷慶，東昌，衛輝，河間之臨邑，東平之須城、東阿、陽穀三縣，山東益都、臨淄二縣，濰州、膠州、博興州，大同、冀寧二郡，文水、榆次、壽陽、徐溝四縣，沂、汾二州，及孝義、平遙、介休三縣，晉寧潞州及壺關、潞城、襄垣三縣，霍州趙城、靈石二縣，隰之永和，沁之武鄉，遼之榆社，奉元，及汴梁之祥符、原武、鄢陵、扶溝、杞、尉氏、洧川七縣，鄭之滎陽、汜水，許之長葛、郾城、襄城、臨潁，鈞之新鄭、密縣，皆蝗，食禾稼草木俱盡，所至蔽日，礙人馬不能行，填坑塹皆盈。饑民捕蝗以為食，或曝乾而積之。又罄，則人相食。七月，淮安清河縣飛蝗蔽天，自西北來，凡經七日，禾稼俱盡。二十年，益都臨朐、壽光二縣，鳳翔岐山縣蝗。二十一年六月，河南鞏縣蝗，食稼俱盡。七月，衛輝及汴梁滎澤縣、鄭州蝗。二十二年秋，衛輝及汴梁開封、扶溝、洧川三縣，許州及鈞之新鄭、密二縣蝗。二十五年，鳳翔岐山縣蝗。

又 卷九三《食貨志一·農桑》 每年十月，令州縣正官一員，巡視境內，有蟲蝗遺子之地，多方設法除之。

又 蓋秋耕之利，掩陽氣於地中，蝗蝻遺種皆為日所曝死，次年所種，必盛於常禾也。

又 卷九六《食貨志四·賑恤·灾免之制》 七年，南京、河南蝗旱，減差徭十分之六。

又 大德三年，以旱、蝗，除揚州、淮安兩路稅糧。

又 卷九七《食貨志五·河間之鹽》 去歲河間等路旱蝗闕食，累蒙賑恤，民力未蘇，食鹽者少。

又 又兼行鹽地方旱、蝗相仍，百姓焉有買鹽之資。

又 卷九八《兵志一·兵制》 十三年八月，諭總管萬戶劉黑馬，據斜烈奏，忽都虎等元籍諸路民戶一百萬四千六百五十六戶，除逃戶外，有七十二萬三千九百一十戶，隨路總簽軍一十萬五千四百七十一名，點數過九萬七千五百七十五人，餘因近年蝗旱，民力艱難，往往在逃。

又 卷一〇二《刑法志一·職制上》 諸蟲蝗為災，有司失捕，路官各罰俸一月，州官各笞一十七，縣官各二十七，並記過。

又 卷一二二《鐵邁塔海傳》 後改任廬州，時有飛蝗北來，民患之，塔海禱于天，蝗乃引去，亦有墮水死者，人皆以為異。

又 卷一三九《朵爾直班傳》 是時日月薄蝕，烈風暴作，河北、山東旱蝗為災，乃復條陳九事上之，一曰：『比日倖門漸啟，刑罰漸差，無功者覬覦希賞，有罪者僥倖求免。恐刑政漸隳，紀綱漸紊，勞臣何以示勸，姦臣無所警懼。』

又 卷一六〇《王磐傳》 未幾，蝗起真定，朝廷遣使者督捕，役夫四萬人，以為不足，欲牒鄰道助之。磐曰：『四萬人多矣，何煩他郡！』使者怒，責磐狀，期三日盡捕蝗，磐不為動，親率役夫走田間，設方法督捕之，三日而蝗盡滅，使者驚以為神。

又 卷一六三《李德輝傳》 七年，帝以蝗旱為憂，命德輝録囚山西、河東。

又 卷一七〇《袁裕傳》 洧川縣達魯花赤貪暴，盛夏役民捕蝗，禁不得飲水，民不勝忿，擊之而斃，有司當以大逆置極刑者七人，連坐者五十餘人。

又 卷一八二《張起巖傳》 從其父學，年弱冠，以察舉為福山縣學教諭，值縣官捕蝗，移攝縣事，久之，聽斷明允，其民相率曰：『若得張教諭為真縣尹，吾屬何患焉。』

又 卷一八三《王思誠傳》 二年，拜監察御史，上疏言：『京畿去年秋不雨，冬無雪，方春首月蝗生，黃河水溢。蓋不雨者，陽之亢，水涌者，陰之盛也。嘗聞一婦銜冤，三年大旱，往歲伯顏專擅威福，戕殺不辜，郯王之獄，燕鐵木兒宗黨死者，不可勝數，非直一婦之冤而已，豈不感傷和氣邪！宜雪其罪。敕有司行禱百神，陳牲幣，祭河伯，發卒塞其缺，被災之家，死者給葬具，庶幾可以召陰陽之和，消水旱之變，此應天以實不以文也。』

又 卷一八四《崔敬傳》 時帝數以歷代珍寶分賜近侍，敬又上疏曰：『臣聞世皇時，大臣有功，所賜不過槃革，重惜天物，為後世慮至遠也。今山東大饑，燕南亢旱，海潮為災，天文示儆，地道失寧，京畿南北，蝗飛蔽天，正當聖主恤民之日。近侍之臣，不知慮此，奏稟承請，殆無虛日，甚至以府庫百年所積之寶物，遍賜僕御閽寺之流、乳稚童孩之子，帑藏或空。萬一國有大事，人有大功，又將何以為賜乎！乞追回所賜，以示恩不可濫，庶允公論。』

又 卷一九一《良吏傳一・許維禎》 境內旱、蝗，維禎禱而雨，蝗亦息。

又 卷一九二《良吏傳二・觀音奴》 亳州有蝗食民禾，觀音奴以事至亳，民以蝗訴，立取蝗向天祝之，以水研碎而飲，是歲蝗不為災。後陞為都水監官。

又 卷一九三《劉天孚傳》 歲大旱，天孚禱即雨。野有蝗，天孚令民出捕，俄群烏來，啄蝗為盡。

又 卷一九七《李忠傳》 大德八年，境內蝗害稼，惟國寶田無損。

又 《訾汝道傳》 嘗出麥粟貸人，至秋，蝗食稼，人無以償，汝道聚其券焚之。

又 卷二〇五《阿合馬傳》 五月，尚書省奏括天下戶口，既而御史臺言，所在捕蝗，百姓勞擾，括戶事宜少緩。遂止。

明 解縉《天潢玉牒》 至正四年甲申，太祖年十有七，皇考六十有四，皇妣五十有九，俱即辭世，時遭疾疫，人事艱辛，因葬於此，今之皇陵是也。太祖自念嬰孩時多疾，捨入僧寺。及長，淳皇將許之，太后不許，因循未入釋氏。疫癘既侵，遂請於仲兄，師事沙門高彬於里之皇覺寺，鄰人汪文助為之禮，九月乙巳也。在寺居室，夜有紅光，近視不見，眾咸異之。是年旱、蝗。

《明實録・英宗睿皇帝實録》卷九四 ［正統七年］陝西西安府同州奏蝗蟲傷稼；淮安府、鳳陽府、徐州各奏四月以後陰雨冷霧，禾穗不實。

（隆慶）《趙州志》卷九《灾祥》 ［嘉靖三十九年］趙州諸縣大旱，蝗，流移載道。

（隆慶）《豐潤縣志》卷二《事紀》 ［嘉靖三十九年］春澇。秋旱，飛蝗蔽空，害稼。大饑，人食野草。

（隆慶）《任縣志》卷七《祥異》 ［嘉靖三十九年］旱，蝗。民大饑。

（萬曆）《河間府志》卷四《祥異》 ［嘉靖三十九年］蝗蔽天，禾穗殆盡。

（萬曆）《游陽志》卷八《灾祥》 ［嘉靖三十四年］夏，蝗入境。

（萬曆）《任丘志集》卷八《灾異》 ［嘉靖三十九年］夏大蝗，飛蝗蔽天，禾穗盡食。

（萬曆）《臨城縣志》卷七《事紀》 ［嘉靖三十九年］飛蝗蔽天，歲大饑。民流移沛。

（萬曆）《廣宗縣志》卷八《雜識》 ［嘉靖三十九年］夏三月不雨，蝗飛蔽天，大饑。

（天啓）《新修來安縣志》《祥異》 ［嘉靖三十四年］夏，蝗入境。

（崇禎）《太倉州志》卷一五《灾祥》 ［崇禎十四年］自四月不雨，至於七月，水涸，河底鑿井不得泉。既罷種，七月忽雨，旁江海田竭本力且插蒔，復旱。間有稻，八月中可長尺五，方秀，白露日下苦霧，盡不實。蝗起，遂赤地。棉花至秋獨嬌好，驟生蟲五色，長寸許，食花葉無遺。冬米價湧貴，僵死滿道。次年春，米錢千一百文，民相食，東鄉有食子者。遺惠祠及隆福寺集饑民于余日死無算。稅糧急，幸漕米許三之一改麥，然折價石一兩五錢。

（崇禎）《吳縣志》卷一一《祥異》 ［成化十七年］三四月，大旱，蝗生食禾。七月十三日，大風雨。九月朔，雨至十月，田中僅存之稼皆淹爛。立冬日大雷電，雨雪三閱月。明春大饑。

又 ［崇禎十四年］正月二十日至三月，多大風揚沙，昏蔽天日。五六月亢旱無雨，蝗來。米價每石貴至三兩有奇。秋初，蝗復生蝻，禾稼食盡。復生五色大蟲，豳菽類亦無存，米益騰貴。自四月至冬，比戶疫痢。

（崇禎）《內邱縣志》卷三《常紀》 ［嘉靖三十九年］風霾作孽，蝗飛蔽天。大饑，民食草根樹皮，或剝殍肉，或呻吟氣尚未絕而操刀剝之者，流離四方。

明 佚名《奉天靖難記》卷一 時諸王坐廢，允炆日益驕縱，【略】紀綱壞亂，搆成大禍。自是災異疊見，恬不自省。夜宴張燈熒煌，忽不見人。寢宮初成，見男子提一人頭，血色模糊，直入宮內，隨索之，寂無所有。狐狸滿室，變怪萬狀，徧置鷹犬，亦不能止。他如日赤無光，星辰無度，彗掃軍門，熒惑守心犯斗，飛蝗蔽天，山崩地震，水旱疫癘，連年不息，錦衣衛火，武庫自焚，文華殿燬，承天門災，雖變異多端，而酗樂自如。

（順治）《蠡縣志》卷八八《祥異》 ［嘉靖三十九年］蝗，民大饑。

（順治）《雞澤縣志》卷一〇《灾祥》 ［嘉靖三十九年］雞澤縣夏大旱。秋大蝗。民大饑。

（順治）《陽城縣志》卷七《祥異》 ［萬曆四十五年］夏大旱，飛蝗蔽天，六月終始雨。

（順治）《高平縣志》卷九《祥異》 ［崇禎十三年］旱，蝗。大饑，人相食。夏旱甚，秋無禾稼，飛蝗蔽野，食樹葉幾盡。至冬，蝝生不絕，入人家，與民爭熟食。越明年春，析骸炊子，慘不忍聞。

（康熙）《永平府志》卷三《灾祥》 ［嘉靖三十九年］春饑，秋蝗。

（康熙）《解州志》卷九《灾祥》 ［萬曆四十五年］六月，解州及五縣飛蝗蔽天。時久旱，苗出寸餘，一食立盡。

（康熙）《安州志》卷七《祥異》 ［嘉靖三十九年］蝗蝻遍地，殘禾，民大饑，有父子相食者。

（康熙）《霸州志》卷一〇《灾異》 ［嘉靖三十九年］旱，蝗。

（康熙）《遵化州志》卷二《灾異》 ［崇禎十三年］蝗蝻遍野。秋冬大饑，人相食，凍餓死者枕藉道路。

（康熙）《具區志》卷一四《灾異》 ［成化十七年］八月十五日，蝗來自北，墮地食稼，及草茅葦葉殆盡；是夕五更大雨如傾，湖水溢，漂沒廬舍禾稻不計其數。明年大饑。

（康熙）《撫寧縣志》卷一《灾祥》 ［嘉靖三十九年］春澇。秋旱，飛蝗蔽天。大饑。

（康熙）《重修無極志》卷下《事紀》 ［嘉靖三十九年］六月，無極旱、蝗，縣之西南尤甚。

（康熙）《贊皇縣志》卷九《祥異》 ［嘉靖三十九年］大旱，蝗飛蔽天，流移載道，人多相食。

（康熙）《欒城縣志》卷二《事紀》 ［嘉靖三十九年］秋九月，大饑。春夏不雨，飛蝗並蝻。斗米八十錢，餓莩甚眾，皆流入河南就食。

（康熙）《遵化縣志》卷一《灾異》 ［嘉靖三十九年］春潦。秋旱，蝗。

（康熙）《完縣志》卷一〇《灾異》 ［嘉靖三十九年］大蝗，顆粒無遺，至有父子相食者。

（康熙）《大城縣志》卷八《灾異》 ［嘉靖三十九年］夏，蝗。

（康熙）《滿城縣志》卷八《灾祥》 ［嘉靖三十九年］蝗蝻遍地，禾稼盡爲所食。民大饑。

（康熙）《成安縣志》卷四《灾異》 ［嘉靖三十九年］成安縣旱，大蝗。詔賑饑。

（康熙）《柏鄉縣志》卷一《灾祥》 ［嘉靖三十九年］自六月至十月不雨，蝗飛蔽天，流移載道，死者相望。

（康熙）《唐山縣志》卷一《祥異》 ［嘉靖三十九年］大旱，蝗飛蔽天，斗粟三錢。

（康熙）《平鄉縣志》卷三《紀事》 ［嘉靖三十九年］旱，蝗。

（康熙）《遂溪縣志》卷一《事記》 ［萬曆十五年］蝗殺稼。

（康熙）《海康縣志》卷上《事記》 ［萬曆十五年］蝗殺稼。

（康熙）《重修武強縣志》卷二《灾祥》 ［萬曆二十八年］復大旱，蝗蝻遍地，食禾殆盡。民大饑，積屍滿野，人相食，有棄子女井中、升米鬻妻、自縊服毒者。二月，瘟疫大作，民有舉族皆死，村落爲墟者。時巡撫汪軫念武強災傷特甚，百方救濟，奏請借臨清、德州二倉米及晉州穀賑之，無一民不受其賜者，賑生員視他邑獨優。

（康熙）《稷山縣志》卷一《祥異》 ［萬曆四十五年］飛蝗蔽天，蟲蝻滿地，食禾殆盡，視蝗更虐。二年蝗俱東南來，連飛十二晝夜，男婦扞逐者遍田，倏忽啃禾稼爲赤地，哀號之聲不忍聞。知縣劉三錫將饑民上下其等，請上發庾，勸民施賑，設粥廠食之，民賴安堵。

（康熙）《江陰縣志》卷二《灾祥》 ［天啟七年］正月朔至三日，天鼓鳴西北，澍雨凡十八晝夜不絕。十九日迄二十一日，風雨雷電，隨大雪雨雹。二十二日臭霧四塞，鳥雀多凍死。三月，青蟲食麥苗，蝗生。知府曾櫻檄縣購捕蝗十二擔，給賞倉穀六石六斗。秋八月，蟲傷禾稼。九月雨，無年。十一月二十二日江流涸如帶。

（康熙）《静海縣志》卷四《灾異》［崇禎十三年］夏秋，飛蝗蔽天，禾苗枯槁。民饑，死者大半。

（康熙）《齊河縣志》卷六《灾祥》［崇禎十三年］蝗，旱，綿蟲。大饑，人相食。土地荒蕪，村落丘墟，斗米銀一兩餘。

（康熙）《郯城縣志》卷九《灾祥》［崇禎十三年］春夏大旱，飛蝗遍野，害禾一空。未幾，子出小蝗遍境，附壁入室，衣物盡蛀，緣城進縣，民舍官廨悉爲塞滿，釜竈掩閉，全不敢開。捕獲數百千石，而蝗愈勝。秋稼全壞，合境大饑。冬春數月活人相食，父食其子，兄食其弟，夫食其妻。【略】村疃親朋不敢往來。此實過之非常奇災也。

（康熙）《鹽山縣志》卷九《灾祥》［崇禎十三年］三月十六日微雨，曆夏秋不雨，禾苗盡枯，飛蝗遍野。斗米銀四金，木皮草根剝掘俱盡，人民相食。

（雍正）《山西通志》卷一六三《祥異》［萬曆四十五年］蒲、解、絳、隰、沁州、岳陽、萬泉、稷山、聞喜、安邑、陽城、長子復旱，飛蝗頭翅盡赤，翳日蔽天。沁源蝗不爲災。

（雍正）《平陽府志》卷三四《祥異》［萬曆四十五年］夏五月，岳陽旱，飛蝗頭翅盡赤，翳日蔽天。

（雍正）《沁源縣志》卷九《灾祥》［萬曆四十五年］七月初七日，飛蝗從東南來，旋有羣鴉食蝗，禾稼不至甚損。

（雍正）《高陽縣志》卷六《禨祥》［嘉靖三十九年］蝗，民大饑。

《明史》卷一《太祖紀一》 至正四年，旱，蝗，大饑疫。

又卷二《太祖紀二》［洪武七年］是月，平陽、太原、汾州、歷城、汲縣旱，蝗，竝免租税。

又 六月，陝西平凉、延安、靖寧、鄜州雨雹，山西、山東、北平、河南蝗，竝蠲田租。

又卷六《成祖紀二》［永樂元年］庚寅，捕山東蝗。丁酉，河南蝗，免今年夏税。

又［永樂十一年］九月壬午，詔自今郡縣官每歲春行視境內，蝗蝻害稼即捕絕之，不如詔者二司并罪。

又卷七《成祖紀三》［永樂十四年］秋七月丁酉，遣官捕北京、河南、山東州縣蝗。

又卷九《宣宗紀》［宣德五年］六月己卯，遣官捕近畿蝗，諭戶部曰：『往年捕蝗之使害民不減於蝗，宜知此弊。』因作捕蝗詩示之。

又［宣德九年］秋七月甲申，遣給事中、御史、錦衣衛官督捕兩畿、山東、山西、河南蝗。

又卷一〇《英宗紀》［正統十三年］戊辰，遣給事中、御史捕畿南、山東、河南、淮安蝗。

又 五月丙戌，遣使捕山東蝗。

又卷一五《孝宗紀》［弘治六年］六月庚午，捕蝗。

又［弘治七年］戊申，兩畿捕蝗。

又卷二〇《神宗紀一》［萬曆十五年］秋七月，江北蝗，江南大水，山西、陝西、河南、山東旱，河決開封，蠲振有差。

又［萬曆十九年］是年，畿內蝗，南畿、浙江大水，蠲振有差。

又卷二一《神宗紀二》［萬曆三十四年］是月，畿內大蝗。

又［萬曆三十七年］畿內、山東、徐州蝗。

又［萬曆四十四年］是月，陝西旱，江西、廣東水，河南、淮、揚、常、鎮蝗，山東盜賊大起。

又［萬曆四十七年］秋八月乙卯，山東蝗。

又卷二二《熹宗紀》［天啟六年］是夏，京師大水，江北、山東旱蝗。

又 是秋，江北大水，河南蝗。

又卷二三《莊烈帝紀一》［崇禎十年］秋七月，山東、河南蝗，民大饑。

又卷二四《莊烈帝紀二》［崇禎十一年］是月，兩畿、山東、河南大旱蝗。

又［崇禎十二年］六月，畿內、山東、河南、山西旱蝗。

又［崇禎十三年］秋七月庚辰朔，畿內捕蝗。己丑，發帑振被蝗州縣。

又 是年，兩畿、山東、河南、山、陝旱，蝗，人相食。

又［崇禎十四年］六月，兩畿、山東、河南、浙江、湖廣旱蝗，山東寇起。

又卷二八《五行志一・蝗蝻》 洪武五年六月，濟南屬縣及青、萊二府蝗。七月，徐州、大同蝗。六年七月，北平、河南、山西、山東蝗。七年二月，平陽、太原、汾州、歷城、汲縣蝗。六月，懷慶、真定、保定、河間、順德、山東、山西蝗。八年夏，北平、真定、大名、彰德諸府屬縣蝗。建文四年夏，京師飛蝗蔽天，旬餘不息。永樂元年夏，山東、山西、河南蝗。三年五月，延安、濟南蝗。十四年七月，畿內、河南、山東蝗。宣德四年六月，順天州縣蝗。九年七月，兩畿、山西、山東、河南蝗蝻覆地尺許，傷稼。十年四月，兩京、山東、河南蝗蝻傷稼。正統二年四月，北畿、山東、河南蝗。五年夏，順天、河間、真定、順德、廣平、應天、鳳陽、淮安、開封、彰德、兗州蝗。六年夏，順天、保定、真定、河間、順德、廣平、大名、淮安、鳳陽蝗。秋，彰德、衛輝、開封、南陽、懷慶、太原、濟南、東昌、青、萊、兗、登諸府及遼東廣寧前、中屯二衛蝗。七年五月，順天、廣平、大名、河間、鳳陽、開封、懷慶、河南蝗。八年夏，兩畿蝗。十二年夏，保定、淮安、濟南、開封、河南、彰德蝗。秋，永平、鳳陽蝗。十三年七月，飛蝗蔽天。十四年夏，順天、永平、濟南、青州蝗。景泰五年六月，寧國、安慶、池州蝗。七年五月，畿內蝗蝻延蔓。六月，淮安、揚州、鳳陽大旱，蝗。九月，應天及太平七府蝗。天順元年七月，濟南、杭州、嘉興蝗。二年四月，濟南、兗州、青州蝗。成化三年七月，開封、彰德、衛輝蝗。九年六月，河間蝗。七月，真定蝗。八月，山東旱蝗。十九年五月，河南蝗。二十二年三月，平陽蝗。四月，河南蝗。七月，順天蝗。弘治三年，北畿蝗。四年夏，淮安、揚州蝗。六年六月，飛蝗自東南向西北，日為掩者三日。七年三月，兩畿蝗。嘉靖三年六月，順天、保定、河間、徐州蝗。隆慶三年閏六月，山東旱蝗。萬曆十五年七月，江北蝗。十九年夏，順德、廣平、大名蝗。三十七年九月，北畿、徐州、山東蝗。四十三年七月，山東旱蝗。四十四年四月，復蝗。七月，常州、鎮江、淮安、揚州、河南蝗。九月，江寧、廣德蝗蝻大起。禾黍竹樹俱盡。四十五年，北畿旱蝗。四十六年，畿南四府又蝗。四十七年八月，濟南、東昌、登州蝗。天啟元年七月，順天蝗。五年六月，濟南飛蝗蔽天，田禾俱盡。六年十月，開封旱，蝗。崇禎八年七月，河南蝗。十年六月，山東、河南蝗。十一年六月，兩京、山東，河南大旱，蝗。十三年五月，兩京、山東、河南、山西、陝西大旱，蝗。十四年六月，兩京、山東、河南、浙江大旱，蝗。

又卷七七《食貨志一・田制・屯田》 李繼貞巡撫天津，亦力於屯務，然仍歲旱、蝗，弗克底成效也。

又卷七八《食貨志二・賦役・賦税蠲免》 青州旱、蝗，有司不以聞，逮治其官吏。

又 蝗蝻始生，必遣人捕瘞。

又卷一一九《崇王見澤傳》 今召王復來，往返勞費，兼水溢、旱、蝗，舟車所經，恐有他虞。

又卷一二〇《福王常洵傳》 秦中流賊起，河南大旱，蝗，人相食，民間藉藉，謂先帝耗天下以肥王，洛陽富於大內。

又卷一五〇《郁新傳》 永樂元年，河南蝗，有司不以聞，新劾治之。

又卷一五八《魏驥傳》 屢命巡視畿甸遺蝗，問民疾苦。

又卷一六八《劉吉傳》 今兩畿、河南、山西、陝西旱、蝗，四川、湖廣歲不登。

又卷一七二《張驥傳》 驥立法捕蝗，停不急務，蠲逋發廩，民賴以濟。

又卷一七六《李賢傳》 奉命察蝗災於河津，授驗封主事。

又卷一七七《葉盛傳》 道聞屬邑蝗，馳疏以聞。

又卷二〇六《馮琦傳》 加以水旱蝗災，流離載道，畿輔近地盜賊公行，此非細故也。

又卷二〇八《韋商臣傳》 況比者水旱疫癘，星隕地震，山崩泉湧，風雹蝗蝻之害，殆徧天下，有識莫不寒心。

又卷二一七《王家屏傳》 邇年以來，天鳴地震，星隕風霾，川竭河涸，加以旱潦蝗螟，疫癘札瘥，調變之難莫甚今日。

又卷二四一《汪應蛟傳》 歲旱、蝗，振恤甚力。

又《孫瑋傳》 歲比不登，旱、蝗、大水相繼，瑋多方振救，帝亦時出內帑佐之。

又卷二六二《傅宗龍傳》 議盡括關中兵餉以出，然屬郡旱、蝗，已不能應。

又卷二七九《王錫袞傳》 錫袞因言頻歲旱、蝗，三餉疊派，請量除加徵，嚴核蠹餉，俾農夫樂生。

又卷二八一《陳幼學傳》 秋成時，飛蝗蔽天。幼學捕蝗，得千三百餘石，乃不爲災。

（乾隆）《寶坻縣志》卷一四《禨祥》［嘉靖三十九年］蝗，食麥禾殆盡。

（乾隆）《饒陽縣志》卷下《事紀》［嘉靖三十九年］春夏旱，蝗，野無青草，民多流亡。

（乾隆）《肅寧縣志》卷一《祥異》［嘉靖三十九年］蝗蔽天，禾穗殆盡。

（乾隆）《寧河縣志》卷一六《禨祥》［嘉靖三十九年］蝗，食麥禾殆盡。

（乾隆）《平陽縣志》卷一八《祥異》［康熙十年］五月二十九日，蝗蟲驟集沿江舊界邊田畝，食稻凡五日。八月間，一、二、三都稻葉蟲遍田野，將十日，忽大風發，三日盡滅。

（嘉慶）《邢臺縣志》卷九《災祥》［嘉靖三十九年］旱，蝗。

（道光）《深州直隸州志》卷末《禨祥》［萬曆二十八年］旱，蝗復作，民大饑。瘟疫流行，村落爲墟。

（道光）《錫金考乘》卷二《祥異》 自天啟四年至七年，無錫二年大水，一年赤旱，一年蝗蝻。又有異蟲叢生田間，非爪非牙，潛鑽潛齧，從禾根禾節以入禾心，觸之必斃，由一方一境以遍一邑，靡有孑留。其時或夫婦臨田大哭，攜手溺河。或哭罷歸，閉門自縊。或父子磨薪作餅，食噎而亡。或咬樹皮、吞石粉，枕藉以死。痛心慘目，難以盡陳。太尊申文云：五邑惟靖江無災，江陰雖有蟲，而不甚爲害，若無錫、宜興、武進三縣則無一處無蟲，無一家田禾不被傷。

《宋會要輯稿·瑞異三·蝗災》 《宋史·五行志》：天禧元年二月，開封府、京東西、河北、河東、陝西、兩浙、荊湖百三十州軍蝗蝻復生，多去歲蟄者。和州蝗生卵如稻粒而細。《會要》：天禧元年五月二十日，開封府等路並言二月後蝗蝻食苗。詔遣使臣與本縣官吏焚捕，每五州命內侍一人提舉之。

天禧元年六月，江淮大風，多吹蝗入江海，或抱草木僵死。《會要》：天禧元年八月七日，詔曰：『朕奉若天心，精求治本，冀召和平之氣，以臻富庶之期。而去歲以來，追茲秋序，災沴繼作，蟲螟薦生。眷惟郡國之間，頗爲稼穡之害。言念黎庶，惕然疚懷，寢食靡遑，旰宵若厲。分遣使傳，按巡方州。復思南畝之間，適屆西成之候，恐損民力，有害農功。焦勞於茲，軫恤無已。豈非朝廷之政有所未周，司牧之方有所未盡？載念在予之訓，式申誕告之文。其先遣使臣並侍令赴闕。所在百姓，委長吏倍加安撫，無令輒有搔擾。』天禧二年四月，江陰軍蝻蟲生。

仁宗天聖五年七月丙午，邢、洺州蝗。《會要》：天聖五年七月十六日，趙州言：『蝗自邢州南纔二頃餘，不食苗。』帝謂輔臣曰：『但慮州郡所奏不實爾，其遣官按視之，速捕瘞以聞。』

天聖五年十一月丁酉朔，京兆府旱、蝗。

六年五月乙卯，河北、京東蝗。

景祐元年六月，開封府、淄州蝗。諸路募民掘蝗種萬餘石。

寶元二年六月癸酉，曹、濮、單三州蝗。

四年，淮南旱蝗。是歲，京師飛蝗蔽天。《會要》：康定元年十二月十二日，詔：『天下諸縣凡掘飛蝗遺子一升者，官爲給米豆三升。』慶曆四年六月二十四日，帝謂輔臣曰：『方歲旱，而飛蝗滋甚，百姓何罪，而罹此！朕默禱上帝，願歸咎於眇躬。』章得象對曰：『臣不能輔理宣化，以致災孽於民，而貽陛下憂。今聖言及此，必有以上通天意之應。』

皇祐五年，建康府蝗。《續宋會要》：皇祐五年十一月四日，赦：『應諸路昨經蝗蝻、水旱爲災，並等第體量減放稅數。』治平四年四月十四日，京東西、陝府西、河北等路安撫轉運司奏：『乞賑濟災傷州軍。』詔從其請。因諭其有蝻蟲生長打撲未盡去處，亦仰躬親提舉，早令去除盡靜。如人戶披訴夏稅災傷，便仰差官體量減放，更不檢覆。

神宗熙寧元年，秀州蝗。

五年，河北大蝗。

六年四月，河北諸路蝗。是歲，江寧府飛蝗自江北來。《續宋會要》：熙寧六年四月二十四日，上批：『聞河北諸郡有蝗蝻，可令監司督官吏撲滅。』七年四月三日，詔：『開封府界提點司督責諸縣捕蝗，得雨即時以聞。』六日雨。

熙寧七年夏，開封府界及河北路蝗。七月，咸平縣鸜鵒食蝗。《續宋會要》：熙寧七年七月二十七日，上批：『聞河北兩路有蝗害稼，而所在多以未至滋盛，不即加剪撲。可指揮轉運、提點刑獄、安撫司嚴責當職官並力剪撲，具次第以聞。』

熙寧八年八月，淮西蝗，陳、潁州蔽野。《續宋會要》：熙寧八年八月三日，詔：『有蝗蝻處，委縣令佐親部人夫打撲。如地里廣闊，分差通判職官監司提舉。仍募人得蝻五升或蝗一斗給細色穀一升；蝗種一升，給麤色穀二升。給價錢者依中等實直。仍委官視燒瘞，監司差官覆按以聞。即因穿掘打捕，損苗種者，除其稅，仍計價官給地主錢穀，毋過一頃。』六日，上批：『聞陳、潁州蝗蝻所在蔽野，初無官司督捕，致重復孳生。自飛蝗已降，大小凡十餘等，雖自此漸得雨澤，麥種亦未敢下。蓋懼苗出即爲所食，根亦隨壞。若至秋深，播種失時，則來歲夏田又無望矣。公私之間，實非細故。其令京西北路監司、提舉司嚴督官吏速去除之，仍具析不督捕因依以聞。』

熙寧九年夏，開封府畿、京東、河北、陝西蝗。《續宋會要》：熙寧九年五月四日，詔司農寺：『訪聞諸路州軍蝻蟲率皆生長，除開封府界嚴緊打捕盡靜外，令逐路轉運、提刑、提舉倉司緊行督促當職官監轄打撲盡靜，仍仰轉運司依條覆視訖以聞。』二十一日，荊湖南路提點刑獄司言：『本路州軍有地生黑蟲，各化蛾飛去。』七月六日，詔：『訪聞自關以西，今秋苗稼頗有順成之望。但日近忽有蝗蝻虸蚄蟲生，爲害極甚。可令永興軍等路轉運、提刑等司分往州軍，督促當職官吏打撲盡靜以聞。』元豐二年二月二十一日，詔：『諸路方春闕雨，慮生蝗蝻害田。其令河北、陝西、京東西等路監司常戒州縣撲滅，毋致孳生。』三年四月十七日，詔：『西北諸路久旱，慮蝻蟲漸生。其令轉運司督州縣撲滅，毋致孳長。』

元豐四年六月，河北蝗。秋，開封府界蝗。《續宋會要》：元豐四年六月三日，詔：『河北諸郡蝗蝻漸熾，可專委東路提舉官李宜之督捕。』二十七日，詔提舉開封府界諸縣鎮公事楊景略、提舉開封府界常平等事王得臣分詣諸縣提舉捕蝗。

元豐五年夏，又蝗。《會要》：元豐五年四月三日，詔開封府界提點司速捕絕蝗蟲，毋令害苗稼。

元豐六年夏，又蝗。五月，沂州蝗。《續宋會要》：元豐六年七月十日，詔：『聞開封府界諸縣蝻蟲猥多，今田稼既成，恐害豐稔。宜令提點刑獄范峋親督人夫速剪除之。』

哲宗元符元年八月，高郵軍蝗，抱草死。《續宋會要》：元符元年十一月四日，戶部言：『有蝗處地主報本耆，若在官荒田或山野灘岸之類者，地鄰報本耆，晝時申縣。令佐當日親詣地頭，差人打撲。鄰縣界至不明者，兩縣官同；如田段廣闊者，幕職官、通判分行提舉。亦許募人捕取，當官交納。每蟲子一升，官細色穀斗二升。蝻蟲五升或飛蝗一斗，各給一升。蝻蝗子多易得處各減半給。如給麄色，並依倉例細折，或給中等實直價錢。仍預先量數支錢斛，付隨近寺觀或與有力戶，就便博易給散。令佐往來點檢燒埋，候盡靜，轉運於別州差官覆檢訖奏。開封府界止差別縣官。其蝗蝻滋生稍多去處，即監司分定地分巡檢，往來督責官吏寅夜並手打撲盡靜，仍躬親視聞奏訖，方得歸司，更不差別州官覆檢。即蝗初生，而本耆及地主、鄰人合告，而同隱蔽不言者，各杖一百。許人告，每畝賞錢貫至五十貫止。』從之。徽宗崇甯元年閏六月二十六日，尚書省言：『府界、京東、河北、淮南等路蝗。』詔監官督捕、官吏弛慢者劾治以聞。

崇寧二年，諸路蝗，令有司酺祭。《續宋會要》：崇寧二年七月二十三日，臣僚言：『乞行酺祭，以弭蝗災。』詔太常寺檢舉。

崇寧三年四年，連歲大蝗，其飛蔽日，來自山東及府界，河北尤甚。

宣和三年，諸路蝗。《續宋會要》：宣和三年九月二日，淄州奏：『本州界四縣五鎮，自五月中有四向飛到蝗蟲，及鄰境間有蝗蝻遷逐入界，皆抱枝自乾，並不傷害田苗。本州界內禾稼成實。』

宣和五年，蝗。

高宗建炎二年六月，京師、淮甸大蝗。八月庚午，令長吏修酺祭。《會要》：建炎二年六月二十四日，詔：『聞京師、淮甸等處飛蝗甚多，恐害田稼。可行下逐路轉運司差官疾速撲，限日近須管盡靜，仍具申尚書省。』是月十九日，又詔：『乃者飛蝗爲沴，應政事施設未便於民、未宜於時，令監司、郡守條具以聞。爲害最重之處，仰百姓自陳州縣，監司驗實聞奏，量輕重與免租稅。其應禁囚，州委知州，縣委通判，躬親點檢結絕。尚敢違慢，劾治以聞。』又詔：『應有飛蝗州軍，令長吏備牢醴躬親祁祭，命輔臣詣觀寺祈禱。』

紹興二十九年七月，盱眙軍楚州金界三十里蝗爲風所墮。風止，復飛還淮南。

三十二年六月，江東、淮南北郡縣蝗飛入湖州境，聲如風雨。自癸巳至於七月丙申，偏於畿縣，餘杭、仁和、錢塘皆蝗。丙午，蝗入京城。《會要》：紹興三十二年七月三日，詔：『飛蝗自湖州安吉入臨安府界，令本路監司、守令詢究其實，檢照前後條令疾速施行。』從侍御史張震請也。

紹興三十二年八月，山東大蝗。癸丑，頒祭酺禮式。《會要》：紹興三十二年八月九日，詔：『以飛蝗爲害，令太常寺條具祭酺神禮施行。』先是，白劄子奏：『紹興祀令：蟲蝗爲害，則祭酺神。』故有是命。孝宗隆興元年四月十七日，詔令有蝗路分、轉運司督責州縣措置除蝗。殿中侍御史胡沂奏：『按《爾雅》：螟食苗心，螣食苗葉，賊食苗節，蟊食苗根。四者皆蝗類也。詩人嫉之，其詩曰：「無害我田穉，田祖有神，秉升炎火。」蓋當穉未成之時，而爲患方始，驅除之道，固宜無所不用其至也。唐開元中，姚崇建言：『田各有主，使之自救，必不憚勤。請夜設火坎其旁，且焚且瘞。於是汴州刺史倪若水縱捕，得蝗十四萬石，蝗害訖息。朝廷著令，蟲蝗生發飛落，及有遺子，地主報耆申縣，先次追集人戶，並力撲除。又令官私荒田牧地經飛蝗住落處，雖以撲掘，仍於十月初委令佐差募人取掘蟲子納官，給錢穀。又令撲掘蟲蝗條法，於村疃粉壁曉示，縣於李首舉行。凡數十條。立法之意，可謂盡矣。去秋飛蝗逮至江浙，至冬無雪，宜有遺育散在郊野。而有司失於檢舉撲除之令，種息實繁，其勢必將復出爲害。如聞近郡村野間稍稍有之，須及此時舉行舊法，令逐路轉運司疾速戒諭郡縣督責遵守，庶幾銷患於微。』故有是命。

隆興元年七月，大蝗。《會要》：隆興元年七月十六日，詔：『以秋亢旱，飛蝗在野，星變數見，朕心懼焉。意者政令多有所闕，賞罰或不當，朕雖側身求應以實，卿等各思革正積弊，勿狥倭私，務塞災異之原，稱朕寅畏之意。』又令劄與侍從臺諫、兩省官照會，仍依今月十二日已降指揮，條具時政闕失聞奏。十九日，宰執陳康伯以旱、蝗、星變，抗章自列，詔不允。

隆興元年八月壬申、癸酉，飛蝗過都，蔽天日。徽、宣、湖三州及浙東郡縣害稼。京東大蝗，襄、隨尤甚，民爲乏食。《會要》：隆興元年八月十七日，詔：『比日飛蝗益多，又聞諸路州縣風雨爲災，螣螟害稼，咎證罔測，朕甚懼焉。朕自今月十八日避正殿，減常膳，側身修行，以祈消弭。重惟政事之闕，致傷和氣。二三大臣其盡忠省過，裨朕不逮。監司、郡守各務身率，戢貪禁暴，平察冤獄，以安民庶。所在災傷，悉行具奏，依條賑恤檢放；如有隱匿，不以聞者，重寘典憲。師徒未息，科調益繁，江淮襄蜀，尤甚勞擾。疆場之吏，宜加安輯，蠲省苛斂，以稱德意。』二十二日，車駕欲詣德壽宮上壽聖太上皇后壽，以蝗蟲避殿減膳，不當留宴，遂寢。從諫官陳良佑請也。九月十八日，詔：『淮南、江東西、兩浙轉運司立便行下所部州縣，遵依見行條法，捕收蝗子。所捕收人戶，於元法倍給錢穀之數，於常平倉庫取撥。仍仰本司巡按督責所委官恪意奉行，務要盡絕。』戶部狀：『准都省批下白劄子奏，比歲飛蝗在野，雖不爲災，然要不可視爲無傷，而不預爲之備。今歲之蝗所以尚熾者，由去歲之遺種尚存而不撲除之也。今秋令之深，氣候浸凜，蝗雖尚熾，勢必不能爲患。第爲來歲之慮，則十月取掘蟲子之法，正適其時。乞自朝廷悉舉舊法，遍下諸路監司、守臣，分委令佐，各以時月親行檢視元經飛蝗生發及住落遺子去處，多方募人取掘蟲子，經官投納。仍於元法倍給錢穀之數。其所用錢穀，悉於常平司倉庫取撥。務在恪意奉行，庶幾遺種殄滅，不至復爲來歲之患。』故有是命。

隆興二年夏，餘杭縣蝗。《會要》：隆興二年五月二十三日，詔：『臨安府餘杭縣見有蝗蝻，雖已差撲除，恐所在冤獄，催促僕滅。』九月二十四日御劄：『紹興府今秋螟害、水溢重有災傷，令吴芾遣吏按實，速加賑恤。仍思所以濟之之術，速具以聞。』

乾道元年六月，淮西蝗。憲臣姚岳貢死蝗爲瑞，以佞坐黜。《會要》：乾道元年六月十五日，有旨：『淮南運判姚岳以蝗死爲嘉祥，乞録付史館，特降一官。以右正言程叔達奏：『岳申奏蝗蟲自淮北飛渡前來，皆抱草木自死，首唱佞諛，務爲容悅之階。乞賜罷黜，以警其餘。』故有是命。

淳熙三年八月，淮北飛蝗入楚州盱眙軍界，如風雷者。逾時遇大雨，皆死，稼用不害。《會要》：淳熙三年八月二日，楚州武鋒軍副都統制張宣言有蝗自淮北飛過淮南，遇大雨，皆抱草木。又二十日，有飛蝗自東北起過向西南去，蔽空如雲，陣若風雷。又二十一日，有飛蝗往來，連日不絕，未聞傷食禾稼。上曰：『初不聞，不曾損傷禾稼否？』參知政事龔茂良等奏：『久聞淮北旱蝗，未敢深信，今乃果然。蝗過淮南，被雨即死，此非人力所能爲，實天意也。』詔措置打撲，務令日下靜盡。

淳熙九年六月，全椒、歷陽、烏江縣蝗。乙卯，飛蝗過都，遇大雨，墮仁和縣界。七月，淮甸大蝗，真、揚、泰州窖撲蝗五千斛，餘郡或日捕數十車。羣飛絕江，墮鎮江府，皆害稼。《會要》：淳熙九年六月二十二日，詔知臨安府王佐日下責委州縣疾速體訪蝗蟲飛落去處，並躬親前詣地頭監督，並力打撲，無致傷損禾稼。既而八月十四日，詔：『蝗發之處，令疾速措置撲除，務要靜盡。如將來尚有孳育，其所在守令不以去官，取旨責罰。』十年正月十一日，知臨安府王佐言：『去歲飛蝗自北而來，民心憂懼。聖德銷異，竟不害稼。但遺種入土，慮深春生發。雖本府境內已令並力打撲，恐其餘州縣曾經有蝗飛落去處，有失舉行。望委監司督責措置，免致孳育。』既而又言：『本府有蝗飛落瀕江一帶蘆場，並鹽場茅葦地內，竊慮今來取掘蟲子，打撲蝗蝻，其管掌蘆場並鹽場茅地人別有阻障，望令民間從便掘取打撲。其在外州縣，乞一體施行。』並從之。二十二日，詔：『兩浙、江東、兩淮帥、漕司爲將所部州縣去年曾有蝗蟲飛落地分，並委守臣多給錢米，及選差諳曉民事官措置取掘打撲，務要靜盡。如違，按劾以聞。』既而權工部尚書王佐言：『比來措置掘蝗，仰見聖主憂民之切。至於祈禱祠祭，恐不廢紹興、隆興間，朝廷嘗命禮官討論，頻降祭式，事已即罷。望檢舉施行，亦助弭災害之一也。』從之。

淳熙十年六月，蝗遺種於淮、浙，害稼。《會要》：淳熙十年八月二十三日，宰執奏事，上因諭曰：『日來天氣甚好，秋熟無疑。聞說平江近日有蟲聚於禾稼上，須用油澆乃落。但一一如此，幾時可徧？』忽一夜雨，其蟲盡洗去。

十四年七月，仁和縣蝗。《會要》：淳熙十四年十九日，臣僚言：『臨安府仁和縣管下蝗蝻生發，已有羽翼，及今未能高飛，尚可掩捕。』詔臨安府速措置施行，毋致滋長。

光宗紹熙二年，高郵縣蝗，至於泰州。五年八月，楚、和州蝗。

寧宗嘉泰二年，浙西諸縣大蝗，自丹陽入武進，若煙霧蔽天，其墮亙十餘里。常之三縣捕八千餘石，湖之長興捕數百石。時浙東近郡亦蝗。《會要》：嘉泰八年八月十八日，詔：『飛蝗未息，差官詣霍山廣惠廟行祠祈禱，務獲感應。』九年六月三十日，都省言：『日來稍有飛蝗，合行祈禱。』詔令范之桑詣上天竺靈感觀音前，柴中行詣霍山廣惠廟行祠祈禱，務獲消弭。又詔分遣卿監、郎官詣在京祠廟祈禱。

開禧三年夏、秋久旱，大蝗羣飛蔽天，浙西豆粟皆既於蝗。《會要》：開禧三年七月十一日，都省劄子：『奉御筆：「朕德弗類，致天之災。比者郡邑間被大水，加以飛蝗爲孽，永惟咎證，用震悼於予衷。顧惸然在疚，方重貶抑。咨爾二三大臣，其助朕祇畏，思正厥事，以迪百工。俾內無誕謾私詖之風以害吾治，外無貪墨暴刻之政以殘吾民。其有災傷，當行賑恤去處，具以狀聞，無得蒙蔽。庶幾實惠宣究，天心降格。矧今兵戍久勞，瘡痍未息，一念及此，痛如在躬。疆場之吏，尤當極力安輯，以稱朕惻仁元元之意。」』嘉定元年四月二十五日，臣僚言：

『臣等聞民自天民，天固恤之。匹夫匹婦不得其死，則三年之旱、六月之霜不旋踵而應。況兵革之後，死於非命者不可勝計，積骸枕野，饑民相食，怨氣充塞，豈不上干陰陽之和！故自去歲以來，蝗蝻爲災，隆冬無雪，入春不雨，以迄於今。考之農時，以過芒種。今隴畝龜兆，首種不入，更遲數日，已涉夏至，則歲事無及矣。聞之道路，旱勢甚廣，江湖閩浙，所望皆然，遺蝗復生，撲滅難盡，漕渠不通，米價翔踴，人情嗷嗷，幾不聊生。此豈細故，而可不求以應之哉？近者奏告祈請，靡神不宗，然欲雨而即止，暫陰而復晴，殊未有以慰四方雲霓之望。恭心焦勞，特減常膳，又以此月二十七日躬禱於太一宮明慶寺，閔雨之志，上下具孚，甚盛德也。然成湯桑林之禱，嘗引咎而責躬；宣王雲漢之災，必側身而修行；其爲應天之道，蓋未嘗專事於虛文也。欲望陛下惕厲齋居，憂勤庶政，深念生民塗炭，無辜籲天，皆由向者任用非人，以致貽禍百姓，亟下哀痛之詔，廣求切直之言。仍詔大臣，敷求民瘼。如淮甸之賑濟，諸郡之科繇，暑月之鍜甲，近畿之和糴，若此之類，名色甚多，皆合亟議罷行。仍劄下六部長貳及臨安府、兩浙轉運司，各據所隸，凡可以慰安人心，銷弭天變者，申尚書省施行。』詔從之。嘉定元年五月，江浙大蝗。六月乙酉，有事于圜丘方澤，且祭酺。七月，又酺，頒酺式於郡縣。

二年四月，又蝗。五月丁酉，令諸郡修酺祭祀。六月辛未，飛蝗入畿縣。

三年，臨安府蝗。

七年六月，浙郡蝗。

八年四月，飛蝗越淮而南，江淮郡蝗食禾苗，山林草木皆盡。乙卯，飛蝗入畿縣。己亥，祭酺。令郡有蝗者如式以祭。自夏徂秋，諸道捕蝗者以千百石計。饑民競捕，官出粟易之。

九年五月，浙東蝗。丁巳，令郡國酺祭。是歲薦饑，官以粟易蝗者千百斛。

十年四月，楚州蝗。

理宗紹定三年，福建蝗。

端平元年五月，當塗縣蝗。

嘉熙四年，建康府蝗。

淳祐二年五月，兩淮蝗。

景定三年八月，兩浙蝗。以上《永樂大典》卷七六六六

（同治）《清河縣志》卷五《災異》 ［嘉靖三十九年］春三月至八月不雨，遍地蝗生，斗粟至百八十錢，民采草木根葉而食，多餓死者。

（光緒）《吴橋縣志》卷一〇《雜記》 ［嘉靖三十九年］飛蝗蔽天，食禾殆盡。

（光緒）《重修嘉善縣志》卷三四《祥眚》 ［康熙十一年］六月十九日飛蝗蔽天，不爲禾害。閏七月大雨，水溺平岸。八月，蝝蟲食禾根，傷稼，民饑。

《清史稿》卷一〇《高宗紀一》 ［乾隆三年］八月丙戌，江蘇海州、山東郯城等州縣蝗。

又 山東濟南等七府蝗。

又 江蘇淮安、安徽鳳陽等府州蝗。

又 ［乾隆九年］江南、河南、山東蝗。

又 **卷一一《高宗紀二》** ［乾隆十六年］癸巳，直隸河間等州縣蝗。

又 ［乾隆十七年］五月辛未，直隸東光、武清等四十三州縣蝗。庚辰，賑河南祥符等十四縣水災。己丑，賑甘肅狄道等十四州縣上年水災。山東濟南等八府蝗，江南上元等十二州縣生蝻。

又 ［乾隆十八年］丙申，天津等州縣蝗。

又 秋七月甲子，順天宛平等三十二州縣衛蝗。

又 **卷一二《高宗紀三》** ［乾隆二十三年］直隸元城等州縣蝗。

又 ［乾隆二十四年］江蘇淮安等三府州蝗。

又 甲戌，江蘇海州等州縣、山東蘭山等縣蝗，諭裘曰修、海明捕蝗。

又 辛亥，以捕蝗不力，奪陳宏謀總督銜。

又 山西平定等州縣蝗。

又 ［乾隆二十五年］秋七月癸卯朔，諭熱河捕蝗。甲辰，山西寧遠等廳、直隸廣昌等州縣蝗。

又 ［乾隆二十八年］六月庚寅，山東歷城等州縣蝗。

又 己巳，順直大城、滄州等州縣蝗。

又 ［乾隆二十九年］庚寅，奉天寧遠等州縣蝗。

又 **卷一三《高宗紀四》** ［乾隆三十一年］甲寅，伊犁蝗。

又 ［乾隆三十五年］丙寅，天津蝗，命楊廷璋甲子，裘曰修以捕蝗不力免，調程景伊為刑部尚書。督捕。

又 閏五月丙午朔，命裘曰修赴薊州、寶坻一帶捕蝗。

又 丙戌，河南永城、江蘇碭山、安徽宿州等州縣蝗。

又 ［乾隆三十八年］丙寅，齊齊哈爾蝗。

又〔乾隆三十九年〕夏四月乙酉，順天大興等州縣蝗。

又乙丑，烏魯木齊額魯特部蝗。

又卷一四《高宗紀五》〔乾隆四十八年〕辛丑，命劉峩飭玉田附近州縣掘蝗蝻。

又卷一五《高宗紀六》〔乾隆五十七年〕秋七月甲辰，賑直隸河間等處旱災，順直宛平、玉田等州縣蝗。

又卷一八《宣宗紀二》〔道光十七年〕是月，貸山西朔州等十一州廳縣、陝西葭州等九州縣、甘肅金州等十三州縣水災、旱災、蝗災、雹災、霜災，倉穀口糧籽種。

又卷二一《穆宗紀一》〔同治元年〕乙丑，直隸蝗。

又詔順直捕蝗。

又卷二二《穆宗紀二》〔同治十三年〕丙戌，河南蝗。

又卷二三《德宗紀一》〔光緒二年〕乙巳，以近畿亢旱，直隸、山東暨河南、河北等府小民艱食，諭長官撫卹，並捕蝗蝻。

又庚子，安徽蝗。

又〔光緒三年〕是月，江蘇、安徽蝗。

又〔光緒五年〕壬午，河南蝗。

又烏拉特、阿拉善等旗蝗。

又〔光緒六年〕壬子，江蘇捕蝗。

又〔光緒八年〕庚戌，直隸蝗。

又〔光緒十七年〕是月，京畿蝗。

又〔光緒十八年〕乙亥，合肥等州縣旱、蝗，賑之。

又是月，京畿蝗。

又壬寅，河南蝗。

又卷二四《德宗紀二》〔光緒二十二年〕是秋，賑河南、奉天、湖北、安徽、山東、山西、吉林、黑龍江水災，湖南蛟災，及陝、甘水災雹災，新疆蝗災雹災，廣東洋面風災。

又〔光緒二十三年〕是秋，賑陝西雹災、水災，湖南北、江西、廣東、安徽、雲、貴水災，新疆蝗災。

又〔光緒二十四年〕壬申，賑吐魯番等處水災、蝗災。

又〔光緒二十九年〕是秋，賑湖北、陝西等屬水災，懷柔雹災，雲南各屬水、旱災，雹災，鎮西、綏來蝗災、凍災。

又〔光緒三十四年〕是月，山東、安徽蝗。

又卷四〇《灾異志一・蝗蝻》順治三年七月，延安蝗；安定蝗；欒城蝗，蔽天而來；元氏蝗，初蝗未來時，先有大鳥類鶴，蔽空而來，各吐蝗數升；渾源州蝗。九月，洪洞蝗，宣鄉蝗。四年三月，元氏、無極、邢台、内丘、保定蝗。六月，益都、定陶旱蝗，介休蝗，山陽、商州雹、蝗。七月，太谷、祁縣、徐溝、岢嵐蝗；靜樂飛蝗蔽天，食禾殆盡；定襄蝗，墜地尺許；吉州、武鄉、陵州、遼州、大同蝗；廣靈、潞安蝗；長治飛蝗蔽天，集樹折枝；靈石飛蝗蔽天，殺稼殆盡。八月，寶雞蝗，延安蝗，榆林蝗，涇州、莊浪等處蝗。九月，交河蝗，落地積尺許。五年五月，衡水蝗。六年三月，陽曲蝗，盂縣蝗。五月，陽信蝗，害稼。六月，德州、堂邑、博興蝗。七年七月，太平、岢嵐蝗，介休、寧鄉蝗。十年十一月，文安、府谷蝗。十三年正月，徐海蝗。三月，玉田大旱蝗。五月，定陶大旱蝗。七月，昌平、密雲、新樂、臨榆蝗，灤河蝗，東平蝗。冬，昌黎大雨，蝗。十五年三月，邢台、交河、清河大旱，蝗，害稼。

康熙四年四月，東平、真定、日照大旱，蝗。五年五月，蕭縣蝗；任縣飛蝗自東來蔽日，傷禾；日照、江浦大旱，蝗。六年六月，杭州大旱，蝗；靈壽、高邑大旱，蝗，害稼。八月，東明、灤州、靈壽蝗。八年八月，海寧飛蝗蔽天而至，食稼殆盡。九年七月，陽□大旱，蝗，食稼殆盡。麗水、桐鄉、江山、常山大旱，蝗。六月，寧海、天台、仙居大旱，蝗，定陶大旱，蝗，虹縣、鳳陽、巢縣、合肥、溧水大旱，蝗。七月，全椒、含山、六安州、吳山大旱，蝗，濟南府屬旱，蝗害稼，麗水蝗，桐鄉、海鹽、淳安大旱，蝗，元城、龍門、武邑蝗。十一年二月，武定、陽信蝗害稼。三月，獻縣、交河蝗。五月，平度、益都飛蝗蔽天，行唐、南宮、冀州蝗。六月，長治、鄒縣、邢台、東安、文安、廣平蝗。定州、東平、南樂蝗。七月，黎城、芮城蝗，昌邑蝗飛蔽天，莘縣、臨清、解州、冠縣、沂水、日照、定陶、菏澤蝗。十六年三月，來安蝗，三河、内丘蝗。十八年正月，蘇州飛蝗蔽天。夏，全椒蝗。七月，寧津、撫寧、五河、含山蝗。二十一年，信陽、莒州蝗。二十三年四月，東安蝗，永年蝗。二十五年春，章丘、德平蝗。六月，平定、無極、饒陽、井陘蝗。二十六年，東明、藁城蝗。二十九年五月，臨邑、東昌、章丘蝗。七月，平陸、武清蝗。

三十年五月，登州府屬蝗。六月，浮山、翼城、岳陽蝗，萬泉飛蝗蔽天，沁州、高平落地積五寸，乾州飛蝗蔽天，寧津、鄒平、蒲台、莒州飛蝗蔽天。七月，昌邑、濰縣、真定、盧龍、平度、曲沃、臨汾、襄陽蝗，平陽、猗氏、安邑、河津、蒲縣、稷山、絳縣、垣曲、中部、寧鄉、撫寧等縣蝗。三十一年春，洪洞、臨汾、襄陵、河津，夏，浮山蝗。三十三年五月，高苑、樂□、寧陽蝗。三十六年，文安、元氏蝗。三十八年，遵化州、晉州、盧龍、撫寧蝗。三十九年秋，祁州、盧龍、撫寧蝗。四十三年，武定、濱州蝗。四十四年九月，密雲、盧龍、新樂、保安州蝗。四十六年，邢台、肅寧、平鄉蝗。四十八年秋，昌邑、盧龍、昌黎蝗。五十年夏，莘縣、鄒縣、廬州蝗。五十三年秋，沛縣、合肥、廬江、舒城、無為、巢縣蝗。五十七年二月，江浦、天鎮蝗。五十九年，膠州、掖縣蝗。

雍正元年四月，銅陵、無為蝗，樂安、臨朐大旱，蝗。江浦、高淳旱，蝗，棲霞、臨朐蝗。三年冬，海陽、普宣蝗。十三年九月，東光、獲鹿、蒲台蝗。

乾隆三年六月，震澤、日照旱，蝗。四年六月，東平、寧津蝗。五年八月，三河飛蝗來境，抱禾稼而斃，不為災。九年七月，阜陽、亳州、滕縣、滋陽、寧陽、魚台蝗。獻縣、景州蝗。十三年夏，蘭州、郯城、費縣、沂水、蒙陰旱；諸城、福山、棲霞、文登、榮成蝗；高密、棲霞尤甚，平地湧出，道路皆滿。十五年夏，掖縣飛蝗蔽天。十六年六月，諸城、交河、祁州蝗；河間蝗，有鳥數千自西南來，盡食之。十七年四月，柏鄉、雞澤、元氏、東明、祁州蝗。七月，東阿、樂陵、惠民、商河、滋陽、范縣、定陶、東昌蝗。十八年秋，永年、臨榆、樂亭蝗。二十年六月，蘇州大雨，蝗。二十三年夏，德平、泰安蝗，有羣鳥食之，不為災。二十四年夏，高郵大旱，蝗集數寸。二十八年三月，臨邑、靜海、灤州、文安、霸州、蒲台飛蝗七日不絕。二十九年夏，吳川大旱，蝗損禾；東昌、安丘蝗。三十年三月，黃安、寧陽、滋陽蝗。三十三年七月，武清、慶雲蝗。三十七年二月，景寧飛蝗蔽天，大可駢三尺；淄川、新城蝗；鳳陽旱蝗，三十九年二月，安丘、壽光、沂水蝗。八月，文登蝗。四十三年三月，黃安、南陵旱，蝗。九月，武昌蝗；江夏縣、潛江大旱，蝗。四十九年冬，濟南大旱，蝗。五十年六月，日照縣大旱，飛蝗蔽天，食稼；蘇州、湖州、泰州大旱，蝗。五十一年五月、七月，房縣、宜城、棗陽、陽春旱、蝗；羅田、麻城大旱，蝗。五十二年四月初二日，麻城蝗，積地寸許。七月，黃岡、宜都、麻城、羅田、荊門州蝗。五十三年六月，平度縣大旱，飛蝗蔽天，田禾俱盡。五十六年六月，寧津、東光大旱，飛蝗蔽天，田禾俱盡。五十七年五月，武城、黃縣、高唐旱，蝗。五十八年春，歷城旱，蝗，有蟲如螽，附於蝗背，蝗立斃，不成災。七月，安丘、章丘、臨邑、德平蝗。

嘉慶七年，蓬萊、莘縣、高唐、鄒平、諸城、即墨、文登、招遠、黃縣蝗。十年春，博興、昌邑、諸城蝗；臨榆蝻生。夏，滕縣飛蝗蔽天，食草皆盡。秋，昌邑蝗，食稼；寧海蝗。十九年，菏澤、曹縣、博興蝗。

道光三年，莘縣、撫寧蝗。四年，東平、清苑、望都、定州蝗。五年七月，清苑、定州飛蝗蔽天，三日乃止；內丘、新樂、曲陽、長清、冠縣、博興旱、蝗。六年二月，灤州、撫寧蝗。十四年五月，潛江、棗陽旱、蝗，雲夢旱、蝗。十五年春，黃安、黃岡、羅田、江陵、公安、石首、松滋大旱，蝗。五月，均州、光化蝗。七月，濱州、觀城、鉅野、博興、穀城、應城蝗。八月，安陸、玉山、武昌、咸寧、崇陽蝗；黃陂、漢陽大旱，蝗。十六年夏，定遠蝗，紫陽蝗，宜都、黃岡、隨州、鍾祥旱，蝗。七月，穀城、鄖縣、鄖西蝗。十七年春，應城蝗蝻。五月，鄖縣旱，蝗；秋，復旱，蝗。十八年夏，鄖縣蝗，應山大旱，蝗，博興旱、蝗。八月，東光蝗，不為災。十九年九月，應山蝗。二十三年三月，鄖西旱、蝗。二十五年七月，光化、麻城蝗。二十七年夏，應城蝻生，元氏旱，雹化蝗。十月，臨邑蝗。

咸豐四年六月，唐山、灤州、固安、武清蝗。五年四月，靜海、新樂蝗。六年三月，青縣、曲陽蝗。六月，靜海、光化、江陵旱、蝗，宜昌飛蝗蔽天，松滋蝗。八月，昌平蝗，邢台蝗，香河、順義、武邑、唐山蝗。七年春，昌平、唐山、望都、樂亭、平鄉蝗；平谷蝻生，春無麥；青縣蝻虸生；撫寧、曲陽、元氏、清苑、無極大旱，蝗；邢台有小蝗，名曰蠕，食五穀莖俱盡；武昌飛蝗蔽天；棗陽、房縣、鄖西、枝江、松滋旱、蝗；宜都有蝗長三寸餘。秋，咸寧、漢陽、宜昌、歸州、松滋、江陵、枝江、宜都、黃安、蘄水、黃岡、隨州蝗；應山蝗，落地厚尺許，未傷禾；鍾祥飛蝗蔽天，亙數十里；潛江蝗。八年三月，撫寧、元氏蝗蝻生。六月，均州、宜城蝗害稼，應城飛蝗蔽天，房縣、保康、黃巖蝗害稼。秋，清苑、望都、蠡縣、歸州蝻虸生。十月，黃陂、漢陽蝗。十一月，宜都、松滋蝗。十年六月，棗陽、房縣蝗。

光緒三年夏，昌平、武清、灤州、高淳、安化旱、蝗。秋，海鹽、柏鄉蝗。四年九月，靈州蝗。七年六月，武清蝗。七月，臨朐蝗。八年春，玉田蝻生。

九年夏，邢台蝗。十七年三月，寧津旱、蝗傷稼。三十三年五月，山丹蝗。

又 卷八四《禮志三·京師群祀》 先是直隸總督李維鈞奏：『蝗災，士人禱猛將軍廟，患輒除。』於是下各省立廟祀。已，兩江總督查弼納亦言：『猛將軍廟祀所在無蝗害，無廟處皆為災。』被訶責。詔言：『水旱蝗災，疆吏當修省，勿專事祈禱。』

又 卷二四〇《胡全才傳》 是歲山、陝蝗見，全才爲捕蝗法授州縣吏，蝗至，如法捕輒盡，不傷稼。

又 卷二七六《衞既齊傳》 尋擢副都御史，聞山、陝蝗見，平陽以南尤甚，疏請賑卹，上責其懸揣。

又 卷三〇三《陳世倌傳》 時山東境旱蝗，糧運淺阻，世倌單車周歷，密察災輕重、吏能否，乃視事。趣捕蝗略盡，並疏治運道，世宗書扇以賜。

又 卷三〇九《衞哲治傳》 值蝗災，設六條拊循：優禮德望，饋餉高年，旌奬孝義，經理煢獨，譏警游惰，約束過犯。

又 《吴士功傳》 旱蝗爲災，督吏捕治，晝夜巡閲，未及旬，蝗盡。

又 卷三二一《裘曰修傳》 初，江南、山東蝗起，命曰修捕治。是歲畿南蝗，復命捕治。曰修至武清，令順天府尹竇光鼐行求蝗起處。

又 《曹秀先傳》 十八年，近畿蝗，秀先請御製文以祭，舉蜡禮；州縣募捕蝗，毋藉吏胥。上曰：『蝗害稼，惟實力捕治，此人事所可盡。若欲假文辭以期感格，如韓愈祭鱷魚，鱷魚遠徙與否，究亦無稽。朕非有泰山北斗之文筆，好名無實，深所弗取。』

又 卷三二二《竇光鼐傳》 坐屬縣蝗不以時捕，左遷四品京堂，仍留任。旋赴三河、懷柔督捕蝗，疏言：『近京州縣多旗地，嗣後捕蝗，民爲旗地佃，當一體撥夫應用。』

著録

《四庫全書總目提要》卷八二《史部三八·政書类二·捕蝗考》

《捕蝗考》一卷 編修程晉芳家藏本

國朝陳芳生撰。芳生字漱六，仁和人。螽蝝之害，《春秋》屢見於策書。《詩·大田》篇，『去其螟螣，及其蟊賊，無害我田穉，田祖有神，秉畀炎火。』毛、鄭之説，以炎火為盛陽，謂田祖不受此害，持之付於炎火，使自銷亡，並非實火。是漢時尚未詳除蝗之制，故訓詁家有是説也。至唐姚崇作相，遣使捕蝗，引《詩》此語以為證，朱子《集傳》亦從其説，於是捕蝗之法始稍稍見於紀述。芳生此書，取史冊所載事蹟議論，彙為一編。首備蝗事宜十條，次前代捕蝗法，而明末徐光啟奏疏最為詳核，則全録其文。附以陳龍正語及芳生自識二條。大旨在先事則預為消弭，臨時則竭力翦除，而責成於地方官之實心經理。條分縷析，頗為詳備。雖卷帙寥寥，然頗有裨於實用也。

清 王勳竹《撲蝻曆效·叙》 《春秋》書『螟』，《爾雅》稱食禾心為『螟』，謂其冥冥難去也。而聚飛掠食，蝗害尤烈。唐太宗吞蝗軼事，傳為美談。我皇上御極以來，榮雲生，甘露降，瑞徵史不絕書，蜢蚱妖蟲應絕跡盛世，而管見所得，雖曾曆驗，則擬為百年備而不用之法，無礙矣。癸酉歲作任邑令，即《禹貢》恒衞，既從大陸農作地，為澧洺等九河下流，漚茹蒸騰，螣蝝易生。七月履境，八月有飛蝗遮擁從東北至，撲滅半月淨。二年驚蟄次日，糧房掾自書，如有蝻子生發，速行呈報，告條百餘紙送票。余為駭驚，叱問是物豈尋常所有，何得妄出乃爾耶？掾曰是自來規矩，遂判司放行，年置閏前。四月十六日，俄即有娘娘廟地方走報曰蝻生，星發飛騎，驗即去歲撲飛蝗處。方以為遺種卵生，無何而杜科路莊、北張、牛星寨陸續飛報，零星處未易覆□，餘張惶夫役五鼓出漏下，旋有一日遍四境，時連隴畔盤旋，每日有約二三百里不一。時廳憲黄公頗為歎賞。諸處竑童呼螞蚱廠，則其為土著習見無疑。由上憶之，自首夏徂早秋凡四閲月，而蝻始淨。是年幸得有秋，遠近異焉！復與旅途辟見，出所見一作，竟是柏梁體長篇《捕蝻行》，其制不知出何人手，今並不能復憶其詞數段落。大約稱余世係，則約太原槐蔭；謂余繆列科名，則約攫虎拏龍；謂余乘馬，則曰顧盼矍鑠；謂余撲蝻，則曰迅速如神，奇兵突出。余愧不能當也。偕擬有驟來糾者，酌報防姦恤災，均役成圍，移陣出改，聞報稱買，覆報待委，渥瀨睦臨，□偽如左。

雍正壬子新正三晉丙子□薦前苑鄉□王勳竹坡□偶識於上如□居。

藝文

三國魏 應璩《應休璉集·與西陽令孔德琰書》 嘉麥禎祥，惟日未久。

不圖飛蝗，一旦至止。知恤蒸庶，念存良苗。親發赫斯，爰整其旅。鮐背之叟，皓首之孷，莫不負戈奔走於道路。旌表曜於白日，鼉鼉震於雷動。以此掃敵，必將席卷。況於微蟲，能無驚駭。卓茂治密，恭在中牟。時雖有災，未若斯勤。亦猶子賤鳴琴，巫馬出入。勞逸有殊，立功惟一。重雲北興，不降靈雨。麗此二災，憂心忡惙。逐蝗之道，謹聞教矣。不審致禳，將以何物。文王修德，以厭地震。湯禱桑林，致克豐雨。宜脩善政，以慰民望。

唐 戴叔倫《屯田詞》《石倉歷代詩選》卷六五　春來耕田遍沙磧，老稚欣欣種禾麥。麥苗漸長天苦晴，土乾确确鉏不得。新禾未熟飛蝗生，青苗食盡餘枯莖。捕蝗歸來守空屋，囊無寸帛缾無粟。十月移屯來向城，官教去伐南山木。驅牛駕車入山去，霜重草枯牛凍死。艱辛歷盡誰得知，望斷天南淚如雨。

唐 穆員《蝗旱詩序》《文苑英華》卷七一七　甲子歲秋大旱，螽蝗生。其爲異也，聽如疾風，視如飛雨，仰如陰雲，俯如流水。乃至天降其高，地增其厚，明爲之昏。其災也，如農夫薙草，繁霜凋木，烈火燎原，嗚呼甚矣！矧夫既枯之稼，僅遺之粒，其可望也。余時從師於東周，居鎮之府。僚友霍總賦《蝗旱詩》一章七十有二句，其指兵生蝗，蝗生和，和生瑞。猶夫空谷之響，立表之影，以其類至必然，若乃《春秋》書災紀異之法，《詩》人風化美刺之義。備閱章句，則知其文。余味之深，敘者以爲引。

唐 白居易《白氏長慶集》卷三《捕蝗》　捕蝗捕蝗誰家子？天熱日長饑欲死。興元兵後傷陰陽，和氣蠱蠹化爲蝗。始自兩河及三輔，荐食如蠶飛似雨。雨飛蠶食千里間，不見青苗空赤土。河南長吏言憂農，課人晝夜捕蝗蟲。是時粟斗錢三百，蝗蟲之價與粟同。捕蝗捕蝗竟何利？徒使饑人重勞費。一蟲雖死百蟲來，豈將人力定天災。我聞古之良吏有善政，以政驅蝗蝗出境。又聞貞觀之初道欲昌，文皇仰天吞一蝗。一人有慶兆民賴，是歲雖蝗不爲害。
貞觀二年太宗吞蝗蟲事，見《貞觀實録》。

宋 王禹偁《小畜集》卷九《自嘲》　三月降霜花木死今年三月商州有霜，九秋飛雪麥禾灾。蟲蝗水旱霖霪雨，盡逐商山副使來。今秋洛南縣蝗，又大水，夏旱，秋雨雪。

宋 歐陽修《文忠集》卷一〇《被牒行縣因書所見呈寮友明道元年**》**　周禮恤凶荒，軺車出四方。土龍朝祀雨，田火夜驅蝗。木落孤村迴，原高百草黃。亂鴉鳴古堞，寒雀聚空倉。桑野人行饁，魚陂鳥下粱。晚煙茅店月，初日棗林霜。墐戶催寒候，叢祠禱歲穰。不妨行覽物，山水正蒼茫。

又 卷二二《太尉文正王公神道碑銘至和二年**》**　公與人寡言笑，其語雖簡，而能以理屈人，默然終日，莫能窺其際。及奏事上前，群臣異同，公徐一言以定。今上為皇太子，太子諭德見公，稱太子學書有法。公曰：『諭德之職，止於是邪？』趙德明言民饑，求糧百萬斛。大臣皆曰：『德明新納誓而敢違，請以詔書責之。』真宗以問公，公請敕有司具粟百萬於京師，詔德明來取，真宗大喜。德明得詔書，慚且拜曰：『朝廷有人！』大中祥符中，天下大蝗，真宗使人於野得死蝗以示大臣。明日，他宰相有袖死蝗以進者，曰：『蝗實死矣，請示於朝，率百官賀。』公獨以為不可。後數日，方奏事，飛蝗蔽天，真宗顧公曰：『使百官方賀，而蝗如此，豈不為天下笑邪？』

又 卷二六《尚書兵部員外郎知制誥謝公墓志銘康定元年**》**　朝散大夫、行尚書兵部員外郎、知制誥、知鄧州軍州事、兼管內勸農使、上輕車都尉、陽夏縣開國男，食邑三百戶，賜紫金魚袋。謝公諱絳，字希深。【略】

天聖中，天下水旱而蝗，河決，壞滑州。又上書，用《洪範五行》、京房《傳》，推災異所以為天譴告之意，極陳時所闕失，無所諱。與修真宗國史，遷祠部員外郎，直集賢院，通判河南府。移書丞相，言歲凶，嵩山宮宜罷勿治。【略】

銘曰：壽吾不知，命繫其偶。不俾其隆，安歸其咎？惟德之明，惟仁之茂。惟力之為，而公之有。

又 卷二八《江寧府句容縣令贈尚書兵部員外郎王公代恕**墓志銘**慶曆四年**》**　王氏世家開封陳留之通許鎮，咸平中，分通許為咸平縣，故王氏今為開封咸平人。

公諱某，字某。【略】歷婺州蘭溪尉、陳州項城主簿，會歲旱蝗，州守風吏按田者言旱不為災，公與守爭至三四，民得復，乃已。【略】。銘曰：

公世以貲，施德於人。至公貲衰，乃施於官。有子之一，足大公門。矧公多子，多子多孫。惟彼世德，如流有源。其來者遠，愈積益蕃。銘昭其昧，以永厥存。

又 卷五三《答朱寀捕蝗詩慶曆二年**》**　捕蝗之術世所非，欲究此語興於誰？或云豐凶歲有數，天孽未可人力支。或言蝗多不易捕，驅民入野踐其畦。因之姦吏恣貪擾，戶到頭斂無一遺。蝗災食苗民自苦，吏虐民苗皆被之。吾嗟此語祇知一，不究其本論其皮！驅雖不盡勝養患，昔人固已決不疑。秉螯投火況舊法，古之去惡猶如斯。既多而捕誠未易，其失安在常由遲。詵詵最説子孫衆，為腹所孕多蝝蚳。始生朝畝暮已頃，化一為百無根涯。口含鋒刃疾風雨，毒腸不滿疑常饑。高原下隰不知數，進退整若隨金鼙。嗟茲羽孽物共惡，不知造化其誰尸？大凡萬事悉如此，禍當早絕防其微。蠅頭出土不急捕，羽翼已就功難施。只驚群飛自天下，不究生子由山陂。官書立法空太峻，吏愚畏罰反自欺。蓋藏十不敢申一，上心雖惻何由知。不如寬法擇良令，告蝗不隱捕以時。今苗因捕雖踐死，明歲猶免為蝝菑。吾嘗捕蝗見其事，較以利害曾深思。官錢二十買一斗，示以明信民爭馳。斂微成衆在人力，頃刻露積如京坻。乃知孽蟲雖甚衆，嫉惡苟銳無難為。往時姚崇用此議，誠哉賢相得所宜。因吟君贈廣其説，為我持之告採詩。

宋 曾鞏《元豐類稿》卷一二《思軒詩序》 今天子至和之初，尚書屯田員外郎林君慥通判撫州，協于上下，以修其職。於是時，蝗起京東，轉入江淮之間，秋又皆旱，撫獨無害災。故君得以其間，益疏其寢北之池，厚池之北涯，立屋其上，入而燕焉，名其軒曰思軒。士之能詩者，皆為君賦之。觀君之蚤夜於其治，既有餘日，乃自以為不足，而深思於此。得士大夫之作，讀而推之，以察君之志，將無小大言動，萬事之作止，一擇其宜，則思之盡，豈獨一時寄此軒之內哉！君之大父水部君，當太宗時，實通判是州。今六十餘年，而君來世其官。衆於是考於州人，以求水部之餘思遺德，又榮君之能業其家，而謂君之勢且益顯，以大其宗門，將豈止於此！後有君子低回此軒，而跡君之思見於事者，不遺於理，不墜其先人，則詩之信天下，其可蔽也哉？九月十五日序。

宋 秦觀《淮海集》卷三一《祭酺神文》 比者善氣始應，霖潦屢降，溝壑流通，事既有望矣。而越自雨闕以來，飛蝗蔽天，敢爲妖孽，土之毛髮，所過爲盡。嗚呼，其不仁也哉！大旱之後，而得霖雨，是天有意於恤民也。惟爾有神，亦當上承天意，驅率醜類，入于江海。自求多福，無或違天，以速愆咎。

宋 蘇軾《東坡全集》卷六《捕蝗至浮雲嶺山行疲苦有懷子由弟二首》 西來煙陣塞空虛，灑遍秋田雨不如。新法清平那有此，老身窮苦自招渠。無人可訴烏銜肉，憶弟難憑犬寄書。自笑迂踈皆此類，區區猶欲理蝗餘。

霜風漸欲作重陽，熠熠溪邊野菊黃。久廢山行疲犖确，尚能村醉舞淋浪。獨眠林下夢魂好，回首人間憂患長。殺馬毀車從此逝，子來何處問行藏。

又《梅聖俞詩集中有毛長官者今于潛令國華也聖俞没十五年而君猶爲令捕蝗至其邑作詩戲之》 詩翁憔悴老一官，厭見苜蓿堆青盤。歸來羞澁對妻子，自比鮎魚緣竹竿。今君滯留生二毛，飽聽衙鼓眠黃紬。更將嘲笑調朋友，人道獼猴騎土牛。願君恰似高常侍，暫為小邑仍刺史。不願君為孟浩然，却遭明主放還山。宦遊逢此歲年惡，飛蝗來時半天黑。羨君封境稻如雲，蝗自識人人不識。

又卷七《寄劉孝叔》 君王有意誅驕虜，椎破銅山鑄銅虎。聯翩三十七將軍，走馬西來各開府。南山伐木作車軸，東海取鼉漫戰鼓。汗流奔走誰敢後，恐乏軍興汙質斧。保甲連村團未遍，方田訟牒紛如雨。爾來手實降新書，抉剔根株窮脈縷。詔書惻怛信深厚，吏能淺薄空勞苦。平生學問止流俗，衆裏笙竽誰比數。忽令獨奏鳳將雛，倉卒欲吹那得譜。況復連年苦饑饉，剝齧草木啖泥土。今年雨雪頗應時，又報蝗蟲生翅股。憂來洗盞欲強醉，寂寞虛齋臥空甒。公厨十日不生烟，更望紅裙踏筵舞。故人屢寄山中信，只有當歸無別語。方將雀鼠偷太倉，未肯衣冠挂神武。吳興丈人真得道，平日立朝非小補。自從四方冠蓋鬧，歸作二浙湖山主。高蹤已自雜漁釣，大隱何曾棄簪組。去年相從殊未足，問道已許談其粗。逝將棄官往卒業，俗緣未盡那得覩。公家只在霅溪上，上有白雲如白羽。應憐進退苦皇皇，更把安心教初祖。

又《和趙郎中捕蝗見寄次韻》 麥穟人許長，穀苗牛可沒。天公獨何意，忍使蝗蟲發。驅攘著令典，農事安可忽。我僕既胼胝，我馬亦款矻。飛騰漸云少，筋力亦已竭。苟無百篇詩，何以醒睡兀。初如疏畎澮，漸若決瀨渤。往來供十吏，腕脫不容歇。平生輕妄庸，熟視笑魏勃。愛君有逸氣，詩壇專斬伐。民病何時休，吏職不可越。慎無及世事，向空書咄咄。

又卷七九《答陳履常二首之二》 遠承寄貺詩刻，讀之灑然，如聞玉音，何幸獲此榮觀。不獨以見作者之格，且足以知風政之多暇，而高躅之難繼也。輒和《光祿菴二絶》，聊以寄欽羡之懷，一笑投之可也。所須接骨丹方，謹録呈。高密連年旱蝗，應副朔方百須，紛然疲薾，日俟汰逐。企仰仙館，如在雲漢矣。因風，不吝誨字。

又《祭常山祝文五首密州》 比年以來，蝗旱相屬。中民以上，舉無歲蓄。量日計口，斂不待熟。秋田未終，引領新穀。如行遠道，百里一宿。

苟無舍館，行旅夜哭。自秋不雨，霜露殺菽。黄糜黑黍，不滿囷簏。麥田未耕，狼顧相目。道之云遠，飢腸誰續。五日不雨，民在坑谷。猗嗟我侯，靈應響速。帝用嘉之，惟新命服。祈而不獲，厥愆在僕。洗心祇載，敢辭屢瀆。庶哀斯民，朝夕濡足。尚饗。

又 熙寧九年，七月某日，詔封常山神爲潤民侯。十月某日，具位蘇軾，謹以清酌少牢之奠，昭告於侯之廟曰：嗚呼！旱蝗之爲虐也，三年於茲矣。東南至於江海，西北被於河漢，饑饉疾疫，靡有遺矣。我瞻四方，大川喬嶽，食於斯民者甚衆，而受寵於吾君者，可謂巍巍矣。訴之而必聞，求之而必獲，思我農夫，而救其災沴。不爲倏雲驟雨，苟以應禱之虚名，而有膏澤積潤，可以及民之實效，卓然如侯者幾希矣。凡天子之爵命，有德而致之則爲榮，無功而享之則爲辱。今侯澤此一郡，而施及於四鄰，其受五等之爵，而被七命之服也，可謂無愧而有光輝矣。願侯益脩其實，以充其名。上以副天子之意，而下以塞吏民之望。民其奉事，有進而無衰矣。尚饗。

宋 蘇轍《欒城後集》卷三《十一月十三日雪》 南方霜露多，雖寒雪不作。北歸亦何喜，三年雪三落。我田在城西，禾麥敢嫌薄。今年陳宋災，水旱更爲虐。閉糴斯不仁，逐熟自難却。飢寒雖吾患，尚可省鹽酪。飛蝗昨過野，遺種遍陂濼。春陽百日至，鬧若蠶生箔。得雪流土中，及泉盡魚躍。美哉豐年祥，不待炎火灼。呼兒具樽酒，對婦同一酌。誤認屋瓦鳴，更願聞雪脚。

又《次遲韵對雪》 雪寒近可憂，麥熟遠有喜。我生憂喜中，所遇一已委。平生聞汝南，米賤豚魚美。今年惡蝗旱，流民鬻妻子。一食方半菽，三日已于耜。號呼人誰聞，愍惻天自邇。繁陰忽連夕，飛霰墮千里。卷舒驚太速，原隰殊未被。貧家望一麥，生事如毛起。薦饑當逐熟，西去真納履。

宋 晁補之《雞肋集》卷一〇《跋遮曲》 君不見魯中羣兒歌跋遮，跋遮跋遮何語耶。吴歈越吟初不省，恐自塞北傳胡笳。跋遮胡為樂中諱，試歌河漲水漸尖車。河中耕泥春種麻，麻生三歲不開花。腰菱兩角黑如鴉，漁父笑且語。誰能跋遮舞，君不見前年大旱河草黄。草中魚子化飛蝗，又不見，往年大雨雨決渠。渠中朽瓜生老魚，蝗飛食場穀。擊鼓煩趑撲，我家家具如筍束。今年梁山撓濁淤，兒無鋤麻姑來漁。荷鋤往賣鋤，買網空市無。丁丁斲舩斲屋櫨，艇子如星喚施罛。夜唱跋遮曲，羣鳴起白鳧。

又 卷一一《莎雞食蝗》 居貧得田不百畝，天賜時雨苗氳氳。遲明當熟晚未刈，災蝗夜至如驚軍。秋風吟茅雨洗瓦，葉上穗落青紛紛。常嫌莎雞聒麥壠，紡車細掉喧晨昏。莎雞可憐爾吻利，驅蝗逐蝻羣披分。豈惟秋蟬畏螳斧，蝗亦為爾森跳奔。天下災蝗凡幾郡，安得爾輩盈千羣。揚眉振羽如屯雲，爾雖彊聒誰煩聞。

宋 孔平仲《清江三孔集》卷二二《長蘆咏蝗》 飛蝗乎，飛蝗乎，誰使汝爲飛蝗，而如此之孽也。一氣所生乃自然，百蟲之中何爲者。若歲大旱汝則多，人雖畏之可奈何。來時漫不見首尾，往往蔽日連數里。河南却集河北岸，東村西村鬧如螘。捕逐百千才十一，入地如錐又生子。山林所過爲一空，萬口颯颯如雨風。稻粱黍稷復何有，田疇已盡腹未充。農夫去歲望得雪，千耦輩作乘春發。耕耘喜及苗已長，與汝何冤乃遭齧。忍見深冬瘦如腊，徵賦繁興蓄積缺。我有薄田在江州，五歲之中三不收。流災得無及彼土，搏手安敢期高秋。陰陽調和非我事，凍餒逼迫同民憂。有生所往隨有累，不及飲啄波中鷗。

宋 張耒《柯山集》卷二〇《田家二首》 門外清流繫野船，白楊紅槿短籬邊。旱蝗千里秋田浄，野秫蕭蕭八月天。

宋 周紫芝《太倉稊米集》卷一七《秋蝗嘆》 驅車入秋原，懞懞盡禾黍。田父刈且歌，笑言雜兒女。路傍騎馬翁，下與田父語。問言田家勞，云何樂如許。父老仰天歎，懇款話心膂。今年遭歲凶，夏旱連秋暑。誰知勤餉婦，社甕蒻緑醑。君看西來蝗，落地輒盖土。入境不入田，食草不食秬。老農亦何幸，此樂詎天與。爲言相君賢，爲惠寔在汝。羣兇滿江淮，殺氣自消阻。微蟲初何知，仁者亦復與。知公意在民，有穀寧忍咀。勸爾但自歡，蝗來不須禦。

宋 章甫《自鳴集》卷三《分蝗食》 田園政爾無多子，連歲旱荒饑欲死。今年何幸風雨時，豈意蝗蟲乃如此。麥秋飛從淮北過，遺子滿野何其多。撲滅焚瘞能幾何，羽翼已長如飛蛾。天公生爾爲民害，爾如不食焉逃罪。老夫寒餓悲惱纏，分而食之天或憐。

宋 真德秀《西山文集》卷四八《立冬日祈禳青詞十月七日也至十七夜有紫微垣宫室之夢**》** 民生多艱，莫如所部；歲事不稔，未有今年。始則烈日歊焚，欲秧而莫可；繼則飛蝗荐食，雖種而亦空。於今田野之間，已多溝壑之瘠。張頤待哺，盖尚餘數月之期；發廪勸分，未足延一旦之命。惟冀上天之仁愛，俯矜下土之困窮。方冬而賜積雪之祥，及春而布甘霖之澤。使小大之麥，既秀且藩，而高下之田，及時以墾。至於掃除疫癘之氣，蕩滅蟊螟之妖，悉賴至仁，密回洪造，庶幾有衆，咸獲更生。臣猥以駑材，繆將降指。自慚無術，可救元元之菑；獨有竭誠，期動高高之聽。

又《丙子芒種謝麥禳蝗青詞》 伏以宿麥登場，方欣續食；遺蝗出土，復慮挺菑。蓋當公私赤立之餘，豈堪饑饉荐臻之苦！幸帝命以來牟之錫，俾民生均一飽之歡。所期播植之是時，庶保豐穰之可望。倘螟蟘蟊賊，或遂蕃滋，則黍稷稻粱，皆將殄瘁。此有衆所以驚呼而相弔，而微臣所以恐懼而靡遑。顧人力驅撲之甚難，惟天意轉旋之孔易。願回大造，申勑羣靈，丕降甘霖，坐底驕陽之伏；秉畀炎火，永無遺育之存。瀝懇投誠，鞠躬請命。

金 元好問《遺山集》卷九《再到新衛》 蝗旱相仍歲已荒，伶俜十口值還鄉。空令姓字喧時輩，不救飢寒趁路傍。行帳馬嘶塵澒洞，空村人去雨淋浪。河平千里筋骸盡，更欲驅車上太行。

又 卷四〇《祭飛蝗文》 粤惟此州，百道從出。調度之急，膏血既枯。懸望此秋，以紓日夕。沴氣所召，百螣踵來。種類之繁，蔽映天日。如雲之稼，一飽莫供。道路嗷嗷，無望卒歲。考之傳記，事有前聞。魯公中牟，今為異政。貪墨汝罰，詎曰弗靈？言念茲時，瀕於陸沉。吏實不德，民則何辜？歲或凶荒，轉死誰捄？敢殫志願，神其憫之！

元 薩都拉《雁門集》卷四《漫興》 去歲干戈險，今年蝗旱憂。關西歸戰馬，海内賣耕牛。元老知誰在，孤臣爲爾愁。西風吹短髮，落日倦登樓。

雜録

唐 瞿曇悉達《開元占經》卷一〇《日占六·日六甲蝕三》 京房曰：『丁卯日蝕，諸侯欲弑君，在北方，后有蝗蟲之殃。』【略】。《春秋潛潭巴》曰：『甲午日蝕，大蟲，螟蝗興，主貪暴，民流亡。』

又 卷三一《熒惑占二·熒惑犯亢二》 郗萌曰：『熒惑留廷中，爲天下大憂，或曰爲燋旱，物不生，多蟲蝗起。』

又 卷七七《客星占一·客星名狀二》 《荆州占》曰：『王蓬絮星，色青而熒熒然，所見之國，風雨不如節，燋旱，物不生，五穀不登，多蝗蟲。』

又 卷七八《客星占二·客星犯角一》 夏氏曰：『客星入角，五穀傷，蝗蟲生。』

又《客星犯亢二》 郗萌曰：『客星守亢，天下通，臣有謀其主者，軍敗不成，多蟲蝗，糴貴，絲貴，有奇令。又客星守亢，下田傷。』

又《客星犯心五》 《天旬占》曰：『客星守心，蜚蝗大起，糴大貴十倍，萬人饑，流亡在道，下有謀反逆者。』

又 卷八四《客星占八·客星犯天田十二》 郤萌曰：『客星入天田，天焦旱，五穀不登，多蟲蝗。』

又 卷九二《雨占·四月》 四月晦日雨，至五月朔大饑，其年大水，麥惡，蝗生。

又《五月》 五月上辰日有雨，蝗蟲發；一曰：蟲隨雨下，食禾；巳日雨，同。

元 虞集《道園學古録》卷一〇《題約爾珠學士孝友卷》 京城之巽隅，自門入，循城少西，有桓楹在道北，表之曰蒙古氏約爾珠孝義之門。每過而式之，求見其人，不可得也。他日，有事于太廟，予與執籩豆，見宫室之美而嘆焉。或告之曰：『昔英宗皇帝之廣宗廟而大之也，使人求楩楠豫章之材于江南，事嚴，衆莫敢當。約爾珠氏受命以行，以便宜從事。民商不病而工師告充，朝廷服其智決。』則植表之家也。奉詔修《經世大典》，得懷慶路之書：『曰此郡嘗有蝗大至，守臣約爾珠出郡百餘里，禱于古蜡神之祠，一夕大雨，蝗盡去。』問之，則又植表之人也。故予願見而不可得，而約爾珠奉詔建寺集慶，還拜侍讀，入翰苑，得為同官。其孝義之事，已見國子祭酒魯公所述，予又書此二事以記之。孝于親者，固可上貽于國，下及于民也歟？

明 宋端儀《立齋閑録》卷二 太宗皇帝既即位，革建文元年、二年、三年、四年年號，仍稱洪武三十二年、三十三年、三十四年、三十五年。其故皇太子及妃，稱皇兄懿文皇太子、皇嫂懿敬皇太子妃，建文君廢為建庶人。詔曰：『昔我父皇太祖高皇帝，龍飛淮甸，汛掃區宇，東抵虞淵，西踰崐崘，南跨南交，北際瀚海。仁風義聲，震蕩六合，曶爽暗昧，咸際光明。三十年間，九有寧謐，晏駕之日，萬方嗟悼。煌煌功業，恢於湯武，德澤廣布，至仁彌流。侄允炆以幼冲之資，嗣守大業，秉心不孝，更改憲章，戕害諸王，放黜師保，崇信奸回，大興土木。天變於上而不畏，地震於下而不懼，災延承天而文其過，飛蝗蔽天而不修德。益乃委政宦官，淫泆無度，禍機四發，將及於朕。【略】

洪武三十五年七月初一日。』

又 皇帝敕諭天下文武羣臣軍民人等知道：『昔者元末昏君壞其祖宗成法，荒淫無度，奸臣擅權，塗炭生民，羣雄並起，曠世無君，糜爛鼎沸。天命我父皇高皇帝龍飛淮甸，掃除禍亂，救民水火之中，措之衽席之上。立綱陳紀，政令惟新，官守其職，民樂其生，天下太平三十餘年。不幸太祖賓天，建文嗣位，荒迷酒色，不近忠良。作奇技淫巧以悦婦人，為禽獸之行，信任奸臣黄子澄、王叔英、齊泰等，改更祖宗法度。太祖不豫，不報各王，一日而殮，七日即葬。初崩之時，將鬼見愁、硫黄、雄黄調水遍灑滿殿，使穢氣觸忤梓宫。及至發引，仗劍在後，謂人曰：『我仗此劍，不畏強鬼。』矯稱不許諸王會葬。如此詭秘，事皆可疑。居喪未及一月，便差内官往福建、兩浙選取女子，將後宫拆毁，掘地二丈，大興土木之工，軍民不得聊生。溺於佛教，印經飭像，禮懺飯僧，糜費鉅萬。甚至改去公主名號，捨與道姑為徒，尼媪出入宫闈，穢德醜露，瀆亂人倫，滅絶天理。又將父皇母后御容盡行燒燬。上天怒其無道，災於承天門，災於乙字庫，災於錦衣衛，飛蝗蔽天，餓殍盈路。猶不改過，愈加為惡，起夫運糧，點民為兵，造作科徵，天下被害。將欲成造砲架，雷火燒其木植；將欲練習水戰，雷震其大將之船；將欲守城，雷雨震陷其城，屢修屢陷，數十餘次。欽天監奏天象大變，占云國失山河。以其奏本擲於地，用腳蹉踏，怒駡上天，言：『我如此唸佛好善，天不護我到去護他？』如此逆天。【略】洪武三十五年八月□□日。』

《宋會要輯稿・禮一八・酺祭》 孝宗皇帝紹興三十二年八月八日，禮部、太常寺言：『看詳酺祭事，欲依《紹興祀令》，蟲蝗為災則祭之。候得旨，本寺擇日依儀祭告。其祭告之所，國城西北無壇壝，乞於餘杭門外西北精進寺設位行禮。所差祭告官併合排辦事，並依常時祭告小祀禮例。在外州縣無蟲蝗為害處，候得旨，令戶部行下有蟲蝗處，即依儀式，一面差守令設位祭告施行。』從之。按《太常因革禮》：慶曆四年六月，臣僚言：『天下螟蝗頗為民物之害，乞京師内外並修祭酺。』詔送禮院詳定。禮院稱：『《周禮・族師》「春秋祭酺」，音步。酺為人物災害之神。鄭康成云：「校人職有冬祭馬步，則未知此酺者，蝝螟之酺歟？人鬼之步歟？蓋亦為壇位，如雩禜云。」然則校人職有冬步，是與馬為害者，此酺蓋人物之害也。漢時有蝝螟之酺神，又有人鬼之酺神，康成未審果從何酺，故兩言之。歷代書史悉無祭酺儀式，欲准祭馬步儀施行。壇在國城西北，祭儀、禮料並屬小祠。乞差官就馬壇設祭，稱為酺神，祝文係學士院撰定。若外州者，即略依禜禮。』是歲儀注，先擇便方，除地，設營纘為位。營纘謂立表施繩以代壇。其致齋、行禮、器物等，並如小祠，上香，幣以白。祝文曰：『維某年歲次月朔某日，州縣具官姓名，敢昭告於酺神：蝗蝝薦生，害於嘉穀，惟神降祐，應時消殄。請以清酌、制幣、嘉薦昭告於神，尚饗！』

嘉定八年六月七日，以飛蝗入臨安府界，詔差官祭告酺神。同日，詔令兩浙、淮東西路轉運司行下所部州縣，如有飛蝗去處，並仰守臣差官祭告酺神，精加祈禱，不得徒為文具。

八月十四日，都省言：『飛蝗所至去處，合行祭告酺神。』詔令諸路轉運、提舉司各行下所部州軍，如有飛蝗去處，並仰守令躬親祭告，精加祈禱，毋為文具。以上《永樂大典》卷二一九四二

其他蟲灾部

題解

《爾雅・音釋》卷下《釋蟲第十五》 �

蜚，蠦蜰。

螾衘，入耳。

蜩，蜋蜩，螗蜩。蚻，蜻蜻。蠽，茅蜩。蝒，馬蜩。蜺，寒蜩。蜓蚞，螇螰。

蛣蜣，蜣蜋。

蝎，蛣蝠。

蠰，齧桑。

諸慮，奚相。蜉蝣，渠略。

蛂，蟥蛢。

蠸，輿父，守瓜。

蝚，蛖螻。

不蜩，王蚥。蛄䗐，強蛘。

不過，蟷蠰，其子蜱蛸。

蒺藜，蝍蛆。

蝝，蝮蜪。
蟋蟀，蛬。
螿，蟆。
蛝，馬蝬。
蝗蠡，蠜。草蠡，負蠜。蜇蠡，蜙蝑。蟿蠡，螇蚸。土蠡，蠰谿。
蠸蚓，豎蚕。
莫貈，螳蜋，蛑。
虰蛵，負勞。
蜭，毛蠹。
螺，蛄蟴。
蟠，鼠負。
蟫，白魚。
蛓，羅。
螒，天雞。
傅，負版。強，蚚。
蛶，螪何。螝，蛹。
蜆，縊女。
蚍蜉，大螘，小者螘。蠪，朾螘。蠶，飛螘，其子蚳。
次蟗，鼅鼄。鼅鼄，鼄蝥。土鼅鼄。草鼅鼄。
土蠭。木蠭。
蟦，蠐螬。蝤蠐，蝎。
蛜威，委黍。蟰蛸，長踦。
蛭蝚，至掌。國貉，蟲蠁。
蠖，蚇蠖。
果蠃，蒲盧。螟蛉，桑蟲。
蝎，桑蠹。熒火，即炤。
密肌，繼英。蚅，烏蠋。
蠓，蠛蠓。
王，蛈蝪。
蟓，桑繭。雔由，樗繭、棘繭、欒繭。蚢，蕭繭。

蟗醜螸，蠡醜奮，強醜捋，蠭醜螸，蠅醜扇。
食苗心，螟。食葉，蟘。食節，賊。食根，蟊。
有足謂之蟲，無足謂之豸。

漢 伏勝《洪範五行傳》《藝文類聚》卷一〇〇 春秋之蠡者。蟲災也。以刑罰暴虐。貪叨無厭。興師動眾。蟲爲害矣。雨蠡於宋。是時宋公暴虐刑重。賦斂無已。故應是而雨蠡。

漢 佚名《春秋佐助期》《藝文類聚》卷一〇〇 蠡之爲蟲。赤頭甲身。而翼飛行。陰中陽也。蠡之爲言眾。暴眾也。

《説文解字》卷一三《虫部·蜮》 短狐也。似鼈，三足，以氣射害人。从虫或聲。

又《蟈》 蜮又从國。

又《螟》 蟲食穀葉者。吏冥冥犯法卽生螟。从虫从冥，冥亦聲。

又《蝝》 復陶也。劉歆説：蝝，蚍蜉子。董仲舒説：蝗子也。从虫彖聲。

又《螻》 螻蛄也。从虫婁聲。一曰螸、天螻。

又《蠖》 尺蠖，屈申蟲。从虫蒦聲。

又《蛩》 蛩蛩，獸也。一曰秦謂蟬蜕曰蛩。从虫巩聲。

又《蝚》 蛭蝚，至掌也。从虫柔聲。

又《蠸》 蟲也。一曰大螫也。讀若蜀都布名。从虫雚聲。

又《蠰》 蠆蠰也。从虫襄聲。

又《蟘》 蟲，食苗葉者。吏乞貸則生蟘。从虫从貸，貸亦聲。《詩》曰：『去其螟蟘。』

又《蠡》 蝗也。从䖵夂聲。夂，古文終字。

又《螽》 蠡或从虫眾聲。

又《蟊》 蠿蟊也。从䖵矛聲。

又《蜚》 臭蟲，負蠜也。从蟲非聲。

又《蜚》 蠹或从虫。

《漢書》卷二七中之下《五行志中之下》 劉向以為有蜚有蜮不言來者，氣所生，所謂眚也

又 嚴公二十九年『有蜚』。劉歆以爲負蠜也，性不食穀，食穀爲災，

介蟲之孽。師古曰：『蜚音伏味反。蠜音煩。』

又 劉向以爲蜚色青，近青眚也，非中國所有。南越盛暑，男女同川澤，淫風所生，爲蟲臭惡。師古曰：『蜚者，中國所有，非南越之蟲，未詳向所說。』

又 劉歆以爲螽爲穀災。

又 劉歆以爲蝝，蚍蠹之有翼者，孟康曰：『蚍蠹，音蚍蜉。』食穀爲災，黑眚也。

又 劉向以爲春用田賦，冬而螽。

又 劉歆以爲蝝，蚍蠹之有翼者，孟康曰：『蚍蠹，音蚍蜉。』食穀爲災，黑眚也。

又 董仲舒、劉向以爲蝝，螟始生也，一曰蝗始生。

又 傳曰：『視之不明，是謂不悊，厥咎舒，厥罰恒奧，師古曰：『奧讀曰燠。燠，暖也，音於六反。其下並同。』厥極疾。韋昭曰：『以疾爲罰。』時則有草妖，時則有臝蟲之孽。師古曰：『螽、螟之類無鱗甲毛羽，故謂之臝蟲也。音郎果反。』

又 溫奧生蟲，故有臝蟲之孽，謂螟螣之類師古曰：『螟食苗心，螣食苗葉之蟲也。螟音冥。螣音徒得反。』當死不死，未當生而生，或多於故而爲災也。

又 卷二七下之上《五行志下之上》 劉向以爲蜮生南越。越地多婦人，男女同川，淫女爲主，亂氣所生，故聖人名之曰蜮。蜮猶惑也，在水旁，能射人，射人有處，甚者至死。師古曰：『以氣射人也。』南方謂之短弧，師古曰：『即射工也，亦呼水弩。』近射妖，死亡之象也。

又 劉歆以爲蜮，盛暑所生，非自越來也。京房《易傳》曰：『忠臣進善君不試，厥咎國生蜮。』師古曰：『試，用也。』

《漢書》卷五《景帝紀》李奇注 李奇曰：牟，食苗根蟲也。

《漢書》卷二七中之下《五行志中之下》顔師古注 師古曰：『此蜚，謂負蠜也，其為蟲臭。蜮，短弧，即今所謂水弩也。隱元年有蜚，莊十八年有蜮。蜚音翡。蜮音域。蜚亦作蜰，其音同耳。』

又 師古曰：『螽即阜螽，即今之蝩蟲也。螽音終。蝩音之庸反。』

又 師古曰：『爾雅曰『蝝，蝮蜪』，説者以爲螽蝗之類。蝮音蒲北反，又音服。蜪音徒高反。』

《後漢書》卷二《孝明帝紀》 有司其勉順時氣，勸督農桑，去其螟蜮，以及蝥賊。爾雅曰：『食苗心曰螟，食節曰賊，食根曰蝥。』蜮一名短弧，今之水弩，含沙射人爲災。言此者，欲令臣下順時行政，勿侵擾也。

《南齊書》卷一九《五行志》 劉歆視傳有羽蟲之孽，謂鷄禍也。班固案易鷄屬巽，今以羽蟲之孽類是也，依歆説附視傳云。

《爾雅注疏》卷九《釋蟲》 螜，天螻。螻蛄也。《夏小正》曰：『螜則鳴。』螜，音斛。

［疏］『螜，天螻』。注『螻蛄也。《夏小正》曰：「螜則鳴。」』釋曰：螜，一名天螻，一名碩鼠，即今之螻蛄也。《夏小正》者，《大戴禮》之篇名。以蟲、魚、草、木正十二月之節候，起於夏后氏，故曰《夏小正》。其三月云『螜則鳴。螜，天螻』是也。

蜚，蠦蜰。蜰即負盤，臭蟲。蜚，音費。蠦，音蘆。蜰，音肥。

［疏］『蜚，蠦蜰』。注『蜰即負盤，臭蟲』。釋曰：『案《洪範五行傳》云：「蜚，負蠜。夷狄之物，越之所生，其爲蟲臭惡，南方淫氣之所生也。」《本草》曰：「蜚，厲蟲也。」然則蜚是臭惡之蟲，害人衣物。故《春秋左氏傳》曰：「有蜚，不爲災，亦不書也。」《春秋》經傳皆云「有蜚」。則此蟲名蜚，一名蠦蜰。而舍人、李巡皆云「蜚蠦，一名蜰」，非也。此蟲一名負盤，《漢書》及《左傳》注多作「負蠜」者，以此下有草蟲：負蠜，故相涉誤耳。』

螾，入耳。蚰蜒。螾，音引。衘，音演。

［疏］『螾，入耳』。注『蚰蜒』。釋曰：此蟲象吳公，黄色而細長，呼爲吐古。案《方言》云：『蚰蜑（由延二音），自關而東謂之蚰蜑，或謂之入耳，或謂之蜧蠬（音麗），趙魏之間或謂之蚨虶（扶于）。北燕謂之䖡蚭（䖡，奴六切。蚭，音尼）。』江東人呼蛩（音鞏）。今蚰蜒，喜入人耳者也。

蜩，蜋蜩。《夏小正》傳曰：『蜋蜩者，五彩具。』蜩，音調。螗蜩。《夏小正》傳曰：『螗蜩者蝘。』俗呼爲胡蟬，江南謂之螗蛦，蛦音夷。蚻，蜻蜻。如蟬而小。《方言》云：『有文者謂之螓。』《夏小正》曰：『鳴蚻，虎懸。』蚻，音札。蠽，茅蜩。江東呼爲茅截，似蟬而小，青色。蠽，音節。蝒，馬蜩。蜩中最大者爲馬蜩。蜺，寒蜩。寒螿也。似蟬而小，青赤。《月令》曰：『寒蟬鳴。』蜓蚞，螇螰。即蝭蟧也，一名蟪蛄。齊人呼螇螰。蜓，音挺。蚞，音木。

［疏］『蜩，蜋蜩』至『螇螰』。釋曰：此辨蟬之大小及方言不同之名也。云『蜩』者，目諸蜩也，『蜋蜩五彩具』者也。螗蜩俗呼胡蟬，似蟬而小，鳴聲清亮者也。蚻，一名蜻蜻，如蟬而小，有文者也。蠽，一名茅蜩，似蟬而小，青色者也。蝒，一名馬蜩，一名馬蟬，蟬中最大者也。蜺，一名寒蜩，又名寒螿，似蟬而小，青赤色者也。關東謂蟪蛄爲蜓蚞，齊謂之螇螰也。注『夏小』至『彩具』。釋曰：在五月記時也。注『夏小』至『音夷』。釋曰：云『螗蜩者蝘』者，亦在五月。舍人曰：『皆蟬也。』方語不同，三輔以西爲蜩，梁宋以東謂蜩爲蝘。陸機云：『螗，一名蝘虭。』《字林》虭或作蟟也。青徐人謂之螇螰。然則螗、蝘亦皆蟬也。《大雅·蕩》篇云『如蜩如螗』是也。注『如蟬』至『虎縣』。釋曰：舍人曰：『小蟬也，蜻蜻者。』案《方言》云：『蟬，楚謂之蜩，宋衛之間謂之螗蜩，陳鄭之間謂之蜋蜩，秦晉之間謂之蟬，海岱之間謂之䗐。其小者謂之麥蚻，有文者謂

之蠀。』是也。《詩·碩人》云：『蠀首蛾眉。』鄭云：『蠀謂蜻蜻。』此蟲額廣而且方，故以比婦人之首也。某氏解此云『鳴蛰蛰』者也。云『《夏小正》曰』者，在四月。彼云：『鳴蛰蛰者，虎縣也。鳴而後知之，故先鳴而後蛰。』是也。注『《月令》曰：「寒蟬鳴。」』釋曰：在七月。鄭注云：『寒蟬、寒蜩，謂蜺也。』是。注『即蝭』至『螇螰』。釋曰：案《方言》云：『蛥蚗（音拆玦），齊謂之螇螰，楚謂之蟪蛄。』《楚辭》云『蟪蛄鳴兮啾啾』是也。『或謂之蛉（音零）蛄，秦謂之蛥蚗。自關而東謂之虭蟧（貂料二音），或謂之蝭（音帝）蟧，或謂之蜓蚞』。然則亦皆蟬之別名耳。【略】

蝎，蛣蝠。木中蠹蟲。蝎，音曷。蝠，音屈。

[疏]『蝎，蛣蝠』。釋曰：木中蠹蟲。解在下。

蠰，齧桑。似天牛，角長，體有白點。喜齧桑樹，作孔入其中。江東呼爲齧髮。蠰，音餉。

[疏]『蠰，齧桑』。釋曰：蠰，一名齧桑，江東呼齧髮。形似天牛，長角，體有白點。喜齧桑樹，作孔入其中。因名云。【略】

蛂，蟥蛢。甲蟲也。大如虎豆，綠色，今江東呼黃蛢。音瓶。蛂，步結切。蟥，音黃。

[疏]『蛂，蟥蛢』。釋曰：蛂，一名蟥蛢，甲蟲也。形大如虎豆，綠色。

蠸，輿父，守瓜。今瓜中黃甲小蟲，喜食瓜葉，故曰守瓜。蠸，音權。父，音甫。

[疏]『蠸，輿父，守瓜』。釋曰：蠸，輿父，一名守瓜。黃甲小蟲，喜食瓜葉，因名守瓜。

蟔，蛖螻。蛖螻，螻蛄類。蟔，音柔。蛖，武江切。

[疏]『蟔，蛖螻』。注『蛖螻，螻蛄類』。釋曰：案《方言》云：『蛄諸謂之杜蛒（音格）。螻蛭謂之螻蛄（音窒），或謂之蟓蛉（象鈴二音）。南楚謂之杜狗，或謂之蛞螻。』然則此言蟔及蛖螻者，亦螻蛄之異名耳。

不蜩，王蚥。未詳。**蛄䗐，強蛘。**今米穀中蠹小黑蟲是也。建平人呼爲蛘子，音芉姓。䗐，音施。蛘，亡婢切。

[疏]『蛄，強蛘』。釋曰：《方言》云：『蛄䗐謂之強蛘。』今米穀中小黑蠹蟲也。江東謂之𧊅（音加），建平人呼蛘子。音芉楚始芉。

不過，蟷蠰。蟷蠰，螗蜋別名。**其子蜱蛸。**一名𧍮蟭，蟷蠰卵也。蟷，于郎切。蠰，音相。蜱，音毗。蛸，音消。

[疏]『不過，蟷蠰。其子蜱蛸』。釋曰：不過，一名蟷蠰，一名蟷蜋，螵蛸母也。其子一名蜱蛸，一名𧍮蟭，一名螵蛸，蟷蠰卵也。《方言》云：『譚魯以南謂之蟷蠰，三河之域謂之螳蜋，燕趙之際謂之食厖，齊杞以東謂之馬穀，其子同名螵蛸也。』《月令》仲夏云『螳蜋生』是也。

蒺藜，蝍蛆。似蝗而大腹，長角，能食蛇腦。蝍，音即。蛆，子余切。

[疏]『蒺藜，蝍蛆』。釋曰：蒺藜，一名蝍蛆。《廣雅》云『蝍蛆，蜈蚣也。』郭云：『似蝗而大腹，長角，能食蛇腦。』則非蜈蚣也。《莊子》云『蝍蛆，甘帶』是也。

蝝，蝮蜪。蝗子未有翅者。《外傳》曰：『蟲舍蚳蝝。』蝝，音緣。蝮，孚福切。蜪，音陶。

[疏]『蝝，蝮蜪』。釋曰：蝝，一名蝮蜪，蝗子未有翅者。《春秋》宣十五年『冬，蝝生』是也。注『《外傳》曰：「蟲舍蚳蝝。」』釋曰：此《魯語》里革諫宣公之辭也。韋氏解曰：『蚳，螘子也，可以爲醢。蝝，蝮蜪也，可食。舍，不取也。』

蟋蟀，蛬。今促織也。亦名青蛚。蛬，音拱。

[疏]『蟋蟀，蛬』。釋曰：蟋蟀，一名蛬，今促織也。亦名青蛚。《詩·唐風》云：『蟋蟀在堂，歲聿其暮。』陸機《疏》云：『蟋蟀，似蝗而小，正黑有光澤如漆，有角翅。一名蛬，一名青蛚。楚人謂之王孫，幽州人謂之趨織。里語曰：「趨織鳴，懶婦驚」是也。』

蟼，蟆。蛙類。蟼，音警。

[疏]『蟼，蟆』。注『蛙類』。釋曰：此自一種蝦蟆也。

蛝，馬䗃。馬蠲，蚐，俗呼馬蠸。蛝，音閑。䗃，音棧。

[疏]『蛝，馬䗃』。釋曰：蛝蟲，一名馬䗃，一名馬蠲、蚐，俗呼馬蠸。《方言》云：『馬蚿（音弦），北燕謂之蛆蟝（音子余切）。其大者謂之馬蚰（音逐）。』是也。

蛗螽，蠜。《詩》曰：『趯趯蛗螽。』蛗，音阜。螽，音終。**草螽，負蠜。**《詩》云：『喓喓草蟲。』謂常羊也。蠜，音凡。**蟴螽，蜙蝑。**蜙蝑也，俗呼蝽蟒。蟴，音斯。蜙，音松。蝑，音胥。**蟿螽，螇蚸。**今俗呼似蜙蝑而細長、飛翅作聲者爲螇蚸。蟿，音契。蚸，音歷。**土螽，蠰谿。**似蝗而小，今謂之土蝶。蠰，音壤。

[疏]『蛗螽』至『蠰谿』。釋曰：蛗螽之族，厥類實煩，此辨之也。蛗螽，一名蠜。李巡曰：『蝗子也。』陸機《疏》云：『今人謂蝗子爲螽子，兗州人謂之螣。』許慎云：『蝗，螽也。』蔡邕云：『螽，蝗也。』明是一物。草蟲，一名負蠜，一名常羊。陸機云：『小大長短如蝗也，奇音青色，好在茅草中。』又一名草蟲，《詩》云『喓喓草蟲，趯趯蛗螽』是也。蟴螽，《周南》作『螽斯』，《七月》作『斯螽』。雖字異文倒，其實一也。一名蜙蝑，一名蜙蠑，一名蝽蟒。陸機云：『幽州人謂之春箕。春箕即春黍，蝗類也。長而青，長角，長股，股鳴者也。或謂似蝗而小，班黑，其股似玳瑁，又五月中以兩股相切作聲，聞數十步者是也。』蟿螽，一名螇蚸，形似蜙蝑而細長、飛翅作聲者是也。土螽，一名蠰谿，今謂之土蝶。江南呼虴蛨，又名虴蜢，形似蝗而小，善跳者是也。注『《詩》云：「喓喓草蟲，趯趯蛗螽。」』釋曰：《召南·草蟲》篇文也。【略】

蜭，毛蠹。即蛓。蜭，戶感切。

[疏]『蜭，毛蠹』。釋曰：蜭，一名毛蠹，即蛓也。《說文》云：『蛓，毛蟲。』今俗呼

爲毛蚻，有毒，螫人。《楚辭》云『蚻緣兮我裳』是也。

螺，蛅蟴。蚻屬也。今青州人呼爲蛅蟴。孫叔然云『八角螫蟲』，失之。螺，音墨。蟴，音斯。

［疏］『螺，蛅蟴』。釋曰：螺，一名蛅蟴，即蚻類也。青州人呼蛅蟴。注『孫叔然云「八角螫蟲」，失之』。釋曰：此即毛蟲，何止八角？故云『失之』。螫猶蠚也。《字林》云：『蟲行毒也。』

蟠，鼠負。甕器底蟲。蟠，音煩。

［疏］『蟠，鼠負』。釋曰：此與下『蛜威，委黍』是一。故下注『委黍』云：『舊説鼠婦別名。』則此蟲一名蟠，一名鼠負。負或作婦。《本草》作婦，一名蛜威，一名委黍也。陸機云：『在壁根下、甕器底土中生，似白魚者是也。』陶注《本草》云：『多在鼠坎中，鼠背負之。』然與鼠婦及鼠婦則似乖。《詩·東山》云『伊威在室』是也。

蟫，白魚。衣書中蟲，一名蛃魚。蟫，音淫。

［疏］『蟫，白魚』。釋曰：此衣書中蟲也，一名蟫，一名白魚，一名蛃魚。《本草》謂之『衣魚』是也。

蛾，羅。蠶蛾。蛾，音娥。

［疏］『蛾，羅』。釋曰：此即蠶蛹所變者也。《説文》云『蛾，羅也』是。

螒，天雞。小蟲，黑身，赤頭，一名莎雞，又曰樗雞。螒，音汗。

［疏］『螒，天雞』。釋曰：此黑身、赤頭小蟲也。一名螒，一名天雞，一名莎雞，又曰樗雞。李巡曰：『一名酸雞。』《詩·豳風·七月》云：『六月莎雞振羽。』陸機《疏》云：『如蝗而斑色，毛翅數重，其翅正赤，六月中飛而振羽，索索作聲。幽州人謂之蒲錯是也。』

傅，負版。未詳。強，蚚。即強醜捋。蚚，音祈。

［疏］『強，蚚』。釋曰：強，蟲名也。一名蚚，好自摩捋者，蓋蠅類。

蛶，螪何。未詳。蜆，蛹。蠶蛹。蛶，音劣。螪，音商。蜆，音龜。

［疏］『蜆，蛹』。釋曰：即蠶所變者，一名蜆，又名蛹也。

蜆，縊女。小黑蟲，赤頭，喜自經死，故曰縊女。蜆，音演。

［疏］『蜆，縊女』。釋曰：蜆，小黑蟲也。赤頭，喜自縊，故又名縊女。《説文》云『蛻爲蝶』是也。注『喜自經死』。釋曰：經即縊也。《晉語》申生使猛足辭於狐突，乃雉經於新城廟。僖四年《左氏傳》云：『十二月戊申，縊于新城。』是謂縊爲經也。

蚍蜉，大螘。俗呼爲馬蚍蜉。小者螘。齊人呼螘為蛘。蠪，朾螘。赤駮蚍蜉。蠹，飛螘。有翅。其子蚳。蚳，蟻卵。《周禮》曰：『蜃蚳醬。』螘，魚綺切。蠪，音聾。朾，直耕切。蠹，音尉。蚳，音池。

［疏］『蚍蜉』至『子蚳』。釋曰：此辨眾螘及其子名也。螘，通名也。其大者，別名蚍蜉，俗呼馬蚍蜉。小者即名螘，齊人呼螘蟻爲蛘。《方言》云：『蚍蜉，齊魯之間謂之蚼蟓（駒、養二音），西南梁益之間謂之玄蚼，燕謂之蛾蛘（蟻、養二音），其場謂之坻，或謂之垤。』是也。其大而赤色斑駮者名蠪，一名朾螘。有翅而飛者名蠹，即飛螘也。其子在卵者名蚳，可以作醢。注『《周禮》曰：「蜃蚳醬。」』釋曰：案《周禮·醢人》職曰：『饋食之豆，蜃蚳醢。』醢則醬之有肉者，故此云醬也。

次蟗，鼅鼄。鼅鼄，鼄蝥。今江東呼蝃蝥，音掇。蟗，音秋。鼅，音知。鼄，音誅。蝥，音謀。土鼅鼄。在地中布網者。草鼅鼄。絡幕草上者。

［疏］『次蟗』至『草鼅鼄』。釋曰：此辨鼅鼄方言及在土、在草之名也。次蟗，即鼅鼄別名也。又一名鼄蝥，今江東呼蝃蝥。《説文》謂之鼄蝥，作網鼄蝥也。《方言》云：『自關而西、秦晉之間謂之鼄蝨。自關而東、趙魏之郊謂之鼅鼄。或謂之蠾蝓（燭、臾二音）。』『北燕朝鮮洌水之間謂之蝳蜍（毒、餘二音）。』郭又云：『齊人又呼社公，亦言網公。』其在地中布網者名土鼅鼄。其作網絡幕草上者名草鼅鼄也。

土蠭今江東呼大蠭在地中作房者爲土蠭，啖其子，即馬蠭，今荊巴間呼爲蟺，蟺音憚。木蠭。似土蠭而小，在樹上作房，江東亦呼爲木蠭，又食其子。蠭，音蜂。

［疏］『土蠭。木蠭』。釋曰：此辨蠭在土、在木之異也。《説文》云：『蠭，飛蟲，螫人者。』其形大，在地中作房而啖其子者，名土蠭，又名馬蠭。今荊巴間呼爲蟺。其形差小，在樹上作房者，名木蠭，亦食其子。注『音憚』。釋曰：蟺讀爲蛩蟺之蟺，故音之。

蟦，蠐螬。在糞土中。蝤蠐，蝎。在木中。今雖通名爲蝎，所在異。蟦，音費。蝤，音因。

［疏］『蟦，蠐螬。蝤蠐，蝎』。釋曰：此辨蝎在土、在木之異名也。其在糞土中者，名蟦蠐，又名蠐螬。其在木中者，《方言》云：『關東謂之蝤蠐，梁益之間謂之蝎。』上文『蝎，蛣蝠』，郭云『木中蠹』。下文『蝎，桑蠹』，郭云『即蛣蝠』。然則蟦蠐也，蠐螬也，蝤蠐也，蛣蝠也，桑蠹也，蝎也，一蟲而六名也。以在木中白而長，故詩人以比婦人之頸。《碩人》云『領如蝤蠐』是也。

蛜威，委黍。舊説鼠婦別名。然所未詳。蛜，音伊。蠨蛸，長踦。小蜘蛛長腳者，俗呼爲喜子。蠨，音簫。蛸，所交切。踦，巨綺切。

［疏］『蠨蛸，長踦』。釋曰：此小蜘蛛長腳者，一名蠨蛸，一名長踦，俗呼爲喜子。《詩·東山》云：『蠨蛸在戶。』陸機《疏》云：『一名長腳，荊州、河內人謂之喜母。此蟲來著人衣，當有親客至，有喜也，幽州人謂之親客。亦如蜘蛛爲羅網居之。』是也。

蛭蝚，至掌。未詳。國貉，蟲蠁。今呼蛹蟲爲蠁。《廣雅》云：『土蛹，蠁蟲。』蛭，音直反。

［疏］『國貉，蟲蠁』。釋曰：此蛹蟲也，今俗呼爲蠁，一名國貉，一名蟲蠁。《説文》云：『知聲蟲也。』《廣雅》云『上蛹，蠁蟲』是也。

蠖，蚇蠖。今蝍蝛。蠖，於郭切。蚇，音尺。

［疏］『蠖，蚇蠖』。釋曰：蠖，一名蚇蠖。郭云：『今蝍蝛。』《方言》云：『蟦蝛謂之蚇蠖（音即蝛）。』郭云：『又呼步屈。』《説文》云：『蠖，屈伸蟲也。』《易·係辭》云『尺蠖之屈，以求信』者，是也。

果蠃，蒲盧。即細腰蜂也，俗呼爲蠮螉。螟蛉，桑蟲。俗謂之桑蟃，亦曰戎女。螟，音冥。蛉，音令。

［疏］『果蠃，蒲盧。螟蛉，桑蟲』。釋曰：案《詩·小雅·小宛》云：『螟蛉有子，果蠃負之。』果蠃，一名蒲盧，即細腰蜂也，俗呼爲蠮螉。《方言》云：『蜂，燕趙之間謂之蠓螉。其小者謂之蠮螉。』鄭注《中庸》以『蒲盧』爲『土蜂』。《説文》云：『細要土蜂也，天地之性，細要純雄無子。』螟蛉，一名桑蟲，一名桑蟃，一名戎女。陸機云：『螟蛉者，桑上小青蟲也，似步屈，其色青而細小，或在草萊上。蜾蠃，土蜂也，似蜂而小腰，取桑蟲負之於木空中，七日而化爲子。』《法言》云：『螟蛉之子，殪而逢蜾蠃，祝之曰：類我類我，久則肖之。』是也。

蝎，桑蠹。即蛣蝠。熒火，即炤。夜飛，腹下有火。炤，音照。

［疏］『螢火，即炤』。釋曰：熒火，一名即炤。夜飛，腹下有火蟲也。《本草》又名夜光，一名熠燿。《月令》季夏『腐草爲熒』。腐草此時得暑濕之氣，故爲熒。至秋而天沈陰，數雨，熒火夜飛之時也。《詩·東山》云『熠燿宵行』是也。

密肌，繼英。未詳。蚅，烏蠋。大蟲，如指，似蠶，見《韓子》。

［疏］『蚅，烏蠋』。釋曰：蚅，一名烏蠋，形似蠶而大如指。《詩·大雅·韓奕》云：『鞗革金厄。』毛亦云：『厄，烏蠋』也。注『似蠶，見《韓子》』。釋曰：案《韓子·內儲説上》七術其三日『信賞盡能』。云：『蟺似蛇，蠶似蠋。人見蛇則驚駭，見蠋則毛起。然而婦人拾蠶，而漁者握蟺，利之所在，則忘其所惡，皆爲孟賁。』是其事也。

蠓，蠛蠓。小蟲，似蜹，喜亂飛。蠓，莫孔切。蠛，亡結切。

［疏］『蠓，蠛蠓』。釋曰：小蟲似蜹亂飛者也，名蠓，又名蠛蠓。《列子》云生『朽壤之上，因雨而生，得陽而死』。一名醯雞。《莊子》云：孔子與老聃語。『出告顔回曰：「丘之於道也，其猶醯雞與！」』郭象云『醯雞者，甕中蠛蠓』是也。

王，蛈蝪。即螲蟷，似蜘蛛。在穴中有蓋，今河北人呼蛈蝪。蛈，大結切。蝪，音湯。

［疏］『王，蛈蝪』。釋曰：此蜘蛛之一種也，一名螲蟷。穴居布網，穴口有蓋，河北人呼蛈蝪者是也。

蟓，桑繭。食桑葉作繭者，即今蠶。雔由，樗繭，食樗葉。蟓，音象。雔，音讎。棘繭，食棘葉。欒繭。食欒葉。蚢，蕭繭。食桑葉者，皆蠶類。蚢，音杭。

［疏］『蟓桑』至『蕭繭』。釋曰：此皆蠶類作繭者，因所食葉異而異其名也。食桑葉作繭者名蟓，即今蠶也。食樗葉、棘葉、欒葉者，名雔由。食蕭葉作繭者名蚢。

翥醜罅，剖母背而生。螽醜奮，好奮迅作聲。翥，者庶切。罅，呼暇切。強醜捋，以腳自摩捋。蜂醜螸，垂其腴。螸，音俞。蠅醜扇。好搖翅。

［疏］『翥醜』至『醜扇』。釋曰：此辨蟲屬所生及所好之狀不同者也。翥，飛也。醜，類也。蟲類能飛翥者謂蟬屬，皆剖坼母背以爲孔罅而生。螽蝗之類好奮迅作聲而飛，強坼之類好以腳自摩捋，蜂類好垂其腴以休息。《説文》云：『螸，垂腴也。』腴即腹下也。青蠅之類好搖翅自扇。

食苗心，螟。食葉，蟘。食節，賊。食根，蟊。分別蟲啖食禾所在之名耳，皆見《詩》。蟘，音特。蟊，音謀。

［疏］『食苗』至『根蟊』。釋曰：此分別蟲啖食禾所在之名也。李巡云：『食禾心爲螟，言其奸，螟螟難知也。食禾葉者言假貸無厭，故曰蟘也。食禾節者言貪狼，故曰賊也。食禾根者言其稅取萬民財貨，故云蟊也。』孫炎曰：『皆政貪所致，因以爲名也。』郭璞直以蟲食所在爲名。而李巡、孫炎并因托惡政，則災由政起。雖以食所在爲名，而所在之名緣政所致，理爲兼通也。陸機《疏》云：『螟似子方而頭不赤。螣，蝗也。賊似桃李中蠹，赤頭，身長而細耳。或説云「蟊，螻蛄也，食苗根爲人患」。許慎云：「吏冥冥犯法即生螟，吏乞貸則生蟘，吏抵冒取民財則生蟊。」舊説云：「螟螣、蟊賊一種蟲也。」如言寇賊奸宄，內外言之爾。故犍爲文學曰：「此四種蟲皆蝗也。」實不同，故分別釋之。』注『皆見《詩》』。釋曰：《詩·小雅·大田》云：『去其螟螣，及其蟊賊，無害我田稚。』是也。

有足謂之蟲，無足謂之豸。

［疏］『有足謂之蟲，無足謂之豸』。釋曰：此對文爾，散文則無足亦曰蟲。《月令》春曰『其蟲鱗』。鄭注云『龍蛇之屬』是也。

《康熙字典》申集中《虫字部·螟》 《唐韻》莫經切《集韻》《韻會》忙經切，𠀤音冥。《玉篇》：食苗心蟲也。《説文》：吏冥冥犯法卽生螟。《詩·小雅》：去其螟螣，及其蟊賊。《疏》李巡云：言其姦，冥冥難知也。陸璣云：螟似虸蚄而頭不赤。《春秋·隱五年》：螟。《前漢·武帝紀》：元光五年八月，螟。互詳螣字註。又焦螟。《列子·湯問篇》：江浦之閒生麼蟲，其名曰焦螟，羣飛而集于蚊睫。又螟蛉。詳蛉字註。

又《蜮》 《説文》：短狐也。《詩·小雅》：爲鬼爲蜮。亦作𧈅。《春秋·莊十八年》：秋有蜮。《註》：蜮，短狐也。《本草》：謂之射工，蓋以含沙射人爲災。《五行傳》曰：蜮如鼈，三足，生於南越，一名射影。在水中，人在岸上，影見水中，投人影，則殺之，故曰射影，或謂含沙。射人，入皮肌，其創如疥。服虔云：徧身濩濩或或，故爲災。《公羊傳》：蜮之猶言惑也。又山名。《山海經》：有蜮山者，有蜮民之國，桑姓，食黍，射蜮是食。又與魊通。張衡《東京賦》：況鬾蜮與畢方。《註》《漢舊儀》曰：魊，鬼也。魊、蜮古字通。

又《蝝》《爾雅·釋蟲》：蝝，蝮蜪。《註》：蝗子未有翅者。《春秋·宣十三年》：冬蝝生。《註》以冬生，過寒而死，故不成螽。劉歆云：蚍蜉子也。《說苑》：蠹蝝仆柱梁。

又《集韻》：俞絹切，緣去聲。義同。又馨兗切，音瞏。同蠉。井中小蟲。

又《螻》螻蛄。詳蛄字註。又螻蟈，蛙也。詳蟈字註。又土螻，獸名。《山海經》：崑崙之丘有獸焉，其狀如羊而四角，名曰土螻，是食人。《竹書紀年註》：有大螻如羊。《魏公卿上尊號奏》：有熊之興，地出大螻。

又《說文》：螭亦名地螻。又囿名。《晉語》：趙簡子田于螻。《註》：螻，晉君之囿。

又《集韻》：龍珠切，音廔。天螻，蟲名。《爾雅·釋蟲》：螜，天螻。《古今注》：螻蛄，一名天螻。《揚子·方言》：蟦蝤，秦、晉之閒謂之蠹，或謂之天螻。又音漏。內病也。《周禮·天官·內饔》：馬黑脊而般臂螻。《羣經音辨》：螻，干寶讀去聲。《呂氏春秋》：戶樞不腐，流水不螻。《禮記》作漏。

又《蠖》《說文》：尺蠖，屈伸蟲也。《爾雅·釋蟲》：蠖，尺蠖。《註》：蝍蝛。《揚子·方言》：蝍蝛謂之尺蠖。《易·繫辭》：尺蠖之屈，以求伸也。《埤雅》：今人布指求尺，一縮一伸，如蠖之步，謂之尺蠖，豈放是乎。尺蠖似蠶，食葉，老亦吐絲作室。又桑上蟲也。韓愈詩：桑蠖見虛指。

又《集韻》：王縛切，音籰。蠖略，行步進止之貌。《前漢·司馬相如傳》：駕應龍象輿之蠖略委麗兮。又蠖濩，退藏貌。揚雄《甘泉賦》：蜵蜎蠖濩之中。又溫蠖，猶昏憒。《史記·屈原列傳》：安能以皓皓之白，而蒙世之溫蠖乎。

又《螜》《爾雅·釋蟲》：螜，天螻。《註》螻蛄也。詳蛄字註。

又《類篇》：蟦蝤謂之蝖螜。

又《蜚》《爾雅·釋蟲》：蜚，蠦蜰。《疏》：蜚，越之所生，其爲蟲臭惡，南方淫氣之所生也。《本草》曰：蜚，厲蟲也。然則蜚是臭惡之蟲，害人衣物，故《春秋左氏傳》：有蜚不爲災，亦不書也。《前漢·五行志》：劉向以爲有蜚有蜮不言災者，氣所生，所謂眚也。

又《正韻》：芳未切，音費。蟲名，負蠜也。

又《廣韻》：府尾切，音斐。義同。又獸名。《山海經》：太山有獸，狀如牛，白首，一目，蛇尾，名曰蜚。所經枯竭，甚于鴆厲，見則天下大疫。

又《集韻》：匪微切，音非。與飛通。《史記·周本紀》：麋鹿在牧，蜚鴻滿野。《楚世家》：三年不蜚，蜚將沖天。或作蠹。

又《螽》《說文》：蝗也。《爾雅·釋蟲》：蛗螽，蠜。《註》：蛗螽，一名蠜。陸璣疏：今人謂蝗子爲螽子，兗州人謂之螣，《詩》云：喓喓草蟲，趯趯蛗螽是也。

又《詩·周南》：螽斯羽。《傳》：螽斯，蚣蝑也。《疏》：蚣蝑長而青，長角長股，股鳴者也。或謂似蝗而小，斑黑。其股狀如玳瑁，五月中以兩股相切作聲，聞數步者也。

又《爾雅·釋蟲》：蟿螽，螇蚸。《疏》：形似蚣蝑而細長，飛翅作聲者是也。

又《釋蟲》：土螽，蠰谿。《疏》：土螽，今謂之土蝶。似蝗而小，善跳者也。《說文》：本作螽。《集韻》：或作蝝、蠡。

又《螣》《詩·小雅》：去其螟螣。《傳》：食葉曰螣。陸璣疏：螣，蝗也。許慎云：吏乞貸則生螣。

又《唐韻古音》：音代。義同。亦作𧈢。《說文》：作蟘。

又《蟘》食苗葉蟲。《爾雅·釋蟲》：食葉蟘。《唐韻》作蟘。《說文》：引《詩》作蟘。本作螣。《六書正譌》：俗作蚮，非。

又《蠰》《爾雅·釋蟲》：蠰，齧桑。《註》：似天牛，長角，體有白點，喜齧桑樹作孔，入其中。江東呼爲齧髮。又師莊切，音霜。義同。

又《廣韻》：如兩切，音壤。《爾雅·釋蟲》：土螽，蠰谿。《註》：似蝗而小，今謂之土蝶。

又《螲》《唐韻》《集韻》并陟栗切，音室。蟲名。《玉篇》：螻蛄也。

揚子《方言》：螻蛭謂之螻蛄。

又《類篇》：丁結切，音絰。《爾雅·釋蟲》：王，蛈蜴。《註》即蛭蟷，似蜘蛛，在穴中，有蓋。或作蛭。

又《蚾》《玉篇》：蟦蛢也。《爾雅·釋蟲》：蚾，蟦蛢。《註》：甲蟲也。大如虎，豆綠色。今江東呼黃蛢。

又《類篇》：敷勿切，音拂。方未切，音沸。騈迷切，音鼙。義并同。

又《蠸》《爾雅·釋蟲》：蠸，輿父，守瓜。《註》：今瓜中黃甲小蟲，喜食瓜葉，故曰守瓜。《莊子·至樂篇》：瞀芮生乎腐蠸。

又《本草》：馬陸，一名馬蠸。

又《説文》：一曰大螫也。

又《類篇》：呼官切，音歡。義同。

又《集韻》：呼玩切，音喚。大鼈也。

又《蝚》《唐韻》：如由切。《集韻》：而由切，𠀤音柔。蟲名。《爾雅·釋蟲》：蝚，蛖螻。《註》：蛖螻，螻蛄類。又蛭蝚至掌。《註》：未詳。又蝚蠕，國名。《晉書·馮跋載記》：蝚蠕勇斛律遣使求跋女，跋許之。

又《蜱》《爾雅·釋蟲》：不過，蟷蠰，其子蜱蛸。《註》：一名蟳蟭，蟷蠰卵也。

又《集韻》：賔彌切，音卑。毗霄切，音瓢。義𠀤同。

又《廣韻》：彌遙切，音篻。蟲名。

又《通志·六書略》：紕招切。同螵。或作蛗、蟲。

又《蜪》《爾雅·釋蟲》：蝝，蝮蜪。《註》：蝗子未有翅者。

又《蟊》《説文》：蠿蟊也。又謨蓬切，音蒙。龜兆氣不澤也。《書·洪範》曰圛曰蟊。按《説文》：蟊，莫浮切，蠿蟊也。蝥，莫交切，盤蝥也。二字音各別。然攷唐宋字書，蟊蝥𧓍音義相通，今以《唐韻》爲正。詳蟊字註。

又《蝥》食穀蟲。《説文》：本又作蟊。食草根者，吏冒取民財則生。《詩·小雅》：及其蝥賊。《傳》：食根曰蝥，食節曰賊。《左傳·成十三年》：帥我蝥賊。又蝥弧，旗名。《左傳·隱十一年》：潁考叔取鄭伯之旗，蝥弧以先登。

又《集韻》《韻會》：𠀤謨交切，音茅。盤蝥。詳盤字註。

又《廣韻》：亡遇切，音務。蝥名。亦作蟱。又武夫切，音無。《爾雅·釋蟲》：鼅鼄，鼄蝥。詳蛛字註。或作蛑。

又酉集中《貝部·賊》又害苗之蟲。《詩·小雅》：去其螟螣，及其蟊賊。《傳》：食節曰賊。陸璣疏：賊似桃李中蠹蟲，赤頭身長而細耳。

清段玉裁《説文解字注》卷一三《虫部·螟》蟲食穀心者。吏冥冥犯法卽生螟。心各本訛葉，今依《開元占經正釋·蟲蟊傳》皆曰：食心曰冥，食葉曰蟘，食根曰蟊。食節曰賊。云吏冥冥犯法卽生螟、正爲食心言之。惟食心、故从虫冥會意。从虫冥。冥亦聲。此从宋本及小徐本，莫經切。十一部。按鉉本於此下妄增『又螟蛉』三字。宋本所無。且螟蠕、桑蟲也。見下文。字不作蛉。

又《蟘》蟲食苗葉者。見《爾雅》《毛傳》。吏氣貣則生蟘。貣各本作貸。今正，氣、貣皆求也。貝部曰：貣從人求物也。冥螟、貣、蟘皆疊韻。《左傳》曰：妖由人興也。人無舋焉，妖不自作。故螟、蟘、蟊之害皆由吏。鄭箋大田云：明君以正己而去之。正己可去、則不正可招。李巡、孫炎皆謂由政所致也。从虫貣。貣亦聲。各本篆作蟘。解作从虫貸、貸亦聲。今正，徒得切。一部，叚螣字爲之。一部與六部合聲也。《詩曰》：去其螟蟘。《小雅·大田》文：今詩作螣，叚借字也。宋代 徐鉉、徐鍇 注釋。臣鉉等曰：今俗作蚮，非是。

又《蝝》復陶也。《釋蟲》：曰。蝝、蝮蜪。俗字从虫也。《國語》曰：蟲舍蚳蝝，韋注。蝝、蝮蜪也，可以食。按此説蓋與下文二説畫然爲三。郭注《爾雅》則牽合董説耳。復陶未知於今何物。

劉歆説。蝝、蚍蠹子也。此與下董説皆説春秋也。宣十五年。冬、蝝生。《五行志》曰：劉歆以爲蝝、蚍，蠹之有翼者。食穀爲災。按志云有翼。此云子、亦異。

董仲舒説。蝝、蝗子也。何注《公羊》曰：蝝卽蝝也，始生曰蝝，大曰蝝。《五行志》曰：董仲舒、劉向以爲蝗始生也。蝝卽螽字。董、何説同也。

从虫。彖聲。與專切。十四部。

又《螻》螻蛄也。今之土狗也。从虫。婁聲。洛侯切。四部。

一曰轂、天螻。釋蟲文。郭注云：『螻蛄也。』按依郭則此一曰猶，一名耳。但恐郭注未安。《方言》：蟦蠐、或謂之蝖轂。或謂之天螻。則非螻蛄也。許書無轂字。

又《蜚》臭蟲。負蠜也。按臭蟲下有奪字，當云臭蟲也，一曰負蠜也。畫然二説。

如虫部蝝下之竝載三說也。《春秋・莊二十九年》秋，有蜚。《左氏傳》曰：爲災也。《公羊傳》曰：紀異也。《穀梁傳》曰：一有一亡曰有。《漢五行志》劉歆以爲負蠜也。性不食穀，食穀爲災。按子駿葢演左氏說也。劉向以爲蜚色青，近青眚，非中國所有。南越盛暑，男女同川澤。淫風所生，爲蟲臭惡。是時嚴公取齊淫女爲夫人，既入，淫於兩叔，故蜚至。按子政葢演《穀梁》之說。而何休、范甯皆從之也。許列臭蟲於先，而負蠜次之，許意子政說長也。負蠜與蠜畫然二物。《釋蟲》曰：𨸏螽，蠜也。《毛傳》同。許同。此一物也。《釋蟲》曰：草螽，今《爾雅》作蟲譌負蠜也。《毛傳》則云草蟲，常羊也。常羊卽負蠜。鄭箋云：艸蟲鳴則阜螽躍而從之，是以謂之負蠜也。劉子駿及許之負蠜卽艸蟲也，卽常羊也。左氏之所以釋蜚也。至於臭蟲生南越而有於中國，子政之說則然。亦如有蜮、有鸜鵒來巢皆本非所有，公、穀之所以釋蜚也。《釋蟲》曰：蜚，蠦蜰。郭云：臭蟲，負盤也。攷《本艸經》蜚蠊，注家云：辛辣而臭。漢中人食之。一名盧蜰，一名負盤。郭注亦謂此。而許虫部蜰下但言盧蜰，不言蜚也。似許不以盧蜰與臭蟲爲一物。《本艸》之蜚蠊非必淫氣所生，劉向所以說經者，又未必蜚蠊也。故所云盧蜰者，葢《本艸》之蜚蠊。此云臭蟲者，未必爲《本艸》之蜚蠊也。盤蠜二字尤不當牽混。

从蟲。非聲。房未切。十五部。

蠹或从虫。今春秋三經皆如此作。古書多叚爲飛字。

又《蜮》 短弧也。弧各本作狐。今正。毛公、班固、張揖、陸璣、杜預、范甯皆曰短弧。今惟《五行志》《左傳》釋文作弧，不誤矣。《小雅》爲鬼爲蜮。《傳》曰：蜮，短弧也。《左傳》釋文曰：短弧又作狐。按此因其以氣射害人，故謂之短弧。作狐，非也。其氣爲矢，則其體爲弧。

佀鼈三足。《洪範傳》、陸璣疏皆云爾。

吕氣躲害人。陸疏云：『人在岸上，影見水中，投人影則殺之。』師古曰：『短弧卽射工也，亦呼水弩。』陸氏佃、羅氏願皆曰：『口中有横物如角弩，聞人聲以氣爲矢，用水勢以射人。隨所箸發創，中影亦病也。』

从虫。或聲。于逼切。一部。

蟈又从國。

國聲亦或聲也。《周禮》蟈氏。鄭司農云：蟈讀爲蜮。蜮、蝦蟆也。《月令》曰：螻蟈鳴，故曰掌去鼃黽。鼃黽、蝦蟆屬。《周禮》經注本如此，今本經作蟈氏。注曰：蟈當爲蜮，此譌謬倒易不可通之本。後鄭依司農易字。故注曰：蟈，今御所食蛙也。字从虫，國聲。蜮乃短弧與，所以申明先鄭易字之恉也，許不從先鄭說者也。故謂蟈卽蜮字之異者。蜮氏去蟈，卽去短狐也。葢《周禮》故書作蜮，亦或作蟈，先鄭從或本。許則謂蟈與蜮無二義也。宋代 徐鉉、徐鍇、注釋。臣鉉等曰：今俗作古獲切，以爲蝦蟆之別名。

又《蠸》 蟲也。謂蟲名。未詳何物。釋蟲有蠸、輿父、守瓜。一曰大螫也。螫者，蟲行毒也。大螫者，大行毒也。

又《蚰部・螽》 蝗也。蝗下曰：螽也。是爲轉注。按爾雅有𨸏螽、草螽、蜇螽、蟿螽、土螽。皆所謂螽醜也。蜇螽，詩作斯螽，亦云螽斯。毛、許皆訓以蜙蝑。皆螽類而非螽也，惟春秋所書者爲螽。从蚰。夊聲。職戎切。九部。

夊，古文終字。見糸部。螽或从虫。眾聲。《公羊經》如此作。

又《蝨》 齧蝨也。从蚰。矛聲。此字與蟲部食艸根者絕異。

論說

《吕氏春秋》卷七《孟秋紀・孟秋》 行之是令，而涼風至三旬。孟秋行冬令，則陰氣大勝，介蟲敗穀，戎兵乃來。行春令，則其國乃旱，陽氣復還，五穀不實。行夏令，則多火災，寒熱不節，民多瘧疾。

又 卷一一《仲冬紀・仲冬》 仲冬行夏令，則其國乃旱，氣霧冥冥，雷乃發聲。行秋令，則天時雨汁，瓜瓠不成，國有大兵。行春令，則蟲螟爲敗，水泉減竭，民多疾癘。

又 卷一二《季冬紀・季冬》 行之是令，此謂一終，三旬二日。季冬行秋令，則白露蚤降，介蟲爲妖，四鄰入保。行春令，則胎夭多傷，國多固疾，命之曰逆。行夏令，則水潦敗國，時雪不降，冰凍消釋。

《春秋公羊傳・宣公十五年》 經：冬，蝝生。傳：未有言蝝生者，此其言蝝生何？蝝生不書，此何以書？幸之也。幸之者何？猶曰受之云爾。受之云爾者何？上變古易常，應是而有天災，其諸則宜於此焉變矣。

又《哀公十二年》 經：冬十有二月，螽。傳：何以書？記異也。何異爾？不時也。

《春秋穀梁傳・隱公五年》 經：螟。傳：蟲災也。甚則月，不甚則時。

又《桓公五年》 經：螽。傳：蟲災也。甚則月，不甚則時。

又《僖公十五年》 經：八月，螽。傳：螽，蟲災也。甚則月，不甚則時。

又《文公三年》 經：雨螽於宋。傳：外災不志，此何以志也？曰，災甚也。其甚奈何？茅茨盡矣。著於上見於下謂之雨。

《史記》卷四《周本紀》 武王徵九牧之君，登豳之阜，以望商邑。《正義》：《括地志》云：「豳州三水縣西十里有豳原，周先公劉所都之地也。豳城在此原上，因公爲名。」按：蓋武王登此城望商邑。武王至于周，自夜不寐。《正義》：周，鎬京也。武王伐紂，還至鎬京，憂未定天之保安，故自夜不得寐也。周公旦卽王所，曰：『曷爲不寐？』王曰：『告女：維天不饗殷，自發未生於今六十年，麋鹿在牧。《集解》徐廣曰：「此事出周書及隨巢子，云『夷羊在牧』。牧，郊也。夷羊，怪物也。」蜚鴻滿野。《索隱》按：高誘曰「蜚鴻，蠛蠓也」。言飛蟲蔽田滿野，故爲災，非是鴻鴈也。隨巢子作『飛拾』，飛拾，蟲也。《正義》：蜚音飛，古『飛』字也。於今猶當今。於今六十年，從帝乙十年至伐紂年也。麋鹿在牧，喻讒佞小人在朝位也。飛鴻滿野，喻忠賢君子見放弃也。言紂父帝乙立後，殷國益衰，至伐紂六十年間，諂佞小人在於朝位，忠賢君子放遷於野。故詩云「鴻鴈于飛，肅肅其羽，之子于征，劬勞于野」。毛萇云『之子，侯伯卿士也。』鄭玄云『鴻鴈知避陰陽寒暑，喻民知去無道就有道』。

又卷一二八《龜策列傳》 桀紂爲暴彊也，固以爲常。桀爲瓦室，《集解》：《世本》曰：『昆吾作陶。』張華《博物記》亦云『桀作瓦』。蓋是昆吾爲桀作也。紂爲象郎，徵絲灼之，《索隱》按：灼謂燔也。燒絲以當薪，務費人也。務以費氓。賦斂無度，殺戮無方。殺人六畜，以韋爲囊。囊盛其血，與人縣而射之，與天帝爭彊。逆亂四時，先百鬼嘗。諫者輒死，諛者在傍。聖人伏匿，百姓莫行。天數枯旱，國多妖祥。螟蟲歲生，五穀不成。民不安其處，鬼神不享。飄颶起，正晝晦冥。日月並蝕，滅息無光。列星奔亂，皆絕紀綱。以是觀之，安得久長！雖無湯武，時固當亡。

漢 王充《論衡》卷一六《商蟲篇》 變復之家謂蟲食穀者，部吏所致也。貪則侵漁，故蟲食穀。身黑頭赤，則謂武官；頭黑身赤，則謂文官。使加罰於蟲所象類之吏，則蟲滅息，不復見矣。夫頭赤則謂武吏，頭黑則謂文吏所致也。時或頭赤身白，頭黑身黃，或頭身皆黃，或頭身皆青，或皆白若魚肉之蟲，應何官吏？時或白布豪民、猾吏被刑乞貸者，威勝於官，取多於吏，其蟲形象何如狀哉？蟲之滅也，皆因風雨。案蟲滅之時，則吏未必伏罰也。陸田之中時有鼠，水田之中時有魚，蝦蟹之類，皆為穀害，或時希出而暫為害，或常有而為災，等類眾多，應何官吏？

魯宣公履畝而稅，應時而有蝝生者，或言若蝗。蝗時至，蔽天如雨，集地食物，不擇穀草。察其頭身，象類何吏？變復之家，謂蝗何應？建武三十一年，蝗起太山郡，西南過陳留、河南，遂入夷狄，所集鄉縣以千百數。當時鄉縣之吏，未皆履畝，蝗食穀草，連日老極，或蜚徙去，或止枯死。當時鄉縣之吏，未必皆伏罪也。夫蟲食穀，自有止期，猶蠶食桑，自有足時也。生出有日，死極有月，期盡變化，不常為蟲。使人君不罪其吏，蟲猶自亡。夫蟲，風氣所生，蒼頡知之，故『凡』、『蟲』為『風』之字，取氣於風，故八日而化，生春夏之物，或食五穀，或食眾草。食五穀，吏受錢谷也，其食他草，受人何物？

倮蟲三百，人為之長。由此言之，人亦蟲也。人食蟲所食，蟲亦食人所食，俱為蟲而相食物，何為怪之？設蟲有知，亦將非人曰：『女食天之所生，吾亦食之，謂我為變，不自謂為災。』凡含氣之類，所甘嗜者，口腹不異。人甘五穀，惡蟲之食；自生天地之間，惡蟲之出。設蟲能言，以此非人，亦無以詰也。夫蟲之在物間也，知者不怪，其食萬物也不謂之災。

甘香渥味之物，蟲生常多，故穀之多蟲者粢也。稻時有蟲，麥與豆無蟲。必以有蟲責主者吏，是其粢鄉部吏常伏罪也。神農、后稷藏種之方，煮馬屎以汁漬種者，令禾不蟲。如或以馬屎漬種，其鄉部吏鮑焦、陳仲子也。是故后稷、神農之術用，則其鄉吏可免為奸。何則？蟲無從生，上無以察也。

蟲食他草，平事不怪，食五穀葉，乃謂之災。桂有蠹，桑有蠍，桂中藥而桑給蠶，其用亦急，與穀無異。蠹蠍不為怪，獨謂蟲為災，不通物類之實，暗於災變之情也。穀蟲曰蠱，蠱若蛾矣。粟米饐熱生蠱。夫蠱食粟米，不謂之災，蟲食苗葉，歸之於政。如說蟲之家，謂粟輕苗重也。

蟲之種類，眾多非一。魚肉腐臭有蟲，醯醬不閉有蟲，飯溫濕有蟲，書卷不舒有蟲，衣襞不懸有蟲，蝸疽瘡螻症蝦有蟲。或白或黑，或長或短，大小鴻殺，不相似類，皆風氣所生，並連以死。生不擇日，若生日短促，見而輒滅。變復之家，見其希出，出又食物，則謂之災。災出當有所罪，則依所似類之吏，順而說之。人腹中有三蟲，下地之澤，其蟲曰蛭，蛭食人足，三蟲食腸。順說之家，將謂三蟲何似類乎？凡天地之間，陰陽所生，蛟蟯之類，蜫蠕之屬，含氣而生，開口而食。食有甘不，同心等欲，強大食細弱，知慧反頓愚。他物小大連相齧噬，不謂之災，獨謂蟲食穀物為應政事，失道理之實，不達物氣之性也。

然夫蟲之生也，必依溫濕。溫濕之氣，常在春夏。秋冬之氣，寒而乾燥，蟲未曾生。若以蟲生，罪鄉部吏，是則鄉部吏貪於春夏，廉於秋冬。雖盜蹠之吏以秋冬署，蒙伯夷之舉矣。夫春夏非一，而蟲時生者，溫濕甚也，甚則陰陽不和。陰陽不和，政也，徒當歸於政治，而指謂部吏為奸，失事實矣。何知蟲以溫濕生也？以蠱蟲知之。穀乾燥者，蟲不生；溫濕饐餲，蟲生不禁。藏宿麥之種，烈日乾暴，投於燥器，則蟲不生。如不乾暴，閘喋之蟲，生如雲煙。以蠱閘喋，准況眾蟲，溫濕所生，明矣。

《詩》云：『營營青蠅，止於藩。愷悌君子，無信讒言。』讒言傷善，青蠅汙白，同一禍敗，《詩》以為興。昌邑王夢西階下有積蠅矢，明旦召問郎中龔遂，遂對曰：『蠅者，讒人之象也。夫矢積於階下，王將用讒臣之言也。』由此言之，蠅之為蟲，應人君用讒。何故不謂蠅為災乎？如蠅可以為災，夫蠅歲生，世間人君常用讒乎？

案蟲害人者，莫如蚊虻，蚊虻歲生。如以蚊虻應災，世間常有害人之吏乎？必以食物乃為災，人則物之最貴者也，蚊虻食人，尤當為災。必以暴生害物乃為災，夫歲生而食人，與時出而害物，災孰為甚？人之病疥，亦希非常，疥蟲何故不為災？且天將雨，蟻出蚋蜚，為與氣相應也。或時諸蟲之生，自與時氣相應，如何輒歸罪於部吏乎？天道自然，吉凶偶會，非常之蟲適生，貪吏遭署。人察貪吏之操，又見災蟲之生，則謂部吏之所為致也。

《漢書》卷二七中之上《五行志中之上》 說曰：凡草物之類謂之妖。妖猶夭胎，言尚微。師古曰：『夭音烏老反。』蟲豸之類謂之孽。師古曰：『有足謂之蟲，無足謂之豸。』孽則牙孽矣。及六畜，謂之旤，言其著也。及人，謂之痾。痾，病貌，言寖深也。師古曰：『寖，漸也。』甚則異物生，謂之眚；自外來，謂之祥。祥猶禎也。氣相傷，謂之沴。沴猶臨莅，不和意也。每一事云『時則』以絕之，言非必俱至，或有或亡，或在前或在後也。

又 卷二七中之下《五行志中之下》 桓公五年『秋，螽』。師古曰：『螽即阜螽，即今之蝩蟲也。螽音終。蝩音之庸反。』劉歆以爲貪虐取民則螽，介蟲之孽也，與魚同占。劉向以爲介蟲之孽屬言不從。是歲，公獲二國之聘，取鼎易邑，師古曰：『二國，宋、鄭也。宋以郜鼎賂公，鄭以泰山之田易許田也。』興役起城。師古曰：『謂五年夏城祝丘也。』諸螽略皆從董仲舒說云。

嚴公二十九年『有蜚』。劉歆以爲負蠜也，性不食穀，食穀爲災，介蟲之孽。師古曰：『蜚音伏味反。蠜音煩。』劉向以爲蜚色青，近青眚也，非中國所有。南越盛暑，男女同川澤，淫風所生，爲蟲臭惡。師古曰：『蜚者，中國所有，非南越之蟲，未詳向所說。』是時嚴公取齊淫女爲夫人，既入，淫於兩叔，故蜚至。天戒若曰，今誅絕之尚及，不將生臭惡，聞於四方。嚴不寤，其後夫人與兩叔作亂，二嗣以殺，師古曰：『二嗣，謂子般及閔公也。』卒皆被辜。師古曰：『謂二叔、哀姜皆不得其死也。已解於上。』董仲舒指略同。

釐公十五年『八月，螽』。劉向以爲先是釐有鹹之會，後城緣陵，師古曰：『僖十三年，公會齊侯、宋公、陳侯、衛侯、鄭伯、許男、曹伯于鹹。鹹，衛地。十四年而與諸侯城緣陵。緣陵，杞邑也。』是歲復以兵車爲牡丘會，使公孫敖帥師，及諸侯大夫救徐，師古曰：『十五年公會齊侯、宋公、陳侯、衛侯、鄭伯、許男、曹伯，盟于牡丘，遂次于匡。公孫敖帥師，及諸侯之大夫救徐。公孫敖，孟穆伯也。諸侯之大夫，即所與會諸侯也。時楚伐徐，故救之。』兵比三年在外。師古曰：『比，頻也。』

文公三年『秋，雨螽于宋』。劉向以爲先是宋殺大夫而無罪，師古曰：『謂僖二十五年經書「宋殺其大夫」，不書名，以其無罪。』有暴虐賦斂之應。師古曰：『謂宋昭公也。』《穀梁傳》曰：『上下皆合，言甚。』師古曰：『上下皆合，螽之多。』董仲舒以爲宋三世內取，師古曰：『三世，謂襄公、成公、昭公也。內取於國之大夫也。事見《公羊傳》。取讀曰娶。』大夫專恣，殺生不中，師古曰：『中音竹仲反。』故螽先死而至。劉歆以爲螽爲穀災，卒遇賊陰，墜而死也。

八年『十月，螽』。時公伐邾取須朐，城郚。師古曰：『須朐，邾邑；郚，魯邑也。事並在文七年。朐音鉅俱反。郚音吾。』

宣公六年『八月，螽』。劉向以爲先是時宣伐莒向，師古曰：『事在四年。向，莒邑也。向音餉。』後比再如齊，謀伐萊。師古曰：『比，頻也。謂四年秋及五年春公如齊，七年公會齊侯伐萊是也。』

十三年『秋，螽』。公孫歸父會齊伐莒。師古曰：『事在十一年。歸父，東門襄仲子也，字子家。父讀曰甫。』

十五年『秋，螽』。宣亡熟歲，數有軍旅。

襄公七年『八月，螽』。劉向以爲先是襄興師救陳，師古曰：『謂五年楚伐陳，公會晉侯、宋公、衛侯、鄭伯、齊太子光救陳也。』滕子、郯子、小邾子皆來朝。師古曰：『六年滕子來朝，七年郯子、小邾子來朝。』夏，城費。師古曰：『亦七年之夏。費，魯邑也。音祕。』

哀公十二年『十二月，螽』。是時哀用田賦。師古曰：『言重斂也。解在《刑法志》。』

劉向以爲春用田賦，冬而螽。

十三年『九月，螽；十二月，螽』。比三螽，虐取於民之效也。師古曰：『比，頻也。』劉歆以爲周十二月，夏十月也，火星既伏，蟄蟲皆畢，天之見變，因物類之宜，不得以螽，是歲再失閏矣。周九月，夏七月，故傳曰『火猶西流，司曆過也』。

宣公十五年『冬，蝝生』。師古曰：『爾雅曰「蝝，蝮蜪」，説者以爲螽蝗之類。蝮音蒲北反，又音服。蜪音徒高反。』劉歆以爲蝝，螕蠹之有翼者，孟康曰：『螕蠹，音蚍蜉。』食穀爲災，黑眚也。董仲舒、劉向以爲蝝，螟始生也，一曰蝗始生。是時民患上力役，解於公田。師古曰：『解讀曰懈。』宣是時初稅畝。稅畝，就民田畝擇美者稅其什一，亂先王制而爲貪利，故應是而蝝生，屬蠃蟲之孽。

又 傳曰：『言之不從，是謂不艾，師古曰：「艾讀曰乂。」厥咎僭，厥罰恆陽，厥極憂。時則有詩妖，時則有介蟲之孽，時則有犬旤，時則有口舌之痾，時則有白眚白祥。惟木沴金。』

『言之不從』，從，順也。『是謂不乂』，乂，治也。孔子曰：『君子居其室，出其言不善，則千里之外違之，況其邇者虖！』師古曰：『《易・上繫》之辭也。邇，近也。』詩云：『如蜩如螗，如沸如羹。』師古曰：『大雅蕩之詩也。蜩，蟬也。螗，蝘也，即蚼蟟也。謂政無文理，虚言蹲沓，如蜩螗之鳴，湯之沸涫，羹之將孰也。蜩音調。螗音唐。蝘音偃。蚼音貂。蟟音聊。涫音下館反。』言上號令不順民心，虚譁憒亂，則不能治海內，失在過差，故其咎僭。僭，差也。刑罰妄加，羣陰不附，則陽氣勝，故其罰常陽也。旱傷百穀，則有寇難，上下俱憂，故其極憂也。君炕陽而暴虐，師古曰：『凡言炕陽者，枯涸之意，謂無惠澤於下也。炕音口浪反。』臣畏刑而柑口，師古曰：『柑，籋也，音其廉反。籋音女涉反。』則怨謗之氣發於謌謠，故有詩妖。介蟲孽者，謂小蟲有甲飛揚之類，陽氣所生也，於春秋爲螽，今謂之蝗，皆其類也。於易，兑爲口，犬以吠守，而不可信，言氣毀故有犬旤。一曰，旱歲犬多狂死及爲怪，亦是也。及人，則多病口喉欬者，故有口舌痾。金色白，故有白眚白祥。凡言傷者，病金氣；金氣病，則木沴之。其極憂者，順之，其福曰康寧，劉歆言：《傳》曰時有毛蟲之孽。説以爲於天文西方參爲虎星，故爲毛蟲。

又 卷二七下之上《五行志下之上》 嚴公十八年『秋，有蜮』。劉向以爲蜮生南越。越地多婦人，男女同川，淫女爲主，亂氣所生，故聖人名之曰蜮。蜮猶惑也，在水旁，能射人，射人有處，甚者至死。師古曰：『以氣射人也。』南方謂之短弧，師古曰：『即射工也，亦呼水弩。』近射妖，死亡之象也。時嚴將取齊之淫女，故蜮至。天戒若曰，勿取齊女，將生淫惑篡弑之禍。嚴不寤，遂取之。入後淫於二叔，二叔以死，兩子見弑，夫人亦誅。師古曰：『並解于上。』

又 隱公五年『秋，螟』。董仲舒、劉向以爲時公觀漁于棠，貪利之應也。師古曰：『棠，魯地也。陳漁者之事而觀之也。』劉歆以爲又逆臧釐伯之諫，師古曰：『臧僖伯，公子彄也，孝公之子，諫觀漁。』貪利區□，以生蠃蟲之孽也。

八年『九月，螟』。時鄭伯以邴將易許田，師古曰：『邴，鄭祀泰山之邑也，音彼命反。已解於上。』有貪利心。京房《易傳》曰：『臣安祿茲謂貪，厥災蟲，蟲食根。德無常茲謂煩，蟲食葉。不絀無德，蟲食本。與東作爭，茲謂不時，蟲食節。蔽惡生孽，蟲食心。』師古曰：『奪農時也。』師古曰：『蔽謂惡人蔽君之明爲災孽也。』

嚴公六年『秋，螟』。董仲舒、劉向以爲先是衛侯朔出奔齊，齊侯會諸侯納朔，師古曰：『朔謂惠公也。桓十六年，以左公子泄、景祐、殿本都作『泄』，朱一新説作『泄』是。右公子職立公子黔牟，故惠公奔齊。至莊五年，會齊人、宋人、蔡人伐衛而納惠公也。』許諸侯賂。師古曰：『諸國各有賂。』齊人歸衛寶，魯受之，師古曰：『以伐衛所獲之寶來歸魯。』貪利應也。

文帝後六年秋，螟。是歲匈奴大入上郡、雲中，烽火通長安，遣三將軍屯邊，三將軍屯京師。師古曰：『並已解於上。』

北魏 賈思勰《齊民要術》卷一《收種》 《氾勝之書》曰：『種傷濕鬱熱則生蟲也。』【略】

《師曠占術》曰：『杏多實不蟲者，來年秋禾善。五木者，五穀之先；欲知五穀，但視五木。擇其木盛者，來年多種之，萬不失一也。』

《毛詩正義》卷一四之一《小雅・甫田之什・大田》 既方既皂，既堅既好，不稂不莠。實未堅者曰皂。稂，童梁也。莠，似苗也。箋云：方，房也，謂孚甲始生而未合時也。盡生房矣，盡成實矣，盡堅熟矣，盡齊好矣，而無稂莠，擇種之善，民力之專，時氣之和所致之。皂，才老反。稂音郎，又音梁，童梁，草也。《説文》作『蓈』，云『稂』或字也。禾粟之莠，生而不成者，謂之童蓈也。莠，餘久反。去其螟螣，及其蟊賊，無害我田稺。食心曰螟，食葉曰螣，食根曰蟊，食節曰賊。箋云：此四蟲者，恆害我田中之稺禾，故明君以正己而去之。去，起呂反。注同。螟，莫庭反。螣字亦作『蟘』，徒得反。《說文》作『蟘』。蟊，本又作『蛑』，莫侯反。《爾雅》云：『隨所食爲名。』郭云：『皆蝗類也。』稺音稚。下同。

田祖有神，秉畀炎火。炎火，盛陽也。箋云：螟螣之屬，盛陽氣嬴則生之。今明君爲政，田祖之神不受此害，持之付與炎火，使自消亡。秉如字。執，持也，《韓詩》作『卜』。卜，報也。畀，必二反，與也。炎，于沾反，沈于凡反。嬴音盈。

［疏］『既方』至『炎火』。《正義》曰：上言穀生茂大，此言秀實之好。云衆穀既秀穗，上已有孚甲，盡生房矣。稍復結粒，盡成實矣。粒又稍成，盡堅熟矣。并無死傷，盡齊好矣。不有童梁之稂，不有似苗之莠，是其五穀大成也。所以得然者，由其明王能自正己，去其食心葉之螟蟘，及食根節之蟊賊，無害我田中之稺禾者，由此而皆得大成也。明所以能去四蟲者，以其明君爲政，德當靈祇，故云『田祖有神』，不受此等之害，持于炎火，使自消亡。今王不能然，故刺之。傳『實未』至『似苗』。《正義》曰：以此章承上苗長之後，皆論秀實之事。皂音爲造，訓爲成也。文在『堅』上，皂成而未堅，故云『實未堅曰皂』也。『稂，童梁』，《釋草》文。舍人曰：『稂一名童梁。』郭璞曰：『似莠是也。《仲虺之誥》曰：「若苗之有莠，若粟之有秕。」秕似粟，莠似苗也。』箋『方房』至『致之』。《正義》曰：皂是未堅，方文又在皂上，初秀始欲結實之時，故云『方，房也，謂孚甲始生而未合時也』。謂米外之房者，言其孚甲，米生於中，若人之房舍然也。孚者，米外之粟皮，故秠者一孚二米，言一皮之內有兩米也。甲者，以在米外，若鎧甲之在人表，其種於地，則開甲始生，故《月令》孟春云『其日甲乙』，注云：『物之孚甲始生，謂開此孚甲生出也。』禾既有穗，即生孚甲，故云『盡生房矣』。房生既成，則有米實，故云『盡成實矣』。既已有實，稍向熟成，故云『盡堅熟矣』。衆穗皆熟，故云『盡齊好矣』。稂莠苗既似禾，實亦類粟，若擇種去其細粒，鋤禾除其非類，則無復稂莠，亦由時氣之和使然。傳『食心』至『曰賊』。《正義》曰：皆《釋蟲》文。李巡云：『食禾心爲螟，言其姦冥冥難知也。食禾葉者，言假貸無厭，故曰螣也。食禾節，言貪狠，故曰賊也。食禾根者，言其稅取萬民財貨，故云蟊也。孫炎曰：『皆政貪所致，因以爲名也。』郭璞曰：『分別蟲啖禾所在之名耳。』蟘與螣，蟊與蟲，古今字耳。郭璞直以蟲食所在爲名，而李巡孫炎并因託惡政，則災由政起，雖食所在爲名，而所在之名緣政所致，理爲兼通也。陸機《疏》云：『螟似子方而頭不赤。螣，蝗也。賊似桃李中蠹蟲，赤頭身長而細耳。或說云：「蟊，螻蛄也。食苗根，爲人患。」許慎云：「吏犯法則生螟。乞貸則生螣。」舊說螟螣蟊賊一穗蟲也，如言寇賊姦宄，內外言之耳。故犍爲文學曰：「此四種蟲皆蝗也。」實不同，故分別釋之。』箋『此四』至『去之』。《正義》曰：以特言田稺，故云『恆害我田中之稺禾』。蟲災之盛，稙者亦食，以稺者偏甚，故舉以言之。以其由政而然，故云『明君正己而去之』。傳『炎火，盛陽』。《正義》曰：以言炎火，恐其是火之實，故云『盛陽也』。陽而稱火者，以南方爲火，炎爲甚之，故云『盛陽也』。知非實火者，以四者所謂昆蟲，得陰而藏，得陽而生，故箋云『盛陽氣嬴則生之』，義無取于火之實，故爲盛陽也。箋『螟螣』至『消亡』。《正義》曰：解本言炎火之意。以螟螣之屬四者，盛陽氣嬴則生之，以得陽而生，故陽盛而爲害。《月令》：『仲夏行春令，百螣時起。』是陽行而生，陽盛則蟲起，消之則付於所生之本。今明君爲政，田祖之神不受此害，故持之付予炎火，使自消亡也。田祖所以受者，以害由政起。今明君爲政，害無由作，故云田祖不受四蟲之害。若政能消之，則本無可受，而云田祖不受者，以田祖主田之神，託而言耳。

唐 李筌《太白陰經》卷二《人謀下·廟勝篇》 經曰：天貴持盈不失，陰陽四時之綱紀；地貴定傾不失，生長均平之土宜。人貴節事，調和陰陽，佈告時令，事來應之，物來知之，天下盡其忠信、從其政令。故曰：『天道無災，不可先來；地道無殃，不可先倡；人事無失，不可先伐。』四時相乘，水旱愆和，冬雷夏霜，飛蟲食苗，天災也。

明 劉基《春秋明經》卷下 初稅畝。蝝生，饑。大有年。困民以致災者，理之常。悖道而獲福者，理之變。夫天人感應之理，《春秋》之所深謹也。是故螽蝝饑饉，國之灾也。魯之宣公廢助法而用稅，虐民也。虐民而天降之灾，宜矣。故初稅畝之年蝝生而饑，斯非理之常乎？百穀順成，國之福也。魯之宣公奪世嫡以有國，悖道也。悖道而天降之福，異矣。故即位之十有六年而大有年，斯非理之變乎？在他人以饑蝝為變，在宣公則為常；在他人以有年為常，在宣公則為變。《春秋》誅亂臣、討賊子之法嚴矣哉。《商書》曰：『惟吉凶不僭，在人；惟天降灾祥，在德。』夫凶人為不善而致譴焉，天道之當然也，其或反之者，庸非異乎？是故螽蝝之害，法所當書，而他公皆記。有年之瑞，法不當書，而獨志于桓宣之冊。聖人之旨，淵乎微矣。且饑者，五穀皆歉之謂也。宣公以不義得國，懼討于人而竭力以事齊，水旱螽蝝相繼而起，於是國用不足而稅畝之法興焉。初者，事之始也。稅畝者，公田之外又履其餘畝而取之，是為什而取二矣。以諸侯而擅改先王之法，以國君而行虐民之政，由是怨懟之聲上聞于天，而戾氣應之。秋蟲未息，冬蝝又生。蝝者，螽之子也。螽蝝相繼于二時，嘉穀其有孑遺乎？故遂至于饑饉而無以振業貧乏。《春秋》書『蝝生』與『饑』，繼于『初稅畝』之後，則是灾也，實稅畝之應，而宣公得之，非過矣。故曰：困民以致灾者，理之常也。若夫有年者，五穀皆熟之謂也。宣公以庶孽之子篡正嫡之位，使惡視二子，殞于非辜，而過市之哭，哀動魯國。

是上不有王法，而下不有宗廟。王朝不能施殘執之刑，鄰國不聞有沐浴之請，而魯國又無石碏之臣矣，則惟天能誅之耳。其乖氣所感，兩螽而一旱，一水而兩饑宜也。至于是歲而大有年焉。有年而曰大，則禾、麻、菽、麥、黍、稷、穜、稑，實穎實栗，無所不有。是果何以致之哉？《春秋》書『大有年』於『蝝生饑』之明年，則是福也，非凶人之所當有，而宣公得之為反常矣。故曰：悖道而獲福者，理之變也。然則天道僭乎？曰：非也。宣公在位十有八年，而獨是年為有年，他年之歉可知矣。越明年而宣公死矣，獲罪於天者宣公也，魯國之民不可盡絶，而周公不可摧也。稅畝矣，饑矣，而不畀之以有年，則周餘黎民何罪乎？天非為宣公而有年也，夫豈僭耶？或曰《春秋》之法，常事不書，惟變則書之。桓宣之有年，志變也，則桓宣之水旱螟螽乃為常矣，何以亦書之乎？曰：《春秋》，天子之事也。天人相與之理，懼灾思患之意，治惡人、矜小民之道，無所不備，是故觀凶灾之迭見于二公，則知天道之不僭，而為惡者知所警。觀有年之獨見于二公，則知惡人之不可容於世，而操刑賞之柄者可以知所主矣。嗚呼，至哉！故曰：孔子成《春秋》而亂臣賊子懼。

綜述

南朝梁 宗懔《荆楚歲時記》 夏至節日，食糉。按周處《風土記》謂爲角黍，人並以新竹爲筒糉。楝葉插頭，五綵繫臂，謂爲長命縷。是日，取菊爲灰，以止小麥蠹。按：干寶《變化論》云：朽稻為蛬，朽麥爲蛺蝶。此其驗乎？

唐 李商隱《樊南文集補編》卷五《爲宏農公上虢州後上中書狀》

右某伏奉某日制書出守，以某日到任上訖。伏以境臨東雍，地帶上陽，爲匪沃饒，外繁傳置。遘驕陽積潦之患，困苗螟葉蟹之災，將活齊人，在擇良牧。某因緣儒術，塵汙郡符，皆由相公假以羽毛，飾之丹雘。隼飛旟上，懼失於頒條，熊伏軾前，恐乖於求瘼。唯當夙宵罔懈，深薄爲虞，冀勞來而有成，庶疲羸而獲泰。下情無任云云。

唐 佚名《道要靈祇神鬼品經·靈祇鬼品·鼎精華》 右此一鬼，主害人田蠶，蠶女鬼夫。立春日平旦時可立向西北方三咒曰：天皇清明，長遠上多神陰不反與汝馬姑來我宅，使蠶大得千萬倍。田畝收千億斛，絲天中下，稻地中出，勁華為我使叱咄，急煞百傷，小魅何狼猝。

宋 陳旉《農書》卷上《祈報篇》 大田之詩言：『去其螟螣，及其蟊賊，無害我田穉；田祖有神，秉畀炎火。有渰淒淒，興雨祁祁，雨我公田，遂及我私。』是又祈之之辭也。甫田之詩言：『以我齊明，與我犧羊？以社以方，我田既臧，農夫之慶。』是又報之之禮也。繼而曰：『琴瑟擊鼓，以御田祖，以祈甘雨，以介我稷黍，以穀我士女。【略】饁彼南畝，田畯至喜。』于此又以見祈報之事也。【略】

《春秋》有一蟲獸之爲災害，一雨暘之致愆忒，則必雩禜之而特書之，以見先王勤恤民隱，無所不用其至也。夫惟如此，此其所以萬物之生，各得其宜，各極其高大，各由其道，物無夭閼疵癘，民無札瘥災害者，莫不由神降其福以相之而然也。

今之從事于農者，類不能然。借或有一焉，則勉強苟且而已，烏能悉循用先王之典故哉。其于春秋二時之社祀，僅能舉之，至於祈報之禮，蓋蔑如也。其所以頻年水旱蟲蝗爲災害，饑饉薦臻，民卒流亡，未必不由失祈報之禮而匱神乏祀以致其然。

傳記

《元史》卷一九一《良吏傳二·林興祖》 ［至正八年］春旱，蟲食麥苗，興祖爲文禱之，大雨三日，蟲死而麥稔。已而罷興作，賑貧乏，輕徭薄斂，郡中大治，憲司考課，以道州爲最。以年老致仕，終于家。

又《良吏傳二·劉秉直》 劉秉直字清臣，大都武清人。至正八年，來爲衛輝路總管，平徭役，興教化，敦四民之業，崇五土之利，養鰥寡，恤孤獨。賊劫汲縣民張聚鈔一千二百錠而殺之，賊不獲，秉直具詞致禱城隍祠，而使人伺于死所，忽有村民阿蓮者，戰怖仆地，具言賊之姓名及所在，乃命尉襲之，果得賊于汴，遂正其罪。

秋七月，蟲螟生，民患之，秉直禱于八蜡祠，蟲皆自死。歲大饑，人相食，死者過半，秉直出俸米，倡富民分粟，餒者食之，病者與藥，死者與棺以葬。天不雨，禾且槁，秉直詣城北太行之蒼峪神祠，具詞祈祝，有青蛇蜿蜒而出，觀者異之，辭神而還，行及數里，雷雨大至。秩滿，以親老，去官侍養。

紀事

《春秋・隱公五年》螟。

又《隱公八年》螟。

又《桓公五年》螽。

又《莊公六年》螟。

又《僖公十五年》八月，螽。

又《文公三年》秋，楚人圍江。雨螽於宋。

又《文公八年》螽。

又《宣公六年》秋八月，螽。

又《宣公十三年》秋，螽。

又《宣公十五年》冬，蝝生。饑。

又《襄公七年》八月，螽。

又《哀公十二年》冬十有二月，螽。

又《哀公十三年》九月，螽。

又 十有二月，螽。

《左傳・隱公元年》都城過百雉，國之害也。

又《文公三年》秋，雨螽于宋，隊而死也。

又《宣公十五年》冬，蝝生，饑。幸之也。

又《哀公十二年》冬十二月，螽，季孫問諸仲尼，仲尼曰：『丘聞之，火伏而後蟄者畢。今火猶西流，司曆過也。』

《漢書》卷九《元帝紀》［建昭元年］秋八月，有白蛾羣飛蔽日，從東都門至枳道。如淳曰：『三輔黄圖長安城東面北頭門號曰宣平城門，其外郭曰東都門也。』師古曰：『蛾，若今之蠶蛾類也。音五何反。枳音只。枳道解在高紀。』

又 卷一〇《成帝紀》［建始元年］夏四月，黄霧四塞，博問公卿大夫，無有所諱。六月，有青蠅無萬數師古曰：『言其極多，雖欲以萬數計之而不可得，故云無萬數。』集未央宮殿中朝者坐。服虔曰：『公卿以下朝會坐也。』晉灼曰：『内朝臣之朝坐也。』師古曰：『朝臣坐之在宮殿中者也，服説是矣。坐音才臥反。』

晉 袁宏《後漢紀》卷一八《後漢孝順皇帝紀上》［陽嘉元年］冬十月，望都狼食數十人。本志曰：『言之不從，則有毛蟲之孽。京房易曰：「君無道，害將及人。去之深山全身，厥災狼食人。」』

《後漢書》卷三《孝章帝紀》［建初七年］是歲，京師及郡國螟。

又［建初八年］是歲，京師及郡國螟。

又 卷一〇六《五行志四・螟》章帝七八年間，郡縣大螟傷稼，語在魯恭傳，而紀不録也。是時章帝用竇皇后讒，害宋、梁二貴人，廢皇太子。

靈帝熹平四年六月，弘農、三輔螟蟲爲害。是時靈帝用中常侍曹節等讒言，禁錮海内清英之士，謂之黨人。

中平二年七月，三輔螟蟲爲害。

《宋書》卷三四《五行志五・羸蟲之孽》晉孝武咸寧元年七月，郡國螟；九月，青州又螟。

咸寧元年七月，郡國有青蟲食禾稼。

咸寧四年，司、冀、兖、豫、荊、揚郡國皆螟。

晉武帝太康四年，會稽彭蜞及蟹皆化爲鼠，甚衆，覆野，大食稻爲災。

太康九年八月，郡國二十四螟。螟説與蝗同。是時帝聽讒訴。

太康九年九月，蟲傷稼。

晉惠帝元康二年九月，帶方、含資、提奚、南新、長岑、海冥、列口蟲食禾葉蕩盡。

晉惠帝永寧元年七月，梁、益、涼三州螟。是時齊王冏秉政。貪苛之應也。

永寧元年十月，南安、巴西、江陽、太原、新興、北海青蟲食禾葉，甚者十傷五六。

永寧元年十二月，郡國八螟。

《魏書》卷一一二上《靈徵志上》《洪範論》曰：刑罰暴虐，取利於下；貪饕無厭，以興師動衆；取邑治城，而失衆心，則蟲爲害矣。

［太和］六年七月，青、雍二州虸蚄害稼。

［太和］八年三月，冀、州、相三州虸蚄害稼。

［太和八年］六月乙巳，相、齊、光、青四州虸蚄害稼。

世宗景明元年五月，青、齊、徐、兖、光、南青六州虸蚄害稼。

［景明］四年五月，光州虸蚄害稼。

［景明四年］七月，東萊郡虸蚄害稼。

［正始］四年四月，青州步屈蟲害棗花。

［正始四年］八月，涇州黃鼠、蝗蟲、班蟲，河州虸蚄、班蟲。

［永平］五年五月，青州步屈蟲害棗花。

［永平五年］八月，青、齊、光三州虸蚄害稼，三分食二。

肅宗熙平元年六月，青、齊、光、南青四州虸蚄害稼。

顯祖天安元年六月，兗州有黑蟻與赤蟻交，長六十步，廣四寸，赤蟻斷頭而死。黑主北，赤主南。

世宗正始二年三月，徐州蠶蛾喫人，尫殘者一百一十餘人，死者二十二人。

謂變常而爲異也。

《晉書》卷二九《五行志下》 京房《易傳》曰：『臣安祿位茲謂貪，厥災蟲食根。德無常茲謂煩，蟲食葉。不絀無德，蟲食本。與東作爭茲謂不時，蟲食莖。蔽惡生孽，蟲食心。』

武帝咸寧元年七月，郡國螟。九月，青州又螟。是月，郡國有青蟲食其禾稼。四年，司、冀、兗、豫、荊、揚郡國二十螟。

［太康］九年八月，郡國二十四螟。

九月，蟲又傷秋稼。是時，帝聽讒諛，寵任賈充、楊駿，故有蟲蝗之災，不絀無德之罰。

惠帝元康三年九月，帶方等六縣螟，食禾葉盡。

永寧元年七月，梁、益、涼三州螟。是時，齊王冏執政，貪苛之應也。十月，南安、巴西、江陽、太原、新興、北海青蟲食禾葉，甚者十傷五六。十二月，郡國六螟。

《舊唐書》卷三七《五行志》 天寶三載，貴州紫蟲食苗，時有赤鳥羣飛，自東北來食之。

廣德元年秋，虸蚄食苗，關西尤甚，米斗千錢。

《舊五代史》卷一四一《五行志》 梁開平元年六月，許、陳、汝、蔡、潁五州蝝生，有野禽羣飛蔽空，食之皆盡。

漢乾祐元年七月，青、鄆、兗、齊、濮、沂、密、邢、曹皆言蝝生。開封府奏，陽武、雍丘、襄邑等縣蝗，開封尹侯益遣人以酒肴致祭，尋爲鸜鵒食之皆盡。敕禁羅弋鸜鵒，以其有吞蝗之異也。

二年五月，博州奏，有蝝生，化爲蝶飛去。

《新唐書》卷三五《五行志二・贏蟲之孽》 貞觀二十一年八月，萊州螟。

開元二十二年八月，榆關虸蚄蟲害稼，入平州界，有羣雀來食之，一日而盡。二十六年，榆關虸蚄蟲害稼，羣雀來食之。

三載，青州紫蟲食田，有鳥食之。

廣德元年秋，虸蚄蟲害稼，關中尤甚，米斗千錢。

貞元十年四月，江西溪澗魚頭皆戴蚯蚓。

長慶四年，絳州虸蚄蟲害稼。

大和元年秋，河東、同號等州虸蚄蟲害稼。

開成元年，京城有蟻聚，長五六十步，闊五尺至一丈，厚五寸至一尺者。四年，河南黑蟲食田。

《續資治通鑑長編》卷一八 ［太平興國二年］六月乙未，磁州言保安等縣有黑蟲羣飛，夜出晝隱，食桑葉殆盡，詔免其桑稅。

又 卷五七 ［景德元年八月己卯］陝、濱、棣州言蟲螟害稼。

又 卷七六 ［大中祥符四年八月］甲辰，兗州言蝻蟲生，有蟲青色，隨齧之，化為水，時謂『旁不肯蟲』。上謂宰相曰：『昨遣人潛視東畿苗稼，大率所傷不過三四分。』王旦曰：『陛下憂民之切，上天固當垂祐，矧連歲豐稔，今茲小損，亦未至失所也。』

又 卷八九 ［天禧元年二月］丙戌，上齋於長春殿，召宰相至齋室，謂曰：『昨遣中使至陝西，始聞去秋虫螟有蟄於山石間者，且慮及春而甦，復傷禾稼，宜令州縣速加焚捕。』

又 卷一〇五 ［天聖五年九月庚戌］陝西轉運司言同、華等州旱，虸蚄蟲食苗。

《文獻通考》卷三一四《物異考二十・螟虸蚄蟲》 《春秋》隱公五年『秋，螟』。董仲舒、劉向以爲時公觀漁於棠，貪利之應也，劉歆又以爲逆臧僖伯之諫，貪利區霿，以生贏蟲之孽也。八年『九月，螟』。時鄭伯以邴將易許田，有貪利心。京房《易傳》曰：『臣安祿茲謂貪，厥災蟲，蟲食根。德無常茲謂煩，蟲食葉。不絀無德，蟲食本。與東作爭，茲謂不時，蟲食節。蔽惡生孽，蟲食心。』莊公二年『秋，螟』。董仲舒、劉向以爲先是衛侯朔出奔齊，齊侯會諸侯納朔，許諸侯賂。齊人歸衛寶，魯受之，貪利應也。

漢文帝後六年秋，螟。是歲，匈奴大入上郡、雲中，烽火通長安，遣三將軍屯邊，三將屯京師。

後漢章帝七、八年間，郡縣大螟，傷稼語在《魯恭傳》，而紀不録。時章帝用竇皇后讒，害宋、梁二貴人，廢皇太子。靈帝熹平四年六月，弘農、三輔螟蟲爲害。時靈帝用中常侍曹節等讒言，禁錮名士，謂之黨人。中平二年七月，三輔螟蟲爲害。

晉武帝咸寧元年七月，郡國螟。九月，青州又螟。是月，郡國有青蟲食禾稼。

四年，司、冀、兖、豫、荆、揚郡國二十螟。

九年八月，郡國二十四螟。九月，蟲又傷秋稼。時帝聽讒諛，寵任賈充、楊駿，故有蟲蝗之災，不絀無德之罰。惠帝元康三年九月，帶方等六縣螟，食禾葉盡。永寧元年七月，梁、益、涼三州螟。

時齊王冏執政，貪苛之應。十月，南安、巴西、江陽、太原、新興、北海青蟲食禾葉，甚者十傷五六。十二月，郡國六螟。

唐太宗貞觀二十一年八月，萊州螟。元宗開元二十一年八月，榆關蚄蚄蟲害稼，入平州界，有羣雀來食之，一日而盡。二十六年，榆關蚄蚄蟲害稼，羣雀來食之。天寶三載，青州紫蟲食田，有鳥食之。代宗廣德元年秋，蚄蚄蟲害稼，關中尤甚，斗粟千錢。穆宗長慶四年，絳州蚄蚄蟲害稼。文宗太和元年秋，河東、同號等州蚄蚄蟲害稼。四年，河南黑蟲食田。

宋太祖建隆二年九月，華州渭南縣蚄蚄蟲害稼。乾德六年七月，階州蚄蚄蟲生。太宗太平興國二年七月，邢州鉅鹿、沙河二縣步屈蟲食桑麥殆盡。五年七月，濰州蚄蚄蟲生，食稼殆盡。七年九月，邠州蚄蚄蟲生，食稼。端拱二年七月，施州蚄蚄蟲生，害稼。真宗大中祥符四年八月，兖州蚄蚄蟲生，有蟲青色隨蟄之，化爲水。仁宗天聖五年五月戊辰，磁州蟲食桑。

六年庚戌，同、華等州旱，蚄蚄蟲食苗。高宗紹興元年秋，紹興府、湖州螟；浙東、西郡國螟，多爲穀災。二年，台州螟。二十九年秋，浙東、江東西郡縣螟。三十年十月，江、浙郡國螟蝝。孝宗乾道三年八月，江東郡縣螟螣，淮、浙諸路多以青蟲食穀穗爲災。六年秋，浙、西、江東螟蟲爲害。九年秋，吉贛州，臨江南安軍皆有螟。淳熙二年秋，浙、江、淮郡縣間有螟害。四年秋，昭州螟。五年，昭州薦有螟螣。七年秋，永州螟。八年秋，江州螟。

十二年八月，平江府有蟲聚於禾穗，惟油可墮，一夕，大雨盡滌。十四年秋，江州、興國軍螟。十六年秋，溫州螟。寧宗慶元三年秋，浙東蕭山、山陰縣，婺州，浙西富陽、鹽官、淳安、永興縣，嘉興府皆螟。四年秋，江東鉛山縣蟲食穀，田無遺穗。嘉定十四年，明、台、溫、婺、衢蟊螣爲災。十五年秋，贛州螟。十六年秋，永、道州螟。

《宋史》卷六二《五行志一下・水下》 ［建隆］三年七月，深州蝻蟲生。【略】

乾德二年四月，相州蝻蟲食桑。

又 太平興國二年閏七月，衛州蝻蟲生。【略】七年四月，北陽縣蝻蟲生，有飛鳥食之盡。滑州蝻蟲生。【略】七月，陽穀縣蝻蟲生。

又 ［淳化元年七月］滄州蝗蝻蟲食苗。

又 ［至道二年］七月，長葛、陽翟二縣有蝻蟲食苗。【略】［至道］三年七月，單州蝻蟲生。

景德二年六月，京東諸州蝻蟲生。三年八月，德、博蝝生。

大中祥符二年五月，雄州蝻蟲食苗。三年六月，開封府尉氏縣蝻蟲生。

又 ［大中祥符］九年六月，京畿、京東西、河北路蝗蝻繼生，彌覆郊野，食民田殆盡，入公私廬舍；七月辛亥，過京師，羣飛翳空，延至江、淮南，趣河東，及霜寒始斃。

天禧元年二月，開封府、京東西、河北、河東、陝西、兩浙、荊湖百三十州軍，蝗蝻復生，多去歲蟄者。【略】二年四月，江陰軍蝻蟲生。

又 卷六七《五行志五・土》 建隆二年九月，渭南縣蚄蚄蟲傷稼。三年七月，兖州、濟、德、磁、洺蝝生。

乾德六年七月，階州蚄蚄蟲生。

太平興國二年六月，磁州有黑蟲羣飛食桑，夜出晝隱，食葉殆盡。七月，邢州鉅鹿、沙河二縣步屈蟲食桑麥殆盡。五年七月，濰州蚄蚄蟲生，食稼殆盡。七年九月，邠州蚄蚄蟲生，食稼。九年七月，泗州蠓蟲食桑。

雍熙二年四月，天長軍蠓蟲食苗。

端拱二年七月，施州蚄蚄蟲生，害稼。

淳化元年四月，中都縣蝪蟲生。七月，單州蝪蟲生，遇雨死。

景德元年八月，陝、賓、棣州蟲螟害稼。

大中祥符四年八月，兗州虸蚄蟲生，有蟲青色隨齧之，化為水。六年九月，陝西同、華等州虸蚄蟲食苗。

天聖五年五月戊辰，磁州蟲食桑。

景祐四年五月，滑州靈河縣民黃慶家蠶自成被，長二丈五尺，闊四尺。

嘉祐五年，深州野蠶成蠒，被于原野。

熙寧九年五月，荊湖南路地生黑蟲，化蛾飛去。全州生黑蟲食苗，黃雀來食之皆盡。

元祐六年閏八月，定州七縣野蠶成蠒。七年五月，北海縣蠶自織如絹，成領帶。

元符元年七月，藁城縣野蠶成蠒。八月，行唐縣野蠶成蠒。九月，深澤縣野蠶成蠒，織紝成萬匹。二年六月，房陵縣野蠶成蠒。

政和元年九月，河南府野蠶成蠒。四年，相州野蠶成蠒。五年，南京野蠶成蠒，織紬五匹，綿四十兩，聖蠒十五兩。

紹興二十九年秋，浙東、江東西郡縣螟。三十年十月，江、浙郡國螟蝝。

隆興元年秋，浙東西郡國螟，害穀，紹興府、湖州為甚。二年，台州螟。

乾道三年八月，江東郡縣螟螣。淮、浙諸路多言青蟲食穀穗。六年秋，浙西、江東螟為害。九年秋，吉贛州、臨江南安軍螟。

淳熙二年秋，浙、江、淮郡縣螟。四年秋，昭州螟。五年，昭州荐有螟螣。七年秋，永州螟。八年秋，江州螟。十二年八月，平江府有蟲聚于禾穗，油灑之即墮，一夕，大雨盡滌之。十四年秋，江州、興國軍螟。十六年秋，溫州螟。

慶元三年秋，浙東蕭山山陰縣、婺州，浙西富陽、鹽官、淳安、永興縣，嘉興府皆螟。四年秋，鉛山縣蟲食穀，無遺穗。

嘉定十四年，明、台、溫、婺、衢蟊螣為災。十五年秋，贛州螟。十六年，永、道州螟。

紹定三年，福建螟。

端平元年五月，當塗縣螟。

淳祐二年五月，兩淮螟。

景定三年八月，浙東、西螟。

《元史》卷五〇《五行志上・木》 至元十七年二月，真定七郡桑有蟲食之。二十九年五月，滄州、濰州、中山、元氏、無棣等縣桑蟲食葉，蠶不成。

元貞元年四月，真定中山、靈壽二縣桑有蟲食之。

大德五年四月，彰德、廣平、真定、順德、大名等郡蟲食桑。

至大元年五月，大名、廣平、真定三郡蟲食桑。

致和元年六月，河南德安屯蠖食桑。

天曆二年三月，滄州、高唐州及南皮、鹽山、武城等縣桑，蟲食之如枯株。

至順二年三月，冠州蟲食桑四萬株。晉、冀、深、蠡等州及鄆城、延津二縣蟲夜食桑，晝匿土中，人莫捕之。五月，曹州禹城、保定博野、東昌封丘等縣蟲食桑，皆既。

又《金》 恒暘，則有介蟲之孽。釋者謂小蟲有甲飛揚之類，陽氣所生也，於春秋爲螽，今謂之蝗。按劉歆云，貪虐取民則螽與魚同占。劉向以爲介蟲之孽，當屬言不從。今倣之。

又《土》 按漢志云：『溫而風則生螟螣，有裸蟲之孽。』

至元八年六月，遼州和順縣、解州聞喜縣虸蚄生。十八年，高唐、夏津、武城縣蝝。二十三年五月，霸州、漷州蝻。二十四年，鞏昌虸蚄爲災。二十七年四月，婺州螟害稼，雷雨大作，螟盡死，歲乃大稔。

元貞元年六月，利州龍山縣、蓋州明山縣螟。二年五月，濟州任城縣螟。隨州野蠶成繭，亘數百里，民取爲纊。

大德七年五月，濟南、東昌、般陽、益都等路蟲食麥。閏五月，汴梁開封縣蟲食麥。九年七月，桂陽郡蝝。

至大元年五月，東平、東昌、益都等郡蝝。

皇慶二年五月，檀州及獲鹿縣蝻。

延祐七年七月，霸州及堂邑縣蝻。

泰定四年七月，奉元路咸陽、興平、武功三縣，鳳翔府岐山等縣虸蚄害稼。

天曆二年，淮安、廬州、安豐三路屬縣蝻。

又 卷五一《五行志下・稼穡不成》 至正三年六月，梧州青蟲食稼。十年七月，同州蟲食稼，郡守石亨祖禱于玄妙觀，寒雨三日，蟲盡死。十九年五月，濟南章丘、鄒平二縣蝻，五穀不登。二十二年春，衛輝路螟。六月，萊州膠水縣虸蚄生，害稼。二十三年六月，寧海文登縣蝝蝂生。七月，萊州招遠、萊陽二縣及登州、寧海州蝝蝂生。

《明實録・孝宗敬皇帝實録》卷四〇［弘治三年］署七月癸亥，以蟲、旱災免貴州永甯衛弘治二年分屯糧二千三百四十石有奇。

（弘治）《嚴州府志》卷一九《文章》［弘治四年］夏又大旱，且蟲，苗欲死，民困尤甚。

（弘治）《常熟縣志》卷一《灾祥》［成化十七年］春夏大旱，秋大水。是年縣令黃慶在任。三月至七月始雨，塘涇龜訴，蟲食禾，虎行野。八月，大雨潦高田風批，低田治爛。官不准災，民困莫甚於此。

又［弘治六年］夏仍潦。是年低田半收。秋八月，有飛蟲，身長半寸，形類蚊蚋，聚于民居簷楹樹木間，至晚羣飛如煙霧，邑中觸處皆有，越旬雨至，遂滅。

又［弘治七年］復大潦。是年春夏秋風雨不絕，水鄉田宅一壑，樹林俱空，六畜廢盡，折屋買船，前無此災。春三月，復有異蟲生於山林村落松樹間，邑中觸處皆有，狀如吴蠶，遍食松葉，樹枝皆秃，鄉人以爲松蠶。

（正德）《襄陽府志》卷九《祥異》［正德十一年］夏，襄陽新城偶生毛蟲，黑色，屋瓦牆壁皆遍，隨掃隨生，或有至石者。五月，漢水大漲，沖齧新城及岸，潰者數十丈，水入城，幾至墊溺。

（嘉靖）《漢中府志》卷九《灾祥》［嘉靖五年］蟲食禾。

（嘉靖）《荆州府志》卷三〇《祥異》［嘉靖十一年］正月至於五月，境内不雨。秋，霪雨彌月。蟲食禾稼。

又［嘉靖九年］夏，雨下如蒿子，化爲蟲，食禾。

（嘉靖）《德清縣志》卷一〇《妖祥》［嘉靖二年］春二月有蟲食葉，時縣境之葉爲蟲所齧，十一都左右尤甚，是歲葉價騰貴，育蠶者大窘。

（隆慶）《雲南通志》卷一七《灾祥》［嘉靖二十六年］自春迄夏不雨，有蟲如蟻傷苗，羣鴨食之，爲雷擊死。

又［嘉靖四年］是歲秋，螟蝨食苗。

（萬曆）《延綏鎮志》卷三《灾異》［成化二十年］大旱，多蟲。大饑，人相食。

（萬曆）《重修常州府志》卷七《蠲賑》［嘉靖三年］蟲傷稼，武進縣奉例停免帶征。

又［嘉靖四年］大水，蟲復殺稼。

（萬曆）《重修鎮江府志》卷三四《祥異》［萬曆六年］八月内禾生蜚，苗皆黃萎，秀而不實。次年亦如之。

（萬曆）《通州志》卷二《禨祥》［隆慶四年］蝨食禾。

（萬曆）《游陽志》卷八《灾祥》［嘉靖三十四年］秋，蟲害稼。

（萬曆）《重修嘉善縣志》卷一二《灾祥》［嘉靖四年］秋，細蟲如蟻，聚食禾根。

又［萬曆六年］秋，蝨害稼。

（萬曆）《懷柔縣志》卷四《灾祥》［嘉靖三十七年］耗粒蟲食禾稼。

（萬曆）《泰興縣志》卷四《遺事》［隆慶四年］蟲食禾殆盡。

（萬曆）《秀水縣志》卷一〇《祥異》［萬曆六年］秋，蝨害稼。

（萬曆）《常山縣志》卷一《灾祥》［萬曆七年］夏六月，蟲卷葉結窠，衣民梳耙，手足盡腫。是歲饑。

（萬曆）《林縣志》卷八《灾祥》［萬曆十四年］夏無麥。秋有蟲曰螣，食禾。

（萬曆）《寧津縣志》卷四《祥異》［萬曆十五年］夏旱仍前，間有螣蟲傷稼。知縣余鎧率僚屬耆民祈於壇祠，三日大雨，螣皆入土化爲蛾云。

又［萬曆二十七年］蝝蝂爲災，蠲賑有差。夏旱。

（天啓）《江山縣志》卷八《灾祥》［萬曆七年］蟲食禾苗，東南鄉尤甚。

（天啓）《新修來安縣志》《祥異》［嘉靖三十四年］秋，蟲害稼。

（崇禎）《廉州府志》卷一《歷年記》［萬曆三十八年］秋九月，廉州境内蟲傷禾稼，東堂鄉更甚。

（崇禎）《泰州志》卷七《灾祥》［隆慶四年］旱，蝨食禾。饑，賑。

（崇禎）《太倉州志》卷一五《灾祥》［崇禎十四年］自四月不雨，至於七月，水涸，河底鑿井不得泉。既罷種，七月忽雨，旁江海田竭本力且插莳，復旱。間有稻，八月中可長尺五，方秀，白露日下苦霧，盡不實。蝗起，遂赤地。棉花至秋獨嬌好，驟生蟲五色，長寸許，食花葉無遺。冬米價湧貴，僵死滿道。次年春，米錢千一百文，民相食，東鄉有食子者。遺惠祠及隆福寺集饑民于余，日死無算。稅糧急，幸漕米許三之一改麥，然折價石一兩五錢。

（崇禎）《吴縣志》卷一一《祥異》［弘治六年］五月至七月，水。

有蟲大如蚊，棲于林木牆壁，群飛蔽空，旬日，得雨始滅。

又［萬曆三十六年］三月二十九日至五月二十四日，霪雨晝夜不輟，水浮地面數尺，高低俱成巨浸，勢如江河，遍地蕩舟，廬舍漂蕩，萬井無煙，米石一兩二錢。六月，有蟲如蚊而大，抵暮聚集空中，望之如煙霧，聲響成雷，經月忽不見，於積水中生細蝦無數，饑民取以爲食，或云即蟲所化。

又［天啟七年］正月二十一日晨起嚴寒，忽雷電晦冥，霰雪交集，是夜雪積盈尺，後三日雷雪復作。八月，田中生蠓蟲，傷稼，米價石一兩五分。十二月十四日大雪，連二晝夜，積三尺餘。

又［崇禎七年］四月七日酉時大雷電，雨雹。秋生蠓蟲，食稻苗，止存下半。九月十八日大風拔木。

又［崇禎八年］春夏秋俱水，低鄉半渰。九月生蠓蟲，稼歉收。

又［崇禎十四年］正月二十日至三月，多大風揚沙，昏蔽天日。五六月亢旱無雨，蝗來。米價每石貴至三兩有奇。秋初，蝗復生蝻，禾稼食盡。復生五色大蟲，蟊菽類亦無存，米益騰貴。自四月至冬，比戶疫痢。

（崇禎）《文安縣志》卷一一《灾祥》［嘉靖三十九年］夏，蝗蝻遍野，禾穗盡食無遺。

（崇禎）《靖江縣志》卷一一《灾祥》［隆慶四年］地青蟲形如蠶，食禾苗幾盡。

（崇禎）《烏程縣志》卷四《灾異》［萬曆六年］秋螟害稼。冬十月，雨木冰。

《明史》卷三〇《五行志三・蟲孽》景泰五年三月，畿南五府有蟲食桑，春蠶不育。弘治六年八月己巳，臨晉雨蟲如雪。七年三月，廣寧諸衛有黑蟲墮地，大如蠅，久之入於土。

（順治）《禹州志》卷九《禨祥》［萬曆二年］天雨蟲蛾，形如麥大，白色四翅，晝飛如雪，城中尤甚，拂面迷目，人不可行。

（順治）《易水志》卷上《灾異》［嘉靖三十九年］春正月不雨，至於夏，蟲蝝盈野，大無麥禾。

（順治）《新修望江縣志》卷九《灾異》［天順六年］秋，螽甚，害稼，彌月乃止。

又［嘉靖十一年］四月，不雨，有螽。

（順治）《白水縣志》卷下《方伎》［嘉靖二十六年］夏，有蟲大如蠶，自郃陽界來，能相結渡河，勢疾風雨，一日夜食苗可三四十里，大甚於蝗。七月，井斗氏爲文禱神，頃，羣鳥遮天而下，若相呼應以啄，明日蟲悉集廟柏，狀如禾穗，三四日食柏葉殆盡，盡死。

（順治）《偃師縣志》卷二《灾祥》［嘉靖三十七年］紫蟲食麥。

（順治）《滑縣志》卷四《祥異》［嘉靖四十二年］春大旱，蟲食桑葉，無蠶。

（順治）《遠安縣志》卷四《祥異》［嘉靖四十五年］天雨蟲寸許，色黑，草木盡食。

（順治）《重修句容縣志》卷末《祥異》［萬曆十七年］蟲食松葉，禾木萎枯大半。

（順治）《靈台志》卷四《灾異》［順治十年］夏五月二十一日，東原大雹傷麥，抵省城止。六月，紫胖蟲生，遍食穀禾。知縣黃居中虔齋自責，致祭於八蠟廟，隨有烏鴉遍地啄食紫蟲，禾不爲害。

（康熙）《河南通志》卷三九《藝文》胡宣《救荒疏》：臣欽蒙聖恩，除懷慶府溫縣知縣。臣一入縣境，田野荒蕪，流民載道，煙火斷絕，雞犬無聞。啼饑號寒，而哀聲動地；抛妻棄子，而怨氣沖天。積屍惟存其骨，林木盡去其皮。睹此災異，實爲可憐。臣十一月二十六日到任，隨據本縣太平鄉里老朱福等連名狀稱，本邑地狹民貧，素無積蓄。先自成化十七年天時大旱，田種無收；十八年大水，人畜漂没；十九年蟲蝻生發，食傷苗稼。累年被災，困苦無伸。不期自成化十九年來至二十年十一月，一向亢陽，二麥不收，秋田無種。況本縣倉廩空虛，無從賑濟，各行採食蓬蒿，宰烹畜禽，又將房屋拆壞變賣，且有鬻子女以易粟，割人肉以充腹者。【略】臣就於次年正月初二日親詣各鄉，逐一踏勘，盡日不見人蹤，沿村不聞煙火。瓦礫蕭然，屋廬傾圮，或饑餓不能出門戶，或僵死無人埋瘞，途間不敢獨行，多被饑民打食，甚至同行至親，相爲割食救命。俱係窮極不畏明禁。【略】本縣逃移者十有八九，見存者百無一二。

又［成化十九年］蟲蛹生髮，食禾苗稼。

（康熙）《保定府志》卷二六《祥異》［崇禎七年］秋七月初六，夜大雨，次日蟲生，食禾幾盡。

（康熙）《袁州府志》卷一三《灾祥》［順治十一年］秋，有蟲食禾，狀類蠶而大，每集數萬，禾盡乃死，臭不忍聞，北鄉更劇。

（康熙）《蘇州府志》卷二《祥異》［天啟七年］正月二十一日嚴寒，雷電霰雪交集，二十四日雷又雪。秋七月，蠓生，禾將實，蟲自天而下，如霧佈滿，禾輒繭不舒，獲都不實。十月六日異風大作，太湖水湧丈餘，吴江簡村千家盡溺。

（康熙）《鎮江府志》卷四三《祥異》［崇禎七年］四月大雨雹。七月螟。冬十一月二十九日大熱。十二月五日大雨雪、震雷及雹。

（康熙）《解州志》卷九《灾祥》［康熙十年］夏大熱，人多病者。秋生五色蟲，黑蟲如蠶。

（康熙）《通州志》卷一一《灾異》［嘉靖三十六年］黑蟲食苗幾盡。

（康熙）《沂州志》卷一《灾異》［崇禎十三年］蝗遍野盈尺，百樹無葉，赤地千里。斗麥二千。民掘草根、剝樹皮，父子相食，骸骨縱橫。嬰兒捐棄滿道，人多自豎草標求售，輾轉溝壑者無算。次年春，復疫癘繼起，死亡過半。災變之異，從未甚於此者。

（康熙）《開州志》卷四《灾祥》［嘉靖四十二年］春大旱，蟲食桑葉，無蠶。

（康熙）《重修阜志》卷下《祥異》［順治七年］周年無雪雨，至六月二十五日始雨；二十六日復雨雹，大如鵝鴨卵，小如棗栗，人畜有傷死者。復連日雨，綿蟲食禾，糧價騰湧。

（康熙）《新樂縣志》卷一九《灾祥》［洪武二年］夏五月，蟲食桑葉盡，無蠶。

（康熙）《餘杭縣志》卷八《灾祥》［康熙十一年］邑八鄉七八月間禾苗正熟，霪雨連綿，忽生青黑蟲，食稼殆盡。又有蟲暗食蠶子一空者，民不聊生，鄰邑皆然，而餘杭更甚。賴督撫二院題請蠲免，知縣張思齊設法捐賑，民獲生全。

又卷一〇《灾祥》［嘉靖四年］秋，螟蟲生發，禾苗根株不留。鄉民以油灑之，飛而去，少頃復來，忽生黑殼蟲無數，食螟遂盡。

（康熙）《永康縣志》卷一〇《祥異》［康熙十年］春雨，麥爛。夏秋亢旱，稻生青蟲。

（康熙）《昌化縣志》卷九《灾祥》［正德十二年］秋八月，蟲害稼。

（康熙）《大冶縣志》卷九《灾異》［萬曆六年］有蟲如蠶，食禾及木葉殆盡。次年復眚。

（康熙）《遂安縣志》卷九《灾異》［康熙十年］螟螣食稼穀十之七，民間食草根，有司以聞，蒙恩蠲恤有差。

（康熙）《順德縣志》卷一三《紀異》［嘉靖四十五年］春正月，黑子掩日。是月初十日，日中有黑子大如卵，摩蕩五日乃滅。夏，蟲傷蚕稻。秋七月，潦水大至。米價騰湧，歲饑。

又［萬曆五年］秋七月，飛蟲食苗殆盡。

（康熙）《江夏縣志》卷一一《灾祥》［洪武九年］大水，民舍田禾漂沒殆盡。五月，江夏水溢山崩，決害禾稼，城傾百餘丈。湖鼠、青蟲生，食稼。八月饑。冬，江漢冰合。

（康熙）《桐廬縣志》卷四《灾異》［萬曆六年］六月，禾未熟時，青蟲如蠶形者，將禾苗食盡。

又［康熙十年］五月至八月，旱無滴雨，即有灌蘇之田，青蟲大發，始食葉，繼食穗，穗盡食莖，莖盡齧根。顆粒無收，民皆枵腹。

（康熙）《開建縣志》卷九《事紀》［順治十七年］是年，早稻蟲食心，民饑。

（康熙）《江夏縣志》卷四九《灾異》［正德十一年］霪雨，水溢山崩，決堤害稼，壞城垣百餘丈。湖鼠、青蟲生，食稼。

（康熙）《安慶府潛山縣志》卷一《祥異》［天順六年］秋，蟲。

（康熙）《安慶府宿松縣志》卷三《祥異》［天順六年］秋，蟲害稼，已甚。

（康熙）《興化府莆田縣志》卷三四《祥異》［成化十五年］蟲食禾，斗米百錢，境無可糴者。

（康熙）《仙游縣志》卷七《祥異》［成化十五年］蟲食禾，斗米百錢。

（康熙）《香山縣志》卷八《祥異》［成化二十一年］夏，霪雨一月，蟲食禾節。歲歉，秋七月，饑。

（康熙）《錢塘縣志》卷一二《灾祥》［嘉靖四年］秋九月，蟊害稼。自八月間毒熱不解，蝨生禾根，食禾幾盡，生翼飛去，如黑煙沖天，田禾十損八九。

（康熙）《博野縣志》卷二《蠲免》［嘉靖七年］蟲災，免秋糧三分。

（康熙）《洋縣志》卷一《灾祥》［嘉靖九年］天雨蓍子，化爲蟲，食禾。

（康熙）《城固縣志》卷二《灾異》［嘉靖九年］雨如蕎麥，化爲蟲，食禾稼。

（康熙）《安慶府宿松縣志》卷三《祥異》［嘉靖十一年］大旱，蟲害稼。

（康熙）《安慶府潛山縣志》卷一《祥異》［嘉靖十一年］大旱，蟲。

（康熙）《寧陵縣志》卷一二《灾祥》［嘉靖十八年］有蟲，傷菽盡。大水。歲饑，民相食，死者遍野。

（康熙）《海鹽縣志》卷一〇《灾祥》［嘉靖十八年］大饑，徐咸《雜志》曰：是秋田禾槁死，並蟲食者大半，民間收穫十無三四，府縣既不奏荒，徵斂反急。至明年春饑甚，民間食糠粃豆餅，至草根樹皮采剝殆盡，餓殍盈道，賣子女妻妾者無算，北鄉尤甚。長老相傳，惟元大德九年鹽邑極荒，人相食，到今二百餘年來未嘗遇此等歲也。

（康熙）《密雲縣志》卷一《灾祥》［嘉靖三十七年］耗粒蟲食禾稼。

（康熙）《欒城縣志》卷二《事紀》［嘉靖三十九年］秋九月，大饑。春夏不雨，飛蝗並蝻。斗米八十錢，餓莩甚衆，皆流入河南就食。

（康熙）《定興縣志》卷一《禨祥》［嘉靖三十九年］自正月不雨，至於夏，蟲蝝盈野，大無麥禾。

（康熙）《秀水縣志》卷七《祥異》［嘉靖四年］秋，蝨蟲食禾根。

（康熙）《三河縣志》卷上《灾異》［嘉靖三十九年］蝗蝻自南來，如水流，越城北行，礙人馬不能行，坑塹皆盈，禾草俱盡。是年，斗米銀二錢五分。

（康熙）《海鹽縣志補遺》《灾祥》［萬曆六年］秋有蟲傷苗，歲歉。七月，蟲生苗間，細若蜉蚍，千百爲羣。

（康熙）《長垣縣志》卷二《灾異》［萬曆十四年］春大旱，六月方雨，虸蚄食晚苗殆盡。

（康熙）《文昌縣志》卷九《灾祥》［萬曆十五年］蝗，食田稻殆盡。

（康熙）《恩平縣志》卷四《建置》［萬曆十五年］大水，蟲殺稼幾盡，闔邑惶惶。

（康熙）《南皮縣志》卷二《灾異》［萬曆二十七年］蟲災，大饑。撫按躬請賑恤。

（康熙）《武邑縣志》卷一《祥異》［萬曆二十七年］春大饑。六月，蟲生，食禾。秋饑。

（康熙）《東明縣志》卷七《灾祥》［萬曆二十七年］虸蚄食花。

又［萬曆三十六年］大蝗。嗣後豆蟲遍地，豆田幾爲傷盡。

又［崇禎七年］二月中，麥黄萎，有蟲纖芥叢生麥根，至今不知何物，俗呼爲『麥虱』。是歲，二麥無收。

（康熙）《德平縣志》卷三《灾祥》［萬曆二十七年］旱，蟲生，無麥禾。斗粟銀三錢，人食綿種、樹皮，流民滿路，餓死者十之二三。

（康熙）《甫里志》卷三《祥異》［萬曆三十六年］四五兩月，大雨如注，高下田廬盡沒，水勢比嘉靖辛酉更甚。及水少退，有蟲如蚊，大倍之，窗壁欄扉飛集遍滿，至昏時亦復，如蚊市營聚成團，令人幾不能開眼，哄聲若雷，第不嘬人，共呼爲『荒蟲』云。

（康熙）《重修武強縣志》卷二《灾祥》［萬曆二十七年］大旱，正月至七月方雨。禾將秀，忽生粘蟲，食禾至根，野無寸草。民饑。

（康熙）《交河縣志》卷七《灾祥》［萬曆四十二年］旱，綿蟲寸長，遍地黑色，傷害田稼。民饑。

又［順治七年］旱，至六月二十一日方雨；二十六日雨雹，大如鵝卵，小如棗栗，人畜有傷死者。又兼綿蟲食禾，糧價騰貴。

又［康熙四年］以旱、蟲、水災，免糧銀十分之三。

又［康熙四年］春旱，蟲災。秋大水，民大饑。

（康熙）《稷山縣志》卷一《祥異》［萬曆四十五年］飛蝗蔽天，蟲蝻滿地，食禾殆盡，視蝗更虐。二年蝗俱東南來，連飛十二晝夜，男婦扞逐者遍田，倏忽啃禾稼爲赤地，哀號之聲不忍聞。知縣劉三錫將饑民上下其等，請上發庾，勸民施賑，設粥廠食之，民賴安堵。

（康熙）《江陰縣志》卷二《灾祥》［天啟七年］正月朔至三日，天鼓鳴西北，澍雨凡十八晝夜不絕。十九日迄二十一日，風雨雷電，隨大雪雨雹。二十二日臭霧四塞，鳥雀多凍死。三月，青蟲食麥苗，蝗生。知府曾櫻檄縣購捕蝗十二擔，給賞倉穀六石六斗。秋八月，蟲傷禾稼。九月雨，無年。十一月二十二日江流涸如帶。

又［崇禎七年］四月初七日晚，黑雲起東北，大雷電以風，雨雹損二麥盡。巡按祁彪佳具題得旨，發粟振濟。青蟲食禾，兵使徐世陰齋醮三止青蟲死。十二月初五日風雷，蟄龍起行雨，晴暖，二麥舒穗，草木花。

（康熙）《武進縣志》卷三《灾祥》［天啟七年］秋八月，異蟲傷稼。八月初旬天氣蒸熱，田間宿水釀成蟹蟲，籽粒無收。

（康熙）《定興縣志》卷一《機祥》［崇禎七年］秋七月六日，夜大雨，次日蟲生，食苗葉幾盡。

（康熙）《垣曲縣志》卷一二《灾荒》［萬曆四十五年］春，蝻生遍野，麥苗盡食。是年無夏，民饑困，餓死甚多。夏大旱，六月終始雨。

（康熙）《齊河縣志》卷六《灾祥》［崇禎十三年］蝗，旱，綿蟲。大饑，人相食。土地荒蕪，村落丘墟，斗米銀一兩餘。

（康熙）《郯城縣志》卷九《灾祥》［崇禎十三年］春夏大旱，飛蝗遍野，害禾一空。未幾，子出小蝗遍境，附壁入室，衣物盡蛀，緣城進縣，民舍官廨悉爲塞滿，釜竈掩閉，全不敢開。捕獲數百千石，而蝗愈勝。秋稼全壞，合境大饑。冬春數月活人相食，父食其子，兄食其弟，夫食其妻。【略】村疃親朋不敢往來。此實過之非常奇災也。

（康熙）《武昌縣志》卷七《灾異》［崇禎十五年］旱魅爲災，蟲蝝生。

（康熙）《通城縣志》卷九《灾異》［順治八年］四蟲俱發，禾稻盡遭食葉剪根。知縣盛治捐俸建醮，七日滅，得收十分之三。

（康熙）《萬載縣志》卷一二《灾祥》［順治十一年］秋，有蟲食禾，狀類蠶而大，每集數萬，禾盡乃死，臭不忍聞。

（康熙）《涇陽縣志》卷一《祥異》［順治十一年］七月己酉，有蟲滿野，始食草，後食花豆葉，十日死。

（康熙）《滕縣志》卷三《灾異》［康熙三年］六月夜，忽聞空中流水聲，飛蟲蔽天而至。

（康熙）《萬載縣志》卷一二《灾祥》［康熙八年］秋旱，黄蟲遍飛，長二寸許，飛集民居，多醮禳之。

（康熙）《仁和縣志》卷二五《祥異》［康熙八年］秋八月，蟲。早禾將有秋矣，初六七連日雨，苗菜間出細小蟲，不知何名，齧其莖盡折。

（康熙）《樂清縣志》卷七《祥異》［康熙十年］六月，早禾收刈，忽生青蟲，食稻。僅三日夜，禾穗盡墜田中。

（康熙）《芮城縣志》卷二《灾祥》［康熙十年］夏熱甚，人有暍死者，至八月猶熱。秋有五色蟲，穀鮮收。

（康熙）《興寧縣志》卷一〇《灾異》［康熙三年］秋，蟲傷禾，一夜落穗遍畝，有阡陌相聯，此食而彼不食。

（康熙）《新修上饒縣志》卷二《灾祥》［康熙十年］夏五月至秋八月不雨。蟲食禾稼盡，旋食木葉。民間采蕨拾橡，舂粉以療饑，至冬，木食亦盡，民益無所得食。次年春，撫部院首倡捐賑，發常平倉粟，暨本府捐穀共七千六百餘石，分賑饑民，賴以全活。

（康熙）《長興縣志》卷四《灾祥》［康熙十一年］六月大水，二十八日大雷雨，冰雹。秋有螽，不入境，集於湖浜蘆葦之上而散。秋杪，螟大傷稼，壞田五十二萬畝。

（康熙）《鉛山縣志》卷一《灾異》［康熙十年］夏五月至秋七月不雨，苗槁。蟲食禾稼盡，則食木葉。民采蕨拾橡以食，至冬蕨橡亦盡，民益無得食，轉於溝壑者累累。是年廣信七縣皆大旱。

（康熙）《孝豐縣志》卷七《灾祥》［康熙十一年］麥有秋。七月，青蟲食苗。

（康熙）《臨晉縣志》卷六《灾祥》［康熙十一年］蟲災。八月，田生黑蟲，長寸餘，禾葉頃刻食盡，灌溉之田尤甚。

（康熙）《烏程縣志》卷六《備荒》［康熙十一年］夏大水。八月八日，怪蟲夾徹雨而下，攢吸稻滋，禾立槁，民大饑。

（康熙）《德安縣志》卷八《灾異》［康熙十一年］三月雨通，二麥大熟，倍於往歲。七八月間，民苦疫痢，不起，四鄉尤甚，知縣姚延醫開局施藥，服之者瘳。六七月間，天布孽蟲遍野，其蟲色黑，長有二三寸，早稻下穗，遲苗盡絕，目擊心寒。時知縣姚齋戒隍祠建醮，蟲乃滅，遲稻復生，猶獲其半。

（康熙）《重修襄垣縣志》卷九《外紀》［康熙二十九年］秋七月，白蛾生，忽變黑蟲，盡食禾葉。

（康熙）《潞城縣志》卷八《災祥》［康熙二十二年］七月，地生黑蟲，食穀葉俱盡。

（康熙）《富民縣志》《祥異》［康熙五十一年］天雨蟲，食苗。時五月杪，雨水夾小蟲，如線，長一份許，不數日大如指，專齧禾苗，甚者僅存其根。

（雍正）《山東通志》卷三三《人物六》［康熙三年］六月，兗州府大旱，飛蟲蔽天。

（雍正）《猗氏縣志》卷六《祥異》［康熙十年］秋，螣生，青黑二色，食麥葉盡，遇微雨蟲愈多。

（乾隆）《甘肅通志》卷一七《蠲恤》［康熙四十二年］陝西甘肅平涼等州縣蟲食禾苗。陝西甘肅連歲被災，饑民流散。

（乾隆）《湖州府志》卷三八《祥異》［萬曆六年］浙江大水，秋螟害稼，十月雨木冰。

又卷四四《祥異》［康熙十一年］秋，青蟲害稼。麥有秋。七月，青蟲食苗。

（乾隆）《鎮江府志》卷四三《祥異》［天啟七年］大饑。秋大旱，生異蟲，狀如蟬，食禾根，禾盡死。

（乾隆）《辰州府志》卷六《禨祥》［乾隆十八年］夏秋旱，蟲。饑，民有食佛粉者，辰溪尤甚。

明年秋熟乃歸。

（乾隆）《直隸遵化州志》卷二《災異》［康熙三十六年］五月下旬，耗粒蟲生穀苗，形似槐蟲而黑，食穀葉如杆，百姓甚憂。越二日有甲蟲出，似黑斑蝥而小，口如鉗，行疾如飛，緣苗上下，遇蟲鉗死，一日而盡。六月十七日，夜大雨如注，雷聲大震，大悲閣東邊旗杆從中燒斷。

（乾隆）《靜寧州志》卷八《雜集》［弘治十六年］六月，黑蟲大傷禾稼，吏目張思聰持州篆以文，禱于嶽祠。越三日，蟲盡斃。

（乾隆）《吉州志》卷一一《藝文》［萬曆四十五年］亢陽不雨，且早蝗大作。知州張應春作文告于龍王神前，次日甘雨大降，四野沾足，蝗亦稍稍滅息。

（乾隆）《崖州志》卷九《災祥》［順治四年］秋七月，蟲食苗幾盡。

（乾隆）《祁州志》卷八《祥異》［康熙四十二年］五月，麥將熟，遍生黑蟲，似蠶而小，一晝夜園圃皆滿，齧傷二麥，狼藉滿地，近民處更多，至無下足處，數日始盡。

（乾隆）《綏德州直隸州志》卷二《歲徵》［乾隆四十七年］秋旱，蟲食禾。緩徵。

（乾隆）《興寧縣志》卷一一《災祲》［天順五年］大旱，蟲食苗。大疫。

（乾隆）《三原縣志》卷九《祥異》［成化二十二年］移河南開封府存留米十二萬石於陝西賑饑。陝西旱，蟲鼠食苗稼。

（乾隆）《平湖縣志》卷一〇《祥異》［雍正九年］秋，蝨傷稼。

（乾隆）《上饒縣志》卷一一《祥異》［乾隆元年］遊蟲、青蟲游水面，纏禾根即損，民苦之。

（乾隆）《同官縣志》卷一《祥異》［成化二十二年］大旱，蟲鼠食稼。

（乾隆）《白水縣志》卷一《祥異》［成化二十二年］夏六月，旱，蟲食禾苗。民饑。

（乾隆）《祁陽縣志》卷八《雜撰》［正德十二年］蟲殺禾。大旱，大疫。

（乾隆）《南鄭縣志》卷一二《紀事》［嘉靖九年］雨如蕎子，化爲蟲，食禾稼。

（乾隆）《武康縣志》卷一《祥異》［嘉靖四年］蟲食稼殆盡，免糧稅。茗志：夏初大水，民車救，苗禾方盛，忽有蟲，蒼白色，體不盈半粟，類酒醋中蟲，小翅能飛，叢集苗根節間嘬食之，苗如火燔死。捕之則散，躍飛去復集，人皆呼爲白癩。

（乾隆）《洵陽縣志》卷一二《祥異》　［嘉靖五年］蟲食禾。

（乾隆）《大名縣志》卷二七《禨祥》　［嘉靖四十二年］春大旱。蟲食桑葉，無蠶。

（乾隆）《龍泉縣志》卷末《祥異》　［嘉靖四十二年］蟲如曬簟，蜂擁數十萬，禾稼皆食，人罕見聞。

（乾隆）《香山縣志》卷八《祥異》　［嘉靖四十五年］旱禾蟲傷。七月，漂水大至，米價騰湧。

又　［萬曆五年］立秋後蟲飛，食苗盡白。

（乾隆）《内黄縣志》卷六《編年》　［嘉靖四十二年］春旱，蟲食桑葉，無蠶。

（乾隆）《無錫縣志》卷一〇《蠲賑》　［萬曆六年］蟲，改折漕糧三萬六千八百二十三石四斗零。

（乾隆）《鄱陽縣志》卷二一《灾祥》　［萬曆十三年］秋旱，蟲食粟盡。

（乾隆）《昆山新陽合志》卷三七《祥異》　［萬曆三十六年］四五兩月連雨五十日，吳中七郡田皆陸沉，城中街道積水，深者可以泛舟。雨後忽生蟲，狀如蚊而大，三倍之，朝暮聚空中，望之若煙雲，其聲如雷，但不噆人，人亦謂之荒蟲，凡二十餘日，忽無孑遺，竟不知何往，是歲魚蝦大盛，或言蝦是此蟲所化。王志慶《漢陰雜志》云：戊申大水，災荒爲百年所無，是時周公懷魯孔教巡撫吳中，上疏痛切，竟得蠲賑，平糴勸分，亦皆有法，米價亦不過斗百錢耳。

（乾隆）《丹陽縣志》卷六《祥異》　［天啟七年］大饑。秋大旱，生異蟲，狀如蟬，食禾根，禾盡死。

（乾隆）《風台縣志》卷一二《紀事》　［康熙二十九年］夏五月，澤州黑蟲食禾。

（乾隆）《海澄縣志》卷一八《灾祥》　［康熙五十七年］六月，黑蟲剪稻，西南兩處並無粒存。

（乾隆）《平陽縣志》卷一八《祥異》　［康熙十年］五月二十九日，蝗蟲驟集沿江舊界邊田畝，食稻凡五日。八月間，一、二、三都稻葉蟲遍田野，將十日，忽大風發，三日盡滅。

（乾隆）《武鄉縣志》卷二《灾祥》　［康熙二十九年］秋，蚜蚄害稼，始爲白蛾，後爲黑蟲，食禾葉始盡。

（乾隆）《沈邱縣志》卷一一《祥異》　［雍正八年］十月，麥心生螟蟲，至九年春愈甚，麥幾死。三月中，忽生黑軟蟲，身多刺，一過螟即沒，俗呼『麥大夫』。是歲，麥減大半。

（乾隆）《清河縣志》卷九《祥祲》　［雍正十年］二月雨雪，中間以黑豆，啖之味苦。及秋，禾生蟲，形如蛆，有毛，紅色。

（乾隆）《鹽城縣志》卷二《祥異》　［雍正十年］水，禾生蟲，齧處皆不實。蠲被災田地錢糧六千三十七兩有奇。

（乾隆）《確山縣志》卷四《禨祥》　［乾隆五年］冬，有小蟲如麥麩，食麥苗，霜雪不能殺。辛酉二月，蟲始息。

（乾隆）《安仁縣志》卷二〇《祥異》　［乾隆十五年］春，大疫時行。秋，蟲食晚稻。冬，耕牛大疫，有合村無只蹄一角者。

（乾隆）《漵浦縣志》卷九《祥異》　［乾隆十八年］旱，蟲。民饑，入山采薇蕨食之，流民入漵者眾，咸力於山。

（乾隆）《湘陰縣志》卷一六《祥異》　［乾隆十八年］四月，木棉生土蠶，苗盡槁。五月，大雨霖。秋，產毛蟲，松爲之禿。

（乾隆）《青浦縣志》卷三八《祥異》　［乾隆二十年］秋，蟲食禾盡。歲大饑。

（嘉慶）《白河縣志》卷一四《録事》　［嘉靖五年］蟲食禾。

（嘉慶）《番郡璅録》卷二《祥異》　［乾隆十五年］春，大疫時行。秋，蟲食晚稻。

（嘉慶）《二續松南志》卷上《灾祥》　［乾隆二十年］八月蟲災大起，禾盡死。米價三千五百，餓殍載道。幸皇恩浩蕩，按戶發賑，民賴以全。

（嘉慶）《邵陽縣志》卷四八《祥異》　［正德十二年］蟲殺禾。大旱，大疫。

（嘉慶）《東台縣志》卷七《祥異》　［隆慶四年］旱，蟊賊食禾苗，民饑。

（嘉慶）《澄海縣志》卷五《灾祥》　［隆慶四年］蛺害苗，自海中飛來，形如蝶而小，如蠅，或穀雨、立夏、小滿、芒種羣集田中，旋生子成小蟲，食苗節。故苗雖華不實，惟穀雨後插秧早者，不能爲災。

（嘉慶）《蘭溪縣志》卷一八《祥異》［萬曆十三年］六月大風，黄沙蔽天，拔木摧屋，行人撤去里許，河船多覆。又有青蟲爲災，害稼，稻穗多落。

（嘉慶）《息縣志》卷八《災異》［萬曆三十八年］異蟲食豆，大如指頭，頃刻立盡。知縣周維翰禱於八蠟祠，雨如注，冷風雨連日夜，蟲入泥水隨流去，如蠅。

（嘉慶）《鄖陽志》卷九《祥異》［康熙八年］五月，大水，無麥。秋，蟲食稻幾盡。

（嘉慶）《平陰縣志》卷四《災祥》［康熙十年］蚜蚄食穀，五色蟲食豆。

（嘉慶）《桐鄉縣志》卷四《蠲恤》［康熙十一年］八月大雨，稻生蟲，食根且盡。撫院范請蠲免錢糧，部議分别分數，桐鄉共免銀七千四百三十四兩餘。

（嘉慶）《安康縣志》卷一九《文徵》［康熙二十二年］六月，大雨三日，溝被山壓，堤遭水崩，前數百年建之跡湮沒無存。是歲蟲復食稻，民大饑，有逃散死亡之憂。

（嘉慶）《鎮海縣志備修·祥異》［雍正二年］三月，西管鄉麥莖生蟲，頭紅身黑，狀如蠶，十日內麥食盡。縣令胡隆虔禱，蟲入海而滅，麥仍熟。

（嘉慶）《宣城縣志》卷二八《祥異》［康熙五十五年］夏水，秋旱，蟲傷禾稼。

（嘉慶）《石門縣志》卷二三《祥異》［雍正九年］秋，蝨傷稼。

（嘉慶）《績溪縣志》卷一二《祥異》［乾隆二十四年］夏秋多蟲，歲不登。斗米二百八十文。

（嘉慶）《邢臺縣志》卷九《災祥》［乾隆五十七年］春二月，賑。三月，大寒，麥悉凍枯。秋大饑，死者載道。是年六月十三日始雨，蕎麥種每斗大錢一千八百，後蕎麥苗有紫黄蟲食之殆盡。

（嘉慶）《湘陰縣志》卷三八《祥異》［嘉慶元年］毛蟲食松葉，樹皆枯。

（嘉慶）《洛川縣志》卷一《祥異》［嘉慶九年］春，蟲傷禾稼。

（嘉慶）《續修中部縣志》卷二《祥異》［嘉慶九年］蟲食麥殆盡，歲饑。

（嘉慶）《安康縣志》卷一《年紀》［嘉慶九年］蟲傷麥苗，賞撫恤銀五千四百兩有奇。

（道光）《瓊州府志》卷四二《事紀》［道光四年］夏四月，星入月宫。郡屬旱，蟲，大饑。自三年九月於四年八月郡屬久遭旱災，蝗蟲漫天遍野，所過禾麥一空，餓莩載道，鬻男女渡海者以萬計。巡道周鳴鑾給照，令商民各處糴米來濟，知瓊山縣於學賓開倉平糶。九月後米價漸平。

（道光）《晉寧州志》卷一一《祥異》［萬曆十五年］秋，螟。先是水而多蛾，及秋稻甲皆白。

（道光）《萬州志》卷七《前事》［乾隆十五年］春大旱。夏，蟲食禾苗，遍地皆然。米價昂貴。

又［乾隆三十四年］二月，大旱。夏五月，大旱，天蟲食稻。冬，颶風大作，連日大水，早禾大傷。

又［乾隆三十七年］冬大水，各處漂流，民無安息。冬至蟲食秧苗。

（道光）《賓州志》卷二三《祥異》［嘉慶十三年］六月，蟲食苗。收歉。

（道光）《璜涇志稿》卷七《災祥》［弘治六年］五月，大水，有蟲大如蚊，棲于屋壁樹木，羣飛蔽空，旬日，得雨始滅。

又［乾隆二十年］秋，蟲敗禾。大饑，斗米錢三百六十文，斗麥錢二百七十文，民皆食糟糠，以豆渣爲美味，市者晨集，稍後即完。朝廷發粟賑，州牧王鎬復募民捐粟，設廠于嶽廟，煮粥食餓者。

（道光）《錫金考乘》卷二《祥異》　自天啟四年至七年，無錫二年大水，一年赤旱，一年蝗蝻。又有異蟲叢生田間，非爪非牙，潛鑽潛齧，從禾根禾節以入禾心，觸之必斃，由一方一境以遍一邑，靡有孑留。其時或夫婦臨田大哭，攜手溺河。或哭罷歸，閉門自縊。或父子磨薪作餅，食噎而亡。或咬樹皮、吞石粉，枕藉以死。痛心慘目，難以盡陳。太尊申文云：五邑惟靖江無災，江陰雖有蟲，而不甚爲害，若無錫、宜興、武進三縣則無一處無蟲，無一家田禾不被傷。

（道光）《續修桐城縣志》卷二三《雜記》［天順六年］秋，螽，其飛蔽天，其墮滿地，彌月乃止。

又《祥異》［嘉靖十一年］大旱，蟲害稼。

（道光）《麗水縣志》卷一四《灾祥》［成化十九年］七月，禾生黑蟲。

（道光）《武進陽湖縣合志》卷一一《食貨》［嘉靖四年］大水，蟲復殺稼。勘實災傷四分，免平米，改折兑運正米三萬六百四十石，除官吏師生俸廪等糧不兑外，照例擬免。

又［萬曆六年］蟲災。改折漕糧六分一釐，共正耗米四萬六千六百餘石，每石折銀五錢；又官發穀一萬七千六十餘石，減價振之。

（道光）《江陰縣志》卷八《祥異》［萬曆六年］蟲。冬大雪，木冰。改折漕糧米二萬六千九百八十九石七斗一升八合，每石折銀五錢。

（道光）《修武縣志》卷四《祥異》［順治二年］有細蟲如米而青，嚙蝕二麥，秋歉收。

（道光）《昆新兩縣志》卷三九《祥異》［乾隆二十年］八月十七日至十九日，三晝夜雨如墨，田水微紅。蟲災大作。歲大饑，米石錢三千五百。時交秋分節，巡撫已奏成熟，學使李因培引詩『螟螣蟊賊』之文，爲疏解其義，與巡撫合奏，得旨蠲緩有差。是年異災，民多餓死。

（道光）《建德縣志》卷二〇《祥異》［順治八年］元月二十七日，大雪，震電交作，文廟柱裂。六月，有蟲食松葉，自彭澤至邑柴坑凡百餘里皆盡。有蟲食禾苗，歲不登。

（道光）《東陽縣志》卷一二《禨祥》［康熙三年］夏至聞雷。是年旱，又蟲害稼，復延入山中，食木葉。

又［道光十一年］三月廿七日，日中大熱，申刻狂風雷雨，大寒，有樵夫凍死山場者數處。九月，粟有青蟲，食葉如蠶，西北鄉爲甚。

（道光）《臨川縣志》卷二七《祥異》［雍正十年］六月，蟲，時早稻將收未實，有蟲小如蚋，色或青或絳，善躍，附稈而處，一稈至數百，禾盡槁。自是連歲被其害。

（道光）《辰溪縣志》卷三八《祥異》［乾隆十八年］自夏至秋大旱，蟲害稼。民大饑。

（道光）《枝江縣志》卷一四《妖異》［道光三年］有蟲生於樹中，似蠶，長二三寸，皆雜五色斑文，老則作繭變蛾，育小不絕，蝟集食松毛，松爲之童。至六年雨霾三日，蟲遂滅。

（道光）《大荔縣志》卷一《事徵》［嘉慶九年］三月，蟲食麥。大饑。

（同治）《深州風土記》卷八《名宦》 翟耀，商河舉人。萬曆二十五年任，到官頻歲災祲，盡心荒政，嘗爲《饒陽救災記》，略曰：余自丁酉仲春來宰是邑，及己亥春夏大暵，田不任耕。六月末，霪雨浹旬，滹沱、滋交溢，田廬盡沒，高阜復生螟螣，殘食無遺。初發社倉，繼發預備倉，又移臨清、德州二郡菽粟四千一百石以賑以糴。饑饉之後，因以疾疫，施藥煮粥，就食愈多，擇寬廣處散粥，出俸錢糴粟爲倡。

（同治）《湖州府志》卷四四《祥異》［嘉靖二年］二月，有蟲食桑。五月大旱。七月三日大風拔木，太湖溢，漂没民居。

（同治）《長興縣志》卷九《灾祥》［萬曆六年］秋明害稼。十月雨木冰。

（同治）《樂平縣志》卷一二《祥異》［萬曆十三年］秋旱，蟲食粟盡。

（同治）《上江兩縣志》卷二《大事》［萬曆十七年］有毛蟲食松葉，松枯死，鄉人謂之山荒。

（同治）《鄞縣志》卷六九《祥異》［康熙十一年］久雨，禾將熟，忽生蟲在根節間，如蟣螽，禾穗多枯。歲歉。

（同治）《郏縣志》卷一〇《雜事》［嘉慶十八年］正月朔，黄風三日。三月，麥遍生細蟲，數日盡枯。大旱，至七月十三日始雨，盡種蕎麥。

（同治）《欒城縣志》卷三《祥異》［咸豐二年］饑。秋七月，棉花生蟲食葉。

（同治）《即墨縣志》卷一一《灾祥》［咸豐元年］秋，蟲食豆苗，饑。

（同治）《星子縣志》卷一四《祥異》［道光十一年］春，蟲食油菜、大麥。夏大水，米穀騰貴，斗米六百文。湖草根俗名半年糧，掘取殆盡，道殣相望。

（同治）《上海縣志》卷三〇《祥異》［雍正二年］三四月間，港水並鹹，溉種多死。至四月，麥地多黑蟲，長寸許，善走，沿路皆是，虹橋一里尤甚，麥葉草根俱盡後，乃齧斷麥杆。久之得雨，入土化爲圓質，遍食稻葉。夏旱。六月十三日酉刻，飛蝗隨風而南。秋七月禾槁，秀者多被蟲齧；十八、十九日大風雨海溢，漂溺田廬人畜無算。是年，江南提督高其位奏：飛鴉食蟲，秋禾豐茂，請付史官。奉旨：不必。

（同治）《東鄉縣志》卷九《祥異》［雍正十年］夏季，蟲，時早稻將實，有蟲小如蚋，色或青或絳，善躍，附稈而處，一稈集至數百，禾盡槁。

（光緒）《江西通志》卷九八《祥異》［乾隆十五年］八月，南昌田中生五色蟲，食禾，頃刻數畝，忽有鴝鵒數萬蔽天而下，食蟲盡。

（光緒）《永平府志》卷一〇《紀事》［嘉靖三十九年］夏四月壬子，賑永平饑民。秋九月庚午，免永平旱、蝗田租。

（光緒）《保定府志稿》卷三《灾祥》［康熙四十二年］五月，麥將熟，遍生黑蟲，似蠶而小，齧傷二麥。

（光緒）《漳州府志》卷四七《灾祥》［康熙五十七年］冬十月，漳屬蟲食禾稼殆盡，獨平和不爲災。

（光緒）《鎮雄州志》卷五《祥異》［乾隆三十七年］秋，穀間多有白蟲食心者。歲不熟，每米一市斗價錢三百二十文。

（光緒）《三續華州志》卷四《省鑒》［嘉慶九年］三月，蟲食麥苗，大饑。

（光緒）《灤州志》卷九《紀事》［道光十二年］春旱。夏四月戊寅，隕霜成凍。夏秋之交，蟲食禾稼，野無青草。冬十二月初三日，大雪，深三尺許。

（光緒）《再續高郵州志》卷七《灾祥》［光緒三年］夏少雨。秋連陰雨，土蟲食苗根荄，江潮漲漫，湖水長，有蝗爲災。

（光緒）《嘉應州志》卷三〇《灾祥》［同治二年］冬旱甚，有蟲大如箸，長寸許，所在麥苗無存者。

（光緒）《廣安州新志》卷三五《祥異》［光緒二十年］有蟲，食柏葉，樹枝皆枯，其遺入水，皆黑。

（光緒）《常昭合志稿》卷四七《祥異》［萬曆二十七年］秋，陰霧中墮長喙異蟲，紛如蜂蟻，齒鋸，色黔，山中松樹俱被其害，據梢嚙葉，颼颼有聲，樹漸凋謝。俗呼爲松蠶。

又［天啟七年］江水涸。農畝蛾蠓爲災，細如蟣，黑色，聚於稚穗之上，不齧而黃隕。其來自七八月者，全傷，或已實而傷者，米色如紙灰，弱不任舂，柴亦枯瘁，燎之無力，人以爲奇荒。

又［乾隆二十年］二月至四月雨，麥苗腐。六月大雨。八月稻螽生，傷稼。陳鑰《竹溪見聞志》其大略云：是年之水來而不退，禾苗碩大，人皆慶有秋也。孰知八月之後，忽起異蟲，蟲小如蚊，四翼而蠑首，密佈田間，苗爲傾倒。早稻遇之，米若干糟，不爲所攢簇者皆得倍收。此種蟲出於螟螣蟊賊之外，人所未見，鄉人號爲稻螽云。總之稻宜下濕，亦當干擱一時。農諺有云：秋前弗擱稻，秋後勿懊惱。是年田常有水，糞壅久浸發，而爲蟲理或然矣。鴻文案：此蟲與《海虞別乘》所記天啟七年者大略相似，後則光緒二十七年復見之。

（光緒）《絳縣志》卷一二《祥異》［嘉慶九年］春燠，清明後大雪，麥凍。生蟲，穀苗纏滿，夏初蟲死，麥亦枯。五六七月無雨，苗多不實。米麥每石價銀十八兩，雜糧十二三兩，民多餓斃。

（光緒）《昆新兩縣續修合志》卷五一《祥異》［成化十七年］九月，霪雨爲沴，連郡田稼滅沒，野多餓莩。巡撫劉魁奏請賑恤，會魁去，不果行。

（光緒）《鳳縣志》卷九《祥異》［嘉靖五年］蟲食禾。

又［嘉靖九年］雨如蕎子，化爲蟲，食禾稼。

（光緒）《丹陽縣志》卷三〇《祥異》［萬曆六年］八月內，禾生蜚，苗皆黃萎，秀而不實。次年亦如之。

（光緒）《金壇縣志》卷一五《祥異》［萬曆六年］八月內，禾生蜚，苗皆黃萎，秀而不實。次年亦如之。

（光緒）《東光縣志》卷一一《祥異》［萬曆二十七年］螟蟲食苗盡，民剝榆掘草以食之，野多餓莩，有棄嬰兒于路者。

（光緒）《金壇縣志》卷一五《祥異》［天啟七年］秋大旱。秋生異蟲，狀如蟬，食禾根，禾盡死。

（光緒）《寧津縣志》卷一一《祥異》［萬曆二十七年］夏，螟蝗害稼。十一月癸酉，振畿輔饑。

（光緒）《曹縣志》卷一八《灾祥》［崇禎十年］夏四月二十七日午時，邑西北境黑霾，暴風雨拔樹飛瓦，而雨冰大者如拳，平地二尺，至酉方止。打死行人、鳥鵲無數，田野凍合，三日始解。麥後大蝗。秋，牛疫。冬，泥蟲傷麥，至春麥苗盡死。

（光緒）《金壇縣志》卷一五《祥異》［崇禎六年］秋大旱。秋八月生青蟲，結稻如展被，田中牽連作片。

（光緒）《永濟縣志》卷二三《事紀》［順治十八年］六月旱，極熱，人有暍死。八月，黑蟲災，長寸餘，食殆盡。

（光緒）《嘉善縣志》卷九《恤政》［康熙十一年］知縣莫大勳申報蟲災，蠲免漕糧耗米五千五百一十石有奇，條銀八千五百六十七兩有奇，漕截銀五千九百八十三兩有奇，改折漕糧銀九千六百五十六兩有奇，白糧三年帶徵。

（光緒）《烏程縣志》卷二七《祥異》［康熙四十八年］三月連旬大雨，豆麥漂沒，蠶亦傷。四月雹。小暑至處暑無雨，禾枯，瘟疫。八月蠓災。冬旱，蟲食菜。

又［康熙十一年］春旱，麥有秋。六月大水，民竭力戽拯，秋將成，有螽不入境，集於湖浜蘆葦之上而散。八月初旬，忽大風雨，降小蟲，青黑色，飛食禾稼立槁，氣侵蠶種亦空，民大饑。九月桃李花，草木甲坼，蠶連出蚴。十二月除夕雷電。

（光緒）《慈溪縣志》卷五五《祥異》［康熙十一年］久雨，禾將熟，條生蟲在根帶間，如蟣蝨，禾穗多枯。歲歉。

（光緒）《漳浦縣志》卷二一續《灾祥》［康熙五十七年］冬十月，蟲食禾稼殆盡。

（光緒）《海鹽縣志》卷一三《祥異》［雍正］九年、十年蟲災。大無禾。

又［乾隆元年］是歲禾將實，蟲傷禾稼，毗連數郡。

（光緒）《嘉定縣志》卷五《禨祥》［乾隆二十年］六月大水。秋大旱，黑蟲蔽天，齧禾根盡死。歲大祲。

（光緒）《昌邑縣續志》卷七《祥異》［乾隆六十年］春大旱。秋有蟲災。

（光緒）《嶧縣志》卷一五《灾祥》［乾隆五十年］春大旱，無麥，大風揚塵晦冥。五月，蟲害稼。冬大饑。是歲春夏間多怪風。五月蟲生，食禾苗殆盡。至秋乃雨，民始種滑穀、蕎麥，旋爲雹傷，民多餓死。

（光緒）《樂亭縣志》卷三《記事》［道光十二年］夏四月至秋八月，瘟疫盛行，夭劄過半。蟲食禾稼，歲饑饉。詳請出借籽種。

（光緒）《北流縣志》卷一《禨祥》［嘉慶十三年］五月，蟲害稼。饑。

（光緒）《臨榆縣志》卷九《紀事》［道光十二年］春大旱。秋霜殺禾，菜蔬蟲災，歲饑饉。

（光緒）《重修五河縣志》卷一九《祥異》［咸豐五年］二月，麥心生蟲。

（光緒）《饒平縣志》卷一三《灾祥》［咸豐七年］春正月，蟲食大、小兩麥，根莖皆盡，一望俱赤，闔邑皆然。夏六月初七日，雨雹如豆，北山一帶雹大如卵。自二月至五月米高貴，每斗銅錢一千二百文。

（光緒）《北流縣志》卷一《禨祥》［同治六年］蟲傷苗，歲饑。

（光緒）《石城縣志》卷九《事略》［同治八年］秋，蟲傷禾稼。

（光緒）《德平縣志》卷一〇《祥異》［光緒二年］旱。秋七月，蟲傷禾稼。

（光緒）《川沙廳志》卷一四《祥異》［光緒三年］夏四月，田中生小黑蟲，俗呼麥橫，食麥葉蘆根殆盡。

（光緒）《汾陽縣志》卷一〇《事考》［光緒四年］大饑，死者枕藉。得撥給江、鄂、山東漕糧有差。秋有五色蟊蟲食穀心，高粱不食，穗盡黑。狼遍野食人，饑民亦有剝屍食者。

（宣統）《南海縣志》卷二《前事補》［嘉靖四十五年］夏，蟲傷早稻。七月，大水。秋冬，饑。

又［萬曆五年］飛蟲食苗殆盡。

清 葉夢珠《閱世編》卷一《灾祥》［順治五年］五月十六日，烈風驟雨，大水。二十四日戊子，又大雨，低鄉漂沒。七月十七日庚辰連日風雨，晚禾遍野焦萎。究其故，則食心食節，一莖之中小蟲無數，即《詩》所謂螟螣蟊賊也。幸而高鄉早稻有秋，三農不至就斃耳。

《清史稿》卷四四《灾異志五・蟲孽》 順治十七年八月，玉屏黑蟲蔽山，草木皆盡。

康熙十年秋，潮州蟲生五色，大如指，長三寸，食稼。十一年七月，杭州雨蟲，食穗。十二年七月，萬載蟲食禾。十三年三月，寧都屋上有生黑蟲者，着人甚痛。十七年七月，崇明出兩頭蟲，首尾皆喙，嚙草如刈。十九年六月，婺源青蟲害稼。二十年二月，鄖陽蟲災。二十一年五月，金華蟲災。二十二年四月，恩施蟲災。二十三年五月，渠縣有蟲數萬斛，似蝗，黑色，頭鋭，有翅，嗅之甚臭。二十七年七月，蘇州、青浦蟲災。二十九年四月，沁水白黑蟲食禾，結繭。三十年三月，萬載青蟲食禾。三十六年，遵化州生蟲，似槐蟲而黑，食稼幾盡。三十九年，貴縣生蟲，食豆。四十二年，昭化有蟲如蠶，食禾。四十五年二月，房縣蟲食禾。夏，霑化有蟲似螳螂而金色，識者曰，此蒼諸也，見則歲凶。四十九年五月，井陘五色蟲生。五十六年，鶴慶蟲食禾。五十七年夏，新樂生蟲，青色，傷禾。

雍正二年七月，鎮海麥莖生蟲，頭紅身黑，狀如蠶。十年秋，清河禾生蟲，形似蛆，有毛，紅色。

乾隆十七年八月，仁和蟲食稼。二十年春，臨安蟲災。二十一年六月，景寧有白蟲無數自南來。二十三年秋，海寧雨蠶。二十四年八月，武邑有蟹蟲食禾根。三十年十月，嘉興蟲災。三十八年春，青浦河水生蟲，色紅，狀如蜈蚣，長三四寸，昏暮始見。六十年正月，平度蟲災。

嘉慶九年夏，洛川蟲傷禾。

道光五年七月，滕縣生五色蟲，食禾殆盡。

咸豐元年六月，崇陽蟲災。九年五月，蘇州禾田中出蟲，名曰稻蟚。

同治四年秋，秀水有青蟲如蠶，喙黑，卷葉作網。十三年九月，嘉興田禾生蟲，食根，似黑蟻，蜂腰，六足，有鬚。

光緒二年八月，寧津蟲傷稼。十四年春，泰安蟲災。

藝文

《詩經・小雅・節南山之什・小宛》 《小宛》，大夫刺幽王也。

宛彼鳴鳩，翰飛戾天。我心憂傷，念昔先人。明發不寐，有懷二人。

人之齊聖，飲酒溫克。彼昏不知，壹醉日富。各敬爾儀，天命不又。

中原有菽，庶民采之。螟蛉有子，蜾蠃負之。教誨爾子，式穀似之。

題彼脊令，載飛載鳴。我日斯邁，而月斯征。夙興夜寐，毋忝爾所生。

交交桑扈，率場啄粟。哀我填寡，宜岸宜獄。握粟出卜，自何能穀？

溫溫恭人，如集于木；惴惴小心，如臨于谷；戰戰兢兢，如履薄冰。

又《大田》 大田，刺幽王也。言矜寡不能自存焉。

大田多稼，既種既戒，既備乃事。以我覃耜，俶載南畝，播厥百穀。既庭且碩，曾孫是若。

既方既阜，既堅既好，不稂不莠。去其螟螣，及其蟊賊，無害我田穉。田祖有神，秉畀炎火。

有渰萋萋，興雨祈祈，雨我公田，遂及我私。彼有不穫穉，此有不斂穧；彼有遺秉，此有滯穗，伊寡婦之利。

曾孫來止，以其婦子，饁彼南畝，田畯至喜。來方禋祀，以其騂黑，與其黍稷。以享以祀，以介景福。

又《大雅・蕩之什・桑柔》 桑柔，芮伯刺厲王也。

菀彼桑柔，其下侯旬，捋采其劉，瘼此下民。不殄心憂，倉兄填兮。倬彼昊天，寧不我矜。

四牡騤騤，旟旐有翩。亂生不夷，靡國不泯。民靡有黎，具禍以燼。於乎有哀，國步斯頻。

國步蔑資，天不我將。靡所止疑，云徂何往？君子實維，秉心無競。誰生厲階？至今為梗。

憂心慇慇，念我土宇。我生不辰，逢天僤怒。自西徂東，靡所定處。多我覯痻，孔棘我圉。

為謀為毖，亂況斯削。告爾憂恤，誨爾序爵。誰能執熱，逝不以濯？其何能淑，載胥及溺。

如彼遡風，亦孔之僾。民有肅心，荓云不逮。好是稼穡，力民代食。稼穡維寶，代食維好。

天降喪亂，滅我立王。降此蟊賊，稼穡卒痒。哀恫中國，具贅卒荒。靡有旅力，以念穹蒼。

維此惠君，民人所瞻。秉心宣猶，考慎其相。維彼不順，自獨俾臧，自有肺腸，俾民卒狂。

瞻彼中林，甡甡其鹿。朋友已譖，不胥以穀。人亦有言，進退維谷。維此聖人，瞻言百里。維彼愚人，覆狂以喜。匪言不能，胡斯畏忌。維此良人，弗求弗迪。維彼忍心，是顧是復。民之貪亂，寧為荼毒。大風有隧，有空大谷。維此良人，作為式穀。維彼不順，征以中垢。大風有隧，貪人敗類。聽言則對，誦言如醉。匪用其良，覆俾我悖。嗟爾朋友，予豈不知而作。如彼飛蟲，時亦弋獲。既之陰女，反予來赫。民之罔極，職涼善背。為民不利，如云不克。民之回遹，職競用力。民之未戾，職盜為寇。涼曰不可，覆背善詈。雖曰匪予，既作爾歌。

又《瞻卬》 瞻卬，凡伯刺幽王大壞也。

瞻卬昊天，則不我惠。孔填不寧，降此大厲。邦靡有定，士民其瘵。蟊賊蟊疾，靡有夷屆。罪罟不收，靡有夷瘳。

人有土田，女反有之。人有民人，女覆奪之。此宜無罪，女反收之。彼宜有罪，女覆説之。

哲夫成城，哲婦傾城。懿厥哲婦，為梟為鴟。婦有長舌，維厲之階。亂匪降自天，生自婦人。匪教匪誨，時維婦寺。

鞫人忮忒，譖始竟背。豈曰不極，伊胡為慝？如賈三倍，君子是識。婦無公事，休其蠶織。

天何以刺？何神不富？舍爾介狄，維予胥忌。不弔不祥，威儀不類。人之云亡，邦國殄瘁。

天之降罔，維其優矣。人之云亡，心之憂矣。天之降罔，維其幾矣。人之云亡，心之悲矣。

觱沸檻泉，維其深矣。心之憂矣，寧自今矣。不自我先，不自我後。藐藐昊天，無不克鞏。無忝皇祖，式救爾後。

漢 孔臧《孔叢子》卷下《蓼蟲賦》 夏既望，暑往涼還。逍遙諷誦，遂歷東園。周旋覽觀，憩于南藩。睹茲茂蓼，結葩吐榮。猗那隨風，緑葉紫莖。爰有蠕蟲，厥狀似螟。群聚其間，食之以生。於是悟物託事，推況乎人。幼長斯蓼，莫或知辛。膏粱之子，豈曰不云。惟非德非義，不以爲家。安逸無心，如禽獸何。逸必致驕，驕必致亡。匪唯辛苦，乃丁大殃。

唐 白居易《白氏長慶集》卷三七《禽蟲十二章·七》 蟭螟殺敵蚊巢上，蠻觸交爭蝸角中。應以諸天觀下界，一微塵内鬬英雄。

五代 王周《蚋子賦并序**》**《全唐文》卷八五五 蚋子之下有蟆子，蟆子之下有浮塵子，三者異乎？皆狀小而黑，世云巴蛇鱗介中微蟲所變耳。三伏間晝飛夜息，咂啄人肌膚。動爲瘡痏，能飛不見其翼，能嚙不見其口。微眇之極，雖縝密衣服，亦可通透，莊生焦螟之説近之也。至微之蟲豸，詩獨無蚋，故作賦以廣之。

蟲之至微，名之曰蚋。信乎蟣之別品，復爲蝨之餘裔。羣巢蚊之異類，結搏牛之深契。附諸鬱蒸，產彼蕪穢。張華之識，何以辯其兩翼。離婁之明，何以見其長喙。伺暑絺之漏露，啐豐肌而睥睨。默然而至，暗然而噬。人之至靈，何闕爾之所衛。人之至剛，何反爾之所制。狀斯咄咄，籲於造物。何不恣蛇虺之毒，必當與之爲避。何不張虎豹之口，不敢與之爲忽。豈其食人之膏血，資己之肥腯。念膚體之何毁，痛瘡痏之難沒。吾將擷楸葉以爲焚，俾爾之銷骨者也。

宋 歐陽修《文忠集》卷三《憎蚊慶曆六年**》** 擾擾萬類殊，可憎非一族。甚哉蚊之微，豈足汚簡牘。乾坤量廣大，善惡皆含育。荒茫三五前，民物交相瀆。禹鼎象神姦，蛟龍遠潛伏。周公驅猛獸，人始居川陸。爾來千百年，天地得清肅。大患已云除，細微遺不録。蠅虻蚤虱蟣，蜂蝎蚖蛇蝮。惟爾於其間，有形纔一粟。雖微無奈眾，雖小難防毒。嘗聞高郵間，猛虎死淩辱。哀哉露筋女，萬古讎不復。水鄉自宜爾，可怪窮邊俗。晨飡下帷幬，盛暑泥駒犢。我來守窮山，地氣尤卑溽。官閑懶所便，惟睡宜偏足。難堪爾類多，枕席厭緣撲。燻簷苦煙埃，燎壁疲照燭。荒城繁草樹，旱氣飛炎熇。羲和驅日車，當午不轉轂。清風得夕涼，如赦脱囚梏。掃庭露青天，坐月蔭嘉木。汝寧無他時，忍此見迫促。翾翾伺昏黑，稍稍出壁屋。填空來若翳，聚隙多可掬。叢身疑陷圍，聒耳如遭哭。猛攘欲張拳，暗中甚飛鏃。手足不自救，其能營背腹。盤飡勞扇拂，立寐僵童僕。端然窮百計，還坐瞑雙目。於吾固不較，在爾誠為酷。誰能推物理，無乃乖人欲。騶虞鳳皇麟，千載不一矚。思之不可見，惡者無由逐。

雜録

《周禮·秋官司寇·赤犮氏》 掌除牆屋，以蜃炭攻之，以灰洒毒之。

凡隙屋，除其貍蟲。

又《**蟈氏**》 掌去鼃黽，焚牡蘜。以灰洒之，則死。以其煙被之，則凡水蟲無聲。

又《**壺涿氏**》 掌除水蟲。以炮土之鼓敺之，以焚石投之。若欲殺其神，則以牡橭午貫象齒而沈之，則其神死，淵為陵。

唐 瞿曇悉達《**開元占經**》**卷九**《**日占五·日蝕從下起七**》 郗萌曰：『日蝕下，皆爲責在民；青則民相譖，後有疾疫蟲災。

又 卷一〇《**日占六·日六甲蝕三**》 京房曰：『乙丑日蝕，諸侯之臣欲弑其君，在西北，兵行不勝，後有小兵，五穀頗蟲傷。』《春秋潛潭巴》曰：『丙寅日蝕，蟲，久旱多水徵。』【略】京氏曰：『辛未日蝕，司空欲弑君，後有大蟲，在東方。』【略】京氏曰：『己卯日蝕，東夷欲殺，後有大蟲。』【略】京氏曰：『癸未日蝕，諸侯上侵，下臣欲弑其君，在東北，後有小蟲。』《春秋潛潭巴》曰：『甲申日蝕，蟲，四月大霜。』【略】京氏曰：『丁亥日蝕，君臣無別，司馬牧民，司徒將兵，後有蟲在西北方。』【略】京氏曰：『辛卯日蝕，天子微弱，諸侯誅兵，欲弑其主，卒反得其殃，後有小蟲，在東方。』【略】京氏曰：『癸卯日蝕，諸侯非其天，子不順，司徒亡國，後有大蟲。』【略】京氏曰：『丁未日蝕，執政欲弑，司徒不肖，後有蟲，地震動。』【略】京房曰：『辛亥日蝕，司馬之大夫欲弑君，反受其殃，後有蟲害。』【略】京氏曰：『乙卯日蝕，必有專政欲殺，不出三年，身被其誅，後有大蟲。』

又 卷一五《**月占五·月暈一**》 《石氏占》曰：『正月上旬一暈，樹木蟲；二暈，禾穀蟲，三暈震雷。』【略】《荆州占》曰：『正月九日、十六日夜月暈者，其五月有令；十日暈者，三月有令；十一日暈者，其月大旱；十二日、十五日暈者，飛蟲多死；二十三日、二十四日暈者，五穀不成；二十五日、二十六日暈者，女枲貴。』【略】京房《易傳》曰：『正月三暈，所宿國小饑，五暈，大饑。』

又 卷一七《**月占七·月十二月蝕十二**》 《荆州占》曰：『正月蝕，有災異，蟲。一曰燕受災，期在七月之後。』《帝覽嬉》曰：『正月月蝕，賤人病，糴石二千；二月月蝕，貴人病，糴石二千；三月月蝕，人主當之，糴石四千；四月月蝕，人主當之；五月月蝕，年饑；六月月蝕，赤地千里；七月月蝕，有兵；八月月蝕，兵罷；九月月蝕，年饑；一曰有戰；十月月蝕，藏穀，一曰起軍；十一月月蝕，有喪，兵圍城破，軍殺將；十二月月蝕，不盡，是謂當其數，不占。』《荆州占》曰：『正月月蝕，歲災。上旬蝕，旱，中旬蝕，蟲；下旬蝕，賤人死。』

又《**月十干蝕十三**》 《洛書》曰：『月以甲乙日蝕，年多魚；丙丁日蝕，年饑；一曰年穀收。戊巳日蝕，無耕下田；庚辛日蝕，高田不入，凶；壬癸蝕，其歲和美。

又《**月東南西南方蝕十四**》 《荆州占》曰：『蝕辰巳地，來年麥傷，春蟲；蝕干未地，禾稼少實，麥夏傷。』

又 卷七八《**客星占二·客星犯心五**》 《荆州占》曰：『以四月、五月在心尾間，至七月八月，大蟲從東南來。』

又 卷九二《**雨占·三月**》 三月一日風雨，民疾病，百蟲生，其日雷雨，有旱。三月一日至三日，當雨不雨，秋多大霧，道有餓死人；七日，當雨不雨，穀貴；九日至十五日，不雨，兵在外者罷；十八日至二十日，當雨不雨，角蟲死，天下民有恐；二十三日至二十七日，當雨不雨，冬蟲不蟄，民病。三月辰日雨，百蟲生；未日雨，百蟲死；三月三日小雨，蠶善，大雨，蠶惡；三月十六日雨，桑柘賤。

又《**五月**》 五月四日至七日，當雨不雨。大旱，蟲生。

又 卷九三《**候星善惡雲氣占·七十二候·二月**》 桃始華，倉庚鳴，鷹化爲鳩，玄鳥至，雷乃發聲。【略】行夏令，則國乃大旱，暖氣早來，蟲螟爲害。

又《**八月**》 鴻雁來，玄鳥歸，群鳥養羞，雷始收聲，蟄蟲壞戶，水始涸。【略】行夏令，則其國乃旱，蟄蟲不藏，五穀復生。

又《**九月**》 鴻雁來賓，雀入大水爲蛤，菊有黃華，豺乃祭獸，草木黃落，蟄蟲咸俯。

又《**十二月**》 雁北鄉，鵲始巢，雉雊，雞乳，征鳥厲疾，水澤腹堅。季冬行秋令，則白露蚤降，介蟲爲妖，四鄰入保。

又 卷九六《**雲氣犯列宿占·咸池**》 蒼白氣入咸池，水蟲多死，一曰：『池中魚多飛亡。』

又 卷一二〇《**龍魚蟲蛇占·龍魚蟲蛇恠**》 《五行傳》曰：『秦昭王委事太后弟穰侯爲丞相，弟謙蕩君皆用事私門，權傾公朝。三十八年，上郡大饑，山東盡死，民無所食，蜂食民苗。蜂食民苗者，赤祥之災也。能飛揚之類，赤挾毒火之色也。不當食苗，象不當位也，故見災以蜚之蜂，見挾毒物之害也。天意若曰：君不明臣，下若蜂蠆而奪民，將爲國家害也。』《天鏡》曰：『蜂生國，舍內空，亡象。』

清 方觀承《賑紀》卷四《展賑·院奏覆賑恤慶鹽偏灾折》 慶雲惟於五月得雨，六月微雨兩次，嗣是經月無雨，田禾日就搞萎。七月十一日雨後雖稍有起色，而爲時已晚，苗止數寸，穗多不實，間復生發綿蟲好妨害稼之蟲，貧民漸有外出者。據報被旱一百六村莊。又毗連之鹽山東鄉一帶，亦有旱象，然較慶雲爲輕。臣已令天津道府親赴勘明成災分數，照例撫恤。先將河南大名采買之麥撥運三萬石，乘此廣種之期，借作子種。

鼠害部

題解

《爾雅·釋獸·鼠屬》 鼢鼠，鼸鼠，鼷鼠，鼶鼠，鼬鼠，鼩鼠，鼭鼠，鼣鼠，鼫鼠，鼤鼠，鼨鼠，豹文鼮鼠，鼰鼠。

《説文解字》卷一〇《鼠部·鼠》 穴蟲之緫名也，象形，凡鼠之屬皆从鼠。

三國吴 陸璣《毛詩草木鳥獸蟲魚疏》卷下《碩鼠》 樊光謂即《爾雅》鼫鼠也。許慎云：鼫鼠五技鼠也。今河東有大鼠，能人立，交前兩脚于頸上，跳舞善鳴。食人禾苗，人逐則走，入樹空中，亦有五技，或謂之雀鼠，其形大，故敘云大鼠也。魏國，今河東河北縣也。《詩》言其方物，宜謂此鼠，非今大鼠，又不食禾苗，《本草》又謂螻蛄為石鼠，亦五技。古今方土名蟲鳥異名，同故異也。

晋 郭義恭《廣志》 白猿長尾白腹，善緣登，若家鼠小異者。鼠，深目而短尾，苗鼠者，野鼠也，小而短尾，天鼠以皮爲裘，今當名其裘爲天鹿裘。黄鼠在田野間爲群，害穀麥，凡善走，把不得，唯鼠狼能得之。

《爾雅注疏》卷一〇《釋獸》 鼢鼠，地中行者。鼢，音憤。鼸鼠。以頰裏藏食。鼸，故忝切。鼷鼠，有螫毒者。鼷，音奚。鼶鼠，《夏小正》曰：『鼬則穴。』鼶，音斯。鼬鼠，今鼬似鼦，赤黄色，大尾，啖鼠，江東呼爲鼪。音牲。鼬，音佑。鼩鼠，小鼱鼩也，亦名鼨鼩。鼩，音劬。鼭鼠，未詳。鼣鼠，《山海經》説獸云：『狀如鼣鼠。』然形則未詳。鼭，音時。鼣，音吠。鼫鼠，形大如鼠，頭似兔，尾有毛，青黄色，好在田中食粟豆。關西呼爲鼩鼠，見《廣雅》。鼩音瞿。鼫，音石。鼤鼠，鼨鼠，皆未詳。鼤，音問。鼨，音終。豹文鼮鼠，鼠文彩如豹者。漢武帝時得此鼠，孝廉郎終軍知之，賜絹百匹。鼮，音廷。鼰鼠，今江東山中有鼰鼠，狀如鼠而大，蒼色，在樹木上。音巫覡。鼰，南見切。鼠屬。

［疏］『鼢鼠』至『鼰鼠』。釋曰：此别鼠屬也。云『鼢鼠』者，郭云：『地中行者。』《説文》云：『地中行鼠，伯勞所作也。』《廣雅》云：『鼹鼠也。』《方言》名『犂鼠』，即此鼠也。謂起地若耕，因名云。云『鼸鼠』者，《大戴禮》云：『田鼠者，鼸鼠也。』是頰裏藏食之名，鼠若此者，因名鼸鼠。云『鼷鼠』者，李巡曰：『鼱鼩鼠。』郭云：『有螫毒者。』蓋如今鼠狼。『鼷鼠者，鼠中之微者。』《春秋·成七年》『食郊牛伯』者是也。《博物志》云：『鼠之最小者，或謂之耳鼠。』何休亦云：『鼷鼠者，鼠中之微者。』云『鼶鼠』者，似鼬之鼠也。郭云：『《夏小正》曰「鼶鼬則穴」』者，在九月。云『鼬鼠』者，《字林》云：『如鼠，赤黄而文。』郭云：『今鼬似鼦，赤黄色，大尾，啖鼠，江東呼爲鼪。』即《莊子》云：『騏驥驊騮，捕鼠不如貍鼪』是也。云『鼩鼠』者，鼱鼩小鼠也。本云『一名鼷鼠』。郭云：『小鼱鼩也，亦名鼨。』云『鼫鼠』者，孫炎曰：『五技鼠。』許慎云：『鼫鼠五技：能飛不能上屋，能游不能渡谷，能緣不能窮木，能走不能先人，能穴不能覆身。』此之謂五技。蔡邕以此爲螻蛄。郭云：『形大如鼠，頭似兔，尾有毛，青黄色，好在田中食粟豆，關西呼爲鼩鼠，見《廣雅》。』鼩音雀，今本作鼩，誤也。案《詩·魏風》云：『碩鼠碩鼠。』陸機《疏》云：『今河東有大鼠，能人立，交前兩腳於頸上。號舞，善鳴。食人禾苗，人逐則走入樹空中，亦有技。或謂之雀鼠。』案，此與郭氏所説同。云『豹文鼮鼠』者，郭云『鼠文彩如豹者。漢武帝時得此鼠，孝廉郎終軍知之，賜絹百匹』者，案《漢書》云：終軍，字子雲，濟南人也。少好學，以辯博能屬文。初入關，棄繻而去。至長安上書，拜爲謁者給事中。使南越，爲吕嘉所殺。死時年二十餘，故世號之終童。武帝嘗得豹文鼠，終軍以《爾雅》辨其名，故受賜也。『鼰鼠』者，鼰，鼠名也。郭云：『今江東山中有鼰鼠，狀如鼠而大，蒼色，在樹木上。』注『《山海經》説獸云：「狀如鼣鼠。」』釋曰：案《中山經》云：『倚帝山，其上多玉，下多金。有獸焉，狀如鼣鼠，白喙，名狙如，見則其國有大兵。』是也。『鼠屬。』釋曰：言此上皆鼠之屬類也。鼠，小獸也。亦四足而毛，故於此釋之。案《字林》云：『鼸鼠，即鼢鼠也。』今郭氏分爲二。又《説文》云：『鼨，豹文鼠也。』今郭氏以豹文下屬，未知孰是。故略言之

《毛詩正義》卷五之三《國風·魏風·碩鼠》 碩鼠碩鼠，無食我黍！

三歲貫女，莫我肯顧。逝將去女，適彼樂土。樂土樂土，爰得我所！

【略】《正義》曰：『碩，大』，《釋詁》文。《釋獸》於鼠屬有鼫鼠，孫炎曰：『五技鼠。』郭璞曰：『大鼠，頭似兔，尾有毛青黃色，好在田中食粟豆，關西呼鼩音瞿鼠。』舍人、樊光同引此詩，以碩鼠爲彼五技之鼠也。許慎云：『碩鼠五技，能飛不能上屋，能游不能渡谷，能緣不能窮木，能走不能先人，能穴不能覆身，此之謂五技。』陸機《疏》云：『今河東有大鼠，能人立，交前兩腳於頸上跳舞，善鳴，食人禾苗。人逐則走入樹空中。亦有五技，或謂之雀鼠，其形大，故序云「大鼠也」。魏國，今河北縣是也。言其方物，宜謂此鼠非鼫鼠也。』按此經作『碩鼠』，訓之爲大，不作『鼫鼠』之字，其義或如陸言也。序云『貪而畏人，若大鼠然』，故知大鼠爲斥君，亦是興喻之義也。箋又以此民居魏，蓋應久矣。正言『三歲貫汝』者，以古者三歲大比，民或於是遷徙，故以三歲言之。《地官·小司徒》及《鄉大夫職》皆云三年則大比。言比者，謂大校比其民之數而定其版籍，明於此時民或得徙。《地官·比長職》曰：『徙于國中及郊，則從而授之。』注云：徙謂不便其居也。或國中之民出徙郊，或郊民入徙國中，皆從而付所處之吏。是大比之際，民得徙矣。

宋 陸佃《埤雅》卷一一《鼠》

說文曰：鼠穴蟲之總名也。《象形行露之詩》一章曰：誰謂雀無角。《二章》曰：誰謂鼠無牙？說者以爲雀角，以無爲有。鼠牙似是而非。按，雀角鼠牙，皆言以無爲有。似是而非也。蓋雀有咮而無角。鼠有齒而無牙。《傳》曰：不思物變而推其類，雀之穿屋似有角者。又曰：視墉之穿推其類，可謂鼠有牙，明鼠無牙者也。夫雀之爲物，依人又晝動而無角，在其首且所穿者屋事之易察也，鼠之爲物，畏人又夜動而無牙，在其口且所穿者，墉事之難知也。召南之初，事之易察者，至於獄而後，明及其久也。衰亂之俗。已微貞信之。教已興則雖事之難知者不待獄而明矣。故於雀言獄鼠言訟也。鼠一名鼶，南陽呼鼠爲鼶。《廣雅》曰：鼶鼠是也。今一種鼠見人則交其前足而拱謂之禮鼠，亦或謂之拱鼠。《詩》曰：相鼠有體人而無禮，其或取諸此乎？《傳》曰：窮鼠齧貍，蓋鼠窮則鬭也。故兵法曰：歸師勿遏，圍師必闕，鼷鼠有螫毒者，甘口齧人及鳥獸皆不痛。《春秋》所書食郊牛之角者也。《博物志》云：鼠之最小者或云甘鼠是也，莊子曰：載鼷以車馬樂鴳，以鐘鼓鼷小鼠也，鴳小雀也。《傳》曰：稷蜂不熏，社鼷不灌，蓋其所託有如此者，鼫鼠兔首似鼠，而大能人立，交前兩足而舞，害稼者，一名雀鼠。《廣雅》云：鼩鼠，鼫鼠是也。《易》曰：晉如鼫鼠，蓋晉進也，順而麗乎，大明柔進而上行。今九以剛進處四失順而又麗乎，陰則拂晉之道矣。故曰：進如鼫鼠無所守焉。貪而畏人又比乎，陰九四之象也，碩大也。詩序所謂貪而畏人若大鼠也。且五之所以審錫而康，四之所以貪竊而懼者，亦豈有他哉？五以柔進順而麗乎？明四以剛進悖而麗乎？暗故也。鼬鼠健於捕鼠似貂，赤黃色大尾，今俗謂之鼠狼。《廣雅》曰：鼠狼鼬是也，一名鼪，莊子所謂騏驥、驊騮，捕鼠不如貍狌。今栗鼠似之蒼黑而小，取其毫於尾可以製筆。世所謂鼠鬚栗尾者也，其鋒乃健於兔栗鼠。若今竹鼦之類，蓋鼠食竹，故曰：竹鼦。《燕山録》曰：煮羊以鼦，煮鼈以蚊，言其性類相感，省火易熟。有如此者，鼩鼠，一名鼱鼩，一名鼷鼩。似鼠而小。東方朔曰：譬猶鼱鼩之襲狗者也。鼯鼠，《爾雅》所謂鼯鼠，夷由狀如小狐肉、翅翅尾項脅、毛皆紫赤色、脚短爪長、飛且乳者，亦或謂之飛生，或曰：一名飛蠝，其狀如兔，而鼠首以其髯飛。性食火煙，能從高赴下，不能從下升高。《禽經》曰：鵜鳥不登，山鷉鳥不踏，土鵜鳥不能從下上高，然則鷉之制字从高鵜之从夷其義可知也。荀子曰：鼯鼠五技而窮，即此是也。馬融曰：猨蜼晝吟，鼯鼠夜叫，舊説鼠性疑，出穴多不果，故持兩端謂之首鼠。韓子曰：狐鼠進退，又鼠類最壽，俗謂之老鼠是也。若老鸛、老鴟、老烏之類，以老稱亦如此。《爾雅》曰：東方有比目魚焉，不比不行其名謂之鰈。南方有比翼鳥焉，不比不飛，其名謂之鶼鶼。西方有比肩獸焉，與邛邛岠虛比，爲邛邛岠虛齧甘草，即有難邛邛岠，虛負而走其名，謂之蟨。北方有比肩民焉，迭食而迭望，中有枳首蛇焉，此四方中國之異氣也。按蟨鼠前而兔後趨，則頓走，則顛。今契丹北境有跳兔，前足纔寸許，後足幾一尺。行則用足跳，一躍數尺。止則蹶然仆地，即所謂蟨，又有鳥鼠同穴者，與鳥爲雌雄，似鼠而短尾，鼠在內鳥在外。杜甫詩曰：水落魚龍夜，山空鳥鼠秋。魚龍水名鳥，鼠山名亦鳥，鼠秋而魚龍夜，是詩兩句，而含三事也。

宋 王楙《野客叢書》卷七《五技之鼠有二》

今讀《荀子》『鼯鼠五技而窮』，為貓鼠之鼠。唐《藝文類聚》亦編入鼠門。僕考之，乃螻蛄，非鼠也。按《本草》、《廣雅》，皆謂荀之鼯鼠為螻蛄，一名碩鼠。《易》『晉如碩鼠』，孔穎達《正義》引蔡邕《勸學篇》云：碩鼠五能，不成一技。注云：能飛不能上屋，能緣不能窮木，能游不能度谷，能穴不能藏身，能走不能先人。《荀子》『鼯鼠五技而窮』，竝為螻蛄也。而魏詩《碩鼠》刺重斂，傳注皆謂大鼠。則《爾雅》所謂碩鼠，關中呼為鼩鼠。陸璣云：今河東有大鼠，能人立，交前兩脚於頸上，跳舞善鳴，食人禾苗，人逐則走水空中。亦有五技，或謂之雀鼠。然則螻蛄與此鼠同名碩鼠，皆有五技，但螻蛄技窮，而此鼠技不窮故耳。陸農師《埤雅》謂五技而窮者為飛生，與諸說不同。

宋 羅願《爾雅翼》卷二三《釋獸・鼷》 鼷鼠類之最小者，或名甘鼠，又名甘口鼠。食物當時，不覺痛。《世傳》云：亦食人，項肥厚，皮處亦不覺。古稱美疢，不如惡石夫。疢何有美者，蓋特不覺其痛，是以於疢言美恙之。字從羊鼷。鼠為甘鼠也。郭氏謂：有螫毒。小鼠，蓋即此俗人諱，為此所嚙云：衰病之證。春秋成公五年正月，鼷鼠食郊牛，角改卜牛，又食其角。定公十五年正月，鼷鼠食郊牛，牛死。哀公元年正月，鼷鼠食郊牛，劉向以為鼠小蟲，性盜竊。鼷又其小者也。牛，大畜祭天尊物也。角兵象在上君威也。小小鼷鼠食至尊之牛角，象季氏乃盜竊之人，將執國命以傷君威，而害周公之祀也。改卜，又食天重語之也。而董仲舒直以為養牲不謹是亦盡矣。夫牛有力之畜何至為鼷所食？蓋將祭之犧皆繫于牢，設楅衡以制其角，故鼷得而制之。鼷之小而牛死焉，則食者非一鼠矣。凡人猶諱其嚙，以為衰病之證，況大祀之犧乎？鼷穴甚小，故《淮南》曰：塘漏若鼷穴，一墣之所能塞也。《本草》説鼷鼠云此蟲極細不可卒見，則是蟲之極小者耳，非鼠之類也。《漢書》：社鼷不灌屋，鼠不熏。顏氏曰：鼷小鼠。

宋 樓鑰《攻媿集》卷七六《東坡嘯軒詩》 《易》晉卦之九四，晉如鼫鼠，雖近代大儒，皆以爲貪而畏人之鼠，然《詩》之碩鼠，从頁石聲，大也。故曰：若大鼠也。《易》之鼫鼠，從鼠石聲。陸德明《釋文》音石，五技鼠也。引《本草》：螻蛄，一名鼫鼠，始深疑之。攷許叔重《説文解字》注云：五技鼠也，能飛不能過屋，能緣不能窮木，能游不能度谷，能穴不能掩身，能走不能先人，是眞螻蛄也。《荀子》所謂『梧鼠五技而窮』，楊倞所注乃出于叔重唐本。又曰：六技鼠也。下又有云：能歌不能成曲。成曲，一作度曲。余嘗試其五技，皆然土中，百蟲多能以穴掩身，惟此物于淺土穿穴，人或取于路窮處，必得之。暑月雨後，土中有聲若長哦者，俗謂蚯蚓唱歌。余既得六技之説，嘗于夏夜傾聽，久之篝火發土，果螻蛄也。《坡翁詞》：翰不待贊嘆嘯軒。《詩》云：食土蚓無腸亦作終，夕叫似亦未知爲螻蛄，而徇俗耶彌。《明石鼎聯句》云：時于蚯蚓竅微，作蒼蠅聲，亦誤矣。

宋 戴植《鼠璞》卷下《鼯鼠五技》 《本草》謂螻蛄為鼫鼠，即《荀子》鼯鼠五技而窮者，謂之鼫鼠，而引鼯鼠事，全不可曉。《荀子》注稱：鼯，能飛，不能上屋；能游，不能渡谷；能緣，不能窮木；能走，不能及人；能穴，不能覆身。許氏《説文》言：今河東有碩鼠，大能人立，前兩脚於頭上跳舞。善鳴，食人禾黍。逐則走入空樹中，有五技。《本草》之論，其果然耶？《爾雅》於螌曰：天螻也。不聞有鼯、鼫之説。疏曰：一名碩鼠。疏作於本朝諸公，非正文也。於鼫鼠注雖引蔡邕螻蛄之説，郭璞以為形大如鼠，頭似兔，尾有毛，青黄色，好在田中食粟豆，關中呼為鼩鼠，則與蔡説不同。於鼯鼠夷由注云：似蝙蝠，肉翅，飛且乳，亦名飛生，音如人，食火煙，又與螌不類。郭璞《鼯鼠贊》曰：鼯之為鼠，食煙栖林，載飛載乳，乍獸乍禽，反藉孕婦，人為大任。《鼫鼠贊》曰：五能之鼠，伎無能執，應氣而化，翻飛駕集，詩人歌之，無食我粒。是鼯鼫判然二物，非螌明矣。前輩詩用鼯處極多，韓愈詩：猿呼鼯嘯鷓鴣啼，蛟龍出沒猩鼯號。李白詩：鼯啼桂方秋饑鼯嚬呻。杜甫詩：抨弓落歐鼯，饑鼯訴落藤。蘇詩：麏鼯號古戍，饑鼯嗅空案。俱不及於五技，黄詩雖云：五技鼯鼠笑鳩拙。亦不以為螌。前輩嘗以蔡説為非，《本草》必因邕而附益之。不然則螻蛄之五技偶與鼯鼫同，因以名之。若鼠頭、兔尾、人立、跳舞與飛乳、人音，决非螻蛄，明矣。

明 彭大翼《山堂肆考》卷二二二《鼠》 《埤雅》鼠類最壽，故謂之老鼠。格勿論鼠小獸善為盜。族類不一，有家鼠、有鼬鼠、有鼫鼠、有鼨鼠、有齔鼠、有鼴鼠、有鼺鼠、有鼯鼠、有鼷鼠、有雕鼠、禮鼠、鼩鼠、天鼠、其他又有火鼠、冰鼠、貂鼠、竹鼠、青鼠、黄鼠之類。鼠性多疑，出穴多不果，故人持兩端者謂之首鼠。

又《食苗》 《詩・魏風》：碩鼠碩鼠，無食我黍。又曰：無食我麥，無食我苗。按：碩鼠即《爾雅》鼫鼠。頭似兎，尾有毛，青黄色，好在田中食粟荳。

明 譚貞默《譚子雕蟲》卷上 天螻，郭注：螻蛄也。邢疏螌，一名天螻，一名碩鼠，即今之大螻蛄也。【略】《古今注》云：螻蛄，一名碩鼠，一名梧鼠，一名仙蛄，一名石鼠。《魏風》云：碩鼠碩鼠，無食我黍。《荀子》云：梧鼠五技而窮，能飛不能上屋，能緣不能窮木，能遊不能度谷，能穴不能掩身，能走不能先人。《莊子》云：蟪蛄不知春秋。埽案：碩鼠、梧鼠、蟪蛄三名皆螻蛄別名。或云：蟊，亦螻蛄。今禾中螻蛄不害稼，似非蟊，豈魏地名。碩鼠者固害稼耶，李時珍《本草》云：螻蛄，同蟬名螻蟈，同蛙名石鼠，同碩鼠名梧鼠，同飛生名，名同物異也。

《康熙字典》亥集下《鼠字部・鼠》 《説文》穴蟲之總名也。《廣韻》鼠，小獸，善爲盜。《春秋・運斗樞》玉樞星散而爲鼠。《易・繫辭》艮爲鼠。又十二生肖之首。又水鼠。《雲僊雜志》穴水旁岸隙，似鼠而小，食菱芡魚蝦。又冰鼠。東方朔云：生北荒積冰下，皮毛柔，可爲席。又火鼠。《神異經》出西域及南海火洲山有野火鼠，人取其毛績之，號火浣布。又陰鼠。《郭璞・山海經序》陰鼠生於炎山。又耳鼠。《山海經》丹熏山有獸，狀如鼠，以其尾飛。又香鼠。《字彙》河南禹州密縣雪霽山香鼠，長寸餘，齒鬚畢具香，類麝，踰大路則死。又辟毒鼠。《西域舊圖》大秦有辟毒鼠。又天鼠。《王羲之十七帖》天鼠膏可治耳聾。又兀兒鼠。《甘肅地志》涼州地有兀兒鼠者，似鼠，有鳥名木周兒者，似雀，常與兀兒鼠同穴而處。按此卽《尚書》同穴之鳥鼠也。又鳥名。蚩鼠。《山海經》栒狀之山有鳥，狀如雞而鼠毛，名曰蚩鼠。又昌鼠，鯧鯸魚別名。又鼠婦，蟲名。《爾雅・釋蟲》蟠，鼠負。《註》瓮器底蟲。《疏》負作婦。陶註《本草》云：多在鼠坎中，鼠背負之。《詩・豳風》伊威在室。《毛傳》委黍也。郭璞曰：鼠婦之別名。婦，亦作婦。又馬直肉下曰輪鼠。《齊民要術》相馬法輪鼠欲方。又木名。《爾雅・釋木》椇鼠梓。《郭註》楸屬。

清 王士禎《池北偶談》卷一九《談藝九・相鼠鼫鼠》 《詩・相鼠》，孫奕云：相，地名。陸璣云：河東有大鼠，能人立，交前兩脚於頭上跳舞，善鳴。按《地志》：相州與河東相鄰。《荀子》：鼯鼠五技而窮。《本草》、《廣雅》皆謂螻蛄一名鼫鼠。《易》晉如鼫鼠，孔穎達《正義》引蔡邕《勸學篇》云：鼫鼠五能，不成一技，《荀子》云云。并為螻蛄也。

清 徐鼎《毛詩名物圖説》卷二 《爾雅》鼫鼠，郭璞註：形大如鼠，頭似兔，尾有毛，青黄色，好在田中食粟、豆。關西呼爲鼩鼠。見《廣雅》孫炎註：五技鼠，許慎曰：鼫鼠五技，能飛不能上屋，能游不能渡谷，能緣不能窮木，能走不能先人，能穴不能覆身。陸璣《疏》今河東有大鼠，能人立，交前兩足於頸上，號舞善鳴，食人禾苗。羅願《爾雅翼》詩稱：相鼠，即河東大鼠，文子聖人師拱鼠制禮録異記，拱鼠，行田畝中見人則拱手而立，捕之即跳躍走去。愚，按碩鼠樊光謂即《爾雅》鼫鼠也。

清 王念孫《廣雅疏證》卷一〇下 炙鼠、津姑、螻蜮、蝝蛉、蛞螻、螻姑也。

姑一作蛄。《爾雅》：『蝚蛖，螻。』郭璞注云：『蛖螻，螻蛄類。螜天螻。』注云：『螻蛄也。』引夏小正曰：『螜則鳴。』埤雅引孫炎《爾雅》《正義》云：螜，是雄者，喜鳴、善飛。雌者，腹大、羽小、不能飛翔，食風與土也。炙鼠：蘇頌《本草圖經》引作碩鼠，炙碩聲相近也。各本炙譌作炙，今訂正字一作石，一作鼫。《廣韻》：螻蛄一名仙蛄，一名石鼠。晉九四晉如鼫鼠。《正義》云：鼫鼠有五能而不成伎之蟲也，引蔡邕《勸學篇》云：鼫鼠五能，而不成一伎。又引王注云：能飛不能過屋，能緣不能窮木，能游不能度谷，能穴不能掩身，能走不能先人。《本草經》云：螻蛄一名鼫鼠，謂此也。《藝文類聚》引《魏風・碩鼠篇》義疏云：碩鼠樊光謂，即《爾雅》鼫鼠也。許慎云：鼫鼠五伎鼠也。今之河東有碩鼠，大能人立，交前兩腳於頭上。跳舞善鳴，食人禾稼，逐則走入樹空中，亦有五伎。或謂雀鼠其形大，故敘云：大鼠也。魏，今河東河北縣也。《詩》言其方物宐謂此鼠。《本草》又謂：螻蛄，爲石鼠，亦五伎。古今方土名，蟲鳥物異名同，故記也。然則螻蛄亦名碩鼠，同有五伎。《詩》言：無食我黍，乃專譏田鼠之貪昜。言晉如鼫鼠，或可以螻蛄爲説耳。螻蛄疊韻字聲轉而爲螻蜮，倒言之則爲蛞螻矣。方言云：螻螲謂之螻蛄，或謂之蝝蛉。南楚謂之杜狗，或謂之蛞螻。今人謂此蟲爲土狗，即杜狗也。順天人謂之拉拉古，即螻蛄之轉聲也。其單言之則或爲螻。《呂氏春秋・應同篇》黄帝之時，天先見大螾。大螻，高誘注云：螻螻蛄也。《慎小篇》巨防容螻。注云：隄有孔穴，容螻蛄也。或又謂之蟠蛄。《埤雅》引《廣志・小學篇》云：螻蛄，會稽謂之蟠蛄。《孟子・滕文公篇》：蠅蚋姑嘬之。釋文云：蚋諸本，或作蟠。一説云：蟠姑，即螻蛄也。蟠與螻聲正相近矣。螻蛄短翅，四足穴土而居，至夜則鳴聲如蚯蚓。

論説

《周易・晉》 晉如鼫鼠。貞厲。象曰：鼫鼠貞厲，位不當也。

漢《龍魚河圖・禁鼠祝》 《經義考》卷二六四 付敕屋吏，制斷鼠蟲。三時言功，鼠不敢行。

《漢書》卷二七中之上《五行志中之上》 成公七年『正月，鼷鼠食郊牛角；師古曰：「鼷，小鼠也，即今所謂甘鼠者，音奚。」改卜牛，又食其角』。劉向以爲近青祥，亦牛旤也，不敬而傋霿之所致也。昔周公制禮樂，成周道，故成王命魯郊祀天地，以尊周公。至成公時，三家始顓政，魯將從此衰。天愍周公之德，痛其將有敗亡之戒，故於郊祭而見戒云。鼠，小蟲，性盜竊，鼷又其小者也。牛，大畜，祭天尊物也。角，兵象，在上，君威也。小小鼷鼠，食至尊之牛角，象季氏乃陪臣盜竊之人，將執國命以傷君威而害周公之祀也。改卜牛，鼷鼠又食其角，天重語之也。師古曰：『重音直用反。』成公怠慢昏亂，遂君臣更執于晉。師古曰：『更，互也。十年秋，公如晉，晉人以公爲貳於楚，故止公，至十一年三月乃得歸。十六年秋，公會晉侯於沙隨，晉受叔孫僑如之譖而止公。是年九月，又信僑如之譖，執季孫行父，舍之於苕丘，十二月乃得歸。故云君臣更執也。更音工衡反。』至于襄公，晉爲溴梁之會，師古曰：『襄十六年，晉平公會諸侯于溴梁。溴梁者，溴水之梁也。溴水出河内軹縣東南，至溫入河。溴音工覓反。』天下大夫皆奪君政。師古曰：『溴梁之會，諸侯皆在，而魯叔孫豹、晉荀偃、宋向戌、衛甯殖、鄭公孫蠆、小邾之大夫盟，是奪其君政也。』其後三家逐昭公，卒死于外，師古曰：『已解於上。』幾絶周公之祀。師古曰：『幾音鉅衣反。』董仲舒以爲鼷鼠食郊牛，皆養牲不謹也。京房《易傳》曰：『祭天不慎，厥妖鼷鼠齧郊牛角。』

定公十五年『正月，鼷鼠食郊牛，牛死』。劉向以爲定公知季氏逐昭公，辠惡如彼，親用孔子爲夾谷之會，齊人倈歸鄆、讙、龜陰之田，師古曰：『夾谷，齊地也，一名祝其。定公十年，公與齊侯會於夾谷，齊侯欲使萊人以兵劫公。孔子以公退，命士衆兵之，齊侯乃止。又欲以盟要公，孔子不欲，使茲無還以辭對。又欲詐享公，孔子又距而不受。於是齊人乃服。先是季氏之臣陽貨以鄆、讙、龜陰之田奔齊，至此會，乃以歸我。鄆、讙，二邑名。龜陰，龜山之陰。夾音頰。讙音驩。』聖德如此，反用季桓子，淫於女樂，而退孔子，無道甚矣。師古曰：『桓子，季平子之子季孫斯也。女樂已解於上。』詩曰：『人而亡儀，不死何爲！』師古曰：『衛詩相鼠之篇也。亡儀，無禮儀也。』（景祐、殿本都作「亡」。王先謙説作「亡」是。）是歲五月，定公薨，牛死之應也。京房《易傳》曰：『子不子，鼠食其郊牛。』

哀公元年『正月，鼷鼠食郊牛』。劉向以爲天意汲汲於用聖人，逐三家，故復見戒也。師古曰：『聖人，孔子也。見，顯也。』哀公年少，不親見昭公之事，故見敗亡之異。已而哀不寤，身奔於粤，此其效也。師古曰：『哀二十七年，公欲以越伐魯而去三桓，公如公孫有山氏，因遜于邾，遂如越。國人施罪於公孫有山氏，而立哀公之子悼公。』

昭帝元鳳元年九月，燕有黃鼠銜其尾舞王宮端門中，師古曰：『宮之正門。』王往視之，鼠舞如故。王使吏以酒脯祠，鼠舞不休，一日一夜死。近黃祥，時燕刺王旦謀反將死之象也。其月，發覺伏辜。京房《易傳》曰：『誅不原情，厥妖鼠舞門。』師古曰：『不原情者，不得其本情。』

成帝建始四年九月，長安城南有鼠銜黃蒿、柏葉，上民冢柏及榆樹上爲巢，桐柏尤多。師古曰：『桐柏，本亭名，衛思后於其地葬也。』巢中無子，皆有乾鼠矢數十。時議臣以爲恐有水災。鼠，盜竊小蟲，夜出晝匿；今晝去穴而登木，象賤人將居顯貴之位也。桐柏，衛思后園所在也。其後，趙皇后自微賤登至尊，與衛后同類。趙后終無子而爲害。明年，有鳶焚巢，殺子之異也。師古曰：『鳶，鴟也，音弋全反。』天象仍見，甚可畏也。師古曰：『仍，頻也。』一曰，皆王莽竊位之象云。京房《易傳》曰：『臣私祿罔辟，厥妖鼠巢。』李奇曰：『辟，君也。擅私爵祿，誣罔其君。』

唐 瞿曇悉達《開元占經》卷一一六《獸占・獸咎徵》 京房曰：『鼠無故皆自積土，大水且至，水去，邑饑。』《兵書》曰：『鼠藪軍中，將有謀反意。』又曰：『野鼠在此中者，軍必敗。』京房曰：『鼠無故巢木上，邑且大水。』《漢書》：『成帝建始四年，長安城南，有鼠銜黃蒿柏葉，上民家柏及榆樹為巢，時議臣以為恐有水災，穴而登木，象賤人將為顯貴之位。』《潛潭巴》曰：『鼠食木果，衆臣不任，害賢人也。』《對災異》曰：『人君斥賢任佞，衆讒在朝，而鼠羣行，食五穀。』《地鏡》曰：『鼠食木實，上樹，邪臣害賢，俗敗也。』又曰：『人君用刑深刻，吏為陰賊，上下無德，則羣鼠害禾穀。』

唐 崔祐甫《奏猫鼠議》《全唐文》卷四〇九 右。今月日，中使吴承倩宣進止，以籠盛猫鼠示百寮。臣聞天生萬物，剛柔有性，聖人因之，垂訓作則。《禮記・郊特牲》篇曰：『迎猫，爲其食田鼠也。』然則猫之食鼠，載在祀典，以其除害利人，雖微必録。今此猫對鼠不食，仁則仁矣，無乃失於性乎？鼠之爲物，晝伏夜動，詩人賦之曰：『相鼠有體，人而無禮。』又曰：『碩鼠碩鼠，無食我黍。』其序曰：『貪而畏人，若大鼠也。』臣旋觀之。雖云動物，異於麋鹿麇兔，彼皆以時殺獲，爲國家用。此鼠有害，亦何愛而曲全之？猫受人畜養，棄職不修，亦何異於法吏不勤觸邪、疆吏不勤捍敵？又按禮部式具列三瑞，無猫不食鼠之目，以此稱慶，臣所未詳。伏以國家化洽理平，天符薦至，紛綸雜沓，史不絶書。今茲猫鼠，不可濫廁。若以劉向《五行傳》論之，恐須申命憲司，察視貪吏，誡諸邊候，無失徼巡，則猫能致功，鼠不爲害。臣忝樞近，職司聰明，不揆狂愚，輒獻公議。謹議。

唐 柳宗元《柳河東集》卷一五《三戒并序》 吾恆惡世之人，不知推己之本，而乘物以逞，或依勢以干非其類，出技以怒強，竊時以肆暴，然卒迨于禍。有客談麋、驢、鼠三物，似其非，作《三戒》。【略】

永某氏之鼠

永有某氏者，畏日，拘忌特甚。以爲己生歲直子，鼠，子神也。因愛鼠，不畜貓犬，禁僮勿擊鼠。倉廩庖廚，悉以恣鼠不問。由是鼠相告，皆來某氏，飽食而無禍。某氏室無完器，椸無完衣，飲食大率鼠之餘也。晝累累與人兼行，夜則竊嚙鬭暴，其聲萬狀，不可以寢，終不厭。數歲，某氏徙居他州。後人來居，鼠爲態如故。其人曰：『是陰類惡物也，盜暴尤甚，且何以至是乎哉！』假五六貓，闔門，撤瓦灌穴，購童羅捕之。殺鼠如丘，棄之隱處，臭數月乃已。嗚呼！彼以其飽食無禍爲可恆也哉！

唐 陸龜蒙《甫里集》卷一九《記稻鼠》 乾符己亥歲，震澤之東曰吴興，自三月不雨，至於七月。當時污坳沮洳者埃壒塵勃，棹楫支派者入，扉屨無所污。農民轉遠流漸稻本，晝夜如乳赤子，欠欠然救渴不暇，僅得葩坼穗結，十無一二焉。無何，羣鼠夜出，嚙而僵之，信宿食殆盡。雖廬守版擊，毆而駭之，不能勝。若官督屍責，不食者有刑，當是而賦索愈急，棘械束榜箠木肌體者無壯老。吾聞之於禮曰：『迎貓爲食田鼠也。』是禮缺而不行久矣。田鼠知之後歟？物有時而暴歟？政有貪而廢歟？《國語》曰：『吴稻蟹不遺種。』豈吴之土，鼠與蟹更伺其事而效其力，殲其民歟？且魏風以碩鼠刺重斂，碩鼠斥其君也。有鼠之名，無鼠之實。詩人猶曰：『逝將去汝，適彼樂土。』況乎上捃其財，下啗其食，率一民而當二鼠，不流浪轉徙聚而爲盜何哉？《春秋》蟲蝝生大有年皆書，是聖人於豐兇不隱之驗也。余學《春秋》，又親蒙其災，於是乎記。

《文獻通考》卷三一四《物異考二十・鼠妖》 《春秋》成公七年『正月，鼷鼠食郊牛角師古曰：「鼷，小鼠也，即今所謂甘鼠者。音奚。」改卜牛，又食其角。』劉向以爲近青祥，亦牛禍也，不敬而傋霿之所致也。昔周公制禮樂，成周道，故成王命魯郊祀天地，以尊周公。

至成公時，三家始顓政，魯將從此衰。天愍周公之德，痛其將有敗亡之禍，故於郊祭而見或云。鼠，小蟲，性盜竊，鼷又其小者也。牛，大畜，祭天尊物也。角，兵象，在上，君威也。小小鼷鼠，食至尊之牛角，象季氏乃陪臣盜竊之人，將執國命以傷君威而害周公之祀也。改卜牛，鼷鼠又食其角，天重語之也重音直用反。成公怠慢昏亂，遂君臣更執於晉。至於襄公，晉爲溴梁之會，天下大夫皆奪其君政溴梁之會，諸侯皆在，而魯叔孫豹、晉荀偃、宋向戌、衛甯殖、鄭公孫蠆、小邾之大夫盟，是奪其君政也。其後三家逐昭公，卒死於外，幾絶周公之祀，董仲舒以爲鼷鼠食郊牛，皆養牲不謹也。京房《易傳》曰：『祭天不謹，厥妖鼷鼠齧郊牛角。』定公十五年『正月，鼷鼠食郊牛，牛死』。劉向以爲定公知季氏逐昭公，罪惡如彼，親見孔子爲夾谷之會，齊人歸鄆、讙、龜陰之田，聖德如此，反用季桓子，淫於女樂，而退孔子，無道甚矣。是歲五月，定公薨，牛死之應。京房《易傳》曰：『子不子，鼠食其郊牛。』哀公元年『正月，鼷鼠食郊牛。』劉向以爲天意汲汲於用聖人，逐三家，故復見戒也。哀不寤，身奔於越。

宋 黄震《黄氏日抄》卷一三《讀春秋七》 鼷鼠食郊牛，牛死，改卜牛。《高氏集注》曰：魯不當郊，郊牛死傷，廢牛可也。而改卜牛，是違天也。戴岷隱曰：魯之僭，郊自僖公始，其説蓋可信。僖公之前春秋未嘗書郊，此其證也。觀季孫行父，請命于周，而史克作頌則知，請郊于天子，亦如其作頌也。然而魯之先公，猶畏天災，故因災而不郊者，間有之。若定之終，哀之始，連年鼷鼠食郊牛，宜可以不郊矣，而卒不免郊。蓋玩習既久，雖天災亦不知所畏矣。張氏曰：唐趙伯循言，上元二年因避地旅於會稽時，牛災，小鼠噬牛，纔傷皮膚，輒死。

清 張宗法《三農紀》卷八《猫》 陸佃云：鼠害苗，貓能捕鼠，故字從苗。禮郊待牲，迎貓，謂其食田鼠也。又呼為矛，以自聲取其名，言能除鼠，有執矛防禦之義者。古昔華中無此獸，鼠害禾，故設田獵，後得捕鼠獸于苗，方以其產地名也。

清 王闓運《春秋公羊傳箋》卷一〇《定公經傳解詁》 鼷鼠食郊牛，牛死。《箋》曰：牛災例時。改卜牛。《箋》曰：改卜例時，不言免牲，不郊改卜，正禮也。曷爲不言，其所食。据食角。漫也。漫者偏食其身，災不敬也。不舉牛死，爲重復舉食者，内災甚矣。録内不言火，是也。

又 卷一一《哀公經傳解詁》 鼷鼠食郊牛。災不敬故。《箋》曰：牛災，例時。改卜牛《箋》曰：卜例時。夏四月辛巳，郊。《箋》曰：殷，四月、夏三月，明太平改正，行夏之時，三卜而可郊。王者改元之郊，不以災牛，廢也。

紀事

北魏 賈思勰《齊民要術》卷五《種桑柘第四十五》 《龍魚河圖》曰：『冬以臘月鼠斷尾。正月旦，日未出時，家長斬鼠，著屋中。祝云：「付勑屋吏，制斷鼠蟲；三時言功，鼠不敢行。」』

《雜五行書》曰：『取亭部地中土塗竈，水、火、盜賊不經；塗屋四角，鼠不食蠶；塗倉、篅，鼠不食稻；以塞坎，百日鼠種絶。』

《淮南萬畢術》曰：『狐目狸腦，鼠去其穴。』注曰：『取狐兩目，狸腦大如狐目三枚，擣之三千杵，塗鼠穴則鼠去矣。』

《宋書》卷三四《五行志五·黄眚黄祥》 魏齊王正始中，中山王周南爲襄邑長。有鼠從穴出，語曰：『王周南，爾以某日死。』南不應。鼠還穴。後至期，更冠幘皁衣出，語曰：『周南，汝日中當死。』又不應。鼠復入，斯須更出，語如向日。適欲日中，鼠入復出，出復入，轉更數語如前。日適中，鼠曰：『周南，汝不應我，復何道。』言絶，顛蹶而死，即失衣冠。取視，俱如常鼠。案班固説，此黄祥也。是時曹爽秉政，競爲比周，故鼠作變也。

宋孝武大明七年春，太湖邊忽多鼠。其年夏，水至，悉變成鯉魚。民人一日取，轉得三五十斛。明年，大飢。

《魏書》卷一一二上《靈徵志上》 ［正始四年］八月，涇州黄鼠。

《晉書》卷二八《五行志中》 司馬越還洛，有童謠曰：『洛中大鼠長尺二，若不早去大狗至。』及苟晞將破汲桑，又謠曰：『元超兄弟大落度，上桑打椹爲苟作。』由是越惡晞，奪其兖州，隙難遂搆焉。

又 卷二九《五行志下》 太康四年，會稽彭蜞及蟹皆化爲鼠，甚衆，復大食稻爲災。

唐 陸龜蒙《甫里集》卷一九《記稻鼠》 乾符己亥歲，震澤之東曰吴興，自三月不雨，至於七月。當時污坳沮洳者埃壒塵勃，棹楫支派者入，扉屨無所污。農民轉遠流漸稻本，晝夜如乳赤子，欠欠然救渴不暇，僅得葩坼穗結，十無一二焉。無何，羣鼠夜出，嚙而僵之，信宿食殆盡。雖廬守版擊，毆而駭之，不能勝。若宫督户責，不食者有刑，當是而賦索愈急，棘械束榜箠木肌體者無壯老。吾聞之於禮曰：『迎貓爲食田鼠也』，是禮缺而不行久矣。田鼠知之後歟？物有時而暴歟？政有貪而廢歟？《國語》曰：『吴稻蟹不遺種』，豈吴之土，鼠與蟹更伺其事而效其力，殲其民歟？且魏風以碩鼠刺重斂，斥其君也。有鼠之名，無鼠之實。詩人猶曰：『逝將去汝，適彼樂土』，况乎上捃其財，下啗其食，率一民而當二鼠，不流浪轉徙聚而爲盜何哉？《春秋》蟲蝝生大有年皆書，是聖人於豐兇不隱之驗也。余學《春秋》，又親蒙其災，於是乎記。

唐 楊夔《蓄狸説》《文苑英華》卷三七二 敬亭叟叟家毒於鼠暴，穿墉穴墉，室無全宇。咋嚙篚筐，帑無完物。及賂於捕野者，俾求狸之子，必鋭於家畜。數日而獲諸汴，懽逾得駿，飾茵以棲之，給鱗以茹之。撫育之厚，如字諸子。其攫生搏飛，舉無不捷。鼠懾而殄影，暴腥露膻，縱横莫犯矣。然其野心，常思逸於外，罔以子育爲懷。一旦怠其紲，逾垣越宇，倏不知其所逝。叟惋且惜，涉旬不弭。弘農子聞之曰：『野性匪馴，育而靡恩，非惟狸然，人亦有旃。梁武於侯景，寵非不深矣；劉琨於日磾，情非不至矣；既負其誠，復返厥噬。』嗚呼！非所蓄而蓄，孰有不叛哉？

《舊唐書》卷三七《五行志》 開元二年，韶州鼠害稼，千萬爲羣。

《新唐書》卷三四《五行志一》 貞觀十三年，建州鼠害稼。二十一年，渝州鼠害稼。

顯慶三年，長孫无忌第有大鼠見於庭，月餘出入無常，後忽然死。

龍朔元年十一月，洛州貓鼠同處。鼠隱伏象盜竊，貓職捕嚙，而反與鼠同，象司盜者廢職容姦。

弘道初，梁州倉有大鼠，長二尺餘，爲貓所嚙，數百鼠反嚙貓。少選，聚萬餘鼠，州遣人捕擊殺之，餘皆去。

景雲中，有蛇鼠鬬于右威衛營東街槐樹，蛇爲鼠所傷。鬬者，兵象。

景龍元年，基州鼠害稼。

開元二年，韶州鼠害稼，千萬爲羣。

天寶元年十月，魏郡貓鼠同乳。同乳者，甚于同處。

大曆十三年六月，隴右節度使朱泚於兵家得貓鼠同乳以獻。

大和三年，成都貓鼠相乳。

開成四年，江西鼠害稼。

咸通十二年正月，汾州孝義縣民家鼠多銜蒿芻巢樹上。鼠穴居，去穴登木，賤人將貴之象。

乾符三年秋，河東諸州多鼠，穴屋、壞衣，三月止。鼠，盜也，天戒若曰：『將有盜矣。』

乾寧末，陝州有蛇鼠鬬于南門之內，蛇死而鼠亡去。

宋 王溥《五代會要》卷二七《倉》 晉天福八年五月十五日，三司奏天下，今後諸倉請據人户元納耗二升內一升。依舊送納。本色充備，鼠雀耗折一升，即令人户送納價錢兩文足，與元納錢八文足，共一十文足，充備倉。夫斗袋人夫及諸色吃食，紙筆鋪襯，盤纏支費從之。

金 元好問《續夷堅志》卷一《田鼠》 正大壬戌，內鄉北山農民告田鼠食稼，鼠大如兔，十百為羣，所過禾稼為空。獵户射得數頭，有重十餘斤者，毛色似水獺，未嘗聞如此大鼠也。

《文獻通考》卷六九《郊社考二》 定公十五年春，王正月，鼷鼠食郊牛，牛死，改卜牛。夏五月辛亥，郊五月，不時也。趙氏曰：『子卑年常怪鼷鼠食郊牛致死。上元二年，因避兵旅於會稽，時有水旱、疫癘之苦，至明年而牛災，有小鼠能噬牛，纔傷其皮膚，乃無有不死者。』。

又 卷三一四《物異考二十・蟲異》 晉武帝太康四年，會稽彭蜞及蟹皆化鼠，甚衆，復大食稻爲災。惠帝元康中，洛陽南山有虻武庚反作聲，曰『韓屍屍』。識者曰：『韓氏將屍也，言屍屍者，盡死也。』其後韓謐誅而韓族殲焉，此青祥也。

又《鼠妖》 漢昭帝元鳳元年九月，燕有黃鼠銜其尾舞王宮端門中宮之正門，王往視之，鼠舞如故。王使吏以酒脯祠，舞不休，一日一夜死。近黃祥，時燕剌王旦謀反將死之象也。其月，發覺伏辜。京房《易傳》曰：『誅不原情，厥妖鼠舞門。』師古曰：「不原情者，不得其本情。」成帝建始四年九月，長安城南有鼠銜黃蒿、柏葉，上民冢柏及榆樹上爲巢，桐柏尤多。師古曰：「桐柏，本亭名，衛思后於其地葬也。」巢中無子，皆有乾鼠矢數十。時議臣以爲恐有水災。鼠，盜竊小蟲，夜出晝匿，今晝去穴而登木，象賤人將居顯貴之位也。桐柏，衛后園所在也。其後，趙皇后自微賤登至尊，與衛后同類。趙后終無子而爲害。

明年，有鳶焚巢，殺子之異也。師古曰：『鳶，鴟也，音弋全反。』天象仍見，甚可畏也。仍，頻也。一曰，皆王莽竊位之象云。京房《易傳》曰：『臣私祿罔辟，李奇曰：「辟，君也。擅私爵祿，誣罔其君。」厥妖鼠巢。』

魏齊王正始中，中山王周南爲襄邑長。有鼠從穴出，語曰：『王周南，爾以某日死。』周南不應，鼠還穴。後至期，更冠幘皂衣出，語曰：『周南，汝日中當死。』又不應，鼠復入穴。斯須更出，語如向。日適欲中，鼠入，須臾復出，出入，轉更數，語如前。日適中，鼠曰：『周南，汝不應，我復何道！』言絕，顛蹶而死，即失衣冠。取視，具如常鼠。按班固以爲黃祥。時曹爽專政，競爲比周，故鼠作變也。

晉太康時，彭蜞化爲鼠見《蟲異門》。

陳後主禎明二年四月，羣鼠無數，自蔡州岸入石頭淮，至青塘兩岸，數日死，隨流出江。近青祥也。京房《易飛候》曰：『鼠無故羣居不穴衆聚者，其君死。』未幾亡國。

唐高祖武德元年秋，李密、王世充隔洛水相拒，密營中鼠，一夕渡水盡去。占曰：『鼠無故皆夜去，邑有兵。』太宗貞觀十三年，建州鼠害稼。二十一年，渝州鼠害稼。高宗顯慶三年，長孫無忌第有大鼠見於庭，月餘出入無常，後忽然死。龍朔元年十一月，洛州貓鼠同處。鼠隱伏象盜竊，貓職捕咬，而反與同，象司盜者廢職容奸。弘道初，梁州倉有大鼠長二尺餘，爲貓所咬，數百鼠反咬貓。少選，聚萬餘鼠，州遣人捕擊殺之，餘皆散去。中宗景龍元年，基州鼠害稼。睿宗景雲中，有蛇鼠鬬於右威衛營東街槐樹，蛇爲鼠所傷。鬬者，兵象。元宗開元二年，韶州鼠害稼，千萬餘羣。天寶元年十月，魏郡有貓鼠同乳，甚於同處。代宗大曆十三年六月，隴右節度使朱泚，於兵家得貓鼠同乳以獻。懿宗咸通十二年，汾州孝義縣民家鼠多茹蒿芻巢樹上。鼠穴居，去穴登木，賤人將貴之象。僖宗乾符三年秋，河東諸州多鼠，穴屋，壞衣，三月止。鼠，盜也，天戒若曰：『將有盜矣。』昭宗乾寧末，陝州有蛇鼠鬬於南門之內，蛇死而鼠亡去。

後唐潞王清泰三年三月，有蛇鼠鬬於師子門外，鼠殺蛇。其年十一月，晉高祖起兵於太原。

宋太祖建隆元年夏，相、金、均、房、商五州鼠食苗。二年正月，商州鼠食苗。太宗太平興國七年十一月，岳州鼠害稼。九月，京西民獻白鼠二。高宗紹興十六年，廣州清遠縣、韶州翁源縣、英德府真陽縣鼠食稼，千萬爲羣。時廣東久旱，凡羽鱗皆化爲鼠，有獲鼠於田者，腹猶蛇文，漁者夜設網，旦視數百鱗皆鼠。自夏徂秋，爲患數月方息，歲爲饑。孝宗乾道九年，隆興府鼠害稼，千萬爲羣，甚於螟蝗。淳熙五年八月，淮東通、泰、楚、高郵黑鼠食禾，田無遺穗，淮民大饑。時江陵府十五里外，羣鼠以千萬計，蔽塞通逵，其色黑白青黄相雜，與人並行，爲車駕所踐死者不可勝計，凡三月乃息。紹興四年，饒州民家二小鼠食牛角，三徙牛卒不免，角穿肉瘠以斃。《春秋》書鼷鼠食牛角，京房《易傳》曰：『祭天不謹，爲郊牛也。』不與民牛同占，特鼠妖爾。慶元元年六月，鄱陽縣民家一貓帶數十鼠，行止食息皆同，如母子相哺者，民殺貓而鼠舐其血。

鼠象盜，貓職捕，而反相與同處，司盜廢職之象也。唐龍朔洛州貓鼠同占。

《宋史》卷六五《五行志三》　建隆元年夏，相、金、均、房、商五州鼠食苗。二年五月，商州鼠食苗。

乾德五年九月，金州鼠食苗。

太平興國七年十月，岳州鼠害稼。

紹興十六年，清遠、翁源、真陽三縣鼠食稼，千萬為羣。時廣東久旱，凡羽鱗皆化為鼠。有獲鼠於田者，腹猶蛇文，漁者夜設網，旦視皆鼠。自夏徂秋，為患數月方息，歲為饑，近鼠妖也。

乾道九年，隆興府鼠千萬為羣，害稼。

淳熙五年八月，淮東通、泰、楚、高郵黑鼠食禾，既歲大饑。時江陵府郭外，羣鼠多至塞路，其色黑、白、青、黄各異，為車馬踐死者不可勝計，踰三月乃息。

紹熙四年，饒州民家二小鼠食牛角，三徙牛牢不免，角穿肉瘠以斃，近鼠妖也。

慶元元年六月，番易縣民家一貓帶數十鼠，行止食息皆同，如母子相哺者，民殺貓而鼠其血。鼠象盜，貓職捕，而反相與同處，司盜廢職之象也，與唐龍朔洛州貓鼠同占。

《元史》卷五一《五行志下・鼠災》　至正二十年八月，慶陽，延安，寧、安等州野鼠食稼，初由鶉卵化生，既成牝牡，生育日滋，百畝之田，一夕俱盡。二十六年，泗州瀕淮兩岸，有灰黑色鼠，暮夜出穴，成羣覆地食禾。

明　楊廉《楊文恪公文集》卷六二《大理府同知彭君鏡初墓表》　未幾田鼠害利稼，市有虎輒傷人，定爲賞格，使人捕之，乃息。

明　謝肇淛《五雜俎》卷一《天部》　咸通十四年，宋州獵者，得雉五足，其三出背上。弘道初，梁州倉有大鼠，長二尺餘，爲貓所嚙，數百鼠反嚙貓，少選聚萬餘鼠。州遣人捕大鼠，擊殺之，餘皆去。

（成化）《山西通志》卷七　乾符三年秋，河東諸州多鼠，穴屋壞衣，三月止，鼠盜也。天戒若曰：將有盜矣。

明　劉仲達《劉氏鴻書》卷九五《録異部》　淳熙五年八月，淮東通、泰、楚、高郵黑鼠食禾，田無遺穗，淮民大饑。時江陵府十五里外，羣鼠以千萬計，蔽塞通逵，其色黑白，青黄相襍，與人並行爲車駕所踐，死者不可勝計，凡三月乃息。

《明史》卷二九《五行志二・鼠妖》　萬曆四十四年七月，常、鎮、淮、揚諸郡，土鼠千萬成羣，夜啣尾渡江，絡繹不絕，幾一月方止。四十五年五月，南京有鼠萬餘，啣尾渡江，食禾稼。崇禎七年，寧夏鼠十餘萬，啣尾食苗。十二年，黄州鼠食禾，渡江五六日不絕。時內殿奏章房多鼠盜食，與人相觸而不畏，亦鼠妖也。至甲申元旦後，鼠始屏跡。又秦州關山中鼠化鵪鶉者以數千計。十五年二月，羣鼠渡江，晝夜不絕。十月，榆林、定邊諸堡鼠生蝦蟆腹中，一生數十，食苗如割。

清　吳偉業《綏寇紀略》卷一二　［崇禎］七年，寧夏鼠害稼，銜尾食苗者，十餘萬。十二年，黄州鼠食禾，渡江五六日不絕。《傳》曰：鼠盜竊，小蟲晝伏，夜匿害稼者，貪邪小人竊祿位而寇盜，以滋生也。萬曆四十四年後，應天鼠渡江者三，皆銜尾萬餘。天啓，陝西鼠怪，狀若狸，長廣尺餘，無足兩肉翅，足在翅中。剖之腹有升黍，妖在秦者，秦將有鼠盜。寧夏延綏，鼠害稼者，皆秦分也。渡江而以黄州者，張獻忠破武昌，之應也。又聞內殿奏，章房多鼠盜，食與人相觸而不畏。十七年元旦後，鼠忽屏跡寇入，奏章盡焚。易飛候曰：鼠羣居不穴，君死國亡。它占曰：鼠無故夜去，邑有兵近，黄祥也。

（乾隆）《甘肅通志》卷二四《祥異》　莊烈帝崇禎十一年，靈臺、莊浪、環縣等處蝗蝻食禾，靜寧州黑鼠傷稼。

（乾隆）《虞鄉縣志》卷一《祥異》　乾符三年秋，河東諸州多鼠，穴屋壞衣。

（乾隆）《安鄉縣志》卷八《禨祥》　［康熙］庚申十九年春，初穀貴，民饑。夏月，碩鼠食苗。

（乾隆）《高郵州志》卷一二《灾祥》　［淳熙］五年秋八月，黑鼠食禾，田無遺穗，民大饑。

（光緒）《續修絳縣志》卷一二《祥異》　僖宗乾符三年秋，河東諸州多鼠，穴屋壞衣，三月止，鼠盜也。

又［光緒］五年春，旱，麥薄收。春末夏初，數降犂雨。秋，籽下種，螟螣生，鼠災尤甚，穿屋盜糧，肆害無極，咬田穗幾至盡畝。秋穫大減。是年三月間，捐輸總局撥來耕馬，八月又撥耕牛，均減半價，散賣無牲農民。八月、九月，疊沛甘霖澤下數尺，冬麥滋潤瑞溢，田塍預兆豐登，共慶泰轉。

（光緒）《江西通志》卷九八《祥異》　太和四年，大水，鼠害稼。

又　乾道八年五月戊午，隆興府鼠害稼，千萬爲羣，甚於螟蝗。

（光緒）《淮安府志》卷三九《雜記》［淳熙］五年八月，淮東、通泰楚、高郵黑鼠食苗，既歲大饑。

（光緒）《湖南通志》卷二四三《祥異志一》　太宗太平興國七年十月，岳州田鼠害稼。《本紀通考》作十一月。

清　朱銘盤《南朝宋會要·曆數》　孝武大明七年春，太湖邊忽多鼠。其年夏，水至，悉變成鯉魚。民人一日取，轉得三十五斛。

（宣統）《甘肅新通志》卷二《天文志·附祥異》　開成四年，鼠食稼，人饑疫，死者相枕藉。

康定元年，麗籍言，夏州鼠食稼且旱。

嘉靖三十六年夏六月，大星隕。安化縣西南田鼠害禾稼。神宗萬曆十九年，蘭州河北土塊化爲田鼠食苗，慶陽大饑，人相食。莊烈帝崇禎十一年，靈臺、莊浪、環縣、河西諸郡，蝗蝻食禾。靜甯黑鼠傷稼。

雍正五年八月，永昌、大稔、古浪黃鼠害稼。嘉慶十八年，靖遠及撻喇赤堡一帶，田土化鼠，食苗過半。鎮番縣彗星見，數月始滅。同治六年冬十月十八日，山丹縣田土化鼠食苗，雀食黍殆盡。光緒二十一年，河州回叛城被圍，疫癘大作，死者萬餘人，西寧屬羣鼠食苗。

《清史稿》卷四二《災異志三·鼠妖》　康熙二十年五月，巴東鼠食麥，色赤，尾大；江陵鼠災，食禾殆盡。二十一年，西寧鼠食禾。二十二年夏，崇陽田鼠結巢於禾麻之上。二十八年，黃岡鼠食禾，及秋，化爲魚。二十九年，孝感鼠食稼。四十二年，西鄉、定遠遍地生五色鼠。四十七年，黃濟鼠食禾。四十八年七月，崖州有鼠千萬啣尾渡江。五十二年五月，高淳、丹陽有鼠無數，食禾殆盡。六十一年夏，延安田鼠食稼。秋，安定黑鼠爲災，食禾殆盡，有鄉民掘地得一鼠，身後半蝦螟形，疑其所化也；清澗黃鼠食苗殆盡；葭州田鼠食苗。

雍正五年十一月，銅陵羣鼠銜尾渡江。

乾隆元年，文縣鼠害稼。四年四月，什邡縣白鼠晝見羅寺經堂中，異香滿室。秋，彭澤羣鼠銜尾渡江，食禾。十四年二月，中衛田鼠食麥。十八年，池州田鼠叢生，忽入水化爲魚。二十五年五月，池州田鼠叢生，有赤鷹來食之，遂滅。

道光四年，高淳鼠食麥。二十八年五月，沔陽常平倉忽有鼠數千，頭在梁上，移時方散。

咸豐元年六月，德化羣鼠銜尾渡江。四年，襄陽羣鼠食禾。

同治七年，山丹田鼠食苗。九年二月，皋蘭土塊化爲鼠。

光緒五年五月，三原鼠食禾殆盡。二十一年，西寧羣鼠食苗。二十四年，皋蘭田鼠食麥。

藝文

《詩經·國風·鄘風·相鼠》　《相鼠》，刺無禮也。衛文公能正其羣臣，而刺在位承先君之化無禮儀也。

相鼠有皮，人而無儀。人而無儀，不死何為？

相鼠有齒，人而無止。人而無止，不死何俟？

相鼠有體，人而無禮。人而無禮，胡不遄死？

又《魏風·碩鼠》　《碩鼠》，刺重斂也。國人刺其君重斂，蠶食於民，不修其政，貪而畏人，若大鼠也。

碩鼠碩鼠，無食我黍！三歲貫女，莫我肯顧。逝將去女，適彼樂土。樂土樂土，爰得我所。

碩鼠碩鼠，無食我麥！三歲貫女，莫我肯德。逝將去女，適彼樂國。樂國樂國，爰得我直。

碩鼠碩鼠，無食我苗！三歲貫女，莫我肯勞。逝將去女，適彼樂郊。樂郊樂郊，誰之永號？

北魏　盧元明《劇鼠賦》《太平御覽》卷九一一　蹠實排虛，巢居穴處，惟飲噬于山澤，悉潛決于林薮。故寢廟有處，茂草別所，矧乃微蟲，乖羣異侶，干紀而進，于情難許。《爾雅》所載，厥類多種。詳其容質，並不足重。或處野而隔陰山，或同穴而鄰嶓冢，或飲河以求飽腹，或噏煙而遊森聳。然今者之所論，出于人家之壁孔。嗟乎在物，最爲可賤。毛骨莫充于玩賞，脂肉不登于俎膳。故淮南輕舉，遂嘔腸而莫追；東阿體拘，徒稱仙而被譴。其爲狀也，憯惔咀吁，睢離睒睗，鬚似麥穟半垂，眼如豆角中劈，耳類槐葉初生，尾若酒杯餘瀝。乃有老者，羸髕疥癩，偏多奸計，衆中無敵。托社忌器，妙解自惜，深藏厚閉，巧能推覓。或尋繩而下，或自地高躑。登機緣櫃，蕩扉動帘。忉忉終朝，轟轟竟夕。是以詩人爲辭，實云其碩。盜干湯之珍俎，傾留髡之香澤，傷繡領之斜製，毁羅衣之重襲。曹舒由是獻規，張湯爲之被謫。亦有閒居之士，倦遊之客，絕慶吊以養真素，擯左右而尋《詩》、《易》。庭院肅清，房櫳虛寂，爾乃羣鼠乘間，東西擷擲，或牀上捋髭，或戶間出額，貌甚舒暇，情無畏惕。又領其黨與，欣欣奕奕，欹覆箱奩，騰踐茵席，共相侮慢，特無宜適。嗟天壤之含弘，產此物其何益。

唐 崔祐甫《奏猫鼠議》《文苑英華》卷七七〇 右。今月日，中使吳承倩宣進止，以籠盛貓鼠示百寮。臣聞天生萬物，剛柔有性，聖人因之，垂訓作則。《禮記·郊特牲》篇曰：『迎貓，爲其食田鼠也。』然則貓之食鼠，載在祀典，以其除害利人，雖微必録。今此貓對鼠不食，仁則仁矣，無乃失於性乎？鼠之爲物，晝伏夜動，詩人賦之曰：『相鼠有體，人而無禮。』又曰：『碩鼠碩鼠，無食我黍。』其序曰：『貪而畏人，若大鼠也。』臣旋觀之。雖云動物，異於麋鹿麋兔，彼皆以時殺獲，爲國家用。此鼠有害，亦何愛而曲全之？貓受人畜養，棄職不修，亦何異於法吏不勤觸邪、疆吏不勤捍敵？又按禮部式具列三瑞，無貓不食鼠之目，以此稱慶，臣所未詳。伏以國家化洽理平，天符薦至，紛綸雜沓，史不絕書。今兹貓鼠，不可濫廁。若以劉向《五行傳》論之，恐須申命憲司，察視貪吏，誡諸邊候，無失儆巡，則貓能致功，鼠不爲害。臣忝樞近，職司聰明，不揆狂愚，輒獻公議。謹議。

唐 戎昱《苦哉行五首·一》《樂府詩集》卷三三 彼鼠侵我廚，縱貍授梁肉。鼠雖爲君却，貍食自須足。冀雪大國恥，翻是大國辱。羶腥逼綺羅，甎瓦雜珠玉。登樓非騁望，目笑是心哭。何意天樂中，至今奏胡曲。

唐 孟郊《孟東野詩集》卷六《贈韓郎中愈·二》 碩鼠既穿墉，又嚙機上絲。穿墉有閑土，嚙絲無餘衣。朝吟枯桑柘，暮泣空杼機。豈是無巧妙，絲斷將何施。衆人尚肥華，志士多飢羸。願君保此節，天意當察微。

唐 舒元輿《養狸述》《文苑英華》卷三七三 野禽獸可馴養而有裨於人者，吾得之於狸。狸之性憎鼠而喜愛。其體趫，其文斑，予愛其能息鼠竊，近乎正且勇。嘗觀虞人有生致者，因得請歸，致新昌里客舍。

捨之初未爲某居時，曾爲富家廩，墉堵地面，甚足鼠竅。穴之口光滑，日有鼠絡繹然。某既居，果遭其暴耗。常白日爲羣，雖敲拍叱嚇，略不畏忌。或蹔黽俛跧縮，須臾復來，日數十度。其穿巾孔箱之患，繼晷而有。晝或出遊，及歸，其什器服物，悉已破碎。若夜時，長留缸續晨，與役夫更吻驅呵，甚擾神抱。有時或缸死睫交，黑暗中又遭其緣榻過面，泊泊上下，則不可奈何。或知之，借櫝以收拾衣服，未頃則櫝又孔矣。予心深悶，當其意欲掘地誅翦，始二三十日間未果。頗患之，若抱癢疾。

自獲此狸，嘗闔關實竇，縱於室中。潛伺之，見軒首引鼻，似得鼠氣，則凝蹲不動。斯須，果有鼠數十輩接尾而出。狸忽躍起，豎瞳迸金，文毛磔斑，張爪呀牙，劃泄怒聲。鼠黨帖伏不敢竄。狸遂搏擊，或目抉牙截，尾捎首擺，瞬視間羣鼠肝腦塗地。迨夜，始背缸潛窺，室內灑然。予以是益寶狸矣，常自馴飼之。到今僅半年矣，狸不復殺鼠，鼠不復出穴，穴口有土蟲絲封閉欲合。向之韞櫝服物，皆縱横拋擲，無所損壞。

噫！微狸，鼠不獨耗吾物，亦將咬嚙吾身矣。是以知吾得高枕坦臥，絕瘡痏之憂，皆斯狸之功異乎！鼠本統乎陰，蟲其用，合晝伏夕動，常怯怕人者也。向之暴耗，非有大膽壯力，能淩侮於人，以其人無禦之之術，故得恣横若此。今人之家，苟無狸之用，則紅墉皓壁，固爲鼠室宅矣，甘醲鮮肥，又資鼠口腹矣。雖乏人智，其奈之何。

嗚呼！覆幬之間，首圓足方，竊盜聖人之教，甚於鼠者有之矣。若時不容端人，則白日之下，故得騁於陰私。故桀朝鼠多而關龍逢斬，紂朝鼠多而王子比干剖，魯國鼠多而仲尼去，楚國鼠多而屈原沈。以此推之，明小人道長，而不知用君子以正之，猶向之鼠竊，而不知用狸而止遏，縱其暴横。則五行七曜，亦必反常於天矣。豈直流患於人間耶！某因養狸而得其道，故備録始末，貯諸篋內，異日持諭於在位之端正君子。

唐 曹鄴《官倉鼠》《全唐詩》卷五九二 官倉老鼠大如斗，見人開倉亦不走。健兒無糧百姓飢，誰遣朝朝入君口。

唐 陸龜蒙《甫里集》卷一七《五歌并序・刈穫》 自春徂秋天弗雨，廉廉早稻纔遮畝。芒粒稀疎熟更輕，地與禾頭不相拄。我來愁築心如堵，更聽農夫夜深語。凶年是物即爲災，百陣野凫千穴鼠。平明抱杖入田中，十穗蕭條九穗空。敢言一歲困倉實，不了如今朝暮舂。天職誰司下民籍，苟有區區宜枅枅。本作耕耘意若何，蟲豸兼教食人食。古者爲邦須蓄積，魯饑尚責如齊糴。今之爲政異當時，一任流離恣徵索。平生幸遇華陽客，向日飡霞轉肥白。欲賣耕牛棄水田，移家直傍三茅宅。

又卷一九《記稻鼠》 乾符己亥歲，震澤之東曰吳興，自三月不雨，至於七月。當時污坳沮洳者埃壒塵勃，棹楫支派者入，扉屨無所污。農民轉遠流漸稻本，晝夜如乳赤子，欠欠然救渴不暇，僅得葩坼穗結，十無一二焉。無何，羣鼠夜出，嚙而僵之，信宿食殆盡。雖廬守版擊，毆而駭之，不能勝。若官督户責，不食者有刑，當是而賦索愈急，棘械束榜箠木肌體者無壯老。吾聞之於禮曰：『迎猫爲食田鼠也。』是禮缺而不行久矣。田鼠知之後歟？物有時而暴歟？政有貪而廢歟？《國語》曰：『吳稻蟹不遺種。』豈吳之土，鼠與蟹更伺其事而效其力，殲其民歟？且魏風以碩鼠刺重斂，碩鼠斥其君也。有鼠之名，無鼠之實。詩人猶曰：『逝將去汝，適彼樂土。』況乎上捃其財，下啗其食，率一民而當二鼠，不流浪轉徙聚而爲盜何哉？春秋蟲蝝生大有年皆書，是聖人於豐兇不隱之驗也。余學《春秋》，又親蒙其災，於是乎記。

唐 楊夔《蓄狸説》《文苑英華》卷三七二 敬亭叟叟家毒於鼠暴，穿墉穴墉，室無全宇。咋嚙籠筐，帑無完物。及賂於捕野者，俾求狸之子，必銳於家畜。數日而獲諸汴，懽逾得駿，飾茵以棲之，給鱗以茹之。撫育之厚，如字諸子。其攫生搏飛，舉無不捷。鼠慑而殄影，暴屋露廩，縱横莫犯矣。然其野心，常思逸於外，罔以子育爲懷。一旦怠其紲，逾垣越宇，倏不知其所逝。叟惋且惜，涉旬不弭。弘農子聞之曰：『野性匪馴，育而靡恩，非惟狸然，人亦有旃。梁武於侯景，寵非不深矣；劉琨於日磾，情非不至矣；既負其誠，復返厥噬。』嗚呼！非所蓄而蓄，孰有不叛哉？

宋 王令《廣陵集》卷一《鼷鼠操》 鼷鼠鼷鼠，實食其牛，牛則不知。彼牛彼牛，既卜以郊，傷則免之。

宋 呂南公《灌園集》卷四《小港書事三首・一》 破屋照山坰，山民問筆耕。日無賓接戲，夜厭鼠横行。被服烟埃色，呻吟老病身。不知齊魯士，甘此欲何成。

宋 蔡天啓《乞猫詩》《墨莊漫録》卷七 厨廩空虛鼠亦饑，終宵咬齧近秋帷。腐儒生計惟黄卷，乞取銜蟬與護持。

宋 蘇軾《東坡全集》卷三三《黠鼠賦》 蘇子夜坐，有鼠方齧。拊牀而止之，既止復作。使童子燭之，有橐中空。嘐嘐聱聱，聲在橐中。曰：『噫，此鼠之見閉而不得去者也。』發而視之，寂無所有。舉燭而索，中有死鼠。童子驚曰：『是方齧也，而遽死耶？向為何聲，豈其鬼耶？』覆而出之，墮地乃走。雖有敏者，莫措其手。蘇子歎曰：『異哉，是鼠之黠也。閉于橐中，橐堅而不可穴也。故不齧而齧，以聲致人，不死而死，以形求脱也。吾聞有生，莫智於人。擾龍、伐蛟、登龜、狩麟，役萬物而君之，卒見使於一鼠，墮此蟲之計中，驚脱兔於處女。烏在其為智也？』坐而假寐，私念其故。若有告余者曰：『汝為多學而識之，望道而未見也。不一于汝，而二于物，故一鼠之齧而為之變也。人能碎千金之璧而不能無失聲於破釜，能搏猛虎，不能無變色於蜂蠆，此不一之患也。言出於汝，而忘之耶？』余俛而笑，仰而覺。使童子執筆，記余之作。

宋 黄庭堅《乞猫詩》《墨莊漫録》卷七 秋來鼠輩欺猫死，窺甕翻盆攪夜眠。聞道貍奴將數子，買魚穿柳聘銜蟬。

宋 周紫芝《太倉稊米集》卷八《次韵蘇如圭乞猫》 蘇侯家四壁，每飯歌權輿。庚郎鮭菜盤，三韭羅春蔬。飢鼠竄旁舍，不復勞驅除。何爲走老鼯，貫魚乞狸奴。頗知紅錦囊，萬卷家多書。我時醉着帽，過子城南居。手擎烏絲欄，棐几自卷舒。寒具久不設，蔓尾亦足娱。猶恐遭咬嚙，備豫須不虞。狸奴當努力，鼠輩勤誅鋤。無爲幸一飽，高臥依寒爐。

宋 劉一止《苕溪集》卷三《從謝仲謙乞猫一首》 昔人蟻動疑鬬牛，我家奔鼠如馬羣。穿牀撼席不得寐，嚙噬編簡連帨帉。主人瓶粟常掛壁，每飯不肉如廣文。誰令作意肆奸孽，自怨釜鬵無餘葷。居家得貓自拯溺，恩育幾歲忘其勤。屋頭但怪鼠跡絶，不知下有飛將軍。他時生因願聘取，青海龍種豈足云。歸來堂上看俘馘，買魚貫柳酬策勛。

宋 曾幾《茶山集》卷八《乞猫二首》 春來鼠壤有餘蔬，乞得貓奴亦已無。青蒻裹鹽仍裹茗，煩君爲致小於菟。

江茗吳鹽雪不如，更令女手綴紅䌤。小詩卻欠涪翁句，爲問銜蟬聘得無。

宋 章甫《自鳴集》卷一《代呼延信夫以笋乞猫于韓子雲》 官居城一隅，屋漏如野處。辛勤補綠蘿，僅可待風雨。移家幸亡恙，所苦多碩鼠。齧衣費紉縫，盜肉恣含咀。引子動成羣，啾啾疑爾汝。汝曾無覥顔，入暮誰能禦。窺燈殫膏油，驚夢鬭儔侶。主人非昔人，爲態尚如許。飽食詎可常，潛蹤豈無所。灌穴惡盡殺，具礫難悉舉。牆東吏部家，兩貓將十子。往往感仁惠，相乳忘彼此。花墩夜不眠，衛寢如馴虎。願分俊逸姿，庶以鎮衡宇。穿魚聘銜蟬，於君諒無取。丁寧玉版師，委曲致斯語。妻孥仍有言，乞貓宜乞女。他時遂生育，鄰里轉相予。

又 卷三《從賈倅乞猫》 渚宮茅屋住經年，牆壁苦遭羣鼠穿。旋乞狸奴名去惡，中宵客枕得安眠。携之俱東泛江水，饜飫魚腥二千里。半途忽作楚人弓，兒女憐渠今未已。昨宵聞説二車家，花墩五子俱可誇。此詩雖拙勝鹽茶，不問白黑灰貍花。

宋 陸游《劍南詩稿》卷三八《冬夜作短歌》 飢鼠窺殘燈，寒犬踏枯葉。小室擁燎爐，清笳下危堞。老人素多疾，舉動常畏怯。衣裘視寒燠，日夜自調燮。食必按本草，下箸未嘗輒。體安疾自去，藥石無此捷。敢學李輕車，霸亭夜遊獵。況如馬新息，萬里聽鳶跕。欲求神氣住，先戒事物接。寧爲子光瘖，不效嗇夫喋。明晨一杯粥，趺坐横白氎。無魚何足道，爲爾歌長鋏。

又 卷六三《鼠敗書》 雲歸雨亦止，鴉起窗既白。秋宵未爲永，不寐如歲隔。平明亟下榻，亦未暇冠幘。檢校案上書，狼籍鼠嚙迹。食簞與果籩，攘取初不責。侈然敢四出，乃至暴方冊。坐令漢箧亡，不減秦火厄。向能畜一貓，狡穴詎弗獲。緘縢又蕩然，追咎亦何益。惰偷當自戒，鼠輩安足磔。

又 卷八六《夜坐》 懷抱何蕭爽，涼風掃鬱蒸。寒蛩喧敗草，饑鼠囓枯藤。蝶入誰家夢，花殘半夜燈。無人論道德，長嘯愧孫登。

宋 劉克莊《後村集》卷七《失猫》 飼養年深性已馴，攀牆上樹可曾嗔。擊鮮偶羨鄰翁富，食淡因嫌舊主貧。蛙跳階庭殊得意，鼠行几案若無人。籬間薄荷堪謀醉，何必區區慕細鱗。

明 龔詡《飢鼠行》《佩文齋咏物詩選》卷四一八 燈火乍息初入更，飢鼠出穴啾啾鳴。齧書翻盆復倒甕，使我頻驚不成夢。貍奴徒爾誇銜蟬，但知飽食終夜眠。癡兒計拙真可笑，布被蒙頭學貓叫。

明 胡侍《罵猫文》《淵鑒類函》卷四三六 家有白雄雞，畜之久矣，乃者棲於樹顛，而橫遭貓啗。乃呼貓俾前，而罵之曰：咄，汝貓！汝無他職，職在捕鼠。以茲大蠟，古也迎汝。不鼠之捕，曰職不舉，而又司晨之禽，焉是食？計汝之罪，匪直不職而已也！咄，汝貓！相鼠有類，實繁厥徒；或登承塵，或撼戶樞；或緣榻蕩几，或噏鐏舐盂；或覆奩孔櫝，或齰圖褫書。汝於是時，儻伺須臾，即不踰房闥，而汝之腹以飫，人之害以除矣。其或不然，則但據地長號，咆哮噫嗚，雖不鼠輩之克殄，而聲之所慴，鮮不縮且逋矣。而寂不汝聞，杳焉其徂，吾不意窺高乘虛，越垣歷廚緣幹超枝；攀柯摧萼，而勞苦於一雞之圖。鼠為人害，汝則保之；雞具五德，汝則屠之；鼠也奚幸，雞也奚辜！雖則，汝有不若汝無；無汝，則鼠之害不益於今，而雞之禍吾知免夫。

明 孫承恩《文簡集》卷八《貪鼠賦》 正德庚午十月十九日，余歸。自海寧買舟長安，舟人畜一鷄，甚馴。夜半為鼠嚙死，捕而箠殺之。明早烹而食焉。有感其事，濡毫作賦。

此有雞雛，舟子所惜。飲啄以時，不懼不逼。晝而出嬉，宵棲於樊。雖警曉之，未能亦啄粒之。靡閒中夜祟作，鼠闖其穴。嚙頸及足，撏毛洒血，急起赴之，已無濟矣。發而視之，全然斃矣。索此竊者，寂然逝矣。廢雞而歎，默坐以俟。有物蔌蔌於樊裡，起而燭之，則向之鼠睥睨睢盱，欲舉雞去。急窒其穴，一捕而獲。雖有捷足，莫克走脫。於是按張湯之法，律奮季龍之毒手，决脇潰腸碎骨裂首剝之烹之入舟子之口。嗚呼噫嘻！余嘗聞之物之甚狡莫與鼠匹，晝伏夜動，善避巧匿。蘇駭其黠盧，歎其劇。爾雅所載，品類靡一。或舞端門，或穴神丘。名鼫者，詩人所刺；託社者，齊相所憂。是鼠之巧物莫與侔，斯獨何為，遺是禍尤。抑余聞之，神龍天飛，變化乃全；童子狎之，有欲則然。雀以食羅，魚以餌誤，蛾以明而見焚，猩以酒而致仆。凡物殞生，孰匪欲故。今是鼠欲竊食以肥身，而身翻為人之所食也，矜小智以掩人之莫覺，而不虞為人之所識。蹈危機而罔測，臨利害而弗避也。為口腹以喪軀，則亦惡在其為智也。究物性之致然兮，因亦貪之為害也。抽余思而作賦兮，用以示夫人之戒也。

清 蒲松齡《聊齋志異》卷一五《大鼠》 萬曆間，宮中有鼠，大與貓等，為害甚劇。遍求民間佳貓捕制，輒被噉食。適異國來貢獅貓，毛白如雪。抱投鼠屋，闔其扉，潛窺之。貓蹲良久，鼠逡巡自穴中出，見貓，怒奔之。

貓避登几上，鼠亦登，貓則躍下。如此往復，不啻百次。衆咸謂貓怯，以為是無能為者。既而鼠跳擲漸遲，碩腹似喘，蹲地上少休。貓即疾下，爪掬頂毛，口齕首領，輾轉爭持，貓聲嗚嗚，鼠聲啾啾。啟扉急視，則鼠首已嚼碎矣。然後知貓之避，非怯也，待其惰也。彼出則歸，彼歸則復，用此智耳。噫！匹夫按劍，何異鼠乎！

雜録

《史記》卷八七《李斯列傳》 李斯者，楚上蔡人也。年少時，爲郡小吏，見吏舍廁中鼠食不絜，近人犬，數驚恐之。斯入倉，觀倉中鼠，食積粟，居大廡之下，不見人犬之憂。於是李斯乃歎曰：『人之賢不肖譬如鼠矣，在所自處耳！』

又 卷一二二《酷吏列傳·張湯》 張湯者，杜人也。其父爲長安丞，出，湯爲兒守舍。還而鼠盜肉，其父怒，笞湯。湯掘窟得盜鼠及餘肉，劾鼠掠治，傳爰書，訊鞫論報，并取鼠與肉，具獄磔堂下。其父見之，視其文辭如老獄吏，大驚，遂使書獄。

南朝宋 劉義慶《幽明録》 會稽施子然。有一人，身著黃練單衣帢，直造席，捧手與子然語。子然問其姓名，即答曰：『僕姓盧，名鉤，家在壇溪邊臨水。』復經半旬中，其作人掘田塍邊溝蟻垤，忽見大坎，滿中螻蛄，將近斗許。而有數頭極壯，一個彌大。子然至是始悟曰：『近日客稱盧鉤，反音則螻蛄也。家在壇溪，即西坎也。』悉灌以沸湯，自是遂絕。

《毛詩正義》卷五之三《國風·魏風·碩鼠》 碩鼠碩鼠，無食我苗！苗，嘉穀也。

［疏］傳『苗，嘉穀』。《正義》曰：黍麥指穀實言之，是鼠之所食。苗之莖葉，以非鼠能食之，故云『嘉穀』，謂穀實也。穀生于苗，故言苗以韻句。

宋 謝維新《古今合璧事類備要別集》卷八四《畜産門》 韓愈《貓相乳説》。司徒北平王馬燧家，貓有生子同日者，其一母死焉，有二子飲於死母，母且死，其鳴咿咿。其一方乳其子，若聞之，起而若聽之，走而若救之，銜其一置於其棲，又往如之，反而乳之，若其子然。噫亦異之大者。夫貓，畜也。非性於仁義者也，其感於所畜者乎！北平王牧人以康罰罪，以平理陰陽，以得其宜國事，既畢家道，乃行父父子子、兄兄弟弟、雍雍如也，愉愉如也。視外猶視中，一家猶一人，夫如是，其所感應召致，其亦可知矣！《易》曰：信及豚魚亦其類也，因叙之為《貓相乳説》。

明 佚名《蓬軒類記》卷一 成化末，里人朱全家白日羣鼠與貓鬭，貓屢卻。全臥見之，以物投鼠，不去，起而逐之，方去。

又 卷四 弘治五年，楊之瓜州聚船處，一米商船被雷擊，折其桅。近本處，大小鼠若干皆死，蓋鼠鑿空而窟宅其中也。大鼠重七斤，小鼠約重二斤。鄉人印綬初聞而未信，嘗親問其船主云然。意者天恐風折於揚帆時，致誤民命，故擊之耶？

明 宋應星《天工開物》卷中《燔石第十一·砒石》 凡燒砒霜質料，似土而堅，似石而碎，穴土數尺而取之。【略】凡燒砒時，立者必于上風十餘丈外。下風所近，草木皆死。燒砒之人，經兩載即改徙，否則鬚髮盡落。此物生人食過分厘立死。然每歲千萬金錢速售不滯者，以晉地菽麥必用拌種，且驅田中黃鼠害。寧紹郡稻田必用蘸秧根，則豐收也。

明 方以智《物理小識》卷一〇《制鼠法》 《五行書》曰：亭部地上土，塗屋角，鼠不食蠶。塗倉鼠，不食穀。

清 厲荃原輯，關槐增纂《事物異名録》卷四〇《昆蟲部下·螻蛄》 《爾雅·螜天螻疏》：螜，一名天螻，一名碩鼠。即今之螻蛄也，又碩鼠，即鼫鼠名。

清 黃漢《猫苑》卷上 一種四耳貓，出四川簡州，神於捕鼠，本州歲以充方物。《西川通志》

又 仁和陳笙陔振鏞曰：杭人祀貓兒神，稱為降鼠將軍，每歲終，祭羣神必皆列此。

又 凡寅月子日子時，硃書禍此符，貼於竈上，勿令人見，可以辟鼠。王讓堂《衛濟餘編》

又 刻木為貓，用黃鼠狼尿，調五色畫之，鼠見則避。《夷門廣牘》

又 卷下 蘇東坡奏疏云：養貓以捕鼠，不以無鼠而養不捕之貓。余謂不捕鼠猶可也，不捕鼠而捕雞則甚矣。疾視正人，必欲盡擊之，非捕雞乎？《鶴林玉露》

又 湘潭張博齋云：戚家畜一貓，數年不見其捕一鼠，而鼠耗亦絕。一日，修葺住房，其貓所常伏臥之地板下，死鼠數百，然後知此貓之善於降鼠，是即華潤庭所云貓之捕鼠，能聚鼠為上也。

其他鳥獸害部

題解

《漢書》卷二七中之上《五行志中之上》 說曰：凡草物之類謂之妖。妖猶夭胎，言尚微。師古曰：『夭音烏老反。』蟲豸之類謂之孽。師古曰：『有足謂之蟲，無足謂之豸。』孽則牙孽矣。及六畜，謂之旤，言其著也。及人，謂之痾。痾，病貌，言寖深也。師古曰：『寖，漸也。』甚則異物生，謂之眚；自外來，謂之祥。祥猶禎也。氣相傷，謂之沴。沴猶臨莅，不和意也。每一事云『時則』以絕之，言非必俱至，或有或亡，或在前或在後也。

《毛詩正義》卷一一之一《小雅・鴻雁之什・黃鳥》 黃鳥，宜集木啄粟者。

《爾雅注疏》卷一〇《釋獸》 鼳，鼠身長須而賊，秦人謂之小驢。鼳，似鼠而馬蹄，一歲千斤，爲物殘賊。鼳，古役切。

［疏］『鼳，鼠身』至『小驢』。釋曰：鼳，獸名也。身如鼠，有長須，而賊害於物，秦人呼爲小驢。郭云：『鼳，似鼠而馬蹄，一歲千斤，爲物殘賊。』

論說

漢 韓嬰《韓詩外傳》卷八 有鳥於此，架巢於葭葦之顛，天喟然而風，則葭折而巢壞，何也？其所托者弱也。稷蜂不攻，而社鼠不薰，非以稷蜂社鼠之神，其所託者善也。故聖人求賢者以自輔，夫吞舟之魚大矣，蕩而失水，則爲螻蟻所制，失其輔也。故詩曰：不明爾德，以無陪無側。爾德不明，以無陪無側。

《春秋公羊傳・昭公二十五年》 經：有鸜鵒來巢。傳：何以書？記異也。何異爾？非中國之禽也，宜穴又巢也。

《漢書》卷二七中之下《五行志中之下》 昭公二十五年『夏，有鸜鵒來巢』。劉歆以爲羽蟲之孽，其色黑，又黑祥也，視不明聽不聰之罰也。劉向以爲有蜚有蜮不言來者，氣所生，所謂眚也；師古曰：『此蜚，謂負蠜也，其爲蟲臭。蜮，短弧，即今所謂水弩也。隱元年有蜚，莊十八年有蜮。蜚音翡。蜮音域。蜚亦作蜚，其音同耳。』鸜鵒言來者，氣所致，所謂祥也。鸜鵒，夷狄穴藏之禽，來至中國，不穴而巢，陰居陽位，師古曰：『今之鸜鵒，中國皆有，依周官而言，但不踰濟水耳。左氏以爲魯所常無，故異而書之。而此云夷狄禽，未喻其意。又此鳥本亦巢居，不皆穴處也。書巢者，著其居止字乳，不即去也。』象季氏將逐昭公，去宮室而居外野也。鸜鵒白羽，旱之祥也；穴居而好水，黑色，爲主急之應也。天戒若曰，既失衆，不可急暴；急暴，陰將持節陽以逐爾，去宮室而居外野矣。昭不寤，而舉兵圍季氏，爲季氏所敗，出犇于齊，遂死于外野。董仲舒指略同。

景帝三年十一月，有白頸烏與黑烏羣鬭楚國呂縣，白頸不勝，墮泗水中，死者數千。劉向以爲近白黑祥也。時楚王戊暴逆無道，師古曰：『戊，楚元王之孫也。』刑辱申公，與吳王謀反。烏羣鬭者，師戰之象也。白頸者小，明小者敗也。墮於水者，將死水地。王戊不寤，遂舉兵應吳，與漢大戰，兵敗而走，至於丹徒，爲越人所斬，墮死於水之效也。京房《易傳》曰：『逆親親，厥妖白黑烏鬭於國。』

昭帝元鳳元年，有烏與鵲鬭燕王宮中池上，烏墮池死，近黑祥也。時燕王旦謀爲亂，遂不改寤，伏辜而死。楚、燕皆骨肉藩臣，以驕怨而謀逆，俱有烏鵲鬭死之祥，行同而占合，此天人之明表也。燕一烏鵲鬭於宮中而黑者死，楚以萬數鬭於野外而白者死，象燕陰謀未發，獨王自殺於宮，故一烏水色者死，楚炕陽舉兵，軍師大敗於野，故衆烏金色者死，天道精微之效也。京房《易傳》曰：『專征劫殺，厥妖烏鵲鬭。』

昭帝時有鵜鶘或曰禿鶖，師古曰：『鵜鶘即汙澤也，一名淘河，腹下胡大如數升囊，好羣入澤中，抒水食魚，因名禿鶖，亦水鳥也。鵜音大奚反。鶘音胡。鶖音秋。』集昌邑王殿下，王使人射殺之。劉向以爲水鳥色青，青祥也。時王馳騁無度，慢侮大臣，不敬至尊，有服妖之象，師古曰：『謂多治仄注冠，又以冠奴也。』故青祥見也。野鳥入處，宮室將空。王不寤，卒以亡。京房《易傳》曰：『辟退有德，厥咎狂，厥妖水鳥集于國中。』師古曰：『辟，君也。』

成帝河平元年二月庚子，泰山山桑谷有鳶焚其巢。師古曰：『鳶，鴟也，音緣。』

男子孫通等聞山中羣鳥鳶鵲聲，往視，見巢燃，盡墮地中，師古曰：『燃，古然字。』有三鳶彀燒死。師古曰：『鳥子新生而哺者曰彀，音口豆反，又音工豆反。』樹大四圍，巢去地五丈五尺。太守平以聞。鳶色黑，近黑祥，貪虐之類也。易曰：『鳥焚其巢，旅人先笑後號咷。』師古曰：『旅卦上九爻辭也。咷音逃。』泰山，岱宗，五嶽之長，王者易姓告代之處也。天戒若曰，勿近貪虐之人，聽其賊謀，將生焚巢自害其子絕世易姓之禍。其後趙蜚燕得幸，立爲皇后，弟爲昭儀，姊妹專寵，聞後宮許美人、曹偉能生皇子也，師古曰：『曹偉能，宮人姓名也。偉能一名宮，見外戚傳。』昭儀大怒，令上奪取而殺之，皆并殺其母。成帝崩，昭儀自殺，事乃發覺，趙后坐誅。此焚巢殺子後號咷之應也。一曰，王莽貪虐而任社稷之重，卒成易姓之禍云。京房《易傳》曰：『人君暴虐，鳥焚其舍。』

鴻嘉二年三月，博士行大射禮，有飛雉集于庭，歷階登堂而雊。後雉又集太常、宗正、丞相、御史大夫、大司馬車騎將軍之府，又集未央宮承明殿屋上。時大司馬車騎將軍王音、待詔寵等上言：『天地之氣，以類相應，師古曰：「以經術待詔，其人名寵，不記姓也。流俗書本寵上輒加孫字，非也。」譴告人君，甚微而著。雉者聽察，先聞雷聲，故月令以紀氣。師古曰：「謂季冬之月云『雉雊雞乳』也。」經載高宗雊雉之異，師古曰：「已解於上。」以明轉禍爲福之驗。今雉以博士行禮之日大衆聚會，飛集於庭，歷階登堂，萬衆睢睢，師古曰：「睢睢，仰目視貌也。音呼惟反。」驚怪連日。徑歷三公之府，太常宗正典宗廟骨肉之官，然後入宮。其宿留告曉人，具備深切，師古曰：「宿音先就反。留音力救反。」雖人道相戒，何以過是！』後帝使中常侍鼂閎詔音曰：『聞捕得雉，毛羽頗摧折，類拘執者，得無人爲之？』師古曰：『言人放此雉，故欲爲變異者。』音復對曰：『陛下安得亡國之語？不知誰主爲佞讇之計，師古曰：『讇，古諂字。朱一新說汪本「也」作「字」，是。按殿本作「字也」。』誣亂聖德如此者！左右阿諛甚衆，不待臣音復讇而足。師古曰：『足，益也，音子喻反。』公卿以下，保位自守，莫有正言。如令陛下覺寤，懼大禍且至身，深責臣下，繩以聖法，臣音當先受誅，豈有以自解哉！今即位十五年，繼嗣不立，日日駕車而出，泆行流聞，師古曰：『言帝行多驕泆，醜惡流布，聞於遠方也。』海內傳之，甚於京師。外有微行之害，內有疾病之憂，皇天數見災異，師古曰：『見，顯示。』欲人變更，終已不改。天尚不能感動陛下，臣子何望？獨有極言待死，命在朝暮而已。如有不然，老母安得處所，尚何皇太后之有！高祖天下當以誰屬乎！如淳曰：『老母，音之老母也，當隨己受罪誅也。又謂己言深切，觸悟人主，積恚而死，必行之誅，不能復顧太后也。』師古曰：『如說非也。此言總屬於成帝耳。不然者，謂不如所諫而自修改也。老母，帝之母，即太后也。言帝不自修改，國家危亡，太后不知處所，高祖天下無所付屬也。屬音之欲反。』宜謀於賢知，克己復禮，以求天意，繼嗣可立，災變尚可銷也。』

成帝綏和二年三月，天水平襄有燕生爵，哺食至大，俱飛去。師古曰：『哺音蒲固反。食讀曰飤。謂與母俱去。』京房《易傳》曰：『賊臣在國，厥咎燕生爵，諸侯銷。』一曰，生非其類，子不嗣世。

唐 瞿曇悉達《開元占經》卷五《日占一・日晷影》

《易緯》曰：『寒露晷長八尺二寸。按周髀長八尺五寸四分小分一。何承天長六尺七寸二分。祖暅長六尺六寸七分。今曆景長六尺五寸四分。當至不至，來年穀不成，畜鳥獸被殃，多病疝瘕，腰痛；不當至而至，多病熱中。』

唐 柳宗元《柳河東集注》卷一六《捕蛇者說・禬說》

柳子爲御史，主祀事。將禬，進有司以問禬之說，則曰：『合百神于南郊，以爲歲報者也。先有事，必質于户部。户部之詞曰旱于某，水于某，蟲蝗于某，癘疫于某，則黜其方守之神，不及以祭。』余嘗學《禮》蓋思而得之，則曰：『順成之方，其禬乃通。』若是，古矣。繼而嘆曰：『神之貌乎，吾不可得而見也；祭之饗乎，吾不可得而知也。是其誕漫惝怳，冥冥焉不可執取者。』夫聖人之爲心也，必有道而已矣，非于神也，蓋于人也。以其誕漫惝怳，冥冥焉不可執取，而猶誅削若此，況其貌言動之塊然者乎？是設乎彼而戒乎此者也，其旨大矣。

或曰：『若子之言，則旱乎、水乎、蟲蝗乎、癘疫乎，未有黜其吏者，而神黜焉，而曰「蓋于人」者，何也？』予曰：『若子之云，旱乎、水乎、蟲蝗乎、癘疫乎，豈人之爲耶？故其黜在神。暴乎、眊乎、沓貪乎、罷弱乎，非神爲之也，故其罰在人。今夫在人之道，則吾不知也。不明斯之道，而存乎古之數，其名則存，其教之實則隱。以爲非聖人之意，故嘆而云也。』

曰：『然則致雨反風，蝗不爲災，虎負子而趨，是非人之爲則何以？』予余：『子欲知其以乎？所謂偶然者信矣。必若人之爲，則十年九潦、八年七旱者，獨何如人哉？其黜之也，苟名乎教之道，雖去古之數可矣。反是，則誕漫之說勝，而名實之事喪，亦足悲乎！』

唐 羅隱《讒書》卷四《辨害》

虎豹之爲害也，則焚山不顧野人之

菽粟。蛟蜃之爲害也，則絕流不顧漁人之釣網。其所全者大，而所去者小也。順大道而行者，救天下者也。盡規矩而進者，全禮義者也。權濟天下，而君臣立。上下正，然後禮義在焉。力不能濟於用，苟君臣上下之不正，雖抱空器，奚所設施。是以佐盟津之師，焚山絕流者也。扣馬而諫，計菽粟而顧釣網者也。於戲！

《文獻通考》卷三一二《物異考十八·羽蟲之異》 高宗祭成湯，有蜚雉登鼎耳而雊。劉歆以爲羽蟲之孽。鼎，宗廟之器，野鳥自外來，入爲宗廟器主，是繼嗣將易也。一曰，鼎，三公象，以耳行。野鳥居鼎耳，小人將居公位，敗宗廟之祀。武丁恐駭，謀於忠賢，修德而正事，故能攘其妖，致百年之壽。

又 《春秋》昭公二十五年『夏，有鸜鵒來巢』。劉歆以爲羽蟲之孽，其色黑，又黑祥也，視不明聽不聰之罰也。劉向以爲蜚有蜮不言來者，氣所生，所謂眚也；師古曰：『此蜚，謂負蠜也，其爲蟲臭。蜮，短狐，即今所謂水弩也。隱元年有蜚，莊十八年有蜮。蜚音翡。蜮音域。蜚亦作蠠，其音同耳。』鸜鵒言來者，氣所致，所謂祥也。鸜鵒，夷狄穴藏之禽，來至中國，不穴而巢，陰居陽位，師古曰：『今之鸜鵒，中國皆有，依《周官》而言，但不逾濟水耳。《左氏》以爲魯所常無，異而書之。而此云夷狄禽來，未喻其意。又此鳥本亦巢居，不皆穴處也。書巢者，著其居止字乳，不即去也。』象季氏將逐昭公，去宮室而居外野也。鸜鵒白羽，旱之祥；穴居而好水，黑色，爲至急之應也。天戒若曰，既失衆，不可急暴；急暴，陰將持節陽以逐爾，去宮室而居外野矣。昭不悟，而舉兵圍季氏，爲季氏所敗，出犇於齊，遂死於外野。董仲舒指略同。赧王二十九年，宋有雀生鸇于城之陬。史占之曰：『占，小而生大，必霸天下。』宋康王喜，起兵滅滕，伐薛，東敗齊，南敗楚，西敗魏，與齊、魏爲敵。欲霸之亟成，射天笞地，斬社稷而焚滅之。又爲長夜之飲。天下之人謂之『桀宋』。齊湣王起兵伐之，民散，城不守。宋王奔魏，死于溫。

清 陳宏謀《伐蛟說》《清經世文編》卷四五 《月令》：季夏之月，命漁師伐蛟。伐者何？除民害也。先王之愛民也至，而衛民也周，凡妖鳥猛獸之屬，無不設官以治之。蛟之爲害尤酷，故聲其罪而致其討，又著之爲令以詔後世也。

往在江南，蛟患時聞。廣原深谷之間，大率數載一發。其最甚者，宣城石峽山，一日發二十餘處，六安州平地水高數丈也。江西纓山帶湖，本蛟龍所窟宅，旌陽遺跡，其來尚矣。近世出蛟之事，在元，一見於新建；在明，見於寧州，再見於瑞州，三見於廬山，四見於五老峰，五見於太平宮，國朝，一見於永寧。皆紀在《祥異志》，彰彰可考。余來撫之次年，適興國等處蛟水大發，漂沒我田禾，蕩析我廬舍，蠹焉心傷，思所以案驗而翦除之，未得其要領也。書院主講梁先生，博物君子，出一編示予，言蛟之情狀與所以戢之之法甚詳，且核有土色之可辨，有光氣之可矚，有聲音之可聽，其鎮之也有具，其驅之也有方。循是則蛟雖暴，不難翦除矣。

云蛟似蛇，而四足細頸，頸有白嬰，本龍屬也。其孕而成形，率在陵谷間，乃雉與蛇當春而交，精淪於地，聞雷聲則入地成卵，漸次下達於泉，積數十年氣候已足，卵大如輪。其地冬雪不存，夏苗不長，鳥雀不集。土色赤，有氣朝黃而暮黑。星夜視之，黑氣上沖於霄。卵既成形，聞雷聲自泉間漸起而上，其地之色與氣，亦漸顯而明。未起三月前，遠聞似秋蟬鳴，悶在手中，或如醉人聲，此時蛟能動不能飛，可以掘得。及漸上，距地面三尺許，聲響漸大，不過數日，候雷雨即出。出多在夏末秋初，善識者，先於冬雪時，視其地圍圓不存雪，又素無草木，復於未起二三月春夏之交，觀地之色與氣，掘至三五尺，其卵即得，大如二斛甕，預以不潔之物，或鐵與犬血鎮之，多備利刃剖之，其害遂絕。又蛟畏金鼓及火，山中久雨，夜立高竿掛一燈，可以辟蛟，夏月，田間作金鼓聲以督農，則蛟不起，即起而作波，但迭鼓鳴鉦，多發火光以拒之，水勢必退。皆得之經歷之故老，鑿鑿有據者也。

予乃稽往驗今，徵物推義，爲之印證其說曰：《月令》季夏，夏正之六月也。今言蛟之出在夏末秋初，其可信一也。《志》稱宏治十七年，廬山鳴，經三日，雷電大雨，蛟四出。今言蛟漸起地，聲響漸大，候雷雨即出。知向所謂山鳴，乃蛟鳴也。其可信二也。許旌陽之鎮蛟以鐵柱，今言蛟畏鐵。其可信三也。兵法：潛師曰侵，聲罪曰伐。今震之以金鼓，燭之以火光，如雷如霆，儼若六師之致討，與伐之義正相合。其可信四也。夫以蛟之不難制若此，而數千百年以來，罕有言之者。蓋田夫野老知而不能言，文人學士鄙其事而以爲不足言，司牧之官又鞅掌於簿書，而不暇致詳也。一旦橫流猝發，載胥及溺，然後開倉廩以賑恤之，則已晚矣。天下狃於故常而忽於遠慮，貽害可勝道哉？予故亟録其說，廣爲刊佈，且懸示賞格：有掘得者，官給銀十兩。使僻遠鄉村之地，轉相傳說，人人屬耳目，注精神，先時而偵候，臨事而周防，庶幾大害可除，此邦永蒙其福，而他省之有蛟患者，皆可踵而行之。幸無以爲不急之迂談也。

紀事

《春秋·昭公二十五年》 有鸜鵒來巢。

《左傳·昭公二十五年》 『有鸜鵒來巢』，書所無也。師己曰：『異哉！吾聞文、成之世，童謠有之，曰：「鸜之鵒之，公出辱之。鸜鵒之羽，公在外野，往饋之馬。鸜鵒跦跦，公在乾侯，徵褰與襦。鸜鵒之巢，遠哉遙遙，裯父喪勞，宋父以驕。鸜鵒鸜鵒，往歌來哭。」童謠有是。今鸜鵒來巢，其將及乎？』

《後漢書》卷六《孝順帝紀》 ［陽嘉元年］冬十一月甲申，望都、蒲陰狼殺女子九十七人，望都，縣名，屬中山國，今定州縣也。章帝改曲逆爲蒲陰，亦屬中山，與望都相近，故城在今定州北。東觀又云：『爲不祠北岳所致。詔曰「政失厥中，狼災爲應，至乃殘食孤幼。博訪其故，山岳尊靈，國所望秩，而比不奉祠，淫刑放濫，害加孕婦」也。』詔賜狼所殺者錢，人三千。

《宋書》卷三二《五行志三·羽虫之孽》 魏文帝黃初四年五月，有鵜鶘鳥集靈芝池。案劉向說，此羽蟲之孽，又青祥也。詔曰：『此詩人所謂汙澤者也。曹詩刺恭公遠君子，近小人。今豈有賢智之士，處于下位，否則斯鳥胡爲而至哉？其博舉天下儁德茂才，獨行君子，以答曹人之刺。』於是楊彪、管寧之徒，咸見薦舉。此謂覩妖知懼者也。雖然不能優容亮直，而多溺偏私矣。京房《易傳》曰：『辟退有德，厥妖水鳥集于國井。』

黃初末，宮中有鷰生鷹，口爪俱赤。此與商紂、宋隱同象。

景初元年，又有鷰生鉅鷇於衛國涓桃里李蓋家。形若鷹，吻似燕。案劉向說，此羽蟲之孽，又赤眚也。高堂隆曰：『此魏室之大異，宜防鷹揚之臣於蕭牆之內。』其後晉宣王起，遂有魏室。

漢獻帝建安二十三年，禿鶖鳥集鄴宮文昌殿後池。明年，魏武王薨。

魏文帝黃初三年，又集雒陽芳林園池。七年，又集。其夏，文帝崩。景初末，又集芳林園池。前世再至，輒有大喪，帝惡之。其年，明帝崩。

蜀劉禪建興九年十月，江陽至江州有鳥從江南飛渡江北，不能達，墮水死者以千餘。是時諸葛亮連年動衆，志吞中夏，而終死渭南，所圖不遂。又諸將分爭，頗喪徒旅。鳥北飛不能達，墮水死，皆有其象也。亮竟不能過渭，又其應乎。此與漢楚國烏鬭墮泗水觕類矣。

魏明帝青龍三年，戴鵀巢鉅鹿人張鉓家。鉓博學有高節，不應袁紹、高幹之命，魏太祖辟亦不至，優游嘉遁，門徒數百，太守王肅雅敬焉。時年百餘歲，謂門人曰：『戴鵀陽鳥，而巢于門陰，此凶祥也。』乃援琴歌詠，作詩一首，旬日而卒。按占，羽蟲之孽也。

魏明帝景初元年，陵霄閣始構，有鵲巢其上。鵲體白黑雜色。此羽蟲之孽，又白黑祥也。帝以問高堂隆，對曰：『詩云：「惟鵲有巢，惟鳩居之。」今興起宮室，而鵲來巢，此宮室未成，身不得居之之象。天意若曰，宮室未成，將有它姓制御之，不可不深慮。』於是帝改容動色。

吳孫權赤烏十二年四月，有兩烏銜鵲墮東館。權使領丞相朱據燎鵲以祭。案劉歆說，此羽蟲之孽，又黑祥也。視不明，聽不聰之罰也。是時權意溢德衰，信讒好殺，二子將危，將相俱殆。覩妖不悟，加之以燎，昧道之甚者也。明年，太子和廢，魯王霸賜死，朱據左遷，陸議憂卒，是其應也。東館，典教之府，鵲墮東館，又天意乎。

《南齊書》卷一九《五行志》 建武二年，有大鳥集建安，形如水犢子。其年，郡大水。

三年，大鳥集東陽郡，太守沈約表云：『鳥身備五采，赤色居多。』案樂緯叶圖徵云：『焦明鳥質赤，至則水之感也。』

三年，大鳥集會稽上虞。其年，縣大水。

《魏書》卷一一二上《靈徵志上》 太祖登國中，河南有虎七，卧於河側，三月乃去。後一年，蚍蜉、白鹿盡渡河北。後一年，河水赤如血。此衛辰滅亡之應。及誅其族類，悉投之河中，其地遂空。

孝靜元象元年正月，有狼入城，至硤石，曹獲之。

武定五年十二月，北城銅爵臺上獲豹一。

《晉書》卷二八《五行志中》 漢獻帝建安二十三年，禿鶖鳥集鄴宮文昌殿後池。明年，魏武王薨。魏文帝黃初三年，又集雒陽芳林園池。七年，又集。其夏，文帝崩。景初末，又集芳林園池。已前再至，輒有大喪，帝惡之。其年，明帝崩。

蜀劉禪建興九年十月，江陽至江州有鳥從江南飛渡江北，不能達墮水死者以千數。是時諸葛亮連年動衆，志吞中夏，而終死渭南，所圖不遂。又諸將分爭，頗喪徒旅，鳥北飛不能達墮水死者，皆有其象也。亮竟不能過渭，又其應乎！此與漢時楚國烏鬬墮泗水粗類矣。

又 海西初以興寧三年二月即位，有野雉集于相風。此羽蟲之孽也。尋爲桓溫所廢也。

《隋書》卷二三《五行志下》 梁中大同元年，邵陵王綸在南徐州坐聽事。有野鳥如鴐數百，飛屋梁上，彈射不中。俄頃失所在。京房《易飛候》曰：『野鳥入君室，其邑虛，君亡之他方。』後綸爲湘東王所襲，竟致奔亡，爲西魏所殺。

又 天統三年九月，萬春鳥集仙都苑。京房《易飛候》曰：『非常之鳥，來宿於邑中，邑有兵。』周師入鄴之應也。

又 大業末，京師宮室中，恒有鴻雁之類無數，翔集其間。俄而長安不守。

唐 陸龜蒙《唐甫里先生文集》卷一九《禽暴》 冬十月，予視獲於甫里，旱苗離離，年無以揞。幽傷盈懷，夜不能寐。往往聲類暴雨而疾至者，一夕凡數四。明日訊其甿，曰：『鳧鷖也。其曹蔽天而下蓋田，所留之禾，必竭穗而後去。』曰：『得無弋羅者捕而耗之耶？』對曰：『江之南不能弋羅，常藥而得之，粺糤塗枝，叢植於陂，一中千萬，膠而不飛。是藥也，出於長沙豫章之涯。行賈貨錯，歲售於射鳥兒。盜興已來，蒙沖塞江，其誰敢商？是藥既絕，羣鳧恣翔，幸不充乎口腹，反侵人之稻粱。』予曰：『噫！失馭之民，化而爲盜。關梁急征，商不得行。使江湖小禽，亦肆其暴，以害民食。古聖人毆害物之民出乎四裔，矧害民之物乎？俾生靈之衆，死乎盜，死乎饑，吾不知安用馭者爲！』

《新唐書》卷三四《五行志一》 調露元年，鳴鵽羣飛入塞，相繼蔽野，至二年正月，還復北飛，至靈夏北，悉墮地而死，視之皆無首。

又 咸通七年，涇州靈臺百里戍有雀生燕，至大俱飛去。京房《易傳》曰：『賊臣在國，厥妖燕生雀。』雀生燕同説。十一年夏，雉集河内縣署。咸通中，吳、越有異鳥極大，四目三足，鳴山林，其聲曰『羅平』。占曰：『國有兵，人相食。』

又 廣明元年春，絳州翼城縣有鵂鶹鳥羣飛集縣署，衆鳥逐而噪之。光啟元年、二年，復如之。鵂鶹，一名訓狐。

又 卷三五《五行志二》 永淳中，嵐、勝州兔害稼，千萬爲羣，食苗盡，兔亦不復見。

《續資治通鑑長編》卷七 ［乾德四年閏八月丁巳］普州言兔食秋稼殆盡。

《文獻通考》卷三一一《物異考十七・毛蟲之異》 苻堅末年，猛獸及狼食人，行路斷絕。

苻生既立，猛獸及狼大暴，晝則斷道，夜則發屋，惟害人而不食六畜，一年殺七百餘人。百姓苦之，皆聚而邑居，爲害滋甚，遂廢農業，内外洶懼。

慕容超祀南郊，將登壇，有獸大如馬，狀類鼠而色赤，集於圜丘之側，俄而不知所在。須臾大風暴起，天地晝昏，其行宮羽儀皆振裂。

宋文帝元嘉二十八年秋，猛獸入郭内爲災。

梁武帝天監六年三月，有三象入建鄴。中大同元年，邵陵王綸在南徐州臥内，方晝，有狸鬬於閣上，墮而獲之。至太清中侯景之亂，將兵援臺城，至鍾山，有蟄熊無何至，齧綸所乘馬。毛蟲之孽也。綸尋爲王僧辨所敗，亡南陽，爲西魏所殺。中大同中，每夜狐鳴闕下，數年乃止。京房《易飛候》曰：『野獸羣鳴，邑中且空虛。』俄而國亂，丹陽死喪略盡。元帝承聖元年十二月，淮南有野象數百，壞人室廬。宣城郡猛獸暴食人。

又 宋太祖建隆三年五月，有象至黄州黄陂縣，匿林木中，食民苗稼，又至安、復、襄、唐州踐民田，頗爲患。遣使捕之。明年十二月，於鄧州南陽縣獲之，獻其齒革。乾德二年五月，有象至澧州安鄉、澧陽等縣，又有象涉江入岳州華容縣，直過闤闠。十月，又有象至澧州澧陽縣城北。五年，有象自至京師羣臣表賀，以爲鉅獸由遠方而來，國家當撫有海南之兆也。未幾，廣南平。開寶八年四月，陝州平陸縣鷙獸傷，人遣使捕之，生獻數頭。十月，江陵府白晝虎入市，傷二人。太宗太平興國三年，果、閬、蓬、集州虎爲害，遣殿直張延鈞捕之，獲百數。俄而巴州七盤縣虎傷人，延鈞又獲七，以皮爲獻。七年，越州虎入蕭山縣民趙訓家，害八口。雍熙四年五月，有犀自黔南入萬州，民捕殺之，獲其皮角。

淳化元年十月，桂州虎傷人，詔遣使捕之。至道元年六月，鳳州梁泉縣虎傷人。

二年九月，蘇州虎夜入福山寨，食守卒四人。真宗咸平二年十二月，黄州長折村二虎夜鬭，一死，食之殆半。占云：『守臣災。』明年，知州王禹偁卒。

又 孝宗乾道七年，潮州野象數百爲羣，秋成食稼，農設阱田間，象不得食，率其羣圍行道車馬，保伍積穀委之，乃解圍。淳熙二年，江州馬當山羣狐掠人。十年，滁州有熊虎同入樵民舍，夜，自相搏死。光宗紹熙元年三月，臨安府民家貓生子，一首八足二尾。四年，鄂州武昌縣虎爲人患。虎，西方之屬，威猛吞噬，刑戮之象。五年八月，揚州獻白兔。侍御史章穎劾守臣錢之望以孽爲瑞，坐黜。占曰：『國有憂。』白，喪祥也。與唐大曆六年獲白兔同占。是歲，光宗皇帝晏駕。寧宗慶元三年，德興縣羣狐入民舍。皆毛孽也。

《宋史》卷六四《五行志二下》 至道元年九月，京師自旦至酉，羣鳥百餘萬，飛翔有聲，識者云『突厥雀』。

又 大中祥符元年春，昇州見黄雀羣飛蔽日，有從空墜者，占主民有役事。是歲火。

又 卷六六《五行志四》 建隆三年，有象至黄陂縣匿林中，食民苗稼，又至安、復、襄、唐州踐民田，遣使捕之；明年十二月，於南陽縣獲之，獻其齒革。乾德二年五月，有象至澧陽、安鄉等縣；又有象涉江入華容縣，直過闤闠門；又有象至澧州澧陽縣城北。

乾德四年八月，普州兔食禾。五年，有象自至京師。

雍熙四年，有犀自黔南入萬州，民捕殺之，獲其皮角。

開寶八年四月，平陸縣鷙獸傷人，遣使捕之，生獻十頭。十月，江陵府白晝虎入市，傷二人。

太平興國三年，果、閬、蓬、集諸州虎為害，遣殿直張延鈞捕之，獲百獸。俄而七盤縣虎傷人，延鈞又殺虎七以為獻。七年，虎入蕭山縣民趙馴家，害八口。

淳化元年十月，桂州虎傷人，詔遣使捕之。

至道元年六月，梁泉縣虎傷人。二年九月，蘇州虎夜入福山砦，食卒四人。

又 乾道七年，潮州野象數百食稼，農設穽田間，象不得食，率其羣圍行道車馬，斂穀食之，乃去。

淳熙二年，江州馬當山羣狐掠人。十年，滁州有熊虎同入樵民舍，夜，自相搏死。

又 慶元三年，德興縣羣狐入民舍。

藝文

《詩經·小雅·鴻雁之什·黄鳥》 《黄鳥》，刺宣王也。

黄鳥黄鳥，無集于穀，無啄我粟。此邦之人，不我肯穀。言旋言歸，復我邦族。

黄鳥黄鳥，無集于桑，無啄我粱。此邦之人，不可與明。言旋言歸，復我諸兄。

黄鳥黄鳥，無集于栩，無啄我黍。此邦之人，不可與處。言旋言歸，復我諸父。

唐 柳宗元《柳河東集》卷一八《愬螭文并序》 零陵城西有螭，于江。法曹史唐登浴其涯，螭牽以入。一夕，浮水上。吾聞凡山川必有神司之，抑有是耶？于是作《愬螭》投之江曰：

天明地幽，孰生之兮。壽善夭殤，終何爲兮。堆山釃江，司者誰兮。突然爲人，使有知兮。畏危慮害，趨走祗兮。父母孔愛，妻子嘻兮。出入公門，不獲非兮。湫湫湘流，清且微兮。陰幽洞石，蓄怪螭兮。胡濯兹熱，卒無歸兮。親戚叫號，閭里思兮。魂其安遊，覯湘累兮。嗟爾怪螭，害江湄兮。涎泳重瀾，物莫威兮。蟉形決目，潛伺窺兮。膏血是利，私自肥兮。歲既大旱，澤莫施兮。妖猾下民，使顛危兮。充心飽腹，肆敖嬉兮。洋洋往復，流逶迤兮。惟神高明，胡縱斯兮。蔑棄無辜，逞怪姿兮。胡不降罰，肅川坻兮。舟者欣欣，遊者熙兮。蒲魚侵用，吉無疑兮。牲牷玉帛，人是依兮。匪神之愬，將安期兮。神之有亡，于是推兮。投之北流，心孔悲兮。

唐 陸龜蒙《甫里集》卷一七《五歌并序·刈穫》 自春徂秋天弗雨，廉廉早稻纔遮畝。芒粒稀疎熟更輕，地與禾頭不相拄。我來愁築心如堵，更聽農夫夜深語。凶年是物即爲災，百陣野鳧千穴鼠。平明抱杖入田中，十穗蕭然九穗空。敢言一歲困倉實，不了如今朝暮舂。天職誰司下民籍，苟有區區宜析析。本作耕耘意若何，蟲豸兼教食人食。古者爲邦須蓄積，魯饑尚責如齊糴。今之爲政異當時，一任流離恣徵索。平生幸遇華陽客，向日飧霞轉肥白。欲賣耕牛棄水田，移家且傍三茅宅。

宋 蘇舜欽《蘇學士集》卷一《獵狐篇》 老狐宅城隅，涵養體豐大。

不知窟穴處，草木但掩藹。秋食承露禾，夏飲灌園派。暮夜出旁舍，雞畜遭橫害。晚登睥睨鳴，呼吸召百怪。或爲嬰兒啼，或變魖婦態。不知幾十年，出處頗安泰。古語比社鼠，蓋亦有恃賴。邑中年少兒，耽獵若沈瘵。遠郊盡雉兔，近水殲鱗介。養犬號青鶻，逐獸馳不再。勇聞此老孤，取必將自快。縱犬索幽邃，張人作疆界。茲時頗窘急，迸出赤電駭。羣小助呼噪，奔馳數顛沛。所向不能入，有類狼失狽。鉤牙咋巨顙，髓血相漬沫。喘叫遂死矣，爭觀若期會。何暇正丘首，腥臊滿蓬艾。數穴相穿通，城堞幾隳壞。久縱此兇妖，一旦果禍敗。皮爲榻上藉，肉作盤中膾。觀此爲之吟，書以爲警戒。

宋 釋寶曇《橘洲文集》卷二《鼠狼二首》 業爲鼠技不能羣，酷似狼貪却畏人。歃血未乾猶竊粟，豈應秦了又生秦。

讒自狼貪只鼠嗔，壞牆穿壁已無鄰。兒童愛惜貍奴慣，生怪蒼皇不近人。

宋 張耒《柯山集》卷五《逐蛇有序**》** 福昌官居，北負山為堂。有大蛇穴堂北，時下飲堂南水中。人皆以為神，見者不敢逐，或禱祠焉。張子曰：是吾居也，蛇安得而處之。且蛇爾，安有所謂神者。作此逐之。

嗟堯之時兮大水滂，橫潰四海兮包陵岡。蕩流湧汩兮周無防，龍騰蛇奔兮嬉以狂。腥鱗頑鬣兮更披猖，城居穴處兮亂厥常。頹蟲糾結兮肆害戕，陸盤淵據兮傲不臧。朋屯黨集兮蕃以昌，穿穴噬齧兮民盡傷。下民既病兮帝弗康，黃熊幽殛兮羽山陽。乃命伯禹兮行四方，乘高趨卑兮陵復航。鑿山疏源兮導河江，萬水下走兮來洋洋。經畫九野兮興農桑，驅龍放蛇兮屏諸荒。焚山燎野兮無遺芒，野巢窟居兮保厥疆。敢有弗率兮斷爾吭，伯益作志兮稽妖祥。帝虞耄勤兮黜子商，天授神禹兮夏是王。九牧作貢兮金鑑鍠，大冶鼓鑄兮騰精鋩。巉巉九鼎峙且剛，奇形詭質兮走與翔。鱗毛羽裸兮雜短長，求情抉態兮幽微彰。制馭百怪兮嚴紀綱，獸蟲人鬼兮安其鄉。殊宮別域兮異存亡，曷為茲蛇兮宅我居。妖頑堅老兮傲驅除。深潛居此兮坦無虞。下飲我沼兮稍林株，朱眸丹舌兮玄鱗膚。恍惚遽速兮疑有無，居者畏避兮行者徐。險奪我圃兮駭我徒，盜竊祭禱兮欺羣愚。我咨爾蛇兮潛山而穴野，陰蟠遠伏兮與人乎異舍。冬居夏游兮時以行，食爾之食兮朋爾朋。僭亂我居兮常失經，叛棄爾守兮帝有刑。胡昏與頑兮居以寧，自為不寧兮邀割烹。荒戾天理兮悖聖程，我宥爾愆兮逐爾行，亟舍故處兮遐以征。南山之幽兮雲霧冥，草木薈蔚兮嶮不平。爾徒實繁兮食惟爾盈，捕取不至兮居無與爭。汝生孔遂兮壽綿爾齡，物違其常兮禍之所集。豐狐晝游兮冬裘以白，龜厭淵處兮吉凶是卜。虎不畏人兮皮包戈戟，矜險恃孽兮其終鮮克。我言孔昭兮語汝以理，日吉時良兮汝遄以逝。

雜録

《漢書》卷二七中之上《五行志中之上》 成帝時童謠曰：『燕燕尾涏涏，師古曰：「涏涏，光澤貌也，音徒見反。」張公子，時相見。木門倉琅根，燕飛來，啄皇孫，皇孫死，燕啄矢。』其後帝爲微行出遊，常與富平侯張放俱稱富平侯家人，過陽阿主作樂，何焯、王念孫都説當作『陽阿』。見舞者趙飛燕而幸之，故曰『燕燕尾涏涏』，美好貌也。張公子謂富平侯也。『木門倉琅根』，謂宮門銅鍰，師古曰：『門之鋪首及銅鍰也。銅色青，故曰倉琅。鋪首銜環，故謂之根。鍰讀與環同。』言將尊貴也。後遂立爲皇后。弟昭儀賊害後宮皇子，卒皆伏辜，所謂『燕飛來，啄皇孫，皇孫死，燕啄矢』者也。

唐 瞿曇悉達《開元占經》卷一〇《日占六・日六甲蝕三》 《春秋潛潭巴》曰：『癸卯日蝕，羣鳥翔，禽入國，外伐內，主危亡。』

人畜疫病部

題解

漢 劉熙《釋名》卷一《釋天》 厲，疾氣也，中人如磨厲傷物也。

又 疫，役也，言有鬼行疫也。

又 痳，截也，氣傷人如有斷截也。

又 眚，痟也，如病者痟瘦也。

漢 鮑宣《上書諫哀帝》《漢書》卷七二 凡民有七亡：陰陽不和，水旱爲災，一亡也。【略】七亡尚可，又有七死：酷吏毆殺，一死也；治獄深刻，二死也；冤陷亡辜，三死也；盜賊横發，四死也；怨讎相殘，五死也；歲惡飢餓，六死也；時氣疾疫，七死也。

清 王闓運《春秋公羊傳箋》卷三《莊公經傳解詁第三》 大災者何？箋曰：據災各有主名。大瘠也。瘠病也。齊人語也。以加大知非火災也。箋曰：瘠當從一本作漬，相傳染之疾。《曲禮》曰四足，曰漬，或馬、牛疫死與。

論説

《春秋公羊傳·莊公二十年》 經：夏，齊大災。傳：大災者何？大瘠也。大瘠者何？痢也。何以書？記災也。外災不書，此何以書，及我也。

《春秋穀梁傳·莊公二十年》 經：夏，齊大災。傳：其志，以甚也。

《周禮·天官冢宰·獸醫》 掌療獸病，療獸瘍。凡療獸病，灌而行之以節之，以動其氣，觀其所發而養之。凡療獸瘍，灌而劀之，以發其惡，然後藥之，養之，食之。凡獸之有病者，有瘍者，使療之；死，則計其數以進退之。

《漢書》卷二七上《五行志上》 嚴公二十年『夏，齊大災』。師古曰：『嚴公，謂莊公也，避明帝諱，故改曰嚴。凡漢書載謚姓爲嚴者，皆類此。』劉向以爲齊桓好色，聽女口，以妾爲妻，適庶數更，師古曰：『更，改也，桓公之夫人三，王姬、徐嬴、蔡姬，皆無子。而桓公好内多寵，内嬖如夫人者六人：長衛姬，生公子無虧，即武孟也；少衛姬，生惠公；鄭姬生孝公；葛嬴生昭公；密姬生懿公；宋華子生公子雍。公與管仲屬孝公於宋襄公，以爲太子。易牙有寵於衛恭姬，因寺人貂以薦羞於公，請立武孟。公許之。管仲卒，五公子皆求立。適讀曰嫡，下亦同。數音所角反。』故致大災。桓公不寤，及死，適庶分爭，九月不得葬。師古曰：『魯僖十七年，齊桓公卒，易牙入，因内寵以殺羣吏，立無虧。孝公奔宋。十八年，齊立孝公，不勝四公子之徒，遂與宋人戰，敗齊師于甗，立孝公而還。八月，葬桓公，是爲過於九月乃得葬也。』《公羊傳》曰，大災，疫也。董仲舒以爲魯夫人淫於齊，齊桓姊妹不嫁者七人。國君，民之父母；夫婦，生化之本。本傷則末夭，故天災所予也。李奇曰：『以爲疫殺其民人。』

又 卷二七中之上《五行志中之上》 説曰：凡草物之類謂之妖。妖猶夭胎，言尚微。師古曰：『夭音烏老反。』蟲豸之類謂之孽。師古曰：『有足謂之蟲，無足謂之豸。』孽則牙孽矣。及六畜，謂之旤，言其著也。及人，謂之痾。痾，病貌，言寖深也。師古曰：『寖，漸也。』甚則異物生，謂之眚；自外來，謂之祥。祥猶禎也。氣相傷，謂之沴。沴猶臨莅，不和意也。每一事云『時則』以絕之，言非必俱至，或有或亡，或在前或在後也。

又 宣公三年，『郊牛之口傷，改卜牛，牛死』。劉向以爲近牛禍也。是時宣公與公子遂謀共殺子赤而立，師古曰：『已解於上也。』又以喪娶，師古曰：『宣元年正月，公子遂如齊逆女。三月，遂以夫人婦姜至自齊，時文公喪制未除。殿本作「文」，景祐、汲古、局本都誤作「成」。』區霿昏亂。亂成於口，幸有季文子得免於禍，天猶惡之，生則不饗其祀，師古曰：『謂郊牛傷死，是天不欲饗其祀。』死則災燔其廟。師古曰：『成三年，新宮災。新宮者，宣之廟也，以其新成，故謂之新宮。』董仲舒指略同。

又 卷二七下之上《五行志下之上》 傳曰：思心之不容，是謂不聖，厥咎霿，師古曰：『霿音莫豆反。』厥罰恆風，厥極凶短折。時則有脂夜之妖，時則有華孽，時則有牛禍。

又 劉向以爲於易巽爲風爲木，卦在三月四月，繼陽而治，主木之華實。風氣盛，至秋冬木復華，故有華孽。一曰，地氣盛則秋冬復華。一曰，華者色也，土爲内事，爲女孽也。於易坤爲土爲牛，牛大心而不能思慮，思心氣毀，故有牛禍。一曰，牛多死及爲怪，亦是也。

又 『皇之不極，是謂不建』，皇，君也。極，中；建，立也。人君貌言視聽思心五事皆失，不得其中，則不能立萬事，失在眊悖，故其咎眊也。師古曰：『眊，不明也。悖，惑也，音布内反。』王者自下承天理物。雲起於山，而彌於天；師古曰：『彌，滿也。』天氣亂，故其罰常陰也。一曰，上失中，則下彊盛而蔽君明也。《易》曰『亢龍有悔，貴而亡位，高而亡民，賢人在下位而亡輔』，師古曰：『乾上九文言也。』如此，則君有南面之尊，而亡一人之助，故其極弱也。盛陽動進輕疾。服虔曰：『陽行輕且疾也。』禮，春而大射，以順陽氣。韋昭曰：『將祭，與羣臣射，謂之大射。』上微弱則下奮動，故有射妖。易曰『雲從龍』，師古曰：『乾九五文言。』又曰『龍蛇之蟄，以存身也』。師古曰：『下繫辭也。』陰氣動，故有龍蛇之孽。於易，乾爲君爲馬，馬任用而彊力，君氣毀，故有馬禍。一曰，馬多死及爲怪，亦是也。

《後漢書》卷一〇七《五行志五·疫》 延光四年冬，京都大疫。張衡明年上封事：『臣竊見京師爲害兼所及，民多病死，死有滅戶。人人恐懼，朝廷燋心，以爲至憂。臣官在於考變禳災，思任防救，未知所由，夙夜征營。臣聞國之大事在祀，祀莫大於郊天奉祖。方今道路流言，僉曰「孝安皇帝南巡路崩，從駕左右行慝之臣欲徵諸國王子，故不發喪，衣車還宮，僞遣大臣，並禱請命」。臣處外官，不知其審，然尊靈見罔，豈能無怨！且凡大祀小有不蠲，猶爲譴謫，況以大穢，用禮郊廟？孔子曰：「曾謂泰山不如林放乎！」天地明察，降禍見災，乃其理也。又聞者，有司正以冬至之後，奏開恭陵神道。陛下至孝，不忍距逆，或發冢移尸。《月令》：「仲冬土事無作，慎無發蓋，及起大衆，以固而閉。地氣上泄，是謂發天地之房，諸蟄則死，民必疾疫，又隨以喪。」厲氣未息，恐其殆此二事，欲使知過改悔。《五行傳》曰：「六沴作見，若時共禦，帝用不差，神則不怒，五福乃降，用章于下。」臣愚以爲可使公卿處議，所以陳術改過，取媚神祇，自求多福也。」

唐 瞿曇悉達《開元占經》卷五《日占一・日晷影》 《易緯》曰：「立夏晷長四尺三寸六分。按周髀長四尺五寸七分小分四。何承天長二尺五寸。祖暅長二尺五寸三分。今曆景長二尺四寸九分。當至不至，旱，五穀傷，牛畜病，未當至而至，多病頭痛，腫嚨，喉痹。」

又 卷一〇《日占六・日十二月蝕二》 陳卓曰：「正月日蝕，齊大凶，五穀貴。」【略】陳卓曰：「二月日蝕，魯大凶，豆貴、牛死。」京房《易傳》曰：「三月日蝕，有欲反者；近期三月，遠期三年。」石氏曰：「三月日蝕，不見光，水大出。」陳卓曰：「三月日蝕，楚大凶，絲錦布帛貴。」京氏《易傳》曰：「四月日蝕，人主有過，臣有憂。」石氏曰：「四月日蝕，不見光，天下大旱。」陳卓曰：「四月日蝕，宋大凶，牛食貴，六畜死。」京氏《易傳》曰：「五月日蝕，諸侯多死，期三年。」石氏曰：「五月日蝕，不見光，大旱，民饑。」陳卓曰：「五月日蝕，梁大凶，牛死、畜貴。」京房《易傳》曰：「六月日蝕，人主有謀，外國侵，土地分。」石氏曰：「六月日蝕，不見光，六畜貴。」陳卓曰：「六月日蝕，沛大凶，稻米穀粟貴。」【略】石氏曰：「十月日蝕，不見光，六畜貴；又曰魏國魚鹽貴。」陳卓曰：「十月日蝕，秦大凶，魚鹽貴。」【略】石氏曰：「十二月日蝕，不見光，穀粟貴；又曰燕國牛死。」

又 卷一二《月占二・月與五星相犯蝕四》 《黄帝占》曰：「辰星入月中，不出三旬，內有匿謀，春夏有大水，秋冬有大雪，牛馬疾疫，穀貴。」

按《晉陽秋考》曰：「太元十三年十一月戊子，辰星八月在晉。濤水入石頭，春大水，冬大雪，牛馬死，穀踴貴不出百日。

又 卷一五《月占五・月暈斗一》 郗萌曰：「月暈南斗，大將死，民流千里，馬牛大病。」陳卓曰：「月暈南斗，大臣免，大將為亂，五穀不成。」

又《月暈牛二》 郗萌曰：「月暈乘牽牛，五穀不成。」《黄帝占》曰：「月暈牛，有軍曝血，將死。」《黄帝占》曰：「月暈牛，小兒多死，牛疫死；一曰馬多疫死。」《荆州占》曰：「月暈牛，牛羊貴。」

又 卷一六《月占六・月暈石氏中官一》 郗萌曰：「月暈津星，大將死，五穀不成，民流千里，牛馬大疫。」

又 卷二五《歲星占三・歲星犯牽牛二》 巫咸曰：「歲星守牽牛，馬、五穀多傷。」《海中占》曰：「歲星守牽牛，臣謀君，糴貴，三月乃復。」郗萌曰：「歲星守牽牛，為穀貴。」又曰：「歲星守牽牛東，春牛大癘；一曰居南，夏牛大癘。」陳卓曰：「歲星守牽牛南，五穀以水傷；守牛東，萬物不成，饑民流亡，六畜若牛多死病，大臣有謀事；守牛北，民寒凍死；守牛西，地氣發洩，歲多水。」

又 卷二九《歲星占七・歲星犯天苑十九》 甘氏曰：「歲星入守天苑，牛羊禽獸多疾疫，若守之，二十日兵起，馬多死，其國憂。」

又《歲星犯天廄五》 《荆州占》曰：「歲星入天廄中，十日以上，馬有食變。」《黄帝占》曰：「歲星守天廄，為災之事，人主以馬為憂，不則馬死。」

又 卷三一《熒惑占二・熒惑犯尾六》 郗萌曰：「熒惑舍司空三日，馬多死；一曰牛多死；一曰芻大貴。」

又《熒惑犯箕七》 郗萌曰：「熒惑惑犯箕，天下國相擊，男不得耕，女不得織，牛馬大死。」

又 《荆州占》曰：「熒惑入箕守之，若犯乘箕，牛馬多疾，北夷來降。」

又 卷三四《熒惑占五・熒惑犯東井一》 《黄帝占》曰：「熒惑入東井，牛大疫，兵器鉞大貴。」

又 卷三七《熒惑占八・熒惑犯天苑十九》 巫咸曰：「熒惑入天苑，天下以馬起兵；若守之，牛馬禽獸多死。」石氏曰：「熒惑入守天苑，牛馬羊禽獸多疾疫，若守之二十日，天下兵起，馬多死，其國憂。」

又 卷四〇《填星占三・填星犯牽牛二》 郗萌曰：「填星入牽牛，為天下牛車有行；一曰有盜賊。」陳卓曰：「填星逆行牽牛，女主為姦、為賊。」《春秋圖》曰：「填星之牛，天下求皮革筋角。」郗萌曰：「填星乘牽牛，為天下有大水起；又為人相乘於道。填星出入留舍牽牛，有失地之君。」《春秋圖》曰：『填星守牛，二十日不下，大人有疾，牛馬多疫疾而死。』石氏曰：『填星守牽牛，諸侯多忠烈；一曰大赦，天下有急。守牛南，為天子；牛北，為吳。』郗萌曰：『填星守牽牛，貴人憂。』《海中占》曰：『填星守牽牛，為牛多疾；一曰兵起凶，關東尤，雨雪，大人疾，民人疫。』郗萌曰：『填星守牽牛，為穀貴；又曰：山崩、地裂、冬雷，疾病；姦臣賊子謀弒其主，有急令；一曰湧水出。』陳卓曰：『填星守牛，鹽貴。』石氏曰：『填星犯守牛，有土功事。』甘氏曰：『填星犯牛，留守之，為破軍殺將。』

又 卷四四《填星占七・填星犯天苑十九》 石氏曰：『填星入守天苑，牛羊禽獸多疾疫；若守之二十日，天下兵起，馬多死，其國憂。』

又 卷四八《太白占四・太白犯牽牛二》 《海中占》曰：『太白入牽牛，為天下牛車有急行。』郗萌曰：『太白入牽牛，留守之，大臣為亂。』陳卓曰：『太白入牽牛，留守之，大人死，將軍失其眾，關梁不通，民饑；有自賣者。』石氏曰：『太白去牽牛一尺，六畜貴。』《海中占》曰：『太白提牽牛出入，萬物死。太白出入留舍牽牛，三十日不下，牛大貴。』《荊州占》曰：『太白出入留舍牽牛，五十日不下，軍出，至越城下。』《黃帝占》曰：『太白守牽牛，吳越兵起，牛多死；十日不下，牛大貴。』《宋書・天文志》曰：宋前廢帝永光元年正月丁酉，太白掩牽牛，明年廣州刺史袁曇遠等反。《海中占》曰：『太白犯守牽牛，諸侯不通。』陳卓曰：『太白犯守牽牛，將軍凶。』石氏曰：『太白守天鼓，有急令。』《海中占》曰：『太白守天閑，二十日，大赦。』石氏曰：『太白守牛北，人民流死；在其西，虎狼入邑；在其南，多亡狗；在其東，小兒多死。』巫咸曰：『太白守牽牛，為五穀不成。』《海中占》曰：『太白守牽牛，其國兵起，期六十日；又曰妖言無已。』《荊州占》曰：『太白守牽牛，有兵謀，萬人多死。』《海中占》曰：『太白守牽牛，為犧牛疾疫。』甘氏曰：『太白犯守牽牛，國有大兵，將軍為亂；大人憂，國易政。太白犯牽牛，留守之，為有破軍殺將。』

又 卷五二《太白占八・太白犯天苑十五》 《荊州占》曰：『太白入天苑，出兵犯外夷。』《荊州占》曰：『太白守天苑，兵起馬死。』石氏曰：『太白入守天苑，牛羊禽獸多疾疫；若守之二十日，天下兵起，馬多死，其國憂。』漢班固《天文志》曰：『漢孝武元鼎五年，太白入天苑，占曰：將以馬超兵也，一曰馬將以軍而死耗，其後以天馬故誅大宛，馬大死於軍。《玄冥占》曰：『太白入守天苑，邊境兵起，王者出兵，征外夷，天下馬發。』

又 卷五五《辰星占三・辰星犯牽牛二》 郗萌曰：『辰星乘牽牛，為人相棄於道。』陳卓曰：『辰星乘牽牛，穀貴；天下大水。』巫咸曰：『辰星守牽牛，為五穀不成。』《感精符》曰：『辰星守牽牛，國以水為敗，犧牲疫，牛多死。』《春秋緯》曰：『辰星守牽牛，牛先賤後貴。』石氏曰：『辰星守牽牛，水湧為敗，大牛多死。辰星守牽牛，民有自賣者；歲多水災，萬物不成，五穀傷；一曰地氣泄，貴人多死。』

又 卷五九《辰星占七・辰星犯天苑十九》 石氏曰：『辰星入天苑，牛羊禽獸多疾疫。若守之二十日，天下兵起，馬多死，其國憂。』

又 卷六一《北方七宿占二・牽牛占二》 石氏曰：『牽牛六星，八度古九度。度距中央大星先至，去極百一十度。在黃道內四。度春夏為木，秋冬為火。巫咸曰：木星也。日月五星常貫牽牛中道也。吳之分野。《佐助期》曰：『牽牛主關梁，神名略緒熾，姓䦆除。』《北官候》曰：『牽牛一名天鼓；一名天關；牛第一兩星如連李，名即路，一名聚火。』石氏曰：『牽牛六星，天府也；日月七政所王者，即察政；視牛星明大，次第相承，王道大昌，天下安寧。牛星不明其常色，其歲五穀不成，牛多災凶。』甘氏曰：『牽牛上二星，主道路，次南星，主關梁；次南三星，主南越；故動搖變色，從而占之。』郗萌曰：『天鼓星怒者，馬貴。』《天官書》曰：『牽牛為犧牲。』宋均曰：『牽牛為牛角。』《月食占》曰：『牽牛為冬獄。』《二十八宿山經》曰：『牛山與女山相連，各法其星形；牽牛須女星神，常居其上。』《黃帝占》曰：『牽牛大星亡，大牛死；小星亡，小牛死疫。中央大星不明而黃者，天下芻大貴十倍；牽牛星直，糴平；曲，糴貴；牛中央大星左右出，不明，大將心不正，牛大貴；後星前近中央大星者，牛貴；遠，牛賤；前星左右出者，前將心不正；後星左右出者，後將心不正。所謂前者，星南星也；後者，星北星也。牽牛不與織女星直者，天下陰陽不和。』《黃帝》曰：『牽牛遠漢者，天下牛大貴；其入漢中者，天下牛多死。』甘氏曰：『牽牛動，牛災，四方皆然。』郗萌曰：『牽牛明大，關梁通利。牽牛主大豆，始出色黃，豆賤也；赤，豆蟲也；色青，豆貴。』《荊州占》曰：『牽牛後星前近中央星者，諸侯以四足為弊。色青，道病；色黑，死不至。牽牛星明，牛貴；細微不明，牛賤。』《百二十占》曰：『將石氏曰：『牽牛生於列澤之邑，以主越國，為府廷。』

有犧牲之事，占於牽牛。』《石氏讃》曰：『牽牛主關梁、七政；故置九坎，通水道；又曰牽牛險阻，主關梁；中星高，下牛多殃。』

又 卷六八《石氏外官・天苑星占十九》 石氏曰：『天苑十六星，在昴畢南。』東北星入畢二度太，去極百一十四度，在黄道外四十八度少。巫咸曰：『天苑，金官也。』郗萌曰：『天苑，天子之苑也。』石氏曰：『天苑，天囷也，主馬牛羊非其故。若星不具，有斬死吏。』《黄帝占》曰：『天苑，主苑牧犧牲，牛羊之屬。其星行列齊明，苑中星衆，則畜牲蕃息，多饒野獸；其星微小，不明，若不見；苑中星希，敗畜牧，不孳牛羊，野多死。』郗萌曰：『天苑星非其故，若不具，有斬刈之事。』《石氏讃》曰：『天苑十六星，主牛羊。』

又 卷七五《流星占五・流星犯天苑十九》 《甄曜度》曰：『流星入天苑，有兵起，馬出行，若多死。一曰禽獸多死。』石氏曰：『流星色赤，入天苑中，牛馬多傷；出天苑中，牛馬多以兵事出者。流星色黄，入天苑中，牛馬野禽獸蕃息。流星色蒼白、黑，入天苑中，牛馬野禽獸多死；出天苑，牛馬以全出者。流星入天苑，馬之事出，天苑名馬出，幣入四足獸，有幣者。流星入天苑，名馬有入者；出天苑，名馬有出者。』

又 卷八〇《客星占四・客星犯奎一》 《黄帝》曰『赤星守奎，羅賤。』郗萌曰：『客星守奎，羅賤，賊臣在側，其事敗。』又曰：『謀臣有巧僞惑天子者。一曰國以佞亡。』又：『客星守奎，天下修兵，臣有國者。客星守奎，有殺霜不時下者。一曰牛疾疫，一曰六畜貴。』

又 卷八四《客星占八・客星犯天苑十九》 郗萌曰：『客星入天苑，畜多傷。』《荆州占》曰：『客星入天苑，禽獸多死。』《玉歷》曰：『客星守天苑，畜物不孳，禽獸多死，以馬起兵，邊賊入境。一曰牧馬多死，期三年。』

又 《客星占八・客星犯屏星二十二》 石氏曰：『客星入天屏，四足大疾。』《海中占》曰：『客星出天屏，輔臣有憂，若人民多疾病，四足畜多死。』

又 卷八九《彗星占中・婁彗孛犯婁》 石氏曰：『彗孛干犯婁，國有大兵，四時絶祠，遠不出三年。』陳卓曰：『彗孛干犯婁，臣奪君位，近期一年，遠三年。』《海中占》曰：『彗星出婁，國有大兵，四時絶祠，有亡國，先旱後水，人民饑、死，五穀大貴，羅無價，期一年，遠二年。』陳卓曰：『彗星出婁，六畜疫。』

又 卷九五《牛宿雲氣干犯占》 蒼白雲氣入牛，牛多死；出之，則災消；蒼白雲氣横貫牛宿，有兵喪，除舊佈新。黄白雲氣入牛，牛蕃息；一曰諸侯有以四足蟲入貢者。黑雲氣入牛，天下牛多死。赤雲氣入牛，牛馬多以漕輓死者；出之，則兵出。赤雲氣如波揚入牛，有兵，大戰，牛馬大損。

又 卷九六《雲氣犯列宿占・天苑》 蒼白氣入天苑，牛馬畜獸疫；出之，則禍除。赤氣入，牛馬多死傷；赤氣出，牛馬以兵事出。黄白氣入，牛馬禽獸蕃息。黑氣入，牛馬死；出之，禍除。

唐 韓鄂《四時纂要》卷一《春令・正月》 治牛疫方：當取人參細切，水煎取汁，冷灌口中，五升已來，即差。又取真安息香，於牛欄中燒，如焚香法。如初覺一頭至兩頭是疫，即牽出，令鼻吸其香氣，立止。又方：十二月兔頭燒作灰，和水五升，灌口中，差。

元 王禎《農書》卷六《農桑通訣六・祈報篇第十六》 古者養馬一節，春祭馬祖，夏祭先牧，秋祭馬社，冬祭馬步，此馬之祈謝，歲時惟謹。至於牛，最農事之所資，反闕祭禮。至於蜡祭，迎貓迎虎，豈牛之功不如貓虎哉？蓋古者未有耕牛，故祭有闕典。至春秋之間，始教牛耕，後世田野開闢，穀實滋盛，皆出其力。雖知有愛重之心，而曾無愛重之實。近年耕牛疫癘，損傷甚多，亦盍禳禱祓除，祛禍祈福，以報其功力，豈為過哉？故於此篇祭馬之後，以牛之説繼之，庶不忘乎穀之所自，農之所本也。

明 吴有性《瘟疫論》卷下《論氣所傷不同》 所謂雜氣者，雖曰天地之氣，實由方土之氣也。蓋其氣從地而起，有是氣則有是病，譬如所言天地生萬物，然亦由方土之產也。但植物藉雨露而滋生，動物藉飲食而頤養。蓋先有是氣，然後有是物。推而廣之，有無限之氣，因有無限之物也。但二五之精，未免生克制化，是以萬物各有宜忌，宜者益而忌者損，損者制也。故萬物各有所制，如貓制鼠，如鼠制象之類，既知以物制物，即知以氣制物矣。以氣制物者，蟹得霧則死，棗得霧則枯之類，此有形之氣，動植之物皆為所制也。至於無形之氣，偏中於動物者，如牛瘟、羊瘟、雞瘟、鴨瘟，豈但人疫而已哉？然牛病而羊不病，雞病而鴨不病，人病而禽獸不病，究其所傷不同，因其氣各異也。知其氣各異，故謂之雜氣。夫物者氣之化也，氣者物之變也，氣即是物，物即是氣，知氣可以知物，則知物之可以制氣矣。夫物之可以制氣者藥物也，如蜒蚰解蜈蚣之毒，貓肉治鼠瘻之潰，此受物氣之為病，是以物之氣制物之氣。猶或可測。至於受無形雜氣為病，莫知何物之能制矣。惟其不知何物之能制，故勉用汗、吐、下三法以決之。嗟乎！即三法且不能盡善，況乃知物乎？能知以物制氣，一病只有一藥之到病已，不煩君臣佐使品味加減之勞矣。

《御定月令輯要》卷五《正月令》 《博雅》：正月有微霜，八月浮雲不歸。《通考》：正月霜下著物，見日不消。小人在位，君子在野，五穀萬物不實，牛馬多疫死，著木凍損木枝，讒行賢傷。

《授時通考》卷四六《勸課門・祈報》 至於牛，最農事之所資，反闕祭禮。蓋古者未有牛耕，故祭有闕典。至春秋之時，始教牛耕。後世田野開闢，穀實滋盛，皆出其力。雖知有愛重之心，而曾無愛重之實。近年耕牛疫癘，損傷甚多，亦曷禳禱祓除，祛禍祈福，以報其功力，豈為過哉？亦不忘乎穀之所自，農之所本也。

清 張宗法《三農紀》卷一 正月，霜下，着物，見日不消，主萬物、百穀不實，牛、羊多疫死，着殺草木，謂之陰隆。

又 卷八 三注云：人疫染人，畜疫染畜，染其形似者，豕疫可傳牛，牛疫可傳豕，當知避焉。

清 張繼《定瞻廳志略》卷一《物産篇》 若遇牛瘟，數百牛半月可死盡。故朝為富豪，夕作乞丐者有之。

又 卷二《灾異篇》 至於牛瘟，則尤甚。數千牛大厰，半月可以死盡，或驅之別處，則可躲避。否則無法。然吾寨中，牛病云是瘟，以清凉藥灌之，三可活二。若再試有效，思廣傳此法。亦解民愠之一端也。聞前年牛瘟甚，至傳染山羊，成羣倒斃亦大災異也，而毫無解法可歎也已。

清 汪家禧《灾賑議》《清經世文編》卷四二 朝廷命官，大小異職，而同有臨民之任。今兹災荒，合七十五州縣之民，以待賑於大吏。守令曾不豫爲圖，旱有區田，水有櫃田，良法具在，未雨綢繆，何至災不可挽？而守令平時以獄訟、徵收爲已責，未嘗一行其原野也，未嘗一省其桑麻也。未嘗一問其疾苦也。官民情隔，何由親昵？一旦荒災，姦民則激怒於守令，守令則卸怨於大吏，而操一省之權者，遂任一省之怨。爲今日計，則莫如使州縣各任其賑，而姦民無所置喙矣。夫一縣中豈無殷戶乎？豈無紳宦乎？斟酌勸施，在良有司之調劑耳。編保甲，靖流民，此弭盜良法，而用之救荒尤合。爲各縣計，莫如實勘被災戶口總數，以治所爲中央，餘分爲東西南北，每方以一保、二保、三保等爲號，每保統十甲，每甲統十戶，注爲冊，每賑，或日人粥米四合，甲日散東，乙則西，丙則南，丁則北，戊則中央，其散則順各保次第，各保又順各甲次第，如法。其田畝可播種、尚有秋成者，收後止賑。流民散處，近則遣歸其鄉，遠則另編保籍，不許擅便往來。每散賑日，令必親自驗看，亦不許吏胥上下其手。其殷戶，令必持簡往，勸以桑梓補助之誼，不得遣役強派，紳宦則品行素端，鄉里尊仰者，請其助令檢察，且明諭鄉民，毋許滋事。如米不足，或減四合之一，各府各調劑屬縣之賑，巡道又調劑屬府之賑。其願捐廉俸者，聽其力所能給。其果能自籌善策者，許其便宜行事，優則予上考，劣則參罰，如此，則事有分任，而大吏不至以一身支絀其間矣。蓋令親勘則惰民無可濫支，編保甲則流民無能滋擾，臨以紳宦，則風土周知，耳目難蔽。如或有地形夷曠、人情強獷者，衛以防兵；有不率教者，刑以示畏，此恩威兼濟之道也。

又賑莫善於積日，莫不善於逐日。雨暘無定，饑民襍糅，薰蒸之氣，易興疾疫，不善一也。挨次遍給眾人，或稽時刻，而窮甿枵腹往，立待逾時，擁擠使不得舒臂肘一日，則次日乏矣。是民又以賑而困，不善二也。人米四合，不能飽終日，日日領賑，黎明往，過午歸，急炊以食，何暇他爲？在野者縱田尚可耕，已無餘力治，而負擔販鬻者，反以賑而絕其謀利之途，不善三也。夫興工役助賑，古法也。積五日散之，則餘四日暇。守令或酌地方興造浚鑿，可支公項者，詳請舉行，而民亦得以傭錢調濟，此彼此互補之法也。

至於賑分老少，於省會或可，於村落斷不可。省會之人多半坐食，一聞賑濟，藉以餬口，而此輩不務生業，又易滋事，禁之或便。村落之人，田爲恒業，一遇歉歲，手足無措，而耒耜之外，胥無能爲，雖壯丁，其求食與老弱、婦女無殊也，一概謝之，不適授以口實乎？

總之，立法以須守令，而守法不如法者劾，大吏職也。實心以行，不得苟且塞責，推諉宕延，守令職也。且今之所患，匪僅饑也，人心叵測，變詐風行，不豫思善後之方，恐猝來意外之患。省會官眾令嚴，尚多不遵禁約，矧地曠民頑，迫以饑寒，雜以煽惑，欲其帖然安分，恐能保其身，不能保其心也。而揆其要在饑民各聚其鄉，守令各治其境始。

局外芻談，罔識忌諱，然有不能已於言者。謹議。

清 金誠《時疫》《清經世文編》卷四五　或者曰：旱潦之後，每以時疫，其故何歟？

怡然子曰：旱者，氣鬱之所致也，潦者，氣逆之所致也。蓋逆必決，決斯潦，潦必傷陰，鬱必蒸，蒸斯旱，旱必傷陽。陰陽受傷，必滯而成毒。毒氣潰發，人物相感，纏而爲患，疫症乃時行也。

曰：天地無私，無私則無累，而陰陽之氣，宜其順而達矣。其所以鬱而逆者，又何故耶？

曰：由人心致之也。蓋小人之心無過貪生，貪生則貪利，而利有所不遂，則謀計拙而憂愁潛於腎脈，告援窮而惱怒聚於肝經。於是乎酬酢往來，同胞之和睦潛消，呼吸噓噯，造化之盤旋相阻。始則風雨不時，繼則温寒犯令。而陰氣閉於外，陽乃用逆，陽氣伏於中，陰乃用鬱。此其勢，此其理也。然則調變者，其先調天下之財乎！財不調則貧富不均，民生不遂，而民氣不伸，陰陽其必不和也。安所謂變乎？夫是以聖人首重通財，而最忌壅財也。賑恤罰贖之典所以行也。

綜述

三國魏 曹植《説疫氣》《太平御覽》卷七四二　建安二十二年，癘氣流行，家家有僵屍之痛，室室有號泣之哀。或闔門而殪，或覆族而喪。或以爲疫者鬼神所作。

人罹此者，悉被褐茹藿之子，荊室蓬戶之人耳。若夫殿處鼎食之家，重貂纍蓐之門，若是者鮮焉。此乃陰陽失位，寒暑錯時，是故生疫。而愚民懸符厭之，亦可笑也。

北魏 賈思勰《齊民要術》卷六《養牛馬驢騾第五十六相牛馬及諸病方法》　飼父馬令不鬬法：多有父馬者，別作一坊，多置槽廄；剉芻及穀豆，各自別安。唯著鞴頭，浪放不繫。非直飲食遂性，舒適自在，至於糞溺，自然一處，不須掃除。乾地眠臥，不濕不汚。百匹羣行，亦不鬬也。

又　飼征馬令硬實法：細剉芻，杴擲揚去葉，專取莖，和穀豆秣之。置槽於迴地，雖復雪寒，勿令安廠下。一日一走，令其肉熱，馬則硬實，而耐寒苦也。

又　治牛馬病疫氣方：取獺屎，煮以灌之。獺肉及肝彌良，不能得肉、肝，乃用屎耳。

治馬患喉痹欲死方：纏刀子露鋒刃一寸，刺咽喉，令潰破即愈。不治，必死也。

治馬黑汗方：取燥馬屎置瓦上，以人頭亂髮覆之，火燒馬屎及髮，令煙出，著馬鼻上熏之，使煙入馬鼻中，須臾即差也。

又方：取豬脊引脂、雄黃、亂髮，凡三物，著馬鼻下燒之，使煙入馬鼻中，須臾即差。

馬中熱方：煮大豆及熱飯噉馬，三度愈也。

治馬汗凌方：取美豉一升，好酒一升，夏著日中，冬則温熱，浸豉使液，以手搦之，絞去滓，以汁灌口。汗出，則愈矣。

治馬疥方：用雄黃、頭髮二物，以臘月豬脂煎之，令髮消；以塼揩疥令赤，及熱塗之，即愈也。

又方：湯洗疥，拭令乾。煮麵糊，熱塗之，即愈也。

又方：燒柏脂塗之，良。

又方：研芥子塗之，差。六畜疥，悉愈。然柏瀝、芥子，並是躁藥，其偏體患疥者，宜歷落斑駮，以漸塗之，待差，更塗餘處。一日之中，頓塗偏體，則無不死。

治馬中水方：取鹽著兩鼻中，各如雞子黃許大，捉鼻，令馬眼中淚出，乃止，良矣。

治馬中穀方：手捉甲上長髮，向上提之，令皮離肉，如此數過。以鈹刀子刺空中皮，令突過。以手當刺空，則有如風吹人手，則是穀氣耳。令人溺上，又以鹽塗，使人立乘數十步，即愈耳。

又方：取餳如雞子大，打碎，和草飼馬，甚佳也。

又方：取麥蘖末三升，和穀飼馬，亦良。

治馬脚生附骨不治者，入膝節，令馬長跛方：取芥子，熟擣，如雞子黃許，取巴豆三枚，去皮留臍，三枚亦熟擣，以水和，令相著。和時用刀子，不爾破人手。當附骨上，拔去毛。骨外，融蜜蠟周匝擁之，不爾，恐藥躁瘡大。著蠟罷，以藥傅骨上，取生布割兩頭，各作三道急裹之。骨小者一宿便盡，大者不過再宿。然要須數看，恐骨盡便傷好處。看附骨盡，取冷水淨洗瘡上，刮取車軸頭脂作餅子，著瘡上，還以淨布急裹之。三四日，解去，即生毛而無瘢。此法甚良，大勝炙者。然瘡未差，不得輒乘，若瘡中出血，便成大病也。

治馬被刺脚方：用穬麥和小兒哺塗，即愈。

馬炙瘡：未差，不用令汗。瘡白痂時，慎風。得差後，從意騎耳。

又方：融羊脂塗瘡上，以布裹之。

治馬瘙蹄方：以刀刺馬踠叢毛中，使血出，愈。

又方：取鹹土兩石許，以水淋取一石五斗，釜中煎取三二斗。剪去毛，以泔清淨洗。乾，以鹹汁洗之。三度即愈。

又方：以湯淨洗，燥拭之。嚼麻子塗之，以布帛裹。三度愈。若不斷，用穀塗。五六度即愈。

又方：剪去毛，以鹽湯淨洗去痂，燥拭。於破瓦中煮人尿令沸，熱塗之，即愈。

又方：以鋸子割所患蹄頭前正當中，斜割之，令上狹下闊，如鋸齒形；去之，如剪箭括。向深一寸許，刀子摘令血出，色必黑，出五升許，解放，即差。

又方：先以酸泔清洗淨，然後爛煮豬蹄取汁，及熱洗之，差。

又方：取炊底釜湯淨洗，以布拭令水盡。取黍米一升作稠粥，以故布廣三四寸，長七八寸，以粥糊布上，厚裹蹄上瘡處，以散麻纏之。三日，去之，即當差也。

又方：耕地中拾取禾茇東倒西倒者，若東西橫地，取南倒北倒者，一壠取七科，三壠凡取二十一科，淨洗，釜中煮取汁，色黑乃止。剪却毛，泔淨洗去痂，以禾茇汁熱塗之，一上即愈。

又方：尿漬羊糞令液，取屋四角草，就上燒，令灰入鉢中，研令熟。用泔洗蹄，以糞塗之。再三，愈。

又方：煮酸棗根，取汁淨洗，訖。水和酒糟，毛袋盛，漬蹄沒瘡處。數度即愈也。

又方：淨洗了，擣杏人和豬脂塗。四五上，即當愈。

治馬大小便不通，眠起欲死，須急治之，不治，一日即死：以脂塗人手，探穀道中，去結屎。以鹽內溺道中，須臾得溺，便當差也。

治馬卒腹脹，眠臥欲死方：用冷水五升，鹽二升，研鹽令消，以灌口中，必愈。

治驢漏蹄方：鑿厚塼石，令容驢蹄，深二寸許。熱燒塼，令熱赤。削驢蹄，令出漏孔，以蹄頓著塼孔中，傾鹽、酒、醋，令沸浸之。牢捉勿令脚動。待塼冷，然後放之，即愈。入水、遠行，悉不發。

又 治牛疫氣方：取人參一兩，細切，水煮，取汁五六升，灌口中，驗。

又方：臘月兔頭燒作灰，和水五六升灌之，亦良。

又方：朱砂三指撮，油脂二合，清酒六合，暖，灌，即差。

治牛腹脹欲死方：取婦人陰毛，草裹與食之，即愈。此治氣脹也。

又方：研麻子取汁，溫令微熱，擘口灌之五六升許，愈。此治食生豆腹脹欲垂死者，大良。

治牛疥方：煮烏豆汁，熱洗五度，即差耳。

治牛肚反及嗽方：取榆白皮，水煮極熟，令甚滑，以二升灌之，即差也。

治牛中熱方：取兔腸肚，勿去屎，以草裹，吞之，不過再三，即愈。

治牛蝨方：以胡麻油塗之，即愈。豬脂亦得。凡六畜蝨，脂塗悉愈。

治牛病：用牛膽一箇，灌牛口中，差。

唐 佚名《道要靈祇神鬼品經・瘟鬼品》 《太上女青鬼律》云：東方青氣瘟鬼，名高遠；南方赤氣瘟鬼，名士玄；西方白氣瘟鬼，名伯桑；北方黑氣瘟鬼，名文遐；中央黃氣瘟鬼，名君太黃奴。第六鬼名誅女，第七鬼名陵。七鬼祖父名梁州，祖母名交成，父名延年，母名出中。

右五鬼，鬼兄弟父母合九祖，父母人形能飛，隨月行毒，以誅惡人。

正月瘟鬼，名惟；二月瘟鬼，名星；三月瘟鬼，名劉；四月瘟鬼，名存；五月瘟鬼，名厽音齊；六月瘟鬼，名殡；七月瘟鬼，名幸；八月瘟鬼，名懷；九月瘟鬼，名晨；十月瘟鬼，名卑；十一月瘟鬼，名贏；十二月瘟鬼，名堅。

右十二月瘟鬼，各隨其月放逸。

子日瘟鬼，名根；丑日瘟鬼，名蕩；寅日瘟鬼，名怡；卯日瘟鬼，名疑；辰偶瘟鬼，名厄；巳日瘟鬼，名愛；午日瘟鬼，名悟；未日瘟鬼，名奴長；申日瘟鬼，名木；酉日瘟鬼，名石；戌日瘟鬼，名志；亥日瘟鬼，名憂。

上來疫病，民人並順。劉元達等毒害五方，不行道戒，皆被其災，行善清修，存道遵教，能知鬼名，皆共降伏。法應去者，各自遠迸；應留者，卻其凶黨，更相約勁，不犯善人。

唐 佚名《太上洞淵辭瘟神咒妙經》 爾時，元始天尊與諸大衆，在上陽宮内敷演教法。時有洞淵天尊上白元始天尊：竊見下界生民，盡染瘟疫之疾，四肢壯熱，手足酸疼，頭痛眼華，五臟盛熱，迴如鍼刺，不能喫食，如何救療？是時，元始天尊曰：皆是下界生民，處居人世。不敬三寶，呵天罵地，全無敬讓。心行諂曲為非造罪，致令此疾所傷。凡為人民，身強力健，不知回向，出入往來，並無避諱。蓋是五帝使者，奉天符文，牒行於諸般之疾。凡人之所為，係在簿書，遂行其毒。若人吸著，便成此疾。如有男子女人，家染此患，宜令闔家斷絕五辛，低聲下氣，柔軟身心，歡喜慈愍，禮謝辭遣。置立香位，請道迎真，於家建立道場。焚香轉誦妙經，依教禮謝，開於道位。次施設齋筵香燈，如法請於天符，十二年行病神王，五帝使者，七十二候聖者，二十四炁聖衆，行瘟大判官，傢藥主事，行豬羊牛馬瘟疫使者，松災使者，癘毒使者，地分神王后土社令，各領部衆，俱降道場大道之處。解此毒癘，宜轉此經，一時禳謝。若凡人係在簿書，仍須勾銷放赦奏聞。今有弟子某，歸依投懇，拜奏誠心，莫為留難，改死重生。於是，聖者見此禮謝，收瘟攝毒，故不流行。是時，元始天尊乃為頌曰：

太上立科教，敬信除災殃。瘟疫留毒害，聞善化吉祥。

歸依念三寶，家門漸吉昌。芳能轉此經，鬼禍悉潛藏。

是時，洞淵天尊並諸大衆，聞此聖言，各各歡喜。作禮而退，信受奉行。

宋 陳旉《農書》卷上《祈報篇》 記曰，有其事必有其治，故農事有祈焉，有報焉，所以治其事也。《載芟》之詩，春籍田而祈社稷。《良耜》之詩，於秋冬所以報也。則祈報之義，凡以治事者可知矣。

匪直此也，凡法施於民者，以勞定國者，能禦大災者，能捍大患者，皆在所祈報也。故山川之神，則水旱癘疫之災，於是乎禜之。日月星辰，則雪霜風雨之不時，於是乎禜之。是以先王載之典禮，著之令式而秩祀焉。凡以爲民祈報也。【略】

今之從事于農者，類不能然。借或有一焉，則勉強苟且而已，烏能悉循用先王之典故哉。其于春秋二時之社祀，僅能舉之，至於祈報之禮，蓋蔑如也。其所以頻年水旱蟲蝗爲災害，饑饉薦臻，民卒流亡，未必不由失祈報之禮，而匱神乏祀以致其然。

夫養馬一事也，於春則祭馬祖，夏祭先牧，秋祭馬社，冬祭馬步，此所以馬得其牧養而無疫癘，抑以四時祭祀祈禱而然也。

至於牛，最農事之急務，田畝賴是而後治。其牧養盍亦如馬之祈禱以祛禍祈福，則必博碩肥腯，不疾瘯蠡矣。年來耕牛疫癘殊甚，至有一鄉一里靡有孑遺者，農夫困苦，莫此爲甚。因附其説，幸覽者繹味而深察之，以祈福禳災於救弊，其庶幾焉。

又 卷中《牧養役用之宜篇第一》 夫善牧養者，必先知愛重之心，以革慢易之意。然何術而能俾民如此哉？必也在上之人貴之重之，使民不敢輕；愛之著之，使民不敢殺；然後慢易之意不生矣。視牛之饑渴，猶己之饑渴。視牛之困苦羸瘠，猶己之困苦羸瘠。視牛之疫癘，若己之有疾也。視牛之字育，若己之有子也。若能如比，則牛必蕃盛滋多，奚患田疇之荒蕪，而衣食之不繼乎？

且四時有溫涼寒暑之異，必順時調適之可也。于春之初，必盡去牢欄中積滯蓐糞。亦不必春也，但旬日一除，免穢氣蒸鬱，以成疫癘；且浸漬蹄甲，易以生病。又當祓除不祥，以淨爽其處乃善。

明 徐光啓《農政全書》卷四一《牧養·馬》 《便民圖》曰：馬者，火畜也。其性惡濕，利居高燥之地。日夜餵飼。仲春群，蓋順其性也；季春必啗，恐其退也；盛夏午間必牽於水浸之，恐其傷於暑也；季冬稍遮蔽之，恐其傷於寒也。啗以豬膽犬膽和料餵之，欲其肥也。餵料時，須擇新草，篩簸豆料。若熟料，用新汲水浸淘放冷方可餵飼。一夜須二三次起餵草料。若天熱時，不宜加熟料，止可用豌豆大麥之類生餵。夏月自早至晚，宜飲水三次，秋冬只飲一次可也。飲宜新水，宿水能令馬病。冬月飲畢，亦宜緩騎數里。卸鞍不宜當簷下，風吹則成病。

飼父馬令不鬬法：多有父馬者，別作一坊，多置槽廄。剉芻及穀頭，各自別安。唯著籠頭，浪放不繫。非直飲食遂性，舒適自在；至於黄溺，自然一處，不須掃除。乾地服臥，不濕不汙。百匹羣行，亦不鬬也。

飼征馬令硬實法：細剉芻，杴擲揚去葉，專取剉，和穀豆秣等。置槽於迫地，雖復雪寒，仍令安廄下。一日一走，令其肉熱，馬則硬實而耐寒苦也。

凡以豬槽飼馬，以石灰泥馬槽，馬汗繫著門：此三事皆令馬落駒。術曰：常繫獼猴于馬坊，令馬不辟惡，消百病故也。

治馬病疫氣方：取獺屎煮以灌之。獺肉及肝更良，不能得肉、肝，只用屎耳。

治馬患喉痹欲死方：纏刀子，露鋒刃一寸，刺咽喉令潰破，即愈。不治必死也。

治馬黑汗方：取燥馬屎置瓦上，以人頭亂髮覆之，火燒馬屎及髮令煙出，著馬鼻下熏之，使煙入馬鼻中，須臾即瘥也。

又方：取豬脊引脂、雄黄、亂髮凡三物，著馬鼻下燒之，使煙入馬鼻中。須臾即瘥。

治馬中熱方：煮大豆及熱飯，噉馬。三度，愈也。

治馬汗淩方：取美豉一升，好酒一升。夏著日中，冬則溫熱。浸豉使液，以手搦之，絞去滓，以斗灌口，汗出則愈矣。

治馬疥方：用雄黄、頭髮二物，以臘月豬脂煎之，髮消，以揩摶疥令赤，及熱塗之。即愈也。

又方：湯洗疥，拭令乾，煮麵糊熱塗之，即愈也。

又方：燒柏脂塗之，良。

又方：研芥子塗之差。六畜疥悉愈。然柏歷芥子，並是燥藥，其遍體患疥者，直歷落班駁，以漸塗之，待差更塗餘處，一日之中，頓塗遍體，則無不死。

治馬中水方：取鹽著兩鼻中，各如雞子黄許大，捉鼻，令馬眼中淚出，乃止。良也。

治馬中穀方：手捉甲上長髮，向上提之，令皮離肉，如此數過，以鈹刀子刺空中皮，令突過，以手當刺孔，則有如風吹人手，則是穀氣耳。令人溺上，又以鹽塗，使人立乘數十步。即愈耳。

又方：取餳如雞子大，打碎和草飼馬。甚佳也。

又方：取麥蘖末三升，和穀飼馬亦良。

治馬腳生附骨不治者，入膝節，令馬長跛方：取芥子熟搗，如雞子黄許。取巴豆三枚，去皮留臍，三枚亦搗熟。以水和令相著。和時，用刀子；不爾，破人手。當附骨上，拔去毛；骨外，融蜜蠟周而擁之。不爾，恐藥燥瘡大。著蠟罷，以藥傅骨上。取生布，割兩頭作三道，急裹之。骨小者，一宿便盡，大者不過再宿。然須要數看，恐骨盡便傷好處。看附骨盡，取冷水淨洗瘡上，刮取車軸頭脂作餅子，著瘡上，速以淨布急裹之。三四日解去，即生毛而無瘢。此法甚良，大勝灸者。然瘡未瘥，不得輒乘。若瘡中出血，便成大病也。此方可治趼。

治馬被刺腳方：用穬麥和小兒哺塗，即愈。

治馬灸瘡：未瘥，不用令汗。瘡白痂時，慎風。得瘥後，從意騎耳。

治馬瘙蹄方：以刀刺馬踠叢毛中，使出血，愈。

又方：融羊脂塗瘡上，以布裹之。

又方：取鹹土兩石許，以水淋取一石五斗，釜中煎取三二斗。剪去毛，以泔清淨洗。乾，以鹹汁洗之。三度即愈。

又方：以湯洗淨，燥拭之，嚼芥子塗之，以布帛裹。三度愈。若不斷，用穀塗五六度即愈。

又方：剪去毛，以鹽湯淨洗，去加燥拭，於破瓦中煮人屎，令沸熱塗之。即愈。

又方：以鋸子割所患蹄頭，前正當中斜割之，令上狹下闊，如鋸齒形；去之，如剪箭括。向深一寸許，刀子摘令血出；色必黑。出五升許，解放。即愈。

又方：先以酸泔清洗淨，然後爛煮豬蹄取汁，及熱洗之。瘥。

又方：取炊釜底湯淨洗，以布拭水令盡。取黍米一升，作稠粥。以故布廣三四寸，長七八寸；以粥糊布上，厚裹蹄上瘡處。以散麻纏之，三日去之。即當瘥也。

又方：耕地中拾取禾茇東倒西倒者。若東西橫地，取南倒北倒者。一壟取七科，三壟凡取二十一科。淨洗，釜中煮取汁，色黑乃止。剪却毛，泔淨洗，去痂。以禾茇汁熱塗之，一上即愈。

又方：尿清羊糞令液。取屋四角草，就上澆，令灰入缽中，研令熱。用泔洗蹄，以糞塗之。再三，愈。

又方：煮酸棗根取汁，淨洗訖。水和酒糟，毛袋盛，漬蹄沒瘡處。數度，即瘥也。

又方：淨洗了，搗杏仁和豬脂塗。四五上，即當愈。

治馬大小便不通，眠起欲死，須急治之，不治一日即死。以脂塗人手，探穀道中，去結屎。以鹽納溺道中，須臾得溺，便當瘥也。

治馬卒腹脹眠臥欲死方：用冷水五升，鹽二斤，研鹽令消，以灌口中。必愈。

治馬發黄方：用黄柏、雄黄、木鱉子仁，等分爲末，醋調，塗瘡上，紙貼之。初見黄腫處，便用針；遍即塗藥。

治馬疥癆方：馬疥癆及瘙癢：用川芎、大黄、防風、全蠍各一兩，荊芥穗五兩，爲細末。分作五服，白湯調，冷灌之。

治馬梁脊破方：成瘡不能騎坐。如未破，將馬腳下濕稀泥塗上，乾即再易濕者。三五次自消。或只用溝中青臭泥亦可。已破成瘡者，用黄丹、枯白礬、生薑燒存性、人天靈蓋燒存性，各等分爲末。入麝香少許。瘡乾，用麻油調；若瘡濕有膿，用漿水同蔥白煎湯洗淨。傅之，立效。

治馬中結方：川山甲炒黄色、大黄、鬱李仁各一兩，風化石灰一合，如無灰，以樸硝代之，共爲末，作一服，用麻油四兩、釅醋一升調勻灌之。立效。如灌藥不通，用豬牙皂角爲細末，同麻油各四兩和勻，填糞門中。再灌前藥一服即愈。

常啖馬藥方：鬱金、大黄、甘草、貝母、山梔子、白藥、黄藥、款花、黄柏、黄連、知母、桔梗，各等分，爲末。每服二兩，以油蜜和灌之。若駒，則隨其大小，量爲加減。啖後不得飲水，至渴餵飼。

治馬諸病方：用白鳳仙花，連根葉熬成膏，抹於馬眼角上，汗出即愈。

治馬諸瘡方：夜合花葉、黄丹、乾薑、檳榔、五倍子爲末，先以鹽水洗瘡，後用麻油加輕粉調敷。

治馬傷料方：用生蘿卜三五個，切作片子啖之，效。

治馬傷水方：用蔥、鹽、油相和，搓作團。納鼻中，以手掩其鼻，令氣不通。良久使淚出，即愈。

治馬錯水方：緣馳驟喘息未定，即與水飲，須臾，兩耳並鼻息皆冷，或流冷涕，即此證也。先燒人亂髮，燻兩鼻；後用川烏、草烏、白芷、豬牙皂角、胡椒，各等分，麝香少許，爲細末。用竹筒盛藥，一字吹入鼻中。立效。又法：蔥一握，鹽一兩，同杵爲泥，罨兩鼻內。須臾打通，清水流出，是其效也。

治馬患眼方：用青鹽、黄連、馬牙硝、蕤仁，各等分，同研爲末。用蜜煎，入磁瓶內盛貯。點時，旋取多少，以井水浸化，點。

治馬頰骨脹方：用羊蹄根草四十九個燒灰，熨骨上。冷即換之。如無羊蹄根，以楊柳枝如指頭大者，炙熱熨之。

治馬喉腫方：螺青、川芎、知母、川鬱金、牛蒡、炒薄荷、貝母，同爲末。每服二兩。蜜二兩，用水煎沸，候溫。調灌之。

又方：取乾馬糞置瓶中，以頭髮覆蓋，燒煙，熏其兩鼻。

治馬舌硬方：用款冬花、瞿麥、山梔子、地仙草、青黛、硼砂、朴硝、油煙墨，等分，爲細末。每用五錢許，塗舌上，立瘥。

治馬傷脾方：川厚朴，去粗皮，爲末，同薑、棗煎灌。一應脾胃有傷，不食水草，褰唇似笑，鼻中氣短，宜速與此藥治之。

治馬心熱方：甘草、芒硝、黄柏、大黄、山梔子、瓜蔞爲末，水調灌。一應心肺壅熱，口鼻流血，跳躑煩燥，宜急與此藥治之。

治馬肺毒方：天門冬、知母、貝母、紫蘇、芒硝、黄芩、甘草、薄荷葉，同爲末，飯湯入少許，醋調灌。療肺毒熱極，鼻中噴水。

治馬肝壅方：朴硝、黄連，爲末，男子頭髮燒灰存性，漿水調灌。一應邪氣衝肝，眼昏似睡，忽然眩倒，此方主治。

治馬卒熱肚脹方：用藍汁二升，井花水二升，或冷水和灌之，立效。

治馬流沫方：當歸、菖蒲、白朮、澤瀉、赤石脂、枳殼、厚朴，加甘草爲末。每服一兩半。酒一升，蔥白三握，水煎，溫灌之。

治馬氣喘方：玄參、葶藶、升麻、牛蒡、兜鈴、黄耆、知母、貝母同爲末，每服二兩。漿水調，草後灌之，一應喘嗽皆治。

治馬啌喘毛焦方：用大麻子揀淨一升，餵之，大效。

治馬結糞方：皂角燒灰存性、大黄、枳殼、麻子仁、黄連、厚朴，爲末，清米泔調灌。若腸突，加蔓荊子末同調。

治馬傷蹄方：大黄、五靈脂、木鱉子去油、海桐皮、甘草、土黄、芸薹子、白芥菜子，爲末，黄米粥調藥，攤帛上，裹之。

治療馬結熱起臥戰不食水草方：黄連二兩杵末，白鮮皮一兩杵末，油五合，豬脂四兩細切。右以溫水一升半，和藥調停，灌下。牽行抛糞，即愈。

治新生小駒子瀉肚方：藁本末三錢七，大麻子，研汁調，灌下咽喉，便效。次以黄連末，大麻汁解之。

治馬氣藥方：青橘皮、當歸、桂心、大黄、芍藥、木通、郁李仁、瞿麥、白芷、牽牛子。右件一十味，各等分，同搗，羅爲末。用溫酒調灌。每疋馬，藥末半兩。

治馬急起臥方：取壁上多年石灰，細杵，羅。用油、酒調二兩，用水灌之，立效。

治馬食槽內草結方：好白礬末一兩，分爲二服。每貼和飲水後，啖之。不過三兩度，即內消卻。此法神驗。

治馬腎搐方：烏藥、芍藥、當歸、玄參、山茵陳、白芷、山藥、杏仁、秦艽，每服一兩。酒一大升，同煎；溫灌。隔日再灌。

治馬尿血方：黄耆、烏藥、芍藥、山茵陳、地黄、兜鈴、枇杷爲末，漿水煎沸，候冷調灌。應卒熱，尿血，皆主療之。

治馬結尿方：滑石、朴硝、木通、車前子爲末，每服一兩；溫水調灌，隔時再服。結時甚，則加山梔子、赤芍藥同末。

治馬膈痛方：羌活、白藥、甜瓜子、當歸、沒藥、芍藥爲末。春夏，漿水加蜜；秋冬，小便調。療膈痛，低頭難，不食草。

附驢：大都類馬。驢覆馬，生贏則準，常以馬覆驢，所生騾者，形容壯大，彌復勝馬。然選七八歲草驢，骨口正大者，母長則受駒，父大則子壯。草驢不產，產無不死，養草驢常須防，勿令離羣也。

治驢漏蹄方：鑿厚磚石，令容驢蹄，深二寸許。熱燒磚，令熱赤。削驢蹄，令出漏孔，以蹄頓著磚孔中，傾鹽、酒、醋，令沸，浸之。牢捉勿令腳動。待磚冷，然後放之，即愈。入水遠行悉不發。

治驢打磨破潰方：馬齒菜、石灰，一處搗爲團。曬乾後，復搗，羅爲末。先口含鹽漿水洗淨，用藥末貼之。驗。

又《牛》《農桑通訣》曰：牛之爲物，切於農用。善畜養者，勿犯寒暑，勿使太勞。固之以勞捷，順之以涼燠。時其饑飽，以適其性情；節其作息，以養其血氣。若然，則皮毛潤澤，肌體肥腯，力有餘而老不衰，其何困苦羸瘠之有？於春之初，必去牢欄中積滯蓐糞。自此以後，但旬日一除，免穢氣蒸爲患；且浸漬蹄甲，易以生疾。又當以時祓除不祥，淨爽乃善。方舊草凋朽，新草未生之時，宜取潔淨藁草細剉之，和以麥麩穀糠碎豆之屬，使之微濕，槽盛而飽飼之。春秋草茂放牧，飲水然後與草，則腹不脹。至冬月，天氣積陰，風雪嚴凜，即宜處之煖燠之地，煮糜粥以啖之。又當預收豆楮之葉，舂碎而貯積之，以米泔和剉草糠麩以飼之。玄扈先生曰：冬月以棉餅飼之。古人有臥牛衣而待旦，則知牛之寒，蓋有衣矣。飯牛而牛肥，則知牛之餒，蓋啖以菽粟矣。衣以褐薦，飯以菽粟，古人豈重畜如此哉？以此爲衣食之本故耳。此所謂『時其饑飽，以適性情』者也。每遇耕作之月，除已牧放，夜復飽飼。至五更初，乘日未出，天氣涼而用之，則力倍於常。半日可勝一日之功。日高熱喘，便令休息，勿竭其力，以致困乏。此南北晝耕之法也。若夫北方陸地平遠，牛皆夜耕，以避晝熱。夜半，仍飼以芻豆，以助其力。至明耕畢，則放去。此所謂『節其作息，以養其血氣』也。且古者分田之制，必有萊牧之地，稱田爲等差。故養牧得宜，而無疾苦。觀宣王《考牧》之詩，可見矣。今夫藁秸不足以充其饑，水漿不足以濟其渴，凍之曝之，困之瘠之，役之勞之，又從而鞭箠之，則牛之斃者過半矣。饑欲得食，渴欲得飲，物之情也。至於役使困乏，氣喘汗流，耕者急於就食，或放之山，或逐之水。牛困得水，動輒移時，毛竅空疏，因而乏食，以致疾病生焉。放之高山，筋力疲乏，顛蹶而僵仆者，往往相藉也。利其力而傷其生，烏識其爲愛養之道哉？牛之爲病不一，其用藥，與人相似，但大爲劑以飲之，無不愈者。便溺有血，傷於熱也，以致便血之藥治之。冷結則鼻乾而不喘，以發散藥投之。熱結即鼻汗而喘，以解利藥投之。其或天行疫癘，率多薰蒸相染，其氣然也。愛之，則當離避他所，祓除沴氣，而救藥或可偷生。《傳》曰『養備動時』，則天下能使之病。然有病而治，猶愈於不治。若夫醫治之宜，則亦有説。《周禮》『獸醫：掌療獸病，凡療獸病，灌而行之，以發其惡，則藥之』，其來尚矣。

又《便民圖》曰：相母牛法：毛白乳紅者多子，乳疏而黑者無子。生犢時，子臥面相向者吉，相背者生子疏。一夜下糞三堆者，一年生一子；一夜下糞一堆者，三年生一子。

《農桑直説》曰：餵養牛法：農隙時，入暖屋。用場上諸糠穰，鋪牛腳下，謂之牛鋪，牛糞其上。次日又覆糠穰。每日一覆，十日除一次。牛一具三隻，每日前後餉，約飼草三束，豆料八升。或用蠶沙乾桑葉，水三桶浸之。牛下餉噍透刷飽飯畢。辰巳時間，上槽一頓可分三和，皆水拌。第一，和草多料少；第二，比前草減半，少和料；第三，草比第二又減半，所有料全繳拌。食盡即往使耕，噍了牛無力。夜餵牛，各帶一鈴。草盡，牛不食，則鈴無聲，即拌之。飽即使耕。俗諺云，『三和一繳，須管要飽。不要噍了，使去最好。』水牛飲飼，與黃牛同。夏須得水池，冬須得煖廠牛衣。

《家政法》云：四月伐牛骨茭。四月毒草，與茭豆不殊。齊俗不收，所失大也。

治牛腹脹欲死方：研麻子取汁，溫令微熱，擘口灌之。五六升許，愈。此治生豆，腹脹垂死者，大良。

又方：用燕子屎一合，調灌之。

治牛肚反及嗽方：取榆白皮水煮極熱，令甚滑，以五升灌之。即瘥也。

治牛中熱方：取兔腸肚勿去屎，以裹草，吞之。不過再三，即愈。

治牛虱方：以胡麻油塗之，即愈。豬脂亦得。凡六畜虱，脂塗悉愈。

治牛病：用牛膽一個，灌牛口中，瘥。

又方：真安息香，於牛欄中燒如燒香法；如初覺有一頭至兩頭是疫，即牽出，以鼻吸之。立愈。

又方：十二月兔頭燒作灰，和水五升，灌口中。良。

治牛鼻脹方：以醋灌口中，立瘥。

治牛疥方：煮烏豆汁，熱洗，五度，差。一本作烏頭汁。

治牛瘴疫方：用真茶末二兩，和水五升，灌之。又治牛卒疫而動頭打脅，急用巴豆七個，去殼，細研出油；和灌之。即愈。又燒蒼朮，令牛鼻吸其香。止。

治牛尿血方：川當歸、紅花爲細末；以酒二升半，煎取二升，冷灌之。又法：豉汁調服鹽灌。

治牛患白膜遮眼方：用炒鹽並竹節燒存性細研，一錢，貼膜。效。

治牛氣噎方：以皂角末吹鼻中，更以鞋底拍尾停骨下。效。

治牛觸人方：牛顛走，逢人即觸大也。用黃連、大黃，各半兩爲末，雞子清、酒一升，調灌之。

治牛尾焦不食水草方：以大黃、黃連、白芷各五錢爲末，雞子清、酒調灌之。

治牛氣脹方：淨水洗汗襪，取汁一升，好醋半升許，灌之。愈。

治牛肩爛方：舊綿絮二兩燒存性，麻油調抹。忌水五日。愈。

治牛漏蹄方：紫礦爲末，豬脂和，納入蹄中，燒鐵篦烙之。愈。

治牛沙疥方：蕎麥隨多寡，燒灰淋汁，入綠礬一合，和塗。愈。

治水牛患熱方：用白朮二兩半，蒼朮四兩二錢，紫菀、藁本各三兩三錢，牛膝三兩二錢，麻黃三兩去節，厚朴三兩一分，當歸三兩半，共爲末。每服二兩，以酒二升煎放溫，草後灌之。

治水牛氣脹方：用白芷一兩，茴香、官桂、細辛各一兩一錢，桔梗一兩，芍藥、蒼朮各一兩三錢，橘皮九錢五分，共爲末。每服一兩，加生薑一兩，鹽水一升，同煎，候溫，灌之。

治水牛水瀉方：青皮、陳皮各二兩一錢，白礬一兩九錢，蒼朮、橡斗子、乾薑各三兩二錢，枳殼一兩九錢，芍藥、細辛各二兩五錢，茴香二兩三錢，共爲末，每服一兩，生薑一兩，鹽三錢，水二升，煎。灌之。

又《羊》

《便民圖》曰：羊者，火畜也。其性惡濕，利居高燥。作棚宜高，常除糞穢。若食秋露水草，則生瘡。

《齊民要術》曰：常留臘月正月生羔爲種者上；十一月二月生者次之。非此月數生者，毛必焦卷，骨髓細小。所以然者，是逢寒遇熱故也。其八九十月生者，雖值秋熱；比至冬暮，母乳已竭，春草未吐，是故不佳。其三四月生者，草雖茂美，而羔小，未食，常飲熱乳，所以亦惡。六七月生者，兩熱相仍，惡中之甚。其十一月及二月生者，母既含重，膚軀充滿，草雖枯亦不羸瘦。母乳適盡，即得春草，是以亦佳也。大率十口一羝。羝少則不孕，羝多則亂群。不孕者必瘦，瘦則非惟不蕃息，經冬或死。羝無角者更佳。有角者喜相羝觸，傷胎所由也。供廚者，宜刺『刺』一作『剩』之。刺法：生十餘日，用布裹齒，捶碎之。牧羊必須老人，及心性宛順者，起居以時，調其宜適。卜式云：『牧民何異於是者？』若使急性人及小兒者，欄約不得，必有打傷之災，或遊戲不看，則有狼犬之害；懶不驅行，無肥充之理；將息失所，有羔死之患也。惟遠水爲良，二日一飲。頻飲則傷水而鼻膿。緩驅行，勿停息。息，則不食而羊瘦；急行，則坌塵而羊顙也。春夏早放，秋冬晚出。春夏氣和，所以宜早；秋冬霜露，所以宜晚。《養羊經》云『春夏早起，與雞俱興；秋冬晏起，必待日光』，此其義也。夏月盛暑，須得陰涼。若日中不避熱，則塵汗相漸，秋冬之間，必致癬疥。七月以後，霜氣降後，必須日出，霜露晞解，然後放之；不爾，則逢毒氣，令羊口瘡腹脹也。圈不厭近，必須與人居相連，開窗向圈。所以然者，羊性怯弱，不能禦物。狼一入圈，或能絕群也。架北牆爲廠。爲屋即復熱，熱則疥癬。且屋處慣煖，冬月入田，尤不耐寒。圈中作臺，開竇，無令停水。二日一除，勿使糞穢。穢則汙毛；停水，則挾蹄；眠濕，則腹脹也。圈內，須並牆豎柴柵，令周匝。羊不揩土，毛常自淨；不豎柴者，羊揩牆壁，土鹹相得，毛皆成氈。又豎柵頭出牆者，虎狼不敢逾也。羊一千口者，三四月中種大豆一頃，雜穀並草留之，不須鋤治。八九月終，刈作青茭。若不種豆穀者，初草實成時，收刈雜草，薄鋪使乾，勿令鬱浥。䔲豆葫或蓬、藜、荊、棘爲上；大小豆萁次之；高麗豆萁尤有所便。蘆、薍二種，則不種。凡秋刈草，非直爲羊然，大凡悉皆倍勝。崔寔曰：『十月七日，刈芻茭。』既至冬寒，多饒風霜；或春初雨落，青草未生時，則須飼，不宜出放。積茭之法：於高燥之處，豎桑棘木，作兩圓柵，各五六步許。積茭著柵中，高一丈亦無嫌。任羊繞柵食，竟日通夜，口常不住。終冬過春，無不肥充。若不作柵，假有千車茭，擲與十口羊，亦不得飽：群羊踐躡而已，不得一莖入口。不收茭者，初冬乘秋，假有甫生羊羔乳食其母，比至正月，母皆瘦死，羔小未能獨食水草，尋亦俱死。非直不滋息，或滅群斷種矣。余昔有羊二百口，茭豆既少，無以飼。一歲之中，餓死過半。假有在者，疥瘦羸弊，與死不殊，毛復淺短，全無潤澤。余初謂家自不宜，又疑歲道疫病。乃饑餓所致，無他故也。人家八月收穫之始，多無庸假；且買羊雇人所費既少，所存者大。《傳》曰：『三折臂始爲良醫。』又曰：『亡羊治牢，未爲晚也。』世事略皆如此，安可不存意哉！寒月生者，須然火於其邊。夜不然火，必凍死也。凡初產者，宜煮穀豆飼之。白羊留母二三日，即母子俱放。白羊性狼不得獨留。並母久住，則令乳之。羖羊但留母一日。寒月者，內羔子坑中；日夕母還，乃出之。坑中煖，不苦風寒；地熱使眠，如常飽者也。十五日後，方吃草，乃放之。白羊三月得草力，毛床動，則鉸之。鉸訖，於河水之中，淨洗羊，則生白淨之毛也。五月毛床將落，鉸取之。鉸訖，更洗如前。八月初，胡葈子未成時，又鉸之。鉸了，亦洗如初。其八月半後鉸者，勿洗：白露已降，寒氣侵人；洗即不益。胡葈子成，然後鉸者，匪直著毛難治，又歲稍晚，比至寒時，毛長不足，令羊瘦損。漠北塞之羊，則八月不鉸，鉸則不耐寒。中國必須鉸，不鉸，則毛長相著，作氈難成也。

《便民圖》曰：『棧羊法：向九月初，買脿羯羊。多則成百，少則不過數十羫。初來時與細切乾草，少著糟水拌。經五七日後，漸次加磨破黑豆，稠糟水拌之。每羊少飼，不可多與，與多則不食，可惜草料，又兼不得肥。勿與水，與水則退脿溺多。可一日六七次上草，不可太飽，太飽則有傷，少則不飽，不飽則退脿。欄圈常要潔淨，一年之中，勿餵青草，餵之則減脿破腹，不肯食枯草矣。』

《家政法》云：『養羊法：當以瓦器盛一升鹽，懸羊欄中。羊喜鹽，自數還啖之，不勞人牧。羊有病，輒相汙。欲令別病，法當欄前作瀆，深二尺，廣四尺。往還皆跳過者，無病；不能過者，入瀆中行過，便別之。術曰：懸羊蹄著戶上，辟盜賊。』

《龍魚河圖》曰：羊有一角，食之殺人。

玄扈先生曰：牧養須已出未入，不使食沾星露之草，則無耗。羊一群，擇其肱而大者而立之主：一出一入，使之倡先。或圈於魚塘之岸，草糞則每早掃於塘中，以飼草魚；而羊之糞，又可飼鰱魚。一舉三得矣。露草上有綠色小蜘蛛，羊食之即死，故不宜早放。

作氈法：春毛秋毛，中半和用。秋毛緊強，春毛軟弱，獨用太偏，是以須雜。三月桃花水氈第一。凡作氈，不須厚大，惟緊薄勻調乃佳耳。二年敷臥，小覺垢，以九月十月，賣作靴氈。明年四五月出氈時，更買新者。此爲長存，不穿敗。若不數換，非直垢汙，穿穴之後，便無所直，虛成糜費。此不朽之功，豈可同年而語也。

令氈不生蟲法：夏月敷席不臥上，則不生蟲。若氈多，無人臥上者，預收榷柴燥灰，入五月中，羅灰遍著氈上，厚五寸許，卷束於風涼之處閣置，蟲亦不生。如其不爾，無不生蟲。

羝羊，四月末五月初鉸之。性不耐寒，早鉸寒則凍死。雙生者多，易爲繁息。性既豐乳，有酥酪之饒，毛堪酒袋，兼繩索之利。其潤益，又過於白羊也。

又 羊有疥者，間別之。不別，相染汙，或能合群致死。羊疥先著口者，難治多死。

治羊疥方：取藜蘆根，㕮咀令破，以泔浸之。以瓶盛，塞口，於灶邊常令煖。數日醋香，便中用。以磚瓦刮疥令赤。若強硬痂厚者，亦可以湯洗之。去痂，拭燥，以藥汁塗之。再上，愈。若多者，日別漸漸塗之，勿頓塗令遍。羊皮不堪藥勢，便死矣。

又方：去痂如前洗，燒葵根爲灰，煮醋澱，熱塗之，以灰厚傅。再上，愈。寒時勿剪毛，去即凍死矣。

又方：臘月豬脂，加熏黃塗之，即愈。

羊膿鼻眼不淨者，皆以中水治方：以湯和鹽，用杓研之，極鹹，塗之爲佳。更待冷，接取清，以小角受一雞子者溝兩鼻各一角。非直水瘥，永息天蟲。五日後，必飲，以眼鼻淨爲候。不瘥，更溝，一如前法。

羊膿鼻口頰生瘡如乾癬者，名曰『可妒運』，迭相染易，著者多死。或能絕群。治之方：豎長竿於圈中，竿頭施橫板，令獼猴上居數日，自然差。此獸辟惡，常安於圈中亦好。

治羊挾蹄方：取羝脂和鹽煎使熟。燒熱令微赤，著脂烙之。著乾勿令水汎入。七日，自然瘥耳。

凡羊經疥得差者，至夏後初肥時，宜賣易之。不爾，後年春，疥發，必死矣。

治羊火蹄方：以殺羊脂煎熟去滓。取鐵篦子燒熱，將脂勻塗篦上烙之。勿令入水，次日即愈。

又 《猪》 豬，《爾雅》曰：豕子，豬。豶，豮。幺，幼。奏者豱。豕三豵，二師，一特。所寢橧。四豴皆白，豥。其跡刻、絕有力，豟。牝，豝。注云：㹠也。其子曰豚。一歲曰豵。《廣志》曰：豨豠㹠豱，豕也。縠艾，豭也。

《齊民要術》曰：母豬，取短喙無柔毛者良。喙長則牙多。三牙以上，則不煩畜。爲難肥故。有柔毛，治難淨也。牝者子母不同圈，子母一圈，喜聚不食，則不充肥。牡者同圈則無嫌。圈不厭小，圈小肥疾。處不厭穢。泥穢得避暑。亦須小廠，以避雨雪。春夏中生，隨時放牧，糟糠之屬，當日別與。八、九、十月，放而不飼；所有糟糠，則畜待冬春初。豬性甚便水生之草，杷耬水藻等，近岸，豬食之，皆肥。初產者，宜煮穀飼之。其子三日掐尾；六十日後犍。三日則不畏風。凡死者，皆尾風所致耳。犍不截尾，則前大後小。犍者，骨細肉多，不犍者，骨粗肉少。如犍牛法者，無風死之患。十二月子生者，豚，一宿蒸之。蒸法：索籠盛。腦凍不合，出旬便死。所以然者，豚性腦少；寒盛，則不能自煖，故須煖氣攻之。供食豚，乳下者佳；簡取，別飼之。愁其不肥，共母同圈，粟豆難足，宜埋車輪爲食場，散粟豆於內。小豚足食，出入自由，則肥速。

又 治豬病方：割去尾尖，出血即愈。若瘟疫，用蘿卜，或及梓樹花，與食之。不食難救。

又 《狗》 治狗病方：用水調平胃散灌之。加赤殼、巴豆，尤妙。

治狗卒死方：用葵根塞鼻內，即活。

治狗癩方：狗遍身膿癩，用百部濃煎汁塗之。狗蠅多者，以香油遍身擦之，立去。

又 《雞》 《齊民要術》曰：雞種取桑落時生者良。形小，淺毛，腳細短是也，守窠少聲，善育雛子。春夏生者，則不佳。形大，毛羽悅澤，腳粗長者是。遊蕩饒聲，產乳易厭；既不守窠，則無緣蕃息也。雞春夏雛，二十日內無令出窠，飼以燥飯。出窠早，不免烏鴟；與濕飯，則令臍膿也。雞棲宜據地爲籠，內著棧。雖鳴聲不朗，而安穩易肥，又免狐狸之患。若任之樹林，一遇風寒，大者損瘦，小者或死。燃柳柴，雞雛小者死，大者盲。此亦『燒穰殺瓠』之流，其理難悉。

《家政法》曰：『養雞法：二月先耕一畝作田。秫粥灑之，刈生茅覆上，自生白蟲。便買黃雌雞十隻，雄一隻。於地上作屋，方廣丈五，於屋下懸簣，令雞宿上。並作雞籠懸中。夏月盛晝，雞當還屋下息。並於園中，築作小屋，覆雞得養子，烏不得就。」

《龍魚河圖》曰：畜雞白頭，食之病人。雞有六指者，亦殺人。雞有五色者，亦殺人。

又 治雞病方：凡雞雜病，以真麻油灌之，皆立愈。若中蜈蚣毒，則研茱萸解之。

治鬭雞病方：以雄黄末，搜飯飼之，可去其胃蟲。此藥性熱，又可使其力健。

又《魚》 養法：凡鑿池養魚必以二。有三善焉：可以蓄水；鬻時，可去大而存小；可以解汎。此池汎，可入彼池。不可以漚麻，一日即汎。魚遭鴿糞則汎，以圊糞解之。魚之自糞多而返復食之則汎，亦以圊糞解之。池不宜太深，深則水寒而難長。魚食雞鴨卵之黄，則中寒而不子，故魚秧皆不子。魚之行遊，晝夜不息，有洲島環轉，則易長。池之傍，樹以芭蕉，則露滴而可以解汎。樹楝木，則落子池中，可以飽魚。樹葡萄架子於上，可以免鳥糞。種芙蓉岸周，可以辟水獺。魚食楊花則病，亦以糞解之；食蟋蟀、嫩草，食稗子。池之正北後宜塘深，魚必聚焉，則三面有日而易長。飼之草亦宜此方，一日而兩番，須有定時。魚小時，草必細飼；至冬則不食。凡魚嘯子，必沿水痕，雖乾涸十年，遇水即生。其長甚易。其嘯子也以五月，鯉魚以五月下，惟銀魚、鱠殘魚，嘯子於冰，冰解三日乃生也。飼魚之草，不可撩水草，恐有黑魚鯰魚等子在草上，是能食魚。黑魚者，鱧魚也；夜則仰首而戴斗。鯰魚者，鮧魚也，即鯷魚也，大首方口，背青黑而無鱗，是多涎。池中不可著碱水石灰，能令魚汎。凡池之鱖，相傳一夜生七子，太密則魚皆鬱死，必去其半乃佳。

《便民圖》曰：凡魚遭毒翻白，急疏去毒水，别引新水入池。多取芭蕉葉搗碎，置新水來處，使吸之則解。或以溺澆池面，亦佳。

玄扈先生曰：江西養魚法：掘小池，方一丈，深八尺。底又作小池，方五尺，深二尺，用杵築實。畜水至清明前後，出時，買鰱魚、鱮魚苗，長一寸上下者，每池鰱六百，鱮二百。每日以水荇帶草喂之。無草時，可用鹹蛋殼食之。常時積下，至時用之。冬月尤宜用之。令魚並泥食之，不散游。至五月五日後，五更時，用夏布袱。於塘近邊，釘四樁，張布袱其上。次以夏布兜撈魚苗，傾袱内。選去雜魚，另置一水盆中。其鰱鱮入水桶，旋送入中池。中池，方二三丈，每池可放七八百。池中先栽荇草。栽法：於二三月邊，舊魚入大塘，去水曬半乾，栽荇草於内。栽完，放水長草，以養新魚。其中池移過大池之鱮魚，每百日，用草二擔。則中池過塘時，魚重一斤者，至十月可得三四斤。大塘者，大小爲魚多寡。水宜深五尺以上。每食魚，只於大塘内取之。中塘荇草盡，再入之。或用正本草。若大池面方二三十步以上者，可畜三四斤以上魚，即與老草連根食之。刮苧麻取下葉，以席蓋之，勿曬乾，至晚，入池中，當夜食盡。又冬月大魚無食，有一法：常時積舊草薦，置僻處，使人溺其上，久之，至冬月，剉細，以稻泥或黄土，和草成碗大團子，曬乾。置池中心深處，大魚則並泥食之。中池中魚，剉草宜更細，入水二三日，和土成團。冬月乾塘，取起魚寄別池内，或入大桶。速乾水，起生泥壅池，生泥只取爛泥，勿取乾者。池瘦傷魚，令生虱。取過泥，速栽荇草，放水入魚。魚虱如小豆大，似團魚。凡山中暴雨入池，帶惡蟲蛇氣，亦令魚生虱，則極瘦。凡取魚，見魚瘦，宜細檢視之。有則以松毛遍池中，浮之則除。凡小池，定在大池之旁，以便冬月寄魚小池，過小魚於中，中池即栽荇。

又曰：作羊棬於塘岸上，安羊。每早掃其糞於塘中，以飼草魚。而草魚之糞，又可以飼鰱魚。如是可以損人打草，但魚略有微滯耳。水畜之利，須擇背山面湖山聚水曲之處，起造住宅。先置田地山場，凡僕從，即便播穀種蔬，樹植蠶繅，以爲衣食之源。然後掘築方圍大塘，以收水利。塘内有九州八谷，如同江湖，納蝦鱉螺螄爲神守，使魚相忘相若，自以爲江湖之中，日夜遊戲而不息矣。

明 陸容《菽園雜記》卷一〇 南方寺觀及人家庭院中多種芭蕉，但可資觀美而已，大率是無用之物。或以其葉代荷葉，襯蒸麵食。然婦人有癥瘕及血氣病者，感其氣則益甚，是亦不可用也。聞猪瘟者，以其根飼之，漁泛者，以其榦剉投池中則已，未之試也。

明 佚名《太上説牛癀妙經》 爾時，太上道君與諸仙在七寶林中，大會説法。座中有一真人，名曰普善，端簡上白天尊曰：為見浮生計謀活業，養育六畜牛馬駒犢，頻遭疫癘，不甘水草。痛哉痛哉。惟願大慈廣垂濟度。

天尊曰：凡世之人不悟禁忌，不看牛癀馬廄方位，故犯神殺，致見時氣，竟生瘟疫相逼。若欲止禳，須投玄奧。但以吉日灑掃家庭，鋪舒寶座，然燈焚香，轉誦靈文，禳謝神殺，能消災禍，滌除時瘟，永不為害。真人普善仰謝玄恩，而作頌曰：

天尊恩如海，普救世間人。若要除毒害，莫越大乘經。庶類歸心者，國泰物興榮。其或保牛馬，非但犢猪羊。虔誠歸大道，聖道必昭彰。殷勤朝元始，福壽保延長。欄圈皆安帖，血畜自成行。唯憑真經力，須賴聖威光。龍神常擁護，蹄角永繁昌。

真人説是頌畢，及諸仙眾，各各作禮而退。

明 佚名《便民圖纂》卷一四《牧養類》 水牛患熱瘟疫，用人參、芍藥、黄柏，各二兩半。貝母、知母、白礬、黄連防風，各二兩三錢。山梔、鬱金、黄芩各二兩四錢。瓜蔞、桔梗各二兩。大黄一兩九錢。共為末，每服二兩，以蜜三兩，砂糖一兩，生薑五錢，水二升，同調灌之。

清 袁一相《救恤疫四條》《清經世文編》卷四五 查疫疾之作，外不由於六氣之所感，内不由於七情之所傷，實係天災流行，疹癘爲祟，沿鄉傳染，合門同疾。今奉憲臺有作何賑恤之諭，本司請備陳四議焉。

謹案入告之章，言災異不言祥瑞，止於地震、旱澇等類，而不及瘟疫。但查《會典》開載，凡遇災異，具實奏聞。又聞災異即奏，無論大小，凡水旱災荒，皆以有關民瘼而入告也。今據紹興府申稱：村落之中，死亡殆半，事關民命衰耗，災異非常，合應具題，候部議恤。伏候憲奪者，一也。

再按各處設立醫學，原以救民疾病。是以醫官選自吏部，醫印鑄自禮部，醫學建有官署。是皆朝廷重醫道、壽民生之意。近來有司漫不經心，不選明理知書之士，使掌醫學，以致醫生千百爲，但知餬口，全不知書，病者至死，不知其故，一歲之中，夭劄無數，是豈爲民父母之道？今紹郡疫疾，百藥無效，豈藥不靈哉？無明理用藥之人也。似宜申飭有司，振興醫學，慎選醫士，使掌學印，庶知醫者眾，劑不妄投。伏候憲奪者，二也。

再查疫疾之作，實有疫鬼爲厲。是以《周禮》有十三科以療民疾，内有祝由一科，以驅鬼而逐疫，而後世無傳焉。惟是府有郡癘之際，縣有邑厲之祭。凡有遭兵刃而横傷者，有死於水火盗賊者，有被人取財而逼死者，有被人强奪妻妾而死者，有遭刑禍而負屈死者，有饑餓凍死者，此等鬼魂，精魄未散，依草附木，魂杳杳以無歸，意懸懸而望祭。故令天下有司，依時享祀，本處城隍主之。今雖故事徒存，而有司之奉祝不虔，則無主之孤魂不享，鬱勃怨憤之氣，無所發洩，或作祟於田禾，或數興爲疫癘，以致民受其殃。此於山川、社稷諸祀外，尤當加意焉者。似應申飭紹郡有司，修省己愆，感格幽神。嗣後每歲春清明、秋中元、冬十月朔日，必躬必虔，幽明以和，災沴不作。伏候憲奪者，三也。

再查康熙四年三月初五日，欽奉恩赦，第詔使尚未入境，其獄中諸犯，除十惡不赦者，自應監候，乃撥醫藥調治，其自軍罪以下，均應取保，候詔到之日釋放。至於疫死之眾，貧不能棺者，或於康熙四年孤貧項下動支，給與棺木，以恤骸骨。伏候憲奪者，四也。

以上四議，本司遵奉憲批，謬陳管見，統候憲臺裁奪。若夫延名僧以誦經祈福，選羽士以建醮禳災，理或有之，第於吏治不載，本司不敢議也。

清 郝懿行《寶訓》卷八《孳畜・條四》 《四時類要》：『治牛疫方：真安息香于牛欄中燒如燒香法，如初覺有一頭至兩頭是疫，即牽出，以鼻吸之。立愈。又方：十二月兔頭燒作灰，和水五升，灌口中。良。』

清 倪倬《農雅》卷四《農學報》第一百六十八期 唐王方翼之爲耦耕法於夏州也，以牛疫也。宋太宗之官造踏犂也，以江淮間牛多死也，於是有貸民錢使市牛而耕者，有置牛而治屯田者。今耕甿有力者，無不置牛，眞農家利器也，故以附於釋器之末。

傳記

《三國志》卷五七《吴志十二・駱統傳》 是時徵役繁數，重以疫癘，民戶損耗，統上疏曰：『臣聞君國者，以據疆土爲彊富，制威福爲尊貴，曜德義爲榮顯，永世胤爲豐祚。然財須民生，彊賴民力，威恃民勢，福由民殖，德俟民茂，義以民行，六者既備，然後應天受祚，保族宜邦。《書》曰：「衆非后無能胥以寧，后非衆無以辟四方。」推是言之，則民以君安，君以民濟，不易之道也。今彊敵未殄，海内未乂，三軍有無已之役，江境有不釋之備，徵賦調數，由來積紀，加以殃疫死喪之災，郡縣荒虚，田疇蕪曠，聽聞屬城，民戶浸寡，又多殘老，少有丁夫，聞此之日，心若焚燎。思尋所由，小民無知，既有安土重遷之性，且又前後出爲兵者，生則困苦無有溫飽，死則委棄骸骨不反，是以尤用戀本畏遠，同之於死。每有徵發，羸謹居家重累者先見輸送。小有財貨，傾居行賂，不顧窮盡。輕剽者則迸入險阻，黨就羣惡。百姓虚竭，嗷然愁擾，愁擾則不營業，不營業則致窮困，致窮困則不樂生，故口腹急，則姦心動而攜叛多也。又聞民間，非居處小能自供，生產兒子，多不起養；屯田貧兵，亦多棄子。天則生之，而父母殺之，既懼干逆和氣，感動陰陽。且惟殿下開基建國，乃無窮之業也，彊鄰大敵非造次所滅，疆埸常守非期月之戍，而兵民減耗，後生不育，非所以歷遠年，致成功也。夫國之有民，猶水之有舟，停則以安，擾則以危，愚而不可欺，弱而不可勝，是以聖王重焉，禍福由之，故與民消息，觀時制政。方今長吏親民之職，惟以辨具爲能，取過目前之急，少復以恩惠爲治，副稱殿下天覆之仁，勤恤之德者。官民政俗，日以凋弊，漸以凌遲，勢不可久。夫治疾及其未篤，除患貴其未深，願殿下少以萬機餘閒，留神思省，補復荒虛，深圖遠計，育殘餘之民，阜人財之用，參曜三光，等崇天地。臣統之大願，足以死而不朽矣。』權感統言，深加意焉。

《舊唐書》卷一〇一《張廷珪傳》 張廷珪，河南濟源人，其先自常州徙焉。廷珪少以文學知名，性慷慨，有志尚。弱冠應制舉。長安中，累遷監察御史。【略】

開元初，入爲禮部侍郎。時久旱，關中饑儉，下制求直諫昌言、弘益政理者。廷珪上疏曰：

臣聞古有多難興王、殷憂啟聖者，皆以事危則志鋭，情迫則思深，故能自下登高，轉禍爲福者也。伏見景龍之末，中宗遇禍，先天之際，兇黨構謀，社稷有危於綴旒，國朝將均於絶綖。陛下神武超代，精誠動天，再掃氛沴，六合清朗。而後上順皇旨，俯念黔黎，高運璿衡，光膺寶籙。日月所燭之地，書軌未通之鄉，無不霑濡渥恩，被服淳化。十堯、九舜，未足稱也。明明上帝，照臨下土，宜錫介祉，以答鴻休。

然屬頃歲已來，陰陽愆候，九穀失稔，萬姓阻飢，關輔之間，更爲尤劇。至有樵蘇莫爨，糧粔靡資，不復聊生，方憂轉死。偶會昌運，遘茲難否者，臣竊思之，皇天之意，將恐陛下春秋鼎盛，神聖在躬，不崇朝而建大功，自藩邸而陟元后，或簡下濟之道，獨滿雄圖之志，輕虞舜而不法，思漢武以自高。是故昭見咎徵，載加善誘，將欲大君日慎一日，雖休勿休，永保太和，以固邦本也。斯皇天於陛下睠顧深矣，陛下焉可不奉若休旨而寅畏哉！

臣愚誠願陛下約心削志，澄思勵精，考羲、農之書，敦素朴之道。登庸端士，放黜佞人，屏退後宮，減徹外廄，場無蹴踘之翫，野絶從禽之賞。休石田之遠境，罷金甲之懸軍，矜恤惸嫠，蠲薄徭賦。去奇伎淫巧，捐和璧隋珠，不見可欲，使心不亂。自然波清四海，塵銷九域，農夫樂其業，餘糧棲於畝。則和氣上通於天，雖五星連珠，兩曜合璧，未足多也；珍祥下降於地，雖鳳皇巢閣，麒麟在郊，未足奇也。或謂天之炯戒不足畏者，則將上帝憑怒，風雨迷錯，荒饉日甚，無以濟下矣。或謂人之窮乏不足恤者，則將齊甿沮志，億兆攜離，愁苦勢極，無以奉上矣。斯蓋安危所繫，禍福之源，奈何朝廷曾不是察！況今陛下受命伊始，敷政惟新，卿士百僚，華夷萬族，莫不清耳以聽，刮目而視，延頸企踵，冀有所聞見，顒顒如也。何可怠棄典則，坐辜其望哉！

又 卷一八五上《良吏傳上·王方翼》 王方翼，并州祁人也，高宗王庶人從祖兄也。【略】因遣裨將分道討襲咽麪等，賊既無備，因是大潰，擒首領突騎施等三百人，西域遂定。以功遷夏州都督。屬牛疫，無以營農，方翼造人耕之法，施關鍵，使人推之，百姓賴焉。

《新唐書》卷一一一《王方翼傳》 王方翼字仲翔，并州祁人。祖裕，隋州刺史，尚同安大長公主，官開府儀同三司，卒，謚曰文。

西域平，以功遷夏州都督。屬牛疫，民廢田作，方翼爲耦耕法，張機鍵，力省而見功多，百姓順賴。明年，召方翼議西域事，引見奉天宫，賜食帝前，帝見衣有污濯處，問其故，具對熱海苦戰狀。視其創，帝咨嗟久之，賜賚良厚。

又 卷一一八《張廷珪傳》 張廷珪，河南濟源人。慷慨有志尚。第進士，補白水尉。舉制科異等。累遷監察御史，按劾平直。【略】

會詔市河南河北牛羊、荊益奴婢，置監登、萊，以廣軍資。廷珪上書曰：『今河南牛疫，十不一在，詔雖和市，甚於抑奪。併市則價難準，簡擇則吏求賄，是牛再疫，農重傷也。高原耕地奪爲牧所，兩州無復丁田，牛羊踐暴，舉境何賴？荊、益奴婢多國家户口，姦豪掠買，一入於官，永無免期。南北異宜，至必生疾，此有損無益也。抑聞之，君所恃在民，民所恃在食，食所資在耕，耕所資在牛；牛廢則耕廢，耕廢則食去，食去則民亡，民亡則何恃爲君？羊非軍國切要，假令蕃滋，不可射利。』后乃止。

玄宗開元初，大旱，關中飢，詔求直言。廷珪上疏曰：『古有多難興國，殷憂啟聖，蓋事危則志鋭，情苦則慮深，故能轉禍爲福也。景龍、先天間，凶黨構亂，陛下神武，汛掃氛垢，日月所燭，無不濡澤，明明上帝，宜錫介福。而頃陰陽愆候，九穀失稔，關輔尤劇。臣思天意，殆以陛下春秋鼎盛，不崇朝有大功，輕堯、舜而不法，思秦、漢以自高，故昭見咎異，欲日慎一日，永保大和，是皇天於陛下睠顧深矣，陛下得不奉若休旨而寅畏哉！誠願約心削志，考前王之書，敦素樸之道，登端士，放佞人，屏後宮，減外廄，場無蹴鞠之玩，野絕從禽之樂，促遠境，罷縣戍，矜惠惸獨，蠲薄傜賦，去淫巧，捐珠璧，不見可欲，使心不亂。或謂天戒不足畏，而上帝馮怒，風雨迷錯，荒饉日甚，則無以濟下矣；或謂人窮不足恤，而億兆攜離，愁苦昏墊，則無以奉上矣。斯安危所繫，禍福之原，奈何不察？今受命伊始，華夷百姓清耳以聽，刮目以視，冀有聞見，何遽孤其望哉？』

紀事

《春秋·莊公二十年》夏。齊大災。

《左傳·莊公七年》秋，無麥、苗，不害嘉穀也。

《春秋穀梁傳·莊公七年》經：無麥、苗。傳：麥、苗同時也。

《史記》卷一一《孝景本紀》［後二年十月］衡山國、河東、雲中郡《正義》：衡山國，今衡州。河東，今蒲州。雲中郡，今勝州。民疫。

《漢書》卷九《元帝紀》［初元元年］六月，以民疾疫，令大官損膳，減樂府員，省苑馬，以振困乏。

又 卷七五《翼奉傳》是歲，關東大水，郡國十一飢，疫尤甚。

《三國志》卷一《魏書·武帝紀》裴松之注［建安二十三年］《魏書》載王令曰：『去冬天降疫癘，民有凋傷，軍興於外，墾田損少，吾甚憂之。其令吏民男女：女年七十已上無夫子，若年十二已下無父母兄弟，及目無所見，手不能作，足不能行，而無妻子父兄產業者，廩食終身。幼者至十二止，貧窮不能自贍者，隨口給貸。老耄須待養者，年九十已上，復不事，家一人。』

晉 袁宏《後漢紀》卷二三《後漢孝靈皇帝紀上》［光和五年］二月，大疫。

又 卷三〇《後漢孝獻皇帝紀》［建安二十二年］是歲大疫。

《後漢書》卷一下《光武帝紀下》［建武十四年］是歲，會稽大疫。會稽，今越州縣。

又 卷三《肅宗孝章帝紀》［永平十八年］是歲，牛疫。

又［建初元年春正月］丙寅，詔曰：『比年牛多疾疫，墾田減少，穀價頗貴，人以流亡。方春東作，宜及時務。二千石勉勸農桑，弘致勞來。羣公庶尹，各推精誠，專急人事。罪非殊死，須立秋案驗。有司明慎選舉，進柔良，退貪猾，順時令，理冤獄。「五教在寬」，帝典所美；「愷悌君子」，大雅所歎。布告天下，使明知朕意。』

又［建初四年］冬，牛大疫。

又［元和元年］二月甲戌，詔曰：『王者八政，以食爲本，故古者急耕稼之業，致耒耜之勤，節用儲蓄，以備凶災，是以歲雖不登而人無飢色。自牛疫已來，穀食連少，良由吏教未至，刺史、二千石不以爲負。其令郡國募人無田欲徙它界就肥饒者，恣聽之。到在所，賜給公田，爲雇耕傭，賃種餉，貰與田器，勿收租五歲，除筭三年。其後欲還本鄉者，勿禁。』

又 卷五《孝安帝紀》［元初六年］夏四月，會稽大疫，遣光祿大夫將太醫循行疾病，賜棺木，漢官儀：『太醫令一人，秩六百石。』除田租、口賦。

又［延光四年］是冬，京師大疫。

又 卷六《孝順帝紀》［永建元年十月］甲辰，詔以疫癘水潦，令人半輸今年田租；傷害什四以上，勿收責；不滿者，以實除之。

又 卷一〇六《五行志四·牛疫》明帝永平十八年，牛疫死。是歲遣竇固等征西域，置都護、戊己校尉。固等適還而西域叛，殺都護陳睦、戊己校尉關寵。於是大怒，欲復發興討，會秋明帝崩，是思心不容也。

章帝建初四年冬，京都牛大疫。是時竇皇后以宋貴人子爲太子，寵幸，令人求伺貴人過隙，以讒毀之。章帝不知竇太后不善，厥咎霿也。或曰，是年六月馬太后崩，土功非時興故也。

又 卷一〇七《五行志五·疫》安帝元初六年夏四月，會稽大疫。《公羊傳》曰：『大災者何？大瘠也。大瘠者何？痢也。』何休曰：『民疾疫也，邪亂之氣所生。』《古今注》曰：『光武建武十三年，揚徐部大疾疫，會稽江左甚。』案傳，鍾離意爲督郵，建武十四年會稽大疫。案此則頻歲也。《古今注》曰：『二十六年，郡國七大疫。』

延光四年冬，京都大疫。張衡明年上封事：『臣竊見京師爲害兼所及，民多病死，死有滅戶。人人恐懼，朝廷燋心，以爲至憂。臣官在於考變禳災，思任防救，未知所由，夙夜征營。臣聞國之大事在祀，祀莫大於郊天奉祖。方今道路流言，僉曰「孝安皇帝南巡路崩，從駕左右行慝之臣欲徵諸國王子，故不發喪，衣車還宮，僞遣大臣，並禱請命」。臣處外官，不知其審，然尊靈見罔，豈能無怨！且凡大祀小有不蠲，猶爲譴謫，況以大穢，用禮郊廟？孔子曰：「曾謂泰山不如林放乎！」天地明察，降禍見災，乃其理也。又閒者，有司正以冬至之後，奏開恭陵神道。陛下至孝，不忍距逆，或發冢移尸。月令：「仲冬土事無作，慎無發蓋，及起大衆，以固而閉。地氣上泄，是謂發天地之房，諸蟄則死，民必疾疫，又隨以喪。」厲氣未息，恐其殆此二事，欲使知過改悔。《五行傳》曰：「六沴作見，若時共禦，帝用不差，神則不怒，五福乃降，用章于下。」臣愚以爲可使公卿處議，所以陳術改過，取媚神祇，自求多福也。」

桓帝元嘉元年正月，京都大疫。二月，九江、廬江又疫。

延熹四年正月，大疫。太公《六韜》曰：『人主好重賦役，大宮室，多臺遊，則民多病溫也。』

靈帝建寧四年三月，大疫。

熹平二年正月，大疫。

光和二年春，大疫。

五年二月，大疫。

中平二年正月，大疫。

獻帝建安二十二年，大疫。魏文帝《書與吳質》曰：『昔年疾疫，親故多離其災。』魏陳思王常説疫氣云：『家家有強尸之痛，室室有號泣之哀，或闔門而殪，或舉族而喪者。』

《宋書》卷五《文帝紀》［元嘉四年］五月壬午，中護軍王華卒。京師疾疫，甲午，遣使存問，給醫藥；死者若無家屬，賜以棺器。

《晉書》卷四《惠帝紀》［永平七年］秋七月，雍、梁州疫。

《隋書》卷二三《五行志下》 大業四年，太原廄馬死者太半，帝怒，遣使案問。主者曰：『每夜廄中馬無故自驚，因而致死。』帝令巫者視之。巫者知帝將有遼東之役，因希旨言曰：『先帝令楊素、史萬歲取之，將鬼兵以伐遼東也。』帝大悦，因釋主者。《洪範五行傳》曰：『逆天氣，故馬多死。』是時，帝每歲巡幸，北事長城，西通且末，國內虛耗。天戒若曰，除廄馬，無事巡幸。帝不悟，遂至亂。

又 義寧元年，帝在江都宮，龍廄馬無故而死，旬日，死至數百匹。與大業四年同占。

《通典》卷一《食貨一・田制上唐周秦漢後漢晉宋後魏**》** 景穆帝初爲太子監國，曾令有司課畿內之人，使無牛家以人牛力相貿，墾殖鋤耨。其有牛家與無牛家一人種田二十畝，償以耘鋤功七畝，如是爲差。至與老小無牛家種田七畝，老小者償以鋤功二畝。皆以五口下貧家爲率。各列家別口數、所種頃畝，明立簿目。所種者於地首標題姓名，以辨播殖之功。

孝文太和元年三月，詔曰：去年牛疫，死太半，今東作既興，人須肄業。有牛者加勤於常歲，無牛者倍傭於餘年。一夫制理四十畝，中男二十畝。無令人有餘力，地有遺利。

《新唐書》卷三五《五行志二》 調露元年春，牛大疫。京房《易傳》曰：『牛少者穀不成。』又占曰：『金革動。』

又 神龍元年春，牛疫。二年冬，牛大疫。

又 開元十五年春，河北牛大疫。

又 貞元二年，牛疫。【略】七年，關輔牛大疫，死者十五六。

又 卷三六《五行志三》 貞觀十年，關內、河東大疫。十五年三月，澤州疫。十六年夏，穀、涇、徐、戴、虢五州疫。十七年夏，潭、濠、廬三州疫。十八年，廬、濠、巴、普、郴五州疫。二十二年，卿州大疫。

永徽六年三月，楚州大疫。

永淳元年冬，大疫，兩京死者相枕於路。占曰：『國將有恤，則邪亂之氣先被于民，故疫。』

景龍元年夏，自京師至山東、河北疫，死者千數。

寶應元年，江東大疫，死者過半。

貞元六年夏，淮南、浙西、福建道疫。

元和元年夏，浙東大疫，死者太半。

大和六年春，自劍南至浙西大疫。

開成五年夏，福、建、台、明四州疫。

咸通十年，宣、歙、兩浙疫。

大順二年春，淮南疫，死者十三四。

宋 徐天麟《東漢會要》卷二八《民政上》 永平中，下令禁民二業，又以郡國牛疫，通使區種增耕，而吏下檢結，多失其實，百姓患之。劉般上言：『郡國以官禁二業，至有田者不得漁捕。今濱江湖郡率少蠶桑，民資漁采以助口實，且以冬春閑月，不妨農事。夫漁獵之利，爲田除害，有助穀食，無關二業也。又郡國以牛疫、水旱，墾田多減，故詔敕區種，增進頃畝，以爲民也。而吏舉度田，欲令多前，至於不種之處，亦通爲租。可申敕刺史、二千石，務令實覈，其有增加，皆使與奪田同罪。帝悉從之。《劉般傳》

章帝建初元年正月，詔曰：比年牛多疾疫，墾田減少，穀價頗貴，人以流亡。方春東作，宜及時務。二千石勉勸農桑，弘致勞來。

《文獻通考》卷二《田賦考二》　孝文太和元年，詔曰：『去年牛疫死大半，今東作既興，人須肄業，有牛者加勤於常歲，無牛者倍傭於餘年。一夫治田四十畝，中男二十畝，無令人有餘力，地有遺利。』

又　卷二六《國用考四·振恤》　前此救災者皆聚民城郭中，煮粥食之，饑民聚爲疾疫。及相蹈籍死，或待次數日不食，得粥皆僵仆，名爲救人，而實殺之。弼所立法簡便周至，天下傳以爲法。時救鄆州劉夔亦發廩振饑，民賴全活者甚衆，盜賊衰止，賜書褒獎。

又　卷三一一《物異考十七·牛禍》　後漢明帝永平十八年，牛疫死。章帝建初四年冬，京都牛大疫。時竇皇后以宋貴人子爲太子，寵幸，令人伺求貴人過隙，以讒毀之。帝不知太后不善，厥咎霿也。

又　後魏孝文承明元年，牛疫，死傷大半。

又　唐高宗調露元年春，牛大疫。京房《易傳》曰：『牛少者穀不成。』又占曰：金革動。

又　中宗神龍元年春，牛疫。

二年冬，牛疫。先天初，洛陽市有牛，左脅有人手，長一尺，或牽之以乞丐。

又　元宗開元十五年春，河北牛大疫。

又　德宗貞元二年，牛疫。四年，郊牛生犢，六足。足多者，下不一。七年，關輔牛大疫。

又　光宗紹熙十四年春，淮西牛大疫死。寧宗慶元元年，淮、浙牛多疫死。

又　卷三一二《物異考十八·羊禍》　宋高宗紹興五年，江東、西羊大疫。班固以爲『暑歲，羊多疫死及爲怪』。

《宋史》卷六二《五行志一下》　［紹興］五年，廣西市馬，全綱疫死。

淳熙六年十二月，宕昌西馬、金州馬皆大疫。

又　淳化五年六月，京師疫，遣太醫和藥救之。

至道三年，江南頻年多疾疫。

大觀三年，江東疫。

建炎元年三月，金人圍汴京，城中疫死者幾半。

紹興元年六月，浙西大疫，平江府以北，流屍無算。秋冬，紹興府連年大疫，官募人能服粥藥之勞者，活及百人者度為僧。三年二月，永州疫。六年，四川疫。十六年夏，行都疫。二十六年夏，行都又疫，高宗出柴胡製藥，活者甚衆。

隆興二年冬，淮甸流民二三十萬避亂江南，結草舍徧山谷，暴露凍餒，疫死者半，僅有還者亦死。是歲，浙之飢民疫者尤衆。

乾道元年，行都及紹興府飢，民大疫，浙東、西亦如之。六年春，民以冬燠疫作。八年夏，行都民疫，及秋未息。江西飢民大疫，隆興府民疫，遭水患，多死。

淳熙四年，真州大疫。八年，行都大疫，禁旅多死。寧國府民疫死者尤衆。十四年春，都民、禁旅大疫，浙西郡國亦疫。十六年，潭州疫。

紹興二年春，涪州疫死數千人。三年，資、榮二州大疫。

慶元元年，行都疫。二年五月，行都疫。三年三月，行都及淮、浙郡縣疫。

嘉泰三年五月，行都疫。

嘉定元年夏，淮甸大疫，官募掩骼及二百人者度為僧。是歲，浙民亦疫。二年夏，都民疫死甚衆。淮民流江南者飢與暑并，多疫死。三年四月，都民多疫死；四年三月，亦如之。十五年，贛州疫。十六年，永、道二州疫。

德祐元年六月庚子，是日，四城遷徙，流民患疫而死者不可勝計，天寧寺死者尤多。二年閏三月，數月間，城中疫氣薰蒸，人之病死者不可以數計。

又　卷六四《五行志二下》　紹興五年，江東、西羊大疫。

《元史》卷五〇《五行志上·土》　至大元年春，紹興、慶元、台州疫死者二萬六千餘人。

皇慶二年冬，京師大疫。唐志云：『國將有恤，則邪亂之氣先被于民，故疫。』

又　卷五一《五行志下·稼穡不成》　至正四年，福州、邵武、延平、汀州四郡，夏秋大疫。五年春夏，濟南大疫。十二年正月，冀寧保德州大疫。夏，龍興大疫。十三年，黄州、饒州大疫。十二月，大同路大疫。十六年春，河南大疫。十七年六月，莒州蒙陰縣大疫。十八年夏，汾州大疫。十九年春夏，鄜州幷原縣，莒州沂水、日照二縣及廣東南雄路大疫。二十年夏，紹興山陰、會稽二縣大疫。二十二年，又大疫。

《明實録·太祖高皇帝實録》卷七四　〔洪武五年〕六月甲申，南安府大庾、上猶、南康三縣大疫。

《明實録·太宗文皇帝實録》卷八一　〔永樂六年〕七月甲戌，玉山、永豐二縣疫，民死者千七百九十餘口。

又　卷八三　〔永樂六年〕九月乙丑，戶部啟：江西建昌、撫州及福建建寧、邵武等府，自五年至今年正月疫，人死亡七萬八千四百餘口。

《明實録·英宗睿皇帝實録》卷三二七　〔天順五年四月辛卯〕西安府三十三州縣地方，自去年雨水連綿，秋成失望，人民缺食；至冬無雪，今春又無雨，二麥不還發生，況瘟疫大作，人多死亡。

（弘治）《八閩通志》卷八一《祥異》　〔正統十四年〕秋大疫，死者以萬計。

又　〔成化十一年〕夏四月，諸邑大疫，至冬方息。

（弘治）《潞州志》卷三《災異》　〔成化〕十九年，廿年潞州饑，人相食，餓莩盈野，瘟疫大作。欽差刑部左侍郎何喬新賑給。

（弘治）《重修無錫縣志》卷二七《祥異》　〔景泰六年〕夏秋大旱，民饑疫死者道殣相望，計三萬餘人。

《明實録·孝宗敬皇帝實録》卷一一八　〔弘治九年〕自去年八月至立冬後，江西建昌等府，人多瘟疫。

（正德）《福州府志》卷三三《祥異》　〔成化十六年〕大疫，傍近居民病死甚衆，向聚觀者悉罹其禍。

（正德）《嘉興府志補》卷一《流寓》　〔天順五年〕民多疫死。

（正德）《桐鄉縣志》卷四《祥異》　〔正德六年〕夏五月，大疫，死者枕藉。

（嘉靖）《陝西通志》卷三《山川》　〔正統十一年〕甘州諸郡時疫大作，死者相枕。有禦制祭告文。

（嘉靖）《湖廣圖經志書》卷九　〔成化十八年〕荊襄流民百餘萬，有司逐之，當盛暑，暍死、疫死者過半。

（嘉靖）《撫州府志》卷二《災異》　〔永樂五年〕大疫。

又　〔宣德二年〕大疫。

（嘉靖）《邵武府志》卷一《應候》　〔正統十四年〕邵武、泰寧饑。秋大疫。

又　〔天順四年〕夏秋，疫。

（嘉靖）《河間府志》卷七《祥異》　〔正德十四年〕是年大疫。

（嘉靖）《福寧州志》卷一二《祥異》　〔洪武二年〕疫大作。死者相枕藉。

（嘉靖）《欽州志》卷九《歷年》　〔嘉靖十八年〕大疫，自春至夏，死者十之三。欽州、靈山皆然。

（嘉靖）《雄乘》卷下《祥異》　〔正德十四年〕春大疫。

（嘉靖）《建寧縣志》卷一《祥異》　〔成化十四年〕四月，大疫，至冬方息。

（嘉靖）《象山縣志》卷一三《雜志》　〔宣德九年〕大疫，人畜死傷甚衆。

又　〔成化十五年〕大疫，死亡過半。

（嘉靖）《清河縣志》卷三《災祥》　〔嘉靖三年〕大饑，瘟疫盛行，積屍載道。人相食。

（嘉靖）《儀封縣志》卷下《災祥》　〔嘉靖十八年〕春大饑。夏大疫。秋大蝗。

（嘉靖）《武平志》卷六《祥異》　〔正德七年〕冬，民間疫死者衆。

（嘉靖）《保定府志》卷一五《祥異》　〔正德十四年〕春大疫。

（嘉靖）《東昌府志》卷一七《祥異》　〔萬曆十年〕大疫。

（嘉靖）《郴州志》卷二〇《祥異》　〔成化八年〕大疫，死屍遍野。

（嘉靖）《滄州志》卷五《紀異》　〔正德十四年〕大疫。

（嘉靖）《秀水縣志》卷一〇《祥異》　〔景泰六年〕大疫，死者相枕藉。

又　〔正德六年〕夏五月，大疫，死者相枕藉。

（萬曆）《將樂縣志》卷一二《災祥》　〔成化十一年〕自夏徂冬不雨。其年菽粟無獲，災疫薦臻，人民困瘁，莫此爲甚。

（萬曆）《重修嘉善縣志》卷一二《灾祥》 ［正德六年］春夏大疫，死者枕藉。

（萬曆）《任丘志集》卷八《灾異》 ［正德十四年］春大疫。

（萬曆）《嘉定縣志》卷一七《祥異》 ［萬曆三年］大水，疫。

（萬曆）《蕭山縣志》卷六《祥異》 ［萬曆十七年］十六、十七年疫癘大作，邑無寧居，死者相藉于道，令劉會選醫置藥物療之，捐俸差眾僧入於四郊掩胔骼。

（天啓）《東安縣志》卷一《機祥》 ［正德十四年］春大疫。

（天啓）《潞城縣志》卷八《灾祥》 ［成化十九年］饑，民相食，餓莩盈野，瘟疫大作。

（天啓）《中牟縣志》卷二《物異》 ［嘉靖十八年］夏大疫。

（崇禎）《瑞州府志》卷二四《祥異》 ［天順五年］瑞州府冬十二月雷鳴，鄉市大疫。

又 ［天順六年］春，府屬民多疫病死。

（崇禎）《文安縣志》卷一一《灾祥》 ［正德十四年］春大疫。

（順治）《歸德府志》卷一〇《灾祥》 ［嘉靖十八年］春大饑，疫，死者相望。

（順治）《扶風縣志》卷一《灾祥》 ［崇禎二年］旱，疫。

（順治）《蠡縣志》卷八《祥異》 ［正德十四年］春大疫。

（順治）《鄢陵縣志》卷一〇《藝文》 ［成化十一年］時疫大行，亡者枕藉，骨肉不相顧。

《明史》卷二八《五行志一·疾疫》 永樂六年正月，江西建昌、撫州，福建建寧、邵武自去年至是月，疫死者七萬八千四百餘人。八年，登州寧海諸州縣自正月至六月，疫死者六千餘人。邵武比歲大疫，至是年冬，死絕者萬二千戶。九年七月，河南、陝西疫。十一年六月，湖州三縣疫。七月，寧波五縣疫。正統九年冬，紹興、寧波、台州瘟疫大作，及明年死者三萬餘人。景泰四年冬，建昌、武昌、漢陽疫。六年四月，西安、平涼疫。七年五月，桂林疫死者二萬餘人。天順五年四月，陝西疫。成化十一年八月，福建大疫，延及江西，死者無算。正德元年六月，湖廣平溪、清浪、鎮遠、偏橋四衛大疫，死者甚衆。靖州諸處自七月至十二月大疫，建寧、邵武自八月始亦大疫。十二年十月，泉州大疫。嘉靖元年二月，陝西大疫。二年七月，南京大疫，軍民死者甚衆。四年九月，山東疫死者四千一百二十八人。三十三年四月，都城內外大疫。四十四年正月，京師饑且疫。萬曆十年四月，京師疫。十五年五月，又疫。十六年五月，山東、陝西、山西、浙江俱大旱，疫。崇禎十六年，京師大疫，自二月至九月止。明年春，北畿、山東疫。

（康熙）《嘉興府志》卷二《祥異》 ［洪武九年］嘉禾大疫。

（康熙）《撫州府志》卷一《灾祥》 ［永樂六年］郡大疫。

又 ［永樂十三年］郡大疫。

（康熙）《廬州府志》卷三《祥異》 ［天順五年］疫。諸屬旱，蝗。

（康熙）《湖廣武昌府志》卷三《灾異》 ［永樂十九年］正月，龍見於蒲沂西良湖。是歲大疫。

（康熙）《鼎修德安府全志》卷二《灾異》 ［嘉靖六年］春夏大疫。民多流，鬻一少女僅半金。

（康熙）《延平府志》卷二一《灾祥》 ［萬曆十九年］春疫，民間傳染，不相往來。

（康熙）《衡州府志》卷二二《祥異》 ［順治三年］歲大無。次年丁亥，斗米價至一金，自四月初至六月陰雨不息，兵荒洊至，疫氣盛行，死者相枕藉道路，民間幾無孑遺。

（康熙）《興國州志》卷下《祥異》 ［順治三年］大疫。大麥一石價一兩八錢。

（康熙）《儋州志》卷二《祥異》 ［弘治二年］瘟疫流行，民多病死。

（康熙）《安州志》卷七《祥異》 ［正德十四年］春大疫。

（康熙）《晉州志》卷一〇《事紀》 ［正德十四年］春大疫。

（康熙）《吳縣志》卷四〇《宦績》 ［康熙十七年］是年三吳奇旱，兼大疫。

（康熙）《光澤縣志》附卷《祥異》 ［正統十四年］秋大疫，死者以萬計。

又 ［天順四年］夏秋，疫。

又 ［成化二年］疫。

又 ［成化十一年］四月，大疫，至冬方息。大饑。

（康熙）《萬載縣志》卷一二《灾祥》［天順五年］大疫。

（康熙）《龍岩縣志》卷一〇《灾祥》［宣德三年］夏疫，死者甚衆，義民蔣永迪施棺以百計。

（康熙）《繁昌縣志》卷二《祥異》［宣德九年］疫痢大作，道殣相望。

（康熙）《瑞昌縣志》卷一《祥異》［成化十七年］大疫。

（康熙）《澄邁縣志》卷三《灾異》［弘治二年］瘟疫流行，民死者衆。

（康熙）《五河縣志》卷一《祥異》［成化二年］大疫，民死幾半。

（康熙）《博野縣志》卷二《惠政》［正德十二年］瘟疫流行，令有司置買藥料，發醫學濟民。

（康熙）《東光縣志》卷一《機祥》［正德十四年］大疫。

（康熙）《交河縣志》卷七《灾祥》［正德十四年］大疫。

（康熙）《孝感縣志》卷六《灾異》［嘉靖三年］稔，大疫。

（康熙）《獻縣志》卷八《祥異》［正德十四年］大疫。

（康熙）《博平縣志》卷一《機祥》［萬曆十年］大頭瘟疫盛行。

（康熙）《扶溝縣志》卷四《灾異》［嘉靖十八年］大疫，少長無遺，死者過半。

（康熙）《宿遷縣志》卷一二《祥異》［萬曆十年］七月，風雨異常，至八月猶甚，人牛大疫。

（康熙）《垣曲縣志》卷一二《灾荒》［萬曆十三年］瘟疫癘行，傳染傷人，親識不相吊問。

又［崇禎六年］夏至秋痘疫大行，傷死甚多。

（康熙）《内鄉縣志》卷一一《灾祥》［萬曆三十一年］歲凶，瘟疫，人多死。

（康熙）《龍門縣志》卷二《灾祥》［萬曆十一年］疫。

（康熙）《宣化縣志》卷二《灾祥》［萬曆十一年］疫。

（康熙）《西寧縣志》卷一《灾祥》［萬曆十一年］春疫。

（康熙）《文水縣志》卷一《祥異》［順治十一年］瘟疫大行，南武等都至有滅門無遺者，儒醫武承業、晋風翔廣用良藥起之，全活甚衆。

（雍正）《陝西通志》卷四七《祥異》［永樂九年］七月，陝西疫。

（雍正）《山西通志》卷一六三《祥異》［成化二十年］曲沃、洪洞、臨汾、臨晉、滎河、解州、平陸、夏縣、安邑、孝義、埻縣大旱，人相食。長子、寧鄉、澤州、高平、陽城饑疫，遣使賑恤。免通省田租之半。

（雍正）《浙江通志》卷七五《蠲恤》［正統十年］七月，紹興、寧波、台州疫。

又卷一〇九《祥異》［永樂十一年］七月戊子，寧波府五縣大疫。

（雍正）《澤州府志》卷五〇《祥異》［康熙四十一年］澤州病疫，喉腫即死。

（雍正）《高陽縣志》卷六《機祥》［正德十四年］春大疫。

（乾隆）《福建通志》卷六五《祥異》［永樂三年］夏，龍巖疫。

（乾隆）《建昌府志》卷五《機祥》［永樂五年］建昌疫。

又［永樂六年］正月，建昌自去年至是月疫死者萬餘人。

（乾隆）《徐州府志》卷三〇《祥異》［洪武九年］夏，睢寧大旱，民多疫癘。

（乾隆）《袁州府志》卷二《機祥》［天順五年］大疫。

（乾隆）《沂州府志》卷一六《記事》［順治三年］大疫，人畜死者甚衆。

（乾隆）《泰和縣志》卷二八《祥異》［康熙四十二年］冬，鄉民大疫。

（乾隆）《杞縣志》卷二《灾祥》［康熙四十九年］大疫，道路死者相枕藉。

（乾隆）《新建縣志》卷二《機祥》［雍正六年］春大疫。

（乾隆）《魯山縣全志》卷九《祥異》［乾隆三年］自三月至七月，瘟疫盛行。

（乾隆）《葉縣志》卷一《祥異》［乾隆三年］牛大疫。

（乾隆）《寧鄉縣志》卷八《灾祥》［乾隆十二年］人患疫，邑市尤甚，自正月起，至戊辰五月少息。

（乾隆）《肅寧縣志》卷一《祥異》［正德十四年］是年大疫。

（乾隆）《饒陽縣志》卷下《事紀》［正德十四年］春，疫。

（乾隆）《南豐縣志》卷二《祥異》［萬曆元年］冬大疫。

（乾隆）《懷安縣志》卷二二《災祥》［萬曆十一年］春疫。

（乾隆）《昌化縣志》卷一〇《祥異》［萬曆十七年］秋疫，再饑。時以連旱，饑饉相仍，加之疫癘徙死相望於道，詔發粟賑，復蠲田租之半。

（乾隆）《和平縣志》卷一《事紀》［順治三年］夏六月，大疫。

（乾隆）《南安府大庾縣志》卷一《祥異》［順治三年］大疫，自秋至春不止。

（乾隆）《崇陽縣志》卷一〇《災祥》［順治三年］大疫，死亡無數。

（乾隆）《富順縣志》卷一七《祥異》［順治五年］是年，瘟疫大作，人皆徙散，數百里無煙。

（乾隆）《棗陽縣志》卷一七《災異》［康熙九年］大疫。

（乾隆）《長汀縣志》卷二六《雜記》［順治六年］三月，大疫。

（乾隆）《嵩縣志》卷二三《宦迹》［弘治七年］瘟疫流行，甚者闔門不起。

（乾隆）《平湖縣志》卷一〇《祥異》［景泰六年］大疫，死者相枕藉。

又［正德六年］春夏大疫，死者相枕藉。

（乾隆）《鄞縣志》卷二六《祥異》［正統九年］冬，寧波瘟疫大作。

（乾隆）《永壽縣新志》卷九《災異》［正統十年］六月，陝西全省災疫，敕禱西嶽華山。

（乾隆）《白水縣志》卷一《祥異》［正統十年］大疫。

（乾隆）《三原縣志》卷九《祥異》［天順五年］四月，陝西疫。

（乾隆）《重修盩厔縣志》卷一三《祥異》［天順五年］疫。

（乾隆）《吴江縣志》卷四〇《災變》［成化十二年］八月，大水。冬大雪，大寒，冰厚數尺，河路累月不通。二十一都有黑氣一道，從東北去。次年大疫，人畜死者無算。

（乾隆）《香山縣志》卷八《祥異》［成化十六年］秋冬，疫。

（乾隆）《彭澤縣志》卷一五《祥異》［成化十七年］大疫，民死甚眾。

（乾隆）《榮經縣志》卷三《祥異》［成化十七年］大疫。

（嘉慶）《廣西通志》卷一九〇《前事》［景泰七年］五月，桂林疫死者二萬餘人。

（嘉慶）《沁水縣志》卷一〇《祥異》［崇禎六年］瘟疫大作。

（嘉慶）《桐鄉縣志》卷一二《禨祥》［康熙三十三年］夏，青鎮、濮鎮大疫。

（道光）《重纂福建通志》卷二七一《祥異》［成化十一年］十二月，福建疫，遣使祭其山川。

（道光）《香山縣志》卷八《祥異》［成化十八年］畜疫。秋九月，震雷。

（道光）《重修昭化縣志》卷四一《行誼》［嘉靖七年］瘟疫傳染，秦民逃荒者數於家，染之，輒途死。

（道光）《宣平縣志》卷一二《紀異》［嘉慶五年］四月、五月疫痢，死者甚多。

（道光）《安陸縣志》卷一四《祥異》［嘉靖三年］稔，大疫。

（道光）《重修儀征縣志》卷四六《祥異》［康熙十年］疫大作，人多暴死。

（道光）《惠安縣續志》卷七《人物》［雍正三年］大饑且疫。

（道光）《永康縣志》卷九《祥異》［乾隆十年］秋，瘟疫行，民饑。

（道光）《晋江縣志》卷七四《祥異》［乾隆十九年］夏大疫，至十九年秋乃止，死者無數。

（咸豐）《靖江縣志稿》卷二《祲祥》［正德六年］靖江縣春夏疫，民有滅門者。

（同治）《湖州府志》卷四四《祥異》［永樂九年］湖州府疫。

（同治）《鄞縣志》卷六九《祥異》［正統十年］七月，寧波疫。

（同治）《房縣志》卷六《事紀》［康熙五十三年］痘疹大作，夭殤千餘口。

（同治）《續輯漢陽縣志》卷四《祥異》［景泰四年］冬，疫。

（同治）《續天津縣志》卷一《祥異》［嘉慶三年］春寒大疫。夏有麥。冬復溫，大疫。

（同治）《長樂縣志》卷二《祥異》［成化十六年］是年，傍近居民大疫。

（光緒）《甘肅新通志》卷二《祥異》［景泰六年］夏四月，平涼疫。

（光緒）《江西通志》卷九八《祥異》［成化十一年］八月，大疫。

（光緒）《台州府志》卷二九《大事》［正統九年］冬，瘟疫大作，時台州、紹興、寧波俱瘟疫，及明年，死者三萬餘人。

（光緒）《常昭合志稿》卷四七《祥異》［正德六年］七月二十六、七日，大風，海溢。大疫。

（光緒）《江東志》卷一《祥異》［嘉靖十八年］十月，大疫。歲祲。

又［萬曆七年］七月十三日颶風，海溢，溺死無算。又大疫。

又［康熙三十五年］冬疫。

（光緒）《慈溪縣志》卷五五《祥異》［永樂十一年］七月疫。

又［正統九年］冬，瘟疫大作。

又［正統十年］三月久旱，民遭疾疫。

又［隆慶二年］夏大疫。

（光緒）《雄縣鄉土志》卷四《耆舊》［成化十八年］大旱，繼瘟疫。侯觀禱於中嶽，願以身贖，移時大雨如注，病者以起，歲亦大熟。

（光緒）《歸安縣志》卷二七《祥異》［順治二年］春大疫，民嘔血縷即死。

（光緒）《拓城縣志》卷一〇《灾祥》［順治三年］牛瘟。

（光緒）《丹稜縣志》卷七《灾祥》［順治三年］丙戌、丁亥連歲大旱，斗米三十金，人不得耕，起而相食，骸骨滿野。其存者又被魔疫，幾無孑遺，如所謂摸臉魔、夢魂魔、大頭瘟、馬蹄瘟之類，蓋劫殺之餘也。

（光緒）《榮昌縣志》卷一九《祥異》［順治三年］大旱，大疫。流賊殘殺，幾無遺民。

（光緒）《寧津縣志》卷一一《祥異》［嘉慶二年］瘟疫。

《清史稿》卷四〇《灾異志一・疾疫》 順治元年，懷來大疫，龍門大疫，宣化大疫。九年，萬全大疫。十三年，西寧大疫。

康熙元年五月，欽州大疫，餘姚大疫。七年七月，內丘大疫。九年正月，靈川大疫。十二年夏，新城大疫。十六年五月，上海大疫。六月，青浦大疫。七月，商州大疫。十九年正月，蘇州大疫，溧水疫。八月，青浦大疫。二十年，晉寧疫，人牛多斃；曲陽大疫。二十一年五月，榆次疫。二十二年春，宜城大疫。三十一年三月，鄖陽大疫。五月，房縣大疫，廣宗大疫。六月，富平疫，同官大疫，陝西大疫，鳳陽大疫，靜寧疫。三十二年七月，德平大疫。三十三年夏，湖州大疫，桐鄉大疫。秋，瓊州大疫。三十六年夏，嘉定大疫，介休大疫，青浦疫，寧州疫。三十七年春，壽光、昌樂疫。夏，浮山疫，隰州疫。四十一年三月，連州疫。四十二年春，瓊州大疫，靈州大疫。五月，景州大疫，人死無算。六月，曲阜大疫，東昌疫，鉅野大疫。八月，文登大疫，民死幾半。四十三年春，南樂疫，河間大疫，獻縣大疫，人死無算。六月，菏澤疫。秋，章丘大疫；東昌大疫；青州大疫；福山瘟疫，人死無算；昌樂疫，羌州、寧海大疫；濰縣大疫。四十五年夏，房縣大疫，蒲圻大疫，崇陽疫。四十六年五月，平樂疫，永安州疫。七月，房縣大疫，公安大疫。八月，沔陽大疫。四十七年二月，公安大疫。三月，沁源大疫。五月，靈州大疫，武寧大疫，蒲圻大疫，涼州大疫。四十八年三月，湖州大疫。四月，桐鄉大疫，象山大疫，高淳大疫，溧水疫。五月，太湖大疫，青州疫。六月，潛山、南陵、銅山大疫，無爲、東流、當塗、蕪湖大疫。十月，江南大疫。四十九年秋，湖州疫。五十二年冬，化州大疫，陽江大疫，廣寧大疫。五十三年夏，陽江大疫。五十六年正月，天台疫。六十年春，富平疫，山陽疫。六十一年七月，桐鄉疫，嘉興疫。

雍正元年秋，平鄉大疫，死者無算。二年六月，陽信大疫。四年四月，上元疫，曲沃疫。五月，大埔疫，獻縣疫。五年夏，揭陽大疫，海陽大疫。秋，澄海大疫，死者無算。冬，漢陽疫，黃岡大疫，鍾祥、榆明疫。六年三月，武進大疫，鎮洋大疫，常山疫。四月，太原疫，井陘疫，沁源疫，甘泉疫，獲鹿疫，枝江疫，崇陽大疫，蒲圻大疫，荊門大疫。夏，巢縣疫，山海衛大疫，鄖西大疫。十一年，鎮洋大疫，死者無算；崑山疫；上海大疫；寶山大疫。

乾隆七年六月，無爲疫。十年十一月，棗陽大疫。十二年五月，蒙陰大疫。十三年春，泰山大疫，曲阜大疫。夏，膠州大疫，東昌大疫，福山大疫。秋，東平大疫。十四年五月，青浦大疫，武進大疫。七月，永豐、溧水疫。二十一年春，湖州大疫，蘇州大疫，婁縣大疫，崇明大疫，武進大疫，泰州大疫。夏，通州大疫。十一月，鳳陽大疫。二十二年四月，桐鄉大疫。七月，陵川大疫。二十五年春，平定大疫。六月，嘉善大疫。冬，靖遠大疫。

三十二年八月，嘉善大疫。三十五年閏五月，蘭州大疫。四十年春，武強大疫。四十八年六月，瑞安大疫。五十年冬，青浦大疫。五十一年春，泰州大疫，通州大疫，合肥大疫，贛榆大疫，武進大疫，蘇州大疫。夏，日照大疫；范縣大疫；莘縣大疫；莒州大疫，死者不可計數；昌樂疫；東光大疫。五十五年三月，鎮番大疫。八月，雲夢大疫。五十七年九月，黃梅大疫。五十八年冬，嘉善大疫。六十年十二月，瑞安大疫。

嘉慶二年六月，寧波大疫。三年五月，臨邑大疫。五年五月，宣平大疫。十年二月，東光大疫。三月，永嘉大疫。十六年七月，永昌大疫。十九年閏二月，枝江大疫。二十年春，泰州疫。四月，東阿疫，東平疫。七月，宣州疫，武城大疫。二十一年，內丘大疫。二十三年十一月，諸城大疫。二十四年五月，恩施大疫。二十五年七月，桐鄉大疫，太平大疫，青浦大疫。八月，樂清大疫，永嘉大瘟疫流行。冬，嘉興大疫。

道光元年三月，任丘大疫。六月，冠縣大疫；武城大疫；范縣大疫；鉅野疫；登州府屬大疫，死者無算。七月，東光大疫，元氏大疫；新樂大疫；通州大疫；濟南大疫，死者無算；東阿、武定大疫；滕縣大疫；濟寧州大疫。八月，欒亭大疫；青縣時疫大作，至八月始止，死者不可勝計；清苑、定州瘟疫流行，病斃無數；灤州大疫；元氏、內丘、唐山、蠡縣大疫；望都大疫；臨榆疫；南宮、曲陽、武強大疫；平鄉大疫。九月，日照大疫，沂水大疫。二年夏，無極、南樂大疫，臨榆大疫，永嘉疫。七月，宜城大疫，安定大疫。三年春，泰州大疫。秋，臨榆大疫。四年，平谷、南樂、清苑大疫。六年冬，霑化疫。七年冬，武城疫。十一年秋，永嘉瘟。十二年三月，武昌大疫，咸寧大疫，潛江大疫。四月，蓬萊疫。五月，黃陂、漢陽大疫；宜都大疫；石首大疫，死者無算；崇陽大疫；監利疫；松滋大疫。八月，應城大疫，黃梅大疫，公安大疫。十三年春，諸城大疫。四月，乘縣大疫。五月，宜城大疫，永嘉大疫，日照大疫，定海廳大疫。十四年六月，宣平大疫，高淳大疫。十五年七月，范縣大疫。十六年夏，青州疫，海陽大疫，即墨大疫。十九年九月，雲夢大疫。二十二年正月，高淳大疫。夏，武昌大疫，蘄州大疫。二十三年七月，麻城大疫，定南廳大疫。八月，常山大疫。二十七年秋，永嘉大疫。二十八年春，永嘉大疫。二十九年五月，麗水大疫。

咸豐五年六月，清水大疫。六年五月，咸寧大疫。十一年春，即墨大疫。六月，黃縣大疫。

同治元年正月，常山大疫。四月，望都、蠡縣大疫。六月，江陵大疫，東平大疫，日照大疫，靜海大疫。秋，清苑大疫；灤州大疫；寧津大疫；曲陽、東光大疫；臨榆、撫寧大疫；莘縣大疫；臨朐大疫；登州府屬大疫，死者無算。二年六月，皋蘭大疫，江山大疫。八月，藍田大疫，三原大疫。三年夏，應山大疫，江山大疫，崇仁大疫。秋，公安大疫。五年五月，永昌大疫。六年二月，黃縣大疫。七月，曹縣大疫。九月，通州疫，泰安大疫。八年六月，寧遠、秦州大疫。七月，麻城大疫。九年秋，麻城大疫。冬，無極大疫。十年五月，孝義廳疫。六月，麻城大疫。十一年夏，新城大疫，武昌縣大疫。

藝文

《詩經・小雅・雨無正》

《雨無正》，大夫刺幽王也。雨自上下者也，眾多如雨。而非所以為政也。

浩浩昊天，不駿其德。降喪饑饉，斬伐四國。旻天疾威，弗慮弗圖。舍彼有罪，既伏其辜。若此無罪，淪胥以鋪。

周宗既滅，靡所止戾。正大夫離居，莫知我勩。三事大夫，莫肯夙夜。邦君諸侯，莫肯朝夕。庶曰式臧，覆出為惡。

如何昊天？辟言不信。如彼行邁，則靡所臻。凡百君子，各敬爾身。胡不相畏，不畏于天。

戎成不退，飢成不遂。曾我暬御，憯憯日瘁。凡百君子，莫肯用訊。聽言則荅，譖言則退。

哀哉不能言，匪舌是出，維躬是瘁。哿矣能言，巧言如流，俾躬處休。

維曰于仕，孔棘且殆。云不可使，得罪于天子；亦云可使，怨及朋友。

謂爾遷于王都，曰予未有室家。鼠思泣血，無言不疾。昔爾出居，誰從作爾室？

又《小旻》

《小旻》，大夫刺幽王也。

旻天疾威，敷于下土。謀猶回遹，何日斯沮？謀臧不從，不臧覆用。我視謀猶，亦孔之邛。

潝潝訿訿，亦孔之哀。謀之其臧，則具是違。謀之不臧，則具是依。我視謀猶，伊于胡厎？

我龜既厭，不我告猶。謀夫孔多，是用不集。發言盈庭，誰敢執其咎？如匪行邁謀，是用不得于道。

哀哉爲猶，匪先民是程，匪大猶是經；維邇言是聽，維邇言是爭。如彼築室于道謀，是用不潰于成。

國雖靡止，或聖或否。民雖靡膴，或哲或謀，或肅或艾。如彼泉流，無淪胥以敗。

不敢暴虎，不敢馮河。人知其一，莫知其他。戰戰兢兢，如臨深淵，如履薄冰。

唐 韓愈《昌黎文集》卷七《譴瘧鬼》 屑屑水帝魂，謝謝無餘輝。如何不肖子，尚奮瘧鬼威。乘秋作寒熱，翁嫗所罵譏。求食歐泄間，不知臭穢非。醫師加百毒，熏灌無停機。灸師施艾炷，酷若獵火圍。詛師毒口牙，舌作霹靂飛。符師弄刀筆，丹墨交橫揮。咨汝之胄出，門戶何巍巍。祖軒而父頊，未沬於前徽。不修其操行，賤薄似汝稀。豈不忝厥祖，靦然不知歸。湛湛江水情，歸居安汝妃。清波爲裳衣，白石爲門畿。呼吸明月光，手掉芙蓉旂。降集隨九歌，飲芳而食菲。贈汝以好辭，咄汝去莫違。

唐 元稹《元氏長慶集》卷二一《酬樂天寄生衣》 秋茅處處流痎瘧，夜鳥聲聲哭瘴雲。羸骨不勝纖細物，欲將文服却還君。

雜録

唐 瞿曇悉達《開元占經》卷一〇《日占六・日十二月蝕二》 陳卓曰：『二月日蝕，魯大凶，豆貴、牛死。』【略】陳卓曰：『四月日蝕，宋大凶，牛食貴，六畜死。』

又 卷二六《歲星占・歲星犯觜觿六》 石氏曰：『歲星守觜觿，國有反者，民疫，天下大饑。【略】《齊伯五星占》曰：『歲星守觜觿，六十日，五穀傷；九十日兵起。』【略】《玉曆》曰：『歲星犯守觜觿三十日，五穀傷，其國大饑，民多餓，天下大疫，農夫不耕，婦女不績。』

又 卷三一《熒惑占二・熒惑犯營室六》 《海中占》曰：『熒惑守營室，人民疾疫，多死亡。』

又 卷三三《熒惑占四・熒惑犯婁二》 巫咸曰：『熒惑守婁中，民病，大水，金銀貴。熒惑守婁，旱，爲多火災，五穀貴。』郗萌曰：『熒惑守婁，有兵，北夷侵邊，道不通；又曰關梁不通，霸者爭立；又曰大赦天下；又曰北主死；又曰牛多死，牛大貴。熒惑以二月守婁百日，多山盜；一曰女多乳死。熒惑守婁之南，大赦。』

又 《熒惑犯昴四》 《西官候》曰：『熒惑守昴，兔多死，春三月旱，牛馬皆死。熒惑守昴，大將有外出者，若憂，旱；野有流血，大將死，士卒病。』

又 卷三七《熒惑占八・熒惑犯天矢二十四》 《海中占》曰：『熒惑守矢星，天下旱，五穀不成，人民大饑，多疾死，期不出年。』《荊州占》曰：『熒惑守矢星，貴人有疾。』

又 卷五二《太白占八・太白犯天苑十五》 石氏曰：『太白入守天苑，牛羊禽獸多疾疫；若守之二十日，天下兵起，馬多死，其國憂。』漢班固《天文志》曰：『漢孝武元鼎五年，太白入天苑。占曰：將以馬超兵也。一曰馬將以軍而死耗，其年以天馬故誅大宛，馬大死於軍。』

又 卷七八《客星占二・客星犯亢二》 《海中占》曰：『客星數入亢，國疾疫；出亢，疾已。』

又 卷九三《候星善惡雲氣占・七十二候・正月》 是月也，東風解凍，蟄蟲始振，魚陟負冰，獺祭魚，候雁北，草木萌動。【略】行秋令，則其民大疫，猋風暴雨總至，藜莠蓬蒿並興。

又 《三月》 桐始華，田鼠化爲鴽，虹始見，萍始生，鳴鳩拂其羽，戴勝降于桑。【略】行夏令，則民多疾疫，時雨不降，山陵不收。

又 《五月》 螳螂生，鵙始鳴，反舌無聲，鹿角解，蜩始鳴，半夏生。【略】行秋令，則草木零落，果實早成，民殃於疫。

又 《七月》 涼風至，白露降，寒蟬鳴，鷹乃祭鳥，天地始肅，禾乃登。【略】行夏令，則其國火災，寒熱不節，民多瘧疾。

又 《十一月》 鶡鳴不鳴，虎始交，荔挺出，蚯蚓結，麋角解，水泉動。【略】行春令，則蟲螟爲敗，水泉咸竭，民多疾癘。

唐 佚名《道要靈祇神鬼品經・靈祇鬼品》 東方青氣鬼，主姓劉名元達，領萬鬼，行惡病。

南方赤氣鬼，主姓張名元伯，領萬鬼，行熱毒之病。

西方白氣鬼，主姓趙名公明，領萬鬼，行注氣之病。

北方黑氣鬼，主姓鍾名士季，領萬鬼，行下痢之病。

中央黃氣鬼，主姓史名文業，令萬鬼，行惡瘡腫病。

右五方鬼，主案此文書隨病呼姓名，病即差矣，災禍皆消。

又《蠱鬼品》《太上女青鬼律》云：第一蠱鬼，名釋渠；第二蠱鬼，名鬼高；第三蠱鬼，名禮高；第四蠱鬼，名成晏；第五蠱鬼，名不祥；第六蠱鬼，名烏悟；第七蠱鬼，名緣支；第八蠱鬼，名育夷；第九蠱鬼，名石午。

右九蠱之鬼，行諸妖媚，蠱亂天人，與五瘟鬼、大黃奴等，共行毒氣。

明 佚名《太上靈寶浄明天尊説禦瘟經》 爾時，太上靈寶淨明天尊，於己酉歲六月庚戌清旦，大會衆真，演説无上浄明祕法。時新學弟子惠文真人，侍立於前，面有憂色，神思悲酸，心情舛錯，若有所失。天尊深知惠文真人尚牽多憂，猶住凡世，不脱邪見，未契真理，不知所以存神卻炁含養恬和、救護群品之法。而曰：惠文真人，了何面有憂色，得无有不可意。惠文真人稽首頓首再拜，號泣而言：弟子幸生人世，獲遇真師演興大教，以弟子為法會首領，尚此不免災危，法會弟子俱同其苦，切聞凡佩寶籙之人，皆得離脱一切災横。今弟子所住鄉里，疫毒流行，不論善惡，均被其害。忝在天尊勝會，同諸弟子習學仙法，不曾敢怠，而家有小弟小女與衆弟子，各中瘡疹，痛苦難忍。凡諸投法向善，欲求免災。今既不能免，是以有憂。方欲俟間發此大問，乃蒙天尊下問，弟子不覺流涕。天尊先以大教付弟子等與行，而各身自不脱災禍，十惡之人，剛強心志，毀道敗法，不可教化。願天尊特以開度，以禦弟子等四時瘟病之災。

於是天尊陞座，含悲為惠文真人等演説上法曰：天地无私，陶鑄萬物，本元善惡。世間人者自私，故至災禍。上帝憫斯民之墜，敗其靈性。於是立太上靈寶法，教其長生。有時瘟疫癘之災，責其違背。各有鬼神，主掌其中。為善者可以歡，而為惡者可以懼。譬如有人設一大路，花磚砌結，坦然可行。一人於旁，設其檻穽，以捕虎兕。行者不顧大道，望望而行，誤觸其機，乃言設路者非正路。汝既行路，非可觸機，機不為人而設，人誤觸之。設路設機，善惡本異。今弟子或違慢教法，存想不真，服鍊不時，飲食不忌，則護衛正神悉皆退散。善既已掩，過則有聞，司罰之神得而窺測，布此毒炁。一級成疾，成疾之後，不悟愆尤，又怨道咎師，不能保護，甚其疾苦。又有家中之人，不能同道協心、修行覺悟，多行非道，背主所修，則鬼神亦伺其間，陰有誅責，非无公道，亦以惡勸善。既蒙罪戾，尚懷二心，乃曰其主修道行法，不保妻子。行其淫邪，祠設淫鬼，則吾豈佑之。大凡四時調養，務在適中，佩籙傳經，以旌上善，服藥吐納，以生正炁。我有寶籙，使日夜佩服，令百鬼畏懼，善神隨守。又有仙方，使其服炁，吐納存想百般，以救其苦。如寶籙救治之符，赤散雄丹之劑。春宣、夏補、秋斂、冬收之意，不為不多。而汝等曾不究其理，乃亟藏之，謂我今為太上弟子，合免斯難是。何異不耕而欲穰，不蠶而欲衣。吾今復有禦瘟神符祕篆、赤散雄丹，一切佩受服食之法，擇日授汝。兼有祕呪。

呪曰：

唵旖烏可切暮秖音只混嚩音馬囉音呂飦音歆。

右每日能齋而誦之，即帝君神將，日夜護衛。瘟毒百神，皆知其為太上弟子，而畏敬之。誦經百遍，百鬼頭破腦裂。其或不能行之，吾无汝何也。於是，惠文真人再拜稽首。九州高明大使，丹筆書之，將擇日以方術，教弟子信受奉行，九天高明大使神功妙濟真君驅瘟遣疫消災真符。

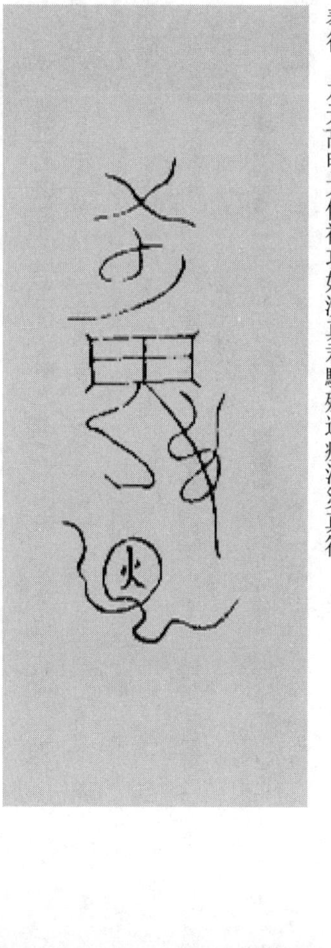

呪曰：

洞天赤文，丹靈燿虛，驅瘟攝毒。奉命天書，金籙玉簡，鬼鬼悉驅。太上有勑，元君安居。急急如太清紫虛勑令攝。

清 蒲松齡《聊齋志異》卷八《牛癀》 陳華封，蒙山人。以盛暑煩熱，枕藉野樹下。忽一人奔波而來，首著圍領，疾趨樹陰，掬石而座，揮扇不停，汗下如流沈。陳起座，笑曰：『若除圍領，不扇可涼。』客曰：『脱之易，再著難也。』就與傾談，頗極蘊藉。既而曰：『此時無他想，但得冰浸良醞，一道冷芳，度下十二重樓，暑氣可消一半。』陳笑曰：『此願易遂，僕當為君償之。』因握手曰：『寒舍伊邇，請即迂步。』客笑而從之。

至家，出藏酒于石洞，其涼震齒。客大悅，一舉十觥。日已就暮，大忽雨，於是張燈於室，客乃解除領巾，相與磅礴。語次，見客腦後時漏燈光，疑之。無何，客酩酊眠榻上。陳移燈竊窺之，見耳後有巨穴如盞大，數道厚膜間鬲如欞；欞外軟革垂蔽，中似空空。駭極，潛抽髻簪，撥膜覘之，有一物狀類小牛，隨手飛出，破窗而去。益駭不敢復撥。方欲轉步，而客已醒。驚曰：『子窺見吾隱矣！放牛癀出，將為奈何？』陳拜詰其故，客曰：『今已若此，尚復何諱。實相告：我六畜瘟神耳。適所縱者牛癀，恐百里內牛無種矣。』陳故以養牛為業，聞之大恐，拜求術解。客曰：『余且不免於罪，其何術之能解？惟苦參散最效，其廣傳此方，勿存私念可也。』言已謝別出門，又掬土堆壁龕中，曰：『每用一合亦效。』拱不復見。居無何，牛果病，瘟疫大作。陳欲專利，秘其方不肯傳，惟傳其弟。弟試之神驗。而陳自銼啖牛，殊罔所效。有牛兩百蹄陵，倒斃殆盡；遺老牡牛四五頭，亦逡巡就死。中心懊惱，無所用力。忽憶龕中掬土，念未必效，姑妄投之，經夜牛乃盡起。始悟藥之不靈，乃神罰其私也。後數年，牝牛繁育，漸復其故。

生物病害部

題解

《爾雅・釋天》 穀不熟爲饑，蔬不熟爲饉，果不熟爲荒，仍饑爲荐。

《説文解字》卷五《食部・饑》 居衣切。穀不孰爲饑。从食幾聲。

《漢書》卷二七上《五行志上》 《傳》曰：『治宮室，飾臺榭，師古曰：『臺有室曰榭。』內淫亂，犯親戚，侮父兄，則稼穡不成。』説曰：土，中央，生萬物者也。其於王者，爲內事。宮室、夫婦、親屬，亦相生者也。古者天子諸侯，宮廟大小高卑有制，后、夫人、媵、妾多少進退有度，九族親疏長幼有序。孔子曰：『禮，與其奢也，寧儉。』師古曰：『《論語》載孔子之言也。若不得禮之中而失於奢，則不如儉。』故禹卑宮室，師古曰：『《論語》載孔子曰：「禹，吾無間然矣，卑宮室而盡力乎溝洫。」謂勤於治水而所居狹陋也。』文王刑于寡妻，師古曰：『《大雅・思齊》之詩云：「刑于寡妻，至于兄弟，以御于家邦。」刑，法也。寡妻，謂正嫡也。御，治也。此美文王以禮法接待其妻，旁及兄弟宗族，又廣以政教治家邦。』此聖人之所以昭教化也。師古曰：『昭，明也。』如此則土得其性矣。若乃奢淫驕慢，則土失其性。亡水旱之災而草木百穀不孰，是爲稼穡不成。

又 卷二七中之上《五行志中之上》 説曰：凡草物之類謂之妖。妖猶夭胎，言尚微。師古曰：『夭音烏老反。』蟲豸之類謂之孽。師古曰：『有足謂之蟲，無足謂之豸。』孽則牙孽矣。及六畜，謂之旤，言其著也。及人，謂之痾。痾，病貌，言寖深也。師古曰：『寖，漸也。』甚則異物生，謂之眚。自外來，謂之祥。祥猶禎也。氣相傷，謂之沴。沴猶臨莅，不和意也。每一事云『時則』以絕之，言非必俱至，或有或亡，或在前或在後也。

《後漢書》卷二六《五行志四・地震》 《五行傳》曰：『治宮室，飾臺榭，內淫亂，犯親戚，侮父兄，則稼穡不成。』謂土失其性而爲災也。

《毛詩正義》卷一二之二《小雅・雨無正》 《正義》曰：《釋天》文。李巡曰：『五穀不熟曰饑，可食之菜皆不熟爲饉。』郭璞曰：『凡草木可食者通名爲蔬。』襄二十四年《穀梁傳》曰：『一穀不升謂之嗛，二穀不升謂之饑，三穀不升謂之饉，四穀不升謂之康，五穀不升謂之大饑。』又謂之『大侵』。彼以五穀熟之多少立差等之名，其實五者皆是饑也。三穀不升，于民之困，蓋與蔬不熟同，故俱名爲饉也。箋『此言』至『侵伐』。《正義》曰：王者繼天理物，當奉天施化，是長天德也。政不順天，殘害下民，是不能繼長昊天之德。《尚書》稱政之動天，有如影響。王既不能繼長天德，故昊天震怒，下此死喪饑饉之災。謂害萬民也。饑饉既至，則人懷苟且，故天下諸侯于是更相侵伐。由災而使然，故云于是。

《爾雅注疏》卷六《釋天》 穀不熟爲饑，五穀不成。蔬不熟爲饉，凡草菜可食者，通名爲蔬。果不熟爲荒，果，木子。仍饑爲荐。連歲不熟，《左傳》曰：『今又荐饑。』荐，賤災。

［疏］穀不至爲薦。釋曰：此釋歲兇災荒之名也。穀謂五穀，黍、稷、麻、麥、豆也。熟，成也。五穀不成曰饑。郭云：『凡草菜可食者，通名蔬。』李巡曰：『可食之菜皆不熟爲饉。』《周禮・天

官・大宰職》云：『以九職任萬民，八曰臣妾聚斂疏材。』鄭玄云：『疏材，百草根實可食者。』《小雅》云：『降喪饑饉。』襄十四年《穀梁傳》曰：『一穀不升謂之嗛，二穀不升謂之饑，三穀不升謂之饉，四穀不升謂之康，五穀不升謂之大饑，又謂之大侵。』彼以五穀熟之多少立差等之名，其實五者皆是饑也。三穀不升，於民乏困，蓋與蔬不熟同，故俱名爲饉也。果，木子也。不成熟之歲名荒。仍因也。相因而饑，謂連歲不熟也。僖十三年晉荐饑是也。云『災』者，亦題上事也。下皆仿此。注『《左傳》曰：今又薦饑』。釋曰：此《晉語》文也。左丘明既作傳以解《春秋》，又采簡牘以作《國語》，其文不主於經，故謂之『外傳』，俱是丘明所作，亦得云《左傳》曰。案彼云：『晉饑，乞糴於秦。丕豹曰：晉君無禮於君，莫不知。往年有難，今又荐饑。已失人，又失天，其殃也多矣。君其伐之，勿與糴。』是其事也。

《元史》卷五〇《五行志上・木》 五行，三曰木。曲直，木之性也，失其性爲沴，故生不暢茂，爲變異者有之，是爲木不曲直。其徵恒雨，其色青，是爲青眚青祥。

清 段玉裁《説文解字注》卷五《食部・饑》 穀不孰爲饑。《釋天文》又曰：仍饑爲荐。按《論語》年饑、因之以饑饉。鄭本皆作飢。

論説

《漢書》卷二七下之上《五行志下之上》 《傳》曰：思心之不睿，是謂不聖，厥咎霿，師古曰：『霿音莫豆反。』厥罰恆風，厥極凶短折。時則有脂夜之妖，時則有華孽。

又 劉向以爲於易巽爲風爲木，卦在三月四月，繼陽而治，主木之華實。風氣盛，至秋冬木復華，故有華孽。

唐 瞿曇悉達《開元占經》卷一七《月占七・月蝕變色六》 《荊州占》曰：『月蝕青色，人民多死者，五穀有傷，糴且大貴，望之下賤，皆不出一年，各為其國災。』

又 卷二六《歲星占四・歲星犯參七》 巫咸曰：『歲星守參，萬物不成，民大饑。』【略】郗萌曰：『歲星守參，晚稼不成。』

又 卷二七《歲星占五・歲星犯輿鬼二》 郗萌曰：『歲星舍輿鬼東北，麻豆成，稻不成；舍東南，豆麥熟，有渴死人；舍西南，萬民多喪；舍西北，黍稷成，麥不成，早蠶不熟，晚蠶熟；舍中，歲樂，石三四錢。』【略】郗萌曰：『歲星守輿鬼，五穀多傷，民以饑死者無數；又曰多狂病死者。』

又《歲星犯軫七》 郗萌曰：『歲星守軫，有土功事，若旱；萬物不成，民饑。』《黃帝占》曰：『歲星守軫南，六畜皆貴。』郗萌曰：『歲星守軫背，五穀不成。』

又《歲星犯東井占》 石氏曰：『歲星守東井，旱。』【略】郗萌曰：『歲星守東井，百物五穀不成；久守之，金錢易。』

又 卷四三《填星占六・填星犯候星十四》 《海中占》曰：『填星守候星，陰陽不和，五穀傷，人大饑，有兵起。』

又《填星犯天弁二十二》 甘氏曰：『填星犯天弁，若守之，則囚徒起兵；一曰五穀不成，粟大貴，民饑。』

又 卷五一《太白占七・太白犯天弁二十四》 甘氏曰：『太白犯天弁，若守之，則囚徒兵起；一曰五穀不成，糴大貴，人民饑。』

又 卷六八《石氏外官・稷星占三十》 石氏曰：『稷五星，在七星南。』西星入柳十四度少，去極百四十八度，在黃道外六十八度少也。祖晅曰：『上稷，農正也；稷者，稷也；取乎百穀之長，以為長也。』《黃帝占》曰：『稷星，主五穀豐耗，其星溫溫而明，歲大熟，五穀成；其星不明，若亡不見，歲不熟，天下饑荒，人民流亡，去其鄉。』石氏曰：『稷星不見，歲饑也。』

又 卷六九《甘氏中官占五・八穀星占六十五》 甘氏曰：『穀擊八星，在五車北。』八穀：謂稻、黍、稷、大麥、小麥、大豆、小豆、麻子也。巫咸曰：『八穀星，主土官也。』郗萌曰：『八穀，主候歲。』石氏曰：『八穀，一星不具，則一穀不成；三星已上不具，以食為害。』《甘氏贊》曰：『八谷平衡，聚集王都。』謂穀粟皆歸集于王都也。

又 卷七五《流星犯杵星九》 《玄冥》曰：『流星入杵星，五穀大貴，其歲杵不用事。』

又《流星犯天廩十八》 齊伯曰：『流星入天廩，其國大饑，五穀不成，人民饑死，米粟當有出廩者，期不出二年。』

又《流星犯天稷三十》 《玄冥》曰：『流星入天稷，五穀散出，穀不熟，天下饑，人民流亡，去其鄉。』

又 卷八〇《客星占四・客星犯胃三》 石氏曰：『客星干犯胃，五穀不成，倉庫空虛。』

又卷八九《彗星占中・胃彗孛犯胃》 石氏曰：『彗茀干犯胃，五穀不成，倉庫空虛。』甘氏曰：『彗干犯胃，其國兵起，不出三年。』《黃帝占》曰：『彗星出胃、昴之間，狀如竹竿而細，此星出，為兵戎，此太白之變見，不過一年，其國兵起，若有喪。』巫咸曰：『彗星出胃，大臣為亂，天下兵起，五穀不升，人民饑餓，京都國倉，悉皆空虛，期三年，中五年，遠七年。』

又卷九〇《彗星占下・彗孛犯天稷三十》 《海中占》曰：『彗星出天稷，歲大饑，五穀不成，人民流亡，社稷不安。』

宋 李覯《盱江集》卷八《國用第十四》 《司救》：『凡歲時有天患民病，則以節巡國中及郊野，而以王命施惠。』由是觀之，非直凶荒而後施與也，疾疫亦有之矣。夫四時之厲，或連月不愈，或闔門不起，丁壯臥於牀蓐，則老稚無能為，飲食所不給，醫藥所不濟，以至於死者，豈天命乎？人主所宜動心矣！《賈師》：『凡天患，禁貴儥者，使有常價。』亦為此也。《司關》：『國凶札，則無關門之征，猶幾。』由是觀之，凶年非直除減田租，彼貨賄之征皆舍之，疾疫亦然。夫阻饑之人，營求衣食，固無所不至，又將籠其貨賄，則何以措手足乎？況於疾疫之世，安得助天為虐耶？人主所宜動心矣！《掌客》：『凡禮賓客，國新殺禮，凶荒殺禮，札喪殺禮，禍烖殺禮，在野在外殺禮。』由是觀之，非直以歲之下則殺邦用，若新建國及札喪、禍烖，在野在外，皆殺禮也。禮許儉不非無，安得重困於無聊之民，求備乎籩豆之事也？人主所宜動心矣！《膳夫》：『大荒則不舉，大札則不舉，天地有烖則不舉，邦有大故則不舉。』由是觀之，非直於外事殺禮，若王膳亦為之貶也。譬諸父母，其子之不哺而日餘膏粱，可哉？人主所宜動心矣！故《曲禮》曰：『凶荒，年穀不登，君膳不祭肺，馬不食穀，馳道不除，祭事不縣，大夫不食粱，士飲酒不樂。』皆自貶損，憂民之道也。如此，天不為之感，人不為之悅，用度不足，海內不安，未之前聞也。

《文獻通考》卷二九九《物異考五・木異華孽**》** 殷大戊，『亳有祥桑穀共生二木合而共生。』《傳》曰：『俱生乎朝，七日而大拱兩手合爲拱。伊陟戒以脩德，而木枯。』劉向以爲桑猶喪也，穀猶生也，殺生之柄失而在下，近草妖。一曰，野木生朝而暴長，小人將暴在大臣之位，危亡國家，象朝將虛之應也。

《元史》卷五〇《五行志上・土》 五行，五曰土。土，中央生萬物者也，而莫重於稼穡。土氣不養，則稼穡不成。

明 劉基《春秋明經》卷上《築郿大無麥禾臧孫辰告糴于齊新延廄》 諸侯興不急之役以空其國，而取給于人，猶不戒焉。《春秋》比事而書之，以示譏也。夫國以民為本，而民以食為本。可不相時而輕用其力也哉？莊公妄興築郿之役，而不計國儲之虛實，至于麥禾皆無，而當國之大夫，親往告糴于齊，其事急矣。而明年之春，又新延廄。何其輕慢國本至于此極乎！《春秋》比而書之，而魯之君臣無務農重穀之實而有傷財害民之政可見矣。吾聞古之為國者必時視民之所勤，民勤于力則工築罕，民勤于食則百事廢，未聞以凶年而興不急之役也。三年耕必餘一年之食，九年耕則餘三年之食，未聞在位二十八年而無一年之積也。魯之莊公則不然矣，以峻宇雕牆為無損，以節用時使為無益也，是故築郿之工未畢而倉廩已空，告糴之跡猶新而延廄復作。曾謂君國子民之道而若是乎？宜其見譏於君子矣。且築者，刱作邑也。城邑所以禦暴，非時與制，不敢興也，況於無故而築邑乎？莊公不視歲之豐凶而有築郿之役，不知其何為也。若曰禦暴保民，則魯國無故，苟無令德，太行孟門且不可恃，而況於郿乎？若曰虞山林藪澤之利，則非君人之心矣。未幾而倉廩盡竭，麥禾俱無，無而曰大，顆粒不存之詞也。然後皇皇焉無所措其手足，而臧孫辰奔告于齊以請糴焉。以千乘之國，仰給于他人以活其民，可不懼乎？不曰如齊告糴，而曰告糴於齊，見其情之急也。急病讓夷，何足為功，適以昭其治名不治實之罪焉耳。魯之君臣盍亦因此而加省矣，則又愈不知戒，以求於人之餘而新延廄。夫延廄者法廄也，養馬之所也。凶年飢歲，民食不給，而馬廄是新。推此心也，不至于率獸而食人乎？故書『新延廄』于告糴之後，所謂時詘舉贏，知其用民力為已悉矣。然則莊公之為國也可知矣。不然，《春秋》書築者七，而公有其四；書興作者九，而公有其三；書無麥苗、無麥禾，而皆見于莊公之世，何耶？魯十二公，臺苑池囿之役莫多于莊公，而水旱、螟螽、多麋、有蜚之災皆備于莊公，天人感應之理不誣矣，而公終不寤也。身死而妻子不保，幾亡其國。嗚呼，豈他人之咎哉。

綜述

《呂氏春秋》卷二六《士容論・辯土》 凡耕之道：必始於壚，爲其寡澤而後枯；必厚其靹，爲其唯厚而及；䭇者紝之，堅者耕之，澤其靹而後之；上田則被其處，下田則盡其汙。無與三盜任地：夫四序參發，大甽小畝，爲青魚胠，苗若直獵，地竊之也；既種而無行，耕而不長，則苗相竊也；弗除則蕪，除之則虛，則草竊之也。故去此三盜者，而後粟可多也。

所謂今之耕也，營而無獲者：其蚤者先時，晚者不及時，寒暑不節，稼乃多菑，實。其爲畝也，高而危則澤奪，陂則埒，見風則僠，高培則拔，寒則雕，熱則脩，一時而五六死，故不能爲來。不俱生而俱死，虛稼先死，衆盜乃竊。望之似有餘，就之則虛。農夫知其田之易也，不知其稼之疏而不適也；知其田之際也，不知其稼居地之虛也；不除則蕪，除之則虛，此事之傷也。故晦欲廣以平，甽欲小以清；下得陰，上得陽，然後咸生。

稼欲生於塵，而殖於堅者。慎其種，勿使數，亦無使疏。於其施土，無使不足，亦無使有餘。熟有耰也，必務其培。其耰也植，植者其生也必先。其施土也均，均者其生也必堅。是以晦廣以平，則不喪本莖；生於地者，五分之以地。莖生有行，故遬長；弱不相害，故遬大。衡行必得，縱行必術。正其行，通其風，夬心中央，帥爲泠風。苗，其弱也欲孤，其長也欲相與居，其熟也欲相扶。是故三以爲族，乃多粟。

凡禾之患，不俱生而俱死。是以先生者美米，後生者爲秕。是故其耨也，長其兄而去其弟。樹肥無使扶疏，樹墝不欲專生而族居。肥而扶疏則多秕，墝而專居則多死。不知稼者：其耨也去其兄而養其弟，不收其粟而收其粗，上下不安，則禾多死，厚土則蘖不通，薄土則蕃轓而不發。壚埴冥色，剛土柔種，免耕殺匿，使農事得。

宋 陳旉《農書》卷上《薅耘之宜篇第八》 《詩》云：以薅荼蓼，荼蓼朽止，黍稷茂止。記禮者曰：仲夏之月，利以殺草，可以糞田疇，可以美土疆。今農夫不知有此，乃以其耘除之草，抛棄它處，而不知和泥渥濁，深埋之稻苗根下，漚罨既久，既草浥爛而泥土肥美，嘉穀蕃茂矣。

然除草之法，亦自有理。《周官》薙氏掌殺草。於春始生而萌之。於夏日至而夷之，謂夷劚平治之，俾不茂盛也；日至謂夏時草易以長，須日日用力。日至而耜之，謂所種者已收成矣，既併根荄犁鉏轉之，俾雪霜凍冱，根荄腐朽，來歲不復生，又因得以糞土田也。《春秋》傳曰，農夫之務去草也，芟夷蘊崇之，絶其本根，勿使能殖，則善者信矣，以言盡去稂莠，既可以望嘉穀茂盛也。古人留意如此，而今人忽之，其可乎？

紀事

《漢書》卷九《元帝紀》 ［初元二年］六月，關東饑，齊地人相食。秋七月，詔曰：『歲比災害，民有菜色，師古曰：「五穀不收，人但食菜，故其顔色變惡。」慘怛於心。師古曰：「慘，痛也。怛，悼也。」已詔吏虛倉廩，開府庫振救，賜寒者衣。今秋禾麥頗傷。一年中地再動。北海水溢，流殺人民。陰陽不和，其咎安在？公卿將何以憂之？其悉意陳朕過，靡有所諱。』師古曰：「悉意，盡意也。靡，無也。」

又 ［永光二年］夏六月，詔曰：『間者連年不收，四方咸困。元元之民，勞於耕耘，又亡成功，困於饑饉，亡以相救。朕爲民父母，德不能覆，而有其刑，甚自傷焉。其赦天下。』

《宋書》卷三四《五行志五·稼穡不成》 《五行傳》曰：『治宮室，飾臺榭，內淫亂，犯親戚，侮父兄，則稼穡不成。』謂土失其性而爲災也。又曰：『思心不叡，是謂不聖。厥咎霿，厥罰恒風，厥極凶短折。時則有脂夜之妖，時則有華孽，時則有牛禍，時則有心腹之痾，時則有黃眚、黃祥，時則有金木水火沴土。』班固曰：『不言「惟」而獨曰「時則有」者，非一衝氣所沴，明其異大也。』華孽劉歆傳以爲贏蟲之孽，謂螟屬也。

吴孫晧時，嘗歲無水旱，苗稼豐美，而實不成，百姓以饑，闔境皆然，連歲不已。吴人以爲傷露，非也。按劉向春秋説曰：『水旱當書，不書水旱，而曰大無麥禾者，土氣不養，稼穡不成。』此其義也。晧初遷都武昌，尋還建業，又起新館，綴飾珠玉，壯麗過甚，破壞諸宮，增修苑囿，犯暑妨農，官民疲怠。月令，『季夏不可以興土功』，晧皆冒之。此治宮室飾臺榭之罰，與春秋魯莊公三築臺同應也。班固曰：『無水旱之災，而草木百穀不熟，皆爲稼穡不成。』

晉穆帝永和十年，三麥不登，至關西亦然。自去秋至是夏，無水旱，無麥者，如劉向説也。又俗云，『多苗而不實爲傷』，又其義也。

《晉書》卷二七《五行志上》 《傳》曰：『修宮室，飾臺榭，內淫亂，犯親戚，侮父兄，則稼穡不成。』

説曰：土，中央，生萬物者也。其於王者，爲內事，宮室、夫婦、親屬，亦相生者也。古者天子諸侯，宫廟大小高卑有制，后夫人媵妾多少有度，九族親疏長幼有序。孔子曰：『禮，與其奢也，寧儉。』故禹卑宫室，文王刑于寡妻，此聖人之所以昭教化也。如此，則土得其性矣。若乃奢淫驕慢，則土失其性。亡水旱之災而草木百穀不熟，是爲稼穡不成。

吴孫晧時，常歲無水旱，苗稼豐美而實不成，百姓以飢，闔境皆然，連歲不已。吴人以爲傷露，非也。案劉向春秋説曰『水旱當書，不書水旱而曰大無麥禾者，土氣不養，稼穡不成』，此其義也。晧初遷都武昌，尋還建鄴，又起新館，綴飾珠玉，壯麗過甚，破壞諸營，增廣苑囿，犯暑妨農，官私疲怠。月令，『季夏不可以興土功，晧皆冒之』。此修宫室飾臺榭之罰也。

元帝太興二年，吴郡、吴興、東陽無麥禾，大饑。

成帝咸和五年，無麥禾，天下大饑。

穆帝永和十年，三麥不登。十二年，大無麥。

孝武太元六年，無麥禾，天下大饑。

安帝元興元年，無麥禾，天下大饑。

《通典》卷一《食貨一・田制上唐周秦漢後漢晋宋後魏**》** 神瑞二年，又不熟，於是分簡尤貧者就食山東。

《新唐書》卷三五《五行志二・稼穡不成》 貞觀元年，關内饑。

總章二年，諸州四十餘饑，關中尤甚。

儀鳳四年春，東都饑。

調露元年秋，關中饑。

永隆元年冬，東都饑。

永淳元年，關中及山南州二十六饑，京師人相食。

垂拱三年，天下饑。

大足元年春，河南諸州饑。

景龍二年春，饑。三年三月，饑。

先天二年冬，京師、岐、隴、幽州饑。

開元十六年，河北饑。

乾元三年春，饑，米斗錢千五百。

廣德二年秋，關輔饑，米斗千錢。

永泰元年，饑，京師米斗千錢。

貞元元年春，大饑，東都、河南、河北米斗千錢，死者相枕。二年五月，麥將登而雨霖，米斗千錢。十四年，京師及河南饑。十九年秋，關輔饑。

元和七年春，饑。八年，廣州饑。九年春，關内饑。十一年，東都、陳許州饑。

長慶二年，江淮饑。

大和四年，河北及太原饑。六年春，劍南饑。九年春，饑，河北尤甚。

開成四年，温、台、明等州饑。

大中五年冬，湖南饑。六年夏，淮南饑，海陵、高郵民於官河中漉得異米，號『聖米』。九年秋，淮南饑。

咸通三年夏，淮南、河南饑。九年秋，江左及關内饑，東都尤甚。

乾符三年春，京師饑。

中和二年，關内大饑。四年，關内大饑，人相食。

光啟二年二月，荊、襄大饑，米斗三千錢，人相食。三年，揚州大饑，米斗萬錢。

大順二年春，淮南大饑。

天祐元年十月，京師大饑。

又《華孽》 延載元年九月，内出梨華一枝示宰相。萬木搖落而生華，陰陽黷也。傳曰：『天反時爲災。』又近常燠也。

神龍二年十月，陳州李有華，鮮茂如春。

元和十一年十二月，桃杏華。

大和二年九月，徐州、滑州李有華，實可食。

會昌三年冬，沁源桃李華。

廣明元年冬，桃李華，山華皆發。

中和二年九月，太原諸山桃杏華，有實。

景福中，滄州城塹中冰有文，如畫大樹華葉芬敷者，時人以爲其地當有兵難。近華孽也。

《續資治通鑑長編》卷一三 〔開寶五年〕是歲，大饑。

又 卷五六 〔景德元年二月〕己巳，遣使賑陳、蔡、沂、密州饑民。

又 卷一一一 〔明道元年春正月〕是月，池州言民饑。

《文獻通考》卷二六《國用考四・振恤》 宣帝本始四年，詔曰：『今歲不登，已遣使者振貸困乏，使農移就業。丞相以下至都官令丞上書入穀，輸長安倉，助貸貧民，以車船載穀入關，得無用傳傳，傳符也。欲穀之多，故不問其出入。』

又 永始二年，詔曰：『關東比歲不登，吏民以義收食貧民、入穀物助縣官振贍者，已賜直，其百萬以上，加賜爵右更，欲爲吏，補三百石，其吏也遷二等。三十萬以上，賜爵五大夫，吏亦遷二等，民補郎。十萬以上，家無出租賦三歲。萬錢以上，一年。』

又 卷二七《國用考五·蠲貸》 〔太康〕六年，以歲不登，免租貸宿負。

《元史》卷五一《五行志下·稼穡不成》 元統元年夏，兩淮大饑。二年春，淮西饑。七月，池州饑。十一月，濟南、萊蕪縣饑。至元元年春，益都路沂水、日照、蒙陰、莒四縣及龍興路饑。夏，京師饑。是歲，沅州、道州、寶慶及邵武、建寧饑。二年，順州及淮西安豐，浙西松江，浙東台州，江西江、撫、袁、瑞，湖北沅州盧陽縣饑。三年，大都及濟南、蘄州、杭州、平江、紹興、溧陽、瑞州、臨江饑。五年，上都開平縣、桓州，興和寶昌州，濮州之鄄城，冀寧之交城，益都之膠、密、莒、濰四州，遼東瀋陽路，湖南衡州，江西袁州，八番順元等處皆饑。六年，順德之邢臺，濟南之歷城，大名之元城，德州之清平，泰安之奉符、長清，淮安之山陽等縣，歸德邳州，益都、般陽、處州、婺州四郡皆饑。至正元年春，京畿州縣、真定、河間、濟南及湖南饑。夏，彰德及溫州饑。二年，保德州大饑。三年，衛輝、冀寧、忻州大饑，人相食。四年，霸州大饑，人相食。東平路東阿、陽穀、汶上、平陰四縣皆大饑。冬，保定、河南饑。五年春，東平路須城、東阿、陽穀三縣及徐州大饑，人相食。夏，濟南、汴梁、河南、邠州、瑞州、溫州、邵武饑。六年五月，陝西饑。七年，彰德、懷慶、東平、東昌、晉寧等處饑。九年春，膠州大饑，人相食。鈞州新鄭、密縣饑。十四年春，浙東台州，江東饒，閩海福州、邵武、汀州，江西龍興、建昌、吉安、臨江，廣西靜江等郡皆大饑，人相食。十七年，河南大饑。十八年春，莒州蒙陰縣大饑，斗米金一斤。冬，京師大饑，人相食，彰德、山東亦如之。十九年正月至五月，京師大饑，銀一錠得米僅八斗，死者無算。通州民劉五殺其子而食之。保定路莩死盈道，軍士掠孱弱以爲食。濟南及益都之高苑，莒之蒙陰，河南之孟津、新安、黽池等縣皆大饑，人相食。二十一年，霸州饑，民多莩死。

《明史》卷三〇《五行志三·花孽》 弘治十六年九月，安陸桃李華。正德元年九月，宛平棗林莊李花盛開。其冬，永嘉花盡放。六年八月，霸州桃李華。

藝文

《詩經·小雅·魚藻之什·苕之華》 《苕之華》，大夫閔時也。幽王之時，西戎東夷，交侵中國，師旅並起，因之以饑饉。君子閔周室之將亡，傷己逢之，故作是詩也。

苕之華，芸其黃矣。心之憂矣，維其傷矣！

苕之華，其葉青青。知我如此，不如無生！

牂羊墳首，三星在罶，人可以食，鮮可以飽。

雜録

《漢書》卷二七中之上《五行志中之上》 成帝時謌謠又曰：『邪徑敗良田，讒口亂善人。桂樹華不實，黃爵巢其顛。故爲人所羨，今爲人所憐。』桂，赤色，漢家象。華不實，無繼嗣也。王莽自謂黃象，黃爵巢其顛也。

《南齊書》卷一九《五行志》 傳曰：『東方，易經地上之木爲觀，故木於人，威儀容貌也。木者，春生氣之始，農之本也。無奪農時，使民歲不過三日，行什一之稅，無貪欲之謀，則木氣從。如人君失威儀，逆木行，田獵馳騁，不反宮室，飲食沈湎，不顧禮制，出入無度，多發繇役，以奪民時，作爲姦詐，以奪民財，則木失其性矣。蓋以工匠之爲輪矢者多傷敗，故曰木不曲直。』

宋泰豫元年，京師祗洹寺皂莢樹枯死。昇明末，忽更生花葉。京房《易傳》曰：『樹枯冬生，不出二年，國喪，君子亡。』其占同。宋氏禪位。

建元元年，朱爵航華表柱生枝葉。

建元初，李子生毛。

下

農業環境災害總部

農業環境灾害總部説明

根據《農業灾荒論》（卜鳳賢著，中國農業出版社）一書中的灾害分類體系，自然灾害類型可分爲氣象類、水文類、地質類、生物類，其中水文類和氣象類關係較爲密切，許多時候互爲因果，故水文類與氣象類一併歸類，不另行分類。因此從大的成因上劃分，本分典將灾害歸爲氣象、生物、環境三種類型。

環境灾害以地質灾害爲主，但在其内部分類中，如地震、山崩等突變型地質灾害，用詞較爲明確，史料便於查找，分類歸納相對容易。其餘如水土流失、土地鹽鹼化、土壤沙化等地質灾害，史料相對稀少，且用詞指向不夠明確，説法不一，如『地生毛』、『水赤』等現象，是否屬於此類地質灾害解釋不一，故而爲避免張冠李戴的現象出現，對於農業環境灾害總部不予細分，僅根據灾害活動過程進行分類，在農業環境灾害總部下設突變型地質灾害與緩變型地質灾害兩部。

突變型地質灾害部輯録了地震、山體崩塌、泥石流、地裂縫等突然發生的，并在較短時間内完成灾害活動過程的地質灾害。我國地處世界兩大地震帶之間，地質運動非常活躍，因而歷朝歷代發生地質灾害也十分頻繁。同氣象、生物灾害相比，這類灾害通常不直接作用於農業作物，但其本身和伴隨的各種次生灾害具有突發性强、波及範圍廣、防禦難度大等特點，往往造成慘重的人員傷亡和巨大的經濟損失，不僅對農業生産，甚至對動植物生存、人類生活都帶來嚴重而深遠的影響。而關於這類突變型環境灾害，古代除了將其與天文、政事相聯繫，也未能出現進一步的科學性的觀點和認知。

緩變型地質灾害部輯録的是水土流失、土地鹽鹼化、河口淤積等發生、發展過程緩慢，隨時間延續累進發展的地質灾害。這些灾害主要是通過對土地和土壤的作用來影響農業生産，由於其總體進程緩慢，易於通過技術來防禦和治理，所以并不作爲古代的主要灾害類型。

各類文獻記載中，對水土流失、鹽鹼化等問題的描述較爲詳實，而古代勞動人民在實踐中積累的諸如引水淤田、根據土性種植作物等治理經驗和措施，對如今的環境治理仍有重要的借鑒意義。

而另外一些灾害，古人只記録了灾害發生時的現象，如『地生白毛』、『白眚』等描述，缺乏深入而科學的論證說明，現代人對其原因也看法不一，有人認爲『地生毛』是地内浊毒外溢而生的真菌，也有人認爲是地震導致的地冰花。種種觀點都有一定道理，使得我們無法將這類灾害歸入現有的分類體系，只能當做地表環境的異常現象來處理，將其放在緩變型地質灾害部。

農業環境灾害總部

突變型地質灾害部

題解

《南齊書》卷一九《五行志》　《傳》又曰：『山之於地，君之象也。山崩者，君權損，京陵易處，世將變也。陵轉爲澤，貴將爲賤也。』

《魏書》卷一一二上《靈徵志上·地震》　《洪範論》曰：地陰類，大臣之象，陰靜而不當動，動者，臣下強盛，將動而爲害之應也。

《元史》卷五〇《五行志上·土》　土氣不養，則稼穡不成，金木水火沴之，衝氣爲異，爲地震，爲天雨土。

明　葉子奇《草木子》卷一上《管窺篇》　星隕，精氣竭也。川竭，水脈絶也。山崩，地脈絶也。當其所主之地則為災，海水不潮，亦水脈絶也。

論説

漢　劉向《説苑》卷一八《辨物》　周幽王二年，西周三川皆震，伯陽父曰：『周將亡矣。夫天地之氣，不失其序，若過其序，民亂之也。陽伏而不能出，陰迫而不能烝，於是有地震。今三川震，是陽失其所而填陰也；陽溢而壯，陰源必塞，國必亡。夫水土演而民用足也，土無所演，民乏財用，不亡何待？昔伊雒竭而夏亡，河竭而商亡，今周德如二代之季矣；其川源塞，塞必竭，夫國必依山川，山崩川竭，亡之徵也。川竭，山必崩，若國亡，不過十年，數之紀也，天之所棄不過紀。』是歲也，三川竭，岐山崩，十一年幽王乃滅，周乃東遷。

《漢書》卷二七下之上《五行志下之上》　史記周幽王二年，周三川皆震。應劭曰：『震，地震三川竭也。』師古曰：『三川，涇、渭、洛也。洛即漆沮也。川自震耳，故將壅塞，非地震也。』劉向以爲金木水火沴土者也。伯陽甫曰：服虔曰：『周太史。』『周將亡矣！天地之氣不過其序；若過其序，民亂之也。陽伏而不能出，陰迫而不能升，應劭曰：『迫，陰迫陽，使不能升也。』於是有地震。今三川實震，是陽失其所而填陰也。應劭曰：『失其所，失其道也。填陰，爲陰所填不得升也。』師古曰：『填音竹刃反。』陽失而在陰，原必塞；師古曰：『原謂水泉之本也。』原塞，國必亡。夫水，土演而民用也；應劭曰：『演，引也，所以引出土氣者也。』師古曰：『演音衍。』土無所演，而民乏財用，不亡何待？昔伊雒竭而夏亡，河竭而商亡，今周德如二代之季，其原又塞，塞必竭；川竭，景祐、殿本都作『三』。葉德輝説作『三』是。山必崩。夫國必依山川，山崩川竭，亡之徵也。若國亡，不過十年，數之紀也。』

是歲三川竭，岐山崩。劉向以爲陽失在陰者，謂火氣來煎枯水，故川竭也。山川連體，下竭上崩，事勢然也。時幽王暴虐，妄誅伐，不聽諫，迷於褒姒，廢其正后，師古曰：『褒姒，褒人所獻之女也。正后，申后也。蓋白華之詩所爲作也。』廢后之父申侯與犬戎共攻殺幽王。一曰，其在天文，水爲辰星，辰星爲蠻夷。月食辰星，國以女亡。幽王之敗，女亂其内，夷攻其外。京房《易傳》曰：『君臣相背，厥異名水絕。』師古曰：『有名之水。』

文公九年『九月癸酉，地震』。劉向以爲先是時，齊桓、晉文、魯釐二伯賢君新沒，師古曰：『齊桓、晉文，二伯也。魯僖，賢君也。伯讀曰霸。』周襄王失道，楚穆王殺父，師古曰：『穆王，商臣也，殺其父成王也。』諸侯皆不肖，權傾於下，天戒若曰，臣下彊盛者將動爲害。後宋、魯、晉、莒、鄭、陳、齊皆殺君。師古曰：『文十六年宋人殺其君杵臼，十八年襄仲殺惡，宣二年晉趙盾殺其君夷皋，文十八年莒弒其君庶其，宣四年鄭公子歸生弒其君夷，十年陳夏徵舒殺其君平國，文十八年齊人殺其君商人。』諸震，略皆從董仲舒説也。京房《易傳》曰：『臣事雖正，專必震，其震，於水則波，於木則搖，於屋則瓦落。大經在辟而易臣，茲謂陰動，服虔曰：『經，常也。辟音刑辟之辟。』蘇林曰：『大經，五行之常經也。在辟，衆陰犯殺其上也。』師古曰：『辟讀曰僻，謂常法僻壞而易臣也。』厥震搖政宮。大經搖政，茲謂不陰，厥震搖山，山出涌水。嗣子無德專祿，茲謂不順，厥震動丘陵，涌水出。』

襄公十六年『五月甲子，地震』。劉向以爲先是雞澤之會，諸侯盟，大夫又盟。師古曰：『雞澤，衛地也。襄三年，公會單子、晉侯、宋公、衛侯、鄭伯、莒子、邾子、齊世子光，己未，同盟于雞澤。陳侯使袁僑如會，戊寅，叔孫豹及諸侯大夫及陳袁僑盟也。』是歲三月，諸侯爲溴梁之會，而大夫獨相與盟，師古曰：『經書諸大夫盟，謂晉、宋、衛、鄭、曹、莒、邾、薛、杞、小邾之大夫。』五月地震矣。其後崔氏專齊，欒盈亂晉，良霄傾鄭，閽殺吳子，燕逐其君，楚滅陳、蔡。師古曰：『崔氏，齊卿崔杼也。欒盈，晉大夫欒桓子之子懷子也，二十一年奔楚，二十三年復入于晉而作亂。良霄，鄭大夫伯有也。三十年，子晳以駟氏之甲伐而焚之，伯有奔廱梁，遂奔許，晨自墓門之竇入，介于襄庫，以伐舊北門。駟帶率國人伐之，伯有死于羊肆。閽，守門者也。吳子，餘祭也。吳人伐越，獲俘焉，以爲閽，使守舟。二十九年，餘祭觀舟，閽以刀殺之。燕，北燕國也。昭三年冬，燕大夫殺公之外嬖，公懼奔齊。昭八年，楚師滅陳。十一年，楚滅蔡也。』

昭公十九年『五月己卯，地震』。劉向以爲是時季氏將有逐君之變。其後宋三臣、曹會皆以地叛，師古曰：『二十年，宋華亥、向寧、華定出奔陳，二十一年自陳入于宋南里以叛。曹會，大夫公孫會也，二十年自鄸出奔宋。《穀梁傳》曰「自鄸者，專鄸也」。鄸，會之邑也。（王先謙說殿本『鄸』作『邴』是。按景祐、局本都作『鄸』，當於『鄸』上補『邴』字，文義方足。）鄸音莫風反。』蔡、莒逐其君，吳敗中國殺二君。師古曰：『昭二十一年，蔡人信費無極之言，出蔡侯朱，朱出奔楚。二十三年，莒子庚輿虐而好劍，國人患之。秋七月，烏存帥國人以逐之，庚輿出奔魯。戊辰，吳敗楚、頓、胡、沈、蔡、陳、許之師於雞父，胡子髡、沈子逞滅，是也。』

二十三年『八月乙未，地震』。劉向以爲是時周景王崩，劉、單立王子猛，尹氏立子朝。師古曰：『已解於上。』其後季氏逐昭公，黑肱叛邾，師古曰：『黑肱，邾大夫也。三十一年，經書「邾黑肱以濫來奔」。濫，邾邑。』吳殺其君僚，師古曰：『二十七年，吳公子光使專設諸抽劍刺王是也。』宋五大夫、晉二大夫皆以地叛。師古曰：『定十年，宋公之弟辰暨仲它、石彄出奔陳。十一年春，辰及仲它、石彄、公子地自陳入於蕭以叛。秋，宋樂大心自曹入於蕭。十三年，晉荀寅、士吉射入朝歌以叛。』

哀公三年『四月甲午，地震』。劉向以爲是時諸侯皆信邪臣，莫能用仲尼，盜殺蔡侯，齊陳乞弒君。師古曰：『哀四年，經書「盜殺蔡侯申」。左氏傳曰：「蔡昭侯將如吳，諸大夫恐其又遷也，公孫翩逐而射之，入於家人而卒。」陳乞，齊大夫陳僖子也。六年，乞殺其君荼。荼，景公之子安孺子也。荼音大胡反。』

惠帝二年正月，地震隴西，厭四百餘家。師古曰：『厭音一甲反。次下亦同。』武帝征和二年八月癸亥，地震，厭殺人。宣帝本始四年四月壬寅，地震河南以東四十九郡，北海琅邪壞祖宗廟城郭，殺六千餘人。元帝永光三年冬，地震。綏和二年九月丙辰，地震，自京師至北邊郡國三十餘壞城郭，凡殺四百一十五人。

釐公十四年『秋八月辛卯，沙麓崩』。《穀梁傳》曰：『林屬於山曰麓，師古曰：『屬，聯也，音之欲反。』沙其名也。』劉向以爲臣下背叛，散落不事上之象也。先是，齊桓行伯道，會諸侯，師古曰：『伯讀曰霸。其下亦同。』事周室。管仲既死，桓德日衰，天戒若曰，伯道將廢，諸侯散落，政逮大夫，陪臣執命，臣下不事上矣。桓公不寤，天子蔽晦。師古曰：『被，掩蔽而暗也。』及齊桓死，景祐、殿本都作『桓』。天下散而從楚。王札子殺二大夫，師古曰：『二大夫，召伯、毛伯也。』晉敗天子之師，師古曰：『謂敗之於貿戎也。已解於上也。』莫能征討，從是陵遲。《公羊》以爲沙麓，河上邑也。董仲舒説略同。一曰，河，大川象；齊，大國；桓德衰，伯道將移於晉文，故河爲徙也。左氏以爲沙麓，晉地；沙，山名也；地震而麓崩，不書震，舉重者也。伯陽甫所謂『國必依山川，山崩川竭，亡之徵也；不過十年，數之紀也。』至二十四年，晉懷公殺於高梁。師古曰：『懷公謂子圉，惠公之子也。文公入國而使殺之。高梁，晉地。』京房《易傳》曰：『小人剝廬，師古曰：『剝卦上九爻之辭。』厥妖山崩，茲謂陰乘陽，弱勝彊。』

成公五年『夏，梁山崩』。穀梁傳曰廱河三日不流，師古曰：『廱讀曰壅。』晉君帥羣臣而哭之，乃流。師古曰：『從伯宗用輦者之言。』劉向以爲山陽，君也，水陰，民也，天戒若曰，君道崩壞，下亂，百姓將失其所矣。哭然後流，喪亡象也。梁山在晉地，自晉始而及天下也。後晉暴殺三卿，厲公以弒。師古曰：『三卿謂郤犨、郤錡、郤至也。厲公殺之，而欒書、中行偃又弒厲公。事在成十七年。』溴梁之會，天下大夫皆執國政，師古曰：『已解於上。』其後孫、甯出衛獻，師古曰：『孫，孫林父，甯，甯殖，皆衛大夫也。衛獻公，定公之子也，名衎。獻公戒二子食，日旰不召，而射鴻於囿，二子怒，因作亂。公如鄄，遂出奔齊。孫氏追之，敗公徒於柯澤。事在襄十四年。』三家逐魯昭，單、尹亂王室。師古曰：『並解於上。』董仲舒説略同。劉歆以爲梁山，晉望也；崩，弛崩也。師古曰：『言漸解散也。弛音式爾反。』古者三代命祀，祭不越望，吉凶禍福，不是過也。國主山川，山崩川竭，亡之徵也，美惡周必復。師古曰：『復音扶目反。』是歲歲在鶉火，至十七年復在鶉火，欒書、中行偃殺厲公而立悼公。

高后二年正月，武都山崩，殺七百六十人，地震至八月乃止。文帝元年四月，齊楚地山二十九所同日俱大發水，潰出，劉向以爲近水沴土也。天戒若曰，勿盛齊楚之君，今失制度，將爲亂。後十六年，帝庶兄齊悼惠王之孫文王則薨，無子，帝分齊地，立悼惠王庶子六人皆爲王。師古曰：『謂齊孝王將閭、濟北王志、菑川王賢、膠東王雄渠、膠西王卬、濟南王辟光。』賈誼、鼂錯諫，以爲違古制，恐爲亂。至景帝三年，齊楚七國起兵百餘萬，漢皆破之。春秋四國同日災，師古曰：『宋、衛、陳、鄭。』漢七國同日衆山潰，咸被其害，不畏天威之明效也。

成帝河平三年二月丙戌，犍爲柏江山崩，捐江山崩，皆廱江水，師古曰：『廱讀曰壅。次下亦同。』江水逆流壞城，殺十三人，地震積二十一日，百二十四動。元延三年正月丙寅，蜀郡岷山崩，廱江，江水逆流，三日乃通。劉向以爲周時岐山崩，三川竭，而幽王亡。岐山者，周所興也。漢家本起於蜀漢，今所起之地山崩川竭，星孛又及攝提、大角，從參至辰，如淳曰：『孛星尾長及攝提、大角，始發於參至辰也。』殆必亡矣。其後三世亡嗣，王莽簒位。

又 卷六〇《杜欽傳》 後有日蝕地震之變，詔舉賢良方正能直言士，合陽侯梁放舉欽。欽上對曰：『陛下畏天命，悼變異，延見公卿，舉直言之士，將以求天心，迹得失也。臣欽愚戇，經術淺薄，不足以奉大對。臣聞日蝕地震，陽微陰盛也。臣者，君之陰也；子者，父之陰也；妻者，夫之陰也；夷狄者，中國之陰也。《春秋》日蝕三十六，地震五，或夷狄侵中國，或政權在臣下，或婦乘夫，或臣子背君父，事雖不同，其類一也。臣竊觀人事以考變異，則本朝大臣無不自安之人，外戚親屬無乖剌之心，關東諸侯無強大之國，三垂蠻夷無逆理之節。殆爲後宮，何以言之？日以戊申蝕，時加未。戊未，土也。土者，中宮之部也。其夜地震未央宮殿中，此必適妾將有爭寵相害而爲患者，唯陛下深戒之。變感以類相應，人事失於下，變象見於上。能應之以德，則異咎消亡；不能應之以善，則禍敗至。高宗遭雊雉之戒，飭己正事，享百年之壽，殷道復興，要在所以應之。應之非誠不立，非信不行。宋景公小國之諸侯耳，有不忍移禍之誠，出人君之言三，熒惑爲之退舍。以陛下聖明，內推至誠，深思天變，何應而不感？何搖而不動？孔子曰：「仁遠乎哉！」唯陛下正后妾，抑女寵，防奢泰，去佚游，躬節儉，親萬事，數御安車，由輦道，親二宮之饔膳，致昏晨之定省。如此，即堯舜不足與比隆，咎異何足消滅！如不留聽於庶事，不論材而授位，殫天下之財以奉淫侈，匱萬姓之力以從耳目，近諂諛之人而遠公方，信讒賊之臣以誅忠良，賢俊失在巖穴，大臣怨於不以，雖無變異，社稷之憂也。天下至大，萬事至衆，祖業至重，誠不可以佚豫爲，不可以奢泰持也。唯陛下忍無益之欲，以全衆庶之命。臣欽愚戇，言不足采。』

晉 袁宏《後漢紀》卷一八《後漢孝順皇帝紀上》 ［陽嘉元年］北海人郎顗上書曰：『臣聞天垂誡，地見災異，所以譴告人主，克己修德也。故應天以誠而不以言，導下以躬而不以刑。頃者宮殿官府，多所治飾。昔盤庚遷殷，去奢即儉；夏后卑宮，盡力以致美。愚以為諸所繕治，事可減省，以恤貧民，以賑孤寡，天之意也，人之願也。陛下躬親庶事，詔書每下，廣開不諱之路，以天下為憂，百姓為念，而不數見公卿，責以政事，誠優游養德之道也。然三公者，調和陰陽，儀刑百寮。今水旱連年，五穀不登，不能憂也。官失其序，庶事不治，不能正也。但遲迴偃仰，稱病自逸，忘天下之憂，甘宴安之樂，豈不謬哉！』尚書問狀，顗對多言數術、占候之事，大旨以三公非其人，將有饑饉、水旱、地震、盜賊之變。其後海賊攻會稽，而青、徐盜賊起，西羌反，明年四月京師地震，其夏大旱，略如其言。

又《後漢孝順皇帝紀上》 ［陽嘉二年］五月庚子，詔曰：『朕以不德，統奉洪業，無以承順乾坤，協和陰陽，災眚屢見，咎徵仍彰。群公卿士將何以匡輔朕之不逮，奉答災異？災異不空設，必有所應，其各舉敦朴士一人，直言厥咎，靡有所諱。』【略】

太史張衡對曰：臣聞政善則休祥降，政惡則咎徵見。苟非聖人，或有失誤。昔成王疑周公而大風拔樹木，開金縢而反風至，天人之應，速於影響。故《詩》稱曰：『無曰高高在上，日監在茲。』間者，京都地震，雷電赫怒。夫動靜無常，變改正道，則有奔雷土裂之異。自初舉孝廉，迄今二百歲矣，皆先孝行，行有餘力，始及文法。辛卯詔以能宣章句奏案為限，雖有至孝，猶不應科，此棄本而就末。曾子長於孝，然實魯鈍，文學不若游、夏，政事不若冉、季。今欲使一人兼之，苟外可觀，內必有闕，則違選舉孝廉之制矣。且郡國守相，割符寧境，為大臣，一旦免黜十有餘人，吏民罷於送迎之役，新故交際，公私放濫，或臨政涖民，為百姓取便，而以小過免之，是為奪人父母使嗟號也。又察選舉，一任三府，臺閣秘密，振暴於外，貨賂多行，人事流通。今真偽渾淆，昏亂清朝，此為下陵上替，分威共德，災異之興，不亦宜乎？易不遠復，論不憚改，朋友交接且不宿過，況於帝王，承天理物，以天下為公者乎！中間以來，妖星見於上，震烈著於下，天誡詳矣，可為寒心。明者消禍於未萌，今既見矣，修政恐懼，則轉禍為福矣。

又 卷一九《後漢孝順皇帝紀下》 ［建康元年九月］丙午，京都地震。

詔公卿、特進、校尉舉賢良方正、能直言極諫者各一人。

皇甫規對策曰：『陛下聖德欽明，聞災責躬，咨嗟群僚，招延敢諫。臣得踐天庭，承大問，此誠臣寫憤畢命之期也。臣伏見孝順皇帝初勤王事，綱紀四方，天下欣然，幾以獲治。自後中常侍、小黄門凡數十人，同氣相求，如市賈焉。競思作變，導上以非，因緣嬖幸，受賂賣爵，分贓解罪，以攘天威。公卿以下，至於佐吏，交私其門，終無紀極。頑凶子弟，布列州郡，并為豺狼，暴虐群生。天下擾擾，從亂如歸，至令風敗俗壞，招災致寇。今宜庭問百寮，常侍以下尤無狀者，亟便絀遣，與衆共之，披埽其黨，蕩滌其賄，以答天誡。《大雅》曰：「敬天之怒，無敢戲豫。」此之謂也。大將軍、河南尹，處周、邵之任，為社稷之鎮，加與王室舊有姻族，今日立號，雖尊可也。而天下區區，願其霈然增脩謙節，省去游娱不急之費，減廬第無益之飾，近儒術考論經書，輔佐日月，宜有至效。夫朝者，舟也；民者，水也；朝之群臣，乘舟人也。大將軍兄弟，操楫者也。雖曰衆也，在所欲之。苟能卒志畢力，守遵常軌，以度元元，所謂福也；或乃怠弛中流，而捐楫放棹，將淪波濤，歸咎受愆，可不慎乎！臣生長邊遠，希步紫庭，怖慴失守，言不盡心。』梁冀忿其間己，以規對下第。拜郎中，託疾免歸。

晉 干寶《搜神記》卷六《山亡論》　夏桀之時厲山亡，秦始皇之時三山亡，周顯王三十二年宋大丘社亡，漢昭帝之末，陳留昌邑社亡。京房《易傳》曰：『山默然自移，天下兵亂，社稷亡也。』故會稽山陰瑯邪中有怪山，世傳本瑯邪東武海中山也，時天夜，風雨晦冥，旦而見武山在焉，百姓怪之，因名曰怪山，時東武縣山，亦一夕自亡去，識其形者，乃知其移來。今怪山下見有東武里，蓋記山所自來，以爲名也。又交州脆州山移至青州。凡山徙，皆不極之異也。此二事未詳其世。《尚書·金縢》曰：『山徙者，人君不用道，士賢者不興，或祿去，公室賞罰不由君，私門成羣，不救，當爲易世變號。』説曰：『善言天者，必質於人；善言人者，必本於天。』故天有四時，日月相推，寒暑迭代，其轉運也。和而爲雨，怒而爲風，散而爲露，亂而爲霧，凝而爲霜雪，立而爲虹霓，此天之常數也。人有四肢五臟，一覺一寐，呼吸吐納，精氣往來，流而爲榮衛，彰而爲氣色，發而爲聲音，此亦人之常數也。若四時失運，寒暑乖違，則五緯盈縮，星辰錯行，日月薄蝕，彗孛流飛，此天地之危診也。寒暑不時，此天地之蒸否也。石立，土踊，此天地之瘤贅也。山崩，地陷，此天地之癰疽也。衝風，暴雨，此天地之奔氣也。雨澤不降，川瀆涸竭，此天地之焦枯也。

《毛詩正義》卷一二之二《小雅·十月之交》　爗爗震電，不寧不令。爗爗，震電貌。震，雷也。箋云：雷電過常，天下不安，政教不善之徵。爗，于輒反。百川沸騰，山冢崒崩。沸，出。騰，乘也。山頂曰冢。箋云：崒者，崔嵬。百川沸出相乘陵者，由貴小人也。山頂崔嵬者崩，君道壞也。沸，甫味反。崒，舊子恤反，徐子綏反，宜依《爾雅》音徂恤反，本亦作『卒』。頂，丁冷反。崔，徂回反。《爾雅》作『厜』，才規反。嵬，五回反，《爾雅》作『㕒』，五規反。高岸為谷，深谷為陵。言易位也。箋云：易位者，君子居下，小人處上之謂也。處，昌呂反。哀今之人，胡憯莫懲！箋云：憯，曾。懲，止也。變異如此，禍亂方至，哀哉！今在位之人，何曾無以道德止之。憯，七感反，亦作『慘』。

唐 瞿曇悉達《開元占經》卷四《地占·地動》　京氏曰：『地動，陰高者為下，下者為陽。此人君俱進，君子為小人同倫，任小人為上宰，置君子于下位，此陰高而陽卑也。故反也害及大人。』《河圖秘徵篇》曰：『地之動，大臣逆。』《雒書雒罪級》曰：『土震不言衆虐盛。』《尚書夏侯説》曰：『地動大臣盛，將有為下不靜，兵數動也。』《運斗樞》曰：『地之動，亂並孽，群臣蹶施宋均曰：蹶，動也；施，放縱之也。陰讙嘩。』又曰：『地震之異，陰倍主。』《保乾圖》曰：『地動，下逆，無陽自燭：則退強臣，誅大過，免近戚。』《潛潭巴》曰：『地動搖，臣下謀上。』《運斗樞》曰：『后族專權，地動搖宫。』《春秋公羊傳》曰：『臣專政，陰而行陽，故地震。』《穀梁》曰：『地動，大臣盛，將動有變。』變謂反也。夏氏曰：『地動，民不安，搖擾流移。』劉向《洪範傳》曰：『地動者，臣不臣也，臣下大貴也。』董仲舒《對災異》曰：『地者，陰之類也；動者，後宫臣下專，主之盛陽衰，故致疾疫。當制後宫，齊御百官以救之。』京房《對災異》曰：『地者，大臣之位，當載安萬民，懷藏物類；而動搖者，此不欲為君載安萬民，動搖不安，思欲篡殺也。』京房《傳》曰：『地動蹶城，天下亡。』《天鏡》曰：『地動，世主失，不出千日。』京房曰：『地動，蹶屋、室、人，天下兵行。』『地移，或西或東，不列王公，此謂不公其行也。』『地動，動床木，歲木熟。』『地動，教令從臣下出，必有流血饑亡。』『地動，有赤水出，司馬戮。』『地動，疾驚牛馬，禽獸變動，天子失地。』『地獨動於靈廟中及朝廷，邑有亂臣，且凶。』『國無忠臣，地動不已。』『地比四五日動，人主不安。』『地數動，殺人，賊臣暴。』『地以春動，有音，歲不昌。以夏動，有音，人主有喪。以四月動，有音，五穀不熟，民大饑。以五月動，有音，人主有喪，民流亡。以六月動，有音，少老多死，歲惡。以秋動，有音，大兵起。以九月動，有音，殃大。以冬動，有音，人主有喪，兵起。以十月動，有音，其邑有功。以十一月動，有音，其邑有大兵喪及民饑亡。以十二月動，有音，其邑有兵行。』《地鏡》曰：『地動三年，其國民流，東西動十日以上，必有兵。』『地動千里，是謂陰盛陽衰，人君犯四時，興土功，不出年，國有喪。』『地動，壞城郭宮室，是謂陰道失，四海有兵喪。』《抱朴子》曰：『軍中地動，必大戰，或有謀反。』張衡上書曰：『地動者，民擾也。』《易坤靈圖》曰：『地大動，搖世主之宮，國不安。』《國語》曰：『周幽王二年，西周三川皆震，伯陽父曰：「周將亡矣；夫天地之氣，不失其序，若過其序，民之亂也。陽伏而不能出，陰迫而不能烝。於是有地震。今三川實震，陽失其所也。」』《史記》曰：『周幽王二年，西周三川皆震，三川，涇、渭、洛也。伯陽甫曰：「周將亡矣，天地之氣不失其序，若過其序，民亂之也。陽伏而不能出，陰迫而不能烝，於是有地震。今三川實震，是陽失其所而填陰也。陽失而在陰，原必塞；原塞，國必亡。夫水土演而民用也；土無所演，民乏財用，不亡何待。昔伊、洛竭而夏亡，河竭而商亡；今周德若二代之季矣，其川原又塞，塞必竭，川竭，山必崩；夫國必依山川，山崩、川竭，亡之徵也。若國亡，不過十年，數之紀也。」』《左傳》曰：『昭公二十三年八月丁酉，南宮極震，萇弘謂劉文公曰：『君其勉之，先君之力可濟也。周之亡也，其三川震；今西王之大臣亦震，天棄之矣，東王必大克。注子朝在王城，故謂西王；敬王居狄泉，在王城之東，故曰東王。』『漢安帝永初元年，郡國十八地震。地者，陰也。法當安靜。今乃越陰之職，專陽之政，故應以震動。』『漢獻帝初平年中，京師地震。董卓以問蔡伯喈，伯喈對曰：「地動陰盛，大臣逾制之所致也。公乘青蓋車，遠近以為非宜為。」先是山東豪傑並起，卓懼，乃徙天子都長安，燔燒洛陽宮室，自為太師，號曰尚父，乘青蓋車，金華爪畫兩輪，故諫之，卓乃更乘金華皂蓋車。』《地鏡》曰：『地動而折，有急令，近臣謀主，兵革興。』

又《地占・地坼》　《地鏡》曰：『地裂劈，臣下有分離；若在城門，驕臣從中起，邑有謀兵；地裂朝廷，分其鄉部；地裂社稷，天下有大兵；地裂市里居家，不出三年，大兵起，國有憂，王道中忽坼；不出四年，王道絕，有分天地。居地分裂一里以上，或山阜破，丘有水，天下流亡。地劈有音，及見雜物形，若於朝廷、宗廟、丘社、道中咸為兵亂、國亂；地坼有聲，天下不安，國分，急兵起。地夏裂一丈以上，殺五穀。秋裂，民流亡。冬裂，大凶；兵起，國主亡。』

又卷九九《山崩》　《尚書・中候》曰：『山崩水潰，納小人。』《運斗樞》曰：『山崩者，大夫排主，陽毀失基。』《考異郵》曰：『山者，君之位也，崩毀者，陽失制度，為臣所犯毀。』《春秋緯保乾圖》曰：『山崩，道散。』又曰：『山崩，修北斗七政之事，輔豪傑除惡之毒。』董仲舒《對災異》曰：『山者，陰類，崩者，忠貞離，叛臣蔽主之善，使恩澤不流，怒恚壅隔，民人乖散之象也。任賢良，使忠貞，以救之。』《地鏡》曰：『山崩，人君位消、政暴，不出三年，有兵奪之。』京房《易傳》曰：『山崩，陰乘陽，弱勝強，天壁亡。』又曰：『國山崩，君爭政，女戚五年敗。』又曰：『邑山崩，邑有戰，主亡，或大水。』京房《對災異》曰：『山者，三公之位，台輔之德也。乃興雲出雨，漫溉萬物，助天成功。今崩去者，此謂大臣懷叛不忠也。』《地鏡》曰：『山春崩，國有伐城；夏崩，天下有水，國主亡；秋崩，有大兵；冬崩，年中大饑。』京房《易妖占》曰：『山以春崩，亡邑，有拔城；以秋崩，人主惡之；以夏崩，人主有亡，天下大水；以冬崩，多饑，兵興。』

唐　李筌《太白陰經》卷二《人謀下・廟勝篇》　經曰：天貴持盈不失，陰陽四時之紀綱；地貴定傾不失，生長均平之土宜。人貴節事，調和陰陽，佈告時令，事來應之，物來知之，天下盡其忠信、從其政令。故曰：『天道無災，不可先來；地道無殃，不可先倡；人事無失，不可先伐。』四時相乘，水旱愆和，冬雷夏霜，飛蟲食苗，天災也。山崩川涸，土不稼穡，水不潤下，五葉不樹，八穀不成，地殃也。

五代　丘光庭《論地有動息上下》　《全唐文》卷八九九　漁翁問曰：『吾聞地道安靜，子曰隨氣出入而上下，何也？』答曰：『《周易》云：「坤元亨，利牝馬之貞。」《象》曰：「牝馬地類，行地無疆。」然則乾象以龍，坤象以馬。觀其所象，地非不動之物。《河圖括地象》云：「地常動而不止。」地周遊於八紘之中，未嘗暫息也。春東東方木氣時曰少陽，所以暄和，夏南南方火氣時曰太陽，所以暑熱，秋西西方金氣時曰少陰，所以淒涼，冬北北方水氣時曰太陰，所以嚴凝。冬至極上，夏至極下。其故何哉？由於氣也。夫夏至之後，陰氣漸長。陰氣主閉藏，則衰於上而盛於下。氣盛於下，則海溢而上。陽氣歸於海，下氣多，故溢而上也。故及冬至而地隨海俱極上也。從夏至後陽氣漸退，陰氣漸長，地亦漸上，陰進故也。及至秋分地面與天不齊，故晝夜等也。秋分之後，及至冬至，地面上過天心，上之極也，所以晝短而夜長也。冬至之後，陽氣漸長。陽氣主舒散，則衰於下而盛於上。氣盛於上，則海斂而下，陽氣散出於海，上氣少故斂於下。故及夏至而地隨海俱極下也。冬至之後，陽氣漸長，陰氣漸退。地亦漸下，陰退故也。及於春分，地面與天不齊，故晝夜等也。春分後，及於夏至，地面下過天心，下之極也，所以晝長而夜短也。此一年之內動息上下也。』問曰：『其一日之內，動息上下，可得聞乎？』答曰：『《繫辭》云：「夫坤，其靜也翕。」韓康伯注云：『翕，斂也。』止則翕，斂其氣也。其動也辟，注云：『動則開，辟以生物也。』翕者物之收斂，辟者氣之散出。氣收斂則地上，氣散出則地下。何異人之呼吸歟？又《莊子》云：「大塊噫氣大塊，地也，其名曰風。」彼言噫氣，亦呼吸之類也。』問曰：『一晝一夜兩潮汐，則是一晝一夜，兩辟兩翕。將何驗之哉？』答曰：『驗魚獸之皮，則知之矣魚獸出海中，形如牛。按《毛詩》蟲魚疏云：「魚獸之皮，乾之經年，每天陰及潮來，則毛皆起。若表晴及潮還，則毛伏如故。雖在數千里外，可以知海水潮。」然則潮之來去，與天之陰晴相類，氣散出則天陰，氣收斂則天晴。即知是氣散出則潮來，氣收斂則潮落。故知魚獸之毛起伏者，非識天之險晴，及潮之來去，自應氣之出入耳。毛起者氣出也，氣出則地下，地下則潮來。毛伏者氣入也，氣入則地上，地上則潮落。故魚獸之毛，一晝一夜，兩起兩伏。足以驗其氣之兩辟兩翕矣。』問曰：『此翕辟之氣，是何氣也？』答曰：『地中之氣也。故此氣一出一入，則地獨上獨下，不由於水也。若一年之氣，則是天之元氣，其氣周於水，故水隨於氣而地隨於水也。』問曰：『地之廣厚，不知幾千萬里也，今算術之家言地之里數，皆虛妄也。何者？地之四面垂入海中，不可知其涯際也。言能隨氣動息，不亦誣乎？』答曰：『神無方，豈論鉅細？且天大於地，逾數倍焉。尚能空中旋運也。況地比於天，殊爲小者，豈不能隨氣動息哉？但人自不思之耳。吾子視日月之回，則信天之能旋。而視濤潮之至，不信地之能動，日月東行，天體西轉。今日月西回者，天運之也。水性本靜爲潮汐者，地使之然。此理昭然，但人不思之耳。豈不冥哉？豈不昧哉？冥者無知之貌，昧者暗晦之辭。』問曰：『若如所論，則地有動息上下矣。然則人不覺之，何也？』答曰：『不睹日月，則不覺天之旋。不睹濤潮，則不覺地之動。故《河圖括地象》云：「夫人居大舟之中，閉牖而坐，則不知舟之動也。」且人居大舟中，尚不知舟動，而況地之廣大，曾不睹其邊，何以知其上下哉？且子不聞南中之潮鷄乎出《山海經》？鷄鳴則潮至，鷄不睹潮之至而先鳴者，蓋覺地之動也。是知物有所長，人或不及。』問曰：『地震人則覺之，何也？』答曰：『動安和而震戰悚也。震甚則人覺，微亦不覺也。昔張衡作地震儀，以龍銜銅丸，地震則丸落。張衡，後漢人也。儀者，狀貌之稱也。其形如酒樽，外鑄銅，爲八龍，龍銜銅丸，各置一方。其機關在樽內，東方地震，則東龍丸落，他皆仿此也。嘗一丸落而不覺震，人皆以爲無驗。經數日而隴西奏地震，與丸落時同，人始服其工妙。然則震微人尚不覺，況辟翕上下微而和者乎？』問曰：『地震何爲者也？』答曰：『亦氣也。《周語》云：「陽伏而不能出，陰迫而不能升，則有地震。」此伯陽甫之辭也，伯陽甫，老子也。言陽氣伏於下，而陰氣迫於上。故陽氣不能升出而地爲之震，其言陽伏陰迫，皆迫伏於地中焉。』推此而言，是知地中之氣能使地之上下也。

宋 王珪《華陽集》卷二八《賜曾公亮地震水災乞退第二表不允斷來章批答》

省表，具之。朕獲保宗廟，夙夜祇畏，顧德不能綏天下。乃甲申地震，河朔大水，壓覆人民，朕甚懼焉。卿三朝社稷之臣，方共圖所以應變之術，奚遽上書而引咎也？昔我文考，嘗因天異，下罪己之詔，而不敢督過大臣。矧予小子，不敕躬自思，乃敢聽丞相避位哉？所請宜不允，仍斷來章。

宋 包拯《包孝肅奏議集》卷一《論地震奏》

臣近聞登州地震山摧，今又鎮陽、雄州五月朔日地震，北京、貝州諸處蝗蝻蟲生，皆天意先事示變，必不虛發也。謹按《漢·五行志》曰：『地之戒莫重於震動。』謂地者陰也，法當安靜。今乃越陰之職，專陽之政，其異孰甚焉！又夷狄者，中國之陰也，今震於陰長之月，臣恐四夷有謀中國者。且雄州控扼北鄙，登州密邇東夷，今繼以地震山摧，不可不深思而預備之也。頃歲并、代地震，尋以昊賊拒命；近者廣南英、連等州亦震，而蠻寇內侵，皆必然已應之兆耳。臣近曾上言，沿邊將帥尤在得人，乞委執政大臣，精選素習邊事之人，以為守將，俾訓練卒伍，廣為積聚，以大警備之。不然，懼貽陛下之深憂也。況災變之作，未有無其應者，惟陛下特留聖意。

宋 司馬光《傳家集》卷二二《論燕飲狀》嘉祐六年與王樂道同上

右臣等竊見今歲以來，災異屢臻，日食地震，江淮騰溢，風雨害稼，民多菜色。此正陛下側身克己、眚禮蓄樂之時。而道路之言，皆云陛下近日宮中燕飲，微為過差，賞賚之費，動以萬計，耗散府庫，調斂細民。況酒之為物，傷性敗德，禹湯所禁，周公所戒，殆非所以承天憂民，輔養聖躬之道也。陛下恭儉之德，彰信兆民。議者皆以為後宮奢縱，務相誇尚，左右近臣，利於賞賚，陛下重違其請，屈意從之。夫天以剛健為德，君以正固為事。柰何徇後宮左右之欲，上忽天戒，下忘民病，中不為宗廟社稷深自重惜？臣等愚惑，竊為陛下不取也。伏望陛下當此之際，悉罷燕飲，安神養氣。後宮妃嬪，進見有度，左右小臣，賞賚有節。及厚味腊毒之物，無益奉養者，皆不宜數御，以傷天和。乃可以解皇天譴告之威，慰元元困窮之望，保壽命無疆之休。天下羣生，不勝幸甚。臣等區區，納忠忘死，惟陛下裁察。

清　南懷仁《坤輿圖説》卷上《地震》　或問地震曷故？曰：古之論者甚繁，或謂地含生氣，自為震動；或謂地體猶舟浮海中，遇風波即動；或謂地體亦有剝朽，乃剝朽者裂分全體，而墜于內空之地，當墜落時，無不搖動全體而致聲響者；又有謂地內有蛟龍，或鼇魚，轉奮而致震也。凡此無稽之言，不足深辯。惟取理之至正者，而姑論其數端，及其性情之自然者如左。

其一，地震者因內所含熱氣所致也。蓋地外有太陽恒照，內有火氣恒燃，則所生熱氣漸多，而注射于空隙中，是氣愈積愈重，不能含納，勢必奮怒欲出，乃猝不得路，則或進或退，旋轉鬱勃，潰圍破裂而出，故致震動，且有聲響也。正如火藥充實于礟銃內，火一燃而衝突奮裂，乃必破諸阻礙而發大響也。或疑氣似不能動地，須知氣之力，堅猛莫禦，試觀夫風初亦莫非微氣所發，積而至于走石、拔樹、頹屋、覆舟。夫氣之困鬱于地，其奮發必力奮而震搖乎地體，理之自然者也。何足異哉？

欲證其所由然，則有二端可以明之。一、震之時率在春秋之月，蓋因此二時氣最易生也。一、震之所必在土理疏燥及多空窟之地，以其易容多氣。故山崩之處內多洞穴者，其震猶更密也。若地有空竅向天，而可以嘘散所蘊之氣者，則終不致震耳。又海中之島，亦多震者，因週邊之海水與內所含之硝磺，多致生熱氣，熱氣既熾，必發震也。所以本土之人，每多掘井，欲其氣透而易散，以免地震故也。

大凡地震之或先或後，必久屬亢旱或並多風肆暴而致，總之，氣之為烈耳。其氣為烈之故，則有三焉。其一，凡地內之有空洞，氣既充盈，而又生新氣以增益之，勢難並容，不勝其鬱勃，而奮力求出，故致震撼也。其二，凡地被寒氣侵閼，必自收縮，乃致其內所含熱氣，自為流遁，而遂亂相衝擊其地也。其三，地內所藏熱氣，一被外之冷氣侵閼，則必退而斂約，斂約愈極，其力愈長，而質愈稀清；愈稀清亦愈欲舒放而得廣所，斯乃搖動觸震地體也。

夫震之久暫，首係氣勢，凡氣之厚且多者緩消，薄與寡者速散。次係地勢，凡地之疏軟者易開，密且硬者難出，因其久為衝奮，或連或斷，而復續竟致久動矣。其實一動非能久也，凡致地震之烈氣，積在地內，不過數十百丈之深，則遇低窪之處，如江海山谷等，易出而散，因而震動不越一郡縣，或一山谷之地而止。若猛烈之氣藏于地內至數十百里之深，則既難發洩，必致四面衝奮，尋其所出之路，因而震數省之地，致數千里之遠也。

紀事

《史記》卷一一《孝景本紀》　［中元年四月］地動。

又　［中三年］四月，地動。

又　［中五年］秋，地動。

又　［後元年］五月丙戌，《集解》：徐廣曰：『丙，一作「甲」。』地動，其蚤食時復動。上庸地動二十二日，壞城垣。

又　後二年正月，地一日三動。

漢　應劭《風俗通義》卷二《正失》　文帝即位二十三年，日月薄蝕，地數震動，毀壞民廬舍，關東二十九山，同日崩潰，水出，河決酸棗，大風壞木，雨雹如桃李，深者厚三尺，狗馬及人皆生角，大雪蝗蟲。文帝下詔書曰：『間者，陰陽不調，日月薄蝕，年穀不登，大遭旱蝗饑饉之害，謫見天地，災及萬民。丞相、御史議可以佐百姓之急。』推此事類，似不及太宗之世，不可以為升平。

《漢書》卷四《文帝紀》　［元年］四月，齊楚地震。

又　五年春二月，地震。

又　卷五《景帝紀》　［後元年］五月，地震。

又　卷六《武帝紀》　［元光四年］五月，地震。赦天下。

又　［征和二年八月］癸亥，地震。

又　［後元元年］秋七月，地震，往往湧泉出。

又　卷八《宣帝紀》　［本始元年］夏四月庚午，地震。

又　［本始四年］夏四月壬寅，郡國四十九地震，或山崩水出。詔曰：『蓋災異者，天地之戒也。朕承洪業，奉宗廟，託于士民之上，未能和羣生。

乃者地震北海、琅邪，壞祖宗廟，朕甚懼焉。丞相、御史其與列侯、中二千石博問經學之士，有以應變，師古曰：『謂禦塞災異也。』輔朕之不逮，毋有所諱。令三輔、太常、內郡國舉賢良方正各一人。律令有可蠲除以安百姓，條奏。被地震壞敗甚者，勿收租賦。』大赦天下。上以宗廟墮，素服，避正殿五日。師古曰：『墮者，毀也，音火規反。』

又 卷九《元帝紀》 ［初元二年］三月，詔罷黃門乘輿狗馬，師古曰：『黃門，近署也，故親幸之物屬焉。』水衡禁囿、宜春下苑、孟康曰：『宮名也，在杜縣東。』晉灼曰：『史記云葬二世杜南宜春苑中。』師古曰：『宜春下苑即今京城東南隅曲江池是。』少府佽飛外池、如淳曰：『漢儀注佽飛具矰繳以射鳧鴈，給祭祀，是故有池也。』嚴籞池田蘇林曰：『嚴飾池上之屋及其地也。』晉灼曰：『嚴籞，射苑也。許慎曰：『嚴，弋射者所蔽也。』池田，苑中田也。』師古曰：『晉說是。』假與貧民。詔曰：『蓋聞賢聖在位，陰陽和，風雨時，日月光，星辰靜，黎庶康寧，考終厥命。師古曰：『考，老也。言得壽考，終其天命。』今朕恭承天地，託于公侯之上，明不能燭，德不能綏，災異並臻，連年不息。乃二月戊午，地震于隴西郡，毀落太上皇廟殿壁木飾，壞敗豲道縣城郭官寺及民室屋，壓殺人衆。師古曰：『豲道屬天水。凡府庭所在皆謂之寺。豲音完。壓音烏狎反。』山崩地裂，水泉湧出。天惟降災，震驚朕師。師古曰：『師，衆也。』治有大虧，咎至於斯。夙夜兢兢，不通大變，深惟鬱悼，未知其序。師古曰：『鬱，不通之意也。序，次也。』間者歲數不登，元元困乏，不勝饑寒，以陷刑辟，朕甚閔之。郡國被地動災甚者無出租賦。赦天下。有可蠲除減省以便萬姓者，條奏，毋有所諱。丞相、御史、中二千石舉茂材異等直言極諫之士，朕將親覽焉。

又 ［初元二年］秋七月，詔曰：『【略】今秋禾麥頗傷。一年中地再動。北海水溢，流殺人民。陰陽不和，其咎安在？公卿將何以憂之？其悉意陳朕過，靡有所諱。』師古曰：『悉意，盡意也。靡，無也。』

又 ［永光三年］冬十一月，詔曰：『乃者己丑地動，中冬雨水，大霧，師古曰：『中讀曰仲。雨音于具反。』盜賊並起。吏何不以時禁？各悉意對。』師古曰：『時禁，謂月令所當禁斷者也。悉，盡也。』

又 ［建昭二年］冬十一月，齊楚地震，大雨雪，師古曰：『雨音于具反。』樹折屋壞。

又 ［建昭四年六月］藍田地沙石雍霸水，安陵岸崩雍涇水，水逆流。

又 卷一〇《成帝紀》 ［建始三年］冬十二月戊申朔，日有蝕之。夜，地震未央宮殿中。詔曰：『蓋聞天生衆民，不能相治，爲之立君以統理之。君道得，則草木昆蟲咸得其所；師古曰：『昆，衆也。昆蟲，言衆蟲也。又許慎《說文》云「二虫爲蚰」，讀與昆同，謂蟲之總名，兩義並通。而鄭康成以昆蟲爲明蟲，失之矣。虫音許尾反。』人君不德，謫見天地，師古曰：『言天地見變，所以責之。』災異婁發，以告不治。師古曰：『婁，古屢字也。治音丈吏反。』朕涉道日寡，舉錯不中，師古曰：『中，當也，音竹仲反。』乃戊申日蝕地震，朕甚懼焉。公卿其各思朕過失，明白陳之。「女無面從，退有後言。」師古曰：『虞書益稷之篇云帝曰「予違汝弼，汝無面從，退有後言」。謂我有違道，汝當正之，無得對面則順從唯唯，退後則有謗讟之言也。故此詔引之。』丞相、御史與將軍、列侯、中二千石及內郡國舉賢良方正能直言極諫之士，詣公車，朕將覽焉。』

越巂山崩。

又 ［河平］三年春二月丙戌，犍爲地震山崩，師古曰：『犍音其言反，又其連反。』雍江水，水逆流。師古曰：『雍音壅。其下皆同。』

又 ［河平四年］三月，【略】壬申，長陵臨涇岸崩，雍涇水。

晉 袁宏《後漢紀》卷八《後漢光武皇帝紀》 ［建武二十二年］秋九月，地震。詔南陽郡勿輸今年田租，南陽繫囚減死罪一等。

又 卷一三《後漢孝和皇帝紀上》 ［永元七年］秋九月辛卯，京都地震。

又 卷一四《後漢孝和皇帝紀下》 ［元興元年］五月癸酉，扶風、雍地震。

又 卷一五《後漢孝殤皇帝紀》 ［延平元年五月］壬辰，河東恒山崩。

又 卷一六《後漢孝安皇帝紀上》 ［永初元年］十二月，郡國十八地震。李固曰：『地者陰也，法當安靜。今乃越陰之職，專陽之政，故應以震動。』太后攝政之應也。

又 ［永初二年］春，京師旱，太后親幸洛陽獄省罪囚繫。

又 ［永初二年］是歲郡國十地震。

又 ［永初三年］三月，京都饑，人相食。癸巳，司徒魯恭以災異策罷。

又 ［永初三年］十二月辛酉，郡國九地震，有星孛于天苑。

又 ［永初七年］春，郡國十八地震。

又 ［元初元年］是歲郡國十五地震。

又 ［元初二年］冬十一月庚申，郡國十一地震。

又［元初三年］春二月，郡國十地震。

又［元初三年］郡國九地震。

又［元初五年］是歲郡國十四地震。

又［元初六年］春正月乙巳，京都、郡國三十二地震，水泉涌出，壞城郭宇舍，壓殺人。

又［元初六年］夏五月，京師旱。

又［元初六年］冬十二月戊子朔，日有食之。郡國八地震。

又卷一七《後漢孝安皇帝紀下》［建光元年九月］己丑，郡國三十五地震，壞城郭，壓殺人。本志以為安帝不明、宮人與王聖專權之應也。

又［延光元年］夏四月，京師地震。

又［延光元年］秋七月癸卯，京師地震。

又［延光元年］九月戊申，郡國二十七地震。

又［延光二年］是時京都、郡國三十七地震。

又［延光三年］是歲京師、郡國二十二地震。

又［延光四年］冬十月丙午，蜀郡越嶲山崩，殺四百餘人。

又卷一八《後漢孝順皇帝紀上》［永建三年］春正月丙子，京師、漢陽地震，屋壓殺人。乙未，詔曰：『京都地動，漢陽尤甚，加以比年饑饉，夙夜怟懔。群公卿士，其深思古典，有以消災復異，救此下民，忠信嘉謀，靡有所諱。其勿收漢陽今年田租。』

又［陽嘉二年四月］己亥，京都地震。

又［陽嘉四年］十二月甲寅，京都地震。詔百寮上封事，靡有所諱。

又［永和二年］夏四月丙申，地震。

又［永和二年冬十月］丁卯，京師地震。

又［永和三年］春二月乙亥，京師地震。

又［永和三年］夏閏月己酉，京師地震。

又卷一九《後漢孝順皇帝紀下》［永和四年］春三月乙亥，京師地震。

又卷二一《後漢孝桓皇帝紀上》［建和元年］夏四月庚寅，京兆地震。

又［建和元年］九月，京師地震。

又［建和元年］十一月辛巳，京師地震。詔百官上封事，靡有所諱。獨行之士各一人。

又［建和二年］正月丙辰，京師地震。

又［建和二年］十月乙亥，京師地震。

又卷二三《後漢孝靈皇帝紀上》［建寧四年］二月癸卯，地震，河水清。

又［熹平六年］冬十月癸丑朔，日有蝕之，趙相以聞。京師地震。

又［光和元年春二月］己未，京師地震。

又［光和元年春二月］夏四月丙辰，京師地震。

又卷二六《後漢孝獻皇帝紀一》［初平二年］六月丙戌，京師地震。卓問蔡邕，邕對曰：『地震陰盛，大臣逾制之所致也。公乘青蓋車，遠近以為非宜。』卓從之，乘金華皂蓋車。

又［初平二年］秋七月，司空种弗以地震策免。

又卷二七《後漢孝獻皇帝紀二》［興平元年六月］丁丑，京師地震。戊寅，又震。

又［初平四年］六月，華山崩。

《後漢書》卷一下《光武帝紀下》［建武二十二年］九月戊辰，地震裂。制詔曰：『日者地震，南陽尤甚。夫地者，任物至重，靜而不動者也。而今震裂，咎在君上。鬼神不順無德，災殃將及吏人，朕甚懼焉。其令南陽勿輸今年田租芻稾。遣謁者案行，其死罪繫囚在戊辰以前，減死罪一等；徒皆弛解鉗，衣絲絮。弛，解脫也。《倉頡篇》曰：『鉗，鈦也。』音奇炎反。《前書音義》曰：『鈦，足鉗也。』音徒計反，又大蓋反。舊法，在徒役者不得衣絲絮，今赦許之。賜郡中居人壓死者棺錢，人三千。其口賦逋稅而廬宅尤破壞者，勿收責。《漢儀注》曰：『人年十五至五十六出賦錢，人百二十，爲一筭。又七歲至十四出口錢，人二十，以供天子；至武帝時又口加三錢，以補車騎馬。』逋稅謂欠田租也。吏人死亡，或在壞垣毀屋之下，而家羸弱不能收拾者，其以見錢穀取傭，爲尋求之。』

又卷三《孝章帝紀》［建初元年］三月甲寅，山陽、東平地震。己巳，詔曰：『朕以無德，奉承大業，夙夜慄慄，不敢荒寧。而災異仍見，與政相應。朕既不明，涉道日寡；又選舉乖實，俗吏傷人，官職秏亂，刑罰不中，可不憂與！昔仲弓季氏之家臣，子游武城之小宰，孔子猶誨以賢才，問以得人。明政無大小，以得人爲本。夫鄉舉里選，必累功勞。今刺史、守相不明真偽，茂才、孝廉歲以百數，既非能顯，而當授之政事，甚無謂也。每尋前世舉人貢士，或起甽畝，不繫閥閱。敷奏以言，則文章可採；明試以功，則政有異迹。文質彬彬，朕甚嘉之。其令太傅、三公、中二千石、二千石、郡國守相舉賢良方正、能直言極諫之士各一人。』

又 **卷四《孝和帝紀》**［永元元年］秋七月乙未，會稽山崩。

又 ［永元四年六月］丙辰，郡國十三地震。

又 ［永元五年二月］戊午，隴西地震。

又 ［永元七年］秋七月乙巳，易陽地裂。九月癸卯，京師地震。

又 ［永元九年］三月庚辰，隴西地震。

又 ［永元十二年閏四月］戊辰，秭歸山崩。

又 ［元興元年］五月癸酉，雍地裂。

又 **《孝殤帝紀》**［延平元年五月］壬辰，河東垣山崩。

又 **卷五《孝安帝紀》**［永初元年六月］丁巳，河東地陷。

又 ［永初元年］十一月。是歲，郡國十五地震。

又 ［永初二年］是歲，郡國十八地震；四十一雨水，或山水暴至，二十八大風，雨雹。

又 ［永初三年］十二月辛酉，郡國九地震。

又 ［永初四年三月］癸巳，郡國九地震。

又 ［永初四年］九月甲申，益州郡地震。

又 ［永初五年正月］丙戌，郡國十地震。

又 ［永初七年］二月丙午，郡國十八地震。

又 ［元初元年］二月己卯，日南地坼。【略】六月丁巳，河東地陷。【略】是歲，郡國十五地震。

又 ［元初二年六月］洛陽新城地裂。【略】［元初二年］十一月庚申，郡國十地震。

又 ［元初三年二月］郡國十地震。

又 ［元初三年十一月］癸卯，郡國九地震。

又 ［元初四年］是歲，郡國十三地震。

又 ［元初五年］是歲，郡國十四地震。

又 ［元初六年］六年春二月乙巳，京師及郡國四十二地震，或坼裂，水泉涌出。

又 ［元初六年十二月］郡國八地震。

又 ［永寧元年］是歲，郡國二十三地震。

又 ［建光元年］冬十一月己丑，郡國三十五地震，或坼裂。詔三公以下，各上封事陳得失。遣光祿大夫案行，賜死者錢，人二千。除今年田租。其被灾甚者，勿收口賦。【略】秋七月癸卯，京師及郡國十三地震。【略】九月甲戌，郡國二十七地震。

又 ［延光二年］秋七月，丹陽山崩。

又 ［延光三年］是歲，京師及郡國二十三地震；三十六雨水，疾風，雨雹。

又 **卷六《孝順帝紀》**［延光四年］十一月丁巳，京師及郡國十六地震。

又 ［永建］三年春正月丙子，京師地震，漢陽地陷裂。甲午，詔實覈傷害者，賜年七歲以上錢，人二千。一家被害，郡縣爲收斂。乙未，詔勿收漢陽今年田租、口賦。

又 ［陽嘉二年四月］己亥，京師地震。五月庚子，詔曰：『朕以不德，統奉鴻業，無以奉順乾坤，協序陰陽，灾眚屢見，咎徵仍臻。地動之異，發自京師，矜矜祇畏，不知所裁。羣公卿士將何以匡輔不逮，奉荅戒異？異不空設，必有所應，其各悉心直言厥咎，靡有所諱。』【略】丁丑，洛陽地陷。

又 ［陽嘉四年］十二月甲寅，京師地震。

又 ［永和元年正月］乙卯，詔曰：『朕秉政不明，灾眚屢臻。典籍所忌，震食爲重。今日變方遠，地搖京師，咎徵不虛，必有所應。羣公百僚其各上封事，指陳得失，靡有所諱。』

又 ［永和二年］夏四月丙申，京師地震。

又 ［永和二年十一月］丁卯，京師地震。

又 ［永和］三年春二月乙亥，京師及金城、隴西地震，二郡山岸崩，地陷。

又 ［永和三年閏月］己酉，京師地震。

又 ［永和四年］三月乙亥，京師地震。

又 ［永和］五年春二月戊申，京師地震。

又 ［漢安二年］是歲，涼州地百八十震。

建康元年春正月辛丑，詔曰：『隴西、漢陽、張掖、北地、武威、武都，自去年九月已來，地百八十震，山谷坼裂，壞敗城寺，殺害民庶。夷狄叛逆，賦役重數，内外怨曠，惟咎歎息。其遣光禄大夫案行，宣暢恩澤，惠此下民，勿爲煩擾。』

又《孝冲帝紀》〔建康元年九月丙午〕是日，京師及太原、鴈門地震，三郡水涌土裂。

又卷七《孝桓帝紀》〔建和元年〕夏四月庚寅，京師地震。詔大將軍、公、卿、校尉舉賢良方正、能直言極諫者各一人。又命列侯、將、大夫、御史、謁者、千石、六百石、博士、議郎、郎官各上封事，指陳得失。又詔大將軍、公、卿、郡、國舉至孝篤行之士各一人。

又〔建和元年夏四月〕郡國六地裂，水涌井溢。

又〔建和元年九月〕丁卯，京師地震。

又〔和平元年〕秋七月，梓潼山崩。

又〔永興二年六月〕東海朐山崩。

又〔元嘉元年十一月〕辛巳，京師地震。

又〔元嘉二年正月〕丙辰，京師地震。

又〔元嘉二年〕冬十月乙亥，京師地震。

又〔永壽元年六月〕巴郡、益州郡山崩。

又〔永壽二年〕十二月，京師地震。

又〔永壽三年〕秋七月，河東地裂。

又〔延熹元年秋七月〕己巳，雲陽地裂。

又〔延熹三年五月〕甲戌，漢中山崩。

又〔延熹四年〕六月，京兆、扶風及涼州地震。庚子，岱山及博尤來山並穨裂。

又〔延熹五年五月〕乙亥，京師地震。詔公、卿各上封事。

又〔延熹八年〕六月丙辰，緱氏地裂。

又〔延熹八年〕九月丁未，京師地震。

又卷八《孝靈帝紀》〔建寧四年〕五月，河東地裂，雨雹，山水暴出。

又卷一〇六《五行志四・地震》 世祖建武二十二年九月，郡國四十二地震，南陽尤甚，地裂壓殺人。其後武谿蠻夷反，爲寇害，至南郡，發荊州諸郡兵，遣武威將軍劉尚擊之，爲夷所圍，復發兵赴之，尚遂爲所沒。

章帝建初元年三月甲寅，山陽、東平地震。

和帝永元四年六月丙辰，郡國十三地震。春秋漢含孳曰：『女主盛，臣制命，則地動坼，畔震起，山崩淪。』是時竇太后攝政，兄竇憲專權，將以是受禍也。後五日，詔收憲印綬，兄弟就國，逼迫皆自殺。

五年二月戊午，隴西地震。儒說民安土者也，將大動，行大震。九月，匈奴單于於除鞬叛，遣使發邊郡兵討之。

七年九月癸卯，京都地震。儒說奄官無陽施，猶婦人也。是時和帝與中常侍鄭衆謀奪竇氏權，德之，因任用之，及幸常侍蔡倫，二人始並用權。

九年三月庚辰，隴西地震。閏月，塞外羌犯塞，殺略吏民，使征西將軍劉尚擊之。

安帝永初元年，郡國十八地震。李固曰：『地者陰也，法當安靜。今乃越陰之職，專陽之政，故應以震動。』是時鄧太后攝政專事，訖建光中，太后崩，安帝乃得制政，於是陰類並勝，西羌亂夏，連十餘年。

二年，郡國十二地震。

三年十二月辛酉，郡國九地震。

四年三月癸巳，郡國四地震。

五年正月丙戌，郡國十地震。

七年正月壬寅，二月丙午，郡國十八地震。

元初元年，郡國十五地震。

二年十一月庚申，郡國十地震。

三年二月，郡國十地震。十一月癸卯，郡國九地震。

四年，郡國十三地震。

五年，郡國十四地震。

六年二月乙巳，京都、郡國四十二地震，或地坼裂，涌水，壞敗城郭、民室屋，壓人。冬，郡國八地震。

永寧元年，郡國二十三地震。

建光元年九月己丑，郡國三十五地震，或地坼裂，壞城郭室屋，壓殺人。是時安帝不能明察，信宮人及阿母聖等讒言，破壞鄧太后家，於是專聽信聖及宦者，中常侍江京、樊豐等皆得用權。

延光元年七月癸卯，京都、郡國十三地震。九月戊申，郡國二十七地震。

二年，京都、郡國三十二地震。

三年，京都、郡國二十三地震。是時以讒免太尉楊震，廢太子。

四年十一月丁巳，京都、郡國十六地震。時安帝既崩，閻太后攝政，兄弟閻顯等並用事，遂斥安帝子，更徵諸國王子，未至，中黄門遂誅顯兄弟。

順帝永建三年正月丙子，京都、漢陽地震。漢陽屋壞殺人，地坼涌水出。是時順帝阿母宋娥及中常侍張昉等用權。

陽嘉二年四月己亥，京都地震。是時爵號宋娥爲山陽君。

四年十二月甲寅，京都地震。

永和二年四月丙申，京都地震。是時宋娥構姦誣罔，五月事覺，收印綬，歸田里。十一月丁卯，京都地震。是時太尉王龔以中常侍張昉等專弄國權，欲奏誅之，時龔宗親有以楊震行事諫之止云。

三年二月乙亥，京都、金城、隴西地震裂，城郭、室屋多壞，壓殺人。閏月己酉，京都地震。十月，西羌二千餘騎入金城塞，爲涼州害。

四年三月乙亥，京都地震。

五年二月戊申，京都地震。

建康元年正月，涼州部郡六，地震。從去年九月以來至四月，凡百八十地震，山谷坼裂，壞敗城寺，傷害人物。三月，護羌校尉趙沖爲叛胡所殺。九月丙午，京都地震。是時順帝崩，梁太后攝政，欲爲順帝作陵，制度奢廣，多壞吏民冢。尚書欒巴諫事，太后怒，癸卯，詔書收巴下獄，欲殺之。丙午地震，於是太后乃出巴，免爲庶人。

桓帝建和元年四月庚寅，京都地震。九月丁卯，京都地震。是時梁太后攝政，兄冀持權。至和平元年，太后崩，然冀猶秉政專事，至延熹二年，乃誅滅。

三年九月己卯，地震，庚寅又震。

元嘉元年十一月辛巳，京都地震。

二年正月丙辰，京都地震。十月乙亥，京都地震。

永興二年二月癸卯，京都地震。

永壽二年十二月，京都地震。

延熹四年，京都、右扶風、涼州地震。

五年五月乙亥，京都地震。是時桓帝與中常侍單超等謀誅除梁冀，聽之，並使用事專權。又鄧皇后本小人，性行無恆，苟有顔色，立以爲后，後卒坐執左道廢，以憂死。

八年九月丁未，京都地震。

靈帝建寧四年二月癸卯，地震。是時中常侍曹節、王甫等皆專權。

熹平二年六月，地震。

六年十月辛丑，地震。

光和元年二月辛未，地震。四月丙辰，地震。靈帝時宦者專恣。

二年三月，京兆地震。

三年自秋至明年春，酒泉表氏地八十餘動，涌水出，城中官寺民舍皆頓，縣易處，更築城郭。

獻帝初平二年六月丙戌，地震。

興平元年六月丁丑，地震。

又《山崩地陷》 和帝永元元年七月，會稽南山崩。會稽，南方大名山也。京房《易傳》曰：『山崩，陰乘陽，弱勝強也。』劉向以爲山陽，君也；水陰，民也。君道崩壞，百姓失所也。劉歆以爲崩猶弛也。是時竇太后攝政，兄竇憲專權。

七年七月，趙國易陽地裂。京房《易傳》曰：『地裂者，臣下分離，不肯相從也。』是時南單于衆乖離，漢軍追討。

十二年夏，閏四月戊辰，南郡秭歸山高四百丈，崩填谿，殺百餘人。明年冬，巫蠻夷反，遣使募荊州吏民萬餘人擊之。

元興元年五月癸酉，右扶風雍地裂。是後西羌大寇涼州。

殤帝延平元年五月壬辰，河東垣山崩。是時鄧太后專政。秋八月，殤帝崩。

安帝永初元年六月丁巳，河東楊地陷，東西百四十步，南北百二十步，深三丈五尺。

六年六月壬辰，豫章員谿原山崩，各六十三所。

元初元年三月己卯，日南地坼，長百八十二里。其後三年正月，蒼梧、鬱林、合浦盜賊羣起，劫略吏民。

二年六月，河南雒陽新城地裂。

延光二年七月，丹陽山崩四十七所。

三年六月庚午，巴郡閬中山崩。

四年十月丙午，蜀郡越巂山崩，殺四百餘人。丙午，天子會日也。是時閻太后攝政。其十一月，中黃門孫程等殺江京，立順帝，誅閻后兄弟，明年，閻后崩。

順帝陽嘉二年六月丁丑，雒陽宣德亭地坼，長八十五丈，近郊地。時李固對策，以爲『陰類專恣，將有分離之象，所以附郊城者，是上帝示象以誡陛下也』。是時宋娥及中常侍各用權分爭，後中常侍張逵、蘧政與大將軍梁商爭權，爲商作飛語，欲陷之。

桓帝建和元年四月，郡國六地裂，水涌出，井溢，壞寺屋，殺人。時梁太后攝政，兄冀枉殺李固、杜喬。

三年，郡國五山崩。

和平元年七月，廣漢梓潼山崩。

永興二年六月，東海朐山崩。冬十二月，泰山、琅邪盜賊羣起。

永壽三年七月，河東地裂，時梁皇后兄冀秉政，桓帝欲自由，內患之。

延熹元年七月乙巳，左馮翊雲陽地裂。

三年五月甲戌，漢中山崩。是時上寵恣中常侍單超等。

四年六月庚子，泰山、博尤來山判解。

八年六月丙辰，緱氏地裂。

永康元年五月丙午，雒陽高平永壽亭、上黨泫氏地各裂。是時朝臣患中常侍王甫等專恣。冬，桓帝崩。明年，竇氏等欲誅常侍、黃門，不果，更爲所誅。

靈帝建寧四年五月，河東地裂十二處，裂合長十里百七十步，廣者三十餘步，深不見底。

《宋書》卷三四《五行志五·地震》　吳孫權黃武四年，江東地連震。是時權受魏爵命，爲大將軍、吳王，改元專制，不修臣迹。京房《易傳》曰：『臣事雖正，專必震。』董仲舒、劉向並云『臣下強盛，將動而爲害』之應也。

魏明帝青龍二年十一月，京都地震，從東來，隱隱有聲，屋瓦搖。

魏明帝景初元年六月戊申，京都地震。是秋，吳將朱然圍江夏，荊州刺史胡質擊退之。又公孫淵自立爲燕王，改年，置百官。明年，討平之。

吳孫權嘉禾六年五月，江東地震。

赤烏二年正月，地又再震。是時呂壹專政，步騭上疏曰：『伏聞校事，吹毛求瑕，趣欲陷人，成其威福，無罪無辜，橫受重刑，雖有大臣，不見信任。如此，天地焉得無變。故嘉禾六年、赤烏二年，地連震動，臣下專政之應也。冀所以警悟人主，可不深思其意哉。』壹後卒敗。

魏齊王正始二年十一月，南安郡地震。

正始三年七月甲申，南安郡地震。十二月，魏郡地震。

正始六年二月丁卯，南安郡地震。是時曹爽專政，遷太后于永寧宮，太后與帝相泣而別。連年地震，是其應也。

吳孫權赤烏十一年二月，江東地仍震。是時權聽讒，尋黜朱據，廢太子。

蜀劉禪炎興元年，蜀地震。時宦人黃皓專權。按司馬彪說，奄宦無陽施，猶婦人也。此皓見任之應，與漢和帝時同事也。是冬蜀亡。

晉武帝泰始五年四月辛酉，地震。是年冬，新平氐、羌叛。明年，孫皓大遣衆入渦口。叛虜寇秦、涼，刺史胡烈、蘇愉並爲所害。

泰始七年六月丙申，地震。武帝世，始於賈充，終於楊駿，阿黨昧利，苟專權寵，終喪天下，由是也。末年所任轉敝，故亦一年六震，是其應也。裴叔則曰：『晉德所以不比隆堯、舜者，以有賈充諸人在朝。』

晉武帝咸寧二年八月庚辰，河南、河東、平陽地震。

咸寧四年六月丁未，陰平、廣武地震。甲子，陰平、廣武地又震。

晉武帝太康二年二月庚申，淮南、丹陽地震。

太康五年二月壬辰，地震。

太康六年七月己丑，地震。

太康七年七月，南安、犍爲地震。八月，京兆地震。

太康八年五月壬子，建安地震。七月，陰平地震。八月，丹陽地震。

太康九年正月，會稽、丹陽、吳興地震。四月辛酉，長沙、南海等郡國八地震。七月至于八月，地又四震，其三有聲如雷。

太康十年十二月己亥，丹陽地震。

晉武帝太熙元年，地震。

晉惠帝元康元年十二月辛酉，京都地震。

元康四年二月，蜀郡山崩殺人。上谷、上庸、遼東地震。五月壬子，壽春山崩，洪水出，城壞，地墜方三十丈。六月，壽春大雷震，山崩地坼，家人陷死，上庸郡亦如之。八月，上谷地震，水出，殺百餘人。居庸地裂，廣三十六丈，長八十四丈，水出，大饑。上庸四處山崩地陷，廣三十丈，長百三十丈，水出殺人。十月，京都地震。十一月，滎陽、襄城、汝陰、梁國、南陽地皆震。十二月，京都又震。是時賈后亂朝，據權專制，終至禍敗之應也。漢鄧太后攝政時，郡國地震。李固以爲：『地，陰也，法當安靜。今乃越陰之職，專陽之政，故應以震。』此同事也。京房《易傳》曰：『無德專祿，茲謂不順。厥震動，丘陵涌水出。』又曰：『小人剝廬，厥妖山崩。茲謂陰乘陽，弱勝強。』又曰：『陰背陽，則地裂。父子分離，夷、羌叛去。』

元康五年五月丁丑，地震。六月，金城地震。

元康六年正月丁丑，地震。

元康八年正月丙辰，地震。

晉惠帝太安元年十月，地震。是時齊王冏專政。

太安二年十二月丙辰，地震。是時長沙王專政。

晉孝懷帝永嘉三年十月，荊、湘二州地震。時司馬越專政。

永嘉四年四月，兖州地震。

晉愍帝建興二年四月甲辰，地震。是時幼主在上，權傾於下，四方雲擾，兵亂不息。

建興三年六月丁卯，長安地震。

晉元帝太興元年四月，西平地震，涌水出。十二月，廬陵、豫章、武昌、西陵地震，山崩。干寶曰：『王敦陵上之應。』

太興二年五月癸丑，祁山地震，山崩殺人。是時相國南陽王保在祁山稱晉王，不終之象也。

太興三年四月庚寅，丹陽、吳郡、晉陵地震。其年，南平郡山崩，出雄黃數千斤。

晉成帝咸和二年三月，益州地震。四月己未，豫章地震。是年，蘇峻作亂。

咸和九年三月丁酉，會稽地震。是時政在臣下。

晉穆帝永和元年六月癸亥，地震。是時嗣主幼沖，母后稱制，政在臣下，所以連年地震。

永和二年十月，地震。

永和三年正月丙辰，地震。

永和四年十月己未，地震。

永和五年正月庚寅，地震。

永和九年八月丁酉，京都地震，有聲如雷。

永和十年正月丁卯，地震，有聲如雷，雞雉鳴呴。

永和十一年四月乙酉，地震。五月丁未，地震。

晉穆帝升平五年八月，涼州地震。

晉哀帝隆和元年四月甲戌，地震。是時政在將相，人主南面而已。

隆和元年四月丁丑，涼州地震，浩亹山崩。張天錫降亡之象也。

隆和二年二月庚寅，江陵地震。是時桓溫專政。

晉海西太和元年二月，涼州地震水涌。

晉簡文帝咸安二年十月辛未，安成地震。

晉孝武帝寧康元年十月辛未，地震。是時嗣主幼沖，政在將相。

寧康二年七月甲午，涼州地震山崩。

晉孝武帝太元二年閏月壬午，地震。五月丁丑，地震。

太元十一年六月己卯，地震。是後緣河諸將，連歲兵役。

太元十五年三月己酉朔夜，地震。

太元十七年六月癸卯，地震；十二月己未，地又震。是時羣小弄權，天下側目。

太元十八年正月癸亥朔，地震。二月乙未，地震。

晉安帝隆安四年九月癸酉，地震。是時幼主沖昧，政在臣下。

晉安帝義熙四年正月壬子夜，地震有聲。十月癸亥，地震。

義熙五年正月戊戌夜，尋陽地震，有聲如雷。明年，盧循下。

義熙八年，自正月至四月，南康、廬陵地四震。明年，王旅西討荊、益。

宋文帝元嘉七年四月丙辰，地震。時遣軍經略司、兖。

元嘉十二年四月丙辰，京邑地震。

元嘉十五年七月辛未，地震。

元嘉十六年，地震。

孝武帝大明二年四月辛丑，地震。

大明六年七月甲申，地震，有聲自河北來，魯郡山搖地動，彭城城女牆四百八十丈墜落，屋室傾倒，兖州地裂泉涌，二年不已。其後虜主死，兖州刺史夏侯祖權卒。

明帝泰始二年四月，地震。

泰始四年七月己酉，東北有聲如雷，地震。

明帝泰豫元年閏七月甲申，東北有聲如雷，地震。

後廢帝元徽二年四月戊申，地震。

元徽五年五月戊申，地震。七月，帝殞。

宋文帝元嘉二十五年，青州城南地，遠望見地中如水有影，人馬百物皆見影中，積年乃滅。

又《山崩地陷裂》 吴孫權赤烏十三年八月，丹楊、句容及故鄣、寧國諸山崩，鴻水溢。按劉向説，『山，陽，君也；水，陰，民也。天戒若曰，君道崩壞，百姓將失其所也』。與《春秋》梁山崩，漢齊、楚衆山發水同事也。『夫三代命祀，祭不越望，吉凶禍福，不是過也』。吴雖帝，其實列國，災發丹楊，其天意矣。國主山川，山崩川竭，亡之徵也。後二年而權薨，薨二十六年而吴亡。

魏元帝咸熙二年二月，太行山崩。此魏亡之徵也。其冬，晉有天下。

晉武帝泰始三年三月戊子，太行山崩。

泰始四年七月，泰山崩，墜三里。此晉之咎徵也。至帝晏駕，而禄去王室，懷、愍淪胥於北，元帝中興於南，是其應也。京房《易傳》曰：『自上下者爲崩，厥應泰山之石顛而下，聖王受命，人君虜。』

晉武帝太康五年丙午，宣帝廟地陷。

太康六年三月，南安新興縣山崩，涌水出。

太康七年七月，朱提之大瀘山崩，震壞郡舍。陰平之仇池崖隕。

太康八年七月，大雨。殿前地陷，方五尺，深數丈。

晉惠帝元康四年五月壬子，地陷，方三十丈，殺人。史闕其處。

元康四年八月，居庸地裂，廣三十丈，長百三十丈，水出殺人。

晉孝懷帝永嘉元年三月，洛陽東北步廣里地陷。

永嘉二年八月乙亥，鄄城無故自壞七十餘丈，司馬越惡之，遷于濮陽。此見沴之異也。越卒陵上，終亦受禍。

永嘉三年七月戊辰，當陽地裂三所，所廣三丈，長二百餘步。京房《易傳》曰：『地坼裂者，臣下分離，不肯相從也。』其後司馬越、荀晞交惡，四方牧伯莫不離散，王室遂亡。

永嘉三年十月，宜都夷道山崩。

永嘉四年四月，湘東酃黑石山崩。

晉元帝太興四年八月，常山崩，水出，滹沱盈溢，大木傾拔。

晉成帝咸和四年十月，柴桑廬山西北崖崩。十二月，劉胤爲郭默所殺。

晉惠帝元康九年六月夜，暴雷雨。賈謐齋屋柱陷入地，壓謐牀帳。此木沴土，土失其性，不能載也。明年，謐誅。

晉惠帝光熙元年五月，范陽地然，可以爨。此火沴土也。是時禮樂征伐自諸侯出。

晉安帝義熙八年三月壬寅，山陰有聲如雷，地陷深廣各四尺。

義熙十年五月戊寅，西明門地穿，涌水出，毁門扇及限。此水沴土也。

《南齊書》卷一九《五行志》 永明二年秋，始興曲江縣山崩，壅底溪水成陂。京房占：『山崩，人主惡之。』

又 建武二年二月丁巳，地震。

永元元年七月，地日夜十八震。

九月十九日，地五震。

《魏書》卷一一二上《靈徵志上・地震》 太宗泰常四年二月甲子，司州地震，屋室盡搖動。

世祖太延二年十一月丁卯，并州地震。

四年三月乙未，京師地震。

十一月丁亥，幽兗二州地震。

真君元年五月丙午，河東地震。

高祖延興四年五月，雁門崎城有聲如雷，自上西引十餘聲，聲止地震。

十月己亥，京師地震。

太和元年四月辛酉，京師地震。

五月，統萬鎮地震，有聲如雷。

閏月，秦州地震，殷殷有聲。四年正月，雍州氐民齊男王反。

二年二月丙子，兗州地震。四年十月，蘭陵民桓富反，殺其縣令。

七月丁卯，并州地震有聲。

三年三月戊辰，平州地震，有聲如雷，野雉皆雊。

七月丁卯，京師地震。五年二月，沙門法秀謀反。

四年五月己酉，并州地震。

五年二月戊戌，秦州地震。

六年五月癸未，秦州地震有聲。

八月甲午，秦州地震，有聲如雷。乙未又震。

七年三月甲子，秦州地震有聲。

四月丁卯，肆州地震有聲。

六月甲子，東雍州地震有聲。

八年十一月丙申，并州地震。

十年正月辛未，并州地震，殷殷有聲。

閏月丙午，秦州地震。

二月甲子，京師地震。丙寅又震。

丙午，秦州地震有聲。

三月壬子，京師及營州地震。十二年三月，中散梁衆保謀反。

十九年二月己未，光州地震，東萊之牟平虞丘山陷五所，一處有水。

二十年正月辛未，并州地震。

二十二年三月癸未，營州地震。

四月乙未，營州地震。十二月，恒州刺史穆泰等在州謀反，誅。

八月戊子，兗州地震。

九月辛卯，并州地震。

二十三年六月乙未，京師地震。

世宗景明元年六月庚午，秦州地震。

四年正月辛酉，涼州地震。

壬申，并州地震。

六月丁亥，秦州地震。

十二月辛巳，秦州地震。正始三年正月，秦州民王智等聚衆二千，自號王公，尋推秦州主簿呂苟兒爲主。

正始元年四月庚辰，京師地震。

六月乙巳，京師地震。

二年九月己丑，恒州地震。

三年七月己丑，涼州地震，殷殷有聲，城門崩。

八月庚申，秦州地震。九月，夏州長史曹明謀反。

永平元年春正月庚寅，秦州地震。三年二月，秦州沙門劉光秀謀反。

九月壬辰，青州地震，殷殷有聲。

二年正月壬寅，青州地震。

四年五月庚戌，恒、定二州地震，殷殷有聲。

十月己巳，恒州地震，有聲如雷。

延昌元年四月庚辰，京師及并、朔、相、冀、定、瀛六州地震。恒州之繁時、桑乾、靈丘，肆州之秀容、雁門地震陷裂，山崩泉湧，殺五千三百一十人，傷者二千七百二十二人，牛馬雜畜死傷者三千餘。後尒朱榮强擅之徵也。

十月壬申，秦州地震有聲。

十一月己酉，定、肆二州地震。

十二月辛未，京師地震，東北有聲。

二年三月己未，濟州地震有聲。

□月丙戌，京師地震。

三年正月辛亥，有司奏：『肆州上言秀容郡敷城縣自延昌二年四月地震，於今不止。』尒朱榮徵也。

四年正月癸丑，華州地震。

十一月甲午，地震從西北來，殷殷有聲。丁酉，又地震從東北來。

肅宗熙平二年十二月乙巳，秦州地震有聲。

正光二年六月，秦州地震有聲，東北引。五年，莫折念生反。

三年六月庚辰，徐州地震。孝昌元年，元法僧反。

孝靜武定三年冬，并州地震。

七年夏，并州郷郡地震。

又《山崩》《洪範論》曰：山，陽，君也；水，陰，民也。天戒若曰：君道崩壞，百姓將失其所也。

太祖天賜六年春三月，恒山崩。

世祖太延四年四月己酉，華山崩。其占曰：山岳配天，猶諸侯之係天子。山岳崩，諸侯有亡者。沮渠牧犍將滅之應。

世宗景明元年五月乙丑，齊州山茌縣太陰山崩，飛泉湧出，殺一百五十九人。

四年十一月丁巳，恒山崩。

正始元年十一月癸亥，恒山崩。

延昌三年八月辛巳，兗州上言：『泰山崩，頹石湧泉十七處。』泰山，帝王告成封禪之所也，而山崩泉湧，陽黜而陰盛，岱又齊地也。天意若曰：當有繼齊而興，受禪讓者。齊代魏之徵也。

《晉書》卷二九《五行志下・地震》 劉向曰：『地震，金木水火沴土者也。』伯陽甫曰：『天地之氣，不過其序。若過其序，人之亂也。陽伏而不能出，陰迫而不能升，於是有地震。』

吳孫權黄武四年，江東地連震。是時，權受魏爵命爲大將軍、吳王，改元專制，不修臣跡。京房《易傳》曰：『臣事雖正，專必震。其震，於水則波，於木則搖，於屋則瓦落。大經在辟而易臣茲謂陰動，厥震搖政宮。大經搖政茲謂不陰，厥震搖山，出涌水。嗣子無德專祿茲謂不順，厥震動丘陵，涌水出。』劉向並云：『臣下强盛，將動而爲害之應也。』

魏明帝青龍二年十一月，京都地震，從東來，隱隱有聲，搖屋瓦。

景初元年六月戊申，京都地震。是秋，吳將朱然圍江夏，荊州刺史胡質擊退之。又，公孫文懿叛，自立爲燕王，改年，置百官。明年，討平之。

吳孫權嘉禾六年五月，江東地震。

赤烏二年正月，地再震。是時，呂壹專事，步騭上疏曰：『伏聞校事吹毛求瑕，趣欲陷人，成其威福，無罪無辜，横受重刑，雖有大臣，不見信任，如此，天地焉得無變！故地連震動，臣下專政之應也。冀所以警悟人主，可不深思其意哉！』壹後卒敗。

魏齊王正始二年十一月，南安郡地震。三年七月甲申，南安郡地震。十二月，魏郡地震。六年二月丁卯，南安郡地震。是時，曹爽專政，遷太后于永寧宫，太后與帝相泣而別。連年地震，是其應也。

吳孫權赤烏十一年二月，江東地仍震。是時，權聽讒，尋黜朱據，廢太子。

蜀劉禪炎興元年，蜀地震。是時宦人黄皓專權。案司馬彪說，『閹官無陽施，猶婦人也。』皓見任之應。與漢和帝時同事也。是冬，蜀亡。

武帝泰始五年四月辛酉，地震。是年冬，新平氐羌叛。明年，孫晧遣大衆入渦口。七年六月丙申，地震。

咸寧二年八月庚辰，河南、河東、平陽地震。四年六月丁未，陰平廣武地震，甲子又震。

太康二年二月庚申，淮南、丹楊地震。五年正月朔壬辰，京師地震。六年七月己丑，地震。七年七月，南安、犍爲地震。八月，京兆地震。八年五月壬子，建安地震。七月，陰平地震。八月，丹楊地震。九年正月，會稽、丹楊、吳興地震。四月辛酉，長沙、南海等郡國八地震。七月至于八月，地又四震，其三有聲如雷。九月，臨賀地震，十二月又震。十年十二月己亥，丹楊地震。

太熙元年正月，地又震。武帝世，始於賈充，終於楊駿，阿黨昧利，苟竊朝權。至於末年，所任轉弊，故頻年地震，過其序也，終喪天下。

惠帝元康元年十二月辛酉，京都地震。此夏，賈后使楚王瑋殺汝南王亮及太保衛瓘，此陰道盛、陽道微故也。

四年二月，上谷、上庸、遼東地震。五月，蜀郡山移；淮南壽春洪水出，山崩地陷，壞城府。八月，上谷地震，水出，殺百餘人。十月，京都地震。十一月，滎陽、襄城、汝陰、梁國、南陽地皆震。十二月，京都又震。是時，賈后亂朝，終至禍敗之應也。漢鄧太后攝政時，郡國地震。李固以爲：『地，陰也，法當安靜。今乃越陰之職，專陽之政，故應以震。』此同事也。京房《易傳》曰：『小人剝廬，厥妖山崩，茲謂陰乘陽，弱勝强。』又曰：『陰背陽則地裂，父子分離，夷羌叛去。』

五年五月丁丑，地震。六月，金城地震。六年正月丁丑，地震。八年正月丙辰，地震。

太安元年十月，地震。時齊王冏專政之應。二年十二月丙辰，地震。是時，長沙王乂專政之應也。

孝懷帝永嘉三年十月，荊、湘二州地震。時司馬越專政。四年四月，兖州地震。五月，石勒寇汲郡，執太守胡寵，遂南濟河，是其應也。

愍帝建興二年四月甲辰，地震。三年六月丁卯，長安又地震。是時主幼，權傾於下，四方雲擾，兵亂不息之應也。

元帝太興元年四月，西平地震，涌水出。十二月，廬陵、豫章、武昌、西陵地震，涌水出，山崩。干寶以爲王敦陵上之應也。

二年五月己丑，祁山地震，山崩，殺人。是時，相國南陽王保在祁山，稱晉王不終之象也。三年五月庚寅，丹楊、吳郡、晉陵又地震。

成帝咸和二年二月，江陵地震。三月，益州地震。四月己未，豫章地震。是年，蘇峻作亂。九年三月丁酉，會稽地震。

穆帝永和元年六月癸亥，地震。是時，嗣主幼沖，母后稱制，政在臣下，所以連年地震。

二年十月，地震。三年正月丙辰，地震。九月，地又震。四年十月己未，地震。

五年正月庚寅，地震。是時，石季龍僭即皇帝位，亦過其序也。

九年八月丁酉，京都地震，有聲如雷。十年正月丁卯，地震，聲如雷，雞雉皆鳴呴。

十一年四月乙酉，地震。五月丁未，地震。

升平二年十一月辛酉，地震。五年八月，涼州地震。

哀帝隆和元年四月甲戌，地震。是時，政在將相，人主南面而已。

興寧元年四月甲戌，揚州地震，湖瀆溢。二年二月庚寅，江陵地震。是時，桓溫專政。

海西公太和元年二月，涼州地震，水涌。是海西將廢之應也。

簡文帝咸安二年十月辛未，安成地震。是年帝崩。

孝武帝寧康元年十月辛未，地震。二年二月丁巳，地震。七月甲午，涼州地又震，山崩。是時，嗣主幼沖，權在將相，陰盛之應也。

太元二年閏三月壬午，地震。五月丁丑，地震。十一年六月己卯，地震。是後緣河諸將連歲兵役，人勞之應也。十五年三月己酉朔夜，地震。八月，京都地震。十二月己未，地震。十七年六月癸卯，地震。十二月己未，地又震。是時，羣小弄權，天下側目。十八年正月癸亥朔，地震。二月乙未夜，地震。

安帝隆安四年四月乙未，地震。九月癸丑，地震。是時，幼主沖昧，政在臣下。

義熙四年正月壬子夜，地震有聲。十月癸亥，地震。五年正月戊戌夜，尋陽地震，有聲如雷。明年，盧循下。八年，自正月至四月，南康、廬陵地四震。明年，王旅西討荆益。十年三月戊寅，地震。

又《山崩地陷裂》 吴孫權赤烏十三年八月，丹楊、句容及故鄣、寧國諸山崩，鴻水溢。案劉向説：『山，陽，君也。水，陰，百姓也。天戒若曰，君道崩壞，百姓將失其所與！』《春秋》梁山崩，漢齊、楚衆山發水，同事也。夫三代命祀，祭不越望，吉凶禍福，不是過也。吴雖稱帝，其實列國，災發丹楊，其天意矣。劉歆以爲：『國主山川，山崩川竭，亡之徵也。』後二年而權薨，又二十六年而吴亡。

魏元帝咸熙二年二月，太行山崩，此魏亡之徵也。其冬，晋有天下。

武帝泰始三年三月戊午，大石山崩。四年七月，泰山崩墜三里。京房《易傳》曰：『自上下者爲崩，厥應泰山之石顛而下，聖王受命，人君虜。』及帝晏駕，而禄去王室，惠皇懦弱，懷、愍二帝俱辱虜庭，淪胥於北，元帝中興於南，此其應也。

太康五年五月丙午，宣帝廟地陷。六年十月，南安新興山崩，涌水出。七年二月，朱提之大瀘山崩，震壞郡舍，陰平之仇池崖隕。八年七月，大雨，殿前地陷，方五尺，深數丈，中有破船。

惠帝元康四年，蜀郡山崩，殺人。五月壬子，壽春山崩，洪水出，城壞，地陷方三十丈，殺人。六月，壽春大雷，山崩地坼，人家陷死，上庸亦如之。八月，居庸地裂，廣三十六丈，長八十四丈，水出，大饑。上庸四處山崩，地墜廣三十丈，長百三十丈，水出殺人。皆賈后亂朝之應也。

太安元年四月，西墉崩。

懷帝永嘉元年三月，洛陽東北步廣里地陷。二年八月乙亥，鄄城城無故自壞七十餘丈，司馬越惡之，遷于濮陽，此見沴之異也。越卒以陵上受禍。三年七月戊辰，當陽地裂三所，廣三丈，長三百餘步。京房《易傳》曰：『地坼裂者，臣下分離，不肯相從也。』其後司馬越苟晞交惡，四方牧伯莫不離散，王室遂亡。

三年十月，宜都夷道山崩。四年四月，湘東酃黑石山崩。

元帝太興元年二月，廬陵、豫章、武昌、西陽地震山崩。二年五月，祁山地震，山崩，殺人。三年，南平郡山崩，出雄黄數千斤。時王敦陵傲，帝優容之，示含養禍萌也。四年八月，常山崩，水出，滹沲盈溢，大木傾拔。

成帝咸和四年十月，柴桑廬山西北崖崩。十二月，劉胤爲郭默所殺。

穆帝永和七年九月，峻平、崇陽二陵崩。十二年十一月，遣散騎常侍車灌修峻平陵，開埏道，崩壓，殺數十人。

升平五年二月，南掖門馬足陷地，得鍾一，有文四字。

哀帝隆和元年四月丁丑，浩亹山崩，張天錫亡徵也。

又 光熙元年五月月，范陽國地燃，可以爨，此火沴土也。是時，禮樂征伐自諸侯出。

《隋書》卷二三《五行志下·木金水火沴土》 梁天監五年十一月，

京師地震，木金水火沴土也。《洪範五行傳》曰：『臣下盛，將動而爲害。』京房《易飛候》曰：『地動以冬十一月者，其邑饑亡。』時交州刺史李凱舉兵反。明年，霜，歲儉人飢。

普通三年正月，建康地震。是時，義州刺史文僧朗以州叛。

六年十二月，地震。京房《易飛候》曰：『地冬動有音，以十二月者，其邑有行兵。』是時，帝令豫章王綜，將兵北伐。

中大通五年正月，建康地震。京房《易飛候》曰：『地以春動，歲不昌。』是歲，大水，百姓饑饉。

大同三年十一月，建康地震。京房《易飛候》曰：『地震以十一月，邑有大喪及飢亡。』明年，霜爲災，百姓饑。

七年二月，建康地震。是歲，會稽山賊起。

三年十月，建康地震。是歲，交州人李賁舉兵，逐刺史蕭諮。

九年閏正月，地震。李賁自稱皇帝，署置百官。

太清三年四月，建康地再震。時侯景自爲大丞相、錄尚書事，帝所須不給。是月，以憂憤崩。

陳永定二年五月，建康地震。時王琳立蕭莊於郢州。

太建四年十一月，地震。陳寶應反閩中。

禎明元年正月，地震。施文慶、沈客卿專恣之應也。

東魏武定二年十一月，西河地陷而且燃。京房《易妖占》曰：『地自陷，其君亡。』祖暅曰：『火，陽精也。地者，陰主也。地燃，越陰之道，行陽之政，臣下擅恣，終以自害。』時後齊神武作宰，而侯景專擅河南。後二歲，神武果崩，景遂作亂，而自取敗亡之應。

後齊河清二年，并州地震。和士開專恣之應。

後周建德二年，涼州地頻震。城郭多壞，地裂出泉。京房《易妖占》曰：『地分裂，羌夷叛。』時吐谷渾頻寇河西。

開皇十四年五月，京師地震。京房《易飛候》曰：『地動以夏五月，人流亡。』是歲關中饑，帝令百姓就糧於關東。

仁壽二年四月，岐、雍地震。京房《易飛候》曰：『地動以夏四月，五穀不熟，人大飢。』

三年，梁州就谷山崩。《洪範五行傳》曰：『崩散落，背叛不事上之類也。』梁州爲漢地。明年，漢王諒舉兵反。

大業七年，砥柱山崩，壅河，逆流數十里。劉向《洪範五行傳》曰：『山者，君之象。水者，陰之表。人之類也。天戒若曰，君人擁威重，將崩壞，百姓不得其所。』時帝興遼東之師，百姓不堪其役，四海怨叛。帝不能悟，卒以滅亡。

《舊唐書》卷三七《五行志》 京房《易傳》曰：『臣事雖正，專必地震。其震，於水則波，於木則搖，於屋則瓦落，大經在辟而易臣，兹謂陰動。』又曰：『小人剝廬，厥妖山崩，兹謂陰乘陽，弱勝強。』劉向曰：『金木水沴土，地所以震。』春秋災異，先書地震、日蝕，惡陰盈也。

貞觀十二年正月二十二日，松、叢二州地震，壞人廬舍。二十年九月十五日，靈州地震，有聲如雷。二十三年八月一日，晉州地震，壞人廬舍，壓死者五十餘人。三日，又震。十一月五日，又震。

永徽元年四月一日，又震。六月十二日，又震。高宗顧謂侍臣曰：『朕政教不明，使晉州之地，屢有震動。』侍中張行成曰：『天，陽也；地，陰也。陽，君象；陰，臣象。君宜轉動，臣宜安靜。今晉州地震，彌旬不休，臣將恐女謁用事，大臣陰謀。且晉州，陛下本封，今地屢震，尤彰其應。伏願深思遠慮，以杜其萌。』帝深然之。

開元二十二年二月十八日，秦州地震。先是，秦州百姓聞州西北地下殷殷有聲，俄而地震，壞廨宇及居人廬舍數千間，地拆而復合，震經時不定，壓死百餘人。玄宗令右丞相蕭嵩致祭山川，又遣倉部員外郎韋伯陽往宣慰，存恤所損之家。

至德元年十一月辛亥朔，河西地震有聲，地裂陷，壞廬舍，張掖、酒泉尤甚。至二載六月始止。

大曆二年十一月壬申，京師地震，有聲自東北來，如雷者三。四年二月丙辰夜，京師地震，有聲如雷者三。

貞元三年十一月己卯夜，京師地震，是夕者三，巢鳥皆驚，人多去室。東都、蒲、陝亦然。四年正月朔日，德宗御含元殿受朝賀。是日質明，殿階及欄檻三十餘間，無故自壞，甲士死者十餘人。其夜，京師地震。二日又震，三日又震，十八日又震，十九日又震，二十日又震。帝謂宰臣曰：『蓋朕寡德，屢致后土震驚，但當修政，以答天譴耳。』二十三日又震，二十四日又震，二十五日又震，時金、房州尤甚，江溢山裂，屋宇多壞，人皆露處。至二月三日壬午，又震，甲申又震，乙酉又震，丙申又震。三月甲寅，又震，己未又震，庚午又震，辛未又震。京師地生毛，或白或黃，有長尺餘者。五月丁卯，又震。八月甲辰，又震，其聲如雷。九年四月辛酉，京師又震，有聲如雷。河中尤甚，壞城壘廬舍，地裂水涌。十年四月戊申，又震。十三年十月乙未日午時，震從東來，須臾而止。

元和七年八月，京師地震。憲宗謂侍臣曰：『昨地震，草樹皆搖，何祥異也？』辛臣李絳曰：『昔周時地震，三川竭，太史伯陽甫謂周君曰：「天地之氣，不過其序。若過其序，人亂也。人政乖錯，則上感陰陽之氣，陽伏而不能出，陰迫而不能升，于是有地震。」又孔子修《春秋》，所紀災異，先地震、日蝕，蓋地載萬物，日君象，政有感傷，天地見眚，書之示戒，用儆後王。伏願陛下體勵虔恭之誠，動以利萬物、綏萬方爲念，則變異自消，休徵可致。』九年三月丙辰，巂州地震，晝夜八十震方止，壓死者百餘人。

大和九年三月乙卯，京師地震。

開成元年二月乙亥夜四更，京師地震，屋瓦皆墜，戶牖之間有聲。二年十一月乙丑夜，地南北微震。

大中三年十月，京師地震，振武、天德、靈武、鹽、夏等州皆震，壞軍鎮廬舍。

武德六年七月二十日，巂州山崩，川水咽流。

貞觀八年七月七日，隴右山崩，大蛇屢見。太宗問祕書監虞世南曰：『是何災異？』對曰：『春秋時梁山崩，晉侯召伯宗而問焉。對曰：「國主山川，故山崩川竭，君爲之不舉，降服出次，祝幣以禮焉。」晉侯從之，卒亦無害。漢文帝九年，齊、楚地二十九山同日崩。文帝出令，郡國無來獻，施惠于天下，遠近歡洽，亦不爲災。後漢靈帝時，青蛇見御座。晉惠帝時，大蛇長三百步，經市入廟。今蛇見山澤，蓋深山大澤，實生龍蛇，亦不足怪也。唯修德可以消變。』上然之。十七年八月四日，涼州昌松縣鴻池谷有石五，青質白文，成字曰『高皇海出多子李元王八十年太平天子李世民千年太子李治書燕山人士樂太國主尚汪譚獎文仁邁千古大王五王六王七王十鳳毛才子七佛八菩薩及上果佛田天子文武貞觀昌大聖延四方上下治示孝仙戈入爲善』。涼州奏。其年十一月三日，遣使祭之，曰：『嗣天子某，祚繼鴻業，君臨宇縣，夙興旰食，無忘于政，導德齊禮，愧於前修。天有成命，表瑞貞石，文字昭然，曆數唯永。既旌高廟之業，又錫眇身之祚。迨于皇太子治，亦降貞符，具紀姓氏，列于石言。仰瞻睿漢，空銘大造，甫惟寡薄，彌增寅懼。敢因大禮，重薦玉帛，上謝明靈之貺，以申祇慄之誠。』

又 則天時，新豐縣東南露臺鄉，因大風雨雹震，有山踊出，高二百尺，有池周三頃，池中有龍鳳之形、禾麥之異。則天以為休徵，名為慶山。

又 大曆十三年，郴州黃芩山崩震，壓殺數百人。

《舊五代史》卷一四一《五行志·地震》 唐同光二年十一月，鎮州地震。

三年十一月二十五日夜，魏、博、徐、宿地大震。

天成三年七月，鄭州地震。

長興二年六月，太原地震，自二十五日子時至二十七日申時，二十餘度。左補闕李詳上疏曰：

臣聞天地之道，以簡易示人；鬼神之情，以禍福為務。王者祥瑞至而不喜，災異見而輒驚，罔不寅畏上穹，思答天譴。臣聞北京地震，日數稍多。臣曾覽國書，伏見高宗時，晉州地震，上謂羣臣曰：『豈朕政教之不明，使晉州地震耶？』侍中張行成奏曰：『天陽也，地陰也，天陽君象，地陰臣象，君宜轉動，臣宜安靜。今晉州地震，彌旬不休，將恐女謁任事，臣下陰謀。且晉州是陛下本封，今地震焉，尤彰其應。伏願深思遠慮，以杜未萌。』又，開元中，秦州地震，尋差官宣慰，兼降使致祭山川，所損之家，委量事安置奏聞。

伏惟陛下中興唐祚，起自晉陽，地數震于帝鄉，理合思于天誡。況聖明御宇，于今六年，歲稔時康，人安物阜。臣慮天意恐陛下忘創業艱難之時，有功成矜滿之意。伏望特委親信，兼選勳賢，且往北京慰安，密令巡問黎民之疾苦，嚴山川之祭祀，然後鑒前朝得喪之本，採歷代聖哲之規，崇不諱之風，罷不急之務。

明宗深嘉之，錫以三品章服。

十一月，雄武軍上言，洛陽地震。

三年八月，秦州地震。

漢乾祐二年四月丁丑，幽、定、滄、營、深、貝等州地震，幽、定尤甚。

周廣順三年十月，魏、邢、洺等州地震數日，凡十餘度，魏州尤甚。

《新唐書》卷三五《五行志二·木火金水沴土》 武德二年十月乙未，

京師地震。陰盛而反常則地震，故其占爲臣彊，爲后妃專恣，爲夷犯華，爲小人道長，爲寇至，爲叛臣。七年七月，巂州地震，山摧壅江，水噎流。

貞觀七年十月乙丑，京師地震。十二年正月壬寅，松、叢二州地震，壞廬舍。二十年九月辛亥，靈州地震，有聲如雷。二十三年八月癸酉朔，河東地震，晉州尤甚，壓殺五十餘人；乙亥，又震。十一月乙丑，又震。

永徽元年四月己巳朔，晉州地震；己卯，又震。六月庚辰，又震，有聲如雷。二年十月，又震。十一月戊寅，定襄地震。帝始封晉王，初即位而地屢震，天下將由帝而動搖象也。

儀鳳二年正月庚辰，京師地震。

永淳元年十月甲子，京師地震。

垂拱三年七月乙亥，京師地震。四年七月戊午，又震。八月戊戌，神都地震。

延載元年四月壬戌，常州地震。

大足元年七月乙亥，揚、楚、常、潤、蘇五州地震。二年八月辛亥，劍南六州地震。

景龍四年五月丁丑，剡縣地震。

景雲三年正月甲戌，并、汾、絳三州地震，壞廬舍，壓死百餘人。

開元二十二年二月壬寅，秦州地震。西北隱隱有聲，坼而復合，經時不止，壞廬舍殆盡，壓死四千餘人。二十六年三月癸巳，京師地震。

至德元載十一月辛亥朔，河西地震裂有聲，陷廬舍，張掖、酒泉尤甚，至二載三月癸亥乃止。

大曆二年十一月壬申，京師地震，自東北來，其聲如雷者。三年五月丙戌，又震。十二年，恆、定二州地大震，三日乃止，束鹿、寧晉地裂數丈，沙石隨水流出平地，壞廬舍，壓死者數百人。

建中元年四月己亥，京師地震。三年六月甲子，又震。四年四月甲子，又震。五月辛巳，又震。

貞元二年五月己酉，又震。三年十一月丁丑夜，京師、東都、蒲、陝地震。四年正月庚戌朔夜，京師地震；辛亥、壬子、丁卯、戊辰、庚午、癸酉、甲戌、乙亥，皆震，金、房二州尤甚，江溢山裂，屋宇多壞，人皆露處。二月壬午，京師又震；甲申、乙酉、丙申，三月甲寅、己未、庚午、辛未，五月丙寅、丁卯，皆震。八月甲午，又震，有聲如雷；甲辰，又震。九年四月辛酉，又震，有聲如雷，河中、關輔尤甚，壞城壁廬舍，地裂水涌。十年四月戊申，京師地震；癸丑，又震，侍中渾瑊第有樹湧出，樹枝皆戴蚯蚓。十三年七月乙未，又震。

元和七年八月，京師地震，草樹皆搖。九年三月丙辰，巂州地震，晝夜八十，壓死百餘人，地陷者三十里。十年十月，京師地震。十一年二月丁丑，又震。十五年正月，穆宗即位，戊辰，始朝羣臣於宣政殿，是夜地震。

大和二年正月壬申，地震。七年六月甲戌，又震。九年三月乙卯，京師地震，屋瓦皆墜，戶牖間有聲。

開成元年二月乙亥，又震。二年十一月乙丑夜，又震。四年十一月甲戌，又震。

會昌二年正月癸亥，宋、亳二州地震。十二月癸未，京師地震。

大中三年十月辛巳，上都及振武、河西、天德、靈武、鹽夏等州地震，壞廬舍，壓死數十人。十二年八月丁巳，太原地震。

咸通元年五月，上都地震。六年十二月，晉、絳二州地震，壞廬舍，地裂泉湧，泥出青色。八年正月丁未，河中、晉、絳三州地大震，壞廬舍，人有死者。十三年四月庚子朔，浙東、西地震。

乾符三年六月乙丑，雄州地震，至七月辛巳止，州城廬舍盡壞，地陷水湧，傷死甚衆。是月，濮州地震。十二月，京師地震有聲。四年六月庚寅，雄州地震。六年二月，京師地震，有聲如雷，藍田山裂水湧。

中和三年秋，晉州地震，有聲如雷。

光啟二年春，成都地震，月中十數。占曰：『兵，饑。』十二月，魏州地震。

乾寧二年三月庚午，河東地震。

又《山摧》　貞觀八年七月，隴右山摧。山者高峻，自上而隕之象也。

垂拱二年九月己巳，雍州新豐縣露臺鄉大風雨，震電，有山湧出，高二十丈，有池周三百畝，池中有龍鳳之形，禾麥之異，武后以爲休應，名曰『慶山』。荊州人俞文俊上言：『天氣不和而寒暑隔，人氣不和而贅疣生，地氣不和而堆阜出。今陛下以女主居陽位，反易剛柔，故地氣隔塞，山變爲災。陛下以爲「慶山」，臣以爲非慶也。宜側身脩德以答天譴，不然，恐災禍至。』后怒，流于嶺南。

永昌中，華州赤水南岸大山，晝日忽風昏，有聲隱隱如雷，頃之漸移東數百步，擁赤水，壓張村民三十餘家，山高二百餘丈，水深三十丈，坡上草木宛然。《金縢》曰：『山徙者人君不用道，祿去公室，賞罰不由君，佞人執政，政在女主，不出五年，有走王。』

開元十七年四月乙亥，大風震電，藍田山摧裂百餘步，畿内山也。國主山川，山摧川竭，亡之證也。占曰：『人君德消政易則然。』

大曆九年十一月戊戌，同州夏陽有山徙于河上，聲如雷。十三年，郴州黄芩山摧，壓死者數百人。

建中二年，霍山裂。

元和八年五月丁丑，大隗山摧。十五年七月丁未，苑中土山摧，壓死二十人。

光啟三年四月，維州山崩，累日不止，塵坌亙天，壅江水逆流。占曰：『國破。』

《續資治通鑑長編》卷二七　〔雍熙三年秋七月〕癸巳，階州言福津縣有大山自龍帝峽飛來，壅白江水逆流高十餘丈，壞民田數百里。

又　卷五六　〔景德元年春正月丙申〕是夜，京師地震。

又　〔景德元年春正月癸卯〕是夜，京師地復震。

又　〔景德元年春正月乙巳〕是夜，京師地復震，屋宇皆動，有聲移時而止。上謂宰相李沆曰：『坤道貴於安靜，京師大眾所聚，而震動若此，皆朕聽覽不明所致，夙夜内省，中外之政，敢不盡心，但慮命令之出，或有枉撓。』沆頓首引咎。上又曰：『朝廷命令，尤宜謹重，每出一令，輿人不免謗議，或稍抑之，又塞言路。』沆曰：『人之多言，固可畏也。』

冀州地震。

又　〔夏四月己卯〕瀛州地震。

又　卷一五八　〔慶曆六年〕五月甲申，京師雨雹，地震。

又　卷一五九　〔慶曆六年九月〕辛卯，知青州葉清臣言登州地震不止，請增屯禁軍，以防兵寇之變，從之。

又　卷一九一　〔嘉祐五年五月戊子〕己丑，京師地震。

《文獻通考》卷三〇一《物異考七・地震》　史紀周幽王二年，周三川皆震。應劭曰：『震，地震三川竭也。』師古曰：『三川，涇、渭、洛也。洛，即漆沮也。川自震耳，故將壅塞，非地震也。』劉向以爲金木水火沴土者也。伯陽甫曰：服虔曰：『周太史。』『周將亡矣！天地之氣不過其序，若過其序，民亂之也。陽伏而不能出，陰迫而不能升，應劭曰：『迫，陰迫陽，使不能升也。』於是有地震。今三川實震，是陽失其所而填陰也。應劭曰：『失其所，失其道也。填陰，爲陰所填不得升也。』師古曰：『填音竹餽反。』使失而在陰，原必塞；師古曰：『原謂水泉之本也。』原塞，國必亡。夫水，土演而民用也；應劭曰：『演，引也，所以引出土氣者也。』師古曰：『演音衍。』土無所演，而民乏財用，不亡何待？昔伊雒竭而夏亡，河竭而商亡，今周德如二代之季，其原又塞，塞必竭；川竭，山必崩。夫國必以山川，山崩川竭，亡之徵也。若國亡，不過十年，數之紀也。』是歲三川竭，岐山崩。劉向以爲陽失在陰者，謂火氣來煎枯水，故川竭也。山川連體，下竭上崩，事勢然也。時幽王暴虐，妄誅伐，不聽諫，迷於褒姒，廢其正后，師古曰：『褒姒，褒人所獻之女也。正后，申后也。蓋《白華》之詩所爲作也。』廢后之父申侯與犬戎共攻殺幽王。一曰，其在天文，水爲辰星，辰星爲蠻夷。月食辰星，國以女亡。幽王之敗，女亂其內，夷攻其外。京房《易傳》曰：『君臣相背，厥異名水絕。有名之水。』文公九年『九月癸酉，地震』。劉向以爲先是，齊桓、晉文、魯僖二伯賢君新沒，周襄王失道，楚穆王弒父，諸侯皆不肖，權傾於下，天戒若曰，臣下強盛者將動爲害。後宋、魯、晉、莒、鄭、陳、齊皆弒君。諸震，略皆從董仲舒也。京房《易傳》曰：『臣事雖正，專必震，其震，於水則波，於木則搖，於屋則瓦落。大經在辟而易臣，茲謂陰助，服虔曰：『經，常也。辟音刑辟之辟。』蘇林曰：『大經，五行之常經也。在辟，聚陰犯殺其上也。』師古曰：『辟讀曰僻，謂常法僻壞而易臣也。』厥震搖政宮。大經搖政，茲謂不陰，厥震搖山，山出湧水。嗣子無德專祿，茲謂不順，厥震動邱陵，湧水出。』

襄公十六年『五月甲子，地震』。劉向以爲先是鷄澤之會，諸侯盟，大夫又盟。是歲三月，諸侯爲溴梁之會，而大夫獨相與盟，五月地震矣。其後崔氏專齊，欒盈亂晉，良霄傾鄭，閽殺吳子，燕逐其君，楚滅陳、蔡。昭公十九年『五月己卯，地震』。劉向以爲是時季氏將有逐君之變。其後宋三臣、曹會皆以地叛，蔡、莒逐其君，吳敗中國殺二君。

二十三年『八月乙未，地震』。劉向以爲是時周景王崩，劉、單立王子猛，尹氏立子朝。其後季氏逐昭公，黑肱叛邾，吳殺其君僚，宋五大夫、晉二大夫皆以地叛。哀公三年『四月甲午，地震』。劉向以爲是時諸侯皆信邪臣，莫能用仲尼，盗殺蔡侯，蔡陳乞弑君。貞定王三年，晉空桐震七日，臺舍皆壞，人多死。

秦始皇十五年，地動。十七年，地動。自樂、徐以西至平陰，臺屋墻垣大半壞。

漢惠帝二年正月，地震隴西，厭音一甲反四百餘家。文帝五年二月，地震。景帝後元年五月，地震。武帝元光四年五月，地震。征和二年八月，地震，壓殺人。後元元年秋七月，地震。宣帝本始四年四月壬寅，地震河南以東四十九郡，北海、琅邪地震，壞祖宗廟城郭，殺六千餘人。地節二年九月壬申，地震。元帝初元二年二月戊午，地震隴西郡，毁落太上皇廟殿壁木飾，壞敗城郭、宫寺、民廬，壓殺人衆。永光三年冬，地震。成帝建始三年，地震。綏和二年九月丙辰，地震，自京師至北邊郡國三十餘壞城郭，凡殺四百一十五人。

王莽天鳳三年二月乙酉，地震。

後漢世祖建武二十二年九月，郡國四十二地震，南陽尤甚，地裂壓殺人。其後武谿蠻夷反，爲寇害，至南郡，發荆州諸郡兵，遣武威將軍劉尚擊之，爲夷所圍，復發兵赴之，尚遂爲所沒。章帝建初元年三月甲申，山陽、東平地震。和帝永元四年六月丙辰，郡國十三地震。《春秋漢含孳》曰：『女王盛，臣制命，則地動坼，畔震起，山崩淪。』時竇太后攝政，兄竇憲專權，將以是受禍也。後五日，詔收憲印綬，兄弟就國，逼迫皆自殺。五年二月戊午，隴西地震。先儒説民安土者也，將大動，行大震。九月，匈奴單于於除鞬叛，遣使發邊郡兵討之。七年九月癸卯，京都地震。儒説閹官無陽施，猶婦人也。是時和帝與中常侍鄭衆謀奪竇氏權，德之，因任用之，及幸常侍蔡倫，二人始並用權。九年三月庚辰，隴西地震。閏月，塞外羌犯塞，殺略吏民，使征西將軍劉尚擊之。安帝永初元年，郡國十八地震。李固曰：『地者陰也，法當安静。今乃越陰之職，專陽之政，故應以震動。』是時鄧太后攝政專事，訖建光中，太后崩，安帝乃得制政，於是陰類並勝，西羌亂夏，連十餘年。二年，郡國十二地震。三年十二月辛酉，郡國九地震。四年三月癸巳，郡國四地震。五年正月丙戌，郡國十地震。七年正月壬寅，二月丙午，郡國十八地震。元初元年，郡國十五地震。二年十一月庚申，郡國十地震。三年二月，郡國十地震。十一月癸卯，郡國九地震。四年，郡國十三地震。五年，郡國十四地震。六年二月乙巳，京都、郡國四十二地震，或地坼裂，湧水，壞敗城郭、民室屋，壓人。冬，郡國八地震。永寧元年，郡國二十三地震。建元元年九月己丑，郡國三十五地震，或地坼裂，壞城郭室屋，壓殺人。是時安帝不能明察，信宫人及阿母聖等讒云，破壞鄧太后家，於是專聽信聖及宦者，中常侍江京、樊豐等皆得用權。延光元年七月癸卯，京都、郡國十三地震。九月戊申，郡國二十七地震。二年，京都、郡國三十二地震。三年，京都、郡國二十三地震。是時以讒免太尉楊震，廢太子。四年十月丁巳，京都、郡國十六地震。時安帝既崩，閻太后攝政，弟兄閻顯等並用事，遂斥安帝子，更徵諸國王子，未至，中黄門遂誅顯兄弟。順帝永建三年正月丙子，京都、漢陽地震。漢陽屋壞殺人，地坼湧水出。是時順帝阿母宋娥及中常侍張昉等用權。陽嘉二年四月己亥，京都地震。是時爵號宋娥爲山陽君。四年十二月甲寅，京都地震。永和二年四月庚申，京都地震。是時宋娥搆奸誣罔，五月事覺，收印綬，歸田里。十一月丁卯，京都地震。是時太尉王龔以中常侍張昉等專弄國權，欲奏誅之，時龔宗親有以楊震行事諫之止云。三年二月乙亥，京都、金城、隴西地震裂，城郭、室屋多壞，壓殺人。閏月己酉，京都地震。十月，西羌二千餘騎入金城塞，爲涼州害。四年三月乙亥，京都地震。五年二月戊申，京都地震。建康元年正月，涼州都郡六地震。從去年九月以來至四月，凡百八十日震，山谷坼裂，壞敗城寺，傷害人物。三月，護羌校尉趙沖爲叛胡所殺。九月丙午，京都地震。是時順帝崩，梁太后攝政，欲爲順帝作陵，制度奢廣，多壞吏民冢。尚書欒巴諫事，太后怒，癸卯，詔書收巴下獄，欲殺之。丙午地震。於是太后乃出巴，免爲庶人。桓帝建和元年四月庚寅，京都地震。九月丁卯，京都地震。是時梁太后攝政，兄冀持權。至和平元年，太后崩，然冀猶秉政專事，至延熹二年，乃誅滅。三年九月己卯，地震，庚寅，又震。元嘉元年十一月辛巳，京都地震。二年正月丙辰，京都地震。十月乙亥，京都地震。永興二年二月癸卯，京都地震。永壽二年十二月，京都地震。延熹四年，京都、右扶風、涼州地震。五年五月乙亥，京都地震。是時桓帝與中常侍單超等謀誅除梁冀，聽之，並使用事專權。又鄧后本小人，性行無常，苟有顔色，立以爲后，後卒坐執左道廢，以憂死。八年九月丁未，京都地震。靈帝建寧四年二月癸卯，地震。是時中常侍曹節、王甫等皆專權。熹平二年六月，地震。六年十月辛丑，地震。光和元年二月辛未，地震。四月丙辰，地震。靈帝時，宦者專恣。二年三月，京兆地震。三年自秋至明年春，酒泉表氏地八十餘動，湧水出，城中官寺民舍皆頓，縣易處，更築城郭。獻帝初平二年六月丙戌，地震。興平元年六月丁丑，地震。後主炎興二年，蜀地震。時宦人黄皓專權。按司馬彪説，閹宦無陽施，猶婦人也。皓見任之應與漢和帝時同事也。是冬，蜀亡。

魏明帝青龍二年十一月，京都地震。從東來，隱隱有聲，搖屋瓦。景初元年六月戊申，京都地震。是秋，吴將朱然圍江夏，荊州刺史胡質擊退之。又公孫淵叛，自立爲燕王，改元，置百官。明年，討平之。齊王正始二年十一月，南安郡地震。三年七月甲申，南安郡地震；十二月，魏郡地震。六年二月丁卯，南安郡地震。時曹爽專政，遷太后於永寧宫，后與帝泣别。連年地震，是其應也。

吴孫權黄武四年，江東地連震。時權受魏爵命，爲大將軍、吴王，而改元專制，不修臣跡。京房《易傳》曰：『臣事雖正，專必震。』劉向云『臣下強盛，將動而爲害』之應也。嘉禾六年五月，江東地震。赤烏二年正月，地再震。時吕壹專事，步隲上疏，以爲臣下專政之應。赤烏十一年二月，江東地仍震。時權聽讒，尋黜朱據，廢太子。

晉武帝泰始五年四月辛酉，地震。是年冬，新平氐、羌叛。明年，孫皓遣大衆入渦音戈口。七年六月景申，地震。咸寧二年八月庚辰，河南、河東、平陽地震。四年六月丁未，陰平廣武地震；甲子，又震。太康二年二月庚申，淮南、丹陽地震。五年三月朔壬辰，京師地震。六年七月己丑，地震。七年七月，南安、犍其焉反爲地震。八月，京兆地震。八年五月壬子，建安地震。七月，陰平地震。八月，丹陽地震。九年正月，會稽、丹陽、吴興地震。四月辛酉，長沙、南海等郡國八地震。七月至於八月，地又四震，其三有聲如雷。九月臨賀地震，十二月，又震。十年十二月己亥，丹陽地震。太熙元年正月，地又震。武帝世，始於賈充，終於楊駿，阿黨昧利，苟竊朝權。至於末年，所任轉弊，故頻年地震，過其序也，終喪天下。惠帝元康元年十二月辛酉，京都地震。此夏，賈后使楚王瑋殺汝南王亮及太保衛瓘，此陰道盛、陽道微故也。四年二月，上谷、上庸、遼東地震。五月，蜀郡山移；淮南壽春洪水出，山崩地陷，壞城府。八月，上谷地震，水出，殺百餘人。十月，京都地震。十一月，滎陽、襄城、汝陰、梁國、南陽地皆震。十二月，京都又震。是時，賈后亂朝，終至禍敗之應也。漢鄧太后攝政時，郡國地震。李固以爲：『地，陰也，法當安靜。今乃越陰之職，專陽之政，故應以震。』此同事也。京房《易傳》曰：『小人剝廬，厥妖山崩，兹謂陰乘陽，弱勝彊』。又曰：『陰背陽則地裂，父子分離，夷羌叛去。』元康五年五月丁丑，地震。六月，金城地震。六年正月丁丑，地震。八年正月庚辰，地震。太安元年十二月，地震。時齊王冏專政之應也。二年十二月庚辰地震。是時，長沙王又專政之應也。孝懷帝永嘉三年十月，荊、襄二州地震。時司馬越專政。四年四月，兖州地震。五月，石勒寇汲郡，執太守胡寵，遂南濟沔，是其應也。愍帝建興二年四月甲辰，地震。三年六月丁卯，長安又震。時主幼，權傾於下，四方雲擾，兵亂不息之應也。元帝太興元年四月，西平地震，湧出水。十二月，廬陵、豫章、武吕、西陵地震，湧水出，山崩。干寶以爲王敦陵上之應也。二年五月己丑，祁山地震，山崩，殺人。是時，相國南陽王保在祁山，稱晉王不終之象也。三年四月庚寅，丹陽、吴郡、晉陵又地震。成帝咸和二年二月，江陵地震。三月，益州地震。四月己未，豫州地震。是年，蘇峻作亂。九年三月丁酉，會稽地震。穆帝永和元年六月癸亥，地震。是時，嗣主幼沖，母后稱制，政在臣下，所以連年地震。二年十二月，地震。三年正月庚辰，地震；九月，又地震。四年十月己未，地震。五年正月庚寅，地震。是時，石季龍僭即皇帝位，亦過其序也。九年八月丁酉，京都地震，有聲如雷。十年正月丁卯，地震，聲如雷，鷄雉雉皆鳴呴呼后反。十一年四月乙酉，地震。五月丁未，地震。升平二年十一月辛酉，地震。五年八月，涼州地震。哀帝隆和元年四月甲戌，地震。是時政在將相，人主南面而已。興寧元年四月甲戌，揚州地震，湖瀆溢。二年三月庚寅，江陵地震。是時桓溫專政。海西公太和元年二月，涼州地震，水湧。是海西將廢之應也。簡文帝咸安二年十月辛未，安成地震。是年帝崩。孝武帝寧康元年十月辛未，地震。二年二月丁巳，地震；七月甲午，涼州地又震，山崩。是時，嗣主幼沖，權在將相，陰盛之應也。太元二年閏三月壬午，地震；五月丁丑，地震。十一年六月己卯，地震。是後緣河諸將連歲兵役，人勞之應也。十五年三月己酉朔夜，地震。八月京都地震十二月己未，地震。十七年六月癸卯，地震。十二月己未，地又震。是時羣小弄權，天下側目。十八年正月癸亥朔，地震。二月乙未夜，地震。安帝隆安四年四月乙未，地震。九月癸丑，地震。是時，幼主沖昧，政在臣下。義熙四年正月壬子夜，地震，有聲。十月癸亥，地震。五年正月戊戌夜，潯陽地震，有聲如雷。明年，盧循下。八年，自正月至四月，南康、廬陵地四震。明年，王旅西討荊、益。十年三月戊寅，地震。

宋武帝永初元年秋七月己巳，地震。文帝元嘉十二年夏四月，都下地震。十五年七月辛未，地震。孝武大明二年四月辛丑，地震。六年七月甲申，地震，有聲如雷，兗州尤甚，魯郡山搖者二。後廢帝元徽五年五月，地震。

齊東昏侯永元元年七月，地震，至來歲晝夜不止，小屋多壞。

梁武帝天監五年十二月，京師地震。京房《易飛候》曰：『地動以下十一月者，其邑饑亡。』時交州刺史李凱反。明年，霜，歲儉人饑。普通三年正月，建康地震。時義州刺史文僧朗以州叛。六年十二月，地震。京房《易飛候》曰：『地冬動有音，以十二月者，其邑有行兵。』是時，帝令豫章王琮將兵北伐。中大通五年正月，建康地震。京房《易飛候》曰：『地以春動，歲不昌。』是歲，大水，百姓饑饉。大同三年十一月，建康地震。京房《易飛候》曰：『地震以十一月，邑有大喪及饑亡。』明年，霜爲災，百姓饑。五年十月，建康地震。是歲，會稽山賊起。七年二月，建康地震。是歲，交州人李賁舉兵，逐刺史蕭諮。九年閏正月，地震。李賁自稱皇帝，署置百官。太清三年四月，建康地再震。時侯景自爲大丞相，錄尚書事，帝所須不給。是月，以憂憤崩。

陳永定二年五月，建康地震。時王琳立蕭莊於郢州。太建四年十一月，地震。陳寶應反閩中。禎明元年正月，地震。施文慶、沈客卿專恣之應也。

後齊河清二年，并州地震。和士開專恣之應。

後周建德二年，涼州地頻震，城郭多壞。時羌夷叛。

隋文帝開皇十四年五月，京師地震。京房《易飛候》曰：『地動以夏五月，人流亡。』是歲關中饑，百姓就糧於關東。二十年十一月戊子，立晉王廣爲皇太子。是日，天下地震。仁壽二年四月，岐、雍地震。《易飛候》曰：『震以四月，五穀不熟，人大饑。』

唐武德二年十月乙未，京師地震。陰盛而反常則地震，故其占爲臣強，爲后妃專恣，爲夷犯華，爲小人道長，爲寇至，爲叛臣。七年七月，巂州地震，山摧壅江，水噎流。貞觀七年十月乙丑，京師地震。十二年正月壬寅，松、叢二州地震，壞廬舍。二十年九月辛亥，靈州地震，有聲如雷。二十三年八月癸酉朔，河東地震，晉州尤甚，壓殺五十餘人；乙亥，又震。十一月乙丑，又震。永徽元年四月己巳朔，晉州地震；己卯，又震。六月庚辰，又震，有聲如雷。二年十月，又震。十一月戊寅，定襄地震。帝始封晉王，初即位而地屢震，天下將曰帝而動搖象也。儀鳳二年三月庚辰，京師地震。永淳元年十月甲子，京師地震。垂拱三年十月乙亥，京師地震。四年七月戊午，又震。八月戊戌，神都地震。延載元年四月壬戌，常州地震。大足元年七月乙亥，揚、楚、常、潤、蘇五州地震。二年八月辛亥，劍南六州地震。景龍四年五月丁丑，剡縣地震。景雲三年正月甲戌，并、汾、絳三州地震，壞廬舍，壓死百餘人。開元二十二年二月壬寅，秦州地震，西北隱隱有聲，坼而復合，經時不止，壞廬舍殆盡，壓死四千餘人。二十六年三月癸巳，京師地震。至德元載十一月辛亥朔，河西地震裂有聲，陷廬舍，張掖、酒泉尤甚，至二載三月癸亥乃止。大曆二年十一月壬申，京師地震，自東北來，有聲如雷者三。三年五月丙戌，又震。十二年，恆、定二州地大震，三日乃止，束鹿、寧晉地裂數丈，沙石隨水流出平地，壞廬舍，壓死數百人。建中元年四月己亥，京師地震。三年六月甲子，又震。四年四月甲子，又震。五月辛巳，又震。貞元二年五月己酉，又震。三年十一月丁丑夜，京師、東都、蒲、陝地震。四年正月庚戌朔夜，京師地震。辛亥、壬子、丁卯、戊辰、庚午、癸酉、甲戌、乙亥，皆震，金、房二州尤甚，江溢山裂，屋宇多壞，人皆露處。二月壬午，京師又震。甲申、乙酉、丙申，三月甲寅、己未、庚午、辛未，五月丙寅、丁卯，皆震。八年甲午，又震，有聲如雷；甲辰，又震，九年四月辛酉，又震，有聲如雷，河中、關輔尤甚，壞城壁廬舍，地裂水湧。十年四月戊申，京師地震；癸丑，又震，侍中渾瑊第有樹湧出，樹枝皆載蚯蚓。十三年七月乙未，又震。元和七年八月，京師地震，草樹皆搖。九年三月丙辰，巂州地震，晝夜八十，壓死百餘人，地陷者三十里。二年十月，京師地震。十一年二月丁丑，又震。十五年正月，穆宗即位，戊辰，始朝羣臣於宣政殿，是夜地震。太和二年正月壬申，地震。七年六月甲戌，又震。九年三月乙卯，京師地震，屋瓦皆墜，户牖間有聲。開成元年二月乙亥，又震。二年十一月乙丑夜，又震。四年十一月甲戌，又震。會昌二年正月癸亥，宋、亳二州地震。十二月癸未，京師地震。大中三年十月辛巳，上都及振武、河西、天德、靈武、鹽夏等州地震，壞廬舍，壓死數十人。十二年八月丁巳，太原地震。咸通元年五月，上都地震。六年十二月，晉、絳二州地震。壞廬舍，地裂泉湧，泥出青色。八年正月丁未，河中、晉絳三州地大震，壞廬舍，人有死者。十三年四月庚子朔，浙東、西地震。乾符三年六月乙丑，雄州地震，至七月辛巳止，州城廬舍盡壞，地陷水湧，傷死甚衆。是月，濮州地震。十二月，京師地震有聲。四年六月庚寅，雄州地震。六年二月，京師地震，有聲如雷，藍田山裂水湧。

中和三年秋，晉州地震，有聲如雷。光啟二年春，城都地震，月中十數。占曰：『兵、饑。』十二月，魏州地震。乾寧二年三月庚午，河東地震。

宋乾德三年，京師地震。至道二年十月，潼關西靈、夏、環、慶等州地震，城郭廬舍多壞，占云：『兵饑。』是時，西戎寇靈州，明年，遣將率兵援糧以救之。關西民有饑殍者。咸平二年九月，常州地震，壞鼓角樓、羅務、軍民廬舍甚衆。四年九月，慶州地震者再。六年正月，益州地震。景德元年正月丙申夜，京師地震；癸卯夜，復震；丁未夜，又震，屋宇皆動，有聲，移時方止。癸丑，冀州地震，占主：『土工興，有急令，兵革興。』是年，契丹犯塞。二月，益、黎、雅州地震。三月，邢州地震不止。四月己卯夜，瀛州地震。五月，邢州地復震不止。十一月壬子，日南至，京師地震。癸丑，石州地震。四年七月丙戌，益州地震。己丑，渭州瓦亭寨地震者四。大中祥符二年三月，代州地震。四年六月，昌、眉州並地震。七月，真定府震，壞城壘。天聖五年三月戊辰，秦州地震。七年十月丙午，京師地震。景祐四年十二月甲申，忻、代、并三州地震，壞廬舍，覆壓吏民。忻州死者萬九千七百四十二人，傷者五千六百五十五人，畜死者五萬餘。代州死者七百五十九人，并州千八百九十人。寶元元年正月庚申，并、忻、代州地震。十一月，忻州地震。十二月甲子，京師地震。慶曆三年五月乙亥，忻州地大震，説者曰：『地道貴靜，今數震搖，兵興民勞之象也。』四年五月庚午，忻州地震，西北有聲如雷。五年七月丁酉，廣州地震。己卯，京南、岳州並地震。六年二月戊寅，青州地震。三月庚寅，登州地震，岠嵎山摧。自是震不已，每震，即海底有聲如雷。五月甲申，京師地震。七年十月乙丑，河陽、許州地震。二年十一月丁酉夜，秀州地震，有聲自西北起如雷。嘉祐二年，雄、霸等州地震。五年五月己丑，京師地震。治平四年秋，漳泉建州、邵武興化軍等處皆地震，潮州尤甚，地裂泉湧，壓覆州郭及兩縣屋宇，士民、軍兵死者甚衆。八月己巳，京師地震。熙寧元年七月甲申，地震。乙酉、辛卯，再震。八月壬寅、甲辰，又震。是月，鄆州須城、東阿二縣地震終日，滄州清池、莫州亦震，壞官私廬舍、城壁。是時，河北復大震，或數刻不止，有聲如雷，樓櫓、民居多摧覆，壓死者甚衆。九月戊子，莫州地震，有聲如雷。十一月乙未，京師及莫州地震。十二月癸卯，瀛州地大震。丁巳，冀州地震。辛酉，滄州地震，湧出沙泥、船板、胡桃、螺蚌甲之屬。十二月，潮州地再震。是歲，數路地震，有一日十數震，有逾半年震不止者。元豐八年五月，京師地震。元祐二年二月辛亥，代州地震，有聲。四年春，陝西、河北地震。七年九月己酉，蘭州、鎮戎軍、永興軍地震。十月庚戌朔，環州地再震。紹聖元年十一月丙寅，太原府地震。二年十月、十一月，河南府地震。是歲，蘇州自夏迄秋地震七。三年三月戊戌夜，劍南東川地震。九月己酉，滁州、沂州地震。四年六月己酉，太原府地震，有聲。元符元年七月壬申夜，雲《雲今》蔽天，地震良久。三年正月壬申，恩州地震。八月甲戌，太原府地震。三年五月己巳，太原府又震。建中靖國元年十二月辛亥，太原府、潞晉隰代石嵐等州、岢嵐威勝保化寧化軍地震彌旬，晝夜不止，壞城壁、屋宇，人畜多死。宣和四年，北方用兵，雄州地震。六年正月，京師連日再地震，宮殿門皆動有聲。建炎二年正月戊戌，長安地大震，金虜將婁宿圍城，彌旬無外援，虜兵乘地震而入，城遂陷。紹興三年八月甲申，地震，平江府、湖州尤甚甲辰，詔罪己，求直言。是歲，逆豫陷鄧、隨等州，金虜犯蜀。臣犯君、夷犯華之應也。六年六月乙巳夜，地震，有聲自西北如雷，餘杭縣爲甚詔罪己，求直言。是冬，僞齊劉麟，猊犯順，寇濠、壽州。後四年，虜酋兀朮入寇。二十四年正月戊寅，地震。二十五年三月壬申，又震。二十八年八月甲寅地夜，地震。三十一年三月壬辰，又震。三十二年七月戊申，又震。隆興元年十月丁丑，地震。六月甲寅，又震。是歲，宰臣湯思退擅撤海、泗、唐、鄧之戍，虜乘邊虛入寇，後思退貶死。此臣專必震，又兵役人勞之應也。乾道二年九月丙午，地震自西北方。是月，台州有海寇。四年十二月壬子，石泉軍地震三日，有聲如雷，屋瓦皆落。時郡有綿州冤獄云。淳熙元年十二月戊辰，地震自東北方。後湖南、江西茶寇擾數路。九年十二月壬寅，地夜震。十年十二月丙寅，又震。十二年五月庚寅，又震。慶元六年十一月甲子，地震東北方。嘉定六年四月，行都地震。六月丙子，嚴州淳安縣地震。十年二月庚申，地震自東南。越月，虜犯光州。十四年正月乙未，地夜震，大雷。是春，金虜入寇，蘄、黃州失守。

又 卷三〇二《物異考八・山崩地陷地移地長川竭》 《春秋》釐公十四年『秋八月辛卯，沙麓崩。』《穀梁傳》曰：林屬於山曰麓，師古曰：『屬，聯也，音之欲反。』沙其名也。』劉向以爲臣下背叛，散落不事上之象也。先是，齊桓行伯道，會諸侯，師古曰：『伯讀曰霸。其下亦同。』事周室。管仲既死，桓德日衰，天戒若曰，伯道將廢，諸侯散落，政逮大夫，陪臣執命，臣下不事上矣。桓公不寤，天子蔽晦。師古曰：『被，掩蔽而暗也。』及齊桓死，天下散而從楚。王札子殺二大夫。師古曰：『二大夫，召伯、毛伯也。』晉敗天子之師，師古曰：『謂敗之於貿戎也。已解於上也。』莫能征討，從是陵遲。《公羊》以爲沙麓，河上邑也。董仲舒説略同。一曰，河，大川象；齊，大國；桓德衰，伯道將移於晉文，故河爲徙也。《左氏》以爲沙麓，晉地；沙，山名也；地震而麓崩，不書震，舉重者也。伯陽甫所謂『國必依山川，山崩川竭，亡之徵也；不過十年，數之紀也。』至二十四年，晉懷公殺於高梁。師古曰：『懷公謂子圉，惠公之子也。文公入國而使殺之。高梁，晉地。』京房《易傳》曰：『小人剝廬，師古曰：《剝卦》上九爻之辭。』厥妖山崩，兹謂陰乘陽，弱勝強。』成公五年『夏，梁山崩。』《穀梁傳》曰廱河三日不流，師古曰：『廱讀曰壅。』晉君帥羣臣而哭之，廼流。師古曰：『從伯宗用輦者之言。』劉向以爲山陽，君也，水陰，民也。天戒若曰，君道崩壞，下亂，百姓將失其所矣。哭然後流，喪亡象也。梁山在晉地，自晉始而及天下也。後晉暴三卿，厲公以殺。董仲舒説略同。劉歆以爲梁山，晉望也；崩，弛崩也。古者三代命祀，祭不越望，吉凶禍福，不是過也。國主山川，山崩川竭，亡之徵也，美惡周必復。是歲，歲在鶉火，至十七年復在鶉火，欒書、中行偃弑厲公而立悼公。

威烈王十三年，晉河岸崩，壅龍門至於底柱。

漢高后二年正月，武都山崩，殺七百六十人，地震至八月廼止。文帝二年四月，齊、楚地山二十九所同日俱大發水，潰出。劉向以爲近水沴土也。天戒若曰，勿盛齊、楚之君，今失制度，將爲亂。後十六年，帝庶兄齊悼惠王之孫文王則薨，無子，帝分齊地，立悼惠王庶子六人皆爲王。師古曰：『謂齊孝王將閭、濟北王志、菑川王賢、膠東王雄渠、膠西王卬、濟南王辟光。』賈誼、鼂錯諫，以爲違古制，恐爲亂。至景帝三年，齊、楚七國起兵百餘萬，漢皆破之。春秋四國同日災，師古曰：『宋、衛、陳、鄭。』漢七國同日衆山潰，咸被其害，不畏天威之明效也。成帝河平三年二月丙戌，犍爲柏江山崩，捐江山崩，皆廱江水，師古曰：『廱讀曰壅。次下亦同。』江水逆流壞城，殺十三人，地震積二十一日，百二十四動。元延三年正月丙寅，蜀郡岷山崩，廱江，水逆流，三日廼通。劉向以爲周時岐山崩，三川竭，而幽王亡。岐山者，周所興也。漢家本起於蜀漢，今所起之地山崩川竭，星孛又及攝提、大角，從參至辰，如淳曰：『孛星尾長及攝提、大角，始發於參至辰也。』殆必亡矣。其後三世亡嗣，王莽簒位。

王莽天鳳三年，長平館西岸崩，廱涇水不流，毁而北行。

後漢和帝永元元年七月，會稽南山崩。會稽，南方大名山也。京房《易傳》曰：『山崩，陰乘陽，弱勝強也。』劉向以爲山陽，君也；水陰，民也；君道崩壞，百姓失所也。劉歆以爲崩猶弛也。是時竇太后攝政，兄竇憲專權。七年七月，趙國易陽地裂。京房《易傳》曰：『地裂者，臣下分離，不肯相從也。』是時南單于衆乖離，漢軍追討。十二年夏四月戊辰，南郡秭歸山高四百丈，崩填谿，殺百餘人。明年冬，至蠻夷反，遣使募荊州吏民萬餘人擊之。元興元年五月癸酉，右扶風雍地裂。是後西羌大寇涼州。殤帝延平元年五月壬辰，河東恆山崩。是時鄧太后專政。秋八月，殤帝崩。安帝永初元年六月丁巳，河東楊地陷，東西百四十步，南北百二十步，深三丈五尺。六年六月壬辰，豫章員谿原山崩，各六十三所。元初元年三月己卯，日南地坼，長百八十二里。其後三年正月，蒼梧、鬱林、合浦盜賊羣起，劫略吏民。二年六月，河南雒陽新城地裂。延光二年七月，丹陽山崩四十七所。三年六月庚午，巴郡閬中山崩。四年十月丙午，蜀郡越巂山崩，殺四百餘人。丙午，天子會日也。是時閻太后攝政。其十一月，中黃門孫程等殺江京，立順帝，誅閻后兄弟，明年，閻后崩。順帝陽嘉二年六月丁丑，雒陽宣德亭地坼，長八十五丈，近郊地。時李固對策，以爲『陰類專恣，將有分離之象，所以附郊城者，是上帝示象以誡陛下也』。是時宋娥及中常侍各用權分爭，後中常侍張逵、豫政與大將軍商爭權，爲商作飛語，欲陷之。桓帝建和三年四月，郡國六地裂，水湧出，井溢，壞寺屋，殺人。時梁太后攝政，兄冀枉殺李固、杜喬。三年，郡國五山崩。和平元年七月，廣漢梓橦山崩。永興二年六月，東海朐山崩。冬十二月，泰山、琅邪盜賊羣起。永壽二年七月，河東地裂。時梁皇后兄冀秉政，桓帝欲自由，內患之。延熹元年七月乙巳，左馮翊雲陽地裂。三年五月戊申漢中山崩。是時上寵恣中常侍單超等。四年六月庚子，泰山、博尤來山判解。八年六月丙辰，緱氏地裂。永康元年五月丙午，雒陽高平永壽亭、上黨泫工元反氏地各裂。是時朝臣患中常侍王甫等專恣。冬，桓帝崩。明年，竇氏等欲誅常侍、黃門，不果，更爲所誅。靈帝建寧四年五月，河東地裂十二處，裂各長十里百七十步，廣者三十餘步，深不見底。

魏元帝咸熙二年二月，太行山崩。此魏亡之徵也。其冬，晉有天下。

吳孫權赤烏十三年八月，丹陽、句容及故鄣、寧國諸山崩，鴻水溢。劉歆以爲：『國主山川，山崩川竭，亡之徵也。』吴雖稱帝，其實列國，災發丹陽，天意見之。後二年而權薨，又二十六年而吴亡。

晉武帝泰始三年三月戊午，太石山崩。四年七月，泰山崩墜三里。京房《易傳》曰：『自上下者爲崩，厥應泰山之石顛而下，聖人受命，人君虜。』及帝晏駕，而禄去王室，惠皇懦弱，懷、愍二帝俱辱虜庭，淪胥於北，元帝中興於南，此其應也。太康五年庚午，宣帝廟地陷。六年十月，南安新興山崩，湧水出。七年二月，朱提殊匙二音之大瀘山崩，震壞郡舍，陰平之仇池崖隕。八年七月，大雨，殿前地陷，方五尺，深數丈，中有破船。惠帝元康四年，蜀郡山崩，殺人。五月壬子，壽春山崩，洪水出，城壞，地陷方三十丈，殺人。六月，壽春大雷，山崩地坼，人家陷死，上庸郡亦如之。八月，居庸地裂，廣三十六丈，長八十四丈，水出，大饑。上庸四處山崩。地墜廣三十丈，長一百三十丈，水出殺人。皆賈后亂朝之應也。太安元年四月，西墉崩。懷帝永嘉元年三月，洛陽東北步廣里地陷。二年八月乙亥，鄄城無故自壞七十餘丈，司馬越惡之，遷於濮陽。此見沴之異也。越卒以陵上受禍。三年七月戊辰，當陽地裂三所，廣三丈，長三百餘步。京房《易傳》曰：『地坼裂者，臣下分離，不肯相從也。』其後司馬越、苟晞交惡，四方牧伯莫不離散，王室遂亡。三年十月，宜都夷道山崩。四年四月，湘東酃黑石山崩。元帝太興元年二月，廬陵、豫章、武昌、西陽地震，山崩。二年五月，祁山地震，山崩，殺人。三年，南平郡山崩，出雄黄數千斤。時王敦陵傲，帝優容之，示含養禍萌也。四年八月，常山崩，水出，滹沱上火乎反，下音陀盈池，大木傾拔。成帝咸和四年十月，柴桑廬山西北崖崩。十二月，劉允爲郭默所殺。穆帝永和七年九月，峻平、崇陽二陵崩。十二年十一月，遣散騎常侍車灌修峻平陵，開埏道，崩壓，殺數十人。升平五年二月，南掖門馬足陷地，得鐘一，有文四字。哀帝隆和元年四月丁丑，浩亹上古合反，下音門山崩，張天錫亡徵也。安帝義熙八年三月壬寅，山陰地陷，方四丈，有聲如雷。十年五月戊寅，西明門地穿，湧水出，毁門扇及限。陷此水沴土也。十一年五月，霍山崩，出銅鐘六枚。十三年七月，漢中城固縣水涯有聲若雷，既而岸崩，出銅鐘十有二枚。惠帝元康九年六月夜，暴雷雨，賈謐齋屋柱陷入地，壓謐床帳。此木沴土，土失其性，不能載也。明年，謐誅焉。光熙元年五月，范陽國地燃，可以爨。此火沴土也。是時，禮樂征伐自諸侯出。

梁武帝普通二年，始平郡石鼓村地自開成井，方六丈六尺，深三十二丈。

後魏孝靜帝武定二年十一月，西河地陷，有火出。京房《易傳》占曰：『地自陷，其君亡。』祖暅曰：『火，陽精也。地，陰主也。地燃，越陰之道，行陽之政，臣下專恣，終以自害。』時齊神武作宰，侯景專擅河南。神武崩，景作亂。

後周武帝建德二年，涼州地震裂出泉。

隋高祖仁壽三年，梁州就谷山崩。《洪範五行傳》曰：『崩散落，背叛不事上之類也。』梁州爲漢地。明年，漢主諒反。煬帝大業七年，砥柱山崩，壅河，逆流數十里。時帝興遼東之役，四海怨叛，卒以滅亡。

唐太宗貞觀八年七月，隴右山摧。山者高峻，自上而隕之象也。武后垂拱二年九月己巳，雍州新豐縣露臺鄉大風雨，震雹，有山湧出，高一十丈，有池周三百畝，池中有龍鳳之形，禾麥之異，武后以爲休應，名曰『慶山』。荊州人俞文俊上言：『天氣不和而寒暑隔，人氣不和而贅疣生，地氣不和而堆阜出。今陛下以女主居陽位，反易剛柔，故地氣隔塞，山變爲災。陛下以爲「慶山」，臣以爲非慶也。宜側身修德以答天譴，不然，恐災禍至。』后怒，流於嶺南。永昌中，華州赤水南岸大山，晝日忽風昏，有聲隱隱如雷，頃之漸移東數百步，壅赤水，壓張村民三十餘家，高二百餘丈，水深三十丈，坡上草木宛然。《金縢》曰：『山徙者人君不用道，禄去公室，賞罰不由君，佞人執政，政在女主，不出五年，有走王。』元宗開元十七年四月乙亥，大風震電，藍田山摧裂百餘步，畿内山也。國主山川，山摧川竭，亡之證也。占曰：『人君德消政易則然。』天寶十一載六月，虢州閿鄉黄河中女媧墓因大雨晦冥，失所在，至肅宗乾元二年六月乙未，瀕河人聞有風雷，曉見其墓湧出，下有鉅石，上有雙柳，各長丈餘，時號風陵堆。占曰：『冢墓自移，天下破。』代宗大曆六年四月戊寅，藍田西原地陷。九年十一月戊戌，同州夏陽有山徙於河上，聲如雷。十三年，郴州黄芩山摧，壓死者數百人。德宗建中二年，霍山裂。魏州魏縣西四十里，地數畝忽長崇數尺。憲宗元和八年五月丁丑，大隗山摧。十五年七月丁未，苑中土山摧，壓死二十人。僖宗光啟三年四月，維州山崩，累日不止，塵坌亙天，壅江水逆流。占曰：『國破。』

後唐明宗長興三年七月，夔州奏，赤甲山崩。

宋太宗雍熙三年，階州福清縣青龍峽山圮，壅白江，水逆流高十丈許，壞民田數百里。淳化三年五月，雅州名山縣大風雨，登遼山圮，壅江水逆流入民田，壞稼。真宗咸平元年七月庚午，寧化軍汾水漲，壞北水門，山石摧圮，軍士有壓死者。二年七月庚寅，陝州靈寶縣暴雨崖圮，壓居民死者二十二戶。三年三月辛丑夜，秦州大澤縣三陽寨大雨崖摧，壓死者六十二人。四年正月，秦州成紀縣山摧，壓死六十餘人。景德四年七月，秦州成紀縣崖圮，殺居民。天禧五年五月，襄州鳳林鎮道側湧起，高三尺許，長三丈，闊八尺。知州夏竦以聞。神宗熙寧元年，潭州益陽縣雷震，山裂出米。二年十月庚戌，南郊，東壝門內地陷，有天寶十二載古墓。五年九月丙寅，華州少華山前阜頭峰越八盤嶺及谷，摧陷於石子坡。東西五里，南北十里，潰散墳裂，湧起堆阜，各高數丈，長若隄岸。至陷居民六社，凡數百戶，林木、廬舍亦無存者。並山之民言：『數年以來，峰上常有聲，是夜初昏，略無風雨，山上忽霧起，有聲漸大，地遂震動，不及食頃而山摧。』元豐八年二月甲戌，賓州嶺方縣地陷。哲宗元祐元年十二月，華州鄭縣界小敷谷山頹，傷居民。徽宗宣和七年七月己亥，熙河路地震，有裂數十丈者，蘭州尤甚，陷數百家，倉庫俱沒。高宗紹興十二年十一月，陝西不雨，五穀焦枯，涇、渭、灞、滻皆竭。伯陽甫曰：『國必依山川，山摧川竭，亡之證也。』時秦民以餓離散，壯者爲北人所買，郡邑遂空。劉向以爲陽失在陰者，謂火氣來煎枯水，故川竭。山川連體，下竭上必摧。占曰：『君德消，政易則然。』京房《易傳》曰：『君臣相背，厥異名水絕。』光宗紹熙四年秋，南岳祝融峰有山自摧。劍門關山摧。五年十二月，臨安府南高峰有山自摧。寧宗慶元二年六月辛未，台州黄巖縣大雨水，有山自徙五十里餘，聲如雷，草木、冢墓皆如初，而故址爲淵潭。時臨海縣清潭山亦自移。《唐志》載《金縢》曰：『山徙者君不用道，祿去公室，賞罰不由君，佞人執政也。』此韓侂胄擅朝之應。嘉泰二年七月丁未，閩建安縣山摧，民廬之壓者六十餘家。嘉定六年六月丙子，浙淳安縣長樂鄉山摧水湧。近水沴土也。京房《易傳》曰：『小人剝廬，厥妖山摧。』劉向以爲『山陽，君也，水陰，民也。君道壞，下亂，百姓將失其所』。又曰：『臣下叛，散落不事上之象也。』八年五月，行都久不雨，百川皆竭，淮甸亦如之。

《宋史》卷六七《五行志五・土》 乾德三年，京師地震。五年十一月，許州開元觀老君像自動，知州宋偓以聞。六年正月，簡州普通院毗盧佛像自動。

至道二年十月，潼關西至靈州、夏州、環慶等州地震，城郭廬舍多壞，占云：『兵饑。』是時，西夏寇靈州，明年，遣將率兵援糧以救之。關西民饑。

咸平二年九月，常州地震，壞鼓角樓、羅務、軍民廬舍甚衆。四年九月，慶州地震者再。六年正月，益州地震。

景德元年正月丙申夜，京師地震；癸卯夜，復震；丁未夜，又震，屋皆動，有聲，移時方止。癸丑，冀州地震，占云：『土工興，有急令，兵革興。』是年，契丹犯塞。二月，益、黎、雅州地震。三月，邢州地震不止。四月己卯夜，瀛州地震。五月，邢州地復震不止。十一月壬子，日南至，京師地震。癸丑，石州地震。四年七月丙戌，益州地震。己丑，渭州瓦亭砦地震者四。

大中祥符二年三月，代州地震。四年六月，昌、眉州並地震。七月，真定府地震，壞城壘。

天聖五年三月，秦州地震。七年，京師地震。

景祐四年十二月甲子，京師地震。甲申，忻、代、并三州地震，壞廬舍，覆壓吏民。忻州死者萬九千七百四十二人，傷者五千六百五十五人，畜擾死者五萬餘；代州死者七百五十九人；并州千八百九十人。

寶元元年正月庚申，并、忻、代三州地震。十二月甲子，京師地震。

慶曆三年五月九日，忻州地大震，說者曰：『地道貴靜，今數震搖，兵興民勞之象也。』四年五月庚午，忻州地震，西北有聲如雷。五年七月十四日，廣州地震。六年二月戊寅，青州地震。三月庚寅，登州地震，岠嵎山摧。自是震不已，每震，則海底有聲如雷。五月甲申，京師地震。七年十月乙丑，河陽、許州地震。

皇祐二年十一月丁酉夜，秀州地震，有聲自北起如雷。

嘉祐二年，雄州北界幽州地大震，大壞城郭，覆壓者數萬人。五年五月己丑，京師地震。

治平四年秋，漳泉建州、邵武興化軍等處皆地震，潮州尤甚，拆裂泉涌，壓覆州郭及兩縣屋宇，士民、軍兵死者甚衆。八月己巳，京師地震。

熙寧元年七月甲申，地震；乙酉、辛卯，再震；八月壬寅、甲辰，又震。是月，須城、東阿二縣地震終日，滄州清池、莫州亦震，壞官私廬舍、城壁。是時，河北復大震，或數刻不止，有聲如雷，樓櫓、民居多摧覆，壓死者甚衆。九月戊子，莫州地震，有聲如雷。十一月乙未，京師及莫州地震。十二月癸卯，瀛州地大震。丁巳，冀州地震。辛酉，滄州地震，湧出沙泥、船板、胡桃、螺蚌之屬。是月，潮州地再震。是歲，數路地震，有一日十數震，有踰半年震不止者。二年十月庚戌，南郊，東壝門内地陷，有天寶十三年古墓。

元豐元年，邕州佛像動搖。初，像動而夏人入寇，又動而州大火，其後儂智高叛，復動，於是知州錢師孟投其像于江中。八年二月甲戌，賓州嶺方縣地陷。五月丙午，京師地震。

元祐二年二月辛亥，代州地震有聲。四年春，陝西、河北地震。七年九月己酉，蘭州、鎮戎軍、永興軍地震，十月庚戌朔，環州地再震。

紹聖元年十一月丙戌，太原府地震。二年十月、十一月，河南府地震。是歲，蘇州自夏迄秋地震。三年三月戊戌夜，劍南東川地震。九月己酉，滁州、沂州地震。四年六月己酉，太原府地震有聲。

元符元年七月壬申夜，雲霧蔽天，地震良久。二年正月壬申，恩州地震。八月甲戌，太原府地震。三年五月己巳，太原府又震。

建中靖國元年十二月辛亥，太原府、潞晉隰代石嵐等州、岢嵐威勝保化寧化軍地震彌旬，晝夜不止，壞城壁、屋宇，人畜多死。自後有司方言祥瑞，郡國地震多抑而不奏。

政和七年六月，詔曰：『熙河、環慶、涇原路地震經旬，城砦、關堡、城壁、樓櫓、官私廬舍並皆摧塌，居民覆壓死傷甚眾，而有司不以聞，其遣官按視之。』

宣和四年，北方用兵，雄州地大震。玄武見於州之正寢，有龜大如錢，蛇若朱漆筯，相逐而行，宣撫使焚香再拜，以銀奩貯二物。俄俱死。六年正月，京師連日地震，宮殿門皆動有聲。七年七月己亥，熙河路地震，有裂數十丈者，蘭州尤甚。陷數百家，倉庫俱沒。河東諸郡或震裂。

建炎二年正月戊戌，長安地大震，金將婁宿圍城，彌旬無外援，乘地震而入，城遂陷。

紹興三年八月甲申，地震，平江府、湖州尤甚。是歲，劉豫陷鄧、隨等州，金人犯蜀。四年，四川地震。五年五月，行都地震。六年六月乙巳夜，地震自西北，有聲如雷，餘杭縣為甚。是冬，劉麟、猊犯順，寇濠、壽州。七年，地震。二十四年正月戊寅，地震。二十五年三月壬申，地震。二十八年八月甲寅夜，震。三十一年三月壬辰，地震。三十二年七月戊申，地震。

隆興元年十月丁丑，地震；六月甲寅，又震。

乾道二年九月丙午，地震自西北方。四年十二月壬子，石泉軍地震三日，有聲如雷，屋瓦皆落，時繇竹有冤獄云。

淳熙元年十二月戊辰，地震自東北方。九年十二月壬寅夜，地震。十年十二月丙寅，地震。十二年五月庚寅，地震。

慶元六年九月，東北地震。十一月甲子，地震東北方。

嘉定六年四月，行都地震。六月丙子，淳安縣地震。九年二月辛亥，東、西川地大震四日。十年二月庚申，地震自東南。十二年五月，地震。六月，西川地震。十四年正月乙未夜，地震，大雷。五月丙申，西川地震。

寶慶元年八月己酉，地震。

嘉熙四年十二月丙辰，地震。

淳祐元年十二月庚辰夜，地震。

寶祐三年，蜀地震。

咸淳七年，嘉定府城震者三。

雍熙三年，階州福津縣常峽山圮，壅白江水，逆流高十許丈，壞民田數百里。

淳化二年五月，名山縣大風雨，登遼山圮，壅江水逆流入民田，害稼。

咸平元年七月庚午，寧化軍汾水漲，壞北水門，山石摧圮，軍士有壓死者。二年七月庚寅，靈寶縣暴雨崖圮，壓居民，死者二十二戶。三年三月辛丑夜，大澤縣三陽砦大雨崖摧，壓死者六十二人。四年正月，成紀縣山摧，壓死者六十餘人。

又 紹熙四年秋，南岳祝融峯山自摧。劍門關山摧。五年十二月，臨安府南高峰山自摧。

慶元二年六月辛未，台州黃巖縣大雨水，有山自徙五十餘里，其聲如雷，草木、冢墓皆不動，而故址潰為淵潭。時臨海縣清潭山亦自移。

嘉泰二年七月丁未，閩建安縣山摧，民廬之壓者六十餘家。

嘉定六年六月丙子，嚴州淳安縣長樂鄉山摧水湧。九年，黎州山崩。

咸淳十年，天目山崩。

《元史》卷五〇《五行志上・土》 至元二十一年九月戊子，京師地震。按傳云：『陽伏而不能出，陰迫而不能升，於是有地震。』二十六年正月丙戌，地震。二十七年二月癸未，泉州地震。丙戌，泉州地復震。八月癸未，武平路大地震。二十八年八月己丑，平陽路地震，壞廬舍萬八百區。

元貞元年三月壬戌，地震。

大德六年十二月辛酉，雲南地震，戊辰亦如之。七年八月辛卯夕，地震，太原、平陽尤甚，壞官民廬舍十萬計。平陽趙城縣范宣義郇堡徙十餘里。太原徐溝、祁縣及汾州平遥、介休、西河、孝義等縣地震成渠，泉涌黑沙。汾州北城陷，長一里，東城陷七十餘步。八年正月，平陽地震不止。九年四月己酉，大同路地震，有聲如雷，壞廬舍五千八百，壓死者一千四百餘人。懷仁縣地震，二所涌水盡黑，其一廣十八步，深十五丈，其一廣六十六步，深一丈。五月癸亥，以地震，改平陽路爲晉寧，太原路爲冀寧。十一月壬子，大同地震。十二月丙子，地震。十年正月，晉寧、冀寧地震不止。十一年三月，道州營道縣暴雨，山裂百三十餘處。八月壬寅，開成路地震。

至大元年六月丁酉，鞏昌隴西、寧遠縣地震。雲南烏撒、烏蒙地三日而大震者六。九月己酉，蒲縣地震。十月癸巳，蒲縣、靈縣地震。二年十二月壬戌，陽曲縣地震有聲。三年十二月戊申，冀寧路地震。四年三月己亥，寧夏路地震。七月癸未，甘州地震，大風，有聲如雷。閏七月甲子，寧夏地震。

皇慶二年六月京師地震。己未，京師地震，丙寅又震，壬寅又震。

延祐元年二月戊辰，大寧路地震。四月甲申朔，大寧地震，有聲如雷。八月丁未，冀寧、汴梁等路，涉縣、武安縣地震。十一月戊辰，大寧地震如雷。二年五月乙丑，秦州成紀縣北山移至夕川河，明日再移，平地突如土阜，高者二三丈，陷沒民居。三年八月己未，冀寧、晉寧等郡地震。十月壬午，河南地震。四年正月壬戌，冀寧地震。七月己丑，成紀縣山崩。辛卯，冀寧地震。九月，嶺北地震三日。五年正月甲戌，懿州地震。二月癸巳，和寧路地震。丁酉，秦安縣山崩。三月己卯，德慶路地震。七月戊子，寧遠縣山崩。八月，伏羌縣山崩。秦州成紀縣暴雨，山崩，朽壤墳起，覆沒畜産。

至治二年九月癸亥，地震。十一月癸卯，地震。

泰定元年八月，成紀縣大雨，山崩水溢，壅土至來谷河成丘阜。十二月庚申，奉元路同州地震，有聲如雷。三年十二月丁亥，寧夏路地震如雷，發自西北，連震者三。四年三月癸卯，和寧路地震如雷。八月，鞏昌通渭縣山崩。碉門地震，有聲如雷，晝晦。鳳翔、興元、成都、陝州、江陵等郡地同日震。九月壬寅，寧夏地震。

致和元年七月辛酉朔，寧夏地震。己卯，大寧路地震。十月壬寅，大寧路地震。

至順二年四月丁亥，真定涉縣地一日五震或三震，月餘乃止。四年四月戊申，大寧路地震。五月戊寅，京師地震有聲。八月己酉，隴西地震。

又卷五一《五行志下・金不從革》 至正九年，龍興靖安縣山石迸裂，湧水，人多死者。十年三月，慶元奉化州南山石突開，其碎而大者，有山川人物禽鳥草木之文。二十七年六月丁卯，沂州東蒼山有巨石，大如屋，崩裂墜地，聲震如雷。七月丙戌，廣西靈川縣臨江石崖崩。

又《稼穡不成》 元統元年八月，鞏昌、徽州山崩。九月庚申，秦州山崩。十月丙寅，鳳州山崩。十一月丙申，鞏昌成紀縣地裂山崩。癸卯，安慶灊山縣地震。辛亥，秦州地裂山崩。十二月，饒州德興縣，餘干、樂平二州地震。二年五月，信州地震。八月辛未，京師地震。雞鳴山崩，陷爲池，方百里，人死者眾。至元元年十一月壬寅，興國路地震。十二月丙子，安慶路地震，所屬宿松、太湖、灊山三縣同時俱震。廬州、蘄州、黃州亦如之。是月，饒州亦地震。二年正月乙丑，宿松地震。五月壬申，秦州山崩。三年八月辛巳夜，京師地震。壬午，又大震，損太廟神主；西湖寺神御殿壁仆，祭器皆壞。順州、龍慶州及懷來縣皆以辛巳夜地震，壞官民房舍，傷人及畜牧。宣德府亦如之，遂改爲順寧云。四年春，保安州及瑞州路新昌州地震。六月，信州路靈山裂。七月己酉，保安州地大震。丙辰，鞏昌府山崩。八月丙子，京師地震，日凡二三，至乙酉乃止。密州安丘縣地震。六年六月己亥，秦州成紀縣山崩地裂。至正元年二月，汴梁路地震。二年四月辛丑，冀寧路平晉縣地震，聲如雷鳴，裂地尺餘，民居皆傾仆。七月，惠州雨水，羅浮山崩，凡二十七處，壞民居，塞田澗。十二月己酉，京師地震。三年二月，鈞州新鄭、密縣地震。六月乙巳，秦州秦安縣南坡崩裂，壓死人畜。七月戊辰，鞏昌山崩，人畜死者眾。十二月，膠州及屬邑高密地震。四年八月，莒州蒙陰縣地震。十二月，東平路東阿、陽穀、平陰三縣及漢陽地震。五年春，薊州地震，所領四縣及東平汶上縣亦如之。十二月乙丑，鎮江地震。六年二月，益都路益都、昌樂、壽光三縣，濰州北海縣、膠州即墨縣地震。三月，高苑縣地震，壞民居。六月，廣州增城縣羅浮山崩，水湧溢，溺死百餘人。九月戊午，邵武地震。翌日，地中有聲如鼓，夜復如之。七年二月，益都臨淄、臨朐，濰州之昌邑、膠州之高密、濟南之棣州地震。三月，東平路東阿、陽穀、平陰三縣地震，河水動搖。五月，臨淄地又震，七日乃止。河東地坼泉湧，崩城陷屋，傷人民。十一月，鎮江丹陽縣地震。九年六月，台州地震。七月庚寅，泉州大風雨。永春縣南象山崩，壓死者甚衆。十年，冀寧徐溝縣地震。五月甲子，龍興寧州大雨，山崩數十處。丙寅，瑞州上高縣蒙山崩。十月乙酉，泉州安溪縣侯山鳴。十一年四月，冀寧路汾、忻二州，文水、平晉、榆次、壽陽四縣，晉寧遼州之榆社，懷慶河内、修武二縣及孟州皆地震，聲如雷霆，圮房屋，壓死者甚衆。八月丁丑，中興路公安、松滋、枝江三縣，峽、荊門二州地震。十二年二月丙戌，霍州靈石縣地震。閏三月丁丑，陝西地震，莊浪、定西、静寧、會州尤甚，移山湮谷，陷沒廬舍，有不見其跡者。會州公廨牆圮，得弩五百餘張，長丈餘，短者九尺，人莫能開挽。十月丙午，霍州趙城縣霍山崩，湧石數里，前三日，山鳴如雷，禽獸驚散。十三年三月，莊浪、定西、静寧、會州地震。七月，汾州白彪山坼。十四年四月，汾州介休縣地震，泉湧。七月，孝義縣地震。十一月，寧國路地震，所領寧國、旌德二縣亦如之。淮安路海州地震。十二月己酉，紹興地震。十五年四月，寧國敬亭、麻姑、華陽諸山崩。六月丁丑，冀寧保德州地震。十六年春，薊州地震，凡十日，所領四縣亦如之。六月，雷州地大震。十七年十月，靜江路東門地陷，城東石山崩。十二月丁酉，慶元路象山縣鵝鼻山崩，有聲如雷。十八年二月乙亥，冀寧臨州地震。五月，益都地震。十九年正月甲午，慶元地震。二十年二月，延平順昌縣地震。二十二年三月，南雄路地震。二十三年十二月丁巳，台州地震。二十五年十月壬申，興化路地震，有聲如雷。二十六年三月，海州地震如雷，贛榆縣吴山崩。六月，汾州介休縣地震。紹興山陰縣臥龍山裂。七月辛亥，冀寧路徐溝縣，石、忻、臨三州，汾之孝義、平遥二縣同日地震，有壓死者。丙辰，泉州同安縣大雷雨，三秀山崩。是月，河南府鞏縣大霖雨，地震山崩。十一月辛丑，華州蒲城縣洛岸崩，壅水，絶流三日。十二月庚午，華州之蒲城縣洛水和順崖崩，其崖戴石，有巖穴可居，是日壓死辟亂者七十餘人。二十七年五月，山東地震。六月，沂州山石崩裂，有聲如雷。七月丙戌，靜江靈川縣大藏山石崖崩。十月丙辰，福州雷雨，地震。十二月庚午，又震，有聲如雷。二十八年六月，冀寧文水、徐溝二縣，汾州孝義、介休二縣，臨州、保德州，隰之石樓縣及陝西皆地震。十月辛巳，陝西地又震。

明 李賢《天順日録》 自王振專權，上干天象，災異疊見。振略不驚畏，兇狠愈甚，且諱言災異。初，浙江紹興山移於平田，民告於官，不敢聞。又地動，白毛徧生，奏之如常。又陝西二處山崩，壓折人家數十户，一處山移有聲，叫三日，移數里，不敢詳奏。又黄河改往東流於海，淹没人家千餘户。又振宅新起於内府，訖方未踰時，一火而盡。又南京殿宇一火而盡，是夜大雨，明日殿基上生荊棘二尺高，始下詔敕。盗不可遏，蝗不可滅，天意不可回矣！胡寇乘機大舉犯邊，聲息甚急，日報數十次。

按：宣廟以前，天子無日不御文華晉接羣臣，商榷政務，幽隱必達，天下號稱太平。正統初，英廟幼冲，深居大内，不議朝政，王振肆志擅權，天變於上而不知，地震於下而不懼，水火為災而略不警，飛蝗蔽天而且諱言，胡寇乘機，遂基土木之變。權奸誤國，罪安道哉！

明 佚名《奉天靖難記》卷一 時諸王坐廢，允炆日益驕縱【略】紀綱壞亂，搆成大禍。自是災異疊見，恬不自省。夜宴張燈熒煌，忽不見人。寢宫初成，見男子提一人頭，血色模糊，直入宫内，隨索之，寂無所有。狐狸滿室，變怪萬狀，徧置鷹犬，亦不能止。他如日赤無光，星辰無度，彗掃軍門，熒惑守心犯斗，飛煌蔽天，山崩地震，水旱疫癘，連年不息，錦衣衛火，武庫自焚，文華殿燬，承天門災，雖變異多端，而酗樂自如。

《明史》卷三〇《五行志三・地震》 洪武四年正月己丑，鞏昌、臨洮、慶陽地震。五年四月戊戌，梧州府蒼梧、賀州、恭城、立山等處地震。六月癸卯，太原府陽曲縣地震。七月辛亥，又震。壬戌，京師風雨地震。八月癸未，太原府徐溝縣西北空中有聲如雷，地震凡三日。戊戌，陽曲縣地又震。九月壬戌，又震者再。十月戊寅、辛卯，復震。是年，陽曲地凡七震。自六年至十四年，復八震。八年七月戊辰，京師地震。十二月戊子，又震。十一年四月乙巳，寧夏地震，壞城垣。十三年十二月甲戌，福州府、廣州府、河州地震。十九年六月辛丑，雲南地震。十一月己卯，復震，有聲。二十三年正月庚辰，山東地震。

建文元年三月甲午，京師地震，求直言。

永樂元年十一月甲午，北京地震。山西、寧夏亦震。二年十一月癸丑，京師、濟南、開封並震，有聲。六年五月壬戌、十一年八月甲子，京師復震。十三年九月壬戌、十四年九月癸卯，十八年六月丙午，北京地震。二十二年六月壬申，南京地震。

洪熙元年二月戊午，六安衛地震，凡七日。是歲，南京地震，凡四十有二。

宣德元年七月癸巳，京師地震，有聲，自東南迄西北。是歲，南京地震者九。二年春，復震者十。三年，復屢震。四年，兩京地震。五年正月壬子，南京地震。辛酉，又震。

正統三年三月己亥，京師地震。庚子，又震。甲辰，又震者再。四年六月乙未，復震。八月己亥，又震。五年十月庚午朔，蘭州、莊浪地震十日。十月、十一月屢震，壞城堡廬舍，壓死人畜。十年二月丁巳，京師地震。

景泰二年七月癸丑，京師地震。三年七月，永新珠坑村地陷十七所。是年，南京地震。五年十月庚子，京師地震，有聲，起西北迄東南。六年二月甲午，安福大雷雨。白泉陂羊塘地陷二，一深三丈，廣十餘丈，一深六尺，廣一丈有奇。

天順元年十月乙巳，南京地震。

成化元年四月甲申，鈞州地震二十三日乃止。三年，四川地震，凡三百七十五。五月壬申，宣府、大同地震，有聲，威遠、朔州亦震，壞墩臺牆垣，壓傷人。四年八月癸巳，京師地震，有聲。十二月戊戌，湖廣地震。五年十二月丙辰，汝寧、武昌、漢陽、岳州同日地震。六年正月丁亥，河南地震。是年，湖廣亦震。十年四月壬午，鶴慶地震。九月己巳，自寅至申，復十五震，壞廨舍民居，傷人畜。十月丁酉，靈州大沙井驛地震，有聲如雷。自後晝夜屢震，至十一月甲寅，一日十一震，城堞房屋多圮。十二年正月辛亥，南京地震。十月辛巳，京師地震。十三年正月己巳，鳳陽、臨淮地震，有聲。閏二月癸卯，臨洮、鞏昌地震。城有頹者。四月戊戌，甘肅地裂，又震，有聲。榆林、涼州亦震。寧夏大震，聲如雷。城垣崩壞者八十三處。甘州、鞏昌、榆林、涼州及沂州、郯城、滕、費、嶧等縣，同日俱震。九月甲戌，京師地三震。十四年六月，廣西太平府地震，至八月乙巳，凡七震。七月，四川鹽井衛地連震，廨宇傾覆，人畜多死。十六年八月丁巳，四川越嶲衛一日七震，越數日連震。十七年二月甲寅，南京、鳳陽、廬州、淮安、揚州、和州、兗州及河南州縣，同日地震。五月戊戌，直隸薊州遵化縣地震。六月甲辰，又震，日三次。永平府及遼東寧遠衛亦三震。二十年正月庚寅，京師及永平、宣府、遼東皆震。宣府地裂，湧沙出水。天壽山、密雲、古北口、居庸關城垣墩堡多摧，人有壓死者。五月甲寅，代州地七震。九月辛巳，費縣地陷，深二尺，縱橫三丈許。二十一年二月壬申，泰安地震。三月壬午朔，復震，聲如雷，泰山動搖。後四日復微震，癸巳、乙未、庚子連震。閏四月癸未，鞏昌府、固原衛及蘭、河、洮、岷四州，地俱震，有聲。癸巳，薊州遵化縣地震，有聲，越數日復連震，城垣民居有頹仆者。五月壬戌，京師地再震。九月丙辰，廉州、梧州地震，有聲，連震者十六日。十一月丙寅，京師地震。二十二年六月壬辰，漢中府及寧羌衛地裂，或十餘丈，或六七丈。寶雞縣裂三里，濶丈餘。九月辛亥。成都地日七八震，俱有聲。次日，復震。

弘治元年八月壬寅，漢、茂二州地震，仆黃頭等寨碉房三十七戶，人口有壓死者。戊申，宣府葛峪堡地陷深三尺，長百五十步、濶一丈。沙河中湧疄，高一尺，長七十步。十二月辛卯，四川地震，連三日。二年五月庚申，成都地震，連三日，有聲。三年十二月己未，京師地再震。四年六月辛亥，復三震。八月乙卯，南京地震，屋宇皆搖。淮、揚二府同日震。六年三月，寧夏地震，連三年，共二十震。四月甲辰，開封、衛輝、東昌、兗州同日地震，有聲。七年二月丁丑，曲靖地震，壞房屋，壓死軍民。是歲，兩京並六震。八年三月己亥，寧夏地震十二次，聲如雷，傾倒邊牆、墩臺、房屋，壓傷人。九月甲午至辛丑，安南衛地十二震。十月壬戌至甲子，海州九震。是歲，南京地再震。九年，兩京地震者各二次。十年正月戊午，京師、山西地震。六月乙亥，海豐地震，聲如雷，數日乃止。是歲，真定、寧夏、榆林、鎮番、靈州、太原皆震。屯留尤甚，如舟將覆，屋瓦皆落。十一年六月丙子，桂林地有聲若雷，旋陷九處，大者圍十七丈，小者七丈或三丈。十三年七月己巳，京師地震。十月戊申，兩京、鳳陽同時地震。十四年正月庚戌朔，延安、慶陽二府，同、華諸州，咸陽、長安諸縣，潼關諸衛，連日地震，有聲如雷。朝邑尤甚，頻震十七日，城垣、民舍多摧，壓死人畜甚衆。縣東地坼，水溢成河。自夏至冬，復七震。是日，陝州，永寧、盧氏二縣，平陽府安邑、榮河二縣，俱震，有聲。蒲州自是日至戊午連震。丁丑，福、興、泉、漳四府地俱震。二月乙未，蒲州地又震，至三月癸亥，凡二十九震。八月癸丑，四川可渡河巡檢司地裂而陷，湧泉數十派，衝壞橋梁、莊舍，壓死人畜甚衆。癸酉，貴州地三震。十月辛酉，南京地震。十五年九月丙戌，南京、徐州、大名、順德、濟南、東昌、兗州同日地震，壞城垣、民舍。濮州尤甚，地裂湧水，壓死百餘人。是日，開封、彰德、平陽、澤、潞亦震。十月甲子，山西應、朔、代三州，山陰、馬邑、陽曲等縣，地俱震，聲如雷。丁卯，南京地震。十六年二月庚申，南京地震。十八年六月癸亥，寧夏地震，聲如雷，城傾圮。九月癸巳，杭、嘉、紹、寧四府地震，有聲。甲午，南京及蘇、松、常、鎮、淮、揚、寧七府，通、和二州，同日地震。辛丑，蒲、解二州，絳、夏、平陸、榮河、聞喜、芮城、猗氏七縣地俱震，有聲。而安邑、萬全尤甚，民有壓死者。

正德元年二月癸酉至乙亥，郃陽地震者十餘，有聲如雷。四月癸丑，雲南府連日再震。木密關地震如雷凡五，壞城垣、屋舍，壓傷人。八月丁巳，萊州府鰲山衛地震，聲如雷，城垛壞，以後屢震。萊州自九月至十二月，地震四十五，俱有聲如雷。二年九月庚午，雲南府安州、新興州三日連震，搖撼民居，人有死者。四年三月甲寅，廣寧大興堡地陷，長四尺，寬三尺，深四丈餘。五月己亥夜，武昌見碧光如雹者六，有聲如雷，已而地震。六年四月乙未，楚雄地三日五震，至明年五月又連震十三日。十月甲辰，大理府鄧川州、劍川州、洱海衛地震。鶴慶、劍川尤甚，壞城垣、房廨，人有壓死者。十一月戊午，京師地震。保定、河間二府及八縣三衛，山東武定州，同日皆震。霸州連三日十九震。七年五月壬子，楚雄府自是日至甲子，地連震，聲如雷。八月己巳，騰衝衛地震兩日，壞城樓、官民廨宇。赤水湧出，田禾盡沒，死傷甚衆。八年十二月戊戌，成都、重慶二府，潼川、邛二州，地俱震。九年六月甲辰，鳳陽府地震有聲。八月乙巳，京師大震。十月壬辰，叙州府，太原府代、平、榆次等十州縣，大同府應州山陰、馬邑二縣，俱地震，有聲。十年五月壬辰，雲南趙州永寧衛地震，踰月不止，有一日二三十震者。黑氣如霧，地裂水湧，壞城垣、官廨、民居不可勝計，死者數千人，傷倍之。八月丁丑，大理府地震，至九月乙未，復大震四日。十一年八月戊辰，南京地震，武昌府亦震。十二月己未，楚雄、大理二府，蒙化、景東二衛俱震。十二年四月甲子，撫州府及餘干、豐城二縣，泉州府，俱地震。浙江金鄉衛自是日至七月己丑，凡十有五震。六月戊辰，雲南新興州及通海、河西、嶍峨諸縣地震，壞城樓、房屋，民有壓死者。九月己卯，濟、青、登、萊四府地震。是歲，泉州二月至六月，金華二月至七月，皆數震。十三年六月己巳，大理府及趙、鄧川二州，浪穹縣地震。是日，蒙化府亦震。十月甲午、十一月癸卯，又震。十四年二月丁丑，京師地震。九月丙午，昌平州、宣府、開平等衛亦震。丙辰，福、興、泉三府地震。十五年三月丙申，安寧、姚安、賓州、蒙化、鶴慶俱地震。蒙化震二日，仆城垣、廬舍，民有壓死者。八月辛酉，景東衛地震，聲如雷。搖仆城牆、廨宇，地多拆裂。乙丑，濟南、東昌、開封地震。

嘉靖二年正月，南京、鳳陽、山東、河南、陝西地震。七月壬申，浙江定海諸衛地震，城堞盡毀。三年正月丙寅朔，兩畿、河南、山東、陝西同時地震。辛巳，蘇、常、鎮三府地震。是年，南京震者再。四年八月癸卯，徐州、鳳陽一衛三州縣及懷慶、開封二府俱地震，聲如雷。九月壬申，鳳陽、徐州及開封二縣復震。五年四月癸亥，永昌、騰衝、騰越同日地震。貴州安南衛地震，聲如雷，壞城垣。壬申，復震。六年十月戊辰，京師地震。十二年八月丁酉，京師地震。十五年十月庚寅，京師地震。順天、永平、保定、萬全都司各衛所，俱震，聲如雷。十六年九月癸酉，雲南地震。十八年七月庚寅，楚雄、臨安、廣西地震。十九年四月庚午，洮州、甘肅俱震。二十一年九月甲戌，平陽、固原、寧夏、洮州同日地震，有聲。十一月丁巳，鞏昌、固原、西安、鳳翔地震。二十二年三月乙巳，太原地震，有聲，凡十日。明年三月，復如之。四月庚辰，福、興、泉、漳四府地震。二十三年三月朔，太原地震有聲者十日。二十七年七月戊寅，京師地震，順天、保定二府俱震。八月癸丑，京師復震，登州府及廣寧衛亦震。三十年九月乙未，京師地震，有聲。三十一年二月癸亥，鳳陽府地震，有聲。三月丙戌，山西地震，有聲。三十四年十二月壬寅，山西、陝西、河南同時地震，聲如雷。渭南、華州、朝邑、三原、蒲州等處尤甚。或地裂泉湧，中有魚物，或城郭房屋陷入地中，或平地突成山阜，或一日數震，或累日震不止。河、渭大泛，華嶽、終南山鳴，河清數日。官吏、軍民壓死八十三萬有奇。三十七年正月庚申，陝西地震。三月丁丑，昌平州地震。五月丁卯，蒲州地連震三日，聲如雷。六月甲申，又震。十月丙午，華州地震，聲如雷。至壬子又震，戊午復大震，傾陷廬舍甚多。三十八年七月辛巳，南京地震，有聲。三十九年四月，嘉興、湖州地震，屋廬搖動如帆。河水撞激，魚皆躍起。四十年二月戊戌，甘肅山丹衛地震，有聲，壞城堡廬舍。六月壬午，太原、大同、榆林地震，寧夏、固原尤甚。城垣、墩臺、府屋皆摧，地湧黑黄沙水，壓死軍民無算，壞廣武、紅寺等城。四十一年正月丙申，京師地震。是歲，寧夏地震，圮邊牆。四十五年正月癸巳，福建福、興、泉三府同日地震。

隆慶二年三月甲寅，陝西慶陽、西安、漢中、寧夏，山西蒲州、安邑，湖廣鄖陽及河南十五州縣，同日地震。戊寅，京師地震。是日，山東登州、四川順義等縣同日震。樂亭地裂三丈餘者二，黑沙水湧出。寧遠城崩。四月癸未，懷慶、南陽、汝寧、寧夏同日地震。乙酉，鳳翔、平涼、西安、慶陽地震，壞城傷人。七月辛酉，陵川地裂三十餘步。三年十一月庚辰，京師地震。四年四月戊戌，京師地震。五年二月丙午，廣西靖江王府及宗室所居、布政司官署，俱地陷。六月辛卯朔，京師地震者三。

萬曆元年八月戊申，荊州地震，至丙寅方止。二年二月癸亥，長汀地震，裂成坑，陷沒民居。三年正月甲戌，湖廣、江西地震。五月戊戌朔，襄陽、鄖陽及南陽府屬地震三日。己亥，信陽亦震。六月戊子，福、汀、漳等府及廣東之海陽縣俱地震。九月戊午，京師地震。十月丁卯，又震。己卯，岷州衛地震。己丑至壬午，連百餘震。四年二月庚辰，薊、遼地震。辛巳，又震。五年二月辛巳，騰越地二十餘震，次日復震。山崩水湧，壞廟廡、倉舍千餘間，民居圮者十之七，壓死軍民甚衆。六年二月辛卯，臨桂村田中青烟直上，隨裂地丈餘，鼓聲轟轟，民居及大樹石皆陷。七年七月戊午，京師地震。八年五月壬午，遵化數震，七日乃止。七月甲午，井坪路地大震，摧城垣數百丈。九年四月己酉，蔚州地震，聲如雷。房屋震裂。大同鎮堡各州縣，同時地震，有聲。十一年二月戊子，承天府地震。十二年二月丁卯，京師地震。五月甲午，又震。十三年二月丁未，淮安、揚州、廬州及上元、江寧、江浦、六合俱地震，江濤沸騰。三月戊寅，山西山陰縣地震，旬有五日乃止。八月己酉，京師地震。十四年四月癸酉，又震。十五年三月壬辰，開封府屬地震者三，彰德、衛輝、懷慶同日震。五月，山西地震。十六年六月庚申，京師地再震。十七年七月己未，杭州、溫州、紹興地震。十八年六月丙子，甘肅臨洮地震，壞城郭、廬舍，壓死人畜無算。八月，福建地屢震。十九年閏三月己巳，昌平州地震。十月戊戌，山丹衛地震，壞城垣。二十三年五月丁酉，京師地震。十二月癸亥，陝西地震，聲若雷。二十四年十一月，福建地震。二十五年正月壬辰朔，四川地震三日。八月己卯，遼陽、廣寧諸衛地震，湧水三日，甲申，京師地震，宣府、薊鎮等處俱震。十二月乙酉，京師地震。二十六年正月丁亥朔，寧夏地震。次日，長樂地陷五丈。八月丁丑，京師地震，有聲。二十七年七月辛未，承天、沔陽、岳州地震。二十八年二月戊寅，京師地震，自艮方西南行，如是者再。三十一年四月丙午，承天府鍾祥縣地震，房屋摧裂。五月戊寅，京師地震。三十二年閏九月庚辰，鞏昌及醴泉地一日十餘震，城郭民居並摧。白陽、吳泉界地裂三丈，溢出黑水，搏激丈餘。三十三年五月辛丑，陸川地震，有聲，壞城垣、府屋，壓死男婦無算。六月庚午，靈川社壇有聲，陷地十餘丈，深丈餘。九月丙申，京師地震者再，自東北向西南行。三十四年六月丙辰，陝西地震。三十五年七月乙卯，松潘、茂州、汶川地震數日。三十六年二月戊辰，京師地震。七月丁酉，又震。三十七年六月辛酉，甘肅地震，紅崖、清水諸堡壓死軍民八百四十餘人，圮邊墩八百七十里，裂東關地。四十年二月乙亥，雲南大理、武定、曲靖地大震，次日又震。緬甸亦震。五月戊戌，雲南大理、曲靖復大震，壞房屋。四十二年九月庚午，山西、河南地震。四十三年二月己卯，揚州地震。狼山寺殿壞塔傾。八月乙亥，楚雄地震如雷，人民驚殞。十月辛酉，京師地震。四十五年五月甲戌，鳳陽府地震。乙亥，復震。八月，濟南地裂者二。四十六年六月壬午，京師地震。九月乙卯，京師地再震，畿輔、山西州縣一十有七及紫荊關，馬水、沿河二口，偏頭、神池同日皆震。四十八年二月庚戌，雲南及肇慶、惠州、荊州、襄陽、承天、沔陽、京山皆地震。

天啟元年四月癸丑，延綏孤山城陷三十五丈，入地二丈七尺。二年二月癸酉，濟南、東昌、河南、海寧地震。三月癸卯，濟南、東昌屬縣八，連震三日，壞民居無數。九月甲寅，平涼、隆德諸縣，鎮戎、平虜諸所，馬剛、雙峰諸堡，地震如翻，壞城垣七千九百餘丈，屋宇萬一千八百餘區，壓死男婦萬二千餘口。十一月癸卯，陝西地震。三年四月庚申朔，京師地震。十月乙亥，復震。閏十月乙卯，雲南地震。十二月丁未，南畿六府二州俱地震，揚州府尤甚。是月戊戌，京師地又震。四年二月丁酉，薊州、永平、山海地屢震，壞城郭廬舍。甲寅，欒亭地裂，湧黑水，高尺餘。京師地震，宮殿動搖有聲，銅缸之水騰波震盪。三月丙辰、戊午，又震。庚申，又震者三。六月丁亥，保定地震，壞城郭，傷人畜。八月己酉，陝西地震。十二月癸卯，南京地震。六年六月丙子，京師地震。濟南、東昌及河南一州六縣同日震。天津三衛、宣府、大同俱數十震，死傷慘甚。山西靈邱晝夜數震，月餘方止。城郭、廬舍並摧，壓死人民無算。七月辛未，河南地震。九月甲戌，福建地震。十二月戊辰，寧夏石空寺堡地大震。礌山石殿傾倒，壓死僧人。是年，南京地亦震。七年，寧夏各衛營屯堡，自正月己巳至二月己亥，凡百餘震，大如雷，小如鼓如風，城垣、房屋、邊牆、墩臺悉圮。十月癸丑，南京地震，自西北迄東南，隆隆有聲。

崇禎元年九月丁卯，京師地震。三年九月戊戌，南京地震。四年六月乙丑，臨洮、鞏昌地震，壞廬舍，損民畜。五年四月丁酉，南京、四川地震。十月丁卯，山西地震。十一月甲寅，雲南地震。六年正月丁巳，鎮江地裂數丈。七月戊戌，陝西地震。八年冬，山西地震。九年三月戊辰，福建地震。七月丁未，清江城陷。十年正月丙午，南京地震。七月壬午，雲南地震。十月乙卯，四川地震。十二月，陝西西安及海剌同時地震，數月不止。十一年九月壬戌，遼東地震。十二年二月癸巳，京師地震。十三年十一月戊子，南京地震。十四年三月戊寅，福建地震。四月丙寅，湖廣地震。五月戊子，甘肅地震。六月丙午，福建地震。九月甲午，四川地震。十五年五月丙戌，兩廣地震。七月甲申，山西地震。十六年九月，鳳陽地屢震。十一月丙申，山東地震。明年正月庚寅朔，鳳陽地震。乙卯，南京地震。三月辛卯，廣東地震。

又《山頹》 洪武六年正月壬戌夜，伏羌高山崩。正統八年十一月，浙江紹興山移於平田。是歲，陝西二處山崩。十三年，陝西夏秋霪雨，通渭、平涼、華亭三縣山傾，軍民壓死者八十餘口。天順四年十月，星子山裂。成化八年七月，隴州北山吼三日，裂成溝，長半里，尋復合。十六年四月壬子，巨津州金沙江北岸白石雪山斷裂里許，兩岸山合，山上草木如故。下塞江流，禾黍盡沒。久之其下漸開，水始泄。六月，長樂平地出小阜，人畜踐之輒陷。明年，復湧一高山。十七年十二月辛丑，壽陽縣城南山崩，聲如牛吼。弘治三年六月乙巳，河州山崩地陷。九年六月庚寅，山陰、蕭山二縣同日大雨山崩。十四年閏七月，烏撒軍民府大雨山崩。十五年八月戊申，宣府合河口石山崩。十八年六月丙子，河州沙子溝夜大雷雨，石岸山崩，移七八里，崩處裂為溝，田廬民畜俱陷。正德元年十二月癸亥，即墨三表山石崩。四年三月甲寅，遼東東山大家峪山崩二處，約丈餘。五年六月癸巳，秦州山崩，傷室廬、禾稼甚衆。龍王溝口山亦崩。六年七月丙寅，夔州獐子溪驟雨，山崩。十三年五月癸亥，雲南黑鹽井山崩，井塞。十五年八月丁丑，雲南趙州大雨，山崩。嘉靖四年七月乙酉，清源賈家山崩。五年四月壬申，貴州歹蘇屯山崩。十九年十二月己巳，峨眉宋皇觀山鳴，震裂，湧泉水八日。二十一年六月乙酉，歸州沙子嶺大雷雨，崖石崩裂，塞江流二里許。二十六年七月癸酉，澄城麻陂山界頭嶺，晝夜吼數日。山忽中斷，移走，東西三里，南北五里。隆慶二年五月庚戌，永寧州山崩。是歲，欒亭地裂三處，俱湧黑沙水。四年八月，湖州山崩，成湖。萬曆二十五年六月，泰山崩。二十七年八月甲午，狄道城東山崩，其下衝成一溝。山南耕地湧出大小山五，高二十餘丈。三十三年八月丙午，鎮江西南華山裂二三尺。三十七年六月辛酉，甘肅南山崩。天啟三年閏十月乙卯，仁壽長山聲震如雷，裂七里，寬三尺，深不可測。崇禎九年十二月，鎮江金雞嶺土山崩。後八年，秦州有二山，相距甚遠，民居其間者數百萬家。一日地震，兩山合，居民並入其中。

《宋會要輯稿·瑞異三·地坼》 熙寧五年十月三日，知華州呂大防言：『九月丙寅，少華山前阜頭谷嶺摧陷，其下平地東西五里、南北十里潰散坼裂，湧起堆阜各高數丈，長若堤岸，至陷居民六社凡數百戶，林木、廬舍亦無存者。問之鄰近家並山之民，言比年以來，谷上常有雲氣，每遇風雨，即隱隱有聲。是夜初昏，略無風雨，忽於山上雲霧起，有聲漸大，地遂震動。不及食頃，即有此變。已檢錄存恤死傷人戶。』詔遣尚書兵部郎中、判太常寺王瓘乘驛致祭，仍建道場，並賜陷沒之家錢有差。其不能葬埋者，官爲葬祭之。

元豐八年哲宗已即位，未改元。正月二十九日、二月十日，《通考》云甲戌。賓州嶺方縣地陷。

《清史稿》卷四三《灾異志四·詩妖》 光緒五年，文縣有童謠云『兩個土地會說話，兩個石人會撻架』，未幾即山崩地震。

又 卷四四《灾異志五·地震》 順治元年九月，翼城地震。冬，石首地震。二十二年，祁縣地震三次。三年十月十日，石埭地震。四年四月，全椒地震。五年三月甲辰，涇陽、三原、臨潼、鳳翔地震；戊辰又地震。四月二十四日，榆社地震。八月，潞安地震有聲。六年正月，南樂地震。二月初六日，陸川地震。四月，高平、陽城地震。七年八月初十日，高淳地震。八年正月丁卯，蘇州、崑山地震。六月，高平地震。九年正月元旦，潛江、太湖地震。十五日，貴池地震，屋瓦皆飛，江波如盪。二月十五日，池州、潁上、阜陽、五河、全椒地震。二十四日，宿松地震。二十六日，銅陵地震。七月，贛榆地震。九月，霍山、六安地震。十年正月，廬江地震。六月乙卯，鎮洋地震。七月，海豐地震。九月，樂陵地震。十月二十一日，貴池地震；二十四日復震。十一月二十三日，五河地震。十一年正月朔，潛山、望江、石樓、貴池、銅陵、舒城、廬江地震。五月，廬江又震。四月初六日，蕭山地震。五月初八日，寶雞、定遠、沔縣地震，壞屋壓人。六月，興安、安康、白河、紫陽、洵陽、蘭州、鞏昌、慶陽等處地震，聲如雷，壞民舍，壓死人畜甚衆。八月初五日，陽穀、東昌地震，次日又震。初八日辰刻，朝城地震，申刻復震。十二年正月初七日，陽湖、營山地震。二月庚申，崑山、婁縣地震。十三年三月初八日，中部地震。十四年三月朔，成都、威州、汶川地震。二十五日，西充地震，次日復震。七月，富陽地震。十五年二月二十四日，惠來地震。五月二十三日，武進地震。八月二十三日，蘇州、崑山、上海、青浦地震。十一月，安塞地震有聲。十六年正月二十八日，鎮平地震。二月初八日，揭陽地震。七月十七日，石埭、貴池地震，聲如雷。十七年八月，曹縣、兗州地震。十二月二十三日，雒南、商南地震。十八年正月，兗州地屢震。

康熙元年正月二十五日，伏羌地震。三月初四日，西寧、龍門、宣化、赤城、保安州等處地大震，人皆眩仆。六月十七日，太平地震。七月十一日，蒼梧、容縣、岑溪地震。十一月二十二日，威縣地震。二年正月二十五日，鍾祥地震，次日復震。五月二十一日，咸寧地震。六月望日，東安地震。十二月，鶴慶地震。三年三月初二日，保安州、龍門地震。初三日，懷來、灤州地震。五月，開平地震。八月十七日，萊陽地震。二十三日，安邑、解州地震。九月丙子，崑山地震。十一月二十一日，順德地震。四年二月初四日，平陰地震。三月初二日，京師地震有聲。初四日，景州地震。四月十五日，灤州、東安、昌平、順義地震二次，房垣皆傾。七月十七日，大城地震。五年二月二十二日，開平地震，次日又震。三月初八日，交河地震。七月十七日，虹縣地震，城傾數十丈，民舍悉壞。九月二十六日，揭陽地震。十二月丁未，蘇州地震。六年正月初四日，陽春地震。四月十二日，揭陽地震。六月十七日，慶雲地震。八月十四日，邢台、內丘地震，聲如雷。九月二十三日，永年、威縣地震。七年四月，金華地震。五月癸丑子時，京師地震；初七、初九、初十、十三又震。六月十七日，上海、海鹽地震，窗廊皆鳴；湖州、紹興地震，壓斃人畜，次日又震；桐鄉、嵊縣地震，屋瓦皆落。十八日，香河、無極、南樂地震，自西北起，戛戛有聲，房屋搖動。十九日，清河、德清地震有聲，房舍皆傾。七月二十日，錢塘地震。二十五日，潛江地震。八年九月甲午寅時，京師地震有聲。九年四月初六日，安縣地震。五月初七日，揭陽地震。七月己未，吳江、震澤地震有聲。八月初七日，開建、安丘地震。十一月冬至前一日，鄒縣地震。

十年九月初九日，保安州地震。十一年三月初三日，陽曲地震。五月丙寅，沛縣、高密地震。六月二十四日，高唐地震。七月二十八日，廣平地震。八月癸亥，蘇州地震。九月丁亥，平樂地震。十二年二月十二日，廬州地震，聲如雷，屋舍傾倒。四月初四日，臨縣、高淳地震。七月二十三日，寶坻、霸州、萬全地震。九月初九日，懷安、赤城、西寧、天鎮、紹□、德陽地震。十二月，湖州地震。十三年二月初七日，保德州地震。八月三十日，隴州、懷安地震。九月初九日，府谷地震。十四年六月十二日，曹州府屬各州縣同時地震。十五年七月十五日，婺源地震。十一月初四日，蘇州地震有聲。十六年五月十四日，合浦地震。六月，階州地震，數日乃止。十七年四月初五日，蘇州、鎮洋、上海、青浦、崇明地震。初七日，海鹽地震，屋瓦傾覆。七月二十八日，京師地震。十月初五日，安平地震。十八年三月二十三日，鎮洋地震。六月朔，榮成、寧海、文登地震。二十八日，濱州、信陽、海豐、霑化地震。七月初九日，京師地震；通州、三河、平谷、香河、武清、永清、寶坻、固安地大震，聲響如奔車，如急雷，晝晦如夜，房舍傾倒，壓斃男婦無算，地裂，湧黑水甚臭。二十八日，宣化、鉅鹿、武邑、昌黎、新城、唐山、景州、沙河、寧津、東光、慶雲、無極地震。八月，萬全、保定、安肅地屢震。九月，襄垣、武鄉、徐溝地震數次，民舍盡頹。十月，潞安地震。十一月，遵化州地震有聲如雷。十九年四月二十五日，瓊州地震。十一月，廬陵地震，有聲如雷。

二十年春，永嘉、樂清地震。七月十七日，瓊州地震。八月十一日，東流地震有聲。九月，貴州地震。十月初十日，平遠州、潞城地震。十一月初三日，東流、府谷地震。二十一年十月初五日，襄垣地震。初六日，潞安地震。初十日，介休地震，民舍多傾倒。二十二年五月十五日，龍門地震。七月初五日，定襄地震，壓斃千餘人。十月初五日，保德州地震，人有壓斃者。十一月朔，瓊州地震。二十三年五月，封川地震。十月初五日，普州地震。十一月初七日，合浦地震。二十四年二月庚子，永安州、平樂地震。十二月二十四日，蓬萊、福山、文登地震，越二日又震。二十五年七月十七日，宜都、宜昌地震。十月初五日，井陘地震。二十六年九月丁亥丑時，京師地震。十月十六日，蓬萊、棲霞地震，聲如雷，月餘乃息。十二月朔，無爲地震。二十七年四月，臨潼、咸陽地震。二十八年正月十八日，瓊州、陸川地震；三月初十日又震。六月朔，榮成、文登地震。二十九年二月，杭州地震。七月，臨汾、襄垣地震。九月，襄陵地震。

三十年三月十六日，慶雲地震。三十二年三月十九日，海豐地震；二十日又大震，壞民舍。三十三年二月初八日，巢縣地震。八月，雞澤地震。三十四年正月朔，瓊州、雷州、全州、柳城地震。十五日，巢縣地震。四月初六日，光化、滕縣、恩縣、丘縣、徐溝、太平、真陽、盂縣、交城地大震；臨汾、翼城、浮山、安邑、平陸震尤甚，壞廬舍十之五，壓斃萬餘人。八月，平原地震。三十五年正月二十一日，巢縣地震。三月十五日，南陵地震。四月甲午，沛縣地震。九月辛巳，京師地震。三十六年正月朔，巢縣地震；三月三日又震。三十九年三月十六日，貴州地震。十八日，黄岡地震。四月，陽江地震。

四十年三月十二日，長子地震。四十一年正月，鶴慶地震。十一月乙酉，京師地微震。十二月二十三日，瓊州地震。四十三年七月十三日，涇陽地震，壓斃人畜無數。八月二十日，東光地震。四十四年正月十三日，平遙地震。八月丁酉，京師地震。九月十六夜，慶雲地震。四十五年二月丙辰，京師地微震。四十六年七月初四日，蘇州地震。十月，興寧地震；十一月又震。四十七年正月朔，曲沃地震。五月十七日，嘉定地震。六月十二日，鳳翔地震。九月十二日，寧陝廳地震。十三日，永年地震。十月十一日，丘縣地震。四十八年九月初二日，保德州地震。十二日，涼州、西寧、固原、寧夏、中衛地震傷人；靖遠大震，塌民舍二千餘間，城牆倒六百六十餘丈，壓斃居民甚多。四十九年三月十四日，靈台、環縣地震。八月初三日，黄岡地震。

五十年九月十一日，景寧地震。十月十一日，平樂地震。五十一年九月十二日，慶元、江浦地震；十一月又震。二十五日，高淳、儀徵、丹陽地震。五十二年四月，棲霞地震。七月，全蜀地震。五十三年三月十四日，寧州地震。九月初八日，湖州地震。五十四年正月十四日，鎮海地震。五月二十一日，岐山地震。五十五年二月，曲沃地震。八月，枝江地震。五十六年五月二十八日，公安、石首、枝江地震。五十七年五月二十七日，翼城地震。六月初八日，海陽地震。五十八年春，泰安地震。五月十一日，盩厔、丹陽地震。六月朔，德州、陽信、霑化、廣靈地震。七月十六日，榆次、懷來地震；八月復震，民居倒壞無數；密雲、東安地震，有聲如雷。六十年六月初八日，青城地震。六十一年八月初四日，江安地震。十一月，順德地震。

雍正三年十月，環縣地震，壞廬舍。四年六月二十一日，宜昌地震。八月，平鄉地震。五年五月二十日，鍾祥地震。六年二月初五日，吳川地震。五月，橫州地震。八月，蔚州地震。七年六月十七日，德州地震。八月十三日，富川地震聲如雷。八年四月十六日，宜昌地震。八月十九日，京師、寧河、慶雲、寧津、臨榆、薊州、邢台、萬全、容城、淶水、新安、東光、滄州同時地震。十月二十六日，上海地震。二十八日，蘇州、震澤、婁縣、青浦地震。十一月二十八日，嘉興、湖州、桐鄉地震。九年九月初二日，海陽地震；二十二日又震。十月，泰州地震。十一月初八日，海州地震。二十一日，普宣地震。十年正月初三日，西昌縣，會理州、德昌、河西、迷易三所地震。十一月，通州地震。十一年七月十八日，海陽地震，十一月，黄岡地震。十二月，宜昌地震。十二年二月，浦江地震。六月十六日，銅陵地震。十月十三日，潮陽、海陽地震。十二月初一日，清遠地震。十三年七月十七日夜，富川地震。二十日，桐鄉地震，有聲如雷。九月，慶遠府屬地震。十一月，光化地震。

乾隆元年七月朔，臨清地震。初七日，定陶地震。十五日，平原、夏津地震。十一月二十四日，黄山、福山、文登、榮成地震。二年五月初十日，宜昌地震有聲。七月二十五日，雞澤地震有聲。九月初七日，高平地震。十月二十四日，長子地震。三年十一月二十四日，芮城、襄垣、安邑、安定、綏德州、天鎮地震。二十五日，靖遠、慶陽、寧夏、平羅、中衛地震如奮躍，土皆墳起，地裂數尺或盈丈，其氣甚熱，壓斃五萬餘人。四年三月二十四日，昌化地震。十一月二十四日，岐山地震。五年三月，萬全地震。八月，赤城、懷安地震。十一月二十四日，清澗地震聲如雷，是夕連震八九次，屋舍傾圮。六年十一月，正寧地震有聲。八月二十四日，昌化地震。九年正月，光化地震。十年四月初四日，浮山地震。五月初六日，高淳地震。十一年五月，增城地震有聲。六月丁丑，京師地震。十月，廣濟地震有聲。十二年三月初九日，鶴慶地震。十月壬午，同官地震。十三年五月，歷城、長山地震。十月，環縣地震。十四年正月初三日，鶴慶地震；十三日又震；二十九日復震。三月二十八日，蒼梧地震。十五年十二月庚午，同官地震。十六年二月，奉議州地震。十七年二月，崖州地震；四月又震。四月初四日，嘉興、湖州、桐鄉地震。九月十二日，惠來地震。十八年八月，兖州地震。十九年四月，慶元、太原地震。五月，蒼梧地震。二十年十一月，婁縣、青浦地震。十二月庚子，蘇州、湖州、桐鄉地震，屋瓦皆鳴。二十一年二月二十二日，荊門州地震，聲如雷。五月十四日，青城地震，聲如雷。九月朔，陽信地震。十月十六日，青浦、桐鄉地震。二十二年十一月十六日，歙縣地震；次日復震。二十三年三月二十七日，永平地震，聲如雷。二十四年九月初五日，象州地震。二十五年十一月二十日，潞安、長子地震。二十六年三月十一日，嘉興地震有聲。二十八年五月甲申，蘇州、湖州地震。二十九年正月丁巳，蘇州、湖州地震。五月二十八日，溧水地震。十月初二日，南宮地震。三十年正月甲寅，蘇州地震。二月十一日，文登、榮成地震。七月初一日，鳳翔地震；十八日又震。伏羌地大震，倒塌屋舍二萬八千七百餘間，壓斃七百七十餘人。三十一年十一月初二日，南宮地震。三十二年五月二十二日，臨潼地震。六月二十日，文登、榮成地震。七月二十五日，南宮地震。十月十六日，婺源地震。三十三年二月，南陵地震。三十四年六月二十五日，蒼梧地震。七月十一日，吳川地震。八月初七日，蒼梧地又震。十二月二十日，武進、潛山、合肥地震。三十五年正月，溧水地震。十二月二十二日，麻城地震。三十六年七月十五日，慶雲地震。三十八年七月二十八日，臨清地震。二十九日，陵川地震。三十九年九月，青浦地震。十月，東阿地震。四十年十一月十一日，陵川地震。十二月二十八日，屏山地震。四十二年四月初七日，祁縣地震。四十三年三月，光化地震。九月九日，吳川地震，有聲如雷。初十日，陸川地震，次日又震。四十四年八月二十日，湖州地震。四十六年三月十六日，樂清地震。四月十六日，瑞安地震。四十七年六月庚寅，蘇州地震。四十九年十一月，光化地震。五十年三月初八日，永昌地震。六月初五日，武城地震。八月初十日，黃縣、文登地震。五十一年五月十一日，鹽亭、遂寧地震。五十四年三月十七日，嘉興地震；二十日又震。九月二十日，潼關地震，壞民舍，人有壓斃者。五十五年正月初八日，濟南地震。八月二十四日，樂清地震。十月初六日，文登、榮成地震。五十六年正月初九日，濟南地震。二月二十一日，吳川地震有聲。五十七年五月癸卯，蘇州、湖州地震。五十九年正月，武強地震。三月，臨邑地震。六十年十一月二十五日，嘉善地震。

嘉慶元年正月，樂清地震，地裂，湧黑水。二月，諸城地震。二年六月十三日，灤州地震。三年八月，嘉善地震。四年正月二十五日，文登、榮成地震。十二月，臨榆地震。五年二月二十六日，昌黎地震。七年九月，崇陽地震。八年二月，紫陽地震。十一月，宜春地震。十年二月十二日，灤州地震。六月六日，邢台地震，有聲如雷。十一年十一月十四日，黃縣地震。十八日又震。十二年四月初十日，寧津、東光地震。九月十二日，麻城地震。十三年九月，慶元地震。十五年十月十五日，縉雲地震。十六年二月二十三日，永嘉、樂清地震。四月初九日，文登地震。八月初十日，打箭鑪、百利、甘孜、綽倭地方地震，震斃夷、民四百八十一人。十八年六月，安定地震。八月，鄖縣地震。九月十一日，永嘉地震。十月初二日，平樂地震有聲。二十年四月十九日，光化地震。七月朔，寧津、東光地震。九月十一日，樂陵地震；越十日又震；宣平、三原地震。十月二十一日，湖州地震。二十一年六月十四日，東光地震。秋，均州地震。二十二年四月初八日，文登、榮成地震，聲如雷。二十三年十一月十五日，滕縣地震。二十四年七月二十五日，貴陽地震。九月，縉雲地震。十月十二日，黃縣地震；十六日又震。二十五年正月十九日，鎮番地震，聲如雷。四月，貴陽地震。六月二十二日，南宮地震。

道光元年三月晦日，撫寧地震。六月，紫陽地震。三年三月，宜都地震。六月，文登地震。七月，定遠地震。四年十一月十四日，枝江地震。五年六月，保康地震。六年正月晦日，章丘地震。二月二十四日，枝江地震。四月初四日，宜昌閻家坪裂五尺許，廣四丈餘。六月，貴陽地震。七年二月，鄖縣地震。七月，寧津地震。十月，章丘、新城、長清地震。八年八月，興山地震。十月二十三日，黃縣地震。九年五月初四日，宜城地震。十月二十二日，博平、莘縣地震；青州、臨朐地震，十餘日方止，民舍傾倒，壓死數百人。二十三日，黃縣、即墨、平度、滕縣、長清、章丘地震。十年四月二十二日，南宮、平鄉地震。閏四月二十二日，元氏、新樂、荷澤、曹縣等處同時地震，房舍傾圮，人有壓斃者。十月十六日，武定地震；二十四日又震。十一月朔，黃安地震有聲。十一年三月，撫寧地震。四月，臨邑地震。九月，武進地震。十二年九月二十三日，臨邑地震。十三年四月十八日，定遠廳漁渡壩陷十餘丈。十月二十四日，鄖縣地震。十五年七月初三日，高淳地震。十七年十月辛亥，臨朐地震。十八年二月，興安地陷，水湧如塘。十九年九月乙卯，青浦地震。戊戌，武進地震。二十年正月二十三日，隨州地震，屋瓦皆動。二十二年正月十四日，高淳地震。九月，即墨地震。二十三年三月初八日，棲霞地震。二十四年八月二十五日，寧海地震。十月壬戌，青浦地震。二十五年六月辛丑，青浦、蘇州地震。十月十四日，嵊縣地震，屋舍搖動。二十六年五月十一日，嵊縣地震。六月十二日，湖州、定海地震。十月丁巳，青浦地震。二十七年十月辛亥，蘇州地震。二十八年六月十四日，永嘉地震。十一月初七日，縉雲地震。二十九年三月初五日，撫寧地震。三十年三月二十八日，枝江、松滋地震。

咸豐元年正月甲辰，青浦地震。二月，江陵、公安地震。五月，黃安地震。

六月朔，瀘溪地震。二年四月十二日，應山地震。十八日，中衛地震，湧黑沙，壓斃數百人。十月初六日，黃巖、太平、嵊縣地震。十一月壬子，蘇州、青浦地震。三年正月，黃巖地震，是年屢震。三月辛亥、壬子，蘇州地震；辛酉又震。四月初五日，通州地屢震。二十三日，元氏地震。七月，景州地震。四年五月，安福地陷，廣數丈，深不可測。九月朔，江陵地震。十二月初四日，鍾祥地震。五年正月辛酉，青浦地震；九月戊寅又震；十月辛卯又震。十二月朔，棲霞地震。初五日，黃縣地震。六年五月初六日，來鳳地震，武昌縣百子畈地裂。七年四月，興國地震。九月，鉛山地震。十月，永豐地震。十二月二十六日，蓬萊地震，有聲如雷，自是屢震。八年正月二十七日，蓬萊地復震，十餘日始止；自七年至八年，凡震三十餘次。十二月，宜黃地震。九年三月，恩施地震。十年七月初八日，枝江地震。十一年五月二十五日，棲霞地震。八月朔，寧遠地震。

同治元年六月十二日，應城地震有聲。三年三月庚午，青浦地震。四年正月二十九日，鍾祥地震；二月初四日復震。五年八月十三日，景寧地震。九月十四日，青田地震。六年二月初一日，鍾祥地震。三月十五日，江陵地震。八月，太平地震；十二月又震。七年六月初三日，均州、光化、鄖縣地震。七月初三日，隨州安全岩地陷水湧。十年四月，襄陽地震。十一年六月十九日，高淳地震。八月十九日，嘉興、柏鄉地震。十二年正月二十六日，肅州地震。十三年三月二十日，霑化地震。

光緒元年九月，皋蘭地震。三年六月丁亥，青浦地震。四年十二月二十八日，襄陽地震。五年五月初十日，隴右諸州縣同時地震。十二日，光化地震。十三日，京山地震。六年十月，光化地震。七年四月，太平地震；五月又震。十月二十日，東光地震；二十五日復震。禮縣地震，震斃四百八十人，傾倒民房四千有奇，牲畜無算。十一月初二日，西寧丹噶爾廳地震。八年二月初八日，西利地震。七月，南樂、望都地震。九年十二月二十二日，寧津地震。十年十月二十二日，東光地震。十一月二十九日，西利地震。十一年九月二十七日，武昌地震。十三年十二月甲戌，河州地震。十四年五月初五日，霑化、灤州地震。十五年八月，靈川地震；九月又震。十六年正月二十八日，西寧地震。十九年四月十九日，西寧地震，傾圮民房二百餘間，人多壓斃。二十一年十二月初四日，山丹地震。二十三年正月二十四日，蘭州地震。二十七年春，靜寧州地震。二十八年十二月除夕，永昌地震。二十九年五月二十九日，曲陽地震。

又《山頹》　順治元年十一月十二日，鹽亭山崩。三年四月，河源桂山崩。六年四月，兩當山崩，壓斃人畜無算；蘭溪大慈山崩。七年六月，武昌馬山崩。八年四月二十六日，黃縣萊山巨石崩，聲聞數里。六月，安丘土山裂丈餘，廣二尺餘，深不可測，翼日乃合。八月己巳，同官王益山崩。九年五月，馬平槎山崩。十六年秋，成都霪雨，錦屏山崩。

康熙元年秋，蕭山大雨，小山崩；平陸山崩；霪雨，四明山崩；兩當暴雨，山崩。二年七月，河州大雷雨，井溝山崩，壓死居民二十餘口。九月，灌陽大營山崩。六年四月二十一日，開建大紫山崩；台州臨海大雨，山崩。十五年七月辛丑，同官濟塞山崩，壓死四十餘人。十九年八月初二日，平湖雅岩裂。二十年正月，天台方山崩。五月十二日，宣平大萊山陷。三十五年十二月二十七日，保德州康家山崩。四十一年秋，寶雞霪雨，山崩。四十二年四月初六日，太原奉聖寺山移數步。四十七年，保縣熊耳山崩。

雍正七年三月，崖州南山崩。八年五月，興安大雨，山崩；狄道鳳台山崩。十年六月，富川西嶺山崩數處。

乾隆四年十一月十四日，泰安縣北山崩。十年七月十二日，百泉山崩，壓斃二十五人。十五年五月，英山岩崩裂。六月，棠陰大雨，西北山崩。十六年二月，奉議州東吶露村山崩裂，有聲如雷。六月十二日，秦州仁壽山崩。十七年二月，忻城山崩，有聲如雷。二十一年八月，秦州邽山崩。三十八年五月，慶元白馬山崩。三十九年六月，雲和大雨，山崩，壓斃四人。四十一年十二月，雲和五樹莊山裂數百丈。五十七年五月，宜黃山崩，壓斃數十人。六十年四月，慶元蓋竹山崩。

嘉慶五年六月二十一日，義烏霪雨，山崩。二十三日，金華大雨，山崩。九年正月，新城北屯山崩。二十三年七月初五日，狄道州東山崩，壓陷田地三十餘畝。八月，永嘉大雨，西山崩，陷地丈許。二十四年五月，東湖山崩。

道光元年夏，新昌上方源山裂。三年七月甲戌，蘇州玉遮山裂。四年六月，定遠廳五塊石山崩，壞市廛民舍。六年六月，宜昌大雨，山崩。十一年六月，狄道州黎家窪山崩，壓斃二十餘人。十二年七月，漢城槐木溝岩崩。十三年四月十八日，招遠羅岩崩一角，聲聞數里。十四年正月十五日，麻城磨石岡巨石裂數塊，有聲如雷。十五年六月，定遠廳霪雨，母猪硐山崩。十八年十一月，恩施山崩。二十四年九月，星子五老峯右岩崩墜，有聲如雷。二十七年六月十七日，西寧縣北川郭家塔爾山崩，南川田家寨山崩。七月，臯蘭縣山崩。十月，宜山崩。二十九年五月二十四日，黄岡大崎山裂數十丈，年餘漸合。

咸豐元年六月，禮縣霪雨，山崩；袁家崖山崩裂，聲震如雷，縱二尺許，横二百丈。十月，興山仙侣山崩。二年六月朔，狄道馬銜山裂；平河大雨，山崩，壓倒民房無數。三年三月十六日，雲和山裂二百丈。六月二十六日，景寧大雨，山崩，壓斃七十三人。鄖縣青岩崩裂十餘丈；保康大山崩移十里許，毁田廬無算；永嘉大雨，龍泉村山圮覆屋，壓傷十九人。四年七月，雲和山崩，壓斃三十餘人。五年四月，大通縣塔破山崩。六年五月初八日，來鳳大壩路獨甚山崩，壓斃三百餘人。九月，松陽大雷雨，山崩數十丈。

同治四年七月，固原山崩；漢陽舖有平石寬長丈餘，高四尺，忽自行里許始止。十三年七月十二日，宣平北門山崩。八月十一日，西和西山崩，走入城中，壓倒城垣二百四十餘丈，民房九十餘處，壓死四十九人。

光緒元年正月朔，西寧西川陰山崩。七月，舊洮州東明山崩。三年六月，河州紅崖山崩，壓斃二百餘人，牲畜無算。五年五月，文縣山崩。九年三月，光化馬窟山裂。十二年六月，河州草領山崩。十九年五月，狄道州皇后溝山崩，壓斃十三人。二十年二月二十七日，河州東八部蘭山崩。二十二年二月，河州哈家山崩。二十三年八月，寧遠大夫溝山崩。二十六年六月，漳縣還山崩，靜寧州南五台山崩，河州王家山崩。二十七年六月，臯蘭五泉山、三台閣山崖崩。三十一年七月二十四日，洮州泉古山崩。三十二年五月，洮州莽灣山崩。七月，芽坡山崩。三十三年五月，寧遠小村槽山崩。

宣統元年六月十五日，秦州雒家川南山崩。

著録

元 郝經《陵川集》卷二九《變異事應序》 孔子作《春秋》，書日食、地震、星變，議而不辨，故不言其事應。至左氏作傳，始具載占侯之辭與其事應。于是《史記》、《漢書》、歷代諸志皆宗其法，事與變符，而象占有徵矣。夫人之善惡兆乎思慮，必動乎四體，而其憂喜必徵於聲色、見於氣貌，蘊於内則必發於外而不能掩，况事變之大者乎？將有大故，陰幾沈潛，而鬼神已知，其氣焰朕兆必見於天。不能恐懼修省，以圖消弭，則事必效而無及矣。嚴哉！懔懔乎天人之際，甚可畏也。君子所以懲忿窒慾，慎獨而戒於屋漏，絶惡於未萌，弭變於幾先也。邵康節曰：思慮未發，鬼神莫知，不由乎我，更由乎誰？思慮之先，藏密之地，閑邪存誠，可不務乎！故修省於無變之時者，上也；遭變而修省者，次也；事變尋至而不悟者，刑戮之民也。紀變異，徵事應，布列簡牘，以詔以告，其扶助道教。至班固《漢志》曰：『古歷五星之推，亡逆行者。至甘氏、石氏經，以熒惑、太白為有逆行。夫歷者正行也。古者天下太平，五星循度，亡有逆順，日不食朔，月不食望。自周室衰，亂臣賊子師旅數起，刑罰失中。雖其亡亂臣賊子師旅之變，内臣猶不治，四夷猶不服，兵革猶不寢，刑罰猶不錯，故二星與月為之失度，三變常見。及有亂臣賊子伏屍流血之兵，大變乃出。甘石氏見其常然，因以為紀，皆非正行也。』劉向亦言：『日月食及五星逆行，非太平之常。自周以來人事亂，故天文應之遂變耳。』是殆不然。夫有人事，即有天變，雖聖王在位，極治之世，不免於疾病、憂戚、死喪、誅罰、更革、廢置、予奪、征討，而天地日星亦不無崩震、鳴裂、薄食、移徙、飛流、逆順、伏見、犯守，第治世鮮而小，亂世多而大耳。以黄帝、堯、舜、禹、湯、文、武、周公之治，亦有征伐、戰鬭、流放、誅殛、拘幽、誣誚、叛逆、崩殂之事，其九年之水、七年之旱、桑穀共生、大風拔木等亦書于策，豈天地無變、二星不逆行乎？且仰觀俯察，推測占稽，皆聖賢之能事，其書之必備。第以秦人焚滅典籍，二帝三王之簡策暨西周之行事皆沒而不得聞，故其變于事不可徵也。賴孔子作《春秋》，左氏為《春秋》作内外傳，東都以來纔見一二變應，可得而述。固向據之，遂為周衰日月始食、五星始逆行，甘石所紀非正，豈通識哉！今據《春秋左氏傳》、《國語》，託始於周幽王，據《史記》、二《漢書》、《三國志》、《晉書》，終於晉恭帝宋高祖之篡，上記其變，下列其事，各別為章，凡一千一百六十九年，君臣父子之間、中國外域之際、兵戎之起、誅殺之行、崩薨之象、篡弑之端、僭叛之由、割裂之勢、專擅之故、亂亡之本，自王而霸，自霸而雜，日流日下，兆變於上，應之於下者亦已備極，姑為占候之案。其占法已各具經星、緯曜、諸星氣本宫下，故皆畧而不書。

藝文

《詩經・小雅・節南山之什・十月之交》

爗爗震電，不寧不令。百川沸騰，山冢崒崩。高岸為谷，深谷為陵。哀今之人，胡憯莫懲！《十月之交》，大夫刺幽王也。

宋　曾鞏《元豐類稿》卷四《地動》　吾聞元氣判為二，升降相輔非相傷。今者無端越疆畔，陰氣焰焰侵於陽。陽收剛明避其勢，陰負捷勝尤倡佯。地乘是氣亢於下，震盪裂坼乖其常。齊秦晉代及荊楚，千百其堵崩連牆。隆丘桀屋不自定，翩若猛吹搖旌幢。生民洶洶避無所，如寄厥命於湖江。有聲四出嘻可怕，誰擊萬鼓何雷硠。陰為氣靜乃如此，天意昧密寧能詳。或云蠻夷尚侵軼，己事豈必垂災祥。意者邪臣有專恣，氣象翕翕難為當。據經若此非臆決，皎如秋日浮青霜。祖宗威靈陛下聖，安得直語聞明堂。朝廷肅穆法度治，豈用凜凜憂胡羌。

宋　王安石《臨川文集》卷四六《滄瀛州地震設醮青詞》　伏以地德安靜，震非其常。陰陽厥愆，以告咎罰。禬禳有典，仰賴監歆。所冀方隅，具膺庇貺。

二

伏以自河以北，坤載不寧。敷置淨筵，以祈後福。仰惟皇覺，敷祐群生。監此齋精，俯垂庇貺。

又　卷六《北岳廟爲定州地震開啓祭禱道場青詞》　恭以地職持載，靜惟其常。今茲震搖，以警不德。涉河而北，又用驚騷。惟嶽有神，芘綏厥壤。祓除祠館，按用祈儀。請命上靈，冀蒙孚佑。敢忘夤畏，以答眷歆。

又《定州北岳爲地震祭禱祝文》　伏以自河以北，陽出鎮陰。人用不寧，咎由菲德。永惟聰直，庇祐一方。祇飭使人，齋精以禱。尚蒙歆鑒，無有後艱。

元　楊維楨《鐵崖古樂府》卷五《地震謡至正壬午七月朔，地震如雷，民屋杌隉，土出毛如白絲，紀詩一章，章十三句**》**　四月一日南省火，七月一日南地震叶平。地積大塊作方載，豈有壞崩如杞人。如何一震白毛茁，泰山動摇海水洩。便恐崑崙八柱折，赤子啾啾憂地裂。唐堯天子居上頭，賢相柱天如不周。保國如甌，馭民如舟，吁嗟赤子汝何憂如杞或作憂杞。

雜録

唐　瞿曇悉達《開元占經》卷九《日占五・日薄蝕三》　《春秋緯》曰：『君不聽聽，無知德威，今不嚴舒，懦為臣下所侵，則日光青赤，其後久旱，地動搖宮，陰氣盛，下臣太恣横，陽精挑奪，日行失度，不得，則日月薄于晦，陽為臣所悅，故以晦日蝕之，失後也。』案洪範《天文日月度占》曰：『春秋魯昭公二十四年夏五月乙未朔，日有蝕之，周之五月建辰，今之三月也。魯趙分也，魯太師梓曰：將水叔孫昭子曰旱也，夫日過春分而陽猶不勝陰，能無旱乎；是秋魯大旱。凡二至、二分日有蝕之，不為水災，大旱而已也。』

又　卷一〇《日占六・日六甲蝕三》　《春秋潛潭巴》曰：『戊辰日蝕，地動，陰強。』京房曰：『戊辰日蝕，同姓近臣欲弑君，後有地動，變在東南。』《春秋潛潭巴》曰：『己巳日蝕，地動，火災數降。』京房曰：『己巳日蝕，婚家欲弑君，後有諸侯謀，兵在西南。』【略】《春秋潛潭巴》曰：『己卯日蝕，地賊起，砂石踴，以有壅。』【略】京氏曰：『丁未日蝕，執政欲弑，司徒不肖，後有蟲，地震動。』【略】《春秋潛潭巴》曰：『丙辰日蝕，山水淫淫。』【略】《春秋潛潭巴》曰：『壬戌日蝕，群山崩。』

又　卷一五《月占五・月暈心五》　石氏曰：『月暈心，大戰、山崩、谷塞、水出五十里；一曰火。』《海中占》曰：『月暈圍心，人主有殃；又曰大旱。』

又　卷二〇《五星占三・歲星與熒惑相犯一》　甘氏曰：『歲星干熒惑，為地動；熒惑干木星，蟄蟲冬出動，雷早行，禾不成。』

又　卷三七《熒惑占八・熒惑犯咸池二十》　郗萌曰：『熒惑入咸池，爲有以迷惑人主者；一曰地動山搖。』

又　卷三八《填星占一・填星流動與列星斗八》　《雒書》曰：『填星動溢，地侯之災；山崩裂。填星動盛，不吉，天下亂畔。』《元命包》曰：『填星動，則水决江，海破山，命曰：地侯躍天，雨絲絲；僞言咄咀，民作船；主急去，地吐泉，魚御勉。宋均曰：一作黽。《晉陽秋》曰：孝武大元三年七月乙亥，填星搖，三年六月，大水。《春秋緯》曰：『黃星動，海水浮，三公及左右謀。』《鉤命決》曰：『天水失信，則玄龜不見，填星大動。』石氏曰：『禮、德、義、刑、殺盡失，則填星為之動。填星動搖，離舍，使者交接道路。』《荊州占》曰：『填星動，女主有怒，若有怨。』郗萌曰：『填星變色逆行，相淩而鬥，會客環守，其國無道。』《荊州占》曰：『填星與列舍斗，不出其年，分亡地、死將。』

又 卷三九《填星占二・填星犯角一》 郗萌曰：『填星入角亢，去左角三尺若一尺，與角並出左角一寸，期丙丁日中，地動。』

又 卷四二《填星占五・填星犯柳三》 甘氏曰：『填星犯柳，若不以正道而入之，其國有旱，不則有大災；若逆行入之，地大動，名山崩。』

又 卷五三《辰星占一・辰星變異生足大七》 《天官書》曰：『辰星黃而小，出而易處，天下之文，變而不善矣。』巫咸曰：『辰星小而動，兵小起；大動，兵大起。』《文曜鉤》曰：『辰星小而色黃，地大動。』《荊州占》曰：『辰星始出東方，小而不明，天子有無益事。辰星小而色黃，當雨反旱，當旱反雨。』

又 卷七八《客星占二・客星犯亢二》 《海中占》曰：『客星出亢，若守之，其國大旱，五穀傷，貴人去其鄉，人民流亡；若芒角變色，地動為害，期三年。』

又 《荊州占》曰：『客星留守亢，色赤，旱；青黃，人去其鄉；黃，無他害；黑，人民流徙，貴人憂；芒角變色，地動搖宮。』

緩變型地質灾害部

題解

《爾雅・釋言》 滷，矜。鹹，苦也。

漢 劉熙《釋名》卷一《釋地》 下濕曰隰；隰，蟄也；蟄，溼意也。

又 地不生物曰鹵；鹵，爐也，如爐火處也。

漢 王充《論衡》卷二八《書解篇》 且夫山無林，則為土山；地無毛，則為瀉土。

《尚書注疏》卷五《夏書・禹貢》 厥土白墳，海濱廣斥。《傳》：濱，涯也。言復其斥鹵。《音義》：濱，必人反。斥，徐音尺。《說文》云：東方謂之斥，西方謂之鹵。鄭云：斥謂地鹹鹵。涯，魚佳反。

疏：《傳》《正義》曰：濱，涯，常訓也。《說文》云：鹵，鹹地也。東方謂之斥，西方謂之鹵。海畔迥闊，地皆斥鹵，故云『廣斥』，言水害除，復舊性也。

《春秋左傳正義》卷三六 表淳鹵。注：淳鹵、埆薄之地。表異，輕其賦稅。《音義》：淳音純。鹵音魯。《說文》：鹵，西方鹹也。埆音學云。

疏：《正義》曰：『賈逵云：淳，鹹也。《說文》云：鹵，西方鹹地也。從西省，象鹽形，安定有鹵縣，東方謂之斥，西方謂之鹵。《呂氏春秋》稱，魏文侯時，史起為鄴令，引漳水以灌田。民歌之曰：決漳水以灌鄴旁，終古斥鹵生稻粱。是咸薄之地名為斥鹵。《禹貢》云海濱廣斥是也。淳鹵，地薄，收穫常少，故表之輕其賦稅。』

《漢書》卷二四上《食貨志四上》 若山林藪澤原陵淳鹵之地，晉灼曰：『淳，盡也，舄鹵之田不生五穀也。』各以肥磽多少爲差。師古曰：『磽，磽确也，謂瘠薄之田也，音口交反。』

又 卷六四上《主父偃傳》 地固澤鹵，不生五穀。師古曰：『地多沮澤而鹹鹵。』

《說文解字》卷一二《鹵部・鹵》 西方鹹地也。从西省，象鹽形。安定有鹵縣。東方謂之㡿，西方謂之鹵。凡鹵之屬皆从鹵。郎古切。

《康熙字典》巳集上《水字部・滷》 《廣韻》《正韻》郎古切《集韻》籠五切，𠀤音魯。與鹵同。《說文》西方鹽地，象鹽形。安定有鹵。縣東方謂之㡿，西方謂之鹵。亦作澛。《爾雅・釋言》滷，苦也。《疏》滷，苦地也。謂㡿鹵可煑鹽者。又《廣韻》《集韻》《正韻》𠀤昌石切，音尺。或从舄作潟。又《唐韻》徒歷切《集韻》亭歷切，𠀤音狄。義𠀤同。

又《潟》《廣韻》《集韻》《韻會》《正韻》𠀤思積切，音昔。鹵地也。鹹土逆水之處，水寫去，其地爲鹹鹵。《周禮・地官・草人》凡糞種，鹹潟用貆。《註》潟，鹵也。

亦作舄，詳舄字註。又《集韻》七約切，音碏。義同。又昌石切，音尺。與滷同，苦地，與斥通。又亭歷切，音狄，義同。

又 亥集下《鹵字部・鹵》 《唐韻》《正韻》郎古切《集韻》《韻會》籠五切，𠀤音魯。《說文》西方鹹地也。東方謂之㡿，西方謂之鹵。《廣韻》

鹽澤也。天生曰鹵，人造曰鹽。《書・洪範疏》水性本甘，久浸其地，變而爲鹵。《易・説卦》兑爲剛鹵。又淳鹵。《左傳・襄二十五年》楚子木使表淳鹵。《註》淳鹵，埆薄之地，表異輕其賦稅。又地名，《春秋・昭元年》晉荀吴帥師敗狄于大鹵。《註》大鹵，太原晉陽縣。又《前漢・地理志》安定郡鹵縣。又代郡鹵成縣。又鹵簿。《漢官儀》天子車駕次第，謂之鹵簿。兵衛以甲盾居外爲前導，皆著之簿，故曰鹵簿。又鹵莽，輕脱苟且也。《莊子・則陽篇》昔予爲禾耕而鹵莽之，則其實亦鹵莽而報。又香草名。《爾雅・釋草》杜，土鹵。《註》杜衡也，似葵而香。《疏》杜一名土鹵。又《廣雅》鹵，藁也。又通櫓，大盾也。《前漢・項籍傳》流血漂鹵。《註》鹵，盾也。《左思・吴都賦》干鹵殳鋋。又通擄，掠獲也。揚子《方言》鹵，奪也。《前漢・高帝紀》毋得掠鹵。又《衛青傳》車輜畜産畢收爲鹵。又姓。《史記・游俠傳》太原鹵公孺。又《字彙》龍都切，音爐。同鑪。《道樞》玄和子曰：鼎鹵天地之象也。《註》鹵，爐也。《釋名》地不生物曰鹵。鹵，爐也。如爐火處也。

又《鹹》 《廣韻》《集韻》《韻會》胡讒切《正韻》胡嵒切，竝音咸。《説文》鹹，銜也。北方味也。《廣韻》不淡。《韻會》鹽味。《爾雅・釋言》鹹，苦也。《疏》鹹殊極必苦，故以鹹爲苦也。《書・洪範》潤下作鹹。《周禮・天官・醫師》以鹹養脈。又地名。《春秋・僖十三年》會于鹹。《註》衛地，東郡濮陽縣東南有鹹城。又《韻會》古斬切，音減。《本草》李時珍曰：鹹音咸者，潤下之味，音減者，鹽生之名。後人作鹼作鹻，是矣。

論説

《漢書》卷二九《溝洫志》 通渠有三利，不通有三害。民常罷於救水，半失作業；水行地上，湊潤上徹，民則病溼氣，木皆立枯，鹵不生穀；決溢有敗，爲魚鼈食：此三害也。若有渠溉，則鹽鹵下溼，填淤加肥；故種禾麥，更爲秔稻，高田五倍，下田十倍；轉漕舟船之便：此三利也。

宋 宋祁《景文集》卷二八《乞開治渒河案〈歷代名臣奏議〉係慶曆二年祁知陳州時上**》** 臣知壽州日，伏見本州安豐縣有芍陂，自古所傳，元引龍穴山水及渒河水入陂，每歲灌田萬頃。近年多被泥沙淤淀，陂池地漸高，蓄水轉少。龍穴山一派，水源既小，今來只籍渒河注水入陂。後來渒河一道水渠，本縣又不修開，遂至水道堙塞，陂水淺涸。臣自到任後，併值二年乾旱。去年自六月放竭陂水，只是救灌得側近一二千頃，是以壽州米價踴貴，官私妨闕。臣竊聞得壽州正是出米之地，全藉此一陂。舊來陂水若滿，常無乾旱，是以縣名安豐，蓋取此義。臣欲乞朝旨直下本州，委知州、通判親往陂上相度，開治渒河，令水渠深快。于渒河内築隄，闌水入渠，注滿陂内。高築陂岸，及重開撅陂内淤淀之處，令稍深濶。其工亦不甚多，只乞就來春農隙之時，少借隣縣并本縣人夫三五千人，約工一月，可見次第。如陂水滿足，則溉田萬頃，永無凶荒，兼得陳潁至京都一路官私米斛有可供應。取進止。

宋 歐陽修《文忠集》卷一〇九《論修河第二狀至和二年**》** 臣伏見學士院集兩省臺諫官議修河事，未有一定之論。蓋由賈昌朝欲復故道，李仲昌請開六塔，互執一説，莫知孰是。以臣愚見，皆謂不然。言故道者，未詳利害之原；述六塔者，近乎欺罔之繆。何以言之？今謂故道可復者，但見河北水患，而欲還之京東。然不思天禧以來，河水屢決之因，所以未知故道有不可復之勢。此臣故謂未詳利害之原也。若言六塔之利者，則不攻而自破矣。且開六塔，既云減得大河水勢，然今恩、冀之患，何緣尚告危急？此則減水之利，虚妄可知。開六塔者又云，可以全回大河，使復橫壠故道。見今六塔只是分減之水，下流無埽，已為濱、棣、德、博之患，若全回大河以入六塔，則其害如何？此臣故謂近乎欺罔之繆也。

臣聞河本泥沙，無不淤之理。淤澱之勢常先下流，下流淤高，水行不快，乃自上流低下處決，此其常勢也。然避高就下，水之本性，故河流已棄之道，自是難復。臣不敢遠引書史，廣述河源，只以今所欲復之故道，言天禧以來屢決之因。初，天禧中，河出京東，水行於今所謂故道者。水既淤澀，乃於滑州天臺埽決，尋而修塞，水復故道。未幾，又於滑州南鐵狗廟決。今所謂龍門埽者也。其後數年，又議修塞，令水復故道。已而又於王楚埽決，所決差小，與故道分流，然而故道之水終以壅淤，故又於橫壠大決。是則決河非不能力塞，故道非不能力復，不久終必決於上流者，由故道淤高，水不能行故也。及橫壠既決，水流就下，所以十餘年間，河未為患。至慶歷三、四年，橫壠之水又自下流先淤，是時臣為河北轉運使，海口已淤一百四十餘里。其後，游、金、赤三河相次又淤，下流既梗，乃又於上流商胡口決。然則京東、橫壠兩河故道，皆是下流淤塞河水已棄之高地。京東故道，屢復屢決，理不可復，其驗甚明，則六塔所開故道之不可復，不待言而易知。臣聞議者計度京東故道功料，止云銅城已上地高，不知大抵東去皆高，而銅城已上乃特高耳，其東比銅城已上則似低，比商胡已上則實高也。若云銅城已東地勢斗下，則當日水流宜決銅城已上，何緣而頓淤橫壟之口，亦何緣而大決也？然則兩河故道，既皆不可為，則河北水患何為而可去？

臣聞智者之於事，有不能必，則較其利害之輕重，擇其害少者而為之，猶勝害多而利少，何況有害而無利。此三者，可較而擇也。臣見往年商胡初決之時，議欲修塞，計用一千八百萬梢芟，科配六路一百有餘州軍。今欲塞者乃往年之商胡，必須用往年之物數。至於開鑿故道，張奎元計功料極大，後來李參等減得全少，猶用三十萬人。然欲以五十步之狹，容大河之水，此可笑也。又欲增一夫所開三尺之方，倍為六尺。且闊厚三尺而長六尺，已是一倍之功，在於人力，已為勞苦。若云六尺之方，以開方法算之，乃八倍之功，此豈人力之所勝？是則前功浩大而難興，後功雖小而不實。大抵塞商胡、開故道，凡二大役，皆困國而勞人，所舉如此，而欲開難復屢決已驗之故道，使其虛費，而商胡不可塞，故道不可復，此所謂有害而無利者也。就使幸而暫塞暫復，以紓目前之患，而終於上流必決，如龍門、橫壟之比，重以困國勞人，此所謂利少而害多也。若六塔者，於大河有減水之名，而無減水之實。今下流所散，為患已多，若全回大河以注之，則濱、棣、德、博河北所仰之州，不勝其患，而又故道淤澀，上流必有他決之虞，此直有害而無利耳，是智者之不為也。今若因水所在，增治堤防，疏其下流，浚以入海，則可無決溢散漫之虞。今河所歷數州之地，誠為患矣；堤防歲用之夫，誠為勞矣。與其虛費天下之財，虛舉大衆之役，而不能成功，終不免為數州之患，勞歲用之夫，則此所謂害少者，乃智者之所擇也。大抵今河之勢，負三決之虞：復故道，上流必決；開六塔，上流亦決；今河下流若不浚使入海，則上流亦決。臣請選知水利之臣，就其下流，求其入海之路而浚之。不然，下流梗澀，則終虞上決，為患無涯。臣非知水者，但以今事目可驗者而較之耳。言狂計愚，不足以備聖君博訪之求。此大事也，伏乞下臣之議，廣謀於衆而裁擇之。謹具狀奏聞，伏候敕旨。

又《論修河第三狀至和三年**》** 右臣伏見朝廷定議開修六塔河口，回水入橫壟故道。此大事也，中外之臣皆知不便，而未有肯為國家極言其利害者，何哉？蓋其說有三：一曰畏大臣，二曰畏小人，三曰無奇策。今執政之臣用心於河事亦勞矣，初欲試十萬人之役以開故道，既又舍故道而修六塔，未及興役，遽又罷之。已而終為言利者所勝，今又復修，然則其勢難於復止也。夫以執政大臣銳意主其事，而又有不可復止之勢，固非一人口舌可回。此所以雖知不便，而罕肯言也。李仲昌小人，利口偽言，衆所共惡。今執政之臣既用其議，必主其人。且自古未有無患之河，今河浸恩、冀，目下之患雖小，然其患已形；回入六塔，將來之害必大，而其害未至。夫以利口小人為大臣所主，欲與之爭未形之害，勢必難奪。就使能奪其議，則言者猶須獨任恩、冀為患之責，使仲昌得以為辭，大臣得以歸罪。此所以雖知不便，而罕敢言也。今執政之臣用心太過，不思自古無不患之河，直欲使河不為患。若得河不為患，雖竭人力，猶當為之。況聞仲昌利口詭辯，謂費物少而用功不多，不得不信為奇策，於是決意用之。今言者謂故道既不可復，六塔又不可修，詰其如何，則又無奇策以取勝。此所以雖知不便，而罕肯言也。衆人所不敢言而臣今獨敢言者，臣謂大臣非有私仲昌之心也，直欲興利除害爾。若果知其為患愈大，則豈有不回者哉？至於顧小人之後患，則非臣之所慮也。且事欲知利害，權重輕，有不得已則擇其害少而患輕者為之，此非明智之士不能也。況治水本無奇策，相地勢，謹堤防，順水性之所趨爾，雖大禹不過此也。夫所謂奇策者，不大利，則大害。若循常之計，雖無大利，亦不至大害，此明智之士善擇利者之所為也。今言修六塔者，奇策也，然終不可成而為害愈大；言順水治堤者，常談也，然無大利亦無大害。不知為國計者欲何所擇哉？若謂利害不可必，但聚大衆，興大役，勞民困國以試奇策，而僥幸於有成者，臣謂雖執政之臣亦未必肯為也。

臣前已具言河利害甚詳，而未蒙採聽。今復略陳其大要，惟陛下詔計議之臣擇之。臣謂河水未始不為患，今順已決之流，治堤於恩、冀者，其患一而遲。塞商胡復故道者，其患二而速。開六塔以回今河者，其患三而為害無涯。自河決橫壟以來，大名金堤埽歲歲增治，及商胡再決，而金堤益大加功。獨恩、冀之間，自商胡決後，議者貪建塞河之策，未嘗留意於堤防，是以今河水勢浸溢。今若專意並力於恩、冀之間，謹治堤防，則河患可御，不至於大害。所謂其患一者，十數年間，今河下流淤塞，則上流必有決處。此一患而遲者也。今欲塞商胡口使水歸故道，治堤修埽，功料浩大，勞人費物，困弊公私，此一患也。幸而商胡可塞，故道復歸，高淤難行，不過一二年間上流必決。

此二患而速者也。今六塔河口雖云已有上下約，然全塞大河正流，為功不小。又開六塔河道，治二千餘里堤防，移一縣兩鎮，計其功費，又大於塞商胡數倍。其為困弊公私，不可勝計，此一患也。幸而可塞，水入六塔而東，横流散溢，濱、棣、德、博與齊州之界咸被其害。此五州者，素號富饒，河北一路財用所仰，今引水注之，不惟五州之民破壞田産，河北一路坐見貧虚，此二患也。三五年間，五州凋弊，河流注溢，久又淤高，流行梗澀，則上流必決，此三患也。所謂為害而無涯者也。今為國誤計者，本欲除一患而反就三患，此臣所不諭也。至如六塔不能容大河，横壟故道本以高淤難行而商胡決，今復驅而注之，必横流而散溢，自澶至海二千餘里，堤埽不可卒修，修之雖成，又不能捍水。如此等事甚多，士無愚智，皆所共知，不待臣言而後悉也。

臣前未奉使契丹時，已嘗具言故道、六塔皆不可為，惟治堤順水為得計。及奉使往來河北，詢於知水者，其説皆然，雖恩、冀之人今被水患者，亦知六塔不便，皆願且治恩、冀堤防為是。下情如此，誰為上通？臣既知其詳，豈敢自默？伏乞聖慈特諭宰臣，使更審利害，速罷六塔之役，差替李仲昌等不用。選一二精乾之臣與河北轉運使、副及恩、冀州官吏，相度堤防，並力修治，則今河之水，必不至為大患。且河水天災，非人力可回，惟當順導防捍之而已，不必求奇策立難必之功，以為小人僥冀恩賞之資也。況功必不成，後悔無及者乎！臣言狂計愚，惟陛下裁擇。

《資治通鑒》卷三三《漢紀二十五》 騎都尉平當使領河隄，師古曰：爲使而領其事。使，音疏吏翻。奏：『九河今皆窴滅。窴，與填同。按經義，治水有決河深川，師古曰：決，分泄也。深，浚治也。治，直之翻；下同。而無隄防壅塞之文。塞，悉則翻。河從魏郡以東多溢決；水迹難以分明，四海之衆不可誣。《爾雅》：九夷、八狄、七戎、六蠻，謂之四海。孔穎達曰：東方曰夷者，《風俗通》云：東方人好生，萬物柢觸地而出；夷者，柢也。其類有九。依《東夷傳》：一曰玄菟，二曰樂浪，三曰高麗，四曰滿飾，五曰鳧臾，六曰索家，七曰東屠，八曰倭人，九曰天鄙。南方曰蠻者，《風俗通》云：君臣同川而浴，極爲簡慢；蠻者，慢也。其類有八。李巡註《爾雅》云：一曰天竺，二曰咳首，三曰僬僥，四曰跛踵，五曰穿胸，六曰儋耳，七曰狗軹，八曰旁舂。西方曰戎者，《風俗通》云：斬伐殺生，不得其中。戎者，兇也。其類有六。李巡註《爾雅》云：一曰僥夷，二曰戎央，三曰老白，四曰耆羌，五曰鼻息，六曰天剛。北方曰狄者，《風俗通》云：父子、嫂叔同穴無別；狄者，辟也，其行邪辟。其類有五。李巡註《爾雅》云：一曰月支，二曰穢貊，三曰匈奴，四曰單于，五曰白屋。諸儒之説略有異同。然平當所謂四海之衆，但言四海之內之人耳。宜博求能浚川疏河者。』上從之。

待詔賈讓奏言：『治河有上、中、下策。古者立國居民，疆理土地，必遺川澤之分，度水勢所不及。師古曰：遺，留也。度，計也。言川澤水所流聚之處，皆留而置之，不以爲居邑而妄墾殖，必計水之所不及，然後居而田之也。分，音扶問翻。度，音大各翻。大川無防，小水得入，陂障卑下，以爲汙澤，師古曰：停水曰汙；音一胡翻。使秋水多得其所休息，左右游波寬緩而不迫。夫土之有川，猶人之有口也，治土而防其川，猶止兒啼而塞其口，豈不遽止，然其死可立而待也。塞，悉則翻。故曰：「善爲川者決之使道，善爲民者宣之使言。」師古曰：遽，速也，音其庶翻。《國語》召公諫厲王監謗之辭。師古曰：道，讀曰導。導，通引也。蓋隄防之作，近起戰國，雍防百川，各以自利。師古曰：雍，讀曰壅。齊與趙、魏以河爲竟，竟，讀曰境。趙、魏瀕山，師古曰：瀕山，猶言以山爲邊界也。瀕，音頻，又音賓。余謂趙、魏之地，一邊接山，則地勢高，非邊界也。齊地卑下，齊地瀕海，故卑下也。作隄去河二十五里，河水東抵齊隄則西泛趙、魏；趙、魏亦爲隄去河二十五里，雖非其正，水尚有所游盪。時至而去，則填淤肥美，淤，依據翻。民耕田之；或久無害，稍築宮。嚴：『宮』改『室』。宅，遂成聚落；大水時至，漂沒，則更起隄防以自救，稍去其城郭，排水澤而居之，湛溺自其宜也。師古曰：湛，讀曰沈，音持林翻。今隄防，陿者去水數百步，陿，與狹同。遠者數里，於故大隄之內復有數重，復，扶又翻。重，直龍翻。民居其間，此皆前世所排也。河從河內黎陽至魏郡昭陽，東西互有石隄，激水使還，百餘里間，河再西三東，迫阸如此，不得安息。《地理志》，黎陽縣屬魏郡。晉灼曰：黎山在其南，河水經其東，其山上碑云：縣取山之名，取水之陽，以爲名。按《溝洫志》具載讓奏曰：河從河內北至黎陽，爲石隄，激使抵東郡平剛；又爲石隄，使西北抵黎陽觀下；又爲石隄，使東北抵東郡津北；又爲石隄，使西北抵魏郡昭陽；又爲石隄，激使東北。

『今行上策，徙冀州之民當水衝者，決黎陽遮害亭，遮害亭，在淇口東十八里，有金隄，隄高一丈；自淇口東地稍高，至遮害亭西五丈。《水經註》曰：舊有宿胥口，河水於此北入。放河使北入海；河西薄大山，東薄金隄，勢不能遠，泛濫朞月自定。薄，伯各翻。難者將曰：「若如此，敗壞城郭、田廬、冢墓以萬數，百姓怨恨。」難，乃旦翻。壞，音怪。敗，補邁翻。昔大禹治水，山陵當路者毀之，故鑿龍門，闢伊闕，析厎柱，破碣石，墮斷天地之性；師古曰：闢，開也。析，分也。墮，毁也，音火規翻。斷，丁管翻。此乃人功所造，何足言也！人功所造，謂城郭、田廬、冢墓也。今瀕河十郡，治隄歲費且萬萬；河南、河內、東郡、陳留、魏郡、平原、千乘、信都、清河、勃海，凡十郡。

及其大決，所殘無數。如出數年治河之費以業所徙之民，遵古聖之法，定山川之位，謂依禹迹也。使神人各處其所而不相奸；神，謂川瀆之神。人，謂居人也。處，昌呂翻。師古曰：奸，音干。且大漢方制萬里，豈其與水爭咫尺之地哉！此功一立，河定民安，千載無患，故謂之上策。載，子亥翻。

『若乃多穿漕渠於冀州地，使民得以溉田，分殺水怒，殺，所介翻；減也。雖非聖人法，然亦救敗術也。可從淇口以東爲石隄，《地理志》：淇水出河內共縣北山，東至黎陽入河。《水經註》曰：魏、晉之枋頭，古淇口也。共，音恭。多張水門。恐議者疑河大川難禁制，滎陽漕渠足以卜之。如淳曰：今礫谿口是也。言作水門流水，流不爲害也。師古曰：礫谿，谿名，即《水經》所云濟水東過礫谿者。冀州渠首盡，當仰此水門，仰，牛向翻。諸渠皆往往股引取之：如淳曰：肢，支別也。據如說，股當作肢。旱則開東方下水門，溉冀州；水則開西方高門，分河流，民田適治，河隄亦成。此誠富國安民、興利除害，支數百歲，故謂之中策。

『若乃繕完故隄，增卑倍薄，勞費無已，數逢其害，此最下策也！』讓所畫治河三策，自漢至今，未有能行之者。大率古人論事，畫爲三策者，其上策多孟浪駭俗而難行，其中策則平實合宜而可用，其下策則常人所知也。數，所角翻。

《宋史》卷九七《河渠志七・東南諸水下・淮郡諸水》 淳熙三年四月，詔築泰州月堰，以遏潮水。從守臣張子正請也。八年，提舉淮南東路常平茶鹽趙伯昌言：『通州、楚州沿海，舊有捍海堰，東距大海，北接鹽城，袤一百四十二里。始自唐黜陟使李承實所建，遮護民田，屏蔽鹽竈，其功甚大。歷時既久，頹圮不存。至本朝天聖改元，范仲淹爲泰州西溪鹽官日，風潮泛溢，渰沒田產，毀壞亭竈，有請于朝，調四萬餘夫修築，三旬畢工。遂使海瀕沮洳潟鹵之地，化爲良田，民得奠居，至今賴之。自後寖失修治，纔遇風潮怒盛，即有衝決之患。自宣和、紹興以來，屢被其害。阡陌洗蕩，廬舍漂流，人畜喪亡，不可勝數。每一修築，必請朝廷大興工役，然後可辦。望令淮東常平茶鹽司：今後捍海堰如有塌損，隨時修葺，務要堅固，可以經久。』從之。

又《鹽官海水》 嘉定十二年，臣僚言：『鹽官去海三十餘里，舊無海患，縣以鹽竈頗盛，課利易登。去歲海水泛漲，湍激橫衝，沙岸每一潰裂，常數十丈。日復一日，浸入鹵地，蘆洲港瀆，蕩爲一壑。今聞潮勢深入，逼近居民。萬一春水驟漲，怒濤犇湧，海風佐之，則呼吸蕩出，百里之民，寧不俱葬魚腹乎？況京畿赤縣，密邇都城。內有二十五里塘，直通長安牐，上徹臨平，下接崇德，漕運往來，客船絡繹，兩岸田畝，無非沃壤。若海水徑入于塘，不惟民田有鹹水渰沒之患，而裏河堤岸，亦將有潰裂之憂。乞下浙西諸司，條具築捺之策，務使捍堤堅壯，土脈充實，不爲怒潮所衝。』從之。

十五年，都省言：鹽官縣海塘衝決，命浙西提舉劉垕專任其事。既而垕言：『縣東接海鹽，西距仁和，北抵崇德、德清，境連平江、嘉興、湖州；南瀕大海，元與縣治相去四十餘里。數年以來，水失故道，早晚兩潮，奔衝向北，遂致縣南四十餘里盡淪爲海。近縣之南，元有捍海古塘亙二十里。今東西兩段，並已淪毀，侵入縣兩旁又各三四里，止存中間古塘十餘里。萬一水勢衝激不已，不惟鹽官一縣不可復存，而向北地勢卑下，所慮鹹流入蘇、秀、湖三州等處，則田畝不可種植，大爲利害。

『詳今日之患，大概有二：一曰陸地淪毀，二曰鹹潮泛溢。陸地淪毀者，固無力可施；鹹潮泛溢者，乃因捍海古塘衝損，遇大潮必盤越流注北向，宜築土塘以捍鹹潮。所築塘基址，南北各有兩處：在縣東近南則爲六十里鹹塘，近北則爲袁花塘；在縣西近南亦曰鹹塘，近北則爲淡塘。【略】』

明 徐光啓《農政全書》卷一六《水利・浙江水利附修築海塘、滇南水利》

給事傅崧卿守鄉郡時，侍郎陳橐上《夏蓋河議》曰：橐前因至上虞境內，過夏蓋湖，而備究湖田之為害，實吾民今日倒懸之苦，有不得不言者。古人設陂湖，以備旱歲。王仲嶷建請以為田，乃引鑑湖自然淤澱已成田陸為說，又有不妨民間水利之語，其欺罔甚矣。玄扈先生曰：凡湖皆自然淤澱，但不宜多作田以盡之，使水無所容耳。然佃戶占請之初，各有畝數，不敢侵冒。當時湖之為田者，纔十二三，佃戶止於高仰處作捺，未敢涸湖以自便，民田尚被其利，但瀦水不如曩日之多，故諸鄉之田，歲歲有旱處。比年以來，冒佔不已，今則湖盡為田矣。以夏蓋湖推之諸處，可以類見。橐所知者止上虞餘姚，其他四邑皆不及知。上虞餘姚所管陂湖三十餘所，而夏蓋湖最大，周迴一百五里，自來蔭注上虞縣新興等五鄉及餘姚縣蘭風鄉。此六鄉皆瀕海，土平而水易洩。田以畝計，無慮數十萬，唯藉一湖灌溉之利。今既涸之為田，若雨不時降，則拱手以視禾稼之焦枯耳。其他諸湖所灌注，皆不下數百頃。植利人戶，倚以為命，而乃盡奪之。一遇旱暵，非唯赤子饑餓，僵踣道路，而計司常賦，虧失尤多。雖盡得湖田租課，十不補其三四。又況每遇旱歲，湖田亦隨例申訴，官中檢放，與民田等。昨見上虞丞言：曾蒙上司差委，相度湖田利害，因點對靖康元年、建炎元年，湖田租課，除檢放外，兩年共納五千四百餘石，而民田緣失陂湖之利，無處不旱，兩年計檢放秋米二萬二千五百餘石。只上虞一縣如此。以此論之，其得其失，豈不較然？民間所損，又可見矣。但當時以湖田租課歸御前，與省計自分兩家。雖得湖田百斛，而常賦虧萬斛。嬖倖之臣猶將曰：此百斛者，御前所得也，不創湖田，何以有此？省計虧羨，我何知哉？今湖田租課，既充經費，則漕臺、郡守固當計其得失之多寡，而辨其利害。夫公上之與民一體也。有損於公，有益於民，猶當為之，況公私俱受其害，可不思所以革之耶？建炎一年春，邑民嘗訴湖田之害於撫諭使者，使者下其狀於州縣。上虞令陳休錫遂悉罷境內之湖田。翟帥以未得朝廷指揮，數窘之，陳不為變。是歲越境大旱，如諸暨新嵊，赤地數百里，農夫無事於銍艾。獨上虞大熟，餘姚次之。餘姚七鄉，通江潮蔭注，兼有燭溪湖等數處，不可作田，不曾廢，故亦熟。而上虞新興等五鄉，被夏蓋湖之利，尤為倍收。其冬，新嵊之民，糴於上虞餘姚者，屬路不絕。向使陳令行之不果，則邑民救死不暇，況他境乎？夫以一縣令尚能為之，橐之所望於左右宜如何？

王廷秀曰：《水利記》：鄞縣東西凡十三鄉。東鄉之田，取足於東湖，俗所謂前湖是也。西南鄉之田，所恃者廣德一湖，環百里周以堤塘，植榆柳以為固，四面為斗門碶閘。方春，山之水泛漲時，皆聚于此，溢則洩之江。夏秋交，民或以旱告，則令佐躬親相視，開斗門而注之。湖高田下，勢如建瓴，閱日可浹。雖甚旱亢，決不過一二，而稻已成熟矣。唐正元中，民有請湖為田者，詣闕投匭以聞。朝廷重其事，為出御史，按利否。御史李後素銜命詢咨本末利害之實，錮獻利者置之法，湖得不廢。後素與刺史及其寮一二公，唱和長篇，記其事而刻之石。詩語記湖之始興，於時已三百年，當在魏晉也。國初，民或因淺淀盜耕，有司正其經界，禁其侵占。太平興國中，禁黠民之窺其利而欲私之，復進狀請廢湖。朝下其事于州，州遣從事郎張大有驗視，力言其不可廢，且摘唐御史之詩，敘致詳緻，記于石刻。熙寧二年，知縣事張詢令民濬湖築堤，工役甚備。曾子固為作記，歷道湖之為民利，本末曲折，以戒役人，不輕於改廢也。元祐中，議者復倡廢湖之說。直龍圖舒亶信道，閑居鄉里，庸詰折之，記其事於林村資壽院緣雲亭壁間，謂其利有四不可廢。久之，有俞襄復陳廢湖之議。守葉棣深罪襄，不得騁，遂走都省獻其策。蔡京見而惡之，拘送本貫。政宣間，淫侈之用日廣，茶鹽之課不能給，宦官用事，務興利以中主欲。一時佻躁趨競者，爭獻括天下遺利，以資經費，率皆以無為有。縣官刮民膏血，以應租數。時樓異試可丁憂，服除到闕。蔡京不喜樓，而鄭居中喜之，除知隨州，不滿意也。異時高麗入貢，絕洋泊四明，易舟至京師，將迎館勞之費不貲。崇寧加禮，與遼使等置來遠局於明中。樓欲捨隨而得明。會辭行上殿，於是獻言：明之廣德湖可為田，以其歲入，儲以待麗人往來之用有餘。且欲造畫舫百柁，專備麗使，作涉海二巨航，如元豐所造，以須朝廷遣使。上說，即改知明州。下車，興工造舟，而經理湖為田八百頃。募民佃租，歲入米僅二萬石。於是西七鄉之田，無歲不旱。異時膏腴，今為下地，廢湖之害也。

《東錢湖濬議》曰：東錢湖一名萬金湖，以其為利重也。在唐曰西湖，蓋鄞縣未徙時，湖在縣治之西也。天寶三年，縣令陸南金開廣之。宋屢濬治。周回八十里，受七十二溪之流。四岸凡七堰：曰錢堰，曰大堰，曰莫枝堰，曰高湫堰，曰栗木堰，曰平湖堰，曰梅湖堰。水入則蓄，雨不時，則啟閘而放之。鄞定海七鄉之田，資其灌溉。茭葑蕁蒲荷芡，滋蔓不除，湖輒湮塞。淳熙四年，魏王鎮州，請於朝，大浚之。是年二月七日，准尚書省劄子，為魏王奏。然當時所除茭葑，未出湖堤，既復填淤。嘉定七年，提刑程覃攝守，捐緡錢置田收租，欲歲給濬治之費。朝廷許其盡復舊址。而後來有司，奉行不虔，田租浸移他用，湖益湮。寶慶二年，尚書胡榘守郡，請于朝，得度牒百道、米一萬五千石，又濬之。十月，命水軍番上迭休，且募七鄉之食水利者助役，各給券食。祁寒輟工。明年春夏之交，役再舉。農不使妨耕，兵不使妨閱，募漁戶徐畢之。十月七日告成。胡公猶懼其無以繼也，奏以贏錢二萬八千三百四十七緡有奇，增置田畝，合舊穀碩俾贏三千，令翔鳳鄉長顧泳之主之。分漁戶五百人為四隅，人歲給穀六石，隨茭葑之生，則絕其種。立管隅一人，管隊二十人以轄之。有旨悉如請。自此不薙葑者十六年，幾無湖矣。淳祐壬寅冬，制守陳塏因歲稔農隙，命制幹林元晉，僉判石孝廣行買葑之策。不差兵，不調夫，隨舟大小，葑多寡，聽其求售，交葑給錢，各有司存。初至數百人，已而掉舟裹糧至者日千餘，可見遠近樂趨。向也淘湖所收，率以佐郡家支遣，至此方全為淘湖之用。元大德間，世家有以湖為淺淀，請以撩田若干畝入官租者，時都水營田分司，追斷復為湖。《延祐新志》所謂欲塞錢湖，此其漸也。後因鄉民告有司，舉行淘湖，拘七鄉有田食利之家，分畝步高下，量撥湖葑，隨田多寡闊狹，俾浚之，積葑於塘岸。然宿葑春泛冬沈，次年復生，則有司所行為具文耳。近年重修嘉澤廟，有濯靈之異，茭葑不泛，荷芡蓴蘆，生之者鮮，然未足恃也。但大旱之年，放水湖下，一舉而涸。知其積淤年久，蓄水至淺。東鄉河道，又皆淺澁。舊稱一湖之水，可滿三河半，今僅一河而竭，是可憂也。又況職守者不謹，闢啟碶閘，傍湖人民，通同漁戶，每於水溢之時，乘時射利，私自開閘網魚，洩水無度。沿江堰壩，又失修理，日夜傾注於江。防旱之策，果安在哉？其原置買葑田畝，自元收以入官，大明因之。洪武二十四年，本縣耆民陳進建言水利，差官來董其事。於農隙之時，令七鄉食利之家，出力淘浚。雖能少除葑草，而根在復生，況湖上溪澗沙土，隨雨而下，久不治，則淤塞如舊矣。

徐獻忠《山鄉水利議》曰：我松瀕海，數被倭患。予寓居吳興，屢見各縣山鄉，旱災不收，大受饑困。山鄉平田既少，一遇旱暵，泉流枯涸，既無所資，坐以待斃。有司者徒見下鄉平田，頗有潤色，不肯特為奏免糧稅。予按視其地，皆坐不知水利之故。元儒梁寅有鑿池溉田之議，其略云：『畎畝之間，若十畝而廢一畝以為池，則九畝可以無災患。百畝而廢十畝以為池，則九十畝可以無災患。』予嘗至上虞之下溉湖觀之，方知梁子之議可行，而永久利民矣。有志經國者，當相視一鄉之中，擇其最高仰者，割為陂湖。先均其稅額於眾利之民，次營別業以補失田之戶。大展陂岸，使廣而多受，雖亢旱之年，不至耗涸。從高瀉下，均資廣及，沾潤一番，可以經月。雖有凶災，不能及矣。惟水庫為妙，止費大耳。然山鄉措置灰石沙等，止費工力，不費大錢鈔。況陂湖之利，魚鰕雜產，茭葦叢生，貧者資以養生，富者因而便利。大雨一注，眾流復積。前者既瀉，後者復蓄。山鄉水利，無逾此者。故叔孫之芍陂，汝南之鴻隙陂，古人成績，可以引見。自非為民父母者力主其事，愚民誰肯割其成業者乎？至於下鄉之田，亦有高亢不通資灌者。莫若照依北方，掘鑿大井，上置轆轤，汲引之利，亦足自辦。『民可樂成，不可謀始』，若出力任事，維存乎人，必須久任，方有成功也。

俞汝為註曰：海邊斥鹵地方，恃護塘隔絕鹽潮，雨水洗去鹵性。有圍築成田者，築堤鑿河，引內湖之水以資灌溉，而水遠難致。雨澤稍稀，便乏車救。十年三熟，此與山鄉地形勢相類。近年民間告明官府，豁除掘損田畝之糧，於田心中開積水溝，為夏秋車戽計。凡溝漊多處，其田多熟。或於遶宅開池，則近宅之地，必有收成。此蘇松沿海地方，試之有成效者。但細訪老農云：每十畝之中，用二畝為積水溝，纔可救五十日不雨。若十分全旱年分，尚不免於枯竭，況一畝乎？大抵水田稻苗，全賴水養。炎日消水甚易，以十日消水二寸計之，五十日該消去田間水一尺，即二畝溝中，亦不免於消水。總計其潤，是溝中常有五六尺之積，斯足用耳，豈可望於夏秋亢旱之日？且稻苗生長秀實，該用水浸溉一百二十日，十畝取二畝作積水溝，僅救半旱，斯言非謬。必於山原上勢相視窪下可蓄水處，築圍大澤，或環數里，或環數十里，上流之水，涓涓不息，庶足救濟全旱矣。常與潘知縣鳳梧，熟論西北墾荒之要，潘云：『若計開田，先計瀦水。』真確見也。【略】

玄扈先生《旱田用水疏》曰：謂欲論財，計先當辨何者為財。唐宋之所謂財者，緡錢耳。今世之所謂財者，銀耳。是皆財之權也，非財也。古聖王所謂財者，食人之粟，衣人之帛，故曰：『生財有大道，生之者眾也。』若以銀錢為財，則銀錢多，將遂富乎？是在一家則可，通天下而論，甚未然也。銀錢愈多，粟帛將愈貴，困乏將愈甚矣。故前代數世之後，每患財乏者，非乏銀錢也。承平久，生聚多，人多而又不能多生穀也。其不能多生穀者，土力不盡也。土力不盡者，水利不修也。能用水，不獨救旱，亦可弭旱。灌溉有法，瀸潤無方，此救旱也。均水田間，水土相得，興雲霧，致雨甚易，此弭旱也。能用水，不獨救潦，亦可弭潦。疏理節宣，可蓄可洩，此救潦也。地氣發越，不致鬱積，既有時雨，必有時暘，此弭潦也。不獨此也，三夏之月，大雨時行，正農田用水之候。若徧地耕墾，溝洫縱橫，播水於中，資其灌溉，必減大川之水。先臣周用曰：『使天下人人治田，則人人治河也。』是可損決溢之患也。故用水一利，能違數害。調燮陰陽，此其大者。不然，神禹之功，僅抑洪水而已，抑洪水之事，則決九川距海，濬畎澮距川而已。何以遽曰水火金木土穀惟修，正德利用厚生惟和，一舉而萬事畢乎？用水之術，不越五法。盡此五法，加以智者神而明之，變而通之，田之不得水者寡矣，水之不為田用者亦寡矣。用水而生穀多，穀多而以銀錢為之權。當今之世，銀方日增而不減，錢可日出而不窮。又以宋臣李綱所言節用、救弊、覈實、開闔、貿遷諸法，設誠而致行之，不加賦而國足用，豈虛言也哉？謹條例如左：

一、用水之源。源者，水之本也，泉也，泉之別為山下出泉，為平地仰泉。用法有六：

其一，源來處高於田，則溝引之。溝引者，於上源開溝，引水平行，令自入於田。諺曰：『水行百丈過牆頭』，源高之謂也。但須測量有法，即數里之外，當知其高下尺寸之數。不然，溝成而水不至，為虛費矣。

其二，溪澗傍田而卑於田，急則激之，緩則車升之。激者，因水流之湍急，用龍骨翻車、龍尾車、筒車之屬，以水力轉器，以器轉水，升入於田也。車升者，水流既緩，不能轉器，則以人力畜力風力運轉其器，以器轉水入於田也。車圖見後。

其三，源之來甚高於田，則為梯田以遞受之。梯田者，泉在山上山腰之間，有土尋丈以上，即治為田。節級受水，自上而下，入於江河也。梯田圖見《田制》。

其四，溪澗遠田而卑於田，緩則開河導水而車升之，急者或激水而導引之，開河者，從溪澗開河，引水至其田側，用前車升之法，入於田也。激水者，用前激法起水於岸，開溝入田也。

其五，泉在於此，用在於彼，中有溪澗隔焉，則跨澗為槽而引之。為槽者，自此岸達於彼岸，令不入溪澗之中也。

其六，平地仰泉，盛則疏引而用之，微則為池塘於其側，積而用之。為池塘而復易竭者，築土椎泥以實之，甚則為水庫而畜之。平地仰泉，泉之瀵湧上出者也。築土者，杵築其底。椎泥者，以椎椎底，作孔膠泥實之，皆令勿漏也。水庫者，以石砂瓦屑和石灰為劑，塗池塘之底及四旁而築之，平之，如是者三，令涓滴不漏也。此畜水之第一法也。圖見後。

一、用水之流。流者，水之枝也，川也。川之別，大者為江為河，小者為塘、浦、涇、浜、港、汊、沽、瀝之屬也。用法有七：

其一，江河傍田，則車升之，遠則疏導而車升之。疏導者，江南之法。十里一縱浦，五里一橫塘，縱橫脈散。勤勤疏濬，無地無水。此井田之遺意。宋人有言，塘浦欲深闊，謂此也。

其二，江河之流，自非盈涸無常者，為之牐與壩，釃而分之為渠，疏而引之以入於田。田高，則車升之。其下流，復為之牐壩，以合於江河。欲盈，則上開下閉而受之。欲減，則上閉下開而洩之。職所見寧夏之南，靈州之北，因黃河之水，鑿為唐來漢延諸渠，依此法用之。數百里間，灌溉之利，瀐潤無方。寧城絕塞，城中之人，家臨流水，前賢之遺可驗矣。因此推之，海內大川，倣此為之，當享其利濟，亦孔多也。

其三，塘浦涇浜之屬，近則車升之，遠則疏導而車升之。

其四，江河塘浦之水，溢入於田，則堤岸以衛之。堤岸之田，而積水其中，則車升出之。堤岸者，以禦水使不入也。大則為黃河之帚，小則為江南之圩。宋人有言，堤岸欲高厚，謂此也。車升出之者，去水而蓺稻，或已蓺而去其水，使不沒也。

其五，江河塘浦，源高而流卑，易涸也，則於下流之處，多為牐以節宣之。旱則盡閉以留之，潦則盡開以泄之，小旱潦則斟酌開闔之。為水則以準之。水則者，為水平之碑，置之水中，刻識其上，知田間深淺之數，因知牐門啟閉之宜也。浙之寧波紹興，此法為詳。他山鄉所宜則傚也。

其六，江河之中，洲渚而可田者，堤以固之，渠以引之，牐壩以節宣之。

其七，流水之入於海，而迎得潮汐者，得淡水，迎而用之；得鹹水，牐壩遏之，以留上源之淡水。職所見迎淡水而用之者，江南盡然，遏鹹而留淡者，獨寧紹有之也。

一、用水之瀦。瀦者，水之積也，其名為湖，為蕩，為澤，為洄，為海，為波，為泊也。用瀦之法有六：

其一，湖蕩之傍田者，田高則車升之，田低則堤岸以固之，有水車升而出之，欲得水，決堤引之。湖蕩而遠於田者，疏導而車升之。此數者，與用流之法略相似也。

其二，湖蕩有源而易盈易涸，可為害可為利者，疏導以洩之，牐壩以節宣之。疏導者，懼盈而溢也。節宣者，損益隨時資灌溉也。宋人有言『牐竇欲多廣』，謂此也。

其三，湖蕩之上不能來者，疏而來之。下不能去者，疏而去之。來之者，免上流之害。去之者，免下流之害，且資其利也。吳之震澤，受宣歙之水，又從三江百瀆，注之於海。故曰三江既入，震澤底定是也。

其四，湖蕩之洲渚可田者，堤以固之。

其五，湖蕩之瀦太廣而害於下流者，從其上源分之。江南五壩，分震澤以入江是也。

其六，湖蕩之易盈易涸者，當其涸時，際水而蓺之麥。蓺麥以秋，秋必涸也。不涸於秋，必涸於冬，則蓺春麥。春旱，則引水灌之。所以然者，麥秋以前，無大水，無大蝗，但苦旱耳，故用水者必稔也。

一、用水之委。委者，水之末也，海也。海之用，為潮汐，為島嶼，為沙洲也。用法有四：

其一，海潮之淡可灌者，迎而車升之。易涸，則池塘以畜之，閘壩隄堰以留之。海潮不淡也，入海之水，迎而返之則淡。《禹貢》所謂逆河也。

其二，海潮入而泥沙淤墊，屢煩濬治者，則為牐，為壩，為竇，以遏渾潮而節宣之。此江南舊法，宋元人治水所用。百年來盡廢矣，近并濬治亦廢矣，乃田賦則十倍宋元，民貧財盡，以此故也。其濬治之法，則宋人之言曰：『急流搔乘，緩流撈剪，淤泥盤吊，平陸開挑。』今之治水者，宜兼用之也

其三，島嶼而可田，有泉者，疏引之，無泉者，為池塘井庫之屬以灌之。

其四，海中之洲渚多可田，又多近於江河而迎得淡水也，則為渠以引之，為池塘以畜之。

一、作原作瀦以用水。作原者，井也。作瀦者，池塘水庫也。高山平原，與水違行，澤所不至，開濬無施其力，故以人力作之。鑿井及泉，猶夫泉也。為池塘水庫，受雨雪之水而瀦焉，猶夫瀦也。高山平原，水利之所窮也，惟井可以救之。池塘水庫，皆井之屬。故《易》井之彖，稱『井養而不窮』也。作之之法有五：

其一，實地高，無水，掘深數尺而得水者，為池塘以畜雨雪之水而車升之，此山原所通用。江南海壖，數十畝一環池。深丈以上，圩小而水多者，良田也。

其二，池塘無水脈而易乾者，築底椎泥以實之。

其三，掘土深丈以上而得水者，為井以汲之。此法北土甚多，特以灌畦種菜。近河南及真定諸府，大作井以灌田，旱年甚獲其利，宜廣推行之也。井有石井，磚井，木井，柳井，葦井，竹井，土井，則視土脈之虛實縱橫，及地產所有也。其起法，有桔槔，有轆轤，有龍骨木斗，有恒升筒，用人用畜。高山曠野，或用風輪也。圖見後。

其四，井深數丈以上，難汲而易竭者，為水庫以畜雨雪之水。他方之井，深不過一二丈。秦晉厥田上上，則有深數十丈者，亦有掘深而得鹹水者。其為池塘，為淺井，亦築土椎泥，而水留不久，不若水庫之涓滴不漏，千百年不漏也。

其五，實地之曠者，與其力不能多為井，為水庫者，望幸於雨，則歉多而稔少。宜令其人多種木。種木者，用水不多，灌溉為易，水旱蝗不能全傷之。既成之後，或取果，或取葉，或取材，或取藥。不得已，而擇取其落葉根皮，聊可延旦夕之命，雖復荒歲，民猶戀此不忍遽去也。語曰：『木奴千，無凶年。』

清 陳廷敬《午亭文編》卷三七《海會寺石堰募疏》 余每歲冬春之交，煮粥於海會之東偏玉鵲庵者三月，以食原野道途之人。時至其處，身自經紀其事，自玉鵲迤邐而西，平沙曠土，度可旦畝，杖藜獨步，遙陟寺門。流泉瀄瀄，適出百畝之上，若疏瀹而挹注之，資其灌溉，皆可為沮澤沃壤也。而乃皆在荒沙蔓草、斷溪亂石中，詰其所以若此者，蓋傍皆臨河，方冬水涸，見為空野，夏秋水至，故為河道。失流激急，沙草漂流，茫洋漫澶，其勢可以盡百畝而吞之，是以耕者謹避焉。且夫將以廣田，先須培土，一難也。田成河沖，與無田同，二難也。不有堤防，其曷克田，三難也。以此三難，是以鬱為平沙，閑為曠土，廢置於溪流石磧之間者，今且將十年矣。余低徊彌望，浩然而歎。於時寺僧言：『昔者故塚宰藐山張公嘗有意於斯矣，輟而弗興。今公既歲輸金錢，設糜濟眾，曷不捐貲築堰，堰成而田，然後陂山通道，舉鍤引渠，永作耕畬，蔚為水耨，歲以所贏粟為粥資，其德不更多與？』余曰：『唯唯，獨善不若與人，請與眾共之。』蓋此邦之民，亦即苦矣。環邑數百里，山多地少，沙多土少，石多水少。今數百里之高山，有數百畝平陸，不可謂非幸矣。而將累土引水築防，以其三少，構此三難，余何力之與有？與眾共之，亦其勢也。且吾見今心民事者，往往言西北水利。近吾邑者惟沁水，水既洿下，地皆磽埆仰高，無所得水利。茲寺之流泉，如建瓴寫瓶，泱然出地上，而不能為地用，則豈盡無水與水下之咎哉！水利之興，肇於魏史起引漳水溉鄴田。起之言曰：『漳水在鄴傍，西門豹不知用，是不智也。』乃吾聞昔者張公所見與今同，非前之人盡知之不及也，或者其力有待於與？沿門持鉢，雖釋子之事則然，而將興事以濟人，則余曷忍辭焉。昔起又以漳水不溉鄴田二百畝，當行田百畝，謂之惡田。今倘因之力，以為善田，聖朝方以養民墾荒為政，田既善而賦以正供，民牧人長，舉斯義以行之，為益溥哉！

清 方觀承《賑紀》卷四《展賑·院奏覆賑恤慶鹽偏灾折》 慶雲、鹽山二邑，居古九河下游，地多斥鹵，旱潦無備，災祲相仍。乾隆八年至十年賑米幾三十萬，民賴以支，然未有長策也。十一年興舉水利，於鹽邑疏宣惠河，於慶邑疏馬頰河，悉納氾濫之水循軌而東注之，於是害稍去而利可興。仰荷皇上惠保為懷，復大發帑金，令有司於二邑多開井泉，以資灌溉。以慶人尤困，官給牛力，并導以種樹之利。時觀承官藩司，率守令籌議謂：穿井首宜辨水土。

鹽山土疏泉苦，得井難，慶雲土堅水淡，得井易，而一邑之中美劣亦至不齊，視水甘泉王者甓甃之，歲加察驗，有壞即修。泉劣而溉引無多者，穿土編葦以障之，集事尤易。相其人居與地之多寡，或户予一井，或兩户同井，俾遞日取汲焉。給牛之法，即仿其舊俗，兩三户或三四户夥一牛，五日輪飼，自見喂之户始，次第服耕，不限以日。計一牛之力，日可犁六七畝。有地三十畝至五十畝而以連歉告者，得領官牛，烙印而籍記之，病斃報驗，盜賣懲治追賠。慶雲東北二鄉最為荒碱，度其土宜，分植榆柳棗杏，官為采購枝條，視無地及地少而瘠薄者給種成活，槁則隨宜補植，不復繩以官法。計開井、神樹、給牛，共用帑金二萬一千九百兩，視往者賑恤之費裁什一耳，而厥利溥矣。復奉旨永免慶雲額賦十分之三。於戲！此尤曠古希覯之殊恩也。由是二邑之民無不感奮，自以其力穿井泉，毓材木，蹄趾之錯於隴畔者日益增。數年以來，享井養不窮之利，鮮水旱蟲蝝之憂，村疇接望，煙樹蓊然，覽其風者稱樂土焉。以是知聖主之德洋恩溥足以回斡造化而人事之可盡者，當官者不得委為異人任已。因紀賑而牽連書之，以著澤民之本計，不同於荒政一時之補救也。

綜述

《周禮·地官司徒·草人》 掌土化之灋以物地，相其宜而為之種。凡糞種，騂剛用牛，赤緹用羊，墳壤用麋，渴澤用鹿，鹹瀉用貆，勃壤用狐，埴壚用豕，彊檃用蕡，輕爂用犬。

又《稻人》 掌稼下地。以豬畜水，以防止水，以溝蕩水，以遂均水，以列舍水，以澮寫水，以涉揚其芟，作田。凡稼澤，夏以水殄草而芟荑之。澤草所生，種之芒種。旱暵，共其雩斂。喪紀，共其葦事。

又《夏官司馬·土方氏》 掌土圭之灋以致日景，以土地相宅而建邦國都鄙。以辨土宜土化之灋而授任地者。王巡守，則樹王舍。

《尚書·夏書·禹貢》 海岱惟青州：嵎夷既略，濰淄其道。厥土白墳；海濱廣斥。

《史記》卷二《夏本紀》 其土白墳，海濱廣潟。《集解》：徐廣曰：『一作「澤」，又作「斥」。』厥田斥鹵。《集解》：鄭玄曰：『斥謂地鹹鹵。』《索隱》：鹵音魯。説文云：『鹵，鹹地。東方謂之斥，西方謂之鹵。』

《漢書》卷二八上《地理志上》 厥土白墳，海瀕廣潟。師古曰：『瀕，水涯也。潟，鹵鹹之地。瀕音頻，又音賓。潟音昔。』

《周書》卷五〇《異域傳下·鄯善》 鄯善，古樓蘭國也。東去長安五千里。所治城方一里。地多沙鹵，少水草。

《北史》卷九七《西域傳》 鄯善國，都扜泥城，古樓蘭國也。去代七千六百里。所都城方一里。地多沙鹵，少水草。北即白龍堆路。至太延初，始遣其弟素延耆入侍。

宋 任廣《書叙指南》卷一七《田畝種藝》 鹹地曰潟鹵。潟音昔。麻田曰疇。《前·郊祀》。野生曰旅生。《史·天官》。光武，野穀旅生。農夫鹵莽曰淺闢庸種。皇甫湜。織物不堪曰纇絇疎織。上。【略】親按行田曰履畝。《公羊》。地埆不生五穀曰不毛，上。又曰淳鹵。《左·襄》。下濕地曰偃豬。上。平美地曰衍沃。上。小村店曰三家之墅。皇甫湜。憫農曰田家作苦。楊惲書。

宋 沈括《夢溪筆談》卷三《辨證一》 解州鹽澤，方百二十里。久雨，四山之水悉注其中，未嘗溢，大旱未嘗涸。滷色正赤，在版泉之下，俚俗謂之『蚩尤血』。唯中間有一泉，乃是甘泉，得此水然後可以聚人。其北有堯梢水，一謂之巫鹹河。大滷之水，不得甘泉和之，不能成鹽。唯巫咸水入，則鹽不復結，故人謂之『無鹹河』，為鹽澤之患，築大堤以防之，甚於備寇盜。原其理，蓋巫咸乃濁水，入滷中，則淤澱滷脈，鹽遂不成，非有他異也。

又卷一三《權智》 瓦橋關北與遼人為隣，素無關河為阻。往歲六宅使何承矩守瓦橋，始議因陂澤之地，瀦水為塞。欲自相視，恐其謀泄。日會僚佐，泛船置酒賞蓼花，作《蓼花遊》數十篇，令座客屬和；晝以為圖，傳至京師，人莫喻其意。自此始壅諸淀。慶曆中，内侍楊懷敏復踵為之。至熙寧中，又開徐村、柳莊等濼，皆以徐、鮑、沙、唐等河，叫猴、雞距、五眼等泉為源，東合滹沱、漳、淇、易、白等水并大河。於是自保州西北沈遠濼，東盡滄州泥枯海口，幾八百里，悉為渚潦，闊者有及六十里者，至今倚為藩衛。或謂侵蝕民田，歲失邊粟之入，此殊不然。深、冀、滄、瀛間，惟大河、滹沱、漳水所淤，方為美田；淤澱不至處，悉是斥鹵，不可種藝。異日惟是聚集遊民，亂城煮鹽，頗干鹽禁，時為寇盜。自為瀦濼，奸鹽遂少。而魚蟹菰葦之利，人亦賴之。

宋 陳旉《農書》卷上《地勢之宜篇第二》 夫山川原隰，江湖藪澤，其高下之勢既異，則寒燠肥瘠各不同。大率高地多寒，泉冽而土冷，傳所謂高山多冬，以言常風寒也；且易以旱乾。下地多肥饒，易以渰浸。故治之各有宜也。

若高田視其地勢，高水所會歸之處，量其所用而鑿為陂塘，約十畝田即損二三畝以瀦畜水；春夏之交，雨水時至，高大其堤，深闊其中，俾寬廣足以有容；堤之上，疎植桑柘，可以繫牛。牛得涼蔭而遂性，堤得牛踐而堅實，桑得肥水而沃美，旱得決水以灌溉，潦即不致於瀰漫而害稼。高田早稻，自種至收，不過五六月，其間旱乾不過灌溉四五次，此可力致其常稔也。又田方耕時，大為塍壟，俾牛可牧其上，踐踏堅實而無滲漏。若其塍壟地勢，高下適等，即併合之，使田坵闊而緩，牛犂易以轉側也。

其下地易以渰浸，必視其水勢衝突趨向之處，高大圩岸環遶之。其欹斜坡陁之處，可種蔬茹麻麥粟豆，而傍亦可種桑牧牛。牛得水草之便，用力省而功兼倍也。

若深水藪澤，則有葑田，以木縛為田坵，浮繫水面，以葑泥附木架上而種藝之。其木架田坵，隨水高下浮泛，自不渰溺。《周禮》所謂『澤草所生，種之芒種』是也。

芒種有二義，鄭謂有芒之種，若今之黃緑穀是也；一謂待芒種節過乃種。今人占候，夏至小滿至芒種節，則大水已過，然後以黃綠穀種之於湖田。則是有芒之種與芒種節候二義可並用也。黃綠穀自下種至收刈，不過六七十日，亦以避水溢之患也。

稻人掌稼下地，以瀦畜水，使其聚也；以防止水，使不溢也；以遂均水，使勢分也；以列舍水，使其去也；以澮瀉水，溝之大者也。其制如此，可謂備矣。尚何水溢之患耶。

《詩》稱『多黍多稌』，以言高下咸得其宜。今雖未能盡如古制，亦可參酌依仿之也。

又《糞田之宜篇第七》 或謂土敝則草木不長，氣衰則生物不遂，凡田土種三五年，其力已乏。

又《薅耘之宜篇第八》 《詩》云：以薅荼蓼，荼蓼朽止，黍稷茂止。記禮者曰：仲夏之月，利以殺草，可以糞田疇，可以美土疆。今農夫不知有此，乃以其耘除之草，抛棄他處，而不知和泥渥濁，深埋之稻苗根下，漚罨既久，既草腐爛而泥土肥美，嘉穀蕃茂矣。

然除草之法，亦自有理。《周官》薙氏掌殺草。於春始生而萌之。於夏日至而夷之，謂夷剗平治之，俾不茂盛也；日至謂夏時草易以長，須日日用力。日至而耜之，謂所種者已收成矣，既併根荄犂鉏轉之，俾雪霜凍沍，根荄腐朽，來歲不復生，又因得以糞土田也。《春秋》傳曰，農夫之務去草也，芟夷蘊崇之，絶其本根，勿使能殖，則善者信矣，以言盡去稂莠，既可以望嘉穀茂盛也。古人留意如此，而今人忽之，其可乎？

且耘田之法，必先審度形勢，自下及上，旋乾旋耘。先於最上處收滀水，勿致水走失。然後自下旋放令乾而旋耘。不問草之有無，必徧以手排摝，務令稻根之傍，液液然而後已。所耘之田，隨於中間及四傍為深大之溝，俾水竭涸，泥坼裂而極乾。然後作起溝缺，次第灌溉。夫已乾燥之泥，驟得雨既蘇碎，不三五日間，稻苗蔚然，殊勝於用糞也。又次第從下放上耘之，既無鹵莽滅裂之病。田乾水暖，草死土肥，浸灌有漸，既水不走失。如此思患預防，何為而不得乎？

今見農者不先自上滀水，自下耘上，乃頓然放令乾，務令速了。及工夫不逮，恐泥乾堅，難耘摝，則必率略，未免滅裂。土未及乾，草未及死，而水已走失矣。不幸無雨，因循乾甚，欲水灌溉，已不可得，遂致旱涸焦枯，無所措手。如是失者十常八九，終不省悟，可勝歎哉。

《宋史》卷九二《河渠志二・黃河中》 〔熙寧五年〕六月，河溢北京夏津。閏七月辛卯，帝語執政：『聞京東調夫修河，有壞產者，河北調急夫尤多；若河復決，奈何？且河決不過占一河之地，或西或東，若利害無所校，聽其所趨，如何？』王安石曰：『北流不塞，占公私田至多，又水散漫，久復澱塞。昨修二股，費至少而公私田皆出，向之瀉鹵，俱爲沃壤，庸非利乎。況急夫已減於去歲，若復葺理堤防，則河北歲夫愈減矣。』

又卷九三《河渠志三・黃河下》 〔政和五年〕十一月丙寅，都水使者孟揆言：『大河連經漲淤，灘面已高，致河流傾側東岸。今若修閉棗強上埽決口，其費不貲，兼冬深難施人力；縱使極力修閉，東堤上下二百餘里，必須盡行增築，與水爭力，未能全免決溢之患。今漫水行流，多鹹鹵及積水之地，又不犯州軍，止經數縣地分，迤邐纏御河歸納黃河。欲自決口上恩州之地水堤爲始，增補舊堤，接續御河東岸，簽合大河。』從之。乙亥，臣僚言：

『禹跡湮沒於數千載之遠，陛下神智獨運，一旦興復，導河三山。長堤盤固，橫截巨浸，依山爲梁，天造地設。威示南北，度越前古，歲無解繫之費，人無病涉之患。大功既成，願申飭有司，以日繼月，視水向著，隨爲隄防，益加增固，每遇漲水，水官、漕臣不輟巡視。』詔付昌齡。

又 **卷九五《河渠志五・黃河下・河北諸水》** ［熙寧］九年八月，程師孟言：『河東多土山高下，旁有川谷，每春夏大雨，衆水合流，濁如黃河礬山水，俗謂之天河水，可以淤田。絳州正平縣南董村旁有馬壁谷水，嘗誘民置地開渠，淤瘠田五百餘頃。其餘州縣有天河水及泉源處，亦開渠築堰。凡九州二十六縣，新舊之田，皆爲沃壤。嘉祐五年畢功，纘成水利圖經二卷，迨今十七年矣。聞南董村田畝舊直三兩千，收穀五七斗。自灌淤後，其直三倍，所收至三兩石。今臣權領都水淤田，竊見累歲淤京東、西鹹鹵之地，盡成膏腴，爲利極大。尚慮河東猶有荒瘠之田，可引天河淤溉者。』於是遣都水監丞耿琬淤河東路田。

又 元豐元年二月，都大提舉淤田司言：『京東、西淤官私瘠地五千八百餘頃，乞差使臣管幹。』許之。四月，詔：『闢廢田、興水利、建立堤防、修貼圩埠之類，民力不給者，許貸常平錢穀。』六月，京東路體量安撫黃廉言：『梁山、張澤兩濼，十數年來淤澱，每歲汎浸近城民田，乞自張澤濼下流濬至濱州，可泄壅滯。』從之。十二月壬申，二府奏事，語及淤田之利。帝曰：『大河源深流長，皆山川膏腴滲漉，故灌溉民田，可以變斥鹵而爲肥沃。朕取淤土親嘗，極爲潤膩。』二年，導洛通汴。六月，罷沿汴淤田司。十二月辛酉，置提舉定州路水利司。三年，知濰州楊采開白浪河。

又 崇寧二年三月，宰臣蔡京言：『熙寧初，修水土之政，元祐例多廢弛。紹復先烈，當在今日。如荒閑可耕，瘠鹵可腴，陸可爲水，水可爲陸，陂塘可修，灌溉可復，積潦可洩，圩埠可興，許民具陳利害。或官爲借貸，或自備工力，或從官辦集。如能興修，依格酬獎，事功顯著，優與推恩。』從之。

元 **王禎《農書》卷一一《田制門・區田》** 按舊説，區田，地一畝，闊一十五步，每步五尺，計七十五尺。每一行，占地一尺五寸，該分五十行。長一十六步，計八十尺。每行一尺五寸，該分五十三行。長闊相乘，通二千六百五十區。空一行，種一行於所種行內，隔一區，種一區。除隔空外，可種六百六十二區。每區深一尺，用熟糞一升，與區土相和，布穀勻覆，以手按實，令土種相着。苗出，看稀稠存留。鋤不厭頻，旱則澆灌。結子時鋤土，深壅其根，以防大風搖擺。古人依此布種。每區收穀一斗，每畝可收六十六石。今人學種，可減半計。又參考《氾勝之書》及《務本新書》，謂：湯有七年之旱，伊尹作為區田，教民糞種，負水澆稼。諸山陵傾阪，及田丘城上，皆可為之。其區當於閑時，旋旋掘下。正月種春大麥，二三月種山藥芋子，三四月種粟及大小豆，八月種二麥豌豆。節次為之，不可貪多。夫儉豐不常，天之道也。故君子貴思患而預防之。如嚮年壬辰戊戌，饑歉之際，但依此法種之，皆免饑殍。此已試之明效也。竊謂古人區種之法，本為禦旱濟時。如山郡地土高仰，歲歲如此種藝，則可常熟。惟近家瀕水為上。其種不必牛犁，但鍫钁墾劚，又便貧難。大率一家五口，可種一畝，已自足食。家口多者，隨數增加。男子兼作，婦人童稚，量力分工，定為課業，各務精勤。若糞治得法，沃灌以時，人力既到，則地利自饒。雖遇天災，不能損耗，用省而功倍，田少而收多，全家歲計，指期可必。實救貧之捷法，備荒之要務也。

詩云：昔聞伊尹相湯日，救旱有方由聖智。限將一畝作田規，計區六百六十二。星分棋布滿方疇，參錯有條相列次。耕畬元不用牛犁，短鍤長鑱皆佃器。糞腴灌溉但從宜，庚阪窮原俱美地。舉家計口各輸力，男女添工到童稚。坎餘種耨非重勞，日課同趨等娛戲。菽粟哽芋雜數品，辦作儲糧接充餌。歲餘五口儘無饑，倍種兼收仍不啻。久知豐歉歲不常，大抵古今同一致。天災莫禦自流行，魃虐此時憂悉被。吏民百禱竟無功，稼野一枯乏秉穗。令人空仰昔阿衡，徒法不行誠自棄。朅來學製古侯邦，承恩例署兼農事。帶山田少闕食多，教不及民深可愧。故將制度寫為圖，庶使貧農窮地利。會須歲歲保豐穰，共享太平歌既醉。

又 **《圍田》** 築土作圍，以繞田也。蓋江淮之間，地多藪澤，或瀕水不時淹沒，妨于耕種。其有力之家，度視地形，築土作堤，環而不斷，內容頃畝千百，皆為稼地。後值諸將屯戍，因令兵眾，分工起土，亦傚此制。故官民異屬。復有圩田，謂疊為圩岸，捍護外水，與此相類。雖有水旱，皆可救禦。凡一熟之餘，不惟本境足食，又可贍及鄰郡。實近古之上法，將來之永利。富國富民，無越于此。

詩云：度地置圍田，相兼水陸全。萬夫興力役，千頃入周旋。俯納環城地，穹懸覆幕天。中藏仙洞秘，外繞月宮圓。蟠亘參淮甸，紆回際海壖。官民皆紀號，遠近不相緣。守望將同井，寬平却類川。隰桑宜葉沃，堤柳要根駢。交往無多逕，高居各一廛。偶因成土著，元不異民編。生業團鄉社，囂塵隔市廛。溝渠通灌溉，塍埂互連延。俱樂耕耘便，猶防水旱偏。翻車能沃槁，瀽穴可抽泉。擁綠秧鋤後，均黃刈穫前。總沾新稅籍，素表屢豐年。黍稌及億秭，倉箱累萬千。折償依市直，輸納帶逋懸。歲計仍餘羨，牙商許懋遷。補添他郡食，販入外江船。課寂勸農職，治優都水權。富民茲有要，陸海豈無邊。祈奏載芟詠，報歌良耜篇。降穰今若此，蒙利敢安然。壤土常增築，風濤每慮穿。積儲趁日用，防備廢宵眠。擊鼓供惟急，苫廬守獨專。本為憑禦護，或未免災愆。誰念農工苦，徒知粒食鮮。併將圖譜事，編記作詩傳。案：此詩高居各一廛，囂塵隔市廛，廛字韵兩押。

又《櫃田》 築土護田，似圍而小，四面俱置瀽穴，如此形制，順置田段，便於耕蒔。若遇水荒，田制既小，堅築高峻，外水難入，內水則車之易涸，淺浸處，宜種黃穋稻。《周禮》謂澤草所生，種之芒種，黃穋稻是也。黃穋稻自種至收，不過六十日則熟，以避水溢之患。如水過，澤草自生，糝稗可收。高涸處，亦宜陸種諸物，皆可濟饑。此救水荒之上法。

詩云：江邊有田以櫃稱，四起封圍皆力成。有時捲地風濤生，外禦衝盪如嚴城。大至連頃或百畝，內少塍埂殊寬平。牛犁展用易為力，不妨陸耕及水耕。長弹一引徹兩際，秧壠依約無斜橫。旁置瀽穴供吐納，水旱不得為虧盈。素號常熟有定數，寄收粒食猶困京。庸田有例召民佃，三年稅額方全徵。便當從此事修築，永護稼地非徒名。吾生口腹有成計，終焉願依江鄉氓。

又《架田》 架，猶筏也，亦名葑田。《集韻》云：葑方用切，菰根也。葑，亦作湗。江東有葑田，又淮東二廣皆有之。東坡《請開杭之西湖狀》謂：水涸草生，漸成葑田。考之《農書》云：若深水藪澤，則有葑田。以木縛為田坵，浮繫水面，以葑泥附木架上，而種藝之。其木架田坵，隨水高下浮泛，自不渰浸。《周禮》所謂澤草所生，種之芒種是也。芒種有二義：鄭玄謂有芒之種，若今黃穋穀是也。一謂待芒種節過乃種。今人占候，夏至小滿至芒種節，則大水已過，然後以黃穋穀，種之於湖田。然則有芒之種，與芒種節候二義，可並用也。黃穋穀，自初種以至收刈，不過六十七日，亦以避水溢之患。竊謂架田附葑泥而種，既無旱暵之災，復有速收之效，得置田之活法。水鄉無地者，宜效之。

詩云：稻人種藝巧憑藉，既辨土宜知土化。只知地盡更無禾，不料葑田還可架。從人牽引或去留，任水淺深隨上下。悠悠生業天地中，一片靈槎偶相假。古今誰識有活田，浮種浮耘成此稼。但使游民聊駐脚，有產諒非為土著。縣官稅畝倘相容，願此年年務農作。案：原本架田詩重繫於圍田詩之後，又將櫃田詩誤繫於此條架田之下，今謹改正。

又《塗田》 《書》云：淮海維揚州，厥土惟塗泥。夫低水種，皆須塗泥。然瀕海之地，復有此等田法：其潮水所泛沙泥，積於島嶼，或墊溺盤曲，其頃畝多少不等。上有鹹草叢生，候有潮來，漸惹塗泥。初種水稗，斥鹵既盡，可為稼田，所謂『瀉斥鹵兮生稻粱』。盈邊海岸築壁，或樹立樁橛，以抵潮泛。田邊開溝，以注雨潦。旱則灌溉，謂之甜水溝。其稼收，比常田利可十倍，民多以為永業。又中土大河之側，及淮灣水匯之地，與所在陂澤之曲，凡潢汙洄互，壅積泥滓，退皆成淤灘，亦可種藝。秋後泥乾地裂，布掃麥種於上，此所謂淤田之效也。夫塗田淤田，各因潮漲而成。以地法觀之，雖若不同，其收獲之利，則無異也。

詩云：書稱淮海惟揚州，厥土塗泥來已久。今云海嶠作塗田，外拒潮來古無有。霖潦滲漉斥鹵盡，秔秫已豐三載後。又有河淤水退餘，禾麥一收倉廩阜。昔聞漢世有民歌，涇水一石泥數斗。且溉且糞長禾黍，衣食京師億萬口。稔知燕地多陂渠，後魏裴延雋為幽州刺史，修復燕地故戾陵諸堨及范陽督亢渠，溉田萬餘頃，為利十倍。糞溉膏腴倍常畝。若云是地可塗田，先願滋培根本厚。闞政今知水利先，昔司馬溫公言，今闞政水利居其一。天下豈無霖雨手。

傳記

《後漢書》卷七六《循吏傳·王景》 王景字仲通，樂浪詽邯人也。詽音諸甘反，邯音下甘反，縣名。八世祖仲，本琅邪不其人。**【略】**

景少學《易》，遂廣闚衆書，又好天文術數之事，沈深多伎藝。辟司空伏恭府。時有薦景能理水者，顯宗詔與將作謁者王吳共修作浚儀渠。吳用景堨流法，水乃不復爲害。

初，平帝時，河、汴決壞，未及得修。建武十年，陽武令張汜上言：『河決積久，日月侵毀，濟渠所漂數十許縣。濟水出今洛州濟源縣西北，東流經溫縣入河，度河東南入鄭州，又東入滑、曹、鄆、濟、齊、青等州入海，即此渠也。王莽末，旱，因枯涸，但入河内而已。脩理之費，其功不難。宜改脩堤防，以安百姓。』書奏，光武即爲發卒。方營河功，而浚儀令樂俊復上言：『昔元光之閒，武帝年。人庶熾盛，緣隄墾殖，而瓠子河決，尚二十餘年，不即擁塞。瓠子堤在今滑州白馬縣。武帝元光中，河決於瓠子，東南注鉅野，通於淮、泗，至元封二年塞之也。今居家稀少，田地饒廣，雖未脩理，其患猶可。且新被兵革，方興役力，勞怨既多，民不堪命。宜須平靜，更議其事。』光武得此遂止。後汴渠東侵，日月弥廣，而水門故處，皆在河中，兖、豫百姓怨歎，以爲縣官恒興佗役，不先民急。永平十二年，議修汴渠，乃引見景，問以理水形便。景陳其利害，應對敏給，帝善之。又以嘗修浚儀，功業有成，乃賜景《山海經》、《河渠書》、《山海經》，禹所作。《河渠書》，太史公史記也。《禹貢圖》，及錢帛衣物。夏，遂發卒數十萬，遣景與王吴脩渠築隄，自滎陽東至千乘海口千餘里。景乃商度地埶，鑿山阜，破砥績，《尚書》曰：『原隰底績。』注：『底，致也。績，功也。』言破禹所致功之處也。或云砥磧，山名也。直截溝澗，防遏衝要，疏決壅積，十里立一水門，令更相洄注，《爾雅》曰：『逆流而上曰洄。』郭璞注云：『旋流也。』無復潰漏之患。景雖簡省役費，然猶以百億計。十萬曰億也。明年夏，渠成。帝親自巡行，詔濱河郡國置河堤員吏，如西京舊制。《十三州志》曰：『成帝時河堤大壞，汎濫青、徐、兖、豫四州略徧，乃以校尉王延代領河堤謁者，秩千石，或名其官爲護都水使者。中興，以三府掾屬爲之。』景由是知名。王吴及諸從事掾史皆增秩一等。景三遷爲侍御史。十五年，從駕東巡狩，至無鹽，帝美其功績，拜河堤謁者，賜車馬縑錢。

《魏書》卷五六《崔楷傳》 模弟楷，字季則。美風望，性剛梗，有當世幹具。釋褐奉朝請，員外散騎侍郎、廣平王懷文學。正始中，以王國官非其人，多被刑戮，惟楷與楊昱以數諫獲免。後爲尚書左主客郎中、伏波將軍、太子中舍人、左中郎將。以黨附高肇，爲中尉所劾，事在《高聰傳》。楷性嚴烈，能摧挫豪強，故時人語曰：『莫儁都買反儺孤楷反，付崔楷。』

於時冀定數州，頻遭水害，楷上疏曰：

臣聞有國有家者，莫不以萬姓爲心，故矜傷軫於造次，求瘼結於寢興。黎民阻飢，唐堯致歎；衆庶斯饉，帝乙罰己。良以爲政與農，實繫民命。水旱緣兹以得濟，夷險用此而獲安。頃東北數州，頻年淫雨，長河激浪，洪波汩流，川陸連濤，原隰通望，彌漫不已，汎濫爲災。户無擔石之儲，家有藜藿之色。華壤膏腴，變爲舄鹵；菽麥禾黍，化作雚蒲。斯用痛心徘徊，潸然佇立也。

昔洪水爲害四載，流於《夏書》；九土既平攸同，紀自《虞誥》。亮由君之勤恤，臣用劬勞，日昃忘餐，宵分廢寢。伏惟皇魏握圖臨宇，總契裁極，道敷九有，德被八荒，槐階棘路，實維英哲，虎門、麟閣，實曰賢明，天地函和，日月光曜。自比定冀水潦，無歲不飢；幽瀛川河，頻年汎溢。豈是陽九厄會，百六鍾期，故以人事而然，非爲運極。昔魏國鹹舄，史起哂之；兹地荒蕪，臣實爲耻。不揆愚瞽，輒敢陳之。

計水之湊下，浸潤無間，九河通塞，屢有變改，不可一準古法，皆循舊隄。何者？河決瓠子，梁楚幾危；宣防既建，水還舊跡。十數年間，户口豐衍。又決屯氏，兩川分流，東北數郡之地，僅得支存。及下通靈、鳴，水田一路，往昔膏腴，十分病九，邑居凋離，墳井毁滅。良由水大渠狹，更不開瀉，衆流壅塞，曲直乘之所致也。至若量其逶迤，穿鑿涓澮，分立隄堨，所在疏通，預決其路，令無停蹙。隨其高下，必得地形，土木參功，務從便省。使地有金隄之堅，水有非常之備。鈎連相注，多置水口，從河入海，遠邇逕通，瀉其境潟，泄此陂澤。九月農罷，量役計功，十月昏正，立匠表度。縣遣能工，麾畫形勢；郡發明使，籌察可否。審地推岸，辨其脈流；樹板分崖，練厥從往。别使案檢，分剖是非，瞰睇川原，明審通塞。當境修治，不勞役遠，終春自罷，未須久功。即以高下營田，因於水陸，水種秔稻，陸藝桑麻。必使室有久儲，門豐餘積。

其實上葉禦災之方，亦爲中古井田之利。即之近事，有可比倫。江淮之南，地勢洿下，雲雨陰霖，動彌旬月。遙途遠運，惟用舟艫；南畝畬菑，微事耒耜。而衆庶未爲饉色，黔首罕有飢顔。豈天德不均，致此偏罰，故是地勢異圖，有兹豐餒。臣既鄉居水際，目覩荒殘，每思鄭白，屢想王李。夙宵不寐，言念皇家，愚誠丹款，實希效力，有心螢爝，乞暫施行。使數州士女，無廢耕桑之業；聖世洪恩，有賑飢荒之士。鄰宰深笑，息自一朝；臣之至誠，申於今日。

詔曰：『頻年水旱爲患，黎民阻飢，靜言念之，昃不遑食，鑒此事條，深協在慮。但計畫功廣，非朝夕可合，宜付外量聞。』事遂施行。楷用功未就，詔還追罷。

《隋書》卷三八《盧賁傳》 盧賁字子徵，涿郡范陽人也。【略】未幾，拜郢州刺史，尋轉虢州刺史。後遷懷州刺史，決沁水東注，名曰利民渠，又派入溫縣，名曰溫潤渠，以溉舄鹵，民賴其利。後數年，轉齊州刺史。民飢，穀米踴貴，閉人糴而自糴之。坐是除名爲民。

又卷四六《元暉傳》 元暉字叔平，河南洛陽人也。【略】高祖總百揆，加上開府，進爵爲公。開皇初，拜都官尚書，兼領太僕。奏請決杜陽水灌三畤原，溉舄鹵之地數千頃，民賴其利。

《舊唐書》卷一八五下《良吏傳下·姜師度》 姜師度，魏人也。明經舉。神龍初，累遷易州刺史、兼御史中丞，爲河北道監察兼支度營田使。師度勤於爲政，又有巧思，頗知溝洫之利。始於薊門之北，漲水爲溝，以備奚、契丹之寇。又約魏武舊渠，傍海穿漕，號爲平虜渠，以避海艱，糧運者至今利焉。尋加銀青光祿大夫，累遷大理卿。景雲二年，轉司農卿。

開元初，遷陝州刺史。州西太原倉控兩京水陸二運，常自倉車載米至河際，然後登舟。師度遂鑿地道，自上注之，便至水次，所省萬計。六年，以蒲州爲河中府，拜師度爲河中尹，令其繕緝府寺。先是，安邑鹽池漸涸，師度發卒開拓，疏決水道，置爲鹽屯，公私大收其利。再遷同州刺史，又於朝邑、河西二縣界，就古通靈陂，擇地引雒水及堰黃河灌之，以種稻田，凡二千餘頃，內置屯十餘所，收獲萬計。特加金紫光祿大夫，尋遷將作大匠。

明年，左拾遺劉彤上言：『請置鹽鐵之官，收利以供國用，則免重賦貧人，使窮困者獲濟。』疏奏，令宰相議其可否，咸以爲鹽鐵之利，甚裨國用。遂令師度與戶部侍郎強循並攝御史中丞，與諸道按察使計會，以收海內鹽鐵。其後頗多沮議者，事竟不行。

師度以十一年病卒，年七十餘。師度既好溝洫，所在必發衆穿鑿，雖時有不利，而成功亦多。先是，太史令傅孝忠善占星緯，時人爲之語曰：『傅孝忠兩眼看天，姜師度一心穿地。』傳之以爲口實。

《新唐書》卷一〇〇《姜師度傳》 姜師度，魏州魏人。擢明經，調丹陵尉、龍崗令，有清白稱。神龍初，試爲易州刺史、河北道巡察，兼支度營田使。好興作，始廝溝於薊門，以限奚、契丹，循魏武帝故迹，並海鑿平虜渠，以通餉路，罷海運，省功多。遷司農卿。出爲陝州刺史。太原倉水陸運所湊，轉屬諸河，師度使依高爲廥，而注米于舟，以故人不勞。拜太子詹事。

玄宗徙營州治柳城，拜營田支度脩築使。進爲河中尹。安邑鹽池涸廢，師度大發卒，洫引其流，置鹽屯，公私收利不貲。徙同州刺史。又派洛灌朝邑、河西二縣，閼河以灌通靈陂，收棄地二千頃爲上田，置十餘屯。帝幸長春宮，嘉其功，下詔褒美，加金紫光祿大夫，賜帛三百匹。進將作大匠。左拾遺劉彤建榷天下鹽鐵利內之官，免貧民賦，詔戶部侍郎強循與師度並假御史中丞，會諸道按察使議所以榷之法，俄爲議者沮，閣不行。卒，年七十餘。

師度喜渠漕，所至繇役紛紜，不能皆便，然所就必爲後世利。是時太史令傅孝忠以知星顯，時爲語曰：『孝忠知仰天，師度知相地。』嘲所嗜也。

《宋史》卷二六二《劉几傳》 几字伯壽，以燁任爲將作監主簿。生而豪儁，長折節讀書，第進士。

從范仲淹辟，通判邠州。邠地鹵，民病遠汲，几浚渠引水注城中。役興，客曰：『自郭汾陽城此州，苟外水可釃，何待今日？無爲虛費勞人也！』几不答。未幾，水果至，鑿五池于通逵，民大便利。

又卷四〇八《汪綱傳》 提轄東西庫，又幹辦諸司審計司。以選知高郵軍，陛辭，言：『揚、楚二州當各屯二萬人，壯其聲勢，而以高郵爲家計砦。高郵三面阻水，湖澤奧阻，戎馬所不能騁，獨西南一路直距天長，無險可守，乃去城六十里隨地經畫，或浚溝塹，或備設伏，以扼其衝。』又慮湖可以入淮，招水卒五千人造百艘列三砦以戒非常。興化民田濱海，昔范仲淹築堰以障舄鹵，守毛澤民置石礎函管以疏運河水勢，歲久皆壞，綱乃增脩之。部使者聞于朝，增一秩，提舉淮東常平。淮米越江有禁，綱念『淮民有警則室廬莫保，歲凶則轉徙無歸，豐年可以少蘇，重以苛禁，自分畛域，豈爲民父母意哉！請下金陵糴三十萬以通淮西之運，京口糴五十萬以通淮東之運。』又言：『兩淮之積不可多，昇、潤之積不可少。平江積米數百萬，陳陳相因，久而紅腐，宜視其收貯近久，取餉輦下百司、諸軍。江上歲餫當至京者，貯之京口、金陵轉漕。兩淮、中都諸倉，亦當廣糴以補其數。』

《元史》卷一五八《姚樞傳》 憲宗即位，詔凡軍民在赤老溫山南者，聽世祖總之。世祖既奉詔，宴羣下，罷酒將出，遣人止樞，問曰：『頃者諸臣皆賀，汝獨默然，何耶？』對曰：『今天下土地之廣，人民之殷，財賦之阜，有加漢地者乎？軍民吾盡有之，天子何爲？異時廷臣間之，必悔而見奪，不若惟持兵權，供億之需取之有司，則勢順理安。』世祖曰：『慮所不及者。』乃以聞，憲宗從之。樞又請置屯田經略司於汴以圖宋；置都運司于衛，轉粟于河。憲宗大封同姓，敕世祖於南京、關中自擇其一。樞曰：『南京河徙無常，土薄水淺，舄鹵生之，不若關中厥田上上，古名天府陸海。』於是世祖願有關中。

又 卷一六三《烏古孫澤傳》 雷州地近海，潮汐齧其東南，陂塘鹻，農病焉。而西北廣衍平衺，宜爲陂塘，澤行視城陰，曰：『三溪徒走海，而不以灌溉，此史起所以薄西門豹也。』乃教民浚故湖，築大堤，堨三溪瀦之，爲斗門七，堤堨六，以制其嬴耗；釃爲渠二十有四，以達其注輸。渠皆支別爲牐，設守視者，時其啟閉，計得良田數千頃，瀕海廣潟並爲膏土。民歌之曰：『潟鹵爲田兮，孫父之教。渠之泱泱兮，長我秔稻。自今有年兮，無旱無澇。』

又 卷一六四《郭守敬傳》 郭守敬，字若思，順德邢臺人。生有異操，不爲嬉戲事。大父榮，通五經，精於算數、水利。時劉秉忠、張文謙、張易、王恂，同學於州西紫金山，榮使守敬從秉忠學。

中統三年，文謙薦守敬習水利，巧思絶人。世祖召見，面陳水利六事：其一，中都舊漕河，東至通州，引玉泉水以通舟，歲可省雇車錢六萬緡。通州以南，於蘭榆河口徑直開引，由蒙村跳梁務至楊村還河，以避浮雞淘盤淺風浪遠轉之患。其二，順德達泉引入城中，分爲三渠，灌城東地。其三，順德灃河東至古任城，失其故道，沒民田千三百餘頃。此水開修成河，其田即可耕種，自小王村經滹沱，合入御河，通行舟栰。其四，磁州東北滏、漳二水合流處，引水由滏陽、邯鄲、洺州、永年下經雞澤，合入灃河，可灌田三千餘頃。其五，懷、孟沁河，雖澆灌，猶有漏堰餘水，東與丹河餘水相合。引東流，至武陟縣北，合入御河，可灌田二千餘頃。其六，黃河自孟州西開引，少分一渠，經由新、舊孟州中間，順河古岸下，至溫縣南復入大河，其間亦可灌田二千餘頃。每奏一事，世祖歎曰：『任事者如此，人不爲素餐矣。』授提舉諸路河渠。四年，加授銀符、副河渠使。

至元元年，從張文謙行省西夏。先是，古渠在中興者，一名唐來，其長四百里，一名漢延，長二百五十里，它州正渠十，皆長二百里，支渠大小六十八，灌田九萬餘頃。兵亂以來，廢壞淤淺。守敬更立牐堰，皆復其舊。

二年，授都水少監。守敬言：『舟自中興沿河四晝夜至東勝，可通漕運，及見查泊、兀郎海古渠甚多，宜加修理。』又言：『金時，自燕京之西麻峪村，分引盧溝一支東流，穿西山而出，是謂金口。其水自金口以東，燕京以北，灌田若干頃，其利不可勝計。兵興以來，典守者懼有所失，因以大石塞之。今若按視故蹟，使水得通流，上可以致西山之利，下可以廣京畿之漕。』又言：『當於金口西預開減水口，西南還大河，令其深廣，以防漲水突入之患。』帝善之。十二年，丞相伯顔南征，議立水站，命守敬行視河北、山東可通舟者，爲圖奏之。【略】

二十八年，有言灤河自永平挽舟踰山而上，可至開平。有言瀘溝自麻峪可至尋麻林。朝廷遣守敬相視，灤河既不可行，瀘溝舟亦不通，守敬因陳水利十有一事。其一，大都運糧河，不用一畝泉舊原，別引北山白浮泉水，西折而南，經瓮山泊，自西水門入城，環匯於積水潭，復東折而南，出南水門，合入舊運糧河。每十里置一牐，比至通州，凡爲牐七，距牐里許，上重置斗門，互爲提閼，以過舟止水。帝覽奏，喜曰：『當速行之。』於是復置都水監，俾守敬領之。帝命丞相以下皆親操畚鍤倡工，待守敬指授而後行事。

先是，通州至大都，陸運官糧，歲若干萬石，方秋霖雨，驢畜死者不可勝計，至是皆罷之。三十年，帝還自上都，過積水潭，見舳艫蔽水，大悦，名曰通惠河，賜守敬鈔萬二千五百貫，仍以舊職兼提調通惠河漕運事。守敬又言：『於澄清牐稍東，引水與北壩河接，且立牐麗正門西，令舟楫得環城往來。』志不就而罷。三十一年，拜昭文館大學士、知太史院事。

大德二年，召守敬至上都，議開鐵幡竿渠，守敬奏：『山水頻年暴下，非大爲渠堰，廣五七十步不可。』執政吝於工費，以其言爲過，縮其廣三之一。明年大雨，山水注下，渠不能容，漂沒人畜廬帳，幾犯行殿。成宗謂宰臣曰：『郭太史神人也，惜其言不用耳。』七年，詔內外官年及七十，並聽致仕，獨守敬不許其請。自是翰林太史司天官不致仕，定著爲令。延祐三年卒，年八十六。

《明史》卷一七八《項忠傳》 〔天順〕七年以大理卿召，民乞留如前，遂改右副都御史，巡撫其地。洮、岷羌叛，忠疏言：『羌志在劫掠，盡誅則傷仁，遽撫則不威，請聽臣便宜從事。』報可。乃發兵據險，揚聲進討，衆盡降。西安水泉鹵不可飲，爲開龍首渠及皁河，引水入城。又疏鄭、白二渠，溉涇陽、三原、醴泉、高陵、臨潼五縣田七萬餘頃，民祠祀之。

又 卷二二三《盛應期傳》 〔嘉靖〕六年，黃河水溢入漕渠，沛北廟道口淤數十里，糧艘爲阻，侍郎章拯不能治。尚書胡世寧、詹事霍韜、僉事江良材請於昭陽湖東別開漕渠，爲經久計。議未定，以御史吳仲言召拯還，即家拜應期右都御史以往。應期乃議於昭陽湖東，北進江家口，南出留城口，開濬百四十餘里，較疏舊河力省而利永。夫六萬五千，銀二十萬兩，剋期六月。工未成，會旱災修省，言者謂開河非計，帝遽令罷役。應期請展一月竟其功，不聽。初，應期請令郎中柯維熊分濬支河，維熊力贊新河之議，至是亦言不便。應期上章自理。帝怒，詔與維熊俱奪職。世寧言：『新河之議倡自臣。應期剋期六月，今四月，功已八九。緣程工促急，怨讟煩興。維熊反覆變詐，傾大臣，誤國事。自古國家債大事，必責首議，臣請與同罷。』帝不許。後更赦，復官致仕，卒。應期罷後三十年，朱衡循新河遺跡成之，運道蒙利焉。

又《朱衡傳》 朱衡，字士南，萬安人。嘉靖十一年進士。歷知尤溪、婺源，有治聲。遷刑部主事，歷郎中。出爲福建提學副使，累官山東布政使。三十九年進右副都御史巡撫其地。奏言：『比遼左告饑，暫弛登、萊商禁，轉粟濟之。猾商遂竊載他貨，往來販易，並開青州以西路。海島亡命，陰相搆結，禁之便。』從之。召爲工部右侍郎。

四十四年進南京刑部尚書。其秋，河決沛縣飛雲橋，東注昭陽湖，運道淤塞百餘里。改衡工部尚書兼右副都御史，總理河漕。衡馳至決口，舊渠已成陸。而故都御史盛應期所開新河，自南陽以南東至夏村，又東南至留城，故址尚在。其地高，河決至昭陽湖止，不能復東，可以通運，乃定議開新河，築堤吕孟湖以防潰決。河道都御史潘季馴以爲濬舊渠便，議與衡不合。衡持益堅，引鮎魚、薛沙諸水入新渠，築馬家橋堤以遏飛雲橋決口，身自督工。劾罷曹濮副使柴淶，重繩吏卒不用命者，浮議遂起。明年，給事中鄭欽劾衡虐民倖功，詔遣給事中何起鳴往勘，工垂竣矣。及秋，河決馬家橋，議者紛然謂功不可成。起鳴初主衡議，亦變其説，與給事中王元春、御史黄襄交章請罷衡。會新河已成，乃止。河長一百九十四里。漕艘由境山入，通行至南陽。未幾，季馴以憂去，詔衡兼理其事。

隆慶元年加太子少保。山水驟溢，決新河，壞漕艘數百。給事中吴時來言：『新河受東、兖以南費、嶧、鄒、滕之水。以一堤捍羣流，豈能不潰。宜分之以殺其勢。』衡乃開支河四，洩其水入赤山湖。明年秋，召還部。又明年，衡上疏曰：『先臣宋禮濬治舊渠，測量水平，計濟寧平地與徐州境山巔相準，北高南下，懸流三十丈。故魯橋閘以南稍啟立涸，舟行半月始達。東、兖之民增閘挑淺，苦力役者百六十年。屬者改鑿新渠，遠避黄流，舍卑就高，地形平衍，諸閘不煩起閉，舟行日可百餘里，夫役漫無事事。近河道都御史翁大立奏請裁革，宜可聽。』於是汰閘官五，夫役六千餘，以其僦宜爲修渠費。

四年秋，河決睢寧，起季馴總理。明年冬，閲視河道給事中雒遵劾罷季馴，言廷臣可使，無出衡右者。六年正月詔兼左副都御史，經理河道。穆宗崩，大學士高拱以山陵工請召衡。會邳州工亦竣，衡遂還朝。

又《翁大立傳》 隆慶二年命督河道。朱衡既開新河，漕渠便利。大立因頌新河之利有五，而請濬回回墓以達鴻溝，引昭陽之水沿鴻溝出留城，以溉湖下腴田千頃。未幾，又請鑿邵家嶺，令水由地浜溝出境山，入漕河。帝皆從之。

三年七月，河大決沛縣，漕艘阻不進。帝從大立請，大行振貸。大立又請漕艘後至者貯粟徐州倉，平價出糶。詔許以三萬石賚民。大立以下民昏墊、閭閻愁困狀，帝莫能周知，乃繪圖十二以獻。且言：『時事可憂，更不止此。東南財賦區，而江海泛溢，粒米不登，京儲可慮一也。邊關千里，悉遭洪水，墩堡傾頹，何恃以守，可慮二也。畿輔、山東、河南，霪雨既久，城郭不完，寇盜無備，可慮三也。江海間颶風鼓浪，舟艦戰卒，悉入波流，海防可慮四也。淮、浙鹽場鹹泥盡没，竈戶流移，商賈不至，國課可慮五也。望陛下以五患十二圖付公卿博議，速求拯濟之策。』帝留圖備覽，下其奏於所司。

當是時，黄河既決，淮水復漲。自清河縣至通濟閘抵淮安城西淤三十餘里，決方、信二壩出海，平地水深丈餘，寶應湖堤往往崩壞。山東沂、莒、郯城水溢，從沂河、直河出邳州，人民多溺死。大立奔走經營，至四年六月，鴻溝、境山諸工，及淮流疏濬，次第告成。帝喜，錫賚有差。時大立已陞工部右侍郎，旋改兵部爲左。會代者陳大賓未至，而山東沙、薛、汶、泗諸水驟漲，決仲家淺諸處，黄河又暴至，茶城復淤。已而淮自泰山廟至七里溝亦淤十餘里。

又《潘季馴傳》 潘季馴，字時良，烏程人。嘉靖二十九年進士。授九江推官。擢御史，巡按廣東。行均平里甲法，廣人大便。臨代去，疏請飭後至者守其法，帝從之。進大理丞。四十四年由左少卿進右僉都御史，總理河道。與朱衡共開新河，加右副都御史。尋以憂去。

隆慶四年，河決邳州、睢寧。起故官，再理河道，塞決口。明年，工竣，坐驅運船入新溜漂没多，爲勘河給事中雒遵劾罷。

萬曆四年夏，再起官，巡撫江西。明年冬，召爲刑部右侍郎。是時，河決崔鎮，黄水北流，清河口淤澱，全淮南徙，高堰湖堤大壞，淮、揚、高郵、寶應間皆爲巨浸。大學士張居正深以爲憂。河漕尚書吴桂芳議復老黄河故道，而總河都御史傅希摯欲塞決口，束水歸漕，兩人議不合。會桂芳卒，六年夏，命季馴以右都御史兼工部左侍郎代之。季馴以故道久湮，雖濬復，其深廣必不能如今河，議築崔鎮以塞決口，築遙堤以防潰決。又：『淮清河濁，淮弱河強，河水一斗，沙居其六，伏秋則居其八，非極湍急，必至停滯。當藉淮之清以刷河之濁，築高堰束淮入清口，以敵河之強，使二水並流，則海口自濬。即桂芳所開草灣亦可不復修治。』遂條上六事，詔如議。

明年冬，兩河工成。又明年春，加太子太保，進工部尚書兼左副都御史。季馴初至河上，歷虞城、夏邑、商丘，相度地勢。舊黄河上流，自新集經趙家圈、蕭縣，出徐州小浮橋，極深廣。自嘉靖中北徙，河身既淺，遷徙不常，曹、單、豐、沛常苦昏墊。上疏請復故河。給事中王道成以方築崔鎮高堰，役難並舉。河南撫按亦陳三難，乃止。遷南京兵部尚書。十一年正月召改刑部。

季馴之再起也，以張居正援。居正歿，家屬盡幽繫，子敬修自縊死。季馴言：『居正母逾八旬，旦暮莫必其命，乞降特恩宥釋。』又以治居正獄太急，宣言居正家屬斃獄者已數十人。先是，御史李植、江東之輩與大臣申時行、楊巍相訐。季馴力右時行、巍，痛詆言者，言者交怒。植遂劾季馴黨庇居正，落職爲民。

十三年，御史李棟上疏訟曰：『隆慶間，河決崔鎮，爲運道梗。數年以來，民居既奠，河水安流，咸曰：「此潘尚書功也。」昔先臣宋禮治會通河，至於今是賴，陛下允督臣萬恭之請，予之謚廕。今季馴功不在禮下，乃當身存之日，使與編戶齒，寧不隳諸臣任事之心，失朝廷報功之典哉。』御史董子行亦言季馴罪輕責重。詔俱奪其俸。其後論薦者不已。

十六年，給事中梅國樓復薦，遂起季馴右都御史，總督河道。自吴桂芳後，河漕皆總理，至是復設專官。明年，黄水暴漲，衝入夏鎮，壞田廬，居民多溺死。季馴復築塞之。十九年冬，加太子太保、工部尚書兼右都御史。

季馴凡四奉治河命，前後二十七年，習知地形險易。增築設防，置官建閘，下及木石樁埽，綜理纖悉，積勞成病。三疏乞休，不允。二十年，泗州大水，城中水三尺，患及祖陵。議者或欲開傅寧湖至六合入江，或欲濬周家橋入高、寶諸湖，或欲開壽州瓦埠河以分淮水上流，或欲弛張福堤以洩淮口。季馴謂祖陵王氣不宜輕洩，而巡撫周寀、陳于陛，巡按高舉謂周家橋在祖陵後百里，可疏濬，議不合。都給事中楊其休請允季馴去。歸三年卒，年七十五.

又《萬恭傳》 隆慶初，給事中岑用賓等拾遺及恭。吏部尚書楊博議，仍用之邊方。暨服闋，恭遂不出。六年春，給事中劉伯燮薦恭異才。會河決邳州，運道大阻，已遣尚書朱衡經理，復命恭以故官總理河道。恭與衡築長堤，北自磨臍溝迄邳州直河，南自離林迄宿遷小河口，各延三百七十里。費帑金三萬，六十日而成。高、寶諸河，夏秋汎濫，歲議增堤，而水益漲。恭緣堤建平水閘二十餘，以時洩蓄，專令濬湖，不復增堤，河遂無患。

又《吴桂芳傳》 萬曆三年冬，即家起故官，總督漕運兼巡撫鳳陽。明年春，桂芳以淮、揚洪潦奔流，惟雲梯關一徑入海，致海湧横沙，河流汎溢，而興、鹽、高、寶諸州縣所在受災，請益開草灣及老黄河故道以廣入海之路，修築高郵東西二堤以蓄湖水。皆下所司議行，未幾，草灣河工告成。是年秋，河決曹縣、徐州、桃源，給事中劉鉉疏議漕河，語侵桂芳。桂芳疏辯曰：『草灣之開，以高、寶水患衝齧，疏以拯之，非能使上游亦不復漲也。今山陽以南諸州縣，水落佈種，斗米四分，則臣斯舉亦既得策矣。若徐、邳以上，非臣所屬，臣何與焉。』因請罷。御史邵陛言：『諸臣以河漲歸咎草灣，阻任事氣，乞策勵桂芳，益底厥績，而詰責河臣傅希摯曠職。』從之。

其明年，希摯議塞崔鎮決口，束水歸漕，而桂芳欲衝刷成河以爲老黄河入海之道。廷議以二人意見不合，改希摯撫陝西，以李世達代。未幾，又改世達他任，命桂芳兼理河漕。六年正月詔進工部尚書兼右副都御史，居職如故。未踰月，卒。尋以高郵湖堤成，贈太子少保。

又《傅希摯傳》 傅希摯，衡水人。累官右僉都御史，巡撫山東。隆慶末，戶部以餉乏議裁山東、河南民兵，希摯爭之而止。改總理河道。以茶城淤塞，開梁山以下寧洋山，出右洪口。萬曆五年進右副都御史，巡撫陝西。已遷戶部右侍郎，坐隴右礦賊未靖，論罷。起總督漕運，歷南京戶、兵二部尚書。召理戎政，以老被劾。加太子少保致仕。

又《劉東星傳》 ［萬曆］二十六年，河決單之黄堌，運道壅阻，起工部左侍郎兼右僉都御史，總理河漕。初，尚書潘季馴議開黄河上流，循商、虞而下，歷丁家道口出徐州小浮橋，即元賈魯所浚故道也，朝廷以費鉅未果。東星即其地開濬。起曲里鋪至三仙臺，抵小浮橋。又濬漕渠自徐、邳至宿。計五閲月工竣，費僅十萬。詔嘉其績，進工部尚書兼右副都御史。

明年渠邵伯、界首二湖。又明年奉開泇河。泇界滕、嶧間，南通淮、海，引漕甚便。前總督翁大立首議開濬，後尚書朱衡、都御史傅希摯復言之。朝廷數遣官行視，迄無成畫。河臣舒應龍嘗鑿韓莊，工亦中輟。東星力任其役。

初議費百二十萬，及工起費止七萬，而渠已成十之三。

又《胡瓚傳》 胡瓚，字伯玉，桐城人。萬曆二十三年進士。授都水主事。分司南旺司兼督泉閘，駐濟寧。泗水所注，瓚修金口壩遏之。造舟汶上，爲橋於寧陽，民不病涉。河決黄堌，瓚憂之。會劉東星來總河漕，瓚與往復論難。謂黄堌不杜，勢且易黄而漕；漕南北七百里，以涓涓之泉，安能運萬千有奇之艘，使及期飛渡。贊東星濬賈魯河故道，益治汶、泗間泉數百。尋源竟委，著《泉河史》上之。瓚治泉，一夫濬一泉，各有分地，省其勤惰而賞罰之。冬則養其餘力，不征於官。以疏濬運道有功，增秩一等。二十七年督修琉璃河橋。三年橋成，省費七萬有奇。累官江西左參政。予告歸，久之卒。

又《徐貞明傳》 徐貞明，字孺東，貴溪人。父九思，見《循吏傳》。貞明舉隆慶五年進士。知浙江山陰縣，敏而有惠。萬曆三年徵爲工科給事中。會御史傅應禎獲罪，貞明入獄調護，坐貶太平府知事。十三年累遷尚寶司丞。

初，貞明爲給事中，上水利、軍班二議，謂：

神京雄據上游，兵食宜取之畿甸，今皆仰給東南。豈西北古稱富強地，不足以實廩而練卒乎。夫賦税所出，括民脂膏，而軍船夫役之費，常以數石致一石，東南之力竭矣。又河流多變，運道多梗，竊有隱憂。聞陝西、河南故渠廢堰，在在有之。山東諸泉，引之率可成田。而畿輔諸郡，或支河所經，或澗泉自出，皆足以資灌溉。北人未習水利，惟苦水害，不知水害未除，正由水利未興也。蓋水聚之則爲害，散之則爲利。今順天、真定、河間諸郡，桑麻之區，半爲沮洳，由上流十五河之水惟泄於猫兒一灣，欲其不汎濫而壅塞，勢不能也。今誠於上流疏渠濬溝，引之灌田，以殺水勢，下流多開支河，以泄横流，其淀之最下者，留以瀦水，稍高者，皆如南人築圩之制，則水利興，水患亦除矣。

至於永平、灤州抵滄州、慶雲，地皆萑葦，土實膏腴。元虞集欲於京東濱海地築塘捍水以成稻田。若倣集意，招徠南人，俾之耕藝，北起遼海，南濱青齊，皆良田也。宜特簡憲臣，假以事權，毋阻浮議，需以歲月，不取近功。或撫窮民而給其牛種，或任富室而緩其征科，或選擇健卒分建屯營，或招徠南人許其占籍。俟有成績，次及河南、山東、陝西。庶東南轉漕可減，西北儲蓄常充，國計永無絀矣。【略】

事皆下所司。兵部尚書譚綸言勾軍之制不可廢。工部尚書郭朝賓則以水田勞民，請俟異日。事遂寢。

及貞明被謫，至潞河，終以前議可行，乃著《潞水客談》以畢其説。其略曰：

西北之地旱則赤地千里，潦則洪流萬頃，惟雨暘時若，庶樂歲無饑，此可常恃哉？惟水利興而後旱潦有備，利一。中人治生必有常稔之田，以國家之全盛獨待哺於東南，豈計之得哉？水利興則餘糧棲畝皆倉庾之積，利二。東南轉輸其費數倍。若西北有一石之入，則東南省數石之輸，久則蠲租之詔可下，東南民力庶幾稍甦，利三。西北無溝洫，故河水横流，而民居多没。修復水田則可分河流，殺水患，利四。西北地平曠，寇騎得以長驅。若溝洫盡舉，則田野皆金湯，利五。游民輕去鄉土，易於爲亂。水利興則業農者依田里，而遊民有所歸，利六。招南人以耕西北之田，則民均而田亦均，利七。東南多漏役之民，西北罹重徭之苦，以南賦繁而役減，北賦省而徭重也。使田墾而民聚，則賦增而北徭可減，利八。沿邊諸鎮有積貯，轉輸不煩，利九。天下浮戶依富家爲佃客者何限，募之爲農而簡之爲兵，屯政無不舉矣，利十。塞上之卒，土著者少。屯政舉則兵自足，可以省遠募之費，甦班戍之勞，停攝勾之苦，利十一。宗祿浩繁，勢將難繼。今自中尉以下量祿之田，使自食其土，爲長子孫計，則宗祿可減，利十二。修復水利，則倣古井田，可限民名田。而自昔養民之政漸可舉行，利十三。民與地均，可倣古比閭族黨之制，而教化漸興，風俗自美，利十四也。

譚綸見而美之曰：『我歷塞上久，知其必可行也。』已而順天巡撫張國彦、副使顧養謙行之薊州、永平、豐潤、玉田，皆有效。及是貞明還朝，御史蘇瓚、徐待力言其説可行，而給事中王敬民又特疏論薦，帝乃進貞明少卿，賜之敕，令往會撫按諸臣勘議。

時瓚方奉命巡關，復獻議曰：『治水與墾田相濟，未有水不治而田可墾者。畿輔爲患之水莫如盧溝、滹沱二河。盧溝發源於桑乾，滹沱發源於泰戲，源遠流長。又合深、易、濡、泡、沙、滋諸水，散入各淀，而泉渠溪港悉注其中。以故高橋、白洋諸淀，大者廣圍一二百里，小亦四五十里。每當夏秋淫潦，膏腴變爲潟鹵，菽麥化爲萑葦，甚可惜也。今治水之策有三：濬河以決水之壅，疏渠以殺淀之勢，撤曲防以均民之利而已。』帝並下貞明。

貞明乃躬歷京東州縣，相原隰，度土宜，周覽水泉分合，條列事宜以上。戶部尚書畢鏘等力贊之，因採貞明疏，議爲六事：請郡縣有司以墾田勤惰爲殿最，聽貞明舉劾；地宜稻者以漸勸率，宜黍宜粟者如故，不遽責其成；召募南人，給衣食農具，俾以一教十；能墾田百畝以上，即爲世業，子弟得寄籍入學，其卓有明效者，倣古孝弟力田科，量授鄉遂都鄙之長；墾荒無力者，貸以穀，秋成還官，旱潦則免；郡縣民壯，役止三月，使疏河芟草，而墾田則募專工。帝悉從之。其年九月遂命貞明兼監察御史領墾田使，有司撓者劾治。

貞明先詣永平，募南人爲倡。至明年二月，已墾至三萬九千餘畝。又遍歷諸河，窮源竟委，將大行疏濬。而奄人、勳戚之占閒田爲業者，恐水田興而己失其利也，爭言不便，爲蜚語聞於帝。帝惑之。三月，閣臣申時行等以風霾陳時政，力言其利。帝意終不釋。御史王之棟，畿輔人也，遂言水田必不可行，且陳開滹沱不便者十二。帝乃召見時行等，諭令停役。時行等請罷開河，專事墾田。已，工部議之棟疏，亦如閣臣言。帝卒罷之，而欲追罪建議者，用閣臣言而止。貞明乃還故官。尋乞假歸。十八年卒。

貞明識敏才練，慨然有經世志。京東水田實百世利，事初興而即爲浮議所撓，論者惜之。初議時，吳人伍袁萃謂貞明曰：『民可使由，不可使知。君所言，得無太盡耶？』貞明問故。袁萃曰：『北人懼東南漕儲派於西北，煩言必起矣。』貞明默然。已而之棟竟劾奏如袁萃言。

又卷二八一《循吏傳・湯紹恩》 湯紹恩，安岳人。父佐，弘治初進士。仕至參政。紹恩以嘉靖五年擢第。十四年由戶部郎中遷德安知府，尋移紹興。爲人寬厚長者，性儉素，內服疏布，外以父所遺故袍襲之。始至，新學宮，廣設社學。歲大旱，徒步禱烈日中，雨即降。緩刑罰，恤貧弱，旌節孝，民情大和。

山陰、會稽、蕭山三邑之水，匯三江口入海，潮汐日至，擁沙積如丘陵。遇霪潦，則水阻沙不能驟洩，良田盡成巨浸，當事者不得已決塘以瀉之。塘決則憂旱，歲苦修築。紹恩遍行水道，至三江口，見兩山對峙，喜曰：『此下必有石根，余其於此建閘乎？』募善水者探之，果有石脈橫亙兩山間，遂興工。先投以鐵石，繼以籠盛甃屑沉之。工未半，潮衝蕩不能就，怨讟煩興。紹恩不爲動，禱於海神，潮不至者累日，工遂竣。修五十餘尋，爲閘二十有八，以應列宿。於內爲備閘三，曰經溇，曰撞塘，曰平水，以防大閘之潰。閘外築石隄四百餘丈扼潮，始不爲閘患。刻水則石閘，俾後人相水勢以時啟閉。自是，三邑方數百里間無水患矣。士民德之，立廟閘左，歲時奉祀不絕。屢遷山東右布政使，致仕歸，年九十七而卒。

又《陳幼學》 陳幼學，字志行，無錫人。萬曆十七年進士。授確山知縣。政務惠民，積粟萬二千石以備荒，墾萊田八百餘頃，給貧民牛五百餘頭，覈黃河退地百三十餘頃以賦民。里婦不能紡者，授紡車八百餘輛。置屋千二百餘間，分處貧民。建公廨八十間，以居六曹吏，俾食宿其中。節公費六百餘兩，代正賦之無徵者。栽桑榆諸樹三萬八千餘株，開河渠百九十八道。

布政使劉渾成弟燦成助妾殺妻，治如律。行太僕卿陳耀文家人犯法，立捕治之。汝寧知府丘度慮幼學得禍，言於撫按，調繁中牟。秋成時，飛蝗蔽天。幼學捕蝗，得千三百餘石，乃不爲災。縣故土城，卑且圮。給饑民粟，俾修築。工成，民不知役。縣南荒地多茂草，根深難墾。令民投牒者，必入草十斤。未幾，草盡，得沃田數百頃，悉以界民。有大澤，積水，占膏腴地二十餘里。幼學疏爲河者五十七，爲渠者百三十九，俱引入小清河，民大獲利。大莊諸里多水，爲築隄十三道障之。給貧民牛種，貧婦紡具，倍於確山。越五年，政績茂著。以不通權貴，當考察拾遺，掌道御史擬斥之，其子爭曰：『兒自中州來，咸言中牟治行無雙。今予殿，何也？』乃已。

《清史稿》卷二七九《楊方興傳》 楊方興，字浡然，漢軍鑲白旗人。初爲廣寧諸生。天命七年，太祖取廣寧，方興來歸。太宗命直內院，與修太祖實錄。崇德元年，試中舉人，授牛彔額真銜，擢內秘書院學士。性嗜酒，嘗醉後犯蹕，論死，上貰之，命斷酒。

順治元年，從入關。七月，授河道總督。李自成決河灌開封，其後屢決屢塞，賊勢寖張，土寇羣起，兩岸防守久廢。伏秋汛發，北岸小宋口、曹家寨隄潰，河水漫曹、單、金鄉、魚臺四縣，自蘭陽入運河，田產盡沒。方興至官，遣兵捕治土寇，掃穴擒渠，乃疏請修築。二年七月，河決流通集，分兩道入運河，運河受河水灝濁淤塞，下流徐、邳、淮、揚亦多衝決。方興以防護無功自劾，上諭以殫力河防，不必引咎。旋疏薦補管河道方大猷等。四年，流通集決口將合，河下注湍激，又決汶上入獨山湖。方興請修築通濟閘上下隄岸，並淮安東北蘇淤、馬羅等隄，又築江都、高郵諸石隄，流通集合口。進兵部尚書銜。

七年，加太子少保。八月，河決荊隆口，南岸出單家寨，北岸出朱源寨。南岸先合，河全注北岸，張秋以下隄盡潰，自大清河東入海。方興用大猷議，於上游築長縷隄遏其勢，復築小長隄塞決口，期半年蕆事。九年，方興復乞休，不許。大猷擢江南按察使，方興請以新銜管河務。九年，荊隆口工竟，方興疏言：『清口，淮、黃交匯，黃強淮弱，歲需疏濬。請於清江、通濟二閘適中處修復福興閘，啟一閉二，以時蓄洩。』從之。

給事中許作梅，御史楊世學、陳棐交章請勘九河故道，導河北流入海。方興言：『河古今同患，而治河古今異宜。宋以前治河，但令赴海有路，可南亦可北。元、明迄我清，東南漕運，自清口迄董家口二百餘里，藉河爲轉輸，河可南必不可北。若欲尋禹舊蹟，導河北行，無論漕運不通，恐決出之水東西奔蕩，不可收拾。勢須別築數千里長隄，較之增卑培薄，難易顯然。且河挾沙以行，束之爲一，則水急沙流；播之爲九，則水緩沙壅。數年後河仍他徙，何以濟運？臣愚以爲河不能無決，決而不築，司河者之罪；河不能無淤，淤而不濬，亦司河者之罪。若欲保其不決不淤，誰敢任之？請敕下廷議，定畫一之規，屏二三之説，俾有所遵守。』疏入，上嘉納焉。

十年，河決大王廟，距朱源寨口不遠。給事中周體觀劾方興治河罔效，方興疏辨，因請罷斥，溫詔慰留。十一年，給事中林起龍復劾方興侵蝕工需，累民捐費至六十餘萬。並劾大猷等奸貪不法。上解方興任，命入都質對，起龍以誣譴，方興復任。既，直隸總督李蔭祖復劾大猷貪婪誤工，方興亦劾大猷，上以其不先舉發，切責之。給事中董篤行又劾方興徇庇，降級留任。

十四年，乞休，上念其勞，以原官加太子太保致仕。方興還京師，所居僅蔽風雨，布衣蔬食，四壁蕭然。康熙四年，卒，賜祭葬。

又《朱之錫傳》 朱之錫，字孟九，浙江義烏人。順治三年進士，改庶吉士，授編修。十一年七月，擢弘文院侍讀學士，四遷至吏部侍郎。十四年，楊方興乞休，上特擢之錫，以兵部尚書銜，總督河道，駐濟寧。十五年十月，河決山陽柴溝，建義、馬邏諸隄並溢。之錫馳赴清江浦築戧隄，塞決口。宿遷董家口爲沙所淤，就舊渠迤東別開河四百丈通運道。十六年，條上治河諸事，言：『河南歲修夫役，近屢經奏減，宜存舊額。明制，淮工兼用民修，宜復舊例。揚屬運道與高、寶諸湖相通，淮屬運道爲黃、淮交會，舊有各隄閘，宜擇要修葺。應用柳料，宜令瀕河州縣預爲籌備。奸豪包占夫役，賣富僉貧，工需各物，私弊百出，宜責司、道、府、廳查報，徇隱者以溺職論。額設水夫，陰雨不赴工，所扣工食，謂之曠盡，宜令管河廳道嚴覈。河員升調降用，宜令候代始行離任。河員有專責，不宜別有差委。歲終察覈舉劾，並宜復舊例。』皆下部議行。之錫丁母憂，命在任守制，疏請歸葬，優詔給假治喪。十七年，還任。以捐金賑淮、揚、徐三府災，加太子少保。

康熙元年，河決原武、祥符、蘭陽縣境，東溢曹縣，復決石香爐村。之錫檄濟寧道方兆及董曹縣役，而赴河南督塞西閣寨、單家寨、時利驛、蔡家樓、策家寨諸決口。四年二月，疏言：『南旺爲運河之脊，北至臨清，南至台莊，四十餘閘，全賴啟閉得宜。瀕河春常少雨，伏秋雨多，東省久旱，山泉小者多枯，大者已弱。若官船經閘，應閉者強之使開，洩水下注，則重運之在上者阻；應開者強之使閉，留水待船，則重運之在下者又阻。乞飭各遵例禁。』得旨，非奉極要差遣，擅行啟閉者，准參奏。八月，疏言：『部議停差北河、中河、南河、南旺、夏鎮、通惠諸分司，歸併地方官。臣維河勢變幻，工料紛繁，天時不齊，非水則旱，或綢繆幾先，或補葺事後，或張皇於風雨倉遽之際，或調劑於左右方圓之間。北河所轄三千餘里，其間三十餘閘；中河所轄黃、運兩河，董口尤運道咽喉，清黃交接，濁流易灌；南河所轄在淮、黃、江、湖之間，相距窵遠；南旺、泉源三百餘處，近者或出道隅，遠者偏藏僻壤；夏鎮地屬兩省，鑿石通漕，形勢陡絕，節宣閘座，尤費經營；通惠浮沙易淺，峻水易衝，塞決之役，歲歲有之。若云歸併府佐，則職微權輕，上下掣肘。至於地方監司，責以終年累月奔馳駐守，揆之事勢，萬萬不能。分司與各道界壤迴不相同，應合而分：一閘座也，上流以爲應閉，下流以爲應開；一額夫也，在此則欲求多，在彼又復患少。不但紛競日多，必致牽制誤事。應請仍循舊制。』得旨允行。五年二月，卒。

直隸山東河南總督朱昌祚疏言：『之錫治河十載，綢繆旱溢，則盡瘁昕宵；疏濬隄渠，則馳驅南北。受事之初，河庫貯銀十餘萬。頻年撙節，現今貯庫四十六萬有奇。覈其官守，可謂公忠。及至積勞攖疾，以河事孔亟，不敢請告。北往臨清，南至邳、宿，夙病日增，遂以不起。年止四十有四，未有子嗣。籲請恩卹，賜祭葬。』徐、兖、淮、揚間頌之錫惠政，相傳死爲河神。十二年，河道總督王光裕請錫封號，部議不行。乾隆四十五年，高宗南巡視河工，始允大學士阿桂等請，封助順永寧侯，春秋祠祭。嗣加號曰『佑安』，民稱之曰朱大王。

又《崔維雅傳》 康熙元年五月，曹縣石香爐村河決，士民求速塞，維雅持不可。工將成復潰，至冬乃塞，如維雅言。遷浙江寧波知府，光裕疏薦，擢河南河道副使。時沿河千餘里，險工迭出，維雅常預爲之備，得無事。陽武潭口寺隄直河衝，水勢迅急，下埽輒蟄。維雅預於上流疏引河，埽定，隄得固。虞城距河隄僅數里，隄沒入河，北岸引河衝刷不利。維雅預迎河溜挑濬，及秋水歸新河，舊河爲平陸。桃源七里溝河屢塞屢決，光裕檄維雅往勘，維雅言引河淺狹，流緩沙停，激盪無力，宜令河頭加寬闊，使足翕受全河；又待河水突漲，乃使開放，建瓴直下。又言下游數十里已成平陸，而引河僅百丈，節短勢蹙，力不能刷淤，當接挑二百丈闊，損十之八而深半之。又言開放當在河頭西北，留近埽五丈勿開，則河流入口有倒瀉之勢，埽亦迎流下。光裕悉用其議。復遷河南按察使，湖南、廣西布政使，內召爲大理寺卿。卒。

維雅治河主疏導引河，使水有所歸，故屢有功而後不爲患。當靳輔興大工時，維雅奏上所著河防芻議、兩河治略，並詆諆輔所行諸法，列二十四事難之。輔疏辨，謂維雅説不可行，寢其議。

又《靳輔傳》 靳輔，字紫垣，漢軍鑲黃旗人。順治九年，以官學生考授國史館編修，改內閣中書，遷兵部員外郎。康熙初，自郎中四遷內閣學士。十年，授安徽巡撫。疏請行溝田法，以十畝爲一畘，二十畘爲一溝。溝土累爲道，道高溝低，澇則洩水，旱以灌田。會三藩亂起，不果行。部議裁驛站經費，輔疏請禁差員橫索、騷擾驛遞，歲終節存驛站、損脚等項二十四萬有奇。上獎輔實心任事，加兵部尚書銜。

十六年，授河道總督。時河道久不治，歸仁隄、王家營、邢家口、古溝、翟家壩等處先後潰溢，高家堰決三十餘處，淮水全入運河，黃水逆上至清水潭，浸淫四出。碭山以東兩岸決口數十處，下河七州縣淹爲大澤，清口涸爲陸地。輔到官，周度形勢，博採輿論，爲八疏同日上之：首議疏下流，自清江浦至雲梯關，於河身兩旁離水三丈，各挑引河一道，俟黃、淮下注，新舊河合爲一，即以所挑土築兩岸大隄，南始白洋河，北始清河縣，並東至雲梯關。雲梯關至海口百里，近海二十里，潮大土濕，不能施工；餘八十里亦宜量加疏濬，築隄以束之，限二百日畢工，日用夫十二萬三千有奇。次議治上流淤墊，洪澤湖下流自高家堰西至清口，爲全淮會黃之所。當於小河兩旁離水二十丈，各挑引河一道，分頭衝洗。次議培修七里墩、武家墩、高家墩、高良澗至周橋閘臨湖殘缺隄岸，下築坦坡，使水至平漫而上，順縮而下，不至怒激崩衝。隄一尺，坦坡五尺，夯杵堅實，種草其上。次議塞黃、淮各處決口，例用埽，費鉅且不耐久。求築土禦水之法，宜密下排樁，多加板纜，用蒲包裹土，麻繩縛而填之，費省而工固。次議閉通濟閘壩，濬清口至清水潭運河二百三十里，以所挑之土傾東西兩隄之外，西隄築爲坦坡，東隄加培堅厚，次議規畫經費，都計需銀二百十四萬八千有奇。宜令直隸、江南、浙江、山東、江西、湖北各州縣預徵康熙二十年錢糧十之一，約二百萬。工成後，令淮、揚被水田畝納三錢至一錢；運河經過，商貨米豆石納二分，他貨物斤四分；並開武生納監事例，如數補還。次議裁併冗員，明定職守，并嚴河工處分，諱決視諱盜；兼請調用官吏，工成，與原屬河廳官吏並得優敍。次議工竣後，設河兵守隄，里設兵六名至二名，都計五千八百六十名。疏入，下廷議，以方軍興，復舉大工，役夫每日至十二萬餘，召募擾民，應先擇要修築。上命輔熟籌。

十七年，輔疏言：『以驢運土，可減募夫之半；初擬二百日畢工，今改爲四百日，又可減募夫之半。』河工故事，大隄謂之『遙隄』，隄內復爲隄逼水，謂之『縷隄』，兩隄間爲橫隄，謂之『格隄』。輔疏請就原估土方加築縷隄，有餘量增格隄，南自白洋河，北自清河，上至徐州，視此興築。餘並如前議。疏入，復下廷議，允行。

上諭以治河大事，當動正項錢糧。輔疏言：『前議黃河兩岸分築遙、縷二隄，勘有舊隄貼近河身，擬作爲縷隄，其外更築遙隄。前議用驢運土，今議改車運。前議離隄三十丈內不許取土，今因宿遷、桃源等縣人弱工多，改令二十丈外取土。前議河身兩旁各挑引河一道，今以工費浩繁，除清河北岸淺工必須挑濬。餘俱用鐵掃帚濬深河底。』下部議，從之。

是歲吳三桂死，上趣諸將帥進兵，輔欲節帑佐軍，又以興工後需費溢出原估，均頗改前議，先開清口引河四道，塞高家堰、王家岡、武家墩諸決口，築隄束水。如所議施行。顧下流未大治，伏秋盛漲，水溢出隄上，復決碭山石將軍廟、蕭縣九里溝。輔乃議設減水壩，於蕭、碭、宿遷、桃源、清河諸縣河南北兩岸爲壩十三，壩七洞，水盛藉以宣洩。輔復察清口淮、黃交會，黃漲侵灌運河，乃自新莊閘西南開新河至太平壩；又自文華寺開新河至七里閘，復折向西南，亦至太平壩；改以七里閘爲運口，由武家墩爛泥淺轉入黃河。運口距黃、淮交會處約十里，自此無淤墊之患。疏報，並議行。輔勘清水潭決口屢塞屢衝，乃棄深就淺，築東西長隄二道，並挑新河八百四十丈，疏積水。山陽、高郵等七州縣民田，至是皆出水可耕。

十八年，輔疏報，並請名新河曰永安河，報聞。翟家壩淮河決口成支河九道，輔飭淮揚道副使劉國靖等督堵塞，至是工竟，輔詣勘疏報，並言：『山陽、寶應、高郵、江都四州縣瀦水諸湖，逐漸涸出。臣今廣爲招墾，俾增賦足民，上下均利。』屯田之議自此起。

漕船自七里閘出口，行駱馬湖達窯灣。夏秋盛漲，冬春水涸，重運多阻。輔議濬湖旁皁河故道，上接泇河通運。疏入，下廷議，上問諸臣意若何，左都御史魏象樞曰：『輔請大修黄河，上發帑二百五十一萬，計一勞永逸。前奏隄壩已築十之七，今又欲別開河道，所謂一勞永逸者安在？臣等慮漕運有阻，故議從其請。』上曰：『象樞言良是。河雖開，必上流浩瀚，方免淤滯。今雨少水涸，恐未必有濟。即已成諸工，亦以旱易修，豈得恃爲永固耶？』十九年五月，輔丁憂，命在任守制。秋，河復決，輔疏請處分，上趣輔修築。二十年三月，輔疏言：『臣前請大修黄河，限三年水歸故道。今限滿，水未歸故道，請處分。』下部議，當奪官，上命戴罪督修。

二十一年五月，上遣尚書伊桑阿、侍郎宋文運、給事中王曰温、御史伊喇喀勘工。候補布政使崔維雅奏上所著書，議盡罷輔所行減水壩諸法，大興工，日役夫四十萬，築隄以十二丈爲率。上命從伊桑阿等往與輔議之。伊桑阿等遍勘諸工，至徐州，令輔與維雅議，輔疏言：『河道全局已成十八九。蕭家渡雖有決口，而海口大闢，下流疏通，腹心之害已除。斷不宜有所更張，隳成功，釀後患。』伊桑阿等還京師，下廷議，工部尚書薩穆哈等請以蕭家渡決口責輔賠修，上以賠修非輔所能任，未允；又議維雅條奏，伊桑阿請召輔詢之。十一月，輔入對，言蕭家渡工來歲正月當竟，維雅所議日用夫四十萬，築隄以十二丈爲率，皆不可行。維雅議乃寢。上命塞決口，仍動正項錢糧。二十二年四月，輔疏報蕭家渡合龍，河歸故道，大溜直下，七里溝等四十餘處險汛日加，並天妃壩、王公隄及運河閘座，均應修築。別疏請飭河南巡撫修築開封、歸德兩府境河隄，防上流疎失。上均如所請。十二月，命復輔官。

二十三年十月，上南巡，閲河北岸諸工，諭輔曰：『蕭家渡隄壩當培薄增卑，隨時修築。減水壩原用以洩水，遇泛溢横流，安知今日減水壩不爲他年之決口？且減水旁流，浸灌民田，朕心深不忍。當籌畫措置。』上見隄夫作苦，駐蹕慰勞久之，諭輔戒官役侵蝕工食。復視天妃閘，諭輔宜改草壩，並另設七里、太平二閘殺水勢。舟過高郵，見田廬在水中，惻然愍念。遣尚書伊桑阿、薩穆哈察視海口。還蹕，復閲高家堰，至清口，閲黄河南岸諸工，諭輔運口當添建閘座，防黄水倒灌；復召輔入行宫慰諭，書《閲河堤詩》賜之。輔以上念減水淹民，因議於宿遷、桃源、清河三縣黄河北岸隄内開新河，謂之中河。於清河西仲家莊建閘，引攔馬河減水壩所洩水入中河。漕船初出清口浮於河，至張莊運口，中河成，得自清口截流，逕渡北岸，度仲家莊閘，免黄河一百八十里之險。伊桑阿等還奏，議疏濬車路、串場諸河至白駒、丁溪、草堰諸口，引高郵等處減水壩所洩水入海。上命安徽按察使于成龍董其事，仍受輔節制，奏事由輔疏報。

二十四年正月，輔疏請徐州迤上毛城鋪、王家山諸處增建減水閘，下廷議。上諭減水閘益河工無益百姓，不可不熟計，命遣官與輔詳議，若分水不致多損民田，即令興工。九月，輔疏報赴河南勘黄河兩岸，請築考城、儀封、封丘、滎澤隄埽，下部議行。成龍議疏海口洩積水，輔謂下河地卑於海五尺，疏海口引潮内侵，害滋大。議自高郵東車邏鎮築隄，歷興化白駒場，束所洩水入海，隄内涸出田畝，丈量還民，餘招民屯墾，取田價償工費。疏聞，上謂取田價恐累民，未即許。

尋召輔、成龍馳驛詣京師廷議，成龍議開海口故道，輔仍主築長隄高一丈五尺，束水敵海潮。大學士、九卿從輔議，通政使參議成其範、給事中王又旦、御史錢珏從成龍議，議不決。上命宣問下河諸州縣人官京師者，侍讀寶應喬萊等乃言：『從成龍議，工易成，百姓有利無害；從輔議，工難成，百姓田廬墳墓多傷損，且隄高一丈五尺，束水至一丈，高於民居，伏秋潰決，爲害不可勝言。』上頗右成龍，遣尚書薩穆哈、學士穆稱額詣淮安會漕督徐旭齡、巡撫湯斌詳勘。二十五年正月，薩穆哈等還奏，謂民間皆言濬海口無益。尋授成龍直隸巡撫，罷濬海口議。四月，召斌爲尚書，入對，上復舉其事以問，斌言濬海口必有益於民。上責薩穆哈、穆稱額還京時不以實奏，奪官。召大學士九卿及萊等定議濬海口，發帑二十萬，命侍郎孫在豐董其役。

工部劾輔治河已九年，無成功。上曰：『河務甚難，而輔易視之。若遽議處，後任者益難爲力，今姑寬之，仍責令督修。』二十六年，輔疏言：『運隄減水以下河爲壑，東即大海，濬海口似可紓水患；惟泰州安豐、東臺、鹽城諸縣地勢甚卑，形如釜底，若止就此挑濬，徒增其深。淮流甚漲，高家堰洩水洶湧而來，仍不能救民田之淹沒。臣以爲杜患於流，不若杜患於源。高家堰隄外直東爲下河，東北爲清口，當自翟家壩起至高家堰築重隄萬六千丈，束減水北出清口，則洪澤湖不復東淹下河。下河十餘萬頃皆成沃産，而高、寶諸湖涸出田畝，可招民屯墾，以裕河庫。』上使以輔疏示成龍，成龍仍言下河宜開，重隄不宜築。上遣尚書佛倫，侍郎熊一瀟，給事中達奇納、趙吉士與總督董訥，總漕慕天顔會勘。佛倫等皆欲用輔議，天顔、在豐與相左。佛倫等還奏，下廷議，會太皇太后崩，議未上。

二十七年春，給事中劉楷，御史郭琇、陸祖修交章論輔，琇辭連輔幕客陳潢，祖修請罷輔，至以舜殛鯀爲比。天顔、在豐亦疏論屯田累民，及輔阻撓開濬下河狀。琇旋劾大學士明珠等，語復及輔。輔入覲，亦疏訐成龍、天顔、在豐等朋比謀陷害。上曰：『輔爲總河，挑河築隄，漕運無誤，不可謂無功；但屯田、下河二事，亦難逃罪。近因被劾，論其過者甚多。人窮則呼天，輔若不陳辨朕前，復何所控告耶？』三月，上御乾清門，召輔與成龍、琇等廷辨，輔、成龍各持所見不相下。琇言輔屯田害民，輔言屬吏奉行不善致民怨，因引咎，坐罷，以王新命代，佛倫、訥、在豐、達奇納皆左遷，天顔、吉士並奪官，陳潢亦坐譴。

時中河工初竣，上遣學士開音布、侍衛馬武往勘，還奏中河商賈舟楫不絕。上諭廷臣曰：『前者于成龍奏河道爲靳輔所壞，今開音布等還奏，數年未嘗衝決，漕運亦不誤。若謂輔治河全無所裨，微特輔不服，即朕亦不愜。』因遣尚書張玉書、圖納，左都御史馬齊，侍郎成其範、徐廷璽閱工，遍察輔所繕治，孰爲當改，孰爲不當改，詳勘具奏。玉書等還言河身漸次刷深，黄水汛溜入海，兩岸閘壩有應循舊者，有應移改者，多守輔舊規。

十一月，上遣尚書蘇赫等閱通州運河，命輔偕往，請於沙河建閘蓄水，通州下流築隄束水，從之。二十八年正月，上南巡閲河，輔扈行。閲中河，上慮逼近黄河，水漲隄潰。輔對若加築遙隄即無患。還京師，諭奬輔所繕治河深隄固，命還舊秩。二十九年，漕運總督董訥以北運河水淺，擬盡引南旺河水北流。倉場侍郎開音布復疏請濬北運河。上諮輔，言南旺河水盡北流，南河必水淺，惟從北河兩旁下埽束水，自可濟運。上命偕開音布董理。

三十一年，王新命坐事罷，上曰：『朕聽政後，以三藩及河務、漕運爲三大事，書宮中柱上。河務不得其人，必誤漕運。及輔未甚老而用之，亦得紓數年之慮。』令仍爲河道總督，輔以衰弱辭，命順天府丞徐廷璽爲協理。會陝西西安、鳳翔災，上命留江北漕糧二十萬石，自黄河運蒲州。輔疏言水道止可至孟津，親詣督運，上嘉之。輔疏請就高家堰運料小河培隄使高廣，中河加築遙隄，並增建四閘，堵塞張莊舊運口，皆前此繕治所未竟者。別疏請復陳潢官，並起用熊一瀟、達奇納、趙吉士。輔病劇，再疏乞解任，命内大臣明珠往視，傳諭調治。十一月，卒，賜祭葬，謚文襄。三十五年，允江南士民請，建祠河干。四十六年，追贈太子太保，予拜他喇布勒哈番世職。雍正五年，復加工部尚書。

子治豫，襲職。世宗以其侍父在官，知河務，命自副參領加工部侍郎銜，協理江南河工。

又《陳潢傳》 陳潢，字天一，浙江錢塘人。負才久不遇，過邯鄲呂祖祠，題詩壁間，語豪邁。輔見而異焉，蹤跡得之，引爲幕客，甚相得。凡輔所建白，多自潢發之。康熙二十三年，上巡河，問輔：『孰爲汝佐？』以潢對。二十六年，輔疏言潢十年佐治勤勞，下部議，授潢僉事道銜。二十七年，郭琇劾輔，辭連潢。輔罷，潢削職銜，逮京師，未入獄，以病卒。輔復起，疏請復潢官，部議以潢已卒，寢其奏。

潢佐治河，主順河性而利導之，有所患必推其致患之由；工主覈實，料主豫備，而估計不當過省，省則速敗，所費較所省尤大；慎固隄防，主潘季馴束水刷沙之説，尤以減水壩爲要務；有潰決，先固兩旁，不使日擴，乃修復故道，而疏引河以注之；河流今昔形勢不同，無一勞永逸之策，在時時謹小慎微，而尤重在河員之久任。張靄生採潢所論，次爲《治河述言》十二篇。高宗以靄生河圖能得真源，命採其書入四庫，與輔治河奏績並列。

又 卷二九二《楊永斌傳》 ［雍正］九年，調廣東。十年春，命署巡撫，是秋真除。廣東生齒繁，民不勤稼穡，米值高。永斌飭諸州縣勸墾，高亢不宜禾，令藝豆麥，諸山坡麓栽所宜木。又以惠、潮兩府民最悍，招墾官田，租入充粵秀書院膏火。奏聞，嘉奬，命勘明墾地畝數。尋又奏言：『勘明可墾地六千八百餘頃，此外或山深箐密，或夾沙帶鹵，體察民情，恐磽地薄收，糧賦無出。臣思瘠田產穀雖少，若多墾數十萬畝，年豐可得數十萬石，即歉歲亦必稍有所獲，事益於民。察通省糧額，新寧斥鹵，輕則畝徵銀四釐有奇、米四合有奇。擬請凡承墾磽瘠之地，概準此例，十年起科。』下部議行，於是墾田至百十八萬餘畝。

又 卷二九四《王士俊傳》 ［雍正］十年，文鏡解任還京師，擢士俊河東總督，兼河南巡撫。十一年，疏劾學政俞鴻圖納賄行私，命侍郎陳樹萱按鞫，得實，鴻圖坐斬。文鏡在河南督州縣開墾，士俊承其後，督促益加嚴，又令州縣勸民間捐輸。高宗即位，户部尚書史貽直奏言：『河南地勢平衍，沃野千里，民性純樸，勤於稼穡，自來無土不耕，其不耕者大都斥鹵沙磧之區。臣聞河南各屬廣行開墾，一縣中有報開十頃、十數頃至數十頃者，積算無慮數千百頃，安得荒田如許之多？推求其故，不過督臣授意地方官多報開墾，屬吏迎合，指稱某處隙地若干、某處曠土若干，造冊申報。督臣據其冊籍，報多者超遷議敍，報少者嚴批申飭，或別尋事故，掛之彈章。地方官畏其權勢，冀得歡心，詎恤後日官民受累，以致報墾者紛紛。其實所報之地，非河灘沙磧之區，即山岡犖确之地。甚至墳墓之側，河隄所在，搜剔靡遺。目下行之，不過枉費民力，其害猶小。數年後按畝升科，指斥鹵爲膏腴，勘石田以上稅，小民將有鬻兒賣女以應輸將者。又如勸捐，乃不得已之策，今則郡縣官長，驅車郭門，手持簿籍，不論鹽當紳民，慰以好言，令其登寫，旋索貲鏹。地方官一年數換，則籍簿一年數更，不惟大拂民心，亦且有損國體。請敕廉明公正大臣前往清察。』上諭曰：『田文鏡爲總督，苛削嚴厲，河南民重受其困。士俊接任，不能加意惠養，借墾地之虚名，成累民之實害。河南民風淳樸，竭蹶以從，甚屬可嘉。然先後遭苛政，其情亦至可愍矣！河南仍如舊例，止設巡撫。』以傅德代士俊。士俊至京師，命署兵部侍郎。

又 卷二九七《慶復傳》 移督雲貴。四年，加太子少保。五年，疏言：『雲南府屬縣引南汁等六河溉田，山溪箐澗水發不常，沙石壅遏，堤埂易決。請以時修治。』上嘉之。

又 卷三〇九《雅爾圖傳》 ［雍正］五年，奏報捕得女教匪首一枝花，命議敍。尋諭河南止設河北、南陽二鎮，與巡撫不相統屬，視山西例兼提督銜。疏陳整飭營務：足兵額，勤差操，明賞罰，練技藝，整軍械，重兵食，驗馬匹，謹守望，嚴約束。並請以州縣民壯之半交駐防汛弁操練。並戒兵民和衷，不得偏袒，平時試習騎射，期於嫻熟：俱如所請行。三月，疏言：『河南上年霪雨，省城多積水。臣令淺處濬深，窄處開寬。爲合城受水之區通溝建閘，時其蓄洩。養魚植木，以利民用。』又言：『河南上年被水，奉命濬省城乾河涯及淮、潁、汝、蔡各水。目前二麥成熟，農務正殷，餘請概停開浚。』上從之。又奏言：『現獲盜百餘，多係鄰省人，臣迭飭員弁分路訪緝。出省捕盜，例須赴地方官掛號，盜聞而潛逃，請得逕行往捕。』上命勉爲之。

六年，又奏言：『河南界連五省，西南伏牛、嵩山、桐柏等山，支幹交錯，地多林木，易於藏盜。請每歲秋冬，與聯界各省文武訂期巡察。』上命如所請行。七年，奏言開、歸等處積水，無妨田畝，上責其掩飾。尋又奏：『河南地平土鬆，水利誠不如東南之通達。開、歸等處地當下游，夏秋大雨，澗水匯注。積水未消，多係鄰近黄河州縣。歷來豁免錢糧，於民生並無妨礙。且土性鹹鹵，難以種植。未便一律疏洩，以損田廬。』上諭曰：『實難宣洩，朕不怪汝。若避而爲飾辭則不可。』八年，自陳『戆直致被人言』。上諭曰：『汝必欲以豐年爲政效，水旱漠不關心。此奏殊屬客氣。』命來京，改授鑲藍旗滿洲副都統。授刑部侍郎，調吏部。

又《衛哲治傳》 衛哲治，字我愚，河南濟源人。雍正七年，以拔貢生廷試優等，發江南委用。初署贛榆知縣，調鹽城。值蝗災，設六條拊循：優禮德望，饋餉高年，旌獎孝義，經理煢獨，譏警游惰，約束過犯。縣北有司河，匯上游七縣水入海。夏旱水弱，海潮至，鹹苦不可食，甚乃浸溢民田；秋水盛，又患河寬流緩，入海不速。哲治建閘立斗門，蓄洩有備。斥鹵化膏腴，歲有涸出地，給無業民承耕。田沉沒而糧未除者，悉請豁免。循海築土墩九十餘，潮大，漁者得就墩逃溺，號『救命墩』。乾隆二年，補長洲，兼攝吴縣。請豁坍荒逋賦十餘萬。八年，遷海州知州。歲歉治賑，全活二十萬人，流民有自山東就食者。擢淮安知府。十年，河決陳家堡，漂溺男女、田廬無算。哲治遣小舟載餅餌救之，躬涉風濤，往來存問。山東復災，流民南下。哲治捐俸，益以勸募，葺草屋，自清江浦屬魚溝以北，銜接二百餘里，所在給粥糜、衣、藥。十三年，山東又災，兩江總督尹繼善令哲治運賑米至臺莊。上聞哲治善治賑，調山東登萊青道。居數月，擢布政使。

又 卷三六〇《康基田傳》 康基田，字茂園，山西興縣人。乾隆二十二年進士，授江蘇新陽知縣，調昭文。爲令幾十年，遷廣東潮州通判。以獲盜功，晉秩同知。累遷河南河北道，調江南淮徐道，治河有聲。五十二年，擢江蘇按察使。命每年大汛赴淮、徐襄河務。六月，河南睢州河溢，基田奉檄馳往堵築。次年，遷江寧布政使，兼河務如故。五十四年，署江南河道總督，尋回任。六月，基田防汛睢南，值周家樓河溢，上游魏家莊大埽翻陷，基田壓焉，援救得生。詔嘉其奮勉，特加恩賚。五十五年，護理安徽巡撫。以高郵糧胥偽造印串，巡撫閔鶚元被嚴譴，褫基田頂戴。復以陳奏不實，革職逮問，遣戍伊犁。尋許贖罪，以南河同知用。五十六年，仍授淮徐道。五十九年，力守豐汛曲家莊隄，特詔褒獎。擢江蘇按察使，調山東，仍兼黄、運兩河事。

嘉慶元年，南河豐汛河溢，基田赴工襄治，遷布政使。命回山東，疏消漫水，撫卹災民，基田遂往來其間。次年春，豐工竣，賜花翎。擢江蘇巡撫。秋，河溢碭山楊家壩，命馳視。山東曹縣河亦溢，復命往襄同堵築。授河東河道總督，尋調南河。三年，曹工合而復蟄，部議革職，詔寬免。疏言：『口門深逾十丈，擬就二壩前河勢灣處開引河，別築一壩，即以舊西壩改作挑水壩，俟秋後興工。』詔責其延玩，褫翎頂。尋命專任下游挑河事。九月，河南睢州河復溢，水入渦、淝諸河，正河斷流。大工旋合。次年春，睢工亦竣，河歸故道，引河通暢，復翎頂。時有條奏治海口及復舊制混江龍者，基田疏言：『治河之法，首在束水攻沙。自曹工漫溢，溜或旁趨，遂致正河淤墊。因上決而下淤，非先淤而後決。今睢工、曹工既竣，連年黄水漫衍，所在停沙，比至清江會淮，已成清水。海口刷滌寬三百數十丈，毋庸疏濬。混江龍助水之力甚微，不若束水攻沙、以水治水之力大而功倍。』仁宗嘉納之。

秋，河溢邵家壩。十二月，堵合未旬日，壩復蟄，滲水，責基田賠帑。五年正月，壩工失火，積料盡焚，革職，留工効力。基田馭下素嚴，督率將卒守隄，動以軍法從事，稽延者杖枷不貸，人多怨之。又官吏積弊懼揭，陰縱火以掩其跡。帝亦知基田性剛守潔，惟責其苛細，仍命隨辦要工，欲復用之。及邵家壩工竣，以知州用，補江蘇太倉直隸州。逾年，擢廣東布政使，調江西，又調江寧。十一年，因貴州鉛船遲滯，降調，授戶部郎中。

十三年，從協辦大學士長麟、戴衢亨察視南河，基田請修復天然閘迤東十八里屯二石閘，靳輔所建也，足以減黄濟運，且山石夾峙，無奪溜沖決之患，據以入告。帝嘉其留心河務，加道銜，賜花翎。尋予太僕寺少卿職銜，稽核南河要工錢糧。十六年，以年逾八旬，乞休，允之，命來京就養，以示優卹。後議改建山盱五壩，特命與議。基田疏陳：『舊制盡善，不宜輕改。今仁、義、禮三壩石底損壞，跌成深塘，不得已爲變通之計。請將仁、義二壩先改其一，俟大汛果見順利，再議添所建。擬禮壩先築草壩，非湖水大漲，不可輕放。』奏入，報聞。十八年，鄉舉重逢，賜三品卿銜，與鹿鳴宴。尋卒。

又《吴璥傳》 吴璥，字式如，浙江錢塘人，吏部侍郎嗣爵子。乾隆四十三年進士，選庶吉士，授編修。大考擢侍講學士，典陝西鄉試。五十四年，督安徽學政。召見，高宗因其父曾爲總河，詢以河務，所對稱旨，即日授河南開歸陳許道。累遷布政使。五十九年，巡撫出視賑，璥充鄉試監臨，聞河水暴漲，即出闈馳防，帝嘉之。六十年，署巡撫。

嘉慶二年，楚匪齊王氏犯河南，擊走之，復剿息縣匪，賜花翎。母憂留任。四年，署河東河道總督，尋實授。請增河工料價，歸地糧攤徵，詔斥其病民，革職留任。五年，調南河，堵合邵家壩漫口，加太子少保。八年秋，河決衡家樓，命豫籌來年漕運，請疏邳州、宿遷諸閘，於宿遷、桃源交界築束水草壩，濬淤淺，依議行。又言徐州一帶河水寬深而未消落，乃海口壅塞所致，詔相度治之。尋疏陳：『雲梯關海口暗灘，尚非全被阻遏。請於黄泥嘴開引河，並挑吉家浦、于家港、倪家灘、宋家尖諸灘。』允之。九年秋，洪湖水漲未消，請緩築仁、智兩壩，以保堰、盱隄工。時東河衡工甫合，清江浦河口水淺阻糧船，上謂清水力弱，由啟放仁、智等壩所致，命侍郎姜晟往會籌蓄黄濟運。璥與合疏請堵二壩及惠濟閘之鉗口壩，使湖水全力東注，刷通河口，並啟李工口門，減掣黄水，從之。上終以璥多病，治河不力，雖宥其罪，命解職。十年，授兵部侍郎，調倉場侍郎。

十一年，復授河東河道總督。因料物例價不敷，請依南河按時價折銷，允之。復請歲料幫價歸地糧攤徵，被嚴斥，革職留任。尋又以隄堰工需併入衡工善後題銷，上切責之。十三年，召回京，授刑部尚書。命偕侍郎托津赴江蘇鞫獄，并勘議海口改道，請仍復故道，接築雲梯關外大隄，從之。復授江南河道總督。十四年，疏陳：『海口應濬，而大隄不堅，旁洩必淤；蓄清爲要，而隄壩不復，遇漲必潰。今閘壩無減黄之路，五壩無節宣之方，皆宜急爲救治。』詔韙之，令盡心經理。是冬，以海口挑復正河，費用浩繁，不及於次年桃汛前舉工，請權宜仍濬北潮河以通去路。十五年春，偕兩江總督松筠合疏請修復正河，詔允行。而斥璥無定見，前後矛盾，責其認真督治，不得以事由松筠主持爲推諉之地。尋因病乞假，詔解職，俟病痊以六部尚書用。

璥既去任，松筠疏論河工積弊，謂璥與徐端治理失宜，用人不當，墊欵九十餘萬，恐有冒捏。又兩淮鹽政阿克當阿劾揚河通判繆元淳浮冒工欵，稱：『璥路過揚州，與言廳員營弁不肖者多，往往虛報工程，且有無工借支。前在任六七年，用帑一千餘萬，今此數年，竟至三四千萬。』詔斥璥知而不奏，命尚書托津等往南河按之，劾璥失察誤工。又濬淮北鹽河，未經奏陳，濬後復淤，詔切責，降四級調用，與徐端分賠鹽河工欵，命璥赴南河襄辦王營減壩及李家樓漫口。十七年，補光祿寺卿，累遷吏部侍郎。

十八年，睢州河溢，命赴南河察勘湖河。十九年，授河東河道總督，督治睢工。次年，遷兵部尚書，工竣回京，歷刑部、吏部，協辦大學士。上以璥練習河務，無歲不奉使出勘河。二十一年，協防東河秋汛。二十二年，勘睢工及山東運河，南河蕭南民堰，清江浦禦黃、束清諸壩。二十三年，築沁河漫口。二十四年，築河南蘭陽、儀封及武涉馬營壩決口。二十五年，勘南河束清、禦黃諸壩及洩水事宜。其間再署河南巡撫，一署河東河道總督。道光元年，以病免。二年，因侍郎那彥寶治河不職降黜，追論璥與同罪，雖已致仕家居，褫其翎頂。尋卒。

又《徐端傳》 徐端，字肇之，浙江德清人。父振甲，官江蘇清河知縣。端少隨任，習於河事。入貲爲通判。乾隆中，河決青龍岡。振甲知涉縣，分挑引河，端佐役，大學士阿桂督工，見而器之，留東河任用，授蘭儀通判。尋升缺爲同知，調睢寧，又調開封下南河。

嘉慶三年，署山東沂曹道。睢州河決，端預築曹州隄，得無害。四年，擢江西饒州知府，未之任，調江蘇淮安。七年，擢淮徐道，丁父憂，與假治喪，仍回任。九年，加三品頂戴，護理東河河道總督。時衡家樓甫塞決，詔以前官王秉韜惜費，嵇承志年衰，修防多疏，責端通籌全河爲未雨綢繆之計。端疏陳臨河埽工固緊要，無工之地尤須慎防，仁宗韙之。冬，清口水淺阻漕船，端偕尚書姜晟等往視，請展引河，啟祥符五瑞壩，分河水入洪湖助清敵黃，清口乃通。尋授江南河道總督。十年，請疏治雲梯關沙淤，培築桃源以下隄工；又請移建河口束清壩於迤南湖水匯出之處，以資節制；挑清壩外築束清東壩，對岸張家莊增築西壩，留口門二十丈，視湖水大小爲束展：詔允行。秋，築義壩。時命侍郎戴均元會籌蓄黃濟運，端與合疏請濬王營減壩以下鹽河，遇盛漲，相機啟放，庶黃減淮強，湖水暢出，堰工亦免著重，從之。

十一年，洪湖異漲，高堰賴新築子堰抵禦，不爲害。俄黃水並漲，決鹽河民堰，運河東岸荷花塘亦決。以功過相抵，免議。舊制，南河設正副總河，後裁其副。至是授戴均元爲河道總督，端副之。秋，河決周家樓，上游郭家房隄蟄，命端專治郭家房堵口，四閱月工竣。時黃水由減壩六塘河入海，正河斷流，羣議改道，上頒示《御製黃河改道記》，命端視察海口。尋以六塘河下游水勢散漫，難施工作，復頒示《御製治舊河記》，命端專駐減壩督工。十二年春，工竣，河循故道，加太子少保。秋，海潮上漾，河由陳家浦旁溢入射陽湖歸海，請於黃泥嘴建壩，擇要疏淤，俾仍故道。

十三年，署正總河。先是端屢言河淤由於海口流緩，宜接築雲梯關外長隄，束水攻沙，未及舉。至是兩江總督鐵保疏申前議，並請培高堰土坡，修補智、禮二壩，以備湖漲；復毛城鋪石隄、王營減壩，以節宣黃水：端贊其議。命協辦大學士長麟、戴衢亨察視，惟輟毛城鋪壩工，改建徐州十八里屯雙閘，餘依原議行。夏，湖水漲，端啟智、信二壩，不敷宣洩，壞磚工百餘丈，褫翎頂，降三級留任。尋堵合，復之。時黃水由馬港口分流，經灌河口歸海，命尚書吴璥、侍郎托津會勘，以荷花塘壩工垂成復蟄，降端爲副總河。十五年，復授河道總督，裁副總河。端始終主復舊海口堵馬港，命尚書馬慧裕會同督治。兩江總督松筠劾端於河流逢灣取直，以致停淤，上不直其奏，端疏辨，詔松筠無預河務，責端與慧裕速施工，勿游移。尋以洪湖風汛，壞高堰、山盱兩廳工甚鉅，革職留任。松筠復密陳端祇知工程，不曉機宜，糜帑千萬，迄無成功，且恐有浮冒之弊。詔斥端不勝河督之任，革職留工，專任堵築義壩。十六年，命以通判用，復命治李家樓引河。十七年，工甫竣，病卒。

端治南河七年，熟諳工作。葦柳積隄，一過測其多少。與夫役同勞苦，廉不妄取。河工積弊，端知之，憚於輕發，欲入覲面陳而終不得，以至於敗。繼之者爲陳鳳翔，河事遂益敝。

又《陳鳳翔傳》 陳鳳翔，字竹香，江西崇仁人。謄錄，議敍授縣丞，發直隸河工，累遷永定河道。嘉慶六年，畿輔大水，河決者四，鳳翔從侍郎那彥寶塞決，爲仁宗所知。逾年，丁父憂，賜金治喪。後復授永定河道。

十四年，擢河東河道總督，逾年，調南河。時南河敝壞已久，河湖受病日深，詔以蓄清敵黃爲急務，其要在修復高堰之堤，責鳳翔剋期程工，尤以借黃濟運爲戒。十六年，疏陳急治河口及運河各工，高堰一堤亦次第興辦。尋偕兩江總督勒保奏報堵合禦黃、鉗口兩壩，疏末微言：『海口北岸無人烟之地，面面皆水，俟秋間水落，相機辦理。』上以上年堵築馬港，兩岸皆新堤，北岸地勢尤高，明是新決諱飾，責令據實奏聞。適王營減壩土隄又決，詔切責，革職留任。尋奏：『王營減壩旁注，由海口逼緊，水無他路，致有漫溢。請俟水落，修築減壩海口，但保南岸，勿築北岸，以免水逼。』援引高宗諭旨雲梯關外勿與水爭地，詔以『從前瀕海沙灘無居民，今則馬港口外現有村落，非昔可比。且水勢散漫，河緩沙停，弊不勝言。又鳳翔等所繪海口圖無村落地名，與十三年吳璥所呈圖説不同，河形曲直亦異』，斥鳳翔意存朦混，恃才妄作：『前稱雲梯關外溜勢暢達，未挑處刷深至十餘丈，可見海口非高仰；鳳翔既未身歷其境，今因北岸漫溢，束手無策，反言從前挑築皆屬非計，以相抵塞。』特簡百齡爲兩江總督，與鳳翔同勘海口。鳳翔謂海口不能暢，下壅故上潰，諉爲淮海道黎世序所言。而世序實謂下壅在倪家灘新隄上下，非在海口。及百齡至，親勘海口深通，惟中段涸成平陸，乃去歲挑河積土河灘，春水漫刷，仍歸河內。又攔潮壩放水時，壩根起除未淨，阻水停淤，世序屢請籌辦，鳳翔視爲緩圖，詔斥因循貽誤。會上游緜拐山、李家樓兩處漫口，革職留任。

十七年春，禮壩又決，百齡劾：『鳳翔急開遲閉，壩下衝動，不早親勘堵築，用帑二十七萬兩有奇。而壩工未竣，清水大洩，下河成災。』嚴詔斥鳳翔貽誤，革職，罰賠銀十萬兩，荷校兩月，遣戍烏魯木齊。尋鳳翔訴辨，命大學士松筠、府尹初彭齡按訊，得百齡與鳳翔同時批准開壩狀。鳳翔又訐百齡信任鹽巡道朱爾賡額督辦葦蕩柴料，捏報邀功：譴百齡等，鳳翔免枷，仍赴戍，未行，病歿。

又《黎世序傳》 黎世序，初名承惠，字湛溪，河南羅山人。嘉慶元年進士，授江西星子知縣，調南昌。擢江蘇鎮江知府。十六年，遷淮海道。與河督陳鳳翔爭堵倪家灘漫口，由是知名。

十七年，調淮陽道。尋鳳翔黜，詔加世序三品頂戴，署南河河道總督，俟三年後果稱職，始實授。疏言：『自上年大濬，千里長河，王營減壩及李家樓漫口堵合，雲梯關外水深二三丈至四五丈，爲近年所未有。而清江浦至雲梯關一帶，較之河底深通時尚高八九尺。此非人力所能猝辦，計惟竭力收蓄湖水，以期暢出。敵黃蓄清之法，在堰、盱二隄，有旨緩辦。今年禮壩跌損，宣洩路少，二隄尤應急築，以資捍衛。』允之。

十八年，以仁、義、禮三壩基壞，請於蔣家壩附近山岡移建三壩，挑引河三道，詔令詳議，並飭填實舊壩。尋如議行。因全漕渡黃較早，議敍。疏請加高徐州護城石工，添築越隄，於清江浦汰黃隄外加重隄，又於駱馬湖尾閭五壩迤下添碎石滾壩，並允之。先是百齡擬於清江浦石馬頭築圈隄，其灣處對王營，上起禦黃壩，下屬貼心壩，河寬千餘丈，至此陡束爲二百丈，論者以爲不便，得不行；世序卒成之。是年秋，睢南薛家樓、桃北丁家莊漫水壞隄，世序躍入河者再。會上游河南睢州決口奪溜，河水陡落，睢、桃兩工得補築無事，詔以世序不能先事預防，降一級留任。睢州決口久未合，黃水全入洪湖。世序力籌宣洩，濬順清河於清口淤窄處，自束清壩起至禦黃壩止，挑引河三，束清、鉗口各壩一律闢展，智、仁兩壩及蔣壩以南，新挑仁、義兩壩引河，並爲分減之路。至十九年霜降，安瀾，詔嘉世序修防得宜，加二品頂戴。

二十年，疏言：『徐州十八里屯舊有東西兩閘，金門寬三丈五尺，不足減水。其西南虎山腰兩山對峙，凹處寬二十餘丈，山根石脚相連，可作天然滾壩。北面臨河，即十八里屯，山岡淤於土中，剗平山頂，改作臨河滾壩。以虎山腰爲重門擎托，可期穩固。』允之。夏，洪湖盛漲，拆展束清，禦黃兩壩，啟山盱引河滾壩，清水暢出，會黃東注，刷河益深，特詔嘉獎，賜花翎。

世序治河，力舉束水對壩，課種柳株，驗土埽，稽垛牛，減漕規例價。行之既久，灘柳茂密，土料如林，工修河暢。南河歲修三百萬兩爲率，每年必節省二三十萬。碎石坦坡，自靳輔始用之於高堰，後蘭第錫、吳璥、徐端偶一用之。世序始用之於通工，謗言四起，世序力持，卒獲其效。二十一年，京察，議敍。二十二年，因禦黃壩刷深不能施工，束清壩掣溜太急，亦難穩立，請於舊二壩水淺處添築重壩，又於束清壩外添建一壩，以爲重門鉗束，於是比歲安瀾，奏減料價一成。

道光元年，入覲，宣宗嘉其勞勩，加太子少保，開復一切處分，賜詩以寵之。二年，京察，復予議敍。四年，卒於官，優詔褒卹，加尚書銜，贈太子太保，謚襄勤，入祀賢良祠。江南請祀名宦建專祠，帝追念前勞，御製詩一章，命勒石於墓。賜其子學淳，主事；學淵，舉人；學澄，副榜貢生。

自乾隆季年，河官習爲奢侈，帑多中飽，寖至無歲不決。又以漕運牽掣，當其事者，無不蹶敗。世序澹泊寧靜，一湔靡俗。任事十三年，獨以恩禮終焉。幕僚鄒汝翼，無錫人，世序倚如左右手，欲援陳潢故事，薦之於朝，力辭而止。涇縣包世臣號知河事，世序多用其説，惟築圈堰一事論不合。及創虎山腰滾壩，世臣阻之曰：『河以無溜爲至險，攻大埽不與焉；湖以淤底爲至險，掣石工不與焉。公謂減黃入湖，爲化險爲平。黃緩湖高，吾坐見其積平成險也。兩險交至，其禍甚烈。公意在及身，然以憂患貽後世已。』世序初奏亦謂壩成遇不得已乃啟，然後實無歲不啟。洎嘉慶二十五年，上游河南睢州馬營兩口既合，閱歲大汛至，清河、安東、阜寧三縣境內河水常平隄，而中泓無溜。世序心知其害，憂瘁而卒。後數月，高堰竟決。

又 卷四七六《循吏傳一・張瑾》 昆明池受四山之水，夏秋暴漲，怒流入閘河。沙石壅塞，水乃溢。浸瀕池田，歲勞民力濬之。晉寧州境毘於昆明，受東南諸箐之水，舊迹有河道入江，上官議鑿之以通閘河。瑾按地勢爲圖白之曰：『閘河獨受昆明之水，已不能吐納，沙石旁溢爲害，豈可更受晉寧水乎？且其地高若建瓴，沙石犖确尤甚，殆不可治。』臺司持之堅，則指圖爭曰：『高下在目，何忍陷民於死！』總督范承勳曰：『令言是也。』議遂寢。

縣有止善、春登、利城諸里田，坳垤錯出，不旱則潦。瑾廉得旁近有白沙、馬㬊、清水三河，可資蓄洩，年久湮塞，率民濬治。三月河復，田以常稔。大小東門外舊皆市，兵後爲墟，盜賊窟其中。爲創造室廬，以居流亡，移城中騾、馬、羊諸市實之。貨廛牧埸相比，盜遂絕迹。安阜園者，故藩囿也，請耕之以食孤貧廢疾而無告者。

又 卷四七七《循吏傳二・周人龍》 周人龍，字雲上，直隸天津人。康熙四十八年進士，授山西屯留知縣。興學賑荒，有聲。調清源，境內洞渦、嶑峪諸河入汾，常有水患，濬渠築堰，民賴之。歷忻州直隸州知州、蒲州知府。蒲郡瀕黃河，河水遷徙無常。山、陝兩省民隔河爭地，訟數十年不結。人龍請於大吏曰：『臨河灘地，當以河爲界。河東遷，則山西無地之糧歸陝西；河西遷，則陝西無地之糧歸山西。糧隨地起，不缺正賦。因地納糧，無累民生。山、陝沿河二千餘里，凡兩省湮沒之地，令地方官照糧查地，按地過糧。除鹵鹹者照例題請免徵，其餘水退之地，招令沿河民認糧承種，庶事無偏枯，爭訟可息。』大吏從其議，至今便之。

紀事

《左傳・襄公二十五年》 楚蔿掩為司馬，子木使庀賦，數甲兵。甲午，蔿掩書土田，度山林，鳩藪澤，辨京陵，表淳鹵，數疆潦，規偃豬，町原防，牧隰皋，井衍沃，量入修賦，賦車籍馬，賦車兵、徒兵、甲楯之數。既成，以授子木，禮也。

《呂氏春秋》卷一六《先職覽・樂成》 魏襄王與群臣飲，酒酣，王爲群臣祝，令群臣皆得志。史起興而對曰：『群臣或賢或不肖，賢者得志則可，不肖者得志則不可。』王曰：『皆如西門豹之爲人臣也。』史起對曰：『魏氏之行田也以百畝，鄴獨二百畝，是田惡也。漳水在其旁而西門豹弗知用，是其愚也。知而弗言，是不忠也。愚與不忠，不可效也。』魏王無以應之。明日，召史起而問焉，曰：『漳水猶可以灌鄴田乎？』史起對曰：『可。』王曰：『子何不爲寡人爲之？』史起曰：『臣恐王之不能爲也。』王曰：『子誠能爲寡人爲之，寡人盡聽子矣。』史起敬諾，言之於王曰：『臣爲之，民必大怨臣。大者死，其次乃藉臣。臣雖死藉，願王之使他人遂之也。』王曰：『諾。』使之爲鄴令。史起因往爲之。鄴民大怨，欲藉史起。史起不敢出而避之。王乃使他人遂爲之。水已行，民大得其利，相與歌之曰：『鄴有聖令，時爲史公，決漳水，灌鄴旁，終古斥鹵，生之稻粱。』使民知可與不可，則無所用矣。賢主忠臣，不能導愚教陋，則名不冠後、實不及世矣。史起非不知化也，以忠於主也。魏襄王可謂能決善矣。誠能決善，眾雖讙譁而弗爲變。功之難立也，其必由哅哅邪。國之殘亡，亦猶此也。故哅哅之中，不可不味也。中主以之哅哅也止善，賢主以之哅哅也立功。

《漢書》卷二九《溝洫志》 魏文侯時，西門豹爲鄴令，有令名。師古曰：『有善政之稱。』至文侯曾孫襄王時，與羣臣飲酒，王爲羣臣祝曰：『令吾臣皆如西門豹之爲人臣也！』史起進曰：『魏氏之行田也以百畝，師古曰：『賦田之法，一夫百畝也。』鄴獨二百畝，是田惡也。漳水在其旁，西門豹不知用，是不智也。知而不興，是不仁也。仁智豹未之盡，何足法也！』於是以史起爲鄴令，遂引漳水溉鄴，以富魏之河內。民歌之曰：『鄴有賢令兮爲史公，決漳水兮灌鄴旁，終古舄鹵兮生稻粱。』蘇林曰：『終古，猶言久古也。《爾雅》曰「鹵，鹹苦也」。』師古曰：『舄即斥鹵也。謂鹹鹵之地也。』

又 其後韓聞秦之好興事，欲罷之，無令東伐。如淳曰：『息秦滅韓之計也。』師古曰：『罷讀曰疲，令其疲勞不能出兵。』乃使水工鄭國間說秦，師古曰：『間音居莧反。其下亦同。』令鑿涇水，自中山西邸瓠口爲渠，師古曰：『中讀曰仲，即今九嵕之東仲山也。邸，至也。』並北山，東注洛，三百餘里，師古曰：『並音步浪反。洛水，即馮翊漆沮水。』欲以溉田。中作而覺，師古曰：『中作，謂用功中道，事未竟也。』秦欲殺鄭國。鄭國曰：『始臣爲間，然渠成亦秦之利也。臣爲韓延數歲之命，而爲秦建萬世之功。』秦以爲然，卒使就渠。渠成而用注填閼之水，溉舄鹵之地四萬餘頃，收皆畝一鍾。師古曰：『注，引也。閼讀與淤同，音於據反。填閼謂壅泥也。言引淤濁之水灌鹹鹵之田，更令肥美，故一畝之收至六斛四斗。』於是關中爲沃野，無凶年，秦以富彊，卒并諸侯，因名曰鄭國渠。

《宋書》卷三一《五行志二・白眚白祥》　晉成帝咸康初，地生毛，近白眚也。孫盛以爲民勞之異。是後胡滅而中原向化，將相皆甘心焉。於是方鎮屢革，邊戍仍遷，皆擁帶部曲，動有萬數，其間征伐徵賦，役無寧歲，天下擾動，民以疲怨。

咸康三年六月，地生毛。

晉孝武太元二年五月，京都地生毛。至四年而氐賊攻襄陽，圍彭城，向廣陵，征戍仍出，兵連不解。

太元十四年四月，京都地生毛。是時苻堅滅後，經略多事。

太元十七年四月，地生毛。

晉安帝隆安四年四月乙未，地生毛，或白或黑。

晉安帝元興三年五月，江陵地生毛。是後江陵見襲，交戰者數矣。

晉安帝義熙三年三月，地生白毛。

義熙十年三月，地生白毛。明年，王旅西討司馬休之。又明年，北掃關、洛。

《晉書》卷二八《五行志中・白眚白祥》　成帝咸康初，地生毛，近白祥也。孫盛以爲人勞之異也。是後石季龍滅而中原向化，將相皆甘心焉。於是方鎮屢革，邊戍仍遷，皆擁帶部曲，動有萬數。其間征伐徵賦，役無寧歲，天下勞擾，百姓疲怨。

咸康三年六月，地生毛。

孝武太元二年五月，京都地生毛，至四年而氐賊次襄國，圍彭城，向廣陵，征戍仍出，兵連年不解。

太元十四年四月，京都地生毛。是時苻堅滅後，經略多事，人勞之應也。十七年四月，地生毛。

安帝隆安四年四月乙未，地生毛，或白或黑。元興三年五月，江陵地生毛。是後江陵見襲，交戰者數矣。

義熙三年三月，地生白毛。十年三月，地生毛。明年，王旅西討司馬休之。又明年，北掃關洛。

《隋書》卷二二《五行志上・白眚白祥》　梁大同二年，地生白毛，長二尺，近白祥也。孫盛以爲勞人之異。先是大發卒築浮山堰，功費鉅億，功垂就而復潰者，數矣。百姓厭役，吁嗟滿道。

齊河清元年九月，滄洲及長城之下，地多生毛，或白或黑，長四五寸，近白祥也。時北築長城，內興三臺，人苦勞役。

《新唐書》卷三五《五行志二》　垂拱元年九月，淮南地生毛，或白或蒼，長者尺餘，遍居人牀下，揚州尤甚，大如馬鬣，焚之臭如燎毛。占曰：『兵起，民不安。』**【略】**

建中初，魏州魏縣西四十里，地數畝忽長崇數尺。四年四月甲子，京師地生毛，或黃或白，有長尺餘者。

貞元四年四月，淮南及河南地生毛。

元和十二年四月，吳元濟鄾城守將鄧懷金以城降，城自壞五十餘步。

大和六年二月，蘇州地震，生白毛。

又　卷一四一《高霞寓傳》　浚金河，溉鹵地數千頃。

又　卷一四三《李承傳》　李承，趙州高邑人。**【略】**尋擢監察御史，累遷吏部郎中，淮南西道黜陟使。奏置常豐堰於楚州，以禦海潮，溉屯田瘠鹵，收常十倍它歲。

《文獻通考》卷三〇〇《物異考六・白眚白祥》　咸康三年六月，地生毛。孝武太元二年五月，京都地生毛，至四年而氐賊次襄國，圍彭城，向廣陵，征戍仍出，兵連年不解。太元十四年四月，京都地生毛。時苻堅滅後，經略多事，人勞之應也。十七年四月，地生毛。安帝隆安四年四月乙未，地生毛，或白或黑。元興三年五月，江陵地生毛。是後江陵見襲。義熙三年三月，地生白毛。十三年三月，地生毛。明年，王旅西討司馬休之。又明年，北掃關洛。

梁武帝大同二年，地生白毛，長二尺，近白祥也。孫盛以爲人勞之異。先是大發卒築浮山堰，功費鉅億，垂成復潰，百姓怨嗟。太清二年九月，地生白毛，長二尺。時侯景舉兵反。

後齊河清元年九月，滄州及長城之下，地多生毛，或白或黑，長四五寸，近白祥也。

又　建中四年四月甲子，京師地生毛，或黃或白，有長尺餘者。

貞元四年四月，淮南及河南地生毛。二十年九月庚辰甲夜，有白氣八，東西際天。太和三年八月，西方有白氣如柱。六年二月，蘇州地震，生白毛。

又　宋嘉祐七年三月，徐州彭城縣白鶴鄉地生麵，占曰：『地生麵，民將饑。』五月，濠州鍾離縣地生麵。

又 **卷三〇二《物異考八·地生異物》** 成帝咸康初，地生毛。孝武帝太元二年，地生毛。十四年，京都地生毛。十七年，地生毛。安帝隆安四年，地生毛，或白或黑。元興三年五月，江陵地生毛。義熙三年、十年，地並生毛。

齊高帝建元元年，荊州天井湖出綿，人乃與常綿不異。

梁武帝大同二年，地生白毛，長二尺詳見《白祥門》。

北齊武成河清元年九月，滄州及長城下地多生毛，或白或黑，長四五寸。

唐武后垂拱元年九月，淮南地生毛，或白或蒼，長者尺餘，偏居人床下，揚州尤甚，大如馬鬣，焚之臭如燎毛。占曰：『兵起，民不安。』三年，魏州地出鐵如船數十丈。武威郡石化爲麪，貧乏者取以給食。元宗天寶十三載，汝州葉縣南有土塊鬭，中有血出，數日不止。德宗建中四年四月，京師地生毛，或黃或白，有長尺餘者。貞元四年四月，淮南及河南地生毛。文宗太和二年六月，蘇州地生毛。

《宋史》卷六六《五行志四·金》 嘉祐七年三月，彭城縣白鶴鄉地生麪，占曰：『地生麪，民將飢。』五月，鍾離縣地生麪。

又 卷六七《五行志五·土》 熙寧元年，荊、襄間天雨白氂如馬尾，長者尺餘，彌漫山谷。三月丁酉，潭州雨毛。八年五月丁丑，雨黃毛。

紹熙四年十一月癸酉，地生毛。

咸淳九年，江南平地產白毛，臨安尤多。

又 卷二七七《鄭文寶傳》 文寶至賀蘭山下，見唐室營田舊制，建議興復，可得秔稻萬餘斛，減歲運之費。清遠據積石嶺，在旱海中，去靈、環皆三四百里，素無水泉。文寶發民負水數百里外，留屯數千人，又募民以榆槐雜樹及貓狗鴉鳥至者，厚給其直。地舄鹵，樹皆立枯。西民甚苦其役，而城之不能守，卒爲山水所壞。又令寧、慶州爲水磑，亦爲山水漂去。

又 卷二八四《陳堯咨傳》 改起居舍人，同判吏部流内銓。舊格，選人用舉者數遷官，而寒士無以進，堯咨進其可擢者，帝特遷之。改右諫議大夫、集賢院學士，以龍圖閣直學士、尚書工部郎中知永興軍。長安地斥鹵，無甘泉，堯咨疏龍首渠注城中，民利之。然豪侈不循法度，敞武庫，建視草堂，開三門，築甬道，出入列禁兵自衛。用刑慘急，數有杖死者。嘗以氣凌轉運使樂黃目，黃目不能堪，求解去，遂徙堯咨知河南府。

又 卷三九八《丘宗傳》 遷太常博士，出知秀州華亭縣。捍海堰廢且百年，鹹潮歲大入，壞並海田，蘇、湖皆被其害。密至海口，訪遺址已淪沒，乃奏創築，三月堰成，三州舄鹵復爲良田。除直祕閣、知平江府，入奏内殿，因論楮幣折閲，請公私出内，並以錢會各半爲定法。詔行其言，天下便之。

《元史》卷六四《河渠志一·白河》 至治元年正月十一日，漕司言：『夏運海糧一百八十九萬餘石，轉漕往返，全藉河道通便，今小直沽汊河口潮汐往來，淤泥壅積七十餘處，漕運不能通行，宜移文都水監疏滌。』工部議：『時農作方興，兼民多艱食，若不差軍助役，民力有所不逮。』樞密院言：『軍人不敷。』省議：『若差民丁，方今東作之時，恐妨歲事。其令大都募民夫三千，日給傭鈔一兩、糙粳米一升，委正官提調，驗日支給，令都水監暨漕司官同督其事。』四月十一日入役，五月十日工畢。

又 卷六五《河渠志二·揚州運河》 運河在揚州之北。宋時嘗設軍疏滌，世祖取宋之後，河漸壅塞。至元末年，江淮行省嘗以爲言，雖有旨濬治，有司奉行，未見實效。

《明實録·宣宗章皇帝實録》卷三一 ［宣德二年］九月辛亥，宿州奏：六月，西河水溢，渰近河田土，積久水不消，農種無獲。

《明史》卷三〇《五行志三·地生毛》 宣德元年七月甲午，地生毛，長尺餘。正統八年，浙江地生白毛。成化十三年四月，甘肅地裂，生白毛。十五年五月，常州地生白毛。十七年四月，南京地生白毛。弘治元年五月丙寅，瀘州長寧縣雨毛。正德十二年四月，金華地生黑白毛，長尺餘。

又 卷八八《河渠志六·直省水利》 ［洪武］十二年，李文忠言：『陝西病鹹鹵，請穿渠城中，遙引龍首渠東注。』從其請，甃以石。

（康熙）《撫寧縣志》卷一《灾祥》 ［崇禎七年］海溢，漂沒沿海居民。地生土阜。

（康熙）《上猶縣志》卷二《氣候》 ［嘉靖十四年］大水，人畜溺死者甚眾，禾皆淹沒，田土俱為沙石所塞。

（康熙）《陽江縣志》卷三《事紀》 ［康熙二十六年］四月六日，鹵水雨，淹禾稼。田疇積鹵，連年失耕，稅戶苦之。

（康熙）《平湖縣志》卷一〇《灾祥》 ［崇禎元年］七月二十三日大風，河溢，壞獨山等處民舍數百廛，湖水成鹵。

（康熙）《重修武强縣志》卷二《灾祥》 ［萬曆三十五年］滹漳

俱溢，境無寸土。先時，城内井泉甘美，地甚肥腴，自經水後，井皆鹹，而地皆墄矣。

（雍正）《文登縣志》卷一《灾祥》［正德元年］七月初六日，大雨，海溢，港水逆流三十里，禾稼淹没，地變為鹹鹵。

（乾隆）《永平府志》卷三《祥異》［崇禎七年］海溢，漂没沿海民居。地生土阜，山海關旱。

（乾隆）《金山縣志》卷一八《祥異》［萬曆三年］夏五月丁卯，大風海溢，壞捍海塘，漂没廬舍，死者數百人，鹹潮入内地，經歲田為斥鹵。六月毒熱，農夫耕牛多中暑死。

（嘉慶）《嘉興府志》卷三五《祥異》［天啟六年］八月，海潮溢，自海寧入，一夕水漲三尺餘，河流皆鹽，汲井池以飲。

（嘉慶）《澄海縣志》卷五《灾祥》［嘉靖四十五年］旱。邑田濱海者地本斥鹵，為海泥所淤，一月不雨，鹹氣上升，禾苗立槁。内田即有水道，或旱久江涸，海潮氾濫，溝澮皆鹹，桔槔亦無所施，被災較他邑獨烈。

又［萬曆九年］秋九月，大颶，南橋飄覆漁船百餘艘，溺死者千餘人。是月颶風，風多雨少，鹹潮乍退，秋陽暴之，潮無雨解，鹹氣入土，故數歲尚無收穫。

（道光）《遂溪縣志》卷二《紀事》［雍正元年］海康、遂溪東洋一帶，田疇因颶風衝激，海潮淹傷禾稼，鹵氣深入，難以耕種。

（光緒）《甘肅新通志》卷首《綸音》［康熙四十年］十月己未，渝戶部：甘肅等處地方，切近邊陲，土瘠田薄。今年雨澤愆期，田禾多有未獲，閭閻饑困。

（光緒）《鬱林州志》卷四《禨祥》［景泰六年］頻雨，大水，沙壅田，皆斥鹵，居民多流散。

（光緒）《階州直隸州續志》卷一九《祥異》［道光八年］夏，北河決堤，西關鋪舍田園盡成沙磧，漂流西城門扉至蹇家坊。

（光緒）《昌邑縣續志》卷七《祥異》［乾隆十六年］海水漫溢，沿海地田鹻廢。

《宋會要輯稿·瑞異三·地生毛》 紹熙四年十一月十日，地生毛。《中興會要》。以上《永樂大典》卷一四二〇八

《清史稿》卷四四《灾異志五·雨毛地生毛》 順治五年三月，上海遍地生白毛。四月，婁縣地生白毛。六年六月，杭州、嘉興地生白毛。八月初三日，萊陽雨白毛。七年六月，蘇州、鎮洋、震澤、青浦地裂，生白毛。九年十月初四日，永嘉雨絮。

康熙七年六月，上海、海鹽、湖州、平湖、寧波地生白毛，長尺許。七月，臨安、餘姚地生白毛，長尺許。八月，永嘉、桐鄉地生白毛。八年八月，開化縣地生白毛。十月，義烏地生白毛。十四年三月，瓊州地生白毛，長寸餘。十七年十月二十六日，鎮洋雨白毛如雪片。四十六年，太平地生毛。

乾隆二十八年，南陵地生毛，白質黑穎。二十九年五月，武進地生白毛，長數寸。四十一年，婺源地生白毛。

嘉慶十九年七月，青浦遍地生白毛如髮。二十三年三月，宜城地生毛，或白或黑，長尺餘。

咸豐元年，江陵地生白毛，長三寸許。二年五月，青浦地生白毛。三年四月，武進地生毛。六年夏，青浦地生毛。七月，武進地生毛。九月，桐鄉地生白毛。九年十月，武昌地生毛。

同治元年七月，高陽地生毛。四年六月，羅田遍地生蒼白毛，長三寸許；即墨地生毛。五年十一月，潛江地生黑毛，長三寸；江陵地生毛。六年三月，德安地生毛。八月，京山地生毛，或黑或白，長尺餘。十月，隨州地生白毛。七年春，應山地生毛。夏，黄安地生毛。

光緒四年冬，光化地生毛。

又 卷四一六《周盛傳傳》 時鴻章奉敕興復京畿水利，盛傳任津沽屯田事，履勘天津東南縱横百餘里，沮洳蕪廢，議疏潦、濬河渠，引淡滌鹹，以變斥鹵。光緒二年，調天津鎮，移屯興工，開南運減河，自靳官屯抵大沽海口，減河兩岸各開支河一、横河六，溝澮河渠悉如法。建橋牐五十餘處，備蓄洩，使淡水鹹水不相滲混，成稻田六萬餘畝。濱河斥鹵地沾水利，可墾以億計。至六年工竣。

藝文

元 楊維楨《鐵崖古樂府》卷五《苦雨謡》 去年雨，坍鹻土。今年雨，

沒竈釜。竈釜三月青無煙，官家火程不問雨。胥靡移來坐監主，旬申虧官走揷户旬申又作旬中。

雜録

《隋書》卷七八《庾季才傳》 開皇元年，授通直散騎常侍。高祖將遷都，夜與高熲、蘇威二人定議，季才旦而奏曰：『臣仰觀玄象，俯察圖記，龜兆允襲，必有遷都。且堯都平陽，舜都冀土，是知帝王居止，世代不同。且漢營此城，經今將八百歲，水皆鹹鹵，不甚宜人。願陛下協天人之心，爲遷徙之計。』高祖愕然，謂熲等曰：『是何神也！』遂發詔施行，賜絹三百段，馬兩匹，進爵爲公。

《北史》卷八九《庾季才傳》 開皇元年，授通直散騎常侍。帝將遷都，夜與高熲、蘇威二人定議。季才旦奏：『臣仰觀玄象，俯察圖記，龜兆允襲，必有遷都。且漢營此城，經今將八百歲，水皆鹹鹵，不甚宜人，願爲遷徙計。』帝愕然，謂熲等曰：『是何神也！』遂發詔施行。

宋 范致明《岳陽風土記》 灉湖井，唐人嘗稱甘水，今荒穢不治，汲者亦少，當不逮昔也。

《遼史》卷三九《地理志三·中京道·來州》 海濱縣。本漢縣。瀕海，地多鹻鹵，置鹽場於此。

《宋史》卷三一七《錢即傳》 即字中道，吴越王諸孫也。第進士，爲睦州推官。部使者有獄在衢，唊即以薦牘，使往治。即曰：『吾寧老冗選中，豈忍以數十人易一薦乎？』至，則平反之。辟鄜延幕府。崇寧中，爲陝西轉運判官。王師復銀州，轉餉最。徽宗召對，問曰：『靈武可取乎？』對曰：『夏人去來飄忽，不能持久，是其所短；然其民皆兵，居不糜飲食，動不勤轉餉，願敕邊臣先爲不可勝以待釁，庶可得志。』帝曰：『大砦泉可取否？』對曰：『是所謂瀚海也。臣聞其地皆舄鹵，無水泉，或以飲馬，口鼻皆裂，正得之無所用。』帝然之。

清 方觀承《賑紀》卷一《上諭》 乾隆十一年三月二十三日奉上諭：協辦大學士、尚書劉於義查辦水利回京，奏慶雲、鹽山兩縣，土瘠民貧，積歉之後，種種困苦情形，朕心深為軫惻。其陳奏穿并、買牛、種樹三條，俱有關於耕作，朕已降旨，照所請速行矣。惟是立法固欲其利民，而經畫當籌其盡善。其種樹一事尚易辦理，如穿井有苦水甜水之分，惟甜水可資灌溉，官為穿井，分給於民，其地之遠近，何以均霑？民之貧富，何以分別？誰應給以官井？誰應令其自開？土井隨時修葺，何以保無傾圮？永遠為業，何以不起爭端？又如買牛以助其耕種，其自有耕牛者固不必散給，其無牛力之户如何分別給與？至一切餵養收管之處，亦應預為籌及。以上二事，其辦理之初固須經理得宜，奉行之後亦須永垂利益。此時正當東作緊急之時，不可稍有遲緩。著總督那蘇圖率同地方官悉心籌度，派委幹員作速辦理，一切以實心行之，勿視為民間瑣屑之事可以苟且塞責，務使良法美意，歷久無弊，庶於瘠土民生漸復元氣。可即傳諭知之，有應速辦者，一面辦理，一面奏聞。欽此。

乾隆十一年五月十四日奉上諭：直隸慶雲縣土瘠民貧，連年荒歉，朕心深為軫念，多方籌畫，蠲賑頻施，以甦民困。惟是該縣當積歉之後，一時元氣難以驟復，必須大沛恩膏，俾小民永霑實惠。著將慶雲縣每年額徵地丁銀兩蠲免十分之三，永著為例。該部即遵諭行。欽此。

昔堯曰：棄，黎民阻饑。舜曰：來禹，洚水儆予。呼其臣而詔之，此古帝王遇災始事也。迨讀周宣王雲漢之詩，咨嗟誥誡，為民請命。自時厥後，蠲賑之令代復聞之，大都補救於臨時，而先幾鮮所備豫，事後亦相與安之而已。我皇上敬天勤民，恫瘝在抱，乾隆八年河、津、冀、深等屬入夏不雨，至於六月，深宮神運，慮遠思深，謂食不足，難有仁術，將安所施？而潞衛二河，南連齊豫，東接遼海，天設此舟楫可通之勢，以裕輓輸，富以其鄰，呼吸立應。其議賑議蠲一切法，悉破常格，為之有加無已。蓋自是年六月越十年二三月，前後六十有六旬，皇衷繾綣，與民終始，使被災輕重四十二州縣無一夫不獲其所，而於甚瘠之區所經畫而拊循之者尤三致意焉。聖天子心堯舜之心而布漢唐以來未有之澤者如此，謹備錄詔旨，次其月日，恭纂成編，用弁簡首，垂萬世法。臣方觀承謹記。

清 楊芳《田制説》《籌濟篇》卷二九 若夫建堤障水，則有圍田。築土避水，似圍而小其面，則有櫃田。架木作田，培葑泥而泛水上，則有架田，亦名葑田。瀕江沿海，積淤泥而成腴壤，則有沙田，更有塗田。梯山爲田，又有梯田，種植蔬果，別有圃田，因地異制，詳見《農桑訣》及《勸農書》。《康濟錄》行世，較區田爲廣矣。圍田者，四圍築長堤而護之，內外不相通。江以南，地卑多水，田皆築土爲岸，環而不斷，隨地形勢，四面各築大岸以障水，中間又爲小岸，或外水高而內水不得出，則車而泄之，以是常稔不荒。今北方地坦平無岸，潦不能禦水，旱不能畜水，焉能不荒？須勉有力之家，度視地形，各爲長堤大岸，以成大圍，岸下須有溝泄水，則外水可護，而內悉爲腴地，何慮水旱也？櫃田者，其法築土護田，俱置瀽穴，順置田段，便於耕蒔。若遇水荒，田制差小，堅築高峻，外水難入，內水則車之易涸，淺沒處，宜種黃穋稻，此稻自種至收，不過六十日，能避水溢之患。如水過，澤草自生，糝稗可收。高涸處，亦宜陸種諸物，此救水荒之上法。因壩水溉田，亦曰壩田。沙田者，沙淤之田也，今通州等處皆有之。此田迎水，地常潤澤，四圍宜種蘆葦，內則普爲塍岸，可種稻秫，稍高者可種棉花桑麻。旱則便溉，或旁繞大港，潦則泄水，所以無水旱之虞。但沙漲無時，未可以爲常也。塗田者，瀕海之地，潮水往來，淤泥常積，土有鹹草叢生，此須挑溝築岸，或樹立樁橛以抵潮汎。其田形，中間高，兩邊下，不及數十丈，即爲一小溝，數百丈即爲一中溝，數千丈即爲一大溝，以注雨潦，謂之甜水溝。初種水稗，斥鹵既盡，可種粱稻，此因潮漲而成，與沙田無異者也。架田之法，架猶筏也。《農書》云：『若深水藪澤，則有葑田，以木縛爲田坵，浮繫水面，以葑泥附木架上而種藝之。其木架田坵，隨水上下浮泛，自不淹沒。自初種以至收藝，不過六七十日，水鄉無地者宜效之。』以上皆近水而爲之制者也。惟梯田則成於山多地少之處，除峭壁不可種，其餘有土之山，裁作重磴，皆可藝種。如土石相半，則須壘石相次，包土成田。若山勢峻極，人須傴僂蟻沿而上，耨土而種。自下登陟，俱若梯磴，故名梯田。如上有水源，則可種旱稻秔稻，如止陸種，亦宜粟麥。蓋田盡而地，地盡而山，山鄉細民，求食若此之艱也。自圃田以至梯田俱可植穀，至種蔬果之田謂之圃田，其田繞以垣牆，或限以籬塹。負郭之間，但得十畝，足贍數口。若稍遠城市，可倍添田數至一頃而止。結廬於上，外周以桑，課之蠶利，內皆種蔬。惟務取糞壤以爲膏腴，臨水爲上，否則量地掘井，以備灌溉，地若稍廣，可兼種麻苧果物，比之常田，其利數倍。此園夫之業可以代耕，養素之士亦可託爲隱所，乃農事之支流，而田功之餘事也。

大抵田制不一，各因地以制宜，而力田之事，全恃農夫有真精神流貫於其間。凡選種之取其肥實，糞力之取其腴厚，耕耨之必利其器，播植之必乘乎時，至纖至悉，具有經綸，臨民者誠能訪窮簷之疾苦，知稼穡之艱難，寓撫字於催科，殷鞠謀於積貯，烏在老農老圃之事，非即大人之學哉！

防灾减灾總部

防灾减灾總部説明

中國古代灾害發生頻繁，饑荒流行，因而對灾害進行預防和救濟就不可避免地成爲人們的重要工作，在長期的抗灾救荒活動中，人們積累了豐富的經驗，不僅發明了多種救荒方法，也形成了一套獨特的救荒思想，其中既有積極的救荒行爲和思想，也包括消極的救荒行爲與思想。本總部輯録了綜合部、防灾備荒部、農業技術減灾部、禳弭救荒部共四個部。

綜合部輯録了古代灾害救濟活動與思想的大部分相關記録。包括了諸如賑濟安撫灾民、減輕灾民負擔、穩定灾區秩序、鼓勵發展生産等幾個主要的救荒環節。《周禮》中的『荒政十二』的内容包括散利、薄征、緩刑、弛力、舍禁、去幾、眚禮、殺哀、蕃樂、多婚、索鬼神、除盜賊。其中賑濟灾民是荒政十二的第一項内容，也是荒政十二的核心部分，其他各項措施都是緊密圍繞賑濟活動而展開的，總體來看，它體現的是一種以濟民爲本的理念。這也是中國古代最基本和主要的救荒行爲和思想。之後的救荒活動，基本都以此爲核心展開。周秦漢至明清歷朝歷代典型性的救灾案例中都不難找到荒政十二的影子。在後來的歷代救荒減灾活動中，基本都處於一種被動的消極救荒狀態，大灾大救，小灾小治，其本身并不具備有效的減灾功能，所以在古代社會，灾害救治活動儘管進行得轟轟烈烈，其救灾效果却并不理想。

在古代救荒減灾的活動與思想中，具有積極性質的約有兩種，一爲改良社會條件的理論，一爲改良自然條件與發展農業技術的理論。這兩種理論，都注重灾荒發生原因的根治，屬於積極的減灾思想。

防灾備荒部輯録了古代積極改良社會條件的救荒行爲思想的相關記録。主要概括爲重農崇本與倉儲積蓄兩方面。重農即以農爲本，認爲民的生存，根本問題在於食，而使食富足的根本途徑又在於發展生産、興辦農業，因而國家必須務農重穀。早在《尚書》中，便有『棄，黎民阻饑，汝后稷，播時百穀』的記載，體現了古代的重農思想。倉儲積蓄是在灾荒發生前儲糧備荒，早在春秋戰國時期，我國就已采用儲糧備荒政策抗禦灾害。後來常平倉、社倉、義倉等發展起來，儲糧備荒也成了中國古代防灾減灾活動中最重要的内容之一。這些都對以後各歷史時期的防灾備荒産生了積極的影響。

農業技術減灾部輯録了古代發展技術、改善自然條件的救荒減灾活動的相關記録。古代農業減灾包括了農業減灾技術、工程減灾技術和生物減灾技術等。農業減灾技術如引入優良的抗逆性强的動植物品種、改進農作技術等以達到減灾防灾的目的。工程減灾技術主要是針對水旱灾害，其中最主要的是建設水利工程。生物減灾技術即借助於生物體的力量進行灾害防治。如晋代嵇含的《南方草木狀》中便記載了通過蟻類防治果樹害蟲的方法。此外，還有物理的、化學的措施在農業減灾中得到運用。這些技術減灾反映了中國人民與灾害抗争的决心和毅力，取得了顯著的減灾成效。

禳弭救荒部輯録了中國古代關於禳弭救荒的活動與思想的相關記録。在遠古時期，人們認爲天、地、人三者之間存在密切關係，發生在人類社會中的灾害事件，其起因就在於『天』，認爲灾由天降。春秋戰國時期的灾異家們又進一步發揮了天地人的關聯性，在天灾與人事之間建立了聯繫，認爲在天灾發生的背後必有人事的失常，才使得上天震怒。到西漢董仲舒時『灾異天譴』被進一步系統化理論化，舉凡自然灾異的發生必與人事相聯繫，因此消除灾害的根本辦法不是積極的防灾抗灾，而是通過皇帝本人改進品性操守、實行『德』政。禳弭救荒的活動和思想雖然在現在看來，與農業灾害的防治并無關聯，但這種思想同樣形成了其獨特的思想文化，并對中國古代文化産生了極爲深刻的影響。

防灾減灾總部

綜合部

題解

元 徐元瑞《吏學指南》卷二《救灾》 賑給。謂官司將物斛給散與民而不收價者。賑糶。謂饑年將糧減價糶與缺食人户者。賑濟。賙救其急也。謂包括給糶之事，以致借貸、減放、展閣之類，皆通用也。賑借。謂民饑，官藉以糧，不取利息，候成熟依數還官者。今曰抵斗還官者是也。存恤。謂常加賑念也。杜預曰存恤憂患也。養濟。養謂養育，濟謂賑救。

《明會典》卷一七《田土·灾傷》 國朝重恤民隱，凡遇水旱災傷，則蠲免租税，或遣官賑濟，蝗蝻生發，則委官打捕，皆有其法云。

宋 董煟《救荒活民書》卷下《救荒雜説》 嘗謂救荒之政，有人主所當行者，有宰執所當行者，有監司、太守、縣令所當行者。監司、守令所當行，人主、宰執之所不必行；人主、宰執之所行，又非監司、太守、縣令之所宜行。今各條列於後：

人主救荒所當行，一曰恐懼修省，二曰減膳徹樂，三曰降詔求言，四曰遣使發廩，五曰省奏章而從諫諍，六曰散積藏以厚黎元。

宰執救荒所當行，一曰以麥調爲己責，二曰以饑溺爲己任，三曰啟人主警畏之心，四曰慮社稷顛危之漸，五曰進寬征固本之言，六曰建散財發粟之策，七曰擇監司以察守令，八曰開言路以通下情。

監司救荒所當行，一曰察鄰路豐熟上下以爲告糴之備，二曰視部内旱傷小大而行賑救之策，三曰通融有無，四曰糾察官吏，五曰寬州縣之財賦，六曰發常平之滯積，七曰毋崇遏糴，八曰毋啟抑價，九曰毋厭奏請，十曰毋拘文法。

太守救荒所當行，一曰稽考常平以賑糶，二曰準備義倉以賑濟，三曰視州縣三等之饑而爲之計小饑則勸分、發廩，中饑則賑濟、賑糶，大饑則告朝廷截上供、乞度牒，乞鬻爵、借内庫錢爲糴本，四曰視鄰郡三等之熟而爲之備纔覺旱澇，先發常平錢，遣牙史於鄰郡豐熟處告糴，以備賑糶，米豆雜斛皆可，五曰申明遏糴之禁，六曰寬馳抑價之令，七曰計州用之虚盈存下一歲官吏支遣，餘皆以救荒。不給，則告糴他郡，八曰察縣吏之能否縣吏不職劾罷，則有迎送之費，姑委佐官以捕之。不然，對移他邑之賢者，九曰委諸縣各條賑濟之方，十曰因民情各施賑濟之術，十有一曰差官祈禱，十有二曰存恤流民，十有三曰早檢放以安人情，十有四曰預措備以寬州用，十有五曰因所以利濟民饑，十有六曰散藥餌以救民疾。

縣令教荒所當行，一曰聞旱則誠心祈禱，二曰已旱則一面申州，三曰告縣不可遏阻，四曰檢旱不可後時，五曰申上司乞常平以賑糶，六曰申上司發義倉以賑濟，七曰勸巨室之發廩，八曰誘富民之興販，九曰防滲漏之奸，十曰戢虚文之弊，十有一曰聽客人之糶糴，十有二曰任米價之低昂，十有三曰請提督，十有四曰擇監視，十有五曰參考是非，十有六曰激勸功勞，十有七曰旌賞孝弟以勵俗饑荒之年，有骨肉不相保者。今婦能讓食於姑，孫能養其祖父母者，當物色之，十有八曰散施藥餌以救民饑荒之際，必有疾病，十有九曰寬徵催，二十曰除盗賊。

清 陳瑚《救荒定義》 古人救荒之政，大約不出社倉、常平二法。社倉之法，春夏散之，秋冬斂之；常平之法，穀賤則增價糴之，穀貴則減價糶之。此二説者，不易之常法也，而皆不能無弊。社倉之弊在乎出易而入難，得其入則利，不得其入則害，直與青苗之法等。常平之弊在乎内米價賤而外米不至，外米不至則糴者日益多，糴者日益多則後患將至於不繼。此近世官米之法，必計户給票，計口限米，所謂得常平之意而變通之者也。然已為從來積弊之政，此其故何也？凡饑荒之歲，民易為亂，不可使大眾聚於一所。官米一行，人爭先糴，勢必壅立鋪行門外。或升斗稍淺，發放稍遲，即同聲怨謗，一人傳十，十人傳百，而搶攘鬥爭之患作矣。故當事者審思其法，而欲出於逐户挨送之一策。雖然，愚猶以為未盡善也。送米之法，必將責成約正副。度吾婁十八鋪地有遠近不同，此法行，約正副將赤日暑雨奔走不暇給，是使約正副不勝其勞。其不便一也。約正一人，約副一人，約正副家人一人，司升斗者一人，擔米者一人，地方又一人，每鋪五六人，十八鋪不下百餘人，勢必日費石米以資之，是月費三十石也。其不便二也。且零星而給之，朝夕而散之，升斗之間，能必其均平如一乎？寬一分則米不給，慳一分則怨毒歸於約正副矣。其不便三也。

貧民室如懸磬，待米甚迫，使挨户以給，從某地至某地，勢必窮日之力乃遍，則饑者將枵腹以俟乎？抑無米而炊乎？其不便四也。貧民求錢甚難，倘送米之時一時無錢以應，則將不給以米乎？抑姑與之而俟其異日補償乎？不給以米，則有所不忍；姑與之而俟其異日補償，則必有不能全其信者。其不便五也。況計口授米而册以三口為斷，豈無家甚貧而人丁之數溢於三口之外者？今乃概為限制，則與者沾其惠，不與者將嗷嗷而道饑。其不便六也。猶未也。更有大利大害之所關，又出於事所必至，勢所固然，而不可不豫為之慮者。官米一出，則市有二價；市有二價，則米鋪必閉；米鋪閉，小民之生路絶矣。城中不下百萬户，或家雖未貧而有錢無米，或衙役胥吏或經紀生理不列貧户册，或縉紳生監家人不給口糧，或所居隱僻偶遺册外，若此者，蓋不可勝計也。朝不食，夕不食，不群起為亂乎？前日已事可為寒心。其不便七也。然則有仁心仁聞者，必當行之以仁政然後可。今有法焉，可以不勞，可以不費，可以使極貧、次貧不失其為極貧、次貧，可以使册外之人不至束手無措，可以使米鋪欣然樂開而不閉糶，可以無冒濫之弊，可以無擁擠搶攘之患，可以使百姓見德而不歸怨於約正副，可以使境内之人均平如一而不至有甚饑之民，則其法莫妙於以錢給貧户而以米發鋪家。以米發鋪家，聽其照常價發糶；以錢給貧户，如減價之數，助其糴米之資。夫以米給貧户，即不必逐户挨送，米則升斗大小、分給廣散，易於耗損，錢則十百千萬皆有定數，百姓不得喧競，而錢入米出，亦未免紛紛。今給之以錢，則約正副可坐而理之，故曰可以不勞。約正副不得侵漁，故曰可以不費。極貧者減價多則給錢多，次貧者減價少則給錢亦少，故曰可以使極貧、次貧不失其為極貧、次貧。給米則及於册内者，不及於册外者，今照册給錢而米則發之鋪家，聽百姓之自糴，是不論在册不在册，皆得以蒙其澤也，故曰可以使册外之人不至束手無措。米照常價發糶，則商賈可致，興販可通，米鋪亦與有利焉。故曰可以使米鋪欣然樂開而不閉糶。凡給米，則雖小有家者皆得以無米為辭，必欲與册，必欲給票，且或有重疊侵冒者矣。惟給錢，則稍稍自給者，即當恥而不屑受，其受錢者，必其大不得已者也，故曰可以無冒濫之弊。錢既隨時可給，不必擁衆一時，而又不必主於糴米，或買麵麥以自給，亦可度朝夕也。故曰可以無擁擠搶奪之患。給官米，以為常例耳，人不見德，稍一不平，或反見怨。給錢則無端而家賜人予之，苟有人心，清夜自思，其何以受之而自安乎？故曰可以使百姓見德而不歸怨於約正副。且物之不齊，物之情也。上之人有可得而整齊之者，有不可得而整齊之者，則以不整齊之法整齊之。户有貧富，吾稽其極貧、次貧而周之助之，俾無一人一家之遺漏，所謂以整齊之法整齊之者也。若夫生計有轉移，人口有多寡，物價有低昂，吾聽其糴者自糴，糶者自糶，而不為之一概取必，則所謂以不整齊之法整齊之者也。故曰可以使境内之人均平如一而不至有甚饑之民。孟子曰：禹之行水也，行其所無事也。如智者亦行其所無事，則智亦大矣。此正行所無事之説也。嘗考宋《活民書》中所載監司條例，則曰毋強抑價，太守條例則曰寬弛抑價之令，縣令條例則曰聽客人之糶糴，任米價之低昂。纍纍以此為言，亦概可識矣。然則其法終無弊乎？曰有之時，有去弊之道耳。去弊之道若何？如逐日散錢之法可行也。約正副怠惰，或十日一給，或五日一給，則無賴之徒轉以此為賭博酒食之資而枵腹如故矣。約正副監核之法當嚴也。發米鋪行，價重則為鋪行累；價太輕，則或私自匿取，以為異日重價地。今照時價不過少減，而每次止領五六石，約正副又不時察核之，其敢匿米為弊乎？強糴、多糴宜禁也。貧户止許五升以内，過五升者，許鋪户出首。鋪户不首，而他户知之，或約正副察知，則罰若干。民自不敢多糴矣。此法一行，則有減價之實，無減價之名，有官米之利，無官米之害，真可行之萬世而無弊者。又何憚而不為也？

論説

《管子》卷一五《治國第四十八》　凡治國之道，必先富民；民富則易治也，民貧則難治也；奚以知其然也？民富則安鄉重家，安鄉重家，則敬上畏罪；敬上畏罪，則易治也；民貧則危鄉輕家；危鄉輕家，則敢陵上犯禁；陵上犯禁，則難治也。故治國常富，而亂國常貧；是以善爲國者，必先富民，然後治之。昔者七十九代之君，法制不一，號令不同，然俱王天下者何也？必國富而粟多也；夫富國多粟，生於農；故先王貴之。凡爲國之急者，必先禁末作文巧；末作文巧禁，則民無所游食；民無所游食，則必事農；民事農，則田墾；田墾，則粟多；粟多，則國富；國富者兵彊；兵彊者戰勝；戰勝者地廣；是以先王知衆民彊兵，廣地富國之必生於粟也，故禁末作，止奇巧，而利農事。今爲末作奇巧者，一日作而五日食，農夫終歲之作，不足以自食也；

然則民舍本事而事末作，舍本事而事末作，則田荒而國貧矣。凡農者月不足而歲有餘者也，而上徵暴急無時，則民倍貸以給上之徵矣。耕耨者有時，而澤不必足，則民倍貸以取庸矣。秋糴以五，春糶以束，是又倍貸也。故以上之徵而倍取於民者四。關市之租，府庫之徵，粟什一，廝輿之事，此四時亦當一倍貸矣。夫以一民養四主，故逃徙者刑，而上不能止者，粟少而民無積也。常山之東，河汝之閒，蚤生而晚殺，五穀之所蕃庸也，四種而五穫，年中畝二石，一夫爲粟二百石；今也倉廩虚而民無積，農夫以粥子者，上無術以均之也。故先王使農、士、商、工四民交能易作，終歲之利，無道相過也。是以民作一而得均。民作一，則田墾，姦巧不生；田墾，則粟多；粟多，則國富。姦巧不生，則民治而富，此王之道也。不生粟之國亡，粟生而死者霸，粟生而不死者王。粟也者，民之所歸也；粟也者，財之所歸也；粟也者，地之所歸也；粟多則天下之物盡至矣；故舜一徙成邑，二徙成都，參徙成國；舜非嚴刑罰，重禁令，而民歸之矣，去者必害，從者必利也。先王者，善爲民除害興利；故天下之民歸之。所謂興利者，利農事也；所謂除害者，禁害農事也；農事勝則入粟多；入粟多則國富；國富則安鄉重家；安鄉重家，則雖變俗易習，敺眾移民，至於殺之，而民不惡也，此務粟之功也。上不利農，則粟少；粟少則人貧；人貧則輕家，輕家則易去；易去則上令不能必行；上令不能必行，則禁不能必止；禁不能必止，則戰不必勝，守不必固矣。夫令不必行，禁不必止，戰不必勝，守不必固，命之曰寄生之君。此由不利農，少粟之害也。粟者，王之本事也，人主之大務，有人之塗，治國之道也。

又 卷二二《國蓄第七十三》 國有十年之蓄，而民不足於食，皆以其技能望君之祿也。君有山海之金，而民不足於用，是皆以其事業交接於君上也。故人君挾其食，守其用，據有餘而制不足，故民無不累於上也。五穀食米，民之司命也；黄金刀幣，民之通施也；故善者執其通施，以御其司命，故民力可得而盡也。夫民者親信而死利，海内皆然，民予則喜，奪則怒，民情皆然，先王知其然，故見予之形，不見奪之理。故民愛可洽於上也。租籍者，所以彊求也。租税者，所慮而請也。王霸之君，去其所以彊求，廢其所慮而請，故天下樂從也。利出於一孔，其國無敵。出二孔者，其兵不詘，出三孔者，不可以舉兵。出四孔者，其國必亡；先王知其然，故塞民之養，隘其利途；故予之在君，奪之在君，貧之在君，富之在君。故民之戴上如日月，親君若父母。凡將爲國，不通於輕重，不可爲籠以守民；不能調通民利，不可以語制爲大治，是故萬乘之國，有萬金之賈，千乘之國，有千金之賈，然者何也？國多失利，則臣不盡其忠，士不盡其死矣。歲有凶穰，故穀有貴賤。令有緩急，故物有輕重。然而人君不能治，故使蓄賈游市，乘民之不給，百倍其本。分地若一，彊者能守。分財若一，智者能收，智者有什倍人之功，愚者有不賡本之事，然而人君不能調，故民有相百倍之生也。夫民富則不可以祿使也，貧則不可以罰威也，法令之不行，萬民之不治，貧富之不齊也。且君引錣量用，耕田發草，上得其數矣。民人所食，人有若干步畝之數矣，計本量委則足矣，然而民有飢餓不食者何也，穀有所藏也。人君鑄錢立幣，民庶之通施也。人有若干百千之數矣，然而人事不及，用不足者何也，利有所并藏也。然則人君非能散積聚，鈞羨不足，分并財利，而調民事也。則君雖彊本趣耕，而自爲鑄幣而無已，乃今使民下相役耳，惡能以爲治乎？

歲適美，則市糶無予，而狗彘食人食。歲適凶，則市糴釜十繦，而道有餓民。然則豈壤力固不足，而食固不贍也哉？夫往歲之糶賤，狗彘食人食，故來歲之民不足也。物適賤，則半力而無予，民事不償其本。物適貴，則什倍而不可得，民失其用。然則豈財物固寡，而本委不足也哉。夫民利之時失而物利之不平也。故善者委施於民之所不足，操事於民之所有餘。夫民有餘則輕之，故人君斂之以輕。民不足則重之，故人君散之以重。斂積之以輕，散行之以重，故君必有什倍之利，而財之横可得而平也。

凡輕重之大利，以重射輕，以賤泄平。萬物之滿虚，隨財准平而不變，衡絕則重見。人君知其然，故守之以准平，使萬室之都必有萬鍾之藏，藏繦千萬。使千室之都必有千鍾之藏，藏繦百萬。春以奉耕，夏以奉芸，耒耜械器，鍾鑲糧食，畢取贍於君，故大賈蓄家不得豪奪吾民矣，然則何？君養其本謹也。春賦以斂繒帛，夏貸以收秋實，是故民無廢事，而國無失利也。

凡五穀者，萬物之主也。穀貴則萬物必賤，穀賤則萬物必貴，兩者爲敵，則不俱平，故人君御穀物之秩相勝，而操事於其不平之閒。故萬民無籍，而國利歸於君也。夫以室廡籍，謂之毁成。以六畜籍，謂之止生。以田畝籍，謂之禁耕。以正人籍，謂之離情。以正戶籍，謂之養贏。五者不可畢用，故王者徧行而不盡也；故天子籍於幣，諸侯籍於食。中歲之穀糶石十錢。大男食四石，月有四十之籍，大女食三石，月有三十之籍。吾子食二石，月有二十之籍。歲凶穀貴，糴石二十錢，則大男有八十之籍，大女有六十之籍，吾子有四十之籍，是人君非發號令收嗇而戶籍也，彼人君守其本委謹，而男女諸君吾子無不服籍者也。一人廩食，十人得餘。十人廩食，百人得餘。百人廩食，千人得餘。夫物多則賤，寡則貴。散則輕，聚則重，人君知其然，故視國之羨不足而御其財物；穀賤則以幣予食，布帛賤則以幣予衣，視物之輕重而御之以准。故貴賤可調，而君得其利。前有萬乘之國，而後有千乘之國，謂之抵國，前有千乘之國，而後有萬乘之國，謂之距國。壤正方，四面受敵，謂之衢國。以百乘衢處，謂之託食之君。千乘衢處，壤削少且，萬乘衢處，壤削太且。何謂百乘衢處託食之君也？夫以百乘衢處危懾圍阻千乘萬乘之間，夫國之君不相中，舉兵而相攻，必以爲扞挌蔽圉之用，有功利不得鄉。大臣死於外，分壤而功，列陳繫纍獲虜，分賞而祿，是壤地盡於功賞，而稅臧殫於繼孤也，是特名羅於爲君耳，無壤之有，號有百乘之守，而實無尺壤之用，故謂託食之君。然則大國內款，小國用盡，何以及此？曰：『百乘之國，官賦軌符，乘四時之朝夕，御之以輕重之准，然後百乘可及也。千乘之國封，天財之所殖，械器之所出，財物之所生，視歲之滿虛，而輕重其祿，然後千乘可足也。萬乘之國，守歲之滿虛，乘民之緩急，正其號令，而御其大准，然後萬乘可資也。』玉起於禺氏，金起於汝漢，珠起於赤野，東西南北，距周七千八百里，水絕壤斷，舟車不能通，先王爲其途之遠，其至之難，故託用於其重，以珠玉爲上幣，以黃金爲中幣，以刀布爲下幣；三幣，握之則非有補於煖也，食之則非有補於飽也，先王以守財物，以御民事，而平天下也。

今人君籍求於民，令曰『十日而具』，則財物之賈什去一。令曰『八日而具』，則財物之賈什去二。令曰『五日而具』，則財物之賈什去且。朝令而夕具，則財物之賈什去九，先王知其然，故不求於萬民而籍於號令也。

又《山權數第七十五》 桓公問管子曰：『請問權數？』管子對曰：『天以時爲權，地以財爲權，人以力爲權，君以令爲權；失天之權，則人地之權亡。』桓公曰：『何爲失天之權則人地之權亡？』管子對曰：『湯七年旱，禹五年水，民之無饘賣子者，湯以莊山之金鑄幣，而贖民之無饘賣子者；禹以歷山之金鑄幣，而贖民之無饘賣子者，故天權失，人地之權皆失也；故王者歲守十分之參三年與少半，成歲三十一年而藏十一年與少半，藏參之一，不足以傷民，而農夫敬事力作，故天毀埊，凶旱水泆，民無入於溝壑乞請者也，此守時以待天權之道也。』桓公曰：『善，吾欲行三權之數。爲之奈何？』管子對曰：『梁山之陽，綪緤夜石之幣，天下無有。』管子曰：『以守國穀，歲守一分，以行五年，國穀之重，什倍異日。』管子曰：『請立幣，國銅以二年之粟顧之，立黔落，力重與天下調。彼重則見射，輕則見泄，故與天下調。泄者失權也，見射者失筴也。不備天權下相求，備准下陰相隸。此刑罰之所起，而亂之本也。故平則不平，民富則不如貧，委積則虛矣，此三權之失也已。』桓公曰：『守三權之數奈何？』管子對曰：『大豐則藏分，阨亦藏分。』桓公曰：『阨者所以益也，何以藏分？』管子對曰：『隘則易益也，一可以爲十，十可以爲百，以阨守豐，阨之准數一上十，豐之筴數十去九，則吾九爲餘於數，筴豐則三權皆在君，此之謂國權。』

桓公問於管子曰：『請問國制？』管子對曰：『國無制，地有量。』桓公曰：『何謂國無制地有量？』管子對曰：『高田十石，閒田五石，庸田三石，其餘皆屬諸荒田。地量百畝，一夫之力也，粟賈一，粟賈十，粟賈三十，粟賈百，其在流筴者，百畝從中千畝之筴也，然則百乘從千乘也，千乘從萬乘也，故地有量，國無筴。』桓公曰：『善。今欲爲大國，大國欲爲天下，不通權筴，其無能者矣。』

桓公曰：『今行權數奈何？』管子對曰：『君通於廣狹之數，不以狹畏廣。通於輕重之數，不以少畏多，此國筴之大者也。』桓公曰：『善，蓋天下，視海內，長譽而無止，爲之有道乎？』管子對曰：『有，軌守其數，准平其流，動於未形，而守事已成，物一也，而十是九爲用。徐疾之數，輕重之筴也，一可以爲十，十可以爲百。引十之半而藏四。以五操事，在君之決塞。』桓公曰：『何謂決塞？』管子曰：『君不高仁，則國不相被，君不高慈孝，則民簡其親而輕過，此亂之至也。則君請以國筴十分之一者，樹表置高，鄉之孝子聘之幣，孝子兄弟眾寡，不與師旅之事。樹表置高，而高仁慈孝，財散而輕，乘輕而守之以筴，則十之五有在上，鉉五如行事，如日月之終復，此長有天下之道，謂之准道。』

桓公問於管子曰：『請問教數？』管子對曰：『民之能明於農事者，置之黃金一斤，直食八石。民之能蕃育六畜者，置之黃金一斤，直食八石，民之能樹蓺者，置之黃金一斤，直食八石。民之能樹瓜瓠葷菜百果使蕃袞者，置之黃金一斤，直食八石。民之能已民疾病者，置之黃金一斤，直食八石，民之知時，曰歲且阨，曰某穀不登，曰某穀豐者，置之黃金一斤，直食八石。民之通於蠶桑，使蠶不疾病者，皆置之黃金一斤，直食八石。謹聽其言而藏之官，使師旅之事無所與，此國筴之者也。國用相靡而足，相困揲而咨。然後置四限高下，令之徐疾敺屏，萬物守之以筴，有五官技。』桓公曰：『何謂五官技？』管子曰：『詩者所以記物也，時者所以記歲也，春秋者所以記成敗也。行者道民之利害也，易者所以守凶吉成敗也，卜者卜凶吉利害也，民之能此者，皆一馬之田，一金之衣，此使君不迷妄之數也，六家者既見其時，使豫先蚤閑之日受之，故君無失時，無失筴，萬物興豐，無失利，遠占得失，以爲末教，詩記人無失辭，行殫道無失義，易守禍福凶吉不相亂，此謂君柄。』

《國語》卷四《魯語上·臧文仲如齊告糴》 魯饑，臧文仲言於莊公魯饑，在莊公二十八年。文仲，魯卿，臧哀伯之孫、伯氏瓶之子臧孫辰也曰：『夫為四鄰之援援，所攀援以為助也，結諸侯之信，重之以婚姻，申之以盟誓申，重也，固國之艱急是為艱，難也。是為，為難急也。鑄名器名器，鍾鼎也，藏寶財寶財，玉帛也，固民之殄病是待殄，絕也。病，餓也。今國病矣，君盍以名器請糴于齊盍，何不也。市穀曰糴！』公曰：『誰使？』對曰：『國有饑饉，卿出告糴，古之制也告，請也。辰也備卿，辰請如齊。』公使往。

從者曰：『君不命吾子，吾子請之，其為選事乎選事，自選擇其職事也？』文仲曰：『賢者急病而讓夷夷，平也，居官者當事不避難，在位者恤民之患，是以國家無違無相違恨者也。案：『恨』，公序本作『很』。今我不如齊，非急病也。在上不恤下，居官而惰，非事君也。』

文仲以鬯圭與玉磬如齊告糴鬯圭，裸鬯之圭，長尺二寸，有瓚，以禮廟。玉磬，鳴璆也。案：『禮』，公序本作『祀』，曰：『天災流行，戾于弊邑，饑饉荐降，民羸幾卒戾，至也。荐，重也。降，下也。羸，病也。幾，近也。卒，盡也，大懼乏案：『乏』，公序本作『殄』。周公、太公之命祀賈、唐二君云：『周公為太宰，太公為太師，皆掌命諸侯之國所當祀也。』或云：『命祀二公也。』昭謂：傳曰：『衛成公祀夏后相，甯武子曰：「不可以閒成王、周公之命祀。」』職貢如此，賈、唐得之矣。案：『或云』下，公序本有『命祀謂』三字。『職貢』二字，公序本無，職貢業事之不共而獲戾戾，罪也。不腆先君之幣案：『幣』，公序本作『敝』。器腆，厚也，敢告滯積，以紓執事滯，久也。紓，緩也。執事，齊有司也。穀久積則將朽敗，執事所憂也，請之所以緩執事也；以救弊邑，使能共職。豈唯寡君與二三臣實受君賜，其周公、太公及百辟神祇實永饗而賴之辟，君也。賴，蒙也。天曰神，地曰祇。百辟，謂百君卿士有益於民者也！』齊人歸其玉而予之糴。

又 卷九《晉語三·秦薦晉饑晉不予秦糴》 晉饑在魯僖十三年，乞糴於秦。丕豹曰：『晉君無禮於君，眾莫不知。無禮，背賂也。往年有難，今又薦饑難，謂殺里、丕之黨。仍饑曰薦。已失人，又失天，其有殃也多矣。君其伐之，勿予糴！』公曰：『寡人其君是惡，其民何罪？天殃流行，國家代有代，更也。補乏薦饑，道也，不可以廢道於天下。薦，進也。』謂公孫枝曰：『予之乎枝，子桑也？』公孫枝曰：『君有施於晉君，晉君無施於其眾。今旱而聽於君，其天道也。聽，聽命於君。君若弗予，而天予之予之年。苟眾不説其君之不報也，則有辭矣。苟使晉眾不説惠公不報秦施。今不予糴，則晉得以為辭，故不可不予。不若予之，以説其眾。眾説，必咎於其君。其君不聽，然後誅焉。雖欲禦我，誰與？』是故汜舟於河，歸糴於晉。汜，浮也。歸，不反之辭。

秦饑，公令河上輸之粟河上，所許秦五城也。虢射曰：『弗予賂地而予之糴，虢射，晉大夫。無損於怨而厚於寇厚，猶彊也，不若勿予。』公曰：『然。』慶鄭曰：『不可。慶鄭，晉大夫。已賴其地，而又愛其實賴，贏也。實，穀也，忘善而背德，雖我必擊之。我當處秦，我亦將擊晉。弗予，必擊我。』公曰：『非鄭之所知也。』遂不予。

又 卷一〇《晉語四·箕鄭對文公問》 晉饑，公問於箕鄭箕鄭，晉大夫曰：『救饑何以？』對曰：『信。』公曰：『安信？』對曰：『信於君心不以愛憎誣人以善惡，是為信於心，信於名名，百官尊卑之號，信於令，信於事謂使民事，各得其時。』公曰：『然則若何？』對曰：『信於君心，則美惡不踰不相踰越。信於名，則上下不干干，犯也。信於令，則時無廢功。不奪其時，則有成功。信於事，則民從事有業業，猶次也。於是乎民知君心，貧而不懼，藏出如入，何匱之有？出其帑藏，以相振救，如入於家，故不乏也。』公使為箕為箕大夫。及清原之蒐，使佐新上軍。清原之蒐，在魯僖三十一年。

《呂氏春秋》卷六《季夏紀·音律》 二曰：黃鐘之月，土事無作，慎無發蓋，以固天閉地，陽氣且泄。大呂之月，數將幾終，歲且更起，而農民無有所使。太蔟之月，陽氣始生，草木繁動，令農發土，無或失時。夾鐘之月，寬裕和平，行德去刑，無或作事，以害群生。姑洗之月，達道通路，溝瀆修利，申之此令，嘉氣趣至。仲呂之月，無聚大眾，巡勸農事，草木方長，無攜民心。蕤賓之月，陽氣在上，安壯養俠，本朝不靜，草木早槁。林鐘之月，草木盛滿，陰將始刑，無發大事，以將陽氣。夷則之月，修法飭刑，選士厲兵，詰誅不義，以懷遠方。南吕之月，蟄蟲入穴，趣農收聚，無敢懈怠，以多爲務。無射之月，疾斷有罪，當法勿赦，無留獄訟，以亟以故。應鐘之月，陰陽不通，閉而爲冬，修別喪紀，審民所終。

《荀子》卷五《王制篇第九》 脩隄梁，通溝澮，行水潦，安水臧，以時決塞，歲雖凶敗水旱，使民有所耘艾，司空之事也。相高下，視肥墝，序五種，省農功，謹蓄藏，以時順脩，使農夫樸力而寡能，治田之事也。脩火憲，養山林藪澤草木魚鼈百索，以時禁發，使國家足用，而財物不屈，虞師之事也。

《韓非子》卷一四《外儲説右下第三十五》 秦大饑，應侯請曰：『五苑之草著，蔬菜、橡果、棗栗，足以活民，請發之。』昭襄王曰：『吾秦法，使民有功而受賞，有罪而受誅。今發五苑之蔬草者，使民有功與無功俱賞也。夫使民有功與無功俱賞者，此亂之道也。夫發五苑而亂，不如棄棗蔬而治。』一曰：『今發五苑之蓏蔬棗栗足以活民，是用民有功與無功爭取也。夫生而亂，不如死而治，大夫其釋之。』

《孟子》卷一《梁惠王上》 梁惠王曰：『寡人之於國也，盡心焉耳矣。河內凶，則移其民於河東，移其粟於河內；河東凶，亦然。察鄰國之政，無如寡人之用心者。鄰國之民不加少，寡人之民不加多，何也？』

孟子對曰：『王好戰，請以戰喻：填然鼓之，兵刃既接，棄甲曳兵而走，或百步而後止，或五十步而後止。以五十步笑百步，則何如？』

曰：『不可，直不百步耳，是亦走也。』

曰：『王如知此，則無望民之多於鄰國也。不違農時，穀不可勝食也；數罟不入洿池，魚鼈不可勝食也。斧斤以時入山林，材木不可勝用也。穀與魚鼈不可勝食，材木不可勝用，是使民養生喪死無憾也。養生喪死無憾，王道之始也。五畝之宅，樹之以桑，五十者可以衣帛矣！雞豚狗彘之畜，無失其時，七十者可以食肉矣！百畝之田，勿奪其時，數口之家可以無饑矣！謹庠序之教，申之以孝悌之義，頒白者不負戴於道路矣。七十者衣帛食肉，黎民不饑不寒，然而不王者，未之有也。狗彘食人食而不知檢；塗有餓莩而不知發。人死，則曰：「非我也，歲也。」是何異於刺人而殺之，曰「非我也，兵也」。王無罪歲，斯天下之民至焉。』

又 卷五《滕文公上》 當堯之時，天下猶未平，洪水橫流，泛濫於天下；草木暢茂，禽獸繁殖；五穀不登，禽獸偪人；獸蹄鳥迹之道，交於中國。堯獨憂之，舉舜而敷治焉。舜使益掌火；益烈山澤而焚之，禽獸逃匿。禹疏九河，瀹濟、漯而注諸海；決汝、漢，排淮、泗，而注之江，然後中國可得而食也。當是時也，禹八年於外，三過其門而不入，雖欲耕，得乎？后稷教民稼穡，樹藝五穀，五穀熟而民人育。人之有道也，飽食、煖衣、逸居而無教，則近於禽獸。聖人有憂之，使契爲司徒，教以人倫：父子有親，君臣有義，夫婦有別，長幼有序，朋友有信。

《逸周書》卷二《大匡解第十一》 維周王宅程三年，遭天之大荒，作大匡以詔牧其方，三州之侯咸率。王乃召冢卿、三老、三吏、大夫、百執事之人，朝于大庭，問罷病之故，政事之失，刑罰之戾，哀樂之尤，賓客之盛，用度之費，及關市之征，山林之匱，田宅之荒，溝渠之害，怠墮之過，驕頑之虐，水旱之菑。曰：『不穀不德，政事不時，國家罷病，不能胥匡，二三子不尚助不穀，官考厥職，鄉問其人，因其耆老，及其總害，慎問其故，無隱乃情。』及某日以告于廟，有不用命，有常不赦，王既發命，入食不舉，百官質方，□不食饔。及期日質明，王麻衣以朝，朝中無采衣。官考其職，鄉問其利，因謀其菑，旁匡於衆，無敢有違。詰退驕頑，方收不服，慎惟怠墮，什伍相保，動勸游居，事節時茂，農夫任户，户盡夫出。農廩分鄉，鄉命受糧，程課物徵，躬競比藏。藏不粥糴，糴不加均。賦洒其幣，鄉正保貸，成年不償，信誠匡助，以輔殖財。

財殖足食，克賦爲征，數口以食，食均有賦。外食不贍，開關通糧，糧窮不轉，孤寡不廢。滯不轉留，戍城不留，衆足以守。出旅分均，馳車送逝，旦夕運糧。於是告四方游旅，旁生忻通，津濟道宿，所至如歸。幣租輕，乃作母以行其子，易資貴賤，以均游旅，使無滯。無粥熟，無室市，權內外以立均，無蚤莫，閭次均行，均行衆從，積而勿□，以罰助均，無使之窮，平均無乏，利民不淫。無播蔬，無食種，以數度多少省用，祈而不賓祭，服漱不制，車不雕飾，人不食肉，畜不食穀。國不鄉射，樂不牆合，牆屋有補無作，資農不敗務。非公卿不賓，賓不過具。哭不留日，祭降一等。庶人不獨葬，伍有植，送往迎來亦如之。有不用命，有常不違。

漢 賈誼《論積貯疏》《漢書》卷二四 筦子曰『倉廩實而知禮節』。民不足而可治者，自古及今，未之嘗聞。古之人曰：『一夫不耕，或受之飢；

一女不織，或受之寒。』生之有時，而用之亡度，則物力必屈。古之治天下，至孅至悉也，故其畜積足恃。今背本而趨末，食者甚眾，是天下之大殘也；淫侈之俗，日日以長，是天下之大賊也。殘賊公行，莫之或止；大命將泛，莫之振救。生之者甚少而靡之者甚多，天下財產何得不蹶！漢之爲漢幾四十年矣，公私之積猶可哀痛。失時不雨，民且狼顧；歲惡不入，請賣爵、子。既聞耳矣，安有爲天下阽危者若是而上不驚者！

世之有飢穰，天之行也，禹、湯被之矣。即不幸有方二三千里之旱，國胡以相恤？卒然邊境有急，數十百萬之眾，國胡以餽之？兵旱相乘，天下大屈，有勇力者聚徒而衡擊，罷夫羸老易子而齩其骨。政治未畢通也，遠方之能疑者並舉而爭起矣，乃駭而圖之，豈將有及乎？

夫積貯者，天下之大命也。苟粟多而財有餘，何爲而不成？以攻則取，以守則固，以戰則勝。懷敵附遠，何招而不至？今毆民而歸之農，皆著於本，使天下各食其力，末技游食之民轉而緣南畝，則畜積足而人樂其所矣。可以爲富安天下，而直爲此廩廩也，竊爲陛下惜之！

漢 桓寬《鹽鐵論》卷一《力耕第二》 大夫曰：『王者塞天財，禁關市，執准守時，以輕重御民。豐年歲登，則儲積以備乏絕；凶年惡歲，則行幣物；流有餘而調不足也。昔禹水湯旱，百姓匱乏，或相假以接衣食。禹以曆山之金，湯以莊山之銅，鑄幣以贖其民，而天下稱仁。往者財用不足，戰士或不得祿，而山東被災，齊、趙大饑，賴均輸之畜，倉廩之積，戰士以奉，饑民以賑。故均輸之物，府庫之財，非所以賈萬民而專奉兵師之用，亦所以賑困乏而備水旱之災也。』

文學曰：『古者，十一而稅，澤梁以時入而無禁，黎民咸被南畝而不失其務。故三年耕而餘一年之蓄，九年耕有三年之蓄。此禹、湯所以備水旱而安百姓也。草萊不辟，田疇不治，雖擅山海之財，通百末之利，猶不能贍也。是以古者尚力務本而種樹繁，躬耕趣時而衣食足，雖累凶年而人不病也。故衣食者民之本，稼穡者民之務也。二者修，則國富而民安也。《詩》云「百室盈止，婦子寧止」也。』【略】

文學曰：『古者，商通物而不豫，工致牢而不僞。故君子耕稼田魚，其實一也。商則長詐，工則飾罵，內懷窺窬而心不怍，是以薄夫欺而敦夫薄。昔桀女樂充宮室，文繡衣裳，故伊尹高逝游薄，而女樂終廢其國。今騾驢之用，不中牛馬之功，鼲貂旃罽，不益錦綈之實。美玉珊瑚出於昆山，珠璣犀象出於桂林，此距漢萬有餘里。計耕桑之功，資財之費，是一物而售百倍其價也，一揖而中萬鍾之粟也。夫上好珍怪，則淫服下流，貴遠方之物，則貨財外充。是以王者不珍無用以節其民，不愛奇貨以富其國。故理民之道，在於節用尚本，分土井田而已。』

大夫曰：『自京師東西南北，歷山川，經郡國，諸殷富大都，無非街衢五通，商賈之所湊，萬物之所殖者。故聖人因天時，智者因地財，上士取諸人，中士勞其形。長沮、桀溺，無百金之積，蹠蹻之徒，無猗頓之富，宛、周、齊、魯，商遍天下。故乃商賈之富或累萬金，追利乘羨之所致也。富國何必用本農，足民何必井田也？』

文學曰：『洪水滔天，而有禹之績，河水泛濫，而有宣房之功。商紂暴虐，而有孟津之謀，天下煩擾，而有乘羨之富。夫上古至治，民樸而貴本，安愉而寡求。當此之時，道路罕行，市朝生草。故耕不強者無以充虛，織不強者無以掩形。雖有湊會之要，陶、宛之術，無所施其巧。自古及今，不施而得報，不勞而有功者，未之有也。』

又《通有第三》 大夫曰：『燕之涿、薊，趙之邯鄲，魏之溫軹，韓之滎陽，齊之臨淄，楚之宛、陳，鄭之陽翟，三川之二周，富冠海內，皆爲天下名都，非有助之耕其野而田其地者也，居五諸之沖，跨街衢之路也。故物豐者民衍，宅近市者家富。富在術數，不在勞身；利在勢居，不在力耕也。』

文學曰：『荊、揚南有桂林之饒，內有江湖之利，左陵陽之金，右蜀、漢之材，伐木而樹穀，燔萊而播粟，火耕而水耨，地廣而饒材；然民鮆窳偷生，好衣甘食，雖白屋草廬，歌謳鼓琴，日給月單，朝歌暮戚。趙、中山帶大河，纂四通神衢，當天下之蹊，商賈錯于路，諸侯交于道；然民淫好末，侈靡而不務本，田疇不修，男女矜飾，家無斗筲，鳴琴在室。是以楚、趙之民，均貧而寡富。宋、衛、韓、梁，好本稼穡，編戶齊民，無不家衍人給。故利在自惜，不在勢居街衢；富在儉力趣時，不在歲司羽鳩也。』【略】

文學曰：『孟子云：「不違農時，穀不可勝食。蠶麻以時，布帛不可勝衣也。斧斤以時，材木不可勝用。田漁以時，魚肉不可勝食。」若則飾宮室，增台榭，梓匠斫巨爲小，以圓爲方，上成雲氣，下成山林，則材木不足用也。男子去本爲末，雕文刻鏤，以象禽獸，窮物究變，則穀不足食也。婦女飾微治細，以成文章，極伎盡巧，則絲布不足衣也。庖宰烹殺胎卵，煎炙齊和，窮極五味，則魚肉不足食也。當今世，非患禽獸不損，材木不勝，患僣侈之無窮也；非患無旃罽橘柚，患無狹廬糠糟也。』

又《禁耕第五》 大夫曰：『山海有禁而民不傾，貴賤有平而民不疑。縣官設衡立准，人從所欲，雖使五尺童子適市，莫之能欺。今罷去之，則豪民擅其用而專其利。決市閭巷，高下在口吻，貴賤無常，端坐而民豪，是以養強抑弱而藏於蹠也。強養弱抑，則齊民消；若眾穢之盛而害五穀。一家害百家，不在胸邴，如何也？』

文學曰：『山海者，財用之寶路也。鐵器者，農夫之死士也。死士用，則仇讎滅，仇讎滅，則田野辟，田野辟而五穀熟。寶路開，則百姓贍而民用給，民用給則國富。國富而教之以禮，則行道有讓，而工商不相豫，人懷敦樸以相接，而莫相利。夫秦、楚、燕、齊，土力不同，剛柔異勢，巨小之用，居句之宜，黨殊俗易，各有所便。縣官籠而一之，則鐵器失其宜，而農民失其便。器用不便，則農夫罷于野而草萊不辟。草萊不辟，則民困乏。故鹽冶之處，大傲皆依山川，近鐵炭，其勢咸遠而作劇。郡中卒踐更者，多不勘，責取庸代。縣邑或以戶口賦鐵，而賤平其準。良家以道次發僦運鹽、鐵煩費，百姓病苦之。愚竊見一官之傷千里，未睹其在胸邴也。』

又 卷六《水旱第三十六》 大夫曰：『禹、湯聖主，后稷、伊尹賢相也，而有水旱之災。水旱，天之所爲，饑穰，陰陽之運也，非人力。故太歲之數，在陽爲旱，在陰爲水。六歲一饑，十二歲一荒。天道然，殆非獨有司之罪也。』

賢良曰：『古者，政有德，則陰陽調，星辰理，風雨時。故行修於內，聲聞於外，爲善於下，福應於天。周公載紀而天下太平，國無夭傷，歲無荒年。當此之時，雨不破塊，風不鳴條，旬而一雨，雨必以夜。無丘陵高下皆熟。《詩》曰：「有渰萋萋，興雨祁祁。」今不省其所以然，而曰「陰陽之運也」，非所聞也。《孟子》曰：「野有餓殍，不知收也；狗豕食人食，不知檢也；爲民父母，民饑而死，則曰非我也，歲也，何異乎以刃殺之，則曰非我也，兵也？」方今之務，在除饑寒之患，罷鹽、鐵，退權利，分土地，趣本業，養桑麻，盡地力也。寡功節用，則民自富。如是，則水旱不能憂，凶年不能累也。』

大夫曰：『議者貴其辭約而指明，可於眾人之聽，不至繁文稠辭，多言害有司化俗之計，而家人語。陶朱爲生，本末異徑，一家數事，而治生之道乃備。今縣官鑄農器，使民務本，不營於末，則無饑寒之累。鹽、鐵何害而罷？』

賢良曰：『農，天下之大業也，鐵器，民之大用也。器用便利，則用力少而得作多，農夫樂事勸功。用不具，則田疇荒，穀不殖，用力鮮，功自半。器便與不便，其功相什而倍也。縣官鼓鑄鐵器，大抵多爲大器，務應員程，不給民用。民用鈍弊，割草不痛，是以農夫作劇，得獲者少，百姓苦之矣。』

大夫曰：『卒徒工匠，以縣官日作公事，財用饒，器用備。家人合會，褊於日而勤於用，鐵力不銷煉，堅柔不和。故有司請總鹽、鐵，一其用，平其賈，以便百姓公私。雖虞、夏之爲治，不易於此。吏明其教，工致其事，則剛柔和，器用便。此則百姓何苦？而農夫何疾？』

賢良曰：『卒徒工匠！故民得占租鼓鑄、煮鹽之時，鹽與五穀同賈，器和利而中用。今縣官作鐵器，多苦惡，用費不省，卒徒煩而力作不盡。家人相一，父子勠力，各務爲善器，器不善者不集。農事急，挽運衍之阡陌之間。民相與市買，得以財貨五穀新幣易貨；或時貰民，不棄作業。置田器，各得所欲。更繇省約，縣官以徒復作，繕治道橋，諸發民便之。今總其原，壹其賈，器多堅硜，善惡無所擇。吏數不在，器難得。家人不能多儲，多儲則鎮生。棄膏腴之日，遠市田器，則後良時。鹽、鐵賈貴，百姓不便。貧民或木耕手耨，土耰淡食。鐵官賣器不售或頗賦與民。卒徒作不中呈，時命助之。發征無限，更繇以均劇，故百姓疾苦之。古者，千室之邑，百乘之家，陶冶工商，四民之求，足以相更。故農民不離畦畝，而足乎田器，工人不斬伐而足乎材木，陶冶不耕田而足乎粟米，百姓各得其便，而上無事焉。是以王者務本不作末，去炫耀，除雕琢，湛民以禮，示民以樸，是以百姓務本而不營於末。』

《戰國策》卷三〇《燕二》 燕饑，趙將伐之。楚使將軍之燕，過魏，見趙恢。趙恢曰：『使除患無至，易於救患。伍子胥、宫之奇不用，燭之武、張孟談受大賞。是故謀者皆從事於除患之道，而先使除患無至者。今予以百金送公也，不如以言。公聽吾言而説趙王曰：「昔者吳伐齊，爲其饑也，伐齊未必勝也，而弱越乘其弊以霸。今王之伐燕也，亦爲其饑也，伐之未必勝，而強秦將以兵承王之西，是使弱趙居強吳之處，而使強秦處弱越之所以霸也。願王之熟計之也。」』

使者乃以説趙王，趙王大悦，乃止。燕昭王聞之，乃封之以地。

《禮記·檀弓下》 公叔文子卒，其子戍請謚於君曰：『日月有時，將葬矣。請所以易其名者。』君曰：『昔者衞國凶饑，夫子爲粥與國之餓者，是不亦惠乎？昔者衞國有難，夫子以其死衞寡人，不亦貞乎？夫子聽衞國之政，脩其班制，以與四鄰交，衞國之社稷不辱，不亦文乎？故謂夫子貞惠文子』。

《漢書》卷五八《公孫弘傳》 上策詔諸儒，制曰：蓋聞上古至治，畫衣冠，異章服，而民不犯；陰陽和，五穀登，六畜蕃，甘露降，風雨時，嘉禾興，朱中生，山不童，澤不涸；麟鳳在郊藪，龜龍游於沼，河洛出圖書；父不喪子，兄不哭弟；北發渠搜，南撫交阯，舟車所至，人迹所及，跂行喙息，咸得其宜。朕甚嘉之，今何道而臻乎此？子大夫脩先聖之術，明君臣之義，講論洽聞，有聲乎當世，敢問子大夫：天人之道，何所本始？吉凶之效，安所期焉？禹湯水旱，厥咎何由？仁、義、禮、知四者之宜，當安設施？屬統垂業，物鬼變化，天命之符，廢興何如？天文地理人事之紀，子大夫習焉。其悉意正議，詳具其對，著之于篇，朕將親覽焉，靡有所隱。

弘對曰：【略】

臣聞之，氣同則從，聲比則應。今人主和德於上，百姓和合於下，故心和則氣和，氣和則形和，形和則聲和，聲和則天地之和應矣。故陰陽和，風雨時，甘露降，五穀登，六畜蕃，嘉禾興，朱草生，山不童，澤不涸，此和之至也。故形和則無疾，無疾則不夭，故父不喪子，兄不哭弟。德配天地，明竝日月，則麟鳳至，龜龍在郊，河出圖，洛出書，遠方之君莫不說義，奉幣而來朝，此和之極也。

臣聞之，仁者愛也，義者宜也，禮者所履也，智者術之原也。致利除害，兼愛無私，謂之仁；明是非，立可否，謂之義；進退有度，尊卑有分，謂之禮；擅殺生之柄，通壅塞之塗，權輕重之數，論得失之道，使遠近情僞必見於上，謂之術：凡此四者，治之本，道之用也，皆當設施，不可廢也。得其要，則天下安樂，法設而不用；不得其術，則主蔽於上，官亂於下。此事之情，屬統垂業之本也。

臣聞堯遭鴻水，使禹治之，未聞禹之有水也。若湯之旱，則桀之餘烈也。桀紂行惡，受天之罰；禹湯積德，以王天下。因此觀之，天德無私親，順之和起，逆之害生。此天文地理人事之紀。臣弘愚戇，不足以奉大對。

《吳越春秋》卷九《勾踐陰謀外傳》 ［勾踐］十三年，越王謂大夫種曰：『孤蒙子之術，所圖者吉，未嘗有不合也。今欲復謀吳，柰何？』種曰：『君王自陳越國微鄙，年穀不登。願王請糴，以入其意。天若棄吳，必許王矣。』越乃使大夫種使吳，因宰嚭求見吳王。辭曰：『越國洿下，水旱不調，年穀不登，人民飢乏，道荐飢餒，願從大王請糴，來歲即復太倉，惟大王救其窮窘。』吳王曰：『越王信誠守道，不懷二心，今窮歸愬，吾豈愛惜財寶，奪其所願？』子胥諫曰：『不可。非吳有越，越必有吳。吉往則凶來。是養生寇而破國家者也。與之不爲親，不與未成冤。且越有聖臣范蠡，勇以善謀，將有修飾攻戰，以伺吾間觀越王之使使來請糴者，非國貧民困而請糴也，以入吾國伺吾王間也。』吳王曰：『寡人卑服越王而有其衆，懷其社稷以愧勾踐。勾踐氣服，爲駕車，卻行馬前，諸侯莫不聞知。今吾使之歸國，奉其宗廟，復其社稷，豈敢有反吾之心乎？』子胥曰：『臣聞士窮非難，抑心下人，其後有激人之色。臣聞越王飢餓，民之困窮，可因而破也，今不用天之道，順地之理，而反輸之食，固君之命，狐雉之相戲也。夫狐卑體而雉信之，故狐得其志而雉必死。可不慎哉？』吳王曰：『勾踐國憂，而寡人給之以粟，恩往義來，其德昭昭，亦何憂乎？』子胥曰：『臣聞狼子有野心，仇讎之人不可親。夫虎不可餧以食，蝮蛇不恣其意。今大王捐國家之福，以饒無益之讎，棄忠臣之言，而順敵人之欲，臣必見越之破吳，豸鹿游於姑胥之臺，荊榛蔓於宮闕。願王覽武王伐紂之事也。』太宰嚭從旁對曰：『武王非紂王臣也？率諸侯以伐其君，雖勝殷，謂義乎？』子胥曰：『武王即成其名矣。』太宰嚭曰：『親戮主以爲名，吾不忍也。』子胥曰：『盜國者封侯，盜金者誅。令使武王失其理，則周何爲三家之表？』太宰嚭曰：『子胥爲人臣徒欲干君之好，咈君之心，以自稱滿，君何不知過乎？』子胥曰：『太宰嚭固欲以求其親，前縱石室之囚，受其寶女之遺。外交敵國，內惑於君，大王察之，無爲羣小所侮。今大王譬若浴嬰兒，雖啼，無聽宰嚭之言。』吳王曰：『宰嚭是。子無乃聞寡人言非忠臣之道，類於佞諛之人？』太宰嚭曰：『臣聞鄰國有急，千里馳救，是乃王者封亡國之後，五霸輔絕滅之末者也。』吳王乃與越粟萬石而令之曰：『寡人逆羣臣之議而輸於越，年豐而歸寡人。』大夫種曰：『臣奉使返越，歲登誠還吳貸。』大夫種歸越，越國羣臣皆稱萬歲。即以粟賞賜羣臣及於萬民。二年，越王粟稔，揀擇精粟而蒸還於吳，復還斗斛之數，亦使大夫種歸之吳王。王得越粟長太息謂太宰嚭曰：『越地肥沃，其種甚嘉，可留使吾民植之。』於是吳種越粟，粟種殺而無生者，吳民大飢。

三國魏 王肅《孔子家語》卷一《王言解第三》 徵斂百姓，非以盈府庫也。慘怛以補不足，禮節以損有餘，多信而寡貌。

又 卷二《致思第八》 曾子曰：『入是國也，言信於羣臣，而留可也；見忠於卿大夫，則仕可也；澤施於百姓，則富可也。』孔子曰：『參之言此可謂善安身矣。』子路爲蒲宰，爲水備，與其民修溝瀆，以民之勞煩苦也，人與之一簞食，一壺漿。孔子聞之，使子貢止之。子路忿不悅，往見孔子，曰：『由也以暴雨將至，恐有水災，故與民修溝洫以備之，而民多匱餓者，是以簞食壺漿而與之。夫子使賜止之，是夫子止由之行仁也。夫子以仁教而禁其行，由不受也。』孔子曰：『汝以民爲餓也，何不白於君，發倉廩以賑之，而私以爾食饋之，是汝明君之無惠，而見己之德美矣。汝速已則可，不則汝之見罪必矣。』

又 卷一〇《曲禮子貢問第四十二》 孔子在齊，齊大旱，春饑。景公問於孔子曰：『如之何？』孔子曰：『凶年則乘駑馬，力役不興，馳道不修馳道，君行之道，祈以幣玉君所祈請用幣及玉，不用牲也，祭祀不懸不作樂也，祀以下牲當用大牢者用少牢，此賢君自貶以救民之禮也。』

晉 袁宏《後漢紀》卷一一《後漢孝章皇帝紀上》 〔建初元年〕是時天小旱，穀貴民饑。丙寅，詔曰：『比年饑旱，民頻流亡，朕甚懼之。公卿二千石各推精誠，專以民事為急，罪非殊死，且勿案驗，立秋如故事。有司明慎選舉，進柔良，退貪殘，順時令，理冤獄。「五教在寬」，帝典所美；「愷悌君子」，大雅所歎。露布天下，使明朕意。』於是旱甚，上問司徒鮑昱曰：『將何以復災？』昱曰：『臣聞聖人治國，三年有成。陛下即位未久，就政有得失，未足致異。雖修禮樂，崇德教，亦足以移風。臣前為汝南太守，典治楚事，但汝南一郡，繫者千餘人，恐未能盡當其罪。先帝定，大獄一起，冤者過半。又諸徙家，骨肉離散，孤魂不祀，骸骨流離，死生被毒，一人呼嗟，王道為虧。宜一切還諸徙家，使生者悅懌，死者得歸，興滅繼絕，和氣可致。』上從之，即詔坐楚、淮陽事徙者，令歸本郡。

袁宏曰：『夫物有方，事有類。陽者從陽，陰者從陰。本乎天者親上，本乎地者親下，則天地人物各以理應矣。故干其一物，是虧其氣，所犯彌衆，所以寒暑不調，四時失序，蓋由斯也。古之哲王，知治化本於天理，陶和在於物類。故導之德禮，威以刑戮，使賞必當功，罰必有罪，然後天地群生，穆然文泰。故斬一木，傷一生，有不得其理，以為治道未盡也，而況百姓之命乎？夫致之也有物，則病之也必深；化之也有由，則穰之也有術。是以炎夏餘虐，以成水旱之災也。堯湯塹撫，足免黎民之患。由斯觀之，自三代以下，刑罰失中，枉死無辜幾將半，而欲陰陽和調，水旱以時，其可得乎？若能寬以臨民，簡以役物，罰懼其濫，雖不能萬物調暢，同符在昔，免夫甚泰之災固遠矣。

又 卷一二《後漢孝章皇帝紀下》 〔元和三年〕是時歲比不登，而諸王皆留京師，賞賜過厚。太尉掾何敞說太尉宋由曰：『禮，一穀不登，則損服徹膳；五穀不登，則廢祭祀，乘馬就牧，天下有饑寒者，若己使然。今比年傷於水旱，民不收，緣邊方外域，妻子流離道路，中州內郡，公私屈竭，此宜損徹節用之時。國恩覆載，賞賜過度，但聞臘賜，王、主已下，傾竭帑藏。夫明君行賜以制，忠臣受賞盡度。明公位尊任重，責深負大，上當匡正綱紀，下當安利元元，豈容無違而已哉！宜先正己率下，奉還所賜，因陳得失，條奏王侯就國。』

又 卷一九《後漢孝順皇帝紀下》 〔永和五年八月〕是時朝政多僻，競崇侈靡。侍中張衡上書曰：『臣伏惟陛下宣哲克明，繼體承天。中道傾覆之變，以應潛龍之德。及乘雲高濟，盤桓天位，誠所謂將隆大任，必先倥傯之也。親履艱難，猶知物情，故能一貫萬機，無所疑惑。宜獲神祇之應，受黎庶之譽。而陰陽未和，災眚屢見，天道幽遠，成敗易睹。近世鄭、蔡、江、樊、周廣、王聖，皆為效矣。恭儉畏惡，必蒙福祉，奢淫諂慢，鮮不夷戮，前事不忘，後事之師也。夫情勝其性，流遁忘返，豈惟不肖，中才皆然。苟非大賢，不能思義，故過結罪成。向使能瞻前顧後，援鏡自戒，則何陷於凶患乎！貴寵之臣，衆所屬仰，其有愆尤，上下知之。褒美戒惡，有心皆同，故怨讟溢乎四海，神明降其禍孽。頃年雨常不足，思求所失，則洪範所謂『僭恒暘若』也。懼群臣奢泰，昏迷典式，自下逼上，用速咎徵。又前年京都地震土裂，土裂者威分，地震者民擾也。君以靜唱，臣以動和，威自上出，不趣於下，禮之正也。竊懼君有厭倦，制不專己，恩不忍割，與衆共威。威不可分，德不可共。洪範曰：『臣有作福作威玉食，其害于而家，凶于而國。』天鑒孔明，雖疏不失。災異示人，前後數矣，未見所革，以復往悔。自非聖人，不能無過。願陛下思惟所見，稽古率舊，勿令刑德大柄，不由天斷。懲忿窒欲，事依禮制，禮制修奢僭息，事合宜則無凶咎。然後神聖允塞，災沴不至矣。』

又 卷二一《後漢孝桓皇帝紀上》 〔元壽元年〕時梁氏威勢傾天下，

而上無繼嗣，災異數見。潁陰人劉陶上疏曰：『蓋人非天地無以寓生，天地非人無以為靈。是故帝非民不立，民非帝不寧。夫天地之與帝，帝之與民，猶首之與足，相須而行，混同一體，自然之勢也。臣竊觀之，今玄象錯度，日月不明，地裂川溢，妖祥並興，胤嗣仍絕，民率流亡。昔夏癸由此而廢，商辛以斯而喪，若不悔寤，恐懼將無及矣。

伏惟陛下，年隆德茂，中天稱號，襲常存之爵，修不易之制。目不視鳴條之事，耳不聞檀車之聲，天災不卒有痛於肌膚，震蝕不卒有損於己身。故蔑三光之錯，不畏上天之怒，怡民饑之憂，忽震烈之變，輕無嗣之禍，殆國家之命，非所以彰美祖業，克保天祉者也。當今忠諫者誅，諛進者賞，嘉言結於忠舌，國命在於讒口，擅閻樂以咸陽，授趙高以車府。夫危非仁不扶，亂非智不救。故武丁得傳說，以消鼎雉之變；周宣用山甫，以濟夷厲之荒。竊見冀州刺史朱穆、烏桓校尉李膺，皆履正清修，貞介絕俗。穆前在冀州，彈糾豪傑，埽滅饕惡，肅清萬里，不仁者遠，雖山甫不畏強禦，誠無以逾也。膺前後歷職，正身率下。及掌戎馬，鎮撫北疆，神武揚於朔州，彊胡懾於漠北。文既俎豆，武亦干戈，功遂身退，家無私積。斯則中興之良佐，國家之柱臣也。宜還本朝，夾輔王室，不合久屈間曹，委於草莽。

臣恐小人道長，遂成其敗，犯冒天顏，言誠非議，知必以身脂鼎鑊，為海內先笑，所學之事，將復何恨！不學鬼谷之於東齊，而習秦儀之於周魏，賈王孫於蜀郡，交猗頓之貨殖，如此，亦可以示王室之爵，置天地之位矣。臣始悲天下之可悲，今天下亦悲臣之愚惑矣。』書奏，上善其言。

《宋書》卷九一《徐耕傳》 徐耕，晉陵延陵人也。自令史除平原令。元嘉二十一年，大旱民飢，耕詣縣陳辭曰：『今年亢旱，禾稼不登。氓黎飢餒，採掇存命，聖上哀矜，已垂存拯。但饉罄來久，困殆者衆，米穀轉貴，糴索無所。方涉春夏，日月悠長，不有微救，永無濟理。不惟凡瑣，敢憂身外，鹿鳴之求，思同野草，氣類之感，能不傷心。民糴得少米，資供朝夕，志欲自竭，義存分飡，今以千斛，助官賑貸。此境連年不熟，今歲尤甚，晉陵境特爲偏枯。此郡雖弊，猶有富室，承陂之家，處處而是，並皆保熟，所失蓋微。陳積之穀，皆有巨萬，旱之所弊，實鍾貧民，溫富之家，各有財寶。謂此等並宜助官，得過儉月，所損至輕，所濟甚重。今敢自勵，爲勸造之端。實願掘水揚塵，崇益山海。』縣爲言上。當時議者以耕比漢卜式，詔書褒美，酬以縣令。

又 卷九九《王濬傳》 明年，濬上言：『所統吳興郡，衿帶重山，地多汙澤，泉流歸集，疏決遲壅，時雨未過，已至漂沒。或方春輟耕，或開秋沈稼，田家徒苦，防遏無方。彼邦奧區，地沃民阜，一歲稱稔，則穰被京城，時或水潦，則數郡爲災。頃年以來，儉多豐寡，雖賑賚周給，傾耗國儲，公私之弊，方在未已。州民姚嶠比通便宜，以爲二吳、晉陵、義興四郡，同注太湖，而松江滬瀆壅噎不利，故處處湧溢，浸漬成災。欲從武康紵溪開漕谷湖，直出海口，一百餘里，穿渠浛必無閡滯。自去踐行量度，二十許載。去十一年大水，已詣前刺史臣義康欲陳此計，即遣主簿盛曇泰隨嶠周行，互生疑難，議遂寢息。既事關大利，宜加研盡，登遣議曹從事史虞長孫與吳興太守孔山士同共履行，准望地勢，格評高下，其川源由歷，莫不踐校，圖畫形便，詳加算考，如所較量，決謂可立。尋四郡同患，非獨吳興，若此浛獲通，列邦蒙益。不有暫勞，無由永晏。然興創事大，圖始當難。今欲且開小漕，觀試流勢，輒差烏程、武康、東遷三縣近民，即時營作。若宜更增廣，尋更列言。昔鄭國敵將，史起畢忠，一開其說，萬世爲利。嶠之所建，雖則芻蕘，如或非妄，庶幾可立。』從之。功竟不立。

《魏書》卷六〇《韓麒麟傳》 太和十一年，京都大饑，麒麟表陳時務曰：古先哲王經國立治，積儲九稔，謂之太平。故躬籍千畝，以勵百姓，用能衣食滋茂，禮教興行。逮於中代，亦崇斯業，入粟者與斬敵同爵，力田者與孝悌均賞，實百王之常軌，爲治之所先。

今京師民庶，不田者多，遊食之口，三分居二。蓋一夫不耕，或受其飢，況於今者，動以萬計。故頃年山東遭水，而民有餧終；今秋京都遇旱，穀價踴貴。實由農人不勸，素無儲積故也。

伏惟陛下天縱欽明，道高三、五，昧旦憂勤，思恤民弊，雖帝虞一日萬幾，周文昃不暇食，蔑以爲喻。上垂覆載之澤，下有凍餒之人，皆由有司不爲明制，長吏不恤其本。自承平日久，豐穰積年，競相矜夸，遂成侈俗。車服第宅，奢僭無限；喪葬婚娶，爲費實多；貴富之家，童妾袨服；工商之族，玉食錦衣。農夫餔糟糠，蠶婦乏短褐。故令耕者日少，田有荒蕪。穀帛罄於府庫，寶貨盈於市里；衣食匱於室，麗服溢於路。飢寒之本，實在於斯。愚謂凡珍玩之物，皆宜禁斷，吉凶之禮，備爲格式，令貴賤有別，民歸朴素。制天下男女，計口受田。宰司四時巡行，臺使歲一按檢。勤相勸課，嚴加賞賜。數年之中，必有盈贍，雖遇災凶，免於流亡矣。

往年校比戶貫，租賦輕少。臣所統齊州，租粟纔可給俸，略無入倉。雖於民爲利，而不可長久。脫有戎役，或遭天災，恐供給之方，無所取濟。可減絹布，增益穀租，年豐多積，歲儉出賑。所謂私民之穀，寄積於官，官有宿積，則民無荒年矣。

《南齊書》卷四〇《蕭子良傳》 是時上新親政，水旱不時。子良密啟曰：臣思水潦成患，良田沃壤，變爲汙澤；農政告祥，因高肆務，播植既周，繼以旱虐。黔庶呼嗟，相視褫氣。夫國資於民，民資於食，匪食匪民，何以能政？臣每一念此，寢不便席。本始中，郡國大旱，宣帝下詔除民租。今聞所在逋餘尚多，守宰嚴期，兼夜課切，新稅力尚無從，故調於何取給？政當相驅爲盜耳。愚謂逋租宜皆原除，少降停恩，微紓民命。

北齊 劉晝《劉子》卷三《愛民第十二》 天生萬民，而立之君，君則民之天也。天之養物，以治陰陽爲本；君之化民，以政教爲務。故寒暑不時則疾疫，風雨不節則歲饑。【略】

夫足寒傷心，民勞傷國；足溫而心平，人佚而國寧。是故善爲理者，必以仁愛爲本，不以苛酷爲先。寬宥刑罰，以全人命，省徹徭役，以休民力；輕約賦斂，不匱人財，不奪農時，以足民用；則家給國富，而太平可致也。人之於君，猶子之于父母也。未有父母富而子貧，父母貧而子富也。故人饒足者，非獨人之足，亦國之足也；渴乏者，非獨人之渴乏，亦國之渴乏也。故有若曰：『百姓足，君孰與不足，百姓不足，君孰與足？』此之謂也。

先王之治，上順天時，下養萬物，草木昆蟲，不失其所；獺未祭魚，不施網罟，豺未祭獸，不修田措；鷹隼未擊，不張罻羅；霜露未沾，不伐草木。草木有生而無識，鳥獸有識而無知，猶施仁愛以及之，奚況生人而不愛之乎？

《晉書》卷二六《食貨志》 〔咸寧〕三年，又詔曰：『今年霖雨過差，又有蟲災。潁川、襄城，自春以來，略不下種，深以爲慮。主者何以爲百姓計，促處當之。』杜預上疏曰：

臣輒思惟，今者水災東南特劇，非但五稼不收，居業并損，下田所在停汙，高地皆多磽埆，此即百姓困窮方在來年。雖詔書切告長吏二千石爲之設計，而不廓開大制，定其趣舍之宜，恐徒文具，所益蓋薄。當今秋夏蔬食之時，而百姓已有不贍，前至冬春，野無青草，則必指仰官穀，以爲生命。此乃一方之大事，不可不豫爲思慮者也。

臣愚謂既以水爲困，當恃魚菜螺蜯，而洪波汎濫，貧弱者終不能得。今者宜大壞兗、豫州東界諸陂，隨其所歸而宣導之。交令饑者盡得水產之饒，百姓不出境界之內，旦暮野食，此目下日給之益也。水去之後，填淤之田，畝收數鍾。至春大種五穀，五穀必豐，此又明年益也。

臣前啟，典牧種牛不供耕駕，至於老不穿鼻者無益於用，而徒有吏士穀草之費，歲送任駕者甚少，尚復不調習，宜大出賣，以易穀及爲賞直。【略】

預又言：諸欲修水田者，皆以火耕水耨爲便。非不爾也，然此事施於新田草萊，與百姓居相絕離者耳。往者東南草創人稀，故得火田之利。自頃戶口日增，而陂堨歲決，良田變生蒲葦，人居沮澤之際，水陸失宜，放牧絕種，樹木立枯，皆陂之害也。陂多則土薄水淺，潦不下潤。故每有水雨，輒復橫流，延及陸田。言者不思其故，因云此土不可陸種。臣計漢之戶口，以驗今之陂處，皆陸業也。其或有舊陂舊堨，則堅完修固，非今所謂當爲人害者也。臣前見尚書胡威啟宜壞陂，其言懇至。臣中者又見宋侯相應遵上便宜，求壞泗陂，徙運道。時下都督度支共處當，各據所見，不從遵言。臣案遵上事，運道東詣壽春，有舊渠，可不由泗陂。泗陂在遵地界壞地凡萬三千餘頃，傷敗成業。遵縣領應佃二千六百口，可謂至少，而猶患地狹，不足肆力，此皆水之爲害也。當所共恤，而都督度支方復執異，非所見之難，直以不同害理也。人心所見既不同，利害之情又有異。軍家之與郡縣，士大夫之與百姓，其意莫有同者，此皆偏其利以忘其害者也。此理之所以未盡，而事之所以多患也。

臣又案，豫州界二度支所領佃者，州郡大軍雜士，凡用水田七千五百餘頃耳，計三年之儲，不過二萬餘頃。以常理言之，無爲多積無用之水，況於今者水潦瓫溢，大爲災害。臣以爲與其失當，寧瀉之不滀。宜發明詔，敕刺史二千石，其漢氏舊陂舊堨及山谷私家小陂，皆當修繕以積水。其諸魏氏以來所造立，及諸因雨決溢蒲葦馬腸陂之類，皆決瀝之。長吏二千石躬親勸功，諸食力之人並一時附功令，比及水凍，得粗枯涸，其所修功實之人皆以俾之。其舊陂堨溝渠當有所補塞者，皆尋求微跡，一如漢時故事，豫爲部分列上，須冬東南休兵交代，各留一月以佐之。夫川瀆有常流，地形有定體，漢氏居人衆多，猶以無患，今因其所患而宣寫之，跡古事以明近，大理顯然，可坐論而得。臣不勝愚意，竊謂最是今日之實益也。

又 卷四七《傅玄傳》 泰始四年，以爲御史中丞。時頗有水旱之災，玄復上疏曰：

臣聞聖帝明王受命，天時未必無災，是以堯有九年之水，湯有七年之旱，惟能濟之以人事耳。故洪水滔天而免沈溺，野無生草而不困匱。伏惟陛下聖德欽明，時小水旱，人未大饑，下祗畏之詔，求極意之言，同禹湯之罪己，侔周文之夕惕。臣伏歡喜，上便宜五事：

其一曰，耕夫務多種而耕暵不熟，徒喪功力而無收。又舊兵持官牛者，官得六分，士得四分；自持私牛者，與官中分，施行來久，衆心安之。今一朝減持官牛者，官得八分，士得二分；持私牛及無牛者，官得七分，士得三分，人失其所，必不歡樂。臣愚以爲宜佃兵持官牛者與四分，持私牛與官中分，則天下兵作歡然悅樂，愛惜成穀，無有損棄之憂。

其二曰，以二千石雖奉務農之詔，猶不勤心以盡地利。昔漢氏以墾田不實，徵殺二千石以十數。臣愚以爲宜申漢氏舊典，以警戒天下郡縣，皆以死刑督之。

其三曰，以魏初未留意於水事，先帝統百揆，分河堤爲四部，并本凡五謁者，以水功至大，與農事並興，非一人所周故也。今謁者一人之力，行天下諸水，無時得偏。伏見河堤謁者車誼不知水勢，轉爲他職，更選知水者代之。可分爲五部，使各精其方宜。

其四曰，古以步百爲畝，今以二百四十步爲一畝，所覺過倍。近魏初課田，不務多其頃畝，但務修其功力，故白田收至十餘斛，水田收數十斛。自頃以來，日增田頃畝之課，而田兵益甚，功不能修理，至畝數斛已還，或不足以償種。非與曩時異天地，横遇災害也，其病正在於務多頃畝而功不修耳。竊見河堤謁者石恢甚精練水事及田事，知其利害，乞中書召恢，委曲問其得失，必有所補益。

其五曰，臣以爲胡夷獸心，不與華同，鮮卑最甚。本鄧艾苟欲取一時之利，不慮後患，使鮮卑數萬散居人間，此必爲害之勢也。秦州刺史胡烈素有恩信於西方，今烈往，諸胡雖已無惡，必且消弭，然獸心難保，不必其可久安也。若後有動釁，烈計能制之。惟恐胡虜適困於討擊，便能東入安定，西赴武威，外名爲降，可動復動。此二郡非烈所制，則惡胡東西有窟穴浮游之地，故復爲患，無以禁之也。宜更置一郡於高平川，因安定西州都尉募樂徙民，重其復除以充之，以通北道，漸以實邊。詳議此二郡及新置郡，皆使并屬秦州，令烈得專御邊之宜。

詔曰：『得所陳便宜，言農事得失及水官興廢，又安邊御胡政事寬猛之宜，申省周備，一二具之，此誠爲國大本，當今急務也。如所論皆善，深知乃心，廣思諸宜，動靜以聞也。』

又 卷五二《郤詵傳》 詔曰：『蓋太上以德撫時，易簡無文。至于三代，禮樂大備，制度彌繁。文質之變，其理何由？虞夏之際，聖明係踵，而損益不同。周道既衰，仲尼猶曰從周。因革之宜，又何殊也？聖王既沒，遺制猶存，霸者迭興而翼輔之，王道之缺，其無補乎？何陵遲之不反也？豈霸德之淺歟？期運不可致歟？且夷吾之智，而功止於霸，何哉？夫昔人之爲政，革亂亡之弊，建不刊之統，移風易俗，刑措不用，豈非化之盛歟？何修而嚮茲？朕獲承祖宗之休烈，于茲七載，而人未服訓，政道罔述。以古況今，何不相逮之遠也？雖明之弗及，猶思與羣賢慮之，將何以辨所聞之疑昧，獲至論於讜言乎？加自頃戎狄内侵，災害屢作，邊甿流離，征夫苦役，豈政刑之謬，將有司非其任歟？各悉乃心，究而論之。上明古制，下切當今。朕之失德，所宜振補。其正議無隱，將敬聽之。』

詵對曰：**【略】**

策曰：『自頃夷狄内侵，災眚屢降，將所任非其人乎？何由而至此？』

臣聞蠻夷猾夏，則皋陶作士，此欲善其末，則先其本也。夫任賢則政惠，使能則刑恕。政惠則下仰其施，刑恕則人懷其勇。施以殖其財，勇以結其心。故人居則資贍而知方，動則親上而志勇。苟思其利而除其害，以生道利之者，雖死不貳；以逸道勞之者，雖勤不怨。故其命可授，其力可竭，以戰則克，以攻則拔。是以善者慕德而安服，惡者畏懼而削迹。

止戈而武，義實在文，唯任賢然後無患耳。若夫水旱之災，自然理也。故古者三十年耕必有十年之儲，堯湯遭之而人不困，有備故也。自頃風雨雖頗不時，考之萬國，或境土相接，而豐約不同；或頃畝相連，而成敗異流，固非天之必害於人，人實不能均其勞苦。失之於人，而求之於天，則有司惰職而不勸，百姓殆業而咎時，非所以定人志，致豐年也。宜勤人事而已。

臣誠愚鄙不足以奉對聖朝，猶進之於廷者，將使取諸其懷而獻之乎，臣懼不足也。若收不知言以致知言，臣則可矣，是以辭鄙不隱也。

又《阮种傳》 又問咎徵作見。對曰：『陰陽否泰，六沴之災，則人主修政以禦之，思患而防之，建皇極之首，詳庶徵之用。詩曰「敬之敬之，天惟顯思」，天聰明自我人聰明，是以人主祖承天命，日慎一日也。故能應受多福而永世克祚，此先王之所以退災消眚也。』

又 卷八〇《王義之傳》 時東土饑荒，義之輒開倉振貸。然朝廷賦役繁重，吳會尤甚，義之每上疏爭之，事多見從。

唐 李世民《帝範》卷三《誡盈第七》 夫君者，儉以養性，靜以修身。儉則人不勞，靜則下不擾。人勞則怨起，下擾則政乖。人主好奇技淫聲、鷙鳥猛獸，遊幸無度，田獵不時。如此則徭役煩，徭役煩則人力竭，人力竭則農桑廢焉。人主好高臺深池，雕琢刻鏤，珠玉珍玩，黼黻絺綌。如此則賦斂重，賦斂重則人才遺，人才遺則饑寒之患生焉。亂世之君，極其驕奢，恣其嗜欲。土木衣緹繡，而人裋褐不全；犬馬厭芻豢，而人糟糠不足。故人神怨憤，上下乖離，佚樂未終，傾危已至。此驕奢之忌也。

又 卷四《務農第十》 夫食爲人天，農爲政本。倉廩實則知禮節，衣食足則誌廉恥。故躬耕東郊，敬授人時。國無九歲之儲，不足備水旱；家無一年之服，不足禦寒暑。然而莫不帶犢佩牛，棄堅就僞。求什一之利，廢農桑之基。以一人耕而百人食，其爲害也，甚於秋螟。莫若禁絶浮華，勸課耕織，使人還其本，俗反其真，則競懷仁義之心，永絶貪殘之路，此務農之本也。斯二者，制俗之機。

子育黎黔，惟資威惠。惠而懷也，則殊俗歸風，若披霜而照春日；威可懼也，則中華懾軏，如履刃而戴雷霆。必須威惠並馳，剛柔兩用，畫刑不犯，移木無欺。賞罰既明，則善惡斯別；仁信普著，則遐邇宅心。勸穡務農，則饑寒之患塞；遏奢禁麗，則豐厚之利興。且君之化下，如風偃草。上不節心，則下多逸誌；君不約己，而禁人爲非，是猶惡火之燃，添薪望其止焰；忿池之濁，撓浪欲止其流，不可得也。莫若先正其身，則人不言而化矣。

《南史》卷三五《顧憲之傳》 案吳興頻歲失稔，今茲尤饉，去乏從豐，良田饑棘，舊格新減，尚未議登，格外加倍，將以何術？皇慈恤隱，振廩蠲調，而元懿幸災榷利，重增困瘼，人而不仁，古今共疾。且比見加格置市者，前後相屬，非唯新加無贏，並皆舊格有闕，愚恐元懿今啟，亦當不殊。若事不副言，懼貽譴詰，便百方侵苦，爲公賈怨，其所欲舉腹心，亦當獸而冠耳。《書》云：『與其有聚斂之臣，寧有盜臣。』言盜公爲損蓋微，斂人所害乃大也。然掌斯任者應簡廉平，則無害於人。愚又以便宜者，蓋謂便於公宜於人也。竊見頃之言便宜者，非能於人力之外，用天分地者也，率皆即日不宜於人，方來未便於公，名與實反，有乖政體。凡如此等，誠宜深察。

《文選·東方朔〈非有先生論〉》李善注 於是吳王穆然，俛而深惟，仰而泣下交頤，穆，猶默，靜思貌也。《孫子兵法》曰：『令發之日，士寢者涕交頤。』曰：『嗟乎！余國之不亡也，綿綿連連，殆哉，世之不絶也！』《說文》曰：『綿，聯微也。』《爾雅》曰：『殆，危也。』於是正明堂之朝，齊君臣之位，舉賢才，布德惠，施仁義，賞有功；躬親節儉，減後宮之費，損車馬之用；放鄭聲，遠佞人，《論語》：顏回問爲邦，子曰：『放鄭聲，遠佞人。鄭聲淫，佞人殆。』省庖廚，去侈靡，卑宮館，壞苑囿，填池塹，以與貧民無產業者；開內藏，振貧窮，存耆老，恤孤獨，薄賦斂，省刑罰。行此三年，海內晏然，天下大洽，陰陽和調，萬物咸得其宜；孫卿子曰：『萬物得宜，事變得應。』國無災害之變，民無飢寒之色，家給人足，畜積有餘，囹圄空虛；文子曰：『法寬刑緩，囹圄空虛。』鳳皇來集，麒麟在郊，《禮記》曰：『鳳皇麒麟，皆在郊藪。』甘露既降，朱草萌芽，《禮記》曰：『天降膏露。』鄭玄曰：『膏，猶甘也。』《尚書大傳》曰：『德光地序，則朱草生。』遠方異俗之人，嚮風慕義，各奉其職而來朝賀。故治亂之道，存亡之端，若此易見，《呂氏春秋》曰：『治亂存亡，如可見，如不可見。』而君人者莫肯爲也，臣愚竊以爲過。故詩曰『王國克生，惟周之貞，濟濟多士，文王以寧』，此之謂也。毛詩小雅文也。

唐 沈成福《議移睦州治所疏略》《全唐文》卷二〇〇 州城俯臨江水。先是江皐磽确，崎嶇不平，展拓無地，置州築城，東西南北，縱橫纔百餘步。城內惟有倉庫刺史宅曹司官宇，自司馬以下及百姓，並沿江居住，城內更無營立之所。每至夏中，江水泛漲浸沒，年別修理，夫役極多，補整之間，實大勞敝，欲求移轉，更無去處。今歲夏水又湮，江岸崩頹，道路斷絶。附郭雉山縣，置在州東，更甚卑下，曾經大水漂失蓋藏，屋被浸沒。一州管三萬餘户，置州西界，州西惟有四鄉。其桐廬等縣，並在州東。水陸兩途，二三百里，江山險阻，已極艱虞。加之夏雨暴至，進退不能。前有待死桐廬縣令先後三人，皆爲赴任上州，並遭沒溺，言之可痛，聞者傷心。是以建德等三縣在州東者，官人、百姓並請移州就建德，道里稍平，輸納租庸，沿江甚易，空船歸棹，遲亦無妨。其建德地形高爽，當三江之口，五縣之中，近歲以來，不曾遭水。若許移州治，並移雉山縣入州，舊城亦得牢固，既益公私，不敢隱蔽。

唐 韋承慶《重上直言諫東宮啓》《舊唐書》卷八八 臣聞太子者，君之貳，國之本也。所以承宗廟之重，繫億兆之心，萬國以貞，四海屬望。殿下以仁孝之德，明睿之姿，岳峙泉澄，金貞玉裕。天皇升殿下以儲副，寄殿下以監撫，欲使照無不及，恩無不覃。百僚仰重曜之輝，萬姓聞洊雷之響。

夫君以人爲本，人以食爲命。君非人無以保其位，人非食無以全其生。故孔子曰：『百姓足，君孰與不足？百姓不足，君孰與足？』自頃年以來，頻有水旱，菽粟不能豐稔，黎庶自致煎窮。今夏亢陽，米價騰踴。貧窶之室，無以自資，朝夕遑遑，惟憂餒饉。下人之瘼，實可哀矜；稼穡艱難，所宜詳悉。天皇所以垂衣北極，殿下所以守器東宮，爲天下之所尊，得天下之所利者，豈惟上元之幽贊？亦百姓之倚命也。百姓危則社稷不能獨安，百姓亂則帝王不能獨理，故古之明君，飽而知人饑，溫而知人寒，每以天下爲憂，不以四海爲樂，今關隴之外，兇寇恁陵，西土邊甿，凋喪將盡，干戈日用，烽柝薦興。千里有勞於餽糧，三農不遑於稼穡。雖蜂蠆之小毒，亦足以煩師旅而擾邊隅矣。殿下爲臣爲子，乃國乃家。爲臣在於竭忠，爲子期於盡孝。在家不可以自逸，在國不可以自康。一物有虧，聖上每留神念；三邊或梗，殿下豈不兢懷？況當養德之秋，非是任情之日。伏承北門之內，造作不常，玩好所營，或有煩費。倡優雜伎，不息於前；鼓吹繁聲，亟聞於外。既喧聽覽，且黷宮闈。兼之僕隷小人，緣此得親左右，亦既奉承顏色，能不恃賴恩光？作福作威，莫不由此。若不防慎，必有愆非。倘使微累德音，於後悔之何及？《書》云：『不作無益害有益。』此皆無益之事，固不可出錯而悅之。

臣又聞在上不驕，高而不危；制節謹度，滿而不溢。高而不危，所以長守貴；滿而不溢，所以長守富。是知高危不可不慎，滿溢不可不持。《易》曰：『君子終日乾乾，夕惕若厲，無咎。』敬慎之謂也。在於凡庶，能守而行之，猶可以高振聲華，坐致榮祿。殿下有少陽之位，有天挺之姿，片善而天下必聞，小能而天下咸服。豈可不爲盡善盡美之道，以取可久可大之名哉？伏願博覽經書，以廣其德；屏退聲色，以抑其情。靜默無爲，恬虛寡欲。非禮勿動，非法不言。居處服玩，必循節儉；畋獵遊娛，不爲縱逞。正人端士，必引而親之；便僻側媚，必斥而遠之，使惠聲溢於遠近，仁風翔於內外，則可以克享終吉，長保利貞，爲上嗣之稱首，奉聖人之鴻業者矣。臣昔參朱邸，忝膠東之藩吏；晚侍清宮，叨望苑之儲寀。每得親承睿盼，側奉宸規。出入銀榜之前，旦暮銅樓之下。小人頂戴，無以勝恩。區區淺誠，竊不自已。古人恥其君不及堯舜，臣亦願陛下超於啟發。是以冒進狂言，庶有裨於萬一；微生萬死，實無限於三泉。謹啟。

唐 崔融《代皇太子請復膳表》《全唐文》卷二一七 臣某言：臣聞善持國者，舒慘必繫於天時；德稱皇者，動靜莫違於物理。故百姓不足，一人所以軫懷；四海爲家，萬方由其在慮。伏惟天皇觀風設教，拜洛遊河，光華前乎日月，法象齊乎天地。頃以歲儲微耗，年穀未登，睿旨憂勞，宸情戒惕。菲飲食而卑宮室，居常夏禹之期；減廚膳而徹鍾懸，重取黃軒之事。由是神靈肸蠁，景氣氤氳，雪千里而朝飛，雨四溟而夜下。兩河之甸，瑞麥盈疇；三川之境，嘉苗被隰：天意人事，其在茲乎！可以隨道抑揚，可以與時通變。周王之本支百代，每進鮮庖；殷帝之亢旱七年，猶資鶴鼎：昔賢具稱其美，往聖不議其非，唯此小心，將乖大德。臣又聞下之奉上，猶枝附根，君以人作基，人以君爲命。天皇恩深子育，念切家安，損己勵精，無違早晏，停滋罷味，已隔歲時，聖躬有勞瘁之容，羣黎動兢惶之責。伏乞俯從人欲，仰順靈心，具珍物以登羞，隨太陽而復膳，萐莆知送涼之地，芝英識駐壽之期。豈使眇眇燧皇，獨流名於膰炙；悠悠黃帝，空紀稱於庖犧而已哉？臣寄忝元良，任當監守，春冬胄序，學書禮而空勤；朝夕寢門，視寒溫而未節。無任悃款之至，謹遣某官奉表陳請以聞。

唐 李嶠《上中宗書》《新唐書》卷一二三 元首之尊，居有重門擊柝之衛，出有清警戒道之禁：所以備非常，息異望，誠不可易舉動，慢防閑也。陛下厭崇邃，輕尊嚴，微服潛遊，閱廛過市，行路私議，朝廷驚懼。如禍產意外，縱不自惜，柰宗廟蒼生何？又分職建官，不可以濫，傳曰：『官不必備，惟其人。』自帝室中興，以不慎爵賞爲惠，冒級躐階，朝升夕改，正闕不給，加以員外，內則府庫爲殫，外則黎庶蒙害：非求賢助治之道也。願愛吝班榮，息匪服之議。今文武六十以上，而天造含容，皆矜恤之，老病者已解還授，員外者既遣復留，恐非所以消敝救時也。請敕有司，料其可用進，不可用退。又遠方夷人，不堪治事，國家向務撫納而官之，非立功酋長，類靡俸祿。札惶度非要者，一切放還。又《易》稱：『何以守位曰仁，何以聚人曰財。』今百姓乏窶，不安居處，不可以守位；倉儲蕩耗，財力輕殫，不足以聚人。山東病水潦，江左困輸轉，國匱於上，人窮於下。如今邊場少疏，恐逋亡遂多，盜賊羣行，何財召募？何衆閑遏乎？又崇作寺觀，功費浩廣，今山東歲饑，糟糠不厭，而投艱阨之會，收庸調之半。用吁嗟之物，以榮土木，恐怨結三靈，謗蒙四海。又比緣征戍，巧詐百情，破役隱身，規脱租賦，今道人私度者，幾至數十萬。其中高户多丁，黠商大賈，詭作臺符，羼名僞度。且國計軍防，並仰丁口，今丁皆出家，兵悉入道，徵行租賦，何以備之？又重賂貴近，補府若史，移没籍產，以州縣甲等，更爲下户，當道城鎮，至無捉驛者，役逮小弱，即破其家。願許十道使訪察括舉，使奸猾不得而隱。又太常樂户已多，復求訪散樂，獨持鼗鼓者已二萬員。願量留之，餘勒還籍，以杜妄費。

唐　劉承慶《明堂灾後求直言疏》《舊唐書》卷二二　臣聞自古帝王，皆有美惡，休祥所以昭其德，災變所以知其咎，天道之常理，王者之常事。然則休祥屢臻，不可矜功而自滿；災變奄降，不可輕忽而靡驚。故殷宗以桑穀生朝，懷懼而自省，妖不勝德，遂立中興之功；辛紂以雀生大鳥，恃福而自盈，祥不勝驕，終致傾亡之禍。故知災變之生，將以覺悟明主，扶持大業，使盛而不衰。理須祗畏神心，警懼天誡，飭身正事，業業兢兢，則凶往而吉來，轉禍而爲福。昔殷湯禱身而降雨，成王省事以反風，宋公憂熒惑之災，而應三舍之壽，高宗懲雊鼎之異，而享百年之福，此其類也。

自陛下承天理物，至道事神，美瑞嘉祥，洊臻狎委，非臣所能盡述。日者變生人火，損及神宮，驚惕聖心，震動黎庶。臣謹按《左傳》曰：『人火曰火，天火曰災。』人火因人而興，故指火體而爲稱；天火不知何起，直以所災言之。其名雖殊，爲害不別。又《漢書・五行志》曰：『火失性則自上而降，及濫燄妄起，災宗廟，燒宮館。』自上而降，所謂天火；濫燄妄起，所謂人火。其來雖異，爲患實同。王者舉措營爲，必關幽顯。幽爲天道，顯爲人事，幽顯迹通，天人理合。今工匠宿藏其火，本無放燎之心；明堂教化之宮，復非延火之所。孽煨潛扇，倏忽成災，雖則因人，亦關神理。臣愚以爲火發既先從麻主，後及總章，意將所營佛舍，恐勞而無益。但崇其教，即是津梁，何假紺宮，方存汲引？既僻在明堂之後，又前逼牲牢之筵，兼以厥構崇大，功多難畢。立像弘法，本擬利益黎元；傷財役人，却且煩勞家國。承前大風摧木，天誡已顯；今者毒燄冥熾，人孽復彰。聖人動作，必假天人之助，一興功役，二者俱違，厥應昭然，殆將緣此。

臣以爲明堂是正陽之位，至尊所居，展禮班常，崇化立政，玉帛朝會，神靈依憑。營之可曰大功，損之實非輕事，既失嚴禋之所，復傷孝理之情。陛下昨降明制，猶申寅畏之旨，羣僚理合兢畏震悚，勉力司存，豈合承恩耽樂，安然酺宴？又下人感荷聖德，覩變憎惶，神體克寧，豈非深悦。但以火氣初止，尚多驚懼，餘憂未息，遽以歡事遏之。臣恐憂喜相爭，傷於情理。故傳曰：『可憂而爲樂，取憂之道。』又古者有火，祭四墉。四墉，積陰之氣，祈之以禳火災。火，陽之氣，歡樂陽事，火氣方勝，不可復興陽事。

臣聞災變之興，至聖不免，聿修其德，來患可禳。陛下垂制博訪，許陳至理。而左史張鼎以爲『今既火流王屋，彌顯大周之祥』，通事舍人逢敏奏稱『當彌勒初成佛道時，有天魔燒宮，七寶臺須臾散壞』。斯實諂妄之邪言，實非君臣之正論。晦昧王化，無益萬機。夫天道雖高，其察彌近；神心雖寂，其聽彌聰。交際皇王，事均影響。今大風烈火，譴告相仍，實天人丁寧，匡諭聖主，使鴻基益固，天祿永終之意也。伏願陛下乾乾在慮，翼翼爲懷，若涉巨川，如承大祭，審其致災之理，詳其降眚之由，無瞢天人之心，而興不急之役。則兆人蒙賴，福祿靡窮，幸甚，幸甚。

唐　吴兢《貞觀政要》卷八《務農第三十》　貞觀二年，太宗謂侍臣曰：『凡事皆須務本，國以人爲本，人以衣食爲本，凡營衣食，以不失時爲本。夫不失時者，在人君簡靜乃可致耳。若兵戈屢動，土木不息，而欲不奪農時，其可得乎？』王珪曰：『昔秦皇、漢武，外則窮極兵戈，內則崇侈宮室，人力既竭，禍難遂興，彼豈不欲安人乎？失所以安人之道也。亡隋之轍，殷鑒不遠，陛下親承其弊，知所以易之，然在初則易，終之實難。伏願慎終如始，方盡其美。』太宗曰：『公言是也。夫安人寧國，惟在於君，君無爲則人樂，君多欲則人苦，朕所以抑情損欲，克己自勵耳。』【略】

貞觀五年，有司上書言：『皇太子將行冠禮，宜用二月爲吉，請追兵以備儀注。』太宗曰：『今東作方興，恐妨農事，令改用十月。』太子少保蕭瑀奏言：『准陰陽家，用二月爲勝。』太宗曰：『陰陽拘忌，朕所不行，若動靜必依陰陽，不顧理義，欲求福祐，其可得乎？若所行皆遵正道，自然常與吉會。且吉凶在人，豈假陰陽拘忌？農時甚要，不可蹔失。』

貞觀十六年，太宗以天下粟價率計斗直五錢，其尤賤處，計斗直三錢，因謂侍臣曰：『國以民爲本，人以食爲命，若禾黍不登，則兆庶非國家所有。既屬豐稔若斯，朕爲億兆人父母，唯欲躬務儉約，必不輒爲奢侈。朕常欲賜天下之人，皆使富貴。今省徭賦，不奪其時，使比屋之人，恣其耕稼，此則富矣。敦行禮讓，使鄉閭之間，少敬長，妻敬夫，此則貴矣。但令天下皆然，朕不聽管弦，不從畋獵，樂在其中矣！」

又《辯興亡第三十四》 貞觀二年，太宗謂黄門侍郎王珪曰：「隋開皇十四年大旱，人多饑乏。是時倉庫盈溢，竟不許賑給，乃令百姓逐糧。隋文不憐百姓而惜倉庫，比至末年，計天下儲積，得供五六十年。煬帝恃此富饒，所以奢華無道，遂致滅亡。煬帝失國，亦此之由。凡理國者，務積於人，不在盈其倉庫。古人云：『百姓不足，君孰與足。』但使倉庫可備凶年，此外何煩儲蓄！後嗣若賢，自能保其天下；如其不肖，多積倉庫，徒益其奢侈，危亡之本也。」

唐 常袞《減征京畿夏麥制》《全唐文》卷四一四 敕：夏后氏五十而貢，殷人七十而助，周人百畝而徹，其實皆什一也。故謂之天下中正，而頌聲作矣。乃者因三代之制，定其稅典，務於行古，庶以便人。屬外攘四夷，歲會戎事，軍國用度，公儲匱乏，役費薦至，近於倍徵。而吏或奉法不謹，失我字人之意，孤惸者恣其厚斂，豪富者貸，以輕徭，動而生奸，浸以流弊，謂之什一，其實太半。致有去父母之邦，甘保傭之役，流離適蕩，靡室靡家。或阽於死亡，而莫之省，每一念至，良深憫惻。頃亦釐革，從其便安，量沃瘠之差，寬賦斂之重。今邦畿之內，宿麥非稔，去秋墾田，又減常歲，昨者徵稅，其數頗多。朕以萬姓不安，三農將廢，憂勤鬱悼，中夜以興，思有康濟，未臻其道。每欲悉免量入，息其重困，而未解兵嚴，猶資日費，用蠲恆數，以恤疲人。其京兆府今年所率夏麥，宜於七萬碩內。五萬碩放不徵，二萬碩容至晚田熟後取雜色斛斗續納。仍委京兆尹崔昭差少尹李椅、于頎等分縣巡撫，必躬親宣示朝章，令知朕意。

唐 常袞《減淮南租庸地稅制》《全唐文》卷四一四 敕：王者以冢宰制國用，以司會質歲成，必視豐荒之年，以均輕重之數。自近古以來，天下郡縣，或有水旱之處，則亦減其田租休其力役。不急之務，不便於時，亦皆節省，以惠窮乏。上天眷命，屬朕元元，敢不敬承，勵於勤儉，躬自菲薄，刑於邦家。非上薦宗廟，下資師旅，未嘗私於所奉，更有徵求，藏之於人，孰謂不足？乃者屢減邦賦，以勸耕農，而四時罔愆，九扈皆敘。近自關右，達於海隅，溥其百穀之穰，寧止三年之積，非朕寡德，所能致茲。蓋祖宗景靈，被此嘉貺，仰荷殊慶，兢懷益深。而淮南數州，獨罹災患，秋夏無雨，田萊卒荒。閭閻難食，百賈皆震，永念於此，尤增憮然。我心憂傷，終夜不寐，宜有蠲貸，用安流亡。其淮南今年租庸地稅所支米等，宜三分放二。楊洪宣等三州作坊，往以軍興，是資戎器，既屬歲歉，頗殘吾人，徵材役工，薦費尤甚，惟務省約，以息困窮，亦宜並停。宣示百姓，知朕意焉。

唐 常袞《免京兆府稅錢制》《全唐文》卷四一四 敕：守位聚人，有賦有稅，所以奉宗廟之祀，備水旱之災，事之大經，古今不易。國家計其户籍，俾出泉貨，著在令典，謂之兩稅，天下通制，行之久矣。自師旅薦興，征調煩數，法度多峻，遂廢其名。近舉舊章，用導薄賦，施於中外，其法一也。屬歲會戎事，聚於邦畿，以鰥寡困窮之人。當徵徭力役之重，久於供費，皆至匱竭，蕩然流散，言念傷懷。此之四方，此實尤甚，宜思蠲貸，庶令蘇息。其京兆府見差科百姓今年秋稅錢，特宜放免。

唐 常袞《減就畿秋稅制》《全唐文》卷四一四 敕：周以司會立經制，漢以丞相校薄書，量其國用，差其稅典，必以省費，由之重輕。公田之籍，可謂通範，履畝而稅，斯誠弊法。將期折中，以便於時，億兆不康，君孰與足？故愛人之體，先於博施，富國之源，必在均節。朕自臨宸極，比屬艱虞，亦嘗慕淳樸之風，守沖儉之道，每念黎庶，思致和平。而邊事猶殷，戎車屢駕，軍興取給，皆屬邦畿。九伐之師，尚勤王略，千金之費，重困吾人。乃者遵冉有之言，守周公之制，什而稅一，務於行古。今則編户流亡，墾田減耗，計量入之數，甚倍征之法，納隍之懼，當寧軫懷。慮失三農，憂深萬姓，務從省約，稍冀蠲除，用申勤恤之旨，以救惸嫠之弊。其京兆府所奏今年秋稅八十二萬五千石斛斗數內，宜即減一十七萬五千石，委黎幹據諸縣户口地數均平放免，仍分明榜示百姓，令知當户所減斛斗數訖聞奏。其應徵青苗地頭錢，亦宜三分放一，共先欠永泰元年地頭錢一十四萬九千一百四十一貫，並宜放免，降低丁匠掌閒正番外，至來年麥熟以來，府縣一切更不得輒有科稅。朕當躬儉節用，以贍黎元，中夏漸寧，庶有康濟。宣示百姓，知朕意焉。

唐 常袞《大曆五年大赦天下制》《全唐文》卷四一五 門下：惟辟奉天，作人父母。若天垂戒於上，人不安於下，則修德勤政，以達至誠。恤刑獄之冤滯，問閭閻之疾苦，招納諫諍，訪求賢良，允迪前烈，率由茲道。朕獲承宗廟之重，托於王侯之上，夙夜齋慄，莫敢荒寧。推誠以撫萬邦，屈己以安百姓，憂勤之至，日慎一日，服御之給，損之又損。而涉道猶淺，燭理不明，國經王度，多有廢闕。加以寇戎驟犯，軍國煩勞，賦重人竭，因之歲歉，田荒業廢，逋散相仍。每深怵惕，頻有蠲降，兼亦簡求良吏，以惠矜人。除去奸宄，用達幽枉，大變風俗，更張刑政，冀人和之漸洽，何天眚之屢彰。固以朕德之寡昧，化之衰薄，其咎不遠，在予一人。亦由郡邑之政，未盡條理，或貪以害物，或擾以傷農。有淩弱暴寡之冤，有不均失中之政，人無所措，多陷刑辟。蓋上之教道未至，豈忍以文法繩之，慘然憂嗟，深自引慝。雖靡草麥秋之候，方斷薄刑；而薰風長養之時，宜寬庶獄。大決疏綱，與之更新。其天下見禁囚徒，死罪並降從流，流已下並釋放。內外文武官及前資官六品以下，並草澤中有碩學專門，茂才異等，智謀經武，諷諫主文者，仰所在州府觀察牧宰，精求表薦。如所由搜揚未盡，遺逸林間者，即宜詣闕自舉親當策試，量能擢用。朕每覽漢文詔書，至陽和之時，草木羣生之類，皆有以自樂，而吾百姓，或阽於死亡而莫之省，緬然遐想，感嘆增懷，哀今之人，又甚於昔，思有贍恤，俾安其居。觀察節度使及刺史各宜訓勵所部，使奉科條，變貪官之節，激循吏之行，其清白明著，政理殊尤者，具以名聞，必加獎擢。若冒於貨賄，紊我綱紀，切宜紀摘，當峻刑憲。其官人犯贓、經恩免罪者，並宜申報中書門下及所司，不得容其卻上。自王室多故，積有歲時，皆我文武之臣，中外戮力，今天下既定，崇德報功，與之剖符，傳代不絕。至於涖官述職，各宜明慎典刑，貽慶子孫，永同休戚。於戲！武德貞觀之閒，有若魏徵、王珪、李靖、李勣、房元齡、杜如晦等，扶翼大運，勤勞王家，尊主庇人，匪躬致命，咸有一德，格於皇天，緬然長懷，風烈猶在。其後嗣沈翳，特加優獎。如廟宇荒毀，即宜修葺，無德不報，何日忘之。其鰥寡孤獨，老幼貧窮，不能自存者，委州府縣吏取諸色官物，量事賑給。抑招攜戶口，勸課農桑，應所在州府，有興功役處，非灼然急切者，宜並停之。四瀆五嶽，名山大川，神明所處，風雨是主，宜委中書門下分使致祭，以達精誠，孝子順孫。義夫節婦，事跡明著者，特加旌表，頒示中外，知朕意焉。主者施行。

唐 常袞《大曆七年大赦天下制》《全唐文》卷四一五　門下：濟於道者，化醇而刑措；善於理者，綱舉而網疏。朕涉道未宏，燭理多昧，嘗亦遐思太古，高揖元風，保合太和，在宥天下，蓋德薄而未臻也。是用因時以設教，便俗以立防，務盡平恕，用申哀恤，又教淺而多犯也。加以邊虞未戢，井賦猶繁，荒瘵之際，寇攘斯起。遂令圜土嘉石之下，積有累囚；危章互簡之中，困於法吏。屬盛陽之候，大暑方蒸，永念狴牢，何堪鬱灼？所以沮傷和氣，感致咎徵，天道人事，豈相遠也。如聞天下諸州，自春以來，咸愆時雨，首種不入，宿麥未登，哀此矜人，何恃不恐？皆由朕過，益用懼焉，惕然憂嗟，深自咎責。所以悉減常膳，別居齋宮，禱於神明，冀獲嘉應。仲夏之月，靜事無刑，以助晏陰，以宏長養。斷薄決小，已過於麥秋；斷長增高，宜順乎天意。可大赦天下：其大曆七年五月十五日昧爽已前，已發覺未發覺、已結正未結正應天下見禁囚徒，罪無輕重，一切悉宜放免。所由更不須類例聞奏。宜令諸道節度觀察及諸州牧縣宰，於當管內所有名山靈跡，各精誠致祭，祈降甘澤，冀獲豐稔，永思流弊，庶振風猷。其巴南諸州，仍歲水旱，迫於凍餒，或至流離，因有剽求，苟全性命，懼刑綱之所及，姑嘯聚以相依，抑有由焉，蓋非獲已，永言其弊，用軫於懷，如能相率來歸，各安生業，並無所問，咸許自新。敢以赦前事相告言者，以其罪罪之。亡命山澤，挾藏軍器，百日不首，復罪如初。赦書日行五百里，宣示中外，咸使聞知。主者施行。

唐 常袞《大赦京畿三輔制》《全唐文》卷四一五　門下：古者以季春之月，布德行惠，恤刑振乏。朕親執犧牲玉帛，獲奉於上帝神祇，九年於茲矣。克己思理，明不能燭，昆夷未敉，王略猶虞。歲會三秦之師，日有千金之費，悉索敝賦，疲於餽軍。侯甸之閒，徵求耗竭，百穀翔貴，關中小歉。窮則斯濫，安能懼刑？因而成盜，多有犯法。至於軍戎之士，致使廩賜不充，因之逃亡，抵於邦憲，事非獲已，情亦可察。迫以露濡之感，明發有懷，屬禁煙之令節，方薦鮪於寢園。聖祖敷佑，景靈告祥，先天後天，載荷嘉貺，以陰以雨，又助發生。固宜順曲成之仁，布惟新之命，赦罪有物，曠我滌除。其京兆府及三輔並京城內諸司諸使見禁囚徒，犯死罪已下，特宜釋放。其有犯未發覺者，罪無輕重，亦宜一切放免。如有妄論告者，以其罪罪之。其官典犯贓，不在免限。

頃者魚朝恩夙有功勳，委之戎事，而徵求黎庶空竭閭閻，加之廣有貿易，奪人賄利，京城之內，擅致刑獄，恣行忍虐，幽執無辜，部領帥人，乖於撫馭，資糧刻薄，勞役煩苛，惡稔釁盈，自嬰沈痼。念其勳舊，許以優閒，令罷兵權，遂其養疾。而宗社降鑒，神明所殛，羸瘵不起，旋至斃亡，既往無追，一切不問。所管將士等，同坐於王事，各效忠勤，是朕爪牙，自致勳業，並宜仍舊，勿有憂懼。蓋以朕誠乖感物，明未知人，失於授任，而臻此也。今則虛懷引咎，親御禁戎，特加優寵，以表勞績。其資聖寺禁人並追捕勘責等，即宜並停。然以王畿艱弊，矜恤疲人，蠲税罷傜，與之休息。尚恐流傭罕復，貧弱未安，益用憂勤，諒資損約。京兆府百姓承前應欠負官物等，委所由勘責，實在百姓腹内者，一切放免。其在所由腹内者，不在放限。畿内官人，手力資課，及府官充職掌，名額稍多，所在祇供，不免煩費。並諸縣郵遞，路次館驛，諸我徵科等，一物已上，並委中書門下與京兆尹即會計，責取色目，一一商量，條件處置，務令減省，以息煩勞。其諸司諸使回易，一切並停，不急之務，亦宜且罷，農隙之後，照準常式。宣示中外，知朕意焉。

唐 常衮《減征京畿丁役等制》（《唐大詔令集》卷一一〇） 敕：天之所命，俾朕字人，豈敢怠荒，期於康濟。勞精極慮，十有四年，務崇省約，以訓天下。訪其疾苦，屢有蠲除，公税之差，僅從盇徹。官衛之備，仍罷踐更，兼損服御，用資軍國。大去煩弊，以休邦畿，遊食之人，悉歸南畝。墾田之數，漸復平時，神降嘉生，歲乃大熟。震於珍物，景福紛委，蓋上元列聖之儲祉也，豈寡昧之德而臻此耶？夙夜祇惕，永懷增懼，然以令有緩急，物有重輕。故粟輕而易散，錢重而難聚，古人所謂糴之至賤與貴，其傷一也。如聞閭閻，未免疾苦，至乃以粟數斛易錢一緡。雜以他傜，難以儻費，轉用所實，念之惻然，深可重惜，所宜節省。其京兆應諸色番役等，訪問諸司，或有徵課，比緣時儉，資數稍多，估折皆賤，不仍舊價。其掌閑纊騎三衛及橋堰丁匠等，如本司須徵資，並約錢三千米六斗。其青苗地頭，天下諸州每畝率錢十五頃。以京師煩劇，供應頗多，苟從權宜，遂倍其數。自今以後，宜準諸州例徵率。朕以帝王之教人，如父母之訓子，所以至纖至悉，必躬必親，苟或便之，豈憚煩也。宣示百姓，如朕意焉。

唐 常衮《京兆府減税制》（雍正）《陝西通志》卷八四 敕：三代之時，籍而不税，降及近古，或至倍徵。承平則省於經入，有事則煩於薦費，亦古今之常也。朕勵精憂人，夙夜勤約，至如王制之定國用，人曹之地徵，必視豐穰，與之上下。然以邊未徹警，十年於兹，連五兵七卒之屯，有賦輿調食之重。徵求横作，空耗吾人，所以徵地之數，有逾常典。頃者躬自節儉，勵於三軍，斂從其輕，以減太半。今舊穀既沒，宿麥未登，尚使餒殍相望，流庸不返。邦畿千里，編户大殘，慮有自存之人，水喻詔書之意。臨時科率，或恐增加，以兹躊躇，多不墾辟。行及春暮，田萊益荒，屬膏雨霈然，慮失農候。故重明朝旨，更減田租，蓋畿内移運，所餘全少，山東加運，其助頗多。朕又親統六師，大閲戎籍，事必精實，自然蠲省。京兆府夏麥，上等每畝税六升，下等每畝税田升，荒田開佃者每畝税二升。秋税，上等每畝税五升，下等每畝税三升，荒田開佃者每畝税二升，比者百姓不安，皆因税重，據其減數，漸復平時，頗有優當，兼罷傜役，加之誡敕，又絕侵漁。所宜鑿井耕田，各勤生業，自今已後，必致康寧。仍委京兆尹及令長分明宣示，以勸東作，躬親慰撫，稱朕意焉。

唐 常衮《放京畿丁役及免税制》（《古文淵鑒》卷三三） 敕：王者承天命以養人也，愛之如身，豈止如子，餒者食之，寒者衣之，猶恐仁之不至，愧悼之心，惻隱於内，而不能已也。故天下有道，藏於百姓，古之使人，不過三日，可以長孺齒，可以養孤老，蓋太平至理之化，何施而集於此乎？朕承奉大業，於兹八年，不能恢宏至道，被之六合，雖德之寡昧，未燭於理，常亦憂勤損節，以濟元元。豈不知乾坤以易簡成物，帝王以惇儉守位，從賦斂之薄省哉。然時或多故，事非獲已，屬外攘夷狄，連歲備邊，兵車之會，不下十萬餉餽耗竭，邦畿大殘。又郊社宗廟之祀，府庫賜與之用，庶事之費，皆仰給焉。急賦暴徵，日益煩得，加以水旱相乘，歲非豐熟，方冬之首，穀已翔貴。又宿豪大猾，横恣侵漁，致有半價倍稱，分田劫假。於是棄田宅，鬻子孫，蕩然逋散，轉徒就食，行者甚衆，念之疚心。夫安土重遷，人之常性，向非誅求之數，豈去父母之邦哉？蓋以朕不敏不明，鬱於教化，德之寡薄，以至於斯。《傳》曰：『百姓不足，君孰與足？』《書》曰：『民非後何戴？後非衆罔與守邦。』今縣内告病，流亡不已，失於撫育之道，得不愧於心乎！哀痛勤約，明發不寐，在予之情，懼惕良深，宜有蠲除，以惠貧弱。其京兆府今年秋税，於所徵數内減十萬石，百姓應納諸色物等，比緣朔方軍糧，轉輸勞弊，又時方收斂，務從便省。其草粟等，並於中渭橋、東渭橋納，仍各隨當縣道路穩便，如法般入苑南及於苑北面貯積及檢約等，宜委中書門下與所由計會處置。百官及府縣官職田，歲月深久，多被換易，縱有本主，皆是蒿荒，虚配户人。令出苗子，閭閻之内，其弊至深，今年宜四分徵一，餘並放免。其諸司諸使丁役及夫匠掌閑三衛纊騎等户，多非正丁，皆率貧弱，頃雖減省，猶慮艱辛，宜委中書門下即各與本司計會，如灼然須役正身者，具所要色目事由聞奏。除此之外，商量和僱，並百姓先出資者，並官出錢充資，畿内至來五年月已來，一切停差遣。來年準旨及敕並度支符應年支諸色雜物，合各徵科百姓等，宜據所由供數，並官出錢置，使依市糴供所徵，百姓宜停。應供往來郵遞，從來年正月至麥熟以來，並官出給。百姓應有負欠，一物已上，及諸雜夫役庸課未酬納者，一切容至麥熟填還。所由不得輒有干擾，如官典隱盜在腹內及有欠負者，不在免限。且風化之由，繫於長吏，黜陟之典，所宜大明，宜令御史臺切加糾察。其户口有減，田萊不除，或流庸稍歸，農畝加辟。即宜具名條奏，當峻刑賞。庶使凋瘵之人，僅予蘇息，憂勤之志，上達神明。宣示詔書，令知朕意。

唐 常袞《減京兆府秋稅制》《舊唐書》卷四八 敕：頃以蕃寇猶虞，王師未戢，所資軍費，皆出邦畿，征調薦興，日加煩重。閭閻困竭，人轉流亡，念之疚懷，旰食增懼。近者省月更之役，減歲入之租，務于惠養，冀有蘇息。尚聞告病，終未安居，深用悼懷，更思優恤。今關輔諸屯，墾田漸廣，江淮轉漕，常數又加。在一年之儲，有太半之助，其於稅地，固可從輕。其京兆府來年秋稅，宜分兩等，上下各半，上等每畝稅一斗，下等每畝稅六升。其荒田如有能開佃者，宜準今年十月二十九日敕，一切每畝稅二升。仍委就兆尹及令長明申詔旨，分榜鄉閭，一一存撫，令知朕意。

唐 常袞《赦京城内囚徒制》《文苑英華》卷四三三 門下：朕以寡薄，獲守丕圖，恭默思道，克謹天戒。常恐至誠不達，景化未敷，寅畏之誠，寢興在慮。自純陽用事，靈雨愆旬，麥雖有秋，禾未嘗畝。有阻三農之候，將貽百姓之憂。是用齋心滌思，禱於上下神祇，雲從自郊，月未離畢，膏澤不降，憂勤益深。雖水旱成災，陰陽恆數，而政刑失中，或致愆伏，豈簡孚有爽，哀敬未誠歟？嗟我矜人，陷於刑辟，當炎蒸之序，在縲蒸之中，久積幽冤，有傷和氣。所以引成湯之六事，過實在予；寬大禹之九刑，誠存育物。期於作解，以救如焚。其京城見禁囚徒，死罪降從流，流已下罪一切釋放，仍委中書門下即疏理處分訖奏聞。雖赦罪從輕，或謂之長惡；宥過無小，寧失於不經。庶空夏臺，用緩秋典，宣示中外，令知朕意。

唐 齊映《請修義倉表》《文苑英華》卷六一六 臣某言：臣聞荷覆載之德者，願酬天地之仁；懷涓埃之勤者，冀裨海嶽之大。所以思或出位，知無不爲。況臣受寵過深，感恩逾切，不竭忠以自效，是盜祿以苟安。臣某中謝。臣伏見三時愆雨，一穀不登。黎庶以闕二字不知，卿士以月俸自恃。竊惟聖慮，已積憂勤；凡在人臣，何以安處？昨者自春及夏，時雨漸愆，陛下心憂於清穆之中，躬禱於靈池之上。精誠所至，昭感遂通，祥禽呈瑞於御前，膏雨布澤於天下。遂使百穀皆稔，九土大豐，國無不獲之夫，代成廉讓之俗。斯乃皆由聖德，上合天心，顧此齊人，俱受其賜。此何異開口待哺，澡身仰衣。豈知宸衷不可常勞，靈雨亦難恆若者也。必在酌堯舜之至道，舉祖宗之成法，復修義倉，以救歉歲。則黎人絕水旱之困，陛下釋憂勤之念。君逸無勞，乃合至道；足食無患，斯謂雍熙。豈臣率心，實聞方冊，又臣伏以賦稅之道，理化之源，必資考古酌今，以通其變，俾爲經制，豈利因循？各具狀別隨表。臣某中謝，伏以聖心屬念，惟在黎元；微臣蠢愚，嘗歷州府。敢以所見，備於上聞。徒竭誠請，理猶未明。輕冒宸嚴，不勝隕越。

唐 穆質《賢良方正能直言極諫策》《文苑英華》卷四八六 問：皇帝若曰：蓋聞上古有道之君，垂拱無爲，以臨四海，不理而人化，不勞而事成。星辰軌道，風雨時若，邈乎其不可繼。何施而臻此歟？三代以來，制作滋廣，異文質之變，明利害之鄉；威之以刑，道之以禮；敦其俗而彌薄，防其人而益婾。豈澆淳必繫於時耶？何聖賢間生而莫之振也？

朕祗膺累聖之業，猥居兆人之上；虔恭刻勵，如恐墜失；憂濟庶務，夕惕晨興。永惟前王之典謨，是憲是則。師大禹以崇儉，法高宗以求賢。興夏啟之征，作周文之伐。旌孝悌，舉直言，養高年，敦本業，平均傜賦，黜陟幽明。勵精孜孜，勤亦至矣。然而浮靡不革，理化不行；暴亂不懲，奸犯不息；五教猶鬱，七臣未臻。鄉黨廢尚齒之儀，烝黎無安土之志。賦入日減而私室愈貧，廉察日增而吏道愈濫。意者朕不明歟？勢不可歟？何古今之事同，而得失之效異也？思欲剷革前弊，創立新規。施之於事而易從，考之於文而有據。備陳本末，將舉而行。無或憚煩，略於條對。

自頃陰陽舛候，祲沴薦興；仍歲旱蝗，稼穡不稔。上天作孼，必有由然；屢爲兇災，其咎安在？《傳》曰：『時之不乂，厥罰恆暘。』又曰：『堯湯水旱數之，常也。』二者相反，其誰云從？今人靡蓋藏，國無廩積，朕屢延卿士，詢訪謨猷。至乃減冗食之徒，罷不急之務。既聞嘉話，亦已遵行。而停廢之餘，所費尚廣。欲轉輸於江徼，則遠不及期；將搜粟於關中，則擾而無獲。節軍食則功臣懷怨，省吏員則多士靡歸。中心浩然，罔知攸濟。子大夫蘊蓄才器，通明古今，副我虛求，森然就列，匡朕之寡昧，拯時之艱災，

畢志直書，無有所隱。【略】

制策曰：『上古有道之君，垂拱無爲，以臨四海，不理而人化，不勞而事成。星辰軌道，風雨時若，邈乎其不可繼。何施而臻此歟？三代以來，制作滋廣，異文質之辨，明利害之鄉；威之以刑，道之以禮；敦其俗而彌薄，防其人而益媮。豈澆淳必繫於時耶？將聖賢間生而莫之振也？』臣聞三皇以道化，五帝以德化，故曰修己以安百姓，垂衣而化天下。天何言哉？帝何力哉？無爲而已，遂性而已。至道既往，至德浸衰。而三代之主，先之以禮義，故有法度之制，質文之變。高其隄防，崇其刑辟，不臻大化，迄可小康。上古之君，三代之主，教道既異，勞逸自殊。則知理之盛衰，皆德所致，效在德有優劣，非時有澆淳。繼三代者，其降殺可知矣。【略】

制策曰：『自頃陰陽舛候，祲沴洊興；仍歲旱蝗，稼穡不稔。上天作孽，必有由然。屢爲兇災，其咎安在？《傳》曰：『時之不乂，厥罰恒暘。』又曰：『堯湯水旱，歲之常也。』二者相反，其誰云從？人靡蓋藏，國無廩積，朕屢延卿士，詢訪謀猷。至乃減冗食之徒，罷不急之務。既聞嘉話，亦已遵行。而停廢之餘，所費猶廣。欲轉輸於江徼，則遠不及期；將搜粟於關中，則擾而無獲。節軍食則功臣懷怨，省吏員則多士靡歸。中心浩然，罔知攸濟。』臣聞旱蝗者，稽諸《洪範》，爲言不乂之罰也。言之不乂，令之不信也。言者，西方金也。金失其性，爲木所傷。木，東方少陽，古云陽騰，所以爲旱。陽既亢極，氣又鬱蒸，是則介蟲爲孽，螽斯爲害。臣見比年旱魃爲害已甚矣，則《洪範》之徵亦明矣。無乃陛下詔令不信乎？抑又聞軍旅之後，必有兇年。其握兵者，不本乎仁義，貪於殘戮，人用愁苦，怨氣積下，以傷陰陽之和也。則國家兵先於河北，河北旱蝗隨之；次及河南，河南旱蝗亦隨之；次及關中，關中又蝗旱。旱既仍歲，蝗亦比年，無乃陛下用兵者不詳其道也？臣謹稽古典，參於歷代，禳除異術，祈禱多門。至若貶食省用，稼穡圭璧，求邪於幻術，覬福於釋流，土龍矯首於通衢，羣巫分袖而鼓舞，此又從人之欲也。至若兩漢舊儀，三公當免，卜式著議，宏羊可烹，此又一時之事也。然俱非救旱之本，去災之道。則有一郡一邑，一宰一牧，勤恤人隱，精達神明。或以身禳，或以心禱。蝗且出境，旱不爲災。牧宰之微，尚或臻此。況陛下尊爲天子，德爲聖人，神動而天從，氣使而時變，至誠所感，何往不通？臣伏見陛下去年八月二日所下德音，避正殿而不居，損常膳而不御，議獄緩死，掩骼埋胔。詔文始書，害氣將究；詔書始下，和氣自生。故不旬朝之間，兇渠殲殄，兵革偃息；甘雨薦降，氛災自銷。天之監人也，明矣速矣。然則陛下之德，有以動天；天且不違，況於鬼神乎？若堯湯之災，陰陽之數，此則先儒之言略矣，小臣不敢傳疑。惟《洪範》之徵信也，謹而言之，陛下鑒之可也。臣聞堯之水，湯之旱，而國無捐瘠者，蓄積多而備先具也。今國家或時不雨，一歲不登，堯湯比之懸矣。人至困竭，國爲空虛者，備之不早。頃所以賦斂無極，怨讟日盈，權須詭求，朝令夕具，豈不以兵食乎？今蒲同勞師既還，關輔生人才息，不急軍食，不煩軍須。則搜粟關中，重擾未可；轉輸江徼，雖遠可期。關兵食以廩儲，雖節食猶慮費用者多，則功臣何因而懷怨？擇賢才以實官，雖省員猶慮曠職者衆，則多士何憂而靡歸？臣聞方內之理亂，由君上之所執。上有所執，則下有所守。臣竊觀國理，似或不然。無可久之圖，無常備之制，用無本末，舉無條綱，任運而行，應急而化。若虛舟之觸，用濟江河；如亂絲之棼，望成綸紼。所以遇運則福至，遇厄則禍生；遇歲惡則勞，遇歲豐則逸。坐迎天命，不關人謀，聖心浩然，罔知攸濟者，乃彝倫不敘之故。

制策曰：『子大夫蘊蓄才器，通明古今，副我虛求，森然就列。匡朕之寡昧，拯時之艱災。畢志直書，無有所隱。』此乃陛下厚禮衆君子之意，微臣曷足以當之？若臣者，生爲唐人，馬牛之齒，甫以壯矣，道不得行，身不得遂，陋矣賤矣，與螻蟻何異？然《詩》、《書》天人之際，皇王經緯之道，三墳六經，九流百氏，前人沿革之要，歷代興亡所由，既嘗經之於心，頗亦備之於學，雖未之究，可略而言。至若時政之損益，任賢之得失，刑辟之有輕有重，生人之或利或病：臣又耳或有所妄聞，身遠與寡，莫爲之先，且無因至陛下言之爾。皇天后土，宗廟社稷，實宜知臣之心。每用憤發悃款，隱憂愊臆；激於肝血，藏於骨髓，思有以一陳之久矣。蒙陛下開天地之德，降雷雨之施；深詔執事，旁延郡國，俾有賢良方正直言極諫之舉。臣也幸，苟有志，人乃舉之。此亦上天降祐皇唐，使陛下錫臣此便，得有路索言之於上也。若賢與良，則臣豈敢？惟諫與直，或有可觀。言不直，諫不極，是微臣不忠之罪，孤陛下虛聽之德也。至如忌諱挾誅，誹謗附律；脯醢淫戮，鼎鑊濫刑，此乃昏主暴君亡國之具，亦陛下之所明知，故臣不復有虞於聖朝耳。是故竭慮極愚，指陳其切。是耶，納而行之；非也，容而宥之。所謂『言之無罪，聞之者足以戒』也。謹對。

唐 陸贄《翰苑集》卷六《答宰臣請復御膳表》 嘗覽典謨，每嘉儉德，愛人惜費，是朕素懷。況大兵之餘，繼以荒饉，軍儲國計，資用皆空；凋户疲甿，膏澤已竭，致人於此，過實在予。內懷憂慚，躬自損貶。今兇渠殘滅，粟麥豐成，皆祖宗垂休，非寡薄所致。矧乎邦畿之內，餒殍尤多，役戍之徒，傷夷未復。孜孜訓戒，克己增修，猶懼辱守寶圖，罔答元祐，豈宜暇逸，以厚厥躬。卿等誠在致君，將順其美，顧惟虛缺，非所宜然。

又 卷一七《論淮西管內水損處請同諸道遣宣慰使狀》 右。奉進止：『淮西管內貢賦既闕，所緣水損簡擇宣慰使，此道亦不要遣去者。』

臣聞聖王之於天下也，人有不得其所者，若已納之於隍，故夏禹泣辜，殷湯引罪。蓋以率土之內，莫非王臣，或有昏迷不龔，是由教化未至，常以善救，則無棄人。自希烈亂常，污染淮甸，職貢廢闕，責當有歸，在於編甿，豈任其咎。陛下息師含垢，宥彼渠魁，惟玆下人，久罹脅制，想其翹望聖化，誠亦有足哀傷，儻宏善救之心，當軫納隍之慮。今者遣使宣命，本緣恤患吊災，諸道災患既同，朝廷吊恤或異，是使慕聲教者絕望，懷反側者得詞，棄人而固其寇讎，恐非所以爲計也。昔惡饑乞糴于秦，大夫百里奚曰：『天災流行，國家代有，救災恤鄰道也。行道有福。』丕豹則請因而伐之，穆公用百里奚之言，拒丕豹之請，且曰：『其君是惡，其人何罪？』遂輸粟以救之。其後秦饑，乞糴于晉，晉大夫虢射曰：『無損於怨，而益於寇，不如勿與。』慶鄭曰：『幸災不仁，貪愛不祥，怒鄰不義，不如與之。』惠公信虢射之謀，違慶鄭之議，遂閉糴以絕焉，是歲惡國復饑，秦伯又餽之粟，曰：『吾怨其君，而矜其人。』終於秦穆霸強，晉惠擒辱。是知棄怨而施惠者，可以懷敵；計利而忘義者，罔不失人。此乃列國諸侯，猶務恤鄰救災，矧君臨天下，而可使德澤不均被者乎！議者多謂淮右薦饑，國家之利，臣等愚見，以爲不然。必若興有征之師，問不庭之罪，因災幸濟，已爽德征，儻又難於用兵，望其艱窘自斃，利害之勢，或未可知。夫悍獸之情，窮則攫搏，暴人之態，急則猖狂。當其迫阨之時，尤資撫馭，苟得招攜以禮，便可底寧，備慮乖方，亦足生患。竊以帝王之道，頗與敵國不同，懷柔萬邦，唯德與義，寧人負我，無我負人，故能使億兆歸心，遠邇從化，猶有兇迷不復，必當人鬼同誅，此其自取覆亡，尚亦不足含怒。今因供税有闕，遂令施惠不均，責帥及人，恐未爲允。伏惟聖鑒，更審細裁，量其所擇，諸道使並未敢宣行，伏候進止。

又 卷二二《均節賦税恤百姓六條》

其一 論兩税之弊須有釐革

國朝著令，賦役之法有三：一曰租，二曰調，三曰庸。古者一井之地，九夫共之，公田在中，藉而不税。私田不善則非吏，公田不善則非民。事頗纖微，難於防檢，春秋之際，已不能行。故國家襲其要而去其煩，丁男一人，授田百畝，但歲納租税二石而已。言以公田假人，而收其租入，故謂之租。古者任土之宜，以奠賦法。國家就因往制，簡而一之，每丁各隨鄉土所出，歲輸若絹若綾若絁，共二丈，綿三兩。其無蠶桑之處，則輸布二丈五尺，麻三斤，以其據丁户，調而取之，故謂之調。古者用人之力，歲不過三日，後代多事，其增十之。國家斟酌物宜，立爲中制，每丁一歲定役二旬，若不役則收其庸，日凖三尺，以其出絹而當庸直，故謂之庸。此三道者，皆宗本前哲之規模，參考歷代之利害，其取法也遠，其立意也深，其斂財也均，其域人也固，其裁規也簡，其備慮也周。有田則有租有家則有調，有身則有庸。天下爲家，法制均一，雖欲轉徙，莫容其奸。故人無搖心，而事有定制。以之厚生，則不隄防而家業可久；以之成務，則不較閱而衆寡可知；以之爲理，則法不煩而教化行；以之成賦，則下不困而上用足。三代創制，百王是程，雖維御損益之術小殊，而其義則一也。天寶季歲，羯胡亂華，海內波搖，兆庶雲擾，版圖隳於避地，賦法壞於奉軍。建中之初，再造百度，執事者知弊之宜革，而所作兼失其源，知簡之可從，而所操不得其要。舊患雖減，新沴復滋，救跛成痿，展轉增劇。凡欲拯其積弊，須窮致弊之由，時弊則但理其時，法弊則全革其法，而又揆新校舊，慮遠圖難。規略未詳悉，固不果行；利害非相懸，固不苟變。所爲必當，基悔乃亡。若好革而不知原始要終，斯皆以弊易弊者也。至如賦役舊法，乃是聖祖典章，行之百年，人以爲便。兵興之後，供億不恆，乘急誅求，漸隳經制，此所謂時之弊，非法弊也。時有弊而未理，法無弊而已更，埽庸調之成規，創兩税之新制，立意且爽，彌綸又疏，竭耗編甿，日日滋甚。夫作法裕於人，未有不得人者也；作法裕於財，未有不失人者也。陛下初膺寶位，思致理平，誕發德音，哀痛流弊，念徵役之煩重，憫烝黎之困窮，分命使臣，敷揚惠化。誠宜損上益下，嗇用節財，窒侈欲以蕩其貪風，息冗費以紓其厚斂。而乃搜摘郡邑，劾驗簿書，每州各取大曆中一年科率錢穀數最多者，便爲兩税定額。此乃採非法之權令，以爲經制；總無名之暴賦，以立恆規。是務取財，豈云恤隱？作法而不以裕人拯病爲本，得非立意且爽者乎！夫財之所生，必因人力，工而能勤則豐富，拙而兼惰則窶空。是以先王之制賦入也，必以丁夫爲本，無求於力分之外，無貸於力分之内。故不以務穡增其稅，不以輟稼減其租，則播種多；不以殖產厚其征，不以流寓免其調，則地著固；不以飭勵重其役，不以窳怠蠲其庸，則功力勤。如是，然後能使人安其居，盡其力，相觀而化，時靡遁心，雖有惰遊不率之人，亦已懲矣。兩稅之立，則異於斯，唯以資產爲宗，不以丁身爲本。資產少者則其稅少，資產多者則其稅多，曾不悟資產之中，事情不一：有藏於襟懷囊篋，物雖貴而人莫能窺；有積於場輔囷倉，直雖輕而衆以爲富；有流通蕃息之貨，數雖寡而計日收贏；有廬舍器用之資，價雖高而終歲無利。如此之比，其流實繁，一概計估算緡，宜其失平長僞。由是務輕費而樂轉徙者，恆脫於徭稅，敦本業而樹居產者，每困於徵求。此乃誘之爲奸，毆之避役，力用不得不弛，風俗不得不訛，閭井不得不殘，賦入不得不闕。復以創制之首，不務齊平但令本道本州。各依舊額徵稅。軍興已久，事例不常，供應有煩簡之殊，牧守有能否之異，所在徭賦，輕重相懸。既成新規，須懲積弊，化之所在，足使無偏，減重分輕，是將均濟。而乃急於聚斂，懼或蠲除，不量物力所堪，唯以舊額爲準。舊重之處，流亡益多；舊輕之鄉，歸附益衆。有流亡，則已重者攤徵轉重；有歸附，則已輕者散出轉輕。高下相傾，勢何能止。又以謀始之際，不立科條，分遣使臣，凡十餘輩，專行其意，各制一隅。遂使人殊見，道異法，低昂不類，緩急不倫。逮至復命于朝，竟無類會裁處，其於踳駁，胡可勝言。利害相形，事尤非便，作法而不以究微防患爲慮，得非彌綸又疏者乎！立意且爽，彌綸又疏，凡厥疲人，已嬰其弊。就加保育，猶懼不支，況復亟繚棼絲，重傷宿痏，其爲擾病，抑又甚焉。請爲陛下舉其尤者六七端，則人之困窮固可知矣。大曆中，紀綱廢弛，百事從權，至於率稅少多，皆在牧守裁制。邦賦既無定限，官私懼有闕供，每至徵配之初，例必廣張名數，以備不時之命。且爲施惠之資。應用朋餘，則遂減放。增損既由郡邑，消息易協物宜，故法雖久刓，而人未甚瘁。及總雜徵虛數，友爲兩稅恆規，悉登地官，咸繫經費，計奏一定，有加無除，此則人益困窮，其事一也。本懲賦斂繁重，所以變舊從新，新法既行，已重於舊。旋屬征討，國用不充，復以供軍爲名，每貫加徵二百，當道或增戎旅，又許量事取資，詔敕皆謂權宜，悉令事畢停罷。息兵已久，加稅如初。此則人益困窮，其事二也。定稅之數，皆計緡錢，納稅之時，多配綾絹。往者納絹一匹，當錢三千二三百文，今者納絹一匹，當錢一千五六百文，往輸其一者，今過於二矣。雖官非增賦，而私已倍輸，此則人益困窮，其事三也。諸州稅務，送至上都，度支頒給羣司，例皆增長本價，而又繆稱折估抑使剝徵，奸吏因緣，得行侵奪，所獲殊寡，所據殊多。此則人益困窮，其事四也。稅法之重若是，既於已極之中，而復有奉進宣索之繁，尚在其外。方嶽頗拘於成例，莫敢闕供；朝典又束以彝章，不許別稅。綺麗之飾，紈素之饒，非從地生，非自天降，若不出編户之筋力膏髓，將安所取哉。於是有巧避微文，曲承睿旨，變徵役以召僱之目，換科配以和市之名，廣其課而狹償其庸，精其入而粗計其直。以召僱爲目而捕之，不得不來；以和市爲名而迫之，不得不出。其爲妨抑，特甚常徭。此則人益困窮，其事五也。大曆中，非法賦斂，急備供軍，折估宣索進奉之類者，既並收入兩稅矣。今於兩稅之外，非法之事，復又並存。此則人益困窮，其事六也。建中定稅之始，諸道已不均齊，其後或吏理失宜，或兵賦偏重，或癘疾鍾害，或水旱薦災，田里荒蕪，户口減耗。牧守苟避於殿責，罕盡申聞，所司姑務於取求，莫肯矜恤。遂於逃死闕乏稅額，累加見在疲甿。一室已空，四鄰繼盡，漸行增廣，何由自存。此則人益困窮，其事七也。自至德訖於大曆，二十年餘，兵亂相乘，海内罷弊。幸遇鄰陛下紹膺寶運，憂濟生靈，誕敷聖謨，痛矯前弊，重愛人節用之旨，宣輕徭薄賦之名。率土烝黎，感涕相賀，延頸企踵，咸以爲太平可期。既而制失其中，斂從其重，頗乖始望，已沮羣心。因之以兵甲，而煩暴之取轉加；繼之以獻求，而靜約之風浸靡。臣所知者，纔梗槩耳，而人益困窮之事，已有七焉，臣所不知，何啻於此。陛下倘追思大曆中所聞人聞疾苦，而又有此七事，重增於前，則人之無聊，不問可悉。昔魯哀公問於有若曰：『年饑，用不足。如之何？』有若對曰：『盍徹乎！』哀公曰：『二吾猶不足，如之何其徹也？』有若曰：『百姓足，君孰與不足；百姓不足，君孰與足？』孔子曰：『有國有家者，不患寡而患不均，不患貧而患不安。蓋均而無怨，節而無貧，和而無寡，安而無傾。』漢文恤患救災，則命郡國無來獻。是以人爲本，以財爲末，人安則財贍，本固則邦寧。今百姓艱窮，非止不足；稅額類例，非止不均；求取繁多，非止來獻；誠可哀憫，亦可憂危。此而不圖，何者爲急？聖情重慎，每戒作爲，伏知貴欲因循，不敢盡求釐革，且去其太甚，亦足小休。望令所司與宰臣參量，據每年支用色目中，有不急者、無益者罷廢之；有過制者、廣費者減節之。遂以罷減之資，回給要切之用。其百姓稅錢，因軍興每貫加徵二百者，下詔停之，用復其言。俾人知信，下之化上，不令而行。諸道權宜加徵，亦當自請蠲放，如是，則困窮之中，十緩其二三矣。供御之物，各有典司，任土之宜，各有常貢。過此以往，復何所須？假欲崇飾燕居，儲備賜與，天子之貴，寧憂乏財。但敕有司，何求不給，豈必旁延進獻，別徇營求。減德市私，傷風敗法，因依縱擾，爲害最深。陛下臨御之初，已宏清淨之化，下無曲獻，上絕私求。近歲以來，稍渝前旨，今但滌除流誤，振起聖猷，則淳風再興，賄道中寢。雖有貪饕之輩，曷由復肆侵漁，州郡羨財，亦將焉往？若不上輸王府，理須下紓疲人，如是，則困窮之中，十又緩其四五矣。所定稅物估價，合依當處月平。百姓輸納之時，累經州縣簡閱，事或涉於奸冒，過則不在户人，重重剝徵，理甚無謂。望令所司，應諸州府送稅物到京，但與色樣相符，不得虛稱折估如。濫惡尤甚。給用不充，惟罪元納官司，亦勿更徵百姓。根本既自端靜，權葉無因動搖，如是，則困窮之中，十又緩其二三矣。然後據每年見供賦稅之處，詳論詔旨，咸俾均平。每道各令知兩稅判官一人赴京，與度支類會參定，通計户數，以配稅錢，輕重之間，大約可準。而又量土地之沃瘠，計物產之少多，倫比諸州，定爲兩等。州等下者，其每户配錢之數少；州等高者，其每户配錢之數多。多少已差，悉令折衷。仍委觀察使更於當管所配錢數之內，均融處置，務盡事宜。就於一管之中，輕重不得偏並，雖或未盡齊一，決當不甚低昂。既免擾人，且不變法。粗均勞逸，足救凋殘。非但徵賦易供，亦冀逋逃漸息。俟稍寧阜，更擇所宜。

其二　請兩稅以布帛爲額不計錢數

夫國家之制賦稅也，必先導以厚生之業，而後取其什一焉。其所取也，量人之力，任土之宜，非力之所出則不徵，非土之所有則不貢，謂之通法，歷代常行。大凡生於天地之間，而五材之用爲急。五材者，金木水火土也。水火不資於作爲，金木自產於山澤，唯土爰播植，非力不成，衣食之源，皆出於此。故可以勉人功定賦入者，惟布麻繒纊與百穀焉。先王懼物之貴賤失平，而人之交易難準，又立貨泉之法，以節輕重之宜，斂散弛張，必由於是。蓋御財之大柄，爲國之利權，守之在官，不以任下。然則穀帛者，人之所爲也；錢貨者，官之所爲也。人之所爲者，故租稅取焉；官之所爲者，故賦斂捨焉。此又事理著明者也，是以國朝著令，稽古作程，所取於人，不逾其分。租出穀，庸出絹，調雜出繒纊布麻，非此族也，不在賦法。列聖遺典，粲然可徵，曷常有禁人鑄錢，而以錢爲賦者也。今之兩稅，獨異舊章，違任土之通方，效算緡之末法，不稽事理，不揆人功，但估資產爲差，便以錢穀定稅，臨時折徵雜物，每歲色目頗殊。唯計求得之利宜，靡論供辦之難易，所徵非所業，所業非所徵。遂或增價以買其所無，減價以賣其所有，一增一減，耗損已多。且百姓所營，唯在耕織，人力之作爲有限，物價之貴賤無恆。而乃定稅計錢，折錢納物，是將有限之產，以奉無恆之輸。納物賤則供稅之所出漸多，多則人力不給；納物貴則收稅之所入漸少，少則國用不充。公私二途，常不兼濟，以此爲法，未之前聞。往者初定兩稅之時，百姓納絹一匹，折錢三千二百百文，大率萬錢，爲絹三匹。價計稍貴，數則不多。及乎頒給軍裝，計數而不計價，此所謂稅入少而國用不充者也。近者百姓納絹一匹，折錢一千五六百文，大率萬錢，爲絹六匹。價既轉賤，數則漸加，向之蠶織不殊，而所輸尚欲過倍，此所謂供稅多而人力不給者也。今欲不甚改法，而精救災害者，在乎約循典制，而以時變損益之。臣謂宜令所司，勘會諸州府初納兩稅年絹布定估比類當今時價，加賤減貴，酌取其中，總計合稅之錢，折爲布帛之數，仍依庸調舊制，各隨鄉土所宜。某州某年定出稅布若干端，某州某年定出稅絹若干匹，其有絁綿雜貨，亦隨所出定名，勿更計錢，以爲稅數。如此，則土有常制，人有常輸，衆皆知上令之不遷，於是一其心而專其業。應出布麻者，則務於紡績；供綿絹者，則事於蠶桑。日作月營，自然便習，各修家技，綿足供官。無求人假手之勞，無賤鬻貴買之費，無暴徵急辦之弊，無易常改作之煩。物甚賤而人之所出不加，物其貴而官之所入不減，是以家給而國足，事均而法行，此直稍循令典之舊規，固非創制之可疑者也。然蚩蚩之俗，罕究事情，好騁異端，妄行沮議。

臣請假爲問答，以備討論，陛下誠有意乎憐愍蒼生，將務救恤，但垂聽覽，必有可行。議者若曰：『每歲經費所資，大抵皆納錢數，若令以布帛爲額，是命支計無憑。』答曰：『國初約法已來，常賦率由布帛輸，二甲子制用不愆，何獨當今則難支計。且經費之大，其流有三：軍食一也，軍衣二也，內外官月俸及諸色資課三也。軍衣固在於布帛，軍食又限於地租其計錢爲數者，獨月俸資課而已。制祿唯不計錢，故三代以食人衆寡爲差，兩漢以石數多少爲秩。蓋以錢者官府之權貨，祿者吏屬之常資，以常徇權，則豐約之度不得恆於家；以權爲常，則輕重之柄不得專於國。故先王制祿以食，而平貨以錢，然後國有權而家有節矣。況今餽餉方廣，倉儲未豐，盡復古規，或慮不足。若但據羣官月俸之等，隨百役資課之差，各依錢數少多，折爲布帛定數，某官月給俸絹若干匹，某役月給資布若干端。所給色目精粗，有司明立條例，便爲恆制，更不計錢。物甚賤而官之所給不加，物甚貴而私之所稟不減，官私有準，何利如之。生人大端，衣食爲切，有職田以供食，有俸絹以供衣，從事之家，固足自給，以茲制事，誰曰不然。夫然，則國之用財，多是布帛，定以爲賦，復何所傷。』議者曰：『吏祿軍裝，雖須佈粟，至於以時斂糴，用權物價重輕，是必須錢，於何取給？』答曰：『古之聖人，所以取山澤之藴材，作泉布之寶貨，國專其利，而不與人共之者，蓋爲此也。物賤由乎錢少，少則重，重則加鑄而散之使輕；物貴由乎錢多，多則輕，輕則作法而斂之使重。是乃物之貴賤，繫於錢之多少；錢之多少，在於官之盈縮。官失其守，反求於人，人不得鑄錢，而限令供税，是使貧者破產，而假資於富有之室，富者蓄貨，而竊行於輕重之權。下困齊人，上虧利柄，今之所病，諒在於斯。誠宜廣即山殖貨之功，峻用銅爲器之禁，苟制持得所，則錢不乏矣。有糴鹽以入其直，有榷酒以納其資，苟消息合宜，則錢可收矣。錢可收，固可以斂輕爲重；錢不乏，固可以散重爲輕。弛張在官，何所不可，慮無所給，是未知方。』議者若曰：『自定兩税以來，恆使計錢納物，物價漸賤，所納漸多，出給之時，又增虛估廣求羨利，以贍庫錢。歲計月支，猶患不足，今若定供布帛，出納以平，軍國之資，無乃有闕？』答曰：『自天寶以後，師旅數起，法度消亡。肅宗撥滔天之災，而急於功賞；先帝邁含垢之德，而緩於糾繩。由是用頗殷繁，俗亦靡弊，公賦已重，別獻繼興；別獻既行，私賂競長。誅求刻剝，日長月滋，積累以至於大曆之間，所謂取之極甚者也。今既總收極甚之數，定爲兩税矣；所定別獻之類，復在數外矣；間緣軍用不給，已嘗加徵矣；近屬折納價錢，則又多獲矣。比於大曆極甚之數，殆將再益其倍焉。復幸年穀屢豐，兵車少息，而用常不足，其故何哉？蓋以事逐情生，費從事廣，物有劑而用無節，夫安得不乏乎！苟能黜其情，約其用，非但可以布帛爲税，雖更減其税亦可也；苟務逞其情，侈其用，非但行今重税之不足，雖更加其税亦不足也。夫地力之生物有大數，人力之成物有大限，取之有度，用之有節，則常足；取之無度，用之無節，則常不足。生物之豐敗由天，用物之多少由人，是以聖王立程，量入爲出，雖遇災難，下無困窮。理化既衰，則乃反是，量出爲入，不恤所無。故魯哀公問，年饑，用不足，如之何？有若對以盍徹。桀用天下而不足，湯用七十里而有餘，是乃用之盈虛，在節與不節耳。不節則雖盈必竭，能節則雖虛必盈。衛文公承滅國之餘，建新徙之業，革車不過三十乘，豈不甚殆哉！而能衣大布，冠大帛，約己率下，通商務農，卒以富強，見稱載籍。漢文帝接秦項積久傷夷之弊，繼高呂革創多事之時，家國虛殘，日不暇給，而能恭儉節用，靜事息人。服弋綈，履革舄，卻駿馬而不御，罷露臺而不修，屢賜田租以厚烝庶，遂使户口蕃息，百物阜殷。乃至鄉曲宴遊，乘牝牸者不得赴會；子孫生長，或有積數十歲不識市廛；御府之錢，貫朽而不可校；太倉之粟，紅腐而不可食。國富於上，人安於下，生享遐福，沒垂令名，人到於今稱其仁賢，可謂盛矣。太宗文皇帝收合板蕩，再造寰區，武德年中，革車屢動，繼以災歉，人多流離。貞觀之初，薦屬霜旱，自關輔綿及三河之地，米價騰貴，斗易一縑，道路之間，餒殍相藉。太宗敦行儉約，撫養困窮，視人如傷，勞徠不倦。百姓有鬻男女者，出御府金帛，贖還其家。嚴禁貪殘，慎節徭賦，弛不急之用，省無事之官，黜損乘輿，斥出宮女。太宗嘗有氣疾，百官以大內卑濕，請營一閣以居，尚憚煩勞，竟不之許。是以至誠上感，淳化下敷，四方大和，百穀連稔。貞觀八年以後，米斗至四五錢，俗阜休行，人知義讓，行旅萬里，或不賫糧。故人到於今，談帝王之盛，則必先太宗之聖功；論理道之崇，則必慕貞觀之故事。此三君者，其經始豈不艱窘哉？皆以嗇用愛人，竟獲豐福，是所謂能節雖虛必盈之效也。秦始皇據崤函之固，藉雄富之業，專力農戰，廣收材豪，故能芟滅暴強，宰制天下。功成志滿，自謂有泰山之安，貪欲熾然，以爲六合莫予違也。於是發閭左之戍，徵太半之賦，進諫者謂之宣謗，恤隱者謂之收恩，故徵發未終，而宗社已泯。漢武帝遇時運理平之會，承文景勤儉之積，內廣興作，外張甲兵，侈汰無窮，遂致殫竭。大搜財貨，算及舟車，遠近騷然，幾至顛覆。賴武帝英姿大度，付任以能，納諫無疑，改過不吝，下哀痛之詔，罷征伐之勞，封丞相爲富民侯，以示休息，邦本搖而復定，帝祚危而再安。隋氏因周室平齊之資，府庫充實，開皇之際，理尚清廉，是時公私豐饒，議者以比漢之文景。煬帝嗣位，肆行驕奢，竭耗生靈，不知止息，海內怨叛，以至於亡。此三君者，其所憑藉，豈不豐厚哉！此皆以縱欲殘人，竟致蹙喪，是所謂不節則雖盈必竭之效也。秦隋不悟而遂滅，漢武中悔而獲存，乃知懲與不懲、覺與不覺，其於得失相遠，復有存滅之殊，安可不思，安可不懼。今人窮日甚，國用歲加，不時節量，其勢必蹙，而議者但憂財利之不足，罔慮安危之不持。若然者，則太宗漢文之德曷見稱？秦皇隋煬之敗靡足戒，唯欲是逞，復何規哉。幸屬休明，將期致理，急聚斂而忽於勤恤，固非聖代之所宜言也。」

其三　論長吏以增户加税辟田爲課績

夫欲施教化，立度程，必先域人，使之地著。古之王者，設井田之法，以安其業；立五宗之制，以綴其恩。猶懼其未也，又教之族墳墓，敬桑梓，將以固人之志，定人之居，俾皆重遷，然可爲理。厥後又督之以出鄉遊惰之禁，糾之以版圖比閲之方，雖訓導漸微，而檢制猶密，歷代因襲，以爲彝章，其理也必謹於堤防，其亂也必慢於經界。斯道崇替，與時興衰。人主失之，則不可御寰區；守長失之，則不可釐郡邑。理人之要，莫急於兹。頃因兵興，典制弛廢，户版之紀綱罔緝，土斷之條約不明，恣人浮流，莫克禁止。縱之則湊集，整之則驚離，恆懷幸心，靡固本業。是以賦税不一，教令不行，長人者又罕能推忠，恕易地之情，體至公徇國之意。疊行小惠，競誘奸甿，以傾奪鄰境爲智能，以招萃逋逃爲理化。捨彼適此者，既爲新收而獲宥；倏忽往來者，又以復業而見優。唯懷土安居，首末不遷者，則使之日重，斂之日加，是令地著之人，恆代惰遊服役，則何異驅之轉徙，教之澆訛。此由牧宰不克宏通，各私所部之過也。及夫廉使奏課，會府考功，但守常規，不稽時變。其所以爲長吏之能者，大約在於四科：一曰户口增加，二曰田野墾辟，三曰税錢長數，四曰徵辦先期。此四者，誠吏職之所崇，然立法齊人，久無不弊。法之所沮，則人飾巧而苟避其網；法之所勸，則人興僞以曲附其文。理之者若不知維御損益之宜，則巧僞萌生，恆因沮勸而滋矣。夫課吏之法，所貴户口增加者，豈不以撫字得所，人益阜蕃乎？今或詭情以誘其奸浮，苛法以析其親族，苟益户數，務登賞條。所誘者將議薄徵，已遽驚散；所析者不勝重税，又漸流亡。州縣破傷，多起於此。長吏相效以爲績，安忍莫懲；齊人相扇以成風，規避轉甚。不究實而務增户口，有如是之病焉。所貴田野墾辟者，豈不以訓導有術，人皆樂業乎？今或牽率黎烝，播植荒廢，約以年限，免其地租。苟農夫不增，而墾田欲廣，新畝雖辟，舊畲反蕪。人利免租頗亦從令，年限纔滿，復爲汙萊，有益煩勞，無增稼穡。不度力而務辟田野，有如是之病焉。所貴税錢長數者，豈不以既庶而富，人可加賦乎？今或重困疲羸，力求附益，捶骨瀝髓，隳家取財，苟媚斂之司，以爲仕進之路，不恤人而務長税數，有如是之病焉。所貴徵辦先期者，豈不以物力優贍，人皆樂輸乎？今或肆毒作威，殘人逞欲，事有常限，因而促之，不量時宜，唯尚强濟，絲不容織，粟不暇舂，矧伊貧虚，能不奔迸，不恕物而務先徵辦，有如是之病焉。然則引人逋逃，蹙人艱窘，唯兹四病，亦有助焉。此由考覈不切事情，而泛循舊轍之過也。且夫户口增加，田野墾辟，税錢長數，徵辦先期，若不以實事驗之，則真僞莫得而辨，將驗之以實，則租賦須加。所加既出於人，固有受其損者，此州若增客户，彼郡必減居人，增處邀賞，而税數有加，減處攫罪，而税數不降。倘國家所設考課之法，必欲崇於聚斂，則如斯可矣，將有意乎富俗而務理，豈不刺謬歟？當今之要，在於厚人而薄財，損上以益下。下苟利矣，上必安焉，則少損者，所以招大益也。人既厚矣，財必贍焉，則暫薄者，所以成永厚也。臣愚謂宜申命有司，詳定考績，往貴於加者，今務於減焉。假如一州之中，所税舊有定額，凡管幾許百姓，復作幾等差科，每等有若干户人，每户出若干税物，各令條舉，都數年别一申使司，使司詳覆有憑，然後録報户部。若當管之内，人益阜殷，所定税額有餘，任其據户均減，率計減數多少，以爲考課等差。其當管税物通比較，每户十分減三分者爲上課，十分減二分者次焉，十分減一分者又次焉。如或人多流亡，加税見户，比校殿罰，法亦如之。其百姓所出田租則各以去年應輸之數，便爲定額，每歲據徵，更不勘責檢巡。增辟者勿益其租，廢耕者不降其數，足以誘導墾植，且免妨奪農功，事簡體宏，人必悦勸。每至定户之際，但據雜産較量，田既自有恆租，不宜更入兩税。如此則吏無苟且，俗變澆浮，不督課而人自樂耕，不防閑而衆皆安土。斯亦當今富人固本之要術，在陛下舉而行之。

其四　論税期限迫促

建官立國，所以養人也；賦人取財，所以資國也。明君不厚其所資，而害其所養，故必先人事而借其暇力，先家給而斂其餘財。遂人所營，恤人所乏，借必以度，斂必以時。有度則忘勞，得時則易給。是以官事無闕，人力不殫，公私相全，上下交愛。古之得衆者，其率用此歟。法制或虧，本末倒置，但務取人以資國，不思立國以養人，非獨徭賦繁多，夐無蠲貸，至於徵收迫促，亦不矜量。蠶事方興，已輸縑税；農功未艾，遽斂穀租。上司之繩責既嚴，下吏之威暴愈促，有者急賣而耗其半直，無者求假而費其倍酬。所繫遲速之間，不過月旬之異，一寬稅限，歲歲相承，遲無所妨，速不爲益，何急敦逼，重傷疲人。頃緣定稅之初，期約未甚詳悉，旋屬征役多故，復令先限量徵，近雖優延，尚未均濟。望委轉運使與諸道觀察使商議，更詳定徵稅期限聞奏。各隨當土風俗所便，時候所宜，務於紓人，俾得辦集。所謂惠而不費者，則此類也。

其五 請以稅茶錢置義倉以備水旱

臣聞仁君在上，則海内無餒殍之人，豈必耕而餉之，爨而食之哉。蓋以慮得其宜，制得其道，致人於歉乏之外，設備於災沴之前，是以年雖大殺，衆不恇懼。夫水時爲敗，堯湯被之矣，陰陽相寇，聖何御哉！所貴堯湯之盛者，在於遭患能濟耳。凡厥哲后，皆謹循之。故《王制》記虞夏殷周四代之法，乃云：『國無九年之蓄曰不足，無六年之蓄曰急，無三年之蓄曰國非其國也。』《周官》司徒之屬亦云：『掌鄉里之委積，以恤艱厄；縣鄙之委積，以待兇荒。』王制既衰，雜以權術。魏用平糴之法，漢置常平之倉，利兼公私，頗亦爲便。隋氏立制，始創社倉，終於開皇，人不饑饉。貞觀初，戴胄建積穀備災之議，太宗悅焉，因命有司，詳立條制，所在貯粟，號爲義倉。豐則斂藏，儉則散給，歷高宗之代，五六十載，人賴其資。國步中艱，斯制亦弛。開元之際，漸復修崇。是知儲積備災，聖王之急務也。《語》曰：『百姓足，君孰與不足；百姓不足，君孰與足。』此言君養人以成國，人戴君以成生，上下相成，事如一體。然則古稱九年六年之蓄者，蓋率土臣庶，通爲之計耳，固非獨豐公庾，不及編甿。《記》所謂『雖有兇旱水溢，人無菜色』，良以此也。後代失典籍備慮之旨，忘先王子愛之心，所蓄糧儲，唯計廩庾。犬彘厭人之食，而不知檢；溝壑委人之骨，而不能恤。亂興於下，禍延於上，雖有公粟，豈得而食諸！故立國而不先養人，國固不立矣；養人而不先足食，人固不養矣；足食而不先備災，食固不足矣。爲官而備者，人必不贍；爲人而備者，官必不窮。是故論德昏明，在乎所務本末。務本則其末自遂，務末則其本兼亡，國本於人，安得不務。頃以寇戎爲梗，師旅亟興，惠恤之方，多所未暇，每遇陰陽愆候，年不順成，官司所儲祇給軍食。支計苟有所闕，猶須更取於人，人之兇荒，豈遑賑救。人小乏則求取息利，人大乏則賣鬻田廬。幸逢有年，纔償逋債，斂獲始畢，糇糧已空，執契擔囊，行復貸假，重重計息，食每不充。儻遇薦饑，遂至顛沛，室家相棄，骨肉分離，乞爲奴僕，猶莫之售，或行丐鄽，或縊死道途。天災流行，四方代有，率計被其害者，每歲常不下一二十州。以陛下爲人父母之心，若垂省憂，固足傷惻，幸有可救之道，焉可捨而不念哉？今賦役已繁，人力已竭，窮歲汲汲，永無贏餘，課之聚糧終不能致，將樹儲蓄根本，必藉官司助成。陛下誠能爲人備災，過聽愚計，不害經費，可垂永圖。近者有司奏請稅茶，歲約得五十萬貫，元敕令貯户部，用救百姓兇饑，今以蓄糧適副前旨。望令轉運使總計諸道户口多少，每年所得稅茶錢，使均融分配，各令當道巡院主掌。每至穀麥熟時，即與觀察使計會，散就管内州縣和糴，便於當處置倉收納，每州令錄事參軍專知。仍定觀察判官一人與和糴巡院官同勾當，亦以義倉爲名，除賑給百姓已外，一切不得貸便支用。如時當大稔，事至傷農，則優與價錢，廣其糴數，穀若稍貴，糴亦便停，所糴少多，與年上下，準平穀價，恆使得中。每遇災荒，即以賑給，小歉則隨事借貸，大饑則錄奏分頒，許從便宜，務使周濟，循環斂散，遂以爲常。如此，則蓄財息債者，不能耗吾人；聚穀幸災者，無以牟大利。富不至侈，貧不至饑，農不至傷，糴不至貴，一舉事而衆美具，可不務乎。俟人小休，漸勸私積，平糴之法斯在，社倉之制兼行，不出十年之中，必盈三歲之蓄，宏長不已，升平可期。使一代黎人，永無餒乏，此堯湯所以見稱於千古也。願陛下遵之慕之，繼之齊之。苟能存誠，蔑有不至。

其六 論兼並之家私斂重於公稅

國之紀綱，在於制度，商農工賈，各有所專，凡在食祿之家，不得與人爭利。此王者所以節財力，礪廉隅，是古今之所同，不可得而變革者也。代理則其道存而不犯，代亂則其制委而不行。其道存，則貴賤有章，豐殺有度，車服田宅，莫敢僭逾，雖積貨財，無所施設。是以咸安其分，罕徇貪求。藏不偏多，故物不偏罄，用不偏厚，故人不偏窮。聖王能使禮讓興行，而財用均足，則此道也。其制委，則法度不守，教化不從，唯貨是崇，唯力是騁，貨力苟備，無欲不成。租販兼並，下錮齊人之業；奉養豐麗，上侔王者之茜。户蓄羣黎，隸役同輩，既濟嗜欲，不虞憲章，肆其貪惏，曷有紀極。天下之物有限，富室之積無涯。養一人而費百人之資，則百人之食不得不乏；富一家而傾千家之產，則千家之業不得不空。舉類推之，則海内空乏之流，亦已多矣。故前代致有風俗訛靡，氓庶困窮，由此弊也。

今茲之弊，則又甚焉。夫物之不可掩藏，而易以閱視者，莫著乎田宅。

臣請又措其宅而勿議，且舉佔田一事以言之。古先哲王，疆理天下，百畝之地，號曰一夫，蓋以一夫授田，不得過於百畝也。欲使人無廢業，田無曠耕，人力田疇，二者適足，是以貧弱不至竭涸，富厚不至奢淫，法立事均，斯謂制度。今制度弛紊，疆理隳壞，恣人相吞，無復畔限。富者兼地數萬畝，貧者無容足之居，依托强豪，以爲私屬，貸其種食，賃其田廬，終年服勞，無日休息，罄輸所假，常患不充。有田之家，坐食租税，貧富懸絶，乃至於斯，厚斂促徵，皆甚公賦。今京畿之内，每田一畝，官税五升，而私家收租殆有畝至一石者，是二十倍於官税也。降及中等，租猶半之，是十倍於官税也。夫以土地王者之所有，耕稼農夫之所爲，而兼並之徒，居然受利。官取其一，私取其十，穡人安得足食分廩？安得廣儲風俗？安得不貪財貨？安得不壅？昔之爲理者，所以明制度而謹經界，豈虚設哉！斯道浸亡，爲日已久，頓欲修整，行之實難，革弊化人，事當有漸。望令百官集議，參酌古今之宜，凡所佔田，約爲條限，裁减租價，務利貧人。法貴必行，不在深刻。裕其制以便俗，嚴其令以懲違，微損者餘，稍優不足，損不失富，優可賑窮，此故乃古者安富恤窮之善經，不可捨也。

右臣前月十一日延英奏對，因敘賦税煩重，百姓因窮，伏奉恩旨，令具條疏聞奏。今且舉其甚者，謹件如前。臣聞於《書》曰：『無輕人事惟難，無安厥位惟危。』此理之所以興也。又曰：『厥後嗣王生則逸，不知稼穡之艱難。』此亂之所由始也。以陛下天縱聖哲，事更憂危，夙夜孜孜，志求致理。往年論及百姓，必爲淒然動容，每言朕於蒼生，支體亦無所惜。臣久叨近侍，亟奉德音，竊謂一代黔黎，必躋富壽之域。昨奏人間疾苦，十分纔及二三，聖情已甚驚疑，皆謂臣言過當。然則愁怨之事，何由上聞？昫育之恩，何由下布？典籍所戒，信而有徵，一虧聖猷，實可深惜。臣又聞於《書》曰：『非知之艱，行之唯艱。』竊惟陛下所以驚疑於微臣之言者，但聞之未熟耳。此乃股肱耳目之任，仰負於陛下，誠所謂知之非艱，尚未足深累聖德也。今則既知之矣，願陛下勿復艱於所行，居安思危，億兆幸甚。謹奏。

唐 白居易《白氏長慶集・白氏文集》卷三〇《禮部試策五道》

第二道

問：《書》曰：『眚災肆赦。』又曰：『宥過無大。』而《禮》云：『執禁以齊衆，不赦過。』若然，豈爲政以德，不足恥格，峻文必罰，斯爲禮乎？《詩》稱『既明且哲，以保其身』，《易》稱『利用安身，以崇德也』，而《語》云『無求生以害仁，有殺身以成仁』。若然，則明哲者不成仁歟，殺身者非崇德歟？

對：聖王以刑禮爲大憂，理亂繫焉；君子以仁德爲大寶，死生一焉。故邦有用禮而大理者，有用刑而小康者；古人有崇德而遠害者，有蹈仁而守死者。其指歸之義，可得而知焉，在乎聖王乘時，君子行道也。何者？當其王道融，人心質，善者衆而不善者鮮，一人不善，衆人惡之，故赦之可也。所以表好生惡殺，且臻乎仁壽之域矣。而肆赦宥過之典，由兹作焉。及夫大道隱，至德衰，善者鮮而不善者衆，一人不善，衆人效之，故赦之不可也。所以明懲惡勸善，且革澆灕之俗矣。而執禁不赦之文，由兹興焉。此聖王所以隨時以立制，順變而致理，非謂德政之不若刑罰也。然則君子之爲君子者，爲能先其道後其身，守其常，則以道善乎身，罹其變，則不以其身害乎道，故明哲保身亦道也，巢許得之；求仁殺身亦道也，夷齊得之。雖殊時異致，同歸於一揆矣。何以核諸？觀乎古聖賢之用心也，苟守道而死，死且不朽，是非死也。苟失道而生，生而不仁，是非生也。向使夷齊生於唐虞之代，安知不明哲保身歟？巢許生於殷周之際，安知不求仁殺身歟？蓋否與泰，各繫於時也，生與死，同歸於道也。由斯而觀，則非謂崇德者不爲成仁，殺身者不爲明哲矣。嗚呼！聖王立教，同出而異名，君子行道，百慮而一致，亦猶水火之相戾，同根於冥數，共濟於人用也，亦猶寒暑之相反，同本於元氣，共濟於歲功也。則用刑措之道，保身殺身之義，昭昭然可知矣。謹對。【略】

第五道

問：紡績之弊，出於女工，桑麻不甚加，而布帛日已賤，蠶織者勞焉，公議者知之，欲乎價平，其術安在？又倉廩之實，生於農畝，人有餘則輕之，不足則重之，故歲一不登，則種食多竭。往年時雨愆候，宸慈軫懷，遣使振廩，分官賤糶，故得餒殍載活，麥禾載登，思我王度，金玉至矣。竊聞壽昌常平，今古稱便，國朝典制，亦有斯倉，開元之二十四年，又於京城大賔，賤則加價收糴，貴則終年出糶，所以時無艱食，亦無傷農。今者若官司上聞，追葺舊制，以時斂散，以均貴賤，其於美利，不亦多乎？

對：人者邦之本也，衣食者人之所由生也。古者聖人在上，而下不凍餒者，非家衣而户食之，蓋能爲之開衣食之源，均財用之節也。方今倉廩虚而農夫困，布帛賤而女工勞，以愚所闕，粗知其本。何者？夫天地之數無常，故歲一豐必一儉也，衣食之生有限，故物有盈則有縮也。古之人知其必然也，故敦儉嗇以足衣，務儲蓄以足食，是以禹有九年之水，湯有七年之旱，野無青草，人無菜色者，無他焉，蓋勤儉儲積之所致耳。故曰前事之不忘，後事之元龜也。當今將欲開美利利天下，以厚生生蒸人，返貞觀之昇平，復開元之富壽，莫善乎實倉廩，均豐兇，則耿壽昌之常平，得其要矣。今若升聞，率修舊制，上自京邑，下及郡縣，謹豆區以出納，督官吏以監臨，歲豐則貴糴以利農，歲歉則賤糶以卹下，若水旱作沴則資爲九年之蓄，若兵革或動則餽爲三軍之糧，可以均天時之豐儉，權生物之盈縮，修而行之，實百代不易之道也。虞災救弊，利物寧邦，莫斯甚焉。然則布帛之賤者，由錐刀之壅也，苟粟麥足用，泉貨流通，則布帛之價，輕重平矣。抑居易聞短綆不可以汲深，曲士不可以語道，小子狂簡，不知所以裁之，莫究微言，空慚下問，謹對。

又《進士策問五道》

第五道

問：穀帛者，生於下也；泉貨者，操於上也。必由均節，以致厚生。今田疇不加辟，而菽粟之價日賤，桑麻不加植，而布帛之估日輕，懋力者輕用而愈貧，射利者賤收而愈富，致使農人益困，遊手益繁矣。然豈穀帛斂散之節失其宜乎？將泉貨輕重之權不得其要乎？今天子方策天下賢良政術之士，親訪利病，以活元元。吾子若待問於王庭，其將何辭以對？

又 卷四五《策林一 有序**》** 元和初，予罷校書郎，與元微之將應制舉，退居於上都華陽觀，閉户累月，揣摩當代之事，搆成策目七十五門。及微之首登科，予次焉，凡所應對者，百不用其一二。其餘自以精力所致，不能棄捐，次而集之，分爲四卷，命曰《策林》云耳。

一、策頭

臣伏見漢成帝以朱雲廷辱張禹，令持下殿，雲攀檻檻折，成帝容之，後嘗理檻，帝命勿易，以旌直臣。臣每覽漢史至此，未嘗不三復而嘆息也。豈不以臣不愛死，雖憐其死，而必諫乎？君能納諫，雖折其檻，而必容乎？不然，何云之竭忠也如此，而帝之見容也又如此。伏惟陛下以至誠化萬國，以至明臨兆人，故數年之間，仍降詔旨，四海之內，累徵賢良，思酌下言，樂聞上失，諭以旁求之意，詢以無隱之辭。是則陛下納諫之旨，遠出於漢朝，微臣獻言之罪，不虞於折檻矣。況清問之下，條對之中，苟言有可觀，策有可取，陛下必光揚其名氏，優崇其爵秩，與夫勿易折檻以旌直臣之意，又相萬也。賤臣得不有犯無隱，以副陛下納諫之旨乎；殫思極慮，以盡微臣獻言之道乎？唯以直詞，昧死上對。

臣生也幸，沐聖朝垂覆育之惠，當陛下無忌諱之日，斯則朝聞夕死足矣，而況於充賦王庭者乎？伏念庸虛，謬膺詔選，誠不足以明辯體用，對揚德音。欲率爾而言，適足重小臣狂簡之過；若默默而退，又何以副陛下虛求之心？是以闕玉旒，讀金策，慚惶僶俛，不知所裁者久矣。然以愚慮之中，千或一得，而往古之成敗，耳或妄有所聞，當今之得失，目或妄有所見，進不敢希旨，退不敢隱情，唯以直言，昧死上對。

二、策項

臣聞人無常心，習以成性；國無常俗，教則移風。故億兆之所趨，在一人之所執。是以恭默清淨之政立，則復樸保和；貴德賤財之令行，則上讓下競；恕己及物之誠著，則蒼生可致於至理；養老敬長之教洽，則皇化可升於太寧。由是言之，蓋人之在教，若泥金之在陶冶，器之良窳，由乎匠之巧拙，化之善否，繫乎君之作爲。伏惟陛下慎而思之，勤而行之，則太平之風，大同之俗，可從容而馴致矣。

臣聞教無常興，亦無常廢，人無常理，亦無常亂。蓋興廢理亂，在君上所教而已。故君之作爲，爲教興廢之本，君之舉措，爲人理亂之源。若一出善言，則天下之人獲其福；一違善道，則天下之人罹其殃；若一肆其心，而事有以階於亂；一念於德，而邦有以漸於興。交應之間，實猶影響。今陛下以懋建皇極爲先，則大化不得不流矣；以欽若前訓爲本，則大樸不得不復矣；以緝熙庶績爲念，則五刑不得不措矣；以祇奉宗廟爲心，則五教不得不敷矣。而尚有未流、未措、未復、未敷之問，此乃陛下勞謙之德太過，故不自見其益也，求理之心太速，故不自見其功也。臣何以知之？然臣聞『有始有卒者，其惟聖人乎』，此言王者行道，非始之難，終之實難也。陛下又能終之，則太平之風，大同之俗，如指掌耳，豈止化流樸復，刑措教敷而已哉。

三、策尾

臣鄙人也，生仁壽之代，沐文明之化，以進士舉及第，又以拔萃選授官。臣之名既獲二成，君之祿已受一命，雖天地不求仁於芻狗，而畎澮思委潤於滄溟，惓惓之誠，蓄之久矣。幸遇陛下發旁求之詔，垂下濟之恩，詳延讜猷，親覽條對。逢不諱之日，雖許極言，當無過之朝，不知所述。無裨清問，有負皇明，仰冒宸嚴，伏待罪戾。謹對。

臣幸逢昭代，得列明庭，慚無嘉言，以充清問，輒罄狂瞽，惟陛下擇之。謹對。

臣生聖代三十有五年，蒙陛下子育之恩，睹陛下昇平之化，謬膺詔選，充賦天庭。安足親承德音，條對清問。逢旁求之日，雖許直言，當已理之朝，將何極諫？塵黷聖鑒，俯伏待罪。謹對。

四、美謙讓

臣聞王者之有天下也，自謂之理非理也，自謂之亂非亂也，自謂之安非安也，自謂之危非危也。何者？蓋自謂理且安者，則自驕自滿，雖安必危；自謂亂且危者，則自戒自強，雖亂必理。理之又理，安之又安，則盛德大業，斯不遠矣。伏惟陛下嗣建皇極，司牧蒼生，夙興以憂人，夕惕而修己，以今日之理，陛下視朝廷未以爲理，以今日之安，陛下視海内未以爲安，而又思酌下言，樂聞上失，弊無不革，利無不興。今則嚴禋郊廟，猶謂敬之不至；愛養黎庶，猶謂惠之不宏；省罷進獻，猶憂人之困窮；蠲免逋租，猶慮農之勤匱；搜揚俊乂，猶謂賢之遺逸；滌蕩罪戾，猶念獄之非辜；底定兵戈，猶懼其未戢；懷柔夷狄，猶恐其未賓；大化參乎陰陽，猶慚之以寡德；重光並乎日月，猶讓之以不明。斯乃陛下勞謙之心，合天運之不息也，勤恤之德，合地道之無疆也。如臣者，何所知焉，何所述焉？伏以聖聰，貴聞庶議，苟有愚見，敢不極陳。

五、塞人望歸衆心，在慎言動之初

夫欲使人望塞、衆心歸者，無他焉，在陛下慎初之所致耳。臣聞天子動則左史書之，言則右史書之。言動不書，非盛德也，書而不法，後嗣何觀焉？若王者言中倫，動中度，則千里之外應之，百代之後歌之，況其邇者乎？若言非宜，動非禮，則千里之外違之，百代之後笑之，況其邇者乎？是以古之天子，口不敢戲言，身不敢妄動，動必三省，言必再思。況陛下初嗣祖宗，新臨兆庶，臣伏見天下之目，專專然以觀陛下之動也，天下之耳，禺禺然以聽陛下之言也，則陛下出一言，不終日而達於朝野，動一事，不浹辰而聞於華夷，蓋是非之聲，無翼而飛矣，損益之名，無脛而走矣，陛下得不慎之哉！伏惟觀於斯，察於斯，使一言一動，無所苟而已矣。言動不苟，則天下之望塞焉，天下之心歸焉。

六、教必成化必至，在敬其終

問：先王之教，佈在方策，事雖易舉，政則難成。豈文之空垂，將行之未至？思臻其極，佇質所疑。

夫欲使政必成、化必至者，無多焉，在陛下敬始慎終之所致耳。臣聞先王之訓，不徒言也，先王之教，不虚行也，淺行之則小理，深行之則大和，淺深畜之應，其猶影響矣。然則天下至廣，王化至大，增減損益，難見其形。是以政之損者，雖不見其日損，必有時而亂也；教之益者，雖不見其日益，必有時而理也。陛下但推其誠，勤其政，慎其始，敬其終，日用而不知自臻其極，此先王終日所務者也，終日所行者也，不可月會其教化之淺深，歲計其風俗之厚薄焉。臣又聞《易》曰：『聖人久於其道，而天下化成。』《詩》曰：『靡不有初，鮮克有終。』此言王者之教，待久而成也，王者之化，待終而至也。陛下誠能久而終之，則何慮政不成而化不至乎？

七、不勞而理，在順人心立教

問：方今勤恤憂勞，夙夜不怠，而政教猶缺，懲勸未行，何則？上古之君，無爲而理，令不嚴而肅，教不勞而成，何施何爲，得至於此？

臣請以三五之道言之。臣聞三皇之爲君也，無常心，以天下心爲心；五帝之爲君也，無常欲，以百姓欲爲欲。順其心以出令，則不嚴而理；因其欲以設教，則不勞而成。故風號無文而人從，刑賞不施而人服。三五所以無爲而天下化者，由此道也。後代反是，故不及者遠焉。臣請以三代以後之事言之。臣聞後代之天下，三五之天下也，後代之人，三五之人也，後代之位，三五之位也。居其位，得其人，有其天下，而不及三五者，何哉？臣竊驚怪之，然亦粗知其由矣。豈不以己心爲心，抑天下以奉一人之心也；以己欲爲欲，咈百姓以從一人之欲也。苟或心與道未合，政與時並行，得失交爭，利害相半，如此則雖宵衣旰食，勞體勵精，才可以致小康，不足以宏大道，故出令而吏或犯，設教而人敢違，刑雖明而寡懲，賞雖厚而鮮勸。此由舍人而從欲，是以勤多而功少也。伏惟陛下去彼人，執古御今，以三五之心爲心，則政教何憂乎不洽，以億兆之欲爲欲，則懲勸何畏乎不行。政教洽，則不假憂而四海寧；懲勸行，則不勤勞而萬人化。此由捨己而從衆，是以事半而功倍也。臣又聞太宗文皇帝嘗曰：『朕雖不及古，然以百姓心爲心。』臣以爲致貞觀之理者，由斯一言始矣。伏願陛下從而鑒之，嗣而行之，則天下幸甚，天下幸甚。

八、風行澆樸，由教不由時

問：甿俗之理亂，風化之盛衰，何乃得於往而失於來，薄於今而厚於古？或曰：『興替之道，執在君臣。』又云：『澆樸之風，繫於時代。』二說相反，其誰可從？

臣聞代之澆灕，人之樸略，由上而不由下，在教而不在時。蓋政之臧否定於中，則俗之厚薄應於外也。何以驗核？伏請以周秦以降之事言之。臣聞周德浸衰，君臣陵替，蠶食瓜割，分爲戰國；秦氏得之，以暴易亂，曾未旋踵，同歸覆亡；炎漢勃興，奄有四海，僅能除害，未暇化人；迨於文帝、景帝，始思理道，躬行慈儉，人用富安，禮讓自興，刑罰不試，昇平之美，鄰於成康，載在《漢書》，陛下熟聞之矣；降及魏晉，迄於梁隋，喪亂宏多，殆不足數；我高祖始建區夏，未遑緝熙；迨於太宗、元宗，抱聖神文武之姿，用房、杜、姚、宋之佐，謀猷啟沃，無怠於心，德澤施行，不遺於物，所以刑措而百姓欣戴，兵偃而萬方悅隨，近無不安，遠無不服，雖成康文景，無以尚之，載在國史，陛下熟知之矣。然則周秦之亂極矣，及文景繼出，而昌運隨焉；梁隋之弊甚矣，及二宗嗣興，而王道融焉。若謂天地生成之德漸衰，家國君臣之道漸喪，則當日甚一日，代甚一代，不應衰而復盛，澆而復和，必不爾者。何乃清平樸素之風，薄於周秦之交，而厚於文景之代耶？順成和動之俗，喪於梁隋之際，而獨興於貞觀、開元之年耶？由斯言之，不在時矣。故魏徵有云：『若言人漸澆訛，不反質樸，至今應爲鬼魅，寧可復得而教化耶？』斯言至矣，故太宗嘉之。又按《禮記》曰：『教者人之寒暑也，事者人之風雨也。』此言萬民之從王化，如百穀之委歲功也，若寒暑以時，則禾黍登而菽麥熟；若風雨不節，則稂莠植而秕稗生。故教化優深，則謙讓興而仁義作；刑政偷薄，則訛僞起而奸宄臻。雖百穀在地，成之者天也；雖萬物在下，化之者上也。必欲以涼德弊政，嚴令繁刑，而求仁義行，奸宄息，亦猶飄風暴雨，愆陽伏陰，而望禾黍豐，稂莠死，其不可也，亦甚明矣。故曰堯舜率天下以仁，比屋可封；桀紂率天下以暴，比屋可戮。斯則由上在教之明驗也，伏惟聖心無疑焉。

九、致和平復雍熙，在念今而思古也

問：今欲感人心於和平，致王化於樸厚，何思何念，得至於斯？

臣聞政不念今，則人心不能交感；道不思古，則王化不能流行。將欲感人心於和平，則在乎念今而已。伏惟陛下知人安之至難也，則念去煩擾之吏；愛人命之至重也，則念黜苛酷之官；恤人力之易罷也，則念省修葺之勞；憂人財之易匱也，則念減服御之費；懼人之有餒也，則念薄麥禾之稅；畏人之有寒也，則念輕布帛之征；慮人之有愁苦也，則念損嬪嬙之數。故念之又念之，則人心交感矣。感之又感之，則天下和平矣。將欲致王化於雍熙，則在乎思古而已。伏惟陛下仰羲軒之道也，則思興利而除害；侔唐虞之聖也，則思明目而達聰；師夏禹之德也，則思泣辜而恤人；法殷湯之仁也，則思祝網而愛物；鑒漢之盛也，則思罷露臺而海內流化；觀周之興也，則思葬枯骨而天下歸心；宏貞觀之理也，則思開房杜之讜議，以致昇平；嗣開元之政也，則思得姚宋之嘉謀，而臻富壽。故思之又思之，則王澤流行矣。行之又行之，則天下雍熙矣。

十、王澤流人心感，在恕己及物

夫欲使王澤旁流，人心大感，則在陛下恕己及物而已。夫恕己及物者無他，以心度心，以身觀身，推其所爲，以及天下者也。故己欲安，則念人之重擾也；己欲壽，則念人之嘉生也；己欲逸，則念人之憚勞也；己欲富，則念人之惡貧也；己欲溫飽，則念人之凍餒也；己欲聲色，則念人之怨曠也。陛下念其重擾，則煩暴之吏退矣；念其嘉生，則苛虐之官黜矣；念其憚勞，則土木之役輕矣；念其惡貧，則服御之費損矣；念其凍餒，則布帛麥禾之稅輕矣；念其怨曠，則妓樂嬪嫱之數省矣。推而廣之，念一知十。蓋聖人之道也，始則恕己以及人，終則念人而及己。故恕之又恕之，則王澤不得不流矣，念之又念之，則人心不得不感矣。澤流心感，而天下不太平者，未之聞也。

十一、黄老術，在尚寬簡務清淨則人儉樸俗和平

夫欲使人情儉樸，時俗清和，莫先於體黄老之道也。其道在乎尚寬簡，務儉素，不眩聰察，不役智能而已。蓋善用之者，雖一邑一郡一國至於天下，皆可以致清淨之理焉。昔宓賤得之，故不下堂而單父之人化；汲黯得之，故不出閤而東海之政成；曹參得之，故獄市勿擾，而齊國大和；漢文得之，故刑罰不用，而天下大理。其故無他，清靜之所致耳。故老子曰：『我無爲而人自化，我好靜而人自正，我無事而人自富，我無欲而人自樸。』此四者，皆黄老之要道也，陛下誠能體而行之，則人儉樸而俗清和矣。

十二、政化速成，由不變禮不易俗

夫欲使政化速成，則在乎去煩擾、師簡易而已。臣請以齊魯之事明之。臣聞伯禽之事魯也，變其禮，革其俗，三年而政成；太公之理齊也，簡其禮，

從其俗，五月而政成。故周公嘆曰：『夫平易近人，人必歸之，魯後代其北面事齊矣！』此則煩簡遲速之效明矣，伏惟陛下鑒之。

十三、號令，令一則行推誠則化

問：號令者，所以齊其俗，一其心，故聖人專之慎之。然則號令既出，而俗猶未齊者，其故安在？號令既行，而心猶未一者，其失安歸？欲使下令如風行，出言如響應，導之而人知勸，防之而人不逾。將致於斯，豈無其要。

臣聞王者發號施令，所以齊其俗，一其心。俗齊則和，心一則固，人於是乎可任使也。《傳》曰：『人心不同，如其面焉。』故一人一心，萬人萬心。若不以令一之，則人人之心各異矣，於是積異以生疑，積疑以生惑。除亂莫先乎令者也，故聖王重之。然則令者，出於一人，加於百辟，被於萬姓，漸於四夷，如風行，如雨施，有往而無返也。其在《周易》『渙汗』之義，言號令如渙汗然，一出而不可復也，故聖王慎之，然則令既出，而俗猶未齊者，由令不一也。非獨朝出夕改，晨行暮止也；蓋謹於始，慢於終，則不一也；張於近，弛於遠，則不一也；急於賤，寬於貴，則不一也；行於疏，廢於親，則不一也。且人之心，猶不可以不一而理，況君之令，其可二三而行者乎？然則令既一，而天下之心猶未悅隨者，由上之不能行於己、推於誠者也。凡下從上也，不從口之言，從上之所好也；不從力之制，從上之所爲也。蓋行諸己也誠，則化諸人也深。若不推之於誠，雖三令五申，而令不明也；苟不行之於己，雖家喻户曉，而人不信矣。聖王知其如此，故以禮自修，以法自理，慎其所好，重其所爲，有諸己者，而後求諸人，責於下者，必先禁於上。是以推之而往，引之而來，導之使行，禁之使止，使天下之心，禺禺然惟望其令、聽其言而已。故言出則千里之外應如響，令下則四海之内行如風。故曰禁勝於身，則令行於人者矣，又曰下令如流水發源，蓋是謂也。如此則何慮乎海内之令，不如身之使臂，臂之使指者哉。

十四、辨興亡之由，由善惡之積

問：萬姓親怨之由，百王興亡之漸，將獨繫於人乎，抑亦繫於君乎？

臣觀前代，邦之興，由得人也，邦之亡，由失人也。得其人，失其人，非一朝一夕之故也，其所由來者漸矣。天地不能頓爲寒暑，必漸於春秋，人君不能頓爲興亡，必漸於善惡。善不積，不能勃焉而興，惡不積，不能忽焉而亡。善與惡始繫於君也，興與亡終繫於人也。何則？君苟有善，人必知之，知之又知之，其心歸之，歸之又歸之，則載舟之水，由是積焉；君苟有惡，人亦知之，知之又知之，其心去之，去之又去之，則覆舟之水，由是作焉。故曰至高而危者君也，至愚而不可欺者人也。聖王知其然，故則天上不息之道以修己，法地下不動之德以安人。修己者，慎於中也，慄然如履春冰；安人者，敬其下也，凜乎若馭朽索。猶懼其未也，加以樂人之樂，人亦樂其樂，憂人之憂，人亦憂其憂。憂樂同於人，敬慎著於己，如是而不興者，反是而不亡者，自生人以來，未之有也。臣愚以爲百王興亡之漸，在於此也。

十五、忠敬質文損益

問：忠敬質文，百代循環之教也。五帝何爲而不用？三王何故而相承？將時有同異耶？道有優劣耶？又三代之際，損益不同，所祖三才，其義安在？豈除舊佈新，務於相反相異乎？復扶衰救弊，其道不得不然乎？又國家祖述五帝，憲章三代，質文忠敬，大備於今，而尚人鮮樸忠，俗多利巧。欲救斯弊，其道如何？

臣聞步驟殊時，質文異制，五帝以道化，三王以禮教。道者無爲，無爲故無失，無失故無革，是以唐虞相承，無所改易也；禮者有作，有作則有弊，有弊則有救，故殷周相代，有所損益也。損益之教，本乎三才。夏之教尚忠。忠本於人，人道以善教人，忠之至也，故曰忠者人之教也。忠之弊其民野，救野莫若敬，故殷之教尚敬。敬本於地，地道謙卑，天之所生，地敬養之，故曰敬者地之教也。敬之弊其人詭，救詭莫若文，故周之教尚文。文本於天，天道垂文，而人則之，故曰文者天之教也。文之弊，其人僿，救僿莫若忠。然則三王之所祖不同者，非欲自異而相反也，蓋扶衰救弊，各隨其運也。運苟有異，教亦不同，雖忠與敬，各繫於時，而質與文，俱致於理。標其教則殊制，臻其極則同歸，亦猶水火之相形，同根於冥化，共濟於人用也，寒暑之相代，同本於元氣，共成於歲功也。三王之道，亦如是焉。我國家欽若五帝，憲章三代，典謨不易之道，祖述而大用，忠敬疊救之教，具舉而兼行，可謂文質協和，禮括錮備之代也。然臣聞孔子曰：『殷因於夏禮，周因於殷禮，損益始終，若循環然，其繼周者，百代可知也。』臣觀周之弊也，爵賞黷，刑罰窮，而秦反用刑名，祚因中絶，及漢雜以霸道，德又下衰，迨於魏晉以還，未有繼而救者，是以周之文弊，今有遺風，故人鮮樸忠，俗猶利巧。伏願陛下以繼周爲己任，以行夏爲時宜，稍益質而損文，漸尚忠而救僿，斟酌於教，經緯其人，使瞻前而道繼三王，顧後而光垂萬葉。則盡善之道，大同之風，不專於上古矣。

十六、議祥瑞，辨妖災

問：國家將興，必有禎祥；國家將亡，必有妖孽。斯豈國之興滅，繫於天地之災祥歟；將物之妖瑞，生於時政之昏明歟？又天地有常道，災祥有常應，此必然之理也。何以桑穀之妖，反爲福於太戊；大鳥之慶，竟居禍於帝辛？豈吉凶或僭在人，將休咎不常其道？敬戒之徵安在，改悔之效何明？又祥必偶聖，妖必應昏，何以明時不能爲無災，亂代或聞其有瑞，報施之道，何繆濫哉？

臣聞國家將興，必有禎祥，國家將亡，必有妖孽者，非孽生而後邦喪，非祥出而後國興。蓋瑞不虚呈，必應聖哲，妖不自作，必候淫昏，則昏聖爲祥孽之根，妖瑞爲興亡之兆矣。文子曰：『陰陽陶冶，萬物皆乘天氣而生。』然則道之休明，德動乾坤而感者謂之瑞，政之昏亂，腥聞上下而應者謂之妖。瑞爲福先，妖爲禍始，將興將廢，實先啟焉。然有人君德未及乎休明，政不至於昏亂，而天文有異，地物不常，則爲瑞爲妖，未可知也。或者天示敬戒之意，以寤君心，俾乎君修改悔之誠，以答天鑒，如此則轉亂爲治，變災爲祥，自古有之，可得而考也。臣聞高宗不聰，飛雉雊於鼎；宋景有罰，熒惑守於心。及乎懋懿德以修身，出善言而罪己，則升耳之異自殄，退舍之慶自臻，天人相感，可謂明矣速矣。且高宗，三代之賢主也，有一德之違，亦謫見於物；宋景，列國之常主也，有一言之感，亦冥應乎天。則知上之鑒下，雖賢主也，苟有過而必知；下之感上，雖常主也，苟有誠而必應。故王者不懼妖之不滅，而懼過之不悛；不懼瑞之不臻，而懼誠之不至。足明休徵在德，吉凶由人矣。失君道者，祥反成妖，悟天鑒者，災亦爲瑞，必然而已矣。抑臣又聞王者之大瑞，在乎天地泰，陰陽和，風雨時，寒暑節，百穀熟，萬人安，賦役輕，服用儉，兵革偃，刑罰措，賢者出，不肖者退，聲教日被，謳歌日興，此之謂休徵，此之謂嘉瑞也。王者之大妖，在乎兩儀不泰，四氣不和，風雷不時，水旱不節，五穀不稔，百螣不藏，徭役煩，征賦重，干戈動，刑獄作，君子隱，小人見，政令日缺，怨讟日興，此之謂咎徵，此之謂妖孽也。至若一星一辰之瑞，一雲一露之祥，一鳥一獸之妖，一草一木之怪，或偶生於氣象，或偶得於陶鈞，信非休咎之徵，興亡之兆也。何則？隱見出處，亦不於常，明聖之朝，不能無小災小沴，衰亂之代亦或有小瑞小祥，固未足質帝王之疑，明天地之意耳。王者但外思其政，內省其身。自謂德之不修，誠之不著，雖有區區之瑞，不足嘉也；自謂政之能立，道之能行，雖有瑣瑣之妖，不足懼也。臣竊謂妖祥廢興之由，實在於此，故雖辭費，不敢不備而言之。

十七、興五福，銷六極

問：昔周著《九疇》之書，漢述《五行》之志，皆所以精究天人之際，窮探政化之源。然則五福之祥，何從而作；六極之沴，何故而生？將欲辨行，可明本末。又今人財耗費，既貧且憂，時沴流行，或疾而夭。思欲銷六極，致五福，敺一代於富壽，納萬人於康寧。何所施爲，可致於此？

臣聞聖人興五福銷六極者，在乎立大中致大和也。至哉中和之爲德，不動而感，不勞而化，以之守則仁，以之用則神，卷之可以理一身，舒之可以濟萬物。然則和者生於中也，中者生於不偏也，不邪也，不過也，不及也。若人君內非中勿思，外非中勿動，動靜進退，皆得其中，故君得其中，則人得其所，人得其所，則和樂生焉。是以君人之心和，則天地之氣和，天地之氣和，則萬物之生和。於是乎三和之氣，訢合絪緼，積爲壽，蓄爲富，舒爲康寧，敷爲攸好德，益爲考終命。其羨者則融爲甘露，凝爲慶雲，垂爲德星，散爲景風，流爲醴泉。六氣葉乎時，七曜順乎軌，迨於巢穴羽毛之物，皆煦嫗而自蕃，草木鱗介之祥，皆叢萃而繼出。夫然者，中和之氣所致也。若人君內非中是思，外非中是動，動靜進退，不得其中，故君不得其中，則人不得其所，人不得其所，則怨嘆興焉。是以君人之心不和，則天地之氣不和，天地之氣不和，則萬物之生不和。於是乎三不和之氣，交錯堙鬱，伐爲兇短折，攻爲疾，聚爲憂，損爲貧，結爲惡，耗爲弱。其羨者潛爲伏陰，淫爲愆陽，守爲彗星，發爲暴風，降爲苦雨。四序失其節，三辰亂其行，迨乎襁褓卵胎之生，皆夭閼而不遂，木石華蟲之怪，皆糅雜而畢呈。夫然者，不中不和之氣所致也。則天人交感之際，五福六極之來，豈不昭昭然哉。臣伏見比者兵賦未減，人鮮無憂，時沴所加，衆或有疾。德宗皇帝病人之病，憂人之憂，於是救之以廣利之方，悅之以中和之樂，將使易憂爲樂，變病爲和，惠化之恩，莫斯甚也。然臣竊聞善除害者察其本，善理疾者絕其源。伏惟陛下欲紓人之憂，先念憂之所自；欲救人之病，先思病之所由。知所自以絕之，則人憂自弭也；知所由以去之，則人病自瘳也。然後申之以救療之術，則人易康寧；鼓之以安樂之音，則人易和悅。斯必應疾而化速，利倍而功兼。六極待此而銷，五福待此而作。如是，可以陶三才繆濫之氣，發爲休祥；敺一代鄙夭之人，臻乎仁壽。中和之化，夫何遠哉！

十八、辨水旱之災，明存救之術

問：『狂常雨若，僭常暘若』，此言政教失道，必感於天也。又堯之水九年，湯之旱七年，此言陰陽定數，不由於人也。若必繫於政，則盈虛之數徒言；如不由於人，則精誠之禱安用。二義相戾，其誰可從？又問陰陽不測，水旱無常，將欲均歲功於豐兇，救人命於凍餒，兇歉之歲，何方可以足其食？災危之日何計可以固其心？將備不虞，必有其要，歷代之術，可明徵焉。

臣聞水旱之災，有小有大，大者由運，小者由人。由人者，由君上之失道，其災可得而移也；由運者，由陰陽之定數，其災不可得而遷也。然則畜本末，臣粗知之。其小者或兵戈不戢，軍旅有強暴者；或誅罰不中，刑獄有冤濫者；或小人入用，讒佞有得志者；或君子失位，忠良有放棄者；或男女臣妾有怨曠者，或鰥寡孤獨有困死者；或賦斂之法無度焉，或土木之功不時焉。於是乎憂傷之氣，憤怨之心，積以傷和，變而爲沴。古之君人者，逢一災，遇一異，則回視反聽，察其所由。且思乎軍鎮之中，無乃有縱暴者耶；刑獄之中，無乃有冤濫者耶；權寵之中，無乃有不肖者耶；放棄之中，無乃有忠賢者耶；內外臣妾，無乃有幽怨者耶；天下窮人，無乃有困死者耶；賦入之法，無乃有過厚者耶；土木之功，無乃有屢興者耶？若有一於此，則是政令之失，而天地之譴也。又《洪範》曰：『狂常雨若，僭常暘若。』言不信不乂，亦水旱應之。然則人君苟能改過塞違，率德修政，勵敬天之志，虔罪己之心，則雖逾月之霖，經時之旱，至誠所感，不能爲災。何則？古人或牧一州，或宰一縣，有暴身致雨者，有救火反風者，有飛蝗去境者。郡邑之長，猶能感通，況王者爲萬乘之尊，居兆人之上，悔過可以動天地，遷善可以感神明，天地神明，尚且不違，而況於水旱、風雨、蟲蝗者乎？此臣所謂由人可移之災也。

其大者，則唐堯九載之水，殷湯七年之旱是也。夫以堯之大聖，湯之至仁，於時德儉人和，刑清兵偃，上無狂僭之政，下無怨嗟之聲，而卒有浩浩滔天之災，炎炎爛石之沴，非君上之失道，蓋陰陽之定數爾。此臣所謂由運不可遷之災也。然則聖人不能遷災，能禦災也，不能違時，能輔時也。將在乎廩積有常，仁惠有素。備之以儲蓄，雖兇荒而人無菜色；固之以恩信，雖患難而人無離心。儲蓄者，聚於豐年，散於歉歲；恩信者，行於安日，用於危時。夫如是，則雖陰陽之數不可遷，而水旱之災不能害，故曰人強勝天，蓋是謂也。斯亦圖之在早，備之在先，所謂思危於安，防勞於逸。若患至而方備，災成而後圖，則雖聖人，不能救矣。

抑臣又聞古者聖王在上，而下不凍餒者。何哉？非家至日見，衣之而食之，蓋能均節其衣食之源也。夫天之道無常，故歲有豐必有兇；地之利有限，故物有盈必有縮。聖王知其必然，於是作泉刀布帛之貨，以時交易之，以時斂散之，所以持豐濟兇，用盈補縮。則衣食之費，穀帛之生，調而均之，不啻足矣。蓋管氏之輕重，李悝之平糴，耿壽昌之常平者，可謂不涸之食，不竭之府也。故豐稔之歲，則貴糴以利農人；兇歉之年，則賤糶以活餓殍；若水旱作沴，則資爲九年之蓄；若兵甲或動，則餽爲三軍之糧。上以均天時之豐兇，下以權地利之盈縮，則雖九年之水，七年之旱，不能害其人，危其國矣。至若禳禱之術，兇荒之政，歷代之法，臣精聞之。則有雩天地以牲牢，禜山川以圭璧，祈土龍於元武，舞羣巫於靈壇，徙市修城，貶食徹樂，緩刑省禮，表恭天之罰，但可以濟小災小弊，未足以救大危大荒。必欲保邦邑於危，安人心於困，則在乎儲蓄充其腹，恩信結其心而已。蓋羲農唐虞禹湯文武，皆由此道而王也。

十九、息遊惰，勸農桑議賦稅復租庸罷緡錢用穀帛

問：一夫不田，天下有受其餒者，一婦不蠶，天下有受其寒者，斯則人之性命繫焉，國之貧富屬焉。方今人多遊心，地有遺力，守本業者，浮而不固，逐末作者，蕩而忘歸。夫然，豈懲戒遊惰之法失其道耶？將敦勸農桑之教不得其本耶？

臣伏見今之人，捨本業趨末作者，非惡本而愛末，蓋去無利而就有利也。夫人之趨利者甚矣，苟利之所在，雖水火蹈焉，雖白刃冒焉。故農桑苟有利也，雖日禁之，人亦歸矣，而況於勸之乎？遊惰苟無利也，雖日勸之，亦不爲矣，而況於禁之乎？當今遊惰者逸而利，農桑者勞而傷。所以傷者，由天下錢刀重而穀帛輕也。所以輕者，由賦斂失其本也。夫賦斂之本者，量桑地以出租，計夫家以出庸，租庸者，穀帛而已。今則穀帛之外，又責之以錢。錢者，桑地不生銅，私家不敢鑄，業於農者，何從得之？至乃吏胥追徵，官限迫蹙，則易其所有，以赴公程。當豐歲則錢糴半價，不足以充緡錢；遇兇年則息利倍稱，不足以償逋債。豐兇既若此，爲農者何所望焉？是以商賈大族，乘時射利者，日以富豪；田壠疲人，終歲勤力者，日以貧困。勞逸既懸，利病相

誘，則農夫之心，盡思釋耒而倚市，織婦之手，皆欲投杼而刺文。至使田卒污萊，室如懸磬，人力罕施而地利多鬱，天時虛運而歲功不成。臣常反覆思之，實由穀帛輕而錢刀重也。夫糴甚貴，錢甚輕，則傷人；糴甚賤，錢甚重，則傷農。農傷則生業不專，人傷則財用不足。故王者平均其貴賤，調節其重輕，使百貨通流，四人交利，然後上無乏用，而下亦阜安。方今天下之錢，日以減耗，或積於國府，或滯於私家。若復日月徵求，歲時輸納，臣恐穀帛之價轉賤，農桑之業轉傷，十年以後，其弊或甚於今日矣。非所謂平均調節之道也。今若量夫家之桑地，計穀帛爲租庸，以石斗登降爲差，以匹夫多少爲等，但書估價，並免稅錢，則任土之利載興，易貨之弊自革。弊革則務本者致力，利興則趨末者回心，遊手於道途市肆者，可易業於西成，托跡於軍籍釋流者，可返躬於東作，欲其浮惰，其可得乎？加以陛下念稼穡之艱難則薄斂，而人足食矣；念紡績之勤苦則省用，而人豐財矣；念異貨之敗度則寡欲，而人著誠矣；念奇器之蕩心則正德，而人歸厚矣。其興利除害也如彼，又修己化人也如此，是必應之如響答，順之如風行。斯可謂下令如流水之源，繫人於苞桑之本者矣。欲其浮惰，其可得乎？

二十、平百貨之價，陳斂散之法請禁銷錢爲器

問：今田疇不加辟，而菽粟之估日輕；桑麻不加植，而布帛之價日賤。是以射時利者賤收而日富，勤力穡者輕用而日貧。夫然，豈殖貨斂散之節失其宜耶？將泉布輕重之權不得其要也？

臣聞穀帛者，生於農也；器用者，化於工也；財物者，通於商也；錢刀者，操於君也。君操其一以節其三，三者和鈞，非錢不可也。夫錢刀重則穀帛輕，穀帛輕則農桑困，故散錢以斂之，則下無棄穀遺帛矣；穀帛貴則財物賤，財物賤則工商勞，故散穀以收之，則下無廢財棄物矣。斂散得其節，輕重便於時，則百貨之價自平，四人之利咸遂，雖有聖智，未有易此而能理者也。方今關輔之間，仍歲大稔，此誠國家散錢斂穀防險備兇之時也，時不可失，伏惟陛下惜之。臣又見今人之弊者，由銅利貴於錢刀也。何者？夫官家採銅鑄錢，成一錢破數錢之費也；私家銷錢爲器，破一錢成數錢之利也。鑄者有程，銷者無限，雖官家之歲鑄，豈能勝私家之日銷乎？此所以天下之錢，日減而日重矣。今國家行挾銅之律，執鑄器之禁，使器無用銅。銅無利也，則錢不復銷矣。此實當今權節重輕之要也。

二十一、人之困窮由君之奢欲

問：近古以來，君天下者，皆患人之困，而不知困之由，皆欲人之安，而不得安之術。今欲轉勞爲逸，用富易貧，究困之由，矯其失於既往，求安之術，致其利於將來。審而行之，以康天下。

臣聞近古以來，君天下者，皆患人之困，而不知困之由，皆欲人之安，而不得安之術。臣雖狂瞽，然粗知之。臣竊觀前代人庶之貧困者，由官吏之縱欲也；官吏之縱欲者，由君上之不能節儉也。何則？天下之人億兆也，君者一而已矣。以億兆之人奉其一君，則君之居處，雖極土木之功，殫金玉之飾，君之衣食，雖極海陸之味，盡文采之華，君之耳目，雖慆鄭衛之音，厭燕趙之色，君之心體，雖倦畋漁之樂，疲轍跡之遊，猶未全擾於人傷於物。何者？以至多奉至少故也。然則一縱一放，而弊及於人者，又何哉？蓋以君之命行於左右，左右頒於方鎮，方鎮布於州牧，州牧達於縣宰，縣宰下於鄉吏，鄉吏轉於村胥，然後至於人焉。自君至臣，等級若是，所求既衆，所費滋多，則君取其一，而臣已取其百矣。所謂上開一源，下生百端者也。豈直若此而已哉，蓋君好則臣爲，上行則下效，故上苟好奢，則天下貪冒之吏將肆心焉，上苟好利，則天下聚斂之臣將寘力焉，雷動風行，日引月長，上益其侈，下成其私，其費盡出於人，人實何堪其弊，此又爲害十倍於前也。夫如是，則君之躁靜，爲人勞逸之本，君之奢儉，爲人富貧之源。故一節其情，而下有以獲其福，一肆其欲，而下有以罹其殃，一出善言，則天下之心同其喜，一違善道，則天下之心共其憂。蓋百姓之殃，不在乎鬼神，百姓之福，不在乎天地，在乎君之躁靜奢儉而已。是以聖王之修身化下也。宮室有制，服食有度，聲色有節，畋遊有時，不徇己情，不窮己欲，不殫人力，不耗人財。夫然，故誠發乎心，德形乎身，政加乎人，化達乎天下。以此禁吏，則貪欲之吏不得不廉矣，以此牧人，則貧困之人不得不安矣。困之由，安之術，以臣所見，其在茲乎。

二十二、不奪人利，議鹽鐵與榷酤誠厚斂及雜稅

問：鹽鐵之謀，榷酤之法，山海之利，關市之征，皆可以助佐征徭，又慮其侵削黎庶。捨之則乏用於軍國，取之則奪利於生人，取捨之間，孰爲可者？

臣聞君之所以爲國者，人也；人之所以爲命者，衣食也；衣食之所從出者，農桑也。若不本於農桑而興利者，雖聖人不能也。苟有能者，非利也，其害也。何者？既不自地出，又非從天來，必是巧取於人，曲成其利。利則日引

而月長，人則日削而月朘，至使人心窮，王澤竭。故臣但見其害，不見其利也。所以王者不殖貨利，不言有無，耗羨之財不入於府庫，析毫之計不行於朝廷者，慮其利穴開而罪梯搆。然則聖人非不好利也，利在於利萬人，非不好富也，富在於富天下。節欲於中，人斯利矣，省用於外，人斯富矣。故唐堯、夏、禹、漢文之代，雖薄農桑之稅，除關市之徵，棄山海之饒，散鹽鐵之利，亦國足而人富安矣。何則？欲節而用省也。秦皇、漢武、隋煬之時，雖入太半之賦，徵逆折之租，建榷酤之法，出舟車之算，亦國乏而人貧弊矣。何則？欲不節而用不省也。蓋所謂山林不能給野火，江海不能實漏巵。夫利散於下，則人逸而富，利壅於上，則人勞而貧。故下勞則上無以自安，人富則君孰與不足？《禮記》曰：『人以君爲心，君以人爲體。』《詩》曰：『愷悌君子，人之父母。』由此而言，未有體勞而心逸者也，未有子富而父貧者也。臣又聞地之生財，多少有限，人之食利，衆寡有常，若盈於上，則耗於下，利於彼，則害於此。而王者四海一家，兆人一統，國無異政，家無異風。若奪其利則害生，害不加於人，欲何加乎？若除其害則利生，利不歸於人，欲何歸乎？故奪之也，如皮盡於毛下，本或不存；與之也，同囊漏於貯中，利將焉往。與奪利害，斷可知焉。是以善爲國者，不求非農桑之產，不重非衣食之貨，不用計數之吏，不畜聚斂之臣，聞榷管之謀，則思侵削於下，見羨餘之利，則念誅求於人，然後德澤流而歌詠作矣。故曰利出一孔者王，利出二孔者強，利出三孔者弱。此明君立國子人者，貴本業而賤末利也。

二十六、養動植之物，以豐財用以致麟鳳龜龍

臣聞天育物有時，地生財有限，而人之欲無極。以有時有限，奉無極之欲，而法制不生其間，則必物暴殄而財乏用矣。先王惡其及此，故川澤有禁，山野有官，養之以時，取之以道。是以豺獺未祭，罝網不布於野澤；鷹隼未擊，矰弋不施於山林；昆蟲未蟄，不以火田；草木未落，不加斧斤；漁不竭澤，畋不合圍；至於麛卵蚳蝝，五穀百果，不中殺者，皆有常禁。夫然，則禽獸魚鱉，不可勝食矣；財貨器用，不可勝用矣。臣又觀之，豈直若此而已哉，蓋古之聖王，使信及豚魚，仁及草木，鳥獸不狘，胎卵可闚，麟鳳效靈，龜龍爲畜者，亦由此塗而致也。

二十七、請以族類求賢

問：自古以來，君者無不思求其賢，賢者罔不思效其用，君賢兩不相遇，其故何哉？今欲求之辨之，其術安在？

臣聞人君者無不思求其賢，人臣者無不思效其用，然而君求賢而不得，臣效用而無由，豈不以貴賤相懸，朝野相隔，堂遠於千里，門深於九重，雖臣有慺慺之誠，何由上達，雖君有孜孜之念，無因下知，上下茫然，兩不相遇。如此則豈唯賢者不用，矧又用者不賢，所以從古以來，亂多而理少者，職此之由也。臣以爲求賢有術，辨賢有方，方術者，各審其族類，使之推薦而已。近取諸喻，其猶線與矢也。線因針而入，矢待弦而發，雖有線矢，苟無針弦，求自致焉，不可得也。夫必以族類者，蓋賢愚有貫，善惡有倫，若以類求，必以類至，此亦猶水流濕，火就燥，自然之理也。何則？夫以德義立身者，必交於德義，不交於險僻；以正直克己者，必用於正直，不用於頗邪；以貪冒爲意者，必比於貪冒，不比於貞廉；以悖慢肆心者，必狎於悖慢，不狎於恭謹。何者？事相害而不相利，性相戾而不相從，此乃天地常倫，人物常理，必然之勢也。則賢與不肖，以此知之。伏惟陛下欲求而致之也，則思因針待弦之勢，欲辨而別之也，則察流濕就燥之徒。得其勢，必匯征而自來，審其徒，必羣分而自見。求人之術，辨人之方，於是乎在此矣。

五十九、議赦

臣謹按《書》曰：『眚災肆赦。』又《易》曰：『雷雨作解，君子以赦過宥罪。』斯則赦之不可廢也必矣。《管子》曰：『赦者奔馬之委轡也，不赦者痤疽之礦石也。』又諺曰：『一歲再赦，婦兒喑啞。』斯又赦之不可數也明矣。然則赦之爲用，用必有時，數既失之，廢亦未爲得也。何者？赦之爲德大矣，爲賊亦甚矣。大凡王者踐祚改元之初，一用之則爲德也；居常致理之際，數用之則爲賊也。故踐祚而無赦，則布新之義缺，而好生之德廢矣；居常有數赦，則惠奸之路啟，而召亂之門開矣。由此而觀，蓋赦者可疏而不可數也，可重而不可廢也。用捨之要，其在茲乎？

唐 沈亞之《沈下賢集》卷一〇《對賢良方正直言極諫策》 制策曰：『故詔有司，博延羣彥，佇啟也。陛下如能用其道，可以澤惠下土也。如使古理可近者，其在明禮樂仁讓也；若使和氣克充者，其本在和人心之抑惱，在理之雅正也。其理怫者衆氣滯，其理明者衆氣洽。夫衆庶之情和平，惱抑之氣，吁而散之太空，還會于風雲，合于水土，包聲于陶埴之器，每歲附陰而伏，乘陽而升。衆庶之氣，雜于陰陽，陶于變化者，由曲蘗乎？惱氣居于

中則戾，戾則悲，悲則水潦敗；抑氣居於中則悖，悖則亢，亢則螟蛾生；平氣居于中則序，序則得常，得常則風雨節寒暑時；和氣居于中則泰，泰則有餘，有餘則交讓於變化。涵而爲休實，流而爲精神。洋衍乎祥光，沛濊乎佳澤。臣故曰『充和氣者，在調人心也』。

制策曰：『若至夷吾輕重之權，孰輔于理；嚴尤底定之策，孰叶于時。元凱之考課何先，叔子之克乎何務。維此龜鏡，擇乎中庸。期在洽聞，朕將親覽』者。夫廩畜之所賢者，在乎賤入而貴出，使人無所困饑於凶災，傷勞於豐賤也。夷吾之權，微不可也。從古以來，西事戎者，或辱于盟而困于嫁，非有他由，擾其鋒而侮其醜也。及爲所窘搏，則啁物以其兵矣。戎夷之生，無以異也。故聖王備而不擒也。嚴尤之言，亦可徵也。自長慶、寶曆已來，金紫銀朱之佩，盈于朝，溢于郡國有紀。何者？今日佈令，明日而隳，使人無所守，是以紀綱不振也。且教令所以設備爲防也，綱紀所以制物樞用也，是皆虞患難拯困也。人有赤子沈于水火者，爲之父母，必將奔往百拯之，使免於苦。及無爲救者，則必坐悲而泣望也。爲救之具，必在長綆之鈎，修竿之抉乎？有備而防者，父母之人也。無具徒手者，雖悲不信也。今陛下之赤子，説以困於是矣。陛下亦將拯而免其苦乎？今法制委弛，維綱不樞，則是修竿長綆之鈎抉不爲也。陛下居于九重，臨于兆庶，得無有坐悲泣望之恨乎？臣竊爲陛下懼不仕之尤於後代也。伏願陛下擇忠言以廣其明，察智謨以周於用。一刑賞以信於令，薄賦斂以息其勞，慎禁奪以省其犯，審獄訟以愛其生。如此，水火之陷，不牽於瞽瞶之俗矣；多濟之防，充列于無患之朝矣。若是又以爲不理不康，不惠不仁，非臣所知也。謹附聖條，陳寫大略。冒黷之罪，臣何敢逃！謹對。

唐 劉蕡《對賢良方正直言極諫策》《全唐文》卷七四六 問：朕聞古先哲王之理也，元默無爲，端拱司契。陶甿心以居簡，凝日用於不宰。立本以厚下，推誠而建中。繇是天人通，陰陽和。俗躋仁壽，物無疵癘。噫！盛德之所臻，敻乎其莫可及已。三代令王，質文疊救，而巧僞滋熾，風流浸微。自漢魏已降，足徵益寡。朕顧昧理道，祗荷丕搆。奉若謨訓，不敢荒寧。任賢惕厲，宵衣旰食。詎追三五之遐軌，庶紹祖宗之鴻緒。而心有所未達，行有所未孚。由中及外，闕政斯廣。是以人不率化，氣或堙厄。災旱竟歲，播植愆時。國廩罕蓄，乏九年之儲；吏道多端，微三載之績。京師諸夏之本也，將以觀理，而豪猾逾檢；大學明教化之源也。期於宣化，而生徒多惰業。列郡在乎頒條，而干禁或未絕；百工在乎按度，而淫巧或未衰。俗隳風靡，積訛成蠹。其擇官濟理也，聽人以言，則枝葉難辨；御下以法，則恥格不形。其阜則發號也。生之寡而食之衆，煩於令而鮮於理。思欲究此繆盭，致之治平。茲心浩然，若涉泉水。故前詔有司，博延羣彦。佇啟宿懵，冀臻時雍。子大夫皆識達古今，志在康濟。造庭待問，副朕虛懷。必當箴主之闕，辨政之疵。明綱條之所紊，稽庶富之所急。何術斯革於前弊，何澤斯惠於下土。何施而理古可近，何道而和氣可充。推之本源，著於條對。至若夷吾輕重之權，孰輔於理；嚴尤底定之策，孰叶於時。元凱之考課何先，叔子之克平何務。推此龜鑒，擇乎中庸。期在洽聞，朕將親覽。

對：褐衣小臣蕡，沐浴齋戒，伏於彤庭之下，謹頓首上言皇帝陛下。臣誠不佞，有匡國致君之術，無位而不得行；有犯顔敢諫之心，無路而不得達。但懷憤抑鬱，思有時而一發耳。常欲與庶人議於道，商旅謗於市，得通上聽，一悟主心。雖被妖言之罪，無所悔焉。況逢陛下以至德嗣興，以大明垂照，詢求過闕，咨訪謨猷，下制中外，舉能直言極諫者。臣既辱斯舉，專承大問，敢不悉意以言。至於上之所忌，時之所禁，權幸之所諱惡，有司之所予奪，臣愚不識。伏惟陛下少加優容，不使聖朝有讜直而受戮者，乃天下之幸也。非臣之所望也。謹昧死以對。

伏以聖策有思先古之理，念元默之化，將欲通天人以濟俗，和陰陽以煦物，見陛下慕道之深也。臣以爲哲王之理，其則不遠，惟陛下致之之道何如耳。伏以聖策有祗荷丕搆而不敢荒寧，奉若謨訓而罔有怠忽，見陛下憂勞之至也。若夫任賢惕厲，宵衣旰食，宜黜左右之纖佞，進股肱之大臣。若夫追蹤三五，紹復祖宗，宜鑒前古之興亡，明當時之成敗。心有所未達，以下情蔽而不得上通；行有所未孚，以上澤壅而不能下達。欲俗之化也，在修己以先之；欲氣之和也，在遂性以道之。救災旱在致乎精誠，廣播植在視乎食力。國廩罕蓄，本乎冗食尚繁；吏道多端，本乎選用失當。豪猾逾檢，由中外之法殊；生徒惰業，由學校之官廢。列郡干禁，由授任非人；百工淫巧，由制度不立。伏以聖策有擇官濟治之心，阜財發號之嘆，見陛下教化之本也。且進人以行，則枝葉安有難辨乎；防下以禮，則恥格安有不形乎。念生寡而食衆，則可罷斥惰遊；念令煩而理鮮，要在察其行否，博延羣彦，願陛下必納其言；造廷待問，則小臣其敢愛死。伏以聖策有求賢箴闕之言，審政辨疵之令，見陛下咨訪之心勤也。遂小臣屏奸豪之志，則弊革於前；守陛下念康濟之言，則惠敷於下。邪正之道分，而治古可近。禮樂之方著，而和氣克充。至若夷吾之法，非皇王之權；嚴尤所陳，無最上之策。元凱之所先，不若唐堯考績；叔子之所務，不若虞舜舞干。且俱非大德之中庸，未可爲上聖之龜鑒。又何足爲陛下道之哉！或有以繫安危之機，兆存亡之變者。臣請披瀝肝膽，爲陛下別白而重言之。【略】

臣前所謂陛下心有所未達，以下情塞而不得上通；行有所未孚，以上澤壅而不得下浹者。且百姓有塗炭之苦，陛下無由而知，則陛下有子惠之心，百姓無由而信。臣謹按《春秋》，書梁亡不書取者，梁自亡也。以其思慮昏而耳目塞，上出惡政，人爲寇盜，皆不知其所以然，以其自取滅亡也。臣聞國君之所以尊者，重其社稷也；社稷之所以重者，存其百姓也。苟百姓之不存，則雖社稷不得固其重；苟社稷不重，則雖國君不得保其尊。故理天下者，不可不知百姓之情也。夫百姓者，陛下之赤子。陛下宜命慈仁者親之育之，如保傅焉，如乳哺焉，如師之教導焉。故人之於上也，敬之如神明，愛之如父母。今或不然，陛下親近貴幸，分曹建署，補除卒吏，召致賓客，因其貨賄，假其氣勢，大者統藩方，小者爲牧守。居上無清惠之政，而有饕餮之害；居下無忠誠之節，而有奸欺之罪。故人之於上也，畏之如豺狼，惡之如仇敵。今四海困窮，處處流散。饑者不得食，寒者不得衣，鰥寡孤獨者不得存，老幼疾病者不得養。加以國權兵柄，專在左右，貪臣聚斂以固寵，奸吏貪緣而弄法。冤痛之聲，上達於九天，下入於九泉，鬼神爲之怨怒，陰陽爲之愆錯。君門九重，而不得告訴，士人無所歸化，百姓無所歸命。官亂人貧，盜賊並起，土崩之勢，憂在旦夕。即不幸因之以師旅，繼之以兇荒，臣以謂陳勝、吳廣，不獨生於秦；赤眉、黄巾，不獨生於漢。臣所以爲陛下發憤扼腕，痛心泣血也！如此則百姓有塗炭之苦，陛下何由而知之乎！有子惠之心，百姓安得而信之乎，致使陛下行有所未孚，心有所未達者，固其然也。臣聞昔漢元帝即位之初，更制七十餘事，其心甚誠，其稱甚美。然紀綱日紊，國祚日衰，奸兇日強，黎元日困者，以其不能擇賢明而任之，失其操柄也。自陛下御宇，憂勤兆庶，屢降德音。四海之內，莫不抗首而長息，自喜復生於死亡之中也。伏願陛下慎終如始，以塞萬方之望。誠宜揭國權以歸其相，持兵柄以歸其將。去貪臣聚斂之政，除奸吏貪緣之害。惟忠賢是近，惟正直是用。內寵便辟，無所聽焉。選清慎之官，擇仁惠之長，毓之以利，煦之以和，教之以孝慈，導之以德義。去耳目之塞，通上下之情。俾萬國懽康，兆人蘇息，則心無所不達，而信無所不孚矣。

臣所言欲人之化也，在修己以先之者。臣聞德以修己，教以導人。修己也，則人不勸而自至；導人也，則人敦行而率從。是以君子欲政之必行也，故以身先之；欲人之從化也，故以道御之。今陛下先之以身，而政未必行；御之以道，而人未從化。豈不以立教之旨，未盡其方耶？夫立教之方，在乎君以明制之，臣以忠行之。君以知人爲明，臣以匡時爲忠。知人則任賢而去邪，匡時則固本而守法。賢不任則重賞不足以勸善，邪不去則嚴刑不足以禁非。本不固則人流，法不守則政散。而欲教之使必至，化之使必行，不可得也。陛下能斥奸邪不私其左右，舉賢正不遺其疏遠，則化洽於朝廷矣。愛人以敦本，分職而奉法，修其身以及其人，始於中而成於外，則化行於天下矣。【略】

臣前所言救災旱在致乎精誠者。臣謹按《春秋》，魯僖公一年之中，三書不雨者，以其人君有恤人之志也。魯文公三年之中，一書不雨者，以其人君無恤人之心也。故僖致精誠而不害物，文無憫恤而變成災。陛下誠能有恤人之心，則無成災之變矣。

臣前所言廣播植在視乎食力者。臣謹按《春秋》，君人者必時視人之所勤，人勤於力則功築罕，人勤於財則貢賦少，人勤於食則百事廢。今財食與人力皆勤矣，願陛下廢百事之用，以廣三時之務，則播植不愆矣。

臣前所謂國廩罕蓄，本乎冗食尚繁者。臣謹按《春秋》，臧孫辰告糴於齊。《春秋》譏其國無九年之蓄，一年不登而百姓饑。臣願斥遊惰之徒以督其耕植，省不急之務以贍其黎元，則廩蓄不乏矣。

臣前所言吏道多端，本乎選用失當者。由國家取人不盡其材，任人不明其要故也。今陛下之用人也。求其聲而不求其實，故人之趨進也，務其末而不務其本。臣願核考課之實，定遷序之制則多端之吏道息矣。

唐 呂延禎《復練塘奏狀》《吳中水利全書》卷一三

當縣有練湖，源出潤州高麗長山，下注官河一百二十里。當縣丹徒金壇延陵，人户並同潤。臣讀石碑，得聞湖利。訪諸鄉老，咸曰疇昔以湖有爲，故立碑於縣門。其廢於今，將百年矣。當爲湖日，湖水放一寸，河水漲一尺。旱可引灌溉，澇不致奔沖，其膏田幾逾萬頃。昔環湖而居，衣食於魚者，凡數百家，有斗門肆所。洎前唐末，兵亂之後，民殘湖廢。安仁議取斗門餘木，以修戰備。自此近湖人户，耕湖爲田。後來弓量，賦稱租籍。農商失恃，漁樵失業。河渠失利，租庸失計。民思復湖以禦災，奈何無所置立焉。苟欲訪其利病，則讀碑可知，觀湖可見。臣頻承條制，葺陂塘，切度其湖，爲利甚博。遂爲材役工，於古斗門基上，以土堰捺。及填補破缺處。初謗議震動，謂臣弗良圖。且廢湖豐己者不十餘家，有湖無災者四縣之地。臣明知利害，獨如弗聞。自今歲秋後不雨，河道乾枯，累放湖水灌注，使命商旅，舟船往來，免役牛牽。當縣及諸縣人户，請水救田，臣並掘破湖岸給水。如將久遠，須置斗門，方得通濟。其斗門木植，須用梚楠。乞給省場板木起建，狀下所司處分。

唐于嶠《請蠲減租税疏》《册府元龜》卷五五三　協和萬邦，明主所以安社稷。平章百姓，哲后所以懷黎民。將延七百載之洪基，須安億兆衆之黔首。臣幸遇聖明之代，敢傾愚直之誠。伏以朝廷先有指揮，今年不更通括苗畝。宣從特旨，頒作溥恩。且屬夏秋已來，霜雨頻降。在山川高土，則必有豐年。想藪澤下田，非無水沴。脱或已作潢污行潦，猶徵青苗地頭。不惟損邦國風化，兼恐傷天地和氣。儻或皇帝陛下念茲狂直，哀彼災祥，特於淹浸之田，別示優隆之澤。重委鄉村父老通括，不令州縣節級下鄉。如或檢驗不虛，即日蠲減租税。或有司以軍糧未濟，兵食是虞，即請卻於山川之田，豐熟之地。或於麻畦稈草蠶鹽地頭，據其本分價錢，折納諸色斛斗。所謂公私俱濟，苦樂皆均。捨其短以從其長，將有餘而補不足。臣每因急務，方敢上言。前後所奏十件，有司未行一件。伏乞陛下念臣苦思，察臣盡心。或可施行。不令停滯。

唐韓愈《昌黎文集》卷三七《御史臺上論天旱人飢狀》　右臣伏以今年已來，京畿諸縣，夏逢亢旱，秋又早霜，田種所收，十不存一。陛下恩逾慈母，仁過春陽，租賦之間，例皆蠲免。所征至少，所放至多；上恩雖弘，下困猶甚。至聞有棄子逐妻，以求口食；坼屋伐樹，以納税錢；寒餒道途，斃踣溝壑。有者皆已輸納，無者徒被追征。臣愚以爲此皆群臣之所未言，陛下之所未知者也。

臣竊見陛下憐念黎元，同於赤子，至或犯法當戮，猶且寬而宥之，況此無辜之人，豈有知而不救？又京師者，四方之腹心，國家之根本，其百姓實宜倍加憂恤。今瑞雪頻降，來年必豐，急之則得少而人傷，緩之則事存而利遠。伏乞特敕京兆府，應今年税錢及草粟等在百姓腹内征未得者，並且停征，容至來年，蠶麥庶得，少有存立。

臣至陋至愚，無所知識。受恩思效，有見輒言，無任懇款慚懼之至。謹錄奏聞。謹奏。

唐佚名《覆奏程遜等陳時務奏清泰元年中書門下》《全唐文》卷九七二　翰林學士程遜、學士和凝、張礪等上十三事：其一，前代帝王，親觀風俗，訊民利病。其後不暇親行，亦遣使巡行風俗。唐朝於十道置採訪使一員。請如舊制，亦冀民病蘇舒。其二，天成已來，久不括田。自水旱累年，民户疾苦不均。今歲夏秋，或稔於常歲。請行檢括，庶獲均輸。其三，中原邊上，率多閒田，可令近下軍都，興起屯田。舊時銅冶、鐵冶，亦令軍人興置，不費於民。其四，人君求理，欲廣視聽，須羣臣上言。然則人才有短長，智略有能否，其於聽用之間，乞留睿鑒，伏恐失人。其五，朝野官吏，人數衆多，若不行黜陟之科，何以察其能否望準考課令？凡中外官歲終較考，以行進退。其六，古人得位相讓，所冀不掩賢能，得其髦俊。請依建中故事，羣官受命後，舉人自代。其七，治道既知損益，務實去華。伏見自中興以來，或於邊境權立州縣名目，户口不多，虛張吏員，枉費禄食。其權置名目，望一切停省，以賑邊軍。臣伏見徐宿州管内，有泗濱院、徐山院、市邱院、白土務，所管人户共數千家。請罷廢名額，其户税請還州縣。其八，請止遊惰，勸農桑，減冗食之員，停不急之務。其九，君上置諫諍之官，此期聞過。況聞官給諫紙，虛佇讜言。時政有所不便，請諫官陳論；詔書有所依違，請給事中封駁。其十，國朝承平時，諸監鑄錢不輟，尚不能給。今國家所鑄絶少，而市人銷錢，貴賣銅器。累行止絶，尚未知禁，伏乞嚴下條法，其銅除鏡、鞍轡、腰帶外，不許市賣銅器，犯者以贓論。其十一，沿邊鎮戍，請明斥堠，習戰陣，謹烽候。令夷狄知懼，戰必有功。其十二，每年給散蠶鹽不敷斤兩，雜之以硝土。請給散之時，命清強官止絶。其十三，伏聞關西、河東，人民饑饉，殍殕者多。其城市鄉村積粟之家，望令官司通指姓名，俾令出糶，以濟饑民。

中書門下覆奏程遜等十三事，其置採訪使，難擇公清之吏，卻生僥幸之門，問疾苦則未能，勞供須則轉費。況刺史廉使，自合訪求，不勞別置。其累年水旱，欲與檢田，以均勞逸。今年夏苗已多災旱，秋稼今未及時，請下三司，可否聞奏。其屯田治務，興造之初，所費不少。今國力未辦，可俟佗時。其受官舉代，劉鼎近已上聞。其餘九件，並可施行。擇良善爲心腹，羣官書考，並省州縣，止遊惰，勸耕桑，諫官論事，給事封奏，斷用銅器，邊城習武備，差官散蠶鹽，均糶以濟饑民等事。

五代 牛希濟《時論》《文苑英華》卷七五〇 或曰：『治亂者，天之常也。是以十年一小變，三十年一大變。至於蟲蝗疫癘，水旱兵革，皆時之數也。若其聖人，亦不能免。』是不然也。何者？天之於人也，至仁而信。其資長百穀草木觸類之物，皆所以仁於人也。故懼物之不生也，春以發之；物之不成也，夏以長之；物之不齊也，秋以肅之；物之不實也，冬以堅之；物在陽畏其暵也，故夜長以雨露潤之；在陰畏其終也，故伏陽以蓄之；人之不知止也，故晦明以息之；人之不知時也，故馳時以警之。日月星辰雷電風雨霜露之作，無不私於人也。焉有爲蟲蝗之時以害其禾稼、爲水旱之時以蕩其生物、爲疫癘之時以毒其性命、爲兵革之時以流其脂膏者？上天垂象昭鑒，萬物之情始兆。高明之象已著，未嘗不丁寧先示之於人。俾知者通其變，而修其德以爲之防。知而不修，夫何言哉！聖人所以觀乎天文以察其變。又曰：『先天而天不違，後天而奉天時。』又曰：『則天之明，斯其旨也。』故天子有日官，諸侯有日御，皆所以達變於其君。若聞祥而逸，福必爲禍。見禍而懼，浸益爲善。物無必定之災，桑穀乃中興之道。數無可保之福，烏雀爲滅亡之運。其或有戰爭水旱災沴之世，皆生民之所感，曾無時日之限而及之也。且民之所爲也，繫時君之教化。若以忠孝恭儉爲治，皆可封也；暴亂聲色爲好，皆可誅也。居時之和，爲可誅之教，上帝之仁，且不能祐。膺時之亂，爲求治之具，神明之力，必可以恕。

或者曰：『三皇之世，不能無戰爭；堯湯之君，不能無水旱；豈聖德有闕歟？』蓋時使之然也。夫戰之大者，孰逾於阪泉不周之役？人謀之可與乎？兵力之可支乎？卒滅於有德。水旱之數，豈過於堯湯之代？人無饑色，國有常歲。若今之世，一年之水，一年之旱，豈惟人不粒食，國無儲矣，焉能感治水之命，有疏鑿之功，爲桑林之牲，契禱祈之願？若時數之必然，即當數足而後已，豈復有中救之道？是知天時不能違於聖德明矣。至於長吏，爲一郡一邑之政，飛蝗尚不入其境；醫門以藥劑之和，可以拒時之疾；又若時數之一概，寧有擇其地而遺其人哉？況宋景一言之善，罰星退捨，漢之盛德，日馭再中。其餘感應之跡，布在方冊。是以知天道甚遠，人事至近。又《易》衍《履》之説曰：『素履貞吉。』幽人之貞，所履若吉，幽人尚且不懼，況聖人乎？希濟以爲治亂無時，惟人君所行，求治則治，忘理則亂。雖復求治積年，一日違之，禍不旋踵。國亦如之，皆非拘忌之家所能執必矣。

宋 何承矩《上太宗論塘泊屯田之利》《宋會要輯稿・食貨六三・屯田雜録》 臣幼侍先臣關南征行，熟知北邊道路、川原之勢。若于順安寨西開易河蒲口，引水東注至海，東西三百餘里，南北五七十里，滋其陂澤，可以築堤貯水爲屯田，以助要害，免蕃騎奔軼。俟朞歲間，塘注關南諸泊淀水，播作稻田。其緣邊州軍地臨塘水者，止留壯城軍士，不煩發兵廣戍。收水田以實邊，設險固以防塞。春夏課農，秋冬備寇。縱贍師旅，不失耕耘，不費國用，不勞民力。如此，則虜弱我強，彼勞我逸。以強備弱，以逸待勞，制匈奴之術也。順安已西至西山道路百里以來，無水田處，亦望遣兵戍以練其精鋭，擇將領，以去其冗縷。夫邊兵不患寡，患驕慢不肅而不精；邊將不患怯，患偏見自賢而無謀；邊備不患寇，患慢防而未葺。若禦得其力，制得其要，何慮乎邊塵不息，邊患不除？且有國有家，以足兵足食爲本，水田之盛，誠可以限戎馬而省轉粟之費，實萬世之利也。

宋 田錫《咸平集》卷二《請修藉田書》 月日，鄉貢進士臣田錫惶恐頓首，獻書皇帝陛下。臣聞農者國之大本也，穀者人之司命也。古先哲王慮農之不勤也，憂人之棄本也，於是設躬耕之儀，立藉田之禮。行於國，化於天下；勤於身，勉於海內。天子履田，誰敢不力於壟畝？天子執耒，誰敢不務於播種？所以孟陬之月，擇日既良，一人齋戒以晨興，百辟肅恭而景從。載耒耜於車右，就阡陌於國東。朱紘以飾禮容，青輅以協時令。春景燭物，和風扇野，千畝之首，三推爲先。内宰詔於后妃，乃獻穜稑；甸人率於黎庶，遂終耕墾。所以供粢盛也，以之備醴酪也。天地山川之祭，用茲而給焉；宗廟社稷之祀，由此而備焉。是知藉田之禮，乃有五利：勸民不忘本，一也；農有餘蓄，二也；俗知廉恥，三也；政教可喻，四也；盜寇不起，五也。用是五利，播於萬民，以之興役則民不凋弊，以之事戰則國有餽運。雖有水旱之災，不害民也；雖值凶荒之歲，不瘁國也。是故上之化下，如璽之在塗；下之從上，若水之在器。所以乃稼乃穡，宜自我勤；乃耕乃殖，宜自我先。雖有貨財不救餓殍之困；雖有寶玉，不濟災凶之患。故歷代奉於周制，百王修於藉禮。漢、魏、晉、宋之主，齊、梁、隋、唐之朝，或立壇以祀先農，或置廩以爲神倉。或過三推之數，或頒萬斛之種。或許行之於郡縣，或亦因之而賞賚。今陛下嗣守洪業，勤卹黔黎，四方之書軌大同，九牧之貢輸咸至。坐明堂以布政，居宣室以詢賢。謂小大之獄未明，則慎擇法官，喻以無濫之旨；謂朝廷之政未理，則優容直臣，大啟上言之路；謂賢良未至，則虛佇以待。前古未行之事，陛下行之；今日所急之政，陛下修之。是故五星融明，八穀無害，風雨時若，黎元乂安。然於千畝之田，尚曠三推之禮。雖在南之畝，惟西之疇，時斂有多稼之謡，歲取聞如坻之詠，必若載揚之候，或以啟蟄之時，命大司農以飭田，詔太常伯以撰禮。惟月之吉，即晨以興。八鸞鏘鏘，前適東郊之道；百寮翼翼，相從北闕之下。鳴蒼珮於宸衮，建青旂於帝車。閶闔來風，振我發生之德；勾芒司候，佑我播種之儀。簠簋豆籩，薦先農之壇墠；耒耜黍稷，列公藉之阡陌。旭日新景，朝霞暖輝。千乘萬騎，列於左右；金根玉輅，儼於威儀。有司贊禮以降車，侍臣肅容以進耒。綺疇奮一墢之土，褕衣獻五稼之種。然後三公繼禮，九卿就列，庶寮迭耕，黎民終畝。於是順陽和之德，以農爲先；示稼穡之難，以巳率下。以金石絲竹，感和悦之懷；以賞慶錫賚，助禮容之盛。加以發如綸之詔，降耤田之儀，俾諸侯行之以興稼政，俾遠民觀之以知帝心。即民之趣耕，若憂風雨之至；民之務本，不遺天地之利。倉廩實而知禮節，衣食豐而識廉耻，則末作自歸於農畝，游民必復於田業。豈徒粢盛自供，犧牲自養，實將人心無趨末也，民力無枉用也。必父誨其子，兄勉乎弟，不使遺地利，失天時。桑麻之勤，由農而繁矣；雞豚之畜，由農而孳矣。民以之祠祭則有備，以之賦役則不困，以之饋餉則成禮，以之拯卹則爲仁。若是皆陛下躋之於富壽也，由陛下致之於安逸也。既安且逸，則和樂之氣感乎天地；既富而庶則禮讓之風行於邦國。天地感，禮讓行，所以麟鳳集於郊藪，圖書出於河洛。故臣以爲千畝之耕，五利斯得，其實在兹。願陛下憲章《周官》之禮，沿革唐朝之制，躬親黛耜，勉勵黔首也。武后，女主也，猶俾中和之節，咸獻農書；昭帝，幼主也，猶弄鉤盾之田，垂芳史策。矧陛下功業高於往古，文武冠於前王，雖湯仁禹聖，纔可同塗；漢祖唐宗，未堪較德。而猶闕於藉禮，何以示於黎元？惟陛下俯循采菲之言，幸復躬耕之禮，無俾前代之主，獨擅務農之美。臣不勝罄伸誠請之願，謹昧死奉書以聞。臣誠惶誠恐，頓首再拜。

宋 楊億《武夷新集》卷一二《咸平四年四月試賢良方正科策一 奉敕撰》 朕聞古先哲王疆治天下，親附萬民，必先務農，然乃足食。故堯命四岳，謹於授時；禹别九州，先於平土。以地著爲本，故建步立畝，克正經界之規；以生齒爲限，故受田歸田，式優筋力之禮。繇是穡人狎野，品物嘉生，悉闢汙萊，且無曠土。雖有水旱，不爲凶年。然後禮讓興行，風俗歸厚，勸功樂事，靡遷其心，既庶而富，爰服於教：此聖王域民之要道也。自周行井田，是爲王制；秦改阡陌，乃成霸業。漢抑末而敦本，衣食滋殖；魏屯田而積穀，軍國富饒。中代已還，人散久矣。我國家屢下寬大之詔，深懲游惰之民。關市之征，舟車皆算，恐其騁於末游；天災流行，田租盡免，慮其去於南畝。廣行勸誘之術，俾臻仁壽之域。而廩庾之積，未至陳陳相因；流亡之人，猶復稍稍而出。郡國振業之不暇，豪強倍稱而益滋，未能小康，乃至重困。矧又西北寇孽作梗，二邊飛輓供須，靡有虛日。千金之費，尚煩於經度；九年之儲，何致於紅腐？今欲復成周之法，即表畷素定，恐至擾人；遵商君之術，即貧富不均，無以復古。用李悝之平糴，即頭會箕斂，出於無名；行夷吾之寓令，即賦車藉馬，適增重擾。舉趙過代田之策，即民服先疇，既難變業；專壽昌常平之議，即市有二價，罔或樂輸。但賞罰以粟，即贖罪失於不經，賣官致於虛授；若耕戰備寇，即隴畝非可使卒，塞垣難以安民。子大夫明識經邦，強學待問，多識前訓，博極羣書，宜考歷代之是非，以定當今之用捨。強兵富國，何者當行？嘉謀嘉猷虛懷以佇。

漢 趙岐注，宋 孫奭疏《孟子注疏》卷一《梁惠王上》 梁惠王曰：『寡人之於國也，盡心焉耳矣。注王侯自稱孤寡，言寡人於治國之政，盡心欲利百姓。焉耳者，懇至之辭。河內凶，則移其民於河東，移其粟於河內。河東凶亦然。注言凶年以此救民也。魏舊在河東，後爲強國，兼得河內也。察鄰國之政，無如寡人之用心者。注言鄰國之君用心憂民，無如己也。鄰國之民不加少，寡人之民不加多，何也？』注王自怪爲政有此惠，而民人不增多於鄰國者，何也？孟子對曰：『王好戰，請以戰喻。注因王好戰，故以戰事喻解王意。填然鼓之，兵刃既接，棄甲曳兵而走，或百步而後止，或五十步而後止。以五十步笑百步，則何如？』注填，鼓音也。兵以鼓進，以金退。孟子問王曰：今有戰者，兵刃已交，其負者棄甲曳兵而走，五十步而止，足以笑百步者否？曰：『不可，直不百步耳，是亦走也。』注王曰：不足以相笑也。是人俱走，直爭不百步耳。曰：『王如知此，則無望民之多於鄰國也。注孟子曰：王如知此不足以相笑，王之政猶此也，王雖有移民轉粟之善政，其好戰殘民與鄰國同，而獨望民之多，何異於五十步笑百步者乎？不違農時，穀不可勝食也。注從此已下，爲王陳王道也。使民得三時務農，不違奪其要時，則五穀饒穰，不可勝食。數罟不入洿池，魚鱉不可勝食也。注數罟，密網也。密細之網所以捕小魚鱉也，故禁之不得用。魚不滿尺不得食。斧斤以時入山林，材木不可勝用也。時謂草木零落之時，使材木茂暢，故有餘。穀與魚鱉不可勝食，材木不可勝用，是使民養生喪死無憾也。注憾，恨也。民所用者足，故無恨。養生喪死無憾，王道之始也。注王道先得民心，民心無恨，故言王道之始。五畝之宅，樹之以桑，五十者可以衣帛矣。注廬井、邑居各二畝半以爲宅，各入保城二畝半，故爲五畝也。樹桑牆下，古者年五十，乃衣帛矣。雞豚狗彘之畜，無失其時，七十者可以食肉矣。注言孕字不失時也。七十不食肉不飽。百畝之田，勿奪其時，數口之家，可以無饑矣。注一夫一婦，耕耨百畝。百畝之田，不可以傜役奪其時功，則家給人足。農夫上中下所食多少各有差，故總言數口之家也。謹庠序之教，申之以孝悌之義，頒白者不負戴於道路矣。注庠序者，教化之宫也。殷曰序，周曰庠。謹修教化，申重孝悌之義。頒者，班也。頭半白班班者也。壯者代老，心各安之，故頒者不負戴也。七十者衣帛食肉，黎民不饑不寒，然而不王者，未之有也。注言百姓老稚溫飽，禮義修行，積之可以致王也。孟子欲以風王何不行此，可以王天下，有率土之民，何但望民多於鄰國？狗彘食人食而不知檢，塗有餓莩而不知發。注言人君但養犬彘，使食人食，不知以法度檢斂也。塗，道也。餓死者曰莩。《詩》曰：『莩有梅。』莩，零落也。道路之旁有餓死者，不知發倉廩以用賑救之也。人死，則曰：「非我也，歲也。」是何異於刺人而殺之，曰：「非我也，兵也。」注人死，謂餓疫死者也。王政使然，而曰非我殺之，歲殺之也，此何以異於用兵殺人，而曰非我也，兵自殺之也。王無罪歲，斯天下之民至焉。』注戒王無歸罪於歲，責己而改行，則天下之民皆可致也。

疏《正義》曰：此章言王化之本，在於使民養生喪死之用足備，然後導之以禮義，責己矜窮，則斯民集矣。王侯自稱曰寡，惠王與孟子曰：寡人之於國，盡其心而爲民耳矣。『耳矣』者，言至極也。言河內凶荒，我則移徙民於河東之地；河東粟多，我則移之於河內；河東之地凶荒，我則又如此而移民，故曰亦然也。『察鄰國之政，無如寡人之用心』者，察，詳視也，言詳視鄰國之君，無有似寡人如此之用心者，然而鄰國之人民不加益其損，寡人之人民不加益其多，是如之何？故曰：『鄰國之民不加少，寡人之民不加多，何也？』遂以此而問孟子。『孟子對曰：王好戰，請以戰喻』，是孟子答惠王。言惠王心好征戰，故孟子請以戰事比喻而解王意。『填然鼓之，兵刃既接，棄甲曳兵而走，或百步而後止，或五十步而後止，以五十步笑百步，則何如』者，是孟子言戰事之語也。填，塞也，又滿也。趙氏云：鼓音，蓋言鼓音之充塞洋洋而盈滿也。言鼓音既充塞盈滿於戰陣之際，則兵刃刀槍既以交接，兵刃既交接，乃棄去其甲、曳散其兵而反走者，或百步之間而止，或五十步之間而止。以五十步之間而止者，則笑走至百步之間而止者，則王以爲如何？曰『不可，直不百步耳，是亦走也』，惠王答孟子，言凡征戰之際，鼓音既填然，則不可棄去其甲、曳散其兵而相笑走也。雖有走或只止於五十步，或有止於百步，言其但自棄甲曳兵而反走者，是雖止於五十步，不至於百步，然皆是走也，豈可以五十步笑百步哉！故曰『直不百步耳，是亦走也』。『曰：王如知此，則無望民之多於鄰國』者，是孟子答惠王。言惠王如能知此不可以五十步笑百步，則王無更望其國民加多於鄰國也。意謂王既好征戰而殘民，而以轉粟移民爲盡心，欲望民加多於鄰國，是亦五十步笑百步之走者也。『不違農時，穀不可勝食』至『不王未之有也』者，是皆孟子又爲王陳其王道也。言使民無違奪其春耕、夏耘、秋收三時之要，則五穀豐盛饒穰，雖勝食之多，亦不可盡也；密細之網不入於洿池，則魚鱉不可勝食；斧斤以草木零落之時入山林，不以草木生長之時入之，則材木不可勝用也。穀與魚鱉既不可勝食，材木既不可勝用，是使民得以養生喪死無怨恨於不足也。五畝之宅，栽牆下以桑，則年至五十之老，可以著其絹帛；雞豚狗彘不失其養字之時，則年至七十之老，可以食其肉；百畝之田，不奪其耕耨之時，則七八口之家，可以無饑。凡云『可』者，但得過而已，未至於富足有餘也。謹庠序教化之宫，以申舉孝悌之義，而富以教之，則頭班班然而半白者不自負戴於道塗之間矣。無他，人皆知孝悌之義，爲之壯者必代之爾，故曰班白者不負戴於道路矣。是則五十之老足以衣帛，七十之老足以食肉，而黎庶之民故不饑不寒，然而君上能如此，而民不歸往而王之者，必無也。故曰未之有也。『狗彘食人食而不知檢，塗有餓莩而不知發，人死，則曰非我也，歲也。是何異於刺人而殺之，曰：非我也。兵也』者，是孟子以此諷惠王也。言人君但養其狗彘，而食人之所食，而王不知檢斂；道塗之間有餓死者，而王不知發倉廩以救賑之，見其人死，則推之曰非我之罪，是歲之罪也。言是歲之凶荒而疫死之也，是何異於執其兵器而刺殺人，而曰非我殺也，是兵器自殺之類也。『王無罪於歲，則天下之民至焉』者，是孟子諷之，而又誡之也。言王儻人餓死不歸罪於歲，但責己而改行，則天下之民莫不歸往而至焉耳。爲惠王好征戰以糜爛其民，故以此諷之。【略】注『使民得三時務農，不違奪其要時』。《正義》曰：《王制》云：『用民之力，歲不過三日。』《周禮・內人職》云：『凡均力政，以歲上下，豐年則公旬用三日焉，中年則公旬用二日焉，無年則公旬用一日焉。』《語》云：『使民以時。』包注曰：『作使民必以其時，不妨奪農務。』荀卿曰：『春耕夏耘，秋收冬藏，四者不失時，故五穀不絕，而百姓有餘食。』是五穀不可勝食也。注『數罟』至『不得食』。《正義》曰：釋云：數，密也。罟，網也。《荀子》曰：『網罟毒藥不入澤，洿池淵沼謹其時禁，故魚鱉優多而百姓有餘用。』注云：『食足之外，可貨易也。』注『時謂』至『有餘』。《正義》曰：《周官・山虞》『掌山林之政令』，云『仲冬斬陽木，仲夏斬陰木』，鄭注云：『陽木春夏生，陰木秋冬生者，若松柏之屬。』一云陽木生山陽在南者，陰木生山陰在北者。荀卿曰：斬伐養長，不失其時，故山林不童，而百姓有餘材也。注『廬井』至『衣帛矣』。《正義》曰：案《周禮》云：『乃經土地，而井牧其田野。九夫爲井，四井爲邑。』《遂人》：『掌邦之野，辨其野之土地。上地，夫一廛，田百畝，萊五十畝，餘夫亦如之。中地，夫一廛，田百畝，萊百畝，餘夫亦如之。下地，夫一廛，田百畝，萊二百畝，餘夫亦如之。』鄭司農云：『戶計一夫一婦而賦之田，其一戶有數口者，餘夫亦受此田也。」廛，居也。萊謂休不耕者。鄭玄云：「廛，城邑之居。」《漢志》云：「六尺爲步，步百爲畝，畝百爲夫，夫三爲井，井方一里，是爲九夫。八家共之，各受私田百畝，公田十畝，是爲八百八十畝，餘爲廬舍。里有序，而鄉有庠。序以明教，庠以行禮，而視化焉。」其有秀異者，移鄉，學於庠序；庠序之異者，移國，學于小學；小學之異者，移於大學，命曰造士。行同能偶，則別之以射，然後爵命焉。此先王制士處居、富而教之之大略也。《王制》云：「五十異糧始衰，六十非肉不飽，七十非帛不暖，八十非人不暖，九十雖得人不暖。」是古者五十乃衣帛矣。注「言人君」至「救之也」。《正義》曰：「餓死者曰莩。《詩》曰莩有梅。莩，零落」也者，案《毛詩》而言也。《毛詩》云：「莩，落也」，箋云「梅實尚餘而未落」，是其解也。

宋 曾鞏《元豐類稿》卷九《救災議》 河北地震、水災，隳城郭，壞廬舍，百姓暴露乏食，主上憂憫，下緩刑之令，遣持循之使，恩甚厚也。然百姓患於暴露，非錢不可以立屋廬；患於乏食，非粟不可以飽。二者不易之理也。非得此二者，雖主上憂勞於上，使者旁午於下，無以救其患、塞其求也。有司建言，請發倉廩與之粟，壯者人日二升，幼者人日一升，主上不旋日而許之賜之，可謂大矣！然有司之所言，特常行之法，非審計終始，見於衆人之所未見也。今河北地震、水災，所毀壞者甚衆，可謂非常之變也。遭非常之變者，必有非常之恩，然後可以振之。今百姓暴露乏食，已廢其業矣，使之相率日待二升之廩於上，則其勢必不暇乎他爲。是農不復得修其畎畝，商不復得治其貨賄，工不復得利其器用，間民不復得轉移執事，一切棄百事而專意於待升合之食，以偷爲性命之計，是直以餓殍之義養之而已，非深思遠慮爲百姓長計也。以中戶計之：戶爲十人，壯者六人，月當受粟三石六斗，幼者四人，月當受粟一石二斗，率一戶月當受粟五石，難可以久行也，則百姓何以贍其後？久行之，則被水之地既無秋成之望，非至來歲麥熟之時，未可以罷。自今至於來歲麥熟，凡十月，一戶當受粟五十石。今被災者十餘州，州以二萬戶計之，中戶以上，及非災害所被，不仰食縣官者去其半，則仰食縣官者爲十萬戶。食之不徧，則爲施不均，而民猶有無告者也；食之徧，則當用粟五百萬石而足，何以辦？此又非深思慮爲公家長計也。至於給授之際，有淹速，有均否，有真僞，有會集之擾，有辨察之煩，措置一差，皆足致弊。又羣而處之，氣久蒸薄，必生疾癘，此皆必至之害也。且此不過能使之得旦暮之食耳，其餘屋廬構築之費，將安取哉？屋廬構築之費既無所取，而就食於州縣，必相率而去其故居，雖有頹墻壞屋之尚可完者，故材舊瓦之尚可因者，什器衆物之尚可賴者，必棄之而不暇顧，甚則殺牛馬而去者有之，伐桑棗而去者有之，其害可謂甚也。今秋氣已半，霜露方始，而民露處，不知所蔽，蓋流亡者亦已衆矣，如是不可止，則將空近塞之地。空近塞之地，失戰鬭之民，此衆士大夫之所慮而不可謂無患者也。空近塞之地，失耕桑之民，此衆士大夫所未慮而患之尤甚者也。何則？失戰鬭之民，異時有警，邊戍不可以不增爾；失耕桑之民，異時無事，邊糴不可以不貴矣。二者皆可不深念歟？萬一或出於無聊之計，有窺倉庫，盜一囊之粟、一束之帛者，彼知已負有司之禁，則必鳥駭鼠竄、竊弄鋤梃於草茅之中，以扞遊徼之吏。強者既囂而動，則弱者必隨而聚矣。不幸或連一二城之地，有枹鼓之警，國家胡能晏然而已乎！況今外有夷狄之可慮，內有郊祀之將行，安得不防之未然，銷之於未萌也！然則爲今之策，下方紙之詔，賜之以錢五十萬貫，貸之以粟一百萬石，而事足矣。何則？今被災之州爲十萬戶，如一戶得粟十石，得錢五千，下戶常產之貲，平日未有及此者也。彼得錢以完其居，得粟以給其食，則農修其畎畝，商得治其貨賄，工得利其器用，間民得轉移執事，一切得復其業，而不失其常生之計，與專意以待二升之稟於上，而勢不暇乎他爲，豈不遠哉？此可謂深思遠慮爲百姓長計者也。由有司之說，則用十月之費，爲粟五百萬石，由今之說，則用兩月之費，爲粟一百萬石，況貸之於今而取之於後，足以振其艱乏，而終無損於儲蓄之實，所實費者錢五鉅萬貫而已，此可謂深思遠慮爲公家長計者也。又無給授之弊、疾癘之憂，民不必去其故居，苟有頹墻壞屋之尚可完者，故材舊瓦之尚可因者，什器衆物之尚可賴者，皆得而不失，況於全牛馬，保桑棗，其利又可謂甚也。雖寒氣方始而無暴露之患，民安居足食，則有樂生自重之心，各復其業，則勢不暇乎他爲，雖驅之不去，誘之不爲盜矣。夫饑寒餓殍之民，而與之升合之食，無益於救災補敗之數，此常行之弊法也。今破去常行之弊法，以錢與粟一舉而振之，足以救其患，復其業。河北之民，聞詔令之出，必皆喜上之足賴，而自安於畎畝之中，負錢與粟而歸，與其父母妻子脫於流離轉死之禍，則戴上之施而懷欲報之心，豈有已哉！天下之民聞國家措置如此，恩澤之厚，其孰不震動感激，悅主上之義於無窮乎？如是而人和不可致，天意不可悅者，未之有也。

宋 宋祁《景文集》卷二八《請募民入米京師札子》 去年江、淮、二浙稻收七八，而淮南饑疫之後，戶口寖衰。縣無完村，村無全戶，纔足自贍，罔能及他。惟有江、浙二方，天下仰給。臣以爲京師禁旅近數十萬，三年之蓄，不可不備。去年國家垂憫南土，遘兹薦飢，減漕粟之常科，軫斯人之艱食。上恩雖美，邦計未充。且足食足兵，乃可治國；我倉我庾，所以爲人。夫江淮漕運之司，輸米上供，已有定數。若更多取，則官司不供。故臣願陛下明下詔書，募民能入米京師者，倍價而糴。三分其價，一分給錢，二分則以方摧茶，準其直而與之。商旅利于化居，吏卒緩于程督。如此則倉廩實，京師盛，郡國安矣。如允所請，乞付外詳議。

宋 包拯《包孝肅奏議集》卷七《請差灾傷路分安撫》 臣竊聞江淮、兩浙、荆湖南北路近歲旱澇相繼，粒食踴貴，淮南西路蘄、黄等州尤甚。去秋霖雨殞霜，損害苗稼。今夏大水，飄流居人，兼又官中配糴，民間之蓄盡輸入官，官糴既多，迨今五月不雨，秋苗悉已枯槁，米價斗一百文。縱江淮稔時，米雖賤而民有饑者，况遇凶年，亦何卒歲？爲其無備故也。今則民間之蓄盡爲軍儲矣，民失其賴，流亡日衆。故賊盜充斥，聚集成羣，大者近百人，小亦不下數十人，所在剽虜，官司不能禁。自光、壽以南距江，亦皆如是。州縣上下，逓相蒙蔽，不以上聞，使朝廷無繇知之。况今秋苗稼既槁，則望在來夏，而彫殘之民朝不謀夕，豈能及來夏乎！且天之降咎，必在於兇年者，蓋年兇則民饑，饑則盜起，盜起則姦雄出，姦雄出則不可制矣，豈可不深懼而豫防之哉！伏望聖慈申命執政大臣，應江淮、兩浙、荆湖等州軍，自去夏至今秋，灾傷甚處，選差臣僚，遍令體量安撫，從便宜而賑貸之。夫救灾恤患，國之常也，若忽而不顧，寖成大患，得不爲朝廷之深憂乎？

又《請免江淮兩制折變二》 臣近曾上言，以江淮、兩浙、荆湖等州軍，自去秋至今春，未得大段雨澤，二麥不秀，耕種失時，并去年諸處夏税，一例折納見錢，小麥每斗估價九十四文省。民間錢既窘迫，麥又無用，應急賤糶納官，其直每斗不過三二十文，中等已下人戶，絶更不易。今又時雨稍愆，蝻蟲復作，民心愁苦，深可矜憫。况東南奥壤，國家仰之如帑府，尤宜保固，以制諸夏。若不急於優卹，繼之以重困，獸窮則攫，竊恐更爲朝廷之憂爾。臣先乞應係諸般科率，權且停罷，如將來蠶麥豐登，中等已下且令各納正税、本色錢等，權免今年折變，庶孤貧人戶稍獲蘇息。至今多日，未蒙指揮。欲乞檢會，速賜施行，兼乞下諸路轉運司、提刑司，不住巡歷體量，或有蠶麥不熟之處人戶申訴，州縣不得抑退，並令依例疾速差官檢覆，開破逐色租税，免致流亡。

又《請免江淮兩制折變三》 臣昨於四月九日劄子上言，以江淮、兩浙、荆湖等州軍自去秋至今春，未得大段雨澤，其中等已下人戶，夏税乞不依去年折變見錢，令只納本色。又於當月二十八日上殿劄子，亦乞令中等已下人戶權免今年夏税折變。至今多日，未蒙指揮。兼諸處見今納夏税，若令一例折變，深屬不便。緣逐路今歲蠶麥薄熟，雨澤久愆，耕種失時，蝗蝻復起，秋成未保，人心益怖。而又民間錢貨絶難出辦，若不特賜寛恤，竊慮下等不濟人戶，以官錢窘迫，必致流亡。強壯者盡爲盜賊，老弱者轉死溝壑，不獨搔擾郡邑，抑亦離去畎畝。矧國家財用所出，盡在東南，不得不深慮也。又訪聞京東、京西、河北、河東、陝西今夏蠶麥例皆豐熟，此乃天意欲少寛東南之民。若此數路稍旱，調度或急，則朝廷縱有矜憫之心，亦無所及。然臣職賤言輕，宜無采録。但事體至大，乞留聖意。伏望陛下特出宸斷，速賜指揮，則一方生靈有再蘇之望。

又《請免江淮兩制折變四》 臣近者累次上言，乞江淮、兩浙、荆湖等州軍，中等已下人戶，今年夏税權免諸般折變，秖令各納本色。尋奉聖旨，送三司相度，訪聞三司已具申奏訖，至今未降指揮。緣諸路見納夏税多日，兼有路分絶遠之處，若更稽緩，竊慮後時，即陛下矜恤之心恐無所及。伏望聖慈憫此重困之民，速賜指揮，則天下幸甚。

又《請救濟江淮饑民》 臣聞天以五星爲府，人以九穀爲命。五星紊於上，則災異起於下；九穀絶於野，則盜賊興於外。天之於人，上下相應，故天變於其上，則人亂於其下。是天人相與之際，甚可畏也。若變異上著，則恐懼脩省，以謝於下；年穀不登，則賑貸予賚，而卹其困。蓋不使天有大變，而民有饑色，則人獲富壽，而國享安寧矣。方今災異之變尤甚，臣近已論列詳矣。惟江淮六路連歲亢旱，民食艱阻，流亡者比比皆是。朝廷昨遣使命安撫賑貸，以救其敝。而東南歲運上供米六百萬石，近雖減一百萬石，緣逐路租税盡已蠲復，則糧斛從何而出？未免州縣配糴，以充其數。由是民間所出，悉輸入官，民儲已竭，配者未已，縱有米價，率無可糴。父子皇皇，相顧不捄，老弱者死於溝洫，少壯者聚爲盜賊。不幸奸雄乘間而起，則不可制矣。當以何道而卒安之哉？且國家之患，未有不沿此而致，可不熟慮乎？欲望聖慈特降指揮，應江淛六路災傷州縣，凡是配糴及諸般科率，一切止絶。如敢故犯，並坐違制，庶幾少釋疲民倒垂之急。其上供米數，若不敷元額，即候向去豐熟補填。

仍令州縣官吏，多方擘畫，捄濟饑民，不得失所。兼委逐路提、轉專切提舉，如不用心捄濟，以致流亡，及結成羣黨，即乞一例重行降黜。

又《請支義倉米賑給百姓》 臣訪聞江淛、荆湖等路自去秋亢旱，田苗一例災傷，即目米價甚高，民食不足。若不速令捄濟，必致流亡。強壯者起爲盜賊，老弱者轉死溝洫。因此生事，爲患不細。緣逐州除軍糧常平倉外，别無大段斛斗准備。竊知王琪見起請義倉，所在見管米數稍多，州縣必未敢專輒支用。若一一取候朝廷指揮，往復數月，當此艱食之際，恐無所及。欲望特降指揮，下逐路轉運司勘會轄下元係災傷州縣，如委實人戶闕食，即令畫時將義倉米速行賑濟，以濟貧民。如允臣所奏，即乞早賜指揮。

又 卷一〇《請支撥汴河糧綱往河北》 臣奉勑差往河北提舉計置斛斗。緣河北轉運司近年失於計置，自災傷之後，近裏州軍例皆闕乏糧儲，有只支得一兩月去處。雖本司於去年秋擘畫，預給三説文鈔，配糴三百五十萬，自後又爲安撫司以配糴不便，乃借支諸州常平倉，及那撥封樁斛斗外，只令糴三十一萬石，爲一年准備，其斛斗又並未般到闕糧州軍，虚作見管數目，不過夏初，漸已支盡。勘會三司先於别州支撥斛斗應副，內汴河綱四十八萬石，見在河陽積貯，及於京西支撥二十九萬石，各已差官裝發，往衛州通利軍下卸，兩月有餘，方起發得十七八萬石；其京東三十五萬石，令轉海往滄州雖聞和雇客船，一運只裝載得三萬餘石，一年可發得兩運，亦未見報起發次第。近准中書劄子，令更配糴一百萬石充軍糧。況河北、河東水旱相繼，人戶流亡殆盡，雖有存者，亦宜撫卹，不可重有搔擾，雖欲抑配，必恐無由辦集。臣自受命以來，夙夕疚懷。緣河北軍糧支用浩瀚，每月約支五十萬石，一年約支七百萬石，或緩急添屯軍馬，所費轉多。今來若不自京師及早急速計置往彼，秋初必致闕誤，至時卒難擘畫應副。河北腹心之地，糧食稍絶，必有他變，爲患不細。近聞江淮發運司今春頭運，並是和雇客船，非又到岸。當此水勢調匀之際，兼人船完備，乞令三司相度，便添錢和雇，那撥斛斗二百萬石往衛州或通利軍下卸，即不可更候第二運。蓋五六月後，水勢浩大，官船必不能前去。且捄濟河北，惟有此路，捨是則無以爲計，若稍更遲疑，即不及矣。伏望陛下早賜指揮三司施行。

宋 韓琦《安陽集》卷二五《謝賜禁中銀救濟饑民表》 臣某言：入內供奉官高懷政齎勑到州，伏蒙聖慈支賜禁中銀五千兩，令變轉救濟闕食人民者。天運難測，固有流行之災，民食弗充，上貽宵旰之慮。不責大農之給，特疏中禁之財，濟此殣荒，出乎仁惻。中謝。臣聞堯水湯旱，非政之使然，金穰木饑，乃歲有常次。故王者能察時艱阨，閔俗困虚，必裁救恤之宜，遂亡捐瘠之苦。伏惟尊號皇帝陛下以憂勤嗣大業，以約儉恢永圖。德無遠而不柔，惠雖微而必浹，宜膺敷錫，以格太寧。而涉夏以來，苦雨爲沴，唯兹北道，最失西成。納隍深軫於聖懷，振廩重侵於經費，即馳使指，遠諭宸慈，且頒內府之珍，以續翳桑之命，天之肆害，方不堪其怨咨；上所施恩，已頓寬於餓殍。臣才非通敏，任忝撫綏，奉詔札之丁寧，痛農疇之乏絶。敢不躬宣睿旨，申誡屬封，期共拯於疲羸，使咸知於愛育。臣無任云云。

又《謝賜詔書獎諭表》 臣某言：七月二十五日，進奏院遞到詔書一道，伏蒙聖慈爲去年河北艱食，人戶流亡，以臣擘畫拯救，特賜獎諭者。北土之饑，近歲未有，非上之大恩過於天地，則民之衆命委諸溝壑。顧守臣之所竭，惟君命之是虔，忽被詔褒，得無心愧？中謝。伏念臣賦才甚短，爲政少通，自易塞垣，即逢水害。流庸以死者皆是，饘粥而濟者幾何。洩官廩以從權，則文符之交戾；破郡豪而取辦，則城野之俱空。故於賑卹之方，務適公私之便，其利博則或時而冒禁，所益衆則不敢以愛身。職雖盡勤，患且奚救。幸遇尊號皇帝陛下深惟邦本，上惻睿慈。以斯民未安爲大憂，以經費少侵爲末事。德音一發，罷悴頓蘇；使傳交馳，慰存良厚。訖蒙再造，盡出至仁。而臣任忝撫綏，歲罹艱厄，莫副旰宵之念，坐貽尸曠之羞。敢謂聖度兼容，宸聰過聽，特示璽書之勸，蓋爲邊部之光。臣敢不載策駑孱，動思獎勗，當此饉災之後，更圖安集之宜。使閭里之間，漸期復貫；則疆垂之下，自亦無虞。稍脱罪誅，兹爲報塞。臣無任云云。

宋 司馬光《傳家集》卷三九《言賑贍流民札子》治平四年六月十七日上

臣竊見朝廷差官支撥粳米於永泰等門，遇有河北路流民逐熟經過，即大人每人支與米一斗，小人支與米五升。仰子細告諭，在京難以住泊，令速往近便豐熟州軍存活者。臣竊思之，如此處置，欲以爲恤民之名，掩人耳目，則可矣，其實恐有損無益。何以言之？曏者或聞河北有人訛傳京師散米者，民遂襁負南來，今若實差官散米，恐河北饑民聞之，未流移者因兹誘引，皆來入京。京師之米有限，而河北流民無窮。既而無米可給，則不免聚而餓死，如前年許、潁二州是也。今禾苗既傷於旱，蝗蝻日益滋生，秋田豐歉，殊未可知。

一斗、五升之米，止可延數日之命，豈能濟其饑饉之厄哉！凡民之情，見利則趨之，見害則避之。若京師可以住泊，雖驅之亦不肯去，若外州可以存活，雖留之亦不肯止，固非數人口舌所能告諭。故臣以爲有損無益也。臣聞民之本性懷土重遷，豈樂去其鄉里，捨其親戚，棄其丘壟，流離道路，乞丐於人哉？但以豐稔之歲，粒米狼戾，公家既不肯收糴，私家又不敢積蓄，所收之穀，隨手糜散，春指夏熟，夏望秋成，上下偷安，莫爲久計。是以稍遇水旱螽螟，則糇糧已絶，公私索然，無以相救。仰食縣官，既不能周，假貸富室，又無所得。此乃失在於無事之時，不在於凶荒之年也。加之監司守宰，多不得人，視民之窮，曾無矜憫。增無名之賦，興不急之役，吏緣爲姦，蠹弊百出。民摶手計窮，無以爲生，則不免有四方之志矣。意謂他處必有饒樂之鄉、仁惠之政，可以安居，遂伐其桑棗，撤其廬舍，殺其耕牛，委其良田，累世之業，一朝破之，相携就道。若所詣之處復無所依，使之進退失望，彼老弱不轉死溝壑，壯者不起爲盜賊，將安歸乎？是以聖王之政，使民安其土，樂其業，自生至死，莫有離散之心。爲此之要，在於得人。以臣愚見，莫若謹擇公正之人爲河北監司，使之察災傷州縣，守宰不勝任者易之，然後多方那融斛斗，各使賑濟本州縣之民。若斛斗數少不能周徧者，且須救土著農民，各據版籍，先從下等，次第賑濟。則所給有限，可以豫約矣。若富室有蓄積者，官給印歷，聽其舉貸，量出利息，候豐熟日官爲收索，示以必信，不可誑誘，則將來百姓争務蓄積矣。如此，饑民知有可生之路，自然不棄舊業，浮遊外鄉。居者既安，則行者思返。若縣縣皆然，豈得復有流民哉！臣前曾上言，王者以天下爲家，不可使惻隱之心止於目前而已。此特河北流民路過京師者耳，竊聞其他災傷之處，流民亦爲不少。若臣言可采，伏望聖慈依此行之。取進止。

又 卷四六《奏乞所欠青苗錢許重疊倚閣狀熙寧四年正月上**》** 勘會永興軍准提舉陝西路常平廣惠倉司牒：『准司農寺牒：檢會近准熙寧二年九月四日勅節文：所借過青苗錢斛，令隨省税日限送納。如遇本戶災傷五分已上，合隨夏税納者，展至秋税；合隨秋税納者，展至次年夏税。寺司看詳上件勅意，人戶合隨夏税送納者，如本戶災傷五分已上，即展至當年秋税；若秋料内更遇災傷，自合送納夏料錢斛了足，不許再行倚閣。若本戶更曾借過秋料錢斛，即令倚閣秋料數目，展至次年夏料送納。切慮内有州縣並不詳認上件勅條，一例重疊倚閣。牒當司請詳此及備録上件勅條，偏下諸州軍。如是夏料合納青苗錢斛，本戶災傷五分以上，展至秋料送納；如秋料内更遇災傷，即却合催夏料數目，仍將本路借過秋料錢斛，展至次年夏料送納了足。即不得將兩次災傷重疊倚閣，免至人戶積欠數多，難爲了納，别致違悞。如有昨來夏料係災傷倚閣，展至今秋送納者。如今秋本戶更遇災傷，便請疾速催納了足，具數申寺，仍關報提刑、轉運司准此施行者。』

右，謹具如前。臣竊詳朝廷所散青苗錢斛，本爲救接窮困闕用之民，使得至夏秋成熟，所以春散夏斂，夏散秋斂。或遇本戶災傷五分以上，即展至次料送納，蓋以寬假飢民，使有以自存，非爲乘此艱食，規求利息。今司農寺乃令不得將兩次災傷重疊倚閣。如有昨來夏科災傷倚閣，展至今秋送納者，今秋本戶更遇災傷，便令疾速催納了足。臣竊恐此事不合勅意。蓋緣一次災傷，民間猶有舊來蓄積，未至困窮，其青苗錢尚許倚閣，豈有連併兩次災傷，百姓轉更不易之時，却令須得送納？舊來蓄積既盡，新穀又復不收，更將何物可以供輸？其逐州縣爲見司農寺有此指揮，不知有無，務行督促，嚴加科責，使貧下百姓何以爲生？竊惟朝廷爲民父母，必不肯如此。况災傷倚閣税賦并借貸過斛斗，准條並候豐熟日令分作料次送納，如更遇災傷，亦權住催理，何故青苗錢斛最爲緊急，獨不許重疊倚閣？臣已指揮本路災傷地分，永興軍、河中、陝府、同、華、耀、乾、解八州軍，請勘會去歲夏料如係災傷倚閣青苗錢斛，展限至秋送納去處，若去秋本戶更遇災傷，其夏料錢斛，未得依司農寺指揮催理，更聽候朝旨。伏望聖慈特賜采察，早降指揮。謹具狀奏聞，伏候勅旨。奏去訖，及牒提舉陝西路常平廣惠倉司。奉聖旨：『宜令提舉陝西路常平廣惠倉司疾速關牒永興軍，本路州軍令詳司農寺牒，一依修貫指揮，即不得施行司馬光牒，致誤百姓及時送納。劄付司農寺，仍仰關牒合屬去處。准此。』次日乞留臺。

又《奏爲乞不將米折青苗錢狀熙寧四年正月上**》** 准提舉陝西常平廣惠倉司牒。

右，謹具如前。本司勘會朝廷元散青苗錢指揮，取利不得過二分。今來提舉常平廣惠倉司，乃依見今饑饉之歲，在市貴價，將本倉陳次斛斗紐作見錢，支散與人。又豫定將來粟麥之價，粟每斗二十五文足，小麥每斗四十文足。本司看詳向去夏秋五穀，有豐有儉，其穀麥之價，固難豫定。今將陳色白米每斗紐作見錢七十五文，若折計作小麥價錢支俵，每斗四十文，共折計得小麥一斗八升七合半，則是貧民於正二月間請得陳色白米一石，却將來納着新好小麥一石八斗七升五合。若折計作粟錢支俵，每斗二十五文足計支，則一斗白米價錢七十五文足，共折得粟三斗。則是貧民闕乏之時，只請得陳色白米一石，却將來共納着新粟三石。若只送納見錢，即又須賤糶斛斗，以償官中本利。使貧下之民寒耕熱耘，竭盡心力所收斛斗，於正稅之外，更以巧法取之至盡，不問歲豐歲儉，常受飢寒，顯見所散青苗錢大爲民害。竊惟朝廷從初散青苗錢之意，本以兼并之家放債取利，侵漁細民，故設此法，抑其豪奪，官自借貸，薄收其利。今以一斗陳米散與飢民，却令納小麥一斗八升七合五勺，或納粟三斗，所取利約近一倍。向去物價轉貴，則取利轉多，雖兼并之家乘此飢饉取民利息，亦不至如此之重，國家爲民父母，置此二倉，名爲常平、廣惠，豈當如此！今邊鄙用兵，軍糧闕乏，既無餘剩可以賑貸，伏望朝廷憫此農民，遭值凶饑，困窮憔悴，鄰於死亡，直將上件常平、廣惠倉斛斗，依先降朝旨借貸與第四等以下人戶，更不取利。若不能如此，須欲作青苗錢俵散之時，即乞不以元糴價貴賤，更不紐作見錢，只據所散與人戶石斗，至將來成熟，令出息二分。每散得一斗米者，納一斗二升，細色或依倉式例折作粗色。如此，細民猶不至窮困，官中取利雖薄，亦不減二分元數。如允所請，伏乞早降指揮。謹具狀奏聞，伏候勑旨。

又 卷五二《論賑濟札子元祐元年上**》** 臣竊惟鄉村人戶播殖百穀，種藝桑麻，乃天下衣食之原，比於餘民，尤宜存恤。凡人情戀土，各願安居，苟非無以自存，豈願流移他境？國家若於未流移之前，早行賑濟，使糧食相接，不至失業，則比屋安堵，官中所費少，而民間實受賜。若於既流移之後，方散米煮粥，以有限之儲蓄，待無窮之流民，徒更聚而餓死，官中所費多，而民實無所濟。伏覩近降朝旨，令戶部指揮府界、諸路提點刑獄司，體量州縣人戶，如委是闕食，據見在義倉及常平米穀，速行賑濟。仍丁寧指揮州縣多方存恤，無致流移失所。此誠得安民之要道。然所以能使民不流移者，全在本縣令佐得人。欲乞更令提點刑獄司指揮逐縣令佐，專切體量鄉村人戶，有闕食者，一面申知上司及本州，更不候回報，即將本縣義倉及常平倉米穀直行賑貸。仍據鄉村五等人戶逐戶計口，出給歷頭，大人日給二升，小兒日給一升。令各從民便，或五日、或十日、或半月一次，齎歷頭詣縣請領，縣司亦置簿照會。若本縣米穀數少，則先從下戶出給歷頭，有餘則並及上戶。其不願請領者，亦聽。候將來夏秋成熟糧食相接日，即據簿歷上所貸過糧，令隨稅送納，一斗只納一斗，更無利息。其令佐若別有良法，簡易便民勝於此法者，亦聽從便，要在民不乏食，不至流移而已。仍令提點刑獄司常切體量逐縣令佐，有能用心存恤闕食人戶，雖係災傷並不流移者，保明聞奏，優與酬奬。其全不用心賑貸，致戶口多流移者，取勘聞奏，乞行停替。庶使官吏有所勸沮，百姓實霑聖澤。取進止。

宋 文彦博《潞公文集》卷二一《乞免人戶折變蠶鹽錢熙寧七年**》** 臣檢會近准大名府牒，爲人戶今歲大段災傷困乏，其蠶鹽錢只乞特許並免折變，合納見錢，候向去豐熟，却令依舊。已於六月二十九日具劄子申奏去訖，至此未奉聖旨。今又據懷、衛州狀申：逐縣人戶，各爲災傷，乞將蠶鹽錢送納本色見錢。州司勘會今年夏稅已係全放，今體量得人戶委係累年併值災傷，貧困不易，所有蠶鹽錢伏乞詳酌指揮者。臣勘會上件，逐州府人戶委實大段災傷，必是難以了納，切慮別致逃移。欲望朝廷檢詳臣前奏及今來懷、衛州所申事理，早賜指揮，許將人戶今年蠶鹽錢並免折變，只令送納見錢，候向去豐熟，却令依舊折變，所貴災傷貧民易爲了納。取進止。

宋 范祖禹《范太史集》卷二六《恤民札子》 臣伏見陛下即位以來，惻怛愛民，出於誠心。一有災傷，則遣使賑救，倉廩府庫無所愛惜，十年之間，凡兩出內庫錢十萬緡以賜京師寒凍之民。祖宗之時，唯是蠲放欠負，未聞賜錢如此之多。陛下德澤深厚，乃古聖帝明王之用心也，然而天災流行，民食猶難。臣訪聞河北諸郡聚，饑民所在以數萬，若今歲夏秋更一不熟，不知國力何以繼之。臣願陛下更與執政大臣圖救民之術，朝廷政事宜務安靜，無所作爲，專聽於民，左右從之。未有民安而國不安，民和而天不應者也。陛下養民如子，視民如傷，今民方饑困，尤當以安之爲急。唯陛下深留聖思，以固邦本，天下幸甚。取進止。

宋 蘇軾《東坡全集》卷五六《乞賑濟浙西七州狀》 元祐四年十一月初四日，兩浙西路兵馬鈐轄龍圖閣學士朝奉郎蘇軾狀奏。勘會浙西七州軍，冬春積水，不種早稻，及五六月水退，方插晚秧，又遭乾旱，早晚俱損，高下並傷，民之艱食，無甚今歲。見今米斗九十足錢，小民方冬已有饑者。兩浙水鄉，種麥絶少，來歲之熟，指秋為期，而熟不熟又未可知。深恐來年春夏之交，必有饑饉盜賊之憂。本司除已與提、轉商量多方擘畫准備外，有合中奏事件，謹具畫一如左。

一、轉運司來年合發上供額斛及補填舊欠共一百六十餘萬碩，本路錢物，大抵空匱，刬刷變轉不行，官吏急於趁辦，務在免責，催迫賦租，督促欠負，鉗束私酒漏稅之類，必倍於平日，饑貧之民，無路逃死，必將聚為盜賊。又緣上供額斛數目至廣，都未有備。見今逐州廣行收糴，指揮嚴緊，官吏不免遮攔，米穀添價貴糴，以此斛斗湧貴，小民乏食。欲望聖慈愍此一方遭罹。熙寧中饑疫，人死大半，至今城市寂寥，少欠官私逋負，十人而九，若不痛加賑恤，則一方餘民，必在溝壑。今來亦不敢望朝廷別賜錢米，但祇寬得轉運司上供年額錢斛，則官吏自然不行迫急之政，而民自受賜矣。乞出自宸斷，來年本路上解錢斛，且起一半或三分之二，其餘候豐熟日，分作二年，隨年額上供錢物起發，所貴公私稍獲通濟。又恐官吏為見明年既得寬減，僥倖替移，更不盡心擘畫收拾，以備補填年額，乞特賜指揮，須管依年分收簇數足，若遇移替，具所簇到數交割與後政承認，不得出違年限。

一、見今逐州和糴常平斛斗及省倉軍糧，又糴封樁錢、上供米，名目不一。官吏各務趁辦，爭奪相傾，以此米價益貴。伏望聖慈速賜勘會，如在京諸倉，不待此米支用，即令提、轉疾速契勘逐州，如省倉不闕軍糧，常平糴散有備外，更不得收糴。所貴米價稍平，小民不至失所。浙中自來號稱錢荒，今者尤甚。百姓持銀絹絲綿入市，莫有顧者。質庫人戶，往往晝閉，若得官錢三二十萬，散在民間，如水救火。欲乞指揮提、轉令將合發上供錢，散在諸州稅戶，令買金銀紬絹充年額起發。

一、自來浙中奸民結為羣黨，興販私鹽，急則為盜。近來朝廷痛減鹽價，最為仁政。然結集興販，猶未甚衰。深恐饑饉之民，散流江海之上，羣黨愈眾，或為深患。欲乞朝廷指揮，盜賊情理重者，及私鹽結聚羣黨，皆許申鈐轄司，權於法外行遣，候豐熟日依舊。所貴彈壓奸愚，有所畏肅。

右謹件如前。勘會熙寧中兩浙饑饉，是時米斗二百，人死大半，父老至今言之流涕。今來米斗已及九十，日長炎炎，其勢未已，深可憂慮。伏望仁聖哀憐，早行賑恤。今來所奏，一一並是詣實。伏乞詳酌，速賜指揮。謹錄奏聞，伏候敕旨。

又《乞降度牒召人入中斛斗出糶濟饑等狀》　元祐五年二月十四日，龍圖閣學士朝奉郎知杭州蘇軾狀奏。右臣近指揮本州令在州并倚郭兩縣糴常平米一千石，及外七縣大縣日糶百石，小縣五十石，約計日糶五百餘石。自二月至六月終，將見管裏外常平米均匀兌撥。除本州倚郭略已足用外，其餘七縣，見闕三萬餘石，雖蒙朝廷賜上供米一十萬石於本路出糶，已准轉運司牒報，於越、睦州撥三萬石與杭州。然本州年計見闕軍糧六萬餘石，越、睦州米尚不了兌充軍糧，更無緣出賣。以此，外縣出糶，實闕三萬餘石。臣已一面指揮諸縣那移般運，開場出糶，以平米價，庶幾深山窮谷小民，不至大段失所。然約度見管米數，恐只至四五月間，必然糶盡，若秋穀未登，糶場不繼，即民間頓然闕食，深可憂慮。臣勘會諸州，例皆闕米，縱使督迫轉運、提刑司，必是無處擘畫，那移應副。惟有一策，恐可濟辦。緣臣去歲曾奏乞度牒二百道，脩完本州廨宇，未蒙施行。臣於十二月末，曾作書與太師文彥博以下執政八人，乞早奏陳，特許給上件度牒二百道。臣欲權將上件度牒，召募蘇、湖、常、秀人戶，令於本州闕米縣分入中。斛斗以優價入中，減價出賣，約可得二萬五千石，糶得一萬五千貫。訪聞蘇、湖、常、秀，雖其災傷，富民卻薄有蓄積，若以度牒召募，必肯入中。卻以此錢脩完廨宇，庶幾先濟饑殍之民，後完久壞屋宇，兩事皆濟，則吏民荷德無窮。臣發此書已四十餘日，至今無報，不免干冒朝廷，上瀆聖聽。伏乞聖慈深哀本州外邑溪谷之民將墜溝壑，特發宸斷，速賜允從。臣無任惶恐戰慄待罪之至。謹錄奏聞，伏候敕旨。

又《論葉溫叟分擘度牒不公狀》　元祐五年二月十八日，龍圖閣學士左朝奉郎知杭州蘇軾狀奏。今月十七日，准轉運使葉溫叟牒杭州，准尚書禮部符，准元祐五年正月二十六日敕，勘會兩浙、淮南路，見係災傷，民間穀價湧貴，雖已降指揮，減撥上供斛斗出糶，及依條賑恤外，竊慮所用斛斗數多，不能周足，牒奉敕各出給空名度牒三百道，付逐路轉運、提刑、鈐轄司，分擘與災傷州、軍，召人入納斛斗或見錢，糴入官司封樁及諸色斛斗，添助賑濟支用者。省部今依准敕命指揮，出給到空名度牒三百道，并封皮，須至符送者。符當司主者候到，一依前項敕命指揮，及照會元祐敕令，疾速施行，仍關提刑、鈐轄司，及合屬去處，不管稍有違誤者。當司契勘，杭、越、蘇、湖、常、秀、潤、衢、婺、台等州，災傷放稅，除衢州放稅只及二釐不至災傷更不撥外，今將杭、越等九州放稅錢數衮紐，每州合得道數，須至行遣數內杭州三十道者。

臣看詳上件敕旨，為兩浙、淮南路災傷，各出給空名度牒三百道，付逐路轉運、提刑、鈐轄司，分擘與災傷州、軍。轉運司既受上件敕旨，即合與提刑及浙東西兩路鈐轄司商量分擘，仍須參州郡大小，戶口眾寡，及災傷分數，品配合得道數，依公分擘。今來轉運使葉溫叟，因出巡蘇、秀等州，在路受得上件敕旨，便敢公然違戾，更不計會提刑及兩路鈐轄司，亦不與轉運判官張璹商議，便一面擅行分擘，內杭州只得三十道。竊緣杭州城內，生齒不可勝數，約計四五十萬人。裏外九縣主客戶口，共三十餘萬。今來檢放水旱，雖只計一分六釐，又緣杭州自來土產米穀不多，全仰蘇、湖、常、秀等州般運斛斗接濟，若數州不熟，即杭州雖十分豐稔，亦不免為饑年。自去歲十月以後，米價湧長，至每斗九十足錢。近歲浙中難得見錢，每斗九十，便比熙寧以前百四五十，因糶常平米，每日不下五六萬人爭糴，方免餓殍。今來聖恩優恤，一路委自提、轉及兩路鈐轄司分擘度牒，而溫叟獨出私意，只分與杭州三十道。內潤州人戶，比杭州十分纔及一二，卻分得一百道，其餘多少任情，未易悉數。致杭州百姓，例皆咨怨，將謂聖恩偏厚潤州，不及杭州。不知自是溫叟公違敕旨，任情分擘，須至奏陳者。

右臣先於二月四日奏。為杭州諸縣出糶官米，自二月至六月終，闕三萬餘石，乞特賜度牒二百道召人入中米，外縣吏民，日夜企望朝廷施行，雖大旱望雨，執熱思濯，未喻其急。度奏狀未到間，已蒙朝廷施行。乃是聖明洞照數千里外事，有如目覩。今乃為轉運使葉溫叟自出私意，多少任情，以杭州眾大，甲於兩路，只分與三十道，吏民驚駭，莫曉其意。

臣竊原聖意，蓋謂提刑專主賑濟，鈐轄司專管災傷盜賊，故令轉運司與兩司同共相度分擘。今溫叟並不計會兩司及轉運判官，直自一面任意分擘，牒送諸州，更不關報鈐轄司。臣忝為侍從，出使一路，溫叟似此凌蔑肆行，臣若不言，必無人更敢論列。況杭州見今裏外一十九處開場糶米，糴者如雲，雖寄居待闕官員，亦行差請。杭人素來驕奢，本以糴官米為恥，若非饑急，豈肯來糴？此皆溫叟與諸監司所共目覩。今來只分三十道，深駭物聽。

切緣度牒三百道，約直錢五萬餘貫，所在商賈富民，為之奔走洶動，而溫叟一面任意分擘，更不計會逐司，豈得穩便。兼臣訪聞去歲諸郡檢放稅賦，多有不實不盡。只如蘇州積水瀰望，眾所共見。今來放歲分數，反不及潤州，蓋是檢放官吏觀望漕司意指，及各隨本州長吏用意厚薄，未必皆是的實。今來溫叟專用放稅分數為斷，深為未允。縱使檢放得實，而州郡大小，戶口多寡不同，亦合參酌品配，從逐司公共相度分擘，方得允當。今來但係溫叟所定賑濟州郡，即多得度牒，應係別人地分，例皆靳惜不與，顯見全然不公。臣已牒轉運司，請細詳上件朝旨，計會提刑、鈐轄司，依公分擘去訖。深慮溫叟未肯聽從，縱肯聽從，不過量添三二十道，亦是支用不足。

伏望聖慈體念杭州元奏闕米三萬石，本乞度牒二百道，方稍足用，今來不敢更望上件數目，只乞特賜指揮於三百道內支一百五十道與杭州。況其餘州、軍，元無奏請闕米去處，將其餘一百五十道分與，亦無闕事。伏乞早賜指揮，所貴災傷之民，均受聖澤，不至以一夫私意，專制多少。謹錄奏聞，伏候敕旨。

貼黃。杭州元奏闕米三萬石，乞度牒二百道。今來轉運使只與三十道。潤州元不奏闕米，顯是常平錢米足用，今來卻與一百道，深駭物聽。乞朝廷詳酌。諸州元無奏請闕米去處，若依臣所奏，分與一百五十道，已出望外。杭州若得一百五十道，猶未足用，乞自聖旨分擘施行。若只下本路，其轉運使葉溫叟，必是遂非，不肯應副。

宋 蘇轍《欒城集》卷二七《林旦侍御史權淮南運副》 敕具官某：淮甸之民，薦罹饑饉，乃者詔發倉廩，輟吳楚之漕以拯其急，猶以乏食流徙，達於朕聽。朕惟救荒之術，行之略盡，惟得良使者因事施宜，為若可賴。爾由郎官以才任御史，習於揚楚之故，其為朕往視之。均徭薄斂，禁暴戢奸，無使斯人重被其困。可。

又《田待問淮南運判可淮南提刑》 敕具官某：揚楚春旱秋水，民艱於食，漸起為盜，遂使州縣犴獄充滿，朕憂之，未始一日忘也。間起爾於山陽守參領漕事，今又命爾督視刑闢，徒以爾習其風俗，知吏民所疾苦。夫察貪暴，謹追擾，均有無，督盜賊，此荒政之急也。勉勤其職，以稱朕意。可。

又《王安禮知揚州》 敕：淮南天下之重鎮也，俗本剽輕，習吳楚之舊；歲仍水旱，有流亡之憂。朕深念其民，尤慎所付，思得朝廷之舊，以殿東南之沖。具官某，吏治有餘，儒雅足用。昔為京兆，休有治功。其發擿奸伏，明而不苛；其推行惠術，寬而中理。遂領臺轄，以秉國成。方先帝勵精求治之秋，有大臣進賢退奸之助，久於外服，稍易近邦。其克為朕舉荒政以惠民，謹追胥以助治，寬我南顧，康此兇年。可。

又卷二八《李周陝西運使》 敕具官某：關中之民，勞於征伐而弊於饑饉久矣。朕既為之含垢以和諸戎，天維顯思，助我豐歲，粒米狼戾，法當斂藏。

繼出中都之泉，以廣窮邊之積，猶恐吏不時具而民或未寧。分吾此憂，責在漕吏。爾忠厚之性，見紀於時，治辦之才，屢試以事。往推朕旨，去螯賊之害，而督備禦之宜，使疆埸永安而民以無事。可。

宋 李綱《梁溪集》卷八六《録白畫一繳奏狀》 右，臣今月二十二日准御前金字牌降到親筆手詔，及同日又准金字牌降到尚書省劄子指揮，勸誘積米之家出糶米斛，接濟飢貧下户等事。臣除已遵禀聖旨同轉運司官商議措置，備録印造文牓，及措置到勸誘畫一事件，各置印歷一道，專差人齎付洪、虔等一十一州軍收管，差委強幹官分下諸縣逐一依應，多方勸誘，務要實惠及民，接濟下户；仍令多印文牓散給鄉村，曉示去訖。臣竊慮逐州當職官不切遵禀，奉行滅裂，亦已分差官前去諸州逐一檢察，如有違戾去處，別具因依奏劾施行外，今録白措置勸誘畫一事件一本在前。

小貼子：臣契勘今來勸誘減價出糶米斛，止是可濟有錢糴米之人，其流移飢民無錢糴米，官中見行收養。見在米數不多，前去秋成尚遠，難以接濟；及下户無本可以種田之人，官中亦無錢米可以借貸。臣已行措置勸誘上户有物力之家，如有情願納錢米入官以助賑濟借貸者，許以其入納之數陳乞官告、度牒之類，依價折還；若入納數目浩瀚之人，別行奏乞，優與推恩外，伏望聖慈許臣候見得有入納之數，逐旋具合折還官告、度牒等申奏朝廷，乞行給降。仍乞依紹興五年十二月十日本路轉運司已得勸誘入納指揮，許候受付身訖，作官户、免身丁等事，庶幾易於激勸，飢民不至乏食，下户可以趂時耕作，將來秋成可望，不誤歲計。

臣契勘勸誘糴米依先降指揮，及三千石已上各有補授名目外，其不及三千石之數，即未有明文，竊慮無以激勸。臣已相度一面行下諸州勸誘，如糴及二千五百石與補進勇副尉，一千五百石與免將來差科三次，一千石與免差科兩次，五百石與免差科一次外欲乞候見得有出糴及上項數目之人，除免差科從本司給據行下州縣施行外，其補進勇副尉及守闕進勇副尉，許臣一面出給公據，具姓名奏朝廷，乞給降付身。伏望聖慈特降睿旨施行。

又《乞將本路灾傷州縣合起折帛錢依條限催納奏狀》 右，臣今月初四日到本任交割職事，初六日承都轉運司公文：『准尚書省劄子節文，勘會本路合發折帛錢，元責限三月椿足，係指擬應副大軍，欲督責兩漕臣拘催，日下並要起發盡絶。奉聖旨依，仍展十日。』檢准紹興勑諸税租日限，江南東、西路夏料五月十五日起催，八月十五日納畢。又勑：諸人户輸納有期限，而官司輒促其常限者，徒一年；因至逃亡，加一等。洪州於去年十二月九日准尚書省劄子：『勘會江西合納夏税及和買物帛，每歲例係量度分數折納價錢。其紹興六年分人户折納之數，未曾立定折納之數，理合預行措置，以便人户輸納。十二月八日奉聖旨，除准衣并絲更不折錢外，其餘紬絹綿並以十分爲率，絹二分，紬四分，綿三分。仰趙子渲預先依此分明開坐，行下所部州縣，候來年合入輸納物帛條限，即依今來立定名色分數折納見錢。仍仰從第四等已下人户折納，如不足即通第三等人户納錢。其合納本色物帛，亦仰依限催理送納，起發前去鄂州。』今年二月初三日本州承轉運司公文：准諸路軍事都督行府劄子節文，今歲合起折帛錢，限三月已前收椿數足，計置發往鄂州下卸。今來又承前件三月二十九日指揮，合至四月初十日限足。竊緣被受指揮已四月初八日，其折帛錢雖已行下催促，並未納到，必致有違朝限。臣契勘本路人户合納今年夏税和買物帛，朝廷元降指揮立定分數，從第四等已下折納價錢，依條限催理，係是優恤下户，以便輸納。今來摧納限至四月十日了畢，正是蠶麥未熟、新陳不交之時，下户何由了納？況本路所管諸州去年亢旱尤甚，洪、吉、筠、袁、江、撫州、興國、臨江軍皆是災傷至重去處，所有第四等已下人户多是貧困，官中見行抄劄給米賑濟之人，何緣更有積蓄，非時預行輸納？若復州縣逐急措置，先從上户有力之家預催折納見錢，即將來合輸本色之數，却當於第四等已下人户催科，顯見重困，必至流移，所害非細。臣竊讀近降親筆詔書，令勸誘積米之家出糶以濟流殍之苦，加惠元元，誠意惻怛。今來所降指揮如此，何以取信於民？伏望聖慈特降睿旨，將本路災傷州縣合起折帛錢依條限催納；其不係災傷去處，自依今來立限指揮，庶幾下户得被實惠，不致逃亡。臣已行下災傷州縣，更切聽候朝廷指揮外，見不妨本職待罪。

又 卷九三《奬諭賑濟詔書》 勑李某：省所奏，賑濟飢民、招還流亡事具悉。朕臨朝願治，當宁興嗟。念百姓之多艱，恐一夫之失所。而去歲亢旱，遍及江湖。誦《雲漢》之詩而不敢康，致桑林之禱而不敢怠。申飭使者，分拯黎元。移粟他州，備修荒政。究兹惠術，責在帥臣。惟予廊廟舊弼之賢能體國家勤恤之意。撫綏罷病，安輯流亡。方略敷施，功效顯著。推霖雨之餘潤，活一路之生靈。眷言忠勤，寔副倚賴。爲之嘉歎，至于再三。故兹奬諭，想宜知悉。

又 卷九八《條具利害奏狀》 契勘本路盜賊久未寧息，雖因民俗頑獷，好復仇怨所致，要在小民迫於衣食，易爲凶徒之所結集。若使田畝之民衣食不乏，各有生理，凶惡之人不得誘爲徒黨，安能一呼便至千百爲群，滋蔓猖獗？臣竊見本路催起上供税賦、月樁錢及糴買數事，實有未便於民間者，本司已嘗具奏申陳，未奉回降指揮。若不別行措置，小民漸至失業，必致驅而爲盜，遣兵討捕，卒無已時，致赤子之流離，情實可憫。臣嘗叨近輔，分典要藩，荷恩最深，欲報無所，苟有所見，不敢隱默。今條具如左，須至奏聞者：

本司近准御前金字牌降下尚書省劄子，令臣催督轉運司起發上供無額斛㪷尋取到轉運副使逢汝霖、徐林狀節文：『契勘本路上供米斛係以秋苗樁辦，兵火之後，多有逃閣，又間有災傷年分，所催税賦例皆不及舊額。其上供之數，逐年並蒙朝廷除豁，只以實催米數起發。照對上供米數，舊額一百二十六萬九千石，會計紹興六年一路實催秋苗止有九十八萬三千三百五十九石一斗六升。雖蒙減免上供一十六萬九千石外，猶有一十一萬六千石，係是實催苗米外虛數，無從所出。又虔、吉、南安軍盜賊未息，見蒙朝廷遣兵收捕，有合豁除數目，係在實催苗米之數，已節次開具前項秋税不及元豁等因依申朝廷，乞以實催糴納米數起發去訖。』申本司照會。臣勘會江西一路自兵火殘破之後，又經旱灾，户口凋耗，雖去年稍得豐稔，人户未盡歸業，田土荒廢尚多。謂如洪州分寧、奉新等縣，人户所存纔有十之三四，其餘縣分號爲多處，不過十之六七。通一路計之，多寡相補，纔有承平之半，税賦自然難以及額。又如虔州，累年爲盜賊猖獗，税賦往往催科不得。吉、撫、筠、袁等州亦有盜賊殘擾去處，遂致苗税亦多拖欠。若不以實入之數起發上供，一切督責州縣，必欲及承平額數，不惟無所從出，兼恐州縣不免數外科斂，重困人户，非獨不足以仰副朝廷寬恤之意，亦使官吏虛負罪責。近已備録轉運司具到前項因依奏聞，伏望聖慈早降睿旨，令轉運司且以實催之數起發，庶幾小民不至重困，流爲盜賊，不勝幸甚。

本司去年内差幹辦公事韓邕前去諸州軍點檢奉行寬恤事件。續據本官申：『筠、袁州、臨江軍係灾傷最甚去處，有不曾逃移人户，緣災傷、草賊侵擾，死失佃户耕牛，闕乏穀種，無力輸納。乞依湖南州縣已得聖旨指揮，紐納税租。』并臨江軍知軍趙士劭狀：『本軍日逐據清江、新喻三縣民户投訴，緣去歲旱歉，雖不曾逃移離業，實以饑貧無牛、種，失於布種，及雖有曾布種去處，又不能周遍。逐縣不住追催，枷禁鞭笞，要依遞年納户下全税，乞從本軍施行。竊詳紹興三年正月二十七日都督府劄子節文，應人户歸業者，候催科據所墾田畝多寡之數合納租税，仍免本户差役一年。其上件投訴民户，雖不係因逃移歸業之人，蓋是戀土不忍去父母之邦，緣此饑貧，失於布種，原情亦可矜憫。若不隨宜措置，則追納既峻，無所從出，避一時刑責之患，必見轉徙。乞且據所墾田畝，隨分數減今歲税租。』等事。本司已備録前項逐官所申事理申奏，至今未奉回降指揮。訪聞筠、袁州、臨江軍災傷人户，至今緣此拖欠租税，官司催督，致有逃移。伏望聖慈特降睿旨，下轉運司差官體究，將紹興六年分人户布種田畝不遍拖下税賦見掛欠者，特與並行放免，庶幾小民安業，不至失所。

契勘本路每月應副岳飛大軍月樁錢九萬餘貫，自來係以輕賫金銀相兼見錢起發。昨緣湖北隨軍運判劉延平移文，只今起發見錢，自役諸州不惟艱於應辦，其裝法縻費，亦不易出。自去年四月臣到任以來，催督至今，共起發過一百七十餘萬貫。本路錢寶泄於他路，不復可還，民間闕乏，號爲錢荒，以故穀賤傷農。民户輸納夏税户帖應於名色，難得見錢，閭里愁歎，至有委棄田産逃移者。若不別行措置，將來愈見闕誤。本司昨准金字牌降到御封尚書省劄子，催起月樁錢，連到狀式，立限取會已未起發輕賫窠名斤兩數目。以此見得諸路應副大軍，皆合用金銀相兼樁發，累曾具狀奏闕，伏望聖慈特降睿旨行下轉運司許令諸州將所認月樁錢計置輕賫與見錢相兼起發，仍照應在市價例，務令兩不相妨，庶幾可以樁辦，不至走泄錢寶，民間交易及輸納官中，不至闕乏，實爲便便。

契勘自來朝廷行下轉運司糴買斛㪷，如有糴本，則官中得米，民間得錢，兩爲利便。近年多是頒降官告、勑牒，與見錢相兼，已是難以行使。今來朝廷降下本路和糴專用一色關子，雖有許撥經制總制錢指揮，緣應副贍軍，多無見管錢物，深慮糴買不行，州縣不免抑配，重困民力。竊緣商賈興販斛㪷赴官糴納，猶可給與關子，令赴所屬支請。今來客旅興販稀少，唯是糴於鄉村民户，積累升斗，以足額數。鄉民中糴得些小關子，豈能前去數千里外官司請領？必爲兼并之家以賤價取之，贏落官錢，規圖厚利。朝廷所費則一，小民受害，徒爲富商大賈之資，深屬未便伏望聖慈特降睿旨，令朝廷支降見錢與關子相兼糴買，糴於鄉村即給見錢，糴於商賈即給關子，庶幾小民獲受實惠，不至重困，一路不勝幸甚。

右謹件如前，謹録奏聞，伏候勅旨。

宋 李光《莊簡集》卷八《論百姓失業札子》 臣聞堯舜在上，天下無窮人；文王之民無凍餒者。蓋國以民爲本，而民以食爲天。自古賢聖之君，莫不貴農重穀以裕天下。一夫不耕，或受之饑。一女不織，或受之寒。饑寒並至而能不爲姦邪者，鮮矣。仰惟陛下臨御海寓，躬修節儉以安百姓，涵養生息，如天地之無不覆載，雨露之無不潤澤。每發德音、下明詔，未嘗不以寬恤爲先，懷生之屬罔不欣戴，可謂治極乎堯舜而恩深於文王，好生之德浹肌膚、淪骨髓矣。邇者朝廷稍務損益時政，以適厥中，而奉承之吏用意過當，不復推廣陛下仁民愛物之心，貪殘苛暴，公肆掊斂，百姓嗷嗷失業者衆，監司守宰坐視流亡，恬不加恤。強者結集爲寇盜，弱者轉徙乎溝壑。是致輦轂之下，匃者日滋，號呼呻吟，枕藉道路。此陛下耳目所及，至近而易察者，然且壅隔而不盡聞，况四方萬里之外乎？深恐怨嗟之聲，干戾陰陽，聚爲祲厲，傷害和氣。臣愚伏望陛下流寬大之澤，抑煩苛之吏，申勅諸路提舉、常平官，或間遣信使以巡撫四方，延問民所疾苦，蠲逋負，省徭役，以仰副陛下愛育元元之意，實天下幸甚。取進止。

又 卷一一《乞蠲二浙積欠札子》 臣伏見近年以來，國運艱難，中原板蕩，陛下駐蹕東南，乘輿、服御悉務減省，而百司兵衆皆仰給於二浙。加以今日營繕所須，一毫以上皆出民力，師旅飢饉之後，斗米千錢，民雖凋弊，罔有怨詞，深可憐憫。臣愚伏望聖慈因今移蹕之後，稍留寬大之澤以慰人心，應二浙積負一切蠲除。臣契勘臨安九邑，科配比它郡最爲煩併，其折變小麥爲害尤甚。及去年殘零稅賦，見今轉運司責限催納，其數至微，欲望特與釋放。昨緣前知府孫覿將義倉米於正稅外更有折糙米二斗五升，倉場受納復增至一石，又有鈔旁公吏乞覔不下一二千。及每歲和買，州縣既不曾支與價錢，今聞本府每匹更令納見錢四百文足，謂之縻費錢。竊慮行之既久，遂爲永例。諸縣因軍馬經由支過係省錢斛，多不肯豁除，坊場虧欠課利，委非侵欺，無緣補發，而官吏欲假此騷擾，時一舉行追呼捕逮，謂之干照錢。縣官無所從出，止是剥民。如斯苛細，望悉蠲除，庶幾小民蒙被實惠，仰副陛下勤恤民隱之意。取進止。

《續資治通鑑長編》卷四六 〔咸平三年〕吏部郎中、直集賢院、知泰州田錫上疏曰：

【略】 臣又以江南、兩浙，自去年至今，民餓者十八九，未見國家精求救療之術。初聞遣使煮粥俵給，後來更不聞別行軫卹。今月十二日，有杭州差人賫牒泰州會問公事，臣問彼處米價，每升六十五文足，彼中難得錢。又問疾疫死者多少人，稱餓死者不少，無人收拾，溝渠中皆是死人，卻有一僧收拾埋葬，有一千人作一坑處，有五百人作一窖處。臣又問有無得雨，稱春來亦少雨澤。臣問既少雨澤，麥苗應損，稱彼處種麥稀少。又問饑饉疾疫去處，稱越州最甚，蕭山縣三千餘家逃亡，死損並盡，今並無人，其餘明、杭、蘇、秀等州積屍在外沙及運河兩岸不少。雖未審虛實，然屢有聽聞；兼聞常、潤等州死損之人，村保各隨地分埋瘞。況掩骼埋胔，是國家所行之事，文王葬枯骨而天下歸心，今積屍暴骨如是，而使僧人收藏，村保埋瘞，甚無謂也。伏乞陛下命使弔奠，以慰幽魂，遣人掩藏，免傷和氣。所貴王者，德澤及於存亡。然後訪有兼并之家，能出財助國者優奬之；有儲蓄之家，能發廩救民者旌酬之。又宜放一二年稅賦，免三二年徭役，非富商大賈之稅不用稅，非摘山煮海之貨不用徵，用此以安民心，以防盜起也。

去年淮南地震，臣已晝時奏訖，又聞江南地震尤甚，望陛下宣御札、降德音以禳災異，訪問樞相以放稅賦、減課利。若不可減，臣請以近事比。臣讀五代史，梁朝、後唐、晉、漢及周，封疆不及千里，江南、兩川、兩浙、荊湖、廣南，各有主帥。當時中國多事，尚欲制禦蕃戎。自太祖平吳、取蜀、下廣南，太宗平河東，吳越王舉國歸朝廷，此國家封疆萬里，稅賦課利百倍於前。除邊上所費外，但減省不急之用，則倉廩府庫自然盈餘，何必於江、浙饑饉疾疫之後，籍其所出稅賦課利，以贍軍國。今江南二十七州軍，兩浙一十六州軍，宜知若干州是饑饉疾疫之處，若干不是饑饉疾疫之處。其地無災沴、人無疾疫處，依每年上供錢帛糧草外，餘係災沴處，朝廷早行指揮，以有均無，以多濟寡，以安民生，以防盜起也。

又 卷五二 〔咸平五年〕侍御史知雜事田錫言：『臣伏睹近日多雨，秋稼頗傷，近京諸州，積潦為害。加以差遣使命，點集鄉兵，人情不安，物聽可駭。謂一家雖有數口，三丁抽兩丁，定以強壯之名，備於緩急之用，雖不刺面，各遣歸農，其如終隸軍名，向去須在戎伍。當北狄未賓之際，值西戎為害之時，豈不知臨時抽差，以補正軍闕少！如此，壯丁父母，逐家妻男，有哀慟之哭聲，實感傷於和氣。朝廷宜制理於未亂，樞相當經始而圖終。臣訪聞國家府庫稍虛，倉廩不實。不然，則何以急急於聚斂財貨，孜孜於備禦邊防？況廟堂無人，軍旅無將，居崇官者皆莫知危言之士，食厚祿者悉坐觀成敗之人！邊上奏報繼來，戎狄侵軼漸近。其好佞言而安聖心者，則曰國家無患。無遠慮而有近憂者，不過請聖駕親征。望陛下以宗社為憂，乞陛下以芻蕘可聽。臣每奉聖旨，凡有見聞，即令敷陳，敢不遵守，干冒宸衷。』錫自注云：五月二十二日奏此，今附月末。

又卷五四　［咸平六年三月辛卯］侍御史知雜事田錫言：『臣伏睹去秋已來，霖雨作沴，近畿諸處，水潦為災。雖聞檢覆蠲免租稅，又聞相度低下開掘溝渠。憂卹之心，似有所濟，而利害相半，莫知適從。古者不奪農時，慮妨營種，或遇歉歲，即念困窮，故有賑貸糧儲，除放徭役，免令凋瘵，不至流亡。今國家為少闕軍兵，防備邊戍，遂於曹、單、宋、亳、陳、蔡、汝、潁之間，點集鄉村，揀選強壯，得五七萬人。訪聞始降宣命指揮，只令在本城防守，及至奏聞都數，即並抽赴京師。昨近臣何以商量，如此失信，令下民寧無怨望？況陛下常好讀書，有儒臣時得侍講，春秋謂「君命無二」，又曰「信不由中」，諒在聖聰，盡達微旨，豈有命令既宣於羣下，而誠信不由於厥中？若外國差人在京探事，事無巨細，境外既必盡知，知而圖謀，邊上未得安靜。其所謀之大，謂古者以民為邦本，食為民天。今國家取丁壯為兵，已失邦本；以災傷去食，寧有民天！糧儲何止無餘，邊備亦恐不濟，以此得計，以此乘時，此外國所謀之大者也。其所謀之大者，以關西去年秋稼不登，京東今歲春種已失，國家營救之不暇，廟堂圖慮之未精。欲以新集未慣之兵，授非才無勇之將，僥倖求勝，輕敵寡謀，此外國所謀之大者也。加以自春已來，多陰少晴，每遇朔風，其來數日不定，變陽春和煦之令，入邊塞動靜之占。臣不曉占書，不知兵略，但以經史所言之事，求災祥可見之徵，以愚意裁量，望聖慈採納。雖兵者凶器，不得已而用之，民為邦本，不得已而取之。今五七萬人並離農畝，日近更差使臣揀點，豈無物議憂虞！以災沴之餘，寇盜若起，適足為戎狄之利，有勞宵旰之懷。檢災傷乃是虛名，行賑貸且非實事，斯乃今日之務最急也，非時之患可憂也。臣謂非十年不足以聚蓄財貨，非十年不足以生育黎元。二十年間，治之得其宜則無慮，治之失其宜則有患。非二十年尚未能蓄聚財貨，生育黎元，況臨事欲制置乎？望陛下思今日之急務，慮非時之所憂，示信以結之，善謀以成之。若信不由中，事出慮外，必恐國家多難，自今日始。臣受先帝拔擢，不敢不言，臣受陛下指揮，不敢不奏。』錫自注云：咸平六年三月一日奏，今附本日。差使臣揀點曹、單、宋、亳、陳、蔡、汝、潁丁壯，更當詳考。

又卷一〇五　［天聖五年九月庚戌］陝西轉運司言同、華等州旱，蚄蟲食苗。

太常博士、祕閣校理、國史院編修官謝絳上疏曰：

去年京師大水，敗民廬舍，河渠暴溢，幾冒城郭。今年苦旱，百姓疫死，田穀焦槁，秋成絕望，此皆大異也。按洪範，京房《易傳》，皆以為簡祭祀，逆天時，則水不潤下。政令逆時，水失其性，則壞國邑，傷稼穡。顯事有知，誅罰絕理，則大水殺人。欲德不用，茲謂張，厥災荒；上下皆蔽，茲謂隔，其咎旱。天道指類示戒，大要如此。陛下夙夜勤苦，思有以上塞時變，固宜冊告殃咎，變更理化，下罪己之詔，修順時之令，宣羣言以導壅，斥近倖以損陰。而聖心優柔，重在改作，號令所發，未聞有以當天心者。夫風雨寒暑之於天時，為大信也，信不及於物，澤不究於下，則水旱為沴。近日制命，有信宿輒改，適行遽止，而欲風雨以信，其可得乎？

天下之廣，萬幾之眾，不出房闥，豈能盡知？而在廷之臣，未聞被數刻之召，吐片言之善，朝夕左右，非恩澤即佞倖，上下皆蔽，其應不虛。昔兩漢日蝕、地震、水旱之變，有策免三公以示戒懼。陛下進用丞弼，極一時之選，而政道未茂，天時未順，豈大臣輔佐不明耶？陛下信任不篤耶？必若使之，宜推心責成，以極其效，謂之不然，則更選賢者。比來姦邪者易進，守道者數窮，政出多門，俗喜由徑。聖心固欲盡得天下之賢能，分職受事，而宰相方考資進吏，無所建白。欲德不用之應，又可驗矣。

今陽驕莫解，蟲孽漸熾，河水妄行，循依違之跡，行尋常之政，臣恐不足回靈意，塞至戒。古者穀不登則虧膳，災屢至則降服，凶年不塗墍。願下詔引咎，損大官之膳，避路寢之朝；許士大夫斥諱上聞，譏切時病；罷不急之役，省無名之斂；勿崇私恩，更進直道，宣德流化，以休息天下。至誠動乎上，大惠浹於下，豈有時澤之艱哉？絳上疏不得其時，附見陝西言旱蝗後。

又卷一一二　［明道二年六月癸未］先是，右司諫范仲淹以江、淮、京東災傷，請遣使巡行，未報。仲淹請間曰：『宮掖中半日不食，當如何？今數路艱食，安可置而不卹！』甲申，命仲淹安撫江、淮。所至開倉廩，賑乏絕，毀淫祀，奏蠲廬舒折役茶、江東丁口鹽錢。饑民有食烏昧草者，擷草進御，請示六宮貴戚，以戒侈心。又陳八事：

其一曰，祖宗時，江、淮饋運至少，而養六軍又取天下。今東南漕米歲六百萬石，至於府庫財帛，皆出於民，加之饑年，艱食如此。願下裁造務、後苑作坊、文思院、糧料院，取祖宗歲用之成數校之，則奢儉可見矣。【略】

其三曰，天之生物有時，而國家用之無度，天下安得不困！江、淮諸路，歲以饋糧，於租稅之外，復又入糴，兩浙一路七十萬石，以東南數路計之，不下三二百萬石，故雖豐年，穀價亦高，官已傷財，民且乏食。至於造舟之費，並以正稅折充。又饋運兵夫，給受賞與，每歲又五七百萬緡。故郡國之民，率不暇給，商賈轉徙，度歲無還，裨販之人，淹遲失業，在京榷務，課程日削。國家以饋運數廣，謂之有備，然冗兵冗吏，游惰工作，充塞京都。臣至淮南，道逢羸兵六人，自言三十人自潭州挽新船至無為軍，在道逃死，止存六人，去湖南猶四千餘里，六人比還本州，尚未知全活。乃知饋運之患，不止傷財，其害人如此！今宜銷冗兵，削冗吏，禁游惰，省工作，既省京師用度，然後減江、淮饋運，以租稅上供之外，可罷高價入糴，則東南歲省官錢數百萬緡，或上京實府庫，或就在所給還商旅。商旅通行，則榷貨務入數漸廣，國用不乏；東南罷糴，則米價不起；商人既通，則入中之法可以兼行矣。

又 卷一一四 〔景祐元年二月乙未〕其二議災旱，曰：『頻歲已來，亢陽為驅，民多艱阨，歲不順成。《洪範五行》曰：「僭，常暘若。」謂僭差則常暘順之。又曰：「土爰稼穡。」土於人其性信，其事思。其為咎也霿冒，其為沴也稼穡不成。天其意者謂爵賞過授，近於僭差，號令迭改，非示信颫。朝廷於方嶽大臣，不吝命賜，將相崇秩，躐等而除。至於戚里宗室，超越名級，嬪嬙追命，濫擬尊極，軒墀下列，遷補過優，銓筦常資，進陟太廣。此不謂僭差乎？又條制屢改，或前敕未遑究宣，後旨已令廢格，或已授復追，或未下輒止。此不謂號令不信乎？又間者遣使傳開公廩以賑貧乏，然四民之別，農服田畝，無國家贍養之理。今之兵食吏祿，百倍於古，以此重費，可勝既邪？又轉饟艱遠，濟貸不及，或發丁運粟，或募人貸錢，惠未及下，下已重擾，止是邀名者圖市恩而已。臣願陛下修人事以應天變，不然，陡匱國力，而未足以弭民災也。』

又 卷一五八 〔慶曆六年五月丁未〕御史中丞張方平言：臣伏聞陜西夏旱，二麥不收，近雖有得雨處，秋田亦未必可望。民已艱食，頗有流移，邊警雖寧，兵戎尚眾，因之饑饉，事實可憂，芻糧委輸，最為切務。朝廷雖懷柔夏寇，本為休兵息民，若其役費不紓，必見物力日困，經久之計，殆無以支。又比來諸州累報地震，考諸咎證，由陰有餘。夫陰者妻道也，臣道也，民也，夷狄也。此時後宮無過制，外廷無權彊，所當戒慮者，民與夷狄爾。內安民而外待夷狄，其要在貨力有備而已。今境上堡寨，兵分力微，假如寇來，勢必不能出戰，如其守也，即隨處土人自應足用。況春夏之際，戎人必無大舉，若每年三月以後，緣邊所屯東兵，一切抽向內地就食，至八九月復遣出戍。又邊城一馬之給，當步卒三人，既多羸駑，不任馳敵，平時虛糜芻粟，動輒兼人餽送。若今後所發緣邊屯駐馬軍，約度足以巡邏外，稍用步人替還，寬減調度，此其略也。

又 卷一七九 〔至和二年夏四月乙卯〕知諫院范鎮言：『伏見今歲無麥苗，朝廷放稅免役，及以常平倉、軍食拯貸存卹之，恩不為不至矣。然而人民流離，父母妻子不能相保者，平居無事時，不少寬其力役，輕其租賦，歲雖大熟，使民不得終歲之飽，及少歉，雖加重施，固已不及事矣。此無他，重斂之政在前也。今特一穀不熟爾，而流民如此，設使九穀皆不熟，朝廷將如之何？臣竊以水旱之作，由民之不足而怨；民之不足而怨，由有司之重斂；有司之重斂，由官冗兵多與土木之費廣而經制不立也。又聞許、汝、鄭等處，蝗蝻復生，亦由貪政之所感也。天意以為貪政之取民，猶蝗蝻之食苗，故頻年生蝗蝻以覺悟陛下也。春秋書『秋，初履畝；冬，蝝生。』說者以為緣履畝而生，此所謂貪政之感也。國家自陜西用兵、增兵以來，賦役煩重。及近年，不惜高爵重祿，假借匪人，轉運使復於常賦外進羨錢以助南郊，其餘無名斂率，不可勝計。此皆貪政也。貪政之發，發於掊克暴虐，此民所以怨也，所以干天地之和也，水旱之所以作也。臣前此言官冗兵多民困者屢矣，未蒙報下。伏乞陛下敕大臣檢臣前所上章，考今官數、兵數與賦入之數，立為經制。又，罷土木之費，使民得足食而少休息，則天地之和至矣。古之言太平者，止於使民之足食也。今誠能立經制，省官與兵，節土木之費，使民足食，陛下高拱深居而太平可坐致，顧陛下責任大臣何如爾！』

又 卷三六四 〔元祐元年春正月〕摯又言：臣近者累具章疏，乞賜聖斷罷黜宰臣蔡確，至今未蒙指揮施行。臣本以姦邪在朝，豺狼當路，故不避禍患以盡言責，而陛下曾不省察，豈微賤之臣，區區之瑣說，不足以感悟天聽乎！然臣之所言，皆天下安危、生民禍福大計，非臣之利也。今理難緘默，伏望聖明略垂顧省，無以臣之賤而廢其言，天下幸甚。謹按確本無學術，又無德望，因緣遭遇，惟以鍛鍊大獄、排斥善良、聚斂民財、阿諛苟合致身執政，仍以深中不測為履行，附會取容為事業，引置私黨相為表裏，此天下之所共知也。

昨者神宗靈駕發引，公然違敕不赴內宿。及山陵使回，略不依故事辭位，而使其門下之人，揚言於眾，謂己有定策大勳，嗣皇倚賴。貪天之功以固權位，欺上罔下更無廉恥，至於假朝廷政事，以行私意，因王珪薨歿，遞遷門下，方兼三省。蹇周輔父子明有罪惡，但以周輔在開封日，曾勘蔡碩欠錢兩事，周輔皆為曲法平掩，報其私恩，不使罷任。如此之類亦中外之所共知，臣已於前章論列其詳矣。

今自去冬以來，都無雨雪，畿甸及京東、西近而易知也，陝西、河北、江、淮之遠，有人來者，臣每詢訪，皆云『大旱』。則被災之地，可謂廣闊，百姓一歲之命，惟賴麥爾，麥不登則民飢，民飢則盜賊必起，又疾疫相承而作，天下之勢，誠可大憂，非小小災異，乃上帝警告以動聖慮也。漢世水旱災變，必策免三公，而三公以災異引咎自殺者，比比有之。又曰：『烹弘羊，天乃雨。』夫烹人非致雨之道，而雨必可致者，蓋桑弘羊聚斂姦臣也，以謂烹是人則民心悅，民心悅，則天怒解而和氣應也。前世及本朝凡遇水旱變異，則執政之臣必須引咎自劾，惶恐畏天，懇求去位，以避賢路，以謝天譴，蓋身為公卿，職在燮理陰陽故也。確位居上相，正任其責，而恬然不以為意，前日山陵使還不去，今日大旱不去。中外士論莫不驚怪，謂確貪固寵祿，實有輕朝廷之心，將謂皇帝陛下春秋富盛，太皇太后陛下垂簾之際，或未能盡知大臣充山陵使及遇災異，明有辭任典故，所以幸於不悟而都不備禮自言，傲然安倨，蔑視公議。今旱勢累月，已涉春矣，生民嗷嗷，驚駭狼顧，正是大臣恐懼待罪之日，又是陛下思荅天戒、更張政事、變置大臣之時也。

確竊據日久，姦險陰害，不忠於國，無心於民，與章惇死黨相結，同力護持敝法，沮排同列，以隔塞陛下善政，誰不憤疾？而陛下覆之如天，容之如地，不判其邪正，不辨其公私，此中外士大夫，未見其是非成敗之所在，所以懷疑觀望，未敢盡心展意於國家者也。伏望憫此旱虐，早發睿斷，明以故事罷職任，使之外補，則天下必安，人心必悅。天下人心既安既悅，而天地之和不應，臣當被欺罔之誅所不敢避。然則陛下何惜去確以救四海之命，較其利害，孰輕重哉！陛下若以臨御未久，恩遇執政，不欲遽有去留，今來聽政已逾年，又改元矣，尚待何時也？若以皇帝陛下盛年，左右須人輔導，則自有二三老成道德之人，何賴確哉！確姦險刻薄不可使，久在陛下左右，朝廷終無所益。伏乞速賜指揮，將臣前後論確章疏，付外施行，臣不勝愛國愛人區區之心。

貼黃：『若不早罷確職事，則善人終不可立，邪黨終不可辨，敝法終不可改，善政終不可行，疲民終不可安，士大夫終懷畏貳不得盡心於朝廷。所繫甚大，伏望聖聽無疑，早賜施行。』又貼黃：『臣昨亦論章惇，乞行黜降，今來未敢併煩聖聽，候罷確日，別具彈奏。』

又貼黃：『水旱罷免宰相，古今明有故事。確位上相，罪惡不少，今止以旱災去位而免其貶竄，掩其姦邪，已足為幸，於國體無傷，臣獨區區如此者，亦非狂妄自棄也。蓋天賦愚直，心嫉姦惡，出於孤遠，蒙置之言路，見確無禮驕慢，為天下之害，所以盡言以報恩遇，伏望早賜指揮，為歲首發政之美。』摯遺藁以此為第六疏，正月空日上。按是年正月十三日立春，此云『今旱勢累月，已涉春矣』，或恐在二十一日第五疏前，編遺藁者偶失之，今仍附二十一日。

摯又言：臣自去年十一月後來累具章疏，彈奏蔡確，乞賜罷免，至今未蒙施行。伏見祖宗以來，執政臣僚苟犯公議，一有臺諫論列，則未有得安其位而不去者。其所彈擊，又不過一二小事，或發其陰私隱昧之故，然章疏入，即日施行。蓋去留大臣，一切付之公議，雖人主不得以私意加也。今臣所論確之罪，非一二也，非小事也，又非訐人之私過隱慝也，皆是欺君罔上、不恭不忠、貪功怙權、無廉恥、立朋黨，極人臣之大惡，並有實跡，天下之所共知，而王法之所不容者也。臣言屢進，極於忠憤矣，而天聽愈高，莫能感動。今上天儆告，旱災已成，二麥已乾，疾疫已作，饑饉時至，民將流亡，盜賊將至，羣情驚懼，大命近止。累月以來，日眚亡光，風埃昏塞，此何時也，而陛下曾不以為慮，天戒如此，豈可不畏？夫欲轉禍為福甚無難，緣今日災變，本非人君有失德所召也，又非朝廷無仁政所致也，止以今日政在大臣，而大姦雜處、忠邪混淆，無燮理陰陽之德，無厭服中外之望，害流生民，人情憤鬱之所致也。陛下專務包容，使天下受其患，而獨幸此一二姦人，何謂也！邪正不辨，是非不分，如黑白冰炭之不可同也，宜早分辨之，則忠義之士知所向，而善政立矣。臣又竊料聖慈不欲傷恩，欲待其自請而後以禮數去之耶。確之無廉隅、貪權勢也久矣，自去年已來，百術千慮，為安身不可動之計，則今日安肯以水旱故事自請哉？若或陛下疑臣排擊大臣，有挾私之意，伏望降臣前後章疏，付三省辨正是非，早賜聖斷，罷確職任以答天戒。中外之心既安以悅，則天變必回，和氣應而時雨降，尚可救枯槁災厲萬分之一，伏乞速賜處分。

貼黄：『古者水旱，策免三公。及本朝以來，大臣以災異，未有不自請罷免、闔門待罪者。今大旱如此，確位上相，安然自處，略不備禮，足以知其輕視朝廷，蔑無公議。』

又貼黄：『陛下自去年以來，凡政令未便於民者，略已更改，雖未能盡去其根本大害，然節次所改者不少，皆是確久來護持以為善法者也，而今合同衆改之。前日不以為非，今日不以為是，則尚可以為大臣而責其事君之義哉！兼議者又以謂確深險而多謀，今肯依從改為，非誠心也，蓋陽欲自託於正人，以為安身之計，俟他時復肆其志，則今日善政卻須變更。臣觀確處心已見反覆，則議者之語不可不察也。惟望早賜罷確，專任正人，使善政畢立，則後日不可搖矣。』摯遺藁以此為第七疏，繫之正月而無其日。

摯又言：臣近具狀，乞罷宰相蔡確，至今未蒙施行。緣臣備員御史，以觸邪指佞為職，今宰相姦險，有犯公議，臣若失職，誰敢言者？伏見祖宗以來所用相，考遴選擇，必取天下有德有望之人，故内則廟社安，外則夷夏畏，下則衆庶伏，其功名事業，昭於天下，至今稱之；未嘗有法獄之吏，聚斂之臣，詭譎之才，陰賊之行，天下所嫉而使在相位如確者也。

臣所以不避再三，干冒天聽。確之當去，其罪非一：公違陛下敕命，不赴神宗發引内宿，為大不恭，其當去者一也；山陵使回，明有歷代及國朝故事，而略不引罷，廢禮貪位，其當去者二也；皇帝陛下之立，乃天人之所助，而太皇太后之德也，確輒自稱定策，貪天之功，其當去者三也；在中書二年，不將差除與三省合奏，及身遷門下，陰使言者申請，招權營私，其當去者四也；其弟犯法，蹇周輔承勘兩次，皆滅裂平治其事，故今日周輔父子有罪，言路累有彈奏，而確力主之不罷其任，屈公法，報私恩，其當去者五也；執政臣僚，已經覃恩遷轉，無故又進一官，妄引嘉祐、治平不可用之故事，欺謾聖聽，不顧廉恥，其當去者六也；與章惇死黨相結，一柔一剛，一合一離，欲其銷磨同列，牽制善政，中外皆知其術，其當去者七也；去年十月至今，並愆雨雪，驕陽肆虐，天下大旱，民情惶惶，實由確姦邪所召，況位居上相，正任其責，其當去者八也；確在熙寧、元豐間，鍛鍊寃獄，排逐善良，引薦姦僞，變更祖宗政令，誅求民財。確在言路、在司農、在執政，首尾身任其事，見法令未便，何嘗聞有一言論列裨補，惟是阿諛護持，以謀進用。及至今日，自見其非，乃稍稍語於人曰：『在當時豈敢言也！』此確之意，欲於今日固其名位，故反歸曲先帝，是可謂大不忠矣，朝廷以高爵重禄尊養輔臣，欲何用哉？豈有見可言而不言也？假如言之而不聽，當以死繼之；假如畏懼而不敢言，則當辭事而去，乃臣子之常分也。當時詭隨，及時移事改，方為自全之計而賣過歸咎，是可謂大不忠矣。事先帝不忠，則安肯盡忠於陛下也哉？此其罪惡尤大，其當去者九也；近者奉使山陵回，陵行屬官，故事自皆推恩，而確乃特薦高遵惠、張璡、韓宗文，乞從優恩，上欲以悅聖意，下欲以餌同列，賴陛下至公，照其狡計而議遂不行。中外聞之，莫不欣快，陛下觀此用心，則確之邪正不難知也。此一事尤喧物論而罪尤大者，其當去者十也。

確之罪惡如此，羣議沸騰，臣愚區區之言，略已自竭，而聖度包容，一切不以為意，在聖慈不失恩於確則可也，其如朝廷之輕重、天下之安危、生民之禍福、人情之去就，在確之罷爾，則所繫豈不大乎？今忠義之士當盛明之時，人人皆願自效，而確猶在位，誰敢明目張膽盡心於朝廷哉？正人不得立，則陛下之善政不得行，天下之敝法不得改。今大旱累月，燥風慘日，自冬入春，宿麥已槁，疾疫將作，内外之情，驚惶不安，皆由大姦在朝，天示譴告。伏望聖慈，深察事勢，以天下為念，早發聖斷，罷確職任，使之外補，以答天變，以召和氣，以慰公議，以新改元之政，天下幸甚！摯言確十當去事，與八年七月六日戊戌、九月十四日乙巳并此年閏二月五日甲午蘇轍所言，須并考。此章摯集有之，遺藁獨無，當考。

又 監察御史王巖叟奏編類章疏元年正月二十二日：

臣近以大旱，上章乞早革大害、去大姦，以答天戒，指言蔡確、章惇相為朋比，以蔽天聰，虐下罔上，不忠之跡著於兩朝。乞出臣前後章疏，集百官於朝會議，以決是非，今復累日，未蒙施行。臣竊惟陛下祈禱甚勤，而天心未應，旱虐日深，民命近止，陛下不可不思。伏以水旱為災，國家重事，稽前代舊章，則三公例當策免；考本朝故事，則柄臣自合遜辭。今陛下有容，既重退人之意，而姦臣無恥，又忘避位之心。臣於此時何可循嘿？蓋臣之所據，是朝廷公器，臣之所陳，是天下公議，虛公器而不言則負朝廷，棄公議而不卹則負天下，臣苟如此，陛下置之何用？且自古以來，置諫官、御史，正要為朝廷論大害、言大姦，與天子為耳目，非欲以蔽天子聰明，使姦人長惡也。

又自古以來，天下大害，莫不由大姦而成，必先除大姦，則大害自去。

臣前後所論二姦臣，事跡甚明，伏望陛下覽臣苦言，察臣血懇。臣非病狂，何肯不籍身名，妄把忠賢破壞；不惜門戶，故與權臣作絢。陛下豈不知蔡確、章惇受先帝恩深，明知天下疾苦，都不進一言告先帝知之，惟是阿諛佞媚、欺罔蒙蔽，以安身固位而已，非先帝不聽其言也。辜負恩德，可為痛心，豈有不忠於前日，而望其忠於今日哉？古人謂聽言之道，必以事觀之。今確輩之事，陛下可觀而知矣；臣等之言，陛下可考而聽矣。臣伏料陛下固知確、惇為姦邪，但未能遽斷爾。傳曰：『當斷不斷，反受其亂。』先王之所深戒也，願陛下早賜依臣前疏所乞施行，上以答天意，下以慰人心。

貼黃：『臣竊以今日人心之望陛下，猶陛下之望天意也，陛下未有以答人心，故天意未有以答陛下，此理甚明，陛下何惜去姦邪以應天意、為生靈之福？』

又 卷三九二 ［元祐元年十一月壬午］先是，左司諫王巖叟言：『伏以救災卹患，惟恐有所不至，以傷其仁者，先王之用心也。隨施以有求，乘危以論利，蓋不忍焉。臣按：祖宗賑濟舊法，災傷無分數之限，人戶無等第之差，皆得貸借，但令隨稅納元數而已，未嘗有息也。故四方之人，霑惠者普，銜恩者深，郡縣倉庾以陳易新者多。其後刻薄之吏陰改舊法，必待災傷放稅七分已上方許貸借，而第四等以下方免出息，殊非朝廷本意。緣災傷放稅，多是監司以聚斂為急，威脅州縣，州縣又承望風旨，不復體念朝廷，以災傷的實分數除放。若放及七分者，災傷已是十分，況少有及七分？又六分之與七分相去幾何？毫釐之間，何以辯別？幸而得為七分，則有借貸，不幸而為六分，則無借貸，但繫檢災官吏一言之高下，而被災百姓幸不幸相遠如此，此不可不察也。三等而上，均為赤子，均遇天災，豈容因災偏令出息？計其所得則甚少，論其所損則實多，乖陛下平一之心，虧朝廷光大之施。臣乞復如舊法，不限災傷之分數，並容借貸，不拘民戶之等第，均令免息。庶幾聖澤無間，感人心於至和，天下幸甚！如允臣所奏，其河北、京西、淮南等路昨來水災州縣，乞先次指揮施行。』貼黃：『臣竊見諸處借貸斛㪷，必依年分支給，往往皆是陳次。次年人戶所納，盡是一色新物。陳次一石，未得十㪷之實；新物十㪷，過倍一石之入。公家雖云無取，而所得亦已多矣。』

巖叟又言：『臣訪聞昨來河北等路水災十分去處，上等人戶亦苦全闕糧斛。今倉廩幸皆有餘，何惜均令借貸，以濟其艱？此等戶且無失陷之理，有益民下而無損公上，臣意朝廷優為之耳。臣竊詳舊來雖不定災傷分數，並得借貸。若是所傷不多，委不至闕乏，州縣亦不敢借貸，民戶亦自不願請領。惟恐災傷多處，其間有不幸偶然放稅不及分數，則實被災之民無由霑借貸之惠，臣所以言必當復舊法，以除此弊也。』

巖叟又言：『臣於九月十四日曾論奏賑濟災傷，乞依舊法，令州縣體量，不限災傷之分數，並容借貸，不拘民戶之等第，均令免息，庶幾聖澤無間，以召至和，并乞契勘昨來水災路分，先次施行，至今未蒙指揮。臣訪聞河北、京東西、淮南等路昨被災之民，不獨下戶全仰救卹，雖中等而上今亦皆艱食，渴望濟接。若不早復舊法，寬借貸之惠，深恐入春難得種糧，以興農功，歲可望而人事不足，洊成饑乏，為朝廷憂。伏望指揮檢會臣前奏，早賜施行。』貼黃：『臣以謂舊法具在，不須旋行修立，惟乞更賜申敕災傷郡縣，子細體量，約度借貸。其有以見錢紐折斛㪷者，乞嚴賜指揮，必用平價，令艱急之民得霑實惠。』詔戶部看詳，別立新法。戶部修立新法，見十二月十八日壬寅。朱光庭奏議亦有此兩奏，與巖叟同。八月二日司馬光劄子當并考。

又 卷三九八 ［元祐二年夏四月己亥］侍御史王巖叟言：『臣前伏聽德音，以旱暵為災，憂勞惻怛，發於至誠，引咎自責，惟恐有所不及，令臣等講求闕失，以應天變。臣敢不極盡思慮，冀補萬分，謹疏三事，惟陛下察其愚而憐其志，幸甚！』

其一，王者之道，以篤親親、隆仁愛為先也。臣聞宗室不係賜名授官孤遺之家，二十餘位，六十餘人，全無祿食，朝夕不能自存，將有流落之憂。京師士民，無不傷之，皆言雖為疏遠，終是祖宗苗裔，國家於事體合有處置，不當使若路人，視而不恤。聞昨因人言，已送禮部立法，今將半年，不見了當，惸獨困窮，勢何可待？臣謂此事若執政大臣留意，須臾之間，可以裁定。伏望陛下批降指揮，更不下禮部，只令執政速議可行之法，早使宗支霑被聖澤，以成王室之美。

其二，人君之戒，在於偏聽，偏聽則生姦，生姦則害政矣。臣聞昨除工部郎中盛陶為祕書少監，既進入告，卻存敕旨，罷令依舊。外人不曉所以，共疑朝廷，至今未釋。若但為到部未久，不可遽遷，則眾人之未久而遷者甚多；若謂陶有過惡，不可擢任，則不聞有臺諫彈奏。反覆求之，恐是出於愛憎之偏辭，欺惑聖聽，甚可畏也！按陶素有藝文，號為良士。在熙寧中為御史，當時之事，雖不能力奪，然聞事事皆曾進諫，人以為難。不知何人一言而輒罷，中外之論，以為善惡不明，與奪失當，甚損政體。盛陶罷祕少在三月十四日。

其三，昔者世居不道，自取誅絕，固無足哀。然世之仁人君子，亦欲陛下有以施厚恩，崇盛德，臣不忍不言。按漢景帝二年，吴、楚七國反，七國宗室遂除其籍。至武帝元光二年，復七國宗室前絕屬者，歷代以為漢武之美。今天下皆曰世居之惡，非若七國，武帝之仁，非及陛下。臣以謂緣世居絕屬者，願陛下亦許復之，庶幾一開幽鬱，有感至和，臣不勝愚忠。

貼黄：『如蒙允臣所奏，乞作聖意批出指揮。』王巖叟三事，不得其時，附未雨前，然三事訖不見如何施行也。非袒免宗室，五月二十二日有詔。

侍御史王巖叟言：『伏以國家之勢，倚以為重在三路，而三路常受天下之弊，臣竊以為歎息。試例近事一二，以明其偏。始初刺強丁為義勇，非百姓之樂也，而三路當之；後變義勇為保甲，教之以兵，人人之所共苦也，而三路當之。大兵西討，深入絕境，陜西、河東之民身亡家破，室廬為空，而諸路不預也。大河横流，瀰漫千里，河北之人，流離狼狽，獨被大害，而諸路不預也。夫以天下之大，不能無非常之事，而非常之事常在於三路。雖陛下今日以至靜為功，以不貪為德，而羌人反覆，盟好誰能保之？緩急之變，所不可知，一有震驚，則三路先當其擾矣，此非臣之過論也。臣按祖宗之法，坊郭戶既不責之以應役，又不迫之以輸錢。非私於坊郭之民也，平時優游以養其力，為緩急用耳。今三路坊郭之家，兵興、河決之餘，困窮艱乏，非諸路比。無事而斂之，曾不少假，後有非常，亦何顔而更取之乎？當諸路所無之憂患，均諸路所當之賦徭，朝廷其亦念之否也？今釋其賦，以為二邊之備，諸路聞之，亦不敢以為比耳。臣欲乞三路坊郭戶新定五分助役錢，特罷催納，使藏於其家，日益自殖，以待朝廷一日之用。今未取而無傷，後取之而無怨，公私之際，美利兩全，顧不善哉！伏望陛下深考已事之驗，早為未然之防，不吝小以害大，不圖近而忘遠，勿廢愚臣之言，留神省覽，幸甚！』從違當考。

據王巖叟朝論，此奏乃以二年四月十八日進呈。

是日，巖叟同中丞傅堯俞入對延和殿，堯俞先奏：『旱災久，致陛下焦勞如此，由臣等不職。』太皇太后曰：『蓋由太皇太后無德，干卿等甚事。』巖叟進曰：『陛下至誠不息，當必有應。』先是，堯俞有一疏，請避殿減膳，即日行出。太皇太后曰：『卿所言正合太皇太后意，即時行矣，甚知卿忠。』又曰：『太皇太后德薄。』深自刻責之語甚多。方堯俞進劄論河東兵戍比元豐三年已前多三分之一，可令裁約。巖叟進劄子論三路坊郭錢乞除免，養民力以待緩急。應曰：『待令施行。』又論三路困弊久之，甚然納。堯俞前啟云：『更有愚懇上陳。』應曰：『何事？』堯俞曰：『李清臣非才無補，玷位日久，公議不允，合罷免。』應曰：『為無顯過。』巖叟曰：『執政無補，即是顯過，非當如他人論一事一節為顯過也。』應曰：『是則不得力。』復云：『別無他，只謂舊人。』堯俞曰：『過明堂，望其自請，又不請。過奉安，不自請，不免須言。』巖叟進曰：『此人無廉恥，不逐不去。過此，亦無期矣。韓琦受遺，猶山陵後便去，歐陽修、趙概、曾公亮皆相繼去，無永住之理。若是賢才，則臣等惟恐朝廷不留。』應曰：『卿等好意，應是欲得賢人在官家左右。』巖叟奏曰：『臣等區區之心正在此。』各進劄子讀訖，曰：『將取文字入來。』又説及旱災當修政事，宣諭曰：『卿等且更講求闕失。』又曰：『太皇太后搜尋徧。』進曰：『大臣未必能上副聖心之至公。』應曰：『若盡至公，則人心無不説，天意無不順。』

巖叟又奏：『知熙州趙濟險薄佞邪，卑污貪猥，為帥全無儀法，將佐僚吏皆苦其蒱博之戲，不稱陛下分閫之寵。諂事李憲，為帥府，憲之床簀溷煺皆親閲視，不可不罷黜。』濟二月十二日己責。

又奏乞罷三路坊郭助役錢，曰：『祖宗以來，坊郭戶既無應役之科，亦無輸錢之法。非私於坊郭之民也，以為坊郭之比村農，皆出緡錢以為用，居常養之，以備緩急耳。自王安石用事，欲盡天下之利，故斂錢及坊郭，而坊郭遂困弊，有至於破產之家不能自活者。今已復差法，則坊郭復當養之，以為非常之用。昨有朝旨，罷之一年，民心甚安。乃復有旨斂五分，臣風聞四民言，以為惟此事失望於朝廷，不類兩宮新政。臣欲乞特免三路坊郭戶五分錢，使藏於其家，以待朝廷一日之取，與畜之於公，亦何以異？』

中書舍人蘇轍言：『臣伏見二年以來，民氣未和，天意未順，災沴薦至，非水即旱。淮南饑饉，人至相食；河北流移，道路不絕；京東困弊，盜賊羣起。二聖遇災憂懼，傾發倉廩，以救其絕乏，獨此三路所散，已近二百萬斛矣。異時賑卹未見此比。然而民力已困，國用已竭，而旱勢未止，夏麥失望，秋稼未立。數月之後，公私無繼，羣盜蜂起，勢有必至，臣未知朝廷何以待此？臣竊見太皇太后陛下清身奉法，與物無私；皇帝陛下恭默靖重，動由禮義。

皇天后土，照知此心，而和氣不應，深所未喻，不審陛下嘗究其說否？臣聞天氣下降，地氣上騰，陰陽和暢，雨澤乃至。君廣聽以納下，臣盡言以奉上，上下交泰，元氣乃和。今二聖居幃箔之中，所與朝夕謀議者，上止執政大臣，下止諫官御史，不過數十人耳。其餘侍從近臣，雖六官之長，皆不能進見，而況其遠者乎？臣以謂羣臣識慮深淺不同，其心好惡亦異，故須兼聽廣覽，然後能盡物情而得事實。今陛下聽既不廣，則所行之事不得不偏。聽狹事偏，則陰陽亢隔，和氣不效，必然之理也。臣觀祖宗故事，百官有司皆得以職事進對，從容訪問，以盡其情。今二聖臨御四方，履人主之位，而謙恭退託，疏遠近臣，不行人主之事，遂使百官不敢以職事求見。臣謂宜因此時明降詔書，許百官面奏公事，上以盡羣臣之異同，下以閱人才之賢否。人心不壅，天道必從，則久旱之災，庶幾可息。臣蒙國厚恩，比聞詔書引咎自責，避正殿，損常膳，分命臣僚，並赴羣望，私心踧踖，不敢遑寧，輒推天意人事影響之應，庶幾有補萬一。惟陛下恕其愚僭，略賜采擇。』轍本集乃以此奏為戶部侍郎時所上。按奏稱久旱詔書引咎自責，避殿減膳，實四月間事也。今附未得雨前，其從違當考。轍十一月二十六日始遷戶侍，是冬苦寒，無復旱矣。二年正月四日，朱光庭使河北賑饑民。

又 卷四〇八［元祐三年二月］丙戌，詔以陰雪苦寒，令河東路經略司於例外量度存恤發差戍兵。

翰林學士兼侍讀蘇軾言：『臣伏見陛下發德音，下明詔，以大雪過常，煖氣不敷，農夫失業，商旅不行，引咎責躬，渙汗之澤，覃及方外，而詔下之夕，雪作不已。臣備位近侍，誠竊感憤，廢食而歎，退伏思念：陛下即位以來，發政施仁，無一不合人心，順天意者，當獲豐年、刑措之報，鳳凰、景星之瑞，而水旱作沴，常寒為罰，殆無虛日，此豈理之當然者哉？臣誠愚惷不識忌諱，試論其近似者，而陛下擇焉。臣聞差役之法，天下以為未便，獨臺諫官數人者主其議，以為不可改，磨厲四顧，以待言者，故人畏之而不敢發耳。近聞疏遠小臣張行者，力言其弊，而諫官韓川深詆之，至欲重行編竄。此等亦無他意，方司馬光在時，則欲希合光意，及其既沒，則妄意陛下以為主光之言。殊不知光至誠盡公，本不求人希合，而陛下虛心無我，亦豈有所主哉？使光無恙至今，見其法稍弊，則更之久矣。臣每見呂公著、安燾、呂大防、范純仁，皆言差役不便，但為已行之令，不欲輕變，兼恐臺諫紛爭，卒難調和。願陛下問公著等，令指陳差、雇二法各有若干利害？昔日雇役，中等人戶歲出錢幾何？今者差役，歲費幾何？及幾年一次差役？皆可以折長補短，約見其數，以此計算，利害灼然。而況農民在官，貪吏狡胥百端蠶食，比之雇人，苦樂十倍。又五路百姓例皆樸拙，須轉雇慣習人，其費不貲，尤為患苦。民窮無告，監司、守令觀望不言。若非此一事，則何以歲傷陰陽之和至於如此？雖責躬肆眚，徹膳禱祠，而此事不變，終恐無益。今侍從之中受恩至深，無如小臣，臣而不言，誰當言者？然臣前歲因詳定役法，與臺諫異論，遂為其徒所疾，屢遭口語。今來所言，若不合聖意，即乞便行責降，以戒妄言；若萬一少有可采，即乞留中，只作聖意行下，庶幾上答天戒，下全小臣，不勝恐慄待罪之至。』

張行者，遂寧人，述之從孫也。行言：『神宗議納役錢，蓋嘗謂之助役矣，以為若止於助，則未能盡免，將使後世役亦差，錢亦納，於是更為免役，其慮深矣。今乃廢免役而復差，上違先帝燕翼之謀，下拂元元安業之願，豈曰述事乎？』又言：『差役下戶一年所費，有用數年役錢者，有用數十年役錢者。其等漸降，其害愈深，殆非聖人裒多益寡，天道張弛之義。』又言：『臣恐議者以為朝廷有心於改法，無心於便民。昨日改之，為天下之民，今日復之，為天下之民，無容心於其間可也。』章數十上，詔監司戒厲以聞，行乃止。

戶部侍郎蘇轍言：轍言不得其時，附蘇軾後。

臣伏見自去冬至今，陰雪繼作，罷民凍餒，困斃道路。聖心憂勞，何所不至，蓋嘗命有司發內庫之錢，出司農之粟，竭太府之炭，以濟其急矣；猶以為未也，則釋犴獄，罷役夫，凡可以惠民之事無不為矣。而天意不順，雨雪如故，臣竊惑之。

臣嘗觀先儒論五行之說，以為聽之不聰，是謂不謀，厥咎急，厥罰常寒。故周之末世，舒緩微弱，政在臣下，則天應之以燠煖；秦之末世，峻刑暴斂，海內重足而立，則天應之以寒栗。是以周亡無寒歲，秦滅無燠年。信如此言，則朝廷之政令豈失於急歟？

竊惟二聖臨御以來，革弊去煩，施惠已責，凡所措置，雖未盡得，而民獲其所欲者多矣。苟以為急，雖三尺童子不信也。然則陰雪之應，其咎安在？臣聞商高宗時，雉雊於鼎，其臣祖己告之曰：『惟先格王，正厥事。』夫所謂正厥事者，無常事也，惟因其非而正之耳。故臣竊推之古事，以為天大雷電以風，而成王應之以迎周公；衞國大旱，而文公應之以伐邢。夫親迎三公非所以止風，而興師伐人非所以致雨，彼既為之不疑，而天亦報之如響者，誠得其時，當其事耳。

臣竊惟近者天地之變，常半歲苦旱，半歲苦陰。陰陽之氣一有過差，浸淫爛漫，而不能反。今雨雪既甚，久而不止，則春夏之際，又將復旱，此其類似有以致之也。古之為政，德刑並用，寬猛相濟，使天下懷其惠而畏其威。和氣充塞，而天地從之，故陽不過而陰不忒。自頃以來，朝廷之政，專以容悅為先務，上下觀望，化而為一。監司之臣，以不執有罪為賢；郡縣之官，以寬式陴賦、縱釋酒稅為優，至於省、臺、寺、監，亦未聞有正身治事，以辨集聞者也。何者？朝廷方兼容是非，以不事事為安靜，以不別白黑為寬大，是以至此極也。臣竊惟朝廷之意，其始蓋欲以寬治民耳，而不知姦臣猾吏乘其閒以侵虐細民，其弊不可勝數，名雖近寬，而其實則虐也。陛下誠欲消復此變，宜訓敕大臣，使之守法度，立綱紀，信賞必罰，使羣下凜然知有所畏。苟朝廷無偏甚不舉之政，則陰陽過差，浸淫爛漫，往而不反之氣，宜可得而止也。不然，雖空府庫，竭倉廩，以賑貧窮，破囹圄，焚鞭扑，以縱罪戾，臣恐天地之意未易回也。臣待罪地官，以簿書米鹽為職，出位而言，罪在不赦。然陛下頃自疏外擢臣而用之，二年之閒，致位於此，豈欲責臣齪齪以吏事自效而已哉？是以冒萬死獻言，惟陛下裁擇。

又 卷四二一 〔元祐四年春正月甲申〕右正言劉安世言按安世集有此章，當是元祐四年事，而是年張燈如故，實錄去年亦不書愆雪，姑存備考：『臣伏見去冬以來，時雪愆亢，詢問四方，亦多旱暵，關、陝、淮、浙民已艱食，物價翔踊，日益增甚。雖朝廷廣行賑貸，而歲事失望，薦饑可憂。臣觀周禮大司徒荒政之目，十有二品，救民之道，最為詳備，其九曰「蕃樂」，蓋歲有凶歉，人君憫恤元元，為之閉藏樂器而不作也。《禮》曰：「雖有凶旱、水溢，民無菜色，然後天子食，日舉以樂。」先王之制，具在方冊，聖明之主所宜留心。伏望陛下繼天奉元，仁民愛物，有年之瑞，宜不絕書，而雨雪失時，人且狼狽，雖兩宮憂勞軫念，無或少忘，而遠方之民，未見陛下至誠惻怛之意。今上元密邇，有司舉行常例，猶欲張燈。臣愚欲望聖慈明諭執政，特以歲旱，俾罷遊宴，使四海之內，莫不戴陛下勤恤之德，庶幾天人感通，風雨時若，天下幸甚！』又言：『臣昨具劄子，乞罷上元張燈，竊聞尋以降付三省，而連日值假，故執政未遑進呈。每接賓客，詢訪中外利病，皆言去歲甚愆時雪，來牟之望，殊未可期，民將薦饑，深可憂憫。今外方郡縣，或有災傷，猶不放燈，著為令敕。陛下子育黎庶，以天下為家，一夫不獲，尚軫聖慮，而況關、陝、淮、浙民已艱食，凶荒遼遠，所宜矜恤。伏望聖慈特降中旨，明諭聖意，罷止游宴，以答天變，廣謀賑貸，用濟民生，使覆載之閒，莫不衣被兩宮之仁德，天人和同，嘉氣自致。惟冀留神省覽，早賜指揮。』

又 卷四三五 〔元祐四年十一月甲午〕軾又言此疏乃十一月四日奏，今附月末：

浙西七州軍冬春積水，不種早稻，及五六月水退，方插晚秧，又遭乾旱，早晚俱損，高下共傷，民之艱食，無甚今歲。見今米斗九十足錢，小民方冬已有饑者。兩浙水鄉，種麥絕少，來歲之熟，指秋為期，而熟不熟又未可知，深恐來年春夏之交，必有饑饉盜賊之憂。鈐轄司除已與提、轉商量，多方擘畫準備外，有合申奏事件，僅具畫一如左。其一，轉運司來年合發上供額斛及補填舊欠，共一百六十餘萬石。本路錢物大抵空匱，剗刷變轉不行，官吏急於趁辦，務在免責，催迫賦租，督促欠負，鉗束私酒、漏稅之類，必倍於平日。饑貧之民，無路逃死，必將聚為盜賊。又緣上供額斛數目至廣，都未有備，見今逐州廣行收糴，指揮嚴緊，官吏不免遮攔米穀，添價貴糴以上，斛斗湧貴，小民乏食。伏望聖慈愍此一方遭罹熙寧中饑疫，人死大半，至今城市寂寥，少欠官私逋負，十人而九。若不痛加賑恤，則一方餘民，必在溝壑。今來亦不敢望朝廷別賜錢米，但只寬得轉運司上供年額錢斛，則官吏自然不行迫急之政，而民自受賜矣。乞出自宸斷，來年本路上供錢斛，且起一半或三分之二，其餘候豐熟，自分作二年，隨年額上供錢物起發，所貴公私稍獲通濟。又恐官吏為見明年既得寬減，僥倖替移，更不盡心擘畫收拾，以備補填年額。乞特賜指揮，須管依年分收簇數足，若遇移替，具所收簇到數交割與後政承認，不得出違年限。

其二，見今逐州和糴常平斛斗及省倉軍糧，又糴封樁錢上供米，名目不一。官吏各務趁辦，爭奪相傾，以此米價益貴。伏望聖慈速賜勘會，如在京諸倉不待此米支用，即令提、轉疾速契勘逐州，如省倉不闕軍需，常平糴數有備外，更不得收糴，所貴米價稍平，小民不至失所。

其三，浙中自來號稱錢荒，今者尤甚。百姓持銀、絹、絲、綿入市，莫有顧者，質庫人戶往往晝閉。若得官錢三二十萬，散在民閒，如水救火。欲乞指揮提、轉，令將合上供錢散在諸州稅戶，令買金、銀、紬、絹充年額起發。

其四，自來浙中姦民，結為羣黨，興販私鹽，急則為盜。近來朝廷痛減鹽價，最為仁政，然結集興販，猶未甚衰，深恐饑饉之民，散流江海之上，羣黨愈衆，或為深患。欲乞朝廷指揮，一應盜賊情理重及私鹽結聚羣黨，皆許申鈐轄司，權於法外行遣，候豐熟日依舊，所貴彈壓奸愚，有所畏肅。有詔許留上供米三之一。詔許留上供米三之一，此據軾墓誌。軾奏當刪取，不必備載，然亦可見當時事情，故具存之。軾五年二月十四日奏云：『蒙朝廷賜上供米二十萬石，於本路出糶。』

又 卷四三八 〔元祐五年二月〕戊申，翰林學士蘇轍言：臣于去年嘗再具劄子，論黃河漲水，于孫村出岸東流，本非東決，而吴安持、李偉等附會大臣，欺罔朝聽，欲因此塞斷北流，東復故道，差官調夫，于今年春首興起大役。臣竊疾之，是以不避煩瀆，越職獻言，以為河北生靈連歲災傷，不宜輕有舉動，乞陛下斷之于心，力止其事。是時，大臣固執前議，天聽高遠，言不能回。臣尋被命出使契丹，道過河北，見州縣官吏，訪以河事，皆以目相視，不敢正言。及今年正月，還自北邊，所過吏民方舉手相慶，皆言近有朝旨罷回河大役，命下之日，北京之人驩呼鼓舞，以為二聖明見千里之外，雖或巧為障蔽，而天日所照，卒無能為。惟減水河役遷延不止，耗蠹之事，十存四五，民間竊議，意大臣業已為此，勢難遽回。既為聖鑒所臨，要當迤邐盡罷。今月六日，果蒙聖旨，以旱災為名，權罷修黃河，候今秋取旨。大臣覆奏，盡罷黃河東、北流及諸河功役。民方憂災旱，皇皇之際，聞命踴躍，實荷聖恩。

然竊詳聖旨，不謂減水河必不可開，而託名旱災，曲全大臣，不欲明指其過；而大臣復請遍罷諸河，以蓋獨罷減水之跡，上下相蒙，體實未便。何者？北流堤防，積歲不治，近來南宫、宗城等處決溢，皆由隄防怯薄，夏秋水漲，勢不能支。都水官吏竊幸其事，因以為回河減水之說，既不依常理興工貼築，甚者又大計閉塞決口工料，以形比孫村回河之費，意謂彼此費用相若，則孫村之役不為過當，由此北流之患，漫不禁止。臣昨過瀛、深、洺等州界，吏民皆言今年若不治堤，數州之民受害尤甚。至于東流故道，地勢積高，必不可復。所開減水河，雖不開掘，每歲漲水必由此行，歲歲淤高，往事可驗，縱復開掘深廣，河淤一上，勢不復存。於此施功，顯是枉費國力，而捨彼為此，欺罔可知。

然臣之所憂，非特在此。何者？河流之不可復東，若使上下誠有不知，誤興大役，雖傷財害民，為患不小，而事有過誤，于君臣之間，逆順之際，未為大不便也。今者，大臣之議，違法悖理，決不可為，而協力主張，膠固為一，去歲所罷，今歲復存，順之者任用，違之者斥去，雖被聖旨，猶復遷就，以便其私。陛下之言，上合天意，下合民心，因水之性，功力易就，天語激切，中外聞者或至泣下，而大臣奉行不得其半。由此觀之，則是大臣所欲，雖害物而必行；陛下所為，雖利民而不聽。至于委曲回避，巧為之說，僅乃得行，君權已奪，國勢倒置。臣所謂『君臣之間，逆順之際，大不便』者，此事是也。

董仲舒有言：『尊其所聞，則高明矣；行其所知，則光大矣。』今陛下既得其所聞知，然未能尊而行之，臣恐羣臣顧望，有不為陛下用者矣。故臣願陛下有所不知，知之必行；有所不行，行之必盡。黃河既不可復回，則先罷修河司，只令河北轉運司盡將一道兵工，修貼北流堤岸；罷吴安持、李偉都水監差遣，正其欺罔之罪，使天下曉然知聖意所在。如此施行，不獨河事就緒，天下臣庶自此不敢以虚誑欺朝廷，弊事庶幾漸去矣。臣待罪翰苑，身無言責，冒昧納忠，譏訶貴近，罪合萬死。然念頃自初任知縣，蒙二聖非次拔擢，首尾五年，叨在禁近，恩德深重，羣臣少比，臣而不言，天下無敢言者矣。斧鉞之誅，所不敢避。貼黃稱：『訪聞修河司承受、內臣鄭居簡近為黃河故道不可得行，不敢虚占本職請受，乞先罷任，已蒙朝廷允許。以此觀之，顯是修河司不消復存，其吴安持、李偉尚自貪祿怙權，未即引去，伏乞早賜罷免。所有修河司見管職事，即乞依去年正月二十八日已降指揮，令河北轉運司結絕。又訪聞修河司妄舉大役，略無所益而費用錢糧、物料萬數不少，河北災傷之後，極不易應副。縱是封樁錢物，亦出自民力，深可痛惜。臣欲乞委河北提、轉不干礙官，具前後所費用過數目，結罪保明聞奏，所貴朝廷上下，具知蠹害之實，今後審于興作。』

又 卷四五四 〔元祐六年春正月丁卯〕是日，御史中丞蘇轍言《劉摯日記》：內降此章乃正月七日丁卯。

伏見前年冬溫不雪，聖心焦勞，請禱備至。天意不順，宿麥不蕃。去冬此災復甚，而加以無冰。二年之間，天氣如一，若非政事過差，上干陰陽，理不至此。謹按常燠之罰，載於周書，而無冰之災，書於春秋。聖人之言，必不徒設。臣謹推原經意而驗以時事，惟陛下擇之。蓋《洪範》庶徵，哲則時燠，豫則常燠，謀則時寒，急則常寒。哲之為言明也，豫之為言舒也，故漢儒釋之曰：『上德不明，暗昧蔽惑，不能知善惡，無功者受賞，有罪者不殺，百官廢禮，失在舒緩。盛夏日長，暑以養物，政既弛緩，故其罰常燠。』

周失之舒，秦失之急，故周亡無寒歲，而秦滅無燠年。今連年冬溫無冰，可謂常燠矣；刑政弛廢，善惡不分，可謂舒緩矣。臣非敢妄詆時政，以惑聖聽，請為陛下具數其實。然事在歲月之前者，臣不能盡言，請言其近者。凡有罪不誅者七，無功受賞者四：

陸佃為禮部侍郎，所部有訟，而其兄子宇乃與訟者酒食交通，獄既具而有司當宇無罪。此有罪而不誅者一也。石麟之為開封府推官，與訴訟者私相往來，傳達言語，獄上而罷，更為郎官。此有罪而不誅者二也。李偉建言乞回奪大河，朝廷信之，為起大役，費用不貲。今黄河北流如舊，漲水既退，東流淤填，遂成道路。臣屢乞正偉欺罔誤國之罪，不蒙采納，任偉如故。此有罪而不誅者三也。開封府推官王詔故入徒罪，雖蒙德音，法當衝替，而詔仍得守郡，至今經營差遣，遷延不去。此有罪而不誅者四也。知祥符張亞之為官戶理索積年租課，至勘決不當償債之人，估賣欠人田產，及欠人見被枷錮，而田主毆擊至死，身死之後，監督其家不為少止。本臺按發其罪，而朝廷除亞之真州，欲令以去官免罪。此有罪而不誅者五也。孫述知長垣縣，決殺訴災無罪之人，臺官有言，然後罷任。雖行推勘，而縱其抵欺，指望恩赦。此有罪而不誅者六也。秀州倚郭嘉興縣人訴災，州縣昏虐，不時受理，臨以鞭扑，使民相驚，自相蹈藉，死者四十餘人。雖加按治，而知州章衡反得美職，擢守大郡。此有罪而不誅者七也。

近日差除戶部尚書以下十餘人，其間人材粗允公議者不過二三人，其他多老病之餘及執政所厚善耳。臣與僚佐共議，以為不可勝言，是以置而不論，獨取其尤不可者杜常、王子韶二人論之，然皆不蒙施行。夫杜常在熙寧間諂事吕惠卿兄弟，注解惠卿所撰手實文字，分配五常，比之經典，及其所至謬妄，取笑四方。其在都司，希合時忱、任永壽等旨意，施之政事，前後屢為臺官所劾。兼其人物凡猥，學術荒謬，而置之太常禮樂之地，命下之日，士人無不掩口竊笑。此無功而受賞者一也。王子韶昔在三司條例司，諂事王安石，創立青苗、助役之法，臣時與之共事，實所親見。及吕公著為御史中丞，舉為臺官，公著以言新政罷去，而子韶隱忍不言。先帝覺其姦佞，親批聖語，指其罪狀。自是以來，士人不復比數，但以善事權要子弟，故前後多得美官。今又擢之秘書，指日循例，當得侍從，公論所惜，實在於此。此無功而受賞者二也。張淳資才凡下，從第二任知縣擢為開封司錄，曾未數月，厭其繁劇，求為寺監丞，即得將作，又不數月，令權開封推官，意欲因權即真，迤邐遷上。此無功而受賞者三也。丁恂罷少府簿，經年不得差遣，一為韓維女壻，即時擢為將作監丞。此無功而受賞者四也。其因緣親舊，馳騖請謁，特從常調，與之堂除，以至除目猥多，待闕久遠，孤寒失望，中外嗟怨者，尚不可勝數。

凡上件事，皆刑政不修，紀綱敗壞之實也。大率近歲所為，類多如此，譬如天時有春夏而無秋冬，萬物雖得生育而不堅成。天之應人，頗以類至。宜指揮大臣，今已行者即加改正，未行者無踵前失，勉強修飾，以答天變。臣伏見去年歲在庚午，世俗所傳本非善歲，徒以二聖至仁無私，德及上下，故此凶歲化為有年。然事有過差，猶不免常燠無冰之異。由此觀之，天地雖遠，得失之應，無一可欺，若更能恐懼修省，戒飭在位相勉為善，則太平之功庶幾可致也。臣備位執法，實欲使陛下比隆堯、舜，無缺可指，無災可救，是以區區獻言，不覺煩多，死罪死罪。陸宇無罪、石麟之除郎官，政目六月二十一日；麟之兗州、張亞之除真州，政目去年十八日；亞之知泗州，今年六月十九日自真州改府推；孫述罷長垣；嘉興訴災死者四十餘人；張淳權府推，六年十月一日，將作監丞張淳為府推；丁恂除監丞：七事當考。杜常正月二十二日壬午自少常改太僕，此云不蒙施行，然則轍奏此必在二十二日壬午前也，合依劉摯日記附正月七日。案：『十八日』上原本誤脫月分。

又 卷四五六

〔元祐六年三月乙酉〕龍圖閣學士、前知杭州蘇軾言：臣近蒙恩詔，召赴闕廷。竊以浙西二年水災，蘇、湖為甚，雖訪聞已詳，而百聞不如一見，故自下塘路由湖入蘇。目睹積水未退，下田固已沒於深水，今歲必恐無望，而中上田亦自渺漫。婦女老弱日夜車畎，而淫雨不止，退寸進尺。見今春晚，並未下種，鄉村闕食者眾，至以糟糠雜芹蕈食之。又為積水占壓，薪芻難得，食糟飲冷，多至脹死。並是臣親見，即非傳聞。春夏之間，流殍、疾疫必起。逐州去年所糴常平米雖粗有備，見今州縣出賣，米價不甚翔踴，但鄉村遠處饑羸之民，不能赴城市收糴，官吏欲差船載米下鄉散糴，即所需數目浩瀚，恐不能足用，夏秋之間，必大乏絕。又自今已往，若得淫雨稍止，即農民須趁初夏種秧，車水耕耘之勞，十倍常歲，全藉糧米接濟。見今已自闕食，至時必難施功，縱使天假之年，亦無所望，公私狼狽，理在必然。

臣去歲奏乞下發運司於江東、淮南豐熟近便處，糴米五十萬石，準備浙西災傷州軍搬運兑撥，出糶賑濟。尋蒙聖恩行下，云已降指揮，令發運司兑撥，合起上供并封樁等錢一百萬貫，趁時糴買斛㪷，封樁準備移用，送戶部依已得指揮，餘依浙西鈐轄司所奏施行。聖旨既下，本路具聞，農民欣戴，始有生意，而發運司官吏全不上體仁聖恤民之意，奏稱淮南、江東米價高貴，不肯收糴。勘會浙西去歲米價例皆高貴，杭州亦是七十足錢收糴一斗，雖是貴糴，猶勝於無米，坐視民死，今來發運司官吏親被聖旨，全不依應施行，以米貴為詞，更不收糴。使聖主已行之命，頓成空言；饑民待哺之心，中塗失望。卻便指準前年朝旨所撥上供米二十萬石，與本路內出糶不盡米一十六萬七千石有零充填。今來五十萬石數目外，只乞於上供米內更截撥二十萬石，與本路相兼出糶。

竊緣上件出糶不盡米一十六萬七千餘石，久已樁在本路。臣元奏乞於發運司糴五十萬石之時，已是指準上件米數支用外，合更要五十萬石，今來發運司卻將前件聖恩折充今年所賜，吏民聞之，何由心服？臣已累具執奏，未聞，豈敢為已去官，遺患後人，更不任責。伏望聖慈察臣微誠，垂愍一方，特賜指揮發運司依元降指揮，除已截撥二十萬石外，更兑撥三十萬石，與浙西諸州充出糶借貸。如發運司去年元不收糴，無可兑撥，即乞一面截留上供米充滿五十萬石數目，卻令發運司將封樁一百萬貫錢候今年秋熟日收糴填還。若朝廷不以臣言為然，待饑饉疾疫大作，方行賑濟，即恐須於別路運致錢米，雖累百萬亦恐不及於事。貼黃稱：『發運司奏云，淮南宿、亳等州災傷米價高處七十七文，江東米價高處七十文。竊緣臣元奏乞於豐熟近便處收糴，訪聞揚、楚之間，穀熟米賤，今來發運司卻引宿、亳等州米價最高處，以拒塞朝旨，顯非仁聖勤恤及臣元奏乞本意。』又貼黃稱：『若依發運司所奏，將出糶不盡一十六萬七千有餘石充數外，猶合撥三十四萬石，方滿五十萬石數，今來只撥二十萬石，顯虧元降聖旨一十四萬石。而況上件出糶不盡米，已係前年聖恩所賜，發運司不合指準充數，顯虧三十萬石。』又貼黃稱：『如蒙施行，乞下轉運司多撥數目與蘇、湖州，如合賑濟，更不拘去年放稅分數施行。』又貼黃稱：『若又行下有司自此方得請。留檢詳，修入去年十一月末，反覆住滯，必不及事。只乞斷自聖心，速降指揮。』

又 卷四六一

［元祐六年］己巳，翰林學士承旨、兼侍讀蘇軾言：伏見浙西諸郡二年災傷，而今歲大水。蘇、湖、常三郡水通為一，農民栖於邱墓，舟栰行於市井。父老皆言耳目未曾聞見，流殍之勢甚於熙寧。臣聞熙寧中，杭州死者五十餘萬，蘇州三十餘萬，未數他郡。今既秋田不種，正使來歲豐稔，亦須七月方見新穀，其間饑饉變故，未易度量。吴人雖號柔弱，不為大盜，而宣、歙之民勇悍者，多以販鹽為業，百十為羣，往來浙中，以兵杖護送私鹽，官司以其不為他盜，故略而不問。今人既無食，不暇販鹽，則此等失業，聚而為寇，或得豪猾為之首帥，則非復巡檢、縣尉所能辦也。

恭惟二聖視民如子，苟有可救，無所吝惜，凡守臣監司所乞，一一應副，可謂仁聖勤恤之至矣。然臣在浙中二年，所行荒政，只用出糶常平米一事，更不施行餘策，而米價不躍，卒免流殍。蓋緣官物有限，饑民無窮，若兼行借貸俵散，則力必不及，中路闕絕，大誤饑民，不免拱手而視億萬之死也。不如并力一意，專務糶米，若糶米不絕，則市價平和，人人受賜。縱有貧民無錢可糴，不免流殍，蓋亦有限量矣。

臣昨日得杭州監稅蘇堅書報臣云：『杭州日糴三千石，過七月無米可糴，人情恟恟，朝不謀夕。但官場一旦米盡，則市價倍踊，死者不可勝數。變故之生，恐不可復以常理度矣。』欲乞聖慈速降指揮，令兩浙轉運司限一兩月內，約度浙西諸郡合糴米斛，酌中數目，直至來年七月終，除見在外，合用若干，急遞奏聞。候到，即指揮轉運使官吏并轄下諸路封樁及年計上供錢斛內，擘畫應副，須管接續起發赴浙西諸郡糶賣，不管少有闕絕，仍只依地頭元價及量添水腳錢出賣，及賣到米腳錢並用支買金銀還充上供及封樁錢物，所貴錢數流通，不致錢荒。所有借貸俵散之類，候出糶有餘，方得施行。以此計置，雖是數目浩瀚，然止於糶賣，不失官本，似易應副。但令浙西官場糶米不絕，直至來年七月終，則雖天災流行，亦不能盡害陛下赤子也。如蒙施行，即乞先降手詔，令監司出榜曉諭軍民，令一路曉然知朝廷已有指揮。令發運司將上供封樁斛斗應副浙西諸郡糴米，直至明年七月終，不惟安慰人心，破姦雄之謀，亦使蓄積之家知不久官米大至，自然趁時出賣，所濟不少。惟望聖明深愍一方危急，早賜施行。貼黃稱：『臣去歲奏乞下發運司於豐熟近便州軍糴米五百萬石，蒙聖慈依奏施行，仍賜封樁錢一百萬貫，令糴米，而發運司以本路米貴為詞，不肯收糴。去年若用貴價收糴，不過每斗七十足錢，盡數收糴，猶可得百餘萬石，則今年出糶，所濟不少。其發運司官吏不切凜遵之罪，朝廷未嘗責問，習玩號令，事無由集。今來若行臣言，即乞嚴切指揮發運司，稍有闕誤，必行重責。所貴一方之民得被實惠，所下號令不為空言。』

又 卷四七三 ［元祐七年五月壬子］軾又言：臣已具積欠六事及舊所論四事上奏。臣聞之孟子曰：『以不忍人之心，行不忍人之政。』若陛下初無此心，則臣亦何敢必望此政，屢言而屢不聽，亦可以止矣。然臣猶孜孜強聒不已者，蓋由陛下實有此心，而為臣子所格沮也。竊觀即位之始，發政施仁，天下聳然，望太平於期月，今者八年而民益貧，此何道也？願陛下深思其故。若非積欠所壓，自古至今，豈有行仁政八年而民不蘇者也？臣前所論四事不為不切，而經百餘日略不施行。臣既論奏不已，執政乃始奏云初不見臣此疏，遂奉聖旨令臣別錄聞奏。意謂此奏朝上而夕行，今又二年於此矣，以此知積欠之事，大臣未欲施行也。若非陛下留意，痛與指揮，只作常程文字降出，仍卻作熟事進呈，依例送戶部看詳，則萬無施行之理。臣人微言輕，不足計較，所惜陛下赤子，日困日急，無復生理也。臣又竊料大臣必云今者西邊用兵，急於財利，未可行此。臣謂積欠之在戶部者，其數不貲，實似可惜，若實計州縣催到數目，經涉歲月，積累毫釐，何足以助經費之萬一？臣願特出英斷，早賜施行。

臣訪聞浙西饑疫大作，蘇、湖、秀三州，人死過半。雖水稍退，露出泥田，然皆無土可作田塍。有田無人，有人無糧，有糧無種，有種無牛，殍死之餘，人如鬼腊。臣竊度此三州之民，朝廷加意惠養，仍須官吏得人，十年之後，庶可全復。《書》曰：『制治於未亂，保邦於未危。』浙西災患，若於一二年前上下疚心，同力拯濟，其勞費殘弊必不至若今之甚也。臣知杭州日，曾奏乞下發運司多糴米斛，以備來年拯濟饑民。聖明垂察，支賜緡錢百萬收糴，而發運使王覿堅稱米貴不糴。是年米雖稍貴，而比之次年春夏，猶為甚賤，縱使貴糴，尚勝於無。而覿執所見，終不肯收糴顆粒，是致次年賑濟失備，上下共知。而小人淺見，只為朝廷惜錢，不為君父惜民，類皆如此。淮南東、西諸郡累歲災傷，近者十年，遠者十五六年。今來夏田一熟，民於百死之中，微有生意，而監司爭言催欠，使民反思凶年。怨嗟之氣，必復致水旱。欲望聖慈救之於可救之前，莫待如浙西救之於不可救之後也。臣敢昧死請內降手詔云：『訪聞淮、浙積欠最多，累歲災傷，流殍相屬。今來淮南始獲一麥，浙西未保凶豐，應淮南東、西，浙西諸般欠負，不問新舊，有無官本，並特與權住催理一年。』使久困之民，稍知一飽之樂。仍更別賜指揮，行下臣所言六事、四事，令諸路安撫、鈐轄司推類講求，與天下疲民盡洗瘡痏，則猶可望太平於數年之後也。

臣伏睹詔書以五月十六日冊立皇后，本枝百世，天下大慶。孟子有言：『《詩》曰：「古公亶父，來朝走馬。率西水滸，至於岐下。爰及姜女，聿來胥宇。」當是時也，內無怨女，外無曠夫。』此周之所以王也。今陛下膺此大慶，獨不念積欠之民流離道路，室家不保，鬻田質子以輸官者乎？若親發玉音，力行此事，所全活者不知幾萬人。天鑒不遠，必為子孫無疆之福。臣不勝拳拳孤忠，昧死一言。據蘇軾奏議係六月十六日。按：六月一日已從軾言下詔，不應六月十六日又奏此，必印本六月日誤，今并附五月末。

又 卷五一一 ［元符二年六月己亥］右正言鄒浩奏：『伏聞大河水勢近日暴漲，凡在衝注，漂蕩一空，如三門、白波則其害尤甚，蓋數十年以來所未有也。道路相傳，無不駭歎。臣愚欲乞應係陝西、京東、河北等路被水衝注去處，並申飭逐路監司，或自朝廷委官前去躬布惠澤，厚加撫存。庶幾漂蕩之餘，生者得以自全，而死者不至暴露，以傷太平之和氣。伏望聖慈詳酌，速降指揮施行。』浩奏不得其時，附二年六月末。浩又奏：『臣伏見去年河北、京東等路大水，為害甚於常時，上賴聖恩撫存，百姓方幸全復。而今年之水，又非去年可比，蓋自陝西、京西以至河北，其間州縣當水衝者，皆漂蕩民人，毀壞廬舍，至不可勝計。仰惟朝廷申飭監司，舉行詔條，所以宣導德澤甚厚。然而頻年以來，水旱相繼，雖盈虛之數，所不可逃；而消復之方，尤宜致謹。《書》曰：「惟先格王正厥事。」正厥事而已，不以為數之當然，此消復之實也。臣愚伏觀陛下清靜以承天休，寅畏以謹天戒，惟恐一物失所，無以當上天愛育之意，固已應天有其實矣。尚慮政令施設之間，人才進退之際，有未足以釋公議者。伏望睿慈，深賜照察，以盡格王正厥事之義，不勝幸甚！』此奏亦附見，當考其時。浩又奏：『伏見諸路監司，率以本路雨澤霑足，秋成有望，奏聞朝廷。然天道高遠，難以豫知，若後來雨澤過多，或時雨不繼，為水為旱，決不可逃。緣監司既嘗奏陳，不惟本司務掩前言，兼所屬州縣，互相觀望，雖行檢放，亦非實數。甚者公然抑勒，不令申訴災傷，民間窘無所出，重以威勢督之，遂至質賣妻孥，委棄父母，轉徙溝壑，無以自存，為害甚大，不可不察。伏望聖慈，嚴降指揮，敕戒諸路監司及州縣長吏，如敢似此害及百姓，並重行黜謫。庶幾今後莫不警懼，上副陛下惻怛愛民之心。』此奏亦不得其時，姑附見此。

宋 朱熹《孟子注疏》卷一《梁惠王上》 梁惠王曰：『寡人之於國也，盡心焉耳矣。河內凶，則移其民於河東，移其粟於河內。河東凶亦然。察鄰國之政，無如寡人之用心者。鄰國之民不加少，寡人之民不加多，何也？』寡人，諸侯自稱，言寡德之人也。河內河東皆魏地。凶，歲不熟也。移民以就食，移粟以給其老稚之不能移者。孟子對曰：『王好戰，請以戰喻。填然鼓之，兵刃既接，棄甲曳兵而走。或百步而後止，或五十步而後止。以五十步笑百步，則何如？』曰：『不可，直不百步耳，是亦走也。』曰：『王如知此，則無望民之多於鄰國也。好，去聲。填，音田。填，鼓音也。兵以鼓進，以金退。直，猶但也。言此以譬鄰國不恤其民，惠王能行小惠，然皆不能行王道以養其民，不可以此而笑彼也。楊氏曰：『移民移粟，荒政之所不廢也。然不能行先王之道，而徒以是爲盡心焉，則末矣。』不違農時，穀不可勝食也；數罟不入洿池，魚鱉不可勝食也；斧斤以時入山林，材木不可勝用也。穀與魚鱉不可勝食，材木不可勝用，是使民養生喪死無憾也。養生喪死無憾，王道之始也。勝，音升。數，音促。罟，音古。洿，音烏。農時，謂春耕夏耘秋收之時。凡有興作，不違此時，至冬乃役之也。不可勝食，言多也。數，密也。罟，網也。洿，窊下之地，水所聚也。古者網罟必用四寸之目，魚不滿尺，市不得粥，人不得食。山林川澤，與民共之，而有厲禁。草木零落，然後斧斤入焉。此皆爲治之初，法制未備，且因天地自然之利，而撙節愛養之事也。然飲食宮室所以養生，祭祀棺槨所以送死，皆民所急而不可無者。今皆有以資之，則人無所恨矣。王道以得民心爲本，故以此爲王道之始。五畝之宅，樹之以桑，五十者可以衣帛矣；雞豚狗彘之畜，無失其時，七十者可以食肉矣；百畝之田，勿奪其時，數口之家可以無饑矣；謹庠序之教，申之以孝悌之養，頒白者不負戴于道路矣。七十者衣帛食肉，黎民不饑不寒，然而不王者，未之有也。衣，去聲。畜，敕六反。數，去聲。王，去聲。凡有天下者人稱之曰王，則平聲；據其身臨天下而言曰王，則去聲。後皆放此。五畝之宅，一夫所受，二畝半在田，二畝半在邑。田中不得有木，恐妨五穀，故於牆下植桑以供蠶事。五十始衰，非帛不暖，未五十者不得衣也。畜，養也。時，謂孕子之時，如孟春犧牲毋用牝之類也。七十非肉不飽，未七十者不得食也。百畝之田，亦一夫所受。至此則經界正，井地均，無不受田之家矣。庠序，皆學名也。申，重也，丁寧反復之意。善事父母爲孝，善事兄長爲悌。頒，與斑同，老人頭半白黑者也。負，任在背。戴，任在首。夫民衣食不足，則不暇治禮義；而飽暖無教，則又近於禽獸。故既富而教以孝悌，則人知愛親敬長而代其勞，不使之負戴于道路矣。衣帛食肉但言七十，舉重以見輕也。黎，黑也。黎民，黑髮之人，猶秦言黔首也。少壯之人，雖不得衣帛食肉，然亦不至於饑寒也。此言盡法制品節之詳，極財成輔相之道，以左右民，是王道之成也。狗彘食人食而不知檢，塗有餓莩而不知發；人死，則曰：「非我也，歲也。」是何異於刺人而殺之，曰：「非我也，兵也。」王無罪歲，斯天下之民至焉。』莩，平表反。刺，七亦反。檢，制也。莩，餓死人也。發，發倉廩以賑貸也。歲，謂歲之豐凶也。惠王不能制民之産，又使狗彘得以食人之食，則與先王制度品節之意異矣。至於民饑而死，猶不知發，則其所移特民間之粟而已。乃以民不加多，歸罪於歲凶，是知刃之殺人，而不知操刃者之殺人也。不罪歲，則必能自反而益修其政。天下之民至焉，則不但多於鄰國而已。程子曰：『孟子之論王道，不過如此，可謂實矣。』又曰：『孔子之時，周室雖微，天下猶知尊周之爲義，故春秋以尊周爲本。至孟子時，七國爭雄，天下不復知有周，而生民之塗炭已極。當是時，諸侯能行王道，則可以王矣。此孟子所以勸齊梁之君也。蓋王者，天下之義主也。聖賢亦何心哉？視天命之改與未改耳。』

宋 朱熹《晦庵集》卷六《約束諸縣泛催官物各給憑由》 訪聞逐縣尋常文引勾追欠戶，更不於引内批鑿少欠是何年分官物名色，若干數目，泛稱積年拖欠。及追人戶到官，多是人吏作弊，不問所欠多寡，例將斷罪，是致小民憂疑，不能安迹。合行下諸縣約束，如有人戶少欠官物，各給憑由，明言批鑿所欠是何年分官物，立限給付少欠之人，依限赴官送納。

又《禁旅店不許遞傳單獨》 訪聞管下旅店遇有單獨困病或流移之人到店，多是慮其死亡，更不容留，遂行遞傳，驅逐出界，因此喪命。合行下諸縣，多印榜文於旅店約束，遇有過往單獨飢餓困病之人，即仰所到店戶不得遞傳扛擡送出外界，許就便米場驗實，量給口食，臨安痊日遣去。萬一有死亡之人，即時報都保審實，申縣行下，如法埋葬。

又《施行專欄牙人不許妄收力勝等錢》 照對本軍近出榜於上江州軍，曉諭客販米斛前來從便住糶，免收力勝雜物稅錢，及約束不得邀減牙錢之類外，切慮牙人并稅務專欄不依先來約束，仍前收納力勝等稅錢，及牙人妄有邀阻減尅牙錢之類，今立賞錢三十貫文省，榜市曹并稅務檢稅亭張掛，曉示客人知悉，廣行興販米斛，前來出糶。贏落利息，如稅務專欄等人并米牙人輒敢收納力勝等稅錢，及邀阻減尅牙錢之類，仰各人不以早晚具狀赴軍陳論。切待追收犯人，斷罪追賞施行。

又《約束米牙不得兜攬搬米入市等事》 契勘諸縣鄉村人戶搬米入市出糶，多被米牙人兜攬，拘截在店，入水拌和，增擡價值，用小升斗出糶，贏落厚利，遂致細民艱食。情實切害，合行約束。

又《戒約上户體認本軍寬恤小民》 契勘本軍并諸縣今歲旱傷，民間理宜寬卹。今訪聞乾道七年放債，豪強之家爲緣旱傷，人無以償，多被強取去猪羊，以至入其家搜奪種子、豆麥之類，及抑令將見住屋宇并桑園田地低價折還，人無所歸，遂致流移，有至今尚未能歸業之人。本軍雖行下三縣，曉諭上戶體認本軍寬卹之意，量度欠債人戶，如粗有收成，有力可還之人，隨宜取索外，其貧乏之人，見闕口食，委實無可償還，仰上戶且與寬容，俟民力少蘇，却行取索。如將來人戶恃頑不還，官司即爲理索外，上戶乘此旱傷，細民闕食之際，强以些小錢作合子文字借貸，遂空頭年月價貫立契字，未及踰時，即行填揑預先月日，經官投印，及有吞圖婦女，顧充奴婢，致細民受苦不一，理合禁約。

又《行下三縣抄札賑糶人户》 照對近委官抄劄三縣管下賑糶人戶姓名、大小口數申軍，尋將已申到帳拖照得合賑糶人戶，並不見聲説見住地名去處，恐有漏落增添情弊，難以稽考。合行下逐縣，將逐都塌畫地圖，畫出山川水陸路徑，人戶住止去處。數内不合賑糶人戶，用紅筆圈欄；合賑糶人戶，用青筆圈欄；合賑濟人戶，黄筆圈欄。逐一仔細填寫姓名、大小口數，令本都保正長等參考指實繳申，切待差官點摘管實。

又《革住米船隱瞞情弊》 契勘賑糶場收糴米斛，如遇米船到岸，内過稅船隻收糴三分，住糶米船止糴一分。其住糶米船法格並與免收稅錢外，訪聞客旅多生奸猾，動是數隻到岸，於内却將一兩隻作住糶，結計在市米牙人，令其虚解牙錢，稱就市糶訖，却將在船住糶米斛夤夜搬往過稅船内，隱瞞官司，合行出榜約束。

又《行下場所革住米船隱瞞》 照得賑糶場近緣住糶米船客人結計牙人，虚解牙錢，夤夜搬傳米斛往過稅米船之内，隱瞞官司，有此欺弊，遂出榜河岸約束。今來尚慮住糶客人雖依曉示，在市出糶，切慮關防不盡，合行下本場，自今後遇有住糶米船，即令城下稅務看驗，具數關報賑糶場。本場權住出糶，令客人搬米赴場，從本場差人，監用本場升斗，自行出糶，接濟細民。日報糶過米數，糶足，爲給關子放行，庶幾杜絶隱瞞官司之弊。

又卷七《取會諸縣知縣下鄉勸諭布種如何施行事》 使軍契勘先印給文榜，發下三縣，曉諭鄉民，將田土趂時犁翻，多種二麥，今詢問得除種麥田地外，尚有未犁田地去處稍多。及已耕翻田，鄉民又不趂時蓻殖。兼相去交春日逼，切慮農事失時，委自知縣躬親下鄉，勸諭鄉民遍行翻犁田土，以備來春佈種。如使軍不測差官前去點檢得再有未翻犁去處，必定勾追有違約束之人，重行斷罪。先具已如何施行狀申。

又《申監司爲賑糶場利害事件》 契勘本軍并管屬諸縣去歲旱傷至甚，細民闕食，切慮人戶逃移失業，遂多方勸諭上戶賑糶米穀。并將見管常平米數行下，分定置場去處，官吏監轄糶濟，應接細民食用。今有下項利害事件合申諸監司：

除本軍勸諭上戶椿管米數，并於外州和糴及常平米糶濟，應接管内細民食用外，近來續據人戶陳訴：當來抄劄漏落姓名及隣路州軍流民前來逐食，又不免行下管屬，多方存卹。相度賑濟所費米斛比之元來計度數目大改增添，而向去小熟日子尚遠，切慮所椿米穀不能周給，無可接續糶濟，却致民間缺食，事屬不便，乞即撥米二三萬石應副接續糶濟。如蒙允許，即乞早賜行下取撥去處，以憑差撥人船前去搬取。

本軍昨準淳熙七年九月十三日敕，中書門下省檢會昨準乾道七年八月一日指揮，立定勸諭上戶賑糶濟格目，給降付身，補授名目。内無官人一千五百石補進義校尉，願補不理選限將仕郎者聽二千石補進武校尉，如係進士，免文解一次；不係進士，候到部與免短使一次。四千石補承信郎，如係進士，與補上州文學。五千石補承節郎，如係進士，補迪功郎。如是賑糶，依此減半推賞。又準淳熙七年十月八日指揮節文，賑糶米於市價減半錢數，即照已降指揮推賞。

本軍即已備坐行下管屬勸諭，只據上戶張世亨、張邦獻、劉師輿、黄澄四名承認依格賑濟。本軍已行具奏，及申諸監司照會。賑糶一事，至今尚未有申到承認應格之人。盖緣本軍地瘠民貧，除上項四家賑濟之外，未有出得上件米穀減半出糶之人。是到所認米穀數目不多，有闕賑糶。欲乞詳酌所申，特賜敷奏，乞將上戶承認賑糶米價止令量減四分之一，便與依格推賞。却於所得官資比折錢數，量展磨勘之類，早賜行下，勸諭增認，庶使上戶樂於就賞，細民不致闕食。

今照管屬近來不住有外州縣飢民流移入界，本軍已行下諸縣存卹，及委自當職官勸諭上戶收充佃客，借與空閑屋宇，許令請佃係官田土，給與種糧，趂春開耕。如向去豐熟，外州縣稅戶前來識認，官司不得受理。如今來所招佃客，將來衷私搬走回鄉，即許元贍養稅戶經所屬陳理，官爲差人前去追取押回，斷罪交還。及散榜鄉村遍行曉示外，欲乞詳酌，更申朝省，明降指揮行下。庶幾州縣有所遵守，不惟安集流民，免致失所，亦使開闢曠土，供納稅賦，實爲利便。

又 卷一三《辛丑延和奏札一》 臣竊惟皇帝陛下臨御以來，夙興夜寐，畏天恤民，誠敬寬仁，格於上下，宜其天心克享民物阜安而二十年之間，水旱盜賊，略無寧歲。邇者垂象差忒，識者寒心。饑饉連年，民多流殍。陛下側席興嘆，進賢退姦，分命朝臣，振廩出粟，凡所以奉承天意、慰悦人心者，無所不至，又宜若可以少回災沴，召致和平矣。而間者冬氣太温，雷電震激，嗣歲之計，尚有可憂。臣誠愚昧，有不識其所以然者。嘗竊推迹前事以深求之，意者德之崇者有未至於天歟？業之廣者有未及於地歟？政之大者有未舉而其小者無所繫歟？刑之遠者或不當而其近者或幸免歟？君子或有未用而小人或有未去歟？大臣或失其職而賤者或竊其柄歟？直諒之言罕聞而諂諛者衆歟？德義之風未著而汙賤者騁歟？貨賂或上流而恩澤不下究歟？責人或已詳而反躬有未至歟？夫必有是數者，然後足以召災而致異，今以陛下之明聖，則豈有是哉？然而天心未豫，邦本動摇，宸慮雖深，旱氣未究，是則必有説矣。臣竊不自量，敢冒萬死，伏願陛下聽斷之餘，虚心静慮，試以前數條者反之於身，驗之於事而深自省焉，則淵默之中，無微不照，而凡此得失之端，孰有孰無，孰存孰改，皆無所遁其情矣。若猶以為未也，則願濬發德音，布告中外，反躬引咎，以圖自新。内自臣工，外及甿庶，有能開寤聖心、指陳闕政者，無間疎賤，使咸得以自通。然後差擇近臣之通明正直者一二人，使各引其所知有識敢言之士三數人寓直殿門，凡四方之言有來上者，悉令省閱，舉其盡忠不隱者，日以聞於聽，聽則夫天人之際，譴告所繇，將有粲然畢陳於前者。然後兼總條貫，稱制臨決，晝為科品，以次施行。使一日之間雲消霧散，堯天舜日廓然清明，則上帝鬼神收還威怒，羣黎百姓無不蒙休矣。臣以孤遠受恩過深，圖報無階，祇冒至此，惟陛下寬其斧鑕，留神財幸。臣無任震慴俟罪之至。

貼黄：臣遠稽前史，近考聖朝，以災異求言，具有故事。若以至誠行之而實采用其説，以革前日之弊，則於應天之實，所補不細。今星文雖已退舍，然餓民日今流散，冬靁憂在嗣歲，伏乞斷自聖志，早賜施行。

臣稟性粗拙，字畫不精，衰病目昏，尤艱寫繕。今以所陳不宜宣洩，不免親筆書寫。不謹之罪，伏乞財赦。

又 卷一六《乞蠲减星子縣税錢第二狀第一狀闕**》** 臣誤蒙聖恩，竢臯偏壘，自度庸愚，無以補報。到任以來，夙夜憂勞。惟思所以上布聖恩，下求民瘼，仰副使令之萬一者。竊見本軍諸縣大抵荒凉，田野榛蕪，人烟稀少，而星子一縣為尤甚。因竊究其所以，乃知日前兵亂流移，民方復業，而官吏節次增起税額，及和買折帛數目浩瀚，人户盡力供輸。有所不給，則復轉徙流亡，無復顧戀鄉井之意，其幸存者，亦皆苟且偷安，不為子孫長久之慮，一旦小有水旱，則復顧而之他。觀其氣象，如腐草浮苴，無有根蔕，愁歎亡聊，深可憐憫。是以去年六月，曾以此縣税錢利害條具聞奏，乞賜蠲减。伏蒙聖恩，即日降出，而户部下之本路漕司，漕司委官究實，復以申部，取旨施行。百里疲羸，日夕仰望聖澤之下流，不啻飢渴，而户部乃以去歲議臣之請復下漕司，責以對補，吏民相顧悼心失圖。臣愚惶惑，亦不知所以為計。然竊伏惟念陛下寬仁勤儉，恭己愛民，四方遠近凡以病告，無不惻然興念，即賜復除。臣不敢廣引前事，且如近者汀州所貢白金歲數千兩，一旦沛然出令，舉以丐之，了無難色。此豈復責其有所取償而後予之哉？惨怛之愛，發於誠心而不可已也。而往者議臣不足以窺測天地含容施生之大德，輒為對補之説，以逆沮遠近祈恩望幸之心。臣雖至愚，有以知其決非陛下之本心也。且州郡誠有餘財，自當措置兑那，以紓民力，豈復敢以此等瑣末上勞天聽？正為公私匱乏，不能相救，是以冒昧有此陳請。今乃限以對補之説，不附其説則遠縣窮民永無蘇息之期，必從其説則勢無從出，不過剜肉補瘡，以欺天罔人。不惟無益，而或反以為害，不惟仰失陛下愛民之本心，而臣之愚亦有所不忍為也。是以敢冒萬死，復以奏聞。欲望聖慈特降睿旨，檢會前奏，依汀州例，直賜蠲放施行。計其所捐除不礙上供數外，不過紬絹一千五十餘匹，錢二千九百餘貫，比之汀州之數未為甚費，而可以少寬斯人，使得安其生業。臣不任祈天瀝懇、皇恐俟命之至。

又《奏推廣御筆指揮二事狀》 具位臣朱熹。伏覩本路安撫使司牒，備奉御筆指揮：『頗聞雨澤愆期，有妨農務，仰本路帥守勤恤民隱，决遣滯獄，嚴禁屠宰，精加祈禱。若未感格，即具奏聞，當議降香，前來期於，必應俾雨澤霑足，寬朕憂軫。卿等各勉旃毋怠！』臣伏讀聖訓有以仰見陛下畏天之誠、愛民之切，雖成湯桑林之禱，宣王《雲漢》之章，無以過此，甚盛德也。臣幸以愚賤獲奉詔旨，謹以謄寫播告，質之幽明。仰憑威靈，屢獲感應，但其雨澤不至浹洽均匀，目今正是早禾吐穗結實之時，尚多闕水去處。又聞湖南、湖北、淮西等路例皆枯旱，將來不幸或至荒歉，即雖移民移粟之小惠，亦無所施。臣是以夙夜憂惕，不遑啓居。竊以愚見推廣聖訓，晝為二策，具以奏聞。如有可採，乞賜施行，庶幾有以導迎和氣，銷去旱災，仰寬陛下宵旰之憂。惟是不量卑鄙，屢犯天威，無任震懼隕越之至。臣之所陳謹具如後：

一、臣伏讀聖詔有曰：『勤恤民隱。』臣謹已遵禀施行訖。然臣竊聞陸贄有言：『民者邦之本，財者民之心。其心傷則其本傷，其本傷，則支幹凋瘁而根柢蹶拔矣。』推此言之，則今日所以勤恤民隱，莫若寛其税賦，弛其逋負，然後可以慰悦其心而感召和氣也。臣自去年到任之初，即以本軍星子縣税賦偏重，嘗具奏聞，乞賜蠲減。及續體訪到三縣夏料木炭錢科紐太重，亦嘗具申省部及提點司，其木炭錢近得提點司保明條奏，已蒙聖恩蠲減二千貫訖。獨星子減税一事，雖蒙聖恩施行，而户部行下漕司，漕司委官覈實，近日方得回申户部。此事若格以有司之法，必是方多沮難，未容便得蠲減。所願聖慈深賜矜憐，直降睿旨，特依所乞，則此縣之民庶幾復得樂生安土，永為王民，不勝幸甚！臣又竊見州縣積欠官物，已準去年明堂赦書，自淳熙三年以前並行除放。而近者上司行下，依舊催督至如本軍雖小，而所催除虚額逃閣外，凡一十三項，計三萬四千七百三十三貫石匹兩。其他大郡，抑又可知。其間所欠，雖復名色多端，然而皆是赦恩已放之物，今日再行催理，不唯仰虧帝王大信，而其為害有不可勝言者。蓋若勒令州縣填補，則州縣無所從出，必至額外巧作名色，取之於民。若但責之欠人，則其間多已貧乏狼狽，雖使賣妻鬻子，不足填納，而監繫在官，無復解脱之期。均之二者，皆不足以足用豐財，而適足以傷和致沴，為害不輕。臣愚欲望聖慈特推曠蕩之恩，自淳熙三年以前，但干欠負官物，不問是何名色，凡赦恩已放若已放而未盡者，一切蠲除。如有違詔輒行催理，仰被受官司繳連具奏，委自三省看詳，將施行官司重作行遣。其被苦人户亦許徑赴登聞鼓院進狀陳理，依此施行。庶幾聖恩下達，民情上通，可以感格和平，銷去災沴。惟聖明留意，則天下幸甚！

一、臣伏讀聖詔有曰『決遣滯獄』，臣謹已遵禀施行訖。然臣竊聞之《易》曰：『君子明謹用刑而不留獄。』此聖人觀象立教，萬世不易之法也。今州縣之獄，勘結圓備、情法相當者，並皆即隨時決遣。惟其刑名疑慮、情理可閔者，法當具案聞奏，下之刑寺，審閲輕重，取自聖裁，而州縣不敢以意決也。此深得古人明謹用刑之意矣。然奏案一上，動涉年歲。且如本軍昨於淳熙四年十一月内申樞密院，乞奏刼賊倪敏忠臯案，其罪狀明白，初無可疑，而凡經二年有半，至今年三月内，方準勅斷行下。其他似此，亦且非一。竊計他州繁劇去處，此類尤多，若使皆是行刼殺人之賊，偶有疑慮，使之久幽囹圄，亦何足恤？其間蓋有法重情輕之人，本為有足憫憐，冀得蒙被恩貸，而反淹延禁繫，不得早遂解釋，則恐非聖人所謂不留獄之意也。臣愚欲望聖慈特詔大臣一員，專督理官，嚴立程限，令將諸州奏案依先後資次排日結絶。其合貸命從輕之人，須當日便與行下；其情理深重，不該減降者，即更寛與一限，責令審覈，然後行下，庶幾輕者早得決遣釋放，重者不至倉卒枉濫。是亦導和弭災之一術，惟聖明留意，則天下幸甚。

右，謹件如前，謹録奏聞，伏候勅旨。

又《奏借兑上供官錢糴米并乞權行倚閣夏税錢帛狀》 臣昨為本軍今年災傷至重，奏乞截留兩年上供米斛，内循狂妄，伏俟誅夷。不謂聖恩即垂開允，臣與合郡千里軍民鼓舞相慶，仰戴天地父母再生之恩。雖復捐軀隕首，誠不足以仰報萬分之一。今來檢放旱傷秋苗，通計不止七分，除已一面攢具奏聞外，復有危迫之懇，須至冒昧以聞。竊見本軍今年所理夏税，緣自省限起催以來，即苦旱乾，人户車水救田，日不暇給，憂勞愁歎，實與常歲不同，遂不敢嚴責諸縣依限催理，只令勸諭人户自行輸納，至今截日，方據納到絹九千四百匹，錢一萬六千七百二十五貫二百五十九文省，其絹一面支裝起發，所有見錢竊緣本軍别無儲積可備賑糶，不免擅行兑借，並未起淳熙六年折帛錢七千三百一十九貫二百九十六文省。通前兩項，共錢二萬四千五十二貫五百五十五文省。趁此米價未起之間，收糴米斛，約計可得一萬一千五百七十石。賑糶飢民，却俟糶畢收簇元錢，節次起發。其餘人户所欠錢絹數目尚多，而民間自今以往飢餓寒凍之憂日甚一日，漸次無力可以供輸，臣誠不忍更行催督，以速其流離轉死之禍。敢冒萬死，復以上聞。欲望聖慈更賜哀憐，許將本軍今年人户未納夏税錢帛權行倚閣，令候來年蠶麥成熟，却隨新税帶納，庶幾飢餓餘民得保生業，不勝萬幸！所有臣輒將上供官錢借兑糴米之臯，敢不俯伏，恭俟朝典。伏乞聖慈併賜施行，臣無任瞻天望聖皇懼懇切之至。

又《乞撥賜檢放合納苗米充軍糧狀》 準尚書省劄子，宣教郎、權發遣南康軍朱熹奏，為今歲旱傷，除接濟飢民一事常平司已行措置，惟有軍糧歲用二萬七千五百一十三石，並無窠名支撥。乞將淳熙六年未起米五千石并今年苗米檢放外，餘數乞盡行撥賜，充軍糧及賑糶賑給支用。奉聖旨，令本路提舉常平司將所部州軍應管常平義倉錢米通融寬數支撥外，更許本軍將淳熙六年未起米並皆盡數存留，充軍糧及賑糶等支用。內糶到價錢令項樁管，非奉朝廷指揮，不得擅行支使。其淳熙七年分來，候見得實旱傷分數，別行申取朝廷，指揮本軍除已遵稟施行外，今據星子、都昌、建昌縣申到，檢放通計八分四毫四絲。所有今秋苗米管催四萬六千五百餘石，除放八分四毫四絲，計米三萬七千四百餘石外，合納米九千九十餘石。竊緣本軍一年支遣米計二萬七千五百一十三石，政使盡蒙撥賜上項米斛，其於歲計尚闕支遣，若於數內更令發起，即其狼狽又將有不可勝言者。欲望聖慈矜憐孤遠，特許盡數支撥上件放外苗米，與充軍糧則一郡軍民不勝幸甚！伏候勑旨。

又《奏紹興府都監賈祐之不抄札飢民狀》 照對紹興府諸縣今歲災傷，飢民流移闕食甚衆，恭禀聖訓，寅夕究心奉行。緣本府山陰、會稽縣人戶不住遮道告訴抄劄不盡，漏落不實，臣即已措置，專設一局，見今呼集耆保鄉司，專委本府當職官，敦請鄉官重行隔別審實，其在城五廂闕食細民及流移到府之人，本府雖委逐廂官沿門抄劄，訪聞多是止憑廂典，合干人多有不實不盡，亦行前來陳訴。臣又已送下廂官審實抄劄，所有他處流移到府，臣亦已行下本府，與縣令佐約束停房店舍不得多所賃資，并津渡邀滯，仍遍行收拾病患飢困及遺棄小兒，就寬潤寺院安著，支撥常平官錢，收買柴薪藁薦，給衣襖之類，修合藥餌醫治，煮造三兩等稀稠粥，次第救助，仍委諸慈悲僧道主管看養，所行非不告戒。臣今月十九日據馬林等投狀稱是嵊縣人事（人事疑當作人氏），移在本府第一廂居住，闕食飢餓，內有馬百四一名，扶到臣治所，已是飢餓日久，十分羸困，纔到不久即便倒死。臣即令醫人用藥灌救，移時方得甦醒。遂行呼到本廂官、武翼郎、紹興府兵馬都監賈祐之，取問元不抄劄供報因依，本官應對不行。及先來承受本府牒，委及承臣送下陳狀，並無抄劄事因報應。本官委是不職，難以存留在任。臣除已先將賈祐之牒紹興府對移本府指使差遣外，欲望聖慈特降睿旨，重賜黜責，以為官吏奉行賑濟不虔之戒。

又《奏救荒事宜狀》 臣蒙恩將命浙東，奉行救恤，到官日夕考究，求所以上副焦勞之意。竊見浙東諸州例皆荒歉，台、明號為最熟，亦不能無少損。而紹興府之飢荒，昔所未有。臣以目所覩，回思去歲南康之歉，猶謂之樂歲可也。賑救既在所急，事體宜先奏聞。今紹興八邑，餘姚、上虞號為稍熟，然亦不及半收。新昌、山陰、會稽所損皆七八分，嵊縣旱及九分，蕭山，諸暨水旱相仍，幾全無收。今除餘姚、上虞稍似可緩外，且論蕭山等六縣，約其所收，不過十一。先次朝廷撥米一十四萬七千石，錢九萬貫，并本司前官申朝廷，於衢、婺州通融，撥到義倉錢三萬八千七十五貫一百文，明州義倉米五千石，數目非不多；州郡日夕惟賑濟是務，官吏稍解事者，皆奔走不暇，雖寄居士大夫，亦不敢寧處，不可謂不留意，然終未有能救飢莩之實，民情嗷嗷，日甚一日，不獨下戶乏食，而士子宦族第三等人戶有自陳願預乞丐之列者。驗其形骸，誠非得已。兼自秋來，賣田拆屋，斫伐桑柘，鬻妻子，貸耕牛，無所不至，不較價之甚賤，而以得售為幸。典質則庫戶無錢，舉貸則上戶無力，藝業者技無所用，營運者貨無所售，魚蝦螺蚌久已竭澤，野菜草根取掘又盡，百里生齒飢困支離，朝不謀夕。其尤甚者，衣不蓋形，面無人色，扶老携幼，號呼宛轉，所在成群，見之使人酸辛怵惕，不忍正視。其死亡者蓋亦不少。臣深究其所以然，正緣紹興地狹人稠，所產不足充用，稔歲亦資鄰郡，非若浙西米斛之多。又以和買偏重，無巨富之家，連遭水旱，兼失蠶麥，些小積穀，春首勸糶，無有存者，上戶先已匱乏，是以細民無所仰給，狼狽急迫，至於如此。大抵荒歉自五分以下猶可措置，蓋以五分之粟給十分之人，稍行勸分，便可苟活。今以空虛之郡而荒及九分，則一分之粟既不能給十倍之人，而戶口甚多，所闕浩瀚，亦有非移民移粟所能補助者。臣所目見心思，兼詢訪士夫父老者既如此，復約墾田收租之數以證之。除餘姚、上虞外，今將田畝計其歲入，六縣為田度二百萬畝，每畝出米二石，計歲收四百餘萬。又將今再抄劄山陰、會稽兩縣口數以約六縣之數，則山陰、會稽丁口半於諸暨、嵊縣，而比新昌、蕭山相去不遠，絶長補短，兩縣當六縣四分之一。今抄劄山陰、會稽四等五等貧乏之戶計三十四萬口，四等之稍自給及上三等者不預焉，則統計六縣之貧民，約須一百三十萬口，併上戶當不下百四十萬。計稔歲所歛四百萬石米，除上供及州用外，養百四十萬之生齒，日計猶不能及二升之數，則所謂樂歲無餘者，既信而有證矣。又約六縣所蠲放分數以計，今歲民間所收不過十分之一，則所不收之米約計三百六十萬石，而所收止四十萬石。闕乏數目如此浩瀚，則所謂補助無策者，又信而有證矣。今將紹興府先所得錢一十二萬八千七十五貫一百文，并臣所得三十萬貫，除五萬貫諸州申到已無見在，又措留五萬貫均給諸州外，不過共折米八萬二千餘石，并前項米一十四萬石總而計之，不及其田租所闕十分之一。今來措置，除蕭山僅能口給半月外，其餘五縣以戶計之，日之所得，固已不過一二升。若以口計之，則日之所得又不過一二合。是僅足以使之皆知聖主憂勞憫恤、不忍坐視之意而已。若謂如此而便足以救其必死之命，則固難指準。然遂欲以百三十萬之貧民盡仰官司，口以升計，麥秋之前九十餘日，當為粟百萬石，則亦非朝廷今日事力之所及也。然臣竊謂有司之力誠有限量，而聖主天地父母覆載生育之心則無終窮。以有限之力言之，則救護之切，撥賜之多，誠若不可以有加之今日。然以陛下無窮之心論之，則豈不欲使此邦更得數十萬石之粟，以必救數十萬人之命？其忍直以無可奈何處之，而熟視其飢餓顛仆於前乎？故臣輒敢歷叙其所見聞考驗之實本末如此，而別具施行事目以干聖聽，惟陛下哀憐財幸。意迫情切，言無倫次，臣無任皇恐俟辠之至。

又《奏巡歷合奏聞陳乞事件狀》 臣自正月四日起奏紹興府，迤邐巡歷，有合奏聞陳乞事件，今具下項。欲望聖慈檢會臣前兩狀所奏及今所陳事理，再賜官會三十萬貫，速行舊歲之賞，痛減度牒之價，庶幾儲備稍豐，官吏更敢放手救活飢民。其作捺湖埂，亦係一縣新年農事利害之大者。并乞特依所乞，早賜給降，不勝幸甚！

一、臣初六日到三界鎮，見有餓損人口頗多，其死亡者亦已不少。七日至嵊縣，八日至本縣清化孝節鄉，所見尤多，飢羸尤甚。據其稱說，皆自八九月來闕食至今，其死亡者不可勝數，道殣相望，深可憐憫。臣謹已再於昨蒙給賜錢內取撥五千貫付紹興府通判吳津，令收拾賑給嵊縣、新昌及三界鎮一帶病困之人，庶幾稍獲安存，未至一向死損。但恐錢少，不足支用，伏乞睿照，早賜接濟。

一、臣初九日入諸暨界，所有縣之東南一帶山鄉，所見病損人數絕少。問之鄉人，云是去年稍得收成去處。却見令佐鄉官稱說縣北湖鄉一帶接連蕭山，病死人多，不減嵊縣。臣亦再撥給賜錢五千貫，付紹興府通判劉俁，令收拾諸暨、蕭山病困之人。及根刷到勸諭上戶賑糶米未曾出糶之數尚有四千餘石，已牒通判劉俁及本縣催促赴場，增添人戶。每戶除單丁外，更與一口收糶。及有人戶陳訴，乞借官錢，及早修捺湖埂。緣臣曾與帥臣王希呂連狀奏乞給降米斛，未蒙應副。今恐失時，浸損二麥，兼廢農工，已逐急於給賜錢內借撥三千貫應副。所有三項錢米雖已支撥，尚恐數少，未足支用。伏乞睿照，早賜拯濟。

一、臣十三日入婺州界，以後事體，續具奏聞。大抵婺州災傷比之紹興府分數頗輕，州縣措置亦似稍有倫理，伏乞睿照。

又《奏上戶朱熙績不伏賑糶狀》 臣巡歷到婺州界，一路飢民頗少。本州見將元撥賜米及勸諭到上戶米斛置場糶濟，逐日煮粥，以給城市鄉村艱食之人，亦已頗有倫緒。臣自入境以來，每過米場，必親臨視，閱其文曆，校其升斗，小有欺弊，即行懲戒。至十四日，到金華縣孝順鄉第十二都地名十里牌，有朱二十一米場本場，即無人在彼糶米。據貧乏人戶俞九等列狀哀訴，本鄉田產盡賣與豪戶朱縣尉，去年荒旱，本縣給曆，令就本都朱二十一米場糴朱縣尉米養濟。且九等每日往來，竝不曾般米到來，致一村人民飢餓。其朱縣尉為見行司到來，却於沿路散榜，詐稱糶米施粥。及據金二等陳訴，朱縣尉雖在十四都糶米，即與朱二十一場隔遠二十餘里。本人令幹人許浩用使私升及濕潤粞碎糙米，及將人戶官給曆頭擅自批鑿，每七升減作五升，五升減作四升，又有收下曆頭不肯付還，百端抑遏，無處告訴。又據人戶周楊、朱子智等衆狀告訴，朱縣尉典買產業，累年白收花利，不肯批割物力，皆係出產之家抱空代為送納。臣尋令人暫喚朱縣尉取問，本人倚恃豪強，不伏前來。遂委金華縣尉追發，據縣尉、廸功郎陸適申，依應追喚朱縣尉，係極等上戶，居屋三百餘間，倚恃豪勢，藏隱在家，不伏前來。竊緣本人家僕叢衆，全無忌憚。臣又已行下本州追發，亦復不到。臣照得朱縣尉係修職郎朱熙績，元因進納補受官資，田畝物力雄於一郡，結託權貴，凌蔑州縣，豪横縱恣，靡所不為。本縣昨為第十二都無上戶米斛可糶，就近分撥本人在第十二都朱二十一家置場糶米，其朱熙績輒敢欺凌縣道，不復發米前去，洎至臣巡歷到彼，又乃詐出文榜，稱就十四都出糶，致得一場糶米人戶無從得食。其在家所糶，又皆減剋升斗，虛批曆頭，奸弊非一。所稱散粥，亦是虛文，日以一二斗米，多用水漿，煮成粥飲，來就食者反為所誤，狼狽而歸。凡其所為，無非姦狡切害之事。及至官司呼喚，又敢公然抵拒，首尾三日，不肯前來。若使人皆如此，荒政何由可辦？欲望聖慈特降睿旨，將朱熙績重賜黜責，以為豪右姦猾不恤鄉鄰之戒。

又 卷一七《乞給降官會等事仍將山陰等縣下戶夏稅秋苗丁錢并行住催狀》 臣恭被聖恩，復抵官次，今有職事，須至奏聞，謹具下項：

臣自衢、婺州復回紹興府界，竊見衢、婺災傷比之紹興分數殊少，而兩州公私本皆富實，賑恤之備，足至秋成。惟紹興府災傷極重，所費不貲，目今已是非常狼狽，而考其後日之備，乃不能盡三月而止。竊恐新麥未登之際，尚有闕乏之患，而下田之麥，亦有遭雨浸損去處，又已無復食新之望。其豐熟處，常歲所收亦不過可為兩月之計，五六月間青黄未接之際，此必復有以勞聖慮者。若至其時方作處置，竊恐復有緩不及事之歎。如欲及今講究，早為措畫，則臣昨累具奏，所乞數事，今皆尚可行也。其一乞推去年獻助之賞者，已蒙節次施行。近日遂有婺州進士陳夔詣臣投狀，陳乞獻助二千五百石。訪聞浦江等縣更有一二家亦欲陳獻，此亦可見不吝恩賞之效。今若更賜指揮，催促省部盡行推賞，使無一戶之遺，然後鏤板開具，頒下諸州，廣行曉諭，則其慕而效之者當不止此而已也。其二乞減度牒米數，亦已蒙減五十石。此則恐所減太少，未足多致米斛。蓋度牒本價止四百貫，適今之宜，更合少損，以濟飢民，乃為得策，不當反高其直，使曠日持久，卒無所售，以誤指準也。此其三則臣嘗與帥臣王希呂同奏，再乞撥賜錢會三十萬貫，而未蒙開允也。此固無厭之請，宜不足聽。然紹興之民不幸罹此非常之災，父老相傳，以為數十百年所未嘗有，而陛下所以扶持救恤，恩勤備至，亦數十百年所未嘗有。今其不能免於死亡捐棄者，已無可言，其幸得延殘息以至今日者，豈可不為終惠之計，而使之旬月之間頓至闕絶，以棄前日之功哉？抑官會出於印造，非有鼓鑄之勞，見今通行，輕重之權與見錢等，雖使更散三數十萬，亦未遽有害於流通也。況以陛下之至仁至聖，夫豈有愛於此而輕百萬人之命哉？且又紹興累年荒歉，常平錢米目下支散，無復一文一粒可為將來久遠之備。今此所乞，若蒙聖慈依數撥賜，則亦非惟可救目前之急，萬一支遺不盡，又足以接續收糴，更為後日之儲，其利尤不細也。凡此三者，乞留聖念，早賜施行，庶幾緩急不至誤事。然臣尚慮麥前急闕，收糴未辦，獻助不多，有失賙救。竊見本路諸州常平義倉米斛尚有餘剩未支遺處，欲乞特降指揮，許臣照應移用條法量行取撥，尤為利便。

臣昨具奏，乞照應元降指揮，明降睿旨，住催淳熙八年四等五等殘欠官物，未蒙施行。而後來戶部勘當，止將淳熙七年終殘欠住催。於是州縣日前雖已將八年秋米住催者皆復追催，其未放者，則其催督愈益嚴峻。臣於此時適以俟辠，不敢復有陳論，然竊獨病其深失朝廷命令之體。其後乃聞軍器監主簿李嘉言請以臨安、餘杭兩縣四五等戶八年苗税比附徽、饒州例，亦行住催，而陛下可之，則又有以知凡此戶部之所行者，皆非陛下之本心也。蓋所謂四等五等戶者，非他也，乃今日蒙被糶濟之飢民，陛下所為焦心勞思、傾困倒廩而拯之於溝壑之中者也。夫以救之如此其悉，而猶常慮其有所未至，其肯使州縣之吏追呼禁繫，加以箠撻而速其死亡也哉？況今本路災傷紹興為甚，比之徽、饒兩州，臨安、餘杭兩縣，事體有甚不侔者。若蒙矜憐，出自聖意，特降指揮，將紹興府山陰、會稽、嵊縣、諸暨、蕭山五縣四等五等戶夏税秋苗丁錢並與住催，其餘諸州縣逐都檢放旱傷及五分以上者，五等戶亦與住催，七分以上者并四等戶並與住催，候秋成日併行帶納，則初不失縣官之入而足以少寬飢民目下之迫，免致流移死損。不勝幸甚！

又《奏衢州官吏擅支常平義倉米狀》 照對臣昨據衢州知州、朝奉大夫沈崈一申，今年二月二十一日到任，適當荒歉之後，財計匱乏，別無可以措置，已申明朝廷，乞於豐儲倉內更給助米二萬石，以濟支遣。本州四月合散官兵米四千餘石，未有指擬，遂急於常平義倉米內權行借兑，合有擅支之罪。除已具奏，乞賜處分施行外，申本司照會。本司契勘衢州見管常平義倉米數不多，其災傷之餘，尚慮新陳未接之際，細民闕食，準擬接續濟糶。設欲借兑，自合申聞朝廷，聽候回降，又不聞本司知覺，輒行擅借四千餘石，支散官兵，有違條法。遂申尚書省，乞劄下根究，監勒本州擅支借官吏照數補還元舊窠名樁管去後。又據衢州申，再行借兑義倉米，支散五月分官兵糧米。本司契勘衢州設有欠闕，即合措置於別色米斛應副。今來本路州軍見管常平米數不多，本司尚且申奏朝廷，乞給降錢會收糴，若或容令州縣違法侵撥，萬一不測，有誤指擬。再具申尚書省，乞賜敷奏，依法施行。如是本州軍糧委實欠闕，即乞別行應副去後。未蒙劄下。近覩已降指揮，衢州守臣已行放罪。臣伏緣在法義倉穀惟充賑給，不得他用，即擅支借移用，以違制論。臣竊惟常平之法，所以準備災傷，廣行賑給，民命所繫，利害非輕。所以祖宗以來，立法之嚴至於如此。而議者不以為過，以為久長緩急之計，非苟狥目前姑息之私者所能知也。今衢州當職官不能計度軍儲，應副支遣，而坐指常平儲蓄之備，以為一時之用，雖原其情實，未必有他情弊，而隳廢法度、耗散儲蓄，漸不可長。故臣昨來不欲便具奏劾，只具狀申尚書省，乞與敷奏，依法施行。意謂朝廷必須薄行責罰，以戒後來。今乃一無所問，亦不畧行戒約，即在本司，何以約束諸郡？況今來旱勢已成，衢州尤甚。昨日有轉運司差出官員自彼回來，說城中米價已是七十文足一升。兼本州水路淺澁，卒難般運他處米斛，將來糴濟，全仰見管常平義倉米斛，尤宜愛惜，不可違法妄有侵耗。欲望將本州當職官吏畧加責罰，或念其委實欠闕軍糧，即乞朝廷別行應副，嚴行約束，今後不得輒將常平官物妄有侵支，實為久遠之利。伏候勅旨。

又《奏知寧海縣王辟綱不職狀》 具位臣朱熹：

臣昨為親見台州寧海縣人戶流移，已曾具奏。竊慮深軫聖懷，自到本州，即行詢究，見得本縣流移人戶已是千有餘口。其知縣、宣教郎王辟綱恬然不恤，亦無申報，委是不職。竊恐將來糴濟事務繁夥，必是不能了辦，欲望聖慈特賜罷黜，或依已得指揮，與監廟一次，仍特不理作自陳，須至奏聞者。

右，謹錄奏聞，伏候勅旨。

又《奏救荒事宜畫一狀》 具位臣朱熹：

臣昨以本路薦被災傷，輒以賑卹事宜一二條奏。伏蒙聖慈曲賜俞允，仍賜錢三十萬貫，以充七郡糴濟之用，德意甚厚。臣謹已奉宣詔旨，頒布遠近，飢饉餘民感激受賜，歡聲如雷。此固足以見陛下天地父母生成覆育之恩矣。然臣愚暗，不知分量，輒敢更有無厭之請，瀆冒萬死，復以奏聞。伏惟陛下少留聖聽，臣不勝幸甚。今具下項：

一、臣昨奏請給降錢一百萬貫，為一路救荒之備，已蒙聖慈開允，應副三十萬貫，不勝幸甚。然臣自昨者具奏之後，續據諸州申到所乞錢數，明州一百萬貫，婺州六十萬貫，處州十萬貫，台州十萬貫，而紹興府、衢、溫州尚未申到，計其所須，當亦不下三二十萬。大抵通以一路計之，約二百餘萬貫，始可足用。而臣向來所請，不及其半，致陛下未知合用實數，其所予者又不及所請之半，臣之罪大，無所逃刑。唯有及今據實披露，尚冀可補萬一。臣竊計本路四十一縣，除得熟縣分不過十數，其餘大抵皆荒。且以三十縣計之，若得二百萬貫，則一路可得米五十萬石，而一縣當得一萬六千餘石，若止得一百萬貫，則一縣但可得米八千餘石。今乃僅得三十萬貫，則是一路得米不過七萬餘石，而一縣為二千餘石而已。其逐縣合糴給戶口雖已立式行下，取會未到，然以去年紹興諸邑之費推之，則一縣用米有至四五萬石者。況今歲之荒甚於去歲，一縣飢民之衆，其非八千、二千石之所能濟，亦不待筭計而可知矣。今欲少俟取見戶數，而後計所不足，續有陳請，則恐地分濶遠，取會未能遽集之間，而已後糴米之期矣。冬春之間，糴者日衆，米價日高，臣恐用錢愈多，得米愈少，而民之飢者愈失望也。臣愚欲望聖慈深察前項事理，特降睿旨，更撥錢一百七十萬，揍前所給，通作二百萬貫，令臣及早分給諸州，廣行運糴。俟見糴給戶口實數，却行計度支用不盡之數，先次拘收回納，亦未為晚。伏候聖旨。

簽黃：竊恐度牒官會發出太多，難以發洩，今減半賞格，已蒙施行。欲乞指揮紐計米數，量給空名告身五七十道，并度牒官會，揍成二百萬貫，付臣收掌，則富民間之，願獻助者必多。如有應格之人，即乞許令提舉官與安撫使照應見行減半賞格，聚廳書填，當面給付，亦足以關防私曲情弊。伏乞聖照。

一、臣昨奏乞依耿延年所奏，浙東一路獻助米斛人戶並與減半推賞，已蒙聖慈開允施行，不勝幸甚。但指揮內却有將來檢踏，見得災傷最重處，方得保明取旨之文，則臣恐聽者不能無疑，而未有應募之意也。臣雖已行下州縣，令人戶願獻助者先經本司自陳，待與摽撥赴災傷最重州縣送納支散，然人戶未知省部人吏將來的將是何州縣作災傷最重去處，則終不能無疑。且天下一家，初無彼此，而本路災傷重處，殆計八九，但令在在處處米穀堆積，而徐視飢民闕食尤甚去處般運以往，則亦無處不可入納，又何必逆為此不可取旨之端，以疑羣聽而誤飢民之命哉？臣愚欲望聖慈深察上件事理，特降睿旨，一依乾道七年耿延年所請已得指揮施行，而刪去今來所增委曲關防之語，使大哉之言、一哉之心有以宣著暴白於天下，則有餘粟者争先應募，而所賜之錢又可會計餘數，拘收回納，是亦所謂惠而不費者。伏候聖旨。

臣昨具奏，乞詔州縣寬限催稅，已蒙聖慈特詔本路州縣將合納稅賦並照省限催促，不得非理搔擾，不勝幸甚。但今年旱傷實非去年之比，若據事理，所有夏稅自合依去年例特與住催。竊緣節次蠲放，蒙恩已多，不敢便為陳乞。但今八月十五日，省限已滿，州縣自此必是公肆追呼，無所忌憚，使被災餘民無所告訴，馴致死徙，仰貽宵旰之憂。臣愚欲望聖慈深察上件事理，特詔有司將本路被災縣分人戶夏稅權行住催，却俟檢放秋苗分數定日，却將夏稅亦依分數蠲減，一併催理，庶幾飢民均被實惠。伏候聖旨。

簽黃：臣契勘紹興府今年人戶丁錢已蒙聖慈盡數蠲放，今者本路諸州例遭災旱，而台州丁錢最重，下戶尤以為苦。欲望聖慈許將台州五縣第五等人戶今年丁絹特與蠲放，庶幾千里飢民得免追呼決撻之擾，不勝幸甚。伏取聖旨。

臣昨所奏逐項事理並蒙開允，獨有依準舊制募飢民修水利一事未蒙施行。臣竊見連年災旱，國家不忍坐視夫民之死，大發倉廩以拯救之，其費以巨億計。蓋其賑給者固不復收，其賑糶者雖曰得錢，而所折閲亦不勝計。仁聖之心，於此固無所吝。然飢民百萬，安坐飽食，而於公私無毫髮之補，則議者亦深惜之。故臣嘗竊仰稽令甲，私計以為若微於數外有所增加，以為募民興役之資則救災興利一舉而兩得之。其與見行糶給之法，利害之筭相去甚遠。故不自揆，既以奏聞，而輒下諸州，委是通判詢究水利合興復處，以俟報可。至於近日巡歷，又得親見，所至原野極目蕭條，唯是有陂塘處，則其苗之蔚茂秀實，無以異於豐歲。於是竊歎，益知水利之不可不修。自謂若得奉承明詔，悉力經營，令逐村逐保各有陂塘之利，如此則民間永無流離餓莩之患，而國家亦永無蠲減糶濟之費矣。不謂言語疎畧，未蒙鑒照，敢竭其愚，重以為請。伏望聖慈深察上件事理，許臣前項所請百七十萬貫者，而令於内量撥什三，候諸州通判申到合興脩水利去處，即與審實應副。其合糶給人有應募者，即令繳納糶給由歷，就顧入役。俟畢工日，糶給如舊。則所損不至甚多，而可以成永久之利，絶凶年之憂。費短利長，未為失策。伏候聖旨。

簽黄：臣又竊恐興脩水利所費太多，難以支給，即乞且令貸與食利人户，雇工興役，却候將來豐熟年分，紐計米數，量分料次，赴官送納，樁管在官，尤為利便。伏候聖旨。

臣昨嘗面奏，乞令被災州縣人户苗米五斗以下不候檢踏，先次蠲放，以絶下户細民奔走供億、計囑陪費之擾，誤蒙聖慈曲賜開納。今者本路復遭旱虐，竊欲取旨，依此施行。但今檢官已在田野，如蒙開允，即乞聖慈特降指揮，令轉運司疾速施行。若俟命下到臣巡歷去處，然後施行，却恐緩不及事。伏候聖旨。

臣伏覩歲既不登，所在艱食，全賴商賈阜通之利，所宜存恤，不可搔擾。今米穀不得收稅，雖有成法，而州縣場務多不遵守，至於往糴而有所挾之資，既糴而有所資之貨，則往來之間經由去處，尤以邀阻抽稅為苦，是致客人憚於興販。欲望聖慈特降睿旨，申嚴舊法，仍詔有司，諸被災州縣人户欲興販物貨往外州府收糴米穀，就闕米處出糶者，各經所在或縣或州或監司自陳所帶貨物判執前去。其糴米訖所買回貨，亦各經所在自陳判執回歸。往回所過，並不得輒收分文税錢，違者並依税米穀法，必行無赦。如蒙開允，即乞徑下轉運司，約束沿江瀕海所過場務遵稟施行，庶幾商販流通，民食不匱。伏候聖旨。

右，謹録奏聞，伏乞勅旨。

又卷一八《奏台州免納丁絹狀》 具位臣朱熹：

臣巡歷至台州，據屬縣人户陳狀稱，逐年身丁每丁合給本色絹三尺五寸，并錢七十一文，被州縣登承抑納絹七尺。其實本州每丁只發納上供三尺五寸，却將錢七十一文令人户倍輸，折納本色。竊念本州縣人户連遭荒旱，細民艱食，見蒙追催緊急，無所從出，乞將逓年多納理作今年合納。其今年倍納在官，乞理為來年合納之數。臣喚到台州典級楊松年、陸迅等供，拖照案例，臨海五縣人户合納丁絹，除第一等止第四等係將丁産税錢併紐科納絹帛外，所有第五等丁絹，檢準建炎三年十一月三日德音節文，兩浙人户歲出丁鹽錢每丁納錢二百二十七文，竝令納絹一丈，綿一兩，已是太重。自今第五等以下人户一半依舊折納外，餘一半折納見錢。台州人户身丁每丁供鹽税錢一百四十一文足，折納絹七尺。自紹興三年首正，將第五等人户丁鹽錢除一半折納絹三尺五寸外，有一半折納見錢七十文足五分，計減退本色絹數，是致闕少絹帛支遣。本州於紹興四年相度，貼支官錢湊納，具申朝廷。獲奉聖旨，令台州樁管見錢與人户納到數目，依市價賣發，不得科敷搔擾。本州自紹興四年以後，却將第五等人户合納一半丁錢七十文五分足紐納絹三尺五寸。照得第五等人户計一十九萬九千八十四丁，合納丁鹽錢二萬八千七百貫八百四十四文，除一半納本色外，有一半止合納丁錢一萬四千三十五貫四百二十二文足。本州却將上件丁錢紐作本色絹三尺五寸催納，計絹一萬六千五百九十匹一丈二尺，以致人户陳理。今來若放免一半丁絹，却合催納一半丁錢一萬四千三十五貫四百二十二文足。其所免上件丁絹，本州逐年自有支用趲剩紬絹一萬六千二百餘匹，可以通那，充官兵等支遣，不礙起發上供綱運之數。臣照對台州諸縣連年災傷，細民重困，若不優加存恤，必見流移。其第五等人户所納丁税，既有元降建炎三年指揮，許納一半見錢，自不應竝納本色。今來台州若免納一半丁絹，本州自有趲剩紬絹可以通那支遣，不礙起發上供之數，委無相妨。臣已行下台州及臨海等縣，遵照建炎三年獲降聖旨，令人户逐年每丁送納絹三尺五寸，并一半見錢七十文五分足，免致重困貧民下户，不得仍前違戾科抑外，須至奏聞者。

右，謹録奏聞，謹狀。

又《再乞給降錢物及減放住催水利等狀》 具位臣朱熹：

臣於今月初一日及六日兩次具奏，乞給降錢物，應副本路諸州糶濟支用等事。至今半月，未奉進止。竊緣自今已向深秋，欲得上項錢物給付逐州，及早運糴。其餘事件亦合早作措置，庶幾將來飢民得沾實惠，不至復似去年措置後時，追悔無及。但緣臣近日不合按劾知台州唐仲友不公不法事件，違忤貴臣，不敢更以私書手劄陳懇廟堂，催促敷奏。竊慮進呈淹緩，有誤一道飢民性命之計，今不免再具畫一事目奏聞。欲望聖慈鑒兹愚悃，發自宸衷，斟酌事宜，特降處分，先將愚臣重賜行遣，別選膚使，錫以緡錢，使布寬大之恩。其減放、住催、水利、募糴等事，亦係本路救荒緊要節目，若俟新官奏請，然後施行，必是遲緩誤事。欲乞權依臣奏，且與施行，不勝幸甚。須至奏聞者。

一、奏乞特降睿旨，支撥錢一百七十萬貫，湊前所給，通作二百萬貫，令臣及早分給諸州，廣行運糴。俟見糴給戶口實數，却行計度支用不盡之數，先次拘收回納。仍乞於內紐計米數，量給空名告身五七十道，并度牒官會，湊成二百萬貫，付臣收掌。如有獻助及格之人，合臣與安撫使書塡給付。

奏乞特降睿旨，於今來所降減半指揮內，刪去將來檢踏，見得災傷最重處，方得保明取旨之文，只依乾道七年耿延年所請已得指揮施行。

奏乞特降睿旨，將本路災傷縣分大戶夏税權行住催，少俟檢放秋米分數定日，却將夏税亦依分數蠲減。

奏乞特降睿旨，許臣前項所請百七十萬貫，却於數內量撥什三，候諸州通判申到合興修水利去處，即與審實應副。其合糴給人有應募者，即令繳納糴給由歷，就顧入役，俟畢工日糴給如舊。

奏乞特降睿旨，許令被災州縣人戶苗米五斗以下不候檢踏，先次蠲放，令轉運司疾速施行。

奏乞特降睿旨，申嚴米穀不得收税舊法。仍詔有司，諸被災州縣人戶欲興販物貨往外州府收糴米穀，就闕米處出糶者，各經所在或縣或州或監司自陳所帶貨物，判執前去。其糴米訖所買回貨，亦各從所在自陳，判執回歸。往回所過，並不得輒收分文税錢，違者並依税米穀法，必行無赦。徑下轉運司約束施行。

奏乞特降睿旨，就撥紹興府先給到度牒一百道換到米，及明州先蒙降到二十萬貫糴到米，並付本司，均撥應副紹興府、明州糶濟，及貸與食利人戶，興修水利。却於二百萬貫內除豁其水利貸錢，向後豐年，却令逐旋回納。

右，謹錄奏聞，伏候勑旨。

又《乞降旨令婺州撥還所借常平米狀》　具位臣朱熹：

臣伏準尚書省劄子，備據知婺州錢佃奏，乞於本州見管常平義倉米內支借二萬石，支遣軍粮。八月三日，三省同奉聖旨，許支借二萬石，限至歲終撥還。臣除已恭禀施行外，臣竊見義倉米在法唯充賑給，不許他用。今歲婺州諸縣例皆旱傷，將來細民必致闕食，本司尚自申奏朝廷，支降官會度牒，應副本州糴米，而義倉窠名正係賑給之數，先來本州已曾借過一萬七千石，元降指揮，候秋成先次撥還，尚未還到顆粒，今來再借二萬斛，止存七千餘石，已是不足支遣。而所借之米，又蒙許令歲終撥還，深恐後時有誤糶濟。欲望聖慈特降指揮，令婺州將兩次借過米三萬七千石，趂此秋成，盡數先行撥還，庶幾可以添助糶濟。須至奏聞者。

右，謹錄奏聞，伏候勑旨。

又《奏巡歷至台州奉行事件狀》　具位臣朱熹：

臣照得本路州縣今歲旱傷，臣自七月十五日出巡，取道嵊縣，迤邐入台州按視，及預行措置賑恤事件，節次具奏外，臣已於八月十八日起離台州，取處州前去。所有台州奉行事件，須至奏聞者。

臣七月二十三日到台州，二十五日準尚書省劄子，恭奉聖旨，給降度牒三百道，官會一十五萬緡。臣即時分撥應副諸州外，仍於台州刷到常平司及諸州庫眼有管窠名錢八萬貫，及於降到錢會內撥錢二萬貫，共湊一十萬貫，量逐縣災傷輕重、地里闊狹，均撥應副。仍詢訪到土居官員士人誠實練事、為衆所服者，一縣數人，以禮敦請，令與州縣當職官公共措置，差募人船，前往得熟去處收糴米斛，循環賑糶。仍多方敦請上戶，說諭或出米穀，或出錢物，并行運糴，添助賑糶。仍據本州申到見管常平義倉米五萬二千餘石，已令椿管，準備賑濟。及一面立式，選差都正鄉官等，家至戶到，從實抄劄法應糶濟大小戶口，取見的確數目，各隨比近置場，以俟將來闕食，就行糶濟。仍立罪賞約束，不得泛濫抄劄，枉費官廩外，伏乞聖照。

臣所經歷去處，得雨之後，晚稻之未全損者，並皆長茂，可望收成。但民間所種不多，僅當早稻十之一二。其早稻未全損者，亦皆抽莖結實，士人謂之二稻，或謂之傳稻，或謂之孕稻，其名不一。目今有已黃熟處，亦有尚帶青色處，村民得此接濟，所益非細。但其稻莖稀疎，秕多穀少，其色青者已逼霜露，恐難指擬。至於粟荳油麻蕎麥之類，却並有收，次第今冬未至乏絶。只為薦饑，民無蓋藏，竊恐來春必至艱食。臣已面諭州縣官吏常切體訪，不拘早晚，但覺民間闕食，便行賑糶，收錢運糴，循環接濟，無損於官，有益於民，實為利便。伏乞聖照。

臣體訪到本州黄巖縣界分闊遠，近來出穀最多，一州四縣皆所仰給，其餘波尚能陸運以濟新昌、嵊縣之闕。然其田皆係邊山瀕海，舊有河涇堰閘，以時啓閉，方得灌溉收成，無所損失。近年以來，多有廢壞去處，雖累曾開淘修築，又緣所費浩瀚，不能周徧。臣竊惟水利修則黄巖可無水旱之災，黄巖熟則台州可無饑饉之苦，其為利害，委的非輕。遂於降到錢内支一萬貫付本縣及土居官宣教郎林鼐、承節郎蔡鎬，公共措置，給貸食利人戶，相度急切要害去處，先次興工。俟向後豐熟年分，却行拘納。其林鼐曾任明州定海縣丞，敦篤曉練，為衆所稱。蔡鎬曾任武學諭，沈審果決，可以集事。但本縣知縣范直興不甚曉事，恐難倚仗。欲乞依本司已獲降到指揮，特與嶽廟，理作自陳。別選清强官權攝縣事，庶幾興役救荒，不至闕誤。伏候勑旨。臣前項所奏給降到錢三十萬貫，臣已分撥婺州八萬貫，衢州六萬貫，處州五萬貫，台州二萬貫，黄岩興修水利一萬貫，及明州定海縣亦乞興修水利，已撥一萬貫，共已撥二十三萬貫外，尚剩七萬貫。初欲分撥應副明州、紹興府，而明州申到，已奏乞撥錢一百萬貫，臣遂不敢拈出。兼婺、衢兩州連年荒歉，竝無蓄積可以那兑運糴，竊恐將來更有欠闕，欲且留此錢數，更俟聖慈添撥到錢，即并諸州再行均給。所有添撥之數，已兩次具奏，今更於後項開説，伏乞聖照。

臣於八月初三日及十二日兩次具奏，更乞聖慈添撥錢物，及紹興府、明州元降度牒官會所糴米斛，通湊作二百萬貫文；乞不候檢踏，先放五斗以下苗米；又乞權住催夏税零欠，候檢放秋苗分數定日，并行除豁理納；又乞申嚴米穀免税舊法，仍乞特降指揮，與免往回物貨及搭帶税物，亦已日久未奉進止。欲乞聖慈詳臣兩狀，早賜指揮，伏候勑旨。

右謹錄奏聞，伏候勑旨。

簽黄：臣第二狀内，已有陳乞別選膚使，付以緡錢一節。今更自度，決難自効，并望聖慈早賜處分。

又 卷二〇《申南康旱傷乞放租税及應副軍糧狀》 伏覩本軍今為久闕雨澤，早田旱損，已依準令式，具狀奏聞訖。照對本軍地荒田瘠，税重民貧，昨於乾道七年曾遭大旱，伏蒙聖恩，放免本年夏秋二税錢米紬絹共八萬六千三百二十貫石匹，及詔本路監司應副軍糧米四千石，撥到糴軍糧米錢九千餘貫，并撥本軍未起米一萬一千七百餘石、本軍借兑過乳香度牒錢一萬餘貫湊糴軍糧，支遣官兵，及撥到賑糶米五萬石，又拖欠兩年上供折帛月樁等錢共九萬三千四百一十六貫石匹兩，然後遺民復得存活，以至今日。今茲不幸，復罹枯旱之災，又蒙御筆深詔守臣，精加祈禱。而熹奉職無狀，無以感格幽明，祈禱兩月，殊無應效。今則早田十損七八，晚田亦未可知，正使幸得薄收，其數亦不能當早田之一二。訪問耆老，皆云乾道七年之旱雖不止於如此，然當時承屢豐之後，富家猶有蓄積，人情未至驚憂。又以朝廷散利薄征，賑給之後，而人民猶不免於流移殍死，閭井蕭條，至今未復。况今民間蓄積不及往時，人情已甚憂懼，目下軍糧便缺支遣，計料見管常平米斛斗，亦恐將來不足賑濟支用。若不瀝懇先事奏聞，竊恐將來流殍之禍及它意外之憂，又有甚於前日。除已具錄奏聞，許依分數放免租税，更令轉運、常平兩司多撥錢米應副軍糧，準備賑濟外，云云。

又《申南康旱傷乞倚閣夏税狀》 熹昨為本軍今年災傷至重，奏截留兩年上供米斛，已蒙支撥淳熙六年未起米五千石，充軍糧及賑糶等支用。本軍除已恭禀施行訖，今來檢放旱傷秋苗，通計不止七分。除已一面攢具奏聞外，竊見本軍今年所理夏税，緣自省限起催以來，即苦旱乾，人戶車水救田，日不暇給，憂勞愁歎，實與常歲不同，遂不敢嚴督諸縣依限催理，只令勸諭人戶自行輸納。至今截日，方據納到絹九千四百匹，錢一萬六千七百三十五貫二百五十九文省。其絹一面支裝起發，所有見錢，竊緣本軍別無儲積可備賑糶，不免擅行兑借，并未起淳熙六年折帛錢七千三百一十九貫二百九十六文省，通前兩項，共錢二萬四千五十二貫五百五十文省。趂此米價未起之間，收糴米斛，約計可得一萬一千五百七十餘石，賑糶饑民。却俟糴畢，收簇元錢，節次起發。其餘人戶所欠錢絹數目尚多，而民間自今以往，饑餓寒凍之憂日甚一日，漸次無力可以供輸。熹誠不忍更行催督，以速其流離轉死之禍。除已具錄奏聞，乞賜許將本軍今年人戶未納夏税錢帛權行倚閣，令候來年蠶麥成熟，却隨新税帶納，庶幾饑饉餘民得保生業，不勝萬幸。所有熹輒將上供官錢兑借糴米之罪，亦已具奏，恭俟朝典，併乞施行。

又《乞除豁經總制錢及月樁錢狀》 熹照對本軍去歲旱傷至重，檢放秋苗八分以上；及蒙朝省行下，將第三等以下人戶夏税畸零倚閣，是致經總制錢收趁不及，合行除豁；及月椿錢無從椿辦，不能如額。已嘗具申總領、轉運、提刑司照會，乞行除豁無收經總制錢，及乞據實椿到月椿錢數起發。除別具狀供申尚書省，乞賜敷奏外，今具事節合行申稟者。

經總制錢年額係於夏、秋二稅内收趁，緣本軍去年分檢放過苗米三萬七千四百五十石一斗二升三合一勺，紐計無收經總制勘合頭子錢六千三百七十二貫一百一十七文省。及依準淳熙七年十月二十六日聖旨指揮，倚閣本年第三等以下人戶未納畸零夏稅折帛錢二萬三千三百一十五貫四百六十五文，本色絹三千八百一十六匹九尺六寸，紐計無收經總制勘合頭子錢二千九百二十五貫八百四十七文。二項共合除放經總制錢九千二百九十七貫九百六十四文。其苗米上所收經總制頭子勘合等錢，遵從淳熙四年戶部韓尚書申明已得指揮，並合隨苗除放。其夏稅畸零錢帛既已倚閣，亦無合收經總制勘合頭子錢數目，合依例除豁。方欲具申，乞下總所并憲司照會，今會得池州近以旱傷申請，已奉聖旨，除豁檢放苗米上無收經總制錢。況本軍旱傷尤甚，既檢放秋苗外，又蒙倚閣第三等以下畸零夏稅，所有上項經總制錢，委實無所從出。欲望鈞慈矜察，特賜敷奏，於本軍淳熙七年分合發經總制錢内，除豁前項放免無收錢九千二百九十七貫九百六十四文，仍乞行下憲司、總所及本軍照會。

本軍月椿錢，係於夏、秋二稅并場務出納錢物收到頭子、經總制無額錢及酒稅課利分隸椿辦。緣去歲旱傷之故，苗米放及八分，三等夏稅亦復倚閣，自九月十二月終，月額共合椿辦一萬四千五百三十三貫九百一十二文。除已據實收椿到錢將新補舊，遞互儹那，共計一萬三千九百一十三貫五百四十七文節次起發外，尚有六百二十貫三百六十五文，及今年正月以後合發錢數目，今空竭無可椿辦。欲望鈞慈特賜敷奏，將淳熙七年九月至十二月終收趁不足月椿錢六百二十貫三百六十五文特賜蠲免外，所是淳熙八年正月以後合發月椿錢數，亦乞行下淮東總領所照會，據本軍每月實椿到錢數起發。候向去年歲豐熟，民力稍蘇，即依舊數發納。

又《乞支錢米修築石隄札子》 照對本軍邊臨大江，舊有石砌隄寨，堰住西灣水汊，藏泊舟船，每歲江西諸州錢糧綱運并商権舟船浮江上下，並於寨内拋泊，或值風濤大作，亦免沉溺之患，公私兩便。自紹興以來，不暇開修，逐年風浪衝擊，砌石損動，往往多被回運空綱偷般壓船前去，以致寨内水汊沙土填塞，積歲之久，不復開浚。重載舟船不免於石寨外江心排泊，沿岸石磊不堪繫纜，每有大風震作，漂溺人船，不容拯救，前後拋失官私錢物不可勝計。本軍慮其所用工料錢米無所從出，又恐土石一興，有妨農作，緣此坐視，不敢申請。今緣本軍旱傷至重，細民闕食，檢準紹興重修常平免役令，諸災傷監司隨所分州縣有興工役而可以募人者，雖非農田水利，（謂如城隍、道路、隄岸土工及種林木之類）各預行檢計工料錢穀之數，具利害奏聞。本軍已委星子知縣王文林、司戶毛迪功躬親詣地頭，逐一從實檢計到開修石寨去處，合用工料等錢五千三百七貫一百二文，米四百五十六石四斗五升。本軍已行具申轉運使衙，取撥窠名錢米，雇募人工修葺去後。近準使司回牒，止撥到移用錢一千貫文，米五百石。今照先委星子知縣王文林、司戶毛迪功檢計工料錢米，並是實用之數，本軍今不敢全乞取撥，望止乞更行增撥錢米，付本軍支散。自餘少缺之數，本軍自行計置，貼助使司撥到錢米，趁此天氣和暖，雇募人工開修。不唯官私舟船得免風濤之患，且使饑民就役，不致缺食。須至申稟者。

又《乞申明閉糴指揮札子》 熹輒有迫切之懇，仰干鈞聽：本軍地瘠民貧，米穀不多，遞年雖是豐熟，亦仰上流州軍客船販米，糶糴食用。今年遭此大旱，檢放七分以上，而上流儘有得熟去處，顧乃循習舊弊，公然遏糴，以致米船不通，細民闕食。本軍竊慮無以賑糶支遣，遂逐急那兑諸色官錢，差人前去收糴米斛。今據差去人申，已糴到米，而諸處官司出牓禁約，不許放行。竊慮客販不通，官糴又阻，境内饑民日就狼狽，除已移文諸處官司，請照累降指揮疾速放行，及不許阻節客旅外，更欲具奏及申尚書省，又慮遽失隣援之驩，向後別致邀阻，反為深害，謹密具此申稟，欲望鈞慈特賜矜察，早為敷奏，特降睿旨，檢舉舊法，遍下諸路嚴行約束。但使公私米穀遠近通行，則沿流荒旱州軍自當不至闕食，非獨此邦之幸而已。干冒威尊，伏增震悚。

小貼子：照對本軍勸諭上戶賑糶近十萬石，其間多有錢無米之人，亦須上流收糴。若彼沿路阻節，米船不通，即此勸諭之數，盡失指準，民命所繫，為害非輕，伏乞鈞慈深賜留念。

又《乞撥兩年苗稅札子》 熹昨曾具奏及申尚書省，約計本軍今秋放旱外三分苗米一萬三千九百五十五石，及去年零欠綱運米五千餘石，乞賜截撥下本軍充軍糧支遣。今續據管内三縣申到檢放實數，多是全戶乾死，所傷不啻八九分。若依元數，必取三分苗米，即恐人戶無從輸納，必致逃移。其去年殘欠，初意亦候今冬催理填納，今既災傷如此，亦非并督舊逋之時。以此計之，即熹前奏所乞兩項米數，正使便蒙聖恩許賜截撥，然皆已難作十分指準，未蒙哀憐，則其狼狽又將有不可勝言者。蓋嘗竊謂有軍則糧決不可以不足，既旱則稅決不可以不放，此二者皆必然之理也。但在今日，欲取足軍糧，則民已無食，更責其稅，必有逃移死亡之憂；欲盡放民稅，則有軍而無糧，民亦將有不能保其安者。二者之為利害，其交相代又如此。然就其一端而論之，則闕軍食之禍淺而易見，不放稅之禍深而難知。故今州縣之吏，不過且救目前，為應文逃責之計，掩蔽災傷，阻遏披訴，務以餉軍不闕為先務。至於民不堪命而流殍死亡，皆不暇恤。殊不知民既死徙，閭井蕭條，田園蕪没，或數十年而戶口賦稅無以復於其舊，積其所失，比之全放一年之稅，何止倍蓰？且如本軍，乾道七年歲嘗大侵，流殍滿道，至今十年，而流庸尚有未安集者，田土尚有未開墾者。今者不幸復遭此旱，計其分數，乃或甚於彼時，民尚無以為食，若復責以輸納租稅，將來之患，必當有甚於前。不知更費幾年功夫，可得復似今日？此尤不可不深慮者也。然非朝廷察此利害之幾，有以給其軍食，使之得以盡實檢放而無乏供之患，則難知之深害未弭，而目前立至之禍已不可免。此熹之所以不敢避僭瀆之罪，復論前奏之未審者。仰冀鈞慈深加憐察，特賜敷奏，且依所乞，截留兩項米斛外，更令帥漕兩司同共相度，別行應副，則闔郡軍民死生而骨肉矣。如蒙留念，更望早賜行下，以安其心。熹無任惶恐俟命之至。

小貼子：熹所申禀，只為乞撥六年殘欠及七年放外兩項米斛，又恐朝廷怪其檢放分數之多，故其妄言遂至覼縷，誠不能無草野倨侮之嫌。然其區區之心，實欲深為國家生聚教訓、恢復久遠之計。若熹之私，則去替不遠，疾病侵陵，罪戾孤蹤，日俟譴斥，決非久於此者，亦何必曲沽民譽，過為身謀，以罔朝聽而陷於不測之誅？伏惟鈞慈深賜洞察。

又《與執政札子》 熹瞻望台躔，久不申起居之問，下情第切宗仰。比以災旱告急于朝，竊計已蒙鈞念。惟是疎拙，素不更事，重此困迫，不無煩擾。今復有劄子二通，申禀放稅、乞米及隣境閉糴事。而熹疾病之餘，不堪扶曳，輒有私懇，仰瀆威尊。敢望鈞慈并為敷奏，乞從所請，千萬之幸。熹頻有干慁，不敢累幅以勞侍史，并乞鈞照。

又卷二一《乞賑糶賑濟合行五事狀》 照對自到任以來，奉行賑糶賑濟，有合行五事，已具申朝廷，未蒙回降，開具下項：

件熹體訪得浙西州軍極有豐稔去處，與本路水路相通，最為近便，已差官雇船前去收糴，及印榜招邀客販。竊慮逐州縣故行遏糴，亦恐州縣稅務邀阻，妄作名色，輒收雜稅力勝買醋錢之類，乞敷奏，將見行遏糴條法劄下兩浙轉運司，行下浙西得熟州縣約束。其沿路稅務邀阻，亦乞依本路已獲降指揮，加等坐罪施行。

件熹照得本路今歲災傷，唯紹興府最甚，雖蒙朝廷給降錢米濟糶，猶恐不能周給，其勸諭上戶獻助，至今未有勸到數目。臣僚奏請，特依淳熙元年耿延年獲降指揮，減半推賞。熹詢訪得紹興府田土瘠薄，連年災傷，上戶縱有儲蓄，所出之米及格必少。乞敷奏，如諸路州縣人戶者願出米穀，自行般運前來紹興府賑糶賑濟，亦乞與依上項指揮，減半米數推賞。

件熹契勘人戶身丁每年合納本色折帛丁鹽絹綿丁錢等，係隨夏料送納，已行下紹興府及屬縣照應條法，不得促限追擾外，乞指揮更賜劄下紹興府，鈐束諸縣遵守條法，不得前期追擾施行。

件熹照對本司去年勸諭到上戶陳之奇等出助米穀賑濟賑糶，合行該賞。本司先已保明，具申尚書省，未蒙朝廷推恩，以致人戶無以激勸。已具錄奏聞及申尚書省，乞速賜推恩施行。

件照對昨準省劄，熹所奏檢放不實之弊，奉聖旨令熹詢訪不實最多處，按劾施行。及續準省劄，紹興府山陰、會稽等縣人戶余宗榮等狀訴檢放秋苗不盡不實，劄下檢實。熹詢訪見得本府諸縣檢放委有不實去處，但今田土多是已種二麥，及為饑民採取鳧茈，鋤掘殆遍，無復禾稻根查可見荒熟分數。乞且將下戶等第住催，上戶寬限勸諭。其新林一帶，亦許熹差官檢定潮泥不堪耕種之處，等第蠲閣租稅。其衢、婺州及本路應有訴旱去處，亦乞依此委官約度分數，住催官物。乞敷奏，特降指揮施行。

右，竊緣紹興府今年饑荒極重，官司雖已不住措置糶濟，竊緣錢米不多，終是不能均濟。惟有蠲除稅租，禁止苛擾，激勸上戶，最為急務。譬如救焚拯溺，不可遲緩，於淳熙八年十二月十七日具申尚書省，乞照前狀，速賜指揮施行。其檢計戶口，分撥錢米，見已一面施行，候見欠闕定數，別具供申，聽候指揮。

又《論督責稅賦狀》 承尚書省劄子，勘會江浙、兩淮州郡去歲委實旱傷去處，其合納苗稅，已降指揮檢放倚閣。近來州郡以寬恤為名，將不係檢放倚閣之數故作稽滯，不行起發，劄下本司，將管下州郡年額合起綱運除檢放倚閣數外，嚴行督責，須管日下起發。如仍前違慢，仰開具守倅令佐及當職官職位姓名申尚書省。所準前項省劄，熹恭惟國家張官置吏，本以為民，所以平時但聞朝廷戒敕州郡奉行寬恤，惟恐有所不至。至於『督責』二字，考之前史，則韓非、李斯慘刻無恩，詿誤人主之術，非仁人之所忍言也。今來旱傷，檢放倚閣，民間固已蒙被寬恩，然其不係放閣之數，亦止合且令勸諭，寬限拘催，難以嚴行督責。所有前項朝旨，若便推行，竊慮有傷治體。熹雖愚陋，委實不敢奉行。

又《論臧否所部守臣狀》 承尚書省劄子，勘會已降指揮，令諸路帥臣監司歲終各具所部守臣臧否聞奏。所有淳熙八年分，未見奏到。正月十三日，三省同奉聖旨，令遵依已降指揮，日下聞奏，劄付本司。所準省劄，令本司具淳熙八年分所部守臣臧否奏聞事。照對熹去年十二月六日到任，即不見得本路諸州守臣去歲臧否。兼近因按劾衢州守臣李嶧，不蒙朝廷施行，熹委是材輕德薄，不足取信，豈復更敢臧否人物？伏乞照會，免行考察。

又《乞支降錢物狀》 熹今起發前去諸州，便要錢物分俵逐州守臣，責令運糴，以備糴濟。所有前狀所乞錢物，欲乞鈞慈早賜敷奏，盡數支降，庶熹所到，便得揭牓曉諭，宣布德意，安慰饑民，寬其流離餓殍之憂，息其無聊妄作之念，實繫利害。如是將來見得會計實數，所乞錢少，更當別具申奏，亦望廟堂力賜主張，疾速應副，千萬幸甚。

又《乞許令佐自陳岳廟狀》 契勘今來諸州連歲災傷，將來艱食，又非去年之比，全藉知縣佐官協力措置，以救民命。竊慮其間或有老病庸懦、不能任事之人，欲加按劾，則無顯過；欲置不問，則為民害。欲望朝廷敷奏，特降指揮，如有似此之人，許令自陳嶽廟差遣一次。仍嚴責已差下人，除程半月，疾速赴上，不得少有違滯。其未到間，即乞不以縣之大小，委自本司差人權攝，許於得替待闕、不應差出人内選差，俟荒政結局，即行住罷，庶幾數月之間逐縣得人，不至誤事。須至供申者。

右，謹具申尚書省，伏候指揮。

又《申再有措置災傷事件狀》 熹今再有措置本路災傷事件，已具奏聞，乞賜施行外，欲望朝廷速賜行下，庶幾一路饑民早被聖恩，不致狼狽。須至供申，今聞具下項：

奏乞特降睿旨，支撥一百七十萬貫，湊前所給，通作二百萬貫，令熹及早分給諸州，廣行運糴。俟見糴給戶口實數，却行計度支用不盡之數，先次拘收回納。仍乞於内紐計米數，量給空名告身五七十道，并度牒官會，湊成二百萬貫，付熹收掌。如有獻助及格之人，令熹與安撫使書填給付。

奏乞特降睿旨，於今來所降減半指揮内，刪去『將來檢踏，見得災傷最重處，方得保明取旨』之文，只依乾道七年耿延年所請已得指揮施行。

奏乞特降睿旨，將本路災傷縣分人戶夏税權行住催，却俟檢放秋米分數定日，却將夏税亦依分數蠲減，一併住催。

奏乞特降睿旨，許熹前項所請百七十萬貫，而令於内量撥什三，候諸州通判申到合興修水利去處，即與審實應副。其合糴給人有應募者，即令繳納糴給由歷，就雇入役，俟畢工日，糴給如舊。

奏乞特降睿旨，許令被災州縣人戶苗米五斗以下，不候檢踏，先次蠲放，令轉運司疾速施行。

奏乞特降睿旨，申嚴舊請，仍詔有司，諸被災傷州縣人戶，欲興販物貨往外州府收糴米穀，就闕米處出糴者，各經所在或縣或州或監司自陳所帶貨物，判執前去。其糴米訖，所買回貨，亦各經所在自陳，判執回歸。往回所過，並不得輒收分文税錢。違者並依税米穀法，必行無赦。徑下轉運司施行。

右，謹具申尚書省，伏候指揮。

又卷二二《辭免直秘閣狀》 右，熹準七月十八日尚書省劄子，七月十七日，三省同奉聖旨，以熹昨任南康軍日，修舉荒政，民無流殍，可除直秘閣者。熹聞命震驚，受恩感激，有不知所以言者。然竊伏念熹昨以非才，誤蒙任使，不能布宣德意，以惠遠民，乃以刑政失中，招致殃咎，赤地千里，民不聊生，據罪論刑，豈能幸免！致使粗能措畫，不致大段狼狽，亦是職守之常，何足補塞愆負？而況蠲閣租税，撥賜錢米，許借上供錢物，糴米賑糶，皆是聖主天地貺施非常之恩，官吏於此，豈有絲毫之力？至於勸諭富民發廪糶濟，亦是聖朝不愛官爵，以救民命，頒下賞格，極於醲厚，以故富民觀感視傚，始肯竭其困倉累歲之積，以應公上一旦之須，亦非官吏之力所能及也。然其賑濟人戶，無致旱之罪，今又不取一錢，而捐米四五千石，方得一官，自私家言之，其數亦已多矣。此則在所當賞而不可緩者，非一時官吏有罪無功之可比也。今熹享際隆寬，曲加容貸，更蒙除用，已極叨踰。今者又被聖恩，復有上件除命，而熹前所奏南康軍賑濟人戶張世亨等四名，合依元降賞格補授文武官資者，有司顧以微文沮郤其事，至今未見報行推賞指揮。是乃聖主過恩，既賞於其所當罪，而有司失信，反吝於其所當賞。熹雖至愚，於此竊有所不安者。所有降到省劄，不敢祇受，已送建寧府寄納軍資庫。謹具狀申尚書省，欲望朝廷洞照誠悃，特為敷奏，許賜收回。仍檢會今年閏三月内南康軍奏及熹獨銜奏狀，詳酌所陳事理，如是節次官司果是固為邀阻，至今不為保明推賞，節將張世亨等併為敷奏，依熹所乞，不候諸司保明，特與先次依格等第推賞，直降付身，令本軍日下當官給賜。是則不惟熹之私義得以自安，亦庶幾自今以來，州郡長吏奉法遵職，務格和平，不至幸民之災，自圖身利。不惟此四人者早蒙聖恩，免有邀阻乞覔之擾，父子兄弟感戴無窮，而萬一不幸四方復有水旱饑饉之災，亦使其他富民知所激厲，易為勸誘，貧者有所恃賴，不復流移，其利非止一端而已也。狂妄僭率，干冒朝聽，祈恩俟罪，無任懇切恐懼之至。謹狀。

小帖子：稅戶張世亨賑濟五千石，依格乞補承節郎。稅戶劉師興賑濟四千石，依格乞補承信郎。進士張邦獻賑濟五千石，依格乞補廸功郎。待補太學生黃澄賑濟五千石，依格應補廸功郎。

右具如前。伏念熹罷官還家，舊任別無絓繫，只此一事未了。初謂朝廷賞格必非虛文，不謂今乃以此自陷於罔民之罪，每一思之，如負芒刺。顧以居閑，不敢陳請。今者幸因辭免恩命，得效一言。過此則分守有拘，又將無以自達。切望鈞慈早賜垂念，千萬幸甚。如是四人近日皆已得霑恩賞，不曾報行，即熹屏居深山，探問不實之罪，亦乞務貸。而其所乞辭免恩命，與比事體自不相須，更望力賜開陳，期於得請，乃為厚幸。伏乞鈞照。

又《除浙東提舉乞奏事狀》 右，熹今月二十二日準尚書省劄子，奉聖旨改除前件差遣。熹以衰病之餘，心力凋耗，目昏耳重，不堪繁劇，擬具情懇，干告廟堂，乞與敷奏，聽容辭勉。而聞之道路，本路今年災傷至重，民已艱食，若更遷延，有失措置，竊恐向後饑民愈見狼狽，重貽聖主宵旰之憂，謹已於當日望闕謝恩祇受訖。所有合赴行在奏事，未奉指揮。伏念熹自違陛戟，十有九年，誠不勝臣子惓惓，願得一瞻天日之光。況今救荒，合行奏禀事件非一，又熹前任南康，亦有合奏聞事，謹具狀申尚書省，欲望鈞慈特賜敷奏施行。謹狀。

又 卷二五《與建寧諸司論賑濟札子》 安撫司賑濟米合於冬前差船般運，免至冬後與民間般載租米互有相妨，或致延滯。

廣南最係米多去處，常歲商賈轉販，舶交海中。今欲招邀，合從兩司多印文榜，發下福州沿海諸縣，優立價直，委官收糴，自然輻湊。然後却用溪船節次津般，前來建寧府交卸。

般運廣米，須得十餘萬石，方可濟用。合從使府兩司及早撥定本錢，選差官員使臣或募土豪，給與在路錢糧，令及冬前速到地頭，趂熟收糴。潮、惠州與本路界相近。往回別無疎虞，即與支賞。約運到米一千石，支錢三十貫充賞，更多尤好。其糴到米數最多之人，仍與別議保奏，推賞施行。

上件福、廣米既到府城，即城下居人自無闕食之理，不須過有招邀上溪般米，反致鄉村匱乏，將來却煩官司般米賑濟，勞費百端。今合先次出榜曉諭諸縣產戶寺院，除日逐出糶，不得閉糴外，每產錢一貫，椿米三十石省。禾亦依此紀數。兩貫以下不椿，委社首遍行勸諭，親自封椿，開具本都椿管米數及所椿去處，限十一月内申縣，祇備覆實。不得輒狥顏情，虛申數目，及妄挾怨仇，生事搔擾。其社首家禾即委隅官封椿。

鄉下有外里產戶等寄莊，即仰社首及本處居人指定，經官陳說，封椿十分之七。

鄉下有產錢低小而停積禾米之家，仰隣保重立罪賞陳告，亦與量數封椿十分之五，並依前法。

上戶有願於合椿數外別行椿糶之人，許具實數經縣自陳，收附出糶，量行旌賞。

所椿禾米更不預定價直，將來隨鄉原高下量估，平價出糶，不使太貴，以病細民，亦不使太賤，以虧上戶。

所椿禾米自來年正月為始，以十分為率，至每月終，即給一分還元椿產戶自行出糶。直至稍覺民飢，即據見數，五日一次，差隅官監糶，大人一斗，婦人七升，小兒四升。如至六月中旬，民間不甚告飢，即盡數給還產戶，自行出糶。

府城縣郭及鄉村居民合糴禾米之家，合預行括責，取見戶口實數，即見合用米數。及將來分定坊保，給關收糴，庶免欺弊。大人、婦人、小兒逐戶分作三項。

上戶自有蓄積，軍人自有衣糧，公吏自有廪禄，市戶自有經紀，工匠自有手作，僧道自有常住，並不在收糴之限。

鰥寡孤獨老病無錢糴米之人，候三四月間別議措置，如是饑荒，須令得所。右謹具呈。第一項至第三項，乞使府兩司早賜詳度定議。第四項以後，乞使府出榜通衢，恐有未盡未便之處，令諸色人詳其利害，疾速具狀陳述，廣詢審議，然後施行，庶使大戶細民兩得安。伏候台旨。

此米須留以待來歲之用，目今秋成在邇，般運到人已食新，切乞存留，無為虛費。椿米多則上戶不易，少又儲蓄不足，此數更乞裁酌，更以戶口之數計之，方見實用米數。

又 卷二六《與顏提舉札子》 熹昨者輒以撥米，干冒台聽，仰荷矜憐，俯從所請。然顒俟久之，未蒙明文行下。今復專人具稟，欲乞台慈特照舊例，早賜開允，不勝幸甚。復有少稟：本軍米斛舊來多就建康交納，近一兩年，忽蒙使臺改撥入都，不唯小郡頓增水脚之費，無所從出，而舟船艱得，裝發遲緩，盤剝留滯，耗折百端，於事有甚不便者。今亦有狀申稟，乞賜台旨，只令赴建康府交納。儻蒙垂念，不勝厚幸。

又 熹不揆疎遠疵賤之跡，自到任來，數以職事仰干台聽，例蒙矜照，感幸已深。惟是至今未被明文行下，竊與一郡官吏軍民同切翹跂，以俟嘉命。今此又有所稟，仰祈恩施，內循進越，不勝恐悚。熹昨以星子一縣稅錢偏重，奏乞蠲減，亦已具申聞矣。今聞睿旨已下使臺，竊惟聖天子明目達聰之意，雖不間於蒭蕘，至於其所決然取信而亡疑，則在明使者之一言耳。欲望台慈早賜垂念，遣吏核實，具以上聞，使一方疲瘵遺氓速霑仁聖之休澤，不勝幸甚。至於前請，亦乞始終大賜，以慰顒顒之望。千萬幸甚幸甚。

又 熹瞻望使臺，無由伏謁，傾仰不自勝。長至節臨，又不獲奉觴羣吏之後，尤切馳情，已具公牘脩慶。竊惟清名重德，士論所歸，履茲剛長之辰，固不待祝而諸福朋來也。熹昨者使還，蒙賜手教，復以標準新圖魯公墓帖為貺，尤荷不鄙之意。前此因遣牙吏部綱，嘗具稟劄，畧陳固陋，計今當已徹聽聞矣。恐或未安，更望垂誨，幸甚幸甚。撥米二事，仰荷台念，感激尤深。蠲租之請，亦當已蒙施行矣。區區衰拙，不堪為吏，強顏於此，百事隤廢。若非明使者矜而容之，種種假借，久已罪去矣。復有少懇，別紙布之，伏乞台照。

又《上宰相書》 六月八日，具位謹奉書再拜，獻於某官：熹嘗謂天下之事有緩急之勢，朝廷之政有緩急之宜。當緩而急，則繁細苛察，無以存大體，而朝廷之氣為之不舒；當急而緩，則怠慢廢弛，無以赴事幾，而天下之事日入於壞。均之二者皆失也。然愚以為當緩而急者，其害固不為小；若當急而反緩，則其害有不可勝言者，不可以不察也。竊觀今日之勢，可謂當急而不可緩者矣。然今日之政則反是，愚不知其何以然也。去歲諸路之饑，浙東為甚，浙東之饑，紹興為甚。聖天子閔念元元之無辜，傾困倒廩以救之，而甚者至出內帑之藏，以補其不足，德意之厚，與天同功。熹於是時僃卧田野，而明公實推挽之，使得與被使令趨走之末。仰惟知遇，撫己慙怍。然自受任以來，夙夜憂歎，恐無以仰承聖天子之明命而辱明公之知於此時也，是以不憚奔走之勞，不厭奏請之煩，以盡其職之當為者，求以報塞萬一。而乃奏請諸事多見抑却，幸而從者，又率稽緩後時，無益於事。而其甚者，則又漠然無所可否，若墮深井之中。至其又甚者，則遂至於按劾不行，反遭傷中。而明公意所左右，又自曉然，使人憤懣，自悔其來而求去不得，遂使因仍，以至於今。比日以來，神明消耗，思慮恍惚，兩目昏澁，省閱艱辛，方欲少俟旬日，別上封章，冀蒙哀憐，得就閑佚，又以連日不雨，旱勢復作，紹興諸邑仰水高田已盡龜拆，而山鄉更有種不及入土之處。明、婺、台州皆來告旱，勢甚可憂。雖已一面多方祈禱，必冀感通，然天道高遠，事有不可期者。萬一更加旬日，未遂所求，則去年境界又在。而上自大農，下及閭巷，公私蓄積頻年發散，亦自無餘，後日之憂，必有萬倍於前日者。熹之迂愚，固不知所以為計。誠恐雖以聖主之聰明聖智，明公之深謀遠慮，亦未必有斷然不可易之長策，真可以惠活饑民，彈壓姦盜，而保其必無意外之患也。熹是以徬徨怵迫，未敢遽請，而復冒昧一罄其愚，惟明公試幸聽之。竊惟朝廷今日之政無大無小，一歸弛緩。今亦未暇一一條數，以慁崇德。且以荒政論之，則於天下之事，最為當急而不可緩者。而荒政之中有兩事焉，又其甚急而不可少緩者也。一曰給降緡錢，廣糴米斛。今二廣之米，艫舳相接於四明之境，乘時收糴，不至甚貴，而又顆粒匀净，不雜糠粃，乾燥堅碩，可以久藏。欲望明公察此事理，特與敷奏，降給緡錢三二百萬，付熹收糴，則百萬之粟旬月可辦。儲蓄既多，緩急足用，政使朝廷別有支撥，一紙朝馳而米夕發矣。且往時不免轉大農之粟，發內帑之幣，以應四方之求矣，積之於此，與彼何異？而又乘賤廣糴，利重費輕，殆與臨期支撥，糴貴傷財者不可同日而語。且今米船已集，求售無所，停住日久，坐失本利，後者懲創，因不復來，無窮之害，實自今始，此一事也。二曰速行賞典，激勵富室蓋。此一策本以誘民，事急則籍之以為一時之用，事定則酬之以為後日之勸。旋觀今日，失信已多，别有緩急，何以使衆？欲望明公察此事理，特與敷奏，照會元降即與推恩，使已輸者無怨恨不滿之意，未輸者有歆豔慕用之心，信令既行，願應者衆，則緩急之間，雖百萬之粟可指揮而辦。況是此策不關經費，揆時度事，最為利宜。而乃遷延歲月，沮抑百端，使去歲者至今未及霑賞，而今歲者方且反覆卻難，未見涯際。是失信天下，固足以為今日之所甚憂；而自壞其權宜濟事之策者，亦今日之所可惜也。謀國之計乖戾若此，臨事而悔，其可及哉！此二事也。然或者之論則以為朝廷撙節財用，重惜名器，以為國之大政，將在於此二者之請，恐難必濟。愚竊以為不然也。夫撙節財用，在於塞侵欺滲漏之弊，愛惜名器，在於抑無功幸得之賞。今將預儲積蓄，以大為一方之備，則非所謂侵欺滲漏之弊也；推行恩賞，以昭示國家之信，則非所謂無功幸得之賞也。且國家經費用度至廣，而耗於養兵者十而八九。至於將帥之臣，則以軍籍之虛數而濟其侵欺之姦；餽餫之臣，則以薄籍之虛文而行其盜竊之計，苞苴輦載，爭多鬬巧，以歸於權倖之門者，歲不知其幾巨萬。明公不此之正，顧乃規規焉較計毫末於饑民口吻之中，以是為撙節財用之計，愚不知其何說也。國家官爵布滿天下，而所以予之者，非可以限數也。今上自執政，下及庶僚，內而侍從之華，外而牧守之重，皆可以交結託附而得。而比來歸正之人，近習戚里之輩，大者荷旄仗節，小者正任横行，又不知其幾何人。明公不此之愛，而顧愛此廸功、文學、承信、校尉十數人之賞，以為重惜名器之計，愚亦不知其何說也。然熹亦嘗竊思其故而得其說矣，大抵朝廷愛民之心不如惜費之甚，是以不肯為極力救民之事；明公憂國之念不如愛身之切，是以但務為阿諛順指之計。此其自謀，可謂盡矣。然自旁觀者論之，則亦可謂不思之甚者也。蓋民之與財，孰輕孰重？身之與國，孰大孰小？財散則可復聚，民心一失，則不可以復收。身危猶可復安，國勢一傾，則不可以復正。至於民散國危而措身無所，則其所聚，有不為大盜積者耶？明公試觀自古國家傾覆之由，何嘗不起於盜賊？盜賊竊發之端，何嘗不生於饑餓？赤眉、黄巾、葛榮、黄巢之徒，其已事可見也。數公當此無事之時，處置一二小事尚且瞻前顧後，踰時越月而不能有所定，萬一薦饑之餘，事果有不可知者，不審明公何以處之？明公自度果有以處之，則熹不敢言。若果無以處之，則與其拱手熟視而俟其禍敗之必至，孰若圖難於易，圖大於細，有以消弭其端而使之不至於此也？古之人固有雍容深密不可窺測，平居默然若無所營，而臨大事、決大策，不動聲氣而措天下於太山之安者。然從今觀之，自其平日無事之時，而規模措畫固已先定於胸中，是以應變之際敏妙神速，決不若是其泄泄而沓沓也。況今祖宗之讎恥未報，文武之境土未復，主上憂勞惕厲，未嘗一日忘北向之志，而民貧兵怨，中外空虛，綱紀陵夷，風俗敗壞，政使風調雨節，時和歲豐，尚不可謂之無事，況其饑饉狼狽，至於如此？為大臣者乃不愛惜分陰，勤勞庶務，如周公之坐以待旦，如武侯之經事綜物，以成上意之所欲為者，顧欲從容偃仰，玩歲愒日，以僥倖目前之無事，殊不知如此不已，禍本日深，熹恐所憂者當不在於流殍，而在於盜賊，受其害者當不止於官吏，而及於邦家。竊不自勝漆室嫠婦之憂，一念至此，心膽墮地。念不可不一為明主言之，而猶未敢率然以進，敢先以告於下執事。惟明公深察其言，以前日遲頓寬緩之咎自列於明主之前，君臣相誓，務以盡變前規，共趨時務之急，而於熹所陳荒政一二事者少加意焉，則熹雖衰病，不堪吏役，尚可勉悉疲駑，以備鞭策。至其必不可支吾而去，後來之人亦得以因其已成之緒葺理整頓，仰分顧憂。如其不然，則熹之愚昧衰遲，固不能為此無麪之不托，而其狂妄，將有不能忍於明主之前者。明公不如早罷其官守，解其印綬，使毋得以其狂瞽之言上瀆聖聰，則熹也謹當緘口結舌，歸臥田間，養鷄種黍，以俟明公功業之成而羞愧以死，是亦明公始終之厚賜也。情迫意切，矢口盡言，伏惟明公之留意焉。

又 卷二七《與趙帥書》 熹竊聞究心荒政，以為來歲之備者甚至，甚善甚善。但上流糴米之數似亦太多，蓋雖未即津發，然收之官，民間便闕此數。又且處處置場收糴，冬間米價便須增長，來春糴貴亡疑。今業已施行，不敢便乞住罷，若但得少損其數，亦不為無補也。又聞浙米來者頗多，市價頓減，邦人甚喜，而識遠者慮其將不復來，此一道安危之大機也。謂宜多方招致，稍增市價，官為收糴，以勸來者。比之溪船海道官自搬運，縻費損失，所爭決不至多。此等事一是要早商量，二是要審計度，三是斷置果決，不可因循。去冬見議開湖，熹謂須先計所廢田若干，所溉田若干，所用工料若干，灼見利多害少，然後為之。後來但見匆匆興役，至今議者猶以費多利少為疑。浮說萬端，雖不足聽，然恐亦初計之未審也。大抵集衆思者易為力，專己智者難為功。此等事但呼官吏之可與謀者條畫而筭計之，其贏縮利害可以一日而決，不必閉閤深念，徒弊精神，而又未必盡乎利病之實也。庸闇疎闊，智不謀身，而過計多言，喜與人事，深自覺其可厭，而未能遽已，不審高明以為如何？狂妄之罪，亦惟并寬之也，官自運米，弊病百端，頃時會稽有一斛而虧兩斗者，不免奏劾坐押使臣。而王仲衡力庇之，反欲捃拾發舉官吏，乃劾縣葉簿，即黄丞之表弟，問之可知也。或謂當募出等商賈，使之抱認津致，雖或優其傭費，亦未敵官運折欠之多也。此事前日陳教授歸嘗囑以稟聞，似亦可采用也。陳雖後生，然甚曉事，聞侍郎遇之頗厚，凡百更垂下問，當有所助。然詢謀貴廣，亦不專在一人。嘗記先儒解《孟子》『訑訑』二字，以為自足其智，不嗜善言之貌，此言甚有味也。今時士大夫非無愛人憂國之心，但雖賢者，不免有此氣象。所以雖其所知所與可以盡言而無間者，亦未必得竭懷抱，而況於疎遠卑賤之人乎？此可為長太息也。諸公奏議大體甚正，其間一二篇，如蔡承禧輩議論，無甚可採，不足列於諸老之間。而獨斷數篇，恐或飲藥以增病也。温公兩篇，當為章惇而發，雖其救時之切，不暇遠謀，然亦終不可以為後世法也。使紹聖、崇寧之間羣小得此蹤跡，豈不為奇貨哉？又聞明道《王霸劄子》中間雖遭擯黜，今雖已復收，然恐其他更有似此若迂而實切、若小而甚大者，恐其去取之間，亦須有說。鄙意以為凡其所載似不可遺，其所不載乃當增益，然須別作一眼目看，不可輕有遺棄，恐後世有明眼人，冷地看著，有所遺恨竊笑於今日也。伯恭《文鑑》所載奏疏甚詳，頃但見其目録，亦不暇細考。然此亦條例中之一事也。此事之說甚長，恨去歲困於人事，不得子細請教耳。

又 卷九九《勸農文》 當職久處田間，習知穡事，兹忝郡寄，職在勸農。竊見本軍已是地瘠税重，民間又不勤力耕種，耘耨鹵莽滅裂，較之他處大段不同。所以土脈疎淺，草盛苗稀，雨澤稍愆，便見荒歉，皆緣長吏勸課不勤，使之至此。深懼無以下固邦本，仰寬顧憂，今有合行勸諭下項：

大凡秋間收成之後，須趁冬月以前，便將戶下所有田段一例犁翻，凍令酥脆。至正月以後，更多著遍數，節次犁杷，然後布種。自然田泥深熟，土肉肥厚，種禾易長，盛水難乾。

耕田之後，春間須是揀選肥好田段，多用糞壤拌和種子，種出秧苗。其造糞壤，亦須秋冬無事之時，預先剗取土面草根，曬曝燒灰，施用大糞拌和，入種子在內，然後撒種。

秧苗既長，便須及時趁早栽插，莫令遲緩，過却時節。

禾苗既長，稈草亦生。須是放乾田水，子細辨認，逐一拔出，踏在泥裏，以培禾根。其塍畔斜生茅草之屬，亦須節次芟削，取令浄盡，免得分耗土力，侵害田苗。將來穀實，必須繁盛堅好。

山原陸地，可種粟麥麻豆去處，亦須趁時竭力耕種，務盡地力。庶幾青黄未交之際，有以接續飲食，不至飢餓。

陂塘之利，農事之本，尤當協力興修。如有怠惰，不趁時工作之人，仰衆列狀申縣，乞行懲戒。如有工力浩瀚去處，私下難以糾集，即仰經縣自陳，官為修築。如縣司不為措置，即仰經軍投陳，切待別作行遣。

桑麻之利，衣服所資。切須多種桑柘麻苧，婦女勤力養蠶織紡，造成布帛。其桑木每遇秋冬，即將旁生拳曲小枝盡行斬削，務令大枝氣脈全盛，自然生葉厚大，餧蠶有力。

大凡農桑之務，不過前項數條。然鄉土風俗亦自有不同去處，尚恐體訪有所未盡，更宜廣詢博訪，謹守力行。只可過於勤勞，不可失之怠惰。傳曰：『民生在勤，勤則不匱。』經曰：『惰農自安，不昏作勞，不服田畝，越其罔有黍稷。』此皆聖賢垂訓明白。凡厥庶民，切宜遵守。

右今印榜勸諭民間，各請體悉前件事理，父兄教誨子弟，子弟遵承教誨，務敦本業，耕耘收斂，以養父母。毋或惰游，賭博喫酒，妨廢農桑。庶幾衣食給足，禮義興行，感召和平，共躋仁壽。淳熙六年十二月日。

又 竊惟民生之本在食，足食之本在農，此自然之理也。若夫農之為務，用力勸、趨事速者所得多，不用力、不及時者所得少，此亦自然之理也。本軍田地磽确，土肉厚處不及三五寸，設使人戶及時用力，以治農事，猶恐所收不及他處。而土風習俗大率懶惰，耕犁種蒔既不及時，耘耨培糞又不盡力，陂塘灌溉之利廢而不修，桑柘麻苧之功忽而不務，此所以營生足食之計大抵疎略，是以田疇愈見瘦瘠，收拾轉見稀少。加以官物重大，別無資助之術，一有水旱，必至流移，下失祖考傳付之業，上虧國家經常之賦。使民至此，則長民之吏、勸農之官亦安得不任其責哉！當職久在田園，習知農事，到官日久，目覩斯弊。恨以符印有守，不得朝夕出入阡陌，與諸父兄率其子弟，從事於耘鋤耒耜之間，使其婦子含哺鼓腹，無復飢凍流移之患，庶幾有以上副聖天子愛養元元、夙夜焦勞惻怛之意。昨去冬嘗印榜勸諭管內人戶，其於農畝桑蠶之業，孝弟忠信之方，詳備悉至，諒已聞知。然近以春初出按外郊，道傍之田猶有未破土者。是父兄子弟猶未體當職之意而不能勤力以趨時也。念以教訓未明，未忍遽行笞責。今以中春舉行舊典，奉宣聖天子德意，仍以舊榜并星子知縣王文林種桑等法再行印給。凡我父兄及汝子弟其敬聽之哉！試以其說隨事推行於朝夕之間，必有功效。當職自今以往，更當時出郊野，巡行察視。有不如教，罰亦必行。先此勸諭，各宜知悉。

又《勸諭築埂岸》 今曉示農民，火急趂此未耕種之際，遞相勸率，各將今秋田畝開濬陂塘，修築埂岸，毋至後時，追悔毋及。二月日榜。

又《曉諭逃移民户》 檢會趙知軍任内訪聞本軍三縣民貧，年穀稍不登熟，往往捨墳墓，離鄉井，轉移之他者，非其本心，逃移未出境而豪右請佃之狀已至縣司，其弊多端。或止押狀而無戶帖，或逃請因而冒耕者，或計會鄉司作逃移多年而免科例者，或有戶帖而官無簿者，或免科例限滿而詭名冒請者，或有強占而人不可誰何者。所有都分之内遞相容蔽，遂至租稅皆無稽考。及其陳狀歸業，鄉司邀阻及上戶強占，百般沮難，淹留歲月，無以自明，又復棄之而去，深可矜卹。已散榜管下縣分，元給曉諭切慮文榜沈匿，合行再給文榜曉諭。

右今印榜曉示逃移民戶具狀赴使軍陳訴，切待追人根究施行，各令知悉。

又《減半賞格榜》 浙東提舉常平司：二月二十五日，準尚書省劄子備提舉司奏，今歲災傷，條畫賑卹事件，數内一項，去歲上戶別納糶濟之人，近已蒙聖旨補受官資，無不感戴。然去歲蒙降減半指揮，止於紹興一府施行。今歲一路皆荒，事體不同。今檢會當年耿延年所乞事理，許於浙東一路通行。奉聖旨，令吏部檢坐乾道七年八月一日賞格，節次指揮，行下浙東州縣，勸諭富室上戶賑濟賑糶應格之人，保明推賞。如後來檢踏得災傷最重處，許提舉司開具保明，申尚書省取旨，與依減半指揮施行。劄付本司，須至曉諭。

右當司除已恭依聖旨指揮，行下諸州縣勸諭外，今印榜曉示富室上戶，仰體朝廷恤民之意，廣出米穀，以賙鄉閭。有欲依募之家，先赴本司自陳。切待摽撥，就比近災傷最重州縣入納，即為保明申奏朝廷，乞補官資，應得上件減半指揮，不致有胥吏阻抑，故榜。九月七日。

又 卷一〇〇《勸農文》 契勘生民之本，足食為先。是以國家務農重穀，使凡州縣守倅皆以勸農為職，每歲二月，載酒出郊，延見父老，喻以課督子弟、竭力耕田之意。蓋欲吾民衣食足而知榮辱，倉廩實而知禮節，以共趨於富庶仁壽之域，德至渥也。當職幸來此承攝，敢墜彝章？今有勸諭事件，開具如後：

今來春氣已中，土膏脈起，正是耕農時節，不可遲緩。仰諸父老教訓子弟，遞相勸率，浸種下秧，深耕淺種。趨時早者所得亦早，用力多者所收亦多，無致因循，自取飢餓。

一、陂塘水利，農事之本。今仰同用水人協力興修，取令多蓄水泉，準備將來灌溉。如事干衆，即時聞官，糾率人功，借貸錢本，日下修築，不容誤事。

一、耘犂之功，全藉牛力，切須照管，及時餧飼，不得輒行宰殺，致妨農務。如有違戾，準勑科決脊杖二十，每頭追賞五十貫文。錮身監納，的無輕恕。今仰人戶遞相告戒，毋致違犯。

一、種田固是本業，然粟豆麻麥、菜蔬茄芋之屬，亦是可食之物。若能種植，青黃未交得以接濟，不為無補。今仰人戶更以餘力廣行栽種。

一、蠶桑之務，亦是本業。而本州從來不宜桑柘，蓋緣民間種不得法。今仰人戶常於冬月多往外路買置桑栽，相地之宜，逐根相去一二丈間，深開窠窟，多用糞壤，試行栽種。待其稍長，即與削去細碎拳曲枝條。數年之後，必見其利。如未能然，更加多種吉貝麻苧，亦可供備衣著，免被寒凍。

一、鄉村小民，其間多是無田之家，須就田主討田耕作。每至耕種耘田時節，又就田主先借穀米。及至終冬成熟，方始一併填還。佃戶既賴田主給佃先借以養活家口，田主亦藉佃客耕田納租以供贍家計，二者相須，方能存立。今仰人戶遞相告戒，佃戶不可侵犯田主，田主不可撓虐佃戶。如當耕牛車水之時，仰田主依常年例應副穀米；秋冬收成之後，仰佃戶各備所借本息填還。其間若有負頑不還之人，仰田主經官陳論，當為監納，以警頑慢。

一、本州管内荒田頗多，蓋緣官司有俵寄之擾，象獸有踏食之患，是致人戶不敢開墾。今來朝廷推行經界，向去產錢官米各有歸著，自無俵寄之擾。本州又已出榜勸諭人戶，陷殺象獸，約束官司，不得追取牙齒蹄角。今更別立賞錢三十貫，如有人戶殺得象者，前來請賞，即時支給，庶幾去除災害，民樂耕耘。有欲陳請荒田之人，即仰前來陳狀，切待勘會給付，永為己業。仍依條制，與免三年租稅。

一、今來朝廷推行經界，本為富家多置田業，不受租產，貧民業去產存，枉被追擾，所以打量步畝，從實均攤，即無增添分文升合。雖是應役人戶日下不免小勞，然實為子孫永遠無窮之利。其打量紐算之法亦甚簡易，昨來已印行曉示。今日又躬親按試，要使民戶人人習熟。秋成之後，依此打量，不過一兩月間，即便了畢。想見貧民無不歡喜，只恐豪富作弊之家見其不利於己，必須撰造語言，妄有扇摇。今仰深思彼此一等，皆是王民，豈可自家買田收穀，却令他人空頭納税？非惟官法不容，亦恐別招陰譴，不須如此計較生事，沮撓良法。

一、本州節次行下諸縣，不得差人下鄉乞覔搔擾，科敷抑配，強買物色，及以補發經總制錢、發納上供銀、罷科茶等為名，科罰人戶錢物。所以上體朝廷寬卹之意，欲使民得安居，不廢農業。今恐諸縣奉行違戾，仰被擾人指定實迹，前來陳訴。切待追究，重作行遣。

一、本州節次印給牓文，勸諭人戶，莫非孝弟忠信、禮義廉耻之意。今恐人戶未能遍知，別具節畧，連粘在前。請諸父老常為解説，使後生子弟知所遵守，去惡從善，取是舍非，愛惜體膚，保守家業。子孫或有美質，即遣上學讀書，學道修身，興起門戶。

右今出牓散行曉諭外，更請父老各以此意勸率鄉閭，教戒子弟，務令通曉，毋致違犯。紹熙三年二月日牓。

宋 董煟《救荒活民書》卷上　隱六年，京師來告饑。公爲之請糴於宋、衛、齊、鄭，禮也。莊公二十八年冬饑，臧孫辰告糴於齊，禮也。

煟曰：春秋之時，諸侯竊地專封，然同盟之國，猶有教患分災之義，未嘗遏糴也。今之郡縣，不知本原，至不容米下河出界。回視春秋列國，爲有愧矣！

《國語》：魯饑，臧文仲言於莊公曰：夫爲四鄰之援，結諸侯之信，重之以婚姻，申之以盟誓，固國之艱急是爲；鑄名器，藏寶財，固民之殄病是待。今國病矣，君盍以名器請糴於齊？於是以鬯圭玉磬如齊告糴，曰：不腆先君之敝器，敢告滯積，以救敝邑。

煟曰：饑荒之年，古時雖鬯圭玉磬皆不敢惜，猶以請糴。今常平義倉，本備饑荒；内帑之積，軍旅之外，本支也年。若吝而不發，誠未考古耳。

僖十二年冬，晉薦饑，使乞糴於秦。百里奚曰：天災流行，國家代有，救災恤鄰，道也。行道有福。秦於是輸粟於晉，自雍及絳相繼，命之曰『泛舟之役』。僖公十四年，秦饑，乞糴於晉。晉人不與。僖公十五年，晉侯及秦伯戰於韓，獲晉侯。《傳》云：晉饑，秦輸之粟；秦饑，晉閉之糴，故秦伯伐晉。

煟曰：《春秋》於諸侯無書『獲』之例，而經書曰『獲晉侯』貶絶之也。春秋之世，王道不絶如綫，一閉糴而聖人誅之。本朝列聖，視民如傷，屢降詔旨，不許諸路遏糴，坐以違制。而邇來官司各專其民，輒違上意，此皆講求未至耳。

又　春秋之時，鄭饑，未及麥，民病。子皮餼國人粟，戶一鍾，是以得鄭國之民。故罕氏世掌國政，以爲上卿。宋饑，司城子罕出公粟以貸，使大夫皆貸。司城氏貸而不書，宋無饑人。晉叔向聞之曰：鄭之罕，宋之樂，二者其皆得國乎！

煟曰：子皮、子罕，爲二國之卿，固與宰天下者大相遠，不知其惠之所及者能幾，而天之祐善，罕氏遂世掌國政子鄭，樂氏遂有後於宋。蓋亦《傳》所謂天災流行，國家代有，行道有福，理必然邪！

又　哀公問於有若，曰：年饑，用不足。如之何？對曰：盍徹乎？曰：二，吾猶不足。如之何其徹也？曰：百姓足，君孰與。不足？百姓不足，君孰與足？

煟曰：聖賢救荒，大抵以寬征薄賦爲先。《書》曰：民惟邦本，本固邦寧。

葵丘之會五命，曰：無曲防，無遏糴。

煟曰：趙岐注云：無曲防。無曲意設防禁也；無遏糴，無止穀不通鄰國也。然必當時已有遏糴之患，故齊桓因諸侯之會而預戒之。

梁惠王曰：寡人之於國也，盡心焉耳矣。河内凶，則移其民於河東，移其粟於河内；河東凶亦然。察鄰國之政，無如寡人之用心者。鄰國之民不加少，寡人之民不加多。何也？孟子迺以王政告之曰：狗彘食人食，而不知檢；塗有餓莩，而不知發。人死則曰：非我也，歲也。王無罪歲，斯天下之民至焉。

煟曰：人君平居無事，横征暴斂，不能使民養生喪死而無憾。一遇水旱，雖移民、移粟，孟子以爲不知本。

又　景帝後元二年，令内史郡不得食馬粟，没入縣官。令徒隸衣七緵布，止馬舂。爲歲不登，禁天下食不造歲，省列侯遣之國。

煟曰：謹按《曲禮》：歲凶，年穀不登，君膳不祭肺，馬不食穀，馳道不除，祭事不縣，大夫不食粱，士飲酒不樂。《玉藻》曰：年不順成，君衣布搢本，關梁不租，山澤列而不賦，土工不興，大夫不得造車馬。《穀梁》曰：大侵之禮，君食不兼味，臺榭不塗，鬼神禱而不祀。古人救荒之政，凡可以利及於民者，靡不畢舉。景帝所行，皆得古人救荒之遺法，所以與文帝並稱爲賢君歟。

鼂錯曰：人情一日不再食則饑，終歲不製衣則寒。腹饑不得食，膚寒不得衣，雖慈母不能保其子，君安能以有其民哉？明主知其然，故治民農桑，薄賦斂，廣蓄積，以實倉廩，備水旱。故民可得而有也。夫珠玉金銀，饑不可食，寒不可衣，故明君貴五穀而賤金玉。

熠曰：陸贄嘗謂：國家救荒，所費者財用，所得者人心。今錯謂：腹饑不得食，雖慈母不能保其子，人君安能以有其民。此意惟贄得之。

又　元封四年，關東流民二百萬口，無名數者四十萬。公卿議欲徙流民於邊。丞相石慶上書，乞骸骨。上詔報切責之。

熠曰：流民移徙，誠當安集勞來，乃欲徙之於邊，固非良策。又乃切責宰相，武皇救荒之術疏矣。本朝富弼青州賑救流民，遺規畫過於漢家甚遠。

又　後漢建武六年春，詔曰：往歲旱，蝗蟲爲災，人用困乏。其令郡國有穀者廩給。永興二年，詔五穀不登，其令郡國種蕪菁，以助人食。

熠曰：饑年食蕨根，煮野菜，拾橡子，采聖米，凡可以度命之計者，隨所在而爲之，無遺法。要是上之人，當有以通融之，使下無遏糴抑價閉糴之患，斯爲上也。

又　永元五年，遣使者分行三十餘郡，貧民開倉賑給。六年，詔流民所過郡國，皆廩之。永初二年，遣光祿大夫樊准、呂倉分行冀、兗二州，廩貸流民。

熠曰：近歲溫、台、衢、婺流民過淮甸者，接踵於道。衝冒風雪，扶老攜幼，狼狽者不可勝計。而爲政者不聞其留意，不過張榜河渡，勸抑使還。豈知業已破蕩，歸無自安之路矣。回視所過郡國皆廩之者，寧不愧哉？

又　魏黃初二年，冀州大蝗，歲饑。使尚書杜畿持節，開倉糜以賑之。

五年，冀州饑。遣使者開倉廩賑之。

六年春，遣使者巡行沛郡，問民間疾苦，貧者賑貸之。

孫權赤烏三年，民饑。詔遣使開倉廩賑貧者。

晉武帝泰始三年，青、徐、兗州水，遣使賑恤。

熠曰：人主身居九重，每患下情不能上達，故遣使。若孫權、曹操，立國之初，禮儀簡略，故使者所過無煩擾。宋朝諸路置使，一有水旱而諸司悉以上聞矣。此享國之長久所以過於前代。

又　憲宗元和七年，上謂宰相曰：『卿輩屢言淮南去歲水旱，近有御史自彼還，言不至爲災。』李絳對曰：『御史欲爲奸諛以悅上意耳。』上曰：『國以人爲本。民間有災，當急救之。豈可復疑？』即命速蠲其租。

熠曰：陸贄論江淮水旱，有云『流俗多徇諂諛。揣所悅意，則侈其言；度其惡聞，即小其事』。斯言正與李絳合。

又　國朝建隆元年，遣戶部郎中沈倫使吳越。歸奏：『揚、泗饑民多死。郡中軍儲尚百餘萬斛，可貸於民，至秋復收新粟。』有司沮倫曰：『今以軍儲賑饑民，歲若薦饑，無所收取。孰任其咎？』上以難倫，倫曰：『國家以廩粟濟民，自當召和氣而致豐稔，豈復有水旱邪？』帝即命發廩貸民。

熠曰：聖主，所謂其英謀睿斷自有出人意表者。敬觀太祖，不惑群議，發軍儲以救民饑，稟得通融有無以陳易新之術。

又　至道二年，詔官倉發粟數十萬石，貸京畿及內郡民爲種。有司言請量留，以供國馬。太宗曰：民田無種，不能盡地利，且竭廩以給之。國馬以芻藁，可矣。

熠曰：廄焚，子退朝曰：『傷人乎？』不問馬。孟子曰：『廄有肥馬，民有饑色，野有餓莩，此率獸而食人也。聖人貴人賤畜如此。饑荒之年，其忍以菽粟給馬哉？』

又　慶曆四年二月，遣內侍齎奉宸庫銀三萬兩，下陝西博糴穀麥，以濟饑民。

熠曰：水旱先發，常平賑糶，義倉賑濟。度其不足，則預見度牒，借內庫錢，于豐熟去處循環糴糶，以濟饑民，祖宗未嘗吝惜。今爲守令，不知典故，惟以等第科抑，使出米賑糶。不知饑荒之年，中產之家自不給足，安能有餘賑糶哉？

又　仁宗每見天下有奏災傷州郡，必加存恤。嘉祐中，河北蝗澇。時霸州文水縣不依編敕告示災傷，百姓狀訴及本州不以時差官檢視，轉運以爲言。上曰：朝廷之政，寄於郡縣；郡縣之政，寄於守令；守宰之官，最爲親民。民無災傷，尚當存恤，況有災傷，而不爲受理，豈有心於恤民乎？主簿趙師錫罰銅九斤，司戶晁舜之、錄事參軍周約、判官馮泌各罰銅八斤，通判王嘉錫罰銅七斤，知縣雷守臣沖替。上謂左右曰：所以必行罰者，欲使天下官吏知朝廷恤民之意。

熠曰：祖宗之時，州縣災傷，不時差官檢踏。雖主薄、司戶至微之官，姓名亦徹於上，至勞聖斷責罰。可見下情無壅，聖主留意饑民如是也。

又　熙寧七年正月，河陽災傷，常平倉賑濟斛斗不足，乞兼發省倉。詔賜常平穀萬石，興修水利，以賑濟饑民。六月，詔常平倉司衛判封樁糧四萬九千餘石，貸共城獲嘉等三縣中等闕食戶。

煟曰：以常平穀萬石興修水利，以濟饑民，此以工役救荒者也。凶年饑歲，上戶力厚，可以無饑；下戶賑濟，粗可以免饑；惟中等之戶，力既不逮，賑又不及，最爲狼狽。今以數萬石貸中戶等，國朝救荒，允愜人情如此。

熙寧八年正月，詔曰：方農作時，雨雪頗足。流民所在，令州縣曉諭丁壯各願歸鄉者，並聽保結。經所屬給糧，每程人給米豆一升，幼者半之。婦女准此。州縣毋輒強逐。

煟曰：近年江浙流移之民過淮上者，接踵於道。暨至失所悔恨，欲歸無策，憂愁而死者，不可勝數。然則熙寧之詔，州縣宜仿之以爲法。

熙寧八年三月，上批：祈州淮陽軍災傷特甚，百姓不唯闕食，農乏穀種，田事殆廢，粒食絕望，糾集爲盜者多。實可矜惘。若不優加賑恤，恐轉至連結群黨，難以擒捕，陷溺其良民，投之死地。可速議所以賑恤之。遂詔京東路轉運提舉司發常平錢、省倉米，等第給散孤貧戶；聽差待缺，得替官就村依乞人例賑濟；道謹無主官，爲收瘗之。

煟曰：凶年饑歲，細民得錢，亦可雜置他物，以充饑腸。神宗詔發常平錢並省倉米等第給散，蓋慮米不給足而繼之以錢，真得救荒之活法。然國家所失者財用，而所得者人心。陸贄之言，惟祖宗得之。

又 乾道九年詔：江淮閩浙，或荐告饑。意者水利不修，失所以爲旱備。朕將即官吏勤惰行殿最，各殫厥心，毋蹈後悔。

煟曰：水利，凡農民之與稅戶自知留心，不待上之人加勸而後始興也。但農夫每患貧而無力，稅戶雖助之，然工用終不堅實。古人春省耕而補不足，意者亦留意於斯歟？

淳熙令：課利場務經災傷者，各隨夏秋限，依所放分數，於租額除豁。

煟曰：當歉歲民窮於財而百事減省，課利場務安得如舊？臣切觀宋朝熙寧八年災傷最甚，放苗米一百三十萬石，而酒課虧減亦六十七萬餘貫，此可概見。自中興之後，陳亨伯等議立經總制窠名，而大抵多出酒稅茶鹽，與夫稅賦之所入。自紹興三十年臣僚建請，始爲定額。行下諸路提刑司，每歲如數拘催，不管拖欠。其發納有限，其趲辦有常，其違欠有罰。自立額之後，至凶年饑歲而有司督辦益峻，而民始以爲病矣。孝宗著入令中，而州縣雖遇災傷，不聞舉行。蓋不知本末流也。

宋 真德秀《西山文集》卷二《己巳四月上殿奏札一時爲校書郎**》** 臣寒遠書生，至愚極陋，去夏四月，嘗因面對，冒貢瞽言，陛下不以為狂，俯賜嘉納，今者又獲進瞻天光，不於此時罄竭愚忠，裨萬分一，臣實有辠。臣聞董仲舒有言曰：『國家將有失道之敗，天迺先出災害以譴告之；不自知省，又出怪異以警懼之；尚不知變，而傷敗乃至。以此見天心之仁愛人君，而欲止其亂也。』竊惟漢儒之言天，未有深切著明如仲舒者。臣濫綴館職，獲觀太史所申，邇日以來，災眚洊至：兩旬之間，暴風再起；三月丙申，都城雨雹；越八日癸卯，熒惑失次，行入太微，干犯執法；己酉之夕，留守掖門。譴告丁寧，可謂至矣，而蝗蝻餘孽，寖寖復生。陛下恭儉慈仁，對越無愧，而和氣未應，咎證遄臻，臣愚無知，未測其故。意者上天仁愛，昭示戒儆，欲使陛下君臣之間思先格王所以正厥事者乎？臣敢條上四說，惟陛下裁察。一曰親正人。臣謹按漢初元二年正月，暴風從西南，來翼奉以為左右邪臣之驗；延光二年三月，大風拔木，史臣以為親讒曲直不分之應。今陛下登崇耆哲，褒顯忠良，所謂讒邪，萬無此理。然臣竊聽衆論，或謂正人雖進用而委任未盡專，小人雖退斥而僥倖未盡塞，名雖好忠而實則喜佞，故諫争之塗尚狹而忠鯁之氣未伸，此災異所緣而起也。臣願陛下親近端良，優容切直，知賢而任之則勿貳，知邪而去之則勿疑，然後政治可興而天心可假矣。二曰抑近倖。臣聞之《傳》曰『陰氣之精，凝而為雹』，故劉向以為陰脅陽之證，孔季彦以為陰乘陽之證。考諸前代，凡妾婦乘其夫，臣子倍君父，政權在臣下，外敵侵中國，皆其事也。求之今日，固亡此患，然臣竊觀近者一二詔旨或從中出，廷尉之官不得守法，環列之職驟畀非人，更化之朝，詎所宜有！意者左右近習之私，甘言卑辭之請，未能以盡絶之乎？夫陰邪之類長則陽剛之道缺，致異之原，其或在是。臣願陛下遵仁祖之規，責大臣以杜衍之事，深遏私情，大融公道，以潛消陰盛之譴，則昇平可致矣。三曰除壅蔽。臣謹按漢《天文志》：熒惑南方，為禮為視，禮虧視失則罰見之。又太微天庭，熒惑守之，為亂臣在廷之象。陛下恭畏自將，動循典法，固無一不合乎禮矣。意者萬事幾微，或未盡察，羣情邪正，或未盡知，故上天因之以示戒乎？夫視之不明，是謂不哲，《洪範》五事之證昭然可攷。臣願陛下體重離之照，炳獨斷之明，察事幾於朕兆之先，燭物情於隱伏之際，使姦邪不能壅蔽，則火得其性而災害熄矣。四曰去貪殘。臣觀《春秋》桓公五年，秋螽，說者謂貪虐取民之所致。漢光和元年蝗，蔡邕謂貪虐之所致。曩者權奸當國，寵賂日章，州郡監司，掊克取媚，愁苦之氣，干盭陰陽，餘毒遺殃，迨今未歇。比者固嘗遴監司之選。重贓吏之罰。而守令貪殘者尚多。苞苴魄遺者未戢。臣願陛下明詔大臣，推行臧否之令，申嚴賄賂之禁，庶幾民瘼可瘳而天變可弭也。昔者成王悔過，天雨反風，景公一言，熒惑退舍，宣帝因雨雹而躬親萬幾，太宗因旱蝗而益施仁政，致治之效，于今可睹。陛下誠能側身修省於其上，誠能同心變理於其下，則轉異而祥，反掌間耳。抑臣復有獻焉，夫天人一理，感通無間，民氣舒慘則天心應之。三數年來，生靈窮困，可謂極矣。淮民流離，死者什九，僅存者饘粥弗給，既斃者亡所盖藏。陛下軫恤之仁無往不至，而有司奉行，未得其術，江淮之間，以人為糧者猶自若也，欲望灾沴之銷，其可得乎？側聞兩淮蹂躪之餘，種麥亡幾，誠恐風傳過實，或誤宸聽，謂麥熟為可恃而不復廣為振捄之策。又聞廣南數州，粒米狼戾。臣願斥内帑封樁之儲，及今收羅，以濟其飢，是亦振捄之一端也。方今元元之命寄於陛下，倒垂之急近在目前，幸哀憐而亟捄之，庶幾人心可回而天意自解。不然愁嘆日滋，變異日熾，臣未知其所終也。意切言狂，罪當萬死。

又 卷五《故事癸酉七月二十一日進**》** 《高宗日曆》：建炎三年六月二日己酉，辛執進呈次，上曰：『太史奏久陰霖雨不止，占為陰盛，下有陰謀。霖雨者，人怨所致，早晚差寒，天道不順，寒陰反節。朕觀《晉史·天文志》備言其證，恐失其當，以召天變。』

臣聞災異者，天地之戒也。古先哲王嚴於自儆，故其遇災也，常以為人事之所召。後世之君，樂於自恕，故其遇災也，常以為天數之適然。治亂存亡之分，未有不基於此者。恭惟高宗皇帝勤勞恭儉，紹開中興，憂閔元元，力行仁政。求諸當時，未見闕失，而久陰霖雨之變，惕然自省，遽以為人怨之所致。大哉聖言，可謂深知天人相與之際矣！臣伏觀春夏以來，淫雨過度，都城之內，細民失業，近畿諸邑，山裂水湧，淪胥以死者不可勝計。仰惟陛下畏天敬民，無媿前聖，固宜殊祥異瑞，史不絕書，而譴告諄諄，迺與事戾，何耶？臣伏而思之，此殆吏刻急而民咨怨之所致也。夫朝廷張官置吏，凡以為民，改法易令，亦以為民，而今長人之官、能布宣德意、勤恤民隱者，何其甚寡！而依勢作威、倚法以削者，何其紛紛也！假稱提楮幣之令而科率齊民，借摧抑兼并之名，而破壞富室，期會峻於星火，爭利極於錐刀，於是掊斂興而民始怨矣。不窮告訐之虛實而廣事株連，不原情犯之重輕而例行拘籍，甚而父子銜冤，赴井相踵，丘墳何辜，亦没縣官，於是刑僇繁而民始怨矣。夫天之與人，本同一氣，故有匹婦非辜而赤地千里者，況民生嗸嗸如此，天豈不為之動乎？臣願陛下以昊天孔明為不可忽，以皇祖有訓為不可忘，日與輔佛之臣講求寬大之政，亟下明詔，申敕有司，蠲除煩苛，與民休息。若是而災害弗除、嘉祥弗應者，非所聞也。某不勝惓惓。

又 卷六《奏乞爲江寧縣城南廂居民代輸和買狀四月同安撫司上**》** 臣等猥以非才，俱承乏使，雖職守不同而責任則一，夙宵策勵，惟知推廣德意，務寬民力，庶幾仰答萬分。今有近在目前、事關休戚而縣邑因循，視為常賦，越數十年之久未克釐正者，臣等比因旱暵，訪求疾苦，迺始知之。若不亟議蠲除，使彫瘵自此少蘇，何以上副陛下宵旰勤恤之意？竊見建康府南門之外有草市，謂之城南廂，環以村落，謂之第一都、第二都、第三都，皆隸本府江寧縣。紹興中行經界，府城坊郭與諸門外不過戶納兩料役錢，謂如房地日收賃錢一文，則每年納錢四百省。内城南廂以至第三都，成年計六百二十四貫七百二十四文，此外他無一毫稅賦。淳熙五年，知江寧縣事章駉偶因推排，平白將一廂三都分立和買兩色，增科綿絹於民。房地僦賃則起所謂家業錢，店肆賣買則起所謂營運錢。有如房地錢日收一十文足，紐家業錢一貫六百二十三文七分，每及一貫文即催和買絹五寸五分、綿五分五釐，共折錢一百三十八文七分二釐。其店肆賣買比之房地尤無定準，皆是泛行約度。紐營運錢每及一貫文即催和買絹八寸、綿八分，共折錢一百二十四文。内房地和買，歲取絹三百一十三匹六尺三寸四分、綿一千二百五十二兩，計錢一千九百四十一貫五百八十三文。所有營運和買，歲取絹一百八十二匹一丈八尺五寸、綿七百二十九兩八錢六分，計錢一千一百三十一貫二百七十一文。合兩色而言之，共錢三千七十二貫八百五十二文，較以疇昔專輸房地役錢，已多二千四百二十八貫一百二十八文。且均為建康之民，坊郭別門，相去咫尺，悉皆無此，獨南門科折特甚於舊。度其時雖羅橫斂，固不能堪然馬軍行司移屯之始，連營列戍，軍民憧憧，聚彼貿易，市廛日以繁盛，財力足以倍輸，縱使過多，尚可強勉。粵自師旅之餘，饑饉洊至，軍既殫乏，民亦流亡，居舍賈區，蕭疎頹廢，而昔年刱增和買定額仍存。本縣官吏惟知比舊增敷，有加無損，以求足辦，全不顧念罄空如此，何以繼之。大抵主家以房地起家業錢，而賃戶又以店肆起營運錢，一處生業，兩項輸送，安得而不重困哉？至於因家業營運而科和買綿絹，併和買綿絹以當都團差役，輸索重復，差徭繁併，力不能支，逃徙相望，其間未忍輕去者，日益窮匱，恐非所以還舊觀、壯陪都也。臣等若徑乞盡數蠲減，恐賦入素定，未易遽除，如其知而不問，心實懷愧。今公共相度，欲從建康府及江東轉運司各於支用錢内中半抱認取撥，自嘉定八年為始，每歲與之均補錢二千四百二十八貫一百二十八文，每歲計錢一千二百一十四貫六十四文。却乞將淳熙五年剏增家業及營運錢上所科和買綿絹盡與除豁，見在房地一依府城坊郭及東西北三門之外，以經界則例起催先來兩料役錢，一歲計六百二十四貫七百二十四文，從本縣令項催赴建康府交納，添湊轉運司并本府抱認錢二千四百一十八貫一百二十八文，共成三千七十二貫八百五十二文，理充知縣章騆剏增和買綿絹窠名，起發上供。日後推排，以此為定，即不得巧立名色，再敷家業、營運、和買綿絹及紐折價錢。如此則官雖有償備之費而和買數存，不虧元額，斯民積蠹遂可劃除。儻蒙聖慈特降睿旨，從臣等所乞施行，實一方無窮之幸。謹録奏聞，伏候勅旨。嘉定八年五月二十九日奉聖旨依。

又 卷一〇《奏置十二縣社倉狀》 臣恭惟孝宗皇帝深惟民食之重，因朱熹有請，頒社倉法于天下。自是數十年間，凡置倉之地，雖遇凶歲，人無菜色，里無囂聲。臣少時實親覩其利，歲久法壞，每為之太息。嘉定乙亥，蒙恩將漕江東，歲適旱蝗，承詔措置荒政，奔走屬部，親見飢窮之民惟鄉落最甚，而致粟又為最艱，勞費不啻數倍。因慨然深念，使社倉之法推行而不廢，在在皆有藏粟，以之振民猶取之懷也，其利豈不溥哉！至是益知孝宗皇帝之聖謨神畫，有百世不可易者。近歲士大夫以其蠹弊多端，往往歸尤於法，欲舉而廢之，抑不思古今之法曷嘗無弊，亦在夫維持整飭之爾。如以常平、義倉論之，侵漁移易，其害亦不一矣，然卒不可廢者，以其害不能揜利故也，何獨社倉必欲舉而廢之哉？仰賴聖朝深知此法未容輕變，前後監司守臣有欲建立者皆可詔之。凡今有倉之地，如建昌南城、袁州、萍鄉等處，推行有法，人蒙實惠。而潭之屬縣曰長沙者，向有倉二十八所，蓋慶元初知縣事饒幹所立，距今三十餘載，雖不能亡弊，而窮民賴之亦多。臣叨蒙湖湘，適潭人連歲艱食，今夏旱暵尤甚，禱請之餘，齋居深念，所以為一方飢饉之備蓋無出社倉之右者，用是撙節浮費，以官錢易穀于總所凡八萬石，益以他穀，為九萬五千餘石，十二縣置倉凡百所，令人戶之當輸穀于州者就輸之社倉，其斂散之規、息耗之數，大槩悉倣朱熹所上條約，而因時捄弊、視俗制宜者又加詳焉，此蓋淳熙勅旨之所許也。仰惟仁朝深知之初，方務行孝宗故事，臣敢昧死以聞。其申請事宜已上之尚書省，乞賜敷奏施行。伏望聖慈察臣汲汲為民之心，從臣所請，頒降旨揮，令本州常切遵守，庶幾良法美意久存而不壞，貧民下戶得以蒙天施於無窮，臣不勝大願。須至奏聞者。尋得旨，依奉行下。

又《爲賑濟無罪可待謝表》 臣某言：昨以知廣德軍魏峴奏臣將賑糶米擅行給濟，臣尋具奏聞待罪外，恭準尚書劄子，三省同奉聖旨，真某無罪可待，魏峴與宮觀。臣除已即時望闕遙謝訖者。囊封引咎，甘竢竄投；詔旨疏恩，遽從原貰。驚魂甫定，感涕交流。臣某誠惶誠恐，頓首頓首。伏念臣猥以孤生，寖塵華貫。雖亡他技，可自詭於事功；獨有此心，常愿忠於君父。頃玷諮諏之寄，適罹旱暵之菑。一道生靈，命方危於絲髮；九重宵旰，痛苦切於體膚。蒙振贍之有加，懼奉行之弗稱。惟比年之通患，眂荒政為具文。昔嘗竊歎於里閭，今忍自欺於天日？懇誠一念，不翅己憂；纖悉百為，幾如家事。官僚惟其可用，復何常職之拘；德意有所當宣，遑卹小嫌之避。方桐川之再至，適麥壠之未秋。嗸嗸衆口之告飢，罞罞累章之瀝懇。雖尚稽承詔，臣子不得而專；然苟可活民，仁聖必無所愛。遠稽汲黯河内之故事，近考范鎮宛丘之已行，輒頒給而後聞，果允俞之亟下。豈料屬臣之守，迺騰罔上之章，謂人臣之辠無甚於擅權，而天下之惡孰踰於方命。始共成其過舉，終反中以深文。借前古尾大之言，實微臣族赤之地。縱日月照臨之下，靡隱弗昭；顧風波震蕩之衝，何恃不恐！亟伸辠籲，仰瀆聽聰。在漢法之當誅，幸堯仁之垂宥。兹蓋恭遇皇帝陛下澤流遠邇，識洞忠邪。知臣分求牧之憂，諠難安視；察臣有放麑之故，意實無他。特恢含垢之恩，稍正望讒之典，以伸輿議，以厚邦風。臣敢不祇載鴻私，勉殫駑鈍？使殺身有益，尚肩一節以報君；況為善無傷，敢替初心之及物！

《文獻通考》卷八《錢幣考一・歷代錢幣之制》 《周官・司市》：國兇荒札喪，則市無征而作布兇年物貴，置錢以饒民。【略】

周景王二十一年患錢輕，更鑄大錢，徑一寸二分，重十二銖，文曰『大泉五十』，肉、好皆有周郭，以勸農，贍不足。

王將鑄大錢，單穆公曰：『不可。古者天災降戾，於是乎量資幣，權輕重，以賑救民。民患輕，則爲作重幣以行之幣輕物貴也，於是乎有母權子而行，民皆得焉重曰母，輕曰子。相權，並行也。若不堪重，則多作輕而行之，亦不廢重，於是乎有子權母而行，大小利之民患幣重，則多作輕錢而行之，亦不廢去重者。言重者行其貴，輕者行其賤。今王廢輕而作重，民失其資，能無匱乎？若匱，王用將有所乏，乏則將厚取於民，民不給，將有遠志，是離民也。且夫有備未至而設之，有至而後救之，是不相入也。可先而不備，謂之怠；可後而先之，謂之召災。且絕民用以實王府，猶塞川原而爲潢汙也，其竭無日矣。』王弗聽。

又卷一〇《户口考一·歷代户口丁中賦役》 證聖元年，鳳閣舍人李嶠上表曰：『臣聞黎庶之數，户口之衆，而條貫不失，按此可知者，在於各有管統，明其簿籍而已。今天下流散非一，或違背軍鎮，或因緣逐糧，苟免歲時，偷避徭役。此等浮衣寓食，積歲淹年，王役不供，簿籍不挂，或出入關防，或往來山澤，非直課調虛蠲，闕於恆賦，亦自誘動愚俗，堪爲禍患，不可不深慮也。或逃亡之户，或有檢察，即轉入他境，還行自容，所司雖具設科條，頒其法禁，而相看爲例，莫適遵承；縱欲糾其愆違，加之刑罰，則百州千郡庸可盡科？前既依違，後仍積習，檢獲者無賞，停止者獲原，浮逃不悛，亦由於此。今縱更搜檢，委之州縣，則還襲舊蹤，卒於無益。臣以爲宜令御史督察檢校，設禁令以防之，垂恩德以撫之，施權衡以御之，爲制限以一之，然後逃亡可還，浮寓可絕。所謂禁令者，使閭閻爲保，遞相覺察，前乖避皆許自新，仍有不出，輒聽相告，每糾一人，隨事加賞，明爲科目，使知勸沮。所謂恩德者，逃亡之徒久離桑梓，糧儲空闕，田野荒廢，即當賑其乏少，助其修營，雖有缺賦懸徭，背軍離鎮，亦皆捨而不問，寬而勿征；其應還家而貧乏不能致者，乃給程糧，使達本貫。所謂權衡者，逃人有絕家去鄉，失離本業，心樂所住，情不願還，聽於所在隸名，即編爲户。夫顧小利者失大計，存近務者喪遠圖。今之議者，或不達於變通，以爲軍府之地，户不可移，關輔之人，貫不可改；而越關繼踵，背府相尋，是開其逃亡而禁其割隸也。就令逃亡者多，不能總計割隸，猶當計其户等，量爲節文，殷富者令還，貧弱者令住；檢責已定，計料已明，户無失編，人無廢業，然後按前躅，申舊章，嚴爲防禁，與人更始。所謂限制者，逃亡之人應自首者，以符到百日爲限，限滿不出，依法科罪，遷之邊州。如此，則户無所遺，人無所匿矣。』

又卷一四《征榷考一·征商關市》 哲宗元祐元年，從户部之請，在京商稅院酌取元豐八年錢五十五萬二千二百六十一緡有奇，以爲新額，自明年始。

八年，商人載米入京糶者，力勝稅權蠲。

兵部尚書蘇軾上言：『臣聞穀太賤則傷農，太貴則傷末。是以法不稅五穀，使豐熟之鄉商賈爭糴，以起太賤之價；災傷之地舟車輻湊，以壓太貴之直。自先王以來，未之有改也。而近歲法令始有五穀力勝稅錢，使商賈不行，農末皆病，廢百王不刊之令典，而行自古所無之弊法，百世之下，書之青史，曰：「收五穀力勝稅錢，自皇宋某年始也。」臣切爲聖世病之。臣頃在黄州，親見累歲穀熟，農夫連車載米入市，不了鹽酪之費，所蓄之家日夜禱祠，願逢饑荒。又在浙西，累歲親見水災，中民之家有錢無穀，被服珠金，餓死於市。此皆官收五穀力勝稅錢，致商賈不行之咎也。臣聞以物與人，物盡而止；以法活人，法行無窮。今陛下每遇災傷，捐金帛，散倉廩，自元祐以來，蓋所費數千萬貫石，而餓殍流亡不爲少衰。只如去年浙中水災，陛下使江西、湖北僱船運米，以救蘇、湖之民，蓋百餘萬石，又計糴本、水腳，官費不貲，而客船被差僱者，皆失業破產，無所告訴。與其官司費耗爲害如此，何似削去近日所立五穀力勝稅錢一條，只行《天聖附令》免稅指揮，則豐凶相濟，農末皆利，縱有水旱，無大饑荒。雖目下稍失課利，而災傷之地，不必盡煩陛下出捐錢穀如近歲之多也。今《元祐編敕》雖云災傷地分，雖有例亦免，而穀所從來，必自豐熟地分，所過不免收稅，則商賈亦自不行。議者或欲立法，如一路災傷，則鄰路免稅，一州災傷，則鄰州亦然。雖以今之法小爲疏通，而隔一州一路之外，豐凶不能相救，未爲良法，須是盡削近歲弊法，專用《天聖附令》指揮，乃爲通濟。臣竊謂若行臣言，稅錢亦必不至大段失陷。何也？五穀無稅，商賈必大通流，不載見錢，必有回貨。見錢、回貨，自皆有稅，所得未必減於力勝，而災傷之地有無相通，易爲賑救，官司省費，其利不可勝計。今肆赦甚近，若得於赦書帶下，光益聖德，收結民心，實無窮之利。取進止。』

又卷一七《征榷考四·榷酤禁酒》 致堂胡氏曰：『善政建於古聖王者，後世鮮克遵之，以謂時異事殊，不可膠柱而調瑟也。不善之政興於聚斂之臣者，後世多不肯改，以爲强兵足用，不可既有而棄之也。榷酒茗、算舟車、筦山澤，古聖王所不爲，而後世以爲大利之源，置官立法，防之嚴，取之悉，甚於常賦，一有廢弛，立見闕匱。不知三代之天下，亦後世之天下，亦廩官吏，亦用軍旅，亦賑水旱，亦交四夷，所仰者獨貢、助、什一而足，是何道也？故取之有制，用之有節，量入以爲出，無侈靡妄費，則貢、助、什一不啻足矣。費出無涯，徵求無藝，貢、助常法所不能支，則必榷之又榷，算之又算，筦之又筦，稱貸於富家，稅陌於大旅，多至於倍蓰，加至於什百，於是財竭下叛，並國而失之。是故知治體者欲罷官榷酒，使民自爲之，而量取其利，雖未盡合古制，亦裕民去奢之漸也。德宗盡罷之，善矣，已而侔利最急。故知盡罷之，未若勿榷而以予民之爲善也。』

又 卷二四《國用考二·歷代國用》 蘇軾《策別》曰：『人君之於天下，俯己以就人，則易爲功，仰人以援己，則難爲力，是故廣取以給用，不如節用以廉取之爲易也。臣請得以小民之家而推之。夫民方其困窮時，所望不過十金之資，計其衣食之費，妻子之奉，出入於十金之中，寬然而有餘。及其一旦稍稍畜聚，衣食既足，則心意之欲，日以漸廣，所入益衆，而所欲益以不給，不知罪其用之不節，而以爲求之未至也。是以富而愈貪，求愈多而財愈不供，此其爲惑，未可以知其所終也。盍亦反其始而思之？夫鄉者豈能寒而不衣，饑而不食乎？今天下汲汲乎以財之不足爲病，何以過此？國家創業之初，四方割據，中國之地至狹也。然歲歲出師，以誅討僭亂之國，南取荊楚，西平巴蜀，而東下並潞，其費用之衆，又百倍於今，可知也。然天下之士，未嘗思其始，而惴惴焉患今世之不足，則亦甚惑矣！夫爲國有三計：有萬世之計，有一時之計，有不終月之計。古者三年耕，必有一年之蓄；以三十年之通，則可以九年無饑也。歲之所入，足用而有餘，是以九年之蓄，常閒而無用，卒有水旱之變，盜賊之憂，則官可以自辦，而民不知。若此者，天不能使之災，地不能使之貧，四夷盜賊不能使之困，此萬世之計也。而其不能者，一歲之入，纔足以爲一歲之出，天下之產，僅足以供天下之用，其平居雖不至於虐取其民，而有急則不免於厚賦，故其國可靜而不可動，可逸而不可勞，此亦一時之計也。至於最下而無謀者，量出以爲入，用之不給，則取之益多，天下晏然，無大患難，而盡用衰世苟且之法，不知有急則將何以加之，此所謂不終月之計也。今天下之利，莫不盡取；山陵林麓，莫不有禁；關有征，市有租，鹽鐵有榷，酒有課，茶有算，則凡衰世苟且之法，莫不盡用矣。譬之於人，其少壯之時，豐健勇力，然後可以望其無疾以至於壽考。今未五六十，而衰老之候具見而無遺，若八九十者，將何以待其後邪！然天下之人，方且窮思竭慮，以廣求利之門，且人而不急，則以爲費用不可復省，使天下而無鹽鐵酒茗之稅，將不爲國乎？臣有以知其不然也。天下之費，固有去之甚易而無損，存之甚難而無益者矣，臣不能盡知，請舉其所聞，而其餘可以類求焉。夫無益之費，名重而實輕，以不急之實，而被之以莫大之名，是以疑而不敢去。三歲而郊，郊而赦，赦而賞，此縣官有不得已者，天下吏士數日而待賜，此誠不可以卒去。至於大吏，所謂股肱耳目，與縣官同其憂樂者，此豈亦不得已而有所畏邪？天子有七廟，今又飾老、佛之宮而爲之祠，固已過矣，又使大臣以使領之，歲給以鉅萬計，此何爲者也？天下之吏爲不少矣，將患未得其人，苟得其人，則凡民之利莫不備舉，而其患莫不盡去。今河水爲患，不使濱河州郡之吏親行其災，而責之以救災之術，顧爲都水監。夫四方之水患，豈其一人坐籌於京師而盡其利害？天下有轉運使足矣，今江淮之間又有發運，祿賜之厚，徒兵之衆，其爲費豈可勝計哉？蓋嘗聞之，里有畜馬者，患牧人欺之而盜其芻菽也，又使一人焉爲之廄長，廄長立而馬益癯。今爲政不求其本而治其末，自是而推之，天下無益之費不爲不多矣。臣以爲凡若此者，日求而去之，自毫釐以往，莫不有益，惟無輕其毫釐而積之，則天下庶乎少息也。』

又 卷二六《國用考四·賑恤》 東萊呂氏曰：『荒政條目，始於黎民阻饑，舜命棄爲后稷，播時百穀，其詳見於《生民》之詩。到得後來，如所謂禹之水，湯之旱，民無菜色《荀子》：『禹十年水，湯七年旱，而天下無菜色者』，其荒政制度不可考。及至成周，自大司徒以荒政十有二聚萬民《周禮·地官》：大司徒以荒政十有二聚萬民，一曰散利，二曰薄征，三曰緩刑，其詳又始錯見於六官之書。然古者之所謂荒政，以三十年之通制國用，則有九年之蓄出《禮記·王制》，遇歲有不登，爲人主者則貶損減省喪荒之式，見於小行人之官，札喪兇荒厄窮爲一書《周禮·秋官》。當時天下各自有廩藏，所遇兇荒則振發濟民而已。當時措置與後世不同，所謂移民、平糴，皆後世措置。且自周論之，太宰以九式均節物用，三曰喪荒之式，又遣人掌縣鄙之委積，以待兇荒，而大司徒又以薄征、散利。凡諸侯莫不有委積，以待兇荒，兇荒之歲，爲符信發粟振饑而已。當時斂散輕重之式未嘗講。侯甸採衛皆有餽遺，不至於穀價翔踴，如弛張斂散之權亦不曾講。惟到春秋、戰國，王政既衰，秦饑乞糴於晉，魯饑乞糴於齊出《左傳》，歲一不登，則乞糴於鄰國，所謂九年之制度，已自敗壞。見《管子·輕重》一篇，無慮百千言，不過君民互相攘奪。收其權於君上，已非君道。所謂荒政，一變爲斂散輕重，先王之制因壞。到後來斂散輕重之權又不能操，所以啟奸民幸兇年以謀禍害，民轉死於溝壑，至此一切急迫之政。五代括民粟，不出粟者死，與斂散輕重之法又殆數等，大抵其法愈壞，則其術愈粗。論荒政古今不同，且如移民、易粟，孟子特指爲苟且之政，已非所以爲王道，秦漢以下，却謂之善政。漢武帝詔令：「水潦移於江南，方下巴蜀之粟，致之江陵本紀元鼎二年詔。」唐西都至歲不登，關中之粟不足以供萬乘，荒年則幸東都。自高祖至明皇，不特移民就粟，其在高宗時，且有「逐糧天子」之語。後來元宗溺於苟安，不出長安並出《通鑒》。

以此論之，時節不同，孟子所謂苟且之政，乃後世所謂善政。且三十年之通制國用，須必世百年而可行，亦未易及此。後之有志之士，如李悝之平糴法，非先王之政，豐年收之甚賤，兇年出之振饑，此又思其次之良規。到得平糴之政不講，一切趣辦之政，君子不幸，遇兇荒之年，不得已而講，要之，非常行。使平糴之法常行，則穀價不貴，四民各安其居，不至於流散，各可以自生養。至於移民、移粟，不過以饑殍之養養之而已，若設糜粥，其策又其下者王莽末年，民愈貧困，常若枯旱，穀價翔貴，北邊及青、徐地人相食，雒陽以東，米石二千。莽遣三公、將軍開東方諸倉，振貸窮乏。又分遣大夫、謁者，教民煮木爲酪，酪不可食。流民入關者數十萬人，置養贍宮以廩之。吏盜其廩，饑死者十七八。大抵荒政，統而論之，先王有預備之政，上也；使李悝之政修，次也；所在蓄積有可均處，使之流通，移民、移粟，又次也；咸無焉，設糜粥，最下也。雖然如此，各有差等。有志之士，隨時理會便其民。戰國之時，要論三十年之通計，此亦虛談，則可以行平糴之法。如漢、唐坐視無策，則移民、通財雖不及先王，亦不得不論。又不得已而爲糜粥之養，隨所遇之時，就上面措置得有法亦可。大抵論荒政，統體如此。今則所論，可行者甚多，試舉六七條。且如漢載粟入關中無用傳宣帝本始四年，歲不登，民以車船載穀入關，毋得用傳。出《本紀》。後來販粟者免稅，此亦可行之法。此法一行，米粟流通。如後世勸民出粟，散在鄉里，以田里之民，令豪戶各出穀，散而與之，此一條亦可行。又如富鄭公在青州，處流民於城外所謂『室廬』，措置種種有法，當時寄居遊士分掌其事，不以吏胥與於其間富鄭公自郭移青，會河朔大水，民流京東。公以爲從來拯救，當聚之州縣，人既猥多，倉廩不能供，散以粥飯，欺弊百端，由此人多饑死；死者氣薰蒸，疾疫隨起，居人亦致病弊。是時方春，野有青菜，公出榜要路，令饑民散入村落，擇所部豐稔者三州，勸民出粟，得十五萬斛，益以官廩，隨所在貯之。各因坊村，擇寺廟及公私空屋，又因山巖爲窟室，以處流民。富民不得陂澤之利，分遣寄居間官往主其事，間有健吏，募流民中有曾爲吏胥、走隸者，皆給其食，令供簿書、給納、守禦之役。借民倉以貯，擇地爲場，掘溝爲限，與流民約，三日一支，出納之詳，一如官府。公推其法於境內，吏之所至，手書其勞，酒炙之餽日至，人人忻戴，爲之盡力。比麥熟，人給路糧遣歸，餓死者無幾，爲大冢葬之。謂之『叢冢』。其間強壯堪爲禁卒者，募得數千人，奏乞撥充諸軍。自是天下流民處，多以青州爲法。又如趙清獻公在會稽，不減穀價，四方商賈輻輳出《言行錄》。熙寧中，以大資政知越州，兩浙旱蝗，米價踴貴，餓死者十五六。諸州皆榜衢路，禁人增米價，公獨榜衢路，令有米者增價糶之。於是諸州米商輻輳詣越，米價更賤，民無餓死者。此一條亦是可行之法。凡六七條皆近時可舉而行者。自此推之，不止六七條，亦見《歷世大綱》，須要參酌其宜於今者。大抵天下事雖古今不同，可行之法，古人皆施用得偏了，今但則舉而措之而已。今所論荒政，如平糴之政，條目尤須講求。自李悝平糴至漢耿壽昌爲常平倉，元帝以後或廢或罷，到宋朝遂爲定制。仁宗之世，韓魏公請罷鬻沒官之田，募人承佃，爲廣惠倉，散與鰥寡孤獨。慶曆、嘉祐間，既有常平倉國朝淳化三年置。景德三年，於京西、河北、河東、陝西、淮南、兩浙置。天禧四年，詔益、梓、夔州，荊湖南北、廣南東西路並置，又有廣惠、廣濟倉振恤，所以仁宗德澤洽於民，三倉蓋有力。至王荊公用事，常平、廣惠量可以支給，盡糴轉以爲錢，變而爲青苗，取三分之息，百姓遂不聊生。廣惠之田賣盡熙寧二年，制置三司條例司言：『乞令河南、京東、淮南轉運司施行常平、廣惠倉出納乃預備之法。廣惠倉斛斗，除依律合支老疾、乞丐人，據數量留外，其餘並令常平倉監官通管，一般轉易。其兩倉見錢，依陝西出俵青苗錢例，每於夏秋未熟以前，召人戶請領，令隨稅送納斛斗；內有願請本色斛斗，或納時價貴，願納見錢，皆聽。仍於京東、淮南、河西三路先行此法措置。』四年，詔賣廣惠倉田，雖得一時之利，要之竟無根底。元祐間雖復，章惇又繼之，三倉又壞，論荒政者不得不詳考。』

明 楊士奇《東里別集》卷三《論荒政》

爲預備事。伏聞堯湯之世，不免水旱之患，而不聞堯湯之民至于甚艱難者，蓋預有備也。凡古聖賢之君，皆有預備之政。我太祖高皇帝，惓惓以生民爲心，凡於預備，皆有定制。洪武年間，每縣於四境設立四倉，用官鈔糴穀儲貯其中，又在近倉之處僉點大戶看守，以備荒年賑貸。官籍其數，斂散皆有定規。又於縣之各鄉，相地所宜，開濬陂塘及修築濱江近河損壞隄岸，以備水旱，耕農甚便，皆萬世之利。自洪武以後，有司雜務日繁，前項便民之事，率無暇及，該部雖有行移，亦皆視爲文具。是以一遇水旱飢荒，民無所賴，官無所措，公私交窘。只如去冬今春，畿内郡縣艱難可見。况聞今南方官倉儲穀，十處九空，甚者穀既全無，倉亦不存，皆鄉之土豪大戶，侵盜私用，卻妄捏作死絶及逃亡人戶借用，虚立簿籍，欺謾官府。其原開陂塘養魚者，有陻塞爲私田耕種者。蓋今此弊，南方爲甚。雖聞間有完處，亦是十中之一，其實廢弛者多。其濱江近河，圩田隄岸，歲久坍塌，一遇水漲，渰沒田禾，及閘壩蓄泄水利去處，或有損壞，皆爲農患。大抵親民之官得人，則百廢舉；不得其人，則百弊興。此固守令之責。若養民之務，風憲之臣皆所當問，年來因循，亦不及之。此事雖然若緩，其實關係甚切。伏望聖仁特命該部行移各布政司、按察司及直隸府州，除近有災傷去處暫且停止，俟後來豐熟舉行，其見今豐熟去處，悉令有司遵依洪武間舊制，凡倉穀、陂塘、隄岸，並要如舊整理。倉有損壞者，即於農閒時日用人修理。穀有虧欠者，除赦前外，赦後有侵盜者，根究明白，悉令賠償完足，亦免其罪，不許妄指無干之人搪塞。若其侵盜證佐明白，而不服賠償者，准土豪及盜用官糧論罪，有司仍將舊有及賠償實數開奏。其陂塘隄岸，亦令郡縣凡有損壞，悉於農閒用人修理。有強占陂塘私用者，犯在赦前，亦免其罪，即令退還，不還者，亦准土豪及盜官物論罪。其退還陂塘及圩岸閘壩應修去處，亦令有司開奏應修築者，以次用功，完日具實奏聞。仍乞令戶部行各布政使司、府、州、縣，除近被災傷去處外，凡今秋成豐稔之處府州縣官，於見有官鈔官物，照依時價兩平，支糴穀粟，儲以備荒，免致臨急倉惶失措，年終將所糴實數奏聞。郡縣官考滿給繇，令開報境内四倉儲穀，及任内修築陂塘隄岸實數，吏部仍行該部查理，計其治績，以定殿最。各按察司分巡官及直隸巡按御史所歷州縣，並要取勘四倉實儲穀數，及陂塘隄岸有無損壞、修理實績，歲終奏聞，以憑查考。如有仍前欺弊怠事者，亦具奏罪之。若所巡歷之處，仍前不問不理，或所奏扶同不實，從本衙門堂上正官糾劾奏聞，庶幾官有實積，荒歲人民不至狼狽，耕農無旱潦之虞，祖宗恤民良法不爲小人所壞。臣等愚見如此。

明 楊繼盛《楊忠愍集》卷二《上徐少湖翁師救荒愚見》 城中餓莩死亡滿道，人人驚惶，似非太平景象。夫京師之民各有身役常業，何以頓至于死？而所死者，皆外郡就食之人也。蓋緣各處司民牧者無救荒之策之心，而京師有捨米捨飯、減價賣米之惠，故皆聞風而來，當其事者又不肯盡心，鮮有實惠，故每凍餓以至于死。是以京師爲溝壑，誘外郡之民而填之也。救荒自有均平普偏之政，何必煦煦然爲此小惠，誘民以至于死乎？莫若行令各處撫按有司作急賑濟，然後出給告示，諭以本處賑濟之故，使各歸鄉里。又將所捨之米預支二三十日，以爲回家盤費之資，則窮民有鄉井飽食之樂，京師無死亡道路之慘矣。連年豐稔，止有此歲之餓，一郡之粟自足以供一郡之食，特在上者區處之無其道耳。官倉之粟可賑濟也，亦可價賣也。富室之粟可勸借也，亦可責令減價糶也。蓋官倉除備邊急緊，不可動支外，其餘有積至數十年將腐者，合暫變賣收價，到秋易新，似爲兩便。富室有積粟至千萬石者，皆坐索高價，以邀重利，故米價至于騰踊。合依少定價裁抑之，又當以禮獎勸借，官給以帖，到秋償還，則米價自可日減，窮民自返故鄉矣。窮民既無處辦米，或賣產傭工，止可得錢。乃今分爲等類，定爲價數，則錢法紛亂而民益告病矣。夫錢法之行也。或朝貴而暮賤，或此處用而彼處不用，若有神以使之，雖市人亦不知其所以然也，其可以官法定之乎？爲今之計，當爲權宜之術，不分等類，不問大小，俱責令折筭通行，其價數之多寡任從民便，官府不得而與焉，則錢法可通而商民俱便矣。米價騰踊日甚一日，今定爲官價，似爲裁抑之術，然在京師則有所不能行者。蓋各鋪戶之米俱貴價糴買，非若外郡富家田内自獲然。今定爲輕價，彼豈肯折本糶賣？且各處販米者一聞價輕，孰肯再來？外米不肯來，内米不肯糶，不知其將來至于何如也？如定米價，亦俟春間販米至者多，然後議之。北地既荒，全賴南米之來，使河道阻滯，則來者延遲，恐緩不濟事。賊盜甚多，或搶探一船，則後者聞風，孰肯再來。今宜行令各河道官，使開河之時先放米航行，一遇壅塞，則遣官夫拽運，一若轉運官糧然，則米正月終可到矣。又行令各處地方官，使嚴加巡捕，防守護送，則販者無失米之憂，所來者必多矣。南米來者既多，又憂米價之不減乎？盜生于貧，雖勢所必至，然荒年而至于盜起，斯亦可憂矣。聞各處撫按分付各屬官，令其暫寬治盜之法，其意惧生變也。以故各官于盜賊之獲，俱姑息寬縱之。此端一開，爲盜者眾，貧者日至放肆，富者日不安生。是民之爲盜雖起于年凶，亦上之人有以教之耳。夫濟荒自有長策，未聞教民爲盜以救之也。况漸不可長，民不可逞，恐隄防一撤，紀綱遂壞，其變有不可勝言者。宜行令各處撫按有司，使遇盜賊仍治之如法，則禁盜乃所以止盜，而止盜正乃所以救荒也。

明 歸有光《震川別集》卷二《隆慶元年浙江程策四道》 問：自昔帝王立極垂統，為後世計，如禹有典則，湯有風愆，文武有謨烈，其子孫能敬承之，故夏商皆饗國長世。周過其歷，至于八百年，漢唐而下蓋莫能比隆焉。我太祖高皇帝受天明命，誕受多方，在御日久，萬幾之暇，輒親著述，睿思玄覽，自身心以至於天下國家，無一事不有垂教，而《祖訓》一書為聖子神孫慮尤諄悉矣。其大經大法世世遵守，昭如日月，固不待贊述也。乃若微言至論，為今日聖天子之繹思者，可得而詳言之歟？我世宗肅皇帝憑几之言，告戒深切，皇上孝思罔極，遵承末命，改元一詔，風行雷動，乃至荒陬絶徼、含齒戴髪之民，靡不拭目以觀德化。伏讀詔旨，稱郊社等禮各稽祖宗舊典，斟酌改正，有以仰窺聖天子法祖之盛心矣。詔條所列固首奉皇考之教，中間與皇祖之訓相符契者，亦可述其槩歟？夫臣子為君父陳烈祖之訓，蓋忠愛之至也。即有大美而弗彰，何以仰答鴻庥于萬一乎！諸士子具悉以對，將為爾聞于當宁。

帝王之御天下也，欲垂萬世之統者，必欲其謀慮之遠；欲保萬世之業者，必致其嗣守之勤。謀慮以垂統，仁之周也。嗣守以保業，敬之至也。是故德業光昭而心源繼續，顯承丕大而佑啟無疆。自古有天下者，其祖宗肇之於前而子孫繼之於後，所以長世而不替者，用此道也。請因明問而陳之。昔唐虞之際，以天下相授受，而示之以精一執中之旨。彼其平時都俞吁咈相告語于一堂之上者，無非此道，然猶咨命之諄諄者，誠以天下重器，不能不為之長慮也。故以天下與人，而并以治之之道與之，斯知所以與天下矣。受人之天下，而并其治之之道受之，斯知所以受天下矣。不然，徒以天下相傳，則非堯之所以授舜、舜之所以授禹也。夫三聖人面相授受而猶如此，况祖宗之天下傳之子孫，而能不為之長慮乎？誠念今日得之之難，而他日保之之尤難，故垂訓以為子孫計者不容不詳且切焉。是故『聖有謨訓，明徵定保』，禹惟有是訓也，而其子孫能敬承之，有夏之曆至四百年。『聖謨洋洋，嘉言孔彰』，湯惟有是訓也，而其子孫能克從之，有商之曆至六百年。文、武『宣重光，奠麗陳教』，故子孫嗣守大訓，無敢昏渝，有周之曆至八百年。盖禹、湯、文、武為其子孫慮天下者如此其周，而啓、太甲、成康所以保天下者如此其至也。我太祖高皇帝受命自天，奄有函夏，聖武神文，天經地緯。削平僭亂，海宇乂寧。登天下之賢俊，相與修明政刑，暇則又親灑宸翰，睿思所及，動輯成書，如《存心》、《省躬》諸錄以至《孝慈》、《女戒》、《昭鑑》，其大者如《三編大誥》、《資世通訓》、《洪範》之註及又以意命羣臣纂修《寶訓》、《律誥》、《職掌》、《集禮》諸書。自古帝王著作之盛，未有如此之富也。若《祖訓錄》特為聖子神孫深遠之慮尤詳且切矣。嘗自叙以為『創業之初，備嘗艱苦，人之情偽，亦頗知之。自平武昌以來，豫定律令，頒而行之。至于開導後人，復為《祖訓》一篇，立為定法，大書揭于西廡，朝夕觀覽，以求至當。首尾六年，凡七謄稿而定。我子孫欽奉朕命，不負朕垂訓之意，天地祖宗亦將孚佑于無窮矣。』于是頒賜諸王，且錄于謹身殿、乾清宫東宫壁，因顧侍臣曰：『朕著《祖訓錄》，所以垂訓子孫。朕更歷世故，創業艱難，常慮子孫不知所守，故為此書，日夜以思，具悉周至，抽繹六年，始克成編。後世子孫守之，則永保天禄。』大哉皇言，誠萬世聖子神孫所宜欽承而敬守之者也。是書之目有曰『聖訓首章』，又有曰『持守』，曰『嚴祭祀』，曰『謹出入』，曰『慎國政』，曰『禮儀』，曰『法律』，曰『内令』，曰『内官』，曰『職制』，曰『兵衛』，曰『營繕』，曰『供用』，其篇袠簡要而條貫靡遺，綱領宏大而精微具悉，歷世保之以為大訓，至於朝廷之典章、百官有司之所行，有不待盡述者，請舉一二明言之。有曰：『凡古帝王以天下為憂，守成之君常存敬畏，以祖宗憂天下為心，則宜永受天之眷顧。』夫聖祖起自布衣，同時僭王叛國，芟夷殆盡，海内曠然，尤且惴惴然懼天下之起而相軋也。况自古承平之久，無常静之國，而南面之奉可以娱耳目、悦心意者交引於前，人主能時懷警懼，而淵涓蠖濩之中，此心卓然清明，則晏安之欲不生，而慮周于天下，釁孽之萌無所作矣。今日之所當繹思者此也。又謂：『憂常在心，則民安國固。』蓋惟望風雨以時，田禾豐稔，使民得遂其生。又謂：『四方水旱，當驗國之所積，優免税糧。歲雖無災，擇地瘦民貧，亦優免之。』夫聖祖雖在深宫之中，乃至祁寒暑雨，靡不關心。當時庶事草創，建都封邑，征伐四方，用度廣矣，而免租之詔無歲不下。今天下宴然，而大司農往往告乏。歲一不登，議改折帶徵，有司且相顧以為曠恩矣。使閭閻不被免租之惠，民何以聊生。聖主顧畏民喦，思小民之依，簡劭農之官，廣蠲貸之澤，則海内之民樂生矣。今日之所當繹思者此也。又謂：『帝王居安常懷警備，動止必詳人事、審服用，仰觀天道，俯察地理，皆無災變，然後運用。』疑有闕文夫聖祖躬擐甲胄，出入兵間，及為天子，猶謹備之如此。人主必當儼神明之居，慎出入之際，端拱穆清，正容謹儀，和鸞之節，清道而行，開延英閣以登魁磊耆艾之士，朝夕燕見，抽繹顧問，考古驗今，則聖德日脩，天眷日隆，亦不勞心于非意之防矣。今日之所當繹思者此也。

又謂：『平日持身之道，無優伶近狎之失，無酣歌夜飲之歡。正宮無自縱之權，妃嬪無窺恣之專。』又謂：『内府飲食常用之物設局于内，職名既定，要在遵守。』故當時《日曆》、《聖政記》所稱后妃居中，不預一髮之政，外戚亦循理畏法，無敢恃寵以病民。寺人之徒惟給掃除之役。本朝家法超絶前代如此，至今陰教脩明，后宫順序，尤望體聖祖述《周禮》設局之義，修掖庭永巷之職，使戴金貂之飾者有濟謹孚之美，無戲敖驕恣之過。左右勅正，則王爵天憲不至旁落矣。今日之所當繹思者此也。又謂：『四方諸戎，得其地不足以供給，得其民不足以使令，吾恐後世子孫倚中國富強，無故興兵，致傷人命。但羌戎與西北邊境至相密邇，累世戰爭，必選將練兵以謹備之。』今日禦西北之寇，其上策在于不攻，其無策在于不善守。謹備邊塞，驅而出之，中國禦之之道惟此而已。若欲開邊境以快心於狼望之北，必無幸矣。聖祖嘗戒諸王遠出開平，謂『守邊之要未嘗不以先謀為急，故朕于北鄙之寇尤加慎密』。今日之所當繹思者此也。我世宗肅皇帝導揚末命，告戒深切，我皇上改元一詔實奉皇考之教，明詔所謂『仰惟末命之昭垂，深望繼述之兼善』者也。夫郊社等禮所以遵《祖訓》者，莫大於此。若夫言官加恤錄之恩，方士致左道之辟，宗人解甸人之縶，若盧施寬釋之仁，百司嚴黜陟之典，銓選破資格之條，冗員申裁省之令，郡縣别望緊之差，没虜布招懷之惠，殪敵速上功之簿，至于重貪墨之罰，督勘覈之報，舉大臣之贈謚，加閒散之名服，聽監司之薦辟，所謂推類以盡義，通變以宜時，有難盡述者。明詔又曰：『各地方官以武備為不急，以玩寇為苟安，將賊盜妖逆隱蔽縱容，不早撲滅，往往釀成大患。』《祖訓》所謂憂天下者，明詔得之矣。又曰：『天下軍民十分窮困，國用雖詘，豈忍照常徵派。』四方聞之，孰不感泣？田租逋負，改折蠲免，與夫大官之所增派，尚方之所趣辦，繕部之竹木，兵曹之子粒，多所停罷，則《祖訓》所謂憂民者，明詔得之矣。又曰：『内府各衙門供應錢糧，朕加意節省，自有餘。』又今户工二部科道稽查各監局庫段疋軍器香蠟等物，《祖訓》所謂内府設局，與《周禮》天官之義合者，明詔得之矣。若夫求賢納諫，不一而足，凡可以正士習、糾官邪、安民生、足國用等項長策，仍許諸人直言無隱，此即《祖訓》所謂防壅蔽而通下情也。然則與皇祖之訓蓋無不相符契者，宜天下之人如廲而起，如瞶而聞，含齒戴髮靡不拭目以觀德化之成也。顧愚生猶惓惓于皇上之繹思者，實臣子忠愛之忱不容已耳。《書》曰：『我受天命，丕若有夏歷年，式勿替有殷歷年。欲王以小民受天永命。』愚竊以為今日聖天子頌焉。

又　卷九《蠲貸呈子》　呈為乞蠲貸以全民命事。自倭奴犯順，滄海沸騰，全浙之寇，蘇松為劇。蘇州之境，崑山最深。本年四月初五日，倭寇萬餘，東南自上海嘉定、東北自太倉常熟，分道寇鈔，西南入華亭、吴江之境，西北入長洲之境。本縣七鄉十四保在合圍之中，所至蕩然，靡有孑遺。賊船結䑸新洋江，綿亘數里，晝夜攻圍，城中百計支吾。凛然孤城，僅僅自保于垂破之餘，而富家巨室財力亦殫盡矣。賊自四月入境，六月出海，百姓逃死稍稍復還，則屋廬皆已焚燬，貲聚皆已罄竭，父母妻子半被屠刳，村落之間哭聲相聞。時六月將半，農工後時，流離死亡，工本不給。其間能冒白刃，藜羹藿食，耕耘于寇賊之衝者，不能什之一二。而亢暘為虐，自六月不雨至于九月，禾苗稿死略盡。古者五穀不升謂之大侵，天災流行，國家代有，然未有兵荒賦調併于一時，如此之亟也。竊念東南之民，父子祖孫為國家力田，以佐百餘萬之經費，今百八十有餘年矣。常時災沴，亦知君父所急，不敢以希曠蕩之恩。惟是今日遭百年所未有之變，亦冀有百年所未有之恩。迄今冬月垂盡，德音未宣，而有司開倉征斂如故，鞭笞之威更甚往時。百姓囂然，莫必其命，傳相驚疑，以為朝廷遂有棄置東南于度外之意。夫上之所以求于下者，度其下之足以求也。下之所以竭蹶以赴上之命者，亦自度其足以供其求也。故上安下順，而兩不相傷。古語曰：『焚林而畋，明年無獸；竭澤而漁，明年無魚。』若今日之事，得無類畋于無禽之地、而漁于無魚之澤乎？當凶荒札瘥之餘，百姓嗷嗷，謂當以王命施惠。家賜户益之猶不能濟，而反從而浚削之，民命窮矣，無可往矣。雖抗倭王之頸，空海中之國，天下事乃可慮耳。自古國家多因外寇征賦不息，加以水旱，百姓流殍，有司不以實聞，上下相蒙，以致莫大之禍常生于不足慮之中。自倭賊凌犯，無賴之民所在為之鄉導，助其聲勢，其所以能以寡為衆者此也。即今草竊處處有之，一里之間，數家之聚，枹鼓數起。近者嘉定縣令巡行阡陌，頑民嘯聚，竪激變之旗，至白晝臠殺縣學生員，令乃狼狽而還，置之不敢問。人心易與為亂如此，豈可不豫為之所哉！承平日久，民不知兵，自罹此寇，百役俱興。庀兵簡徒，增陴浚隍，無一不出于民，而海防之豫借、丁田之日增，比之常時，且輸數倍之賦矣。若不曲意拊循，大破常格，將今年田租盡為蠲免，東南之禍殆不知所終也。天下事愚民既不敢言，惟有司之力足以言之。然蘇子有云：『吏不喜言災者，十人而九。』不可不察也。某等叨國家作養之恩，切鄉里同室之難，敢冒出位之誅，為東南億萬生靈少乞須臾之命。伏望仰體朝廷好生之仁，蚤賜施行，實宗社無疆之休也。為此具呈，須至呈者。

又《處荒呈子》 呈為議處災荒以蘇民困事。本縣自去年四月至六月，海賊屯聚境內，四散燒劫，耕耘失時。加以亢旱，竟歲不雨，五穀不升，所在蕭條，寇盜蜂起。節蒙巡撫都御史屢為聞奏，萬姓感悅，以為憲臺憂國愛民之誠至于如此，雖轉死溝壑亦所不恨。今經歷歲月，未見朝廷有曠蕩之恩，譬之父母于其子，醫藥禱祀無所不至，病勢日劇，其子亦知父母之無可為力，然猶宛轉號，呼于其側以求須臾之命，此某等之所以懇瀆而不已者也。伏見邸報有折銀之議，查得嘉靖八年折兑一百七十萬八十石，嘉靖十年折兑二百一十萬石，嘉靖十二年折兑一百萬石，嘉靖十四年折兑一百五十萬石，以前皆是平常災荒，于兑運四百萬石之中，折兑之多有至二百餘萬石者。今來折兑，欲得比炤嘉靖十年更加寬多，庶于准折之中得蠲貸之實矣。又崑山一縣，被寇獨深，蓋賊由上海、華亭、嘉定、太倉、常熟諸道而入者皆至崑山而止。盡崑山之西境，始入長洲之邊，盡崑山之南境，始入吴江之邊。當時蒙糧儲道告示，稱撫按俱批到，以崑山、太倉、嘉定為災荒第一，今邸報却以崑山與長吴等縣一同。欲乞比例上海、太倉等處，與長吴略分等第，庶于通融之中得處補之宜矣。又據本縣丁田一節，原係十年每啚分為十甲，輪撥均徭。嘉靖十六年，本府王知府改變舊法，定為每年出銀，每丁銀一分，每田一畝銀七厘七毫，官為收貯，自行顧役。以免十年之輪編。今則輪編自若而丁田歲歲增加，計今年本縣丁銀加至四分矣，田銀每畝加至五分矣。通計一縣，增加三四萬兩。假使蒙恩得免三四萬兩之粮銀，而實增加三四萬兩之丁田，是巡撫大臣累奏不能得之于上，而有司安坐而奪之于下也。議者往往以時事為解。竊見海上用兵，于今三年，軍興百需，若開河、築城、造船及甓城、敵臺、兵杖、火器、勇夫、加邊、防海，諸所取給不于田賦則于大户，與夫詞訟贓罰等項，並不取于丁田也。則此三四萬兩之銀，蓋有神輸鬼運而莫知所在者矣。伏乞查炤祖宗均徭舊制，行下各府州縣，毋得仍用嘉靖十六年書冊重復科差，變亂成法，以資溪壑無窮之欲，庶于臨時救荒之際，寓永遠便民之策矣。某等又思折銀之議，此亦涓埃之惠，若于今日時宜，非盡為蠲貸，百姓決不能安其田里，粮銀終亦無所措辦。況海賊尚在猖獗之際，敺民為盜，將來之禍有不可勝言者。為此具呈，伏乞早賜施行。

明 徐顯卿《天遠樓集·春和賑貸議賑貸**》**《明經世文編》卷三九六 皇上御極以來，思與海內元元休息，故躬秉節儉，罷虞官山澤之採，捐宮省不急之工，絕左右嬖幸之賞，息奇淫侈靡之費；嘗下詔勸民租稅，勸力作，通溝洫，所留意愛養元元甚厚。乃若奉行德意，隨時制法，以佐聖天子長育斯民者，則股肱輔弼大司農責也。夫農者，天下之本也。時方春和，則《虞書》平秩之候也。民方有事于東作，而或不得盡其力者，則河渠宣洩之不時，耰鋤耒耜之不具，耕耘耨治之不精。所以然者，衣食貲費之不足也，故有其力者未必有其餉。秋登冬息而困積匱于饔餐，杼軸空于褻蔽，既已不勝其困矣，況又委填谿壑於官征私貸取盈之後乎？昔《周官》之法有鄉里縣都之委積，以恤艱阨而待饑荒，晏子舉省耕爲先生美談，漢文詔曰方春時和，民或饑寒而不能盡力農畝者，議所以貸之，此皆察民隱，重農事，可爲今日式者也。愚謂司農之官，乘此具籌畫，通行郡邑長吏，取諸帑羨，權其緩急，以施賑貸。議者或謂一年殘粟，民尚足支，即有匱乏，十室不一二。未聞旱潦凶荒之警，而亟發輕散，非所以厚富積，操贏縮也。愚謂此議在惜目前近小之利耳，非深見遠識、先事獨觀之謨也。蓋民迫饑寒，則工力不贍，不贍則耕作失時，失時則凶荒洊至。設有流移死亡，空數百里之地，姦宄盜賊，竊發一時，方欲賑恤而安弭之，難矣。涓涓不塞，將成江河，熒熒不滅，將燎原野。視今春賑且萬倍，而况有凶殘之名、討伐之禍，策無失于此者。故愚之議，謂宜早計而豫賑之，使民俯仰無虞，口體足贍，以獲專力于農事，則豐穰可致，賦稅可入，府庫可充。即以得失多寡計之，猶所入勝所出，而况家殷人足，黔首安業，上下和平，則王道之興，可不勞而自定也。若夫計戸口之，籍謹權量之數，杜里役之欺蔽，禁吏胥之侵漁，或講求常平義倉之設，以勸撫字，或貯積三年九年之穀，以備凶灾，則有司守令職也。謹以是爲今日養民興治助。

明 馮琦《馮北海文集一·爲灾旱異常備陳民間疾苦懇乞聖明亟圖拯救以收人心以答天戒疏諫止礦稅**》**《明經世文編》卷四四〇 臣等伏見自去年六月不雨至于今日，三輔嗷嗷，民不聊生，草茅既盡，剝及樹皮，夜竊成羣，兼以晝劫，道殣相望，村突無烟。據巡撫汪應蛟揭稱，坐而待賑者十八萬人。過此以往，夏麥已枯，秋種未布，舊穀漸沒，新穀無收。使百姓坐而待死，更何忍言，使百姓不肯坐而待死，又何忍言。京師百萬生靈所聚，前居民富實，商賈輻輳，邇來消乏于派買，攘奪于催徵，行旅艱難，水陸斷絶，以致百物湧貴，市井蕭條。且庫銀不滿數千，倉糧不支二歲，各邊軍餉，尚多未發，萬一河漕有梗，歲解不來，京師景象當復何似，建中之亂，寧不寒心？齊諺有之：『不憂年儉，但憂連儉。』數年以來，災徵薦至，秦晉先被之，民食土矣。河洛繼之，民食雁糞矣。齊魯繼之，吴越荊楚又繼之，三輔又繼之。老弱填委溝壑，壯者展轉就食，東西顧而不知所往。夫堯之九年水，非盡郡國而災也。湯之七年旱，非盡川澤而涸也。彼溢此竭，東穰西歉，相尋不已而至于九年七年耳。以今方之，不已過哉。加以頻值四夷之警，連興傾國之師，車鄰馬蕭，行齎居送，按丁增調，踐畝加租。試取此時租賦之額比之二十年以前，不啻倍矣。瘡痍未起，呻吟未息，而礦税之議已興，貂璫之使已出。不論地有與無，有包礦包税之苦。不論民願與否，有派礦派税之苦。指其屋而挾之曰彼有礦，則家立破矣。指其貨而嚇之曰彼漏税，則橐立傾矣。以無可稽查之數，用無所顧畏之人，行無天理無王法之事。大略以十分爲率，入于內帑者一，尅于中使者二，瓜分于參隨者三，指騙於土棍者四，而地方之供應、歲時之餽遺、驛遞之騷擾與夫不才官吏指以爲市者皆不與焉。陛下但知利源易開，中貴易信，豈知彼在外剝害小民至於如此？亦豈知今日苦礦苦税之民即是前日被災被兵之民，重累疊困，咨嗟愁怨至于如此？臣固知陛下之必不忍也。語曰『財與命相連』，每歲大辟，以爭數錢相殺傷者不可勝計。父取子財，則怨者十三，祖取孫財，則怨者十七，若父祖取子孫之財以與強奴悍婢，則怨者十人而十矣。人君之於民，豈但祖孫父子之隔，而中使與參隨，豈但強奴悍婢之害已哉。自古天下之亂階皆始于民心之離逷，離而後有怨咨，怨而後有憤恨，憤恨而後有流言，流言不已而鼓譟，鼓譟不已而反叛。今之民但未反耳，于前數者已無所不有矣，陛下亦可以省而杜其漸矣。即如湖廣一省，激變已四五次，而獨近日武昌爲甚。陛下試思：無知小民何苦而變？誰非性命？誰無身家？惟其剝削之極，無可控告，變亦死，不變亦死耳。求與見害之人比肩接踵而死，死且不恨。夫人情，不必死始畏死耳。人知必死，復何所畏？人不畏死，法安可加？故使奸民害良民，大亂之道也。激良民爲亂民以殺奸民，亦大亂之道也。從古事端初起，人主皆謂必無，及其禍亂已成，欲救又苦無及。史冊所載剝民之代，寧有無後患者乎？行之急則禍亦急，行之稍緩則禍亦稍緩。急者既唱，緩者必和之。夫漢之敗也，在民窮，窮則爲盜矣。唐之衰也，在官窮，盜起而無以應之。今閭閻空矣，山澤空矣，郡縣空矣，部帑空矣。國之空虚如秋禾之脉液將乾，遇風則速落，民之窮困如衰人之血氣已竭，遇病則難支。以如此事勢而值大旱爲災，賑濟無策，河流梗塞，邊餉匱乏，是豈可不爲長慮哉！民既窮矣，既怨矣，亦有窮極怨極而不思亂者否？不能保其不亂，而各地方又搜括已盡，亦有以應此亂者否？竭天下礦税之額，大略百萬，有如一方有警，如寧夏播州之役，不知所費止此百萬否？天下貢税正額四百餘萬，有如一方有警，各處效尤，征之不前，運之無路，此四百萬者皆能依期至否？平日惟恐天下之財不盡歸內帑，如遇有事，不知內帑之財亦發以應天下之急否？平居無事奪民數錢，已失其心，如遇有事，與民數錢，不知能即得其心否？臣等切觀皇上作用，譬如神龍，能作能止，能操能縱。自皇上起之，亦自皇上止之。布德音，撤中使，收人心，回天變，止在半紙詔書耳。臣伏讀皇上憂旱之旨勤勤懇懇，不減周宣《雲漢》之什，因思宋神宗時罷新法而雨，漢明帝時釋繫囚而雨，總之應天以實耳。近日鎮撫司監繫官犯及生儒，大半因陳奉誣奏。今奉之罪狀既已明白，則諸臣情節有可矜原。酷旱炎蒸，沉淪黑獄，聖明在上，寧無惻然。若見監者發刑部問理，被逮者聽撫按結奏，則肺石可以無冤，南冠可以無泣。而就諸臣之中，惟憑應京爲楚人所憐。應京實有愛民之心、愛民之政，名受香火于彼而身嬰縲絏于此，遠近傷之。皇上重處此一人，無加于法，而天下皆以應京爲寃。輕處此一人，無損于法，而天下皆以朝廷爲是。惟皇上執兩端而裁決之。臣等不勝激切待命之至。

明 王德完《王都諫奏疏·救荒無奇及時講求以延民命疏平糴》《明經世文編》卷四四四 臣聞古者三年耕則有一年之食，九年耕則有三年之食，國無九年之蓄曰不足，無六年之蓄曰急，無三年之蓄曰國非其國。今天下內外蓄藏，可指而數也。京師漕粟，僅支四年之食，各省倉庾，竟無卒歲之儲。彊家大戶，舊不接新，細氓窶夫，朝不謀夕。歲當豐穰，猶可偷生，一遇凶荒，便填溝壑。昨年四方災沴盛行，蠲賑不遺餘力，然困倒庾竭，莫可誰何。頃以撫臣請賑饑漕粟二萬石，尚且難之，設有方二三千里之災，數年之旱，安所取給？中外廩廩，可爲寒心。臣聞《易》誡思患預防，《書》稱先事有備。災荒之年，民多伐桑柘，鬻妻子，流亡死徙，不忍見聞。廟廊之上，宵旰咨嗟，郡邑之間，倉皇跼蹐。積貯無素，常自懊悔。及災傷甫起，年穀方登，上下嬉媮，絶口不譚積粟，惟倖天災之不至，罔虞荒政之不修，其於先事預防之訓何似。此臣所爲欷歔而歎息者也。夫穀有貴賤，用有輕重，惟握其輕重之權，則財可足而民可安。管仲曰『民有餘則輕之，故人君歛之以輕，民不足則重之，故人君散之以重』，李悝曰『糴甚貴傷人，甚賤傷農，人傷則離散，農傷則國貧，善爲國者，使人無傷，而農益勸』，此齊之平準，魏之平糴，爲富強之根抵，積貯之楷模也。夫農夫作苦，無間豐凶。歲凶苦穀貴，無錢可買。至豐年始得石粟，則公私督責，交迫一時，又苦穀賤，所售無幾，終歲勤動，轉眼罄空，迨至凶饑，依然餓殍。今年水旱之災雖有，想豐穰之處必多。臣等愚見，宜及此時，遠體管仲之遺意，講求李悝之良法，令於豐收去處，借支官錢，廣收平糴，隨市價低昂量增數錢，以勸稼穡。待至歲有饑饉，減價糶賣，以救凶荒。仍令各處修葺常平倉，平廩一省錢糧，通融支給。各隨州縣之大小，戶口之多寡，爲積粟等差。其斛斗則式，務令較量如一。相度地方可窖藏耐久者，扣糴三年之食而止。其南方地勢下濕，慮有浥爛，稍令出陳易新。在在穀粟有餘，則災地漕糧可折，如耿壽昌請糴三輔河東郡穀，可省關東漕卒過半，陸贄謂一年扣糴之數，足當轉運二年，皆可圓活行之。積貯既羸，伸縮在我，備荒長策，何以踰斯。或以舊有預備倉，近且建保赤倉。臣等茲議，得無多事乎？不知預備一賑而不還，平糴則常存而不朽，保赤尚勸借而取息，平糴則受糴而無追。或謂國用甚詘，何從得糴本若干？不知國家發帑金賑濟可二十萬，則二十萬可四十萬捐棄不責償。今糴本暫借，原非棄捐，況賑之後時，雖費無及，備之先事，雖災不害，其功效又相萬也。或謂法制不善，祇足害民，查盤問罪，恐添一累，不知戴胄之義倉、朱熹之社倉法豈不善，苟非其人，皆足爲缺。然不罪其人而欲廢其法，是因噎而廢食，見刖而廢履也，舛之甚矣。若查盤一節，請自今常平倉勿入大查盤內，止令清實數，杜侵漁，不許科罰，翻爲民病，則人存而政舉，禁止則令行矣。然此自內地言之也。乃沿邊事多，兵甲時興，儲峙粮餉，猶爲急務，《志》曰『雖有湯池百步，石城十仞，而無粟則莫與守也。』邊塞轉運甚難，率三十鍾而致一石，惟召商中塩納粟，謂之飛輓，言無轉輸之勞，而有芻粟之利也。國朝洪武永樂時，邊商引塩，一引止輸粟二斗五升，小米不過四斗。商利甚鉅，故耕種甚勤，邊地大墾，倉廩自實。弘治來，尚書葉洪變爲折銀之例。維時粟一石值銀二錢，每引納銀四錢二分，自以八倍之利，後至七錢五分，又以爲十二倍之利。而不知邊地從此荒蕪，米價因之騰踴，倏遭旱魃，銀四五兩始買粟一石，於是有米珠之憂。師旅一行，糧不繼，乃發帑金十萬糴買，又無所得粟，於是有脫巾之患矣。今塩商墾田納粟之例不能遽復，宜準平糴之法行之。耿壽昌常平初制只令邊郡皆築倉，賤糴貴糶。宋真宗內出銀三十萬，付河北經度貿易軍糧。今宜署放其意，預發九邊年例銀兩，趁時豐熟，召買糧料，不拘豆麥穀粟，盡數收糴。約邊軍十萬，一年糧餉扣用一百二十萬石，各量兵馬數目，多積預儲。及至支放之時，查照豐凶，兼支本折。糴之豐年，則二石而有三石之餘。糶之凶年，則六石而有十石之用。夷虜不能爲之困，水旱不能爲之災，豈非治兵理餉安邊足用之善經乎。然此非臣始言之而始行之也。臣考萬曆十五年以司農宋纁言，發南京戶部庫銀二十五萬兩、臨德二十四萬於陝西、河南、山東、山西、直隸減糶矣。十六年又以司農言，動支餘剩糴本、義勸香稅銀兩收買二麥矣。十七年以按臣徐申言，動支贓罰銀一萬四千五百，發近畿糴，且令各處撫按照例行矣。十八年以經署鄭洛言，發糴本八萬四千三百餘兩於陝西召買糧料矣。二十年又以郎中李甲言，發臨清倉折糧銀十萬兩於大同糴買矣。然或以災祲而行，或以農穰而止，或以募兵而作，或以變弭而輟，或暫行於近畿而未通行於外地，或請於一塞而未遍及於九邊。以故欲糴則無銀，欲糴則無米，愍茲宿疾，未試良方。犬彘厭人之食而不知收，郊野委人之骨而不知發，帝閽有叩，能不惻然。臣等伏讀皇上節次綸音，不曰儲穀備荒，地方要務，則曰豐年召買糧料，甚爲得計，不曰近來各地方官，平時不以備荒爲意，一遇災傷，賑救無策，則曰凶荒既稱無米可糴，及查豐收，又不趂時糴買，所幹何事。大哉王言，軫恤民隱，痌瘝在躬，獨照纇風，肺肝如見。而年來實効未臻，皇仁未著者，則以法不定也。伏乞敕下戶部，平糴舊法，一應輕重歛散，出納裒益事宜，轉行各省直邊鎮督撫司道等官，悉心商確，擘畫科條，蘄於邊腹咸宜，農人兩便，開具上請，俟宸衷裁定，頒布施行。其有守令奉行不効者，令撫按官不時論劾。督撫監司不恤民艱者，許臣等兩衙門指名參奏。則上意所嚮，風動景從，倉廩未有不充盈，糧芻未有不豐贍，內地未有不康乂，邊陲未有不阜安者也。臣等款款之愚如此，惟皇上采納，幸甚。

明 焦竑《焦太史集·備荒弭盜議》《明經世文編》卷四五六　天下事有見以爲緩，而其實不可不蚤爲之計者，此狃目前者之所狎視，而深識玄覽之士之所蒿目而憂也，則今之備荒弭盜是已。嘗觀《周禮》以荒政十二聚萬民，諸散利薄征、緩刑弛役，纖悉備具，而除盜賊即具於中，何者？國富民殷，善良自众，民窮財盡，姦宄易生，蓋天下大勢往往如此。昔人謂聖王之民不餒，治平之世無盜，此篤論也。今上統馭方內，仁懷義震，靡所不至，宜粟陳貫朽，民生阜康，氛祲廓清，暴民不作矣。乃吴楚之東西，大江之左右，近而宛洛，遠而閩蜀，饑饉頻仍，赤地萬里，山岨水涯，羣不逞之徒，鈎連盤結，時戢而時動，此非盛世所宜有也。愚以爲備荒爲尤急。古今備荒之説，不可縷數，總之修先王儲偫之政，上也；綜中世斂散之規，次也；在所畜積，均布流通，移粟移民，裒盈益縮，下也。咸無焉而孳孳糜粥之設，是激西江之水蘇涸轍之魚，篾有及矣。試詳論之。《周官》既有荒政爲遇凶救濟之法矣，而又遺人所掌收諸委積爲待凶施惠之法，廩人所掌歲計豐凶爲嗣歲移就之法。未荒也預有以待之，將荒也先有以計之，既荒也大有以救之，故上古之民，災而不害。説者謂此非一時所能猝舉，而中世斂散之規，皆師其遺意，可見施行者，如李悝之平糴，中饑則發中熟之所斂，大饑則發大熟之所斂，説一。耿壽昌之常平，穀賤則增價以糴，穀貴則減價以糶，説二。隋長孫平令民家出石粟輸之當社，以備凶年，説三。此所謂中世斂散之規，今之所當亟於修舉者也。若旬月責州郡豐歉之數而移就之，如劉晏之爲轉運，勸民出粟，兼以官廩，如富弼之在青州，此臨事權宜之術，非國家經遠之道也。或曰今之進説者有欲立格勸輸，别於進納優隆，興崇義之奬者，賑任公正，不必在官，主先臣丘濬之説者，明禁翔踴，閉糴者配，如辛棄疾之榜湖南者，子皆略之何也？愚應之曰：凡所以救荒而非所得爲備也。語曰『禦隆寒者春煦而製罽氊，蔽淫霖者晴旱而理襏襫』，苟平日無以待之，而取辨於一時之權變，其濟幾何？況饑者嗷嗷以待哺，主者泄泄而聽議，迨及廩予，已半爲溝中之瘠矣。彼羸罷者能甘心以就斃，其强有力者以爲等死耳，與其死於饑寒，孰若乘時竊發，少延旦夕之爲愈也？於是揭竿斬木，一唱百和者，棼棼不可遏矣。夫無其備既可驅農而爲盜，有其備自可轉盜而歸農，此在良有司一加之意耳。倘備禦悉舉，而猶有萑葦之警出於叵測，我以義倉保甲相輔而行，將德惠翔洽，威稜震舉，夫孰有以不貲之軀試必死之法者乎？抑愚猶有慨焉。夫民不必甚予，第無攷之足矣。民不必甚利，第無害之足矣。平居盡其衣食之資，迨其死且畔也，屑屑焉啖以濡沫之利，此所謂晚也。故必當事者仰體天子德意，奉法順流，與之更始。寧爲不事繭絲之尹鐸，無爲矯詔擅發之汲黯。寧爲催科政拙之陽城，無爲賑饑發粟之韓韶。雖比跡成周可漸致也，何憂荒與盜哉！若曰此業已耳孰之，而必更求新奇之説，則非愚之所知也。

清 王夫之《讀通鑑論》卷二〇《太宗》 旱飢而赦，以是仁民，非所以仁之也。太宗曰『赦者，小人之幸，君子之不幸』，亦既知之矣；而貞觀二年以旱赦天下，通道不篤，知不可而復為，非君師之道矣。

夫赦亦有時焉而可者，夷狄盜賊僭據上國，蚩蚩之氓脅從以徼幸，上不能固保其民，使群陷於逆，則盪滌而矜全之可耳。旱飢之民，流離道殣者，類不能為奸惡；而奸惡之徒，雖旱飢而固不至於餒瘠者也。如曰衣食不足，而非僻以起，則夫犯者在未饑以前，固非為饑所迫，而奚所恤哉？省囚繫以疏冤滯，宥過誤以恤惷愚，止訟獄以專農務，則君上應行之政，無歲不宜，而不待旱飢。至於旱飢之歲，豪民擅粟以掠市子女，遊民結黨以彊要糴貸，甚且競起為盜以攘殺願懦；非法不懲，非刑不戢；而更縱不軌之徒，使無所創艾以横行郊邑，又豈非凶年之大蠹哉？

蠲逋欠，減租庸，所以救荒也。困于征輸者，樸民也。蠲免與赦罪並行於一紙，則等朴民於奸宄，名不正，實不符，亦重辱吾衽席之赤子矣。不雜赦罪之令於蠲租之詔，尤人君扶正人心之大權，而時君不察，曰『以此答上天好生之心』，天其樂佑此頑民以賊凋零之孑遺乎？體天心以達民隱，非市恩之俗吏所得與焉，久矣。

又 卷二三《肅宗》 自漢以上，吴、越、楚、閩，皆荒服也。自晉東遷，而江、淮之力始盡。然唐以前，姚秦、拓拔、宇文，唐以後，自朱溫以迄宋初，江南割據，而河雒、關中未嘗不足以立國。九州之廣，豈必江濱海澨之可漁獵乎？祖第五琦、劉晏之術者，因其人惜廉隅，畏鞭笞，易於弋取，而見為無盡之藏。竭三吴以奉西北，而西北坐食之；三吴之人不給饘粥之食，抑待哺於上游，而上游無三年之積，一罹水旱，死徙相望。乃西北蒙坐食之休，而民抑不為之加富者，豈徒天道之虧盈哉？坐食而驕，驕而佚，月倍三釜之餐，上無再易之力，陂堰不修，桑蠶不事，舉先王盡力溝洫之良田，聽命於旱蝗而不思捍救，仍饑相迫，則夫削妻骸，弟烹兄肉，其强者彎弓馳馬以殺奪行旅，而猶睥睨東南，妬勞人之采梠剝蟹也。誰使之然，非偏困東南以驕西北者，縱之而誰咎邪？驕之使横，佚之使惰，貪欲可遂，則笑傲以忘所自來；供億不遑，則忮忿而狂興以逞。其野人惡舌暗惡，以脅羸懦之馴民；其士大夫氣湧膽張，恫喝以淩衣冠之雅士。於是國家無事，則依中涓、附戚里而不惜廉隅；

天下有虞，則降盜賊、戴夷狄而不知君父；何一而非坐食東南者之教猱搴虎，以使農非農、士非士，日漸月靡，俾波逝而無回瀾哉？

又 卷二五《憲宗》 歲豐穀熟而減其價，則糴者麇集，穀日外出，而無以待荒；歲凶穀乏而減其價，則販者杜足，穀日內竭，而不救其死。乃減價者，小民之所樂聞，而吏可以要民之譽者也，故俗吏樂為之。夫亦念聞減價而讙呼者何民乎？必其逐末遊食、不務稼穡、不知畜聚之民也。若此者，古謂之罷民，罰出夫布而寘之圜土者也。男勤於耕，女勤於織，洿池時修，獲藏必慎者，歲雖凶不致於餒；即為百工負販以自養，而量腹以食，執勞不倦，無飲博歌毀、晝眠晨坐驕佚之習，歲雖凶不致於餒。即甚乏矣，而采蔌於山澤，賃傭于富室，亦亟自計其八口之乾粥，而必不閧然于河濱路隅，望價之減，以號呼動衆。然若彼者，實繁有徒，一唱百和，猝起哀鳴，冀官之減價；乃不念價即減，而既減之金錢，顧其橐而何有也。如是者，徇其狂妄，而以拒商販于千里之外，居盈之豪民，益挾持人之死命以坐收踊貴之利，罷民既自斃，而官又導之以趨於斃。嗚呼！俗吏得美名，而饑民填溝壑，亦惨矣哉！

盧坦為宣、歙觀察使，歲饑，穀價日增，或請抑之，坦持不可，而商販輻輳，民賴以生。知治道者之設施，固俗吏之所疑也。俗吏者，知徇罷民而已。故罷士不可徇之以謀道，罷民不可徇之以謀生。罷士憚登天之難，而欲廢繩墨以可企及，則必陷於愚陋；罷民恤斯須之苦，而欲忘長慮以競目前，則必陷於死亡。君子之弗徇之，屍其怨而不恤，誠有其大不忍者矣。

又 卷三〇《五代下》 閉糴以殺鄰國之民，至不仁也；徒殺鄰民而朽吾民之粟以趨於貧，至不智也。李氏淮南饑，周通糴以濟之，二者之惡去矣。其後復大旱，民度淮爭，李氏遂築倉多以供軍，周乃詔舟車運載者勿予夫禁舟車而但通負擔，則所及者近，而力弱不任負者死相積矣。郭氏方有吞併江、淮之計，不欲資敵糧以困之，自謂得算，而不知此斗筲之智，徒損吾仁而無益也。

旱飢即至於縣罄，豈有餒死之兵哉？所餒死者民耳。立國則必有積儲矣，即不給，而民之僅存者嚴刑迫之，無求不得也；又不給，而坐食於民，或縱之掠奪而不禁也；則使其主多以為軍食，亦以紓民之死爾。禁舟車之運，勿使糴充軍食者，亦適以重困其民也，豈果於救民者之所忍為乎？

清 陸曾禹《康濟録》卷一《前代救援之典》 總敘：聖賢之治天下，豈不欲斯民含哺鼓腹，日遊於太和之世哉？無如水旱之災，堯湯不免，使無良策以處之，致民有饑餒之憂、流離之患，如保之懷，肯恝然乎？於是以不忍人之心，行不忍人之政，荒政從之而出矣。是政也，非譜而何？夫古有治譜，欲其前後相師，以修其政令，何獨至於救饑而不以前人爲譜哉？爰集聖賢之言行已昭救濟之謀猷者，或總列於前，或分陣於後。果能倣而行之，惠我元元，如登大有，是譜也，不猶有腳之陽春，力可回天者耶？常目在焉，蒼生幸矣。

唐堯之爲君也，存心於天下，加志於窮民。一民饑，曰我饑之也；一民寒，曰我寒之也；一民有罪，曰我陷之也。百姓戴之如日月，親之如父母。

謹案：三稱我字，是聖人以全副精神，注之一肩任來之意。四海雖大，若以我之爲君，有一民爲饑寒所困而陷於法網者，非我之教養有虧歟？故朝乾夕惕，澤潤生民，舉天地間，盡在春風和氣中也。

虞舜彈五弦之琴，歌曰：南風之薰兮，可以解吾民之慍兮；南風之時兮，可以阜吾民之財兮。

謹案：大舜認定民是吾之民，慍必爲之解，財必爲之阜，方遂其惠養元元之意。肯令凶年饑歲流離失所而不急爲軫恤哉？

商湯因旱禱於桑林，以六事自責，曰：政不節歟？民失職歟？宮室崇歟？婦謁盛歟？苞苴行歟？讒夫昌歟？何以不雨而至斯極也？言未已，大雨方數千里。

謹案：湯在位三十祀，而遇大旱之年共有七，民無菜色者。要非無備而能然也，禱之尚如是之切，上蒼有不爲之感動哉？是六事之責不可少，而九年之蓄，尤不可缺也。

周武王立重泉之戍，令曰：民有百鼓之粟者不行。民舉所最粟以避重泉之戍，而國穀二十倍。最，聚也。

謹案：穀不足，不足以救饑；令不嚴，不足以懼民。嚴令積穀，聖王權變之道也，即預備不虞之典也。尚父不云乎『敬勝怠者吉，怠勝敬者凶』？安不忘危，敬勝之事也。故雖禾黍油油，必令倉箱盈足，誠以豐年多蓄，則饑饉可無處耳。周公曰：嗚呼！君子所其無逸，先知稼穡之艱難。乃逸，則知小人之依。

註云：魚無水則死，木無土則枯，民非稼穡則無以生也。四民之事，莫勞於稼穡；生民之功，莫盛於稼穡。周公發無逸之訓，以戒成王，懼其知逸而不知無逸也。豈獨成王之所當知哉？實千萬世人主之準則也。

孔子自魯適齊，時齊旱饑。景公問曰：如之何？對曰：凶年力役不興，馳道不修，祈以玉帛，祀以下牲，此賢君自貶以救民之禮也。

謹案：時當饑饉，若不節一人之用度，救萬姓之流離，天命民碞之際，豈不大可畏耶？故夫子以此告之，使景公急以救民爲事也。

《易經・益卦》：象曰：益，損上益下，民説无疆；自上下下，其道大光。

大全云：恩由上究，非僅一切轉移之術，始爲益之名者也。要在制民常產之外，若山林川澤之利，損以與民，貨税田租之類，量加蠲免，如是益下而民有不欣欣然，盡發愛戴之心者歟？

《書經》：帝曰：棄，黎民阻饑，汝后稷，播時百穀。

謹案：舜之民，曷嘗阻於饑哉？然舜以黎民非百穀不能生其身，非后稷莫能教其耕，故必諄諄戒勉，益見聖主賢臣安不忘危，豫備不虞之意耳。

《詩經・大雅》：倬彼雲漢，昭回于天。王曰：於乎！何辜今之人？天降喪亂，饑饉薦臻。靡神不舉，靡愛斯牲。圭璧既卒，寧莫我聽？又曰：靡人不周，無不能止。

宋董焆曰：『摩神不舉，靡愛斯牲』，説謂慰安人心。然山川禱祀，從古有之，亦見古人憂畏之切。至《七章》言『靡人不周，無不能止』，非當時有實惠及于民，安能如是？

《春秋》：魯僖公二年，冬十月不雨。三年，春王正月不雨，夏四月不雨。僖公憂閔，元服避舍，躬節儉，絀女謁，輟樂休工，釋更徭之逋，罷軍寇之誅，去苛刻慘毒之政，所蠲浮令四十五事，放讒佞郭都之等十三人，誅領人之吏受貨賂趙侃等九人，率羣臣禱于山川。天即爲之大雨。

謹案：天以水旱困人，正欲長民者之惠愛蒼生耳。苟能遇災而懼，恤民之瘼，更新善政，天將消其災而錫之福矣。從古天人相感之理，如響應聲，夫豈獨僖公一事哉？

《禮記・王制》云：國無九年之蓄曰不足，無六年之蓄曰急，無三年之蓄曰國非其國也。三年耕，必有一年之食，九年耕，必有三年之食，以三十年之通制國用，雖有凶旱水溢，民無菜色，然後天子食，日舉以樂。

謹案：無三年之蓄，尚非其國，後之各省，其所蓄不知有幾。隋唐行之而有效，紫陽施之而見功者，社倉也。庶幾乎其得之歟？夫粟既積之於京師，復遍之於天下，倉箱足而積貯豐，小民將擊壤而歌矣。聖人所以能樂民之樂也。

《周禮》：大司徒以荒政十二聚萬民：一曰散財貸種食也，二曰薄征輕賦税也，三曰緩刑省刑罰也，四曰弛力息徭役也，五曰舍禁山澤無禁也，六曰去幾去關防之幾察，使百貨流通，七曰眚禮殺吉禮也，八曰殺哀節凶禮也，九曰蕃樂謂閉藏樂器而不作，十曰多昏多昏配，則男女得以相保，十一曰索鬼神求廢祀而修之也，十二曰除盜賊安良民也，大司徒以保息六養萬民：一曰慈幼，二曰養老，三曰振窮，四曰恤貧，五曰寬疾，六曰安富。

謹案：《語》云：三代而上，有荒歲而無荒民。其所以無荒民者，必上之人有以豫備故也。即富者尚欲安之，況老幼貧窮疾病之類，有不在其懷保之中耶？嗟夫！政之不可偏廢，如人身之脈絡，不可一經不治，致令其受病也。世之爲政者，果能視此而無愧焉，康阜之休，旁敷四海矣。

《穀梁傳》：一穀不升謂之嗛，二穀不升謂之饑，三穀不升謂之饉，四穀不升謂之荒，五穀不升謂之大祲。大祲之禮，君食不兼味，臺榭不塗，弛候廷道不除，百官布而不制，鬼神禱而不祀。嗛同歉，不滿之意也。

明邱濬曰：『君食不兼味』以下，即《周禮・膳夫》所謂大荒則不舉者也。譬如父母焉，其子不哺，而已乃日餘膏粱，于心安乎？

齊糴賤，桓公恐五穀之歸于諸侯，欲爲百姓藏之，問於管子。管子曰：今者夷吾過市，有新成囷京者二家，君請式璧而聘之。桓公從之。民爭爲囷京以藏穀。

謹案：桓公之慮固深，管子之智更美，倘不賞一二人，以風衆人，其誰我從？此所謂藏富于民，而君不致獨貧者也。曷嘗盡斂于太倉之內哉？夫國無三年之蓄者，國非其國，然則交相致益，而後富強可甲於天下。

周惠王十七年十二月，衛文公立。公大布之衣，大帛之冠，務材訓農，通商惠工，敬教勸學，授方任能。元年革車三十乘，季年乃三百乘。

謹案：治國不可以縱欲，守位貴從乎民好。膺民社者，治本是圖，躬行節儉，則恩膏沛于萬姓，菽粟足于倉箱矣。懿公好鶴，而文公能勤民布政，不數年間，國以富厚，民用和輯。人主好惡之間，不可不慎也如此。

周敬王四十年夏五月，熒惑守心宿名心，宋之分野也。景公憂之，司星子韋曰：可移于相。公曰：相，吾之股肱。曰：可移于民。公曰：君者待民。曰：可移于歲。公曰：歲饑民困，吾誰爲君？子韋曰：天高聽卑，君有君人之言三，熒惑宜有動。於是候之，果徙三度。

謹案：觀景公之言，蓋不專爲一身而憂之矣。相是股肱，民爲邦本，此數語何嘗有意格天，而天則爲之格矣。可見天人感應之理，原在乎呼吸間。子韋知其理而候之，果徙三度。仁哉景公，智哉子韋也！

魏文侯時，租賦增倍于常。或有賀者，文侯曰：今户口不加，而租賦歲倍，此由課多也。譬如治焉，令大則薄，令小則厚。治人亦如之。夫貪其賦税，不愛民人，是虞人反裘而負薪也。徒惜其毛，不知皮盡而毛安所附，是兩匱之勢也。

謹案：理勢明則言辭達，文侯之論增賦，不事支流旁幹，直能探本窮源，賀者應慚，僞者應懼。君子知此，民困必蘇，非社稷之福哉？

李悝爲魏文侯作平糴法，曰：糴甚貴則傷民，甚賤則傷農。若民傷則離散；農傷則國貧，故甚貴與甚賤，其傷一也。善爲國者，使民無傷，而農益勸。故大熟，則上糴三而舍一；中熟，糴二；下熟，糴一，使民適足價平而止。小饑則發小熟之斂，中饑則發中熟之斂，大饑則發大熟之斂，以糶於民，故雖遇水旱饑饉，糴不貴而民不散。行之魏國，日益富强。

謹案：收糴於豐熟之時，出糶於荒歉之日，務必平價而止，民農皆不令傷。非法之出于萬全耶，有何水旱之足慮？嘉謀若此，食禄何慚？在位者鑒比類推，廣其仁術，不負敦本愛民之君子矣。

漢文帝二月，詔曰：方春和時，草木羣生之物皆有以自樂，而吾百姓鰥寡孤獨困窮之人，或阽于危亡而莫之省憂。爲民父母將何如？其議所以賑貸之。

謹案：文帝以草木羣生之樂其樂，因念吾民窮困之顛連，廣其仁術，賑貸併行，是陽春之所不及者，文帝得而及之矣。否則枯木有時暢茂，窮簷赤子，樂歲終身苦，是草木之弗若，不亦深可歎乎？撫黎元者，能觸景念民，勿忘先王對時育物之懷，則太和元氣，長流行于宇宙中矣。

文帝癸酉，十二年，晁錯上言曰：夫人情一日不再食則饑，終歲不製衣則寒。夫腹饑不得食，膚寒不得衣，雖慈父不能保其子，君安能以有其民哉？是故明君貴五穀而賤金玉。方今之務，莫若使民務農而已。欲民務農，于貴粟。貴粟之道，在于使民以粟爲賞罰。今募天下之人入粟于邊，以受爵免罪。不過三歲，塞下之粟必多矣。帝從之，令民入粟于邊，拜爵各以多少級數爲差。

謹案：自古以民饑而擾天下者，不一而足，未聞無珠玉而擾其國者也。錯勸其君，賤珠玉，寶五穀，足國之本務，其在是乎！所以稱智囊也。

景帝後元二年夏四月，詔曰：雕文刻鏤，傷農事者也；錦繡纂組，害女工者也。農事傷，則饑之本；女工害，則寒之原也。夫饑寒併至，而能亡爲非者寡矣。今歲或不登，民食頗寡，其咎安在？或詐僞爲吏，吏以貨賂爲市，漁奪百姓，侵牟萬民。其令二千石各修其職不爭官職耗亂者，丞相以聞，請其罪。

謹案：此詔專重農桑，委其責于太守，政治之方，莫若此矣。況又令丞相不時奏聞，此大法小廉，民安物阜。周之成康，漢之文景，皆以賢君稱也。

武帝時，董仲舒對策曰：郡守縣令，民之師帥，所以承流而宣化也。師帥不賢，則主德不宣，恩澤不流，是以陰陽錯繆，氛氣充塞，羣生寡遂，黎民未濟也。

謹案：仲舒以承流宣化，責成郡守縣令，此真握要之言。大吏貴而不切，散官踈而無權，惟府縣官有守土之專，政令聲教，易與相通，末俗頹風，力能振作。劉向素稱董仲舒有王佐之才者，以其論事切中機要，而立意本于正大也。

武帝征和四年四月，以趙過爲搜粟都尉。過教民爲代田，一畝三甽甽者，田中之溝也，廣一尺，深一尺，歲代處代，易也。歲易其處，故曰代田。每耨輒附根，根深耐風與旱。其耕耘田器，皆有便巧，用力少而得穀多。民皆便之。

謹案：《詩》云：誕后稷之穡，有相之道。從古教稼任地，各有便宜，以盡輔相裁成之責。武帝爲民治農事，必使良才賢牧講求於隴畝之間，以人工代天巧，神明變化，總期便民，而不敢逸于圖治。休哉盛業，其漢治之隆歟！

光武帝建武二十五年，冬十月，監軍謁者宋均見蠻方飢餒困厄，均與諸將議曰：夫忠臣出境，有可以安國家者，專之可也。乃矯制告諭羣蠻而降之，蠻地遂平。均未至，先自劾矯制之罪。上嘉其功，迎賜以金帛。

謹案：天災可畏，饑偏蠻方，設或再加困鬪，血刃者固多，僵仆者要亦不少，豈好生之心哉？監軍矯制而諭之降，既得上國之體，且服小醜之心，以仁布德，以智全仁，宜乎上之奬賞矣。後之銜命閫外者，其將以此爲法乎？

明帝永平三年，大起北宫。時天大旱，尚書僕射鍾離意詣闕，免冠上疏曰：昔成湯遭旱，以六事自責。切見北宫大作，民失農時，自古非苦宫室小狹，但患民不安寧，宜且罷止，以應天心。上即時罷之，遂應時澍雨。

謹案：蒼蒼者天耶，孰謂理居元渺，一時無以格之哉？當時勞民傷財，人心不安，而天意示警，僕射免冠切諫，上即罷役，時雨降而禾稼生，可見風雨之調和，原在人心之喜豫。蓋心和而氣和，氣知而陰陽交泰矣。王政本符乎情理，天心總寄於民心。信哉！

和帝永元五年，遣使分行三十餘郡，凡貧民之不能自食者，悉開倉賑給。

謹案：和帝年十四五，能恤貧民，能除竇憲，亦云賢矣。第天性聰明，不如聖學日躋深邃，孰謂師保翼助之功，迂闊而不可近哉？

安帝時，皇太后鄧氏每聞民飢，或達旦不寐，躬自減徹，以救災危。故雖有水旱交侵，宇內復寧，歲仍豐稔，是勤政之效也。

謹案：民不賴君，何能活于凶歲？君不得民，何以享其太平？此君民一體之意也。假如手足有病，而心腹獨能舒泰乎？皇太后達旦不寐，以救饑民，世稱賢后，良有以也。

桓帝永壽三年春，或上言民之貧困，以貨雜錢薄，宜改鑄大錢。事下四府羣僚及太學能言之士議之。太學生劉陶上議曰：當今之憂，不在于貨，在乎民飢。竊見比年以來，良苗盡于蝗螟之口，杼軸空于公私之求，民所患者，豈謂錢貨之厚薄、銖兩之輕重哉？就使當今沙礫化爲南金，瓦石化爲和玉，使百姓渴無所飲，飢無所食，雖羲皇之純德，唐虞之文明，猶不能以保蕭牆之內也。蓋民可百年無貨，不可一朝有飢，故食爲至急也。

謹案：古之帝王每求直言時，開言路，民情得以上達，使閭閻疾苦，無時不昭揭于九重。是以政令所布，深愜民懷，惠澤所流，且周百世，而嘉謀嘉猷，併藉以垂光于千載耳。

吴孫權赤烏三年，民饑。詔遣使，開倉廩，賑貧者。

謹案：國之賴民，猶魚之藉水。魚無水則不生，國無民則難與治。三國之主，強半稱雄，肯置其蒼生於溝壑哉？但遣使之中，又貴擇人，必得公平廉幹精明寬厚之臣而後可。蓋百萬生民之命懸於一人之手，豈云細事？細閱其史，一無所貶，亦曰知人。

北魏高宗和平四年十月，以定、相二州霣霜殺稼，免民田租。承明元年八月，以長安二蠶多死，免民賦之半。

謹案：稼與蠶，小民養生之本也。苟於此而無所得，衣食已虧，催科再急，不迫人於盜藪也鮮矣。今魏不特因霜害稼而免其田租，且緣蠶息無收，而蠲其半賦，恩何溥也？仁哉斯制矣！

高祖太和二十年，以久旱，自癸未不食，至於乙酉。羣臣皆詣中書省請見。高祖在崇虛樓，遣舍人辭焉，且問來故。豫州刺史王肅對曰：今四郊雨已沾洽，獨京城微少，庶民未乏一餐，而陛下輟膳三日，臣下惶惶，無復情地。高祖使舍人應之曰：朕不食數日，猶無所感，比來中外貴賤，皆言四郊有雨，朕疑其欲相寬免，未必有實，方將遣使視之。果如其言，即當進膳；如其不然，朕何以生爲？當以身爲萬民塞咎耳。是夕大雨。

謹案：君心即是天心，君能以萬民爲心，天未有不以一人爲念者也。民未饑而君已饑，天肯負愛民之君乎？北魏高祖輟膳三日而時雨降，可見感通之理，原在君心。君之愛民，正所以愛身。天之愛君，原欲其愛民。天也，君也，民也，分之則有三，合之則一體。理本相通，道無二致。敬天勤民者，所當三復斯旨。

城陽王徽爲併州刺史。先是州界夏霜，禾稼不熟，民庶逃散，安業者少。徽輒開倉賑之，文武共諫止。徽曰：昔汲長孺郡守爾，尚輒開倉，賑救民災。況我皇家親近，受委大藩，豈可拘法而不救民困也。先給後表，孝明嘉之，加安北將軍。

謹案：皮之不存，毛將安附？備位大藩，而不知爲朝廷旬宣布化，子惠黎元，忝厥職也甚矣！觀安北將軍之明斷，先給後表，一轉移間，深合古名臣愛護百姓之至意。後之君子，可勿鑒諸？

宋文帝元嘉十二年，吴郡大水，錢唐升米三百。以揚州治中從事史沈演之兼散騎常侍，巡行拯恤，許以便宜從事。演之開倉廩，賑飢民。凡有生子者，日賜米一斗。刑獄有疑枉者，悉判遣之。百姓蒙賴。

謹案：美哉元嘉之政！可見稱於天下後世者，蓋由饑饉之年，令臣便宜從事，無一人不被其澤也。民當枵腹離散之際，誰不思邀惠于朝廷，以生其骨肉？倘巡行拯恤者，惠此而失彼，有始而無終，民受虛名，仍無實濟，何煩此使爲哉？演之得便宜之權，免掣肘之患，小者不遺于黃口，壯者可釋于囹圄，尚有淚如淫雨，併垂於空釜鶉衣之上歟？古云上有便宜之令，下無專擅之臣。信哉此言也！

唐玄宗開元十五年八月，制曰：河北州縣水災尤甚，言念烝民，何以自給？朕當寧興思，有勞旰昃，在予之責，用軫于懷。宜令所司，量支東都租米二十萬石賑給。二十二年十一月敕曰：百姓屢空，朕孰與足？言念于此，良所疚懷。又聞京畿及關輔有損田百姓等屬頻年不稔，久乏糧儲，雖今歲薄收，未免辛苦，宜從蠲省，勿用虛弊。至如州縣不急之務、差科徭役，併積久欠負等，一切併停。其今年租人等已下，特宜放免。地稅受田一頃已下者，亦宜放免。

謹案：開元之政，大有可觀。即此二詔，憂勤寬大之意，露於言表。此時也，宮廷肅穆，輔理承化者多稱賢佐，是以有災即得上聞，遇荒即行補救，委曲詳盡，有實惠而無虛名。總之賤貨、尊賢、去蔽、去吝四者，古昔聖賢所爲翼翼小心，守之而勿失者也。豈獨爲荒政云爾哉？實萬世致治之常道也。

郭子儀因河中軍士常苦乏食，乃自耕荒田百畝，將校以是爲差，於是士卒皆不勸而耕。是歲河中野無曠土，軍有餘糧。

謹案：羊祜鎮襄陽，墾田八百餘頃。祜之始至也，軍無隔日之糧。及至季年，有十年之積。汾陽之在河中，身體而力行之，上不致吾君憂國帑之無輸，下不苦吾民有助餉之拮据，一事舉而愛及于君民，非賢將而能若是乎？

德宗賑給種子詔：春陽布和，萬物暢茂，實兆庶樂生之日，農夫致力之時。今茲吾人，則異於是。迫以荒饉，愁怨無憀。有離去井疆，業於庸保，有乞丐途路，困于死亡，鄉閭依然，煙火斷絕。種餉既乏，農耕不興。若東作愆期，西成何望？爲人父母，得不省憂。雖國計猶虛，公儲未贍，濟人之急，寧俟盈豐？罄其有無，庶拯艱厄。京兆府百姓，併易賜種子二萬石，同、華州各賜三千石，陝、虢兩州，賜四千石。委州長吏，即與度支計會請受，差公清仁卹之吏，與縣令親至村閭，隨便給付，仍加勸課，勿失農時。應諸倉所有遠年粟麥，宜令節度更分二萬石，京兆尹即差官逐便搬載，賑賜貧人，先盡鰥寡孤惸，目下不濟者，務令均給，全活流庸。

謹案：制云：東作愆時，西成何望？知此而有不錫之以種乎？於是流離者可以歸鄉，彷徨者可以止懼，窮民而無告者可以生全。雖曰衰草荒田，不日而見青禾之盈目矣。

德宗時，諸州大水。陸贄請賑，帝曰：淮西缺賦，不宜賑。贄曰：寧人負我，無我負人。

謹案：陸贄精白一心，忠誠愛國，凡所敷陳，總以布達君上鴻恩，體恤閭閻窮困爲主，所爲行益道以事君者也。故稱千古名臣之最。

憲宗元和間，南方旱飢，遣使賑恤。將行，憲宗戒之曰：朕宮中用帛一疋，皆計其數，惟賑恤百姓，則不計所費。卿輩當體此意。

謹案：憲宗儉于宮中，而厚于百姓，且欲令羣臣悉體此意，仁哉聖心！抑何自奉廉而施恩溥也。從古奢靡之主，恩賞雖濫，而於百姓無關，由其內蔽于欲，而於兆庶始屯其膏耳。是故致治之道，先以清靜根本之地爲主。

文宗開成四年七月丙午，滄景節度使劉約奏請義倉粟，賑遭水百姓。詔曰：本置義倉，只防水旱，先給後奏，敕有明文。劉約所奏，已爲遲晚，宜速賑恤。

謹案：文宗實乃勵精求治之主，所以聞百姓之災傷，咎節度之不能先給耳。後之良有司，蓋深明乎救災拯患之不可少緩，所以干擅發廩之愆，不避同事之譏，一切爲己利身之想，毫忽不介于心。一朝出粟，億兆得生，其慈仁智勇，詎不足以昭示後人也耶？

後周太祖廣順三年春正月，或言營田有肥磽者，不若鬻之，可得錢數十萬緡，以資國用。周太祖曰：利在民，猶在國也。朕用此錢何爲？於是罷戶部營田務，除租牛課。

謹案：惠在一時，名垂千載，于周太祖見之矣。彼時若鬻田與民，斂錢在國，國亦未必因是而強，而已非損上益下之誼。是故牧民者，貴知立國之本圖，而不必斤斤焉講求于功利，則善矣。

世宗顯德五年，遣使均定境內田租。世宗留心農事，常刻木爲農夫、田器、蠶婦等，置之殿廷。欲均田面租稅，先以元貞均田圖賜諸道。至是，詔散騎常侍艾穎等三十四人，分行諸州，均定田租。

謹案：世宗非五代之聖主耶？明達不下于唐太宗，愛養仿佛乎漢文帝。殿廷刻木而重農桑，諸道頒圖而均田賦。在上者，知儲蓄之當先，得安不忘危之要道；在下者，明耕耘之宜急，有未雨綢繆之至計。非仁政歟？

顯德六年，淮南饑，世宗令以米貸之。或曰：民貧恐不能償。世宗曰：民猶子也，安有子倒懸，而父母不爲解者？安在其必償也。

謹案：世宗以仁愛之心，發而爲矜民之語，大哉王言！被之當時而恩意浹于人心，垂之簡冊而仁政昭于後世，君民一體之理，深切而著明矣。願致治者之日鑒在茲也。

宋太祖乾德元年四月，詔諸州長吏，視民田之旱甚者蠲其租，不俟報。

宋董煟曰：民之災傷，至易曉也。今州縣或遇水旱，兩次差官檢覆，使生民先被騷擾之苦，然後量減租數，幾不償所費矣。宜以乾德之詔爲法。

真宗咸平二年春閏三月，求直言。轉運副使朱台符上言，略曰：陛下踐祚以來，彗星一見，時雨再愆。彗星見者，兵之象也；時雨愆者，澤未流也。

宜重農以積粟，簡卒以省費，專將帥之任以安邊，慎守令之選以惠民。捨此數事，雖有智者，不能爲計矣。

謹案：治天下者，果能以朱台符之言而力行之，立見清寧太平可奏。故爲政而得其要者，若烟微而火熾，冰渙而水通，無往而不得民安物阜之盛也。

張詠知益州，以蜀地素狹，游手者衆，事寧之後，生齒日繁，稍遇水旱，民必艱食。時斗粟值錢三十六。乃按諸邑田税，如其價，歲折米六萬斛。至春，籍城中細民，計口給券，俾如原價糴之，奏爲永制。其後七十餘年，雖有災饉，米甚貴而民無餒色。

謹案：收穀粟，代銀錢，至春仍依原價糴與窮民，此權宜通變之至計也。要其心無刻不以蒼生爲念，故能隨時處置，各適乎事勢之當然，而民舉受其實惠耳。自詠守蜀，而朝廷無西顧憂。誠哉是言矣！

祥符六年秋七月，知濱州吕夷簡請免税河北農器，帝曰：務穡勸農，古之道也。豈獨河北哉！詔諸路併除之。

發明云：治國之道，莫大于革弊政而恤民瘼。真宗禁内臣干預公事，除農器税，皆治國之善政也。

仁宗天聖七年六月，河北大水，壞澶州浮橋。七月，命三司刑部郎中鍾離瑾爲河北安撫使，仍詔瑾所至發官廩以賑貧乏。其被溺之家，見存三口者，給錢二千，不及者半之；溺死而不能收斂者，官爲瘞埋；其經水倉庫營壁，亟修完之，卑下者徙高阜處；水損官物，先爲給遺坊監；亡失官馬者，更不加罪，止令根究；所部官吏貪暴不能存恤者，奏劾之；見繫獄囚，委長吏從輕決遣。其俻邊事機，民間疾苦，悉具經畫以聞。

宋董煟曰：祖宗故災，非特旱傷禱祈蠲減而已。有水旱卒然而至，漂蕩民廬，浸濕官廩，其賑恤經營之方，尤爲詳悉，真可端拜爲矜式也。

仁宗慶曆元年十一月，以京師穀價踴貴，發廩一百萬石，減價出糶以濟民。

謹案：減價出糶，其法最善，在官無損，在民有益。但所發不多，如以杯水救車薪之火，又何益哉！今以百萬石濟之，不重米而重民，知米由民出，得反本還原之道，窮民得食歡呼，有不格上蒼而召和氣，致豐年哉！

仁宗每見天下有奏災傷州郡，必加存恤。嘉祐中，河北蝗澇。時霸州汶水縣不依編敕告示，災傷百姓狀訴及本州，不以時差官撿視，轉運以爲言。上曰：朝廷之政寄於郡縣，郡縣之政寄於守令，守宰之官，最爲親民。民無災傷，尚當存恤，況有災傷而不爲受理，豈有心於恤民乎？自判官、知縣、司户、主簿，罰銅各有差等。上謂左右曰：所以必行罰者，欲使天下官吏，知朝廷恤民之意。

謹案：昔人云：諒輔爲五官掾，大旱禱雨不獲，積薪自焚，火發而雨大至。戴封在西華亦然。古之良吏爲民心切，竟至於此。今霸州諸吏，蠹國病民，惟銅是罰，當時朝廷雖寬其責，千載而下，議者孰肯恕其草菅民命之愆乎？

文彦博在成都，米價騰貴，因就各城門相近之寺院共十八處，減價糶米，仍不限其數，張榜通衢。翌日米價遂減。

謹案：饑年富家藏米待價，故爾踴貴。今官米減價出糶，自不得不爭先出米而賤賣，然非循環糴糶，彼知官米有限，仍弗賤也。

吴遵路既俵米與民，又令采芻薪，出官錢收買，向常平倉糴米歸養老稚，計買柴共二十二萬束。比至嚴冬雨雪，市無柴薪，即依原價令其買去發賣，官不傷財，民再獲利。

謹案：出官錢，收柴草，既不令彼苦於難賣，寒冬仍令販去，又得趁錢。一小事而令民兩番獲利，非救荒之奇策而何？

齊州饑，河北流民道齊境不絶。晁補之請粟于朝，得萬斛，爲流者給舍次，具器用。人既集，則日給廩粥藥物，躬臨治之，凡活數千人。擇高原以葬無主者，男女異壚。使者頗妬其功，欲有以撓之。既至境按事，乃更歎服。

明陳龍正曰：男女異壚，禮行于亡魂矣。心之精微至此，此使者見而感服。蓋仁政之動人，有以化其偏私而發其天良也。

蘇耆，陝西轉運司。景祐中，洛陽大旱穀貴，百姓饑殍，東京轉運司亦無以爲賑。洛陽留守移書求耆粟二十萬斛，遂移文陝府，如數與之，仍奏于朝。時同職謂耆曰：陝西沿邊之地，屯軍甚多。若有餘，止可移之以實邊郡，奈何移之别路？耆曰：天災流行，春秋有恤隣之義，生民皆繫于君，無内外之别，奈何知其垂亡而不以奇贏賑恤耶？苟有饋運，耆當自謀，必不以此相累。朝廷甚嘉之。

謹案：民之竟日而不可無者食也，至數日則死矣。手握生民之權，坐視而不救，仁者當如是乎？蘇耆深明春秋之義，寧甘自罪，不累同僚，識力擔當，獨超千古，豈庸愚之有司所可及哉！

許元知丹陽縣，縣有練湖，決水一寸，爲漕渠一尺。故法盗決湖者，罪比殺人。會歲大旱，元請借湖水溉田，不待報，決之。州守遣吏按問，元曰：便民罪令，可也。溉民田萬餘頃，歲乃大豐。

謹案：民可救而恩未逮，心雖切而事不奮，雖有仁心而不繼以仁政，終未有以溥朝廷之德澤也。許尹決水溉田，寧甘自罪，有猷有爲，非良牧而何？

神宗熙寧七年，夏四月大旱。帝語翰林承旨韓維曰：天久不雨，朕日夜焦勞。奈何？維對曰：陛下憂閔旱災，損膳避殿，此乃舉行故事，恐不足以應天變，當痛自責己，廣求直言。因上疏極言青苗及開邊之弊。會鄭俠繪所見爲圖，上之於帝，閱後竟夕不寢，遂慨然行之。詔出，人情大悅。是日果大雨，遠近沾洽。

謹案：昔范鎮云：水旱之作，由民生不足，憂愁無聊之歎，上薄天地之和耳。故新法一罷，民心悅而天道應，時雨立沛。凡君臨天下者，可不以民情而感通天意耶！

吴越大旱。時趙抃知越州，當民之未飢，爲書問屬縣，災所被者有幾鄉，當廩於官者有幾何，溝防興築可僦民使治之者有幾所，庫錢倉米可發者有幾許，富家可募出粟者有幾姓，僧道士所食之羨餘書於籍者其幾有存，使各書以對，而謹其備。時得粟四萬八千餘石，自十月朔，人日給粟一升，幼小者半之。憂其相蹂也，使男女異日受粟，人受兩日之糧。憂其流亡也，城市鄉村立給粟之所，共五十七處，使各以便而受之。告富人無得閉糴，又出官米平價而糶，糶所共一十八鋪，使糴者便於受粟。給工食，大修城池，病者醫，死者埋，收棄兒，廩窮人，至五月而止。事有未便者，公一以自任，不以累其屬。有上請者，或便宜輒行，事無巨細，必躬親之。民賴以生。

舊評云：其施雖在于越中，其仁足以示天下，其事雖行於一時，其法足以傳後世。災沴之行，治世不能使之無，而能爲之備。民病而後圖之，與夫先事而爲之計者，則有間矣。不習而有爲，與夫素得之者，則有間矣。故釆於越，得所施行，樂爲之識。

徐寧孫賑濟饑人，其策有三：第一策，本州縣當職官盡實抄劄，果係孤老殘疾，併貧乏不能自食者，大人小兒籍定姓名數目，將義倉米逐鄉逐鎮逐坊逐巷分散賑濟。處處請鄉官或士人各三人，如無上户士人處，則請耆老忠厚者，置册收支，給散關子。每五日一次，併而給之，大人日給一升，小兒減半。凡州縣市鎮鄉村，併令同日同時支散，以革重疊冒請之弊。乞丐等人，亦同日同時別作一處支米，不得滾入饑民賑給。第二策，糶賣米麥，本濟窮民，奈有在市牙儈與有力滑徒令匪人假爲窮民裝飾，冒糴冒支，且又串同斛手，單賣與姦詭相知之輩，不及村落無食之民。即有糴得窮民，已是將畢之際，强半粞穀糠粃，弊竇無窮。遂令本州縣立賞錢一百貫，令人舉首，務要及於鄉民，無許冒池。其第三策，賤濟當支散日，用五色旗，分爲五處，每處分差指使二員、吏二名，抄劄饑民，每一名給與牌子，併小色旗。候支散及數，前來賑濟，散了一旗，再散一旗，不許亂赴請所。蓋事貴循序，不得併在一處，挨擠喧鬧。

謹案：此三策皆救荒之要，則缺一不可，不然，饑民不得實惠者有之，滑吏姦民而倍得者有之，因賑給而擠踏至死者有之。熟此，則人事既多克全，何患天災之忽降也？

元祐初，河東、京東、淮南災傷，監察御史上官均言賑恤有五術：一曰施與得實，二曰移粟就民，三曰隨厚薄施散，四曰擇用官吏，五曰告諭免納夏秋二税。上嘉納之。

謹案：五事得行，民在堯湯之世矣。雖災而不受災之害，非蒼生之幸歟？不知蒼生之幸，即國家之福，不可二視。

蘇軾知杭州，時值大旱，饑疫併作。軾請于朝，蠲本路上供米三分之一，故米不翔貴。復得度僧牒百張，易米以救饑者。明年方春，即減價糶常平米，民遂免大旱之苦。

謹案：蘇軾之有益於杭也，最稱久遠。築堤引水，利濟民田，至今猶多賴之，蓋不獨救荒一事之請蠲減糶也。從古名賢，入則虔共爾位，曲體君心，出則利濟蒼生，爲國霖雨，固非僅恃文辭末技，鋪張揚厲，以干名譽已耳。繼軾而爲刺史者，其無務爲文章以與軾相較優劣然後可。

吴中大水，詔出米百萬斛，緡錢二十萬賑救。諫官謂訴災者爲妄，乞加驗考。給事中范祖禹封還其章云：國家根本，仰給東南。今一方赤子呼天赴愬，開口待哺，以脱朝夕之急，奏災雖少過實，正當畧而不問，若稍施懲譴，恐後無敢言者矣。

謹案：知明處當，然後可以論國家大體。祖禹，賢臣也。洞悉民情，因申說奏災之不可罪，言簡而理勢盡該，正足以濟其封還奏章之力。

高宗紹興中，詔：拯濟原爲貧民，近世拯濟止及城郭市井之內，而鄉村之遠者未嘗及之。須令措置，州下縣，縣下鄉，雖幽僻去處，亦分委官屬，必躬必親。

明陳龍正曰：守令之賑城市，遺鄉村，豈非身在城市，據所見忘所不見耶？夫窮民惟鄉村最多，以彼蠢愚無知，或生平畏見官長，忍餓不敢出，或事歸里正保長，任意欺瞞，或保正胥吏勒索使費，強匿户口，種種情弊，百出不窮。此處正宜盡心查察，可聽其遺漏，而一任窮民之無告哉？

孝宗淳熙九年七月，以江西常平義倉及樁管米四十萬石，付諸司預備賑糶；出南庫錢三十萬緡，付浙東提舉朱熹以備賑糶；詔發所儲和糴米百四十萬石，補淳熙八年賑濟之數，於沿江屯駐諸州樁管。九月，以錢引十萬緡賜瀘州備賑糶。十一年六月，詔諸州歲買稻種，備農之闕。

謹案：小民得分釐之惠，感激已殷，況在饑年，其欣幸也莫可言狀。又況賑糶賑濟行之不倦，更日有所得哉！

故南渡之賢君，當推孝宗爲第一。

浙東大饑，命朱子提舉常平茶鹽。既拜命，即移書他郡，廣募米商，蠲其稅。及至，客舟已輻輳矣。日與僚屬鈎訪民隱，至廢寢食。分畫已定，案行所部，窮山長谷，靡所不到，拊問存恤，所活不可勝計。每出，皆乘單車，屏徒從，一身所需，皆自賫以行，毫不及州縣，以故所歷雖廣而人不知。郡縣官吏憚其風采，倉惶驚懼，常若使者壓其境，由是所部肅然。朱子又嘗言于上曰：臣曾摹得蘇軾與林希書，謂熙寧中荒政之弊，費多而無益，以救遲故也。其言深切，可爲後來之鑒。

謹案：愛民之政，身不力行，知之無益；行之不早，救之無益。所以朱子一聞上命，即刻力行招商訪困，不辭獨歷深山，以生餓殍，使州縣聞之，無不惶懼奉行。是一人之所活有限，而諸吏之救人無窮矣，非賢者而能之乎？朱子文章不可及，其政事乃如此，此其忠君愛民之心，曷常有須臾之間哉！

楊仲元調宛邱簿，民訴旱，守拒之曰：邑未嘗旱，此狡吏導民而然。仲元入白曰：野無青草，公日宴黃堂，宜不能知，但一出郊可見矣。狡吏非他，實仲元也。竟得免稅。

謹案：愛民之人，當此一邑流離之日，恨不能奮身以救，故見親民之官惟以宴飲爲樂，而不計及民瘼，一腔慈惠之心，不得不激爲直戇之語矣。凡諸守令所當廣厥聰明，不蔽于近，始可與言爲政之道。

元世祖至元二十年，詔停燕南、河北、山東租賦。

發明云：世祖因御史臺臣之言，詔停燕南等路租賦，一舉而聽言恤民之事，皆在其中。是亦可謂惠愛乎斯世斯民者矣。

至元二十二年，江西行省以歲課羨鈔四十七萬貫來獻。太子怒曰：朝廷但令汝等安百姓，百姓安，錢糧何患不足？百姓不安，錢粮雖多，能自奉乎？盡卻之。

謹案：帝王家能有一人以百姓爲念者，則四海盡受其福矣，況太子哉！羨餘之獻，皆民脂民膏，加派苛政而來者也。聚斂之臣聞此言也，亦可以知所警矣。

至元二十七年十月丁丑，尚書省臣言江陰、寧國等路大水，民流移者四十五萬八千四百七十八户。帝曰：此亦何待上聞？當速賑之。凡出粟五十八萬二千人百八十九石。

謹案：急於救民者，有不待再計而決也。使稍有所吝，或令檢踏，或令移民，必有無限躊躇之事矣。總之惟明惟斷，乃能推實惠以予民。

成宗大德七年，詔：比歲不登，賑飢乏，蠲差稅，貸積逋。近聞百姓困乏者尚衆，今內郡曾經賑濟人户，其大德七年差發稅糧盡行蠲免。飢民流移他所，多方存恤，從便居住。如貧之不能自給者，量與賑給口糧。被災處所有好義之家，能出己財周給貧乏者，具實以聞，量加旌用。

謹案：不登之歲，蠲賑之外，窮黎賴富室以得生，富民因濟困以榮身，亦荒政權宜之一法也。

大德十一年，江浙飢。中書省臣言杭州一郡，歲以造酒，糜米二十八萬石，禁之便。

謹案：以必需之物，置之可省之途者，以米作酒是也。無酒人不害，無米人不生，禁之便。

武宗至大二年，詔被灾曾經賑濟百姓，至大二年腹裏江淮夏稅併行蠲免。至大二年正月以來，民間逋欠差稅課程照勘併行蠲免。三年十月，詔大都、上都、中都，比之他郡，供給繁擾，與免至大三年秋稅；其餘去處今歲被災人户，曾經體復，依上蠲免，已徵者准下年數。

謹案：蠲之爲言，惠民之政也，然亦貴及時，否則追呼早迫，杼軸已空，恩詔來自九重，而國課已納于百室，此際上有隆恩，下無實惠，中間吏胥有私飽其囊橐而已。奉宣德意者，所當實心實力，剔弊釐姦爲要。

順帝至正十二年，春正月，中書省臣言：今當春首耕作之時，宜委通曉農事官員分道巡視，督勒守令，親詣鄉都，勸諭農民依時播種，務要人盡其力，地盡其利。其有曾經水旱盜賊等處，貧民不能自備牛種者，所在有司給之。仍令總兵官，禁止屯駐軍馬踐踏田畝，以致農事廢弛。從之。

謹案：蒼生愚賤，全恃朝廷之經綸以安。果如是之經理咸宜，施無不當，則民自享盈寧之福矣。撫民者所當條列其事而行之，庶無負司牧之責。

明太祖吴元年，六月不雨，上日減膳素食。羣臣請復膳，上曰：亢旱爲災，實吾不德所致。今雖得雨，然苗稼焦損必多，縱食奚能甘味？得乎民心則得乎天心，今欲弭天災，但當謹于修己，誠于愛民，庶可答天之眷。下令免今年田租。

謹案：太祖以蠲租爲寬民之力，以民心爲天心，是窮源而得本矣，尚肯困民而拂天乎？有明數百年開國規模，最稱寬厚，于此亦可得其一二。

洪武初，陝西旱飢，漢中尤甚，鄉民多聚爲盜，莫能禁戢。是時府倉儲糧十萬餘石，知府費震即日發倉，令民受粟。自是攘竊之盜與隣境之民來歸者，令爲保伍，驗丁給之，賴以全活者甚衆。至秋大熟，民悉以粟還倉。上聞而嘉之。

謹案：民之爲盜，多迫於無可如何耳。有司已得其情，自宜及早招來，予以自新之路，仍爲治世良民。但救之貴早，遲則積惡多而不可屈國法以徇民。救之責有權有力，否則適以餌盜，而姦民易肆其詐譎。此一等處置，非精明強幹，而又能保惠黎元者，皆不足以語此。

洪武二十六年二月，上諭户部曰：朕捐內帑之資，付天下耆民糴粟以儲之，正欲備荒歉濟飢民也。若歲荒民饑，必候奏請，道途往返，動經數月，則民之飢死者多矣。爾户部即令天下有司，自今凡遇飢歲，則先發倉廩以貸民，然後奏聞。著爲令。

謹案：饑民之待食，如烈火之焚身，救之者刻不可緩，即以一日試之，亦無不驗。使必待往返而後發粟賑濟，生者尚可邀恩，死者焉能復活？太祖命『先貸後聞』，四字之中，仁心仁政，悉包羅無遺矣。

成祖永樂十年，敕户部：朕爲天下主，所務在安民而已。近者河南民飢，有司不以聞，而往往有言穀豐者。若此欺罔，獲罪于天，此亦朕任匪人之過。其速令河南發粟賑民，凡郡縣及朝廷所遣官，目擊民艱不言者，悉追下獄。

十一年正月，上謂通政司曰：朕令來朝有司言民利病，率云田穀豐稔，比聞山西民乃食樹皮草根。自今悉記之：境內災傷，己不自言，他人言者，必罪。

謹案：守土之人，往往不肯以災傷報者，意欲處于賢人君子之列，以爲我能愛民，而天災不至。殊不知匿災不達，遲悞之愆正大。成祖深明其事，非睿哲之主乎？

永樂十八年十一月，皇太子過鄒縣，民大飢，競拾草實爲食。太子見之惻然。乃下馬入民舍，見男女衣皆百結，竈悉傾頽，歎曰：民隱不上聞若此乎？顧中官賜之鈔。時山東布政石執中來迎，責之曰：爲民牧，而視民窮如此，亦動念否乎？執中言：災荒處已經奏免秋糧。太子曰：民飢且死，尚及徵稅耶？汝往督郡縣，速取勘飢民口數，近地約三日，遠地約五日，悉發官粟賑之，事不可緩。執中請人給三斗，太子曰：且與六斗，毋懼擅發。予見皇上，當自奏也。至京，果即奏之。上曰：昔范仲淹之子，猶能舉麥舟濟其父之故舊，況百姓皆朕之赤子哉！

謹案：太子之過鄒也，始以民隱不上聞爲可歎，繼責執中身爲民牧絕不動心爲可恨，三言飢民與死爲隣猶語秋糧爲可笑，心切愛民，語皆循序，堯舜之仁，不過如此。後永樂復以麥舟爲喻，父子一心，善人是則，國祚之永宜矣。

仁宗洪熙元年四月，時有至自南京者，上問道路所過何似，對曰：民多乏食，而有司徵糧如故。遂召問少師蹇義，所對亦然。上坐西角門，召大學士楊士奇等，令草詔，免稅糧之半，併罷官買。士奇對曰：當令户工二部知之。上曰：救民之窮，當如拯溺救焚，慮國用不足者，多有不決之意。命中官具紙筆，令士奇等草詔於西角樓，遣使齎行。上顧士奇曰：今可語二部矣。左右或言地方千里，其間未必盡荒無收，亦宜別之，庶不濫恩。上曰：恤民寧過厚。爲天下主，寧與民寸寸計較耶？

謹案：仁宗此詔，莫言蠲租，即此一番婉轉深心，亦不易覯。令人見之，感德于數百年之後，而況身逢其世乎？含宏廣大，直與天地同符。

宣宗宣德九年正月，巡撫周忱奏內有云：臣將各府秋糧，查其數內有北軍京職俸米一百萬石，該運南京各衛上倉，聽候支給，計其船脚耗費，每石須用六斗，方得一石到倉。臣嘗奏乞將前項俸米一百萬石，于各府存收，著令北京軍職家屬，就來關支，可省船脚耗米六十萬石，又免小民搬運之勞，荷蒙聖恩准行。遂得省剩耗米六十萬石，欲於蘇、松、常三府所屬縣分之，各設濟農倉一所，收貯前項耗米。後遇青黄不接、車水種田之時，人民缺食者，支給賑濟。奉旨准行，小民俱有賴焉。

謹案：位鎮封疆，原非凡品。此時若不救濟蒼生，上紓君父之憂，以爲本固邦寧之計，豈不有辜屏翰撫綏之職乎？今奏減六十萬石以惠窮黎，大臣經濟，於此始稱無愧。

世宗嘉靖八年，山西大飢，參政王尚絅上救荒八議：一曰愍飢饉，乞遣使行部，問民疾苦；二曰恤暴露，乞有司祭瘞，消釋厲氣；三曰救貧民，乞支散庚積，秋成補還；四曰停徵斂，乞截留住徵，以俟豐年；五曰信告令，乞勸分菽粟；六曰推糴買，乞令無閉退；七曰謹預備，乞申舊例措處積貯，勿使廩庾空虛；八曰恤流亡，乞所過州縣加意存恤，勿使羣聚思亂。户部覆議行之。

謹案：嘉靖繼統之後，連歲飢荒，其所以寧輯者，諸臣匡救之力耳。王參玫八議，與林僉事同在一時，誠皆一路之福星也。

嘉靖三十二年，程文德疏：水災異常，言官屢奏，持議未見歸一。臣謂今日内帑不必發，大臣不必往。夫救荒莫便于近，莫不便于拘，宜各遣行人，賫詔宣諭，令各州縣自爲賑給，聽其便宜處置。凡官帑公廩、贖納勸借，苟可濟民，一不限制。又近日户部申明開納事例，亦許就本地上納，即粟麥黍菽，凡可救飢，皆得輸于倉庫，計值請劄受官。仍登計全活之數，定爲等則，以憑黜陟，即撫按、守巡，賢否亦以是稽之。制可。

謹案：時當儉歲，人肯以便宜請，則民之全活者多矣。何也？救荒貴速而惡遲。文德所言，凡可以救民之飢者，皆得上納，是收涓滴之清流，而沛恩膏于涸轍矣。飢者不飢，流者不流，非若寒谷之回春歟？

清　王命岳《蠲恤宜速議》《清經世文編》卷四四　人主，父母也，百姓則其子也。子有疾痛阽危，則父母爲之食不甘味，寢不安席，將疾趨而往省之歟？抑意其不必然，而曰盍往觀乎，然後起而安全之歟？愚知其必疾趨而往省之。苟可甦其危苦而與之安全，致之不遺餘力矣。比年以來，災警洊臻，水災旱災，秦、晉被之，齊、魯被之，楚、豫又被之，江以北、江以南，則概被之。愚觀撫按上災荒之疏，聖天子非不惻然軫念，議蠲議恤，而愚猶鰓鰓然患之，以爲美意雖勤，而德澤不加也，上有蠲恤之名，而被恩者寡也。

何以明之？撫按不能見災而遽入告。方其入告，則當三野既空，百穀告殄之後也。郡邑請之監司，監司請之撫按，撫按移會而後拜疏，邇者曠旬日，遠者易月，乃達京師，輾轉之間，已逾數時，就令亟下明詔，立與蠲除，加之賑貸，孑遺之民，亦已存者半，亡者半矣。況復遲之以行查，俟之以報章，載往載來，此其近者復累月，遠者動經歲，然後奉旨蠲恤，孑遺之民，幾何不存者什一，亡者什九哉！且夫行查之撫按，即向者拜疏之撫按也。以爲不可信乎，則即查而復報，議而易辭，是終不可信也。以爲可信，則當其拜疏之始，而已可信矣，何不以此時發德音，下膏澤，使澤中之哀鴻，早被恩施，而全活無數也哉？

愚知朝廷斷非有所吝惜而故遲，特有司循故事，守具文而已。救火者不解帶，救水者不褰裳，奈何以億萬生靈旦夕之命，坐耗於故事、具文之區區者乎？願自今災傷地方，令有司立行詳報，監司、撫按次第確察，然後入告，疏至即如請而蠲恤之，著爲令。至於有司奉行不謹，奸胥壅遏上意，藉爲中飽者，據實處分，則地方撫按之責也。

雖然，此揆事而救濟，尚未爲本論也。昔宋景德間，李文靖爲相，邦國災傷，輒聞奏，曰：『人主當使知四方艱難。』夫知四方艱難，則必思危，思危則必修而退省，是神堯其諮儆予之心，而成湯女謁、苞苴之懼也。愚於聖主敬天，大臣格君。又俱殷殷有厚望云。

清　陸世儀《桴亭先生文集》卷五《勸施米湯約》　凡饑民至饑歲輒易死。其死也，非盡由不得食也。不得食而死者十之六七，其由食而死者十之三四。蓋饑民饑渴久，腸胃日細，驟得食，則迸急不能容受，往往腸斷而死。故久饑之人，不可食飯，即糜粥亦不可多食。《救荒書》言久饑之人，不可驟與粥，宜傾向桌上，令饑民就吮之，恐傷其腸胃也。蓋饑民易死如此。

又荒歲米穀貴，民多食豆、粞餅、麩糠、草根諸雜物，澀滯塞腸，久饑者每每致死。睹此景象，心切痛之，然歲荒粟少，公私交迫，即素封之家，亦自救不暇，終無活之之法。嘗考方書，惟穀性最養人。人但得穀氣，即累日可以不死，里中父老言，北方無稻米，每患病，輒索大米湯飲之，飲則輒愈。大米者，稻米也。

因思今素封家，雖無餘力可以活人，然朝饔夕飧，猶自不廢。今願與同志者約：凡朝夕炊粥飯時，幸少增勺米，湯沸必挹取數盞，盛大甕中，多多益善。明晨以湯再炊，量入麥粉少許，使成稀粥，更以水薑三四塊，搗碎調，各就門首施之。或一次，或早晚二次，湯盡爲度，用以少潤饑民腸胃。是有八善：不費，一善也。可久，二善也。不另起鍋作灶，無冒破之費，無董率之勞，三善也。米湯之中，少投以麥，僅堪免死，不堪飽餐，則無恥之徒，苟能自活者，不思侵奪，四善也。無腸塞之害，五善也。腑髒常潤，不至乾枯細小，則雖食豆、粞、糠諸雜物亦無害，六善也。饑民畏寒，寒氣入心，無不立斃。有薑汁則辟寒氣，通腸胃，七善也。兼去穢惡，令人不生疾疫，無轉相纏染之患，八善也。

有八善而其法又淺，而行甚易。凡有活人之心，宜無不以爲然者，幸勿視爲膜外也。

清 唐夢賚《禁糴説》《清經世文編》卷四二 事有似爲仁人君子之事，而究其實，乃毫無益而大有害者，則禁糴之令是也。

爲禁糴之説者，曰：本處豐收，四方來糴，則本處之糧大貴，或且糴者多而糧必盡，貧民必至於餓死。則是禁糴者，體上天好生之仁，恤一方無告之衆，豈非善政哉？

而不知其非也。夫糴者，非強人而糴之也。有糶者而後有糴者。其糶糧何爲也哉？曰：以封糧也，以納米也，以買布也，以買絮也，以辦人事往來也。

今禁之遂不糶乎？曰：不能。今如欠糧銀一兩矣，不能因禁糴之故，封銀五錢而即完，其糶如故也。欠米一石矣，不能因禁糴之故，納米五斗而算完，其糶如故也。以買布絮、辦人事者，不能因禁糴之故，遂不買不辦，其糶如故也。

然既已禁糴矣，則此糴者糴之何人？曰：糴之本處人向外販者，糴之外來販買人有倚靠者，糴之本處大家有錢能收囤者。但一經禁糴，則糧價頓賤。向之糶一石者，今且糶一石幾斗而後足。糶之日又遲，在官糧不完，則敲撲之日既多，在民衣不辦，而饑寒之日又多，相對號呼，無可如何。此禁糴之令一下，而收成之方，仰屋而歎，荒儉之處，頓足而呼。如有人於此，使之五官百骸十二經絡，節節不得流通，而告於人曰：『我歧黄，我扁鵲，我神醫救世者也。』無人不困矣。且夫糶糧者，非有錢之家也，有錢者則糴而不糶矣。無論貴賤貧富，無不辦税之家，即貧而爲人傭工，爲人佃地、租地所得有數之租糧，無不以粟易布者，向來可以少糶而有餘者，今反使之多糶而不足，其所利於貧人者何如也！假使官不禁糴，得無恐有糧之家，乘興多糴，而糧遂盡乎？夫數年以來，非水則旱，民間萬不得已而後糶。八口之家，算而又算，尚恐朝夕之不繼，寧待官爲之禁，而後念及其家口耶？夫不禁而未必多糴，且因糧價貴可以少糶，禁之而勢必速糶，且因糧價減而反多糶。則朝廷之賦税不能辦，上下之考成不能免，窮民借販糧爲生者，裹足而不敢動。而獨使衙蠹地棍，白晝公然搶奪，車騾則棄之於荒野而不敢歸，糧石則付之於何人而不敢問，白奪平呑，甚於強賊。此載在律中何條？奉在詔旨者何日？而仁人君子之爲政，一至此耶！此無他，爲衙蠹地棍邪説所中，而未嘗深窮也。夫一縣則不爲縣荒儉計，而在撫司則均其屬也；一府則不暇爲他府荒儉計，而在撫司則均其屬也。況朝廷以四海爲一家，直省告饑，方且蠲之賑之，南方之絲帛，北方之貂參，西方之絨羊，東方之魚鹽，皆未嘗禁其販賣。今荒儉之處，日望糴糧者至，苟延旦夕之命，而販糧之罪，又律中所不載之條乎？且自丁巳、戊午以來，曾經年豐糧賤，無人搬販之時矣。每斗粟曾價至錢二十餘文，是斛斗二斗五升也。處處無人糴買，農家積糧滿囷，雞犬門闌，依然無恙，以不能辦税，全家而逃者有之。當其時，官不能救之於下，天不能救之於上。今一方少收，四方有來糴者，是天欲少甦此一方民命之苦，且大救四方民命之苦，而官必設法以困之，使糶者不得糶，糴者不得歸，彼此遠近俱困，是誠何心哉？

或有爲之説者曰：民間原有一種無寸宅尺土、遊手好閒之人，專以糴升斗爲生者，獨不爲若輩貧民計乎？曰：若輩亦樂以搬販升合爲生者也。一禁糴則若輩亦苦矣。良民之爲商賈者，無罪而罹於法，衙役之承風旨者，横飛而食人肉，此一舉也，惟有衙役等人樂耳。有心世道者，尚深思而得之哉！

清 黄懋《施粥不如散米説》《清經世文編》卷四二 賑饑之法，莫善於散米，莫不善於施粥，莫善於各圖散米，莫不善於籠統城市散米。

或問：各里圖中煮粥之善如何？曰：施粥止可及十里之人，十里之外多不能及。即十里以内之人，其臟腑筋骨，已爲饑餒所敗，欲晨赴夕歸，力不能堪，況日止一餐，而逐日奔馳往返，兼之風雨霰雪，道路泥濘，即使施粥不缺，亦必轉填溝壑。至於疲癃殘疾、極老太弱之人，而不能出而吃粥者，又不必言矣。若各里散米，則皆安居而受賑，其善一。

煮粥必多人料理，此曹或私其親友，寬假其僮僕，有濫冒偷竊，或縮米添水，或宿餿種種諸病。又有柴薪、器具之費，計米一石，饑民所食，不過六七斗耳。

散米則一人之費盡可供二人。其善二。

城市得鄉圖苦索之捐，富户吐餘膏之囊，城市游閑無賴，皆得謀籌積飽，鄉愚遠竄瀕死之民，安能與爭？强者則重飧連次，弱者或後時空返，不公不均，無從查考。若本圖捐米，捐者樂從無憾，舉目皆親鄰熟識，誰不願利惠一方？若本圖散米，則按籍分給，既無重之弊，亦無往返空嗟。其善三。

一家幾口，吃粥必須齊出，以少年婦女出頭露面，有志者羞愧飲泣，愚癡者習成無恥。甚至廠役之夫，喪心評泊，亡命之徒，調戲挨擠，事變叢生，言之足令髮豎。散米，則男人持票赴廠受給，婦女得全廉恥，其善四。

然此猶小者，受粥雖佳，只救目前之性命，至於救將來之性命，則在其農桑。若日日待餐於城市，早出暮還，荒耕廢織，或廢農桑。散米則五日一給，領在本圖，僅費一時之工夫，仍不曠逐日之程，農安於畎畝，婦任於紡織，野無曠土，市乏遊民，生計既裕，賑益省力。其善五。

況饑民宜散不宜聚，宜靜不宜動，日喧鬧於市井，穢污之氣，最易蒸爲疫癘，何如帖然受賑於本圖村落之家！其善六。

城市散米，似可省舟車之費。然鄉民走領數升之米，往還過午，饑腸難支，必不能全歸炊，不免於城市換餅餌粥，聊以充饑，而家中仍嗷嗷無食。若各里散米，則無其患。其善七。

籠統散米，人户難稽，應領不能領，弊多叢生。惟各里造冊，委任於大姓自賑，則鄰里熟悉，非親即佃，根柢易知，真僞難欺，可少不公不均之弊。其善八。

城市施賑，每日給領，此則五日一給。蓋日日給之則太煩，若總給之，則饑民有不撙節者不可不限也。其善九。

或疑但救此土，而不救流亡。而不知流亡中有刁猾强悍者，小則爲鼠竊狗偷，大則爲刦爲奪，往往爲害地方。況被災之處，財力維艱，飽一流亡，必餒本土之一民矣。但使各邑各圖，效行此法，各任其土著，即有流亡，故鄉受賑，誰樂爲他鄉人乎？不救流亡，正救流亡，其善十。

此法既行，人不出行，又可行地方利益事。巨室之家，或疏浚河塘，或築塘堤岸，高鄉或濱河濱，低鄉或築圩岸。有產之家，稍出升合，既以活人，又可興無窮之利。其善十一。

清 朱軾《廣惠編》卷上 朱子《勸諭救荒》云：今勸上户有力之家，切須存恤接濟本家地客，務令足食，免致流移，將來田土拋荒，公私受弊。至接濟佃人之外，所有餘米，即須各發公平，廣大仁愛之心，莫增價利，莫減升斗，日逐細民告糴，即與應副，則不惟貧民下户獲免饑餓，而上户之所保全，亦自不為不多。其有措借出放，亦許自依鄉例，將來填還不足，官司當為根究。

宋撫州守黄震約云：天之生人，惟有愛人。人衆不能盡皆契天，天定則時加汰治。死其饑厄之歲，皆其升降之機。富室之在豐年，賢否未知也。及至荒年，或惻怛而濟惠，或頑忍而不恤，富室之賢否分矣。小民之在豐年，善惡未白也。及至荒年，或堅忍而守分，或無賴而妄作，小民之善惡見矣。賢否既分，善惡既見，天之升降是人於斯乎決。此非因果之説也，天道自然，固應爾爾。所以饑饉之後，事者或自此而貴顯，或自此而禍敗，貧者或自此而溫厚，或自此而刑戮，皆有明徵。思之思之，自當猛醒。

于忠肅公《勸平糶榜》曰：富厚之家，有三千金家計，可捐貸百金，萬金家計，可捐貸三百金，亦不過三十分中一分耳。捐一分之資，而活數千人之命，上紓朝廷隱憂，下為子孫積福。吾勸汝等為此好事，爾等未必慨然。及一聞僧尼説法化緣，遂能捨大貲財，以邀來世福澤，豈非妄謬乎？孰若捐數十百金，以濟嗷嗷饑苦之民，生前萬人感戴，沒後百世流芳之為愈也。多有富豪之家，平昔慳吝，不肯捐賑。嗟乎！渺渺一身，在世食用有限，死又將之不去，且終日營營，千謀百計，作馬牛而不肯少輸一二為此美事乎？我亦知爾等富家巨室，皆辛苦經營成家，必不强致之，亦安敢强出之，但恐爾等不行此便宜好事為可惜耳！

鎮江守程峋《勸捐賑諭》曰：今日旱蝗妨稼，貧民苦饑，此正富室市義種德之秋也。同是編氓，而爾等得稱富有，今日殷殷勸賑，不獨為枵腹之民圖目前，實為殷富之家圖久遠。凡人之財，決無永聚不散者，顧所散何如耳。慳貪者，其散一敗不救；好施者，其散累世食報。此理數之必然者也。且上户自思所以得保其為上户者，豈不賴朝廷有法度耶？則殷殷勸賑，又不獨為爾等圖久遠，實為爾等圖目前。衆怒難犯，此我所不敢出諸口者，人人知之，爾富民豈獨不知之？此又時勢之必然者也。不明乎理數，亦當審乎時勢，毋負開導苦心。

王志堅《蒔門荒政引》曰：三簋之需，損其一，足以活一夫矣；一縑之衣，遲一歲，足以存數口矣。推而言之，凡賓筵之觴豆、樓船之簫鼓、寺廟之鑄塑、神佛之幡袍、薦醮之香紙，得無有可省以為鵠形者地乎？仁人君子，其起而應之，當不待辭之畢矣。右條教。

馬伏波云：富者貴能施濟，不則守財虜耳。

司馬溫公《家訓》曰：積金遺於子孫，子孫未必能守。積書遺於子孫，子孫未必能讀。不如積陰德於冥冥之中，以為子孫長久之計。

沈學士《勸施迂談》云：嗚呼！世事一何其參差不齊哉！然未可以一二指數也，姑舉所見。吾賓朋宴會，珍饌羅列，僮僕饔飧之餘，臭腐狼籍，而貧人有終身不知肉味者，有饑餓死者；吾冬裘夏葛，涼燠以時，猶欲盛紈綺，競時尚，而貧人有衣不蔽體，傍檐露宿，朔風刺骨，寒顫齒擊者；吾高檐大棟，安居甚適，猶復為山池臺館魚鳥花竹之玩，而貧人緩急無賴，至有捐性命割父子夫妻之歡者；吾為身家子孫計，已寬然有餘，猶務多藏厚蓄，而貧人有室如懸罄朝不謀夕者；吾財貨紛紜，而耳目不及周，精神不及運，不免狼戾縱橫，陰以潤盜賊囊橐，而貧人偶拾其一遺秉稚穗，則忍不能予，或負貸子錢，通工易事，則刀錐之末，有盡爭之者；吾盛陳筐篚，攀援豪貴，惟恐不納，而貧人丐一錢之施，延旦夕之命，有艴然作色者，有托在肺腑之親而不能以貧身歸者；吾多財而招尤取忌，宣侈導淫，因之賈禍，而貧人有待吾鼠壤之餘，以幸為福利而不可得者。何世事之參差不齊，一至於此也！吾睹而悲焉。乃欲為貧人緩頰，勸富人行其德，非概以古人高義，如麥舟助喪、傾貲賑饑之類，強人所難，惟捐其所無用，以化而為有用，則無不可為者。請即以前事較度之。吾賓朋宴會，珍饌羅列，何不分杯箸之餘，為窮人粗糲之需，施之一二，人可延數月之命，施之十百，人可緩數日之死也。衣不可勝用，而敝之篋笥，與無衣同。省一二為裋褐以施於衣不蔽體者，則人且挾纊，而吾文繡自若也。吾不為一時耳目之玩，即可全人之性命，保人之骨肉，此高世義舉也。以施於談議，則可傳，以省於清夜，則自得。天下之可玩好者，無佳子此矣，豈必山池臺館魚鳥花竹之類而後為快乎？吾多藏厚蓄，貫朽粟陳，終吾身不盡用，以遺諸子孫，則賢者不恃此足用，愚者雖得此不為用，將遺之不知名何人乎？何不及吾身而施之朝不謀夕者之猶為有用也。吾所委之狼戾縱橫者，業已置度外，苟貧人得之，是拾遺於道也，非損吾室中之有也，吾何惜？吾盛陳篋筐，攀援豪貴，寧詎見德，施升斗於涸轍，即欣欣起死回生也，何以不為此而為彼？吾多財而為祟，彼得少而為福，向吾損有餘補不足，雖為人貽福，實為我脫禍也。此兩利之道也。徒蓄膏自煎，何哉？故曰：捐無用為有用也。

顏茂猷《勸施迪吉錄》云：何曾石崇之富極矣，使以周急行仁，不令功德半天下哉！前輩詩曰：忽聞貧者乞聲哀，風雨更深去復來；多少豪家方夜飲，貪歡未許暫停杯。又寇萊公好聲歌，以綾帛賞妓者。妾茜桃詩云：一曲笙歌一束綾，美人猶自意嫌輕；不知織女機窗下，幾度拋梭織得成？又曰：風動衣單手屢呵，幽窗軋軋度寒梭；臘天日短不盈尺，何似妖姬一曲歌！三詩字字真切。引而伸之，凡可以約己施貧者，當無不至矣。竊念匹夫存心愛物，於人必有所濟。凡救性命，所損無幾。特足衣足食者，不知寒餓之苦，視為可已，泛泛置之，菜色時既不留意，及見病臥道塗，又以為危篤不能復振，遂坐視其死。即行道有心人，慨歎焉耳。其他則側目之，屏逐之矣。不知緣餓得病，病既不能求乞，則愈餓愈深。此不過三四升米，調護累日，便能求趁，既能求趁，便有生意，乘其菜色將病時早救尤妙。在富人過宿之一費，足救二百命；千金之子粒，十損一焉，歲月之衣服飲食，十嗇一焉，足救千命矣，甚輕而易舉也。若得數人，共結此會，置一空屋，積草薦其中，以貯貧病者，使免風餐水宿之患，則調養易愈。四門有此，則夭劄者鮮矣；充之而四方有此，則旅魂絕稀矣。蓋人當病時，無人照管，則益一病；吹風暴露，則益二病；空乏優危，則益三病。重以穢惡薰蒸，拖逐輾轉，豈有再生之望哉？試設身處此，痛苦何如！何惜損太倉一粒，不以惠此？且均是人耳，我輩身處寒微，也是這等樣子。幸而享豐席盛，又為子孫計長久，而眼前救人，一錢不捨。不知水火賊盜疾病橫災，皆能令我家業頓盡，少少福分，亦是天帝庇之，豈一儉嗇錢癖能致然哉？一旦無常，只供子孫酒色賭蕩之資，于是一擲足救千命者有之矣，何如積德邀庇於天之為厚也？至登高第者，盡以為己讀書才能所致，阿堵在手，慳吝轉深，孰知些小福分，祖宗殷勤得來，不添油注炭，熱炎幾時乎？其必有駢首號慟於地下者也。

陳龍正《鄉邦利弊考》略云：回天變，莫如結人心，結人心，莫如救人命。而消弭挽回，非愚殘事，全賴富貴人，首在當道，次即鄉紳。嘗聞天火沿燒數里，一室巋然獨存；瘟疫流行，有全家不染一人者：甚至寇盜猖厥，亦相戒此方有某公在，不可驚動，以一人故，保一鄉一城。嗚呼！此豈智謀勇斷權鎮耶？積善之家，感通人心，即挽回天意。今日民瘼可痛，鬼哭可驚，學者存無為而為之心，何妨語有為而為之法，傾儲而散者為上智，以餘及物者為中人，隨力隨心，原非難事。若目擊災傷，猶守楊朱不拔一毛之意，則不敢指斥言之也。禍患既來，欲散何及？宵分夢覺，請自謀維。或曰：慷慨捐濟，富名歸之，得無累乎？曰：晏平仲浣衣灌冠，通國待以舉火者數百家；范文正俸禄千萬，大賑貧窮，臨沒無以殮。富者多吝嗇，貧人多慷慨，享大名者鮮厚實，此乃自然之勢。觀人性行，便可信其囊橐矣，豈有竭力鴻施而人反疑其富者乎？且害人則不顧人怨，救人則畏人疑，亦顛倒之甚也。人爵之士，本無拘束，自當倡先；天爵之民，曉此機關，理宜回應。

顧咸正《賑荒問答》有云：人之情，將損人之財以予我，貪者必受也；將損人之財，而並損其人之性命，以至並損其人之父母妻子性命以予我，雖甚貪者，決不受也。夫饑民一日得米三合許，便可以不死。計一歲中，每一石米，可救一人不死。荒年珠粒，僅有此數，不在饑民腹中，則在宦家富室倉庾中。今閉一石不發，必有一人死者矣；閉十石不發，必有十人死者矣；閉百石千石不發，必有百人千人死者矣。然則宦家富室除正供日用外，其餘倉庾中陳陳堆積者，皆堆積死人皮骨血肉腦髓也。夫省一筵宴之費，可活幾人？省一交際之費，可活幾人？省一呼盧之費，可活幾人？省一交際之費，可活幾人？省一簪珥衣被之費，可活幾人？省一摩挲古玩之費，可活幾人？省一供給遊狎客之費，可活幾人？省一佈施庸俗僧道之費，可活幾人？夫以種種活人之物，而糜費之無用之處，以為豪舉娛樂，則是合數十百千死人皮骨血肉腦髓羅列目前，以為豪舉娛樂也。清夜尋思，理上説得過否？心上打得過否？縱然他説理上硬得過，心上瞞得過，自有天帝鬼神與他算帳，不知究竟硬得過、瞞得過否？記得萬曆某年某鄉，有某上舍積餘米三千石。值歲荒，價一兩二錢。時上舍在外，其管倉僕寄信云：米價貴，可糶矣，上舍批云：待貴至二兩，方許糶。不數日，火發焚倉，二千米悉燼。其他古今報應事，更不勝悉數。嗚呼！可畏哉！某言到此，直是肝腸寸斷，涕淚千行。鐵石人聞之，當必有踴躍奮起者，而況讀書明理之士哉？

詹事李建泰《宗田記》略曰：今人父母既歿，輒憾不得養父母；祖父母既歿，輒憾不得養祖父母；遞至高曾悲憾，靡不皆然。以余言之，推而上焉，即百世之始祖，至今日尚可養也，矧近而高曾而祖而父者乎？今日同姓疏屬者，自始祖視之，皆一體也；稱三從兄弟者，自高祖視之，皆一體也；稱再從兄弟者，自曾祖視之，皆一體也；稱從兄弟者，自祖視之，皆一體也；稱兄弟者，自父視之，皆一體也。養我之疏屬，即養我始祖；養我三從再從，即養我高曾；養我從兄弟，即養我祖父。人不近行孝事，而徒遠念孝思，亦愚且薄矣。

清　胡煦《上隆太宰買米備賑書》《清經世文編》卷四四　從來民爲邦本，食乃民天。《周官》八政，必詳食貨，非細務也。皇上登極之始，即以平米價爲首務，出倉粟二百萬石，減價賤賣，米價大平，六街九陌，歡呼載道。此真二帝三王之所用心也。

夫自內可以達外，由邇可以迄遠，目下外省之荒，山西爲最，其次則山東，其次則陝西。煦居河南，其荒亦與山東、陝西相等，顧此四省，綿延繡錯，環衛神京，一省被災，鄰省可以轉饋，四省全荒，北地之民，重受其困。比聞山西小米，每石價賣七兩、八兩不等，一人所食，日以升計，婦子數口，便日以斗計，斗米千錢，欲飽食無憂，難矣。比聞乏食窮民，所在剝樹皮、挖草根以爲糧。又其甚者，黄河以北，有土一種，名曰交泥，其味頗甘，入口能化，饑不擇食，用以充腸。然五穀之資，可以養人，未聞有食草、樹、土塊而能生者。繼聞孩提幼子，貪食甘土，止圖果腹，不數日僵而死耳。今歲春間，饑民南逃者衆，河南巡撫曾下禁河之令，不許妄渡一人。三兩日內，蟻聚河乾，哀嚎遍野，有夫婦二人，臨河無渡，計無復之，其婦抱子投河而死，夫痛其妻若子之死於河也，旋即跳樑大叫，觸樹而死。河撫聞之，禁河之令始開。於是江、淮、豫、楚間，流民載道，累累不絶矣。夫千里就食，餬口四方，強壯之人能之，其老幼之疲於道路者，雖欲逃生，豈可得哉？煦有親識自南來，見有五六歲之童，足躡一朱履，身披綠襖，載奔載蹶，悲啼於路，口呼父母不置。問之，則父母捨之而去，不知所往。凡父母之於幼子，未必遽能恝然，逮迫於無食，忍而去之，赤子何辜？出之懷中，而棄之道旁，莫保軀命，真可傷矣。凡四省之民，居者填溝壑，行者斃道路，所見所聞，類多如此。夫天災流行，誠古之常事，而救荒奇策，莫如皇上平米價之一法，推廣行之，何不可者！

煦以爲京師重地，倉粟雖盈，不可再動。江河以南諸省，未嘗無豐熟之地，米價必賤，誠令被荒之省，該巡撫移諮外省巡撫，詳核米糧定價，具題請旨，竟動本省正項帑銀或十萬或二十萬，擇本省才幹官員或十人或二十人，持銀出境，分途採買，水陸舟車，運回本處，即以所買之賤價賣之，所賣銀錢，即時還帑，約所折耗，不過往來盤費。計此折耗，亦有補法，去歲河南運送倉糧十萬於陝，而其折耗十萬餘兩之腳價，但於本省開捐貢監之例，未及一月，而十萬有餘，亦已補足。如此，則上不取絲毫於朝廷，而米價自平，米價平而億萬生靈之命俱可濟矣。皇上好生之德，既已覃敷於畿內，豈獨遺於外省？而所謂救荒之政，豈更有外於皇上平米價之一法哉？

老先生當得爲之時，際得爲之勢，一言九鼎，捷於轉圜，豈惟四省之民戴德感恩，將上天實眷佑於無窮已。

清 王心敬《荒政考》 豐川氏曰：自昔救荒無全策，非策之窮也。既荒而始議救，安得有全策哉？少得免於流離溝壑，即幸耳！故古聖王父天母地而子萬民，一民失所，則曰特予之辜；古大臣代天子宣德意，匹夫匹婦有一不被其澤，則輒若己之納於溝中。於是乎未荒而豫為之備，既荒而曲為之籌，凡以補大工、贊化育以大地萬物為一體者，大君百爾之正職正分抑必如是，而後可言大人與天地合德也。屠緯真公荒政一考，括古今救荒之法，而統備以三十目，仁人君子之用心如此。顧吾懼其文繁而覽者之莫竟也，又懼其徒法不行與夫無法而終窮也。壬子冬，仍循其目、本其意而節約之，期於便觀覽，易按行，而又於本目外增擇人、開井二目，以補天工之窮焉。嗚呼！吾郡今且荒矣！矧余陋巷老書生也，縱言之諄諄，又奚濟於我同胞之饑餒乎？抑存此以供一體天地萬物之大仁人君於采擇爾。

一曰減歲租之額以甦民困。歲荒年饑，以里户十分論，計足支歲用者不過一二分，儲微粟而不足用者計當十五六，一無恃賴者亦當三四分。民方顒顒望賑於官家，而吏且捶楚而額徵之，空室者惟有逃亡，儲微粟者勢且不暇，顧冬春之寒餓，罄所有以輸公，而其究也，且與室本空者同歸流亡耳。故《周禮》荒政十二，以薄徵為第一也。

二曰發積蓄之粟以救饑傷。蓋無論損有餘補不足，為天道王者，四海為家，父母萬民，坐擁國廪之饒而漠視下民之命，心奚忍乎？且如饑饉相延，非户口流亡，即且饑民相緣為盗，上能晏然安枕耶？故發粟救傷，為濟荒要義也。況如近代之積貯，何一不出小民平日節口縮腹之供輸，而臨饑則輾轉汩没於姦胥市棍之手，又豈情理之平歟？然要之古今論賑濟法多矣，俱不如屠子聚賑不如散賑、零賑不如頓賑為妥協爾。

三曰行官糴之法以資饑黎。蓋如境内災傷，將議賑濟而官倉無多，議勸借而富户有限。若使有漕米者，則截留漕米。無漕米者，須發官帑銀，委用忠厚吏農富户，轉糴於臨省外郡豐熟之處，歸而減價平糶於民，令得轉運無窮，循環不已。即大水大旱之鄉，不至於市乏可糴之粟麥，而如積穀罔利之家，雖欲獨高其價而勢必不能。更如他處米穀亦復不足，則雜買諸豆、蕪菁、蘿蔔、蕎麥、蕨粉、芝麻之類，並足充饑，饑民便可恃以無恐。況如豐熟而還帑，官銀不失，而且獲微羨，挪移以賑民，民饑獲濟，而歲課仍收，且使委用得人，必無他虞。即自是而勸化富民，自以己貲往米糴糶，民且必從。此亦權時救急之一策。而如不待用法摧抑市價，而市價自平，是又中寓之一美善也，惟出糶之時，須設法禁約糴者，必係真正饑民，毋為商牙揭販者所夾雜混糴，輾轉射利。又一人不許過一石，而尤嚴戢吏胥誅求、役人抑勒，切不可聽其罔法行私，是為要焉。蓋遠糴近糶無益真饑，且又藏彼處騰湧市價之弊，只有稍摧抑饑鄉市價騰湧，暗中利貧之一美，若如前弊不能禁清，即美事瓦解，官長亦徒勞心費力爾。

四曰勸富户之賑以廣相生。蓋如饑饉洊臻，流亡滿目，而倉粟無餘，轉販又遠，則如勸富出粟，或糶或貸，是亦權時救急之一法也。但其中有利存，亦有害寓，利存有三而害寓有一。利存何以有三也？其一，勸富而貸也，官家作保，豐時按原價官為催還，利在富家，尤在貧户。其二，勸富而糶也，可以濟倉粟之窮，於國為利，於富户亦利。市價可不禁而漸平，並可不禁而隱消無賴之强脅，利在閭閻之處固多，利在富家之處亦不少。其三，勸富能平價出糶，而不令市井惡風勒價也。利在民情，頌上德之能感孚富人，尤利在輿論，佩服富民之好義樂仁。且如更能勸富直貸窮檐，候豐交還也，則利首在司牧者，不煩請帑，家給而斯民且歸仁於至德之隱；及次即利在富户之借公施仁而陰騭可被於子孫。此所謂利者三也。害何以亦有一也？其一，勸富當計其人丁門户之需餘三年者，然後可勸其出三年以外之羨餘。蓋吾鄉辛未有荒，直至四年以外。有一富民，家口亦眾，積有麥穀數百石。初一年，亦未其多糶。逮次年仍荒而粟價益貴，則官脅之糶，而此富民亦利在乘其貴而糶也。於是乎盡糶其粟，以俟夏糴，而夏仍酷旱而無獲。此富民竟家廪蕩然無存，不得已攜家口之半趁粟遠鄉，竟死於外而家且狼狽。故勸富宜為富民計三年之粟而後可，不然寧留一刻薄富户，作鄉邑不逃不亡堪為國本之民也。其一，勸富以德化，無以威逼。蓋若欲勸者，當隱邀其人，默與之商，可能出所餘以貸鄉，為本鄉行此一大陰騭否。其人允，則知事而仁者也，然後官長以禮延至明商之，則公私兩得。如其人有難色，則其人可知，竟勿強逼之貸。昔辛未之旱，州縣官往往以威逼脅富人，究之富民多不應，而一時無賴之徒，遂成群合黨明劫富民而無忌，而衙役里棍亦虎嚇鄉愚。凡二三十石藏粟之家，且多為此輩借以噬擠。卒之州縣亦用嚴禁，而其風不止，竟積成横殺大案，歷數官而未已。故勸富切須有道，州縣官無徒市一時虚恩而為邑公私留實禍。此所謂害亦有二也。總之，此事在州縣官先量自己之德能服人不能服人，次看富民是何等積蓄、何等存心行事，相其可者，州縣官以精誠先倡。如向經知河陽，大旱蝗，乃先用己堂田所入租賑救之，已有富民皆爭效慕，全活甚眾。扈稱為梓州路轉運使，歲饑，稱先出祿米賑民。一時富家大族皆願以米輸官，而全活數萬。蓋上躬行仁義，而其下不望風回應者，未之有也。又在懸賞格以勸民，信科條以鼓眾，或量其所捐而優以禮貌，風以折節，奬以旌匾，榮以冠帶，又或給以印信帖，除重情而外，豫免其罪責一次，令得執以為信。彼見司牧之中心款誠，調停詳妥，好義者必爭先，貪吝者亦勉應矣。不然而一邑之富民幾何？極其所出，何濟於窮檐百分之十？而並幾個堪作國本之富民，令之擠噬於貪官污吏豪強無賴之流，而不能保其安全，是直使凶年饑饉之時，盡一邑無一飽暖安生之户而後已也。豈聖明之世所宜有而仁人君子所忍為乎？吾故願司牧者，平日去矯激之見，無輕摧富而右貧，藉口於抑強扶弱，荒年中又須慎持其平，無輕假公而濟威，藉口於不畏高明，不怕豪強而輕加挫抑也。要知國家謂百姓為國本者，是蓋謂幾個富民平日安土衛國之獨久，急公輸賦之獨先，有兵則挽粟運芻之終賴，遇荒亦賦車供馬之莫辭。總之時無豐凶，而國之所倚賴者，悉此輩也。嗚呼！凡此富民，真國家之命脈哉！可無特留意耶？

五曰籍饑民之口以革冒濫。蓋上之賑濟，所以救饑殍，非以資姦民也。嘗見邑里之報饑民也，家有需索，人有賄賂，市猾欲為他日規避差役之地，賂里役以報饑民，民之實饑流離者，則以貧莫能賄而反不得與，故雖有賑濟之名，而終無能救小民之死。必也罪冒濫，罰漏遺，嚴勘詰，密體訪。如蘇次參按里分十甲牌，細察貧富，將饑民口數合請米數實貼於各人門首壁上。又如余前説，凡大荒散賑、小歉借倉，各按里糧匀攤。其法令甿書按所賑貸金粟細分諸里糧，人給升底大票一葉，前書某里某甲某人若干、合領穀若干，各里書留底簿一扇，與散給員役一扇，以便對查。凡執票至者，給過即於票上簿上書『領過』二字。如此，則冒濫之弊必革，而待哺之民庶幾無遺爾。

六曰躬賑濟之役以防姦欺。蓋凡官府賑濟，當其發糧也，則既偷竊於吏胥，及委役之散糧也，則又克減於委役，蓋竊克者十恒居其半矣。至如賑金，則又弊竇百端，莫可究詰。蓋在朝廷原屬實惠，而如後世賑不按里，散不依丁，丁簿上人數盡屬詭名，則直是虚文搪塞，其實窮檐之實被者且十不能三四爾。嗚呼！其如朝廷之德何？必也四境之內，照東南西北分日擇地，諭令集該境饑民，州縣官躬親查給，而勿輕委人為當。萬一地廣人稠，一身難遍，則精擇廉能員役分頭管散。總之簿籍既要分明，尤須計算賑資，每一處共饑民口數若干、賑資若干、每户口給與銀糧若干，逐一明白榜示，使饑民各知數目。而要緊則在上官出其不意，時一親到驗查。如有管散人員克減短少者，許饑民即時首告，以憑坐贓，如律究問，則庶幾吏胥弊少而窮民多沾實恩矣。

七曰詳村落之賑以遍窮檐。蓋從來有司之賑濟，往往彌縫摭飾於城市之中為美觀，而如窮鄉僻野間横於道路填於溝壑者，則聽其死亡而莫之肯顧。嗚呼！父母斯民者，顧可為是偏枯耶？必也多方撫循，加意周遍，無遠無近，一視同體，但得有暇，則正官親臨，萬一無暇，則委用廉幹，而亦必親到一二鄉，呼其饑民，細問虚實，使無不均之歎可也。

八曰行食粥之法以濟權宜。食粥之法，為濟極貧之丁口設。蓋極貧者雖得升合之糧，不便炊爨，官為日煮粥飼之，以全活其性命，本仁術也。顧所最忌者，群千百人而聚食一處，遠涉者不及食，而或以道斃，且群聚則穢熱蒸染，易以生疫，甚而管食者克米，而多攙以水給食，而不惟其時，欲以救民之生而反以速民之死者，往往而然。必也慎選員役，躬親考核，逐鄉而煮，分圖而食，煮必以潔，食必以時，如古者按時刻，照人數，執旗引隊，群而不亂，庶幾少弊耳。然要之，愚意煮粥終不如給糧，零散終不如頓散也。

九曰設多方之策以宏仁恩。夫四方之地風土懸殊，災變之來情形不一，必也順風俗，相時宜，酌人情，權事勢，凡可以佐百姓之急者，悉心力而為之。如漢晁錯建言，令天下人粟縣官，得以拜爵除罪。武帝詔山林陂澤之饒，與民共之。董煟謂，饑年食蕨根、煮野菜、拾橡子、采檉米，凡可以度命者，隨時在而為之。西晉武帝時，螟傷稼，尚書杜預上疏：漢時舊陂，繕以蓄水，令饑者盡得魚菜螺蚌之饒，此目下日給之益；水去之後，湞淤之田畝收數鍾，此又明年之益；以典牧種牛四萬五千餘頭分以給民，使及時耕種，穀登之後責其租稅，此又數年以後之益。宋程珦知徐州，久雨，珦謂：俟可耕而種，時已過矣。乃募富家，得豆數千石以貸民，使布之水中。水盡涸，而豆甲已露矣。是年遂不艱食。范純仁宰襄城，因歲大旱，度來年必歉，於是盡籍境內客舟，誘之運米，賴以無饑。又古者所行，令民人粟以次補吏、給度牒度僧人米以活饑，遇饑行權，術不厭詳。然要之，出官帑銀循環轉運，及勸富民之興販、誘客商之糴糴，此於荒政為吃緊，而終不如遇可井之地，即豫為之殫功成井灌，穀蕎、蕪菁之類，尤為的實濟用，且出自己地力，不勞外營也。

十曰厲揭販之禁以袪市姦。歲祲穀貴，小民已不堪命，而市井之猾、牙儈之姦罔念民艱，乘時射利。凡遇有穀之家入市出糶，輒結黨成群，邀截兜攬，仍高其價而收糴之，以圖抑勒零糶，取利倍增。穀價之所以日長，饑民之所以日困，則皆此曹為之祟也。有司須嚴查密訪，重責枷鎖，號令都市。此風果息，即市價可漸次而平矣。

十一曰戒抑價之令以來商糴。夫民情趨利，如水之流。順而導之則通，逆而遏之則決。年荒穀貴，民誠不堪，有司不忍穀價日高以病小民，乃出示抑減市價，以惠窮民。此意未嘗不美，殊不知此令一出，則他處之興販便畏阻而不來，本境之有穀者亦閉糴而不出，民食愈乏，民情亦慌，強則有劫掠，弱則有餓死而已。故良有司惟貴設法調停，令穀價聽時低昂，不得抑減，而仍出官銀以行運糴，恤商賈以來興販，請皇恩以開賑濟，懸賞格以勸富民，漸近食新，即價不減而自減，不平而自平矣。昔范公仲淹知杭州，包公拯知廬州，皆不限米價而賈至日多，米價遂賤。此前賢已行之明鑒也。

十二曰予民間之利以充贍養。蓋民之利，稼穡為先，而此外如近山林者，則有樵采之利；近江海湖蕩河泊陂池者，則有梁罟之利；近灶場者，則有煎煮之利；近關津廠務者，則有商稅之利。須力請於上，暫弛數月之禁，令饑民得依以活命，一遇豐熟，即停止，而又為嚴禁約束，不得乘機急行，非法搶擄，犯者無赦。是亦救荒之一策也。

十三曰留上供之粟以資賑濟。王者為民父母，四海蒼生，皆其赤子也。寧有父母廩食有餘，坐視赤子之餓殍而漠不為之極救乎？惟是遇有凶荒，有司須力請於監司，監司則力請於朝廷，或留上供之運輸，或截留漕米，如前代舉行故事，又或力不能盡賑，則截留漕米，減價而糶，是亦平抑市價之道也。不然，而朝廷不聞詔留某項解京糧餉賑濟饑民，所司亦絕不敢以此為請，而徒以境內藏積之儲量行給散，譬之霢霂小雨漉久旱龜坼之田，其何能濟？虛文故事，良可哀已！況乎人主未有不愛其民時借其流亡死傷者，誠有能將小民饑餓流乞、轉徙死亡、傷心酸鼻諸苦狀悉描寫以上聞，而懇其留粟、發粟，則上之人必惻然而感動；即不然，而言者未必獲罪；即獲罪，吾亦任之。即此人者，忠於國，惠被民，吾知其得天獨深，非福祿考，必且蔭留子孫而不可限量爾。

十四曰冒專擅之罪以救燃眉。夫人一日不再食則饑，三日不食則死。歲荒年饑，十室七饑而欲死，民命直懸於旦夕，而君門則遠乎萬里。為有司者，受天子命作牧斯民，顧不惟閭閻之饑是顧而此身之功罪是計，必請而後行，得報始發，道路往返，未及施行而百姓且多輾轉溝壑矣。故余以賑濟之事，若猶可以稍緩，則當以請命為恭；若勢在燃眉，朝不及夕，則先發後聞，以身當之。蓋古人如汲黯、蕭復、楊紘、楊逸輩纍纍行之，往往反蒙朝廷褒美，未聞盡獲罪譴也。然要之，臣子救濟君父所托之生民，合如救赤子之入井，但使得濟，矯制之罪且不暇計，褒美之榮又豈此心可覬乎？

十五曰假便宜之權以倡民牧。國家之事權，本不可以旁落下移，而古如大夫出疆，則許以專境外，將軍統兵，則許以制分閫。蓋事機變於萬里之外，而字字稟命君門，或且有牽制誤事之弊藏於其中，故古之立制，出疆之大夫、專閫之戎帥，懼得便宜行事，不從中制也。惟荒政亦宜然。饑民之命方懸旦夕之間，而必令俟奏報得請而後得發倉拯救，即文移往返之間，遠輒數月之外，近亦非一二月不遂。蓋自縣申府，府必駁查，自府申司申院，司院又必駁查，上下駁查，而半月二十日猶為速矣。然後題奏，邊境之鄉又非兩月內外不能行縣；倘若窵遠之途，部更查勘，即非三月內外不能得命。夫三月，則百日也。民之告饑，非大水則大旱，曾可待至百日乎？故古之明主定規立制，無事不嚴專擅之罪，而至如立救荒之法，則輒給空名告身、空名度牒，而令得拜爵度僧，專斷而行，豐熟乃罷。即古之良有司，亦正有不俟請命，竟自截留上供或且專制發粟如汲黯、楊紘其人者。蓋意在全活黔首，非權宜不濟，故在上初不嫌於事權之旁落下移，忠賢有司亦不避矯制專擅之罪而刻意行之也。是惟明君賢相權衡事宜，立為永規：凡水旱災荒，如時可稍緩，則必以請命為恭；倘如勢難久稽，則許有司得權便立行；而如其必須奏請，則亦必限以本省一切申請查勘不得過二旬，題奏限程，途中必一日五百里為度，並部頒諭旨，亦不得過五日，而如諭旨下縣，亦以日行三百里為限，不得稍逾時日為當也。而外如忠賢大臣題奏，於河漕額米及上供之米歲除一分，於沿漕通達鎮城貯收，用備近鎮水旱災荒之借，而豐歲則亦准社倉加二出息之規，生殖粟本，亦是要義。

十六曰節國家之費以業貧民。凶年饑饉，小民餬口無措，而天子燕饗賞賜，輒費鉅萬，不亦可惜之甚乎？蓋在朝廷稍事減損，不過省一飯一賞之費，捐虛文糜費之端，而便是延一邑一郡萬姓之生，此明君賢主所樂為，而體國忠主之大臣所宜懇諫而力陳也。

十七曰立常平之法以普國恩。按常平之法始於漢耿壽昌建言，令邊郡皆築倉廒，穀賤則增價而糴以利農，穀貴則減價以糶以利民，是以名曰『常平』。其法原取惠利百姓，以防水旱災傷，不但為計較出入之息盈公帑，而為富國之圖也。唐宋以來，凡力行此法者，皆其於利國利民為甚切。無奈承行有司，往往罔知法意。當穀賤時，不設法增價買糴，以致倉中空虛。及遇饑荒，則又受文法之牽制，畏上司之稽查，而不敢輕發，以減價平糶，僅以一紙教令勸民之出粟，禁市賈之揭販，又或遠糴無利之官糧，強抑不能抑之市價，以為吾救荒之事，庶幾盡心為可告無罪於君民而已矣。又其甚弊，則糴粟不平，取諸市而往往以短價強派里民，且重耗以收民間之輸納，是法本平而承行之時究無一平也。至於出糶，則非青黃不接之時，即凶年饑饉之秋。彼當日原納之里民亦望此糶急矣，而有司則又曰常平為赤貧設，凡有田地之富户不得糶，有房屋之富民不得糶，舉貢生員不得糶，舉當初重輸此粟之里户皆不得與焉。曾不念此粟，皆此三項人之節口縮腹所輸納。究之此粟，卒多歸之富商鋪户與夫牙儈役胥，而所謂赤貧者亦卒十不得一二焉。蓋來糴者未嘗非赤貧，而赤貧亦安得有錢？十九屬富商鋪户之賃來、牙儈役胥之借倩爾。是立法之意原無不平，而承行之有司則於糶時尤不平更甚也。故常平之法，在國家必不可廢，而常平之弊，則在明君賢相必不可不一大厘革。一不厘革，而累民之弊且莫此為甚矣。

十八曰兼義社之倉以待凶荒。按屠子曰：社倉之法，古惟朱文公行之奏效。其詳則淳熙八年建寧府崇安縣開耀鄉有社倉一所，文公倡議請米於府，府給常平米六百石，夏給人户，冬間交納，每石量收息米二斗，大饑則盡捐之。積至十四年，將原米六百石納還本府。其現管三千一百石，並是累年人户納到息米，縣申本府照會，將來依前斂散，更不收息，每石只收耗米三升。行之諸路。其有富家情願出米本者，亦從其便；息米及數，亦與撥還。有不願置立去處，官司不得抑勒，則亦不至騷擾。公私儲蓄，實預備久遠之意。但夏貸冬收，每石收息米二斗，愚以為利息米改作一斗足矣。義倉古與社倉通行，但古行義倉法，於田畝正稅外別徵升合以入義倉，在廉吏行之則可，貪吏或藉以濟其多取之私，擾民不便。愚意則又謂：謂之義倉，乃尚義樂施之名。官吏尚義，則捐俸以買糧；富户尚義，則出貲以入粟。上以好義倡之而風，巨室大家起而樂和，必如是而後可耳。夫常平以賑糶，義倉以備借賑。在官既有減價平糶，則不必出令抑遏，而可以潛壓穀價；復有借賑，則與乎糴參用並行，何荒不救？更如糴則止許饑民之零糴，而不許販户之頓買，在濟饑則務由城郭百姓以遍鄉村之極貧，庶乎水旱有備，流亡可免矣。然而漏落偽冒重疊等弊，又不可不嚴查厘革也。按屠子之論如此，敬則謂其近於密矣，然亦尚涉於疏。疏則弊叢其中，法雖設而終於難行，雖牽強行之，而卒亦不得實效也。蓋如行社倉之法而不限以出七留三之例，一遇大饑，出者無入，更遇連饑，不但里户或有流離，亦且粟本終於斷絶矣。且如息米，小歉蠲半，大饑盡蠲，意則亦美，然其勢亦難繼。蓋如社倉未久，而或驟遇大饑，中無素得之息，即且本年之米有出無入，而並息盡蠲之？又如荒旱連年，不且未久，而並其法盡廢乎？又社倉之能久，全在管領之得人。今之談濟荒者，往往羡美朱子之義風不置，抑曾念古今得幾朱文公也，而可易言行社倉也？無乃慕名而未按其實乎？又如義倉之法，官員之尚義尚屬不難，即富户之尚義，亦尚不難。今試問管領此事之人出納之惟允、收放之無私，果可易得也耶？管領之人不易得而法能終行也耶？是惟原終稽弊，於遂私中寓濟公之術，於切情中寓近理之法，庶乎可望行之能久，而久行始可以實收其效耳。蓋如息之重，原不如息輕之為有利於鄉，然如利太輕，即且後將難繼。且如民間息，往往加四加五，尚不可得於急需之秋；息至加二，即輕之至矣，是固小民荒歉時所求而不得者也。況多此一分之息，究之亦為借者儲以待荒年耳。則如盡蠲之饑時，改息米二斗作一斗，此言可作談柄而實不可以久行，只合逢小歉而饑時，其息或緩待之豐年則可耳。又糧儲不可分於麥米稻豆，出發要須兼乎義社常平，務令粟本日增而遇荒不匱，庶幾善耳。然如此等處，特以原設法疏密之大略耳。究之法在人行，雖有善法而不得其人，有人而不盡其方，終同無法也。必也無論社倉、義倉，總須本圖本鄉中第一有身家有行止之人推之管領，而揀擇一二有精神有材具之人為之輔佐任事，日須上之迎送於公堂而州縣宜優加之禮貌，下而公燕於私鄉而士庶輩同設之酒肴，平日不問其出入，歲終惟猜其放收，而如酬勞之具，即寓歲息之中，大約有息十石，則歲酬之一石，有息百石，則歲酬之十石，息日益增，則酬日益厚；而如其人自有力，欲附以私粟冀圖利益者，亦正不妨聽之。總之，宜令其公不妨私，身不空勞，榮名厚實於此畢收，庶幾可望其殫心盡力，以成就一鄉一圖永永備荒之實具耳。夫十年之內，便有一二小水旱在焉。如其遭逢年荒，一旦公用，此社義之儲蓄而果能為一鄉一圖之恃賴，而且其粟本日增而不損於原設，則其職舉矣。須衆舉之官，官為懸匾，本鄉人更為私謝將見，但得所舉之人稍有本心，能知大義，即其事可久遠無壞耳。至如出放義倉之粟，糴買常平之糧，則須各置簿籍，官為鈐印，稱職既須官旌，敗事亦須到官懲罰，要須斟酌詳允，而亦全在簿籍分明，查勘得法也。

十九曰豫救荒之計以省後憂。蘇軾曰：救荒恤患，尤當在早。若災傷之民，救之於未饑，則用物約而所及廣；救之於已饑，則用物博而所及微。熙寧之傷，沈起、張靜之流不先事奏聞，但立賞閉糴，富民皆事藏穀，小民無所得食。流殍既作，然後朝廷知之，始敕運江西及截本路上供米一百二十三萬石濟之，巡門俵米，攔街煮粥，終不能救，繼以疾疫，本路死者五十餘萬人。此無他，不先事處置之過也。去年浙西數郡水旱，二聖仁智聰明，於去年十一月終首發德音，截撥本路上供斛斗二十萬石賑濟。又於十二月終寬減轉運司元祐四年上供斛斗三分之一，為米五十餘萬斛，盡用其錢買銀絹上供，了無一毫虧損縣官。而命下之日，所在歡呼，官既任糴，未價自落。又自正月開倉糶常平米，仍免數路稅場所收五穀力勝錢，且賜度牒三百道以助賑濟。本路帖然，竟無一人餓殍者。此無他，先事處置之力也。總之救荒在於預備，其法莫如《周禮》之備。而見荒有兆，蚤為之謀，詳為之慮，則趙清獻越州之法稱最善焉。其法：先民之未饑，為書問屬縣被災有幾鄉，民能自食者幾家，當廩於官者有幾人，溝壑興築可僦民使治者幾所，庫錢倉粟可發者幾何，富人出粟之家有幾户，使各書數目以對，得饑民若干、粟若干，預為設法賑濟，男女分口而給，使衆無相揉。又為給粟之所於城市郊野若干處，又告富人無得閉糴，又出官粟平價自糶，又僦民修城領工價就食，又民取息錢者，告富人縱予之，而待熟，官許為責償，又男女有棄者收養之，又為病坊處疾疫之無歸者，募僧二人，囑以視醫藥、飲食，令無失時。凡死者，使在處收瘗之。抃經營綏輯，纖悉畢備，皆先事為計，越民賴以不災。古人早見如是。此外先事之舉可法亦多，而如簡而能切，則屠公之論不可廢也。其言曰：如見目今大水大旱大蝗，知將來必饑，輒豫為之計，或豫檢踏災荒之田，豫報查被災之户，早申災傷之文，早借備賑之粟；或豆、麥、蹲鴟、薷蔔、蕪菁、芝麻之類可種，則躬勸率百姓廣種。各鄉或豫發官帑銀，給委忠實齒德富户，往鄰郡豐熟去處，糴麥穀糧種以待平糶，或勸誘商賈客舟運粟以來，而許為存恤護視主糶，或豫查境內巨室富户，而結以恩信，優以禮貌，勸以陰德，怵以利害，令其各有顧惜桑梓之情。凡此皆所謂備豫之道也。嗚呼！是言也，不謂切於情事之論不可矣。

二十曰先檢踏之政以免壅閼。水旱蝗蝻之後，田禾被災矣。若非正印官親臨，逐鄉履畝檢踏災傷，而令首領及吏農里老人往而虛應故事，或反需索滋擾，則在先之核災不實，而後日之救災何據乎？此隱漏重冒之弊所以紛紛也。故但見水旱蝗蝻之災傷，檢踏不可不先不親。

二十一曰時奏荒之疏以急上聞。人主深居九重，安能坐照萬國而無遺？故如境內災傷，有司須急申於府司督撫，督撫須急奏聞於朝廷，朝廷以萬國為一體，必不至漠視而不為之救，則是此一申也，忠於朝廷，惠貽生民，不亦俯仰無愧於此心，仁澤永留於子孫耶？不然而萬一報遲，閭井多流離餓殍之慘，朝廷有罪謫降罰之及，萬民唾罵而鬼神降殃，亦何取乎？且吾目未見為民父母漠視民瘼，但圖顧惜一己之前程，而禍不降於當身、報不及於子孫者也。

二十二曰嚴蔽災之罰以儆欺玩。俗吏往往好談時和年豐以釣聲譽，而諱言饑荒水旱以損功名，故恒有匿災異時不聞，甚或飾饑荒為豐稔者。此非朝廷嚴立科條：凡田苗收薄至四分與報兩料俱薄者，必求減租；邑內有流亡餓殍而不上聞者，必加降黜；更如扣落赦餉、刻削賑資，即不但革職不恕，亦且贓必令賠，庶幾稱隱荒賊民之罰，泄天地神人之忿。此罰立，而庶幾欺蔽災荒者寡矣。

二十三曰修水旱之備以貴豫防。蓋救災於有事之後，不如防災於無事之先。是惟每郡特設督農勸水之大員，使秩貳於太守而分尊於州縣，每季必遍行郡境，凡州縣防水防旱之備，視其舉廢，督農之官即得直行申報於巡撫，而懲勸即行。

其有巡行或怠，勸懲無法，則巡撫立題降罰。蓋田者生民之命，而勸懲則又有司舉廢之所由分也。民命，國家第一重事，故罪不可或淆，而督農之官之責不可不重爾。

二十四曰躬祈禱之事以回天意。成湯六事自責而甘霖立應，唐文皇逢災吞蝗而歲不為災。蓋天高聽卑，誠使精誠不懈，自然天意當孚。不然，天體尊而神理赫，曾可以虛文故事動之耶？故將欲行禱，必存救民如救入井孺子、保民如保自己赤子之心，持齋素，斷嗜欲，首宿罪，悔己愆，內辨精誠，外勵勤勞，必期天意感格而後可也。

二十五曰勵懇款之行以感富民。夫民盡有良，可感而動，特上未有以正道感發之耳。今誠使為守令者平日愛民心切，逢荒救護情段，士民業已目見心感，而欲於不得已時勸富足士民之賑貸鄉閭，則不遣隸卒，不行符票，遠則減省騶從，惟乘一馬，近則不用轎蓋，徒步而行，遍詣富足士民之家，為之降其顏色，溫其言詞，優以禮貌，風以德義，以平日居官之惠愛，兼以此時之誠切，人性皆善，士民但非頑梗，有不良心感發者誰乎？良心既動，何物不捨？何民不從？又何荒歉之不可助歟？然要之，欲倡士民之賑貸，非先以身作倡自捐俸米不可，而外如士民之賑，則思酬以旌褒之實法，且欲倡士民之貸，則必為之作保，而令其按價償於豐年，然後其事可濟也。何者？世間明於大義之士原難，即厚藏金粟之家亦本甚少，賑而無望其報，貸而不計其償，恐世少其入。果立此法，亦恐終無濟於民饑爾。

二十六曰廣道途之賑以集流亡。蓋如吾縣饑而旁郡縣皆饑，聞吾救荒有法，或流移而來，雖非吾部中之赤子，然仁者一視之情，寧忍恝然而聽其枕籍以死乎？按熙寧詔曰：流民所在州縣，每程人給米或豆一升。又余觀宋代擘畫屋舍、安集流民，許令在流寓地方諸般採取、營運，支散流民斛斗米豆數目，安泊存恤，救賑最為周悉。而如康熙三十年陝省之荒，流民就食湖北者甚夥，而總督丁公安插救濟之法靡所不周。始到，為之營寓所，散口稂，又為之設醫藥，給月糧；及荒出而歸，則又為之籌路費，令之全家還鄉，始終備極周悉。嗚呼！如今逢荒而有司能如此留心，即不惟為天子收集流移，即己之積德累善不且甚厚也耶？

二十七曰申保甲之令以遏盜賊。饑荒之時，盜賊易生。何者？饑不可耐，寒不可忍也。然亦不能大噪橫行，不過為鼠狗之計，以苟旦夕蜉蝣之生耳。姑息而不為之撲滅，則燎原可憂；輒用重典而悉置之法，則饑寒可憫。必也防戢之惟嚴，獲盜之無赦，察其情形，視其素習，首惡斷不可恕，烏合附從則須詳察情節，傷主者必抵無赦，若止於偷竊衣糧，則為之大張聲威，號令於市，令其喧傳，自然當日解散。然要之必不可縱而不懲，使肆無忌憚，貽患閭閻也。子產之為惠人，正為善用其猛以成惠爾。

二十八曰省荒後之拼以給將來。大饑之後，不惟民食艱乏，即耕種亦恐無具。必也為之省視，耕種無食者，量濟之以粟，無農具者，量為籌處散給，或勸富民借之食具，而令貧者為之出力耕種以補之，或待收成而以糧食償之。有司須於耕種時暫輟他務，身歷各鄉，補助勸率，又須盡心相視其蠲資之人，厚者官為旌褒，小者，本人豐收日酬謝。即百姓見上人留意農務，自勸奮不怠，境無荒田。即又各鄉好義之人，見上人如此留意窮民，自然胥興好義之思，樂成親睦之舉，而鄉無失業餓殍之民矣。

二十九曰申閉糴之禁以廣通融。昔晉饑乞糴於秦，百里奚曰：天災流行，國家代有。救災恤鄰，道也。行道有福。而葵邱之會，其五命中亦有曰『無遏糴』。夫遏糴，尚霸者之恥，矧令一統海宇，何地非其一家，而可封疆自限、吴越鄰封歟？且獨不思吾不恤鄰，萬一他日吾境亦荒，獨不仰糴於彼鄉耶？故閉糴斷乎不可，但在有司留心酌劑斯可爾。

三十曰墾抛荒之田以廓民產。其法分東西南北區圖，相地遠近，設勸農長數員，選有身家德行良民為之約長，優以禮貌，重之事權。舉行日，正印官設酒肴款待，諭以須履畝親督，細查荒田若干，於抛荒户下即與豁糧，募佃人承令開墾；或許原户歸而復業，量其人之丁力，領食若干，給與工本糧食；或許計其所費，分之墾田，以收足為斷；又或官資之倉糧，責以收後抵斗還倉。若富民願自備工食開墾者，亦聽收兩料後，然後起科。蓋既免當年稅糧，即一收可以全得。又若本户歸耕，則復給工食。務期招徠有法，勸諭盡方，將現在者孰無向利之念，即流落者孰無恆產之思，自然荒田盡墾，國課漸增，而地方元氣之復不難矣。

右荒政三十目，盡按屠公之舊而細注，則因其舊者十二三，增損者十六七。其於荒政亦云詳矣。然如政不自行，得人則行，人不自行，責重齎專則舉，責輕責寬則廢。故予於三十目外，又增以『專責巡方之精核以實皇恩』一目，為三十一也。然如責重責專而得督率之人矣，倘或天道久窘之以雨澤而饑荒，或延之以歲時，官倉無可借賑之粟，富家罄倉箱之糧，江河涸竭，水不可資，豐鄉寫遠，就食仍難，有司牧之責者，將遂聽其轉死溝壑甚至群起而搶掠耶？是惟行按地掘井而灌一法，可以助天道之窮，可以代官倉之匱，並可以使歲歲豐獲，常免饑餒。蓋其法通融地勢之高下淺深，詳計井數之多寡大小，地則有無相通，官為區處工本，則按實計酌，官為借倉，總之期可井之地，村無弗井之人，有丁之族，家無不灌之田。即使寡婦孤兒，亦須倡以鄰里相助之義舉，流客緇黃，咸為導之殫力灌溉之實務。至如借官，則即於秋收後責之還倉。民貸，要必至農畢時，即官令立償。更如旱災不已，則分高亢之壯民就佃有井之低壤。又如鄰境多井，則移乏井之饑户徙可灌之井鄉。要須客無負主，主無棄氓，民知信官，官悉愛民，由一邑而行之一省，由一省而通之四海，將有江河泉源者固歲以不凶，即無江河泉源者亦旦以井為恃賴，庶幾合《大易》『井養不窮』之義，而於備荒其足恃乎？是惟留心民瘼之大人君子竭誠題請，盡心規畫，令得旱荒立收井效，今日直奏奇功，為中原之倡，而使名垂萬世而無窮，以比於大禹之治水、周公之製作，不亦善耶？不亦快耶？故於三十目外，又益之以『貴巡方之精核』，又於三十目外，益之以『開井資灌溉之利』終焉。其條謹續於左。

三十一曰責巡方之精核以實皇恩。蓋以為國為民之仁人君子，宦途中最難。世固有小民之流離已甚而禁不敢一言上聞者，甚至上已聞知、恩綸下沛而無良之輩且借此漁利，至與胥吏合手而蠹蝕餓鬼之皇恩，否亦痛癢不切，徒委之下僚及用事之役胥里長，而不知省視稽查其虛實，竟使朝廷及民之實惠且成一故事之虛文。是惟專責巡方大員，稽查荒境之淺深、民情之苦樂、流離之多寡與夫上自監司下及州縣拯救饑民之勤惰緩急果否、克扣恩賑之有無，視其功罪，大吏即立加褒降；州縣則視其功罪，亦即立加賞罰；而要緊則尤在細視漠不念民瘼之員，立除一二人以示儆，而不待於事終荒已。蓋仁人君子既難，吏只惟賞罰為趨避，若俟荒終而後按為功罪，即一荒中時日若長，斯民之凋殘死傷不可言已。且巡方無他吏責，只以訪查民間利弊、官員賢否得實為盡職。巡方果權重而得人，即中少隱匿欺蔽之私，而饑民之暗享福澤為多，故救荒以嚴責巡方大吏精察荒景吏情，而懲勸即行，一刻不緩為要義也。

三十二曰興井利以保全民命。蓋如歲荒已久，官倉無可借之糧，水道不通，遠地無可運之粟，即拯濟之術眼見立窮，是惟一大經營穿地成井、汲水灌溉一法，可補雨澤之窮，是為實而有據。其法則在視村堡人丁多寡之數而計丁為井，次視地勢高下淺深之宜而因勢利導，又次視成井取水難易省費之詳而計費幫貼，又次先事豫為之備不可以緩時失事機，而緊要則在鄉約村村得人，而大頭腦則在太守實心期於報君子民，嚴飭州縣不得虛應故事，而信賞必罰，絲毫不以假借也。外如地高難井，石田寡水而生挪移人丁之法，與夫寡婦孤兒、單丁獨户、僧尼流客、師巫樂工，或有人無田，或有田無人，或有人有田而無食用之資，太守與州縣官皆須為之計處方法，令得通融井利，逢荒皆保身命，而不使一人一家流離餓殍，庶幾乎大父母保赤之仁於此克盡，可告無罪焉爾。其詳備於前《井利説》中，司牧者是惟推廣而力行之，乃能收保全民命之效爾。

清 魯之裕《救荒議》《清經世文編》卷四二

古云：『救荒無長策。』夫豈果無長策哉？難於得其人焉耳。得其人，則未荒而弭之早矣，甫荒而備之周矣，即審荒而賑之也，亦無不沾其實惠者矣。然嘗見今之當局者，必現在之官與在官之屬始任之，任之而輒不予以禮貌，抑又無所勸懲也，則人將何所畏愛，而府庫之財不竊，日出其精神才力，以於勞怨交叢之地哉？故予竊謂隨時隨地皆有待用之人，固不待於借才異時異地也。惟是爲督撫、監司者，能精擇乎府州縣官之有真才實心者，俾之主賑事，則其人必亦能精擇乎分賑之人，無拘拘乎佐貳之員也，雖學職可也，即舉、貢、監生、生員可也，齊民而行誼素昭者亦可也。如既得其人矣，於是乎勉以大義焉，待以殊禮焉，俾其人鼓舞馳驅而不倦，而監司復從而監察之，臧有彰，否有癉，如是而分廠以任其事，於救荒也何難？雖然，未荒之弭也弗早，甫荒之備也弗周，迫不幸而迫於荒，而後有以賑之，則審荒之術不可不亟講也。蓋凡有司之賑荒者，大都以報名之事，責諸里胥。夫里胥之婪者，惟其親知，賄賂之是求，無論已即有一二畏法之人，亦決不能按鄉而悉其荒口之數，何也？審荒之令一佈，則告者紛紛載途，其真偽何從而辨？欲沿門訊之，而千萬饑民，是豈計日而可畢籍者？

議者曰：以賑粥爲稽查，一術也。

夫歲惟無大饑也，歲而大饑，則豈特窮民就食哉？即豪家僮僕，往往報名而關支，遠鄉富民，亦且分丁以走領。如是而食者不皆饑，饑者或反無食矣。賑粥固非術之善者也。

議者又曰：以印票書民口數，與按口應給之糧，實貼諸兆民之户，而委員以核其偽者罪之，一術也。

是亦暇則可行，而荒迫無濟之術也。

然則荒卒不可審乎哉？

曰：何不可審也！是有分民之法在。從來民富者有三：曰上，曰中，曰始。貧者亦有三：曰薄，曰常，曰赤。始富者，勸分不行於其家，薄貧者，賑濟不施於其宅。惟至於上富則使自擇其鄉之薄貧者而貸之銀，中富則使自擇其鄉之常貧者而貸之種，此非徒欲貸之銀、種而已也，蓋即於此寓審荒之道焉。何也？彼上富者以銀貸薄貧，必逆計其能償者貸，而上富之所不貸，其爲常貧可知矣。中富者以種貸常貧，亦必計其能償者貸，而中富之所不貸，其爲赤貧可知矣。是不必勞吾耳目，而民舉爲吾耳目，亦不必費苦心思，而民心先爲吾盡矣。夫然後委分事者，履鄉按户而等其差以行吾賑也。則賑者實，而固無有曠時冒給之弊矣。

議者曰：等貧民爲三，善已。流民將何居？

曰：民而至於流也，必其生之無他計者也。是則與窮而無告者何異？有賑以濟之而已矣，尚何待於審之而後有以濟之耶？等諸赤貧焉可也。

清 方苞《望溪先生文集》卷六《與徐司空蝶園書》 河北諸路旱荒，聖主減膳弛縣，詔廷臣言事，而羣公未聞進嘉謨以佐百姓之急者。夫備災宜豫，非倉卒所能舉。今野荒民散，而新穀不生，所可爲者，惟無使舊穀妄耗耳。古之治天下，至纖至悉也，故蓄積足恃。《周官》：凡酒皆公造，民得飲酒，獨黨正族師歲時蜡酺耳。漢制：三人無故共飲，罰金一鍰。三國時，家有酒具，行罪不宥。誠知耗嘉穀於無形，而衆忽不察者，惟酒爲甚也。

今天下自通都大邑以及窮鄉小聚，皆有酤者，沃饒人聚之區，飲酒者常十人而五，與瘠土貧民相校，約六人而飲者居其一。中人之飲，必耗二日所食之穀。能堅明酒禁，是三年所積，可通給天下一年之食也。其藏富於民，與古者耕九餘三之數等。孟子曰：聖人治天下，使有菽粟如水火。豈寃言以欺世哉？凡民閒用酒，莫宜於祭祀婚姻，然周公制法：不耕者無盛，不績者不衰。祭無盛猶可，況以歲凶而去酒乎？至公家之事，不過歲祭孔子廟及賓興鄉飲，有司自可及時以釀，周官所謂事酒是也。

今功令通禁燒秫爲酒，而他酒及酒肆無禁，故衆視爲具文，而官吏反得因緣以爲姦利。宜著令凡酒皆禁絶。令到之日，有司巡視鄉城，已成之酒皆輸公所，俾其人自賣而官監之，盡而止，過此以往，有犯禁者，其店房什器官没之。若私釀於家，則紳衿褫服，白衣決杖。罰用漢法，凡境内有酒肆而有司不能禁察者，奪其官。首舉者，賞五十千。夫周公當重熙累洽、年穀順成之日，而使天下有祭無盛。喪無衰者，非故欲拂人之情也，不如此，不足以齊衆阜財而使長得其樂利也。俟數年之後，穀粟陳陳相因，然後用漢法變而通之，開歲官賜民酒戶三斗，俾儲以共祭祀婚姻養老疾。有非常之澤，然後賜酺。如此，則政有常經，且可以正民之禮俗矣。

世人樂因循偷苟，有述古事陳古義者，輒目爲迂闊。然自公大夫吏士務適時宜而羞爲迂闊者，蓋數十年於兹矣，則其效可睹矣。太夫人春秋高，不敢告公以難行事，如此類，言之者無過，而實良圖。望宿留瞽言。

又《與徐司空蝶園書》 公體中尚未霍然，不宜以外事相撓，而有不敢緩告者：**【略】**

又聞湖撫以兑漕期誤，請改雇民船，議下九卿，各省將用爲式。夫漕船官具，衛丁本有秩廩，故量給資糧，以募篙工。然猶私載民貨多方補苴，始能訾給。若雇民船，其費數倍，官不能具，必抑派里民，則賦法不可問矣。七月閒，楊君千木自河上以書來言，聞通倉陳米充溢，宜停運一年，歲祲之地，其糧聽有司出糶，俟秋成，仍糴滿原額，分兩年帶運。如此，則民食可充，漕船可修，河道可治。此利之顯見者。尚未知中有伏害否？幸與練事者詳議之。

又自今年來，各省報荒，不約而同辭，不請賑，不請蠲，且乞減價糶常平倉粟，事後仍率屬蠲補。夫常平倉粟之空，十餘年矣。此天下所明見也。此議行，則糶粟之價，補倉之粟，必有所出。不識有司皆自其家篋金輦粟而至乎？抑粟與金天降而地出乎？是被災之地，轉應苛斂庫金數十萬，秋成之後，加徵倉粟數十萬。繼自今災民惟恐有司之報荒，而主計者且利荒報之踵至矣。

公位正卿，年七十，宜日夜求民之疾，詢國之疵，而上言之，上方卿公，又閔公衰疾，僕任其無大咎。若因此失官，則亦可以暴平生之志，謝衆口之責矣。惟公熟計而審處之。

清 陳芳生《賑濟議》《清經世文編》卷四二 古來賑濟之道有三：曰賑濟也，賑貸也，賑糶也。賑濟者，有散而無斂，此惟大荒行之。賑貸之法，行於中荒之年，大約春散秋斂，出入皆以米穀者也。賑糶之法，出倉穀，隨時價糶賣，貯其錢，俟秋成平糴，此出陳易新之道，無問小饑、大饑、未饑，皆可通行。故以三者較之，莫善於糶，莫不善於貸。何也？貸之者，將來必欲還之者也。輸納之際，雖良民不無後期；考績之日，雖循吏未免追呼。此時雖似爲德，將來不免爲怨，而況民間貧富異其家，淳頑異其性。欲借貸者，每係無業之人，勢不得不責之以互保。互保之後，勢必諉卸其任於富者淳者，未免有偏累之慮。至其侵蝕之難察，影射之難辨，則又勢所必有，且秋成之豐歉未定，則還倉之盈絀無憑。故借貸之舉，行之而善，未必能如朱紫陽之社倉，行之而不善，竟等於王安石之青苗矣。所謂莫不善於貸者此也。

若夫賑糶則不然，穀出錢入，既無事於追呼，隨多寡爲交易，亦無偏乎貧富，量時值爲低昂，無抑勒之弊，鄉僻皆可搬運，無不遍之惠。市中日日有穀，時價自不騰踴，官糶不止，民間之穀恐後，自不安於閉糶。錢穀相衡，多寡之數易核，既無中飽之患，而又隨其現在之價值，即可轉收外運之米，商賈利於速售，則遠販日來。況當貴而糶，當秋成價錢而糴，則斛斗必有盈餘，雖無取息之名，而有取息之實，益可佐將來之預備。古來經濟名臣，莫不以此爲富國足民之道，而宋儒蘇軾賑杭州，亦曰某於浙中救荒無他法，惟曰糶常平倉米而已。故謂賑糶之法爲甚善者此也。

至於賑粥之舉，則惟大荒之年，爲極貧之户不能舉火者行之。枵腹而來，果腹而往，其中透冒之弊似少。然而設廠之處少，窮民奔走以就食，必有荒於耕作，前後失據之患，其弊一。遠近聞風，來者日多，恐不可以爲繼，其弊二。婦女老幼疾病之人，不能匍匐以奔命，其弊三。人多必有暴露疾疫之虞，其弊四。故其爲道能暫而不能久，可散而不可聚。試就祥符一縣之方廣計之，南北百里，其中爲方十里者八十，使以十里而設一廠，當爲八十廠矣。每廠日煮米一石，當去米八十石矣。自二月煮賑至麥熟止，爲期約有百日，當去米八千石矣。此豈易給之數乎？況設廠或未能多，道里或未能均，賑期或未可限，則又豈易舉之事哉？

故就今日而言賑法，則借穀、煮粥，皆未確見其可行。求其全利無後慮者，莫如出糶倉穀之爲便。

清 李紱《青苗社倉議》《清經世文编》卷四〇 朱子社倉之法，與青苗同，相沿至今近六百年。後人以爲朱子之所爲也，輒欲仿而行之。然往往暫行而輒廢，未見其利而先受其弊者，徒知法爲朱子之法，不自量其人非朱子之人，則亦青苗之法而已。奉行其法，非一手足之爲烈，有監官，有鄉官，有社首，有保正、保副，有隊長，保頭，有人吏、斗子。朱子之始行於崇安也，任事之人皆其門生故舊，學道君子也。今首事者之公正即無媿於朱子，而分任其事者非朱子門生故舊之比，則其法亦不可得而行也。且不獨後人之效之者，未嘗量度其人，即朱子之疏請下其法於路，亦未嘗量度天下任事之人，不能盡如己，而分任其事者不能盡如己之門生故舊也，則無怪乎其不能行，蓋有治人無治法者，古今之通病。社倉初行，息取十二，夏放而冬收，與荊公青苗之法無異。荊公治鄞，嘗自行青苗之法矣。鄞之人至今尸祝之，荊公以其爲身所嘗試者，他日執政，遂欲施諸天下，亦猶朱子請行社倉於諸路，而不知奉行者之不能盡如荊公也。是故奉行而得其人，則青苗亦社倉矣；奉行而非其人，則社倉即青苗矣。且青苗之法，後人畏其名而不敢行，社倉之法，後人慕其名而亦不能行，非獨利之所在，任事者難其人，即民亦不能盡如吾意也。

蘇子由論青苗之弊，謂錢入民手，雖貧民不免妄用，及其收也，雖富民不免後期，如是而敲撲之事煩矣。今社倉開報支米，漏落增添，必送縣斷罪，其收米也，如有走失，必保人均賠，是亦不能已於敲撲，其與青苗有以異乎？朱子爲《金華社倉記》曰：『世俗所以病乎此者，不過以王氏青苗爲說耳。以余觀於前賢之論，而以今日之事驗之，則青苗者其立法之本意，固未爲不善也。但其給之也，以金而不以穀；其處之也，以縣而不以鄉；其職之也，以官吏而不以鄉人、士君子；其行之也，以聚斂亟疾之意而不以慘怛忠厚之心。是以王氏能以行於一邑而不能以行於天下。』云云，斯言也。以余平心觀之，則亦未見其爲必然也。

凡事欲其有舉而無廢，非主之以官不可。凡官民相出納，則金易而穀難。惟給之以金，故可以於縣而不必於鄉。惟不在於鄉，故止可給金而不能以穀，至於社倉之法，漏落增添，必送縣斷罪，其有走失，必保人均賠，則亦不能終用鄉人士君子，而必歸之官吏，其送官必斷罪，走失必追賠也。則雖能全用慘怛忠厚之心，而究亦歸於亟疾。推求利害始終之故，未見爲此得而彼失也。雖然，金可以濟民用，而不可以救民饑，則必以積穀爲主。以積穀爲主，則必兼用常平之法。余己丑禮闈試策，嘗備言之，又嘗爲家居二倉條約，頗可施行。然非得任事之人，亦不能如志，要歸於『有治人，無治法』之二言而已矣。

《臨川侍郎集》中多祖荊公，此文亦然。前言金易而穀難，後又言必以積穀爲主，則已不能自持其說矣。且社倉始借官穀六百石，故暫取二分之息，及盡還倉穀之後，則永不取息，止收耗米二升，烏得與青苗並論乎？至於無治法之中，而必求可久之法，則莫如黄東發之常平田矣。金不如穀之便，穀不如田之可久，但創始益難，惟難興故亦難廢耳。如第以易言，則穀且不如金矣。

清　劉大櫆《乞里人共建義倉引》《清經世文編》卷四〇　古者帝王在上，而薄海無凍餒之民，非必分上之所有以與民也，使民之自有餘而已。故曰：三年耕，有一年之蓄，九年耕，有三年之蓄。不至三十年，而民有九年之蓄，則雖唐水殷旱不能爲之災。若夫《周官》荒政十二，其所謂『多昏蕃樂，索鬼神』，皆迂遠不切於事情。惟散財薄徵，爲君上之所宜行，而無補於小民之窮餓。故其科條雖具要，不若積貯之爲善也。夫下之人家無蓋藏之備，而一切仰望於上。設使水旱蟲蝗連州數郡，朝廷遽下蠲租之詔，虚郡邑倉廥以賑之。然上之所費不貲，而下之所得無幾，嗷嗷焉日待升斗，以延旦夕；上之倉廩府庫已空，而民之死者過半矣。故曰：藏之於官，不若藏之於民也。

今天下田疇不加多，稅斂不加少，而天下之風俗又皆日趨於文。欲使鄉曲之農，人人皆食之以時，而用之以禮，其勢固有所不能，雖使其食時用禮，然以一人而有五子，五子而有二十五孫，嫁子娶妻之費，養生送死之具，疾病醫藥之資，祭祀賓客之用，以富者當之，十九而貧。其以貧者當之，豈能復富乎？雖然，嘗見編戶之家授田百畝，則飲食衣服，既無不足，及其蓄積豐饒，或相倍蓰什伯，猶未見其有餘，何者？彼其所入者多，則其所出者亦眾，淫侈於酒食，頻煩其燕會，故雖粟米狼籍，而終歲之用猶苦其不給。一旦天災流行，固不能以自支矣。此其爲習，非可喻之以節儉而遂改也。惟及其有餘之時，預爲不足之備，不藏之於官而藏之於民，不分藏於家室之私而合藏於里社之公。其在今日，所減省者一酒食燕會之需而已。其在他日，積之遂至於無盡，其爲利甚博，而其爲術約而易操也。去年凶災，民皆饑乏，草根木皮掘剝幾盡，釜甑器皿賣買無存。甚則拋割妻孥，與人爲僕妾，猶不足以自贍，而父子兄弟、羸老孤幼，繼踵而死，僵屍草澤，骸骨相枕藉，見之者怵目，聞之者淒心。古者鄰里有相周之義，而鄉田同井，則守望相助，疾病相扶。若使朝夕共處之人，親見其饑餓，至輾轉溝壑而死，而莫之拯救，而吾獨安得宴然而已乎？夫一人向隅而泣，則舉坐爲之不樂。同里共井，其視同坐也親矣。輾轉溝壑而死，其視向隅而泣者迫矣。此固仁人君子所宜動心者也。

昔漢耿壽昌作常平之倉，增價而糴，減價而糶，法非不善。然以饑歲之民使其價糴，其力或有所不能，而以官司主之，其出入又有所不便。自是以來，長孫平之義倉，勸令百姓軍人出粟及麥，然歲歲募收，疑其數瀆。朱子之社倉隨時斂財，然請假於府，那移爲難。今合兩法而用之：於義倉，則取其當社自輸，不待請府；於社倉，則取其計米收息，不必再捐。今值大有年之秋，與人傭耕者每佃田一石，出穀三升，自耕其田者出穀八升。有餘之家，不爲限量，隨其力所能爲，以爲補助。至於當社立倉，一甲之中，推一人爲首，執策簡較，稽其出入，古之人有成法矣。惟諸君子仿而行之，誠如是也。雖有水旱之災，吾里之人，其庶幾免乎？《傳》曰：『人人親其親，長其長，而天下平。』又曰：『人人親其親，然後不獨親其親。』推之他里，前後左右莫不皆然。然則德施之及人者廣矣。

清　索綽絡・德保《義倉圖說序》《清經世文編》卷四〇　社倉即古之義倉也，而捐輸出納之法悉主於官，則非復義倉之初制也。桐城方敏恪公總制畿輔，仿朱子之意行義倉，籌畫分晰，立制周詳，計地之遠近，量建倉座。直隸凡村集三萬九千六百八十有七，爲倉凡一千有五。擇戶稠密、形勢高阜之處，俾各鄉道里相均，捐輸既便，而周賑易通，每倉選鄉耆之誠謹殷實者一人爲倉正。穀多處所，添設倉副以助之。

其勸捐之法，每年秋成後，州縣設立印簿，令紳衿耆老數人轉相勸諭，聽捐戶自登姓名、穀數，無抑勒，無假手。出借時，量鄉之寬狹與穀之多寡，以按戶支給，一聽倉正副主之，州縣官惟核實轉報而已。至取息計年之上下，大約歲收八分以上加一息米，六七分以下免息，五分以下，緩至次年，分別加免。或遇祲歲，則即於倉所設粥廠，極貧民賑粥，次貧民賑粟。一鄉之貯足以救一鄉之饑，使民知雖在官而猶積於家，既無胥役之侵擾，亦無往來道路之苦，誠美制也。至其樂於輸納者，奬勵有差，而頑戶抗逋者倍罰，正副捏銷侵蝕者倍罰。諸所經理，井井有方，繪圖精晰，勒成《義倉圖說》一書。俾按冊而稽，瞭若指掌，行之才十數年，積穀已及四十萬石，庶幾事歸實濟，一復古義倉之舊矣。

清　徐文弼《賑粥得宜法》《清經世文編》卷四二　賑粥以救饑者，所以憫其死而致之生也，無法以行之，反多戕其生而致之死。或鄉、城不能並舉，使四鄉殘弱奔走而就食於城，致多死於道路者矣；及扶挈而至賑所，或因擁擠，力不能勝而死者矣；或因守候迫不及待而死者矣；或因聚處既久，日曝雨侵，蒸爲疫癘而死者矣。嗟乎！民饑而死，猶可謂之厄數，我招集而速致其死，咎將誰歸？

今有最簡易、不壅滯之良法，循而行之，諸慮皆免。備詳其法，並圖於後。法亦無他謬巧，只是免擁擠、免喧爭、免錯亂、免遲滯及領給不均而已耳。所以廠内分東、西、南、北四處者，使一百人分於四處，每處二十五人，雖百人之衆不見多，斯擁擠之慮免矣。所以廠之四處用柵欄四扇，每扇二十五行者，又將四處之人，分作二十五處，雖百人之衆，各限以排立之位，斯爭喧之慮免矣。所以廠之四處，用四色之旗，又用四色小籌者，使之照籌認旗，各投其所，雖百人之衆，自知各歸各處，斯錯亂之慮免矣。所以就柵欄用長桌，令各置領粥之器於其上者，使給粥速而得粥勻，斯遲滯及領給不均之慮免矣。至所以用大籌分雙單字者，本日給籌，次日領粥，如本日係單日，給以雙字籌，領明日雙日之粥，是本日乃單日不能重領，則冒濫之弊並免矣。斯其所以善也。

清　張海珊《甲子救荒私議》（《清經世文編》卷四三）　古云：『救荒無奇策。』愚以爲不在奇策也，在上之人身體斯民之疾苦，用實心、行實事而已。一良法也，而有通有塞，視其地，法可通矣。而有利有弊，視其人，得其人，因其地，而又或行或不行，視其時。譬傷於寒者，一日之間，而見症屢變，唯良工乃能審證，因合色脈經絡藏府之傳變，攝心專氣求之，而不拘拘於古人之成方，乃能百治而百不失。

然則謂救荒無奇策者，非也。今蘇、松土狹人稠，一夫耕不能十畝。又大抵分佃豪户之田，一家八口，除納豪户，租僅得半，他無所資焉，而於是下户困，困則不能不抗租。而豪户下以佃户抗租無米之田，上供國家之賦，而於是上户亦困。而諸無田不耕之人，又無慮十人而六七，荒形甫見，則徒手待哺之民遍郊野。是故蘇、松之荒，較甚他郡縣而救之亦較艱，我故曰必視其地也。

今之議救者首曰『平價』，我謂不然。夫執米價低昂之權者，商與牙也。彼其人大都市井狙獪，乘時規利，一聞平價之令，則閉而不出，客米一絕，而居民之徵貴賤爲積著者，亦將深居觀變。爲官府者，固不能擊其管鑰而攘之也，無實惠以予民，而徒播虛聲以拒商，價愈平而愈昂，猶之病勢且亟，而且復塞其咽，搤其胸，立見其氣絕矣。且是令行，將吏胥盡得行禍福於商牙，而商牙之尤猾者，又得關通吏胥，而任胸臆爲貴賤，而於是搶奪之事起，我故曰必視其人也。

今之議救者又曰『請賑』。我亦謂不然，夫請賑必待得旨，又必待踏勘。計自請賑至得旨需月餘，自踏勘以至放賑，又無慮月餘，及米至，而蘇、松之民骨朽久矣。或又曰：勸捐如何？曰：法無不可行也。然我竊慮米有盡而田不可保。計目下及來年麥稔時甚遙，而待賑之人，愈集愈多，即得米萬石且立盡。既盡之後，而此數萬之人，心志既驕，手足又懶，復不能自爲生計，而日眈視大户之旁，噪逐官府之側，則患且不測。且此時集人力，固圩岸，曉夜車戽，晚稻猶及種，抑或廣蒔豆、芋、瓜、菔之屬，與一切旦夕苟且營生事皆可爲，而俾之棄絕百事，日待此升合之粟於上，曾南豐所謂以餓莩之養養之而已。豈所以爲斯民長久計哉？我故曰必視其時也。

然則救之將奈何？曰：是誠無出於議者數端，特所以行之不同耳。請賑勸捐，患在事或格。事苟不格，患難繼，尤患救荒民，不能兼顧荒田。今有一法焉，亦古人之所行，而因乎時與地所宜而兼以得人之用，則興工代賑也。吴松之塞久矣，水之而不速去者，未必不因是。今莫若大浚吴松江，而以請賑勸捐所得，按給工食，刻日集事。凡各圖各圩地，即其地之耆紳、士大夫，視圩岸孰宜修，港渠孰宜浚，亦即勸募銀米，糾人修治，公私兼舉，而第令事集之後，以其簿上之官，州縣勿與聞。至於向來常平、義社所存貯，則官自置場，平價出糶，而更以所入銀，加撥公帑，出納客米，增價以來商，而平價以惠民，以銀米遞消息，至銀盡而止。凡書籍會計，延邑之耆紳爲衆欽服者爲之；凡胥吏罷，勿役以浚吴松。任郊邑之民，以修圩浚渠，任各鄉民而以置平糴協濟其後。此法行，不大傷公帑，利一。救田於萬一，利二。置以出納客米，則米易消，而後者將益至，利三。若此者合時與地與人而兼籌之如此。而其尤要者，則在郡縣大夫至誠惻怛，致愛致敬以謀之，使吾之意交孚於上下，庶得其人以用之，而後法與人得交相濟。

或者曰：子之言則善矣，如無銀米何？勸捐所得將不足，若請賑，非郡縣大夫之所得爲也。曰：無慮也。今皇上愛民如子，事必法祖，世宗憲皇帝、高宗純皇帝每聞荒政，立行開倉發帑，史不絕書。其尤巨者，乾隆壬戌曾截漕糟八十萬石，與江蘇等處賑濟，然是時不過偏災，非如今歲之水患獨大也。請賑之例，查乾隆三年上諭：水旱之災，同宜賑救，但旱災之成以漸，水則有驟至陡發之時，尤當速爲賑救。現在成例，分別極貧、次貧，其應即行辦賑者，原係不待部復。以後地方官遇有驟被之災，一面辦理，一面奏聞。

草莽下士，不諳國家事例，妄謂即當據此條奉行，然後入奏。所謂救荒奇策，無逾於此。諒當事君子，必有能行之者矣。

清　阮元《硤川煮賑圖後跋》《清經世文編》卷四二　救荒無善策，惟因時地制宜而已。余撫浙無德，屢致災。嘉慶九年夏，浙西大水，已行平糶、賑濟、借籽種諸政矣。十年春，蠶麥又失收，民益困。乃遵欽定工賑紀事粥賑之法，奏設粥廠於十五州縣，凡三十四廠，大率相距二三十里，即分設一廠焉。始也，議者紛起，以爲粥必有石灰，非救民乃害民。又以爲婦孺必相踐而死。又以爲人多必致疫。又以爲司事者必侵蝕，民無實惠。余曰：『此數弊皆所素有，但在人爲之耳。』

於是每廠皆延誠實紳士，委以錢穀賑之事，官吏不涉手，惟鉤算彈壓而已。硤石惠力寺廠，其一也。海寧馬君鈺以部郎居鄉，平日好行其德，委以廠務，力任不疑。余又薦原任臨海縣令尹、無錫華君瑞潢助之。其散籌分男女兩廠。佛寺火蘆篷，無雨淋日炙之苦，貧民蕩舟而來，道路出入次第，皆以木柵、梆炮爲號令紀律。日賑數萬人，無擁塞之虞。有疾者給以藥，老病廢疾者別有廠，婦女有篷。終數十日，無一人死於廠者。粥濃厚皆遵予令，以立箸不倒，裹巾不滲爲度。馬君及分司者，與饑民同食之，無一盎饐餲者。除領官銀之外，凡可以格外便民者，馬君皆力爲之，以故硤石之賑尤盡善。

夫水旱之事不能必無。國家休養之恩，百數十年矣。昔之八口食十畝者，今數十口食之矣。今之六分災，敵昔之十分災也。倘不以此次粥爲謬，數十年後，若有荒歉，或可仿而行之。或曰：『分廠賑粥，不如分鄉散米。』余曰：『分鄉散米固善。但一二縣之地，良有司、善紳士爲之乃可。若數十州縣，必有流弊。且賑粥專爲下下貧民供朝夕也。若錢與米，則中中、中下人皆走索之，反使下下之民短其賑期矣。總之，賑災無善策，惟相時也之宜，實惠及民而已。』

馬君繪此圖，屬華君示予，並請題後，是仁者之用心也。曷再以原奏及煮粥、散籌各章程附錄於後，俾後之人益有所考焉？

綜述

漢　孔安國傳，唐　孔穎達疏《尚書正義》卷五《益稷》　帝曰：『來，禹，汝亦昌言。』《傳》：因皋陶謨九德，故呼禹使亦陳當言。禹拜曰：『都！帝，予何言？予思日孜孜。』《傳》：拜而歎，辭不言，欲使帝重皋陶所陳。言己思日孜孜不怠，奉承臣功而已。皋陶曰：『籲！如何？』《傳》：問所以孜孜之事。禹曰：『洪水滔天，浩浩懷山襄陵，下民昏墊。傳言天下民昏瞀墊溺，皆困水災。予乘四載，隨山刊木，《傳》：所載者四，謂水乘舟，陸乘車，泥乘輴，山乘樏。隨行九州之山林，刊槎其木，開通道路以治水也。暨益奏庶鮮食。《傳》：奏謂進於民。鳥獸新殺曰鮮。與益槎木，獲鳥獸，民以進食。予決九川，距四海，濬畎澮距川。《傳》：距，至也。決九州名川，通之至海。一畎之間，廣尺、深尺曰畎。方百里之間，廣二尋、深二仞曰澮。澮畎深之至川，亦入海暨稷播，奏庶艱食鮮食。《傳》：艱，難也。衆難得食處，則與稷教民播種之，決川有魚鱉，使民鮮食之。懋遷有無化居。化，易也。居謂所宜居積者。勉勸天下，徙有之無，魚鹽徙山，林木徙川澤，交易其所居積。懋音茂。鹽，余廉反。烝民乃粒，萬邦作乂。』米食曰粒。言天下由此爲治本。皋陶曰：『俞！師汝昌言。』言禹功甚當，可師法。

疏《正義》曰：皋陶既爲帝謀，帝又呼禹進之，曰：『來，禹，汝亦宜陳其當言。』禹拜曰：『嗚乎！帝，皋陶之言既已美矣，我更何所言？我之所思者，每日孜孜勤於臣職而已。』皋陶怪禹不言，故謂之曰：『籲！』問其所以孜孜之事如何。禹曰：『往者洪水漫天，浩浩然盛大，包山上陵，下民昏惑沉溺，皆困水災。我乘舟車輴樏等四種之載，隨其所往之山，槎木通道而治之。與益所進於人者，惟有槎木所獲衆鳥獸鮮肉爲食也。我又通決九州名川，通之至於四海。深其畎澮，以至於川，水漸除矣。與稷播種五穀，進於衆人難得食處，乃決水所得魚鱉鮮肉爲食也，人既皆得食矣。又勸勉天下徙有之無，交易其所居積。於是天下衆人乃皆得米粒之食，萬國由此爲治理之政。我所言孜孜者在此也。』【略】傳『言天下』至『水災』，《正義》曰：『瞀』者眩惑之意，故言『昏瞀』。『墊』是下濕之名，故爲溺也。言天下之人遭此大水，精神昏瞀迷惑，無有所知，又苦沉溺，皆困此水災也。鄭云：『昏，沒也。墊，陷也。禹言洪水之時，人有沒陷之害。』傳『所載』至『治水』，《正義》曰：《史記·河渠書》云：『《夏書》曰：「禹湮洪水十三年，三過家不入門。陸行載車，水行載舟，泥行蹈毳音蕝，山行即橋丘遙反。」』徐廣曰：『橋一作輂幾玉反，輂，直轅車也。』《尸子》云：『山行乘樏，泥行乘蕝子絕反。』《漢書·溝洫志》云：『泥行乘毳，山行則梮居足反。』毳行如箕，擿行泥上。如淳云：『毳謂以板置泥上，以通行路也。』《慎子》云：『爲毳者，患塗之泥也。』應劭云：『梮或作樏，爲人所牽引也。』如淳云：『梮謂以鐵如錐，頭長半寸，施之履下以上山，不蹉跌也。』韋昭云：『梮，木器也。如今輿床，人輿以行也。』此經惟言『四載』，傳言所載者四，同彼《史記》之說。古書尸子、慎子之徒有此言也。輴與毳爲一，樏與梮、輿爲一。古篆變形，字體改易，說者不同，未知孰是。禹之施功，本爲治水，此經乃云『隨山刊木』，刊木爲治水，治水遍於九州，故云『隨行九州之山林』。襄二十五年《左傳》云：『井堙木刊。』『刊』

是除木之義也。《毛傳》云：『除木曰槎。』故曰『刊槎其木，開通道路以治水』。傳『奏謂』至『進食』，《正義》曰：黎民阻饑，爲人治水，故知『奏謂進食於人』也。《禮》有鮮魚臘，以其新殺鮮淨，故名爲鮮，是鳥獸新殺曰鮮，魚鱉新殺亦曰鮮也。此承『山』下，故爲鳥獸，下承水後，故爲魚鱉，其新殺之意同也。既言刊木乃進鮮食，食是除木所得，故言『與益槎木，獲鳥獸，人以進食』。傳『距至』至『入海』，《正義》曰：『距』者相抵之名，故爲至也。非是名川不能至海，故『決九州之名川通之至海』也。《考工記》云：『匠人爲溝洫，耜廣五寸，二耜爲耦。一耦之伐，廣尺、深尺謂之甽。田首倍之，廣二尺、深二尺謂之遂。九夫爲井，井間廣四尺、深四尺謂之溝。方十里爲成，成間廣八尺、深八尺謂之洫。方百里爲同，同間廣二尋、深二仞謂之澮。』是甽、遂、溝、洫、澮皆通水之道也。以小注大，故從甽、遂、溝、洫乃以入澮，澮入於川，川入於海，是甽內之水亦入海也。惟言『甽、澮』，舉大小而略其餘也。先言決川至海，後言濬甽至川者，川既入海，然後澮得入川，故先言川也。傳『艱難』至『鮮食之』，《正義》曰：『艱，難也』，《釋詁》文。禹主治水，稷主教播種，水害漸除，則有可耕之地，難得食處，先須教導以救之，故云『衆難得食處，則與稷教人播種之』。易得食處，人必自能得之，意在救人艱危之厄，故舉難得食處以言之。於時雖漸播種，得穀猶少，人食未足，故決川有魚鱉，使人鮮食之。言食魚以助穀也。鄭玄云：『與稷教人種澤物菜蔬艱厄之食。』稷功在於種穀，不主種菜蔬也。言后稷種菜蔬艱厄之食，傳記未有此言也。傳『化易』至『居積』，《正義》曰：變化是改易之義，故『化』爲易也。『居謂所宜居積者』，近水者居魚鹽，近山者居林木也。『勉勸天下徙有之無』者，謂徙我所有，往彼無鄉；取彼所有，以濟我之所無。『魚鹽徙山，林木徙川澤，交易其所宜居積』，言此『遷』者，謂將物去，不得空取彼物也。王肅云：『易居者不得空去，當滿而去，當滿而來也。』傳『米食』至『治本』，《正義》曰：《說文》云：『粒，糂也。』今人謂飯爲米糂，遺餘之飯謂之一粒、兩粒，是米食曰粒，言是用米爲食之名也。人非穀不生，政由穀而就，言天下由此穀爲治政之本也。君子之道以謙虛爲德，禹盛言己功者，爲臣之法當孜孜不怠，自言己之勤苦，所以勉勸人臣，非自伐也。

《通典》卷一《食貨一·田制上唐 周 秦 漢 後漢 晋 宋 後魏**》**

穀者，人之司命也；地者，穀之所生也；人者，君之所治也。有其穀則國用備，辨其地則人食足，察其人則徭役均。知此三者，謂之治政。夫地載而不棄也，一著而不遷也，安固而不動，則莫不生殖。聖人因之設井邑，列比閭，使察黎民之數，賦役之制，昭然可見也。自秦孝公用商鞅計，乃隳經界，立阡陌。雖獲一時之利，而兼并踰僭興矣。降秦以後，阡陌既弊，又爲隱覈，隱覈在乎權宜，權宜憑乎簿書。簿書既廣，必藉衆功，藉衆功則政由羣吏，政由羣吏則人無所信矣。夫行不信之法，委政於衆多之胥，欲紀人事之衆寡，明地利之多少，雖申商督刑，撓首總算，亦不可得而詳矣。不變斯道而求理者，未之有也。夫春秋之義，諸侯不得專封，大夫不得專地。若使豪人占田過制，富等公侯，是專封也；賣買由己，是專地也。欲無流宂，不亦難乎！

陶唐以前，法制簡略，不可得而詳也。及堯遭洪水，天下分絶，使禹平水土，別九州，其分別疆理所在，具州郡篇。冀州，厥土惟白壤，無塊曰壤。厥田惟中中。田第五。兗州，厥土黑墳，色黑而墳起。厥田惟中下。第六。青州，厥土白墳，厥田惟上下。第三。徐州，厥土赤埴墳，土黏曰埴。厥田惟上中。第二。揚州，厥土惟塗泥，地泉濕。厥田惟下下。第九。荊州，厥土惟塗泥，厥田惟下中。第八。荊河豫州，厥土惟壤，下土墳壚，高者壤，下者壚。壚，疎也。厥田惟中上。第四。梁州，厥土青黎，色青黑，沃壤也。厥田惟下上。第七。雍州，厥土惟黃壤，厥田惟上上。第一。九州之地，定墾者九百一十萬八千二十頃。虞夏殷三代凡千餘載，其閒定墾，書冊不存，無以詳焉。【略】

孝景元年，制曰：『閒者歲比不登，民多乏食，夭絶天年，朕甚痛之。郡國或磽陿，無所農桑繫畜；或地饒廣，薦草莽草稠曰薦，草深曰莽，水泉利，而不得徙。其議民欲徙寬大地者，聽之。』後元三年，詔曰：『農，天下之本也。黃金珠玉，飢不可食，寒不可衣，以爲幣用，不識其終始。閒歲或不登，意爲末者衆，農民寡也。其令郡國務勸農桑，益種樹，可得衣食物。』

孝武外事四夷，內興功利，役費並興，而民去本。董仲舒說上曰：『春秋它穀不書，至於麥禾不成，則書之，以此見聖人於五穀最重麥與禾也。今關中俗不好種麥，是歲失春秋之所重，而損生民之具也。願陛下幸詔大司農，使關中民益種宿麥，令毋後時。』宿麥，謂苗經冬。仲舒又說上曰：『秦用商鞅之法，改帝王之制，除井田，民得賣買，富者田連阡陌，貧者無立錐之地。漢興，循而未改。古井田法雖難卒音猝行，宜少近古，限民名田，以贍不足，名田，占田也。各爲立限，不使富者過制，則貧弱之家可足也。塞并兼之路，然後可善治也。』竟不能用。

元狩三年，遣謁者勸有水災郡種宿麥，舉吏人能假貸貧人者以名聞。及末年，帝悔征伐之事，乃封丞相田千秋爲富民侯。下詔曰：『方今之務，在於力農。』以趙過爲搜粟都尉。過能爲代田，一晦三甽，甽，壟也，音工犬反，字或作畎。歲代處，故曰代田，代，易也。古法也。后稷始甽田，以二耜爲耦，併兩耜而耕。廣尺深尺曰甽，長終畝。一畝三甽，一夫三百甽，而播種於甽中，播，布也。種謂穀子。苗生葉以上，稍耨隴草，耨，鉏也。因隤其土以附苗根，隤謂下之。音頽。故其詩曰：『或芸或耔，黍稷儗儗音擬《小雅》甫田之詩。儗儗，盛貌。耔音子。』芸，除草也。耔，附根也。言苗稍壯，每耨輒附根，比必寐反盛暑，隴盡而根深，能風與旱能讀曰耐，故儗儗而盛也。其耕耘下種田器，皆有便巧。率十二夫爲田一井一屋，故畝五頃，九夫爲井，三夫爲屋。夫百畝，於古爲十二頃。古百步爲畝，漢時二百四十步爲畝，古千二百畝，則得今五頃也。用耦犂，二牛三人，一歲之收常過縵田畝一斛以上，縵田，謂不甽者。音莫幹反。善者倍之。善爲甽者，又過縵田二斛以上。過使教田太常、三輔，太常主諸陵，有民，故亦課田種。大農置工巧奴與從事，爲作田器。二千石遣令長、三老、力田及里父老善田者受田器，學耕種養苗狀。爲法意狀。民或苦少牛，無以趨澤，趨讀曰趣，及也。澤，雨之潤澤。故平都令光教過以人輓音晚犂。輓，引也。史失光姓。過奏光以爲丞，教民相與庸輓犂。庸，功也，言換功共作也。義與傭賃同。率多人者田日三十畮，少者十三畮，以故田多墾闢。過試以離宮卒田其宮壖而緣反地，離宮，別處之宮，非天子所常居也。壖，餘也。宮壖地，謂外垣之內，內垣之外也。諸緣河壖地，廟垣壖地，其義皆同。守離宮卒，閑而無事，因令於壖地爲田。課得穀皆多其旁田畮一斛以上。令命家田三輔公田令，使也。命者，教也。令離宮卒教其家田公田也。又教邊郡及居延城居延，張掖縣也。時有甲卒也。是後邊城、河東、弘農、三輔、太常民皆便代田，用力少而得穀多。至孝昭時，流民稍還，田野墾闢，頗有畜積。

孝宣地節三年，詔曰：『郡國宮館，勿復修治。流民還歸者，假公田，貸種食種，五穀種。』

孝元初元元年，以三輔、太常、郡國公田及苑可省者振業貧民，江海陂湖園池屬少府者以假貧民，勿租賦。建昭五年，詔曰：『方春農桑興，百姓勠力自盡之時也。故是月勞農勸桑，無使後時。今不良之吏，覆按小罪，徵召證按，興不急之事，以妨百姓，使失一時之作，亡終歲之功，公卿其明察申敕之。』

孝成帝之時，張禹占鄭白之渠四百餘頃，他人兼并者類此，而人彌困。陽朔四年正月，詔曰：『夫洪範八政，以食爲首，斯誠家給刑錯之本也。先帝劭農，薄其租稅，寵其強力，令與孝弟同科。閒者，民彌惰怠，鄉本者少，趨末者衆，將何以矯之？方東作時，其令二千石勉勸農桑，出入阡陌，致勞來之。書不云乎，「服田力嗇，乃亦有秋」。其勗之哉！』【略】

後漢之初，百姓虛耗，率土遺黎，十纔一二。光武建武十五年，詔下州郡檢覆墾田頃畝及戶口年紀。河南尹張伋及諸郡守十餘人，坐度田不實下獄死。順帝建康元年，定墾田六百八十九萬六千二百七十一頃五十六畝九十四步。據建康元年戶九百九十四萬六千九百九十，每戶合得田七十畝有奇。荀悅論曰：『昔文帝十三年六月，詔除人田租。且古者十一而稅，以爲天下之中正。今漢人田，或百一而稅，可謂鮮矣。然豪富強人占田逾多，其賦太半，官收百一之稅，而人輸豪強太半之賦。官家之惠，優於三代，豪強之暴，酷於亡秦，是以惠不下通，而威福分於豪人也。今不正其本，而務除租稅，適足以資富強也。孝武皇帝時董仲舒嘗言，宜限人占田。至哀帝時，乃限人占田不得過三十頃，雖有其制，卒難施行。然三十頃又不平矣，且夫井田之制，不宜於人衆之時，田廣人寡，苟爲可也。然欲廢之於寡，立之於衆，土地布列在豪強，卒而革之，並有怨心，則生紛亂，制度難行。由是觀之，若高祖初定天下，光武中興之後，人衆稀少，立之易矣。既未悉備井田之法，宜以口數占田爲之立限。人得耕種，不得賣買，以贍貧弱，以防兼并，且爲制度張本，不亦宜乎！雖古今異制，損益隨時，然紀綱大略，其致一也。』【略】

晉武帝泰始八年，司徒石苞奏：『州郡農桑未有殿最之制，宜增掾屬令史，有所循行。』帝從之。苞既明勸課，百姓安之。平吳之後，有司奏：『王公以國爲家，京城不宜復有田宅。今未暇作諸國邸，當使城中有往來之處，近郊有芻藁之田。今可限之，國王公侯，京城得有宅一處。近郊田，大國十五頃，次國十頃，小國七頃。城內無宅城外有者，皆聽留之。』男子一人占田七十畝，女子三十畝。其丁男課田五十畝，丁女二十畝，次丁男半之，女則不課。其官第一品五十頃，每品減五頃以爲差，第九品十頃。而又各以品之高卑蔭其親屬，多者及九族，少者三代。宗室、國賓、先賢之後，士人子孫亦如之。而又得蔭人以爲衣食客及佃客，量其官品以爲差降。自西晉則有蔭客之制，至東晉其數更加，具賦稅上篇。

宋孝武帝大明初，羊希爲尚書左丞。時揚州刺史西陽王子尚上言：『山湖之禁，雖有舊科，人俗相因，替而不奉，熂許氣反山封水，保爲家利。自頃以來，頽弛日甚。富強者兼嶺而占，貧弱者薪蘇無託。至漁採之地，亦又如茲。斯實害理之深弊。請損益舊條，更申恒制。』有司檢壬辰詔書：『擅占山澤，強盜律論，贓一丈以上皆棄市。』希以『壬辰之制，其禁嚴刻，事既難遵，理與時弛。而占山封水，漸染復滋，更相因仍，便成先業，一朝頓去，易致怨嗟。今更刊革，立制五條。凡是山澤，先恒熂爐力居反。種養竹木雜果爲林，及陂湖江海魚梁鰌鮆七由反，即移反場恒加工修作者，聽不追奪。官品第一、第二品，聽占山三頃。第三、第四品，二頃五十畝。第五、第六品，二頃。第七、第八品，一頃五十畝。第九品及百姓，一頃。皆依定格，條上貲簿。若先已占山，不得更占。先占闕少，依限占足。若非前條舊業，一不得禁。有犯者，水土一尺以上，並計贓，依常盜律論。除晉咸康二年壬辰之科』。從之。時山陰縣人多田少，孔靈符表請徙無貲之家於餘姚、鄮莫侯反、鄞銀音三縣界，墾起湖田。餘姚，今會稽郡縣。鄮、鄞則今餘姚郡地。帝令公卿博議，咸曰：『夫訓農修政，有國所同。土著之人，習翫日久，如京師無田，不聞徙居他縣。尋山陰豪族富室，頃畝不少，貧者肆力，非爲無處。又緣湖居人，魚鴨爲業，小人習始既難，勸之未易。遠廢之疇，方翦荊棘，率課窮乏，其事彌難，資徙粗立，徐行無晚。』帝違衆議，徙人並成良業。

後魏明帝永興中，頻有水旱。神瑞二年，又不熟，於是分簡尤貧者就食山東。敕有司勸課田農曰：『前志有之，人生在勤，勤則不匱。凡庶人不畜者祭無牲，不耕者祭無盛，不樹者死無槨，不蠶者衣無帛，不績者喪無縗。教行三農，生殖九穀。』自是人皆力勤，歲數豐穰，畜牧滋息。

景穆帝初爲太子監國，曾令有司課畿內之人，使無牛家以人牛力相貿，墾殖鉏耨。其有牛家與無牛家一人種田二十畝，償以耘鉏功七畝，如是爲差。至與老小無牛家種田七畝，老小者償以鉏功二畝。皆以五口下貧家爲率。各列家別口數、所種頃畝，明立簿目。所種者於地首標題姓名，以辨播殖之功。

孝文太和元年三月，詔曰：『去年牛疫，死傷太半，今東作既興，人須肆業。有牛者加勤於常歲，無牛者倍傭於餘年。一夫制理四十畝，中男二十畝。無令人有餘力，地有遺利。』時李安世上疏曰：『臣聞量地畫野，經國大式，邑地相參，致理之本。井稅之興，其來日久，田萊之數，制之以限。蓋欲使土不曠功，人罔遊力。雄擅之家，不獨膏腴之美；單陋之夫，亦有頃畝之分。竊見州郡之人，或因年儉流移，棄賣田宅，漂居異鄉，事涉數代。三長既立，始返舊墟，廬井荒涼，桑榆改植。事已歷遠，易生假冒，彊宗豪族，肆其侵淩，遠認魏晉之家，近引親舊之驗。年載稍久，鄉老所惑，羣證雖多，莫可取據。各附親知，互有長短，兩證徒具，聽者猶疑，爭訟遷延，連紀不判。良疇委而不開，柔桑枯而不採，欲令家豐歲儲，人給資用，其可得乎！愚謂今雖桑井難復，宜更均量，審其徑術，令分藝有準，力業相稱。細人獲資生之利，豪右靡餘地之盈。無私之澤，乃播均於兆庶，如阜如山，可有積於比戶矣。又所爭之田，宜限年斷，事久難明，悉屬今主。然後虛詐之人，絕於覬覦，守分之士，免於淩奪。』帝深納之，均田之制起於此矣。

九年，下詔均給天下人田：諸男夫十五以上，受露田四十畝不栽樹者謂之露田，婦人二十畝，奴婢依良。丁牛一頭受田三十畝，限四牛。所授之田率倍之，三易之田再倍之，以供耕休及還受之盈縮。人年及課則受田，老免及身沒則還田，奴婢、牛隨有無以還受。諸桑田不在還受之限，但通入倍田分。於分雖盈，沒則還田，不得以充露田之數，不足者以露田充倍。諸初受田者，男夫一人給田二十畝，課蒔餘，種桑五十樹，棗五株，榆三根。非桑之土，夫給一畝，依法課蒔榆、棗。奴各依良。限三年種畢，不畢，奪其不畢之地。於桑榆地分雜蒔餘果及多種桑榆者不禁。諸應還之田，不得種桑榆棗果，種者以違令論，地入還分。諸桑田皆爲代業，身終不還，恒從見口。有盈者無受無還，不足者受種如法。盈者得賣其盈，不足者得買所不足。不得賣其分，亦不得買過所足。諸麻布之土，男夫及課，別給麻田十畝，婦人五畝，奴婢依良，皆從還受之法。諸有舉戶老小殘疾無受田者，年十一以上及疾者，各授以半夫田。年踰七十者不還所受。寡婦守志者，雖免課亦授婦田。諸還受人田，恒以正月。若始受田而身亡及賣買奴婢、牛者，皆至明年正月乃得還受。諸土廣人稀之處，隨力所及，官借人種蒔。後有來居者，依法封授。諸地狹之處，有進丁受田而不樂遷者，則以其家桑田爲正田分，又不足不給倍田，又不足家內人別減分。無桑之鄉，準此爲法。樂遷者聽逐空荒，不限異州他郡，唯不聽避勞就逸。其地足之處，不得無故而移。諸人有新居者，三口給地一畝，以爲居室，奴婢五口給一畝。男女十五以上，因其地分，口課種菜五分畝之一。諸一人之分，正從正，倍從倍，不得隔越他畔。進丁受田者，恒從所近。若同時俱受，先貧後富。再倍之田，放此爲法。諸遠流配謫無子孫及戶絕者，墟宅、桑榆盡爲公田，以供授受。授受之次，給其所親，未給之間，亦借其所親。諸宰人之官，各隨近給公田：刺史十五頃，太守十頃，治中、別駕各八頃，縣令、郡丞六頃。更代相付。賣者坐如律。職分田起於此。

唐 陸贄《翰苑集·唐陸宣公集》卷四《優恤畿內百姓并除十縣令詔》 朕以薄德，托於人上，勵精思理，期致雍熙。鑒之不明，事或乖當，百度多闕，四方靡寧。傷夷未瘳，而征役薦起；流亡既甚，而賦斂彌繁。人怨聞上，天災降下，連歲蝗旱，蕩無農收。惟茲近郊，遭害尤甚，豈非昊穹作沴，深儆予衷。跼蹐憂慚，罔知攸措。今穀價騰踴，人情震驚，鄉閭不居，骨肉相棄，流離殞斃，所不忍聞。公私之間，廩食俱竭，既無賑恤，猶復徵求。財殫力疲，繼以鞭箠；弛征則軍莫之贍，厚斂則人何以堪。念茲困窮，痛切心骨，思所以濟，浩無津涯。補過實在於增修，救患莫如於息費，致咎之本，既由朕躬，謝譴之誠，當自朕始。宜令尚食每日所進膳各減一半，宮人等每月惟供給糧米一千五百碩，其餘悉皆停省。年食支酒料宜減五百碩，飛龍廄馬，從今已後至四月三十日已前，並減半料。京兆府百姓應差科徵配及和市和糴等諸色名目，事無大小，一切並停。公私債負，容待蠶麥熟後徵收。百司非至切之務，如追擾百姓及追勘徵收等色，府縣並不須承受。其尋常訴訟非交相侵奪者，亦不得爲理。百姓及諸色人等，如能力行仁義，均減有無，賙貸貧人，全活數衆者，府司具事跡聞奏，朕當授以官秩，蠲其征徭。如縣令勸導有方，流庸克濟至夏初已來，類例勘會，但户口無減，田疇不荒，亦以狀聞，量加優獎。百姓有迫於荒饉，全家逐食者，其田宅家具樹木麥苗等，縣司並明立簿書印記，令所由及近鄰人同檢校，勿容輒有毁損。及典賣填納差科，本户卻歸，使令復業。

夫致理之本，必在於親人，親人之任，莫切於令長。導王者之澤，以被於下；求庶人之瘼，以聞於朝。得失之間，所繫甚大。且一夫不獲，辜實在予，況百里之安危，萬人之性命，付以長吏，豈容易哉！今甸內凋殘，亦已太甚，每一興想，蠹然傷懷。非慈惠不能恤疲甿，非才術無以賑艱食，臺郎御史，選重當時，得不分朕之憂，救人之弊？昨者詳延羣彦，親訪嘉猷。尚書司勳員外郎竇申等十人，咸以器能，理道精心，究烝黎之疾苦，知教化之宗源，輟於周行，往莅通邑。申可長安縣令。鄭珣瑜可檢校吏部員外郎兼奉先縣令。韋武可檢校禮部員外郎兼昭應縣令。賈全可咸陽縣令兼監察御史。霍琮可華原縣令兼監察御史。王倉可檢校禮部員外郎兼昭應縣令。李曾可盩厔縣令兼監察御史。苟曾可三原縣令兼侍御史。李緄可富平縣令兼殿中侍御史。其有散官封賜者並如故。應畿內縣令俸料，宜準常參官例均融加給。涇陽縣令韋滌，潔己貞明，處事通敏，有禦災之術，有字物之方，人不流亡，事皆辦集。惟是一邑之內，獨無愁怨之聲，古之循良，何以過此。就加寵秩，允葉前規，可檢校工部員外郎兼本官，仍賜緋魚袋，並賜衣一襲，絹百匹，馬一匹。嗚呼！積行在躬，雖微必著，咨乃庶尹，其惟欽哉。朕聞爲君者必擇人而官，爲臣者罔擇官而處。弛張繫於理，不繫於時；昇降在乎人，不在乎位。朕方抑浮華以敦教，稽言行以進人。非次之恩，以待能者。彰善黜惡，期於必行。凡百君子，各宜自勉。

又《重優復興元府及洋鳳州百姓等詔》 朕巡狩山南，自春涉夏，師旅殷會，日費既廣，州閭杼軸，歲計其空，東作妨時，西成罕望。雖黽勉從事，人不告勞，而憫悼積衷，予實知愧。昨者減其租稅，優以復除，庶乎有瘳，汔用小息。洎駕言旋軫，躬履畏途，絕澗縈回，危棧綿亘，時經霖雨，道阻且長。工徒造舟，縣人葺路，靡幼靡耋，莫獲寧居。而又賫負糗糧供備頓捨，涉于千里，飫我六師。居人露處以罔依，宿麥過時而不獲，睹茲妨奪，彌增感傷。前所復除，未足酬恤，式敷惠澤，以紓大勞。其興元府除先優復外，宜更給復二年。鳳州全放今年稅。其興元府鳳州界內知頓及修道路閣橋州縣官將士等，並委嚴震類例功效，具名聞奏，量與甄獎。嗟乎！古先哲王，東征西怨，顧予不德，重以勞人。補費錄勤，是有申命，長吏明加優諭，稱朕意焉。

又《賜京畿及同華等州百姓種子賑給貧人詔》 春陽布和，萬物暢茂，實兆庶樂生之日，農夫致力之時。今茲吾人，則異於是，迫以荒饉，愁怨無憀。有離去井疆，業於庸保；有乞丐途路，困於死亡。鄉閭依然，煙火斷絕，種餉既乏，農耕不興。若東作愆時，西成何望？爲人父母，得不省憂。雖國計猶虛，公儲未贍，濟人之急，寧公俟盈豐。罄其有無，庶拯艱厄。京兆府百姓，並宜賜種子二萬碩，同華州各賜三千碩，陝虢兩州賜四千碩，委州長吏即於度支計會請受，差公清仁恤之吏，與縣令親至村閭，隨便給付，仍加勸課，勿失農時。應諸倉所有遠年粟麥，宜令節度更分二萬碩，京兆尹即差官逐便般載，賑賜貧人，先盡鰥寡孤惸目下不濟者，務令均給，全活流庸。嗚呼！朕德之不敷，誠之不感，上帝降割，寧丁厥躬。元元何辜，罹此災害，思欲拯救，未知其方。長人之官，寄任斯重，所宜極慮，與我同憂。勉敷惠和，以育疲瘵，佇聞良術，稱朕意焉。

又 卷五《奉天遣使宣慰諸道詔》 古者天子巡狩之義，以考國典，以觀人風。在時多虞，或所不暇，乃命卿士，使于四方。問人疾苦，廉吏善惡，苟副所任，則如親臨。在理平之時，尚資勤恤；當喪亂之際，得無省憂。朕以不敏，肆于人上，撫馭失道，誠感未孚。寇盜繁興，阻兵拒命，哀哉臣庶，陷于匪人。顧兹田疇，鞠爲茂草，不念柔復，遽命徂征。徵發兵甲，萬里必至，暴露營壘，連年不息。冒于鋒刃，繼以死傷，煢嫠無依，父母廢食。存者積思家之怨，歿者倍異鄉之痛。又以軍費滋廣，公儲不充，厚取於人，罔率厥典。科條互設，誅斂無常，農工廢棄其生業，商賈資嗟於道路。軍營日益，閭井日空，凋瘵日窮，徭役日甚。以財力之有限，供求取之無涯，暴吏肆威，鞭笞督責。嗷嗷黔首，控告何依，怨氣上騰，咎徵斯應。疫癘薦至，水旱相乘，罪非朕躬，誰任其責？朕自嗣位，迨今六年，連兵不解，已逾四稔。雖本非獲已，義在濟人，而事乃重勞，敢忘咎己。皆以朕之寡昧，居安忘危，致寇之由，實在於此。予則不德，人亦何辜，愧恨積中，痛心疾首。昨者改元施令，悔往布新，將反側獲安，則干戈日弭；賦役差減，則衆庶就康。還定流亡，與之休息，猶懼思慮未周于庶務，誠感未達于遐方。一理失中，一夫不獲，則何以謝天譴，致人和？俾代予言，其在良弼。宜令門下侍郎同中書門下平章事蕭復，充山南東西、鄂岳、荊南、江西、淮南、浙江東西、嶺南、福建等道宣慰安撫使。嗚呼！往率乃職，敬敷朕命，慰勉征戍，勞徠困窮。訪其所安，察其所弊，淹帶必達，冤濫必申。無憚幽遠而不被，無略細微而不恤，洎乎編甿比屋，咸若朕之躬親。股肱惟良，予則有賴。其諸道將士，並準今年正月一日制，嚴備疆界，勿使侵擾。仍各令本使本將，速具名銜等聞奏，悉與甄敘。其殊功勁節，超越常倫，別條狀績，當特優奬。百姓除每年兩稅定額外，自餘徵率，一切並停，課勸農桑，各令安業。寇難既定，漸息千戈，朕當躬先簡約，庶務節省。兩稅之内，亦更減除。其諸道事緣急切須處分者，即與所在節度觀察使商議裁度，務合便宜。其餘利害，還日條奏，朕當詳省，以擇厥中。宣佈遠邇，咸使聞知。

又 卷六《答宰臣請復御膳表》 嘗覽典謨，每嘉儉德，愛人惜費，是朕素懷。況大兵之餘，繼以荒饉，軍儲國計，資用皆空；凋户疲甿，膏澤已竭，致人於此，過實在予。内懷憂慚，躬自損貶。今兇渠殘滅，粟麥豐成，皆祖宗垂休，非寡薄所致。矧乎邦畿之内，餒殍尤多，役戍之徒，傷夷未復。孜孜訓戒，克己增修，猶懼辱守寶圖，罔答元祐，豈宜暇逸，以厚厥躬。卿等誠在致君，將順其美，顧惟虛缺，非所宜然。

又《答百寮請復御膳表》 頃者大勞不息，至化未孚，雨澤愆期，蟲蝗爲害。朕以銷災謝譴，莫大於修誠；節用愛人，必先於克己。顧慚愆咎，躬貶膳羞，下以均衆庶之憂，上以答昊穹之儆。至誠或感，嘉應遂臻，宿麥方成，元兇已殄，慶深德薄，惕厲彌加。忽覽表章，過爲稱述，雖將順其美，則曰乃誠，而戒慎不忘，諒惟朕志。未喻來請，深體此懷。

又 卷一七《請遣使臣宣撫諸道遭水州縣狀》 右。頻得鹽鐵轉運及州縣申報：霖雨爲災，彌月不止。或川瀆汎漲，或谿谷奔流，淹没田苗，損壞廬舍。又有漂溺不救，轉徙乏糧喪亡流離，數亦非少。臣等任處臺輔，職調陰陽，一物失宜，屍曠斯在，五行愆度，黜責何逃？陛下德邁禹湯，恕人咎己，臣等每奉詞旨，倍益慚惶。所以僶俛在公，不敢頻煩請罪。前者面陳事體，須遣使撫綏，陛下尚謂詢問來人所損殊少，即議優恤，恐長奸欺。臣等旬日以來，更審借訪，類會行旅所説，悉與申報符同，但恐所聞聖聽，或未盡陳事實。夫流俗之弊，多徇諂諛，揣所悅意者，則侈其言；度所惡聞者，則小其事。制備失所，恆病於斯。初聞諸道水災，臣等屢訪朝列，多云無害於物，以爲不足致懷；退省其私，言則頓異。霖潦非可諱之事，縉紳皆有識之人，與臣比肩，尚且相媚，況乎事或曖昧，人或瑣微，以利己之心，希至尊之旨，其於情實，固不易知，如斯之流，足誤視聽。所願事皆覆驗，則冀言無詐欺，大明照臨，天下之幸也。昔子夏問於孔子曰：『何如斯可謂人之父母？』孔子對曰：『四方有敗，必先知之，斯可謂人之父母矣。』蓋以君人之道，子育爲心，雖深居九重，而慮周四表；雖恆處安樂，而憂及困窮。近取諸身，如一體之於四支，其疾病無不恤也；遠取諸物，如兩曜之於萬類，其鑒照無不均也。故時有兇害，而人無流亡，恃天聽之必聞，知上澤之必至。是以有母之愛，有父之尊，古之聖王，能以天下爲一家，中國爲一人，用此術也。今水潦爲敗，綿數十州，奔告于朝，日月相繼。若哀其疾苦，固宜降旨優矜，儻疑其詐欺，亦當遣使巡視，安可徇往來之浮説，忘惠恤之大猷？失人得財，是將焉用？況災害已甚，申奏亦頻，縱不蒙恩復除，自當準式蠲免。徒失事體，無資國儲，恐須速降德音，深示憂憫，分道命使，明敕吊災，寬息征徭，省察冤濫。應家有溺死，及漂没居產多盡，父子不存濟者，各量賜粟帛，便委使臣與州府以當處官物給付。其損壞廬舍田苗者，亦委使臣與州府據所損作分數等第聞奏，量與蠲減租稅。如此則歿者蒙瘞酹之惠，存者沘煦嫗之恩，霈澤下施，孰不欣戴！所費者財用，所收者人心，若不失人，何憂乏用？臣等已約支計，所費亦不甚多，儻蒙聖恩允從，即具條件續進。臣又聞聖人作則，皆以天地爲本，陰陽爲端。慶賞者順陽之功，故行於春夏；刑罰者法陰之氣，故用之秋冬。事或愆時，人必罹咎。是以《月令》所載，夏行秋令，則苦雨數來，邱隰水潦；夏行冬令，則後乃大水，敗其城郭。典籍垂誡，言固不誣，天人同符，理當必應。既有繫于舒慘，是能致于災祥。頃自夏初，大臣得罪，親黨坐累，其徒實繁，邦憲已行，宸嚴未解，畏天之怒，中外竦然。若以《月令》推之，水潦或是其應，雖天所降沴，不在郊畿，然海内爲家，無論遐邇，伏願滌瑕以德，消沴以和，威惠之相濟合宜，陰陽之運行自序。臣等不勝睹災慚負之至，謹奉狀陳請以聞。謹奏。

又 卷一八《請減京東水運收脚價于緣邊州鎮儲蓄軍糧事宜狀》 右。臣伏見陛下每垂睿心，經略邊境，增築城壘，加置戍兵。

至於春秋衣裝，歲時宴犒，先後遲速，悉由宸衷，其爲憂勤，可謂至矣。其爲資費，亦以多矣。蓋以安人固國，不憚煩勞，此誠慎慮之深者也。然於儲蓄大計，則示降意良圖，但任有司隨月供應。近歲蕃戎小息，年穀屢登，所支軍糧猶有匱乏，邊書告闕，相繼于朝。儻遇水旱爲災，粟糴翔貴，兇醜匪茹，寇擾淹時，或負挽力殫，或餽餉路絶，則戍兵雖衆不足恃，城壘雖固不克居，是使積年完聚之勞，適資一夕潰敗之辱，此乃理有必至，而事無幸濟者也。臣竊爲陛下惜之！軍志曰：『雖有石城十仞，湯池百步，無粟不能守也。』故晁錯論安邊之策，要在積穀；充國建破羌之議，先務屯田。歷代制禦四夷，常爲國之大事，勇者奮其力，智者貢其謀，攻守異宜，盛衰殊勢，柔服而不勞師旅者，則常聞之矣；屯師而不務農食者，未嘗有焉。今陛下廣徵甲兵，分守城鎮，除所在營田税畝自供之外，仰給於度支者尚八九萬人。千里餽糧，涉履艱險，運米一斛，達于邊軍，遠或費錢五六千，近者猶過其半。犯雪霜皸瘃之苦，冒豺狼剽掠之虞，四時之間，無日休息，傾財用而竭物力，猶苦日給之不充，其於儲蓄，以備非常，固亦絶意而不暇思也。夫屯兵守土，以備寇戎，至而無糧，守必不固矣。遇寇不守，則如勿屯。平居有殘人耗國之煩，臨難有啟敵納侮之禍，所養非所用，所失非所虞，以爲制備之規，臣竊謂疏矣。頃者吐蕃尚結贊率其醜類，越軼封疆，朔方、五原，相繼淪陷，雖由將帥不武，亦因匱乏得辭，其事未遥，足爲深戒。昧理而好諛者必曰：『當結贊入寇之日，遇賊泚作亂之餘，戍卒未多，邊農尚寡。今則甲兵大備，稼穡屢豐，比於曩時，勢不同等。』臣請復陳近效，以質浮詞。今年夏初，寇犯靈武，禦則寡力，守則乏糧，告急求哀，匪朝伊夕。有司爲之請罪，陛下爲之軫憂，遽擇使臣，奔波督運，積財以資用，高價以招人。賴蕃戎自旋，糧道護濟，封略不壞，固非成謀。然則鹽夏覆而靈武全，唯在幸與不幸之間耳。是皆無不拔之勢，有可駭之危，其爲規制之方，所謂同歸於失矣。議者是當今而非既往，豈不曰昧理而好諛乎？今戍卒之加於往時，臣固知之矣；今邊農之廣於往歲，臣亦知之矣。所謂同歸於失者，在於措置乖當，蓄斂乖宜，利之所生，害亦隨至故也。陛下忿蕃醜之暴掠，懲邊鎮之空虚，繕甲益兵，庇人保境，此誠雄武之英志，覆育之仁心，刷憤恥而揚威聲，海内咸望有必攻之期矣。既而統師無律，制事失權，戍卒不隸於守臣，守臣不總於元帥，至有一城之將，一旅之兵，各降中使監臨，皆承别詔委任。分鎮亙千里之地，莫相率從；緣邊列十萬之師，不設謀主。每至犬羊犯境，方馳書奏取裁，行李往來，動逾旬日。比蒙徵發救援，寇已獲勝罷歸，小則蹂藉麥禾，大則驅掠人畜，是乃益兵甲而費財用，竟何補侵軼之患哉？夫將貴專謀，軍尚氣勢，訓齊由乎紀律，制勝在於機權，是以兵法有分閫之詞，有合拳之喻，有進退如一之令，有便宜從事之規。故能動作協變通，制備垂永久，出則同力，居則民心，患難相交，急疾相赴。兵之奉將，若四支之衛頭目；將之守境，若一家之保室廬。然後可扞寇讎，護甿庶，蕃畜牧，辟田疇，天子唯務擇人而任之，則高枕無虞矣。吐蕃之比於中國，衆寡不敵，工拙不侔，然而彼攻有餘，我守不足，蓋彼之號令由將，而我之節制在朝；彼之兵衆合並，而我之部分離析。夫部分離析，則紀律不一，而氣勢不全；節制在朝，則謀議多端，而機權多失。臣故曰『措置乖當，此之謂乎？陛下頃以邊兵衆多，轉餽勞費，設就軍和糴之法以小運，制與人加倍之價以勸農。此令初行，人皆悦慕，爭趨厚利，不憚作勞，耕稼日滋，粟麥歲賤。向使有司識，重輕之術，宏久遠之謀，守之有恆，施之有制，謹視豐耗，善計收積，菽麥必歸於公廩，布帛悉入於農夫，其或有力而無資，願居而靡措，貸其種食，假以犁牛，自然戍卒忘歸，貧人樂徙，可以足食，可以實邊。無屯田課責之勞，而儲蓄自廣；無徵役踐更之擾，而守德益嚴。果能用之，足謂長算。既而有司隘吝，不克將順，忘國家制備之謀，行市道苟且之意。當稔而顧糴者，則務裁其價，不時斂藏；遇災而艱食者，則莫揆乏糧，抑使收糴。遂使豪家貪吏，反操利權，賤取於人，以俟公私之乏困，乘時所急，十倍其贏。又有勢要近親，羈遊之士，或托附邊將，或依倚職司，委賤糴於軍城，取高價於京邑，坐致厚利，實繁有徒。欲勸農而農不獲饒，欲省費而費又愈甚。復以制事無法，示人不誠，每至和糴之時，多支絺紵充直。窮邊寒沍，不任衣裘，絕野蕭條，無所貨鬻。且又虛張估價，不務準平，高下隨喜怒之心，精粗在胥吏之手，既無信義率下，下亦以僞應之，度支物估轉高，軍郡穀價轉貴，遞行欺罔，不顧憲章，互相制持，莫可禁止。度支以苟售滯貨爲功利，而不察邊食之盈虛；軍司以所得加價爲羨餘，而不恤農人之勤苦。雖設巡院，使相監臨，既失綱條，轉成囊橐。至有空簿帳，僞指囷倉，計其數則量億萬有餘，考其實則百十不足。巡院巧誣於會府，會府承詐以上聞，幸逢有年，復過無事，吞聲補舊，引日偷安；若遇歲儉兵興，則必立至危迫，靈武之事，足爲明徵。臣故曰『蓄斂乖宜。』此之謂也。邊之大事，在食與兵，今食則無儲，兵則乏帥，謂之有備，其可得乎？

近者緣邊諸州，頻歲大稔，穀糴豐賤，殊異往時，此乃天贊國家，永固封略之時也。而尚日不暇給，曾無遠圖，軍府有歉食之訶，穡人有悔耕之意，天贊而不受其利，農傷而不恤其窮，及兇災流行，播植墮廢，雖悔恨，事何可追？臣是以屢屢塵煩，所惜在此。頃請擇人充使，委之平糴務農，陛下以理貴因循，未賜允許。又請乘時豐稔，邊城加貯軍糧，有司以經費無餘，其事復寢。臣謬當任使，待罪樞衡，雖神武之謀，不資獻納，而職司之分敢忘憂虞？夙夜疚心，晝如焚灼，輒復效其鄙薄，庶或裨補萬分。不勞人，不變法，不加賦稅，不費官錢，不廢耳目之娛，不節浮冗之用，唯於漕運一事，稍權輕重所宜，請爲陛下致邊軍十萬人一年之糧，以爲艱急之備。陛下誠能聽臣愚計，不受沮傷，百日之間，收貯總畢，轉運常行之務，既無失於舊規；太倉歲入之儲，亦不闕其恆數。圖慮至熟，更無所妨，謹具揚搉上陳，惟陛下留意省察。舊制以關中王者所都，萬方輻輳，人殷地狹，不足相資，加以六師糗糧，百官祿廩邦畿之稅，給用不充。所以控引東方，歲運租米，冒淮湖風浪之弊，泝河渭湍險之艱，所費至多，所濟蓋寡。習聞見而不達時宜者則曰：國之大事，不計費損，故承前有用一斗錢運一斗米之言，雖知勞煩，不可廢也；習近利而不防遠患者則曰：每至狄成之時，但令畿內和糴，既易集事，又足勸農，何必轉輸，徒耗財賦。臣以兩家之論，互有短長，各申偏執之懷，俱昧變通之術，其於事理，可得粗言。夫聚人以財，而人命在食，將制國用，須權重輕。食不足而財有餘，則弛於積財而務實倉廩；食有餘而財不足，則緩於積食而嗇用貨泉。若國家理安，錢穀俱富，烝黎蓄息，力役靡施，然後恆操羨財，益廣漕運，雖有厚費，適資貧人。三者不失其時之所宜，則輕重中權，而國用有制矣。

開元天寶之際，承平日久，財力阜殷，祿食所頒，給用亦廣，所以不計糜耗，勵贍軍儲至使流欲過言，有用一斗錢運一斗米之說。然且散有餘而備所乏，雖費何害焉？斯所謂操羨財以廣漕運者也。貞元之始，鉅盜初平，太倉無兼月之儲，關輔遇連年之旱，而有司奏停水運，務省腳錢，至使郊畿之間，煙火殆絕，都市之內，餒殍相望，斯所謂睹近利而不防遠患者也。近歲關輔之地，年穀屢登，數減百姓稅錢，許其折納粟麥，公儲委積，足給數年，田農之有，猶困穀賤。今夏江、淮水潦，漂損田苗，比於常時，米貴加倍，甿庶匱乏，流庸頗多。關輔以穀賤傷農，宜加價糴穀，以勸稼穡；江、淮以穀貴民困，宜減價糶米，以救兇災。今宜糴之處則無錢，宜糶之處則無米，而又運彼所乏，益此所餘，斯所謂習見聞而不達時宜者也。今淮南諸州，米每斗當錢一百五十文，從淮南轉運至東渭橋，每斗船腳又約用錢二百文，計運米一斗，總當錢三百五十文。其米既糙且陳，尤爲京邑所賤，今據市司月估，每斗只糶得錢三十七文而已，耗其九而存其一，餒彼人而傷此農，制事若斯，可謂深失矣。頃者每年從江西、湖南、浙江、淮南等道，都運米一百一十萬石送至河陰，其中減四十萬石留貯河陰倉，餘七十萬石送至陝州，又減三十萬石留貯太原倉，唯餘四十萬石送赴渭橋輸納。臣詳問河陰太原等倉留貯之意，蓋因往年蟲旱，關輔薦饑，當崔造作相之初，懲元琇罷運之失，遂請每年轉漕米一百萬石，以贍京師。比至中塗，力殫歲盡，所以節級停減，分貯諸倉。每至春水初通，江淮所般未到，便取此米入運，免令停滯舟船。江淮新米至倉，還復留納填數，輪環貯運，頗亦協宜，不必每歲加般，以增不急之費。所司但遵舊例，曾不詳究源由，邇來七年，積數滋廣。臣近勘河陰太原等倉，見米猶有三百二十餘萬石，河陰一縣，所貯尤多，倉廩充盈，隨便露積，舊者未盡，新者轉加，歲月漸深，耗損增甚。縱絕江淮輸轉，且運此米入關，七八年間，計猶未盡。況江淮轉輸，般次不停，但恐過多，不慮有闕。今歲關中之地，百穀豐成，京尹及諸縣令，頻以此事爲言，憂在京米粟太賤，請廣和糴，以救農人。臣令計料所糴多少，皆云可至百餘萬石。又令量定所糴估價，通計諸縣貴賤，並僱船車般至太倉，穀價約四十有餘，米價約七十以下。此則一年和糴之數，足當轉運二年；一斗轉運之資，足以和糴五斗。比較即時利害，運務且合悉停。

臣竊慮運務若停，則舟船無用，舟船無用，則壞爛莫修，儻遇兇災，復須轉漕，臨時鳩集，理必淹遲，夫立法裁規，久必生弊，經略之念，始慮貴周。不以積習害機宜，不以近利隳永制，不貴功於當代，不流患於他時，慮遠防微，是其均濟。臣今所獻，庶近於斯。減所運之數，以實邊儲，存轉運之務，以備時要，其於詳審，必免貽憂。舊例從江淮諸道運米一百一十萬石至河陰，來年請停八十萬石。運三十萬石，舊例從河陰運米七十萬石至太原倉，來年請停五十萬石，運二十萬石。舊例從太原倉運米四十萬石至東渭橋，來年請停二十萬石，運二十萬石。其江淮所停運米八十萬石，請委轉運使於遭水州縣，每斗八十價出糶，計以糙米與細米分數相接之外，每斗猶減時價五十文，以救貧乏。計得錢六十四萬貫文，節級所減運腳，計得六十九萬貫。都合得錢一百三十三萬貫。數內請支二十萬貫付京兆府，令於京城內及東渭橋開場和糴米二十萬石，每斗與錢一百文，計加時估價三十已上，用利農人。其米便送東渭橋及太原倉收貯，充填每年轉漕四十萬石之數，並足餘尚有錢一百一十三萬貫文，以供邊鎮和糴。臣已令度支巡院勘問諸軍州米粟時價，兼與當管長吏商量，令計見墾之田，約定所糴之數，得鳳翔、涇隴、邠寧、慶鄜、坊丹、延夏、綏銀、靈鹽、振武等道，良原、長武、平凉等城報，除度支旋糴供軍之外，別擬儲備者，計可糴得粟一百三十五萬石。其臨邊州縣，各於當處時價之外，更加一倍，其次每十分加七分，又其次每十分加五分，通計一百三十五萬石，當錢一百二萬六千貫文，猶合剩錢十萬四千貫，留充來年和糴。所於江淮糴米及減運米腳錢，請並委轉運使便折市綾、絹、絁、綿四色，即作船般送赴上都。邊地早寒，斂藏向畢，若待此錢送到，即恐收糴過時，請且貸户部別庫物充用。本色續到，便令折填，其所貸户部別庫物，亦取綾、絹、絁、綿四色，並依平估價，務利農人。仍取度支官畜及車，均融船員般送，請各委當道節度及當城兵馬使與監軍中使並度支和糴巡院官同受領，便計會和糴。各量人户墾田多少，先付價直，立限納粟；不願糴者，亦勿強徵。其有納米者，每米六升，折粟一斗，應所糴得米粟，亦委此三官同檢覆，分於當管城堡之內，揀擇高燥牢固倉窖等收納封閉。仍以貯備軍糧爲名，非緣城守絕糧及承別敕處分，並不得輒有支用，待收糴畢，具所糴數並收貯處所聞奏，並報中書門下。總計貯備粟一百三十五萬石，是十一萬二千五百人一年之糧。來秋若遇順成，又可更致百餘萬石。

邊蓄既富，邊備自修，以討則有賚，以守則可久，以加兵則不憂所至乏食，以斂糴則不爲貪將所邀。恢疆保境者，得以遂其謀；蹙國跳軍者，無所辭其罪。是乃立武之根柢，安邊之本源，守土庇人，莫急於此。傾公藏而發私積，猶當悉力以務之，況今不擾一人，無廢百事，但於常用之內，收其枉費之資，百萬羸糧坐實邊鄙；又有勸農賑乏之利存乎其間，此蓋天錫陛下攘戎狄而安國家之時，不可失也。陛下誠能過聽愚計，先聚軍儲愼擇良圖，更貞師律，蠢爾兇醜，自當畏威。縱迷款塞之心，必無猾夏之慮，伏惟少留睿思，詳小而明斷之。其所停減運腳，臣已與本司審細計料，並邊鎮分配和糴數及米粟估價等數，各得別狀，條件分析，謹同封進，聽進止。

唐 李豫《遣劉晏宣慰諸道勅》《唐大詔令集》卷一一五 歲之不易，征賦繁興，河南蕭然，江外尤劇。供上都之國用，給諸道之軍須，庶務徵求，未遑小息。火耕水耨，夏葛冬裘，充餽運而屢空，支戎衣而不足。農人少而轉困，編户流而罕歸。自北之化未淳，《大東》之詞方切。君爲心也，朕甚痛焉。今區宇漸寧，凋殘已甚，惕然恭己，姑務息人。懼煢嫠之無告，思省方以親問。時邁未可，日昃增勞。載懷《鴻雁》之詩，用解吾人之慍。必資循行，悉以周爰。《皇皇者華》，申諭朕志。宜令太子賓客兼御史大夫劉晏往諸道宣慰，應百姓有徵科煩重，人户逃亡，及水旱所損，不能支濟者，並與本道節度使計會，蠲削安存，逐便處置訖，具狀聞奏。

官吏之政，在邦必聞，知無不爲，公道斯在。其租庸使及刺史縣令錄事參軍，有精於政理，及賦役均平，州縣之間，稱爲良吏者，具名聞奏，別有甄異。如或殘忍慢法，貪汙敗官，有害於人，不應時務者，亦具狀以聞，仍與本道觀察節度使會計舉按。四海至廣，九重至深，思使下情上通，嘗令上旨下達。務以審慎，稱朕意焉。

唐 崔融《代皇太子請家令寺地給貧人表》《全唐文》卷二一七 臣某言：臣聞法天之道，義屬於有餘；象地之宜，理存於益寡。頃以咸城近縣，鄠市傍州，頗積風霜，或侵苗稼。天皇兩儀合德，百姓爲心，發倉廩以賑貧人，垂雨露以滋微物，俗苟財成之施，家懷亭毒之恩。臣濫奉宗祧。親承覆載，歲時衣物，咸憑府藏之餘；朝夕膳羞，必佇饔飧之辦：過此以往，臣亦何求？但知問豎寢門，尊師冑序，魏兩文儒之盛，竊所繫心；漢儲湯沐之資，未嘗留意。但關輔之地，萌庶孔殷，丁壯受田，罕能充足，所以水旱之歲，家室未豐。正末端本，思有裨助，臣家令寺有地九百餘頃，特請回授關中貧下等色。雖地非安邑，寧期千户之封；而價等露臺，虚費十家之產。伏乞皇恩遠及，聖澤旁流，矜臣愚效，遂臣誠請。謹遺某官某奉表以聞。

唐 魏知古《又諫營道觀疏》《舊唐書》卷一二〇 臣聞人以君爲天，君以人爲本；人安則政理，本固則邦寧。自陛下戡翦兇逆，君臨寶位，蒼生喁喁，以謂朝有新政。今風教頽替，日甚一日，府藏空虚，人力凋敝，營作不息，官員日增。諸司試補員外、檢校等官，僅至二千餘人。太府之布帛以殫，太倉之米粟不支。又金仙、玉真等觀，造作咸非急務，臣先請奏停，竟亦未止。今歲前水後旱，五穀不熟，若至來春，必甚饑饉，陛下爲人父母，欲何方以賑恤？療饑拯溺，須及其時。又突厥於中國爲患，其來自久，其人本無禮義，焉有誠信？今雖遣使來請結婚，恐豺狼之心，首鼠何定？弱則順伏，強則驕逆，屬草衰月滿，弓勁馬肥，乘中國饑虚，在和親際會，窺犯亭鄣，國家何以防之？臣所論者，事甚急切，伏願特垂詳察。

唐 張九齡《曲江集》卷七《敕處分十道朝集使》 敕朝集使等：朕恭己承天，守文繼位，布一心於兆庶，明四目於萬方，猶恐德或未周，物不遂性，旁求俊乂，共理黎元，於茲泉覓，寧不我副？凡今政要，略有四端：衣食本於農桑，禮義興於學校，流亡出於不足，爭訟由於無恥。故先王務其三時，將以厚生也；修其五教，將以淳俗也：有國有家，同知此議，不患不知，患在不行，豈至長吏屢改，正教屢移？在官當先爲國，理人各揚其職，不得冒禁干進，苟得其身，澆俗不可不革，淳風不可不返。近令刺史在任，四考方遷，實欲始終甚表，黜陟斯繫。必若縣得良宰，萬户息肩；州有賢牧，千里解帶：仁政不遙，行之則是，皆能勵節，朕復何有？且如浮逃客户，所在安輯；征鎮人家，每事憂恤；倉儲唯實，賦役唯均，鰥寡撫存，盜賊禁止，郵驛無弊，奸訟不生：念兹八事，朕嘗屢想，嗟爾庶尹，可不用心？卿等還州，遞相勸勉，遵此王度，恤彼下人，敬順天常，無違月令。夫星列躔次，土分區域，休咎之徵，唯人所感。善必知主，惡亦有由，每至歲成，當加賞罰。宜知朕意，並即好去。

又《敕處分十道朝集使》 敕：朕臨御天下，二十餘載，每思至理，實仗羣賢，何嘗不敷求循良，共底於道？隼旟熊軾，光寵有加；甘露鳳凰，寂寥無紀：豈朕之不德，感致止然？爲庶尹所能，已極於此。是用寤寐增嘆，殷勤永懷，更爲後圖，或未晚也。且一郡之政，繫一己之能，泉源既清，蓬麻自直，爲長吏者，可不勉之？卿等至州，遞相慰誨，以副共理之意，用光分憂之委。且如江左，爰及山南，歲小不登，人已菜色，皆由好逐朝夕之利，而無水旱之儲，卒遇兇年，莫非艱食。此則政乖慮始，人無勸分，欲免流庸，不可得也。夫氓者冥也，豈能自謀？政者正也，當矯其弊：所由長吏，可不勉歟？相其物土之宜，務以耕桑之本，時無妨奪，吏不侵漁：既富而教，奚畏不理？至若征鎮役重，孤弱命窮，將須哀矜，以遂仁恕。其餘常科所禁，勿謂空言。若風教未宏，議能盡闕，競入朝計，冀幸遷除：勿曰不知，將自誣也，方牧參佐，各宜思之。朕所待賢能，不惜官秩，惟聲實是與，惟履行是憑。古者刺史入爲三公，郎官出宰百里，豈有限也？何在汲汲不安於理郡哉？誠須勵精，以俟後命，並即好去。

又 敕十道及朝集使等：信賞以勸能，刑罰以懲惡：謂之二柄，所以一人。朕念彼黎元，比遭水旱，而賦役不等，浮惰相仍，且無緝寧，漸用凋弊，所以慎擇長吏，兼命使臣。寵數所加，亦云不薄，智能自效，豈是未圖？政之殊九，永用虚佇。且郡縣所理，黎庶是切，善爲政者，防於未然，均其有無，省其傜役，事事有豫，早爲之所：雖遭歲惡，固亦人安。況在豐年，不能招輯，遂使户多虚挂，人苦均攤，務欲削除，更成詭故，已逃者未必爲削，爲奸者因此便除：一啟其端，豈勝其弊？向若州有明牧，縣有良宰，而精心緝理，豈若是乎？卿等至州，將朕此意，優柔慰勉，各令用心。招撫流庸，補綴居業，使免助逃之費，是爲救弊之先：此不存心，更知何理？且刺史縣令，專任不輕，自有非違，將何率勵？至如親識遊客，憑恃威權，囑托下寮，搖動獄訟；或差遣不當，致令損失，或處分有乖，便至煩擾。兼有不肅諸吏，唯只自謹一身，奸豪盜賊，無所畏懼，是虚荷榮寵，徒增祿秩，此而可容，孰爲尸曠？並委諸道條察，具狀奏聞。今甘澤以時，家桑爲重，不急之務，先已勒停，宜更申明，勿妨春事。諸處百姓，貧煢者多，雖有隴畝，或無牛力，勸率相助，令其有秋。所繫囚徒，速令决斷，無令冤滯，致有妨奪。鰥寡煢獨，征鎮之家，倍須撫存，勿有科喚。朕所懸爵秩，惟待賢能，若政舉一州，惠施一縣，使者廉問，必以狀聞，既能副於朕懷，亦當待以不次。誠可復也，豈食言哉？並即好去。

又《敕授十道使》 敕：言念蒼生，心必遍於天下，自古良牧，福猶潤於京師。所以歷選列城，聿求連率，豈徒刺察？將委輯寧。朝散大夫檢校御史中丞關內道宣慰賑給使上柱國盧絢等，任寄已深，聲實兼茂，咸貫通於理道，益純固於公心。或華髮不衰，或白珪無玷，可以範儀郡國，康濟黎元。閒歲已來，數州失稔，頗致流亡，能勿殷懷？吏又不畏不仁，人或不安不便，誠須矯過，必在仗賢。而前此使車，不無殷鑒：事皆掣肘，務欲總權，小有舉於毫髮，大莫振於綱領，本不條察，御用煩苛，永言所期，豈云自弊？今既各膺重寄，允謂通才，以蠲疾苦之原，當葉大中之義。若令行一道，利及萬人，朕所設官，以待能者，朝之優秩，必歸令譽，言可復也，宜副朕懷。可依前件。

宋 任廣《書叙指南》卷一三《節令氣候上》 暑熱曰溽暑伊鬱。《選・景福賦》。盛暑曰隆暑赫曦，《選・十三》。又曰時景隆熾，上。又曰爞赫，夏侯湛《雷賦》。又曰盛暑鬱燠，王褒。又曰歊暑，左思《魏都》。又曰暑之燂爍。皇父湜。伏日曰三伏之修景，梁簡文啟。又曰閉日。《漢官舊儀》。仲夏以後熱曰積陽。《選・士衡詩》。微熱曰薄暑。上，十三。仲夏日長曰羲和弭節。《楚辭》。夏末曰暑晏，《選・十二》。又曰闌暑。上。夏中曰夏月暑時。嚴助。病於暑曰癉暑。《詩》。初伏曰初伏啟新節。《選・十三》。伏後熱曰三伏餘炎。梁簡文。避暑往涼處曰入凌兢。《甘泉賦》。夏日曰長日猛赤。孫樵。暑熱曰隆熱歊艴，韓文。又曰炎暉，何平叔，景福殿賦昌延反。又曰炎溽，梁，劉孝感。又曰燂爍熱暑。《七發》。【略】夏寒曰伏陰。《公羊》。

宋 李綱《梁溪集》卷一三六《灾異志》 天地之大，一身是也。血氣調而府藏平，則身以之康強；德政脩而人物安，則天地以之和順。至于身失于衛生之經，而疾病生焉，則發于其色、形于其脉者，善醫者能知之。天地失于燮理之道，而災異作焉，則天變見于上，地變見于下，知道者亦能察之。夫豈有物使之然哉？一氣之運，有開必先，小之一身，大之天地，吉凶妖祥，未有無其兆者也。古先哲王觀變而懼，脩厥德、正厥事以應天，則凶妖可以轉而為吉祥。如太戊之桑穀，高宗之雊雉，宋景之妖星，退舍天人之際，疾如影響，不可誣已。孔子作《春秋》，二百四十年間災異之變必謹書之，所以使君人者知有所畏而自反也。漢儒引類附會，其説既不足以取信，而後世導諛之臣諂其君，以天地之變不足畏，每有災異，恬不加恤，又從而為之辭。遂使時君世主不復畏天，而肆情于民物之上，稔成禍亂，未有若崇、觀以來也。靖康之初，夷狄憑陵，宗社危急，生靈肝腦塗地，中國之禍，古所未有，是豈一朝一夕之故？哉其本在於不知畏天，馴致使然也。故余取聞見之所及，災異之大者著之于篇，使後世有考焉。作《災異志》。

又卷一四三《灾異論》 孔子作《春秋》，書日食、地震、山陵崩隕、常星不見、夜中星隕如雨、五石隕墜、六鷁退飛、鸜鵒來巢、霜不殺草、李梅冬實者，所以記異也。書水火之災、雨雹、大雪、震電、晦冥、多麋、有蜮、饑旱、螽螟有蝝，所以記災也。災異之名，自此而起。漢儒因之，推配五行以為之説，是耶非耶？曰：孔子之所以書之者是也，漢儒之所以推配之者非也。何哉？天地萬物以人為本，庶政脩而萬事康，得治之道，則地平天成，物遂其性，豈有災異之變哉。政悖其宜，事失其叙，有亂之理，則見于天者，日月薄蝕，彗孛飛流，霜雪風雨之不時，而反時為災者，天之變也；見于地者，山崩川竭，水火為災，震動陷裂，而反物為妖者，地之變也；見于物者，羽毛鱗介之孽，草木金石之怪，螟、蝗、蠭、蝝、螽舞竝起，而稼穡卒痒者，物之變也。聖人必謹記之，使治人事者畏天戒，恐懼脩省以消去之。故曰：孔子之所以書之者是也。漢儒不揣其本而齊其末，以天地之變，物之妖孽痾眚著于形數聲色者，推而配之五行，某事失則某災為之應，某異見則某事為之符，其説牽合附會，迂闊而難信，故曰漢儒之所以推配之者非也。然則天地與物之變，孰使之然哉？主張翕闢，亦有司之者耶？曰：通天下一氣耳，和氣致祥，乖氣致異，人事著于此，而祥異應于彼，猶影響之于形聲，自然之符而理之必至者也。胡不以身觀之？元氣衰而邪氣乘之，則疾病不祥之色見于面目，達于氣體，可視而知，可診脉而得，其本在于腑臟之失其平而已。善醫者調其腑臟，而疾病可痊。善治者脩其政事，而災異可弭。故堯以水而儆予，湯以旱而責躬，大戊以桑穀而脩厥德，高宗以雊雉而正厥事，宣王遇旱暵之災而懼，太宗羅蝗螟之異而憂，皆能弭災異以為和平，身致大治，豈非畏天戒之明驗乎？後世談經術者，以漢儒推配之説牽合附會為不足信，併與聖人所以書災異之意一切廢之。其説以謂：天地與物之變咸其自爾，吾無與也，何足畏乎？遂使人主樂聞其説，不復畏天而有恐懼脩省之心，其為害豈淺淺哉！夫災異、祥瑞，其理一也，災異之説使人畏而有所戒，祥瑞之説使人驕而有所怠。聖人語災異而不語祥瑞者，懼其君驕故也。今有一草木之祥，一羽毛之瑞，則相與嗟嘆而三賀之；至于天地萬物之變，則恬不加恤，以謂未嘗有災異焉，其亦異于聖人之意矣。

宋　董熠《救荒活民書》卷中《唐劉景先進救荒仙方》　唐永寧三年七月二十七日，黄門侍郎劉景先上表云：臣遇太白山隱士，傳此法。聞京師米糧大貴，飢死人民，吾將此法令人服食，即得不飢。顏色充悦，氣力加倍，可以濟人之命。

臣聞之驚愕，謂是狂言。又云：吾服此藥，五年不食矣。但依吾法，貴賤皆服，不問少長，永可不飢。臣遂依法修製，令家中兒女大小服之，五箇月不食，耳目聰明，身輕體健，氣力強壯。臣家中七十餘口，更不食別物，惟飲水一巵，若不如斯臣一家，甘受誅戮。具方於後：

四季用黑豆五㪷，淘洗乾後，蒸三遍，去皮，大麻子三㪷，浸一宿，控出，蒸三遍，令開口，去殼。用豆五升、麻子三升作小料亦可。

右先搗豆黄爲細末，然後搗麻子仁極細，漸漸下豆黄，令勻，作圓子如拳頭大，入甑内蒸。過從晨著火，至夜半子時住火，直至天曉出甑。至午時曬乾，搗爲細末，服之。但以不飢爲度，不得食一切別物。第一頓七日不飢，第二頓四十九日不飢，第三頓得三百日不飢，第四頓得二千四百日不飢，如更服，永不飢也。不問老少，但依服食，令人強壯，面色紅白，無有憔悴，渴中飲新汲井水，或研火麻子漿飲之。若要重喫物，用葵菜子碾爲末，煎湯，冷服。當下藥如金色，但喫諸物，並無所損。

又　卷下《田錫論救災》　臣近見滄州奏，全家飢死一十七口。雖有旨揮下轉運司相度減價賑糶，即未見別有指揮。若有司只如此行道，實未稱陛下憂勞之心。陛下爲民父母，使百姓餓死，乃是陛下辜負百姓也。宰相調燮陰陽，啟導聖德，而惠澤不下流，王道未融明，是宰相辜負陛下也。今陛下何不引咎，如禹湯罪己，降玉音，下飢餓州府，使民心知陛下優恤。然後振廪給貸，以救其死。若倉廩虚而饋運不足，目即無可給貸，則是執政素不用心所致，昔伊尹作相，恥一夫不獲。今餓殺人如此，所謂焉用彼相。今陛下可將此事略面責宰相，觀其何辭以對。待三日而後無所建明，不拜章求退，是忍人也。忍人而猶相之，是陛下不以百姓心爲心矣。若不別進用賢臣，恐危亂之萌將來滋蔓。《語》曰：十室之邑，必有忠信。況皇家富有萬國，豈無人焉？可於常參官自來五日一轉對中，觀其所上之言，有遠大謀略、經綸才業者，可以非次擢用。不然，臣恐國家未能早致太平也。

又《文彦博減價糶米》　文彦博在成都，米價騰貴。因就諸城門相近寺院凡十八處減價糶米，仍不限其數，張榜通衢。翌日米價遂減。前此或限升斗出糶，或抑市井價直，適足以增其氣焰，而價終不能平。大抵臨事須當有術。臣謂此非特能止騰踴，亦以陳易新之法也。

又《曾鞏勸諭賑糶》　曾鞏越州時，歲饑。度常平不足以賑給，而田居野處之人不能皆至城郭，至者群聚，有疾癘之虞。前期諭屬縣召富人，使自實粟數，總得十五萬石，視常平價稍增以予民。民得從便，受粟不出田里而食有餘，粟價自平。又出粟五萬，貸民爲種糧，使隨歲賦入官，農事賴以不乏。臣曰：此策固善，但視常平價稍增，則視時價必稍損矣。恐成科抑，非本朝詔旨。不若前期勸諭商賈富民出錢循環糴販之爲愈，亦須官司先有以表率之。

又《范祖禹乞常平糴本》　元祐三年，范祖禹言：今以常平所有之錢收糴，亦未廣。陛下誠能出内庫金帛數十萬，以爲糴本，專備水旱凶荒，發斂以時，則官本常存，而民被惠澤無窮矣。濟民之惠無大於此，況祖宗内藏庫，本備軍旅非常之用，仁宗常出錢一百萬緡，以供常平糴本。此仁惠所以深結於民心。夫財出於民，復以濟民，但使民存，不致流亡，則今年散之，明年復有，何患無財也？

又《蘇次參賑濟法》　蘇次參澧州賑濟，患抄劄不公，給印曆一本，用紙半幅，上書某家口數若干、大人若干、小兒若干，合請米若干，實貼於各人門首壁上。如有虚偽，許人告首，甘伏斷罪，以備委官檢點。又患請米者冗並，分幾人爲一隊，逐隊用旗引，卯時一刻引第一隊，二刻第二隊，以至辰巳，皆用前法，則自無冗雜，且老幼、疾病、婦女皆得均糴。又任澧陽司戶日，權安、鄉縣正值大澇。始至，令典押將縣圖逐鄉抹出，全澇者用綠，半澇者用青，無水之鄉用黄，不以示人。又令鄉司抹來參合，方請鄉耆逐鄉爲圖。復以青、綠、黄色別其村分，出圖參驗。故不檢澇而可知分數。催科賑濟，亦視此爲先後。其法甚簡要也。

《文獻通考》卷二六《國用考四·賑恤》　《周禮》：遺人掌邦之委積，以待施惠；鄉里之委積，以恤民之囏阨；門關之委積，以養老孤；郊里之委積，以待賓客；野鄙之委積，以待羈旅；縣都之委積，以待兇荒委積者，稟人、倉人計九穀之數足國用，以其餘共之，所謂餘法用也。職內邦之移用亦如此也，皆以餘財共之。少曰委，多曰積。稟人掌九穀之數，以待國之匪頒，賙賜稍食。以歲之上下數邦用，以知足否，以詔穀用，以治年之豐兇。凡萬民之食食者，人四鬴，上也；人三鬴，中也；人二鬴，下也此皆謂一月食米也。六斗四升曰鬴。若食不能人二鬴，則令邦移民就穀，詔王殺邦用。

元 胡祗遹《紫山大全集》卷二二《論司農司》 樊遲請學稼，子曰：『吾不如老農。』蓋學業有專攻，苟以不通無用之虛言亂人耳目，則不若不論之為愈也。老子亦曰：『我無事而民自富。』唐柳子厚見當時勸農之弊反致勞民，廢奪農務，故以種樹為喻，而作《郭橐駝傳》，誠萬世不刊之名言也。誠使外無兵事，內無土功，租賦輕薄，官吏省事；蠶而得一絲，為農者曰『此吾篋笥中物也』；耕而獲一粟，則曰『此吾囷倉中物也』；如此則父詔其子，兄勖其弟，姑訓其婦，唯恐耕蠶之後時，菑獲繅織之不盡善，何待勸諭而後勉焉。今之為農者賣新絲於二月，糶新穀於五月，所得不償所費，就令豐積，亦非己有。加之事役逼迫，略無虛日，屋宇損壞，不暇修補，貧苦憂戚，遑遑相仍。若然，則雖以甘辭巧語百端訓諭，亦徒應命而莫之能行矣。勸之以樹桑，畏避一時捶撻，則植以枯枝，封以虛土；勸之以開田，東畝熟而西畝荒，南畝治而北畝蕪。就有務實者從法而行，成一事而廢一務，必不能兼全。何則？力不足故也。農官按治，司縣供報簿集數目，似為有功；核實農人篋笥倉廩，一無實效。他日以富實之虛聲達于上，奸臣乘隙而言可增租稅矣，可大有為矣，使民因虛名而受實禍，未必不自勸農始。而況中間教條有不能行者三之二，勸以親睦而鬭訟並興，諭以力勤而偽惰百出，至此則非無知小民之罪，教之者致其罪也。古人一夫受田百畝，餘夫二十五畝，田畝與民力相應。今欲使一夫效兩人之力，一日成二日之功，斷無是理。

方今之務，莫若敦本抑末。古人孝弟力田者別加旌表。今之最苦者農民，而遊手好閒以口舌趨末利，商賈之徒挾輕貲而無定居，不占籍、不應租稅者甚眾。倡優雜類、茶酒店户，飲食衣服華麗於仕宦之家，而國家莫知禁遏，反得納交于王公貴人之門。纖巧淫技，全免差役。《傳》曰：『示之以好惡，而民知禁。』以此較之，今日所好所貴者何人，而所惡所賤者何類也？好惡相反如是，而欲為農者勸，不亦難乎？

古語曰：『功不百不變法，利不百不易業。』故于變常改作之際，論議思慮，周折詳盡，詢謀僉同，眾心樂為，然後舉而行之。近聞司農司陳兩省議分立諸路水利官，某僭冒位卑言高之罪，妄議以為不可者。方今四道勸農，號令聚集，呼召教諭，一夫百畝，常力常業之外，督責種木區田等事、義社義倉，民已困於煩擾。請以目今實事證之：均為一水，其性各不同，有薄田傷禾者，有肥田益苗者。懷州丹、沁二水相去不遠，丹水利農，沁水反為害。百餘年之桑、棗、梨、柿，茂林巨木，沁水一過，皆浸漬而死，禾稼亦不榮茂。以此言之，利歟害歟？似此一水，不唯不可開，當塞之使復故道，以除農害。此水性之當審，不可遽開，一也。荊楚吳越之用水，激而使之在山，此蓋地窄人稠，無田可耕，與其饑殍而死，故勤劬百端，費功百倍，以求其食。我中原平野沃壤，桑麻萬里，雨風時若，一歲收成得三歲之食，荒閑之田、不蠶之桑尚十之四，但能不奪農時，足以豐富，何苦區區勞民，反奪農時，一開不經驗之水，求不可必之微利乎？此二不可也。前年在京，以水上下不數里，小民雇工有費鈔數貫，過於一歲所有絲銀之數，竟壅遏不能行，何況越山踰嶺，動輒數百里，其費每户豈止鈔數貫，其功豈能必成？有天地以來，歷數千萬年之久，經千萬有智之士，其事既不舉行，足見其不可為用，此三不可也。且如滏水、漳水、李河等水，河道岸深不能便得為用，必于水源開鑿，不寬百餘步不能容水勢，霖雨泛溢尚且為害，又長數百里，未得灌溉之利，所鑿之路先奪農田數千頃，此四不可也。十年以來，諸處水源淺澀，御河之源尤淺澀，假諸水之助，重船上不能過唐莊，下不能過楊村，儻又分眾水以灌田，每年五六百萬石之糧運，數千隻之鹽船，必不可行，此五不可也。四道勸農已為擾民，又立諸道水利官吏，土功並興，紛紛擾擾，不知何時而止，費俸害眾，此六不可也。愚繆所見如此，伏乞詳酌施行。

元 張養浩《三事忠告》卷二《牧民忠告下·救荒第七·捕蝗》 故事：蝗生境內，必馳聞於上，少淹頃刻，所坐不輕。然長民者亦須相其小大多寡，為害輕重。若遽然以聞，涖其上者羣集族赴，供張徵索，一境騷然，其害反甚於蝗者。其或勢微種稚，則當亟率眾力以圖之，不必因細虞以來大難於民也。故凡居官，必先敢於負荷，而後可以有為。

又《多方救賑》 天所畀人富與貴者，非欲其自裕，蓋將使推所有以濟人之不及也。饑者食之，寒者衣之，斯不負天畀之富矣。直者舉之，枉者錯之，斯不負天畀之貴矣。然富貴而能若是者，其惠在人，而善則在己，名為惠人，實自惠也。故古之有民社者，或不幸而值凶荒夭札之變，視其輕重，必有術以處之。或私帑之分，或公廩之發，或託之工役，或假以山澤，或己負羈徵募糴勸糴，或聽民收其遺稚，或命醫療其疹疾；凡可以拯其生者，靡微不至。蓋古人視民如子，天下未有子在難而父母坐視不救之理也。嗚呼！凡牧民者，其以古之人為法，庶無彼我之間哉！

又《預備》 災異之生，常出於人之所不意。誠素有其備，雖甚災，不足為憂也。今州郡多無委積；雖有之，而在上者封錮甚嚴，不測有虞，茫無所措手。此厥今牧民者之通患也。然今所謂祇應之錢者，山州僻縣未嘗有之，而使客往還率無枵腹而過者，意必有以規畫也。至於備荒之儲獨未有及焉者，豈以治平之時何遽有此，所以因仍歲月，幸滿而去，不復為民遠慮耶？嘗聞近代為縣者，教民種蔓菁，搗其根以為餅，大者三四斤，乾而儲之，後值凶年，蒸以食饑民，味甘且美，賴以全活者甚眾。夫古人慮民之遠也如此，其肯苟且幸代，而不為民預備哉！

又《均賦》 故事：民之稅賦，三年則第其貧富而均平之。或好名未及而先為，或避謗踰期而不為，皆非也。如期行之，民受賜不淺矣。

又《祈禱》 凡有祈禱，不必勞眾，齋居三日，以思己愆：民有冤歟？己有贓歟？政事有未善歟？報國之心有未誠歟？無則如儀行事，有則必俟追改而後禱焉。夫動天地，感鬼神，非至誠不可；纖毫之慝未除，則彼此邈然矣。

又《不可奴妾流民》 嘗見一顯官，於凶年市所部民子女殆數十餘人，美且壯者皆奴妾之，余將賂時要以希恩寵也。僕聞而顰蹙曰：『使其困憊，吾治已得罪矣；又不能救，而反奴妾之，不大獲罪於法耶？』故感而書之，以戒後來者。

又《救焚》 民或失火，則伐鼓集眾，親蒞以救之。惻隱之心，人所共有，誠能鼓舞以作其氣，雖仇人亦將焦頭爛額而相趨患難矣。

又《尚德》 反風滅火，虎渡河，蝗不入境，全境之水回流，此在長民者之德何如爾，殆不可皆謂之偶然也。

又《上灾異》 災異之事，則不可不聞。祥瑞雖不上，可也。

元 王結《文忠集》卷六《善俗要義》 二十六曰賑饑餒。近年水旱爲災，民多流亡凍餒，朝廷散錢給米，所活甚多，又常著令，如所在人戶能施米賑饑、減價准糴者，量其多寡，賞以官爵。當時江南、山東之人已有能奉行者，隨即受命作官人矣。若不幸遭遇饑饉，富實多田之家或廩有餘粟，果能賑施平糴，不惟仰承德意，榮取官爵，而冥冥之中又積陰慶。古人所謂『百年之計，種之以德』也。

元 歐陽玄《拯荒事略》 天災流行，雖盛世猶或不免，顧上之人所以拯恤之何如耳。蕪湖本南方澤國，比鄰數邑，並在水鄉。每當春夏之交，陽侯不戢，田舍漂沒，民不得耕，遂成饑歲。余忝爲令長，多方補救，亦既心力交疲，究未能保鴻雁而安宅之也。因輯《拯荒事略》一編，以告我同爲民牧者。

薄征

《周禮・大司徒》以荒政十有二聚萬民：一曰散貨利，二曰薄征，三曰緩刑，四曰弛力，五曰舍禁，六曰去譏，七曰省禮，八曰殺哀，九曰蕃樂，十曰多昏，十一曰索鬼神，十二曰除盜賊。

平糴

魏李悝爲文侯作平糴法，必謹視歲上中下熟。上熟則上之人糴三而舍一，中熟則糴二，下熟則糴一，使民適足，價平則止。小饑則發小熟之所藏，中饑則發中熟之所藏，上饑則發上熟之所藏，雖遇饑饉水旱，糴不至貴而民自足，國以富強。

矯詔發粟

漢武帝時，河内失火，延燒千餘家。上使汲黯往視，還報曰：家人失火，比屋延燒，不足憂也。臣過河南，貧人傷水旱，或父子相食。臣謹以便宜持節，發倉粟以賑。臣請歸節，伏矯制之罪。上賢而釋之。

貽書貸糧

張侍郎溥知楚州，會歲饑，貽書發運使求貸糧，不報。溥因歎曰：民轉死溝壑，尚待報耶？乃發上供倉廩，所活萬計。因上章待罪，降詔獎諭。

木實爲酪

王莽時，洛陽米石價二千，莽分遺大夫謁者，教民煮木實爲酪。

竹實春米

唐天復甲子歲，隴西亢陽，民多流散。山中竹皆放花結實，饑民采之，春米而食。

請租賑饑

宋漢皇甫嵩遷冀州牧，奏請一年租以賑貧饑民。

分俸贍貧

東漢黄香爲魏郡太守時，被水年饑，乃分俸祿及所得賞賜頒贍貧民。於是富戶各出義穀助官廩，以貸荒民，民賴以全。

興役惠貧

吴中大饑，范文正公縱民競渡。太守日出宴於湖上，自春至夏，居民空巷出遊。又召諸佛寺大興土木之役，又新廒倉吏舍，日役千夫。監司劾杭州不恤荒政，嬉遊無節。公乃條敘所以宴遊興造之故，皆欲發有餘之財以惠貧民也。由是兩浙之間，惟杭州饑民不流徙。

作糜食餓

宋陳文惠公堯佐知壽州，遭歲大饑。公自出米爲糜，以食餓者。吏皆爭出米，共活數萬人。公曰：吾豈以是爲私惠耶？蓋以令率民，不若身先使其樂從也。

勸令發粟

唐員半千，上元初爲武涉尉。歲旱饑，勸縣令開倉廩以賑貧餒，不從，會令赴州，半千擅發賑之。刺史鄭齊宗大驚，因而按之。時薛元超爲存撫使，謂齊宗曰：公有百姓不能救，使惠歸一尉，豈不愧也？遽令釋之。

勸民出粟請免上供

此二條原抄缺皆太守事，可查補。

出俸錢得穀

宋王待制居白知漢州，歲大饑，乃出俸錢以率僚吏及群豪，共得穀數萬斛賑饑民，全活者甚眾。安撫使韓琦薦之。

以家資質廩

宋李允則知潭州，會歲饑，欲發官廩，先賑而後奏，轉運使以爲不可。允則請以家資質廩，乃得發。於是民列允則治狀以聞，詔書嘉奬。又趙抃知趙州，吴越大饑，公發廩勸民而以家資先之，民樂從焉。

令增米價

宋趙清獻知越州，兩浙旱蝗，米價踴貴，餓死者十五六。諸州皆榜衢路，禁人增米價。公獨榜衢路，令有米者任增價糶之。於是諸州米商輻輳詣越，米價更賤，民無饑死者。又盧坦爲宣歙觀察使，值旱饑，穀價日增。或請抑其價，坦曰：宣歙土狹穀少，所仰四方之米。若價賤，則商船不來，民益困矣。已而米斗價至二百，商旅輳集，民賴以生。

特寬鹽禁

宋張忠定公詠知杭州，歲饑，民冒禁販鹽，捕獲者數百人。公悉寬其禁。官屬執言不可，公曰：錢塘十萬家，餓殍如此。若鹽禁益嚴，則聚而爲盜，患益甚矣！俟秋成敢爾，當痛以法繩之。境内卒賴以無擾。

嚴出榜文

宋辛幼安帥湖南，賑饑榜文只用八字，曰：劫禾者斬，閉糶者配。

不俟奏請

宋范堯夫知慶州，餓殍滿路，官無穀以賑恤。公欲發常平封樁粟麥濟之，州縣皆欲俟奏請得旨而後散。公曰：人七日不食即死，何可待報？諸公但勿憂，吾寧獨坐罪。

民不知荒

宋吴遵路，字安道，丹陽人。明道末出，知通州。天下旱蝗，公乘民未饑時，募富民，得金錢數萬貫，分遣衙校糴米於蘇、秀，使物價不增。又使民采薪芻，官爲收買，俟冬大雪乏薪，即以原價鬻於市，其薪直仍糴官米，平糶與民，官不傷財，民且蒙利。又慮飛蝗爲患，教民廣種豌豆；並結蓬茆，以處流移；病者，給藥；願歸者，具舟續食送之。是歲諸郡多轉死，惟通民安堵，不知爲凶歲也。

民得濟急

宋張忠定公詠在成都府，嘗夜夢謁紫府真君。接語未久，吏忽報請到西門黄兼濟承事，以幅巾道服而趨。真君降階接之，禮頗隆盡，且揖張公坐承事之下，詢顧詳款，似有欽歎之意。公翌日即遣典客詣西門請黄承事者，戒令具常所服衣來。比至，果如夢中所見。公即以所夢告之，問：平日有何陰德，蒙真君厚遇如此，且居某之上座耶？兼濟云：無他長。惟每歲禾麥熟時，以錢三萬緡收糴，至明年禾麥未熟、小民艱食之際糶之，價直不增，升斗亦無高下。在我初無所損，而小民得濟所急。公曰：此承事所以坐某之上也。令索公裳，令二吏掖之使端坐，受四拜。黄公後裔繁衍至今，在仕路者比比青紫。

截留綱運

宋洪皓爲秀州錄事，州大水，流移塞路，倉府空虛，無以爲賑。會浙東綱運常平米四萬過城下，皓遣吏鎖津柵，請守使截留。守不肯，曰：此御筆所起也。罪死不赦。皓曰：甯以一身易十萬人命。訖留之。亡何，廉訪使王孝竭至郡，曰：平江哀號訴饑者旁午，此獨無有，何也？守具以對。孝竭曰：違制抵罪，請爲君脱之。呼吏寫奏。皓曰：食猶未足，公能終意，更得二萬石乃可。孝竭以聞，果如數而將。

元 楊維楨《東維子集》卷二《送關寶臨安縣長序》 北庭關寶氏擢春官第，天子賜進士出身，往監臨安縣。以嘗從余遊，且余同年德流公之子也，過錢塘乞一言為別。余告曰：方今盜起淮潁間，挺禍於江浙。民耗於兵興，罷於奔命者四三年弗復休。民之良胥陷於盜，招之而未歸。嘻，豈吾民之樂為盜哉！撫字乖而饑寒之偪也，水旱相仍而田不減賦，妻子相流而農不息徭。其被害之原，懸於州與縣，州縣不聞之府，府不聞之省臺，借或聞而不信，以至吾民財竭力窮。財已竭，力已窮，而賦徭愈急，徵求愈繁，民死道路者相藉。幸而生者，其不去盜也幾希。生時百里邑為試政之初，當推其情，曰：『上恤乎民，則民吾赤子；上不恤之，則民吾寇盜也。』不可畏哉！邇者皇帝下明詔，哀痛遺民，誠以民為邦本，而本不可使戕而耗也，蠲之以賦，寬之以征，裕之以力，凛乎若朽索之馭六馬，且申誡守牧者，務在康濟生民，上承明天子之德意，下軫吾赤子之困窮，招寇於民，慎勿驅民於盜。吾將見疲者甦，流者復，休養生息，以還中統、至元之治，必自臨安始也。生以余言勉之。

又 卷三《送陳仲剛龍頭司丞序》 番易陳君仲剛，由貴溪主簿遷浙之龍頭鹽司丞，見余錢塘，以令嘗令於亭，請曰：『君獨無言教我乎？』余曰：『治莫難於亭也，久矣。治農者，農出租稅，視旱澇有所蠲置。治亭者異是。歲集盈數，約以三伏，伏計以旬，旬虧則簿責，歲虧則禄奪爵貶，其著為令甲。雖飢饉之年，雨澇之月，不得以妨工控愬，此職於亭者之難為也。漕府飛符蚤夜下督責吏火急如律零。吏鷹擊毛摯，徵其私者甚於公，而亭益憊矣。亭官出語為亭地，即以格令甲坐之，即坐又不得損職去，被繫徽纆如胥靡之徒。故職於亭者往往不得不蛟蜃其性，牛羊其民人，苛誅趣辦以為奇功，且可擅名聲資進取。豈弟仁厚，務為善政，覆不足為賢，而重得咎禍，然則鹺無善政，勢端使然也。君豈弟仁厚人也，善政施于貴溪之民而移之於亭，得無法乖其政、勢格其志耶？然而君子為政，與其不得譽於上，或者苛誅趣辦為奇功，不知其下之病，而上之累益甚矣。故鹺病至今日而極，非亟理其本，雖莞桑不能善其後也。大司農方思治病之本，減估直以通民食，蠲羨額以舒亭力，截日更新，吏專選廉良，勿俾苛刻者重病之。君新吏也，奉法順流，與亭更始，善政之行適會其時矣。司之令豫章胡君，余所善，更以余言講求其本末，異日課浙鹺最者，不與龍頭第一將誰與？

又 卷一三《平江路常熟州知州王公善政記》 聖天子君臨天下垂二十載，周知物情，以守令去民為最近，而不可以弗之重也，乃下明詔，嚴守令之選，以作興治道，職是者宜其讙忻鼓舞，滌濯奮揚，以副上德意。夫何廉耻日衰，奸僞日滋，不幸一日有變，民環視而起，不受條令，至殺長吏以應寇，而莫之能禁。朝廷又大發兵，而罪有不勝窮者，遂至兵連不解，彌曠歲月，而民愈以病告。弱者填委溝壑，壯者從而汙染，綿亘數千里地，田菜為蕪，邑里為墟，雖有高才明智之士，縮手鈐舌，無救弊之術。跡其所從來，皆守令不振職之過也。吁，民憤之積也久矣，存千百於一二，而特異於庸衆人。職銓曹者無以旌別，而司文墨者又無以表彰之。嘻，何以為世道勸邪！知常熟州豫章王公其在任五載，政平訟理，民大和悦。既而請老以歸，則民懷其德，為其立石誌云。

又《吏部侍郎貢公平糴記》 至正十三年春三月，中書吏部侍郎貢公奉詔使江淛，民陷賊者曲宥之，刑殘之家免以土賦。朝廷又慮餽餉不維，賑貸不給，發内帑錢三十餘萬定，俾公於稔地興民和糴。公抵吴興，諗民有儲粟者，聽自陳糴，凡六萬有奇，於時直益其十之二，先付直，後納所直粟，且下令曰：『朝廷以和為糴，官不得齊刑，史不得抱案，差若等以三，吾與若一以和為義。』官府始笑之曰：『民疲久矣，悍卒扣門叫囂，猶不即奉命，今若此事，其可集耶？』公曰：『民為爾給儲多矣，吾今誠待之，彼亦以誠應吾。』既而民果聽令，相與議曰：『往時物輸官而直不給，雖給，且垂橐而歸。今公先與直，毫髮不以干有司，吾何幸也。』復與平斗斛，使輸粟者自槩，司庾不得高下其手。縣吏與豪民有假是以漁獵者，公徵得之，皆置諸法。父老以手加額曰：『公之為政，吾前未之聞也。』廼相與詣某，求書其事于石，以為平糴後法。余惟管仲有輕重之權，李悝有地力之教，而平糴之法出焉，大要裒多益寡，稱物平施，使民適足而已。歷代祖之，漢曰均輸，曰常平，唐始置和糴使，宋有博糴便糴之科，皆為美制，而任之不得其人，則亦無異於強取也。今公以内帑錢若干，不經有司之散斂，親與民市，告以信令。民之聽之，若子聽父，不三日，飛艄輓舶，填塞津隘，米積於地，槩不暇給。未越月，廩入於永寧、泰定，民不知擾，而粟已盈數，蓋得和糴之本法，而足以宣上德意也，豈非朝廷任得其人之效歟？不然，彫城瘵郭，富家豪室，轉在草野，救死且不瞻，何所取財而云和糴哉！此其事為可書也已。漢耿壽昌以平糴便益，賜特爵關内侯。公入覲，吾見公之得賜爵也。雖然，賜爵一己利耳，吾聞公有策中書，凡一綱二十目，皆切於議大政、决大利害，而天下資以為治者，條陳于上，寔吏部獻内職也。嘻，此其利吾人者，可一二計哉？又南父老之至望也。公名師泰，字泰父，宣城人，起身胄監，嘗為名御史云。時江淛行省檢校李思義以省委事相糴事，而郡監伊斯罕公與有勞焉，故併書之。

明 何喬新《椒邱文集》卷一六《答余司徒》 三月中僕在蒲州，忽報閣下仍以節鉞出總軍務，蓋朝廷以北虜爲憂，故暫輟廟堂之相，以爲邊陲之重耳。方欲遣使問候起居，忽承華翰誨諭，且以不及與僕始終賑飢之事爲歉，仁哉大君子之用心也。閣下垂念及此，僕敢不盡言以獻于左右乎？山西之民，凋弊極矣。或父食其子，而子亦殺父而食之，或夫食其妻，而妻亦殺夫而食之，至于叔姪相食，姻婭相屠，又其小者耳。人類至此，有識寒心。蓋自去歲春夏不雨，而麥菽無收，八月降霜，而黍穈盡槁，非惟平陽、澤州二處而已，潞、沁、汾、遼與太原之苛嵐、保德二州與嵐、臨、河、曲四縣，災傷莫不皆然。有司已嘗具奏，該部移文覈實，而分守、分巡者以邊儲方急，慮爲己累，但將平陽所屬十五州縣、澤州并所屬四縣勘作全災，其餘州縣或作七分有收，或作五分有收，俱派邊粮，督責嚴急，人情不堪。軍民所以逃亡或去爲盜賊者，以此也。幸蒙閣下在朝，翊贊皇猷，將平陽所屬三十五州縣并澤州所屬四縣稅粮悉皆蠲免，已徵者亦留賑濟，而潞、沁、汾、遼等處以勘作半收之故，不沾恩典，此乃分巡、分守者悞國病民之罪也。僕至此以來，加意賑恤，流逋復業者，十纔一二。近聞貴部委官催徵去歲所派邊粮，百姓憂惶，咸欲逃竄。愚竊以爲山西之民，如久病之人，瘠已甚矣。飼之以粥，尤恐其不活。又從而奪其食，其有不死者耶？且數州原派邊儲不滿三萬，以大同師旅之衆，豈數萬石所能濟哉。倘邊儲有缺，不過煩閣下一奏，朝上章而夕報可矣。敢煩閣下憫此方羸餒已甚，移檄所司，已徵在官者先行起運，未徵者暫候秋成追徵，則僕之受賜多矣。是乃閣下始終賑飢之心也，萬乞留意焉。黄河運道甚艱，畢主事所運粮此月半方可到孫家灣。大同禄米僕已均派，煩諭各府赴藩司關領。書辭繁委，不勝悚懼。

又《與少司馬李公勉》 臨鎮以來，邊務方殷，加以歲歉民饑，公私匱竭，兹因條陳救荒事宜及地方急務。其救荒本内軍職比試一事，議事本内禁冒襲設軍站二事，皆屬貴部掌行，會議之際，萬望維持，倘得准行，山西軍民之幸也。前者因奏事人去，已曾奉書，想達左右矣。區區備員巡撫，材薄識劣，無足爲年兄道者。山西列郡凋弊極矣。荒歉之餘，加以疫癘，而戶部催徵粮草正急，軍民流亡，不知其數，死者相枕藉于道，殆不忍言。嚮者屢陳救荒事宜，及請蠲除科徵，當道以私忿，每事沮抑，馴至今日，公私匱乏，所謂末如之何矣。萬一飢民嘯聚，攻剽刼奪，僕之罪固不容辭，其如一方不靖何？今王府禄米尚欠二十三萬，鎮西、潞州、瀋陽等衛并儒學、驛遞，俱無升合之儲，太原城中有粮十萬石，不足供一歲之用。布政司庫僅有銀八萬餘兩，戶部行令買金解京，不敢動支，此外惟有闊布三十餘萬疋，及戶口食鹽尚多未關者。夫捐三十萬疋之帛與數十萬引之鹽，而使軍民獲生，一方獲寧，其爲利害孰爲輕重，不待智者而後知也。兹特具以上聞，兼乞蠲除科徵，但恐權奸沮撓，則異日之患有不勝言者。伏惟閣下爲天子之股肱、爲朝廷之蓍蔡，諫則行而言則聽者也，萬望維持而施行焉。

明 徐恪《徐司空奏議·修政弭灾疏內刪一款**》**《明經世文編》卷八一 省織造以消災異。臣聞有國家者多輕東南而重西北，及意外之患，往往起自東南，如漢之劉濞、唐之龐勛、元之方國珍輩是已。仰惟聖明天縱，德政日新，紀綱昭明，萬無此理，但去冬彗埽天津，正當東南分野，天其或者以東南民力之竭，故出此異以示警歟？謹按晉安帝隆安四年冬十二月戊寅，有星孛于天津，占曰災在吴越，晉不知謹，後果有變，具在本書，可詳究也。竊惟災異之見，天心仁愛所在，惟先事修省以消弭之于未然，則災乃爲福，異乃爲祥爾。今之南京并蘇、杭、嘉、湖等府即古吴越之境，租稅之出數倍于他州，而綺紈錦繡之貢歲有常額，上供六宫之用，下充四夷之賞。近又差内臣往彼織造，乘輿服御所用無幾，而工役科派所費不貲。禁闈近侍，勢位尊嚴，府縣奉承，惟恐或後。一應財物，非天降地湧，皆民之膏血也，若不早爲蘇息，誠恐民不堪命，怨讟由之而起。禍福倚伏，不可預測。大禹惡衣，文王卑服，千載之下，猶仰盛德。皇上臨御未久，春秋鼎盛，方當躬行節儉以身先天下，柰何以服御之故，遠遣内臣，勞東南之赤子乎？伏覩皇上即位，首頒明詔，特載蘇、杭、嘉、湖等處織造內外人員即便回京，是以宣布之日，遠近聞之，莫不懽忻鼓舞，以爲聖德之厚，燭知民隱。曾未三載，復此差遣，無乃執事者之過，非皇上之本意也。但愚民無知，罔測所自，未免有爲惠不終之嘆，此微臣所以不避斧鉞，冒昧而言。乞敕該部計議，合無仰遵明詔，俯察下情，仍將差去織造內臣取回，餘剩絲料發與各府，准作歲造支用。仍令彼處巡撫、巡按咨訪輿情，凡可以輕徭薄税、息民養兵及防微杜漸之計，悉聽舉行，不作無益，與民更始，庶幾應天以實，而災異可弭矣。

裁冗官以安小民。昔管仲相齊，官事不攝，孔子斥其不得爲儉，然則官事貴乎攝也。洪惟我朝法古建官，凡在外官司、府、州、縣等衙門，皆量地方廣狹，政務繁簡，命官分治，各有定額，當時政無不舉，令無不行，事妥民安，未嘗失誤。以臣觀之，今日地方人民無異于曩時，則今日錢粮軍需無加于舊額。夫何添設撫民、督粮、兵備、水利、理刑、提學、管屯、管礦、管河、勸農、捕盜等官，比舊加倍？且設官分職，皆爲民也。今以撫民爲名，其餘各官獨不以撫民爲職乎？如湖廣所轄府州一十八處，又有江山湖泊之險襟帶于其間，所設布政司撫民參議，去歲已蒙裁革。今河南以區區八府州之民，既添設按察司管屯僉事兼管撫民，而布政司撫民乃用參政，其爲冗散，不言可知。又如管河原係參議，後改參政，近該前巡撫奏，又于祥符等七縣添設主簿，皆以修治沁河，接濟徐、呂二洪爲職。今黄河北徙，與沁合流，由汴達徐，滔滔無阻，所設各官似亦冗閒。又如布政司職掌錢粮，分守官自合催督。今既添官督粮，分守官所幹何事？按察司職掌刑名，分巡官自合問刑。今既添官理刑，分巡官所幹何事？況一官之來，有一官之費。食有俸粮，居有廨宇，一分一毫，皆取給于民。額設馬夫、皂隸之外，又有使用、門子等項。且如參政一員，皂隸十名，每名必得三四十丁。馬夫十戶，每戶必得三丁。通前計之，不下四五百丁，俱于殷實得過之家僉充，其一應科差，不免累及貧難下戶出辦。以一官言之，似無大費，以司、府、州、縣官統計之，其費何可勝言。故閭閻小民，貧者愈貧，而富者亦至于貧，未必不由于此。所以各處人民一遇災傷，流移塞路。雖曰無君子莫治野人，然官多民擾，古今通患。況修政立事係于人，不係于官之崇卑。若肯盡心，則一人足以常兼數事。如或憚勞，則政日廢弛，雖多亦奚以爲。但各官建議之初，未之思爾。乞敕該部通查天下司、府、州、縣近年以來添設官員若干，合無從長斟酌，何者可以存留，原係參議、副使遇缺改調，或待滿日俱選參議、僉事替代。何者可以革去，遇缺改調，或待滿日，不必銓註，就令各該分巡、分守并本衙門官管理。其餘府、州、縣官，亦皆以此類推，如有誤事，聽巡撫、巡按糾治。如此則官無濫設，民無騷擾，得古人一人常兼數事之遺意矣。

清税粮以復流移。竊惟有田則有租，古之制也。我朝定制，典賣田土，過割税粮，隨即推收，不過割者其田入官，著於律令，誠萬世不刊之典也。照得河南地方，雖係平原沃野，亦多岡阜沙瘠，不堪耕種，所以民多告瘁，業無常主。或因水旱飢荒，及糧差繁併，或被勢要相侵，及錢債驅迫，不得已將起科腴田，減其價直，典賣與王府人員，併所在有力之家。又被機心巧計，揹立契書，不曰退灘閒地，即曰水坡荒地，否則不肯承買。間有過割，亦不依數推收，遺下税粮，仍存本戶，雖苟目前一時之安，實貽子孫無窮之害，因循積習，其來久矣。故富者田連阡陌，坐享兼并之利，無公家絲粒之需。貧者雖無立錐之地，而税額如故，未免縲絏追併之苦，尚冀買主悔念，行傭乞憐，直至盡力計窮，迫無所聊，方始挈家逃避，負累里甲，年年包賠，每遇催徵，控訴不已。地方民情，莫此爲急，除通查過割外，緣此等民害，各處皆有，不獨河南，況弘治五年造冊在邇，亦當預爲處置。乞敕該部計議，合無通行天下司、府、州、縣、衛所及各王府長史司，但有典賣民間地土者，各照原額税粮，隨即推收過割。若係王府人員及衛所、別州縣軍民，悉照造冊事例，寄莊納糧。如仍倚勢恃頑，挾制有司，不於今次冊內明白過割，負累包賠，向後事發，斷還原主耕種，惟復仍將賣絕地土依律入官。倘遇親王、郡王并鎮國等將軍，亦曾置買民地，該年税粮絲艸，有司難于催辦，亦宜查照徽府莊田包占魯山縣民人蘇泰等地土事例，准作本府祿米，永爲定規，庶使典賣税糧，各有歸著，困窮里甲，不致虧累，雖流移失業之民，亦將謳歌思歸，不待委官招撫矣。

免差遣以便官民。照得各處親王并郡王妃之喪，朝廷必遣內臣祭祀，所以隆親親之恩也。成化二十年，各省飢荒，荷蒙先帝深恤民隱，務從簡便，緣情定禮，免差內臣，止令各府內官致祭，宗室軍民，舉皆稱頌。近因周趙二府潁川溫僖等王妃病故，皇上復申親親之意，遣內臣致祭，恩至渥矣。但國家宗支日以繁衍，喪祭之舉，靡有虛歲，若皆自內遣官，誠恐禁密左右不勝往復跋涉之勞，所過郡縣雖無他求，亦有不勝供億將迎之費。況今各處地方俱有太監鎮守，比與祖宗時不同，似此差遣，亦宜稍更。乞敕該部計議。今後遇有親王并郡王妃故，合無查照前例，仍令本府承奉等官致祭。如聖心尚以爲歉，或于親王妃喪另遣鎮守太監行禮。如此則恩禮兼隆而官民兩便矣。

禁科擾以固邦本。伏惟祖宗舊制，親王軍校被革，與郡王校尉，俱于民間僉撥。鎮國等將軍本該儀從跟用，先年亦有乞恩僉換校尉者，俱不過給使令之役，導引出入而已。如有病故，奏行勘合僉替，並無見面等銀科擾，民皆樂從。成化六年因褒城王奏，將各王府事故校尉俱令徑行本布政司轉行州縣僉替，免其奏請，誠爲簡便。柰緣王府官員罔知禮法，乘機射利，不論年月遠近，槩作老疾呈行。又將書畫等物饋送該州縣官，浼求妄勘，日用飲食悉累里中支應。及至僉解到府，入見之初，每名勒送見面銀一百兩或一百二十兩，少亦不下八十兩。應役之後，每年索辦月錢銀十二兩或十三兩，少不下十兩，其餘歲時等項科擾名色又難數計，雖殷實上戶，不數年間骨肉離散，財産蕩然。知其艱窘，難以再遂所欲，復立退皮名色，逼令出銀三十兩或四十兩，否則痛加責罰，必待順從而後已。仍以爲媒，告攀僉替。故州縣每僉一名，則合境過得之家皆貼盤纏，詞訟紛起，大半由斯。比及審定，則舉家男婦，相聚號泣，如讁遠戍。推原其情，奚忍復言。及訪郡王受封之後，亦有入繼親王及病故無後者，前項校尉俱宜退還有司，聽當別差。今被各長史司仍容跟用，因循歲久，未曾改正。竊惟民者邦之本，財者民之心，其心傷則其本傷。當此凋敝之餘，不思加意撫綏，顧乃竭民之財而勿之恤，其傷國本甚矣。若不早爲處置，誠恐脂膏有限，朘削無窮，年復一年，愈難堪命。雖曰親親之道在于同其好惡，然所欲與聚，所惡勿施，實帝王得民心之本。臣跡在疏遠，事涉嫌疑，非無禍患之慮，直以地方責任之重，不忍斯民困于倒懸。除河南所屬通行查禁外，誠恐各處亦有此弊，故敢冒昧以陳。乞敕該部計議，合無通行各布政司著落各府長史司。今後校尉俱選二十歲以上壯丁，務當四十年之上，方准告替。如未及期，雖有疾病，不許准行。設果病故，務呈本布政司查僉，不許徑行州縣，及差人前去守催，因而賄屬官吏，扶同妄勘，仍指盤纏爲名，科歛民財津貼。僉解之後，親管官旗，止令導引儀仗，隨王出入，再不許巧立見面等項名色，科取財物。若仍科害，先將應提人員追問明白，贓物給主，撥置重犯，照例發邊遠充軍。有司聽囑科歛者，雖不入己，仍照科罰事例，革職爲民。輔導等官不行諫阻，一體參問。被害之人即發寧家，原坐名役永不僉補。其鎮國等將軍各照原定儀從名數跟用，如有不敷，即行問刑衙門查撥，毋輒比例乞換校尉，紊瀆朝廷。中間若將已換校尉仍前科擾者，盡行革去，止撥本等儀從跟用。仍查郡王受封之後，若有入繼親王并病故無後者，原撥校尉悉發有司，聽當別差，再不許容隱跟用。如此則人知警惧，政不苛煩，民心自安而邦本益固矣。

申舊制以明贖刑。照得先該法司奏行內外問刑衙門，今後問擬徒罪囚犯，不分軍民舍餘，審無力、例該的決者俱依律決訖所犯杖數，照徒年限發遣做工炒鉄等項科擬，若審有力與官吏、監生人等例難決之人，亦將杖數徒年，各另計筭運灰納米等項，贖罪發落。除遵依外，竊詳原擬徒杖囚犯審無力者，决訖所犯杖數，照徒年限發遣做工等項科擬允合律意，及有力運灰等項贖罪係在京法司問刑則例，臣皆不敢妄議，惟在外囚犯納米一節，例該備賑濟，未明增改之由，不能無疑。謹查舊例，官吏軍民人等犯該徒杖罪名，審有力，杖六十、徒一年，贖米十五石。每徒一等，加米五石，至杖一百、徒三年，贖米三十五石。犯該流杖罪名，比徒又重，贖米不過四十石。犯該監守自盜、常人盜、受財枉法、絞斬罪名，贖米不過五十石，輕重之間，各有等則，奏行已久，別無異議。今將犯該徒杖人犯各另計數，固足以懲姦慝，但以杖一百、徒三年，納米四十五石，比與絞斬准徒五年，納米五十石，少米不過五石，若比流罪准徒四年，納米四十石，反多五石。酌量律例，似乎輕重失倫。況各處連年災傷，因是各項折納罪米加增數多，囚犯經年累月不得完納，致令久禁，倉廪無由充積。乞敕法司計議，合無俯順民情，通行問刑衙門，今後問擬徒杖囚犯仍照舊例，不分軍民人等，但審有力與官吏、監生人等，犯該杖六十、徒一年，納米十五石，杖七十、徒一年半，納米二十石，杖八十、徒二年，納米二十五石，杖九十、徒二年半，納米三十石，杖一百、徒三年，納米三十五石，庶使罪囚不致久禁，倉粮易得儲蓄。

嚴禁約以惠商民。竊惟生財本自有道，取民在于有制，人君不患財用之不足，而患用財之不節，取民之無制也。且以大江一帶言之，荊州有抽分廠，蕪湖又有抽分廠，各該委官每以增賦爲賢，如一年納一萬兩，明年則倍其數。又明年再倍其數。商人崎嶇萬里，深入險阻，勞筋憊力，砍鋸板木，經年累月，守候山水泛漲，以漸推移，到于水次，編成簰筏，乘冒風濤不測之險，以求錙銖之利。曾未得食其力，而簰行數千里之間，已二次抽之，仰事俯育，將何倚賴？怨聲載路，朝廷何由知之？况洪武永樂年間內建宮闈，外展城郭，計其勞費，動以萬億，所設抽分，不過龍江等七局，取之又輕，當時不聞其不足也。今兩京規模創建已定，間有修理，工料不多，乃于龍江上流增置二廠，杭州下流增置一廠，所易價銀雖數倍于昔時，亦未必盡爲經國之用，徒竭商之財力也。或者以爲朝廷工作，不取之于商，則未免取之于民，與其取之于民，不若取之于商。然商亦民也，所置簰筏，多在下江貨賣，道經龍江等局，必將依例抽之，肯輕縱乎？故議者咸謂財者民之心，荊州等處不宜再增抽分，重侵民利，傷其心也。然此等利權猶歸朝廷，至于九江、安慶、鎮江等府未嘗奏奉勘合，乃亦私自勸抽，每遇簰筏到彼，即令小舠快槳攔截江中，必遂所欲而後已。親王聞之，亦遣內外人員于河南汝州、魯山等處私創抽分，政出多門，爲害愈甚。揆之理體，尤非所宜。嘗記成化十一年，臣以工科給事中蒙先帝陞擢湖廣布政司左參議，赴任日，有言及荊州抽分之爲民害者，左布政使錢昕即謂臣曰：『此工科掌科之失也。』臣于是時忸怩殊甚，若無所容。自後分守荊南及因事過九江、安慶、蕪湖、鎮江，每聞商人怨懟不平之詞，即戚戚于懷。茲者誤蒙簡命，進秩內臺，深惟既往之失，不可復貽後悔。適汝州又申王府人員在于魯山縣地方搶奪商民板木財物等情，除通行查究外，事干地方民患，亦宜禁約，遂敢併言。乞敕該部計議，合無通將荊州等處增置抽分各廠再行參酌事宜，量爲革罷，撙節財力，不苟興工，則原設龍江等乃抽分物料，日積月累，自足以充國用。如以臣言未至，亦宜俯察下情，量減輕則，所取民財，少加愛惜，以待緊急不時之需，勿爲玩賞無益之費。仍將九江、魯山等處私立抽分之弊嚴加禁革，以後但有乞恩奏討抽分者，立案不行，如此則事體歸一，財用有節，舉天下商民皆蒙惠矣。

明　儲巏《儲文懿公文集·與張都憲留漕濟荒》（《明經世文編》卷九六）　兩淮飢荒，甚勞撫綏，竊讀乞糧封事并與東山先生書，經濟之才、忠愛之蘊，益深歎仰。近蒙聖明憫惻，免折色糧價，免俵印馬駒，恩甚渥也。但不知盧、鳳與揚米價徵起若干，開種鹽價上納若干，果如其數，伏望執事倣曾南豐河北捄災議，損益行之。巏所慮者，前價未得耳。至於各衙門諸餘銀兩，亮皆以便宜發之，不敢贅。鄙見謂目前捄荒簡便應急，百方以思，莫如截留漕運之米爲善。今畿甸穀價殊賤，若以太倉年積之價召商糴納百萬餘石，每年軍士月粮間支一月，則三年可盡矣。一則此間賤不至傷農，一則倉銀不至它費，卻留漕米五十萬石於淮，又不下常年之數，是一舉而三利，於空白中得此若干粮以賑飢也。亦有欲言者，戶部以事干漕運爲詞，謹奉白以俟裁擇，儻以爲可，馳奏之未晚也。

明　陸容《菽園雜記》卷一　洪武中，朝廷訪求通曉曆數，數往知來，試無不驗者，必爵及封侯，食祿千五百石。山東監生周敬心奏言：『國祚長短，在德厚薄，非曆數之可定。三代有道之長，固所定論。三代而下，深仁厚德者，漢、唐、宋而已。如漢高之寬仁，繼以文、景之恭儉，昭、宣之賢明，光武之中興，章帝之長者。唐太宗之力行仁義，宋太祖之誠心愛民。是以有道之長。國祚最短者莫如秦，其次如隋，又其次如五代。始皇之酷虐，煬帝之苛暴，五代之窮兇。是皆人事所制，豈在曆數？欽惟聖上應天眷命，掃滅胡夷，救亂誅暴，其功大矣。然神武過於漢高而寬仁不及，賢明過於太宗而忠厚不及。是以御宇以來，政教未敷，四方未治。伏乞效漢高之寬仁，同太宗之誠愨，法三代之稅斂，則帝王之祚可傳萬世，又何必問諸小技之人耶？』又言：『陛下連年遠征，臣民萬口一辭，皆知爲耻不得傳國寶，欲取之耳。臣聞傳國寶出自戰國楚平王時，以卞和所得之玉琢之。秦始皇秘之，名曰御璽。自是以來，歷代珍之，遂有是名。易曰：『聖人之大寶曰位，何以守位，曰仁。』是知仁乃人君之寶，玉璽非寶也。且戰國之君，趙先得寶而國不守。五代之君皆得寶，皆不旋踵而亡。蓋徒知玉璽之爲寶，而不知仁義之爲大寶故也。天下治安享國之久者莫如三代，三代之時未有玉璽。是知有天下者在仁義而乃在此璽亦明矣。今爲取寶，使兵革數動，軍民困苦，是忽真正之大寶，而易無用之小寶也。聖人智出天下，明照萬物，何乃輕此而重彼、愛彼而不愛此邪？』又言：『方今力役繁難，戶口雖多而民勞者衆；賦斂過厚，田糧雖實而民窮者衆。教化博矣，而民不悅，所謂徒善也；法度嚴矣，而民不服，所謂徒法也。昔者汲黯言於漢武帝曰：『陛下內多慾而外施仁義，奈何欲效唐、虞之治乎。』方今國則願富，兵則願強，城池則願高深，宮室則願華麗，土地則願廣，人民則願衆。於是多取軍士，廣積錢財，征伐之功無虛日，土木之功無已時，如之何其可治也？』又言：『洪武四年，欽錄天下官吏。十三年，連坐胡黨。十九年，起天下積年民害。二十三年，大殺京民。此安立罪名，不分臧否，一槩殺之，豈無忠臣烈士、善人君子誤入名項之中。於茲見陛下之德薄。而殺戮之多者，後嗣不昌。秦、隋、元魏之君，好殺不已，其後至於滅絶種類。漢時誤殺一孝婦，致東海枯旱三年。方今水旱連年，未臻大稔，未必不由殺戮無辜感傷和氣之所致也。』又言：『明主之制，賞不僭，刑不濫。今刑既濫矣，復賞賜無節。天下老人，非功非德，人賜鈔五錠；出征軍官，位高而禄厚，平寇禦侮亦其職分當然，今乃賞賜無極，不可數計矣。厚斂重科，窮民困苦，而濫賜無功之人，甚無謂也。宜節無功之賞，以寬窮民之賦，則天下幸甚，萬姓幸甚。』其餘若通鈔法、罷充軍等事皆切時弊。約三千餘言，節其要録之。敬心不知爲山東某州縣人，後仕某官。問之山東仕於朝者，皆莫之知也。無官守言責，而能直言極諫如此，何其壯哉！不可泯也。

明 王守仁《王文成全書》卷一七《批吉安府救荒申》 據吉安府申，備盧陵縣申，看得所申要將陳腐倉穀，賑給貧民。此本有司之事，當茲災患，正宜舉行。但誠于愛民者，不徒虚文之舉，忠於謀國者，必有深長之思，故目前之災，雖所宜恤，而日後之患，尤所當防，以今事勢而觀後患，決有難測。近據崇仁縣知縣祝鰲申，要將預備倉穀，凶荒之時則倍數借給，以濟貧民；收成之日則減半還官，以實儲蓄；頗有官民兩便，已經本院批准照議施行。看得各縣事體，不甚相遠，此議或可通行，仰布政司再加裁酌議處施行。各屬遇灾地方，凡積有稻穀者，俱查照此議而行。仍仰各該掌印官務要身親給散，使貧民得實惠之沾，官府無虚出之弊乃可。其一應科派物料等項，當茲兵亂之餘，加以水灾，民不聊生，豈堪追併，仰布政司酌量緩急，分別重輕，畧定徵收先後之次，備行各屬，以漸而行，庶幾用一緩二之意，少免醫瘡剜肉之苦，通仰該司定議施行回報。

又 卷一八《賑給思田二府四月**》** 照得近因思、田二府擾亂，該前總鎮等官奏調三省漢土官軍兵快人等前來南寧府屯住防守，軍民大小，男不得耕，女不得織，而湖兵安歇之家，騷擾尤甚；今雖地方平靖，湖兵已回，然瘡痍未起，困苦未蘇，況自三月已來，天道亢旱，種未入土，民多缺食，誠可憫念！已經行仰同知史立誠遍查停歇湖兵之家，開報相應量行賑給。爲此牌仰南寧府著落當該官吏，專委同知史立誠即將十名以上七十一家，各給米二石，鹹魚二十斤；五名以上三百五十六家，各給米一石三斗，鹹魚十三斤；五名以下四百五十四家，各給米一石，鹽魚十觔；就於該府軍餉米魚内支給開報。其餘大小軍民之家，諭以本院心雖無窮，而錢糧有限；各宜安心生理，勤儉立家，毋縱驕奢，毋習遊惰，比之豐亨豫大之日雖不足，而方之兵戈擾攘之時則有餘矣。

又 卷三〇《批贛州府賑濟呈四月二十八日**》** 據贛州府呈：『本府贛縣等七縣，將在倉稻穀糶銀賑濟。』看得兵革之餘，民困未蘇，加以雨水為災，農務多廢，雖將來之患，固宜撙節預防，而目前之急，亦須酌量賑濟。據該府所申，計處得宜，合行各縣照議施行。仍仰各掌印官，務須嚴禁富豪之規利，痛革奸吏之夤緣，庶官府不為虚文之應，而貧民果沾實惠之及。各具由回報。申繳。

明 何景明《大復集》卷三二《擬與藩司論救荒書》 頃者朝廷以淮西告災，蠲其常税，命守臣存撫賑貸，此主上俯念元元之意，惠甚渥也。今郊廛鄉鄙之民捐室廬、去田畮、訣兄弟、叛父母而出者，聞皆賣其妻子、身爲奴婢，甚者棄尸道路，百不存一。其未徙者，又皆覆釜闔室，坐以待斃，有快於速死，自經樹枝者。夫死者不收，而生者未哺，往事已鑒而來勢方迫，此正執事者所宜控竭知慮，紓遐猷，布隆惠，以寬民生、承上意之日也。然而利害之實不省，緩急之端昧序，内無存變之衈，而外無應務之策，甚非所以謹生齒之大命、彰主上之實澤者也，竊於執事有不取焉。誠使僕開其利害，執事試聽之。今爲民計，大率利一，而其害有三：徵求之擾、工役之勤、寇盜之憂，此爲三害，而所利於民者獨發倉廩一事耳。利害不並施而多寡不相敵。今徵鷹犬者使吏執筆，索民出錢，又胡椒、馬、布、枲、鞶、纓諸物屢下于民，需價償之，價倍而民實不得。又屢取絺絡，使女無餘葛。此皆非賦之斂、不貢之供，猶日繼不絶，是徵求之擾尚在也。王府黄河之役，築城修塋之夫，丁連老羸，扶顛起廢，裹粮數百里，死者已半而莫爲中止，工役之勤如昔也。前者因民刼掠爲盜，下令各鄉置捕詰之役，似爲便宜，然捕者乘機生奸，深察旁逮，平日無賴子弟爲之爪牙羽翼，家歷戶至，殺人牛馬，取人貨財，盜未及除而良者蒙禍。有司因循，莫爲之省。是寇盜之憂尚在而又倍之也。發倉廩本以利民，而其弊反甚。倉舍一啟，豪強駢集，里胥鄉老，匿貧佑富，公家之積，祇以飽市井遊食之徒，而野處之民曾不得見糠粃。富者連車方輿，而貧者曾不獲斗升。又鄉民有入城待給者，資粮已盡，日貨餅餌，而卒不得與此。其少得，不足償貸，反因是等死。耳聞目覩，可爲痛扼。夫欲有所與，必先爲去其所奪。養馴菟者不蓄獵犬，植茂樹者不伐斧柯，以其近害也。故止沸不損其薪，徒酌水浥之，沸不見止。餋人飼其口腹而刲其股肉，終不得活。今三害未去，而欲興一利，以收民之凶，何以異此也。

明 王廷相《王氏家藏文集・答李獻忠論救荒事宜書救荒**》**《明經世文編》

某頓首。堯湯水旱，民無菜色，由備預有素，荒無事於救也。成周大司徒以荒政十二聚民，其次矣。以後世苟且之政視之，亦邈乎不可及者，故曰救荒無善政。葢民之食，至於荒歉，勢危迫矣，安得從容和平之意行之？伏承執事以救荒事宜下詢，敬疏其古今所可通行者數條，用備採擇，惟教之。當夫荒歉之時，百姓乏食，自活不暇矣，而官司不省事者，遇災不行申達，既災之後，猶照舊貫追徵稅糧，是已病羸之人而服勞苦，安得不斃？故流殍載塗，閭井蕭然，禍民深矣。停免賦稅宜爲先計，一也。荒年不足者多係貧下之戶，豪族大家必是蓄富，若勸諭之法不行，使官司米斛不多，雖有銀錢，無所糴買，亦將無以受實惠矣。故立勸賞約束，如冠帶義民之類，令之輸穀助荒，以續官司不及，二也。穀少則價貴，商賈細民貪利，必輦賤處之穀以售於荒歉之鄉，若官司惡其貴而減其值，則商賈聞風不來，穀無由至，爲害大矣。當出榜禁諭，寧許有增，不許有減，則諸處商穀必爲輻輳，價不待減而自平矣，三也。民既流聚他所，若無處置之法，則止棲無依，必至困極爲盜，豐荒之民俱弊矣。富鄭公在青州，河朔之民流來日眾，公乃使之散入林落、坊村、釋寺及公私室屋，各隨所宜居之，得公私粟二十餘萬斛，計以簿書，約以日期，出納之詳，一如官府。比麥熟遣歸，得活者數百萬口。此處置流民於豐稔之州，四也。細民豊收之年，公私尚多逋欠，况此飢饉，焉能還償，可逐處出榜禁革，但係公私一切逋債，俱爲停止，無得催逼，以致流亡，五也。賑濟之法，貴在貧者蒙惠，使主者不得其人，則吏胥作弊，戶籍無實，富者有盈釜之資，而貧者有赤手之嗟矣。故當選委才能之官，以主其事，使在籍皆貧下之人，而在官吏胥之徒不得以肆其奸，則濟荒雖無善政，而亦稍爲得法，六也。荒歲已矣，及今田禾有望，亦可安集，但百姓既已缺食，焉得種子，可於口食之外，再有牛犋、穀種之給，使本鄉有所顧戀，不至盡爲溝壑之瘠，七也。大抵救荒之策，先王三年九年，農有餘積，上也。平糴、常平、義倉、社倉，預備之政，次也。移民就食，煮哺糜粥，下也。今所請教，雖非預備之善，亦隨事措處之法，救荒之論，不可不講者。但即今三月將屆，田野之外，菜芽、木葉皆可採食。若銀米散賑得宜，再有牛犋、種子之給，未流者必不輕離鄉土，而已流亡者亦聞風而歸矣。其餘後時緩不及事者，不必講可也。

明　王思任《〈救荒事宜〉引》　此張登子救荒之十法也。吾不難其一施五百石，而難其五百石一粒一時俱到饑人之腹，博施濟眾，惟其濟而已矣。善濟者，實受其福，何取於東鄰殺牛？不善濟者，有孚失足，不止於小狐濡尾。故濟之義，又惟其實而已矣。有子曰：孝悌也者，其爲仁之本與？登子從祖從母從兄起見鼎，有實矣，宜其濟也。陳平割肉，遂以宰天下爲己任；司馬公破甕出兒，人即擬之爲救時公輔。是濟之之道，一均一速，不但以德，又以才也，才固德之所出。登子此刻，凡以告夫同心濟世者，須善用其才，乃可以大行其德。若夫三年有賞，七日勿逐，登子知之久矣，王思任題。

明　劉宗周《〈救荒事宜〉引》　吾鄉有救荒之議，人情頗在觀望間，即有好行其德者，亦沾沾耳。獨登子成其母若大父芝翁先生志，盡發其家廩，施及一城，不數日而遍。語詳登子自序中。自此人人競勸，自鄉先生以及素封稍有餘糧隔宿者，皆爭出其所有以從事，或平糴，或賑口，或設粥，分投互應。又因而及四郊遠近，其爲鄉先生以下相勸如是。一時恩膏所被，如法雨慈雲，得之者無不歡忻鼓舞，頓忘其爲凶歲之苦也。先是萬曆戊子告饑，相傳富家皆扃門自守，無一相顧者，至死饉載道。今歲斗米數百錢，人情洶洶，不减戊子，實賴當事預爲徙薪，而我儕士大夫又有以仰承之，竟無一人填溝壑。世每謂人心不逮古昔，日甚一日如江河。以今而觀，竟何如耶？相距五十餘年，昔何以人人秦越，今何以在在恫瘝，倘由此而進，雖我夫子所稱大道之行，當亦只在目前，則士君子挽回風尚之微權，洵有不可誣者。先生立朝，晚以遭讒，不究大用。姑以所未盡者施於鄉，其樂行善事往往類此，鄉人奉之如慈母。然吾不喜先生以一身活滿城百姓，而實喜先生以一人操挽回風尚之權，不難返叔季而三五也。若登子可爲，善繼乃翁，余又喜先生有孫矣。書以最登子。劉宗周書。

明　張陛《救荒事宜》　古云救荒無奇策，非無奇策也，無庸奇策也。管子曰：湯七年旱，禹五年水，人之無情，有賣子者。湯以莊山之金鑄幣而贖人之無情賣子者，禹以曆山之金鑄幣以救人之困。後世如申叔儀之庚癸乞鄰，汲黯之矯制發粟，俱可以救一方一時之急，則是舍鑄幣發票之外，更無救荒奇策矣。故云救荒無奇策也。時至今日，無山可鑄，無海可煮，天不雨粟，地不穴金，上無倉廩，外無鄰國，一旦水旱頻仍，饑饉洊至，有束手待斃而已。雖古人鑄幣、發粟極尋常極庸腐之策，亦不能行，而徒藉口於救荒之無奇策。果待奇策而後飽耶？抑一飽之外，更有何奇策耶？今歲庚辰，霪雨不止，水潦盛昌，菽麥瓜蔬，遍野漂沒。人情洶洶，朝不保暮，米價踴貴，斗米值錢四百文，居民日食一餐，踞高□望，突多無煙。諸上臺軫念黔黎，萬方賑救，而吾鄉薦紳先生聞風起，議蠲、議助、議賑濟，奔走無虛日。念臺劉先生主煮粥議，楚畹金先生、武貞余先生、世培祁先生主平糶議，而金先生毅然首事，捐貲平糶七百餘石，民食其惠已三十餘日矣。陛與友人私議諸先生之論偉矣！第煮粥止可廈乞人，而不及寒士，平糶止可及中戶，而不及赤貧，則饑餓不能出門戶者，猶比間是也。陛欲捐貲糶米，查什家版籍而櫛比之。凡有故家寒士、嫠婦、孤兒、耄耋、廢疾閉戶忍饑煢煢無告者，廉得其實，即發粟賑之，而不取其直。與諸先生説並行之，則救荒殆無遺策矣。陛請諸母氏，母氏奉佛長齋，生平佈施如恒河沙等，而常恐兒輩覺，聞言愀然曰：爲之甚善。若輩其如後饑何？陛曰：今日之饑荒，兒饑也。饑不可忍，而儲粟以慮後日，何爲者？昔有人計家有一歲糧而尚缺七日，於是先餓七日，謂歲得終飽，至六日而先爲餓殍矣。兒饑莫甚於今日，遑恤其後乎？兒有薄田二頃，願鬻之，以爲母作福。母氏甚悦。乃謀諸友人，措金若干兩，准其數，可致米五百余石，遍告當道及薦紳先生，皆慫恿讚歎，歡聲如雷。陛思所儲擔石，一郡計之，涓滴耳，然用之得當，可使萬人有五日之糧。倘僅好虛名而不務實濟，則倉鼠耗之，饑鷹攫之，所餘有幾？一勺與萬石，棄之等瓦礫耳。於是苦思熟慮，條例其宜，得十則焉。視之平平耳，無奇也，然十日之內，能使兩縣饑民舉火而炊者，無一人不餐母氏之粟，而母氏之粟，無一粒不入饑者之口。自山陰饑人飽而米價減十分之二，則雖謂之救荒奇策，亦不能過也。

一、聚米法

京城尚多米，自昌言減價，則米皆擁閉不出。趙清獻治越州，遇旱蝗增米價，而米商畢集，自是良法。而後黄公震救撫州饑，但大書八字『閉糴者籍，強糴者斬』，米價即平。米價之斷不可減，是通商急著。陛輸金挽粟，有市儈言：某鋪戶藏米多多，許以官檄致之，必得賤價。陛謂：既行善事，復苦一鋪戶，于心何安，遂誓衆曰：但毋遏糴石米，願羨市價五分。於是牙家輻輳，集米計千有餘石，賑事遂辦。

一、踏勘法

初謂查沿門冊，則無遺屋；查十寡牌，則無遺民。孰知窮街僻巷，屋不入閑架，民不入保甲者，如蜂房蟻垤焉！故曲巷之中，雖二三破戶，必步履親到。三回九轉，櫛比而鱗次之，蚌灰湔發，從本至條，穎穎見頂。里總報冊，什不得二三焉，昔鄭公剛中親訪饑民，與一押字錢，詔毋拭去押字。次日持錢至，則悉賑之。郡無遺貧。今攜一印札，呼鄰里細訊之，不能舉火者，謂之赤貧；稍能自食而蓄積不多及生齒繁盛者，謂之次貧。赤貧者以斗計，次貧者以升計，面書米數，約期給米。貧人持票，有癡呆不信者，有攜童稚羅拜者，有含淚不能仰視者，鵠面鳩形，如看吴道子地獄變相，安得鄭俠圖之以獻當寧？

一、優恤法

嘑蹴之與，誠爲乞人不屑；驕盈之氣，尤使貧儢難堪。踏勘之時，毋多攜僕從，毋乘坐輿馬，使鄉里睥睨，貧人引避。鮮衣怒馬，毋論訑訑之聲音、顏色，距人千里，即使身受其惠者，一飯之恩未見而睚眥之怒已深，終亦何益？故凡至一里，必邀其營宿，降心下氣，逐戶查訊，務得其情。有故家寒士，甯甘餓死不肯告人者，偵得之，不敢入冊，另以禮饋，使其可受。凡屬饑戶至門者，愉色和聲，分給確當，毋許僕從呵叱，以避嗟來。蓋時至荒饉，仁人君子憮然哀憐，全以尤憫篤摯之念，使人人自飽。天道禍盈，以驕氣出之，反成罪業矣。戒之！戒之！

一、分別法

散米之日，勿雜僧道，辨緇索也；勿乞雜丐，明貴賤也。僧遭受十方供養，其齋糧易辦；乞丐有粥廠，足以糊口。俟饑民完日，另作方便佈施。然有數項決不入冊者，娼優、隸卒、牙門、胥役、駔儈、市囂、游惰、酒徒、不孝不弟之輩。有數項入冊加厚者，皆陛至情，不無私意，以祖年八十、老母孀居、胞兄雙瞽。厚耄耋，爲老祖起見也；厚鰥寡，爲孀母起見也；厚殘疾，爲瞽兄起見也。言之慘然，泣數行下。

一、散米法

口惠而實不至者，君子恥之。凡米數升斗，寧逾其額，勿使短少。米必簸揚潔白，毋雜糠秕，使貧人得受實惠。凡散米之日午，上下分定坊數，人少地寬，既無蹂躪之患。貧戶一到，驗票查簿，照數給米，先發婦人童稚，次發老耄廢疾，壯者少佇立，以明長幼男女之禮。領米者隨給隨散，既無停留，自少喧雜。故陛家千人履閾，絕無蚊虻之聲達於戶外。

一、核實法

向來賑濟，止博虛名，蜂喧蠅攘，團簇不開。強有力者，奔走攫奪，去而復來。老弱婦女，徒咽饞涎，恐遭蹂躪，門外望洋，赤手空去，極似觀風。

季考膳夫供給，所利全在一亂，持數升酸餲之飯，誘秀才攘臂一搶，則其米散不可復稽矣。陛既設法稽查給散，井井有條，復請縣給官簿，升斗、戶口，纖悉畢書。散完城市，則報城市總數；散完鄉村，則報鄉村總數。冊籍有名，既不敢指鹿爲馬；多寡有數，斷不敢以羊易牛。陛自矢願，天人鑒知。若以虛名博人厚譽，則積福不如免禍矣！

一、漸及法

恫瘝一體，非不願灑雨空中，使遐邇立遍，力既有限，勢亦不能。諺云貪多嚼不碎。誠哉言也！今以次漸，暨由家及族，由族及鄰，由鄰及里，由里及城，由城及坰，由坰及鄉，由本縣及鄰縣，得尺則尺，得寸則寸，止求實濟，不貴遠成。蠶繭繅絲，吐盡則已，無問廣狹，不計遲速也。

一、激勸法

一手障天，所庇有幾？止以一念悲憫，破人慳貪，惟願好義繼起，連衽成帷，揮汗成雨，泰山瓣雲，亦爲甘澍。今議賑者，以窮民搶擄爲言，則意近於劫；又以司道獎賞爲勸，則意近於邀。陛之末見，謂不若勸以溺由己溺、饑由己饑之念。蘇子瞻曰：病者得藥，吾爲之體輕；飲者困於酒，我爲之酣適。專以自爲，未嘗爲人，則茲者黎民菜色，一旦得飽，仁人君子有不爲之捧腹大快乎？古人祭酒豆間，不忘所始。自有金先生之平糶、劉先生之煮粥，遂有諸薦紳先生之募賑，遂有好義諸友輸金挽粟之躅助，遇事增革，變本加厲。倘嗣此以後，有布大地之黃金作恒河沙功德，後之君子追敘厥績，問誰作椎輪，乃爲大輅之始？則余小子不敢多讓矣。

一、平糶法

平糶之議，所以舒民財也。使與市糶之價僅減毫末，猶市糶也，烏在其謂舒民財也？故平糶之價，斷須以一錢二分爲准，市價平則遞減之，是爲定議。今越中平糶之米，計千石有餘矣。饑民不得沾口者，一苦冒名，一苦定額。冒名者，爲牙行、丐戶所欺騙，一人分身爲數十人，日去幾擔，正是一家之米；定額者，許以斗糶，不許以升糶，則囊無一錢二分者，有僵臥而已，不敢過而問也。故陛謂平糶之米，總稽米數，分給各坊，每坊以一二義友主之，止許一坊貧民糴一坊公米。貧戶計其人口，給一印單，以五日爲率，日需幾升，五日需幾斗。頓糴者頓發之，零糴者零發之，止許滿五日糧，毋得多逾口數。下戶有口數未滿者，許五日內陸續補之。每坊設一總簿，明書某戶名下糶水幾次、去米幾斗，則米之出入纖悉可考，以杜侵漁。單中口數一足，則禁其重來，以防欺騙，則是一坊之米自足供一方之用矣。至若以一升二升到廠請糴者，尤是窮黎。銀水等頭，更須假借，是在任事義友臨時活變，勿輕視此升斗，一家之命繫之矣。陛之涓滴有限，不能遍及中戶，故于平糶之說，願佐芻蕘焉。

一、協力法

爲人療饑，視爲他人之饑，則勿急；爲人施惠，視爲他人之惠，則勿顯。陛之姻友五六人，皆實心任事，饑任爲己饑，惠亦任爲己惠，拯溺救焚，時不容緩，暴烈日如人清涼，見饑人如逢故舊，聞臭穢如對楠檀。陛所親歷者，猶恐有掛漏，拾遺補缺，至再至三，日夜賓士，不知勞倦。陛體質羸弱，稍露倦容，必動色相戒。昔人謂忠臣義士，須帶三分腐氣。政諸友之謂也。賑事始終，贊成勸勉及效奔走者，爲王子孫荃、章子錦、鬍子應逵、應進；沿門問訊不辭勞瘁者，爲朱子紹祖；收掌簿書，填寫印票，手腕幾脫者，爲姜子肇津、吳子英。敬志其名，以彰好義。

賑饑呈子

爲仰體德意，捐貲賑饑，懇恩立法稽查，務求實濟事一切見商羊肆虐，石燕爲災，霪雨不止者半年，蠡城不浸者三版，桂薪玉粒，日不聊生，沈竈產蛙，民不堪命。蓋聞自萬曆十六歲，大荒僅見兩年，亦未有青蚨四百文，斛米僅盈一斗，人情洶洶，眾口嗷嗷。仰承上臺軫恤至情，竊聽鄉紳救荒碩論，煮糜之說，止爲乞人設法，寒士不食嗟來；平糶之籌，僅使中戶沾恩，赤手來聞呼與。募賑者，剜肉補孔，畫餅難充；移粟者，止渴望梅，遠水莫救。陛母董孀居奉佛，立願濟人。同爲涸轍之魚，自知洵洙何濟，共此盈握之粟，猶思嘍啄必呼。甘鬻附郭田二頃，而盡因輸賑船米五百有奇，聊爲鄉黨好義之倡，願效鄰里周急之義。但大海細流，愚不敢自己出；長風偃草，令必由於上行。誠恐雜則易囂，多必難遍，愚者怖黠，不滿鼴鼠侵漁，弱者畏強，難禁饑鷹攫奪，煢民未沾實惠，施主僅博虛名。茲者僉議，懇乞師台選賢使能，賜示給簿，著各坊里總令逐戶挨查，若果墨突不黔，陶甕無貯，孤兒寡婦，門外但可張羅，寒畯窮儒，竈上僅留塵甑，計其家口，入冊報名，驗其荒涼，書單給票。予必當陒，使匹夫有數日之糧；施不望酬，俾一家無八口之累。家傳戶曉，既無喧鬨雜遝之煩；灼見親知，更無遺漏冒支之弊。饑時一口，升合必到遺黎盤內；三餐顆粒，皆成實濟；片時含鼓，均屬化天。一滴涓涘，盡歸惠海矣。不敢擅便，謹據實上呈。

明 林希元《林次崖文集一·荒政叢言疏荒政》《明經世文編》卷一六二 恭惟陛下堯仁舜孝，出潛御天，敬德日躋，文章虎變，臣民作極，萬國歡心。比聞四川、陝西、湖廣、山西等處民厄災傷，惻然動念，大沛蠲恩，期于弘濟，博延羣策，用廣聰明。盖自三王以降，漢、唐、宋之君，少有子育元元，窮神知化如斯者他。自大號渙頒，臣民聳動，凡有寸長，咸思自獻，況臣久甘淪弃，更荷生成，大德莫酬，赤心徒抱，茲承明詔，敢不對揚。夫救荒無善政，古今所病，古以賑濟垂芳史冊者，代不數人，然法多醇疵，事難盡述。往時官司賑濟，動費不稽，毫分無補。今皇上不愛太倉百萬之銀，以濟蒼生，發自宸衷，誠曠典也。使不精求良法，期濟斯人，切恐故弊仍存，聖心良負。然臣疏淺，豈有高論能裨神謨。顧業尚專門，事諳素練，臣昔待罪泗州，適江北大飢，民父子相食、盜賊蠭起之際，臣之官適當其任，盖嘗精意講求，於民情吏弊、救荒事宜頗聞詳悉。今欲有陳于陛下者，亦負日之暄，以獻吾君之意也。臣聞救荒有二難，曰得人難，曰審戶難；救荒有三便，曰極貧之民便賑米，曰次貧之民便賑錢，曰稍貧之民便轉貸；救荒有六急，曰垂死貧民急饘粥，曰疾病貧民急醫藥，曰病起貧民急湯米，曰既死貧民急募瘞，曰遺棄小民急收養，曰輕重繫囚急寬恤；救荒有三權，曰借官錢以糴糶，曰興工役以助賑，曰借牛種以通變；救荒有六禁，曰禁侵漁，曰禁攘盜，曰禁遏糴，曰禁抑價，曰禁宰牛，曰禁度僧；救荒有三戒，曰戒遲緩，曰戒拘文，曰戒遣使。其綱有六，其目二十有三，備開于後，編次以進，總曰《荒政叢言》，是皆往哲成規、昔賢遺論，臣嘗斟酌損益，或已行而有效，或欲行而未得，或得行而未及，謂可施于今日者也。若夫恐懼修省，降詔求言，蠲租稅以舒民困，散居積以厚黎元，皆人主救荒所當行，則陛下已先得之，不容臣言也。至于賣軍職、賣監生、賣吏典，乃不得已救急之弊事，非盛世所當行，則大臣已先言之，不待臣言也。陛下倘不以臣言為愚拙、為迂疏，乞勑部院詳議可否，即賜施行。

一、二難；二、三便；三、六急；四、三權；五、六禁；六、三戒。

一、二難

曰得人難者，盖為政在人，況救荒無善政，使得人猶有不濟，況不得人乎。如常平、義倉之法，在耿壽昌、長孫平行之則為良，後世踵之則有弊，其故何也？正以不得其人爾。今各處災傷，民罹凶危，陛下隱念至痛，府庫百萬之財，盡不愛以濟蒼生，此真愛民如子之心也。使不得人以行之，臣恐措置無方，姦弊四出，飢者不必食，食者不必飢，府庫之財徒為奸雄之資，百萬之費不救數人之命，此臣所以深憂過慮也。然所謂得人者非特府縣官，凡分委賑濟官耆皆所當擇而不可苟者。昔富弼青州賑濟，其所用之人則除著州縣正官外，就前資及文學等府佐領官，擇有廉能者用之。夫有歐陽修以主賑濟，則府縣正官不用擇，所當擇者，分委賑濟之官。今不得如歐陽修者主賑濟，則主賑濟者，府縣正官之責，所當精擇，而擇委官又其責也。臣愚欲令撫按、監司精擇府州縣正官廉能者，使主賑濟，正官如不堪用，可別揀廉能府佐或無災州縣廉能正官用之，盖荒事處變，難以常拘也。至于分賑官員，可令主賑官盖就所屬學職等官及待選舉人監生等人員擇素有行義者，每廠一員為主賑。又擇民間有行義者一人為耆正，數人為耆副。使監司巡行督察各廠，所至考其職業，書其殿最，並開具揭帖。事完，官上之吏部，府縣學職等官視此為黜陟，舉人監生等人員視此為除授；民上之撫按，有功者以禮獎勞，仍免徭役，有過者分別輕重，懲治不恕。如此則人人有所激勸，而荒政之行或庶幾矣。

曰審戶難者，盖賑濟本以活窮民，夫何人情狡詐，姦欺百出，乃有頗過之家，濫支米食，而窮餓之夫，反待斃茅簷。寄耳目于人，則忠清無幾，樹衡鑑于上，則明照有遺，此審戶所以難也。古云救荒無善政，正坐此耳。昔宋富弼青州賑濟流民，古今所稱，臣謂此殆不難，何也？民至于流，即當賑濟，無事審戶，何難之有？惟夫土著之民，飢飽雜進，真偽莫分，此其所以難也。邇時官司審戶，有委之里正者矣，有親自抄劄者矣，有行賑粥之策者矣，然皆不能釐革奸弊，何者？以臣所見言之：臣昔待罪泗州，適江北大飢，臣始至，稽其簿籍，本州已賑濟兩月，倉庫錢粮已竭矣，而民父子相食者不能救，盜兵潢池者日益熾。臣深求未得其故，既而見民有投子于淮河者，問其賑濟，則曰無錢與里書，不得報名也。又審賊犯于獄，問其賑濟，則曰未也，而稽其簿籍，已支兩月粮，盖里書之冒支也。又收餓莩于野，問其賑濟，則曰無有，何以不濟？曰戶有四口，二口支粮，月支三斗，道途迍復，已費其半。一口支粮，四口分之，每口只得六七升，是以不濟也。此按籍之弊也，此里正之不足任也。臣既灼知其弊，乃親自抄劄，則纔入其鄉，而告飢者塞途，真與偽莫之辨也。既而沿門審驗，則一日不能十數家，千萬飢民，已不能遍，而分委之人，其弊與里正要亦不甚相遠。此親自抄劄之難也。及其廷臣建議賑粥，其説以爲窮餓不得已者始來食，不須審戶，可得飢民。臣始是其議，用意推行，不知歲既大飢，民多鮮恥，飢飽並進，真偽莫分，甚至富豪伴僕報名食粥，窮鄉富人遣人關支。臣因痛加沙汰，追罰還官者無數。是賑粥之法亦難任也。故曰三者皆不能釐革奸弊者，此也。昔宋蘇次參澧州賑濟，患抄劄不公，令民用紙半幅，上書某家口數若干，合請米荳若干，實貼各人門首壁上，如有虛偽，許人告首，甘伏斷罪，以備委官檢點，古今以爲良法。但以臣觀之，門壁之貼未必從實，檢點之官未必得人，安能保其可以革弊而絕無欺偽于其間也。然則終無策與？臣愚欲分民爲六等，富民之等三：極富、次富、稍富，貧民之等三：極貧、次貧、稍貧。稍富不勸分，稍貧不賑濟。極富之民使自檢其鄉之稍貧者而貸之銀，次富之民使自檢其鄉之次貧者而貸之種。非特欲借其銀種也，欲于勸分之中而寓審戶之法也。何者？盖使極富之民出銀以貸稍貧，彼必度其能償者方借，而不借者即次貧也。使次富之民出種以貸次貧，彼必度其能償者方借，而不借者即極貧也。不用耳目而民爲吾耳目，不費吾心而民爲吾盡心，法之簡要似莫有過于此者。責委官者，逐都推勘，隨戶品題，既皆的實，然後隨等處分賑濟，則府庫之財不爲奸雄之資而民蒙實惠矣。或曰貧分三等，流民何居？臣曰流移之民雖有健弱不一，然皆生計窮盡，不得已棄鄉土而仰食于外，與鰥寡孤獨窮乏不能自存者何以異，雖謂之極貧可也。臣故曰不須審戶即當賑濟者，此也。

二、三便

曰極貧之民便賑米者，臣按宋富弼青州賑濟流民所支米豆，十五歲以上每口日支一升，十五歲以下每口日支五合，仍曆子頭上分明算定一家口數。一官如管十耆，即每日支兩耆，逐耆併支五日口食。河北流民賴以存活五十餘萬人。此荒政之最善，古今所稱。近旹官司賑濟，多有用之而專賑米者。然以臣觀之，若次貧稍貧人戶，家道頗過，不幸而際凶歉之年，生理雖艱，猶未至懸命朝夕，且其力能營運，不至束手待斃，使其終日敝敝而守升合之米，彼固有所不屑者。且欲食之民略無涯限，倉廩之積豈能盡濟？惟夫極貧之民，室如懸磬，命在朝夕，給之以米，則免彼此交易之艱，抑勒虧折之患，可濟目前死亡之急，此其所以便也。其法大口日支一升，小口半之，八口之家，四口給米，四口之家，二口給米。非不欲盡給之也，民無窮而米有限，窮餓之民日得米半升，亦可以存活矣。隨飢口多寡，不分流移土著，合就鄉集立廠。每廠賑濟官給與長條小印，上刻某廠極貧飢民，以油和墨印誌于臉。每人給與花闌小票，上書年貌住址，如係一家，即同一票。五日一次赴廠驗票支米。十人爲甲，甲有長，五甲爲羣，羣有老。每甲一小旗，旗上掛牌，牌書十人姓名，甲長執之。每羣一大旗，旗上掛牌，牌書五甲姓名，羣老執之。羣以千字文給號。當給之日，俱限巳時，羣老、甲長各執旗牌，領率所屬飢民，挨次唱名給散。每口一支五升，每甲五斗，每羣二石五斗。羣甲之糧只給長老，使之給散。必印臉驗票者，防其偽也。必羣分旗引者，防其亂也。必一時支給者，防重疊也。必總領細分者，省其繁且遲也。每廠給與印信文簿，將飢口支粮數目逐一造報，以憑稽考。仍給升一、五升斗一、五斗斛一，當官印烙，發付應用。其發米下船，如不係沿流及產米去處，難于搬運，則散銀各廠官者，令就本鄉富戶照依時價糴買。或本鄉富民粟盡，可令飢民遠就有粟去處一頓關支，亦移民就粟之意也。

曰次貧之民便賑錢者，臣按董煟《救荒活民書》謂：支米最不便，弊病又多。不係沿流及產米去處，搬運腳費甚大，不如支錢最省便，更無偽濫之弊。小民將錢可以抽贖典過斛斗，或一斗米錢可買二三斗雜料，以二三升伴和野菜煮食，則是二斗雜料，可供一家五七口數日之費。其説是矣。近旹官司賑濟，多有用之而專賑銀錢者，然以臣觀之，極貧之民，室如懸磬，命在朝夕，若與之錢銀，未免求糴於富家，抑勒虧折皆所必有。又交易迍還，動稽旹日，將有不得食而立斃者矣，可謂便乎？惟次貧之民，自身既有可賴而不甚急，得錢復可營運以繼將來，此其所以便也。其法八口之家，四口支錢，四口之家，二口支錢。每口所支折銀二錢，編羣給票，亦准極貧印誌，旗引則不必用。支錢於穿錢繩索繫以錢舖散者姓名，支銀于包銀紙面印誌銀匠散者姓名，如有低偽消折，聽其赴官陳告，坐以侵漁之罪，如是則法不生奸而民蒙實惠矣。然塊銀細分，必有虧折，如銀十兩散五十人，每人二錢，必虧五六七釐，此臣所經驗也，要不若散錢爲尤便。且貧民以銀易錢，又有抑勒虧折之患也。

曰稍貧之民便轉貸者，臣按出官粟以貸貧民者，古之義倉是也。勸民粟以濟貧民者，今之例納是也。今臣所謂轉貸者，借民財以一貧民，而不費官財，酌二者之間而參用之也。夫稍貧之民，較之次貧，生理已覺優裕，似不待賑濟，然皆當荒歉，資用不無少欠，不可全不加念，是故不之濟而之貸也。然欲官自借之，則二貧之給錢穀，亦或不敷。若使富民借之，則民度其能償，必無不可。故使極富之民出財以借，官爲立券，豐歲使償，只收其本，不責其息。貧民得財而有濟，富民捐財而有歸，官府無施而有惠，一舉而三得備焉。此其所以便也。其法八口之家，四口借銀，每口二錢。自正月至四月，總四月之銀，一次盡給之。待其展轉營運，亦可以資其不足而免于匱乏矣。一人所借，多至二百口，少不下一百口。若本鄉無富民，則借之外鄉，並官立文冊，事完之日，以禮奬勵，量免幾年徭役。作之有道，則民自樂于供輸矣。

三、六急

曰垂死貧民急饘粥者，臣按作粥以飼飢民，昔漢獻帝蓋嘗行之，後世多有用之。而專賑粥者。但以臣觀之，次貧之民生計未急，日授之米已有不屑，而況粥乎。極貧之民生計雖急，而給之粥，亦有所不願者，何則？粥之稀稠冷煖不一，食之多寡緩急人殊。早關晚放，人弗自便，氣蒸疫作，死亡相繼。始也不得已，扶攜強健而入廠，終也不得去，空拳匍匐而出門。此所以不願也。臣昔泗州親見之審矣。若夫垂死之民，生計狼狽，命懸頃刻，若與極貧一般給米，則有舉火之艱，將有不得食而立斃者矣。惟與之粥，則不待舉火而可得食，涓勺之施遂濟須臾之命。此粥所以當急也。必于通都太衢量搭小廠，亦設官耆，令其領米作粥。流莩所過，並聽就食。但人餓既久，腸胃噎寒，乍飽多死。粥要極稀，毋令至飽，當以漸與之，待氣完體壯，然後與極貧一體賑米。然作粥之法又慮生熟不齊、參和灰水之弊，要在委任得人，則民蒙實惠矣。或曰賑粥之法，昔大臣嘗行于江北，今子三貧之賑不之取，獨取而用于垂死貧民，何也？臣曰：昔江北之大飢也，民餓死與爲盜，正在十一、十二月之間。臣至，多方賑濟，稍健能行者隨口給米，弱憊不能行者爲湯粥飼之。及正月初，廷臣建議賑粥，民多不願，臣乃試爲二廠，一賑粥，一賑米，民皆舍粥而趨米。臣因與面論可否，其說鑿鑿可聽，臣不能奪，乃一意推行而更得法。然行之未久而弊作，何也？飢飽混進而糜費浩繁，疫癘盛行而死亡枕籍。當日上司目擊其弊，故行之不兩月，羽書星馳，令停粥而給米，則上司已知其法之不可行而自改之矣。臣目擊其弊，乃多方澄汰，亦只查革得一二，續因飢民病愈乞歸，遂給米散遣之。雖以賑粥造報，實則賑米者半月，則臣已知其法之不可行而陰改之矣。然臣始至泗州也，親見飢民立死，乃亟行賑濟。城郭餓莩既仆者、欲仆者，亟取米飲灌之，旋以稀粥接續與食。既仆者十救五六，欲仆者全救。因思垂死飢民非粥決不能救，又不可緩，若夫三貧之賑，決不可用，乃知昔人此法實爲垂死飢民而設。擇羸弱給粥，候氣完然後一給，則宋儒程頤之論實有見矣。今臣三貧之賑去粥不用，而獨用之垂死貧民者，豈空言無據哉！或曰：賑粥民既不願，又有濫食者，何也？臣曰：不願食者貧民，其濫食者非貧也。

曰疾病貧民急醫藥者，蓋時際凶荒，民作疫癘，極貧之民一食尚艱，求藥問醫于何取給？昔宋趙抃知越州，爲病坊以處病民，給以醫藥者，正爲此也。往時江北賑濟，官府亦發銀買藥，以濟病民，然歛散無法，督察無方，醫人領銀不盡買藥，而多造花銷，窮民得藥，初不對病，而全無實効。今各處災傷重大，貧民疾病所不能免。臣愚欲令郡縣博選名醫，多領藥物，隨鄉開局，臨證裁方。郡縣印刷花闌小票，發各廠賑濟官，令多出榜文，播告遠近，但是飢民疾病，並聽就廠領票，赴局支藥。仍開活過人數，並立文案，事完連冊繳報，以憑稽考。濟人多寡，量行賞罰，侵尅錢粮，照例問遣。如是則病者有藥，而民免于夭札矣。

曰病起貧民急湯米者，蓋疾病飢民或不能與賑濟，或與賑濟而中罹疾病，逮疾病新起，元氣初復，正當將息之時也，而筋力疲憊，不能赴廠支米。若非官爲之所，則呻吟牀簀之上，有枵腹待斃者矣。臣昔泗州賑濟，四月疾作，見飢民多病，不能赴廠食粥，因遣人訪問其家，則有患病新瘥，欲食而無所仰者。乃遣人沿門搜訪，但是疾病新起貧民，每人給米一升五合。三日內外，散米一十一石七斗，而濟病民八百二十二名口。所費不多，全活者衆。今各處災傷重大，民病有所不免，臣愚欲令各廠賑濟官遣人沿門搜訪，但是患病新起貧民，俱日給米五合，一支五日，使其旦夕燒湯，不時飡飲。待元氣既復，膚體既壯，方發飢民廠，照舊支米，則病起有養，而民免于橫死矣。

曰既死貧民急募瘞者，蓋大荒之歲，必有疾疫，流移之民，多死道路，不爲埋瘞，則形骸暴露，腐臭薰蒸，仁者所不忍也。故先王有掩骼埋胔之令，宋仁宗有官爲埋瘞之詔，良有以也。然死者人所畏惡，責人以所惡，其從則難，誘人以所利，其趨甚易。臣昔在泗州見郡縣差官給銀買席瘞屍，督責雖嚴而暴露如舊。臣知其故，乃擇地勢高廣去處爲大塚，榜示四方軍民，但有能埋屍一軀者，官給銀四分或三分。每鄉擇有物力行義者一人，領銀開局，專司給散。各廠賑濟官給與花闌小票，凡埋屍之人，每日將埋過屍數呈報該廠，領票赴局，驗票支銀，事完造報，以便查考。埋過屍骸逐日表志，以待官府差人看驗。此令一出，遠近軍民趨者如市，數日之間，野無遺骸，官不費力而死者有歸，至簡至便。令各處災傷，疫癘不無，飢餓轉死所不能免，如臣之法，似可行也。

曰遺棄小兒急收養者，蓋大飢之年，民父子不相保，迸迸棄子而不顧。臣昔在泗州，見民有投子于淮河者，有棄子于道路者，爲之惻然。因思宋劉彝知處州，嘗給米令民收棄子，乃倣而行之，置局委官，專司收養。令曰：凡收養遺棄小兒者，日給米一升，一支五日，每月抱赴局官看驗。飢民支米之外，又得小兒一口之粮，遠近聞風，爭趨收養，甚至親生之子亦詐稱收抱，以希米食。旬月之間，無復有棄子于河于道者。今各處災傷去處，若有遺棄小兒，如臣之法，似可行也。

曰輕重囚繫急寬恤者，臣按《周禮》荒政十有二，三曰緩刑，盖民迫于飢寒，不幸有過失，緩其刑罰，所以哀矜之也。況年當荒歉，疫癘盛行，獄囚聚蒸，厥害尤甚。若不量爲寬恤，則輕重罪囚未免罹災横死。故充軍徒罪、追贓不完、久幽囹圄者，必量情輕重，暫爲釋放，絞斬重罪有礙釋放者，必疏其枷杻，給以湯藥。如此則輕重罪囚各獲其生，無夭札之患矣。然囚繫既急寬宥，則凡戶婚諸不急詞訟當且停止，恐負累飢民及妨誤賑濟，此又不可不知也。

四、三權

曰借官錢以糴糶者，蓋年歲凶歉，則米穀湧貴，富民因之射利，貧民益以艱食。昔宋吳遵路知通州，適災傷，民多流轉，遵路勸富家，得錢萬貫，遣牙吏散出收糴米豆，歸本處依原價出糶，民謂之便。今既勸富民出貸貧民，又借其財以糴糶，則民不堪矣。臣愚欲借官帑錢銀，令商賈散往各處糴買米穀，歸本處依原價量增一分爲搬運腳力，一分給商賈工食，糶盡復糴。事完之日，糴本還官，官無失財之費，民有足食之利。非特他方之粟畢集于我，而富民亦恐後時失利，爭出粟以糶矣。然糴糶之法，專爲濟貧，商賈轉販，所當禁革。又當徧及鄉村，不得只及坊郭，則貧民方沾實惠。或曰宋蘇軾浙中賑濟，謂只將常平斛斗出糶，則官司不勞抄劄勘會，給納煩費，但得數萬石斛斗在市，自然壓下物價，境內百姓，人人受賜。董煟以爲良法，遂建救荒三策，而以是爲首。今三貧之賑而不之取，何也？臣曰：大飢之歲，三貧俱困，安得許多銀可糴米豆，而糴買者多商販或富民也，故其策不可用。蘇軾之行于浙中者，或未至于大飢也。

曰興工役以助賑者，盖凶年飢歲，人民缺食，而城池水利之當修在在有之。窮餓垂死之夫固難責以力役之事，次貧稍貧人戶力任興作者，雖官府量品賑貸，安能滿其仰事俯育之需？故凡圮壞之當修、湮塞之當濬者，召民爲之，日受其直，則民出力以趨事，而因可以賑飢，官出財以興事，而因可以賑民，是謂一舉而兩得，于工役之中而有賑濟之助者。昔宋熙寧七年，河陽災傷，常平倉賑濟斛斗不足，詔賜常平穀萬石，興修水利，以賑濟飢民，董煟謂此以工役賑濟者。今之大臣盖嘗用之于宰縣之日，臣昔師其意而行之于泗州，既有效者。今各處災傷，似可用也。或曰荒年財力方詘，凡百工力，皆當停止，故《周禮》荒政有弛力之令。今子乃欲興工役，何也？臣曰：荒年工役之停止者，盖謂宮室臺榭之類之可已者。若夫城池之禦侮、水利之資農，皆荒政之所不可以已者。府庫之財自有應該支用而不干賑濟之數，若里甲之類者，臣在泗州盖嘗支用而不碍于賑濟者矣。臣興工役之策，復何疑哉。

曰借牛種以通變者，盖飢饉之後，賑濟之餘，官府左支右吾，府庫之財亦竭矣。民方艱食之際，只苟給目前，固不暇爲後圖。幸而殘冬得度，東作方興，若不預爲之所，將來歲計復何所望？故牛種一事尤當處置。若燕慕容皝以牛假貧民，宋仁宗發粟十萬貸民爲種，爲是故也。今府庫之財既殫于賑濟，如欲人人而與之牛，則都里之民甚多，一牛之費甚大，欲人人而與之種，則缺種之戶不少，府庫之財莫續，是難乎其爲圖。臣昔在泗州，承上司文移，上里與牛六具、種若干。臣召父老計之，其法難行。乃自立法，逐都逐圖差人查勘，有牛有種者幾家，有牛無種者幾家，有種無牛者幾家，牛種俱無者幾家。有牛者要見有幾具，有種者要見有多寡，通行造報，乃爲處分。除有牛無種、有種無牛人戶聽自爲計外，無牛人戶令有牛一具帶耕二家，用牛則與之共養，失牛則與之均賠。無種人戶令次富人戶一人借與十人或二十人，每人所借雜種三斗或二斗。耕種之時令債主監其下種，不許因而食用，收成之時許債主就田扣取，不許因而拖負。官爲立契，付債主收執。此法一立，有牛種者皆樂于借，而不患其無償，缺牛種者皆利于借，而不患其乏用。臣半月之間，凡處過牛千九百六十五具，種八百四十七石，銀一百七十五兩，處給一州缺牛種人戶計四千八百五十六家。此于財匱之時得通變之術，時江北州縣多有倣行者。今各處災傷重大，如臣之法，似可行也。然臣昔在泗州不曾定六等人戶，故須臨時查勘。今既定民爲六等，則稍貧者不待給，次貧者令次富給之，不待臨時查勘矣。或曰次貧之民既有次富之民出種借之，極貧之民則何所借？臣曰：極富之民既借之銀，次富之民既借之種，不可復借矣。要極貧之中無田者多，若有田者再處一月之糧而一給之，則其事盡濟矣。

五、六禁

曰禁侵漁者，盖人心有欲，見利則動。朝廷發百萬之銀以濟蒼生，而財經人手，不才官吏不免垂涎，官耆正副類多染指。是故銀或換以低假，錢或換以新破，米或插和沙土，或大入小出，或詭名盜支，或冒名關領，情弊多端，弗可盡舉，廷有實費而民無實惠者，皆侵漁之患也。昔王莽時，南方枯旱，流民入關者數十萬人，置養贍院廩之。吏盜其廩，餓死十七八。夫盜廩之弊豈特莽時爲然，自古及今莫不然也，不重爲禁可乎？臣按《大明律》，凡監臨主守盜倉庫錢粮者問罪刺字，至四十貫者斬。《問刑條例》：宣大榆林等處及沿海去處監臨主守盜粮二十石、銀一十兩以上者問罪，發邊衛永遠充軍。臣愚以爲賑濟錢粮，人民生死所繫，若有侵盜，其罪較之盜宣大沿邊等處錢粮者爲尤大，其情尤爲可惡。合無分別等第，嚴立條禁，凡侵盜賑濟錢粮至一兩以上者問罪刺字，發附近充軍，十兩以上者刺字，發邊衛永遠充軍，至二十兩以上者處絞。按律殺人者死，侵盜賑濟錢粮至二十兩以上，致死飢民不知其數，處之以死，豈爲過乎？重禁如此，庶侵漁知警，飢民庶乎有濟矣。

曰禁攘盜者，盖人有恆言：飢寒起盜心。荒年盜賊難保必無，縱非爲盜之人，當其缺食之旹借于富民而不得，相率而肆刼奪者迭迭有之，于此不禁，禍亂或繇以起。《周禮》荒政十二，有除盜之條。辛弃疾湖南賑濟，嚴刼禾之令，正爲是也。然處之無方，則禁之不止。民迫于死亡，方且僥倖以延旦夕之命，豈能禁之使不攘盜乎？臣昔至泗州，適江北大飢，盜賊蠭起，臣先賑濟，次招撫，次斬捕，凡賑過飢民三千四百口，撫過飢民四百五十口，捕過撫而復叛飢民六十口，而盜始大靖。今各處災傷重大，盜賊攘奪，難保必無，若官府賑濟未及，必作急區處賑濟，俾不至攘奪。若賑濟已及而猶犯，是真亂法之民也，決要懲治。然不預先禁革，待其既犯，遂從而治之，是不教而殺，謂之虐也。必也嚴加禁革，攘盜者問罪枷號，爲盜者依律科斷，如有過犯，不得輕宥，如此則人知警惧而不敢犯，禍亂因可以弭矣。

曰禁閉糴者，嘗見往旹州縣官司各專其民，擅造閉糴之令，一郡飢則鄰郡爲之閉糴，一縣飢則鄰縣爲之閉糴。臣按春秋之時，諸侯竊地專封，固不以天下生靈爲念，然同盟之國尚有恤患分灾之義。秦飢，晉閉之糴，《春秋》誅之。況今天下一家，民無爾我，均朝廷赤子，乃各私其民，遇災而不相恤，豈吾君子民之意？萬一吾境亦飢，又將糴之誰乎？是欲濟吾民而反病吾民也。謂宜重爲之禁，今後災傷去處鄰界州縣不得輒便閉糴，敢有違者，以違制論。如此則爾我一體，有無相濟，非惟彼之缺食可資于我，而己之缺食亦可資於人矣。

曰禁抑價者，盖年歲凶荒，則米穀湧貴，嘗見爲政者每嚴爲禁革，使富民米穀皆平價出糴。不知富民慳吝，見其無價必閉穀深藏，他方商賈見其無利，亦必憚入吾境，是欲利小民而適病小民也。昔范仲淹知杭州，兩浙阻飢，穀價方湧，斗計百二十文。仲淹增至百八十，衆不知所爲。仍多出榜文，具述杭飢及米價所增之數，于是商賈聞之，晨夕爭先恐後，且虞後者繼至，于是米石輻集，價直遂平。今各處災傷，若抑價有禁，參用仲淹之法，則穀價不患于騰湧，小民不患于艱食矣。

曰禁宰牛者，盖年歲凶荒則人民艱食，多變鬻耕牛以苟給目前，不知方春失耕，將來歲計亦旋無望。臣按《問刑條例》：私宰耕牛，再犯累犯者，俱發邊衛充軍。弘治十二年九月初一日，又節該欽奉聖旨：私宰耕牛，今後違犯的，照例治罪。每宰牛一隻，罰牛五隻。欽此。夫耕牛私宰，在平時尚有厲禁，況荒年宰殺必多，所關尤大，不爲之禁，可乎？然徒爲之禁而不爲之處，彼民迫于死亡，有不顧死而苟延旦夕之命者，況充軍乎？有同類之人父子相食而不顧者，況牛乎？謂宜預爲禁處，凡民間耕牛不許鬻賣宰殺，賣者價銀入官，殺者充軍發遣。如果貧民不能存活，欲變賣易穀，聽其赴官陳告，官令富民爲之收買，仍付牛主收養，待豐年販買或牛主取贖。如此則牛可不殺而春耕有賴，民獲全濟而官本不虧。臣替在泗州盖嘗行之，而已後期。今各處災傷，宜勅所在官司早爲禁處，斯可以有濟矣。

曰禁度僧者，盖見迭時歲飢，多議度僧賑濟，不知一僧之度，只得十金之入，一僧之利，遂免一丁之差，十年免差，已勾其本，終身游手，利不可言。況又坐享田租，動以千百，富僧淫逸，多玷清規，汙人妻女，大傷王化，是謂害多于利，得不償失，事不可行，理宜深戒。昔宋孝宗淳熙九年，勑令廣東福建帥臣曉諭願爲僧道者，每名備米三百石，請換度牒一道，續恐米數稍多，特減五十石。臣按宋人全失中原，財賦之入已窘，又苦于歲幣之需，一遇飢荒，故不得已而出度僧之策，然猶一僧換米三百石，其不輕易如此。今國家財賦既倍于宋，蠻夷輸貢，無復歲幣，其財用既不若宋人之窘迫，乃因荒年給度，又一僧只易其十金，所獲不多而受此不美之名，何也？故宋人之策不可復用，度僧之事決不可行。今各處災傷重大，恐有偶因費廣，復建此議者，所當禁也。

六、三戒

曰戒遲緩者，臣聞救荒如救焚，惟速乃濟。民迫飢餒，其命已在旦夕，官司乃遲緩而不速爲之計，彼待哺之民豈有及乎？此遲緩所當戒也。昔宋蘇軾與林希書云：朝廷原設儲備，熙寧中本路截發，及別路般來錢米并因大荒放稅，及虧卻課利，蓋累百鉅萬，然于救荒初無分毫之益者，救之遲故也。然遲之一言，豈但熙寧一時爲然，自古及今，莫不然也。臣昔至泗州，適江北大飢，府縣九月十月賑濟皆是虛文，而民飢死正在十一十二兩月，及至正月而差官發銀始至，蓋亦坐遲之病也。今宜以此爲戒，嚴立約束，申戒撫按二司、府州縣各該大小賑濟官員，凡申報災傷，務在急速給散錢粮，務要及時。申報災傷與走報軍機同限，失誤飢民與失誤軍機同罰。如此則人人知警，待哺之民庶乎有濟矣。

曰戒拘文者，嘗見往時州縣賑濟，動以文法爲拘，後患爲慮。部院之命未下，則撫按不敢行，監司之命一行，則府縣不敢拂。不知救荒如救焚，隨便有功，惟速乃濟。民命懸于旦夕，顧乃文法之拘，欲民之無死亡，不可得也。朝廷雖捐百萬之財，有何補哉！昔漢河内失火，延燒千家，汲黯奉使往視，以便宜持節發倉廪以賑濟貧民。宋洪皓秀州賑濟，寧以一身易十萬人命，截留浙東綱常平米斛以賑濟仰哺之民。此皆能便宜處事，不爲文法所拘者也。今各災傷去處宜告戒撫按司、府州縣官，凡事有便于民，或上司隔遠，未便得請，事有妨碍者，並聽便宜處置，先發後聞，惟以濟事爲功，不得拘牽文法，致誤飢民，有孤朝廷優恤元元之意，則大小官員得以自遂，而飢民庶乎有濟矣。

曰戒遣使者，臣嘗見䢔時各處災傷重大，朝廷必差遣使臣分投賑濟。此固軫念元元之意，然民方飢餓，財方匱乏，而王人之來，迎送供億，不勝勞費，賑濟反妨，實惠未必及民而受其病者多矣。臣愚以爲各處撫按監司未必無可用之人，顧委任之何如耳。莫若專勅撫按官員，令其照依朝廷議擬成法，仍隨所在民情土俗，參酌得中，督責各道守巡等官分督州縣，著實舉行。事完之日，年稍豐稔，分遣科道各處查勘。王命所在，誰敢不盡心？黜陟所關，誰敢不用命？較之凶歉之際差官䢔還，徒爲紛擾者，萬不侔矣。

臣案古之救荒有先時預備者，有臨時處置者。先時預備，常平義倉社倉等法是也。臨時處置，如臣所陳是也。臨旹處置之方，如臣所陳略盡矣。先時預備之法，則未之及之也。救荒不先時預備而待臨時處置，亦緩不及事矣。古之聖王，三年耕必有一年之食，九年耕必有三年之食，以三十年之通制國用，雖有凶旱水溢，民無菜色者，先時預備也。以荒政十二聚萬民，則臨旹處置也。必二者竝行，然後爲聖王之政。若宋董煟《救荒活民》一書，可謂兼備矣。元張光大取而續增之，本朝朱熊又補其遺，世稱爲完書，版刻見在南京國子監。然以臣觀之，編次無倫，觀閲不便，其間缺略不備、窒礙難行盖亦有之。茲遇聖明博求荒政，臣愚竊欲重加編集以進，然待哺飢民方懸命旦夕，若待編完，不無遲誤。姑以微臣所見臨時賑濟之宜先行具奏，俟臣從容編集完日，另行奏進。

明 席書《席文襄公奏疏·南畿賑濟疏》賑粥 《明經世文編》卷一八〇 今歲南畿旱澇相仍，民饑殊甚，已經有司疏聞，下廷議賑卹。第饑民甚多，錢穀絶少，恐難給濟，須別等第，酌緩急乃可。以地言之，江北廬、鳳、淮、揚、滁、和諸州府災爲甚，江南應天、太平、鎮江次之，徽、寧、池、安、蘇、常又次之，此地有三等，難于一例處也。以戶言之，有絕爨枵腹、垂命旦夕者，有貧難已甚、可營一食者，有秋禾全無、尚能舉貸者，此民有三等，難于一槩施也。臣日夜籌畫，今有司倉廪既虛，戶部錢粮又難遍給，考古荒政可行于今者，唯作粥一法，不煩審戶，不待防奸，至簡至要，可以舉行，而世俗咸謂不便。蓋緣曾有舉于一城，不知散布諸縣，以致四遠饑民聞風併集，主者勢不能給，致民相聚而死，遂謂此法難行。今總計南畿作粥，江南北可四十二州縣，大都大縣設粥十六所，中縣減三之一，小縣減十之五。諸所設粥處約並日舉，凡饑民來者，無論本縣隣境軍民男女老幼口多寡，均粥給濟。起今十一月半，抵麥熟止。計用米十六萬石，用銀十六萬兩，可活人二十餘萬。取用有數，未致太糜，賑卹有等，不致虛費。簡直而奸欺難作，平易而有司可舉。此法一行，窮餓垂死之人晨得而暮即起，其效甚速，其功甚大，扶顛起斃未有急于此者。竊謂此法非特宜于南畿，實可推于天下，因作爲《賑粥活命事宜》，開列條款，裝演成帙以獻。

明 歸有光《震川集》卷九《送縣大夫楊侯序》 大夫同安楊侯之宰崑山也，毀斥梵宇，創造書院，進有光等數十人於堂，時加訓廸，不以政繁為解。衆方相與飭勵，翹然有思奮之心，而侯以徵書北上。於是諸生恍若有失，相顧慨歎而言曰：『古之善為政者，能合衆私以成其公，使為民者樂其教化之實，而士者慕其禮。衆能私之，故無不偏也。侯有愷悌之政，平夷靜息，民以順習。頃者患稅籍之紊，豪猾緣以飛走，莫詰其端。侯為之按畝出稅，搜剔伏匿，深為百年之計，是侯有大賚於民也，而民相與私侯於田畝。侯以學校修廢舉墜，惟力所及，呈藝較課而上下之，無有所偏愛，是侯於諸生無不至也，而諸生相與私侯於學宮。如吾數十人者之不肖，而侯不鄙夷，甄陶獎誘，深荷知己不倦之意，而吾數十人者復相與私侯於書院。則侯之行也，獨不可以致其私於侯乎？』有光曰：『稱頌德美，非所以報知己也。欲以一方之故而滯賢者，非所以示廣也。愚願有陳於侯焉。天下之事，不知者不可以言，知之而不當其事者不可以言，知之而又當其事，可以言矣。東南之民，何其憊也。以蕞爾之地，天下仰給焉，宜有以優恤而寬假之，使展其力，而後無窮之求或可繼也。比者仍歲荒歉，主計者若捧水然，惴惴焉懼有所滲漉。有司之奏報日至，而徵督日促。經二大赦，流離轉徙之民日夕引領北望，求活於斗升之粟，而詔書文移不過蠲遠年之逋，非奸民之所侵匿，則官府之所已徵者也，民何賴焉？東南地方物產雖號殷盛，而耗屈已甚，非復曩昔。並海之區，惟賴水利蓄泄，而專官雖設，漫無所省。今民水旱一仰於天，譬之植菓者，必有以栽培灌溉之，而後從而收其實。今則置之磽瘠之地，蔽其雨露而牧之以牛羊。蓋取之惟恐其不至，而殘之惟恐其不極，如之何其不困也。今民流而田畝荒蕪，處處有之。雖以侯之愛民，支左持右，然掣於前而肘於後，其不能如侯志者多矣。天子興致太平，制作禮樂，一宮之廢，動以萬計。有司奉意承命，未嘗告乏，而獨不肯分毫少捐以與民，為千萬年根本之計，何也？昔『吴公治平為天下第一』，史無可見之事，而獨稱其薦賈誼者。夫誼以少年書生混迹窮巷，吴公何以知之？至觀其論天下大計，乃知誼之言必有以當吴公者。由此言之，使誼未用，則誼之策，吴公必能言之矣。愚以是私於侯，可乎？』衆曰：『然。』遂書之。

又 卷一〇《送同年丁聘之之任平湖序》 進士同榜者，其始數百人常相聚。自春官進於冢宰，而後分送諸曹，各隨所隸以去，謂之辦事。今年賜第者三百九十有四人，既分曹，則余所同工部辦事者四十有六人，而五人者選入史館。今夏首選凡若干人，皆得外補。夫同年而又同部，宜日相聚以觀其德業，然每晨入部升堂，祗揖而退，卒無所事事，而當選者亡何又各得官以去。是所謂同榜者，亦若率相值而已。此余於諸同年未嘗不歎其相聚之難也。是選也，龍陽丁君得嘉興之平湖。故事，同部送行，余次當為序，故余道其於同年之情如此。嘉興本古會稽吴郡之地，唐時猶隸蘇州為縣，其後乃割於吴，然風土民俗猶一也。余故吴人，敢以其所知者告之。凡今之選為令吴中者，人之憂之未嘗不以賦稅之難。夫以天下財賦悉在東南，欲其辦集，誠難矣。田租之入，率數十倍于天下，然父子祖孫二百年來以為當然，固無望其減，而獨畏其日加也。歷三紀以來，民間未嘗放赦，而水旱之災蠲貸之令亦少矣。又經島夷焚剽之後，海上之戍不徹，而加編海防，歲增月益，江淮之南益騷然矣。軍府之乾没動數百萬，此皆生民之膏脂也。凡為大吏，其勢與民日遠，一切以趨辦為能，民之疾苦非有關於其心也。若為令者，則民皆吾之赤子，朝夕見之，亦何忍使之逮繫鞭笞、流離殭仆而不之卹也？夫額供之數固民之所樂輸者，其他水旱流冗、荒萊姦蠹之所積逋，與今權宜一切之征求，謂宜有調停委曲於其間，此令宰之所宜留意者也。余歷觀前政，有不以催科為事而事亦未嘗不辦集，往往為大官以去者，而其急於催科者，其功名反或不速。然則獨以催科為東南之吏告者，其流禍於生民多矣。《傳》曰：『如保赤子，心誠求之，雖不中，不遠矣。』莊子論解牛曰：『彼節者有間而刀刃無厚，以無厚入有間，恢恢乎其於游刃有餘地矣。』夫如是，天下事夫何憂其難？余固為吾丁君告，亦并以為諸同年之吏於東南者告也。

明 徐階《徐文貞公集一・答出粟諭賑濟》《明經世文編》卷二四四 臣昨冒昧上對，茲蒙答諭：汝謂施濟二項，俱傷君恩增，民病反害無用焉，是枉費一場，如出麥粟，又恐無多積者，眾災難免矣。臣查得先年出粟，大約只一二千石。今太倉雖無多積，尚能辦此，但中間亦有一節當處，蓋往年京師出粟，四外貧民聞之匍匐而來，及到則多已散畢，空手而歸，顛殞道路。臣聞各處贓罰銀兩荷蒙皇上降旨，不許撫按官私餽妄費，除解部外，各頗有積餘，糴穀在倉。似應令戶部出粟止給在京及近京之人，其在外者，行令撫按官查有災疾去處，將贓罰銀穀一體賑給。仍明白曉諭百姓，各於本府縣候領，不必前來。則中間全活，計亦不少。伏乞聖明裁定，諭下戶部施行。

明　徐階《徐文貞公集二・上太岳少師乞救荒救荒》《明經世文編》卷二四五　東南諸郡財賦所出，而蘇松爲之首，此公所素知也。自隆慶庚辛間，吏茲土者不思以端己裕民爲政，而專導之以囂訟，教之以爭奪。民靡然斲喪其廉恥之心，毀棄其忠厚之俗，攫攘微利，骨肉爲仇，舊族故家，所在破敗。彼其意以爲富者之財散入于貧，則貧者均當富矣，而豈知人情得財既易，用財遂輕。加以奸惡之徒競相誘引，淫奢飲博，視如泥沙。訟墨未乾，空乏如故，而富者之衰落則不可復振。葢里巷之間無富民者數年矣。去歲風蟲爲孽，田只半收，盡其所入供輸常賦，幸賴朝廷有折兌之令，稍存糠粃，苟延旦夕。深冀今春豆麥成熟，接濟飢荒，而三月以來淫雨不止，溝澮盡溢，江湖亦盈，十里平疇，頓成巨浸。猶冀水涸補插秧苗，詎意西水不消，海潮增漲，田高而岸固者竭力車戽，僅救百分之二三，其否者人力莫措，惟相與哭視沉淪而已。蘇松之人素恃耕作，一失農業，更無可以謀生。于時百姓欲望官司發賑，則庫藏久稱空虛，欲詣大家稱貸，則倉箱先已匱竭，欲望貿布易粟，則邇年商旅不通，布無所售，欲往鄰郡行乞，則聞四境率被水患，出無所之。強者劫掠以偷生，弱者嗟吁而就斃。胡中丞適在兩郡，親見其然，憂苦焦勞，寢食爲廢。其所上疏，讀之可謂危迫矣，然於顛連困悴之狀則以新奇繁猥，實猶未能盡陳。至于窮鄉僻里，軺車所不經，其晝夜悲啼之聲、夫妻子母對膝抱頭悲哀抑鬱之氣，即中丞目固有未覩、言固有未及也。仰惟皇上聖仁廣運，子視萬民，公德懋同天，心存濟世，計于一物失所，猶惻然動情，況忍視數百萬之衆漂屍填東海乎？又況財賦重地，祖宗所由以興者乎？又況自星變以來，豪猾奸雄日懷幸亂之心，至今未已乎？竊以爲有非常之阨數，必有非常之恩澤，然後可以消弭保綏。今必望斷自君相，檢嘉靖三十四年、四十年所下恩命，及察今胡中丞所請破格加卹，庶遺黎獲安，多患潛杜。若付有司拘泥舊聞，僅減免存留分數，不能有所補益也。且某聞治民者未有事而卹之，則天下賴以靖奠，而廟堂之上亦得伸以爲恩，縮以爲威，常不失其尊。若事至而後卹，則受者不以爲惠，而其多寡輕重、喜怒聚散之權乃更倒持於下。縱能委曲彌縫、勉強收拾，而目前之費、日後之憂皆將有不可勝言者。然其機甚隱，其萌芽甚微，非仁慈如公，明睿如公，孜孜計安社稷、不避嫌怨如公，莫能知亦莫能任也。此天下所胥翹首跂足而望公也。

《明會典》卷一七《田土・災傷》　凡報勘災傷，洪武十八年令，災傷去處，有司不奏，許本處耆宿，連名申訴，有司極刑不饒。

二十六年定，凡各處田禾，遇有水旱災傷，所在官司，踏勘明白，具實奏聞，仍申合干上司，轉達戶部，立案具奏，差官前往災所覆踏是實，將被災人戶姓名、田地頃畝、該徵稅糧數目，造冊繳報，本部立案，開寫災傷緣由，具奏。

永樂二十二年，令各處災傷，有按察司處，按察司委官，直隸處，巡按御史委官，會同踏勘。

成化十二年，令各處巡按御史，按察司官，踏勘災傷，係民田者，會同布政司官，係軍田者，會同都司官。

弘治十一年，令災傷處所，及時委官踏勘，夏災不得過六月終，秋災不得過九月終，若所司報不及時，風憲官徇情市恩，勘有不實者，聽戶部參究。

萬曆九年題准，地方凡遇重大災傷，州縣官親詣勘明，申呈撫按，巡撫不待勘報，速行奏聞，巡按不必等候部覆，即將勘實分數，作速具奏，以憑覆請賑卹，至於報災之期，在腹裏地方，仍照舊例，夏災限五月，秋災限七月內，沿邊如延、寧、甘、固、宣大、山西、薊、密、永昌、遼東各地方，夏災改限七月內，秋災改限十月內，俱要依期從實奏報，如州縣衛所官申報不實，聽撫按參究，如巡撫報災過期，或匿災不報，巡按勘災不實，或具奏遲延，併聽該科指名參究，又或報時有災，報後無災，及報時災重，報後災輕，報時災輕，報後災重，巡按疏內，明白從實具奏，不得執泥巡撫原疏，致災民不霑實惠。

凡蠲免折徵，洪武元年，令水旱去處，不拘時限，從實踏勘，實災，稅糧即與蠲免。

成化十九年奏准，鳳陽等府被災，秋田糧以十分爲率，減免三分，其餘七分，除存留外，起運者照江南折銀則例，每石徵銀二錢五分，送太倉銀庫，另項收貯備邊，以後事體相類者，俱照此例。

弘治三年議准，災傷應免糧草事例，全災者，免七分，九分者，免六分，八分者，免五分，七分者，免四分，六分者，免三分，五分者，免二分，四分者，免一分，止於存留內除豁，不許將起運之數，一概混免，若起運不足，通融撥補。

十七年議准，蘇松災傷，起運不前，暫將一年在京各衙門官員月糧米，每石折銀八錢，該在南京本色祿俸，每石照舊折銀七錢，其南京各衙門官員俸糧，每月除米一石，折銀八錢，其餘並南京各衛倉糧，俱每石折銀七錢，漕運糧米，折銀二十萬石，每石兑運七錢，改兑六錢，各解交納。

嘉靖五年，令鳳陽等處被災州縣税糧，照例除免，應解物料，暫且停徵，兩廣鹽價，留四萬兩接濟應用。

七年奏准，北直隸八府災傷，將本年分夏税，不分起運存留，盡數蠲免，其秋糧，視被災分數，仍照舊例行。

十六年題准，今後凡遇地方夏秋災傷，遵照勘災體例，定擬成災應免分數，先儘存留，次及起運，其起運不敷之數，聽撫按官將各司府州縣官庫銀兩錢帛等項，通融處補，及聽折納輕齎，存留不足之數，從宜區處，不許徵迫小民，有孤實惠。

二十三年題准，各處災傷，漕運正改兑糧米四百萬石，除原額折銀，並薊州天津倉本色照舊外，其餘本色，以十分爲率，七分照舊徵運糧米，三分折徵價銀，每正兑米一石，連蓆耗，共徵銀七錢，改兑米一石，連蓆耗，共徵銀六錢。

三十一年，以黄河淹沒安東縣治，令該縣應派改兑折銀，移派該府別州縣，該縣止派支運。

三十二年奏准，河南災盜地方，量行折徵，兑米五萬石內，於臨清倉支運三萬石，德州倉支運二萬石，以補漕運之數。

三十三年題准，淮鳳災傷，將未完改兑糧，待麥熟後，止徵折色。

四十三年議准，淮揚徐州災傷，改折嘉靖四十四年應運四十三年分，兑運改兑秋糧，淮安所屬邳州、海州、鹽城、山陽、睢寧五州縣，各准三分，安東、贛榆、沭陽、宿遷、桃源、清河六縣，及徐州所屬蕭縣，各准五分，徐州並碭山、沛縣、豐縣，及揚州府所屬興化縣，各准六分，徵銀解部，備放官軍折色支用。

萬曆十二年議准，以後地方災傷，撫按從實勘奏，不論有田無田之民，通行議恤，如有田者，免其税糧，無糧免者，免其丁口鹽鈔，務使貧富，一體並蒙蠲恤。

凡賑濟，洪武十八年，令天下有司，凡遇歲饑，先發倉廩賑貸，然後具奏。

二十七年，定災傷去處散糧則例，大口六斗，小口三斗，五歲以下，不與。

永樂二年，定蘇松等府水渰去處給米則例，每大口，米一斗，六歲，至十四歲，六升，五歲以下，不與，每戶有大口十口以上者，止與一石，其不係全災，內有缺食者，原定借米則例，一口，借米一斗，二口，至五口，二斗，六口，至八口，三斗，九口，至十口以上者，四斗，候秋成抵斗還官。

六年，令福建瘟疫死絶人戶，遺下老幼婦女兒男，有司驗口給米，税鹽糧米各項，暫且停徵，待成丁之日，自行立戶當差。

八年，令被災去處，人民典賣子女者，官爲給鈔贖還。

正統五年，令各衛所屯軍，有因水旱子粒無收缺食者，照缺食民人事例賑濟，候秋成還官。

七年，令各府州縣一應贓罰入官之物，俱於年終變賣在官，候秋成糴糧，預備賑濟。

九年，令揚州府江潮泛漲渰死人民，量給鈔錠收瘞。

景泰四年奏准，山東河南江北直隸徐州等處災傷，令所在問刑衙門，責有力囚犯，於缺糧州縣倉，納米賑濟，雜犯死罪，六十石，流徒三年，四十石，徒二年半，三十五石，徒二年，三十石，徒一年半，二十五石，徒一年，二十石，杖罪，每一十，一石，笞罪，每一十，五斗。

成化二年奏准，今後若有侵欺賑濟銀糧，或將官銀，假以煎銷均散爲名，卻乃插和銅鉛，給與貧民者，一體解京發落。

六年，敕差堂上官二員，一員往順天河間永平三府，一員往真定保定一府，災傷地方，設法招撫賑濟，如本處倉糧缺乏，許於附近通州天津涿州保定等處倉分量給，及搬運接濟，其一應差徭，俱暫優免。

又奏准，將京通二倉糧米，發糶五十萬石，每粳米，收銀六錢，粟米，五錢，以殺京城米價騰貴，再將文武官吏俸糧，預支三箇月。

弘治二年議准，順天河間永平等府，水災渰死人口之家，量給米二石，漂流房屋頭畜之家，給與米一石。

十四年，令徐淮二倉，各撥米三萬石，臨清倉撥四萬石，分派附近被災處所賑濟。

嘉靖元年，令將太倉銀庫見貯銀兩，差官秤盤二十萬兩，運赴陝西蝗旱地方支用。

二年，令將滸墅鈔關收貯嘉靖元年秋冬二季，二年春夏二季，共四季銀兩，照數查取在官，類解南直隸巡撫衙門，相兼原查餘鹽等銀，通融賑濟災傷地方。

又令將湖廣正德十四年起，至嘉靖二年止，解京銀三萬五千兩，給發賑濟荊州府，荊門、石首等州縣旱災。

又令將嘉靖三年分淨樂宮庫藏，查盤節年所積香錢，暫支二千兩，賑濟湖廣地方旱災。

五年奏准，湖廣地方災傷，將合屬各預備倉原積穀米雜糧八十二萬石，銀四萬兩，並太和山嘉靖四年五年分香錢銀兩，見在實數，十分內摘取六分，酌量輕重賑濟。

六年奏准，貴州災傷，凡遇軍職犯該立功罪名者，每一年，納米十石，省令在衛閒住，年限滿日，方許帶俸差操，納過糧米，存留備賑，豐年停止。

七年奏准，河南災荒，將所屬庫貯各項錢糧動支，及准留改折兌軍米十萬石，賑濟被災府饑民。

又諭巡撫官，督令司府州縣等官，將極貧人戶，先儘見在倉糧，量爲給賑，若有不敷，將各項官銀給發，災輕去處，照例徵免輸納，其兌軍起運不可缺者，將兩淮等運司鹽價銀兩，及各處先因別項徵納，今未用者，酌量派補運納，如有不敷，仍將太倉收貯官銀，動支百餘萬兩，派發送去，以備代補起運，及賑濟二項支用，事完，造冊奏繳。

八年，令撫按官曉諭積糧之家，量其所積多寡，以禮勸借，若有仗義出穀二十石，銀二十兩者，給與冠帶，三十石，三十兩者，授正九品散官，四十石，四十兩者，正八品，五十石，五十兩者，正七品，俱免雜泛差役，出至五百石，五百兩者，除給與冠帶外，有司仍於本家豎立坊牌，以彰尚義。

又題准，災傷地方軍民人等，有能收養小兒者，每名日給米一升，埋屍一軀者，給銀四分，鄰近州縣，不得閉糴。

又題准，各災傷地方守巡官，查審流民，大口給穀二三斗，小口一二斗，令各速還原籍。

九年，令各處運司，將在庫無礙官銀，及贓罰銀兩，趁時收買米穀，別倉收貯，委官守掌，如遇饑饉，運司將極貧灶丁，查照有司賑濟事例，呈巡鹽御史動支，若有不敷，各該有司查明，與民一體賑濟。

十年，令支太倉銀三十萬兩，賑濟陝西。

又奏准，陝西災傷重大，令各州縣官員戒諭富室，將所積粟麥，先扣本家食用，其餘照依時價，糶與饑民，若每石減價一錢，至五百石以上者，給與冠帶，一千石以上，表爲義門，被災人民，逃出外境者，招集復業，倍與賑濟銀兩，官給牛種，隆冬時月，饑民有年七十以上者，添給布一疋，動支官銀，收買遺棄子女，州縣官設法收養，若民家有能自收養，至二十口以上者，給與冠帶，州縣官各於養濟院，支預備倉糧，設一粥廠，就食者，朝暮各一次，至麥熟而止。

十一年題准，凡遇賑濟，除各衛所上班官軍，自有應得月糧外，其原無糧餉軍餘，或父母妻子極貧者，查審的當，與州縣饑民，一體給放。

十四年，令將太和山嘉靖十年以前香錢，並均州貯庫銀二千六百餘兩，盡數發湖廣布政司賑濟，並補給祿糧月俸支用，今後香錢，除正用外，果有羨餘，歲歲儲積，以備凶荒賑濟。

二十九年，令進京避虜貧難人口，每名給席一領，按日給米一升。

三十一年，令大同全災衛所，預放官軍月糧兩月，仍以該鎮煤稅鹽稅等銀，及預備倉糧，賑濟。

三十二年議准，徐淮水災，減免有田有戶之人，應納稅糧五萬石，其見在淮徐兩倉米麥，專給與無田無戶之人，或不敷，將淮徐附近府州縣，該起運兌改，及各處見運到淮漕糧內，照數截撥補給。

又令發京通二倉挨陳粳粟米各一萬五千石，賑濟河間保定水災。

又以河南寇災，令發預備倉糧，及事例民兵等銀，給賑，仍從衛河，赴臨清倉，動支寄收漕運糧米三萬石，裝至衛輝府，酌發被災各州縣收頓，候明春青黃不接，散賑。

又令勸諭殷實鋪行給領官銀，或不敷，聽於臨清倉折糧銀，借支二萬兩，作爲糴本，前往鄰近有收地方，收買糧米聽賑，仍立爲均糴之法，照依原買腳價，聽從過得人戶，易買自濟，或互爲貿遷，相兼接續賑糶。

三十八年，令發太倉銀六萬兩，賑薊遼饑荒，另發銀五萬兩，以給牛種。

又令將新運停泊天津，應派通倉漕糧，撥八萬石，運發薊州，轉運山海，令山海以東應賑人戶，自來搬運，其廣寧遼陽金復海蓋隔遠處，於真保地方，易買騾頭，就令遼陽見調薊州防秋步軍，回日順帶馱運備賑。

凡捕蝗，永樂元年，令吏部行文各處有司，春初差人巡視境內，遇有蝗蟲初生，設法撲捕，務要盡絕，如是坐視，致使滋蔓爲患者，罪之，若布按二司官，不行嚴督所屬，巡視打捕者，亦罪之，每年九月行文，至十一月再行，軍衛，令兵部行文，永爲定例。

宣德九年，差給事中、御史、錦衣衛官，往山東，河南，打捕蝗蟲。

又 卷三三《庫藏一・在外諸司庫》 洪武間，凡天下衙門收用錢糧，一年一報，務將當年已支見在，及天下放支該用數目，開報戶部稽考。【略】

十七年，令各處司府衛所大小衙門，如遇修理等項，止許設法措置，其在官錢糧，必須軍器重務，賑濟饑民，及奉勘合應該支給者，方許會官照卷，挨次支給，年終查算明白，造冊繳部，若不應支給，並那移出納者，經該官員，降黜邊遠敘用，侵欺者，從重歸結。

清 翁自涵《請速賑濟疏順治十一年**》**《清經世文编》卷四四 頃者天災流行，民生疾苦，皇上惻隱爲懷，恩先畿輔。特遣滿漢大臣十六員，齎帑金二十四萬兩，分道賑濟，已經逾月。堯、舜憂民如此，海宇聞風感泣。

乃臣更有請者，八府道里有遠近不同，州縣有大小互異，戶部雖經題明，第斟酌銀數多寡，尚未及勒期報竣也。臣謂民不失時，則生計自遂，官不擾民，則民生自安。方今南畝告急之時，前此饑寒孑遺，皆勉強借貸牛種，盡力耕作，一聞朝廷有賑濟大典，勢必懸鋤以待，究竟賑銀少而窮民多，速給猶可資生，遲發便須守候。窮民既苦盤費，又妨農功，得少損多，反成累擾。

且大臣所至，供億最繁，夫馬糧料，州縣官先以伺候供應爲急，其所委佐貳微員，或更滋擾累，無益救荒。昔朱子提刑浙中，查勘災荒，深山窮谷，無所不到，而單車所至，吏民不知，洵爲查荒良法。請嗣後大員親臨災地州縣不必供應，亦不得輒委佐雜。皇上並該部查照道里縣近，州遠大小，嚴催速竣，大縣不得過兩日，小縣不得過一日，滿漢大臣務須先時榜示，輕騎親臨。爲我皇上早沛一日之恩，即百姓早甦一日之命；爲各地方多省一日之費，即大臣多造一日之福。庶畿輔安而天下舉安也。況大臣爲朝廷之股肱，六曹職業，豈容久曠？賑濟早竣，時亮天工。又諸臣所當夙夜自矢者耳。

清 蔣伊《救荒貴得人疏康熙十八年**》**《清經世文编》卷四二 臣惟救荒之法，一在獎良吏。吏之於民，休戚利病刻刻相關者，莫如守令。如其不廉不能，坐視其民之死而不救，一旦盜賊蜂起，民亦疾視其長上而莫肯效命。如其果賢且能，民信之既深，有所勸諭，必能樂助，有所委任，必能盡力。其於民之頑良，必能洞悉，民之肥瘠，必能周知，其於給散之際，必能核出納之奸，必能杜侵漁之弊。轉徙者，可望其招徠，拋荒者，可望其開墾。故天下無救荒之奇策，而有救荒之良吏，然擇良吏必不可拘成格。蓋不專其職，則吏無以行其志；不厚其賞，則吏未必盡其心。臣愚以爲被災地方，全恃守令，平日果能清廉潔己，守絕一塵，賑濟之時，又能清查口數，按人給發，實惠均沾，不致克減，恤災捍患，多方措畫，使數十萬戶口，室雖懸磬，而人慶更生，許該督撫題請，廷臣公同核實，不拘錢糧盜案，特准即升，則廉吏益知所勉矣。夫天下之最可憐者，莫如饑民。而天下之最可慮者，亦莫如饑民。蓋濟饑民正所以弭盜賊也，如實能全活數萬人之命，而地土不致荒蕪，戶口不致耗散，真可謂循吏矣。而猶復以考成之法限之，其何以勸天下哉？

一在專責成。賑濟固賴守令，然守令之廉能者不多覯，而貪殘者比比皆是。捐瘠滿溝，啼呼滿路，守令不問也。上有賑貸之恩膏，欲知饑民實數，而守令素不知究也。委之胥吏，則所賑者，又非真實無告也。欲特遣使臣察勘災傷，則徒滋騷擾之弊。且民情不相通，而侵漁如故也。然則所謂賑濟者，不過公文行下，造冊報上，曰賑過若干而已，其生與死固不得而知也。臣請敕下該督撫於監司、府、廳中薦舉二三廉幹官員，總理荒政，分地任事，如虛報宜禁，扣克宜禁，閉糴宜禁，攘奪宜禁，宰牛宜禁，皆其職也。令各州縣確勘饑民實數，一面賑濟，不得遲緩，一面報明冊籍，總理官據冊按數，不時親行察訪。如至某里某村而無其人，是混開也；有其人而給散不以時、不以實，是冒破也。即行揭參，以爲不能撫字者之戒，如總理官不能承上恤下，反掣良吏之肘，該督撫即行指參，務俾地方各官，實心任事，朝夕經營，視爲萬命生死所關。凡束手待斃者，皆令全活而後已，庶可仰紓皇上宵旰之懷矣。

又《敬陳分賑之法疏康熙十八年**》**《清經世文编》卷四二 邇因江南旱荒，特允督臣賑濟之請。從此各直省被災地方，咸可推廣，將見饑者得飽，流者得歸，數千萬將填溝壑者，復登席矣。但救荒實政，貴得其人得其法，則民沾實惠。倘奉行不善，與不賑等耳。從來賑濟之法，莫善於分，莫不善於聚。一聚則饑民雲集，不免有攘奪之患，且給散之時，人多而廠少，強者爭先求食，其勢不能無擁擠，而老弱之顛仆者，已十一二矣。聚數十萬人於一處，挨名按冊，非半月一月不能給發，饑民待餔經旬，不得一食，因而死者又十五六矣。群聚露居，疫癘隨作，病不得生於醫藥，死不得葬於不毛者，又十七八矣。

臣芻蕘之見，務令縣各爲賑，而不可聚之於一郡；鄉各爲賑，而不可聚之於一城；人各爲賑，而不可委之於一吏。

所謂縣各爲賑者，蓋不欲使民輕去其鄉也。民當凶荒之歲，流亡載道，或攜老幼，舉族共行，或棄妻孥，孤蹤獨逝。此散而之四方者，能保其不爲盜乎？惟諭以本處賑濟，麥熟之前，稍緩催科，則流亡日歸，使民有故居可戀，親屬可依，一便也。捐輸事例，即以本地之米，賑本地之人，該州縣據實數逕申藩司，藩司徑行達部，米則貯之於倉，銀則交之於庫，無往來之勞，無車船之費，人必樂於從事，二便也。饑民聞賑濟之令，每多離鄉越井，扶攜就食，若驅逐出境，使之啼饑道旁，號寒曠野，是不仁也。如一概容留，萬一逃人混入其內，事發之日，是官與民皆以賑荒而蹈法網也。惟州縣各自爲賑，則有保伍里長，人皆識認，無逃人之害，三便也。

所謂鄉各爲賑者，蓋鄉之去城也，遠者百里，近者數里，雞鳴而起，枵腹入城，所仰給者。止一餐之粥，半升之粟，而生業俱廢，八口嗷嗷，不勝病矣。應令州縣官督同紳士耆里，分歷窮鄉，逐户清查，真正饑民，計其一家男婦幾口，冊上填明某里某村、姓名、年貌，每口給一小票，掌上另用一印記，以防其冒往別村。凡城市郊野多設公所，屆期至廠，驗明小票印記，每名給一紅簽，諭以次日不必齊赴。如一人繳十人之簽，即可領十人之食。近者給以粥，遠者散以粟，年不滿十歲者半之。給散之時，換給一綠簽，每日紅綠二簽，循環繳給，是一家數口，止須一人奔走城市，而九人者皆得安坐於鄉，別尋生理，不至失所。行之既久，使男女異日，而一人受兩日之食，則不致男女混雜。此法之可行者也。

所謂人各爲賑者。十室之邑，必有忠信，況通都大縣，豈無樂善之紳士，好義之里耆，肯實心任事者乎？若一經吏胥之手，則報名有費，而所報者未必皆實户，廩給有扣，而所廩者未必皆窮民，其侵漁者多矣。

臣在康熙十年，曾賑荒於鄉，分設三廠，全活饑民之數多而費省。其城中官設二廠，全活饑民之數少而費廣，此冒侵與不冒侵之別也。應令各州縣里耆公舉紳士之賢者，分任其事，且輾轉勸助，亦可佐天庾之所不逮。

已上賑荒諸法，若地方官實實舉行，或有補於荒政之萬一。

清 魏禧《救荒策·當事之策》 一曰留請上供之米。地方大饑，或有本地應解糧米及他處經過米船，不妨權留賑濟，然後申報，秋熟即行糴償。在朝廷不過緩數月之糧，在百姓即活數十萬人之命，雖以專制買罪，又何傷哉！

一曰借庫銀轉糴。地方大饑，欲他買，又苦無銀，不妨挪借庫中錢糧糴賑，從容設處以償，擇平日眾推誠實能幹百姓任其事；或仍勸富民自販，開以薄利，使之樂趨。

一曰權折納之宜。時當凶災，擇荒熟相應處，以荒處折納之價於熟處和糴，則荒處不至太貴，熟處不至太賤，兩利之道也。凡為守令，權不自主者，則申請上司行之。他准此。

一曰捐俸勸賑。地方大饑，有司當以至誠開諭，勸富民賑濟，或減價出糶，或竟行施予。然本官須先捐俸倡義，庶幾不令而行。

一曰重賑穀之勸。饑饉時，有能大出粟以賑者，或聞於朝廷，加以官號，或請於上司，給其冠帶扁額，以示酬勸。

一曰興作利民之務。地方大饑，窮民多無生業。此時或修橋路，或浚水利，種種必不可已之務，當概為修理。窮民借力作以資生，而我又因以與利，一舉兩得之道也。

一曰勸富室興土木、舉庶禮。地方大饑，宜勸富室營造土木及一切當行之禮，使貧民得以資生。蓋損富而富實未損，益貧而貧不虛益勸諭時，當以三利歆動之，一則成吾欲為之事，一則借此賑貧有大陰德，一則貧民樂業，不至為盜，富室所益更多矣。

一曰均糴。米數既貴，富者得以多糴，則貧者益少。每日市糴，當依每家丁口為準，人口少者不得多糴，則米穀均矣。

一曰嚴閉糴之法。富民擁有多粟，除本家口食外，餘至百石以上閉糴專利者，許人告發，官府盡籍穀賑貧，告虛者反坐。蓋彼所利在多得米價，今並米本失之，其閉糴者鮮矣。

溫伯芳曰：吾邑荒少而穀常踴貴，弊不在富户而在鋪户。鋪户閉糴，而後價忽高；鋪户得高價，富户之價愈高。總之寧民家無杵臼，皆糴於市，鋪户遂操其重。昔葉令公名向榮，金華人處之極善。每早巡行各街米户，不出糶者杖數十。於是鋪户欲高其價不得，而富户知市價如常，各競出糶矣。蓋公稔知此時非有水旱兵凶之災，客歲之入如常，何以來歲之供不足？不過雨暘偶愆，何至日穀頓盡，至於閉市乎？

按：此須實知境内穀多，乃可行，不可執為定法。

一曰重強糴之刑。時方大饑，民易生亂，若縱其強糴，則有穀者愈不肯糶，四方客粟聞風不來，立饑死矣。且強糴不禁，勢必搶奪，搶奪勢必擄殺。

當著為令曰：有不依時價強糴一升者，即行梟首。蓋彼原欲少取便宜，今並身命而亡之，其強糴者鮮矣。或謂閉糴自百石以上，強糴自一升以上，閉糴者止於籍穀，而強糴者遂至殺身，輕重不太懸乎？曰：閉糴之人雖不仁，猶不過專自有之利；強糴則是妄取他人，罪自不同。況閉糴者少，強糴者多乎！

彭躬庵曰：此法須不動聲色，使百姓曉然，知殺一人乃可以生衆人，始不激變。

一曰不降米穀之價。米方大貴，有司樂於市恩，動輒降減米價，以博小民一時歡心，不知米價減則富户不樂糴，而四方客米亦不來矣。惟當聽民間自消自長，粟貴金賤，人爭趨金，米價不降自減也。或謂古人有遇饑輒增米價而米賤者，其法可行乎？曰：此非一定可行之法也。萬一我增米價，而客米一時不來，彼貧民能當許久重價乎？大抵地方富饒，所欠止在於食，則不妨增價以招客粟。若地多貧民，此法恐不可行。止一不降米價，尚為穩著。

一曰核户口。時當饑荒，須先詳核户口若干，扣算賑糶之穀若干，賑濟之穀若干，每丁應得若干。先有定局，則無不均之患，而設處之方可早謀矣。

一曰無失期。不論賑糶賑施，俱當先期四處張示，的於某時舉行，不可遲誤失期，有辜人心，且虛勞小民奔走。

一曰定鄉城分給之法。凡賑糶賑施，每日一給則太煩，而小民易荒生業，至鄉落尤難行矣。當先定為令曰：凡城市，每給五日；鄉落三十里內者每給十日，三十里外者每給半月。或謂鄉落路遠，當每給兩月。曰：每給兩月，為數太多。小民不知遠計，多穀在手，便不撙節，甚至以易酒肉者有之。到甕盡杯乾時，不束手待斃，又邪思生亂矣。或謂貧民無資，必待每日生理，方可得糴。此條衹可行於賑施，不可行於賑糶，當酌其無弊可也。

一曰多置給米之地。給米須多設處所，派定某關某處給、某關某處給，則不至挨擠失序。

一曰編户丁牌。領米最易爭擠，多至混數。若仿義倉領簽，又人多難行。當照户編牌，如考試例，循次領給，則諸弊俱無矣。其牌每户止寫丁首一人。

一曰慎擇給米之人。主管給米，最要得人，須平日實訪其人公平廉能者方可屬事。每處擇一善耆主之，又聽其各擇一二人為副，必不可令衙役與事也。

一曰不時巡訪。任縱得人，未必一一皆當。有司於給米時，當不時出訪，或東或西，或詳或略，或隨手取米以驗美惡，或隨喚領米人驗剋減與否。至於出訪，或輕車，或緩步，不可盛列騶從，使人得為備。

一曰別賞罰。不時巡訪，則任事者之賢否見，而賞罰可行矣。有公平廉能者則重賞之，或優以冠帶，或旌以財帛，隨其功之大小可也。有姦貪私剋者則重罰之，或加刑，或罰穀，隨其罪之輕重可也。至於無他罪犯，止是才力不濟，不能處分條理者，則無賞無罰，下次不復簽用而已。

一曰暫省衙門役期。時方大饑，衙役工食多不足贍。此時當減其半役，使之營生。如舊例一月供役十日，今止取五日。

一曰清獄。饑饉時，平民已難治生，獄囚死者八九矣。清獄宜分三等，輕者竟釋之；次者限親鄰保結，俟穀熟時再拘；大罪重犯，因而少賑之。

一曰禁訟。大荒之時，治生不暇，況治訟乎？凡除人命、賊情、搶擄外，一切財產婚姻等訟，概不准告；已告者，概停不行。

一曰弛稅禁。山澤市貨等利法有禁者，此時宜哲弛稅弛禁，廣其營生之路，至穀熟時復舊。

一曰修街道。街道污穢，易生疾病，荒疫相因，尤不可不慎，故當修潔街道，以防其漸。

一曰收棄子。饑民有棄置子女道路者，許人收養。凡收養者，具呈至官，云某年某月某日於某處收得子女幾人，歸家撫養，官為用印給之。太平長大，一聽收主照管，本生父母不得爭執；其收主願贖者聽。或能收養自幾人以上者，官府為立賞格勸之。

一曰贖重罪。重罪無贖之理，然能多出穀救荒，則雖枉法以生一人，而實救數千百人之死，亦權道也。重罪如泛常人命事，則許贖；若動殺真賊及人倫大變之犯，則不可贖。更舊冬以前人命可贖，本年所犯則不可贖，恐富人乘機報復故也。

一曰收買民間草薪、衣服、器用。饑荒之時，貧民多賣衣服、器用以給食，而富民乘人之急，甚至損價十之九者。此時官府宜挪移錢糧，設人收買，使貧民不至大虧，則謀生之路寬矣。秋冬間仍行發賣，便可補數。至於草薪之類，亦當於此時收買矣，寒雨賣之，仍可得利。此古人已行之效。

一曰多置空所以處流民而嚴其法。大荒之時，有他郡流民走徙就食者，若處之不得其道，則流民立死，且或生亂。有司當擇寺觀公廨一切空所，分別安插，每處設一人管其事，立法以繩之，諸如臥所有定、出入有時、領米有敘。若亂法者，初犯三日不給糧，再犯逐出境外。其有休養壯健者，則令執工役之事，或雇募民間，便不許坐食矣。

又《事後之策》 一曰施粥。饑荒已極，不能賑米，當設法施粥。施粥須因里設廠，若勞其遠行，恐半途僕斃。又須立人監理，令饑民至者，隨其先後，來一人則坐一人，後至者坐先至之外，坐者不許再起一行；坐盡又坐一行，以面相對，以背相倚，空其中路，可令擔粥人行走。坐至正午，擊梆一通，高唱給第一次食，令人次序輪散，有速食先畢者不得混與。一次散訖，然後擊梆二通，高唱給第二次食，如前次。共三次即止。蓋久饑之人，腸胃枯細，驟飽即死。惟饑民中稱有父母妻子臥病在家者，量行給與攜歸。處分已訖，方令散去。散去之法，令後至坐外者先行，挨次出廠，庶不擁擠踐踏。又多人群聚，易於穢染生病，須多置蒼朮、醋碗，熏燒以逐瘟氣。又不時察驗，嚴禁管粥者剋米，將生水攙稀，食者暴死。其碗箸各令饑民自備。

按：米多亦不得施飯，久饑食飯，有立死者。

一曰施藥。賑粥或不能多，服藥亦可免死。當多合救饑丸以周給之，亦不得已之極思也。諸經驗奇方另載。

一曰葬殍餓。蓋穢戾之氣，易生疾病，隨時收葬，最不可緩。

魏禧曰：古稱救荒無奇策，要凡天下之策未有奇者，因時制事，世人不能行而獨行之，則謂之奇耳。是編多輯古人成法，間以意損益之，然一人耳目有盡，心思有所不及，又或自擬良法行之，不能無弊者，增美去惡，以成萬世萬民之利，是在後之君子矣。

清 畢振姬《社倉約記》《清經世文編》卷四〇 康熙十一年，曲沃衛公條復社倉數事，尋頒其議於天下，吾晉大吏檄府州縣行之，府州縣捧檄難之。吾邑白侯勸課富室，自占其有，以家量當社，薄輸之倉，以備賑恤，各出粟積貯有差。邑北鄉民極窮，振姬猶及見吾鄉人社倉矣。昔運使父子在鄉，長平一倉，義莊一倉，在邑爲倉上畢氏，畢氏倉不可問，市井斗級開口民窮，卒莫之訾省，見其害不見其利久矣。今衛公之經國，昔畢氏之安鄉，一也。禮家施不及國，振姬設倉於伯方，輸粟百石，設倉於得義，輸粟五十石，爲振姬鄉人家人耳。社倉利在鄉，不利在邑，在鄉便也，在邑不便也。民以爲便則安鄉，安鄉則重家指，謂倉粟在鄉，去此乎？民以爲不便則危鄉，危鄉則輕家指，謂社倉在邑，留此乎？邑有倉而無倉，法敝也。有倉賚盜，抑或視其鄉人之殍，不肯發，歲以扃鑰封識，至紅腐不可食，無以賑恤水旱蝗螟饑疫之災，豈法哉？故法不可不便也。初元常平利民，耿壽昌請官錢平糴，錢不出於庫，今其法窮。開皇義倉利民，長孫平請百姓里人計户出粟，粟不出於里，今其法窮，慶曆廣惠利民，韓魏公請諸沒官之田，承佃輸租備賑，租不出於官田，今其法又窮，即不窮而官貯之，官發之，官斂之，其害止於不便民。貯之官，斂之官，又費之，其害近於不仁。民與吏胥爭利，不勝也。即有水旱蝗螟饑疫之災，何以待之？

朱子乾道四年請府藉常平米六百石，夏受粟於倉，冬收加息，凡十有四年，中間息米還倉，藉米還府，見儲米三千一百餘石，歲給鄉四十五里，石止收耗三升，不復加息。陸象山知制誥，編入淳熙賑恤；真西山帥長沙，仿爲嘉定積貯，彷佛周公遺意。助王以養其民者也，安可以利害廢法哉？害嘗伏於利之中，安石暗於防害，故以周公之法籌國息；利嘗倚於害之內，朱子勇於興利，故以周公之法制國用。比閭任恤，不走遠縣，縣倉爲軍需矣。菽粟乃活，不利金生，金爲熙寧俵本矣。吏來急於火也，衣冠授受，士人無催牌，斗級老小多於雀也，升龠家量，三老無斛面。白沙詔捐費，詔乏絕也，出穀主户家一石，客户家五斗，遊食不占。青苗書寬剩，書緩斂也。收息舊穀石一斗，新穀石二斗，因陳無息。小饑息其半，中饑蠲其息，大饑蠲本以待豐年。建陽五夫，本活法也。富民有取而無與，貧民有取必有與，奸民自取爲盜。八字救荒策也，僦直一石，斂散在廟也，更十年當造倉，雇役一石，收受須人也，至三百當加廩。舉放阻於宿惡，蚼蠋坐食矣。未以官長理償，冒支出於里門，禽鳥飛食矣。元以保人代納，社倉約如此。林駉有言：民不必甚利，無害而已矣。昔運使安鄉，鄉五其六數三十，穀六其五亦三十。三十年一變，此周公之通也。何爲逡巡利害，難此社倉之法矣乎？父母先而紳衿富室不敢後，官與豪右爭民無不勝也。自此見其利不見其害，雖有水旱蝗螟饑疫之災，亦有以待之矣。鄉之人皆曰便。

清 俞森《鄖襄賑濟事宜·示諭饑民》 為曉諭饑民事。照得汝等饑民，因本籍災荒，遠來襄境，自夏迄今，日見其多。昨閱各州縣造送清冊，比夏間多至十數倍，而又有日日續到，未及上冊之人。本道不勝慘然。總由此處不忍驅逐，以致來者日多。念夏秋之時，田禾在野，農工正興，汝輩雇工覓食，資生頗易。及至今日，田禾收了，農功完了，無工可傭，有食難覓。奈何？奈何？

且襄陽地方，田地荒多熟少，米穀出產有限，每年只夠本地吃用。今年雖然有收，但添了汝等往來居住，每日約萬餘人口糧，又兼河南、陝西地方米貴，販户多來收買，襄陽總不禁止，以致去者愈多，由價日貴。夏秋之際，每石只賣三錢，如今貴至六錢、七錢。若使饑民來者不止，販户買者頻來，不但汝等沒飯吃，連襄陽人也沒飯吃了，奈何？奈何？汝等在本籍受饑餓愁死亡，是你本籍官府的事；今在襄陽，是襄陽官府的責任。如今意欲賑濟，官府並無此等無礙米穀；意欲勸賑，襄陽地方沒有富户。除非指望官府，奈官府之俸，俱係除荒。我本道每年止得俸銀三十餘兩，其餘官府可知，又無俸可捐矣。本道為汝等再四躊躇，日不安坐，夜不安眠，細細思量，要在無可賑濟之中再商救濟之法，只有借動常平倉糧一法。但此倉糧，不但本道不能作主，連督撫大老爺也不便擅發。一有動用，部議必不肯依，處分立至，賠累不免。今本道盡力救濟汝等，懇懇切切，詳請兩院諮部題本，畢竟要挪動賑濟，以活汝等。此係本道一片切實心腸，汝等須要仰體，安心靜守，將就度日。即便一時不能接濟，一頓分作兩頓吃，一日分作兩日用，等得批允下來，便是汝等造化也，完本道一片苦心。本道又聞府城之外一二十里地方，天色昏黑，孤客獨行，多遭悶棍，雖未必確係饑民所為，但從前無此等事，今忽有之，又焉得不疑及汝等？汝等千萬謹飭，毋作非為。要緊！要緊！本道昨又看見報上皇上已發二十餘萬帑銀，向陝西賑濟，大人小人計口散米，又且捐免錢糧，汝等若不離家，此時正好安穩過日，何消本道為汝等焦勞？今汝等已來在此處也，無可奈何，但該傳語同鄉人等，願在此者，安心耐守；如願回鄉者，趁此早回；其行走在途者，勸他回去；未曾出境者，寄信阻他不來。又且襄陽地面居住太多，米貴人窮，彼此受累，又須散處各境，方可資生。總之做官的人，未有不愛百姓的，見汝等這般光景，未有不動心的，只是事體煩難，勞心吃力，汝等未必得知，故示須至示者。

又《詳請賑濟流民》　為饑民之流來日多，窮黎之凍餒堪憐，謹陳憲鑒，亟施拯救事。據襄陽府呈詳到道，據此本道查看得襄陽一郡，北連豫省，西通秦晉，誠南北之要衝也。今年秦晉災荒，流民轉徙，盡到襄陽，而豫省之來者亦有其人。夏間始來，入秋而盛，至冬而多。其所以盛且多者，緣他處皆嚴於驅逐，而襄陽聽其居處，加以安插，所以聞聲而來盛且多也。本道自流民初來之始以及於今，時時飭令有司撫恤稽察，挨查造冊，除冊報憲臺者約萬餘人，追冊後續來者又萬餘人。至若每日稽察，則有暫住數日另投他所者，有暫過止宿明早即行者，以是而計，則每日不下數百人矣。本道細思此等流民，雖非襄陽之赤子，要屬朝廷之赤子，原籍無以為生，故投之他所。今至他所而仍無以生之，則惟有轉死溝壑而已矣。轉死溝壑而在本籍，本籍官吏之罪也；在他所，則他所官吏之罪也。為朝廷之官，不恤朝廷之赤子可乎？但夏秋之時，饑民之來猶少也，襄陽之米價猶賤也，且農務方殷，需人力作，傭工覓食，猶可分給也，則其安頓也猶易。今則來者日眾矣；市上之米，各省搬運，義切救臨，全無遏糴，出產有限，米穀漸空，而米價倍增矣；農功已畢，歲晚務閑，傭工覓食之路又絕矣。如此而安頓之則難。將欲開倉乎？無無礙之米穀也。將欲捐賑乎？襄陽土瘠，居鮮富民，官於此者，俸悉除荒，以本道而計，每年止有俸三十兩，而府縣各官可知矣。此即盡捐之，何足以當流民數日之饘粥耶？再四思維，惟有兩府屬重農積粟等事米穀三千一百三十石零，及積貯天下本計等事案內米穀十萬五百石零，積貯在倉，可以動給，但山僻遠水窮苦地方不便動支外，惟襄陽府襄陽、棗陽、宜城、光化、穀城、均州並襄陽衛八處重農積粟案內共穀一千七百八十石零九斗四升，積貯天下本計案內共米一千三百六十石、穀七萬八千一百八十石，可以就近動支。然思此案之米穀，固為本地賑濟之需者也。現奉憲文稽查有無虧折浥爛，又奉部文有加謹收貯之行者也。本道一思之以為可動矣，轉思之而覺其不可也，再思之又以為可動矣，輾轉思之而愈覺其不可也。正在躊躇，而饑民之號呼於各州縣者累累矣。縣詳府，府詳道，而所可議者，亦惟此兩案之倉穀矣。夫人情當危迫之際，瀕死之餘，見有立於其前者，雖甚不關切之人，莫不號呼而望救，而況於官乎？此饑民之所以哀控也。不哀控，則死亡矣。凡人之見其危迫瀕死而求救者，雖不關切，亦莫不痛心疾首而思救之，而況於官乎？此各州縣之所以申詳也。不申詳，則惟有視其死亡矣。方今皇上仁過堯舜，匹夫匹婦無不欲其安全得所，憲臺如傷念切，訪民疾苦而噢咻之，乃使有流民數萬濱於死亡，諒非盛世之所忍也。縣已詳府，府已詳道，而以其事之難行不為轉請，則是萬餘流民之濱於死亡，非州縣之罪，非府之罪，而本道之咎也。且本道細為籌畫，合應遵照陝西賑濟新例，每大口米三合；若賑穀，應給六合。凡流民萬人，每日應給穀六十石，每萬人每日需穀六十石，十日六百石，一月一千八百石，計自歲內賑發，至明年三月盡農功既興，民可傭工，可覓食而止，約費穀七千二百石耳。即多至四萬人，亦不過二萬八千八百石。以穀二萬八千八百石救流民四萬人，頌皇仁而仰憲德，豈淺鮮哉？今若惜此穀石，則此輩流民必至死亡，是國家失民四萬人矣。況此四萬人之中，有狡獪者，有剽悍者，不安於死亡，小之劫奪，大之嘯聚，是又豈止失四萬餘人哉。故自其後觀之，則費此二萬八千八百石者，乃所以為朝廷愛惜錢糧萬萬、保護生民萬萬；而自今日觀之，則惟見其費此二萬八千八百石，干部議，罹處分而已矣，革職追賠而已矣。伏惟憲臺念生民之危苦，審國家之大計，為先事之圖，不貽後日之患，於本道詳到，迅賜批行，迅賜諮題，准其動給倉貯穀石，以贍饑民，則饑民幸甚！地方幸甚！國計幸甚！倘慮部議，以此案穀石既動，本地饑荒反無以備，則又請憲臺諮明，支動之後，准於楚北各州縣，量其積穀之多、路通舟楫者，分撥幾處穀石以補之，官為捐備水脚以運之，總屬朝廷穀石，裒多益寡，總為生民，何分彼此？若必謂不可通融，或請於襄陽暫開外省生俊援納之例，不及百人，即可補額。是雖動二萬八千八百石，仍如未動也。此亦何憚而不為哉？本道目擊情形，不能緘默，故敢冒昧。倘憲臺親臨此地，聞此呼號，其疾首蹙額中喪傍徨者，又不知若何矣。今本道既經繕詳之後，恐憲批不能緩待，擬即一面開倉，宣揚聖天子仁恩、憲臺德意，照人數給發，以慰眾望。其或有應委曲周詳、審慎立法以期惠澤必周者，又望憲臺立刻賜示。古人云，救焚拯溺，情實似之耳。事關請賑饑民，言長句冗，除應行事宜尚在細酌再報外，合先備敘，未敢擅便，伏候憲裁。

又《再詳賑濟流民》 為急廣皇恩以救垂死避荒饑民事。竊惟堯九年水，湯七年旱，自古聖王之世，水旱之災亦時有之。今逢堯湯之主在上，綏邦屢豐，遐方異域，皇仁所被，無遠弗屆，凡有水旱小災，外吏每每未及奏聞，水旱之形未見，皇上無不先事豫圖，屢免直省錢糧，發帑發粟幾無虛日，欽差賑濟不絕於路。上有堯舜之主，則百姓盡皆堯舜之民；一夫不獲其所，時勤聖主之憂。為臣子者敢不曲體宸衷，恪盡厥職。今年山、陝、河北饑饉，又楚省鄖、襄兩郡夏秋之間旱蝗已成，本道督率屬員修葺塘堰，虔誠祈禱，幸時雨忽降，枯苗立生，飛蝗蔽天，立即盡斃，變荒為豐，年稱大有，米麥頗賤，以致山、陝之民聞風而來者，日多一日。竊念鄖、襄為湖南北之上游，實陝、蜀、豫、之門户，萬山險峻，地瘠民貧，兵燹之餘，人稀土廣，豐年僅可糊口，凶歲難保流離，本道身膺兩郡重寄，日夕憂懼，手輯農政、荒政二書，嚴檄兩郡州縣，大講水利，招徠開墾，務使水旱有備，可免小祲。而外來就食饑民一一安插，力能墾荒者，擇地任種，貧不能存立者，勸土著之民，令其收養，背具保結存案，以便稽查；其願往他所依傍親識者，量給錢米，聽其自便。但地方既窮，官民又窮，來者無盡，救濟有限，普天之下，盡屬朝廷赤子，何敢作秦越之視？糧食一任陝豫糴買，不忍禁遏，除兩屬薄收，僅可自給，此外惟襄、棗、宜三邑有收而為數無幾，臨省駝運車盤晝夜不絕，糧價踴貴，今已五倍。襄民自食將盡，既無以應外省之販買，尚安有餘粒，以濟寄食數萬之流民耶？本道計無他出，惟有不顧一己之身命，仰體皇上軫恤赤子之德意，將現儲倉穀暫行給散，救垂死之流民，全本土之黎庶，靜聽處分，實亦無悔。謹具末議，開列於後：

一、現在安插之流民，急宜救濟也。除暫居今去者二萬餘口不計外，並續到未曾冊報者不便懸擬，其現在入冊者約萬口。本道照陝西賑濟新例，大口米三合，每口先給一月，除小口不算外，計穀一斗八升，約應共給一千八百石。

一、續到之流民，急宜安全也。外省流移，不便安插城內，止宜散之村鎮。民居草屋，實無閒房可以強令收留借住。況現在安插於僧舍者，俱已盈滿，驅逐不可，收養無地，露處豈是長策？棚屋無力捐蓋，惟有按日計程，約略賑穀，令其他往。

一、安插流民，宜審地勢也。鄖、襄兩屬，惟襄陽、光化、棗陽、宜城四邑可以安插，其餘山邑險隘，不便安插，並宜嚴禁防守，不許流民入山。

一、安插流民，宜散不宜聚也。本道所轄地方，止襄、光、宜、棗四邑稍可安插，其餘別府屬，必求憲臺裁示，某府某州某縣可以安插若干。本道擬於均、光境上出示曉諭，委員稽查，給票赴襄，驗明人數，濟以口糧，應安插某州某縣者，換票令其前往，到彼安插。一面具單報憲，一面具單申道。倘中途或有疾病死亡，所在給棺，掩埋標記。如此施行，則流民無失所之虞，雖有姦宄逃盜，亦無潛蹤之所；賑過人數，亦無所容其浮冒矣。

一、單式宜詳且明也。某官為查驗事：本年某月某日，查有某省某府某州某縣某里人某某年若干歲，父某母某氏兄某弟某妻某氏子某女某各若干歲，共幾人，於本年某月某日由陸路自某處來，歷某府州縣到此，驗明合行給票，前往某處查驗換給。刻板印填，最為簡便。

一、沿途大路，於往來必經之處，該州縣委一勤員查驗給票，隨到隨行，不得稽阻。

一、隨地分插，不過一時權宜之策，殊非經久善全之道。陝西避荒之民，惟臨潼為最甚。本道逐細詳詢，有一生員惠古慟哭陳情，云：本地顆粒無收，旱荒已極，不止一次。皇上發帑賑濟，官府率皆按籍給散。某户納一丁錢糧者，止賑一丁而已。若給銀五錢，止好買糧食一斗。生員一妻四子，共計六口，一斗之糧，四日便了。此外何以支吾？富者有銀無處買糧，貧者無以存立，十分之中已逃七分，田地抛荒，家業盡棄。本道聞之，深為駭歎。遍問多人，如出一口。真偽或不可盡信，但恐逃亡既多，耕種人少，耕種既少，安得豐收？無收何以有年？無年則逃亡者何時還歸故土？故土既未可歸，異鄉豈可久處？本道剴切呈詳，即求憲恩人告，皇上大沛恩膏，開倉發粟，然賑濟不過數月，數月之後，何以接濟？必須故土盡招來之術，使逃亡可以速歸，長途有糊口之糧，庶不至父子離散。

一、饑民之來，每日動計數百，少亦不下數十，驅逐、安插，惟有兩策。若任其自然，聽其所之，此掩耳盜鈴之説，姦吏舞文欺飾憲聽耳。夫流民饑無食，寒無衣，散入山谷，伏匿荒僻，則行旅維艱，小則鼠竊，大則夥盜，勢所必然。故勤幹通達之吏，熟悉地形事勢，計深慮遠，安插不能，容留不可，乃不得已而從事於驅逐，使出他境，則本州縣無他虞矣。其塌茸聾瞶者，土木形骸，痛癢不關，不行驅逐，自謂安靜，實亦無毁無譽，第恐相率效尤，禍機隱伏。本道所轄兩屬，共計十三州縣，率皆深山邃谷，勢既不可任其所之，法尤不容使之驅逐，第無米之炊，如何措手？今安插已多，無地可容矣。臨封競糴，流民充塞，穀日貴，糧日少矣。貴者日貴，少者日少，無奈來者多不肯他去，號啼遍野，慘不忍聞。此皆朝廷赤子，何忍坐視其死而不救乎？惟是冒罪發倉粟以賑濟，為數無多，無以為繼，且賑濟一開，留者久留，去者不去，來者益來，不可窮極，是救一時之餓殍，實釀無盡之禍胎。斷須剴切入告，動計萬全，速令各歸鄉井，官民兩便。

一、饑民之逃亡，宜重懲有司也。無雨則旱，久雨則澇，事須豫籌，有備無患。百姓逃亡，守令之罪也。流亡之民，隔省遠徙，非工於驅逐，即視等越秦。嗣後將荒不能預籌，已荒百姓流亡者，流亡之民臨近地方不即分任安插使之越州過府者，痛加處分，盡心安插者，優其升擢，則賢者益鼓舞，而不肖者亦知儆惕，百姓實受其福矣。

一、本郡捐納之例，斷不可泥也。地有遠近肥瘠，民有多寡富貧，豈可一概定例？肥邑則民富，本地捐納，有司捐勒索使費，拜門生有禮，送旗送匾有禮，煩費浮於穀價，弊一。地瘠則民貧，民貧則餬口不充，誰來捐納？即以鄖陽一府而論，捐納者寥寥無幾，按冊而稽，率皆外省。外省既停，捐者絕響，此地瘠民貧之明驗也。弊二。天下州縣若鄖陽，恐復不少。此必須仍開外省捐納之例，庶幾倉穀廣儲，倘遇荒歲，賑濟有資。伏乞裁奪。

一、饑民之妻子，宜嚴禁沿途販賣也。流民救死不暇，賣妻鬻子，愚人以為兩全之道，不知骨肉分散，慘動天地，富貴之人利其賤值而買之姦徒，賤貨而貴售。嗟乎傷哉！為民父母，離者尚欲使之合，散者尚欲使之聚，今每日車載騾馱，不知凡幾，幼稚子女，動輒數十，此皆堯舜之民也。宜題明嚴禁，痛加處分。

一、計流民每口給穀六合，一人先給一月，計穀一斗八升，百人用穀一十八石，千人一百八十石，萬人一千八百石。呈詳批發，便須一月，具題候旨，便須兩月，必須豫籌三月之穀，方可苟延殘喘，但流民急宜分插，立望批示。

以上數條，皆因目擊流移之慘，效其一得，但知識淺短，思慮未周，未必足供採擇，相應備敘，恭候憲裁。

又《三詳賑濟流民》為移明疏通糧路以救災黎事。本年十二月十二日，奉總督巡撫部院憲牌准川陝總督部院葛諮開：陝西省地方，今歲荒歉，秋禾失望，明歲麥苗枯槁將盡，煢煢百姓，全賴臨省接壤州縣往來糴販，以有易無，在秦中饑民可藉以資生，楚豫居民以此獲利，實屬兩有裨益。近聞楚省臨秦州縣，不許秦民糴販，以致秦民資生無策，相應諮請轉飭所屬臨近陝省州縣各官，如遇秦民來彼糴買糧石，令其照常行走，公平交易，不許盤禁阻撓，使陝省災民得免饑餒之虞等因。准此，為照各省百姓，均係朝廷赤子，凡值歲時荒歉，自應聽臨省災民往來糴糶，以濟時艱，無容姦民遏糴，藉端阻撓。今准前因，合行出示曉諭，示仰督屬軍民人等知悉，嗣後如遇秦民來楚糴買米穀，聽其照常往來，公平交易，不許生端盤禁，及高抬時價，刁掯阻撓。敢有故違，許被掯之人赴該管地方官陳稟，查拿解究，以憑重處。各宜凜遵毋違等因，除出示曉諭外，合併嚴飭，為此牌，仰該道官吏照牌事理，即將發下告示照抄多張，轉發所屬，逢貼通衢曉諭，仍令各具遵依，徑報查考毋違。蒙此看得不許楚省遏糴，使陝西饑民乏食，此實川陝督院為民至意，然不知本道為民若心。今年襄陽仰賴皇上洪福、兩憲鴻慈，變凶為豐，時雨立霈枯苗，飛蝗入境即死，幸而有秋，以致陝西、河南紛紛赴襄糴販，車載騾馱，驢運人負，駱駝百十為群，晝夜不絕於道。府縣治司民牧，未有不為自己地方起見，此亦良有司之苦心也。但念天下之民，盡屬朝廷赤子，何忍閉糴阻饑？本道多方勸諭，出示佈告，令其毋逐利以忘本謀，出有餘以濟不足。數月以來，襄陽之粟流通三省，且三省之民就食於楚、過襄不留者不可勝紀，其暫住及久住者亦不下三四萬人。襄屬地廣人稀，山多土少，稍有收者，止襄陽、棗陽、宜城三邑。以三邑荒薄之收，既供三省之販運，又食數萬之流民，襄民蓋藏幾何？只顧目前蠅頭微利，忘卻餬口本謀，不獨官不忍禁，即禁亦不能止也。今流民就食益眾，饑疲之民，男婦老稚，千里跋涉，枵腹徒步，無不羸尫，投襄即止。非不欲他往也，足力實亦有不能舉動者矣。來日益多，粟日益少，價日益增，粟日且盡，昔不忍於外省之民饑，今深憂夫本境之民餒矣。本道愚昧無知，心力已竭，憂深慮遠，食不知味，夜不成寐，欲奮不顧身，擅發倉穀，自願赤貧。向在河工二十年，捐築高郵城南三十決口，代賠大工窮夫通帑，臨工堤潰，黃水灌淤，本道新挑運河七千餘丈，又復獨力重挑，負累親知，家徒四壁，空拳赤手，粉骨難賠。又涉示恩沽名，且恐一發難繼，遠近聞風來者益眾。古諺有之，善不可為。蓋謂是與？然畏首畏尾，瞻顧因循，釀饑坐斃，與其不可救藥於後，何如深思熟計於先，絜輕校重，害少利多？本道計惟有哀懇兩憲俯念垂斃之流民、將困之襄屬，大發鴻慈，廣勸輸助，除鄖、襄兩府官民窮苦無力輸外，其餘悉力輸助，保襄民實以保流民，寧襄境實以甯全楚也。一面即求憲示，將續來者速檄別州縣分頭安插，毋使偏聚一方；一面本道先借倉穀，稍給十五日之糧，苟延饑民殘喘，俟輸助到日補償，並候憲示到日再行續給；一面再准本道將各屬邑倉穀，酌量發出，平價糶賣，銀收在官，俟來春麥熟米熟，照數買補還倉。一轉移間，不獨可保襄民、流民之困，且可以稍甦臨省之乞糴矣。伏乞迅賜批示，以便遵行。

又《稟覆督院》　某身在鄖襄，凡一切巨細之事，無不切實料理，而饑民一事尤關重大，何敢膜置？計自夏間流民初入境，即諄諄告誡有司安頓存留，勸諭本地居民加意矜恤，又曉諭流民安心棲止，交告案牘，不一而足。其時不過以為數百流民，力為安插，使無失所足矣。何敢以小事而張惶？何敢以微恩而沽名？又何敢以襄地撫恤流移而使他省有人民逃散之咎？故爾未瀆憲案。既而九月間自省歸，流民漸多，焦心益甚，飭令各屬清查流民多寡之數，商量賑救流民米穀之所出，早夜攢眉，檄催如雨，無奈各屬遼闊，流民星散，冊籍一時不齊，不知多寡，其賑救之數不能遽定，米穀所出無可指實。又以大計，遠赴會城，遂致遲遲未得轉報。及十二月初二自省回襄，流民愈眾，寢食不寧，親自延問流民，細訊逃來之由與今居處情狀，每聞哀訴，涕淚交橫。又復飭安頓，飭清查，星催火促，襄屬之冊甫到，而鄖屬任催不至，雖地方之遼遠，亦郡守之怠緩，不暇候齊，隨即攢造送憲案矣。既得流民約略之數，苦思力索，始得借動常平之策，而郡縣詳至，隨即星飛請憲示矣。某又輾轉思維，計深慮遠，細分條例，不徒務虛文而求實濟，不徒博善名而銷禍萌，不徒慮目前而計久遠，亦不徒為一方奠生民而為天下講吏治，文已差投憲轅，第未識芻蕘足當採擇否？又念郡城精形洞然可見，各邑之安頓與否，得所與否，又或驅逐與否，不能盡知，於本月十八日親歷光化一帶問民疾苦，務得實情，以圖救濟。擬即先動倉穀賑濟半月，俟憲批示再行。正在巡歷，憲使適至，仰見憲臺軫恤民間，雖遠彌切，一使之來，流民感動，此真如傷念切、己饑己溺為心者矣。但某數月焦勞，惟此流民一事，前此未經仰瀆，恐終難達憲前，或者勤事而人言以為玩忽，安插而人言以為驅逐，亦未可定，謹將流民一事，除近日具詳數案外，其從前文告，繕錄一本呈電。至其確實情形與未盡事宜，俱悉憲使口稟。某惟有仰體憲意，切實奉行，以盡厥職，而上慰憲慮耳。鄖屬惟竹谿縣有冊續到，候諸邑冊齊再報，合併聲明。

又《上兩院稟》　前以計典在省，時親憲慈飲食教誨，感激之深，銘諸肺腑。星夜回襄，已是臘月初二日。繼以新鎮初到，酬應兩日。其為人明爽秀徹，相與共論地方情形事宜，種種應心，不啻水乳。鄖襄重險，皇上簡畀得人，憲臺臂指有賴，地方之幸，亦某之幸也。襄鎮二十長行，某恐其陛見，或蒙皇上問及，是以星馳至光，詳細陳述。某遵奉憲指施行，廿四旋襄。新將軍亦止宿郡城。瞻其色笑，和平溫厚，真地方大慶也。秦省流民，久檄各屬安插得所，勤幹者隨到隨行，鄖屬則竹溪、房縣、鄖縣，襄屬則均州、光化、宜城，真翹楚也。某拘於程墨，不得不候齊彙報，而鄖守尚無一字回覆。某分檄各縣，令其兩申道府，是以流民冊子先將襄屬呈報，而鄖屬續到，不及候齊，無奈積弊之餘，一時難以速振也。饑民自初秋即來楚境，率皆過而不留，留亦稀少，旋令具結以杜姦宄。此皆職守常分，無庸申稟。後某自省旋襄，隆冬生計乏絕，秦省民既流移，而催科未緩，貧者既行，富亦隨之，臨潼一邑十走七八。某時赴襄邑大路要口團山鋪、陳家營等處，坐於道傍，逐一細問，無不慟哭陳情。如出一口，他邑皆然，臨潼特甚。後至流民訪前至者覓主收留，前至流民招後至者來此覓食，地界相臨，來者日眾。某職在分守，既不忍其流離失所，尤不敢以安插賑濟虛名集眾釀禍，慮前憂後，寢食俱廢。今秦民來者無窮，裹米去者將盡，土著無以資生，流民何以度日？此號呼求賑之所自來也。某策騎親歷鄉鎮，集民路衢，勸諭備至，以秦民來楚，即為吾民，不可異視。楚民家稍溫飽，果有餘糧，可至麥熟者，量力收留，令其傭工耕種，挑水擔柴，或有空屋，薄取租金，廣行方便。蓋秦民向來居此貿易，原多是以親友識認者望門投止，安插稍易，保結不難。新至者視久住者以自安，土著者恃久住者以取信，嚴其禁約，不使土著欺侮流民，尤不許新來者恃強撒潑，安分則樂業茲地，為非則出諸境外，可以自食其力者將就度日，苟免死亡。如饑寒迫身、朝不謀夕者，地方據述報明，備述皇恩憲德，給穀賑濟；復將遠糴米石來此，以備秦省轉運。嚴行各屬正印雜職佐貳，分頭曉諭，分別查明，散給錢穀。數日以來，民心大定，無復哀號者矣。但安插在境者，逐名給散固易，即給後稽考亦不難，若信宿即行、過而不留者，若不賑濟，似非一視之仁；賑之，則去來莫定，多寡虛實，無從覆核，徒開虛冒，無有實濟。似此之類，每多慎重。某矢諸天日，並諭各縣：凡一切處分賠累，俱本道一身獨任，不累汝等絲毫。惟望竭力盡心，毋沾名，毋浮冒，毋短少，毋任胥役，真如自己饑餓一般。倘假借一粒，男盜女娼。各令亦皆歡欣鼓舞，而均州、光化尤為勤慎。俟其確散畢報，某必須遍歷親查，分別勤惰誠偽，報憲勸懲。大要分別確實，所給亦自無多。有食者不給，則絕妄覬之心；無食者沾恩，則免死亡之懼。此則襄屬各邑賑濟之大略也。至鄖、襄陽各屬，地險山深，稽察不易，而地亦貧瘠，無以資生，流民非親交因緣不至其地，至亦不留。故凡流民之在鄖境者，皆可茍延性命，若一倡賑濟之聲，恐其轉相號召，襁負而來，接踵而至，所集愈眾，資生愈難，賑不能遍，兼不能繼，崎嶇險阻，移粟不能，貧餒聚處，解散無術，為憂方大。某遠慮未敢輕舉，憲臺視遠惟明，神謨畢照，惟望指示，導其不知，教所未逮，庶得斟酌妥當，次第舉行。某束髮授書，今年已五十。讀聖賢書，所學何事，敢不盡心以報憲知，以慰民望耶？前見事勢迫切，深憂遠慮，剴切敷詳，今復確得情形，細加酌置。嗣後或有所陳，容再繕錄呈電。

又《與襄陽王鎮臺書》 山、陝、河南饑民，流入襄境，自八月至今，過而不留以及各縣安插、本道勸襄民收留安居者，有數萬餘人。山邑不便安插，恐生他患。襄雖薄收，僅可自食，土皆皇土，民皆皇民，如何可分彼此？自秋至今，三省糴販不絕於路，買去糧食不可勝數，饑民就食又多，襄屬糧食將盡，米價騰貴，小米已賣至七八九錢矣。計至麥熟，倘有四月，不但流民乏食，襄民亦乏食矣。豈不大可慮哉！今隆冬歲暮，流民嗷嗷待哺，號呼遍地，慘不忍聞。本道見邸抄中皇上發帑賑濟陝西，夫陝西在家之民猶可支吾，其逃出者苦且十倍。今仰體皇恩擅動倉穀，先賑一月，遍諭饑民，此皆出自皇恩。數萬人感頂皇仁，歡聲動地。然必須給至麥熟，或多給些，有資生之策可以還歸故土，方是長策。老鎮臺與本道同守此地，痛癢相關，今人覲天顏，恐皇上一時垂問，伏望老鎮臺啟奏，使陝西在外流民與在家者一體沾恩，再給路費，使可還里。陝楚生靈，受福無量矣！

又《嚴行保甲》 為嚴保甲以申憲令事。竊照保甲之法，奉憲飭行久矣。奈官民視為故事，全不實心遵行，今外省饑民流寓道屬甚多，合再嚴飭。為此牌仰該府即便轉飭屬邑，令於在城在鄉處所，家給一牌，十長為甲，立一甲長，給以十家總牌一紙；十甲為保，立一保長，給以總牌十紙；十保為里，令其造具清冊二本，一存家，一送縣，縣造二冊，一送府，一送道。甲保里長，皆須誠實公正者為之，止稽造本甲內流寓饑民，逐一填明該縣預給牌式小封。凡續到者，即日具單，徑行傳送本縣。倘本甲有容留來歷不明及遊手無業之人，左右臨察出，即報甲長，照前申報。如此力行，則官民不擾，地方寧靜，流民得所賑濟周遍矣。務期實心遵行，毋得怠忽，並速出示曉諭，定限三日，造冊申送毋遲。

又《禁宰耕牛》 為禁宰耕牛以重農本事。照得本道所屬郡邑，民間耕種，全資牛力。去歲牛疫，死將殆盡。國以民為本，民以食為大，牛少則不能多墾矣。合行嚴禁。為此示仰道屬軍民人等知悉，如有宰牛者，隣佑舉報保甲，保甲即報該縣，立拿解道，治以重罪，仍罰十牛，散給窮民之無牛者。如不舉報訪出，隣佑、保甲一體治罰，決不姑貸。此係為爾等百姓籌畫至意，非苛刻也。倘有借稱牛病不能耕，賣以另買，不知病牛之肉，食之殺人，牛為爾家力耕致病，賣而殺之，神必降殃，爾等宜知。又回除禁忌外，可食之物頗多，何必食牛？若私自宰賣，隣佑保甲舉報如前，俱一律治罰，斷不姑寬。慎之！

又《曉諭饑民》 為曉諭事。照得鄖、襄地廣人稀，荒土居多，邇來外省饑民流離至此，不下數萬。又陝西、河南、山西搬運者絡繹不絕，普天赤子，皆屬我皇上之百姓，豈忍異視？半載以來，本道所轄地方並無遏糴之禁，而川陝督院移文本省督撫兩院嚴檄不許遏糴，無非過慮，為饑民計生全耳。但督撫大老爺既愛外省百姓，尤愛本省百姓。本道仰遵憲行，自當安上全下。爾百姓須自己思算家有幾口、人每日吃多少糧食，計至麥熟時尚有多少日子足用，則把多餘糧食糶賣。不足用，則當自己留着，不可因目前價貴，貪利亂賣，不可因一時急用，前去後空。今春麥子收成不知如何，糧食日少一日，糧價日貴一日。今日賤賣，後日貴買，非計也。後日價貴糧盡，本地無糧可買，爾窮民將何以自全乎？外省遠販之人，皆富商大賈，乘機射利，非窮民自販也。本道不便違憲禁糴，又恐愚民失算，特行佈告。至於流來饑民，多有手藝，吾民有溫飽之家，乘此修造屋宇，量力興舉，召募力作，一舉兩得。本地工匠擅稱舊主雇霸住，不令饑民做工者，嚴拿究治。又荒地甚多，業主不能開墾。有力之家報官，竟行開墾，官給印照。開成之後，即為己業，照例六年升科，原業主不得爭訟。乘此流民甚多，雇工甚賤，盡力速速多開，便為子孫世守恆產，亦一舉兩得之事也。又流寓饑民願歸故土者、願住本境者，俱各聽從其便。有力開荒者，亦如前例。無力愿墾者，向保甲長説明，出具保結，赴縣借貸牛種子粒，本道與各屬一一措給。開成之後，照依定例，六年起科，永為己業。倘欲還鄉，任其轉賣。如有原業主爭執者，定即重懲痛處，決無絲毫干累。合行一併示諭。

清　田六善《清京倉積弊疏》《清經世文編》卷四〇　臣前見京倉開報缺少米石一疏，其既經勘明者，皇上已有旨處分；其見在支放者，皇上已有旨申諭，臣無容置喙於其間矣。臣思京、通二倉之弊，頭緒紛紜，牢不可破。及至敗露，近者已歷數載，遠者已歷十數載。其中經管各官賢愚不同，經承各役，存亡不一。雖有明斷之才，亦鮮搜求之術。今當徹底清查之際，宜立明白易曉之規。

臣聞各倉廒座官役，任意開放，及至水落石出，牽溷難明，則一廒宜清一廒米數也。如放天字一廒，必使顆粒盡完。查照原收石數，有無短少，報部存案，方許再開別廒。但各廒米色不一，如領米官丁揀擇美惡，則倉役樂於藉端，法不立則事不行。請發特旨嚴禁，令立碑左右兩翼。如領米人不待此廒放完，逼令再開別廒者，及管倉官役通同附和者，分別治罪，則牽溷之弊可清矣。臣聞善算者，積米一堆，步其周圍若干，高下若干，便知米數。況倉廒四角方停，高下直立，豈難估計？則一廒宜定一廒貯數也。如天字一廒，四方幾丈，上下幾丈，應貯米若干石，再以今年新收米之，自無不准。他廒亦仿此例，經管衙門各行刊印一冊爲照。新官接管之時，查照廒內虛盈，米數自見。即有放過半廒者，量其底去幾尺，細行除算，亦易清楚，則交代之官有據矣。

臣聞旗甲所欠米石，發坐糧廳追比，及至追完，有欠左翼之米，行文歸右翼者，有欠右翼之米，行文歸左翼者。有無不便關會，則追完之米，宜令仍歸本翼也。夫盜米於夾帶者有限，盜米於空文者無窮，若令各歸本翼，則上下吏書何至隱射爲奸？臣聞旗甲運至米石，倉廒派發，即行註定廒分。若係空廒，自應收受，若尚有米，最易溷淆，前後如何清算？則運至之米不必預定廒分也。夫舊米短少，正在敗露之際，新米一入，便爲遮之端。若令止入空廒，則收放員役，何處支吾自飾？如果臣言不謬，伏祈皇上敕部議復施行。

清　田文鏡《請復倉穀借糶疏》《清經世文編》卷四〇　伏查倉貯關係重大，自當悉心研求，從長計議，未可硜執一見，以爲可以剔弊除奸，永遠遵行者也。蓋積貯原爲備賑，而典守貴於權衡。臣愚以爲倉穀之設，偶因水溢旱乾，則當開倉賑濟，此按其口之大小以授食，而不令民還倉者也。若夫收成稍歉，民食尚不致艱難，或至次年春麥未登之際，青黄不接之時，則當照例出借，至秋收後，每石加息二分半還倉，以接濟民食者也。至於歲當大有，户慶盈寧，可以無藉於倉穀矣。但至舊穀將沒，新穀未升之時，穀價不無少昂，貧民難於買食，此又當減價出糶，以平市價者也。如此轉移，不但米穀流通，小民不致乏食，而朝廷倉糧亦得藉此出陳易新，免於紅腐，此誠一舉而兩得矣。

臣五年於兹，無時無刻不以倉貯民食爲念，常將各屬所有積穀，或當委官盤查，或乘新舊交代，俱令其分別積穀年分久暫，每樣各取一石，碾驗米粒成色，則新入倉者每穀一石得米六斗五六升，其次則六斗有零矣。再其次則五斗有零矣。穀愈陳，則米粒愈細，往往止存半粒者。且陳米炊飯不能漲發，一升止得半升之飯，又食之易至饑餓，一人常兼二人之食，此臣得之親試而無訛，訪諸老農而不爽者也。由此觀之，則倉穀之不宜久貯明矣。今以地方官奉行之不善，而欲停糶借之例，使之常存於倉，即數十年而穀仍自在者。誠不經之論也。地方官不能無賢愚勤惰之分，胥役人等不能免中飽侵漁之弊，賢而勤者自能剔厘而除去之，愚而惰者則當糾劾而更易之。至於胥役舞奸，又當峻法以懲治之，此督撫之責，司道府州之事也。今不責各上司嚴其查察，而惟守此數十年不易之陳穀，以絶其弊端，是猶行舟者惡風濤之險而收帆，駕車者恐覆轍之虞而投轄，有是理乎。臣查豫省倉糧，俱經易穀存貯。惟雍正三年，常平倉奏册内尚存米豆三千餘石，自應一併易穀，以免蒸霉。而春借秋還，存七糶三，仍請照舊例遵行。

清　鄂彌達《請官開米局疏》雍正十一年《清經世文編》卷四〇　竊查米價騰貴，皆由囤户居奇，往往捏作謠言，增長米價。或云風爲旱兆，或雲雨爲水徵，一日之間，頻增價值。一店長價，諸店皆然，名曰齊行，莫敢異議。富民家有蓄積，樂其高抬，於己無損。惟手藝貧民終日拮据，不供口食。即遇官府有平糶倉穀，不過一升半升，日糴日食而已，無力多買。又不能户户有碾米之具，且以終日鹿鹿，並無餘暇，故寧貴價向米鋪糴米。非不知官賣穀價賤，不得已也。若欲惠此貧民，無如官開米局。臣生長京師，目擊八旗自皇上降旨設立米局以來，歷年米價皆未昂貴，總由米局價平，故囤户不能射利，法良意美，實可通行。

伏念粤東省會之區，貧民待哺尤衆，奸民乘機射利，往往高價病民。臣擬於粤東省城設立米局三處，南門設一米局，動廣州府倉穀，以該府倉大使管理，東門設一米局，動番禺縣倉穀，以該縣典史管理，西門設一米局，動南海縣倉穀，以該移駐之縣丞管理。各局將日逐糶賣數目，每日折報各管府縣稽查，該府縣十日一報司道存案。仍令糧驛道不時稽查，察其米價，則額定倉斗一兩一石，永成定例，無減無增。倘市價減至一兩以内，仍聽民向各店買食，市價稍昂，即照定價一兩糶賣，其赴局零買者。用銀用錢，聽隨民便。仍不許買至一斗以外，致啟販賣之端，賣出價銀，則令隨便赴穀賤地方採買，源源轉運，夫價有定額，則胥吏無所容私，局既常開，則囤户無能專利。一切肩挑負販傭工覓食之人，三五零錢，取攜皆便矣。至各府郡城，即將府倉穀石，碾米開局，比照省局之例，仍責令該管道員稽查，似可以一體通行。

清　楊仲興《創建南鄉太平堡社倉記》粤東文海《清經世文編》卷四〇　統一邑計之，地無别產，禾稼外，茶、竹、木而已，山高土瘠，非五風十雨則旱見告。人鮮經紀，乏惟稱貸，必產爲質，不是即坐困。生之者寡，食之者衆，是以貧民十之七八。常平備儲社倉者，濟民而通出納也。宜在鄉，興邑則在縣，而官掌焉。顧遐邇不一其地，丁口不一其數，貧寡不一其狀，非周知民隱，深入其懷而曲體之，何以裒多益寡，稱物平施耶？

余自乾隆八年蒞興以來，即力行保甲，官有籍，門有牌，所以清盜源也。調劑民食，即在乎此，遇青黄不接之際，開倉出借，核册稽人，審時計日。持門牌來者，如取如攜，各足其分而去，里胥不得昌焉，准此而糶亦維均，行之一年而知其形，又一年而知其情，又一年悉其道里曲折之數。邑屬最遠者瑤、壯，有永豐社倉矣。次遠者西鄉，發貯萬壽倉矣。南鄉又次焉者也。路崎嶇，自四十里至八九十里不等，老幼婦女艱於跋涉，不獲均沾，此非長吏者責歟？

爲親履其間，見太平堡適中區，地高户密，舊有武廟，棟朽將廢，詢於僉謀，倡捐勸助，辟基拆豎，左右各建社倉二座，即以太平名之。立社長以司出納，延法僧以爲住持，分居民以警昏夜，衆議公舉，各任其責。乾隆十三年，即移貯縣倉社穀一千三百八十九石六斗，又清理廟田二十一畝零，歲共租穀二十五石，鋪房一十五間，租銀一兩六錢有奇。給廟僧耕管，以奉香燈，並葺兩倉者，另鋪基八間，六里分造，年收租息爲五月神會需，像宇重新，積貯有備，敬神便民，庶兩得之。落成詳請立案，今春授代，會首唐生等曰：是役也，惠澤周矣。章程所立，當勒石以垂厥後。余曰：邑令者一邑之父母也。顧名思義，深愧不稱，但疾痛疴癢，知其故而不爲之所，益重予咎。惟盡吾力之所得爲，行吾心之所可安。六載民社，利物濟人，日計月計，以次舉者。待一邑皆然，非獨今日私南鄉之人也。至廟田緣起，襄事題名，此間紳士志之，不贅。

清　晏斯盛《請分常平爲社倉疏》乾隆元年《清經世文編》卷四〇　《周禮》遺人之職，委積以恤艱阨，積儲之所繫綦重。是故治平之世，無不加意倉儲，而倉儲之善莫如社倉。以本里之蓄，濟本里之饑；權豐歲之赢，救歉秋之乏。緩急相通，不出同井；子母相生，總利吾儕。三古而下，井田既不可復，而井有餘積，里有同仁，惟社倉爲獨得之。然行之今而不效，或私議其難，而終以虚文答詔旨者何也？謂其經官則爲官累，不經官則私侵不免也。夫官不爲理而聽人自爲積，此必無之事。至官理之而以常平之法行之，使專積於官，則失實之甚，何也？常平務積而已，不善爲散。所積者在官而已，無及於民。夫無及於民，非僅豐年之蓄也，即歲歉賑給亦無及於民，何也？城郭之中，貯米千萬，領給者多半囤販，而嗷嗷待哺者實在四鄉。匍匐數十百里，不得沾顆粒者往往有之。借曰糶賤買貴，如平糶法，而民之貧無所得銀者，亦終不可得米。此常平之積於城郭而糶糴之，不若社倉之貯於當社，而貸易之之爲有濟也。借曰貸易，則灑派那移之弊滋。然積貯大政，立法過密，則累深而益淺，爲程稍寬，雖有弊而亦利。誠使官經其社，社經其鄉，出納之際，十甲之長輪流交代，不使豪强者得專之，則貧弱之民，新黄不接之際，亦未必無小補，况其行之久，而不無大效哉？

且夫常平平糶，與社倉固相爲用者也。漢耿壽昌所謂穀賤增價而糴，穀貴減價而糶者，常平之本於平糶也。朱子之借常平米，夏貸冬還，而歸本得息。凶年不饑者，社倉之分息於常平也。今查安徽所屬，如太湖、宿松、休甯、婺源、祁門、宣城、南陵、東流、無爲、舒城、鳳陽、臨淮、鳳臺、亳州、六安、霍山、泗州等州縣，並無倉儲。如太平、當塗、蕪湖、霍邱等縣，各存穀僅三五十石，殊違功令。臣請將各屬常平積米至萬石者，存三千外，各於近城四鄉，按社保設立社倉，將常平米七分均貯各鄉，以爲社本。其常平所積甚少，不滿三千者，即於江甯省倉常積之米均發該州縣，以爲社本。嚴諭州縣，總其大成。各社保長按甲輪管，以時出納，照現在加一出息，行之有效，而後推之遠鄉，其中或有出納一均者，官曉諭之。不率，仍追斷如法，漸次行之，久必有效。蓋井地以後，惟社倉爲長久規模，非近功速效可比。使得賢有司共矢實心，繼承經理，不侵不擾，行之既效，將豐歉有資，出入相友，守望相助。保甲亦因以聯，而教且並行乎其間矣。

清 晏斯盛《社倉保甲相經緯疏乾隆九年**》**《清經世文編》卷四〇 竊惟《周禮·族師》：五家爲比，十家爲聯，使之相保相受，刑罰慶賞相及相共，以受邦職。宋熙寧保甲之法，原出於此。然稽其實，則井田蓋爲之經，非區區比聯保受牽制而束縛之也。《遂人》：五家爲鄰，五鄰爲里。《匠人》：九夫爲井，井十爲通。《孟子》之八家同井，以井田横排之，一通之地亦無不五家相比、十家相聯者，則同里同井，即相比相聯，而相保相受，實相經緯於其間矣。就相生相養之地，而行政教法令於其中，是以習其事而不覺，久於其道而不變也。周之衰也，管子因之作軌里連鄉，雖稍稍小治一時，而未睹大效，亦一舉輒廢，未見樂易而可久。秦、漢、隋、唐以下，當其盛也，其民龐雜而無所紀；及其衰也，則鳥獸散耳。宋熙寧中，有鑑於此，而編閭里之户，以爲保甲。事本近古，故行久不廢，然亦第相保相受，而未得其中相生相養之經也。

臣前奏推廣社倉之法，請按堡設倉，使人有所恃，安土重遷，出入相友，守望相助，保甲聯比，相爲經緯，用幾古治，非苟而已。顧欲各堡一倉，倉積穀三千，一時既有所難行，而其入穀之數則變通於額賦之中，另分本折，稍覺紛更，誠如部議。雖然，臣竊籌之，天下之民必有相生相養之實以爲之經，而後可行以相保相受之法而爲之緯。社倉保甲原有相通之理，亦有兼及之勢，彼此之間，一經一緯，大概規模似有可觀，一時求備則甚難，簡約試之則似易。且夫時難得而易失也，時之可乘亦未有盛於此時者也。我皇上如天好生，偏隅之災無不恤，一夫之饑無不拯，加意倉儲，州縣交相采備。又慮貴糴之妨民，急停止採買，停止之餘。又慮積貯之無資而詳加酌劑，且特停户部捐銀之例，令各省捐監生俊，俱於本地交納本色，以本地之穀實本地之倉，以本地之倉備本地之用，不採買而倉儲自充，誠兩益兼濟之道也。然要其歸，總以爲民耳。查常平之積便於城，未甚便於鄉。城積多，則責之也專，而無能之吏或以爲累。鄉積多，則守之者衆，而當社之民可以分勞。且社倉未有實際者，倉費無所出也。名有社倉，而倉不在社，社倉徒名，而社實無倉，往往然矣。今生俊之穀多在於鄉，而捐穀之例又俱議有倉費，如將此捐移入社倉，捐多則倉亦多。取鄉保穀數而約舉之，大州縣約八十堡，四堡約一倉，總二十倉，倉約一千二百五十石，總二萬五千石，中州縣約四十八堡，四堡一倉，總十二倉，倉約一千二百石，總一萬四千四百石。小州縣約三十六堡，四堡一倉，總九倉，倉約一千二百石，總一萬八百石。方今之時，治平日久，雖不必比户之家可封，然實則三代之直猶在。一甲之民常多良善，衆推甲長，在在有之。四堡之倉，輪甲遞管，共相稽查，年清年款，視社長爲尤易而累弊亦可盡除。由此官考其成，隱然有上下相維之勢，亦千古一時矣。正不必人人劉如愚而效可睹者也。楚北計大州縣三十一，應得穀七十七萬五千。中州縣十四，應得穀二十萬一千六百。小州縣二十三，應得穀二十四萬八千四百，總一百二十二萬五千石。除查現存有社穀四十八萬八千七百七石零外，應捐穀七十三萬六千二百九十三石。如果可行，即請將現在題明應捐補常平之七十三萬五千九百四十九石零移入社倉，再加捐三百四十四石，已足其數。其現存社穀，無倉之處，請將各州縣數年之息，酌量分建，則社倉之名實俱備。至各州縣因地制宜，截長補短之處，另行具奏。其各屬常平，均有現貯之項，足資近城糶濟，以備急需。其應補之數，在鄉便於在城，似乎毋庸歧視，如城內常平，尚有應行增補之處，俟捐足社倉之後，再另行題奏。

清 晏斯盛《請設商社疏乾隆十年**》**《清經世文编》卷四〇 竊民間社倉久經奉旨通行，閭閻僻壤於青黄不接之際，升斗之需不無小補。惟是大市大鎮，商旅輳集，行業專家，祖孫聚處，大者千計，小者百什數，貿易而興盛者有之，消乏者亦有之。其間負販幫雜而流落無歸者亦有之。興盛之家衣食足而禮義生，恆産裕而恒心不失。至於消乏之家，下及幫雜負販、流落無歸之徒，窘迫顛連者出其中，好勇疾貧者亦出其中。若遇荒歉之年，生意冷淡，市米頓希，常社之糧莫分餘粒，未能安堵而高臥也。如楚北漢口一鎮，尤通省市價之所視爲消長，而人心之所因爲動静者也。户口二十餘萬，五方雜處，百藝俱全，人類不一，日消米穀不下數千。所幸地當孔道，雲、貴、川、陜、粤西、湖南處處相通。本省湖河帆檣相屬，糧食之行不捨晝夜。是以朝糴夕炊，無致坐困。然而乾隆七年，水泛大歉，積雪連朝，遂亦甚憊，其時有好義樂善者通商買米，而漢陽縣知縣爲之激勸鼓舞，遂得接濟。第補救於一日，不能存積於平時，且平時有積，則補救又較易也。

查該鎮鹽當米木花布藥材六行最大。各省會館亦多，商有商總，客有客長，皆能經理各行各省之事。請令鹽當、米、木、花、布、藥材六行及各省會館，隨力之大小各建義倉，積穀米數萬石，存貯漢鎮，聽其情願捐輸，不得官爲勒派。一遇米貴，即行平糶。其平糶價銀，一遇川南米船積滯價賤之時，即行買補。所有盈餘亦即歸倉，並在倉公用。一切出納，擇客商之久住樂善而謹厚者爲義長，聽其經理，仍報明地方官查考。地方官亦留心照管，不使折本侵漁。如社倉法行之有效，即推廣於各市鎮，一例通行，似亦保聚一方之一端也。夫農民力穡而積於其社，商賈牟利而積於其次，事亦相等也。是否可行？伏乞敕議施行。

清 晏斯盛《推廣社倉之意疏乾隆八年**》**《清經世文编》卷四〇 竊惟三代以下，井田不可復矣。然而猶可存井田之遺意者，莫如社倉。社倉之法，自隋開皇時，長孫平請立義倉始。其時建倉當社，穀本皆出於民。雖稱諸州儲偫委積，而關中之旱，至就食洛陽，未見實效。宋淳熙八年，浙東提舉朱熹言：『乾道四年間，建民艱食，熹請於府，得常平米六百石。請本鄉朝奉郎劉如愚共任賑貸。夏受粟於倉，冬則加二，計息以償，逐年斂散。少歉則蠲其息之半，大饑則盡蠲之。凡十有四年，得息米造成倉廒，及以原數六百石還府，得見管米三千一百石存倉。不復收息，只收耗米三升，以故一鄉四五十里間，雖遇凶年，人不闕食。請以是行於司倉。』其後凶年饑歲，人多賴之。是其米借自常平，本出於官而收息於民，貴貸賤償，故舉之較易。然亦未嘗廣有所推行也。

伏惟周末秦漢以下，富者連阡陌，而貧者無立錐。勢之所趨，極重而不可返。是以管子因穀之貴賤而緩急其令，以制其重輕。所謂民有餘則輕之，故斂之以輕，不足則重之，故散之以重者，即漢耿壽昌所言常平之法，穀賤時增價而糴，穀貴時減價而糶者也。彼以富國，此以利民。事實相仿，行至於今，蓋積貯之常經矣。然後漢劉般又言：『常平外有利民之名，內實侵刻百姓，豪右因緣爲奸，小民不得其平。』是在東漢之時，常平之弊既已如此。前世之弊大約相等。數年以來，於穀貴時俱增價而糴，穀遂因之愈貴。穀愈貴，至於無可糴，將無所恃以爲糶。此常平又有難行之勢也。且使常平行之不弊，其如深山窮穀遠鄉亦無所利，何也？常平之斂也，穀賤而糴，市人藉以增價。貧民既苦湧貴，其散也，穀貴而糶，市人因而囤積，貧民又苦交持。且其糶也，城市而已。遠鄉之民，寡妻弱子不能沾顆粒者往往有之。即使移粟四鄉，腳費已耗，而無錢之民究無所得米。此又常平之法所不能周者也。至於義倉之設建在當社，於民甚便。然隋倉之積，徵本於民，是正供之外又復徵賦，其本已失。朱熹崇安之積借本於官，其因本得息。夏冬價值相較，貧民實食其利。然其時雖下令司倉，而州縣之行之者不過間有一二，後之行之者尤以爲甚難，且行之滋弊，何也？其倉多設城郭，於社倉之義既已大悖，而積穀之法專主捐輸，則仍隋倉之舊，又非朱熹借本於官之遺。且任賑貸者不得其人，上下視爲無足重輕，或且懼其積之多，其累將與常平等。憚其斂散之艱，虚存數目，至以空文副功令者，又往往而有。相沿日久，亦不自知其然也。要皆未探其本，不竟其用，更推廣而通變之也。

今夫生齒日繁，利不博不能濟也。生人之計，道不大不可久也。臣嘗竊籌之，州縣形勢廣狹不一，約分四鄉。小州縣一鄉約五千户，四鄉約二萬户。中州縣一鄉約一萬户，四鄉計四萬户。大州縣一鄉約三萬户，四鄉計十二萬户。大小相衡，通約一鄉二萬，總四鄉計八萬。其間奉行社倉者，除虚報數目及全未有倉外，或於四鄉各設一倉，每倉積穀數百石或千石，至三四千而止，各倉多寡相衡，倉約二千五百石，總四鄉約一萬石。以一鄉二萬户之人，食二千五百石之積，每户計得穀一斗二升五合，户約四口，大小口相衡約爲三口。

口日食穀一升，户計三升，二萬户日食穀六百石，則二千五百石之積，不五日而已罄。所謂生齒之繁，利不博不能濟者此也。今天下賦税有經，額徵銀米而外，絲毫無所取。至奉行社倉，各省乃誤以隋義倉之積爲社倉法，數數焉惟勸民捐輸之爲事。而其間最不善者，仰承上司風指，邀集豪富紳監，肆筵設席，冊名樂輸，其實勉強。又其甚者，按糧科配，於額徵之外，勒輸若干。及其久也，以冊爲倉，並無實在。前官一易，按冊而稽之，則吏執冊而對曰：『此欠在民。』遂不得不行追捕，追捕不完，則拘比之，於是簽票交加，示曰鎖拿樂輸。而户民之見示者，曰既樂輸矣，又曰鎖拏，是不可解。官吏亦無辭以對，所謂生人之計，道不大不可久者，此也。

然則奈何？曰：廣社倉之法，用宋朱熹之意而變通行之，可也。請於十家一牌，十牌一甲，十甲一堡之中，建立一倉，倉積穀三千石。一家大小口相衡，約爲三口，口穀一升，家計三升，一堡千家之人，日食穀三十石，堡倉三千石之積足支百日，再倍積之，分别極又次貧三等，足支一年。雖遇奇荒，人不爲動。或曰：小州縣可二十堡，大州縣將百二十堡，大小相衡，將八十堡。堡穀三千石，得穀二十四萬石，不捐輸將奈何？曰：宋太祖乾德元年，詔諸州於所屬縣各置義倉。自官所收税二石，别税一斗，貯之以備凶歉。夫别税一斗，仍隋取民之例，不可爲法。惟因朱熹社倉借本於官之意，而於額徵銀十分中，以一二分輸穀，則御史陳其凝前奏民賦照時價輸穀之請，非創説也。請自今，民賦各銀一兩，内以一錢五分，照地方時價入穀於本里堡倉，價賤之處可五斗，價昂之處可三斗或四斗不等。本堡本倉無胥役之勒索，無水陸之腳價，無斗斛大小低昂之欺愚，銀穀無需轉易，計八十堡，約地丁銀五萬，内另存銀九千兩，得穀三萬石，八年得本穀二十四萬，加一息穀二萬四千石，年豐日見其增，小歉用之不竭。或曰：州縣八十堡，爲倉甚多，費將安出？曰：積三四年，費將一萬二千。初積之一二年，堡穀無多，分貯於本里本甲公所，俟三四年本息充盈，以其息分造倉廒，漸而廣之，費自裕也。或曰：倉穀積多，穀不流通，奈何？曰：有糧之户，石斗之餘，太倉一粟。存於家者官不糴，商必通也。通流之中，留其什一，不使盡泄也。或曰：積之堡與積之官無異，奈何？曰：一堡之地十甲之地，一甲之地十牌之地也。一牌之地，十家之地也。以本地之穀存本地之倉，年收年貸，家給而人可得，非若遠穀之不能致，斂不遽散也。或曰：户口奇零，不足一甲，甲分奇零，不足一堡，奈何？曰：户附近甲，甲附近堡，不限於十。或曰：一户而糧多者分在别堡，堡異而地錯者孤居一甲，奈何？曰：正其版圖，聯以順莊，地從其便，糧從其便，可也。或曰：無糧之户，少穀之堡，奈何？曰：分常平之穀以爲之本，積之又久，息多於本，本還於官，即以息爲本，如社倉本法可也。或曰：穀至三千石，經理難得劉如愚其人，奈何？曰：一堡之地一里之地也。十甲千家之人按甲輪管，年清年款，上下交代，隨地丁里甲而轉，行之既久，人有所恃，安土重遷，出入相友，守望相助。堡甲聯比，相爲表里，夜不藏奸，地不留匪。至於歲慶屢豐，户登康阜，積貯日富，以其餘息，因倉之近地，立之社學，膏火可資。息又有餘，則堡中之鰥寡孤獨婚喪無資者，皆可因而給之也，豈非上治哉？朱熹《金華社倉記》曰：『世俗之所病乎此者，不過以王氏青苗爲説耳。以予觀前賢之論，而以今日之事驗之，則青苗者其立法之意未嘗不善也。但其給之也以金布而不以穀，以縣而不以鄉，以官吏而不以鄉人士君子。其行之也，以聚斂亟疾之意，而不以慘怛忠厚之心。是以王氏能行之一邑，而不能行於天下。程子嘗極論之，而不免悔其已甚而有激也。』

夫青苗社倉同一收息於民也，然利害懸殊，則朱子所謂以金不以穀之言最刺其病，何也？金無轉移之端，春散夏斂，秋散冬斂，三分之息實增於本數之外，下户窮民，無異剝膚。至穀則有早晚之價，四月貸，十月還，二分之息，常在本數之中。歉歲荒月足以周急，寔不可同年而語。惟是加二之息積之既久，息多於本，則倉之所存者皆窮民之餘。世宗憲皇帝尤不可忍焉。雍正五年，特定息爲加一，則借貸者之沾溉已與年俱深。今更由社倉之舊以厚其本，而大其規模，使與保甲相爲經緯，則常平之積可不必增，採買之停可不復慮，雖博施濟衆可也。何堯水湯旱之足云？臣自維此意似爲迂闊，然一隅所得宜獻聖明，以俟採擇。

清　高其倬《倉穀平糶疏》雍正四年 《清經世文编》卷四〇　竊臣細看福建情形，福、泉、漳、汀四府産米不敷民食，泉、漳更甚。每年至二月三月，平糶不能不行。米穀一節，最爲福省第一緊要之事。而歷年以來，平糶之中積有二大病，以致官廪日虚，刁風日熾。此二病不除，難言充實倉儲，接濟民食。其一，則從前各官交盤之弊不清，其所授受皆有價無穀，而所作之價又係不敷買補之價。雖有不肯收受之員，加以上司之抑捺，衆口之調停，即不得不收。是以日見空虚，竟無彌補。臣見在徹底清盤。務必懲革此弊，容臣查清，另行具奏。其一，則年年平糶之價太賤。即舉福州一府而言，歷年即極豐之歲，最賤之價，米未有買至一兩一石者。向時督撫，但討目前百姓之稱揚，不顧將來買補之無法。平糶之米每石價減至一兩，且有不及一兩止賣九錢者。此雖米石極賤之時所不能有之價，下屬奉批收存，此價欲買之本處，則本處無一兩及九錢一石之米可買。欲買之外省，外省雖有一兩及九錢一石之米可買，其各項運腳從何而出？是以屬官之中亦有尚欲籌補者，緣價短難買，惟付之束手無策，聽其空虛，待受參處耳。而中間因糶價太賤，更生一大弊端，奸民豪棍，乘此謀利，得米到手，輾轉即有倍贏。雖設法愈密，而其術愈巧，竟視平糶爲奇貨，往往借米價貴，即鼓煽窮民，恐嚇官府，壓之以官應愛民之説，迫之以人情洶洶之勢。相沿既久，其意竟欲平糶之期，一歲早似一歲，平糶之價，一年賤似一年。所以從前有糶價太賤，且在年内即行平糶者。不知此不過米價稍貴，非饑荒可比。米價稍貴乃遂如此，若實遇荒年，將何以處，若不極力挽回，則福省之倉儲惟日空虛，民食終不能接濟。

臣之愚見，如福州府來年平糶，視米之程分高下，每石定以一兩二錢或一兩三錢，穀亦視其程分高下，每石定以六錢五分或六錢。其各倉之穀，亦有在倉年久，及當日收倉之時，程分即低者。再隨宜酌定。至於各外府州縣，亦隨其地平時米之貴賤定價。總之，必計算本地秋成後既平之價爲准，務使既糶之後，仍可於本處或外省買運還倉，乃可源源接濟，不至一發不繼。但愚民止顧目前，不計久遠，止知目前得賤價之米之好，不知將來無接濟之米之苦。必以爲臣不如從前督撫之愛民，加以閩俗浮薄，刁棍復多，而紳衿之多事者又從而和之，恐有扞格騰謗之事。但臣爲地方長久之計，初行若少畏難，流弊何所底止？然臣亦不敢孟浪從事，已詳細熟計，豫期多方曉諭，使各紳士軍民，皆知臣之此意，是爲百姓計慮久遠。即使價稍有餘，總仍添買穀米以濟閩民，並無一毫自爲之私。而以堅定持之，自然信從可行，再閩省情勢，倉儲豐歉，民間纖悉皆知。米穀多餘，則人情安定，辦理曉諭，一切易行。所有江南之穀久蒙聖恩諭運，但早則更爲有益。伏乞聖恩，再令江南早趁北風多時發運，不必拘定二十萬石，隨得隨發，則趁風速到。若少遲，南風一多，恐難行走，不能刻期至閩。臣謹一併奏懇聖恩，仰祈睿鑒。

清 陸曾禹《康濟録》卷三上《臨事之政計二十》 臨事論曰：古者有鄉里之委積，以恤民艱，門關之委積，以養老孤，縣都之委積，以待凶荒。夫能食之已足矣，而必又有所積，蓋如此所以為仁政之周也。後世古法不修，適遇饑困，或指仰官穀以為生命，或勸捐藉以助賑施，上即垂覆載之鴻恩，下仍多凍餒之黎庶。此皆承平日久，豐穰積年，救災恤患之務，闕焉不講耳。語云：拯災貴早。周急濟困之道，苟能斟酌於康年，自可維持於儉歲。凡長民者，誠能踵武聖賢，廓開大制，則深恩被於蒼生，厚惠流於下土，仁民之業，豈不偉歟？

一、急祈禱以回天意

《周禮》：小祝掌小祭祀，順豐年，逆時雨，寧風旱，彌災兵，遠罪戾。司巫掌群巫之政令。若國大旱，則帥巫而舞雩；國有大災，則帥巫而造巫恒巫恒，巫之有常者。帥巫而造之，求所以禱禳之術也。

謹案：聖王御宇，其愛民也甚於愛身。故商之旱，成湯之禱於桑林也，以六事而自責；周之旱，宣王側身修行，而欲消去之。其憂民之憂也若此，宜乎百姓戴之如日月，親之如父母矣。今現《周禮》，原貴祈求。凡災傷之處，倘去神京甚遠，食祿是方者，可不竭誠致敬，上體天子之心，下救小民之苦，使玉燭常調，而時聞擊壤之歌哉？

漢明帝永平十八年四月，詔曰：自春以來，時雨不降，宿麥傷旱，秋種未下，政失厥中，憂懼而已。其理冤獄，錄輕係，二千石分禱五嶽四瀆。郡界有名山大川，能興云致雨者，長吏各潔齋禱請，冀蒙嘉澍。

謹案：天之水旱固難測，人之祈禱，亦豈同哉！如遇旱災，擾龍潭，掩枯骨，禁民間不得舉火，抑陽而助陰。遇雨患，閉城市北門，蓋井，禁婦人不許入市，抑陰而助陽。然而究不若一誠是格之為當也。漢帝遺官分禱，理冤獄，出輕係，既極其誠，復施仁政，不可為後世之法歟？

周達奚武為同州刺史，時大旱，高祖敕武祀華嶽。嶽廟舊在山下，常所祈禱。武謂僚屬曰：吾備位三公，不能燮理陰陽，遂使盛農之月久絶甘雨。天子勞心，百姓惶懼，忝寄既重，憂責實深，不可同於眾人，在常祀之所。必須登峰展誠，尋其靈奧。岳既高峻，千仞壁立，岩路險絶，人跡罕通。武年逾六十，惟將數人，攀藤援枝，然後得上。於是稽首祈請，陳百姓懇誠。晚不得還，即於嶽上藉草而宿，夢見一白衣人，來執武手曰：辛苦！甚相嘉尚。武驚覺，益用祗肅。至旦，雲霧四起，俄而澍雨，遠近站洽。高祖聞之，賜璽書慰勞。

謹案：念民既深，祈禱自切。奚武不避一身之險，遂格嶽神之靈，陰云佈而時雨降，民間之困釋矣。後之君子欲免災危者，可不小心翼翼，昭事上帝哉！

唐代宗大曆四年四月，雨，至於九月，京師斗米八百。官出米二萬石，分場出糶。閉坊市北門，置土臺，臺上置立黃旗以祈晴。是日雨止。

謹案：天之以災譴示警，實未嘗殃民以快意也，將以試司牧者之處置何如耳。今幸出官米而分糶之，民困稍甦。是霽也，窮黎欣幸感召而致之乎？抑亦閉北門，置土臺而晴也？賢哲者定有以知此。

舒州令麴信陵有仁政，嘗為禱雨文，其略曰：必也私欲之求行於邑里，慘黷之玫施於黎元，令長之罪也。神得而誅之，豈可移於人而害於歲耶？焚畢，雨澍。

謹案：對衾影而無慚者，始能向神明而暢達也。甚矣！仁政之美也。清白之吏，神勿福之乎？無辜之民，歲將困之乎？民無罪而令長賢，雨或稍遲，神豈無過？此司空圖之移雨神，亦曰知民之情，而不時請於天，是徒偶於位矣，何以為神？

宋仁宗慶曆甲申，王子融《息壤記》云：餘以尚書郎蒞荊州，自春至夏不雨，遍走群祀。五月壬申，與群僚過此，地無復隆起，而石屋檐已露，請掘取驗，雖致小沴，亦足為快。因具畚鍤，以待來朝從事。是夕雷雨大至，遠近沾洽，即以馨俎薦答。蘇子瞻《息壤詩》序云：息壤旁有石不可犯，畚鍤所及，又復如故。又頗致雷雨。歲旱，屢發有驗。

謹案：雨之不可得者，緣無從而知其可必能致雨之術也。今觀息壤，王子融、蘇子瞻皆云略不可犯，屢有所驗。犯之既有其災，求之豈無所福？欲雨者苟於此地展其誠敬，焉知不勝於鋤鍤之用哉？

宋太宗太平興國五年五月癸卯朔，京師大霖雨。辛酉，命宰相祈晴。己卯，命宰臣禱雨。至道二年，命宰臣百官詣神祠禱雪。

謹案：變理陰陽，宰相之任也。風雨時若，百穀繁昌，此皆聖天子時時默祝於上天，且以此責望於公孤卿尹者也。苟或愆時過甚，則百僚之長自宜身任其勞，齋心虔禱，上為至尊分憂，下率群臣盡職，至誠所感，或者邀福於上蒼，以乂安海宇。此亦賢臣遇災而懼之道也。

仁宗慶曆七年三月辛醜，帝禱雨於西太乙宮。日方炎赫，帝卻蓋不禦。及還，大雨沾足。

謹案：仁宗每遇水旱，必露立仰天，痛自刻責，抑何仁愛斯民之至於斯也。夫災荒之至，半由人事闕失，故惟恐懼修省，克謹天戒，以感召和氣，則災戾消，而百穀用成，萬民以濟。《詩》曰：小心翼翼，昭事上帝，聿懷多福。仁宗有焉。

東坡志林云：吾昔為扶風從事，歲大旱，問父老境內有可禱者。云：太白山至靈，自昔有禱，無不應有。近歲有太守奏封山神為濟民侯，自此禱則不驗矣。莫測其故。吾方思之，偶取《唐會要》看云，天寶十四年，方士上言太白山金星洞有寶符靈藥，遣使取之而獲，詔封山為靈應公。吾然後知神之所以不悅者，即告太守遣使禱之。若應，當奏乞復公爵，且以瓶取水歸郡。水未至，風霧相纏，旗幡飛舞，仿佛若有所見。遂大雨三日，歲大熟。吾作奏具言其狀，詔封明應公。吾復為記之。是歲嘉祐七年。

謹案：舊典不可不諳，神靈不可不敬。使非蘇公之觀《唐會要》，知前人封典之誤，誠心敬禱，許復公爵，則雨終不可得，而歲能豐哉？

孝宗淳熙時，大旱。知縣李伯時以擾龍事告太守，以長繩係虎骨，縋於龍潭中，遂得雨。取之稍遲，雷霆隨至。急令人取出，乃止。南州久旱，里人以長繩係虎骨，投有龍處。入水，即數人牽掣不定，俄頃云起潭水，雨亦隨降。龍虎敵也，雖枯骨猶能激效如此。

謹案：行渺茫之祀典，不若效可法之護求。虎骨非難得之物，龍潭亦郡邑所常有，知縣李伯時與南州里人，皆以此而得雨，今之求雨者，獨不可以一試乎？但恐不有誠心，仍無實效。此又在人之自勵矣。

元順帝至正二年，御史王思誠上奏，謂京畿去年秋不雨，冬無雪，方春首月蝗生，河水溢。宜雪冤獄，敕有司行禱百神，陳牲幣，祭河伯，塞決口，被災之家厚加賑恤，庶幾可以召陰陽之和，消水旱之變。此應天以實不以文也。

謹案：人君馭育萬物，敬畏天神，琶徒以虛文求降鑒哉？曆稽古史，宋景公以善書退星，漢文帝敕有司祭而不祈、勿媚神以求助，唐懿宗詔京兆用香水蒲簫於坊市以召雨，羅隱請遵十六聖之教訓，可致豐稔，誠以君上有愛民之隱，則必實踐其仁厚之言，急行其補救之政，然後誠信昭於上，恩澤及於下，推德意以導揚和氣，雖多災沴，有潛消而默化矣。願司牧者之敬慎乎平時，警惕於臨事也。

明太祖洪武三年，夏久不雨。上憂之，乃擇日躬自祈禱。至曰四鼓，上素服草履，徒步出詣山川壇，設藁席露坐，晝暴於日，頃刻弗移，夜臥於地，衣不解帶。皇太子捧榼進農家之食，雜麻麥菽粟。凡三日。既而大雨，四郊沾足。

謹案：天者，群物之祖，帝王則萬民之大父母也。饑饉之歲，億兆嗷嗷於下，司牧者憂勞於上，惟恐弗克積誠，感召天和，為民請命於蒼昊，矧敢燕閑深宫，里民傷於度外哉！太祖洞悉其理，虔心步禱，幾不自愛其髮膚。是以君心端而天心亦順，甘澍滂沱，歲稱大有，豈不美歟？

明季戊申，河南大旱。知登封令梅傳見麥俱枯槁，因思蕎麥可種，勸民備種而待之。祈禱畢，信步行數里，遇一隱士，揖曰：令君勤苦，然雨關天行，非旦夕之可得也。梅曰：蕎麥尚可種乎？其人歎息曰：可惜一片仁心。向樹下一指，曰：公欲活民，非此不可。視之則菜也。梅遂令民廣收菜於，與蕎麥並種。未幾，又淫雨不止。蕎無一生者，惟菜則勃然透發矣，且逾常年數倍，民賴以不死。

謹案：苟以難必之事教民，不若以得飽之道率衆。令君意在活民，誠心祈禱，雖不能必雨暘之協應，亦可得隱士之指迷。噫！此隱士者，烏知非神人之化身？不然，何以知蕎之不生而菜之必茂也。乃知一誠聽感，萬類俱通，怨天尤人者，徒增罪戾耳。此亦救雨災之一法，留心民瘼者不可不知也。

急祈禱總論曰：至治馨香，何事於禱？不知旱澇無常，非神莫祐，禱亦不可少也。況當萬民窘迫，四境彷徨之際哉！使弗夙夜祗肅，以上格天心，不但不能救將來之饑饉，且不能慰悵望之民情矣。此《周禮》小祝必有掌祭祀者在也。為人君者，因祈禱而念民艱，釋冤獄，廣平糶，或格神於夢寐，或得雨於躬祈，懷保之仁，不於此而見歟？岳神降鑒，大臣之敬也，邑令則作文章而自責，投虎骨以擾戈，誠意所通，雨無不得。菜之可以活民，不遇隱士之指點，何由而知？可見有牧民之責者，無時不當積誠以致感通。如不可得，則如蘇子瞻之迎神受惠，王子融之息壤求恩，皆可法也，安可食天祿而不顧歲時之豐歉哉！《詩》云：天降喪亂，饑饉薦臻。靡神不舉，靡愛斯牲。圭璧既卒，寧莫我聽？惟圭璧既卒，而後可以冀上天之降鑒。將荒之際，要務尚有過於祈禱者哉？

二、求才能以捍災傷

漢武帝元朔元年冬，詔曰：十室之邑，必有忠信；三人並行，厥有我師。今或至闔郡而不薦一人，是化不下究，而積行之君子壅於上聞也。二千石官長紀綱人倫，將何以佐朕燭幽隱，惠元元，厲蒸庶，崇鄉黨之訓哉！且進賢受上賞，蔽賢蒙顯戮，古之道也。其與中二千石禮官博士議不舉者罪。

謹案：武帝之詔，雖不專為荒政而言，然而令人舉賢之法，莫妙於此。如趙簡子得尹鐸，而萬姓感懷，陳寵用王渙，而百事盡理。況饑年民命，在於旦夕，若不以賞罰勵薦舉，烏知不有徘徊岐路，觀望而後時者哉？

東晉秦甘露五年十月，秦王堅命牧伯守宰各舉孝悌廉直、文學政事。察其所舉，得人者賞之，非其人者罪之。由是人人莫敢妄舉，而請托不行，內外之官，率皆稱職，田疇修辟，倉庫多實，盜賊屏息。

謹案：用人得而萬事理，非秦王之謂乎？今舉之不得其法，賞罰混淆，蒙蔽者多，田疇能辟歟？倉庫能充歟？盜賊能息歟？甚矣！賢良之不可不急而賞罰之不可不明也。

南齊武帝永明三年，詔守宰親民之要，刺史案部所先，宜嚴課農桑，相土揆時，必窮地利。若耕蠶殊衆，足勵浮惰者，所在即便立奏。其違方矯務，佚事妨農，亦以名聞。將明賞罰，以勸勤怠，較核殿最，以申黜陟。

謹案：佚事妨農，國之大蠹也。設逢水旱，小民衣食全無，必至凍餒流離，轉於溝壑。此詔既勵司牧於未荒，豈肯因循於歉歲？可謂勸之切而責之當者矣。

唐太宗貞觀初，上令封德彝舉賢，久之無所舉。上詰之，對曰：非不盡心，但今未有奇才耳。上曰：君子用人如器，各取所長。古之致治者，豈借才異代乎？正患己之不能知，安可誣一世之人？德彝慚而退。

謹案：一人之聰明有限，天下之才智無窮，可弗令人悉舉乎？故有一代之聖君，必有一代之賢臣，何嘗借才於異代？蔽賢小人，椎知自用，被太宗一言道破。此其所以抱慚而退耳。

憲宗元和間，上與宰相論自古帝王，或勤勞庶政，或端拱無為，互有得失，何為而可？杜黄裳對曰：王者上承天地宗廟，下撫百姓四夷，夙夜憂勤，故不可自暇自逸。然上下有分，紀綱有序，苟慎選天下賢才而委任之，有功則賞，有罪則刑，誰不盡力？明主勞於求賢而逸於得人，此虞舜所以能無為而治者也。

謹案：天下事獨任則勞，分任則逸，理固然也。然不得賢才而委之，則親民之官不以實心行實政，而救災恤患之無方，督撫大員不能洞達國體，宣佈德意於群黎，俾知崇節儉致阜成之有道，所以治國之謨，必以慎選為要。杜公之對，真宰相之論也。

宋神宗熙寧二年，遣使賑濟河北流民。司馬光言：京師之米有限，河北之流民無窮，莫若擇公正之人為監司，使察災傷州縣，守宰不勝任者易之，各使賑濟本州縣之民，則饑民有可生之路，豈得有流移？

謹案：宋之司馬君實，其為政也，雖婦人小子，無不愛之戴之。然其救荒也，亦以舉賢良、去不職為言，後之活餓莩者，何可不以得人為首務，大生機於歉歲，而免流移之顛沛哉？

孝宗時，臣僚言諸路旱傷，乞以展放展閣，責之轉運司；糴給借貸，責之常平司；覺察妄濫，責之提刑司；體量措置，責之安撫司。上諭宰執曰：轉運只言撿放一事，恐他日賑濟之類，必不肯任事。虞允文奏曰：轉運司管一路財賦，謂之省計。凡州郡有餘不足，通融相補，正其責也。

謹案：君臣之問，皆以饑民為急。其用人也，互相斟酌，惟恐稍有不當，以貽民患，悉令各盡厥職，事有專司，非蒼生之幸歟？

理宗嘉熙三年，臨安饑，民相擕溺死。命故守臣趙與權仍知臨安府事。與權奉詔，急榜諭各全性命，佇沐聖恩。都人遂相戒勿死。與權上則祈哀公朝，下則推誠勸分，甘雨隨至，米商大集，即流移者亦有以濟之。

謹案：理宗之命故守臣仍知臨安府事，民遂相戒勿死，良吏之有益民生也如此。凡當歉歲，得此良模，借寇之風，忽焉再睹，何患雨之不降，民之不救哉？

元武宗至大二年，詔：即位以來，恒以拯災恤民為務，而恩澤猶未溥博，流離猶未安集，豈有司奉行弗至歟？今特命中書省選內外官僚，專以撫治為事，簡汰冗員，撙節浮費，一新政理，以稱朕懷。

謹案：因恩澤未溥，而以遴選宜嚴，計之得矣，但在司牧亦不可不以下士為懷。昔子奇年十六而令於阿，非賴白首者悉與之謀，其能大治歟？

張光大有云：擇人委任為第一要事。若委任得人，自然無弊。君子作事謀始，賑濟之方，尤為當慎。若一概委用富豪之家，則富而好義者少，為富不仁者多，其害有甚於吏胥無藉之輩。今後莫若選擇鄉里有德望誠信、謹厚好義之人，或賢良縉紳、素行忠厚廉價之士，不拘富豪，但為眾所敬而悅服者，許令鄉民推舉，使之掌管，庶幾儲積不虛，凶年饑歲得以濟民也。

謹案：元之張君，猶夫宋之董氏也。留心荒政，真誠愷切，故所論悉皆出於肺腑，事事可法。嗚呼！人生天地間，既不能致君澤民，再不能立說濟世，食粟而已，不亦大有愧於寸陰是惜之論哉？

明僉事林希元疏內有云：救荒無善政。使得人猶有不濟，況不得人乎？臣愚欲令撫按監司精擇府縣官之廉能者，使主賑濟。正印官如不堪用，可別擇廉能佐貳或無災州縣廉能正印官用之。蓋荒事處變，難以常拘也。至於分賑官員，可令主賑官擇之。事完，官則上之吏部，府縣學職等官視此為黜陟，舉人監生等人員，視此為除授。民則上之撫按，別其賞罰。如此則人人有所激勸，而荒政之行，或庶幾乎？

謹案：僉事之救荒，可謂無微不入矣。首重得人，而以賞罰勸，人敢不以勤敏自勵、怠惰為戒哉？此即求賢於賞罰之中，使饑民得活於拯溺扶危之道耳。

御史鍾化民救荒，諭所屬曰：司廠不可用在官人。各地方保甲里耆，公舉富而好禮者，州縣官以鄉賓禮往請，破格優禮，諭以實心任事。廠內利弊，陳請即行，月給官俸。能使一廠饑民得所，旌以彩幣匾額；倍之者給以冠帶，或為骨肉贖罪，或欲子弟采芹，任其所欲。富室捐賑，視其多寡，與司廠者同賞格。既諭之後，又巡曆各方，用拾遺法，得實心任事，多方全活災民，賢之尤者，即刻破格薦揚；貪暴縱恣，以致餓殍枕籍，不肖之尤者，即時馳參。以故群吏實心任事，饑民多所全活。拾遺法：預令飢民進見時，人具一紙，勿書姓名，開所當興當革及官吏豪猾有無侵剋橫行，散佈於地，即與興革處分。然必擇其僉同者，而後察之也。

謹案：破格優禮，陳請即行，鍾公存此八字於心，何患人之不為我用，人亦誰不欲見用於公？此所以縣縣得人而廠廠有濟也，況有拾遺之妙法乎？

求才能總論曰：天下事未有不得人而能理者也，況歉歲哉？事起急迫，人非素練，老幼悲啼，婦女雜亂，厲之以嚴，則餓體難加撲責，待之以寬，則散謾莫肯循規，加之吏胥作弊，致使餓莩盈途。故不得人，其何以濟？此歷代聖君賢相，無不以得人為要也。如漢武之詔，謂进賢受上賞，蔽賢蒙顯戮；唐太宗之罪封德彝，謂用人當取所長，必不借才異代。雖不為救荒而言，而自得求才任事之要道。南齊之詔，至大之制，切中情弊。其次如苻堅之責重有司，孝宗之與群僚斟酌，高宗之復用與權，皆用人救荒之良法。僉事之用廉能，任其擇取，御史之用廠首，陳請得行，人有不樂為其所用歟？昔王梅溪守泉州，會邑宰，勉以詩云：九重天子愛民深，令尹宜懷惻隱心，今日黃堂一杯酒，使君端為庶民斟。使為太守者皆若梅溪之存心，又何患乎令之不善也。總之，在君相，當郡縣是求，在郡縣，宜鄉者是選，遞相慎擇，必得其人，任之以事，自無不濟。《書》云：建官惟賢、位事惟能。對當歉歲，可弗以擇賢任能為首務哉？

三、命條陳以開言路

虞帝廣開視聽，求賢自輔，置進善旌，立敢諫鼓，設誹謗木，以訪不逮於總章即明堂，堯曰衢室，舜曰總章。

謹案：聖人之治天下，肯使一民不被其澤哉？且貴賤相懸，朝野相隔，雖有善言，何由得達？此虞帝之聖不自聖而廣開言路也。後世歲逢饑饉，不得良謨，將何以補天地之不足？故身雖聖矣，亦當法虞帝之視聽，以善言為重寶。

夏禹懸器以招言者，曰：教寡人以道者擊鼓，告事者鐸，訟獄者鞀，諭以義者鐘，有憂欲鳴者磬。每一饋十起，一沐三握髮，以勞民鞀，音晦，有柄搖鼓。

謹案：太禹之治水，智超千古，功在萬年，猶欲以言自益，況乎後世帝王不及禹者多矣，可挾貴自矜而不以善言為惠哉？《書》云：德日新，萬邦惟懷；志自滿，九族乃離。急下求言之詔，時聞規諫之條，有不日新其德歟？

周西伯即位，篤仁，敬老，慈少，禮下賢者，日中不暇食以待士。士以此多歸之。

謹案：世知文王之德廣被四海，而不知其所以無遠弗屆者，未有不由樂聞善言而得也。放日不暇食以求言，否則何西伯之不憚煩，而時與多士相接哉？周家八百之基，開之者西伯，總在見善不怠、去邪勿疑而已矣。

魯公伯禽，周公之長子也。成王少，周公留相之，使其子就封於魯。周公戒伯禽曰：我，文王之子，武王之弟，今王之叔父。吾子天下，亦不賤矣，然我亦一沐三握髮，一飯三吐哺，起以待士，猶恐失天下之賢人。子之魯，慎無以國驕人。

謹案：孔子之所讚美者，周公之才也。要知天下無有過於周公之才者矣，尚且握髮吐哺以待士，周公豈不知身之貴哉？蓋以作相之道，貴乎尊賢而得士，不可不以言為重耳。並以之訓其子，則凡驕矜自恃、拒人於千里之外者，視此豈不有天壤之隔耶？

漢文帝時，每朝郎從官上書疏，未嘗不止輦受其言。言不可用，置之，言可用則采之，未嘗不稱善。又除誹謗妖言法，詔曰：古之治天下，朝有進善之旌如有進善者，立於旌下言之、誹謗之木處政有缺失，使言事者書之於木，所以通治道而來諫者也。今法有誹謗妖言之罪，是使眾臣不敢盡情，而上無由聞過失也，將何以示遠方之賢良？其除之。

謹案：文帝之求直言，不啻如饑者之欲食，渴者之欲飲，故無不稱其善者，誘之使言也。除誹謗妖言法者，慮其懼禍而不告也。朝乾夕惕，民瘼是恤，不待鄒忌之諷諫而能然也。此文景之時號稱熙皞盛世，可以仿佛唐虞耳。

唐太宗貞觀三年，夏六月，以旱求直言。中郎將常何，武人不學。家客馬周，代陳便宜二十餘條。上怪其能，以問何。對曰：此非臣所能，家客馬周為臣具草耳。上即召之，未至，遣使督促者數輩。及謁見，與語甚悅，令直門下省，尋除監察御史，奉使稱旨。上以常何為知人，賜絹三百匹。

謹案：乙太宗之聰明英武，一遇饑年，直言是急，救我元元。故見馬周條陳之言，即令人召之，不特召之，而且使人促之，不特促之，而且官之，無非為萬民起見，故天下無不救之饑寒。發明云：太宗之用人如此，天下烏有遺才，治道烏有不進者哉？信矣夫！

宋真宗咸平二年閏三月丁亥，以久不雨，諭宰相曰：凡政有闕失，宜相規以道，毋惜直言。庚寅，罷有司營繕之不急者，詔中外臣直言極諫。壬辰，雨。

謹案：言路通而苛政除，猶夫茅塞去而蹊徑豁，人情快於下，天道有勿和於上哉？真宗之諭宰相，首欲闕失相規，詔諭群普，又望極言敢諫，猶恐己之不德，降咎於民，急於改過，惟善是圖，上蒼有不為之感動哉？此時雨之所以立降也。

神宗熙寧七年，京師久旱，下詔求直言，略曰：朕之聽納，有不得於理歟？獄訟非其情歟？賦斂失其節歟？忠諫讜言郁於上聞，而阿諛壅蔽以成其私者眾歟？詔出，人情大悅。是日即雨。

謹案：是雨也，非詔出而即雨也，因人情之大悅，和氣相感而雨者也。人情豈徒悅哉？蓋因直言，即罷新法二十八事，民免徵求死於法網而雨者也。乃知鄭俠之繪圖，韓維之力諫，實有回天之力。仁宗因亢旱而求直言，英宗緣雨災而望敢諫，從未有若兩君官之切，而驗之速者也。誰謂天道之元遠哉？

明宣德間，山西、河南荒，上命於謙巡撫二省。公到任，即立木牌於院門，一書『求通民情』，一書『願聞利弊』。二省里老皆遠來迎公，公曰：吾欲首行平糶之法，汝眾里老可將吾言勸諭富豪之家，將所積米穀扣起本家食用之外，餘者皆要糶與饑民。若仗義者，每石肯減價二錢，減至一百石以上者，免其數年差役，一二千以上者，奏請建坊旌表。有不願減者勿強。若有姦民擅富要利，坐視饑民，不與平糶者，里老從實具呈，重罰不恕。凡有借欠私債，一概年豐還納。若有遺棄子女，里老可即報與州縣，著官設法收養。候歲熟，訪其父母而還之。如里內有賢良之民，能收養四五口者，官犒以羊酒，給其匾額；十口以上者，加彩緞，免其終身差役；二十口以上者，冠帶榮身。一時富民樂捐，而尚義者甚眾。

謹案：公之謀猷，能匡輔社稷之艱危，豈不克自出救荒之仁術？然猶以民情利弊為急，榜示於門，求通言路，蓋以撫綏之責，關係匪輕，拯災之方，便民為上，苟非虛衷下問，實心採訪，縱有愛民之意，難施利濟之謀，是以諮詢周廣，惟恐百姓不為上告，民情不得上申。言路開而州牧縣令罔敢遏抑冤滯，由其上之明聰已無遠不屆也；蠹胥姦役莫敢擾累閭里，緣其上之察訪已無微不燭也；豪猾紳士弗敢閉糴昂價，優牟鄉邑，懼受欺受侮者之直訴，劣跡難逃国憲也。然此尚未可；恃為無弊，必平心以審之，明決以行之，其庶幾有利而無害歟？

正統時，周文襄公巡撫江南，蘇州逋稅七百九十萬石。公閱牒大異，詢父老，皆言吳中豪富有力者不出耗，並賦之貧民，貧民不能支，盡流徙。公創為平米，官田、民田並加耗。蘇稅額二百九十餘萬石，公與知府況鐘曲算疏減八十餘萬石。

明何良俊曰：周文襄巡撫江南一十八年，常操一小舟，沿村逐落，隨處詢訪。遇一村朴老農，則攜之與俱臥於榻中，下諮以地方之事。民情土俗，無不周知。故定為論糧加耗之制，以金花銀粗細佈輕齎等項，裨補重額之田，斟酌損益，盡善盡美。顧文僖謂『循之則治，紊之則擾』，非虛語也。

弘治間，命户部劉大夏出理邊餉。或曰：北邊糧草，半屬中貴子弟經營。公素不與此輩合，恐不免剛以取禍。大夏曰：處事以理不以勢，俟至彼圖之。後既至，召邊上父老，日夕講究，遂得其領要，公有餘積，家有餘財。

舊評曰：忠宣之法誠善，然使不召邊上父老，日夕講究，如何得知？能如此虛心訪問，實心從善，何官不治，何事不濟？《書》曰：木從繩則正，後從諫則聖。人臣果知納約自牖之理，兼以實心愛民，則民愴何時不可上聞，九重何時不悉民隱耶？

世宗嘉靖七年九月，川陝、湖廣、山西荒。諭都察院，令內外官員條奏救荒良策及凡不便者。

謹案：事不盡晰於典章，言不盡在於卿貳，故必令內外官員奏其良策。蓋合天下之廣，兆民之眾，平時經理，常恐有來協民心、不便民俗之事，況於饑荒之歲，尤須斟酌盡善，康濟黎元。況內外官員具有牧民之責，然則有嘉謀嘉猷者，可不亟為入告，以顧承此德意也哉？

命條陳總論曰：舜之孝，禹之功，西伯之德，皆臻人世之極，皇皇焉猶恐士民不以善言告，日中不暇食，求賢以自輔。後之致治者，可弗廣開言路歟？君臣一體，理豈有殊！周公之輔成王，一沐三握髮，一飯三吐哺，猶恐失天下之賢人，況致君澤民者，亦無不以言路為先也。況逢凶歲，饑饉頻仍，衣食難充者眾，民困不知，救援無術，何以稱佐君上燭幽隱、子元元之意哉？此漢文帝之止輦受言，庶幾無愧，唐太宗之立用馬周，仿佛聖王，其他如宋之二君、明之嘉靖，亦不愧凶年之修省。於忠肅公之巡撫兩省，一到即求通言路，上達民情，惟以平糴為先、育嬰為重，上行之既力，下奉之必誠，既活饑寒之眾，復全繈褓之嬰。仁哉！忠肅救荒之政也。周文襄大驚逋欠，若不隨地與農民辯論，烏得周知？劉大夏出理邊疆，使不日夕與父老圖謀，何由得法？且草茅之中，屠狗之間，未必無人，言可忽乎？《書》云：能自得師者王。謂人莫若己者亡，好問則裕，自用則小。君子可不卑以自牧，合天下之智以為智哉？

四、先審户以防冒恩

宋蘇次參洋州賑濟，患抄劄不公，給印冊一本，用紙半幅，令各自書某家口數若干、大人若干、小兒若干、合請米若幹，實貼於各人門首壁上。如有虛偽，許人告首，甘伏斷罪，以便委官查點。又患請米者冗，分定幾人為一隊，逐隊俱用旗引，如卯時一刻，引第一隊領米，二刻引第二隊，以至辰巳時，皆用此法，則自無冗雜，且老幼婦女悉得均糴矣。又任澧陽司户日，權安鄉縣，正值大澇。始至，令典押將縣圖逐鄉抹出，全澇者用綠，半澇者用青，無水之鄉用黃，不以示人。又令鄉司抹來參合，方請鄉耆逐鄉為圖，復以青綠黃色，別其忖分，出圖參驗。故不撿澇而可知分數，傕科賑濟，亦視此為先後。其法甚簡要也。

謹案：宋蘇君兩番賑濟，前法固佳，安鄉之澇，令典押掠出。或言在城之人，焉知在鄉之事，豈能無弊？殊不知水澇乃人所共睹共聞，倘出人不意，親歷數鄉而驗之，不但典押不敢妄抹，即鄉司鄉耆皆知自警矣。非善法而何？

李珏守毗陵時，適遇民饑，將災傷都分作四等抄劄：仁字係有產稅物業之家，義字係中下户，雖有產稅，災傷實無所收之家，禮字係五等下户及佃人之田并薄有藝業而饑荒難於求趁之人，智字係孤寡貧弱疾廢乞丐之人。除仁字不係賑救，義字賑糶，禮字半濟半糶，智字全濟，並給票計口如常法。惟濟米預掛榜文，十日一次，委官散給。民至於今稱之。丁卯鄱陽旱暵，又將義倉米，每日就城中多置場所，減價出糶，先救城內外之民。卻以此錢准價計口，逐月一頓支給，以濟村落之民，非惟深山窮穀皆沾實惠，且免偷竊拌和之弊。一物兩用，其利甚普。

謹案：李公之守毗陵，户分四等，別之最清。其賑鄱陽，先城後鄉，以錢代米，免插和路費之苦，循循有序，處處至當，如陳平之宰肉。以之而治天下，何不均之有？

吴中大饑，方議賑恤，以民習欺誕，軟本部料檢，家至户到。左諫議大夫鄭雍言：此令一佈，吏專料民而不救災，民皆死於饑。今富有四海，奈何謹圭撮之濫，而輕比屋之死乎？上悟，追止之。

逢案：搜檢户口，在官長則不可不嚴，在天子萬不可過謹。何也？官長不嚴，則濫冒者決多，天子過謹，則搜檢者必刻，而況久羈時日乎？諫議之言，誠懷保赤子之道也。天子悟而追止之，君明而臣良，吴人生矣。

余童蘄州聚濟，盡括户口之數，第為三等：孤獨不能自存者，專賑濟；下户乏食者，賑糶；有田無力耕者，賑貸。闔境五邑，以鄉村遠近，均粟置場，每場以一總首主出納，十場以一官吏專伺察。

謹案：户列三等，賑各不同，已得其要，而且遠近置場，多分給所，各有所主，令官察之，弊不能生，惠可遍及。其見美於千秋。

江東運判俞宗亨賑濟，踏殺婦人一百六十二人，乞待罪。

舊評曰：是未明分場分隊，用旗引之法，不知徐寧孫、蘇次參皆有成式，盡可通變而行。大抵百人已上，便慮冗雜。此皆平日無紀律者，況饑羸之軀，易蹂踐乎？

從政郎董煟曰：勘災抄劄之時，里正乞覓，強梁者得之，善弱者不得也；附近者得之，遠僻者不得也；吏胥里正之所厚者得之，鰥寡孤獨疾病而無告者，未必得也。帳成已是深冬，官司疑之，又令覆實，使饑者自備裹糧，數赴點集，空手而歸，困踣於風霜凜冽之時，甚非古人視民如傷之意。凡縣令，宜每鄉委請一上户平時信義為鄉里推服、官員一人為提督賑濟官，令其逐都擇一二有聲譽、行止公干之人為監視，每月送米麥點心錢，分團抄劄，不許邀阻乞覓，有則申縣斷治。其發米賑糶，亦如之。若此，庶乎其弊少革耳。

謹案：董君此語在數百年之前，而勘賑弊端歷歷如繪，可見人情千古一轍。惟在為政者，善於審户發糧，否則徒飽姦人之腹耳。

袁燮為江陰尉，浙西大饑，常平使者羅點屬任賑恤。燮命每保畫一圖，田疇、山水、道路悉載之，以居民分佈其間，凡名數治業悉書之。合都為鄉，合鄉為縣，徵發追胥，披圖可立決。以此為荒政首。

謹案：披覽輿圖，瞭若指掌，司牧者留心於閒暇之時，則臨事自有定見。若災荒既告，方事丹青，如嗷嗷待哺者何？與索我於枯魚之肆者，殆不遠也。

明僉事林希元疏云：臣愚欲分民為六等。富民之等三：極富、次富、稍富，貧民之等三：極貧、次貧、稍貧。稍富不勸分，稍貧不賑濟，極富、次富，使自撿其鄉之次貧、稍貧而貸之種。非特欲借其銀種也，欲於勸分之中而寓審户之法。何者？蓋使極富次富之民，出銀以貸諸貧，彼必度其能償者方借，而不借者即極貧。不用耳目，而民為吾耳目，不費吾心，而民為吾盡心。法之簡要，似莫有過於此者。若流移之民，則與鰥寡孤獨等，皆謂之極貧可也。

謹案：審户不清，姦人得之已可恨，貧户失之更可憐。林公此法，使鄉里自則上中下土等而貸之，其源清矣，其流豈濁哉？但極富者當貸幾户，次富者當貸幾人，不可不細加斟酌，亦安富之一道也。

御史鐘化民督理荒政有云：垂亡之人，既因粥廠而得生。稍自顧惜不就廠者，散銀周之。令各府州縣正印官遍歷鄉村，喚集里保，公同查審。胥棍作姦，許人舉首，得實者重賞，如虛反坐。給與印信小票，上書極貧某人、給銀五錢，次貧某人、給銀三錢，鰥寡孤獨更加優恤。分東西南北，先期出示分給，以免奔走守候。敢有以宿逋奪去者，以劫賊同論。其銀又當不時掣封秤驗，如有低潮短少，視輕重處分。

謹案：御史公審户之意，一在正印官遍歷鄉忖，二在公同查審，三在許人首告，兼而行之，不可缺一。必須上臺實有愛民之心，有司方不敢怠。至分東西南北先期出示者，尤美政也。

萬曆己已，陳霽岩知開州。時大水，無蠲而有賑。府下有司議，岩倡議極貧民賑穀一石，次貧民賑五斗，務必令民共沾實惠。放賑時，編號執旗，魚貫而入，雖萬人無敢嘩者。公自坐倉門外小棚下，執筆點名，視其容貌衣服，於極貧者暗記之。庚午春，上司行文再賑貧者。書吏稟公，出示另報。公曰不必。第出前之點名冊，查看暗記極貧者，逕開其人，喚領賑米。鄉民咸以為神。蓋前領賑之時，不暇妝點，盡得真態故也。

謹案：有司官皆如是之惠愛，法紀精嚴，何患貧民之不沾實惠？要之真誠必能窮虛仿，亦惟始終存心為民，時時撿點，則民情洞鑒，而措置無一事之不得其宜矣。

中丞周孔教撫蘇時，有云：救荒者，凡以為貧户下户也，官司非不欲一一清審之，奈寄之人則難公，任之己則難遍。昔人謂救荒無奇策，正以貧户之難審也。所以然者，亦不豫故耳。合令被災之府州縣，豫乘秋月，以主賑官督在城保長，以在城保長催在鄉保長，以保長催甲長，以甲長報花户，每甲分為不貧、次貧、極貧三等，除不貧外，將次貧、極貧各口數大小若干，貼其門首壁上。再令每保開一土紙手本，送至賑濟官，不許指稱造冊，科斂貧民。待鄉黨日久論定，委宮乘便覆查。此即宋時蘇次參灃州賑濟之法。但彼臨時為之，不若先時查審貧富明白，民志定矣，尤為無弊。

謹案：先時查審明白，較臨抄劄貧富，迥不相同。非親歷其境者，不能知其妙也。撫君之法，不但著美一時，且可傳於後世。

陳龍正曰：賑饑之法，往往吏緣為姦，皆由户之不能審也。貧者未必報，報者未必給，其報而給者，又未必貧。請就里中，推一二大姓，任以賑事，有司不時單車臨視，稍立賞罰科條，以勸戒之。蓋大姓給散，其利有九：習知貧户多寡，不至漏冒，一也；給散近在里中，得免奔走與留滯之苦，二也；披籍而得姓名、穀米之數，易於查勘，三也；以鄰里之誼，不至僞雜損耗，四也；貧户數服大姓，即有缺漏，易於自鳴，五也；食糜各於其鄉，不至群聚喧雜，穢惡薰蒸而成疫癘，六也；大姓熟識，近鄰不至攫奪，七也；分縣官之勞，八也；吏不能為姦，九也（一云黃懋中所言。）

謹案：凡論荒政，事貴可行，語貴通達，勿支勿漏，斯得之矣。若此九種，意周而語切。非目睹饑年之弊竇叢興者，不能有此妙論也。譬如寶鏡當前，絲毫悉燭，纖塵無有不見者也。此雖放賑之法，而審户已寓其中，不審之審也。可不熟此而為濟世之策歟？

先審户總論曰：時當歉歲，不以生民為重，而恒以穀粟是惜者，固非要道，然用之而不得其法，徒資姦詭，莫救哀鴻，在朝廷既有所費，在窮民不得生全，主其事者，寧無溺職之罪耶？況有冒支之弊，必多不給之人，有一姓而得數姓之糧者，有幾人而不得一口之貪者，其害可勝道哉？故惟天子不當謹圭撮之濫，而輕比屋之死。鄭雍所言，可風千古。若主賑之官，烏可不預為檢點，此蘇次參命取一家人口盡貼壁上，陳霽岩自將點過窮民暗記冊中，立法善而用意深，尚何冒破之足慮？李玨之人分四等，余童之户別三般，居上者既能精其妙算，在下者焉敢肆其侵欺？袁燮之圖，未嘗不美，但當預計於平時，不能濟變於歉歲。懋中所言，委託大户，其利有九，的確不易，倉卒可行。弊之無窮，董煟言之最盡。法之簡要，希元思之最精。鐘御史必令正印官親歷窮鄉，公同檢視。周巡撫又使府州縣豫先抄劄，不混稽查。由此觀之，良法已備於前矣，善政何疏於後也？乃知不稽舊典、任意設施者，不但不能比美先賢，且恐踐俞通判之故轍矣。惟保甲之法嚴，而審户自清，審户清而姦詭息，然而尤當籌之於豫也。《詩》云：迨天之未陰雨，徹彼桑土，綢繆牖户。今此下民，莫敢侮予。人能得詩人之意，致力於閒暇之時，又何必徬徨於放賑之際哉？

五、借國帑以廣糴糶

春秋莊公二十八年，魯饑。臧文仲言於莊公曰：夫為四鄰之援，結諸侯之信，重之以婚姻，申之以盟誓言，固國之艱急是為。鑄名器，藏寶財，固民之殄病是待。今國病矣，君盍以名器請糴於齊？於是以鬯圭玉磬如齊告糴，曰：不腆先君之敝器，敢告滯積以救敝邑。

謹案：官之糴糶，春秋時賢大夫已行之矣。何以後之為臣者，竟不恤民之困於高價，糴於熟所，糶於荒境哉？分厘之惠及小民，贊誦之聲盈道路。易者不為，難者可知，雖曰愛民，其誰我信！

唐元宗開元十二年八月，詔曰：蒲同等州，自春偏旱，慮至來歲，貧下少糧。宜令太原倉出十五萬石米付蒲州，永豐倉出十五萬石米付同州，減時價十錢，糶與百姓。

謹案：糴莫貴於早，糶莫貴於時。以八月而計來年，計之得矣。且以十五萬石賑糶於一州，每升減價十文，非美政乎？但唐時出糶之際，其法不傳，使不知張公詠守蜀平糶之法，恐其利必盡歸富户，其害實在窮民，深可歎耳。何也？窮民待哺之日時雖多，所糴之米粟有限，一則官不許其多糴，二風彼亦無錢多糴，姦人窺破其微，賄囑官吏，串通斛手，在水次日買數十石而去此米未曾發入公所，早已暗貸與人，故此無從查考，薄上仍填零賣之期，不逾月而官米已畢矣。奈此地米價稍減之名，忽又遍傳商販，商販聞之，懼虧本而不來，官長察之，歎倉空而無繼，米有不驟貴之理乎？姦人於是賣其所糴之米，不數旬而獲利無算，寧勿令人切齒？是窮民之食賤米不過數旬，窮人之食貴米必需幾月，食賤米者十不過二三，食貴米者十必八九，惠之者，非即所以害之耶？故賑糴當兼行張公保甲之法。此法一行，既無冒濫，亦不失恩。宋之去唐不遠，烏知張公所行之法，非即蒲同等州所行之法哉？賑糴者，尚其察之。

德宗興元元年，十月乙亥，詔曰：頃戎役繁興，兩河尤劇，農桑俱廢，井邑為墟，丁壯服其干戈，疲羸委於溝壑。江淮之間，連歲豐稔，迫於供賦，頗亦傷農。收其有餘，濟彼不足。宜令度支於淮南浙江東西道，增價和糴米三五十萬石，差官搬運於諸道，減價出糶，貴從權便，以利於人。宜即遣使，分道宣慰，勞勉將士，存問鄉閭。有可以救歲凶災，除人疾苦，各與長吏商量奏聞。

謹案：是時陸宣公言於上曰：人君知過非難，改過為難；言善非難，行善為難。詔內命官和糴，不厭多方，疾苦可除，悉求具奏，意真詞切，感動君民。此車駕之所以得返長安耳。忠良之言，有益於人国也如是夫！

宋吳遵路知通州時，淮甸災傷，民多流轉。惟遵路勸誘富豪之家，得錢萬貫，遣牙吏二十六次，和賃海船，往蘇秀收糴米豆，歸本處依元價出糶，使通州災傷之地，常與蘇秀米價不殊。當時范仲淹乞宣付史館。

謹案：官米若不循環糴糶，姦商乘其既盡而鬻之，價愈高而民愈困矣。以萬貫錢，轉運至二十六次，價焉有不平之理？故遵路之勸窗民者，是救一時之災也；仲淹之命付史館者，欲垂萬世之則也。留心民瘼者，尚其知所取法哉？

孝宗乾道七年，饒州旱傷，措畫賑濟。知州王秬劄子，借會子五萬貫，接續販糴米麥之類以賑糶。得旨：依江州旱傷，益措置本州義倉米四萬四千餘石，又截留上供米六千五百餘石，作本收糴米斛。

謹案：借錢糴糶，官不傷而民有益，最善而易行，何皆逡巡不果？如知州王君，借會子錢五萬貫，接續販糴，朝廷益之以米，又得數萬石作本收糴，此州尚慮缺食乎？事畢而本在，民得不死。非賢者之妙算，而能之乎？

元文宗時，以張養浩為西臺御史中丞。時關中大旱，民相食。既聞命，即散家之所有，以與鄉里貧乏。登車就道，遇饑者賑之，死者瘞之。經華山，禱雨嶽祠，泣拜不能起。天忽陰爾，一雨三日。及到官，復禱於社壇，大雨如注，水三尺乃止。禾黍自生，秦民大喜。時米價騰踴，緡鈔壅不可得米。養浩以倒換之艱，乃撿庫中未毀緡鈔，得一千八十五萬五千餘緡，悉印其背，又刻十貫五貫，為券給貧民。命米商視印出糶，詣庫驗數以易鈔，又率富民出粟，為奏補官。四月未嘗家居，止宿公署。夜禱於天，晝出賑饑，無少怠。每一念至，即撫膺慟哭。

謹案：人苦無實心愛民耳，此天之所以不能格也。若張公所行，惟知有民，不知有己，何禱不誠？何民不救？視民如傷之念，形之慟哭，是所忠者君，所愛者民，不愧忠君愛民之君子矣。

順帝至元三年十二月，大都南城等處，設米鋪二十，每鋪日糶米五十石，以濟貧民。俟秋成乃罷。六年二月，增設京城米鋪，從便賑糶。

謹案：天之警惕於順帝，亦云至矣。茲獨於分設米鋪一節，思以上格天意，政雖疏略，而愛養百姓之心，固肫摯而不浮。苟能震動恪恭，上則敬畏昊天，下乃軫恤民隱，則將推廣此心，正己求賢，養民致治。豈遽至子危也？

明英宗正統六年，巡撫浙江監察御史康榮奏：杭州府地狹人稠，浮食者多，仰給蘇松諸府。今彼地水旱相仍，穀米不至，杭州遂困。又湖州府比因歲凶，米亦甚貴。竊計二府官廩，有二十年之積，恐年久紅腐，請發三十五萬，糶於民間，令依時值償納，則朝廷不費而民受其惠。從之。

謹案：積善在常人則不易，在大臣又何難？一念朝存，萬民暮沾。如康公此奏，窮人雖難免拮据之求，饑者幸可無轉死之慮。惟望仁人，賑饑救困，活此窮民，德大福大，自古不爽也。

憲宗成化六年，奏准將京通二倉糧米，發糶五十萬石，每秔音耕米收銀六錢、粟米五錢，以減京城米價騰貴。再將文武宮員俸糧，預支三個月。

謹案：歲值饑饉，仁智不可不兼用也。仁以惠民，智以慰眾。今減價糶米，仁也；預支月俸，智也。數月之後，麥熟稻登，仍然大有，烏可閉藏不發，令民心之頓變哉？

僉事林希元疏云：臣愚欲借官帑銀錢，令商賈分往各處糴買米穀，歸本處發賣。依原價量增，一分為搬運腳力，一分給商賈工食，糶盡復糴。事完之日，糴本還官，官無失財之費，民有足食之利，非特他方之粟畢集於我，而富民亦恐沿時失利，爭出粟以糶矣。然糴糶之法，專為擠貧，若有商賈轉來販去，所當禁革。又當通及鄉村，不得專及城市，則貧民方沾實惠。

謹案：糴糶濟民，能以林公之論為法，不特城市蒙其利澤，而村落亦沾其實惠矣，尚有溝壑之苦哉？奈何世之救荒者，皆不知林公之《荒政叢言》，是必要之書也？

中丞周孔教撫蘇時，有云：次貧之民宜賑糶，其法有二：有坊郭之糶。宜多擇諸城門相近寺院及寬廠民居，儲穀於其中，不限時日，零細糶之。糶米計升，多不過一斗，糶穀不過二斗。如姦牙市虎，有借倩妝扮之弊，出首者重賞，其弊自革。有鄉村之糶。宜行保甲之法，間月而糶之。每先一月出示，將有災之鄉保，限次月某日某保排定日期，每隔一日一糶，以防雨雪壅滯之患。每甲大約許糶三石，多則五石。若通水去處，當移舟就水次糶之。糶價俱比時價減少，愈少愈善。富人強奪貧人之糴，用張詠連坐之法，一家犯罪，十家皆不許糴。其來本或借官銀，或借官糧，或勸富家，事完各歸其本；如係民家，則加旌獎可也。

謹案：賑糶之法，分出二種：一曰坊郭，一曰鄉村。何其周到也！又曰循環行之，必待稻熟而止，方略猜詳，不遺遐邇。真仁人也！有心而不得其法，實惠不能及民，有法而不存此心，蒼生何由得活？中丞不但身體力行，而且欲傳後世，有不身為濟世之名臣，而子孫享積德之報哉？

屠隆《荒政考》有云：災傷之處，議賑濟，則恐官府之囷廩有限；議勸借，又恐地方之宦户無多。最妙之法，借帑銀若干，委用忠厚吏農富户，向豐熟去處循環糴糶。積穀之家雖欲踴貴其價，而官府平糶之糧日日在市，勢亦不能。如他處米亦不足，則雜置荳、粟、蕎、薯、麥、蕎、蕨粉、芝麻之類，皆足充饑，但當嚴禁商牙來糴。昔吳遵路知通州時，能使災傷之處與蘇秀同其米價，用此法也。

謹案：屠君開口兩句，就將荒政説完，見得賑糶一事，是救荒上策，本不虧，民不死，即耿壽昌之遺意至説。凡可以充饑而救死者，一概可買，尤見行權之大略。

借國帑總論曰：上不病官，下不困民，能救生民於萬死之中者，莫如借國帑以先興販也。自春秋以來，即有其事。今觀唐、宋、元、明，代無不舉，誠盛典也。且借官錢而糴糶之多者，無如王氏；借民錢而興販之頻者，首推吳公。二人所行，為法千古，救荒者何可視為泛泛也？若元之張公，不特取鈔命米商出糴救民，一種忠君愛民之心，勃不可遏，形之痛哭流涕而不止，真太古之仁人也。後之君子，或挪常平米，或借府庫錢，成貸富豪錢，加其月利，以作糴本，給與富商大賈，或差干吏能員，先往豐熟去處，循環糴糶，我無濟人之重費，而實有起死之良圖。舉口之勞，生人之命，上智之事也。又何惑焉？《易》云：損上益下，民悦無疆。惟賑糶，則所損者甚少，而民之悦也誠無疆矣。

六、理囚係以釋含冤

漢昭帝時，海州大旱三年，人民離散，莫知所從。會新太守下車，於公謂守曰：非申孝婦之冤不可。守詢之，公曰：郯城昔有竇氏，少寡，事姑極孝。姑念孝婦侍奉勤苦，欲其嫁。婦不允，姑遂自經，蓋以己在妨其嫁也。姑之女竟以殺母告。太守按治，婦乃誣服。某曾力爭而勿聽。咎非在是而何？新守齋戒沐浴，徒步往祭孝婦於家。祝方畢而大雨如注。至今有孝婦廟在。

謹案：人有冤抑之事不明，則鬱恨之氣不散，遂結於太虛而災眚見，淫雨、亢旱、蝗蝻、兵火之類是也。竇氏孝婦也，蒙不孝之名，身首不保，非於公之力請於太守，徒步往祭，舒孝婦之冤，而能上回天意哉？況以孀婦而遭此冤者多矣，一見於齊之庶女，再見於東漢之上處，三見於晉代之臨淄。折獄者慎之。

章帝建初元年，大旱穀貴。校書郎楊終以為廣陵楚淮陽濟南之獄，徙者萬數，又遠屯絕域，吏民怨曠，乃上疏曰：臣竊按春秋水旱之變，皆因暴急，惠不下流。自永平以來，仍連大獄，有司窮考，轉相牽引，掠拷冤濫，家屬徙邊，加以北徵外邦，西開三十六國，頻年服役，轉輸煩費，又遠屯伊吾樓蘭車師戊己，民懷土思，怨結邊域，足以感動天地，移變陰陽。願陛下留念省察，以濟元元。

謹案：楊子山以至理論天意，切實不差毫釐。何也？天不可測而理可必。聖人云：天視自我民視，天聽自我民聽。安有天心異於民心者哉？掠拷冤濫，已足違和，況閭閻愁苦，一方鬱結。此天地所以為之感動也。

安帝立鄧太后，猶臨朝聽政。永平二年夏，京師旱，親幸洛陽寺錄冤獄。有囚實不殺人，而被拷自誣，羸困輿見，畏吏不敢言。將去，舉頭若欲自訴。太后察視覺之，即呼還問狀，具得枉實。即時收洛陽令下獄抵罪。行未還宮，澍雨大降。

謹案：不仁哉有司之嚴刑也！不肯細心體訪，但將五毒迫人，因不能堪，何冤不受？致令餘威猶在，死不敢言。若非太后英明，此獄烏能得直。今下屬問而上司錄，防冤抑也。然而出入難必，誰敢再受一番荼毒？故案一定而獄多冤。理其枉而出之者，是在欽恤慎刑之君子矣。

唐太宗與觀十七年三月甲子，以久旱，詔曰：去冬之間，雪無盈尺。今春之內，兩不及時。載想田疇，恐乖豐稔。農為政本，食乃人天。百姓嗷然，萬箱何冀？昔頹城之婦，隕霜之臣，至誠所通，感應天地。今州縣獄訟，常有冤滯者，是以上天降鑒，延及兆庶。宜令覆囚，使至州縣科簡刑獄，以申枉屈，務從寬宥，以佈朕懷。庶使桑林自責，不獨美於殷湯；齊郡表墳，豈自高於漢代？

謹案：天地唯以好生為心，人主當以不殺為德。刑之所加，何招不得？有罪者歎自新之無路，受枉者恨宿憤之難申，怨觸上蒼，遂成閉塞。此詔一下，何患甘霖之不沛，而嘉禾之不熟哉？

開元中，榆林衛等久旱非常。顏寘卿為御史，行部至五原。吋有冤獄，久不決。真卿至，立辨其冤，雨即沛然而至。郡人遂呼為御史雨。

謹案：獄之冤者，不待決遣，而後乖戾之氣，慘成凶歲。即令沉埋獄底，積憤未舒，已逆天和，久之不雨。幸顏公行部細心辨其冤獄，愁云怨日忽變而為暢靄和風，此御史雨之所由來也。

宋太祖建隆二年，帝謂宰臣曰：五代諸侯跋扈跋扈，猶言強梁也。扈，竹籬也。水未至，先作竹籬，候魚入水退，小魚獨留，大魚跋籬座而出。故曰跋扈也，有枉法殺人者，朝廷置而不問。人命至重，姑息當如是邪？自今諸州決大辟，錄案奏聞，付刑部覆視之。

《宋史》斷曰：禁暴止虐，誠帝王保民之盛德也。湯武聖君，此心純乎愛民，故勇決嚴毅之中，即寓正直蕩平之道。太祖深知理獄之難，視人命為至重，特詔令諸州，慎重錄囚，達部詳審，然後信讞定而法網寬。合之《周禮》委曲詳核之條，仁慈忠厚之旨，前後無違矣。

歐陽觀為泗州司理，嘗秉燭治官書，屢廢而歎。妻問之，曰：此死獄也。我求其生不得耳。其子修方三歲，乳者抱立於旁。觀曰：術者謂我歲在戌不利，使其言驗，不及見兒之立也。後當以吾言告之。

謹案：仁哉！歐陽觀之存心，何肫摯而深切也！求生於死狀之內，並非要名遺言以告後人，並非樹德，總為一腔慈惠，不欲因勢而阻，尤不欲自我而止，故及身則倍著哀矜，錫類則教之忠厚。仁哉司理！宜文忠之為名臣也乎！

元仁宗延祐四年春正月，帝謂侍臣曰：中書比奏，百姓乏食，宜加賑恤。朕默思之，民饑若此，豈政有過差以致然與？向詔有司務遵世祖成憲，宜勉力奉行，輔朕不逮。然嘗思之，惟省刑薄賦，庶使百姓可遂其生也。

謹案：百姓不能遂其生，四境擾害由之起，大業末年，乾符初年可鑒也。仁宗因民饑饉，言非省刑罰，薄賦斂，則不能舒其困，非思得其要而治得其道者哉？

明孝宗弘治十五年五月，上命御史王哲巡按江西。時值大旱，苗種不得入土。哲深恤民隱，即親錄囚係，出其所當原者數百人，餘皆減之。次日即雨，遂成有秋。民為謠曰：江西有一哲，六月飛霜雪。天下有十哲，太平無休歇。

謹案：古之盛吉，執丹筆而泣者，謂吾筆一下，死生立判故也。理刑官如此存心，何至亢旱不雨？王御史因苗不得入土，親錄係囚，出其當原，減其餘等，即成有秋。乃知寧失出，無失入。此二句者，誠祈禱之靈符也。

松江吳黼任撫州同知。時久旱不雨，臺使以黼廉直，將鄰郡建昌富民吳萬八一案，令跡其實。蓋萬八以子殺父，大獄久未決。萬八至是，仍以厚賂求寬免。黼曰：我荷國恩，食天祿，寧以賄賂壞公法耶？遂核論如律。是夕忽然大雨，萬八已為雷震矣，一郡驚異，以為吳公之正直所感云。

謹案：此又以不殺而致旱災者也。萬八之獄，斷無遲滯之理，問官何得貪其厚賂，而曲貸其辜？苟非吏讁嚴明，暗與王章相合，安見幽明一理，法不可地？然則赦非善政，古且志之，況於絶倫之大者乎？

單縣有田作者，其婦餉之，食畢即死。其翁曰：此必婦之故矣。陳於官，不勝箠楚，遂誣服。自是天久不雨。許襄毅公時官山東，曰：獄其有冤乎？乃親歷各境，出獄囚遍審之。至餉婦，乃曰：夫婦相守，人之至願，鴆毒殺人，計之至密，焉有自餉於田而鴆之者哉？遂詢其所饋飲食，所經道路。婦曰：魚場、米飯，度自荊林，無他異也。公問時，適當其夫死之際。置魚作飯，仍由舊路而行，試狗彘，無不立死者。遂出其罪。即日大雨如注。

謹案：感孚之理，捷如影響。田婦餉夫而死，實出無心，問官不能細訪，置之死地。所謂嚴刑之下，何所不招？遂干天怒，災異頓施。非襄毅公上體天心，察其冤抑，安能沛甘澍於恒暘之歲哉？

理囚條總論曰：獄中之苦，人盡知之乎？以將相而歎獄吏之尊，則其毒加於囚也可知矣。一人在獄，闔户悲啼，吏卒苛求不已，妻兒賣盡難供，故血淚未乾於箠楚，離魂又泣於夢中。仁人君子，可不以刑獄是恤哉？若雨呼御史者，不決之獄也；亢旱三年者，已死之獄也；畏吏不敢言，苗不得入土者，將死之獄也；罪定天誅，不殺之獄也。不論已死未死，有枉不直，困於獄中，天地未有不力之震怒，而見於災異者也。楊終之論，信不誣矣！唐之太宗，宋之太祖，元之仁宗，異代同心，故得咸稱致治之主。折獄者，存心必若歐陽觀，明察得如許襄毅，方能無愧。試問今之沉於獄底者，杲能求其生而勿得者歟？哀哉！吾恐半居洛陽令之所問也。人自不察耳。五毒痛加，何枉不坐？縲紲所係，何歲無冤？《易》云：君子以明慎用刑而不留獄。《書》云：殺戮無辜，上帝弗蠲，降咎於苗。君子可勿於囚係之內，稍開一面，以免降咎之困哉？

七、禁遏糴以除不義

周襄王甲戌五年冬，晉饑，使乞糴於秦。百里奚言於秦伯曰：天災流行，國家代有。救災恤鄰，道也。行道有福。秦於是輸粟於晉。

謹案：人生不幸，遭遇饑年，全賴有無相濟，庶可生全。此賢臣所以勸其君救災恤鄰、惠養黎民之要道也。

襄工七年十一月，晉饑。秦伯饋之粟，曰：吾矜其民也。

謹案：秦伯之輸粟一而再，矜民之語，藹若陽春，并不生一點偏護之念。是故被其澤者，歡欣交通，遠邇愛戴。後之為鄰郡苛牧者，可不上法賢哲之仁術乎？

隋齊州刺史盧賁，坐民饑閉糴，除名。皇太子為言，賁有佐命功，不可廢。帝謂盧賁等功雖甚偉，然皆挾詐擾政，不可免也。乃如律治之。

謹案：沽名而不恤民者，非良有司也。欲以閉糴為愛民，殊不知鄰邦均赤於也。故孟予取五霸之禁遏糴。千古公正之論，莫大於此，高祖之論盧賁，略前勳而儆害民之吏，誠快舉哉！

唐崔倰為湖南都團練觀察使。湖南舊法，豐年貿易不出境，鄰部災荒不相恤。倰至，謂厲吏曰：此非人情也，無使閉糴以重困鄰民。自是商貨流通。

謹案：不近人情之事，皆胥吏貪污者之所為也。凡下閉糴之令，籍口為本境之民起見，未嘗稍有所私，殊不知其所私者，不在是也，不過不能為民身家畫萬全之策，徒欲藏此粟於富家，以説悦豪猾昂價損民乏意。豈知聖天子以天下為家，胞與為懷，凡在版圖，莫不欲安養而生全之，寧肯令此境阜安，彼方饑餒乎？揆情度理，務在流通。崔公真仁人也！

後周廣順間，南唐大旱，井泉涸，淮水可涉、饑民度淮而北者相繼。濠壽發兵禦之，民與兵斗而北來。太祖聞之曰：彼我之民一也，聽糴米過淮。唐人遂築倉，多糴以供軍。詔唐民以人畜負米者，聽之；以舟車運載者，勿予。

謹案：視太祖之待南唐，非大度之主歟？唐人以之供軍，尚許人畜負之而去，究何嘗因救民而得禍？若後之府縣官必然閉糴，以為上為其君，下為其民，而不知其干天之怒矣。人主當以好生為德，信哉！

宋仁宗嘉祐四年，諫官吴及良春秋之時，諸侯相爭，竊地專封，固不以天下生靈為優。然同盟之國，有救患分災之義。秦饑，晉閉之糴，而《春秋》誅之。聖朝恩施動植，視民如傷，然州郡之間，各專其民，擅造閉糴之令，一路饑則鄰路為之閉糴，一郡饑則鄰郡為之閉糴。夫二千石以上，所宜同國休戚，而宣佈主恩，今坐視流離，又甚於春秋之間。豈聖朝所以子育兆民之意？

謹案：閉糴之令，自古皆恨，又自古有之。其故何乜？其意他處之民徙死，我境之粟有餘，豈無卓異賢能之賞？殊不知此令一行，劫掠流移，由之而起。吴公言之亹亹，蓋深知民之受弊甚大，斷不可以害民之政，為我邀功，幸祿計也。

蘇軾浙西災傷狀內有云：臣聞熙寧之災傷，本緣天旱米貴，而沈起張靚之流，不先事奏聞，且立賞閉糴，富民皆事藏穀，小民無所得食。流殍既作，然後朝廷知之，使命運江西及截本路上供米一百二十三萬石濟之，巡門俵米，攔街散粥，終不能救。饑饉既成，繼之以疫，所傷實多，兩稅課利，皆失其舊。是大吏之不能仰承德意，廣孚惠澤於下民也。如之何其可乎？

謹案：饑年處事，沽名心萬不可起。救荒政務，須宜早為裁酌。沈起張靚，立賞閉糴，不過欲沽愛民之譽，不知小民絕粒，草木俱完，藏米者愈高其價，興販者惧劫不來，遂至於此。非平日失於稽古，臨事在於求名乎？東坡疏中此段，可為閉糴者戒。

紹興初，蘇緘為南誠令。歲凶，里中藏粟者固閉以待價。緘籍得其數，先發常平穀，定中價，糶於民。揭榜於道，曰：某家有粟幾何，令民用官價糴。有勒不出及出不如數者，撻於市。以是民無艱食。

謹案：民無糴所，劫掠必興，盜賊縱橫，安危難保，惟賴司牧有以處之。然不將常平米盡行先糴，何以塞富民之口？蘇君為政，先己後人，其誰我議？

淳熙八年敕：旱傷州縣，全賴傍近豐熟去處，通放客販米斛。已降旨不得遏糴。訪聞上流得熟州郡，尚有將客販米斛邀阻者，仰逐司覺察按劾。尚或容蔽，仰御史臺彈奏。九年，兩降指揮諸路監司不許遏糴，多出榜文曉諭。

如故違戾，令總司覺察申奏。

謹案：官之糴糶有限，民之興販無窮，彼射錙銖之利，我活溝壑之民，實云兩得。如其閉糴，此境雖安，彼地不活，無惻隱之心，違忠恕之道。彈劾覺察，其可緩乎？

咸淳七年，撫州饑，黃裳奉命往彼救荒。但期會富民耆老，以某日至，至則大書『閉糴者籍，強糴者斬』八字，揭於通衢，米價遂平一云辛幼安所行。

謹案：孰謂救荒無奇策？以八字而定民心，非奇策乎？此所謂有治人，無治法也。

明萬曆九年，淮鳳告災。張居正疏云：皇上大發帑銀，遣使分賑，恩至渥矣。然賑銀有限，饑民無窮，惟是鄰近協助，市糴通行，乃可延旦夕之命。近聞所在往往閉糴，災民既缺食於本土，又絕望於他鄉，是激之為變也。宜禁止遏糴之令，講求平糴之法，聽商民從宜糴買，江南則糴於江淮，山陝則糴於河南，各撫按互相關白，接遞轉運，不許閉遏。其糴本或於各布政司，或於南京户部，權宜借處。河南、直隸四府縣，以臨德二倉之米，平價發糶，則各處皆可接濟。

謹案：以通暢之筆，寫仁政之端，條分縷晰，何等明白！且令各巡撫互相關白，接遞轉運，糴本悉為措置，允稱相度汪洋，不愧調和鼎鼐。有鹽梅之責者，不可不法之以救天下也。

萬曆間，御史鍾化民奉便河南賑饑，先飛檄各省，不許遏糴。及河南布政司，撤防剿兵，悉分置黃河口。各運米所過，為米船傳織護送至境。設官單，記所到時刻稽遲，罪及將領。米到，任其價之高下，毋許抑勒。是時米價五兩，遠商慕重價，無攘奪患，洮辰米舟並集，延袤五十里。價遂減，石止八錢矣袤，音茂，長也。亙於東西曰廣，亙於南北曰袤。

謹案：水旱不時，天荒之也。遏糴阻抑，人荒之也。天荒尚有挽回，人荒豈無救治？鍾公竭力救全，頓甦民團，米價十減五六。可知有治人，無治法，本仁心以行佇政，事未有不濟者也。

禁遏糴總論曰：偽矣哉，有司之遏糴也！彼不過欲借此以邀愛民之上賞耳。若言真心為民，彼糶米之家，雖婦人小子，必知但賣其食之所餘，斷無盡貨之理，何必有司之諄諄禁約也。總之，圖治之術在誠實，尤在權宜。自周至明，歷代典故，悉中竅要。晉惠公之失算，未識愛民之方，周太祖之大度，包容異域。盧貢、沈起、張靚等，特小人之尤者耳，設令見崔悛於湖南，能尤愧赧？此宋朝之詔，使劾之察之，誠是也。吴及之論，蘇緘之法，黃裳之諭，化民之檄，同功一體，得致治之原，良法良模，不可不知所以法之也。且無曲防，無遏糴，五霸禁之，聖賢取之，吏竟背之耶？《詩》曰：在彼無惡，在此無射。庶幾夙夜，以永終譽。則凡在位之君子，欲美其譽於畢生者，可分疆界，致嗷數待哺之民日望泛舟之投而弗得哉？閉糴之令，烏可勿除！

八、發積儲以救困窮

漢文帝六年，大旱蝗。令諸侯無入貢，弛山澤，減諸禦服，損郎吏員，發倉庾以賑民。

謹案：嘗閱文帝之詔，有云：患自怨起，福繇德興。則禍福之機，久矣了了於胸中，故首定振窮養老之令，每佈蠲租免稅之恩。當此旱蝗相繼，豈不知民饑患也，救困德也，有不自損以濟蒼生哉？此三代後之賢君，首推文帝也。

魏黃初二年，冀州大荒，歲饑，使尚書杜畿持節開倉廪以賑之。五年，冀州復饑，又遣使者開倉廪賑之。六年春，遣使者巡行沛郡，問民間疾苦，貧者悉賑貸之。

謹案：時當災荒，民惟望治。魏能愛民，賑貸弗倦，故能撫其眾而大其國，百姓戴惠，四境寧帖。致治者所當於緊要機宜，務為斟酌也。

唐元宗開元二十九年，制曰：承前饑饉，皆待奏報，然後開倉。道路悠遠，何救懸絕？自今委州縣及採訪使，給訖奏聞。

謹案：初陽透發，大地回春。一詔下頒，九州開泰。包非明皇此日之制乎？洞悉嗷嗷待哺之苦，免其懸懸望限之穿，故其時沐恩澤者，歌詠遐陬，四海清寧，兆入康樂。誰謂斯民也，非三代之所以直道而行者也？

憲宗元和九年，二月丁未，制曰：善為國者，務蓄於人。百姓未康，君孰與足？去歲甸服，氣序愆和，夏屬驕陽，秋多苦雨，三農爽候，五稼不滋。產於地者既微，出於力者宜困。百姓所欠歷年稅斛等項，並宜赦免；仍以常平義倉斛斗三十萬石，委京兆條疏賑濟；如不足，即宜以元和七年諸縣所貯折糴斛斗添給。應緣賑給百姓等，委京兆官差擇清干官，於每縣界逐處給付，便無所弊，各得自資。將我詔意，戒之以擾，授之以仁，宣示朕懷，咸使知悉。

謹案：地無所產，粟何從生？民若遭荒，催徵何益！憲宗悉為蠲免，誠賢主矣。且以三十萬石而賑饑民，不足，又令添之以折糴之斛㪷，諄諄不已，民命為懷，何其仁也！克寬克仁，彰信兆民，憲宗之謂矣。

宋仁宗乾興元年十二月，以京城穀價翔貴，出常平倉米，分十四場，賤糶以濟民。皇祐三年十二月癸巳，詔曰：天下常平米，依原糶價出糶，以濟饑民，毋得收餘利以希恩賞。

謹案：民逢饑饉之災，確似人遭水火之厄，教之稍遲，不成灰燼，即陷狂瀾，寧不痛心！然救之不力，終於一死，與不救何殊？今乾興間，以常平米分作十四場，減價出糶，以濟平民；皇祐間又以天下常平倉米，依原價出糶，以濟貧民，博施濟眾，可風千載，小民不有再生之樂歟？

寧宗時，真德秀知潭州，以廉仁公勤勵僚友，以正心修身勉士行。遇水旱災傷貧困尤依之民，極力救恤。復立惠民倉，積穀至五萬石。至凶荒時，照原價出糶。又積穀九萬五千石，分十二縣，置社倉，以遍及鄉落，立慈惠倉、養老倉，孤幼無依自十五歲以下，年老無養自六十歲以上，皆有賑給。

謹案：自古理學儒臣，莫不本子惠蒼生之念，為君父錫福於四方。蓋其溫厚性成，兼能陶鎔於典籍，經權措置，各得其宜。試觀此數法，實可與文公之社倉共垂不朽。有守土之責者，苟能仿而行之，是甘棠慈蔭，可以傳後世而潤斯民矣。

元世祖至元五年，益都路饑，以米三十一萬八千石賑之。十年，諸路出蝻，霖雨害稼，賑米五十四萬五千五百九十石。十三年，東平濟南諸路水旱，賑饑用米二十二萬五千五百六十石、粟四萬七千七百十二石、鈔四千二百八十二錠。二十二年十一月，合剌禾州民饑，户給牛二頭、種二石，更給鈔一十一萬六千四百錠，糴米六萬四百石，為四月糧賑之。

謹案：天有降災之時，民無愁苦之歲，此際之轉移而造福者，惟隨時蠲賑，惠愛萬民之聖君賢相耳。帑藏之金粟，斷無窮時，閭里之身家，亟宜撫恤。世祖賑饑，不異九天爾露，隨地頻施，一無所吝。民生矣，歲何凶焉？

武宗時，民饑者四十六萬户，即詔每户月給米六斗。浙東宣慰同知脫歡察議行勸貸之令，斂富民錢一百五十餘萬，以二十五萬屬海寧縣簿胡長孺藏之。長孺察其有干沒意，悉散於民。既而果索其錢，長孺抱成案進曰：錢在此。脫歡察怒而不敢問。

謹案：饑民之得賑濟，猶田苗之得時雨，點滴不到。根荄失鮮，業已云興澤沛，則時刻不可需遲，何況云霓之轉易乎？廉吏識破貪夫之意，發其積聚，補散民間，為蒼生救饑，實則為脫歡消愆。仁智兼盡，一舉而兩得之矣。

明成祖永樂九年七月，户部言，賑北京臨城縣饑民三百餘户，給糧三千七百石有奇。上曰：國家儲蓄，上以供國，下以濟民，故豐年則斂，凶年則散，但有土有民，何優不足？隋開皇間，大旱民饑。文帝不開倉賑濟，聽民流移就食。末歲計所積，可供五十年。倉廩雖豐，民心匆固。前鑒具在。今後但遇水旱民饑，即開倉賑給，毋令失所。

謹案：開皇間，倉廩皆足，不肯賑給，使民流移，後且恃其富足而糜費焉。成祖深明其故而易其轍，誠明達之主哉！

正統間，周忱巡撫江南。適江北大饑，巡撫都御史王竑借三萬石於忱，忱計至來春麥熟，曰：此須十萬。即以與焉。蓋忱所積餘米，不但贍江南，又可兼利江北。景泰二年，有言忱勾通官吏，侵漁國帑。召忱還，忱言：臣之百凡修治興作，見為妄費，亦由宣宗皇帝許臣便宜行事。臣之所費者餘米也，不敢侵動徵賦。事遂不問，致仕而歸。户部因言忱所積米無可稽驗，謂綜括為公賦。由是徵需雜出，逋負依然。吳後大饑，民多餓莩，無不望周公之再生矣。

謹案：賢臣妙策，忽轉而為姦吏彈射之端，户部西之作公賦，設使再遇饑年，於何利賴？户部之歸積粟於朝廷，不過邀榮於一己，豈知国體之正大？其生財之道，固自有在，夫豈若是之瑣瑣也哉？

武宗正德四年，孫璽知興化縣亨，多奇政。時大水傷稼，上司不允題荒。璽即自為奏請，詔減田租之半，又賑饑民萬餘人。後以兵備巡曆云貴，直聲大振。

謹案：今之為縣令者，見上臺不題而敢自奏乎？孫公不以逆鱗為恐，寧顧其他。雖然，使非天子之惠愛，何以成郎官之救援？宜並德之。

神宗萬曆二十二年，御史鐘化民河南賑荒。垂危之人賑粥，有顧惜體面者，散銀賑之。差州縣正印官下鄉親放，移官就民，毋勞民就官。分東西南北四鄉，先示散期，以免奔走伺候。貧民領得錢穀，或里長豪惡要抵宿負者，以劫論，出首者賞其銀。正印官監視戥鑿，逐封加印，立冊期日分給，差廉能官不時掣封秤驗。躬巡所至，延見各色人等，不嫌村陋。

謹案：饑無不救，國無不安。河南甲午之荒，甚難措手，而鐘公獨力撐持，弗辭辛苦，賑濟斯民，不生不已，不特自忘其官，並過遭饑之困。觀其政跡，直欲令人感入心脾矣。良臣善政，真足垂光簡編！

發積儲總論曰：倉廩實而國富饒，致治之本圖也。然而有德此有人，有人此有土，有土則財與用俱有，可知百姓之身家，國之倉廩所由出。始而年歲豐登，民則為上實倉儲，偶然旱潦告災，君即為民謀保聚。蓋君猶心而民猶體，體安心始泰，民饑其可勿救乎？積儲其可勿發乎？君臣識鑒之明睿者，未有不以賑濟為急者也。自漢文以至元明，賑濟之法，救困之言，略備於前，致治者可勿以是為法哉？夫水旱蝗螭，迫人洶壑，救人適以自安，無二視也。何則？未有百姓困厄於下，而君臣能相安於上者也。天災之流行偶爾，一人之救濟萬全，否則成湯何以將六事而自責？孔子何以舉自貶以對景公救饑之道？權自上操，設遇災傷之地，誠能大發積儲，以救窮黎，則一方安樂，薄海內外，愈皆安樂矣。能散財者，世躋升平，夫豈謬哉！

九、不抑價以招商運

齊管子曰：滕魯之粟釜百，則使吾國之粟釜千。滕魯之粟四流而歸我，若下深穀矣。

謹案：皆哉管子之言也！民之趨利，確如水之趨下，稍拂其性，其誰我向？穀粟者，活命之源也，使恤民之財，而不恤民之命，財帛其可飽乎？危亡其可免乎？則釜百釜千之論，非明決者不能道也。

漢宣帝本始四年春正月，詔：蓋聞農者，興德之本也。今歲不登，已遣使者，賑貸困乏。其令太官損膳省宰；樂府減樂人，使歸就農業；丞相以下至都官令丞，上書入穀，輸長安倉，助貸貧民；民以車船載穀入關者，得毋用傳。傳，符也。欲穀之多，故不問其出入也。

謹案：宣帝令丞相以下，皆上書入穀，以貸貧民，則官無避事之弊矣。載穀入關者，不論舟車，皆無用傳，則免徵商之困矣。豈尚有抑價之令哉？

唐盧坦為宣歙觀察使，歲饑，穀價日增。或請損之，坦曰：所部土狹穀少，仰四方之來者。若價賤，穀不復來，民益困矣。既而米商輻輳，市估遂平。民賴以生。

宋董煟曰：不抑價，則商賈來，此不易之論。昧者反之，其意正欲沽譽，不知市無告羅之所，適以召變而起釁也。坦有定見，真可嘉也。

宋神宗熙寧中，趙忭知越州。兩浙旱蝗，米價踊貴。諸州皆榜道路，禁人增米價，人多餓死。忭獨榜通衢，令有米者，任昂價糶之。於是諸州米商輻輳，米價更賤，而民無餓者。

謹案：抑價之令一行，商賈固裹足不前，囤户亦皆無米。吏知之乎？囤户恐人賤糴，略留少許以應多人，餘皆重價而暗售他方，故無米者室如懸罄，有錢者亦欲呼庚，於是一夫不靖，千人應之。趙公之論，高出千古。

范公仲淹知杭州，一浙阻饑。穀價方踴，每斗一百二十文，范公增至一百八十文，眾不知所為。仍多出榜文，具述抗饑及米價所增之數。於是商賈爭先，惟恐其後，米既輻輳，價亦隨減。

謹案：范公仁智兼全，行之固極其善，後世法令不可造次，須要揆時度勢。假如杭州米貴，增價之榜文，必須豫先差人於產米地方張掛，約其已到之後，我處方增其價。不然，彼處來商來知，而我先增其價，貧民何堪久食貴米？但增價告示，切不可令一人知之，恐俱待增價而後賣，則民愈苦矣。

包拯知廬州，不限米價。商賈聞之，日集其境。不數日而米價大平。

謹案：龍圖公之明決，雖婦人小子，無不知之。若使米價可抑，公抑之矣。公知物多必賤，少則貴，愈抑愈少，愈少愈貴。龍困公之所不抑也，而他人可抑之哉？

范純仁為襄邑宰，因歲大旱，度來年必歉，於是盡籍境內客舟，誘之運米，許為主糴。明春客米果至，多於平日，邑人遂賴以不饑。

謹案：境內荒矣，客米不來。此際而方為之備，何若先事而為之圖？范公預於冬間多方勸誘，交春果至，高價既無，民情可慰，非得預備不虞之策耶？

紹興五年，行在斗米千錢。時留守參政孟庚、户部尚書章誼不抑價，惟大出陳廩，每升止糶二十五文，僅得時價四之一耳。民賴以濟。

謹案：米貴時，民雖賣妻鬻女，總救不得數旬之苦。何也？米貴則人賤，所得無幾耳。二公大出陳廩，減價救民，秋成仍可賤糴，非仁智兩全之道歟？故慮米貴者，出天庾而賤糴，一也；借國帑以興販，二也；王侯貴戚，大小臣工，軍民人等，有米照時價出糶，視其多寡，遞有恩奬，三也；責重有司，廣貸牛種，課民春耕，因其勤惰定以黜陟，四也；朝廷重農抑末，優恤窮甿，五也。得此五法，水利是務，專官督理，何米貴之足憂哉？

從政郎董煟云：比年為政者，不明立法之意，謂民間無錢，須當籍定其價。不知官抑其價，則客米不來，若他處騰踴，而此間之價低，則誰肯興販？商賈不至，則境內乏食，有蓄積者愈不敢出矣。饑民手持其錢，終日無告糴之所。有不肯甘心就死者，必不能安靜，人情易於煽搖。此莫大之患也。惟不抑價，非惟舟車輻輳，而上户亦恐後時，爭先發米出糶，其價自賤。

謹案：凡論荒政，言宜通暢，事貴預知。董君所論，彰隱情於未發，息禍患於無形，非達人之言歟？為政者果能頻頻屬目，細想人情，自無抑價之令、閉糴之條矣。若之何忽之也？

明中丞周孔教撫蘇時有云：穀少則貴，勢也。有司往往抑之。米產他境歟，客販必不來矣；米產吾境歟，上户必然閉糴矣。上户非真閉糴也，遠商一至，牙儈力之指引，則陰糶與之，以故遠商可糴，而土民缺食。是抑價者，欲利吾民，反害吾民也。

謹案：抑價之令一出，商賈不來，囤户不賣。即賣，如撫君所云，專賣與出重價之遠商而去。四境之米，於是而絕，無論小民無錢在手，即有錢何從得糴？非死亡，即劫掠緣斯而起。憮君燭及隱微，非一省之福乎？

杭州司李蔡懋德《通商濟荒條議》：杭城生齒，仰給外米，蒙憲行廣糴通商，已無遺策，而聚米之道，不厭多方。近聞鄰境閉糴，米價翔湧，商販紛紛，有各處阻難之怨。職思官府之儲散有限，民間之自運無窮，而民間之自運猶有限，遠商之樂販更無窮，但能使遠地經商，望武陵為利藪，聞風爭赴，米貨迸湊，杭郡百萬生齒之事濟矣。招來之法，厘為八則八則，載後《摘要備覽》條內。

謹案：商不通，民不救；價不抑，客始來：此定理也。司李善於擘畫，厘為八則，精詳周到。蓋以經濟為心，視疏忽者遠矣。

杭守龐承寵《給批糴米議》：杭城周遭百里，食齒繁聚，地又山多田少，桑柘多而禾稼少。故民間食米，皆仰給於外省，所從來久矣。今夏徂秋，云漢為災，民虞桂玉，所藉商販雲集，庶幾拯此孑遺。無奈鄰省下遏糴之令，掫人又播摽掠之虐，使不為之計，商人將裹足不敢出途，而杭民有立槁耳。給照流通，無待再計，仍請嚴檄嘉湖二府飭各巡兵，不得搶掠嚇詐米船，生事者以三尺繩之，庶商販通行，而杭民猶有更生之望也。

謹案：興販五穀，雖云射利之徒，譬猶救民之使，不可與他販等。何也？杭州素不產米，遠商不至，朝啼絕粒，暮喪溝渠，害可言哉？給批令糴，無許阻撓，通商之要法也。

不抑價總論曰：諸君子咸以不抑米價為高，又以稍增米價為善，商自通而民可救，此固不易之理矣。古人立法，固有成算，後世仿行，貴乎隨時，非訪之子父老，即宜詢之於紳衿，然終不若微行村僻，得實之為當也。遇饑年，果能知境內之粟共有若干石，而榜示於通衢，必使闔郡人知之。令有米者但許隨時價出糶，不許閉糴屯積。此亦救民之要法，不可不知也。小民既知有米可糴，心已安矣，誰復爭求？客商知價不抑，舟已集矣，豈又他之？此不抑之抑也。惟杭城之棧米，最為可恨，富商略不遂意，棧而不賣，圖厚利耳，豈顧窮民？牙人利口欺官，阿富翁耳，誰憐餓莩？彼果為人，何不速買速賣，循環糶糴，悉屯積而不賣哉？此非閉糴而何？君子知之。自管子以及宋明，政之美者，已列於右。若能仿行，何患乎饑民之不救也？與其為民惜錢，不若為民惜命。如宋時濮州侯日成，嫌米價日增，題請令人留一年之糧，餘皆依祥符八年之數而出糶。天子慮其擾民，勿許。非洞悉人情之聖主耶？《書》云：懋遷有無化居，蒸民乃粒，萬邦作乂。故米價貴任其低昂，不可稍為之裁抑，欲利吾民而反害吾民也。

十、開粥廠以活垂危

齊大饑，黔敖為食於路，以待餓者而食之。有餓者蒙袂輯屨，貿貿然來。黔敖左奉食，右執飲，曰：嗟！來食。揚其目而視之，曰：予惟不食嗟來之食，以至於斯也。從而謝焉，終不食而死。曾子聞之曰：微與！其嗟也可去，其謝也可食。

謹案：禮貌之於人大矣哉！士君子當死亡之際，略不自貶以偷生，曾子論之素矣。故鐘御史河南賑粥、賑銀，獨加厚於寒士，不與庸眾同之。蓋以揚目而視之者，未必不謝之而寧死也。

衛公叔文子卒，其子請謚。君曰：昔者衛國凶饑，夫子為粥，與國之餓者，不亦惠乎？昔者衛國有難，夫子以其死衛寡人，不亦貞乎？夫子聽衛國之政，修其班制，以與四鄰交，衛國之社稷不辱，不亦文乎？故謂夫子貞惠文子。

謹案：人當饑饉之時，得惠一餐之粥，即延一日之命。此後得遇生機，皆此一餐之力矣。故為力少而致功大，以此定謚也宜矣。凡當凶歲，人可不以文子之惠為惠哉？

漢陸續，字智初，會稽吳人也，幼孤，仕郡户曹史。時歲荒，民饑困。太守尹興，使續於都亭，賦民饘粥。續悉簡閱其民，訊以名氏。事畢，興問所食幾何，續因口說六百餘人，皆分別姓名，無有差謬。興異之。

謹案：粥雖數確，能活饑人，豈可小視？公皆悉數無遺，其不苟於處事也明矣。太守之用人，户曹之謹慎，不可為賑粥之盛典歟？

隋房景遠為齊州主簿，多惠政。景遠平生重然諾，好施與。歲祲，設粥通衢，存濟甚眾。平原劉鬱，路經齊兗，遇劫賊將殺之。鬱呼曰：與君鄉近，何忍見殺？賊曰：若鄉里親親是誰？鬱曰：齊州房主簿，是我姨兄。賊曰：我食彼粥得活，何忍殺其親？遂還鬱衣物，且蒙活者二十餘人。

謹案：善之感人，如風之偃革，未有不從之而披靡者也。故雖盜賊，不昧其良，賑救其可緩乎？主薄賑粥，得救其親；設令景遠自遇，化盜為良，豈其所難？可見粥之活人，感恩者切。食祿者何不稍分肥甘之萬一，以延枵腹之殘喘哉？

唐僖宗文德元年四月，以郭禹為荊南留後。初禹勵精為治，撫集彫殘，賑饘粥，給孤貧，通商務農。時藩鎮英以養民為事，獨華州刺史韓建招撫流散，勸課農桑。數年之間，民富軍贍。時人謂之『北韓南郭』。

謹案：人生天地間，惠在一時，名垂萬世，始可告無忝於生平。『北韓南鄆』近之矣。若專以功名為重者，生則顯榮，死則泯焉，不亦大可慨哉？

宋程頤有云：救饑者，使之免死而已，非欲其豐肥也。當擇寬廣之地宿戒，使辰入，至巳則闔門不納，午後與之食，申而出之，日得一粥，則不死矣。其力能自營一食者，皆不來矣。比之不擇而與者，當活數倍之多也。

謹案：昔陳龍正謂，伊川之論雖佳，但日只一餐，恐不足以救其死耳。曾則以為莫若俟其食畢，每人或給米二三合，或給糕餅數枚，以代下次之餐。彼既不專守候於此，又可往他處營生，一朝而獲數日之糧，未可知也。

陳堯佐知壽州，遭歲大饑。自出米為糜，以食餓者。吏民以故皆爭出米，共活數萬人。堯佐曰：吾豈以是為私惠耶？蓋以令率人，不若身先而使其從之樂也。

謹案：米珠薪桂，人皆自顧不暇，何處懇求？官長若不救全，老弱死而壯者盜，必然之勢。陳公身先率民，廣開粥廠，一州之中，到處盡沾實惠。非善於鼓眾之君子哉？

元順帝至正十二年五月，起復餘錢闕為淮東宣慰副使，守安慶。到官十日，寇至卻之，集將吏，議屯田戰守計。環境築堡寨，選精甲外捍而田其中。明年春夏大饑，人相食，捐俸為粥以食之。請之中書，得鈔三萬錠以賑民。

謹案：忠於君者，必能愛民。如餘公到官十日，捐俸煮粥，請鈔賑民，力行善政，惟恐不及，後果盡忠於國。若置仉民於勿問，但以功名為重，是屯其膏有而不能佈上之恩譯矣。所以有聖主，必賴有賢臣，上下交而志同，夫非蒼生之幸歟？

明嘉靖十七年，席書疏云：臣竊見南京地方，饑饉殊甚，初賣牛畜，繼鬻妻女，老弱輾轉，少壯流移，甚或餓死於道。廷議賑恤，但饑民甚多，錢糧絕少，惟作粥一法，不須防姦，不須審户，至簡至要，可以救人。世俗皆謂作粥不可輕舉，緣有行之一城，不知散佈諸縣，以致四方饑民，聞風輧集。主者勢力難及，來者壅積無算，遂謂作粥不宜輕舉。不知辰舉而午即受惠，三四舉而即可寧輯，其效甚速，其功甚大。此古遺法，扶顛起斃，拯溺救焚，未有先於此者，未有急於此者。此臣一得之愚也。

謹案：是時餓莩甚多，比户離徙，姦民雜出。公謂民命在於旦夕，若必待編審事定，民何以堪？令州縣每十里為一局，先發現銀，市米為粥，賑之兩月。惟食以粥，則所賑皆紀民，姦猾漸散。乃奏截運儲及户部所發銀兩，議定間月兼給。其妙在先令州縣十里為一局，俟賑粥兩月，然後議給銀米，所以人沾實惠，而豪強不得為姦也。

陝西巡按畢懋康賑粥，其議有云：嘗聞救荒，非救饑民，乃救死民也。其法無如煮粥善。相應先盡各州縣見在倉糧，盡數動支，又動本院贖銀收買米豆雜糧，煮粥賑濟。然所謂救荒無奇策者，患在任之不真，任之不力耳。若有真心，自有良法，又何事不可為，何災不可弭也？向得張司農救荒十二議，試有明驗。為此仰司即將救荒議十二款發刻，令各府印刷，分給各州縣，逐款著實舉行十二款載後《賑粥須知》。

謹案：若有真心，自有良法。非實心愛民者，不能道此二句，亦不能知此二句之妙。畢公深於愛民，令州縣盡開粥廠，且令將救荒十二議，處處發刻，印刷施行，其心不但欲救一省之荒，並欲救各省之荒，更可以救各省千百年後之荒矣！生機至今猶在，時與春風融和於宇宙間也。

萬歷時，知常熟縣耿橘有云：荒年煮粥，全在官司處置有法，就村落散設粥廠。若盡聚之城郭，少壯棄家就食，老弱道路難堪，一不便也；竟日飼候二餐，遇夜投宿無地，二不便也；穢雜易染疾疫，給散難免擠踏，三不便也。非有司親嘗嚴禁，人眾慮粥缺少，增添生水，往往致疾。惟就各處村落，屬慕義者主之，晝地分煮之為當也。

謹案：耿君三說，言言中窾，事事俱真。非目睹而心傷者，焉能有此？故於不得已之中，想出必不可易之法，莫如各處村落，備令義士主之。留法人間，惠愛至今不息。吁嗟乎耿公！安得天下有司盡如公也？

御史鍾化民河南賑饑，令各府州縣官遍歷鄉村，察舉善良，以司粥廠。就便多立廠所，每廠收養饑民二百，不拘土著流移，分別老幼婦女，片紙注明某廠就食，以油紙護係於臂，匯立一冊，聽正印官不時查點，使不得東西冒應，期至麥熟而止。所到必行拾遺之法，通曆州縣村墟粥廠，以故地方官望風感動，竭力賑救，而民賴以生。

謹案：諺云：饑時一口，勝如一斗。死在須臾，即能行走。粥廠之妙，言難盡述。鍾公令州縣鄉村，就便多立廠所，在在救全，而且遍歷周觀，有司敢不竭力以生之乎？一點仁慈，貫徹各廠，如陽和之佈大地，無有不在其化育之中者也。

開粥廠總論曰：饑年賑粥，可以粥視之乎？純陽丹藥，岐伯仙方，不是過也。何也？得之則生，勿得則死故耳。於黔敖之事可見矣。但粥廠之事務雖多，其要惟五耳：一貴多廠，耿橘之論是也；二貴得人，陸續之事是也；三貴巡察，鍾化民之所行是也；四貴犒賞，畢懋康之所頒足也；五貴得法，席侍郎之所奏是也。以此五法，得餘錢忠烈之捐俸，陳堯佐之先民，何患乎粥廠之不盡善盡美也？乃知無遠涉之苦、門外之嗟者，廠多故也；無廢弛之事、冒破之求者，得人故也；不事虛名、立平賑灶者，巡察故也；人人竭力、不忍相欺者，搞賞故也；實惠均沾、不填滿溝壑者，得法故也。苟能若是，不特遠邁於房主簿，且可與公叔文子及『北韓南郭』並傳不朽矣！《禮記》云：使民有父之尊，母之親，如此而後可以為民父母。則凡父母斯民者，一粥之賑，其可緩乎？

又 卷三下《臨事之政》

十一、安流民以免顛沛

漢成帝鴻嘉四年春正月，詔曰：數赦有司務行寬大而禁苛暴，迄今不改。一人有辜，舉宗拘係，農夫失業，怨恨者眾。傷害和氣，水旱為災，關東流散者眾，青幽冀部尤劇。朕甚痛焉！已遣使者循行郡國，被災害什四已上、民貲不滿五萬，勿出租賦；逋貸未入，皆勿收。流民欲入關，輒籍內籍其名而內之；所之郡國，謹遇以理，務有全活之恩，以稱朕意。

謹案：民至於一無所有，借貸無門，身同乞丐。今日或父子同行，明晚烏知不夫妻離散。故不作他鄉之鬼者，十不得其半也。今此詔除其逋欠，所在之處，輒籍為之，令郡國速為救全，以廣天子之意。民有不興『鴻雁於飛』之詠耶？

唐儀鳳間，王方翼為肅州刺史，蝗獨不至其境。鄰郡民皆重繭走之。方翼出私錢，作水磑，薄其直，以濟饑瘵。起舍數十百楹居之，全活甚眾。

宋董煟曰：流民至，當為法以處之。富弼令樵采打魚之類，地主不得為主是也。但一時未免侵擾。莫若修堤浚河，興水利，公私兩便。不然，官司出錢租賃民間蘆場或柴篠山，近縣郭市井去處，縱流民樵采，官復置場買之。非惟流民得自食其力，雪寒平價出賣，亦可濟應細民。

宋仁宗天聖七年閏二月，詔河北轉運使，契丹流民，其令分送唐、鄧、汝、襄州，以閑田處之。扔令所過，人日給米二升。初，河北轉運使言：契丹歲大饑，民流過界河。上謂輔相曰：雖境外之民，皆是朕之赤子也。可賑救之。故降是詔。

宋董煟曰：境外之民，一遇饑歉，流徙過界，仁皇尚且救賑之，聖度廣大如此。況同路同郡之民，為守令者可不加意乎？

韓琦知益州，歲饑，流民滿道。琦募人入粟，設粥濟之。明年給糧遣歸。又招募壯者，等第列為禁軍。一人充軍，數口之家，得以全活。檄劍關民，流移欲東者勿禁。凡撫活流亡共一百九十萬。慶曆三年，陝西饑，詔琦撫之。琦至，寬徵徭，免租稅，給復一年，逐貪殘不職之吏，罷冗員六百七十人。時河中同華等州饑，民相率東徙。琦發廩賑之，凡活一百五十萬人。琦後為相，封魏郡王。五子皆貴，忠彥繼為相。

謹案：天地之大德曰生，韓公體之。有一民不被其澤者，若己推而納之溝中，韓公任之。兩番賑救，法出萬全，堪為濟世之嘉模，永作話人之大典。於今屈指七百餘年，凡見流移，必思盛德。是韓公之泯沒者身，而不亡者心，以其生機猶在故也。安流者，可不以韓公為法哉？

富弼知青州，會河北歲凶，流人就食者眾。公勸民出粟，益以官廩，隨所在貯之。葺公私廬舍若干，散處其人，以便薪汲。或曰：此非弭謗，自全計也。公曰：能全活數萬人，不勝二十四考中書令哉？行之愈力，忌者亦無能難也其法詳於《摘要備觀》內。

謹案：大膽做去，細心處事，汲汲於民，罔知其他，富公之安流也。安流之法，其要惟三：一得食；二有居；三可歸。富公盡得其妙，故為千古之名臣。

哲宗元祐中，耀州大旱，野無青苗。畢仲遊謂：向來郡縣賑濟多後時，力愈勞而民不救。乃先民之未饑，揭榜示曰：郡將賑濟，且平糶若干萬石，諭無出境。民皆歡然安堵。已而果漸艱食，乃出粟以賑，且平糶以給之。鄰近流散殆盡，而糶民之當徙就食者，乃十七方九千口。顧所發粟不及萬石，以民粟維之，家給人足，無一人逃者。監司故搜於長安，得二人，曰：此糶之流民也。送還郡。仲遊驗閱，皆中州之逐利者，所賫自厚，即非流民。監司愧阻。

謹案：民心惶惑，百詭俱生。仲遊先期出示，則民有所恃而無恐，何流亡之有？後則繼之以實政，或平糶，或賑濟，惠不混施，出之裕如。非平日素有籌畫者而能然歟？

孝宗隆興二年，趙令良帥紹興。是時流民聚城郭，待賑濟，餓而死者不可勝計。通判王恬、閭邱寧孫建策云：今盡發常平義倉米賑給之，至來年麥熟止，恐無以為繼。況旬給斗升之米，官不勝其勞，民不勝其病。莫若計其地之遠近、口數之多寡，人給兩月之糧，令歸治本業，不猶愈於聚城郭待升斗之給、困餓而死乎？趙行其言，委官抄劄，給糧以遣之。不旬日間，城中無一死人，歡呼盈道，全活甚眾。

謹案：建策者：貴乎通盤打算，如此則生，若彼則死。計地給糧，令歸治業，非生民於必死之中耶？其妙處在總給兩月之糧，日食之外，尚可謀生。君子哉趙公也！聽仁者之言，而活此流民也。

滕達道知鄆州，歲方饑，乞淮南米二十萬石為備。後淮南、東京皆大饑，達道獨有所乞之米。召城中富民，與約曰：流民且至，無以處之，則疾疫起，並及汝等矣。吾城外廢營田，欲為席屋以待之。民曰：諾。為屋二千五百間，一夕而成。流民至，以次授地，鍋炊器用皆具。以兵法部勒，婦女炊，少者汲，壯者樵。民至如歸。上遣工部侍郎王古按視，廬舍道巷，引繩綦佈，肅然如營陣。古大驚，圖上其事。有詔褒美，用活者數萬人。

謹案：安流者，心不慈，所需必不備；法不嚴，混亂不循規。滕君部民有法，派職有條，經濟之才，令人驚服。詔旨烏得不太為褒美？

國朝陳芳生曰：流民過境，必當置倉儲多寡，預酌撫恤之宜。如其未至，又且所積無幾，或欲揚聲招之，以飾虛譽，此賊民之甚者，亦必自貫奇禍，切戒切戒。

杜紘為永平令，歲荒，民將他徙。召諭父老曰：今不能使汝必無行，若留，能使汝無饑。皆曰：善，聽命。乃官給印券，稱貸於大家，約歲豐為督償。於是咸得食，無徙者。明年稔，償不愆。民甚德之。

謹案：民之流者，或死於道路，或亡於疫疾，或陷於劫賊，或歸於豪強。種種慘狀，不一而足。惟永平令慰之於未流之前，生之於將斃之際。民甚德之，不亦宜乎？

鄭剛中判溫州，歲饑，流民載道。勸守發倉賑之。守曰：恐實惠不及饑者。答曰：業有措置。以萬錢，每錢押一字。夜出坊巷，遇饑臥者給一錢。戒曰：勿拭去押字。次早憑錢給米，饑者無遺。守嘆服。

謹案：出人不意而為之簡且便，剛中法也。若稍露其機，假冒者多矣。總之真心愛民，自有善法，推廣其意，當不止此。仁者勉之。

元武宗至大元年三月乙丑，以北來貧民八十六萬八千户仰食於官，非久計，給鈔百五十萬錠、帑帛准鈔五十萬錠，命太師月赤察兒等分給之，罷其廪給。三年，詔各處人民饑荒轉徙，疾疫死亡。雖令有司賑恤，而實惠未遍。今歲收成，轉徙復業者，有司用心存恤。原抛事產依數給還，在官一切逋欠並行蠲免，仍除差稅三年□野死遺骸，官為收拾，於官地內埋瘞。

明陳龍正曰：苛刻之吏，稍遇豐收、民間有復業者，輒並追其舊逋，以故民畏而不敢歸。況更肯除稅三年乎！元時紀綱雖頹，而民生往往受其寬政，故雖災荒之日，子孫眷屬，毫無愁苦。仁民之政，豈誣也哉！

明憲宗成化十二年，御史原傑奏設行臺於鄖陽，統治新設竹溪、鄖西等縣。詔可。初，祭酒周洪謨憐流民為項忠所逐，著《流民説》，有云：東晉時，廬松滋之民流至荊州，乃僑置滋縣於荊江之南。陝西雍州之民流至襄陽，乃僑置南雍州於裹水之側。其後松滋遂隸於荊州，南雍遂並於襄陽。垂今千載，寧謐如故。前代安流民，甚得其道。今若聽其近諸縣者附籍，遠諸縣者設州縣以撫之，置官吏，編甲里，寬徭役，使安生理，則流民皆齊民矣。何以逐為？御史李賢然其説。至是流民復集，遂援洪謨之説疏上之，故命原傑往蒞其事。事成，進傑右都御史。

謹案：實有救民之心，何患無安流之法？古之致治，何嘗錯才於異代？項忠坐不讀書，未知往事；周君深明故典，仿佛前人。流民藉此而生，三縣賴之而設。故諸事不可不以法古為先也。

安流民總論曰：時至饑年，以守土牧民官視之，則曰流民，以天子宰相視之，莫非赤子。忍令其扶老攜幼，冒雨沖風，吞饑忍餓，途棲路宿而流離於道路哉？故愛民之君子，皆當法前賢之遺事以救之也。民之未流者，當以畢仲游、杜紘為法；民之已流者，王方翼、韓琦、富弼可師。成帝之詔，能釋行路之悲；剛中之錢，可救途宿之苦。趙令良計程給費，故鄉得返；原子山立縣收留，異地可居。境外之民，仁宗待之以赤子；遠來之眾，武宗濟之以恩膏。是未流者、已流者、欲歸者、欲留者、行路者、途宿者、他國民、遠來眾，前人無不有以處之矣。是所望於後之仁人，哀其窮而軫恤乎離鄉求活之苦。《詩》云：之子於徵，劬勞於野；爰及矜人，哀此鰥寡。膺民社者，顧可不知勞來遠定安集之典哉？

十二、勸富豪以助濟施

齊桓公曰：大夫多並其則而不出，腐朽五穀而不散。管子對曰：請以城陽大夫而請之。桓公曰：何哉？管子對曰：城陽大夫，嬖寵被絺綌，鵝鶩含餘錢秣，齊鐘鼓，吹笙篪，而同姓兄弟，寒不得衣，饑不得食。將欲盡忠於邦國，能乎？其毋復見寡人，削其秩，杜其門而不出。功臣之家，皆爭發其積藏，以與其遠近兄弟。以為未足，又收國之貧病孤獨；老不能自食之氓，皆與得焉。國無饑民。此之謂繆數。

日評：既抑城陽之寵，又勸功臣之施。管子片言，其利大矣！

春秋之時，鄭饑。未及麥，民病。子皮餼國人粟，户一鐘，是以得鄭國之民。故罕氏世掌國政，以為上卿。宋饑，時司城子罕出公粟以貸，使大夫皆貸。司城氏貸而不書，為大夫之無者貸。宋無饑人。晉叔向聞之曰：鄭之罕，宋之樂，二者皆得國乎！

宋董煟曰：罕氏果世掌國政於鄭，樂氏遂有後於宋，此所謂天災流行，國家代有，行道有福，理之必然也。

漢趙熹守平原，青州大蝗；侵平原，荒甚。乃出俸賑之，勸富民出穀濟饑，所活萬計。官太傅，封侯世爵。

謹案：以何忍獨飽存於胸中，分俸救人，伏湛行之矣。今又見於趙公，且勸富民出穀賑濟，所活萬計。何平原之多幸也！荒於天而不荒於人，非太守之力歟？

後魏樊子鵠為殷州刺史，屬旱儉。恐民流亡，乃勸有粟之家分貸貧者，並遣人牛易力，多種二麥。州內獲安。

謹案：不勸貸，窮民必流；不種麥，三春失望。何以及秋成而得活？樊刺史悉為措處，令小民通挪有無，已不費而流亡少。乏經濟之才者，何足語此？

唐高宗顯慶元年，夏四月，上謂侍臣曰：朕思養人之道，未得其要。公等為朕陳之。來濟對曰：昔齊桓公出遊，見老而饑寒者，命賜之食。老人曰：願賜一國之饑者。賜之衣，曰：願賜一國之寒者。公曰：寡人之廩府，安足以週一國之饑寒？老人曰：君不奪農時，則國人皆有餘食矣；不奪蠶要，則國人皆有餘衣矣。故人君之養人，在省其徵役而已。今山東役丁，歲別數萬，役之則人大勞，取庸則人大費。臣願陛下量公家所須外，餘悉免之。

謹案：勸分於有力之家，孰若輸息於朝廷之上？來濟所對，得之矣。饑寒遍於國中，徵役苦於萬姓，雖日言養人，而人得養歟？一國之饑寒，非朝廷不能濟也，非老人不能言也。君天下者，幸致思之。

宋向經知河陽，大旱蝗，民乏食。經度官廩，歲支無餘，乃先以己圭田所人租賑救之。已而富人皆爭效慕出粟，所全活者甚眾。

謹案：旱蝗一見，已知必饑。理宜通盤打算：國帑肯發而賑乎？倉庫足散而救乎？如其未然，勸分在所不免。以身樹法，猶恐其遲，向君肯後之乎？故至饑年，當加禮於富人，深憐乎貧者。否則，富人不為我用，而貧者無得飽之時矣。

仁宗時，扈稱為梓州轉運使。歲大饑，道殍相望。稱即先出祿米賑民。故富家大族，皆願以米輸之於官，而全活者數萬人。降敕獎諭。

謹案：竭一己之力有限，合眾人之助方多。即汪海不擇細流之意耳。然不有以先之，其誰我信？今扈公先出祿米以賑民，則富人之恐後也必矣！君子之德風，信然。

曾鞏判越州時，歲饑，度常平不足以賑給，而田野之人，不能皆至城郭，至者群聚，有疫癘之虔。前期諭屬縣，召富人，使自實粟數，總得十五萬石，視常平價稍增以與民。民得從便受粟，不出田里而食有餘，粟價自平。又出粟五萬石，貸民為種糧，使隨歲賦入官。農民賴以不乏。

宋董煟曰：此策固善，但視常年價稍增，則視時價必稍損矣，恐成科抑，不若前期勸諭商賈富民循環糴販之為愈。

陳珦知徐州沛縣，會久雨，平原出水。穀既不登，晚種不入，民無節歲具。珦謂俟水退即耕，而種時已過矣。乃募富家，得豆數千石以貸民，使佈之水中。水未盡涸，而甲已露矣。是年遂不艱食。

謹案：凡勸募於人者，原不可認定出錢出粟。假如沛縣因久雨而田難種，若勸人以粟賑之，烏能久遠？陳君揆時度勢，豆尚可種，遂募而種之，果得以濟。為費既省，為力又多。印此而推，開人多少聰明，啟人多少悟頭。故因時而募者，方稱善法。

明世宗嘉靖十年，令支大倉銀三十萬兩賑濟陝西。又奏准陝西災傷重大，扣本家食用，其餘照依時價糶與饑民。若每石減價一錢，至五百石以上者，給與冠帶；一千以上，表為義門。遺棄子女，州縣官設法收養；如民家有能自收養，至二十口以上者，給與冠帶。

謹案：此詔之妙，在減價出糶者遞有恩榮，使有米者不得盡索高價，小民可沾平糴之恩，朝廷不煩發帑之費，一舉而數善備焉。然皆祖忠肅於公之政也。至牧養子女，亦一時同行之事，良有司所當究心者。

勸富豪總論曰：勸諭之道不一，握其要則民輸恐後，失其方雖官索不輸，曷弗以古人為法哉？若管子之勸貴人，則以退黜勸；司城氏之勸大夫，則以不伐勸；其他先己而後人者，比比然也。至如揆時度勢，若陳珦之勸輸豆種，又在留心經濟者之善為師法矣。但又有一種分頭勸，不可不知。宜預查通縣，共有幾社，每社先訪才幹出眾者、能事能言者數人，聘以禮，酌以筵，許其旌獎。每一人令其勸輸幾户，多者為能。倘有富足而不聽勸輸者，有司始自勸焉。不激不撓，循循善誘，務在必得。如是，則社社無不輸之上户，村村無不救之窮民矣。《詩》云：哿矣富人，哀此煢獨。《周禮》云：五族為黨，使之相救；五黨為州，使之相賙。統詩禮而觀之，有無原貴相通，濟貧即是安富，勸分其可少乎？特不可稍存其私耳。

十三、乞蠲賑以紓群黎

漢昭帝元鳳二年詔：朕憫百姓未贍，前年減漕三百萬石，頗省乘輿馬及苑馬，以補邊郡三輔傳馬。其令郡國毋斂今年馬口錢，三輔太常郡得以菽粟當賦。宣帝元康二年五月，詔曰：今天下頗被疾疫之災，朕甚愍之。其令郡國被災甚者，毋出今年田租。安帝廷光元年，京師及郡國二十七，雨水大風傷人。詔曰：被淹傷者，一切勿收田租。

謹案：漢帝之蠲免田租，奚啻數千萬？此但略舉一二，以見大綱。凡在後之撫綏兆民者，要當仿佛先人，加意百姓，蠲免徵收，裕其衣食。不待有司之報，先事豫圖，一聞奏請之章，准給恐後，庶幾天災不害，而民有保聚之樂矣。

唐憲宗元和四年三月，上以久旱，欲降德音。翰林學士李絳與白居易上言，以為欲令實惠及人，無如減其租稅。又言官人驅使之餘，其數猶廣，事宜省費，物貴徇情。又請禁諸道橫斂，以充進奉。又言嶺南、黔中、福建風俗，多掠良人，賣為奴婢，乞嚴禁止。閏月己酉降制，釋天下係囚，蠲租稅，出宮人，絕進奉，禁掠賣，皆如二人之請。己未雨，絳表賀曰：乃知憂先於事，故能無憂；事至而憂，無救於事。

謹案：二公以婉言諫君，蠲租之外，復請多端，悉皆聽從。當斯時也，愁苦之氣，變而為和暢之風。此時雨之所以立沛也。

元和七年，上謂宰相曰：卿輩屢言淮浙去歲水旱，近有御史自彼還，言不至為災。事竟何如？李絳對曰：臣按淮南、浙東、浙西奏狀，皆云水旱，人多流亡，求設法招撫。其意似恐朝廷罪之者，豈有無災而妄言有災耶？此蓋御史欲為姦諛，以悅上意耳。願得其主名，按置之法。上曰：卿言是也。國以人為本。聞有災，當急救之，豈可復疑之耶？朕昔不思，失言耳。命速蠲其租稅。

謹案：憲宗之蠲租也，不但命蠲，而且命速蠲，可見人主愛民之心頗切，特患無以告之耳。使非李絳力言，幾為御史所誤。小人之不可令其近君也若此。

元和十年三月，京兆府奏：恩敕蠲放百姓兩稅及諸色逋懸等，伏以聖慈優軫疲氓，屢蠲逋賦，將行久遠，實在均平。有依倚權豪，因循觀望，忽逢恩貸，全免徵繇。至於孤弱貧人，里胥敦迫，及其輸納，不敢稽違，曠蕩之恩，翻不沾及。亦有姦猾之輩，僥倖為心，時雨稍愆，已生覬望，競相誘扇，因至逋懸。若無綱條，實恐滋弊。自今後忽逢不稔，或有恩蕩，伏請每貫每石內，分數放免；輸納已畢者，准數折免來年租稅。則恩澤所加，強弱普及，人知分限，自絕姦欺。從之。諸州府亦准此處分。

謹案：欲厚斯民，燭姦為最，否則孤弱受其追呼，豪強享其德澤，完納者全無實惠，拖欠者反得沾恩。無以懲其既往，何以勸其將來？京兆之奏，天子之從，兩得之矣。

宋太祖建隆元年，户部郎中沈倫使吴越。歸奏楊泗饑民多死。郡中軍儲尚百萬餘斛，可貸於民，至秋復收新粟。有司沮倫曰：今以軍儲賑饑民，歲若薦饑，無所收取，孰任其咎？上以難倫，倫曰：國家以廩粟濟民，自當召和氣而致豐稔，豈復水旱耶？帝命貸之。

謹案：帝王雖肯愛民，亦貴賢臣有以啟之。宋太祖之貸軍糧，若非沈倫之鼓舞，焉能得貸？和氣致祥，實與《洪範》相符，仁人之論，非淺見者所能及也。故數語而人傳千載。

程顥知扶溝，水災民饑，請發粟貸之。鄰邑亦請。司農怒，遣使閲實。使至鄰邑，而令遽自陳穀且登，無貸可也。使至，謂顥盍亦自陳。顥不肯，使者遂言不當貸。顥則請貸不已，力言民饑，遂得穀六千石，饑者獲濟。而司農益怒，視貸籍，户同等而所貸不等，檄縣杖主吏。顥言：濟饑當以口之衆寡，不當以户之高下。且令實為之，非吏罪。乃得已。

謹案：心存濟世，豈論位之尊卑？若程夫子之抗司農，可言其位之尊耶？食君之禄者，必當忠君之事，略不以黜陟介其懷，故民得濟，而吏得免責也。君子之處事，豈庸衆之所能測哉？

寧宗嘉泰四年，前知常州趙善防言：貧民下户，每歲二税，但有重納，未嘗拖欠。朝廷蠲放，利歸攬户鄉胥，而小民未嘗沾恩。乞明詔，自今郊霈，與減放次年某料官物，或全料，或一半；其日前殘零，並要依數納足。則貧民實被寬恩，官賦亦易催理。從之。

謹案：饑饉不蠲，民安得活？但蠲而不得其當，徒歸攬户，良善無恩。惟有停徵本年，舒萬姓剜肉之苦，免其來年，全四境易納之人，頑户抱欠，空延日月，良民肯納，來歲無徵，此外别無善法。趙公所奏，可為萬世不易之良規。

元成宗大德六年，御史臺言：自大德元年以來，數有星變及風水之災，民間乏食。陛下敬天愛民之心，無所不至，理宜轉災而福。今春霜殺麥，秋雨傷稼，五月太廟災，尤古今重事。臣等思之，得非荷陛下重任者不能奉行聖意，以至如此？若不更新，後難為力。乞令中書與老成識達治體者共圖之。復請禁諸路釀酒，減免差税，賑濟饑民。帝皆嘉納，命中書即議行之。

謹案：以災傷而令老成圖治，復請禁釀酒，免差鋭，廣賑濟，皆饑年之要務。而天子從之，有不轉災而為福者哉？昔人云：儒者之言，可寶萬世。若此數語，能發天地之陽和，闡乾坤之生意，非萬世之寶歟？

明神宗萬曆九年，給事中吴之鵬疏内有云：至若江南，天下財賦半給於斯。淬雨不絕，田墟盡沒，禾苗淹爛，廬舍漂流，若不大施捐免不可。然臣之所謂蠲者，不在積逋，而在新逋；不在存留，而在起運。何也？蓋積逋之蠲，姦頑侵欠者獲厚惠，而善良供賦者不沾恩，則何以勸？且以凶歲議蠲，而乃免樂歲逋欠之虚數，民危在眉睫，而乃議往年可緩之徵輸，則何以周急？乃若存留，不過國課十分之一二耳。官俸軍儲之類，詎可一日無哉？故非蠲運濟民，未有能獲蘇者也。

謹案：凶年之苦，折屋伐桑，難存皮骨；賣妻鬻子，不足充饑。故雖任爾千般鍛煉，總難上納分厘，是不蠲亦蠲矣，何若蠲之而民心猶在也？然蠲而不得其法，等于不蠲耳。給事之疏，搜剔利弊，一目了然。奏蠲者所當急效也。

乞蠲賑總論曰：歲當饑饉，小民顛沛流離，非急下蠲租之詔，頻頒濟困之恩，庶民何由而康濟乎？此漢唐以下之賢主知之深而謀之最急者也。第聖天子深居九重，全恃親民有司目擊民艱者速為開報，鎮撫大員旬宣德意者急為具題，或請蠲，或請賑，或請貸，時勢不同，處置各異。是故損上益下之權，總在轉移者之審別其要；剔除冒溢之法，總在推行者之竭盡其心。倘或民遇饑荒，郡縣抑使不報，報亦覆驗遲行，甚至災荒分數，寧刻毋浮，振濟貧窮，寧嚴毋溢，此豈聖主惠愛斯民之本意？凡厥有司，可勿為之仰承恩旨，以子惠元元乎？要之，安民不當惜費，撫衆貴乎實心。故為臣者，不可不以奏請為急；為上者，自必當以聽納為先，乞天恩而生饑餒。洞達國體者，必不以為損朝廷之儲蓄，而以為培國本之良圖矣。

十四、興工作以食餓夫

齊景公之時饑，晏子請為民發粟。公不許，當為路寢之臺。晏子令吏重其賃，遠其兆，徐其日而不趣。三年臺成而民振。故上悦乎遊，民足乎食。君子曰：政則晏子欲發粟與民而已，若使不可得，則依物而偶於政。

謹案：晏子之濟饑，上無逆鱗之恐，下有拯溺之恩，以智行仁，即工寓賑，上下墜其仁術而不知。此君子所以美之也。

宋趙抃知越州，歲大饑。公多方賑救之外，又雇小民修城四千一百人，為工共三萬八千，乃計其工而厚給之。民賴以濟。

謹案：公之賑救多端，念此壯夫一種，非興工，不足以聚多人。故城事一舉，而四境歸工，貧苦之家賴之得生，富貴之室藉此免禍。不然，強而有力者，當此饑寒逼迫，不知做出多少不可知之事矣。

范公仲淹知杭州，吴中大饑。吴民素喜競渡，好佛事，乃縱民競渡。召諸寺主，諭以饑歲工賤，令其大興土木。又新倉廒吏舍。工技服力，日數萬人。

是歲兩浙，惟杭晏然，民不流徙。

謹案：令人廣修寺院，更美於官府興工，其價稍增故耳。至於嬉遊者，必其力之可費而後費之，借此以濟窮民。格外之七，智寓於權也。

歐陽修知潁州，歲大饑。公奏免黄河夫役，得全者萬餘家此即《周禮》所謂弛力也。又給民工食，大修諸陂，以溉民田，盡賴其利此即以工役而寓賑濟之意也。

謹案：歐陽修不但文章名世，愛民之政，至今膾炙人口。此其所以稱全人也。

神宗熙寧七年正月，河陽災傷。開常平倉賑濟。斛斗不足，乞兼發省倉。詔賜常平穀萬石，興修水利，以賑濟饑民。

謹案：此詔愛民深矣。一舉而數善備焉。興修水利，令民口有食而家有糧，非目前之善策乎？興修之後，堤塘堅固，溝洫分明，田事賴以不損，豈非永遠之善策乎？賑濟之外，果能府府皆然，何患大有之難登？

張守約知涇州，涇水善暴城。每歲增治堤堰，費不貲。適年饑，罷其役。或曰：如水害何？守約曰：荒歲勞民，甚於河患。禱之河神。一夕雷雨，河徙而南，城不為患。

謹案：昔潮州有鱷魚，韓文公投之以文，則徙而去之，人以為奇。今涇水暴城，張公禱之於神，一夕而徙，不更異乎？總之，為萬民起見，天地鬼神自能鑒原，所以無靈不格耳。人可不以萬民為念哉！

汪綱，宇仲舉，知蘭溪。歲苦旱，勸富民浚治塘堰，大興水利。饑者得食其力，民賴以甦。

謹案：窮民無事，衣食弗得，法網在所不計矣。故盜賊蜂起，富室先遭荼毒，而餓莩亦喪殘生，為害可勝言哉！今勸富民治塘修堰，饑者得食，富室無虞。保富安貧之道，莫過於此。

邵靈甫，宜興人，儲穀數千斛。歲大饑，或請乘時糶之，曰：是急利也。或請損值糶之，曰：此近名也。或曰：將自豐乎？曰：有成畫矣。乃盡發所儲，雇傭除道，自縣至湖鎮四十里。浚蠡湖横塘等水道八十餘里，通罨畫溪，入震澤。邑人爭受役，皆賴全活，水陸又俱得利。子梁登第，孫綱冠於南省。咸謂積善之報。

謹案：耿壽昌奏立常平，而封侯食報；宋子貞廣濟饑人，而官至平章。救人之功，上干天聽。靈甫子孫，連登高第，於理何疑？

明英宗正統五年二月，以畿內災，民食不贍，敕張純都察院右僉都御史、李畛大理寺右少卿區畫賑濟，給京城饑民飯三月，造奉天、華蓋、謹身三殿，乾清、坤寧二宮。以畿內饑，復民二年；家有父母者，入賜二石米。

謹案：昔周孔教云：官府賑給，安能飽其一家？故凡城之當修、池之當鑿、水利之當興者，召民為之，日授其直，是於興役之中，寓賑民之惠也。今張李二公，查有父毋之家，又各賜米二石，孝養教民，又得之於興工之內矣。非善政歟？

孝宗弘治元年，張敷華為湖廣布政使。歲饑，給粟散粥，藥病掩胔，高值來商，卑詞告糴，出官錢，修學宮，遍役軍民，籍為甲伍，使資傭值，以業餓者。

謹案：一命之榮，尚能起死，況方面乎？觀張公之所為，身受其惠者，固感激終身，即見諸史者，亦永懷不已。噫！弘治至今，布政多矣，惟張公膾炙人口者，惠政及民故也。

嘉靖時，僉事林希元疏内有云：凶年饑歲，人民缺食，而城池水利之當修，在在有之。窮餓垂死之人，固難責以力役之事；次貧稍貧人户力能興作者，雖官府量品賑貸，安能滿其仰事俯育之需？故凡圮壞之當修、涸塞之當浚者，召民為之，日受其直，則民出力以趨事，而因可以賑饑；官出財以興事，而因可以賑民。是謂一舉而兩得也。

謹案：僉事公云『在在有城池水利之當修』，此一句不知提醒多少夢中人。蓋他事開銷，不無難易。若地方急務，豈亦躊躇？誠一舉而兩得之事也，故民者何事因循，不為上少紓恤民之憂乎？

萬曆間，御史鐘化民救荒，令各府州縣查勘該動工役，如修學、修城、浚河、築堤之類，討工招募，以興工作，每人日給米三升。借急需之工養枵腹之眾，公私兩利。

謹案：億民之救荒，日馳數百里，巡察各縣粥廠，隨從無幾，所到食粥，以故吏民畏服，敬若神人。如修學、築堤等類，悉令開工，每人日給米三升，不許略加粝穀。又諭州縣有領工價而或稍怠其役者，鞭撻概行停止。恐一人臥痛，闔室餓亡故耳。誠不世出之仁人也。

興工作總論曰：失業之人，不知所往，加以饑寒逼迫，不就死於溝壑，必創亂於山林，勢所必至。何也？豐年尚有通挪之處，歉歲斷無告貸之門。

晏子知之，范君民於仁術，立法千古。宋之諸君子法之，饑民得濟，惠愛何深？若張守約之禱河神，一夕而徙，鐘化民之戒鞭撻，百世銜恩，不又可為後世之則歟？賜穀萬石而興修水利者，神宗一人也；給工食而寓孝道者，張李二公也。靈甫解囊於鄉里，又奚愧焉？其他愛民之人，未有不急於此者，惟宋與明為獨甚。令彼窮人不暇於為非，全家賴之而得食，恩施萬姓，名著千秋。有為者亦若是，我獨不能歟？昔宋時莆陽一寺，有建大塔者，工費鉅萬。或告侍郎陳正仲曰：當此荒歲，寺憎剝斂民財，以作無益之舉。盍白郡公禁止之？正仲笑曰：子過矣。建塔之役，寺僧能自為之乎？莫非傭此邦之人而為之也。斂之於富饒之家，散之於貧窶之輩，小民藉之得食。當此凶歲，惟恐僧之不為塔也。子乃欲禁之乎？乃知仁者之言明白顯易，可醒愚蒙而為後世法者，此種是也。牧民者可不知興工寓賑之道哉？

十五、育嬰兒以慈孤幼【略】

南北朝任昉為義興守。歲饑，以月俸治粥，廣活饑民，禁民產子不舉，有孕者輒助其資金。全活數千餘家。【略】

謹案：平時尚有斃嬰之户，荒年豈無殺子之人？任公不但禁民之不舉，有孕即為之輸金。衣食無措之人，藉此而並生其夫婦。民惟恐孕之不有矣，尚有殺子之人哉？【略】

宋葉夢得守許昌，值大水，流殍滿道。公盡發常平倉所儲者賑之，全活者數萬人。獨有遺棄小兒，無由得救。公詢之左右曰：無子者，何不收養？曰：人固所願，但患歲豐年長，即來認去耳。公即立法，凡災傷棄兒，父母不得復認。遂作空券印給，發於里社。凡得兒者，明書於券以付之。計救小兒，共三千八百餘人。後官至尚書左丞封侯，子皆登第。【略】

明嘉靖時，林希元疏內有云：大饑之年，民父子不相保，往往棄子而不顧。臣昔在泗州，見民有投子於淮河者，有棄子於道路者，為之側然。因效劉彝之法，凡收養遺棄小兒者，日給米一升，一支五日，每月抱赴局官看視。饑民支米之外，義得小兒一口之糧，遠近聞風，爭趨收養。甚至親生之子，亦詐稱收抱，以希米食。旬月之間，無復有棄子於河於道者矣。今各處災傷去處，若有遺棄小兒，如臣之法，似可行也。【略】

十六、視存亡以惠急需

漢鐘離意，會稽山陰人。少為郡督郵，太守賢之，任以縣事。建武十四年，會稽大疫，死者萬數。意獨身自隱親，經給醫藥隱親：謂親自隱恤之。經給：謂經營濟給之。所部多蒙全濟。

謹案：大疫之時，不難於給藥而難於親為調治。身且不恤，藥豈吝施？病者藉之而得生，非《周禮》司教之道歟？

周暢為河南尹。安帝永初二年，夏旱，久禱無雨。暢因收葬雒城傍客死骸凡萬餘，應時雨，歲乃稔。

謹案：君子之處事，求其無歉於心而已。屍骸零落，暴露風霜，於心安乎？河南尹特為收葬，雖不能必其有雨，然而天道昭昭，毫釐不爽。爾既恩施於枯骨，天豈不恤於生人？此雨之所以立降也。

南北朝宋文帝元嘉四年五月，京師疾疫。遣使存問，給醫藥。死者若無家屬，賜以棺器。二十四年六月，京邑疫癘，使郡縣及營署部司普加履行，給以醫藥。

謹案：凡帝王，遇病者，當法神農之心而救之生；見死者，宜效文王之道而使之掩。文帝此舉，兩得之矣。否則，病者諮嗟，死者暴露，何以見仁風之廣被？

後周賀蘭祥為荊州刺史。時盛夏亢陽。祥親巡境內，觀政得失。見有發掘古冢暴露骸骨者，謂守令曰：此豈仁者之為政耶？命所在收葬之。即日雨，是年大有。州境先多古墓，俗好發掘。至是遂息。

謹案：發掘古冢，骸骨拋殘，不特大傷天理，亦且澆薄成風。此際之縣家，所為者何政？聽其兇暴，而不加禁止。苟非刺史之深仁，曷能致時雨之大降？甚矣！巡行之不可少也。

隋辛公義為岷州刺史。岷俗一人病疫，闔屍避之，病者多死。公義欲變其俗，命凡有疾者，悉輿至廳中，親身為之拊摩，病者愈。召其家諭之曰：設若相染，吾殆矣。諸病者子孫，皆感泣而去。敝風遂革，合境呼為慈母。

謹案：死生命耳，故有病疫而死者，有不死者，必非一病而盡死也。但無藥食調理，此必死之道。辛公知之，力挽頹風，親自拊摩，見病之不能染也。岷俗感之而化，慈母之稱，至今猶在。惠愛何深也。

唐太宗貞觀十年，關內河東疾疫，遣醫齎藥療之。十六年夏，穀、涇、徐、虢、戴五州疾疫，遣賜醫藥。十八年，自春及夏，廬、濠、巴、普、郴疾疫，遣醫往療。

謹案：賢君愛民，不使一民失所，肯令疾疫為之遍染耶？太宗命醫齎藥而往，亹亹不倦，民命自重，不特無忝於神農之味藥，且沛陶唐仁壽之遺風矣！

宋仁宗至和元年正月壬申，京師疫。內出犀角二，令太醫和藥以療民疾。其一通天犀也，左右請留供服御。帝曰：吾豈貴異物而賤百姓哉？立命碎之。

謹案：君之民，散於國；君之寶，藏於庫。無寶不失其為令主，愛民則世稱為聖君。仁宗深恤抱疾之衆，不寶通天之犀，其識鑒豈不可與抵璧投珠之聖主共垂萬世哉？

神宗熙寧八年，吴越大饑。趙抃知越州，多方救濟。及春，人多病疫，乃作坊以處疾病之人。募誠實僧人，分散各坊，早晚視其醫藥飲食，無令失時。以故人多得活。凡死者，又給工銀，使在處收埋，不得暴露。

謹案：人病矣，飲食湯藥，一無所有，雖輕病尚不能生，況饑餓之軀乎？趙公用及僧人，使視湯藥，其妙想天開。僧以慈悲為心者，固勇往而直前，即無此心，亦不得不以活人自命也。雖然，究須誠實者方佺，而賞勞亦不可少。

哲宗元祐三年冬，頻雪，凍死者無筭。吕公著為相，日與同列議所以救禦之術。乃發官米官炭，遣官分場賤賣，以惠貧民。疾病之人，日給醫藥饘粥，又不時委官看問。以故得多全活。

謹案：米炭則分場而賤賣，藥食則日給而救援，且又不時委官分看，非賢相而能之歟？上有好者，下必有甚焉者矣。其時體相君之心而活民者，要亦不少，真不減虞夏黄農之世矣！

元仁宗皇慶二年十一月，京師大旱疫。帝問弭災之道，翰林學士程鉅夫舉湯禱桑林事以對，帝歎曰：此實朕之責也，赤子何罪？明日大雪。

謹案：帝王之心，常與天地相通者也。上不愛民，則疾疫頻傳，元元是恤，大雪降於次日，則高遠而不能力求者天也，呼吸而可以相通者亦天也。君天下者，可勿以小民之疾苦為念哉？

明太祖洪武三年，命天下府州縣開設惠民藥局，拯療貧病，軍民疾患，每局選設官醫提領，於醫家選取內外科各一員，令府醫學授正科一員掌之，縣醫學授副訓科製藥惠濟。其藥於各處出產，並稅課抽分藥材給與。不足，則官為置之。

謹案：大有為之君，未有不以民命為重者。此惠民藥局所由建也。妙在即以稅課抽分之藥材而給之，不足又買之。後世果能守而不廢歟？太平日久，貴者愈貴，賤者益賤，上下不相關，死生不相恤，始有不可知之事矣。

嘉靖時，僉事林希元疏內有云：時際凶荒，民多疫癘。極貧之民，一食尚艱，求醫問藥，於何取給？往時江北賑濟，亦發銀買藥，以濟貧民，然督察無方，徒資冒破。臣愚欲令郡縣博選名醫，多領藥物，隨鄉開局，臨症裁方，多出榜文，播告遠近。但有饑民疾病，并聽就廠領票，赴局支藥。遇死者，給銀四分，令人埋葬，生死沾恩矣。

謹案：林公説『一食尚艱，何從得藥』，真切由病根之語。此醫藥之所以不可不並設也。然不隨鄉立局，處處有醫，病者焉能匍匐就醫得藥而生？至死者給銀收葬，不至暴露，尤見深仁。急宜法也。

視存亡總論曰：民之大事，生死而已。生惟疾病可憂，死則暴露為慘。二者不知所惠，而謂民之愛戴猶深者，恐未之確也。周靜軒有云：天之立君，以為民也；君之立國，以行保民之政也。故炎帝察寒溫平熱之性，以療人疾。後之為君者，可勿體此意以救民哉？藥局之開，命醫之舉，宜急行焉。生之於床席，活之於垂亡，雖乏神犀，賴茲慈母，庶無忝耳。設不幸枵腹而死矣，苟不助銀，令人速掩，血淚染屍，獸餐初斃，青磷夜泣，白骨飄零。生不能充腸而足食，死復暴露於荒郊，煢煢赤子，遭此慘傷，可云澤潤蒼生保民之政一無歉歟？今則並舉而列之於右，則君臣各有所法，不至有愧於前人，豈尚貽譏於後世？《周禮》云：司救者有人，以治民病也；掌除骴者有人，以掩骼埋胔也。皆大典也。每歲宜然，況饑年乎？【略】

十八、甘專擅以奮救援

漢武帝時，河內失火，延燒千家。上使汲黯往視，還報曰：家人失火，比屋延燒，不足優也。臣過河南，貧人傷水旱者萬餘家，至父子相食。臣謹以便宜持節發河南倉粟，以賑貧民。臣請歸節，伏矯制之罪。上賢而釋之。

宋董煟曰：古者社稷之臣，其見識施為，與俗吏固有不同。黯時為謁者，而能矯制以活生靈；今之太守，號曰牧民，一遇水災，牽制顧望，不敢專決，視黯當內愧矣。

韓韶為嬴長嬴長：泰山郡縣令長。，賊聞其賢，相戒不入嬴境。餘縣流民萬餘户入縣界，韶開倉賑之。主者爭謂不可，韶曰：長活溝壑之人，而以此伏罪，含笑人地矣。太守素知韶名德，竟無所坐。韶與同郡荀淑、鍾皓、陳實皆嘗為縣長，所至以德政稱，時人謂之潁川四長。

謹案：他縣之民，流入我境，遽開倉賑救，世豈無議？殊不知仁人之心，見彼流於道路，求活無門，焉分彼此？噫！我能救人，人亦自能諒我。公道在天地間，斷無少滅之理。

晉陶回為吴興太守，時人饑穀貴，三吴尤甚。詔欲聽相鬻賣，以拯一時之急。回上疏曰：當今天下，不普荒儉，惟獨東土穀價偏貴，使相鬻賣，聲必遠流。北海聞此，將窺疆埸。如臣愚意，不如開倉廩以賑之。乃不待報，輒開倉，及割府郡軍資數萬斛米，以救乏絶。由是一境獲全。既而下詔，並敕會稽吴郡，依回賑恤。

謹案：古云鄰之單，君之薄也。若君之薄，非鄰之厚歟？今陶太守，惟恐惡聲遠播，專擅救全，上格賢主，悉仿其法，識力豈在汲黯之下哉？

後魏李元忠，為光州刺史。時州境災儉，人皆菜色。元忠表求賑貸，至秋徵收。被報聽用萬石。元忠以為萬石給人，計一家不過升斗耳，徒有虚名，不救其弊，遂出十五萬石賑之。事訖表陳，朝廷嘉之。

謹案：杯水不可救車薪之火。古云：二千石與國同休戚。救民之災，苟不力任，王仁恭見殺於劉武周，郭子和誅王才於榆林衛，皆以不賑而起人拂逆之心，可小視哉？今刺史不事虚名，增其賑米，不獨救民，且可弭盗。

隋張須陀為齊郡丞，會興遼東之役，百姓散失，又屬歲饑，穀米踴貴。須陀開倉賑給，官屬咸曰：須待詔敕，不可擅與。須陀曰：今帝在遠，遣使往來，必淹歲序。百姓有倒懸之急，如待報至，當委溝壑矣。吾若以此獲罪，死無所恨。先開倉而後上狀，煬帝不責也。

謹案：惻隱之心，人皆有之。不因帝王而異也，但為小人之所蔽，擴充者無幾耳。郡丞為国為民，不惜身命，開倉賑給，雖專擅於下，而上不之責。後之閉倉不救者，抑何護身之策太堅也耶？

唐員半千為武陟尉，屬頻歲旱饑。勸縣令殷子良開倉以賑貧餒，子良不從。會子良赴州，半千便發倉粟，以給饑人。懷州刺史郭齊宗大驚，因而按之。時黄門侍郎薛元超為河北道存撫使，謂齊宗曰：公之民不能救之，而使惠歸一尉，豈不愧也？遽令釋之。

謹案：有心救民，位不在乎大小。如員君職不過一尉耳，令不從其請，後因令之公出，遽發倉而賑之。一點救人之念，有勃然不可遏者，民不賴之以生耶？何物太守！竊位苟祿，而且囚之，雖然，不有小人，難形君子。此薛員二公所以見稱千載也。

宋環慶大饑，帥守坐不職罷去，范純仁代之。始至慶州，饑殍載路，官無穀以賑。純仁欲發常平封貯粟麥賑之，州郡官皆不欲，曰：常平擅支，罪不赦。純仁曰：環慶一路生靈付某，豈可坐視其死而不救？眾皆曰：須奏請得旨。純仁曰：人七日不食則死，豈能待乎？諸公但勿預，吾獨坐罪可耳。即發粟賑之。一路饑民，悉得全活。

謹案：世多不職之吏，人亦知其所以不職之故乎？一懼禍患，二為功名，三貪財貨。人肯置三者於勿問，惟以生民為己念，斷尤不做一番惠人之事，名垂竹帛者也。如范公曰『吾當自坐』四字出口，不知壓倒多少無能之輩。

仁宗慶曆七年，江東大饑，運使楊紘發義倉以賑之。吏欲取旨，紘謂吏曰：國家置義倉，本慮凶歲，今須旨而發，人將殍死。上聞而褒之。

謹案：楊公認定義倉為荒而建，以之救民，何辭以責？即有不測，一身危而萬姓安，得失已非愚者所及。況事聞於上，不但不罪，而且褒之。遲早之間，所生多矣。智孰及之？

程顥攝上元令，盛夏塘堤大決。法當聞之府，府稟於漕，然後計工調役，非月餘不能興作。顥曰：如是，苗必槁矣。民將何食？救民獲罪，所不辭也。遂發民夫塞之，歲則大熟。

謹案：聖賢出仕之心，非致君則澤民，豈為功名？豈拘文法？塘決而待請，雖則允從，苗已槁矣。傷稼殺人，俗吏之事，程夫子而肯為之哉？

秀州録事洪皓，見民田盡為水沒，饑民塞路，倉庫空虚，白郡守以荒政自任。悉籍境內之粟，留一年食，發其餘，糶於城之四隅。本境民有不能自食者，洪亦為主之。凡流民，俱立屋於城之西南兩廢寺，男女異處，樵汲有職。稍有所犯，以民饑不可杖，逐而去之。借用所司發運錢糧，不足，會浙東運常平米四萬過城下，洪遣使鎖津柵，語運官截留。官噤不肯，曰：此御筆所起也，罪死不赦。公曰：民仰哺當至麥熟。今臘猶未盡，中道而止，則如不救。寧以一身易十萬人之命。竟留之。未幾，廉訪使至，驗其立法，曰：吾行邊軍之法，不過如是。違制抵罪，為君脱之。又請得米二十萬石，所活九萬五千餘人。後官至端明學士，謚文惠。

謹案：洪公之活民也，始則心傷餓殍，竭力何辭，繼則米盡官民，雖死勿恤，故遣吏鎖柵，強遏皇糧。當斯時也，但知有萬民之命，不知有一己之身。認罪活民，究無所罪。後且身膺上爵，子拜相公，誰謂作福而無福報哉？

元武宗至大二年，大名大水，張弘范輒免其租稅。朝廷罪其專擅，弘范進曰：臣以為朝廷儲小倉，不若儲之大倉。詔勿問。

謹案：張君之説，大為近理。設大倉窮，而小滄徒多充實，不特無益，抑且難恃。是故哲後賢臣，諮謀朝夕，惟以民生為急，恆產是謀。迨乎里多蓋藏，兆姓殷富，然後政教流行，而風俗淳厚，豈非盛時休美之業歟？

明景帝景泰二年，都御史王竑巡撫江北。時徐淮連歲饑荒，竑大發官倉賑救。諸倉盡空，獨廣運倉尚有滯積。此備京師之用者也，一中貴、一户部官主之。竑欲發，而主者難之。竑曰：民惟邦本，本固邦寧。民窮至此，且夕為盜，且上優朝廷，何論備京師？爾不吾從，脫有變，吾先殺爾，治爾召盜罪，然後自請死。竑詞既戇，主者素憚其威，許之。所存活百五十八萬八十餘人，他境流寓安輯者萬六百餘家，共用米一百六十餘錢萬石。先是徐淮大饑，帝於棕轎上閱疏，涼円：餓死我百姓矣！奈何？後得開倉賑濟之奏，又大言曰：好御史！不然百姓多餓死矣。

謹案：史載竑部民有疾者，許其舁輿，即愈。竑每出，百姓則爭舁之。可見有活人之功者，身雖未死，已作神人。昔朱熊所刻《救荒補遺》內言，韓魏公方歿，有死而復甦者，言公為閻羅天子矣。即同事神人，無不欽敬其救荒之功也。其事類此，因記之。

甘專擅總論曰：士君子策名清時，專為一身之計乎？萬姓流離將斃，若不奮身以救，何貴乎有此權位也？如以死懼，古詩云：遍觀四海人，誰為不死客？然則死忠，死孝，死為萬民，正死之得其所者矣。又何懼哉？況天之賦性相同，惟帝王更多惻隱，未有不以恤災捍患之臣而為不忠者也。何必儘以珠玉之貴惜其身，而不以愛身之道以愛民？如以位言，員半千不過縣尉，儼然有汲黯之風，洪皓止於錄事，力並純仁之舉，曷嘗以尊卑為限也。至若邑宰韓韶之救活流民，人稱四長；程顥之發夫防決，苗長千村，非良牧而何！太守獨無善政歟？陶回之發粟，擅美於晉时，元忠之賑貸，首稱於後魏，皆彰彰青史，可法而可嘉者也。嗚呼！人當隋代，尚有郡丞張須陀之救援，後世不能概見者，何哉？如宋之運使楊紘、明之巡撫王竑，皆拔萃超群，實心盡職，力任開倉，全活萬姓，生為拄石，沒為明神，信所宜矣。大倉之喻，弘范且然，人可弗及歟？乃知有致君澤民之心者，不獨不重視其功名，即此身亦不甚惜耳。其意若曰：《左傳》不云乎『苟利社稷，生死以之』？吾何為而不以智、仁、勇三者自勵也。故其知災傷之當恤，智也；哀矜惻隱，仁也；甘心專擅，勇也。一事舉而震驚千古，寧獨一時哉！

十九、撲蝗蝻以保稼穡

漢平帝時，卓茂為密令。天下大蝗，河南二十餘縣皆被其災，獨不入密縣界。督郵言之，太守不信。自出案行見，乃服焉。

謹案：卓公之為令也，人納其訓，吏懷其惠，教化大行，豈若他人食祿，而無益於國家哉？此蝗蝻之所以不入其境也。可歎者，卓之賢，太守未之知也。賢愚奠辨，黜陟混淆，何以為太守？

光武時，宋均為九江太守，虎皆渡江而去。中元元年，山陽楚沛多蝗，其飛至九江界者，輒東西散去。由是名稱遠近。

謹案：愛民之人，即此誠心能格異類，故猛虎渡江，蝗蝻散去。豈因祈禱而然？全在平日之清廉惠愛有以格之耳。故凡為太守者，欲除蝗蝻於四境之上，不若除蝗蝻於一心之中。心請而政仁，所去者不獨一蝗也。

戴封，字平仲，對策第一，擢拜議郎，遷西華令。時汝有蝗災，獨不入西華界。督郵行縣，蝗忽大至。督郵其日即去，蝗亦頓除。一境奇之。

謹案：異哉督郵！確似蝗蝻之主帥也。督郵以剝民肥己為心，蝗蝻亦以食苗自飽為事，二而一者也。此蝗蝻所以隨督郵而來去耳。微戴君之廉明，西華之青禾，幾何而不為蝗蝻之盡食也？故觀蝗蝻之有無，即知司牧之賢否，可不警哉？

元和間，魯恭為中牟令，有三異：蝗不入境，化及禽獸，童子有仁心。

謹案：蝗之為災，皆因官之不職有以致之。故京房《易傳》云：臣安祿滋謂貪厥災蟲易飛。候曰：食祿不益聖化，天視以蟲。蟲無益於人，而食萬物者也。今魯君之化，及於禽獸，童子有仁心，蝗尚入其境哉？

唐太宗時，畿內有蝗。上入苑中，掇數枚，祝之曰：民以穀為命，而汝食之。寧食吾之肺腸。舉手欲食之，左右諫曰：惡物，恐成疾。上曰：朕為民受災，何疾之避？遂吞之。是歲蝗不為災。

謹案：君有仁心，熒惑退度。今欲吞惡物，寧食肺腸以救小民，而蝗蝻有不為之感化哉？天地以生物為心，太宗以救民為重，是天即君矣，君即天矣。君心激切，天意克從，蝗不為災，理固然耳，又何疑哉？

元宗開元四年，山東大蝗。民祭拜，坐視食苗不敢捕。宰相姚崇奏云：

秉彼蟊賊，付畀炎火。此古除蝗詩也。乃出臺臣為捕蝗使，分道殺蝗。盧懷慎曰：凡天災，安可以人力制也？且殺蟲過多，必戾和氣。崇曰：昔楚王吞蛭而厥疾瘳，叔敖斷蛇而福乃降。今蝗幸可驅，若縱之，穀且盡。殺蟲活人，禍歸於崇，不以諉公也。蝗害遂息。

謹案：此何事也？猶牽制顧慮，作此迂論。盧公清慎有餘，學術不足。其為相也，元宗原欲其坐鎮雅俗，世人稱為伴食中書，良不誣也。

宋太宗淳化二年，春正月不雨，蝗。三月乃雨。時連歲旱蝗，是年尤甚。帝手詔宰相曰：朕將自焚，以答天譴。翌日大雨，蝗盡死。

謹案：昔寇准言：《洪範》云『天人之際，應若影響』，斯言誠不謬也。太宗愛民心切，直欲自焚，以答天譴。翌日大雨，飛蝗盡死。羽書桴鼓，捷不若此。所謂天高而聽卑，特患無愛民之君，不患無不息之災也。

真宗咸平八年秋九月，時連歲旱蝗。帝問學士李迪曰：旱蝗薦臻，將何以濟？迪言：陛下土木之役過甚。旱蝗之災，殆天意以警陛下也。帝然之，遂罷諸營造，禁獻瑞物。未幾得雨，青州飛蝗赴海死，積海岸百餘里。

謹案：帝問旱蝗，而李迪以力使對，若天有以命之也。帝即然之，遂罷營造，禁獻瑞物，時雨即降，飛蝗盡死。可見天心即在民心，何必遠求哉？凡欲除災害者，曷勿以民情而揆之也？

謝絳論救蝗有云：竊見比日蝗蟲亙野，坌集入郛郭，而使者數出，府縣監捕驅逐，蹂踐田舍，民不聊生。謹按《春秋》書蝗為哀公賦斂之虐，又漢儒推蝗為兵象。臣願令公卿以下，舉州府守臣，而使自辟屬縣令長，務求方略，不限資格，然後寬以約束，許便宜從事。期年條上理狀，參考不誣，奏之朝廷，旌賞錄用，以示激勸。

謹案：蝗之為災，一在賦斂之苛，一在官員不職。古人所推，理必不爽。漢儒又推兵象者，若以民困不救，久將紛紜擾國，急切難於撲滅也。今謝公欲令公卿以下，各舉守臣，令其便宜從事，期年參考，以定賞罰，非至計歟？

元順帝時秋七月，河南武陟縣禾將熟，有蝗自東來。縣尹張寬仰天祝曰：寧殺縣尹，毋傷百姓。俄而黑鷹飛啄食之。

謹案：天下之蠢然而無知者蟲鳥也，殊不知最靈明而有覺者亦蟲鳥也。天子改過，蝗皆自斃；郎官自祝，遂致鷹驅。故有牧民之貴者，不必患蝗之為害，特患己之不誠也。

明成祖永樂二十二年五月，浚縣蝗蝻生。知縣王士廉以失政自責，齋戒，率僚屬耆民禱於八蜡祠。越三日，有烏數萬，食蝗殆盡。皇太子聞而嘉之，顧侍臣曰：此實誠意所格耳。

謹案：《禮記》云：先王能修禮以達義，體信以達順，則天降有露，地出醴泉，鳳凰麒麟皆在郊棷矣。今浚令悔過自責，誠心敬禱，故始失而終得也。蝗無知而烏有靈，感孚之所致耳。

朱熊所輯《救荒補遺》有云：天災不一，有可以用力者，有不可以用力者。凡水與霜，非人力所能為，姑得任之。至於旱傷，則有車戽之利，蝗蝻則有捕瘞之法，苟可以用力者，豈得坐視而不救哉？為守宰者，當速為方略以禦之，以全斯民也。

謹案：明朱熊所刻《救荒書》，即董煟之所輯，不過增減其間，俱至當而不可易。故正統間刻此書，名曰《救荒活民補遺》。萬曆間，復有人刊之，以行於世。可見惻隱之心，人皆有之。若能廣為傳佈，蒼生之幸矣。

撲蝗蝻總論曰：蝗蝻之生，人知之乎？刻剝小民，不為顧恤，地方官吏侵漁百姓之見端耳。所以在上者以愛民為心，未有不格天地而異類為之消除。至如唐太宗寧食惡物而不恤，姚崇認後患而不辭，則蝗害頓除。或患自責，或罷土木，災之散也，捷若桴鼓。太守得如宋均，縣令能如卓茂等，安得有蝗入其境中？即有之，不為黑鷹啄食，亦為烏雀所餐，又何慮哉？此謝絳、朱熊之論所當法也。要知蝗蝻不去，則草野咸受其害，一在修德格天，一在捕瘞除患。如以物命為憐，蝻者蝦之遺孽也，天下之食蝦者，統歲而計，寧止億萬石，何獨至於害稼之蝗而疑之？此汴州刺史所以見誚於姚崇也。《詩》云：去其螟螣，及其蟊賊，無害我田稚。上古且然，今何惑哉？

二十、貸牛種以急耕耘

漢昭帝始元元年三月，遣使者賑貸貧民無種食之人。秋八月詔曰：往年災害多，今年蠶麥傷，所賑貸食勿收責，毋令民出今年田租。

謹案：殘冬已過，東作方興，若不急令耕耘，將來困苦必倍於前者，力盡人疲故也。昭帝特令貸之種食，不但貸之，而又令勿收責，且蠲其租，非天子之仁、相君之德，沛生機於民食者乎？

南北朝宋文帝元嘉二十一年，魏太子課民稼穡，使無牛者借人之牛以耕種，而代為耘田以償之。凡耕種二十二畝，而芸田七畝。大略以是為率。使民各標姓名於田首，以知其勤惰。禁飲酒、遊戲者，於是墾田大增。

謹案：民無牛，令借人之牛，使耕種耘田以償。是有牛者不吝，而耕田者亦樂於相從，處之大得其公。又使標姓名於田首而知勤惰。種種妙法，不一而足，無惑於墾田之大增，國賦由之而足也。

南齊戴僧靜為北徐州刺史，買牛給貧民，令耕種，甚得邊荒之情。

謹案：有田無牛猶之有舟無楫，不能濟也。刺史一郡之主，民之生死係焉。買牛而給與貧民，獲救荒之本，其得民情也宜矣。

唐德宗貞元元年二月，詔曰：諸道節度觀察使所進耕牛，委京兆府勘責有地無牛百姓，量其產業，以所進牛，均平給賜。其有田五十畝已下人，不在給限。給事中袁高奏曰：聖慈所憂，切在貧下。百姓有田不滿五十畝者，尤是貧人，請量三兩户，共給牛一頭，以濟農事。從之。是時蝗旱之後，牛多疫死，諸道節度韋皋、李叔明等咸进耕牛。故有是命。

謹案：給事之奏，深得民情。民以貧而田不能多，再以田少而牛無所給，是困而益困，貧而益貧矣。豈裒多益寡之道歟？視其田之多寡，共給耕牛，當為至法。

文宗太和三年七月，齊德州奏：百姓自用兵已來，流移十分，只有二分。伏乞賜麥種耕牛等。敕量賜麥三千石、牛五百頭；共給綾一萬疋充價直，仍各委本州，自以側近市糴分給。

謹案：兵荒之後，惟賴救全，牛種俱無，何由得活？德州之奏請不大有功於萬民耶？《詩》云：愷悌君子，人之父母。首重耕耘，何慚民牧？

宋太宗至道二年，詔官倉發粟數十萬石，貸京畿及内郡民為種。有司請量留以供國馬，太宗曰：民田無種，不能盡地利，且竭力以給之，國馬以芻藁可矣。

謹案：天地之利，用之則不竭，取之則非貪。以之救民，何民不救？太宗借種與民，而欲盡收地利以食民，是神農之心矣，肯以此粟為國馬所食哉？有司之請，不智甚矣。

英宗治平間，河北凶荒，民無食，多賤賣耕牛。劉渙知澶州，盡發公帑錢買牛。明年逋民歸，無牛耕，價貴十倍。渙依元直賣牛。河北一路，惟澶州民不失所。

謹案：公之賣耕牛，雖濟民子已荒之後，實救人於未困之先。何也？使人賣時不買，今欲買時，安得有賣？牧民者肯事事仿此而行，則饑民無往不濟矣。

神宗熙寧八年三月，上批：沂州、淮陽軍災傷特甚，百姓不惟缺食，農乏穀種，田事殆廢，粒食絕望，糾集為盜者多，實可矜憫。若不復加賑恤，恐轉至連結群黨，難以捕擒，陷溺其民，投之死地。可速議所以賑恤之。遂詔京東轉運提舉司，發常平錢、省倉米等，給散與孤貧人户。

謹案：民無種穀，將來之口糧，何從取給？賑之固不勝其賑，而所賑之米粟並且難支，為民務本計者，肯恝然乎？今神宗御批小民絕粒，在於無種，因而大發倉庫，廣賑孤貧。本固矣，尚有憔悴其枝者哉？

曾鞏知越州，值歲饑，出粟五萬石，貸民為種糧，使隨歲賦入官。農事賴以不乏。

謹案：知一州，即當知一州之緩急。曾公之知越州，歲饑矣。使不知種糧之當貸，或死或盜，紛然而起，即不困厄，元氣已傷。今以五萬石貸之，隨賦而入，官既無損，民不困乏，何美如之？

查道知虢州，蝗災。知民困板，急取州麥四千斛，貸民為種。民困由是而甦，遂得盡力於耕耘之事。

古人云：《春秋》於他不書，惟無麥即書；董仲舒建議，令民廣種宿麥，無仵後時。蓋二麥於新陳未接之時，最為得力，不可不廣也。查君貸之以種，非得古人之良法者哉？

明僉事林希元疏內有云：幸而殘冬得度，東作方興，若不預為之所，將來歲計，復何所望？故牛種一事，猶當處置。臣召父老計之，自立一法，遂都逐圖，差人查勘。除有牛無種、有種無牛聽自為計外，無牛入户，令有牛一頭者帶耕二家，用牛則與之供食，失牛則與之均賠。無種人户，令富人户一人借與十人或二十人，每人所借雜種三斗或二斗。耕種之時，令債主監其下種，不許因而食用；收成之時，許債主就田扣取，不許因而拖負。亦加其息，官為主契，付債主收執。此法一立，有牛種者，皆樂於借，而不患其無償；缺牛種者，皆利於借，而不患其乏用。有災傷處，如臣之法，似可行也。

謹案：僉事公之貸爭種也，特設一法，不取給於官，而通挪於民，非至公至當可乎？故加患立券，萬不可少，無許拖負，猶得民情。但當多發示諭，遍曉城市鄉村，不得略遲時日；況為數不多，救全甚廣，非親身與父老斟酌者，而能得此善政耶？

萬曆戊子，東南水災，窮民工力種糞一無所有。新建喻均守松江，得請免田糧若干，出示佃户還租，亦如減糧之數。仍令有田之家，量留穀本，至春耕時貸與佃户，為來歲種田之資。一時稱為惠政。

謹案：請免田糧而惠及佃户，其仁溥矣。又令各留穀本，以貸佃户，殷殷無已。無非為鄉民起見，不知喻公之為鄉民，正所以為富户。鄉民絕粒，業主何收？故當時鐘御史給民之牛種云：有可耕之民，無可耕之具，饑餒何從得食，租稅何從得有也？

貸牛種總論曰：四民中，最苦者農也。耕耘之外，別無所能。當此饑饉之時，若不令其速為耕種，則又絕將來之望矣。賑濟者囊已俱傾，待哺者仍然引領，不猶中道而廢耶？今觀漢唐以及子明，貸耕牛之善法，莫如魏太子；貸宿麥之妙策，首推查道矣。四五月間新陳未接之際，得此一助，民賴不死，此董仲舒所以力言二麥之不可少也。為君者能如漢之昭帝、宋之太宗、熙寧之御批，為臣者得若南北朝之戴氏及唐宋明三代之諸臣，何患乎牛之不得、種之不播哉？粒食可望，而饑莩得生矣。但林公疏内有云『令保甲監其下種』，曾則以為不若使田鄰互相監種之為便也。彼見我田，我見他地，一不種則有罰，何冒領之有？《左傳》云：政如農功，日夜思之，思其始而成其終。可見臨民者必如是而後可以言為政也。則牛種之貸，可不代為籌畫，勉其耕種，以慰西成之望乎？

又 卷四《事後之政計有六》 事後論曰：事將告竣，尤貴斡旋，略有未安，終虧撫恤。況饑年之事務，實民命之所關。才得稍甦，瘡痍未起，百姓暴露乏食，久皮其業，居無定所，室無完聚，朝廷雖有蠲復來歲丁田之詔，閭閻尚少目前耕種之需，縱使商賈農工盡待給於官府錢米之賑，流民災户咸仰聽於有司安插之方，田究荒蕪，業歸怠惰。此猶以俄殍之養養之而已，非深思遠慮，為兆人計長久之道也。所宜以古為鑒，率由典常，識國家大體時用之宜，廣聖主加惠黎元之意，周詳懇摯，圖維厥終，足國計而釋民愁，轉荒歲為樂歲。因計事後之圖，亦有六焉。是在行之者之無務為具文可矣。

一、贖難賣以全骨月難，去聲

齊管子曰：湯七年旱，禹九年水。湯以莊山之金鑄幣而贖民之無饘賣子者，禹以曆山之金鑄幣而贖民之無饘賣子者。

謹案：聖王之世，可見亦有賣子之人，貴乎上之人有以處之耳。窮民命在旦夕，若不聽其鬻賣，必至骨肉相枕而死，不更慘乎！此聖王所以聽其賣而代其贖，不禁其不賣也。

魯國之法：魯人為人臣妾于諸侯，有能贖之者，取金於府。子貢贖魯人於諸侯，而讓其金。孔子曰：賜失之矣。取其金，則無損於行；不取其金，則不復贖人矣。

謹案：孔子責子貢之讓金，恐曠贖人之典耳。可見聖心亦以贖人為美政矣。後之君子，曷勿體聖人責子貢之失，求為政之得哉？

漢高祖五年詔：民以饑餓自賣為人奴婢者，皆免為庶人。光武建武七年詔：吏人遭饑饉及為青徐賊所略，為奴婢下妻，欲去留者，恣聽之。敢拘制不還，以賣人法從事。

謹案：此二詔，為貧不為富，可一不可再，非中和之論也。若免為庶人，聽其去留，少者空養育於平時，壯者徒費銀錢於歉歲，設遇再饑，其誰復買？不遭啖食，定喪溝渠，豈禹湯鑄幣贖人之意哉？

後魏高宗和平四年詔：前以民遭饑寒，不自存濟，有賣鬻男女者，盡仰還其家。或因緣勢力，或私行請托，共相通容，不時檢較，令良家子息仍為奴婢。今仰精究，不聽取贖，有犯加罪；若仍不檢還，聽其父兄上訴，以掠人論。

謹案：古云：天地無私，故能覆載；王者無私，故能容養。若處事稍有不平，難言至當。良家子息不聽取贖，然後以掠人論罪，其誰敢議？如一無所得，盡放還家，何以活將來之餓莩？今高宗之詔，非兩全之道歟？

唐太宗貞觀二年，遣使杜淹賑恤關内饑民。鬻於者，出金帛贖還之。

明邱浚曰：嗚呼！人之至愛者，子也。時日不相見則思之，挺刃有所傷則戚之。當年豐時，雖千金不易一程；一遇凶荒，推恐鬻之而民不售。此無他，知偕亡而無益也。故不若官買之，以實軍伍。

文宗開成元年三月，詔：比聞兩河之間，頻年旱災。貧人得富家數百錢、數斗粟，即以男女為之僕妾。委所在長吏察訪，聽其父母骨肉，以所得婚購之，勿得以虛契為理。

謹案：此詔勿憑虛契，歸其所買，骨肉有再聚之歡，養育無驟失之患。使上不代贖而令民自圖者，此詔庶幾其可也。父母斯民之次法耳。

柳宗元為柳州刺史，不鄙夷其民，惟務德化。先是以男女質錢，約子本相當，則沒為奴婢。宗元與民設法，悉令贖歸。衡湘以南，士皆北面稱弟子。

謹案：人知柳柳州以文章鳴世，而不知其以德化民。即如贖子女而歸其父母，其德之施於民也遠矣！羅池廟食有以哉。

宋太宗淳化二年，詔陝西緣邊諸州，饑民鬻男女，入近界部落者，官贖之。真宗大中祥符三年，詔前歲陝西民饑，有鬻子者，命官為贖購之，還其家。仁宗慶曆八年二月，賜瀛莫恩冀州緡錢二萬，贖還饑民鬻子。

謹案：烏雀有群棲之樂，人生豈無完聚之歡？無如死生在於旦夕，骨肉在所難全。天子下念窮民，悉為代贖，父子得以永聚，夫妻不復分離，非仁政之一端乎？

元武宗至大元年十一月，以大都米貴，發廩十萬石，減價以糶賑貧民。北來民饑，有鬻子者，命有司悉為贖之。

謹案：流落異鄉，尤多苦切，父母不得相親，閭里曾無一識。武宗贖其子而還其家，猶無子而有子矣；發廩賤糶，以賑貧民，是無食而有食矣。非聖朝之盛典乎？

明成祖永樂十一年六月，上召行在戶部臣曰：入從徐州來，言水災，民有鬻子女者，人至父子相棄，窮極矣。即驛賑之，所鬻為贖還。

謹案：骨肉遠離，死生難料，設遭疾病，誰念垂危？是不死於饑寒，亦半喪於零丁矣。天子憫其孤窮，骨而肉之，賑而活之。在覆載尚有缺陷之時，在朝廷絕無生離之眾，寧獨受恩者永懷不已，即旁觀者，亦感激無窮也。

憲宗成化二十三年，詔：陝西、山西、河南三省軍民，先因饑荒逃移，將妻妾子女典賣與人者，許典賣之家首告，准給原價，贖取歸宗，其無主及願留者聽，隱匿者罪之。

謹案：官給原價贖其婦宗，若不首告，罪其騰匿，人亦何怨之有？使如漢家之竟令放還，或以掠人論，是以勢而不以理，豈君民之道哉？

明神宗萬曆二十二年，鐘化民河南救荒疏：臣仰體德意，贖還民間荒年出賣妻孥四千二百六十三名。皇上全人父子、兄弟、夫婦之倫，離而復合，斷而復續，骨肉肺腑之親，無悲思哀痛之慘矣。但贖還之後，不知其終保完聚否？倘餬口無資，後相轉貿，如夢中乍會，覺後成空。思及於此，不覺淚下。惟帝念哉！

謹案：鐘御史之善耿，不一而足。即如贖人一種，至四千二百餘名，饑時不至喪失，稍熟得能完聚。家而室，父而子，孰非再造之恩歟？

贖難賣總論曰：曾聞明季成化乙未科狀元費宏之父，捐館資一十二金，贖婦還夫，狼狽而歸。夜聞窗外神人曰：今宵采苦菜作飯，明年產狀元為兒。宏果十九而登鄉薦，翁生受吏部侍郎之封。在貧士尚憐離散，居天位何得視為漠然？況其賣也，非自作之孽也。時當歉歲，不賣親人，終無生理，其意以為餓死而無救，不若活賣而分離，後得一見，未可知也。在買者給其價而衣食之，不惜捐費於豐年，實欲服勞於後日，既生其身，且救其家，均相有益，高下難分。但血淚已枯於異地，而夢魂猶戀乎家鄉，非天子之深仁厚德，孰能救其婢使奴差之苦也？然漢家之詔，恣聽去留，不償所值，設遇薦饑，於何得活，豈善策哉？故司牧能如柳宗元，使臣得若鐘化民，多方設法，完彼親人，皆合禹湯之心，無愧孔子之教矣。且父子不相見，兄弟妻子離散，仁政之所首疾也，可便見之於世乎？孟子曰：禹思天下有溺者，由己溺之也；稷思天下有饑者，由己饑之也。聖賢之憂民如此。此父母孔邇之歌，所以流傳於盛世哉！

二、憐初泰以大撫綏

漢宣帝時，渤海歲饑多盜。帝命龔遂鎮之。遂曰：民困饑寒，故盜弄陛下之兵於潢池耳。夫治亂民，猶治亂絲，不可急也。乃單牢至府，悉罷捕盜令，但以執田器為良民，令民賣劍買牛，賣刀買犢。曰：何為帶牛佩犢！由是吏民富實而盜悉解。

謹案：古稱荒政，貴不治之治也。使太守必欲剿除盜賊，以清四境，不值不能使之安，必將迫之亂。今念煢煢赤子，饑餓使然，衣食足而禮義生，惟務農桑，富其一郡。較之血我干戈、腥我天地者，霄壤矣。

光武帝建武六年正月，詔曰：往歲水旱蝗蟲為災，穀價騰躍，人用困乏。朕惟百姓無以自贍，惻然愍之。其命郡國有穀者，給稟高年、鰥寡、孤獨及篤癃無家屬、貧不能自存者。如律，二千石勉加撫循，無令失職。

謹案：瘡痍初起，調護無方，必死無疑之症矣。光武知之，以往歲災傷，特命賑給，且勉二千石，不可失職，大得安不忘危之道哉！

後魏崔衡為秦州刺史。先是河東年饑，劫盜大起。衡至，修龔遂之法，勸課農桑。周年之間，寇盜止息。

謹案：崔衡既可仿而行之於魏，後人獨不可效而施之於世乎？盜賊悉除，農桑得盛，龔君妙法，原在人間，人自不能則耳。好大喜功者，徒自誅求於不已，豈良有司哉？

唐代宗元年十一月，制：逃亡失業，萍泛無依，特宜招綏，使安鄉井。其逃户復業者，宜給復三年；如百姓先貨賣田宅盡者，宜委州縣，取逃户死口田宅，量丁口充給。仍仰縣令親至鄉村，安存處置，務從樂業，以贍資糧。

謹案：逃亡失業，不能撫綏，還鄉無倚，復又他之，烏知其不為盜也。今既各有處置，人民樂業，泰階將起，是安民適所以安己，富民即所以富君，非美詔歟？其握要處，在處置樂業，以贍資糧，尤見深恩。

代宗時，李棲筠為浙西觀察使。屬師旅饑饉之後，百姓流離，講誦之徒數年竟絕。乃大開學館，招延秀異，表大儒河南褚沖、吴郡何員等，超資授館，為學者師，身自執經問疑義。由是遠邇趨風，鼓篋升堂者，至數百人。教化大行。

謹案：禮義者，經国之大典也。豈因饑饉之後可廢而不講乎？李觀察特為之整理，誠得聖人教之之義矣。不大有功於名教耶？

僖宗光啟三年，張全義為河南尹。初，東都薦經饑饉，饑民不滿百户。全義選麾下十八人材器可仕者，人給一旗一榜，謂之『屯將』。使詣十八縣故墟落中，植旗張榜，招懷流散，勸之樹藝，蠲其租稅，惟殺人者死，餘但笞杖而已。由是民歸之者如市。數年之後，都城坊曲，漸復舊制，諸縣户口，率皆歸復，桑麻蔚然，野無曠土。全義明察，人不能欺，而為政寬簡。出見田疇美者，輒下馬，與僚佐共觀之，召田主，勞以酒食。有蠶麥善收者，或親至其家，悉呼出老幼，賜以茶綵衣物。有田荒穢者，集眾杖之。或訴以乏人牛，乃召其鄰里，責使助之。由是鄰里有無相助，比户豐實，凶年不饑，遂成富庶焉。

謹案：兵火之餘，尚能富足。太平之世，何事凋零？乃知世有治人，實無治法。在上者，能如張公之招撫流亡，勸之樹藝，誰不勇往耕耘，互相周濟？乃知一人之鼓舞，關係萬姓之羊盈。何以後世之官，但知自富，不知富民，此凋零之所由來耳。苟能以富己之圖維，變而為富民之善策，要亦無有不富者矣。後來屈指，誰可並驅？

宋富弼鎮青州，適河決。八州之民俱徙京東，既以救濟，至次年麥熟，於是各計其路之遠近，授粮使歸。生全者五十餘萬人。

謹案：家不歸，無以安其身；糧不足，無以資其歸。富公計其遠近，授粮遺歸，不使有窮途乏窘，始也救之生，終也給其歸，始終相濟，故能位極人臣，而名垂萬世也。

蘇軾論積欠狀：臣親入村落訪問父老，皆有憂色，云：豐年不如凶年。官吏以夏麥既熟，舉催積欠，胥徒在門，枷鎖在身，求死不得，故流民不敢歸鄉。臣聞之，孔子曰：苛政猛如虎。昔常不信，以今觀之，殆有甚焉。水旱殺人百倍於虎，而人畏催欠又甚於水旱，百姓何由安生？朝廷仁政，何由得成？

謹案：催欠於麥熟之際，以致居者日以擾，流者不敢歸。蓋些少之收，還官則仍然舉家枵腹，救口則目前鞭撻奚辭，是饑於年者可救，饑於官者難逃。昔邵康節有云：寬一分，小民受一分之賜。凡為司牧者，當以撫恤黎民為首務。催徵國課固不可緩，第必揆時度勢，審知現在之情形，勿以荒田災累之窮民認作頑户抗糧之百姓，庶幾政無刻厲，而寬厚愛民之意乃行。

朱某疏：臣竊以為救荒之政，蠲除賑貸，固當汲汲於其始；而撫存休養，尤在謹之於其終。臣愚欲望陛下赦臣之罪，察臣之言，亟詔有司，凡去年被災之郡，盡今年毋得催理積年舊欠，及將去年倚閣夏稅，悉與蠲放其上二等人户。當此凶年，細民所從仰食，其間亦有出粟減價賑糶，而不及賞格者。伏望聖慈普加恩施，許將去年殘欠夏稅多作料數，逐年帶納。則覆載之間，幅員之內，當此災旱之餘，無有一夫一婦不被堯舜之澤矣。

謹案：名賢之為百姓，甚於自己之為一身，真誠懇切，無所不至。文公以民之貧者，念其困苦而赦之；民之稍可者，念其救荒而帶徵。安富救貧，略不稍遺，豈易及哉？

元成宗大德三年正月，詔：比年水旱疾疫，百姓多被其災，已嘗蠲復賑貸，尚慮恩澤未周。其大德三年腹里諸路合納包銀俸錢盡行除免，江南等處夏稅以十分為率，量免三分。五年詔：各路風水災重去處，今歲差發稅糧並行除免。貧乏缺食人民之家，計口賑濟；乏絕尤甚者，另加優給。其餘災傷，亦仰委官省視存恤。

謹案：人君恩澤，能於百姓有加無已，正是培植元氣之處，誠足為撫綏兆庶者之法守也矣。

明太祖洪武十年九月，敕中書省：去歲浙西嘗被水災，民人缺食，聯嘗遺官驗户賑濟。今雖時和年豐，念去歲小民貸息已重，既償之後，窘乏猶多。今賴上天之眷，田畝頗收，若不全免舊年被災之民今年田租，不足以甦其困，爾中書其奉行之。

謹案：太祖以『窘乏猶多』四字，存之胸中，則免兩租之念，已勃然而不可遏矣。非履安思危、視民如傷之至歟？要之，民為邦本，本固邦寧。祖宗培植於前，子孫保護於後，權宜斟酌，計出萬全，是誠至治之要道也。

神宗時，巡視河南御史鐘化民疏中有云：臣每至粥廠，流民告稱，一向在外乞食，離鄉背井，日夜悲啼，今蒙朝廷賑濟，情願歸家，但無路費，又恐沿途餓死。臣體皇上愛民之心，令開封等處，查流民願歸者，量地遠近，資給路費，給票到本州縣，補給賑銀，務令復業。據祥符縣申報，共給過流移男婦二萬三千二十五名。

謹案：鐘御史救民，不盡善盡美則不肯止。假如窮民，雖有路費，而不補給賑銀，歸無所望，未免逡巡。今聞有此口粮，先有所藉，生計得以徐圖，故歸而恐後者多矣。立法不可與富鄭公後先媲美耶？

憐初泰總論曰：既荒之後，如病初起，不能撫綏，再加勞困，是不死於病篤之時，而反亡於初愈之日矣。不大為可歎哉！麥熟矣，旦夕可免啼饑之苦，有麥則然；蠶畢矣，出入可釋無衣之歎，無絲則否。故小民有些須之蓄，尤不可有耗散之端。倘若徘徊歧路，歸計無從，劫掠相侵，空囊如洗，或追呼逼迫，或禮義罔知，不仍如遭倒懸之苦耶？於以知歸流也，弭盜也，停徵也，教養也，四者皆仁政之大端，撫綏之急務。自漢唐以至元明，莫不各有善法，所當急效者也。才履豐年，方臻熟歲，可不下體民心，上承天意，以固我金甌哉！雖然，若弭盜而不歸其流，則劫奪之患不息，教養而不停其徵，則妨民之困不除，農桑何由得盛？學校何從得興？此又相因而為用者也。缺一不講，烏乎可哉？

三、必賞罰以風繼起

齊桓公之郭，問父老曰：郭何以亡？曰：以其善善而惡惡也。公曰：若子之言，乃賢君也。何至於亡？父老曰：郭公善善不驅用，惡惡不能去，所以至此耳。

謹案：賞罰者，朝廷之大權；明決者，經綸之妙用。秉其權，則必善其用，倘聰明周徹，而裁斷之際不能不瞻顧遲回，揆之上理，究非所宜。所以善惡在前，已灼見其根柢，務即用其激揚，賞罰嚴明，而四方風動。治國之要，莫大於此。

齊威王語即墨大夫曰：子令即墨，毀言日至。及使人視即墨，田野辟，人民給，官無事，東方以寧。是子不賂吾左右求助也。封之萬家邑。語阿大夫曰：子令阿，譽言日至。及使人視阿，田野不辟，人民貧餒。是子賂吾左右求助也。是日烹阿大夫及左右嘗譽者。自是莫敢飾非，而齊國大治。

謹案：威王之賞罰明，齊國之萬事理。可見愛民者，不可以不賞，不賞無以酬既往；飾非者，不可以不罰，不罰何以戒將來？救荒者，誠能體此意以用人，則得任賢勿貳、去邪勿疑之道矣。

漢武帝元鼎二年詔：仁不異遠，義不辭難。今京東雖未為豐年，山林池澤之澆，與民共之。今水潦移子江南，迫降冬至，朕懼其饑寒不活。江南之地，火耕水耨，方下巴蜀之粟，致之江陵。遣博士等分循行諭，告所抵無令重困；吏民有賑救饑民免其厄者，具舉以聞。

謹案：分人以財，謂之惠。惠之及人，能生人於垂斃，則功亦不小矣。故凡有功於饑，不敢望報者，君子之存心；必有以報之者，朝廷之大典。至若小民，尤為善舉，可不上聞乎？

明帝永平三年，荊州刺史郭賀官有殊政，上賜以三公之服，黻黼冕旒；敕行部去幨帷，使百姓見其容，以彰有德。

謹案：盛矣哉上之所賜也！他郡知之，有不自反者歟？昔魯恭有云：萬民者，天之所生。天愛其所生，猶父母愛其子。故愛民者，天祐之，君寵之，民戴之，史載之，眾美備於一身矣。胡為乎不以善政為先也？

南北朝宋文帝元嘉十二年，東土饑，遣揚州治中從事史沈演之，巡行所在□演之表曰：宰邑敷政，必以簡惠成能，蒞職闡治，務以吏民著績。故王奐見紀於前，叔卿流稱於後。竊見錢塘令劉道真、餘杭令劉道錫，皆奉公恤民，恪勤匪懈，百姓稱詠。初被水災之時，餘杭高堤決潰，洪流迅激，勢不可量。道錫躬先吏民，親執板築，塘既屹立，縣邑獲全。經歷諸縣，訪核名實，並為二邦之首最，治民之良宰。上廉之，各賜穀千斛。

謹案：有功不賞，吝惠不施，淮陰之論項王婦人之仁耳。其何以濟！演之特舉二令，宋帝賜穀千斛，名垂後世，不可為勵眾之曠典歟？後之勘於民事者幾縣？受穀千斛者幾人？甚可慨也。

唐德宗貞元二年正月，詔：親人之任，莫切於令長。導王者之澤，以被於下，求庶人之瘼，以聞於朝，得失之間，所係甚大。昨者詳延群彥，親訪嘉猷。尚書司勳員外郎竇申等十人，潔己貞明，處事通敏，人不流亡，事皆辦集，就加寵秩，允葉前規。嗚呼！弛張係於理，不係於時，升降在於人，不在乎位。非次之恩，以待能者，彰義黜惡，期於必行。凡百君於，各宜自勉。

謹案：堯舜之時，雖有水旱之災，不聞有溝渠之死者，要在得人而理，蓄積有備耳。今此詔加意子賢良，勉郎官於撫字，非握要之典耶？

宋哲宗紹聖元年十一月，詔：河北賑饑，諸路恤流亡官吏，有善狀才能顯著者，以聞。

謹案：世豈無才乎？特患有才而不能知耳。或為小人之所蔽，或在草茅而無聞。即有伏龍鳳雛，不得句馬徽而薦揚之，能致魚水之得歟？此詔有才能者，令舉以聞，人悵恐才之不見用於世矣，何遁跡之有？

孝宗淳熙八年七月，賞監司守臣修舉荒政者十六人。十二月癸卯朔，以徽、饒二州民流者眾，罷守臣官。出南庫錢三十萬緡，付浙東提舉常平朱熹賑糶。丙辰詔：縣令有能修挙荒政者，監司、郡守以名聞。

謹案：賢者賞之，不肖者罷之。又出庫錢，令朱子賑糶，且詔監司郡守各奏修舉荒政之員。天地養萬物，聖人養賢以及萬民，孝宗非身體而力行者哉？

潘潢覆積穀疏内有云：凡境内應有圩岸壩堰坍缺、陂塘溝渠壅塞，務要趁時修築堅完，疏浚流通。倘壞久不修、修不完固，或因而害民者，並為不職，從實按劾施行。遇該考滿，務查水利無壞，方許起送。有能為民興利，如史起溉鄴、鄭國開渠之利，具奏不次擢用，該管官員，亦照所轄完壞多寡分數，定注賢否，一體旌別。

謹案：世之有賞罰，如門之有樞機。賞罰不行，如樞機壞矣，尚能望其啟閉有時而足以衛護多人耶？潘公此疏，歷歷指出，如是者當罰，如是者當升，誠得樞機之妙者矣。

元文宗時，監察御史撒里不花、張士宏等言：朝廷政務，賞罰為先，功罪既明，天下斯定。國家近年，自鐵不迭兒竊位擅權，假刑賞以遂其私，綱紀始紊。迨至泰定，爵賞益濫。比以兵興，用人甚急，然而賞罰不可不嚴。夫功之高下，過之輕重，皆係天下之公論。願命有司，務合公議，明示黜涉。功罪既明，賞罰攸當，則朝廷肅清，紀綱振舉，而天下治矣。文宗嘉納之。

謹案：大舜用九官，誅四凶，德被天下，而功垂不朽。後人可不法之以圖治歟？御史以賞罰為先，文宗嘉之，孰謂非紀綱振舉之朝哉？

明孝宗弘治十年二月，巡撫鳳陽都御史李蕙奏：致仕六安州知州劉鑒，前在州四年，積預備念糧，餘十萬石。後致仕，適連歲荒歉，州民賴倉糧存濟者甚眾。請加旌異。上曰：鑒雖致仕，餘惠在民。其仍進階奉政大夫，以勸為民牧者。

謹案：知州之賢，巡按之奏，孝宗之賞，皆得報功要法，可以勵繼起。但其在任之時，其竭力圖維，預備倉糧，潔己愛民，不聞上臺奏請；直待餘惠及民，而始邀天眷。其初之蔽賢者，非姦佞而何？

周孔教扶蘇時有云：大司徒保息萬民之政，既曰恤民，又曰安富。大率民不可以勢驅，而可以義動。故民有出粟助賑、煮粥活人者，上也；有富民巨賈趁豐糴穀，歸里平糶，循環行之，至熟方持本而歸者，次也；有借粟、借糧、借牛於鄉人，待年豐而取償者，又其次也。凡此之民，皆厲尚義，於此權其輕重，或請給冠帶，或特給門匾，或給以賞帖，後犯杖罪，子孫皆可准折，皆所以獎之而不負之也。此在會典及累朝詔旨俱有之，有司所當急行者也。

謹案：夫子云：道千乘之國，敬事而信。可見信為治國之本。救荒者，饑時賴之以教民，事後豈可置之而不問？周君序三種救荒之人，急宜表彰，綱舉目張，斯為得信賞必罰之道。

必賞罰總論曰：古云：有功不賞，有罪不誅，雖唐虞不能以化天下。今多列報功而罰罪不載，非謂不職者可以寬其罰，蓋不待事畢，早已逐而去之也。此即范仲淹一家哭何如一路哭之意耳。昔高澄問政要於杜弼，弼曰：天下大務，莫過於賞罰。賞一人，使天下之人喜，罰一人，使天下之人懼，二事不失，自然盡善。時有聞弼之言者，大說曰：言雖不多，於理甚要。故明於致治者，無不以二端為大務也。漢唐之典、宋元之事，盡列於前，彰彰可據。至劉鑒之不蒙即賞者，蔽賢者之罪也。周孔教之欲獎尚義者，勵眾之道也。乃知災傷之際，不有賢良建策斡旋，解民倒懸，出之湯火，孰與活垂斃而生餓殍？《禮記》云：聖人南面而治天下，報功其二也。可見賞罰者，致治之大典也，而可忽乎哉！不特此也。城市鄉村，若有孝弟節義之人，或敦倫，或濟世者，此亦天地之正氣，人間之儀表，安可不一併表揚，以彰有德？果能若是，是無往而不以唐虞之治治天下矣。國有不治，社稷有不安者哉？

四、籌匱乏以防薦饑

漢景帝時，上郡以西旱。復修賣爵令，而裁其價以招民。

謹案：救荒如教焚，惟速為佳。使價稍高，則觀望者多後。今裁價而招民，人必勇往向前，可謂納粟救荒之善策矣。何匱乏之有？

宣帝地節三年，京兆尹張敞上書：國兵在外，田事頗廢，素亡餘積，雖羌虜已破，來春民食必乏□窮僻之處，買亡所得，縣官穀，度不足以賑之。

願令諸有罪，非盜受財殺人及犯法不得赦者，皆得以差入穀。此八郡贖罪，務益致穀，以預備百姓之急。左馮翊蕭望之駁議曰：今欲令民納粟贖罪，則富者得生，貧者獨死，是貧富異刑而法不一也。西邊之役，民失作業，雖户賦口斂，以贍其困乏，古今通義，百姓莫以為非。以死救生，恐未可也。

謹案：無辜之民，困之以賦，不若令有罪之人贖之以財，出其情願，輸其當然，寬一人而生數十人之身命，通變之方，莫妙於此。況狡猾之民，得安其生，四方安樂，民皆改行從善。所謂禮義生於富足。此際轉移，真不費之惠矣。可勿行哉？

南北朝齊何敬叔為長城令，有能名，在縣清廉，不受禮遺。夏節至，忽牓門受餉，數日中得米二千餘斛；他物稱是。悉以代貧人輸稅。

謹案：一人受污，四境得食，非智者能之歟？然其污也易釋，其智也實深。君子曰潔己愛人，莫敬叔之若矣。

唐代宗時，劉晏掌財賦，以為户口滋多，則賦稅自廣，故其理財以愛民為先。諸道各置知院官，每旬月具州縣雨暘豐歉之狀白使司。豐則貴糴，歉則賤糶，或以穀易雜貨供官用，及於豐處賣之。知院官始見不稔之端，先申至某月須若干蠲免、某月須若干救助。及期，晏不俟州縣申請，即奏行之。應民之急，未嘗失時，不待其困斃流亡餓莩，然後賑之也。由是民得安其居業，户口蕃息。

謹案：《大學》一書，劉晏能熟讀『有德有人』一節，行之事而見諸政。其後除劉公之外，凡理財者，或急急於徵求，恤災者且遲遲而賑救。不釦國之與民，所係甚重，倘有偏災，即為救濟，務使民有安全之樂，而無困厄之憂，則誠仁主愛惠子民之至計矣。

宋范純仁知襄城。襄俗不事蠶織，鮮植桑者。純仁因民之有罪而情輕者，使植桑於家，多寡視罪之輕重，按所植榮茂，與除罪。

謹案：愛民之人，罰之者即所以益之也。開一面之恩，錫自新之路，與蒲鞭示辱、醇酒強人同一意耳。況瘡痍初起，尤當以此為法。

元祐間，蘇軾守杭，嘗於城中創置病坊，名曰安樂坊，以僧主之。仍請於朝，三年醫愈若干人，乞賜紫衣度牒一道。復買田，歲收租米千斛資之。軾還朝，近臣有以黃白金為饋。軾恐卻之以拂故人意，受之則傷廉，乃悉畀於杭，用助買田，而以書致謝意。

謹案：東坡此舉，即劉凝之受餉分給之意也。人不我拂，德及萬民，一舉而數善備焉。嗟夫！東坡行之於前，以救疾疫；今人何不踵行於後，使災民得所養耶？

孝宗興隆間，中書門下省言河南、江西旱傷，立賞格，以勸積粟之家。凡出米賑濟，係崇尚義風，不與進納同。

謹案：崇尚義風，不與進納同。此二語，鼓舞天下救荒捐納之人，真妙語也。一種愛民深心沛乎筆底，宜榜示四海，以為捐納者勸。

朱熹奏內有云：湖南、江西旱傷，米價踴貴，細民艱食。理合委州縣官勸諭富室，如有賑濟饑民之人，許從州縣保明申朝廷，依今來立定格目，給釋付身，補授名目。竊恐有司將同常事，未即推恩，致使失信本人，無以激勸來者，欲望聖慈特降睿旨，依已降指揮，將陳夔等特補合得宵資，庶兒有以取信於民，將來或有災傷，易為勸諭。

謹案：聖賢之心，豈為捐粟者計，實為阻饑者謀。若荒而令之捐，熟而遲其授，適有不足，再欲舉行，其誰我信？《左傳》有云：君子之言，信而有徵，故怨遠於身也。

毛鼎新，黃岩人，授浙西提舉茶鹽司准遣，改常平司准遣。其長有欲獻羨餘四十萬者，鼎新力爭，以置社倉。

明陳善曰：鼎新此舉，不啟君上之侈心，而於民有德，且俾其長免言利干進之咎。一舉而三善具焉。

明宣德末，永豐饑，亂民嚴季茂等千餘人就縛。布政陳智伯謂脅從者眾，不可概令瘐死，倡捐俸為粥賑之。奏報決首惡三十餘人，餘皆免。時有告富民與賊通者三百餘人，智悉令詣官自告，諭之曰：果若人言，下吏鞠訊，爾尚能保家乎？今若能出粟濟饑民，當貸爾。眾流涕乞如命。得粟萬餘石，所活不可勝計。

謹案：富民遭官一審，家資盡入吏胥之手，饑民其有濟乎？陳公使之出粟活人，真上智也。窮黎被脅而從，情有可矜，富家向賊求生，子理可恕，處之悉當。非秦鏡歟？

成化間，朱英巡撫甘肅，尋總督兩廣。在甘肅積軍羨三十萬，在兩廣四十餘萬，流民復業者十五萬家。或謂：公先後督撫，積羨撫民，功多矣。何不奏聞？英言：此邊臣常分，何足自薦？

謹案：流民復業者十五萬家，非以積羨濟之，而能然歟？在甘肅，在兩廣，莫不以積羨撫民，且弗自薦，心何純也？較之獻於天子而邀榮遇者，天壤矣。

御史鍾化民疏內有云：積儲之法，在民莫善於義倉，在官莫善於常平。中州常行此法矣。但官府之遷轉不常，倉庫之廢興不一，燃眉則急，痛定則忘，豈有濟乎？臣令各州縣，查將庫貯糴本及堪動官銀，穀賤則增價以糴，穀貴則減價以糶。設遇災荒，先發義倉，義倉不足，方發常平，不必求賑，在在皆賑恤之方，無事發粟，年年有不費之惠也。昔神農之教曰：有石城十仞、湯池百步、帶甲百萬，無粟不可守也。倉稟既實，奚憂盜賊哉？湯：音商。湯滄者，水盛之池也。

謹案：燃眉則急，痛定則忘，圖治之所切戒者，莫大於此。若饑後而不為之備，又何以長享升平，世稱至治乎？所以村村有儲，處處有倉，則民殷富，而水旱可無急迫之憂。

籌匱乏總論曰：年運之荒歉，實無常也，而窮民之待哺，情孔亟焉。偶值無年，必多匱乏，苟不設法補足社倉，不猶生之於東隅，而窘之於西榆乎！用集其四，以備采擇：一曰捐職，二曰贖罪，三曰用羨餘，四曰假饋納。勸分未嘗不妙，但恐難言於既輸之後耳。捐職如景帝之裁酌，宋孝宗之諭義，深得鼓舞之方，朱夫子則又論之詳而勉之至，是法可勿行乎？贖罪，張敞所論，千古嘉謨，免一人之死，救千百人之生，豈蕭望之所能及哉？法內行仁，范忠宣、陳智伯又為之最矣。以羨餘而備荒者，則有毛鼎新、朱英之可鑒；將饋納而賑救者，則有何敬叔與蘇東坡之可憑。皆潔己愛民之君子，何皆莫之法也？若使理財者能如劉晏，籌社倉者能如鍾化民，尚有燃眉則急，痛定則忘之誚乎？古者三年耕，必有九年之蓄，以三十年之通制國用，總以籌匱乏於豐年，不使民間有災荒饑饉之苦耳。仁哉聖心！典制所垂，抑何惠民深而憂民之心更如此其懇摯也耶？

五、尚節儉以裕衣食

陶唐氏帝仁如天，智如神，就如日，望如云。金銀珠玉不飾，錦繡文綺不展，奇怪異物不視，玩好之器不寶，淫佚之樂不聽，宮牆室屋不堊色音惡，白土也，衣麗不敝盡，不更為也。

謹案：人知聖人之儉乎？心乎萬民，不但不以金玉錦繡為貴，亦無暇及於此也。隋文未嘗不儉，閉粟吝施，不知君民一體之理，擾鳩鵶而學鵬飛，不能仿佛於萬一耳。

齊相晏嬰字平仲，今山東萊州府人。嬰以節儉重齊，一裘三十年，豚肩不掩豆。齊國之士，待以舉火者七十餘家。

謹案：晏嬰，齊相也；蕭何，漢相也。一衣食之儉也如此，要亦無恆產之足治矣。後世美嬰而不美何者，嬰能儉以及人，而何但知為子孫計耳。

漢杜詩，字公君，河內汲人也。仕郡功曹，遷南陽太守。性節儉而政治清平，以誅暴立威，善於計略，省愛民役，造作水排，鑄為農器，用力少，見功多，百姓便之。又修治陂池，廣拓土田，郡內比室殷足。時人方於召信臣，故南陽為之語曰：前有召父，後有杜母。

謹案：為政而以母稱，其惠之及民也可知矣。身崇節儉，農務為先，以致比屋殷足，較於分俸及人者，更握其要。吾願愛民之君子，皆以杜公為法可也。

羊續，字興祖，太山平陽人也。中平三年，拜南陽太守。當人郡界，乃羸服間行，侍童子一人，親歷縣邑，采問風謠，然後乃進。郡內驚竦，莫不震懾。時權豪之家，多尚奢麗。續深疾之，常敝衣薄食，車馬羸敗。府丞嘗獻生魚，續受而懸於庭。丞後又進之，續乃出前所懸者，以杜其意。靈帝欲以續為太尉，時拜三公者，皆輸東園禮錢千萬，令中使督之，名為左騶。續乃坐使人於單席，舉緼袍以示之，曰：臣之所資，惟斯而已。

謹案：力挽頹風，人之所難。興祖間行入郡，矯其故弊。舉緼袍以示使者，不以三公易其介。名垂後世，較於富貴一時，歿則無聞者遠矣。

南北朝孔奐，字休文，晉陵守。清白自勵，妻子不入衙齋，得俸即分贍孤寡。一郡號曰神君。富人殷綺，見其儉素，饋以氈衣。奐謝曰：百姓未周，豈容獨享溫飽？

謹案：孔君之儉素，必欲百姓足而始自享其溫飽，則無時無刻不以窮民為念矣。其分俸也，在所必然；氈衣之惠，徒增其歎。今之為守者，對孔君而果能無愧歟？

唐高祖武德二年，詔曰：酒醪之用，表節制於歡娛；芻豢之滋，致甘旨於豐衍，然而沉湎之輩，絕業亡資，惰窳音與之民，騁嗜奔欲。方今烽燧尚警，兵革未寧，年穀不登，市肆騰踴，趨末者眾，浮冗尚多，肴羞麴糵，重增其費。救敝之術，要在權宜。關內諸州，官民宜斷屠酤。

謹案：人情多縱，知流而不知節，知放而不知檢，欲倉箱之固也得乎？一遇饑年，仍為俄莩。此詔令官民盡斷屠酤，誠得節制嗜欲之道矣。

太宗嘗怪舜造漆器，禹雕其俎，諫者十餘不止，小物何必知耶？諫議大夫褚遂良對曰：雕琢害農力，纂繡傷女工，奢靡之始，恣縱之漸也。漆器不止，必金為之，金又不止，必玉為之。故諫者救其源，不使得開；及夫橫流，則無復事矣。帝諮美之。

道案：奢靡之始，恣縱之漸，天子且然，而況小民乎？倉箱朝盡，困窘暮乘，非死即流，勢所必至，可不知所以節之哉？褚公之對，自天子以至庶人，皆不可不察也。

宋寇准，字平仲，渭南人。真宗朝拜相，決策成澶淵功。寢室一布幃，二十載不易。封萊國公。處士魏野贈詩曰：有官居鼎鼐，無地起樓臺。北使至，曆視諸宰執，語譯者曰：孰是無地起樓臺相公譯，音亦，即今之通事也？

謹案：清介而為外邦之所慕，豈他人所能及哉？叱堂吏之例縛，謝門生之三策，皎皎素風，可規天下。此枯竹生筍，而竹林祠之所由起也。可云生無樓閣地，死有竹林祠。

仁宗時，右司諫龐籍奏：臣昨在太平州界，檢會廣德軍判宮錢中孚等狀，稱諸鄉貧民多食草子，名曰烏昧，並取蝗蟲暴乾，摘去翅足，和野菜煮食。臣竊思之，東南上供糧米，每歲六百萬石，至府庫物帛，皆出於民。民於饑年艱食如此，國家若不節儉，生靈何以昭甦？臣今取草子封進，望宣示六宮藩戚，庶抑奢侈，以濟艱難。

謹案：龐公之論節儉，欲先君而後民，由官廷而及國，誠得為治之本。民之所輸若彼，所食若此，不深為可歎哉？是故聖君愛民，必使六合咸享豐盈，衣食充足，猶不敢少有崇侈以自奉也。此粟紅貫朽，所以稱文景之盛治耳。

元成宗大德九年，西域賈人，有獻珍寶求售者，議以六十萬錠售其直。省臣有謂左丞尚文者曰：此所謂押忽大珠也。六十萬售之不為過矣。文問：何所用之？答曰：含之可不渴，熨面可使自有光。文曰：一人含之，千萬人不渴，則城寶也。若一寶止濟一人，其用已微矣。吾之所謂寶者，米粟是也。有則百姓安，無則天下擾。以功用較之，豈不愈於彼乎？

謹案：世之寶珠玉者多矣，有能因珠玉而念及米粟，以濟百姓者幾人？賢哉左丞也！照乘之珠，不足以安社稷，卞和之玉，後復仍授他人，何不寶米粟，以濟蒼生，永國祚而享帝王之福哉？

明太祖洪武三年，詔：禁民僭侈，凡庶民之家，不得用金繡、錦綺、紵絲、綾羅，止許用細絹、素絲。其首飾釧鐲，並不許用金玉、珠翠，止用銀。五年，

詔：古之喪禮，以哀戚為本，治喪之具，稱家有無。近代以來，富者奢僭狃分，力不及者，揭借財物，炫耀殯送，及有惑於風水，停柩經年，不行安葬。宜令中書省集議定制，頒行遵守，違者論罪如律。十四年，令農民之家，許穿綢紗絹布，商賈之家止許穿絹布；如農民之家，但有一人為商賈者，亦不許穿綢紗。

謹案：有可用而不用，謂之儉約；有不當用而用，謂之僭妄。今民間僭妄者多，非有司之過歟？洪武三詔，獨十四年令內，尤多重農之意。敦本而節人，非深明治道者，有此美政耶？

海瑞知淳安縣時，鄢懋卿總理天下鹽政，驕奢無度。每巡視郡縣，所過供給費且不貲，獨瑞供帳菲甚。懋卿雖怒，素聞其強項，亦斂威去。後擢主事，抗章直諫，剛正動於一時。至萬曆十三年，帝聞其名，擢為南僉都。一時京師自大僚以及郎丞，無不奉法，而雨花、牛首等景遊晏頓絕。都人巷議，比之包老復生。

謹案：細閱剛峰之抗疏與椒山之諫章，片言隻字，皆非他人所敢道也。一種忠君愛国之心，溢乎筆底。不知其有身矣，遑惜其他。痛哉！椒山蒙不測，剛峰得善終者，反側之徒已去故也。其清介之風，足以衛民，足以易俗，非斯民之保障哉？

尚節儉總論曰：奢與儉較，儉固美矣，但儉而不能有益於人，見法於世，不因吾儉而去其奢，或惡其奢而師吾儉，此即於陵仲子之流矣。烏乎！取帝堯節於己而儉於世，澹泊無為，太古之風也。唐高祖、明太祖，皆躬崇節儉，垂裕後人。晏嬰以及海瑞諸君子，儉以持己，惠及親鄰者有之，富足斯民者有之，名聞外邦者有之，移風易俗者有之，靡不因我之儉而有益於世者也。可不則之以範斯民哉？昔宋均有言：廉吏清在一己，無益百姓，似乎不足多也。故其廉，使非於陵仲子之廉，兼能濟人，未俗頹風，賴之而振，始可稱有功於斯世耳。白香山有云：人民之貧困者，由官吏之縱欲也；官吏之縱欲者，由君上之不能節儉也。故上一節其情，而下有以獲其福，上一肆其欲，而下有以罹其殃。此至言也。《易》曰：節以制度，不傷財，不害民。是節者，素為聖人君子之所重矣。曷勿身以先之，固萬姓之倉箱，而為久安長治之道哉。

六、敦風俗以享太平

魏文侯時，西門豹為鄴令，發民夫鑿渠，引漳水灌田，以甦民困。俗信女巫，歲為河伯娶婦，選室女投河中。豹及期往視，指女曰：醜。煩大巫報

河伯。即呼吏投之，群巫驚懼乞命。從此禁止。

謹案：利不興，則民無以豐衣食；害不除，則人何以安室家。有一於此，太平何由得享？今西門豹之為鄴令也，引漳水以灌田，溺大巫而救女，是拯民於陷阱之中，而登之衽席之上者矣。惡俗頹風，有不為之煥然一新歟？漢景帝末，文翁為蜀郡守，廣仁愛，好教化。見蜀中僻陋，有蠻地風，文翁欲誘進之。乃選郡縣小吏有才者張叔等十餘人，親自飭厲，遣詣京師受業博士，或學律令，有至郡守刺史者。又修起學宮於成都市中，高者以補郡縣吏，次為孝弟力田。由是教化大行。至武帝時，乃令天下郡國皆立學校官，自文翁為之始云。

謹案：人之禮義廉恥，四維也。使無學校教誨，將不知四者為何物矣，何由而大其德業，享其大平？文翁施仁愛而廣教化，不特蜀中為之一新，天下後世，皆為之感動。故學校之官，雖建於武帝，而實由文翁始，其有功於名教不亦多耶？

明帝永平二年，幸辟雍，拜三老五更，引五更桓榮及弟子升堂。上自為辨説，諸儒執經問難於前，冠帶薦紳之士，圜橋門而觀聽者蓋億萬計。自天子諸王侯及大臣子弟、功臣子孫，莫不受經，後宮親厲概不重用。以是吏得其人，民樂其業，遠近畏服，户口滋殖。

謹案：勛業爛然，光照天地，必從古今典冊中來。則致治之道，捨經書禮樂之人，其誰與歸？惟文帝首重斯文，不用國威，而循良疊見，若郭賀、宋均、劉平諸君子之美政，彰彰青史，則之而可以惠民，可以致治。凡欲廣教化，美風俗者，曷不以明帝為法哉？

仇覽，一名香，為蒲亭長。有陳元者，母訟其不孝。覽驚曰：守寡養姑，奈何欲致子於法？其母遂感悟而去。覽親至其家，諭以大義，卒成孝子。邑令王渙曰：不罪陳元，殊少鷹鸇之志。覽曰：鷹鸇不如鸞鳳耶？

謹案：革人之面，不若革人之心；置人之死，不若救人之生。王渙能以王法坐不孝，仇覽獨不能以嚴刑治逆母乎？覽則不然，躬行勸化，使蒙天性，慈者慈而孝者孝，不特陳元思報劬勞之德，而闔邑無不動孝養之心，有恥且格，末俗一新，是王渙欲為其易，而仇覽獨任所難。鸞鳳鷹鸇之喻，不信然乎？

隋辛公義為牟州刺史，下車先至獄所，決斷十餘日，囹圄空。後有訟事應禁者，公義即外宿。人問故，曰：忍禁人在獄，而我獨安寢乎？自是州人感化，以訟為恥。

謹案：無謂末俗之難移也。上果有愛民之官，下斷無不化之民，於公義見之矣。訟之為害也，結深仇，費錢帛，起姦偽，隳事功，不一而足，人情由此而惡薄，風俗何由而得新？今辛公以清獄之德、外宿之誠感動愚頑，州人悉以訟為恥，非古之遺愛歟？

趙煚音景字通賢，為冀州刺史。市多姦偽，煚造銅斗鐵尺，置之肆間，百姓稱便。上聞而嘉焉，詔天下如其法。嘗有盜田中蒿者，為吏所執。煚曰：此刺史不能宣化故耳。彼何罪也？慰諭勸之，令人載蒿一車賜盜。盜感泣過於嚴刑。

謹案：夫子云：道之以政，齊之以刑，民免而元恥，何若以德禮化民，使其有恥且格之為美哉？趙煚知其然，作偽者，製器以防之，為盜者，載蒿以愧之，不尚嚴刑峻法，惟期教化風行，姦詭有不為之易轍耶？

唐太宗即位之初，嘗與群臣語及教化。上曰：今承大亂之後，恐斯民未易化也。魏徵對曰：不然。久安之民常驕佚，則難教；經亂之民多愁苦，則易化。封德彝非之曰：三代以還，人漸澆訛，故秦任法律，漢雜霸道，蓋欲化之而不能也。徵又曰：五帝三王，不易民而化，行帝道而帝，行王道而王，顧所行何如耳？若云漸澆，今民當悉化為鬼魅矣□帝從徵言。

謹案：太公之封於齊也，五月而報政，伯禽之治魯也，三年而報政，不各隨其上之所道耶？德彝烏足以知之。不數年，太宗之教化大行，非風俗之一變乎？甚矣！魏徵之言，彰彰有驗也。於以知忠厚存心者，未有不獲忠厚之報也。

徐有功為蒲州司法參軍，不忍杖民。人服其德，更相約曰：犯徐參軍杖者，眾必共斥之。以故訖代不辱一人。時武后聞知，授有功為刑曹。數犯顏敢諫，持平守正，執據冤罔。嘗與太后反覆辨論，太后大怒，命拽出斬之。有功回顧言曰：臣雖死，法終不可改。至市臨刑得免。凡三坐大辟，終不挫折，將死晏然。後以此益重之。所全活者甚眾，酷吏為之少衰，然疾之如仇矣。卒年六十八，授一子官。張文成為有功贊曰：虎尾而勿諒，觸龍鱗而不懼者也。

謹案：一人貪生，千人立死。有功寧犯顏而辯枉，不因將斬而易辭，仁愛與直節並行。執法者則之，何失入之有？

宋沈度，字公雅，為餘幹干。父老以三善名其堂，一曰田無廢土，二曰市無遊民，三曰獄無宿係。

謹案：聖人不云乎，斯民也，三代之所以直道而行也，官有善政，民不譽，皆其良心之所發而不容泯者也。田無曠土，則家有餘粮；市無遊民，則廛無曠業；狹無宿係，則囚乏冤民。三者備而民心得，有不咸欣至治而興來暮之歌哉？

朱熹知彰州，奏除屬縣無名之徵，歲免七百萬。以俗未知禮，采古喪葬嫁娶儀制，揭以示民，命父老傳訓其子弟。拆毀淫祠，禁士女遊集僧舍。風教一端。

謹案：去民横徵之苦，導人儀制之間，非以世道人心為己任者，焉能及此？文公先釋其困苦，後教其婚喪，循循善誘，風教一新。惜乎不令其久居廊廟，大行其淑世導民之德意耳！

元仁宗皇慶二年春三月，御史中丞郝天挺上疏論時政，陳七事：一曰惜名爵，二曰抑浮費，三曰止括田，四曰久任使，五曰論好事，六曰奬農務本，七曰勵學養士。帝皆嘉納，詔中書悉舉行之。

謹案：凡帝王能納善言，美時政，未有不享一統之盛而樂物阜民康之樂者也。今仁宗詔中書舉行郝御史所陳之七事，理之所當廢者，則必盡去，世之所仰望者，又必盡興，政教一新，人情踴躍，沛乎莫遏無往，而不見一道同風之治矣！

明太祖曰：朕嘗取鏡自照，多失其真。冶工曰：模型不正故也。聯聞之惕然。人主一心為天下型，一不正，百度乖矣。可不慎乎？

謹案：模型正矣，使用人不明，理財未善，舛錯其政，亦難致一道同風之盛。此圣於二者，所以特舉之而並重也。明太祖以鏡自勵，握其要道，克慎克勤，范我黎民，非致治之主耶？

敦風俗總論曰：民之日流於污下而不能享太平之福者，人知之乎？皆由未知孝弟忠信、禮義廉恥之為重耳。如父兄能以此而教子弟，師友能以此而曉愚蒙，在位者察其言行，奬其淳良，民惟恐身之不端而見棄於大人君子矣，風俗有不敦者哉？但異端不息，則人心難正；學校不興，則教化不廣；孝弟有虧，則人倫未備；冤獄不申，則明慎多慚。是皆有負於一人，而獲罪於天下者也。嗚呼！小民之焦勞初釋，衣食方充，若不身白力行，格彼非心，雖處於豐亨明盛之時，恐亦變而為頹敗委靡之俗矣，不大為可憂哉？曆稽往哲，溺女巫而毀淫祠者有人，修學宮而幸辟雍者有人，教以敦倫，寧如鸞鳳，力爭冤獄，甘觸龍鱗，心何仁而膽何壯也。又有格民恥訟，愧盜如刑，不待刑罰為章程者，非皆以善教得民心、力任移風易俗之仁人耶？然民亦有以三善名其堂者，益見斯民也，三代之所以直道而行者也。信乎夫子之言！君子之德風，小人之德草，草上之風必偃。厚其生，復其性，有不永亨太平之福者哉？

又 卷四《賑粥須知》 賑粥論曰：粥廠之當開，其事雖見之於古人；粥廠之宜備，其法又宜宣之於後世，庶幾一目了然。何者當先？何者宜後？斷宜選擇者何人？必不可少者何事？悉以古人之法為法，既無遺漏，又不泛施，使餓莩藉之而生，枵腹賴之而活。雖云一粥，是人生死關頭，須要一番精神勇猛注之，庶幾闒市窮鄉，皆沾利益。又聞昔伊川先生論賑粥云：惟有節則所及者廣。又云：救饑者，欲其免死而已，非欲其豐肥也。觀於此言，又可知賑濟之中，亦應有節制之道矣。

官長開廠賑粥法

陝西畢巡按發刻張司農救荒十二議

一、親審貧民。先令里長報明貧户，正印官親自逐都逐圖，驗其貧窘，給與吃粥小票一張，填寫里甲姓名，許執票入廠，仍登簿。萬不可令民就官，往返等候，先有所費。要耐勞耐久，細心查審。

明胡其重曰：若賑可稍緩，則須親審；若州縣遼闊，遍歷不完，而賑又不可緩，則須於寄居官等，擇其有德有品者，分任其事亦可。

二、多設粥廠。衆聚則亂，散處易治，昔富鄭公設公私廬舍十餘方區，而安處其民，又多設粥廠。今議州縣之大者，設粥廠數百處，小者亦不下百餘處，多不過百人，少則六七十人，庶釜爨便而米粥潔，鈐束易而實惠行。

謹案：司農之得手處，全在此一條。妙在廠多，則人不雜，各賑各方，而且易於識認，又無途宿風雨之苦。

三、審定粥長。數百貧芪之命，懸於粥長之手，不得其人，弊竇叢生。務擇百姓中之殷實好善者三四人為正副而主之，即富鄭公用前資待缺官吏之意也。

四、犒勞粥長。饑民群聚，易於起爭，粥長約束，任勞任怨，上不推恩激勸，待以心腹，誰肯效力盡心？故宜許其優免重差，特給冠帶匾額。近則又有一法，半月集粥長於公堂，任事勤勞者，以盒酒花紅勞之；惰者量行懲戒，以警其後。

謹案：此法極善，可以鼓舞衆人，而且易為。值有善人能人，不妨任粥長當堂稟用，官即具帖，請來廠中協力料理。

五、親察廠弊。粥廠素稱弊藪，惟在稽察嚴密，然非守令躬察，則不知警。

又有以逸待勞之法，限粥長三五日執簿赴堂領米，諄諄囑其用心、察其勤惰。又要時加密訪。置大簽四根，書東南西北四字，日抽一簽，如東字，單騎東馳，不拘遠近，直入廠中。果有弊者，造作不精者，分輕重而懲治之，不可貸也。

六、預備米穀。倉廩不實，支取易匱，或動支官銀糴買，或勸借義民輸助，必須多方設法，預為完備。凡煮粥之米，既交粥長，或搬運，或變賣，任從其便。只要有米煮粥，不許吏胥因而索詐。

七、預置柴薪。廠中器皿，不可強借，惟鐵杓必須官給兩個，恐有大小故也。煮粥之柴，其費最多，粥長等既任其勞，那堪再行賠累□即令粥長，在所領米內扣出其米，變賣作價可也。

八、嚴立廠規。馭饑民如馭三軍，號令要嚴明，規矩要畫一。印簿照收到先後順序列名，鳴鐘會食，唱名散簽。凡散粥，或單日自左行敢起，或雙日自右行散起，或自上散，或自下散，或自中散，互為先後，則人無後時之歎，不至垂涎以起爭端。敢有起立擅用粥灶者，即時扶出除名。粥長不遵規矩，亦有所懲。

九、收留子女。預示饑民，不可擅棄子女，然而饑寒困苦，難保其無。萬一有之，令里老保甲老人等收起，抱避官局收養。仍給送來之人數十文，以作路費，庶可酬其奔走之勞。

十、禁止賣婦。賣婦者，當嚴為禁止。倘有迫切真情，將夫妻仍收入廠中。婦令撫嬰，男歸廠用，事完聽去。

十一、收養流民。最苦者，饑民逃竄，以路為家。須於通衢寬空處，另立流民廠，另置流民簿，隨到隨收。如若滿百，須增廠舍。若乞丐，又立花子廠，不得與流民共食。

十二、散給藥餌。凶年之後，必有癘疫。疫者，萬病同證之謂也。不論時日早晚，人參敗毒散，極效；或九味羌活湯、香蘇散，皆可。但須多服，方有效驗。合動官銀，令醫生速為買辦，合廠散數十帖，以濟貧民。至夏間有感者為熱病，敗毒散加掛苓甘露飲神效。敗毒散內，不用人參，加石膏為佳。再令時醫定奪，必不誤也。

謹案：畢公諱懋康。賑粥於陝西，方曆二十九年事也。其入關之始，見饑民嗷嗷待哺，乞生無路，乃云：莫如煮粥最善。故將張司農救荒十二議，即發刻施行，薦拔勤員，特參惰慢，務令有司以一段真精神救護元元。可稱賢大夫矣。

山西巡撫呂坤賑粥法

一、廣煮粥之地。饑民無定方，而煮粥有定處。若不多設處所，以粥就民，恐奔走於埸，難宿於家，或朝食一來，暮食一來，十里之外，不勝奔疲，不便一也；壯丁就粥，便可隨在歇止，而老病之父母、幼弱之小兒、羞怯之婦女，餓死於家，其誰看管？不便二也；乞粥以歸，不惟道遠難攜，亦且妄費難察，不便三也。不如十里之內，就近村落寺觀之處，各設一場，庶於人情為便。

一、擇煮粥之人。舊日監督主管，多委里甲老人。嗟夫！難言之矣。尤迫切之心，則痛癢不關，而事必苟；無綜理之才，則點察失當，而事恒不詳；無鎮壓之力，則強者多，暴者先，而惠不均。故定煮粥之法，當選煮粥之人，先令之講求，講求既明，正印官親與問難。如於立法之外，另有良法者，即行獎賞。則人人各奏其能，而仁術益精詳矣。

一、行勸諭之令。善不獨行，當與善者共之。正印官執一簿籍，少帶人數，各裹糇糧，遍到鄉村。看得衣食豐足、房舍齊整之家，便入其門，親自勸勉，或願捨米糧若干，或願煮粥若干日，飼養若干人，務盡激勸之言，無定難從之數。如有所許，即令自登簿籍，先送牌坊等樣，為之獎勵。

一、別食粥之人，凡來食粥者，報名在官，立簿一扇，分為三等六班。老者不耐餓，另為一等，粥先給，稍加稠；病者不可群，另為一等，粥先給；少壯，另為一等，最後給。此謂三等。造次顛沛之時，男女不可無辨。男三等在一邊，女三等在一邊，是為六班。

一、定散粥之法。擂鼓一通，食粥之人，男坐左邊，以老病壯為序；女坐右邊亦然。每人一滿碗，周而復始，大率止於兩碗。老病者，加半碗一碗可也。每日夕，人給炒豆一碗。

一、分管粥之役。大粥場立總管一人，常簿二人，司積二人，管米豆，俱以廉干者為之；每鍋灶頭一人，炊手一人壯婦人更好，柴夫一人，水夫一人，皆以食粥中之壯者為之。但有惰慢及作弊者，即時杖逐。

一、計煮粥之費。凡米須積在粥廠嚴密之處，司積者自帶鎖鑰。每日每人以三合為率，食粥之人，每日增減不同。掌簿先一夕日落，報名數於司積，令某鍋煮米若干。司積冒破米豆者，每一升，罰一擔；灶頭克減米豆者，不論多少，重責革出。

一、查盈縮之數。不分軍民良賤，不論本土流民，除強壯充實男女不可輕收外，其餘但係面黃肌瘦之人、尪羸襤褸之狀，即准收簿。每簿分男女二扇，每班常餘紙數葉，以備早晚續到之人。其人以日為序。如正月初一日趙甲，某府某縣人，見在何處居住，有子無子。初一、初二以次登記。

一、備煮粥之具。布袋若干條，大鍋若干口，木杓若干隻約與碗大，木碗若干個碗，令食粥者自備甚便，但大小不一，恐多寡不同，大木杓若干個，水桶若干隻。柴薪不可多得，即差少壯食粥之人，令其拾采。

一、廣煮粥之處。須行各州縣，一齊通煮，使窮民各就其便，而流來之人，不致結聚。但一場過五百人，即將流民撥於別場，有父於夫妻，一同隨撥，蓋結聚易，離散難，老病婦女何害？少壯男子不散，必為盜於地方。接熟之日，照歸流民法，備發原籍，更為得所。

一、備草薦。饑病之人，坐臥無所，亦易生疾，州縣將穀稻稾秸，織為草薦，令之鋪地，庶不受濕。有力之家，平日肯織千百，或冬月施與丐子，或饑年散給粥場，大陰德事，事完另行獎勵。

一、獎有功。如果有功無過者，原委人役，大則送牌，小則花紅鼓樂，送至其家，以示優厚。

一、旌好義。看其費米之多寡，而定其旌賞之重輕，或送牌坊，或給免帖，或給冠帶可也。

一、賑流民。過往流民，倘過粥場，每人給粥三碗，炒豆一碗，仍問姓名登記，以便查考。

一、貯煮粥器皿。天道無十年之熟，一切煮粥器皿，須令收藏，備造一冊存庫，委付一人收掌。不許變價及被人花費。

謹案：此上皆呂公之良法。其論粥廠，必使數里一場，令人無奔走後時之失，一廠止收二百人，令人無雜聚成疫之害，可為曲盡人情。以餘論之，如辰刻令人食粥一餐，隨以米三合給之，代其下次之粥，民不因官守候二餐，誤其一日之他圖，官不為民令人過勞，日有兩番之料理，較於廣其食粥之地，別其食粥之人，不尤為要哉？

崇禎庚辰年，浙江海寧縣雙忠廟賑粥，人食熱粥，方畢即死。每日午後，必埋數十人。與宋時湖州賑粥，粥方離鍋，猶沸滾器中，饑人急食之，食已未百步而即死者無異。後杭人何敬德知之，遂干夜半煮粥，置大缸中，明旦分給，死者寡矣。其所以必死之故，人知之乎？凡食粥者，身寒腹餒，必然之勢。身寒則熱粥是好，腹餒則飽餐自調，殊不知此皆殺身之道，立死無疑。故賑饑民，其粥萬不可過熱，令其徐徐食之，戒其萬勿過飽，始可得生。賑粥時，尤須大書數紙，多貼於粥廠左右，上書餓久之人，若食粥驟飽者，立死無救；若食粥太熱者，亦立死無救。猶當令人時時高唱於粥廠之中，使瞽目者與不識字之人皆知之，庶可自警。否則，烏能知其久饑與不久饑，而豈可概薄其粥，令其不飽哉？不論官賑民賑，皆宜如是。人之生死係焉！仁人幸無忽也。

舊傳新鍋煮粥、煮飯、煮菜，饑民食之，未有不死者，故廠中須用舊鍋。萬一舊鍋不足，須將新鍋或向庵堂寺院，或向飯鋪酒家，換取舊鍋備用，庶不致損人之命。此又一要法也。

不論男婦到廠吃粥，倘懷中有嬰兒者，許給一人之粥，令其攜歸哺之。彼利此粥，不致棄子，造福更大也。

少婦處女初次到廠吃粥之後，當給半月之糧，令其吃完此米，再到廠中來吃一次，如前給之。後皆仿此。不可令彼含羞忍恥，日日到廠，挨擠於稠人廣眾之中也。

萬曆二十八年，河南大饑。郭家村劉一鵾，既貧且病，囑其妻曰：與其相守而俱亡，何若自圖生計？其妻泣曰：夫者婦之天，死則俱死耳。寧忽相棄乎？後賴御史鍾化民令縣官多設粥廠食之而得生。

謹案：可見救人之死，莫如粥廠。但此廠貴早而不貴遲，枵腹者不能再候也；貴近而不貴遠，貧病者不能遠步也；貴久而不貴暫，禾麥未熟，不能自食也。一鵾可鑒，其他可知。倘此廠急促，不能立辦，庵堂寺院皆可代也。

明末，州縣官之賑粥也，探聽勘荒官次日從某路將到，連夜於所經由處寺院中設廠壘灶，堆儲柴米鹽菜炒豆，高竿掛黃旗，書『奉憲賑粥』四大字於上，集村民等候。官到，鳴鐘敢粥；未到，則枵腹待至下午。官去，隨撤廠平灶，寂然矣。皆耳聞目睹之事。由是推之，民安得不困，國安得不擾？後世官長賑粥，可不視此為戒哉？

凡賑粥，當在十月初旬為始。此際草根樹皮，無從得覓，無粥則有死而已。其止當在三月初旬，此時草木既已萌芽，饑者或有賴子一二也。

因里設廠賑粥法

魏禧言，施粥者，必須因里設廠，若勞其遠行，恐半途僕斃。又須立人監理，令饑民至者，隨其先後，來一人則坐一人，後至者坐先至之下，已坐者不許再起，一行坐盡，又坐一行，以面相對，以背相倚，空其中路，可令擔粥人行走。坐至正午，擊梆一通，高唱給第一次食，令人次序輪散，有速食先畢者，不得混與。一次散訖，然後志梆二通，高唱給第二次食，如前法。共三次即止。蓋久饑之人，腸胃枯細，驟飽即死。惟饑民中稱有父母妻子臥病在家者，量行給與攜歸。處分已訖，方令散去。散去之法，令後至坐外者先行，挨次出廠；庶不擁擠踐踏。又多人群聚，易於穢染生病。須多置蒼術，醋碗薰燒，以逐瘟氣。又不時察驗，嚴禁管粥者克米，將生水攙稀，食者暴死，其碗箸，各令饑民自備。按米多亦不得施飯，欠饑食飯，有立死者。

謹案：魏君之論粥廠，簡而當，切而備，非實與斯民休戚相關，以饑饉為念者不能也。故其救荒策，皆可為後世法，不獨一粥廠也。

擇地聚人賑粥法

城四門擇空曠處為粥場，蓋以雨棚，坐以矮凳，繩列數十行，每行兩頭豎木橛，繫繩作界。饑民至，令入行中挨次坐定，男女異行。有病者，另入一行。乞丐者，另入一行。預諭饑民，各攜一器，粥熟鳴鑼，行中不得動移。每粥一桶，兩人舁之而行，見人一分粥一杓貯器中，須臾而盡。分畢，再鳴鑼一聲，聽民自便。分者不患雜蹂，食者不苦見遺，限定辰申二時，亦無守候之勞，庶法便而澤周也。

謹案：古人賑粥，擇四門之寬廣處而分食之，既免冗雜薰蒸之苦，又無遺出門外之悲，法云妙矣。但四鄉若不仿此賑之，恐饑民盡奔城市，仍難安頓，故不可不廣為之計也。

挑擔就人賑粥法

擔粥法，無定額，無定期，亦無定所。每晨用白米數斗煮粥，分挑至通衢若郊外。凡遇貧乞，令其列坐，人給一杓。每擔需米五六升，可給五六十人之餐，十擔便延五六百人一日之命。或數日，或旬日，更有仁人繼之，諸命又可暫延。無設廠之勞，有活人之實，既可時行時止，又且無功無名，量力而行，隨人能濟眾，每日有仁方矣。此崇禎辛巳嘉善陳龍正賑粥之法也。

明張氏曰：擔粥須用有蓋水桶，外用小籃，備鹽菜琬箸。荒年有外具衣冠，肉實饑餒，不能忍恥就食者，如托人瓶缽取食，勿生疑阻。倘訪知，果赤貧無人轉托者，更宜挑擔上門量給之。

以米代粥分給法

沈少參正宗謂：擔粥法，止可代流亡之在其途者。若救土著之饑民，煮粥叢弊，不若分地挨户，給以粥米，既可活人，又不叢聚。但須分給得當，時加親察，勝如因粥釀疫者多矣。

謹案：分給粥米之法，果能托親覓友、老成忠厚之人，分佈城市鄉村，一體從事，何善如之？

垂死饑人賑粥法

邊海有失風船飄至塘，船中人餓將絕者。急與食，往往狼吞而致死。後有煮稀粥潑桌上，令饑人漸漸吮食之，方能得生。蓋饑腸微細，不堪頓食也。

謹案：以此觀之，凡饑人不可令其吃熱粥而頓飽也明矣。僉事林公故有云：垂死貧民急饘鈣，粥要極稀，毋令至飽。此皆曆有徵驗之言，不可不遵也。

黄虀雜煮增粥法

取菜洗淨，貯缸中，用麥面入滾水調稀漿澆菜上，以石壓之，不用鹽。六七日後，菜變黄色，味有微酸，便成黄虀矣。此後但以菜投人虀汁中，便可作虀，更不復用面。取虀切碎，和米煮粥食之。每米二斗，可當三斗之用。雖不及純米養人，而充塞饑腸，聊以免死，亦儉歲縮節之一法也。

謹案：凶年增數日之粥，即救人幾日之命，豈可視為泛泛？故用黄虀煮粥，凡米二升，可作三升之用，非法之至善者歟？物力雄艱之際，不可不急為預備也。

清 岳濬《議社倉與古異同疏乾隆五年**》**《清經世文編》卷四〇 竊思社倉之設，原以積穀救荒，與常平相爲表里。宋儒朱子所議事目，法良意美，固可循照而行，而因地隨時，猶宜斟酌盡善。我皇上恫瘝在抱，念切民依。因御史朱續晫有舉行社倉之奏，欽奉諭旨：『著各省督撫悉心詳議具奏。』欽此。臣將朱子社倉事宜，逐條細繹，並將江省現在辦理情事，確核細籌，覺與朱子從前舉行之法，有相似而不必盡同者，有已行而毋庸再議，有宜於古未便於今，而不妨稍爲參酌者，敢敬陳之。

一、朱子所議逐年將舊保簿重行編排，細算户口，監官依狀支散一條。臣查編排保簿，各屬城鄉市鎮，皆係保甲專司。江省七十八州縣，奉行保甲已久。每年於冬季時，飭令各保正編排一次，造具各户清冊，毋許遺漏增添。該地方照冊給發門牌，各户懸掛門首，倘遇有賑借散給之事，核算人口米數，查對門牌牌，便可一目了然，至於經管社倉，已選有殷實老成之人，充爲社正社副，董理收放，似毋庸更設隊長鄉官名目。而保簿既有保正甲長編排，亦毋庸更令正副社長編次。其支散之法，應請仍照雍正二年九卿條議，每年社倉臨放時，有願借穀者先期報明社長，總報州縣，計日給發，殊爲允協可行。

一、朱子所議逐年新陳未接，差清強官吏斗子，與鄉官支貸一條。臣查江省出借社穀，每年於青黄不接之時，正副社長稟明州縣，一面通報，一面即行借放，似於四月上旬申府給貸之法相仿，但並無差官同貸之事。查雍正二年九卿條議，社倉穀石任從民便，州縣官止許稽查，毋許干預出納，定例甚屬周詳。若又選差官吏斗子公同支貸，誠恐轉滋煩擾遲滯，似不若仍照定例，責令社長專任其事之爲便也。

一、朱子所議出榜分都具狀給保請貸一條。臣查江省請借社穀，州縣詳報之後，即出示曉諭，除衿監軍役，及不務農業、遊手好閒之人，不必借給外，凡係力田農民情願借貸者取具領狀，同保借給狀赴倉，著令正副社長認識明確，即行照領借給。該社長仍將借狀同保狀，呈送州縣官，查核備案。歷年循行稱便。今若改照每十名爲一保，內有逃亡等情，即令同保均賠。如取保不足十名之數者，不准支給，此固可以杜冒濫之弊，然取保必需十人，萬一鄉僻窮民數不滿十，因無同保之人，遂不得一例支貸，殊爲未便。似不若仍著社正、社副在倉認識借給。倘有冒濫，惟社長是問，是隊長、大保名色，均可毋庸設立。

一、朱子所議支放米用官斗，斗子依公平量一條。臣查江省收放社穀，雍正二年，已准九卿條議，出入務照部頒斗斛，公平較量。現在各屬每倉設有官斗，照收漕糧之例，納户自行平量，立法已爲允協，應請照舊辦理。

一、朱子所議豐年請貸，開二留一，若值饑歉，則開第三倉一條。臣查江省社穀每年出借，議定存六借四，是即存一開二之遺意也。設遇歉年，或盡數借貸，或盡行散賑，自應飭令有司，酌量輕重，隨時辦理，毋庸再議。

一、朱子所議人户所借常倉官米，至冬完納收耗一條。臣查社倉穀石，例當聽民自便。其常平倉穀則掌之於官，未便輕借。在當年或因社穀不敷，不得不將官穀支放，亦一時權宜之計。今江省現貯社穀一十五萬餘石，若復動官米而入民倉，待息米既多，始將原米完官還項。萬一奉行不善，適以滋擾，且官借取息，亦於體制不宜。似不若飭令正副社長止將社穀出借，於秋收後照數收納還倉。至所收息穀，江省業已詳議諮明，每借社穀一石，取息穀一斗。設遇歉收，免其加息。倘本年不能還償，即緩至次年免息交倉，民間稱便。今應請仍照此例遵行。

一、朱子所議出榜定都交納一色乾米一條。臣查江省每年秋收後，社正、社副催各借户納穀還倉，俱係驗明穀色，隨到隨收，毋許阻抑多取。若必示定日期，輾轉告報，勒令一色乾米及同保共爲一狀。倘有未足，即不得交納，未免易滋刁掯之弊，似不若不論何都，聽民隨到隨收，更爲妥便。而出納既總歸社長經管，亦毋庸更差官役同收，致滋擾累。

一、朱子所議，收支米事畢具總散申府縣照會一條。臣查江省各屬捐貯社穀，現在每年歲底，取具動存各數清册，管收除在四柱總册，送部查核。是事畢具總照會之意業經奉行，毋庸另議。

一、朱子所議排保式，開明大小目住址，逐户開列一條。臣查江省現行保甲，所造户門牌，俱將男婦大小名口作何生理，有無産業，逐一注明。是與排保逐户開列之式已屬相符，毋庸再議。

一、朱子所議隊長缺，社首依公差補；社首缺，即申尉司定差一條。臣查江省各屬社正、社副缺出，即令地方鄉約公擇殷實老成之人，報明有司充補。現今奉行已久，是即尉長尉司差補之意。雖名目不同，而法無互異，毋庸更設，以免紛更。

一、朱子所議簿書鑰，鄉官公共分管一條。臣查江省社倉事宜，俱係正副社長輪流收管。其社簿設立二本，一本社長收執，一本繳縣存查。至於鎖鑰，即交正副社長公同分管，以便查看，不時啟閉，現在奉行，毋庸另議。

以上十一條仿之於古，既於朱子社倉事目不甚相懸，而參之於今，復與九卿條奏章程，更無所背。至於各屬士民，捐輸社穀，原以本地之有餘備本地之不足，應如御史所奏。欽遵聖祖仁皇帝諭旨，免其撥協外郡，庶同里之人，共相踴躍，藏得以有備無患。至其如何奉行，可使廣爲儲蓄之處，惟在嚴飭地方官善於勸導，仍照九卿原議勸諭之法，每鄉設立印簿，聽願捐各户自登姓名，捐至十石以上者給以花紅，三十石以上者獎以匾額，五十石以上者申報上司，遞加獎勵，果有好善不倦，捐數甚多者，奏請給以頂帶，以示鼓勵。再正副社長，果能出納有法，鄉里推服，一年無過者賞賜花紅，三年無過者獎以扁額，十年無過者申報上司獎勵。如有徇縱侵蝕等情，即行懲革，按律治罪，均照定例遵行，庶於國計民生均有裨益矣。

清　孫灝《請酌銀穀兼賑之法疏乾隆八年》《清經世文編》卷四四

竊邇年以來，米價無處不昂。我皇上洞悉民間穀貴之故，由設額太多，爭糴太衆，特諭鄰省採買，及捐監收米之例，一概暫停。詔下兩月，萬口歡呼，頌聖鑒之至明，感宸衷之獨斷，天下督撫，惟有並力一心，仰承德音。臣鰓鰓之慮，特恐奉行失術，而速效之心勝之，拘牽之論搖之也。如諭旨在罷捐監，存常平，則必有益鋭於常平者。以爲捐監既停，增額既減，常平奈何弗急？不知捐穀幾等空名，固未嘗爲穀病也。穀病獨在常平，且常平但求足額，亦豈即爲穀病？惟其非一足而即止，一買而即止，日積月累，是以官民交困也。此監例罷，而常平卒不可急者也。又如諭旨在停買鄰省，是舉尤甚者而言，則必有以本省爲無傷者。不知本省穀多，惟江西、湖廣、四川爲然，江南、浙江穀雖多，猶藉鄰省，如福建、廣東、山西等省，則甚不足者也。今以鄰省停買之故，盡返而趨於本省，而州縣之采之多穀之家也，弊至無窮，若零收市販則不敷，封截商船則愈擾也。爭買鄰省，足以貴穀，爭買本省，亦足以貴穀矣。此鄰省停而本省尤不可爭者也。

然臣竊觀今之建議者有二：議救弊者曰，必停採買；議積貯者曰，必實倉儲。夫米之自賤而貴也，以漸而長，則其自貴而賤也，亦必以漸而平。斷未有二兩一石之米，不旬月而竟減爲一兩者，則亦斷未有乍而停之，不移時而又買之，而米價即平於旦夕間者。此停採買之説也。然而常平之法，有糴有賑，然後有買。賑即非常有之事，糴則每歲必有之事。假若一萬石之米，歲糶其什之三，今年停買，明年復然，是兩歲而已缺其什之六也。又明年復然，是三歲而倉幾空矣。如是而復買之，而盡買之，害豈有極哉！此實倉儲之説也。

爲今之計，欲使暫停之速效，勢既有所不能，欲令採買之久停，事又有所不可。是非有術以通其變，而議採買則慮其多，議倉儲復恐其少，議採買則惟恐其行之太驟，議倉儲又惟恐其補之太遲，是兩困之道也。臣昨見少詹臣李清植條議，請酌以銀代賑之法。臣初疑其難行，既而思之，是亦救弊之一策。惟將倉儲合算而無偏於用銀，即調劑採買之法也。夫常平之設，賑糶兼需，糶必資乎穀者也，賑不必定資乎穀者也。查銀穀兼賑之例，上年江南被災最重，現在遵行，其它宜無不可行者。請嗣後地方遇有偏災，其倉儲足供賑恤者，仍照舊辦理。其本地不足，而他處可協濟者，亦仍通融撥運外。倘至倉儲不敷散賑，酌量該地情形，或先盡穀，再用銀，或將銀穀分配湊給，至甚不得已，全以銀代，亦非權宜之必不可通者也。然則銀穀兼賑，其絕無不便乎？不便則亦有之，惟折銀或殊時價耳。李清植現請部酌議矣，外此無不便也。且有數便：銀質輕微，官易散給，人易取攜。一便也。穀貯於倉，多虞黴爛，銀則無是。設有侵扣，立可查驗。二便也。貧户得米而食，亦必析薪而炊，資其他費，人尤德之。三便也。細民覓利，術至纖微，貸銀少許，亦能謀負販，逐錙銖，穀之滯不若銀之通。四便也。雖有荒歲，必無竭糧，有穀而患無銀者矣。苟有銀，何患無穀？五便也。具此五便，則有穀以資糶之用，有銀以備賑之窮。買可暫停，非不買也，而買之有漸矣；額可徐足，非終不足也，而足亦有期矣。

再李清植奏稱康熙年間，州縣倉穀，雖不及額，倘穀價現存，即不以虧空論，今惟歲歉價貴，例得展至次年，而連荒則匱於本地，遠購則困於鄰封，聚穀適以貴穀耳。且如一州縣之中，穀存至什之六七，則穀不爲少，銀存但什之三四，則銀不爲多。倉儲誠不容缺額，而當此積困之際，參酌舊例，暫寬處分，仍督令陸續購足。縱非蓄積之萬全，亦或補救之一術。況充類而言，銀可代賑，原非無用，即糴不滿數，猶無大妨，何者？持錢而糴，究非無錢，而升斗之爲利尚小；存穀於民，終非無穀，而困廩之在官則偏也。臣聞天地生財，止有此數，博施濟衆，堯、舜猶難。

或者以爲積貯大政，毋議權宜，盍亦思體聖主之憂勤，訪民生之疾苦，爲天下全域計耶？抑但爲一方水旱計耶？爲年年歲歲之穀計耶？抑但爲一時倉儲計耶？一方之憂，一時之急，亦斷斷不可無備。而今直省所存三千一百餘萬石之穀，固未至於無備也。即備之偶缺，猶有法以相濟也。則今日至切至要之務惟力守，一概暫停之。聖諭爲米穀流通計，爲委穀予民計，爲使民自養計，而天下已受其福矣。若捨此別求他法，斷無奇策可言，而紛紛之論愈講求而爲術愈左者也。

或又以爲常平斂散得人，穀必不貴，故曰：有治人無治法。此亦徒托空言耳。天下州縣千百，安得良有司如許？矧拘文法，不足爲政也。考耿壽昌常平，起於漢宣帝之世，其時穀賤農傷，又築倉止於邊郡，而增糴減糴，其便民復如是。然至元帝時，郡國歲饑，儲儒或議其可罷，惜遂不行。當壽昌之時尚爾，況閱世久遠，其能無弊乎？臣愚以爲常平法之良也，採買之弊其人失也，暫停則救弊者也。法不可以不存，而無惑乎因噎廢食之見，弊不可以不救，而弗疑於膠柱鼓瑟之談。是則暫停採買，必責之奉行之人，寬以歲月，略與變通，而後積弊可轉，實效可收也。

清 錢陳群《請減糶價借籽種疏乾隆八年**》**《清經世文編》卷四〇 伏查常平之制，因穀有甚貴甚賤之時，貴則病民，故減價以糶，使民不病；賤則傷農，故增價以糴，使農不傷。價增則耗國帑，價減則耗倉穀。二者皆損上益下之事，然行之久而四民受益，國亦無貧寡之患者，以米價無甚貴甚賤，雖有災祲，民情相安。苟非偏災大歉，發粟賑濟之舉亦可勿事，此常平之設，所以上下攸賴者也。

今國家承平日久，生齒日繁，米價無甚賤之時，自可無議增價以糴矣。爲今日計，惟當詳求減價而糶，以平米價，使無甚貴，誠急務也。乾隆七年，上諭：『若遇荒歉之歲，穀價高昂，務將實在情形，必須減價若干之處，確切奏聞請旨。』欽此。此誠酌古准今，達權通變，久遠無弊之良規也。今自兩月以來，御史趙青藜奏請於米貴之年，多減價值；尚書張照奏請顧名思義，以本價爲權衡；少詹事李清植奏請修復本法。立論雖不一，而爲歉歲計便民，使米不騰貴，其意則同。臣愚以爲酌減於歉歲米貴之時，所以濟民食之艱者。固屬緊要；酌減於尋常出陳易新之日，所以從小民之便者。亦宜詳求。則張渠請成熟年分，每米一石酌減五分之奏，雖現在議復准行，實多未便之處，不得不再爲陳請酌改者也。

蓋通天下年歲計之，順成者多，尋常出陳易新之際，米價尚平，原可無須大減，陳穀所碾成色，自不及市中行鋪所售之米。而交官之銀成色及平，又非市中交易之銀可比。又經胥吏之手，稍爲高下。又米局離鄉窵遠，小民往返需時，守候需時。如米每石市價一兩，官價九錢五分。以官價所得之米，即入市轉售，原價必虧，民亦何所利而買之乎？糶倉米本以便民，張渠之見防囤户則有餘，便小民則不足也。地方有司每當出陳易新之時，開設米局，買者寥寥。於是紳士便家，仰承意旨，分領穀石，照數交價者有之，行户抑勒分買者有之，蠹胥黠吏因緣借領者有之。其畏葸牧令，明知民不願買，謹守管鑰，坐視紅腐者亦有之。是豈設立常平便民之遺意哉？請於成熟之年，每米一石酌減一錢二分，使小民核算比市價稍賤。仍不拘城市開設米局，使小民得沾實惠，而米價自無騰貴之慮矣。如蒙俞允，則比從前加減七分之數，即於官碾一米二穀，稍有贏餘項内抵補。

抑臣更有請者，食爲民天，小民終歲所仰全在及時播種。每見歲功方興，窮黎因籽粒無措，縱有田可耕，坐失東作者所在多有。查種穀一石，可收新穀一二十石不等，是以民間借種籽粒，往往加倍償還，借者帖服。今若於糶三數内，令州縣酌量借給籽種，不收利息，春借秋還。每借一石，還倉時仍收一石，每交一石，酌收穀四五升，以爲鼠雀出入諸耗之費，則農本既培，民力普賴，較減價以糶，更爲有益。現在被災州縣及邊徼苗疆新墾之地，有行之者，然未著爲令典，有司恐干參處，不敢擅便。臣讀《月令》：季春之月，『命有司發倉廪，賜貧窮，振乏絶。』疏云：『長無謂之貧窮，暫無謂之乏絶。』及春闕種，始爲暫無，既而荒棄，即爲乏絶。量借籽粒，一轉移間，農有餘粟，及秋還本，倉仍充裕，於出陳易新之義似更詳備矣。

清 萬年茂《糴價不宜撥餉疏乾隆十年**》**《清經世文編》卷四〇 竊查各省常平穀石，自順治年間，即經建立倉儲。百年之内，列聖講求，經理備至。我皇上御極以來，宵衣旰食，無日不以此事上宸衷，惟恐倉儲有名無實，節年諭旨，多方籌畫，各省倉庾，漸次充盈。此誠建萬世之長策，躋斯民於仁壽也。臣伏各直省出産穀石，一省之數，歲至十數千萬餘石，而常平積貯，天下合計才共二千八百餘萬石。是常平額貯數目不可謂多。又經百年之久，我皇上十載憂勤，日積月累，始臻此數，其求之不爲不難。

臣近見户部行文各省，内稱平糶米穀係秋來買補還倉。但各省因價值低昂不一，是以有全行買補貯倉者，亦有買補不足，諮請展限者。今捐監已歸本省收捐本色，彌補倉儲，漸次充裕。即有緩急，諒足敷用，則各省存貯平糶價銀，即可停止採買，將未買實存銀兩數目務於今歲造報，冬撥之前報部，以備酌籌辦理等語。臣再四紬繹，雖未深曉部臣之意，但據稱停其採買，寔存銀數於冬撥之前報部。臣愚鰓鰓過慮，竊恐即以此項銀兩爲撥充兵餉之用，將來倉廪空虚，所關非小，查常平額設，大縣三萬石，中縣二萬石，各省定數尚多不足。然現在實貯州縣，每年平糶，利益甚大，加以借給籽種，給養孤貧，一切實政，取給其中，需用亦廣。語云：『有備無患。』倘遇地方一時乏食，他處之米接濟不及，鄉民嗷嗷，萬千成，入城呼籲。地方官或賑或糶，小民各得升斗，即時立散。俟他處接濟米來，人心易安，使貧民有恃不恐，境内富民，亦以餘穀照常售賣。設無倉儲一項，富民不免居奇。彼見貧民洶洶蟻聚，懼生事端，不敢顯然出糶。故倉穀一裕，民穀自可流通，亦相因之勢也。今若停其買補，則糶三存七之數，一年之內，已去三分之一，明年復去其二，至三年而存七之數已盡，是無穀也。假如臣所言，將此項撥爲兵餉之用，是並無銀也。夫有銀尚可於豐登之歲買補還倉，無銀，則穀將何出？無穀，則地方緩急無所取辦？且即現今江南、山東、甘肅等省，常平穀額，虧缺甚多，半屬存銀。合計直省現存銀數不止三分，現存穀數實未有七分。又以州縣不樂積貯，希圖省事。部文一到，即實行貯倉者亦必盡數糶賣，以備撥給之用，臣恐常平之廢又不待於三年也。

至稱各省監例，收捐本色即可彌補倉儲。夫收捐本色所以補倉儲之缺數，非可藉以補倉儲之現數也。查向來戶部捐銀，至多之年不過一百四五十萬。今外省捐穀之數，無論不如部捐數目之多，即如部捐數目，每穀二石，折銀一兩，必須十餘年方可補足常平原額，況各省價值不一，兼以州縣推諉，現今報捐，惟福建一省爲多。餘省雖多寡不齊，然皆不能足額。即如廣西常平舊額，一百四十餘萬石，酌減捐額七十餘萬石，開捐以來，共收穀三萬餘石，捐穀之難以彌補，其明效可睹矣。臣覩十數年來，米穀價值日增於前。穀價愈貴，民食愈寡，賑糶之需，惟恃常平。方慮存貯無多，偶遇歉收，截漕撥賑，恩綸歲下。若將現存之數，一旦全無，將來仰賴聖慮，不知又如何也？伏乞皇上敕下原議之大臣，果有撥給事宜，只當別求款項以資籌酌。至常平原額仍行買補還倉，無令絲毫輕籌，以備直省緩急之用，以仰副聖天子愛養黎庶之心，天下幸甚。

清 陳宏謀《籌辦積貯情形疏乾隆十年**》**《清經世文编》卷四〇 竊惟積貯之法，不外常平、社倉二者。常平貯之城中，其出入也，官主之；社倉散貯於鄉，其出入也，社正副主之。總在散斂及時，經理如法，然後可以源源借還，民獲接濟之益，官無黴變之虞。未可圖官司省事，不顧百姓之便益與否也。陝西省常平倉穀，每年存七出三，需借者多，需糶者少。向來辦理，未免拘泥，跡似慎重，實多掣肘，如州縣於二三月間始行詳借，由府而司而院，及至批行到縣，已在暮春初夏，民間不能緩待，早經貸於富室。出借之糧漸少，存倉之粟漸多，年復一年，紅朽堪虞。且州縣既已奉文，勢必令民借領，其中或按里發穀，有不願借而強借者矣。漫無區別，有不應借而借者矣。借既不能無弊，徵則難以全完，以致歷年多有積欠，州縣因舊久未清，不敢輕議再借，而不知清混借之弊，以收速還之效，故欠者日多，借者日少。陳陳相因，倉儲民生，兩無利益。此常平之穀所宜亟爲經理者也。

陝省社倉，社本無多。自雍正七年，前督臣岳鍾琪陳奏，蒙世宗憲皇帝隆恩，將應減之五分耗羨，暫收兩年，代民買穀，以作社本，繼因地方官一概諉於社正副，全不稽查，致有侵虧。前撫臣張楷乃奏請定州縣官處分，將社倉入於交代。自是以後，州縣官因有責成，則又視同官物，不但社正副不能自由，即州縣亦不能自主，凡遇出借，遞層具詳，雖屬青黃不接，百姓急需借領，而上司批行未到，社正副不敢擅借，兼有以不須出借爲詞者。及有黴變，則又惟社正副是問，故各視爲畏途，殷實之人，堅不肯充，社倉之良法漸壞，而民間之積欠亦多。此社倉之穀所爲亟宜經理者也。

臣等伏思陝省現在常平倉穀，通共三百三十餘萬石，社倉本息穀七十餘萬石。臣等先會檄行司道就通省情形妥議，詳加斟酌，常平之穀，存七出三；社倉之穀，出半存半。州縣於每年封印後，酌定借期，一面通詳，一面出借。其出借之期，則按耕種遲早，以定先後，總在小民須借之時，不可延至麥收將屆之後。並令先期出示，依次而放，隨到隨給，不許守候。平斛響擋，亦不許入多出少。其出借，則先麥後穀，先陳後新。所借之户，均須力田之家，兼有的保。如遊手無益及無的保者皆不准借。倘民間無須多借，亦即留倉備貯，不必拘定出三出半，設遇糧價昂貴，即行詳糶，以平市價，所借之糧有麥者夏還麥，有穀者秋還穀。其社倉則仍責成社正副經理，官給印簿，令將借户保人姓名糧數，以及完欠逐一登記送查。一切出納，雖責成社正副，而稽查仍在於官，自無營私舞弊之患。並令慎選社正副，務擇殷實公正之人，優以禮貌。如能經理得法，遵照定例，分別獎賞請敘。其村莊離社倉遙遠，借還未便者，許其分社便民。至歷年舊欠，先經委員確查，並分別還欠，以示勸懲。現在俱已查清，還者頗多。雖有未還，皆係實在有著，倘得夏麥有收，亦可漸次清完，歷年之舊欠，既無弊竇，後此之新借更爲實在。目下青黃不接，小民爭先赴借，得以及時接濟，似覺有益。

清 萬維翰《荒政瑣言·平糶》 漢大司農耿壽昌令邊郡築倉，穀賤時增價而糴，穀貴時減價而糶，名曰『常平倉』，損上益下，民甚便之，今則穀賤糴，穀貴亦糶，而價不能增；穀貴糶，穀賤而不堪久貯亦糶，與古制稍異。然蓄積足恃，可濟民間緩急，其法猶為近古歟！

州縣平糶，法立弊生，稍不加意，則胥役漁利，姦牙囤積，真正窮民挨擠守候，有終日，而不得升斗者，無濟枵腹之民，徒飽豪強之橐。故定價太貴，則民不沾恩；太賤，則千百倉儲一朝罄盡，甚至不可收拾。是宜預定章程，變通立法也。

每年青黄不接，市價昂長，預行指款詳糶，亦有由司將存七糶三穀米數目行知者，照時價核算，每米一石，豐年減價五分，歉收米貴之年減價一錢。若荒歉之歲，當大加核減，不拘一錢五分之例，按市價核錢，除零出糶。若出糶不敷，即續詳多糶，亦不拘糶三之數。

開糶後時價低昂，詳請增減。若價本平賤，民食未乏，無煩官穀接濟，即應停糶。與其糶得賤價，他日難於買補，不如留為歉歲之用也。

分廠平糶，不但便民，亦省事端。地方官每以運送米石多顛抗折耗，又恐員役不敷照應，僅於最衝要處，分一二廠，奉行故事。不知廠少則人多，人多則不能無生得失，何如多設幾廠，陽以恤其勞，而陰以散其勢。

陳年倉穀每多紅腐，撥運米石又多潮濕，二者皆不能久貯。不可不為轉移，以免後患，然亦不可輕易出脱。當相其機宜，經理出入，使官民兩無所累。

城倉開糶，酌定四鄉遠近適中，擇寺廟寬大處，分廠平糶。運米脚價及員役斗級飯食，例得准銷，先行墊辦，事竣造報。

每廠分男女二局，每日開廠自辰時起，至午時止。凡赴糶貧民，先盡老幼，次及丁壯，委員彈壓。如設廠多而佐雜不敷監糶，可移營酌派千把員弁赴廠督理，多令衙役巡邏照應，勿使擁擠。

廠內一處收錢給票，一處收票支米。不可延挨至午開廠，以致貧民守候妨工。且恐遲至日中，聚集人眾，一時分散不及，致生吵鬧。

出糶之時，防胥役克扣，鄉保勒索，然尤慮冒糶、重糶並姦牙販賣漁利諸弊。臨時收錢給票是否實在窮民，雖有鄉保，亦不能人人物色之。有立法稍善者，令持門牌赴廠，按牌准糶，然亦不無先後混弊。餘曾在直隸州縣辦理一兩處，先期三四月前，令各鄉保將煙户冊逐一核正，注明户下有錢糧若干、有無手藝，造冊存署。臨時按冊挨查，某村莊內某某等户皆應糶米，一目了然。另以綿紙為票，用印注寫户名，每村莊為一束，交與保正散給各户，執票糶米，嚴諭不許需索分文。此係內署親友查辦，斷不可假手胥吏。仍預刻初一至三十木戳，開糶時，各户齎票出驗，於票上加以本日本戳，仍即交還本人，一面收錢發票支米。若有路遠，不能每日赴廠，願躉糶三日五日者，則於印票內連用三五日戳記，准其躉糶，俾得休息，則重糶、混糶之弊皆可清厘矣。煙户冊內既已如此詳細，倘遇災祲，極貧、次貧按冊可稽。是查造煙户冊，不但為弭盜之良法，兼可備糶賑之成規。地方官亦何不捐數十金紙筆之資，費一兩月督率之功，為之整理一清乎？

糶米雖無定數，大約自一二升至五升為率。倘外米雲集，市價漸平，或麥秋已熟，或新穀將登，民食可濟，酌看情形，詳請停糶。亦應將停止比日期預行示諭，勿使遠鄉窮民趁糶空回。

浙省監糶官，每員日給飯食銀八分，以資薪水。每廠書役一名、斗級二名、衙役二名在廠供役，每名日給口糧銀三分。在本縣監糶者不給。各街成例不同，應隨地查辦。

倉米氣頭廒底，應另留一處，減價變賣，虧折無多。不可聽信管倉丁役人等攙和，致民不堪食，退有後言。

編氓番庶，若米貴日久，皆欲仰食於官，勢難接濟，而紳衿富户囤積居奇，亦失賙恤鄰里之義。應勸諭各家將餘米出糶，令挨次定期輪流出糶，於本家門首自為經理，不過官給告示約束，或時委佐貳巡查彈壓，以免刁民囉唣，不可擾累。

紳衿富户如有願出資採買出糶者，給與印照，仍移行經過地方一體查驗放行，事竣繳銷。此所以濟本地之乏。至各縣所存平糶原價，應責令及時買補還倉。倘以之借給商人營運，不但帑項久懸，巧吏且得藉口停買，遂至倉儲久虚，緩急何賴？

倉穀廉米出糶，須先事辦理。倘一時礱米不及，不妨即以穀接糶。定例一米二穀存倉，好穀每石碾至六斗，上下不無盈餘，但民食孔殷，未可執一而論。又有續詳動款接糶，未奉批示，須看大勢，有當毅然開糶者，無論米穀，皆應接糶。每見有糶米不糶穀，或觀望拘泥，遲徊不糶，鄉民徒手往返，激成事端。此不知變通者之誤也。

米價既貴，鄰近即有遏糶之處。應預行知會出示曉諭，使之流通無阻。若禁之使不往，人亦禁之使不來，利己病鄰，勢將轉而自病矣。而況一有禁阻之文，則刁民乘機滋事，聚眾搶奪，釀無窮之禍。見微知著，不可不慮。

市價貴賤，自然之勢。有因米價翔踴，謂牙行把持昂價，嚴加飭禁。此在聚米極多之處，或可偶一行之，否則賤價一定，商人裹足不前，受害更深。總在招徠之使有餘，則價自平。故曰民有餘則輕之，民不足則重之。又曰論其有餘不足，則知貴賤，貴上極則反賤，賤下極則反貴。月報糧價，有關人告，每有視為無關緊要，聽胥吏混填，遂至接壤鄰境而價值低昂，大相懸殊者。上司亦以為時值如此，不加查察。不知有因時近出糶，故為少開，易於減價者，又有時將採買，故為多開，易於報銷者，須留心確訪，庶無朦蔽。

又《出借》 常平倉穀，糶以平市價，措以濟民食。青黄不接之時，原宜借糶兼行。有謂糶不如借。糶以升計，藉以斗汁，折耗不同；且糶則買補，或不敷而借，則徵收可取盈也。有謂借不如糶。買補之時，秋收價平，借欠花户恐有逃亡拖欠，不如出糶之存價在庫也。其實二者不可偏廢，只應查明煙户冊，實係力出農民的名，方准出借，殷户具保，自不致於延欠。且以常情論之，富户出粟，加利四五分不等，民猶依期交還，以圖明年復借；今官粟加一息或且免息，反欲抗欠，此豈人情？其必有胥役之需索、保領之克扣、完納之浮收、地棍衙蠹之冒捏，概可知矣。故曰有治人無治法。能清厘其弊竇，自無拖欠。出陳易新，通其饒乏，官民兩利矣。

有令大户總借百石數十石，轉分小户，謂可免零星折耗。殊不知大户豈肯代認折耗，依然分派，且小户借大户之臉面得以借領，大户必朘小户之餘潤方肯代勞，經胥鄉保層層剝削，民不堪矣。

被災後曉諭農民及時補種，如無力窮民不能置買籽粒者，作速按畝借給米穀。俟來歲豐收，免息交還。

福建省出借穀石，向不收息；廣東省止收耗穀三升；河南、山東豐年加息，歉年免息；浙江常平倉穀春間出借，秋後照數收完，其社倉穀石例應加息徵還；直隸常平倉穀借作籽種者不加息，餘亦加一收息。各處辦理不同，惟歉收之歲出借貧民，各省一概免息。

收成五分以下，所借糧石緩至來年秋後徵還；收成六分者，本年先還一半，次年徵還一半；收成七分者，秋後徵還，免其加息；收成八九十分者，秋後加息還倉。此乾隆四年定例。浙省通飭收成八分者，亦免加息。

直隸被災，查明有牛具之家、賑冊有名之人，實在種麥地方，每畝借給麥神五倉升。如該處有麥種可買，每畝給銀一錢；有地無牛之貧民雇牛耕種，每畝發雇價制錢二十五文。

東省夏被旱災，每畝借籽本銀一錢。時已交秋，補種豆蕎等類，每畝借銀五分。於存公耗羡内動支造報。伏秋盛暑之月，力作窮民艱於粒食，動常平倉穀酌借口糧，秋後免息還倉。

籽本有借必還，惟加息、免息視乎豐歉。乾隆十六年浙省被災，則以被災五六七分者，每畝賑給籽本穀三升；八九十分者，每畝賑給籽本穀六升，俱不取償。此變通辦法。因原奏内已經聲明賑給，故可准銷，非成例也。

又《查災》 更災不出六月，秋災不出九月，此就題報情形而言。自題出之日起，限四十五日，將成災輕重分數頃畝造冊具題，准扣程途限；一面查報户口，定議賑恤。又自題報分數之日起，再限兩個月，將應免錢糧造冊題蠲，仍取該管道府州縣廳印結送部。

定例夏月被災，如秋禾種植將來可望收成者，應俟秋獲之時確勘分數，另行辦理。其間有得雨稍遲、播種較晚、必需接濟者，或借籽種，或貸口糧。是夏災原無賑恤之例。但江浙他方有只種晚禾一熟，無别項雜糧可以補種者，應行詳題，即照秋災之例辦理。

成災分數不可牽勻計算，應以各田地實在被災分數為準。如一村之中有田百畝，其九十畝青葱茂盛，獨十畝禾稼蕩然，則此十畝即為被災十分；其中有一分收成者，即為被災九分；二分收成，即為被災八分；有三分、四分、五分收成，即為被災七分、六分、五分。以此定災核算，蠲數方為確實。

有未種田畝，應歸入已種被災十分災田内匯造冊結。報災後查辦被災田畝，則令鄉保按村莊田畝被災分數查造草冊，刻期遣縣，注明某人名下自田幾畝、災田幾畝、或佃田幾畝、災田幾畝。蓋被災分數原就災田而論，不必問其名下共田若干，然注明此句，則其人之有力無力、極貧次貧，已可得其大概矣。有此草冊，即分頭履由踏勘。此時且不必逐户挨查，蓋被災輕重，無論有力無力，皆應按分數議蠲。急欲查明分數詳題，其查看應賑户口猶是第二層。先將田畝查猜，再行查賑，方於例限無誤。總之實在成災，即於詳報後速行查勘。若俟題報行知之後始行查辦，則四十五日之期瞬屆，非遲誤即草率矣。

報災勘災，官民惶遽之時，正要辦理確實。倘查勘不到，民情不服，議論滋起，上司委員抽查再有異同，則從前所查皆不可信，又費一番更張。不如清查確實，一勞永逸也。四鄉遼遠，一人不能遍歷，除本處佐雜分查外，如尚未敷，不妨再請委員。但守土之官查辦，是其專責；佐雜各員，或以事非切己，不能認真趕辦，所貴平日之誠信相孚，而臨時舟車資斧從優佽給也。

查造冊票等項，不能不假手胥吏，胥吏又借鄉保為樞紐，於是無窮弊端，皆出其中。故必遴選勤慎殷實之吏，不許作姦舞弊。造冊紙張等項，照例開銷，不敷者挹給，庶免派累需索之弊。

被災五六分者，蠲免錢糧一分；七分者，蠲免二分；八分者，蠲免四分；九分者，蠲免六分；十分者，蠲免七分。蠲剩銀米，照例緩徵。其原報被災勘不成災、歉收田畝錢糧，緩至次年麥熟徵完。其原不被災田畝應徵銀米照常徵輸，以資經費，毋庸一概緩徵。

蠲免錢糧，當就田畝而論。田既被災，則不論有無生計家產，俱按分數豁免錢糧。

北地夏至後乏雨，不能栽種禾黍，惟勸種蕎麥蔓菁；南方除禾稻外，如綠豆、赤豆、蘿蔔之類尚可補種。旱災待雨可以車戽之處，借工本以濟乏力。水災急宜疏消，使田禾涸出，受傷尚少，否則再為翻犁耕種。亡羊補牢，未為晚也。

水荒一線，旱荒一片。此言被旱之甚於被水，然必有高阜之地可以免潦，低窪之地不優暵幹者，非可概論。水災難勘，有大水一過無礙收成者，有稍被損傷減收分數者，有淹浸久而全荒者；旱災則赤地乾裂，禾苗枯槁，一望而知。如有地棍、經胥、保甲、圩長串通捏冒舞弊，即行查究。

按圖按圩挨次切勘，未經勘到之處，飭令地户不必守候。不可聽災民混請，先看某處，以致攔輿爭鬧。

直隸查災放賑各官，正印丞倅以上不給盤費，佐雜教職等官，每員月給盤費銀八兩。查户口時，抄寫冊票並差遺等事，每一委員書辦一名、跟役二名，每名日給飯食銀四分。放賑時，每廠書辦二名、衙役四名、斗級四名，每名日給飯食銀四分。冊籍紙張、筆墨，州縣墊用請領。

浙省場員會同地方官查勘灶地，除場員薪水照例不支外，每員座船一隻，日給船價飯食銀三錢二分；隨帶經書二名，差役二名、門子一名、家丁一名、轎夫二名，每名日給飯食銀三分。事竣造冊結，由府申監道核轉。委員會同地方官查勘民地，除地方官不支給外，委員亦照前開造冊結，由司報銷。

又《查賑》 通縣被災散賑，務必通查合屬貧民，均行賑濟。若一縣之內半屬有收，止賑被災村莊窮民，非被災村莊不在查賑之列。其寄莊業户田糧已經蠲緩，亦不在賑例。

查勘災地，原無牽算之法。如一縣內半屬全荒半屬有收，一户內十畝全荒十畝有收，固不可均作被災五分。惟查賑則又當別論。一縣之中，只計被災村莊查明給賑。一户之內，或全荒，或半荒半熟，正可分別極貧、次貧。此又辨理之不同也。

田畝被災，如屬富家業主，或另有山場花果桑麻煙豆等項出息，或漁商生理、手藝工作可以營不借力田活命者，概不列入賑冊。

浙省向來查賑規條，以被災窮民並無己田，又無手藝營生、山場別業，向係佃種勞活，及佃田十五畝以下、己田十畝以下全被災傷，准作極貧；又己田十五畝以上，佃田十五畝以上，被災過半，又無山場別業，准作次貧；佃田十五畝以上之户，雖無己田，如果全災，亦列作極貧。被災之民並無己田己屋、佃田耕種全荒者，或無己田己屋佃田成災過半、家口眾多者，並外鄉遷居耕種田已全荒，無力傭工者，定為極貧；雖無己田尚有房屋牲畜佃田全荒者，雖無己田己屋佃田半屬有收而家口無多者，自種己業僅止數畝全荒者，或有少許收穫而家口眾多者，搭寮居住耕種外鄉別邑農民佃田荒已過半無力傭工者，定為次貧。此雖已行成案。亦只言其大概耳。總在臨時酌看情形，因地制宜，妥協辦理，毋致遺濫，不可過於拘泥也。

直隸災賑，以十二歲以下為小口；浙江以十六歲以上為大口，能行走者為小口，繈褓者不在賑列。

田畝少而家口多者，雖屬無力，未可概為極貧：蓋田少則收穫本少，即豐年亦不能養數口之家，自應除不藉田畝生計者不賑外，其餘實係窮苦者，將年力壯盛可以食力者刪除，不過酌量予賑。若計口授食，是歉歲獲邀賑恤，反過於豐收矣。

查災給賑，不可預有成見，總就其被災之輕重為定。若有心博寬大之名，以免日後刁民控告，書役鄉保乘機混冒，無所不至，臨時亦難裁汰，若有心為節省之計，一任刪減，譁然不服，更且哀鴻載道，輾轉溝壑，大可傷心。故災户必不可漏，惟有審其力量，以口數為伸縮。若不諳治體，始而善念勃發，謂寧濫毋遺，及見需費浩繁，痛加刪削，以至災民失所，絡繹道途，然後復為增益，刁民又妄生覬覦。此皆不體察地方實情，而但以意為輕重也。

先令鄉保查開被災户口草冊，有產有藝極貧次貧户首何人、男女大小幾口，俱行注明，總以一家為一户，不許以父子祖孫分報、重報。既有草冊，然後印委及同城佐雜各官輕騎減從，帶同鄉保，分路查點。仍將某月日查某村莊先行示期，以免災民外出。逐户按冊挨查極貧次貧大口小口，如有未符，即於冊內核正，無濫無遺，全在此時著實。有牛、有畜、有倉庾、有生業，暗記冊內。日內有混行告賑者，可以查明駁飭。再有先經外出存有空房者，查其姓名丁口另行登記。日後聞賑歸來，查冊補賑。

查畢之後，或給門單實貼門首，或於墻上灰書姓名口數，以防遺漏重復影射之弊。仍將各莊被災分數、極貧次貧大小男女名數匯造簡明冊，申送上司查閱。

鄉保開報最易滋弊，應嚴加查察，給與紙張，不使需索派累，諭以利害，不使瞻徇冒濫。仍不時確訪，如有妄冒及指稱使費斂錢，立即拿究。倘耳目不及，別經發覺，又多一事矣。

查定戶口，或有出外投奔親戚，或已亡故，或有遠歸，皆令鄉保隨時稟報，查明增刪。如前冊內未開而實係該村貧民，查明取結，一體入賑。

戶口冊既定，即預備雙聯印票，填明軻莊、姓名、戶內男婦應准口數、應賑月份，與災戶收執，靜候賑期。應賑月份，自照被災分數，惟名口多寡，須看災戶情形，隨時權衡，不能按口盡給。若丁挨查時即行給票，恐有刁民一時爭多較少，喧鬧糾纏，不加另行查填散給，其票根存縣備查。

被災各屬貧生，止藉數畝薄田教書以資耕讀。今田畝被災別無他產謀生者，教官確查大小戶口、極貧次貧，造冊轉送州縣，按其家口酌加撫恤。稍有活變生計，不得冒濫。浙省成例，以貧生全無糧產亦無己屋者為極貧，住係己屋尚有些微田地而全荒者為次貧。此亦不可拘泥。

衛所軍田被災，如係軍佃，該衛自行查明，造冊移縣。所需銀米，附縣給賑。事竣，由衛造花名冊結，各縣出結報銷。其民種軍田，應歸縣查報戶口給賑。

直隸旗莊人等，除莊頭及有壯丁、披甲、差地頃畝數多毋庸議及，並租種旗地之被災地戶在民冊內造報外，其有專靠種地數畝為活並無別業糊口實在乏食旗人，將大小家口另行造冊，由該佐領彙報理事廳核發州縣，一體賑恤。

民戶應給撫恤籽本、賑濟銀米，由藩司核實，在於司款動支。各場灶戶被災所需撫恤籽本、賑濟銀米等項，由道核實，銀動道庫、義倉及京協餉平餘等款，米動鹽義倉糧，按期詳明撥給。事竣，取具各場冊結及勘災查賑盤費等項冊結，匯案題銷。乾隆十六年，浙省因京協餉餘平所存無幾，各場撫恤籽本、賑濟銀兩在於鹽庫報存鹽課項下動支；義倉無存，應給灶戶賑米，於截漕項下動給。扣蠲灶課錢糧冊結，由道取齊，核明造總，並賑恤各冊結一例依限取造，匯移布政司匯轉。

賑恤災黎，原因水旱田地被災起見。若鰥寡孤獨，平日自應查明，編入養濟院額內，並有額外捐給半分口糧候缺頂補，原不待歉歲始行撫恤。乾隆十六年，浙省諮准部覆，將貧寒士子及鰥寡孤獨疲癃殘疾之人，照被災七八分之例，一體加賑兩個月。又是變通辦法。

災戶查定之後，窮民每以冊內有名而賑期尚早，遂攜帶妻子出外覓食者，自應設法安集，多方曉諭，毋令糊口四方。不然絡繹載途，皆某縣流民，豈美名耶？且鄰邑災民流離乞食，饑寒所迫，為地方之累，不如多費幾文，資送回籍，收管安插，省一事故也。

又《賑恤》 秋月被災五分者，來春酌借口糧，毋庸加賑。被災六分極貧者，賑一個月；被災七八分極貧者，賑兩個月，次貧賑一個月；被災九分極貧者，賑三個月，次貧賑兩個月；被災十分極貧者，賑四個月，次貧者賑三個月。每大口日給米五合，小口減半，仍扣除小建。

賑四個月者，十月賑起；三個月者，十一月賑起；兩個月者，十二月賑起；一個月者，次年正月或臘月中給賑。災黎甫行被災，倉皇無定。如大水淹漫，田廬漂沒，窮民無食無依之時，則有急賑，即所謂撫恤，不分極貧、次貧，總與一月口糧。其室廬無恙、秋成有望者不在此例。

大水淹漫，室廬蕩然，被災最為慘烈，自應急賑。可以一面奏明，一面辦理。若別項災傷時當八九月間，即便豐收，亦須有待，斷無今日告災，明日乏食之理。乃小民望恩幸澤幾於刻不可緩，每有非時妄想，肆口怨言，紛紛控訴。此亦須剴切曉諭，以免爭鬧滋事。

戶口看定，即宜約計應需銀米若干、不敷若干，詳請撥領，通盤計算，先事預籌，方免遲誤。

設廠散賑，就遠近適中之處，預將應需米石運貯，並將某村莊定於某日在某處廠內散給先行出示曉諭。此亦成例。有謂災民跋涉艱難，必須每數里即設一廠。殊不知賑廠與糶廠不同，災重之區給賑四個月，即赴城領米，亦不過四次，未為勞民廢時。較之糶廠，有日至、月至之別。倘係老弱病廢及寡居幼丁，皆許親鄰代領。若多分廠所，不但搬運之折耗繁多，一縣之胥役斗級能有幾何可以分派？印委各官何能分身周曆？反致稽察不及，即生事端。不如擇最遠之地設廠一兩處，只要人手多，不壅滯，自便民耳。

城倉鄉廠散賑之時，先令鄉保挨順村莊，依次散給。其未散到者，俱令暫遠，不得越次近前挨擠。

逐户驗票，唱名散給，即於票内加以戳記，給還本户，以便下次領賑。如係末次，即將印票收存。開廠須早，不可使鄉民守候。司賑之員預赴廠所住宿，不但慎守米石，且便次早放賑。

倉穀不敷散賑，督撫酌量情形，銀米兼賑，在於地丁銀内動支順濟。至折價若干，各省自有成例，不拘一定。銀米搭賑，或有每月半銀半米；或有賑兩月者，次賑給銀；賑二月者，二賑給銀；賑四月者，二賑、四賑給銀。米糧先賤而後貴，似應先賑銀後賑米。若該處情形有錢無買，則須賑米搭銀；一面招商采買，以濟民食。

折給米價雖有定數，但以整封分拆零户，折耗既多，必須賠補，窮民換錢零用，又被店鋪虧折，不如易錢散給。若有平糶等項錢文應行易銀存貯者，亦可移換。此官民兩便之道。

散賑之時，人手雖多，難按升斗量給。應制大建一斗五升、大桶七升五合，小桶另備；小建一斗四升五合，大桶七升二合五勺，小桶多備數副。臨時按照大小建取用，庶為便捷。

千萬倉貯，搬運分量，未嘗無折耗，但新陳出易，經理得宜，從長計議，自有彌補之策。切不可因目前之賠累，以節省為念，而斤斤於升斗之微末，致騰口説。此不可不慎也。

直隸乾隆四年水災，沖塌民房，查明除有力之家及數椽土房雨淋稍塌尚可居住外，其餘全行沖塌，現在露處無棲，或雖未全塌，非拆不可，又無力修蓋窮民，查明人口多寡、被災輕重。如被災重而人口多、又坍房無棲者，給蓋房銀一兩，次者給銀八錢，少者六錢。又人少屋止一間、其樑柱牆垣俱須周圍蓋造者，給銀八錢；人稍多屋兩間，給銀一兩二錢；屋多人多，給銀一兩八錢。

江南被水災坍塌房屋，官給修房之費。上江瓦屋，每間四錢，草房三錢，次貧者各減一錢；下江瓦房，每間給修費銀七錢五分，草房四錢五分。乾隆十年，奉旨每間增銀二錢。坍房壓死人，大口棺木八錢一兩不等，小口四錢。浙江被水沖倒房屋，樓房每間給銀二兩，平房給銀一兩，草房給銀五錢，草披草廠給銀二錢五分。淹斃人口，大口給銀二兩，小口一兩。此等規條，各省不同，臨時參考。

又《以工代賑》　傭工度日之人並不力田，原不給賑。時當儉歲，難以存活，惟有寓賑於工。查明城垣、橋樑、浚河諸事詳估，奏准興工，可令食力。

工程一千兩以上者，俟水旱不齊之年，動帑興修，以工代賑。一千兩以下者，酌用民力，分年修理。

直隸民修堤埝、疏浚河渠，原不給工價。歉歲民食維艱，照欽工例酌給十分之三。築堤實土一方，連夯硪，給米三升九合；開河旱土，每方給米三升，水方給米四升五合。俱以米一石折銀一兩。事竣核實報銷，於公項下動撥。

各省民堤民埝，有關民舍田廬應行修築而民力實不能辦者，照以工代賑例動用公項，酌量興修。所需土方，照浙省大嵩塘挑河之例，每方准銀三分八厘，加夯硪銀一分，共給銀四分八厘。

各省修河築堤，土方多寡，微有不同。民堤民墊，應照各省官河官堤土方工價給予一半。自雍正十二年以後，給官價十分之三。乾隆七年以後，給官價一半。

杭城挑河，就近拖送上岸堆積，給銀八分，外加車水銀一分。河面寬六七丈者，再加車水銀五厘。百丈之外，用船裝送，再加船夫銀六分，又加挑送上岸夫價銀三分，每方共銀一錢八分五厘。次遠者，加船夫銀四分，又加挑送上岸夫價銀三分，每方共銀一錢六分。就近空地堆積，每方給錢一百文，計銀一錢二分五厘。遠送江灘，每方連車水給錢一百四文，計銀一錢二分。

築壩每道，取土填築，每方銀八分，每丈用長八尺松樁十二根，每根銀五分。每丈用夾壩，高四尺，長八尺，松板一丈，每丈銀六錢。每丈用安釘樁、攀纜夫十六名，每名銀四分。每道用柴花箋三百二十八條，每百條銀五分。築壩兩頭各有亂石泊岸，拆移空處，以便築壩。俟工完仍行整砌。每道用大十名，每名銀四分。各處工程報銷不同，臨時查辦。

又《勸捐》　本地紳衿商民，如有誼篤桑梓情殷任恤者，或將餘米減價平糶，或就實在貧民徑行施給，或設廠煮粥，或捐製棉衣，及橋樑、黌序、水道、陂塘之類，事竣核實具詳，小則從優旌獎，大則題請議敘。

紳衿富户，社倉捐穀十石以上，州縣給以花紅；二十石以上，州縣給匾；五十石以上，詳報知府給匾；八十石以上，詳報巡道給匾；一百石以上，詳報布政司給匾；一百五十石以上，督撫二院給匾；捐至四百石，照例請題，給以八品頂帶；捐至千石以上，又係有職之員，分別職銜大小，酌量議敘。

直省偏災地方，紳士捐貲助賑，除捐銀不及三百兩者量給匾額花紅，如候補候選人員，捐至三百兩以上至六百兩，予以紀錄；六百兩以上至九百兩，予以加級；五千兩以上，准其不論雙單月即用。貢監生民人等，捐銀四五百兩以上，予以職銜，加以頂帶；千兩以上，亦准分班選用。現任官員，捐銀千兩以上，始准紀錄；五千兩以上，准其加級或加頂帶。今浙省另有奏准捐銀議敘新例，不及備錄。

勸諭紳士減價平糶，浙省議定，出糶百石及五十石以下者，於該縣城鄉總製一匾，開列糶户姓名，懸掛公所；糶一百五十石以上至二百石者，縣給匾音；二百石以上至三百石者，詳府給匾；三百石以上至四百石者，詳道給匾；四百石以上至五百石者，詳司給匾；五百石以上至八百石者，撫院給匾；八百石以上至千石，督撫各給匾音。此與捐穀奬勵大不相同，誠以捐穀出自好施而減糶不過募取，故於與人為善之中立嘉奬之差等如此。

又《粥廠》 不耕不業，例不食賑，以及疲癃殘疾饑餒無告之民，粥廠自不可緩矣。或動公項，或勸諭富室出資，分廠煮粥，自冬徂春，暫濟民食。其開廠停廠，總先期十日前出示曉諭，俾貧民依期就食，不致或先或後，有虛往返。

一二里以內饑民，就廠食粥；其遠者，勢不能為一盂粥行數里路，應大口折給米二合，小口減半。但窮民貪得一飧，不無冒濫，應照平糶米廠之例，預備印票，令各鄉保查明無產無業實在貧苦無依者，散給印票，其外來之人，臨時問明給票。票內寫明縣分、村莊、姓名、大小口，廠內預刻初一至三十日木戳。凡赴廠領米領粥，齎票出驗，即以本日木戳印記票內，給與粥籌米籌，入內交籌，給粥給米而出。次日亦然，已有本日戳記及無印票者，概不准給。遠村民入願總領五日米者，即連用五日戳記，免其連日奔走。

廠內兩廊分別男左女右，自外驗票給籌，魚貫而入，有老弱不能上前者，撥役照料，免致擁擠，每廠派佐雜一員、書吏二名、衙役四名、量米斗級煮粥搬運水火夫數名，並選集里中公正紳耆董理其事。每日寅卯時督令水火夫煮粥，辰時起，至午時散給，不得遲延，以致饑民枵腹守候。員役酌給薪水飯食，委員宿廠典守米石，並稽查煮粥攙雜稴粃、灰水等弊。

外來餒乏饑民不能回籍者，暫行收留。強壯者給粥一飧，問明住址，給錢十餘文，由縣給文，撥投逐程伴送回籍安插。雖資送流民之例已經停止，但日食粥廠，為費不少，不如以數日之食作歸籍之資。即於公捐數內開銷，未始不可也。

又《流民》 漢初令饑民就食蜀漢，後又令就食江淮間。欲留之處，遣使冠蓋相屬於道護之，下巴蜀粟以賑之。歉歲之有流民，振古如斯矣。今饑民到境，設法留養，亦行古之道也。但此等流民，或有被災處未及鎮撫，或彼處入賑之民，因本籍已經查賑，有人代領，遂出身求乞，以省家食。若一經設廠留養，不但本地窮民竄身其間，遠方之民聞風而至，有聚無散，其費不支；且伊等冬冷無衣，夜寒無被，雖免啼饑，又煩經理；況人多則難稽察，姦良不一，日則就食，夜則匪竊，防閑更難。廠內日久穢氣薰蒸，朝夕傳染，必有疾病，繼以死亡，飯食之外，又須醫藥棺木之資。各項費用，若皆出之勸捐，勢難為繼。且此中乞丐游惰居其半，養之不能，聽之不可，流離載道，滋生事端。不如設法遮留，各歸故土，詢明里居、住址，逐程遞送回籍，取鄉保管束，不使復出。沿途每日給錢十餘文，僅資口食，不可多給；多則愚民貪利，又將復來矣。

又《鎮撫》 芸生萬眾，使民自養易，以官養民難。往往有多方撫恤而仰食無饜，不思傭力求生，輒行控災控賑，糾約多人混行爭鬧。若有求必應，民氣轉驕。如果查辦確實，並無遺漏，不可不示之以法。此恩威兼濟之道，但須駕馭有權，操縱在我，否則激成事端，憂方大耳。

地方一有災祲，無窮事變皆出其中，不但好勇疾貧之輩囂然不靜，向時匪類亦乘機竊發。故應修整柵欄，輪值支更員役巡夜。鄉僻處所一切冷廟、墳屋隨時巡察，水柵以時啟閉，小艇、漁舟稽查盤詰，責成保甲嚴查里內。舊賊出入，新賊潛蹤，須加意防範也。

截留漕米，船上回空帶來之水手，俱從山東淮揚一帶短雇無力回籍旗丁，又不能養贍，於是流落為匪，四散擾害。應令旗丁將每船水手查開姓名、住址，報明衛官。其有手藝營生、親友依靠不思回籍者，取結安插。其願回籍者，若責令原雇之旗丁設法資送，恐力不能。查江浙收漕均有漕費錢文，半給旗丁剝運。今既截留，則此項錢文已屬閑款，可以動撥，為資送回籍之費。

民食不足，賣兒鬻女。即有一班惡徒從中把持取利，或強分身價，或包價轉販，或不令親屬見面，遠售與閩廣客商，或誘引拆賣髮妻，總使一散而不能復聚。此等名為救急，實屬慘毒，急宜訪拿嚴禁。至於無食之人，若令子女餓殍相守以死，亦所難行。只許在三五百里內典身服役，買主覓認識之人作保。三面成交，親族送至木主，地頭媒保不許分肥。仍俟歲豐力裕，備價取贖。先須切實示諭，省事端，亦积陰德也。

清 李湖《酌定社長章程疏乾隆三十五年**》**《清經世文編》卷四〇 臣於察核各屬社倉虧短情形，深悉社倉之裨益固多，而辦理社倉之流弊正復不少，因爲之推求其故。自前撫臣二十四年奏定成規後，奉行之初，原屬無弊。無如江蘇民情巧僞，事熟弊生，而地方有司又視社倉爲無關考成，漠不經意。行之日久，胥役鄉保與社正副聯爲一氣，就除弊之科條轉而爲滋弊之塗境。即如點充社長，原定成規以十年更換，嗣經條奏，改爲三年一換。前撫臣陳宏謀因社長不無賠累，請改爲一年一次輪當，其意原爲社長久充，致成虧欠之弊。詎近日社長視同傳舍，寅接卯替，彼此巧爲規避，互相蒙蔽，遂至春借秋還，皆成虛套。且一社之中，公正堪充社長者不可多得，一年一换，需人過多。惟憑鄉保舉報，按户輪當，遂多任非其人，弊難枚舉。更查原定規條，專責社長收掌出納，不令地方官司其出入。蓋恐官吏經手，易啟挪掩之弊，且一經官管，便與常平倉無異，即失社倉本意。但春借秋還，地方官竟不稽查比追，社長徇情濫借，與土棍強借不償之弊勢所必至。就前撫臣陳宏謀原奏定五條内，與現在江蘇省社倉實在情形悉心體察。現在行之無弊，應仍其舊者三條，應酌改者二條，應增添者一條。謹就現在社倉情形，斟酌調劑，恭陳聖鑒。

一、社長年限宜酌更也。社長一年一换，歲歲需人，不得不責之鄉保開報。恐其所舉非盡端謹誠實之人，濫借侵漁，既不能免，即有一二小心謹飭者。又或慎守管鑰，顆粒不放，冀迨一年期滿，交卸脱累，亦屬無裨農民。應請嗣後選充社長，永不許著落鄉保舉報。務令該州縣在本社各村莊内，照例於不應試之殷實監生遴訪舉充。司事三年，出納公平，社穀無弊，詳報導府給匾奬勵。再令接管三年，如能始終如一，據實通詳，將該社長舉充鄉飲，以示優眷。六年期滿，另選充補。設或辦理不善，即行隨時更换，不必定以三年。倘本社各村實無不應試之監生，即舉誠實鄉民充當，亦不必拘泥成例。

一、州縣稽查之法，宜更重其責成也。社倉定例，社長專司出納，官役不得掣肘。但春借之期，官不爲之稽查核實，則柔懦社長、土棍、鄉保、胥役皆得強借重借。秋斂之期，官不爲之查比，欠户皆得拖延。應請凡遇春借之期，社長將應在本社借穀之户，取具押領，同正副簿票，送州縣核准，示期開倉出借。該州縣接到稟報，按照村莊門牌，核明應借之户，填入正副簿内。其不應借者不准入簿借給，即於次日定期出示赴領，至期分委佐雜或教職一員，親赴看散，散畢封倉，如開倉出借時，有強梗之刁民，該委員即帶交印官究處。至秋成後，應行還穀時，社長稟明州縣，示期開倉收納。若按期交納全完，州縣或親赴驗明封倉，或委佐雜教職赴驗封倉。倘十月内不能全完，社長將簿内欠户標明，稟送州縣，差傳欠户比追，是收掌出納仍責之社長也。地方官嚴其查核，則強借拖欠之弊可除，其州縣交代驗報及歲底奏報，一切事宜，仍照原定規條辦理。

一、苦累社長事，宜嚴行禁革也。近日江蘇各屬，凡係鄉曲謹願之人，無不畏避社長一役。蓋緣經管出納，不惟慮招鄉里尤怨與頑户之抗欠，而其最爲苦累者，則交代盤查，按月按季册報折報等事。地方官以社穀掌於社長，每遇造册結報事，總惟社長是問，奔走城鄉，致多浮費。加以胥役之駁詰，差使之傳催，一充社長，便無休息。此等弊累亟應嚴行禁革，查每社俱定有正副簿籍，出借時，按户登明，有無存穀數目一目了然。及至秋還，亦復登簿，一存州縣，一存社長，一社之數目，燦然可稽。即通縣之數目，較若列眉，不但州縣造報月折季册，可按籍而稽，即遇交代盤查册結，亦無難按簿查辦。嗣後社長除春借秋還，赴官稟報及遇盤查，到倉開驗外，如仍有以造册出結等事苦累社長者，或經告發，或被訪出，官則嚴參，胥役立拿重處。則社長之重累盡除，而責任亦專矣。

清 陳兆崙《禁囤無益米價疏》《清經世文編》卷四〇 臣聞積貯者，天下之大命也。積貯而兼禁囤，亦立政之大經也。然自禁囤以來，蘇、杭之間，米價騰踴，日以益甚。歲非災傷而物力告詘者何也？臣竊見富商大賈，權子母之息，厘毫必爭。有如米船所指，必在一方之都會，朝至而夕空，則得息易，而又無寄倉久客之累以耗其財，此所以樂其便而踵相繼也。若但與貧民市升斗龠合之戔戔者。則何所利焉？

夫民中之富人自有田者，既無須客米，而中人之，計口而食，亦計日而糴，殆罕有立時具數十石之直與爲市者。賣米之商坐困於貨滯而煩費雜出。迫得盡售以歸，而日用之費視息數倍，而欲價之不騰庸可得乎？價之騰由於客之少，則豈容虛擁此於無人之境，以待其紅朽而甘心乎？是即必有漏泄之所。漏泄之所將在外洋。例禁雖嚴，恐不能防奸人百出之計。蓋貪賈之趨利也，譬如蛾投夜燭，不灰滅不止，大奸不避重誅，正謂此也。禁囤之令既不能效，則宜變法矣，而又不可，何也？爲政之體未有正，告之以弛禁，而使爲囤者，猶之北地燒鍋斷不能絶，然未有正告之以開燒之理也。是在我皇上密諭大吏，相時勢之緩急，爲禁令之寬嚴，毋執成見，毋務虛名，總期有救時實效而已。

清 楊昭謹《常平倉穀章程疏嘉慶七年**》**《清經世文編》卷四〇 竊惟常平倉穀，直省額貯，多者數百萬石，少亦八九十萬石，州縣額貯數萬千石，少亦數千百石，以備平糶，以支出借，以供兵糧，以裕災賑，所關甚巨。然必實貯在倉，有盈無絀，方於民生國計，均有裨益。臣謹悉心酌議，分款臚列，恭呈聖鑒。

一、倉穀平糶有虧，宜緩平糶也。查常平倉，如常年出糶定例，概以存七糶三爲率。其地方燥濕不同，則有存六糶四，存半糶半，存三糶七及不限額數，隨時出糶。原爲額貯充盈，恐米穀歲久朽蠹，所以國因酌量，出陳易新，且使市價平減，商販不得居奇多索。惟是平糶已有虧缺，尚未買補如額，又將存倉穀石，接續再糶，不但虧缺繁多，一時難於買補，且恐挪新掩舊，私將糶價侵用，久之倉庾盡空，升斗不存，無論常年無可平糶，即水旱偏災，亦無穀石以供動用。臣請於平糶有虧之倉，必勒限一二年内買補足額，勿得於未足之先，率請平糶。

一、倉穀出借有虧，宜緩出借也。查常平倉穀定例，許農民領借，作爲口糧籽糧，按耕種遲早，定期供給，先麥後穀，先陳後新。原因額貯充盈，每歲青黃不接之時，借給農民，使耕種有資，無虞拮据。惟是出借已有虧缺，尚未催收全完，又將存貯穀石接續再借。不但陳欠積壓，前後難於並徵，且恐舊欠作爲新借，日久無從催追，勢必倉庾皆虛，升斗不存，無論常年無可出借，即水旱偏災，必應借給，亦無穀石可支散放。臣請於出借有虧之倉，必勒限一二年内催徵足額，勿得於未足之先率請出借。

一、倉穀平糶，宜酌定年限也。查常平倉穀，常年出糶，豐歲每石照市價減銀五分，歉歲減銀一錢。是不論豐歉皆准平糶，定例原爲平減市價，而米穀亦藉以出陳易新。然使年年出糶，則必年年採買。吏胥侵漁，既可習爲利藪，閭閻科派，實亦難免追呼。臣請嗣後除因災以時平糶不拘例限外，其常年平糶爲因地方燥濕不同，酌定出糶例限，或三四年一次，或五六年一次，以省滋擾。再查則例内，載常平倉穀折耗，奉天省米逾五年，穀逾十年；陝西省糧過五年，准開報氣頭廒底；直隸、江西等省，三年以後，准開報氣頭廒底；江蘇、安徽等省，三年以内，准開報氣頭廒底。三年之後，不准再開。是平糶年限，寬爲酌定，自於存倉米穀無有妨礙。

一、倉穀出借，宜酌定章程也。查常平倉穀，每歲青黃不接之時，酌量出借。又或夏秋水旱成災，酌量出借。定例查明借戶，果係力田之家，取具的保，平斛面給。惟是吏胥里長，互相勾串，往往從中蔽混，捏名冒借。一時人數繁多，稽查難周，只憑保甲按名借給，迨歲底據冊徵收，半多有名無人，末由催納還倉，於是將無著穀石，謂無業窮民，力不能完，甚或捏稱逃亡物故，人無可追，詳請豁免。及督撫援例題豁，准其動項買補，又或因歲歉價昂，不即買補全完，積弊靡有底止。臣請嗣後出借之時，將具呈借戶俱按照徵糧紅冊，查係有糧農民，方准酌量借給，不但實惠在民，一顆一粒，吏胥里長，無從中飽。且凡出借穀石盡歸有，一升一合俱可照依例限，催完還倉，永無虧缺。

一、倉穀賑濟，宜酌定章程也。查常平倉穀，如遇地方水旱偏災，將存倉穀石開放賑濟，俾被災小民一夫不失其所。惟是極貧次貧，戶口多寡無定，百里十里，屯遠近各殊，往往吏胥里長從中蔽混，不但瞻徇顛倒，且恐巧計侵漁，虛開丁口，冒支錢米，散放既時不容緩，體察亦勢有難周。請嗣後辦理常平賑務，凡係災黎，俱按每年報部戶口底冊，逐一稽察，再將糧冊核對，俱係無業無糧窮民與零星小戶，方行認真散給。吏胥里長，無所施其伎倆，而常平之米穀均可實惠編民。

一、倉穀採買，宜酌定章程也。查常平倉穀，或因平糶缺額，急需買；或因災賑缺額，急需買補；或因供支兵米缺額，急需買補。定例俱係支領應動銀，按照時價採買。事本因公，民情莫不樂輸。惟是吏胥里長，從中舞弊，任意開報。殷實穀多之家，或蔽混隱漏；穀少之家，或抑勒科派；甚或私行倍折穀價，代爲浮收充數。臣請嗣後採買之時，查照徵糧紅冊，一切糧少之家及零星小戶悉予開除。惟按照糧多戶口，將應買穀數分別均攤面給價值。地方官稽察較易，吏胥里長無能肆其奸貪。所有採買穀石，自然依限全完，無有虧缺。至有本境產穀無多，例赴鄰封採買，亦先予詳報督撫，行知赴買地方之時，即一併關會鄰封，查照該處糧冊，開明戶口，以便給價買運。

以上六款俱照定例，悉心酌議，務使倉庾足額，有益民生。再查直省常平倉外，安徽省之鳳陽、潁州二府屬，建設裕備倉，貯糧二十萬石，備鳳陽、泗州二屬賑糶，四川省之附近水次各州縣，備貯穀三十萬石，接濟鄰封，貴州省之威寧州，備儲穀一萬石，備該處緩急，均請照此辦理。又廣西省之社倉，本該省潯州、慶遠、鎮安、思恩等四府社倉，向例均照常平倉穀，令桂平、宜山、天保、武緣等四縣，經管出納，亦請照此辦理。是否有當？伏乞皇上睿鑒訓示。

清 秦承恩《勸民間質穀諭嘉慶九年》《清經世文編》卷四〇　查各省窮民可以藉通有無而資日食者，惟典鋪是賴。但典鋪只有銀錢兩項，而於糧價貴賤無所損益，江西有穀之家，間有於東作方興之時，將所餘穀石任聽農民以物質押，資其工作，秋後加利清還，較之典鋪尤爲利便。

但欲有益窮民，必先保全富户。蓋質押穀石與典當銀錢不同，典商多在城市人湊集之區，以銀錢爲當本，一席之地即可深藏，富户於鄉村僻壤，積穀必建倉廒，方能收貯。又須雇人看守，此不同者一也。典商當本動逾數萬，又係隨時取贖，子母相權，利復生利，源源接濟，轉運不匱。富户以穀爲當本，少則百餘石，至數百石，最多亦不過數千石。春借秋還，每年止能出借一次，此不同者二也。典當銀錢，價賤固贖，價貴亦贖，當本可以不竭，質押穀石，價賤則贖，價貴則止，甲年不贖，乙年無本，此不同者三也。典當銀錢，以票爲憑，不論其人是否認識，錢自數百文，銀至數百兩，皆聽質押。人數逾多，收利逾厚。質押穀石，並不設票，類皆附近農民肩挑步運，以資日食，只可數石至十餘石爲止，當户若多，當本易竭，此不同者四也。典當銀錢，本多利大，既不擇人，又不定數，甲年未贖，乙年仍准再當。質押穀石，穀本無多，當户有定，不能減去常年當穀之趙一，轉給常年並未當穀之錢二，故甲年還穀之家即係乙年當穀之户。且甲年曾當五石，乙年不能加至六石，亦不能少四石，如趙一還穀之後，乙年不願再當，應聽富户另給錢二質押。又或甲年借穀五石，連利應還穀六石五斗，乃趙一秋後僅止還穀四石，不特並未加利，而且短少原本，是伊既已失信於人，所有已還之穀，乙年亦應聽富户另給別人，不許趙一藉詞再行挾當，此不同者五也。典當銀錢，定例值十當五，限滿不贖，准將原物變價，歸還當本，不甚懸殊，質押穀石多係麤布方服，變價之時，不能敷本。然窮民所以亦必取贖者，甲年所還之穀，乙年仍可押食，不誤春耕，此不同者六也。典當銀錢，並無折耗，又係循環出納，利可生利，故扣月日久暫加三取利。質押穀石，一出一進，既有搬量折耗之虞，又有氣面廒底、鼠耗黴變之患，其名加三，其實所得無幾。況每年只能出借一次，如甲年正月初一日押穀一石，十二月三十日取贖，只許加利三斗。即五月初一日押穀一石，六月初一日取贖，亦應加利三斗，其故何也？蓋押穀係在青黄不接，其價甚貴，取贖必俟秋熟以後，其價已賤。故有押穀之時，價值二兩以外，還穀之時，其價不及一兩，即使照例加三，窮民已經暗虧富户之本。若再扣算月日，不使截長補短，富户豈肯樂從？且恐啟射利之徒，押穀販賣之漸，此不同者七也。典當銀錢，認票不認人，親族鄉鄰，均可代當，惟押穀即至親密友亦不可代。如趙一甲年還穀五石，乙年仍須趙一親身質押，否則伯叔兄弟，冒名代當，及至趙一親來，穀已無存，最易爭執，此不同者八也。典商請帖完税，每年不過數金，刁民無所藉口。押穀之家，穀本無多，受當借穀出息甚微。刁民因其並未請帖，往往指爲私開典當，搶簿挾制，甚至串同書役訛詐，以致富户畏懼，糶而不借，此不同者九也。典當銀錢，不分地界，不拘遠近，人人可當。惟質押穀石，刁徒往往把持，不許遠村之人搬運，其不同者十也。

以上各條，豐年尚可相安，一遇歉收，最易滋事。必須尋常無事之時，先期明白訓導，家喻户曉，臨期自知安分。自古救荒無善策，總須備之於豐年。而常平倉穀，因公動用，類多缺額，且通縣之衆，一年之久，仰給於官，勢難遍及。昔人所謂民得升斗，官費邱山，實與杯水車薪無異，如能鼓勵富户，收買穀石，不必領帖，聽其營運，或數十石，或數百石，或數千石，均可由少至多，逐漸滋長。此家如是，彼家亦如是，此村如是，彼村亦如是。行之日久，通縣無不如是，通省亦復如是。不出數年，民穀較之官穀可多百倍。間遇荒歉，以民間之穀供民間之食，即本耕三餘一，耕九餘三遺意。

夫欲保全富户，必使窮民明白其中利害，方可加以懲勸。蓋富乃貧之母，爲國家元氣。富户凋敝，不僅貧民失依，元氣亦傷。嘉慶七年，天旱歉收，糧價日久不減。本部院晝夜焦思，誠恐存穀之家待價而沽，曾經出示勸諭，不過暫調民食，一時權宜，以杜刁民藉端擾累。本年雨暘時若，早稻收穫登場，糧價已經大減。仰即會同藩司各道通飭各屬遵照，指示條目，剴切曉諭，務使窮鄉僻壤，貧富周知，俾各安分守法，不得仍蹈前轍。

總之，貧與富交，強者必忮，弱者必求。今富户以濟貧民之急，貧民應感富户之情。居常既緩急相周，有事宜守望相助。忮求之念兩忘，親睦之心自篤。是在賢有司留心訓迪，俾風俗日歸淳樸，本部院有厚望焉。如各州縣民情土俗或與所指小有異同，訪查確實，總以便民爲主，聽其酌改，並令仿照當鋪款式亦立當票，於還穀之時發給當户收執，以爲來年當穀之據，亦可杜絕爭端。

清 陶澍《勸設義倉章程疏道光三年》《清經世文編》卷四〇

伏惟民以食爲本，事須豫則立。前年皖江被水，哀鴻遍野。仰蒙恩旨，賑撫兼施。並經臣勸諭有力之家，捐輸助賑，流離數十萬，獲就安全。事後猶深憫惻，因思博施濟衆，自古綦難，徹土綢繆，宜先陰雨，常平之制善矣，然待惠者無窮。至社倉，春借秋還，初意未始不美，而歷久弊生，官民俱累。變而通之，惟有於州縣中，每鄉每村，各設一倉，秋收後聽民間量力捐輸，積存倉內，遇歲歉則以本境所積之穀，即散給本境之人。一切出納，聽民間自擇殷實老成管理，不經官吏之手，以冀圖匱於豐，積少成多，衆擎易舉，所以圖便民也。各保各境，人心易齊，耳目亦周，所以免牽掣也。擇人經管，立冊交代，所以防侵蝕也。紳民自理，不經官員吏役之手，所以杜騷擾也。不減糶，不出易，不借代，專意存貯以備歉時，所以斷糾轕而弭爭端也。凶年不妨盡用，樂歲仍可捐輸，以一鄉濟一鄉之衆，故不患其不均，以數歲救一歲之荒，故不虞其不給。可小可大，無窮匱也。取錙銖於狼戾之時，求水火於至足之地，捐穀者不以爲難，司事者不以爲累。行所無事，不求其利而弊自除，預防其弊而利乃久。

臣爲此章程，籌思經歲，簡易直截，似可爲備荒之一助。如果各州縣能實心實力，勸導有成，是亦不費之惠。惟所議章程與社倉之法有異，本以豐歲之有餘，備荒年之不足，可否即以『豐備』二字仰懇天恩，賜爲倉名，俾垂永久。謹將所議章程十二條，敬爲我皇上陳之。

一、鄉村無論百餘家，十數家，總以里居聯絡者公設一倉。每年秋收後，各量力之盈絀，捐穀存倉。出者毋吝，勸者毋勒。或數十石，或十數石，多則一二百石，少即數石數斗數升，均無不可。收穀時，公同立簿登記，擇一老成殷實人總管。再擇一二人，逐年遞管，仍設立四柱交冊，分別舊管新收開除實在，明晰登載，互相稽查。連年豐稔，日積日多，則穀不可勝食矣。

一、鄉村零戶有難於連絡者。或每族各爲一倉，或一族中每房各爲一倉，或以散戶歸入附近鄰保，共爲一倉，均聽民便。總在隨地制宜，多多益善。果能一處行之有效，久而他處自仿照行之矣。

一、設倉宜擇善地，不宜近水，不宜近市，以防不虞。建議之初，倉廒未立，或神廟，或公祠，或老成殷實之家，倉屋有餘者均可借儲。但須本人情願，不得強借，一俟穀石稍充，即可另自置倉。

一、倉穀由於樂捐，間或有濕有秕，不能拘泥畫一。應於收倉時，先爲曬乾車淨，公同登記耗蝕若干，或收貯年久，又須公同出曬一次，復量上倉，再逐一登記實數，以便查考。

一、設倉本係義舉，司事之人不容稍有侵蝕，亦不許藉端開銷。惟所雇守倉之人不能不給予工食，責令巡查，遇有風摧雨漏，倉板損破之處，立即告知經管之人及時修理，其鎖鑰等項不得交守人佩帶。

一、捐穀既有成數，即赴地方官呈明立案，以免匪徒阻撓，擾亂章程。以後捐多捐少，收放出入，官吏概不與聞。即里長甲長亦無許越俎。倘有吏役託名稽查，藉端需索，查出照詐贓例，從重懲治。

一、積穀既饒，止須添建倉廒，不必推陳出新以求滋長，亦不必春借秋還，以權利息。弭爭杜紛，此爲最要。惟餘穀置田收租，尚可並行不悖。然必積穀實在充裕有餘，以少半置田乃可，否則不必。蓋此穀原爲備荒而設，至捷至便，推陳出入，易滋朦混，借出難償，漸歸烏有。置買產業雖屬經久之計，然不能救濟目前，亦非急務也。

一、每遇災荒，總管分管外，添擇公正司事。計穀之多寡，先盡本村中鰥寡孤獨無告之人，次及極貧，又次及中貧。或五日一散，或十日一散，事竣憑衆確算。至家計稍可支持者，不必分給，即小歉之年亦不必動用，以歸實濟。

一、捐穀之家，此穀既捐，即係公物，遇有災歉，不得以從前甲多乙少，致啟爭端。或先在此村捐穀之家，其後移居他處，遇此村散放，不得以曾經捐穀，回向轉索，新來之戶，從前雖未捐穀，遇有散放，亦應酌給，不得獨任向隅。蓋各保各境以鄉村爲斷，雖救無分彼此，而穀少人多，亦不得不稍爲限制。其各族各房積穀者，則不必以鄉村爲斷。

一、年豐和時，勸捐較易。果能積有三年五年之蓄，又不妨略爲變通，邀同衿耆，劃分若干。於鄉間添設恤嫠育嬰等會，或於冬間就村莊中鰥寡孤獨與外來無告窮民，量爲賑濟，亦所以廣任恤也。

一、鄉村紳士克知大義者多，自必首捐爲倡。如有能捐穀千石者，或捐銀千兩以上買穀歸倉者，或捐置基產倉廒及斗斛諸器物，用銀千兩以上者，均當照例請旌，以資鼓勵。倘慮書吏索費，即徑赴院司衙門呈明捐數，以便行查確實，立予請旌，斷不令善舉稍有阻格。

一、勸捐之外尚有因事樂施一節，如民間演戲酬神及嫁娶喜期、慶祝生日，盡可將糜費折穀捐入義倉。擴而充之，不特安貧，即以保富，將型仁講讓之風亦由此而興起矣。

清 陶澍《陳辦灾各弊疏》道光五年 《清經世文編》卷四二 竊照地方偶被偏災，恩施撫賑，全在印委各官嚴絶弊竇，俾帑不虚縻，人皆得濟。本年淮、揚、徐、海等府州被災較廣，仰蒙恩旨，分别給賑。目下正值分查户口、領銀散放之時，尤須力除積弊。

就臣意計所及，採訪所知，大抵辦賑之弊，凡有十端：委員下鄉，不知道路，或不諳土語，多藉隨行書役。而書役每多與鄉保勾結，互滋朦混。其弊一也。委員夫轎及隨行書役，所得飯食不敷，或責之鄉保，鄉保承應難支，或更雇人幫辦，則又添食用，不免暗地取貲。其弊二也。各處村莊，人稠勢衆，委員一到，往往揑增口數，或縱令婦女喧曉要脅，甚至攔舟圍轎，故作攪混，責懲難加，理諭莫遣。其弊三也。或空屋無人，村鄰代稱外出，或攜挈婦子，自稱遠道歸來，紛紛求票，即恐係别保之人攙入，難以猝辨。其弊四也。查賑之期不過半月兼旬，其間有村莊遼隔，或雨雪阻滯，鄉保知其不能久稽，故意引向遠處難處，以促其期，疲其力，迨時日迫促，則未到之處，仍祇憑鄉保所開給票。其弊五也。鄉保户口偶錯，地方刁棍因挾其短而訛索，稍不遂意，糾黨連控，承辦者畏其拖累，遂預留地步，以浮冒爲彌縫之具。其弊六也。鄉保固多狡猾，亦有愚民不諳例應賑否，概求賑票，鄉保駁斥，輒被毆辱，致有鄉保不敢跟查，轉聽本境土棍開報者。其弊七也。或災本輕微，鄉保土棍斂錢雇催窮老劣衿，連名求賑，不准則奔控求勘，印委各官，懼以諱災取戾，或蹈辦理不善之咎，隨亦不能堅執。其弊八也。放賑時，不於酌中之地，設廠散給，以致道途遼遠，老病婦女不能赴領，或赴領而口數較少，僅敷往返食用，或不能赴領而托人兼領，被其侵扣。其弊九也。地方爲富不仁之家，乘災民窘迫，先給賤值買其賑票，一俟放賑，即持賑票雇人包領，是暗削脂膏，而災民不能言，委員不及知，其弊十也。

有此十弊，是以辦賑甚難。然所以除弊之法有四：其一，查賑之限宜寬，寬則挨查之力舒，而不致草率；放賑之日宜分，分則領賑之人少，而不至擁擠。其委員又宜假之以權，一有阻撓滋擾，解赴印官，即行懲處，俾知嚴憚，自不敢藐玩以滋事。其一，委員帶書役及跟查之鄉保，必須寬給工食，使之有力當差。如查竣一莊，毫無弊混，並應量加犒賞，稍有弊竇，立即重懲斥換，俾賞罰分明，自不致有勾結欺罔之事。其一，委員户必親到，口必親點，點驗既確，然後入冊給票。每查竣一莊，即將一莊内所有極、次貧花名户口及應領銀數，開寫榜示，粘貼莊前。如有詭户及舛錯之處，許於數日内首告更正，則共見其聞，自無所施其冒之技。其一，多設賑廠，各就四鄉災民之便，老弱不難赴領，雨雪不虞阻止，自不致爲代領者侵扣，亦不甘以賤值而賣其賑票。

有是四端，可除十弊。然總以得人爲第一要義。印委各員得人，雖諸弊叢積，不難掃除，否則或先存染指，或畏葸無能，本員已不可信，遑論其它！前經臣與督臣率同藩、臬、道、府及州、廳以上各員捐廉，共湊銀三萬餘兩，分撥災區，作爲辦賑委員及吏役人等食用不敷之費，俾得安心查辦，以清浮冒克扣之源。復將應需賑銀，預解淮揚府庫，俾各州縣於詳定數目時，即就近領銀，毋庸遠赴司庫，以歸簡捷。並迭劄通飭各屬，激發天良，屏除積習，拯救災黎。現在體察情形，尚知奮勉，將來各員如果經理得宜，自當遵旨加以鼓勵。倘或辦理玩忽，仍即隨時參辦，地方刁劣希冀冒者，現亦訪獲數人，懲辦之後，均知斂跡。臣仍將應辦章程，分行各屬，務期實惠均沾，無濫無遺。

清 楊景仁《籌濟編》卷二《報灾》 地方遇災不報，則民隱不上聞，膏澤無由下究，以致道殣相望，盜賊伺目，往往釀成事端，而朝近不知。迨知之，而百方綏輯，已無及矣。是諱災者，國家之大患也。即經奏報，而稍涉遷延，嗷嗷者待命須臾，輾轉間已足殘害生靈，虧損元氣。此遲延之與諱飾，其害雖有重輕，皆足以殃民而蠹國也。

順治十七年復準：直省災傷，先以情形入奏，夏災限六月終旬，秋災限七月終旬，仍扣去程途日期，如詳報到省在限外，而計算應扣之程途，亦已逾限者，參處。州縣官遲報逾限一月以内者，罰俸六月，一月以外者，降一級調用，二月以外者，降二級調用，三月以外，革職。撫、司、道、府等官以州、縣報到之日起算，逾限一例處分。迨後定例：夏災仍以六月爲限，秋限以九月終旬。誠以報災逾限，緩不及事，而秋收則恐臨時或有變更，故稍寬其期也。十八年復準：州、縣官不將民生苦情，詳報上司，使民無處可訴，革職，永不敘用。若州、縣官詳報，上司不接准題達者，將上司亦革職。

康熙七年題准：各旗災地遠近不一，准寬至八月初十日，逾期不准。十五年議準：被災地方遲報，逾限半月以内者，罰俸六月，一月以内，罰俸一年，一月以外，仍照前例議處。

雍正六年議準：一月内造報被災分數，爲時太迫。嗣後勘災，寬以十日，察復上司，寬以五日，總以四十五日爲限。七年議準：甘省地處極邊，河西一帶，山高氣冷，收成更晚，受災之田，兼有冰雹、風沙、蟲蝕、雪霜之患，於定例外稍加變通。河東鞏昌、蘭州二府，河西寧夏、西寧、甘州、涼州，直隸肅州並口外安西、靖逆二屬，倘夏、秋二禾於六、九兩月被災，仍照定限申報。其有六、九月田禾本屬青葱，此後忽被災傷者，准各展限半月，夏災不出七月中，秋災不出十月中，即爲勘明申報，仍將被災日期，於題疏内詳悉聲明，以便察核。十二年議準：州、縣勘報續被災傷分數，其續報被霜、被風、被水之災較重，距原報情形之日，未過十五日，不准展限，統於正限内查勘請題，十五日以外者，准於正限外展限二十日。如已過正限，均准另起限期勘報。

歷來報災之例，至後而益加詳密如此。

恭查乾隆六年上諭：『向來各省報災原有定期，若先期題報，便不合例。朕思按期題報者，乃指其本而言。至於水旱情形，爲督撫者察其端倪，早爲區畫，隨時密奏，則朕可倍加修省，而人事得以有備。若過拘成例，則未免後時矣。至於督撫報災，有故爲掩飾不肯奏出實情者，亦有好行其德，希冀取悦地方者。惟公正之大臣，既不肯匿災以病民，亦不肯違道以干譽。外此，不能無過不及之失。朕恫瘝在抱，再四思惟：匿災者使百姓受流離之苦，其害甚大；違道干譽，雖非正理，以二者較之，究竟此善於彼，寧使國家多費帑金，斷不可令閭閻一夫失所。』欽此。大哉皇言！於臣工之過不及，權衡至當，寬干譽之過正以甚匿災之罪也。守土者可勿凜諸！

稽古藎臣，秉鈞常以災祲上陳，奉使輒以饑荒入告，所以動人主，勤天戒、畏民碞之心者，慮至深遠，不以非己專責，懼上厭聞，而安於簡默也。況守土之吏、親民之官乎？

又 卷四《勘災》 《穀梁傳》：『一穀不升謂之嗛，二穀不升謂之饑，三穀不升謂之饉，四穀不升謂之荒，五穀不升謂之大祲。』古者以五穀不登之多寡，別災傷之名目。後世災傷之等，則履畝各有輕重。《周官》不著省災之文，然鄉師司救，巡國及野，司稼巡野，遂師巡稼穡，無不周知其數。是以均人，有豐年、中年、無年、凶札之別，當必幾經審察，而後行司徒之荒政也。夫夏災、秋災，輕重不齊，非親至田畝，無由定其分數，其勘報輕重之間，不惟核賑以此爲根據，即錢糧蠲緩之等差所由判焉，患辨之不早辨也。

康熙三十三年，河南災，閣臣議遣官往勘，内閣學士湯文正公斌曰：『無益也。使者所至，苛擾實甚。州縣一聞遣使，輒輟耕以待勘，是再荒也。不如令有司自勘良便。即使者不苛擾，亦多增一供億之煩。是以盛世偶一行之，原爲慎重災傷起見，而不可著爲例也。』

大抵勘災之弊，半由於書吏需索牽混，往往以熟作荒，以荒作熟，以輕爲重，以重爲輕，預留徵納條漕、辦理蠲緩、舞弊圖利之地。富者出錢買荒，冀免輸納；貧者無錢注荒，轉受比追。而江蘇所屬州縣辦糧，有不歸版圖而名順莊者，田在甲圖，糧在乙圖，每遇災荒，被災之圖與辦糧之圖，紛紜轇轕，檢核爲難，滋弊尤甚。此又在清其源以去其弊者也。

夫災有所隱，害在民生；災有所飾，虧在國計。司牧者可不躬親履勘，杜絶弊端，以盡康濟之實也哉？

又 卷七《煮賑》 吕東萊論救荒以設糜粥爲下，惠仲孺亦謂荒政之弊四，而行粥居第一。良以行粥之舉，壯者得歠，而不能及幼孤老病之人；近者獲餔，而不能周僻壤深山之境。且萃數千饑餒疲民於一廠中，氣蒸而疫癘易染，衆聚而奸盜易萌。強者數次重餐，弱者後時空返。即其得食者，仰給一盂，賓士數里，晨往夕還，沖風冒雪，得毋憊甚！況重以吏胥侵蝕，攙以石灰，雜以糠秕。嗟爾嗷鴻，活者二三，而死者十六七矣。

然此法之弊也，究非法之弊也，乃行法者之弊也。夫苟行之而不善，雖良法皆成弊藪。苟行之而善，雖常法可絶弊端。

竊以爲災黎未賑之先，待哺孔迫，既賑之後，續命猶難。惟施粥以調劑其間，則費易辦而事易集。又如外之流民，户口難稽，人數無定，非粥曷濟乎？此不獨富厚耆碩宜行之鄉里，即有司亦當行之郡邑而不可廢也。

前代糜粥之設，歷有良規。國朝偶逢歉歲，軫恤多方，而煮賑之典，未嘗偏廢。爰采輯良法，著其利弊，賢司牧及鄉里耆碩有志振窮者，知其弊而杜之，散其利而普之，雖謂賑爲盡善之仁術可也。

又 卷九《通商》 謹按歉歲，民無糴所，則無所得食而刼奪興。賢司牧料其必然而危之，及其未然而弭之，則通商以裕食，洵賑濟之餘事，而平糶之先聲也。大抵商之不通也有故：遏糴者藉口本境之糧，不知米價益昂其價，而興販莫來；抑價者命意惠艱食之衆，不知囤户暗售他方，而貿遷莫至。毋遏糴而糴廣，不抑價而價平。而復無暴關以困之，商民有不奔走偕來者乎？

查雍正三年，直隸、天津等處被水，米價甚昂，行文將軍、府尹等將盛京糧米十萬石，由海運至天津新倉。有旨令商民自海運米者，不必禁止，聽其運至天津貿易。四年，以山東登、青、萊連年豐稔，諭撫臣動帑採買，分貯濟南等屬米少之州、縣。再勸諭各商販運。八年議準：行令盛京將軍、奉天府尹轉飭守口官弁，如有商民販運米穀者，聽其出口，該管州、縣給與商民船票。十年奏準：凡有商賈販運米穀至山東、直隸糶賣者，米船一到，即便放行。其臨清、淮揚等關，將粱頭米稅，自五月至七月暫行寬免。秋收之後，再行徵收。乾隆元年議準：行令督撫轉飭管理關務各官：凡有米船過關，詢明各商，如果前往被災各邑糶賣者，免稅，給與印票，責令到境之日，呈送該地方官鈐蓋印信，以便回空核銷。如有免稅米船偷運別省，並未到被災地方先行糶賣者，將寬免之稅，加倍追出，仍照違禁例治罪。十三年，諭以地方偶有偏災，即將該處關口應徵米豆稅，加恩寬免，則估舶聞風雲集，市直自平，駔儈不得居奇，窮黎均沾實惠，轉得權操自上等因。自後每遇災年，米商應徵關稅，非免則減，幾爲常例。蓋湛恩汪濊如此。甚至各關米税之免，將届停止，復行展期，所以鼓舞招徠之者甚至。二十五年，畿輔左近，穀價未能大減，派侍郎、給事中，會同直隸總督至德州沿河一帶察看，務令舟車無阻。蓋恐臨河州、縣因糧艘需備駁運，或藉名多封船車，以致商人挽運留滯。睿慮精詳，無微不燭焉，而且恩施逾格，既屢寬關市之徵，復暫弛海運之禁。

乾隆元年諭：『近年以來，直隸收成歉薄，民食艱難，從前議開海運以資接濟。續經盛京將軍奏稱錦州等處米價加貴，請永禁海運，朕諭以今歲直隸收穫平常，俟明歲再加將軍等所請行。朕聞秋冬收穫之後，各商民攜帶資本，前赴海城、蓋平等處採買雜糧。止因時届隆冬，海風勁烈，舟楫難行，已將所買米糧收貯各店，春融裝運。該商民惟恐地方有司，遵照明年停運之議，閉遏留難，甚爲惶懼。朕思商民此糧購買在先，暫行存貯各店，不應在明年禁止之內。且奉天素稱産米之鄉，雖因販運過多，價值視昔加貴，然較之直隸歉收之地，待粟而炊，其情形緩急，實相徑庭。著俟明年內地麥熟之後，再將海運禁止。』四年，因京師雨澤未降，上年海運弛禁之期已滿，奉旨復寬一年之禁。嗣迭奉恩綸：凡災年海禁之弛，行之直隸、山東者非一次，爲民謀口食者綦詳矣。

乃外省以及外國産米之區，間亦有權宜海運者。乾隆十二年奏準：福建、臺灣雖隔重洋，與漳、泉二府同隸一省，商船往來如織，原不在禁例。即如江南崇明縣，向有給照赴內地買米載回之例。嗣後如遇臺郡稔年，應聽漳、泉二府商賈及在臺二府民人，自十月至次年二月，於地方官處請照買運。又議準暹羅國産米甚多，如商民願往買米，造船運回者，給牌以便驗放無阻，仍嚴飭兵役無得需索擾累。若商民無糧米載回，只載貨歸者，倍罰船稅，以示懲儆。此雖一時權宜之事，而念民食艱難，多方籌畫，使商販往來接濟，不惜破格之施，誠非苟而已也。有子民之責者，知歉歲以通商爲要圖，航海尚弛其禁，而內地之過分畛域者可愧矣。關津並免其徵，而城市之藉端勒索者可誅矣。無使賈利者轉而賈害，庶幾利商者即以利民乎！

又卷一三《興工》 荒歲役民，出於不得已，而未始非良法也。濬河、築堤諸務，受其直，救目前之饑荒；藉其勞，救將來之水旱。他如修城垣，葺學校，皆工程之大者。即繕完寺觀，似非急務，而用財者無虛糜之費，就傭者無素食之慚。勞民而便民，非良法乎？

查康熙五十二年復準，令陝西各州縣修城，俾窮民得傭工度日。雍正四年諭：『朕軫念東省被水，窮民粒食惟艱，特允山東巡撫之請，於大清河興疏濬之工，令乏食小民得力役之資，爲餬口之計。今天氣和暖，土脈鬆潤，正當畚鍤之時。去秋該撫奏請設廠賑濟，今赴工者衆，粥廠可以停止。但念此就食小民，其中豈無老弱、殘疾不能赴工者？煮賑既停，麥秋之期尚遠，此輩窮無所歸之人，或仍致失所，朕心深爲憫焉。著山東巡撫將不能赴工之窮民察明若干，每口仍給與升合之資，俟至秋收後停止，所用銀均作正項開銷。該撫嚴飭各州縣官務實心奉行，以副朕養育百姓之至意。』欽此。聖主憫饑民，使壯丁就役，而又念及不能赴工之老弱、殘疾，予以口食，德至渥矣。而工程之修舉，在先事豫籌，別其緩急輕重，則遇災欲辦工賑，無難次第舉行。

乾隆二年諭：『今年春夏之交，直隸、山東兩省，雨澤愆期，二麥歉收。朕已多方籌畫，接濟民食。且令直隸總督有應興工作，以次舉行，俾小民得藉營繕以餬其口。今思山東百姓多仗二麥度日，今歲麥收既薄，雖屢降諭旨蠲賑平糶，仍恐閭閻尚有艱食之虞。著該撫悉心計議，如開渠築堤、修葺城垣等事，酌量舉行，使貧民傭工就食，兼贍家口，庶可免於流離失所也。再年歲豐歉，難以懸定，而工程之應修理者，必先有成局，然後可以隨時興舉。一省之中，工程之大者莫如城郭。而地方何處爲最要，要地又以何處爲最先，應令各省督撫一一確查，分別緩急，豫爲估計，造冊報部。將來如水旱不齊之時，欲以工代賑，即可按籍而稽，速爲辦理，不致遲滯，於民生殊有裨益。』欽此。仰見聖主子惠困窮，精神貫徹乎事前事後，思患而防，事豫則立也。

乾隆八年奏準，直隸河、津兩郡旱災，將滄州改築土城，景州土城亦於開春修築殘缺，災民俱得傭趁自給。十三年，山東修沂河兩岸堤工，部議照以工代賑之例，土方工價，准給一半。上念東省被災甚重，民情艱窘，非他處可比，將土方工價按數全給。此又破例之殊恩也。二十五年，直屬有應修河道、溝渠等工，將上年截北倉漕米，所存十萬石，作爲修濬河渠以工代賑之用。二十七年，敕令步軍統領，派員修治德勝門外至清沙一帶石道，其餘各門有未平坦處，並令查勘酌辦，奉有多興土功，亦所以養窮民之諭。四十七年，豫省青龍岡堵築漫口，下游居民，經黄水淹浸，民食維艱，另籌開挑引河，改建堤岸，俾江南、山東兩省附近災黎，赴工授食。五十七年，直隸被旱，敕令保定、天津、河間以及順、廣、大等府城垣，乘此興修，並查明各該州縣城工，如有應行急修之處，趕緊勘估，奏明辦理。此乾隆年間工賑之大略也。

嘉慶元年諭：『本年湖北各屬，因漢江漲發，猝被水淹，荊門災形較重。該處堤工原係百姓自衛田廬，例應官督民修。第念楚省教匪滋事之處，既被擾累，其未經被賊地方，又復猝遇水災，殊爲可憫。著加恩將此次堤工，官爲修理。』又諭：『救荒之策，莫善於以工代賑。因思附近城河等處，久未挑濬，多有淤滯，以致驟雨不能消涸。著通行查勘將應行疏濬之處，雇集附近窮民興工挑挖，於工賑兩有裨益。』欽此。聖恩高厚，以民修之項作官修，體恤百姓者既至，而以工賑爲救荒之善策，洵萬世不刊之訓也。六年，京師右安、永定各門被水，將永定河東、西兩岸決口堵築，有旨令官給傭資，俾被水難民赴工幫同力作，以充口食。十三年，以上年直隸通州等處被淹，凡坐落永定河西岸，並切近大道之宛平、良鄉等十餘州縣，有應疏濬牤牛河淤淺及挑挖大路兩旁溝渠等工，動用賑餘銀兩，以工代賑。十五年，甘肅被旱，俞督臣之請於來春開凍後，即趕修皋蘭、固原等處城工，俾貧民得資餬口，此嘉慶以來工賑之大略也。

司牧者善爲經理，工鳩而民庶有鳩，力食而農堪代食，沐膏澤而勤苦，不亦康乎！

又 卷一六《輯流移》 謹按流民者，饑民也，與其輯之於既流之後，不如撫之於未流之先。然饑饉薦臻，本鄉無可覓食，有不得不轉徙他方者，瑣尾流離，困踣狼狽，不早爲之所，弱者阽於危亡，強者轉爲盜賊，可慮也。

前代如漢、如隋、如唐，移民就食。是民之遷流，轉出自在上之意，戰國梁惠王曾行之。雖沿《周官》大司徒移民通財、廩人移民就穀之制，祇一時權宜之計耳。其餘因時補救，具有良規，國朝尤爲詳盡。而資送養之法，或行或不行，則變通而與時宜之，期於實惠及民而已。

查康熙三十一年，陝西流民在襄陽等處地方，得旨有情願運送潼關米石者，即給價令其運送。此令流民就傭以濟轉輸，順便俾之回籍者。四十三年，山東流民流入京城。命大臣官員設飯廠數十處，分行煮賑。嗣直隸、河間等府百姓來赴賑廠者甚衆，有旨將東省、直隸流民遣官領送回籍，仍捐給籽粒，俾得耕田畝。雍正元年諭：『直隸、山東、河南流民有就食京師者，著五城御史察詢口數，量給盤費，送回本籍等因。』欽此。遵旨議定：每口每程給銀六分，老病不能行走者，加給三分，爲腳力費，委官護送。地方官逐程出具收結，轉送至原籍。中途患病者，令地方官留養醫治，病痊日再行轉送。此資送流民路費之始。

九年議準：直隸、山東、河南窮民，渡河而南，以圖就食，令沿河州、縣於各渡口詳察，有力不能自達者，量給路費。如有依親、傭工易食者聽。其乞食者，用截漕米糧，照例計口賑給，其欲回本籍者，資給遣回。不願即歸者，於來春耕種之候，仍皆給以資糧，令其回籍。凡資給之費，動用存公項，造冊送部。八年，凡外出窮民，有應冬月留養者，諭令動用常平倉穀，大口日給一小升，小口五合，按日動支。乾隆初議準：嗣後送流民路費，每大口日給制錢二十文，小口減半，老病者照例給腳力三分，水程照大、小口應給之數減半給與船價。奉旨依議速行，與前此定爲每口每程給銀六分之迥殊。蓋前例以程計，一程約計百里，流民徒步，一日豈能走及一程？若以所過州、縣爲程，相去或六七十里，四五十里，流民過一州、縣，即給銀六分，又不分大口、小口，一日所得，不特倍逾於賑給之數，且較民間營趁爲生者更裕，愚頑將轉以流移爲利，不思復業。是故改以日計，並分別大、小口，較爲盡善也。

七年，諭各省督撫嚴飭有司：凡遇江南災民所到之地，即隨地安頓留養，或借寺廟，或蓋棚廠，使有棲止之所，動用該處常平倉穀，計口授糧，據實報銷。並訓諭約束，不得藉端滋事。至於災民聚集衆多之處，更委道府大員專行督察。及冬月水消、春初耕種之時，有願歸本鄉者，即資送回籍，給以麥種，其不願回籍者，亦不必强等因。聖主爲流民通盤籌畫者，如是之無微不至也。顧資送之例，不皆有益，而間或滋弊。無業愚民，惰游倖澤，挈家結隊，仰給在官，或甫送歸籍，仍復重來，未副朝廷安輯之德意，轉滋閭閻貪詐之澆風。政體所關，防維宜亟。是以八年諭：『河間、天津等處，來京就食之民日益衆多，蓋因愚民無知，見京師既設飯廠，又有資送盤費，是以本地雖有賑濟，伊等仍輕去其鄉而不顧，且有已去而復來者，不但拋荒本業，即京師飯廠聚人太多，春暖恐染時氣，亦屬未便。著高斌設法安插，妥協辦理。』欽此。旋經大學士等議：於通州、良鄉二處添設飯廠席棚，以贍續至之流民。又經直隸總督飭屬固安、永清、東安、武清、霸州、文安設粥煮賑，俾北來流民隨在就食，願回籍者，資給路費，仍令本籍查明補賑。自此流民不致復聚京師矣。自時厥後，則斟酌出之而不拘成例。

十三年，諭『向來外省有資送流民之例，用意良厚。然至饑饉洊臻，本處米糧乏絶，而鄰封尚可覓食。若必驅還故鄉，豈能坐以待斃？勢又將轉而之他，南北東西，輾轉資送。在鄰省既不勝其煩勞，而於災民轉益流離失所。朕思災輕之地，不可令其拋棄失業，自當照例資送回籍。倘遇積歉之年，本處無以餬口，轉徙他鄉，或倚托親舊，以濟其乏，或傭工種佃，以食其力。且其中有極無倚賴者，國家復有留養之例，地方官憫其流離，無分畛域，隨宜安插。俟災氛平復，本地可耕，然後使回故里，亦未始非權宜之道。惟在權其輕重，相其緩急，斟酌辦理，不可執一而論。應令地方有司酌量妥辦，不必拘定成例』等因。

十八年，諭『御史奏請敕諭江南鄰省督撫照舊例養流民，春融資送回籍等語。養流民之法，前曾行之，有名無實，轉滋多事，且於災民實無裨益，導之使輕去其鄉耳。近日巡撫已經具奏，故未準行。蓋與其養於異方，何如厚加賑恤，使不流移轉徙之爲愈。今年淮、徐等處被水，朕疊次籌濟，不惜數百萬帑金，以留養資送之費計之，何啻百分之一二，豈有愛焉？若以養資送所需，增爲本地賑濟，豈不更沾實惠乎？夫以災地專委多員，挨户察賑，尚恐不能一無遺漏，鄰省州、縣各有應辦事務，又何從辨其災黎？徒滋奸民在本地則乘機溷冒，及資送則聚衆强搶，去而復返，日不暇給。而實在被災流民，或依傍親屬，或傭工餬口，又必逐一稽留安插，於伊等生理益致拘礙，故停止此例』等因。

二十八年，諭：『御史奏資送貧民回籍議復一摺，以此例一開，恐致無業之徒，混冒虚糜，於災黎無益，是僅推其流弊，而未深究夫有名無實之本原。無識者將未免仍疑爲節省帑項起見。朕因直屬兩年秋霖過多，加恩蠲賑，不啻再三。即費正供鉅萬，無所靳惜，又何有於區區資送一節？然已洞悉其一無實濟，而猶曲徇陳言，矯情示惠，必不出此也。且流民故鄉既無生計，四出傭趁，即揆之古人無常職轉移執事之條，未始不可俾之並生并育，又何至束縛馳驟，强以勢所不能？朕以爲與其資送無實濟，不如加賑濟之期，俾民獲實惠爲愈也。救荒無奇策，惟以體恤民隱爲要。設令被災至重，甚至有田之户亦概遠徙，則所以籌撫綏，必更有大設施者，又豈恃此資送虚文，所能濟其萬一哉？將此通諭中外，使明知朕意。』欽此。

歷觀停止資送養之諭，可謂深切著明。大抵法積久而生弊，道與時爲變通，是以聖諭一則曰增爲本地賑濟，再則曰不如加賑濟之期。良以輯之於既流之後，不如撫之於未流之先，帑不患其多糜，惠必施於實獲。又云：『設令被災至重，必更有大設施者。』想見神明化裁，包括無數經綸，而不沾沾於一時一事也。

至於流民之歸，既無庸資送，亦無庸差送焉。嘉慶七年，諭萬凝等：『以現在清苑等縣，有差人領回本處貧民，輒欲令各州、縣仿照辦理，勢不能不僉派差役紛紛押送，竟與遞解人犯無異，是驅之轉於溝壑矣。且各州、縣所差人役，豈能於本處饑民，概行指識，彼此認領？徒滋紛擾，此事斷不可行！』欽此。此外出趁食之民，當聽其自歸，不必官差認領也。

職司民牧，偶逢災祲，預料民或流移，先期出示各鄉村，諭以即有賑恤，令其靜候，毋得遠離。一面設粥、平糶，以定民志。其有迫不及待，挈家四出者，查户時，即爲登記，以待聞賑歸來，補行賑濟。歸來貸與牛種，以資生理。其流民所至之境，不分此疆爾界，加意拊循，善爲措置，則民雖攖蕩析離居之苦，而得勞來還定之方矣。

傳記

《史記》卷二《夏本紀》　當帝堯之時，鴻水《索隱》：一作『洪』。鴻，大也。以鳥大曰鴻，小曰鴈，故近代文字大義者皆作『鴻』也。滔天，浩浩懷山襄陵，下民其憂。

堯求能治水者，羣臣四嶽皆曰鯀可。堯曰：『鯀爲人負命毁族，不可。』四嶽曰：『等之未有賢於鯀者，願帝試之。』於是堯聽四嶽，用鯀治水。九年而水不息，功用不成。於是帝堯乃求人，更得舜。舜登用，攝行天子之政，巡狩。行視鯀之治水無狀，《索隱》：言無功狀。乃殛鯀於羽山以死。《正義》：殛音紀力反。鯀之羽山，化爲黄熊，入于羽淵。熊音乃來反，下三點爲三足也。束晳《發蒙紀》云：『鼈三足曰熊。』天下皆以舜之誅爲是。於是舜舉鯀子禹，而使續鯀之業。

堯崩，帝舜問四嶽曰：『有能成美堯之事者使居官？』皆曰：『伯禹爲司空，可成美堯之功。』舜曰：『嗟，然！』命禹：『女平水土，維是勉之。』禹拜稽首，讓於契、后稷、皋陶。舜曰：『女其往視爾事矣。』

禹爲人敏給克勤；其悳不違，其仁可親，其言可信；聲爲律，《索隱》：言禹聲音應鍾律。身爲度，《集解》：王肅曰：『以身爲法度。』《索隱》：按：今巫猶稱『禹步』。稱以出；《集解》：徐廣曰：『一作「士」。』《索隱》：按：大戴禮見作『士』。又一解云，上文聲與身爲律度，則權衡亦出於其身，故云『稱以出』也。亹亹穆穆，爲綱爲紀。

禹乃遂與益、后稷奉帝命，命諸侯百姓興人徒以傅土，行山表木，《集解》：《尚書》『傅』字作『敷』。馬融曰：『敷，分也。』《索隱》：《尚書》作『敷土隨山刊木』。今案：《大戴禮》作『傅土』，故此紀依之。傅即付也，謂付功屬役之事。若《尚書》作『敷』，敷，分也，謂令人分布理九州之土地也。表木，謂刊木立爲表記，與孔注書意異。定高山大川。《集解》：馬融曰：『定其差秩祀禮所視也』。駰案：《尚書大傳》曰『高山大川，五嶽、四瀆之屬』。禹傷先人父鯀功之不成受誅，乃勞身焦思，居外十三年，過家門不敢入。薄衣食，致孝于鬼神。《集解》：馬融曰：『祭祀豐絜。』卑宮室，致費於溝淢。《集解》：包氏曰：『方里爲井，井閒有溝，溝廣深四尺。十里爲成，成閒有淢，淢廣深八尺。』陸行乘車，水行乘船，泥行乘橇，《集解》：徐廣曰：『他書或作「蕝」。』駰案：孟康曰『橇形如箕，擿行泥上』。如淳曰『橇音「茅蕝」之「蕝」，謂以板置泥上以通行路也』。《正義》：按：橇形如船而短小，兩頭微起，人曲一脚，泥上擿進，用拾泥上之物。今杭州、溫州海邊有之也。山行乘檋。《集解》：徐廣曰：『檋，一作「橋」，音丘遙反。』駰案：如淳曰『檋車，謂以鐵如錐頭，長半寸，施之履下，以上山不蹉跌也』。又音紀錄反。《正義》按：上山，前齒短，後齒長；下山，前齒長，後齒短也。檋音與是同也。左準繩，右規矩，《集解》：王肅曰：『左右言常用也。』《索隱》：左所運用堪爲人之準繩，右所舉動必應規矩也。載四時，《集解》：王肅曰：『所以行不違四時之宜也。』以開九州，通九道，陂九澤，度九山。令益予衆庶稻，可種卑溼。命后稷予衆庶難得之食。食少，調有餘相給，以均諸侯。

禹乃行相地宜所有以貢，及山川之便利。

禹行自冀州始。冀州：既載《集解》：孔安國曰：『堯所都也。先施貢賦役載於書也。』鄭玄曰：『兩河閒曰冀州。』《正義》：按理水及貢賦從帝都爲始也。黄河自勝州東，直南至華陰，即東至懷州南，又東北至平州碣石山入海也。東河之西，西河之東，南河之北，皆冀州也。壺口，治梁及岐。《集解》：鄭玄曰：『《地理志》壺口山在河東北屈縣之東南，梁山在左馮翊夏陽，岐山在右扶風美陽。』《索隱》：鄭玄曰：『《地理志》壺口山在河東北屈縣之東南，梁山在左馮翊夏陽，岐山在右扶風美陽。』《正義》：《括地志》云：『壺口山在慈州吉昌縣西南五十里，冀州境也。梁山在同州韓城縣東南十九里，岐山在岐州岐山縣東北十里，二山雍州境也。』孔安國曰：『從東循山理水而西也。』既脩太原，至于嶽陽。《集解》：孔安國曰：『太原今爲郡名，太嶽在太原西南，山南曰陽。』《索隱》：嶽，太嶽，即冀州之鎮霍太山也。按：《地理志》霍太山在河東彘縣東。凡如此例，不引書者，皆《地理志》文也。《正義》：《括地志》云：『霍太山在沁州沁原縣西七八十里。』覃懷致功，《集解》：孔安國曰：『覃懷，近河地名。』鄭玄曰：『懷縣屬河內。』《索隱》：按：河內有懷縣，今驗地無名『覃』者，蓋『覃懷』二字或當時共爲一地之名。至於衡漳。《集解》：孔安國曰：『漳水橫流。』《索隱》：案：孔注以衡爲橫，非。王肅云『衡，漳，二水名。』《地理志》清漳水出上黨沾縣東北，至阜城縣入河。濁漳水出上黨長子縣東，至鄴入清漳也。《正義》：《括地志》云：『故懷城在懷州武陟縣西十一里。衡漳水在瀛州東北百二十五里平舒縣界也。』【略】夾右碣石，《集解》：孔安國曰：『碣石，海畔之山也。』入于海。《集解》：徐廣曰：『海，一作「河」。』《索隱》：《地理志》云『碣石山在北平驪城縣西南』。太康《地理志》云『樂浪遂城縣有碣石山，長城所起』。又《水經》云『在遼西臨渝縣南水中』。蓋碣石山有二，此云『夾右碣石入于海』，當是北平之碣石。

濟、河維沇州：《集解》：鄭玄曰：『言沇州之界在此兩水之閒。』九河既道，《集解》：馬融曰：『九河名徒駭、太史、馬頰、覆釜、胡蘇、簡、絜、鉤盤、鬲津。』雷夏既澤，雍、沮會同，《集解》：鄭玄曰：『雍水沮水相觸而合入此澤中，《地理志》曰雷澤在濟陰城陽縣西北。』《索隱》：《爾雅》云『水自河出爲雍』也。《正義》：《括地志》云：『雷夏澤在濮州雷澤縣郭外西北。雍、沮二水在雷澤西北平地也。』桑土既蠶，於是民得下丘居土。《集解》：孔安國曰：『大水去，民下丘居平土，就桑蠶。』【略】浮於濟、漯，通於河。《集解》：鄭玄曰：『《地理志》云漯水出東郡東武陽。』《索隱》：濟水出河東垣縣王屋山東，其流至濟陰，故應劭云『濟水出平原漯陰縣東，漯水出東郡東武陽縣北，至千乘縣而入于海』。

海岱維青州：《集解》：鄭玄曰：『東自海，西至岱。東嶽曰岱山。』《正義》：按：舜分青州爲營州，遼西及遼東。堣夷既略，《集解》：馬融曰：『堣夷，地名。用功少曰略。』《索隱》：

孔安國云：『東表之地稱嵎夷。』按：《今文尚書》及帝命驗並作『禺鐵』，在遼西。鐵，古『夷』字也。濰、淄其道。《集解》：鄭玄曰：『《地理志》濰水出琅邪，淄水出泰山萊蕪縣原山。』《索隱》：濰水出琅邪箕縣，北至都昌縣入海。淄水出泰山萊蕪縣原山北，東至博昌縣入濟也。《正義》：《括地志》云：『密州莒縣濰山，濰水所出。淄州淄川縣東北七十里原山，淄水所出。俗傳云，禹理水功畢，土石黑，數里之中波若漆，故謂之淄水也。』【略】浮於汶，通於濟。《集解》：鄭玄曰：『《地理志》汶水出泰山萊蕪縣原山，西南入濟。』

海岱及淮維徐州：《集解》：孔安國曰：『東至海，北至岱，南及淮。』淮、沂其治，蒙、羽其蓺。《集解》：鄭玄曰：『《地理志》沂水出泰山蓋縣。蒙，羽，二山名。』孔安國曰：『二水已治，二山可以種蓺。』《索隱》：《水經》云淮水出南陽平氏縣胎簪山，東北過桐柏山。沂水出泰山蓋縣艾山，南過下邳縣入泗。蒙山在泰山蒙陰縣西南。羽山在東海祝其縣南，殛鯀之地。大野既都，《集解》：鄭玄曰：『大野在山陽鉅野北，名鉅野澤。』孔安國曰：『水所停曰都。』東原底平。《集解》：鄭玄曰：『東原，地名。今東平郡即東原。』《索隱》：張華《博物志》云：『兖州東平郡即尚書之東原也。』《正義》：廣平曰原。徐州在東，故曰東原。水去已致平復，言可耕種也。【略】浮于淮、泗，《正義》：《括地志》云：『泗水源在兖州泗水縣東陪尾山。其源有四道，因以爲名。』通于河。

淮海維揚州：《集解》：孔安國曰：『北據淮，南距海。』彭蠡既都，陽鳥所居。《集解》：鄭玄曰：『《地理志》彭蠡澤在豫章彭澤西。』孔安國曰：『隨陽之鳥，鴻鴈之屬，冬月居此澤也。』《索隱》：都，《古文尚書》作『豬』。孔安國云『水所停曰豬』，鄭玄云『南方謂都爲豬』，則是水聚會之義。《正義》：蠡音禮。《括地志》云：『彭蠡湖在江州潯陽縣東南五十二里。』三江既入，《索隱》：韋昭云：『三江謂松江、錢唐江、浦陽江。』今按：《地理志》有南江、中江、北江，是爲三江。其南江從會稽吴縣南，東入海。中江從丹陽蕪湖縣西南，東至會稽陽羨縣入海。北江從會稽毗陵縣北，東入海。故下文『東爲中江』，又『東爲北江』，孔安國云『有北有中，南可知也。』震澤致定。《集解》：孔安國曰：『震澤，吴南太湖名。言三江已入，致定爲震澤。』《索隱》：震，一作『振』。《地理志》會稽吴縣『故周泰伯所封國，具區在其西，古文以爲震澤』。又《左傳》稱『笠澤』，亦謂此也。《正義》：澤在蘇州西南四十五里。三江者，在蘇州東南三十里，名三江口。一江西南上七十里至太湖，名曰松江，古笠澤江；一江東南上七十里至白蜆湖，名曰上江，亦曰東江；一江東北下三百餘里入海，名曰下江，亦曰婁江：於其分處號曰三江口。顧夷《吴地記》云『松江東北行七十里，得三江口。東北入海爲婁江，東南入海爲東江，并松江爲三江』是也。言理三江入海，非入震澤也。按：太湖西南湖州諸溪從天目山下，西北宣州諸山有溪，並下太湖。太湖東北流，各至三江口入海。其湖無通彭蠡湖及太湖處，並阻山陸。諸儒及地志等解『三江既入』皆非也。《周禮・職方氏》云『揚州藪曰具區，川曰三江』。按：五湖、三江者，韋昭注非也。其源俱不通太湖，引解『三江既入』，失之遠矣。五湖者，菱湖、游湖、莫湖、貢湖、胥湖，皆太湖東岸，五灣爲五湖，蓋古時應別，今並相連。菱湖在莫釐山東，周迴三十餘里，西口闊二里，其口南則莫釐山，北則徐侯山，西與莫湖連。莫湖在莫釐山西及北，北與胥湖連；胥湖在胥山西，南與莫湖連：各周迴五六十里，西連太湖。游湖在北二十里，在長山東，湖西口闊二里，其口東南岸樹里山，西北岸長山，湖周迴五六十里。貢湖在長山西，其口闊四五里，口東南長山，山南即山陽村，西北連常州無錫縣老岸，湖周迴一百九十里已上，湖身向東北，長七十餘里。兩湖西亦連太湖。《河渠書》云『於吴則通渠三江、五湖』。《貨殖傳》云『夫吴有三江、五湖之利。』又《太史公自敍傳》云『登姑蘇，望五湖』是也。【略】均江海，《集解》：鄭玄曰：『均，讀曰沿。沿，順水行也。』通淮、泗。

荆及衡陽維荆州：《集解》：孔安國曰：『北據荆山，南及衡山之陽。』江、漢朝宗于海。《集解》：孔安國曰：『二水經此州而入海，有似於朝，百川以海爲宗。宗，尊也。』《正義》：《括地志》云：『江水源出岷州南岷山，南流至益州，即東南流入蜀，至瀘州，東流經三硤，過荆州，與漢水合。孫卿子云「江水其源可以濫觴」也。』又云：『漢水源出梁州金牛縣東二十八里嶓冢山。』九江甚中，《集解》：孔安國曰：『江於此州界，分爲九道，甚得地勢之中。』鄭玄曰：『《地理志》九江在尋陽南，皆東合爲大江。』《索隱》：按：尋陽記九江者，烏江、蚌江、烏白江、嘉靡江、沙江、畎江、廪江、隄江、箘江。又張湞《九江圖》所載有三里、五畎、烏土、白蚌。九江之名不同。沱、涔已道，《集解》：孔安國曰：『沱，江別名。涔，水名。』鄭玄曰：『水出江爲沱，漢爲涔。』《索隱》：涔，亦作『潛』。沱出蜀郡郫縣西，東入江。潛出漢中安陽縣西南，北入漢。故《爾雅》云『水自江出爲沱，漢出爲潛』。《正義》：《括地志》云：『繁江水受郫江。《禹貢》曰『岷山導江，東別爲沱』，源出益州新繁縣。潛水一名復水，今名龍門水，源出利州緜谷縣東龍門山大石穴下也。』雲土、夢爲治。《集解》：孔安國曰：『雲夢之澤在江南，其中有平土丘，水去可爲耕作畎畝之治。』《索隱》：夢，一作『瞢』，鄒誕生又音蒙。按：雲土、夢本二澤名，蓋人以二澤相近，或合稱雲夢耳。知者，據《左傳》云楚子濟江入于雲中，又楚子、鄭伯田于江南之夢，則是二澤各別也。韋昭曰：『雲土今爲縣，屬江夏南郡華容。』今按：《地理志》云江夏有雲杜縣，是其地。【略】浮于江、沱、涔、漢，踰于雒，至于南河。

荆河惟豫州：《集解》：孔安國曰：『西南至荆山，北距河水。』《正義》：《括地志》云：『荆山在襄州荆山縣西八十里。韓子云「卞和得玉璞於楚之荆山」，即此也。』河，洛州北河也。伊、雒、瀍、澗既入于河，《集解》：孔安國曰：『伊出陸渾山，洛出上洛山，澗出澠池山，瀍出河南北山，四水合流而入河。』《索隱》：伊水出弘農盧氏縣東，洛水出弘農上洛縣冢領山，瀍水出河南穀城縣替亭北，澗水出弘農新安縣東，皆入于河。《正義》：《括地志》云：『伊水出虢州盧氏縣東巒山，東北流入洛。洛水出商州洛南縣冢領山，東流經洛州郭內，又東合伊水。瀍水出洛州新安縣東，南流至洛州郭內，南入洛。澗水源出洛州新安縣東白石山，東北與穀水合流，經洛州郭內，東流入洛也。』滎播既都，《集解》：孔安國曰：『滎，澤名。波水已成遏都。』《索隱》：《古文尚書》作『滎波』，此及今文並云『滎播』。播是水播溢之義，滎是澤名。故《左傳》云狄及衛戰於滎澤。鄭玄云：『今塞爲平地，滎陽人猶謂其處爲滎播。』道荷澤，被明都。《集解》：孔安國曰：『荷澤在胡陵。明都，澤名，在河東北，水流泆覆被之。』《索隱》：荷澤在濟陰定陶縣東。明都音孟豬。孟豬澤在梁國睢陽縣東北。《爾雅》、《左傳》謂之『孟諸』，今文亦爲然，唯周禮稱『望諸』，皆此地之一名。《正義》：《括地志》云：『荷澤在曹州濟陰縣東北九十里定陶城東，今名龍池，亦名九卿陂。』浮於雒，達於河。

華陽黑水惟梁州：《集解》：孔安國曰：『東據華山之南，西距黑水。』《正義》：《括地志》云：『黑水源出梁州城固縣西北太山。』汶、嶓既蓺，《集解》：鄭玄曰：『《地理志》岷山在蜀郡湔氐道，嶓冢山在漢陽西。』《索隱》：汶，一作『崏』，又作『𡵓』。𡵓山，《封禪書》一云瀆山，在蜀都湔氐道西徼，江水所出。嶓冢山在隴西西縣，漢水所出也。《正義》：《括地志》云：『岷山在岷州溢樂縣南一里，連綿至蜀二千里，皆名岷山。嶓冢山在梁州金牛縣東二十八里。』湔音子踐反。氐音丁奚反。沱、涔既道，《集解》：孔安國曰：『沱、潛發源此州，入荊州。』蔡、蒙旅平，《集解》：孔安國曰：『蔡，蒙，二山名。祭山曰旅。平言治功畢也。』鄭玄曰：『《地理志》蔡、蒙在漢嘉縣。』《索隱》：此非徐州之蒙，在蜀郡青衣縣。青衣後改爲漢嘉。蔡山不知所在也。蒙，縣名。《正義》：《括地志》云：『蒙山在雅州嚴道縣南十里。』和夷厎績。《集解》：馬融曰：『和夷，地名也。』【略】浮于潛，踰于沔，《集解》：孔安國曰：『漢上水爲沔。』鄭玄曰：『或謂漢爲沔。』入于渭，亂于河。《集解》：孔安國曰：『正絕流曰亂。』

黑水西河惟雍州：《集解》：孔安國曰：『西距黑水，東據河。龍門之河在冀州西。』《索隱》：《地理志》益州滇池有黑水祠。鄭玄引《地說》云『三危山，黑水出其南』。《山海經》『黑水出崑崙墟西北隅』也。弱水既西，《集解》：孔安國曰：『導之西流，至于合黎。』鄭玄曰：『衆水皆東，此獨西流也。』《索隱》：按：《水經》云『弱水出張掖刪丹縣西北，至酒泉會水縣入合黎山腹』。《山海經》云『弱水出崑崙墟西南隅』也。涇屬渭汭。《集解》：孔安國曰：『屬，逮也。水北曰汭。言治涇水入於渭也。』鄭玄曰：『《地理志》涇水出安定涇陽。』《索隱》：渭水出首陽縣鳥鼠同穴山。《說文》云：『水相入曰汭。』《正義》：《括地志》云：『涇水源出原州百泉縣西南笄頭山涇谷。渭水源出渭州渭原縣西七十六里鳥鼠山，今名青雀山。渭有三源，並出鳥鼠山，東流入河。』按：言理涇水及至渭水，又理漆、沮亦從渭流，復理灃水，亦同入渭者也。漆、沮既從，《正義》：《括地志》云：『漆水源出岐州普潤縣東南岐山漆溪，東入渭。沮水一名石川水，源出雍州富平縣，東入櫟陽縣南。漢高帝於櫟陽置萬年縣。《十三州志》云『萬年縣南有涇、渭，北有小河，即沮水也』。《詩》云古公去邠度漆、沮，即此二水。』灃《集解》：音豐。水所同。《集解》：孔安國曰：『漆、沮之水已從入渭。灃水所同，同于渭也。』《索隱》：漆、沮二水，漆水出右扶風漆縣西，沮水《地理志》無文，而《水經》以水出北地直路縣，東過馮翊祋祤縣入洛。《說文》亦以漆、沮各是一水名。孔安國獨以爲一，又云是洛水。灃水出右扶風鄠縣東南，北過上林苑。《正義》：《括地志》云：『雍州鄠縣終南山，灃水出焉。』荊、岐已旅，《集解》：孔安國曰：『荊在岐東，非荊州之荊也。』《正義》：《括地志》云：『荊山在雍州富平縣，今名掘陵原。岐山在岐州岐山縣東北十里。』《尚書正義》：云：『洪水時祭祀禮廢。已旅祭，言理水功畢也。』按：雍州荊山即黃帝及禹鑄鼎地也。襄州荊山縣西荊山即卞和得玉璞者。終南、敦物至于鳥鼠。《集解》：孔安國曰：『三山名，言相望也。』鄭玄曰：『《地理志》終南、敦物皆在右扶風武功也。』《索隱》：按：《左傳》中南山，杜預以爲終南山。《地理志》云『太一山古文以爲終南，垂山古文以爲敦物』，皆在扶風武功縣東。《正義》：《括地志》云：『終南山一名中南山，一名太一山，一名南山，一名橘山，一名楚山，一名秦山，一名周南山，一名地肺山，在雍州萬年縣南五十里。』原隰厎績，至于都野。《集解》：鄭玄曰：『《地理志》都野在武威，名曰休屠澤。』《正義》：原隰，幽州地也。按：原，高平地也。隰，低下地也。言從渭州致功，西北至涼州都野、沙州三危山也。《括地志》云：『都野澤在涼州姑臧縣東北二百八十里。』【略】浮于積石，至于龍門西河，《集解》：孔安國曰：『積石山在金城西南，河所經也。龍門山在河東之西界。』《索隱》：積石在金城河關縣西南。龍門山在左馮翊夏陽縣西北。《正義》：《括地志》云：『積石山今名小積石，在河州枹罕縣西七里。河州在京西一千四百七十二里。龍門山在同州韓城縣北五十里。李奇云「禹鑿通河水處，廣八十步」。《三秦記》云「龍門水懸船而行，兩旁有山，水陸不通，龜魚集龍門下數千，不得上，上則爲龍，故云暴鰓點額龍門下」。』按：河在冀州西，故云西河也。禹發源河水小積石山，浮河東北下，歷靈、勝北而南行，至于龍門，皆雍州地也。會于渭汭。《正義》：《水經》云『河水又南至潼關，渭水從西注之』也。織皮昆侖、析支、渠搜，西戎即序。《集解》：孔安國曰：『織皮，毛布。此四國在荒服之外，流沙之內。羌、髳之屬皆就次序，美禹之功及戎狄也。』《索隱》：鄭玄以爲衣皮之人居昆侖、析支、渠搜，三山皆在西戎。王肅曰『昆侖在臨羌西，析支在河關西，西戎在西域』。王肅以爲地名，而不言渠搜。今按：《地理志》金城臨羌縣有昆侖祠，敦煌廣至縣有昆侖障，朔方有渠搜縣。

道九山：《索隱》：汧、壺口、砥柱、太行、西傾、熊耳、嶓冢、內方、岐是九山也。古分爲三條，故《地理志》有北條之荊山。馬融以汧爲北條，西傾爲中條，嶓冢爲南條。鄭玄分四列，汧爲陰列，西傾次陰列，嶓冢爲陽列，岐山次陽列。汧及岐至于荆山，《集解》：鄭玄曰：『《地理志》汧在右扶風也。』《索隱》：汧，一作『岍』。按：有汧水，故其字或從『山』或從『水』，猶岐山然也。《地理志》云吴山在汧縣西，古文以爲汧山。岐山在右扶風美陽縣西北；荆山在左馮翊懷德縣南也。《正義》：《括地志》云：『汧山在隴州汧源縣西六十里。其山東鄰岐、岫，西接隴岡，汧水出焉。岐山在岐州。』踰于河；壺口、雷首《索隱》：雷首山在河東蒲阪縣東南，至于太嶽。《集解》：孔安國曰：『三山在冀州；太嶽在上黨西也。』《索隱》：即霍泰山也。已見上。《正義》：《括地志》云：『壺口在慈州吉昌縣西南。雷首山在蒲州河東縣。太嶽，霍山也，在沁州沁源縣。』砥柱、析城至于王屋；《集解》：孔安國曰：『此三山在冀州南河之北。』《索隱》：析城山在河東濩澤縣西南。王屋山在河東垣縣東北。《水經》云砥柱山在河東大陽縣南河水中也。《正義》：《括地志》云：『厎柱山，俗名三門山，在陝州硤石縣東北五十里黄河之中。孔安國云「厎柱，山名。河水分流，包山而過，山見水中，若柱然也」。』《括地志》云：『析城山在澤州陽城縣西南七十里。《注水經》云『析城山甚高峻，上平坦，有二泉，東濁西清，左右不生草木」。』《括地志》云：『王屋山在懷州王屋縣北十里。古今地名云「山方七百里，山高萬仞，本冀州之河陽山也」。』太行、常山至于碣石，入于海；《集解》：孔安國曰：『此二山連延，東北接碣石，而入于滄海。』《索隱》：太行山在河內山陽縣西北。常山，恒山是也，在常山郡上曲陽縣西北。《正義》：《括地志》云：『太行山在懷州河內縣北二十五里，有羊腸阪。恒山在定州恒陽縣西北百四十里。道書《福地記》云「恒山高三千三百丈，上方二十里，有太玄之泉，神草十九種，可度俗」。』西傾、朱圉、鳥鼠《集解》：鄭玄曰：『《地理志》曰朱圉在漢陽南。』孔安國曰：『鳥鼠山，渭水所出，在隴西之西。』至于太華；《集解》：鄭玄曰：『《地理志》太華山在弘農華陰南。』《索隱》：圉，一作『圄』。朱圉山在天水冀縣南。鳥鼠山在隴西首陽縣西南。太華即敦物山。熊耳、外方、桐柏至于負尾；《集解》：鄭玄曰：『《地理志》熊耳在盧氏東。外方在潁川。嵩高山、桐柏山在南陽平氏東南。陪尾在江夏安陸東北，若横尾者。』《索隱》：熊耳山在弘農盧氏縣東，伊水所出。外方山即潁川嵩高縣嵩高山，《古文尚書》亦以爲外方山。桐柏山一名大復山，在南陽平氏縣東南。陪尾山在江夏安陸縣東北，《地理志》謂之横尾山。負音陪也。《正義》：《括地志》云：『華山在華州華陰縣南八里。熊耳山在虢州盧氏縣南五十里。嵩高山亦名太室山，亦名外方山，在洛州陽城縣北二十三里也。桐柏山在唐州桐柏縣東南五十里，淮水出焉。横尾山，古陪尾山也，在安州安陸縣北六十里。』道嶓冢，至于荆山；《集解》：鄭玄曰：『《地理志》荆山在南郡臨沮。』《索隱》：此東條荆山，在南郡臨沮縣東北隅也。《正義》：《括地志》云：『嶓冢山在梁州。荆山在襄州荆山縣西八十里也。』又云：『荆山縣本漢臨沮縣地也。沮水即漢水也。』按：孫叔敖激沮水爲雲夢澤是也。內方至于大別；《集解》：鄭玄曰：『《地理志》內方在竟陵，名立章山。大別在廬江安豐縣。』《索隱》：內方山在竟陵縣東北。大別山在六安國安豐縣，今土人謂之甑山。《正義》：《括地志》云：『章山在荆州長林縣東北六十里。今漢水附章山之東，與經史符會。』按：大別山，今沙洲在山上，漢江經其左，今俗猶云甑山。注云『在安豐』，非漢所經也。汶山之陽至衡山，《索隱》：在長沙湘南縣東南。廣雅云：『岣嶁謂之衡山。』《正義》：《括地志》云：『岷山在茂州汶川縣。衡山在衡州湘潭縣西四十一里。』過九江，至于敷淺原。《集解》：徐廣曰：『淺，一作「滅」。』駰案：孔安國曰『敷淺原一名傅陽山，在豫章』。《索隱》：豫章歷陵縣南有傅陽山，一名敷淺原也。

道九川：《索隱》：弱、黑、河、瀁、江、沇、淮、渭、洛爲九川。弱水至於合黎，《集解》：鄭玄曰：『《地理志》弱水出張掖。』孔安國曰：『合黎，水名，在流沙東。』《索隱》：《水經》云合黎山在酒泉會水縣東北。鄭玄引《地說》亦以爲然。孔安國云水名，當是其山有水，故所記各不同。《正義》：《括地志》云：『蘭門山，一名合黎，一名窮石山，在甘州删丹縣西南七十里。《淮南子》云「弱水源出窮石山」。』又云：『合黎，一名羌谷水，一名鮮水，一名覆表水，今名副投河，亦名張掖河，南自吐谷渾界流入甘州張掖縣。』今按：合黎水出臨松縣臨松山東，而北流歷張掖故城下，又北流經張掖縣二十三里，又北流經合黎山，折而北流，經流沙磧之西入居延海，行千五百里。合黎山，張掖縣西北二百里也。餘波入于流沙。《集解》：孔安國曰：『弱水餘波西溢入流沙。』鄭玄曰：『《地理志》流沙在居延東北，名居延澤。《地記》曰「弱水西流入合黎山腹，餘波入于流沙，通于南海」。』馬融、王肅皆云合黎、流沙是地名。《索隱》：《地理志》云『張掖居延縣西北有居延澤，古文以爲流沙』。《廣志》『流沙在玉門關外，有居延澤、居延城』。又《山海經》云『流沙出鍾山，西南行昆侖墟入海』。按：是地兼有水，故一云地名，一云水名，馬鄭不同，抑有由也。道黑水，至于三危，入于南海。《集解》：鄭玄曰：『《地理志》益州滇池有黑水祠，而不記此山水所在。《地記》曰「三危山在鳥鼠之西南」。』孔安國曰：『黑水自北而南，經三危過梁州，入南海也。』《正義》：《括地志》云：『黑水源出伊州伊吾縣北百二十里，又南流二千里而絕。三危山在沙州燉煌縣東南四十里。』按：南海即揚州東大海，岷江下至揚州東入海也。其黑水源在伊州，從伊州東南三千餘里至鄯州，鄯州東南四百餘里至河州，入黄河。河州有小積石山，即《禹貢》『浮於積石，至於龍門』者。然黄河源從西南下，出大崑崙東北隅，東北流經于闐，入鹽澤，即東南潛行入吐谷渾界大積石山，又東北流，至小積石山，又東北流，來處極遠。其黑水，當洪水時合從黄河而行，何得入于南海？南海去此甚遠，阻隔南山、隴山、岷山之屬。當是洪水浩浩處，西戎不深致功，古文故有疏略也。

道河積石，《索隱》：《爾雅》云：『河出昆侖墟，其色白。』《漢書·西域傳》云：『河有兩源，一出蔥嶺，一出于闐。于闐河北流，與蔥嶺河合，東注蒲昌海，一名鹽澤。其水停居，冬夏不增減，潛行地中，南出積石爲中國河。」是河源發昆侖，禹導河自積石而加功也。至于龍門，南至華陰，《集解》：孔安國曰：『至華山北而東行。』《正義》：華陰縣在華山北，本魏之陰晉縣，秦惠文王更名寧秦，漢高帝改曰華陰。東至砥柱，《集解》：孔安國曰：『砥柱，山名。河水分流，包山而過，山見水中，若柱然也。在西虢之界。』《正義》：砥柱山俗名三門山，禹鑿此山，三道河水，故曰三門也。又東至于盟津，《集解》：孔安國曰：『在洛北。』《索隱》：盟，古『孟』字。孟津在河陽。十三州記云『河陽縣在河上，即孟津』是也。《正義》：杜預云：『盟，河內郡河陽縣南孟津也，在洛陽城北。都道所湊，古今爲津，武王度之，近代呼爲武濟。』《括地志》云：『盟津，周武王伐紂，與八百諸侯會盟津。亦曰孟津，又曰富平津。《水經》云小平津，今云河陽津是也。』東過雒汭，至于大邳，《集解》：孔安國曰：『洛汭，洛入河處。山再成曰邳。』《索隱》：《爾雅》云『山一成曰邳』。或以爲成皋縣山是。《正義》：李巡云：『山再重曰英，一重曰邳。』《括地志》云：『大邳山，今名黎陽東山，又曰青壇山，在衛州黎陽南七里。張揖云今成皋，非也。』北過降水，至于大陸，《集解》：鄭玄曰：『《地理志》降水在信都。』孔安國曰：『大陸，澤名。』《索隱》：《地理志》降水字從『系』，出信都國，與虖池、漳河水並流入海。大陸在鉅鹿郡。《爾雅》云『晉有大陸』，郭璞以爲此澤也。《正義》：《括地志》云：『降水源出潞州屯留縣西南，東北流，至冀州入海。』北播爲九河，同爲逆河，《集解》：鄭玄曰：『下尾合名曰逆河，言相向迎受也。』入于海。《正義》：播，布也。河至冀州，分布爲九河，下至滄州，更同合爲一大河，名曰逆河，而夾右碣石入于渤海也。嶓冢道瀁，東流爲漢，《集解》：鄭玄曰：『《地理志》瀁水出隴西氐道，至武都爲漢，至江夏謂之夏水。』《索隱》：《水經》云瀁水出隴西氐道縣嶓冢山，東至武都沮縣爲漢水。《地理志》云至江夏謂之夏水。《山海經》亦以漢出嶓冢山。故孔安國云『泉始出山爲瀁水，東南流爲沔水，至漢中東流爲漢水』。《正義》：《括地志》云：『嶓冢山水始出山沮洳，故曰沮水。東南爲瀁水，又爲沔水。至漢中爲漢水，至均州爲滄浪水。始欲出大江爲夏口，又爲沔口。漢江一名沔江也。』又東爲蒼浪之水，《集解》：孔安國曰：『別流也。在荊州。』《索隱》：馬融、鄭玄皆以滄浪爲夏水，即漢河之別流也。漁父歌曰『滄浪之水清兮，可以濯吾纓』，是此水也。《正義》：《括地志》云：『均州武當縣有滄浪水。庾仲雍《漢水記》云「武當縣西四十里漢水中有洲，名滄浪洲」也。《地記》云「水出荊山，東南流爲滄浪水」。』過三澨，入于大別，《集解》：孔安國曰：『三澨，水名。』鄭玄曰：『在江夏竟陵之界。』《索隱》：《水經》云『三澨，地名，在南郡邔縣北』。孔安國、鄭玄以爲水名。今竟陵有三參水，俗云是三澨水。參音去聲。南入于江，東匯澤爲彭蠡，《集解》：孔安國曰：『匯，回也。水東回爲彭蠡大澤。』東爲北江，入于海。《集解》：孔安國曰：『自彭蠡，江分爲三道入震澤，遂爲北江而入海。』汶山道江，東別爲沱，又東至于醴，《集解》：孔安國及馬融、王肅皆以醴爲水名。鄭玄曰：『醴，陵名也。大阜曰陵。長沙有醴陵縣。』《索隱》：按：騷人所歌『濯余佩於醴浦』，明醴是水。孔安國、馬融解得其實。又虞喜《志林》以醴是江、沅之別流，而醴字作『澧』也。過九江，至于東陵，《集解》：孔安國曰：『東陵，地名。』東池北會于匯，《集解》：孔安國曰：『池，溢也。東溢分流都共北會彭蠡。』東爲中江，入于梅。《集解》：孔安國曰：『有北有中，南可知也。』《正義》：《括地志》云：『《禹貢》三江俱會于彭蠡，合爲一江，入于海。』道沇水，東爲濟，入于河，泆爲滎，《集解》：鄭玄曰：『《地理志》沇水出河東垣縣東王屋山，東至河內武德入河，泆爲滎。』孔安國曰：『濟在溫西北。滎澤在敖倉東南。』《索隱》：《水經》云：『自河東垣縣王屋山東流爲沇水，至溫縣西北爲濟水。』《正義》：《括地志》云：『沇水出懷州王屋縣北十里王屋山頂，巖下石泉渟不流，其深不測，既見而伏，至濟源縣西北二里平地，其源重發，而東南流，爲汜水。』《水經》云沇東至溫縣西北爲泲水，又南當鞏縣之北，南入于河。《釋名》云：『濟者，濟也。』下『濟』子細反。按：濟水入河而南，截度河南岸溢滎澤，在鄭州滎澤縣西北四里。今無水，成平地。東出陶丘北，《集解》：孔安國曰：『陶丘，丘再成者也。』鄭玄曰：『《地理志》陶丘在濟陰定陶西南。』《正義》：《括地志》云：『陶丘在濮州鄄城西南二十四里。又云在曹州城中。徐才宗《國都城記》云此城中高丘，即古之陶丘。』又東至于荷，《集解》：孔安國曰：『荷澤之水。』又東北會于汶，《正義》：汶音問。地理志云汶水出泰山郡萊蕪縣原山，西南入泲。又東北入于海。道淮自桐柏，《正義》：地理志云桐柏山在南陽平氏縣東南，淮水所出。按：在唐州東五十餘里。東會于泗、沂，東入于海。《集解》：孔安國曰：『與泗、沂二水合入海。』道渭自鳥鼠同穴，《集解》：孔安國曰：『鳥鼠共爲雄雌同穴處，此山遂名曰鳥鼠，渭水出焉。』《正義》：《括地志》云：『鳥鼠山，今名青雀山，在渭州渭源縣西七十六里。《山海經》云「鳥鼠同穴之山，渭水出焉」。郭璞注云「今在隴西首陽縣西南。山有鳥鼠同穴。鳥名鵌。鼠名鼵，如人家鼠而短尾。鵌似鵽而小，黃黑色。穴入地三四尺，鼠在內，鳥在外」。』鵌音余。鼵，扶廢反。鵽音丁刮反，似雉也。東會于灃，《正義》：灃音豐。《括地志》云：『雍州鄠縣終南山，灃水出焉，北入渭也。』又東北至于涇，《正義》：《括地志》云：『涇水出原州百泉縣西南笄頭山出涇谷，東南流入渭也。』東過漆、沮，入于河。《集解》：孔安國曰：『漆，沮，二水名，亦曰洛水，出馮翊北。』道雒自熊耳，《集解》：孔安國曰：『在宜陽之西。』《正義》：《括地志》云：『洛水出商州洛南縣西冢嶺山，東北流入河。熊耳山在虢州盧氏縣南五十里，洛所經。』東北會于澗、瀍，《集解》：孔安國曰：『會于河南城南。』《正義》：《括地志》云：『澗水出洛州新安縣東白石山陰。』《地理志》云瀍水出河南穀城縣朁亭北，東南入於洛。又東會于伊，《集解》：孔安國曰：『會於洛陽之南。』東北入于河。《集解》：孔安國曰：『合於鞏之東也。』【略】

帝舜謂禹曰：『女亦昌言。』禹拜曰；『於，予何言！予思日孳孳。』皋陶難禹曰：『何謂孳孳？』禹曰：『鴻水滔天，浩浩懷山襄陵，下民皆服於水。予陸行乘車，水行乘舟，泥行乘橇，山行乘檋，行山栞木。《正義》：行，寒孟反。栞，口寒反。與益予衆庶稻鮮食。《集解》：孔安國曰：『鳥獸新殺曰鮮。』《索隱》：予音與。上『與』謂『同與』之『與』，下『予』謂『施予』之『予』。此禹言其與益施予衆庶之稻糧。以決九川致四海，浚畎澮《集解》：鄭玄曰：『畎澮，田閒溝也。』致之川。與稷予衆庶難得之食。食少，調有餘補不足，徙居。衆民乃定，萬國爲治。』皋陶曰：『然，此而美也。』【略】

帝曰：《正義》：此二字及下『禹曰』，《尚書》並無。太史公有四字，帝及禹相答極爲次序，當應別見書。『毋若丹朱傲，維慢游是好，毋水行舟，朋淫于家，《集解》：鄭玄曰：『朋淫，淫門內。』用絕其世。予不能順是。』禹曰：『予娶塗山，辛壬癸甲，生啟予不子，《集解》：孔安國曰：『塗山，國名。辛日娶妻，至于甲四日，復往治水。』《索隱》：杜預云『塗山在壽春東北』，皇甫謐云『今九江當塗有禹廟』，則塗山在江南也。《系本》曰『塗山氏女名女媧』，是禹娶塗山氏號女媧也。又按：《尚書》云『娶于塗山，辛壬癸甲，啟呱呱而泣，予弗子』。今此云『辛壬娶塗山，癸甲生啟』，蓋《今文尚書》脫漏，太史公取以爲言，亦不稽其本意。豈有辛壬娶妻，經二日生子？不經之甚。《正義》：此五字爲一句。禹辛日娶，至甲四日，往理水，及生啟，不入門，我不得名子，以故能成水土之功。又，一云過門不入，不得有子愛之心。《帝繫》云『禹娶塗山氏之子，謂之女媧，是生啟』也。以故能成水土功。輔成五服，至于五千里，州十二師，外薄四海，《集解》：孔安國曰：『薄，迫。言至海也。』《正義》：《爾雅》云：『九夷八狄七戎六蠻謂之四海。』《釋名》云：『海，晦也。』按：夷蠻晦昧無知，故云四海也。咸建五長，《集解》：孔安國曰：『諸侯五國，立賢者一人爲方伯，謂之五長，以相統治。』各道有功。苗頑不即功，《集解》：孔安國曰：『三苗頑凶，不得就官，善惡分別。』帝其念哉。』帝曰：『道吾德，乃女功序之也。』

《三國志》卷一三《魏志十三・王朗傳》 文帝即王位，遷御史大夫，封安陵亭侯。上疏勸育民省刑曰：『兵起已來三十餘年，四海蕩覆，萬國殄瘁。賴先王芟除寇賊，扶育孤弱，遂令華夏復有綱紀。鳩集兆民，于茲魏土，使封鄙之內，雞鳴狗吠，達於四境，蒸庶欣欣，喜遇升平。今遠方之寇未賓，兵戎之役未息，誠令復除足以懷遠人，良宰足以宣德澤，阡陌咸修，四民殷熾，必復過於曩時而富於平日矣。易稱敕法，書著祥刑，一人有慶，兆民賴之，慎法獄之謂也。昔曹相國以獄市爲寄，路溫舒疾治獄之吏。夫治獄者得其情，則無冤死之囚；丁壯者得盡地力，則無饑饉之民；窮老者得仰食倉廩，則無餧餓之殍；嫁娶以時，則男女無怨曠之恨；胎養必全，則孕者無自傷之哀；新生必復，則孩者無不育之累；壯而後役，則幼者無離家之思；二毛不戎，則老者無頓伏之患。醫藥以療其疾，寬繇以樂其業，威罰以抑其強，恩仁以濟其弱，賑貸以贍其乏。十年之後，既笄者必盈巷。二十年之後，勝兵者必滿野矣。』

又卷一四《魏志十四・蔣濟傳》 景初中，外勤征役，內務宮室，怨曠者多，而年穀饑儉。濟上疏曰：『陛下方當恢崇前緒，光濟遺業，誠未得高枕而治也。今雖有十二州，至于民數，不過漢時一大郡。二賊未誅，宿兵邊陲，且耕且戰，怨曠積年。宗廟宮室，百事草創，農桑者少，衣食者多，今其所急，唯當息耗百姓，不至甚弊。弊劮之民，儻有水旱，百萬之衆，不爲國用。凡使民必須農隙，不奪其時。夫欲大興功之君，先料其民力而燠休之。句踐養胎以待用，昭王恤病以雪仇，故能以弱燕服彊齊，羸越滅勁吳。今二敵不攻不滅，不事即侵，當身不除，百世之責也。以陛下聖明神武之略，舍其緩者，專心討賊，臣以爲無難矣。又歡娛之躭，害于精爽；神太用則竭，形太勞則弊。願大簡賢妙，足以充『百斯男』者。其冗散未齒，且悉分出，務在清靜。』

《後漢書》卷三二《樊準傳》 準再遷御史中丞。永初之初，連年水旱災異，郡國多被飢困，準上疏曰：臣聞《傳》曰：『飢而不損茲曰太，厥災水。』《洪範五行傳》之文也。言下人飢饉，君上不能損減，謂之爲太。太猶甚也。《春秋穀梁傳》曰：『五穀不登，謂之大侵。大侵之禮，百官備而不製，官職備列，不造作也。羣神禱而不祠。』禱請而已，無祭祀也。由是言之，調和陰陽，寔在儉節。朝廷雖勞心元元，事從省約，而在職之吏，尚未奉承。夫建化致理，由近及遠，故詩曰『京師翼翼，四方是則』。《韓詩》之文也。翼翼然，盛也。今可先令太官、尚方、考功、上林池籞諸官，實減無事之物，《前書・百官表》曰，少府掌山海池澤之稅，屬官有太官、考工、尚方、上林中十池監也。太官掌御膳飲食，考工主作器械，尚方主作刀劒器物。籞者，於池苑中以竹綿聯之爲禁籞也。實減謂實覆其數減之也。五府調省中都官吏京師作者。五府謂太傅、太尉、司徒、司空、大將軍也。調，徵發也。省，減也。中都官吏，在京師之官吏也。作謂營作者也。如此，則化及四方，人勞省息。

伏見被災之郡，百姓凋殘，恐非賑給所能勝贍，雖有其名，終無其實。可依征和元年故事，武帝征和元年詔曰：『當今務在禁苛暴，止擅賦，力本農桑，無乏武備而已。』

遣使持節慰安。尤困乏者，徙置荊、揚孰郡，既省轉運之費，且令百姓各安其所。今雖有西屯之役，宜先東州之急。時先零羌斷隴道，大爲寇害，遣車騎將軍鄧騭、征西校尉任尚討之，故曰『西屯役』也。東州謂冀、兗州，時又遣光祿大夫樊準、呂倉分冀兗二州廩貸流人也。如遣使者與二千石隨事消息，悉留富人守其舊土，轉尤貧者過所衣食，誠父母之計也。衣音於既反，食音飤。願以臣言下公卿平議。

太后從之，悉以公田賦與貧人。即擢準與議郎呂倉並守光祿大夫，準使冀州，倉使兗州。準到部，開倉稟食，稟，給。慰安生業，流人咸得蘇息。還，拜鉅鹿太守。時飢荒之餘，人庶流迸，家戶且盡，準課督農桑，廣施方略，朞年間，穀粟豐賤數十倍。而趙、魏之郊數爲羌所鈔暴，準外禦寇虜，內撫百姓，郡境以安。

又卷五一《龐參傳》 永初元年，涼州先零種羌反畔，遣車騎將軍鄧騭討之。參於徒中使其子俊上書曰：『方今西州流民擾動，而徵發不絕，水潦不休，地力不復。言其耗損，不復於舊。重之以大軍，疲之以遠戍，農功消於轉運，資財竭於徵發。田疇不得墾闢，禾稼不得收入，搏手困窮，無望來秋。兩手相搏，言無計也。百姓力屈，不復堪命。臣愚以爲萬里運糧，遠就羌戎，不若總兵養衆，以待其疲。車騎將軍騭宜且振旅，留征西校尉任尚使督涼州士民，轉居三輔。休徭役以助其時，止煩賦以益其財，令男得耕種，女得織紝，紝音如深反。杜預注《左傳》云：『織紝，織繒布也。』然後畜精銳，乘懈沮，出其不意。攻其不備，則邊人之仇報，奔北之恥雪矣。』書奏，會御史中丞樊準上疏薦參曰：『臣聞鷙鳥累百，不如一鶚。《前書》鄒陽諫吳王之辭也。鶚，大鵰也。昔孝文皇帝悟馮唐之言，而赦魏尚之罪，使爲邊守，匈奴不敢南向。前書《馮唐》謂文帝曰：『臣聞魏尚爲雲中守，匈奴遠避，不近雲中之塞。上功莫府，一言不相應，文吏以法繩之。愚以爲陛下法太明而賞太輕。』文帝悅，是日令唐持節赦魏尚，復以爲雲中守也。夫以一臣之身，折方面之難者，選用得也。臣伏見故左校令河南龐參，勇謀不測，卓爾奇偉，高才武略，有魏尚之風。前坐微法，輸作經時。今羌戎爲患，大軍西屯，臣以爲如參之人，宜在行伍。惟明詔採前世之舉，觀魏尚之功，免赦參刑，以爲軍鋒，必有成效，宣助國威。』鄧太后納其言，即擢參於徒中，召拜謁者，使西督三輔諸軍屯，而徵鄧騭還。

四年，羌寇轉盛，兵費日廣，且連年不登，穀石萬餘。參奏記於鄧騭曰：『比年羌寇特困隴右，供徭賦役爲損日滋，官負人責數十億萬。責音側懈反。今復募發百姓，調取穀帛，衒賣什物，以應吏求。外傷羌虜，內困徵賦。爲羌寇所傷也。遂乃千里轉糧，遠給武都西郡。塗路傾阻，難勞百端，疾行則鈔暴爲害，遲進則穀食稍損，運糧散於曠野，牛馬死於山澤。縣官不足，輒貸於民。民已窮矣，將從誰求？名救金城，而實困三輔。三輔既困，還復爲金城之禍矣。參前數言宜弃西域，乃爲西州士大夫所笑。今苟貪不毛之地，營恤不使之民，恤，憂也。不使之人謂戎虜凶獷，不堪爲用。暴軍伊吾之野，以慮三族之外，言勞師救遠，以爲親戚之憂慮。果破涼州，禍亂至今。夫拓境不寧，無益於彊；多田不耕，何救飢敝！故善爲國者，務懷其內，不求外利；務富其民，不貪廣土。三輔山原曠遠，民庶稀疏，故縣丘城，可居者多。丘，空也。今宜徙邊郡不能自存者，入居諸陵，田戍故縣。孤城絕郡，以權徙之；轉運遠費，聚而近之；徭役煩數，休而息之。此善之善者也。』騭及公卿以國用不足，欲從參議，衆多不同，乃止。

又卷六一《周舉傳》 周舉字宣光，汝南汝陽人，陳留太守防之子。防在儒林傳。舉姿貌短陋，而博學洽聞，爲儒者所宗，故京師爲之語曰：『五經從橫周宣光。』【略】

轉冀州刺史。陽嘉三年，司隸校尉左雄薦舉，徵拜尚書。舉與僕射黃瓊同心輔政，名重朝廷，左右憚之。是歲河南、三輔大旱，五穀災傷，天子親自露坐德陽殿東廂請雨，又下司隸、河南禱祀河神、名山、大澤。詔書以舉才學優深，特下策問曰：『朕以不德，仰承三統，天統、地統、人統謂之三統。事見《白武通》。夙興夜寐，思協大中。《尚書·洪範》曰：『建用皇極。』孔安國注云：『皇，大也。極，中也。言立大中之道而行之也。』頃年以來，旱災屢應，稼穡焦枯，民食困乏。五品不訓，王澤未流，五品，五常之教也。《書》曰：『五品不遜，汝作司徒，敬敷五教在寬。』訓亦遜之義。羣司素餐，據非其位。審所貶黜，變復之徵，厥効何由？分別具對，勿有所諱。』舉對曰：『臣聞易稱「天尊地卑，乾坤以定」。二儀交構，乃生萬物，萬物之中，以人爲貴。故聖人養之以君，成之以化，順四節之宜，適陰陽之和，使男女婚娶不過其時。包之以仁恩，導之以德教，示之以災異，訓之以嘉祥。此先聖承乾養物之始也。夫陰陽閉隔，則二氣否塞；二氣否塞，則人物不昌；人物不昌，則風雨不時；風雨不時，則水旱成災。陛下處唐虞之位，未行堯舜之政，近廢文帝、光武之法，而循亡秦奢侈之欲，內積怨女，外有曠夫。今皇嗣不興，東宮未立，傷和逆理，斷絕人倫之所致也。非但陛下行此而已，豎宦之人，亦復虛以形埶，威侮良家，取女閉之，至有白首歿無配偶，逆於天心。歿，終也。昔武王入殷，出傾宮之女；《帝王紀》曰：『武王入殷，命召公釋箕子之囚，表商容之閭，出傾宮之女於諸侯。』成湯遭灾，以六事剋己；《帝王紀》曰：『湯伐桀，後大旱七年，洛川竭，使人持三足鼎祝於山川曰：「政不節邪？使人疾邪？苞苴行邪？讒夫昌邪？宮室榮邪？女謁行邪？何不雨之極也！」』魯僖遇旱，而自責祈雨：解見《楊厚傳》。皆以精誠轉禍爲福。自枯旱以來，彌歷年歲，未聞陛下改過之効，徒勞至尊暴露風塵，誠無益也。又下州郡祈神致請。昔齊有大旱，景公欲祀河伯，晏子諫曰：「不可。夫河伯以水爲城國，魚鼈爲民庶。水盡魚枯，豈不欲雨？自是不能致也。」《晏子春秋》之文。陛下所行，但務其華，不尋其實，猶緣木希魚，却行求前。緣木求魚，見《孟子》之文。《韓詩外傳》曰：『夫明鏡所以照形，往古所以知今。夫惡知往古之所以危亡，無異却行而求逮於前人也。』誠宜推信革政，崇道變惑，出後宮不御之女，理天下寃枉之獄，除太官重膳之費。夫五品不訓，責在司徒，有非其位，宜急黜斥。臣自藩外擢典納言，學薄智淺，不足以對。《易傳》曰：「陽感天，不旋日。」《易稽覽圖》之文也。解具《郎顗傳》也。惟陛下留神裁察。』因召見舉及尚書令成翊世、僕射黃瓊，問以得失。舉等並對以爲宜慎官人，去斥貪汙，離遠佞邪，循文帝之儉，尊孝明之教，則時雨必應。帝曰：『百官貪汙佞邪者爲誰乎？』舉獨對曰：『臣從下州，超備機密，不足以別羣臣。別音彼列反。然公卿大臣數有直言者，忠貞也；阿諛苟容者，佞邪也。司徒視事六年，未聞有忠言異謀，愚心在此。』其後以事免司徒劉崎，遷舉司隸校尉。

永和元年，灾異數見，省內惡之，詔召公、卿、中二千石、尚書詣顯親殿，問曰：『言事者多云，昔周公攝天子事，及薨，成王欲以公禮葬之，天爲動變。及更葬以天子之禮，即有反風之應。《尚書・洪範五行傳》曰：『周公死，成王不圖大禮，故天大雷雨，禾偃，大木拔。及成王寤金縢之策，改周公之葬，尊以王禮，申命魯郊，而天立復風雨，禾稼盡起。』北鄉侯親爲天子而葬以王禮，故數有灾異，宜加尊謚，列於昭穆。』羣臣議者多謂宜如詔旨，舉獨對曰：『昔周公有請命之應，隆太平之功，故皇天動威，以章聖德。北鄉侯本非正統，姦臣所立，立不踰歲，年號未改，皇天不祐，大命夭昏。杜預注《左傳》曰：『短折曰夭，未名曰昏。』《春秋》王子猛不稱崩，魯子野不書葬。子猛，周景王之子。子野，魯襄公之子。《春秋經》書『王子猛卒』。杜元凱注云：『未即位，故不言崩。』又曰：『秋九月癸巳，子野卒。』注曰：『不書葬，未成君也。』今北鄉侯無它功德，以王禮葬之，於事已崇，不宜稱謚。灾眚之來，弗由此也。』於是司徒黃尚、太常桓焉等七十人同舉議，帝從之。尚字伯河，南郡人也，少歷顯位，亦以政事稱。【略】

時連有灾異，帝思商言，召舉於顯親殿，問以變眚。舉對曰：『陛下初立，遵脩舊典，興化致政，遠近肅然。頃年以來，稍違於前，朝多寵倖，祿不序德。觀天察人，準今方古，誠可危懼。書曰：「僭恆暘若。」《尚書・洪範》之文也。孔安國注曰：『君行僭差，則常暘順之也。』夫僭差無度，則言不從而下不正；陽無以制，則上擾下竭。宜密嚴勑州郡，察彊宗大姦，以時禽討。』其後江淮猾賊周生、徐鳳等處處並起，如舉所陳。

又《黃瓊傳》

黃瓊字世英，江夏安陸人，魏郡太守香之子也。香在文苑傳。瓊初以父任爲太子舍人，辭病不就。遭父憂，服闋，五府俱辟，連年不應。【略】

初，瓊隨父在臺閣，習見故事。及後居職，達練官曹，爭議朝堂，莫能抗奪。時連有灾異，瓊上疏順帝曰：『閒者以來，卦位錯謬，《易乾鑿度》曰：『《求卦主歲術》常以太歲爲歲紀歲，七十六爲一紀，二十紀爲一蔀首。即置積蔀首歲數，加所入紀歲數，以三十二除之，不足除者以乾坤始數二卦而得一歲，末筭即主歲之卦也。』寒燠相干，蒙氣數興，日闇月散。蒙，陰闇也。散謂不精明。原之天意，殆不虛然。陛下宜開石室，案河洛，石室，藏書之府。《河》《洛》，圖書之文也。外命史官，悉條上永建以前至漢初灾異，與永建以後訖于今日，孰爲多少。又使近臣儒者參考政事，數見公卿，察問得失。諸無功德者，宜皆斥黜。臣前頗陳灾眚，并薦光祿大夫樊英、太中大夫薛包及會稽賀純、廣漢楊厚，未蒙御省。伏見處士巴郡黃錯、漢陽任棠，年皆耆耋，有作者七人之志。《論語》曰『作者七人』注云：『謂伯夷、叔齊、虞仲、夷逸、朱張、柳下惠、少連。』宜更見引致，助崇大化。』於是有詔公車徵錯等。

三年，大旱，瓊復上疏曰：『昔魯僖遇旱，以六事自讓，躬節儉，閉女謁，放讒佞者十三人，誅稅民受貨者九人，《春秋考異郵》曰『僖公之時，雨澤不澍，比于九月，公大驚懼，率羣臣禱山川，以六過自讓，絀女謁，放下讒佞郭都等十三人，誅領人之吏受貨賂趙祝等九人。曰：「辜在寡人。方今天旱，野無生稼，寡人當死，百姓何謗，請以身塞無狀」』也。退舍南郊，天立大雨。今亦宜顧省政事，有所損闕，務存質儉，以易民聽。尚方御府，息除煩費。明勑近臣，使遵法度，如有不移，示以好惡。數見公卿，引納儒士，訪以政化，使陳得失。又囚徒尚積，多致死亡，亦足以感傷和氣，招降灾旱。若改敝從善，擇用嘉謀，則灾消福至矣。』書奏，引見德陽殿，使中常侍以瓊奏書屬主者施行。

《舊唐書》卷九六《姚崇傳》 開元四年，山東蝗蟲大起，崇奏曰：『《毛詩》云：「秉彼蟊賊，以付炎火。」又漢光武詔曰：「勉順時政，勸督農桑，去彼蝗蜮，以及蟊賊。」此並除蝗之義也。蟲既解畏人，易爲驅逐。又苗稼皆有地主，救護必不辭勞。蝗既解飛，夜必赴火，夜中設火，火邊掘坑，且焚且瘞，除之可盡。時山東百姓皆燒香禮拜，設祭祈恩，眼看食苗，手不敢近。自古有討除不得者，祇是人不用命，但使齊心戮力，必是可除。』乃遣御史分道殺蝗。汴州刺史倪若水執奏曰：『蝗是天災，自宜修德。劉聰時除既不得，爲害更深。』仍拒御史，不肯應命。崇大怒，牒報若水曰：『劉聰僞主，德不勝妖；今日聖朝，妖不勝德。古之良守，蝗蟲避境，若其修德可免，彼豈無德致然！今坐看食苗，何忍不救，因以饑饉，將何自安？幸勿遲迴，自招悔吝。』若水乃行焚瘞之法，獲蝗一十四萬石，投汴渠流下者不可勝紀。

時朝廷喧議，皆以驅蝗爲不便，上聞之，復以問崇。崇曰：『庸儒執文，不識通變。凡事有違經而合道者，亦有反道而適權者。昔魏時山東有蝗傷稼，緣小忍不除，致使苗稼總盡，人至相食；後秦時有蝗，禾稼及草木俱盡，牛馬至相噉毛。今山東蝗蟲所在流滿，仍極繁息，實所稀聞。河北、河南，無多貯積，倘不收穫，豈免流離，事繫安危，不可膠柱。縱使除之不盡，猶勝養以成災。陛下好生惡殺，此事請不煩出敕，乞容臣出牒處分。若除不得，臣在身官爵，並請削除。』上許之。

黄門監盧懷慎謂崇曰：『蝗是天災，豈可制以人事？外議咸以爲非。又殺蟲太多，有傷和氣。今猶可復，請公思之。』崇曰：『楚王吞蛭，厥疾用瘳；叔敖殺蛇，其福乃降。趙宣至賢也，恨用其犬；孔丘將聖也，不愛其羊。皆志在安人，思不失禮。今蝗蟲極盛，驅除可得，若其縱食，所在皆空。山東百姓，豈宜餓殺！此事崇已面經奏定訖，請公勿復爲言。若救人殺蟲，因緣致禍，崇請獨受，義不仰關。』懷慎既庶事曲從，竟亦不敢逆崇之意，蝗因此亦漸止息。

又卷一二三《劉晏傳》 時新承兵戈之後，中外艱食，京師米價斗至一千，官廚無兼時之積，禁軍乏食，畿縣百姓乃挼穗以供之。晏受命後，以轉運爲己任，凡所經歷，必究利病之由。至江淮，以書遺元載曰：

浮于淮、泗，達于汴，入于河，西循底柱、硤石、少華，楚帆越客，直抵建章、長樂，此安社稷之奇策也。晏賓于東朝，猶有官謗，相公終始故舊，不信流言，賈誼復召宣室，弘羊重興功利，敢不悉力以答所知。驅馬陝郊，見三門渠津遺迹。到河陰、鞏、洛，見宇文愷置梁公堰，分黄河水入通濟渠；大夫李傑新堤故事，飾像河廟，凜然如生。涉滎郊、浚澤，遙瞻淮甸，步步探討，知昔人用心，則潭、衡、桂陽必多積穀，關輔汲汲，只緣兵糧。漕引瀟、湘、洞庭，萬里幾日，淪波掛席，西指長安。三秦之人，待此而飽；六軍之衆，待此而強。天子無側席之憂，都人見泛舟之役；四方旅拒者可以破膽，三河流離者於茲請命。相公匡戴明主，爲富人侯，此今之切務，不可失也。使僕湔洗瑕穢，率罄愚懦，當憑經義，請護河隄，冥勤在官，不辭水死。

然運之利病，各有四五焉。晏自尹京入爲計相，共五年矣。京師三輔百姓，唯苦稅畝傷多，若使江、湖米來每年三二十萬，即頓減徭賦，歌舞皇澤，其利一也。東都殘毁，百無一存。若米運流通，則飢人皆附，村落邑廛，從此滋多。受命之日，引海陵之倉以食鞏、洛，是計之得者，其利二也。諸將有在邊者，諸戎有侵敗王略者，或聞三江、五湖，貢輸紅粒，雲帆桂楫，輸納帝鄉，軍志曰：『先聲後實，可以震耀夷夏。』其利三也。自古帝王之盛，皆云書同文，車同軌，日月所照，莫不率俾。今舟車既通，商賈往來，百貨雜集，航海梯山，聖神輝光，漸近貞觀、永徽之盛，其利四也。

所可疑者，函、陝凋殘，東周尤甚。過宜陽、熊耳，至武牢、成皋，五百里中，編户千餘而已。居無尺椽，人無烟爨，蕭條悽慘，獸遊鬼哭。牛必羸角，輿必説輹，棧車輓漕，亦不易求。今於無人之境，興此勞人之運，固難就矣，其病一也。河、汴有初，不修則毁澱，故每年正月發近縣丁男，塞長茭，決沮淤，清明桃花已後，遠水自然安流，陽侯、宓妃，不復太息。頃因寇難，總不掏拓，澤滅水，岸石崩，役夫需於沙，津吏旋於濘，千里洄上，罔水舟行，其病二也。東垣、底柱，澠池、二陵，北河運處五六百里，戍卒久絶，縣吏空拳。奪攘姦宄，窟穴囊橐。夾河爲藪，豺狼狺狺，舟行所經，寇亦能往，其病三也。東自淮陰，西臨蒲坂，亘三千里，屯戍相望。中軍皆鼎司元侯，賤卒儀同青紫，每云食半菽，又云無挾纊，輓漕所至，船到便留，即非單車使折簡書所能制矣，其病四也。惟小子畢其慮奔走之，惟中書詳其利病裁成之。

晏累年已來，事缺名毁，聖慈含育，特賜生全。月餘家居，遽即臨遣，恩榮感切，思殞百身。見一水不通，願荷鍤而先往；見一粒不運，願負米而先趨。焦心苦形，期報明主，丹誠未克，漕引多虞，屏營中流，掩泣獻狀。

自此每歲運米數十萬石以濟關中。

《新唐書》卷一四九《劉晏傳》 時大兵後，京師米斗千錢，禁膳不兼時，甸農挼穗以輸。晏乃自按行，浮淮、泗，達於汴，入于河。右循厎柱、硤石，觀三門遺迹；至河陰、鞏、洛，見宇文愷梁公堰，廝河爲通濟渠，視李傑新堤，盡得其病利。然畏爲人牽制，乃移書於宰相元載，以爲：『大抵運之利與害各有四：京師三輔，苦稅入之重，淮、湖粟至，可減傜賦半，爲一利；東都彫破，百户無一存，若漕路流通，則聚落邑廛漸可還定，爲二利；諸將有不廷，戎虜有侵盜，聞我貢輸錯入，軍食豐衍，可以震耀夷夏，爲三利；若舟車既通，百貨雜集，航海梯嶠，可追貞觀、永徽之盛，爲四利。起宜陽、熊耳，虎牢、成皋五百里，見户纔千餘，居無尺椽，爨無盛煙，獸游鬼哭，而使轉車輓漕，功且難就，爲一病；河、汴自寇難以來，不復穿治，崩岸滅木，所在廞淤，涉泗千里，如罔水行舟，爲二病；東垣、厎柱，澠池、北河之間六百里，戍邏久絶，奪攘姦宄，夾河爲藪，爲三病；淮陰去蒲坂，亙三千里，屯壁相望，中軍皆鼎司元侯，每言衣無纊，食半菽，輓漕所至，輒留以饋軍，非單車使者折簡書所能制，爲四病。』載方内擅朝權，既得書，即盡以漕事委晏，故晏得盡其才。歲輸始至，天子大悦，遣衛士以鼓吹迓東渭橋，馳使勞曰：『卿，朕酇侯也。』凡歲致四十萬斛，自是關中雖水旱，物不翔貴矣。

再遷吏部尚書，又兼益湖南、荊南、山南東道轉運、常平、鑄錢使，與第五琦分領天下金穀。又知吏部三銓事，推處最殿分明，下皆慴伏。元載得罪，詔晏鞫之。晏畏載黨盛，不敢獨訊，更敕李涵等五人與晏雜治。王縉得免死，晏請之也。

常衮執政，忌晏有公望，乃言晏舊德，當師長百僚，用爲左僕射，實欲奪其權。帝以計務方治，詔以僕射領使如舊。初，晏分置諸道租庸使，慎簡臺閣士專之。時經費不充，停天下攝官，獨租庸得補署，積數百人，皆新進鋭敏，盡當時之選，趣督倚辦，故能成功。雖權貴干請，欲假職仕者，晏厚以稟入奉之，然未嘗使親事，是以人人勸職。嘗言：『士有爵禄，則名重於利；吏無榮進，則利重於名。』故檢劾出納，一委士人，吏惟奉行文書而已。所任者，雖數千里外，奉教令如目前，頻伸諧戲不敢隱。惟晏能行之，它人不能也。代宗嘗命考所部官吏善惡，刺史有罪者，五品以上輒繫劾，六品以下杖然後奏。

李靈耀反，河南節帥或不奉法，擅征賦，州縣益削。晏常以羨補乏，人不加調，而所入自如。第五琦始榷鹽佐軍興，晏代之，法益密，利無遺入。初，歲收緡錢六十萬，末乃什之，計歲入千二百萬，而榷居太半，民不告勤。京師鹽暴貴，詔取三萬斛以贍關中，自揚州四旬至都，人以爲神。至湖嶠荒險處，所出貨皆賤弱，不償所轉，晏悉儲淮、楚間，貿銅易薪，歲鑄緡錢十餘萬。其措置纖悉如此。諸道巡院，皆募駛足，置驛相望，四方貨殖低昂及它利害，雖甚遠，不數日即知，是能權萬貨重輕，使天下無甚貴賤而物常平，自言如見錢流地上。每朝謁，馬上以鞭算。質明視事，至夜分止，雖休澣不廢。事無閑劇，即日剖決無留。所居脩行里，粗樸庳陋，飲食儉狹，室無媵婢。然任職久，勢軋宰相，要官華使多出其門。自江淮茗橘珍甘，常與本道分貢，競欲先至，雖封山斷道，以禁前發，晏厚貲致之，常冠諸府，由是媢怨益多。饋謝四方有名士無不至，其有口舌者，率以利啖之，使不得有所訾短。故議者頗言晏任數固恩。大曆時政因循，軍國皆仰晏，未嘗檢質。德宗立，言者屢請罷轉運使，晏亦固辭，不許。又加關内河東三川轉運、鹽鐵及諸道青苗使。【略】

晏既被誣，而舊吏推明其功。陳諫以爲管、蕭之亞，著論紀其詳，大略以『開元、天寶間天下户千萬，至德後殘於大兵，饑疫相仍，十耗其九，至晏充使，户不二百萬。晏通計天下經費，謹察州縣災害，蠲除振救，不使流離死亡。初，州縣取富人督漕輓，謂之『船頭』；主郵遞，謂之『捉驛』；稅外横取，謂之『白著』。人不堪命，皆去爲盜賊。上元、寶應間，如袁晁、陳莊、方清、許欽等亂江淮，十餘年乃定。晏始以官船漕，而吏主驛事，罷無名之斂，正鹽官法，以裨用度。起廣德二年，盡建中元年，黜陟使實天下户，收三百餘萬。王者愛人，不在賜與，當使之耕耘織紝，常歲平斂之，荒年蠲救之，大率歲增十之一。而晏尤能時其緩急而先後之。每州縣荒歉有端，則計官所贏，先令曰：『蠲某物，貸某户。』民未及困，而奏報已行矣。議者或譏晏不直賑救，而多賤出以濟民者，則又不然。善治病者，不使至危憊；善救災者，勿使至賑給。故賑給少則不足活人，活人多則闕國用，國用闕則復重斂矣；又賑給近僥幸，吏下爲姦，彊得之多，弱得之少，雖刀鋸在前不可禁。以爲二害。災沴之鄉，所乏糧耳，它産尚在，賤以出之，易其雜貨，因人之力，轉於豐處，或官自用，則國計不乏；多出菽粟，恣之糶運，散入村閭，下户力農，不能詣市，轉相沾逮，自免阻飢，不待令驅。以爲二勝。晏又以常平法，豐則貴取，饑則賤與，率諸州米嘗儲三百萬斛。豈所謂有功於國者邪！

《續資治通鑑長編》卷二五 〔雍熙元年三月丁巳〕先是，塞房村決河，用丁夫凡十餘萬，自秋徂冬，既塞而復決。上以方春播種，不可重煩民力，乃發卒五萬人，命步軍都指揮使田重進總督其役。供奉官劉吉自贊請行，且言若河決不塞，願夷族。上壯之，使副重進。吉親負土，與役徒晨夜兼作，戒從吏勿言，使者至，密訪乃得之，歸以白，上甚喜。內侍石金振者，領護河堤，性苛急，號為『石爆裂』，數侵侮吉，吉默不校。一日，吉與乘小船至中流，語之曰：『君恃貴近，見凌已甚，我不畏死，當與君同見河伯耳。』將蕩舟覆之，金振號哭，搏頰求哀，吉乃止，自是不敢侵侮吉矣。己未，滑州言河決已塞，羣臣稱賀，吉之功居多，即授西京作坊副使，賜予甚厚。上作《平河歌》以美成功，蠲水所及州縣民今年租。

又 卷四二 ［至道三年十一月］以太常丞王欽若判三司都催欠憑由司。欽若，新喻人。初為亳州判官，監倉，天久雨，倉司以穀溼不為受，民自遠來輸租，食穀且盡，不得輸。欽若悉命輸之倉，且奏不拘年次，先支溼穀，即不至朽敗。太宗大喜，手詔褒答，因識其姓名。

及開封府以歲旱蠲十七縣民租，時有飛語聞上，言按田官司欲收民情，所蠲放皆不實。太宗不悅，御史臺探帝意，請遣使覆實，乃詔東西諸州選官閱視。亳州當按太康、咸平二縣，州遣欽若行，欽若覆按甚詳，抗疏言田實旱，開封止放七分，今乞全放。既而他州所遣官並言諸縣放稅過多，悉追收所放稅物，人皆為欽若危之。踰年而上即位，於是擢用欽若，因以其事語輔臣曰：『當此時，朕亦自懼。欽若小官，獨敢為百姓伸理，此大臣節也。』

又 卷一一五 ［景祐元年八月丁酉］范仲淹知睦州，不半歲，徙蘇州。州比大水，民田不得耕，仲淹疏五河，導太湖注之海，募游手興作。未就，又徙明州。轉運使言仲淹治水有緒，願留以畢其役。庚子，詔仲淹復知蘇州。

又 ［景祐元年十二月癸未］累歲已來，和氣猶鬱，水旱相薦，蟲螟屢生，粟麥不登，田疇幾廢，九夏多寒，三冬無雪，星變上天，河決東郡，疾疫流離，生靈困憊，民乏兼日之食，廩無積歲之儲，既庶而富，曷其若是！正當不足之時，豈曰無為之化。不可謂時無兵革，乃號太平；政奉簡書，便為端拱。竊恐禍生所忽，亡有其存；漸至陵夷，將無逸豫。有唐天寶，可謂覆車。

元 柳貫《待制集》卷九《楊丞檢田頌并序**》** 東陽丞楊公景安解秩將去，操耒之農、負版之夫暨于褐寬之徒、逢掖之士，讙然言曰：『茲歲丙子，公之涖政適三年已，而原田無秋，民將阻饑。公曰：「吾其可以官滿自諉？」躬愬大府，以次聞於部使者，請如故事檢覆其菑。厥既報可，公受牒，當分詣諸鄉。一童一馬，襆被徑往。次舍必于菴廬，食飲取諸裝橐。視田勞農，已事即行。跋履荒阻，閱數旬歸，治任俟代，退然若無德于民者矣。古有借留之典，吾將破崖岸而求之，不識可乎？』嗟夫！官民之間相臨以勢，方滿秩將代，旦夕解去，嚬呻戚休，吾何繫哉？而公之是心篤不能忘，卹菑救患，若己隱憂，雖一食飲、一芻秣之微，不以重累吾民，宜乎民之愛戀，真若赤子之去其慈母而疾者之失其良醫也。迹公之智，其賢于世吏遠矣。然則願借寇君、興謠叔度，壹是吾民可已不已之情，予茲有聞，敢忘傳信？乃作《楊丞檢田頌》一篇，以永民思。竊附風人之義，流為孺子之歌。頌曰：

大縣置丞，丞以貳令。彌縫闕漏，闔闢成政。舉斯加彼，實制民命。其一肆令治縣，共理惟寅。占位涉筆，丞豈其臣。有智必恊，有謀必詢。其二載稽治否，酌有公論。繭絲保障，間不容寸。民鑒孔明，莫或流遁。其三東陽在婺，百里之封。廉德章章，有丞楊公。楊公制政，健敏而通。其四先時邱民，喜鬬樂訟。公牖其衷，不震而竦。令雖執競，民獲康共。其五因賦定役，則罔後艱。重其所輕，兹以穴姦。賴公司平，里謐閭安。其六民奉公上，有庸有調。挾是厚誣，烈甚原燎。公為事程，無爾酗暴。其七衆方囂囂，莠言盈庭。汩其腥腐，亂我芳馨。繄公主靜，神聽和平。其八亦越三朞，俟瓜而代。時秋亢旱，赤魃為害。焦澤赭原，莫覿銍艾。其九公戚于懷，往籲牧連。謂此巖邑，民病無年。不蠲其輸，則瘠而顛。其十誠至言諄，卒獲聽受。即命行田，撿括疆畝。公曰異哉，予其奔走。其十一既屏騶從，亦載糧餱。單馬羈童，陟巘降邱。勞來疲甿，使無隱憂。其十二甿曰明府，顧我復我。不驚犬雞，不窘春莝。遂我生育，拔諸寒餓。其十三宦成而怠，人有常情。繄公一節，不撓不傾。翕是實德，溢為休聲。其十四惟令部使，張膽明目。刺貪舉廉，令嚴政肅。豈遺其近，而弗甄錄。其十五論公之才，宜濟時康。最公之績，何愧明揚。廓而天路，跂彼雲驤。其十六賢智之生，世常不數。達而之用，守約施博。厦材既具，不棄櫨欂。其十七今人古人，可企而齊。龔黃卓魯，夫何遠而。相我楊公，大邦維儀。其十八我邑于西，五舍而近。謡誦相聞，説丞如尹。問訊棠陰，酌言斯允。其十九爰緝蕪章，播之康衢。匪我誇公，為後之模。庶幾遒人，采而進諸。其二十

《金史》卷一二八《循吏傳・盧克忠》 大定二年，除北京副留守，會民艱食，克忠下令凡民有蓄積者計留一歲，悉平其價糴之，由是無捐瘠之患。

轉陳州防禦使，後以靜難軍節度使致仕，卒。

又《傅慎微》 傅慎微字幾先。其先秦州沙溪人，後徙建昌。慎微遷居長安。宋末登進士，累官河東路經制使。宗翰已克汴京，使婁室定陝西，慎微率衆迎戰，兵敗被獲，送至元帥府。元帥宗翰愛其才學，弗殺，羈置歸化州，希尹收置門下。宗弼復取河南地，起爲陝西經略使，尋權同州節度使事。明年，陝西大旱，饑死者十七八，以慎微爲京兆、鄜延、環慶三路經濟使，許以便宜。慎微募民入粟，得二十餘萬石，立養濟院飼餓者，全活甚衆。改同知京兆尹，權陝西諸路轉運使。復修三白、龍首等渠以溉田，募民屯種，貸牛及種子以濟之，民賴其利。轉中京副留守，用廉改忻州刺史，累遷太常卿，除定武軍節度使，移靜難軍，忤用事者，蘇保衡救之得免。

元 虞集《道園學古録》卷七《沛縣尉李君美政記》 沛人有尉善其職，其父老愛之，願刻姓名于石，以示遠久。國子生張復，邑人也，疏其邑人之頌云：『舟車衝衝，出我沛邦。我任我載，唯尉之從，力用不窮。歲饑有盜，尉制之有道。田則有蝗，尉除之有方。泗漢患水，防隄善圮，尉將役人，如視妻子。民有無告，尉繕其屋。有繫在獄，尉哺之粟。顧瞻學宫，廼牖廼墉。釋其弓刀，揖遜有容。』復之言曰：『尉嘗學于濟南李昌道先生，故知愛人之説。其父奉使平陽，罹地震之禍，尉以恩得官，故能感憤自樹立也。』嗟夫！尉於縣政，無所敢自遂也，而及乎民者如此。自昔沛以勇宕為俗，今父老獨不忘於一尉之善者又如此。且世之豪民狂吏以動摇刼持為能，視一秩滿尉何有，此乃以終愛聞，不亦參善夫！使尉益自勵，所至不倦，雖古循吏何以過之，有司用材者能無考於斯乎？尉姓李，名茂，字廷實，德州齊河人，初為濮州觀城尉，遷沛尉。父老曰張仲昂。

元 揭傒斯《文安集》一三《故榮禄大夫陝西等處行中書省平章政事吕公墓志銘》 泰定之際，關陝連歲大旱，父子相食，死徙者十九。文宗即位，詔起公為陝西等處行中書省平章政事，以撫其民。公曰：『民急矣！』即日就道，晝夜兼行，及到官，宣布天子德意，發楮幣百萬緡，米萬斛，命有司賑之。公乃齋不食三日以哀籲天，其言曰：『天欲降大癘于民，民乃能力作佐國家以事天地神祇，臣老不能力作佐國家以事天地神祇，而受天子命以撫寧其民，民有罪，宜悉加臣身，毋久亢旱以盡殺吾民。』天乃大雨，一雨五日，是歲大熟，民始稍稍有復業者。至順二年冬，以疾奏乞還京，詔許之。父老聞之，相聚而哭於庭曰：『凡吾民之有今日者，皆公之賜也。故吾民得公則生，不得則死，公何忍遽棄吾民而歸也？』復大哭。公力疾厚撫喻之。强留至明年，出關，未至京，上數問李平章至否。既至，入見上，上迎勞之，曰：『朕久不見卿，思卿甚勤。聞卿在關中天格其誠，民被其澤，凡使關陝還者皆誦卿之德，良用嘉歎，故召卿還。』因賜之酒，且曰：『卿病愈當大用卿。』公稽首謝曰：『臣素無行能，陛下寄以方面，常懼弗稱，況敢當大任乎？』【略】銘曰：

自古為國，罔不以臣。豈曰以臣，惟老成人。而無老成，何以為國。如彼蒙叟，冥行擿埴。蒼蒼者天，胡不憖遺。瞻彼晨星，日既烜之。嗟嗟吕氏，世忠世厚。孰謂伊人，弗與國壽。望而不見，聽而不聞。國豈無人，而公不存。我觀四方，饑饉薦臻。孰與濟之，如公在秦。公既逝矣，不我作矣。雖不我作，無忘國矣。有子有孫，有繹其承。罔子之瑩，公其永寧。

明 歸有光《震川集》卷二四《安亭鎮揭主簿德政碑》 安亭鎮在崑山東南偏，鎮以北三區石田，歲收於他鄉最下。往者周文襄公特為優假，規畫縣賦，以歲布予之，務紓其力，民以樂業。其後縣官剏去歲布，斂以常額，會水利益廢不治，田高枯不蓄水，卒然雨潦，又無所洩，屢經水旱，百姓愁苦失業。然有司習聞其貧下，凡議寬恤，猶先三區云。正德末，吏於茲者頗為急政，或告以海壖去治回遠，界入四邑，東驅則西走，賦不時輸，非由田惡，直負依抗吏治耳。於是務窮難之，始有收解等役，與他鄉比。諸捕繫拷掠，大户瘐死者數十人，民逃亡無數，田多荒萊矣。自是十餘年來，有司日憂三區之賦税不起，太守以上悉知其弊，而未有以救也。嘉靖乙未歲大旱，野無青草，官督賦如常，民狼顧四走，將空其地。主簿揭侯言于太守文安王公、縣令同安楊公為借兑，約歲熟還之。履畝量視，諸不可墾者除其税，立圖頭法。圖頭者，先是為粮長，一人掌税，悉亡其家。今則圖各一人，事力省而易辨。又檢故事，免其收解，永無所與。會二公皆有勤民之心，故侯言得施行，民稍稍安業，乃相與涕泣曰：『吾人自父子祖孫百年以來生聚於此，幾不復以相保，乃今得有其室家，揭侯之賜也。』為立石，請紀侯之事。嗟夫！先王之道，量地以生人，必權其輕重而均一之。若吾縣之三區，殆宜如鰥寡孤獨而先之，彼暴横者獨何心耶？揭侯之職卑矣，朝有其心而夕効焉，且一時救敗之術僅僅止於力之所及，而民之胥悦如是。則夫瞋目以視，謂吾民難治者，亦未之思也已。侯名夔，江西南豐人，元翰林學士文安公之族孫，以太學生來調，稱良主簿，多可紀者。

清 朱軾《廣惠編》卷下　晏平仲敝車羸馬以朝，桓子以為隱君之賜。晏子曰：自臣之貴，父族無不乘車者，母族無不足於衣食者，妻族無凍餒者。齊國之士，待臣舉火者三百餘人。如此而為隱君之賜乎？彰君之賜乎？

又　陸杲，嘉靖辛丑進士。置田周族，謂之族田。置田畀宗子，供禴祀，謂之祭田。置田以給族之於弟，置塾講業，謂之學田。以宗族日繁，徭役不支，置田分贍之，謂之役田。

劉翊，字子翔，潁陰人。嘗行汝南界中，遇陳留張季劄，遠赴師喪，寒冰車敗，停滯道路。翊見曰：君慎終赴義，豈宜久滯？即下車與之，不告姓名，策馬而去。後為郡功曹，值黃巾賊起，百姓廢業，翊出粟資貧者數千人。鄉族死亡，則為殯殮。獻帝遷都，道阻群寇，翊夜行晝伏赴之。上嘉其忠，拜議郎，遷陳留守。駕車東歸出關，見士民病死道次，以馬易棺，脫衣斂之。又逢故人餓困於路，不忍棄去，與所駕牛助歸。

又　全琮父柔，使齎米數千斛，到吳市易。琮皆散給士大夫，空船而還。白父曰：所市非急，而士大夫方有倒懸之急，故賑贍之。

又　蔣崇仁仗義樂施，仿常平法，以家資糴穀賤糶，以救貧者。其弟崇義、崇信，亦承兄志，行之七十年，歲以為常。瞿嗣興，常熟人。氈工王氏，大雪凍餓不能起。嗣興憫之，攜錢六十緡，潛投窗隙而去。歉歲，有窶人來糴粟，受其錢五千，陽忘曰：汝十千耶？倍與之粟。凡負販者，必多償其直。家人怪問之，嗣興曰：彼胼胝手足，求升合利。吾忍與較耶？

尚書令符雅常曰：天下物何常？吾今日富，後日貧耳。一日不施，則意不快。時人為之語曰：不為權輿富，寧作符雅貧。貧非勝富也，如此而貧，則貧誠勝富。

又　薛西原性好施，人有疾，親為檢合藥方，嘗脫綿袄施貧者。或曰：焉得人人而濟之？答曰：但不負此心耳。聞者歎服。

又　張獻可，常州人，嘗施棺，畫三千圈於紙。每施棺一，則登其日月於圈內，期盡始圈之數而續圈焉。傭丐者掩道傍屍，一屍與錢若干。丐者每得銉屍，則喜以為貨也，自是邑中幾無露屍矣。又煮藥以施瘡瘍者，寒凍則為粥以食餓者。曰：掩死人，又何如活生人？

又　李士謙，字子約，趙郡人。嘗出粟萬石貸鄉人。明年，悉召債家，為設酒食，對之燔契。曰：債了矣，幸勿為念也。厥後歲大饑，士謙粟盡，無可賑貸，乃罄家資糴米為糜粥，里黨賴以全活者萬計。收埋骸骨，所見無遺。遇疾癘，延良醫製藥療之。如此積三十年。或謂士謙多陰德，士謙曰：夫言陰德，其猶耳鳴。己獨知之，人無知者。今吾所作，吾與子皆知之，何陰德之有？右芳型。

又　辛棄疾為淮帥，淮饑，富民積粟不出，貧民洶洶，將甘心焉。棄疾乃大書八字榜於道曰：閉糴者籍，強糴者斬。儲粟盡出，民情乃安。

又　景泰時，僉都御史王竑巡視江淮。適徐淮間大饑，民死枕籍。竑至，盡所以救荒之術。流民數百萬猝至，竑大發官貯賑之，用米一百六十餘萬石。窮晝夜，竭思慮，躬自查閱撫慰，毋令失所。又委用官吏，必多方奬勸，激切周摯，人樂為用，活人無算。初，帝閱疏大驚，彷徨廢食，後得竑奏，大言曰：好御史！不然，饑死我百姓矣。右官方。

《清史稿》卷三〇三《陳世倌傳》　陳世倌，字秉之，浙江海寧人。父詵，自有傳。世倌，康熙四十二年進士，改庶吉士。自編修累遷侍讀學士，督順天學政。父憂歸，起督江西學政，疏乞終制，得請。雍正二年，服闋，擢內閣學士，出爲山東巡撫。時山東境旱蝗，糧運淺阻，世倌單車周歷，密察災輕重、吏能否，乃視事。趣捕蝗略盡，並疏治運道，世宗書扇以賜。世倌疏言：『社倉通有無、濟豐歉，古今可行。宜令各鄉勸富民輸穀，不限多寡，量予奬勸。舉公正鄉約三人司其出入，官爲稽覈。貧民春貸秋償，石納息二斗，歉則減之，十年後納息一斗。請飭諸行省先就數州縣行之。俟有成效，然後推廣。』下所司議行。又疏請禁回教，上以回教其來已久，限於種人，非蔓延難量。無故欲禁革，徒紛擾，非治理，罷其議。又疏上沿海防衞五事，報可。四年，母憂歸。命治江南水利，坐遲悞奪職，並命赴曲阜督修孔子廟。

高宗即位，起左副都御史。乾隆二年，授倉場侍郎，再遷工部尚書。六年，授文淵閣大學士。是年秋，淮、徐、鳳、泗等處被水，上命侍郎周學健會總督高斌庀工役。世倌屢疏陳行水卹災諸事，上即命乘傳往會學健等察勘。世倌言水勢高下必當親勘，請以通測量術者偕往，從之。十二月，偕學健等疏陳籌畫工役，請待來歲二三月水涸施工。上曰：『世倌臨行奏言歲內可疏，積水盡消，今疏言仍待來歲二三月，其所籌畫皆不過就高斌、周學健所定規模而潤色之，別無奇謀碩畫，何必多此往返乎？』【略】

世倌治宋五子之學，廉儉純篤。入對及民間水旱疾苦，必反覆具陳，或繼以泣。上輒霽顔聽之，曰：『陳世倌又來爲百姓哭矣！』雖中被譴訶，終亮其端謹。其後南巡，猶遣官祭其墓云。

又《史貽直傳》 史貽直，字儆弦，江蘇溧陽人。父夔，康熙二十一年進士，官至詹事。貽直少嫺掌故。

三十九年，成進士，年十九。自檢討五遷侍讀學士。雍正初，命在南書房行走，再遷吏部侍郎，歷工部、户部。命如河南按總督田文鏡劾信陽知州黄振國等，定讞入告。上蔡知縣張球，文鏡所嘗薦，貽直等發其諱盜。下吏議，文鏡疏自劾。復命如山西按前總督年羹堯領河東鹽政，私其子撓鹽法。七年，復命如福建按巡撫朱綱劾按察使喬學尹等，並論如律。上奬其公當，命署福建總督。福建水師巡海，挾市易物蝕關税，貽直爲申禁。福州、興化、泉州、漳州四府以米少，倉穀不如例糶易，貽直請以臺灣應輸兵米易穀運四府，以次糶舊存新；内地兵戍臺灣，往還擾番社，貽直請下臺灣總兵，戍兵往還，遣裨將檢押：皆如所議行。

八年，調署兩江總督，以本籍疏辭，勿許。授左都御史，仍留兩江。九年，召還。時師征準噶爾，陝西、甘肅當師行道，任餽餉。命偕侍郎杭奕禄等宣諭化導，旋命協理陝西巡撫，擢兵部尚書，仍留陝西。十年，署巡撫。廷議禁燒鍋，下諸行省。貽直疏言：『年豐糧羡；燒鍋亦民間謀生之一事。當視年事豐歉，審民力盈虚，加以董勸。』上許爲得因時制宜之意。湖廣總督邁柱請疏湖廣荊子關至陝西龍駒寨水道，便轉餉。貽直疏言：『荊子關至龍駒寨，舊有丹河，行兩山間，紆折三百七十里。夏秋間民引以溉田，築堰蓄流，涓滴必爭。雨後山水驟至，縴路輒斷，實不宜於輓運。臣察湖廣轉餉艱難，當於河南府陝州傍河諸州縣積穀，行轉搬之策。浚治丹河，宜若可緩。』上韙貽直言，格邁柱議不行。旋授户部尚書，總理陝西巡撫。【略】

尋命署湖廣總督。乾隆元年，疏言：『舊制州縣虧倉穀，議罪：穀一石當銀一兩，時值實不及。諸雜糧皆視穀，尤失平。』部議米一石當銀一兩，穀及諸雜糧皆當銀五錢，著爲令。武昌城西南當江、漢合流處，舊有長隄。貽直令所司履勘重築，自王惠橋至土城磯，隄千三百餘丈，期三歲而畢。

又卷三〇八《楊超曾傳》 楊超曾，字孟班，湖南武陵人。康熙五十四年進士，改庶吉士，授編修。雍正四年，直南書房。【略】十年，疏言：『秋收稍歉，明春米穀勢必騰貴，請停商運。』下部議行。十一年，疏言：『州縣所收加一耗羡，自錦州、寧遠外，俱留充州縣養廉。府尹以下養廉，以中江等税羡支給。』部議即以是年始，著爲令。内務府准御史八十條奏，增錦州莊頭百户撥民種退圈地畝。超曾奏：『地給民種，立業已久。今增莊頭百户，户給六百五十晌，晌六畝，都計三十九萬畝。民間萬户，無地可耕，一時斷難安輯。且正值春耕，清丈動需時日，舊户新莊俱不能播種，本年賦必兩懸。請緩俟秋收查丈。』事遂寢。遷倉場侍郎。十二年，擢刑部額外侍郎，仍督倉場如故。旋授刑部侍郎。

乾隆元年，署廣西巡撫，二年，實授。疏請豁除桂林等府縣各墟及賀縣花麻地租雜税。初，巡撫金鉷奏令廢員官生墾荒報捐，有司因以爲利，搜民間有餘熟田，量給工本，即作新墾。雲南布政使陳宏謀疏陳其弊，下總督鄂彌達及超曾覈覆。會疏陳捐墾不實田畝、應減應豁及官生短給工本諸事，上命豁加賦虚田凡數萬畝，鉷及布政使張鉞皆奪官。三年，召授兵部尚書。

五年夏，署兩江總督。秋，授吏部尚書，仍署總督。疏劾江西巡撫岳濬及知府董文偉、劉永錫徇情納賄，遣侍郎阿里衮會江南河道總督高斌按治，濬等坐譴。六年，疏請裁太通道、揚州鹽務道，以通州隸常鎮道轄，餘如舊，可其奏。兼署安徽巡撫。秋，大風雨，濱江、海諸州縣皆被水。超曾令先以本州縣所存銀米撫卹，並發司庫銀八萬、未被水諸州縣倉米十萬，賑上江各州縣；又發司庫銀十萬、各縣穀百餘萬，賑下江各州縣。疏入，上諭曰：『料理賑卹，頗爲得宜。當以至誠惻怛爲之，庶可稍救災黎也。』通州鹽河亦以水發輟工，督治水利大理寺卿汪漋、副都御史德爾敏令開唐家閘洩水。民慮淹及麥田，紛集欲罷市。侍郎楊嗣璟疏劾，命超曾按其事。超曾奏：『民無挾制阻撓情狀，似可無事深究。』上從之。

又《徐士林傳》 乾隆元年，遷河南布政使。以父病乞歸侍，旋居父喪。命署江蘇布政使，士林以母病、父未葬，辭。四年，命以布政使護江蘇巡撫，復奏母病篤不能行。是年夏，詣京師，高宗召對，問：『道所經山東、直隸，麥收若何？』曰：『旱且萎。』問：『得雨如何？』曰：『雖雨無益。』問：『何以用人？』曰：『工獻納者，雖敏非才；昧是非者，雖廉實蠹。』上深然之。真除江蘇布政使。五年，湖廣遣山東流民還里，道經江南，恃其衆擾民。士林疏言：『真確災民，或有田可耕，或無田而佃，素皆力穡。時值春融，自當資送復業。至若游惰無業，漂泊日久，彼固非能耕之人，亦不盡被災之民，應請停資送。或謂無籍窮民，恐流而爲匪，終年搜查遞送不得休。臣未聞不爲匪於本籍，獨爲匪於鄰封者；亦未聞真爲匪者遞回本籍，即能務本力田而不復潛至鄰封者也。安分則撫之，犯法則懲之，在地方官處置得宜而已。』上是其言，下九卿議行。【略】

是歲徐、海水災，士林疏請治賑。六年春，復疏請酌借貧民穀麥。沛縣災最重，請發藩庫餘平銀糴米續賑。別疏言：『江蘇社穀積貯無多，去年秋成，惟徐、海被災，餘俱豐稔。臣飭諸州縣勸捐十餘萬石，仍戒勿强派，勿限數，勿差役滋擾。』上深嘉之。尋以病請告，溫旨慰留，遣醫診視。又疏言：『淮北被水，二麥無收，急宜撫卹。臣不敢泥成例，已先飭發庫帑賑濟，俟察實成災分數具題。』上諭曰：『如此料理，甚副朕視民如傷之念。』

又《尹會一傳》 尹會一，字元孚，直隸博野人。雍正二年進士，分工部學習，授主事，遷員外郎。五年，出爲襄陽知府。漢水暴漲，壞護城石堤。會一督修建，分植巡功，民忘其勞。創八蜡廟，表諸葛亮所居山，復爲茅廬其上。署荆州，石首饑民聚衆，揚言將劫倉穀。會一單騎往諭，繫其强悍者，發倉穀次第散予之，衆悦服。九年，調江南揚州知府，濬新舊城市河通舟楫，濬城西蜀岡下河灌田疇。十一年，遷兩淮鹽運使。新安定書院，士興於學。高宗即位，就加僉都御史銜，擢兩淮鹽政。

乾隆二年，入覲，命署廣東巡撫，以母老辭。調署河南巡撫。河南方閔雨，疏請緩徵，並發倉平糶，不拘存七糶三舊例，視緩急爲多寡，上從之。尋疏言：『力田貴乘天時。河南民時宜播種，尚未舉耜；時宜耘耔，始行播種。臣擬分析種植先後，刊諭老農，督率勸勉。如工本不敷，許借倉穀，秋後補還。北方地闊，一夫所耕，自七八十畝至百餘畝，力散工薄。臣勸諭田主，授田以三十畝爲率。分多種之田給無田之人，則游民亦少。河南多鹹鹻沙地，犂去三尺，則鹹少而潤澤。臣責成鄉保就隙地植所宜木，則地無曠土。河南産木棉，而商賈販於江南，民家有機杼者百不得一。擬動公項製造給領。廣勸婦女，互相仿傚。』上諭之曰：『酌量而行，不可欲速，不可終怠。若民不樂從，尤不可繩以法也。』旋命實授。三年，上以河南歲稔，敕籌備倉穀。會一疏言：『河南歲豐，直隸、江南歲歉，商販紛集，米價日昂。臣飭有司，本地價高，於鄰縣買補；鄰縣價高，報明不敷銀，在各屬盈餘款内均撥。河南民食麥爲上，高粱、蕎麥、豆次之。臣並令參酌糶貯，來春先儘糶借。』上嘉之。

四年，黄河、沁水共漲，瀕河四十七州縣成災。會一定賑恤規條十六，無食者予一月之糧，無居者予葺屋之資，緩徵減糶，留漕運貸倉米，米不足，移他郡之粟助之，富民周濟；並假餘屋以棲貧窶，建棚舍，安流亡，免米税，興工代賑，種蕘菁助民食，助耔種，施藥餌，延諸生稽察；又令離鄉求食者，有司隨在廩給，開以作業，俟改歲東作資送還鄉。

又《王恕傳》 江蘇布政使安凝條奏賑務，上發各督撫察閲。恕疏言：『救災之法有三：曰賑，曰糶，曰借。此三者，實心辦理則益民，奉行不善則害政。以賑而論，地方有司於倉猝查報時，分極貧、次貧。一有差等，便啟弊端。里甲於此酬恩怨，胥役於此得上下，而民之冀幸而生觖望者，更不待言。蓋貧富易辨，極次難分。如以有田爲次貧，無田爲極貧，一遇旱澇，顆粒皆無，有田與無田等也。如以有家爲次貧，無家爲極貧，則無從得食，相忍守飢，完聚與煢獨同也。與其倉猝分別開爭競之門，莫如一視同仁絶覬覦之望。臣愚以爲初賑似應一律散給，加賑再行分別，庶杜爭端。以糶而論，定例石減時價一錢，俾小民升斗易求，牙商居奇無望，誠接濟良法。乃有司每多請過減，倘輕聽準行，勢必希圖多糶，規利者雲集喧囂。且米價太賤，商販不前。臣請嗣後平糶，仍照定例斟酌辦理，使災民實沾升斗之惠，而棍徒囤户難行冒濫之奸。以借而論，動公家之銀，爲百姓謀有無、通匱乏，此周官恤貧遺法也。然使辦理未協，則官民交累。假如荒年田土無力耕種，有司借給耔種，猶可穫時即償。若告貸銀米以給口食，則必計其能還而後與之，狡黠之流遂謂官有偏私，不免造謗生事。有司不得已略爲變通，而無力還官，差拘徵比，民無安息。是始則借不能遍，因爭鬭而被刑；繼則還不能清，迫追呼而更困。名爲利民，實爲病民。且年久不清，蒙恩豁免，帑項終歸無著。臣以爲與其借而無償，莫如賑而不借。此皆當先事而熟籌者也。』報聞。

又《楊錫紱傳》 楊錫紱，字方來，江西清江人。雍正五年進士，授吏部主事。累遷郎中。考選貴州道御史。十年，授廣東肇羅道。肇慶瀕海，藉圍基衛田。歲親蒞修築，終任無水患。【略】

十年，授湖南巡撫。奏言：『周禮：遂人治野，百里之間，爲澮者一，爲洫者百，爲溝者萬，捐膏腴之地以爲溝洫。誠以蓄洩有時，則旱潦不爲患，所棄小、所利大也。後世阡陌既開，溝洫雖廢，然陂澤池塘尚與田畝相依，近水則腴，遠水則瘠。湖南濱臨洞庭，愚民昧于遠計，往往廢水利而圖田工。

甚至數畝之塘，培土改田；一灣之澗，絶流種蓺。彼徒狃於雨暘時若，以爲無害；不知偶值旱澇，得不償失。且溪澗之水，遠近所資，若截壑爲田，則上溢下漫，無不受累。官吏以改則陞科爲勸墾之功，亦復貪利忘害，溝洫遂致盡廢。臣以爲關係水利，當以地予水而後水不爲害，田亦受益。請敕各省督撫，凡有池塘陂澤處所，嚴禁改墾。』上以各省米價騰貴，諭各督撫體察陳奏，錫紱疏言：『米貴由於積漸。上諭謂處處積貯，年年採買，民間所出，半入倉庾，此爲米貴之一端。臣生長鄉村，世勤耕作，見康熙間石不過二三錢，雍正間需四五錢，今則五六錢。户口多則需穀多，價亦逐漸加增。國初人經離亂，俗尚樸醇。數十年後，漸習奢靡，揭借爲常，力田不給。甫屆冬春，農糴於市，穀乃愈乏。承平既久，地值日高，貧民賣田。既賣無力復買，田歸富户十之五六。富户穀不輕售，市者多而售者寡，其值安得不增？臣以爲生齒滋繁，無可議者。田歸富户，非均田不可，今難以施行。風俗奢靡，止可徐徐化導，不能遽收其效。至常平積貯，當以足敷賑濟而止，不必過多。目今養民之政，尤宜專意講求水利，使蓄洩有備，偏災不能爲患。以期產穀之多，未必非補救米貴之一道也。』疏入，上均嘉納焉。

又《潘思榘傳》　潘思榘，字絜方，江南陽湖人。雍正二年進士，改庶吉士。三年，分刑部學習。六年，補主事。累遷郎中。八年，授廣東南雄知府。驟雨水溢，郊野成巨浸，露宿於野。督吏卒治筏拯溺，出金瘞死贍生，活民無算。十三年，遷海南道。濬瓊州西湖。深入五指山，安輯黎衆，劾守將之殘黎民者。調糧驛道。乾隆四年，遷按察使。懲貪鉏猾，理冤獄尤多。民以旱糾衆入市掠奪，思榘方被疾，強起坐堂皇，立捕數十人杖以徇，事乃定。【略】

七年，遷浙江布政使。八年，疏言：『常平倉穀春發秋斂。但收成有遲早，俗所謂青黄不接。有司不揆緩急，甫春開糶，牙行囤積，吏胥侵漁。民未霑實惠，而穀已出逾額，且減價過多。迨秋成買補，非存價觀望，冀省耗折；即抑派爭買，致昂市價。請定浙東諸府以四月、浙西諸府以六月發糶，價平即止。』上以因時制宜，許之。又疏言：『浙江土狹民稠，全資溪湖容蓄灌溉，乃民間占墾甚多。如餘杭南湖，會稽鑑湖，上虞夏蓋湖，餘姚汝仇湖，慈谿慈湖，向稱巨浸，今已彌望田疇，殊妨水利。嗣後報墾田地，當責有司親勘，果非官湖，方准升科；查勘不實，嚴定處分。』下廷臣議行。秋，金、衢、嚴三府被水，旁溢杭、湖、紹三府，漂流人畜無算。思榘出臨江干，處分賑事。蕭山民洶洶欲渡江，思榘曰：『民饑當哺，閧則亂民耳。』嚴治之，自是無敢譁者。思榘再疏聞，上諭曰：『今歲浙江災，巡撫常安有諱災之意，汝爲其難矣。』

十一年，授安徽巡撫。河決鳳陽，潁、泗諸府州災尤重。思榘請加賑，按行督察，犯風渡洪澤，舟幾覆。十二年，疏請調濟災區，略言：『鳳、潁民習惰窳。臣上年偏歷查勘，方冬水落，二麥已播種，而民不知耰鋤培壅。所過村落，林木甚稀，蔬圃亦少。臣令有司審察桑麻、蔬蓏，凡可佐小民日食之用者，隨宜試種。鳳、潁地分三等，岡地最高，湖地稍低，灣地最下。灣地連大河，水發難施人力。湖地則外仰中低，積潦爲湖，下流疏洩，即可涸出栽種。岡地水雖不及，而絶少溝池，交秋缺雨，即患暵乾。間有傍山麓而爲陂塘，如壽州安豐塘、懷遠郭陂塘、鳳陽六塘，均應及時修築。與其因災動帑鉅萬，何如平時酌動數百金陸續培治。民間減荒歉，多收成，朝廷亦省帑金。縱遇偏災，亦可以工代賑。鳳、潁民好轉徙，豐年秋成事畢，二麥已種，輒攜家外出，春熟方歸。遇災留一二人在家領賑，餘又潛往鄰境。俗謂在家領賑爲大糧，在外留養爲小糧，沿途資送爲行糧，至有一家領三糧者。本業拋荒，人無固志。應令有司嚴察，流民過境，實係被災，方准資送；藉端生事者究懲。』奏入，上諭曰：『此乃固本之事，歷來無有言及此者。朕甚嘉悦焉！』【略】

思榘莅政精勤，晝見官屬，夜披案牘。旱潦必撫恤。民獷，以鬭訟相尚，多去爲盜，廉得主名，飭有司捕治。又以農隙巡行海防，周閲戰艦。朔望入書院與諸生講説經藝，如是者以爲常。積勞疾作不少止。

又《胡寶瑔傳》　胡寶瑔，字泰舒，江南歙縣人。父廷對，嘗官婁縣訓導，因居青浦。寶瑔，雍正元年舉人。乾隆二年，考授內閣中書，充軍機處章京。六年，大學士查郎阿、侍郎阿里衮清察黑龍江、吉林烏喇開墾地畝，以寶瑔從。八年，遷侍讀，考選福建道御史。是歲直隸旱，上命治賑。寶瑔疏言：『直隸被旱，民多流亡，請敕總督宣示上意，使民靜以待賑。流民願歸耕而無力得歸者，資送還里，俾及時藝麥，於來歲民食有益。』九年，上命大學士訥親閲河南、山東、江南諸省營伍，寶瑔疏言：『營伍積玩，器械堅脆，糧馬盈虧，各處不一。勢必聞風修整買補，不肖營員或藉端苛派，或坐扣月糧，請敕督撫提鎮嚴飭查察。』十年，山東、江南水災。寶瑔疏言：『方冬水涸，應勸諭農民引流赴壑，俾田不久浸，以便春耕，尤當預防蝻子。』諸疏皆議行。【略】十七年，署山西巡撫，十八年，實授。撫饑民，理冤獄，

劾貪吏，整闢隘隄防，諸政並舉。【略】

二十年，調江西。二十一年，疏言：『廣信銅塘山勘明無可墾之地，無可用之材，無可煎之礦，請永行封禁。』二十二年，疏言：『豐城隄工最要，石隄官修，土隄民修，向設里夫，行之已久。黠者避役，貧者誤工，復改爲折徵。請按田均隄，附漕糧徵收。有田始有糧，有糧始有夫。圩長無從侵冒，工程乃可永固。』均如所請行。

復調河南。河屢決，山東、河南、安徽諸州縣多積水。上遣侍郎裘曰修會諸省督撫疏治。寶瑔與曰修會勘，疏言：『河南幹河有四：賈魯、惠濟、渦河、巴溝。巴溝在商丘爲豐樂河，在夏邑爲響河，在永城爲巴河。今擬疏濬加寬深，以最低處爲率。惠濟上游在中牟、祥符諸縣，下游在柘城、鹿邑諸縣，今亦擬加寬深，以六七丈爲率。賈魯自中牟以下有惠濟分流，自朱仙鎮以下，截沙灣，塞決口，拓舊隄。渦河自通許青岡爲燕城河，上游應加寬，下游應加深。鹿邑以下本已寬深，當增築月隄。支河應濬者，商丘北沙、洪溝二河爲支中之幹，餘大小支河，分要工、次工、緩工，次第興修。』二十三年，上諭曰：『河南災區積困，寶瑔不辭勞瘁，能體朕意，盡力調劑，以蘇窮民，甚可嘉也！』尋加太子少傅。諸工皆竟，上御製《中州治河碑》，褒寶瑔、曰修，語並見曰修傳。

二十五年，疏言：『河北諸水，衛河爲大。雍正間，河督嵇曾筠於汲、淇、濬、湯陰、內黃諸縣建草壩二十六，今已漸次淤墊。臣相度疏築，俾一律深通。請定爲三年一小修、五年一大修。』上可其奏。是冬，調江西。二十六年，河決楊橋。復調還河南。疏言：『賈魯、惠濟二河在中牟境內，逼近楊橋。賈魯受黃水南徙，至祥符時家岡仍入故道，今已成河。當將分者截之使合，淺者疏之使深，兩岸多挑渠港，增築隄堰，自成河道。惠濟自兩閘至岡頭橋已淤斷，而岡頭橋至十里坡賈魯河不過四五里。即於十里坡建滾水壩，導由岡頭橋入惠濟，以分賈魯之勢，而惠濟亦復故道。』上褒爲事半功倍。

二十七年，寶瑔疾作，請解任。上諭曰：『此奏甚非朕之所望，安心靜攝，以慰廑念。』遣醫馳驛診視。疏言：『溝渠與河道相爲表裏，臣於二十三年河工告竣，即督令州縣經理溝洫，每一州縣中開溝自十數道至百數十道，長自里許至數十里，寬自數尺至數丈，皆以足資蓄洩爲度。驛路通衢，並就道傍開濬，雖道里縣亙，而分户承挑，民易爲力。自是每歲或春融，或農隙，隨時加濬寬深。』上深嘉之，並令直隸總督方觀承仿行。

又卷三〇九《崔紀傳》 崔紀，初名珺，字南有，山西永濟人。【略】

［乾隆］二年，移署陝西巡撫。疏言：『陝屬平原八百餘里，農率待澤於天，旱則束手。惟鑿井灌田，實可補雨澤之缺。臣居蒲州，習見其利。陝屬延安、榆林、邠、鄜、綏德各府州，地高土厚，不能鑿井。此外西安、同州、鳳翔、漢中四府並渭南九州縣最低，渭北二十餘州縣地較高，掘地一二丈至六七丈，皆可得水。勸諭鑿井，貧民實難勉強。懇准將地丁羨銀借給充費，分三年繳完。民力況瘁，與河泉自然水利不同。請免以水田升科。』上諭曰：『此極應行之美舉，當徐徐化導，實力奉行，自不能視水田升科也。』擢吏部侍郎，仍留巡撫，尋實授。紀疏言：『陝西水利，莫如龍洞渠，上承涇水，中受諸泉。自雍正間總督岳鍾琪發帑修濬，涇陽、醴泉、三原、高陵諸縣資以灌溉。惟未定歲修法，涇漲入渠，泥沙淤閼，泉泛出渠，石罅滲漏。擬於龍洞高築石隄，以納衆泉，不使入涇。水磨橋、大王橋諸泉亦築壩其旁，收入渠內。並額定水工，司啟閉。』均從之。陝西民憚興作，言紀煩擾。上令詳勘地勢，俯順輿情。三年，命與湖北巡撫張楷互調，時報新開井七萬餘，上令楷察勘。楷言民間食其利者三萬二千餘，遇旱，井效乃見。民益私鑿井，歲歲增廣矣。

紀至湖北，自陳不職，部議降調。上諭曰：『紀在陝西鑿井灌田，料理未善，致反貽民累。惟其本意爲民，命從寬留任。』

又《喀爾吉善傳》 ［雍正］八年，復調山東。疏言：『山東歲饑，民多流亡，而鄰省貧民亦有轉入山東覓食者，請飭官吏勸各回故土以待治賑。』上諭曰：『所見甚得體。各省督撫當於平居無事時委曲開導，使知敦本務實，力田逢年；若輕棄其鄉，本業既荒，無所依倚。即國家收養資送，亦不得已之舉，非可恃爲長策也。』又以濟南、武定、東昌三府遇旱，濟南、東昌府倉存穀緩急可相通；武定無倉，請撥登、萊二府倉穀以濟民食。九年，疏言：『方春糧價踊貴，貧民艱食，請酌量減糶。』又言：『山東兵米，本折兼支，春季價昂支折色，秋季價減支本色，請春秋二季本折更換。』又請修德州、海豐、惠民、樂陵城工以代賑。復以濟南、武定諸屬縣麥復不登，令於曹、沂諸府豐收之區採買接濟。上皆允之。【略】

十六年，上南巡，蠲江南積逋二百餘萬，浙省無逋賦，亦特蠲本年正賦三十萬，製詩褒之。十七年，以年老乞休，溫詔慰留。疏言：『閩省產米少，本歲豐稔，宜爲儲備。請現存倉穀不及半者，令購足數；已及半而本地穀賤，亦以原存糴價買補。』上是之。

又《晏斯盛傳》 晏斯盛，字虞際，江西新喻人。康熙五十九年，舉鄉試第一。六十年，成進士，改庶吉士。雍正元年，授檢討。五年，考選山西道御史。鑲紅旗巡役，以斯盛從騎驚突，拘辱之。斯盛以聞，命治罪。疏言：『各州縣立社倉，原以通濟豐歉。貧民借穀，石收息十升。如遇歉，當不取其息。』從之。九年，督貴州學政。遷鴻臚寺少卿。乾隆元年，擢安徽布政使。奏言：『各省水旱災，督撫題報，應即遴員發倉穀治賑，仍於四十五日限內題明應否加賑。其當免錢糧，將丁銀統入地糧覈算，限兩月題報。或分年帶徵，或按分蠲免，請旨遵行。』三年，疏言：『安徽被災州縣，倉儲不敷賑糴，請留未被災州縣漕米備賑。』四年，奏言：『江北向多遊食之人，每遇歉歲，輕去其鄉。惟寓賑於工，人必爭趨。鳳陽、潁州以睢水爲經，廬州以巢湖爲緯，六安、滁、泗舊有隄堰，請援淮、揚水利例，動帑修濬。』皆從之。【略】

尋以萊州被水，請暫禁米出海。上諭曰：『此不過屬吏爲一郡一邑之説，汝等封疆大吏，不可存遏糴之心。若無米可販，百姓自不運，何待汝等禁乎？』又言兗、沂等府州被水，而江南饑民復至，疏請無災州縣留養限五百人，有災州縣限二三百人，上命實力料理。【略】

斯盛究心民事，屢陳救濟民食諸疏，以社倉保甲相爲經緯，因言：『《周禮》族師、遂人之法，稽其實則井田爲之經。蓋就相生相養之地，而行政教法令於其中。是以習其事而不覺，久於其道而不變。周衰，管子作軌里連鄉，小治而未大效。秦、漢、隋、唐，龐雜無紀。宋熙寧中，編閭里之户爲保甲，事本近古，然亦第相保相受，而未得其相生相養之經。臣前奏推廣社倉之法，請按堡設倉，使人有所恃，安土重遷，保甲聯比，相爲經緯。顧欲各堡一倉，倉積穀三千，一時既有難行；而入穀之數，則變通於額賦之中，別分本折，稍覺紛更。雖然，社倉保甲，原有相通之理，亦有兼及之勢。求備誠難，試行或易。加意倉儲，既慮貴糴妨民，停止采買，又慮積貯無資。詳加酌劑，擬請停户部捐銀之例，令各省捐監于本地交納本色，以本地之穀實本地之倉，備本地之用。不采買而倉儲自充，誠爲兼濟之道。竊謂常平之積便於城，未甚便於鄉。城積多，則責之也專，而無能之吏或以爲累；鄉積多，則守之者衆，而當社之民可以分勞。且社倉未有實際，以倉費無所出也。名有社倉，而倉不在社，社實無倉，往往然矣。今捐穀多在於鄉，而例又議有倉費。擬請將此項捐納移入社倉，捐多則倉亦多。取鄉保穀數而約舉之，大州縣八十堡，四堡一倉，倉一千二百五十石，總二萬五千石，中小州縣，以此類推。儲蓄之方，莫便於此。方今治平日久，一甲中不少良善，四堡之倉，輪推甲長遞管，互相稽覈，年清年款。則社長累弊自除，而官考其成，隱然有上下相維之勢矣。』奏入，上嘉納之。

十年，進《喜雨詩》四章，用其韻賜答。京師錢貴，上令廷臣議平市值，下各督撫倣行。斯盛疏請視京師例，禁民間銅鋪燬錢；又令州縣每歲秋以平糴錢市穀。時設局令商民以銀平易，又疏請捕私錢，並禁民私剪錢緣，兼限民間用銀二三兩以上、糴米二三石以上，皆不得以錢準銀，下廷臣議行。

又《鶴年傳》 鶴年，乾隆元年進士，選庶吉士，授檢討，兼公中佐領。三遷內閣學士。十五年，擢倉場侍郎。以京師米貴，疏請京、通俸餉米先半月支放。十八年，劾坐糧廳郎中綽克托剛愎自用，遲延徇縱，綽克托坐奪官。又奏：『通州南倉建自明天順間，後併入中倉。雍正間，復分爲二，與西倉分貯漕白米。臣見中西倉足敷收貯，請裁南倉歸併中西倉。』從之。

十九年，授廣東巡撫。奏陳平米價，嚴保甲，緝竊盜案，禁私鑄、私雕諸事。上諭曰：『諸凡行之以實，持之以久。勉之！』尋復疏請以化州石城官租穀碾給海安營兵米。又奏海陽蔡家園土堤改築灰牆，出俸倡修。二十一年，奏言：『番禺、花、陽春諸縣徵收兵米，有所謂廚房米、官眷米，相傳起於明代藩府。後爲旗營武職俸米，凡萬二千餘石，必細長潔白，產少價昂，甚爲民累，應請禁革。』上嘉之。

調山東巡撫。奏言濟寧、魚臺、金鄉、滕、嶧諸州縣積水爲災，上命加意賑卹。二十二年，上南巡，迎蹕。奏言：『海豐地處海濱，東北鄉尤低下，易罹水患。積年逋賦請豁免，乾隆十一年至二十年舊欠並改用下則。』復奏濟寧等五州縣積水尚未盡涸。上以江南宿虹、靈壁，河南永城、夏邑，皆有積水，命侍郎裘曰修會諸督撫籌度疏消。

七月，擢兩廣總督。奏：『東省水患頻仍，正與裘曰修商度，擬濬伊家河，洩微山湖水。河自韓莊迤西至江南梁旺城入運河，計程七十里，需銀十三四萬，一切正須經理。又與河臣張師載商濬運河，並及建隄。事不容已，懇留任督辦。』上諭曰：『覽奏，具見良心。然朕以無人，不得不用汝。汝仍遵前命。』

十月，復命以總督銜管山東巡撫事，綜理工程。奏言：『濬運河必先濬伊家河以洩積水，使久淹地畝漸次涸出，然後履勘估修，庶工實費省。請俟春暖鳩工，不致有誤新運。」又偕師載疏言：『運河淤墊日甚，尋常修濬，非經久之策。應自濟寧石佛閘起北至臨清閘，逐一探底，以深八尺爲度，俾河身一體平坦。』上韙其言。十二月，伊家河工竟。又奏言：『運河淤淺處分段築壩，測量縴路，多民居。草土屋願售，給價拆除；瓦屋不願售，量將縴路加寬。被水民田速爲疏消，俾爲種麥；應修橋梁，察有解江餘石應用，不使估報買採。』上以『實心經理，不負任使』嘉之。

又《吴士功傳》 吴士功，字惟亮，河南光州人。【略】乾隆七年，授山東濟東泰武道，丁憂，服闋，調直隸大名道。改山東兗沂曹道，屬縣饑，上南巡，迎駕，召對，以聞。爲截留糧米六十萬石賑之，命士功董其事。旱蝗爲災，督吏捕治，晝夜巡閲，未及旬，蝗盡。調湖南糧道，巡撫阿克敦疏留，調山東糧道。再遷湖北按察使。二十二年，護巡撫。河南饑，敕湖北發毘連州縣倉米運河南，即留本年應運漕糧歸倉。士功奏湖北地卑溼，米難久貯，請以一米改收二穀還倉，報聞。

遷陝西布政使，護巡撫。疏言：『宜君、榆林、葭州、懷遠、府谷、神木、靖邊、寧遠諸州縣先旱後潦。撥寧夏米麥五萬石分賑懷遠、靖邊諸縣，中阻黄河，河冰即難挽運，臣飭先期速運；撥綏德等四州縣米二萬石協濟榆林、葭州，山路崎嶇，臣飭添雇騾駝速運，俾民早霑實惠。』諭令竭力妥爲之。調直隸，奏請：『撫藩離任，將庫項有無虧空奏明。新任撫藩亦於交代限内另摺奏聞，仍照例出結保題，以除挪借積弊。』上以所奏簡而易行，命著爲例。二十三年，復調陝西，護巡撫。疏言：『延安府兵米，各縣運府倉。弁兵赴府支領，路遠費倍，耗損過半。請甘泉、宜川、延川、延長四縣本縣徵收支給。』又奏：『隴州汧陽縣跬步皆山，歲徵屯豆，請改折色解司充餉。』俱從之。

紀事

《管子》卷七《大匡第十八》 桓公踐位十九年，弛關市之征，五十而取一，賦禄以粟，案田而税，二歲而税一，上年什取三，中年什取二，下年什取一，歲飢不税。

《左傳・僖公十三年》 冬，晉薦饑，使乞糴于秦。秦伯謂子桑：『與諸乎？』對曰：『重施而報，君將何求？重施而不報，其民必攜，攜而討焉，無衆，必敗。』謂百里：『與諸乎？』對曰：『天災流行，國家代有，救災恤鄰，道也。行道，有福。』丕鄭之子豹在秦，請伐晉。秦伯曰：『其君是惡，其民何罪？』秦于是乎輸粟于晉，自雍及絳相繼，命之曰『汎舟之役』。

又《僖公十四年》 冬，秦饑，使乞糴于晉，晉人弗與。慶鄭曰：『背施，無親；幸災，不仁；貪愛，不祥；怒鄰，不義。四德皆失，何以守國？』虢射曰：『皮之不存，毛將安傅？』慶鄭曰：『棄信背鄰，患孰卹之？無信，患作；失援，必斃。是則然矣！』虢射曰：『無損於怨而厚於寇，不如勿與。』慶鄭曰：『背施幸災，民所棄也。近猶讎之，況怨敵乎？』弗聽。退曰：『君其悔是哉！』

又《僖公十五年》 是歲，晉又饑，秦伯又餼之粟，曰：『吾怨其君而矜其民。且吾聞唐叔之封也，箕子曰：「其後必大。」晉其庸可冀乎？姑樹德焉，以待能者。』於是秦始征晉河東，置官司焉。

又《僖公二十一年》 夏，大旱，公欲焚巫、尪。臧文仲曰：『非旱備也。脩城郭，貶食省用，務穡勸分，此其務也。巫、尪何爲？天欲殺之，則如勿生；若能爲旱，焚之滋甚。』公從之。是歲也，饑而不害。

《吕氏春秋》卷一四《孝行覽・長攻》 越國大饑，王恐，召范蠡而謀。范蠡曰：『王何患焉？今之饑，此越之福而吴之禍也。夫吴國甚富而財有餘，其王年少，智寡材輕，好須臾之名，不思後患。王若重幣卑辭以請糴於吴，則食可得也。食得，其卒越必有吴，而王何患焉？』越王曰：『善。』乃使人請食於吴，吴王將與之。伍子胥進諫曰：『不可與也。夫吴之與越，接土鄰境，道易人通，仇讎敵戰之國也，非吴喪越，越必喪吴。若燕、秦、齊、晉，山處陸居，豈能踰五湖九江、越十七阨以有吴哉？故曰非吴喪越，越必喪吴。今將輸之粟，與之食，是長吾讎而養吾仇也。財匱而民恐，悔無及也。不若勿與而攻之，固其數也，此昔吾先王之所以霸。且夫饑，代事也，猶淵之與阪，誰國無有？』吴王曰：『不然。吾聞之：「義兵不攻服，仁者食饑餓。」今服而攻之，非義兵也；饑而不食，非仁體也。不仁不義，雖得十越，吾不爲也。』遂與之食。不出三年而吴亦饑，使人請食於越，越王弗與，乃攻之，夫差爲禽。

《尚書・虞書・堯典》 帝曰：『咨！四岳。湯湯洪水方割，蕩蕩懷山襄陵，浩浩滔天。下民其咨，有能俾乂？』僉曰：『於，鯀哉！』帝曰：『吁！咈哉！方命圮族。』岳曰：『异哉，試可，乃已。』帝曰：『往，欽哉！』九載，績用弗成。

《史記》卷一《五帝本紀》 堯又曰：『嗟，四嶽，《集解》：鄭玄曰：『四嶽，四時官，主方嶽之事。』《正義》：嗟嘆鴻水，問四嶽誰能理也。孔安國云：『四嶽，即上羲和四子也。分掌四嶽之諸侯，故稱焉。』湯湯洪水滔天，浩浩懷山襄陵，《集解》：孔安國曰：『懷，包；襄，上也。』《正義》：湯音商，今讀如字。蕩蕩，廣平之貌。言水奔突有所滌除，地上之物爲水漂流蕩蕩然。案：懷，藏，包裹之義，故懷爲包。《釋言》以襄爲駕，駕乘牛馬皆在上也。言水襄上乘陵，浩浩盛大，勢若漫天。下民其憂，有能使治者？』皆曰鯀可。《集解》：馬融曰：『鯀，臣名，禹父。』堯曰：『鯀負命毁族，不可。』《正義》：負音佩，依字通。負，違也。族，類也。鯀性很戾，違負教命，毁敗善類，不可用也。《詩》云『貪人敗類』也。嶽曰：『异哉，試不可用而已。』《正義》：异音異。孔安國云：『异，已；已，退也。言餘人盡已，唯鯀可試，無成乃退。』堯於是聽嶽用鯀。九歲，功用不成。《正義》：《爾雅・釋天》云：『載，歲也。夏曰祀，周曰年，唐、虞曰載。』李巡云：『各自紀事，示不相襲也。』孫炎云：『歲，取歲星行一次也。祀，取四時祭祀一訖也。年，取禾穀一熟也。載，取萬物終更始也。載者，年之別名，故以載爲年也。』案：功用不成，水害不息，故放退也。至明年得舜，乃殛之羽山，而用其子禹也。

又 四嶽舉鯀治鴻水，堯以爲不可，嶽彊請試之，試之而無功，故百姓不便。

【略】 殛鯀於羽山，《集解》：馬融曰：『殛，誅也。羽山，東裔也。』《正義》：殛音紀力反。孔安國云：『殛，竄，放，流，皆誅也。』《括地志》云：『羽山在沂州臨沂縣界。』《神異經》云：『東方有人焉，人形而身多毛，自解水土，知通塞，爲人自用，欲爲欲息，皆云是鯀也。』以變東夷。

又 卷一〇《孝文本紀》 ［後六年］天下旱，蝗。帝加惠：令諸侯毋入貢，弛山澤，《集解》：韋昭曰：『弛，廢也。廢其常禁以利民。』減諸服御狗馬，損郎吏員，發倉庾《集解》：應劭曰：『水漕倉曰庾。』胡公曰：『在邑曰倉，在野曰庾。』《索隱》：郭璞注三蒼云：『庾，倉無屋也。』胡公名廣，後漢太尉，作《漢官解詁》也。以振貧民，民得賣爵。《索隱》：崔浩云：『富人欲爵，貧人欲錢，故聽買賣也。』

又 卷三〇《平準書第八》 其明年，山東被水菑，民多飢乏，於是天子遣使者虛郡國倉廥《集解》：徐廣曰：『音膾。』以振貧民。猶不足，又募豪富人相貸假。尚不能相救，乃徙貧民於關以西，及充朔方以南新秦中，《集解》：服虔曰：『地名，在北方千里。』如淳曰：『長安已北，朔方已南。』瓚曰：『秦逐匈奴以收河南地，徙民以實之，謂之新秦。今以地空，故復徙民以實之。』七十餘萬口，衣食皆仰給縣官。數歲，假予產業，使者分部護之，冠蓋相望。其費以億計，不可勝數。於是縣官大空。

又 初，卜式者，河南人也，以田畜爲事。親死，式有少弟，弟壯，式脫身出分，獨取畜羊百餘，田宅財物盡予弟。式入山牧十餘歲，羊致千餘頭，買田宅。而其弟盡破其業，式輒復分予弟者數矣。是時漢方數使將擊匈奴，卜式上書，願輸家之半縣官助邊。天子使使問式：『欲官乎？』式曰：『臣少牧，不習仕宦，不願也。』使問曰：『家豈有冤，欲言事乎？』式曰：『臣生與人無分爭。式邑人貧者貸之，不善者教順之，所居人皆從式，式何故見冤於人！無所欲言也。』使者曰：『苟如此，子何欲而然？』式曰：『天子誅匈奴，愚以爲賢者宜死節於邊，有財者宜輸委，如此而匈奴可滅也。』使者具其言入以聞。天子以語丞相弘。弘曰：『此非人情。不軌之臣，不可以爲化而亂法，願陛下勿許。』於是上久不報式，數歲，乃罷式。式歸，復田牧。歲餘，會軍數出，渾邪王等降，縣官費衆，倉府空。其明年，貧民大徙，皆仰給縣官，無以盡贍。卜式持錢二十萬予河南守，以給徙民。河南上富人助貧人者籍，天子見卜式名，識之，曰『是固前而欲輸其家半助邊』，乃賜式外繇四百人。《集解》：《漢書音義》曰：『外繇謂戍邊也。一人出三百錢，謂之過更。式歲得十二萬錢也。一說，在繇役之外得復除四百人。』式又盡復予縣官。是時富豪皆爭匿財，唯式尤欲輸之助費。天子於是以式終長者，故尊顯以風百姓。

又 卷三九《晉世家・晉惠公》 四年，晉饑，乞糴於秦。繆公問百里奚，百里奚曰：『天菑流行，國家代有，救菑恤鄰，國之道也。與之。』邳鄭子豹曰：『伐之。』繆公曰：『其君是惡，其民何罪！』卒與粟，自雍屬絳。

又 五年，秦饑，請糴於晉。晉君謀之，慶鄭曰：《集解》：杜預曰：『慶鄭，晉大夫。』『以秦得立，已而倍其地約。晉饑而秦貸我，今秦饑請糴，與之何疑？而謀之！』虢射曰：《集解》：服虔曰：『虢射，惠公舅。』『往年天以晉賜秦，秦弗知取而貸我。今天以秦賜晉，晉其可以逆天乎？遂伐之。』惠公用虢射謀，不與秦粟，而發兵且伐秦。秦大怒，亦發兵伐晉。

又 卷四五《韓世家》 韓昭侯二十五年，旱，作高門。屈宜臼《集解》：許慎曰：『屈宜臼，楚大夫，在魏也。』曰：『昭侯不出此門。何也？不時。吾所謂時者，非時日也，人固有利不利時。昭侯嘗利矣，不作高門。往年秦拔宜陽，今年旱，昭侯不以此時卹民之急，而顧益奢，此謂「時絀舉贏」。』《集解》：徐廣曰：『時衰耗而作奢侈。』二十六年，高門成，昭侯卒。

又 卷六二《管晏列傳》 管仲既用，任政於齊，《正義》：《管子》云：『相齊以九惠之教，一曰老，二曰慈，三曰孤，四曰疾，五曰獨，六曰病，七曰通，八曰賑，九曰絕也。」齊桓公以霸，九合諸侯，一匡天下，管仲之謀也。

又卷一〇三《萬石張叔列傳》 元封四年中，關東流民二百萬口，無名數者四十萬，《索隱》：案：小顏云『無名數，若今之無戶籍』。公卿議欲請徙流民於邊以適之。上以爲丞相老謹，不能與其議，乃賜丞相告歸，而案御史大夫以下議爲請者。丞相慙不任職，乃上書曰：『慶幸得待罪丞相，罷駑無以輔治，城郭倉庫空虛，民多流亡，罪當伏斧質，上不忍致法。願歸丞相侯印，乞骸骨歸，避賢者路。』天子曰：『倉廩既空，民貧流亡，而君欲請徙之，搖蕩不安，動危之，而辭位，君欲安歸難乎？』《索隱》：難音乃彈反。言欲歸於何人。以書讓慶，慶甚慙，遂復視事。

又卷一一七《司馬相如列傳》 於是酒中樂酣，天子芒然而思，似若有亡。曰：「嗟乎，此泰奢侈！朕以覽聽餘閒，無事弃日，順天道以殺伐，時休息於此，恐後世靡麗，遂往而不反，非所以爲繼嗣創業垂統也。」於是乃解酒罷獵，而命有司曰：『地可以墾辟，悉爲農郊，以贍萌隸；隤牆填塹，使山澤之民得至焉。實陂池而勿禁，《正義》：實，滿也。言人滿陂池，任采捕所取也。虛宮觀而勿仞。《正義》：仞音刃，亦滿也。言離宮別館勿令人居止，並廢罷也。發倉廩以振貧窮，補不足，恤鰥寡，存孤獨。出德號，省刑罰，改制度，易服色，更正朔，與天下爲始。』

又卷一二〇《汲鄭列傳》 汲黯字長孺，濮陽人也。其先有寵於古之衛君。《集解》：文穎曰：『六國時，衛但稱君。』至黯七世，世爲卿大夫。黯以父任，孝景時爲太子洗馬，以莊見憚。《索隱》：按：莊者，嚴也，謂嚴威也。按：自漢明帝諱莊，故已後『莊』皆云『嚴』。孝景帝崩，太子即位，黯爲謁者。東越相攻，上使黯往視之。不至，至吳而還，報曰：『越人相攻，固其俗然，不足以辱天子之使。』河內失火，延燒千餘家，上使黯往視之。還報曰：『家人失火，屋比《索隱》：音鼻。延燒，不足憂也。臣過河南，河南貧人傷水旱萬餘家，或父子相食，臣謹以便宜，持節發河南倉粟以振貧民。臣請歸節，伏矯制之罪。』上賢而釋之，遷爲滎陽令。黯恥爲令，病歸田里。上聞，乃召拜爲中大夫。以數切諫，不得久留內，遷爲東海太守。黯學黃老之言，治官理民，好清靜，擇丞史而任之。《集解》：如淳曰：『律，太守、都尉、諸侯內史史各一人，卒史書佐各十人。今總言「丞史」，或以爲擇郡丞及史使任之。鄭當時爲大農，推官屬丞史，亦是也。』其治，責大指而已，不苛小。黯多病，臥閨閤內不出。歲餘，東海大治。稱之。上聞，召以爲主爵都尉，列於九卿。治務在無爲而已，弘大體，不拘文法。

《漢書》卷七《昭帝紀》 ［始元二年］三月，遣使者振貸貧民毋種、食者。師古曰：『貸音吐戴反。其下並同。』秋八月，詔曰：『往年災害多，今年蠶麥傷，所振貸種、食勿收責，毋令民出今年田租。』

又 ［始元四年］秋七月，詔曰：『比歲不登，民匱於食，師古曰：『匱，空也。』流庸未盡還，師古曰：『流庸，謂去其本鄉而行爲人庸作。』往時令民共出馬，其止勿出。諸給中都官者，且減之。』師古曰：『中都官，京師諸官府。』

又 ［元鳳二年］六月，赦天下。詔曰：『朕閔百姓未贍，師古曰：『贍，足也。』前年減漕三百萬石。師古曰：『減省轉漕，所以休力役也。』頗省乘輿馬及苑馬，師古曰：『乘輿馬謂天子所自乘以駕車輿者。他皆類此。』以補邊郡三輔傳馬。張晏曰：『驛馬也。』師古曰：『傳音張戀反。』其令郡國毋斂今年馬口錢，文穎曰：『往時有馬口出斂錢，今省。』如淳曰：『所謂租及六畜也。』三輔、太常郡得以叔粟當賦。』如淳曰：『百官表太常主諸陵，別治其縣，爵秩如三輔郡矣。元帝永光五年，令各屬在所郡也。』師古曰：『諸應出賦算租稅者，皆聽以叔粟當錢物也。叔，豆也。』

又 ［元鳳三年］罷中牟苑賦貧民。師古曰：『在滎陽。』詔曰：『乃者民被水災，頗匱於食，朕虛倉廩，師古曰：『倉，新穀所藏也。廩，穀所振入也。』使使者振困乏。其止四年毋漕。三年以前所振貸，非丞相御史所請，邊郡受牛者勿收責。』應劭曰：『武帝始開三邊，徙民屯田，皆與犁牛。後丞相御史復間有所請。今敕自上所賜與勿收責，丞相所請乃令其顧稅耳。』

又 六年春正月，募郡國徒築遼東玄菟城。夏，赦天下。詔曰：『夫穀賤傷農，師古曰：『糴多而錢少，是爲傷也。』今三輔、太常穀減賤，鄭氏曰：『減音減少之減。』其令以叔粟當今年賦。』應劭曰：『太常掌諸陵園，皆徙天下豪富民以充實之，後悉爲縣，故與三輔同賦。』

又 元平元年春二月，詔曰：『天下以農桑爲本。日者省用，罷不急官，師古曰：『謂非要職者。』減外繇，師古曰：『繇讀曰傜。』耕桑者益衆，而百姓未能家給，師古曰：『給，足也。家家自給足，是爲家給也。』朕甚愍焉。其減口賦錢。』有司奏請減什三，上許之。

又卷八《宣帝紀》 ［本始三年］大旱。郡國傷旱甚者，民毋出租賦。三輔民就賤者，且毋收事，盡四年。晉灼曰：『不給官役也。』師古曰：『收謂租賦也，事謂役使也。盡本始四年而止。』

又［本始］四年春正月，詔曰：『蓋聞農者興德之本也，今歲不登，已遣使者振貸困乏。其令太官損膳省宰，師古曰：『膳，具食也，食之善者也。宰爲屠殺也。省，減也。《漢儀注》太宰令屠者七十二人，宰二百人。』樂府減樂人，使歸就農業。丞相以下至都官令丞師古曰：『都官令丞，京師諸署之令丞。』上書入穀，輸長安倉，助貸貧民。民以車船載穀入關者，得毋用傳。』師古曰：『傳，傳符也。欲穀之多，故不問其出入也。傳音張戀反。』

又 夏四月壬寅，郡國四十九地震，或山崩水出。詔曰：『蓋災異者，天地之戒也。朕承洪業，奉宗廟，託于士民之上，未能和羣生。乃者地震北海、琅邪，壞祖宗廟，朕甚懼焉。丞相、御史其與列侯、中二千石博問經學之士，有以應變，師古曰：『謂禦塞災異也。』輔朕之不逮，毋有所諱。令三輔、太常、內郡國舉賢良方正各一人。律令有可蠲除以安百姓，條奏。被地震壞敗甚者，勿收租賦。』大赦天下。上以宗廟墮，素服，避正殿五日。師古曰：『墮者，毁也，音火規反。』

又 卷九《元帝紀》［初元元年］三月，封皇太后兄侍中中郎將王舜爲安平侯。丙午，立皇后王氏。以三輔、太常、郡國公田及苑可省者振業貧民，師古曰：『振起之，令有作業。』貲不滿千錢者賦貸種、食。師古曰：『賦，給與之也。貸，假也。貸音土戴反。種音之勇反。』封外祖父平恩戴侯同產弟子中常侍許嘉爲平恩侯，奉戴侯後。文穎曰：『戴侯，許廣漢。』

夏四月，詔曰：『朕承先帝之聖緒，獲奉宗廟，戰戰兢兢。間者地數動而未靜，懼於天地之戒，不知所繇。師古曰：『繇與由同。』方田作時，朕憂蒸庶之失業，師古曰：『蒸，衆也。』臨遣光祿大夫褒等十二人應劭曰：『自臨面約敕乃遣之。』循行天下，師古曰：『行音下更反。』存問耆老鰥寡孤獨困乏失職之民，師古曰：『失職，失其常業。』延登賢俊，招顯側陋，因覽風俗之化。相守二千石誠能正躬勞力，師古曰：『相者，諸侯王相也。守，郡守也。』宣明教化，以親萬姓，則六合之內和親，庶幾虖無憂矣。《書》不云乎：「股肱良哉，庶事康哉！」師古曰：『虞書益稷之辭也。言君能任賢，股肱之臣皆得良善，則衆事安寧。』布告天下，使明知朕意。』又曰：『關東今年穀不登，民多困乏。其令郡國被災害甚者毋出租賦。江海陂湖園池屬少府者以假貧民，師古曰：『湖，深水。』勿租賦。賜宗室有屬籍者馬一匹至二駟，師古曰：『二駟，八匹。』三老、孝者帛五匹，弟者、力田三匹，鰥寡孤獨二匹，吏民五十戶牛酒。』師古曰：『以五十戶爲率，共賜之。』

又［初元元年］六月，以民疾疫，令大官損膳，減樂府員，省苑馬，以振困乏。

秋八月，上郡屬國降胡萬餘人亡入匈奴。

九月，關東郡國十一大水，饑，或人相食，轉旁郡錢穀以相救。詔曰：『間者陰陽不調，黎民饑寒，無以保治，師古曰：『保，安也。』惟德淺薄，不足以充入舊貫之居。應劭曰：『言己德淺薄，不足以充舊貫。舊貫者，常居也。』師古曰：『論語稱閔子騫云「仍舊貫」。帝自謙，言不足充入先帝之宮室，故引以爲言也。』其令諸宮館希御幸者勿繕治，師古曰：『繕，補也。』太僕減穀食馬，水衡省肉食獸。』師古曰：『減謂損其數。省者，全去之。』

又［初元二年三月］詔罷黃門乘輿狗馬，師古曰：『黃門，近署也，故親幸之物屬焉。』水衡禁囿、宜春下苑、孟康曰：『宮名也，在杜縣東。』晉灼曰：『《史記》云葬二世杜南宜春苑中。』師古曰：『宜春下苑即今京城東南隅曲江池是。』少府佽飛外池、如淳曰：『《漢儀注》佽飛具矰繳以射鳧鴈，給祭祀，是故有池也。』嚴籞池田蘇林曰：『嚴飾池上之屋及其地也。』晉灼曰：『嚴籞，射苑也。許慎曰：「嚴，弋射者所蔽也。」池田，苑中田也。』師古曰：『晉說是。』假與貧民。詔曰：『蓋聞賢聖在位，陰陽和，風雨時，日月光，星辰靜，黎庶康寧，考終厥命。師古曰：『考，老也。言得壽考，終其天命。』今朕恭承天地，託于公侯之上，明不能燭，德不能綏，災異並臻，連年不息。乃二月戊午，地震于隴西郡，毁落太上皇廟殿壁木飾，壞敗豲道縣城郭官寺及民室屋，壓殺人衆。師古曰：『豲道屬天水。凡府庭所在皆謂之寺。豲音完。壓音烏狎反。』山崩地裂，水泉湧出。天惟降災，震驚朕師。師古曰：『師，衆也。』治有大虧，咎至於斯。夙夜兢兢，不通大變，深惟鬱悼，未知其序。師古曰：『鬱，不通之意也。序，次也。』間者歲數不登，元元困乏，不勝饑寒，以陷刑辟，朕甚閔之。郡國被地動災甚者無出租賦。赦天下。有可蠲除減省以便萬姓者，條奏，毋有所諱。丞相、御史、中二千石舉茂材異等直言極諫之士，朕將親覽焉。』

又［初元二年六月］六月，關東饑，齊地人相食。秋七月，詔曰：『歲比災害，民有菜色，師古曰：『五穀不收，人但食菜，故其顔色變惡。』慘怛於心。師古曰：『慘，痛也。怛，悼也。』已詔吏虛倉廩，開府庫振救，賜寒者衣。今秋禾麥頗傷。一年中地再動。北海水溢，流殺人民。陰陽不和，其咎安在？公卿將何以憂之？其悉意陳朕過，靡有所諱。』師古曰：『悉意，盡意也。靡，無也。』

又〔初元三年〕珠厓郡山南縣反，博謀羣臣。待詔賈捐之以爲宜棄珠厓，救民饑饉。師古曰：『穀不熟爲饑，蔬不熟爲饉。蔬，菜也。』乃罷珠厓。

夏四月乙未晦，茂陵白鶴館災。詔曰：『乃者火災降於孝武園館，朕戰栗恐懼。不燭變異，咎在朕躬。師古曰：『燭，照也。』羣司又未肯極言朕過，以至於斯，將何以寤焉！百姓仍遭凶阨，無以相振，師古曰：『仍，頻也。』加以煩擾虖苛吏，拘牽乎微文，不得永終性命，師古曰：『永，長也。』朕甚閔焉。其赦天下。』

夏，旱。立長沙煬王弟宗爲王。鄭氏曰：『煬音供養之養也。』封故海昏侯賀子代宗爲侯。

六月，詔曰：『蓋聞安民之道，本繇陰陽。師古曰：『繇與由同。』間者陰陽錯謬，風雨不時。朕之不德，庶幾羣公有敢言朕之過者，今則不然。媮合苟從，未肯極言，師古曰：『媮與偷同。』朕甚閔焉。永惟烝庶之饑寒，遠離父母妻子，勞於非業之作，衞於不居之宮，師古曰：『不急之事，故云非業也。』恐非所以佐陰陽之道也。其罷甘泉、建章宮衞，令就農。百官各省費。師古曰：『費用之物務減省。』條奏毋有所諱。有司勉之，毋犯四時之禁。丞相御史舉天下明陰陽災異者各三人。』於是言事者衆，或進擢召見，人人自以得上意。師古曰：『人人各自以當天子之意。』

又〔初元五年〕夏四月，有星孛于參。詔曰：『朕之不逮，序位不明，師古曰：『逮，及也。言官人之位失其次序。』衆僚久懬，應劭曰：『懬音曠。』師古曰：『懬，古曠字。曠，空也。不得其人，則職事空廢。』未得其人。元元失望，上感皇天，陰陽爲變，咎流萬民，朕甚懼之。乃者關東連遭災害，饑寒疾疫，夭不終命。詩不云乎：「凡民有喪，匍匐救之。」師古曰：『《邶國·谷風》之詩也。言見人有喪禍之事，則當盡力以救之。匍音步扶反。匐音步得反。』其令太官毋日殺，師古曰：『不得日日宰殺。』所具各減半。師古曰：『食具也。』乘輿秣馬，無乏正事而已。師古曰：『秣，養也，以粟秣食之也。正事謂駕供郊祀蒐狩之事，非游田者也。秣音末。』罷角抵、上林宮館希御幸者、齊三服官、李斐曰：『齊國舊有三服之官。春獻冠幘縰爲首服，紈素爲冬服，輕綃爲夏服，凡三。』如淳曰：『《地理志》曰齊冠帶天下。胡公曰服官主作文繡，以給袞龍之服。《地理志》襄邑亦有服官。』師古曰：『齊三服官，李說是也。縰與纚同，音山爾反，即今之方目紗也。紈素，今之絹也。輕綃，今之輕紗也。襄邑自出文繡，非齊三服也。』北假田官、李斐曰：『主假賃見官田與民，收其假稅也。故置田農之官。』晉灼曰：『《匈奴傳》秦始皇渡河據陽山北假中，《王莽傳》五原北假膏壤殖穀。北假，地名。』師古曰：『晉說是也。』鹽鐵官、常平倉。博士弟子毋置員，以廣學者。賜宗室子有屬籍者馬一匹至二駟，三老、孝者帛，人五匹，弟者、力田三匹，鰥寡孤獨二匹，吏民五十戶牛酒。』省刑罰七十餘事。除光祿大夫以下至郎中保父母同產之令。應劭曰：『舊時相保，一人有過，皆當坐之。』師古曰：『特爲郎中以上除此令者，所以優之也。同產，謂兄弟也。』令從官給事宮司馬中者，得爲大父母父母兄弟通籍。應劭曰：『從官，謂宦者及虎賁、羽林、太醫、太官是也。司馬中者，宮內門也。司馬主武，兵禁之意也。籍者，爲二尺竹牒，記其年紀名字物色，縣之宮門，案省相應，乃得入也。』師古曰：『應說非也。從官，親近天子常侍從者皆是也。故此下云科第郎、從官。司馬門者，宮之外門也。衞尉有八屯，衞候司馬主衞士徼巡宿衞，每面各二司馬，故謂宮之外門爲司馬門。』

又〔永光元年三月〕是月雨雪，師古曰：『雨音于具反。』隕霜傷麥稼，秋罷。如淳曰：『當言罷某官某事，爛脫失之。』晉灼曰：『或無稼字，或稼字在秋下。五行志永光元年三月隕霜殺桑，九月二日隕霜殺稼，天下大饑。言傷麥稼，秋罷，是也。』師古曰：『晉說得之。秋者，謂秋時所收穀稼也。今俗猶謂麥豆之屬爲雜稼。云秋罷者，言至秋時無所收也。』

二年春二月，詔曰：『蓋聞唐虞象刑而民不犯，師古曰：『象刑，解在武紀。』殷周法行而姦軌服。師古曰：『軌與宄同。亂在外曰姦，在內曰軌。』今朕獲承高祖之洪業，託位公侯之上，夙夜戰栗，永惟百姓之急，未嘗有忘焉。然而陰陽未調，三光晻昧。師古曰：『晻與暗同，又音烏感反。』元元大困，流散道路，盜賊並興。有司又長殘賊，失牧民之術。是皆朕之不明，政有所虧。咎至於此，朕甚自耻。爲民父母，若是之薄，謂百姓何！師古曰：『言何以撫臨百姓。』其大赦天下，賜民爵一級，女子百戶牛酒，鰥寡孤獨高年、三老、孝弟力田帛。』又賜諸侯王、公主、列侯黃金，中二千石以下至中都官長吏各有差，吏六百石以上爵五大夫，勤事吏各二級。【略】

夏六月，詔曰：『間者連年不收，四方咸困。元元之民，勞於耕耘，又亡成功，困於饑饉，亡以相救。朕爲民父母，德不能覆，而有其刑，甚自傷焉。其赦天下。』

又〔永光三年〕冬十一月，詔曰：『乃者己丑地動，中冬雨水，大霧，師古曰：『中讀曰仲。雨音于具反。』盜賊並起。吏何不以時禁？各悉意對。』師古曰：『時禁，謂月令所當禁斷者也。悉，盡也。』

冬，復鹽鐵官、博士弟子員。師古曰：『復音扶目反。』以用度不足，民多復除，師古曰：『復音方目反。』無以給中外繇役。

四年春二月，詔曰：『朕承至尊之重，不能燭理百姓，婁遭凶咎。加以邊竟不安，師旅在外，師古曰：『婁讀曰屢。竟讀曰境。』賦斂轉輸，元元騷動，窮困亡聊，犯法抵罪。夫上失其道而繩下以深刑，朕甚痛之。其赦天下，所貸貧民勿收責。』

三月，行幸雍，祠五畤。

夏六月甲戌，孝宣園東闕災。

又 五年春正月，行幸甘泉，郊泰畤。三月，上幸河東，祠后土。

秋，潁川水出，流殺人民。吏、從官縣被害者與告。晉灼曰：『從官，猶從役從軍也。』臣瓚曰：『告，休假也。』師古曰：『晉說非也。從官，即上侍從之官也。言凡爲吏爲從官，其本縣有被害者，皆與休告。』士卒遣歸。

又 ［建昭四年］夏四月，詔曰：『朕承先帝之休烈，師古曰：『休，美也。烈，業也。』夙夜栗栗，懼不克任。間者陰陽不調，五行失序，百姓饑饉。惟烝庶之失業，臨遣諫大夫博士賞等二十一人循行天下，師古曰：『行音下更反。』存問耆老鰥寡孤獨乏困失職之人，舉茂材特立之士。相將九卿，其帥意毋怠，使朕獲觀教化之流焉。』【略】

藍田地沙石雍霸水，安陵岸崩雍涇水，水逆流。孟康曰：『安陵岸，惠帝陵旁涇水岸也。』師古曰：『雍讀曰壅。』

五年春三月，詔曰：『蓋聞明王之治國也，明好惡而定去就，崇敬讓而民興行，故法設而民不犯，令施而民從。今朕獲保宗廟，兢兢業業，匪敢解怠，師古曰：『兢兢，慎也。業業，危也。解讀曰懈。』德薄明晻，教化淺微。師古曰：『晻讀與暗同。』《傳》不云虖：「百姓有過，在予一人。」師古曰：『《論語》載殷湯伐桀告天下之文也。言君天下者，當任其憂責。』其赦天下，賜民爵一級，女子百戶牛酒，三老、孝弟力田帛。』又曰：『方春農桑興，百姓勠力自盡之時也，故是月勞農勸民，無使後時。師古曰：『勞農，謂慰勉之。勞音來到反。』今不良之吏，覆案小罪，師古曰：『覆音方目反。』徵召證案，興不急之事，以妨百姓，使失一時之作，亡終歲之功，公卿其明察申敕之。』師古曰：『申，重也，一曰約束之耳。』

又 卷一〇《成帝紀》 ［永始］三年春正月己卯晦，日有蝕之。詔曰：『天災仍重，朕甚懼焉。師古曰：『仍，頻也。重音直用反。』惟民之失職，師古曰：『失其常業也。』臨遣大中大夫嘉等循行天下，師古曰：『行音下更反。』存問耆老，民所疾苦。其與部刺史舉惇樸遜讓有行義者各一人。』

又 ［鴻嘉二年］詔曰：『古之選賢，傅納以言，明試以功，師古曰：『傅讀曰敷。敷，陳也。令其陳言而省納之，乃試以事也。』故官無廢事，下無逸民，師古曰：『逸，遁也。』教化流行，風雨和時，百穀用成，衆庶樂業，咸以康寧。朕承鴻業十有餘年，數遭水旱疾疫之災，黎民婁困於飢寒，師古曰：『婁，古屢字。』而望禮義之興，豈不難哉！朕既無以率道，師古曰：『道讀曰導。』帝王之道日以陵夷，師古曰：『陵，丘陵也。夷，平也。言其頹替若丘陵之漸平也。又曰陵遲亦言如丘陵之逶遲，稍卑下也。他皆類此。』意乃招賢選士之路鬱滯而不通與，師古曰：『與讀曰歟。』將舉者未得其人也？其舉敦厚有行義能直言者，冀聞切言嘉謀，匡朕之不逮。』

又 ［鴻嘉］四年春正月，詔曰：『數敕有司，務行寬大，而禁苛暴，訖今不改。一人有辜，舉宗拘繫，農民失業，怨恨者衆，傷害和氣，水旱爲災，關東流冗者衆，師古曰：『冗，散失其事業也。冗音人勇反。』青、幽、冀部尤劇，朕甚痛焉。未聞在位有惻然者，孰當助朕憂之！師古曰：『孰，誰也。』已遣使者循行郡國。師古曰：『行音下更反。』被災害什四以上，民貲不滿三萬，勿出租賦。逋貸未入，皆勿收。流民欲入關，輒籍內。師古曰：『錄其名籍而內之。』所之郡國，謹遇以理，師古曰：『之，往也。』務有以全活之，思稱朕意。』

又 ［永始二年］二月癸未夜，星隕如雨。乙酉晦，日有蝕之。詔曰：『乃者，龍見于東萊，日有蝕之。天著變異，以顯朕郵，師古曰：『郵與尤同，謂過也。』朕甚懼焉。公卿申敕百寮，深思天誡，有可省減便安百姓者，條奏。所振貸貧民，勿收。』又曰：『關東比歲不登，師古曰：『比，頻也。』吏民以義收食貧民、入穀物助縣官振贍者，已賜直，如淳曰：『賜之爵，復租賦以爲直。』師古曰：『此說非也。收食貧人，謂收取而養食之。助縣官振贍，謂出物以助郡縣之官也。已賜直，謂官賜其所費直也。今方更加爵及免賦耳。食讀曰飤。』其百萬以上，加賜爵右更，師古曰：『第十四爵也。更音工行反。』欲爲吏補三百石，其吏也遷二等。師古曰：『先已爲吏，則遷二等。』三十萬以上，賜爵五大夫，師古曰：『第九爵也。』吏亦遷二等，民補郎。十萬以上，家無出租賦三歲。萬錢以上，一年。』

又 ［永始］三年春正月己卯晦，日有蝕之。詔曰：『天災仍重，朕甚懼焉。師古曰：『仍，頻也。重音直用反。』惟民之失職，師古曰：『失其常業也。』臨遣大中大夫嘉等循行天下，師古曰：『行音下更反。』存問耆老，民所疾苦。其與部刺史舉惇樸遜讓有行義者各一人。』

又 卷二四《食貨志下》 其明年，山東被水災，民多飢乏，於是天子遣使虛郡國倉廩以振貧。猶不足，又募豪富人相假貸。師古曰：『貸音土戴反。次下亦同。』尚不能相救，乃徙貧民於關以西，及充朔方以南新秦中，應劭曰：『秦始皇遣蒙恬攘卻匈奴，得其河南造陽之北千里地甚好，於是爲築城郭，徙民充之，名曰新秦。四方雜錯，奢儉不同，今俗名新富貴者爲「新秦」，由是名也。』七十餘萬口，衣食皆仰給於縣官。數歲，貸與產業，使者分部護，師古曰：『分音扶問反。』冠蓋相望，費以億計，縣官大空。而富商賈或墆財役貧，孟康曰：『墆，停也。』晉灼曰：『墆音滯。』轉轂百數，李奇曰：『轂，車也。』廢居居邑，服虔曰：『居穀於邑也。』如淳曰：『居賤物於邑中以待貴也。』師古曰：『二說皆未盡也。此言或有所廢置，有所居蓄，而居於邑中，以乘時射利也。』封君皆氐首仰給焉。晉灼曰：『氐音抵距之抵。』服虔曰：『仰給於商賈，言百姓好末作也。』師古曰：『二說皆非也。封君，受封邑者，謂公主及列侯之屬也。氐首，猶俯首也。時公主、列侯雖有國邑而無餘財，其朝夕所須皆俯首而取給於富商大賈，後方以邑入償之。氐音丁奚反。』冶鑄鬻鹽，財或累萬金，而不佐公家之急，黎民重困。師古曰：『重音直用反。』於是天子與公卿議，更造錢幣以澹用，師古曰：『更，改也。』而摧浮淫并兼之徒。是時禁苑有白鹿而少府多銀錫。自孝文更造四銖錢，至是歲四十餘年，從建元以來，用少，縣官往往即多銅山而鑄錢，師古曰：『就多銅之山而鑄錢也。』民亦盜鑄，不可勝數。錢益多而輕，臣瓚曰：『鑄錢者多，故錢輕。輕亦賤也。』物益少而貴。如淳曰：『民但鑄錢，不作餘物故也。』有司言曰：『古者皮幣，諸侯以聘享。金有三等，黃金爲上，白金爲中，赤金爲下。孟康曰：『白金，銀也。赤金，丹陽銅也。』今半兩錢法重四銖，鄭氏曰：『其文爲半兩，實重四銖也。』而姦或盜摩錢質而取鋊，如淳曰：『錢一面有文，一面幕，幕爲質。民盜摩漫面而取其鋊，以更鑄作錢也。』臣瓚曰：『許慎云「鋊，銅屑也」。摩錢漫面以取其屑，更以鑄錢。《西京黃圖敘》曰「民摩錢取屑」是也。』師古曰：『鋊音浴。瓚說是也。』錢益輕薄而物貴，則遠方用幣煩費不省。』乃以白鹿皮方尺，緣以繢，爲皮幣，師古曰：『繢，繡也，繪五綵而爲之。』直四十萬。王侯宗室朝覲聘享，必以皮幣薦璧，然後得行。

又 是時山東被河災，及歲不登數年，人或相食，方二三千里。天子憐之，令飢民得流就食江淮間，欲留，留處。師古曰：『流謂恣其行移，若水之流。至所在，有欲住者，亦留而處也。』王先謙說『往』疑作『住』。宋祁說『處之』當改『處也』。按景祐本『往』正作『住』，『之』正作『也』。使者冠蓋相屬於道護之，師古曰：『屬，聯續也，音之欲反。』下巴蜀粟以振焉。

明年，天子始出巡郡國。東度河，河東守不意行至，不辯，自殺。行西踰隴，卒，孟康曰：『踰，度也。卒，倉卒也。』從官不得食，隴西守自殺。於是上北出蕭關，從數萬騎行獵新秦中，以勒邊兵而歸。新秦中或千里無亭徼，晉灼曰：『徼，塞也。』臣瓚曰：『既無亭候，又不徼循，無禦邊之備，故誅北地太守。』師古曰：『晉說是也。』於是誅北地太守以下，而令民得畜邊縣，孟康曰：『令得畜牧於邊縣。』官假馬母，三歲而歸，及息什一，以除告婚，用充入新秦中。李奇曰：『邊有官馬，今令民能畜官母馬者，滿三歲歸之，十母馬還官一駒，此爲息什一也。』師古曰：『官得母馬之息，以給用度，得充實秦中人，故除告婚之令也。』

又 卷四六《石奮傳》 元封四年，關東流民二百萬口，無名數者四十萬，師古曰：『名數，若今戶籍。』公卿議欲請徙流民於邊以適之。師古曰：『適讀曰讁。』上以爲慶老謹，不能與其議，師古曰：『與讀曰豫。』乃賜丞相告歸，而案御史大夫以下議爲請者。慶慙不任職，上書曰：『臣幸得待罪丞相，疲駑無以輔治。城郭倉廩空虛，民多流亡，罪當伏斧質，上不忍致法。願歸丞相侯印，乞骸骨歸，避賢者路。』

上報曰：『間者，河水滔陸，晉灼曰：『滔，漫也。』師古曰：『高平曰陸。漫音莫干反。』泛濫十餘郡，隄防勤勞，弗能陻塞，師古曰：『陻，填也，音因。』朕甚憂之。是故巡方州，張晏曰：『四方之州也。』師古曰：『東方諸州。』禮嵩嶽，通八神，以合宣房。孟康曰：『八神，郊祀志八神也，於宣房宮合祀之。』師古曰：『此說非也。自言致禮中嶽，通敬八神耳。合宣房者，於宣房塞決河也，事見《溝洫志》。』濟淮江，歷山濱海，師古曰：『濱海者，循海涯而行也。濱音賓，又音頻。』問百年民所疾苦。惟吏多私，徵求無已，師古曰：『惟，思也。已，止也。』去者便，居者擾，故爲流民法，以禁重賦。師古曰：『言百姓去其本土者則免於吏徵求，在舊居者則見煩擾，故朝廷特爲流人設法，又禁吏之重賦也。一曰，去者，謂吏出使而侵擾居人以自便也。』乃者封泰山，皇天嘉況，神物並見。師古曰：『況，賜也。見，顯示也。』朕方答氣應，未能承意，師古曰：『言自修整，以報瑞應，恐未承順上天之意。』是以切比閭里，知吏姦邪。師古曰：『比，校考也，音頻寐反。』委任有司，然則官曠民愁，盜賊公行。師古曰：『曠，空也。人不舉職，是空其官。』往年覲明堂，赦殊死，無禁錮，咸自新，與更始。今流民愈多，計文不改，蘇林曰：『校戶口文書不改減也。』如淳曰：『郡上計文書，自文飾，不改正也。』師古曰：『如說是。』君不繩責長吏，而請以興徙四十萬口，搖蕩百姓，師古曰：『蕩，動也。』孤兒幼年未滿十歲，無罪而坐率，服虔曰：『率，坐刑法也。』如淳曰：『率，家長也。』

師古曰：『幼年無罪，坐爲父兄所率而并徙，如說近之。』朕失望焉。今君上書言倉庫城郭不充實，民多貧，盜賊衆，請入粟爲庶人。服虔曰：『慶自以居相位不能理，請入粟贖己罪，退爲庶人。』夫懷知民貧而請益賦，師古曰：『懷此心。』（景祐、殿本都作『心』。）動危之而辭位，師古曰：『搖動百姓，使其危急，而自欲去位。』欲安歸難乎？師古曰：『以此危難之事，欲歸之於何人。』君其反室！』師古曰：『若此自謂理當然者，可還家。』

又 卷五〇《汲黯傳》 武帝即位，黯爲謁者。東粵相攻，上使黯往視之。至吳而還，報曰：『粵人相攻，固其俗，不足以辱天子使者。』河內失火，燒千餘家，上使黯往視之。還報曰：『家人失火，屋比延燒，師古曰：『比，近也。言屋相近，故連延而燒也。比音頻寐反。』不足憂。臣過河內，河內貧人傷水旱萬餘家，或父子相食，臣謹以便宜，持節發河內倉粟以振貧民。請歸節，伏矯制辠。』師古曰：『矯，託也，託奉制詔而行之。』上賢而釋之，遷爲滎陽令。黯恥爲令，稱疾歸田里。上聞，乃召爲中大夫。以數切諫，不得久留內，遷爲東海太守。

又 卷七五《翼奉傳》 是歲，關東大水，郡國十一飢，疫尤甚。上乃下詔江海陂湖園池屬少府者以假貧民，勿租稅；損大官膳，減樂府員，省苑馬，諸宮館稀御幸者勿繕治；太僕少府減食穀馬，水衡省食肉獸。明年二月戊午，地震。其夏，齊地人相食。七月己酉，地復震。上曰：『蓋聞賢聖在位，陰陽和，風雨時，日月光，星辰靜，黎庶康寧，考終厥命。今朕共承天地，託于公侯之上，明不能燭，德不能綏，災異並臻，連年不息。乃二月戊午，地大震于隴西郡，毀落太上廟殿壁木飾，壞敗豲道縣師古曰：『豲音桓。』景祐、殿本都作『桓』。城郭官寺及民室屋，厭殺人衆，山崩地裂，水泉涌出。一年地再動，天惟降災，震驚朕躬。治有大虧，咎至於此。夙夜兢兢，不通大變，深懷鬱悼，未知其序。比年不登，元元困乏，不勝飢寒，以陷刑辟，朕甚閔焉。憯怛於心。師古曰：『憯音千感反。』已詔吏虛倉廩，開府臧，振捄貧民。師古曰：『捄，古救字。』羣司其茂思天地之戒，師古曰：『茂，勉也。』有可蠲除減省以便萬姓者，各條奏。悉意陳朕過失，靡有所諱。』師古曰：『悉，盡也。』

又 卷八三《薛宣傳》 久之，廣漢郡盜賊羣起，丞相御史遣掾史逐捕不能克。上乃拜河東都尉趙護爲廣漢太守，以軍法從事。數月，斬其渠帥鄭躬，師古曰：『渠，大也。』降者數千人，乃平。會邛成太后崩，喪事倉卒，吏賦斂以趨辦。師古曰：『邛成太后，宣帝王皇后也。趨讀曰趣。言苟取辦。』其後上聞之，以過丞相御史，遂冊免宣曰：『君爲丞相，出入六年，忠孝之行，率先百僚，朕無聞焉。師古曰：『不聞其有此行也。』朕既不明，變異數見，歲比不登，倉廩空虛，師古曰：『比，頻也。登，成也。年穀不成。』百姓飢饉，流離道路，疾疫死者以萬數，人至相食，盜賊並興，羣職曠廢，是朕之不德而股肱不良也。乃者廣漢羣盜橫恣，殘賊吏民，朕惻然傷之，數以問君，君對輒不如其實。西州鬲絕，幾不爲郡。師古曰：『鬲與隔同。幾音鉅依反。』三輔賦斂無度，酷吏並緣爲姦，師古曰：『並音步浪反。』侵擾百姓，詔君案驗，復無欲得事實之意。九卿以下，咸承風指，同時陷于謾欺之辜，咎繇君焉！師古曰：『謾，誑也，音慢，又音莫干反。繇讀與由同。』有司法君領職解嫚，師古曰：『法謂據法以劾也。解讀曰懈。嫚與慢同。』開謾欺之路，傷薄風化，無以帥示四方。不忍致君于理，其上丞相高陽侯印綬，罷歸。』

又 卷九〇《酷吏傳・嚴延年》 是時張敞爲京兆尹，素與延年善。敞治雖嚴，然尚頗有縱舍，聞延年用刑刻急，乃以書諭之曰：『昔韓盧之取菟也，上觀下獲，應劭曰：『韓盧，六國時韓氏之黑犬也。』孟康曰：『言良犬之取菟，仰觀人主之意而獲之，喻不妄殺。』不甚多殺。願次卿少緩誅罰，思行此術。』延年報曰：『河南天下喉咽，二周餘斃，師古曰：『喉咽，言其所在襟要，如人體之有喉咽也。二周，東西周君國也。咽音一千反。』莠盛苗穢，景祐、殿本都作『盛』。何可不鉏也？』師古曰：『莠，粃穀所生也。（景祐、殿本都作『生』。王先謙說作『生』是。）苗，粟苗也。莠音誘。』自矜伐其能，終不衰止。時黃霸在潁川以寬恕爲治，郡中亦平，婁蒙豐年，師古曰：『婁，古屢字。』鳳皇下，上賢焉，下詔稱揚其行，加金爵之賞。延年素輕霸爲人，及比郡爲守，褒賞反在己前，師古曰：『比，接近也，音頻二反。』心內不服。河南界中又有蝗蟲，府丞義出行蝗，還見延年，延年曰：『此蝗豈鳳皇食邪？』義又道司農中丞耿壽昌爲常平倉，利百姓，延年曰：『丞相御史不知爲也，當避位去。壽昌安得權此？』師古曰：『作此倉非奇異之功也，公卿不知爲之，是曠官也。壽昌安得擅此以爲權乎？』

又 卷九九下《王莽傳下》 〔地皇三年〕二月，霸橋災，數千人以水沃救，不滅。莽惡之，下書曰：『夫三皇象春，五帝象夏，三王象秋，五伯象冬。皇王，德運也；伯者，繼空續乏以成曆數，故其道駮。師古曰：『伯皆讀曰霸。』惟常安御道多以所近爲名。乃二月癸巳之夜，甲午之辰，火燒霸橋，從東方西行，至甲午夕，橋盡火滅。大司空行視考問，師古曰：『行音下更反。』或云寒民舍居橋下，師古曰：『舍，止宿也。』疑以火自燎，爲此災也。師古曰：『燎謂炙令腝也。』其明旦即乙未，立春之日也。予以神明聖祖黃虞遺統受命，至于地皇四年爲十五年。正以三年終冬絶滅霸駁之橋，欲以興成新室統壹長存之道也。又戒此橋空東方之道。今東方歲荒民飢，道路不通，東岳太師亟科條，師古曰：「亟，急也，音己力反。」開東方諸倉，賑貸窮乏，以施仁道。其更名霸館爲長存館，霸橋爲長存橋。」

是月，赤眉殺太師犧仲景尚。關東人相食。

四月，遣太師王匡、更始將軍廉丹東，師古曰：「東謂東出也。」祖都門外，師古曰：「祖道送匡、丹於都門外。」天大雨，霑衣止。長老歎曰：「是爲泣軍！」莽曰：「惟陽九之阸，與害氣會，究于去年。枯旱霜蝗，飢饉薦臻，師古曰：「薦讀曰荐。荐，仍也。」百姓困乏，流離道路，于春尤甚，予甚悼之。今使東嶽太師特進褒新侯開東方諸倉，賑貸窮乏。太師公所不過道，分遣大夫謁者並開諸倉，以全元元。太師公因與廉丹大使五威司命位右大司馬更始將軍平均侯之兖州，填撫所掌，師古曰：「之，往也。填音竹刃反。」及青、徐故不軌盜賊未盡解散，後復屯聚者，皆清潔之，期於安兆黎矣。」師古曰：「黎，衆也。」太師、更始合將鋭士十餘萬人，所過放縱。東方爲之語曰：「寧逢赤眉，不逢太師！太師尚可，更始殺我！」卒如田況之言。

莽又多遣大夫謁者分教民煮草木爲酪，酪不可食，重爲煩費。師古曰：「重音直用反。」莽下書曰：「惟民困乏，雖溥開諸倉以賑贍之，師古曰：「溥與普同。」猶恐未足。其且開天下山澤之防，諸能采取山澤之物而順月令者，其恣聽之，勿令出税。至地皇三十年如故，是王光上戊之六年也。孟康曰：「戊，土也，莽所作曆名。」如令豪吏猾民辜而攉之，小民弗蒙，非予意也。師古曰：「辜攉謂獨專其利，而令它人犯者得罪辜也。」《易》不云乎：「損上益下，民説無疆。」師古曰：「《益卦》彖辭也。言損上以益下，則人皆歡悦無窮竟。」《書》云：「言之不從，是謂不艾。」師古曰：「《洪範》之言。艾讀曰乂。乂，治也。」咨虖羣公，可不憂哉！」師古曰：「咨者，歎息之言。」

又 夏，蝗從東方來，蜚蔽天，師古曰：「蜚，古飛字也。」至長安，入未央宫，緣殿閣。莽發吏民設購賞捕擊。

莽以天下穀貴，欲厭之，師古曰：「厭音一葉反。」爲大倉，置衛交戟，名曰「政始掖門」。

流民入關者數十萬人，乃置養贍官稟食之。師古曰：「稟，給也。食讀曰飤。」使者監領，與小吏共盜其稟，飢死者十七八。先是，莽使中黄門王業領長安市買，賤取於民，民甚患之。業以省費爲功，賜爵附城。莽聞城中飢饉，以問業。業曰：「皆流民也。」乃市所賣粱飰肉羹，持入視莽，師古曰：「視讀曰示。」曰：「居民食咸如此。」莽信之。

《三國志》卷二三《魏志二十三·杜襲傳》 建安初，太祖迎天子都許。襲逃還鄉里，太祖以爲西鄂長。縣濱南境，寇賊縱橫。時長吏皆斂民保城郭，不得農業。野荒民困，倉庾空虚。襲自知恩結於民，乃遣老弱各分散就田業，留丁彊備守，吏民歡悦。

又卷四七《吴志二·吴主傳》 ［嘉禾］三年春正月，詔曰：「蓋君非民不立，民非穀不生。頃者以來，民多征役，歲又水旱，年穀有損，而吏或不良，侵奪民時，以致饑困。自今以來，督軍郡守，其謹察非法，當農桑時，以役事擾民者，舉正以聞。」夏四月，大赦，詔諸郡縣治城郭，起譙樓，穿塹發渠，以備盜賊。冬十一月，民饑，詔開倉廩以賑貧窮。

又卷五八《吴志十三·陸遜傳》 孫權爲將軍，遜年二十一，始仕幕府，歷東西曹令史，出爲海昌屯田都尉，並領縣事。《陸氏祠堂像贊》曰：海昌，今鹽官縣也。縣連年亢旱，遜開倉穀以振貧民，勸督農桑，百姓蒙賴。

晋袁宏《後漢紀》卷一〇《後漢孝明皇帝紀下》 ［永平十八年］是歲兗、豫、徐州民被水旱災害，令勿收田租，以見穀廩賜貧民焉。

又卷一四《後漢孝和皇帝紀下》 ［永元十一年］春三月，遣使行郡國，水旱災貧不能自存者廩貸穀食，令山林池澤勿收假税。

又 ［永元十三年］秋九月，詔曰：「水旱不節，蝗螟茲生。令天下田租皆半入，被災者除之。貧民受貸種食，皆勿收責。」

又 ［永元十五年］春二月，出廩貸郡國被災貧民各有差。

又 ［永元十六年］二月，以兖、豫、徐、冀民穀不登，遣三府掾分行貧民，勸民盡地利，貧無所耕者為雇。

又卷一六《後漢孝安皇帝紀上》 ［元初二年］春，以郡國被災，賑粟貧民。自上即位至於是年，頗有水旱之災，百姓饑饉，每歲遣使者開倉賑饑民。

又卷一九《後漢孝順皇帝紀下》 第五訪字仲謀，京兆人也。初為新都令，恩化大行，二年之間，鄰縣歸之，戶口十倍。遷張掖太守，民饑，米石數千。訪開倉廩賑之，不待上詔，謂掾吏曰：「民命在溝壑，太守權救之。」

由此一郡得全，朝廷降璽書嘉之。既而從輕騎循行田畝，勸民耕農，其年穀石百錢。後為南陽太守，護羌、烏桓校尉，邊境伏其威信。

又 卷二〇《後漢孝質皇帝紀》［本初元年］春正月，詔曰：『昔堯命四子，以欽天道。《洪範》九疇，休咎有象。夫瑞以和降，異以逆感，休徵應天，前聖所重。頃州郡輕慢，競逞殘暴，陷人於罪，民罹其害，惡氣傷和，以致災眚。書曰：『明德慎罰。』方春東作，育養敬始。其敕有司，罪非殊死，且勿案驗，以崇在寬。』

又［本初元年］三月庚申，詔曰：『九江、廣陵二郡，倶罹寇害，殘夷最甚，民失農業，生者饑乏，死者委棄。昔之為政，一物不得其所，若己有之。今我元元，嬰此饑饉，方春賑貸，掩骼之時。其調比郡見穀，出廩大小口各有差。收葬骸骨，悉心經營，以稱朕意。』

又 卷二一《後漢孝桓皇帝紀上》［永興元年］十一月丁丑，減天下人死罪一等。民饑流亡數十萬口，詔所在賑給。

又［元壽元年］二月，司、冀民饑，人民相食。詔所在賑給各有差。

又 卷二六《後漢孝獻皇帝紀一》 勳字元固，敦煌廣至人。舉孝廉，為漢陽長史。【略】於是以勳為漢陽太守。民饑相食，勳調穀廩之，諸富室或匿不肯出。勳曰：『吾知罪矣。』乃自出家穀以率之。郡中聞之，不督而送冀倉者二千餘斛，賴勳以得存者千餘人。

又 卷二七《後漢孝獻皇帝紀二》［興平元年］自四月不雨，至于七月。詔使侍御史侯汶洗囚徒，原輕繫。上避正殿。

於是穀貴，大豆一斛至二十萬。長安中人相食，餓死甚眾。帝遣侍御史候汶出太倉米豆，為貧人作糜，米豆各半，大小各有差。餓死者甚眾，帝疑廪賦不實，敕侍中劉艾取米豆各五升，燃火於御前，作糜得二盆。於是艾出問尚書：『米豆五升，得糜二盆，而民委頓，何也？朕甚愍之！民不能自濟，故部使者出米豆，冀有益焉。御史不加隱卹，乃如是乎？』尚書以下詣省閤謝，奏收侯汶考實。詔曰：『未忍致於理，可杖五十！』亟遣上親所廩人名，於是悉得全濟。

《後漢書》卷三《肅宗孝章帝紀》［永平十八年］是歲，牛疫。京師及三州大旱，詔勿收兗、豫、徐州田租、芻稾，其以見穀賑給貧人。

又［建初元年春正月］丙寅，詔曰：『比年牛多疾疫，墾田減少，穀價頗貴，人以流亡。方春東作，宜及時務。二千石勉勸農桑，弘致勞來。羣公庶尹，各推精誠，專急人事。罪非殊死，須立秋案驗。有司明慎選舉，進柔良，退貪猾，順時令，理冤獄。「五教在寬」，帝典所美；五教謂父義、母慈、兄友、弟恭、子孝也。《尚書・舜典》曰：『汝作司徒，敬敷五教在寬。』「愷悌君子」，大雅所歎。愷，樂；悌，易也。《詩・大雅・泂酌篇》曰：『愷悌君子，人之父母。』布告天下，使明知朕意。』

又［建初］二年春三月辛丑，詔曰：『比年陰陽不調，飢饉屢臻。深惟先帝憂人之本，詔書曰「不傷財，不害人」，誠欲元元去末歸本。而今貴戚近親，奢縱無度，嫁娶送終，尤爲僭侈。有司廢典，莫肯舉察。《春秋》之義，以貴理賤。今自三公，並宜明糾非法，宣振威風。朕在弱冠，未知稼穡之艱難，區區管窺，豈能照一隅哉！其科條制度所宜施行，在事者備爲之禁，先京師而後諸夏。』《公羊傳》曰：『《春秋》內中國而外諸夏，內諸夏而外夷狄。王者欲一乎天下，曷以內外之辭言？自近者始也。』

又［建初三年］三月癸巳，立貴人竇氏爲皇后。賜爵，人二級，三老、孝悌、力田人三級，民無名數及流民欲占者人一級；鰥、寡、孤、獨、篤癃、貧不能自存者粟，人五斛。

又［建初四年］夏四月戊子，立皇子慶爲皇太子。賜爵，人二級，三老、孝悌、力田人三級，民無名數及流人欲自占者人一級；鰥、寡、孤、獨、篤癃、貧不能自存者粟，人五斛。

又 卷四《孝和帝紀》［永元五年三月］庚寅，遣使者分行貧民，舉實流宂，宂，散也。流散者舉案其實而給之。開倉賑稟三十餘郡。

又［永元五年九月］壬午，令郡縣勸民蓄蔬食以助五穀。蓄，積也。其官有陂池，令得采取，勿收假稅二歲。假猶租賃。

又［永元六年］三月庚寅，詔流民所過郡國皆實稟之，其有販賣者勿出租稅，漢循周法，商賈有稅，流人販賣，故矜免之。又欲就賤還歸者，復一歲田租、更賦。復音福。

丙寅，詔曰：『朕以眇末，承奉鴻烈。陰陽不和，水旱違度，濟河之域，凶饉流亡，《尚書》曰『濟河惟兗州』，言東南據濟，西北距河。而未獲忠言至謀，所以匡救之策。寤寐永歎，用思孔疚。孔，甚也。疚，病也。《詩》云：『憂心孔疚。』惟官人不得於上，黎民不安于下，有司不念寬和，而競爲苛刻，覆案不急，以妨民事，不急謂非要。甚非所以上當天心，下濟元元也。思得忠良之士，以輔朕之不逮。其令三公、中二千石、二千石、內郡守相舉賢良方正、能直言極諫之士各一人。昭巖穴，披幽隱，遣詣公車，《前書音義》曰：『公車，署名也，公車所在，故以名焉。』《漢官儀》曰：『公車令一人，秩六百石，掌殿門。諸上書詣闕下者，皆集奏之；凡所徵召，亦總領之。』朕將悉聽焉。』帝乃親臨策問，選補郎吏。

又「永元八年」九月，京師蝗。吏民言事者，多歸責有司。詔曰：『蝗蟲之異，殆不虛生，《禮記·月令》曰：『孟夏行春令，則蝗蟲爲灾。』《洪範五行傳》曰：『貪利傷人，則蝗蟲損稼。』萬方有罪，在予一人，而言事者專咎自下，非助我者也。朕寤寐恫矜，思弭憂釁。《尚書》曰：『恫矜乃身。』孔安國注曰：『恫，痛也。矜，病也。言如痛病在身，欲除之也。』矜音古頑反。昔楚嚴無灾而懼，解見《明紀》。成王出郊而反風。成王疑周公，天乃大風，禾則盡偃；王乃出郊祭，天乃反風起禾。事見《尚書》。將何以匡朕不逮，以塞灾變？百僚師尹勉修厥職，刺史、二千石詳刑辟，理冤虐，恤鰥寡，矜孤弱，思惟致灾興蝗之咎。』

又「永元十一年」十一年春二月，遣使循行郡國，稟貸被灾害不能自存者，令得漁采山林池澤，不收假税。【略】丙午，詔郡國中都官徒及篤癃老小女徒各除半刑，其未竟三月者，皆免歸田里。

又「永元十二年二月」詔貸被灾諸郡民種糧。賜下貧、鰥、寡、孤、獨、不能自存者，及郡國流民，聽入陂池漁采，以助蔬食。

又「永元十二年」三月丙申，詔曰：『比年不登，百姓虛匱。京師去冬無宿雪，今春無澍雨，黎民流離，困於道路。朕痛心疾首，靡知所濟。「瞻仰昊天，何辜今人？」三公朕之腹心，而未獲承天安民之策。數詔有司，務擇良吏。今猶不改，競爲苛暴，侵愁小民，以求虛名，委任下吏，假執行邪。是以令下而姦生，禁至而詐起。巧法析律，飾文增辭，貨行於言，罪成乎手，朕甚病焉，公卿不思助明好惡，將何以救其咎罰？咎罰既至，復令灾及小民。若上下同心，庶或有瘳。其賜天下男子爵，人二級，三老、孝悌、力田三級，民無名數及流民欲占者人一級；鰥、寡、孤、獨、篤癃、貧不能自存者粟，人三斛。』

又「永元十二年」閏月，賑貸敦煌、張掖、五原民下貧者穀。

又「永元十三年二月」丙午，賑貸張掖、居延、朔方、日南貧民及孤、寡、羸弱不能自存者。

秋八月，詔象林民失農桑業者，賑貸種糧，稟賜下貧穀食。【略】荆州雨水。九月壬子，詔曰：『荆州比歲不節，今茲淫水爲害，《淮南子》曰：『女媧積蘆灰以止淫水。』高誘注云：『平地出水爲淫水。』餘雖頗登，而多不均浹，浹，洽。深惟四民農食之本，慘然懷矜。其令天下半入今年田租、芻稾；有宜以實除者，如故事。貧民假種食，皆勿收責。』

又「永元十四年夏四月」庚辰，賑貸張掖、居延、敦煌、五原、漢陽、會稽流民下貧穀，各有差。

又卷五《孝安帝紀》「延平元年」冬十月，四州大水，雨雹。詔以宿麥不下，宿，舊也。麥必經年而熟，故稱宿。賑賜貧人。

又「延平元年」是歲，郡國十八地震，四十一雨水，或山水暴至。二十八大風，雨雹。

又「永初三年」三月，京師大飢，民相食。壬辰，公卿詣闕謝。詔曰：『朕以幼沖，奉承鴻業，不能宣流風化，而感逆陰陽，至令百姓飢荒，更相噉食。永懷悼歎，若墜淵水。咎在朕躬，非羣司之責，而過自貶引，重朝廷之不德。其務思變復，以助不逮。』癸巳，詔以鴻池假與貧民。

又「永初七年」八月丙寅，京師大風，蝗蟲飛過洛陽。詔賜民爵。郡國被蝗傷稼十五以上，勿收今年田租；不滿者，以實除之。

九月，調零陵、桂陽、丹陽、豫章、會稽租米，零陵，郡名，今永州縣也。丹陽，郡名，今潤州江寧縣也。餘並見上。賑給南陽、廣陵、下邳、彭城、山陽、廬江、九江飢民；又調濱水縣穀輸敖倉。《詩》曰『薄狩於敖』，即此地。秦於此築太倉，亦曰敖庾，在今鄭州滎陽縣西北。《東觀記》曰：『濱水縣彭城、廣陽、廬江、九江穀九十萬斛，送敖倉。』

元初元年春正月甲子，改元元初。賜民爵，人二級，孝悌、力田人三級，爵過公乘，得移與子若同産、同産子，民脱無名數及流民欲占者人一級；鰥、寡、孤、獨、篤癃、貧不能自存者穀，人三斛，貞婦帛，人一匹。

又「元初元年十月」乙卯，詔除三輔三歲田租、更賦、口筭。

又「元初元年」十一月。是歲，郡國十五地震。

又「元初」二年春正月，詔稟三輔及并、涼六郡流宂貧人。

又「元初二年」五月，京師旱，河南及郡國十九蝗。甲戌，詔曰：『朝廷不明，庶事失中，灾異不息，憂心悼懼。被蝗以來，七年于茲，而州郡隱匿，裁言頃畝。『裁』與『纔』同，古字通。今羣飛蔽天，爲害廣遠，所言所見，寧相副邪？

三司之職，内外是監，既不奏聞，又無舉正。天灾至重，欺罔辠大。今方盛夏，且復假貸，以觀厥後。假貸猶寬容也。盛夏不可即加刑罰，故且寬容。其務消救灾眚，安輯黎元。』

又［元初四年秋七月辛丑］京師及郡國十雨水。詔曰：『今年秋稼茂好，垂可收穫，而連雨未霽，霽，雨止也。懼必淹傷。夕惕惟憂，思念厥咎。夫霖雨者，人怨之所致。《左傳》曰：『凡雨三日以上爲霖。』京房别對灾異曰：『人勞怨苦，雨水絕道。』其武吏以威暴下，文吏妄行苛刻，鄉吏因公生姦，爲百姓所患苦者，有司顯明其罰。又《月令》「仲秋養衰老，授几杖，行糜粥」。鄭玄注云：『助老氣也。行猶賜也。』方今案比之時，《東觀記》曰：『方今八月案比之時。』謂案驗户口，次比之也。郡縣多不奉行。雖有糜粥，糠秕相半，長吏怠事，莫有躬親，甚違詔書養老之意。其務崇仁恕，賑護寡獨，稱朕意焉。』

又［元初五年］三月，京師及郡國五旱，詔稟遭旱貧人。

又［元初六年］夏四月，會稽大疫，遣光祿大夫將太醫循行疾病，賜棺木，《漢官儀》：『太醫令一人，秩六百石。』除田租、口賦。

又［建光元年］冬十一月己丑，郡國三十五地震，或坼裂。詔三公以下，各上封事陳得失。遣光祿大夫案行，賜死者錢，人二千。除今年田租。其被灾甚者，勿收口賦。

又丙午，詔京師及郡國被水雨傷稼者，隨頃畝減田租。

又［延光元年］是歲，京師及郡國二十七雨水，大風，殺人。詔賜壓溺死者年七歲以上錢，人二千；其壞敗廬舍、失亡穀食，粟，人三斛；又田被淹傷者，一切勿收田租；若一家皆被灾害而弱小存者，郡縣爲收斂之。虔

又卷六《孝順帝紀》永建元年春正月甲寅，詔曰：『先帝聖德，享祚未永，早弃鴻烈。姦慝緣閒，人庶怨讟，上干和氣，疫癘爲災。朕奉承大業，未能寧濟。蓋至理之本，稽私德惠，蕩滌宿惡，與人更始。其大赦天下。賜男子爵，人二級，爲父後、三老、孝悌、力田人三級，流民欲自占者一級；鰥、寡、孤、獨、篤癃、貧不能自存者粟，人五斛；貞婦帛，人三匹。坐法當徙，勿徙；亡徒當傳，勿傳。徒因逃亡當傳捕者，放之勿捕。宗室以罪絕，皆復屬籍。其與閻顯、江京等交通者，悉勿考。勉修厥職，以康我民。』

又［永建元年冬十月］甲辰，詔以疫癘水潦，令人半輸今年田租；傷害什四以上，勿收責；不滿者，以實除之。

又［永建二年二月］甲辰，詔稟貸荊、豫、兗、冀四州流冗貧人，所在安業之；疾病致醫藥。

又［永建四年］夏五月壬辰，詔曰：『海内頗有灾異，朝廷修政，太官減膳，珍玩不御。而桂陽太守文礱，不惟竭忠，宣暢本朝，而遠獻大珠，以求幸媚，今封以還之。』

五州雨水。秋八月庚子，遣使實覈死亡，收斂稟賜。

又［永建五年］夏四月，京師旱。辛巳，詔郡國貧人被灾者，勿收責今年過更。京師及郡國十二蝗。

又［永建六年］冬十一月辛亥，詔曰：『連年灾潦，冀部尤甚。比蠲除實傷，贍恤窮匱，而百姓猶有弃業，流亡不絕。疑郡縣用心怠惰，恩澤不宣。《易》美「損上益下」，《易·益卦》曰：『損上益下，人悅無疆。』《書》稱「安民則惠」。惠，愛也。《尚書》曰：『安人則惠，黎人懷之。』其令冀部勿收今年田租、芻稾。』

又［陽嘉元年二月丁巳］京師旱。庚申，敕郡國二千石各禱名山岳瀆，遣大夫、謁者詣嵩高、首陽山，并祠河、洛，請雨。首陽山在洛陽東北也。戊辰，雩。以冀部比年水潦，民食不贍，詔案行稟貸，勸農功，賑乏絕。甲戌，詔曰：『政失厥和，陰陽隔并，冬鮮宿雪，春無澍雨。分禱祈請，靡神不禜。《說文》曰：『禜，設緜蕝爲營，以祈水旱。』禜音詠。《詩》曰：『靡神不舉。』深恐在所慢違「如在」之義，《論語》曰：『祭神如神在。』今遣侍中王輔等，持節分詣岱山、東海、滎陽、河、洛，盡心祈焉。』濟水，四瀆之一，至河南溢爲滎澤，故於滎陽祠焉。

三月，楊州六郡妖賊章河等寇四十九縣，殺傷長吏。

庚寅，帝臨辟雍饗射，大赦天下，改元陽嘉。詔宗室絕屬籍者，一切復籍；稟冀州尤貧民，勿收今年更、租、口賦。

又［陽嘉二年］二年春二月甲申，詔以吴郡、會稽飢荒，貸人種糧。

又［陽嘉二年夏四月］己亥，京師地震。五月庚子，詔曰：『朕以不德，統奉鴻業，無以奉順乾坤，協序陰陽，灾眚屢見，咎徵仍臻。地動之異，發自京師，矜矜祗畏，不知所裁。羣公卿士將何以匡輔不逮，奉荅戒異？異不空設，必有所應，其各悉心直言厥咎，靡有所諱。』

又［陽嘉三年］五月戊戌，制詔曰：『昔我太宗，丕顯之德，假于上下，儉以恤民，政致康乂。朕秉事不明，政失厥道，天地譴怒，大變仍見。春夏連旱，

寇賊彌繁，元元被害，朕甚愍之。嘉與海內洗心更始。其大赦天下，自殊死以下謀反大逆諸犯不當得赦者，皆赦除之。賜民年八十以上米，人一斛，肉二十斤，酒五斗；九十以上加賜帛，人二匹，絮三斤。』

又〔陽嘉四年〕十二月甲寅，京師地震。

又永和元年春正月，夫餘王來朝。乙卯，詔曰：『朕秉政不明，灾眚屢臻。典籍所忌，震食爲重。今日變方遠，地搖京師，《東觀記》曰：『陽嘉四年詔曰「朕以不德，譴見于天，零陵言日食，京師不覺」。』故此言日變方遠。咎徵不虛，必有所應。羣公百僚其各上封事，指陳得失，靡有所諱。』

又卷六《孝質帝紀》〔永憙元年〕五月甲午，詔曰：『朕以不德，託母天下，布政不明，每失厥中。自春涉夏，大旱炎赫，憂心京京，《爾雅》曰：『京京，憂也。』故得禱祈明祀，冀蒙潤澤。前雖得雨，而宿麥頗傷；比日陰雲，還復開霽。寤寐永歎，重懷慘結。寤，覺也。寐，卧也。《詩》曰：『寤寐永歎，唯憂用老。』將二千石、令長不崇寬和，暴刻之爲乎？其令中都官繫囚罪非殊死考未竟者，一切任出，以須立秋。任，保也。郡國有名山大澤能興雲雨者，二千石長吏各絜齊請禱，謁誠盡禮。又兵役連年，死亡流離，或支骸不斂，或停棺莫收，朕甚愍焉。昔文王葬枯骨，人賴其德。《呂氏春秋》曰：『周文王使人掘地，得死人骸。文王曰：「更葬之。」吏曰：「此無主。」文王曰：「有天下者，天下之主，今我非其主邪？」遂令吏以衣棺葬之。天下聞之，曰：「文王賢矣。澤及枯骨，又況人乎！」』今遣使者案行，若無家屬及貧無資者，隨宜賜卹，以慰孤魂。』

又卷七《孝桓帝紀》〔建和元年〕二月，荊揚二州人多餓死，遣四府掾分行賑給。

又〔建和三年六月〕乙卯，震憲陵寢屋。秋七月庚申，廉縣雨肉。《續漢志》曰：『肉似羊肺，或大如手。』《五行傳》云：『弃法律，逐功臣，時則有羊禍，時則有赤眚赤祥。』是時梁太后攝政，兄冀專權，枉誅李固、杜喬，天下冤之。廉縣屬北地郡也。八月乙丑，有星孛于天市。《前書》曰：『旗星中四星，名曰天市。』京師大水。九月己卯，地震。庚寅，地又震。詔死罪以下及亡命者贖，各有差。郡國五山崩。【略】

十一月甲申，詔曰：『朕攝政失中，灾眚連仍，三光不明，陰陽錯序。監寐寤歎，疢如疾首。監寐言雖寢而不寐也。寤，覺也。今京師廝舍，死者相枕，廝舍，賤役人之舍。郡縣阡陌，處處有之，甚違周文掩胔之義。其有家屬而貧無以葬者，給直，人三千，喪主布三匹；若無親屬，可於官壖地葬之，壖，官之餘地也。《前書音義》曰：『壖，城郭旁地。』音奴喚、而戀二反。表識姓名，爲設祠祭。又徒在作部，疾病致醫藥，死亡厚埋藏。民有不能自振及流移者，稟穀如科。州郡檢察，務崇恩施，以康我民。』

又〔永興元年〕秋七月，郡國三十二蝗。河水溢。百姓飢窮，流宂道路，至有數十萬戶，冀州尤甚。詔在所賑給乏絕，安慰居業。

又〔永興二年〕六月，彭城泗水增長逆流。張衡對策曰：『水者，五行之首。逆流者，人君之恩不能下及，而教逆也。』詔司隸校尉、部刺史曰：『蝗灾爲害，水變仍至，五穀不登，人無宿儲。其令所傷郡國種蕪菁以助人食。』

京師蝗。東海朐山崩。朐，山名也，在今海州朐山縣南。九月丁卯朔，日有食之。詔曰：『朝政失中，雲漢作旱，《雲漢》，《詩·大雅》篇名也。周宣王時大旱，故作詩曰：『倬彼雲漢，昭回于天。』鄭玄注云：『雲漢，天河也。倬然轉運於天。時旱渴雨，故宣王夜視天河，望其候焉。』川靈涌水，蝗螽孳蔓，殘我百穀，太陽虧光，飢饉荐臻。其不被害郡縣，當爲飢餒者儲。天下一家，趣不糜爛，則爲國寶。其禁郡國不得賣酒，祠祀裁足。』

又〔永壽元年〕二月，司隸、冀州飢，人相食。司隸，州，即洛陽。勑州郡賑給貧弱。若王侯吏民有積穀者，一切貣十分之三，貣音吐得反，又音徒得反。以助稟貸；其百姓吏民者，以見錢雇直。雇猶酬也。王侯須新租乃償。須，待也。

又〔延憙九年春正月〕己酉，詔曰：『比歲不登，民多飢窮，又有水旱疾疫之困。盜賊徵發，南州尤甚。謂長沙、桂陽、零陵等郡也，並屬荊州。灾異日食，譴告累至。政亂在予，仍獲咎徵。其令大司農絕今歲調度徵求，及前年所調未畢者，勿復收責。其灾旱盜賊之郡，勿收租，餘郡悉半入。』

三月癸巳，京師有火光轉行，人相驚譟。

司隸、豫州飢死者什四五，至有滅戶者，遣三府掾賑稟之。

又卷九《孝獻帝紀》〔興平元年秋七月〕三輔大旱，自四月至于是月。帝避正殿請雨，遣使者洗囚徒，原輕繫。洗謂蕩滌也。是時穀一斛五十萬，豆麥一斛二十萬，人相食啖，白骨委積。帝使侍御史侯汶出太倉米豆，爲飢人作糜粥，經日而死者無降。帝疑賦卹有虛，乃親於御坐前量試作糜，乃知非實，《袁宏紀》曰：『時敕侍中劉艾取米豆五升於御前作糜，得滿三盂，於是詔尚書曰：「米豆五升，得糜三盂，而人委頓，何也？」』使侍中劉艾出讓有司。於是尚書令以下皆詣省閤謝，奏收侯汶考實。詔曰：『未忍致汶于理，可杖五十。』自是之後，多得全濟。

又 卷一〇《皇后紀上·鄧皇后》 自太后臨朝，水旱十載，四夷外侵，盜賊內起。每聞人飢，或達旦不寐，而躬自減徹，以救災戹，故天下復平，歲還豐穰。

元初五年，平望侯劉毅平望，縣，屬北海郡，今青州北海縣西北平望臺是也，一名望海臺也。以太后多德政，欲令早有注記，上書安帝曰：『臣聞《易》載羲農而皇德著，《易·繫辭》曰：『古者庖羲氏之王天下，仰觀象於天，俯觀法於地，於是始畫八卦，以通神明之德，以類萬物之情。庖羲氏沒，神農氏作，斲木爲耜，揉木爲耒，耒耜之利，以教天下。』伏羲、神農爲三皇，故言皇德也。《書》述唐虞而帝道崇，故雖聖明，必書功於竹帛，流音於管弦。竹謂簡冊，帛謂縑素。黃帝以下六代樂，皆所以章顯功德，是流音於管弦。伏惟皇太后膺大聖之姿，體乾坤之德，《易》曰：『聖人與天地合其德。』齊蹤虞妃，比跡任姒。虞妃，即舜妻娥皇、女英也。任，文王母；姒，武王母也。孝悌慈仁，允恭節約，杜絕奢盈之源，防抑逸欲之兆。正位內朝，流化四海。《易·家人》卦曰：『女正位乎內，正家而天下定矣。』《禮記》曰，東夷、西戎、南蠻、北狄，謂之四海。及元興、延平之際，國無儲副，仰觀乾象，參之人譽，援立陛下爲天下主，永安漢室，綏靜四海。又遭水潦，東州飢荒。延平元年，安帝初即位，六州大水，永初元年，稟司隸、兗、豫、徐、冀、并六州貧人也。垂恩元元，冠蓋交路，菲薄衣食，躬率羣下，損膳解驂，以贍黎苗。《廣雅》云：『苗，衆也。』惻隱之恩，猶視赤子。隱，痛也。《尚書》曰『若保赤子，惟人其康乂』也。克己引愆，顯揚仄陋。崇晏晏之政，《尚書·考靈燿》曰：『文塞晏晏。』敷在寬之教。敷，布也。《尚書》曰：『五教在寬。』興滅國，繼絕世，錄功臣，復宗室。追還徙人，蠲除禁錮。政非惠和，不圖於心；制非舊典，不訪於朝。弘德洋溢，充塞宇宙；洋溢，言多。洪澤豐沛，漫衍八方。華夏樂化，戎狄混并。丕功著於大漢，碩惠加於生人。巍巍之業，可聞而不可及；蕩蕩之勳，可誦而不可名。古之帝王，左右置史；《禮記·玉藻》曰：『動則左史書之，言則右史書之。』漢之舊典，世有注記。夫道有夷崇，治有進退。若善政不述，細異輒書，是爲堯湯負洪水大旱之責，而無咸熙假天之美；咸，皆也。熙，廣也。《尚書》曰：『庶績咸熙。』言堯之朝政，衆功皆廣。假音格，至也。《尚書》曰：『祐我烈祖，格于皇天。』言伊尹佐湯，功至於天也。堯洪水九載，湯大旱七年。高宗成王有雊雉迅風之變，而無中興康寧之功也。高宗，殷王也，小乙之子，名武丁。當祭成湯，有飛雉升鼎耳而雊，高宗修德，殷道中興。成王疑周公，乃有雷電大風之變，成王改過，幾致刑措也。上考《詩》《書》，有虞二妃，周室三母，《尚書》曰：『釐降二女于嬀汭，嬪于虞。』三母謂后稷母姜嫄，文王母大任，武王母大姒也。《詩·大雅》曰：『厥初生人，時維姜嫄。』又曰：『大任有身，生此文王。』又曰『太姒嗣徽音，則百斯男』也。修行佐德，《詩》云：『既有烈考，亦有文母。』是佐德。思不踰閾。閾，門限也。《左傳》曰：『婦人送迎不出門，見兄弟不踰閾。』未有內遭家難，外遇災害，覽總大麓，經營天物，麓，錄也。言大錄萬機之政。書曰『納於大麓』，又曰『暴殄天物』也。功德巍巍若茲者也。宜令史官著長樂宮注、聖德頌，以敷宣景燿，勒勳金石，縣之日月，《易》曰：『縣象著明，莫大於日月。』攄之罔極，以崇陛下烝烝之孝。《廣雅》曰：『攄，舒也。』孔安國注《尚書》曰：『烝烝猶進進也。』』帝從之。

又 卷一五《來歙傳》 初王莽世，羌虜多背叛，而隗囂招懷其酋豪，遂得爲用。及囂亡後，五谿、先零諸種數爲寇掠，皆營塹自守，州郡不能討。歙乃大修攻具，率蓋延、劉尚及太中大夫馬援等進擊羌於金城，大破之，斬首虜數千人，獲牛羊萬餘頭，穀數十萬斛。又擊破襄武賊傅栗卿等。襄武，縣，屬隴西郡也。隴西雖平，而人飢，流者相望。流謂流離以就食也。歙乃傾倉廩，轉運諸縣，以賑贍之，於是隴右遂安，而涼州流通焉。

又 卷三〇《楊厚傳上》 永建二年，順帝特徵，詔告郡縣督促發遣。厚不得已，行到長安，以病自上，因陳漢三百五十年之戹，《春秋命歷序》曰：『四百年之閒，閉四門，聽外難，羣異並賊，官有孽臣，州有兵亂，五七弱，暴漸之効也。』宋均注云：『五七三百五十歲，當順帝漸微，四方多逆賊也。』宜蠲法改憲之道，蠲，明也。及消伏災異，凡五事。制書褒述，有詔太醫致藥，太官賜羊酒。及至，拜議郎，三遷爲侍中，特蒙引見，訪以時政。四年，厚上言『今夏必盛寒，當有疾疫蝗蟲之害』。是歲，果六州大蝗，疫氣流行。後又連上『西北二方有兵氣，宜備邊寇』。車駕臨當西巡，感厚言而止。至陽嘉三年，西羌寇隴右，明年，烏桓圍度遼將軍耿曄。永和元年，復上『京師應有水患，又當火災，三公有免者，蠻夷當反畔』。是夏，洛陽暴水，殺千餘人；至冬，承福殿災，太尉龐參免；荊、交二州蠻夷賊殺長吏，寇城郭。又言『陰臣、近戚、妃黨當受禍』。陰，私也。明年，宋阿母與宦者褒信侯李元等遘姦廢退；阿母，順帝乳母山陽君宋娥也。後二年，中常侍張逵等復坐誣罔大將軍梁商專恣，悉伏誅。每有災異，厚輒上消救之法，而閹宦專政，言不得信。

又 卷七二《董卓傳》 時長安中盜賊不禁，白日虜掠，傕、汜、稠乃參分城內，各備其界，猶不能制，而其子弟縱橫，侵暴百姓。是時穀一斛五十萬，豆麥二十萬，人相食啖，啖音徒敢反。白骨委積，臭穢滿路。帝使侍御史侯汶音問。出太倉米豆爲飢人作糜，經日而死者無降。帝疑賦卹有虛，賦，布也。卹，憂也。乃親於御前自加臨檢。既知不實，使侍中劉艾出讓有司。於是尚書令以下皆詣省閣謝，奏收侯汶考實。詔曰：『未忍致汶于理，可杖五十。』自是後多得全濟。

又　卷七六《第五訪傳》　遷張掖太守。歲飢，粟石數千，訪乃開倉賑給以救其敝。吏懼譴，譴，責也。爭欲上言。訪曰：『若上須報，是弃民也。上音時掌反。須，待也。太守樂以一身救百姓！』遂出穀賦人。順帝璽書嘉之。由是一郡得全。歲餘，官民並豐，界無姦盜。

《宋書》卷二《武帝紀中》　〔義熙十一年三月〕下書曰：『此州積弊，事故相仍，民疲田蕪，杼軸空匱。加以舊章乖昧，事役頻苦，童耄奪養，老稚服戎，空戶從役，或越紼應召。每永懷民瘼，宵分忘寢，誠宜蠲除苛政，弘茲簡惠。庶令凋風弊政，與事而新，寧一之化，成於朞月。荊、雍二州，西局、蠻府吏及軍人年十二以還，六十以上，及扶養孤幼，單丁大艱，悉仰遣之。窮獨不能存者，給其長賑。府州久勤將吏，依勞銓序。并除今年租稅。』

又　卷五《文帝紀》〔元嘉四年〕五月壬午，中護軍王華卒。京師疾疫，甲午，遣使存問，給醫藥；死者若無家屬，賜以棺器。

又　〔元嘉〕五年春正月乙亥，詔曰：『朕恭承洪業，臨饗四海，風化未弘，治道多昧，求之人事，鑒寐惟憂。加頃陰陽違序，旱疫成患，仰惟災戒，責深在予。思所以側身剋念，議獄詳刑，上答天譴，下恤民瘼。羣后百司，其各獻讜言，指陳得失，勿有所諱。』甲申，車駕臨玄武館閱武。戊子，京邑大火，遣使巡慰賑賜。

又　〔元嘉五年〕六月庚戌，司徒王弘降爲衛將軍、開府儀同三司。京邑大水，乙卯，遣使檢行賑贍。

又　〔元嘉十七年〕八月，徐、兗、青、冀四州大水，己未，遣使檢行賑卹。

又　〔元嘉十八年夏五月〕是月，沔水泛溢。

六月戊辰，遣使巡行賑贍。

又　〔元嘉十九年閏五月〕閏月，京邑雨水；丁巳，遣使巡行賑卹。

又　〔元嘉二十年〕是歲，諸州郡水旱傷稼，民大饑。遣使開倉賑卹，給賜糧種。

二十一年春正月己亥，南徐、南豫州、揚州之浙江西，並禁酒。大赦天下。諸逋債在十九年以前，一切原除。去歲失收者，疇量申減。尤弊之處，遣使就郡縣隨宜賑卹。凡欲附農，而種糧匱乏者，並加給貸。營千畝諸統司役人，賜布各有差。

又　〔元嘉〕二十五年春正月戊辰，詔曰：『比者冰雪經旬，薪粒貴踊，貧弊之室，多有窘罄。可檢行京邑二縣及營署，賜以柴米。』

又　〔元嘉〕二十九年春正月甲午，詔曰：『經寇六州，居業未立，仍值災澇，饑困荐臻。可速符諸鎮，優量救卹。今農事行興，務盡地利。若須田種，隨宜給之。』

又　〔元嘉二十一年〕夏四月，晉陵延陵民徐耕以米千斛助卹饑民。【略】六月，連雨水。丁亥，詔曰：『霖雨彌日，水潦爲患，百姓積儉，易致乏匱。二縣官長及營署部司，各隨統檢實，給其柴米，必使周悉。』

秋七月丁酉，揚州刺史始興王濬加中軍將軍，南豫州刺史武陵王駿加撫軍將軍。乙巳，詔曰：『比年穀稼傷損，淫亢成災，亦由播殖之宜，尚有未盡。南徐、兗、豫及揚州浙江西屬郡，自今悉督種麥，以助闕乏。速運彭城下邳郡見種，委刺史貸給。徐、豫土多稻田，而民間專務陸作，可符二鎮，履行舊陂，相率修立，并課墾闢，使及來年。凡諸州郡，皆令盡勤地利，勸導播殖，蠶桑麻紵，各盡其方，不得但奉行公文而已。』

又　〔元嘉三十年正月〕青、徐州饑，二月壬子，遣運部賑卹。

又　卷六《孝武帝紀》〔孝建二年八月〕三吳民饑，癸酉，詔所在賑貸。丙子，詔曰：『諸苑禁制綿遠，有妨肄業。可詳所開弛，假與貧民。』

又　〔大明元年〕夏四月，京邑疾疫，丙申，遣使按行，賜給醫藥。死而無收斂者，官爲斂埋。庚子，省湘州宋建郡并臨賀。

五月，吴興、義興大水，民饑。乙卯，遣使開倉賑卹。

又　〔大明〕二年春正月辛亥，車駕祀南郊。壬子，詔曰：『去歲東土多經水災。春務已及，宜加優課。糧種所須，以時貸給。』丙辰，復郡縣田秩，并九親祿俸。

又　〔大明二年〕九月癸卯，於華林園聽訟。壬戌，以寧朔將軍劉道隆爲徐州刺史。襄陽大水，遣使巡行賑贍。

又　〔大明四年八月〕雍州大水，甲寅，遣軍部賑給。

又　〔大明七年〕冬十月壬寅，太子冠，賜王公以下帛各有差。戊申，車駕巡南豫州。詔曰：『朕巡幸所經，先見百年者，及孤寡老疾，並賜粟帛。獄繫刑罪，並親聽訟。其士庶或怨鬱危滯，受抑吏司，或隱約潔立，負擯州里，皆聽進朕前，面自陳訴。若忠信孝義，力田殖穀，一介之能，一藝之美，悉加旌賞。雖秋澤頻降，而夏旱嬰弊。可即開行倉，並加賑賜。』

又 ［大明七年十一月］東諸郡大旱，壬寅，按是月壬申朔，無壬寅，當有誤。遣使開倉貸卹，聽受雜物當租。

又 ［大明］八年春正月甲戌，詔曰：『東境去歲不稔，宜廣商貨。遠近販鬻米粟者，可停道中雜税。其以仗自防，悉勿禁。』

又 卷七《前廢帝紀》 ［永光元年］京師雨水。庚寅，遣御史與官長隨宜賑卹。

又 卷八《明帝紀》 ［泰始三年閏正月］閏月庚午，京師大雨雪，遣使巡行，賑賜各有差。

又 卷九《後廢帝紀》 ［泰豫元年六月］京師雨水，詔賑卹二縣貧民。

又 ［元徽元年六月］壽陽大水，己未，遣殿中將軍賑卹慰勞。

又 ［元徽三年］三月丙寅，河南王遣使獻方物。己巳，以車騎將軍張敬兒爲雍州刺史。其日，京師大水，遣尚書郎官長檢行賑賜。

又 卷一〇《順帝紀》 ［昇明元年］雍州大水，八月壬子，遣使賑卹，蠲除税調。

又 ［昇明二年二月］戊子，蠲雍州緣沔居民前被水災者租布三年。

又 卷四五《劉損傳》 損，元嘉中歷職義興太守。東土飢，太祖遣揚州治中沈演之東入賑卹，以損綏撫有方，稱爲良守。官至吳郡太守，追贈太常。

又 卷五一《營浦侯遵考傳》 ［元嘉］二十一年，坐統内旱，百姓饑，詔加賑給，而遵考不奉符旨，免官。

又 卷五四《沈曇慶傳》 時歲有水旱，曇慶議立常平倉以救民急，太祖納其言，而事不行。

又 卷六三《沈演之傳》 元嘉十二年，東諸郡大水，民人饑饉，吳義興及吳郡之錢唐，升米三百。以演之及尚書祠部郎江邃並兼散騎常侍，巡行拯卹，許以便宜從事。演之乃開倉廩以賑饑民，民有生子者，口賜米一斗，刑獄有疑枉，悉制遣之，百姓蒙賴。

又 卷九一《孝義傳・徐耕》 大明八年，東土飢旱，東海嚴成、東莞王道蓋各以穀五百斛助官賑卹。

又 卷九二《良吏傳・王鎮之》 桓玄輔晉，以爲大將軍錄事參軍。時三吳飢荒，遣鎮之銜命賑卹，而會稽内史王愉不奉符旨，鎮之依事糾奏。

又 《良吏傳・杜慧度》 慧度布衣蔬食，儉約質素，能彈琴，頗好莊、老。禁斷淫祀，崇修學校，歲荒民饑，則以私祿賑給。爲政纖密，有如治家，由是威惠沾洽，姦盜不起，乃至城門不夜閉，道不拾遺。

《南齊書》卷三《武帝紀》 ［建元四年三月］庚辰，詔曰：『比歲未稔，貧窮不少，京師二岸，多有其弊。遣中書舍人優量賑卹。』

五月乙丑，以丹陽尹聞喜公子良爲南徐州刺史。甲戌，以新除左衛將軍垣崇祖爲豫州刺史。癸未，詔曰：『頃水雨頻降，潮流荐滿，二岸居民，多所淹漬。遣中書舍人與兩縣官長優量賑卹。』

六月甲申，立皇太子長懋。詔申壬戌赦恩百日。【略】戊戌，詔曰：『水潦爲患，星緯乖序。京都囚繫，可剋日訊決；諸遠獄委刺史以時察判。建康、秣陵二縣貧民加賑賜，必令周悉。吳興、義興遭水縣，蠲除租調。』

又 ［永明三年］五月乙未，詔曰：『氓俗凋弊，于兹永久，雖年穀時登，而歉乏比室。凡單丁之身及煢獨而秩養養孤者，竝蠲今年田租。』是月，省總明觀。

又 ［永明四年］夏四月丁亥，以尚書左僕射柳世隆爲湘州刺史。臨沂縣麥不登，刈爲馬芻，至夏更苗秀。

五月癸巳，詔：『揚、南徐二州今年戶租，三分二取見布，一分取錢。來歲以後，遠近諸州輸錢處，竝減布直，匹准四百，依舊折半，以爲永制。』丙午，以吳興太守西昌侯鸞爲中領軍。

又 ［永明五年］六月辛酉，詔曰：『比霖雨過度，水潦洊溢，京師居民，多離其弊。遣中書舍人、二縣官長隨宜賑賜。』

秋七月戊申，詔『丹陽屬縣建元四年以來至永明三年所逋田租，殊爲不少。京甸之内，宜加優貸。其非中貲者，可悉原停』。

八月乙亥，詔『今夏雨水，吳興、義興二郡田農多傷，詳蠲租調』。

九月己丑，詔曰：『九日出商飆館登高宴羣臣。』辛卯，車駕幸商飆館。館，上所立，在孫陵崗，世呼爲『九日臺』者也。丙午，詔曰：『善爲國者，使民無傷，而農益勸。是以十一而稅，周道克隆，開建常平，漢載惟穆。岱畎絲枲，浮汶來貢，杞梓皮革，必緣楚往。自水德將謝，喪亂彌多，師旅歲興，饑饉代有。貧室盡於課調，泉貝傾於絕域，軍國器用，動資四表，不因厥產，咸用九賦，雖有交貿之名，而無潤私之實，民咨塗炭，寔此之由。昔在開運，星紀未周，餘弊尚重。農桑不殷於曩日，粟帛輕賤於當年。工商罕兼金之儲，匹夫多飢寒之患。良由圜法久廢，上幣稍寡。所謂民失其資，能無匱乎？凡下貧之家，可蠲三調二年。京師及四方出錢億萬，糴米穀絲綿之屬，其和價以優黔首。遠邦嘗市雜物，非土俗所產者，皆悉停之。必是歲賦攸宜，都邑所乏，可見直和市，勿使逋刻。』

又［永明六年］八月乙卯，詔：『吴興、義興水潦，被水之鄉，賜痼疾篤癃口二斛，老疾一斛，小口五斗。』

又［永明七年正月］戊申，詔曰：『雍州頻歲戎役，兼水旱爲弊，原四年以前逋租。』辛亥，車駕祠南郊，大赦。京邑貧民，普加賑賜。又詔曰：『春頒秋斂，萬邦所以惟懷，柔遠能邇，兆民所以允殖。鄭渾宰邑，因姓立名，王濬剖符，戶口殷盛。今産子不育，雖炳常禁，比聞所在，猶或有之。誠復禮以貧殺，抑亦情由俗淡。宜節以嚴威，敦以惠澤。主者尋舊制，詳量附定，蠲卹之宜，務存優厚。』

又［永明八年］八月丙寅，詔：『京邑霖雨既過，居民汎濫，遣中書舍人、二縣官長賑卹。』**【略】**

冬十月丁丑，詔：『吴興水淹過度，開所在倉賑賜』。癸巳，原建元以前逋租。

又［永明十年］十一月戊午，詔曰：『頃者霖雨，樵粮稍貴，京邑居民，多離其弊。遣中書舍人、二縣官長賑賜。』

又［永明十一年］五月戊辰，詔曰：『水旱成災，穀稼傷弊，凡三調衆逋，可同申至秋登。京師二縣、朱方、姑熟，可權斷酒。』庚午，以輔國將軍蕭惠休爲徐州刺史。丙子，以左民尚書宜都王鏗爲南豫州刺史。

六月壬午，詔『霖雨既過，遣中書舍人、二縣官長賑賜京邑居民』。

秋七月丁巳，詔曰：『頃風水爲災，二岸居民，多離其患。加以貧病六疾，孤老稚弱，彌足矜念。遣中書舍人履行沾卹。』又詔曰：『水旱爲災，實傷農稼。江淮之閒，倉廩既虛，遂草竊充斥，互相侵奪，依阻山湖，成此逋逃。曲赦南兗、兗、豫、司、徐五州，南豫州之歷陽、譙、臨江、廬江四郡三調，衆逋宿債，並同原除。其緣淮及青、冀新附僑民，復除已訖，更申五年。』

又卷七《東昏侯紀》［永元元年］秋七月丁亥，京師大水，死者衆，詔賜死者材器，並賑卹。

八月乙巳，蠲京邑遇水資財漂蕩者今年調稅。

又［永元三年］六月，京邑雨水，遣中書舍人、二縣官長賑賜有差。

又卷二五《沈攸之傳》元徽末，襄陽大水，平地數丈，百姓資財皆漂沒，襄陽虛耗。太祖與攸之書，令賑貸之，攸之竟不歷意。

又卷二八《劉善明傳》元嘉末，青州飢荒，人相食，善明家有積粟，躬食饘粥，開倉以救鄉里，多獲全濟，百姓呼其家田爲『續命田』。

又卷四〇《竟陵文宣王子良傳》［永明］九年，京邑大水，吴興偏劇，子良開倉賑救貧病不能立者，於第北立廨收養，給衣及藥。

《魏書》卷三《太宗紀》［神瑞二年］冬十月壬子，姚興使散騎常侍、東武侯姚敞，尚書姚泰，送其西平公主來，帝以后禮納之。辛酉，行幸沮洳城。癸亥，車駕還宮。丙寅，詔曰：『古人有言，百姓足則君有餘，未有民富而國貧者也。頃者以來，頻遇霜旱，年穀不登，百姓飢寒不能自存者甚衆，其出布帛倉穀以賑貧窮。』十有一月丁亥，幸犲山宮。庚子，車駕還宮。

又卷四《世祖紀上》［神䴥四年春正月］丁丑，行幸南宮。定州民飢，詔啟倉以賑之。

又《世祖紀下》［太平真君元年］是歲，州鎮十五民飢，開倉賑恤。

又［太平真君九年］二月癸卯，行幸定州。山東民飢，啟倉賑之。罷塞圍作。

又卷五《高宗紀》［興安元年冬十月］癸亥，詔以營州蝗，開倉賑恤。

又［太安三年］十有二月，以州鎮五蝗，民飢，使使者開倉以賑之。

又［太安五年］冬十有二月戊申，詔曰：『朕承洪業，統御羣有，思恢政化，以濟兆民。故薄賦斂以實其財，輕徭役以紓其力，欲令百姓修業，人不匱乏。而六鎮、雲中、高平、二雍、秦州，徧遇災旱，年穀不收。其遣開倉廩以賑之。有流徙者，諭還桑梓。欲市糴他界，爲關傍郡，通其交易之路。若典司之官，分職不均，使上恩不達於下，下民不贍於時，加以重罪，無有攸縱。』

又［和平四年］冬十月，以定、相二州隕霜殺稼，免民田租。

又［和平五年］二月，詔以州鎮十四去歲蟲、水，開倉賑恤。

又卷六《顯宗紀》［天安元年］是歲，州鎮十一旱，民饑，開倉賑恤。

又［皇興二年］十有一月，以州鎮二十七水旱，開倉賑恤。

又［皇興四年］四年春正月，詔州鎮十一民飢，開倉賑恤。【略】三月丙戌，詔曰：『朕思百姓病苦，民多非命，明發不寐，疚心疾首。是以廣集良醫，遠採名藥，欲以救護兆民。可宣告天下，民有病者，所在官司遣醫就家診視，所須藥物，任醫量給之。』

又卷七上《高祖紀上》［延興二年］六月，安州民遇水雹，丐租賑恤。

又［延興二年八月］己酉，詔以州鎮十一水，丐民田租，開倉賑恤。

又詔流迸之民，皆令還本，違者配徙邊鎮。

又［延興三年］是歲，州鎮十一水旱，丐民田租，開倉賑恤。相州民餓死者二千八百四十五人。

又［延興四年十一月］是歲，州鎮十三大飢，丐民田租，開倉賑之。

又［太和元年］雲中飢，開倉賑恤。二月丙寅，漢川民泉會、譚酉等相率內屬，處之并州。【略】丙午，詔曰：『朕政治多闕，災眚屢興。去年牛疫，死傷太半，耕墾之利，當有虧損。今東作既興，人須肄業。其敕在所督課田農，有牛者加勤於常歲，無牛者倍庸於餘年。一夫制治田四十畝，中男二十畝。無令人有餘力，地有遺利。』

又［太和元年十二月］丁未，詔以州郡八水旱蝗，民飢，開倉賑恤。

又［太和二年］是歲，州鎮二十餘水旱，民飢，開倉賑恤。

又［太和三年］六月辛未，以雍州民飢，開倉賑恤。

又［太和四年］是歲，詔以州鎮十八水旱，民飢，開倉賑恤。

又［太和五年四月］甲寅，詔曰：『時雨不霑，春苗萎悴。諸有骸骨之處，皆敕埋藏，勿令露見。有神祇之所，悉可禱祈。』

又［太和五年］十有二月癸巳，詔以州鎮十二民飢，開倉賑恤。

又［太和六年］八月癸未朔，分遣大使，巡行天下遭水之處，丐民租賦，貧儉不自存者，賜以粟帛。庚子，罷山澤之禁。【略】十有二月丁亥，詔曰：『朕以寡薄，政缺平和，不能仰緝緯象，蠲兹六沴。去秋淫雨，洪水爲災，百姓嗷然，朕用嗟愍，故遣使者循方賑恤。而牧守不思利民之道，期於取辦。愛毛反裘，甚無謂也。今課督未入及將來租算，一以丐之。有司勉加勸課，以要來穰，稱朕意焉。』

又［太和七年］三月甲戌，以冀定二州民飢，詔郡縣爲粥於路以食之，又弛關津之禁，任其去來。

又［太和八年］十有二月，詔以州鎮十五水旱，民飢，遣使者循行，問所疾苦，開倉賑恤。

又［太和九年］八月己亥，行幸彌澤。甲寅，登牛頭山。庚申，詔曰：『數州災水，飢饉荐臻，致有賣鬻男女者。天之所譴，在予一人，而百姓無辜，橫罹艱毒，朕用殷憂夕惕，忘食與寢。今自太和六年已來，買定、冀、幽、相四州飢民良口者，盡還所親，雖娉爲妻妾，遇之非理，情不樂者亦離之。』甲子，還宮。

又卷七下《高祖紀下》［太和十年］乙酉，詔以汝南、潁川大飢，丐民田租，開倉賑恤。

又［太和十一年］春正月丁亥朔，詔定樂章，非雅者除之。二月甲子，詔以肆州之雁門及代郡民飢，開倉賑恤。【略】六月辛巳，秦州民飢，開倉賑恤。癸未，詔曰：『春旱至今，野無青草。上天致譴，實由匪德。百姓無辜，將罹飢饉。寤寐思求，罔知所益。公卿內外股肱之臣，謀猷所寄，其極言無隱，以救民瘼。』

秋七月己丑，詔曰：『今年穀不登，聽民出關就食，遣使者造籍，分遣去留，所在開倉賑恤。』【略】［八月］辛巳，罷山北苑，以其地賜貧民。悉萬斤國遣使朝獻。九月庚戌，詔曰：『去夏以歲旱民飢，須遣就食，舊籍雜亂，難可分簡，故依局割民，閱戶造籍，欲令去留得實，賑貸平均。然迺者以來，猶有餓死衢路，無人收識。良由本部不明，籍貫未實，廩恤不周，以至於此。朕猥居民上，聞用慨然。可重遣精檢，勿令遺漏。』

又卷八《世宗紀》［太和二十三年］是歲，州鎮十八水，民飢，分遣使者開倉賑恤。

又［景明元年］五月甲寅，以北鎮大飢，遣兼侍中楊播巡撫賑恤。

又［景明元年］是歲，十七州大飢，分遣使者開倉賑恤。

又 延昌元年春正月乙巳，以頻水旱，百姓饑弊，分遣使者開倉賑恤。【略】甲午，州郡十一大水，詔開倉賑恤。以京師穀貴，出倉粟八十萬石以賑貧者。

又 ［延昌元年］夏四月，詔以旱故，食粟之畜皆斷之。【略】戊辰，以旱，詔尚書與羣司鞫理獄訟，詔河北民就穀燕恒二州。辛未，詔饑民就穀六鎮。丁丑，帝以旱故，減膳撤懸。癸未，詔曰：『肆州地震陷裂，死傷甚多，言念毀沒，有酸懷抱。亡者不可復追，生病之徒宜加療救。可遣太醫、折傷醫，并給所須之藥，就治之。』乙酉，大赦，改年。詔立理訴殿、申訟車，以盡冤窮之理。五月辛卯，疏勒及高麗國並遣使朝獻。丙午，詔天下有粟之家，供年之外，悉貸饑民。自二月不雨至於是晦。六月壬申，澍雨大洽。戊寅，通河南牝馬之禁。己卯，詔曰：『去歲水災，今春炎旱，百姓饑餒，救命靡寄，雖經蠶月，不能養績。今秋輸將及，郡縣期於責辦，尚書可嚴勒諸州，量民資產，明加檢校，以救艱弊。』庚辰，詔出太倉粟五十萬石，以賑京師及州郡饑民。

又 ［延昌二年］二月丙辰朔，賑恤京師貧民。甲戌，以六鎮大饑，開倉賑贍。略是春，民饑，餓死者數萬口。

夏四月庚子，以絹十五萬匹賑恤河南郡饑民。五月，壽春大水，遣平東將軍奚康生等步騎數千赴之。高麗國遣使朝獻。六月乙酉，青州民饑，詔使者開倉賑恤。甲午，曲赦揚州。辛亥，帝御申訟車，親理冤訟。是夏，州郡十三大水。

秋八月辛卯，詔曰：『頃水旱互侵，頻年饑儉，百姓窘弊，多陷罪辜，煩刑之愧，朕用懼矣。其殺人、掠賣人、羣強盜首，及雖非首而殺傷財主，曾經再犯公斷道路劫奪行人者，依法行決；自餘恕死。徒流已下各準減降。』【略】

冬十月，詔以恒、肆地震，民多死傷，蠲兩河一年租賦。十有二月丙戌，丐洛陽、河陰二縣租賦。乙巳，詔以恒、肆地震，民多離災，其有課丁沒盡、老幼單辛、家無受復者，各賜廩以接來稔。高麗國遣使朝獻。

三年春二月乙未，詔曰：『肆州秀容郡敷城縣、雁門郡原平縣，並自去年四月以來，山鳴地震，于今不已，告譴彰咎，朕甚懼焉，祗畏兢兢，若臨淵谷，可恤瘼寬刑，以答災譴。』【略】

夏四月，青州民饑，辛巳，開倉賑恤。乙巳，上御申訟車，親理冤訟。

又 卷九《肅宗紀》 ［熙平元年］夏四月戊戌，以瀛州民饑，開倉賑恤。高昌、陰平國並遣使朝獻。五月丁卯朔，詔曰：『炎旱積辰，苗稼萎悴，比雖微澍，猶未霑洽，晚種不納，企望憂勞，在予之責，思自兢厲。尚書可釐恤獄犴，察其淹枉，簡量輕重，隨事以聞，無使一人怨嗟，增傷和氣。土木作役，權皆休罷，勸農省務，肆力田疇。庶嘉澤近降，豐年可必。』

又 ［神龜二年二月］壬寅，詔曰：『農要之月，時澤弗應，嘉穀未納，三麥枯悴。德之無感，歎懼兼懷。可敕內外，依舊雩祈，率從祀典。察獄理冤，掩胔埋骼。冀瀛之境，往經寇暴，死者既多，白骨橫道，可遣專令收葬。賑窮恤寡，救疾存老，準訪前式，務令周備。』三月甲辰，澍雨大洽。

又 ［正光四年］八月己巳，詔曰：『狂蠢肆暴，陵竊北垂，雖軍威時接，賊徒懾遁，然獯虐所過，多離其禍，言念斯弊，有軫深懷。可敕北道行臺，遣使巡檢，遭寇之處，饑餒不粒者，厚加賑恤，務令存濟。』戊寅，詔曰：『朕以眇闇，忝承鴻緒，因祖宗之基，託王公之上，每鑒寐屬慮，思康億兆。比雨旱愆時，星運舛錯，政理闕和，靈祇表異，永尋夕惕，載悉于懷。宜詔百司各勤厥職，諸有鰥寡窮疾冤滯不申者，並加釐恤。若孝子順孫、廉貞義節、才學超異、獨行高時者，具以言上，朕將親覽，加以旌命。』

又 卷六一《薛真度傳》 景明初，豫州大飢，真度表曰：『去歲不收，飢饉十五，今又災雪三尺，民人萎餒，無以濟之。臣輒日別出州倉米五十斛爲粥，救其甚者。』詔曰：『真度所表，甚有憂濟百姓之意，宜在拯卹。陳郡儲粟雖復不多，亦可分贍。尚書量賑以聞。』

《梁書》卷二《武帝紀中》 ［天監二年］六月丁亥，詔以東陽、信安、豐安三縣水潦，漂損居民資業，遣使周履，量蠲課調。

又 ［天監］十六年春正月辛未，輿駕親祠南郊，詔曰：『朕當扆思治，政道未明，昧旦劬勞，亟移星紀。今太皞御氣，句芒首節，升中就陽，禋敬克展，務承天休，布茲和澤。尤貧之家，勿收今年三調。其無田業者，所在量宜賦給。若民有產子，即依格優蠲。孤老鰥寡不能自存，咸加賑卹。班下四方。諸州郡縣，時理獄訟，勿使冤滯，並若親覽。』

又 卷一八《康絢傳》 夏日疾疫，死者相枕，蠅蟲晝夜聲相合。高祖愍役人淹久，遣尚書右僕射袁昂、侍中謝舉假節慰勞之，并加蠲復。是冬又寒甚，淮、泗盡凍，士卒死者十七八，高祖復遣賜以衣袴。

又 卷二四《蕭景傳》 會年荒，計口賑卹，爲饘粥於路以賦之，死者給棺具，人甚賴焉。

又 卷三二《陳慶之傳》 是歲，豫州饑，慶之開倉賑給，多所全濟。州民李昇等八百人表請樹碑頌德，詔許焉。

《北齊書》卷二《神武帝紀下》 ［天平四年］二月乙酉，神武以并、肆、汾、建、晉、東雍、南汾、泰、陝九州霜旱，人饑流散，請所在開倉賑給。

又 ［武定二年］二年三月癸巳，神武巡行冀、定二州，因朝京師。以冬春亢旱，請蠲懸責，賑窮乏，宥死罪以下。又請授老人板職各有差。四月丙辰，神武還晉陽。

又 卷五《廢帝紀》 ［乾明元年］夏四月癸亥，詔河南、定、冀、趙、瀛、滄、南膠、光、青九州，往因螽水，頗傷時稼，遣使分塗贍恤。

又 卷七《武成帝紀》 ［河清二年］夏四月，并、汾、晉、東雍、南汾五州蟲旱傷稼，遣使賑恤。

又 卷二二《李元忠傳》 天平初，復爲太常。後加驃騎將軍。四年，除使持節、光州刺史。時州境災儉，人皆菜色，元忠表求賑貸，俟秋徵收。被報，聽用萬石。元忠以爲萬石給人，計一家不過升斗而已，徒有虛名，不救其弊，遂出十五萬石以賑之。事訖表陳，朝廷嘉而不責。興和末，拜侍中。

《周書》卷三《孝閔帝紀》 ［元年］三月庚子，會文武百官，班賜各有差。己酉，柱國、衛國公獨孤信賜死。壬子，詔曰：『淅州去歲不登，厥民饑饉，朕用愍焉。其當州租輸未畢者，悉宜免之。兼遣使巡檢，有窮餒者，並加賑給。』癸亥，省六府士員，三分減一。

又 卷六《武帝紀下》 ［建德四年］是歲，岐、寧二州民饑，開倉賑給。

又 卷一〇《宇文椿傳》 ［建德］四年，關中民饑，椿表陳其狀，璽書勞慰。因令所在開倉賑卹。

《陳書》卷二《高祖紀下》 ［永定三年］夏閏四月庚寅，詔曰：『開廩賑絕，育民之大惠，巡方恤患，前王之令典。朕當斯季俗，膺此樂推，君德未孚，民瘼猶甚，重茲多壘，彌疚納隍。良由四聰弗達，千里勿應。博施之仁，何其或爽？殘弊之軌，致此未康。吴州、縉州去歲蝗旱，郢田雖呪，鄭渠終涸，室靡盈積之望，家有填壑之嗟。百姓不足，兆民何賴？近已遣中書舍人江德藻銜命東陽，與令長二千石問民疾苦，仍以入臺倉見米分恤。雖德非既飽，庶微慰阻飢。』甲午，詔依前代置西省學士，兼以伎術者預焉。丁酉，遣鎮北將軍徐度率衆城南皖口。是時久不雨，景午，輿駕幸鍾山祠蔣帝廟，是日降雨，迄于月晦。

《晉書》卷三《武帝紀》 ［泰始四年］九月，青、徐、兗、豫四州大水，伊洛溢，合於河，開倉以振之。詔曰：『雖詔有所欲，及奏得可而於事不便者，皆不可隱情。』

又 ［泰始五年二月］辛巳，白龍二見於趙國。青、徐、兗三州水，遣使振恤之。

又 ［泰始七年］十二月，遣侍御史巡遭水諸郡。

又 ［泰始七年六月辛丑］大雨霖，伊、洛、河溢，流居人四千餘家，殺三百餘人，有詔振貸給棺。

又 ［咸寧三年九月］兗、豫、徐、青、荊、益、梁七州大水，傷秋稼，詔振給之。

又 卷四《惠帝紀》 ［永平五年］是歲，荊、揚、兗、豫、青、徐等六州大水，詔遣御史巡行振貸。

又 ［永平七年］秋七月，雍、梁州疫。大旱，隕霜，殺秋稼。關中饑，米斛萬錢。詔骨肉相賣者不禁。

又 ［永平］八年春正月丙辰，地震。詔發倉廩，振雍州饑人。

又 卷六《元帝紀》 ［太興元年十二月］江東三郡饑，遣使振給之。

又 卷七《成帝紀》 ［咸和七年］五月，大水。秋七月丙辰，詔諸養獸之屬，損費者多，一切除之。

又 ［咸康元年］二月甲子，帝親釋奠。揚州諸郡饑，遣使振給。

又 ［咸康二年］三月，旱，詔太官減膳，免所旱郡縣繇役。

又 秋七月，揚州會稽饑，開倉振給。

又 卷八《哀帝紀》 ［隆和元年］夏四月，旱。詔出輕繫，振困乏。

又 卷九《孝武帝紀》 ［太元五年六月］甲子，以比歲荒儉，大赦，自太元三年以前逋租宿債皆蠲除之，其鰥寡窮獨孤老不能自存者，人賜米五斛。

又 ［太元六年］夏六月庚子朔，日有蝕之。揚、荊、江三州大水。己巳，改制度，減煩費，損吏士員七百人。

又 ［太元十九年］秋七月，荊、徐二州大水，傷秋稼，遣使振卹之

又 卷二六《食貨志》 是時天下無事，賦稅平均，人咸安其業而樂其事。及惠帝之後，政教陵夷，至於永嘉，喪亂彌甚。雍州以東，人多飢乏，更相鬻

賣，奔迸流移，不可勝數。幽、并、司、冀、秦、雍六州大蝗，草木及牛馬毛皆盡。又大疾疫，兼以饑饉，百姓又爲寇賊所殺，流尸滿河，白骨蔽野。劉曜之逼，朝廷議欲遷都倉垣，人多相食，饑疫總至，百官流亡者十八九。

元帝爲晉王，課督農功，詔二千石長吏以入穀多少爲殿最。其非宿衛要任，皆宜赴農，使軍各自佃作，即以爲廩。太興元年，詔曰：『徐、揚二州土宜三麥，可督令熯地，投秋下種，至夏而熟，繼新故之交，於以周濟，所益甚大。昔漢遣輕車使者氾勝之督三輔種麥，而關中遂穰。勿令後晚。』其後頻年麥雖有旱蝗，而爲益猶多。二年，三吴大饑，死者以百數，吴郡太守鄧攸輒開倉廩賑之。元帝時使黄門侍郎虞騤、桓彝開倉廩振給，并省衆役。百官各上封事，後軍將軍應詹表曰：『夫一人不耕，天下必有受其饑者。而軍興以來，征戰運漕，朝廷宗廟，百官用度，既已殷廣，下及工商流寓僮僕不親農桑而遊食者，以十萬計。不思開立美利，而望國足人給，豈不難哉！古人言曰，飢寒並至，堯舜不能使野無寇盜；貧富并兼，雖臯陶不能使强不陵弱。故有國有家者，何嘗不務農重穀。近魏武皇帝用棗祗、韓浩之議，廣建屯田，又於征伐之中，分帶甲之士，隨宜開墾，故下不甚勞，而大功克舉也。間者流人奔東吴，東吴今儉，皆已還反。江西良田，曠廢未久，火耕水耨，爲功差易。宜簡流人，興復農官，功勞報賞，皆如魏氏故事，一年中與百姓，二年分稅，三年計賦稅以使之，公私兼濟，則倉盈庾億，可計日而待也。』又曰：『昔高祖使蕭何鎮關中，光武令寇恂守河内，魏武委鍾繇以西事，故能使八表夷蕩，區内輯寧。今中州蕭條，未蒙疆理，此兆庶所以企望。壽春一方之會，去此不遠，宜選都督有文武經略者，遠以振河洛之形勢，近以爲徐豫之藩鎮，綏集流散，使人有攸依，專委農功，令事有所局。趙充國農於金城，以平西零；諸葛亮耕於渭濱，規抗上國。今諸軍自不對敵，皆宜齊課。』

咸和五年，成帝始度百姓田，取十分之一，率畝稅米三升。六年，以海賊寇抄，運漕不繼，發王公以下餘丁，各運米六斛。是後頻年水災旱蝗，田收不至。咸康初，算度田稅米，空懸五十餘萬斛，尚書褚裒以下免官。穆帝之世，頻有大軍，糧運不繼，制王公以下十三戸共借一人，助度支運。升平初，荀羨爲北府都督，鎮下邳，起田于東陽之石鼈，公私利之。哀帝即位，乃減田租，畝收二升。孝武太元二年，除度田收租之制，王公以下口稅三斛，唯蠲在役之身。八年，又增稅米，口五石。至於末年，天下無事，時和年豐，百姓樂業，穀帛殷阜，幾乎家給人足矣。

又卷三四《杜預傳》 咸寧四年秋，大霖雨，蝗蟲起。預上疏多陳農要，事在食貨志。預在内七年，損益萬機，不可勝數，朝野稱美，號曰『杜武庫』，言其無所不有也。

又卷三八《司馬攸傳》 攸雖未之國，文武官屬，下至士卒，分租賦以給之，疾病死喪賜與之。而時有水旱，國内百姓則加振貸，須豐年乃責，十減其二，國内賴之。

又卷四二《王渾傳》 時年荒歲饑，渾開倉振贍，百姓賴之。

又卷四四《鄭默傳》 出爲東郡太守，值歲荒人饑，默輒開倉振給，乃舍都亭，自表待罪。朝廷嘉默憂國，詔書褒歎，比之汲黯。班告天下，若郡縣有此比者，皆聽出給。

又卷七八《陶回傳》 時人饑穀貴，三吴尤甚。詔欲聽相鬻賣，以拯一時之急。回上疏曰：『當今天下不普荒儉，唯獨東土穀價偏貴，便相鬻賣，聲必遠流，北賊聞之，將窺疆埸。如愚臣意，不如開倉廩以振之。』乃不待報，輒便開倉，及割府郡軍資數萬斛米以救乏絶，由是一境獲全。既而下詔，并敕會稽、吴郡依回振恤，二郡賴之。

又卷八二《王長文傳》 太康中，蜀土荒饉，開倉振貸。長文居貧，貸多，後無以償。郡縣切責，送長文到州。刺史徐幹捨之，不謝而去。後成都王穎引爲江源令。

又卷九〇《范廣傳》 後大旱，米貴，廣散私穀振饑人，至數千斛，遠近流寓歸投之，戸口十倍。

又卷九三《王蘊傳》 屬郡荒人飢，輒開倉贍卹。主簿執諫，請先列表上待報，蘊曰：『今百姓嗷然，路有饑饉，若表上須報，何以救將死之命乎！專輒之愆，罪在太守，且行仁義而敗，無所恨也。』於是大振貸之，賴蘊全者十七八焉。朝廷以違科免蘊官，士庶詣闕訟之，詔特左降晉陵太守。復有惠化，百姓歌之。

又卷九九《桓玄傳》 時會稽饑荒，玄令賑貸之。百姓散在江湖採梠，内史王愉悉召之還。請米，米既不多，吏不時給，頓仆道路死者十八九焉。

又卷一〇六《載記第六・石季龍上》 時衆役煩興，軍旅不息，加以久旱穀貴，金一斤直米二斗，百姓嗷然無生賴矣。又納解飛之說，於鄴正南投石于河，以起飛橋，功費數千億萬，橋竟不成，役夫饑甚，乃止。使令長率丁壯隨山澤采橡捕魚以濟老弱，而復爲權豪所奪，人無所得焉。又料殷富之家，配饑人以食之，公卿已下出穀以助振給，姦吏因之侵割無已，雖有貸贍之名而無其實。

又 卷一〇八《載記第八・慕容廆》 永寧中，燕垂大水，廆開倉振給，幽方獲濟。天子聞而嘉之，褒賜命服。

又 卷一一二《載記第十二・苻健》 會大雨霖，河渭溢，蒲津監寇登得一屐於河，長七尺三寸，人跡稱之，指長尺餘，文深一寸。健歎曰：『覆載之中何所不有，張靖所見定不虛也。』赦之。蝗蟲大起，自華澤至隴山，食百草無遺。牛馬相噉毛，猛獸及狼食人，行路斷絶。健自蠲百姓租稅，減膳徹懸，素服避正殿。

《隋書》卷一《高祖紀上》 〔開皇五年八月〕甲辰，河南諸州水，遣民部尚書邳國公蘇威賑給之。

又 〔開皇六年〕二月乙酉，山南荆、淅七州水，遣前工部尚書長孫毗賑恤之。

又 〔開皇六年〕八月辛卯，關内七州旱，免其賦稅。

又 卷二《高祖紀下》 〔開皇八年〕秋八月丁未，河北諸州饑，遣吏部尚書蘇威賑恤之。

又 〔仁壽二年〕九月丙戌，至自仁壽宫。壬辰，河南、北諸州大水，遣工部尚書楊達賑恤之。

又 〔仁壽二年〕十二月癸酉，河南諸州水，遣納言楊達賑恤之。

又 卷二四《食貨志》 開皇三年，朝廷以京師倉廩尚虚，議爲水旱之備，於是詔於蒲、陝、虢、熊、伊、洛、鄭、懷、邵、衛、汴、許、汝等水次十三州，置募運米丁。又於衛州置黎陽倉，洛州置河陽倉，陝州置常平倉，華州置廣通倉，轉相灌注。漕關東及汾、晉之粟，以給京師。又遣倉部侍郎韋瓚，向蒲、陝以東，募人能於洛陽運米四十石，經砥柱之險，達于常平者，免其征戍。

又 五年五月，工部尚書、襄陽縣公長孫平奏曰：『古者三年耕而餘一年之積，九年作而有三年之儲，雖水旱爲災，而人無菜色，皆由勸導有方，蓄積先備故也。去年亢陽，關內不熟，陛下哀愍黎元，甚於赤子。運山東之粟，置常平之官，開發倉廩，普加賑賜。少食之人，莫不豐足。鴻恩大德，前古未比。其強宗富室，家道有餘者，皆競出私財，遞相賙贍。此乃風行草偃，從化而然。但經國之理，須存定式。』於是奏令諸州百姓及軍人，勸課當社，共立義倉。收穫之日，隨其所得，勸課出粟及麥，於當社造倉窖貯之。即委社司，執帳檢校，每年收積，勿使損敗。若時或不熟，當社有饑饉者，即以此穀賑給。自是諸州儲峙委積。其後關中連年大旱，而青、兖、汴、許、曹、亳、陳、仁、譙、豫、鄭、洛、伊、潁、邳等州大水，百姓饑饉。高祖乃命蘇威等，分道開倉賑給。又命司農丞王亶，發廣通之粟三百餘萬石，以拯關中。又發故城中周代舊粟，賤糶與人。買牛驢六千餘頭，分給尤貧者，令往關東就食。其遭水旱之州，皆免其年租賦。

十四年，關中大旱，人饑。上幸洛陽，因令百姓就食。從官並准見口賑給，不以官位爲限。明年，東巡狩，因祠泰山。是時義倉貯在人間，多有費損。十五年二月，詔曰：『本置義倉，止防水旱，百姓之徒，不思久計，輕爾費損，於後乏絶。又北境諸州，異於餘處，雲、夏、長、靈、鹽、蘭、豐、鄯、涼、甘、瓜等州，所有義倉雜種，並納本州。若人有旱儉少糧，先給雜種及遠年粟。』十六年正月，又詔秦、疊、成、康、武、文、芳、宕、旭、洮、岷、渭、紀、河、廓、豳、隴、涇、寧、原、敷、丹、延、綏、銀、扶等州社倉，並於當縣安置。二月，又詔社倉，准上中下三等稅，上戶不過一石，中戶不過七斗，下戶不過四斗。其後山東頻年霖雨，杞、宋、陳、亳、曹、戴、譙、潁等諸州，達于滄海，皆困水災，所在沉溺。十八年，天子遣使，將水工，巡行川源，相視高下，發隨近丁以疏導之。困乏者，開倉賑給，前後用穀五百餘石。遭水之處，租調皆免。自是頻有年矣。

又 是時頻歲大水，州郡多遇沉溺，穀價騰踊。朝廷遣使開倉，從貴價以糶之，而百姓無益，饑饉尤甚。重以疾疫相乘，死者十四五焉。【略】

武平之後，權幸並進，賜與無限，加之旱蝗，國用轉屈。乃料境內六等富人，調令出錢。而給事黄門侍郎顔之推奏請立關市邸店之稅，開府鄧長顒贊成之，後主大悅。於是以其所入，以供御府聲色之費，軍國之用不豫焉。未幾而亡。

後周太祖作相，創制六官。載師掌任土之法，辨夫家田里之數，會六畜車乘之稽，審賦役斂弛之節，制畿疆修廣之域，頒施惠之要，審牧產之政。司均掌田里之政令。凡人口十已上，宅五畝；口九已上，宅四畝；口五已下，宅三畝。有室者，田百四十畝，丁者田百畝。司賦掌功賦之政令。凡人自十八以至六十有四，與輕癃者，皆賦之。其賦之法，有室者，歲不過絹一疋，綿八兩，粟五斛；丁者半之。其非桑土，有室者，布一疋，麻十斤；丁者又半之。豐年則全賦，中年半之，下年一之，皆以時徵焉。若艱凶札，則不徵其賦。司役掌力役之政令。凡人自十八以至五十有九，皆任於役。豐年不過三旬，中年則二旬，下年則一旬。凡起徒役，無過家一人。其人有年八十者，一子不從役，百年者，家不從役。廢疾非人不養者，一人不從役。若凶札，又無力征。【略】司倉掌辨九穀之物，以量國用。國用足，即蓄其餘，以待凶荒；不足則止。餘用足，則以粟貸人。春頒之，秋斂之。

又 卷六五《王仁恭傳》 于時天下大亂，百姓飢餒，道路隔絕，仁恭頗改舊節，受納貨賄，又不敢輒開倉廩，賑恤百姓。其麾下校尉劉武周與仁恭侍婢姦通，恐事泄，將爲亂，每宣言郡中曰：『父老妻子凍餒，填委溝壑，而王府君閉倉不救百姓，是何理也！』以此激怒衆，吏民頗怨之。其後仁恭正坐廳事，武周率其徒數十人大呼而入，因害之，時年六十。武周於是開倉賑給，郡內皆從之，自稱天子，署置百官，轉攻傍郡。

又 卷七一《誠節傳・張須陁》 張須陁，弘農閿鄉人也。性剛烈，有勇略。弱冠，從史萬歲討西爨，以功授儀同，賜物三百段。煬帝嗣位，漢王諒作亂并州，從楊素擊平之，加開府。大業中，爲齊郡丞。會興遼東之役，百姓失業，又屬歲饑，穀米踊貴，須陁將開倉賑給，官屬咸曰：『須待詔勑，不可擅與。』須陁曰：『今帝在遠，遣使往來，必淹歲序。百姓有倒懸之急，如待報至，當委溝壑矣。吾若以此獲罪，死無所恨。』先開倉而後上狀，帝知之而不責也。

《南史》卷二《宋太祖文帝紀》 〔元嘉十八年〕夏五月壬午，衛將軍南兗州刺史臨川王義慶、征北將軍南徐州刺史南譙王義宣，並開府儀同三司。甲申，沔水汎溢，害居人。

六月戊辰，遣使巡行賑贍。

又 〔元嘉二十年〕自去歲至是，諸州郡水旱傷稼。人大飢，遣使開倉賑卹。

又 〔大明元年夏四月〕辛酉，詔以都下疾疫，遣使存問，并給醫藥。其亡者隨宜賑卹。

又 八月，雍州大水，甲寅，遣加賑卹。

又 卷四上《齊世祖武帝紀》 〔建元四年〕秋八月己亥，使司徒參軍蕭琛聘于魏。吳興、義興大水。乙卯，蠲二郡租。

又 卷五《齊高宗明帝紀》 〔建武二年十二月〕吳、晉陵失稔之鄉，蠲三調有差。

又 〔永元元年秋七月〕丁亥，都下大水，死者甚衆。賜死者材器，並加振卹。

八月乙巳，蠲遇水資財漂蕩者今年調稅。

又 卷一六《王玄謨傳》 玄謨尋遷徐州刺史，加都督。時北土災饉，乃散私穀十萬斛牛千頭以賑之。

《北史》卷一《魏太宗明元帝紀》 〔神瑞二年冬十月〕丙寅，詔以頻遇霜旱，年穀不登，命出布帛倉穀以振貧窮。

又 〔泰常〕三年春三月，晉人來聘。庚戌，幸西宮。以勃海、范陽郡去年水，復其租稅。

又 〔泰常三年〕秋七月戊午，車駕至京師。八月，雁門、河內大雨水，復其租稅。

又 〔泰常八年〕是歲飢，詔所在開倉振給。

又 卷二《魏世祖太武帝紀》 〔神䴥四年〕定州人飢，詔開倉以振之。

又 〔太平真君元年〕是歲，州鎮十五飢，詔開倉振恤之。

又 〔太平真君九年〕山東人飢，詔開倉振之。

又 〔興安元年十二月〕癸亥，詔以營州蝗，開倉振恤。

又 〔太安三年〕十二月，州鎮五蝗，百姓飢，使開倉振給之。

又 〔太安五年〕冬十二月戊申，詔以六鎮、雲中、高平、二雍、秦州徧遇災旱，年穀不收，開倉廩振乏。有徙流者，喻還桑梓。

又 〔和平五年〕二月，詔以州鎮十四去歲蟲水，開倉振恤。

又 〔天安元年〕是歲，州鎮十一旱，人飢，開倉振恤。

又 〔皇興二年〕十一月，州鎮二十七水旱，詔開倉振恤。

又 〔皇興四年〕四年春正月，州鎮大飢，詔開倉振恤。

又 卷三《魏高祖孝文帝紀》 〔延興二年九月〕己酉，詔以州鎮十一水旱，丐其田租，開倉振恤。又詔流迸之人，皆令還本，違者徙邊。

又 〔延興三年〕州鎮十一水旱，丐人田租，開倉振恤。

又　［延興四年］州鎮十三大飢，丐人田租，開倉振之。

又　［太和元年春正月］雲中飢，開倉振恤。【略】丙午，詔曰：『去年牛疫，死傷太半。今東作既興，人須肄業，其敕在所督課田農，有牛者加勤於常歲，無牛者倍庸於餘年。一夫制田四十畝，中男二十畝，無令人有餘力，地有遺利。』

又　［太和元年十二月］丁未，州郡八水旱蝗，人飢，詔開倉振恤。

又　［太和二年］州鎮二十餘水旱，人飢，詔開倉振恤。

又　［太和三年］六月辛未，以雍州人飢，開倉振恤。

又　［太和四年］是歲，郡鎮十八水旱，人飢，詔開倉振恤。

又　［太和六年］八月癸未朔，分遣大使巡行天下遭水之處，丐其租賦，貧儉不自存者，賜以粟帛。

又　［太和六年七月］丁卯，詔青、齊、光、東徐四州戶，運倉粟二十萬石送瑕丘、琅邪，復租算一年。三月甲戌，以冀、定二州飢，詔郡縣爲粥於路以食之，又弛關津之禁。

又　［太和八年］十二月，州鎮十五水旱，人飢，詔使者開倉振恤。

又　［太和十年］十二月乙酉，汝南、潁川飢，詔丐人田租，開倉振恤。

又　［太和］十一年春正月丁亥朔，詔定樂章，非雅者除之。二月甲子，肆州之雁門及代郡人飢，詔開倉振恤。

夏五月癸巳，南平王渾薨。甲午，詔復七廟子孫及外戚緦服已上，賦役無所與。六月辛巳，秦州人飢，詔開倉振恤。

秋七月己丑，詔今年穀不登，聽人出關就食。遣使者造籍，分遣去留，所在開倉振恤。

又　［太和二十年］十二月甲子，以西北州郡旱儉，遣侍臣巡察，開倉振恤。【略】戊辰，置常平倉。

又　卷四《魏世宗宣武帝紀》　［太和二十三年］是歲，州鎮十八水饑，分遣使者，開倉振恤。

又　［景明元年］是歲，州鎮十七大饑，分遣使者，開倉振恤。

又　［正始四年八月］辛丑，敦煌人饑，詔開倉振恤。【略】丙戌，司州人饑，詔開倉振恤。

又　永平元年春三月戊子，皇子昌薨。丙午，以去年旱儉，遣使者所在振恤。

又　［永平二年］夏四月己酉，武川鎮饑，詔開倉振恤。

又　［永平三年］五月丁亥，冀、定二州旱儉，詔開倉振恤。

又　延昌元年春正月乙巳，以頻年水旱，百姓饑弊，分遣使者，開倉振恤。丙辰，以尚書令高肇爲司徒，清河王懌爲司空。三月甲午，州郡十一大水，詔開倉振恤。以京師穀貴，出倉粟八十萬石以振恤貧者。己未，安樂王詮薨。

夏四月，詔以旱故，斷食粟之畜。丁卯，詔曰：『遷京嵩縣，年將二紀，博士端然虛祿。靖言念之，有兼愧慨。可嚴敕有司，國子學，孟冬使成；太學、四門，明年暮春令就。』戊辰，以旱故，詔尚書與羣司鞫理獄訟。辛未，詔饑人就穀六鎮。丁丑，帝以旱故，減膳徹懸。癸未，詔曰：『肆州地震陷裂，死傷甚多。亡者不可復追，生病宜加療救。可遣太醫、折傷醫并給所須藥就療。』乙酉，大赦，改元。詔立理訴殿、申訟車，以盡冤窮之理。五月丙午，詔天下有粟之家，供年之外，悉貸饑人。自二月不雨至於是月。己未晦，日有蝕之。六月壬申，澍雨大洽。戊寅，通河南牝馬之禁。庚辰，詔出太倉粟五十萬石，以振京師及州郡饑人。

又　［延昌］二年春正月戊戌，帝御申訟車，親理冤訟。二月丙辰朔，振恤京師貧人。甲戌，以六鎮大饑，開倉拯贍。己卯，進太尉、高陽王雍位太保。閏月辛丑，以苑牧地賜代遷人無田者。

是春，人饑，死者數萬口。

夏四月庚子，以絹十五萬疋振河南郡人。五月甲寅朔，日有蝕之。是月，壽春大水，遣平東將軍奚康生等步騎數千赴之。六月乙酉，青州人饑，詔使者開倉振恤。甲午，曲赦揚州。辛亥，帝御申訟車，親理冤訟。是夏，十三郡大水。

秋八月辛卯，詔以水旱饑儉，百姓多陷罪辜，降死以下刑。九月丙辰，以貴族豪門，崇習奢侈，詔尚書嚴立限級，節其流宕。

冬十月，詔以恒、肆地震，人多死傷，重丐一年租賦。十二月丙戌，丐洛陽、河陰二縣租賦。乙巳，詔以恒、肆地震，人多離災，其有課丁沒盡，老幼單立，家無受復者，各賜廩粟，以接來稔。【略】

三年春二月乙未，詔曰：『肆州秀容郡敷城縣、雁門郡原平縣並自去年四月以來山鳴地震，于今不已。告譴彰咎，朕甚懼焉。可恤瘼寬刑，以答災譴。』

夏四月，青州人饑。辛巳，開倉振恤。乙巳，上御申訟車，親理冤訟。

又［熙平二年］冬十月，以幽、冀、滄、瀛、光五州饑，遣使巡撫，開倉振恤。

又 卷六《齊高祖神武帝》［天平四年］二月乙酉，神武以并、肆、汾、建、晉、東雍、南汾、秦、陝九州霜旱，人飢流散，請所在開倉振給。

又［武定］二年三月癸巳，神武巡行冀、定二州，因朝京師。以冬春亢旱，請蠲縣責，振窮乏，宥死罪以下。又請授老人板職各有差。四月丙辰，神武還晉陽。

又 卷一《隋高祖文帝紀》［開皇六年］八月辛卯，關内七州旱，蠲其賦税。

又 卷一六《拓跋鑒傳》 屬徐、兗大水，人多飢餓，鑒表加賑恤，人賴以濟。

又 卷三三《李元忠傳》 後爲光州刺史，時州境災儉，人皆菜色，元忠表求賑貸，被報聽用萬石。元忠以爲少，遂出十五萬石賑之。事訖，表陳，朝廷嘉而不責。徵拜侍中。

又 卷四五《李元護傳》 州内飢儉，表請振貸，蠲其賦役。

又 卷七四《郭衍傳》 開皇元年，衍復舊姓爲郭氏。突厥犯塞，以衍爲行軍總管，領兵屯平涼。數歲，虜不入境。徵爲開漕渠大監。部率水工，鑿渠引渭水，經大興城北，東至潼關，漕運四百餘里，關中賴之，名曰富人渠。五年，授瀛州刺史，遇秋霖大水，其屬縣多致漂没，人皆上高樹，依大冢。衍親備船栰，并齎糧食拯救之，民多獲濟。衍先開倉賑恤，後始聞奏。上大善之，遷授朔州總管。

唐 王維《王右丞集箋注》卷一八《請回前任司職田粟施貧人粥狀》

右：臣比見道路之上，凍餒之人，朝尚呻吟，暮填溝壑。陛下聖慈憐愍，煮公粥施之，頃年已來，多有全濟。至仁之德，感動上天，故得年穀頻登，逆賊皆滅。報施之應，福祐昭然。臣前任中書舍人、給事中，兩任職田，並合交納，近奉恩敕，不許並請。望將一司職田，回與施粥之所，於國家不減數粒，在窮窘或得再生。庶以上福聖躬，永宏寶祚，仍望令劉晏分付所由訖，具數奏聞。如聖恩允許，請降墨敕。

唐 劉晏《停免修築練湖狀》《吴中水利全書》卷一三 東都河南江淮等道轉運使、檢校户部尚書兼御史大夫劉晏狀：得刺史韋損、丹陽耆壽等狀，上件湖，案《圖經》，周回四十里。比被丹徒百姓築堤横截一十四里，開瀆口泄水，取湖下地作田。其湖未被隔斷已前，每正春夏，雨水漲滿，側近百姓，引溉田苗。官河水乾淺，又得湖水灌注，租庸轉運，及商旅往來，免用牛牽。若霖雨泛溢，即開瀆泄水，通流入江。自被築隄已來，湖中地窄，無處貯水，横隄壅礙，不得北流。秋夏雨多，即向南奔注，丹陽、延陵、金壇等縣，良田八九千頃，常被淹没。稍遇亢陽，近湖田苗，無水溉灌。所利一百一十五頃田，損三縣百姓之地。今已依舊漲水爲湖，官河又得通流，邑人免憂旱淹。奏聞中書門下，牒浙西觀察使與韋損，勿使更令修築，致有妨奪。永泰二年四月十九日。

唐 吴兢《貞觀政要》卷八《務農第三十》 貞觀二年，京師旱，蝗蟲大起。太宗入苑視禾，見蝗蟲，掇數枚而咒曰：『人以穀爲命，而汝食之，是害於百姓。百姓有過，在予一人，爾其有靈，但當蝕我心，無害百姓。』將吞之，左右遽諫曰：『恐成疾，不可。』太宗曰：『所冀移災朕躬，何疾之避！』遂吞之。自是蝗不復爲災。

唐 權德輿《權載之文集》卷四四《中書門下賀德音減放夏麥并賑給表》 臣某等言：『伏奉今日制，奉先等五縣夏麥，除得水利外，損者並放。長安等一十八縣，更審巡覆聞奏，即有進止，仍委有司計會賑給者。』伏惟陛下愛人之心，與天合德，憂勤亭育，務盡其宜。頃者春澤愆期，夏麥非稔。若保赤子，軫於皇情。降損寢食，虔恭齋禱。一時不雨，已深求瘼之恩；一穀未登，則下責躬之詔。蠲其南畝之税，賑以太倉之儲。德音霈然，動植相賀；惨怛之愛，纖悉無遺。中戒官司，定理明聖澤。懽聲發於轂下，嘉氣周於域中。凡在生靈，孰不鼓舞？臣等謬居近列，首奉鴻私；既乖燮理之能，倍切負乘之懼。無任捧戴慶抃之至！謹奉表陳賀以聞。

唐 高果《對徵什一税判》《文苑英華》卷五二七 長安縣徵什一税。百姓訴云：取已過半，人將不農。縣官云：恐國用不足。

眷彼長安，是稱輦轂，詢於百姓，賦彼三農。儻儲廩之未供，在畎畝而攸給，稽諸魯史，什一税而可徵；詠彼魏風，三百廛而斯取。是爲盍徹，未抵彝倫，雖過半有詞，且悲杼軸；而官惟恤隱，宜室盈庭。如或水旱不時，藨蓘無取，歲莫資於稼穡，人必慮其流亡。則徹田爲糧，盡輸王府；而賑廩同食，猶餼疲人。將循古而知方，亦從權而未爽。

《舊唐書》卷二《太宗紀上》［貞觀元年］是夏，山東諸州大旱，令所在賑恤，無出今年租賦。

又［貞觀元年］八月戊戌，貶侍中、義興郡公高士廉爲安州大都督。戶部尚書裴矩卒。是月，關東及河南、隴右沿邊諸州霜害秋稼。

九月辛酉，命中書侍郎溫彦博、尚書右丞魏徵等分往諸州賑恤。

又 卷三《太宗紀下》［貞觀七年］八月，山東、河南三十州大水，遣使賑恤。

又［貞觀八年］七月，始以雲麾將軍階爲從三品。隴右山崩，大蛇屢見。山東、河南、淮南大水，遣使賑恤。

又 卷四《高宗紀上》［永徽］二年春正月戊戌，詔曰：『去歲關輔之地，頗弊蝗螟，天下諸州，或遭水旱，百姓之間，致有罄乏。此由朕之不德，兆庶何辜？矜物罪己，載深憂惕。今獻歲肇春，東作方始，糧廩或空，事資賑給。其遭蟲水處有貧乏者，得以正、義倉賑貸。雍、同二州，各遣郎中一人充使存問，務盡哀矜之旨，副朕乃眷之心。』

又 卷五《高宗紀下》［總章二年］六月戊申朔，日有蝕之。括州大風雨，海水泛溢永嘉、安固二縣城郭，漂百姓宅六千八百四十三區，溺殺人九千七十、牛五百頭，損田苗四千一百五十頃。冀州大水，漂壞居人廬舍數千家。並遣使賑給。

秋七月，劍南益、瀘、巂、茂、陵、邛、雅、緜、翼、維、始、簡、資、榮、隆、果、梓、普、遂等一十九州旱，百姓乏絶，總三十六萬七千六百九十戶，遣司珍大夫路勵行存問賑貸。

又［總章三年］是歲，天下四十餘州旱及霜蟲，百姓飢乏，關中尤甚。詔令任往諸州逐食，仍轉江南租米以賑給之。

又［咸亨四年秋七月］辛巳，婺州暴雨，水泛溢，漂溺居民六百家，詔令賑給。

又［上元三年八月］青、齊等州海泛溢，又大雨，漂溺居人五千家，遣使賑卹之。

又［儀鳳二年］夏四月，以河南、河北旱，遣使賑給。

又［調露二年］九月，河南、河北諸州大水，遣使賑卹，溺死者官給棺槥，其家賜物七段。【略】

十一月朔，日有蝕之。洛州饑，減價官糶，以救饑人。

又 卷六《則天皇后紀》［垂拱四年］山東、河南甚飢乏，詔司屬卿王及善、司府卿歐陽通、冬官侍郎狄仁傑巡撫賑給。

又［載初三年］秋七月，大雨，洛水泛溢，漂流居人五千餘家，遣使巡問賑貸。

又［大足四年］十一月，李嶠爲地官尚書，張柬之爲鳳閣鸞臺平章事。自九月至於是，日夜陰晦，大雨雪，都中人有飢凍死者，令官司開倉賑給。

又 卷七《中宗紀》［神龍元年夏四月］同官縣大雨雹，燕雀多死，漂溺居人四百家，遣使賑給。

又［神龍元年］六月丁巳，河北十七州大水，漂没人居。【略】戊辰，洛水暴漲，壞廬舍二千餘家，溺死者甚衆。

又［神龍元年］八月戊申，以水災，令文武官九品以上直言極諫。河南洛陽百姓被水兼損者給復一年。

又［神龍二年十二月］丙戌，以突厥犯邊，京師亢旱，令減膳徹樂。河北水，大飢，命侍中蘇瓌存撫賑給。

又［神龍三年］是夏，山東、河北二十餘州旱，飢饉疾疫死者數千計，遣使賑卹之。

又 卷八《玄宗紀上》［開元］二年春正月，關中自去秋至于是月不雨，人多饑乏，遣使賑給。

又［開元十四年］是秋，十五州言旱及霜，五十州言水，河南、河北尤甚，蘇、同、常、福四州漂壞廬舍，遣御史中丞宇文融檢覆賑給之。

又［開元二十一年］夏四月丁巳，以久旱，命太子少保陸象先、戶部尚書杜暹等七人往諸道宣慰賑給，及令黜陟官吏，疏決囚徒。

又 是歲，關中久雨害稼，京師饑，詔出太倉米二百萬石給之。

又［開元二十二年］二月壬寅，秦州地震，廨宇及居人廬舍崩壞殆盡，壓死官吏以下四十餘人，殷殷有聲，仍連震不止。命尚書右丞相蕭嵩往祭山川，並遣使存問賑恤之，壓死之家給復一年，一家三人已上死者給復二年。

又［開元二十三年］八月戊子，制鰥寡惸獨免今年地稅之半，江淮已南有遭水處，本道使賑給之。

又 卷九《玄宗紀下》［開元二十九年］九月，大雨雪，稻禾偃折，又霖雨月餘，道途阻滯。

是秋，河北博、洺等二十四州言雨水害稼，命御史中丞張倚往東都及河北賑恤之。

又卷一三《德宗紀》［貞元八年］八月乙丑，以天下水災，分命朝臣宣撫賑貸。河南、河北、山南、江淮凡四十餘州大水，漂溺死者二萬餘人。

又卷一四《憲宗紀上》［元和四年秋七月］丁未，渭南暴水，壞廬舍二百餘戶，溺死六百人，命府司賑給。

又［元和四年］十一月癸卯朔，浙西蘇、潤、常州旱儉，賑米二萬石。

又卷一五下《憲宗紀下》［元和七年］二月庚寅朔。壬辰，詔以去秋旱歉，賑京畿粟二十萬石；其元和六年春賑貸百姓粟二十四萬石，並宜放免。

又［元和七年］五月戊午朔。庚申，上謂宰臣曰：『卿等累言吴越去年水旱，昨有御史自江淮迴，言不至爲災，人非甚困。』李絳對曰：『臣得兩浙、淮南狀，繼言歉旱。方隅授任，皆朝廷信重之臣。御史非良，或容希媚，此正當姦佞之臣。況推誠之道，君人大本，任大臣以事，不可以小臣言間之。伏望明示御史姓名，正之典刑。』上曰：『卿言是也。朝廷大體，以恤人爲本，一方不稔，即宜賑救，濟其饑寒，況可疑之也！向者不思而有此問，朕言過矣。』絳等拜賀。癸亥，熒惑近太微右執法。

又［元和九年］丁未，詔以歲飢，放關内元和八年已前逋租錢粟，賑常平義倉粟三十萬石。

又［元和一一年夏四月］丁巳，以徐、宿飢，賑粟八萬石。

又卷一六《穆宗紀》［長慶二年秋七月］丁未，内出綾絹五十萬匹付度支，以供軍用。陳、許水災，賑粟五萬石。

又［長慶二年十二月］淮南奏和州飢，烏江百姓殺縣令以取官米。甲午，内出絹二百匹，賑兩市癃殘窮者。

又卷一七下《文宗紀下》［大和四年秋七月］劍南東、西兩川水，遣使宣撫賑給。

又［大和］六年春正月乙未朔，以久雪廢元會。戊戌，振武李泳招收得黑山外契苾部落四百七十三帳。壬子，詔：『朕聞「天聽自我人聽，天視自我人視」。朕之菲德，涉道未明，不能調序四時，導迎和氣。自去冬已來，踰月雨雪，寒風尤甚，頗傷于和。念兹庶甿，或罹凍餒，無所假貸，莫能自存。中宵載懷，旰食興歎，怵惕若厲，時予之辜。思弘惠澤，以順時令。天下死罪囚，除官典犯贓、故意殺人外，并降從流，流已下遞降一等。應京畿諸縣，宜令以常平義倉斛斗賑恤。京城内鰥寡癃殘無告不能自存者，委京兆尹量事濟恤，具數以聞。言念赤子，視之如傷。天或警予，示此陰沴，撫躬夕惕，予甚悼焉。』羣臣拜表上徽號。【略】

二月甲子朔，以前義昌軍節度使殷侑檢校吏部尚書，充天平軍節度、鄆曹濮等州觀察使，代令狐楚；以楚檢校右僕射，兼太原尹、北都留守、河東節度使。戊寅，蘇、湖二州水，賑米二十二萬石，以本州常平義倉斛斗給。

又［大和六年五月］壬子，浙西丁公著奏杭州八縣災疫，賑米七萬石。【略】庚申，詔：『如聞諸道水旱害人，疾疫相繼，宵旰罪己，興寢疚懷。今長吏奏申，札瘥猶甚。蓋教化未感於蒸人，精誠未格於天地，法令或爽，官吏爲非。有一於兹，皆傷和氣。並委中外臣僚，一一具所見聞奏，朕當親覽，無憚直言。其遭災疫之家，一門盡歿者，官給凶器。其餘據其人口遭疫多少，與減税錢。疫疾未定處，官給醫藥。諸道既有賑賜，國費復慮不充，其供御所須及諸公用，量宜節減，以救凶荒。』

又［大和七年春正月］壬子，詔：『朕承上天之睠佑，荷列聖之丕圖，宵旰憂勞，不敢暇逸，思致康乂，八年于兹。而水旱流行，疫疾作沴，兆庶艱食，札瘥相仍。蓋德未動天，誠未感物，一類失所，其過在予。載懷罪己之心，深軫納隍之歎。如聞關輔、河東，去年亢旱，秋稼不登，今春作之時，農務又切，若不賑救，懼至流亡。京兆府賑粟十萬石，河南府、河中府、絳州各賜七萬石，同、華、陝、虢、晉等州各賜十萬石，並以常平義倉物充。』

又卷三七《五行志》開元四年五月，山東螟蝗害稼，分遣御史捕而埋之。汴州刺史倪若水拒御史，執奏曰：『蝗是天災，自宜修德。劉聰時，除既不得，爲害滋深。』宰相姚崇牒報之曰：『劉聰僞主，德不勝妖；今日聖朝，妖不勝德。古之良守，蝗蟲避境，若言修德可免，彼豈無德致然。今坐看食苗，忍而不救，因此饑饉，將何以安？』卒行埋瘞之法，獲蝗一十四萬，乃投之汴河，流者不可勝數。朝議喧然，上復以問崇，崇對曰：『凡事有違經而合道，反道而適權者，彼庸儒不足以知之。縱除之不盡，猶勝養之以成災。』帝曰：『殺蟲太多，有傷和氣，公其思之。』崇曰：『若救人殺蟲致禍，臣所甘心。』八月四日，敕河南、河北檢校捕蝗使狄光嗣、康瓘、敬昭道、高昌、賈彦璿等，宜令待蟲盡而刈禾將畢，即入京奏事。諫議大夫韓思復上言曰：『伏聞河北蝗蟲，頃日益熾，經歷之處，苗稼都盡。臣望陛下省咎責躬，發使宣慰，損不急之務，去至冗之人。上下同心，君臣一德，持此至誠，以答休咎。前後捕蝗使望並停之。』上出符疏付中書姚崇，乃令思復往山東檢視蟲災之所，及還，具以聞。二十五年，貝州蝗食苗，有白鳥數萬，羣飛食蝗，一夕而盡。明年，榆林關有虸蚄食苗，羣雀來食，數日而盡。

又 興元元年秋，關輔大蝗，田稼食盡，百姓饑，捕蝗爲食，蒸曝，颺去足翅而食之。明年夏，蝗尤甚，自東海西盡河、隴，羣飛蔽天，旬日不息。經行之處，草木牛畜毛，靡有孑遺。關輔已東，穀大貴，餓饉枕道。京師大亂之後，李懷光據河中，諸軍進討，國用罄竭。衣冠之家，多有殍殕者。旱甚，灞水將竭，井皆無水。有司奏國用裁可支七旬。德宗減膳，不御正殿。百司不急之費，皆減之。

《舊五代史》卷六《梁書・太祖紀六》［開平四年十二月］己巳，詔曰：『滑、宋、輝、亳等州，水潦敗傷，人戶愁嘆，朕爲民父母，良用痛心。其令本州分等級賑貸，所在長吏監臨周給，務令存濟。』壬辰，賑貸東都畿內，如宋、滑制。

又 卷四三《唐書・明宗紀九》［長興三年六月］甲子，以大雨未止，放朝參兩日。洛水漲泛二丈，廬舍居民有溺死者。【略】金、徐、安、潁等州大水，鎮州旱。詔應水旱州郡，各遣使人存問。

［長興三年秋七月］丁未，以門下侍郎兼吏部尚書、同平章事、監修國史趙鳳爲檢校太傅、同平章事，充邢州節度使。詔諸州府遭水人戶各支借麥種及等第賑貸。

又 卷五九《唐書・袁象先傳》 天祐三年，授陳州刺史、檢校司空。是歲，陳州大水，民饑，有物生於野，形類蒲萄，其實可食，貧民賴焉。梁開平二年，授左英武軍使，再遷左神武、右羽林統軍。三年，轉右衛上將軍，封汝南縣男。四年，權知宋州留後，到任五月，改天平軍兩使留後。時鄆境再饑，戶民流散，象先即開倉賑卹，蒙賴者甚衆。

又 卷七九《晉書・高祖紀五》［天福六年夏四月］乙巳，齊、魯民饑，詔兗、鄆、青三州發廩賑貸。

又 卷八一《晉書・少帝紀一》［天福八年春正月］河南府上言：『逃戶凡五千三百八十七，餓死者兼之。』詔：『諸道以廩粟賑饑民，民有積粟者，均分借便，以濟貧民。』時州郡蝗旱，百姓流亡，餓死者千萬計，東都人士僧道，請車駕復幸東京。

《唐會要》卷四四《水灾下》［貞元］十八年，蔡申光等州水，賜物五萬段，米十萬石，鹽三千石，以賑貧民。

又 ［太和］四年九月，舒州太湖宿松望江大水災，溺民戶六百八十，詔本道以義倉斛斗賑貸。其年十一月，京畿河南江南湖南等道，大水害稼，詔本道節度觀察使，出官米賑給。五年六月，蘇、杭、湖三州雨水害稼，東川奏玄武江水漲二丈餘，壞州人廬舍。六年二月，以去歲蘇湖大水，宜賑貸二十二萬石，以本州常平義倉斛斗充給。

又 卷五二《識量下》［元和］七年五月，上謂宰臣曰：比者，見卿等累言，吴越去歲水旱，昨有御史推覆，至自江淮，乃言不至爲災，人非甚困，不知竟有此否，李絳對曰：臣昨見浙西東及淮南奏狀云，本道水旱，稻麥不登，至有百姓逐食，多去鄉井，各請設法招攜，意懼朝廷罪責，苟非事實，何敢上陳，況天災流行，年歲代有，方隅授任，皆朝廷信重之臣，此固非虛說也，御史官輩，選擇非必能賢，奏報之間，或容希媚，此正當奸佞之臣，近有兩輩御史，至江淮推鞫，今理當詰逐，不知言者之名，伏望明示典法，推誠於人，夫本任大臣以事，不可以小臣之言間之。上曰：卿言是也，朝廷大體，以恤人爲本，苟一方不稔，當即日賑救，濟其饑寒，不可疑之也，向者不思，而有此問，朕知言之過矣，絳等稽首陳賀，於是命自今凡有被饑饉之境，速蠲其賦。

又 卷七七《貢舉下・巡察按察巡撫等使》 儀鳳二年五月，河南河北旱，遣御史中丞崔謐等，分道存問賑給，侍御史劉思立上疏曰：今麥序方秋，蠶功未畢，三時之務，萬姓所先，敕使撫巡，人皆悚忭，忘其家業，冀此天恩，踴躍參迎，必難抑止，集衆既廣，妨廢亦多，加以途程往還，兼之晨夕停滯，既緣賑給，須立簿書，本欲安存，卻成煩擾，又無驛之處，取馬稍難，簡擇公私，須先追集，雨後農要特切，常情暫廢須臾，即虧歲計，每爲一馬，遂勞數家，從此相承，恐更滋甚，望且委州縣賑給，待秋後閒時，出使褒貶。

又 貞元八年八月，詔曰：朕以薄德，託於人上，勵精庶政，思致雍熙，而誠不動天，政或多闕，陰氣作沴，暴風薦臻，自江淮而及乎荊襄，歷陳宋而施於河朔，其間郡邑，連有水災，城郭多傷，公私爲害，損壞廬舍，浸敗田苗，或親戚漂淪，或資產沈溺，言念於此，當食忘飡，宜令中書舍人奚陟，往江陵及襄郡，隨、復、鄂、申、光、蔡等州，左庶子姚齊語，往陳宋亳潁徐泗濠等州，祕書少監雷咸，往鎮、冀、德、隸、深、趙等州，京兆少尹韋武，往揚、楚、廬、潤、壽、滁、蘇、常、湖等州宣撫，應諸州百姓，因水不能自存者，委宣撫使賑給，死者各加賜物，在官爲收理埋瘞，其田苗所損，委宣撫使與所在長吏速具聞奏。於戲，一夫不獲，一物失所，刑罰不中，賦役不均，皆可以失陰陽之和，致雨旱之沴，繫囚及獄訴久不決者，委所在長吏，即與疏辯，務從寬簡，俾絕冤滯，貪官暴吏，苛法害公，特加懲罰，用明典憲，災傷之後，切在撫綏，咨爾方鎮之臣，洎乎守宰，咸宜悉乃心力，以恤凶災，宣布朕懷，使各知悉。

又 元和四年正月，以左司郎中鄭敬，使湖南宣歙，吏部郎中崔芃，使浙東，司封郎中孟簡，使山南東道荊南湖南，京兆少尹襄武，使江西鄂岳等道宣撫，將行，並召對，上告之曰：朕宮中用度，一匹以上，皆有簿歷，惟拯救百姓，則不計所費焉，卿等今者賑恤災旱，當勤於奉職，勿如潘孟陽，所到務飲酒遊山寺而已，仍許敬等以便宜行事，以孟簡獨衣綠，遣使追賜緋袍銀魚。

《新唐書》卷三《高宗紀》 ［永徽］二年正月戊戌，開義倉以賑民。

又 ［開耀元年］八月丁卯，以河南、河北大水，遣使賑乏絕，室廬壞者給復一年，溺死者贈物，人三段。

又 卷八《宣宗紀》 ［大中九年］七月，以旱遣使巡撫淮南，減上供饋運，蠲逋租，發粟賑民。

《新五代史》卷八《晋書·高祖紀》 ［天福三年八月］己丑，蠲水旱民稅。

又 卷四七《雜傳·安彦威》 晉高祖入立，拜彦威北京留守，徙鎮歸德。是時，河決滑州，命彦威塞之，彦威出私錢募民治隄。遷西京留守，遭歲大饑，彦威賑撫饑民，民有犯法，皆寬貸之，饑民愛之，不忍流去。

《資治通鑒》卷四九《漢紀四十一》 ［永初二年］御史中丞樊準以郡國連年水旱，民多飢困，上疏：『請令太官、尚方、考功、上林池籞諸官，實減無事之物；賢曰：前書百官表：少府，掌山海、池澤之稅，屬官有太官、考工、尚方，上林中十池監。太官掌御膳飲食，考工主作器械，尚方主作刀劍。實減，謂實覈其數減之也。考功，當作工。籞，偶許翻。五府調省中都官吏、京師作者。賢曰：五府，謂太傅、太尉、司徒、司空、大將軍也。調，徵發也。省，減也。中都官吏，在京師之官吏也。作，謂營作者也。余按是時不拜大將軍，獨鄧騭爲車騎將軍耳。調，徒弔翻。又，被災之郡，百姓凋殘，恐非賑給所能勝贍，被，皮義翻。勝，音升。雖有其名，終無其實。可依征和元年故事，賢曰：武帝征和元年詔曰：『當今務在禁苛暴，止擅賦，力本農桑，毋乏武備而已。』余據此乃征和四年詔也。征和元年，當有遣使慰安故事。遣使持節慰安，尤困乏者徙置荊、揚孰郡。孰，古熟字通。今雖有西屯之役，宜先東州之急。』西屯，謂討羌之師。東州，謂雒陽以東冀、兖諸州被水旱也。先，悉薦翻。太后從之，悉以公田賦與貧民，賦，布也。卽擢準與議郎呂倉並守光祿大夫。二月乙丑，遣準使冀州、倉使兖州稟貸，流民咸得蘇息。稟，給也。貸，施也。死而更生曰蘇。氣絕而復續曰息。

又 卷八九《晋紀十一》 ［建興二年春正月］勒問浚之政事於王子春，子春曰：『幽州去歲大水，人不粒食，五穀不登，故不粒食。浚積粟百萬，不能賑贍，刑政苛酷，賦役殷煩，忠賢內離，夷狄外叛。人皆知其將亡，而浚意氣自若，曾無懼心，方更置立臺閣，布列百官，自謂漢高、魏武不足比也。』勒撫几笑曰：『王彭祖眞可擒也。』浚使者還薊，薊，音計。具言『石勒形勢寡弱，款誠無二。』浚大悅，益驕怠，不復設備。

又 卷一一一《晋紀三十三》 ［建龍三年］是歲，荊州大水，平地三丈，仲堪竭倉廩以賑飢民。賑，之忍翻。桓玄欲乘其虛而伐之，乃發兵西上，上，時掌翻。亦聲言救洛，與仲堪書曰：『佺期受國恩而棄山陵，宜共罪之。晉復洛陽以屬雍州統內，故玄以棄山陵罪佺期。今當入沔討除佺期，沔，彌兗翻。已頓兵江口。若見與無貳，與，許也，從也，黨也。心持兩端爲貳。可收楊廣殺之；如其不爾，便當帥兵入江。』入江，則欲攻江陵。帥，讀曰率；下同。時巴陵有積穀，玄先遣兵襲取之。梁州刺史郭銓當之官，路經夏口，夏，戶雅翻。玄詐稱朝廷遣銓爲己前鋒，乃授以江夏之衆，使督諸軍並進，密報兄偉令爲內應。偉遑遽不知所爲，遑，急也。遽，亦急也。自齎疏示仲堪。仲堪執偉爲質，質，音致。令與玄書，辭甚苦至。玄曰：『仲堪爲人無決，常懷成敗之計，爲兒子作慮，爲，于僞翻。我兄必無憂也！』

又 卷一二二《宋紀四》 ［元嘉十二年六月］揚州諸郡大水，己酉，運徐、豫、南兗穀以賑之。賑，津忍翻。揚州西曹主簿沈亮建議，以爲酒糜穀而不足療飢，自晉以來，公府分東、西曹，各有掾屬、主簿。請權禁止；詔從之。亮，林子之子也。沈林子隨武帝征伐有功。

又 卷一三二《齊紀二》 ［永明五年夏五月］魏春夏大旱，代地尤甚；加以牛疫，民餒死者多。六月癸未，詔內外之臣極言無隱。齊州刺史韓麒麟上表曰：『古先哲王，儲積九稔；古者，三年耕，餘一年食；九年耕，餘三年食。以三十年之通制國用，則當有九年之蓄。國無九年之蓄曰不足，無六年之蓄曰急，無三年之蓄曰國非其國也。稔，而廩翻。逮於中代，亦崇斯業，入粟者與斬敵同爵，力田者與孝悌均賞。漢令民入粟拜爵。又有孝悌力田之科。今京師民庶，不田者多，遊食之口，參分居二。自承平日久，豐穰積年，競相矜夸，遂成侈俗。貴富之家，童妾袨服，袨，黄練翻；袨服，美衣也。工商之族，僕隸玉食；張晏曰：玉食，珍食也。而農夫闕糟糠，蠶婦乏短褐。故令耕者日少，少，詩沼翻；下同。田有荒蕪；穀帛罄於府庫，寶貨盈於市里；衣食匱於室，麗服溢於路。飢寒之本，實在於斯。愚謂凡珍異之物，皆宜禁斷；斷，丁管翻。吉凶之禮，備爲格式；勸課農桑，嚴加賞罰。數年之中，必有盈贍。往年校比戶貫，毛晃曰：貫，鄉籍也。租賦輕少。臣所統齊州，租粟纔可給俸，略無入倉，俸，扶用翻。雖於民爲利而不可長久，脫有戎役，或遭天災，恐供給之方，無所取濟。可減絹布，增益穀租；年豐多積，歲儉出賑。歲入約少爲儉。賑，之忍翻；下同。所謂私民之穀，寄積於官，官有宿積，則民無荒年矣。』宿積，子智翻。秋七月己丑，詔有司開倉賑貸，聽民出關就食。魏都平城，郊畿之外，置關於要路以譏征。遣使者造籍，分遣去留，所過給糧廩，所至三長贍養之。

又 卷一五五《梁紀十一》〔大通三年夏四月〕每霖雨積雪，遣左右周行閭巷，視貧者賑之。行，下孟翻。賑，之忍翻。此所謂好行小惠也。

又 卷一八四《隋紀八》〔義寧元年八月〕河南、山東大水，餓殍滿野，殍，平表翻。煬帝詔開黎陽倉賑之，吏不時給，死者日數萬人。徐世勣言於李密曰：『天下大亂，本爲饑饉。爲，于僞翻。今更得黎陽倉，大事濟矣。』密遣世勣帥麾下五千人自原武濟河，《隋志》：原武縣屬滎陽郡，開皇十六年置。帥，讀曰率。會元寶藏、郝孝德、李文相及洹水賊帥張升、清河賊帥趙君德共襲破黎陽倉，據之，隋志：洹水縣屬魏郡，後周置。洹，于元翻，又音桓。帥，所類翻。《考異》曰：《河洛記》，今年四月，祖君彦檄云：『又得回洛，復取黎陽，天下之倉盡非隋有。』而九月魏徵啓方勸取黎陽。蓋君彦爲檄，欲虚張聲勢，非事實也。開倉恣民就食，浹旬間，得勝兵二十餘萬。浹，子協翻。勝，音升。《考異》曰：唐李勣傳：『勣初得黎陽倉，就食者數十萬人。魏徵、高季輔、杜正倫、郭孝恪皆客游其所，一見於衆人中，即加禮敬，引之臥內，談謔忘倦。』按徵爲元寶藏作啓，方謀取黎陽倉，高季輔已爲汲令，杜正倫爲羽騎都尉，郭孝恪先在密所：足知此事爲虚。今不取。余按隋置羽騎尉，『都』字衍。

又 卷一八九《唐紀五》〔武德四年十一月〕幽州大饑，高開道許以粟賑之。賑，津忍翻。李藝遣老弱詣開道就食，開道皆厚遇之。

又 卷一九二《唐紀八》〔武德九年六月〕山東大旱，詔所在賑恤，無出今年租賦。賑，忍津翻。

又 卷二〇二《唐紀十八》〔儀鳳二年夏四月〕詔以河南、北旱，遣御史中丞崔謐等分道存問賑給。侍御史寧陵劉思立上疏，寧陵縣，漢屬陳留郡，曹魏至元魏，屬譙郡，後齊廢，隋開皇六年復置，屬宋州。賑，津忍翻。上，時掌翻。疏，所據翻。以爲：『今麥秀蠶老，農事方殷，敕使撫巡，人皆竦抃，忘其家業，冀此天恩，聚集參迎，妨廢不少。使，疏吏翻。少，詩沼翻。既緣賑給，須立簿書，本欲安存，更成煩擾。望且委州縣賑給，待秋務閒，出使褒貶。』疏奏，謐等遂不行。使，疏吏翻。

又 卷二一四《唐紀三十》〔開元二十二年二月〕壬寅，秦州地連震，壞公私屋殆盡，吏民壓死者四千餘人；命左丞相蕭嵩賑恤。壞，音怪。賑，津忍翻。

又 卷二三四《唐紀五十》〔貞元八年秋七月〕河南北、江、淮、荆、襄、陳、許等四十餘州大水，溺死者二萬餘人，陸贄請遣使賑撫。上曰：『聞所損殊少，溺，奴狄翻。少，詩沼翻。即議優恤，恐生姦欺。』贄上奏，其略曰：『流俗之弊，多徇諂諛，揣所悦意則侈其言，度所惡聞則小其事，揣，初委翻。度，徒洛翻。惡，烏路翻。制備失所，恆病於斯。』制備，謂隨事爲之制而豫備也。恆，戶登翻。又曰：『所費者財用，所收者人心，苟不失人，何憂乏用！』上許爲遣使，爲，于僞翻。而曰：『淮西貢賦既闕，不必遣使。』贄復上奏，復，扶又翻。以爲：『陛下息師含垢，宥彼渠魁，渠，大也。魁，率也。惟茲下人，所宜矜恤。昔秦、晉讎敵，穆公猶救其饑，《左傳》：晉饑，秦輸之粟。秦饑，晉閉之糴；穆公伐晉，執惠公。而晉又饑，穆公復餼之粟，曰：『吾怨其君而矜其民。』況帝王懷柔萬邦，唯德與義，寧人負我，無我負人。』反曹操之言，則有帝王氣象。八月，遣中書舍人京兆奚陟等宣撫諸道水災。

又 卷二三七《唐紀五十三》〔元和四年春正月〕南方旱饑。庚寅，命左司郎中鄭敬等爲江、淮、二浙、荆、湖、襄、鄂等道宣慰使，賑恤之。將行，上戒之曰：『朕宮中用帛一匹，皆籍其數，惟賙救百姓，則不計費，卿輩宜識此意，勿效潘孟陽飲酒遊山而已。』事見元年。

又 卷二九〇《後周紀一》〔廣順二年六月〕丁酉，蜀大水入成都，《郡縣志》曰：李冰鑿離堆，又開二渠，由永康過新秦時，蜀守李冰穿二江成都中，皆可行舟。

繁入成都，謂之外江；又一渠，由永康過郫入成都，謂之內江。高駢未築羅城，內、外江皆從城西入。自駢築城，遂從西北作縻棗堰，外江遶城北而東注於合江，內江循城南而與外水俱注江。江自西來，其地勢高，所以有水患。漂沒千餘家，溺死五千餘人，壞太廟四室。壞，音怪。戊戌，蜀大赦，賑水災之家。

又 卷二九二《後周紀三》［顯德元年］是歲，湖南大饑，民食草木實；武清節度使、知潭州事周行逢自彭師屬等擁立馬希萼於衡山，自署武清節度使，王逵因之以授周行逢。開倉以賑之，全活甚衆。

《續資治通鑑長編》卷一［建隆元年春正月］乙卯，遣使往諸州賑貸。

又［建隆元年三月］乙酉，幸玉津園，遣使分詣京城門，賜饑民粥。

又 卷二［建隆二年閏三月］丁丑，金、商、房三州民饑，遣使賑之。

又［建隆二年十一月］癸未，詔以濠、楚民饑，令長吏開倉賑貸。

又 卷三［建隆三年］春正月己巳，命淮南道官吏發倉廩以賑饑民。初，戶部郎中沈義倫使吳越歸，言：『揚、泗饑民多死。郡中軍儲尚百餘萬可貸，至秋乃收新粟。』有司沮義倫曰：『若歲洊饑，將無所取償，孰當執其咎者？』上以詰義倫，義倫曰：『國家方行仁政，自宜感召和氣，立致豐稔，寧復憂水旱耶？』上悅，故有是命。倫傳不載其年，故事稱元年，寶訓稱二年，亦不知的是何日。按倫於二年二月壬戌初除戶部郎中，四月乙卯受詔分督在京諸倉，則使吳越必在督倉以後，安得尚指秋粟，其稱元年者誤也，稱二年者亦無所證據。而此年正月乃有此命，疑此即太祖用倫之言，故載於此。倫於此年十一月丙寅，乃自戶部郎中除給事中。

又［建隆三年三月］甲子，詔以沂州民饑，賜以種食。

又［建隆三年夏四月甲子］河北諸州旱，遣中使視之，又命司勳郎中何幼沖等六人，乘傳檢旱苗。幼沖，未見。

又［建隆三年秋七月］辛巳，遣給事中劉載等十一人，按行河北諸州旱田。

又［建隆三年十二月］戊戌，蒲、晉、慈、隰、相、衛六州饑，詔所在發廩賑之。

又 卷五［乾德二年二月］癸丑，遣給事中劉載賑陝州饑民。

又［乾德二年夏四月］戊申，詔諸州長吏視民田旱甚者即蠲其租，勿俟報。

令河中府發廩賑飢民。【略】

己巳，命轉涇州粟三萬石，以賑靈武飢民。新、舊錄又于十一月丁酉重載此，今不取。

又 卷六［乾德三年三月］癸酉，詔諸道發義倉賑飢民者，勿待報。

又 卷七［乾德四年三月］己卯，淮南諸州言江南饑民數千人來歸，令所在發廩賑之。

又［乾德四年秋七月庚辰］令華州民無出今年租，旱故也。

又 卷八［乾德五年秋七月］己酉，詔：『夏秋以來，水旱為沴，深慮民庶至於流離。宜令諸州長吏告民無轉徙，被災者蠲其賦。』

又 卷九［開寶元年春正月］丁酉，遣使發廩，賑陝、絳、懷等州飢民。

又［開寶元年］六月癸丑，詔諸州民田經霖雨及為河水所漂沒者，蠲其租。

又 卷一一［開寶三年六月己亥］汴水決宋州寧陵縣，發宋、亳丁夫塞之。又塞汴口以殺水勢。

秋七月壬寅，詔民訴水旱災傷者，夏不得過四月，秋不得過七月。《食貨志》便於此載荊湖、淮南、兩浙、川峽、廣南月限，蓋誤也。時浙、廣皆未歸朝，今從新錄。

又 卷一二［開寶四年十一月］壬戌，命潁州團練使曹翰塞澶州決河，濮州刺史安守忠副之。

又 卷一三［開寶五年五月］辛未，河大決澶州濮陽縣。壬申，命潁州團練使曹翰往塞之。翰辭於便殿，上謂曰：『霖雨不止，又聞河決。朕信宿以來，焚香上禱于天，若天災流行，願在朕躬，勿施於民。』翰頓首拜曰：『昔宋景公諸侯耳，一發善言，災星為之退舍。今陛下憂及兆民，懇禱如是，固宜上感天心，此必不能為災也。』

癸酉，上又謂宰相曰：『霖雨不止，朕日夜焦勞，罔知所措，得非時政有闕使之然耶？』趙普對曰：『陛下臨御以來，憂勤庶務，有弊必去，聞善必行，至於苦雨為災，乃是臣等失職。』上曰：『朕又思之，恐掖庭幽閉者衆。昨令徧籍後宮，凡三百八十餘人，因告諭願歸其家者，具以情言，得百五十餘人，悉厚賜遣之矣。』普等皆稱萬歲。

又［開寶五年六月］戊申，發諸州兵士及丁夫凡五萬人塞決河，命曹翰護其役。未幾，河所決皆塞。

是月，下詔曰：『近者澶、濮等數州霖雨洊降，洪河為患，朕以屢經決溢，重困黎元，每閲前書，詳究經瀆。案『經瀆』猶曰『經流』，宋史記改作『詳究溝瀆』，薛應旂《續通鑑》改作『詳究涇瀆』，並誤。至若夏后所載，但言導河至海，隨山濬川，未嘗聞力制湍流，廣營高岸。自戰國專利，堙塞故道，小以妨大，私而害公，九河之制遂隳，歷代之患弗弭。凡搢紳多士，草澤之倫，有素習河渠之書，深知疏導之策，若為經久，可免重勞，並許詣闕上書，附驛條奏。朕當親覽，用其所長，勉副詢求，即示甄奬。』

又 卷一四 ［開寶六年春正月］丙申，運京師米二萬石，賑曹州饑民。

又 ［開寶六年夏四月］先是，江南饑，詔諭國主借船漕湖南米麥以賑之。辛亥，國主遣使修貢謝恩。賜米麥，前已見。

又 卷一五 ［開寶七年春正月］甲戌，遣使發廪賑揚、楚等州饑民。

又 ［開寶七年夏四月］河中府及絳州民饑。丙申，詔發河中軍儲三萬石以賑之。

又 卷一八 ［太平興國二年夏四月］延州民饑，詔以粟二萬斛貸之。

又 ［太平興國二年六月］癸卯，知秦州張炳言：『先受詔以倉粟糶與貧民，使者劉文保復齎詔詔臣罷之，民饑益甚，轉死溝壑者愈衆。臣與文保矯詔開倉，救百姓倒垂之急，願以屬吏。』詔釋其罪。

又 ［太平興國二年秋七月］戊寅，遣左衛大將軍李崇矩馳驛自陝至滄、棣，按行河勢，視隄岸之缺，亟繕治之，民田被水災者，悉蠲其租。

自江南平，歲漕米數百萬石給京師，增廣倉舍，命常參官掌其出納，內侍副之。上猶恐吏槩量不平，遣皇城卒變服覘邏，於是廉得永豐倉持量者張遇等凡八輩受賕為姦，庚辰，悉斬之。監倉右監門衛將軍范從簡等四人免官，同監內侍決杖。

又 卷二〇 ［太平興國四年十二月］曹、鄆、淄三州水，蠲其租。太平州饑，賑之。

又 卷二三 ［太平興國七年春正月］初，太祖免潭州歲所調紙十年。期滿當徵，州言民飢，願竢豐歲乃輸，詔並除之。

又 ［太平興國七年二月庚午］詔開封府：近者蝗旱相仍，民多流徙，宜設法招誘，並令復歸，滿百日不至，其桑土並許他人承佃，便為永業。

又 ［太平興國七年秋七月］先是，袁廓知鄆州，河水溢入城，浸居民廬舍。至冬月，結為冰。廓大發民鑿取，以竹輿舁出城散積之。朝廷使者至，謂其方略，水獨不入城中，歸奏其狀。優詔褒奬，由殿中丞擢監察御史。及春解凍，州城地窪下，流澌自四隅入，民益被其患。於是河大漲，蹙清河浸州，城將陷，塞其門，急以聞。殿前承旨劉吉，江南人，習水事，詔吉往固之。吉率丁夫疊埽於張秋，堨河水回北流入平陰，俄而清河水退，鄆州不陷。

又 卷二四 ［太平興國八年春正月］周顯德中，宋州民飢，官出義倉米三萬四千石以貸，其後徵督，民多流移入它郡。乙酉，詔悉除之。

又 ［太平興國八年三月］己未，同州言民飢，發倉粟四萬斛賑之。

又 ［太平興國八年九月癸丑］郭守文塞決河堤，久不成。上謂宰相曰：『今歲秋田方稔，適值河決，塞治之役，未免重勞。言事者謂河之兩岸，古有遙堤以寬水勢，其後民利沃壤，或居其中，河之盛溢，即罹其患。當令按視，苟有經久之利，無憚復修。』戊午，遣殿中侍御史濟陰柴成務、本志作太常丞劉錫，今從實錄及會要。供奉官葛彥恭緣河北岸，國子監丞趙孚、殿直郭載緣河南岸，西自河陽，東至于海，同覽隄之舊址，凡十州二十四縣，並勒所屬官司條析隄內民籍、稅數，議蠲賦徙民，興復遙隄利害以聞。載，浚儀人也。

孚等使回，條奏曰：『臣等因訪遙隄之狀，所存者百無一二，完補之功甚大。臣聞堯非洪水不能顯至聖，禹非導川不能成大功。古者派為九河，始能無患，臣以謂治遙隄不如分水勢。自孟至鄆雖有隄防，惟滑與澶最為隘狹。於此二州之地，可立分水之制，宜於南北岸各開其一，北入王莽河以通於海，南入靈河以通於淮，節減暴流，一如汴口之法。其分水河，量其遠近作為斗門，啟閉隨時，務平均濟，通舟運，溉農田。如此，則惟天惠民，茂宣於德澤，分地之利，普洽於膏腴，既防水旱之災，可獲富庶之資也。』朝議以河決未平，重惜民力，寢其奏焉。時多陰雨，上以河決未塞，深憂之，謂宰相曰：『修防決塞，蓋不獲已，而秋霖薦降，役民滋苦，豈朕寡德，致其作沴乎？』趙普對曰：『堯水湯旱，時運使然，陛下勞謙勤卹，過自刻責，下臣恐懼無所措，望少寬宸慮，以竢天災弭息。』

甲子，詔：『臨淮、壽春浮梁，先禁馬高五尺以上，不得渡淮。今江、浙既平，吏猶守舊法，宜除之。』

乙丑，上謂宰相曰：『朕視萬民如赤子，念其耕稼之勤，春秋賦租，軍國用度所出，恨未能去之。比令兩稅三限外特加一月，而官吏不體朝旨，自求課最，恣行捶撻，督令辦集。此一事尤傷和氣，宜下詔申儆之。』乃詔：『諸州長吏，察訪屬縣，有以催科用刑殘忍者，論其罪。凡政治善惡既書於吏部南曹歷子，仍別以其狀聞，當申黜陟。』又謂宰相曰：『民訴水旱，即使檢覆，立遣上道，猶恐後時。頗聞使者或逗遛不發，州縣慮賦斂違期，日行鞭箠，民亦俟檢覆改種。若此稽緩，豈朕勤卹之意乎？自今遣使檢覆災旱，量其地之遠近、事之大小，立限以遣之。』

又 卷二五 ［雍熙元年春正月乙丑］澶州言民訴水旱二十畝以下求蠲稅者，所需孔多，請勿受其訴。上曰：『若此，貧民田少者，恩常不及矣。災沴蠲稅，政為窮困，豈以多少為限耶？』猶慮諸道不曉此意，辛未，詔自今民訴水旱，勿擇田之多少，悉與檢視。

又 卷二六 ［雍熙二年］秋七月，上謂宰相曰：『國家以百姓為本，百姓以食為命，故知儲蓄最為急務。昨江南災旱甚，亟遣使振貸，果無流亡盜賊之患，若非積聚，何以救之？』庚申，詔：『諸路轉運使及諸州長吏，專切督察知倉官吏等依時省視倉粟，勿致毀敗。其有計度支用外，設法變易，或出糶借貸與民及轉輸京師，如不省視而致損官粟者，雖去官猶論如律。』

又 卷二九 ［端拱元年春正月］丙午，詔諸道民有艱食者，所在發廩賑之。上謂宰相曰：『累年以來，百物豐阜，自京師達於四方，並無災沴，五穀順成，若非上穹降福，何以及此。今郡縣至廣，生齒甚眾，每聞一方小有兇歉，即命賑給，雖不能遍，亦表朕勤卹之意也。』趙普對曰：『文王葬枯骨，天下稱仁。夫民猶草也，草上之風必偃。若帝王用心行道，上合天意，民自悅服。臣等每聞陛下發言必思為蒼生建長利，寧憂和氣之不降也？』

又 卷三二 ［淳化二年］閏二月，以鄭文寶為陝西轉運使，許便宜從事，恣用庫錢。會歲歉，文寶誘豪民出粟三萬斛，活飢者八萬六千餘人。

又 卷三四 ［淳化四年］二月，上以江、淮、兩浙、陝西比歲旱災，民多轉徙，頗恣攘奪，抵冒禁法。己卯，遣工部郎中、直昭文館韓授，考功員外郎、直祕閣潘慎修等八人分路巡撫。所至之處，宣達朝旨，詢求物情，招集流亡，俾安其所，導揚壅遏，使得上聞，案決庶獄，率從輕典。有可以惠民者，悉許便宜從事。官吏有罷軟不勝任、苛刻不撫下者，上之。詔令有所未便，亦許條奏。

又 ［淳化四年五月戊申］初，京西轉運副使、虞部員外郎祁人盧之翰建議，以溟水泛溢，侵許州民田，請自長葛縣開河導溟水分流，合於惠民河。于是役成，之翰以勞加戶部員外郎，為陝西轉運使。本志在淳化二年，今從之翰本傳，因遷官乃書之。

又 ［淳化四年］是秋，自七月初雨，至是不止，泥深數尺，朱雀、崇明門外積水尤甚，往來浮甖筏以濟。壁壘廬舍多壞，民有壓死者，物價湧貴，近甸秋稼多敗，流移甚眾。陳、潁、宋、亳間盜賊羣起，商旅不行。上以陰陽愆伏，罪由公府，切責宰相李昉及參知政事賈黃中、李沆曰：『卿等盈車受俸，豈知野有餓殍乎？』昉等慚懼拜伏。黃中出，語人曰：『當時但覺宇宙小一身大，恨不能入地爾。』此據《談苑》，不及呂端，豈以端新預政，久雨非其罪耶？

又 卷三八 ［至道元年］九月，先是，汴河歲運江、淮米三百萬石，菽一百萬石；黃河粟五十萬石，菽三十萬石，以給京師兵食，非水旱蠲放民租，未嘗不及其數。是歲，汴河運米至五百八十萬石。丁未，上因問近臣汴河疏鑿之由，參知政事張洎退而講求其事以奏，且曰：『今帶甲數十萬，戰騎稱是，萃於京師，仍以亡國之士民集於輦下，比漢、唐京邑民庶，十倍其人矣。甸服時有水旱，而不至艱歉者，有惠民、金水、五丈、汴水等四渠，派引脈分，會於天邑，舳艫相接，贍足京師，以無匱乏也。唯汴之水橫亙中國，首承大河，漕引江、湖，利盡南海，半天下之財賦並山澤之百貨，悉由此路而進。然則大禹疏鑿以分水勢，煬帝開甽以奉巡遊，雖數保廢，而通流不絕於百代之下，終為國家之用者，其上天之意乎。』汴渠派分黃河，自唐迄今，皆以為莫大之利。然跡其事實，抑有深害，何哉？凡梁、宋之地，畎澮之水，湊流此渠，以成其深。至隋煬帝將幸江都，遂析黃河之流，築左右隄三百餘里，舊所湊水悉為橫絕，散漫無所，故宋、亳之地，遂成沮洳卑溼。且昔之安流，今乃湍悍，覆舟之患，十有二三。昔之漕運，冬夏無阻，今則春開秋閉，終歲漕運，止得半載。昔之泝沿，兩無難阻，今則逆上，乃重載而行，其為難也甚矣。沿流而下，則虛舟而往，其為利也背矣。矧自天子建都而汴水貫都東下，每歲霖澍決溢為慮。由斯觀之，其利安在？然歷世寖遠，詎可猝圖，異日明哲之士，開悟積惑，言復曩跡，始信茲言之不謬。此王曾筆錄語，今附張洎奏下。

又 卷三九 ［至道二年］五月辛丑，令開封府判官楊徽之等三人按行管內諸州民田，旱甚者蠲其租。及徽之等上所蠲租數，參知政事寇準曰：『東畿夏苗，歲收三十萬斛，令蠲免五分以上，其間貧下及新歸業者，理當蠲免，內形勢戶慮成僥倖。』上曰：『自秦變阡陌，井田之制不復，故豪猾并兼，租稅減耗，遂致棄本逐末。朕常念生人衣食之源，貧富不均，訟端四起。俟三五年，歲時豐稔，民庶康樂，必擇強幹有執守之人，先自兩京立法，止取地土頃畝，不以見墾及荒田，繁重者減省，僥倖者增益之。嚴其法制，務在必行，庶使百姓皆足，訟端永息也。』此事據《寶訓》，寇準既有此言，御史因請遣使覆按，故王欽若始受知于真宗。實錄、正史皆略焉，亦可惜也。別本實錄于明年六月丁酉載此事，與《寶訓》不同，今從《寶訓》。

又 卷四四 ［咸平二年二月］丙辰，命度支郎中裴莊等分詣江南、兩浙，發廩粟賑饑民，除其田租。

又 ［咸平二年閏三月］上以亢旱，詔中外臣庶並直言極諫，詔書略曰：『朕累降詔書，大開言路，頗多叢脞，罔副詢求。思得讜言，以答天戒，善者必加甄賞，否者亦為優容，勿尚靡詞，復談鄙事。』時有上封指中書過失，請行罷免者，上覽之不悅，謂宰相曰：『此輩皆非良善，止欲自進，當譴責以警之。』李沆進曰：『朝廷比開言路，苟言之當理，宜加旌賞，不則留中可也。況臣等非材，備員台輔，如蒙罷免，乃是言事之人有補朝廷。』上曰：『卿真長者矣。』《寶訓》以此事繫之咸平二年，今附此。

又 卷四五 ［咸平二年秋七月］庚寅，陝州言靈寶縣暴雨，崖圮，壓居民二十三戶。詔賙其存者米口一斛，五戶有傷者給復一年，八戶有死者給復二年。【略】

癸巳，蠲淮陽軍田租十之三，旱故也。【略】

壬寅，陳堯叟自廣南使還，上言西路諸州旱。命國子博士彭文寶往權轉運司事，量所損蠲其租賦，賑飢民。彭文寶，未見。

又 ［咸平二年冬十月］癸亥，漳州言山水泛濫，壞民舍千餘區，有溺死者。詔為瘞埋，免存者租賦，給口糧。【略】

癸酉，免杭州中等戶今歲丁身錢，旱故也。

又 ［咸平二年十一月辛丑］兩浙轉運使請出常、潤州廩米十萬石振飢民，從之。

又 卷四七 ［咸平三年夏四月己未］會歲饑，欲發官廩先賑而後奏，轉運使以為不可，允則曰：『須報必踰月，則飢者無及矣。』不聽。明年又饑，復欲先賑，轉運使固執不可，允則請以家貲為質，乃得發廩賤糶。因募饑民堪征役者隸軍籍，得萬人，轉運使請發所募兵禦邵州蠻，允則曰：『今蠻不擾，無名益戍，是長邊患也。且兵皆新募，飢瘠未任出戍。』遂奏罷之。

又 ［咸平三年五月］甲辰，河決鄆州王陵埽，浮鉅野入淮、泗，水勢激悍，侵迫州城。命步軍都虞候張進、內侍副都知閻承翰等率諸州丁夫三萬人往塞之，又遣使存卹災傷之民，給以口糧。知州馬襄、通判孔勗坐免官，巡隄、左藏庫使李繼元配隸許州。

又 ［咸平三年秋七月丁酉］上以江、浙饑歉，己亥，命翰林侍讀學士夏侯嶠、侍講學士邢昺為江、浙巡撫使，知制誥趙安仁、直祕閣潘慎修副焉。所至問民疾苦，疏理獄訟。又令嶠於廬山集道士設醮，及為大齋。嶠采民病二十餘事上之，亟詔釐革。

又 ［咸平三年八月］辛亥，以京東水災，遣太子中舍張舒，供奉官、閤門祗候張禧詣諸道，徧加安撫。

又 ［咸平三年九月］丁酉，詔免遂、果、閬三州今年夏租十之三，以其最近西蜀，科役稍煩，而果、閬又遭水災之故也。

又 卷四九 ［咸平四年六月］丁巳，詔東川民田先為江水所汎者，除其賦。從王欽若之請也。【略】

壬戌，停修江州廬山太平興國觀、常州張公山洞靈觀，以旱故也。

又 ［咸平四年閏十二月］庚寅，上以河北饑，豆粟踴貴，出麻滓、蓬實示宰相曰：『民食此矣，即今蠲秋賦，罷官糴。』又手詔停三路排陣、押陣使，減戎馬饋餉之役，分遣知制誥梁顥、薛映，供備庫副使潘惟吉，西京左藏庫副使李漢贇等，往西路發倉廩，賑流民，以便宜從事。漢贇，漢瓊弟也。又詔河北富人能發私廩救饑民者，第加恩奬。

又 卷五〇 ［咸平五年春正月甲寅］梁顥等自河北使還，言民有食野生牢豆者，因持以獻。上謂輔臣曰：『此豆乾硬苦澀，何可食也？又聞乾寧、定遠等軍積水蔽田，亦無此豆可采。蚩蚩之氓，益可憫念。乾寧惠民倉有粟萬餘斛，頗資賑捄耳。』

又 卷五一 ［咸平五年夏四月］丙戌，賜深、霸等九州民租有差，水故也。上以檢覆擾民，俟奏稽緩，但量其所傷而優復之。

又 卷五二 ［咸平五年六月］是月，都城大雨，漂壞廬舍，東南隅地形尤下，上累遣覘視。軍營中皆有積水，命卒伍遷就高阜處官舍安泊，仍賑卹之。民壓死者賜其家布帛。因謂輔臣曰：『陰氣為沴，得非時政有所未叶，下情有所未達耶？卿等宜廣思闕失，以答譴誡。』

又 ［咸平五年秋七月］庚子，詔水災州軍伺候檢覆，慮有勞擾，宜令

轉運使體量，即與蠲放，仍遣使齎詔馳往。【略】

乙巳，詔近京諸州經水處或艱食為盜，每兩州置使臣一人，量給兵杖警巡。

又 卷五四 〔咸平六年二月〕己卯，以京東、淮南水災，遣使賑恤貧民，疏決獄訟。

又 〔咸平六年五月壬子〕環州虎翼軍士魏瓊等四人，前為李繼遷所掠，至是遁歸，且言：『繼遷在靈州東三十里東關鎮，樹柵居之，所部人騎約三萬。去歲傷旱，禾麥不登，又引河水溉田，功畢而防決。凡執役者，有小過則繫頭投於河，令人就下流接視，蕃人則援以出，漢人則否。銀、夏州民衣食稍豐者，並西徙。蕃落數年薦饑，道殣相望，下多咨怨。』詔賜瓊等袍帶、緡錢，第補小校、隊長。

又 〔咸平六年五月乙卯〕京城疫，分遣內臣賜藥。

又 卷五六 〔景德元年夏四月壬午〕詔北平寨築隄導河水灌才良淀者宜罷之。先是，上以北面功役煩重，漸及炎夏，慮長吏不能優恤，又閱北面地圖，才良淀勢極卑下，至夏秋積水，不假人力，故有是詔。二事見《經武聖略》，不得其時，並附之四月末。

又 卷五七 〔景德元年九月庚戌〕河決澶州橫吳埽，命知制誥李宗諤致祭，官具舟楫濟民，乏食賑之。

又 卷五九 〔景德二年春正月乙卯〕令河北轉運使賑饑民，口一斛，戶五斛。

又 〔景德二年春正月丁巳〕令蘄、黃州賑饑民。

又 〔景德二年春正月甲戌〕命常參官二人分往荊湖北路、淮南諸州，出官粟作糜粥，以食饑民，仍令擇幕職、使臣之勤幹者司其事，長吏常按視之，每十日具所賑糜粥之數以聞。自是全活者甚眾。

又 〔景德二年春正月戊寅〕京西轉運使言襄、許、陳、蔡等州民饑，請減價糶倉粟賑救，從之。

又 〔景德二年春正月丁亥〕遣使詣澶州，以陳粟四萬石分賑饑民。

又 〔景德二年三月〕壬申，大名府饑，命轉運司發倉賑救。時邊城頗乏兵食，有司請下轉運司經度，上曰：『戎人出境，民初復業，若責成外計，不免役民飛輓，將何以堪之。』乃命祠部郎中欒和乘驛與轉運使同為規畫，還，奏請依三司議，有輸藁入官者，準便糴粟麥例，給八分緡錢，二分象牙、香藥，其廣信安肅軍、北平寨粟麥，悉以香藥博糴。乃詔出內帑香藥有利於人者貿易之，以實邊備。欒和，未見。

又 卷六一 〔景德二年夏四月〕乙酉，令鄂州發廩賑饑民。

又 〔景德二年九月〕庚戌，以淮南旱歉，詔轉運司疏理管內繫囚。

又 〔景德二年十一月乙丑〕是歲，江、浙大穰，穀價尤賤，舳艫銜尾，入畿京都。會汴水乾淺，故輦下糧斛湧貴。丙寅，令減價糶官米以濟民。

又 卷六二 〔景德三年正月〕丁未，罷近京諸州官市芻藁，以農事將興，慮擾民也。

倚閣京東西、淮南水災州軍逋租。

己酉，詔河南流民至河北者，聽請佃荒田。

諸陵地形汙下積水，始議修塞之。壬子，命武勝節度使、駙馬都尉吳元扆為監修諸陵澗道都部署，內侍左班副都知閻承翰副焉。先遣工部尚書王化基往告。既而從元扆等請，禁民開掘近陵地，令本鎮增植嘉木，其北域內民居官廨，徙置三百步外，三月而畢功。又遣使告三陵及嵩嶽。

太常禮院言：『孟饗太廟，準詔用乙卯，伏緣其日郢王遷殯，吉凶異道，在禮不得相干，請改日。』詔改期辛酉。

又 〔景德三年正月〕丁巳，遣使詣畿縣發廩賑貧民，收瘞四郊遺骸，親釋逋負繫囚六十餘人。用郊祀赦恩也。上慮有司稽滯，故御便殿射放之，餘令準此。

庚申，令京西轉運司出倉粟賑貧民，又遣詣汝州賑貸。【略】

青、齊、淄、濰、登、萊等州民饑，己巳，詔京東轉運司賑之。又遣屯田郎中楊覃乘驛與河北轉運司賑澶、濱、德、棣、博州饑民。

又 卷六八 〔大中祥符元年正月庚午〕河北安撫司言，幽州民以久旱求市麥種，詔許之。

又 〔大中祥符元年春正月〕壬申，邊臣言：『趙德明邀留回鶻貢物，又令張浦率騎數千侵擾回鶻。今歲夏州饑饉，此衰敗之勢也。』上曰：『朕知其旱歉，已令榷場勿禁西蕃市粒食者。蓋撫禦戎夷，當務含容，不然，須至殺伐，害及生靈矣。』王旦曰：『前代帝王，如漢光武能屈己來遠人，所謂柔服也。』上曰：『光武亦善保全功臣。』旦曰：『光武待遇功臣，不假威柄，封國不過四縣，所以全終始也。』上曰：『高祖分封過制，七國罹患，光武得以為戒。』旦曰：『晁錯之謀，忠而先見，不能免禍。議者以七國反狀素著而忽誅錯，是杜忠臣之口也。』上曰：『此所以知為君難，為臣不易。向使錯忠而能密，削之有漸，豈至是耶？每讀前史，必究事之終始，有未見本末者，必記之，他日異書中可以質正。』

趙德明嘗以民饑，上表乞糧數百萬。上出其奏示輔臣，衆皆怒曰：『德明方納款而敢逾誓約，妄有干請，乞降詔責之。』王旦獨不言，上曰：『卿意如何？』旦曰：『臣欲降詔與德明，言爾土災饉，朝廷撫御荒遠，固當賑救，然極塞芻粟，屯戍者多，不可輟易。已敕三司在京積粟百萬，令德明自遣衆來取。』上喜，從之。既而德明受詔，望闕再拜，曰：『朝廷有人，臣不合如此。』此事不審何時，然羣臣云德明方納款，則亦可隱度，因言夏州旱歉附見之。

甲戌，以大雪停汴口蔡河夫役，仍續其廩食。

又［大中祥符元年夏四月丙午］府州言民饑，命賑之。

又卷六九［大中祥符元年六月壬辰］環慶民饑，發廩粟賤糶以濟之。

又卷七一［大中祥符二年二月庚寅］陝西旱，令發廩賑糶。

又［大中祥符二年夏四月］丁未，令陝西州軍發廩以賑饑民。

又［大中祥符二年五月辛未］陝西旱歉，壬申，遣鹽鐵判官、太常博士楊可馳驛往，疏決繫囚，減流罪以下一等，死罪情可憫者上請。

又［大中祥符二年五月］辛巳，詔西京出廩粟賤糶以惠貧民。

又［大中祥符二年六月戊子］令韶州糶廩粟以濟貧民。

又卷七二［大中祥符二年八月丙申］令澶州勿禁牛渡河。先是，上謂王旦曰：『聞河北牛疫，京東有以耕牛往貿易者，澶州河梁津吏止之，此甚不便，當諭周瑩任其所適。』因言：『水潦所至，秋稼固已有傷。水若早退，二麥猶或可望。苟汎濫不已，九月方退，雖或多種，地亦不堪。』旦曰：『河水所經，謂之河淤，乃成膏腴。』上曰：『若占地既久，即亦不堪，此老農之說也。』

又［大中祥符二年冬十月］是月，嗣宗請對，言：『去歲八月至今年十月不雨，宿麥不登。及秋，兖、鄆苦雨，河溢害稼。蓋刑政有失，致成災沴。』因復言：『孔冕冤枉，播在人口，而王曾尚居近班。願示黜退，以正朝典，臣請露章以聞。』上謂王旦等曰：『曾實無罪，若嗣宗上章，亦須裁處。』旦曰：『孔冕不善之跡甚衆，但以宣聖之後，不欲窮究。謂其冤枉，感傷和氣，恐未近理。』趙安仁曰：『今若再行按問，冕何能免罪？』王欽若曰：『臣請審問嗣宗，或再鞫冕，不能自隱，則如何區處？』翌日，嗣宗復對，且謝前言之失，上優容之。其狂妄多如此類。

又卷七三［大中祥符三年六月］知雄州李允則言契丹界累歲災歉闕食，多來近邊市糴。詔本州出廩粟二萬石，賤糶以賑之。

又［大中祥符三年丙辰］先是，陝西饑民有鬻子者，口不滿千錢。詔官為購贖還其家。實錄正月末，書是月陝西小饑。今乃書前歲陝西小歉，民有鬻子者。兩書差互，略删潤之。

又卷七四［大中祥符三年秋七月］淮南饑，詔罷諸州和糴，減直糶廩米及賑貸貧民，所在繫囚遞減一等，盜穀食者量行論決。

又卷七五［大中祥符四年夏四月］丁未，令江、淮轉運司雇客船轉粟，以賑登、萊州饑民。

又［大中祥符四年夏四月己未］同州饑，民有鬻子者，遣官馳驛存撫賑濟之。《宋朝要錄》：遣太常博士舒齎。

又卷七六［大中祥符四年六月甲子］劍、利、閬、集、壁、巴等州饑，詔賑之。

又［大中祥符四年六月］己丑，詔河北濱、棣州水淹為患，比降赦命，免其田租十之三，今所納七分，可更蠲其半。

又［大中祥符四年八月］戊辰，河決通利軍，合御河，壞大名城，傷田廬。遣使發廩米賑被水家，人一斛。又遣使詣滑州，經度西岸開減水河。上謂宰相曰：『獻計者言，疏治此河，可以折水勢，省民力。役成，宜奨之。』

又［大中祥符四年十二月］乙巳，詔楚、泰州等民為湖水害稼者，給復其租；沒溺者，人賜千錢，米一斛。

又卷七七［大中祥符五年夏四月戊申］雄、霸州民，因水壞田，艱食者多捕魚自給，官復收其市算，詔特除之。

又［大中祥符五年五月戊辰］上以江、淮、兩浙路稍旱即水田不登，乃遣使就福建取占城稻三萬斛分給三路，令擇民田之高仰者蒔之，蓋旱稻也。仍出種法付轉運使，揭榜諭民。其後又取種於玉宸殿，上與近臣同觀，作歌畢和，又遣内侍持稻示百官於都堂。

又卷七九〔大中祥符五年冬十月〕甲辰，詔：『如聞建安軍等處，自秋霖雨，頗妨農事，宜委轉運、發運使，體量賑恤。』

又〔大中祥符五年冬十月丁未〕淮南比歲薄稔，上憂之，賑卹無所不至，而言事者以為流亡無算；及丁謂使建安軍，因令校其實數。戊申，謂言轉運司具析大中祥符三年四月十五州軍逃民，數多者及百戶，餘止三十戶，繼有復業者。時起居舍人王隨為轉運使，戒所部出庫錢貸民市糧種，歲終，約輸絹以償，故流亡者多復業云。

又卷八〇〔大中祥符六年春正月〕辛丑，詔益、利兩路去秋災歉，宜令本路轉運使洎長吏倍加存撫。

倚閣廬、壽、和、泗州所逋去年秋稅，以水災故也。

又卷八二〔大中祥符七年二月癸酉〕泰州、淮陽軍言民饑，詔發官粟賑之。

又〔大中祥符七年三月〕辛丑，儀州言民饑，詔發官粟賑之。

又卷八三〔大中祥符七年冬十月〕己未，淮南饑，上命轉運、發運使賑恤之。

又卷八六〔大中祥符九年二月〕辛卯，以陝西民饑，發廩粟賑之。

又〔大中祥符七年三月丙午〕遣使巡撫溫、處州，發廩粟賑貧民，因按視杭州江岸。

京兆府言民饑，詔賑之。

又卷八七〔大中祥符九年秋七月〕乙卯，分命內臣，開封府、河東淮南路各三人，京東、京西、河北路各五人，與轉運使、諸州通判、職官按視蝗傷苗稼以聞，仍許即時改種，悉除其租。申禁京城音樂十日。

又〔大中祥符九年秋七月〕丙寅，京兆府、華州並言田穀滋茂，蝗飛越境有自死者。上曰：『諸州奏牘多云飛往西北，朕慮聚於山谷，蝻蟲滋多，宜令河東轉運使陳堯佐規度焚瘞，無使復生。』

詔：『自今天下羣官職田，並須遵守元制，無得侵擾客戶，遇災沴即蠲省之。』先是，殿中侍御史王奇請籍納職田以助賑貸。上曰：『朕以此田均濟官吏，本欲人各足用，責其清謹耳。奇未曉給田之理。然朕每覽法寺奏欵，在外官屬所占職田，多踰往制，不能自備牛種，或水旱之際，又不蠲省，致民無告。』遂罷奇奏，降詔申敕焉。

又〔大中祥符九年秋七月〕己巳，中使任守忠言自河東至，見穀、黍、豆莢穗皆堅密而長，行次潞州，惟襄垣縣有蝗飛度，不為災。又相州言安陽縣有蝗抱草而死者，約十餘里。磁、華、瀛、博等州並言蝗不為災。王旦曰：『臣本貫大名，有家人言食苗殊鮮。近者分遣中使按視周悉，可見陛下軫憂至深，祈禱盡禮。或聞多御蔬食，今奏報至，可以上寬聖念矣。』任守忠，未見。

又卷八八〔大中祥符九年九月丁巳〕詔：『諸州蝗旱，今始得雨，方在勸稼，所宜省事。常制務假，其更延一月。八年以前婚、田未得受理，俟豐稔如故。凡諸營造悉罷之。』

又〔大中祥符九年九月〕己未，詔諸州縣七月已後訴災傷者，準格例不許，今歲蝗旱，特聽受其牒訴。**【略】**

博州蝗旱，民有訴而州縣抑輸常賦，運司不為之理。庚申，詔遣官按視，即蠲之。

己巳，詔聞益州頻雨穀貴，令發官廩糶濟之，所修玉局觀、上清宮悉罷。

【略】詔災傷州軍，有以私廩振貧民者，二千石與攝助教，三千石與大郡助教，五千石至八千石第授本州文學、司馬、長史、別駕。

又〔大中祥符九年冬十月〕戊寅，詔京東、淮南蝗旱所傷田，據遣官按定合放數外，所納稅物三分以下者，並與倚閣，四分已上者，更放一分。

又〔大中祥符九年冬十月丙戌〕免利州官莊經水租十之五。

又〔大中祥符九年十一月〕癸丑，詔以果州水災，放今年秋稅十之三。

濟州言任城縣梁山泊生藕根、蒲穗，民掘搗為麪，頗濟乏餒。

又〔大中祥符九年十二月〕甲戌，詔利州民田為水壞者，免今年秋稅十之三。**【略】**

甲申，詔三京、諸路災傷，昨因蠲減秋賦，猶慮民力不逮，令所在長吏再加體量以聞。上謂王欽若曰：『司天言，星象災異，屬秦隴之分。可諭曹瑋：西鄙蕃部聞已畏伏，餘未順者當漸招誘之，無得輕議興兵。』

辛卯，詔河北、京東民以車糴糴種糧者，緣河津渡勿收其算，俟稔歲奏以待報。

又卷八九〔天禧元年三月庚戌〕殿中侍御史張廓言：『去秋蝗螟，今春亢旱。望選朝臣分往諸路，轉運使、提點刑獄官體量存卹，無使失所。』

又〔天禧元年夏四月〕辛未，王旦言：『曹濟徐鄆州、廣濟淮陽軍每年船運上供斛斗三十七萬石，去歲蝗旱，望免夏稅一料支移。』詔可。

壬寅，詔大名府、磁相澶州、通利軍、越睦處州去秋災傷，民多闕食，令轉運司運米賑濟之。

癸酉，河北轉運使寇瑊言懷、衛州微有蝻蟲，即已焚捕。【略】

又 ［天禧元年癸未］時虢州蝗災，道既至，不俟報，出官廩米設糜粥賑捄饑者，發州麥四千斛給種，農民賴以濟，所全活萬餘人。【略】

又 ［天禧元年］己丑，河東轉運使陳堯佐，言河陽、懷、衛等州去秋災傷，本路絳、澤州皆有餘羨，欲運澤州粟五萬石赴懷州，絳州粟二十萬石赴河陽，從之。

又 ［天禧元年］五月戊戌朔，詔災傷流民所至之處，官吏倍加存卹，無居室者許於寺觀公舍安泊，勿令失所。

詔獎知臨江軍新淦縣殿直張崇浚。以其親率縣民減價糶粟濟饑乏也。

屯田員外郎謝商言：『伏見去歲蝗蟲為害，傷食田苗，流行雖繫於天災，除蕩亦由於民力。雖尋遣官吏與令佐焚捕，頗聞弛慢，罕能盡心。或申報稽延，致孽蟲之紛積，或追擾煩併，縱狡吏之誅求，情近幸災，咎由弛職，而又散子在野，未免再生。臣聞堯水為災，或導之於嶓冢；湯旱作沴，亦禱之於桑林。雖軫宸衷，罔虧聖德，捕蝗之命，歷代有之。深慮曠慢之人，但引災咎，扇惑民眾，更致遷延。所宜及蝻栽蘇，併功撲滅，則冀秋苗無害，其子未生。欲望特降詔命下去歲災傷州郡，應諸縣有蝗蝻再生之處，本所耆長、壯丁限當日申縣。本縣即時申所屬州軍，立選職官，與令佐同領人夫打捕令盡，並與書歷，理為勞課。或有貪濁之輩，率斂慢公，望依枉法定斷，仍委本處通判躬親下縣提轄，轉運使副往來覺察。』從之。

又 ［天禧元年五月庚戌］詔以仍歲蝗旱，民多流徙，遣殿中侍御史張廓往京東路，薛奎往河北路；駕部員外郎、判三司鹽鐵勾院張紳往兩浙路；太常博士、判三司度支勾院韓庶，供奉官、閤門祇候賈象之往江南路；著作郎、集賢校理、判三司都理欠憑由司張師德，供奉官、閤門祇候曹珣往淮南路體量安撫，所至不得宴樂游從及多借官健舟船，長吏亦無得迎送。珣，彬第六子。

詔京東西、河北、陝西、江南、兩浙遭旱戶今年夏稅免其折變，就便輸送。

又 卷九〇 ［天禧元年秋七月］辛酉，詔開封府、河北路經蝗蟲傷處，夏稅特延限一月，孤貧者倚閣之。

又 ［天禧元年九月癸卯］翰林學士、右諫議大夫李迪為給事中、參知政事，依前會靈觀副使。迪嘗獨對內東門，上出三司使馬元方所上歲出入財用數以示迪。時仍歲旱蝗，上憂不給，問何以濟，迪曰：『祖宗初置內藏庫，欲辦兵復西北故土及以支凶荒。今邊鄙無他費，陛下用此以佐國用，則賦斂寬，民不勞矣。』上曰：『朕欲用李士衡代元方，俟其至，當出金帛數百萬借三司。』迪曰：『天子於財無內外，願詔賜三司以顯示德澤，何必曰借？』上悅。迪又言：『陛下東封時，敕所過無伐木除道，即驛舍或州治為行宮，才令加塗墍而已。及幸汾、亳，土木之役，過往時百倍。今旱蝗之災，殆天意所以儆陛下也。』上曰：『卿之言然，一二臣誤朕為此。』據李迪附傳及正傳，並以內東門對上語為在翰林時，且敘其事于策曹瑋必勝前，蓋誤也。既云仍歲旱蝗，則其事必繫今年乃可。又據明年三月士衡始罷河北都漕，知青州，馬元方于七月乃罷三司使，恐此時不當先召士衡。附傳蓋無此語，獨正傳有之，不知何所據也。或此時上已有召士衡代元方之意，及明年乃決爾。今姑從之，且繫其事于拜參政後，更俟考詳。

潁州防禦使馬知節為宣徽南院使、知樞密院事。樞密副使曹利用、任中正，樞密直學士周起並同知樞密院事。利用加宣徽北院使，中正守刑部侍郎，起為給事中。先是，知節知天雄軍，時蝗旱，民饑，無賴輩剽幖積聚，戮其為首者三人於市，攘敓遂息。

又 ［天禧元年］冬十月丙寅朔，詔以高郵軍歲歉民饑，權免蠶鹽錢一年。【略】

丁卯，太常丞、集賢校理晏殊以歲經蝗旱，上軫聖慮，災沴已息，稼穡大稔，獻惟德動天頌，詔褒之。

祠部員外郎劉楚言災傷州軍逃亡民準赦半年復業，今已過限，乞延之，詔許至來年春季。

又 卷九一 ［天禧二年春正月］壬寅，以河北、京東饑，詔發廩及漕江、淮米十萬斛賑之。【略】

己未，以京東民饑，命內侍楊慶餘馳驛察視，所至諭守臣令倍加安撫。

詔諸路災傷州軍，並設粥、賤糶官粟，以惠貧民。

又 ［天禧二年二月己卯］京西轉運使言管內饑民甚多，無以賑濟，望發絳州粟十萬斛，赴白波出糶，從之。乃遣使臣督運。

又 ［天禧二年閏四月戊申］知并州薛映言民饑，設糜粥濟之，計三十餘萬人。

又 卷九二 ［天禧二年五月庚辰］河中府、同耀州民饑，多流亡，遣度支判官、侍御史周寶馳驛存撫之。

又 卷九四 ［天禧三年秋七月］庚辰，屯田員外郎鍾離瑾言：『竊見諸州長吏，才境內雨足苗長，即奏豐稔，其後霜旱蝗螟災沴，皆隱而不言，上罔朝廷，下抑氓俗。請自今諸州有災傷處，即時騰奏，命官檢視。如所部豐登，亦須俟夏秋成日乃奏。如奏後災傷者，聽別上言。隱而不言，則論其罪。』從之。

又 ［天禧三年冬十月］甲午，免衛州民三年科率，以蝗旱流移，新復業故也。

又 卷九五 ［天禧四年春正月］丙寅，令利州路轉運司賑貸貧民，旱故也。

又 ［天禧四年二月］丙申，詔曹濮鄆單徐州、淮陽軍賑貸貧民，以決河為害故也。

又 ［天禧四年］三月戊午，淄州民饑，貸以牛糧。【略】甲子，令府州賑貸蕃部，去歲旱故也。

又 卷九六 ［天禧四年冬十月］甲辰，詔經雨及河水衝浸秋苗，宜令三司據諸處檢覆到合放分數外，依赦文更放一分，其已放九分者悉蠲之。

又 卷九七 ［天禧五年春正月］辛丑，詔京畿經雨水及京東、西河決壞民田者，今年夏秋稅並免十之五。時章得象等使還，言去秋水潦，種麥不廣，若檢括之，益為擾人，望特減其稅，故有是命。得象等又言鄆、濮州遭水戶闕食，望給貸之，其先請食鹽，望令止納見錢；徐、濟州最當水衝，知州王貽貞、劉慶悉心防城，望降詔獎飭，並從之。

又 ［天禧五年］冬十月癸卯朔，詔蠲開封府、京東西、淮南、兩浙水災州軍民租。

又 卷九八 ［乾興元年春正月］戊戌，秀州言積水為災，民艱食。詔本州秋稅殘欠悉倚閣之。

二月庚子朔，上御正陽門，大赦天下，恩賞悉依南郊例。水災州軍，悉除其民逋租，流民復業者例外更免其科納、差役，仍貸以糧種。三司吏掌事及三十年無過者，許出授三班職名，三部各取一人，諸司共取一人。河東邊民因越北界市物刺配向南州軍者，放停遞還本貫。《九朝紀事本末》：乾興元年，上封事者言：『聖朝開國以來，天下承平六十餘載，然民間無蓄，稍或饑饉，立致流移，蓋差役賦稅之未均，形勢豪強所侵擾也。又有諸般僥倖，影占戶門，其戶田下土稍多，便作佃戶名字，若不禁止，則天下田疇半為形勢所占。』詔三司委眾官定奪奏聞，三司參議，欲應臣僚不以見任、罷任所置莊田定三十頃，衙前、將吏合免戶役者定十五頃為額。

又 卷一〇一 ［天聖元年八月甲寅］隨在江寧，會歲大饑，轉運使移府發常平倉米，計口日給一升，隨置不聽，曰：『民所以饑者，由兼并閉糴以邀高價耳。』乃大出官粟，而私價遂平。他郡計口以糴者，不能自足，輒多流死。

遣內殿承制、閤門祇候劉永崇等與八作司分詣八廂治水口，凡權豪邸第覆壓占庇，填閼不通，開封府察舉之。

又 卷一〇三 ［天聖三年］三月丙子，徙知河南府、樞密直學士陳堯佐知并州。每汾水漲，州人憂溺，堯佐為築隄，植柳數萬本，作柳溪亭，民賴其利。

又 ［天聖三年八月丙寅］詔陝西旱災州軍免今年租稅。

又 ［天聖三年十一月］丁酉，詔晉、絳、陝、解等州歲饑，其令本路發倉廩穀以賑之。

又 卷一〇四 ［天聖四年六月］丙戌，福建路提點刑獄司言，建州、南劍州、邵武軍大水，壞官私廬舍七千九百餘區，溺死者百五十餘人。詔賜被溺家米二斛，貧不能收斂者，官為瘞埋之。

庚寅，大雨震電，平地水數尺，壞京城民舍，壓溺死者數百人。

辛卯，上避正殿，減常膳。

壬辰，上謂輔臣曰：『霖雨為災，豈朕之不德所致耶？』王曾對曰：『臣等之責也。』退而各上章求罷，不許。

賜在京諸軍班緡錢，放官房錢三日，遣使體量畿內田苗，詔被水之民權寓止於閭巷者，令新舊城裏都巡檢存視之。

癸巳，以西上閤門使曹儀、洛苑副使內侍押班江德明提舉修葺在京營房庫務，內殿崇班麥守忠相度疏導積水。

河中府、鄭州言大水。

甲午，賜汴河禁卒緡錢。凡汴水長一丈，即令殿前馬步軍禁卒緣岸列鋪巡護，以防決溢；及五晝夜，即賜以緡錢。

又 ［天聖四年八月］庚辰，免京西被水災民牛稅。

又 卷一〇五 ［天聖五年春正月］庚午，詔西京、福建路水災州軍，去年秋稅未納者，特與倚閣。

又 ［天聖五年二月］丙子，詔京東災傷，其流徙之民，令所在賑卹之。

又 ［天聖五年］丁酉，詔水災州軍民貧而男女不能自存者，聽人收養之。

又 ［天聖五年癸丑］詔襄、潁、許、汝等州，以水所壞穀八萬餘斛，賑給貧民。

又 ［天聖五年十一月丁酉］陝西體量安撫王沿等言，京兆府旱蝗，乞減長安等四縣秋稅十之三，咸陽等九縣十之二，從之。

又 卷一〇六 ［天聖六年春正月］癸亥，免河北州軍災傷人戶夏秋稅，折變一年。

又 ［天聖六年八月］乙丑，詔河北水災州軍免今年秋稅。初，上謂輔臣曰：『比令內侍往緣邊視水災，如聞有龍堰於海口，故水壅而不泄，可遣官致祭。』王曾曰：『邊郡數大水，蓋《洪範》所謂不潤下之證。海口恐非龍可堰也，宜寬民賦，以答天災。』故有是詔。

丙寅，戶部副使、度支員外郎王礪為河北緣邊水災州軍安撫使，六宅使、康州刺史劉承顔副之。積水害民田處，令日具增減以聞。民轉徙他州者，免所過稅。諸繫囚，與長吏從輕遣決。官吏貪暴者，劾之。

又 卷一〇七 ［天聖七年二月］乙酉，賑河北沿邊水災饑民。州縣有不任職者，轉運使亟選所部官代之。

又 ［天聖七年］夏四月庚寅，赦天下，免河北被水民賦租。京師自三月朔雨不止，前赦一夕而霽。

又 卷一〇八 ［天聖七年］秋七月戊午朔，命戶部副使、刑部郎中鍾離瑾為河北安撫使，作坊使范宗古副之。仍詔瑾等所至發官廪以賑貧乏，其被溺之家存三口者給錢二千，不及者一千，溺死而不能收斂者官為瘞埋，已檢放稅外聽就近輸官，權停州縣配率。其經水倉庫營壁，亟修完之，庫下者徙高阜處。水壞官物，先為給遺。坊監亡失官馬者，不加罪，第根究送所部。官吏貪暴者奏劾之。因繫獄者委長吏從輕決遣。其邊防事機、民間疾苦，悉具經畫以聞。

又 卷一〇九 ［天聖八年春正月］庚辰，詔河北水災州軍募人入粟，以賑貧民。

又 ［天聖八年三月］庚辰，詔河北被水州縣毋稅牛。

又 卷一一〇 ［天聖八年三月丙寅］會歲旱，百姓失業，繹大市酒務歲所用薪草，使貧者得以樵採自給，而官有餘積，因罷防城火牛草歲十餘萬，民甚便之。

又 卷一一一 ［明道元年三月］戊戌，詔曰：『江、淮之間，仍歲旱暵，民之失職，朕甚閔焉。比遣使安撫，其與長吏慮繫囚，流以下降一等，杖笞釋之。』

又 ［明道元年月丙午］詔淮南災傷州軍作糜粥，以濟饑民。

辛亥，權免江南災傷州軍果稅。

又 卷一一二 ［明道二年春正月］癸巳，武勝軍留後陳堯咨言：『梁灤積水，廢民田數萬頃，不能疏導，至鄆州徙城以避之。嚮者臣守鄆，孫奭守兖，同相視，自魚臺下杷鑿河四十餘里，決泊水注河，由德、博東入於海，可以紓水患，通漕於河北。宜歲調夫乘春濬之。』朝廷從其說。然污澤自具地形，終不能大耗也。

又 ［明道二年二月］庚子，詔淮南、江南民被災傷而死者，官為瘞埋，仍祭酹之。先是，南方大旱，種餉皆絶，人多流亡，困飢成疫氣，相傳死者十二三，官雖作粥糜以飼之，然得食輒死，村聚墟里幾為之空。

又 ［明道二年夏四月己未］先是，諷出知青州，時山東旱蝗，前宰相王曾家多積粟，諷發取數千斛濟饑民，因請遣使安撫。於是以御史中丞召，其在青州不踰歲也。

又 ［明道二年五月乙亥］詔諸路去年災傷流民許半年復業者，更展百日限。

又 ［明道二年六月］庚辰，詔開封府界、京東西、河北、河東、陝西蝗，其除民田租，仍免差官檢覆，亟令改之。【略】

丙戌，徙知隸州夏竦知青州，兼京東災傷州軍體量安撫使。徙知陝州范雍知永興軍。是歲饑疫，關中為甚，雍親為賑恤，至是得疾去。

戊子，詔以旱蝗作沴，去尊號中『睿聖文武』四字，告於天地宗廟，令中外直言闕政。李埴《十朝綱要》：京東西、河東、陝西蝗，食草木殆盡。宋朝會要：詔曰：『比年以來，蝗旱作沴，郡國交奏，日月相仍，豈朕德之不明，將天時之適爾？夙夜循省，咎實在予。

嚮緣大禮之成，勉徇羣公之請，增予以「睿聖」之號，加予以「文武」之稱，內惟菲涼，非所堪克，其去「睿聖文武」四字，仍擇日告於天地宗廟，仍令中外各直言極諫。』

京東體量安撫使陳執中言饑民多流亡，請擇少壯者一切募為軍，部送京師，如不願，聽隸本城，從之。

庚寅，賜故知制誥陳知微母絹五十匹、米五十斛，仍令高郵軍常撫存之。

又 卷一一三 〔明道二年九月〕辛卯，詔梓州路仍歲旱疫，令轉運使親按所部民，蠲其租。

又 卷一一四 〔景祐元年〕春正月甲子，遣使督江、淮漕米，以賑京東饑民。許京兆府立學，賜九經，仍給田五頃。

丙寅，詔開封府界諸縣作糜粥以濟饑民，諸路災傷州軍亦如之。

又 〔景祐元年春正月己卯〕詔：『去歲飛蝗所至遺種，恐春夏滋長。其令民掘蝗子，每一升給菽米五斗。』既而諸州言得蝗種萬餘石。又詔比禁京城穀出門，其弛之，江、淮、兩浙諸路毋得閉糴，貸淮南貧民種食。

又 〔景祐元年二月乙未〕戊申，詔麟、府州發廩粟以賑蕃漢饑民。

又 〔景祐元年閏六月己巳〕江南東路今年夏稅，聽民輸見錢，以久雨害稼也。

又 卷一一六 〔景祐二年二月〕丙寅，免江、浙、淮南三路災傷州軍牛稅。

又 卷一一七 〔景祐二年冬十月〕甲子，詔民訴災傷者，聽留苗色根楂，以俟官司檢覆，餘即令改種。

又 卷一二二 〔寶元元年十一月〕己未，河北屯田司言，欲於石塚口導百濟河水以注緣邊塘泊，請免所經民田稅，從之。時歲旱，塘水涸，知雄州葛懷敏慮契丹使至測知其廣深，乃擁界河水注之，塘復如故。懷敏事據本傳附見。

又 卷一二四 〔寶元二年八月丁丑〕兩川自夏至秋不雨，民大飢。庚辰，命起居舍人、知制誥韓琦為益利路體量安撫使，西染院副使、兼閤門通事舍人王從益副之；戶部副使、吏部員外郎蔣堂為梓夔路體量安撫使，左藏庫副使、兼閤門通事舍人夏元正副之。

又 〔寶元二年九月乙巳〕詔兩川饑饉，百姓艱食，其盜賊劫廩穀非傷殺人者，並刺配五百里外牢城，為首及累犯盜者，配出川界，俟歲豐如舊。

又 〔寶元二年冬十月〕甲申，詔兩川饑民流徙出劍門關者勿禁。

又 卷一二五 〔寶元二年十二月〕癸酉，以益、梓、利、夔路饑，罷皇子降生進奉，從韓琦之請也。異時有司督責賦役煩急，收市上供物不以其直，琦悉為輕減蠲除之，逐貪殘不職吏，罷冗役六百六十餘人，活飢民一百九十餘萬。明道中，簡州勸誘納粟，復糶之，為錢十六餘萬，悉歸常平。琦曰：『是乃賑濟之餘，非官緡也。』發庫盡給四等以下戶。

又 卷一三一 〔慶曆元年二月丙午〕初，遣內侍王克恭議塞澶州決河，克恭請先治金隄，繼遣戶部副使楊告與內侍押班劉從愿往規度，告等請乘歲稔塞橫壠，而龍圖閣直學士姚仲孫罷河北都轉運使，入奏利害，曰：『臣行大河，自橫壠以及澶、魏、德、博、滄州，兩隄之閒，或廣數十里，狹者亦十餘里，皆可以約水勢。而博州延輯兩隄，相距才二里，隄閒扼束，故金隄潰，宜于延輯南岸，上自長尾道，下屬之朱明口，治直隄，兩隄相距可七里，行視隘塞，皆開廣之。又于隄之外，起商胡埽至魏之黃城，治角直隄，則水緩而不迫，可以無湍悍之憂。臣之所陳，其利有八，一曰水不迫魏，二曰河不憂徙而貝、冀、滄、景安，三曰延輯無壅則隄不危，四曰橫壠罷大役，五曰橫壠不塞則河水不齧大韓埽，六曰諸埽無他虞，七曰河事寬則人工省，八曰阻水險以捍蔽京師。』

議既上，詔京東河北轉運司，巡河使臣，知天雄軍李迪權利害，而迪言閉橫壠功費大，恐不可就，宜修金隄，以禦下流。帝然其策，于是詔權停修決河。仲孫初以河北都轉運使權知澶州，河壞明公埽，絕浮橋，仲孫親總役隄上，埽一夕復完，權知大名府，夜領禁兵塞金隄決河。是歲，澶、魏雖大水，民不及患。仲孫澶、魏二事，據本傳附見。

又 卷一三七 〔慶曆二年六月癸未〕錢塘湖溉民田數千頃，錢氏置撩清軍以疏導淤澱之患，既納國後，不治，葑土堙塞，為豪族、僧坊所佔冒，湖水益狹。戩發屬縣丁夫數萬闢之，民賴其利。事聞，詔杭州歲治如戩法。

又 〔慶曆二年八月壬申〕詔河南府、孟鄭滑陳許潁蔡鄧唐隋等州發常平倉粟以賑貧民。

又 卷一四五 〔慶曆三年十二月〕是冬，大旱，河中、同、華等十餘州軍物價翔貴，饑民相率東徙。琦即選官分詣州縣，發省倉賑之，奏差提點刑獄許宗壽專切往來提舉蒲、華、同三州，所活凡二百五十四萬二千五百三十七人，他州人數稱是。時民力久困，琦乃蠲賦役，察官吏能否者陞黜之。又以兵數雖多而雜以疲老，耗用度，選禁軍不堪征戰者，停放一萬二千餘人。後田況乞選諸路軍不堪戰者為廂軍，云：『若謂兵驕久，一旦澄汰，恐致亂，則去年韓琦汰邊兵萬餘，豈聞有亂者哉！』此據琦家傳，並附歲末。薛向未嘗為琦屬官，家傳稱屬官薛向，恐誤，今削去姓名。實錄載田況奏在三年七月，今移見四年六月，就彼辨之。

又 卷一五八 〔慶曆六年六月〕丙寅，詔開封府久旱，民多暍死，其令京城去官井遠處益開井。於是八廂凡開井三百九十。

又 卷一六三 〔慶曆八年二月〕己卯，詔河北安撫司，瀛、莫、恩、冀等州歲饑，民多鬻子者，其給緡錢二萬，贖還其家。

又 〔慶曆八年三月甲寅〕御史中丞魚周詢答手詔所問曰：**【略】**去秋水旱繼作，今春饑饉相屬，生靈重困，於茲為劇。今元昊幼子新立，迺朝廷寬財用、惜民力之時也。速宜經制，以紓匱乏。願委安撫使與本路守邊掌計臣寮同議，裁減宂兵，節抑浮費，禁止橫斂，廩假貧民，去武臣之庸懦，出守宰之貪殘。仍冀特發宸斷，出內帑錢助關陝經費，使通鹽商之利，改錢幣之法，宣布德澤，與民休息。然後勸勉農桑，隱括稅籍，籠遺利，抑兼并，則公有羨財，私有餘力矣。

又 卷一六四 〔慶曆八年秋七月戊戌〕詔河北水災，其令州縣募饑民為軍。

又 卷一六五 〔慶曆八年八月〕辛卯，觀文殿學士丁度等合奏修河利害曰：『天聖中，滑州塞決河，積備累年始興役，今商胡工尤大，而河北歲饑民疲，迫寒月，難遽就也。且橫壠決已久，故河尚未填閼，宜疏減水河以殺水勢，俟來歲先塞商胡。』從之。前遣內侍募民入薪芻者皆還，但行諸路自行誘勸。追回內侍，此據政要。

又 〔慶曆八年九月〕甲辰，詔倚閣河北、京東西路被水災下戶見欠夏稅。

又 〔慶曆八年十一月乙卯〕詔河北水災，民流離道路，男女不能自存者，聽人收養之，後毋得復取；其傭雇者自從私券。

又 卷一六六 〔皇祐元年春正月〕戊申，以河北水災罷上元張燈、車駕朝謁，停作樂。

又 〔皇祐元年二月〕戊辰，以河北疫，遣使頒藥。

又 卷一六八 〔皇祐二年春正月〕癸卯，以歲饑，罷上元觀燈。

又 卷一六九 〔皇祐二年八月〕己巳，詔水災州軍，令逐路轉運司體量蠲減租稅以聞。

又 〔皇祐二年〕閏十一月丙辰，出內藏庫緡錢四十萬，紬絹六十萬，下河北便糴糧草。先是，河北頻年水災，朝廷蠲民稅幾盡，至秋，禾稼將登，而鎮、定復大水，緣邊尤被其害。上憂軍儲不給，故特出內府錢帛以助之。

又 卷一七〇 〔皇祐三年春正月〕乙亥，詔兩浙水災州軍四等以下戶稅特與倚閣。

又 〔皇祐三年夏四月丙戌〕詔：淄、青等州，自春已來，民頗艱食，其軍儲留及一年，餘盡以賑貸之。

又 卷一七一 〔皇祐三年十一月〕乙亥，上謂輔臣曰：『江淮連年荒歉，如聞發運轉運司惟務誅剝，以數額為能，雖名和糴，實抑配爾。其減今年上供米百萬。』因詔倚閣災傷人戶所輸鹽米。

知諫院包拯言：『臣聞天以五星為緯，人以五穀為命，五星紊於上，則災異起於下，五穀絕於野，則盜賊興於外。天之於人，上下相應，故天變於上，則人亂於下，是天人相與之際，甚可畏也。若變異上著，則恐懼修省以謝於下，年穀不登，則賑貸責己而卹其困，蓋不使天有大變而民有飢色，則人獲富壽而國享安寧矣。方今災異之變尤甚，臣近已論列詳矣。惟江、淮六路，連歲亢旱，民甚艱阻，流亡者比比皆是。朝廷昨遣使命安撫賑貸，以救其弊，而東南歲運上供米六百萬石，近雖減一百萬石，緣逐路租稅盡已蠲復，則糧斛從何而出？未免州縣配糴，以充其數，繇是民間所蓄悉輸入官，民儲已竭，配者未已，縱有米價，率無可糴。父子惶惶，相顧不救，老弱者死於溝壑，少壯者聚為強盜，不幸姦雄乘間而起，則不可制矣。當以何道而綏安之哉？且國家之患，未有不由此而致，可不熟慮乎！欲望聖慈特降指揮，應江、淮六路災傷州縣，凡是配糴及諸般科率，一切並與止絕，如敢故犯，並坐違制，庶幾少釋貧民倒垂之急。其上供米數若不敷原額，即候將來豐熟補填。仍令州縣官吏多方擘畫，賑濟飢民，不得失所，兼委逐路提轉專切提舉，如不用心賑濟，以致流亡及結成羣盜，即乞一例重行降黜。』

先是，河北飢，三司益增江、淮米以餉河北，及江、淮飢，有司責米數如常歲，度支副使梅摯奏裁之。摯五月癸酉已自度支副使除天章閣待制、陝西都漕，今附見。

十二月戊寅朔，詔環州向以風雹霜旱之災，蕃部闕食，其貸弓箭手種糧。

庚辰，詔開封府，民有飢寒死於道路而無主者，官給錢葬之。

又 卷一七二 〔皇祐四年三月〕丙辰，蠲江南東、西路民所貸種糧。初，上謂輔臣曰：『頃江南歲饑，貸種糧數十萬斛，且屢經倚閣，而轉運司督索不已。如聞民貧不能盡償，非遣使安撫，遠方無由上達，其蠲之。』

又 卷一七三 〔皇祐四年八月〕庚寅，詔鄜州被水災人戶，特蠲今年屋稅及諸差役折變，其軍士所借月糧及百姓口食，並除之。

又 〔皇祐四年九月〕戊申，詔鎮、定等路水災，其除積年欠負；今年秋稅仍令轉運司差官減放以聞。

又 〔皇祐四年冬十月〕丁亥，詔曰：『比諸路饑疫相仍，朕念徭賦科調之煩，百姓未獲休息，廬巷疾苦，或不得聞，轉運、提點刑獄親民之官，其思所以救治之術，條列以聞。』

又 卷一七四 〔皇祐五年五月〕辛丑，命鹽鐵副使劉元瑜按視汴水利害以聞。

又 卷一七五 〔皇祐五年秋七月〕乙巳，詔荊湖北路災傷州軍，先發常平倉以賑飢民，如聞司農寺復行推理，甚非朝廷賑卹之意，其並給之。

又 卷一七六 〔至和元年〕春正月壬申，碎通天犀，和藥以療民疾。時京師大疫，令太醫進方，內出犀牛角二本，析而觀之，其一通天犀也。內侍李舜卿請留供帝服御，帝曰：『吾豈貴異物而賤百姓哉。』立命碎之。

又 〔至和元年二月〕庚子，詔曰：『乃者調民治河隄，疫死者衆，其蠲戶稅一年；無戶稅者，給其家錢三千。』

又 〔至和元年三月〕乙酉，詔京西民饑，宜令所在勸富人納粟以賑之，其荒田如人占耕及七年起稅二分，逃田及五年減舊稅三分，因災傷逃而復業者免支移折變二年，非因災傷者免一年。

又 卷一七九 〔至和二年三月〕丁丑，以旱除畿內民逋芻二十七萬及去年秋逋稅。

又 〔至和二年三月癸未〕詔：『諸路久不雨，民頗艱食，宜令轉運、提點刑獄當職官司，出常平及軍糧借貸之。其積欠科率折變之物及興修工役，一切蠲罷，務以寬民。』

又 卷一八二 〔嘉祐元年六月戊寅〕及仲昌敗，沆又上言：『民罹水災，皆結廬隄冢，糧乏可哀，臣欲輒發近倉賑之，顧大恩當自上出，願亟遣使者案視收卹。』從之。此據周沆本傳，不知沆疏李仲昌議不可用在何時。至和元年十二月遣使與河北、京東漕臣詣銅城鎮相度河勢，恐沆因此上疏。然二年十二月，沆猶被命同權知澶州應副修六塔河，若既與仲昌議駁，則不宜更受此命。或朝廷雖有此命，而沆卒辭之，故河決獨免責也。今附見沆事于朝廷遣韓絳體量河北後。

時京師自五月大雨不止，水冒安上門，門關折，壞官私廬舍數萬區，城中繫栰渡人，命輔臣分行諸門；而諸路亦奏江河決溢，河北尤甚，民多流亡，令所在賑救之。水始發，馬軍都指揮使范恪受詔障朱雀門，知開封府王素違詔止之曰：『方上不豫，軍民廬舍多覆壓，奈何障門以惑衆，且使後來者不入耶？』

知諫院范鎮言：『臣伏見河東、河北、京東西、陝西、湖北、兩川州郡俱奏水災，京師積雨，社稷壇壝輒壞，平原出水，衝折都門，以至宰臣領徒監總隄役，其為災變，可謂大矣。然而災變之起，必有所以，消伏災變，亦宜有術。伏乞陛下問大臣災變所起之因，及所以消伏之術。仍詔兩制、臺閣常參官極言得失，陛下躬親裁擇，以塞天變。庶幾招徠善祥，以福天下。』

己卯，詔羣臣實封言時政闕失。王偁《東都事略》：詔曰：『迺者淫雨降災，大水為沴，兩河之間，決溢為患，皆朕不德，天意所譴，其令中外實封言時政闕失，毋有所諱。』

范鎮又言：『伏見天下以水災奏者，日有十數，都城大水，天雨不止，此所謂水不潤下也。《傳》曰：「簡宗廟，不禱祠，廢祭祀，逆天時，則水不潤下。」陛下恭事天地神祇，肅祗祖宗，山川之祠，罔不秩舉，至於號令，必順天時，非逆天時也，非廢祭祀也，非不禱祠也。然而上天出此變者，曉諭陛下以簡宗廟也。宗廟以承為重，故古先帝王即位之始，必有副貳，以重宗廟也。陛下即位以來虛副貳之位三十五年矣。臣近奏擇宗子賢者優其禮數，試之以政，系天下人心，竢有聖嗣，復遣還邸。及今兩月餘而不決，政所謂簡宗廟也，此天變所以發也。伏惟陛下深念宗廟之重，必有副貳，以臣前一章降付執政大臣速為裁定，以塞天變。鎮以五月三日初上疏，此云兩月餘，則當在七月十日庚寅未謝晴以前，或『兩月餘』字誤，更詳之。

又 卷一八三 〔嘉祐元年秋七月〕乙酉，詔京東西荊湖北路轉運使、提點刑獄公事，分行賑貸水災州軍，若漂蕩廬舍，聽於寺院及官屋寓止，仍遣官體量放今年稅，其已倚閣者勿復檢覆。

丙戌，賜河北路諸州軍因水災而徙他處者米，人五斗；其壓溺死者，父、母、妻賜錢三千，餘二千。此必因周沆奏請也。【略】

己丑，出內藏庫絹二十萬匹、銀十萬兩，賑貸河北水災州軍。其人戶預買綢絹，權與倚閣。【略】

乙巳，貸水災民麥種。

又 卷一八五 ［嘉祐二年春正月］戊寅，賑河北被水民。

又 卷一八六 ［嘉祐二年十一月］己卯，河北提舉便糴糧草、虞部員外郎薛向提點河北刑獄，仍兼提舉便糴糧草。當河北大水，民乏食，詔輟太倉米六十萬斛以賑之；向以為北人不便食秔，且漕路回遠不時至，請出本司米四十萬石以代之。向任便糴凡四年，糧草石束以千計者凡六百。

又 卷一八七 ［嘉祐三年八月］丁未，詔三司：『京西比歲旱，屢蠲民租，其以緡錢十萬下本路助糴軍儲。』

又 卷一八九 ［嘉祐四年春正月丁酉］自去年雨雪不止，民飢寒，死道路甚眾。詔遣官分行京城，視孤窮老病者，人賜百錢，小兒五十，畿縣委令佐，賑以糜粥。

知開封府歐陽修言：『三元放燈，不出典禮，蓋自前世習俗所傳。陛下俯徇眾心，欲同民樂，勉出臨幸，非為嬉遊，若乃時歲豐和，人物康富，以為樂事，亦是人情。今自立春以來，陰寒雨雪，小民失業，坊市寂寥，寒凍之人，死損不少，薪炭食物，其價增倍，民憂凍餓，何暇遨遊？臣本府日閱公事內，有投井、投河不死之人，皆稱因為貧寒，自求死所。今日有一婦人凍死，其夫尋亦自縊。竊惟里巷之中，失所之人，何可勝數？昨日聖恩差官俵錢，正為如此。目下陰雪未解，假使便得晴明，坊市不免泥淖，聖駕所歷，衝冒風寒。況方以日蝕避殿減膳，聖心憂畏，中外所知。欲乞特罷放燈；所有常年酌獻之禮，若至日未得晴和，亦乞差大臣攝事。見今供擬遊幸及修道路寒凍兵士，亦乞放罷，庶幾上副陛下畏天憂民之心。』從之。

又 卷一九一 ［嘉祐五年三月］壬子，詔曰：『天災流行，蝗潦相繼，雖發廩蠲賦，而民之捐瘠者尚多，或鬻賣妻子，或轉死溝壑。方春之時，羣物欣豫，乃令吾民不聊若此，朕心憯怛，惄焉靡寧。其令災傷路轉運使、提點刑獄督州縣營濟之，察不稱職者。』初，御史中丞韓絳言：『諸路災傷，朝廷雖行賑卹，而監司、親民官未盡究心，致民之流徙者眾。宜其丁寧訓敕之。』故下此詔。

又 ［嘉祐五年五月戊子］詔：『京師大疫，貧民為庸醫所誤死者甚眾。其令翰林醫官院選名醫於散藥處參問疾狀而給之。』

又 ［嘉祐五年五月］乙未，詔：『京城疾疫，其蠲官私房錢十日。』

又 卷一九二 ［嘉祐五年九月］戊戌，詔梓州路：『今春饑，夏秋閔雨，其人戶訴災傷者，令轉運使速遣官體量，蠲其賦租，仍勿檢覆。』

又 卷一九四 ［嘉祐六年秋七月］乙酉，泗州言淮水溢。

丙戌，詔：『淮南、兩浙、江南東西路水災，其令轉運使就差本路官體量，蠲其賦租，仍預為賑救之術，無使秋冬乏食，以致逃移。』

又 卷二〇二 ［治平元年八月］丁巳，以上供米三萬石賑宿、亳州水災饑民。

又 卷二〇六 ［治平二年］八月庚寅，大雨。

辛卯，地涌水，壞官私廬舍，漂殺人民畜產，不可勝數。是日，御崇政殿，宰相而下朝參者十數人而已。詔開西華門以洩宮中積水，水奔激東殿，侍班屋皆摧沒，人畜多溺死。甲午，命鹽鐵副使楊佐、權度支副使李肅之、景福殿使石全斌、入內押班張茂則提舉修諸軍班營屋，以全斌、肅之主東南，茂則、佐主西北。又分命朝臣及大使臣八人度工督役。又命殿前副都指揮使郝質、步軍副都指揮使宋守約提舉修造營屋，虞部郎中來令孫等八人就賜死水諸軍民錢，葬祭其無主者。死而可知者，凡千五百八十八人。

乙未，詔曰：『乃者庚寅大雨，室廬墊傷，被溺者眾，大田之稼，害於有秋。災變之來，曾不虛發，豈朕之不敏于德，而不明于政歟？將天下刑獄滯冤，賦繇繁苦，民有愁嘆無聊之聲，以奸順氣歟？不然，何天戒之甚著也？中外臣僚並許上封事，言時政闕失及當世利害，可以佐元元者，悉心以陳，無有所諱。執政大臣皆朕之股肱，其協德交修，以輔不逮。』初，學士草詔曰：『執政大臣其惕思天變。』帝書其後曰：『淫雨為災，專以戒朕不德。』故更曰『協德交修』。

司馬光上疏曰：

陛下即位以來，災異甚眾，日有黑子，江、淮之水或溢或涸。去夏霖雨，涉秋不止，京畿東南十有餘州，廬舍沈於深淵，浮苴棲于木末，老弱流離，捐瘠道路，妻兒之價，賤于犬豕；許、潁之間，親戚相食，積尸成邱。既而歷冬無雪，煖氣如春，草木早榮，繼以黑風。今夏厲疫大作，彌數千里，病者比屋，喪車交路。至秋幸而豐熟，百姓欣然，庶獲蘇息，未及收穫而暴雨大至，一晝之間，川澤皆溢，溝渠逆流，原隰丘陵，悉為洪波，一苗半穗，蕩無孑遺。都城之內，道路乘桴，城闕摧圮，官府倉廩，軍壘民居，覆沒殆盡，死於壓溺者不可勝紀。耄耋之人，皆言耳目所紀，未嘗睹聞。此乃曠古之極異，非常之大災，陛下安得不側身恐懼，思其所以致此之咎乎？《詩》曰：『亹亹文王，令聞不已。』又曰：『如珪如璋，令聞令望。』古之聖王，未有不先其令名而能行其政于天下者也。【略】

陛下即位之初，事無過舉，災沴遽作，殆人情久鬱，怨愁之氣，積陰而成。天意愛陛下之深，以是譴告，不可不求其原也。臣謹按《洪範》曰：『肅，時寒若；狂，恆雨若。』肅者貌之恭，狂者事之妄。居上則言動必謹，謀慮必審，號令必信，賞罰必當，一有其妄，災異斯應。《五行志》曰：『簡宗廟，廢祭祀，水不潤下。』水者北方，萬物終藏之所。神道居陰，尚乎安靜，虔恭廟祭，所以昭孝而訓人。乃者濮安懿王一事，始議或將與仁廟比崇，終罷追封，不及燕王之例，禮失中而孝不足，是亦幾乎慢也。京房傳曰：『饑而不損，茲謂大荒，厥災水。』謂下民饑饉，上宜減損。去冬及春，許、潁等郡大荒，上方不急之用，後苑淫巧之作，宜令裁減，以崇儉約，量入制用，正在今日也。又曰：『辟遏有德，厥災水。』蓋有德之人壅遏而不用也。今則官不試職，名不副實，賢不肖溷淆於下。而況前席詳延，無非藩邸之舊，清途進用，皆出權臣之門，忠良之人，寧無體解？古者以功舉賢，則萬化成而瑞應著，以毀譽取人，故功業廢而災異生。斯皆前世已驗之明者，陛下當翼翼循思，追捄其失，庶幾消復之理也。

然陛下側身恐懼，祇悔誠深，方注意輔臣，代天理物。陰陽不順，風雨不時，天變於上，人怨於下，致此之闕，咎將安歸？臣備員風憲，無補聰明，朝綱之頹弛，時政之闕失，職臣之由，罪在不赦。詔命既下，著位之臣莫不輸忠畢慮，仰副諮詢，惟陛下省覽無倦。言或可用，克己行之，日謹一日，惟新盛德，更張治具，隱卹民病，感召和氣，以塞災變。如曰休咎數也，治亂世也，四輔俱賢，百工皆舉，不責人事，委之天理，臣恐天心未應，沴氣復還，人情動搖，邦本危矣。

呂大防言：『雨水為患，此陰乘陽之沴也。』即陳八事曰：『主恩不立，臣權太盛，邪議干正，私恩害公，西北連謀，盜賊恣行，羣臣失職，刑罰失平。』

知制誥鄭獬時知荊南，上疏曰：『臣竊伏思陛下發詔書以求忠言，將欲用之耶？將欲因災異舉故事而藻飾之耶？苟欲藻飾之，則固無可議者，必欲用之，則臣願陳其方。臣觀前世之君，怪變而求諫者甚眾，書之史冊，以為美事，及考其實，則能用言而載于行事者，蓋亦鮮矣。徒使後世襲蹈，以為帝王之值災異者，於此空言而足矣，曷足謂之罪己修德者耶？【略】』

又 卷二一〇 〔熙寧二年夏四月丁卯〕給度僧牒五百，付兩浙轉運司，分賜經水災及民田薄收州軍，召人納米或錢賑濟饑民。

又 卷二一二 〔熙寧三年〕六月壬戌，詔司農寺檢察諸路所申雨澤，如有水旱特甚州軍以聞。

又 卷二一四 〔熙寧三年八月〕己未，京西同巡轄斗門、太常博士侯叔獻，著作佐郎楊汲，並權都水監丞，專提舉沿汴淤溉民田。先是，或言祥符、中牟之民以淤田故大被水患，上問王安石，安石謂初不聞此。上乃遣內侍往視，還言民甚便淤田，而水患蓋無有，且言汲等皆盡力。上復以語安石，安石曰：『今歲功緒未就，都水不協心故也。』且言來歲興作之方，因命汲等並兼都水。此據《司馬日記》并《王安石日錄》增修，二年閏十一月戊申、十二月乙酉，三年正月辛亥、丙辰，可參照。又四年五月乙未。河渠志第三卷：三年三月，上謂王安石、韓絳曰：『淤田不協力者，卿知其故乎？』安石曰：『不知。』上曰：『都水所以沮壞者，以侵其職事爾。』安石曰：『若都水無意沮事，則固不當侵其職也。必欲任屬，當以楊汲為都水監。然汲未經試用，陛下能使臺諫無議論否？』上曰：『用新法權理資序有何不可？汲豈不愈於王荀龍？』安石曰：『若用汲，使為之屬，亦不能獨濟。蓋每事稟於沈立、張鞏，汲何能辦集？別為一司，則畏其沮壞。』七月，上曰：『有言淤田侵民田稼，屋宇甚多。』安石曰：『不聞有此。有即宜聞之。』上乃令馮宗道往視。明日，上稱宗道所奏，以為說者妄也。八月，以侯叔獻、楊汲並權都水監丞，提舉沿汴淤田。

又 〔熙寧三年八月丙寅〕詔：『聞長安、同華等州秋旱特甚，已有流民往京西路就食。其令陝西、京西轉運使速體量賑卹，仍出常平倉粟，減價以利貧民。』於是，王安石進曰：『歲饑則移民就穀。今聞關西人入京西就穀，乃甚利也。』

又 〔熙寧三年八月庚午〕上批：『聞衛州極旱，其令轉運使賑卹，仍蠲租稅。』

又 卷二一七 〔熙寧三年十一月〕辛卯，御史薛昌朝言：『陝西、河北路今歲秋夏飢民就食於商、虢、襄、鄧等州，知商州吳世長殊不存恤，至令市人閉糴。』詔陝西宣撫、轉運、提點刑獄司體量以聞。吳世長究竟當附此。

又 卷二一八　［熙寧三年十二月癸未］司馬光奏疏曰：【略】臣自入境以來，見流移之民，道路相望，詢訪閭里，皆云今夏大旱，禾苗枯瘁，河渭以北，絕無所收，獨南山之下，稍有所存。而入秋霖雨，經月不霽，禾雖有穗，往往無實，雖有實，往往無米，雖有米，率皆細黑。一斗之粟，舂簸之後，不過得米三四升。穀價踊貴，民間累年困於科調，素無蓄積，不能相贍，以此須至分房減口，就食西京、襄鄧商虢等州，或傭賃客作，或燒炭采薪，或乞匄剽竊，以度朝夕。當此之際，國家惟宜鎮之以靜，省息諸事，減節用度，則租稅自輕，繇役自少，逋負自寬，科率自止。四患既除，民力自足，民財自饒，閭里自安，流亡自還，固不待陛下憂勤於中，宰相劬勞於外，然後人人得其所也。苟或不然，國家雖欲輕租稅、寬逋負，其所費之財何由可得？雖欲少繇役、止科率，其所營之事何由可成？四患不除，雖日下恩澤之詔，民猶不免於流移轉死也。蓋欲止沸者莫若絕薪，欲安民者莫若省事，此目前之驗，非難知也。

又 卷二二〇　［熙寧四年二月戊辰］又詔河北轉運、提點刑獄司，體量少雨雪州縣，民乏食者賑卹之，殘稅權行倚閣。

又 卷二二一　［熙寧四年三月］丁亥，判大名府韓琦言：『懷州災傷最甚，自春下戶闕食。近申轉運司貸以米粟，已下諸縣支給，而提舉常平倉司指揮罷給，止令轉運司以省倉米賑貸。』上批：『方今河北有災傷甚處，省倉歲計有限，必不能多賑給，常平、廣惠倉斛斗須相兼支借。令河北轉運、提點刑獄、提舉司覺察，州縣無得阻抑，人戶不盡支散，致逃移失所。』

又　［熙寧四年三月辛丑］詔判永興軍郭逵，本路州郡有飢荒處並以官廩賑濟，仍體量放稅；逃移民戶，設法招誘還業以聞。

又 卷二二二　［熙寧四年四月丙子］遣太常博士陳充體量宿、亳等州災傷，仍令本路修飭武備。先是，上批：『聞宿州之民乏食，盜賊充斥，人不安處，見禁死罪近五百人，未獲軍賊亦不少，乃所至全無武備。若不速賑濟，必聚為盜賊。』本路皆不奏，故遣充。

又　［熙寧四年五月］壬子，詔：聞恩冀莫雄滄州、永靜信安保定乾寧軍自夏災傷，其令轉運副使王廣廉、提點刑獄孔嗣宗分行體量，未經檢放秋稅，各以分數蠲除，仍發廣惠倉粟賑濟饑民。

又 卷二二五　［熙寧四年秋七月］甲午，詔兩浙水災州軍，令轉運、提點刑獄、提舉常平司與州縣當職官吏多方賑卹。新、舊紀竝附年末。

又 卷二二六　［熙寧四年八月］丁巳，入內副都知張茂則言：『奉敕相度二股決河利害，乞以開封府判官宋昌言，都水監丞、河北興修水利程昉同領役事。』從之，仍以宋昌言同判都水監。

又　［熙寧四年八月癸亥］權發遣開封府推官晁端彥言：『畿內諸縣，或遇春夏災傷，舊自中書差官檢覆，不得亟至。欲乞自今本府奏聞日，直牒審官東院差官檢覆，免煩中書降劄子，所請被差官速至逐縣。』從之。

又 卷二二七　［熙寧四年十月庚申］綰又言：『司農寺法，災傷第四等已下戶應納役錢，而饑貧者委州縣聞於提舉司考實，以免役剩錢內量數除之。臣謂王者賦役歛弛，皆以為民豐穰則取，饑饉則與，為政之實也。借或下戶役錢一千，以分數各減一二百，及二三百者，減三五十，亦不免赴官輸納，豈有所濟！當立為信令，凡遇凶歉，使諸路如蠲放租賦法不待奏稟。歲小饑，則免最下等戶，中饑則免以次下戶。免訖以聞，示信於民。如此，則凶年有施舍之惠，法令無動搖之變矣。』從之。此據食貨志，附黜瑜、約後，恐自有月日，姑著此，徐考之。

又 卷二二九　［熙寧五年正月壬寅］詔兩浙察訪李承之先體量本路災傷，同監司一面擘畫賑濟以聞。

又 卷二三〇　［熙寧五年二月壬子］賜兩浙轉運司常平穀十萬石，賑濟浙西水災州軍，仍募貧民興修水利。

又　［熙寧五年二月丙寅］詔麟府路：『自八月癸酉隕霜害稼及五六分，可令經略司體量。如實災傷，其新投降蕃部香葉、策木多二族，竝仍舊給口食；及河東沿邊麟、豐二州蕃部弓箭手闕食者，亦令宣撫轉運使體量賑濟。』

又 卷二三二　［熙寧五年夏四月］壬子，詔三司出紬絹百萬付陝西四路經略司變易以備邊用。上謂王安石曰：『欲專用此借助熟戶弓箭手。』安石曰：『如此甚善。』馮京曰：『熟戶貧，多與恐凶年難償。』安石曰：『此事在人措置耳。今五歲即收息一倍，以其息專賑濟凶年，凶年可使熟戶常保其土田，不為大姓兼并，又懷服朝廷恩德，此極無害而有利。』上以為然。

又 卷二三四　［熙寧五年六月丙子］詔聞畿縣及輔郡民被旱災，而官司以出條限不許披訴，令開封府界提點司、京東西轉運司體量合放稅分數以聞。

又 卷二三八　［熙寧五年九月］壬子，詔司農寺出常平粟十萬石，賜南京、宿亳泗州募飢人浚溝河，遣檢正中書刑房公事沈括專提舉，仍令就相視開封府界以東沿汴官私田可以置岗門引汴水淤溉處以聞。

又 卷二四二 〔熙寧六年二月〕乙酉，詔司農寺體訪西川艱食州縣，如有災傷，發常平倉減價賑濟，諸路準此。以御史劉孝孫言西川年穀不登，諸州米價騰踊，人艱食故也。上批：『聞濠、壽二州去秋被水，今春乏食，可令監司體量以聞。』

又 卷二四四 〔熙寧六年夏四月戊戌〕上批：『聞河北諸郡有蝗蝻，可令監司督官吏撲滅。』去年冬末，舊紀書河北大蝗，新紀於今年四月末書是月河北蝗，當考。

又 卷二四七 〔熙寧六年九月戊申〕淮南東路轉運司言：『真、揚州民逐熟於泗州，見賑救。』及兩浙提點刑獄司言：『潤州旱甚，乞發省倉，或量給度僧牒及紫衣、師號敕，募人入粟，以備賑濟。』詔各撥常平司糧三萬石，募饑民興修農田水利。二十一日，又詔。

又 〔熙寧六年九月辛酉〕淮南等路發運使羅拯言：『兩浙、淮南東路災傷，民多流移，恐向寒益致飢殍，乞行貸卹。』詔增賜兩路常平糧斛各三萬石，並依戊申詔旨施行，內兩浙仍令沈括提舉。戊申，八日。

又 〔熙寧六年冬十月〕甲戌，相度兩浙路水利事沈括言：『常、潤二州歲旱民饑，欲令本路計合修水利錢糧，募闕食人興工。』從之。【略】

乙亥，詔淮南東西、兩浙路災傷州軍，當職官有弛惰不職、不能存恤振救饑民者，選官對移，仍體量事狀以聞。【略】

〔丙戌〕賜兩浙、淮南東路常平米各五萬石，付轉運司以賑饑民。【略】

〔丙申〕賜江南東路常平米七萬石，賑濟災疫。

又 卷二四八 〔熙寧六年十二月〕甲申，遣職方員外郎林積監疏汴河噎淩。

京東西路安撫司言：『鄆州旱，民輸常稅不辦，乞權倚閣見欠賒糴斛斗。』從之。

又 卷二四九 〔熙寧七年春正月〕乙巳，詔諸路應災傷至甚州軍合發春夫，委轉運司相度減免以聞。【略】

〔甲子〕先是，提舉河北路常平等事韓宗師劾程昉導滹沱河水淤田，而堤壞水溢，廣害民稼，欺罔十六罪。

又 卷二五〇 〔熙寧七年二月辛未〕河陽言連年災傷，常平倉賑濟斛斗不足，乞兼發省倉，詔賜常平穀萬石興修水利及賑濟饑民。【略】

丙戌，以河北、京東、陝西久旱，詔轉運司各遣長吏祈雨。又詔永興軍等路轉運司體量本路災傷，具賑卹事狀以聞。【略】河東經略司言：『嵐、石州界秋田薄收，民間闕食，已賑濟；應災傷戶欠今年及積年稅糴，乞倚閣。』從之。

又 卷二六〇 〔熙寧八年二月〕乙丑，詔去年災傷州軍賑給乞丐不能自存之人，聽展限，終閏四月；如米不足，許以常平米續給，毋過元數一倍。【略】

己巳，上批：『近令樞密院移諸路屯駐兵歸營，州縣巡防之人，從此必減少。方今諸處災傷，盜賊可慮，宜取索見管弓手數委官點檢，選其彊壯，斥去疲弱，厚其旌賞，訓齊武事，以佐守備。』乃詔提舉常平司選弓手，疲弱者別募人充。【略】

知永興軍、龍圖閣直學士、給事中吳中復降授右諫議大夫，永興軍等路權轉運使皮公弼、提點刑獄張穆之、提舉常平等事章楶各罰銅三十斤。中復等嘗言：『永興軍路州軍民流移甚眾，未流移者不得安居，乞選官行蓄積之家，籍其粟數，計口給本家外，許災傷民賒糴，官為給券就給。及乞於有力之家權典質民牛畜驢馬等。及諸縣弓手近經減省，乞輪差第三等以上義勇，在縣日給錢米，同弓手捕盜。』執政遣使按驗，謂中復等所奏多不實，及所乞措置乖方，若遂施行，必至騷擾。雖會赦，特責之。中復尋罷永興軍，提舉玉隆觀，從所乞也。玉隆，乃閏四月十一日指揮，今附見。中復本傳云：關右大旱，人多流亡；中復與監司奏請賑卹，而執政遣使案驗，誣以不實，奪一官。實錄不載遣使案驗，但稱違旨，事頗疏略，今刪取增入。四月二十九日王安石對語可參考。

壬申，詔：『聞河東災傷州軍至人相食，其令察訪、轉運司體量虛實，具賑恤次第以聞。』其後，具到實有之，各已賑恤。【略】

甲戌，上批：『聞河東路旱災，百姓多流入外界，邊吏縱弛，漫不之禁，自寧化軍一路入北界者已千餘戶，恐它郡亦逃亡，令轉運、安撫、察訪、提點刑獄司速體量以聞，議所以賑恤之。』

詔移河東屯戍兵馬五千歸營，以其餘糧賑恤饑民，具次第以聞。

三司言：『在京官局多援例指射官屋、軍營修廨舍，并乞破賃宅錢，轉相倣傚，有增無減，宜一切禁止。』從之。

乙亥，詔河東路災傷州縣第四等以下戶去年秋稅，及第三等以下戶和糴糧草，除已倚閣外，尚理殘零數，其令轉運司不限災傷分數，竝與倚閣。

又詔，近賜河東路度僧紫衣牒易粟，以備賑濟，今察訪使李承之言潞州、威勝平定等軍災傷尤甚，其令司農寺更出常平粟十萬石接續賑濟。

又〔熙寧八年二月丙子〕又詔司農寺出米貸河北饑民，真定府五萬石，邢、洺、磁、相、趙州各三萬石，戶毋過兩石，至夏熟輸官，仍免出息。【略】己卯，詔：『聞河東路賑濟饑民，多聚一處，太原府舍以空營，約及萬人。方春慮生疫癘，其令察訪、轉運司諭州縣據人所受糧計日竝給，遣歸本貫，即自它州縣流至而未能自歸者，分散處之以聞。』

又〔熙寧八年二月丁亥〕出常平米萬石賜蘇州賑濟饑民，以常熟縣民田災傷故也。

又 卷二六一〔熙寧八年三月丁酉〕賜兩浙路常平米二萬石，賑濟潤州饑民。

又〔熙寧八年三月〕己亥，上批：『沂州、淮陽軍災傷特甚，百姓不惟闕食，農乏穀種，田事殆廢，粒食絕望，糾集為盜，實可矜憫。若不優加賑恤，恐轉致連結羣黨，難于擒捕，陷溺良民，投之死地。可速指揮。』遂詔京東東路轉運、提舉司發常平錢、省倉米等第散給，及貸以和買絹錢；孤貧戶聽差待闕得替官就鄉村依乞人賑濟；道殣無主，官為收瘞之。

又〔熙寧八年三月癸丑〕詔兩浙路常平司續給米二萬石賑濟常、潤州饑民。

又 卷二六三〔熙寧八年閏四月己酉〕是日，韓琦奏倚閣預買紬絹，賒買、借貸斛斗；倚閣稅，今雖或七分熟，須五七年拖帶送納。王安石謂韓絳此不可行，絳曰：『民納不得，須着寬恤。』及進呈，安石曰：『近歲以來，方鎮、監司爭以寬恤百姓為事，以希向朝廷指，倉庫不足，則連乞朝廷應副。如預買紬絹，自祖宗以來，未嘗倚閣，去年李稷乃乞行倚閣，朝廷因亦從之。若言災傷，即祖宗以來，豈是都不曾值災傷？又賒賣銀絹，本因配買傷民，遂令供抵當，情願賒買。韓琦執政十餘年，固嘗值災傷，不知曾倚閣預買否？不知曾配賣銀絹否？向時配賣，一戶或陪錢數百貫，無災傷倚閣指揮。今來取人情願賒買，不知如何卻須要五七年拖帶送納。』上欲下監司體量相度，安石曰：『近歲監司惟以媚民為事，卻不斟酌有無。河北西路監司，乃李稷、吴審禮、韓宗道，李稷固已擅倚閣預買，吴審禮、韓宗道亦必不肯違俗，但恐其過為寬貸以媚民。今方鎮意必不肯以用度不足故急民也，且寬恤百姓，固是美名好事，人臣優為之。然如近歲，上下大小爭以此為事，無復屯其膏者，恐國用不繼，緩急卻不免刻剝百姓爾。如去年體量放稅，所失至多，但長僥倖，何名寬恤！昔蘇秦說齊厚葬以明孝，高宮室以明得意，用破弊齊。今方鎮用心有如此者，陛下豈宜不察。』上曰：『韓琦用心可知，天時荐饑，乃其所願也。前訪以此事，乃云須改盡前所為，契丹自然無事。』安石曰：『琦再經大變，於朝廷可謂有功。陛下以禮遇之可也，若與之計國事，此所謂啟寵納侮。』上曰：『初亦不意琦用心如此。琦嘗對使人云：「先帝，臣所立；陛下，先帝兒子，做得好，臣便面闊，做得不好，臣亦負慚愧。」』因稱郭子儀事，代宗以為忠順。此段據《王安石日錄》。論韓琦處當是託詞，如陳瓘所言也，今具載之，更竢考詳。四月十七日，安石已論放稅，專斥馮京，可參照。

又〔熙寧八年庚戌〕上批詔定州路：『自春末至今闕雨，夏秋穀麥無望，其令知定州薛向躬禱北嶽。』

又 卷二六四〔熙寧八年五月丙寅〕王安石言：『司農欲令定州煮粥散饑民，此非便，向已修條貫。今及未困，募之興利，而諸路多且如舊，不肯推行。』上曰：『河東煮粥，李承之云須至如此，人得米乃食生米。』安石曰：『人食生米未知虛實，不知何故有米乃不能炊煮，假令有此，亦由官司失於措置。若聚人每大口日給一升，小口給半升，即饑民須廢業待給，如此則容有不暇炊煮者。今救饑俵飯凡半年，若以作飯之米計口俵與，令各與營生，官所費無加，而饑民得實惠，不妨經營衣食，猶勝於聚，而俵粥飯不能救死，徒成疫癘也。』

又〔熙寧八年五月戊寅〕知曹州劉攽言：『知濟陰縣羅適以磨勘時當展考，追還著作佐郎，告罷知縣事。適治縣最有政績，乞就除職官知縣。』從之。後復以監司薦，改官再任。元豐元年閏正月戊寅，攽又薦適。

上批：『河東一路間於外敵，其民風俗，素號忠厚，加之力穡勤儉，習尚材武，朝廷若稍加獎勵，緩急足以自扞一方。比來災旱相繼，民力憔悴，殆無生理。即今饑民不少，自四月後，官罷糶米、散粥，人情皇皇，日就死所。若不多方賑濟，豈惟數十萬民命可惜，緣此一路戶口必致離析蕩散，將來何計可得完復？其速議所以措置條目進呈。』迺遣太子中允、檢正中書禮房公事曾伉，中書丞、知司農寺丞程之才體量措置，仍出內藏庫銀絹各二十萬，易司農粟賑給之，并以賑河北西路饑民。

又 卷二六六 〔熙寧八年秋七月己巳〕淮南發運司言：『自五月不雨，揚、楚州運河，通、泰等州運鹽河皆不通舟船。』詔：『發運司開浚，聽留上供錢米給其費，仍遣都水監官督視。』

詔：『聞開封府界雍邱等縣今歲放水淤田地，分其未淤處清水，占壓民田。其令提舉常平官按視，如係民耕地，蠲稅一料。』

又 〔熙寧八年秋七月己卯〕淮南、兩浙路災傷州軍知州、通判，令監司、提舉司精加體量以聞。

又 〔熙寧八年秋七月〕壬午，命知制誥沈括為淮南、兩浙災傷州軍體量安撫使，太常少卿、權判大理寺許遵同糾察在京刑獄。詔遵得視三路轉運使資序。視資序，據遵本傳，當考。

又 卷二六七 〔熙寧八年八月丙申〕詔：『聞淮南、江東、兩浙路災傷州軍米價踴貴，其令發運司勘會斗錢八十以上處，留上供米毋過百萬石；量減市價於民，斗毋過八十。』新紀書：詔發運輸京師粟，留無過百萬，羨者與飢民。

又 〔熙寧八年八月〕辛丑，召輔臣觀穀於後苑。

詔江寧府倚閣四等以下戶六年、七年逋稅，以歲旱故也。

又 〔熙寧八年八月壬子〕詔河東路民田蠲稅及八分以上，並權倚閣。

司農寺言：『江東、淮、浙災傷當賑糶，聞江南西路穀稍賤，乞遣知咸平縣、殿中丞吴居厚計置，及於荊湖路兑糴應副。』居厚，豫章人也。

又 卷二六八 〔熙寧八年九月丙寅〕御史蔡承禧言：『訪聞近日朝旨欲修新城，外議喧傳，以為日役萬兵，財用所糜，其數不少。臣聞古者城郭溝池以為固，又云：「王公設險以守其國，以城郭為固，則道德有不能設者矣。」此為中人之言，而非為上主而言也。以陛下之德，何啻金城湯池之固，而乃過計以為此，外議紛紛，臣所未喻。兼外城自祖宗以來傳之至此，日月之久，土脈堅緻，麤亦完好，何必高深樓櫓以擬邊疆？甘棠召伯之憩，尚勿翦除，祖宗規模，尤宜謹於毀撤。臣度陛下不欲沮興事之臣，且以俯從其議爾。又聞招廣固指揮。今歲江、淮大旱，畿甸蝗蝻，苗穀不登，惟京師軍倉麤可支行。今又煩為招置，虛糜廩粟，兼纔一興功，百司須索，動資應副，此又糜耗不貲。伏乞權且廢罷。若陛下以已行之命，遽難追改，則乞小為科例，積漸增修，不必併工以成勞費。』此據承禧奏議附見。八年，兩河、陝西、江南、淮、浙饑，京東蝗，然則承禧必是八年所上也。

又 〔熙寧八年九月〕丁丑，江南東路轉運司乞米三五萬石賑濟饑民。詔淮南東西、兩浙、江南東路共更留上供米十五萬石賜災傷州軍。

又 卷二六九 〔熙寧八年冬十月己丑〕蔡承禧言：『臣自五月中累具劄子，言呂升卿恣横不法，處事乖謬，憑藉勢要，朋黨立私，三四月間纔罷國子監一差遣，而使之修一司一務敕，又使之知禮院，又謬進經義，以冒恩賞職名。今訪聞又以升卿為江南西路轉運副使，無狀如此，言之未已，翻有進陞。職司之任，吏民之命，苟容非才，則一方受弊；況南方今歲災旱，米直翔踴，遠民尤欲更事之官，以宣上意綏撫。今此輕授，中書顯相顏面依違，共蔽姦惡，不行臣言。欲乞追寢成命，褫去職名，別與行遣。』又言：『朝廷比置權發遣之名，蓋以本資序未有人才，遂於小官拔擢有才之人，以居此任。今升卿自縣尉為東京察訪，則作役法不能成就；為淮東運判不久，則冒法過潤州葬妻；為崇政說書，則經藝不勝其謬。第能任險愎以害人，作姦言以罔上。臣兼訪聞升卿所言，至於庸常人之所不為。或云：「見僧人言我父未出惡道，遂斂錢作大會。」臣度其本實無此，蓋已斂眾人之財，恐其事露，遂作為此言，以冀哀於時。或云：「我之所言不誣，有母六十歲，足以為咒。」臣度其本亦非然，蓋陰中良善，而欲為此語，以取信於眾，為欺天罔上之語言，有毀父咒母之罪惡，此市井無知之不忍，而升卿優為之。臣今攷其資序乃初任知縣。若與之一邑，必非愛人奉法之吏。今若付之一路，殊非為官擇人之意，又況所言如此。伏乞屏歸田里，以究風教。』承禧兩章附此。十二月三日，升卿乃以轉運判官責監酒稅，豈朝廷從承禧言，改升卿副使為判官乎？當考。

司農寺言，開封府祥符縣賒貸粳米不如法。詔元給并當任失催官並衝替劾罪以聞。

又 〔熙寧八年冬十月癸巳〕祠部郎中趙鼎言：『京東自夏秋旱蝗相仍，民被災流徙者十六七，雖檢放租稅，而一縣通較，類不及五分，蓋恐礙倚閣青苗本息。乞令本路體量蠲稅。』詔司農寺根究，依法施行。鼎，宗道子，恐已見。趙彦若誌鼎墓，即言濮事者，恐此別一人。言濮事者，即非宗道子，宗道子別見元豐元年八月一日。

又 〔熙寧八年冬十月〕戊戌，手詔王安石等曰：『朕以寡薄，猥承先帝末命，獲奉宗廟，顧德弗類，不足仰當天心。比年以來，災異數見，山崩地震，旱暵相仍。今彗出東方，變尤大者。內惟淺昧，敢不懼焉！其自今月己亥，不御前殿，減常膳，如故事。卿等宜率在廷之臣，直言朕躬過失，改修政事之未協於民者以聞。』遂詔中外臣僚直言朝政闕失。

又 〔熙寧八年冬十月〕辛丑，詔開封府界民欠司農寺所散錢米除官戶外，實闕乏者，與展限一年，作兩料輸官。

又詔廬壽濠常潤揚州、江寧府累經災傷州軍，見督民間所逋常平錢物，貧不能輸者，如開封府界法，欠役錢者候歲豐催理。陝西、河東甚災傷處準此。

又詔江浙、淮南災傷州軍除用常平借貸興利外，更賜上供米三十萬石賑濟，令體量安撫司均給措置。

又 卷二七二 〔熙寧九年春正月丙寅〕司農寺言：『熙寧七年九月詔，民兩經倚閣常平錢者罷支。十一月詔改「兩經」為「已經」。畿內去年災傷已經倚閣，於法當罷矣，然今春雨雪應時，宿麥皆茂，乏困之民，若不賑貸，則殆將失所。請依前詔再倚閣者乃罷支。』上批：『今天下常平錢穀十常七八散在民間。又連歲災傷，倚閣追半。若止務多給計息為功，不計督索艱難，豈惟官物虧失，兼百姓被鞭撻必衆。可且依後詔行之。』七年九月二十六日云云，又此年正月二十三日云云，合並參考。

又 卷二八〇 〔熙寧十年春正月庚申〕詔借河北路災傷五分以上戶麥種，戶一石。

又 〔熙寧十年二月〕甲午，詔春候已深，無甚寒凍，高麗使非久起離，令都水監趣五七日開汴口。

又 〔熙寧十年二月乙未〕御史彭汝礪言：『竊聞京東、河北盜賊不禁，至白晝殺人於市，攻略鎮邑，執縛官吏，流聞四方，非所以為朝廷重也。比聞巡檢、縣尉許不依常制舉差，然巡檢、縣尉職在追胥，指縱則有待焉。臣觀漢京兆多盜，起王尊於久廢；渤海驚擾，用龔遂於垂老。使諸郡得人如尊、遂，則亦不至此矣。其盜發州郡，乞選擢仁明智略之吏更領州事，稍寬繩檢，使隨宜處置，且令明以德音撫諭，厚設購賞，使其徒自相首告捕殺，則其黨易潰矣。』

又言：『自北來者累有詣臣言，河北歲比不登，民散徙者衆；去秋旱，涉冬少雨雪，春夏之交，民必乏食。夫民無食，而有司不加卹焉，是棄而為寇資也。惟河北土地堅勁，風俗喜亂善盜，什伍千百不待號召，今其萌芽已不可斬絕矣。禍固有藏於隱微，而發於人之所忽，此不可不戒也。乞體量矜卹，稍寬諸科率欠負，以安下戶，使柔良懷恩，而無離叛之心，則姦凶寡耦，而有衰止之勢矣。』

詔蕃巡檢、殿直、閤門祗候劉永年落閤門祗候。坐不覺劉勃怡與夏作姦細也。

丁酉，詔：『諸州歲以十月差官檢視內外老病貧乏不能自存者注籍，人日給米豆共一升，小兒半之。三日一給。自十一月朔始，止明年三月晦。』

又 卷二八一 〔熙寧十年夏四月辛巳〕詔以福州常平司檢校崇勝院糧三萬八千餘石賑濟漳泉州、興化軍飢民。

又 〔熙寧十年夏四月壬寅〕詔蠲河北東路轉運使所借常平錢、糧二十三萬貫、石。以累年災傷故也。

又 卷二八二 〔熙寧十年五月〕癸亥，知越州、資政殿大學士趙抃知杭州。抃知越州時，兩浙旱蝗，米價踴貴，餓死者什五六。諸州皆牓衢路，立告賞，禁人增米價，抃獨牓衢路，令有米者任增價糶之，于是諸州米商輻輳詣越，米價更賤，民無餓死者。此據司馬記聞。

先是，淮、浙饑，詔出本界上供米，損市價糶，以活飢民。發運副使盧秉言：『價雖賤，貧者終不得米，請償糴本，盡以其餘賑恤流民。』詔可。是歲，奏計，上問曰：『如聞滁、和民食蝗以濟，有之乎？』秉對：『有之。民飢甚，死者相枕籍。』上慘然曰：『獨趙抃為朕言，與卿合。』前此，發運司入奏，多獻羨餘以希恩，秉獨以錢七十萬緡償三司舊負，因言：『發運司但督六路財賦，以時上之，本無羨餘。以進者，率正數也。乞遂禁絕。』上嘉納之。秉事因趙抃知越州附見，不知秉入奏果是何年。秉以八年七月除發運，九月，廣西用兵，其入奏或當十年也。賜上供米賑濟飢民，乃八年十月十二日。

又 〔熙寧十年五月〕丙子，遣屯田員外郎、檢正中書孔目房公事劉定體量安撫福建路，減價糶常平穀以救災。八月癸未，定責衢倅。

又 卷二八三 〔熙寧十年六月己卯〕寶文閣待制、檢正中書五房公事李承之言：『鄜延路累年災傷，今年夏稅乞許隨秋料及來年秋料分納。』從之。

又 〔熙寧十年秋七月癸丑〕三司言：『江、淮等路災傷，發運司未運上供糧三百五十餘萬石，欲下本司相度，如計置不行，權許折變見錢，毋過百萬石，限今年十月以前至京省司收糴，以備軍儲。』並從之。

又 〔熙寧十年秋七月丁巳〕詔河東、陝西、河北西路民因災傷典賣田產者，許依元價隨年限出息收贖，如過五年并買時不虧價者，不用此令。

又〔熙寧十年秋七月〕丙子，澶州乞遣官救護，詔入內都知張茂則、權同判都水監劉璯同相度閉塞。【略】

詔三司蠲江寧府等州軍民去年秋稅之半，餘倚閣。以江東轉運司言民因疫癘失耕種也。

又〔熙寧十年秋七月〕文彥博言：『臣於今年正月六日奏，為據德州申：大河自去年秋夏至今冬河底淤澱，通流不快，河勢變移，不循故道，見今四散漫流，兩岸俱被水患。臣詳黃河下流淤澱，疏濬不行，泄水不快，即上流水勢須至壅遏。若不預行經制，切虞將來河水泛漲，必為魏、博、恩、澶等州決溢為患。自後不聞水監別有擘畫，只是固護東流北岸。今年五、六、七月，聞大名金新隄一帶諸埽非常危急，果致澶州決溢。備要云：此非天災，人力不至也。臣又檢會今年正月八日奏，為近年以來，河防官吏以減省物料，指望酬賞，只緣三四年來，黃河非常水小，埽岸偶無危急是致。減得物料，即非久遠常制，必恐埽岸漸次有失添修，若將來河水泛漲如舊，必致疏虞。伏乞檢會舊條，不以減省物料指望酬奬。今年夏秋水漲，諸埽危急，多稱物料少數。今來曹村埽決溢，自熙寧八年、九年、十年檢計春料，合行接貼低怯之處，三年之中，並不曾應副接貼。兼本埽兵士多在別處占使，或駕船裝般水利司小麥外，見在只有兵士十七人實役，致今來以隄身低下怯薄，遂致決溢。臣前來因論列河事并及水官，乞行審擇。今河朔、京東州縣人民被水患者，莫知其數，嗷嗷籲天，上軫聖念，而水官不能自訟，猶汲汲以希賞，於理何安！臣前後所陳，出於至誠，本圖補報，非敢激訐，輕有干冒，伏望聖慈垂察。』熙寧十年奏，今附七月末河決後。河大決乃七月十七日也。

彥博又言：『臣去年冬奏衛州王供埽下開隄取黃河水作運河，置閘引水入御河，深為不便，以為大則決溢，小則淤澱。尋聞差官定奪利害，今來果致黃河水入運河，防遏不住，決過閘口，衝注下流州府縣鎮，為患甚大。竊慮定奪所未知得今來運河之害，乞指揮定奪所下衛州及大名路安撫司，取索自七月四日及十四日後來申報決溢一宗文字，看詳定奪。』

又 卷二八四〔熙寧十年八月戊寅〕詔河北路體量安撫安燾：『應被水災民並就高阜賑濟安存，令提點刑獄韓正彥同張茂則、劉璯先相度曹村決口下流利害以聞。』月末，河又決滎澤。

又〔熙寧十年八月〕己卯，詔河北、京東轉運提舉司，體量被水民戶未納夏稅，并諸欠負役錢當倚閣蠲減數，及水退給借糧、種次第以聞。又詔安撫司賑卹，并察刑獄繫禁，開封府界準此。

又〔熙寧十年八月〕丙戌，詔河北東路、京西路體量安撫安燾改河北路。以中書言兩路盜賊衰止，仍被水災，宜各委官賑卹，故燾專安撫河北。續詔監察御史裏行黃廉為京東路體量安撫。舊紀書監察御史黃廉體量安撫京東路，新紀不書。廉嘗言都檢正俞充結中人，徼幸富貴，不宜使佐具瞻之地，并言王中正任使太重，恐為後憂，又面論之甚切。上曰：『人才蓋無類，顧駕御之何如耳。』廉對曰：『雖然，漸不可長。聖人長駕遠御，故四凶在朝，不廢時雍。彼皆才器桀然過人，任使稱意，為後世慮，故放殛之耳。』上曰：『且置此事。河決曹村，京東尤被其害，今以累卿。』廉既受命，前後條舉百餘事，大略疏張澤濼至濱州，以紓齊、鄆，而濟、單、曹、濮、淄、齊之間積潦皆歸其壑；郡守、縣令能救災養民者，勞來勸誘，使即其功；發倉廪府庫以賑不給；水占民居、未能就業者，擇高地聚居之，皆使有屋避水；回遠未能歸者，遣吏移給之，皆使有粟；所灌郡縣，蠲賦棄責；流民所過毋得征算，使吏為之道地，止者賦居，行者賦糧，憂其無田而遠徙，故假官地而勸之耕，恐其殺牛而食之，故質私牛而與之錢；棄男女於道者收養之，丁壯而飢者募役之。初，水占州縣三十四，壞民田三十萬頃，壞民廬舍三十八萬家。卒事，所活飢民二十五萬三千口，壯者就功而食又二萬七千人，得七十三萬二千工，給當牛、借種錢八萬六千三百緡，歸而論薦士大夫，後多朝廷所收用云。此據黃庭堅所為行狀。或自『今以累卿』下並削去，只作注字附見可也。緣各隨月日，如張澤疏治乃係明年六月七日，不應總載於此。

又〔熙寧十年八月〕戊子，樞密院委張茂則、劉璯選便道口岸繫橋，以河水壞澶州橋故也。茂則等言：『北使驛路可以出澶州之西黎陽，由白馬縣北，可相度繫橋。』從之。

詔給河北東路坊場錢十萬緡，付轉運司增修霖雨所損州縣城、倉庫等。後又賜體量安撫司齋郎、助教敕牒十五。修完，又賜常平穀三千石，賑濟避水第四等以下戶。

權發遣兩浙轉運副使蘇澥言：『今往界首提舉防拓投首凶賊廖恩等，體問得正賊始初不多，後來旋添人數。若是自有家業田疇可以度日，即必願為良民，皆緣日給不足，逋欠官私債負，或小竊、私鑄及興販私商違禁之物，常蹈此險途，所以搖足即入賊黨。一旦若出投降，不免卻作舊態。其販茶鹽、私鑄及小盜，即動罹禁網，逋欠者例遭決撻枷錮，由此且在賊中，庶幾日得飽食。以理推之，無圖闕食之人，惟恐賊人不納，若賊人多有糧斛，即徒黨極易倡率。乞下安撫使於災傷地分厚加賑卹，及令州郡問民疾苦，倚閣逋負，并賊黨先投降人立定賞格，支與米錢，或有日前負犯，皆與放免。』詔高遵一取問賊徒有無欠官物，具析聞奏。此據時政記十一日事。高遵一後來如何具析，當考。

又 〔熙寧十年八月〕庚寅，秦鳳等路轉運司言：『秦州學田瘠而歲課不入，乞易營田，以贍學者。』從之。

又 〔熙寧十年八月辛卯〕知衛州、司農少卿魯有開言：『本路值黃、沁兩河為災，民乏食，已用緩急闕乏條借給常平錢穀。乞與免息。』詔：『自今寬剩役錢毋得給借。有開違法貸民，特釋罪。』有開，宗道從子。新法初行，有開知南康軍代還，宰相問江南新法如何，有開曰：『新法行，未見其患，其在他日也。』坐所言乖異，使通判杭州。

又 〔熙寧十年九月〕庚戌，詔：『河決泛濫民田者，官為疏畎，被災縣放稅賦，老幼疾病不能自存者，日給口食。』

又 卷二八六 〔熙寧十年十二月戊子〕詔：『開封府界、諸路累年災傷，積欠二稅、常平免役錢權行倚閣；及減放河北、京東路河決水災人戶役錢，以被災分數為差。』

又 〔熙寧十年十二月〕癸卯，河北路體量安撫安燾言：『乞河北兩路被水災戶第四等以下放稅及七分者，望許赴常平倉借請糧，以口率為差。又流民所至，當行賑救，宜許於常平省倉或封樁糧借，以支度僧牒所兑米數撥還，如不足，則勸誘力及之家出備，即毋得於數外掊斂。』從之。

又 卷二八七 〔元豐元年春正月乙卯〕又詔河北路轉運司檢放水災民戶秋稅欠負，展限輸納。

又 〔元豐元年春正月己未〕賜廣濟河輦運司上供米十萬碩，付徐州淮陽軍出糶，以賑水災饑民。

又 〔元豐元年春正月甲子〕詔免京東西路轉運司年紀封樁錢糧。以本路言水災闕乏故也。

又 〔元豐元年閏正月己丑〕又詔河北路以常平米賑濟饑民。

又 卷二九〇 〔元豐元年六月己酉〕京東路體量安撫黃廉言：『本路被水之初，乞委監司察災傷縣令不得力者，聽於不經水災若事簡縣對移，如闕人，即於得替待闕人不依常例奏舉；及乞申敕有司檢計溝河，候豐熟令所屬調丁夫濬治；梁山、張澤兩濼累歲填淤，浸民田，亦乞自下流浚至濱州。』從之，開濬溝河，令都水監遣官同轉運司檢視工料。廉受命安撫京東在熙寧十年八月九日。

詔河北路轉運司，昨發塞決河急夫，候發春夫計日折免，更蠲五分。

又 〔元豐元年秋七月〕己亥，命權發遣河北轉運判官、殿中丞高鎛詣濱、棣州界風雨損城壁及害苗稼處照管，仍令京東轉運司案齊州章邱縣官吏，如不預備救護，致民被水衝注為患，即劾罪以聞。

庚子，以右諫議大夫、集賢殿修撰張景憲知河陽。景憲還自瀛洲，為上言：『比年多凶歉，百姓積逋負，今歲纔小登，州縣督趣併償，道路流言，謂其害甚於凶歲。願少寬假，以紓元元。』上可之，下其奏有司。時西南蠻犯邊，朝廷方出師，景憲言：『聖人以天下為度，於四夷何所不容？今小醜跳梁，殆邊吏擾之耳。且其巢穴險遠，若進兵窮討，萬一糧餉不繼，則坐困我師，邇人先受其弊。』上曰：『卿言是也，然朝廷有不得已者。』景憲二事，朱本止存諫出師，正史削去，今並存之。

初，澶州決河復塞，呂公著奏疏曰：『臣伏見昨來澶州曹村埽決潰，全河衝注山東，聖心惻然，即議閉塞。奮自獨斷，出於羣疑。功未踰時而有成，患不閱歲而尋弭。雖上下竭力，遂致澄清，實由陛下至誠憂民愛物之心，天相神助，殆非人力。以此見天道聰明，日監在下，棐忱輔德，遄應不遲。為人上者，可不欽畏！恭惟陛下，聖德仁厚，出自天性，臨下御眾，有日月之明，天地之量，誠非凡庶庸妄所能臆度。以至今日數起詔獄，逮繫頗眾，有司極於鍛鍊，羣下無不震恐，比至臨決，多從末減。昔于公一郡之獄吏耳，猶以陰德有報，光大子孫，況以萬乘之尊，六合之廣，布德施恩，固宜受福無疆，施及萬世。然臣願陛下雖性得之，猶復加聖心焉。上奉天，下接人，加精致誠，執要行簡。道高百王而謙以自牧，學貫六藝而虛以受人。雖威肅羣品，不得謂下絕欺誣；雖智燭輿情，不得謂事無壅蔽。親正士，拒壬人，必有忍以濟事功，推內恕以及人物。於以崇起忠厚，保合太和。則易所謂「自天佑之，吉無不利」，詩所謂「干祿百福，子孫千億」者，蓋將以類而應。臣以無狀，獲備近列，竊慕古人將美盡規之義，惟陛下裁幸。』

又 卷二九一 〔元豐元年八月〕丁未，詔河北轉運司差官體量被水人戶。

災傷及七分處再檢視，蠲其稅；不及七分者並檢覆，即依法施行。

大理寺言：『澶州曹村河水溢，抹岸，官吏失不預請修貼隄岸，其巡河欒文德當追一官勒停，都大提舉苗師中、都水丞王謹微、權外監丞陳祐甫及知澶州韓璹等當贖銅，各該赦原。』詔：『欒文德准南編管，苗師中衝替並追兩官，王謹微衝替，陳祐甫降一官。韓璹以應副修閉決口，聽以功贖過。』

又 卷二九五 〔元豐元年十二月甲寅〕詔大名府永濟鎮被水災醋戶，依酒場被水，蠲買名錢。

又 卷二九六 〔元豐二年二月庚戌〕詔：『聞濱、棣、滄州昨因災傷，至今民尚乏食。其令提舉官李孝純存恤，有合行事行訖以聞，事體稍重者奏聽旨，察知縣，縣令有不職者權對移。』

又 〔元豐元年二月辛亥〕詔：『聞齊、兗、濟、鄆州穀價貴甚，斗值幾二百，倡食流轉之民頗多。司農寺其諭州縣，以所積常平倉穀通同比元入價，斗虧不及十錢，即分場廣糶，濱、棣、滄州亦然。』三司又言：『齊、淄等州穀貴，春夏之交，慮更艱食，請輟廣濟河所漕穀二十萬石，減價出糶，所糶價錢發上京理為年額。』從之。

又 〔元豐元年二月甲寅〕成都府路提舉言：『漢州自熙寧七年災傷，戶絕之家有暴骸未葬者三十四戶、九十八人，乞人給錢二千收瘞，鬻絕戶田宅以償官。』從之。朱史簽貼云：『此事至小，兼賣本人戶絕田產收葬，自有編敕正條，合刪去。』新史復存之。

又 〔元豐元年二月〕乙丑，知滄州張問言：『民饑至相食，今州倉大豆四萬九千餘碩，可支五年，漸有陳腐，乞留支二年外，斥其餘以賜饑民，可活良民三萬口。』上批：『可下提舉常平事李孝純速相度施行訖聞奏。』

又 卷二九七 〔元豐二年三月庚午〕權御史中丞蔡確言：『畿內及諸路闕雨，宿種未長，重虞疾疫，陛下賑卹窮乏，詔書數下，仁民之慮，可謂至矣。臣愚竊謂四方犴獄，宜更澄察，決滯理冤，足召協氣。乞詔畿內提舉司、諸路轉運或提舉司委官，與提點諸縣鎮及提點刑獄官巡按闕雨州縣，督治未結絕公事，有涉枉濫或無故淹延者，並申理決遣，劾官吏以聞。』知諫院李定言：『京東、河北饑，青、齊、滄、棣尤甚，陛下已敕有司賑救貧乏，租稅欠負，例皆展閣，減價出粟，支借種錢，籍錄饑羸，給以口食，尚聞民不安居，漸有流散。乞戒監司檢察州縣，若賑救不如法，致有逃死，以戶口多少等第黜罰。』知諫院黃履亦言：『知青州龔鼎臣、知滄州張問，性雖厚重，而短于應務，不足以賑乏紓急，乞別選能者，易鼎臣、問以他郡。』皆不行。朱本削此三事。

詔：『兩浙路災傷民負戶絕田產價錢者，展限半年輸官。』初本路乞展限一年，而司農寺以為太寬也。

賜辰州捕猺賊兵丁特支錢。

又 〔元豐二年夏四月乙巳〕又詔河北東路提舉常平倉司所散濱、棣、滄州饑民食，至五月止。

又 卷三一三 〔元豐四年六月〕戊午，以權判兵部、降授承議郎、天章閣待制趙卨權發遣三司使。

詔：『東行河道已填淤不可復，將來更不修閉小吴口，候見大河歸納，應合立隄防，令李立之經畫以聞，其干涉州縣修護城堤，並聽立之處分。』時議者欲復禹故道，上曰：『陵谷更變，雖神禹復出，亦不可拘以故道。蓋水之就下者，性也，今止以州縣為礙，壅遏水勢，致不由其性，此乃治水之事，非治水之道故也。若以道觀之，則水未嘗為患，而州縣為水之害耳。』舊紀云：戊午，詔河決北行，順利無塞。

詔河北諸郡蝗蝻漸熾，可專委東路提舉官李宜之督捕。

河北東路提點刑獄劉定言：『王莽河一徑水，自大名界下合大流注冀州，及臨清徐典御河決口、恩州趙村壩子決口兩徑水，亦注冀州城東。若遂成河道，即大流難以西傾，全與李垂、孫民先所論違背，望早經制。』詔送李立之。

都大經制瀘州蠻賊公事司言：『已牒知南平軍魏從革，候本司關牒入界期日，即稟彭孫節制，領兵照應討蕩乞弟。』詔林廣、彭孫將來入蠻界，約進兵之期，要在首尾相應，分張賊勢，必於殄滅。

己未，權發遣三司度支副使蹇周輔為河北路體量安撫，除河防事李立之經畫外，應干振卹，並詳度施行。舊紀書：周輔體量安撫河北水災。

又 〔元豐四年六月丁卯〕上批：『河北軍州中路夏田，大河橫水衝沒，百姓必乏食，宜差官廣募開封府界在京闕額禁軍。』詔差府界將副四員，候至七月，分詣河北水災州軍，招闕食人充填府界將弁并在京五百料錢以下闕額禁軍。

又 卷三四八 〔元豐七年八月辛巳〕詔：『洺州水災，糧儲不足，許借鄰近州縣常平倉米、麥、小豆共五萬石，限三年還。」

又 〔元豐七年八月〕癸未，上批：『京西民產寡薄，今歲復罹水災，兼累困河役。范子淵見營閉武濟河口，昨已放工無效。今冬雖霜降水落，又須廣費財力，未可保其必成。即且縱其分流，據年例物料、兵夫固護廣武三埽，自於新河無害。可遣開封府推官李士良審視。』士良還奏，所修馬頭、隄道實未可保其必成，乞並罷。』從之。四月二十二日，子淵責。

又 〔元豐七年九月己酉〕詔西京被水漂溺之家，及秋苗災傷五分戶，並免來年夏秋支移、折變，從戶部員外郎張詢請也。

又 卷三六五 〔元祐元年二月庚申朔辛酉〕又詔：『大名府自經水災，民田多渰浸，耕種未得，人戶艱食。向雖賑濟，尚慮官司拘制，使被災之民，未蒙恩澤，可委大名府安撫使韓絳詢訪賑濟。』

又 〔元祐元年二月乙丑〕詔以未得雨澤，權令罷修黃河，其諸路兵夫，並放歸元來去處。此據王巖叟奏議增入，實錄無之。趙鼎臣《河渠書》云：閏正月李常等言：『故道高仰，還河非便。』從之。然則罷修河，蓋常等使回奏請也，實錄獨闕之。初遣常等在去年十二月十四日，鼎臣書月日或與實錄不同，姑附注，當考。四月六日常等乃建議乞增置水官，然則鼎臣此云『還河非便』，恐誤也。

監察御史王巖叟言：『臣所領工察正預河事，伏睹今降指揮，此陛下以實應天仁民愛物之深意也，然臣竊有所疑，不敢遂默。陛下以為「大河之役，勞民動眾而未必有成功，不雨之災，實在於此，此天意也，不若罷之便。」然臣聞救災恤難，天之道也，陛下豈不思北流橫潰，河北生靈被害者不可勝數，日夜嗷嗷，未獲安堵，其愁憂無聊之氣，亦足以感天道致災變乎！臣願陛下念之勿忘，更敕大臣講利害，計輕重，使河北生靈得免大患，以成王道無偏之美，以全陛下兼聽博覽之善。』巖叟奏并梁燾奏，附二年四月二十六日。詳注見二年二月八日。

又 卷三七三 〔元祐元年三月〕癸未，詔府界并諸路提點刑獄司，躬訪州、縣災傷，即不限放稅分數，及有無披訴，以義倉及常平米穀，速行賑濟，無致流移。四月四日司馬光言可并此。

戶部言：『夔州路提舉常平官傅傳正奏：「州、軍去年災傷放租稅分數不多，亦有全不曾申訴去處，致或不該賑給。臣見民間困急，不敢坐視，已指揮逐州、軍、縣當職官，依災傷及七分以上賑濟，務令全活。所有不候朝旨專輒之罪，謹自劾以聞。」』詔傅傳正特放罪，仍候到闕日與優差遣。六月二十八日，承議郎傅傳正為兩浙路轉運判官。

又 卷三七四 〔元祐元年夏四月己丑〕詔：『諸路災傷賑濟并賊盜公事，令轉運司兼管；其賊盜賞錢，許於青苗息錢內支，候役法了日，奏取指揮。』

御史中丞劉摯言：『河北轉運司昨者妄建河議，欲為迎陽故道之役，以奪大吳新河之勢，乞許一面經畫；謂如此則新河下流數十州縣盡免水患。及聞朝廷遣使按視，遽變為孫村之說，欲便施工，今春了畢。既而使者到部，情見理得，於是李南公、范子奇躓然又盡以前所議為非。其略曰：「故道隄岸盡已拆去，靈平埽岸深占河身，上下扼束，必為大患。」又曰：「迎陽下瞰京師，孫村水勢不順，兩處回河事節，委實不便。」按南公等正月十八日狀稱「今來躬親相視」，乃是前此奏請之時，未嘗親至河上，而遽以非常之利害、不貲之勞費上聞，欲以僥倖有成。設使朝廷以監司之言為可信，而過聽之，豈不誤大事歟！南公等身任職司，河事實在所部，固宜考見底裏，然後為言，而乃慣習欺罔，妄圖功利。及見朝廷選差遣近臣，知其必究事實，自以前議鹵莽，恐得罪咎，故不待使者同行閱視，已自奏陳。公然反覆，輕侮君父，轉大議是非如反掌，視一方安危如兒戲。夫事君之道，惟恭與誠，南公等前言乃出於輕發妄作，非恭誠也；後奏乃欲以姦計求免，非忠實也。不有顯黜，何以申明典憲，少誡姦偽之人？』

又殿中侍御史呂陶言：『向者知澶州王令圖輒有論奏，欲於迎陽埽開濬舊河，使水東注；及乞於孫村地分金隄置約，使河流徑歸故道。河北轉運司並不計審利害，繼有論奏，欲朝廷先委王令圖相度，自迎陽埽以下，許令一面經畫，纔候正月，放水入舊河。仍於大吳北岸修進鋸牙，約束水勢，歸復故道。朝廷差李常、馮宗道相視，未至本處，而轉運司范子奇、李南公自知欺誕，不敢掩匿，乃於正月十八日論奏。又移諜李常，稱迎陽、孫村兩處回河委是不便。及常等相度，俱稱不可，已罷其役。按河流回覆，自古及今，最為中國之大事。今緣令圖所言，遽欲興役，開舊塞新；及朝廷遣使按視，具見其實，則方露底裏，以為難成。同異兩端，情涉侮玩，願付有司劾治子奇、南公之罪，以戒欺慢。』

詔：『范子奇、李南公各罰銅十斤，展二年磨勘。』

左司諫王巖叟言：『訪聞淮南旱甚，物價踊貴，本路監司殊不留意，伏望選官措置。』詔發運司，截留上供米一十萬石，比市價量減，出糶與闕食人戶，每戶不得過三石。其糶到錢起發上京。又言：『廢罷諸路提舉常平及三路提舉保甲司，減削逐歲舉官狀，亡慮六七十紙，竊慮寒素之士，愈艱於進，乞復通判舉官。』詔諸州、軍通判每年許舉人一名；幕職州縣官改官，判司簿尉充縣令，仍相間舉。六月十三日改制，當并此。

又［元祐元年夏四月辛卯］又言：『府界諸路久旱，夏苗災傷人戶披訴，訪聞州、縣多不為收接，使被災之民重困。欲令戶部指揮府界諸路監司，分詣轄下州、縣有災傷處，體量被災人戶，不問限內外、曾與不曾披訴，實災傷合放分數，更不檢覆，便行除放訖奏。』從之。

吏部侍郎李常、勾當御藥院馮宗道言：『準朝旨相度黃河利害，臣等所至，歷覽其隄防，全未高廣，物料亦未有備。緣隄防之設，全係水官；物料之蓄，責在本道。今經涉歲月，尚爾未集，以是知水官未得其人，欲乞添置使者。』詔添置外都水使者、勾當公事各一員，比外都水丞，隸外都水使者。去年十二月十四日，今年正月十四日，二月六日，九月二十三日，十一月二十二日。

工部言：『京西轉運司奏，北使經由道路，近為浮橋須合解拆，改入京西路由河陽至京。昨準朝旨，務要不見山陵，須合刱置道路。今來再相度得河陽南至偃師，東由鳳臺、孝義次入鞏縣，最為順便。皆有亭驛道路，止是望見山陵林木，恐不須回避，乞就上項驛路。』從之。

右諫議大夫孫覺言：『淮、浙災傷，米穀踊貴，慮盜賊因緣而起，乞差官體量，廣行賑濟。徧下諸路轉運提刑司，災傷各以實言，不實者坐之。災傷雖小，而言涉過當者不問。如此則諸路不敢不言，朝廷隨災傷之大小，賑濟而防虞之，則四海之內無倉卒之憂矣。』時災傷，轉運等司並無奏報，及宿、亳州至甚，詔令發運司體量災傷州、縣闕食處，仍令宿、亳州分析，並不申奏災傷次第，及具見斛斗價例，各疾置以聞。新、舊錄並如此，當考。

又　卷三七六　［元祐元年四月］己酉，三省言：『諸路久旱災傷處已降指揮賑濟外，準條，常平錢但遇穀貴，則量減錢糴，不得虧本，賤則量添錢糴。昨臣僚上奏，淮南米價斗直一百七十，況常平米糴在豐年，計直錢不多，慮官司拘條，執以量減市價，致民不霑惠。欲令府界諸路提點刑獄司，指揮應係災傷人戶闕食處，其常平米價錢不虧元本，並許出糶。仍委州縣嚴加覺察，不得糶與興販之人。』從之。

又［元祐元年四月］乙卯，右司諫蘇轍言：『伏見淮南旱災，民食踊貴，朝廷特令截留上供米三十萬石，以濟其急。留上供米三十萬石，實錄乃不見其事。卹民之深，異時所未嘗有。然臣訪聞本路自正月以來，義倉、常平糧斛逐旋賑濟，約至夏中麥熟，稍得給足。不意今來旱勢益甚，夏麥無望，而秋收之期，遠在百日之外，雖有前件截留上供米，分在一路，恐未能遍及飢民。訪聞發運司逐年將糴本錢一百萬貫，趁賤糴米以代諸路違限上供米數外，或遇米貴，亦出賣收息。臣欲乞指揮發運司，約定今年合留代上供外，其餘權令只依元買價，盡數支撥於諸郡出賣，不得收息。仍先具若干留代上供，若干可以出賣，及原買價例申奏，所貴米數稍多，救接飢饉，可以支持至秋。

又　卷三八三　［元祐元年七月甲申］右司諫蘇轍言：『臣竊見淮南春夏大旱，民間乏食，流徙道路，朝廷哀愍饑饉，發常平義倉，及截留上供米，以濟其急。淮南之民，上賴聖澤，不至餓殍。然自六月大雨，淮水汎溢，泗、宿、亳三州大水，夏田既已不收，秋田亦復蕩盡，前望來年夏麥，日月尚遠，勢不相接，深可憂慮。訪聞見今官賣米猶有未盡，然必不能支持久遠。臣欲乞朝廷以今未至闕絕之際，速行取問本路提舉轉運司，令具諸州災傷輕重次第，見今逐州各有多少糧食，可以賑濟得多少月日，如將來乏絕，合如何擘劃施行，立限供報。所貴朝廷得以豫先處置，小民不至失所。』

又　卷三九二　［元祐元年十一月壬午］權發遣淮南路轉運副使趙偁言：『楚、海、泗、宿、亳五州水災最甚，乞下發運司於常、潤州收糴稻種十萬石，以備五州來春布種，或糶或貸。』從之。紹聖二年八月，戶部員外郎陳蔡作《趙偁行狀》云：公為淮南轉運副使，於時流殍載路，老羸轉溝壑，壯者起為盜，楚、海、泗、宿、亳五州為甚。公奏以『荒政務叢，動繫人命，每從中請，緩不及事。願一切許臣權宜措置，事訖乃奏，有不合理，請從重坐』。復請『移別路常平米二十萬斛，兼充賑貸，飭州縣論流民歸業，計口給食，以散羣聚薰蒸疾疫之病。且令漸還本土，就治生業。添置武臣守鎮衝要，以防間隙。露尸散骨，埋殯有法；棄孤遺幼，鞠養有令。客戶舊無貸法，蓋防遷徙，若令主戶隨等為保，則雖貸無害。又重法地分，因災傷盜取五穀罪人，特從減等，而妻子不免編管，殆非法意。請罪人減者，妻子亦免坐』。詔皆從之，仍著為法。

又　卷三九三　［元祐元年十二月壬寅］侍御史王巖叟言：『近奏請如舊法不限災傷分數，並容借貸，不拘民戶等第，均令免息等事，蒙送有司立法。伏睹今年十一月二十九日敕，戶部看詳元豐令，限定災傷放稅分數支借種子條合依舊存留外，修立到下條：「諸州縣災傷人戶闕乏糧食，雖有欠闕，不以月分，約度合支數，預行奏請，候得旨，許結保借貸常平穀。如闕，紐直給錢，豐熟日催納。若無本色，聽依倉例折納，或納元價。經赦不在除放之限。常平不足，許借撥轉運司錢穀。其災傷至輕或上等人戶不致闕乏，不得一例奏請借貸。」臣看詳所修借貸糧食條意已得允當外，緣臣元奏本以賑濟舊法災傷無分數之限，人戶無等第之差，皆得借貸，均令免息。新條必待災傷放稅七分以上而第四等以下，方許借貸免息，殊非朝廷本意。故乞均令借貸，以濟其難。今戶部復將支借種子依舊存留，竊以災傷人戶既闕糧食，則種子亦闕，豈可種子獨立限格？臣欲乞通為一法，於所修「糧食」字下添入「并種子」三字，庶使被災之民廣霑惠澤。』從之。十一月二十八日巖叟初言，朱光庭奏議亦有此。光庭盡散河北積倉，其張本或在此，更詳之。

又 「元祐元年十二月乙巳」詔：『應災傷州縣人戶販買魚米、柴薪、竹木之類合收稅者，三百文以下並與免納，即時放行，不得留滯。其免過稅錢，收充合收稅錢數。』法冊元年十二月二十七日聖旨。

又 「元祐元年十二月丙午」詔工部員外郎王古體量淮南及京東路災傷。政目二十二日有此，須別考詳，不知古何時復命。王巖叟云云附此。侍御史王巖叟言：『臣伏睹朝旨以京東路徐州、淮陽軍亦係災傷，令淮南體量官王古亦就體量賑濟。臣竊聞京東災傷不獨兩處，今兖、鄆之間，一邑有至老幼數百人或千人日爭買糟酵充食者，未必盡是淮陽之民。臣以謂當隨所在賑給之，而常平、義倉所在往往不多，殆無以繼，乞並委王古通一路應有饑民處體量經畫賑濟，使流徙之人均被聖澤，以稱陛下救災卹患之意。』貼黃：『聞京東諸州災傷縣分，猶有督納稅租欠負者，百姓益非所堪。伏望併賜指揮矜恤。』

又 卷三九五 「元祐二年二月丁亥」詔左司諫朱光庭，乘傳詣河北路，與監司一員徧視災荒，按累降指揮措置賑濟。有未盡、未便事，並得從宜，事體稍重，即奏稟。仍訪本路從來如何賑濟，今流移倍多，如緣官吏奉法不虔，即按劾以聞。范祖禹作光庭墓誌云：『大發倉廩，所全活甚眾。』舊錄朱光庭傳云：『河北飢，詔光庭行視，乃大發廩庾，豪強所獲十倍，而貧弱實不蒙恩惠，先帝積年兵食之儲至是無餘。改左司員外郎，遷太常少卿。右正言丁騭論光庭「昔為小官，曲奉權要，推行法令，又劇殘苛，黨附程頤，傾敗善類，奉使河北，邀求民譽，並邊州郡儲蓄一空。」言雖不行，士論快之。云云。元符初，三省按治劉摯黨羽，而光庭累疏誣罔聖聽，陰蓄邪謀。』新錄辨曰：『漢汲黯使行河內失火，而賑廩以活饑民，前史以為美談。況光庭奉使有旨，而乃以散先帝積年兵儲罪之，何哉？其下言「光庭累疏誣罔聖聽」，亦可知其誣也。』今刪去新錄，削去舊錄『乃大發廩庾，豪強所獲十倍，而貧弱實不蒙恩惠，先帝積年兵食之儲至是無餘』等語，但云發廩庾以濟飢民，而議者謂耗先帝積年兵食之儲。按：陳師道詩有《嗚呼行》，亦似不與光庭此舉。師道詩今附見于後：『去年米賤家賜粟，百萬官倉不餘掬。青錢隨賜費追呼，昔日剜瘡今補肉。今年夏旱秋水生，江淮轉粟千里行。不應遠水救近渴，空倉四壁雀不鳴。似聞為政不為費，兩不相傷兩相濟。十年斂積用一朝，驚濤破山風動地。』十一月六日甲寅，運淮、浙所糴穀四十萬斛賑濟京東。二十六日甲戌，御史趙挺之、方蒙劾光庭，詔光庭具析。

右諫議大夫梁燾言：『竊聞朝廷以河北災傷，差左司諫朱光庭體量賑濟。竊緣左諫議大夫鮮于侁見在疾苦，未奉朝謁，今又差出光庭，即左省全闕諫官。欲望聖慈特賜指揮，令光庭在省供職，別選臣僚出使宣旨。』不報。

又 卷三九七 「元祐二年」三月辛巳，太師文彥博奏乞致仕，右僕射呂公著以旱乞退，皆答詔不允。

范純仁言：『臣竊見近日久無雨澤，聖心焦勞，深究軍民利病，特罷廂兵遠役勞費之苦，足以感動天心，消彌災旱。尚有禁軍常日教閱弓弩，斗力太重，比之祖宗舊法，驅率甚嚴。雖朝廷曾降指揮寬減，緣為將官人員各有賞罰，是致將官等惟顧己身利害，不暇體恤眾人。其有招揀新到及老舊之人，或疾病初技，或筋力稍虧，必不能盡應格法，便遭鞭朴驅逼，不免告假百日，求為小分，不惟枉有退減兵卒，久遠亦人情之所難堪。伏望特作聖意宣諭殿前三帥，今後諸營教閱，並依祖宗故事，弓弩石斗，各量人力等第閱習，不須科罰人員，及乞指揮樞密院，所有將官得替賞罰，亦皆寢罷，但令監司察其不職，自然不至廢惰。如此則眾情感悅，必能召致和氣。臣職在樞密院，亦合奏請施行，又緣事繫眾情，不若特降聖旨處分。數日前，有兵士懽見教閱，商量自縊者，乞密問燕達等必知，如稱不知，即乞宣問樞密院。』此事從違當考。罷廂軍遠役勞苦之費，當是二十七日指揮，今附見。

又 卷三九八 「元祐二年夏四月」庚寅，御從政殿閱諸軍轉員，凡三日。

右諫議大夫梁燾奏：『臣伏見春夏大旱，陛下祗敬恐懼，上承天心，靡神不舉，未獲嘉應。雖陰雲屢起，而甘澤不施，其何故哉？豈天意有所未順，而神貺亦以少靳乎？陰雲屢起者，精誠達也；甘雨不施者，和氣隔也。臣聞天之沉陰，積久而不雨，亦猶人之退託猶豫而不斷也。今者夜多寒氣，晝多蒙氣，日少清明之光，皆陰盛而陽微，臣道強而君德弱也。考之前古，尤為誡懼。消伏變異，正在聖明。伏望睿慈上觀天意，下察人情，凡朝廷之事，聰明所見，洞然無疑，謂可施行者，皇帝面飭大臣必行之，加以剛斷。如是，則習於萬幾之務，而聖政日廣，真太皇太后保佑之功也。惟願深思臣言，無惑憸佞之說，則上循國體，下慰人望，臣不勝忘身懇切之至。』貼黃：『臣恭謂當今政事有未便於人情、無益於國體者，聖聰必已聞之。聖意亦欲改革，但牽於外臣議論，疑惑未決，優游不斷，威德不振，恩澤不浹，此所以天示警戒，久陰而不雨也。蒙，以示君明之受蔽也；寒，以示臣強之僭權也。若開然洞照，奮然獨斷，使大臣畏威而沮伏，庶民蒙澤而鼓舞，則膏潤之雨，清明之賜，以祥來應，不待終日矣。臣愚不知古義，妄言求補聰明，惟陛下試一行之，以驗不誣焉。』燾又奏乞避正殿，減常膳，申戒中外，疏決滯獄，以答天變。燾兩奏並據奏議，附辛卯前。

辛卯，詔：『時雨久愆，旱災甚廣，可自今月十一日後，避正殿，減常膳，仍於詔內深責予躬，庶幾修省以消天變。』詔曰：『朕承祖宗之休，獲紹大統，而涉道日淺，昧於致治，萬事失中，以干陰陽之和，乃自冬迄夏，旱暘為虐，四方之內，被災者廣，生民嗷嗷，無所告勞。永惟災變之來，蓋不虛發，意者朕之聽納不得於理歟？賞罰失當，而賦稅無節歟？民力屈竭於土木之勞歟？抑忠言壅於上聞，而德澤不下流歟？何大異之滋至也！非克己思過，洗心修德，其何以答塞天變，協致太和。可自今月十一日後，避正殿，減常膳。公卿大夫，其勉修厥職，共圖消復！』【略】

甲午，宰臣呂公著等以時雨不繼，詔書責躬，乞賜降黜。詔不允。新無。

范純仁言：臣竊見旱暵作沴，兩宮焦勞，減膳責躬，聳動羣聽。臣以輔政無狀，已與呂公著等同奏待罪，乞行降黜。夙夜憂懼，思所以消彌災異之術，上裨聖猷。愚者千慮，庶或一得。臣觀前代多因災異求訪直言，所以宣導人情，以消壅蔽。自陛下臨御之初，即下詔許人實封言事，當時臣庶所上封章，盈千萬數，其中必有可行之事、可采之言。若收其爝火之微，亦可補大明之照。大臣不能遍覽，有司憚於舉行，棄擲散遺，稀獲省錄，故未能上副陛下求言之意也。伏望特降聖旨下三省、樞密院、六曹寺監，將前來臣庶應詔所上封章，後來不以行與不行，據元初承受到都大數目，並令檢尋進入，然後擇賢明近臣專為總領，仍許於尚書省閑曹及秘書、太常寺、國子監、王府及應閑慢寺、監、司、局內，選擇郎官、丞、簿、博士、帖職、教授等，指射一二十員，分擘看詳，逐旋節略緊切大意，同申三省。其有關久遠利害，未可便行者，即行下當職官局及逐處監司相度，給與日限，具可否保明聞奏。其決然可行者，便令執政奏擬施行。如此，則下得芻蕘之言，上裨堯、舜之治。

又尚書諸曹受天下四方牒訴、奏請文字，多因條禁不便，賞罰難明，民情有冤，廢置未決，方具利害事理，懇切申陳。蓋欲求朝省分明指揮，以判公私曲直，而郎官鮮及省覽，吏人苟逃日限，或為非理阻難，或坐條例退回，或只判收不行，或假勘當住滯。其外處監司、州縣及訴訟抱冤之人，深畏獲怒有司，不敢再三論理，致下情壅於上達，陰陽不能交泰。比來愆亢，或此之由。乞降聖旨，取尚書諸曹自去年正月至年終全年承領文字簿書，並委御史臺、諫官、給事、左右司郎官分定點檢，抽索事祖行遣，子細看詳定奪。其間執文害事，不近人情者，可并元條刪改；其勘當住滯者，促令結絕；其指揮不當及非理問難，鹵莽判收者，亦許牒本部再與詳究施行；其元行吏人情輕者且與原罪，情重者特行懲責。庶幾聖政無虧，上合天心，災異可消，和氣可召。

昔時政府只是中書一處，所以事速而人情易通。今分為三省，庶務益更迂滯，兼機事時有漏泄，至如陛下欲別擇奏帥，卻一面將呂公孺不許辭免詔旨行下，蓋是關預處多，不相照應，以致如此。特乞聖旨宣諭文彥博及執政大臣同議，將三省事通為一處，復如昔日中書，庶幾政事無壅，天下受賜。更乞宣諭三省、樞密院，更切求訪軍民疾苦、邊防利害。恐有瘴毒之地費人守戍，險遠之處勞民供餉。若與寬減，得久遠無患，便是卿等存心，不要更避形跡。如此，必然益資至化。點檢諸曹文字，十六日施行，看詳封事無行，將三省合為一處無行。【略】

丙申，分定宰臣、執政官、吏部尚書蘇頌等朝獻景靈宮諸殿。

丁酉，詔：『旱暵為災，減膳責躬，修勤缺政，以祈消復。尚慮尚書六曹有四方牒訴、奏請文字，或賞罰難明，或民情有冤，廢置未決，郎官怠於省覽，吏人苟逃日限，非理沮難不行，使抱冤之人無所赴愬。宜差御史中丞傅堯俞、右司郎中杜紘、殿中侍御史孫升赴吏部，侍御史王巖叟、右司員外郎孫覽、監察御史韓川赴戶部，給事中張問、監察御史上官均赴禮部，左司郎中韓宗道、監察御史張舜民赴兵部，右諫議大夫梁燾、左司郎中范純禮、殿中侍御史呂陶赴刑部，右司諫王覿、監察御史張舜民赴工部，點檢自去年正月至年終承受到文字，抽索事祖行遣次第，子細看詳。其間有執文害事，不近人情者，并元條删改；其勘當住滯者，促令結絕；其指揮不當及非理問難，鹵莽判收者，亦許牒本部再與詳究施行；其元行吏人情輕者且與原罪，情重者特行懲責，令結絕。三省、樞密院審度行下。』用范純仁之言也。堯俞以前任吏部侍郎，乞换別曹，詔與梁燾對换，尋詔堯俞勿差。張舜民既赴兵曹，又赴工曹，當考。【略】

己亥，内出太皇太后手詔曰：『有司奏，受册當依典故在從吉後。夫典册備物，以致隆名，國之盛禮也。行於和平之日，懼不克稱，况今旱暵為虐，苗稼將槁，民則何罪，咎實在予。雖責躬永思，損膳自戒，尚慮無以塞責消變，而有司乃於此時欲以隆名盛禮加我，是重予之不德也。所有將來行受册禮宜權停罷，仍詔諸路監司分督郡縣刑獄，其繫囚若干人，照事理輕者從宜處決配奏，未可處決者，仍責限結絕。其監司如所分地遠，力不能徧，或有故不可躬行，並委官催促。』以久愆時雨故也。

先是，呂公著言：『六月二十六日，行太皇太后册禮，有司先期修製玉册，其文當稱述聖德，臣撰次已畢。伏惟陛下以憫雨焦勞，責躬減膳，未敢上進。欲乞特降中詔，候八月西京奉安御容禮畢受册，兼秋高氣清，兩宮被法服，羣臣稱慶，於行禮為宜。』太皇太后納其言，遂降權罷之詔。此據呂公著家傳。

右司諫王覿言：『陛下必欲有以感天意，即下詔責躬，以其未能肅欽，以致不肅之罰也。然後詔三省以振朝綱、去民賊，詔樞密院以嚴邊防、治軍政，詔六曹、寺、監以修職事、戢吏胥，詔御史臺以舉不職，詔監司以察縱弛，詔郡守以戒媮惰。凡政事之不肅者皆修完之，如此而雨猶未降，臣甘嚴誅，以為妄言之戒。』

又 卷四〇八 元祐三年春正月庚戌，校書郎王伯虎權知饒州，正字鄧忠臣權通判瀛州。諫官韓川言二人不堪館職之選故也。此據劉安世彈歐陽棐第七章。

復廣惠倉。先是，著作郎兼侍講范祖禹言：『祖宗以來，每遇大雪，則放公私房錢，以至糶米、買炭、散錢，死者則賜瘞埋。近日朝廷無不舉行，又發内帑之錢，德澤之厚，無以加矣。臣竊思朝廷自嘉祐以前，諸路有廣惠倉，以救恤孤貧，京師有東、西福田院，以收養老幼廢疾，至嘉祐八年，又增置城南、北福田，共為四院，此乃古之遺法也。然每院止以三百人為額，臣以為京師之眾，孤窮者不止千二百人，朝廷每遇大冬盛寒，則臨時降旨救恤，雖仁恩溥博，然民已凍餒死損者眾矣。救飢於未飢之時，先為之法，則人不至於飢死；救寒於未寒之時，預為之備，則人不至於凍死。臣以謂宜於四福田院增蓋官屋，以處貧民，不限人數，並以舊法收養，委左右廂提舉使臣多設方略救濟，不必專散見錢。其使臣存活到人數，書為課績，量與酬奬，死損多者，亦立殿罰。如四廂使臣提舉難徧，即委吏部臨時更選差使臣四員，相兼提舉，亦依四廂使臣法。其天下廣惠倉，乞更舉行，令官吏用心賑恤，須要實惠及貧民。陛下近日所行，萬萬於此，而臣之所陳，事乃至微，然古之聖人莫不以此為先務，其法不可不備也。』上納用焉。

甲寅，通議大夫致仕劉几卒。

乙卯，河東副總管李浩、管勾麟府路馬軍司訾虎以兵牽制涇原路蕃寇，多所斬獲。詔浩、虎已下賜銀合、茶藥有差。新本無此。

丙辰，詔以春寒，展給賣薪炭限十有五日。時自去冬大雪寒，至於是月。【略】

壬戌，以陰雪，罷上元節遊幸。【略】

甲戌，疏決在京及府界繫囚，雜犯死罪以下遞降一等，至杖釋之，以久陰不解也。

丙子，御史中丞胡宗愈、侍御史王覿進對，宣諭曰：『久陰不解，雪寒甚，民不易。』宗愈等對曰：『陛下賜錢、糶米、分賣芻炭，都民甚幸，惟河北、京東災傷，猶須多方賑濟。』上曰：『已一一有指揮。』宗愈、覿曰：『聞二聖焦勞，上元禁中不曾用樂，上元不御樓，亦未嘗燕會。』

又 〔元祐三年〕二月己卯，右司諫豐稷、右正言丁騭進對，宣諭曰：『久陰不解，天氣未和，宮中宴會俱罷。』稷等奏：『二聖愛民如此，天下幸甚。』詔袒免外兩世親，已計口給錢米，其閑外任孤遺別無依倚者，與官舍居止，或給賃錢，令禮部立法以聞。因御史中丞胡宗愈請也。王巖叟云云。

又 〔元祐三年二月〕庚辰，以久雨，免期參五日。

又 〔元祐三年二月〕癸未，知樞密院事安燾言：『自去冬大雪異常，久陰未解，細民失職，上貽憂念，皆由輔政無狀所致。願就貶黜，以塞天戒。』太皇太后宣諭曰：『此乃德薄所召，非卿等過也。朝廷近日賑恤百姓，無所不至，宜廣及天下，庶召和氣。』新錄云：『宜益講求所以賑恤元元者，以召和氣。』

又 〔元祐三年二月〕詔：『開封府界自冬及春，久值陰雪，令提刑司體量願借貸糧種之人，並量度戶等給貸訖，具數以聞。』

又詔以常平錢穀給在京乞丐人，至季春止。政目云：『詔府界三日一散貧院錢米，人一升、十文，七歲已下減半，候三月五日住，以雪寒故也。』

又［元祐三年二月］甲申，尚書右僕射呂公著等言：『去冬積雪，甚於常歲，今春以來，沈陰不解，經時閱月，民被其災。望賜罷黜，以答天變。』詔曰：『朕獲承大統，懼德不類，以干陰陽之和。迺自去冬距於今春，久陰常寒，霰雪不止，罹此災罰，斯民何辜？朕方仄席祇畏，圖維厥咎，而卿等乃引責祈免，是彰朕之不德，而重無以上承天心。古之明王遇災而懼，則克己修省，以正厥德，不聞歸罪大臣，以塞責文過。卿其一德同心，夙夜咨沃，以輔朕不逮，庶幾消復，稱朕意焉。姑體眷懷，少安厥位，所請宜不允。』

詔罷修金明池橋殿，以時寒恤工徒也。

又［元祐三年二月］乙酉，德音：『降死罪囚，徒以下釋之。應諸路今春緣修河及工役所起夫並特免，如已發在路，所至告示放歸。其河上及應用急切工役，並用軍士及和雇願役貧民充，餘並權住一年。應罪人令眾者，自今年三月以後依條。災傷郡縣公私欠負展一季，去年秋税展一限。流民所至及飢貧人，並多方存恤，其給錢米拘礙條制，安撫或鈐轄司量度應副訖奏。』

又［元祐三年二月］丁亥，詔自今御垂拱殿、紫宸殿日，如值放朝參，即取旨御崇政殿。

戊子，尚書右僕射呂公著等言：『臣等近以自冬涉春，積雪久陰，燮理無狀，乞從罷黜，未蒙俞允。竊自思念備位鼎輔，以統和人神為職，今協氣弗充，變沴異常，陛下虔恭譴戒，惕懼備至，隱恤刑獄，寬惠民力，令下之日，內外知感。然而陰曀寒栗，仍未開霽，繇臣等材不稱位，無以上裨皇化，補助萬分。望賜罷免，以副輿議。』詔曰：『朕謂天之示人，雖若影響，而災咎之發，事豈一端？思欲應天，莫若誠實。陰雪不霽，自冬徂春，民罹其災，夙夜祇畏。書曰：「惟先格王，正厥事。」卿其究政事之所未正者，以輔朕躬，俾使民無失所之歎。顧欲引災去位，是置朕於有過，益無以弭天災而致和氣，朕無取於斯焉。勉安厥位，以稱朕懷，所請宜不允，仍斷來章。』

詔：『應刺面、不刺面配本州牢城編管、羈管，經明堂赦恩不該放人，通今年德音已前年月已及格令，其緣坐編管、羈管人，亦通及十年已上者，聽依赦敕。』

又［元祐三年二月己丑］詔發廣惠倉錢三萬緡及闕額役兵錢、糧、衣，賜募貧民應役以恤之。

又 卷四三五［元祐四年十一月甲午］由是米不翔貴，復得賜度牒百道，易米以救饑者。明年方春，即減半價糶常平米，民皆得免焉。軾又作饘粥、藥餌，遣吏挾醫，分方治病，活者甚眾。軾曰：『杭，水陸之會，因疫病死，比他處常多。』軾乃裒集羨緡，得二千，復發私橐，得金五十兩，以作病坊，稍蓄錢糧以待之，名曰『安樂』。崇寧初，改賜名曰『安濟』云。崇寧二年五月二十六日，改杭州安樂坊名曰『安濟』。

又 卷四三八［元祐五年二月］辛丑，四方館使李授為引進使，以再任樞密副承旨及三年，故有是命。

詔諸王府翊善、侍講、記室參軍請前任俸者聽。

詔三省、樞密院：『去冬愆雪，今未得雨，外路旱暵闊遠，宜權罷修黃河。』從御史中丞梁燾、諫議大夫朱光庭之言也。實錄云：以燾及光庭言東北久旱，河役動眾，恐妨農事，故降是詔。今取二人言章全載之，并附范純仁云云。

燾言：『臣訪聞東北旱氣闊遠，至今麥未出壠，歲事未有豐稔之漸，恐貽聖憂。臣竊慮河事大役，人情勞怨，調夫動眾，妨奪農時，其招災旱之由，疑亦因此。望聖慈詳酌，權令住修河，候秋熟日取旨。如聖意以為然，伏乞批降指揮。中書元定此月十二日興工，若來日便得指揮，猶未為晚。』貼黃：『如大臣有執奏，即乞宣諭：觀如此旱災，不得不為憂也，思省今來河事，最是搖動眾心，當此災旱，又奪農時，深為不便，可且權罷。大臣等亦宜憂國，不可但徇偏見。如賜允從，即乞批降中旨，仍傳宣催促。或聖意不欲如此，伏望批出臣此章，令疾速施行，更不覆奏，亦乞傳宣催促。此事須是陛下特為主張，不惑外議，庶可救東北傷農之患。如降出此章，此貼黃乞留中。』

又言：『臣恭聞宣諭已令放夫，直候豐熟日取旨者。十餘萬生靈，得蒙聖恩，此為陛下盛德之事，天下幸甚。或恐執政大臣別作商量奏稟，不盡放得十六萬夫，十四萬差，二萬雇。伏乞傳宣催促，盡令放散。其東流及故道見役兵工，令盡撥併北流，修復固護埽岸。如向去緩急，即如聖旨逐旋差急夫，人自無怨。伏望睿慈令中使丁寧傳宣，須是于當日內馬遞行下敕旨，即不為晚，乞留宸念。』貼黃：『方今農作之時，正藉人力，況農家一歲之望，正在寒食前後。今夫役以二月十二日興工，一月了當，人夫得歸，已是三月下旬，耕種違時。當此久旱之際，更重困民力。罷去大役，實慰羣情。』

光庭言：『臣聞天人之應，甚于影響，人心和于下，則天意得于上。惟天愛人君之至，每一舉動，少違于理，則必有應，庶幾感悟，轉災為祥，易于反掌。臣觀今日朝廷之上，悉屏奸私，田野之間，悉去煩擾，夷狄面内而干戈不用，刑罰閲實而囹圄屢空，而又二聖憂勤，以致仁覆養天下，宜乎順氣之應，風雨時若，以致百穀豐登。今或未然，自冬涉春，雨雪愆亢，即今幾得二月中氣，麥辨之望，已可深憂，何朝廷不思其所致之因也？大凡天下之事，不必為，亦不必不為，惟其當而已。昨議修閉大河北流，天下之人皆謂北流就下，不可彊使之東，更俟三二歲，觀其水勢所向，果有太過之勢，因而導之，豈不易哉？朝廷審以為是，遂權罷閉北流，而水官元主議者殊不快所欲，蓋所欲本在于僥倖朝廷美官，若一切罷去，則遂無事矣。故欲為減水河之策，意在我之前議未為過失，而又不得依舊廣占官吏，事權在手，一從私意。臣愚不肖，觀古今治亂之階，未有不由任君子則治，任小人則亂。今修河一事，只因用李偉一小人，去歲已嘗決堤口，放漲水，迄無成功，徒使故道益增高仰。今朝廷不察李偉小人，猶用之。且減水河開與不開，殊無利害，設若只留堤口，漲水大則勢須自過，何須更役人開濬哉？訪聞開濬去處，才開及三五尺，已是泥濘；今若須要開及丈餘，則數萬人于泥濘中勞苦為無益之事，有傷和氣，可為嘆息。今聞開減水河人夫尚使四萬，又和雇二萬人，并兵士應亦不下萬人，大率計之，共不下七八萬人。以七八萬人為無益之役，古者一夫失所，天猶應之，今七八萬人矣，致一路騷擾，天豈不憫哉？是以膏澤未降者，竊意在此。臣愚欲望朝廷罷李偉小人職事，悉減修河司官，放罷見役開減水河兵夫，只委都水使者與本路監司并州縣官吏將見修護急切埽岸，合役人夫，一面循理施行。如此，則興事不妄，人情妥安，上天之應，必降膏澤。伏望聖慈特賜睿斷施行。』貼黃：『李偉輕佻小人，向傾心事吴居厚，殘害一路人民；及聞朝廷將責居厚，遂復百端暴揚其惡，以免身過。似此小人，豈可付之修河大事？』又貼黃：『訪聞和雇人夫二萬人，每人支官錢二百。州縣名為和雇，其實于等第人戶上配差，除官錢外，民間尚貼百錢，方雇得一夫。凡二萬夫，公私之費大約幾六千貫。如此枉費，朝廷豈可不察？惟速行罷止。』密疏三月三日。

又 〔元祐五年二月〕壬寅，邇英閣講畢無逸篇，詔詳録所講義以進，今後具講義，次日別進。

戶部言：『災傷處令佐能賑貸救濟人戶，不致流移，所推酬獎，于熙寧敕係第五等，于元祐敕係第四等，即不分等第分數，未盡立法之意。請災傷五分以上，與第五等；七分以上，與第四等。』從之。

又 卷四三九 〔元祐五年三月〕辛未，皇城使向綽、右藏庫副使兼閤門通事舍人朱伯材並帶御器械，仍以綽勾當皇城司。

龍圖閣直學士、中大夫、吏部侍郎蔡延慶卒。賜錢三百緡，仍令所屬候葬日量事應副，給事中范祖禹等為之請也。

祖禹又言：『中書錄黃：「尚書省送到元豐庫狀：『準敕，三月二日同奉聖旨，特支賜元豐庫錢二十萬貫和雇人夫，令都水監相度分擘與南北丞地分，并深州及應係將來取旨緊急須合預先興工去處工役，仍不得令州縣科差。』尚書省看詳元豐庫既無河北路起發上京錢物，即難以兑那。三省同奉聖旨：于河北東、西路提刑司封樁舊法坊場、免役內，特就便給支錢二十萬貫，餘依已降指揮。所有令元豐庫支錢指揮更不施行。」臣伏詳二月六日所降聖旨，權罷修河，放罷人夫，眾論皆謂東流故道夫役當罷，其北流河水見行地分，則當修葺固護，以備夏秋之患，實不可罷。陛下哀憫百姓，不欲科差，所以今月二日續降聖旨，支賜封樁錢二十萬貫和雇人夫。自降此指揮，外議皆謂南北丞地分并深州合興工役外，所有應係將來取旨緊急預先興工去處，即是李偉所領東流故道回河之役，緣二月六日聖旨內有候今秋取旨之文，所以三月二日聖旨又帶下將來取旨去處工役。陛下以久旱欲息民勞，北流興役，蓋不得已，而修河權罷未一月，東流工役復興，竊恐枉費國財，重為無益，河北百姓見此次第，依前惶惶。伏惟聖慈于今來支提刑司封樁錢指揮內，除先降聖旨，應係將來取旨緊急須令預先興工去處功役一節，更不施行外，餘依已降指揮，以協中外之心。臣已封還李偉請給等錄黃，乞罷李偉差遣。所有今來錄黃，亦未敢行下，謹具封還。』祖禹此奏乃三月六日，其從違，當考。據蘇轍九月末奏，祖禹封駁後，四月五日有旨：李偉差遣，候過漲水取旨。

御史中丞梁燾言：『臣風聞朝廷議以封樁錢雇夫修河，臣未敢為信，既有所聞，不敢不以上達，若果有此事，後時言之，卻恐難回已行之命。竊以昨緣久旱，聖恩放免夫役，歡呼之聲，道路相聞，中外感悦，人人慶快，必然已達睿聽。未及一月，而議者卻欲雇夫，臣嘗面蒙宣諭，雇夫只是名為和雇，其實差科，聖明已察其弊。蓋官司貴得易為管勾，所以須要土著之人，雖朝廷約束丁寧，終不免于騷擾。當此大旱之時，尤更有害農作，況今漸近穀雨，數日間若得膏澤，便要播種，正是農忙，豈復得暇從役？若此令既下，必動百姓憂疑，遂易歡呼復為愁嘆，甚不副天心仁愛矜恤之意。欲望聖慈特賜詳酌，候奏稟取旨，面賜誡飭大臣謹守已行之命，取信天下，顧此旱災，豈得更勞民力？如有合興工役處，只令剗刷近處廂軍，優支盤纏錢發遣，不唯免卻民間騷擾，又不致妨廢農務，又得兵士十分工料，又省國家分外支費，大有所益，並無所損。伏惟仁聖深留宸念。』貼黃：『臣近日劄子言，乞修見今大河向着堤岸，其意為見管河清兵士及年例上河兵士，人數自已不少，或更就近差撥廂軍相添工役，乞不更議雇夫。恐執政別有敷奏，伏望以臣所奏事理，特賜丁寧誡飭。又封樁錢，先帝本要備非常之用，不可輕易支費。伏望特賜主張。』

燾奏附范祖禹後，從違當並考。

又 卷四四一 〔元祐五年夏四月丁酉〕三省言：自春以來，時雨未足，民間諸般欠負，恐未能償。詔府界、諸路監司，應雨澤未足處人戶合催理繫官欠負，權住理納，候豐熟日依舊。【略】

甲辰，宰臣呂大防等因時雨不足，乞罷免職任。詔答不允。二十一日蘇轍云云，月末梁燾云云，可考。

又 〔元祐五年夏四月丙辰〕翰林學士蘇轍言：『臣伏見去冬無雪，今歲春夏時雨絕少，二麥不收，秋種未入，旱勢闊遠，歲事可慮。伏惟太皇太后陛下、皇帝陛下聖心焦勞，請禱備至，發倉粟，留上供米，以救饑饉，苟可利民，無所愛惜。而天意未回，旱氣日甚，臣實憂之。竊惟古之明君，遇災恐懼，內既竭其誠心，嗇用勸分，以濟民厄；外必避殿減膳，廣求直言，以答天意。今二聖既勤其內，而外事未修，五月之旦，將御文德朝羣臣，臣恐九重之秘、憂惶之實，民莫得知，徒見陛下晏然坐朝，臨御大眾，民愚無知，或謂陛下不畏天災，不恤民瘼。人心一疑，天意不順，以此救旱，所損大矣。臣愚伏願陛下舉行祖宗故事，明詔有司，罷朔會，避正殿，損常膳，令百官吏民皆得上封事，指陳時政闕失。如此施行，雖未得雨，而人知陛下寅畏天戒，不吝改過，羣情悅服，神亦佑助，以此救旱，非小補也。近日執政大臣雖曾奏乞解罷職任，以答天變，而所請未力，無益於事。今若陛下既自引咎，則大臣勢難獨立，雖未可遽從，若且例降一官，竢得雨而復，君臣協心，災變可止。臣備位禁林，心有所見，不敢緘默。或加采納，乞不出臣此章，只作聖意行下，於體尤便。』

丁巳，詔曰：『朕奉承統業，於今五年，臨御崇高，未達庶政，夙夜祗懼，若涉冰淵，常恐德之弗類，無以下慰民望，上當天心。今者冬雪不效，春雨弗若，逮此孟夏，旱災如焚，麥不充食，禾未出土，歲事凜凜，民且狼顧。雖禱祀備至，而神莫之答，惟循省自克，則災或可消。意者政令寬弛，吏或為害，而莫之懲歟？役賦失當，民病於事，而莫之察歟？忠言壅而未達，賢材有抑而未用歟？念之雖勤，行則未至，昭明恐懼之誠意，庶幾陰陽之不違。可自今月二十三日後，減常膳，不坐前殿，及將來五月一日，罷文德殿視朝。朕上奉東朝，深愧常珍之日缺；下臨庶尹，猶冀嘉言之上聞。苟利於人，其無不可。』蘇轍之詞也。王巖叟墓誌：巖叟亦嘗建言，且云日當食朔。蓋六年事也。

又 卷四六二 〔元祐六年七月〕辛未，侍御史賈易言：『臣竊惟聖朝惠養下民，其賜至厚，凡事有不便於民者，無不更張，至其安利而後已。伏見諸路人戶積年逋欠官物，名件極多，如貸糧、種子、牛錢、保借興修水利錢斛之類，一年既有數色，累年計之，名件極繁。幸而小稔，官司檢舉催索，源源不絕，罵詈馳迫，若無所容，隨其多少，與之殄食，方肯少寬期限。其間力可輸官者，鈔寫年月。所欠色件多少之差，所費數倍，重以過期追呼決責，曾無一日休息之路，況有卒歲安飽之望乎，甚可傷也。臣愚欲乞聖慈特降指揮，令戶部條析積欠名件，取其三年以外者一切蠲除，則田里無愁嘆之聲，而州縣大減追擾之弊矣。』

貼黃：『催理積欠雖有分科帶納之法，然累年名件實繁，民力彫困，償還未逮，州縣迫於程限，須行催索，終是少能收納。至如去年一槩添錢折納，所入絕少。以此言之，官方徒費行遣，民下但增騷擾。不若蠲除，以寬疲瘵，且使斯民蒙被聖澤無窮盡也。』密疏，六年七月十四日。

又言：『臣竊聞浙西州軍近以災傷奏乞斛斗賑貸，朝廷惻嗟，選差轉運副使岑象求、運判楊瓌寶仍賜米百萬斛、錢二十餘萬貫，俾救其患。聖恩深厚，與天同大矣。臣每接士大夫，必咨訪災傷次第，皆云浙西自去冬太湖積水不退，今春多雨，民田水潦既深，有妨耕種。五月以後，方幸晴霽，先擇高田中平處布種。忽於六月初間，大風駕起海漲，壅障江湖，水勢漲溢，內蘇、秀、湖州，泛入城中，渰浸居民廬舍。出於倉卒，人意所不能測，下戶生計橫遭漂蕩，至有食生米，發疾而死者甚眾。不數日，湖落水淺，農田漸可耕墾，兼本州自亦依條發廩作粥飯救濟，行將少蘇矣。二浙佃民習為驕虛，以少為多，其弊已久。欲乞詔本路監司并州縣詳具災傷分數，賑貸行遣次第，各行申奏，徐考其虛實，而懲責其尤甚者。上以寬兩宮焦勞之念，下兼以塞小人欺弊之源，暢然施實德於民，無敢僥倖苟且，希合矯誣之弊。』

貼黃：『二浙比年財用空竭，雖常平錢斛所存無幾。今來方是秋初，偶因風潮，有此水患，若不預行申敕，竊恐部使者意懷觀望，專以支散數多，邀求賞擢，向去歲月尤長，何由周給？果能盡其誠心為朝廷責實，則所賜錢斛或遂有餘，因可以備預不虞，其利甚大。』密疏，六年七月十四日。

殿中侍御史楊畏言：密疏係七月十二日，恐誤，今附十四日後。『臣竊訪聞兩浙水災，惟蘇、湖、秀三州為甚外，常、杭二郡絕為輕小，其三州之地亦有高下不等。今傳言者或謂水災至大，漂蕩浸溺，無可種之田；或謂高田無水，下田水退，自有可種之處，其說紛紛不定。而以謂本因風駕海水，江湖壅遏，加之雨多，遂有漲涌之患，風退水落，此患自弭，可以種作。此說差多，然此未敢必信也。臣前日上殿，恭聞太皇太后陛下聖問，憂勞惻怛，首及此事。臣因退加審察，所聞如此。臣竊謂情偽不明，最為國之大患。今一方水災，而人言異同如此，誠不可不察。臣謂宜下本路鈐轄、轉運、提刑及蘇、湖等五州，令各開具逐州水災所及，凡幾村有無漂蕩廬舍、溺死人口及高田無水與水退可耕之地，各約若干，並令詣實申奏，不得相關。稍涉謬妄，即乞重行降黜。兼勘會朝廷近日別遣使者，支撥斛斗一百萬，見錢、度牒約計二十萬貫，不為不多。若見今未種，今秋無穫，則向去乏食賑濟之期，甚為長遠。所差去官，當相度事體措置。若計置不前，則惠不可及，民有餓殍。若用度可足，而又挾勸誘之威，則害及平民。凡此皆繫官吏能否，而一有失當，其害非輕。臣謂宜令賑濟官司，凡措置稍大事，並申取朝廷指揮；其急切不可待報者，雖一面施行，亦須使其畫一奏知。所貴朝廷察其中否，緩急未便，可以救止，庶幾上稱朝廷勤恤民隱之意。』

又［元祐六年七月己卯］監察御史安鼎言：『乞宗室小功以下親，並不迴避，遇有公事，依申牒同職官條施行。』詔吏部立法以聞。

賈易等疏論浙西災傷不實，乞行考驗。詔用其說。給事中范祖禹封還，錄黃曰：『臣謹按唐代宗大曆中，霖雨損稼，渭南縣令獨稱縣境不損，遣御史按實，損三千餘頃。帝嘆息久之，曰：「縣令，宰民之官，不損猶應言損。何不仁如是乎！」貶渭南令為南浦尉。德宗正元中，江、淮大水，宰相陸贄請遣使賑卹，帝曰：「聞所損殊少，即議優恤，恐生姦欺。」贄上奏曰：「所費者財用，所收者人心。苟不失人，何憂乏用！」乃遣使宣撫水災。憲宗元和中，南方旱饑，遣使賑卹，將行，帝戒之曰：「朕宮中用帛一疋，皆籍其數，唯賙救百姓則不計費。卿輩當體此意。」七年，又謂宰相曰：「卿輩屢言淮、浙去歲水旱，近有御史自彼還，言不至為災，事竟如何？」李絳對曰：「臣按淮南、浙東奏狀，皆云水旱，人多流亡，求設法招撫。其意自恐朝廷罪之者，豈肯無災而妄言有災耶？此蓋御史欲為姦諛，以說上意耳。」帝曰：「卿言是也。國以人為本，聞其有災，當急救之，豈可復疑之！朕適者不思卿言耳。」命速蠲其租賦。

『古之人君聞有災害，唯責人不言，其救災惟恐惜費，又恐不及於事。陸贄、李絳，賢相也，亦專信守臣奏報，惡言者之小其事，以緩君心之憂也。國家建都於汴，實就漕挽東南之利，京師億萬之口所食，贍軍養民，此乃國家之根本。陛下一方之赤子，方呼天赴訴，開口待哺，以延朝夕之命。為之父母者，忍惜力而不救乎！

『夫奏災傷分數過實，賑濟用物稍廣，此乃過之小者，正當闊略不問，以救人命。若因此懲責一人，則自今官司必以為戒，將坐視百姓之死而不救矣。監司、州縣有凶年饑饉，皆不得已而上聞，亦豈肯於無災之地，賑不飢之民，耗散倉廩，坐央陴稅，取不辦之責哉！今唯當寬其約束，責以成效，庶幾餘民早獲安堵。唯是給散無法，枉費官廩，賑救不及貧弱，出糴反利兼并，措置乖方，所宜約束。然此乃監司使者之事，朝廷亦難遙為處畫也。若監司得人，此弊自少，誠使有之，則人言相傳，亦豈可掩？臺諫足以風聞彈奏，朝廷足以考察按劾，未為晚也。今所言，伏乞更不施行。』從之。舊錄于此書云：侍御史賈易言：『浙西災荒，朝廷選差轉運副使岑象求、判官楊瓌寶賜米百萬斛、錢二十餘萬緡，俾救其患，州縣自亦依條賑濟。所乞明詔本路具災荒分數、賑貸次第以聞。』而殿中侍御史楊畏亦言：『兩浙水災，乞下本路鈐轄、轉運、提刑司及蘇、湖等五州，令具逐州水災所及縣村及高田無水與水退可耕之地，各約幾何，并具詣實以聞，及乞令賑濟司，凡大事并申取指揮。其急切不可待報者，即許專行訖聞奏。』從之。易、畏奏已全見十四日，舊錄於易等疏頗加刪潤，恐失事實，要以蘇軾自辨及范祖禹封還為據。新錄與舊錄因仍無所改，蓋考之不詳也。

又［元祐六年七月］乙酉，翰林學士承旨兼侍讀蘇軾言：『臣自杭州召還以來，七上封章，乞除一郡，又曾兩具劄子，乞留中省覽，傾瀝肝膽，不為不至，而天聽高遠，不蒙回照。退伏思念，不寒而慄。然臣計之已熟，若干忤天威，得罪分明，不避權要，獲讟曖昧。臣今來甘被分明之罪，不願受曖昧之譴。

『臣聞賈易欲求臣罪，未有所獲，只有法外刺配顏章、顏益一事，必欲收拾砌累，以成臣罪。易前者乞放顏益，已蒙施行。今又乞放顏章，以此見易之心未嘗一日不在傾臣。只如浙西水災，臣在杭州及替還中路，并到闕以來，累次奏論，詞意懇切。尋蒙聖慈採納施行，而易搖惑臺官安鼎、楊畏，并入文字，以為回邪之人，眩惑朝廷，乞加考驗，治其尤者。宰相以下，心知其非，然畏易之很，不敢不行。賴給事中封駁，諫官論奏，方持其議。易等但務快其私忿，苟可以傾臣，即不顧一方生靈墜在溝壑。若非給事中范祖禹、諫官鄭雍、姚勔偶非其黨，猶肯為陛下腹心耳目，依公論奏，則行下其言，浙中官吏承望風旨，更不敢以實狀奏災傷，則億萬性命流亡寇賊，意外之患何所不至！

『陛下指揮執政擘畫救濟，非不丁甯，而易等方欲行遣官吏言災傷者，與聖意大異。而執政相顧不言，黽勉行下。顯是威勢已成，上下攝服，甯違二聖指揮，莫違賈易意旨。臣是何人，敢不迴避，若不早去，不過數日，必為易等所傾。一身不足顧惜，但恐傾臣之後，朋黨益眾，羽翼成就，非細故也。不如今日令臣以親嫌善去，中外觀望，於朝廷事體未有所害。臣之大意，止是乞出。若前來早賜施行，臣本不敢盡言，只為累章不允，計窮事迫，須至盡述本心，不敢有隱毫末。伏望聖明察其至誠，止是欲得外補，即非無故論說是非，特賜留中省覽，以保全臣子，不勝幸甚！』

丙戌，以左班殿直楊晟臻為供備庫副使、知誠州。

丁亥，戶部言：『提舉出賣解鹽司，年計出賣鹽一萬三千席，準敕於前一年冬季內並赴池場，請搬盡絕。緣期限甚促，搬運不及。』詔改作前二年。

又 卷四六四 〔元祐六年八月乙卯〕監察御史虞策言：『兩浙災傷州縣收米多為販夫、公吏相結冒糴，次及彊壯之人。其飢羸者轉受困餓，或被蹂躪死傷。乞下本路監司覺察。』詔轉運、提刑司提舉分布諸處賑糶，務要實惠飢民。內興販及彊壯者，不得一例糴散。如官吏措置乖方，及公人用情，並令依法。此事當考。

又 卷四六五 〔元祐六年〕閏八月庚申，知杭州林希言：『太湖積水未退，為蘇、湖大患。乞專委監司躬詣瀕海泄水處，相度開決，庶使積水漸退，民田復出，流移歸業。』詔左朝奉郎邵光與本路監司同導積水。

又 卷四七二 〔元祐七年夏四月己巳〕戶部狀：『準都省批送下白劄子，臣僚上言：「伏謂救荒猶救病也。正災傷時，猶病正作，救死而已。災傷之後，猶病新除，未可忽也，正須扶養以就安耳。饑疫之年，鄉村人戶迫於朝夕，往往逃移。但緣逃移既多，或鄰人亦自逃移，遂無當時耆鄰申報，或官司亦未暇一一檢覆了當，及至歸業，官司便以不經申報檢覆，不肯依歸業放稅施行。緣此等人戶實是逃移歸業，朝廷有放稅優恤之法，而澤不下究。伏望聖慈矜憫，特出厚恩，許依歸業放稅條貫施行。」本部今契勘緣已有歸業條貫，勘當欲乞下諸路依條施行。尚書省勘會上件逃移人戶，蓋為諸縣官避免批罰，及轉運司存惜稅額，致不依條檢覆。』詔依所乞。舊錄云，尚書省言：『災傷人戶逃移，但緣逃移後或鄰人亦自逃移，遂無當時耆鄰申報，或官司亦未暇一一檢覆，及至歸業，官司便以不經申報檢覆，不肯依歸業放稅條施行，遂使放稅優恤之法，澤不下流。望許依歸業放稅條。』從之。或只用舊錄亦足也。

又 卷四八二 〔元祐八年三月辛巳〕臣僚上言：『今者春務方興，農桑維時，而愚民陷罪者眾，宜隨輕重決遣，以赴耕耘之業。請非灼然要切事，不得妄有追擾。其獄事須證逮者，立遣。』從之。

又 卷四八三 〔元祐八年夏四月丁巳〕兩浙路轉運、提點刑獄司申：『檢會浙西州縣累經災傷，蒙朝廷相繼發米，付本路賑濟。除接續賑糶過外，逐州有見管淮南、江西等路發到賑糶不盡米四十餘萬石，例各陳次，別無支用。今欲將其米趁此蠶月鄉民闕食之際，各取情願，許令人戶赴官請借，每一斗候至向去秋成，納新米八升還官。仍限四年，均作料次，各隨本戶苗稅帶納。』詔其米許兌充軍糧外，餘數仰置場減價出糶。

又 卷四九一 〔紹聖四年九月辛亥朔〕左司諫郭知章言兩浙歲旱，淮南又不全稔，乞下本路監司按視。如須賑給，即早行措置。詔：『兩浙路轉運、提舉常平司相度應平合舉行事件，及預行那移準備合用賑濟糧斛。并相度本路如有運河溝瀆淺澀合行開修，將來優給雇直，召募人夫開淘。』

又 卷四九三 〔紹聖四年十二月〕癸卯，御史中丞邢恕言：『開封府東明縣主簿何夷權知縣事，人戶限內陳訴旱傷，不為受理，致詣本臺陳訴。乞下提點司，據分數體量蠲放。其何夷，乞賜衝替。』詔：『提點府界諸縣鎮郭時亮體量詣實，毋容僥倖，虧損官私。』既而何夷竟免黜責，邢恕謂章惇實抑已，恕申實錄院，云章惇按察不行。尋奏疏言：『臣竊惟執政大臣欲擅權者，必先摧沮臺諫官。臺諫氣奪，則無敢議己者，然後得以專輒用事，封殖朋黨。

明聖有為之主欲收攬權綱者，必先擇臺諫，非其人則或廢黜，或他遷之。如得其人，則須聽用其言。然後執政大臣不得專權用事，威福不出於己，則朋黨自然破散，羣下莫不一意以事君，忘私而徇公，則主勢隆於上，治道成於下，非小補也。今陛下聖明，容受盡言，惟恐不及，而執政大臣近多沮抑其言，臺官寖弱，則大臣寖彊朋黨牢而不破，陛下未得優游仰成也。伏望聖慈，常切斟酌消息，勿令臺諫太弱，臺諫太弱，則非國之福也。凡臣為此言者，非為己游說也，使臣為一身計，則少立怨敵，從容迤邐，奉身而退，豈不善哉？然則臣之區區，乃為國計，伏望陛下留神幸察。』

又 〔紹聖四年十二月癸卯〕御史蔡蹈言：『臣竊見本臺近日節次接過開封府東明縣百姓六百九十八狀，計一千八百五十九戶，為陳論今歲夏旱，依條披訴災傷，本縣不為收受。內一百十七狀，計二百七十六戶，稱係涇縣，不押，不顯官員名位，外五百八十一狀，計一千五百八十三戶，稱主簿權，不押。臣取會到知縣李升，緣故參府主簿何夷權管縣事，未委本官何為不受前項詞訴？臣伏思京師為諸夏之根本，天子施德布惠，必先及之，所以重本而馭末也。近者風雪連陰，小民艱苦，陛下深軫睿慈，蠲免房金，以至再三，而憫其炊爨不屬，增場出炭，捐直贍民，以惠養京師之人，可謂厚矣。至於國門之外，數舍之遠，農畝歲荒，而民無所赴訴，是豈陛下優養畿甸農民之意乎？畿甸之近，且猶如此，則其他邑災傷，民被扼塞，既遠在數千里外，不能皆赴臺察，則陛下何從知之乎？信如民言，則夷任民官而違法害民，罪不可赦，升為長吏而殊無按察，佐官權縣，不受災傷詞訴，亦合劾治。欲望聖慈遣使體量，如見的實，即乞速賜指揮施行，以戒天下苛刻之吏。』

又 卷四九四 〔元符元年春正月甲寅〕上以關中歲饑，深以和雇車乘勞民為念。曾布等皆言：『此事果濟，則邊事庶幾可了。小擾固不免，亦暫勞而永逸及民。』上意惻怛，再與三省議，降詔丁寧三帥及監司，令雇腳乘價務加優厚，仍聽借支，諸司封樁錢許以除破，即日頒下。布又作書諭傳，以但令官司經歷處不留滯阻節、減尅，得實惠及民，則指三百萬緡為腳乘之費，朝廷所不吝。若殘敝民力，不如詔旨，亦必痛行無恕也。

又 〔元符元年〕二月庚辰朔，朝請大夫、直龍圖閣、權知桂州胡宗回為寶文閣待制再任。三省言，殿中侍御史陳次升新權知永州。鮑朝賓言，乞檢詳敕條，差官按察監司。詔左司員外郎孫杞察訪河北路，戶部員外郎孫傑淮南路。十五日傑兼兩浙。章惇言：『前日得旨，遣使察訪陝西，賑卹饑饉。比聞關中流宂漸復業，物價減，兼已令提舉司賑濟，今遣使恐妨邊事。』因言曾布亦云不便。布曰：『初不知遣使之議，比方聞之，實于邊事有害。緣察訪之出，監司無不從行。今監司皆分定路分，應副邊事，一日不可離。若欲遣使，即須罷邊事；若欲作邊事，則使未可遣，蓋二者正相妨也。』蔡卞曰：『只銷降一指揮，令監司不須隨從。』布曰：『此尤不可。察訪按察監司職事，監司豈可不從行？雖令不從，豈能安心應副邊計。』上曰：『如此是不得遣使，昨來何以立法？』蓋三省曾立法，云三年一遣郎官御史，察訪監司等不職也。布曰：『立法亦非。朝廷遣使察訪諸路，何須立法？先朝嘗遣使諸路，或了當役書，或因幹邊事，或因災傷，皆有為而遣，未嘗三年一命使。兼先帝在位二十年，所遣使亦有數，未嘗諸路皆遣也。』上又曰：『監司不職，如何卻不得遣使按察？』布曰：『非不得遣，但適與邊事相妨爾。若他路欲遣使，無不可也。』惇又曰：『陛下以賑濟為憂，當深責監司，卻遣左右親信中人往察視不妨。』上默然。布曰：『此事臣不當與，然邊事臣實任責。既于邊事有害，臣不敢不言。』遂定議止遣使河北、淮南。先是，惇語布以已得旨遣使陝西，布固以為不可。殿廬中又及之，卞獨以為不然，已乃正色云：『此事不出自他人，乃上意。』布曰：『此所不知，但論事理耳。』再對，布又陳適論遣使事：『臣心無他，但以害邊事，不敢不陳。』上曰：『卿言須罷邊事，莫過當？』布曰：『臣不過當，二者實不可並行。陛下欲遣使于他處，無不可。』上曰：『只為陝西災傷，故欲遣人賑濟。』布曰：『陛下自邊事以來，每以憂民力為念，今此又以災傷，欲遣使賑恤，此人主甚盛德之事，臣等所當將順，但適與邊事相妨爾。臣與職事，不敢雷同，望更賜審察。』上亦然之。布退見三省云：『上留意關中饑饉如此，公等于賑濟之術，不可不留意督責監司，使推行惠澤，以稱上意。以邊事罷遣事，乃不得已，荒政何可忽也，況上留意若是乎？』

又 卷五〇二 〔元符元年九月〕丁未，詔以霖雨罷秋讌。

又 〔元符元年九月壬子〕御史中丞安惇言：『北京在澶州大河漲溢，溺民田宅，乞下本路提舉司委官鈔錄被災人戶，速行賑濟。』

又 卷五〇三 〔元符元年冬十月〕丁酉，詔：『河北、京東路州縣有漕，黃河漲水，渰溺人戶田廬，多致失所。遣工部員外郎梁鑄，體量應合賑恤并體訪見今河勢利害以聞。』九月七日安惇建請差官。

又 卷五〇四［元符元年十一月］戊申，工部上鑄錢監監官任滿得替殿最法，戶部上捕蝗法，並從之。舊本特詳，今從新本。

己酉，御史中丞安惇言，近奏翰林學士蔣之奇，於元祐初奏雪知亳州李莘前任江西提刑日，衝替罪犯為太重事，望詳前奏，早賜處分。詔之奇贖金十斤。鄒浩云云。

監察御史蔡蹈言齊、鄆、濱、滄等州大被水患，為害甚遠，良由北外都水丞司自去年七月以至今年，一歲之間，略無措置，以備捍禦，馴致今日之患。詔權北外都水丞竇訥罰金三十斤。仍令梁鑄根究河水泛溢去處，係是何官司管認及應有罪之人，具狀以聞。

又 卷五〇八［元符二年夏四月丙戌］右正言鄒浩奏：『伏惟京城久愆雨澤，兼聞諸路亦頗旱乾，竊恐農事失時，向去民間闕食，軍儲邊計所係者大。昔漢東海郡特以孝婦一獄不實，致枯旱三年，後因于公辨直其事，天立大雨，歲以豐熟。臣觀陛下丕承先烈，欽恤庶獄，誠堯舜之用心，然中外攸司未必人人悉能推廣德惠，匹夫匹婦一有枉濫，未足以感復至和，又況因係淹延，追逮紛擾，多失其所者乎！望降睿旨，申飭中外，分委監司，亟行疏放，庶幾獄無滯冤，必有感格，上副陛下憂卹元元之意。』浩奏附丁亥前。

丁亥，以時雨稍愆，疏決在京及河南、應天、大名府繫囚，雜犯死罪已下，第降一等，至杖釋之。

又 卷五一〇［元符二年五月辛亥］權通判廣信軍周綍言，沿邊兵器不修者萬數，物料不計，工力亦有所不逮，攻守之器，類用毛羽、絲枲、膠漆，經暑則水氣蒸溽，修之數少，壞之數多。詔定州、真定府路安撫司，指揮諸州軍今後常切點檢措置施行；如更因循損壞，帥臣以下，並當重行黜責。正月二十九日、三月二十一日可考。

綍又言：『廣信城北鮑河，夏秋山雨暴漲，倒流入城，淹浸草場，漂蕩舍屋及堡寨。又廣信、安肅二州之兵，乞與巡邊司兵滾同差使。又河朔馬不足，請就近地或府界或西市團綱分配。邊城并隄道官八員無職事可領，乞罷屯田判官，願專置一員，所在責逐縣令、佐兼領田事。』詔馬事令太僕寺，餘令逐路安撫總管司相度以聞。上謂輔臣曰：『綍所陳頗有理，可令召對。』曾布曰：『此乃京西轉運判官周純之弟，其人材或過於純，召對固宜也。』布因言：『人材難得，顧所收采未廣耳。臣嘗言章惇所引舉人，多不當，如李仲在元祐中，希王巖叟風旨，便申乞廢清汴。昨既罷提舉官，卻令開御河，遂擢提刑。御河為北京患，人人知之。今年春旱，而北京水滿城郭，居民、倉庫皆被害，而無敢言者。韓忠彥深以為憂，亦不敢言，蔡卞亦知之，此事恐未便。』上曰：『此不難，只遣一內侍往視之，便可見。』布曰：『臣方欲開陳，乞遣一中人往視之，即可知虛實。』上曰：『鄒浩亦有文字，當令按視之。』按視竟何如，當考。

鄒浩言：『臣伏聞北京城內自開貫御河以來，民廬、僧舍為水所浸，見已不少。若萬一河流漲溢，即必為北京大患，事理無疑。兼聞本處大姓，已有遷居縣鎮，豫為避水之計者，人心危慮，不可不察。欲乞下河北路安撫轉運等司，疾速相度，務令一方永遠無虞，上副朝廷興利除害之意。伏望聖慈詳酌，特賜指揮施行。』

又言：『臣近以北京城內御河浸漬為患，乞賜指揮下河北路安撫轉運等司相度處置。臣續訪聞得河北去年大水之時，北京幾殆者數矣，賴救護官司急將御河塞斷，以故水不入城。今來若只疏畎積水，以紓目前之患，不惟河高城卑，疏畎之後，依舊浸漬，其患猶在，實恐將來秋水暴集，因緣御河引注入城，漲溢難防，為患必大。惟是回徙御河，行於城外，庶幾一方永無他虞。兼聞北京城外舊有河道，雖久堙廢，自可興復，以成御河之利。但御河係李仲所開，仲方為本路提刑，故官吏無敢言者。然而一方生靈之害，豈可因人而忽之也？況今迫近秋水漲溢之期，尤不可緩。伏望聖慈，特降指揮，令河北路不干礙官司，疾速相度，回徙御河，自北京城外通行，以絕後患。』

又［元符二年五月癸亥］三省言：『按紹聖四年六月十五日指揮，諸路折斛錢，熙寧年並歸朝廷，自元祐以來，戶部陰有侵用，不復更歸朝廷，無慮二百萬緡。緣係本部已前侵用過數，難責今日併償。詔將元祐年折斛錢，除戶部的實已支過錢數與免撥還外，其餘數目并紹聖二年所起折斛，又提舉司充糴過斛斗價錢，並仰元豐庫拘收封樁，準備朝廷支使。如戶部輒敢侵用，並依擅支使朝廷封樁錢物之法。今後遇起折斛錢，並準此。又東南六路上供斛斗，歲額共六百二十萬石，每遇災傷，特旨減放或賑貸借用外，多不及額，致轉輸京師，日有損減。今發運司雖有本錢一百五十萬貫，緣所糴斛斗，止係準備諸路歲額未到間先次起發，即未償充還實減之數。按紹聖元年七月十六日指揮，撥兩浙上件糴米本錢，並賜發運司，乘時計置糴買。除準備諸路年額未到間先次起發外，應一切支費，並仰補足額數起發，仍常管所賜錢本數目，毋致放散。』詔諸路已前折斛價錢，仰發運司依紹聖元年七月十六日朝旨施行。

又 卷五一二 〔元符二年六月〕庚戌，軍頭司引見殿前馬軍司揀試到殿前指揮使御龍直願出職將、虞候等九十二人。上親閱人材，擇其驍勇者九人列於前。問所射弓可加斗力否？殿前指揮使王閏等七人各願射兩石三斗力，二人射應法，並特與內殿崇班，仍減三年磨勘。餘射不能發，令減斗力再射，等第換官減年。冀珪、李真射一石一斗力弓，杜超射九斗力弓，各不及格，軍頭司令歸後行。上問權承旨李憲等合何如？憲等奏，合降軍分。上恐其偶不能發，宣諭特令再射。各應法，並補合得軍使。舊錄云，上留神畫材如此。新錄刪去。

右正言鄒浩奏：『伏聞河北路水災，比之陝西、京西等路，尤為深切，百姓漂溺，莫知其數，死者既已不救，生者復難自存，老幼悲啼，傷動道路。方聖明在上，與天同仁，而近畿之民，尚爾失所，欲望睿慈，俯賜詳酌，特依去年專自朝廷差官前去，逐急賑濟施行，務稱陛下憂憫生靈之意。』

貼黄：『臣竊見近年官吏，諱言百姓災傷等事，習成風俗。故雖朝廷遣使出外，亦多不以實聞，民情不獲上通，王澤不獲下究，率由於此，為害不細。今來若蒙差官前去，即乞指揮選擇忠藎不欺之人，庶幾漂溺之餘，實受恩卹甚厚。』浩奏不得其時，附遣王祖道前。

三省言，訪聞河北路州縣，近因雨水，諸河漲溢，渰浸人戶田廬。詔差吏部員外郎王祖道體量應合賑濟存卹事件，多方措置，速具以聞。

權工部侍郎張商英等言：『伏見黄河自商胡口決以來，治水者闊為兩隄，相去數十里，不與河爭，以順其勢行之。水失其性，一遇汎漲，則河道變徙。望特降指揮，下河北轉運提刑司，選官兩員相度，圖其地利害。』詔令王祖道體訪以聞。『以順其勢』下，恐有脫字，新、舊錄都一般，當求別本。曾布白上：『黄河已北流，聞東流已乾。鄭佑子自河北還云，已自東流河道中行過，亦更無泥水，然北流殊未有隄防。東流回河治隄，費公私財貨，何止億萬？止一二年遂壞。』上曰：『主東流者已受賞，今日自當行遣。』布唯唯。布錄戊申，今附此。

王祖道奏：八月丁丑，祖道以吏外為左司諫，若祖道此奏在出使河北時，即合去左司諫字，今且附此，更須考之。『臣伏見神宗皇帝元豐中，議移深州於饒陽、安平，當時復以河防北流，適乘事機。其後主東流者，欲故違神宗備邊之意，遂以移州三十萬之費，可以回河，此議遂置。臣竊惟神廟前日之志，今日偶與時會。深州因昔年殘破之餘，傅潛迺以私計，乞移州於陸澤，非禦敵之地。今大河復北流，深州歲用梢草、兵夫不貲，計一歲所費不知幾萬數，以十歲計之，又不知幾十萬數，以此為移州之費，不猶愈於歲歲無窮之虛用邪？臣伏望聖斷，特降指揮，以深州當大河之衝，勢不可守，宜遷徙州民，亦今日治邊之機事。惟陛下留神。元符報狀有此，卻不載是何月日，今因祖道出使河北附此，待考。

又 卷五一五 〔元符二年九月〕甲子，詔編修刑名斷例成書，曾旼、安惇各減二年磨勘，謝文瓘、時彦各減一年磨勘。進書在四月八日辛巳。

戶部言徐彦孚請委官相度鹽池開河，并修月堰等。詔差陝西轉運副使兼制置解鹽使王博聞。

水部員外郎曾孝廣奏：『臣伏見元豐四年六月三日聖旨，河決小吴埽，其東行河道已是淤高，理不可塞，將來更不修閉。今年河決内黄埽，全河北流，已準敕命河事付轉運司，責州縣共力救護北流堤岸。則都水北外丞無所職任，及南外丞有懷、衛都水地分亦屬河北路，今來不可獨異而使觀望疑惑。欲乞並歸轉運司，於本司置河渠案及屬官，分治責辦州縣修護河埽，自然上下檢察，内外簡省。』工部看詳，欲依孝廣所奏事理施行，所有合措置事件，令轉運司別具條析奏取朝廷指揮。從之。邸報九月二十五日甲子有此，今附見。

宋 朱熹《晦庵別集》卷六《行下三縣置場》 照對見委官抄劄三縣賑糶賑濟人戶大小口數，畫圖結申，務要實惠及民，無致妄冒。所有置場去處，委官酌量地里遠近，分定置場去處，各縣水陸地里若干。其勸諭到上戶賑糶米斛，亦合撥隸近便赴場去處，以憑施行。續據三縣申，置場共三十五處。

星子縣置場七處，都昌縣置場十一處，建昌縣置場一十七處。

又 卷七《糶支外令施行下項》 一、差寄居、見任指使、添差、酒稅監押、監廟官三十五員前去各縣，逐縣監轄賑濟。及要各縣當職官分場巡察，不得容令隨行人并保正長作弊。并監轄糶官每月支見任官食錢二貫文，米六斗，寄居官錢三貫，米一石。并逐場差撥人吏共三十五名，每月支食錢一貫五百文，米三斗。

一、使軍置造入門并交錢訖、支米訖、不到、交錢若干訖，依數支米訖印子各六枚，各三十五箇，并合干人青絹號，云某處監官、隨行人吏某，斗子某人使押。并置造升斗，委官較量，及簿歷，給下逐場，交管行使。

一、印給賑濟戶歷頭并賑濟人口牌面，發下三縣交管。於賑糶賑濟前一月出榜曉示人戶，定某日前來本場請領歷頭牌子。出榜後半月，委各場監官就本場當官審實，依總簿內千字文號批鑿牌歷，給付人戶，附簿交領。

一、見置場賑糶米穀，合於賑糶賑濟前十日勒逐都保正將置場處用棘刺夾截，作兩門兩重，極小，只通一人來往。外門之內、裏門之外須極寬，可容一場賑糶賑濟人。外門之側為一窗，後夾截交錢位子一間，依使軍立去樣式，告示保正夾截。

一、見措置下場賑糶濟米穀，所有船運及支破擔脚，仍鈐束合干人不得減刻斛面。

官司米穀並前一日般赴場，監官交足。上戶米令各家自用客津般，每石三十里外支米三升，三十里內二升，十里內一升。其米就所糶內支，官給價錢還上戶。如米去場五里內，即就各家見安頓監糶。

官米陸路即仰保正輪差能擔擎糶米人戶搬送，每石依上項計里數支雇米。水路即本縣和雇人船，裝錢比陸路減半支。其人船食米，並於官錢內支使。賑糶米穀，一月分六次出糶常平米。切慮內有去置場處稍遠，般運艱辛，即令本場上戶一面兑米出糶，即令監轄官具糶過賑濟米穀報縣，本縣以常平米糶錢依市價給還元兑糶米上戶交領。其縣市去置場相近，即般運米斛前去置場處糶濟，依已立定船脚支破。

又《施行置場賑糶濟所約束事》 契勘賑糶賑濟人戶米穀已下場，差官及合干人監轄外，逐場先出榜分定都分先後，仍於外門外及裏門外各依先後資次，排定都分上戶坐處。近都先交錢，後請米，遠都後交錢，先請米。

至日天未明，監官入場，隅官入交錢位子，隨行人非有號不得入門。保正、大保長各將旗號，引本都保下輪糶濟人赴場外門，依資次旗下座定。以監官逐隊叫名，保正以旗引保長，保長以旗先行，賑濟人戶以次詣窗前呈牌，隅官以入門印印其左手訖，撥入門。監官逐隊叫名，保正長引賑濟人以次請米訖，監官用支米訖印於牌下日子之左，以濕布拭去手印，即時出門。次引賑糶人戶詣窗交錢，上戶米錢自行交外，更不附歷。常平米錢縣司差人吏當廳交納。交訖，用紅印於歷內本日合糶米數下之右。如錢數不足，分明批上實糴之數，却付人戶，以入門印印其左手入門。監官逐隊叫名，保正長引賑糶人以次糶米訖，監官用糶米訖青印印其歷內交錢印之左，仍用濕布拭去手印，即時出門。一保畢又引一保，如前一賑糶人戶。逐都各置絹旗一面，止用小絹一幅，約長二尺，各書第幾都字。逐保各置小旗一面，或絹或紙，從便。各書第幾都第幾保字。逐場都各異色，保各如其都之色。

又《委官往各場究見元認米數椿管實數》 契勘先據星子等三縣官勸諭到管下有力上戶承認賑糶米穀，接濟民間食用，軍司已籍定姓名、認糶數目，及行下各令椿管，準備將來賑糶。切慮其中有椿不及所認之數，有悞指準，合行委官前去，究見各戶見今的實椿管米穀數目。如有闕少，即請嚴責近限，計置椿管數足。

又《施行場所未盡抄札户》 照對本軍管屬星子、都昌、建昌縣旱傷，已行下各縣，委官抄劄到闕食戶口人數，自今年正月為頭賑糶賑濟。近據人戶前來投陳，係漏落抄劄不盡。本軍未見着實，難便施行。今出榜賑糶濟場曉示，如有不濟戶當來漏落，未曾抄劄，即仰具狀，經本場巡察官陳理，從本官見着實。如委係闕食，即仰一面賑糶，具姓名保明申軍。其間或有稅產得過人戶，以乞賑濟為名，意在避免賦役，輒敢妄冒，煩紊官司，罪當追治。

又《施行闕食未盡抄札人等事》 照對本軍管下三縣諸鄉保正當來受情，不行依公抄劄闕食人戶，多將得過隱實之人抄作闕食，其實是闕食人戶却不抄劄。未欲便行追究，合行約束。

仰隅官、保正照應本縣巡察官所行事理，須管從實隨門再行審實，抄劄闕食人戶。若保正依前滅裂，不即同隅官抄劄，及將元冒濫人蓋庇，或在鄉乞覓人戶分文錢物，仰隅官具狀陳訴，切待追究，重作施行。

有當來不應抄劄隱實有營運物業之家，及上戶自能贍給地客，見執使軍歷頭之人，仰隅官、保正追收繳納。若顧情蓋庇，不即追納，別致人戶陳訴，或覺察得知，必定重作行遣。

有委是闕食人戶，隅官、保正不為抄劄，或保正等乞覓搔擾，仰被擾人戶不拘早晚赴本軍陳告，切待重作行遣。

有得過人戶，妄稱闕食，陳乞給歷，紊煩官司之人，定當追收，赴軍重斷。

有合追收元給文歷人戶，輒敢倚恃猾，健訟把持，不伏追收，仰隅官、保正具狀陳訴，切待重作行遣。

仰屬縣逐鄉隅官、保正從實再行審實抄劄到闕食人戶，切待委官躬親下鄉，隨門審實。如再有不實，仍前泛濫去處，必定追收犯人赴軍，定送獄根勘情弊施行。

又《審實糴濟約束》 照對已行帖逐縣審實糴濟事件，切慮各鄉隅官、保正不依所行約束，别致引惹詞訴，事屬不便，合帖屬縣再行約束，開具供申。

各鄉有營運店業興盛之家，其元給歷頭合行追取。若雖有些小店業，買賣微細，不能贍給，已請歷頭不合追回。如有似此未係抄劄之人，亦請令隅官、保正從實根括施行，毋致泛濫。

各鄉上戶地客如主家自能贍給，其元給歷頭合行追收。如主家見自闕食，不能贍給，雖是地客，亦合給歷。如有似此之人，即請隅官、保正從實根括，毋致泛濫。

各鄉人戶如將戶名及第行重賫，請去歷頭，合行追回。如是只用第行，雖不用戶名，實非重疊，其已請歷不合追取。人戶已請歷頭，如有虛增口數，今來覈實，合行減退，即請於歷頭并總簿内分明改正。

縣市

一、上等：有店業，日逐買賣營運興盛，及自有税產贍給，不合請給歷頭人戶若干。

開具坊巷、逐戶姓名、大小口數。

一、中等：得過之家并公人等，合赴縣倉糴米人若干。

開具坊巷、逐戶姓名、大小口數。

一、下等：貧乏小經紀人，及雖有些小店業，買賣不多，并極貧秀才，合請歷頭人戶若干。

開具坊巷、逐戶姓名、大小口數。

又《行下各縣抄札戶口并立支米穀正數》 契勘所支賑糶米緣三縣各鄉間有數戶抄劄口數太多，恐未盡實。合委官與縣官評議，豫將所支米穀立定正數，賑濟施行。

二十口以上，每戶支穀止於五石。

二十口以下、十五口以上，每戶支穀止於四石。二十五口以下，計口計日支給。如管穀四石以上，所支亦止於四石。

又《都昌縣搬張劉二家米等事》 照對都昌縣止勸諭到黄澄一名承認賑濟米五千石，湊所管義倉米，會計賑濟不周。本軍遂行下建昌縣，於張世亨、劉師輿賑濟米内取撥四千石，付都昌縣賑濟。其合用僱舟水脚錢，每石支錢三十五文省，并每石支搬脚錢四十文足。今張劉二家差人搬擔，就官請領僱錢，並經都昌縣所管常平米錢内支破。

又《諸縣得米人戶依時佈種等事》 使軍近行下諸縣，但係元給牌歷賑糶賑濟民戶，並以勸諭到張世亨、黄澄、劉將仕米及義倉米並行賑濟半月。仰得米人戶併力及時耕種田土，如合干人減尅，不行盡實給數，即仰人戶徑赴使軍陳訴，切待根究，重作施行。

又《行下各場普濟半月外照約束接續》 照對本軍近將勸諭到上戶黄澄、張世亨等賑濟米斛自今年三月一日為頭，普行賑濟，通作一十五日。今來相次了畢，所有元勸諭到上戶承認賑糶米斛，合行依使軍先來約束，接續賑糶，應接細民食用。

又《節次差公吏收糴并撥錢下賑糶場》 軍資庫錢共二萬一千三百六十二貫八百九十六文。

四千貫文省，差劉京、手分盧文彬管押，於去年七月十六日前去隆興府管下常池市收糴到米二千三百一十六石九斗六升，於八月二十一日到建昌縣交卸賑糶。

四千貫文省，差衙前楊發、手分朱浸於去年七月十八日前，去隆興府管下進賢縣收糴到米一千九百二十一石八斗一升，并穀一百五十八石五斗。至十月初九日回軍，城下省倉交量米七百九十石。

都昌縣交量米八百二十一石三斗一升。

星子縣交量米三百一十石五斗，穀一百五十八石五斗。

一百七十一貫二百文省，揍依折帛錢共四千貫，差衙前呂祺、手分熊瑜管押，於去年七月二十九日管押前去收糴。

二千貫省，差衙前呂棋往隆興府管下奉新縣收糴到米七百四十九石六斗，於三月十一日回軍。

九千八十二貫一百一十九文省，於去年八月二十五日已後，節次支付在賑糶場收糴米，係在後項聲說。

正支錢二千七百一十二貫文。

轉支收到公吏糴米剩到錢共六千二百七十貫一百一十九文。

四百八十貫七十七文省，係轉支糴米回納錢，付楊發收糴。其米在後項聲說。

一千貫文省，支付朱彦俊糴米，其米在後項聲説。

一千六百二十九貫五百文省，揍折帛錢共四千貫，付衙前謝安道、職級高宗選管押，於去年七月二十九日往下項去處收糴，共一千八百二十六石一升五合，於十一月初八日回軍。隆興府奉新縣糴到米一千一百六十九石五斗六升五合，淮南蘄州糴到米六百五十六石四斗五升。折帛錢共二萬八千九貫二百一十文省，係淳熙五年六年錢。

一千三百七十貫五百文省，係六年分支付謝安道、高宗選收糴米。其共糴到米已在前項聲説。

二千八百二十八貫八百文省，係六年分錢，付呂祺、熊瑜收糴米。其米已在前項聲説。

四千八百八十九貫九百一十文省，付在軍賑糴場收糴米，係在後項聲説。

五千貫，係七年分錢，差衙前孫燾、職級江彦和管押，於十一月二十五日往隆興府夆湖收糴到米二千二百九十七石一斗六升，於今年正月二十三日回軍。

五千貫文省，差職級朱彦俊管押，揍前項共六千貫文省，於十一月二十三日往江西吉州收糴共二千八百五十石，於今年三月二十九日回軍。

差撥乳香度牒、糯米本錢共八千八百九十二貫二百七十三文省【闕】

四千貫，差衙前王邦翰、手分蔣安禮管押，於八月十五日往隆興府管下常湖收糴米一千九百三十二石八斗九升，至十一月二十四日回軍。

四千四百二十九貫二百七十三文省，揍作前項錢共四千九百九貫三百五十文省，管押於十二月初一日往隆興府奉新縣收糴二千三百【闕】

宋 洪邁《容齋三筆》卷六《蕨萁養人》 自古凶年饑歲，民無以食，往往隨所值以為命，如范蠡謂吳人就蒲蠃於東海之濱；蘇子卿掘野鼠所去草實，及齧雪與旃毛并咽之；王莽教民煮木為酪；南方人饑餓，羣入野澤掘鳧茈；鄧禹軍士食藻菜；建安中，咸陽人拔取酸棗、藜藿以給食；晉郗鑒在鄒山，兗州百姓掘野鼠、蟄燕；幽州人以桑椹為糧，魏道武亦以供軍；岷蜀食芋。如此而已。吾州外邑，嶸峿山在樂平、德興境，李羅萬斛山在浮梁、樂平、鄱陽境，皆綿亘百餘里，山出蕨萁。乾道辛卯、紹熙癸丑歲旱，村民無食，爭往取其根。率以昧旦荷鋤往掘，深至四五尺，壯者日可得六十斤。持歸擣取粉，水澄細者煮食之，如粔籹狀，每根二斤可充一夫一日之食。冬晴且暖，田野間無不出者，或不遠數十里，多至數千人。自九月至二月終，蕨抽拳則根無力，於是始止。蓋救餓羸者半年，天之生物，為人世之利至矣！古人不知用之，傳記亦不載，豈他邦不產此乎？

宋 真德秀《西山文集》卷二四《蘄州惠民倉記》 嘉定某年某月，金華李公守蘄，始至，曰城郭完乎？有司以圮告，則命繕而新之，凡若干丈尺。又曰城完矣，兵械具乎？有司以乏告，則命為某器若干、某器若干。既又曰吾城堅而械良，於守易矣，無其人可乎，則舉凡兵之在藉若寓於壄者，教之率以法，期年士咸就紀律。公曰可矣，猶未也，夫守恃兵，兵恃民，民恃食。故食，民之大命也，邊之首政也。蘄故號沃壤，中興以來流痛未盡復，荒茀未盡治，歲所出不能當中州一大縣，而輸於公家者財萬斛焉，以廩吾兵且不給，設不幸有旱溢之菑、蟲螟之孽，其奚以相恤哉！予為二千石於此，而奉養嗇於斗食吏，非矯也，重民之脂膏，不忍褻而用也，覬圭勺之贏還以遺吾甿也。時會而月計之，泉之在官者廑有餘，歲幸比登，粟之在民者亦廑有餘。以其餘於官者易其餘於民者，不幸告儉，則以藏之官者復散之民，此備豫之善畫也。廼簡僚吏之材者涖厥事，凡樂售者優其直予之。未幾得粟為萬石者二，靡錢緡若干萬千百有奇，築屋若干楹以謹其出納，命之曰惠民倉，著公志也。夫民食足然後有固心，人心固然後可冀以死守。昔者孟子談王道於戰國皆是物也，彼爭地爭城之將、從横馳説之士，未有不哂其迂，卒之莫或能易者，蓋民弗自安而欲與俱危，不卹其生而欲責之死，無是道也。公之學醇以深，其氣剛以大，蓋淵源乎孟氏者。故其治邊之政，大抵以保民為本，是倉特其一爾。始倉之成，公既以告於朝，下部使者核其實，又書來命某識之，其欲以詒後人，俾勿廢乎？予謂使繼至者有公之心，雖無識焉可也，不然則金版玉書猶弗足紀，恃此以存難哉。雖然，仁人心也，人心不可泯則是倉不可廢，姑識之，庶異時有考云。公名某，字茂欽。十三年夏五月辛卯，朝散大夫、集英殿修撰、權發遣隆興府、主管江南西路安撫司公事、馬步軍都總管真某記。

又 卷二六《跋曹唐弼通濟倉記》 太史黄公之詩有曰『能與貧人共年穀，定有明月生蚌胎』，世知誦其言而未必深信之也。撫之宜黄有曹君堯咨者，自其先世欲倣建昌吴氏為社倉，未果。君嗣成父志，即其家立庾六，計所有之田，歲收畝六升以入之，遇年饑則發以糴，量必寬，價必平，於是一方之人賴以全活者甚衆。君平生力學工文，名不一挂鄉大夫之籍。其子錫敏悟絶人，方應舉時，制名未定，里人吳君盟仕衡山，夢君子姪三人皆薦送而錫與焉，遂易今名。是年舉進士，明年擢奉常第。夫名不以他而以錫，是天昭然示以畀予之意也。紹定二年冬，盜發鄰封，宜黄人亦隨和而起，環邑數鄉攻剽燔僇無免者，過君之居，獨曰是家能平糴以惠鄉里，相戒使勿犯。及亂定，君家廬舍邸墅皆全。昔漢唐之季，盜不入康成、表聖之間，世傳以為異事，今於君見之。顧君本心不過謂鄰里有相賙之義耳，非有所覬幸而為之也。及久而不懈，天與之，人誦之，雖兇強不道如盜賊，亦知毋負君之德，然則謂天道遠而人性惡者，於此可以悟矣。錫字晉伯，其中第予實取之。後使江東，又邀至幙下。時方講行荒政，晉伯宣力最多，用是縉紳稱其材。今官奉議郎，前知寧都縣事，業駸駸未艾也。予讀君所作《通濟倉記》，歎仰久之，謹書其後，以警世之為富不仁者，俾知希慕其萬一云。君字唐弼，德善之詳，見於李侯劉所為墓誌。

《文獻通考》卷二六《國用考四·賑恤》　漢高祖二年，關中大饑，米斛萬錢，人相食。令民就食蜀漢。

文帝六年，大旱，蝗。發倉庾以振貧民。

武帝四年，山東被水災，民多饑乏。於是天子遣使虛郡國倉廩，以振貧民。猶不足，又募豪富人相假貸。尚不能救，乃徙貧民於關以西，及充朔方以南新秦中士十餘萬口，衣食皆仰給於縣官，數歲，貸與產業，使者分部護，冠蓋相望，費以億計。

元鼎二年，詔曰：『水潦移於江南，迫隆冬至，朕懼其饑寒不治。江南之地，火耕水耨，方下巴蜀粟致之江陵，遣博士中等分循行，諭告所抵，無令重困。吏民有救振饑民免其厄者，具以名聞。』

河内貧民傷水旱萬餘家，汲黯以便宜持節發河内倉粟，以振貧民，請歸節伏矯制罪。上賢而釋之。

昭帝元鳳三年，詔曰：乃者民被水災，頗匱於食，朕虛倉廩，使使者振困乏，其止四年毋漕。三年以前所振貸，非丞相、御史所請，邊郡受牛者勿收責。武帝始開邊，徙民屯田，皆與犁、牛。後丞相、御史復間有所請。令敕自上所賜予勿收責，丞相所請乃令其顧税耳。

宣帝本始四年，詔曰：今歲不登，已遣使者振貸困乏，使農移就業。丞相以下至都官令丞上書入穀，輸長安倉，助貸貧民，以車船載穀入關，得無用傳。傳，傳符也。欲穀之多，故不問其出入。

元帝初元元年，詔振業貧民，貲不滿千錢者賦貸種、食。

永光元年，赦天下，令各務農，無田者皆假之，貸種、食如貧民。

永光四年，詔所貸貧民勿收責。

成帝河平四年，振貸瀕河郡水傷不能自存者，避水他郡國，所在冗食之。冗，散。稟食使生活，不占著戶給役使也。

永始二年，詔曰：關東比歲不登，吏民以義收食貧民、入穀物助縣官振贍者，已賜直，其百萬以上，加賜爵右更，欲為吏，補三百石，其吏也遷二等。三十萬以上，賜爵五大夫，吏亦遷二等，民補郎。十萬以上，家無出租賦三歲。萬錢以上，一年。

光武建武六年，令郡國有穀者，給稟高年、鰥、寡、孤、獨、篤癃，無家不能自存者。

明帝永平十八年，賜鰥、寡、孤、獨、篤癃不能自存者穀，人三斛。

章帝建初十六年，詔貧民有田業而匱乏者貸種糧，勿收責。以後，以各處水旱、饑饉，振貸非通行天下者不書。

獻帝興平元年，三輔大旱，帝出太倉米豆作糜食饑人。時穀一斛五十萬，豆麥一斛二十萬，人相食啖，白骨委積。帝使侍御史侯汶出太倉米豆，爲饑人作糜粥，經日而死者如故。帝疑振恤有虛，乃親於御座前量試作糜，乃知非實，使侍中劉艾出責有司，收侯汶考實，杖五十。自是之後，多得全濟。

魏文帝黄初二年，冀州大蝗，民饑，遣使開倉廩以振之。

明帝景初元年，冀、兗、徐、豫四州遇水，遣使循行。沒溺死亡及失產財者，所在開倉振給之。

吳大帝赤烏三年，民饑，詔開倉廩以振貧窮。

晉成帝咸康元年，揚州諸郡饑，遣使開倉振給。

宋文帝元嘉中，三吳水潦，穀貴人饑。彭城王義康立議：『以東土災荒，人稠穀踴，富商蓄米，日成其價。宜班下所在，隱其虛實，令積蓄之家，聽留一年儲，餘皆勒使糶貨，爲制平價。又沿淮歲豐，令三吳饑人，即以貸給，使強壯轉運，以贍老弱。』又詔以會稽、宣城二郡米穀百萬斛賜遭水人。

二十年，諸州郡水旱，人大饑，遣使開倉振恤。

魏孝文太和元年，詔州郡水、旱、蝗，人饑，開倉振恤。

七年，以冀、定二州饑，詔郡縣爲粥於路以食之。定州上言，爲粥所活者，九十四萬七千餘口。冀州上言，爲粥所活者，七十五萬一千七百餘口。

宣武延昌元年，州郡十一大水，詔開倉振恤，以京師穀貴，出倉粟八十萬石以振恤貧民。

隋文帝開皇十四年，關中大旱，民饑，上遣左右視民食，得豆屑雜糠以獻，爲之流涕，不御酒，殆將一期。乃帥民就食於洛陽，敕斥候不得輒有驅逼，男女參廁於仗衛之間，遇扶老攜幼，輒引馬避之，慰勉而去；至艱險之處，見負擔者，令左右扶助之。

唐太宗謂黄門侍郎王珪曰：『開皇間大旱，隋文帝不許振給，而令百姓就食山東，比至末年，天下儲積可供五十年。煬帝恃其富饒，侈心無厭，卒亡天下。但是倉庾之積足以備兇年，其餘何用哉！』

唐太宗貞觀二年，山東旱，遣使振恤饑民，鬻子者，出金寶贖還之。以後，發常平義倉振恤事，並見《市糴考》，玆不再錄。

周顯德六年，淮南饑，上命以米貸之，或曰：『民貧，恐不能償。』上曰：『民猶子也，安有子倒懸而父不爲解者！安責其必償也？』

致堂胡氏曰：『稱貸所以惠民，亦以病之。惠者紓其目前之急也，病者責其他，日之償也。其責償也，或嚴其期，或徵其耗，或取其息，或予之以米而使之歸錢，或貧無可償而督之不置，或胥吏詭貸而徵諸編民。凡此皆民之所甚病也。有司以豐取約予爲術，聚斂之臣以頭會箕斂爲事，大旱而税不蠲，水潦而税不蠲，蝗、蝻、螟、賊而税不蠲。長官督税不登數，則不書課；民戶納欠不破産，則不落籍。出於民力尚如此，而況貸於公者，其責償固不遺餘力矣！世宗視民猶子，匡救其乏而不責其必償，仁人之心，王者之政也。』

宋太祖皇帝建隆三年，遣使振貸揚、泗饑。戶部郎中沈義倫使吴越還，言：『揚、泗饑民多死，郡中軍儲尚有餘萬斛，倘以貸民，至秋收新粟，公私俱利。』有司沮之曰：『若來歲不稔，孰任其咎？』義倫曰：『國家以廩粟濟民，自當召和氣，致豐年，寧憂水旱邪？此當斷自宸衷。』上從之。三月，詔賜沂州饑民種、食。又詔振宿、蒲、晉、慈、隰、相、衛州饑。

開寶四年，劉鋹平，詔振廣南管內州縣鄉村不接濟人戶，委長吏於省倉內量行振貸，候豐稔日令只納元數。

八年，平江南，詔出米十萬石振城中饑民。

太宗太平興國八年，以粟四萬石振同州饑。

淳化二年，詔永興、鳳翔、同華陜等州歲旱，以官倉粟貸之，人五斗，仍給復三年。

五年，命直史館陳堯叟等往宋、亳、陳、潁等州，出粟以貸饑民。每州五千石，及萬石仍更不理納。

真宗咸平二年，詔出米十萬石振兩浙貧民。

五年，遣中使詣雄、霸、瀛、莫等州爲粥，以振饑民。

兩浙提刑鍾離瑾言：『百姓闕食，官設糜粥，民競赴之，有妨農事。請下轉運司量出米振濟，家不得過一斗。』從之。

仁宗、英宗一遇災變，則避朝變服，損膳徹樂。恐懼修省，見於顔色，惻怛哀矜，形於詔令，其德厚矣。災之所被，必發倉廩振貸，或平價以糶；不足，則轉漕他路粟以給；又不足，則誘富人入粟，秩以官爵。災甚，則出內藏或奉宸庫金帛，或鬻祠部度僧牒，東南則留發運司歲漕米，或數十萬，或百萬石濟之。賦租之未入、入未備者，或縱不取，或寡取之，或倚格以須豐年。寬逋負，休力役，賦入之有支移、折變者省之；應給蠶鹽若和糴，及科率追呼不急、妨農者罷之。薄關市之征，鬻牛者免算。利有可與民共者不禁，水鄉則蠲蒲、魚、果、蓏之税。民流亡者，關津毋責渡錢；過京師者，分遣官諸城門振以米，所至舍以官第，爲淖糜食之，或賦以閒田，或聽隸軍籍。老幼不能自存者，聽官司收養，因饑役若厭溺死者，官爲瘞理祭之，厭溺死者加賜其家錢粟。蝗爲害，則募民捕，以錢若粟易之，蝗子一升至易菽粟三升或五升。下詔州郡戒長吏存拊其民，緩縲繫，省刑罰，饑民劫囷窖者薄其罪。且以戒監司，俾察官吏之老疾、罷懦不任職者。間遣內侍存問，災甚則遣使安撫。其前後所施，大略如此。【略】

慶曆八年，河北、京東西大水，大饑，人相食。詔出二司錢帛振之。流民入京東者不可勝數，知青州富弼擇所部豐稔者五州勸民出粟，得十五萬斛，益以官廩，隨所在貯之。擇公私廬舍十餘萬區，散處其人，以便薪水。官吏自前資、待闕、寄居者，皆給其禄，使即民所聚，選老弱者廩之。山林河泊之利，有可取以爲生者，聽流民取之，其主不得禁。官吏皆書其勞，約爲奏請，使他日得以次受賞於朝，率五日輒遣人以酒肉糧飯勞之，人人爲盡力。流民死者爲大冢葬之，謂之『叢冢』。自爲文祭之。及流民將復其又業，各以遠近受糧。凡活五十餘萬人，募而爲兵者又萬餘人。上聞之，遣使慰勞，就遷其秩。弼曰：『救災，守臣職也。』辭不受。前此救災者皆聚民城郭中，煮粥食之，饑民聚爲疾疫。及相蹈籍死，或待次數日不食，得粥皆僵仆，名爲知人，而實殺之。弼所立法簡便周至，天下傳以爲法。時救鄆州劉夔亦發廩振饑，民賴全活者甚衆，盜賊衰止，賜書褒獎。【略】

英宗治平四年，河北旱，民流入京師。待制陳薦請以糶使司陳粟貸民，戶二石。從之。

御史中丞司馬光上疏曰：『聖王之政，使民安其土，樂其業，自生至死，莫有離散之心。爲此之要，在於得人。以臣愚見，莫若謹擇公正之人爲河北監司，使之察災傷州縣，守宰不勝者易之，然後多方那融斗斛，各使振濟本州縣之民。若斗斛數少不能周徧者，且須救土著農民，各據版籍，先從下等次第振濟，則所給有限，可以豫約矣。若富室有蓄積者，官給印歷，聽其舉貸，量出利息，候豐熟日，官爲收索，示以必信，不可誑誘，則將來百姓爭務蓄積矣。如此，饑民知有可生之路，自然不棄舊業，浮遊外鄉。居者既安，則行者思反，若縣縣皆然，豈得復有流民哉？』【略】

〔熙寧〕六年，詔：『自今災傷，用司農常法振救不足者，並預具當修農田水利工役募夫數及其直上聞，乃發常平錢斛募饑民興修，不如法振救者，委司農劾之。』

七年，賜環慶路安撫司度僧牒千，以備振濟漢蕃饑民。

元豐元年，詔以濱、棣滄州被水災，令民第四等以下立保貸請常平糧有差，仍免出息。

帝曰：『振濟之法，州縣不能舉行，夫以政殺人與刃無異。今出入一死罪，有司未嘗不力爭，至於兇年饑歲，老幼轉死溝壑，而在位者殊不恤，此出於政事不修而士大夫不知務也。』

九年，知太原府魏繹言：『在法，諸老疾自十一月一日州給米豆，至次年三月終止。河東地寒，與諸路不同，乞自十一月一日起支，至次年二月終止；如有餘，即及三月終。』從之。

振貧始於嘉祐中罷鬻諸路戶絶田，以夏秋所輸之課，給老幼貧疾不能自存者。

神宗以來，其法不廢。自蔡京置居養院、安濟坊，給常平米，厚至數倍。差官卒充使令，置火頭，具飲膳，給以衲衣絮被。州縣奉行過當，費用既多，不免率斂，貧者樂而富者擾矣。

元豐間，詔青、齊、淄三州被水之民老幼疾病無依者，給口食，如乞丐法。

哲宗元祐六年，翰林學士承旨、知杭州蘇軾言：『浙西二年諸郡災傷，今歲大水，蘇、湖、常三州水通爲一，杭州死者五十餘萬，蘇州三十萬，未數他郡。今既秋田不種，正使來歲豐稔，亦須七月方新穀，其間饑饉變故，未易度量。乞令轉運司約度諸郡合糴米斛數目，下諸路封樁，及年計上供赴浙西諸郡糶賣。』詔賜米百萬斛，錢二十餘萬緡，振濟災傷。

紹聖元年，帝以京東、河北之民乏食，流移未歸，詔給空名假承務郎敕十、太廟齋郎補牒十、州助教不理選限敕三十、度牒五百，付河北東、西路提舉司，召人入錢粟充振濟。【略】

高宗建炎元年，詔勸誘富豪出粟米濟糶饑民，賞各有差。

糶及三千石以上，與守闕進義校尉；一萬五千石以上，與進武校尉；二萬石以上，取旨優異推賞；已有官蔭不願補授名目，當比類施行。

紹興二十八年，浙東、西田苗損於風水。詔出常平米振糶，更令以義倉振濟。

在法，水旱檢放及七分以上者濟之，詔自今及五分處，即撥義倉米振濟。

孝宗隆興二年，霖雨害稼，出内帑銀四十萬兩，付戶部變糴以濟之。其年，淮民流於江、浙十數萬，官司雖濟而米斛有限，乃詔民間不曾經水災處占田萬畝者，糶三千石；萬畝以下，糶一千石。

乾道三年，臣僚言：『日前富家放貸，約米一斗，秋成還錢五百。其時米價既平，糶四斗始克償之，農民豈不重困？』詔應借貸米穀只還本，取利不過五分。

七年，中書門下省言：『湖南、江西旱傷，立賞格以勸積粟之家。凡出米振濟，係崇尚義風，不與進納同。』

無官人：一千石補進義校尉，願補不理選限將仕郎者聽，以上補官或進士，則免文解及補上州文學、迪功郎各有差。文臣：一千石減二年磨勘，選人轉一官，以上循資及占射差遣有差。武臣亦如之。五千石以上，文武臣並取旨優與推恩。

臣僚言：『諸路旱傷，乞以展放，展閣責之運司，糴給、借貸責之常平司，覺察妄濫責之提刑司，體量措置責之安撫司。』上諭宰執曰：『轉運只言檢放一事，恐他日振濟之類必不肯任責。』虞允文奏曰：『轉運司管一路財賦，謂之省計。凡州郡有餘、不足，通融相補，正其責也。』

淳熙八年，詔支會子二十二萬，並浙東路常平義錢內支一十萬貫，付提舉朱熹，措置振糶。

十年，江東憲臣尤袤召人，言：『東南民力凋弊，中人之家至無數月之儲。前年旱傷，江東之南康、江西之興國俱是小壘，南康饑民一十二萬二千有奇，興國饑民七萬二千有奇。且祖宗盛時，荒政著聞者，莫如富弼之在青州，趙抃之在會稽，在當時已是非常之災，夷考其實，則青州一路饑民止十五萬，幾及南康一軍之數；會稽大郡，饑民纔二萬二千而已，以興國較之，已是三倍。至於振贍之米粥，用十五萬，抃用三萬六千。今江東公私合力振救，爲米一百四十二萬，去歲江西振濟興國一軍，除民間勸誘所得，出於官者自當七萬，其視青州一路、會稽一郡，所費實相倍蓰，則知今日公私誠是困竭，不宜復有小歉。國家水旱之備止有常平義倉，頻年旱暵，發之略盡。今所以爲預備之計，唯有多出緡錢，廣儲米斛而已。』又言：『救荒之政，莫急於勸分。昨者朝廷立賞格以募出粟，富家忻然輸納，故庚子之旱不費支吾者，用此策也。自後輸納既多，朝廷吝於推賞，多方沮抑，或恐富家以命令爲不信，乞詔有司施行。』

浙東提舉朱熹與丞相王淮書曰：『今上自執政，下及庶僚，內而侍從，外而牧守，皆可以交結附託而得。明公不此之愛，而顧愛此迪功、文學、承信、校尉十數人之賞，以爲重惜名器之計，愚亦不知其何說也。大抵朝廷愛民之心，不如惜費之甚，是以不肯爲極力救民之事；明公憂國之念，不如愛身之切，是以但務爲阿諛順旨之計。此其自謀，可謂盡矣，然自旁觀論，則亦可謂不思之甚也。』

寧宗嘉定二年，起居郎賈從熟言：『出粟振濟，賞有常典，多者至命以官，固足示勸，然應格沘賞者未有一二。偏方小郡，號爲上戶者，不過常產耳，今不必盡責以振濟，但隨力所及，或糶或貸，廣而及於一鄉，狹而及於一都，有司核實量多寡與之免役一次，少者一年或半年，庶幾官不失信，民必樂從。』從之。

又 卷二七《國用考五·蠲貸》 漢文帝二年，民貸種食未入、入未備者，皆赦之。

十二年，賜天下民田租之半。

十三年，除民之田租。

右除田租，始於漢文，以後或因行幸所過除田租，或各處災傷除田租，非偏及天下者不錄。詳見《田賦考》。

武帝元朔元年，諸逋貸在孝景後三年以前，皆勿收。

昭帝始元二年，詔所振貸種食勿收責。

按：漢以來始有蠲貸之事，其所蠲貸者有二：田賦一也，逋債二也，何三代之時獨不聞有所蠲貸邪？蓋三代之所以取民，田賦而已，貢、助、徹之法雖不離乎什一，然往往隨時隨地爲之權衡，未嘗立爲一定不易之制，故《禹貢》九州之地，如人功多則田下而賦上，人功少則田上而賦下。兗州之地，蓋十有三載而後可同於他州，又有雜出於數等之間，如下上上錯、下中三錯之類，可見其未嘗立爲定法。孟子以爲治地莫不善於貢，亦病其較數歲之中以爲常，然則數歲之外亦未嘗不變易，非如後世立經常之定額，其登於賦額者，遂升合不可懸欠也。蓋其所謂田賦者，既隨時斟酌而取之，則自不令其輸納不敷而至於逋懸，既無逋懸，則何有於蠲貸？而當時之民，亦秉義以事其上，所謂雨我公田，遂及我私。所謂私田稼不善則非吏，公田稼不善則非農，則又不至如後世徇私忘公，而徼幸其我蠲。至於田賦之外，則未嘗他取於民，雖有春省耕，補不足；秋省斂助不給之制，然未聞責其償也。春秋時，始有施捨已責之說，家量貸而公量收之說。秦、漢而下，賦稅之額始定，而民不敢逋額內之租，征斂之名始多，而官復有稅外之取。夫如是，故上之人不容不視時之豐歉、民之貧富而時有蠲貸之令，亦其勢然也。由唐以來，取民之制愈重，其法愈繁，故蠲貸之令愈多，或以水旱，或以亂離。改易朝代，則有所蠲；恢拓土宇，則有所蠲；甚至三歲祀帝之赦，亦必有所蠲，以爲常典。蓋征斂之法本苛，逋欠之數日多，故蠲貸之令不容不密，而桀黠頑獷之徒，至有故逋常賦以待蠲，而以爲得策，則上下胥失之矣。

宣帝元康元年，詔所振貸勿收。

神爵元年，詔所振貸物勿收。

元帝永光四年，詔所貸貧民勿收責。

鴻嘉元年，詔逋貸未入者勿收。

四年，逋貸勿收。

成帝河平四年，詔諸逋租賦所振貸勿收。

後漢章帝元年，詔以大旱，勿收兗、豫、徐州田租。

和帝永元四年，詔郡國秋稼爲旱蝗所傷者，什四以上，勿收田租。九年，詔如之。

順帝永建元年，詔以疫癘水旱，令人半輸今年田租；其傷害什四以上，勿收責；不滿者，以實除之。

桓帝延熹九年、靈帝熹平四年，皆有是詔。

魏陳留王景元四年，取蜀，赦。益州士民，復除租稅之半。

吴大帝嘉禾三年，寬民間逋賦，勿復督課。

十三年，詔原逋責。

晉武帝泰始元年，受禪。復天下租賦及關市之稅一年，逋債宿負皆勿收。

太康元年，平吴，將吏渡江復十年；百姓及百工復二十年。

二年，詔四方水旱甚者，無出田租。

五年，減天下戶課三分之二。

六年，以歲不登，免租貸宿負。

惠帝永平元年，除天下戶調絹綿。

成帝咸和四年，詔遭賊州縣，復租稅三年。

孝武太元四年，郡縣遭水旱者，減租稅。

五年，以比歲荒歉，大赦。自太元三年以前逋租宿債，皆蠲除之。

十七年，大赦。除逋租宿債。

宋武帝即位，大赦。逋租宿債勿收。

齊高帝即位，大赦，除逋租宿債梁、陳受禪，皆然。

魏道武天興元年，詔大軍所經州郡，皆復貲租一年，除山東人租賦之半。

二年，又除州郡租賦之半。

太武延和三年，詔以頻年征伐，有事西北，運輸之役，百姓勤勞，令郡縣括貧富，以爲三級，富者租賦如常，中者復二年，下窮者復三年。

孝文帝太和六年，分遣大使巡行州縣，遭水之處免其租賦。【略】

武宗會昌六年，以旱，免今年夏稅。

宣宗大中四年，蠲度支、鹽鐵、戶部逋負。

九年，以旱，遣使巡撫淮南，減上供餽運，蠲逋租。又罷淮南、宣歙、浙西冬至、元日常貢，以代下戶租稅。

懿宗咸通七年，大赦。免咸通三年以前逋負。

後唐莊宗天成二年，詔免三司逋負近二百萬緡。

潞王即位，以劉昫判三司，鈎考舊逋，必無可償者請蠲之。詔長興以前，戶部及諸道逋租三百三十萬石咸免之。貧民大悅，三司吏怨之。

致堂胡氏論見《田賦考》。【略】

〔熙寧〕七年，軾又上言曰：『臣聞之孔子曰：「善人教民七年，亦可以即戎矣。」夫民既富而教，然後可以即戎，古之所謂善人者，其不及聖人遠甚。」今二聖臨御，八年於兹，仁孝慈儉，可謂至矣，而帑廩日益困，農民日益貧，商賈不行，水旱相繼，以上聖之資無善人之效，臣竊痛之。所至訪問耆老有識之士，陰求其所以，皆曰：「方今民荷寬政，無他疾苦，但爲積欠所壓，如負千鈞而行，免於僵仆則幸矣，何暇舉首奮臂，以營求於一飽之外哉！」今大姓富家，昔日號爲無比戶者，皆爲市易所破，十無一二矣，其餘自小民以上，大率皆有積欠。監司督守令，守令督吏卒，文符日至其門，鞭笞日加其身，雖有白圭、倚頓，亦化爲篳門圭竇矣。

『自祖宗以來，每有赦令，必曰凡欠官物，無侵欺盜用，及雖有侵盜而本家及五保人無家業者，並與除放。祖宗非不知官物失陷，奸民幸免之弊，特以民既乏竭，無以爲生，雖加鞭撻，終無所得，緩之則爲奸吏之所蠶食，急之則爲盜賊之所憑籍，故舉而放之，則天下悅服。雖有水旱盜賊，民不思亂，此爲捐虛名而收實利也。自二聖臨御以來，每以施捨己責爲先務，登極赦令，每次郊赦，或隨事指揮，皆從寬厚。凡今所催欠負，十有六七，皆聖恩所貸矣，而官吏刻薄，與聖意異，舞文巧詆，使不該放。監司以催欠爲職業，守令上爲監司之所迫，下爲胥吏之所使，大率縣有監催千百家，則縣中胥徒，舉欣欣然日有所得，若一旦除放，則此等皆寂寥無獲矣。自非有力之家納賂請求，誰肯舉行恩貸，而積欠之人，皆鄰於寒餓，何賂之有？其間貧困掃地，無可蠶食者，則縣胥教令通指平人，或云衷私擅買，抵當物業；或雖非衷私，而云買不當價。似此之類，蔓延追擾，自甲及乙，自乙及丙，無有窮已。每限皆空身到官，或三五限得一二百錢，謂之破限。官之所得至微，而胥徒所取，蓋無虛日，俗謂此等爲縣胥食邑戶。嗟乎！聖人在上，使民不得爲陛下赤子，而皆爲奸吏食邑戶，此何道也！商賈販賣，例無見錢，若用見錢，則無利息，須今年索去年所賣；明年索今年所賒，然後計算得行，彼此通濟。今富戶先已殘破，中民又有積欠，誰敢賒賣物貨？則商賈自然不行，此酒稅課利所以日虧，城市房廊所以日空也。諸路連年水旱，上下共知，而轉運司窘於財用，例不肯放稅，縱放亦不盡實，雖無明文指撝，而以喜怒風曉官吏，孰敢違者？所以逐縣例皆拖欠兩稅，較其所欠，與依實檢放無異，於官了無所益，而民有追擾鞭撻之苦。近者詔旨凡積欠皆分爲十料催納，通計五年而足，聖恩隆厚，何以加此？而有司以謂有旨倚閣者，方待依十料指撝，餘皆並催。縱使盡依十料，吏卒乞覓，必不肯分料少取。人戶既未納足，則追擾常在，縱分百料，與一料同。

『臣頃知杭州，又知潁州，今知揚州，親見兩浙、京西、淮南三路之民，皆爲積欠所壓，日就窮蹙，死亡過半，而欠籍不除，以致虧欠兩稅，走陷課利。農末皆病，公利並困，以此推之，天下大率皆然矣。臣自潁移揚州，舟過濠、壽、楚、泗等州，所至麻麥如雲，臣每屏去吏卒，親入村落，訪問父老，皆有憂色，云豐年不如兇年，天災流行，民雖乏食，縮衣節口，猶可以生。若豐年舉催積欠，胥徒在門，枷棒在身，則人戶求死不得，言訖淚下。臣亦不覺流涕。又所至城邑，多有流民，官吏皆云以夏麥既熟，舉催積欠，故流民不敢歸鄉。臣聞之孔子曰：「苛政猛於虎。」昔嘗不信其言，以今觀之，殆有甚者。水旱殺人，百倍於虎；而人畏催欠，乃甚於水旱。臣竊度之，每州催欠吏卒不止五百人，以天下言之，是常有二十餘萬虎狼散於民間，百姓何由安生？朝廷仁政何由得成乎？臣自到任以來，日以檢察本州積欠爲事，內已有條貫除放，而官吏不肯舉行者，臣即指撝本州一面除放去訖。其於理合放而於條未有明文者，即且令本州權住催理，聽候指撝；其於理合放而於條有礙者，臣亦未敢住催，各具利害，奏取聖旨。』

元符三年十二月時徽宗已即位，詔兩浙轉運司應舊欠朝廷及他司錢物斛斗總計六百五十餘萬，分作十五年撥還，仍自建中靖國元年爲始。【略】

［紹興］二十八年，三省言：『平江、紹興府，湖、秀州被水，欲除下戶積欠，擬令戶部開具有無侵損歲計。』上曰：『不須如此，止令具數，便於內庫撥還。朕平時不妄費內庫所積，正欲備水旱。本是民間錢，却爲民間用，何所惜？』乃詔平江等處，應日前積欠稅賦並蠲之。

二十九年，詔諸路州縣，紹興二十七年前積欠官錢三百九十七萬餘緡，及四等以下戶係官所欠皆除之。【略】

淳熙四年，臣僚言：『屢赦蠲積欠，以蘇疲民，州縣不能仰體聖意，至變易名色以取之。宜下諸路漕司，如合該除放無得更取之於州，州無得更取之於縣，仍督逐縣銷豁欠簿，書其名數，榜民通知。』詔可。

七年，池州言：『檢放旱苗米四萬五千餘石，其經總制錢二萬六千餘貫，係於苗上，收趁無所從出。』詔蠲之。

浙東提舉朱熹言：『去年水旱相繼，朝廷命檢放秋苗，蠲閣夏稅。緣起催在前，善良畏事者多已輸納，其得減放者皆頑猾人戶，事件不均。望詔將去年剩納數目，理作八年蠲豁。』詔戶部看詳。

詔：『淳熙七年、八年，諸路州軍，應住催並，權免拘催，候秋成理納，或隨料留納。苗稅緣係連年旱傷，可特與蠲放。』

十年，先是，戶部尚書曾懷申請：『妄訴災傷，僥幸減免稅租，許人告，依條斷罪，仍沒其田一半充賞。』至是，江東運副蘇詡奏：『昨稱災傷，止是規免本年一料稅租，斷罪給賞，已是適中，難以拘沒其田。』從之。

朱熹戊申封事：『臣伏見祖宗舊法，凡州縣催理官物，已及九分以上，謂之「破分」，諸司即行住催，版曹亦置不問。由是州縣得其贏餘，以相補助，貧民些小拖欠亦得遷延，以待蠲放。恩自朝廷，惠及閭里，君民兩足，公私兩便，此誠不刊之令典也。昨自曾懷用事，始除此法，盡刷州縣舊欠，以爲隱漏，悉行拘催，於是民間稅物，豪分銖兩，盡要登足。懷以此進身，遂取宰相，而生靈受害，冤痛日深。得財失民，猶爲不可，況今政煩賦重，民卒流亡，所謂財者，又無可得之理，若不早救，必爲深害。』

按：以此二事觀之，曾懷之爲刻剝小人可知矣。

淳熙十六年二月，光宗受禪即位。蠲赦條畫一依壽皇登極赦事理。

臣僚言：『紹興三十二年赦止放官司債負，今乃易官司之司爲公私之私。赦下之後，並緣昏賴者衆，乃詔私債納息過本者放，未過本者，免息還本，並緣昏賴者科罪。』

紹熙元年，臣僚言：『陛下嗣位之初，首議蠲貸，意州縣可以均受其賜。今郡之督責於縣者如故，縣之誅求乎民者無所遺也。乞令諸路監司，將知名闕乏，縣、道、諸郡公心共議蠲減無名之供，而後禁戢不止之取。一郡則通一郡之事力，而寬融所當減之縣；監司則通一路之事力，而寬融所當減之州。

期以一季，開具減放名色錢數聞奏。」詔可。

又 卷三〇一《物異考七·歲凶》 紹興元年，行在、越州及東南諸路郡國饑令郡發常平倉粟以振，勸分，禁遏糴。淮東、京東西流民聚常州、平江府者多殍死亦令各郡振之。二年春，兩浙、福建饑，米斗千錢令憲臣移廣粟以振。時軍饟繁急，民益艱食詔漕江東西上供粟給軍饟，以寬浙民。三年，吉郴道州、桂陽監饑皆令宣論使振之。流民之聚湖南者，令憲臣振之。五年，湖南大饑，殍死、流亡者衆詔移粟減賦，令漕臣振之。夏，潼川路饑，米斗二千，人食糟糠。興元饑，民流於果、閬令漕臣振之。秋，溫、處州饑漕閩粟萬石以振。六年春，浙東、福建饑，湖南、江西大饑，殍死甚衆，民多流徙，郡邑盜起令帥臣、部使者振粟勸分，且漕廣粟以助。夏四月，蜀亦大饑，米斗二千，利路倍之，道殣枕籍令帥臣賑粟蠲賦。是歲，果州守臣宇文彬獻《禾粟九穗圖》，吏部侍郎晏敦復言：『果、遂饑民未蘇，不宜導諛。』坐黜爵。七年夏，欽、廉、邕州饑令常平使者賑粟。九年，江東西、浙東饑，米斗千錢，饒、信州尤甚合出常平粟以賑。十年，浙東、江南薦饑，人食草木令戶部條賑饑事，下之諸路。十一年，京西、淮南饑令通商移粟。十五年，汀、虔州以盜妨農令郡縣賑粟貸種。十八年冬，浙東、江、淮郡國多饑令諸道常平使者賑粟，紹興府大饑，民之仰哺于官者二十八萬六千人，賑之不給，人食糟糠、草木，殍死殆半。流民渡江至行都，事上聞，令臨安府賑遣復業。十九年春、夏，紹興府饑流如初。明、婺州亦饑令常平使者賑集之。二十四年，衢州饑。二十八年，平江府饑。二十九年，紹興府薦饑皆發常平義廩以賑。

隆興元年，紹興府大饑，四川尤饑，民食蕨根。平江襄陽府、隨泗州、棗陽盱眙大饑，隨、棗間米斗六七千令有司皆賑之粟。二年，平江府、常秀州饑，華亭縣人食秕糠。行都及鎮江府、興化軍、臺徽州亦艱食皆令守臣及常平使者賑之。淮民饑流江南者數十萬人詔內郡移粟施惠安集之。

乾道元年春，行都、平江鎮江紹興府、湖常秀州大饑，殍徙者不可勝計，州縣爲糜食之。行都城外爲糜四十餘日，數萬人。是歲，台、明州、江東諸郡皆饑令賑之粟。夏，亡麥。二年夏，亡麥。三年九月，不雨，麥種不入。四年春，蜀邛綿劍漢州、石泉軍大饑，邛爲甚。盜延八郡，漢饑民至九萬人內出宸翰賜制置使汪應辰，講行荒政，賜僧牒四百助之。五年夏，饒、信州薦饑，民多流徙。徽州大饑，人食蕨、葛。台楚州、盱眙軍亦饑令郡守、部使者發廩移粟勸分。秋、冬不雨，淮郡麥種不入。六年冬，寧國府、廣德軍、太平溫湖秀池徽和州皆饑令漕江西、廣東粟以賑。七年秋，江東西、湖南十餘郡饑，江筠州、隆興府爲甚。人食草實，流徙淮甸發廩賑之，不給，詔立勸分賞格。內出左帑增賑饒州，出內帑收育棄孩。淮郡亦薦饑，金虜諜知，運麥於淮北岸易南岸銅鏹，斗錢八千。江西饑，民流光濠、安豐間，皆效淮人私糴，淮鏹爲耗。荊南亦艱食宣撫使下蜀粟以賑。八年，江西亡麥，隆興府薦饑，南昌、新建縣饑民仰給者二萬八千餘人先是去歲秋，詔淮、浙、江、湖諸路帥漕臣勸課二麥，官借種糧。九年春，成都、永康、邛三州饑。秋，台州饑發江西米數萬石以賑，溫、婺州亦饑令各郡賑粟，禁遏糴。是郡國告饑，詔盡發常平粟，截上供賦以賑，令帥漕臣申勸種麥。

淳熙元年，浙東、湖廣、廣西、江西、蜀關外皆饑，台、處、郴、桂、昭、賀尤甚令賑以常平義廩，江西一道至六十三萬斛。二年，淮東西、江東饑，滁真揚州、盱眙軍、建康府爲甚詔賑以常平米，弛賦，通商，貸種糧，勸布麥，立勸分賞格。是歲，鎮江寧國府、常州、廣德軍亦艱食皆賑之粟。三年，淮甸饑。夏，台州亡麥。冬，復施隨郢州、荊門軍、襄陽江陵德安府大饑。四年春，尤饑令發屯田粟二萬六千五百餘石以賑。六年冬，和州饑。泰通楚州、高郵軍大饑，人食草木皆賑之粟。七年，鎮江府、台州、無爲廣德軍民大饑令出常平米賑之。賑廣德軍至於越歲之春，弛兩歲帛賦。是歲，江、浙、荊、湘、淮郡皆饑皆蠲賦予粟，或一道至十四五萬石。八年春，江州饑，人採葛而食詔罷守臣章騂。冬，行都、寧國建康府、嚴婺太平州、廣德軍饑，徽、饒州流徙入淮郡者萬餘人令兩淮漕臣授田，江東帥、漕臣賑粟。十一月辛卯，內出庚牌下淮南勸種麥，遣使分行兩浙、江東、淮南路賑贍安集之，令江、浙、湖北行勸分賞格。己亥，浙東常平使者朱熹進對論荒政，請粟勸分及蠲田賦、身丁錢，上嘉納之。十二月戊申，詔江、浙、淮、湖北三十八郡並免之。九年春，大亡麥，行都饑，於潛、昌化縣人食草木出豐儲倉米萬石，令尹臣爲糜以食之，饑民之就食者一萬四千五百人，流民一千五百餘人。浙西湖州、浙東紹興府衢婺嚴明台州饑。徽州大饑，穜稑亦絕令常平使者賑恤之。湖北七郡薦饑令帥臣賑之。蜀潼、利、夔三路郡國十八皆饑，流徙者數千人令饟漕、守臣分賑之。十年，合、昌州薦饑令饟漕臣賑以緡粟。恭州饑民就賑相蹊死者三千餘人。十一年，泉汀漳州、興化軍亡禾。邕、賓、象州饑令帥臣賑粟貸種。十二年，福建饑，亡麥。江西、廣東西饑皆令帥臣賑粟。金州饑，有流徙者令郡賑之。十四年，金、洋、階、成、鳳、西和州人乏食令漕臣賑之粟。七月，秀州饑，有流徙者詔出粟二萬斛，令郡賑恤之。臨安府九縣饑令發廩二十萬石以賑。十六年夏，成州亡麥。冬，階、成、鳳、西和州薦饑令饟臣賑之。

乾道、淳熙間，上篤意民事，勸課農桑，宫中親蠶，後苑種稼藝麥，以騐歲功。間取民間繭麥觀之，或繭薄穗短，則歉然爲農婦不滿。修圩浚渠，廣勸種麥。遇水旱之變，則發廩予財蠲賦，已責移粟勸分，郡國殿最，視荒救爲陞黜。一時吏治篤厚，風俗趨本，奏對者多言農田水利。方守血食之神，非順成不加封爵。歲雖小儉，莫不疾呼於上，發粟往哺，競以民庸自見。故荒政靡歲不聞，然家給人足。行都米斗五六十錢，江淮、荊襄，粒米狼戾，蜀簩斤至十餘錢，民物阜樂，庶幾小康。夫豈一日之積哉！趙雄嘗奏，得南康守臣朱熹書言：『荒政之行，民戴上恩，兇年化爲樂歲。』上曰：『陳峴亦奏，蜀雨暘時，若民俗熙恬，農事天下大本，朕未嘗不念。邇來士大夫方知以農事爲重，以虛浮爲恥。』又曰：『朕不鬻爵以清入仕之源，惟以賑饑推官，乃爲民也。』。

紹熙二年，蘄州饑令郡賑粟萬石。夔路五郡饑，渝、涪爲甚令漕臣賑粟七萬石，殍者尚數千人。階、成、鳳、西和州亡麥。三年，資、榮州亡麥，普敘簡隆州、富順監皆大饑，亡麥，殍者甚衆；流民聚成都府至千餘人，威遠縣棄兒且六百人，爲糜以食，饑民八萬餘人，多不能活詔出緡粟賑之。揚州亦饑令出粟十萬石以賑。四年，簡、資、普州饑，綿州亡麥令漕臣均賑。夏，紹興府亡麥。安豐軍大亡麥。五年冬，亡麥苗，行都、淮、浙西東、江東郡國皆饑，常明州、寧國鎮江府、廬滁和州爲甚，人食草木詔出帑廩、鬻僧牒，益以漕計賑之。或一郡至五萬緡石，不給，航廣粟以續之。令憲、漕、常平使者所部勸分，免賦，通商，禁遏糴，收棄兒。

慶元元年春，常州饑，民之死徙者衆。楚州饑，人食糟粕。淮、浙流民多聚於行都上念郡國賑恤未至，詔部使者、守令謹行荒政，收哺遺幼，免臨安紹興慶元鎮江府、常湖秀州、江陰軍夏賦而賑之粟。三年，浙東郡國亡麥，台州大亡麥，民饑多殍。襄、蜀亦饑。四年秋，浙東西薦饑，多道殣。六年冬，常州大饑，仰哺者六十萬人。潤揚楚通泰州、建康府、江陰軍亦乏食皆令守令賑之。

嘉泰元年，浙西郡國薦饑，常州、鎮江嘉興府爲甚皆令常平使者賑之。二年，四川饑，廣安懷安軍、潼川府大亡麥出川緡八十萬令帥臣賑之。衡郴州、武岡桂陽軍乏食。三年春，邵、永州大饑，死徙者衆，民多剽盜令常平使者賑之粟。夏，行都艱食出豐儲倉米十萬石以賑。四年春，撫袁州、隆興府、臨江軍大饑，殍死者不可勝瘞，有舉家二十七人同赴溺者令郡發常平廩賑之，部使者益以緡粟。

開禧二年，紹興府、衢婺州亡麥。湖北、京西、淮東西郡國饑，民聚爲剽盜分命宣諭使賑恤。南康大安軍、忠涪州皆饑令部使者及守臣緡粟。

嘉定元年，淮南大饑，人食草木，流徙江、浙者百萬人。先是，開禧開邊，淮郡殘於兵火，農久失業，米斗二千，殍死者十三四，炮人肉、馬矢中以食。詔所至郡國賑恤歸業，時邦儲亦匱，郡計不支，去者多死，亦有爲濠、豐餘虜俘掠而北者。是歲，行都亦饑，米斗千錢詔發廩廣糴，賑糴勸分。二年春，兩淮、荊、襄、建康府大饑，米斗錢數千，人食草木。淮民封道殣食盡，發瘞胔繼之，人相搤噬；流徙之聚於揚州者數千家，渡江者聚建康，殍死日八九十人詔發廩賑施，皆十萬餘石，令州郡置粥院，爲糜以活之。是秋，諸路復大歉，常、潤尤甚。冬，行都大饑，殍者橫市，道多棄兒十二月甲戌，令發粟賑施，盡其月。三年春，建康府大饑，人相食。五月，衢州饑，頗聚爲剽盜守臣孫子直平之，勸分以賑。七年，台州大亡麥。八年，淮、浙、江東西饑，都昌縣饑民聚爲盜者三十六黨自秋至於明年夏，縣官出錢三百三十三萬緡、粟四百八十五萬石以賑。九年，行都饑，閭巷有殍令緡粟蠲逋。十年，台、衢、婺、饒、信州饑，多聚爲剽盜，臺爲甚。蜀石泉軍饑，殍死殆萬人皆令郡賑之。十一年秋，淮、浙、江東饑饉，無麥苗。十二年春，潼川府饑而不害。十三年春，福州饑，人食草根令郡賑之。十六年春，海州新附山東民饑令海州賑之，京東、河北路新附山西民亦饑令楚州賑之，粟皆萬石。湖南永、道州大饑令帥臣移粟以賑。是歲，行都、江淮閩浙郡國皆無麥禾。十七年春，餘杭、錢塘、仁和三縣饑令帥臣賑之，鎮江府饑，郡爲糜以賑者日千餘人，真、鄂州亦乏食令通商，勸分。

《遼史》卷一三《聖宗紀四》［統和十五年夏四月］壬寅，發義倉粟振南京諸縣民。

又卷五九《食貨志上》 聖宗乾亨五年詔曰：『五稼不登，開帑藏而代民稅；螟蝗為災，罷徭役以恤饑貧。』統和三年，帝嘗過藁城，見乙室奥隗部下婦人迪輦等黍過熟未穫，遣人助刈。太師韓德讓言，兵後逋民棄業，禾稼棲畝，募人穫之，以半給穫者。政事令室昉亦言，山西諸州給軍興，民力凋敝，田穀多躪於邊兵，請復今年租。六年，霜旱，災民饑，詔三司，舊以稅錢折粟，估價不實，其增以利民。又徙吉避寨居民三百戶于檀、順、薊三州，擇沃壤，給牛、種穀。十三年，詔諸道置義倉。歲秋，社民隨所穫，戶出粟庤倉，社司籍其目。歲儉，發以振民。十五年，詔免南京舊欠義倉粟，仍禁諸軍官非時畋牧妨農。開泰元年，詔曰：『朕惟百姓徭役煩重，則多給工價；年穀不登，發倉以貸；田園蕪廢者，則給牛、種以助之。』太平初幸燕，燕民以年豐進土產珍異。上禮高年，惠鰥寡，賜酺連日。九年，燕地饑，戶部副使王嘉請造船，募習海漕者，移遼東粟餉燕，議者稱道險不便而寢。

又　興宗即位，遣使閱諸道禾稼。是年，通括戶口，詔曰：『朕於早歲，習知稼穡。力辦者廣務耕耘，罕聞輸納；家食者全虧種植，多至流亡。宜通檢括，普遂均平。』禁諸職官不得擅造酒糜穀；有婚祭者，有司給文字始聽。

又　卷一〇五《王棠傳》　大康二年，遼東饑，民多死，請賑恤，從之。

《金史》卷六《世宗紀上》　［大定三年二月］庚午，上謂宰相曰：『灤州饑民，流散逐食，甚可矜恤。移於山西，富民贍濟，仍于道路計口給食。』壬申，詔撫諭陝西。

又　［大定十年正月］丙申，命賑南京屯田猛安被水災者。

又　卷七《世宗紀中》　［大定十二年］五月癸酉，上如百花川。甲戌，命賑山東東路胡剌溫猛安民饑。丁丑，次阻居。久旱而雨。戊寅，觀稼。禁扈從蹂踐民田。

又　［大定十七年］三月辛丑朔，宋、高麗、夏遣使來賀。辛亥，詔免河北、山東、陝西、河東、西京、遼東等十路去年被旱、蝗租稅。賑東京、婆速、曷速館三路。乙丑，尚書省奏，三路之粟，不能周給。上曰：『朕嘗語卿等，遇豐年即廣糴以備凶歉。卿等皆言天下倉廩盈溢。今欲賑濟，乃云不給。自古帝王皆以蓄積爲國家長計，朕之積粟，豈欲獨用之耶。今既不給，可於鄰道取之以濟。自今預備，當以爲常。』

又　卷八《世宗紀下》　［大定二十一年］上初聞薊、平、灤等州民乏食，命有司發粟糶之，貧不能糴或貸之。有司以貸貧民恐不能償，止貸有戶籍者。上至長春宮，聞之，更遣人閱實，賑貸。以監察御史石抹元禮、鄭達卿不糾舉，各笞四十，前所遣官皆論罪。甲子，太白晝見。乙丑，詔山後冒占官地十頃以上者皆籍入官，均給貧民。

又　卷一二《章宗紀四》　［泰和六年］明昌初，五斤嘗爲奉御，出使山東，至河間，以百姓飢，輒移提刑司開倉賑之，還具以聞。

又　卷一三《衛紹王紀》　［崇慶元年］十一月，賑河東南路、南京路、陝西東路、山東西路、衛州旱災。

又　至寧元年正月，賑河東陝西饑。

又　卷四六《食貨志一・戶口》　天輔五年，以境土既拓，而舊部多瘠鹵，將移其民于泰州，及遣皇弟昱及族子宗雄按視其地。昱等苴其土以進，言可種植，遂摘諸猛安謀克中民戶萬餘，使宗人婆盧火統之，屯種于泰州。婆盧火舊居阿注滸水，至是遷焉。其居寧江州者，遣拾得、查端、阿里徒歡、奚撻罕等四謀克，挈家屬耕具，徙于泰州，仍賜婆盧火耕牛五十。

又　太宗天會元年，以舊徙潤、隰等四州之民於瀋州之境，以新遷之戶艱苦不能自存，詔曰：『比聞民乏食至鬻子者，聽以丁力等者贖之。』又詔孛堇阿實賚曰：『先皇帝以同姓之人昔有自鬻及典質其身者，命官爲贖。今聞尚有未復者，其悉閱贖之。』又命以官粟贖上京路新遷置寧江州戶口貧而賣身者，六百餘人。二年，民有自鬻爲奴者，詔以丁力等者易之。三年，禁內外官及宗室毋得私役百姓，權勢家不得買貧民爲奴，其脅買者一人償十五人，詐買者一人償二人，罪皆杖百。七年，詔兵興以來，良人被略爲驅者，聽其父母妻子贖之。

又　熙宗皇統四年詔陝西、蒲、解、汝、蔡等州歲飢，百姓流落典雇爲驅者，官以絹贖爲良，丁男三疋，婦人幼小二疋。

又　明昌元年正月，上封事者言：『自古以農桑爲本，今商賈之外又有佛、老與他游食，浮費百倍。農歲不登，流殍相望，此末作傷農者多故也。』上乃下令，禁自披剃爲僧、道者。是歲，奏天下戶六百九十三萬九千，口四千五百四十四萬七千九百，而粟止五千二百二十六萬一千餘石，除官兵二年之費，餘驗口計之，口月食五斗，可爲四十四日之食。上曰：『蓄積不多，是力農者少故也。其集百官，議所以使民務本廣儲之道，以聞。』六月，奏北京等路所免二稅戶，凡一千七百餘戶，萬三千九百餘口，此後爲良爲驅，皆從已斷爲定。

又　章宗大定二十九年六月，命爲國信使之副者，免增物力。又命農民如有積粟，毋充物力。錢慳之郡，所納錢貨則許折粟帛。九月，以曹州河溢，遣馬百祿等推排遭墊溺州縣之貧乏者。明昌元年四月，刑部郎中路伯達等言，民地已納稅，又通定物力，比之浮財所出差役，是爲重併也。遂詳酌民地定物力，減十之二。尚書戶部言，中都等路被水，詔委官推排，比舊減錢五千六百餘貫。明昌三年八月，勅尚書省『百姓當豐稔之時不務積貯，一遇凶儉輒有阻飢，何法可使民重穀而多積也』。宰臣對曰：『二十九年，已詔農民能積粟免充物力。明昌初，命民之物力與地土通推者，亦減十分之二，此固其術也。』

又　卷五〇《食貨志五・入粟、鬻度牒》　熙宗皇統三年三月，陝西旱饑，詔許富民入粟補官。世宗大定元年，以兵興歲歉，下令聽民進納補官。

又募能濟饑民者，視其人數爲補官格。

又　明昌二年，勅山東、河北闕食之地，納粟補官有差。

又　承安二年，賣度牒、師號、寺觀額，復令人入粟補官。三年，西京饑，詔賣度牒以濟之。

又［貞祐］四年，河東行省胥鼎言：『河東兵多民少，倉空歲饑。竊見潞州元帥府雖設鬻爵恩例，然條目至少，未盡勸率之術。今擬凡補買正班，依格止廕一名，若願輸許增廕一名。僧道已具師號者，許補買本司官。職官願納粟或不願給俸及券糧者，宜量數遷加。三舉終場人年五十以上，四舉年四十五以上，並許入粟，該恩大小官及承應人。令譯史吏員，雖未係班，亦許進納遷官。其有品官應注諸司者，聽獻物借注丞簿。丞簿注縣令，差使免一差。掌軍官能自備芻糧者，依職官例遷官如舊。』

《宋史》卷三《太祖紀三》［開寶六年］丙申，曹州饑，漕太倉米二萬石振之。

又　卷五《太宗紀二》［端拱二年二月］以太倉粟貸京畿饑民。

又　卷八《真宗紀三》［天禧元年］二月庚午，詔振災，發州郡常平倉。

又［天禧四年］二月，帝不豫。癸未，遣使安撫淮南、江、浙、利州飢民。滑州決河塞。辛丑，發唐、鄧八州常平倉振貧民。

三月戊午，以淄州民飢貸牛糧。甲子，振蕃部粟。【略】己亥，振益、梓民飢。

又［天禧四年十月］甲辰，減水災州縣秋租。丙午，召皇子、宗室、近臣玉宸殿觀稻，賜宴。

又　卷一〇《仁宗紀二》　景祐元年春正月甲子，發江、淮漕米振京東飢民。丙寅，詔開封府界諸縣作糜粥以濟飢民，諸災傷州軍亦如之。戊辰，詔三司鑄景祐元寶錢。甲戌，詔執政大臣議兵農可更制者以聞。詔募民掘蝗種，給菽米。【略】甲申，淮南飢，出內藏絹二十萬代其民歲輸。丁亥，置崇政殿說書。庚寅，詔停淮南上供一年。

又［景祐元年二月］甲辰，權減江、淮漕米二百萬石。戊申，詔麟、府州振蕃漢飢民。

三月壬午，免諸路災傷州軍今年夏稅。

又　卷一二《仁宗紀四》［嘉祐四年］辛丑，御正殿，復常膳。以自冬雨雪不止，遣官分行京城，賜孤窮老疾錢，畿縣委令佐爲糜粥濟飢。

又　卷一五《神宗紀二》［元豐二年二月］乙丑，滄州饑，發倉粟振之。

又　卷三三《孝宗紀一》［隆興二年］以久雨，出內庫白金四十萬兩，糴米賑貧民。

又　卷三六《光宗紀》［紹熙二年］乙酉，詔以陰陽失時，雷雪交作，令侍從、臺諫、兩省、卿監、郎官、館職，各具時政闕失以聞。出米五萬石賑京城貧民。

又　卷四三《理宗紀三》［淳祐十年］冬十月丁酉，詔郡邑間有水患，其被災細民，隨處發義倉振之。

又　卷四四《理宗紀四》［開慶元年五月］丁巳，詔：湖北諸郡，去年旱潦飢疫，令江陵、常、澧、岳、壽諸州，發義倉米振糶，仍嚴戢吏弊，務令惠及細民。

又　卷四六《度宗紀》［咸淳六年冬十月］己卯，詔台州發義倉米四千石并發豐儲倉米三萬石，振遭水家。

又［咸淳六年冬十月］閏十月己酉，安吉州水，免公田租四萬四千八十石。戊午，詔：殿、步、馬諸軍貧乏陣沒孤遺者多，方此隆寒，其賜錢二十萬、米萬石振之。

十一月丁丑，嘉興、華亭兩縣水，免公田租五萬一千石，民田租四千八百一十石。

又［咸淳七年三月］乙酉，平江府饑，發官倉米六萬石，吉州饑，發和糴米十萬石，皆減直振糶。丙戌，詔減內外百司吏額。戊子，發米一萬石，往建德府濟糶。

又［咸淳七年六月］丙申，諸暨縣大雨、暴風、雷雹，發米振遭水家。瑞州民及流徙者飢乏食，發義倉米一萬八千石，減直振糶。

又［咸淳十年］三月己卯，免郡縣侵負義倉米七十四萬八千餘石。

又　卷九一《河渠志一·黄河上》　太祖乾德二年，遣使案行，將治古隄。議者以舊河不可卒復，力役且大，遂止；但詔民治遙隄，以禦衝注之患。其後赤河決東平之竹村，七州之地復罹水災。三年秋，大雨霖，開封府河決陽武，又孟州水漲，壞中潬橋梁，澶、鄆亦言河決，詔發州兵治之。四年八月，滑州河決，壞靈河縣大隄，詔殿前都指揮使韓重贇、馬步軍都軍頭王廷義等督士卒丁夫數萬人治之，被泛者蠲其秋租。

五年正月，帝以河堤屢決，分遣使行視，發畿甸丁夫繕治。自是歲以爲常，皆以正月首事，季春而畢。是月，詔開封大名府、鄆澶滑孟濮齊淄滄棣濱德博懷衛鄭等州長吏，並兼本州河隄使，蓋以謹力役而重水患也。

開寶四年十一月，河決澶淵，泛數州。官守不時上言，通判、司封郎中姚恕棄市，知州杜審肇坐免。五年正月，詔曰：『應緣黃、汴、清、御等河州縣，除準舊制種蓺桑棗外，委長吏課民別樹榆柳及土地所宜之木。仍案戶籍高下，定爲五等：第一等歲樹五十本，第二等以下遞減十本。民欲廣樹蓺者聽，其孤、寡、惸、獨者免。』是月，澶州修河卒賜以錢、鞵，役夫給以茶。三月，詔曰：『朕每念河渠潰決，頗爲民患，故署使職以總領焉，宜委官聯佐治其事。自今開封等十七州府，各置河堤判官一員，以本州通判充；如通判闕員，即以本州判官充。』

五月，河大決濮陽，又決陽武。詔發諸州兵及丁夫凡五萬人，遣潁州團練使曹翰護其役。翰辭，太祖謂曰：『霖雨不止，又聞河決。朕信宿以來，焚香上禱于天，若天災流行，願在朕躬，勿延于民也。』翰頓首對曰：『昔宋景公諸侯耳，一發善言，災星退舍。今陛下憂及兆庶，懇禱如是，固當上感天心，必不爲災。』

六月，下詔曰：『近者澶、濮等數州，霖雨荐降，洪河爲患。朕以屢經決溢，重困黎元，每閱前書，詳究經瀆。至若夏后所載，但言導河至海，隨山濬川，未聞力制湍流，廣營高岸。自戰國專利，堙塞故道，小以妨大，私而害公，九河之制遂隳，歷代之患弗弭。凡搢紳多士、草澤之倫，有素習河渠之書，深知疏導之策，若爲經久，可免重勞，並許詣闕上書，附驛條奏。朕當親覽，用其所長，勉副詢求，當示甄獎。』時東魯逸人田告者，纂《禹元經》十二篇，帝聞之，召至闕下，詢以治水之道，善其言，將授以官，以親老固辭歸養，從之。翰至河上，親督工徒，未幾，決河皆塞。

太宗太平興國二年秋七月，河決孟州之溫縣、鄭州之滎澤、澶州之頓丘，皆發緣河諸州丁夫塞之。又遣左衛大將軍李崇矩騎置自陝西至滄、棣，案行水勢。視隄岸之缺，亟繕治之；民被水災者，悉蠲其租。三年正月，命使十七人分治黃河隄，以備水患。滑州靈河縣河塞復決，命西上閤門使郭守文率卒塞之。七年，河大漲，蹙清河，凌鄆州，城將陷，塞其門，急奏以聞。詔殿前承旨劉吉馳往固之。

又 ［太平興國］九年春，滑州復言房村河決，帝曰：『近以河決韓村，發民治隄不成，安可重困吾民，當以諸軍代之。』乃發卒五萬，以侍衛步軍都指揮使田重進領其役，又命翰林學士宋白祭白馬津，沈以太牢加璧，未幾役成。

淳化二年三月，詔：『長吏以下及巡河主埽使臣，經度行視河堤，勿致壞隳，違者當寘于法。』四年十月，河決澶州，陷北城，壞廬舍七千餘區，詔發卒代民治之。是歲，巡河供奉官梁睿上言：『滑州土脈疏，岸善隤，每歲河決南岸，害民田。請於迎陽鑿渠引水，凡四十里，至黎陽合大河，以防暴漲。』帝許之。五年正月，滑州言新渠成，帝又案圖，命昭宣使羅州刺史杜彥鈞率兵夫，計功十七萬，鑿河開渠，自韓村埽至州西鐵狗廟，凡十五餘里，復合于河，以分水勢。

又 卷九二《河渠志二・黃河中》 十月，安石去位，吳充爲相。十年五月，滎澤河堤急，詔判都水監俞光往治之。是歲七月，河復溢衛州王供及汲縣上下埽、懷州黃沁、滑州韓村。己丑，遂大決於澶州曹村，澶淵北流斷絕，河道南徙，東匯于梁山、張澤濼，分爲二派，一合南清河入于淮，一合北清河入于海，凡灌郡縣四十五，而濮、齊、鄆、徐尤甚，壞田逾三十萬頃。遣使修閉。

八月，又決鄭州滎澤。於是文彥博言：『臣正月嘗奏：德州河底淤澱，泄水稽滯，上流必至壅遏。又河勢變移，四散漫流，兩岸俱被水患，若不預爲經制，必溢魏、博、恩、澶等州之境。而都水略無施設，止固護東流北岸而已。適累年河流低下，官吏希省費之賞，未嘗增修堤岸，大名諸埽，皆可憂虞。謂如曹村一埽，自熙寧八年至今三年，雖每計春料當培低怯，而有司未嘗如約，其埽兵又皆給他役，實在者十有七八。今者果大決溢，此非天災，實人力不至也。臣前論此，并乞審擇水官。今河朔、京東州縣，人被患者莫知其數，嗸嗸籲天，上軫聖念，而水官不能自訟，猶汲汲希賞。臣前論所陳，出於至誠，本圖補報，非敢激訐也。』

又 卷九三《河渠志三・汴河上》 太宗太平興國二年七月，開封府言：『汴水溢壞開封大寧堤，浸民田，害稼。』詔發懷、孟丁夫三千五百人塞之。三年正月，發軍士千人復汴口。六月，宋州言：『寧陵縣河溢，堤決。』詔發宋、亳丁夫四千五百人，分遣使臣護役。四年八月，又決于宋城縣，以本州諸縣人夫三千五百人塞之。

又 卷九六《河渠志六・東南諸水上》 重和元年二月，前發運副使柳庭俊言：『真揚楚泗、高郵運河堤岸，舊有斗門水牐等七十九座，限則水勢，常得其平，比多損壞。』詔檢計修復。六月，詔：『兩浙霖雨，積水多浸民田，平江尤甚，由未濬港浦故也。其復以趙霖爲提舉常平，措置救護民田，振恤人戶，毋令流移失所。』八月，詔加霖直秘閣。

又 ［宣和］三年二月，詔：『越之鑑湖，明之廣德湖，自措置爲田，下流堙塞，有妨灌溉，致失常賦，又多爲權勢所占，兩州被害，民以流徙。宜令陳亨伯究實，如租稅過重，即裁爲中制；應妨下流灌溉者，並弛以予民。』

又 卷一五八《選舉志四》 淳熙三年，詔罷鬻爵，除歉歲民願入粟賑饑，有裕於衆，聽補官，餘皆停。

又 卷二八四《陳堯佐傳》 天禧中，河決，起知滑州，造木龍以殺水怒，又築長堤，人呼爲『陳公堤』。初營永定陵，復徙京西轉運使，入爲三司戶部副使，徙度支，同修真宗實錄。不試中書，特擢知制誥兼史館修撰，知通進、銀臺司。進樞密直學士、知河南府，徙幷州。每汾水暴漲，州民輒憂擾，堯佐爲築堤，植柳數萬本，作柳溪，民賴其利。

又 卷三二一《鄭俠傳》 是時，自熙寧六年七月不雨，至于七年之三月，人無生意。東北流民，每風沙霾曀，扶攜塞道，羸瘠愁苦，身無完衣。並城民買麻籸麥麩，合米爲糜，或茹木實草根，至身被鎖械，而負瓦楬木，賣以償官，累累不絕。俠知安石不可諫，悉繪所見爲圖，奏疏詣閤門，不納。乃假稱密急，發馬遞上之銀臺司。其略云：『去年大蝗，秋冬亢旱，麥苗焦枯，五種不入，羣情懼死；方春斬伐，竭澤而漁，草木魚鼈，亦莫生遂。災患之來，莫之或禦。願陛下開倉廩，賑貧乏，取有司掊克不道之政，一切罷去。冀下召和氣，上應天心，延萬姓垂死之命。今臺諫充位，左右輔弼又皆貪猥近利，使夫抱道懷識之士，皆不欲與之言。陛下以爵祿名器，駕馭天下忠賢，而使人如此，甚非宗廟社稷之福也。竊聞南征北伐者，皆以其勝捷之勢、山川之形，爲圖來獻，料無一人以天下之民質妻鬻子，斬桑壞舍，流離逃散，遑遑不給之狀上聞者。臣謹以逐日所見，繪成一圖，但經眼目，已可涕泣。而況有甚於此者乎！如陛下行臣之言，十日不雨，即乞斬臣宣德門外，以正欺君之罪。』疏奏，神宗反覆觀圖，長吁數四，袖以入。是夕，寢不能寐。翌日，命開封體放免行錢，三司察市易，司農發常平倉，三衛具熙河所用兵，諸路上民物流散之故。青苗、免役權息追呼，方田、保甲並罷，凡十有八事。民間讙叫相賀。又下責躬詔求言。越三日，大雨，遠近沾洽。輔臣入賀，帝示以俠所進圖狀，且責之，皆再拜謝。

《元史》卷四《世祖紀一》 ［中統元年八月］癸亥，澤州、潞州旱，民饑，敕賑之。

又 ［中統元年］十一月戊子，發常平倉賑益都、濟南、濱棣饑民。

又 卷五《世祖紀二》 ［中統三年秋七月］癸酉，甘州饑，給銀以賑之。

又 ［中統三年閏九月］閏月甲申朔，沙、肅二州乏食，給米、鈔賑之。丁亥，立古北口驛。己丑，濟南民饑，免其賦稅。免諸路軍戶他徭。庚寅，敕京師順州至開平置六驛。辛卯，嚴忠範奏請補東平路廟學太常樂工，從之。敕武衛軍及黑軍會于京師。庚子，中翼千戶九住破宋兵于虎腦山。庚戌，發粟三十萬石賑濟南饑民。

又 卷六《世宗紀三》 ［至元二年］秋七月辛酉，益都大蝗饑，命減價糶官粟以賑。

又 ［至元六年］二月壬午，以立四道提刑按察司詔諭諸道。己丑，詔以新製蒙古字頒行天下。丙申，罷宣德府稅課所，以上都轉運司兼領。改河南、懷孟、順德三路稅課所爲轉運司。丁酉，簽民兵二萬赴襄陽。賑欠州人匠貧乏者米五千九百九十九石。敕：『鞍、靴、箭鏃等物，自今不得以黃金爲飾。』開元等路饑，減戶賦布二匹，秋稅減其半，水達達戶減青鼠二，其租稅被災者免徵。免單丁貧乏軍士一千九百餘戶爲民。癸卯，給河南行省鈔千錠犒軍。

三月甲寅，詔益都路簽軍萬人，人給鈔二十五貫。戊午，賑曹州饑。築堡鹿門山。

夏四月辛巳，製玉璽大小十紐。甲午，遣使祀岳瀆。大名等路饑，賑米十萬石。

五月丙午朔，東平路饑，賑米四萬一千三百餘石。辛酉，詔禁戍邊軍士牧踐屯田禾稼。

又 ［至元六年六月］丁亥，河南、河北、山東諸郡蝗。癸巳，敕：『真定等路旱蝗，其代輸築城役夫戶賦悉免之。』【略】東昌路饑，賑米二萬七千五百九十石。

又 卷九六《食貨志四・惠民藥局》 《周官》有醫師，掌醫之政令，凡邦有疾病疕瘍者造焉，則使醫分而治之，此民所以無夭折之患也。元立惠民藥局，官給鈔本，月營子錢，以備藥物，仍擇良醫主之，以療貧民，其深得《周官》設醫師之美意者與。

初，太宗九年，始於燕京等十路置局，以奉御田闊闊、太醫王璧、齊楫等爲局官，給銀五百錠爲規運之本。世祖中統二年，又命王祐開局。四年，復置局於上都，每中統鈔一百兩，收息錢一兩五錢。至元二十五年，以陷失官本，悉罷革之。至成宗大德三年，又準舊例，於各路置焉。凡局皆以各路正官提調，所設良醫，上路二名，下路府州各一名，其所給鈔本，亦驗民戶多寡以爲等差。今併著于後：

腹裏，三千七百八十錠。

河南行省，二百七十錠。

湖廣行省，一千一百五十錠。

遼陽行省，二百四十錠。

四川行省，二百四十錠。

陝西行省，二百四十錠。

江西行省，三百錠。

江浙行省，二千六百一十五錠。

雲南行省，真𧴩一萬千一五百索。

甘肅行省，一百錠。

又《賑恤・恩免之制》 世祖中統元年，量減絲料、包銀分數。二年，免西京、北京、燕京差發。是年二月，以真定、大名、河南、陝西、東平、益都、平陽等路，兵興之際，勞於轉輸，其差發減輕科取。三年，北京等路，以兵興供給繁重，免本歲絲料、包銀。是年閏九月，以濟南路遭李璮之亂，軍民皆饑，盡除差發。四年，以西涼民戶值渾都海、阿藍觧兒之亂，人民流散，免差稅三年。

至元元年，詔減明年包銀十分之三，全無業者十之七。是年四月，逃戶復業者，免差稅三年。三年，減中都包銀四分之一。十二年，蠲免包銀、絲線、俸鈔。是年八月，免河南路包銀三分之二，其餘路府亦免十之五。十九年，免諸路民戶明年包銀、俸鈔，及逃移戶差稅。二十年，免大都、平灤民戶絲線、俸鈔。二十二年，除民間包銀三年，不使帶納俸鈔，盡免大都軍民地稅。二十四年，免東京軍民絲線、包銀、俸鈔。是年九月，除北京馬五百匹。二十五年，免遼陽、武平等處差發。二十七年，減河間、保定、平灤三路絲線之半，大都全免。二十八年，詔免腹裏諸路包銀、俸鈔；其大都、上都、隆興、平灤、大同、太原、河間、保定、武平、遼陽十路絲線並除之。二十九年，免上都、隆興、平灤、保定、河間五路包銀、俸鈔。三十年，免大都差稅。三十一年，成宗即位，詔免天下差稅有差。是年六月，免腹裏軍、站、匠、船、鹽、鉄等戶稅糧，及江南夏稅之半。

元貞元年，除大都民戶絲線、包銀、稅糧。

大德元年，以改元免大都、上都、隆興民戶差稅三年。三年，詔免腹裏包銀、俸鈔，及江南夏稅十分之三。四年，詔免上都、大都、隆興明年絲銀稅糧，其數亦如之，江南租稅減十分之一。九年，又下寬免之令，以恤大都、上都、隆興、腹裏、江淮之民。十年，逃移民戶復業者，免差稅三年。十一年，武宗即位，詔免內外郡縣差稅有差。

至大二年，上尊號，詔免腹裏、江淮差稅。三年，又免大都、上都、中都秋稅，及民間差稅之負欠者。四年，免腹裏包銀及江南夏稅十分之三。是年四月，免大都、上都、中都差稅三年。

延祐元年，以改元免大都、上都差稅二年，其餘被災經賑者免一年，流民復業者免差稅三年。二年，免各路差稅、絲料。七年，免腹裏絲綿十分之五，外郡十分之三，江淮夏稅所免之數，與外郡絲綿同，民間逋欠差稅並除之。是年，免丁地稅糧、包銀、絲料各有差。

至治二年，寬恤軍民站戶。三年，免臨清萬戶府軍民船戶差稅三年，福建蜑戶差稅一年。

泰定三年，罷江淮以南包銀。

天曆元年，免諸路差稅、絲料有差，及海北鹽課三年。二年，免達達軍站之貧乏者及各路差稅有差。是年十月，免人民逋欠官錢，及奉元商稅，各處竈戶雜役。

至順元年，以改元免諸路差稅有差，減方物之貢，免河南府、懷慶路門攤、海北鹽課，存恤紅城兒屯田軍三年。

又《灾免之制》 世祖中統元年，以各處被災，驗實減免科差。三年，以蠻寇攻掠，免三叉沽竈戶一百六十五戶其年絲料、包銀。四年，以秋旱霜災，減大名等路稅糧。

至元三年，以東平等處蠶災，減其絲料。五年，以益都等路禾損，蠲其差稅。六年，以濟南、益都、懷孟、德州、淄萊、博州、曹州、真定、順德、河間、濟州、東平、恩州、南京等處桑蠶災傷，量免絲料。七年，南京、河南蝗旱，減差徭十分之六。十九年，減京師民戶科差之半。二十年，以水旱相仍，免江南稅糧十分之二。二十四年，免北京饑民差稅。是年，揚州及浙西水，其地稅在揚州者全免，浙西減二分。二十五年，南安等處被寇兵者，稅糧免徵。二十六年，紹興路水，免地稅十之三。是年六月，以禾稼不收，免遼陽差稅。二十七年，大都、遼陽被災，免其包銀、俸鈔。是年六月，以霖雨免河間等路絲料之半。十月，以興、松二州霜，免其地稅。二十八年，遼陽被災者，稅糧皆免徵，其餘量徵其半。是年五月，以太原去歲不登，杭州被水，其太原丁地稅糧，杭州地稅並除之。九月，又免州路所負歲糧。二十九年，以北京地震，量減歲課。是年，以大都去歲不登，流移者衆，免其稅糧及包銀、俸鈔。

元貞元年，以供給繁重及水傷禾稼，免咸平府邊民差稅。

大德三年，以旱蝗，除揚州、淮安兩路稅糧。五年，各路被災重者，其差稅並除之。六年，免大都、平灤差稅。七年，以內郡饑，荊湖、川蜀供給軍餉，其差稅減免各有差。八年，以平陽、太原地震，免差稅三年。

至大元年，以江南、江北水旱民饑，其科差、夏稅並免之。二年，以腹裏、江淮被災，其科差、夏稅亦並免之。

皇慶二年，免益都饑民貸糧。

延祐二年，河南、歸德、南陽、徐、邳、陳、蔡、許州、荊門、襄陽等處水，三年，肅州等處連歲被災，皆免其民戶稅糧。

天曆元年，陝西霜旱，免其科差一年；鹽官州海潮，免其秋糧夏稅。是年十二月，詔經寇盜剽掠州縣，免差稅一年。二年，以關陝旱，免差稅三年。至順元年，以河南、懷慶旱，其門攤課程及逋欠差稅皆免徵。

又 卷一五六《張弘範傳》 至元元年，弘略既入宿衛，帝召見，意其兄弟有可代守順天者，且念弘範有濟南之功，授順天路管民總管，佩金虎符。二年，移守大名。歲大水，漂沒廬舍，租稅無從出，弘範輒免之。朝廷罪其專擅，弘範請入見，進曰：『臣以爲朝廷儲小倉，不若儲之大倉。』帝曰：『何說也？』對曰：『今歲水潦不收，而必責民輸，倉庫雖實，而民死亡殆盡，明年租將安出？曷若活其民，使不致逃亡，則歲有恒收，非陛下大倉庫乎！』帝曰：『知體，其勿問。』

明 李賢《天順日録》 正統十四年間，上在位未嘗有失德事。當時王振擅權，致有土木之變。上既回鑾，入南城，天下人心向慕不衰。及景泰淫蕩無度，臣民失望，一聞上皇復位，無不歡忭鼓舞。及石亨、張軏輩竊弄威權，人又失望。有御史楊瑄自河間來者，言石亨家人霸占民田，上謂賢與徐有貞曰：『御史敢言如此，實為難得。』亨輩遂謂賢與有貞主使，不然御史安敢如此，遂於上前訴其迎駕奪門之功，且言賢等欲排陷之，悲哭不已。上不得已，依其所言，召言官劾賢與有貞，下之獄。是時，士大夫莫不驚懼，方喜上嘉御史敢言，以為朝廷清政可卜，不料如此。是日，忽雷雹大作，大風拔木，承天門災，京師震恐。翌日，即將賢等降除參政等官，人以為感召天變如此其速。亨輩之家，大木俱折，冰雹尤甚，皆恐懼不安，遂有此處置。不然賢等安得即出。上心亦知此輩之非，但以初復位，亨等又自以為功，日在前後左右，只得徇從。越二日，上曰：『近日主張行事皆是徐有貞一人，李賢在朕前未嘗有妄言，今與有貞同責，於心不堪。』即召吏部尚書王翱曰：『李賢不可放去，還欲用之。』遂轉吏部左侍郎。

又 景泰間，山東連歲災傷。天順初，人猶饑窘，已發內帑銀三萬兩賑濟，有司以為不敷，乞增之。上召有貞與賢曰：『可從否？』賢對曰：『可。』有貞怫然曰：『不可。不知其弊者以為可。臣常見發銀賑濟，小民何嘗沾惠？俱為里老書手得之。』賢曰：『雖有此弊，猶勝於無銀。』上曰：『增銀是也。』吉祥亦曰：『朝廷錢財如山，不必吝惜。』有貞不得已從之，遂增銀四萬兩。有貞退而不樂，賢曰：『先生誤矣！朝廷欲出內帑濟饑民，而我輩反沮之，萬一迫而為盜，責將誰歸？』蓋其初不論可否，惟欲事事出於己，古之人惟其事之當而從之，不必出于己也。後上亦覺有貞之非，嘗曰：『如增銀濟民一事，有貞不然先生之言，其謬如此。』

又 大抵正統數年，天下休息，皆張太后之力，人謂女中堯、舜，信然。且政在臺閣，委用三楊，非太后不能。正統初，有詔：『凡事白於太后然後行。』太后命付閣下議決，太監王振雖欲專而不敢也。每數日，太后必遣中官入閣，問連日曾有何事來商榷。即以帖開某日中官某以幾事來議，如此施行。太后乃以所白驗之，或王振自斷不付閣下議者，必召振責之。由是，終太后之世，振不敢專政。初，宣廟崩，太后即命將宫中一切玩好之物、不急之務悉皆罷去，革中官不差。然蝗虫水旱訖無虚歲，或者天使民多難而不欲其安樂也。

明 楊士奇《三朝聖諭録》卷三《宣德》 宣德五年二月十九日，上御南齋宫，召士奇諭曰：『吾欲下一寬恤之令，今獨與爾商之。然吾未能悉知，爾當效助益。』遂命内侍具楮筆。上曰：『免災傷税糧當是首事。聞民間虧欠畜馬騾驢，所司追償甚迫，民計無出，亦甚艱難，部官坐視而不言。』對曰：『陛下聖念及此，生民之幸。各部惟知督責下民以供公家，而不顧民心之離，故一切民瘼蔽不以聞。今所當寬恤者，殆非此兩事。』上曰：『汝所知者具言之。』對曰：『百姓積年負欠薪芻及採辦買辦之物，所司責償甚急，皆當寬貸。各處官田起科不一，而租額皆重，細民困乏，郡縣以聞，蘇州尤甚。户部固執，悉不與除豁，細民多有委棄逃徙者，此當量與減除。部符下郡縣採辦買辦諸物，但一概派徵，更無分別出産與否，非出産處百姓數十倍價買納。此請戒約該部，今後凡物只派産有之處，不許一概均派苦民。年來刑獄冤濫者多，感召旱澇恐由于此，請戒飭法司，敦用平恕，務求情實。今工匠之弊尤多，四方遠近，每户不問幾丁，悉徵在京，役於公者什不一二，餘皆為所管之人私役，不得營生，嗟怨溢路。此請命官巡察究治及分豁户丁之半，放回單丁者，免老病，無餘丁者除籍。又有平民本非業匠，為怨家誣引者，當審實除豁。南方運糧至此，人力甚艱，而倉廪無關防，奸人盗竊，動輒數萬，前者就執，後者復繼，恬無警畏，此請命風憲關防巡察。』上嘆曰：『朝廷任六卿，但知苛責下民，而不能察奸清弊，有愧厚禄矣。爾所陳有益于朕，有益于民，此皆應行。』命即草敕，明旦頒下，遂令尚膳賜饌。敕諭既下，上聞眾心悦戴，召臣士奇賜鈔三千緡、文綺二端及羊酒，臣叩首受賜。上笑曰：『薄用潤筆耳。』

明 陸容《菽園雜記》卷五 蘇州自漢歷唐，其賦皆輕，宋元豐間，為斛者止三十四萬九千有奇。元雖互有增損，亦不相遠。至我朝止增崇明一縣耳，其賦加至二百六十二萬五千九百三十五石。地非加闢于前，穀非倍收于昔，特以國初籍入偽吴張士誠義兵頭目之田，及撥賜功臣，與夫豪强兼併没入者，悉依租科税。故官田每畝九斗、八斗、七斗之額。此吴民世受其患也。洪武間運糧不遠，故耗輕易舉。永樂中，建都北平，漕運轉輪，始倍其耗。由是民不堪命，逋負死亡者多矣。宣宗明燭是弊，詔官田減税三分。時格於國用不足之議，事遂不行。郡守況鍾抗章上請，得遵優旨。共減税糧七十二萬餘石。又得巡撫周文襄公存恤，惠養二十餘年，歲豐人和，可謂小康。自後水旱相仍，無歲無之，加以運漕虧折，賠貱不貲，民復困瘁。況沿江傍湖圍分，時多積水，數年不耕不穫，而小民破家鬻子，歲償官税者，類皆重額之田。此吴民積久之患也。

又 卷八 成化初，江、淮大饑，都御史林公聰以便宜之命賑濟，駐節揚州，令某御史借糧十萬石於蘇州府。知府林公一鶚以蘇為兩浙衿喉，江、淮衝要，萬一地方不靖，城困日久，無糧何足以守？不許。御史乃借之松江而去。人以一鶚知大體云。

《明史》卷三《太祖紀三》 〔洪武二十六年〕夏四月乙亥，孝感饑，遣使乘傳發倉貸之。詔自今遇歲饑，先貸後聞，著爲令。

又 卷七《成祖紀三》 〔永樂十六年〕秋七月己巳，敕責陝西諸司：『比聞所屬歲屢不登，致民流莩，有司坐視不恤，又不以聞，其咎安在。其速發倉儲振之。』

又 卷九《宣宗紀》 〔宣德五年二月〕癸巳，頒寬卹之令：省災傷，寬馬政，免逋欠薪芻，招流民賜復一年，罷採買，減官田舊科十之三，卹工匠，禁司倉官包納，戒法司慎刑獄。乙未，奉皇太后謁陵。三月戊申，道見耕者，下馬問農事，取耒三推，顧侍臣曰：『朕三推已不勝勞，況吾民終歲勤動乎。』命賜所過農民鈔。己酉，還宫。辛亥，李琦還，黎利稱陳氏無後，上表請封。丙辰，免山西去歲被災田租。

又 〔宣德五年〕六月己卯，遣官捕近畿蝗，諭户部曰：『往年捕蝗之使害民不減於蝗，宜知此弊。』因作捕蝗詩示之。

又 〔宣德九年冬十月〕丁卯，兩畿、浙江、湖廣、江西饑，以應運南京及臨清倉粟振濟。

又 卷一〇《英宗前紀》 〔正統十年〕夏四月甲辰朔，日有食之。庚申，詔所在有司飼逃民復業及流移就食者。六月乙丑，振陝西饑，免田租三之二。秋七月乙未，減糴河南、懷慶倉粟，濟山、陝饑。八月癸丑，免湖廣旱災秋糧。丙辰，免蘇、松、嘉、湖十四府州水災秋糧。

又 卷一一《景帝紀》 〔景泰四年二月〕庚戌，免江西去年被災秋糧。三月戊寅，開建寧銀場。

夏四月戊子，築沙灣決口。運南京倉粟振徐州。五月丁巳，發徐、淮倉振饑民。己巳，王文起復。甲戌，徐州復大水，民益饑。發支運及鹽課糧振之。丁丑，發淮安倉振鳳陽。乙酉，沙灣河復決。

又 秋七月庚辰，停諸不急工役。八月己丑，振河南饑。

又 冬十月庚寅，詔天下鎮守、巡撫官督課農桑。甲午，諭德徐有貞爲左僉都御史治沙灣決河。戊戌，也先遣使來。十一月辛未，皇太子見濟薨。十二月乙未，免山東被災稅糧。乙巳，賚邊軍。

又 卷一四《憲宗紀二》 ［成化］十七年春正月丙戌，大祀天地於南郊。二月壬戌，覈天下庫藏出納之數。是月，免浙江、山西被災稅糧。

又 ［成化十七年］夏四月庚申，以久旱風霾敕羣臣修省。

又 ［成化十七年］秋七月甲戌，免南畿被災秋糧。

又 ［成化十七年］冬十月壬戌，振河南饑。十一月戊子，取太倉銀三分之一入內庫。

又 ［成化十八年夏四月］甲子，免山西被災夏稅。五月，免山東、南畿被災稅糧。

又 秋八月癸丑，遣使振畿內、山東饑。辛酉，免河南被災稅糧。

又 卷一五《孝宗紀》 ［弘治三年］二月壬辰，免河南被災秋糧。甲午，戶部請免南畿、湖廣稅糧。上曰：『凶歲義當損上益下。必欲取盈，如病民何。』悉從之。

又 卷二〇《神宗紀一》 ［萬曆十六年］夏四月，振江北、大名、開封諸府饑。五月，四川建昌番作亂，討平之。乙巳，以軍儲倉火及各省災傷，敕內外官修省。六月庚申，京師地震。甲子，以災傷停減蘇、杭織造。秋七月乙卯，免山東被災夏稅。

又 卷二一《神宗紀二》 ［萬曆二十七年］十一月己酉，免河南被災田租。癸酉，振畿輔及鳳陽等處饑。

又 卷二八《五行志一》 洪武元年六月戊辰，江西永新州大風雨，蛟出，江水入城，高八尺，人多溺死。事聞，使賑之。

又 卷三〇《五行志三》 ［永樂］十八年，青、萊二府大饑。時皇太子赴北京，過鄒縣，命亟發官粟以賑。

《宋會要輯稿·食貨六八·賑貸上》 太祖建隆元年正月，命使往諸州賑貸。《宋史·太祖紀》：建隆元年三月丙辰，宿州火，遣使恤災。建隆元年夏四月，遣使分詣京城門，賜饑民粥。十一月，振揚州城中民，人米一斛，十歲以下者半之。

建隆二年三月，以金、商、延州鼠食田苗，民饑，遣使賑之。

十一月，詔：『濠、楚民乏食，令長吏開倉賑貸。』

三年正月，以揚、舒、滁、和、廬、壽、光、黃、濠、泗、楚、海、通、泰等十四州民乏食，令逐路長吏開倉賑給之。

三月，賜沂州民種糧。

六月，詔宿州發廩賑饑民。《太祖本紀》：十二月，蒲、晉、慈、隰、相、衛六州饑，詔所在發廩賑之。四年二月，命使臣往澶、滑、衛、魏、晉、絳、蒲、孟等州發廩賑饑民。

乾德二年二月，陝州言民饑，遣給事中劉載往賑之。

四月，詔延州貸粟五千石，濟麟州饑民。又靈武言饑殍者甚衆，命以涇州官廩穀三萬石賑之。

四年三月，淮南諸郡言江南饑民數千人來歸。詔所在長吏發廩賑之。

六年正月，詔陝州集津鎮、絳州垣曲縣、懷州武陟縣民饑，發廩賑之。

開寶四年二月，詔諸道賑貸，借人戶義倉斛斗。

是月，平劉鋹，詔：『廣南管內州縣應鄉村不接濟人戶、闕少糧食者，委本州官吏取逐縣委實戶數，於省倉內量行賑貸。候豐稔日，令只納元數。』

六年二月，曹州言民饑。詔運太倉米二萬石往賑之。

七年正月，詔通事舍人杜繼儒赴揚、楚等州開倉賑貸楚。

六月，詔河中府發廩粟三萬石賑饑民。

太宗太平興國二年四月，詔延州以倉粟二萬斛貸與貧民。歲饑乏食故也。

六月，知秦州張炳言：『部民艱食，臣已矯詔開倉救急，願以抵罪。』詔釋之。

八年三月，同州言歲饑，發倉粟四萬石賑之。

雍熙二年四月，以江南數州去秋微旱，民頗艱食，遣監察御史安國祥、太常丞馮拯、榮見素、左贊善大夫馬得一、王茂之、張茂才、樊素、著作佐郎宋鎬、張維嵩、張濤，分往虔、吉、洪、撫、饒、信等州，與長吏度人戶闕食者賑貸。仍將廩穀減價出糶，並訪察州縣官吏爲政善惡、民間利病以聞。

三年八月，劍州言穀貴，詔遣使以官粟賑饑民。

五年正月，成都府言：『部內比歲不稔，穀價翔貴，請發公廩賑糶，以濟貧民。』從之。

端拱二年八月，乾寧軍言民饑。詔以官粟二萬石賑之。

淳化元年二月九日，京東轉運使何士宗言：『登州歲饑，文登、牟平兩縣民四百一十九人餓死。』詔遣使發倉粟賑貸，死者官爲藏瘞，以錢五百千分給之。其逐州官吏不早具奏，仍劾罪以聞。

二十六日，河北轉運使樊知古言深、冀州民饑。詔遣殿直成庭玉馳傳發倉粟貸之，人五斗。

是月，登州再言文登縣民二千六百六十二人饑死，詔悉令賑卹。

七月，河南府言洛陽等八縣民饑，詔發倉粟賑之，人五斗。又以京師米貴，遣使臣開倉減價分糶，以賑饑民。

二年正月，詔：『永興、鳳翔、同、華、陝等州歲旱，民多流亡，宜令長吏許法招攜。有復業者，以官倉粟貸之，人五斗，仍給復二年。』以上《永乐大典》卷二〇八九八

四月，詔：『嶺南管内諸州官倉米，先是每歲糶之，斗爲錢四五，無所直。自今勿復糶，以防水旱饑饉，賑貸與民。』

三年二月，汝州言歲飢，詔以官倉米貸之，人三斗。

四年二月，懷州言：『去年穀不登，民無稾秸以食牛，牛多死。』詔本州官草留三年準備外，餘悉貸之。

十二月，詔：『民被水潦之患，饑饉者衆，令開倉減價糶。貧窮、乞丐者，爲淖糜以賜之。』

五年正月十六日，命直史館陳堯叟、趙況、曾會、王綸等並内臣四人，往宋、亳、陳、潁等州，出粟以貸饑民，每州五千石及萬石，仍更不理納。

二十一日，詔：『諸道州府被水潦處，富民能出粟以貸飢民者，以名聞，當酬以爵秩。』

至道元年二月六日，遣將作監丞榮宗範馳往漳、泉州、興化軍賑貸貧民。以去年旱，艱食故也。

十七日，亳州、房州、光化軍言歲飢，民乏食。詔遣使者分往，發倉粟貸之，人五斗。

三月，詔以官倉豆數十萬石貸京畿及内郡民爲種。有司言：『請量留以供國馬。』帝曰：『甘雨沾洽，土膏初起，民無種不能盡地利，但竭廩以給之，至秋有百倍之獲倍，國馬食以芻稾可矣。』

真宗咸平元年九月，詔兩浙路留諸州運米以濟飢民。

十月，詔兩浙轉運使察管内七州乏食處，賑貸訖以聞。

二年正月，江南兩浙制置鹽茶王子輿言：『兩浙諸州經旱，民戶未至飢殍，賑貸斛㪷亦皆有備。』帝覽奏，因詔郡縣長吏常功體量，如稍有飢民，晝時支與口食，無令失所。

三月，遣度支郎中裴莊、内殿崇班閤門祇候史睿、祕書丞李防、供奉官閤門祇候杜睿，分往河南、兩浙諸州，發倉廩，廣爲賑卹飢民。

閏三月，筠州請發廩賑貸，從之。

四月，兩浙轉運司言：『先撥常、潤州廩米五萬石賑貧民，尚未足，請更給五萬石。』從之。

七月，度支判官陳堯叟廣南使還，言西路諸州旱。命國子博士彭文寶往權轉運司事，賑飢民。

十月，以兩浙、荆湖旱，命庫部員外郎成肅、比部員外郎劉照、太常博士李通微、閤門祇候李成象往體量賑恤。

十一月，兩浙轉運司請出常、潤州廩米十萬石賑糶，從之。

四年閏十二月，命左司諫知制誥梁顥、供備庫副使潘惟吉往河北東路，禮部郎中知制誥薛映、西京左藏庫使李漢贇往河北路，發倉廩賑饑民。帝召宰臣，以河北諸州物價示之，其中陳豆、紅粟斗不下百錢，又出麻滓、蓬實，曰：『民已食此矣，速當拯濟。』故命顥等焉。

五年二月，遣中使詣雄、霸、瀛、莫、深、滄州、乾宁軍，爲粥以賑飢民。

六年二月，遣朝臣、使臣分往京東西、淮南水災州軍賑恤貧民，疎理刑獄。

景德元年二月，陳、蔡、沂、密等州言民飢，命太常丞梁象、祕書丞李通乘傳發粟以賑之。

九月，鄂州言民飢，詔開倉減價出糶以救之。

二年正月六日，詔河北轉運司、副使分詣管内諸州軍，按視飢民，賑給之，口一斛、戶五斛爲限。帝以戎寇之後，居民失業，慮其飢饉流離，故有是命。

八日，令蘄、黄州賑卹饑民。

十七日，令淮南諸州以上供軍儲賑飢民。

二十六日，命常參官二人分往荆湖北路、淮南諸州出官粟作糜粥，以養

飢民。仍令擇幕職、使臣強幹者專司其事，長吏常按視之。每十日具所賦廪粥之數以聞。自是，全活者甚眾。

二十九日，河北轉運使盧琰言，天雄軍見管米麫萬九千五百餘斤，澶州四萬二千二百餘斤。詔給兩處飢民。

二月二日，京西轉運司言：『襄、許、陳、蔡等州民飢，請減價糶倉粟賑救。』從之。

十日，命太常丞艾仲孺乘傳詣澶州，以陳粟四萬石分賑飢民。

三月，大名府飢，命轉運司發廪賑救。

四月八日，命鄂州發惠民倉粟賑飢民。

十六日，以京師穀貴，出倉粟減價出糶，以惠貧民。

二十八日，潭州言茶園乏食，請賑以官米。從之。

十一月，詔於京城出倉粟減價出糶。以汴流阻淺，運舟不至，谷價騰貴故也。

三年正月六日，遣著作佐郎劉昱往開封府諸縣，與令佐等於近便出廪米賑救災傷之民，家給兩碩，仍貸與種糧。

十四日，又遣太常博士王汝勵、殿中丞李道、太子中允嚴登、耿說、著作佐郎張士遜、陳從易等，馳傳分往尉氏、陳留、襄邑、雍丘、太康、咸平等縣，發廪賑貧民及貸種糧。

十七日，令京西轉運司出倉粟米賑貧民，仍命著作佐郎周儀馳傳詣汝州賑貸。

十八日，詔京西轉運司體量轄下州軍，民有不能自給者，時分遣職官徑往逐處，出廪粟賑貸。

二十五日，遣殿中丞王穆、太子中允朱友直、太子洗馬盧昭，分往封丘、酸棗、長垣等縣，發廪貸貧民，仍給種糧。

二十六日，詔京東轉運司：『應齊、淄、青、濰、登、萊等州人戶有闕食者，依近降勅命，於封樁倉分支遣賑貸，不得差民轉般。如近西州軍，即委三司自京津置往彼支遣。屯田郎中楊覃馳往河北，與轉運使體量澶、濱、棣、德、博等州民，如有闕食處，即出廪粟賑貸。』

三月，詔：『開封府、京東西、淮南、河北州軍縣人戶闕食處已行賑貸，其客戶，宜令依主戶例量口數賑貸。孤老及病疾不能自存者，本府及逐路轉運使、副并差去臣僚，同共體量，出省倉米救濟。仍便告示，更不收理。』

四月，侍御史知雜王濟言：『伏覩國初嘗置義倉，以備賑濟。今義倉已廢，每州郡小有水旱，朝廷即詔出太倉粟借貸農民，及稔歲，復多蠲放。慮有損軍食，今後如有賑貸，望本縣置簿，以時理納，庶獲兼濟。』從之。

四年六月，詔河北轉運司：『如聞雄州、安肅、廣信軍人頗艱食，宜以倉米萬斛減價出糶以濟之。』

大中祥符元年正月，陝西轉運黃觀言慶州麥粟踴貴，詔出官米萬斛減價糶之。

四月，府州言民飢，命賑之。

六月，環、慶民飢，發廪粟賤糶以濟之。

二年二月，詔賑同、華等州民，去歲逋稅悉蠲之。

四月，詔：『陝西州軍民闕糧糗者，發廪賑之。』

五月，詔西京出廪粟，賤糶以惠貧民。

六月五日，令韶州出廪粟賑糶，以濟貧民。

十二日，令慈州出廪粟賑鄜民。

十一月，知鄧州、右司諫、直史館張知白言：『陝西流民相續入境，有欲還本貫而無路糧者，臣諭勸豪民出粟數千斛，計口給半月之糧。凡就路者，總二千三百家、萬二百餘口，其支貸有餘者，悉給貧老之人，仍葬其死人。』詔獎之。

三年三月，詔：『戎、瀘州民艱食者，賑之，仍給復一年。』

八月，詔淮南諸州發廪米賑貸及賤糶，以濟貧民。

四年四月四日，以登、萊州艱食，令江淮轉運司雇客船轉粟賑之。

十六日，同、華州飢，民有鬻子者。遣太常博士舒賁馳驛存撫賑濟之。

五月，京兆府旱。詔賑之。

六月，劍、利、閬、集、壁、巴等州饑。詔賑之。

十二月十一日，江淮發運使邵曄言：『淮南路准詔賑貸及減價出糶，計廪粟三十萬石。』

十六日，京城穀貴，詔發惠民倉粟，賤糶以濟之。

五年正月，詔河陽出廪米萬斛，減直給糶，以惠貧民。

二月，詔：『京西諸州軍昨以穀貴，雖已減價出糶，尚慮民有闕食者，宜令轉運司諭轄下州軍，委實有飢民之處，多方勸誘蓄積之家，除留支用外，將餘剩斛㪷分散救濟。仍差公幹官量口數監散。內有願減半價出糶者，亦聽，並當等第酬奬，無令減剋邀難及接便煩擾。」

五月，詔江淮南發運司留上供米二百萬斛，以備賑糶。

十月十日，詔：「如聞建安軍等處自秋霖雨，頗妨農事，宜委轉運、發運使體量賑卹。」

十二月六日，令三司出炭四十萬秤，減市價之半以濟貧民。時連日大雪苦寒，京城鬻炭者每秤錢二百，故有是命。仍遣使臣十六人分置場，以內供奉官二人提總之。自是小民奔湊，至有踐死者，乃命都巡檢張旻遣軍校領徒巡護，賜死者家緡錢；無親族者，官爲埋瘞。仍令三司常貯炭五七十萬秤，如常平倉之制，遇價貴則賤出之。

二十二日，泗州飢，官給米十萬石以賑之。

六年四月十九日，詔：「如聞淮南諸州罷糜粥之賜，尚慮貧民未濟，可令依舊，俟其足食乃止。」

七年二月，泰州、淮陽軍言民飢。詔發官粟賑之。

三月，儀州言民飢。詔發官粟賑之。

十月，淮南飢。詔本路轉運、發運使發廩賑卹。

八年二月，令淮南路發廩粟爲糜粥，以濟飢民。

八月，詔京兆府、河中府、陝、同、華、虢州，以麥種借之貧民。

九年二月十六日，詔陝西州軍減價糶粟，以賑貧乏。令本路都轉運使李迪提舉。

二十二日，上封者言：「延州蕃部闕食，正當農時，望發鄜州廩米貸借。」從之。

六月，令廣州出廩米萬石，選官出糶，以濟居民。穀貴故也。

八月，令江淮發運司歲留上供斛㪷五十萬石，以備賑濟。

九月，詔：「如聞廣南東、西路物價稍貴，宜令轉運司、提點刑獄官分路撫卹，發官廩減價賑糶。」

十二月，詔：「江南、淮南諸州軍穀價稍貴，人民闕食。其無常平倉處，令本路轉運司以省倉斛斗，除留準備外，接續出糶，即不得糶與興販及形勢之家。違者，重寘之法。」

天禧元年三月八日，衛州民飢，命發倉廩粟萬石貸之。

十八日，兩浙提點刑獄鍾離瑾言：「衢、潤二州闕食，官許糜粥，民競赴之。有妨農事，請下轉運司量賑米二萬石，家不得過一斗。」從之。

二十五日，詔：「諸州官吏如能勸誘蓄積之民以廩粟賑卹飢乏，許書歷爲課。」

四月四日，詔：「河北大名府、磁、相、澶州、通利軍，兩浙越、睦、處州，去秋災傷，民多闕食。令轉運司運米賑濟之。」

十一日，以趙州民飢，出廩粟萬碩賑之。

二十八日，江淮兩浙制置發運使李溥言：「江、淮去歲乏食，有富民出私廩十六萬石糶施飢民。」

五月二十四日，殿中侍御史張廓言：「奉詔京東安撫。民有儲蓄糧斛者，欲勸誘舉放，以濟貧民，俟秋成，依鄉例償之；如有欠負，官爲理償。」從之。

八月六日，知并州周起言：「河北民逐熟至州境者，州民施飯一月。」詔奬起，仍令召出米人宴犒之。起又請發廩粟萬石減價出糶，以濟飢民。從之。

二十五日，詔：「河北州軍今年夏麥不豐，民乏種糧者，官貸之。」

九月十五日，詔：「京東西、陝西、河北災傷州軍民闕麥種者，發官廩貸之。」

十六日，詔：「河東流民有復業者，發倉粟賑之。」

十二月，遣使臣置場，減價鬻官炭十萬秤。以寒故也。

二年正月八日，詔江、淮運米十萬斛付京東，及令河北轉運使出廩賑糶。以兩路粟貴故也。

二十二日，青州請以官廩粟豆二千斛許粥、米萬斛減價出糶，以惠貧民。從之。

二十五日，詔：「諸路災傷州軍並許粥、賤糶，以惠貧民。」

二月，京西轉運司言管內貧民甚多，無以賑濟，望發絳州粟十萬斛赴白波出糶。從之。

三月，知虢州查道言：「春雨滋洽，麥苗尤盛，民間多乏種糧，州倉麥除留贍用外，餘四千石望以賑貸。」從之。

十月，同、耀州飢民多流亡。詔轉運司賑之。

四年正月，令利州路轉運司賑貸貧民，以旱故也。

二月一日，以淮南、江、浙穀貴民飢，命都官員外郎韓億、閤門祗候王君訥乘傳安撫，發常平倉粟，減直出糶以賑之。民有以糧儲濟衆者，第加恩獎；其乏食持仗盜糧者，並減等論罪。

是月，詔曹、濮、鄆、單、徐州、淮陽軍賑貸民。以河決爲害故也。

三月一日，令淄州以粟貸州民飼牛。

七日，令府州賑貸蕃部。以去歲旱故也。

五月，令永興、鳳翔減價糶糧，以濟階、成、秦、鳳州流民。

六月，太常少卿、直史館陳靖言：『朝廷每遇水旱不稔之歲，望遣使安撫，許法招攜富民納粟，以助賑貸。』從之。

乾興元年二月八日，蘇、湖、秀州雨，壞民田，穀貴人飢，命出倉粟賑貸之。

十一日，徐州民飢，詔發廩粟賑貸。

仁宗天聖三年三月，京西轉運使張意言：『襄、潁、許、汝等州經水，損惡斛斗八萬餘石，不堪支遣，請分給闕食之民。』從之。

四年十二月，詔：『請處州軍經春有斛斗價高處，慮人戶失所，宜令京東、京西、河北、淮南轉運司選官，將本處常平倉斛斗減價出糶。或無常平倉處，即以省倉斛鬥除留準備外，出糶以濟貧民。』

六年三月，成德軍言：『元氏縣民飢，請支借斛斗。』從之。

五月，河北路體量安撫王沿言：『保州、永定軍百姓艱食，已令逐處發倉廩各萬石減價出糶。自邢、趙、真定府等處，各令支借種糧與歸業人戶，並與倚閣今年夏秋稅賦，及令逐處倍功安卹。』從之。

七年五月六日，中書門下言：『戶房申：訪聞災傷路分募人工役，多不預先將合用人數告示，以致飢民聚集，卻無合興工役。欲乞下司農寺，令逐路有合興工役，並依所計工數曉示，逐旋入役，免致飢民過有聚集，以致失所。』

九年二月五日，河北西路提刑司言：『邢、懷州連年災傷，若令應副十分春夫，必難勝任。欲乞特賜免放一半。』從之。

十月十二日，中書門下言：『廣東經畧、轉運使等言，潮州海陽、潮陽兩縣人戶被海潮漲，推蕩屋舍、田苗，死失人口。乞令本路提刑司躬親前去，依條存恤。』從之。

治平四年神宗即位，未改元。六月十八日，詔：『在京永泰、景陽、通天、安肅四門，此月十七日給河北流民米，止六月終。仍曉諭以河北近得雨，令歸本貫。其不願歸，勿彊之。仍曉令河北轉運司，應災傷州軍縣分，依此曉告，倍功安存。臣僚上言，河北訛傳京師散流民米，恐未流移者因茲誘引，皆來入京。故約束之。

神宗熙寧元年七月，詔：『恩、冀州河決水災，令省倉賜粟。』詳見『恤災』門。

二年四月，降空名祠部五百道付兩浙轉運司，令分賜本路曾經水災及民田薄收州軍，相度災傷輕重，均其多寡，召人納米或錢，以備賑濟。

七月十八日，詔：『水災州軍，令本路轉運使、判官、提點刑獄分往被災處照恤。貧民闕食者，支廣惠倉斛斗賑濟；如不足，量支省倉物。仍於人戶便近處減常平物價就糶。若貧人無錢，相度賒糶，令至秋送納。其非稅戶，即與遠立日限納價錢，並委就近施行訖奏。』

三年五月八日，詔：『雄州以兩屬，人戶如遇災傷，即時貸糧，接續俵散，分作料次送納。』

六月，詔：『在京諸倉米斛之數已豐，訪聞日近民間粳米價直稍貴，所有淮南上供新米，仰酌中估定錢數，遣官分詣市置場出糶，以平物價。』

四年二月十三日，詔：『河北轉運、提刑司體量貝、冀徹邊少雨雪州軍乏食飢歉人戶，多方賑貸存恤。其見欠殘零稅賦，並權與倚閣。』

三月十六日，詔判永興軍郭逵，如本路州軍有飢荒處，並以官廩賑濟。詳見『恤災』門。

十八日，詔：『緣邊熟戶及弓箭手見欠貸糧未經除放，其見今闕食者，安撫司更量與賑貸。』

六年六月七日，中書門下言：『檢正刑房公事沈括狀：「乞今後災傷年分，如大段饑歉，更合賑救者，並須預具合修農田、水利工役人夫數目，及召募每夫工直申奏，當議特賜常平倉斛錢，召募闕食人戶，從下項約束興修。如是災傷，本處不依勅條賑濟，並委司農寺點檢察舉。」』從之。

八年十二月二日，詔：『河東歲歉，移屯戍兵馬五千歸營，以其餘糧賑濟飢民。仍具次第以聞。』

九年十二月十三日，詔淮南東西、兩浙路：『應勸誘人戶所出賑濟斛斗，免欠未納數目，特與免放。其熙寧八年已後勸諭已納斛斗人口，候向去合行勸誘，即據數却與免放。』

十年二月二十五日，詔：『應經賊殺戮之家餘存人口，委是孤貧不能自活者，所在州軍勘會詣實，特日給口食米：十五歲以上一升半，以下一升，五歲以下半升，至二十歲止。仍令相度每五日一支。』

元豐元年正月十二日，賜廣濟河輦運司上供米十萬石，付徐州、淮陽軍，糶與水災飢民。

閏正月十三日，詔河北路以常平米賑濟飢民。

三十日，詔：『河北被水戶如過河逐熟，即于白馬縣河橋差官賑之。』

四月七日，詔以瀛州陳次米依災傷及七分例貸第四等以下戶，不得抑配，免出息。

八月二十八日，詔：『濱、棣、滄三州第四等以下被水災民，令十戶以上立保，貸請常平糧，四口以上戶借一碩五斗；五口以上戶借兩碩，免出息。物稅百錢以下，權免一季。』

二十九日，詔：『青、濟、淄三州被水流民，所在州縣募少壯興役。其老幼疾病無依者，自十一月朔依乞丐人例給口食，候歸本土及能自營，或漸至春暖，停給。』

二年正月二十三日，上批：『聞階、成州去秋災傷，艱食之民，流者未止，官司初不經畫賑濟。可下司農並本路提舉司疾速施行。』

二月十三日，詔：『聞齊、袞、鄆州穀價甚貴，㪷直幾二百，艱食，流轉之民頗多。司農寺其諭州縣，以所積常平倉穀，通比元入斗價不及十錢，即分場廣糶。濱、棣、滄州亦然。』

同日，三司言：『濟、淄等州穀貴，春夏之交，慮更艱食，請輟廣濟河所漕谷二十萬石減價糶。』從之。

二十六日，知滄州張問言：『民饑，至相食，今州倉大豆四萬九千餘石，可支五年，漸有陳腐。乞留二年外，斥其餘以賜飢民，可活良民三萬口。』上批：『可下提舉常平事李孝純速相度施行。』

四月十二日，詔河北東路提舉常平倉司所散濱、棣、滄州饑民食，至五月止。

三年七月十三日，入內東頭供奉官、瀘州勾當公事韓永式言：『利州路雨水，溪江泛漲，漂流民田，物價增長，民未安居。乞下本路轉運并提舉司賑濟。』詔提舉司依條施行。

九月初二日，權知都水監丞公事蘇液言：『河北、京東兩路緣河決，被患人戶蒙朝廷賑濟放稅，乞以其事付史館。』從之。詳見『恤災』門。

四年二月二十九日，詔：『聞階、成、鳳、岷州人戶缺食流移，令逐路第四等以下人戶支借常平糧斛，每戶不得過兩石，仍免出息。』詳見『恤災』門。

五年六月十一日，詔：『宜州主管溪洞安化三州，連歲荐飢，已差官廣爲賑濟。朝廷之意，非欲取其地，但欲各免饑殍侵畧之災。』

六年六月二十七日，詔：『甚災傷處，第四等已下戶缺乏糧種，雖非給散月，許結保借請，雖有欠缺，亦聽給，限一月，免納息。』

七年四月二十五日，河東路提舉常平司言：『去年災傷，民戶缺食，義倉穀不多。乞於常平封樁糧支三五萬石賑濟。』從之。

六月一日，詔五路提舉保甲司：『已撥常平糧準備賑濟。令相度保甲戶遇災傷不及五分，當如何等第賑濟，條具以聞。』後提舉河東路保甲王崇拯言：『賑濟災傷，保丁四等以下，本戶災傷及五分以上，即依常平司七分以上法。』從之。河北、陝西、開封府界准此。

七月九日，詔尚書戶部員外郎張詢、幹當御藥院劉惟簡賑濟西京、大名府被水災軍民。詳見『恤災』門。

二十一日，詔：『河北、河東路被水保甲，令州縣考實賑濟。小保長、保丁一碩，大保長二碩，都、副保正三碩。提舉保甲官分詣諸縣照管，具賑濟人數以聞。』

八月十四日，詔：『洺州水災，許借鄰近州縣常平倉米、麥、小豆共五萬碩。』

哲宗元祐元年二月一日，詔：『大名府自經水災，民田尚多瀦浸，人戶艱食。向雖賑濟，尚慮官吏拘文，使被災之民未蒙恩澤。宜委大名府路安撫使韓縝詢訪賑濟。』

四日，詔淮南東、西路提舉常平司體量饑歉，以義倉及常平斛㪷依條賑濟訖聞奏。

三月二十六日，詔：『府界并諸路提點刑獄司體訪州縣災傷，即不限放稅分數及有無披訴，以義倉及常平米斛速行賑濟，無致流移。』

同日，夔州路提舉常平官傅傳正言：『州軍去年災傷，放稅分數不多，亦有全不申訴者。臣見民間困急，不敢坐視，已依災傷及七分以上賑濟。所有專輒之罪，謹自劾以聞。』詔特放罪，仍候到闕日優與差遣。

四月初二日，左司諫王巖叟言：『訪聞淮南旱甚，物價踴貴，本路監司殊不留意。』詔發運司截留上供米一十萬石，比市價量減，出糶與闕食人戶，每戶不得過三石。其糶到錢，起發上京。

四日，詔：『開封府諸路災傷，逐縣令、佐專切體量，人戶委有闕食，速具事實申州及監司，仍許一面將本縣義倉、常平穀斛賑貸。據等第逐戶計口給歷，大者日二升，小者日一升。各從民便，五日或十日至半月，齎歷詣縣，請印給遣。若本縣米穀數少，先從下戶給，有餘則并及上戶。候夏秋成熟日，據所貸過數隨稅納。闕食之民，貧乏不能自存，或老幼疾病不任力役者，依乞丐法給米、豆。其賑濟糶穀，並據鄉村闕食應糶之數給歷，許五日或十日一糶，無令抑遏。此外，若令、佐別有良法，使民不乏食而免流移者，申州及監司相度施行，半月一具賑濟次第聞奏。仍體量令、佐有能用心存恤闕食人戶，雖系災傷並不流移者，保明聞奏，當議優與酬獎。其全不用心賑貸，致戶口多有流移者，取勘聞奏，特行停替。』從三省請也。

同日，詔江淮發運司體量災傷州縣闕食處，仍令宿、亳州分析不申奏災傷次第，及具見今斛斗價例，各疾置以聞。時宿、亳災傷尤甚，監司並無奏報，右諫議大夫孫覺言：『淮、浙災傷，米穀踴貴，慮盜賊因緣而起，乞差官體量，廣行賑濟。遍下諸路轉運、提刑司，災傷各以實言。不實者坐之。災傷雖小，而言涉過當者，不問。如此，則諸路不敢不言。朝廷隨災傷之大小，賑濟而防虞之，則四海之內無倉猝之憂矣。』

二十六日，殿中侍御史林旦言：『都城比來米麥價長。若翔踴不已，恐細民蒙害。望下戶部，依條通計米麥元價，令司農寺止以逐倉官吏每月更代管勾，置四場出糶，以濟闕乏。』從之。仍令戶部差官置場。

五月十六日，尚書省言：『元豐六年，江淮等路發運司奏，兌置在京封椿闕額禁軍糧米五十萬石，價錢限半年上京送納。今淮南災傷，賑濟慮有闕乏。』詔令淮南轉運司相度，本路如闕斛㪷，仰依元豐六年例。

六月二十六日，詔河北路監司分詣諸州，以義倉、常平穀賑濟被水闕食人戶。

十一月二十八日，權發遣淮南路轉運副使趙偁言：『楚、海等州水災最甚，乞發運司於常、潤州收糴稻種十萬石，以備楚、海等州來春布種，以糶以貸。』從之。

同日，戶部言：『左司諫王巖叟言：「賑濟人戶，必待災傷放稅七分以上方許貸借，而第四等以下方免出息，殊非朝廷本意。乞如舊法，不限災傷分數，並容借貸；不均等第，均令免息。」看詳，《元豐令》限定傷災放稅分數支借種子條合依舊外，應州縣災傷人戶闕乏糧食，許結保借貸常平穀。』從之。

十二月十八日，侍御史王巖叟言：『伏覩十一月二十九日敕：「戶部看詳，《元豐令》限定災傷放稅分數支借種子條，合依舊存留外。」緣臣元奏本以賑濟舊法災傷無分數之限，人戶無等第之差，皆得借貸，均令免息。新條必待災傷放稅七分以上，而第四等以下方許借貸免息，殊非朝廷本意，故乞均令借貸，以濟其艱。今戶部復將支借種子條依舊存留。切以災傷人戶既闕糧食，則種子亦闕，豈可種子獨立限隔？臣欲乞通爲一法，於所修「糧食」字下添入「并種子」三字，庶使被災之民廣霑惠澤。』從之。

二年二月四日，詔左司諫朱光庭乘傳詣河北路，與監司一員徧視災荒賑濟。有未盡事，並得從宜；事體稍重，即奏稟；官吏奉法不虔，即按劾以聞。是歲十一月二十六日，監察御史趙挺之、方蒙言：『去年北邊州郡被水災，光庭奉使體訪賑濟，不問民戶之等，一槩支貸。蓋一出使，而河北措置之財遂空，乞行黜陟，以允輿論。』詔光庭具析以聞。

十一月六日，詔運淮南、二浙穀四十萬斛賑濟京東路。

三年正月十二日，詔發京西南路闕額禁軍糧穀五十餘萬斛，減市價出糶，至夏麥熟日止。以雪寒，物價翔踴也。

二月六日，詔以常平錢穀給在京乞丐人，至季春止。

同日，詔：『開封府界自冬及春陰雪，民間有願借糧種者，令提刑司量度戶等第給貸訖，具數以聞。』

二十八日，詔陝西路轉運判官孫路賑濟鎮戎軍被傷及劫虜民戶。

十二月十六日，知永興軍韓縝言：『本路比歲災傷闕食，請於法所給米豆更不限數。』從之。

五年二月七日，詔：『災傷處令、佐賑救人戶不致流移所推酬獎，災傷五分以上，與第五等；七分已上，與第四等。』以戶部言『於熙寧勑係第五等，於元佑敕係第四等分數，未盡立法之意』故也。

六年七月二十二日，侍御史賈易言：『浙西災荒，朝廷選差轉運使岑象求、判官楊瓌寶賜米百萬斛、錢二十余萬緡，俾之拯救，州縣自亦依條賑濟。欲乞明詔本路具災荒分數、賑貸次第以聞。』

八月二十八日，監察御史虞策言：『兩浙災傷州縣糴米，多爲販夫與公吏相結冒糴，次及彊壯之人。其飢羸者轉受困餓，或被蹂躪死傷。乞下本路監司覺察。』詔：『轉運、提刑、提舉司分布諸處賑糴，務要實惠飢民。內興販及彊壯者，不得一例糴散。如官吏措置乖方，及公人用情，並令依法。』

八年四月十一日，兩浙路轉運、提刑司申：『撿會浙西州縣累經災傷，蒙朝廷相繼發米赴本路賑濟，除接續賑糴過外，其逐州有見管淮南、江西等路發到賑糴不盡米四十余萬石，別無支用，欲趁此蠶月鄉民闕食之際，各許令人户赴官請借。每一斗，候至向去秋成，納新米八升還官，仍限四年均隨本户苗稅帶納。』詔：『其米許兑充軍糧外，餘數仰置場減價出糶。』

十二月十四日，以京師流民，詔特出錢、米各十萬付開封府，計口支給。

紹聖元年二月十四日，三省言：『北京、澶、滑州民被災最重，艱食者多，及軍食闕，未見監司奏請。』詔呂希純、井亮采因按閱河北所至，體訪所當施行，疾速具奏。

三月二十二日，三省言：『準詔賑恤流民，令還本業。昨已降指揮，應流民支與口食，遣還本土，所在官司闢官屋權令宿止，疾病者醫治。仍不限户口、米豆碩斗賑濟。令户部指揮災傷路分監司嚴加督責，州縣推行，務要民受實惠。如更有合行賑恤事，令速施行。』上曰：『聞京東、河北之民乏食流移，未歸本土，宜加意安恤，給糧種，差官就諭，使還農桑業。』范純仁等對曰：『今已給常平米，又許旨所養牛質取官緡錢，免租稅，貸與穀麥種矣。』上曰：『更思其未至者行之。』

九月六日，詔遣監察御史劉拯乘傳按河北東、西路水災州軍，賑濟闕食人户。應合行事，令條具以聞。

二十九日，詔府界、京東、京西、河北路，應流民所過州縣，令當職官存恤誘諭，遣還本土。內隨行別無資蓄者，仍計口給歷，經州縣排日給食。至本處如合賑濟，依災傷放稅五分法。內老幼疾病未能自還及不願還者，計口給。

十月十七日，詔京西南、北路提舉司官躬按州縣，督視賑濟，無令流殍，旬具所存活數申尚書省。

二十一日，詔：『河北東、西路被災經放稅户雖不及五分，所欠借貸錢斛并抵當牛錢等倚閣，候豐熟日分十料輸。其非被災放稅户所欠錢斛視此。仍除結保均陪之令。流民在他路者，官吏以至意諭曉使歸業，給券，使所過續食；不願者，所在廩給之。』

二十三日，詔滑州委官於浮橋北岸諭南來流民以朝廷寬逋，移粟賑卹曲折，使歸業。

同日，詔：『近者大河東隄防未及增繕，以故瀕河被害者衆，南來者多留京師，流離暴露，隆冬日迫，陷於死亡，坐視不恤，其謂朝廷何？既詔有司悉意賑贍，其令開封府即京城門外行視寺院、官舍以居之，至春諭使復業。』

二十五日，詔：『河北路監司令州縣官諭富民有積粟者毋閉糴，官爲酌立中價，毋得過。犯者坐之。』

同日，詔賑濟司：『河北重兵所宿，費不貲，其審閱老弱疲癃不能自存者，厚廩食之。毋專以多散蓄積爲功，而實惠不及於民，乃遣使諭本意。仍具措畫方畧申尚書省。』

二十六日，詔給空名假承務郎勑十、太廟齋郎補牒十、州助教不理選限勑三十、度牒五百，付河北東、西路提舉司，召人入錢、粟充賑濟。

二十八日，宰臣章惇言：『軍食不可闕，請通糴他司米、豆足支一年，悉斥其餘以廩飢民。即米、豆闕，散常平錢之在官者，民得錢，亦可以市糟酵、糠籺。』上惻然曰：『飢火所迫，麻籸亦以爲食，何暇擇？其爲朕亟行散錢之令。』

十一月十九日，詔：『河北路州縣當職官賑濟有方，能撫存飢民，才能顯著者，具事狀以聞。府界、京東、京西等路有河北流民所聚州縣，仰逐路監司准此。』

二十一日，詔：『河北路災傷州軍賑濟，並四月終住給口食外，有非老幼疾病之人，候至三月終，併支與四月分合給糧食，發遣歸業。』

二十三日，權發遣河北路轉運副使張景先言：『恩、冀、瀛、莫、雄州、順安、廣信軍約定合用糴、貸糧斛共五十三萬石，緣本路斛斗不多，慮有闕乏。』詔逐州除準備軍糧及賑濟外，方許出糶，仍不得一例借貸。

十二月六日，詔京東西、河東路提舉司，將放稅不及五分者審驗得災傷稍重，闕食不能自存，或老幼疾病之人，並權依五分法賑濟。

二年二月十一日，詔河北、京東路賑濟災傷，各令轉運、提刑、提舉司依先分定州縣巡歷。如官吏奉行不盡，或措置乖方，以名聞。仍令逐路安撫司常切覺察。

十四日，詔內藏庫支錢十萬貫、絹十萬疋，分賜河北東、西兩路提舉司準備賑濟。從御史董敦逸請也。

四年九月一日，左司諫郭知章言：『兩浙歲旱，淮南又不常全稔。乞下本路監司按視，早備賑貸。』詔兩浙路轉運、常平司，應荒政並舉行，及預那移廩粟。

元符三年三月二十六日，徽宗已即位，未改元。戶部言：『河北被災諸郡，近據東路提舉常平司申，撥賜到措置斛斗四十五萬石。若賑給至四月終，委有餘剩數目，即許接續出糶。其西路，下提舉常平司，將來罷賑濟後，民食尚艱，即令依條減價出糶常平斛斗，並候二麥收成日住罷。其行商興販斛斗往災傷去處糶賣，乞依已得朝旨與免商稅，至五月終。』從之。

五月二十七日，詔知太原府范純粹專切體量賑恤河東流亡飢殍之人。河北、陝西帥臣準此。

十二月六日，詔以大雪，令有司損價出糶倉米，以惠細民。

徽宗崇寧三年正月二十四日，戶部言：『新兩浙路提點刑獄公事周誼奏：「常、潤兩州去秋蝗、旱，春夏之際，糧食尤闕。欲乞量展賑濟月分至四月末。」看詳，欲下兩浙轉運、提刑、提舉司體度，如委有災傷人戶闕食，至三月終未可住罷。』從之。

十月十四日，詔：『兩浙杭、越、溫、婺州秋苗不收，人戶失於披訴，並量與撿放。其孤貧不濟人戶，仰提舉司廣行賑濟。如物價增長，即速以常平米平價出糶。』詳見『恤災』門。

五年正月二十五日，詔兩浙路提舉司賑濟水災乏食者。

大觀二年八月十九日，工部言：『邢州奏，鉅鹿下埽大河水注鉅鹿縣，本縣官私房屋等盡被渰浸。』詔：『見在人戶，依放稅七分法賑濟。如有孤遺及小兒，並送側近居養院收養。內有人戶盡被漂失屋宇或財物，仍許依七分法借貸，不管卻致失所。仍具賑濟、居養、存恤次第事狀聞奏。』詳見『恤災』門。

九月二十九日，水部員外郎陳長孺言：『奉詔體量邢州鹿縣，被患甚重，欲指揮本路監司下所屬，疾速將本縣被水第三等人戶亦依第四等勑條賑貸。』從之。

十月七日，詔：『秦鳳路流民盡赴熙河路州軍，本路備邊，糴買爲重，深慮流移民戶積日浸久，耗蠹並邊糧食。可下常平司悉心措置賑濟存恤，早令復業。仍具流移戶口確實數目及賑濟措置次第以聞。』

三年八月十七日，詔：『常、潤州米價踴貴，可量發常平斛斗賑濟人民。』

九月六日，詔：『東南路比聞例有災傷，斛斗踴貴，仍下諸路監司，仰依實檢放秋苗分數，仍依條賑濟。』

四年三月二十六日，詔：『潤州、饒州災傷至甚，賑濟米、豆並展至四月終。』

四月二日，詔：『荆湖北路去歲災歉，推行賑濟，本路倉廩物斛所蓄不多，不接支用。可相度給降空名度牒二十道，借、奉職、假將仕郎告勑各七道，量度數目多寡，并逐色所直錢數目，付本路監司，與席貢同共分擘付逐州軍。曉諭民間，依陝西、河北人戶入粟事體入中物斛，如米、豆、大小麥。計所入數合支價直，以前項物充折，別項拘收應副。奉職六千貫，借職四千五百貫，假將仕郎三千二百貫，度牒二百貫。』

四日，詔：『東南六路災傷，倉廩物斛不接支用。江南西路給降奉職、借職、假將仕郎告各七道，度牒二十道；江南東路、淮南、兩浙、湖南路各給降奉職告三道、借職告四道、將仕郎補牒三道、度牒二十道。並依湖北路已得指揮施行。』

政和三年三月二十三日，詔：『潤州丹陽、丹徒兩縣災傷放稅及七分以上，常平賑貸在法至三月終罷。緣今歲有閏，田事必晚，可展至四月終。應有類此災傷州縣，亦依此施行，可疾速行下。』

五年三月二十五日，梓州計度轉運使趙遹言：『瀘州管下夷人結集作過。緣邊一方，戶口數千，糧斛、財產盡被劫掠。不惟夏麥收成不得，秋穀又失種蒔，悉皆失業。除已行下抄劄，逐急以係省錢糧支借存撫外，欲望朝廷詳酌，特降指揮下本路提舉常平司，措置優加賑濟施行。』從之。

六年三月十日，詔：『浙西常、湖、秀州、平江府等處，自去歲水災，秋成尚遠，其貧闕不濟人戶，仰本路提舉常平司通融那移一路應管常平、義倉與朝廷封樁米斛，權依乞丐人法，不限戶口、石數，特功賑給。』四月八日，詔添入湖州，並以七分災傷條例。

七月六日，知杭州徐鑄言：『奉詔賑濟錢塘、仁和、鹽官、餘杭、富陽縣去歲水災貧闕人戶，自四月十五日接續賑給，止六月十五日，尚未有米穀相繼上市，已一面行下，展至六月終。』從之。

八月十八日，兩浙提舉常平司言：『奉詔，常、秀、湖州、平江府等處水災，權依乞丐人法賑給。今據逐州管下共二十五縣，賑濟總四十三萬餘口，乞至收成日住給。』從之。

十月十九日，詔平江府管下屬縣有水災去處，令依十分法賑濟。

八年七月十六日，詔：『高陽關路去歲賑濟，全活百餘萬人，河間府、滄州爲多。安撫使吴玠特降詔獎諭，官吏推恩有差。』

八月二十五日，詔：『江、淮、荆、浙被水州軍漲水已退，殘潦餘浸占田無藝，民不得耕，比屋摧圮，無以奠居。可令郡守、令佐悉心賑救，提舉司於上供或封樁斛斗內，量人戶多寡截充賑濟，即不得争占。候將來豐熟，於常平司撥還。上等四十萬石，中等三十萬石，下等二十萬石。』

九月二十七日，詔：『江、淮、荆、浙，以被水人戶多寡，分上、中、下三等，許截上供斛斗賑濟。可依已降處分，作三等截留四十萬石。如違，以大不恭論。』其後，宣和元年正月七日，臣僚言：『兩浙廉訪所申：「據轉運司申，截撥到本路米一十二萬七百石，其餘分下平江府、湖、秀州收羅應副。又於鎮江府截住常州米綱樁充賑濟。」而轉運司稱係來年額斛之數，令起發渡江。恐致生靈不得均受朝廷惠養。』詔：『昨降御筆，截上供米賑濟飢民，非不丁寧，而姦吏公然違慢，不行截撥，更於闕食之地收糴以充賑給，是乃重困飢民，乖方若此。仰提刑司并廉訪使者驗實，人吏依法決訖配千里，轉運司官追三官勒停。』其後，轉運司奏：『已支撥賑濟米四十萬石，足備無闕。』詔副使蔣彝以應奉宣力，特免勒停，追官改作降官，依舊在職。

十月八日，詔：『諸路民被水患深淺不同，州縣賑給，不可一槩限滿住罷。仰監司、州縣悉心體究，如被水尤甚，民力未能自營，不得便住賑給。務在存活人命，亦不可濫冒惠姦。』

重和元年十二月十九日，詔：『淮南被水，楚州山陽、鹽城二縣下戶饑殍，三萬二千餘人無業可復。縣官悉令放散，遂攜老扶幼，號訴監司，而常平官告諭，爲乞米未下，各令歸業，轉於溝壑者已不少。指揮到日，於已截斛斗支撥賑救；不足，於鄰州、鄰路發義倉兑撥支遣。其郡守、知縣、常平官先次勒停，受訴監司降兩官。並令提刑司取勘，限十日奏。』

宣和元年二月十八日，尚書右丞范致虚言：『奉詔，楚州山陽、鹽城二縣被水，令截撥斛斗賑救；不足，於鄰州、鄰路發義倉兑撥支遣。竊以災傷路分廣遠，自江、淮、荆、湖、兩川，各被水患，物價騰踴。方春正多飢殍，彊壯者流爲盜賊，類多乞丐，以市斛斗，或采在田蔬茹之類，甚者無從得食。老稚轉徙，甚可哀痛。按義倉法，唯充賑給，不得他用。比歲數豐，未嘗支遣，諸路義倉之粟甚多。欲望睿旨，應去歲災傷州縣，並量從核實災傷人數及外來流民，並給義倉物斛賑濟。數係災傷官司以前不曾檢行，特與放罪；若今來指揮到，依前庇隱，令廉訪使者按劾以聞。若常平及本州通用諸縣義倉物斛計度，俵散不足，並許依楚州兩縣所得前件指揮，于鄰州、鄰路發義倉兑撥支遣。』詔：『京西路潁、汝、陳、蔡等州，見今民已流移飢殍，監司、州郡並不申奏，運司庇隱，不放租稅，致不得依災傷賑濟，遂使斯民轉於溝壑。吏爲姦罔，不奉法令，以致如此，爲之惻傷。可令新京西漕臣李祐放謝辭，星夜乘騎前去體量。常平官孫延壽先次勒停，餘監司并守臣一一並具名奏。應一路義倉，可並特通融支撥賑濟施行。應災傷流移地分，並令依法放免租稅，疾速行下。』

五月二十九日，詔：『淮、浙去歲被水，田業多荒。今雨暘順適，耕種是時，民無力施工，可令兩路提舉常平官散倉廩，廣行借貸，毋或失時。施行訖，具奏。』從兩浙轉運司請也。

二年六月四日，詔：『開封府賑濟乞丐二萬二千餘人，當職官吏推恩有差。』

十月九日，詔：『淮南災傷，飢民流離，常平官其躬至所部，竭力賑濟。』

十二月二十五日，詔：『睦州及管下應避賊人，令所在官司依條賑濟。』詳見『恤災』門。

三年正月十四日，詔：『宣、歙、杭、睦州民居，緣兇賊劫畧逃避，既無所得食，遂至失所。慮其間少壯之人或聚爲盜，老弱幼小不能自存，轉于溝壑，深可矜惻。仰江南、兩浙路漕臣、憲司、提舉常平及所在處郡守倅、當職官等多方撫諭，優加存恤。如有闕食之人，官爲賑濟，務在安集，毋令失所。仍各具知稟狀以聞。』

二十六日，詔：『兩浙、江東路避賊士族、百姓流離，無以自給，及無居止，宵旰惻然。令州縣措置賑給，借與官舍，勸誘歸業。』

八月十二日，詔：『徽州已降指揮，依七分法借貸，被賊燒劫州縣人戶，依災傷流移法賑濟。其兩路復業人戶，若闕少牛具、種糧等，仰提舉司審度，量行借貸訖奏。』

四年十二月十三日，詔：『德州有京東路西來流民不少，本州知、通張邦榮、王景温等見行賑濟，於在城並安德、平原縣三處措置宿泊，計六百三十一戶。除已該給券還鄉外，尚有五百餘戶各得均濟。仰本路提點刑獄司究實聞奏，取旨量推恩。其餘路分遇有流移人戶，不即依條存恤者，並仰監司、廉訪使者按劾以聞。』

五年正月四日，臣僚言：『聞蜀父老謂本朝名臣治蜀非一，獨張詠德政居多，如賑糶米事，著在皇祐甲令，嘗刻石遵守，至今行且百年。其法，一斗止糶小鐵錢三百五十文，人日二升。團甲給歷，赴場請糴，歲計六萬碩。始二月一日，至七月終。貧民闕食之際，悉被朝廷實惠。比年漕臣不職，米直漸增，或陳腐不堪，雜以糠粃，不獨損六萬之數，且幾察不嚴。乞賜施行。』詔漕臣檢會皇祐條例，措置以聞。

十月二十八日，詔：『大河暴漲，由恩州河清縣王余渡東向泛溢，衝蕩大名府宗城縣。本縣被水人戶，令本州提舉常平官親詣流移所在，遍行賑濟。』

六年五月十三日，前知平陽軍府事商守拙言：『契勘諸路州縣給散乞丐人米，依條立期，五日一給，不以所居遠近，皆集一處給散。欲乞遇風雪，權令就近支散，庶不失所。』從之。

八月十八日，收復燕雲赦：『應貧乏及饑民，並以係官錢米賑濟，無令少有失所。』

十月二十七日，詔：『浙西諸郡夏秋水災，穀貴艱食，民戶流移。已降指揮，於所在依條賑濟。訪聞常平司見管米斛數少，可於本路實有見在米或見起上供米內，截撥五、七萬石付提舉常平官，躬親往常、秀、平江等處，隨宜分擘應副賑給，務令實惠均及飢民。』

十一月十七日，詔：『河北、京東夏秋水災，民戶流移，繼踵於道。可令應所過州軍隨宜接濟。若常平、義倉不足，即發封樁應干斛斗賑給，令實惠及人。』

高宗紹興元年五月十四日，詔：『諸路見今米價踴貴，細民闕食。令州軍將常平倉見在米量度出糶。仍廣行勸誘富家，將願糶米穀具數置歷出糶。州委通判，縣委令佐。如糶及三千石以上之人，與守闕進義副尉；六千碩以上，與進武副尉；九千碩以上，與下班祗應；一萬二千碩以上，與進義校尉；一萬五千碩以上，與進武校尉；二萬石以上，取旨優異推恩。如已有官廕，不願補授名目，當比類施行，並令州軍保奏。通判、令佐勸誘人戶出糶數多，令本路監司保奏，等第推恩。務要實惠及民，即不得虛椿數目，陳乞推恩。仍令監司覺察，如違，按劾取旨，重作責罰。』

二年八月十一日，詔：『福建路亢旱，米價翔貴。令本路提刑司將泉、福州寄鈔廣南米，取撥三萬碩賑糶，仍酌量逐州軍豐歉次第分撥。』

三年六月十二日，荊湖南路宣諭薛徽言：『已檄州縣勸誘上戶借貸種本，月終考歷，以多寡爲殿最。其上三名與免公罪杖一次，稍多者又與免科役一次；優異者保明申本司。又就全、永間通那省米，應副借貸。應第四等以下戶，計人爲一甲，於本州給據，自齎赴撥米州軍請領。』於是戶部言：『人戶災傷，在法以常平錢穀應副，不足，方許勸誘有力之家出辦糶貸。兼已劄刷湖南有米州軍支撥二萬碩付本路提刑司，專充賑濟支用。今乞下提刑兼提舉常平司，遵已降指揮施行，毋致人民流移失所。』從之。

五年四月十四日，中書門下省言，勘會民間米斛踴貴。詔令戶部借支神武中軍糧食一月，令盡數出糶。

九月七日，殿中侍御史王縉言：『應民旅般販米斛往旱傷州縣出糶，依日前指揮，許就官司判狀執據，與免經由場務力勝。亦賑救之一也。』從之。

十二月七日，江南西路轉運司言：『筠、袁、洪、吉、江、撫州、臨江、興國軍及臨江軍新喻縣災傷，乞支給本路苗米五七萬碩，委提舉司以州縣災傷分數取撥，比市價減十分之三糶。及令州縣勸諭有力之家，人納粳米每一千碩，或稻穀每二千碩，如係曾得文解人，三代中有文官無刑責，補迪功郎，餘人補承信郎，依獻納人例，理選限陞陟。從本州保奏，給降付身，便作官戶，免身丁、差役，免審量，令本路帥司舉辟合入差遣。其入納到米，即減價賑糶。并令州縣出給公據，勸諭商賈收糴斛斗，從便出糶，與免力勝稅錢。每米百碩，許附帶貨物約百貫。詢訪停塌斛斗之人，勸諭量取利息，責認碩㪷數目出糶接濟。及飢民合給米豆，雖放稅不及七分縣分，亦許賑給。委提舉司審度，若常平穀不足，聽取撥入納到米謂今來因災傷勸誘到者。支給，候將來有納到義倉斛斗，却行撥還。州縣當職官賑濟有方者，委提舉司保明，提刑司覈實以聞，優與旌賞。』詔：『已令收糴米斛六萬碩，準備賑濟，今乞支苗米，難議施行。內勸諭人納稻穀，依入納米補官，便作官戶一節，見別作施行外，餘並依。

仍委知、通勸諭有力之人出糶斛斗接濟，不得搔擾。』

六年正月十三日，詔令湖南轉運司，於已科撥去年上供米内存留三萬碩，從本路帥司量度災傷輕重，分撥付州縣，專充賑濟使用。

二十六日，上宣諭輔臣曰：『歲飢，民多流殍，朕心惻然。官爲發廪以賑給之，則民受實惠；苟爲不然，雖詔令數下，恐徒爲文具耳。宜申飭有司多方措置米斛。』

二月一日，詔：『令江西轉運司於去年上供米内，支撥一萬碩付本路帥司，斟量災傷輕重，與常平米相兼均俵賑濟支用。』

七日，右諫議大夫趙霈言：『去秋旱傷，連接東南，今春飢饉，特異常歲，湖南爲最，江西次之，浙東、福建又次之。伏覩累降指揮賑濟，固備盡矣。然今日賑救有二：一則發廪粟減價以濟之，二則誘民戸賑糶以給之。諸路固嘗許借常平、義倉米，又常令州縣賑糶。艱難之際，兵食方闕，州縣往往逐急移用，無可賑給，唯勸誘賑糶尤爲實惠。然自來官中賑濟，多止在城郭，而不及鄉村。願以上戸所認米數，紐計城郭、鄉村人戸多寡，分擘米數，縣差丞、簿，於在城及逐鄉要鬧處監視出糶，計口給歷照支，或支五日，或併支十日。其交籌收錢，並令人戸親自掌管，官司不得干預。既無所擾，人亦願從。乞申嚴戒諭，如當職官不親詣鄉村監糶米斛，與故縱人吏科擾，令監司按劾，及許人戸越訴，其官吏重行竄斥。』從之。

三月七日，成都潼川府夔州利州路安撫制置大使、兼知成都府席益言：『東、西兩川去秋荒歉，及成都府路田事不登，物價騰踴。欲令四川都轉運司不以是何名色米，權行截撥，專充賑濟，或減價出糶，以平米價。』詔令趙開除應副軍糧外，將其餘應干米斛寬剩撥付四川安撫制置大使司，量度逐路災傷去處，均行賑糶。

二十九日，殿中侍御史周祕言：『去歲旱傷，小民艱食，命所在勸誘積粟之家置歷出糶，過三千石者，等第推恩。而州縣奉承不恪，勸導無方，乃謂富民頑悍，說諭不從，逐降指揮，許令一面酌情斷遣。州縣官吏不問民之有無，而專以刑威逼使承認，善良之民被其害矣。欲望再降指揮，專委諸路提舉官偏詣所部，戒約守、令多方勸誘，務令民戸樂從，無因今來酌情斷遣指揮，輒有分毫搔擾。』詔依，令諸路提舉常平官躬親遍詣所部州縣巡按覺察，如有違戾去處，按劾聞奏。其提舉官失覺察，令御史臺糾劾。

四月十二日，江南西路安撫置制大使、兼知洪州李綱言：『已遵睿訓勸誘，出暝置歷，差官分詣諸州，委知通、縣官召上戸積米之家，許留若干食用，其餘依市價量減，盡數出糶。其流民，官中賑濟。竊恐秋成尚遠，難以接濟。已一面勸誘上戸納錢米入官，以助賑濟。乞許給官告、度牒之類，折還價直。』從之。

二十三日，詔：『筠州高安、上高兩縣當職官，各先次特降一官放罷，令本路提刑司取勘，具案聞奏。』以提舉常平司言：『賑濟乖方，至有盜賊竊發，殍亡暴露，田畝荒萊，飢民失所。』故有是命。

五月一日，荆湖南路安撫制置大使、兼知潭州吕頤浩言：『被旨，令廣西提刑韓璜收糴米三萬碩，般發前來賑濟。已節次催促，至今並無顆粒到來。望將上件米斛委韓璜催督，水運至湖南，却委本路運使分撥州軍交卸，以濟飢民。』詔令劉鵬、向伯奮疾速般發。

二十六日，詔知婺州周綱除直龍圖閣，知撫州劉子翼除直祕閣，並特令再任。以中書言並治郡有方，賑濟宣力，故有是詔。

八月二十九日，詔韶州李紹祖特與減二年磨勘。以廣西提舉常平韓璜言起發湖南賑糶米有勞故也。

十二月十四日，尚書省言：『江東西、湖南路去歲旱傷，近據申奏，賑濟飢民萬數不少。其逐路帥司及常平官措置有方，甚稱委寄。』除江東帥臣葉宗諤已别作施行外，詔帥臣吕頤浩、李綱、提舉趙不已、吴序賓，令學士院降詔獎諭。

同日，尚書省言：『去秋江、湖旱傷，人民闕食，朝廷支撥米斛，及委帥臣、監司并州縣守令賑給。竊慮其間奉行滅裂，卻致死損流移數多，合行比較優劣。』詔令逐路帥臣、監司，于本路旱傷州縣，各比較三兩處，保明取旨賞罰。

十五日，詔：『四川去歲旱荒之後，繼以疾疫，流亡甚衆，深用惻然。其郡守、縣令有能賙給困窮、撫存凋瘵，善狀最著者，令席益體訪詣實，保明來上，當議獎擢，以爲能吏之勸。或廢慢詔令，坐視不恤，按劾聞奏，亦當重寘典憲。』

七年十月八日，詔潼川府守臣景興宗陞一職，廣安軍守臣李瞻、果州守臣王隲、前吏部郎中馮檝、漢州守臣王梅各轉一官，知成都府席益令學士院降詔獎諭。仍令四川安撫大使司開具其餘合轉官人職位、姓名以聞。以四川安撫制置使席益言諸州賑貸有方，活飢民甚眾，內馮檝出米四百碩以助賑濟，故有是命。

九年十一月六日，臣僚言：『曩者旱暵爲災，官嘗發廩勸糶，而州縣奉行，姦計百出。有民戶初非情願，均令認數，以應期限，而平時儲積之家得以倖免者；有所在初無收成，勒令轉糶以賑城郭，而本鄉流離不暇顧卹者。願詔執事選擇廉謹彊明之吏，推行德意，務使實惠及民，盡革前弊。』詔令戶部約束。

十年三月十九日，臣寮言：『諸處糶米賑濟，只及城郭之內，而遠村小民不霑實惠。向陳正同通判婺州，賑濟極有條理，雖窮谷深山之民，無不普霑實惠，而州縣之吏亦不至勞。乞令陳正同條具賑濟事件付戶部看詳，遍下諸路依此施行。』從之。

十二年三月二日，詔：『紹興府旱傷秋苗，令於義倉米內支撥一萬碩，置場出糶。』

十三年三月十八日，詔：『令淮南總領呂希常於大軍米內支三千碩，量度分撥於鎮江府，委官管押前去米價踴貴去處，減價出糶。仍令淮西總領吳彥璋契勘本路如合出糶，依此施行。』

十四年六月十五日，上宣諭輔臣曰：『福建、浙東被水災去處，已令寬恤賑濟。尚恐州縣滅裂，令逐路監司各躬親前去，悉力奉行，務要實惠及民，不得徒爲文具。』

十五年七月三日，知泉州吳序賓言：『汀、虔盜賊鱗集，泉南七縣罹其荼毒，且致飢餓。雖軍儲不足，而義倉積粟見存七萬碩，欲開倉賑貸。內殘破四縣，乞比附災傷七分之法，各借種子三千碩，自第四等以下戶，委縣官隨便借貸。』詔每縣於義倉米內支撥二千碩應副借貸。

十八年十一月二十三日，上諭輔臣曰：『紹興府災傷，闕食人戶以義倉米賑濟，無使失所。如別有災傷去處，亦令戶部多方措置。』

十二月十二日，上宣諭輔臣曰：『近令提舉常平官躬親詣災傷去處賑濟，竊恐所轄州縣闊遠，點檢遲滯。可更令分委屬官悉力賑濟。將來春耕合用種糧，須令預先措置，臨期借給，使之耕種及時，則贍養、供輸，公私兩濟。』

十九年二月四日，上諭輔臣曰：『春雨膏潤，於農事極利。農事種糧爲急，若種糧不足，則秋成無望。昨已降指揮，災傷去處令提舉常平司借給，可更丁寧戶部應副。』

十九日，詔：『逐路災傷去處，可令縣官措置，齎發米斛就鄉村賑給。逐州委通判點檢，逐路委提舉常平官按察。仍令御史臺覺察彈劾。』

二十八日，詔：『近有紹興府等處飢民在此求乞，日有饑死者。可令臨安府日下給米賑濟。』

三月二日，上諭輔臣曰：『近日紹興飢民多有過臨安者，深可憐憫。蓋是保正副抄劄漏落，是致流移。可令臨安府多方措置賑濟，戶部應副糧斛。其諸路州縣災傷去處，宜申飭監司、守臣，依已降指揮貸給種糧，庶幾秋成可望。』

四月六日，上諭輔臣曰：『兩浙等處災傷去處，可令提舉常平官親詣所部借貸種糧，務要實及飢貧民戶，毋令州縣及當行人侵剋，徒爲具文。』

九月十三日，詔兩浙東路提舉常平秦昌時除直祕閣、兩浙東路提點刑獄公事。以安撫司言：『紹興府、明、婺州水旱災傷，昌時悉力賑濟，乞賜褒擢。』故有是詔。

二十四年五月十七日，尚書省言：『衢州闕食人戶，令本路常平官賑濟外，竊慮未到之前，人戶闕食，有妨歸業。』詔令本州日下賑濟，仍曉諭各令歸業。

六月一日，上諭輔臣曰：『官司賑濟，止及近郭游手之人，其鄉村遠處，宜令提舉官及州縣常平官躬親措置，務使實惠及於貧下。』

二十七年十月二十九日，詔：『令四川制置司、總領所并逐路轉運、常平司，各具管下州縣有無旱傷聞奏。如有實被旱傷去處，仰支撥常平錢糧賑濟。或支用不足，即於存留舊宣撫司椿積錢米內量度取撥。』

二十八年八月十六日，上諭輔臣曰：『浙東、西瀕江海去處，田苗爲水、風所損，平江府最甚，紹興次之。已將常平米賑濟，尚慮貧弱下戶去秋成尚遠，無錢可糴，深軫朕懷。卿等可令發義倉米賑濟。』宰臣沈該等奏曰：『在法，災傷及七分以上，合行賑濟。當遵稟聖訓，就委趙子濇、都絜依此施行。』詔：『紹興、平江府被風、水損傷，可令趙子濇、都絜體訪，委是災傷去處，將第四等以下闕食人戶量行賑濟，候晚禾成日住罷。仍具逐處賑濟人戶及支撥過米數申尚書省。』

九月二十九日，詔：『在法，水旱檢放苗稅及七分以上賑濟。緣田土高下不等，若通及七分方行賑濟，竊慮飢荒人戶無以自給。可自今後，災傷州縣檢放及五分處，即令申常平，取撥義倉米量行賑濟。』

二十九年二月二十五日，詔令逐處守臣於見管常平、義倉米內取撥二分，減市價二分賑糶。內臨安府於行在椿積米內借撥。

四月二十六日，詔：『紹興府山陰縣撿放、賑濟不均去處，令浙東常平官再驗合放實數申，其第四等以下不曾經賑濟者，令遵節次已降指揮賑濟施行。』

閏六月四日，提舉兩浙路市舶曾愭言：『去秋州縣有被水災傷去處，細民艱食。多方賑濟，及將常平米減價出糶，飢民賴以全活。而其間奉行不至者，其弊有三：賑濟官司止憑耆保、公吏抄劄第四等以下逐家人口給歷，排日支散。公吏非賄賂不行，或虛增人戶，或鐫減實數，致姦僞者得以冒請，飢寒者不霑實惠，其弊一也。賑糶常平米斛，比市價低小，既糴者不分等第，不限口數，則公吏、倉斗家人等多立虛名盜糴，遂使官儲易於匱乏，其弊二也。賑濟戶口數多，常平椿管數少，州縣若不預申常平司於旁近州縣通融那撥，米盡旋行申請，則中間斷絕，飢民及更失所，其弊三也。欲望行下有司，嚴立法禁，力革其弊。公吏抄劄不實，與夫州縣申請失時者，並寘嚴科。委提舉官往來部內賑濟去處體訪，如有違戾，按劾以聞。』從之。

三十一年正月二十六日，詔：『令逐州府差官抄劄實貧乏之家，於見椿管常平錢米內，依臨安府例賑濟。分委有心力官俵散，務在實惠，不得減剋。仍具支過錢米數目以聞。』

八月三日，都省言：『淮西州軍先因欠債逃避出沒之人，理合賑濟。』令淮西提舉常平官日下於附近州軍取撥常平、義倉米三千碩，前去濠州賑濟。仍令龔濤、劉光時照會，常切存恤，毋致失所。』

三十二年二月三日，詔：『兩淮歸業民戶艱於食用，令本路常平司賑濟。如闕米，於浙西、江東常平米內，各取撥一萬碩應副支散。』

五月二十七日，特進、觀文殿大學士、判建康軍府事張浚言：『體訪得東北今歲米價踴貴，欲乞朝廷多撥米斛、錢物赴淮南賑濟支用。』詔令浙西、江東常平司，各更於近便州軍支撥常平米一萬碩。以上《永樂大典》卷一五一三九

又《食貨五八・賑貸下》 孝宗隆興元年二月十八日，尚書戶部員外郎、奉使兩淮馮方言：『據高郵軍百姓狀：「自前年金賊犯順，燒毀屋宇，農具、稻斛無餘，歸業之始，無以耕種。」欲乞就附近支撥常平及義倉米，委本路提舉司，令高郵軍措置借貸，抱認催索，趁此農時，早得布種，以寬秋冬艱食之憂，其餘兩淮州縣經賊馬侵犯去處，亦令依此體例施行。』從之。

三月二十九日，詔曰：『霖雨爲沴，雖側身修行，尚恐誠意未孚。可令諸路監司、守令，應遇災傷去處，常切賑卹困窮，糾察刑禁，仍各條具聞奏。』

六月十八日，詔：『兩浙、江東下田傷水，衝損廬舍，理宜寬卹。令諸路常平司行下州縣，將被水人戶疾速依條借貸，以備布種。將來見得損傷，即從實檢放。其衝損廬舍之家，多方存恤賑濟，措置安泊，無令失所。』

七月十九日，權知盱眙軍周淙言：『泗州、盱眙軍去歲虜人驚移，不曾耕種。近淮北流移之民稍多，米價頓長，極邊之地，販運不通，已將本軍米斛比市價減半置場出糶，每日糶及五十碩。但去秋成稍遠，而本軍米斛已盡，乞支撥三千碩，廣行賑濟。』從之。

九月二十四日，詔：紹興府飢民，以義倉米依紹興十八年例賑濟之。從知府事吳芾請也。

十月二十一日，知紹興府吳芾言：『本府今年災傷異常，豪右之家閉糴待價。欲招誘出糶最多之人，從本府保明，申取朝廷詳酌推恩。』從之。

二十七日，兵部尚書、兼湖北京西路制置使虞允文言：『京西一路今歲旱蝗，乞下本路常平司，候開春日，將所管常平、義倉米廣行賑濟。』從之。

二年三月十日，詔：『徽州旱蝗爲災，可將常平、義倉米出糶賑濟。如本路州軍亦有似此去處，依此施行。』【略】

[隆興二年三月]二十七日，德音：『高、藤、雷、容州應曾被焚劫逃避人戶，仰守、令多方招誘歸業。內闕食不能自存之人，依災傷法賑恤；即雖歸業而無力耕種者，令提刑司以牛具、種糧借貸之。』

七月二十四日，臣寮言：『建康、鎮江、平江府，常、秀等州，今年秋淫雨不止，大水爲災。目今米價見已翔踴，乞命提舉司依條賑濟農民，不可使至流移。仍行下諸州，勸諭居停米穀之家平價出糶。』從之。

八月二十三日，詔：『臨安府米價增貴，細民艱食。令常平出米二萬碩賑糶。』

二十八日，詔：『訪聞淮東有被水去處，人戶遷徙。可令錢端禮於本路見管米斛內，支撥一萬碩措置賑濟。如不足，於淮東總領所大軍米內取支。』

九月四日，知鎮江府方滋言：『丹徒、丹陽、金壇三縣，今秋雨傷稼穡，已委官詣金壇縣取撥義倉米二千碩，丹陽縣一千碩，各依乞丐法賑濟。尚慮管下少有客販米斛，及乘時射利，高擡價直，民戶艱於收糴，遂措置就委官於金壇縣添撥米一千二百碩，丹陽縣添撥米五百碩，丹徒縣撥米五百碩，並

各減價，每升作二十五文省，置場出糶，每人日糴不得過二升。竊慮豪右之家閉糶待價，除已勸諭賑糶外，乞依紹興九年七月二十九日指揮，將出糶米穀人依立定格目推賞。仍乞立定有官人糶米比類遷轉賞格行下。其或他州之人有能般販前來賑糶，及得數目，亦與一例保明推恩。』從之。其後方滋又言：『今歲江東、二浙皆是災傷去處，獨湖南、廣南、江西稍熟，相去既遠，客販亦難，勢當有以誘之。欲乞朝廷多出文榜，疾速行下湖、廣諸路州軍，告諭客人，如般販米斛至災傷州縣出糶，仰具數目，經所屬陳乞，並依賞格即與推恩。州縣出糶官米，往往只在近郭，勸諭民間出糶者亦多般入城市，以至村落山谷之民無處告糴。乞敦請士人及寄居之忠實可委者，四散監糶，庶被惠者廣。州縣閉糶，朝廷舊有約束，今聞州縣不務均濟，往往禁人般販。乞委監司嚴行覺察，將閉糶之官按劾施行。』從之。

十九日，詔：『今秋霖雨害稼，細民艱食，出內庫銀四十萬兩付戶部變轉，收糴米斛賑濟。』

二十一日，中書門下省言：『今歲浙西、江東州軍內有水傷去處，損害禾稼，竊慮民戶流移闕食。乞下江西常平司，於見管常平、義倉米內取撥二十萬碩賑貸。』從之。

閏十一月十九日，臣寮言：『淮南流移百姓見在江、浙州軍，無慮十數萬衆，雖欲賑濟，緣官司米斛有限。近降指揮，有田一萬畝，出糶米三千碩。其餘萬畝以下，却有不曾經水災、收蓄米斛之家，糶價倍於常年。今相度，欲委逐州見不曾經水災處，占田一萬畝以下、八千畝以上，立定出糶米一千五百碩。如此，可以廣有出糶之數，應接急闕支遣。』從之。

二十五日，上封事者言：『虜騎犯邊，兩淮之民皆過江南。緣鎮江潮閘不開，老小舟船艤泊江岸者數千隻。近日大雪，皆有暴露絕食之患，欲乞廣行賑濟。』詔專委浙西、江東提舉照應見行條法，通融取撥一路常平米斛，躬親賑濟。臣寮又言：『近嘗具奏，乞賑給兩淮流移之民，伏蒙施行。竊覩近日有司措置，於多田之家廣加和糴，今諸處各有糴到米斛，欲望於浙西、江東西諸郡和糴到米內，取撥二三十萬碩，令逐路轉運司日下措置般運，分往兩淮經殘破州縣鄉村，委逐處守、令遍行賑濟，招誘流民歸業。其貧困之人不能自存者，日計口數給糧。』詔依。

十二月十三日，詔：『兩浙路州軍內有災傷民戶闕食去處，專委本州守倅，以常平米措置減價賑糶。【略】

乾道元年正月十九日，詔：『已降指揮，逐路州軍災傷去處，措置賑濟。訪聞州縣止是抄劄城內闕食之人，其鄉村貧民多不霑惠。令逐路轉運司行下逐州，委官遍詣鄉村賑糶，并勸糶民間米斛，不得因而搔擾。』從中書門下請也。

二十一日，詔：『紹興諸縣米價騰踴，飢民闕食，沿湖之民多有死損，理宜賑恤。可專委徐轟、喻樗多方措置賑糶，務要實惠及民。仍委提刑司體究逐縣死損過人數以聞。』從中書門下請也。

同日，詔：『浙西州軍被水災去處，已令賑濟。訪聞湖、秀州流移之人甚衆，竊慮州縣奉行不虔，可令曾愭躬親前去，多方措置賑濟，無令失所。將州縣官措置有方保明聞奏。其弛慢去處，具名按劾。』從中書門下請也。

二月三日，詔：『兩浙、江東州軍，緣去歲間有水傷去處，致今春米價翔踴，細民流移，甚可矜恤。仰守、令多方措置賑濟，于本州應管錢米內取撥應副。仍籍定數目，隨管內寺觀大小均定人數賑濟，柴錢責付主首掌管支用。務令實惠均及流民，毋致殍餓。如奉行滅裂，仰提刑司按劾，重寘典憲。賑濟有方，具名聞奏，當議旌賞。』

六日，中書門下省言：『兩浙東、西路緣水災，細民艱食。累降指揮，令諸州縣賑濟及勸上戶糶米，并造粥給食，非不詳盡。竊慮州縣奉行滅裂，未見實惠及民。』詔：『浙西委吏部郎官魯訔、浙東委司封郎官唐閲，躬親遍詣諸路州縣檢察。如有違戾去處，具當職官姓名申尚書省。其措置有方，亦仰保明聞奏。』【略】

〔乾道元年三月〕十三日，詔：『嚴、衢、婺、處州荒歉，發常平米以賑之。』從殿中侍御史章服請也。

四月十三日，尚書度支員外郎曾愭言：『今歲浙西災傷，諸縣勸諭大姓出米，賑濟者即是給與。賑糶者姑損其直，賑貸者責認其償。欲乞將逐縣勸諭到賑濟米，謂如三千碩者，知縣與減一年磨勘，計其多寡以爲之等差。賑貸三百碩，比賑濟一百碩。州郡於諸縣數外自措置到賑濟、賑糶數，及委令佐分鄉勸諭者，守臣與令佐賞亦如之。大小麥減米數之半以計其數。』詔令有司第賞格行下，浙西提舉常平保奏施行。

五月二十四日，詔：『廣、英、連、韶州、肇慶、德慶府以峒民殘破，令廣東提舉常平司依條賑濟。』從廣東提刑石敦義請也。【略】

六月十八日，知宣州王佐言：『本州自五月七日至二十六日，雨如傾注，山發洪，被水之人闕食者衆。欲將見管常平糴米錢八萬餘貫循環作本，差官收糴米斛賑濟。』從之。

二年二月三日，兩浙路轉運判官姜詵言：『浙西州縣災傷，民戶闕食。乞下諭州軍府官守臣，疾速措畫，其闕食民戶量行賑濟，勸諭田主、豪右之家借貸種糧。』詔令浙西提舉常平官相度措置。

九月七日，詔浙東提舉常平宋藻前去温州，將常平、義倉米賑濟被水闕食人戶。如本州米不足，通融取撥。權發遣温州劉孝韙言：『本州八月十七日風潮傷害禾稼，漂溺人命。所有義倉米五萬餘碩，先蒙奉使司農少卿陳良弼盤量在倉，不得支借。若候申稟，深恐後時，逐急一面賑給外，有不候指揮先次開發之罪，乞施行。』得旨放罪。

十一日，詔：『温州水災，差度支郎中唐瑑，同提舉常平宋藻、守臣劉孝韙遍詣被水去處，覈實賑濟。』

三年八月二十五日，詔：『諸路州縣約束人戶，應今年生放借貸米穀，只備本色交還，取利不過五分，不得作米錢算息。』以臣寮言：『臨安府諸縣及浙西州軍舊來冬春之間，民戶闕食，多詣富家借貸，每借一斗，限至秋成交還，加數升或至一倍。自近年歲歉艱食，富有之家放米人立約：「每米一斗，爲錢五百。」細民但救目前，不惜倍稱之息。及至秋成，一斗不過百二三十，則率用米四斗方糴得錢五百，以償去年斗米之債。農民終歲勤動，止望有秋，舊逋宿欠，索者盈門，豈不重困？夫民之貧富有均，要是交相養之道。非貧民出力，則無以致富室之饒；非富民假貸，則無以濟貧民之急，豈可借貸米斛，却要責令還錢？』故有是命。

十二月二十六日，左朝散郎孫觀國言：『四川州郡亢旱，內綿、劍州尤甚。乞遣金字牌行下制、總諸司，多方賑濟。』上曰：『此去麥熟尚遠，想見飢民狼狽，當依所奏。』

四年四月十一日，司農少卿唐瑑言：『福建、江東路自今春米價稍高，民間闕食。郡縣雖已賑糴，止是行之坊郭，其鄉村遠地不能周遍。』詔：『逐路提舉常平官疾速措置，津發見樁米斛，分委州縣清强官廣行賑糴，或勸諭積穀之家接續出糴，不得因而抑勒搔擾。諸路依此。』

六月四日，詔：『建寧府、衢州、袁州、建昌軍米價翔踴，人民闕食，並出常平米賑濟之。』

二十六日，詔：『襄陽府水旱民饑，令本府寄樁大軍米內支降二萬碩賑濟之。』

十二月二十六日，雷州言：『八月一日海潮暴漲，渰浸東南鄉民，闕食者衆。』詔令禮部降度牒十道，付廣西提刑司變賣，措置賑濟。

五年三月六日，提舉江東常平公事翟紱言：『竊見饒州諸縣去年被水災傷，合行賑糴。乞將常平舊管米一千六百五十二碩九斗六升五合，并收到乾道四年分義倉米五千二百一十五碩二斗九升五合，委官賑糴外，其池州建德縣與饒州接連，飢荒尤甚，更乞將常平米內支撥七百一十九碩六斗二升，并拘到乾道四年義倉米內支撥二百二十二碩一斗七升，將約度被水第四等、第五等以下大小人口，量行賑濟。』從之。

九日，知鎮江府陳天麟言：『本司昨奉指揮，將歸正人顧政等二百一十八戶，大小計一千一百一十口，并續括責到高琮等五十一戶，計二百三十六口，許令於常平、義倉米內取撥賑濟。至乾道五年五月終合行住支，竊慮狼狽失所，兼本府又不住有一般歸正人楊貴等四十三戶陳乞賑濟，欲將逐項歸正人更與展支一年，庶幾小民始終得霑恩惠。』從之。

四月十四日，詔：『饒、信州連歲旱澇，細民艱食，可出常平、義倉米以賑之。』

同日，權發遣江南路計度轉運副使趙彦端等言：『臣等近恭奉御筆處分，以饒、信二郡常有水患，令臣等協力應辦儲蓄賑濟。臣等措置，將信州合起赴建康府大軍米一萬五千碩截留樁管，及將合起赴鎮江府米二萬碩內，將一萬碩就便樁管，將一萬碩往饒州準備支使。今據饒州知州黃玠劄子稱：「雖蒙提刑司撥到義倉米六千八百餘碩，不了一月賑糶之數。乞備申朝廷，於樁留米內支撥二萬碩添助賑糶。」臣等照得饒州合發上供米斛，除樁留外，尚有合起赴行在米一萬一千九百六十碩。臣等除已一面逐急行下饒州，於內先次取撥一萬碩，量度市直減價賑糶外，候信州起到米一萬碩，却行拘收，理充合起之數。兼慮信州亦有似此闕食去處，臣等已行下信州取撥米五千碩，依此減價賑糶去訖。所有饒州前後樁留米四萬碩，欲乞早降指揮，許再撥一萬碩，更令接續賑糶。』從之。

五月十日，提舉江南東路常平茶鹽公事翟紱言：『臣近因巡歷到饒、信州，面諭逐州知、通，委請諸縣令、佐，勸諭上戶將積蓄米穀減價出糶，接濟細民食用。今饒州並諸縣申到，依應勸諭得上戶願糶米穀，共計一十九萬六千六百碩六斗五升，并轉運司支撥到上供米一萬碩，付饒州賑糶。緣逐項米數委可接濟細民食用，所有臣先來奏乞更支米一萬碩，欲乞住撥，候所糶米穀盡絶，如民間尚闕米穀，即別具奏乞支撥施行。』

十月四日，詔台州出常平、義倉米賑濟被水之民。

六日，權發遣兩浙路轉運副使劉敏士言：『溫、台二州近因風水飄損屋宇、禾稼，雖將義倉米賑濟，緣被水丁口至多，竊慮來年秋成尚遠，將何以繼？臣今措置，欲令各州勸募上戶，官借其貲，就浙西諸州豐熟去處般販米糧，中價出糶，至來年秋間，却輸納錢本還官，庶幾般販既多，米稍停蓄，其價自平。今來溫州已募上戶，借與錢本，見行措置，唯是台州財賦窘迫，無以爲計。臣欲支錢五七萬貫給與台州，令勸募上戶般販米斛，以濟飢民。』詔：『令兩浙轉運司差撥人船，於近便州軍戶部樁管米及常平、義倉米內，取撥三萬碩前去台州，委官於被水去處減價出糶。其糶到錢，令本司拘收，撥還元取米去處。』

十七日，新權發遣福建路轉運副使趙彥端言：『竊見饒、信之間，地瀕湖江，連有水患。欲望每歲于饒、信兩州上供米內，各截留數萬碩。若次年不曾出糶，或有出糶未盡之數，即行起發，却以當年新米代充，稍倣常平以新易陳之意。』詔今後每歲逐州各截留三萬碩，準備出糶。

二十八日，知揚州、主管淮東安撫司公事莫濛言：『契勘本路楚州、盱眙軍沿淮鄉村間有旱傷，訪問得鄉民漸致艱食。揚州總領所樁積米內，見有一萬餘碩，乞令楚州、盱眙軍般取前去賑糶。所有價錢，赴總領所輸納，却令逕自糴米，依舊樁積。不唯接濟飢民，又得以陳易新，委是兩便。』從之。

十一月十五日，詔：『今歲淮東州軍間有旱傷去處，竊慮冬春之交，米價增長，民間或致闕食。可將淮東見管常平米三萬六千六百餘碩，令淮東常平司相度，委官置場，量行減價賑糶。糶到價錢，令項樁管，候將來秋成日，却行收糴補還。』

十二月二十四日，成都府潼川府夔州利州路安撫制置使、兼知成都軍府晁公武言：『成都府自天聖間知府韓億于本府南倉創永利敖，每歲出糶，以六萬碩爲準，以拯貧民，自二月一日糶賣，至八月終止。又有拘收到戶絶官田、廣惠倉米，歲給養病貧民。崇寧五年，準詔旨：「成都糶賣貧民米如有闕數，許轉運司樁錢對糴，常平司應副，仍不得妨常平司支用。」大觀二年，知府席旦奏請：「成都府每歲糶米六萬碩，近來轉運司以無米，應副三分之一，不足以賑惠貧民。乞下四川，每年如米價稍貴，委逐州長吏體量，將義倉米依常平法減價出糶。」至宣和五年，又準詔旨：「成都府今後如遇米價騰貴，依席旦已得指揮，將義倉米減價出糶，收樁價錢，歲稔却行收糴。」自此之後，間遇荒歉，緣義倉所收數少，賑惠不足。臣自到任後來，節次措置糴買到米四萬二千九百六十餘碩，通本府遞年積到常平、義倉米二萬九百八十餘碩，差官抄劄府城內外貧民，給牌歷，置場減價糶賣，以濟飢民。本府雖有所收義倉米斛，一年止有八千餘碩。見根刷本府公使等庫，並制置司激賞庫錢物三十餘萬貫，差官往瀘、叙、嘉、眉等州，乘時收糴米斛，約可得六萬餘碩，津運前來府倉，別敖收貯，復韓億永利敖所樁歲糶之數，仍以「廣惠倉」爲名。每斗減價作三百五十文，專充賑糶，不許他用。拘收本錢，循環添貼。日後本府諸庫儹積到錢物，糴買以備永遠賑濟，仰副朝廷勤恤民隱之意。』詔依。其糶到錢，日後專充賑糶本，不得他用。晁公武令學士院降詔獎諭。

六年閏五月十一日，詔：『浙西州軍大水，令呂正己前去措置賑濟。』既而，臣寮言：『已差呂正己措置浙西被水居民。乞就委漕臣於本路取見州縣被水實數，官爲貸其種穀，再種晚稻。將來秋成，絶長補短，猶得中熟。諸路如有似此去處，亦乞依此施行。』從之。

六月十二日，權江南東路轉運副使張松言：『寧國府、建康府、太平州、廣德軍圩田均被渰沒，委實災傷。逐州差官賑濟被水人戶，一依太平州例，每月支散錢米。所有第四等人戶，依條不該賑濟，乞將常平米減價出糶。』從之。

十八日，提舉福建常平茶事鄭伯熊言：『福建路八州軍府縣，自入夏以來闕少雨澤。其上四州軍府雖時得甘雨，猶未霑足，早禾多有傷損；下四州軍亢旱尤甚，晚種有不得入土者。乞將所在米價依條支撥常平米斛賑濟。』從之。

八月二十四日，詔淮南路轉運司於盧州樁積米內取撥三千碩，應副濠州賑糶。

九月十四日，詔於建康府樁管米內取撥一十萬碩，限一月津發赴盧、和州樁管，準備賑糶。

十月二十一日，詔淮東總領所於揚州樁管米內，撥一萬碩應副楚州賑糶、五千碩應副盱眙軍賑糶。

十二月二日，詔江東轉運司將江西路合起赴建康府米三十萬碩內，取撥十萬碩赴太平州、五萬碩赴池州椿管，準備賑糶。

九日，詔湖州將椿積和糴米五萬碩賑糶水災之民。

同日，詔淮東總領所於揚州見管米內取撥一萬碩，分淮東州軍賑糶。

二十六日，詔：『和州旱澇，禾麥損傷，可借撥米一萬碩賑糶飢民。』

乾道七年正月八日，詔兩浙路轉運判官胡堅常，同浙西路提舉常平司措置賑濟，務施實惠。

十三日，江東轉運副使沈度言：『廣德軍災傷尤甚，欲望支降米二萬碩，水運至本軍，委自守倅拘收賑糶。』詔令沈度取撥二萬碩，措置津運赴廣德軍，委本軍守倅賑糶。

二十二日，利州觀察使、知襄陽府韓彥直言：『去歲秋苗不登，乞於本府寄椿大軍米內，支降三萬碩賑濟。』從之。

二十九日，詔浙西常平司於平江府常平、義倉米內借支五萬碩，應副湖州賑糶，接濟飢民。從知州向均之請也。

二月六日，詔：『招信縣荒歉，已支米二千碩賑濟，更於揚州椿管米內撥三千碩賑糶。』

八日，權知高郵軍劉彥言：『本軍高郵、興化縣人戶旱澇，又有黑鼠傷稼。乞于本軍大軍倉內取撥米一萬碩，每斗作價錢一百五十文省出糶。遇豐熟日，却從收糴。』從之。

同日，廬州言：『本州旱傷，據合肥等縣人戶陳乞借貸，及有歸正人乞賑濟。近蒙支撥常平米五萬碩付廬州、和州準備賑糶，於內已撥一萬碩賑糶與和州闕食人戶。今欲更支一萬碩，借貸與前項飢民及歸正人，候將來成熟日撥還。』從之。

四月十五日，光州觀察使、高郵軍駐劄御前武鋒軍都統制、兼知楚州陳敏言：『本州去年因黑鼠傷稼，兼秋間水旱，農民飢饉，蒙下通州撥米五千碩，又下總領所支米一萬碩。以通州水路遙遠，止就揚州般到米一萬碩賑糶。本州戶口既繁，食用日廣，賑糶官米今已不多，欲望再撥米一萬碩付本州賑糶。』詔令本路常平司將通州未撥米五千碩疾速科撥應副。

七月六日，詔：『江西州軍間有闕雨去處，合行措置收糴米斛，準備賑糶。可令龔茂良拘收單夔已刷到發運司奏計錢，并江州有發運司貿易等官會子，共湊二十萬貫，於江、浙豐熟去處收糴米斛一十萬碩，均撥赴最不熟州軍椿管，申三省、樞密院。』

同日，詔：『江西路今歲間有旱傷州縣，責在守、令究心賑恤。可令本路帥臣，將旱傷州縣守、令精加審量，如內有老謬不能究心職事之人，先次選擇清强能吏前去對易，措置賑濟存恤施行。開具已對易官職位、姓名及見作如何賑恤事件聞奏。』八月一日，詔湖南旱傷州縣亦合依此施行。

十三日，詔：『昨發運司於潭、衡、全、道、邵州、桂陽軍和糴米斛，未曾支撥。可令湖南轉運司，將糴到米撥赴災傷州軍椿管，賑濟、賑糶。』

八月一日，詔：『江州今歲旱傷，見今已有流民，守臣坐視，不據實申奏。專委漕臣一員，日下起發前去江州，同守臣將見管常平、義倉米斛四萬四千餘碩措置賑糶。如不足，即仰收糴客米。或尚闕少，仰於本州見椿管朝廷米內，逐急借兑賑糶。仍具已如何措置及賑糶過數目，并委官起發月日以聞。』從中書門下請也。

同日，詔：『饒州旱傷，除已存留米一萬碩賑糶外，可於本州米內更存二萬碩，通三萬碩，日下措置賑濟。』

同日，中書門下省言：『湖南、江西間有旱傷州軍，竊慮米價踴貴，細民艱食。富室上戶如有賑濟飢民之人，許從州縣審究詣實，保明申朝廷，依今來立定格目給降付身，補受名目。無官人：一千五百碩，補進義校尉；願補不理選限將仕郎者聽。二千碩，補進武校尉；如係進士，與免文解一次；不係進士，候到部，與免短使一次。四千碩，補承信郎；如係進士，與補上州文學。五千碩，補承節郎。如係進士，補迪功郎。文臣：一千碩，減二年磨勘；如係選人，循一資。二千碩，減三年磨勘，如係選人，循兩資。仍各與占射差遣一次；三千碩，轉一官，如係選人，循兩資。仍各與占射差遣一次；五千碩以上，取旨優與推恩。武臣：一千碩，減二年磨勘，陞一年名次；二千碩，減三年磨勘，占射差遣一次；三千碩，轉一官，占射差遣一次；五千碩以上，取旨優與推恩。其旱傷州縣，勸諭積粟之家出米賑濟，係敦尚義風，即與進納事體不同。』詔依。其賑糶之家，依此減半推賞。如有不實，官吏重作施行。尋詔江南東路、荆湖北路依此制。

八日，兩浙路轉運判官胡堅常言：『昨蒙朝廷委以賑糶，平江府常熟知縣趙善括勸誘上戶，米數倍於諸邑；崑山知縣聞人大雅委之吏輩，寅緣爲姦。

欲望朝廷將此二人量賜懲勸。」詔趙善括特轉一官，閻人大雅特降一官。

十六日，權發遣隆興府龔茂良言：「以本路旱荒，御膳進素，而臣忝一路兵民之寄，合賜罷斥。」詔：「龔茂良爲一路帥臣，當茲旱暵，而乃引咎自歸，欲求閑退，非朕責任帥守之意也。可劄與龔茂良，宜講救荒之政，散利薄征，以至攘除盜賊，勉修乃職，安輯一路之民。所請不允。」

二十二日，資政殿學士、知建康府洪遵言：「饒州、南康軍今歲旱災非常，早種不入土，晚禾枯槁，兩郡飢民聚而爲盜。乞檢照江西、湖南已行賑濟體例。憑遵施行。」從之。尋詔本路提舉常平司，更於附近州軍取撥常平、義倉米五萬碩付饒州，五萬碩付南康軍，應副賑糶。

二十五日，權發遣隆興府龔茂良言：「本路州軍被災，輕重不等：贛州、南安、建昌早禾小損，晚稻無傷；次則吉、撫、袁州時有雨澤，所損亦有分數；惟是隆興府、江、筠州、興國、臨江軍荒旱尤甚，早禾皆死，晚稻不曾栽插，自來未嘗似此飢歉。已分委官前去同守、令講究利害，相度欲將江、浙糴到米，就近徑赴建康或鎮江總領交納，却就截本處上供米賑濟，理充所糴之數。大姓巨商勢必閉糴，本府已立下價直，每碩止一貫五百四十文足，比之市價折錢七百六十六文足。以一名若認糴二萬碩，共折錢一萬五千二百餘貫足。若不優異推賞，恐無人願就。今進納迪功郎，係八千貫文省，比之以二萬碩米中糴入官，折閱之數，不啻過倍。欲乞補充迪功郎，有官人許轉一官資，及見係理選限將仕郎，並許參部注受合入家便差遣。」從之。

九月七日，詔：「江南西路諸司申到江州旱傷最甚，除已降指揮許截留并令諸司科撥米外，可令劉孝韙日下躬親前去江州，將本路常平米接續賑糶。」

十一日，詔：「訪聞湖南今歲亢旱，民頗流離。令禮部給降度牒一百道，左藏南庫支降會子一十萬貫，付湖南提舉胡仰之收糴米斛，措置賑糶。」

二十二日，敷文閣待制、提舉江州太平興國宫張運言：「居閑躬耕，儲粟二千餘碩，適逢今歲旱歉，敢助賑濟。」詔令學士院降詔獎諭。

二十五日，白劄子：「江東西、湖南州軍今歲旱傷，欲乞依紹興九年指揮，將本路檢放、展閣之事則責之轉運司，（遇軍糧闕乏處，以省計通融應副。）糶給、借貸，則責之常平司，覺察妄濫則責之提刑司，體量措置則責之安撫司。」詔依，仍令逐司各務遵守，三省歲終考察職事修廢以聞，送敕令所立法。本所看詳：「災傷去處，全在賑濟。若不分隸，責之帥臣、監司，竊慮奉行違戾；諸司許有違戾，若不互相按舉，亦無以覺察。今參詳，許逐司互相按舉，及將已行事件申尚書省，以憑考察。仍立爲三省通用及《職制令》。」從之。是日，宰執進呈江東西、湖南旱傷，依紹興九年諸司分認賑恤事。上曰：「它路或遇災歉，並當依此。然轉運司止言檢放一事，猶恐未盡。它日賑濟之類，必不肯任責。」虞允文奏曰：「轉運司管一路財賦，謂之省計，凡州郡有餘不足，通融相補，正其責也。」上曰：「然今降指揮，止以『檢放』爲文，它日以此藉口逃責，何所不可？」允文奏曰：「乞立法，遇諸郡有災傷處，以省計通融應副。」上曰：「如此則盡善矣。」故令立法。

十月七日，詔：「江州旱傷，節次已降指揮，取撥本州常平、義倉米四萬四千餘碩，及兌截上供米六千五百餘碩，勸諭上戶認糴米二萬八千六百餘碩，截留贛州米一萬碩，及支糴本錢四萬餘貫收糴米斛，并令漕臣取撥本路常平米一十萬碩，吉、筠等州見起建康米八萬餘碩，未起朝廷樁管米九萬七千餘碩，及江州元管收糴米，均撥付本州賑糶，并立賞格，勸諭上戶出米賑濟、賑糶。倚閣夏稅，檢放秋苗，地主、佃戶資助賑給。并將禁軍、土軍、弓手免起發，存留防賊。可令帥、漕、提舉官多出文榜。候歲終比較殿最，如官吏奉行滅裂，委御史臺覺察，按劾以聞。」

同日，詔：「饒州旱傷，已降指揮，取撥本州常平、義倉米八萬餘碩，及於附近州縣常平、義倉米內取撥五萬，并截留本州見起樁管上供米三萬碩，及獻助米二千碩付本州，并勸諭上戶賑糶、賑濟。又倚閣夏稅，檢放秋稅，及地主、佃戶資助賑給，並將禁軍、土軍、弓手並免起發，存留防賊，可令江東帥、漕、提舉官多出文榜，督責守、令多方措置存恤。歲終比較殿最，如官吏奉行滅裂，委御史臺覺察，彈劾以聞。」

十日，權發遣隆興府龔茂良言：「竊詳所立賞格，除出米納官不請價錢即合推賞，所有賑糶係減半推賞，然不可一槩，若依市價以收厚利，商賈之流販賤賣貴，較其碩數，則盡合補授。如此，賞典皆可濫及，飢民不蒙其利。在法，官爲立中價，不得過有虧損。今欲將賑糶之家，並令官司差人監視給歷，記糶過之數，究實保明，申朝廷依格補轉。其客販米數或兌便上供米前來中糴入官，如願依立定價例賑糶推賞之人，並一體施行。兼上戶若在豐熟處，即合指闕食州縣接濟，合隨本處時價減三分之一，官司給據照證，般載往災傷地分賑糶，即行理賞。」從之。

十二日，知饒州王秬言：『昨蒙朝廷支撥本州椿管米三萬碩，緣軍糧不繼，已兑那支遣。乞別借錢、會糴米，來歲稍稔，却當拘納。』詔令左藏南下庫支會子五萬貫，餘依。

二十三日，直祕閣、權發遣徽州趙師夔言：『本州管下旱傷，有婺源縣遊汀、來蘇兩鄉尤甚。臣措置到錢一萬五千貫，欲於本州及諸縣常平、義倉米內，依立定價回糴米五千碩，就便給散賑濟。乞令提舉官椿管上件錢，俟開春收糴，補還元數。』從之。

十一月十二日，知建康府洪遵言：『太平州蕪湖知縣呂昭問以和糴米爲名，禁止米斛不得下河。饒州旱傷，前來收糴米七百五十餘碩，本縣抄劄，不令交還。』詔呂昭問降一官放罷。

十九日，湖南轉運副使吳龜年、司馬倬等言：『本路旱傷，唯潭最甚。昨來黃鈞趲剩米四萬碩，乞充賑糶使用。』詔糴到價錢，循還作本，收糴米斛賑糶。

二十二日，權發遣隆興府龔茂良言：『乞差新知興國軍、右朝請郎陳寅往來被旱州縣，同共措置檢察。乞量差兵級，破本官驛券，行移作本司措置賑濟官。』從之。

八年二月八日，權發遣隆興府龔茂良言：『本路去歲荒旱異常，如隆興府、江、筠州、臨江、興國軍五郡，各係災傷及七八分以上。雖已依條將老幼疾病之人先行賑給，緣人口幾及百萬，委是賑給不周。乞將已得旨取撥到米一十萬碩，并更勸諭上戶賑濟給散，庶幾稍宣德意。』詔將續撥義倉米五萬碩，令龔茂良充賑給使用，餘常平米五萬碩，依舊循環賑糶。

三月十五日，敷文閣待制知潭州陳彌作、直徽猷閣荆湖南路計度轉運副使司馬倬言：『潭州安化縣上戶進武校尉龔德新，平時兼并，遂至巨富，以進納補官。比至旱傷闕食，獨擁厚資，畧不體認國家賑恤之意。』詔龔德新追進武校尉一官勒停，送五百里外州軍編管。

四月一日，權發遣隆興府龔茂良言：『本路旱荒，細民艱食，若不廣行賑給，無由可救。竊覩張聲昨緣獻米賑濟，除閣職，又得添差本貫兵官，富民歆慕。欲乞明降指揮，出米賑給者，除依格補官外，特與添差本路合入差遣一次，仍依離軍人例減半支給。蓋富民本非急祿，止欲以此爲榮，夸其閭里。如依所乞，必翕然聽從，速得米斛，濟此目前，非小補也。』從之。

十五日，湖北常平司言：『鄂州有紹興十一年至建炎年間歸正人，委是年深，各已樂業。今來却欲同三十一年以後歸正人請錢米。深慮諸州災傷，難以支給。』詔令紹興三十年終以前人免支，自三十一年以後歸正人，照應赦文賑濟。

八月七日，詔：『四川自入夏以來，陰雨過多，沿流州縣多被其患，如嘉、眉、邛、蜀等州最甚。令四川宣撫司審實被水去處，措置賑恤。』從知成都府張震請也。

八月，權發遣隆興府龔茂良言：『本司勸諭上戶出米賑濟、賑糶，緣所立賞格比尋常鬻爵計之，其直不啻過倍，又有運載之費，欲更少加優異。紹興三十二年閏二月十九日指揮：「進納迪功、承信郎，並理爲官戶。內迪功郎與免試，先次注授差遣，依奏蔭人例；承信郎、進武、進義校尉，並與免試弓馬及短使，先次注授差遣。」今來勸諭賑濟告敕，元降指揮係敦尚義風，即與進納不同，見得事理尤重。雖各係理選限，及先與添差本路合入差遣，緣許理官戶一節，及將來到部免試、先次注授、依奏蔭人例等事未嘗立法。』吏、戶部看詳：『欲將承信郎比附承節郎，上州文學比附迪功郎，依條遇赦注授簿尉差遣。餘並依紹興三十二年閏二月十九日已得指揮，仍比擬獻納已降指揮理爲官戶。』從之。

十一月六日，詔：『道州營道縣主簿咼大和糴到賑濟米四萬石，與減二年磨勘。』從湖南提舉常平胡仰之請也。

九年閏正月十七日，詔：『雪寒，細民艱食。令臨安府將貧乏不能自存之家，令左藏南庫支會子六千貫，豐儲倉撥米三千碩，付臨安府，分委有心力官日下巡門俵散賑濟。每名支錢二百文、米一斗，務在實惠，不得減剋。』以上《永樂大典》卷一五二三九

孝宗淳熙元年，詔：『兩浙州縣去歲旱傷處，民戶生借錢穀，今來二麥將熟，竊慮上戶乘時取索，無以接濟艱食，可候秋成日理還。』

二年閏九月十四日，詔：『湖南、江西昨緣茶寇蹂踐，陣亡將佐官兵等遺骸，令所在官司即爲埋瘞，毋致暴露。及被燒毀屋宇，貧乏下戶、孤老、童幼、寡婦未有居止，可令於諸寺院及係官屋宇安泊。日計人口給義倉米二升。并遺棄小兒未有人識認，日給錢米；若有親屬，責歸存養，毋令失所。』

十七日，詔：『淮南東路間有旱傷處，已降指揮委本路漕臣同提舉常平官取撥常平、義倉米措置賑糶，及流移人戶依條賑給。尚慮民戶以州縣不即檢放應輸官物爲疑，致有賤賣牛、棄業流移，令總領、漕司將被旱處民户應輸官物依條檢放，仍勸諭人户歸業，趁時布種。如闕糧種，官為借貸。及於真州、高郵軍各借草七萬五千束，令漕司委官給付人户飼養耕牛，仍約束不得宰殺。』

以淮南運判趙思言：『旱災之家無草飼牛，往往出賣屠宰。』故有是命。

二十八日，詔：『江西、湖南近緣茶賊為擾，可令逐路轉運司將人户積欠官、私債負並權住催，內私債候来春受理，官欠具數實數申取指揮。及委官遍詣逐處審覈曾被侵擾人户，優加存恤，無令失業。仍覆實今春不曾不種，今秋有失收刈田畝，將今年合納秋税與量輕重，一面減放。』

十月九日，詔：『台州近因溪流泛漲，漂浸居民，可支義倉米賑濟。其積欠糴本錢并折帛錢絹，自來年為始，分限三年內帶發。』至五年三月，又以旱傷、火災，更展二年。

三年八月十一日，詔：『近日陰雨連綿，江西、江東間有損壞堰壩及被水人户，可令逐路轉運、常平司日下委官審實，依條賑濟。』

四年七月二十七日，詔：『撫州寄居迪功郎、新袁州萬載縣主簿段子雍，以歲旱，收養遺棄童幼二百二口，後至食新，並責還父母親屬。可特循從政郎。』先是，江西運判芮輝言：『鄉村僻遠去處，遺棄小兒，令州縣告諭，保明根刷，具名申官，支給錢、米撫養。如一鄉一都之内保正能收養遺棄小兒二十口以上，官爲支給犒賞。如上戶、士大夫家能收養五十口，具名以聞，乞行旌賞，州縣官措置支給錢米。收養百口至二三百口者，具名以聞。』至是，段子雍應格，故有是命。

七年十月四日，詔：『兩淛、江東西、淮西、湖北路今歲旱傷州縣，令逐路帥、漕臣行下所部州縣，將人戶見欠官債並與倚閣，候豐熟日，逐旋送納。』

九日，詔：『舒、蘄、黄、和州、無爲軍，各將第四、第五等旱傷民戶見欠淳熙四年至六年終畸零稅賦并七年未納畸零夏稅，並權倚閣。』

十一月四日，詔紹興府將上虞、餘姚二縣第四、第五等以下人戶見欠淳熙七年官物權與倚閣，候來年豐熟帶納。

八年四月十一日，詔：『軍民多有疾疫，令醫官局差醫官巡門診視，用藥給散。殿前司十二人，馬軍司二人，步軍司七人，臨安府内外諸厢界二十人，各日支食錢。所有藥餌，令戶部行下和劑局應副，仍各置歷抄轉醫過人數，日具以聞。』

十八日，詔臨安府於府城四門外相視隙地，作大塚各一所，每處委僧十人、童行三十人，凡遺棄骸骨，不問新舊，並行收拾叢葬。棺殮之具并僧行食錢，令本府量行支給。仍出牓禁戢，今後如有發去舊塚之人，依掘塚法科罪。以是歲多疾疫，已降指揮廣差醫官救療，死者尚眾。緣地主利於得錢，往往發舊改新，是致骸骨遺棄，不復收瘞，故有是命。九年四月，淛東紹興府等處民多疾疫，兩淛漕臣吴琚亦乞依此施行，從之。

五月十六日，詔：『近者久雨，恐爲低田有傷，貧民無力再種。可令淛東、西兩路提舉常平官，同諸州守臣疾速措置，于常平錢内取撥，借第四、第五等以下人戶收買稻種，令接續布種，毋致失所。』

六月二十二日，詔嚴州將被水漂壞屋宇第四等以下戶夏稅並與倚閣，其身丁錢、絹更與蠲免。

十二月四日，詔江、淛、兩淮旱傷州縣，將第四、第五等戶今年以前應殘欠苗稅、丁錢並特住催，及官私債負理還。其流移人戶拖欠官物，並與除豁，不得令保正、長代納。如願歸業，即量支錢米津遣，與免將來夏料催科。

九年六月十八日，詔：『近聞民間貧乏，其死亡人口無力津送。大人每名支五貫，小兒支三貫。令臨安府於上供錢內支撥五千貫，分委官屬收掌給散。』

十二月十二日，新知婺州錢佃言：『臣前知隆興府，於城外置養濟院一所，收養貧病無依之人。先是，漕臣芮輝以俸錢千緡合藥以濟病者，趙汝愚以俸錢千四百緡買田以給病者食，臣又益以千緡增置長定一莊，仍創造屋一區，差人看守，輪遣醫工診視，日給口食藥餌，委官提督。首尾九年，始得就緒，恐後來官吏或不究心，便致廢壞。乞詔本路漕臣常切提督，所有錢物不許移用。』從之。

十一年正月二十八日，詔：『江東提舉司行下建康府、太平州、寧國府、池州、饒州、廣德軍、南康軍建昌縣，各多支常平錢米，將被水人戶優加存恤，務要實惠及民，毋致失所。仍照應已降指揮，勸諭人戶用心補種被水去處田畝。』

六月十一日，詔：『淛西、江東路州軍被水去處，令兩路提舉司多方勸諭有田之家，將本戶佃客優加借貸，候秋成歸還；若致欠負，官爲理索。或其家無力，并有田闕少穀種，並許於常平錢內支借，以助補種，毋令荒閑田畝。』

八月十六日，詔處州龍泉縣被水之家，令浙東提舉司同守臣各多支常平錢米，優加存恤。

九月四日，利州路提刑兼提舉勾躍言：『本路金、洋、西和州亢旱，乞給降度牒三百道，付臣措置，於豐熟去處趁時收糴。或降付總領所，用對支逐州樁積斗斛，以備賑濟。』從之。

十一日，福建提舉司言：『汀州寧化縣兇賊姜大老嘯聚，已行收捕。竊慮賊發地分被劫之家流移失所，不能自存。已行下常平、義倉取撥米斛借貸，安集流亡，無致失所。』詔福建提舉司同逐州軍守臣更切優加存恤。

十九日，臣僚言：『乞令戶部行下諸路安撫、轉運、提舉三司，嚴督所部州縣，日下審究有水旱處，隨輕重速行賑濟。契勘見在之米有何指準，如何賑糴，仍會計官米可糴之外，勸諭人戶廣行散糴，立爲中價，使不踴貴。』從之。

十一月十八日，鎮江府言：『管下金壇縣今歲五月連遭大雨，五鄉二十四都被水渰浸，致傷禾稻。乞下本府，於有管淳熙八年賑濟，賑糴不盡及糴還米內，取撥應副賑給。』詔令浙西提舉司詳所申事理，於近便州府見在常平、義倉米內，通融斟量應副。

十四年正月二十七日，詔：『軍民多有疾病之人，可令和劑局取撥合用湯藥，分下三衙并臨安府，各就本處醫人巡門俵散。』

二月八日，浙西提舉羅點言：『本路州縣疫氣大作，居民轉染，多是全家病患。臣遂就局修制湯劑給散，選官監督各州職醫巡門，置歷抄劄病患人數，逐一醫治，日具痊可人數供申本司。其間病患闕食之家，亦已措置粥食接濟。乞下諸州軍嚴切醫救，毋爲文具。』從之。

六月二十二日，臣僚言：『臨安府寶蓮山居民遺火，延燒屋宇及毀拆間架，無慮五七百家。其間多是浮食細民，頓喪生理，狼狽失所。况當盛暑，老幼暴露，卒未着業，委實可憫。乞令臨安府抄劄燒毀人戶姓名，計其口累實數，優支錢米賑濟，多方存恤。』從之。

七月十四日，兩浙西路提舉羅點言：『竊見本路州縣闕少雨澤，其間旱傷分數隨處不同。內臨安府鹽官縣、秀州海鹽縣被旱最重，民間目下便已乏絕，漸有流移。所有兩縣人戶合納夏稅、和買役錢及以前年分積欠官物，乞自第三等以下，且令住催，候將來豐熟日送納。』詔令多出文牓曉諭，仍仰轉運司委官取見兩縣第三等以下住催數目申尚書省。

十一月二十三日，知建康府趙善俊言：『昨蒙恩差知鄂州，未到任間，於淳熙十二年十月初十日夜，居民遺火，延燒萬家，焚溺者千餘人。兼程疾馳，交割職事。居民暴露，將有轉壑之憂。就州治監視賑濟過米一萬一千七百餘石，乞賜蠲放。』詔自來年爲始，分作兩年撥還。

十五年七月五日，詔知鄂州沈樞等，將被水軍民優加賑恤，毋致失所。以樞等言『五月以來連雨，江水泛濫，民戶及軍寨被浸近三千家』故也。

光宗紹熙元年六月十五日，詔：『諸路監司、帥守，應自今以後，凡有水旱去處，並合盡實以聞。苟有不實，或隱而不上，皆以違制論。』以臣僚言：『州縣之間，或有俗吏不知大體，往往以水旱爲諱，故縣不以實報州，州不以實申諸司，諸司不以實聞朝廷，是以朝廷於四方水旱無繇徧知，使國家救荒之政不得盡行實惠。』故降是詔。

二年十一月二十七日，南郊赦：『崇慶府、潼川府、果州、利州、綿州、合州、金州、龍州、漢州、大安軍、石泉軍，懷安軍及潼川府射洪縣、崇慶府晉原縣、新津縣、魚關、興州長舉縣置口倉，汀州寧化縣，各有被水去處，及徽州、金州各經遺火，已降指揮存恤外，尚慮民戶流徙，未能復業，或有貧乏不能自存之人。仰監司照應指揮，務行寬恤，毋致違戾。』

三年二月八日，淮南運判趙師羼言：『本路州軍去歲闕少雨澤，多有旱傷去處。雖將田段檢放，又遭霜損，據人戶陳乞倚閣課子。今乞每戶十石以上聽從州縣施行外，餘以三等石數爲率：五石倚閣三分之一，二石以上倚閣一半，二石以下盡行倚閣。』從之。

四年六月一日，詔江、浙、兩淮、荆湖等路安撫、轉運、提舉司，將被水去處，須管同守臣多方措置賑恤，毋令失所。如將來人戶或有流移，定將當職官吏重行責罰，不得視爲文具。既而，江西提舉司以隆興府、筠州、興國軍等處被水渰沒爲請。尋詔令本司更切優加賑恤，毋令失所。

九月二十九日，詔江陵府於樁管陳次米内支撥四萬石，準備賑糴水傷民戶。從守臣王藺請也。

十月十一日，詔：『逐路提舉躬親前去被水旱州縣驗實，内第四、第五等戶災傷委及八分以上，今年合納官物并以前欠負，特與權行住催。如今年官物有已納在官，即理爲來年合納之數。仍多出文牓曉諭州縣，不得別作名色催理。如違，許人戶越訴。』以都省言浙東、江東、淮西路諸縣多有水旱故也。

十二月三日，詔徽州將休寧縣被火之家更切優與存恤，毋致失所。從本州言休寧縣居民遺火故也。

五年六月五日，詔江東提舉司，將池州石埭縣被水之家更優加賑恤，毋令失所。以本司言也。

紹熙五年七月七日，登極赦文：『應諸路州縣緣水旱，承將指揮借撥過樁管米斛充支遣及賑糶等，可將未還數特與除破。如有見管糶到價錢，即具數申尚書省。』

八月二十三日，詔：『令鎮江府於見樁管米內取撥陳次米二萬石，禮部給降度牒五十道，付常州措置出賣，每道價錢八百貫文，賣到價錢專充賑糶。仍具糶到數目及糶過米數申尚書省。』以浙西提舉及常州守臣告旱故也。

同日，詔：『令淮東轉運司就本路有樁管米去處，共借撥米一十萬石，斟量所部州軍旱傷輕重，分撥應副賑糶支用。』以楚州守臣熊飛言本州亢旱，從其請也。

同日，權知和州程九萬言：『本州夏季以來麼愆雨澤，旱勢已成，又有蝗蝻生發，救荒之政，所當講求。除已取撥應管官錢於得熟州軍逐急收糴米斛，準備糶、濟，緣淮邊被旱，勢須糴之江南，而江南非銅錢、會子不行使。乞從朝廷借撥會子五萬貫，或以祠部準計，趁此秋成，差人徑往江西收糴，庶得自冬徂春可以接濟賑糶。』詔令和州就樁管米內借撥二萬石，以備旱傷之用，餘依。

九月十四日，明堂赦文：『兩浙、江、淮等州縣間有水旱災傷去處，已降指揮存恤外，尚慮民戶流徙，未能復業，或有貧乏不能自存之人。仰監司照應累降指揮，更切體訪，優加存恤，毋致違戾。』自後郊祀、明堂赦亦如之。又赦文：『在法，病人無緦麻以上親同居者，厢耆報所屬，官爲醫治。訪聞店舍、寺觀避免看視，更不聞官，往往趕逐出外，及不令安泊，風雨暴露，因而致斃。可令州縣多方措置存恤，依條醫治，仍出牓鄉村曉諭。』自後郊祀、明堂赦亦如之。

十一月一日，中書門下省言：『已降指揮，客販米斛前來兩浙路荒歉去處出糶，經過稅場，依條免納力勝錢。仍不得巧作名色，妄有邀阻。』詔逐州委官專一覺察，如有違戾去處，即將當職官吏劾按以聞。客人附帶物貨，許所經過場務量與優潤，從逐處則例，以十分爲率，與減饒二分，日下通放，即不得虛喝稅數。其招誘到客船，仰所委官出給行程文曆一道，批寫所載米斛若干，舟船幾隻，客人、梢工鄉貫、姓名，指定前往出糶州軍，經過場務照驗放行，仍批寫到發日時，至住糶處繳納。如奉行滅裂，許客人越訴。仍仰所委官多出文牓曉諭。江陵府、復州委袁樞，鄂州、德安府、漢陽軍、岳州委胡瑑，鼎、澧州一帶委陳謙，潭、永、衡、邵州一帶委何異，南康軍、饒州、信州委李信甫，蘄、黃州委張同之，池州、太平州委李唐卿，建康府委趙師弄，鎮江府委吳珽，常州、江陰軍、平江府委黃灝，湖、秀州委黃黼，吉、贛、袁、筠州、臨江軍、隆興府委趙鞏，江州、興國軍委張抑，漳、泉、福州、興化軍委詹體仁，廣東委張釜、黃掄。

寧宗慶元元年正月十九日，詔：『兩浙、兩淮、江東路提舉司行下所部荒歉去處，逐州逐縣各選委清彊官一員，遇有遺棄小兒，支給常平錢米措置存養。內有未能食者，雇人乳哺，其乳母每月量給錢米養贍。如願許收養爲子者，並許爲親子條法施行，務要實惠，毋致滅裂。如有違戾，仰監司覺察按劾以聞。』

二十六日，詔：『內藏庫支錢一萬貫，豐諸倉更支米三千石，付臨安守臣徐誼，措置給養貧病之民，務要實惠均濟。』既而，權工部侍郎、兼知臨安府徐誼措置，將上件流移之人逐一封臂，括責姓名，類其鄉貫，隨地里遠近，計程優給錢米，以爲路費。乃到鄉下擔糧食，差人伴送津發，各歸本貫州縣。仍逐名印給曆頭，前去照證，牒與本貫賑濟存養，庶得歸就鄉井，漸復元業，再與父子妻兒相聚同活，不致星散，流移失所。詔：『候到本貫州縣，令日下支給常平米賑濟，毋致失所。』

二月五日，詔：『令學士院降詔戒飭諸道監司、守令，應水旱去處，多方賑恤，務在實惠及民，毋得徒事虛文，庸副軫念元元之意。朕將考其殿最，以示勸懲。』

三月十三日，御筆：『訪聞民間病疫大作，令內藏庫日下支撥錢二萬貫付臨安府，多差官於城內外詢問疾病之家，貧不能自給者，量口數多寡支散醫藥、錢；死而不能葬者，給與棺斂。務要實惠及民，毋得徒爲文具。』五月七日，宰執進呈知臨安府錢象祖申乞續降，余端禮等奏：『欲更與萬緡，不知當於何處支降？』上曰：『即就內帑續支與之。』鄭僑奏曰：『陛下勤恤民急，有加無已，真孟子所謂「以不忍人之心，行不忍人之政。治天下可運於掌上也。」』

六月七日，權兩浙運副沈詵言：『竊見兩浙州縣亦多饑疫，自近及遠，德意不可不均一。浙西如湖、秀、常、潤，浙東如慶元、紹興，自今疾疫頗盛，其它州縣亦多有之。窮下之民，率無粥藥，坐以待斃。乞從朝廷給降度牒五百道，下本司或提舉司變轉，隨州縣饑疫輕重撥下，逐州委官分任其事。事畢考驗驅磨，以全活人數多寡旌別聞奏，優與推賞。一、州縣合選委明脉醫官，各分坊巷、鄉保醫治。其合用藥材，於所委官從實支給。仍日支食錢五百文。其有全家疾患無人煎煮者，選募僧行管幹，每日亦支食錢三百文。並各置曆抄記全活人數，事畢保明旌賞。州縣濟、糶行且結局，其不育蠶種麥者，仍舊艱食；老弱、孤獨、殘患流離道路，皆當矜恤。乞許令州縣别委官踏逐空閑屋宇、寺院收養。其間遺棄小兒，募人養之，官爲記號，月一呈驗，以給其費。今來米價已高，若罷賑糶，竊慮翔踴，惟是在市之米輻湊，庶幾其直日平。探聞商販之家多有積米，藏寄碓坊，質當庫戶，猶欲待價。欲乞指揮盡令出糶，如有藏匿，許人陳首。』詔令禮部給降度牒五十道，付沈詵自行措置斟量支散。餘依之。

六年十一月二十四日，右司郎中李寅仲言：『恭惟國朝漏澤園之制恩及枯胔，前古未有。竊見諸州縣寺院多有攢殯，歷年滋多。或家貧，子孫無力收葬，或遠宦因循不舉，僧徒玩視，公肆徼求，馴致暴露，枯骨無歸，深可憫恤。欲每歲委自逐路提舉司近冬檢舉，行下諸州縣委官躬親抄劄，如年深無主、家貧無力者，官爲擇地置義塚以葬之；其有子孫，不願入義塚者，責以近限收葬，庶幾枯胔不致暴露失所。歲一舉行，無爲文具，無令騷擾，庶幾仰稱聖朝澤及漏泉之意。』從之。【略】

［嘉泰元年］十月三日，臣僚言：『今所在州縣間遇歉歲，至八月則收狀，至九月則檢放，至十月則抄劄。又有檢放未實而再覆實檢放者，亦有抄劄未實而再覆實抄劄者，往往多至十一月而後定。然後官司行救荒之政，下勸分之令，雖至十二月，民猶有未得食者。夫旱禾收以六月，中禾收以七月，晚禾收以八月，禾稼不登，民即艱食。若至十二月有未得食，則斯民之饑四閱月。蓋民一日不食則饑，饑則病，病則死，豈能延四閱月之命乎？乞下臣此章，如有災傷州縣，委本路常平使者先次措置合用米斛，日下多置場分，先於普糶拘錢入官，以備收糴。一面分頭多委檢放抄劄官，限十月內須管一切了畢，不得遷延，及不得漏濫，務要全活民命，免致流殍。』從之。

同日，詔：『令常州將用不盡常平米八萬一百六十餘石，更於本路提舉司見樁米內撥一萬九千八百餘石，湊作一十萬石。內五萬石充賑糶，五萬石充賑濟。仍令封樁庫支降會子八萬七千五百餘貫，并本州見樁管錢一萬二千四百餘貫，共作一十萬貫，接續收糴米斛出糶。其糶到價錢，即更循環作本糴糴。仍先具賑糶米價申尚書省。以守臣李珏言：『本州荐饑，今歲又復告旱，乞措置收糴儲蓄。』故有是命。

十二月十八日，詔令淮南路轉運司，就富安倉樁管米內取撥七萬石，將二萬石撥付楚州、盱眙軍賑濟，五萬石應副通、泰、楚州、高郵、盱眙軍賑糶。以淮東提舉高子溶言逐州旱歉故也。

三年五月十六日，臣僚言：『臣聞仁宗皇帝天聖、皇祐中屢頒醫方，遐荒僻遠之邦，往往風土不善，民多疾癘，市藥無所，請醫無人，橫罹夭折，甚可憫也。宜命太醫局選民間所常用及已試有效、簡要可行之方，集爲一部，頒之諸路監司，監司行之州縣，州縣又撮其要者，大書揭示於聚落要鬧去處。諸州撥常平錢收市藥物，合成圓散，賤價出賣以濟民。略收利息，以供官吏之費，使本錢之耗，爲循環之用。』從之。

十一月十一日，南郊赦文：『二廣州縣小官冒瘴而死者，家屬扶護旅櫬，不能歸鄉，實可矜憫。除廣東已於廣州置接濟庫，樁積錢米，遇有事故官員，家屬赴經略司投狀，除給倉券外，更支給路費，以濟其歸。及於城北踏逐空地，撥充義塚，起造祭亭。願將旅櫬就地內菆葬者，給也支給麼費錢。及造屋充接濟院，有事故流落家屬，欲就給屋，每日支給飯米養贍，以示寬恤。昨來廣西經略司申，已於靜江府新創廣恩院，以給士夫家屬流落者。可令諸監司常切恪意奉行，如有在官田畝之類，措置撥入。所有家屬願出廣者，仍令逐州津遣。其仕宦家屬因而流落，不能出廣，甚至子弟爲奴僕，妻女爲娼婢，深可憐憫。自今赦到日，許經所在州軍自陳，日下釋放，仍令本州津遣。』自後郊祀、明堂赦亦如之。

開禧三年八月一日，湖北提刑李壆言：『被命易使湖右，自建康溯流西上，竊見所至濱江多被水患，渰浸民居，幾及屋危。詢之故老，皆謂向所未有。陂湖之田，無復可望。老弱流徙，生理蕩然，殊可憐憫。緣前此所歷，皆係江、淮一帶州郡所管。及至武昌縣交割以來，經行鄂州、漢陽兩郡之境，漲潦瀰浸，爲害尤甚。雖鄂州南市闤闠之地，積水亦深數尺，民戶失業，未免痛嗟。除已一面備牒管下被水州軍，委自守貳從實抄劄，措置賑濟外，近據鄂州申到在州被水已近五千五百餘戶，漢陽在城被水亦三百八十七戶，城市如此，鄉村可知。其它州縣尚未見申到。竊自惟念，備數察州，豈容坐視？但本司素來貧匱，別無錢物可以指準支撥。欲乞朝廷惠矜遠方小民偶罹天菑，不可不速行拯救。即爲敷奏，特依湖路已行體例，重賜支降度牒付本司，發下濱江並湖諸處，酌度災傷分數等第，責付各郡守臣變賣，和糴米斛，多方賑濟，于以仰稱聖朝仁民恤遠之意。』詔令禮部給降空名度牒一百道付湖北憲、漕司，每道價錢八百貫，從便出賣，撥付被水州軍，專充措置賑濟。

嘉定元年七月八日，臣僚言：『乞明詔兩淮守令，開具戶口之存亡、復業之多寡，以行賑恤之實惠。仍令監司每歲攷察流民歸業之數，以爲守令殿最。申嚴州縣分瘞之令，再立僧道酬賞之格。如紹興辛巳、壬午之間，許僧道、童行出土力收瘞，數及二百，則以度牒一道酬之。今若加增前數，量給度牒，庶死亡者不致暴露於原野，流移者不至轉徙於溝壑。』從之。【略】

［嘉定三年四月］十九日，詔淛東提舉司將婺州永康縣不二寺沒官田屋盡行撥付安養院。從本路請也。

五年十一月二十日，南郊赦文：『坍江田土，昨降指揮委官覈實。其山鄉邊溪，亦有被水衝決堆住砂磧，未堪耕作田畝。訪聞州縣依舊催理稅賦，委是無所從出。可令逐路轉運司疾速選委清彊官覈實。如見得不堪耕作分明，即與照數先次倚閣，次第結罪保明申尚書省，當與除豁。如有將來可以興復去處，仰照應見行條法指揮施行。』自後郊祀、明堂赦亦如之。

十二月二日，詔令安邊所將劉友真所乞周筠沒官地盡行撥賜充義阡使用，免納價錢。仍令封樁庫支撥二千貫貼充義阡支遣。以住持順濟宮劉友真請買周筠沒官地，故有是命。

六年七月十九日，臣僚言：『近據紹興府申，稱諸暨縣六月十五日風雷驟雨，是夜同山鄉洪水泛漲，湍下居民屋宇等。次日溪內救得人戶壽澄一名，據稱其家老幼百口登樓避水，纔即推沒，未知存亡。本縣續又據陶朱、天稠、金興、長泰、北口、開元、花山、安俗、花亭、長浦、超越、諸山鄉人戶陳訴不一。本府雖已遵從省劄指揮，催促賑恤，據節次申到，共支錢六百千、米五百石，又支錢一百貫文，於楓橋鎮打撈屍首埋瘞。候到日，別具支散細數供申。竊恐鄉分闊遠，屋宇漂流，人戶墊溺者不一，其惠未能周徧，誠可憐念。乞更賜行下提舉司，照本縣抄劄被水之戶，斟酌輕重，次第賑恤。仍行下轉運司，差官覈實被水鄉分，將今年夏稅、秋苗特與蠲放。其田地有打成溪港，或沙石淤塞不堪開修者，保明具申，將合納苗稅特與蠲閣施行。』從之。

二十三日，臣僚言：『比者，盛夏之月，霖潦爲災，毀壞室廬，漂田畝，渰民命。如嚴之淳安、紹興之諸暨，被禍尤甚，其次則臨安之錢塘、於潛，湖之安吉，皆未免有墊溺之患。乞下兩淛路監司、守臣，選差清彊官，同邑宰親詣水傷鄉分，從實根括有無被水分數，多方賑恤，或蠲租賦。其有蒙蔽不以實聞者，重寘典憲。』從之。

八年四月十二日，詔：『令封樁庫日下支撥會子一千五百貫付殿前司、六百貫付步軍司，仰各司取見的實孤、幼、病患人數，斟酌照等例給散一次。仰各司具已給散過人、錢數目申樞密院。』以時雨未濟，從樞密院所請也。

七月十六日，江西安撫司言：『照得南安縣上保石溪六團人戶陳廷琳等被賊殘害，殺人放火，虜掠家財、牛畜，其被殺者屍骸甚多，至今尚在郊野，無人殯埋。所存者逃居鄰保，未得回歸，田畝十有八九荒廢，委是被害至重去處。申乞敷奏朝省，將南安縣上保石溪六團人戶陳廷琳等今年全年夏稅、秋苗特與蠲放。』詔：『令江西安撫司，將南安縣上保石溪六團人戶陳廷琳等嘉定八年全年夏稅、秋苗並特與全行蠲放，仍開具蠲放過錢米數目申尚書省。并仰本司將在野遺骸日下差官措置掩藏，毋致暴露。仍行下江西轉運、提刑、提舉司照會。先是，安撫司遵依省劄，支撥錢米前去賑濟，以泝流遲緩，遂於贛州兌撥合取運司、總所錢米內對兌，卻從贛州差人於本司交領解遣。奉旨特與銷豁，併有是命。

十八日，詔：『令江淮制置司疾速契勘江東旱傷州郡，及淛西提舉契勘淛西旱傷州郡，江西提舉照江州、興國軍係旱傷去處，各從今來臣僚申請事理，疾速覈實，將所部州縣第五第人戶夏稅、錢絹分明指定合催納及合蠲放各若干數目，除程限十日申尚書省。其第五等人戶如有已納錢絹在官，仍仰各司就先次約束州縣分明收附，不得輒行欺隱，別聽朝廷指揮。』以臣僚言：『今歲旱勢極廣，災傷深淺，郡縣不同，如蘇、湖、江陰稍得耕種，紹興災甚，饒、信可望成熟，江州、興國間有蝗孽。宜令監司選委公正精明、有志爲民之士，覈實催放蠲除分數。』故有是命。

九月十一日，臣僚言：『臣來自吳門，沿路見日來所差檢踏災傷官與抄劄賑恤之官不能遍走阡陌，就近城寺院呼集保甲，取索文狀，令人粉壁書銜，以爲躬親下鄉巡行檢責抄劄了當。其間號爲詳熟者，亦不過畫圖本，具名姓，注排行，寫小名，以爲帳狀。縣申之州，州申之監司，監司申之朝廷，遞相傳寫，坐待結局。今幸憑由未曾給與，米斛未曾俵散，尚可拯救。所謂拯救之方，全在俵散憑由。官吏若將憑由仍前付與元所差官，必至窮困下戶漏落者多，溫飽之家冒請者衆。乞嚴行劄下監司、郡守，選清彊官躬親下鄉審實，如見得有合預賑糶、不應濫請賑濟憑由之人，即行改給與窮乏下戶，仍別請一項空頭由子，隨行準備添給。乞令監司、郡守候至結局，將給散憑由官攷覈真濫，特與奏聞。』從之。

九年六月二十六日，殿中侍御史兼侍講黄序言：『邇日雨澤兼旬，京城閲巷至有累日突不黔者，或饑餓所迫，死於非命。近甸之地，間有被水去處，屋舍頹圮，未能支持，田畝渰沒，車戽無及。早秧既或損爛，又須旋種晚禾。若此之類，民生甚艱。乞行下兩淛諸司，委清彊官體訪應近日被水去處，優加撫恤。凡屋宇渰浸者，給以常平錢米；田畝早秧損壞去處，今年夏税、和買量與寬限。』從之。

九月四日，臣僚言：『迺者夏潦暴作，溪漲横流，坍沒畝壠，漂壞室廬，旄倪墊溺，禾稼傷敗，家產蕩析，十室而九。臣得之聽聞，如臨安之餘杭諸邑，紹興之諸暨、蕭山，嚴之桐廬、淳安，衢之西安、龍游，婺之金華、蘭溪，信之玉山、永豐，饒之德興、鄱陽，處之縉雲，台之黄巖，被害尤慘。乞行下諸路監司，速委官檢視分數，着實以聞。將被水最甚郡邑，從條蠲除租税，不許縱吏誅求，遷延歲月。』從之。

三十日，臣僚言：『今夏一旱，江淛皆然。淛東數郡，多是山田，非水鄉富饒之比，今歲頗覺艱食。比台之黄巖，婺之東陽二邑嘯集作過，率是取糧於富室，彊刈人田禾。賑糶若多，米自不貴，民饑得食，誰復爲盜？乞行下淛西諸郡，撤去目前下江之禁，毋至遏糴。兩淛漕臣照比日申省之狀，更行勸諭，使人樂於轉輸，不獨可以救饑，抑可以弭盜。』從之。

十一年六月二十一日，兩淛轉運司言：『本司據武康、安吉縣申「被洪水泛漲，衝損鄉村、橋道，漂蕩人口及官廨、民居、農具、什物等」事，即分委縣官親往鄉都，括責被水之家所失人口，一面關支常平錢米分付諸廳，委各就鄉村量其存沒多寡支與，養生送死。及有全家被水渰死之人，漂流溪河之間，或堆閣沙灘之上，本縣亦同縣官將錢雇人打撈，收拾埋殯，及差簿尉分頭前去逐一抄具被水之家外，所有鄉村被水衝壞田桑，候各官申到見數，别具申聞。』詔令湖州將被水之家更切多方措置賑恤，務要實惠及民，毋致失所，具已賑恤過人數申尚書省。【略】

十五年七月十一日，臣僚言：『今歲自春入夏，時雨優渥，雖高亢确瘠之田，靡不霑足，西成有望。比日以來，霖潦相仍，合衢、婺、徽、嚴四溪之水，迎入大江之潮，水勢迅激。紹興蕭山，濱江居下，受害獨慘，飄蕩廬舍，衝壞田野，苗腐昏墊，是誠可憫。乞下淛東漕、倉兩司，亟與委官抄劄被水之家，優加賑恤。目今合輸官賦，權與寬展。其田畝渰浸去處，則續議蠲減，實一邑更生之大幸。』從之。

十六年九月六日，臣僚言：『恭惟陛下恭儉愛人，寬恤備至，精誠格天，豐穰屢書。入夏以来，時雨霶霈，畿甸近地，上下霑足，穡寶垂垂，有秋在望。聞之江淛淮堧，多苦水溢；七閩之地，間或旱乾。乞下諸路監司、州郡，將實被災傷去處遵從條令，日下疾速差官巡行檢視。或因雨水浸沒，風潮漂蕩，斟酌輕重，與議蠲減分數。早出牓示通知，不得出違條限。嚴行戒約所差官吏，務在公心，勿爲姦弊。庶幾佃戶蒙被實惠，得以了還主家之租，不至拖延，實爲公私莫大之利。臣近據江東安撫司言：「建康府自五月以後，雨墊霖淫，江流泛溢，諸田畝渰浸甚多；池州屬縣官舍、居民爲水漂蕩；太平州低田、圩田坍壞渰沒，已種之稻悉被浸腐。」又聞淮甸如高郵、楚州亦多被水去處，罹昏墊，將困艱食，深爲可憫。雖帥臣已行賑恤，竊慮惠利未周，容有不被其澤者。乞下江淮漕、倉兩司，委官勘實被水之家，優加賑恤，渰沒之田，合輸官賦早議蠲減，俾江、淮之民得免流離凍餒之患。』從之。

十七年四月二日，詔：『令鎮江府於轉般倉見樁管米内，取撥一千石付本府，理還借兑數目，并充給濟飢民使用。并下提領轉般倉所、淛西提舉司，各證會施行。』從本州守臣趙善湘之請也。以上《永乐大典》卷二一六三三

又《食貨五九·恤災》 神宗熙寧元年正月九日，詔：『諸州軍每年春首，令諸縣告示村耆，徧行檢視，應有暴露骸骨無主收認者，並賜官錢埋瘞，仍給酒饌酹祭。』

七月，詔：『恩、冀州河決水災，令選官分詣。若有渰死人口，量大小賜錢；其居處未安，令官地搭蓋，或宮觀廟宇宿泊。内有渰浸活業貧下人戶，令省部賜粟。』

四年三月十六日，詔判永興軍郭逵：『如本路州縣有饑荒處，並以官廩賑濟，仍體訪田税。其逃亡人戶，亦仰許法招誘還業以聞。』【略】

七年五月六日，中書門下言：『戶房申：訪聞災傷路分募人工役，多不預先將合用夫數告示，以至飢民聚集，卻無合興工役。欲乞下司農寺，令逐路有合興工役，並依所計工數曉示，逐旋入役，免致饑民過有聚集，以致失所。』從之。

九年二月五日，河北西路提刑司言：『邢、懷州連年災傷，若令應副十

分春夫，必難勝任。欲乞特賜免放一半。』從之。

十月十二日，中書門下言：『廣東經畧、轉運使等言：潮州海陽、潮陽兩縣人戶被海潮漲，推蕩居舍、田苗，死失人口。乞令本路提刑司躬親前去，依條存恤。』從之。

元豐元年正月二十三日，詔河北路權停折納。爲經水災，糧草貴也。

七月二十七日，詔河北轉運判官高鎛往濱、棣州地界風雨損城及害稼處照管。令京東路轉運使司案齊州章丘縣官吏，如不預備救護，致人被災傷，即劾罪以聞。

八月十六日，詔京東路轉運司：『齊州章丘縣被水第四等以下戶欠今夏殘稅權倚閣，常平苗役錢令提刑司展料次。』

二十八日，詔：『濱、棣、滄三州被水災，令民貸請常平糧。零販竹、木、魚、果、炭、箔等物，稅百錢以下，聽權免一季。』【略】

二年二月十一日，詔：『聞濱、棣、滄州昨因災傷，至今民尚乏食，其令提舉官李孝純存恤。有合行事，行訖以聞，事體稍重者奏聽旨；察知、縣令，不職者權對移。』

三月一日，詔：『兩淛路災傷，民貧戶絕田產價錢者，展半年輸官。』

三年八月十七日，開封府言：『畿縣夏旱，甚者十分，其次不減七分，已節次檢放。今秋農有望，而民力未充，其殘欠租稅乞賜倚閣。』從之。

九月二日，權知都水監丞公事蘇液言：『河北、京東兩路緣河決，被患人戶蒙朝廷優恤，賑濟放稅。河平，計錢穀等共七十二萬七千二百七貫碩有畸，而《靈津廟碑》失載其實。乞以其事付史官。』從之。

四年二月二十九日，詔：『聞階、成、鳳、岷州人戶闕食流移，令逐州第四等以下人戶借支常平糧斛，每戶不得過兩石，仍免出息。如有去年未納秋稅并諸般欠負等，並權倚閣。其有往諸處逐熟帶興販物，稅錢一百以下，并經過河渡合納官私渡錢處，並令驗認免放。』

八月二日，詔蠲河北東路災傷州軍今年夏料役錢。

五年九月十四日，詔：『聞開封府界漫水，所至縣百姓有聚在高阜，不通往來，至絕糧食者，委劉仲熊乘驛遍詣有水縣，規畫舡栰，運致民戶，安集於無水處，齎載薪糧就給。三日一具所濟人數上尚書省。』

七年六月二十六日，知蔡州黃好謙言：『所部水災特甚，乞放稅。』詔尚書戶部速施行。

七月七日，知河南府韓絳言：『伊、洛暴漲，衝注城中軍營。欲望應被水災廂、禁軍等，第與特支錢，及先修軍營。其水北軍民被害，續奏請。』詔：『經水災民戶，令體量賑卹。被水廂、禁軍，以差賜般移錢。死者，依漂溺民戶法給錢。』

九日，詔尚書戶部員外郎張詢、幹當御藥院劉惟簡賑濟西京被水災軍民，并催督救護官物、城壁等。其合行事如有違礙，從宜施行。

同日，河北路轉運司言：『河水圍繞大名府城，乞多差兵夫、舡栰救護。』詔遣金部員外郎井亮采、幹當御藥院梁從政往賑濟，如西京指揮。

九月十三日，詔：『西京被水漂溺之家，及秋苗災五分戶，並免來年夏稅支移折變。』從戶部員外郎張詢請也。

十三日，河北西路提點刑獄呂溫卿言：『霖雨爲災，已行賑濟。欲乞坊郭戶沒溺財產比舊退落七分以上，積欠及秋料役錢並展限至來年夏料。其漂蕩家業者，不候造簿年月，先減免役錢，以寬剩錢補助。』尚書戶部言：『減放役錢，欲據家業、物力之數，於簿內改正。其減役錢，候造簿日均敷。餘欲依溫卿所乞。』從之。【略】

哲宗元佑三年正月二十八日，御史中丞胡宗愈、侍御史王覿進對，太皇太后曰：『久陰不解，雪寒甚，民不易。』對曰：『陛下分賣芻炭，所以惠都民甚好，唯河北、京東災傷，猶須多方賑濟。』上曰：『已一一有指揮。』宗愈、覿曰：『聞二聖焦勞，上元禁中不曾用樂。』曰：『既不御樓，亦未嘗燕會。』

二月十二日，詔給廣惠倉錢三萬緡，及闕額役兵錢糧、衣賜，募民應役以恤之。

七月二十四日，詔：『災傷放稅及六分以下，其帶納欠負即隨放稅外分數催納；七分以上，並行倚閣。』

四年六月十八日，資政殿學士、知陳州胡宗愈言：『本州霖雨相繼，河流泛漲，今年夏稅遞展限一月。』從之。

五年四月二日，詔府界、諸路監司：『應雨澤未足處人戶合催理係官欠負權住理納，候豐熟日依舊。』以三省言『自春以來，時雨未足，民間諸欠負未能償』故也。

六年九月七日,戶部言:『河東路助軍糧草,支移不過三百里,若非時急闕,亦聽相度展那,仍不得過二百里。本戶災傷五分已上,仍免折變。』從之。

同日,樞密院言:『夏人犯麟、府州,雖已遁去,今遽陝西沿邊奏報,見各於並邊嘯聚,恐復寇別路。』詔:『麟、府州界人常爲西賊殺虜、燒蕩屋舍者,令經略司,人以老幼、屋以多寡,等第給賜錢、絹。或焚毀糧草,或蹂踐田苗,亦隨宜賑濟。』【略】

紹聖元年十月二十六日,上諭輔臣曰:『河北流民寓寺觀及官廨者尚多,雖已給券開諭,令還本土就賑濟,然宜申敕有司聽便,願南去者,毋彊使北。』

十一月十一日,左司諫張商英言:『知定州顧臨與走馬承受賈温之謝晴北嶽,摘路傍禾穗豆角觀驗,多不實。知曲陽縣郭長卿以災告,請早求所以爲備者。聞深州武彊縣民二千餘戶訴災,臨輒却其牒。』詔河北東路提舉常平燕若古究實以聞。

十二月十一日,監察御史常安民言:『河朔流民多因郡縣承望轉運使張景先風旨,遇訴災傷,曲有沮抑,使民無告。』詔河北西路提舉司體量詣實以聞。知深州吳安行坐不受民訴災傷,特衝替。

二年三月四日,詔:『河北東、西路并京東路淄、齊、鄆、濮、濟州災傷人戶催去年秋料殘零稅租,並行倚閣。』

四月五日,涇原路經略安撫司言:『本路被災人戶,已令逐州軍倚閣租逋欠。』從之,仍原擅行之罪。

三年四月十一日,詔權倚閣陝西路今年諸逋負。以轉運司言本路災荒故也。

四年五月九日,左司諫郭知章言:『聞諸路守臣常於秋夏之間以雨足歲豐爲奏,後災歉,遂不敢以聞。伏望特降睿旨,下諸路州軍嚴行約束,雖已奏豐稔,而或繼有非時水旱者,並具災傷上聞。』從之。

元符元年十一月二十三日,詔:『河北、京東路州縣遭河漲,渰溺人戶田廬,多致失所。令工部員外郎梁鑄體量應合賑恤及河勢利害以聞。』【略】

[元符三年]十二月三日,臣寮言:『河北濱、棣等數州昨經河決,連亘千里爲之一空,人民孳畜沒溺死者不可勝計。今年所在豐稔,而此數州之民失業,是以至今米斗不下三四百錢,饑凍而死者相枕藉,甚可哀也。乞朝廷選郎官,乘傳同本路監司、守令體量拯救。』從之。

徽宗建中靖國元年八月二十一日,臣寮言:『府界近京各有被旱、蝗去處,及江、淮、兩浙、福建路亦有旱災去處。其監司、郡守或不以聞,或雖聞而不敢盡以實告。州縣承望轉運司意旨,不肯依法受接人戶訴狀。望指揮諸路轉運使司,應今後實有被災傷人戶,並專責守、令依法受訴,提舉司依條檢察施行。』從之。

崇寧元年四月二十八日,兩浙轉運司言:『本路累歲災傷,昨權住閑慢修造,至今將欲限滿。欲乞更展一年權住。』從之。

七月二十一日,詔開封府賑卹壓溺人,不得鹵莽。先是,雨水壞民廬,有死者,故申命之。

二年七月九日,詔:『府界、諸路監司前去親詣蝗蟲生發去處,監督當職官多差人夫,部押併手打撲。本司及當職官,並仰專在地分,候打撲盡靜,方得歸任。人戶多方收打蝗蟲赴官,即時依條支給米穀。如官司阻節,許人戶經監司陳訴。』

十月十四日,詔:『兩浙杭、越、温、婺等州秋田不收,人戶失於披訴,官司憚於閣放,又將積年欠負一例併行催納,致人戶漸至逃移,賊盜滋多,物價增長,細民不易。其官司並不申奏,顯是提舉、轉運司施設不職。令本路提刑司體量聞奏。其積年租欠,如是下戶災傷,不以分數,並令倚閣;非災傷戶,分作五料催科。人戶失於披訴,委是秋苗不熟,並量與檢放;其孤貧不濟戶,仰提舉司廣行賑濟。如物價增長,即速以常平米平價出糶。』【略】

五年四月十六日,詔蠲兩浙水災人戶租稅。【略】

[大觀二年]八月十九日,工部言:『邢州奏:鉅鹿下埽大河水注鉅鹿縣,本縣官私房屋等盡被渰浸。』詔:『應今來被水漂溺身死人戶,並官爲埋葬,每人支錢五貫文,買衣衾、版木,擇高阜去處安葬,不得致有遺骸。其見在人戶,即依放稅七分法賑濟施行。如有孤遺及小兒,並送側近居養院收養,候有人認識,及長立十五歲,聽從便。內有人戶盡被漂失屋宇或財物,仍許依七分法借貸,不管却致失所。仍具埋葬、賑濟、居養、存恤次第事狀聞奏。』

三年六月二十八日,詔:『冀州宗齊鎮被水身死人戶,並官爲埋葬,人支錢五千,擇高阜安葬,不得致有遺骸。其見在人戶,却依放稅七分法賑濟。孤遺及小兒,並送側近居養院收養,候有人識認,及長立十五歲,聽逐便。內人戶盡被漂失屋宇或豹物,仍許依七分法借貸。仍具已埋葬、賑濟、居養、存恤次第以聞。仍仰本路提刑司各那官前去點檢賑恤，務要均濟。』

九月六日，詔：『東南路比聞例有災傷，斛㪷踊貴，可下諸路監司，仰依實檢放秋苗數，仍依條推行賑濟。』

十一月十二日，詔：『東南諸路，應今歲旱災地分，人戶放稅及五分以上者，本戶稅租、苗役，條限滿日，特與展限一季；支移者，仰轉運司相度那融就近；折變者，量與寬減施行。』

十二月十六日，詔：『秦、鳳、階、成州災傷人戶，稅賦已權行倚閣，候至豐歲催理，疾速施行。』

四年正月十八日，詔：『聞福建去年夏秋少雨，禾稻薄熟，兼見行賑濟，兩浙並不通放米舡過海，深慮向去民食妨闕。可指揮兩路，放令福建販米海舡從便販糴，以補不足，不得仍前阻節。』

政和二年正月二十二日，詔：『戶部上諸縣災傷應被訴受狀而過時不收接若抑遏徒二年，州及監司不覺察各減三等法。』從之。

五月十二日，詔：『二麥將成，秋稼繼作，深慮州縣不恤民情，妄有科差。如見均占役使者，即時放散。如有稽違，帥臣、監司按察。』

政和三年正月二十日，尚書省言：『檢會近降赦恩，訪聞開德府清豐縣去年六月七日曾被旱傷人戶，其間有不知條限，至被訴不及。可令所司勘會詣實，特與依檢放災傷人戶減免均糴指揮施行。』從之。

十一月二十日，詔：『時雪苦寒，道路阻滯，常平倉米、麥以衮合價錢二等出糶，硬石炭每秤減價十錢。』

十二月六日，詔：『以諸路時雪稍多，道路艱阻，貧寒細民於法不合居養之人，如委實貧乏不能自存，亦合權行存恤救濟。令諸路提舉常平司更切多方存恤居養，仍許不限人數支給米豆，及仰逐司以常平米粟量行減價二分出糶。

四年四月六日，詔：『饒州、南康軍知、通並先次衝替，令歙州疾速取勘，並本路提舉官令江東提刑司取勘，並具案奏聞。』以江東久旱艱食，並不陳請措置，至是提舉司分析以聞，故有是命。

六年二月十七日，福建路提舉常平黃靜言：『建州浦城知縣饒興遇歲民饑，能勸誘民戶賑糶，乞加賞典。』詔遷一官。

七月十九日，淮南路轉運司言：『淮河水泛漲，濠、壽、楚、泗河道與鄰近民田爲一，渰浸州城。緣此斛斗不入，細民不易。淮東、西州軍見椿管提舉司斛斗三十六萬餘石，欲依元價出糶，救濟被水細民。』從之。【略】

十一月三日，詔：『兩浙州軍秋水害田，物價翔踴。別州鄰路粒米豐賤，輒禁米斛出界者，以違御筆論。』

七年七月六日，詔：『熙河、環慶、涇原地震旬日，壞城壁樓櫓、官私廬舍，民覆溺死傷者衆。宜速修治城壁，朝廷給其費，仍遣使撫恤軍民。』

十二月十六日，詔：『河北西路提舉常平官不奏本路災傷，特降兩官衝替，令本路提刑司具合降官姓名申尚書省。今後不即時聞奏，重寘于法。仍令刑部遍下諸路州軍并監司。』時臣寮上言：『河北自祁、趙州以南，至邢州、磁、相上下，夏雨頻併，各有災傷。』詔令本路監司具析。至是提舉常平官以聞，故有是命。

八年正月二十四日，詔：『河朔去歲災傷，方行賑恤，而修城買本、運糧飛輓之役，頗勞民力。其令當職官審度緩急，可罷之。或不可罷者，條具以聞。』

五月二十一日，提舉京東路常平等事王子獻言：『濟南府、密、沂、濰、徐、袞州、河北數州皆水，官司檢放不及七分，外州流民稍稍入境，移文逐處依法賑恤。蓋其貸者二十萬四百餘戶，給者十萬八千六百餘戶，糶者二十九萬五百餘碩。實緣檢視災傷，觀望顧畏，不實不盡。伏願詔州縣，今後驗流民來歷，實有莊帳，每縣及百戶以上，即申省部，下所屬，依法書元檢放官吏之罪。』從之。

六月八日，詔：『兩浙路自今夏霖雨連綿，渰沒田不少，平江尤甚。已差趙霖依舊兩浙提舉常平，如有合行奏稟事件，附入內內侍省遞以聞。仍一面多方措置護救民田。渰浸過田苗人戶，及支借過圍田錢米等，並仰括責招諭，保明聞奏，不管稍有流移失所。』其後，趙霖奏：『本路有未起今年常平米十一萬餘石，伏乞許與截留，應副急切賑濟。并轉運司見有合發末限上供米數，欲乞依知平江府應安道已得指揮，權於兩浙西州縣先次權發二十萬，逐急相兼應副。候向去豐熟年分，接續收糴撥還。』詔依。如違，以大不恭論。八月四日，又詔：『平江府第四等以下人戶合納二稅，并借過圍田常平錢物，權行倚閣。』

七月二十九日，詔：『東南諸路山水暴漲，至壞州城，人被漂溺，不能奠居。可差廉訪使者六員分行諸路，檢舉常平災傷七分法推行。法所不載，隨宜賑救訖奏。仍許借諸司斛斗賑給，或勸誘上戶借貸。仍多作船栰濟渡；及權以官物搭蓋屋宇，廣令安泊。其被溺之人，並官給棺殮。監司、郡守各協力賑恤，無令失所。有不盡心及一行官吏因而搔動，乞取，並以違御筆論。』

同日，鎮江府言：『自六月以來，霖雨連綿，渰沒民田，米價踴貴，唯藉商旅興販斛斗接濟。欲乞降旨，應豐熟去處輒有禁止商販米穀及違法收納力勝諸般阻節，並乞依政和六年十一月三日所降指揮。』從之。

八月二十五日，詔：『江、淮、荆、浙被水州軍，漲水已退，殘潦餘浸占田無藝，民不得耕；比屋摧圮，無以奠居。可令郡守、令佐悉心賑救。監司雖非本職，並許通行管幹，分定州縣前去巡按，具已救濟事件、人數奏。監司、郡守，自今應水旱、盜賊，敢有隱蔽不奏或不盡言，並以違御筆論。應興販竹木、塼瓦、蘆葦往被水處，沿路不得收税抽解，及攔買阻滯。仍行賑濟。』

九月七日，詔：『東南被水州縣民田雖有赴訴之限，然阡陌漫浸，州縣定驗失實，則貧民下戶臨時無告。仰逐路監司行下所轄州縣，當職官須管於收成之前，躬親按視，毋得失實。』又詔：『曾經渰浸人戶納官私房錢，截自遷出日，並特與免納，候復業日依舊。』

十月二十日，江南東西路廉訪使者徐衡言：『南康軍并管下建昌縣，及江州并管下德安、瑞昌縣，興國軍，坊郭舍屋被水渰浸，漫沒屋脊人戶各已般移，除係自己屋業外，其間賃官私舍屋居住人戶，尚依舊管認元賃房廊地基等錢，欲下諸州軍豁除被渰月日，特與放免。』從之。仍詔餘依此，計其實日，即不得虛偽，通不得過一季。

宣和元年正月二十七日，永興軍路安撫使董正封言：『鄠縣災傷，放税不及分，秋雨損田苗，人戶闕食。勘會見今修葺永興軍城壁，欲望支降度牒四百道，乘此和顧人夫，不惟城壁計日可了，兼可以存養闕食人民。』詔特支二百道。以上《永乐大典》卷二〇八九九

宣和元年正月二十七日，永興軍路安撫使董正封言：『鄠縣災傷，放税不及分，秋雨損田苗，人戶缺食。勘會見今修葺永興軍城壁，欲望支降度牒四百道，乘此和雇人夫，不惟城壁計日可了，兼可以存養缺食人民。』詔特支二百道。

二月十六日，詔：『豐城縣主簿倪仲寬先次放罷，令憲司取勘以聞，候案到，將上取旨。』以江南西路轉運副使林箎奏仲寬管洪州南昌縣惠門場，非理決撻缺食人魏剩也。

十月十九日，詔：『兩浙連年災傷，今歲方始豐熟，應積欠不得一併催理，並限三年帶納。』

十二月十六日，監察御史周武仲言：『淮甸旱暵，蒙付以使事。賑濟莫急於錢、米，而州縣往往無之。望依淮南「許依鄰近發義倉兌撥支遣」，并京西路汝、潁等州災傷放免租税指揮，豪民大姓有願出積粟者，乞籍其名，酬以官爵，其次與免差科一次。所在係官山林塘濼，有可推以利民者，乞暫絕其禁，聽饑民採食其利。商旅般運，應鄰近路分及沿江州軍截斛米舟車，並乞與免沿路力勝錢，堰閘、關津不得稽留。』從之。仍許通一路義倉兌撥支給。其流移地分，如合放免租税，並令依條，內豪民出粟，不得抑勒。【略】

宣和元年二月十八日，尚書右丞范致虛言：『奉詔，楚州山陽、鹽城二縣被水，令截撥斛㪷賑救；不足，於鄰州、鄰路發義倉兌撥支遣。竊以災傷路分廣遠，自江、淮、荆湖、兩川，各被水患，物價騰踴。方春正多饑殍，彊壯者流爲盜賊，類多丐乞以市斛㪷，或采在田蔬茹之類，甚者無從得食，老稚轉徙，甚可哀痛。按義倉法，唯充賑給，不得他用。比歲數豐，未嘗支遣，諸路義倉之粟甚多。欲望睿旨，應去歲災傷州縣，並量從核實災傷人數及外來流民，並給義倉物斛賑濟。數係災傷官司以前不曾檢行，特與放罪。若今來指揮到，依前庇隱，令廉訪使者按劾以聞。若常平及本州通用諸縣義倉物斛計度，俵散不足，並許依楚州兩縣所得前件指揮，於鄰州、鄰路發義倉兌撥支遣。』詔：『京西路潁、汝、陳、蔡等州，見今民已流移饑殍，監司、州郡並不申奏，運司庇隱，不放租税，致不得依災傷賑濟，遂使斯民轉於溝壑。吏爲姦罔，不奏法令，以致如此，爲之惻傷。可令京西漕臣李祐放謝辭，星夜乘騎前去體量。常平官孫延壽先次勒停，餘監司並守臣，一一並具名奏。應一路義倉，可並特通融支撥賑濟施行。應災傷流移地分，並令依法放免租税，疾速行下。』

四月二日，京西路轉運判官李祐言：『尚書右丞范致虛奏：「京西災傷州縣，並不依災傷檢放，勒民戶依舊納税，至民力愈困，罪在州縣。欲望並給義倉物斛賑濟。」奉詔令臣星夜前去體量諳實，常平官孫延壽先次勒停，餘監司并守臣一一並具名奏。應一路義倉，可並特通融支撥賑濟。應災傷流移地分，並令依法放免租税。體量得逐州人戶因去秋霖雨薄收，人民闕食，汝州諸縣艱於賑濟，致有流移飢殍。唐、鄧州縣，已依法檢放税租外，賑濟管下諸縣飢殍流民，共三萬八千餘人。均、房州諸縣放税不盡，致自冬及春以來，往往聚爲盜賊。』詔均、房州知、通、逐縣知縣並衝替，汝州知、通各降一官，唐鄧州知、通各轉一官。

五月二十九日，詔：『淮、浙去歲被水，田業多荒。今雨暘順適，耕種是時，民無力施工，可令兩路提舉常平官散倉廩，廣行借貸，毋或失時。施行訖，具奏。』從兩浙轉運司請也。

六月二十七日，開封少尹虞燮言：『去歲諸路水災，今夏二麥大稔，秋田倍收。一歲之熟，未足以盡補瘡痍，尚慮監司、州縣例行催科累年之欠，乞行約束』。從之。

十月十九日，詔：『兩浙連年災傷，今歲方始豐熟，應積欠不得一併催理，並限三年帶納。』

十二月十六日，監察御史周武仲言：『淮甸旱暵，蒙付以使事。賑濟莫急於錢米，而州縣往往無之。望依淮南許依鄰近發義倉兌撥支遣，并京西路汝、潁等州災傷放免租税指揮，豪民大姓有願出積粟者，乞籍其名，酬以官爵，其次與免差科一次。所在係官山林塘濼，有可推以利民者，乞暫絕其禁，聽飢民採食其利。商旅般運，應鄰近路分及沿江州軍載斛米舟車，並乞與免沿路力勝錢，堰閘、關津不得稽留。』從之。仍許通一路義倉兌撥支給。其流移地分，如合放免租税，並令依條，內豪民出粟，不得抑勒。【略】

［宣和］二年八月二十日，知壽春府侯益言：『臣昨緣去歲秋田旱災，曾具奏乞依政和七年正月二十六日指揮，許客人於豐熟去處興販米斛，前來災傷去處出糶，與免沿路力勝税錢。後來本府夏麥收成，其上件指揮已行住罷。今歲秋田復又旱損，欲乞依宣和元年十二月十六日指揮行下。』從之。

十月九日，詔：『淮南災傷，飢民流離。常平官其躬至所部，竭力賑濟。』【略】

［宣和五年］十月二十八日，詔：『大河暴漲，由恩州清河縣王余渡東向泛溢，衝蕩大名府宗城縣，本縣被水人戶，令本州提舉常平官親詣流移所在，遍行賑濟。』【略】

六年七月九日，詔：『兩浙州縣人戶積欠常平及圍田錢米，元降指揮展限三年起催。今已限滿。訪聞本路春夏水潦害民田，民至流徙，已令將賑糶官米拯濟艱食。所有積欠及圍田錢、米，特更展限一年，候豐熟日依條催理。』

八月十八日，收復燕雲赦：『應貧乏及飢民，並以係官錢米賑濟，無令少有失所。』

八月十九日，詔：『兩浙路州縣違法閉糴，邀阻客人，米價翔踴。仰提刑、廉訪體究水災去處，令常平司賑濟。州縣閉糴邀阻，速令禁止。』

十月二十七日，詔：『浙西諸郡夏秋水災，穀貴艱食，民戶流移。已降指揮，於所在依條賑濟。訪聞常平司見管米斛數少，可於本路實有見在米或見起上供米內，截撥五七萬碩付提舉常平官，躬親往常、秀、平江等處，隨宜分擘，應副賑給，務令實惠均及飢民。』

十一月十七日，詔：『河北、京東夏秋水災，民戶流移，係踵於道。可令應所過州軍隨宜接濟。若常平、義倉不足，即發封樁應干斛斗賑給，令實惠及人。』

十一月十九日，南郊制：『應河北、京東、河東路民戶曾被劫掠或焚燒廬舍者，委州縣多方安集，早令著業，與免諸般差科二年。』

同日，南郊制：『訪聞外路夏秋之間陰雨積水，占壓民田，或河防潰決，衝注鄉村，縣官坐視，並不措置。如措置有方，實有勞効者，保明以聞，當議特加旌勸。』【略】

［紹興二年］八月十一日，詔：『福建路亢旱，米價翔貴。令本路提刑司將泉、福州寄卸廣東米，取撥三萬石賑糶，仍斟量逐州軍豐歉次第分撥。』

三年六月十二日，荊湖南路宣諭薛徽言：『已檄州縣勸誘上戶借貸種本，月終考曆，以多寡爲殿最。其上三名，與免公罪杖一次；稍多者，又與免科役一次；優異者，保明申本司。又就全、永間通那省米應副借貸。應第四等以下戶，計人爲一甲，於本州給據，自賫赴撥米州軍請領。』於是戶部言：『人戶災傷，在法以常平倉錢谷應副，不足，方許勸誘有力之家出辦糶貸。兼已劄刷湖南有米州軍支撥二萬石付本路提刑司，專充賑濟支用。今乞下提刑兼提舉常平司，遵已降指揮施行，毋致人民流移失所。』從之。

九月五日，宰臣朱勝非等言：『近訪聞泉州水溢，隳城郭，墊廬舍。已行下本州詰問，且令詣實申尚書省。』上曰：『國朝以來，四方有水旱災異，無敢不上聞者，故修省蠲貸之令隨之。近日蘇、湖地震，泉州大水，輒不以聞，何也？』詔：『諸路如有水旱等事，令監司、郡守即時具奏。如敢隱默，當寘典憲。』【略】

二十三日，泉州言：『本州縣被水之家闕乏糧食不能自存之人，欲州委知通，縣委令佐，先次取撥見管常平、義倉米斛，躬親前去賑濟。及被水渰死，其無主屍骸，欲令本處量支官錢，如法埋瘞，無致暴露。今來深慮前項已科定錢米應副不足，欲令禮部給降福建路空名度牒二百道，專充應副前項支使。』詔依，仍令本路漕司躬親前去點檢被水州縣，奉行寬恤賑濟等事件以聞。如州縣奉行不虔，仰提刑司按劾聞奏，當議重寘典憲。

五年四月十四日，中書門下省言，勘會民間米斛踴貴。詔令户部借支神武中軍糧食一月，令盡數出糶。

九月七日，殿中侍御史王縉言：『應民旅般取米斛往旱傷州縣出糶，依日前指揮，許就官司判狀執據，與免經由場務力勝，亦賑救之一也。』從之。

十二月七日，江南西路轉運司言：『筠、袁、洪、吉、江、撫州、臨江、興國軍及臨江軍新喻縣災傷，乞支降本路苗米五七萬石，委提舉司以州縣災傷分數取撥，比市價減十分之三糶。及令州縣勸諭有力之家，人納粳米每一千石，或稻穀每二千石，如係曾得文解人，三代中有文官無刑責，補迪功郎，餘人補承信郎。依獻納人例，理選限陞陟，從本州保奏，給降付身，便作官戶，免身丁、差役，免審量，令本路帥司舉辟合入差遣。其入納到米，即減價賑糶。并令州縣出給公據，勸諭商賈收糴斛斗，從便出糶，與免力勝稅錢，每米百石，許附帶貨物約百貫。詢訪停塌斛斗之人，勸諭量取利息，責認石斗數目出糶接濟。及飢民合給米豆，雖放稅不及七分縣分，亦許賑給。委提舉司審量，若常平穀不足，聽取撥入納到米謂今來因災傷勸誘到者。支給，候將來有納到義倉斛斗，却行撥還。州縣當職官賑濟有方者，委提舉司保明，提刑司覈實以聞，優與旌賞。』詔：『已令收糴米斛六萬石，準備賑濟。今乞支苗米，難議施行。內「勸諭人納稻穀，依入納米補官，便作官戶」一節，見別作施行外，餘並依。仍委知、通勸諭有力之人出糶斛斗接濟，不得搔擾。』

十二月九日，詔：『雪寒，細民闕食，可令臨安府分委官措置，依賑濟人例支米三日。』後又展三日。

六年正月十三日，詔令湖南轉運司，於已科撥去年上供米内存留三萬石，從本路帥司量度災傷輕重，分撥付州縣，專充賑濟使用。

二十六日，上宣諭輔臣曰：『歲飢，民多流殍，朕心惻然。官爲發廩以賑給之，則民受實惠。苟爲不然，雖詔令數下，恐徒爲文具爾。宜申敕有司，多方措置米斛。』

二月一日，詔令江西轉運司於去年上供米內，支撥一萬石付本路帥司，斟量災傷輕重，與常平米相兼均俵賑濟支用。

七日，右諫議大夫趙霈言：『去秋旱傷，連接東南，今春饑饉，特異常歲，湖南爲最，江西次之，浙東、福建又次之。伏覩累降指揮賑濟，固備盡矣。然今日賑救有二：一則發廩粟減價以濟之，二則誘民戶賑糶以救之。諸路固嘗許借常平、義倉米，又常令州縣賑糶。艱難之際，兵食方闕，州縣往往逐急移用，無可賑給，唯勸誘賑糶尤爲實惠。然自來官中賑濟，多止在城郭而不及鄉村，願以上戶所認米數，紐記城郭、鄉村人戶多寡，分擘米數，縣差丞簿，於在城及逐鄉要鬧處監視出糶，計口給曆照支，或支五日，或併支十日。其交籌收錢，並令人戶親自掌管，官司不得干預。既無所擾，人亦願從。乞申嚴戒諭，如當職官不親詣鄉村監糶米斛，與故縱人吏科擾，令監司按劾，及許人戶越訴，其官吏重行竄斥。』從之。

三月七日，成都潼川府夔州利州路安撫制置大使、兼知成都府席益言：『東、西兩川去秋荒歉，及成都府路田事不登，物價騰踴。欲令四川都轉運司不以是何名色米，權行截撥，專充賑濟或減價出糶，以平米價。』詔令趙開除應副軍糧外，將其餘應干米斛寬剩撥付四川安撫制置大使司，量度逐路災傷去處，均行賑糶。

二十九日，殿中侍御史周祕言：『去歲旱傷，小民艱食。命所在勸誘積粟之家置曆出糶，過三千石者，等第推恩。而州縣奉承不恪，勸導無方，乃謂富民頑悍，説諭不從，遂降指揮，許令一面酌情斷遣。州縣官吏不問民之有無，而專以刑威逼使承認，善良之民被其害矣。欲望再降指揮，專委諸路提舉官徧詣所部，戒約守令多方勸誘，務令民戶樂從，無因今來酌情斷遣指揮，輒有分毫搔擾。』詔依，令諸路提舉常平官躬親遍詣所部州縣巡按覺察，如有違戾去處，按劾聞奏。其提舉官失覺察，令御史臺糾劾。

四月十二日，江南西路安撫制置大使、兼知洪州李綱言：『已遵睿訓勸誘，出榜置曆，差官分詣諸州，委知通、縣官召上戶積米之家，許留若干食用，其餘依市價量減，盡數出糶。其流民，官中賑給，竊恐秋成尚遠，難以賑濟，已一面勸誘上戶納錢米入官，以助賑濟。乞許給官告、度牒之類，折還價值。』從之。【略】

［紹興］六年七月十八日，尚書省言：『廣西欽、廉、邕州，緣去歲大水，即今米價踴貴，細民艱食。欲令本路常平官體訪，如委是詣實，即立便前去，及分委官屬，各躬親遍詣逐州，取撥常平米斛賑濟。如逐州所管數少，即於

鄰近州縣那撥應副。仍具各支撥過米斛數目及措置存恤事件以聞。」從之。

八月二十九日，詔韶州李紹祖特與減二年磨勘。以廣西提舉常平韓璜言起發湖南賑糶米有勞故也。【略】

十四日，尚書省言：『江東、西、湖南路去歲旱傷，近據申奏，賑濟飢民萬數不少。其逐路帥司及常平官措置有方，甚稱委寄。」除江東帥臣葉宗諤已別作施行外，詔帥臣呂頤浩、李綱、提舉趙不已、吳序賓，令學士院降詔獎諭。

同日，尚書省言：『去秋江、湖旱傷，人民闕食。朝廷支撥米斛，及委帥臣、監司并州縣守令賑給。竊慮其間奉行滅裂，却致死損流移數多，合行比較優劣。」詔令逐路帥臣、監司，於本路旱傷州縣，各比較三兩處，保明取旨賞罰。

十五日，詔：『四川去歲旱荒之後，繼以疾疫，流亡甚眾，深用惻然。其郡守、縣令有能賙給困窮、撫存凋瘵、善狀最著者，令席益體訪詣實，保明來上，當議獎擢，以爲能吏之勸。或廢慢詔令，坐視不恤，按劾聞奏，亦當重寘典憲。」

二十三日，樞密院言：『叛臣劉麟、劉猊等驅擁中原軍民前來侵犯淮西作過，雖已剿殺破蕩，緣淮北之民皆朝廷赤子，念其無辜死於鋒鏑。」詔令建康府差茅山道士二十七人康修設黃籙醮三晝夜追薦，仍委江東安撫司官應辦。【略】

［紹興九年］十一月六日，臣僚言：『曩者旱暵爲災，官嘗發廩勸糶，而州縣奉行，姦計百出。有民戶初非情願，均令認數，以應期限，而平時儲積之家得以倖免者；有所在初無收成，勒令轉糴以賑城郭，而本鄉流離不暇顧恤者。願詔執事選舉廉謹强明之吏，推行德意，務使實惠及民，盡革前弊。」詔令戶部約束。

十年三月十九日，臣僚言：『諸處糶米賑濟，只及城郭之內，而遠村小民不霑實惠。向陳正同通判婺州，賑濟極有條理，雖窮谷深山之民，無不普霑實惠，而州縣之吏亦不至勞。乞令陳正同條具賑濟事件付戶部看詳，遍下諸路依此施行。」從之。

十年閏六月十五日，詔順昌府官吏軍民等：『狂虜犯境，王師扼衝。惟爾吏民，協濟軍事，保扞城壘，驅遏寇攘。眷乃忠勤，宜加撫惠。管下諸縣及鄉村人戶，曾被賊馬焚劫財產屋業者，並依災傷法賑濟。應本府縣有民間利害，守臣條具以聞。詔書到日，明告吏民，各令知悉。」

十二年三月二日，詔：『紹興府旱傷秋苗，令於義倉米內支撥一萬石，置場出糶。」【略】

［紹興十四年］五月十八日，上曰：『聞婺州溪水暴漲，渰溺去處，可令官吏多方賑濟，毋令失所。」

六月十五日，上宣諭輔臣曰：『福建、浙東被水災去處，已令寬恤賑濟，尚恐州縣滅裂，可令逐路監司各躬親前去，悉力奉行，務使實惠及民，不得徒爲文具。」

十五年七月三日，知泉州吳序賓言：『汀、虔盜賊鱗集，泉南七縣罹其荼毒，且致飢餓。雖軍儲不足，而義倉積粟見存七萬石，欲開倉賑貸。內殘破四縣，乞比附災傷七分之法，各借種子三千石，自第四等以下戶，委縣官隨便借貸。」詔每縣於義倉米內支撥二千石應付借貸。【略】

［紹興］十八年十一月二十三日，上諭輔臣曰：『紹興府災傷，闕食人戶以義倉米賑濟，無使失所。如別有災傷去處，亦令戶部多方措置。」

十二月十二日，上宣諭輔臣曰：『近令提舉常平官躬親詣災傷去處賑濟，竊恐所轄州縣闊遠，點檢遲滯，可更令分委屬官悉力賑濟。將來春耕合用種糧，須令預先措置，臨期借給，使之耕種及時，則贍養供輸，公私兩濟。」

十九年二月四日，上諭輔臣曰：『春雨膏潤，於農事極利。農事種糧爲急，若種糧不足，則秋成無望。昨已降指揮，災傷去處令提舉常平司借給，可更丁寧戶部應副。」

十九日，詔：『逐路災傷去處，可令縣官措置，齊發米斛，就鄉村賑給。逐州委通判點檢，逐路委提舉常平官按察。仍令御史臺覺察劾奏。」

二十八日，詔：『近有紹興府等處飢民在此求乞，日有饑死者，可令臨安府日下給米賑濟。」

三月二日，上諭輔臣曰：『近日紹興飢民多有過臨安者，深可憐憫。蓋是保正副抄劄漏落，是至流移。可令臨安府多方措置賑濟，戶部應付米斛。其諸路州縣災傷去處，宜申飭監司、守臣，依已降指揮貸給種糧，庶幾秋成可望。」

四月六日，上諭輔臣曰：『兩浙等路災傷去處，可令提舉常平官親詣所部借貸種糧，務要實及饑貧民戶，毋令州縣及當行人侵尅，徒爲文具。」

九月十三日，詔兩浙東路提舉常平秦昌時除直祕閣、兩浙東路提點刑獄

公事。以安撫司言：『紹興府、明、婺州水旱災傷，昌時悉力賑濟，乞賜褒擢。』故有是詔。【略】

［紹興］二十四年五月十七日，尚書省言：『衢州闕食人戶，令本路常平官賑濟外，竊慮未到之前，人戶闕食，有妨歸業。』詔令本州日下賑濟，仍曉諭各令歸業。

六月一日，上諭輔臣曰：『官司賑濟，止及近郭游手之人，其鄉村遠處，宜令提舉官及州縣常平官躬親措置，務使實惠及於貧下。』【略】

［紹興］二十七年十月二十九日，詔：『令四川制置司、總領所并逐路轉運、常平司，各具管下州縣有無旱傷聞奏。如有實被旱傷去處，仰支撥常平錢米賑濟。或支用不足，即於存留舊宣撫司樁積錢米內量度取撥。』

二十八年八月十六日，上諭輔臣曰：『浙東、西瀕江海去處，田苗爲風水所損，平江府最甚，紹興次之。已將常平米賑濟，尚慮貧弱下戶去秋成尚遠，無錢可糴，深軫朕懷。卿等可令發義倉米賑濟。』宰臣沈該等奏曰：『在法，災傷及七分以上，合行賑濟。當遵稟聖訓，就委趙子潚、都絜依此施行。』詔：『紹興、平江府被風水損傷，可令趙子潚、都絜體訪，委是災傷去處，將第四等以下闕食人戶量行賑濟，候晚禾成日住罷。仍具逐處賑濟人戶及支撥過米數申尚書省。』

二十八年八月二十七日，詔：『令吳璘同蘇欽、許大英將被水州軍人戶，取撥常平司義倉米賑濟。多方措置存恤，毋令失所。仍依條檢放，開具取撥過米數及已措置施行次第申尚書省。【略】

九月二十九日，詔：『在法，水旱檢放苗稅及七分以上賑濟。緣土田高下不等，若通及七分方行賑濟，竊慮飢荒人戶無以自給。可自今後，災傷州縣檢放及五分處，即令申常平司，取撥義倉米量行賑濟。』【略】

［紹興二十九年］閏六月四日，提舉兩浙路市舶曾愭言：『去秋州縣有被水災傷去處，細民艱食。多方賑濟，及將常平米減價出糶，飢民賴以全活。而其間奉行不至者，其弊有三：賑濟官司止憑耆保、公吏抄劄第四等以下逐家人口給曆，排日支散，公吏非賄賂不行，或虛增人口，或鐫減實數，致姦僞者得以冒請，飢寒者不霑實惠，其弊一也；賑糶常平米斛，以市價低小，既糴者不分等第，不限口數，則公吏、倉斗家人等多立虛名盜糴，遂使官儲易於匱乏，其弊二也。賑濟戶口數多，常平樁管數少，州縣若不預申常平司於旁近州縣通融那撥，米盡旋行申清，則中間斷絕，飢民反更失所，其弊三也。欲望行下有司，嚴立法禁，力革其弊。公吏抄劄不實，與夫州縣申請失時者，並寘嚴科。委提舉官往來部內賑濟去處體訪，如有違戾，按劾以聞。』從之。

九月四日，詔：『福州七月間水災，仰帥臣、監司將合行賑濟人，疾速支常平錢米賑濟，其稅租依條檢。仍具析不即申奏因依奏聞。』

十月九日，詔福建路提點刑獄樊光遠降一官，轉運判官趙不溢放罪。以福州水災，光遠權州事，不即躬親括責闕食人戶賑濟，故鐫一官；不溢以不曾承受本州申到，故釋其罪，有是詔。

三十年五月十八日，御史中丞兼侍講朱倬、殿中侍御史汪澈言：『臨安府於潛、臨安兩縣，山水暴至，居民屋廬漂蕩甚衆。望令臨安府速下兩縣，委令、佐躬親看驗。如有未收瘞者，官給錢收瘞之，及隨被害之小大條具賑恤。』詔令轉運司支撥係官錢米，就委令、佐躬親賑濟，無令失所。其未收瘞人口，給官錢如法埋瘞，不得滅裂。

八月十一日，直祕閣、權發遣兩浙路計度轉運副使呂廣問言：『被旨契勘湖州安吉縣向被災最甚民戶實數具奏。今抄劄到闕食合賑濟第五等主戶共一百八十戶，望許依臨安府已得指揮，將被災人戶等第與免本戶應干苗稅、科敷及丁身、役錢等。最甚者免四料，其次免三料，餘免兩料。及第五等曾經賑濟之人，尚慮第五等以上雖不經賑濟，或有田桑、屋宇被水衝損，亦合隨等第輕重減放稅賦。』從之。

三十一年正月二十二日，詔：『雪寒，細民艱食。令臨安并屬縣取撥常平米，依市價減半，分委官四散置場，廣糶十日。』

二十四日，詔：『聞臨安府內外有貧乏不能自存之家，可令抄劄具數，限日下申尚書省。』

二十五日，臨安府言，已抄劄到貧乏之家。詔令本府分委有心力官，日下巡門俵散賑濟，每名支錢二百文、米一升。

二十六日，上謂輔臣曰：『百姓雖已賑濟，尚恐貧乏之家不能自存者，更令特支柴炭。今並於內藏庫支撥給與，務令實惠及物。然輔郡當此雪寒，細民不易，可令常平官依條賑給。』

同日，詔：『令逐州府差官抄劄實貧乏之家，於見樁管常平錢米內，依臨安府例賑濟。分委有心力官俵散，務在實惠，不得減尅。仍具支過錢米數目以聞。」

八月三日，都省言：『淮西州軍先因欠債逃避出沒之人，理合賑給。』令淮西提舉常平官，日下於附近州軍取撥常平、義倉米三千石，前去濠州賑給。仍令龔濤、劉光時照會，常切存恤，毋致失所。

八月二十四日，詔：『夔州路安撫、轉運、常平司將本路被水之人戶多方存恤賑濟。漂流居民舍屋，量行等第支給官錢；其渰損田畝合納稅租，依條檢放；溺死之人，官爲埋瘞。務要實惠，不得滅裂。仍各具知稟施行文狀申尚書省。』

三十二年二月三日，詔：『兩淮歸業民戶，艱於食用，令本路常平司賑濟。如闕米，於浙西、江東常平米內，各取撥一萬石應副支散。』【略】

孝宗隆興元年三月二十八日，詔：『霖雨爲沴，雖側身修行，尚恐誠意未孚。可令諸路監司、守令，應有災傷去處，常切賑恤困窮，糾察刑禁，仍各具聞奏。』

六月十八日，詔：『兩浙、江東下田傷水，衝損廬舍，理宜寬恤。令逐路常平司行下州縣，將被水人戶疾速依條借貸，以備布種。將來見得損傷，即從實檢放。其衝損廬舍之家，多方存恤賑濟，措置安泊，毋令失所。』【略】

八月十七日，詔曰：『比日飛蝗益多，又聞諸路州縣風水爲災，螟螣害稼。咎證罔測，朕甚懼焉。朕自今月十八日避正殿，減常膳，側身修行，以祈消弭。重惟政事之闕，致姦和氣。二三大臣其盡忠省過，補朕不逮。監司、郡守各務身率，戢貪禁暴，平察寃獄，以安民庶。所在災傷，悉行具奏，依條賑卹、檢放。如有隱匿不以聞者，重寘典憲。師徒未息，科調繁興，江、淮、襄、蜀，尤極勞擾，疆場之吏，宜加安輯，蠲省苛斂，以稱德意。』

九月十一日，詔：『訪聞浙東、西州軍間有螟螣、風水傷稼去處，可令守臣疾速條具應合賑恤、蠲免事件聞奏，不得隱匿泛濫。』

九月二十四日，詔紹興府飢民以義倉米依紹興十八年例賑濟之。從知府事吳芾請也。

十月二十一日，知紹興府吳芾言：『本府今年災傷異常，豪右之家閉糴待價。欲招誘出糶最多之人，從本府保明，申取朝廷詳酌推恩。』從之。

二十七日，兵部尚書、兼湖北京西路制置使虞允文言：『京西一路，今歲旱蝗，乞下本路常平司，候開春日，將所管常平、義倉米，廣行賑濟。』從之。

二年三月十日，詔：『徽州旱蝗爲災，可將常平、義倉米出糶賑濟。如本路州軍亦有似此去處，依此施行。』【略】

二十七日，德音：『高、藤、雷、容州應曾被焚劫逃避人戶，仰守令多方招誘歸業。內闕食不能自存之人，依災傷法賑恤。即雖歸業而無力耕種者，令提刑司以牛具、種糧借貸之。』

六月二十四日，詔：『浙東近因連雨大水，及兩淮亦有被水去處，理宜措置優恤。令逐路帥、漕司同共措置，委官往被水州縣賑濟。合用錢米，許於常平司見樁管錢米內取撥。若有溺死之人，與量給棺殮之具。內無居止人，亦仰踏逐空閑官舍及寺觀權行安泊。其應干合檢放寬恤事件及用常平錢米，並開具申尚書省。』

二十九日，上諭宰臣湯思退等曰：『今歲江東、浙西水災，卿等思所以救災防患之術。』思退等奏：『臣等燮調無功，致有此災，未敢便乞罷黜。』上曰：『朕當思所以應天之寔，卿等更宜輔朕不逮。』

七月二十四日，臣僚言：『建康、鎮江、平江府、常、秀等州，今年秋淫雨不止，大水爲災。目今米價見已翔湧，乞命提舉司依條賑濟農民，不可使至流徙。仍行下諸州勸諭居停米穀之家平價出糶。』從之。

八月二十三日，詔：『臨安府米價增貴，細民艱食，令常平出米二萬石賑糶。』

二十八日，詔：『訪聞淮東有被水去處，人戶遷徙。可令錢端禮于本路見管米斛內，支撥一萬石措置賑濟。如不足，于淮東總領所大軍米內取支。』

九月四日，知鎮江府方滋言：『丹徒、丹陽、金壇三縣，今秋雨傷稼穡，已委官詣金壇縣取撥義倉米二千石，丹陽縣一千石，各依乞丐法賑濟。尚慮管下少有客販米斛，及乘時射利，高擡價直，民戶難于收糴，遂措置就委官于金壇縣添撥米一千二百石，丹陽縣添撥米八百石，丹徒撥米五百石，並各減價，每升作二十五文省，置場賑糶，每人日糴不得過二升。竊慮豪右之家閉糴待價，除已勸諭賑糶外，乞依紹興九年七月二十九日指揮，將出糶米穀人依立定格目推賞。仍乞立定有官人糴米比類遷轉賞格行下。其或他州之人有能般販前來賑糶，及得數目，亦與一例保明推恩。』從之。其後方滋又言：『今歲江東、二浙皆是災傷去處，獨湖南、廣南、江西稍熟，相去既遠，客販亦難，勢當有以誘之。欲乞朝廷多出文榜，疾速行下湖、廣諸路州軍，告諭客人，如般販米斛至災傷州縣出糶，仰具數目，經所屬陳乞，並依賞格即與推恩。

州縣出糶官米，往往只在近郭，勸諭民間出糶者，亦多般入城市，以致村落山谷之民無處告糴。乞敦請士人及寄居之忠寔可委者，四散監糶，庶被惠者廣。州縣閉糴，朝廷舊有約束。今聞州縣不務均齊，往往禁人般販，乞委監司嚴行覺察，將閉糴之官按劾施行。』從之。

九月十九日，詔：『今秋霖雨害稼，細民艱食，出内庫銀四十萬兩，付戶部變轉，收糴米斛賑濟。』

二十一日，中書門下省言：『今歲浙西、江東州軍内有水傷去處，損害禾稼，竊慮民戶流移闕食。乞下江西常平司，于見管常平、義倉米内，取撥二十萬石賑濟。』從之。

閏十一月十九日，臣僚言：『淮南流移百姓，見在江、浙州軍無慮十數萬眾，雖欲賑濟，緣官司米斛有限。近降指揮，有田一萬畝，出糶三千石。其餘萬畝以下，却有不曾經水災、收蓄米斛之家，糶價倍于常年。今相度，欲委逐州見不曾經水災處，占田一萬畝以下，八千畝以上，立定出糶米一千五百石。如此，可以廣有出糶之數，應接急闕支遣。』從之。

二十五日，上封事者言：『虜騎犯邊，兩淮之民皆過江南。緣鎮江潮閘不開，老小舟船艤泊江岸者數千隻。近日大雪，皆有暴露絕食之患。欲乞廣行賑濟。』詔：專委浙西、江東提舉照應見行條法，通融取撥一路常平米斛，躬親賑濟。臣僚又言：『近嘗具奏，乞賑給兩淮流移之民，伏蒙施行。竊覩近日有司措置，于多田之家廣加和糴，今諸處各有糴到米斛。欲望于浙西、江東西諸郡和糴到米内，取撥二三十萬碩，令逐路轉運司日下措置般運，分往兩淮經殘破州縣鄉村，委逐處守、令遍行賑濟，招誘流民歸業。其貧乏人不能自存者，日計口數給糧。』詔依。

十二月十三日，詔兩浙路州軍，内有災傷民戶闕食去處，專委本州守倅，以常平米措置減價賑糶。【略】

乾道元年正月一日，南郊赦：『州縣其間有被水人戶，理合優恤，令本路帥臣、監司多方存恤賑濟。其滲浸田畝，照近降指揮檢放。如有因此災傷死亡之人，官爲收殮。無爲虛文，不得滅裂。』三年、六年南郊赦並同此制。

十九日，詔：『已降指揮，逐路州軍災傷去處措置賑濟。訪聞州縣止是抄劄城内闕食之人，其鄉村貧民多不霑恩。令逐路轉運司行下逐州，委官遍詣鄉村賑糶，並勸糶民間米斛，不得因而搔擾。』此從中書門下請也。

二十一日，詔：『紹興諸縣米價騰湧，飢民闕食，沿湖之民多有死損，理宜賑恤。可專委徐翥、喻樗多方措置賑糶，務要寔惠及民。仍委提刑司體究逐縣死損過人數以聞。』從中書門下請也。

同日，詔：『浙西州軍被水災去處，已令賑濟。訪聞湖、秀州流移之人甚眾，竊慮州縣奉行不虔，可令曾愔躬親前去，多方措置賑濟，無令失所。將州縣官措置有方保明聞奏。其弛慢去處，具名按劾。』從中書門下請也。

二月三日，詔：『兩浙、江東州軍，緣去歲間有水傷去處，致今春米價翔湧，細民流移，甚可矜恤。仰守、令多方措置賑濟，于本州應管錢米内取撥應副。仍籍定數目，隨管内寺觀大小均定人數賑濟，柴錢責付主首掌管支用。務令實惠均及流民，毋致殍餓。如奉行滅裂，仰提刑司按劾，重寘典憲。賑濟有方，具名聞奏，當議旌賞。』

六日，中書門下省言：『兩浙東、西路緣水傷，細民艱食。累降指揮，令諸州縣賑濟及勸上戶糶米，并造粥給食，非不詳盡。竊慮州縣奉行滅裂，未見寔惠及民。』詔：『浙西委吏部郎官魯訔、浙東委司封郎官唐閱，躬親遍詣諸路州縣檢察。如有違戾去處，具當職官姓名申尚書省。其措置有方，亦仰保明聞奏。』【略】

［乾道元年三月］十三日，詔：『嚴、衢、婺、處州荒歉，發常平米以賑之。』從殿中侍御史章服請也。

四月十三日，尚書度支員外郎曾愔言：『今歲浙西災傷，諸縣勸諭大姓出米，賑濟者即是給與，賑糶者姑損其直，賑貸者責認其償。欲乞將逐縣勸諭到賑濟米，謂如三千石者，知縣與減一年磨勘，計其多寡以爲之等差；賑貸三百石，比賑濟一百石。州郡與諸縣數外自措置到賑濟、賑糶數，及委令佐分鄉勸諭者，守臣與令佐賞亦如之。大小麥減米數之半以計其數。』詔令有司第賞格行下浙西提舉常平保奏施行。

四月二十二日，詔：『兩浙州軍去歲水澇，流移闕食人頗衆。朝廷措置賑糶，存濟甚多。比因疫氣傳染，間有死亡，深可憐憫。可令行在翰林院差醫官八員遍詣臨安府城内外，每日巡門體問看診，隨證用藥，其藥令戶部于和劑局應副。在外州軍，亦仰依法，州委駐泊醫官，縣鎮選差善醫之人，多方救治。藥錢于逐州歲賜合藥錢内、縣鎮于雜收錢内支給。務要寔惠及民。并仰接續給散夏藥，候秋涼日住罷。』從中書門下省請也。

五月六日，詔：『兩浙路諸州縣飢民疾疫，理宜矜恤。除下逐州守臣措置醫治外，如有死亡遺棄在路之人，亦仰委官同巡尉檢察，支給官錢埋瘞，不得令狼籍道路。』

五月二十四日，詔：『廣、英、連、韶州、肇慶、德慶府以峒民殘破，令廣東提舉常平司依條賑濟。』從廣東提刑石敦義請也。【略】

六月十八日，知宣州王佐言：『本州自五月七日至二十六日，雨如傾注，山發洪，被水之人闕食者衆。欲將見管常平糴米錢八萬餘貫循環作本，差官收糴米斛賑濟。』從之。

乾道二年二月三日，兩浙路轉運判官姜詵言：『浙西州縣災傷，民戶闕食。乞下諭州軍府官守臣，疾速措置。其闕食民戶，量行賑濟，勸諭田主、豪右之家借貸種糧。』詔令浙西提舉常平官相度措置。

二年五月二十五日，詔：『江西以至浙右今歲雨潦，頗害農事。宜令諸路監司、守令察今秋有田米不熟之處，預先講求救災恤荒之政。如將來有水旱去處却致無備，必寘於罰；如備預有方，當議推賞。』

九月七日，詔浙東提舉常平宋藻前去温州，將常平、義倉米賑濟被水闕食人戶。如本州米不足，通融取撥。權發遣温州劉孝韙言：『本州八月十七日風潮傷害禾稼，漂溺人命。所有義倉米五萬餘碩，先蒙奉使司農少卿陳良弼盤量在倉，不得支借。若候申稟，深恐後時，逐急一面賑給外，有不候指揮先次開發之罪，乞施行。』得旨放罪。

九月十一日，詔：『温州水災，差度支郎中唐珣同提舉常平宋藻、守臣劉孝韙遍詣被水去處，覈寔賑濟。』

十月一日，詔：『温州近被大風駕潮，渰死戶口，推倒屋舍，失壞官物，其災異常，合行寬恤。可令度支郎中唐瑑，同提舉常平宋藻、知州劉孝韙共議，參酌措置，條具聞奏。仍令内藏庫支降錢二萬貫付温州，專充修築塘埭、斗門使用，疾速如法修整，不得滅裂。』繼而唐瑑言：『竊見温州四縣並皆邊海，今來人戶田畝盡被海水衝蕩，鹹鹵浸入土脉，未可耕種，及闕少牛具，不能遍耕，難令虛認苗税。乞委守臣來春差官究寔，保明申奏，即與減放當年苗税。庶幾水災之後，農民感恩，早得復舊。』從之。

三年八月五日，知紹興府洪适言：『上虞縣近有水災，飄流居民。』上曰：『近所在或有山發洪處，可令常平司常切撫存，賑濟被水之家。』【略】

十二月二十六日，左朝散郎孫觀國言：『四川州郡亢旱，内綿、劍州尤甚。乞遣金字牌行下制、總諸司，多方賑濟。』上曰：『此去麥熟尚遠，想見飢民狼狽，當依所奏。』

四年四月十一日，司農少卿唐瑑言：『福建、江東路自今春米價稍高，民間闕食。郡縣雖已賑糶，止是行之坊郭，其鄉村遠地，不能周遍。』詔逐路提舉常平官疾速措置，津發見椿米斛，分委州縣清强官廣行賑糶，或勸諭積穀之家接續出糶，不得因而抑勒搔擾。諸路依此。

六月四日，詔：『建寧府、衢州、袁州、建昌軍米價翔湧，人民闕食，並出常平米賑濟之。』

同日，宰執奏事之次，上宣諭曰：『昨日汪涓對曰：「去秋江西被水，數州之民至有無藁秸餵牛者。」朕都不知。』陳俊卿對曰：『去秋沈樞亦申來，言水災，陛下所以預令理會和糴。』上曰：『卿等更宜措置，今後水旱，須令寔申來。』蔣芾奏曰：『州縣所以不敢申，恐朝廷或不樂聞。今陛下詢訪民間疾苦，焦勞形于玉色，誰敢隱匿？』上曰：『朕正欲聞之，庶幾朝廷處置賑濟。』既而詔：『諸路轉運司行下所管州軍，今後水旱，須管依寔具申尚書省，仍令轉運司具狀保明申奏。或州軍隱蔽不申，監司自合一面體訪聞奏。如或不盡不寔，朝廷訪聞，並當重寘典憲。』

二十六日，詔：『襄陽府水旱民飢，令本府寄樁大軍米内支降二萬石賑濟之。』

十二月二十六日，雷州言：『八月一日海潮暴漲，渰浸東南，鄉民闕食者衆。』詔令禮部給降度牒十道，付廣西提刑司變賣，措置賑濟。

五年三月六日，提舉江東常平公事翟紱言：『竊見饒州諸縣去年被水災傷，合行賑糶。乞將常平舊管米一千六百五十二石九斗六升五合，并收到乾道四年分義倉米五千二百一十五石二斗九升五合，委官賑糶外，其池州建德縣與饒州接連，飢寒尤甚，更乞將常平米内支撥七百一十九石六斗二升，并拘到乾道四年義倉米内支撥二百二十二石一斗七升，將約度被水第四等、第五等以下大小人口，量行賑濟。』從之。

九日，知鎮江府陳天麟言：『本司昨奉指揮，將歸正人顧政等二百一十八戶，大小計一千一百一十口，并續括責到高琮等五十一戶，計二百三十六口，許令于常平、義倉米内取撥賑濟。至乾道五年五月終合行住支，竊慮狼狽失所，兼本府又不住有一般歸正人楊貴等四十三戶陳乞賑濟，欲將逐項歸正人更與展支一年，庶幾小民始終得霑恩惠。』從之。

四月十四日，詔：『饒、信州連歲旱澇，細民艱食，可出常平、義倉米以賑之。』

同日，權發遣江南東路計度轉運副使趙彦端等言：『臣等近恭奉御筆處分，以饒、信二郡嘗有水患，令臣等協力應辦儲蓄賑濟。臣等措置，將信州合起赴建康府大軍米一萬五千石截留樁管，及將合起赴鎮江府米二萬石内，將一萬石就便樁管，將一萬石往饒州準備支使。今據饒州知州黄玠劄子稱：「雖蒙提刑司撥到義倉米六千八百餘石，不了一月賑糶之數。乞備申朝廷，于樁留米内支撥二萬石添助賑糶。」臣等照得饒州合發上供米斛，除樁留外，尚有合起赴行在米一萬一千九百六十石，臣等除已一面逐急行下饒州，于内先次取撥一萬石，量度市直減價賑糶外，候信州起到米一萬石，却行拘收，理充合起之數。兼慮信州亦有似此闕食去處，臣等已行下信州，取撥米五千石，依此減價賑糶去訖。所有饒州前後樁留米四萬石，欲乞早降指揮，再撥一萬石，更令接續賑糶。』從之。【略】

［乾道五年］五月十日，提舉江南東路常平茶鹽公事翟紱言：『臣近因巡歷到饒、信州，面諭逐州知、通，委請諸縣令、佐，勸諭上戶將積蓄米穀減價出糶，接濟細民食用。今饒州并諸縣申到，依應勸諭得上戶願糶米穀，共計一十九萬六千六百石六斗五升，并轉運司支撥到上供米一萬石，付饒州賑糶。緣逐項米數，委可接濟細民食用，所有臣先來奏乞更支米一萬石，欲乞住撥，候所糶米穀盡絕，如民間尚闕米穀，即別具奏乞支撥施行。』

十月四日，詔台州出常平、義倉米賑濟被水之民。

六日，權發遣兩浙路轉運副使劉敏士言：『温、台二州近因風水飄損屋宇禾稼，雖將義倉米賑濟，緣被水丁口至多，竊慮來年秋成尚遠，將何以繼？今欲措置，欲令各州勸募上戶，官借其貲，就浙西諸州豐熟去處般販米糧，中價出糶，至來年秋間，却輸納錢本還官。庶幾般販既多，米稍停蓄，其價自平。今來温州已募上戶，借與錢本，見行措置，唯是台州財賦窘迫，無以爲計。臣欲支錢五七萬貫給與台州，令勸募上戶般取米斛，以濟飢民。』詔：『令兩浙轉運司差撥人舡，于近便州軍戶部樁管米及常平、義倉米内，取撥三萬石前去台州，委官于被水去處減價出糶。其糶到錢，令本司拘收，撥還原取米去處。』

十七日，新權發遣福建路轉運副使趙彦端言：『竊見饒、信之間，地瀕湖、江，連有水旱。欲望每歲于饒、信兩州上供米内，各截留數萬石。若次年不曾出糶，或有出糶未盡之數，即行起發，卻以當年新米代充，稍仿常平以新易陳之意。』詔令後每歲逐州各截留三萬石，準備出糶。

二十八日，知揚州、主管淮東安撫司公事莫濛言：『契勘本路楚州、盱眙軍沿淮鄉村間有旱傷，訪聞得鄉民漸致艱食。揚州總領所樁積米内，見有一萬餘石，乞令楚州、盱眙軍般取前去賑糶。所有價錢，赴總領所輸納，却令逕自糴米，依舊樁積。不惟接濟飢民，又得以陳易新，委是兩便。』從之。

十一月十五日，詔：『今歲淮東州軍間有旱傷去處，竊慮冬春之交，米價增長，民間或致闕食，可將淮東見管常平米三萬六千六百餘石，令淮東常平司相度，委官置場，量行減價賑糶。糶到價錢，另項樁管，候將來秋成日，却行收糴補還。』【略】

［乾道］六年閏五月十一日，詔：『浙西州軍大水，令呂正己前去措置賑濟。』既而臣僚言：『已差呂正己措置浙西被水居民，乞就委漕臣，于本路取見州縣被水寔數，官爲貸其種穀，再種晚稻。將來秋成，絕長補短，猶得中熟。諸路如有似此去處，亦乞依此施行。』從之。

六月十二日，權江南東路轉運副使張松言：『甯國府、建康府、太平州、廣德軍圩田均被渰沒，委寔災傷。逐州差官賑濟被水人戶，一依太平州例。每月支散錢米。所有第四等人戶，依條不該賑濟，乞將常平米減價出糶。』從之。

十八日，提舉福建常平茶事鄭伯熊言：『福建路八州軍府縣，自入夏以來闕少雨澤。其上四州軍府雖時得甘雨，猶未霑足，早禾多有傷損；下四州軍亢旱尤甚，晚種有不得入土者。乞將所在米價依條支撥常平米斛賑濟。』從之。

八月二十四日，詔淮南路轉運司，于廬州樁積米内，取撥三千石應副濠州賑糶。

九月十四日，詔于建康府樁管米内取撥一十萬石，限一月津發赴廬、和州樁管，準備賑糶。

六年十月十一日，臣僚言：『今春湖、秀低田與夫太平、宣州圩田多壞，方此秋成，米價已高，而來春之憂未艾。欲望行下守臣，令與縣令各隨其州縣，參酌所宜而預爲之計。其有奉詔不虔，視戶口流移稍多者，內則從臺諫外則從發運、監司，按劾以聞。』詔令逐州守臣限半月申尚書省。

十月二十一日，詔淮東總領所于揚州椿管米內，撥一萬石應付楚州賑糶、五千石應副盱眙軍賑糶。

十二月二日，詔江東轉運司將江西路合起赴建康府米三十萬石內，取撥十萬石赴太平州、五萬石赴池州椿管，準備賑糶。

九日，詔湖州將椿積和糴米五萬石賑糶水災之民。

同日，詔淮東總領所于揚州見管米內，取撥一萬石分淮東州軍賑糶。

二十六日，詔：『和州旱澇，禾麥損傷，可借撥米一萬石賑糶飢民。』

乾道七年正月八日，詔兩浙路轉運判官胡堅常，同浙西路提舉常平司措置賑糶，務施寔惠。

十三日，江東轉運副使沈度言：『廣德軍災傷尤重，欲望支降米二萬石，水運至本軍，委自守倅拘收賑糶。』詔令沈度取撥二萬石，措置津運赴廣德軍，委本軍守倅賑糶。

二十二日，利州觀察使、知襄陽府韓彥直言：『去歲秋苗不登，乞于本府寄椿大軍米內，支降三萬石賑濟。』從之。

二十九日，詔浙西常平司于平江府常平、義倉米內，借撥五萬石應副湖州賑糶，接濟飢民。從知州向汮之請也。

二月六日，詔：『招信縣荒歉，已支米二千石賑濟，更于揚州椿管米內撥三千石賑糶。』

八日，權知高郵軍劉彥言：『本軍高郵、興化縣人戶旱澇，又有黑鼠傷稼。乞于本軍大軍倉內取撥米一萬石，每斗作價錢一百五十文省出糶。遇豐熟日，却從收糴。』從之。

同日，廬州言：『本州旱傷，據合肥等縣人戶陳乞借貸，及有歸正人乞賑濟。近蒙支撥常平米五萬石付廬州、和州準備賑糶。于內已撥一萬石賑糶與和州闕食人戶，今欲更撥一萬石，借貸與前項飢民及歸正人，候將來成熟日撥還。』從之。

七年二月十四日，册皇太子赦：『災傷州軍，竊慮或有遺棄小兒，有人收養者，官爲置籍抄上，日給常平米二升。』

四月十五日，光州觀察使、高郵軍駐劄御前武鋒軍都統制、兼知楚州陳敏言：『本州去年因黑鼠傷稼，兼秋間水旱，農民飢饉，蒙下通州撥米五千石，又下總領所支米一萬石。以通州水路遥遠，止就揚州般到米一萬石賑糶。本州戶口既繁，食用日廣，賑糶官米今已不多，欲望再撥米一萬石付本州賑糶。』詔令本路常平司將通州未撥米五千石疾速科撥應副。

七月六日，詔：『江西州軍間有闕雨去處，合行措置收糴米斛，準備賑糶。可令龔茂良拘收單夔已刷到發運司奏計錢，并江州有發運司貿易等官會子，共湊二十萬貫，于江、浙豐熟去處收糴米斛一十萬石，均撥付最不熟州軍椿管，申三省、樞密院。』

同日，詔：『江西路今歲間有旱傷州縣，責在守令究心賑恤。可令本路帥臣，將旱傷州縣守令精加審量，如內有老謬不能究心職事之人，先次選擇清强能吏前去對易，措置賑濟存恤施行。開具已對易官職位、姓名及見作如何賑濟事件聞奏。』八月一日，詔湖南旱傷州縣，亦合依此施行。

十三日，詔：『昨發運司於潭、衡、全、道、邵州、桂陽軍和糴米斛，未曾支撥。可令湖南轉運司，將糴到米撥付災傷州軍椿管，賑濟、賑糶。』

八月一日，詔：『江州今歲旱傷，見今已有流民。守臣坐視，不據實申奏。專委漕臣一員，日下起發前去江州，同守臣將見管常平、義倉米斛四萬四千餘石措置賑糶。如不足，即仰收糴客米。或尚闕少，仰于本州見椿管朝廷米內，逐急借兑賑糶。仍具已如何措置及賑糶過數目，并委官起發月日以聞。』從中書門下請也。

同日，詔：『饒州旱傷，除已存留米一萬石賑糶外，可于本州米內更存二萬石，通三萬石，日下措置賑濟。』

同日，中書門下省言：『湖南、江西間有旱傷州軍，竊慮米價湧貴，細民艱食。富室上戶如有賑濟飢民之人，許從州縣審究詣實，保明申朝廷，依今來立定格目給降付身，補授名目。無官人：一千五百石，補進義校尉；願補不理選限將仕郎者聽。二千石，補進武校尉；如係進士，與免文解一次；不係進士，候到部，與免短使一次。四千石，補承信郎；如係進士，與補上州文學。五千石，補承節郎。如係進士，補迪功郎。文臣：一千石，減二年磨勘；如係選人，循一資。二千石，減三年磨勘，如系選人，循兩資。仍各與占射差遣一次；三千石，轉一官，如係選人，循兩資。仍各與占射差遣一次；五千石以上，取旨優與推恩。武臣：一千石，減二年磨勘，陞一年名次；二千石，減三年磨勘，占射差遣一次；三千石，轉一官，古射差遣一次；五千石以上，取旨優與推恩。其旱傷州縣，勸諭積粟之家出米賑濟，係敦尚義風，即與進納事體不同。』詔依。其賑糶之家，依此減半推賞。如有不寔，官吏重作施行。尋詔江南東路、荆湖北路依此制。【略】

十六日，權發遣隆興府龔茂良言：『以本路旱荒，御膳進素，而臣忝一路兵民之寄，合賜罷斥。』詔：『龔茂良爲一路帥臣，當兹旱暵，而乃引咎自歸，欲求閑退，非朕責任帥守之意也。可劄與龔茂良，宜講救荒之政，散利薄征，以至攘除盜賊，勉修乃職，安輯一路之民。所請不允。』

二十二日，資政殿學士、知建康府洪遵言：『饒州、南康軍今歲旱災非常，早種不入土，晚禾枯槁，兩郡飢民聚而爲盜，乞檢照江西、湖南已行賑濟體例，憑遵施行。』從之。尋詔本路提舉常平司，更于附近州軍取撥常平、義倉米五萬石付饒州、五萬石付南康軍，應副賑糶。

二十五日，權發遣隆興府龔茂良言：『本路州軍被災輕重不等，贛州、南安、建昌早禾小損，晚稻無傷；次則吉、撫、袁州時有雨澤，所損亦有分數；惟是隆興、江、筠州、興國、臨江軍荒旱尤甚，早禾皆死，晚稻不曾栽插，自來未嘗似此飢歉。已分委官前去同守令講究利害，相度欲將江、浙糴到米，就近徑赴建康或鎮江總領交納，却就截本處上供米賑濟，理充所糴之數。大姓、巨賈勢必閉糶，本府已立下價直，每石止一貫五百四十文足，比之市價折錢七百六十文足。以一名若認糶二萬石，共折錢一萬五千二百餘貫足。若不優異推恩，恐無人願就。今進納迪功郎，係八千貫文省，比之以二萬石米中糶入官，折閱之數，不啻過倍。欲乞補充迪功郎，有官人許轉一官資，及見係理選限將仕郎，並許參部注受合入家便差遣。』從之。

九月七日，詔：『江南西路諸司申到江州旱傷最甚，除已降指揮許截留并令諸司科撥米外，可令劉孝韙日下躬親前去江州，將本路常平米接續賑糶。』

十一日，詔：『訪聞湖南今歲亢旱，民頗流離。令禮部給降度牒一百道、左藏南庫支降會子一十萬貫，付湖南提舉胡仰之收糴米斛，措置賑糶。』

二十二日，敷文閣待制、提舉江州太平興國宫張運言：『居閑躬耕，儲粟二千餘石，適逢今歲旱歉，敢助賑濟。』詔令學士院降詔奬諭。

二十五日，白劄子：『江東、西、湖南州軍今歲旱傷，欲乞依紹興九年指揮，將本路檢放、展閣之事則責之轉運司，遇軍糧闕乏處，以省計通融應副。糶給、借貸則責之常平司，覺察妄濫則責之提刑司，體量措置則責之安撫司。』詔依。仍令逐司各務遵守，三省歲終考察職事修廢以聞。送勑令所立法。本所看詳：『災傷去處，全在賑濟。若不分隸，責之帥臣、監司，竊慮奉行違戾。諸司設有違戾，若不互相按舉，亦無以覺察。今參詳，許逐司互相按舉，及將已行事件申尚書省，以憑考察。仍立爲三省通用及職制令。』從之。

是日，宰執進呈江東、西、湖南旱傷，依紹興九年諸司分認賑恤事。上曰：『它路或遇災歉，並當依此。然轉運司止言檢放一事，猶恐未盡，他日賑濟之類，必不肯任責。』虞允文奏曰：『轉運司管一路財賦，謂之省計。凡州郡有餘、不足，通融相補，正其責也。』上曰：『然今降指揮，止以檢放爲文，它日以此藉口逃責，何所不可？』允文奏曰：『乞立法，遇諸郡有災傷處，以省計通融應副。』上曰：『如此則盡善矣。』故令立法。

十月七日，詔：『江州旱傷，節次已降指揮，取撥本州常平、義倉米四萬四千餘石，及兌截上供米六千五百餘石，勸諭上戶認糶米二萬八千六百餘石，截留贛州米一萬石，及支糴本錢四萬餘貫收糴米斛，并令漕臣取撥本路常平米一十萬石，吉、筠等州見起建康米八萬餘石、未起朝廷樁管米九萬七千餘石，及江州元管收糴米，均撥付本州賑糶。并立賞格，勸諭上戶出米賑濟、賑糶，倚閣夏稅，檢放秋苗，地主、佃戶資助賑給；并將禁軍、土軍、弓手免起發，存留防賊。可令帥、漕、提舉官多出文榜，候歲終，比較殿最。如官吏奉行滅裂，委御史臺覺察，按劾以聞。』

同日，詔：『饒州旱傷，已降指揮，取撥本州常平、義倉米八萬餘石，及于附近州縣常平、義倉米內取撥五萬，并截留本州見起樁管上供米三萬石，及獻助米二千石付本州，并勸諭上戶賑糶、賑濟。又倚閣夏稅，檢放秋稅，及地主、佃戶資助賑給；并將禁軍、土軍、弓手并免起發，存留防賊。可令江東帥、漕、提舉官多出文榜，督責守令多方措置存恤，歲終比較殿最。如官吏奉行滅裂，委御史臺覺察，彈劾以聞。』

十日，權發遣隆興府龔茂良言：『竊詳所立賞格，除出米納官不請價錢即合推賞，所有賑糶係減半推賞。然不可一槩，若依市價以收厚利，商賈之流販賤賣貴，較其石數則盡合補授。如此，賞典皆可濫及，飢民不蒙其利。在法，官爲立中價，不得過有虧損。今欲將賑糶之家，並令官司差人監視給曆，記糶過之數，究寔保明，申朝廷依格補轉。其客販米數或兌便上供米前來中糶入官，如願依立定價例賑糶推賞之人，並一體施行。兼上戶若在豐熟處，即合指闕食州縣接濟，合隨本處時價減三分之一，官司給據照證，般載往災

傷地分賑糶，即行理賞。』從之。【略】

二十三日，直秘閣、權發遣徽州趙師夔言：『本州管下旱傷，有婺源縣遊汀、來蘇兩鄉尤甚。臣措置到錢一萬五千貫，欲于本州及諸縣常平、義倉米內，依立定價回糴米五千石，就便給散賑濟。乞令提舉官樁管上件錢，俟開春收糴，補還元數。』從之。

十一月十二日，知建康府洪遵言：『太平州蕪湖知縣呂昭問以和糴米爲名，禁止米斛不得下河。饒州旱傷，前來收糴米七百五十餘石，本縣抄劄，不令交還。』詔呂昭問降一官放罷。

十九日，湖南轉運副使吳龜年、司馬倬等言：『本路旱傷，惟潭最甚。昨來黃鈞趲剩米四萬石，乞充賑糶使用。』詔糶到價錢，循環作本，收糴米斛賑糶。

二十二日，權發遣隆興府龔茂良言：『乞差新知興國軍、右朝請郎陳寅往來被旱州縣，同共措置檢察。乞量差兵級，破本官驛券，行移作「本司措置賑濟官」。』從之。

八年二月八日，權發遣隆興府龔茂良言：『本路去歲荒旱異常，如隆興府、江、筠州、臨江、興國軍五郡，各係災傷及七八分以上。雖已依條將老幼疾病之人先行賑給，緣人口幾及百萬，委是賑給不周。乞將已得旨取撥到米一十萬石，并更勸諭上戶賑濟給散，庶幾稍宣德意。』詔將續撥義倉米五萬石，令龔茂良充賑給使用，餘常平米五萬石，依舊循環賑糶。

三月十五日，敷文閣待制知潭州陳彌作、直徽猷閣荆湖南路計度轉運副使司馬倬言：『潭州安化縣上戶進武校尉龔德新，平時兼并，遂至巨萬，以進納補官。比至旱傷闕食，獨擁厚資，畧不體認國家賑恤之意。』詔龔德新追進武校尉一官勒停，送五百里外州軍編管。

四月一日，權發遣隆興府龔茂良言：『本路旱荒，細民艱食，若不廣行賑給，無由可救。竊覩張翬昨緣獻米賑濟，除閣職，又得添差本貫兵官，富民歆慕。欲乞明降指揮，出米賑給者，除依格補官外，特與添差本路合入差遣一次，仍依離軍人例減半支給。蓋富民本非急祿，止欲以此爲榮，夸其閭里。如依所乞，必翕然聽從，速得米斛，濟此目前，非小補也。』從之。

十五日，湖北常平司言：『鄂州有紹興十一年至建炎年間歸正人，委是年深，各已樂業。今來却欲同三十一年以後歸正人請錢米，深慮諸州災傷，難以支給。』詔令紹興三十年終以前人免支，自三十一年以後歸正人，照應赦文賑濟。

八月七日，詔：『四川自入夏以來，陰雨過多，沿流州縣多被其患，如嘉、眉、邛、蜀等州最甚。令四川宣撫司審寔被水去處，措置賑恤。』從知成都府張震請也。

八日，權發遣隆興府龔茂良言：『本司勸諭上戶出米賑濟、賑糶，緣所立賞格比尋常鬻爵計之，其直不啻過倍，又有運載之費，欲更少加優異。紹興三十二年閏二月十九日指揮：進納迪功、承信郎，並理爲官戶。內迪功郎與免試，先次注授差遣，依奏蔭人例；承信郎、進武、進義校尉，並與免試弓馬及短使，先次注授差遣。今來勸諭賑濟告敕，元降指揮係敦尚義風，即與進納不同，見得事理尤重。雖各係理選限，及先與添差本路合入差遣，緣許理官戶一節，及將來到部免試先次注授、依奏蔭人例等事未嘗立法。』吏、戶部看詳：『欲將承信郎比附承節郎，上州文學比附迪功郎，依條遇赦注受簿尉差遣。餘並依紹興三十二年閏二月十九日已得指揮，仍比擬獻納已降指揮理爲官戶。』從之。

十月十五日，詔：『陳寅特轉一官；徐大觀、向士俊、翁蒙之各減三年磨勘；李宗質、王日休、江溥、向澹、戴達先、王滸、胡振、蒲堯信、汪賡各減二年磨勘；謝謂、劉清之、薛斐、董述、黃叟、趙不比、王杞、鄭著、趙永年、趙公迥各減一年磨勘。』以賑濟有勞，從江西安撫龔茂良之奏也。

十一月六日，詔：『應材與轉一官，羅全畧、王阮、陳符、陳確、呂行己、孫逢辰各與減三年磨勘。』以賑濟有勞，從湖南安撫使陳彌作、提舉湖南常平胡仰之奏也。

同日，詔：『道州營道縣主薄高大和糴到賑濟米四萬石，與減二年磨勘。』從湖南提舉常平胡仰之請也。

九年閏正月十七日，詔：『雪寒，細民艱食。令臨安府將貧乏不能自存之家，左藏南庫支會子六千貫、豐儲倉撥米三千石，付臨安府，分委有心力官日下巡門俵散賑濟。每名支錢二百文、米一斗，務在寔惠，不得減尅。』

九年五月十二日，詔：『久雨爲災，水患必廣。可令逐路守臣行下州縣，寔被水貧乏之人戶，多方措置存恤，依條賑給。內浸損秋苗去處，優借種本，或勸諭上戶應副借貸，接續栽插，無致失業。』

九月十日，詔：『今年浙東州縣旱傷至廣，朝廷除已行下軫恤、倚閣殘零稅賦、差官檢放外，尚慮形勢之家驅迫償債，不能安業。可將浙東旱傷州縣下三等人户所欠私債並與倚閣住索，候來歲收成豐熟，即仰依約理還。』以上《乾道會要》。以上《永樂大典》卷二〇八九九

又《食貨六一·檢田雜録》 宋會要：乾德二年四月，詔曰：『自春徂夏，時雨常愆，深念黎元失於播殖，所宜優卹，俾獲昭蘇。應諸道所催今年夏租，委在處長吏檢視民田無見苗者上聞，並與除放。』

太宗太平興國八年九月，詔：『自來水旱災傷，晝時差官檢括，救其艱苦，唯恐後時。頗聞差出使臣遲留不進，州縣之吏日行鞭撲，懼收賦之違限，罹有司之殿罰，且令耕者改種失期，甚無謂也。自今應差檢田使臣，宜令中書量地里遠近及公事大小，責與往來日限，違者科罪。』

九年正月，詔曰：『朕每卹烝民，務均輿賦，或有災沴，即與蠲除。蓋欲惠貧下之民，豈復以多少爲限？自今諸州民訴水旱二十畝已下者，仍令檢勘。』先是，澶州言民訴水旱二十畝已下，請不在檢視之限也，太宗以貧民當恤之，故有是詔。

淳化四年十月二十七日，詔：『開封府管内人户，近爲雨水害及田苗，已分遣朝臣、使臣與令佐體量通檢。慮人户未得盡知，及有遲滯，宜令差去京朝官使臣及令佐等詳前降敕命，疾速通檢，具分數以聞，當令特與除放。』【略】

［淳化五年］九月，命大理寺丞許洞等八人分詣宋、亳、陳、潁、泗、壽、鄧、泰等州，按行民田有被水潦爲害及種蒔不及處，並蠲其租。

至道元年九月，遣殿中丞王用和等十四人，分詣開封府諸縣，檢勘逃户田產。二年四月，開封府諸縣民訴旱，命開封府判官給事中楊徽之等三人，刑部郎中、直昭文館韓授等五人，分路體量。【略】

真宗天禧二年十月，詔：『自今差官檢勘逃户並災傷民田，令三司寫造奏帳式二本，一付檢田官，一送諸道州、府、軍、監。』【略】

仁宗景祐二年十月十三日，中書門下言：『《編敕》：人户披訴災傷田段，各留苗色根楂，未經檢覆，不得耕改種，慮妨人户及時耕種。今後人户訴災傷，只于逐段田頭，留三兩步苗色根楂準備檢覆，任便改種。故作弊倖，州縣檢覆官嚴切覺察，不在檢放之限。』先是，訴災者未得改耕，得官檢定，方聽耕耨，民苦種蒔失時，重以失所，故詔革之。

至和三年六月，詔京東、西、荊湖等路被水災處，速差官體量檢放稅賦，或倚閣，更不覆檢。已上《國朝會要》。【略】

［熙寧三年］五月二十八日，詔：『訪聞恩、冀、莫、雄、滄州，永靜、信安、保定、乾寧軍，自夏災傷，其令本路轉運副使王廣，兼勾當公事孔嗣宗分行體量，檢放田稅。仍多方賑濟饑民，無令失所。』

六年七月十九日，樞密都承旨曾孝寬言：『乞下河北監牧司，差官點定牧地佃户被水菑者田，蠲其租。』詔令轉運、監牧司各選官一員，同依公檢放。【略】

元豐元年八月六日，詔河北轉運司體量被水户災傷，及七分，蠲其稅；不及七分者，並檢覆。

四年七月七日，前河北轉運判官呂大忠言：『天下二稅，有司檢放災傷，執守謬例，每歲僥倖而免者，無慮二三百萬。其餘水旱蠲閣，類多失實。民披訴災傷狀，多不依公式，諸縣不點檢，所差官不依《編敕》起離月日程限，托故辭避。乞詳定立法。』中書户房言：『《熙寧編敕》約束詳盡，欲申明行下。』從之。

哲宗元祐元年四月四日，三省言：『開封府、諸路災傷，轉運、提點、刑獄官並據本路災傷州縣，分定親詣檢校。』從之。

六年七月二十二日，詔：『兩浙路鈐轄、轉運、提刑及蘇、湖等五州，令各具逐州水災所及與高田無水及水退可耕之地各幾何，具實以聞。』從殿中侍御史楊畏請也。

紹聖二年十月十九日，侍御史翟思言：『酸棗、封丘兩縣民詣臺陳訴，户下田旱，詣縣乞行檢放，縣不爲受理，反決妄訴。請下府界選官，同本縣官長周行檢視，如民田實荒，即當蠲放。』詔府界提點司選差官體量以聞。

徽宗大觀三年九月六日，詔東南路比聞例有災傷，斛斗踴貴。可下諸路監司，仰依實驗放秋苗分數，仍依條賑濟。

政和元年十二月二十七日，前權提舉河北西路常平王靚奏：『河北郡縣地形傾注，諸水所經，如滹沱、漳唐，類皆湍猛，不減黃河，流勢轉易不常。民田因緣受害，或沙積而淤昧，或波齧而昏墊，昔有者今無，昔肥者今瘠。官司利於租賦，莫肯蠲除；人户苦於催科，不無差誤。欲委官悉心體究。凡如上件有帳籍而別無土田，及雖有土田而弗堪耕種者，其夏、秋二稅，依條

法開閤破放施行。」詔户部坐條申明行下。

八年二月十七日，臣寮言：『民田披訴河灤積水災傷，雖或十分收成，亦妄有破放，並遇非泛旱澇，亦多夾帶豐熟地段在内，縣不體究其實，一槩受狀申州，州不依條委通判、司錄同縣令檢覆，而差曹掾、簿尉前去，所委官亦不依條躬親檢視，止在寺院勾集人户，縱公吏不以有無災傷，或不曾布種田段，一槩依倣年例約度分數除破，虧損財計，最爲大害。欲令轉運司下所屬繪逐縣諸村地形高下圖，遇非時旱澇，專委縣令子細體度。其被災月日、傷稼去處，次第申上，以備檢察。檢覆官先委通判、司錄同縣令，如實有故，即依差試官法，不支當月請給。不親至其處，亦重立斷罪告賞條法。』詔户、刑部立法處分。

宣和元年三月二十六日，權京西路轉運判官李佑奏：『奉詔體量災傷，賑濟闕食人民。房州去年七月八日，有百姓陳訴災傷者數百人，知州李悝將狀首劉均等科斷，差公人監勒劉均等高聲自言，今後不敢訴災傷，遍詣城市號令。兼劉均年七十三歲，因斷得病身死，緣此阻遏放税不及一釐。』詔李悝先次除名勒停，簽書官合干人並勒停，提刑司根勘以聞。

四月二日，京西路轉運判官李佑言：『尚書右丞范致虚奏，京西水災，州縣並不依災傷檢放，勒令民户依舊納税，致民力愈困。體量得汝州諸縣艱於賑濟，致有流移饑莩；唐、鄧州諸縣，已依法檢放税租及賑濟；均、房州諸縣放税不盡，致自冬及春以來，往往聚爲賊盜。』詔均、房州知通、逐縣知縣並衝替，唐、鄧州知通各轉一官。

三年二月七日，臣僚言：『水旱災傷去處，州縣已依條差官檢踏，減放苗賦分數訖，而漕臣又令州縣再行增收分數，如宣和元年，蕪湖一縣已經減放分數，而漕臣再行增收八千九百石。』詔令本路提刑司體究以聞。

四年五月二日，詔：『江南東、西路有逃絶及江水壞田，多是虚招税租，監司不問督責，州縣民力不堪。令轉運司並州縣當職官體究根括，置籍拘管。仍勸誘歸業，及召人租佃承買。其認納税租，令於額内除閣。』

六年三月二十四日，詔：『諸路州縣災傷，多是官司檢放不實，使人户認税額，無所從出，必致流移，不能歸業。今後人户經所屬訴災傷而檢放不實，州郡、監司不爲伸理，許赴本路廉訪所及尚書省、御史臺越訴。』已上《續國朝會要》。

高宗紹興二年十一月十二日，江浙荊湖廣南福建路都轉運使張公濟言：『人户田苗實有災傷，自合檢視分數蠲放。若本縣界或鄰近縣分小有水旱，人户實無災傷，未敢披訴，多是被本縣書手、貼司先將税簿出外，雇人將逐户頃畝一面寫災傷狀，依限隨衆赴縣陳述。其檢災官又不曾親行檢視，一例將省税蠲減，却於人户處斂掠錢物不貲。其鄉書手等代人户陳訴災傷，乞行立法。』户部檢坐到《紹興敕》：諸攬狀爲人赴官訴事，及知訴事不實，若不應陳述而爲書寫者，各杖一百；因而受財贓重，坐贓論加一等。」詔依，告獲，每名支賞錢五十貫。

四年九月十五日，赦：『契勘水旱災傷，檢放官不能遍詣田所，吏緣爲姦，受賕囑託，或以少爲多，或以有爲無，或觀望漕司，吝於檢放，致貧民艱于輸納，有流離凍餒之患。今後並委提刑司檢察，如有不實，按劾以聞，當議重責。』

十一月二十六日，兩浙運副李謨言：『被旨催納湖、秀州、平江府上供米斛。據平江府具到今年苗米三十萬餘石，内逃田開閣四萬三千餘石，災傷減放八萬二千餘石。契勘本府鄉村田畝，比之他處，最係肥田。竊慮暗有樁占，及不親臨檢視。乞下浙西提刑司專委官覆實，將不職官吏送所司根勘，重賜行遣。如所委官輒敢隱蔽不實，許監司互察，依此根勘。』從之。

同日，中書舍人王居正言：『竊見屢下詔旨、赦文，倚閣逃絶，檢放災傷，四方守令奉行不虔，猶恐實惠未必及人。今州縣一有開閣逃田及檢放災傷去處，則監司便指官吏作弊，欲寘於法。臣已取會常州、鎮江府所會災傷，與平江府分數一同，其開閣逃田，亦係已經於去年開閣數目。轉運司已依近降指揮，將鎮江府等處檢放數目牒提刑司，委官檢察去訖。今平江府獨從朝廷行下，恐提刑司及所委官心懷觀望，保明不實，使逃户及被災傷之人抑勒敷納，爲害不細。乞賜追寢今降指揮。』從之。

五年八月十一日，中書、門下省言：『江東西、浙東路，昨緣雨澤愆期，有傷苗稼。』詔令逐路轉運司委官前去體度，如實被災傷去處，依條檢視施行。

二十四日，内降德音：『訪聞廣南東路多緣颶風、亢旱，損傷禾稼，在法自有合放分數。仰本路轉運司，委官前去體度，如實被災傷去處，依條檢視施行。』

六年二月八日，中書門下省言：『勘會民田曾經水發沖壞，不堪開修耕作，依條，州縣檢視及轉運司覆實，方與開閣，減免税租。竊慮其間因民户陳訴，州縣行移稽留，致有虧納税租者，理宜措置。」詔令諸路轉運司行下州縣，如有文案可照、曾行檢踏者，疾速依條蠲實以聞。【略】

〔紹興〕十五年六月二十一日，詳定一司敕令所删定官錢龐言：『欲望申戒州縣，或遇水旱減放民田，致民冤訴，差官覆實，果有不當，必重寘典刑，庶幾民被實惠。』從之。【略】

〔紹興〕十七年十一月二日，上諭輔臣曰：『州縣災傷，宜令官司留意檢放，不得苟取一時税租，却致人户逃移，難以復業。』

十八年十月二十八日，臣僚言：『今年夏秋之交，天時亢旱，災傷去處，農民艱食。欲望嚴戒所部監司、守令，常切存恤災傷農民，無致失所。』上曰：『如委實災傷，可令所屬依條檢放税租，或有違戾，監司覺察，按劾以聞。』

十一月二十七日，户部言：『訪聞江、浙、淮南災傷，依法以元狀差通判或職官同令佐詣田所躬親檢視，申州，具放税租色額、分數牓示，及申所屬監司檢察。即有不當，監司選差鄰州官覆檢，失檢察者，提點刑獄司覺察取勘，具案以聞。今欲下江、浙、淮南路州軍，據災傷縣分，遵依今降指揮，依實檢放，分明大字出牓鄉村，曉諭民户通知，並下逐路轉運司、常平司，子細檢察所差官與令佐各曾與不曾躬詣田所檢視，有無不實、不盡，將違戾去處，依法按劾施行。』從之。

十二月二十二日，上諭輔臣曰：『災傷去處，已降指揮檢放税苗。可申嚴行下逐路當職官，須管依實檢放，如有不盡，許人户經尚書省越訴。』

二十三年六月三日，上諭輔臣曰：『聞諸處民田有被水害者，可令户部行下州縣，差官檢視。不可救護去處，依條放苗。』

二十四年十月三日，三省言：『諸路州軍豐熟，間有高田旱傷去處。』上曰：『可令依條檢放，公私欠負，仍住催理。其係官年歲深遠者，委户部開具，取旨除放。仍令常平措置，通融糶糴，務令兼濟，毋致失所。』

二十五年十一月十九日，赦：『勘會兩浙、江東、淮南路間有因風水傷損田苗去處，除節次已降指揮存恤賑糶外，委逐路漕司行下州縣，不體至意、檢放失實，或漕司不爲除豁，致人户虚受苗税，如有似此違戾去處，仰提刑司覺察按劾，仍許人户越訴。』

二十六年二月五日，詳定一司敕令所删定官柳綸言：『臣竊見民間歲納秋苗，間有旱澇，自合減放分數。近來州縣多是利於所入，畧不加恤。及檢視之際，雖曰差官檢實，往往觀望，徒爲虚文，是致貧民下户監繫無時，至有終身不能償者。乞下有司嚴立約束，許民户越訴。』從之。

二十七年十月六日，詔：『秋雨過多，深慮下田有被損去處，仰州縣依條減放，務在實惠及民，不得鹵莽失實。仍令監司檢察。』

十一月四日，殿中侍御史葉義問言：『昨將漕江東，目睹檢放之弊，且以江東一路言之。歲認上供額八十五萬碩，皆責辦州縣及時輸納，然其間或因災傷減放，致令有承認不足數目，朝廷灼見難以催理，曾降指揮除放至紹興二十二年訖，自二十三年以後，實因災傷檢放米數，依舊催理。臣嘗具此聞奏，蒙行下户部勘當，至今未與除豁。欲望特降指揮，將紹興二十三年以後州縣實因災傷檢放米數，已行申奏未準户部銷豁者，特與除放。仍令監司申戒州縣官司，自後或遇災傷，須管及時躬詣田所，依條從實檢放，並具結罪保明狀申奏。如檢放不實，監司按劾；如監司容縱，令御史臺彈糾。』從之。

二十八年八月二日，詔令逐路轉運司疾速行下州縣，開具實被災傷頃畝數目及合檢放分數以聞。

三十年十月四日，臣寮言：『欲望令逐路監司嚴察州縣，委有災傷去處，竝令從實放税。其有奉行不虔之吏，按劾聞奏。』詔令依條檢放。以上《中興會要》。

孝宗隆興元年八月二十日，臣寮言：『州縣減放災傷奉行不虔，守令未嘗加意，十分災傷之處，檢放不及二三分。乞自今年八月三十日以後，再展限一月，州縣多出文榜曉示。應今年經水旱、蝗蝻災傷去處，許人户從實經縣陳理，不拘早晚收接。委縣令躬親同所差州官前去地頭檢視着實分數，依條檢放。仍委知州專一覺察諸縣，監司覺察諸州，如有奉行違戾，並委監司、郡守將所委官按劾，人吏編配施行。如監司、郡守不行覺察，並許人户越訴，御史臺彈劾以聞。』從之。

乾道三年八月十六日，起居舍人黄鈞言：『竊聞四川亢旱異常，自春及夏，民情嗷嗷。比至六月下旬，乃始得雨，揆之農時，似不及事。得雨之後，但植晚豆，就令豐熟，所得無幾。其它郡邑，又有螟螣害稼去處。竊緣四川阻遠，自來循例不申災傷，不行檢放。欲望行下四路帥臣、監司從實體量，稍加存恤。』從之。

九月十三日，臣寮言：『檢視災傷，雖有條法，官司玩習，未嘗遵依。每差州官到縣，隨行征求追取，皆有定例，然後擇村中近來瘠薄不熟之田，先往視之，多爲蠲放，名曰應破；又擇今歲偶然稍熟之處，再往視之，責以妄訴，名曰伏熟，重爲民困。望詔守臣，選差練曉清彊之官公心考核，申飭監司，嚴爲按舉。凡所差官汙廉勤惰，公正與夫誣妄之狀，悉以上聞。』從之。

四年七月二十五日，詔：『諸路轉運司，行下所屬州縣，將災傷去處，各選委清彊官遍詣地頭，盡實檢放。或不實不盡有虧公私，被差官並所差不當官司，並重作行遣。其被水至甚去處，令監司、守臣條具合措置存卹事件聞奏。』以三省言荆南、建寧、衢、饒、信等州災傷故也。

六年六月二十七日，户部尚書曾懷言：『乞委諸路漕臣，應災傷去處，仰民户依條式於限内陳狀，仍錄白本户砧基、田産數目、四至，投連狀前，委自縣官將砧基點對坐落鄉村、四至畮步，差官覈實檢放。如輒敢妄移豐熟鄉分在災傷地分僥倖減免，許人陳告，依條斷罪。仍將妄訴田畝並拘没入官，以一半給告人充賞。或有豐熟去處，收割禾稻了當，却開撅圍岸，放水入田，瞞昧官司之人，亦乞依此施行。若州縣奉行滅裂，從漕臣按治，重寘典憲。』詔依。諸路遇有災傷，令監司、守令依此施行。

八月二十八日，詔：『今歲年夏秋之間，水旱交作，繼之螟蟲害稼滋多，其間江東、西最甚，二浙次之，福建、湖南、北又次之。可令諸路監司早行覈實，檢放税租。』

七年八月七日，江南西路轉運司言：『本路今年春夏以來，久闕雨澤，江州尤甚。欲將本州諸縣乾道七年所催夏租紬絹錢物，内第四等以下人户，除形勢户外，並與減免三分；第五等減免五分。』詔令所委漕臣，將災傷去處第四等、五等人户秋税覆實所有輕重，一面依條檢放。具已檢過分數以聞。

十一月十四日，詳定一司敕令所修立下條：『諸災傷路分，安撫司體量、措置，轉運司檢放，展閣，軍糧闕之，聽以省計通融應副。常平司糶給、借貸，提刑司覺察妄濫，如或違戾，許互相按舉。仍各具已行事件申尚書省。諸災傷路分帥臣、監司申到已行措置檢放、糶給、覺察事件，並歲終考察修廢以聞。』從之。

九年八月九日，詔：『浙東州軍間有闕雨去處，不無損傷田畮，可令兩浙路轉運司委官躬親檢視，如有所損分數，即仰覈實，依條減放。仍具已施行去處申尚書省。』

九月二十六日，臣寮言：『伏見今夏已來，雨不及期，浙東路郡旱者甚衆，至於江西，間有荒歉。田野之間，以艱食爲慮。竊恐今來州郡不知仰體陛下軫念元元之意，遂使荒政不舉，實惠不孚，重爲民害。欲乞申嚴行下，凡有旱傷去處，必須重實檢放，不得亂有沮抑，致奸和氣。仍乞令逐路常平提舉官躬親巡歷，同帥、漕之臣覺察，按劾以聞。』從之。

十二月十四日，詔：『嚴州守臣選差諳練職官一員，將已行檢視之數，下諸縣審實，如委被渰没去處，即與倚閣二税，候至將來開復，却行起催。』臣寮言『嚴州溪流暴漲，並溪之田皆爲渰没，縣佐檢視，未爲得實』故也。

以上《乾道會要》。

又《食貨六三・蠲放》 ［建炎元年］十一月二十三日，赦：『應曾經金人或群寇蹂踐人户，見欠建炎元年夏秋税租並予除放。應欠負官物元非侵欺盜用者，及雖系侵盜而本家並干係保人内無抵當豹産者，並令本屬於赦到一月内，保明申轉運、提刑司，本司亦限一月保明聞奏，當議並與除放。如逐處不爲依限申奏，仰互經轉運、提刑司受理披訴，依法施行。其元非侵盜，見勒干係人攤納者，失於催理或誤行支遣，見攤在干擊人名下理納者，水火損敗及綱舡遭風水抛失若被盜、勘會分明各無欺弊、見扣折請受者，寶貨場冶委是不發及不顯侵欺、係欠課利見行催理者，冒佃諸色官田、戶絕田土屋業並諸般啟幸隱漏税租，見理納積年税租課利等委是貧闕無可償納者，並委本屬保明申轉運、提刑司等，特與除放訖，奏。在京申所屬，依此施行。』紹興元年九月十八日、四年九月十五日、七年九月十八日、十年九月十日、十三年十一月十八日、十六年十一月十日、十九年十一月十四日、二十二年十一月十八日、二十五年十一月十九日、二十八年十一月二十三日、三十一年九月二日赦，並同此制。

二年七月十九日，詔：『州縣大水，飛蝗爲害，而最重之處，仰百姓自陳，州縣、監司次第驗寔，保明聞奏，量輕重予免税租。』【略】

三年七月二十日，詔：『太平、池州及南康、饒州管下浮梁等縣，經賊燒劫，居民逃避，又以去秋災傷，米價踴貴，令本路轉運司體究被焚劫人户，依災傷法量分數減免。』【略】

二十二日，詔：『越州會谷、山陰縣人戶未納建炎三年分湖田米，並予除放。』

六月一日，詔：『越州余姚、上虞、蕭山縣見欠建炎三年分湖田米，特予蠲免。』【略】

九月九日，詔：『昭慈獻烈皇太后靈駕發引，經由水路，因堰閘去處渰

浸禾稼，可差官按視分數，減放租稅。」【略】

十二月九日，臣寮言：『乞今後除税租、免役、和買依法催科以備軍期，不管缺誤，自餘非泛科配一切停罷。』本部言：『若遇災傷，難以不行除放，若寔因軍期，亦有許收量添酒錢，專令應付。或因軍期所需，多科其數，別行支用，以自盜贓論，官員竄嶺表，人吏決配。欲下諸路轉運司嚴責守令催科稅賦，不管違戾。』從之。【略】

［紹興五年］六月二十三日，三省言：『近因久旱，降詔除稅租、和預買及應付大軍之外，應干科敷催驅等日下並罷。切慮州縣卻催理人戶累年積欠稅租。』詔令諸路監司、帥臣嚴行覺察，如有違戾及失于案舉，並取旨重行竄責。【略】

［紹興五年七月］五日，都督行府言：『勘會澧州兵火不絕，農事久廢。合發上供錢物，伏望自今年蠲免三年。』從之。

十九日，諸路軍事都督行府言：『湖南一路，比緣少雨，田壟亢旱。欲將本路秋稅苗米先次特予蠲免五分。若將來檢覆災傷分數更重去處，即令提刑司別行開具減放。』從之。【略】

九月一日，尚書省言：『勘會昨因亢旱，已詔諸路除應付大軍等事外，應干科敷並罷。如漕司雜稅及常平等增收頭子錢、鈔旁勘合錢、耆戶長顧錢、常平一分寬剩錢及正稅畸零剩稅，並乞一例罷。』詔依。【略】

六年三月四日，江南西路安撫制置大使、兼知洪州李綱言綱：『洪州遞年合發淮衣紬絹，自建炎三年殘破後，用度缺乏，不曾收樁，已免至紹興三年。所有四年、五年分委是無從收簇。』詔與蠲免。

同日，詔令諸路轉運司契勘管下去年旱傷及四分以上州軍拖欠下紹興四年已前年分錢、帛、租稅等，並予除放。【略】

二十五日，成都潼州府夔州利州路安撫制置大使、兼知成都府席益言：『四川去秋旱傷，田畝所收，多者不過四五分，少者纔一二分。又緣官中糴買壅遏，米穀價例踴貴，無從得食。又去秋西川水潦，東川旱暵，即今粒食昂貴，斗米錢兩貫，利路近邊去處，又增一倍。即今人民饑流死者相枕藉於道，見行賑濟。緣蜀民自來不曉陳訴災傷，是致州郡、漕司不曾依條減放。間雖有檢放去處，並不以寔。望賜矜恤。』詔如委係災傷，失於檢放，予權行倚閣一半，其災傷至重去處，全行倚閣。並候將來秋成日，依已降指揮催理。【略】

九月六日，詔：『荊湖北路管下州軍，因旱傷拖欠紹興四年分天申節銀二千五百五十兩、進奉大禮銀三千三百兩、絹二千六百疋，特予蠲免。』【略】

七年三月三日，詔：『應駐蹕及經由州軍，見欠紹興五年以前稅賦，並予除放。官司輒敢舉催，重寘典憲。仍令提刑司常切覺察。其民間見欠官司紹興五年以前錢物，令逐州長貳限三日條具以聞，當議蠲免。』【略】

七月二十一日，後殿進呈張浚等奏：『禱雨備至，未獲休應。』上曰：『應天須以寔，如恤刑、弛役之類，當更有寔惠可及民者。朕曉夜思之，如積欠一事，爲民之害甚大。比因移蹕，所過州郡下蠲除之下令，聞民間極喜。可將諸路紹興五年以前稅賦積欠及其它逋負議蠲之。』浚等退而條具，再取旨，即施行焉。

二十四日，都省言：『建康府近緣亢陽缺雨，其諸路州縣理宜一等寬恤。』詔：『諸路州縣民戶見欠紹興五年以前稅賦並予除放，官司錢物令長貳限三日條具以聞，當議蠲免。及諸州起發綱運赴行在交納，因估剝虧官並拋失少欠，見今監理追納補發，自紹興五年以前虧官數目，並予除放。其見催理去處，取見詣寔。如委無情弊，一面先次權住催理，具狀保明聞奏，當議亦予除放。州縣因災傷逃移，並不曾離業人戶布種未盡田畝，依已降指揮合免稅租，訪聞州縣違戾，以拘催上供爲名，復行催納。自今降指揮到日，並免催理。如違，令提刑司覺察，按劾以聞，當重行科斷。其紹興四年、五年終前項人戶拖欠未納上供稅苗，令提刑司取見所免催理數。如州縣委寔無從出辦，具數保明聞奏，當議特予除放。諸路民戶買撲場務昨因拖欠淨課利錢物，收執當折填外，尚有欠少數目委無可納者，紹興五年正月以前數目亦予除放。諸路常平司諸色田產人戶承佃合輸租課，紹興五年以前拖欠之數，令長貳限三日條具以聞，當議免。其寬恤事務要寔惠及民。如州縣巧作名目，輒敢催理，委提刑司按劾以聞，當重寘典憲。』【略】

［紹興二十三年七月］五日，戶部言：『欲下轉運司，將平江府、湖、秀州寔被水貧乏下戶未納夏稅，並權住催理，候將來秋成日，卻令依舊輸納。』從之。

十月三日，三省言：諸路州軍今歲豐熟，間有高田旱傷去處。上曰：『可令依條檢放，公、私欠債仍住催理。其係官年歲深遠者，委戶部開具，取旨除放。』【略】

〔紹興二十八年〕九月二十四日，上諭輔臣曰：『兩浙路被水災傷縣分，其第四等以下人，已降指揮，將積欠税苗權行倚閣，候豐熟年分補發。尚慮細民無力可償，徒掛簿書，當議特予除放。卿等可便取見詣寔。如于戶部歲計有妨，當從內帑支降錢物，以補其數。』

二十七日，三省言：『平江府、紹興府、湖州諸縣，除放被水下戶遞年積欠，擬令戶部開具有無侵損歲計。』上曰：『不須如此，止令具數，便於庫內支降撥還。朕平時無妄費，內庫所積，正欲備水旱爾。本是民間錢，卻爲民間用，何所惜？』於是下詔：『平江府、紹興府、湖州諸縣災傷，所有已前積欠税賦，並予除放。令逐縣限五日開具合除數目申州覆實，申轉運司，本司保明申戶部，候到，令本部具數奏請，于御前支降撥還。其人戶私債並欠坊場酒錢，並候三年外理還。如官司尚敢追索搔擾，令監司自覺察，具名聞奏，仍許越訴。』既而十一月一日，詔內藏庫降錢三萬九千六百一十貫七百四十二文，付戶部充紹興、平江府、湖州被水人戶合放上供物帛、錢、米數目價值。

十月六日，三省言：『近者蠲放蘇、湖、常三州被水下戶積欠二税，已捐內藏庫帑錢補足大農歲計，以寬民力。昨日又有指揮，大禮金銀錢帛減半供進。恐錫賚之間，或不足用。』上曰：『大禮支費，朕先半年裁爲定額，無分毫濫予，比前郊減一半。』

十二月二十二日，中書門下三省奏：『紹興、平江府、湖州被水災傷田畝，雖已檢放，並趙子潚審寔添放，理宜又功優恤。』詔於已放分數各予添放一分。

二十六日，詔：『訪聞太平州今秋亦有被水災傷田畝，可將第四等以下已經賑濟人戶今年以前積欠税賦，並予除放。』

二十九年正月二十八日，有詔：『諸路沙田、蘆場已立定租課，緣去秋有風水損傷去處，其二十八年租課予減一半。』

二月二十四日，上嘗諭輔臣曰：『江西道路間聞有數人爲群剽掠。』王綸曰：『臣竊意止是艱食之人不得已而爲之，未必皆嘯聚之徒，正賴州縣安集之爾。』上曰：『朕自去冬，凡災傷去處悉令賑濟，及蠲放積欠已及二十五年矣，比又將二十六年、二十七年者悉蠲之，不知州縣奉行如何。輕徭薄賦，自無盜賊。』【略】

〔紹興二十九年三月〕二十一日，上以放免諸路積欠，諭輔臣曰：『輕徭簿賦，所以息盜。歲之水旱，所不能免，倘不務寬恤，而惟催科是聞，有司又從而功之以刑罰，豈使民不爲盜之意？故治天下當以愛民爲本。』因降詔曰：『諸路人戶積年逋欠，昨降冬祀赦文已放免至二十五年終。朕念貧民下戶艱於輸納，官司催理搔擾，有失惠養之意。可將二十六年、二十七年分第四等以下人戶違欠夏秋歲租、和買、丁產、諸色官物並予除放。州縣官吏宜體朕意，不得依前巧作名目，暗行催理。如有違戾，許被催之家越訴，監司按劾以聞，當重寘典憲。仍多出暝文，遍行曉諭。』【略】

〔紹興二十九年三月〕二十四日，左司諫何溥言：『平江、紹興府、湖州諸縣被風水，已經賑濟除放。訪聞有未賑濟之前流移者，及至歸業，而官司拘於已經賑濟之文，不予除放。聞浙西諸郡例被災傷，蘇、湖爲重，而常、潤次之，其間縣分亦各不等。今蘇、湖四等以下一切蠲免，而常、潤失于申陳，止從減放。乞將常、潤被水四等以下人戶去年税物未納者特予除放，而蘇、湖、紹興下戶不拘已未曾經賑濟，所有公、私逋負一等蠲免。』詔戶部限三日看詳。於是本部言：『欲將詔常州、鎮江府寔被水第四等以下人戶並湖州、平江府、紹興府下戶未經賑濟之前已自流寓未曾除放之人，下轉運司委官究見詣寔，並依紹興二十八年九月二十七日指揮施行。』【略】

〔紹興二十九年〕九月十六日，詔：『兩浙、江東、西去歲水潦賑貸去處，在法合於今秋成熟之後具數還官，可特行蠲免。浙東、江東、西近日以雨澤少愆，頗生螟螣，委監司、郡守體訪，如寔有損稻去處，量行減放今年租税。』【略】

〔紹興三十年〕八月三日，詔：『臨安、於潛兩縣被水，居民漂溺，生生之具皆盡者二百六十六戶，罹此横災，深可憫恤。可予各免應戶應幹苗税、科敷及丁身錢等，甚者與免四料，其次免三料，餘免兩料。』

九月十二日，詔：『臨安、於潛兩縣被水衝注成溪去處，税物並行倚閣。』從之。從知府事余端禮之請也。【略】

〔紹興三十一年〕七月七日，權兩浙路轉運副使林安宅言：『平江府崑山縣民田被水，災傷人戶訴本府檢放不盡，尋拖照省限外，有未納苗米一萬五千餘石，及委吳江縣主簿吳博古體究。據申，本縣以街巷之間械繫乞丐者，十數人爲（郡）〔群〕，皆是被水見監納苗米之人，弱者日被棰楚囚繫，以至饑餓無告，而強者訴上司。問其被水之年，其所從來甚久。參照累年多寡之數，更合放苗米一萬二百四十六石四斗七升八合。契勘知縣湯松年貪謬不職，罔恤民事，已行對移。伏望特許除免。』詔特予除免。

二十六日，知高郵軍呂令問言：『高郵縣稅戶訴霖雨連綿，衝決堤岸，乞將人戶殘零積欠並今夏折帛，當限稅役、酒店官錢權行蠲免。』從之。【略】

［紹興三十二年］二月十五日，否則衍文。知建康府上元縣李辟之言：『本縣所管金陵、鍾山、慈仁三鄉，實鄰大江，自紹興二十八年緣風潮積雨及江岸崩落。田疇化爲水面，連年既無所收，而二稅虛掛板籍，催科稍急。欲望三鄉二稅、和買等並予除放。』詔令戶部看詳。戶部言：『欲下江東漕司取見三鄉人戶寔被崩江無田去處，即照應前項見行條法施行。如內有雖經江潮而產見存，不礙耕種，即合依舊催納稅賦，毋令因而影帶走失官物。仍開具三鄉寔被崩江及見存田產人戶姓名、坐落及畝角，立項保明供申。』從之。【略】

［隆興元年］九月二十五日，詔湖州烏程等六縣將紹興三十一年第四等以下戶見欠苗稅，特予免放。

同日，詔：『災傷之田，既放苗稅，所有私租，亦合依例放免。若田主依前催理，許租戶越訴。』【略】

［隆興二年］二月十六日，詔秀州去歲被水災傷人戶拖欠紹興三十一年以前苗稅，特予放免。

［乾道元年正月一日］同日，赦：『應欠負官物元非侵欺盜用，及雖侵盜而本家並干繫保人內無抵當豹產償納，或官司失於催理，誤行支遣，見行均認；並因水火損敗若被盜及綱船拋失，各無欺弊，見剋折侵受；或坑場因苗脈不發及不顯侵欺、係欠課利見行催理；或冒佃官田與戶絕田產並欺隱稅租見理積欠等，委是貧乏，無可陪填。已上並委本屬限一月保明申轉運、常平司審寔，申戶部除放。』【略】

［乾道元年正月一日］同日，赦：『州縣災傷去處，第四第以下戶依法合借種、食，限一年免息送納。切慮貧乏之人限滿無可輸納，可並予蠲放。』六年、九年南郊赦並同此制。【略】

［乾道元年］二月二十四日，詔：『朕以淫雨不止，有傷蠶麥，其浙東、西路災傷去處人戶合納乾道元年身丁錢、絹，臨安、紹興府、湖、(南)[秀]、常州並與全免一年，溫、台、明、處州、鎮江府，並各減放一半。』【略】

［乾道元年］十一月二十六日，詔蠲免興化軍猶剩米一半。權知興化軍張允蹈言：『自建炎三年本軍秋稅除一年軍儲外，猶剩米二萬四千四百五十八石七斗八合五勺，供福州軍須。其後逐年以爲定例，常以二百五百石支發應付福州，謂之猶剩米。四十年間，民間水旱，官司不復減損。本軍苗賦有限，歲入不及歲出，遞年上司指揮，將猶剩米委本軍轉變，或撥三寨就請，無以應付。乞行蠲除。』故有是命。乾道三年八月七日，興化軍又言：『前知軍張允蹈具申猶剩米因依，雖蒙蠲減一年，近年以來，減罷場務，並增壯城軍額，及歸正等人吏費數倍，若令應付一年，委是窘乏。』有旨特依所乞，並予蠲免。【略】

［乾道二年］六月一日，詔：『江陰軍緣累年災傷，除秋稅已減放外，其夏稅並依乾道元年數目特與除放。』【略】

［乾道三年］六月七日，宰執奏事之處，上曰：『湖、秀、越三州雨水爲害，可諭守臣，如民間訴潦，宜予減放。』魏杞奏曰：『依條自當減放，更當諭以聖懷軫懷之意。』上曰：『三州和糴，宜與免放。』又曰：『江西今年和糴米免一百萬石，民力想少寬。』陳俊卿奏曰：『此陛下一念之及，足以致和氣，況百萬石米，民之受惠多矣！』【略】

［乾道三年閏七月］二十六日，詔蠲免臨安府臨安縣五鄉人戶二百八十家夏、秋二稅有差。以天目山洪水暴發，衝損居民故也。知臨安府周淙言：『據錢塘縣丞余禹成具到：周向等二十四家衝損屋宇，溺死人口，欲放今年夏、秋兩料並來年夏料錢；于興等一百四十一家衝損一半屋宇、什物，什：原作「計」，據下文改。欲放今年夏、秋兩料；盛慶全等七十家衝損一半屋宇、什物，欲放今年夏料。以上三料並係第五等以下人。及鍾友瑞等四十五家各係上戶，內有鍾友端第四等戶被水至重，欲放今年夏料；施理等四十一戶被水次重，欲放半料。以上通計合放和買、夏稅紬絹綾本色折帛一千三十四疋三丈有奇，綿一百九十二兩一錢，役錢四百二十四貫七百七十三文，丁錢六十九貫二百文，苗米三十七石有奇，茶錢一十九貫有奇。』從之。原書天頭注云：『乾道三年八月七日條移此。』【略】

［乾道三年］十一月二日，南效赦：『諸路州軍縣民戶有拖欠夏稅畸零稅賦、和買、折帛、折麥、折鹽、茶租、養士、白地錢、職田、僧道免丁等錢物，緣州縣催理失時，積年拖欠，及有災傷人戶逃移，卻勒令保正、副陪納。仰諸路漕司委官，將州縣第五等已下民戶應欠負隆興二年以前前項諸色畸零錢物，並予日下除放。如敢違戾，仰人戶詣提刑司陳訴，將違犯官吏申取朝廷指揮施行。』六年十一月六日南郊赦放至乾道三年，九年十一月九日南郊赦放至乾道六年。【略】

［乾道六年］閏五月二十四日，詔江東轉運司，將建康府、太平州寔被

水縣分第四、第五等人戶今年身丁錢，並予放免一年。【略】

［乾道七年］十月一日，江南東路安撫轉運司言：『饒州、南康軍今年旱暵最甚，民間合納夏稅物帛並折帛錢，起發上限一半，其下限合起一半乞行倚閣，候將來豐熟，作兩料帶納。』詔：『饒州、南康軍並依江西、湖南已得指揮施行，內第五等人戶未納夏稅，各與［倚］閣五分。』尋詔：『江、饒州今歲旱傷，已降指揮，將逐州第五等人戶未納夏稅各與［倚閣］五分。尚慮難於輸納，可將逐州第四、第五等人戶未納今年夏稅，日下權行倚閣，候來年帶納。』【略】

［乾道］八年正月二十二日，知秀州丘崈言：『華亭縣雲間、仙山、胥浦、白沙四鄉民田，以鹹潮爲害，官失苗米歲二萬九千二百一十石，稅絹五千三百七十五匹，乞賜蠲放。』詔逐鄉被浸鄉田合納苗稅，特與放免三年。【略】

［乾道九年五月］八日，詔：『江東路饒州、南康軍並係向來荒旱最重去處，所有見催人戶乾道七年分殘欠苗米，可並予盡數蠲放。』

十一日，詔：『江西路江、筠州、隆興府、臨江、興國軍，並係向來荒旱最重去處，所有見催人戶帶納乾道六年、七年分殘欠苗米，可並予盡數蠲放。其逐州軍營田穀麥，乾道六年以前殘欠並乾道七年寔係旱傷未納之數，即與苗米事體一同，可並予盡數蠲放。』【略】

［乾道九年十一月九日］同日，南郊赦：『江東、西、浙東、西路乾道七年旱傷被水州軍，第四等以下人戶已令監司措置賑恤，覆寔賑恤，將合納夏稅物帛倚閣，分年限帶納。尚慮州郡不切盡寔檢放，隱庇數目，甚失愛民之意。可將乾道七年逐路州軍倚閣紬絹、係綿折帛錢共予蠲放，更不帶納，日下銷落簿籍。如敢妄作名色追理搔擾，許人戶越訴。』

又《食貨六八·賑貸》［熙寧］七年五月六日，中書門下言：『戶房申：「聞災傷路分募人工役，多不預先將合用人數告示，以致飢民聚集，卻無合興工役。欲乞下司農寺，令逐路有合興工役，並依所計工數曉示，逐旋入役，免致飢民過有聚集，以致失所。」』

九年二月五日，河北西路提刑司言：『邢、懷州連年災傷，若令應副十分春夫，必難勝任。欲乞特賜免放一半。』從之。

十月十二日，中書門下言：『廣東經畧、轉運使等言：潮州海陽、潮漲，推流屋舍、田苗，死失人口。乞令本路提刑司躬親前去，依條存恤。』從之。

治平四年，神宗即位，未改元。六月十八日，詔：『在京永泰、景陽、通天、安肅四門，此月十七日給河北流民米，止六月終。仍曉諭以河北近得雨，令歸本貫。其不願歸，勿強之。仍曉令河北轉運司，應災傷州軍縣分，依此曉告，倍功安存。』臣僚上言，河北訛傳京師散流民米，恐未流移者因茲誘引，皆來入京，故約束之。

神宗熙寧元年七月，詔：『恩、冀州灑決水災，令省倉賜粟。』詳見《恤災門》。

二年四月，降空名祠部五百道付兩浙轉運司，令分賜本路曾經水災及民田薄收州軍，相度災傷輕重，均其多寡，召人納米或錢，以備賑濟。

七月十八日，詔：『水災州軍，令本路轉運判官、提點刑獄分往被災處照恤。貧民闕食者，支廣惠倉斛斗賑濟；如不足，量支省倉物。仍於人戶便近處減常平物價就糶。若貧人無錢，相度賒糶，令至秋送納。其非稅戶，即與遠立日限納價錢，並委就近施行訖奏。』

三年五月八日，詔：『雄州以兩屬人戶如遇災傷，即特貸糧，接續俵散，分作料次送納。』【略】

［熙寧］四年二月十三日，詔：『河北轉運、提刑司體量貝、冀徹邊少雨雪州軍乏食饑歉人戶，多方賑貸存恤。其見欠殘零稅賦，並權與倚閣。』【略】

［元祐元年］三月二十六日，詔：『府界並諸路提點刑獄司體訪州縣災傷，即不限放稅分數及有無披訴，以義倉及常平米斛速行賑濟，無致流移。』

同日，夔州路提舉常平官傅傳正言：『州軍去年災傷，放稅分數不多，亦有全不申訴者。臣見民間困急，不敢坐視，已依災傷及七分以上賑濟。所有專輒之罪，謹自劾以聞。』詔特放罪，仍候到闕日優與差遣。

四月初二日，左司諫王巖叟言：『訪聞淮南旱甚，物價踴貴，本路監司殊不留意。』詔發運司截留上供米一十萬石，比市價量減，出糶與闕食人戶，每戶不得過三石。其糶到錢起發上京。

四日，詔：『開封府諸路災傷，逐縣令、佐專切體量，人戶委有闕食，速具事實申州及監司。仍許一面將本縣義倉、常平穀斛賑貸，據等第逐戶計口給曆，大者日二升，小者日一升，各從民便。五日或十日至半月，齎曆詣縣請印給遣。若本縣米穀數少，先從下戶給，有餘則並及上戶。候夏秋成熟日，據所貸過數隨稅納。闕食之民，貧乏不能自存，或老幼疾病不任力役者，依乞丐法給米豆。其賑濟糶穀，並據鄉村闕食應糶之數給曆，許五日或十日一糶，無令抑遏。此外若令、佐別有良法，使民不乏食而免流移者，申州及監司相度施行，半月一具賑濟次第聞奏。仍體量令、佐有能用心存恤闕食人戶，雖係災傷並不流移者，保明聞奏，當議優與酬奬。其全不用心賑濟，致戶口多有流移者，取勘聞奏，特行停替。』從三省請也。

同日，詔：『江淮發運司體量災傷州縣闕食處，仍令宿、亳州分析不申奏災傷次第，及具見今斛斗價例，各疾置以聞。』時宿、亳災傷尤甚，監司並無奏報，右諫議大夫孫覺言：『淮、浙災傷，米穀踴貴，慮盜賊因緣而起，乞差官體量，廣行賑濟。遍下諸路轉運、提刑司，災傷各以實言，不實者坐之。災傷雖小，而言涉過當者不問。如此，則諸路不敢不言。朝廷隨災傷之大小，賑濟而防虞之，則四海之內無倉卒之憂矣。』

二十六日，殿中侍御史林旦言：『都城比來米麥價長，若翔踴不已，恐細民蒙害。望下戶部，依條通計米麥元價，令司農寺止以逐倉官吏每月更代管勾，置四場出糶，以濟闕乏。』從之，仍戶部差官置場。

五月十六日，尚書省言：『元豐六年，江淮等路發運司奏，兌置在京封樁闕額禁軍糧米五十萬石，價錢限半年上京送納。今淮南災傷，賑濟慮有闕乏。』詔令淮南轉運司相度，本路如闕斛㪷，仰依元豐六年例。

六月二十六日，詔河北路監司分詣諸州，以義倉、常平穀賑濟被水闕食人戶。

十一月二十八日，權發遣淮南路轉運副使趙偁言：『楚、海等州水災最甚，乞發運司於常、潤州收糴稻種十萬石，以備楚、海等州來春布種，以糶以貸。』從之。

同日，戶部言：『左司諫王巖叟言：「賑濟人戶，必待災傷放稅七分以上方許貸借，而第四等以下方免出息，殊非朝廷本意。乞如舊法，不限災傷分數，並容借貸，不拘等第，均令免息。」看詳：《元豐令》「限定災傷放稅分數支借種子」條合依舊外，應州縣災傷人戶闕乏種食，許結保借貸常平穀。』從之。

十二月十八日，侍御史王巖叟言：『伏覩十一月二十九日勑：「戶部看詳，《元豐令》限定災傷放稅分數支借種子條合依舊存留外。」緣臣元奏本以賑濟舊法災傷無分數之限，人戶無等第之差，皆得借貸，均令免息，新條必待災傷放稅七分以上，而第四等以下方許借貸免息，殊非朝廷本意，故乞均令借貸，以濟其艱。今戶部復將支借種子條依舊存留。切以災傷人戶既闕糧食，則種子亦闕，豈可種子獨立限隔？臣欲乞通為一法，於所修「糧食」字下添入「並種子」三字，庶使被災之民廣霑惠澤。』從之。

二年二月四日，詔左司諫朱光庭乘傳詣河北路，與監司一員災荒賑濟。有未盡事，並得從宜；事體稍重，即奏稟。官吏奉法不虔，即按劾以聞。是歲十一月二十六日，監察御史趙挺之、方蒙言：『去年北邊州郡被水災，光庭奉使體訪賑濟，不問民戶三等，一槩支貸。蓋一出使，而河北措置之財遂空，乞行黜降，以允輿論。』詔光庭具析以聞。

十一月六日，詔運淮南、二浙穀四十萬斛賑濟京東路。

三年正月十二日，詔發京西南路闕額禁軍糧穀五十餘萬斛，減市價出糶，至夏麥熟日止。以雪寒，物價翔踴也。【略】

十二月十六日，知永興軍韓縝言：『本路比歲災傷闕食，請於法所給米豆更不限數。』從之。

五年二月七日，詔：『災傷處令、佐賑救人戶不致流移所推酬奬：災傷五分已上，與第五等；七分已上，與第四等。』以戶部言『於《熙寧勑》係第五等，於《元佑勑》係第四等，分數未盡立法之意』故也。

六年七月二十二日，侍御史賈易言：『浙西災荒，朝廷選差轉運使岑象求、判官楊環寶賜米百萬斛、錢二十餘萬緡，俾之拯救，州縣自亦依條賑濟。欲乞明詔本路具災荒分數、賑貸次第以聞。』

八月二十八日，監察御史虞策言：『兩浙災傷州縣糶米，多為販夫與公吏相結冒糴，次及彊壯之人，其飢羸者轉受困餓，或被蹂躪死傷。乞下本路監司覺察。』詔：『轉運、提刑、提舉分布諸處賑糶，務要實惠飢民。內興販及彊壯者，不得一例糶散。如官吏措置乖方，及公人用情，並令依法。』

八年四月十一日，兩浙路轉運、提刑司申：『檢會浙西州縣累經災傷，蒙朝廷相繼發米赴本路賑濟。除接續賑糶過外，其逐州有見管淮南、江西等路發到賑糶不盡米四十餘萬石，別無支用，欲趁此蠶月鄉民闕食之際，各許令人戶赴官請借。每一斗，候至向去秋成，納新米八升還官，仍限四年均隨本戶苗稅帶納。』詔：其米許充軍糧外，餘數仰置場減價出糶。【略】

紹聖元年二月十四日，三省言：『北京、澶、滑州民被災最重，艱食者多，及軍食闕，未見監司奏請。』詔呂希純、井亮采因按閱河北所至，體訪所當施行，疾速具奏。

三月二十二日，三省言：『准詔賑恤流民，令還本業。昨已降旨揮，應流民支與口食，遣還本土，所在官司闢官屋權令宿止，疾病者醫治，仍不限戶口，米豆石斗賑濟。令戶部旨揮災傷路分監司，嚴功督責州縣推行，務要民受實惠。如更有合行賑恤事，令速施行。』上曰：『聞京東、河北之民乏食流移，未歸本土，宜加意安恤，給糧種，差官就諭，使還農桑業。』范純仁等對曰：『今已給常平米，又許旨所養牛質取官緡錢，免租稅，貸與穀麥種矣。』上曰：『更思其未至者行之。』

九月六日，詔遣監察御史劉拯乘傳按河北東、西路水災州軍，賑濟闕食人戶。應合行事，令條具以聞。

二十九日，詔：『府界、京東、京西、河北路應流民所過州縣，令當職官存恤誘諭，遣還本土。內隨行別無資蓄者，仍計口給曆，經州縣排日給食。至本處如合賑濟，依災傷放稅五分法。內老幼疾病未能自還及不願還者，計口給。』【略】

［紹聖元年十月］二十一日，詔：『河北東、西路被災經放稅戶雖不及五分，所欠借貸錢斛并抵當牛錢等倚閣，候豐熟日，分十料輸。其非被災放稅戶所欠錢斛視此，仍除結保均陪之令。流民在他路者，官吏以至意諭曉使歸業，給券使所過續食；不願者，所在廩給之。』【略】

［紹聖元年十月二十三日］同日，詔：『近者大河東堤防未及增繕，以故瀕河被害者眾，南來者多留京師，流離暴露。隆冬日迫，陷於死亡，坐視不恤，其謂朝廷何？既詔有司悉意賑贍，其令開封府即京城門外行視寺院、官舍以居之，至春諭使復業。』【略】

［紹聖元年十一月］二十一日，詔：『河北路災傷州軍賑濟，並四月終住給口食外，有非老幼疾病之人，候至三月終，併支與四月分合給糧食，發遣歸業。』【略】

［紹聖元年］十二月六日，詔京東、西、河東路提舉司，將放稅不及五分者，審驗災傷稍重，闕食不能自存，或老幼疾病之人，並權依五分法賑濟。

二年二月十一日，詔：『河北、京東路賑濟災傷，各令轉運、提刑、提舉司依先分定州縣巡歷，如官吏奉行不盡，或措置乖方，以名聞。仍令逐路安撫司常切覺察。』【略】

［紹聖］四年九月一日，左司諫郭知章言：『兩浙歲旱，淮南又不常全稔，乞下本路監司賑貸。』詔兩浙路轉運、常平司應荒政並舉行，及預那移廩粟。

元符三年三月二十六日，徽宗已即位，未改元。戶部言：『河北被災諸郡，近據東路提舉常平司申，撥賜到措置斛斗四十五萬石，若賑給至四月終，委有餘剩數目，即許接續出糶。其西路下提舉常平司，將來罷賑濟後民倉尚艱，即令依條減價出糶常平斛斗，並候二麥收成日住罷。其行商興販斛斗往災傷去處糶賣，乞依已得朝旨，與免商稅，至五月終。』從之。【略】

十二月六日，詔以大雪，令有司損價出糶倉米，以惠細民。

徽宗崇寧三年正月二十四日，戶部言：『新兩浙路提點刑獄公事周誼奏：「常、潤兩州去秋蝗旱，春夏之際糧食尤闕，欲乞量展賑濟月分至四月末。」看詳：欲下兩浙轉運、提刑、提舉司體度，如委有災傷人戶闕食，至三月終未可住罷。』從之。【略】

五年正月二十五日，詔兩浙路提舉司賑濟水災乏食者。

大觀二年八月十九日，工部言：『刑州奏：鉅鹿下埽大河水注鹿縣，本縣官私房屋等盡被渰浸。』詔：『見在人戶依放稅七分法賑濟，如有孤遺及小兒，並送側近居養院收養。內有人戶盡被漂失屋宇或財物，仍許依七分法借貸，不管卻致失所。仍具賑濟、居養、存恤次第事狀聞奏。』詳見《恤災門》。

九月二十九日，水部員外郎陳長孺言：『奉詔體量邢州鉅鹿縣，被患甚重，欲旨揮本路監司下所屬，疾速將本縣被水第三等人戶亦依第四等條賑貸。』從之。【略】

［大觀三年］九月六日，詔：『東南路比聞例有災傷，斛斗踴貴。仍下諸路監司，仰依實撿放秋苗分數，仍依條賑濟。』

四年三月二十六日，詔：『潤州、饒州災傷至甚，賑濟米、豆並展至四月終。』

四月二日，詔：『荊湖北路去歲災歉，推行賑濟，本路倉廩物斛所蓄不多，不接支用，可相度給降空名度牒二十道，借、奉職、假將仕郎告敕各七道，量度數目多寡，並逐色所直錢數目，付本路監司，與席貢同共分擘付逐州軍。曉諭民間，依陝西、河北人戶入粟事體入中物斛，如米、豆、大小麥。計所入數合支價直，以前項物充折，別項拘收應副。奉職六千貫，借職四千五百貫，假將仕郎二千二百貫，度牒二百貫。』

四日，詔：『東南六路災傷，倉廩物斛不接支用。江南西路給降奉職、借職、假將仕郎告各七道，度牒二十道；江南東路、淮南、兩浙、湖南路各給降奉職告三道、借職告四道、將仕郎補牒三道、度牒二十道。並依湖北路已得指揮施行。』

政和三年三月二十三日，詔：『潤州丹陽、丹徒兩縣災傷，放稅及七分以上，常平賑貸在法至三月終罷。緣今歲有閏，田事必晚，可展至四月終。應有類此災傷州縣，亦依此施行，可疾速行下。』【略】

六年三月十日，詔：『浙西常、湖、秀州、平江府等處，自去歲水災，秋成尚遠，其貧闕不濟人戶，仰本路提舉常平司通融那移一路應管常平、義倉，與朝廷封樁米斛，權依乞丐人法，不限戶口、石數，特加賑給。』四月八日，詔添入湖州，並以七分災傷條例。

七月六日，知杭州徐鑄言：『奉詔賑給錢塘、仁和、鹽官、餘杭、富陽縣去歲水災貧闕人戶。自四月十五日接續賑給，止六月十五日，尚未有米穀相繼上市，已一面行下，展至六月終。』從之。

八月十八日，兩浙提舉常平司言：『奉詔，常、秀、湖州、平江府等處水災，權依乞丐人法賑給。今據逐州管下共二十五縣，賑濟總四十三萬餘口，乞至收成日住給。』從之。

十月十九日，詔平江府管下屬縣有水災去處，令依十分法賑濟。【略】

［政和八年］八月二十五日，詔：『江、淮、荊、浙被水州軍漲水已退，殘潦餘浸占田無藝，民不得耕，比屋摧圮，無以奠居。可令郡守、令佐悉心賑救，提舉司於上供或封樁斛斗內，量人戶多寡截充賑濟，即不得爭占。候將來豐熟，於常平司撥還。上等四十萬石，中等三十萬石，下等二十萬石。』

九月二十七日，詔：『江、淮、荊、浙以被水人戶多寡，分上、中、下三等，許截上供斛斗賑濟。可依已降處分，亦作三等截留四十萬石。如違，以大不恭論。』其後，宣和元年正月七日，臣僚言：『兩浙廉訪所申：「據轉運司申，截撥到本路米一十二萬七百石，其餘分下平江府、湖、秀州收糴應副。又於鎮江府截住常州米綱樁充賑濟。」而轉運司稱係來年額斛之數，令起發渡江。恐致生靈不得均受朝廷惠養。』詔：『昨降御筆，截上供米賑濟飢民，非不丁寧，而姦吏公然違慢，不行截撥，更於闕食之地收糴以充賑給，是乃重困飢民，乖方若此。仰提刑司並廉訪使者驗實，人吏依法決訖配千里，轉運司官追三官勒停。』其後，轉運司奏：已支撥賑濟米四十萬石，足備無闕。詔副使蔣彝以應奉宣力，特免勒停追官，改作降官，依舊在職。

十月八日，詔：『諸路民被水患，深淺不同，州縣賑給，不可一槩限滿住罷。仰監司、州縣悉心體究，如被水尤甚，民力未能自營，不得便住賑給。務在存活人命，亦不可濫冒惠姦。』

重和元年十二月十九日，詔：『淮南被水，楚州山陽、鹽城二縣下戶飢殍，三萬二千餘人無業可歸。縣官悉令散放，遂攜老扶幼，號訴監司。而常平官告諭，為乞米未下，各令歸業，轉於溝壑者已不少。指揮到日，於已截斛斗支撥賑救；不足，於鄰州、鄰路發義倉兑換支遣。其郡守、知縣、常平官先次勒停，受訴監司降兩官，並令提刑司取勘，限十日奏。』

宣和元年二月十八日，尚書右丞范致虛言：『奉詔：楚州山陽、鹽城二縣被水，令截撥斛斗賑救。不足，於鄰州、鄰路發義倉兑撥支遣。竊以災傷路分廣遠，自江、淮、荊湖、兩川，各被水患，物價騰踴。方春正多飢殍，彊壯者流為盜賊，類多丐乞，以市斛斗，或采在田蔬茹之類。甚者無從得食，老稚轉徙，甚可哀痛。按義倉法，唯充賑給，不得他用，比歲數豐，未嘗支遣，諸路義倉之粟甚多。欲望睿旨，應去歲災傷州縣，並量從覈實災傷人數及外來流民，並給義倉物斛賑濟。數係災傷官司，以前不曾檢行，特與放罪。若今來指揮到，依前庇隱，令廉訪使者按劾以聞。若常平及本州通用諸縣義倉物斛計度俵散不足，並許依楚州兩縣所得前件指揮，於鄰州、鄰路發義倉兑撥支遣。』詔：『京西路潁、汝、陳、蔡等州，見今民已流移飢殍，監司、州郡並不申奏，運司庇隱，不放租稅，致不得依災傷賑濟，遂使斯民轉於溝壑。吏為姦罔，不奉法令，以致如此，為之惻傷。可令新京西漕臣李佑放謝辭，星夜乘騎前去體量。常平官孫延壽先次勒停，餘監司並守臣一一並具名奏。應一路義倉，可並特通融支撥賑濟施行。應災傷流移地分，並令依法放免租稅，疾速行下。』

五月二十九日，詔：『淮、浙去歲被水，田業多荒。今雨暘順適，耕種是時，民無力施工，可令兩路提舉常平官散倉廩廣行借貸，毋或失時。施行訖，具奏。』從兩浙轉運司請也。【略】

［宣和二年］十月九日，詔：『淮南災傷，飢民流離，常平官其躬至所部，竭力賑濟。』【略】

［宣和五年］十月二十八日，詔：『大河暴漲，由恩州清河縣王餘渡東向泛溢，衝蕩大名府宗城縣。本縣被水人戶，令本州提舉常平官親詣流移所在，遍行賑濟。』【略】

［宣和六年］十月二十七日，詔：『浙西諸郡夏秋水災，穀貴艱食，民戶流移，已降指揮，於所在依條賑濟。訪聞常平司見管米斛數少，可於本路實有見在米或見起上供米內，截撥五七萬石付提舉常平官，躬親往常、秀、平江等處隨宜分擘，應副賑給，務令實惠均及飢民。』

十一月十七日詔：『河北、京東夏秋水災，民戶流移，繼踵於道。可令應所過州軍隨宜接濟。若常平、義倉不足，即發封樁應干斛斗賑給，令實惠及人。』【略】

［紹興］二年八月十一日，詔：『福建路亢旱，米價翔貴，令本路提刑司將泉、福州寄卸廣南米取撥三萬石賑糶，仍斟量逐州軍豐歉次第分撥。』【略】

［紹興五年］九月七日，殿中侍御史王縉言：『應民旅般販米斛往旱傷州縣出糶，依日前指揮，許就官司判狀執據，與免經由場務力勝，亦賑救之一也。』從之。

十二月七日，江南西路轉運司言：『筠、袁、洪、吉、江、撫州、臨江、興國軍及臨江軍新喻縣災傷，乞支降本路苗米五七萬石，委提舉司以州縣災傷分數取撥，比市價減十分之三出糶。及令州縣勸喻有力之家，入納粳米每一千石，或稻穀每二千石，如係曾得文解人，三代中有文官無刑責，補迪功郎，餘人補承信郎，依獻納人例理選限升陟，從本州保奏，給降付身，便作官戶，免身丁、差役，免審量，令本路帥司舉辟合入差遣。其入納到米，即減價賑糶。並令州縣出給公據，勸諭商賈收糴斛斗，從便出糶，與免力勝稅錢，每米百石，許附帶貨物約百貫。詢訪停塌斛斗之人，勸諭量取利息，責認石斗數目出糶接濟。及飢民合給米豆，雖放稅不及七分縣分，亦許賑給。委提舉司審度，若常平穀不足，聽取撥入納到米謂今來因災傷勸誘到者。支給，候將來有納到義倉斛斗，卻行撥還。州縣當職官賑濟有方者，委提舉司保明，提刑司覈實以聞，優與旌賞。』詔：『已令收糴米斛六萬石準備賑濟，令乞支苗米，難議施行。內勸諭人納稻穀，依入納米補官，便作官戶一節，見別作施行外，餘並依。仍委知、通勸諭有力之人出糶斛斗接濟，不得搔擾。』

六年正月十三日，詔令湖南轉運司於已科撥去年上供內存留三萬石，從本路帥司量度災傷輕重，分撥付州縣，專充賑濟使用。【略】

二月一日，詔：『令江西轉運司於去年上供米內支撥一萬石付本路帥司，勘量災傷輕重，與常平米相兼均俵，賑濟支用。』

七日，右諫議大夫趙霈言：『去秋旱傷，連接東南，今春飢饉，特異常歲。湖南為最，江西次之，浙東、福建又次之。伏覩累降指揮賑濟，固備盡矣。然今日賑救有二：一則發廩粟減價以濟之，二則誘民戶賑糶以給之。諸路固嘗許借常平、義倉米，又常令州縣賑糶。艱難之際，兵食方闕，州縣往往逐急移用，無可賑給，唯勸誘賑糶尤為實惠。然自來官中賑濟，多止在城郭，而不及鄉村。願以上戶所認米數，紐計城郭、鄉村人戶多寡，分擘米數，縣差丞、簿，於在城及逐鄉要鬧處監視出糶，計口給曆照支，或支五日，或並支十日。其交籌收錢，並令人戶親自掌管，官司不得干預。既無所擾，人亦願從。乞申嚴戒諭，如當職官不親詣鄉村監糶米斛，與故縱人吏科擾，令監司按劾，及許人戶越訴，其官吏重行竄斥。』從之。

三月七日，成都潼川府夔州利州路安撫制置大使、兼知成都府席益言：『東、西兩川，去秋荒歉，及成都府路田事不登，物價騰踴。欲令四川都轉運司，不以是何名色米，權行截撥，專充賑濟，或減價出糶，以平米價。』詔令趙開除應副軍糧外，將其餘應干米斛寬剩撥付四川安撫制置大使司，量度逐路災傷去處，均行賑糶。

二十九日，殿中侍御史周秘言：『去歲旱傷歲，小民艱食，命所在勸誘積粟之家置曆出糶，過三千石者，等第推恩。而州縣奉承不恪，勸導無方，乃謂富民頑悍，說諭不從，遂降指揮，許令一面酌情斷遣。州縣官吏不問民之有無，而專以刑威逼使承認，善良之民被其害矣。欲望再降指揮，專委諸路提舉官偏詣所部，戒約守、令多方勸誘，務令民戶樂從，無因今來酌情繼遣指揮，輒有分毫搔擾。』詔依，令諸路提舉常平官躬親遍詣所部州縣巡按覺察，如有違戾去處，按劾聞奏。其提舉官失覺察，令御史臺糾劾。【略】

十二月十四日，尚書省言：『江東、西、湖南路去歲旱傷，近據申奏，賑濟飢民萬數不少。其逐路帥司及常平官措置有方，甚稱委寄。』除江東帥臣葉宗諤已別作施行外，詔帥臣呂頤浩、李綱、提舉趙不已、吳序賓，令學士院降詔獎諭。

同日，尚書省言：『去秋江、湖旱傷，人民闕食，朝廷支撥米斛，及委帥臣、監司並州縣守令賑給。竊慮其間奉行滅裂，卻致死損流移數多，合行比較優劣。』詔令逐路帥臣、監司，於本路旱傷州縣各比較三兩處，保明取旨賞罰。

十五日，詔：『四川去歲旱荒之後，繼以疾疫，流亡甚衆，深用惻然。其郡守、縣令有能賙給困窮，撫存凋瘵，善狀最著者，令席益體訪詣實，保明來上，當議獎擢，以為能吏之勸。或廢慢詔令，坐視不恤，按劾聞奏，亦當重寘典憲。』【略】

九年十一月六日，臣僚言：『曩者旱暵為災，官嘗發廩勸糴，而州縣奉行，姦計百出。有民戶初非情願，均令認數，以應期限，而平時儲積之家得以幸免者；有所在初無收成，勒令轉糴以賑城郭，而本鄉流離不暇顧恤者。願詔執事選擇廉謹彊明之吏，推行德意，務使實惠及民，盡革前弊。』詔令戶部約束。【略】

［紹興十年］十二年三月二日，詔：『紹興府旱傷秋苗，令於義倉米內支撥一萬石，置場出糶。』【略】

十四年六月十五日，上宣諭輔臣曰：『福建、浙東被水災去處，已令寬恤賑濟。尚恐州縣滅裂。可令逐路監司各躬親前去，悉力奉行，務要實惠及民，不得徒為文具。』【略】

十八年十一月二十三日，上諭輔臣曰：『紹興府災傷，闕食人戶以義倉米賑濟，無使失所。如別有災傷去處，亦令戶部多方措置。』

十二月十二日，上宣諭輔臣曰：『近令提舉常平官躬親詣災傷去處賑濟，竊恐所轄州縣闊遠，點檢遲滯，可更令分委屬官悉力賑濟。將來春耕合用種糧，須令預先措置，臨期借給，使之耕種及時，則贍養、供輸公私兩濟。』

十九年二月四日，上諭輔臣曰：『春雨膏潤，於農事極利。農事種糧為急，若種糧不足，則秋成無望。昨已降指揮，災傷去處令提舉常平司借給，可更丁寧戶部應副。』【略】

九月十三日，詔兩浙東路提舉常平秦昌時除直秘閣、兩浙東路提點刑獄公事。以安撫司言：『紹興府、明、婺州水旱災傷，昌時悉力賑濟，乞賜褒擢。』故有是詔。【略】

二十七年十月二十九日，詔：『令四川制置司、總領所並逐路轉運、常平司，各具管下州縣有無旱傷聞奏。如有實被旱傷去處，仰支撥常平錢米賑濟。或支用不足，即於存留舊宣撫司椿積錢米內量度取撥。』

二十八年八月十六日，上諭輔臣曰：『浙東、西瀕江海去處，田苗為風水所損，平江府最甚，紹興次之。已將常平米賑濟，尚慮貧弱下戶去秋成尚遠，無錢可糴，深軫朕懷。卿等可令發義倉米賑濟。』宰臣沈該等奏曰：『在法，災傷及七分以上，合行賑濟。當遵稟聖訓，就委趙子潚、都挈依次施行。』詔：『紹興、平江府被風水損傷，可令趙子潚、都挈體訪委是災傷去處，將第四等以下闕食人戶量行賑濟，候晚禾成日住罷。仍具逐處賑濟人戶及支撥過米數申尚書省。』

九月二十九日，詔：『在法，水旱檢放苗稅及七分以上賑濟。緣田土高下不等，若通及七分方行賑濟，竊慮飢荒人戶無以自給。可自今後災傷州縣檢放及五分處，即令申常平司，取撥義倉米量行賑濟。』【略】

閏六月四日，提舉兩浙路市舶曾愭言：『去秋州縣有被水災傷去處，細民艱食，多方賑濟，及將常平米減價出糶，飢民賴以全活。而其間奉行不至者，其弊有三：賑濟官司止憑耆保、公吏抄劄第四等以下逐家人口，給曆排日支散，公吏非賄賂不行，或虛增人口，或鐫減實數，致姦偽者得以冒請，飢寒者不霑實惠，其弊一也。賑糶常平米斛，比市價低小，既糴者不分等第，不限口數，則公吏、倉斗人家等多立虛名盜糴，遂使官儲易於匱乏，其弊二也。賑濟戶口數多，常平椿管數少，州縣若不預申常平司於旁近州縣通融那撥，米盡旋行申請，則中間斷絕，飢民反更失所，其弊三也。欲望行下有司嚴立法禁，力革其弊。公吏抄劄不實，與夫州縣申請失時者，並寘嚴科。委提舉官往來部內賑濟去處體訪，如有違戾，按劾以聞。』從之。【略】

三月二十九日，詔曰：『霖雨為沴，雖側身修行，尚恐誠意未孚。可令諸路監司、守令，應遇災傷去處，常切賑恤困窮，糾察刑禁，仍各條具聞奏。』

六月十八日，詔：『兩浙、江東下田傷水，衝損廬舍，理宜寬恤。令逐路常平司行下州縣，將被水人戶疾速依條借貸，以備布種。將來見得損傷，即從實檢放。其衝損廬舍之家，多方存恤賑濟，措置安泊，無令失所。』【略】

十月二十一日，知紹興府吳芾言：『本府今年災傷異常，豪右之家閉糶待價。欲招誘出糶最多之人，從本府保明，申取朝廷詳酌推恩。』從之。

二十七日，兵部尚書、兼湖北京西路制置使虞允文言：『京西一路今歲旱蝗，乞下本路常平司，候開春日，將所管常平、義倉米廣行賑濟。』從之。

二年三月十日，詔：『徽州旱蝗為災，可將常平、義倉米出糶賑濟。如本路州軍亦有似此去處，依此施行。』【略】

七月二十四日，臣僚言：『建康、鎮江、平江府、常、秀等州，今年秋淫雨不止，大水為災，目今米價見已翔踴。乞命提舉司依條賑濟農民，不可使至流徙。仍行下諸州，勸諭居停米穀之家平價出糶。』從之。【略】

二十八日，詔：『訪聞淮東有被水去處，人戶遷徙，可令錢端禮於本路見管米斛內支撥一萬石，措置賑濟。如不足，於淮東總領所大軍米內取支。』

九月四日，知鎮江府方滋言：『丹徒、丹陽、金壇三縣，今秋雨傷穀穡，已委官詣金壇縣取撥義倉米二千石，丹陽縣一千石，各依乞丐法賑濟。尚慮管下少有客販米斛，及乘時射利，高擡價直，民戶艱於收糴，遂措置就委官於金壇縣添撥米一千二百石，丹陽縣添撥米八百石，丹徒縣撥米五百石，並各減價，每升作二十五文省，置場賑糶，每人日糴不得過二升。竊慮豪右之家閉糴待價，除已勸諭賑糶外，乞依紹興九年七月二十九日指揮，將出糶米穀人依立定格目推賞目。仍乞立定有官人糶米比類遷轉賞格行下。其或他州之人有能般販前來賑糶，及得數目，亦與一例保明推恩。』從之。其後方滋又言：『今歲江東、二浙皆是災傷去處，獨湖南、廣南、江西稍熟，相去既遠，客販亦難，勢當有以誘之。欲乞朝廷多出文榜，疾速行下湖、廣諸路州軍，告諭客人，如般販米斛至災傷州縣出糶，仰具數目，經所屬陳乞，並依賞格即與推恩。州縣出糶官米，往往只在近郭，勸諭民間出糶者亦多搬入城市，以至村落山谷之民無處告糴。乞敦請士人及寄居之忠實可委者，四散監糶，庶被惠者廣。州縣閉糴，朝廷舊有約束，今聞州縣不務均濟，往往禁人般販。乞委監司嚴行覺察，將閉糴之官按劾施行。』從之。

十九日，詔：『今秋霖雨害稼，細民艱食，出內庫銀四十萬兩付戶部變轉，收糴米斛賑濟。』

二十一日，中書門下省言：『今歲浙西、江東州軍內有水傷去處，損害禾穀，竊慮民戶流移闕食，乞下江西常平司，於見管常平、義倉米內取撥二十萬碩賑濟。』從之。

閏十一月十九日，臣僚言：『淮南流移百姓見在江、浙州軍，無慮十數萬眾，雖欲賑濟，緣官司米斛例有限。近降指揮，有田一萬畝，出糶米三千碩。其餘萬畝以下，卻有不曾經水災、收蓄米斛之家，糶價倍於常年。今相度，欲委逐州見不曾經水災處，占田一萬畝以下、八千畝以上，立定出糶米一千五百碩。如此，可以廣有出糶之數，應接急闕支遣。』從之。

二十五日，上封事者言：『虜騎犯邊，兩淮之民皆過江南。緣鎮江潮閘不開，老小舟船艤泊江岸者數千隻，近日大雪，皆有暴露絕食之患，欲乞廣行賑濟。』詔專委浙西、江東提舉照應見行條法，通融取撥一路常平米斛，躬親賑濟。臣寮又言：『近嘗具奏，乞賑給兩淮流移之民。伏蒙施行。竊覩近日有司措置，於多田之家廣加和糴，今諸處各有糴到米斛。欲望於浙西、江東、西諸郡和糴到米內取撥二三十萬石，令逐路轉運司日下措置般運，分往兩淮經殘破州縣鄉村，委逐處守、令遍行賑濟，招誘流民歸業。其貧困之人不能自存者，日計口數給糧。』詔依。

十二月十三日，詔：『兩浙路州軍內有災傷民戶闕食去處，專委本州守倅，以常平米措置減價賑糶。』【略】

同日，詔：『浙西州軍被水災去處，已令賑濟。訪聞湖、秀州流移之人甚眾，竊慮州縣奉行不虔，可令曾愭躬親前去，多方措置賑濟，毋令失所。將州縣官吏措置有方保明聞奏，其弛慢去處，具名按劾。』從中書門下請也。

二月三日，詔：『兩浙、江東州軍緣去歲間有水傷去處，至今春米價翔踴，細民流移，甚可矜恤。仰守、令多方措置賑濟，於本州應管錢米內取撥應副。仍籍定數目，隨管內寺觀大小均定人數賑濟，柴錢責付主守掌管支用，務令實惠均及流民，毋致殍餓。如奉行滅裂，仰提刑司按劾，重寘典憲。賑濟有方，具名聞奏，當議旌賞。』

六日，中書門下省言：『兩浙東、西路緣水傷，細民艱食，累降指揮令諸州賑濟，及勸上戶糶米，並造粥給食，非不詳盡。竊慮州縣奉行滅裂，未見實惠及民。』詔浙西委吏部郎官魯、浙東委司封郎官唐閱，躬親遍詣諸路州縣檢察，如有違戾去處，具當職官姓名申尚書省。其措置有方，亦仰保明聞奏。【略】

四月十三日，尚書度支員外郎曾愭言：『今歲淛西災傷，諸縣勸諭大姓出米，賑濟者即是給與，賑糶者姑損其直，賑貸者責認其償。欲乞將逐縣勸諭到賑濟米，謂如三千石者，知縣與減一年磨勘，計其多寡，以為之等差。賑貸三百碩貸，比賑濟一百碩。州郡於諸縣數外自措置到賑濟、賑糶數，及委令佐分鄉勸諭者，守臣與令佐賞亦如之。大、小麥減米數之半以計其數。』

詔令有司第賞格行下，浙西提舉常平保奏施行。

五月二十四日，詔：『廣、英、連、韶州、肇慶、德慶府，以峒民殘破，令廣東提舉常平司依條賑濟。』從廣東提刑石敦義請也。【略】

六月十八日，知宣州王佐言：『本州自五月七日至二十六日，雨如傾注，山發洪，被水之人闕食者眾。欲將見管常平糴米錢八萬餘貫循環作本，差官收糴米斛賑濟。』從之。

二年二月三日，兩淛路轉運判官姜詵言：『淛西州縣災傷，民戶闕食，乞下諭州軍府官守臣疾速措畫，其闕食民戶量行賑濟，勸諭田主、豪右之家借貸種糧。』詔令淛西提舉常平官相度措置。

九月七日，詔淛東提舉常平宋藻前去溫州，將常平、義倉米賑濟被水闕食人戶。如本州米不足，通融取撥。權發遣溫州劉孝韙言：『本州八月十七日風潮，傷害禾穀，漂溺人命。所有義倉米五萬餘碩，先蒙奉使司農少卿陳良弼盤量在倉，不得支借。若候申稟，深恐後時，遂急一面賑給外，有不候指揮先次開發之罪，乞施行。』得旨放罪。

十一日，詔：『溫州水災，差度支郎中唐瑑，同提舉常平宋藻、守臣劉孝韙遍詣被水去處，覈實賑濟。』【略】

十二月二十六日，左朝散郎孫觀國言：『四川州郡亢旱，內綿、劍州尤甚，乞遣金字牌行下制、總諸司多方賑濟。』上曰：『此去麥熟尚遠，想見飢民狼狽，當依所奏。』【略】

二十六日，詔：『襄陽府水旱民飢，令本府寄樁大軍米內支降二萬石賑濟之。』

十二月二十六日，雷州言：八月一日，海潮暴漲，淹浸東南鄉民，闕食者眾。詔令禮部給降度牒十道，付廣西提刑司變賣，措置賑濟。

五年三月六日，提舉江東常平公事翟紱言：『竊見饒州諸縣去年被水災傷，合行賑糶。乞將常平舊管米一千六百五十二碩九斗六升五合，並收到乾道四年分義倉米五千二百一十五碩二斗九升五合，委官賑糶外，其池州建德縣與饒州接連，飢荒尤甚，更乞將常平米內支撥七百一十九碩六斗二升，並拘到乾道四年義倉米內支撥二百二十二碩一斗七升，將約度被水第四等、第五等以下大小人口，量行賑濟。』從之。【略】

［四月］六日，權發遣兩淛路轉運副使劉敏士言：『溫、台二州近因風水飄損屋宇、禾稼，雖將義倉米賑濟，緣被水丁口至多，竊慮來年秋成尚遠，將何以繼？臣今措置，欲令各州勸募上戶，官借其貲，往淛西諸州豐熟去處般販米糧，中價出糶，至來年秋間，卻輸納錢本還官。庶幾般販既多，米稍停蓄，其價自平。今來溫州已募上戶，借與錢本，見行措置，唯是台州財賦窘迫，無以為計。臣欲支錢五七萬貫給與台州，令勸募上戶般販米斛，以濟飢民。』詔：『令兩浙轉運司差撥人船，於近便州軍戶部樁管米及常平、義倉米內取撥三萬碩，前去台州，委官於被水去處減價出糶，其糶到錢，令本司拘收，撥還元取米去處。』

十七日，新權發遣福建路轉運副使趙彥端言：『竊見饒、信之間，地瀕湖、江，連有水患。欲望每歲於饒、信兩州上供米內各截留數萬碩。若次年不曾出糶，或有出糶未盡之數，即行起發，卻以當年新米代充，稍仿常平以新易陳之意。』詔今後每歲逐州各截留三萬碩，準備出糶。【略】

十一月十五日，詔：『今歲淮東州軍間有旱傷去處，竊慮冬春之交米價增長，民間或致闕食，可將淮東見管常平米三萬六千六百餘碩，令淮東常平司相度委官置場，量行減價賑糶。糶到價錢，令項樁管，候將來秋成日，卻行收糴補還。』【略】

六年閏五月十一日，詔：淛西州軍大水，令呂正己前去措置賑濟。既而臣僚言：『已差呂正己措置淛西被水居民。乞就委漕臣於本路取見州縣被水實數，官為貸其種穀，再種晚稻。將來秋成，絕長補短，猶得中熟。諸路如有似此去處，亦乞依此施行。』從之。

六月十二日，權江南東路轉運副使張松言：『寧國府、建康府、太平州、廣德軍圩田均被渰沒，委實災傷，逐州差官賑濟被水人戶，一依太平州例，每月支散錢米。所有第四等人戶，依條不該賑濟，乞將常平米減價出糶。』從之。

十八日，提舉福建常平茶事鄭伯熊言：『福建路八州軍府縣，自入夏以來闕少雨澤。其上四州軍府雖時得甘雨，猶未霑足，早禾多有傷損；下四州軍亢旱尤甚，晚種有不得入土者。乞將所在米價依條支撥常平米斛賑濟。』從之。【略】

九日，詔湖州將樁積和糴米五萬碩賑糶水災之民。【略】

二十六日，詔：『和州旱潦，禾麥損傷，可借撥米一萬碩賑糶飢民。』【略】

十三日，江東轉運副使沈度言：『廣德軍災傷尤重，欲望支降米二萬碩，

水運至本軍，委自守、倅拘收賑糶。』詔令沈度取撥二萬碩，措置津運赴廣德軍，委本軍守、倅賑糶。【略】

二月六日，詔：『招信縣荒歉，已支米二千石賑濟，更於揚州樁管米內撥三千碩賑糶。』

八日，權知高郵軍劉彥言：『本軍高郵、興化縣人戶旱澇，又有黑鼠傷穀，乞於本軍大軍倉內取撥米一萬碩，每斗作價錢一百五十文省出糶。遇豐熟日，卻從收糴。』從之。

同日，廬州言：『本州旱傷，據合肥等縣人戶陳乞借貸，及有歸正人乞賑濟，近蒙支撥常平米五萬碩付廬州、和州準備賑糶，於內已撥一萬碩賑糶與和州闕食人戶。今欲更撥一萬碩，借貸與前項飢民及歸正人，候將來成熟日撥還。』從之。

四月十五日，光州觀察使、高郵軍駐劄御前武鋒軍都統制、兼知楚州陳敏言：『本州去年因黑鼠傷稼，兼秋間水旱，農民飢饉，蒙下通州撥五千碩，又下總領所支米一萬碩，以通州水路遙遠，止就揚州般到米一萬碩賑糶。本州戶口既繁，食用日廣，賑糶官米今已不多，欲望再撥米一萬碩付本州賑糶。』詔令本路常平司，將通州未撥米五千碩疾速科撥應副。

七月六日，詔：『江西州軍間有闕雨去處，合行措置收糴米斛，準備賑糶。可令龔茂良拘收單夔已刷到發運司奏計錢，並江州有發運司貿易等官會子，共湊二十萬貫，於江、湖豐熟去處收糴米斛一十萬碩，均撥赴最不熟州軍樁管，申三省、樞密院。』

同日，詔：『江西路今歲間有旱傷州縣，責在守、令究心賑恤。可令本路帥臣將旱傷州縣守、令精功審量，如內有老謬不能究心職事之人，先次選擇清強能吏前去對易，措置賑濟存恤施行，開具已對易官職位、姓名，及見作如何賑恤事件聞奏。』八月一日，詔湖南旱傷州縣亦合依此施行。

十三日，詔：『昨發運司於潭、衡、全、道、邵州、桂陽軍和糴米斛，未曾支撥。可令湖南轉運司將糴到米撥赴災傷州軍樁管，賑濟、賑糶。』

八月一日，詔江州今歲旱傷，見今已有流民，守臣坐視，不據實申奏。專委漕臣一員日下起發前去江州，同守臣將見管常平、義倉米斛四萬四千餘碩措置賑糶。如不足，即仰收糴客米。或尚闕少，仰於本州見樁管朝廷米內逐急借兌賑糶。仍具已如何措置及賑糶過數目，並委官起發月日以聞。』從中書門下請也。

同日，詔：『饒州旱傷，除已存留米一萬碩賑糶外，可於本州米內更存二萬碩，日下措置賑濟。』

同日，中書門下省言：『湖南、江西間有旱傷州軍，切慮米價踴貴，細民艱食。富室上戶如有賑濟飢民之人，許從州縣審究詣實，保明申朝廷，依今來立定格目給降付身，補受名目。無官人：一千五百碩，補進義校尉；願補不理選限將仕郎者聽。二千碩，補進武校尉；如係進士，與免文解一次；不係進士，候到部，與免短使一次。四千碩，補承信郎；如係進士，與補上州文學。五千碩，補承節郎。如係進士，補迪功郎。文臣：一千石，減二年磨勘；如係選人，循一資。二千碩，減三年磨勘，如係選人，循兩資。仍各與占射差遣一次；三千碩，轉一官，如係選人，循兩資。仍各與占射差遣一次；五千石以上，取旨優與推恩。升一年名次；二千石，減三年磨勘，占射差遣一次；三千石，轉一官，占射差遣一次；五千碩以上，取旨優與推恩。其旱傷州縣勸諭積粟之家出米賑濟，係敦尚義風，即與進納事體不同。』詔依，其賑糶之家，依此減半推賞。如有不實，官吏重作施行。尋詔江南東路、荊湖北路依此制。【略】

十六日，權發遣隆興府龔茂良言：『以本路旱荒，御膳進素，而臣忝一路兵民之寄，合賜罷斥。詔：『龔茂良為一路帥臣，當茲旱暵，而乃引咎自歸，欲求閑退，非朕責任帥守之意也。可劄與龔茂良，宜講救荒之政，散利薄征，以至攘除盜賊，勉修乃職，安輯一路之民。所請不允。』

二十二日二十二，資政殿學士、知建康府洪遵言：『饒州、南康軍今歲旱災非常，早種不入土，晚禾枯槁，兩郡飢民聚而為盜。乞檢照江西、湖南已行賑濟體例，憑遵施行。』從之。尋詔本路提舉常平司更於附近州軍取撥常平、義倉米五萬碩付饒州，五萬碩付南康軍，應副賑糶。

二十五日，權發遣隆興府龔茂良言：『本路州軍被災輕重不等：贛州、南安、建昌早禾小損，晚稻無傷；次則吉、撫、袁州，時有雨澤，所損亦有分數；惟是隆興[府]、江、筠州、興國、臨江軍荒旱尤甚，早禾皆死，晚稻不曾栽插，自來未嘗似此飢歉。已分委官前去，同守、令講究利害。相度欲將江、湖糴到米就近徑赴建康或鎮江總領交納，卻就截本處上供米賑濟，理充所糴之數。大姓鉅賈，勢必閉糴，本府已立下價直，每碩止一貫五百四十文足，比之市價，折錢七百六十文足，以一名若認糴二萬碩，共折錢一萬五千二百餘貫足。若不優異推賞，恐無人願就。今進納迪功郎係八千貫文省，比之以二萬碩米中(羅)[糴]入官，折閱之數，不啻過倍。欲乞補充迪功郎，有官人許轉一官資，及見係理選限將仕郎，並許參部注受合入家便差遣。』。從之。

九月七日，詔：『江南西路諸司申到江州旱傷最甚，除已降指揮許截留並令諸司科撥米外，可令劉孝韙日下躬親前去江州，將本路常平米接續賑糶。』

十一日，詔：『訪聞湖南今歲亢旱，民頗流離。令禮部給降度牒一百道，左藏南庫支降會子一十萬貫，付湖南提舉胡仰之收糴米斛，措置賑糶。』

二十二日，敷文閣待制、提舉江州太平興國宮張運言：『居閑躬耕，儲粟二千餘石，適逢今歲旱歉，敢助賑濟。』詔令學士院降詔獎諭。

二十五日，白劄子：『江東、西、湖南州軍今歲旱傷，欲乞依紹興九年指揮，將本路檢放、展閣之事則責之轉運司，遇軍糧闕乏處，以省計通融應副。糴給、借貸則責之常平司，覺察妄濫則責之提刑司，體量措置則責之安撫司。』詔依，仍令逐司各務遵守，三省歲終考察職事修廢以聞，送敕令所立法。本所看詳：『災傷去處，全在賑濟，若不分隸，責之帥臣、監司，竊慮奉行違戾；諸司許有違戾，若不互相按舉，亦無以覺察。今參詳，許逐司互相按舉，及將已行事件申尚書省，以憑考察。仍立為三省通用及《職制令》。』從之。是日，宰執進呈江東、西、湖南旱傷依紹興九年諸司分認賑恤事，上曰：『他路或遇災歉，並當依此。然轉運司止言檢放一事，猶恐未盡，他日賑濟之類，必不肯任責。』虞允文奏曰：『轉運司管一路財賦，謂之省計，凡州郡有餘不足，通融相補，正其責也。』上曰：『然今降指揮止以「檢放」為文，他日以此藉口逃責，何所不可。』允文奏曰：『乞立法，遇諸郡有災傷處，以省計通融應副。』上曰：『如此，則盡善矣。』故令立法。

十月七日，詔：『江州旱傷，節次已降指揮，取撥本州常平、義倉米四萬四千餘碩，及兌截上供米六千五百餘碩，勸諭上戶認糴米二萬八千六百餘碩，截留贛州米一萬碩，及支糴本錢四萬餘貫收糴米斛，並令漕臣取撥本路常平米一十萬碩，吉、筠等州見起建康米八萬餘碩，未起朝廷樁管米九萬七千餘碩，及江州元管收糴米，均撥付本州賑糶，並立賞格，勸諭上戶出米賑濟、賑糶。倚閣夏稅，檢放秋苗，地主、佃戶資助賑給。並將禁軍、土軍、弓手免起發，存留防賊。可令帥、漕、提舉官多出文榜。候歲終比較殿最，如官吏奉行滅裂，委御史臺覺察，按劾以聞。

同日，詔：『饒州旱傷，已降指揮取撥本州常平、義倉米八萬餘碩，及於附近州縣常平、義倉米內取撥五萬，並截留本州見起樁管上供米三萬碩，及獻助米二千碩付本州，並勸諭上戶賑糶、賑濟。又倚閣夏稅，檢放秋稅，及地主、佃戶資助賑給。並將禁軍、土軍、弓手並免起發，存留防賊。可令江東帥、漕、提舉官多出文榜，督責守、令多方措置存恤。歲終比較殿最，如官吏奉行滅裂，委御史臺覺察，彈劾以聞。』【略】

二十三日，直秘閣、權發遣徽州趙師夔言：『本州管下旱傷，有婺源縣游汀、來蘇兩鄉尤甚，臣措置到錢一萬五千貫，欲於本州及諸縣常平、義倉內依例定價回糴米五千石，就便給散賑濟。乞令提舉官樁管上件錢，俟開春收糴，補還元數。』從之。

十一月十二日，知建康府洪遵言：『太平州蕪湖知縣呂昭問以和糴米為名，禁止米斛不得下河。饒州旱傷，前來收糴米七百五十餘碩，本縣抄劄，不令交還。』詔呂昭問降一官放罷。

十九日，湖南轉運副使吳龜年、司馬倬等言：『本路旱傷，唯潭最甚，昨來黃鈞趲剩米四萬碩，乞充賑糶使用。』詔糴到價錢，循環作本，收糴米斛賑糶。

二十二日，權發遣隆興府龔茂良言：乞差新知興國軍、右朝請郎陳寅往來被旱州縣，同共措置檢察。乞量差兵級，破本官驛券，行移作本司措置賑濟官。』從之。

八年二月八日，權發遣隆興府龔茂良言：『本路去歲荒旱異常，如隆興府、江、筠州、臨江、興國軍五郡，各係災傷及七八分以上。雖已依條將老幼疾病之人先行賑給，緣人口幾及百萬，委是賑給不周。乞將已得旨取撥到米一十萬碩，並更勸諭上戶賑濟給散，庶幾稍宣德意。』詔將續撥義倉米五萬碩令龔茂良充賑給使用，餘常平米五萬碩依舊循環賑糶。【略】

八月七日，詔：『四川自入夏以來，陰雨過多，沿流州縣多被其患，如嘉、眉、邛、蜀等州最甚。令四川宣撫司審實被水去處，措置賑恤。』從知成都府張震請也。【略】

賑貸二

【宋會要】淳熙元年二月二十一日，詔：『台、處州去秋大旱，仰於逐州樁管常平米內，令守貳約合用實數申常平司，速行取撥賑濟。衢、婺之間似此去處，比類施行。』從淛東安撫錢端禮請也。

四月七日，詔：『訪聞關外四州去歲秋旱災傷，米價踴貴，竊慮民間闕食，致有流移。可令戶部郎官、四川總領趙公亮同本路提舉常平官，日下津運常平、義倉米並附近樁積米前去賑糶。』【略】

九月七日，詔：『淮南今歲間有水旱，民戶艱食，流移失業。可令淮南運判趙思日下取撥常平、義倉米賑糶。』

閏九月二日，詔：『諸路常平司每歲於秋成日，視所部郡縣豐歉，其合賑糶、賑給處，仰約度所用及見管米斛，或闕少合如何措置移運，仍須於九月初旬條具聞奏。』以中書門下省言諸路監司言災傷故也。

二十八日，詔：『淮東總領錢良臣體訪淮東旱傷次第分數，於朝廷見樁管米斛內量行取撥，減價出糶：揚州米一萬五千碩就本州支，真州一萬碩於揚州般運，滁州一萬石就便於建康府樁管米內取撥，高郵軍五千二百石就本軍支，楚州五千石於高郵軍般運，盱眙軍四千八百石就本軍支。』從良臣請也。

十月九日，詔：『建康府災傷，可於樁管朝廷米內借米五萬石，令守臣劉珙措置賑濟。』

二十五日，淮南漕臣言：『今歲和州旱傷尤甚，乞將屯田莊所管稻穀比市價減糶，及濠州樁積米四千五千餘石取撥賑糶。』從之。

十二月三日，詔：『寧國府、廣德軍、太平軍旱傷至重，所放苗稅統縣皆不及七分，若不行賑濟，竊恐實被災傷及七分以上貧民下戶向後闕食，流移失所，委提舉常平官督責守、令，將逐鄉村災傷至重人戶從實括責，依條賑濟。寧國府、廣德軍、池州並諸縣分各有常平、義倉並樁管米，申提舉常平司支撥。』

三年正月十三日，詔：『淮東旱傷，已節次支降米斛賑糶。其賑貸等事，令常平官依條以時奉行，務要實惠及民。』

二十一日，淮東總領錢良臣言：『去歲淮東旱傷州軍，今來中、下之家無種可種。本所見有馬料稻子一萬二千七百餘石，欲行借撥，應副作種，至秋拘收樁管。』從之。【略】

九月十六日，詔：『湖北州軍間有旱傷處，於常平司疾速措置賑濟，毋致人戶失業。』

十月一日，詔：『金、洋州、興化府間有旱傷，竊慮民戶艱食。可令四川總領李蘩分差官屬前去，將樁積米粟減價出糶。其糶到價錢，候豐熟日補糴，依舊樁管。』

三日，詔：『湖北州軍間有旱傷處，已令常平司疾速依條賑濟，其京西州縣可依湖北已措置事理施行。』【略】

五年十一月二十三日，詔：『高郵軍、楚州於高郵軍樁管米內各支一萬石，泰州於本州支一萬五千石，通州、楚州並於鎮江府賑糶米內各支一萬五千石，並充賑貸。』以淮東提舉司言：『通、泰、楚州、高郵軍已熟之米為田鼠所傷，乞於逐處樁管米內支給賑濟。』故有是命。

六年四月二十七日，詔：衢州遭水，米價踴貴，可於義倉米內撥米五千石出糶賑濟。

十二月二十四日，詔：『和州近緣雨雪，凍餒者多，可於本州樁積米內支借一萬石賑貸。』從守臣請也。【略】

二十一日，詔：『今歲旱傷，令戶部於諸倉撥米十萬石，低價令臨安府置場一十五處委官出糶。訪聞所委官多至巳時出糶，午時閉場，致所糶不廣。令自今須至申時住糶，不得阻節，及不得將糠秕和雜作弊。如違，重寘典憲。』八年十二月十七日同。

九月十三日，詔：『今歲江東州軍亢旱，令本路提舉常平司所部州軍應管常平、義倉錢米通融寬數，支撥賑糶。廣德軍、南康軍將去年未起米一萬石添助。』以三州旱猶甚故也。

同日，詔：『鎮江府以常平米賑濟外，更於樁管米內取撥三萬石貼助賑濟。』以守臣曾逮言本州旱甚故也。

十七日，詔淮西轉運司差官檢踏本州軍實有旱傷處，依條賑濟。從知舒州李巽請也。

同日，江西漕司言：『本路旱傷，細民闕食，本司舊有上供米一十四萬石，見在諸州樁管，乞令逐州知、通認數賑糶。』從之。

二十一日，江東安撫使陳俊卿、運判王師愈言：『本路九郡除太平州外，餘皆旱傷，乞行賑糶。』

同日，詔：『饒州旱傷處，令本路提舉將常平、義倉錢米通融寬數支撥外，其淳熙六年樁留米盡行賑糶。』從守臣徐湑請也。

二十三日，秀州守臣言：『本州旱歉，見措置賑濟，用米甚多。本州並諸縣共有常平、義倉米十五萬餘石，恐未足用，乞於本州舊椿管和糴米內支撥一十萬石，應副賑糶。』詔借五萬石。

二十八日，詔：『台州今歲旱傷，細民闕食，於平江府見管淳熙四年和糴米內借撥二萬石，專作賑糶。』以本府請也。

十月二日，詔：『和州旱傷，令無為軍於見椿管陳次米內支撥二萬石，付本州借貸闕食人戶，候來歲得熟，卻行拘納新米椿管。』從守臣張詔請也。

十九日，詔：『興國軍旱傷差重，已令借撥總領所米五千石，恐未能均濟，可更於江州大軍倉取撥一萬石賑糶。』

十一月四日，詔紹興府將今年合納湖田米五萬石在州賑糶。從本府請也。

十二月十五日，詔：『江西轉運司斟酌江州旱傷輕重，將許借撥準納、和糴、椿管米分撥前去應副賑糶。』

八年正月十六日，詔：『淛西州軍去秋旱傷處，五分以上量行賑濟，五分以下量行賑糶。』從提舉常平趙伯渙請也。

二十二日，詔：『無為軍將椿管米內有陳腐不堪支遣二萬二千餘石撥付本軍，盡行賑給。』從守臣朱宋卿請也。

四月十三日，知廣德軍耿秉言：『去歲旱傷，賴朝廷賑救，今去秋成之日猶遠，欲於鎮江府椿管陳次米內支二萬石出糶。』從之。

六月十一日，知紹興府張子顏言：『今歲諸縣民田渰沒太半，復須賑濟。所有見管義倉米斛數少，乞依去年例，將諸縣湖田米就府送納，應副賑糶。』從之。

八月二日，臣僚言：『在法，災傷及七分，則賑濟、貸給。竊見州郡檢放，自來統以一縣災傷紐筭分數。然一縣之中，各鄉土壤高下不齊，此熟彼凶，有至相絕，謂如一鄉災傷及十分，若使統計一縣不及七分，則遂不被惠。乞自今紐筭災傷分數各以逐鄉為率，凡及七分以上，並令依條施行。』從之。

十五日，江西轉運司言：『本路旱傷，乞將諸州軍椿管、準納等米一十四萬餘石，令知、通認數減價賑糶。』從之。

十八日，詔：『兩淮州縣今歲間有不熟處，深慮民間闕食。可令漕臣於逐路椿管米內各取撥二萬石，以補救荒。仍多方賑恤，務令安業。』【略】

二十四日，淮南運判趙彥逾言：『和州、無為軍渡口有江、浙等處流移人頗多，已行下所指州縣，踏逐寺觀及空閑屋宇安存，量給口食賑濟外，緣本路今歲亦係旱傷去處，方賑救不暇，竊慮冬深，流民益眾，州縣不能贍給。乞督責逐州守臣務功安集，毋令流徙。』詔令臨安府、寧國府、徽、嚴、婺州守臣各行下諸縣，將闕食人戶多方賑濟，不管更有流徙。仍令趙彥逾委所部守、令功意存恤，毋致失所。【略】

十年二月八日，詔：『四川總領所支錢引一萬道、米五千石付潼川運副張竑，專用賑濟。』以竑言旱傷故也。

二十二日，知潭州李椿言：『去年本州諸縣緣闕雨旱傷，乞下本路提舉常平司措置倉米二萬石下本州，從已降指揮賑濟。』從之。

三月十二日，右諫議大夫張大經言：『乞令兩淛、江東、西漕司戒飭旱傷州軍縣分措置賑恤，毋令流徙。』從之。

六月四日，詔臨安府富陽縣及嚴、婺州遭水處，可於常平錢米內給借種糧。【略】

二十一日，知江陵府、荊湖北路宣撫使、沂國公趙雄言：『荊門軍連遭災傷，細民闕食，本軍闕米支遣官兵俸糧。照得十年五月八日指揮，令荊門軍將糴還淳熙九年分借撥賑糶米二千石認數椿管，非奉朝廷指揮，不得擅行支使。』詔令荊門軍將前項見椿管米二千石借充賑糶並俸糧支遣，候來年秋成日，依舊撥還。【略】

二十七日，知襄陽府王卿月言：『本府今歲旱傷，米價騰貴，民間闕食，乞於本府見管椿積米內更賜支撥米六七千石，以充賑糶賑濟。』詔令王卿月更於本府見椿管米內借撥五千石，專充賑糶支用，仰將逐項糶到價錢，並行椿管，卻於秋成糴還。【略】

十月十六日，中書門下省言：『廣東諸郡，聞有因夏旱，早米薄收，米價翔踴去處。』詔本路漕臣、提舉官，各將所部內似此郡縣鄉村措置賑糶，毋致闕食。

十二年正月二十四日，福建安撫使趙汝愚言：『福、泉等州旱甚重，詢問得廣東潮、梅、循州、江西贛州、建昌軍去歲亦甚旱，米價甚貴，汀、漳數縣正與三路相連，其地皆深山窮谷，平時固多盜賊，實為可憂。乞下三路轉運、提舉司暫寬逐郡財賦，仍多方般運米斛，責委守、令措置賑給。如措置乖方，致有盜賊竊發，守、令乞先次取旨責罰。其有奉行如法，能使一方之民不至失所，許令逐司公共保奏，特與推賞。』詔：『檢坐已降指揮，劄下趙汝愚照會施行。如逐路守、令奉行不虔，仰本路安撫、轉運、提舉司公共覺察，按劾以聞。』

二月四日，權發遣興元府張忞言：『本路金、洋州、興元府去年闕雨，竊慮今春合行賑濟。一、金州已將常平司銀二萬兩、糴米錢五千六百餘道、制置司錢二千二百道收糴斛斗，通常平、義倉見在並總領所發到樁積斛斗三萬二千餘石，可足用外，尚餘錢六千七百三十餘道、銀二十二兩有零。一、洋州見在常平斛斗不多，已移文利州路常平司，將金州餘在錢銀補洋州之不足，又於本司那撥錢引一千五百道送洋州收糴，準備賑濟。興元府自今物價甚平，亦無流徙之人，見行措置錢米，準備賑濟。』詔依，仍行下逐州府，各將賑濟斛斗務要實惠及民，不致闕食。

十三年十二月二十二日，詔：『右司員外郎京鏜同臨安府通判應藏密依已降指揮，於封樁庫豐儲倉支撥錢米，將城內外貧乏老疾之人措置計口賑濟。候韓彥質歸府，一就同共給散。』既而知臨安府韓彥質等言：『奉旨賑濟細民，令京鏜同應藏密候韓彥質歸府，一就同共給散。今措置：欲以二十萬人為率，將所委官當日抄劄到貧乏老疾之家人口，每名先支錢四百文、米二斗，計錢八萬貫、米四萬石。候抄劄盡絕，將散不盡錢米再行均給。』從之。

十四年正月二十一日，詔：『訪聞金、洋及關外四州緣去秋雨水頻併，今歲艱食，可令四川總領所於逐州樁積米內各借一萬石，共六萬石，撥隸利州路提刑兼提舉張演躬親前去措置貸、濟。如將來有支使不盡之數，即逐一具奏，卻發還總領所，依元窠名樁管。其已用數目，候豐熟日，仰提舉司以常平錢糴買補填。務要實惠及民，毋致流徙。』【略】

七月十七日，浙西提舉羅點言：『本路惟秀州旱勢最甚，海鹽、崇德漸有流徙，已下本州措置安集。照得已起和糴米數內第十綱正耗米二萬一千石，已差官押發前去。緣河港乾淺，舟船不前，在彼擺泊，至今二十來日尚未起發，綱梢逐日侵耗，必致折閱。除已拘回上件第十綱米前來平江府和糴場樁管，乞賜行下，併與截留，準備將來充賑恤支用。』詔依，於內取撥二萬石委官同秀州措置賑恤，務實及貧民，毋致流徙。

十九日，臣僚言：『今歲兩浙路間有旱傷州縣，深恐貧乏下民或致闕食，乞令戶部檢坐賞格，許官、民戶赴官輸米，以備賑濟。仍專委知、通認數令項樁管，卻申朝廷差官同共盤量，如無欠少，保奏推賞，更不經由諸司及戶部、司農寺之類，免致迂枉費用。其人戶賑糴，委難稽考，乞令州縣逕自措置，聽從民便，不在推賞之限。』詔令戶部條具申尚書省。本部條具如後：『一、乞下兩浙路諸州軍，仰從今來奏請施行，並本部行下，仍約束不得於路外循例泛濫。一、數內官、民戶輸米在官，乞申朝廷差官同共盤量，如無欠少，保奏推賞，更不經由諸司等處。竊詳上件米斛準備應副緩急賑濟支用，務要實數在官，今乞下本處，遇有官、民戶納到米斛，徑申朝廷差官同共盤量，如無少欠，保奏推賞。一、本部條具：如遇官、民戶納到米斛數目，委自知、通認數令項樁管，須管別置敖眼，分明排立字型大小盛貯，以備賑濟支用，不得擅自妄行支借移易，務要實惠及民。仍每季具見樁管無侵移數目申尚書省。如遇災傷去處，若官司賑濟不敷，仰本軍將已納在官米斛先次取撥，賑濟闕食民戶，具取撥數目報提舉司委官檢察，庶幾不致悞。如遇賑濟有合約束事件，並乞依前項節次已降指揮。』從之。

同日，浙東提舉田渭言：『紹興、婺、台、處四州為旱特甚，明、衢旱損抑又次焉，訴旱之人千百為群，常平、義倉所存無幾，儻不為備，則來年春夏必有流離乞丐、棄死溝壑之患。乞檢會近年浙東常平提舉官朱熹所乞賑濟錢米數目，斟酌給賜。』詔令常平司依條糴、濟，將來少闕，許申取指揮，於州軍見樁管米內支撥。【略】

十一月十八日，臨安府言：『監登聞鼓院張澈等申，措置本府賑錢塘等九縣旱傷，比較今年輕重，支撥米斛賑給飢民。緣今年諸縣置場，逐旋起糴官米，難以，令鰥寡孤獨、貧病不能自存之人反未得被朝廷賑救之賜。』詔令豐儲西倉先次撥米一萬石付臨安府，專充旱傷縣分賑濟。【略】

十五年正月二十九日，詔建康府將所糴樁管米取撥二萬石賑濟貧民。以本府諸縣旱傷。從守臣錢良臣請也。

六月十九日，知臨安府韓彥質言：『昨承指揮，於豐儲倉借撥米一十一萬石，應副錢塘等九縣賑糴、賑給飢民。彥質遂與宗正寺主簿張澈、監文思院上界遊九言面議，斟量旱傷輕重去處，均撥米斛付諸縣官賑糴、賑給。今來諸縣申到昨賑給月日，保明自去秋至目下即無流移之人，並已結局。』詔韓彥質令學士院降詔獎諭，張澈、游九言各轉一官。

十六年三月六日，詔：『昨令濠州支樁管米五千石，賑糴本府去年被水土著及歸正主、客戶。尚慮逐色人闕錢收糴，可特改作賑濟。』【略】

十二月八日，宰執進呈知溫州湯碩言：『蟲傷田穀，乞令本州措置賑給。』

上曰：『今歲雖所至豐稔，然四方之廣，豈能一一皆同？既有損傷去處，便當隨宜賑恤。』於是詔淛東提舉司，將溫州災傷縣分闕食人戶更功存恤，毋致失所流移。

紹熙元年七月七日，權利州路提刑朱致知言：『階、成、西和、鳳州最係極邊，連年災傷賑濟，其所管常平錢、斛，自今年賑濟之後，已是支遣盡絕。乞預行措置收糴斛斗，專一準備緩急貸、濟支用。』詔四川總領所更切契勘，如將來委有欠少，即於逐州見樁積陳次物斛內更加斟量借撥，毋致闕悮。【略】

十四日，夔路提舉常平楊虞仲言：『本路亢旱，細民闕食，乞於鄰路有備去處共借撥三四萬石。』詔四川制置司、總領所公共詳所奏事理，於鄰近有米去處措置借撥，以備賑濟支用，毋致闕食。如見得合行賑濟，仰虞仲將今來所借米斛一面措置賑濟施行。二年正月，四川總領所於閬州糴買場內支撥三萬石應副賑濟。

二年二月六日，詔：『近日雪寒，細民不易，可令豐儲倉支米五萬石，令戶部同臨安府守臣措置，將城内外委係貧乏老疾之人計口賑濟，務要實惠及民。具已賑濟人數聞奏。』

三月二十二日，詔：『蘄州於見樁管米數內取撥一萬石，措置接濟、賑糶，務在實惠及民。其糶到價錢，拘收令項樁管，不得移易別用。候今歲秋成日，依元數收糴，仍舊認數樁管。』以蘄州去歲旱傷，從守臣請也。

五月二十一日，四川制置司言：『夔路重慶府等州去歲旱傷，目今青黃未接，民戶乏食。遂將本司已運過米，並嶽霖糴到米，忠、涪等州、本司賑濟米，通總領所米計五萬一千六百餘石，並令逐州充賑濟支用。』從之。【略】

十二月二十四日，知揚州錢之望言：『本路旱傷，民戶已自乏食，賑糶誠不可緩。乞就淮東諸州軍見管朝廷樁積米內先次借撥一十萬石。』又言：『訪聞見用鐵錢內有破缺，並私錢艱於行使。』詔淮東帥、漕司量度闕糴去處，將附近州縣樁管米內取撥一十萬石專充賑糶。以之望言：『破缺私錢，艱於行使，乞念疲民，將賑糶米每升並作二十文足，不問官錢、私錢，兗同交受。伏准十二月十日詔，支撥鎮江府陳次米十五萬石，令淮東轉運提舉司日下般取，每石計破缺錢及私錢一貫四百文足收換。』又乞：『已降指揮，分撥鎮江府樁管陳次米一十五萬石付本路轉運、提舉司，收換破缺及私錢，每升十四文足。乞自朝廷明降指揮，令轉運、提舉司措置分撥本路八郡。應別州縣城邑居民，每日計糴，仍逐戶給憑由，許將私錢及破缺計口糴米，以防多糴不均之弊。既可以換私錢，又可以寓賑恤，實為不費之惠。』從之。又十二月十七日詔：令淮東安撫前去鎮江府，更取撥陳次米一萬石出糶施行。

二十八日，四川制置司言：『本司訪聞簡、資、普、榮州、富順監今年旱傷，簡州尤甚，今將稅米與第五等人戶盡行放免，上、中等人戶減半催理。兼本司再同轉運、常平共撥錢引，於豐熟去處乘時收糴，準備將來賑糶。又資、榮、普州及富順監亦合預行措置，今輒那分撥赴逐州收糴。』詔依已行事理，仍仰制置司行下逐路轉運、常平司，通一路錢、米，多方措置賑恤，毋致民戶流移失所。

三年正月四日，詔：『淮南運判趙師䍐於真州軍糧等倉陳次米內支撥五萬石，改充賑濟，卻令淮東安撫、轉運司於本路樁管米內支五萬石，專充賑糶。』先是，師䍐言：『本路今歲災傷，雖蒙朝廷撥降米一十萬石賑糶，緣尚有半年不敷，乞更支撥一十萬石賑糶、賑濟。』故有是命。【略】

四月十三日，四川制置使京鏜言：『去秋成都、潼川兩路資、榮、普、敘、簡、隆、富順等七處歉歲艱食，已措置賑濟。資、榮二州旱荒尤甚，乞將二州租賦盡免，仍照去年奏乞度牒四百道，早賜頒降，及賣糴米，以為四路日後水旱之備。』詔禮部給度牒一百道前去四川制置司交割，仰本司均撥付旱傷州軍變轉錢，專充糴米賑濟。仍先次措置，許令人戶納米請買，出給公據，候度牒到日，即行給付。仍令總領所於近便有管米內那融應副。

七月二十九日，詔：『江東提刑、提舉司行下廣德軍、寧國府、徽州、池州，將被水之家更切賑濟，優與存恤。』從本路兩司所請也。

十一月三日，知襄陽府張杓言杓：『本府係居極邊，殊無儲蓄，入秋江漲，居民陸種盡被水傷。本府逐歲所仰，皆自江陵、荊門、復州等處般販前來，遂至在市無米。今常出糶已盡，深慮邊民乏食。』詔許於見管粳、粟米內借撥八千石充賑糶，二千石充賑濟。

四年二月二十九日，知江陵府章森言：『本府江、漢二水暴漲非時，下田悉被淹侵。常平不過一萬三千餘石，趙雄任內糴到樁管米見在計一十五萬餘石，許令新陳兌易，散米賑濟，所當舉行。』詔江陵府於樁管米內取撥七萬石，將四萬石充賑濟之用，三萬石賑糶。其糶到價錢，候秋成日一併糴還，依舊樁管。【略】

六月十九日，詔四川制置司、總領所各行下逐路旱傷州軍，多方賑恤，毋令失所。如旱荒州軍有未催稅賦及公私債負，與權行倚閣，候豐熟日帶還，務要實惠及民。如有流移，其當職官吏重作施行。

八月十二日，詔：『逐路安撫、轉運、提舉司，如實有旱傷州縣，許勸諭官、民戶有米之家赴官輸米，以備賑濟。委知、通交量，認數樁管，相度荒歉輕重，申取朝廷指揮，方許支撥。其出米及格人，仰（遂）〔逐〕司保奏，依立定格目推賞施行，不得科抑。』從都省檢會也。

十九日，御筆：『諸道郡縣類有水旱去處，理宜拯恤，三省條畫以聞。仍行下監司、守臣，令疾速各具賑捄之方，務使實惠及民，毋徒為文具。朕將考其殿最，以示勸懲。』

二十四日，詔：『禮部各給降度牒一百道，下江東、浙東提舉司，每道價錢作八百貫，令兩司措置出賣。人戶願輸米，依市價入中，請買度牒者聽。其賣到價錢，循還作專一糴米，斟量州縣旱傷輕重，分撥糴、濟。』從兩路提舉陳士楚、李謙請也。

同日，詔：『禮部給降度牒一百道，下淮西提舉司，仍於舒州樁管米內支撥二萬石，斟量州縣旱傷輕重，分撥糴、濟。』從提舉張同之請也。

二十八日，知信州石畫問言：『今年本州大旱，田損七分，委是狼狽。乞於鄰郡上供米內截撥四萬石，以助軍糧。仍乞從朝廷支借會子五萬貫，以備月支及裨助荒政。』詔封樁庫借撥樁管會子二萬貫，豐熟逐旋補還。【略】

十八日，知江陵府王藺言：『本府去年災傷，蒙朝廷撥米四萬石，內將一萬石賑濟，三萬石賑糶。乞將所撥米，從去年例，於內撥一萬石，專充賑濟。』從之。【略】

五年二月十一日，詔：『於建康府、太平州樁管米內各取撥四萬石，斟量逐州旱傷輕重分撥，專委守臣措置賑糶。』從江東提舉陳士楚請也。【略】

五年七月七日，登極赦文：『辰、邵州傜人昨因饑荒，輒入省地作過，已據湖南、北諸司見行招捕。竊慮省地居民逃避，未盡歸業，並人戶因官司調發般運錢糧、守把關隘，或致耕種失時，荒廢田土，雖已賑恤，尚慮未能週遍。可令逐路監司委州縣更功審實，厚加賑恤。』

九月二十八日，三省言：『已降指揮，災傷州縣第三等以下帶產戶將來無力耕種者，仰州縣覈實，許結甲互保，將常平米量行賑貸，約來年秋熟納還，不得收息。今來種麥是時，竊恐小民無力耕種，州縣不能體認矜恤之意，是致借貸失時。』詔令兩浙、兩淮路提舉司照應已降指揮，應災傷去處，將常平錢措置收糴麥種，並給降米斛，疾速賑貸施行，毋致有失布種。【略】

閏十月十三日，淮西提舉張同之言：『本路連遭荒歉，民貧已甚，今年被害尤酷。近來雨水連綿，得熟禾穀又多傷損，若不優功存恤，必致飢寒所迫。乞將闕食之家，分三等抄劄糴、濟，於本路樁管上供鐵錢或交子換到鐵錢內科撥五六萬緡，斟量州縣旱傷輕重均撥，責付守臣，曉示不熟地分有稅產之家，結甲赴官，借支施行。如借錢納米，鈐束官吏，關防詭名等弊，臣當纖悉措置，無容乖戾。』詔權撥錢五萬貫，餘依。

二十一日，臣僚言：『兩浙、兩淮災傷州軍，各已節次給降米斛、錢、會、交子、官告、度牒，分撥下州縣措置賑糶、賑濟，及貼助支遣。尚慮州縣奉行不虔，稽緩鹵莽，以致虛壞官物，小民不霑實惠。乞下州縣，將所給降及轉變到錢、米內元許貼助本州支遣之數，用以接續官兵按月糧給，不得輒作其它費用。所是糴、濟之數，將日前諸縣申到分數為準，合以十分為率，八九分賑糶，一二分賑濟。其賑糶之米，以目今價直量行減價，不得大段虧折元錢。仍以所糶到錢，逐旋差人於得熟地分收糴米斛，或招接客販前來再糶，不得稍有乏絕。如官米大段陳次，亦仰將在市價斟量裁減，取令斂散可繼，不得以小惠沽譽，卻致無以接續。仍多方安集，毋致流移。其州縣措置失當，監司常切覺察，隨宜改更，務令合理。其官吏弛慢，致有流離殍死去處，即行按劾。仍速委官權管，毋令失所，以稱朝廷優恤之意。』從之。

慶元元年正月十五日，權工部侍郎、兼知臨安府徐誼言：『今歲淮、浙水旱，流離之民漸集市廛，其勢不可不養。殘篤廢疾、癃老孤幼無所依倚而不能自存者，皆當次第料理。願陛下以聖意推而行之。』詔令臨安府於見賑糶米內取撥二千石，以備賑濟。

二十六日，詔：『臨安府陰雨，細民不易，令臨安府將見賑糶人戶特與賑濟五日。』以守臣徐誼言：『臨安諸縣自昌化得熟之外，其餘八邑俱被水災。目今雖蒙降米斛減價賑糶，飢民無錢收糴，至有糟糠不充、憔悴骨立、瀕於死者甚眾。畿邑之內，均為陛下赤子，當此荒歉，其惠愛理宜均一。乞將管下八邑見今賑糶者，與府界之民一體賑濟五日，庶得人戶俱被上恩，有以見陛下功惠京邑、一視同仁之意。』從之。【略】

二年十二月二十五日，諫議大夫、兼侍講劉德秀言：『往者浙東水旱，朝廷頒降賑濟錢、米若度牒，共為緡數十萬。適監司有好名者，悉以予輕儇浮偽之人，使之分頭賑濟，往往虛作名色支給，其實掩為己有。間有支給，則又姦弊百端。或盡以與私家之僕佃，而不及他人；或任喜市恩，則雖中人自給之家，亦使之源源得請；或肆怨仇，則雖飢窮瀕死無告之人，不霑一錢一米之惠。虛負朝廷，無補事實，說者至今冤之。臣恐今者復蹈前轍，乞下浙東常平司並被水諸郡守臣，其所差賑濟鄉官，擇老成確實、居官有廉明之稱、在鄉有公平之譽者，然後分委。毋使輕儇浮誕之徒攘臂其間，必欲干與，以濟己私。如郡守有違，許監司按劾；如監司黨庇，許御史臺糾舉，併與坐罪。如此，庶幾朝廷不致虛費，飢民得霑實惠。』從之。

四年正月十一日，權利州路提刑兼提舉霍箎言：『本路闕雨，間有旱傷不等去處，已措置發運錢斛，條畫糶給、借貸、準備賑救外，今來蓬、閬兩州旱傷良重，飢民數多，本司已遵從常平條令，通融一路錢物，移那別州常平斛斗五千石，並支銀五千五百兩，及用常平錢銀措置收糴、兌買米斛共四千二百餘石，準備貸、濟。尚恐未能敷及，其諸州所管錢斛各是不多，萬一水旱薦饑，必致闕誤。乞下禮部給降度牒二百道，付本司出賣，拘收價錢，分送逐州收糴米斛樁管，準備不測賑濟支用。如將來歲或豐稔，別無支遣，即與逐州令項樁管，別聽指揮施行。』詔令禮部給降度牒三十道付本司，仍具糴到米數申尚書省。【略】

同日，詔：『令建康府於賑糶樁管米內借撥十萬石，專充賑糶。其糶到錢，即便措置循環糴糶，不得有虧元數。候賑糶畢日，申取朝廷指揮。』以本府言，諸縣旱傷最甚，故降是詔。【略】

嘉泰四年三月二十五日，詔：『令江西轉運司於逐處樁管米內取撥撫州一萬石、臨江軍一萬石、隆興府二千石、袁州一千石，同提舉司委官多方措置，以七分賑糶，三分賑濟，務要實惠及民，毋令流移失所。仍具已賑糶、賑濟並糶價錢數目申尚書省。』以江西提舉司申，本路去歲多有旱傷去處，常平米斛不足接濟故也。

二十七日，知撫州陳耆壽言：『本州土瘠民貧，秋苗之數不多，去歲旱歉，抄劄到三萬九千戶計一十八萬五千六百九十口。有產業無經營人，賑貸；無產業有經營人，賑糶；無產業無經營及鰥寡孤獨之人，賑濟。賑貸之米則取諸常平司，賑糶之米則勸諭上戶。惟是賑濟，非勸諭之所，及常平米數又少，乞於本州今歲合發淮西總領所米綱內截撥一萬石應副賑濟。庶幾貧下細民不為餓殍，亦免流徙。』詔於本州今歲合發淮西總領所米內截撥七千石賑濟使用。【略】

二年正月十一日，詔：『雪寒，細民不易。可於豐儲倉支米五萬石，令臨安府守臣措置，將城內外委係貧乏老疾之人計口賑濟，務要實惠及民。具已賑濟人數聞奏。仍令尚書省給降黃牓曉諭。』

十一月二十五日，樞密院言：『兩淮北來人，已分撥州軍贍養外，當此寒月，理宜存恤。』詔：『令鎮江、平江、建康府、江陰、廣德軍、嘉興府、湖、常、衢、婺、信、饒州守臣，各仰體認朝廷優恤遠來之意，常切躬親撫存，仍措置穩便去處安泊，無令失所。如見得實係貧病不能自存之人，即仰除見給錢米外，於常平窠名內更與量行賑給。務要實惠，毋為文具。』

三年五月二十三日，江東提刑司言：『去歲南康軍都昌縣十分全旱，據都昌縣申，本縣土瘠民貧，連歲飢饉，民不聊生，非廣行賑濟，決無生全之理。乞將建昌縣義倉米五千石聽本軍縣隨宜賑濟，以救一縣垂死之命。』從之。

嘉定元年十二月八日，臣僚言：『都城近日糴價增長，細民艱食，然皆謂目今米斗一千，未聞施惠之令。乞令臨（江）［安］府守臣以禮勸諭豪富蓄米之家稍損時價，廣行賑糶。宰執而下，顧募傔人米數多者，亦時暫裁損，以備糶、濟。諸郡有閉糴去處，從朝廷更加約束，嚴作懲治，庶幾客米日至。方此隆冬，若不早賜矜恤，都民饑寒所迫，非獨鬻妻賣子，猶為續食，深慮疫癘因之死亡，乞賜施行。』從之。【略】

八日，監行在登聞檢院陳孔碩等言：『承降指揮，置局修合湯藥，給散病民。其間請藥之人，類皆細民，一染疫氣，即便廢業，例皆乏食。其間亦有得藥病癒之後，因出求趁，再以勞復病患，委是可憫。已具申朝廷，蒙給降會子二千貫，米一千石，除已措置支散外，所存不多，又有增添患民，必是支散不敷。乞照元申盡數給散錢、米，下局接續支散。』詔令封樁庫更支降會子三千貫，豐儲倉取撥米二千石，接續支散，毋得漏落泛濫。

七月十二日，起居郎、兼國史院編修官、實錄院檢討官、兼太子右諭德曾從龍言：『勸分一說，實旱備之先務。夫所謂勸者，非可以勢力脅，非可以空言諭，要必有術以誘之而後可。出粟賑濟，賞有常典，多有者至命以官，固足以示勸矣，然應格霑賞者無一二。偏方小郡，號為上戶者不過常產耳，今不必盡責以賑濟，但能隨其力之所及，或出粟賑糶以平糴價，或假貸蠲息以賙貧民。廣而又一鄉，狹而又一都，縣為之覈實保明，以申于州，州申於常平司，量其多寡而與之免役。多者免一次，少者一年或半年。夫民之憚役，甚於寇盜。今既與之免役，彼將欣然樂從而無難色，此誘之之術也。乞行下旱歉州軍，今後富民上戶有能賑糶、賑貸者，並令常平司與之斟酌免役，庶幾官不失信而人皆樂從，誠旱備之助也。』從之。

十二月十四日，臣僚言：『都城內外一向米價騰踴，錢幣不通，閭閻細民饘粥不給，為日已也，今又值大雪，無從得食。羸露形體，行乞於市，凍餒號呼，僅存喘息，纍纍不絕。閉門絕食，枕藉而死，不可勝數。甚者路傍亦多倒斃，棄子於道，莫有顧者。乞將府城內外已抄劄見賑糶人戶，特與改作賑濟半月。其街市乞丐，令臨安府支給錢、米，責付暖堂，日收房宿錢之類，官為量行出備，毋復更於乞丐名下迫取。其貧民死亡無棺櫬者，則從本廂申府，給棺櫬錢埋葬。至於遺棄嬰孩，則月支錢、米，委付收生婦人權與收養，逐旋尋主，申官分付。如此，則目前凍餓之民均被陛下仁心，感召和氣，而豐稔之祥，可以必致矣。』從之。

七年十月一日，詔：『雨水連綿，細民不易。可令封樁庫支撥官會子七萬貫，令臨安府守臣措置，將城內外委係貧乏老疾之人計口賑給，務要實惠及民。具已賑給過人數聞奏。』【略】

十月二十五日，湖南提舉司言：『本司昨緣本路州縣自今年三月以來，陰雨連綿，細民艱於求趁。尋委官抄劄在城內外委的貧乏不易闕食細民，各支給常平米斛賑濟。及下諸州軍縣，審度城市鄉村有無闕米、價直增長、細民艱食去處，即約度支撥常平、義倉米斛，委官措置接續賑糶。抄劄被水人戶，計口大人日支一升，小兒減半，支給常平米斛賑濟。及委官置場，照市直與減價錢賑糶，拘收價錢，候秋成糴填元數。』詔令湖南提舉司更切多方賑恤，毋致失所。

十一月三日，廣東提舉司言：『本司體訪西、北江州郡湧水，泛浸居民屋宇。竊慮闕食，尋行下逐州府被水泛浸去處，如有闕食，即照條於所管義倉米內支給賑濟，開具數目供申，不得泛濫支破。今來據英德府、封州、德慶府、韶州各狀申聞事。』詔令廣東提舉司更切優功存恤，毋致失所。候賑恤了畢，具已賑恤過錢、米數目申。

十二年十二月九日，都省言：『歲晚嚴寒，細民不易，合議優恤。』詔：『令豐儲倉於所樁管米內支撥二萬石赴臨安府，日下分頭差官，疾速抄劄的實貧乏之人戶，即遍置場賑濟五日。務要實惠及民，毋得遲延，容令吏胥作弊。候賑濟畢日，開具帳狀供申。』【略】

十六年正月九日，臣僚言：『江、淛水災，苗腐盈疇，麥種不入。無可糴之米，則當平價而與之糴；無可糴之錢，則當發粟以賑其饑。苟惟撥糴未多，分場未廣，不可無措置之方；民未復業，給費易窮，不可無拯贍之術。乞申命攸司，增撥米斛，廣置糶場，隨民所便。城郭則分隸坊隅，不令冗遏；鄉村則參處遙近，均利往來。所給賑濟之米，或一旬半月，計其日數，先與併支，免至奔走道途，重為勞弊。專委本路庾臣恪意奉行，憲、漕、帥臣協心究畫，逐郡選差官屬分往監臨稽違，並須劾奏，庶幾人霑實惠，愁嘆不萌，可以易災沴而為休祥。』從之。【略】

恤災

神宗熙寧元年正月九日，詔：『諸州軍每年春首，令諸縣告示村耆，徧行檢視，應有暴露骸骨無主收認者，並賜官錢埋瘗，仍給酒饌酹祭。』

七月，詔：『恩、冀州河決水災，令選官分詣，若有渰死人口，量大小賜錢。其居處未安，令官地搭蓋，或宮觀、廟宇宿泊。內有渰浸活業貧下人戶，令省部賜粟。』

四年三月十六日，詔判永興軍郭逵：『如本路州縣有飢荒處，並以官廩賑濟，仍體訪田稅。其逃亡人戶，亦仰設法招誘還業以聞。』【略】

十月十二日，中書門下言：『廣東經略、轉運使等言，潮州海陽、潮陽兩縣人戶被海潮漲，推蕩居舍、田苗，死失人口。乞令本路提刑司躬親前去，依條存恤。』從之。

元豐元年正月二十三日，詔河北路權停折納。為經水災，糧草貴也。

七月二十七日，詔河北轉運判官高鎛往濱、棣州地界風雨損城及害穀處照管。仍令京東轉運使司案齊州章丘縣官吏，如不救護預備，致人被災傷，即劾罪以聞。

八月十六日，詔京東路轉運司，齊州章丘縣被水第四等以下戶欠今夏殘稅權倚閣，常平苗役錢令提刑司展料次。

二十八日，詔濱、棣、滄三州被水災，令民貸請常平糧，零販竹、木、魚、果、炭、箔等物，稅百錢以下聽權免一季。

十月十四日，詔：『昨嶽州平江縣民戶為詹遇等焚廬舍，令孫頎牒所屬，隨區數第給錢。』

二年二月十一日，詔：『聞濱、棣、滄州昨因災傷，至今民尚乏食，其令提舉官李孝純存恤。有合行事，行訖以聞。事體稍重者奏聽旨；察知縣、縣令不職者權對移。』

三月一日，詔：『兩浙路災重，民負戶絕田產價錢者，展半年輸官。』

三年八月十七日，開封府言：『畿縣夏旱，甚者十分，其次不減七分，已節次檢放。今秋農有望，而民力未充，其殘欠租稅乞賜倚閣。』從之。

九月二日，權知都水監丞公事蘇液言：『河北、京東兩路緣河決，被患人戶蒙朝廷憂恤，賑濟放稅。河平，計錢穀等共七十二萬七千二百七貫碩有畸，而《靈津廟碑》失載其實，乞以其事付史館。』從之。【略】

八月二日，詔蠲河北東路災傷州軍今年夏料役錢。

五年九月十四日，詔：『聞開封府界漫水，所至縣百姓有聚在高阜，不通往來，致絕糧食者，委劉仲熊乘馹遍詣有水縣規畫船栰，運致民戶，安集於無水處，齎載薪糧就給。三日一具所濟人數上尚書省。』

七年六月二十六日，知蔡州黃好謙言：所部水災特甚，乞放稅。詔尚書戶部速施行。

七月七日，知河南府韓絳言：『伊、洛暴漲，衝注城中軍營。欲望應被水災廂、禁軍，等第與特支錢，及先修軍營。其水北軍民被害，續奏請。』詔經水災民戶，令體量賑恤。被水廂、禁軍，以差賜般移錢；死者，依漂溺民戶法給錢。

九日，詔尚書戶部員外郎張詢、幹當御藥院劉惟簡賑濟西京被水災軍民，並催督救護官物、城壁等。其合行事如有違礙，從宜施行。【略】

九月十一日，詔：『西京被水漂溺之家，及秋苗災五分戶，並免來年夏稅支移折變。』從戶部員外郎張詢請也。

十三日，河北西路提點刑獄呂溫卿言：『霖雨為災，已行賑濟。欲乞坊郭戶沒溺財產比舊退落七分以上，積欠及秋料役錢並展限至來年夏料。其漂蕩家業者，不候造簿年月，先減免役錢，以寬剩錢補助。』尚書戶部言：『減放役錢，欲據家業、物力之數，於簿內改正。其減役錢，候造簿日均敷。餘欲依溫卿所乞。』從之。

十月二十二日，詔：『涇原路火死者，男丁給絹七匹，小兒五匹。』以本路經略司言西賊犯境，燒柴草積，民多火死者，故有是命。

哲宗元佑三年正月二十八日，御史中丞胡宗愈、侍御史王覿進對，太皇太后曰：『也陰不解，雪寒甚，民不易。』對曰：『已一一有指揮。』宗愈、覿曰：『聞二聖焦勞，上元禁中不曾用樂。』曰：『既不御樓，亦未嘗燕會。』【略】

十月二十四日，詔：『災傷放稅及六分以下，其帶納欠負即隨放稅外分數催納；七分以上，並行倚閣。』

四年六月十八日，資政殿學士、知陳州胡宗愈言：『本州霖雨相繼，河流泛漲，今年夏稅遞展限一月。』從之。

五年四月二日，詔府界、諸路監司：『應雨澤未足處人戶合催理係官欠負權住理納，候豐熟日依舊。』。以三省言『自春以來，時雨未足，民間諸欠負未能償』故也。

六年九月七日，戶部言：『河東路助軍糧草支移不過三百里，若非時急闕，亦聽相度展那，仍不得過二百里。本戶災傷五分以上，仍免折變。』從之。【略】

十二月十一日，監察御史常安民言：『河朔流民，多因郡縣承望轉運使張景先風旨，遇訴災傷，曲有阻抑，使民無告。』詔河北西路提舉司體量詣寔以聞。知深州吳安行坐不受民訴災傷，特衝替。

二年三月四日，詔：『河北東、西路並京東路淄、齊、鄆、濮、濟州災傷人戶催去年秋料殘零稅租，並行倚閣。』

四月五日，涇原路經略安撫司言：『本路被災人戶，已令逐州軍倚閣租稅逋欠。』從之，仍原擅行之罪。

三年四月十一日，詔權倚閣陝西路今年諸逋負。以轉運司言本路災荒故也。

四年五月九日，左司諫郭知章言：『聞諸路守臣常於秋夏之間以雨足歲豐為奏，後災歉，遂不敢以聞。伏望特降睿旨，下諸路州軍嚴行約束，雖已奏豐稔，而或繼有非時水旱者，並具災傷上聞。』從之。

元符元年十月二十三日，詔：『河北、京東路州縣遭河漲，渰溺人戶田廬，多致失所，令工部員外郎梁鑄體量應合賑卹及河勢利害以聞。』【略】

四月二十五日，臣寮言：『伏聞去歲以來，廣南災癘，江西、湖南年穀不登，秦蜀苦飢，河北被水，陛下雖振發倉廩，蠲除租賦，所以頒恤甚厚，尚慮被災州縣役軍民之力，興土木之功。望降睿旨，災傷路分除倉廩庫獄及官廨寔有損壞以時繕修外，餘不急之役權罷。』從之。

八月四日，詔：『諸路應歲賜藥錢處，遇民疾時，州縣委官監視醫人遍詣閭巷，隨其脈給藥。』

十二月三日，臣寮言：『河北濱、［棣］等數州昨經河決，連亙千里為之一空，人民孳畜沒溺死者不可勝計。今年所在豐稔，而此數州之民失業，是以至今米㪷不下三四百錢，飢凍而死者相枕藉，甚可哀也。乞朝廷選郎官乘傳，同本路監司、守令體量拯救。』從之。

徽宗建中靖國元年八月二十一日，臣寮言：『府界近京各有被旱、蝗去處，及江、淮、兩浙、福建路亦有旱災去處，其監司、郡守或不以聞，或雖聞而不敢盡以實告，州縣承望轉運司意旨，不肯依法受接人戶訴狀。望指揮諸路轉運使司，應今後實有被災傷人戶，並專責守、令依法受訴，提舉司依條檢察施行。』從之。

崇寧元年四月二十八日，兩浙轉運司言：『本路累歲災傷，昨權住閑慢修造。至今將欲限滿，欲乞更展一年權住。』從之。

七月二十一日，詔開封府賑恤壓溺人，不得鹵莽。先是，雨水壞民廬，有死者，故申命之。【略】

十月十四日，詔：『兩浙杭、越、溫、婺等州秋苗不收，人戶失於披訴，官司憚於閣放，又將積年欠負一例併行催納，致人戶漸至逃移，賊盜滋多，物價增長，細民不易，其官司並不申奏，顯是提舉、轉運司施許不職，令本路提刑司體量聞奏。其積年租欠，如是下戶災傷，不以分數，並令倚閣；非災傷戶，分作五料催科。人戶失於披訴，委是秋苗不熟，並量與檢放。其孤貧不濟戶，仰提舉司廣行賑濟。如物價增長，即速以常平米平價出糶。』

十二月十四日，詔：『戶部差官刷合出賣及無用故紙，具數關送開封府造紙襖，遇大寒，置曆給散在京並府界無衣赤露之人。每年依此，即不得將中用文字一例剗刷。』

五年四月十六日，詔蠲兩浙水災人戶租稅。

大觀二年三月三十日，詔：『西京城內外日近庶民疾疫稍多，慮闕醫藥，有失治療。宜下有司，依近例疾速修合應病湯藥，差使臣管押醫人，自三月末旬後，於京城內外遍到里巷看診給散，要拯救疾苦，仍速施行。』又詔令大觀庫支錢一萬赴開封府，令就差散藥使臣並逐廂地分使臣，每日量數支給。應死亡貧乏不能葬者，人給錢兩貫，小兒一貫。

八月十九日，工部言：『邢州奏：鉅鹿下埽大河水注鹿縣，本縣官、私房屋等盡被渰浸。』詔：『應今來被水漂溺身死人戶，並官為埋葬，每人支錢五貫文，買衣衾、版木，擇高阜去處安葬，不得致有遺骸。其見在人戶，即依放稅七分法賑濟施行。如有孤遺及小兒，並送側近居養院收養，候有人認識及長立十五歲，聽從便。內有人戶盡被漂失屋宇或財物，仍許依七分法借貸，不管卻致失所。仍具埋葬、賑濟、居養、存恤次第事狀聞奏。』

三年六月二十八日，詔：『冀州宗齊鎮被水身死人戶，並為官埋葬，人支錢五千，擇高阜安葬，不得致有遺骸。其見在人戶，卻依放稅七分法賑濟。孤遺及小兒，並送側近居養院收養，候有人識認及長立十五歲，聽逐便。內人戶盡被漂失屋宇或財物，仍許依七分法借貸，仍具已埋葬、賑濟、居養、存卹次第以聞。仍仰本路提刑司各那官前去點檢賑恤，務要均濟。』

九月六日，詔：『東南路比聞例有災傷，斛㪷踴貴，可下諸路監司，仰依實檢放秋苗分數，仍依條推行賑濟。』

十一月十二日，詔：『東南諸路應今歲旱災地分，人戶放稅及五分以上者，本戶稅租苗役，條限滿日，特與展限一季；支移者，仰轉運司相度那融就近；折變者，量與寬減施行。』

十二月十六日，詔：『秦、鳳、階、成州災傷人戶稅賦已權行倚閣，候至豐歲催理，疾速施行。』

四年正月十八日，詔：『聞福建去年夏秋少雨，禾稻薄熟，兼見行賑濟，兩浙並不通放米船過海，深慮向去民食妨闕。可指揮兩路，放令福建販米海船從便販糶，以補不足，不得仍前阻節。』

政和元年正月二十三日，詔：『戶部上諸縣災傷應被訴受狀而過時不收接若抑遏徒二年，州及監司不覺察各減三等法。』從之。【略】

三年正月二十日，尚書省言：『檢會近降赦恩，訪聞開德府清豐縣去年六月七日曾被旱傷人戶，其間有不知條限，致被訴不及。可令所屬勘會詣寔，特與依檢放災傷人戶減免均糴指揮施行。』從之。

十一月二十日，詔：『時雪苦寒，道路阻滯，常平倉米、麥以衰合價錢二等出糶，硬石炭每秤減價十錢。』

十二月六日，詔：『以諸路時雪稍多，道路艱阻，貧寒細民於法不合居養之人，如委實貧乏不能自存，亦合權行存恤救濟。令諸路提舉常平司更切多方存恤居養，仍許不限人數支給米豆，及仰逐司以常平米粟量行減價二分出糶。』

四年四月六日，詔：『饒州、南康軍知、通並先次衝替，令歙州疾速取勘，並本路提舉官令江東提刑司取勘，並具案聞奏。』以江東久旱艱食，並不陳請措置，至是提舉司分析以聞，故有是命。【略】

七月十九日，淮南路轉運司言：『淮河水泛漲，濠、壽、楚、泗河道與鄰近民田為一渰浸，州城緣此斛斗不入，細民不易。淮東、西州軍見樁管提舉司斛斗三十六萬餘石，欲依元價出糶，救濟被水細民。』從之。

九月二日，詔：『在都日近遺火，被燒人戶見賃官地屋，與放賃直兩季。』

十一月三日，詔：『兩浙州軍秋水害田，物價翔踴。別州鄰路粒米豐賤，輒禁米斛出界者，以違御筆論。』

七年七月六日，詔：『熙河、環慶、涇原地震旬日，壞城壁樓櫓、官私廬舍，民覆溺死傷者眾，宜速修治城壁，朝廷給其費，仍遣使撫恤軍民。』

十二月十六日，詔：『河北西路提舉常平官不奏本路災傷，特降兩官衝替，令本路提刑司具合降官姓名申尚書省。今後不即時聞奏，重寘於法。仍令刑部遍下諸路州軍並監司。』時臣寮上言：『河北自祁、趙州以南，至邢州、磁、相上下，夏雨頻併，各有災傷。』詔令本路監司具析。至是提舉常平官以聞，故有是命。

八年正月二十四日，詔：『河朔去歲災傷，方行賑恤，而修城買木、運糧飛輓之役，頗勞民力。其令當職官審度緩急，可罷之；或不可罷者，條具以聞。』

五月二十一日，提舉京東路常平等事王子獻言：『濟南府、密、沂、濰、徐、兗州、河北數州皆水，官司檢放不及七分，外州流民稍稍入境，移文逐處依法賑恤。蓋其貸者二十萬四百餘戶，給者十萬八千六百餘戶，糶者二十九萬五百餘石。實緣檢視災傷，觀望顧畏，不實不盡。伏願詔州縣今後驗流民來歷、寔有莊帳，每縣及百戶以上，即申省部，下所屬，依法書元檢放官吏之罪。』從之。

六月八日，詔：『兩浙路自今夏霖雨連綿，渰沒田不少，平江尤甚，已差趙霖依舊兩浙提舉常平，如有合行奏稟事件，附入內侍省遞以聞。仍一面多方措置護救民田。渰浸過田苗人戶，及支借過圍田錢米等，並仰括責招諭，保明聞奏，不管稍有流移失所。』其後趙霖奏：『本路有未起今年常平米十一餘萬石，伏乞許與截留，應副急切賑濟。並轉運司見有合發末限上供米數，欲乞依知平江府應安道已得指揮，權於浙西州縣先次權發二十萬逐急相兼應副。候向去豐熟年分，接續收糴撥還。』詔依。如違，以大不恭論。八月四日，又詔：『平江府第四等以下人戶合納二稅，並借過圍田常平錢物，權行倚閣。』

七月二十九日，詔：『東南諸路山水暴漲，至壞州城，人被漂溺，不能奠居。可差廉訪使者六員分行諸路，檢舉常平災傷七分法推行。法所不載，隨宜賑救訖奏。仍許借諸司斛斗賑給，或勸誘上戶借貸。仍多作船栰濟度，及權以官物搭蓋屋宇，廣令安泊。其被溺之人，並官給棺殮。監司、郡守各協力賑恤，無令失所。有不盡心及一行官吏因而搔動、乞取，並以違御筆論。』

同日，鎮江府言：『自六月以來，霖雨連綿，渰沒民田，米價踴貴，唯藉商旅興販斛斗接濟。欲乞降旨，應豐熟去處輒有禁止商販米穀及違法收納力勝諸般阻節，並乞依政和六年十一月三日所降指揮。』從之。

八月二十五日，詔：『江、淮、荊、浙被水州軍漲水已退，殘潦餘浸占田無藝，民不得耕；比屋摧圮，無以奠居。可令郡守、令佐悉心賑救。監司雖非本職，並許通行管幹，分定州縣前去巡按，具已救濟事件、人數奏。監司、郡守，自今應水旱、盜賊，敢有隱蔽不奏或不盡言，並以違御筆論。應興販竹木、塼瓦、蘆葦往被水處，沿路不得收稅抽解，及欄買阻滯，仍行賑濟。』

九月七日，詔：『東南被水州縣民田雖有赴訴之限，然阡陌漫沒，州縣定驗失寔，則貧民下戶臨時無告。仰逐路監司行下所轄州縣，當職官須管於收成之前躬親按視，毋得失實。』又詔：『曾經渰浸人戶納官私房錢，截自遷出日，並特與免納，候復業日依舊。』

十月二十日，江南東、西路廉訪使者徐衡言：『南康軍並管下建昌縣，及江州並管下德安、瑞昌縣，興國軍，坊郭舍屋被水渰浸，漫沒屋脊人戶各已般移。除係自己屋業外，其間賃官私舍屋居住人戶，尚依舊管認元賃房廊地基等錢，欲下諸州軍豁除被渰月日，特與放免。』從之。仍詔餘依此，計其寔日，即不得虛偽，通不得過一季。

宣和元年正月二十七日，永興軍路安撫使董正封言：『鄠縣災傷，放稅不及分，秋雨損田苗，人戶缺食。勘會見今修葺永興軍城壁，欲望支降度牒四百道，乘此和顧人夫，不惟城壁計日可了，兼可以存養缺食人民。』詔特支二百道。【略】

四月二日，京西路轉運判官李佑言：『尚書右丞范致虛奏：京西災傷，州縣並不依災傷檢放，勒民戶依舊納稅，致民力愈困，罪在州縣。欲望並給義倉物斛賑濟。奉詔令臣星夜前去體量詣實，常平官孫延壽先次勒停，餘監司並守臣一一并具名奏。一路義倉，可並特通融支撥賑濟。應災傷流移地分，並令依法放免租稅。體量得逐州人戶因去秋霖雨薄收，人民闕食，汝州諸縣艱於賑濟，致有流移飢殍。唐、鄧州縣已依法檢校放稅租外，賑濟管下諸縣飢殍流民共三萬八千餘人。均、房州諸縣放稅不盡，致自冬及春以來，往往聚為盜賊。』詔房州知、通、逐縣知縣並衝替，汝州知、通各降一官，唐、鄧州知、通各轉一官。

六月二十七日，開封少尹虞孌言：『去歲諸路水災，今夏二麥大稔，秋田倍收。一歲之熟，未足以盡補瘡痍，尚慮監司、州縣例行催科累年之欠，乞行約束。』從之。

十月十九日，詔：『兩浙連年災傷，今歲方始豐熟，應積欠不得一併催理，並限三年帶納。』

十二月十六日，監察御史周武仲言：『淮甸旱暵，蒙付以使事。賑濟莫急於錢米，而州縣往往無之，望依淮南許依鄰近發義倉充撥支遣，並京西路汝、潁等州災傷放免租稅指揮，豪民大姓有願出積粟者，乞籍其名，酬以官爵，其次與免差科一次。所在係官山林塘濼，有可推以利民者，乞暫絕其禁，聽飢民採食其利。商旅般運，應鄰近路分及沿江州軍載斛米舟車，並乞與免沿路力勝錢，堰閘、關津不得穀留。』從之，仍許通一路義倉兌撥支給。其流移地分如合放免租稅，並合依條。內豪民出粟，不得抑勒。

二年八月二十日，知壽春府侯益言：『臣昨緣去歲秋田旱災，曾具奏乞依政和七年正月二十六日指揮，許客人於豐熟去處興販米斛，前來災傷去處出糶，與免沿路力勝稅錢。後來本府夏麥收成，其上件指揮已行住罷。今歲秋田復又旱損，欲乞依宣和元年十二月十六日指揮行下。』從之。

十二月二十五日，詔：『睦州及管下應避賊者，令所在官司多方存恤，借與官屋、僧舍居住。內有不能自存之人，依條賑濟，疾速施行。』【略】

八月十九日，詔：『兩浙路州縣違法閉糴，邀阻客人，米價翔踴。仰提刑、廉訪體究水災去處，令常平司賑濟。州縣閉糴邀阻，速令禁止。』

十一月十九日，南郊制：『應河北、京東、河東路民戶曾被劫掠或焚燒廬舍，委州縣多方安集，早令著業，與免諸般差科二年。』

同日，南郊制：『訪聞外路夏秋之間，陰雨積水，占壓民田，或河防潰決，衝注鄉村，縣官坐視，並不措置。如措置有方，實有勞效者，保明以聞，當議特功旌勸。』【略】

三年六月十二日，都省言：『渡江之民，溢於道路，其飢餓者無飲食，疾病者無醫藥。』詔令淮南、江、浙轉運司量給錢米賑給，其病患者差官醫治，務要實惠及民，不管少致失所。

四月二十八日，上諭輔臣曰：『朕聞明州遭寇焚爇，不餘片瓦，井邑丘墟，使民骨肉離散，囊橐罄竭。朕力不能救，心甚憫之。可將已樁管米七千餘石，令守臣均給城下人戶廬舍被焚者，少助窘乏。』【略】

六月七日，尚書省言：『切聞平江以北流屍兩岸，遺骸頗多，乞下逐州差官一員，立限收拾埋瘞。』詔：『平江府須管日近掩瘞盡絕，令每及二百人，給度牒一道。本路提刑司檢察，或尚有暴露去處，按劾聞奏。』

十月二十三日，詔：『越州城內遺火，延燒民舍屋不少，致貧民無處居止，仰三省行下本州，分委官躬親子細抄劄。應寔曾被災延燒下戶，每十人作一保，結罪保明單甲、姓名申尚書省，以憑支錢賑給。應官私地基，許元賃人搭蓋，依舊居住。其合納房錢並地基錢，並與放兩月。』【略】

八月九日，詔：『臨安府被火百姓，許於法慧寺及三天竺寺等處權安泊，應客店亦許安下，免出房錢。其四向買販木植、蘆箔、竹筏，並不得抽分收稅。官私房錢不以貫伯，並放五日。內孤貧不能自存之人，令戶部省倉支米二千石付臨安府賑濟，仍開具賑濟過人數以聞。』

三年七月十一日，詔：訪『聞真、揚、楚、泗、承州道路尚多遺骸暴露，令禮部給降逐州空名度牒各一十道付逐州，專委通判召募童行，如法埋瘞。仍仰往來按視，每及二百人，即驗實申州，書填度牒一道給付。』【略】

九月五日，宰臣朱勝非等言：『近訪聞泉州水溢，漂城郭，墊廬舍，已行下本州詰問，且令詣實申尚書省。』上曰：『國朝以來，四方有水旱災異，無敢不上聞者，故修省蠲貸之令隨之。近日蘇、湖地震，泉州大水，輒不以聞，何也？』詔：『諸路如有水旱等事，令監司、郡守即時具奏，如敢隱默，當寘典憲。』

十一日，宰臣朱勝非等言：『九日夜，朝天門外居民遺火，延燒頗廣。』上惻然曰：『細民焚其室廬，生聚何從得食？必有甚失所者。可令戶部支降米五百石，令臨安府差官，就行賑濟孤貧不能自存者，無或追呼，更致煩擾。』

二十三日，泉州言：『本州縣被水之家缺乏糧食不能自存之人，欲州委知通，縣委令佐，先次取撥見管常平、義倉米斛，躬親前去賑濟。及被水渰死，其無主屍骸欲令本處量支官錢，如法埋瘞，無致暴露。今來深慮前項已科定錢米應副不足，欲令禮部給降福建路空名度牒二百道，專充應副前項支使。』詔依，仍令本路漕司躬親前去點檢被水州縣，奉行寬卹賑濟等事件以聞。如州縣奉行不虔，仰提刑司按劾聞奏，當議重寘典憲。【略】

十二月九日，詔：『雪寒，細民闕食，可令臨安府分委官措置，依賑濟人例支米三日。』後又展三日。

六年七月十八日，尚書省言：『廣西欽、廉、邕州緣去歲大水，即今米價踴貴，細民艱食。欲令本路常平官體訪，如委是詣實，即立便前去，及分委官屬各躬親遍詣逐州，取撥常平米斛賑濟。如逐州所管數少，即於鄰近州縣那撥應副。仍具各支撥過米斛數目及措置存恤事件以聞。』從之。

十二月五日，詔：『臨安府遺火，竊慮民戶暴露不易，令行宮留守司依舊例，於戶部取撥米二千石，專委本府守臣差官，據被燒民戶，計口日給米二升十日。內見見扈從官吏、諸色人被燒之家，亦仰留守司量度支給錢米存恤。』【略】

七年二月十二日，尚書省言：『鎮江府、太平州居民遺火，細民無不暴露艱食，令李謨、張滙於常平、義倉米內各支撥二千石，分委兵官抄劄被火百姓貧乏之家，每家計口支米二升十日，仍責委兵官躬親監散。如被火民人見欠公私債負，權住催理兩月。搭蓋官私白地，其見納賃錢，不以貫百多寡，並放兩月。』從之。

十三日，詔：『太平州居民遺火，有走避不及致被焚死，令呂祉委太平州差人將見暴露遺屍疾速埋瘞，及優恤其家。內見任官仰保明申尚書省。作黃籙道場三晝夜追薦。』【略】

五月十八日，上曰：『聞婺州溪水暴漲。渰溺去處，可令官吏多方賑濟，毋令失所。』【略】

二十六年六月二十一日，三省言：『初伏，差醫官給散夏藥。』上宣諭曰：『比聞民間春夏中多是熱疾，如服熱藥及消風散之類，往往害人，唯小柴胡湯為宜。令醫官揭榜通衢，令人預知。頗聞服此得効，所活者甚眾。』沈該等曰：『陛下留神醫藥，其恤民疾苦可謂至矣！』【略】

十一月二十三日，南郊赦：『勘會在法，病人無緦麻以上親同居者，廂耆報所屬，官為醫治。訪聞比來客旅寄居店舍、寺觀，遇有患病，避免看視聞官，逐趕出外；及道路暴病之人，店戶不為安泊，風雨暴露，往往致斃，深可矜憫。可令州縣委官內外檢察，依條醫治，仍加存恤，及出榜鄉村曉諭，月具有無違戾去處以聞。』

二十九年四月十五日，詔：『鎮江府被火缺食之家，取撥常平、義倉米量行賑濟。』

九月四日，詔：『福州七月間水災，仰帥臣、監司將合行賑濟人，疾速支常平錢米賑濟，其稅租依條檢放。仍具析不即申奏因依聞奏。』

十月九日，詔福建路提點刑獄樊光遠降一官，轉運判官趙不溢放罪。以福州水災，光遠權州事，不即躬親括責闕食人戶賑濟，故鐫一官；不溢以不曾承受本州申到，故釋其罪，有是詔。

三十年五月十八日，御史中丞兼侍講朱倬、殿中侍御史汪澈言：『臨安府於潛、臨安兩縣山水暴至，居民屋廬漂蕩甚眾，望令臨安府速下兩縣，委令、佐躬親看驗。如有未收瘞者，官給錢收瘞之，及隨被害之大小條具賑恤。』詔令轉司支撥係官錢米，就委令、佐躬親賑濟，無令失所。其未收瘞人口，給官錢如法埋瘞，不得滅裂。

八月十一日，直秘閣、權發遣兩浙路計度轉運副使呂廣問言：『被旨契勘湖州安吉縣向被災最甚民戶實數具奏。今抄劄到缺食合賑濟等五等主戶共一百八十戶，望許依臨安府已得指揮，將被災人戶等第與免本戶應干苗稅、科敷及丁身、役錢等。最甚者免四料，其次免三料，餘免兩料。及第五等曾經賑濟之人，尚慮第五等以上雖不曾賑濟，或有田桑、屋宇被水衝損，亦合隨等第輕重減放稅賦。』從之。

三十一年正月二十二日，詔：『雪寒，細民艱食。令臨安府並屬縣取撥常平米，依市價減半，分委官四散置場，廣糶十日。』【略】

二十六日，上謂輔臣曰：『百姓雖已賑濟，尚恐貧乏之家不能自存者，更令特支柴炭。今並於內藏庫支撥給與，務令實惠及物。然輔郡當此雪寒，細民不易，可令常平官依條賑濟。』

八月二十四日，詔：『夔州路安撫、轉運、常平司將本路被水之人戶多有存恤賑濟；漂流居民舍屋，量行等第支給官錢；其渰損田畝合納稅租，依

條檢放；溺死之人，官為埋瘞。務要實惠，不得滅裂。仍各具知稟施行文狀申尚書省。』【略】

孝宗隆興元年三月二十八日，詔：『霖雨為沴，雖側身修行，尚恐誠意未孚。可令諸路監司、守令應有災傷去處，常切賑恤困窮，糾察刑禁，仍各具聞奏。』

八月十七日，詔曰：『比日飛蝗益多，又聞諸路州縣風水為災，螟螣害稼。咎證罔測，朕甚懼焉！朕自今月十八日避正殿，減常膳，側身修行，以祈消弭。重惟政事之闕，致姦和氣，二三大臣其盡忠省過，輔朕不逮。監司、郡守各務身率，戢貪禁暴，平察冤獄，以安民庶。所在災傷，悉行具奏，依條賑卹、檢放。如有隱匿不以聞者，重寘典憲。師徒未息，科調繁興，江、淮、襄、蜀，尤極勞擾，疆埸之吏，宜加安輯，蠲省苛斂，以稱德意。』

九月十一日，詔：『訪聞浙東、西州軍間有螟螣、風水傷稼去處，可令守臣疾速條具應合賑恤、蠲放事件聞奏，不得隱匿泛濫。』【略】

六月二十四日，詔：『浙東近因連雨大水，及兩淮亦有被水去處，理宜措置優恤。令逐路帥、漕司同共措置，委官往被水州縣賑濟。合用錢米，許於常平司見樁管錢米內取撥。若有溺死之人，與量給棺殮之具。內無居止人，亦仰踏逐空閑官舍及寺觀權行安泊。其應干合檢放寬恤事件及用常平錢米，並開具申尚書省。』

二十九日，上諭宰臣湯思退等曰：『今歲江東、浙西水災，卿等思所以救災防患之術。』思退等奏：『臣等燮調無功，致有此災，未敢便乞罷黜。』上曰：『朕當思所以應天之實，卿等更宜輔朕不逮。』【略】

二十六日，詔：『兩淮經虜人蹂踐，流移之民飢寒暴露，漸有疾疫，令和劑局疾速品搭修合合用藥四萬帖，赴淮東、西總領所交割，樞密院差使臣一員管押前去。仰逐處委官遍詣兩淮州縣鄉村，就差醫人同共給散。』

乾道元年正月一日，南郊赦：『州縣其間有被水人戶，理合優恤，令本路帥臣、監司多方存恤賑濟。其渰浸田畝，照近降指揮檢放。如有因此災傷死亡之人，官為收殮。無為虛文，不得滅裂。』三年、六年南郊赦並同此制。【略】

四月二十二日，詔：『兩浙州軍去歲水澇，流移闕食人頗眾，朝廷措置賑糶，存濟甚多。比因疫氣傳染，間有死亡，深可憫憐。可令行在翰林院差醫人八員，遍詣臨安府城內外，每日巡門體問看診，隨證用藥，其藥令戶部於和劑局應副。在外州軍，亦仰依法，州委駐泊醫官、縣鎮選差善醫之人，多方救治，藥錢於逐州歲賜合藥錢內、縣鎮於雜收錢內支給。務要實惠及民。並仰接續給散夏藥，候秋涼日住罷。』從中書門下省請也。

五月六日，詔：『兩浙路諸州縣飢民多有疾疫，理宜矜恤。除下逐州守臣措置醫治外，如有死亡遺棄在路之人，亦仰委官同巡尉檢察，支給官錢埋瘞，不得令狼藉道路。』

二年五月二十五日，詔：『江西以至浙右今歲雨潦，頗害農事。宜令諸路監司、守令察今秋有田米不熟之處，預先講求救災恤荒之政。如將來有水旱去處，卻致無備，必寘於罰。如預備有方，當議推賞。』

十月一日，詔：『溫州近被大風駕潮，渰死戶口，推倒屋舍，失壞官物，其災異常，合行寬恤。可令度支郎中唐瑑同提舉常平宋藻、知州劉孝韙共議，參酌措置，條具聞奏。仍令內藏庫支降錢二萬貫付溫州，專充修築塘埭、斗門使用，疾速如法修整，不得滅裂。』繼而唐珣言：『切見溫州四縣並皆邊海，今來人戶田畝盡被海水衝蕩，鹵浸入土脈，未可耕種，及缺牛具，不能耕，難令虛認苗稅。乞委守臣來春差官究實，保明申奏，及與減放當年苗稅。庶幾水災之後，農民咸被聖恩，早得復舊。』從之。

三年八月五日三，知紹興府洪適言：『上虞縣近有水災，飄流居民。』上曰：『近所在或有山發洪處，可令常平司常切撫存，賑濟被水之家。』

四年六月四日，宰執奏事之次，上宣諭曰：『昨日汪涓對曰：去秋江西被水，數州之民至有無槁秸餵牛者。朕都不知。』陳俊卿奏曰：『去秋沈樞亦申來，言水災，陛下所以預令理會和糴。』上曰：『卿等更別措置。今後水旱，須令實申來。』蔣芾奏曰：『州縣所以不敢申，恐朝廷或不樂聞。今陛下詢訪民間疾苦，焦勞形於玉色，誰敢隱匿？』上曰：『朕正欲聞之，庶幾朝廷處置賑濟。』繼而詔：『諸路轉運司行下所管州軍，今後水旱，須管依實具申尚書省，仍令轉運司具狀保明申奏。或州軍隱蔽不申，監司自合一面體訪聞奏。如或不盡不實，朝廷訪聞，並當重寘典憲。』【略】

七年二月十四日，冊皇太子赦：『災傷州軍，切慮或有遺棄小兒。有人收養者，官為置籍抄上，日給常平米二升。』

九年五月十二日，詔：『久雨為災，水患必廣。可令逐路漕臣行下州縣，寔被水貧乏人戶，多方措置存恤，依條賑給。內浸損秋苗去處，優借種本。或勸諭上戶應副借貸，接續栽種，無致失業。

九月十日，詔：『今年浙東州縣旱傷至廣，朝廷除已行下軫恤、倚閣殘零稅賦、差官檢放外，尚應形勢之家驅迫償債，不能安業。可將浙東旱傷州縣下三等人戶所欠私債並與倚閣住索，候來歲收成豐熟，即仰依約理還。』以上《乾道會要》。以上《永樂大典》卷一七五四三

《清史稿》卷二《太宗紀一》［天聰元年］是歲，大饑，斗米值銀八兩，銀賤物貴，盜賊繁興。上惻然曰：『民饑爲盜，可盡殺乎！』令鞭而釋之，仍發帑賑民。

又 卷五《世祖紀二》［順治十年冬十月］乙酉，設粥廠賑京師饑民。免通、密雲等七州縣災賦。

又［順治十一年二月］甲申，諭曰：『比年以來，軍興未息，供億孔殷，益以水旱，小民艱食，有司失於拊循，流離載道。朕心惻然，不遑寢處。即核庫儲，亟圖賑撫。』己丑，免河南州縣衛所十年災賦。

又［順治十二年二月］癸亥，免成安等六縣上年災賦。己巳，賑旗丁。免平涼、漢陰二縣上年災賦。

又［順治十三年］八月戊寅，免廣信、饒州、吉安上年災賦。己丑，免莆田、仙遊、興平衛十一、十二兩年災賦。辛卯，賑畿輔。

又 卷六《聖祖紀一》［康熙］五年丙午春正月庚寅，以廣東旱，發倉穀七萬石賑之。

又 是歲，免直隸、江南、江西、河南、陝西、浙江、湖廣等省八十六州縣災賦有差。

又［康熙］十年辛亥春正月丁卯，蒙古蘇尼特部、四子部大雪饑寒，遣官賑之。

又［康熙十八年秋七月］庚申，京師地震，詔發內帑十萬賑卹，被震廬舍官修之。壬戌，召廷臣諭曰：『朕躬不德，政治未協，致茲地震示警。悚息靡寧，勤求致災之由。豈牧民之官苛取以行媚歟？大臣或朋黨比周引用私人歟？領兵官焚掠勿禁歟？蠲租給復不以實歟？問刑官聽訟或枉平民歟？王公大臣未能束其下致侵小民歟？有一於此，皆足致災。惟在大法而小廉，政平而訟理，庶幾仰格穹蒼，弭消沴戾。用是昭布朕心，願與中外大小臣工共勉之。』

又 卷七《聖祖紀二》［康熙三十一年］二月辛巳，以靳輔爲河道總督。乙酉，以陝西旱災，發山西帑銀、襄陽米石賑之。丁亥，上巡幸畿甸。辛卯，陝西巡撫薩弼以賑災不實褫職。

又 冬十月己卯，詔曰：『秦省比歲凶荒，加以疾疫，多方賑濟，未甦積困。所有明年地丁稅糧，悉予蠲免。從前逋欠，一概豁除。用稱朕子惠元元至意。』

又［康熙］三十三年甲戌春正月乙卯，盛京歉收，命馬齊馳往，以倉穀支給兵丁，海運山東倉穀濟民食。丙辰，召見河道總督于成龍，問曰：『爾前言減水壩不宜開，靳輔糜費錢糧，今竟何如？』成龍曰：『臣前誠妄言。今所辦皆照靳輔而行。』上曰：『然則爾所言之非，靳輔所行之是，何以不明白陳奏，尚留待排陷耶？』因諭大學士曰：『于成龍前奏靳輔未曾種柳河隄，朕南巡時，指河干之柳問之，無辭以對。又奏靳輔放水淹民田，朕復至其地觀之，斷不至淹害麥田。而王騭、董訥等亦附和于成龍言之。』下部議，將于成龍革職枷責。上曰：『伊經手之工未完，應革職留任。』王騭休致，董訥革職。

又 卷八《聖祖紀三》［康熙五十五年閏三月］壬午，發京倉米二十萬石賑順天、永平。五城粥廠展期至秋。命禮部祈雨。

又 卷九《世宗紀》［雍正］九年辛亥春正月庚寅，詔撥揚州鹽義倉積穀二十萬石，加賑上年邳、宿被水災民。

二月乙未，愉郡王胤禑薨，謚曰恪，子弘慶襲郡王。撥通倉米十五萬石，奉天米二十萬石，採買米五萬石，運往山東備賑。【略】戊午，以田文鏡年老多病，命侍郎王國棟前往河南賑濟被水災民。

又 卷一〇《高宗紀一》［乾隆七年］九月丁巳朔，撥江蘇運山東截留漕米十萬石，備淮、徐、鳳、潁各屬賑糶。賑湖北潛江等十州縣水災。辛酉，免廣東崖州等二州縣風災額賦。免安徽鳳、潁、泗三府州本年水災地方漕賦，不成災者折徵之。賑湖南湘陰等九縣水災。丁卯，上詣東陵。庚午，上謁昭西陵、孝陵、孝東陵、景陵。免江蘇山陽等二十一州縣本年被水漕賦。壬申，上幸盤山。賑恤江蘇、安徽災銀二百九十萬兩、米穀二百二十萬石各有奇。命再撥隣省銀一百萬兩備明春接濟。乙亥，上幸髫髻山。戊寅，上回蹕。

冬十月丙戌，撥山東、河南明年運漕米各五萬石備江南賑，仍由直隸赴古北口外如數採買補運。己丑，免山東歷城等十九州縣旱災額賦。庚寅，命江南截留癸亥年漕糧二十萬石，仍撥山東漕糧二十萬石，河南倉米二十萬石，運江南備賑。癸巳，浙江提督裴鉽等以侵欺褫職鞫治。壬辰，賑江蘇山陽等二十八州縣衛饑。甲午，命清理滯獄。乙未，命撥山東沿河倉穀十萬石運江南備賑。

丁酉，賑安徽鳳陽二十四州縣衛水災。【略】己酉，賑河南永城等十三州縣饑。辛亥，上詣順懿密太妃宫問疾。壬子，賑江蘇山陽等七州縣衛水災。

十一月丙辰朔，大學士等奏《纂輯〈明史〉體例》。上曰：『諸卿所見與朕意同。繼《春秋》之翼道，昭來兹之鑒觀，我君臣其共勉之。』賑湖北漢川等十二州縣水災饑。戊午，賑浙江瑞安等縣廳場、湖南湘陰等九縣水災。庚申，福建漳浦縣會匪戕殺知縣，命嚴治之。壬戌，賑山東膠州十州縣衛水災。癸亥，賑甘肅狄道等州縣水雹災。乙亥，命持法寬嚴，務歸平允。命陳世倌會同高斌查勘江南水利。

十二月丙戌朔，賑山東濟寧等七州縣衛饑。【略】免福建尤溪等四縣荒田溢額銀。

免直隸薊州等三州縣水災額賦。丁未，撥運吉林烏拉倉糧接濟齊齊哈爾等處旱災。庚戌，賑奉天承德等五州縣饑。免山東膠州等十州縣衛水災額賦。辛亥，調完顔偉爲河東河道總督，白鍾山爲江南河道總督。乙卯，諭曰：『江南水災地畝涸出，耕種刻不容緩。疆吏其勸災民愛護田牛，或給貲飼養，毋得以細事置之。』

又［乾隆八年秋七月］撥通倉米四十萬石賑直隸旱災。壬辰，免山東歷城等十六州縣衛旱災額賦。乙未，停今年勾決。上奉皇太后駐避暑山莊。丙申，除福建連江等二縣水衝地賦。【略】戊申，免直隸滄州被雹竈戶額賦。上奉皇太后駐蹕嗎嗎塔喇。己酉，上行圍，至己卯皆如之。嚴督撫等漏洩密奏之禁。賑湖北興國等三州縣水災，並免額賦。【略】甲戌，賑四川西昌水災。定直隸被旱州縣賑恤事宜。賑廣東始興等十六州縣水災。

又［乾隆八年冬十月］乙丑，賑廣東南海等七縣水災。是日，上登望海樓，駐文殊菴。丁卯，命直隸被災各屬減價平糶。【略】庚午，賑河南祥符等十四州縣旱災。

又［乾隆八年］十一月，賑安徽無爲水災，並免額賦。壬午，賑甘肅狄道等二十四州縣水蟲風雹災。庚寅，安南國王黎維禕表謝賜祭及襲封恩，進貢方物。辛丑，賑廣東萬州等十四州縣水災，福建臺灣等三縣旱災。壬寅，貸黑龍江被旱被霜兵丁等倉糧。賑山西曲沃等十一州旱災。癸卯，賑直隸天津等二縣旱災。丁未，賑安徽壽州等九州縣衛旱災。己酉，免謁陵經過額賦十分之三。

十二月庚戌朔，賑廣東吳川縣旱災。辛亥，命史貽直協辦大學士。乙卯，賑山東陵縣等十二州縣衛旱災。

又卷一一《高宗紀二》［乾隆十三年］閏七月癸丑朔，以阿克敦署刑部尚書，德通爲左都御史。丙辰，免直隸霸州、固安水災額賦。賑湖南益陽等八州縣水災。【略】丁丑，賑雲南昆陽等州縣水災。【略】己卯，免江蘇元和等十縣本年雹災額賦。庚辰，上還宫。

八月甲申，以班第署四川巡撫。【略】庚子，諭撫恤四川打箭爐地震災民。

又［乾隆十四年］命納延泰等勘察哈爾災。【略】辛卯，免山東鄒平等二十州縣水災、甘肅皋蘭等十二廳州縣雹災額賦。【略】乙巳，賑福建臺灣等三縣災。免湖南新寧上年水災額賦。

五月乙卯，免甘肅皋蘭等十三廳州縣旱災額賦。丙辰，免安徽阜陽等十三州縣衛上年旱災額賦。辛酉，上至黑龍潭祈雨。

六月丙申，賑甘肅渭源等州縣旱災。己亥，廣西學政胡中藻以裁缺怨望，命來京候補，仍下部嚴議。

秋七月戊申，賑福建光澤等二縣水災。庚戌，免湖北漢川等六州縣上年水災額賦。辛亥，直隸總督那蘇圖卒。免福建晉江等九縣潮災額賦。【略】乙亥，補蠲山西永濟等六州縣被災額賦。

八月庚辰，上行圍巴顔溝，蒙古諸王等進筵宴。壬午，賑湖北羅田等二縣水災。癸卯，賑河南延津等七縣水災。甲辰，賑湖北潛江等十三州縣水災。

又［乾隆十五年冬十月］乙酉，免江蘇清河等九州縣水災額賦。戊子，免山西應州等三州縣水災額賦。甲午，免順直固安等四十六廳州縣水雹各災額賦，仍賑貸有差。戊戌，賑江蘇溧陽等州縣水災。

又［乾隆十六年］癸亥，賑安徽歙縣等十五州縣旱災。甲子，免山東鄒平等縣逋賦及倉穀。

二月辛未，賑山東蘭山等七州縣旱災。

又三月戊戌朔，上奉皇太后幸杭州府。貸黑龍江呼蘭地方水災旗民，免官莊本年額賦。

免浙江淳安縣水災本年漕糧。

又卷一二《高宗紀三》［乾隆］二十七年春正月丙申，以奉皇太后巡省江、浙，詔免江蘇、安徽、浙江逋賦。賑河南祥符等州縣災民有差。丁酉，以科爾沁敏珠爾多爾濟旗災，貸倉穀濟之。丙午，上奉皇太后南巡，發京師，免直隸、山東經過地方本年錢糧十分之三，上年被災處十分之五。戊申，左都御史金德瑛卒，以董邦達代之。賑順直文安等二十八州縣上年水災。甲寅，賑山東曹、齊河等二縣水災有差。

又卷一三《高宗紀四》［乾隆三五年六月］甲午，貴州古州苗香要等伏誅。命侍郎伍納璽往古北口會同提督王進泰查勘水災，發帑銀二萬兩卹之，並開倉賑糶。

又［乾隆三十六年二月］庚申，以甘肅比歲偏災，免通省民欠籽種口糧倉穀。

又［乾隆三十九年九月］癸亥，以天津府七縣旱，命撥通倉米十萬石備賑。

又卷一四《高宗紀五》［乾隆四十年］甲子，以甘肅皋蘭等二十九廳州縣旱災，豁歷年積欠倉糧四百萬有奇。

又卷一五《高宗紀六》［乾隆五四年］八月乙丑，賑河南永城、臨漳等縣水災。戊辰，賑安徽宿州水災。己巳，上幸木蘭行圍。甲戌，賑直隸清苑等三十四州縣水災。

九月己丑，廓爾喀貢使入覲，封拉特納巴都爾王爵，巴都爾薩野公爵。庚寅，上回駐避暑山莊。辛卯，賑江蘇銅山等十一州縣水災。丙申，賑吉林屬琿春水災，豁應交義倉糧石及上年借給倉穀。

又卷一六《仁宗紀》［嘉慶二十年］是歲，免直隸寧晉二縣災賦。

又卷一七《宣宗紀一》［道光元年三月］是月，貸山西岢嵐等十州縣、甘肅狄道等五州縣上年災民倉穀口糧。

又［道光二年八月］是月，給河南安陽等三縣，直隸霸州等十二州縣，山西歸化城、薩拉齊二廳，山東恩縣等三縣水災口糧。貸土默特被水蒙古口糧。蠲緩山東高唐等四十一州縣衛，雲南鶴慶、劍川二州災歉賦課。

九月壬申朔，允暹羅進本年例貢。甲戌，撥通倉米十萬石賑直隸被水災民。

又［道光三年六月］永定河決。壬戌，北運河決。是月，加給直隸靜海、青縣二縣災民兩月口糧。貸河南汝陽、正陽二縣倉穀。

又［道光三年七月］己巳，以直隸霸州等十州縣被淹較重，飭撥銀米先行撫恤。飭琦善撲蝗。壬午，以江蘇水災，免各關商米稅銀。免河南應攤川楚及衛案軍需四百六十萬兩。是月，給江西德化縣、湖北黄梅縣、江蘇太倉等十七州廳縣水災一月口糧。加賑直隸通州等二十一州縣水災。

八月己亥，初舉經筵。乙卯，以浙江杭州等三府屬水災，免海運商米船税，並留各關税銀備賑。是月，賑安徽無爲等十六州縣水災。給河南濬縣等十三縣水災一月口糧。

又［道光三年九月］丁亥，免直隸通州二十七州縣水災額賦。己丑，奉皇太后還京師。壬辰，以松筠爲吉林將軍，穆彰阿爲左都御史。是月，賑直隸通州等四十州縣、山東臨清等五州縣水災。加賑江西德化縣、湖北黄梅縣、河南武陟等五縣水災。給江蘇儀徵等四縣、湖北江陵等三縣水災口糧。蠲緩山東臨清等十六州縣衛、直隸薊州五十州縣水災新舊額賦，河南武陟縣、湖北黄梅縣水災額賦及屯坐各衛應徵新舊額賦，並給修屋費。

冬十月，賑湖北江陵等三縣衛水災，並免新舊額賦，給修屋費。貸奉天錦州旗民、山東武城縣水災一月口糧，直隸天津鎮三營及紫荆關各汛被水兵丁銀米。乙亥，以毓岱爲廣西巡撫。是月，貸甘肅靜寧等十六州縣災民口糧。蠲緩湖南澧州等五州縣等水災，甘肅宜禾縣旱災新舊額賦。癸丑，以緝盜功，加陝西陝安道嚴如煜按察使銜。是月，貸江蘇蘇州等五府駐紮災區兵丁銀米。

又［道光四年春正月］癸未，撥戶部銀八萬兩貸直隸貧民口糧。是月，賑直隸通州等三十八州縣上年雹災，河南武陟縣、濬縣旱災各一月。給江蘇太倉等三十州縣衛，安徽無爲等十七州縣衛，浙江海寧等十二州縣、横浦等四場，兩淮安豐等九場水災，山東臨清等五州縣雹災一月口糧。貸河南武陟等十二縣上年水災籽種口糧倉穀，江西德化等十四縣、湖北黄梅等三縣及各屯衛、湖南澧州等四州縣、甘肅秦州等十州縣、齊齊哈爾等三城被災軍民籽種口糧，江蘇泰興營兵丁兩月錢糧。

又［道光四年八月］是月，蠲緩長蘆興國等七場、滄州等七州縣上年水災竈課，甘肅宜禾縣旱災額賦。

九月壬寅，以黄鳴傑爲浙江巡撫。癸卯，免安徽無爲等十一州縣被災學田租銀。是月，給陝西寧羌等四州縣災民口糧。貸江蘇瓜州營被災兵丁銀米，陝西安定等縣水災雹災倉穀。

又［道光四年］十一月己酉，以高堰十三堡決口，張文浩交部嚴議。辛亥，命文孚、汪廷珍往江南查看高堰決口。調嚴烺爲江南河道總督。以張井署河東河道總督。甲寅，孫玉庭坐徇隱張文浩，免兩江總督，以魏元煜署。命兵部尚書玉麟在軍機大臣上行走。是月，給安徽宿州、靈壁縣及屯坐各衛災民口糧。貸江寧八旗、兩江督標協標兵丁餉銀，甘肅靜寧等十三州縣及東樂縣丞所屬災民口糧。

又卷一八《宣宗紀二》［道光十二年］是月，賑直隸吳橋、東光二縣，江蘇桃源等三州縣，湖北漢川等四縣衛，安徽五河縣，兩淮板浦等三場水災旱災。給江蘇海州等四州縣，安徽五河等十一縣衛，湖南安鄉、華容二縣，奉天錦州府屬旗民口糧。貸山西大同鎮災區駐防倉穀。蠲緩直隸吳橋等十七州縣，江蘇桃源等六十三州廳縣衛，安徽五河等三十九州縣衛，浙江海寧等二十二州縣衛、仁和場，兩淮富安等十四場，湖南安鄉等七州縣衛，山西隰州等六州縣，湖北漢川等二十六州縣衛水災旱災雹災新舊額賦。

十一月戊寅，命署福州將軍瑚松額爲欽差大臣，都統哈哴阿爲參贊大臣，赴臺灣勦匪。丙申，撥京倉米一萬石賑順天府武清等八州縣災民。丁酉，李鴻賓遣戍烏魯木齊，劉榮慶遣戍伊犁。是月，貸陝西漢中等五府州廳屬、甘肅宜禾縣被災口糧，吉林等七處籽種。蠲緩甘肅宜禾縣逋租。

十二月甲辰，撥浙江、江西倉穀二十萬石濟福建民食。丙午，盧蔭溥予假，命王鼎管刑部。己巳，以孝順岱爲科布多參贊大臣。是月，貸直隸災區各營兵餉，山西豐鎮等六州廳縣災民倉穀。

又［道光十三年二月］庚申，賑被災多倫諾爾租種蒙古地貧民，並諭此後口外偏災不得援請。壬戌，以汪守和兼署吏部尚書。是月，賑直隸薊州等七州縣災民。貸陝西漢中等五府州廳貧民倉穀。

又［道光十四年春正月］是月，賑直隸曲陽縣貧民。給江蘇上元等八縣、浙江海寧等四州縣、江西南昌等二十二縣上年災歉口糧籽種。貸山西朔州等十州縣、陝西葭州等十四州廳縣、江西南昌等六縣、湖北武昌等十八州縣衛、湖南澧州等四州縣、甘肅皋蘭等九州廳縣上年被災倉穀口糧籽種。

又［道光十四年九月］是月，賑直隸宛平等七州縣水災，奉天新民等四州縣廳水災。貸廣東廣州、肇慶二府水災籽種，打牲烏拉被水旗民倉穀。蠲緩直隸大城等五十一州縣、山西太原縣水災新舊額賦。

又［道光十五年春正月］是月，賑奉天牛莊等三處被災旗戶。給江西南昌等九縣，甘肅靖遠等六州縣口糧。貸山西太原等三州縣，江西南昌等二十六州縣，湖南安鄉等四州縣，甘肅秦州、靖遠縣被災倉穀籽種。

又卷一九《宣宗紀三》［道光二十二年春正月］是月，賑安徽無爲等十二州縣衛，奉天遼陽等六處、新民等四廳縣災民。給安徽泗州等二十二州縣衛、浙江海寧等七州縣水災口糧。貸江西德化等七縣、湖南武陵縣、湖北嘉魚等九縣衛、陝西葭州等五州縣水災籽種口糧，山西薩拉齊廳歉收倉穀，江蘇災區京右等營兵餉。蠲緩浙江海寧等九州縣衛水災新舊額賦。

又卷二三《德宗紀一》［光緒二年］冬十月丙午，賑皖北旱災。命景廉、李鴻藻在總理各國事務衙門行走。甲寅，召榮全來京，以金順爲伊犁將軍。丁巳，賑口北、山東、安徽、江北饑。

又［光緒四年］冬十月壬午，廣西在籍總兵李揚才叛，命馮子材勦之。免通、海各處，淮安四衛逋賦並雜課。丁亥，賑濮、范、壽陽水災。癸巳，沁河復決。賑奉天水災。

又［光緒九年］是秋，撥京倉及漕米五萬餘石，庫帑凡十萬，賑順天直隸。留漕五萬石，賑山東。賑熱河、長陽、崞縣等處水災。賑江南災。

又［光緒十三年］八月戊子，祭大社、大稷。甲辰，沁河決。賑平彝水災。丙午，沔陽等州縣被水，留冬漕三萬石賑之。鄭州河決，南入於淮，褫河督成孚職，留任。己酉，撥京倉漕米五萬石賑順天通州各屬。截留京餉漕折銀三十萬賑河南。癸丑，懿旨發內帑銀十萬賑濟水災。

著録

《文獻通考》卷二〇一《經籍考二十八》《青社賑濟錄》一卷。丞相富文忠公弼青州救荒施行文牘也。

又《劉忠肅救荒錄》五卷。陳氏曰：王居仁撰。淳熙乙未樞密劉珙共父帥江東救荒本末。嘉定乙亥，真景元刻之漕司，以配韓富公《青社》之編，而以劉公行狀謚議附於後。

《四庫全書總目提要》卷二八《史部三十八》

《荒政叢書》十卷山西巡撫採進本

國朝俞森編。森號存齋，錢塘人。由貢生官至湖廣布政司參議。是書成於康熙庚午，輯古人救荒之法，於宋取董煟，於明取林希元、屠隆、周孔教、鍾化民、劉世教，於國朝取魏禧，凡七家之言。又自作常平、義倉、社倉三考。溯其源，使知所法，復究其弊，使知所戒，成書五冊，其官河南僉事時所撰也。末附《郎襄賑濟事宜》及《捕蝗集要》，其官分守荊南道時所撰也。救荒之策，前人言之已詳，至積儲尤為救荒之本。森既取昔人良規，班班具列，而於三考尤極詳晰，登之梨棗，俾司牧者便於簡閱，亦可云念切民瘼者矣。

清 魏禧《救荒策》《荒政叢書》卷七 天災莫過於荒，天災之可以人事救之，亦莫過於荒。古之行荒政、言荒策者不一，有永利者，有利用一時不可再用者，有可行者，有言之足聽行之不必效者，要或散見諸記籍中，未有統要。餘摭所見聞，擇其可常行無弊者條之。救荒之策，先事為上，當事次之，事後為下。先事者，米價未貴，百姓未饑，吾有策以經之，四境安飽而吾無救荒之名，所謂美利不言是也。當事者，米貴而未盡，民饑而未死，有策以濟而民無所重困，所謂急則治標是也。事後者，米已乏竭，民多殍死，遷就支吾，少有所全活，所謂害莫若輕是也。凡先事之策八，當事之策二十有八，事後之策三。

清 朱軾《廣惠編・敘》 福利者，釋氏之説也；感應者，老氏之説也。事不經，固所弗道已。若夫任恤列於六行，惻隱首乎四端，孰能外此以自號為人乎？三晉歲饑，所司繪圖入告。聖天子宵旰憂勤，恫瘝在念，甚至不獲予辜，形於尺一，視堯湯之諮儆而稱切矣。綸音初下，甘霖萬里，犬地鬼神，皆為昭假，矧有血氣之倫，其誰不唏噓感動者乎？使者身在衰經之中，謬膺拯救之任，畏此簡書，倉皇就道，所至蒿目優心，罔知所措。幸此方尚義耆民，若蒲州之周起瑚、汾陽之張瑛等，暨一時賢士大夫，踴躍捐輸，相助有成，俾無隕越。非惟高賢古道，度越尋常，抑亦仰體聖心，分憂共患，忠愛之誠，出於不自已也。今者秋成有慶，哀鴻安宅，然瘡痍乍起，元氣未復，使者去矣，所冀諸君子益相懋勉，慷慨者勿懈於將來，吝嗇者並懲其已往，轉此痍傷，共登仁壽，豈徒斯民之為？即使者與二三司牧，均拜其賜。惟是戀戀餘息，不獲效仁入之贈言，偶撮舊聞，稍加刪節如左，付之棗梨，而洪洞劉比部復編次使者先後疏草及所行書檄，匯成一帙。倘賢豪長者流覽及之，樂善之心必有油然莫遏者。若謂老生常談也，而置若罔聞，則有財而不善用，必非其財，宛其死矣。他人是愉，使者方將以哀饑民者轉而哀夫人也，而又奚説。時康熙六十年歲次辛丑仲秋中浣欽差賑濟都察院左都御史棘人朱軾書於平水行署。

清 方觀承《進呈義倉圖説疏乾隆十八年**》**《清經世文編》卷四〇 竊照積貯爲本計所關，而推行惟義倉尤便。蓋鄉村分貯，則斂散可以隨時；典守在民，則吏胥無由滋弊。歷稽前代，良法具存。自《周禮》遺人之掌，門關鄉閭，各有委積，以待艱阨。隋臣長孫平因之爲義倉之制，令諸州百姓當社立倉，隨所收穫，勸課出輸，領之社司，以時賑發。唐、宋遞相遵仿，至朱子而規畫備詳。倉雖以社爲名，事實與義同例，一切輪受之法，條目兼該，而其要尤在地近其人，人習其事。良以官之爲民計，不若民之自爲計，故守以民而不守以官。城之專爲備，不若鄉之多所備，故貯於鄉而不貯於城。其輸之也不勞，其散之也易，其操之也不迫，其察之也易周，是以積久而蠹不生，施博而澤可繼。雖有水旱不齊之歲，而無倉皇四出之民，制莫有善於此者也。

乾隆十一年，特降諭旨，命地方大吏乘時勸導。臣先於直隸布政使任內與督臣那蘇圖酌議條規，以有穀而不籌其地，則浥變可虞，有地而不察其形，則經界莫定。故勸捐必先建倉，建倉必先繪圖，當經指示屬員通行循照，及擢任畿輔，因復申明前令，次第經理。就其幅員之廣狹，度其道里之均齊，於四鄉酌設倉座。自三四區以至十八區，其地必擇人稠密、形勢高阜之處，使四面村莊相爲附麗。近在十五里內者三十三縣，在二十里內者七十三州縣，在二十里及二十餘里者三十三州縣，在三十里內者三州縣，在四十里內者二縣。期於往返各便，賙救易通。比年以來，仰賴聖主福庇，年穀豐登，人民和樂。臣與諸有司隨宜勸導，俾各出其有餘而不限以數。粟、黍悉從其便，務在樂輸，無稍勉強。如一州邑中，豐歉不齊，歉處即停其報捐，選擇倉正，專司簿鑰，不許吏胥干預。現據報捐新舊義穀共二十八萬五千三百餘石，而圖與倉先後告成。州、縣、衛各具一圖，大小村莊，並各村到倉里數悉載，統計爲圖一百四十有四，合一百四十四州、縣、衛，共村莊三萬五千二百一十，爲倉一千有五。臣詳加訂正，鏤板刷印，一貯布政司庫，一貯本州縣、衛。按圖以稽倉，而知各村之孰遠孰近；按倉以稽穀，而知四境之或絀或盈。由是儲蓄遞年有增，規畫因時漸擴，而有司凡於境內賑糶惠民之舉，辨方隅，計道里，披圖了然，亦足以資措理。臣謹參合新舊事宜，酌籌規條，另折奏請聖訓，久遠遵循，以仰副我皇上惠保無疆之至意。茲將義倉全圖按府州所屬，繕寫十四冊，敬列凡例，恭陳御覽。又所刻各州縣衛倉圖謹匯次裝成六軸，一併恭進。

清 方觀承《賑紀・序》 三代以來，救荒之政備矣。後之人擇可行而行之，固已無所不宜，然事有宜於古不宜於今者，且五方物産登耗之數、民情舒慘誠僞之殊，皆當隨地異施，泥法太過，與無法等。夫以數百萬人之命，起死回生於呼吸之間，豈易事哉？故必有視民如傷之主諮儆於上，而下之宣佈德澤者竭誠致慎，和衷集思，參用經權，以規盡善，乃克相與以有成也。乾隆八年六月，畿南二十七州縣以旱告。皇上宵旰焦勞，命所司亟籌振救。時觀承監司清河，會同天津道陶君正中總其事，戴星而馳，遍歷災所，心計口畫，十指佈算，集古賑饑成法而參觀之。户若干，口若干，當核也，則周中丞孔教用之。某也才，某也良，可委也，則林僉事希元用之。賑米有徐寧孫抄劄之法，賑銀有鍾化民督理之法，其展賑也，則陳霽岩之於開州，安流民則騰達道之於鄆州，煮粥則耿橘之於常熟，平糶則文潞公之於成都，貸牛種則定之於越州，他若董江都之廣種宿麥、趙清獻之召興工作、周文襄之省運耗、吴遵路之采芻薪、吕文靖之論贖農器、樊子鵠之勸富民捐輸，皆次第仿而行之。其或扞格不可行，則以意為變通，蕲於適事而止。制府高公斌、總藩沈君起元同心商榷，朝奏而夕報可，復有不待奏請，我皇上已照臨及之者。蠲租賜賚，動逾巨萬，轉輸儲備，罔或後時，事事深愜民隱，而意外之恩每加於其所不及望。蓋以仁愛之天心，兼精詳之睿慮，窮幽極微，無遠不屆，且為之計長久。臣下奉揚德意，風流令行，旬月之間，轉災為福。荀子有言：禹之水、湯之旱而民無菜色者，此道得也。嗣觀承秉節斯土，間遇郡邑偏災，輒用前法，可幸無罪。用是恭輯前後三年中命旨，下及内外臣僚見之行事者，厘為八卷，名曰《賑紀》。紀之為言，記所以記恩也。又紀與綱相維，敢謂條分縷析，綱目畢具。且是年所遇固旱災也，他若水潦霜雹蟲蠡之屬，概未之及，然使旁通義類，得其意之所存以推行盡利，其於救荒之道亦庶幾矣。時乾隆十九年歲次甲戌十月，太子太保直隸總督兼理河道都察院右都御史桐城方觀承撰。

清　萬維翰《荒政瑣言·序》　《周禮》以荒政十二聚萬民，漢唐而降，因時制變之方載在史策者日益詳，後人拾其餘濡，絲綸陳議，轉以循行，行之而弊生，籍口救荒無奇策。嗚呼！策何奇哉！有治人斯有治法。方今版圖既廣，生齒益繁，時異事殊，辨此非易。況天災流行，國家代有，所賴官斯土者設法救濟，非胸有成算，措置咸宜，一時億萬哀鴻宣孺中澤，縱繪鄭俠之圖，貶懷辰之食，亦立而視其死耳。愚謂政在變通，難以膠執。其大端不外出粟、糶借、查災、蠲賑數者，誠得痛癢相關之人，舉公正無私之法，慮其始終，清其弊竇，一如父母之保赤子，誠求曲中，當不至於失乳而號也。否則議論雖多，奚裨於實政哉！茲就現行規條，參之末議，分為十則，附錄成規，以備考核。苟非其人，法不自行，是所望於仁心為質之君子。時乾隆十七年孟秋朔吴江萬維翰題。

藝文

《詩經·小雅·鴻雁之什·鴻雁》　《鴻鴈》，美宣王也。萬民離散，不安其居，而能勞來還定，安集之。至于矜寡，無不得其所焉。

鴻鴈于飛，肅肅其羽。之子于征，劬勞于野。爰及矜人，哀此鰥寡。

鴻鴈于飛，集于中澤。之子于垣，百堵皆作。雖則劬勞，其究安宅。

鴻鴈于飛，哀鳴嗸嗸。維此哲人，謂我劬勞。維彼愚人，謂我宣驕。

唐　張説《張燕公集》卷六《送任御史江南發糧以賑河北百姓》　河朔人無歲，荆南義廩開。將興汎舟役，必仗濟川才。夜月臨江浦，春雲歷楚臺。調飢坐相望，繡服幾時回。

唐　白居易《白氏長慶集》卷二一《自咏五首》　一家五十口，一郡十萬户。出為差科頭，入為衣食主。水旱合心憂，飢寒須手撫。何異食蓼蟲，不知苦是苦。

唐　石貫《觀農賦》《文苑英華》卷七〇　歲起於東，丁壯就功。則知富民必資於廩實，強國亦在於年豐。是時也。杏花疏樹，蒲葉抽叢。曉出鳳城，疲道路之攸往；回瞻鶉野，知耕鑿之斯崇。美夫原隰底績，溝塍刻鏤。耒耜交橫，煙雲輻湊。人沮溺而爲伴，水鄭白以分溜。一稃二米，禾同北里之禾；苗盛草稀，豆異南山之豆。觀夫田畯至喜，室家相懽。揮鎡去莠，築堰澆蘭。野餉曉持於斜徑，畚插暮荷於層巒。鄰近山之樹密，悦臨流之地寬。葵腰剗而乍採，黍策杖而時看。且人生在勤，勤則不匱。欲抑末以敦本，在用天而分地。思文后稷，濟時敷播殖之功；惟彼陶唐，申命掌嵎夷之事。八政之中食居一，四人之裏農爲二。倬彼甫田，習無不利。故士爰稼穡，含靈是資。歲稔則家知禮讓，食足則國贊雍熙。無辭艱難，服先疇之畎畝；皆當儲峙，救黎人之阻饑。九年殷憂於堯日，萬箱發詠於周詩。跡忝門人，得承規於孔父；

心將請學，恐貽責於樊遲。

宋 張咏《乖崖集》卷六《蘇公堰銘并序**》** 鴻河走孟門，東五百里，地平無岸郭，每淫夏雨注，萬壑奔集，漾沙汩泥，漫猛可畏，故聖人導九河以驅其間。禹越千歲，九河遂没。漢亦悼瓠子之歌。東潰西決，世無常波，濱隅之人，世無常家，於是天子趨民以隄防之。

後周蘇允平，賞宰澶洲之臨黄，刮剔舊弊，以身正民。事有妨蠹，雖郡侯不能易其令，義苟利物，縱灼身無以懼其心。先十年，河敗西鄙，民魚交居。公慨然曰：『冬水既道，春土可封，民不得利者，令宰之咎也。』因詔下興土功，遂大索丁徒，囊鍤就任，騰溝驀渠，順河爲勢，除貴長孤弱外無游縱，除風雨冥夜不息，民恣至勞，公愛至利，不逾月而大堰成。春波間來，餘怒自息，旅民喜農，轉飢爲豐，二紀之間，復魯衛之風。

皇朝十二年，河南潰於帝丘。明年，北陷我邑，人人驚奔，逃死不暇。是堰也，亘四十里而廬萬室。遠乎哉，賢人之用心也。安則民被惠，灾亦民依之，與彼竊禄賊民者何如哉？嘻！賢人之功，不得光輝史冊，垂之不朽，亦文士之過也。丙子歲，余遠來省親，日賞其上，忻然勒銘，以示來者。銘曰：

衛東之地蠼弱兮，鴻河肆其横流。平民轉泊兮，毗如深仇。蘇公來堰兮，析民牢愁。沙濤雷波，禁束如死。沿二十年，乘畝比比。民亦何知，怨若忘美。歲老復決，陷于全封。是堰稜亘，萬室來同。衆苦吟嘆，始頌蘇公之功。於戲！既利物以稱仁，不竊禄以汙身。邵塘漳樂，邈爲全倫。吁嗟蘇公兮，無羞于世之人兮。

宋 歐陽修《文忠集》卷四《韓公一本公作定州**閲古堂》** 兵閒四十年，士不識金革。水旱數千里，流民誰嬰闢。公初來視之，嘻此乃予責。將法多益辦，萬千由十百。整齊一作容談笑間，進退有寸尺。曰此易為耳，在吾繩與墨。天成而地出，古所重民食。貯儲非一朝，人命在旦夕。惟兹將奈何，敢不竭吾力。木牛尚可運，玉罌一作磬猶走糴。因難乃見才，不止將有得。公言初未信，終歲考成績。驕惰識恩威，謳吟起羸瘠。貔貅著行伍，倉廩飽堆積。文章娱閒暇一作弄閒散，傳記尋一作觀往昔。英英文與武，粲粲圖四壁。酒令列諸將，談鋒摧辯客。周旋顧視間，是不為無益。循吏一州守，將軍萬夫敵。於公豈止然，事業本夔稷。富壽及黎庶，威名懾遠國。當歸廟堂上，有位久一作况虚席。大匠不揮斧，衆工隨指畫。從容任羣材，文武各以職。

又 卷一〇《被牒行縣因書所見呈寮友明道元年**》** 周禮恤凶荒，軺車出四方。土龍朝祀雨，田火夜驅蝗。木落孤村迥，原高百草黄。亂鴉鳴古堞，寒雀聚空倉。桑野人行饁，魚陂鳥下梁。晚煙茅店月，初日棗林霜。譙戶催寒候，叢祠禱歲穰。不妨行覽物，山水正蒼茫。

又 卷三八《尚書户部侍郎贈兵部尚書蔡公行狀寶元二年**》** 公諱齊，字子思。其先洛陽人，皇祖以下始著籍於膠東。【略】

以親便，求改密州。遭歲旱，除其公田之租數千石，又請悉除京東民租，弛其鹽禁，使民得賈海易食以救其饑。東人至今賴之，皆曰：『使吾人百萬口活而不饑者，蔡公也。』徙南京留守，進爵侯，增邑戶五百為一千，階朝散大夫。

宋 王安石《臨川文集》卷一二《發廩》 先王有經制，頒賚上所行。後世不復古，貧窮主兼并。非民獨如此，爲國賴以成。築臺尊寡婦，入粟至公卿。我嘗不忍此，願見井地平。大意苦未就，小官苟營營。三年佐荒州，市有棄餓嬰。駕言發富藏，云以救鰥惸。崎嶇山谷間，百室無一盈。鄉豪已云然，罷弱安可生。茲地昔豐實，土沃人良耕。他州或咨窳，貧富不難評。豳詩出周公，根本詎宜輕。願書七月篇，一寤上聰明。

宋 蘇軾《東坡全集》卷二〇《再次韻趙德麟新開西湖》 使君不用山鞠窮，饑民自逃泥水中。欲將百瀆起凶歲，免使甑石愁揚雄。西湖雖小亦西子，縈流作態清而丰。千夫餘力起三閘，焦陂下與長淮通。十年憔悴塵土窟，清瀾一洗啼痕空。王孫本自有仙骨，平生宿衛明光宫。一行作吏人不識，正似雲月初朦朧。時臨此水照氷雪，莫遣白髮生秋風。定須却致兩黄鵠，新與上帝開濯龍。湖成君歸侍帝側，燈花已綴釵頭蟲。予以潁人苦饑，奏乞留黄河夫萬人，修境内溝洫，詔許之。因以餘力浚治此湖。

宋 徐積《節孝集》卷一七《賑飢篇贈程守二首》 楚有循良守，流民萃一方。薪蒸溫病骨，菽粟飫飢腸。永欲充編戶，無心憶故鄉。恩深何以報，惟有一爐香。

乞得諸倉粟，流民獲所依。已燃薪禦凍，仍用楮爲衣。病骨蒙新暖，羸肌復舊肥。故鄉雖有屋，此處可忘歸。

宋 趙令畤《侯鯖録》卷四《次韻陳履常汝陰久雪賑饑》 坎壈中年坐廢人，老來貂鼎視埃塵。鐵霜帶面惟憂國，機穽當前不爲身。發廩已康諸縣命，蠲逋一洗幾年貧。歸來又掃寬民奏，慚愧毫端爾許春。

宋 王十朋《梅溪後集》卷三《糴米行》 詔書發廩周飢荒，使君減價糶黄粱。奉行上意固已良，小人用心胡不臧。㪷米大半雜以糠，橫索民錢名貼量。怨語嗷嗷盈道傍，我慙寸祿偷太倉。見之不言咎誰當，言之人指爲輕狂，作詩聊語同舍郎。

又 卷二〇《得雨復用聞水車韵》 蜕骨木龍憂不雨，更喚兩牛眠下土。水從地底飛上田，不減在天行雨苦。庭中忽見天雨花，白衣真人游郡衙。但願爲霖莫爲潦，免使泥陷羸牛車。亢旱踰時如魯史，一雨已遲淹爾耳。農猶滿望苗返魂，車亦收聲魚免死。我持酒戒不敢荒，急呼一盃飲松堂。不憂猖獗有巢昌，只恐沈猶朝飲羊。

宋 張栻《南軒集》卷五《吕善化秩滿而歸兩詩贈行》 令尹三年政，湘民去息思。艱難救災歎，憂瘁見云爲。薦牘今交上，夷途去不疑。正須頻顧省，御者可無辭。

伯氏相從舊，歸來意若何。從渠笑方拙，還我自吟哦。聖有詩書在，人多歲月過。德門好兄弟，夜雨細研磨。

宋 吴芾《湖山集》卷八《挽季行可》 當年闕下久棲遲，故里歸來萬事非。訪舊幾人成鬼録，傷君未老棄親闈。開樽尚想延賓醉，發廩猶思賑歲饑。積慶流芳知未艾，會看門戶日光輝。

宋 馮檝《勸諭賑濟詩》《救荒活民書》卷下 我昔未第日，鄉間逢饑歲。兩率閭里人，相共行賑濟。饑民僅得食，免困餓而死。及我登第後，被罪歸田里。尋復拜召命，迤邐治行計。忽見道途間，小兒有遺棄。復自勸鄉邦，割己用施惠。日飯八千人，八旬乃休止。於時已麥熟，糧食相接濟。我始趨行朝，蒙恩掌宗寺。初本未望報，人以爲能事。制司具功奏，遷官不容避。今年又小歉，我適帥瀘水。無力備飲食，所濟俱用米。聊舍三百斛，十中活一二。又以一千石，減價平行市。每石減千錢，庶幾無踴貴。更有不熟處，資簡潼川類。減價糶賣米，所行均獲濟。我非財有餘，但憫民不易。一時所施行，樂爲之識記。

宋 朱熹《晦庵集》卷八六《請雨謁北山神文》 乃者邑民以歲事有謁於君侯，君侯過恩，賜之吉卜而許以來，是故將有以鎮撫綏寧之也。民其敢不懽欣舞歌，以樂神賜？吏其敢不潔齊芬苾，以拜神休？惟風雨、水旱、癘疫之不時，以君侯之不顯威神。是震是祓，俾無災害，則豈惟斯人事美其賜，吏亦與免於曠弛之憂。惟君侯之留意焉。

又《春祈謁廟文》 間者歲比不登，民填溝壑，今幸改歲，人得以修其畎畝農桑之務。惟是雨暘以時，俾無水旱螟螣之災，則非人力之所能及。惟君侯加惠之，則幸矣。某祇承祀典，敢不齋肅明薦，以獻以祈。

又《謁社稷文》 熹叨被恩除，假守茲土。載惟社稷，民命所依。祗率故常，按行封壝，用嚴國典，式對神休。謹告。

又《秋報祝文》 春禱秋報，國有令典。歲雖不登，而有司不敢廢，亦不敢以怠。比者徧禱於神，神非不加貺於民也，直後時而蒙休者淺爾。爰陳嘉薦，敬修常事。神其顧歆，益惠我民。

宋 朱熹《周易參同契考異》卷中 君子居其室，出其言，善則千里之外應之，謂萬乘之主，處九重之室，發號出令，順陰陽節。藏器俟時，勿違卦日。《屯》以子、申，《蒙》用寅、戌。

餘六十卦，各自有日。聊陳兩象，未能究悉。立義設刑，當仁施德。逆之者凶，順之者吉。按歷法令，至誠專密。謹候日辰，審察消息。纖芥不正，悔吝為賊。二至改度，乖錯委曲。隆冬大暑，盛夏霰雪。二分縱横，不應漏刻。風雨不節，水旱相伐。蝗蟲涌沸，山崩地裂。天見其怪，羣異旁出。孝子用心，感動皇極。近起已口，遠流殊域。或以招禍，或以致福。或興太平，或造兵革。四者之來，由乎胸臆。動静有常，奉其繩墨。四時順宜，與氣相得。剛柔斷矣，不相涉入。五行守戒，不妄盈縮。《易》行周流，屈伸反覆。

宋 虞儔《尊白堂集》卷三《勸農》 平生憂國願年豐，荒政那知技已窮。千里農桑千里雨，自注：是日天微雨。一番桃李一番風。宦遊老去春强半，勸相歸來日過中。自媿活人無好手，只將水旱禱天公。

宋 葉適《水心集》卷七《送吕子陽自永康携所解老子訪余留未久其家報以細民艱食急歸發廩賑之》 收纓古蜜浦，抱袂生薑門。九九書自註，邀余綴篇端。久衰余學廢，彌隱子道尊。時維冬雷數，雲雪常晝昏。火把起夜色，丁鞋明齒痕。小邦肥狩闕，蝦蛤濫充盤。椒橙失滋味，糝絮勞傾吞。詰朝報家問，剪書徵阿孫。苦陳鄉人饑，采蕨啖其根。倉封井花滿，淘米安得渾。覓翁如覓父，願假東飛翰。念之不遑處，喟焉整歸鞍。我老澹百慮，身世兩莫存。欲私一壠潤，豈救大地乾。西城柳遥遥，北寺江漫漫。勿令嗟來死，以慰行路難。

宋 真德秀《西山文集》卷一《浦城勸糴》 陽和二月春，草木皆生意。那知田野間，斯人極憔悴。殷勤問由來，父老各長喟。富室不憐貧，千倉盡封閉。只圖價日高，弗念民已敝。去年值饑荒，自分無噍類。幸哉活至今，且復遇豐歲。庶幾一餉樂，養育謝天地。豈期新春來，米穀更翔貴。況又絕市無，縱有濕且碎。何由充飢腸，何由飽孥累。恨不死荒年，免復見憂畏。我聞父老言，痛切貫心肺。行行至平洲，景象頓殊異。白粲玉不如，一升纔十四。問誰長者家，作此利益事。父老合掌言，子文姓陳氏。起家本儒生，疇昔樂賑施。憶昨艱食時，巨室争謀利。米斗三百餘，獨收七十二。三都數千口，受彼更生惠。開庫質敝衣，假此賙貧匱。取本不取息，所活豈勝計。我曹非此翁，久作溝中胔。吁嗟薄俗中，乃有此高義。吾邦賢使君，愛民均幼穉。一聞平糴家，褒賞無不至。或與旌門閭，浦城沈氏。或與錫金幣。獨有潁川翁，寵光未之被。故作行路謡，庶徹鈴齋邃。且俾殖利徒，聞風默知愧。並生穹壤間，與我皆同氣。富者盍憐貧，有如兄恤弟。惻隱仁之端，人人均有是。頑然鐵石心，何異患風痺。不仁而多財，聚易散亦易。惟有種德家，福禄可長世。不聞眉山蘇，盛美光傳記。賣田救年荒，生子為國器。即三蘇父子也。近世三山黄長者家喜賑施子朴為己丑大魁。不見南浦毛，一惟利是嗜。積穀幸年荒，生子遭黥隸。天道極昭明，勿作幽遠視。誰歟為斯謡，西山真隱吏。

又 卷四〇《福州勸農文》 仲春望日，太守出郊勸農，延見父老而告之曰：

福之為州，土狹人稠。稠，密也歲雖大熟，食且不足。田或兩收，號再有秋。其實甚薄，不如一穫。凡為農人，豈可不勤？勤且多曠，惰復何望？勤於耕畬，土熟如酥。勤於耘耔，草根盡死。勤修溝塍，蓄水必盈。勤於糞壤，苗稼倍長。勤而不慵，是為良農。良農雖苦，可養父母。父母怡怡，妻子熙熙。勤之為功，到此方知。為農而惰，不免饑餓。一時嬉游，終歲之憂。我勸爾農，惟勤一字。若其害農，則有四事。一曰耽酒，二曰賭錢，三曰喜爭，四曰好閒。四者有一，妨時廢日。四者都有，即是游手。游手之民，必困以貧。何如勤力，家道豐殖！更能為人，孝順二親。內敬尊長，外和鄉鄰。勤力之餘，勤行善事。天必佑之，何福不至？不善之人，是為逆天。天必罰之，悔何及焉！我生田間，熟知田事，深念爾農，辛苦不易。方圖多端，恤汝使安。凡今所言，盡見肺肝。咨汝父老，為我開諭。興民善心，還俗淳古。故兹勸諭，各宜知悉。

又《泉州勸農文》 仲春勸農耕，郡國有常制，越從近世來，往往具文視。前驅擁旌旄，後隊繁鼓吹，官民情不孚，感動何由致！勸諭雖有文，古語雜奇字，田夫莫能讀，況乃識其意？我來分州符，德薄徒自媿，惟存愛物心，端可質上帝。苛嬈必蠲除，彊梗必鋤治，常愛堯舜仁，一夫或不被。今當東作初，豈曰修故事，父老爾來前，聽我傾腑肺。嗟哉瀕海邦，半是墝埆地，三時勞耕耘，收穫尚無幾。四體或不勤，將何活老稚！頻年旱且潦，生理殊匪易。去秋幸中熟，我喜幾不寐。乃者驚蟄前，甘澤屢滂沛。霆聲應期發，人謂豐稔瑞。爾宜乘此時，汲汲操耒耜。五穀隨其宜，勿惜多種蒔。陂塘謹修築，預作灌溉備。先民嘗有言，惟勤則不匱，必須竭人力，乃可盡地利。旋看翠浪翻，忽作黄雲委，家家飽香粳，在在拾滯穗。雞豚享親賓，酒醴供祭祀。此時三農家，快樂誰與比！功效在目前，筋力非徒費。父老記我言，歸語爾子弟。及爾鄉黨間，各各修禮義。事親與敬長，必也孝且悌。惠愛篤宗族，歡好洽鄰里。全此乃為人，否則犬豕類。第一勿好飲，好飲多招累，顛冥觸罪罟，大半緣酣醉。二則勿好博，好博為身祟，但觀盜竊徒，多起摴蒱戲。三則勿好鬬，遜順人所貴。忘身及其親，每每因忿恚。何如忍須臾，事過心如水。四則勿好訟，終凶聖所戒。小則糜貲財，大則遭縲繫。何如退跬步，終身免顛躓。我昔初下車，諄諄嘗揭示。今復重丁寧，爾民宜切記。諭農因諭俗，予心真篤至。不言而化行，有愧古循吏。

又《勸農文》 嘉定己卯二月之望，郡守真某以勸農至東郊，召父老而告之曰：

嗟我農人，既艱且勤。衝寒曉耕，觸熱晝耘。我生田間，習知稼穡。身居黄堂，心在阡陌。十日不雨，則憂旱乾。五日之雨，又虞水患。朝夕惶惶，眉顰弗舒。一夫傷嗟，如痛在膚。幸天憫民，歲以上熟。有黍有禾，有麥有菽。有粲斯粒，斗惟百錢。民食既飽，我顏乃歡。時不可常，天不可恃。必殫人為，以迓厥施。爾耒爾耜，必舉以時。爾陂爾渠，必勤以治。惟根是培，惟莠是拔。毋惰毋偷，毋滅毋裂。爰有二事，為農之殃。彊暴侵陵，姦欺奪攘。我既戢之，俾無爾苦。爾其安居，服爾田畝。亦有四事，為農之寇。曰飲曰博，曰訟曰鬬。我嘗諄諄，戒爾勿為。宜置坐右，永為爾規。善不可違，惡不可長。天理昭然，其應如響。我愛泉人，人亦愛余。今將去矣，有懷畢攄。父老來前，勸汝盃酒。余禮雖微，而情則厚。歸語子弟，毋忘余言。來歲相望，邈乎山川。

又《隆興勸農文》 太守被命，來守此土，兩月于茲矣。閭閻之利病，田里之疾苦，朝夕訪問，不敢一日忘。今者春行視農，獲與爾父老周旋于郊外，敢竭誠意，與父老言：夫勸農，故事也。然知勸農而不知去其害農者，則亦文具而已矣。蓋不時之科敷，害農也；無故之追擾，害農也；夏秋租税，已納重催，害農也。近者約束十條，亦既禁止丁寧之矣。自今以往，盜賊之殃汝，吾為汝除之，豪猾之侵汝，吾為汝戢之。一害尚存，太守斷不敢自安，使爾農有愁歎之苦。汝農亦宜盡力以務本，謹身以節用。與其怠惰而饑寒，何如勤苦而溫飽？與其奢侈而困窮，何如儉約而豐足？有子弟當教之以孝義，有婦女當課之以蠶織。兄弟宗族，恩義至重，不可以小利致爭；鄉黨鄰里，緩急相須，不可以小忿興訟。喜争鬬者，殺身之本；樂詞訟者，破家之基。賭博乃偷盜之媒，耽酒是喪身之漸。凡此數事，為害至深，有一于此，必致禍敗。父老其以此意遍諭，使更相勸勉，庶田畝闢，百穀豐，家給人足，風俗近厚，則爾農之利也，亦太守之願也。

又《勸民文》 嗟爾湘人，為生甚勤。土瘠而墝，俗窶且貧。太守之來，兢兢朝夕。惠利為心，可質天日。雨暘少愆，終日弗怡。是禱是求，猶己飢渴。穀價稍騰，當食顰蹙。唯恐斯民，弗飽饘粥。去臘之雪，元日之晴，豐年可占，予心載欣。爾於斯時，宜悉乃力。于耒于耜，于溝于洫。良農雖苦，可冀有秋。惰農雖逸，荒其田疇。孰飽孰飢，孰失孰得？我勸爾民，寧苦毋逸。右勸勤力。福生於儉，禍生於奢。影響相隨，毫釐弗差。惟樸惟素，富足之具。惟侈惟僭，困窮之漸。廣用多求，心勞且憂。寡求省用，其樂休休。以約失之，其亦鮮矣。我勸爾民，寧儉毋侈。右勸儉約。父慈子孝，和氣滿堂。雍雍愉愉，為家之祥。子悖其親，父虐其子，傷恩敗教，皆由茲始。有媪曰陳，百歲康強。若兒若女，鶴髮成行。問其所致，曰慈曰孝。夫豈偶然，天道之報。陳民長沙縣明道鄉人，今年百有二歲，二男一女，皆近八十，緣其母慈子孝，所以天錫之高壽。我勸爾民，是則是傚。右勸慈孝。貧富相資，今古同之。富而無貧，誰耕誰耘；貧而無富，誰依誰怙。田連阡陌，禾滿囷倉。宜念細民，朝無夕糧。厚積深藏，乘時邀價。衆怨是叢，天豈汝赦！厚德長者，幽明所扶。一子克家，萬金弗如。為富不仁，鬼神所瞰。累世之儲，蕩於一旦。我勸爾民，宜以為鑒。右勸卹貧。天地之性，最貴者人。況為父子，所主者恩。骨肉相殘，世之大惡。云何閭閻，有子不育！貧而為之，已謂至愚。富亦效尤，情尤可誅。人之有生，衣食素定。何必過憂，乃絶其命。子多而賢，家道愈隆。若其不肖，一子覆宗。虎狼雖暴，弗食厥子。人為物靈，胡忍為此！戕賊天性，泯絶民彝。咨汝邦人，其戒于茲。右勸舉子。健訟求勝，鮮不招敗。帶刀自防，適以生害。我嘗諄諄，爾若不聞。由我德薄，敢咎爾民？歲終而儺，所以逐厲。未聞成羣，争耀凶器。凡曰有神，正直而聰。非道求福，豈神所容！巫覡興妖，本以自利。爾顧惑之，可謂不智。禁汝醫藥，以戕爾軀。誘汝祭賽，以空爾廬。甚至采牲，以人為畜。陷汝于刑，隕身覆族。凡此數者，菑害之基。咨汝邦人，其重戒之。右勸省訟息爭，勿信師巫誑惑。我示爾民，休戚由己。期汝聽從，何惜詞費！父老來前，勸汝一觴。歸語千家，以及其鄉。守既愛民，民盍自愛。返樸還淳，遷善遠罪。家給人足，復見古風。豈予實能，父老之功。

又《再守泉州勸農文》 太守前任三年而去，己卯《勸農文》有曰：『來歲相望，邈乎山川。』蓋睠睠泉民而不忍。去之十四年，蒙恩復來，又因勸農，得舉杯酒以飲父老，喜當如何！爾民之喜，當亦如太守之喜也。太守此來，精神氣力不及前時，惟有真心愛民不減前時。今所望於父老者，勸化鄉里後生子弟，各為善人，各修本業而已。《孝經·庶人章》曰：『用天之道，因地之利，謹身節用，以養父母，此庶人之孝。』此經乃至聖文宣王所作，大聖語言，應不誤人。春宜深耕，夏宜數耘，禾稻成熟，宜早收斂。豆麥黍粟，麻芋菜蔬，各宜及時，用功布種。陂塘溝港，潴蓄水利，各宜及時，用功浚治。此便是用天之道。高田種早，低田種晚，燥處宜麥，溼處宜禾，田硬宜豆，山畬宜粟。隨地所宜，無不栽種，此便是因地之利。既能如此，又須謹身節用。念我此身，父母所生，宜自愛惜，莫作罪過，莫犯刑責，得忍且忍，莫要鬬毆，得休且休，莫生詞訟，入孝出悌，上和下睦，此便是謹身。財物難得，常須愛惜，食足充口，不須貪味，衣足蔽體，不須奢華，莫喜飲酒，飲多失事，莫喜賭博，好賭壞人，莫習魔教，莫信邪師，莫貪浪遊，莫看百戲。凡人皆因妄費無節，生出事端，既不妄費，即不妄求，自然安穩，無諸災難，便是節用。謹身則不憂惱父母，節用則能供給父母。能此二者，即是謂孝，故曰『以養父母，此庶人之孝也』。《孝經》此章凡二十一字，今鏤小本，煩爾父老散與鄉民，勸其朝朝誦念，字字奉行，如此則在鄉為良民，在家為孝子，明不犯王法，幽不遭天刑，比之游惰廢業、自取飢寒、放蕩不謹、自招危辱者，相去遠矣。爾民既喜太守之復來，則當信從太守之教令，其敬聽之毋忽。

又 卷四八《爲民祈安設醮青詞》 天令或愆，馴致札瘥之害；民生何辜，重罹夭閼之傷。念忝任於撫摩，殆不勝其憂惻。遺醫餽藥，常切關心；遺粟散緡，曾無虚日。雖勉修於人事，終未弭於天灾。是用虔抒丹誠，仰於淵聽。以仁救厄，願推慈憫之恩；變盭為和，亟賜噓呵之力。

宋 姚勉《雪坡集》卷一九《次楊監簿上陳守賑灾韻》 稻田碁局分郊區，人煙盡障聯城隅。新秧入夏種俱了，一色秀緑連天鋪。年豐正爲憂國願，雨霪忽動民愁吁。浪浪竹瓦日鳴瀑，爛爛苔砌長跳珠。江流入市舞篙楫，野潦斷路迷樵蘇。孤樹空留白屋少，平地欲縮青天舒。犬雞登簷叫雲霧，蛟鼉上岸疑江湖。使君視民容有蹙，憂且蕭牆非顓臾。家沒半扉繩上竈，食不一粟糟爲餔。鶉衣鵠形避淪沒，槁項髻額相携扶。下車以來宣德意，但有寬政無急符。溺饑沓至盡由己，食必稷奏土禹敷。故侯遺我四百萬，指此亟作民良圖。餽無所處不受是，君子貨取安可乎。分甘固欲買不語，溝清那肯同渠汙。一朝盡散色不靳，可使被澤遺匹夫。錢從民來復還民，塗血不用子母蚨。坐令鴈澤得復集，豈但魚沫聊相濡。四旬奚堪水五至，十室不忍煙九無。只求編氓易菜色，寧計私橐如匏虚。方今汙吏爭侵漁，溪壑不厭求贏餘。官錢花破入私帑，期限火急催民輸。貪者盡笑公迂儒，安得天下皆公迂。

宋 方岳《秋崖集》卷一三《送俞尉》 空山十日雨，茅屋無炊煙。吾饑尚可忍，夜讀聲琅然。荒寒數家聚，生理尤堪憐。頻年歲不入，枯草生秋田。春深麥猶稺，米斗直萬錢。悲哉幾斛愁，博此半釜鬵。前村老翁姥，語笑何由緣。問知好官人，發廩不我朘。常時有司吝，寧肯圭撮捐。官來剖私量，不受吏舞權。中流一壺濟，空復寬眼前。高軒忽予過，剪韭相留連。九華元老蒼，歸袖何翩翩。官無高與卑，爲政要可傳。使我一念存，所至民瘼痊。常平吾故人，問俗惟初筵。爲言民戚休，毋或誘老天。吾方屏田廬，不敢馳書箋。併聲絶宣城，倘寄晴雲篇。

元 范梈《范德機詩集》卷六《省使初至新建山谷山家》 卹災猶自惱漁樵，太息無時緩賦徭。日暮解鞍仍秉燭，強顔聚吏戒科條。

元 陸文圭《牆東類稿》卷一五《和陸振之見贈韻》 我懷陶元亮，早棄彭澤令。寧甘柴桑餓，不受宋人聘。晚詩題甲子，繞著義熙正。得書晉徵士，千載論始定。吾宗佳公子，世祿讓千乘。高眠九思齋，清節故可敬。寄來停雲篇，詞與意俱勝。耿耿好賢心，頗似緇衣鄭。居家未得閒，歎歲講荒政。良苗困螟螣，兇暴過梟獍。閭里不聊生，一髮寄微命。閉閤憂攢眉，懷哉我同姓。惜無勳業志，不必頻看鏡。吾衰畏殘暑，一雨秋意盛。拏舟泝流歸，帆飽風力勁。田蕪且莫問，但恨荒菊徑。明月近中秋，雲掃天宇淨。素蛾惜皓髮，把酒呼不應。何當共携手，盡此南樓興。效顰輒捧心，拙句酬佳詠。

元 虞集《道園學古録》卷六《送江西行省全平章詩序》 《詩》不云乎：『顒顒卬卬，如圭如璋，令聞令望。豈弟君子，四方為綱。』何其善言君子乎！鳳凰麒麟非所以資服乘也，醴泉朱草非所以適飢渴也，然而一日至焉，山川為之春涵，草木為之玉潤。蓋天生神物，稟乎沖和之至，自然有所啚達，無所事乎用力也。今平章全公，名臣世家，高情雅節，至正而不厲，至明而不察；達乎事物之變而不屑於言，究乎天人之緼而不滯於迹；淵乎其有道，充乎其有容；氣完而不忤於物接，用大而不事於小施；幾古之所謂杜德機者乎！江右有水旱之菑，民力竭矣。天子慨然輟公於親密之地，以往鎮之。吾民其庶幾乎！豫章之流湯湯，匡廬之雲蒼蒼，公超然有意於其間乎？『君子來朝，其旂旆旆，鸞聲噦噦。』請得與都人士共候焉。

元 楊維楨《鐵崖古樂府》卷五《食糠謡》 朝食糠，暮食糠。食糠不如彘與尨。君王雁鶩令，以粟甘易糧。吁嗟今茫茫，吁嗟何遑遑。

又《周急謡》 江南凶，周最急。漢家使者識經權，矯制開倉輸玉粒。君不見曩歲溝魂悔不及，至今寃作枯魚泣。

雜録

《晉書》卷五《孝愍帝紀》［建興四年］冬十月，京師饑甚，米斗金二兩，人相食，死者太半。太倉有麴數十瓶，麴允屑爲粥以供帝，至是復盡。帝泣謂允曰：『今窘厄如此，外無救援，死于社稷，是朕事也。然念將士暴離斯酷，今欲聞城未陷爲羞死之事，庶令黎元免屠爛之苦。行矣遺書，朕意決矣。』

唐 韓愈《昌黎文集》卷三六《鱷魚文》 維年月日，潮州刺史韓愈，使軍事衙推秦濟，以羊一、豬一投惡溪之潭水，以與鱷魚食，而告之曰：昔先王既有天下，烈山澤，罔繩擉刃，以除蟲蛇惡物爲民害者，驅而出之四海之外。及後王德薄，不能遠有，則江、漢之間，尚皆棄之以與蠻、夷、楚、越，況潮、嶺海之間，去京師萬里哉！鱷魚之涵淹卵育於此，亦固其所。

今天子嗣唐位，神聖慈武。四海之外，六合之內，皆撫而有之。況禹跡所揜，揚州之近地，刺史、縣令之所治，出貢賦以供天地宗廟百神之祀之壤者哉！鱷魚其不可與刺史雜處此土也！

刺史受天子命，守此土，治此民；而鱷魚睅然不安溪潭，據處食民、畜、熊、豕、鹿、麞，以肥其身，以種其子孫；與刺史亢拒，爭爲長雄。刺史雖駑弱，亦安肯爲鱷魚低首下心，伈伈睍睍，爲民吏羞，以偷活於此邪？且承天子命以來爲吏，固其勢不得不與鱷魚辨。

鱷魚有知，其聽刺史言：潮之州，大海在其南。鯨、鵬之大，蝦、蟹之細，無不容歸，以生以食，鱷魚朝發而夕至也。今與鱷魚約，盡三日，其率丑類南徙於海，以避天子之命吏。三日不能，至五日；五日不能，至七日；七日不能，是終不肯徙也，是不有刺史、聽從其言也。不然，則是鱷魚冥頑不靈，刺史雖有言，不聞不知也。夫傲天子之命吏，不聽其言，不徙以避之，與冥頑不靈而爲民物害者，皆可殺。刺史則選材技吏民，操強弓毒矢，以與鱷魚從事，必盡殺乃止。其無悔！

宋 任廣《書叙指南》卷一七《農民丁口》

闢土殖穀曰農。《前·食貨》。會耕田人曰善田者。王翦。勤力本業曰力子。楚曄。農人勤曰晝田夜紡。房玄齡。保丁曰白徒之眾。鄒陽。村人曰丁夫。王符。保伍曰比伍。尹翁歸。村保田曰郊保之民。《前·五行》。附名籍中曰占著。《漢紀》。附託冒匿戶名曰附蔭。後魏。徭役曰任眾。大宗伯。科算丁口曰口率之科。丁鴻。畏差役曰患役之民。鄭太。定等第曰案比，《後紀·江革》。又曰比要。小司徒。非理科徵曰特選橫調。左雄。徵發多曰徵發如雨。王嘉。剩賦曰冶賦。王雄。免其科役曰復。孝武。邊遠之民曰裔民。夢得。謹民曰愿民。《前·食貨》。人丁實曰無所影賴。楊於陵。民窮曰剔屋賣田，狄仁傑。又曰賣舍帖田。李嶠。丁口不實曰廋蔽。蘇瓌。漏落戶名曰游戶。張說。人流亡曰彫劾。蘇瓌。流人歸業曰流冗盡復。蘇幹。民墮本事曰逋畝下機。劉陶。農民曰牧兒蕘豎。《儒林》。擡估物力曰增貲就賦。劉平。農所衣曰襏襫。《管子·小匡》，謂粗堅之衣。農笠子曰戴苧蒲。上。親保曰保伍姻近。毛若虛。稻田分水曰定水令。兒寬。農民曰芸夫豎牧，《後·陳紀》。又曰邑老田父。潘安《仁籍田賦》。漕等部民曰屬城思詠之民。周魴。民逃之盡曰家為空戶。陸[機]。民流曰棄其業西流。沈下賢。小民曰單產孱民。上。農忙時曰盛春東作。何敞。民貧曰瘠於擾費，下賢。又曰財空戶散。朱穆。小於鄉曰聚。《漢光武注》。主農之官曰田畯。《詩》。卹單身民曰收介特。《左·昭四》。開牧民版曰登下。《周禮九》。責漏丁口曰隱口之罰。《漢法》。民數曰生齒之徒。《周官》：男八月，女七月。

又《豐凶斂散》

歲大豐曰上歲，《史·天官》。又曰上熟，《前·食貨》。又曰大有年。《公羊》。連歲熟曰屢豐年。《詩》。歲粗熟曰僅有年。《公羊》。豐年帶納凶年租曰補敗。《穀梁》。連年不登曰累凶年。上。凶年事多曰歲札事叢。劉禹錫。凶年民流曰民物流遷。陳蕃。災傷水旱曰無年。《唐·李絳》。計人口算斂曰頭會箕斂。陳餘。用內藏物散人曰斥內帑。皇甫湜。一穀不升曰歉。《韓詩外傳》《穀梁》。二穀不升曰饑。上。三穀不升曰饉。上。四穀不升曰荒。上。五穀不升曰大侵。上。必當豐曰年歲宜應。杜延年。捕蝗術曰逐蝗之道。應璩書。穀不熟曰饑。《爾雅》。蔬不熟曰饉。上。果不熟曰荒。上。仍饑曰荐。上。凶年不輸稅曰歲惡不入。《前·食貨》。書旱曰秋種未下，《後·光武》。又曰久旱傷麥。上。大旱曰野無生稼。《春秋考異記》。

又《隱恤賑貸》

卹之曰憫然為之改容。范滂。憂卹曰隱憫。《選·十四》。竭囊濟人曰殫褚。崔駰。隱卹曰賑姻舊之乏。盧邁。散財不留曰無所遺餘。郭伋。好施曰揮金僚朋，荀彧贊。又曰以周窮急。《後漢·任延》。振救人曰紓人於倉卒。《後·荀彧論》。救溺者曰鉤求。廉范。濟貧曰為經理饘粥。《後·魯褒》。振人盡術曰誠父母之計也。樊準。與人物曰乞。朱買臣，乞音氣。施及老鰥。朱買臣。存問曰過存，馬援。又曰修書記致醫藥。任延。助其婚嫁曰助濟其妻娶。劉翊。思養人厚曰與同優劇。劉寵。慈戀不決曰選懦之恩。《後·清河王》，儒，仁兗反。遣使賑給曰舉實流冗。《後紀》。棄逋責曰已責。《左·成上》。放所欠不索曰折券棄責。《左·成上》。賒酒曰貰酤。《吳·潘章》。欠所賒酒錢曰負貰酒。《高紀》。還賭錢錢曰償博進。陳遵。償之曰庚之。《檀弓》。不還債曰抵負。孟嘗君。索債不止曰詭索無已。陳重，詭責也。賑濟不實曰賦卹有虛。董卓。取債曰起責。谷永。憐顧曰矜遇。《書集·馮敦》。孤寡可憫人曰惸嫠，《七命》。又曰孀老。上。荷怜撫曰動哀矜之色。《北·王孝籍》。還利債曰酬償息錢。杜牧。照管之曰與周旋饋餉之。《吳·潘濬》。救援曰紓倒懸之會。臧洪。債主曰債家。束晳《貧家賦》。那容還債曰取東而償西。上。不相贍曰其肯字我乎。《左·成》。

宋 洪邁《容齋四筆》卷五《宋桑林》

《左傳》：『宋公享晉侯於楚丘，請以桑林。』注，桑林者，殷天子之樂名。『舞師題以旌夏。晉侯懼而退，及著雍疾，卜桑林見。荀偃、士匄欲奔請禱焉，荀罃不可。』予案《呂氏春秋》云：『武王勝殷，立成湯之後於宋，以奉桑林。』高誘注曰：『桑山之林，湯所禱也。故使奉之。』《淮南子》云：『湯旱，以身禱於桑山之林。』許叔重注曰：『桑山之林，能興雲致雨，故禱之。』『桑林』二說不同。杜預注《左傳》不曾引用，豈非是時未見其書乎？

宋 董煟《救荒活民書・拾遺・雜記條畫》 一、尋常官司賑濟，初無奇策。只下保抄劄丁口、姓名，云已勸分到若干數目，用好紙裝寫數本，申諸司。此是故紙，救荒徒擾百姓，實無所益。今宜革之，供報上司，只用幅紙申述施行之方可也。

一、抄劄最當留意，急則鹵莽多遺落，緩則玩弛不及事。其間有多徇私意者，須明賞罰以勵之。斷在必行，不當姑息。仍多出手榜，嚴行禁約，更用蘇次參實粘姓名、口數於門首之法。

一、點檢抄劄，須逐縣得人以行之。然其法繁瑣，奸弊最多。若夫要法有三：城市則減價出糶常平米，村落則一頓支散義倉錢詳見於前。其不係賑濟之人，則有逐都上戶領錢興販、循環糶糴之法。簡要便民，無逾於此。

一、近臣寮劄子官司，平日預先抄劄，五家爲甲。有死亡遷徙，當月里正申縣改正。此意亦善。今用四等之法，每知縣到任，責令用心抄劄，存留當縣，以備緩急，庶免臨期里正賣弄之弊。一遇荒歉，按籍便可賑救矣。

一、嘗見州縣救荒，不先措置，臨時倉卒，鞭撻里正抄劄，大段鹵莽。迨抄劄既畢，未嘗施行，村民扶攜入郡請米。官司未即支散，裹糧既竭，餒死紛然。是以賑濟之名誤其來而殺之也。亦有詐作流民經過請乞，官吏多厭煩之。然此皆饑窮，實非得已，官司積藏，本爲斯民，正當矜憐，豈可坐視？今凡賑恤，須預印手榜曉諭，以見行措置發錢米下鄉，未可輕動。恐名籍紊亂，反無所得，庶革饑貧雲集之弊。

一、昨江東運判俞亨宗賑濟，踏殺婦人一百六十二人，乞待罪。是未知分場分隊、逐隊用旗引之法。徐寧孫、蘇次參皆有成式，似可通變而行。大抵百人已上，便慮冗雜。此皆平日無紀律者，況饑羸之軀易蹂踐乎？

一、徽州婺源東門縣前姓胡人，平日不以賑恤爲念，出納斗斛，大小不同。開禧丙寅五月，坐閣上閱簿書，忽震雷擊死，簿書焚毀，斗秤剖折。其妻爲神物擒下，肢體無傷。閭巷之人皆知之。

《元史》卷九六《食貨志四・賑恤》 水旱疫癘賑貸之制：中統元年，平陽旱，遣使賑之。二年，遷曳捏即地貧民就食河南、平陽、太原。三年，濟南饑，以糧三萬石賑之。是年七月，以課銀一百五十錠濟甘州貧民。四年，以錢糧幣帛賑東平濟河貧民，鈔四千錠賑諸王只必帖木兒部貧民。至元二年，以鈔百錠賑闊闊出所部軍。五年，益都民饑，驗口賑之。六年，東平、河間一十五處饑，亦驗口賑之。八年，以糧賑西京路急遞鋪兵卒。十二年，濮州等處饑，貸糧五千石。十六年，以江南所運糯米不堪用者賑貧民。十九年，真定饑，賑糧兩月。二十年，以帛千匹、鈔三百錠，賑水達達地貧民。二十三年，大都屬郡六處饑，賑糧三月。二十四年，斡端民饑，賑鈔萬錠。是年四月，以陳米給貧民。七月，以糧給諸王阿只吉部貧民，大口二斗，小口一斗。

二十六年，京兆旱，以糧三萬石賑之。是年，又賑左右翼屯田蠻軍及月兒魯部貧民糧，各三月。二十七年，大都民饑，減直糶糧五萬石。二十八年，以去歲隕霜害稼，賑宿衛士怯憐口糧二月，以饑賑徽州、溧陽等路民糧三月。三十一年，復賑宿衛士怯憐口糧三月。元貞元年，諸王阿難答部民饑，賑糧二萬石。是年六月，以糧一千三百石賑隆興府饑民，二千石賑千戶滅禿等軍。七月，以遼陽民饑，賑糧二月。大德元年，以饑賑遼陽、水達達等戶糧五千石，公主囊加真位糧二千石。是年，臨江、揚州等路亦饑，賑糧有差；腹裏并江南災傷之地賑糧三月。二年，賑龍興、臨江兩路饑民，又賑金復州屯田軍糧二月。四年，鄂州等處民饑，發湖廣省糧十萬石賑之。七年，以鈔萬錠賑歸德饑民。九年，澧陽縣火，賑糧二月。十一年，以饑賑安州高陽等縣糧五千石，漷州穀一萬石，奉符等處鈔二千錠，兩浙、江東等處鈔三萬餘錠、糧二十萬餘石。又勸率富戶賑糶糧一百四十餘萬石，凡施米者，驗其數之多寡，而授以院務等官。是年，又以鈔一十四萬七千餘錠、鹽引五千道、糧三十萬石，賑紹興、慶元、台州三路饑民。皇慶元年，寧國饑，賑糧兩月。自延祐之後，腹裏、江南饑民歲加賑恤，其所賑或以糧，或以鹽引，或以鈔。

清 楊景仁《籌濟編》卷一〇《安富以救貧說》 按『保息』六條，終於『安富』。《注》：『平其繇役，不專取。』則安富固有道焉。昔周武王之民，有粟至百鼓，而戍避重泉，齊桓公之民，成困者二家，而聘隆式璧。此人主藏富於民之至計，即重農積穀之微權也。顧三代以上，畫井授田，富之之權操於上。其時無甚貧之民，亦無甚富之民，井田既廢，民間生計，一聽民之自爲謀，而其所謂富者。半由貨殖，不盡出於農田。《史記》所以有本富、末富之辨也。

近世生齒日繁，惰遊日眾，裒多益寡，則本富固可恃，而末富亦可資。乃官吏日從而侵侮之，日削月朘，不久而富者亦貧矣。富者不安而日流於凋敝，設令饑饉薦臻，庫帑不散擅動，常平、社倉米穀之發，又復不敷，將何所取資，以活環而待哺之窮黎耶？惟培養富户於平時，而後臨事得藉其力。平時輕徭薄賦，加意護持，臨時如平糶、施粥、助賑、貸種諸務，皆取給焉，而未可抑勒也。誘掖有方，獎勵有法，足穀翁雖甚儉嗇，見守土者從容開導，加以優禮，咸以爲榮，而踴躍聽命矣。

雍正二年諭：『社倉之設，原以備荒歉不時之需。朕以爲勸諭百姓，聽民便自爲之，而不當以官法繩之』等因，欽此。夫社倉米穀，小民不過斗斛之益，而聖心體恤如此，深慮有司行之不善，致滋煩擾也。而凡勸分之資乎富民者。安可以官法相繩，涉於派累哉？即令急公愛民，而理諭勢禁，强以必從，或不孚以情，而操之太蹙，或不量其力，而索之太奢，竊恐志在救貧，而弊先擾富也。

夫周貧者之急，不可以擾富；富者之餘，斯可以救貧。司牧者繹《周官》保息安富之義，爲我國家培養元氣，俾緩急可恃，貧富相維，則幾矣。

《宋會要輯稿・食貨六〇・恩惠居養院、養濟院、漏澤園等雜録**》** 居養院始於唐之悲田、福田院。元符元年，詔：『鰥寡孤獨貧乏不能自存者，以官屋居之，月給米、豆；疾病者仍給醫藥。』崇寧五年，始賜名『居養』，從淮東提舉司之請也。五年，淮東提舉司言：『安濟坊、漏澤園，並已蒙朝廷賜名。其居養鰥寡孤獨等，亦乞特賜名稱。』詔依京西北路以『居養』爲名，諸路准此。

紹熙五年九月十四日，明堂赦文：『在法，諸州每歲收養乞丐。訪聞往往將強壯慵惰及有行業住家之人計囑所屬，冒濫支給，其委實老、疾、孤、幼、貧乏之人不霑實惠。仰今後須管照應條令，從實根括，不得仍前縱容作弊。其臨安府仁和、錢塘縣養濟院，收養流寓乞丐，亦仰依此施行，不得徒爲文具。如有違戾去處，仰提舉常平司覺察，按治施行。內有軍人揀汰離軍之後，殘篤廢疾不能自存、在外乞丐之人，仰本軍隨營分措置收養，毋致失所。』自後郊祀、明堂赦亦如之。

慶元五年十二月十二日，廣東提刑陳曄言：『竊見所部十四郡，多是水土惡弱，小官貪于近闕，挈累遠來，死於瘴癘者時時有之，孥累貧乏，不能還鄉，遂致狼狽。曄撙節財用，起宅子六十間，專養士夫孤遺；又買官民田及置房廊，拘收錢米，創倉庫各一所。凡入宅居止者，計口日給錢。仍以其餘，遇有二廣事故官員扶護出嶺，量支路費。欲名其宅曰「安仁」，倉庫曰「惠濟」。尚慮向後不能相承，却致流落之家復至失所，乞行下本司，得以遵守。』從之。曄條具事宜云：『一、遇二廣官員事故，家屬不能出嶺，願就宅居止者，每家給屋一間，七口以上二間止。一、買到田，每歲秋成，委官收納；拘收到房錢，樁備支遣。一、計口給錢、米：十五歲以上，每口日支米一升、鹽菜錢一十文；十五歲以下支米一升。一家不過七口。一、二廣官員事故，孤遺扶護出嶺，支給路費，自二十貫至五十貫止。一、過往事故官員不願出嶺，舊有叢園，就內菆葬。一、在宅之人，亡殁支錢三貫，嫁女五貫，娶婦三貫。一、官置錢米歷曆子，付各家收掌，不許預借。一、置砧基簿，一面本司激賞庫，一面本州軍資庫收掌。一、依文思院式，置斛斗各二十隻，分給逐莊收管。一、錢米竊慮官司移易，比類借兑常平錢米法施行。』

嘉泰元年三月十一日，和州言：『以本路提舉韓挺申請，置居養院，收養孤老殘疾不出外乞食之人，起造屋宇，支給錢米，揀選僧行看管軫恤。本州去年二月，於城西踏逐買到民田，修築牆園五十三丈九尺，創建居養院。根括到鰥寡孤獨無依倚人六十九口，每人日支米一升，至歲終，共支米一百七十二石八斗五升。今來已行收買材植物料，起造到養濟院一所，計瓦屋二十五間，置造應干合用床薦、什物、器用之屬，約可存養一百餘人。計支用錢三千二百餘貫、米二十石，並係撙節那融支使，即不敢支破朝廷錢物。乞行下提舉常平司及本州，照會常切遵守。如遇歉歲闕乏，許於本州別項米內借撥，候豐年拘收撥還。輪差僧行各一名，主掌點檢粥食；分差兵士，充火頭造飯煮粥、洒掃雜使、把門使喚；輪差醫人診候病人，用藥調治。有過往人卧病在道路、店肆不能行履，許擡挽入院，官給錢米、藥餌，候安可日，再給錢米，津遣還鄉。以養濟一百人爲率，一歲約用米四百七十餘石、錢六百貫文。根括到含山縣桐城、度安、湘城、太浦四圩課子米，令項置籍拘催。委自歷陽知縣，令大軍倉交受，置曆收附，專一撥充養濟院支用。如有餘剩，即充給散貧民，或散施貧病藥餌之用。專差巡轄兼監，知縣檢點，通判提督。』從之。以上《永樂大典》卷一六七一五神宗熙寧二年閏十一月二十五日，詔：『京城内外值此寒雪，應老疾孤幼無依乞丐者，令開封府並拘收，分擘于四福田院住泊，于見今額定人數外收養。仍令推判官、四廂使臣依福田院條貫看驗，每日特與依額内人例支給與錢賑濟，無令失所。至立春後天氣稍暖日，申中書省住支。所有合用錢，于左藏庫見管福田院錢内支撥。』

元豐（九）［元］年十二月十三日，知太原府韓絳言：『在法，諸老疾自十一月一日州給米、豆，至次年三月終止。河東地寒，與諸路不同，欲乞本路州縣于九月以後抄劄，自十月一日起支，至次年二月終止。如米、豆有餘，即至三月終。』從之。

元豐二年三月二日，詔：『開封府界僧寺旅寄棺柩，貧不能葬，歲久暴露。其令逐縣度官不毛地三五頃，聽人安葬。無主者，官爲瘞之。民願得錢者，官出錢貸之，每喪毋過二千，勿收息。』又詔提舉常平等事陳向主其事，以向建言故也。後向言：『在京西禪院均定地分，收葬遺骸，天禧中有敕書給左藏庫錢，後因臣寮奏請裁減，事遂不行。今乞以戶絕動用錢給瘞埋之費。』六月，向又乞選募僧守護，量立恩例。並從之。葬及三千以上，度僧一人，三年與紫衣，有紫衣與師號，更令主管三年，願再住者準此。

哲宗元祐二年十二月十六日，詔：『畿縣貧乏不能自存及老幼疾病乞丐之人，應給米、豆，勿拘此令。』

元符元年九月二日，詔：『開封府依舊敕每歲冬月巡視京城凍餒者，吏部差待闕小使臣，同職員晝地分賑贍畢，付福田院，據寔數申戶部。』從監察御史蔡蹈言也。

十月八日，詔：『鰥寡孤獨貧乏不能自存者，州知通、縣令佐驗寔，官爲養之。疾病者仍給醫藥。監司所至，檢察閱視。應居養者，以戶絕屋居；無戶絕者，以官屋居之。及以戶絕財產給其費，不限月分，依乞丐法給米、豆；若不足者，以常平息錢充。已居養而能自存者，罷。』從詳定一司敕令所請也。

徽宗崇寧元年八月二十日，詔置安濟坊。先是，權知開封府吳居厚奏：『乞諸路置將理院，兵馬司差撥剩員三人、節級一名，一季一替，管勾本處應干事件，並委兵馬司官提轄管勾，監司巡按點檢。所建將理院，宜以病人輕重而異室處之，以防漸染。又作厨舍，以爲湯藥飲食人宿舍，及病人分輕重異室。逐處可脩居屋一十間以來，令轉運司計置修蓋。』于是有旨依，仍賜名。

九月六日，詔：『鰥寡孤獨應居養者，以戶絕財產給其費，不限月，依乞丐法給米、豆；如不足，即支常平息錢。遺棄小兒，仍雇人乳養。』

十一月十日，河北都轉運司言：『乞縣置安濟坊，令、佐提轄。』從之。

二年四月六日，戶部言：『懷州申：「諸路安濟坊應干所須，並依鰥寡乞丐條例，一切支用常平錢斛。」看詳，欲應干安濟坊所費錢物，依元符令，並以戶絕財產給其費；若不足，即以常平息錢充。仍隸提舉司管勾。』從之。

五月二十六日，兩浙轉運司言：『蘇軾知杭州日，城中有病坊一所，名「安樂」，以僧主之。三年醫愈千人，與紫衣。乞自今管勾病坊僧，三年滿所醫之數，賜紫衣及祠部牒各一道。』從之，仍改爲安濟坊。

三年二月三日，中書言：『州縣有貧無以葬或客死暴露者，甚可傷惻。昨元豐中，神宗皇帝嘗詔府界以官地收葬枯骨。今欲推廣先志，擇高曠不毛之地，置漏澤園。凡寺觀寄留櫬櫝之無主者，若暴露遺骸，悉瘞其中。縣置籍，監司巡歷檢察。』從之。

四日，中書省言：『諸以漏澤園葬瘞，縣及園各置圖籍，令廳置櫃封鎖。令、佐替移，以圖籍交授；監司巡歷，取圖籍點檢。應葬者，人給地八尺、方甎二口，以元寄所在及月日、姓名若其子孫、父母、兄弟、今葬字號、年月日，悉鐫記甎上；立封記，識如上法。無棺柩者，官給。已葬而子孫親屬識認，今乞改葬者，官爲開葬，驗籍給付。軍民貧乏，親屬願葬漏澤園者，聽指占葬地，給地九尺。無故若放牧悉不得入。仍于中量置屋，以爲祭奠之所，聽親屬享祭追薦。並著爲令。』從之。

四年十月六日，詔：『京師根本之地，王化所先。鰥寡孤獨與貧而無告者，每患居養之法施于四海而未及京師，殆失自近及遠之意。今京師雖有福田院，所養之數未廣，祈寒盛暑，窮而無告及疾病者或失其所，朕甚憫焉。可令開封府依外州法居養鰥寡孤獨，及置安濟坊，以稱朕意。』

十二月十九日，興元府言：『竊惟朝廷置居養院安養鰥寡孤獨，及置安濟坊醫理病人，召有行業僧管勾外，有見管簿曆，自來止是令厢典抄轉收支，難責以出納之事。今欲乞差軍典一名，除身分月糧外，與比附諸司書手、文字軍典，每月添支米醬菜錢一貫文，有犯，依重禄法。并于常平錢米支給。所有紙筆之用，量行支破。其外縣，差本縣手分一名兼管抄轉收支，一年一替。如蒙施行，乞下有司頒降諸路常平倉司施行。』從之。

二十八日，詔：『自京師至外路皆行居養法，及置安濟坊。猶慮雖非鰥寡孤獨，而癃老疾廢，委是貧乏，寔不能自存，緣拘文，遂不與居養，朕甚憫焉。可立條，委當職官審察詣寔，許與居養。速著文行下。其安濟坊醫者，人給手曆，以書所治療痊失，歲終攷會人數，以爲殿最，仍立定賞罰條格。或佗司奉行不謹，致德澤不能下究，外路委提舉常平司，京畿委提點刑獄司，常切檢察。外路仍兼許佗司分巡，皆得受訴，都城內仍許御史臺糾劾。』

五年八月十一日，詔：『諸漏澤園、安濟坊，州縣輒限人數，責保正、長以無病及已葬人充者，杖一百，仍先次施行。』

二十一日，尚書省言：『新差江南西路轉運判官祖理奏：「竊見漏澤園，州縣奉行尚或滅裂，埋瘞不深，遂致暴露，未副陛下所以愛民之意。望詢訪州縣，凡漏澤園收瘞遺骸，並深三尺。或不深三尺而致暴露者，宜令監司覺察，按劾以聞。」』從之。

九月二日，詔曰：『居養院、安濟坊、漏澤圖，以惠天下窮民。比嘗申飭，聞稍就緒，尚慮州縣怠于奉行，失于檢察，仁澤未究。仰提舉常平司倍加提按，毋致文具滅裂。城、寨、鎮市戶及千以上，有知、監者，許依諸縣條例增置，務使惠及無告，以稱朕意。』

十月九日，淮東提舉司言：『安濟坊、漏澤園，並已蒙朝廷賜名。其居養鰥寡孤獨等，亦乞特賜名稱，以昭惠澤。』戶部契勘：『已降都省批狀，京西北路提舉司申請以「居養院」稱呼。』詔依所申，以『居養院』爲名。諸路准此。

大觀元年三月十八日，詔：『居養鰥寡孤獨之人，其老者並年五十以上，許行收養。諸路依此。』先是，崇寧三年十一月二十六日南郊赦內一項云：『已詔天下置安濟坊、漏澤園，訪聞州縣但爲文具，未盡如法。並仰監司因巡按檢舉，委曲檢校，每季具已較正數及施行逐件事理，次第聞奏。』至是，河東路提點刑獄點檢到事件，故有是詔。

八月二十七日，真定府言：『居養院、安濟坊兩處所管出納官物，并日逐抄轉簿曆及供報文字，委是繁多，若共差軍典一名，顯見兩處勾當不前。伏望各差軍典一名，并添支錢米等並乞依已得指揮。』從之。諸路依此。

閏十月，詔：『在京遇冬寒，有乞丐人無衣赤露，往往倒于街衢。其居養院止居鰥寡孤獨不能自存之人，應遇冬寒雨雪，有無衣服赤露人，並收入居養院，並依居養院法。』

二年四月五日，知荊南府席震等言：『枝江縣居養人咸通一百一歲，已下縣依條就賜絹、米、酒訖。契勘居養人年八十以上，依條許支新色白米及柴錢；九十以上，每日更增給醬菜錢二十文，夏月支布衣，冬月衲衣絮被。況如咸通，年踰百歲，若循前項八、九十之例，竊慮未稱朝廷惠民之政。欲將居養人咸通每日添給肉食錢，并見增給醬菜，通爲錢三十文省，冬月給綿絹衣被，夏單絹衫袴裝着。仍乞諸路有百歲以上之人，亦依此施行。』從之。

八月十九日，工部言：『邢州鉅鹿縣水，本縣官私房等盡被渰浸。』詔：『見在人戶，如法賑濟。如有孤遺及小兒，並側近居養院收養。』詳見「恤災」門。

三年四月二日，手詔：『居養、安濟、漏澤，爲仁政先，欲鰥寡孤獨養生送死各不失所而已。聞諸縣奉行太過，甚者至于設供張，備酒饌，不無苛擾。其立法禁止，無令過有姑息。』

十二月十六日，三省言：『戶部奏：「詔居養、安濟日來官司奉法太過，致州縣受弊，可申明禁止，務在適中。看詳自降元符法，節次官司起請增添，若依舊遵用，慮諸路奉法不一。欲依元符令并崇寧五年秋頒條施行。」』詔改昨頒條注文內『癃老』作『廢、篤疾』，并依所奏並罷。

四年八月二十五日，詔：『鰥寡孤獨，古之窮民，生者養之，病者藥之，死者葬之，惠亦厚矣。比年有司觀望，殊失本指，至或置蚊帳，給肉食，許祭醮，加贈典。日用即廣，糜費無藝。少且壯者遊惰無圖，廩食自若，官弗之察，弊孰甚焉。應州縣以前所置居養院、安濟坊、漏澤園許存留外，仰並遵守元符令，餘更不施行。開封府創置坊院悉罷，見在人併歸四福田院，依舊法施行。遇歲歉、大寒，州縣申監司，在京申開封府，並聞奏聽旨。內遺棄小兒委寔須乳者，所在保明，聽依崇寧元年法雇乳。』

政和元年正月二十九日，詔：『居養鰥寡孤獨等人，昨降指揮並遵守元符令，自合逐年依條施行，不須聞奏聽旨外，如遇歉歲或大寒，合別加優恤，若須候聞奏得旨施行，竊恐後時，仰提舉司審度施行訖奏。諸路依此。』

十二月二十四日，詔：『居養、安濟，仁政之大者，方冬初寒，宜務收恤。諸州郡或弛廢，當職官停替，開具供申，並令開封府依此檢察。』

九月二十二日，詔：『今歲節令差早，即今天氣稍寒，令開封府自今便巡覷，收養寒凍倒卧并無衣赤露乞丐人。』

十一月十九日，尚書省言：『居養院、安濟坊、漏澤園，比來提舉常平司官全不復省察，民之無告，坐視不救，甚失朝廷惠養之意。』詔：『自今居養、安濟、漏澤園事，轉運、提刑、鹽香司並許按舉，在京委御史臺彈奏。』

四年二月一日，兩浙轉運司言：『鎮江府在城并丹徒縣居養院、安濟坊，並不置造布絮衲被給散孤老孱弱之人，未副惠養之意。兼用布絮被支費錢數不多，即非過有濫支錢物。欲應居養院、安濟坊，寒月許置布絮被給散蓋卧。』詔依所乞，許置。諸路依此。

二日，臣寮言：『訪聞諸路民之寠老而正當居養、寠病而真欲安濟者，往往以親戚識認爲名，虛立案牘，隨時遣逐，使法當收卹者復被其害。官吏相蒙，無以檢察。欲令今後州縣居養、安濟人，遇有親戚識認處，委不干礙官一員驗寠。若詐冒及保明不寠，與同罪，仍不以赦降、去官原免。』從之。

四月十八日，新知潁昌府崔直躬言：『朝廷以居養、安濟惠濟鰥寡孤獨，欲冬月遇寒雪異常，許權不限數，支訖聞奏。』從之。

五年二月十七日，詔：『居養院見居養民，合止此月二十日住罷，可更展限十日。』

六年正月五日，知福州趙靖言：『鰥寡孤獨居養、安濟之法，自崇寧以來，每歲全活者無慮億萬。乞詔有司歲終總諸路全活之數，宣付史館。』從之。

十月十八日，開封府尹王革言：『本府令，每歲冬月，吏部差小使臣于都城裏外救寒凍倒卧，并拘收無衣赤露乞丐人送居養院收養。會到吏部所差當短使人即無酬獎，惟已經短使再差或借差及三月以上減一年半，兩月以上減一年，一月以上減半年磨勘。止是短使專法，本府別無立定酬賞。欲今後應救濟無遺闕，除省部依短使酬賞外，管勾四月以上，特減二年磨勘；不及四月者，以管勾過月日，比附省部短使，依減年酬賞。』從之。

七年七月四日，成都府路提舉常平司言：『准敕，成都府路提舉常平司所請居養院孤貧小兒內有可教導之人，欲乞入小學聽讀。本司遵奉施行外，所有逐人衣服襴鞹，欲乞于本司常平頭子錢內支給置造，仍乞與免入齋之用。』詔依，餘路依此。

八月十六日，提舉淮南東路常平等事鄒子崇言：『凡居養院遺棄小兒，許宮觀、寺院養爲童行，庶得所歸。』從之。

八年七月十二日，詔：『諸州縣鎮寨及鄉村道路，遇寒月，過往軍民有寒凍僵仆之人，地分合干人即時扶舁，送近便居養院，量給錢米救濟。不願入院者，津遣出界。違而不送者，委令、佐及本地分當職官覺察，監司巡歷所至點檢。』

宣和元年五月九日，詔：『居養、安濟等法，歲久寖隳，吏滋不虔。可令諸路監司、廉訪使者分行所部，有不虔者劾之，重寘于法。』

二年六月十九日，詔：『居養、安濟、漏澤之法，本以施惠困窮，有司不明先帝之法，奉行失當。如給衣被器用、專顧乳母及女使之類，皆資給過厚，常平所入殆不能支。天下窮民飽食暖衣，猶有餘峙，而使軍旅之士廩食不繼，或至逋逃四方，非所以爲政之道。可參考元豐惠養乞丐舊法，裁立中制。應居養人，日給秔米或粟米一升、錢十文省，十一月至正月，加柴炭錢五文省，小兒並減半。安濟坊錢米，依居養法，醫藥如舊制。漏澤園除葬埋依見行條法外，餘三處應資給若齋醮等事悉罷。吏人、公人員額及請給、酬賞，並令戶部右曹裁定以聞。』

七月三日，詔：『在京乞丐人，大觀元年閏十月依居養法指揮更不施行。』

十四日，戶部言：『奉詔：「居養、安濟、漏澤之法，可參考元豐惠養乞丐舊法，裁立中制。應資給若齋醮等事悉罷。吏人、公人等員額及請給、酬賞，並令戶部右曹裁定以聞。」本部今裁定：外路軍州，崇寧四年十二月敕，居養、安濟坊差軍典一名，續承大觀元年八月敕，各差軍典一名。今欲依舊居養院、安濟坊共置一名，每月給錢一貫文，充紙劄之費。』詔依，舊酬賞並不施行。

十月十七日，京畿提舉常平司言：『大觀元年三月敕：「居養鰥寡孤獨之人，其老者並年五十以上許行收養。」近奉詔參考元豐惠養乞丐舊法，裁立到應居養人日給錢米數目，見遵依施行。緣元豐、政和令，諸男女年六十爲老，即未審且依大觀元年指揮，爲或合依元豐、政和法令。』詔依元豐、政和條令。降指揮日爲始，日前人特免改正。

七年四月十一日，尚書省言：『冬寒，倒卧人更不收養。乞丐人倒卧街衢，輦轂之下，十目所視，人所嗟惻。聖明在上，深所仁憫，立居養以救其困，所費至微，而惠澤至深，合行修復。』從之。以上《續宋會要》。

高宗建炎元年六月十三日，赦：『京師物價未平，致鰥寡孤獨不能自存之人艱食，除開封府依法居養外，令留守司檢察，如法居養。如錢物不足，具合用數申留守司支降。』

四年十月三日，詔曰：『諸處流移老弱到行在者，日夕飢餓，可專委官具數量支米、錢賑濟。死亡者，委諸寺僧行收瘞，計數給賜度牒。務使寔惠加于存没，以稱朕意。』

紹興元年十二月十四日，通判紹興府朱璞言：『紹興府街市乞丐稍多，被旨令依去年例日下賑濟。今乞委都監抄劄五廂界應管無依倚流移病患之人，發入養濟院，仍差本府醫官二名看治，童行二名煎煮湯藥，照管粥食。將病患人拘籍，累及一千人以上，至來年三月一日死不及二分，給度牒一道；及五百人以上，死不及二分，支錢五十貫；二百人以上，死不及二分，支錢二十貫。並令童行分給。所有醫官醫治過病患人痊癒分數，比類支給。若滿一千人，死不及一分，特與推恩。如有死亡之人，欲依去年例，委會稽、山陰縣尉各于城外踏逐空閑官地埋葬，仍委踏逐官點檢，無令暴露。其養濟院及外處方到未曾入院病患死亡之人，去年召到僧宗華收斂，雇人擡舁出城掩瘞。令縣尉監視，置曆拘籍，每及百人，次第保明申朝廷，給降度牒。』詔：每掩瘞及二百人，與給度牒一道，餘依所乞。

二年正月二十四日，都省言：『昨駐蹕紹興府，每遇冬寒，例行賑救。今移蹕臨安府，春初偶雨雪頻併，并街市不無寒飢之人，竊慮枉有死損。』詔臨安府委兩通判并都監分頭措置，應干事件，並依紹興府已得指揮施行。

三月二十六日，中書門下省言：『臨安府賑養乞丐人，三月一日已行放散，各無歸所。』詔臨安府更賑養一月，候麥熟，取旨罷。

閏四月三日，臨安府言：『被旨，乞丐人更賑養一月，合至四月二十九日滿。』詔更展一月。

三年正月二十六日，詔：『令臨安府兩通判體認朝廷惠養之意，行下諸厢地分都監，將街市凍餒乞丐之人盡行依法收養。仍仰兩通判常切躬親照管，毋致少有死損。如稍有滅裂，所委官取旨，重作施行。仍日具收養人數以聞。』

四年二月十九日，尚書省言：『養濟乞丐，自來係遇冬寒收養，至春暖放散，即無立定放散月日。』詔令本府約度日限以聞。本府乞，欲支散至二月終住支，從之。

十月二十八日，臨安府言：『昨來已蒙朝廷依紹興府已得指揮，于戶部支降錢米，令本府置院，賑養乞丐之人。續蒙朝廷依常平乞丐法，每人日支米一升，小兒減半。今來合依例賑給。』詔依年例養濟，仍日具人數以聞。

六年十一月二日，詔令臨安府自今月十一日爲始，依年例養濟施行。其後每歲降詔，並同此制。

二十二日，詔：『天氣寒凜，令平江府子細抄劄乞丐，依臨安府已降指揮賑濟。』

七年閏十月十九日，詔：『天氣寒凜，貧民乞丐，令建康府疾速踏逐舍屋，于戶部支撥錢米，依臨安府例支散。候就緒日，申取朝廷指揮，爲始收養。』

十三年九月十五日，上曰：『諸處有癃老廢疾之人，可依臨安府例，令官司養濟。此窮民之無告者，王政之所先也。』

十月十四日，臣寮言：『欲望行下臨安府錢塘、仁和縣，踏逐近城寺院充安濟坊。遇有無依倚病人，令本坊量支錢米養濟。輪差醫人一名專切看治，所用湯藥，太醫熟藥局關請。或有死亡，送舊漏澤園埋殯。』于是戶部言：『今欲乞行下臨安府并諸路常平司，仰常切檢察所部州縣，遵依見行條令，將城內外老疾貧乏不能自存及乞丐之人，依條養濟。每有病人，給藥醫治。如奉行滅裂違戾，即仰按治，依條施行。』從之。

十一月八日，南郊赦：『老疾貧乏不能自存及乞丐之人，依法籍定姓名，自十一月一日起支米、豆養濟，至次年二月終。病者，給藥醫治。訪聞州縣視爲文具，不曾留意，監司亦不檢察，致多失所，甚非惠養寬恤之意。仰提舉司及州縣當職官遵依條法指揮，多方存恤養濟。其有病患，亦仰如法醫治，不得滅裂。』十九年十一月十四日、二十二年十一月十八日、二十五年十一月十八日、二十八年十一月二十三日南郊赦，三十一年九月二日明堂赦，同此制。

十四年十二月三日，尚書戶部員外郎邊知白言：『伏覩陛下惠恤窮民，院有養濟、給藥，惟恐失所，歲所存活，不可數計。獨死者未有所處，往往散瘞道側，寔爲可憫。居養、漏澤，蓋先朝之仁政也。後來漏澤園地多爲豪猾請佃，不惟已死者銜發掘之悲，而後死者失掩埋之所。欲乞首自臨安府及諸郡，凡漏澤舊園，悉使收還，以葬死而無歸者。發政施仁之方，掩骼埋胔爲大，寔中興之要務也。』上曰：『此乃仁政所先，可令臨安府先次措置申尚書省，行下諸路州軍，一體施行。』

十二日，宰執、百僚賀雪，上因宣諭曰：『天下窮民，宜加養濟。孟子所謂：「文王發政施仁，必先施四者。」尚慮州縣奉行滅裂，可再降指揮行下。』于是令諸路常平官嚴切約束州縣如法奉行。其所用米斛，並仰于常平諸色米內前期取撥樁備，依時給散。務要寔及貧乏，毋令少有失所。仍令逐路監司同共覺察。

十三日，臨安府言：『被旨措置漏澤舊園，葬無歸者。本府欲下錢塘、仁和縣，拘收官私見占佃元舊漏澤園，四至丈尺，爲藩牆限隔。每處選募僧人二名主管，收拾埋瘞及二百人，覈寔申朝廷，支降紫衣一道。逐處月支常平錢五貫、米一碩，贍給僧人。委逐縣令佐檢察，不得因緣科率搔擾。』上曰：『可令諸路州軍倣臨安府已行事理，一體措置施行，仍令常平司檢察。』

十五年六月二十三日，潭州言：『崇寧間推行漏澤園，埋瘞無主死人，所降條格：棺木、絮紙、酒；仵作行下工食錢；破磚鐫記死人姓名、鄉貫，以《千字文》爲號；遇有識認，許令給還；每年三元、春冬醮祭。緣逐件條格燒燬不存。乞明降指揮施行。』于是戶部言：『今欲下諸路州縣，如委係無主，即于常平司錢內量行支給，仍每人不得過三貫文省。如法埋瘞，無令合干人作弊科擾。並令本司常切不住檢察，如違，亦仰按治施行。』從之。

閏十一月六日，戶部言：『京西常平司開具：諸州軍府已拘收措置修蓋到漏澤園地段，及召募僧人，每月支破常平錢米看管。內有隨州、信陽軍並無常平錢米支給。』於是戶部言：『今乞下京西常平司，如委有見闕常平錢米去處，于係省錢米內支撥應副施行。』從之。

十六年十一月五日，上宣諭輔臣曰：『居養、安濟、漏澤，先帝之仁政。居養、安濟已行之矣，惟漏澤未曾措置，宜令條具添入。』

十日，南郊赦：『貧乏乞丐，已約束如法養濟。其死而無歸者，舊法置漏澤園藏瘞，已降指揮令諸州依倣臨安府措置。訪聞尚有未就緒去處，可令諸路常平司疾速檢舉，措置施行，無致暴露。』餘同十三年之制。

十二月十四日，給事中段拂言：『仰惟國朝愛育元元者，垂意甚備。以居養名院，而窮者有所歸；以安濟名坊，而病者有所療；以漏澤名園，而死者有所葬。行之累年，存歿受賜。望申飭有司，講明居養、安濟、漏澤之政，酌中措置，令可久行，務使寔惠，均被遠邇。』詔令戶部看詳，措置申尚書省。

十七年二月二十六日，臣寮言：『伏望申飭有司，講明漏澤園之政，酌中措畫，令可久行，務使寔惠均被。』詔令戶部看詳措置。其後戶部言：『今措置，欲乞行下諸路常平司，鈐束覺察州縣，常切遵依見行條法指揮施行，庶使死者得以葬埋，以稱朝廷寬恤之意。如稍有奉行滅裂、違戾去處，即仰按治，依法施行。』

十八年八月十九日，臣僚言：『郡縣立漏澤園以惠天下，死亡者各得其所。州縣奉行滅裂，所屬監司全不按舉。欲望舉行之，俾死亡無人殯斂者，有園以葬埋之。』詔令戶部看詳。其後戶部言：『所置漏澤園，承降指揮，依倣臨安府措置事理，令常平司常切檢察。今乞下諸路常平司，檢照見行條法指揮，下所屬州縣遵守施行。若有違戾去處，按治依法施行。』從之。

十九年十一月二十八日，權發遣秀州郭珹言：『民之飢貧不能自存者，每歲仲冬例加賑濟，可謂愛民如子，視民如傷矣。是宜州縣守令遵承聖訓，以廣寔惠。然往往有元非飢貧，巧爲計囑，得以與籍，而困窮無告却或棄遺。望申嚴守令究心檢察，庶幾惠及鰥寡，且無虛費。』詔令戶部檢坐見行條法，申嚴行下。

二十一年十月十七日，宰執言：『自十一月一日爲始，臨安府支養乞丐人錢米。』上曰：『此事所濟極大，當苦寒之時，貧不能自存之人，官給錢米養濟，遂可存活。』

二十二年十一月十八日，南郊赦：『已降指揮，州縣舊有漏澤園去處，復行措置，收瘞暴露骸骨。緣其間地段多是爲人占佃，縣道徇情，不行措置，仰監司、州郡常切點檢。』

二十三年十月二十二日，上諭輔臣曰：『外路養濟，恐奉行滅裂，須令寔給錢米，以施寔惠。』乃詔戶部檢坐見行條法，申嚴行下。

二十四年十月十二日，三省言：『年例，令臨安府自十一月一日支給錢米，養濟乞丐。』上曰：『此一事活人甚多，可降旨行下。』

二十六年閏十月二十七日，詔：『臨安府養濟乞丐，當此雪寒，委榮薿常加檢察，依時支散錢米，毋令減尅及冒名承請，務在實及貧民。仍具知稟奏聞。』

十一月五日，試尚書戶部侍郎、兼詳定一司敕令王俁言：『臨安府每歲收養飢凍貧乏、老弱殘疾不能自存乞丐之人，凡用錢、米近十餘萬，不爲不多矣，可謂仁政之所先也。倘官吏失于措畫，則宜收而棄，以壯爲弱，或減尅支散，或虛立人數，如此之類，其弊多端，不可不察。雖已不住行下臨安府約束，尚慮習爲常事，虛費邦財，有害仁政。望嚴詔守臣，俾戒飭當職官吏，務在廣行收養，無致遺棄，躬親監臨，盡數支散。如有違戾，按劾以聞。』

其外路州縣，亦乞特降指揮施行。』詔令戶部檢坐見行條法，申嚴行下。

二十七年九月二十九日，提舉兩浙西路常平茶鹽公事朱倬言：『比見郡縣之間，自冬徂春，所給乞丐錢米，例皆付之胥吏，遂使狡獪者數口之家皆預支請，而貧窶無以自存者反見棄遺。乞令每歲抄劄，委州縣長吏，令在郡邑者責之社甲首、副，在村落者責之保正、副、長，結罪保明，使無遺濫。』從之。

十月十八日，上諭輔臣曰：『近日理會支乞丐人錢米事，所用錢米數目不少。聞官司不留意，多被胥吏輩冒名支請，其實乞丐人未必皆得。又諸路州郡支常平米賑濟，往往止及城下，其外縣、鄉村亦皆不及，甚非發政施仁之道。可與措置，革去姦弊，務要寔惠及民。』宰臣湯思退等奏曰：『恭稟聖訓，當令戶部措置施行。』

二十一日，戶部言：『乞行下諸路州縣，委自守令躬親措置，責委坊正、耆保，抄劄貧乏乞丐姓名，盡數收養，不管漏落。仍立賞出榜，許諸色人陳告詭名冒請及減尅作弊之人，斷罪、追賞施行。令常平司常切覺察。』從之。

同日，權戶部侍郎林覺言：『乞措置臨安府兩縣并在城兵官、公吏及甲頭，如抄劄貧民姓名不寔，及自行詭名冒請錢米，許諸色人告，每一名賞錢一十貫，至三百貫止。犯人令臨安府根勘，依條計贓斷罪、追賞。若有不係貧乏、乞丐之人，追賞、斷罪施行。』從之。

二十九年正月二十一日，大理評事賈選言：『秋冬之交，委官籍定乞丐姓名，計所賑之米撥付監官，三日一給，其間疾病不能如期而至者，官吏隱藏入己。欲望行下郡邑，支散之際，或有疾病而不能來請者，令監司責付團甲就給，不得減尅。守令覺察，不得違戾。』從之。

二月十三日，詔：『臨安府養濟乞丐，合至二月終住罷。今天氣尚寒，與展半月。』後又展半月。

三十年二月十二日，中書門下省言：『朝廷支降錢米，令臨安府養濟乞丐，至二月終住罷。』詔：『天氣尚寒，與展半月。』

九月二十三日，浙西常平提舉楊倓言：『乞將臨安府錢塘、仁和兩處每歲養濟貧乏不能自存之人，令逐縣知縣、兵官抄劄，開具姓名，結罪申府，差官驗寔，各用紙封臂、用印，給牌置曆，每五日一次當官支給。如有冒濫不寔，立賞錢一百貫文，許人陳告，將犯人斷罪，其元抄劄官吏並行黜責。』又兩浙轉運司言：『浙東、西州縣乞丐，既各處依條收養，及自能經營、無疾病墮慵之人並不合入。今來養濟四院，所有本府街市西北流寓合收養之人，欲依楊倓申明，立賞出榜約束，委兩縣丞再行審驗，當官俵散。每一十人爲一甲，遞相委保。如甲內有冒名支請，許諸色人陳首。如所委官故意阻節，許直經本府陳告。合干人因承行乞取錢物，及冒名支請錢米之人，並依重祿法，當職官亦具名申奏黜責。』從之。

三十一年九月七日，知漢州王葆言：『川蜀地狹民稠，貧窶者衆，衣食不給，遂致乞丐。在法，每歲于十月初，差官檢察內外老疾貧乏不能自存、乞丐之人非慵墮者，籍其姓名，自十一月一日起支，每人日支米或豆一升，七歲以下減半，每五日一次併給，至次年三月終止。緣州縣自軍興以來，常平田土多已出賣，止是義倉米一色，其上件米惟充災傷以備賑給，平時難以擅行支散。今養濟指揮，既無常平錢米，何以給散？欲乞如闕常平米、豆去處，許于見管義倉米內通融應付，日後如有收到常平司田地收樁斗斛，逐旋撥還。』從之。

孝宗隆興元年十月十四日，詔：『天氣尚寒，其街市飢凍乞丐之人，合行措置養濟。可令臨安府自十一月一日爲始，其合用錢、米并約束事件，並依節次指揮。』每歲飢凍乞丐之人，令臨安府措置養濟，率以十月十五日抄劄，十一月一日爲始俵散錢、米，至次年二月終住支。大人日支米一升、錢一十文足，小兒減半。以二月天氣尚寒，後降指揮又展半月，逐年遂爲常例。

二年閏十一月十六日，詔：『臨安府內外百姓不能自存之人，每至冬月，各計口數、大小，日支錢、米養濟。訪聞尚有士人或因赴調困居旅邸，或吒轉徙流離道路，裹糧罄竭，饘粥不給，情寔可憫。令臨安府專委官，于城內外如有似此之人，更切覈寔，量度支給係官錢、米，以禮賙恤。』

十二月十二日，權發遣臨安府薛良朋言：『本府奉詔取撥常平米，委兩通判賑給饑貧之人。今措置，分委曹職官同廂官，于在城并城南北廂巡門抄劄寔係饑貧別無經營之家及流移人，開具姓名，支米半月，大人每口一㪷五升，小兒減半。委兩通判踏逐城南北廂寬闊寺院置場，照關子支給。常平米見管不多，照得昨來于省倉下界糴場封樁米內，借撥二萬石，除撥到一千二碩外，有一萬八千八百碩未曾取撥。欲望行下省倉照會，據本府今來賑給米數，逐旋應副，候散訖，具帳銷破。』詔依，令戶部每料支二千碩，俵散盡絕，接續支給。』

二十二日，權發遣臨安府薛良朋言：『被旨，日來雪寒，臨安府近城多有飢貧之人，令取撥常平米賑給。已委兩通判于城南、城北置場支給外，今據通判常禋、胡堅常申，日來多有鄉村及毗近州縣饑貧人戶，聞知本府賑給米斛，乘勢前來陳乞支請。若或一槩支給，竊慮人衆，所支米斛至多；若不賑給，又恐有失朝廷寬恤之意。今措置，欲將日後鄉村及毗近州縣到來饑貧之人，分委錢塘、仁和縣尉躬親驗寔，如委貧乏，給牌押赴養濟院，每大人日支米一升、錢一十文足，小兒減半。』從之。

乾道元年正月一日，南郊赦：『在法，病人無緦麻以上親同居者，厢耆報所屬，官爲醫治。訪聞比來客旅寄居店舍、寺觀，遇有病患，避免看視，趕逐出外；及道路暴病之人，店戶不爲安泊，風雨暴露，往往致斃，深可憫憐。可令州縣委官內外檢察，依條醫治，仍加存恤，及出榜鄉村曉諭，月具有無違戾去處以聞。』乾道三年十一月二日、六年十一月六日南郊赦，並同此制。

十九日，詔：『已降指揮，州軍災傷去處，委官措置賑濟。訪聞臨安府城內多有乞丐之人，顯見抄劄未盡。令臨安府分差通判日下措置，將城內乞丐盡行抄劄，依已降指揮賑濟，不管漏落。仍具已賑濟過人數申尚書省。』從中書門下請也。

二十二日，權發遣臨安府薛良朋言：『本府見依已降指揮，支破錢米，收養乞丐。近緣浙西州軍水傷，尚有饑貧人戶多在本府城內外求乞，竊慮闕食。本府欲支撥常平、義倉米斛，委官于近城寺院一十二處，煮粥給散養濟。』詔依，令臨安府恪意奉行。尋詔紹興、平江、鎮江府、台、秀、常、湖州照應臨安府已行事理，取撥常平米，疾速養濟施行。

二月八日，臨安府言：『收養乞丐所支錢米內，提舉司支撥到八千石外，目今養濟乞丐，委是闕乏至多。今約度，乞更支撥七千碩應副。』詔將義倉米內取撥五千碩，應副支散施行。

十一日，知紹興府趙令詪言：『本府見行賑濟，雖先就在城置場煮粥，給散養濟，緣城外鄉村闊遠，竊慮飢流人奔趍不及。今措置，更于城南大禹寺、城西道士莊添置兩場，隨所大小，均定人數，並約定時辰，煮粥給散，以革重疊之弊。仍備辦藥餌存養，從便宿泊，及將柴錢責令主首掌管支給。或恐內有病患之人，官給藥餌，專差職醫調治。及分委通判、職官、簿、尉，日逐往諸場提督點檢。』詔：『如人數稍多，更令添場，依此賑濟。』

二十六日，監察御史程叔達言：『臣聞凡人平居無事，飢飽一失其節，且猶疾病隨至，況于久飢之民，相比而集于城郭，春深候暖，其不生疾疫者幾希。故自古飢荒之餘，必繼之以疫癘。熙寧中，浙西荒旱，取民于城而饘粥之，死者至五十餘萬。比嘗奏乞，更于郊野許粥賑散。今飢民聚于城外，而就粥者不下數萬人，頗聞漸有病者，有斃者。臣畧問之，城內給棺殮者，已至七十餘人，竊慮駸駸不已。日者常詔有司擇空閑屋宇以安養之，又命醫挾劑以療治之，可謂德意周至矣。然臣竊以爲衆之所聚，疾勢易成，轉相漸染，難以復治。謂宜亟敕府縣，親行科擇，多出文榜，凡有家可歸、有鄉可依者，許其自陳，給以糧米，使之各復歸業。仍官給文引，俾就歸業之處，請粥或米以存恤之。至于無所依歸之人，乃令就病坊安養。』從之。

二十七日，詔：『常州無錫縣見有士民率米煮粥，俵散被水飢民。竊慮米斛不繼，令本州就便于本縣和糴到萬畝田米內支撥一千碩，仍委縣官一員，同共監視煮粥，接續養濟，無令失所。』從中書門下請也。

二十九日，詔：『臨安府見行賑濟飢民，訪聞其間多有疾病之人，竊慮闕藥服餌，令醫官局于見賑濟去處，每處各差醫官二員，將病患之人診視醫治。其合用藥，于和劑局取撥。仍日具醫治過人并用過藥數，申尚書省。』從中書門下請也。

三月十四日，權發遣臨安府薛良朋言：『今來已是春深，正當農務，兼蠶麥將成，諸處流移飢民利于目前賑濟設粥，以致將來荒廢農業，無所指望。今措置，諸處糶米、設粥，欲自四月十五日住罷，仍預期出榜告諭。其壯健人，欲別給劄付與各人，仰州縣不得拘催官私欠負，并仰田主各支種糧，務要安居，不致離散。其有疾病、羸弱未能行履之人，欲別踏逐寺院，散粥煎藥，以待痊安，方可發遣回歸鄉貫。』從之。

十五日，殿中侍御史章服言：『近嘗具劄子，面奏賑糶利害，乞下臨安府知、通講究措置條具。未蒙施行間，今臨安府已得指揮，欲于四月內並皆住罷。據臣管見，糶米者大半是街市雜人，而流移人僅居其半。至如食粥者，皆流移飢民、疾病、乞丐之輩也。朝廷既已賑糶，又令散粥，今忽同時俱罷，事出太遽，似有未安。乞于未罷之前，減作每人一升出糶，旬日然後揭榜，指日罷之。蓋革之以漸，人情所安，不至惶惑。至如散粥，欲乞且展一月。罷日，仍量給粥米發遣，庶幾有以藉手，不生怨望，不至喧譁。』從之。內許粥給散飢民，令本府展至四月終。

四月二十二日，詔：『臨安府城內外見今養濟飢民，已降指揮展至四月終。訪聞其間多有疾病、殘廢等人，深慮難以一槩便行住罷。令姜詵、薛良朋、韓彦古同本府通判、漕司屬官各一員，徧詣散粥及病坊去處，公共措置，躬親揀點，將委寔疾病殘廢、癃老羸弱、鰥寡孤獨不能自存、見在病坊之人，更展限半月，給散粥藥養濟。』既而兩浙路轉運判官姜詵言：『賑濟飢民，除揀選壯健願還鄉及有經紀之人，各已給米使之自便外，有其餘饑病之人，已申朝廷，每日人支米一升，各令自造粥飦，給曆，五日一次支請。今尚有五千二百七十四人，見行養濟。緣目今新米成熟，街市米價減落，今來請米之人易于求趁，不致飢餓。乞降指揮，至七月終住罷支散。』從之。

十月十一日，詔：『諸路州縣老疾貧乏、乞丐之人，在法以常平米斛養濟。今來天氣向寒，養濟月日不遠，竊慮奉行滅裂，未副朝廷惠民之意。令戶部檢坐條法指揮，申嚴行下，須管依時支給錢米，如法養濟，務行寔惠。』從中書門下請也。

十二月二日，詔：『浙西常平司于本司新糴到米內，取撥二千碩，應副賑濟歸正不能自存之人，大人每日支米一升、小兒五合。內有寔殘廢患病不能經營之人，每日更各添支鹽菜錢二十文，即不得妄有支用。』

二年八月十五日，詔：『令鎮江府、建康府守臣括責到貧乏歸正人，大人每日支米一升、小兒五合；內有寔殘廢患病不能經營之人，每日各更添支鹽菜錢二十文省。指揮到日，于常平錢內支破，至乾道三年五月終。仍踏逐空閑官屋應副居住。或間數不足，即將見賃屋人日納房錢減半。』

十二月四日，浙東提舉常平司言：『州縣鎮寨每歲給散老疾貧乏不能自存及乞丐之人米、豆，係將來常平司見管没官田產收到租課內給散。緣自出賣諸司官產，皆已賣過，即于常平司別無所入。欲將州縣所管常平司義倉米權行散給。』戶部看詳：『義倉穀，在法唯充賑給，不得他用，有礙上條。照得本司近申到諸州縣通共糴到常平米一十四萬三千餘碩，乞下本司，仰據諸州縣今各收養乞丐的寔合用米數，于前項糴到常平米內通融取撥應副。』從之。以上《永樂大典》卷二〇九〇〇

淳熙元年八月九日，詔臨安府，以買到北上門外楊□橋東地充漏澤園，埋瘞遺骸。及日後無主死亡軍民，亦聽埋瘞。

九月二十六日，詔：『臨安府東青門外駒子院地，將一半充漏澤園，撥付殿前司埋瘞亡歿軍民。』從殿前司請也。

三年九月三日，詔平江府守臣陳峴，取會開趙所創義冢及僧庵元費用錢物，申朝廷給還，并賜庵名『廣濟祥院』，給田五百畝。先是，開趙於平江府買山立義壙，埋瘞西北人，并建造庵舍，左司員外郎陳損言費當出朝廷故也。

四年六月十七日，江州都統皇甫倜言：『乞於江州福星門外收買空閑田段，將所部諸軍亡歿之人就彼埋瘞。』從之。以上《永樂大典》卷五一三六

紹熙二年十一月二十七日，南郊赦：『在法，諸州縣每歲收養乞丐，自十一月一日爲始，至次年三月終止。訪聞近來州縣往往將强壯有行業住家之人，公然違法計囑所屬官司并團頭，貌驗養濟，冒濫支給錢米。其委實老、疾、孤、幼、貧乏、乞丐之人，正當存恤，緣無屬託，漏落姓名，以至不霑實惠，深可憐憫。仰諸州縣，今後須管照應條令，從實盡行根括，不得仍前冒濫支請，縱容合干人作弊。令主管常平官常切覺察。其臨安府仁和、錢塘縣養濟院，每歲收養流寓乞丐，亦仰依此施行，不得徒爲文具，致失朝廷存恤之意。如有違戾去處，仰提舉常平司覺察，按治施行。』

嘉泰三年十一月十一日，南郊赦文：『在法，諸州縣每歲收養乞丐，訪聞往往將强壯慵惰及有行業住家之人，計囑所屬，冒濫支給。其委實老、疾、孤、幼、貧乏之人，不霑實惠。仰今後須管照應條令，從實根括，不得仍前縱容作弊。其臨安府仁和、錢塘縣養濟院，收養流寓乞丐，亦即依此施行，不得徒爲文具。如有違戾去處，仰提舉常平司覺察，按治施行。內有軍人揀汰離軍之後，殘篤廢疾不能自存、在外乞丐之人，仰本軍隨營分措置收養，毋致失所。』自後郊祀、明堂赦亦如之。以上《永樂大典》卷一一六二一

防灾備荒部

題解

《管子》卷二二《國蓄第七十三》 國有十年之蓄，而民不足於食，皆以其技能望君之祿也。君有山海之金，而民不足於用，是皆以其事業交接於君上也。故人君挾其食，守其用，據有餘而制不足，故民無不累於上也。五穀食米，民之司命也；黄金刀幣，民之通施也；故善者執其通施，以御其

司命，故民力可得而盡也。夫民者親信而死利，海內皆然，民予則喜，奪則怒，民情皆然，先王知其然，故見予之形，不見奪之理。故民愛可洽於上也。租籍者，所以彊求也。租税者，所慮而請也。王霸之君，去其所以彊求，廢其所慮而請，故天下樂從也。利出於一孔，其國無敵。出二孔者，其兵不詘，出三孔者，不可以舉兵。出四孔者，其國必亡；先王知其然，故塞民之養，隘其利途；故予之在君，奪之在君，貧之在君，富之在君。故民之戴上如日月，親君若父母。凡將爲國，不通於輕重，不可爲籠以守民；不能調通民利，不可以語制爲大治，是故萬乘之國，有萬金之賈，千乘之國，有千金之賈，然者何也？國多失利，則臣不盡其忠，士不盡其死矣。歲有凶穰，故穀有貴賤。令有緩急，故物有輕重。然而人君不能治，故使蓄賈游市，乘民之不給，百倍其本。分地若一，彊者能守。分財若一，智者能收，智者有什倍人之功，愚者有不賡本之事，然而人君不能調，故民有相百倍之生也。夫民富則不可以祿使也，貧則不可以罰威也，法令之不行，萬民之不治，貧富之不齊也。且君引錣量用，耕田發草，上得其數矣。民人所食，人有若干步畝之數矣，計本量委則足矣，然而民有飢餓不食者何也，穀有所藏也。人君鑄錢立幣，民庶之通施也。人有若干百千之數矣，然而人事不及，用不足者何也，利有所并藏也。然則人君非能散積聚，鈞羨不足，分并財利，而調民事也。則君雖彊本趣耕，而自爲鑄幣而無已，乃今使民下相役耳，惡能以爲治乎？

歲適美，則市糶無予，而狗彘食人食。歲適凶，則市糴釜十繦，而道有餓民。然則豈壤力固不足，而食固不贍也哉？夫往歲之糶賤，狗彘食人食，故來歲之民不足也。物適賤，則且力而無予，民事不償其本。物適貴，則什倍而不可得，民失其用。然則豈財物固寡，而本委不足也哉。夫民利之時失而物利之不平也。故善者委施於民之所不足，操事於民之所有餘。夫民有餘則輕之，故人君斂之以輕。民不足則重之，故人君散之以重。斂積之以輕，散行之以重，故君必有什倍之利，而財之櫎可得而平也。

凡輕重之大利，以重射輕，以賤泄平。萬物之滿虛，隨財准平而不變，衡絕則重見。人君知其然，故守之以准平，使萬室之都必有萬鍾之藏，藏繦千萬。使千室之都必有千鍾之藏，藏繦百萬。春以奉耕，夏以奉芸，耒耜械器，種饟糧食，畢取贍於君，故大賈蓄家不得豪奪吾民矣，然則何？君養其本謹也。春賦以斂繒帛，夏貸以收秋實，是故民無廢事，而國無失利也。

凡五穀者，萬物之主也。穀貴則萬物必賤，穀賤則萬物必貴，兩者爲敵，則不俱平，故人君御穀物之秩相勝，而操事於其不平之閒。故萬民無籍，而國利歸於君也。夫以室廡籍，謂之毀成。以六畜籍，謂之止生。以田畝籍，謂之禁耕。以正人籍，謂之離情。以正戶籍，謂之養贏。五者不可畢用，故王者偏行而不盡也；故天子籍於幣，諸侯籍於食。中歲之穀糶石十錢。大男食四石，月有四十之籍，大女食三石，月有三十之籍。吾子食二石，月有二十之籍。歲凶穀貴，糴石二十錢，則大男有八十之籍，大女有六十之籍，吾子有四十之籍，是人君非發號令收穡而戶籍也，彼人君守其本委謹，而男女諸君吾子無不服籍者也。一人廩食，十人得餘。十人廩食，百人得餘。百人廩食，千人得餘。夫物多則賤，寡則貴。散則輕，聚則重，人君知其然，故視國之羨不足而御其財物；穀賤則以幣予食，布帛賤則以幣予衣，視物之輕重而御之以准。故貴賤可調，而君得其利。前有萬乘之國，而後有千乘之國，謂之抵國，前有千乘之國，而後有萬乘之國，謂之距國。壤正方，四面受敵，謂之衢國。以百乘衢處，謂之託食之君。千乘衢處，壤削少且，萬乘衢處，壤削太且。何謂百乘衢處託食之君也？夫以百乘衢處危懾圍阻千乘萬乘之閒，夫國之君不相中，舉兵而相攻，必以爲扞挌蔽圉之用，有功利不得鄉。大臣死於外，分壤而功，列陳繫纍獲虜，分賞而祿，是壤地盡於功賞，而稅臧殫於繼孤也，是特名羅於爲君耳，無壤之有，號有百乘之守，而實無尺壤之用，故謂託食之君。然則大國內款，小國用盡，何以及此？曰：『百乘之國，官賦軌符，乘四時之朝夕，御之以輕重之准，然後百乘可及也。千乘之國封，天財之所殖，械器之所出，財物之所生，視歲之滿虛，而輕重其祿，然後千乘可足也。萬乘之國，守歲之滿虛，乘民之緩急，正其號令，而御其大准，然後萬乘可資也。』玉起於禺氏，金起於汝漢，珠起於赤野，東西南北，距周七千八百里，水絕壤斷，舟車不能通，先王爲其途之遠，其至之難，故託用於其重，以珠玉爲上幣，以黃金爲中幣，以刀布爲下幣；三幣，握之則非有補於煖也，食之則非有補於飽也，先王以守財物，以御民事，而平天下也。

今人君籍求於民，令曰『十日而具』，則財物之賈什去一。令曰『八日而具』，則財物之賈什去二。令曰『五日而具』，則財物之賈什去半。朝令而夕具，則財物之賈什去九。先王知其然，故不求於萬民而籍於號令也。

漢 賈誼《論積貯疏》《漢書》卷二四 筦子曰『倉廩實而知禮節』。民不足而可治者，自古及今，未之嘗聞。古之人曰：『一夫不耕，或受之飢；一女不織，或受之寒。』生之有時，而用之亡度，則物力必屈。古之治天下，至孅至悉也，故其畜積足恃。今背本而趨末，食者甚衆，是天下之大殘也；淫侈之俗，日日以長，是天下之大賊也。殘賊公行，莫之或止；大命將泛，莫之振救。生之者甚少而靡之者甚多，天下財產何得不蹶！漢之爲漢幾四十年矣，公私之積猶可哀痛。失時不雨，民且狼顧；歲惡不入，請賣爵、子。既聞耳矣，安有爲天下阽危者若是而上不驚者！

世之有飢穰，天之行也，禹、湯被之矣。即不幸有方二三千里之旱，國胡以相恤？卒然邊境有急，數十百萬之衆，國胡以餽之？兵旱相乘，天下大屈，有勇力者聚徒而衡擊，罷夫羸老易子而齩其骨。政治未畢通也，遠方之能疑者並舉而爭起矣，乃駭而圖之，豈將有及乎？

夫積貯者，天下之大命也。苟粟多而財有餘，何爲而不成？以攻則取，以守則固，以戰則勝。懷敵附遠，何招而不至？今毆民而歸之農，皆著於本，使天下各食其力，末技游食之民轉而緣南畮，則畜積足而人樂其所矣。可以爲富安天下，而直爲此廩廩也，竊爲陛下惜之！

《禮記》卷三《王制》　國無九年之畜曰不足，無六年之畜曰急，無三年之蓄曰國非其國也。三年耕，必有一年之食；九年耕，必有三年之食。以三十年之通，雖有凶旱水溢，民無菜色，然後天子食，日舉以樂。

《文獻通考》卷二一《市糴考二・常平義倉租税》　結糴：熙寧八年，劉佐體量川茶，因便結糴熙河路軍儲，得七萬餘石，詔運給焉。未幾，商人王震言：『結糴多散官或浮浪之人，有經年方輸者。』詔措置熙河財用孫迥究治以聞。

寄糴：元豐二年，糴便糧草王子淵論綱舟利害因言：『商人入中，歲小不登，必邀厚價，故設內郡寄糴之法，以權輕重。』

俵糴：熙寧八年，令中書計運米百萬石費約三十七萬貫，帝怪其多。王安石因言：『俵糴非特省六七十萬緡歲漕之費，且河北入中之價，權之在我，遇斗斛貴住糴，即百姓米無所糴，自然價損，非唯實邊，亦免傷農。』帝以爲然，乃詔歲以米鹽錢鈔、在京粳米總六十萬貫石，付都提舉市易司貿易。度民田入多寡，預給錢物，秋成，於澶州、北京及緣邊糴粟麥封樁。即物價踴，權止入中。聽糴便司兑用，須歲豐補償。

均糴：政和元年，童貫宣撫陝西奏行之，以人戶家業田土頃畝均敷，上等則所均斛斗數多，下等數少。五年，言者謂：『均糴之法推行往往不齊，故有其先樁本錢，已糴而不償其直，或不度州縣之力而敷數過多，有一戶而糴數百石者。』於是詔諸路毋輒均糴。既而州縣以和糴爲名，裁價低下，轉運司程督愈峻，科率倍於均糴之數，詔約止之。

博糴：熙寧七年，詔河北轉運、提舉司置場，以常平及省倉歲用餘糧，減直聽民以絲、綿、綾、絹增價博買，後秋成博糴。崇寧五年，詔陝西錢重物輕，委轉運司措置，以銀、絹、絲、紬之類博糴斛斗，以平物價。

兑糴：熙寧九年，詔淮南常平司於麥熟州郡及時兑糴。元祐二年，嘗以歲豐麥賤，下諸路廣糴，詔後價若與本相當，即許變轉兑糴。

括糴：元符元年，涇原經略使章楶請並邊糴買，務榜諭民，毋得與公爭糴，即官儲有之，括索蓄家，量存其所用，盡糴入官。

按：古之國用，食租衣税而已，毋俟於糴也。平糴法始於魏李悝，然豐則取之於民，歉則捐以濟民，凡以爲民而已，軍國之用未嘗仰此，歷代因之。自唐始以和糴充他用，至於宋而糴遂爲軍餉，邊儲一大事。熙、豐而後始有結糴、寄糴、俵糴、均糴、博糴、兑糴、括糴等名，何其多也！推原其由，蓋自真宗、仁宗以來，西北用兵，糧儲缺乏，遂以茶鹽貨物召商人入中，而奸商黠賈遂至低價估貨，高價入粟。國家急仰軍儲，又法令素寬，致有此弊。後來懲其弊，所以只糴之於民，而不復墮商人之計。然至於計其家產而均敷之，量其蓄積而括索之，甚至或不償其直，或強敷其數，則其爲民病有不可勝言者。蓋始也官爲商所虧，終也民又爲官所虧，其失一也。

清　俞森《常平倉考》　齊管仲相桓公，通輕重之權。曰：歲有凶穰，故穀有貴賤；令有緩急，故物有輕重。人君不理，則蓄賈游於市，乘民之不給，百倍其本矣。萬乘之國必有萬金之賈、千乘之國必有千金之賈者，利有所並也。國多失利，則臣不盡忠，士不盡死矣。計本量委，則足矣，然而民有饑餓者，穀有所藏也。民有餘則輕之，故人君斂之以輕；不足則重之，故人君散之以重。凡輕重斂散之以時，即凖平。守凖平，使萬家之邑必有萬鍾之藏，藏鏹千萬，千室之邑必有千鍾之藏，藏鏹百萬，春以奉耕，夏以奉耘，末耜器械種饟糧食必取贍焉。故大賈蓄家不得豪奪吾民矣。

桓公問於管仲曰：終身有天下而勿失，爲之有道乎？對曰：國之廣狹、壤之肥磽有數，終歲食餘有數，守國者守穀而已。故善爲天下者，謹守重流而天下不吾泄矣。請以令發師置屯籍農，國貧而用不足，以價取之，則積藏困窌之粟皆歸於君矣。是故天下有兵，則積藏之粟足以備其糧；天下無兵，則以賜貧氓。若此，則内守國財而外固天下矣。

吕祖謙曰：古之荒政，以三十年之通制國用，則有九年之蓄。遇歲有不登，爲人主者則貶損減省。喪荒之式，見於小行人之官，劄、喪、凶、荒、厄、窮爲一書。當時天下，各自有廩藏。所遇凶荒，則賑發濟民而已。當時斂散輕重之式，未嘗講到，春秋一不登，則乞糴於鄰国，所謂九年之已敗壞。《管子・輕重》一篇，不過君民互相懷奪，已非君道。到後來，斂散之權又不能操，姦民幸凶年以害民。至五代括民粟，不出粟者死，與斂散之法又殆數等矣。

李悝爲魏文侯作盡地力之教，以爲地方百里，提封九萬頃，除山澤邑居三分去一，爲田六百萬畝。治田勤謹，則畝益三斗；不勤，則損亦如之。地方百里之增減，輒爲粟百八十萬石矣。又曰：糴甚貴傷人，甚賤傷農。人傷則離散，農傷則國貧。故甚貴與甚賤，其傷一也。善爲國者，使人無傷而農益勸。今一夫挾五口，治田百畝。歲收畝一石半，爲粟百五十石。除十一之税十五石，餘百三十五石。食人月一石半，五人終歲，爲粟九十石餘，有四十五石。石三十，爲錢千三百五十。除社閭嘗新春秋之祠用錢三百，餘千五十；衣，人率用錢三百，五人終歲用千五百，不足四百五十。不幸疾病死喪之費及上賦斂，又未與此。此農夫所以常困，有不勸耕之心而令糴至於甚貴者也。是故善平糴者，必謹觀歲有上中下熟。上熟，其收自四，餘四百石（平歲收百五十石，大熟收四倍，有六百石。除食用二百石，則餘四百石）；中熟自三，餘三百石；下熟自倍，餘百五十石。小饑則收百石，中饑七十石，大饑三十石。故大熟則上糴三而捨一，中熟則糴二，下熟則糴一，使人適足，價平則止。小饑則發小熟之所斂，中饑則發中熟之所斂，大饑則發大熟之所斂而糶之（約如其數發之，非謂小熟之所斂，必待小饑而發，大熟之所斂，必待大饑而後發也）。故雖遇饑饉水旱，糴不貴而人不散，取有餘以補不足也。行之魏國，國以富強。

馬端臨曰：管仲之意兼主於富國，李悝之意專主於濟民。管仲言：人君不理，則蓄賈游於市，乘民之不給，百倍其本。比則桑孔以來所謂理財之道，大率皆宗此説。然山海天地之藏，關市物貨之聚，而豪強擅之，則取以富國可也。至於農人服田力穡之贏餘，上之人爲制其輕重，時其斂散，使不以甚貴甚賤爲患，乃仁者之用心。若諉曰國家不取，必爲兼併所取，遂斂而不復散，而資以富國，誤矣。

董煟曰：今之和糴，其弊在於籍數定價，且不能視上中下熟，故民不樂與官爲市。最患者，吏胥爲姦。交納之際，必有誅求，稍不滿欲，量折監賠之患紛然而起。故糴買之官不得不低價滿量，豪奪於民，以逃曠貴。是其爲糴也，烏得謂之和哉？至於已糴之後，又不能以新易陳，馴致積爲埃塵，而民間之米愈少也。

漢宣帝時，歲數豐穰，穀至石五錢，農人少利。大司農耿壽昌言：故事，歲漕關東穀四百萬斛，以給京師，用卒六萬人。宜糴三輔宏農、河東、上黨、太原郡穀，足供京師，可省關中漕卒過半。又令邊郡皆築倉，以穀賤時增其價而糴以利農，穀貴時減價而糶以利民，名曰常平倉。民便之。

董煟曰：漢常平止立於北邊；李唐之世，亦不及江淮以南；惟宋常平，法遍天下。

邱濬曰：常平法非不善，然年之豐歉不常，各之種類不一，或連歲皆歉，或此種熟而彼種不收，苟其斂散之際非斟酌而上下之，其法將有時而不平者矣。惟今江北之地，地可窖藏，雜種五穀。宜仿此法，於要害處立常平司專差户部屬官往蒞其事，隨其熟而收其物，不必專其地、因其時而予之價，不必定於官，視年豐歉，隨時糴糶，立倉用壽昌之名，斂散用李，悝之法，庶乎其可也。

陳龍正曰：百物之值，以米爲主。常平不惟能平米價，米價平，諸食貨之價概不過昂。過昂，則人不食之矣。米不得不食，而他物可以不食，故常平倉者，兼平百物者也。宏羊作平準，欲平百物而愈不得平。惟平米穀，則他物自平。本末異操也，利上與利下異心也。人臣主於利民，国之寶也；主於利國，國之賊也。宏羊者，李悝之罪人也。

蔡懋德曰：或嫌官與民爲市，必當減價以糶。不知減價之名，徒致爭哄，孰若稍收微息，多儲新米，米多則價自減，糶平則人不爭，爲更便乎？蓋貴設法使米有餘，不在減省錙銖見德也。

元帝初，天下大水，關東諸郡尤甚。二年，齊地饑，穀石三百餘，民多餓死，瑯琊郡人相食。在位諸儒多言鹽鐵官及北假田官、常平倉可罷，毋與民爭利。上從之。

陳龍正曰：常平原以平糴，乃伸縮其權以利民，非爭民利也。元帝聽諸儒議，因荒歲罷之，豈歲荒因設常平之所致乎？恐此後民饑，益失所賴矣。唐趙贊云：自軍興而常平廢垂三十年，民遇荒輒斃。頃兩京置常平，雖遭水旱，米不騰貴。德宗遂令天下皆修復之。觀此，則常平不惟盛時宜建，即荒迫中稍有隙暇餘資，便應料理，惟在上人節縮浮費以爲糴本耳。何漢儒之愚乎？

應抝謙曰：穀石三百，人至相食。常平倉何在？不過吏以爲市，壟斷漁利耳。此其所以可罷也。

後漢作常滿倉，立粟市於城東。粟斛直錢三十，府廩環積。既欲置常平倉，議者多以爲便。劉般言，常平外有利民之名而內實侵刻百姓，豪右因緣爲姦，小民不得其平，置之不便。

馬端臨曰：般所言，即後世常平之弊。常平起于孝宣時，蓋至東漢而弊已如此矣。

晉武帝時，穀賤而布帛貴。立平糴法，用布帛市穀以爲糧儲。泰始二年，詔曰：古人權量國用，取羸散滯，有輕重平糴之法，理財均施，惠而不費，政之善者也。然此事廢久，天下希習其宜，加以官蓄未廣，言者異同，未能遠通其制，更令國寶散於穰歲而上不收，貧弱困於荒年而國無備，豪人富商挾輕貲蘊重積以管其利，故農夫苦其業而末作不可不禁也。

北魏孝文帝時，秘書丞李彪上封事曰：《記》云，國無三年之儲，謂國非其國。光武以一畝不實，罪及牧守。聖人之憂世重穀，殷勤如彼；明君之恤人勸農，而相切若此。頃年山東饑，去歲京師儉，內外人庶出入就豐，既廢營產，疲睏乃加，又於國體實有虛損。若先多積穀，安而給之，豈有驅督老弱餬口千里之外？以今況古，誠可懼也。臣以爲宜析州郡常調九分之二，京師度支歲用之餘，各立官司，年豐糴於倉，時儉則加私之二糶之於人。如此，人必事田以買官絹，又務貯財以取官粟，年登則常積，歲凶則直給。又別立農官，取州郡户十分之一以爲屯人，相水陸之宜，料頃田之數，以贓贖雜物餘財市牛給科，令其肆力。一夫之田，歲責三十斛，甄其正課並徵戍雜役。行此二事，數年之午，則穀積而入足，雖災不害。

隋開皇間，衛州置黎陽倉，陝州置常平倉，華州置廣通倉，轉相灌注，漕關東及汾晉之粟以給京師，置常平監。開皇三年，置常平倉，粟藏九年，米藏五年；下濕之地，粟藏五年，米藏三年。著爲令。

董煟曰：今之常平義倉，多藏米而少藏粟，故積久不發，化爲埃塵，非但支移之弊而已。

唐開元中，第五琦請天下常平倉皆置庫以蓄本錢。代宗時，劉晏爲轉運使。時兵火之餘，百費皆倚辦於晏。晏常以厚值募善走者，置遞相望，覘報四方物價，雖遠方，不數日皆達，使食貨輕重之權悉在握，入賤出貴，國家獲利，四方無甚貴甚賤之病晏擁鹽充軍國之用，以爲官多則民擾，故罷鹽官，立常平鹽法。德宗時，趙贊言：自軍興以來，常平倉廢。今京城已置常平倉，請推而廣之。諸道兼儲布帛絲麻；諸道津會置吏閱商賈，錢每緡稅二十，竹木茶漆十之一，以贍常平本錢。

董煟曰：常平和糴，救荒實政。然嘗觀憲宗即位之初，有司以豐歲請畿內和糴，當時府縣配户督限，迫蹙鞭撻，甚於賦稅。號爲和糴，其實寄民。今之和糴者，可不鑒懲此弊乎？

元和間，孟簡言：天下常平、義倉，請準舊例，減估出糶，但以石數奏申，有司更不牧管，州縣得專，以利百姓。太和間，以天下回殘錢置常平、義倉，本歲增市之。非遇水旱不增者，判官罰俸，以枉法論。

宋淳化三年，京畿大穰，分遣使臣於四城門，置場增價以糴。景德初，詔京東西、河北東、陝西、江南、淮南、兩浙皆立常平倉，計户多寡，量留上供錢。歲夏秋，視市價貴賤置增減糴糶。三年以上不糶，即回充糧廩，易以新粟。其後荊湖、川陝、廣南悉置焉，惟沿邊州郡不置。數年，常平積有餘而兵食不足，乃命司農寺出常平錢百萬緡助三司給軍費。久之數移用，蓄藏無幾。自景祐、慶曆中，數以賑貸，詔不復取。常平之積不厚，亦以出多入少故耳。宋初，常平領於司農寺。景祐初，詔諸路轉運使與州長吏舉所部官專主常平錢粟。仁宗初即位，乾興元年十二月，以京城穀價翔貴，出常平倉米，分十四場賤糶，以濟貧民。慶曆元年十一月，以京師穀貴，發廩一百萬石減價出糶。四年正月，詔陝西穀貴，其令轉運司出常平倉米減價以糶。皇祐三年十一月，詔天下常平倉，依原糴價糶以濟貧民，毋得收餘利，以希恩賞。

景祐二年，御史中丞杜衍乞詳定常平制度疏。略曰：國家列郡置常平倉，所以利農民，備饑歲也。然而有名無實者，制度不立耳。臣以爲立制度在乎量州郡之遠邇，計户口之眾寡，取賤出貴，差別其饑熟，信賞必罰，責課於官吏，出納無壅，增減有制，本息之數勿假以供軍，斂導之時禁其爭利。至於蜀漢狹境，交廣寬鄉，或通川易地之殊，或邊郡岩邑之異，各立條教，以節盈虚，限回易之。歲時虞其損敗制立，典之侵刻，督以嚴科，則瘠瘦可充，饑饉有備也。

韓琦論：自來常平倉，遇年歲不稔，物價稍高，合減元價出糶。出糶之時，令諸縣取逐鄉近下等第户姓名，印給關子，令收執付倉，每户糶與三石或兩石。惟是坊郭，則每日零細糶與浮居之人，或五升，或一斗，故民受實惠。未曾見坊郭有物業人户，乃來零糴常平斛斗者。

慶曆二年，余靖疏：天下無常安之勢，無常勝之兵，無常足之民，無常豐之歲。由是古先聖王守之有道，制之有術，倘有緩急，不可無備。伏睹真宗皇帝景德中詔天下，以逐州户口多少，量留上供錢，起置常平倉，付司農寺繫帳，三司不問出入。每年夏秋兩熟，准市價加錢收糴。其出息本利錢，衹委司農寺主掌，三司轉運司不得支撥。自後每遇災傷賑貸，使國有儲蓄，民免流散者，用此術也。前三司使姚仲孫，今春以來，於京東等處借支司農常平錢，以給和買。雖然借支官錢以充官用，循常視之，似無妨害，若於經遠之謀，深所未便。臣竊惟真宗皇帝聖慮深遠，臣敢梗概言之。當今天下金穀之數，諸路州軍年支之外，悉充上供及別路經費。見在倉庫，更無餘羨。所留常平本錢及斛㪷等，若以賑濟饑荒，此固常所及矣。萬一不幸，方隅小有緩急，賞給資糧，倉卒可備。豈非先皇暗以數百萬之資蓄於四方者乎？今若先爲三司所支，則天下儲蓄盡矣。伏乞特降指揮，三司先借支常平本錢去處，並仰疾速撥還，今後不得更支撥，並依景德先降敕命施行。

熙甯初，王安石新法行，以常平錢穀一千四百萬貫石，盡散作青苗本錢。諸路各置提舉一員，以朝官爲之；勾管一員，京官爲之。右諫議大夫司馬光言：常平倉者，乃三代聖王遺法，非獨李悝、耿壽昌能爲之也。穀賤不傷農，穀貴不傷民，民賴其食而官收其利，法之善者無過於此。比來所以隳廢者，由官吏不得其人，非法之失也。今聞條例司盡以常平倉錢爲青苗錢，又以其穀換轉運司錢，是欲盡壞常平，專行青苗也。國家每遇凶年，供軍倉自不能足用，固無羨餘以濟饑民。所賴者，衹有常平錢穀耳。今一旦盡作青苗錢散之鄉去，若有豐年，將以何錢平糴？若有凶年，將以何穀賙贍乎？臣竊聞先帝嘗出內藏庫錢一百萬緡，助天下常平倉作糴本。前日天下常平倉錢穀共約一千餘萬貫石，今無故盡散之，他日若思常平之法，復欲收聚，何時得及此數乎？臣以爲散青苗錢之害猶小，而壞常平倉之害尤大也。

元祐初，詔提舉官槩年積蓄錢穀財物，盡樁作常平錢，立給斂出息之法，下諸路申嚴州縣抑配之禁。

司馬光言：常平之法，此乃三代良法也。向者有州縣缺常平糴本，雖遇豐年，無錢收糴。又有官吏怠慢，厭糴糶之煩，雖遇豐歲，不肯收糴。又有官吏不能察知在市斛斗實價，衹信憑行人與蓄積之家通同作弊。當收成之時，農人要錢急糶，故意小估價例，令官中收糴不得，盡入蓄積之家。直至過時，蓄積之家倉廩盈滿，方始頓添價中糶入官。是以農夫糶穀止得賤價，官中糴穀常用貴價，厚利皆歸蓄積之家。又有官吏，雖欲趁時收糴，而縣申州，州申提點刑獄，提點刑獄申司農寺，取候指揮。比至回報，動涉累月，已是失時，穀價倍貴。是故州縣常平倉斛斗，有經隔多年，在市價例終不及元糴之價，出糶不行，堆積腐爛者。此乃法因人壞，非法之不善也。

董煟曰：常平錢物，不許移用。謂他費不許移用，至於救荒，正所當用。若必待報，則事無及矣。今遇災傷去處，用常平錢於豐熟處循環收糴，以濟饑民。俟結局日，以糴本撥還常平可也。

蘇軾奏：臣在浙江二年，親行荒政，衹用出糶常平米一事，更不施行餘策。若欲抄劄饑貧，不惟所費浩大，有出無收，而此聲一布，饑民雲集，盜賊疾疫，客主俱斃。惟有依條將常平斛斗出糶，即官司簡便，不勞抄劄、勘會、給納煩費，但得數萬石斛斗在市，自然壓下物價，境內百姓人人受賜。古今之法，莫良於此。

董煟曰：軾之法，止及城市。若使鄉村通行，方爲良法也。況賑濟自有義倉並行不悖乎？

顧茂猷曰：若流民已至，則不可執此。惟未至餓莩流離時，用此最妙。

陳龍正曰：官米多，則可握市價之權固也。然此僅救中饑中户之一事耳。大饑之年，下户無錢在手，雖減價不能糴。是常平之米，止及中户，偏遺下户也。況鄉村之民，遠望城市，即中户得糴者亦少。救荒各隨其時隨其地，尤當隨其人。以子瞻之慧，乃欲執一己當日所爲而盡廢諸法，不已疏乎？董煟謂止及城市，又云賑濟自有義倉，蓋亦善其論常平之意，而訊其不能通於常平之外也。

李覯論平糴：古人有言曰，穀甚賤則傷農，貴則傷末，爲農常糶而末常糴也。此一切之論也。愚以爲賤則傷農，貴亦傷農；賤則利末，貴亦利末。

蓋農不常糴，有時而糴也；末不常糴，有時而糴也。以一歲之中論之，大抵斂時多賤而種時多貴矣。夫農勞於作，劇於病也，愛其穀甚於生也，不得已而糶者，則有由焉。小則具服器，大則營昏喪，公有賦役之令，私有稱貸之責，故一穀始熟，腰鐮纔解，而日輸於市焉。糶者既多，其價不得不賤，賤則賈人乘勢而罔之，輕其幣而大其量，不然不售矣。故曰斂時多賤，賤則傷農而利末也。農人倉廩既不盈，竇窖既不實，多或數月，少或旬時，而用度竭矣。土將生而或無種也，耒將執而或無食也，於是乎日取於市焉。糴者既多，其價不得不貴，貴則賈人乘勢而閉之，重其幣而小其量，不然則不予矣。故曰種時多貴，貴亦傷農而利末也。農之糶也，或闔頃而收，連車而出，不能以足用；及其糴也，或倍稱賤賣，毀室伐樹，不能以足食。而坐賈常規人之餘，幸人之不足，所爲甚逸而所得甚饒。此農所以困窮而末所以兼恣也。《易·繫辭》曰：何以聚人曰財；理財正辭，禁民爲非曰義。財者，君之所理也。君不理，則蓄賈專行而制民命矣，上之澤於是不下流而民無聊矣。此平糴之法有爲而作也。管仲行於齊，李悝行於魏，耿壽昌行於漢，國不失實，人獲其利。自晉及隋，時或興廢，厥聞未昭。唐天寶中，天下平糴殆五百萬斛，茲全盛之事也。大宋受命將百年矣，穀人之藏，所在山積，平糴之法行之久矣。蓋平糴之法行，則農人秋糶不甚賤，春糴不甚貴，大賈蓄家不得豪奪之矣。而官之出息常什一二，民既不困，國且有利。茲古聖賢之用心也。然其所未至，則有三焉：數少也，道遠也，吏姦也。一郡之糴不數千萬，其餘畢入於賈人。至春出糶，寡出之則不足於饑也，多出之則計日而盡也。於是賈人深藏而待其盡，盡則權歸於賈人矣。是數少之弊也。倉儲之建，皆在郡治。縣之遠者或數百里，其貧民多糴則無資，少糴則非可朝行而暮歸也，故終弗得而食之矣。是道遠之弊也。舉掌之人，政或以賄，概量不均，行濫時有。及其出也，或減焉，或雜焉，名曰裁價，實則貴矣。是吏姦之弊也。今若廣置本泉，增其糴數，則蓄賈無所專利矣。倉儲之建，各於其縣，則遠民可以得食矣。申命州部，必使廉能，則姦吏無以侵刻矣。如此利國便人，事可經久。是謂通輕重之權，不可不察也。

孝宗乾道間，知長沙王師愈論和糴之弊疏曰：和糴之法，本欲利民而足用。湖南行之，乃大不然，其名則美，其實則重爲民害。始也無現錢以爲糴本，或給官誥度牒，或給三合同關子，或給乳香茶引，令州縣變轉現錢，不免強敷之於民，甚者撥有名不可催之積欠從而追擾，其爲害一也。次則以本錢不足，或低估價值，或多量升斗，出納之際加以宮吏欺弊，其爲害二也。終則裝發綱運，顧船水腳之費無所支破，又從而取之於民。若運至荊襄間，泝流而上，江路遼遠，水淺灘多，動經年歲，所費又倍之。其爲害三也。是故民之所憂者水旱，所喜者豐年。今則豐年之憂，乃甚於水旱，以三害若此耳。臣又聞，每歲諸路漕運，自可足一歲之用，衹陷折至百餘萬石，遂和糴以補其缺。誠能措置漕運，不致陷折，雖免和糴可也。縱不能全免，或不能已而爲之，明撥本錢及支破起綱之費，庶幾事舉而民不被害。

理宗時，黄幹知漢陽。上奏略曰：今之守令，爲救荒之策者，不過曰勸分、曰通商而已。勸分、通商，不聽其自爲低昂，則客旅税户不肯出粟；若聽其自爲低昂，則人心無厭，數倍其價。小民當豐穰之歲，必父子竭作，然後可易一飽。迨至凶荒，雖有技藝，已無所售，安得有數倍之錢可以糴米？亦有相與枕藉死耳。夫事固有若老生常談而確然不可易者，廣儲蓄是也。然人皆知其不可易而不爲者，病在因循而已。本軍每歲苗米，不過二千餘石，僅足以解總所，給大軍。而本軍官兵之請給，皆行旅收糴，素未嘗蓄積也。自前知軍孫礿首糴萬石，知軍王從繼之，亦糴萬石。今歲大旱，偶米價未大貴之日，臣急發郡帑，借貸緡錢，糴客舟税户米三萬餘石；漢川縣亦糴萬石。自六月以來，米價頓貴，借此六萬餘石之米，發以賑糶，每户數石，則亦可以及萬餘之衆，日食賤米而無慮。以是推之，則積貯者，信其爲天下之大命也。

金世宗語户部曰：隨處時有賑濟，往往近地無糧，取於他處，往返既遠，人愈難之。何不隨處起倉，年豐則多糴，以備賑濟。設有緩急，亦豈不易辦乎？而徒使錢充府庫，將安用之？章宗時，省臣言：舊制，豐年增市價十之二以糴，儉歲減市價十之一以出。所以然者，恐物賤傷農，物貴傷民，增之減之，以平粟價。故謂常平，非謂使天下之民專仰給於此也。今天下生齒至衆，如欲計口，使餘一年之儲，則不惟數多難辦，又慮出不以時而致腐敗也。況復有司抑配之弊，殊非經久之計。如計諸郡縣驗户口，例以月支三斗爲率，每口但儲三月，已及千萬數，亦足以平物價、救荒凶矣。元監察御史建言：國以民爲本，民以食爲天。漢賈誼言於帝曰：世之饑，天之行也，禹湯被之矣。今不幸有方二三千里之旱，胡以相恤？文帝大感誼言，詔開籍田親耕，以率天下之民，爲蓄積預備之道。西漢之末，太學生劉陶亦嘗獻議：民可百年無貨，不可一朝有饑。迨乎東晉元興之間，三年大饑，至於臨海永嘉富室，皆衣羅紈，懷金玉，閉門相守而餓死。以此言之，金玉何用哉？此古人所以蓄積糧儲以爲當代之急務而斯須不可去，於是義倉之所由起也。常平之設始於漢耿壽昌建言，創有此舉。自後隋唐襲而行之。事行之後，以其公私富贍，水旱無憂，誠爲萬世愛民之良法。自唐宋到今，所以爲不易之政也。且常平之舉，我聖朝每形於詔旨。蓋所司奉行有所未至而未效其事，豈非國用浩繁，糴糧之本未暇及與？且天災流行，誠不可測。即今中外諸路，每歲所收糧斛，僅了銷用，比至歲終，倉如懸磬。倘如古人所言，忽有堯水湯旱之災，百慮千思，不悟弭饑之術。卑職管見，國家建立臺憲，糾察姦邪，本以爲民。其追到大小官吏贓罰，雖是取與不應之贓，原其所自，皆朘剝民之膏脂。合無將三臺追到贓罰，各隨所屬，撥爲常平倉本。豐年米賤，比照市直兩平收糴；歉歲穀艱，價依原鈔開倉出糶。立法關防，禁絶抑配、詭名冒糴。如此，庶幾官本不失，民受大惠，公私之際，一舉兩成，豈惟折富豪趨利遏糴之姦萌，實安小民妻小流離之大患。爲國之大政，捨此無先。

張光大常平倉論：常平者，荒歉之預備，無傷於農，有益於民。穀賤時增價而糴，穀貴時減價而糶，故遇水旱霜蝗之變，民無菜色，不至於流離餓殍之患。此古治民之良法也。夫豪家巨室，爲富不仁，惟望荒年饑歲閉糴圖利，誰肯以仁德濟人？若常平一行，可以遏塞富豪趨利之心，而米價自然平矣。既平，則諸物價直無復高矣。又常平出糶之際，無抄劄户口之煩，饑民湊集之擾，此其所以爲良也。聖朝屢頒明詔，而當言路者亦已嘗建言，文非不明，意非不善也。蓋爲有司奉行，不至視爲具文。原其所自，亦糴本之未立耳。若以御史所言，將三臺追到贓罰，各隨所屬，撥爲常平糴本。此亦返本還原仁民之良策。又僧道度牒，古者平時不輕出，必俟緩急之際。故宋淳熙歲荒，給降度牒，博換米穀，以濟饑民，亦備荒救民之活法。矧今朝廷亦降度牒，發下諸郡，但爲僧道者，每道納免丁錢，至元中折納鈔五錠。莫若酌古準今，申明朝廷，將所降度牒免丁錢，改擬願爲僧道者，每度牒一道，以免丁錢，約量出米若干，永著爲令。在城者輸之於路倉，屬縣者輸之於縣廩，方許簪剃。如此攢積，以爲常平之本。又復將三臺贓罰，斟酌多寡，均分路府州縣，一依常平古法，視歲上中下熟收糴，相參收貯，無歲不糴。如遇凶荒，發糶盡絶，則又將所糶價錢於有米去處收糴，依彼中糴價登搭水脚盤費錢數，循環糴糴，以濟饑民。二者兼行，則常平糴本立矣。而施惠之策，又在當人，何患乎米有限而不能遍及村落哉？但當端本澄源，若本源不清，則弊生滋蔓，民受其害。謂如收糴之時，若驗税科糴，增損價值，則有司官吏因緣爲市，糴者亦不甘心。如能照依鄉原市價依法收糴，或每升增搭分文價錢，劃便支付，不致剋落，以誘其來，則人心亦樂願糶矣。又須於糶糴之際，革其監臨者附歷批號之需及高量削刻斛斗之病。如有近上人户、勢要公吏、衹候人等詭名冒糴頓買者，事發到官，量擬科斷，仍將所糴米粮倍徵還官，價錢斷沒。如此，則姦貪有所儆畏，細民均沾其惠，方可爲復古之良法。苟或不然，反爲民病。爲政君子，果能深味常平之意，實能行之，則可以固邦本，結民心，甚爲萬世之長策也。

明弘治某年月日，林俊請復常平疏：臣聞古無常豐之歲而民不患於不給，無他，積之有預也。夫民，司命者官，而恃以爲命者穀。穀不積，民有衣寶玉而死者矣。故預備之計，於民最急。今江西所屬預備倉穀，湖口縣不及六千石，彭澤縣不及六百石，石城縣僅二千有奇，泰和大縣亦僅八千有奇，其餘積蓄俱少。臣竊優之。夫凶則散，豐則斂，官府常規；散則樂，斂則怨，人情大致。詭名冒領，適長市道之姦，抵斗追還，竟諧里老之計，公催稍急，則交扇互搖，巧呈哀訴，衹得停止，以致數縮於官，有出而無入，約爽於民，有借而無還。出非原泉，運非鬼神，伊何能繼？今欲公私兩便，惟有常平可復而已。查得近例，一里約積穀一千五百石。江西衛所姑未概論，試以有司言之，六十九縣總計一萬一百四十五里，穀以一里千石計之，尚該一千一十四萬五千石。見在所積，十未及一，約少九百萬石。每穀五石作銀一兩，該銀一百八十萬兩。盡括司府庫藏，不盡一十萬兩。糴本羞澀，力難求濟，是外非重罰罪囚，則勒勸大户，取彼與此，仁者不爲。況今法日以弊，難開勸罰之門；義日以衰，難求輸助之户。若棄是不務，則今年直小荒耳，待哺嗷嗷，聚群搶穀，南康起，九江起，饒州又起，熄之而復炎，痛之而無畏。萬一大荒，其無尤甚者乎？是正謀國所當預處者也。宋仁宗時，嘗出內庫百萬緡以助糴本。今日內庫，巨未敢知，若承差吏典納銀之例，又妨正體彼善之法，冠帶尚義猶可行耳。伏望聖明軫念江西爲控扼楚、蜀、閩、廣，擁護金陵要地，人民凋瘵之餘，垂仁加恤，特敕該部計議，奏行布政司，招納義民官一千名，除問革官吏外，不拘本省別省客商、軍民、舍餘、老疾、監生、廩增、附學、吏典及子孫追榮父祖，各聽納銀，七十兩者授正七品官，五十兩者正八品，四十兩者，正九品各散官，二十兩者冠帶榮身，監生減十之三，廩膳減十之二，陸續填給，收完銀兩，分俵各縣以資糴本。各該冠帶，雖不免其差役，亦用加之禮貌，毋妄黜罰，毋輕差遣，使絕陵轢，樂於順從。其不願官帶、願立表義牌坊者，出穀二百石，亦容。蓋塈不限不停，以補官乏。臣又見，凡問口外爲民、邊遠充軍囚，或逃而不去，或去而即逃，徒名治姦，無益事實。乞敕法司計議，除情重外，如扛幫誣告、強盜人命、不實誣告十人以上、因事忿爭執操兇器誤傷旁人、勢豪不納錢糧，原情稍輕，不係巨惡，參審得過之家，願納穀一千石或七八百、五六百石，容其自贖，免擬發遣。其誣告負累平人致死，律雖不摘，情實猶重，並窩藏強盜、資引逃走，抗拒官府、不服拘捕，本罪之外，量其家道，勸穀自五百石、一百石，以警刁豪。俱由撫按參詳，無容司屬專濫。臣仍與巡按督並二司，專責守令，於囚犯紙米並應追贓罰工價逐旋存積，務取數足爲期，不容分外科罰。如縣一十里，則積一萬石，二十里則積二萬石糴本。精選該縣行檢富户，量力領買，上上六百石，次四百石，次三百石，又次二百石，不許市民公役冒領侵費，專廒收受，名曰常平。如秋成穀賤，六石糴入，春夏穀貴，五石四斗糶出；秋成五石糴入，春夏四石五斗糶出，每石明扣一斗，以備耗存積。俱令社長、社正開報貧户，每丁止買二錢，以杜兼利。前項銀兩，當令前該富户領給，秋成照價糴入，穀貴依前糶，循環如常。若穀賤年分不必發糴，仍引查弘治十四、十五、十六三年放過饑民稻穀，量追一半，如借一石者追五斗，另廒收受。審實極貧，倍加賤糶，如時一錢四斗，則與六斗。果甚孤獨無歸，委難自糴，方與賑濟，不必追還。若得過冒領，問罪之外，每穀一石，罰穀十石。衛所常平亦依此法，衛一萬石、所二千石爲則。各該掌印有司考滿參定殿最，軍職管事酌取去留，所貴上下相資，人法並任，同心遠大之圖，用復常平之政。臣再勸社民各立義倉與義學、義塚，例置名曰『阜俗三義』。盡一義者，書『一義之門』，二義、三義稱是。義倉之略，社中富民任其出穀六百石或四百石，別處一倉。極貧利一分，次貧利二分，春借秋還，轉相賙助。民樂表義，似亦有從。若常平既復，社倉又行，則饑饉有備，而地方可保無虞。此預備至計，子民至急，而江西今日尤爲急者。伏惟聖慈留意。

清 俞森《義倉考》 陸贄奏議：臣聞仁君在上，則海內無餒殍之人，豈必耕而餉之、爨而食之哉？蓋以慮得其宜，制得其道，致人於歉乏之外，設備於災沴之前，是以年雖大殺，衆不懭懼。夫水旱爲敗，堯湯被之矣。陰陽相寇，聖何禦哉？所貴堯湯之盛者，在於遭患能濟耳。凡厥哲後，皆謹循之。故《王制》記虞夏殷周四代之法，乃云：國無九年之蓄，曰不足；無六年之蓄，曰急；無三年之蓄，曰國非其國也。周官司徒之屬亦云：掌鄰里之委積，以恤艱厄；縣鄙之委積，以待凶荒。王制既衰，雜以權術，魏用平糴之法，漢置常平之倉，利兼公私，頗亦爲便。隋氏立制，始創社倉，終於開皇，人不饑饉。貞觀初，戴胄建積穀備災之議，太宗悦焉。因命有司詳立條制，所在貯粟，號爲義倉，豐則斂藏，歉則散給。歷高宗之代五六十載，人賴其資。國步中艱，斯制亦弛。開元之際，漸復修崇。是知儲積備災，聖王之急務也。《語》曰：百姓足，君孰與不足？百姓不足，君孰與足？言君養人以成國，人戴君以成生，上下相成，事如一體。然則古稱九年、六年之蓄者，蓋率土臣庶通爲之計耳，固非獨羊公庾，不及編氓。《記》所謂『雖有凶旱水溢，人無菜色』，良以此也。後代失典籍備慮之旨，忘先王子愛之心，所蓄糧儲，惟計廩庾，犬彘厭人之食而不知檢，溝壑委人之骨而不能恤，亂興於下，禍延於上，雖有公粟，豈得而食諸？故立國而不先養人，國固不立矣；養人而不先足食，人固不養矣；足食而不先備災，食固不足矣。爲官而備者，人必不贍；爲人而備者，官必不窮。是故論德昏明在乎所務本末，務本則其末自遂，務末則其本兼亡。國本於人，安得不務？頃以寇戎爲梗，師旅亟興，惠恤之方多所未暇，每遇陰陽愆候，年不順成，官司所儲只給軍食支計，苟有所闕，猶須臾取子人，人之因荒，豈遑賑救？人小乏則求取息利，人大乏則賣鬻田廬，幸逢有年，才償逋債，斂獲始畢，餱糧已通，執契擔囊，行復貸假，重重計息，食每不充。倘遇薦饑，遂至顛沛，室家相棄，骨肉分離，乞爲奴僕，猶莫之售，或行丐鄽里，或縊死道途。天災流行，四方代有，率計被其害者，每歲常不下一二十州。以陛下爲人父母之心，若垂省憂，固足傷惻，幸有可救乏之道焉，可捨而不念哉？今賦役已繁，人力已竭，窮歲汲汲，永無贏餘，課之聚斂，終不能致，將樹儲蓄根本，必借官司助成。陛下誠能爲人備災，過聽愚計，不害經費，可垂永圖。近者有司奏請稅茶，歲約得五十萬貫。元敕令貯户部，用救百姓凶饑。今以蓄糧，適副前旨，望令轉運使總計諸道户口多少，每年所得税茶錢使均融分配，各令當道巡院主掌，每至穀麥熟時，即與觀察使計會，散就管内州縣和糴，便於當處置倉收納。每州令録事參軍專知，仍定觀察判官一人與和糴巡院官同勾當，亦以養倉爲名，除賑給百姓以外，一切不得貸便支用。如時當大稔，事至傷農，則優與價錢，廣其糴數。穀若稍責，糴亦便停。所糴少多，與年上下，准平穀價，恒使得中。每遇災荒，即以賑給。小歉則隨事借貸，大饑則録奏分頒，許從便宜，務使周濟。循環斂散，遂以爲常。如此，則蓄財息債者不能耗吾人，聚穀幸災者無以侔大利，富不至侈，貧不至饑，農不至傷，糴不至貴，一舉事而衆美，其可不務乎？俟人小休，漸勸私積。平糴之法斯在，社倉之制兼行，不出十年之中，必盈三歲之蓄，宏長不已，升平可期，使一代黎人永無餒乏，此堯湯所以見稱於千古也。願陛下遵之慕之繼之齊之，苟能存誠，蔑有不至。

又　林炯《常平義倉論》曰：常平之法何始乎？自李悝已有平糴之法，自壽昌始定常平之策，此其始也。厥後罷於元帝，復於顯宗，隨置隨復，無有定制。至於我朝，置場置倉，熙寧以來，而提舉常平之官始定。然常平之始置也，出内庫之儲以爲糴本，頒三司之錢以濟常平。狼戾之時，農艱於錢，官則增價以人之；菜色之日，民乏於食，官則減價以出之。夫何舉糴本而爲青苗之錢，鬻廣倉以求二分之息，伐桑易鏹，官帑厚矣，如民貧何？鬻田輸官，公家利矣，如私害何？此常平救荒之實政壞矣。義倉之法何始乎？自隋始置於鄉社，至唐改置於州縣，此其始矣。厥後弛於永徽，壞於神龍，隨罷隨復，亦無定制。至於我朝罷復不常，至於今日而義倉輸官之法始定。然義倉之由設也，自民而入，自民而出，豐凶有濟，緩急有權，名之以義，則寓至公之用，置之於社，則有自便之利。夫何社倉轉而縣倉，民始不與，而爲官吏之移用；縣倉轉而郡倉，民益相遠，而爲軍國之資費。官知其斂，未知其散，民見其入，未見其出。此義倉之實政壞矣。中興以來，講明荒政。常平義倉之儲，雖有美名，本無實惠。惟州縣有侵借之患，而支撥致有淹延之憂。城邑近郭尚可少濟，村落之民又安能扶持百里，取糴於場，以活其已饑之殍哉？是有之與無，其理一也。嗚呼！孰知有甚焉者！常平出於官，義倉出於民。出於官者，官自斂之，官自出之，其弊雖不足以利民，亦不至於病民。出於民者，民實出之，官實斂之，其弊不但民無給，而官且病之，文移星火，指爲常賦，籮頭斛面，重斂取盈。噫！可歎也。予謂民不必甚與，特無取之足矣；民不必甚利，特無害之足矣。平時奪其衣食之資，一旦徒救以濡沫之利，樂歲不爲蓋藏之地，凶年始思啼饑之民，何益哉？寧願爲不取繭絲之尹鐸，毋願爲矯制擅發之汲黯，寧願爲催科政拙之陽城，不願爲發粟賑饑之韓韶，則裕民實政，隱於常平、義倉之外。邵雍有言：諸賢能寬一分，則民受一分之賜。有官守者勖諸。

清　汪志伊《荒政輯要・荒政綱目》　荒政者，仁政也。自古及今，極爲詳備。有預備於未荒之前者。有急救於猝荒之際者，有廣救於大荒之時者，有力行於偏荒之地者，有補救於已荒之後者，全在大小官吏酌時勢，權緩急，次第舉行，迅速籌辦，庶有裨於災黎耳。然非提綱挈領，則胸無成竹，非誤即淆，非遺即濫，欲己之善其事，而民之被其澤也難矣。故特提荒政之綱目，列於卷首。

《周禮十二荒政》

《周禮・大司徒》：以荒政十二聚萬民：一曰散財，二曰薄徵，三曰緩刑，四曰弛力，五曰舍禁，六曰去幾，七曰眚禮，八曰殺哀，九曰蕃樂，十曰多婚，十一曰索鬼神，十二曰除盜賊。

董煟《救荒全法》

人主當行六條：

一曰恐懼修省，二曰減膳撤樂，三曰降詔求賢，四曰遣使發廩，五曰省奏章而從諍諫，六曰散積藏以厚黎元。

宰執當行八條：

一曰以調燮爲己責，二曰以饑溺爲己任，三曰啟人主敬畏之心，四曰慮社稷顛危之漸，五曰進寬徵固本之言，六曰建散財發粟之策，七曰擇監司以察守令，八曰開言路以通下情。

監司當行十條：

一曰察鄰路豐熟上下以爲告糴之備，二曰視部内災傷大小而行賑救之策，三曰通融有無，四曰糾察官吏，五曰寬州縣之財賦，六曰發常平之滯積，七曰毋崇遏糴，八曰毋啟抑價，九曰毋厭奏請，十曰毋拘文法。

太守當行十六條：

一曰稽察常平以賑糶，二曰准備義倉以賑濟，三曰視州縣三等之饑而爲之計，四曰視鄰郡三等之熟而爲之備，五曰申明遏糴之禁，六曰寬弛抑糴之令，七曰計州用之盈虛，八曰察縣吏之能否，九曰委諸縣各條賑濟之方，十曰因民情各施賑濟之術，十一曰差官禱祈，十二曰存恤流民，十三曰早檢放以安人情，十四曰預措備以寬州用，十五曰因所利以濟民饑，十六曰散藥餌以救民疾。

牧令當行二十條：

一曰方旱則誠心祈禱，二曰已旱則一面申州，三曰告縣不可邀阻，四曰檢旱不可後時，五曰申上司乞常平以賑糶，六曰申上司發義倉以賑濟，七曰勸富室之發廩，八曰誘富民之興販，九曰防滲漏之奸，十曰戢虚文之弊，十一曰聽客人之糶糴，十二曰任米價之低昂，十三曰請提督，十四曰擇監視，十五曰參考是非，十六曰激勸功勞，十七曰旌賞孝弟以勵俗，十八曰散施藥餌以救民，十九曰寬徵催，二十曰除盜賊。

《賑恤五術》

宋元祐初，河東、京東、淮南災傷，監察御史上官均言：賑恤有五術：一曰施與得實，二曰移粟就民，三曰隨厚薄施散，四曰擇用官吏，五曰告諭免納夏、秋二税。

《救荒八議》

明嘉靖八年，山西大饑，參政王尚絅上《救荒八議》：一曰涽饑饉，乞遣使行部，問民疾苦；二曰恤暴露，乞有司祭瘞，消釋厲氣；三曰救貧民，乞支散庾積，秋成補還；四曰停徵斂，乞截留住徵以俟豐年；五曰信告令，乞勸分菽粟；六曰推糴買，乞令無閉遏；七曰謹預備，乞申舊例，措處積貯，勿使廩庾空虚；八曰恤流亡，乞所過州縣加意存恤，勿使群聚思亂。

《荒政叢言》

明僉事林希元疏云：『救荒有二難：曰得人難，審戶難。有三便：曰極貧民便賑米，次貧民便賑錢，稍貧民便賑貸。有六急：曰垂死貧民急饘粥，疾病貧民急醫藥，病起貧民急湯米，既死貧民急募瘞，遺棄小兒急收養，輕重係囚急寬恤。有三權：曰借官錢以糴糶，興工作以助賑，貸牛種以通變。有六禁：曰禁侵漁，禁攘盜，禁遏糴，禁抑價，禁宰牛，禁度僧。有三戒：曰戒遲緩，戒拘文，戒遣使。』

救荒二十六目

明周文襄《忱救荒》有六先：曰先示諭，先請蠲，先處費，先擇人，先編保甲，先查貧戶。有八宜：曰次貧之民宜賑糶，極貧之民宜賑濟，遠地之民宜賑銀，垂死之民宜賑粥，疾病之人宜救藥，罪繫之人宜哀矜，既死之人宜埋瘞，務農之人宜貸種。有四權：曰獎尚義之人，綏四境之內，興聚貧之工，除入粟之罪。有五禁：曰禁侵欺，禁寇盜，禁抑價，禁溺女，禁宰牛。有三戒：曰戒後時，戒拘文，戒忘備。其綱有五，其目二十有六。

《救荒正策》

顔茂猷曰：『正策有五：一曰開倉賑貸；二曰截留上供米以賑貸；三曰自出米，及勸糴富民賑貸；四曰借庫銀，循環糴糶賑貸；五曰興修水利，補輯橋道賑貸，令饑民傭工得食，而官府、富民得集事也。』

《宋會要輯稿・食貨五三・常平倉》《宋會要》：太宗淳化三年六月，詔：『京畿大穰，物價至賤，分遣使於京城四門置場，增價以糴。令有司虚近倉貯之，命曰「常平」，以常參官領之。歲歉，減價以糶，用賑貧民，以爲永制。』

又《義倉》《宋會要》：太祖建隆四年三月，詔曰：『多事之後，義倉廢寢。歲或小歉，失於備豫。宜令諸州於所屬縣各置義倉，自今官中所收二税，每碩別輸一㪷貯之，以備凶歉，給與民人。』

論説

《周禮・地官司徒・大司徒》以荒政十有二聚萬民：一曰散利，二曰薄征，三曰緩刑，四曰弛力，五曰舍禁，六曰去幾，七曰眚禮，八曰殺哀，九曰蕃樂，十曰多昏，十有一曰索鬼神，十有二曰除盜賊。

又《倉人》掌粟入之藏。辨九穀之物，以待邦用。若穀不足，則止餘灋用；有餘，則藏之，以待凶而頒之。凡國之大事，共道路之穀積、食飲之具。

《周禮・春官宗伯・典瑞》掌玉瑞、玉器之藏，辨其名物與其用事，設其服飾。略珍圭，以徵守，以恤凶荒。

又《保章氏》掌天星，以志星辰日月之變動，以觀天下之遷，辨其吉凶。以星土辨九州之地，所封封域，皆有分星，以觀妖祥。以十有二歲之相，觀天下之妖祥。以五雲之物，辨吉凶水旱降豐荒之祲象。以十有二風，察天地之和命，乖別之妖祥。凡此五物者，以詔救政，訪序事。

《鶡冠子》卷中《度萬第八》 龐子問鶡冠子曰：『聖與神謀，道與人成，願聞度神慮成之要柰何。』鶡冠子曰：『天者神也，地者形也，地濕而火生焉，天燥而水生焉。法猛刑頗則神濕，神濕則天不生水，音案一本音下缺一字，又聲上多一故字，疑悞。故聲倒則形燥，形燥則地不生火。水火不生，則陰陽無以成氣，度量無以成制，五勝無以成埶，萬物無以成類。百業俱絕，萬生皆困，濟濟混混，孰知其故。天人同文，地人同理，賢不肖殊能，故上聖不可亂也，下愚不可辯也。陰陽者氣之正也，天地者形神之正也，聖人者德之正也，法令者四時之正也。故一義失此，萬或亂彼，所失甚少，所敗甚衆。所謂天者，非是蒼蒼之氣之謂天也，所謂地者，非是膊膊之土之謂地也。所謂天者，言其然物而無勝者也，所謂地者，言其均物而不可亂者也。音者其謀也，聲者其事也。音者天之三光也，聲者地之五官也。形神調，則生理脩。夫生生而倍其本，則德專己知無道，上亂天文，下滅地理，中絕人和，治漸終始，故聽而無聞，視而無見，白晝而闇。有義而失謚，失謚而惑，責人所無，必人所不及。相史於既而不盡其愛，相區於成而不索其實。虛名相高，精白爲黑，動靜組轉，神絕復逆，經氣不類，形離正名，五氣失端，四時不成。過生於上，罪死於下，有世將極，驅馳索禍，開門逃福，賢良爲笑，愚者爲國，天咎先見，菑害並雜，人孰兆生，孰知其極。見日月者不爲明，聞雷霆者不爲聰，事至而議者不能使變無生。故善度變者觀本，本足則盡，不足則德必薄兵必老，其孰能以褊材爲褒德博義者哉。其文巧武果而姦不止者，生於本不足也。故主有二政，臣有二制，臣弗用，主不能使，臣必死，主弗能止，是以聖王獨見。故主官以授，長者在內，和者在外。夫長者之爲官也，在內則正義，在外則固守，用法則平法人本無害，以端天地，令出一原。散無方化萬物者令也，守一道制萬物者法也。法也者，守內者也，令也者，出制者也。夫法不敗是，令不傷理，故君子得而尊，小人得而謹，胥靡得以全。神備於心，道備於形，人以成則，士以爲繩，列時第氣，以授當名，故法錯而陰陽調，鳳凰者，鶉火之禽，陽之精也，騏麟者，元枵之獸，陰之精也，萬民者，德之精也，德能致之，其精畢至。』龐子曰：『致之柰何？』鶡冠子曰：『天地陰陽，取稽於身，故布五正以司五明，十變九道，稽從身始。五音六律，稽從身出，五五二十五，以理天下，六六三十六，以爲歲式。氣由神生，道由神成。

《逸周書》卷三《文傳第二十五》 文王受命之九年，時維莫春，在鄗，召太子發曰：『嗚呼！我身老矣！吾語汝，我所保與我所守，傳之子孫。吾厚德而廣惠，忠信而志愛。人君之行，不爲驕侈，不爲泰靡，不淫于美，括柱茅茨，爲民愛費。山林非時，不升斤斧，以成草木之長；川澤非時，不入網罟，以成魚鼈之長；不卵不麛，以成鳥獸之長；畋獵唯時，不殺童羊，不夭胎，童牛不服，童馬不馳不騖，澤不行害，土不失其宜，萬物不失其性，天下不失其時。土可犯，材可蓄，潤溼不穀，樹之竹葦莞蒲，礫石不可穀，樹之葛木，以爲絺綌，以爲材用。故凡土地之閒者，聖人裁之，並爲民利，是以魚鼈歸其淵，鳥獸歸其林，孤寡辛苦，咸賴其生，山林以遂其材，工匠以爲其器，百物以平其利，商賈以通其貨，工不失其務，農不失其時，是謂和德。土多民少，非其土也；土少人多，非其人也。是故土多發政，以漕四方，四方流之，土少安帑而外其務，方輸。夏箴曰：中不容利，民乃外次。開望曰：土廣無守可襲伐，土狹無食可圍竭。二禍之來，不稱之災。天有四殃，水、旱、饑、荒，其至無時，非務積聚，何以備之？夏箴曰：小人無兼年之食，遇天饑，妻子非其有也；大夫無兼年之食，遇天饑，臣妾輿馬非其有也；國無兼年之食，遇天饑，百姓非其有也。戒之哉！弗思弗行，禍至無日矣。明開塞禁舍者，其取天下如化，不明開塞禁舍者，其失天下如化。人各修其學而尊其名，聖人制之，故諸橫生，盡以養從生，從生盡以養一丈夫。無殺夭胎，無伐不成材，無墮四時，如此者十年。有十年之積者王，有五年之積者霸，無一年之積者亡，生十殺一者物十重，生一殺十者物頓空。十重者王，頓空者亡。兵強勝人，人強勝天，能制其有者，則能制人之有，不能制其有者，則人制之。令行禁止，王之始也。出一曰神明，出二曰分光，出三曰無適異，出四曰無適與，無適與者亡。』

《管子》卷一《牧民第一》 凡有地牧民者，務在四時，守在倉廩。國多財，則遠者來，地辟舉，則民留處；倉廩實，則知禮節；衣食足，則知榮辱；上服度，則六親固。四維張，則君令行。故省刑之要，在禁文巧，守國之度，在飾四維，順民之經，在明鬼神，祇山川，敬宗廟，恭祖舊。不務天時，則財不生；不務地利，則倉廩不盈；野蕪曠，則民乃菅，上無量，則民乃妄。文巧不禁，則民乃淫，不璋兩原，則刑乃繁。不明鬼神，則陋民不悟；不祇山川，則威令不聞；不敬宗廟，則民乃上校；不恭祖舊，則孝悌不備；四維不張，國乃滅亡。【略】

錯國於不傾之地，積於不涸之倉，藏於不竭之府，下令於流水之原，使民於不爭之官，明必死之路，開必得之門。不爲不可成，不求不可得，不處不可久，不行不可復。錯國於不傾之地者，授有德也；積於不涸之倉者，務五穀也；藏於不竭之府者，養桑麻育六畜也；下令於流水之原者，令順民心也；使民於不爭之官者，使各爲其所長也；明必死之路者，嚴刑罰也；開必得之門者，信慶賞也；不爲不可成者，量民力也；不求不可得者，不彊民以其所惡也；不處不可久者，不偷取一世也；不行不可復者，不欺其民也；故授有德，則國安；務五穀，則食足；養桑麻，育六畜，則民富；令順民心，則威令行；使民各爲其所長，則用備；嚴刑罰，則民遠邪；信慶賞，則民輕難；量民力，則事無不成；不彊民以其所惡，則軸偽不生；不偷取一世，則民無怨心；不欺其民，則下親其上。

又 卷三《五輔第十》 古之聖王，所以取明名廣譽，厚功大業，顯於天下，不忘於後世，非得人者，未之嘗聞。暴王之所以失國家，危社稷，覆宗廟，滅於天下，非失人者，未之嘗聞。今有士之君，皆處欲安，動欲威，戰欲勝，守欲固，大者欲王天下，小者欲霸諸侯。而不務得人，是以小者兵挫而地削，大者身死而國亡，故曰：人不可不務也。此天下之極也。曰：然則得人之道，莫如利之。利之之道，莫如教之以政，故善爲政者，田疇墾而國邑實，朝廷閒而官府治，公法行而私曲止，倉廩實而囹圄空，賢人進而奸民退，其君子上中正而下諂諛。其士民貴武勇而賤得利。其庶人好耕農而惡飲食。於是財用足，而飲食薪菜饒。是故上必寬裕，而有解舍。下必聽從，而不疾怨。上下和同，而有禮義，故處安而動威，戰勝而守固，是以一戰而正諸侯。不能爲政者，田疇荒而國邑虛，朝廷兇而官府亂。公法廢而私曲行，倉廩虛而囹圄實，賢人退而奸民進，其君子上諂諛而下中正，其士民貴得利而賤武勇，其庶人好飲食而惡耕農，於是財用匱而食飲薪菜乏，上彌殘苟，而無解舍，下愈覆鷙而不聽從，上下交引而不和同，故處不安而動不威，戰不勝而守不固，是以小者兵挫而地削，大者身死而國亡，故以此觀之，則政不可不慎也。德有六興，義有七體，禮有八經，法有五務，權有三度，所謂六興者何？曰：辟田疇，利壇宅。修樹蓺，勸士民，勉稼穡，修牆屋，此謂厚其生。發伏利，輸墆積，修道途，便關市，慎將宿，此謂輸之以財。導水潦，利陂溝，決潘渚，潰泥滯，通鬱閉，慎津梁，此謂遺之以利，薄徵斂，輕征賦，弛刑罰，赦罪戾，宥小過，此謂寬其政。養長老，慈幼孤，恤鰥寡，問疾病，弔禍喪，此謂匡其急。衣凍寒，食飢渴，匡貧窶，振罷露，資乏絕，此謂振其窮。凡此六者，德之興也。六者既布，則民之所欲，無不得矣。夫民必得其所欲，然後聽上，聽上，然後政可善爲也，故曰德不可不興也。曰：民知德矣，而未知義，然後明行以導之義，義有七體，七體者何？曰：孝悌慈惠，以養親戚。恭敬忠信，以事君上。中正比宜，以行禮節。整齊撙詘，以辟刑僇。纖嗇省用，以備飢饉。敦懞純固，以備禍亂。和協輯睦，以備寇戎。凡此七者，義之體也。夫民必知義然後中正，中正然後和調，和調乃能處安，處安然後動威，動威乃可以戰勝而守固，故曰義不可不行也。曰：民知義矣，而未知禮，然後飾八經以導之禮。所謂八經者何？曰：上下有義，貴賤有分，長幼有等，貧富有度，凡此八者，禮之經也。故上下無義則亂，貴賤無分則爭，長幼無等則倍，貧富無度則失。上下亂，貴賤爭，長幼倍，貧富失，而國不亂者，未之嘗聞也。是故聖王飭此八禮，以導其民；八者各得其義，則爲人君者，中正而無私。爲人臣者，忠信而不黨。爲人父者，慈惠以教。爲人子者，孝悌以肅。爲人兄者，寬裕以誨。爲人弟者，比順以敬。爲人夫者，敦懞以固。爲人妻者，勸勉以貞。夫然則下不倍上，臣不殺君，賤不踰貴，少不陵長，遠不間親，新不間舊，小不加大，淫不破義，凡此八者，禮之經也。夫人必知禮然後恭敬，恭敬然後尊讓，尊讓然後少長貴賤不相踰越，少長貴賤不相踰越，故亂不生而患不作，故曰禮不可不謹也。曰：民知禮矣，而未知務，然後布法以任力，任力有五務，五務者何？曰：君擇臣而任官，大夫任官辯事，官長任事守職，士修身功材，庶人耕農樹藝。君擇臣而任官，則事不煩亂。大夫任官辯事，則舉措時。官長任事守職，則動作和。士修身功材，則賢良發。庶人耕農樹藝，則財用足。故曰：凡此五者，力之務也。夫民必知務，然後心一，心一然後意專，心一而意專，然後功足觀也。故曰：力不可不務也。曰：民知務矣，而未知權，然後考三度以動之；所謂三度者何？曰：上度之天祥，下度之地宜，中度之人順，此所謂三度。故曰：天時不祥，則有水旱。地道不宜，則有饑饉。人道不順，則有禍亂；此三者之來也，政召之。曰：審時以舉事，以事動民，以民動國，以國動天下。天下動，然後功名可成也，故民必知權然後舉錯得。舉錯得則民和輯，民和輯則功名立矣，故曰：權不可不度也。故曰五經既布，然後逐姦民，詰軸偽，屏讒慝，而毋聽淫辭，毋作淫巧。若民有淫行邪性，樹爲淫辭，作爲淫巧，以上諂君上，而下惑百姓，移國動眾，以害民務者，其刑死流，故曰：凡人君之所以內失百姓，外失諸侯，兵挫而地削，名卑而國虧，社稷滅覆，身體危殆，非生於諂淫者未之嘗聞也。何以知其然也？曰：淫聲諂耳，淫觀諂目，耳目之所好諂心，心之所好傷民，民傷而身不危者，未之嘗聞也。曰：實壙虛，墾田疇，修牆屋，則國家富。節飲食，撙衣服，則財用足。舉賢良，務功勞，布德惠，則賢人進。逐姦人，詰軸僞，去讒慝，則姦人止。修饑饉，救災害，振罷露，則國家定。明王之務，在於強本事，去無用，然後民可使富。論賢人，用有能，而民可使治。薄稅斂，毋苟於民，待以忠愛，而民可使親：三者，霸王之事也。事有本而仁義其要也，今工以巧矣，而民不足於備用者，其悅在玩好。農以勞矣，而天下飢者，其悅在珍怪，方丈陳於前。女以巧矣，而天下寒者，其悅在文繡。是故博帶梨，大袂列，文繡染，刻鏤削，雕琢采。關幾而不征，市鄽而不稅。是故古之良工，不勞其知巧以爲玩好，無用之物，守法者不失。

又 卷一五《治國第四十八》 凡治國之道，必先富民；民富則易治也，民貧則難治也；奚以知其然也？民富則安鄉重家，安鄉重家，則敬上畏罪；敬上畏罪，則易治也；民貧則危鄉輕家；危鄉輕家，則敢陵上犯禁；陵上犯禁，則難治也。故治國常富，而亂國常貧；是以善爲國者，必先富民，然後治之。昔者七十九代之君，法制不一，號令不同，然俱王天下者何也？必國富而粟多也；夫富國多粟，生於農；故先王貴之。凡爲國之急者，必先禁末作文巧；末作文巧禁，則民無所游食；民無所游食，則必事農；民事農，則田墾；田墾，則粟多；粟多，則國富；國富者兵彊；兵彊者戰勝；戰勝者地廣；是以先王知眾民彊兵，廣地富國之必生於粟也，故禁末作，止奇巧，而利農事。今爲末作奇巧者，一日作而五日食，農夫終歲之作，不足以自食也；然則民舍本事而事末作，舍本事而事末作，則田荒而國貧矣。凡農者月不足而歲有餘者也，而上徵暴急無時，則民倍貸以給上之徵矣。耕耨者有時，而澤不必足，則民倍貸以取庸矣。秋糴以五，春糶以束，是又倍貸也。故以上之徵而倍取於民者四。關市之租，府庫之徵，粟什一，廝輿之事，此四時亦當一倍貸矣。夫以一民養四主，故逃徙者刑，而上不能止者，粟少而民無積也。常山之東，河汝之閒，蚤生而晚殺，五穀之所蕃庸也，四種而五穫，年中畝二石，一夫爲粟二百石；今也倉廩虛而民無積，農夫以粥子者，上無術以均之也。故先王使農士商工四民交能易作，終歲之利，無道相過也。是以民作一而得均。民作一，則田墾，姦巧不生；田墾，則粟多；粟多，則國富。姦巧不生，則民治而富，此王之道也。不生粟之國亡，粟生而死者霸，粟生而不死者王。粟也者，民之所歸也；粟也者，財之所歸也；粟也者，地之所歸也；粟多則天下之物盡至矣；故舜一徙成邑，二徙成都，參徙成國；舜非嚴刑罰，重禁令，而民歸之矣，去者必害，從者必利也。先王者，善爲民除害興利；故天下之民歸之。所謂興利者，利農事也；所謂除害者，禁害農事也；農事勝則入粟多；入粟多則國富；國富則安鄉重家；安鄉重家，則雖變俗易習，敺眾移民，至於殺之，而民不惡也。此務粟之功也。上不利農，則粟少；粟少則人貧；人貧則輕家，輕家則易去；易去則上令不能必行；上令不能必行，則禁不能必止；禁不能必止，則戰不必勝，守不必固矣。夫令不必行，禁不必止，戰不必勝，守不必固，命之曰寄生之君。此由不利農，少粟之害也。粟者，王之本事也，人主之大務，有人之塗，治國之道也。

又 卷一六《小問第五十一》 桓公曰：『善哉！牧民何先？』管子對曰：『有時先事，有時先政，有時先德，有時先恕。飄風暴雨，不為人害，涸旱不為民患。百川道，年穀熟，糴貸賤，禽獸與人聚食民食，民不疾疫。當此時也，民富且驕，牧民者厚收善歲，以充倉廩。禁藪澤，此謂先之以事。隨之以刑，敬之以禮樂，以振其淫，此謂先之以政。飄風暴雨為民害，涸旱為民患，年穀不熟，歲饑，糴貸貴，民疾疫。當此時也，民貧且罷，牧民者發倉廩山林藪澤以共其財，後之以事，先之以恕，以振其罷，此謂先之以德。其收之也，不奪民財。其施之也，不失有德。富上而足下，此聖王之至事也。』桓公曰：『善。』

又《禁藏第五十三》 四時事備，而民功百倍矣；故春仁夏忠，秋急冬閉，順天之時，約地之宜，忠人之和。故風雨時，五穀實，草木美多，六畜蕃息。國富兵彊，民材而令行，內無煩擾之政，外無彊敵之患也。

《墨子》卷一《七患》 子墨子曰：『國有七患。七患者何？城郭溝池不可守，而治宮室，一患也；邊國至境四鄰莫救，二患也；先盡民力無用之功，賞賜無能之人，民力盡於無用，財寶虛於待客，三患也；仕者持祿，游者愛佼，君脩法討臣，臣懾而不敢拂，四患也；君自以為聖智而不問事，自以為安彊而無守備，四鄰謀之不知戒，五患也；所信者不忠，所忠者不信，六患也；畜種菽粟不足以食之，大臣不足以事之，賞賜不能喜，誅罰不能威，七患也。以七患居國，必無社稷；以七患守城，敵至國傾。七患之所當，國必有殃。

『凡五穀者，民之所仰也，君之所以為養也，故民無仰則君無養，民無食則不可事，故食不可不務也，地不可不力也，用不可不節也。五穀盡收，則五味盡御於主，不盡收則不盡御。一穀不收謂之饉，二穀不收謂之旱，三穀不收謂之凶，四穀不收謂之餽，五穀不收謂之饑。歲饉，則仕者大夫以下皆損祿五分之一。旱，則損五分之二。凶，則損五分之三。餽，則損五分之四。饑，則盡無祿稟食而已矣。故凶饑存乎國，人君徹鼎食五分之五，大夫徹縣，士不入學，君朝之衣不革制，諸侯之客、四鄰之使，雍食而不盛，徹驂騑，塗不芸，馬不食粟，婢妾不衣帛，此告不足之至也。

『今有負其子而汲者，隊其子於井中，其母必從而道之。今歲凶、民饑、道餓，重其子此疚於隊，其可無察邪？故時年歲善，則民仁且良；時年歲凶，則民吝且惡。夫民何常此之有？為者疾，食者眾，則歲無豐。故曰財不足則反之時，食不足則反之用。故先民以時生財。固本而用財，則財足。故雖上世之聖王，豈能使五穀常收，而旱水不至哉？然而無凍餓之民者何也？其力時急，而自養儉也。故夏書曰：「禹七年水」，殷書曰：「湯五年旱」，此其離凶餓甚矣，然而民不凍餓者何也？其生財密，其用之節也。

『故倉無備粟，不可以待凶饑。庫無備兵，雖有義不能征無義。城郭不備全，不可以自守。心無備慮，不可以應卒。是若慶忌無去之心，不能輕出。夫桀無待湯之備，故放；紂無待武之備，故殺。桀、紂貴為天子，富有天下，然而皆滅亡於百里之君者何也？有富貴而不為備也。故備者國之重也，食者國之寶也，兵者國之爪也，城者所以自守也，此三者國之具也。故曰以其極賞，以賜無功，虛其府庫，以備車馬衣裘奇怪，苦其役徒，以治宮室觀樂，死又厚為棺槨，多為衣裘，生時治臺榭，死又脩墳墓，故民苦於外，府庫單於內，上不厭其樂，下不堪其苦。故國離寇敵則傷，民見凶饑則亡，此皆備不具之罪也。且夫食者，聖人之所寶也。故周書曰：「國無三年之食者，國非其國也；家無三年之食者，子非其子也。」此之謂國備。』

《荀子》卷五《王制篇第九》 脩隄梁，通溝澮，行水潦，安水臧，以時決塞，歲雖凶敗水旱，使民有所耘艾，司空之事也。相高下，視肥墝，序五種，省農功，謹蓄藏，以時順脩，使農夫樸力而寡能，治田之事也。脩火憲，養山林藪澤草木魚鼈百索，以時禁發，使國家足用，而財物不屈，虞師之事也。

又 卷六《富國篇第十》 兼足天下之道在明分：掩地表畝，刺中殖穀，多糞肥田，是農夫眾庶之事也。守時力民，進事長功，和齊百姓，使人不偷，是將率之事也。高者不旱，下者不水，寒暑和節，而五穀以時熟，是天之事也。若夫兼而覆之，兼而愛之，兼而制之，歲雖凶敗水旱，使百姓無凍餒之患，則是聖君賢相之事也。墨子之言，昭昭然為天下憂不足。夫不足非天下之公患也，特墨子之私憂過計也。今是土之生五穀也，人善治之，則畝數盆，一歲而再獲之。然後瓜桃棗李一本數以盆鼓；然後葷菜百疏以澤量；然後六畜禽獸一而剸車；黿鼉魚鼈鰌鱣以時別，一而成群；然後飛鳥鳧雁若煙海；然後昆蟲萬物生其間，可以相食養者，不可勝數也。夫天地之生萬物也，固有餘，足以食人矣；麻葛繭絲鳥獸之羽毛齒革也，固有餘，足以衣人矣。夫有餘不足，非天下之公患也，特墨子之私憂過計也。

又 觀國之強弱貧富有徵：上不隆禮則兵弱，上不愛民則兵弱，已諾不信則兵弱，慶賞不漸則兵弱，將率不能則兵弱。上好功則國貧，上好利則國貧，士大夫眾則國貧，工商眾則國貧，無制數度量則國貧。下貧則上貧，下富則上富。故田野縣鄙者，財之本也；垣窌倉廩者，財之末也。百姓時和，事業得敘者，貨之源也；等賦府庫者，貨之流也。故明主必謹養其和，節其流，開其源，而時斟酌焉。潢然使天下必有餘，而上不憂不足。如是，則上下俱富，交無所藏之。是知國計之極也。故禹十年水，湯七年旱，而天下無菜色者，十年之後，年穀復熟，而陳積有餘。是無他故焉，知本末源流之謂也。故田野荒而倉廩實，百姓虛而府庫滿，夫是之謂國蹶。伐其本，竭其源，而并之其末，然而主相不知惡也，則其傾覆滅亡可立而待也。以國持之，而不足以容其身，夫是之謂至貧，是愚主之極也。將以求富而喪其國，將以求利而危其身，古有萬國，今有十數焉，是無他故焉，其所以失之一也。君人者，亦可以覺矣。

《韓非子》卷一三《外儲說右上第三十四》 景公與晏子游於少海，登柏寢之臺而還望其國，曰：『美哉，泱泱乎，堂堂乎，後世將孰有此？』晏子對曰：『其田成氏乎？』景公曰：『寡人有此國也，而曰田成氏有之，何也？』晏子對曰：『夫田成氏甚得齊民，其於民也，上之請爵祿行諸大臣，下之私大斗斛區釜以出貸，小斗斛區釜以收之。殺一牛，取一豆肉，餘以食士。終歲，布帛取二制焉，餘以衣士。故市木之價不加貴於山，澤之魚鹽龜鱉蠃蚌不加貴於海。君重斂，而田成氏厚施。齊嘗大飢，道旁餓死者不可勝數也，父子相牽而趨田成氏者不聞不生。故周秦之民相與歌之曰：謳乎，其已乎苞乎，其往歸田成子乎！詩曰：雖無德與女，式歌且舞。今田成氏之德，而民之歌舞，民德歸之矣。故曰：其田成氏乎。』公泫然出涕曰：『不亦悲乎！寡人有國而田成氏有之，今為之奈何？』晏子對曰：『君何患焉！若君欲奪之，則近賢而遠不肖，治其煩亂，緩其刑罰，振貧窮而恤孤寡，行恩惠而給不足，民將歸君，則雖有十田成氏，其如君何？』

《呂氏春秋》卷二六《士容論·上農》 三曰：古先聖王之所以導其民者，先務於農。民農非徒爲地利也，貴其志也。民農則樸，樸則易用，易用則邊境安，主位尊。民農則重，重則少私義，少私義則公法立，力專一。民農則其產復，其產復則重徙，重徙則死處而無二慮。舍本而事末則不令，不令則不可以守，不可以戰。民舍本而事末則其產約，其產約則輕遷徙，輕遷徙，則國家有患，皆有遠志，無有居心。民舍本而事末則好智，好智則多詐，多詐則巧法令，以是爲非，以非爲是。

后稷曰：『所以務耕織者，以爲本教也。』是故天子親率諸侯耕帝籍田，大夫士皆有功業。是故當時之務，農不見於國，以教民尊地產也。后妃率九嬪蠶於郊，桑於公田。是以春秋冬夏皆有麻枲絲繭之功，以力婦教也。是故丈夫不織而衣，婦人不耕而食，男女貿功，以長生，此聖人之制也。故敬時愛日，非老不休，非疾不息，非死不舍。

上田，夫食九人。下田，夫食五人。可以益，不可以損。一人治之，十人食之，六畜皆在其中矣。此大任地之道也。

故當時之務，不興土功，不作師徒，庶人不冠弁、娶妻、嫁女、享祀，不酒醴聚眾，農不上聞，不敢私籍於庸，爲害於時也。然後制野禁，苟非同姓，農不出御，女不外嫁，以安農也。

野禁有五：地未辟易，不操麻，不出糞。齒年未長，不敢爲園囿。量力不足，不敢渠地而耕。農不敢行賈，不敢爲異事。爲害於時也。

然後制四時之禁：山不敢伐材下木，澤人不敢灰僇，繯網罝罦不敢出於門，罛罟不敢入於淵，澤非舟虞，不敢緣名，爲害其時也。

若民不力田，墨乃家畜，國家難治，三疑乃極，是謂背本反則，失毀其國。凡民自七尺以上，屬諸三官。農攻粟，工攻器，賈攻貨。時事不共，是謂大凶。奪之以土功，是謂稽，不絕憂唯，必喪其秕。奪之以水事，是謂籥，喪以繼樂，四鄰來虛。奪之以兵事，是謂厲，禍因胥歲，不舉銍艾。數奪民時，大饑乃來。野有寢耒，或談或歌，旦則有昏，喪粟甚多。皆知其末，莫知其本，真。

漢 陸賈《新語》卷上《道基》 傳曰：『天生萬物，以地養之，聖人成之。』功德參合，而道術生焉。

故曰：張日月，列星辰，序四時，調陰陽，布氣治性，次置五行，春生夏長，秋收冬藏，陽生雷電，陰成霜雪，養育群生，一茂一亡，潤之以風雨，曝之以日光，溫之以節氣，降之以殞霜，位之以眾星，制之以斗衡，苞之以六合，羅之以紀綱，改之以災變，告之以禎祥，動之以生殺，悟之以文章。

又 民人食肉飲血，衣皮毛；至於神農，以為行蟲走獸，難以養民，乃求可食之物，嘗百草之實，察酸苦之味，教人食五穀。

又 民知室居食穀，而未知功力。於是后稷乃列封疆，畫畔界，以分土地之所宜；闢土殖穀，以用養民；種桑麻，致絲枲，以蔽形體。

《淮南子》卷八《本經訓》 昔容成氏之時，道路鴈行列處，託嬰兒於巢上，置餘糧於晦首，虎豹可尾，虺蛇可蹍，而不知其所由然。逮至堯之時，十日竝出，焦禾稼，殺草木，而民無所食。猰貐、鑿齒、九嬰、大風、封豨、脩蛇皆爲民害。堯乃使羿誅鑿齒於疇華之野，殺九嬰於凶水之上，繳大風於青丘之澤，上射十日而下殺猰貐，斷脩蛇於洞庭，禽封豨於桑林。萬民皆喜，置堯以爲天子。於是天下廣陜險易遠近始有道里。舜之時，共工振滔洪水，以薄空桑，龍門未開，呂梁未發，江、淮通流，四海溟涬，民皆上丘陵，赴樹木。

舜乃使禹疏三江五湖，闢伊闕，導廛、澗，平通溝陸，流注東海。鴻水漏，九州乾，萬民皆寧其性。是以稱堯、舜以爲聖。

又《主術訓》 夫防民之所害，開民之所利，威行也，若發堿決唐。故循流而下易以至，背風而馳易以遠。桓公立政，去食肉之獸，食粟之鳥，係罝之網，三舉而百姓說。紂殺王子比干而骨肉怨，斮朝涉者之脛而萬民叛，再舉而天下失矣。故義者，非能徧利天下之民也，利一人而天下從風；暴者，非盡害海內之眾也，害一人而天下離叛。故桓公三舉而九合諸侯，紂再舉而不得爲匹夫。故舉錯不可不審。人主租斂於民也，必先計歲收，量民積聚，知饑饉有餘不足之數，然後取車輿衣食供養其欲。高臺層榭，接屋連閣，非不麗也，然民有掘穴狹廬所以託身者，明主弗樂也。肥醲甘脆，非不美也，然民有糟糠菽粟不接於口者，則明主弗甘也。匡床蒻席，非不寧也，然民有處邊城，犯危難，澤死暴骸者，明主弗安也。故古之君人者，其慘怛於民也，國有飢者，食不重味；民有寒者，而冬不被裘。歲登民豐，乃始縣鐘鼓，陳干戚，君臣上下同心而樂之，國無哀人。故古之爲金石管絃者，所以宣樂也；兵革斧鉞者，所以飾怒也；觴酌俎豆，酬酢之禮，所以效善也；衰絰菅屨，辟踴哭泣，所以諭哀也。此皆有充於內，而成像於外。及至亂主，取民則不裁其力，求於下則不量其積，男女不得事耕織之業以供上之求，力勤財匱，君臣相疾也。故民至於焦脣沸肝，有今無儲，而乃始撞大鐘，擊鳴鼓，吹竽笙，彈琴瑟，是猶貫甲冑而入宗廟，被羅紈而從軍旅，失樂之所由生矣。夫民之爲生也，一人蹠耒，而耕不過十畝，中田之獲，卒歲之收，不過畝四石，妻子老弱仰而食之。時有涔旱災害之患，無以給上之徵賦車馬兵革之費。由此觀之，則人之生，憫矣！夫天地之大，計三年耕而餘一年之食，率九年而有三年之畜，十八年而有六年之積，二十七年而有九年之儲，雖涔旱災害之殃，民莫困窮流亡也。故國無九年之畜，謂之不足；無六年之積，謂之憫急；無三年之畜，謂之窮乏。故有仁君明王，其取下有節，自養有度，則得承受於天地，而不離饑寒之患矣。若貪主暴君，撓於其下，侵漁其民，以適無窮之欲，則百姓無以被天和而履地德矣。食者，民之本也。民者，國之本也。國者，君之本也。是故人君者，上因天時，下盡地財，中用人力，是以群生遂長，五穀蕃植。教民養育六畜，以時種樹，務修田疇滋植桑麻，肥墝高下，各因其宜。丘陵阪險不生五穀者，以樹竹木，春伐枯槁，夏取果蓏，秋畜疏食，冬伐薪蒸，以爲民資。是故生無乏用，死無轉尸。故先王之法，畋不掩群，不取麛夭，不涸澤而漁，不焚林而獵。豺未祭獸，罝罦不得布於野；獺未祭魚，網罟不得入於水；鷹隼未摯，羅網不得張於谿谷；草木未落，斤斧不得入山林；昆蟲未蟄，不得以火燒田。

《大戴禮記》卷五《曾子天圓》 陰陽之氣，各從其所，則靜矣；偏則風，俱則雷，交則電，亂則霧，和則雨；陽氣勝，則散為雨露；陰氣勝，則凝為霜雪；陽之專氣為雹，陰之專氣為霰，霰雹者，一氣之化也。

漢 晁錯《論貴粟疏》《漢書》卷二四 聖王在上而民不凍飢者，非能耕而食之，織而衣之也，爲開其資財之道也。故堯、禹有九年之水，湯有七年之旱，而國亡捐瘠者，以畜積多而備先具也。今海內爲一，土地人民之眾不避湯、禹，加以亡天災數年之水旱，而畜積未及者，何也？地有遺利，民有餘力，生穀之土未盡墾，山澤之利未盡出也，游食之民未盡歸農也。民貧，則姦邪生。貧生於不足，不足生於不農，不農則不地著，不地著則離鄉輕家，民如鳥獸，雖有高城深池，嚴法重刑，猶不能禁也。

夫寒之於衣，不待輕煖；飢之於食，不待甘旨；飢寒至身，不顧廉恥。人情，一日不再食則飢，終歲不製衣則寒。夫腹飢不得食，膚寒不得衣，雖慈母不能保其子，君安能以有其民哉！明主知其然也，故務民於農桑，薄賦斂，廣畜積，以實倉廩，備水旱，故民可得而有也。

民者，在上所以牧之，趨利如水走下，四方亡擇也。夫珠玉金銀，飢不可食，寒不可衣，然而眾貴之者，以上用之故也。其爲物輕微易臧，在於把握，可以周海內而亡飢寒之患。此令臣輕背其主，而民易去其鄉，盜賊有所勸，亡逃者得輕資也。粟米布帛生於地，長於時，聚於力，非可一日成也；數石之重，中人弗勝，不爲姦邪所利，一日弗得而飢寒至。是故明君貴五穀而賤金玉。

今農夫五口之家，其服役者不下二人，其能耕者不過百畝，百畝之收不過百石。春耕夏耘，秋穫冬臧，伐薪樵，治官府，給繇役；春不得避風塵，夏不得避暑熱，秋不得避陰雨，冬不得避寒凍，四時之間亡日休息；又私自送往迎來，弔死問疾，養孤長幼在其中。勤苦如此，尚復被水旱之災，急政暴賦，賦斂不時，朝令而暮改。當具有者半賈而賣，亡者取倍稱之息，於是有賣田宅鬻子孫以償責者矣。而商賈大者積貯倍息，小者坐列販賣，操其奇贏，日游都市，乘上之急，所賣必倍。故其男不耕耘，女不蠶織，衣必文采，食必粱肉；亡農夫之苦，有仟伯之得。因其富厚，交通王侯，力過吏勢，以利相傾；千里游敖，冠蓋相望，乘堅策肥，履絲曳縞。此商人所以兼并農人，農人所以流亡者也。

今法律賤商人，商人已富貴矣；尊農夫，農夫已貧賤矣。故俗之所貴，主之所賤也；吏之所卑，法之所尊也。上下相反，好惡乖迕，而欲國富法立，不可得也。方今之務，莫若使民務農而已矣。欲民務農，在於貴粟；貴粟之道，在於使民以粟爲賞罰。今募天下入粟縣官，得以拜爵，得以除罪。如此，富人有爵，農民有錢，粟有所渫。夫能入粟以受爵，皆有餘者也；取於有餘，以供上用，則貧民之賦可損，所謂損有餘補不足，令出而民利者也。順於民心，所補者三：一曰主用足，二曰民賦少，三曰勸農功。今令民有車騎馬一匹者，復卒三人。車騎者，天下武備也，故爲復卒。神農之教曰：『有石城十仞，湯池百步，帶甲百萬，而亡粟，弗能守也。』以是觀之，粟者，王者大用，政之本務。令民入粟受爵至五大夫以上，乃復一人耳，此其與騎馬之功相去遠矣。爵者，上之所擅，出於口而亡窮；粟者，民之所種，生於地而不乏。夫得高爵與免罪，人之所甚欲也。使天下人入粟於邊，以受爵免罪，不過三歲，塞下之粟必多矣。

陛下幸使天下入粟塞下以拜爵，甚大惠也。竊恐塞卒之食不足用大渫天下粟。邊食足以支五歲，可令入粟郡縣矣；足支一歲以上，可時赦，勿收農民租。如此，德澤加於萬民，民俞勤農。時有軍役，若遭水旱，民不困乏，天下安寧；歲孰且美，則民大富樂矣。

漢 王符《潛夫論》卷一《務本第二》 凡爲治之大體，莫善於抑末而務本，莫不善於離本而飾末。夫爲國者以富民爲本，以正學爲基。民富乃可教，學正乃得義，民貧則背善，學淫則詐僞，入學則不亂，得義則忠孝。故明君之法，務此二者，以爲成太平之基，致休徵之祥。

夫富民者，以農桑爲本，以游業爲末；百工者，以致用爲本，以巧飾爲末；商賈者，以通貨爲本，以鬻奇爲末：三者守本離末則民富，離本守末則民貧，貧則阨而忘善，富則樂而可教。教訓者，以道義爲本，以巧辯爲末；辭語者，以信順爲本，以詭麗爲末；列士者以孝悌爲本，以交遊爲末；孝悌者，以致養爲本，以華觀爲末；人臣者，以忠正爲本，以媚愛爲末：五者守本離末則仁義興，離本守末則道德崩。慎本略末猶可也，舍本務末則惡矣。

夫用天之道，分地之利，六畜生於時，百物聚於野，此富國之本也。游業末事，以收民利，此貧邦之原也。忠信謹慎，此德義之基也。虛無譎詭，此亂道之根也。故力田所以富國也。今民去農桑，赴游業，披采眾利，聚之一門，雖於私家有富，然公計愈貧矣。百工者，所使備器也。器以便事爲善，以膠固爲上。今工好造彫琢之器巧僞飭之，以欺民取賄，雖於姦工有利，而國界愈病矣。商賈者，所以通物也，物以任用爲要，以堅牢爲資。今商競鬻無用之貨、淫侈之幣，以惑民取產，雖於淫商有得，然國計愈失矣。此三者，外雖有勤力富家之私名，然內有損民貧國之公實。故爲政者，明督工商，勿使淫僞，困辱游業，勿使擅利，寬假本農，而寵遂學士，則民富國平矣。

夫教訓者，所以遂道術而崇德義也。今學問之士，好語虛無之事，爭著彫麗之文，以求見異於世，品人鮮識，從而高之，此傷道德之實，而或矇夫之大者也。詩賦者，所以頌善醜之德，洩哀樂之情也，故溫雅以廣文，興喻以盡意。今賦頌之徒，苟爲饒辯屈蹇之辭，競陳誣罔無然之事，以索見怪於世，愚夫戇士，從而奇之，此悖孩童之思，而長不誠之言者也。盡孝悌於父母，正操行於閨門，所以爲列士也。今多務交游以結黨助，偷世竊名以取濟渡，夸末之徒，從而尚之，此逼貞士之節，而眩世俗之心者也。養生順志，所以爲孝也。今多違志儉養，約生以待終，終沒之後，乃崇飭喪紀以言孝，盛饗賓旅以求名，誣善之徒，從而稱之，此亂孝悌之真行，而誤後生之痛者也。忠正以事君，信法以理下，所以居官也。今多姦諛以取媚，撓法以便佞，苟得之徒，從而賢之，此滅貞良之行，而開亂危之原者也：五者，外雖有振賢才之虛譽，內有傷道德之至實。

凡此八者，皆衰世之務，而闇君之所固也。雖未即於篡弒，然亦亂道之漸來也。

夫本末消息之爭，皆在於君，非下民之所能移也。夫民固隨君之好，從利以生者也。是故務本則雖虛僞之人皆歸本，居末則雖篤敬之人皆就末。且凍餒之所在，民不得不去也；溫飽之所在，民不得不居也。故衰闇之世，本末之人，未必賢不肖也，禍福之所，勢不得無然爾。故明君蒞國，必崇本抑末，以遏亂危之萌。此誠治之危漸，不可不察也。

漢 佚名《越絶書》卷四《越絶計倪內經第五》 越王曰：『善。請問其方。吾聞先生明於治歲，萬物盡長。欲聞其治術，可以為教常。子明以告我，寡人弗敢忘。』

計倪對曰：『人之生無幾，必先憂積蓄，以備妖祥。凡人生或老或弱，或彊或怯，不早備生，不能相葬。王其審之。必先省賦斂，勸農桑。饑饉在問，或水或塘。因熟積以備四方。師出無時，未知所當。應變而動，隨物常羊。卒然有師，彼日以弱，我日以彊。得世之和，擅世之陽，王無忽忘。慎無如會稽之饑，不可再更。王其審之。嘗言息貨，王不聽，臣故退而不言，處於吳、楚、越之間，以魚三邦之利，乃知天下之易反也。臣聞君自耕，夫人自織，此竭於庸力，而不斷時與智也。時斷則循，智斷則備。知此二者，形於體萬物之情，短長逆順，可觀而已。臣聞炎帝有天下，以傳黃帝。黃帝於是上事天，下治地。故少昊治西方，蚩尤佐之，使主金。玄冥治北方，白辨佐之，使主水。

太皥治東方，袁何佐之，使主木。祝融治南方，僕程佐之，使主火。后土治中央，后稷佐之，使主土。並有五方，以為綱紀。是以易地而輔，萬物之常。王審用臣之議，大則可以王，小則可以霸，於何有哉？』

越王曰：『請問其要。』計倪對曰：『太陰三歲處金則穰，三歲處水則毀，三歲處木則康，三歲處火則旱。故散有時積，糴有時領，則決萬物不過三歲而發矣。以智論之，以決斷之，以道佐之。斷長續短，一歲再倍，其次一倍，其次而反。水則資車，旱則資舟，物之理也。天下六歲一穰，六歲一康，凡十二歲一饑，是以民相離也。故聖人早知天地之反，為之預備。故湯之時，比七年旱而民不饑，禹之時，比九年水而民不流。其主能通習源流，以任賢使能，則轉轂乎千里外，貨可來也。不習，則百里之內，不可致也。人主所求，其價十倍，其所擇者，則無價矣。夫人主利源流，非必身為之也。視民所不足，及其有餘，為之命以利之，而來諸侯。守法度，任賢使能，償其成事，傳其驗而已。如此，則邦富兵強而不衰矣。群臣無空恭之禮、淫佚之行，務有於道術。不習源流，又不任賢使能，諫者則誅，則邦貧兵弱。刑繁，則群臣多空恭之禮、淫佚之行矣。夫諛者反有德，忠者反有刑，去刑就德，人之情也，邦貧兵弱致亂，雖有聖臣，亦不諫也，務在諛主而已矣。今夫萬民有明父母，亦如邦有明主。父母利源流，明其法術，以任賢子，徼成其事而已，則家富而不衰矣。不能利源流，又不任賢子，賢子有諫者憎之，如此者，不習於道術也。愈信其意而行其言，後雖有敗，不自過也。夫父子之為親也，非得不諫。諫而不聽，家貧致亂，雖有聖子，亦不治也，務在於諛之而已。父子不和，兄弟不調，雖欲富也，必貧而日衰。』越王曰：『善。子何年少，於物之長也？』計倪對曰：『人固不同。慧種生聖，癡種生狂。桂實生桂，桐實生桐。先生者未必能知，後生者未必不能明。是故聖主置臣不以少長，有道者進，無道者退。愚者日以退，聖者日以長，人主無私，賞者有功。』

北齊 劉晝《劉子》卷二《貴農第十一》 衣食者，民之本也，民者，國之本也。民恃衣食，猶魚之須水，國之恃民，如人之倚足。魚無水，則不可以生；人失足，必不可以步；國失民，亦不可以治；先王知其如此，而給民衣食。

故農祥旦正，晨集鯫訾，陽氣憤盈，土木脈發，天子親耕于東郊，后妃躬桑於北郊。國非無良農也，而王者親耕；世非無蠶妾也，而后妃躬桑；上可以供宗廟，下可以勸兆民。《神農》之法曰：『丈夫丁壯而不耕，天下有受其饑者；婦人當年而不織，天下有受其寒者。』故天子親耕，后妃親織，以為天下先。

是以其耕不強者，無以養其生；其織不力者，無以蓋其形。衣食饒足，姦邪不生；安樂無事，天下和平；智者無所施其策，勇者無以行其威。故衣食爲民之本，而工巧爲其末也。

是以雕文刻鏤，傷於農事，錦繢纂組，害于女工。農事傷，則饑之本也；女工害，則寒之源也。饑寒並至，而欲禁人爲盜，是揚火而欲無炎，撓水而望其靜，不可得也。

『衣食足，知榮辱；倉廩實，知禮節。』故建國者必務田蠶之實，棄美麗之華，以穀帛爲珍寶，比珠玉於糞土。何者？珠玉止於虛玩，而穀帛有實用也。假使天下瓦礫悉化爲和璞，砂石皆變爲隋珠，如值水旱之歲，瓊粒之年，則璧不可以禦寒，珠未可以充饑也。雖有奪日之鑒，代月之光，歸於無用也。何異畫爲西施，美而不可悅；刻作桃李，似而不可食也。衣之與食，唯生人之所由，其最急者，食爲本也。霜雪岩岩，苫蓋不可以代裘；室如懸磬，草木不可以當糧。

故先王制國，有九年之儲，可以備非常救實厄也。堯湯之時，有十年之蓄，及遭九年洪水，七載大旱，不聞饑饉相望，捐棄溝壑者，蓄積多故也。穀之所以不積者，在於遊食者多，而農人少故也。夫螟螣秋生而秋死，一時爲災，而數年乏食。今一人耕而百人食之，其爲螟螣，亦以甚矣！

是以先王敬授民時，勸課農桑，省遊食之人，減徭役之費，則倉廩充實，頌聲作矣。雖有戎馬之興，水旱之沴，國未嘗有憂，民終爲無害也。

唐 李世民《帝範》卷四《務農第十》 夫食爲人天，農爲政本。倉廩實則知禮節，衣食足則誌廉恥。故躬耕東郊，敬授人時。國無九歲之儲，不足備水旱；家無一年之服，不足禦寒暑。然而莫不帶犢佩牛，棄堅就僞。求什一之利，廢農桑之基。以一人耕而百人食，其爲害也，甚於秋螟。莫若禁絕浮華，勸課耕織，使人還其本，俗反其真，則競懷仁義之心，永絕貪殘之路，此務農之本也。斯二者，制俗之機。

子育黎黔，惟資威惠。惠而懷也，則殊俗歸風，若披霜而照春日；威可懼也，則中華懾軏，如履刃而戴雷霆。必須威惠並馳，剛柔兩用，畫刑不犯，移木無欺。

賞罰既明，則善惡斯别；仁信普著，則遐邇宅心。勸穡務農，則饑寒之患塞；遏奢禁麗，則豐厚之利興。且君之化下，如風偃草。上不節心，則下多逸誌；君不約己，而禁人爲非，是猶惡火之燃，添薪望其止焰；忿池之濁，撓浪欲止其流，不可得也。莫若先正其身，則人不言而化矣。

《通典》卷一《食貨一·田制上》唐 周 秦 漢 後漢 晋 宋 後魏

崔寔政論曰：『昔聖人分口耕耦地，各相副適，使人飢飽不變，勞逸齊均。富者不足僭差，貧者無所企慕。始暴秦隳壞法度，制人之財，既無綱紀，而乃尊奬并兼之人。烏氏以牧豎致財，寵比諸侯；寡婦清以攻丹殖業，禮以國賓。於是巧猾之萌，遂肆其意。上家累巨億之貲，斥地侔封君之土，行苞苴以亂執政，養劒客以威黔首。專殺不辜，號無市死之子。生死之奉，多擬人主。故下戶踦無所跱足，乃父子低首，奴事富人，躬帥妻孥，爲之服役。故富者席餘而日熾，貧者躡短而歲踧，歷代爲虜，猶不贍於衣食，生有終身之勤，死有暴骨之憂，歲小不登，流離溝壑，嫁妻賣子。其所以傷心腐藏、失生人之樂者，蓋不可勝陳。故古有移人通財，以贍蒸黎。今青、徐、兖、冀，後漢青州，今北海、濟南、淄川、東萊、東牟、高密、平原等郡地。徐州，今東海、琅邪、彭城、臨淮、廣陵等郡地。兖州，今陳留、靈昌、濮陽、東平、濟陽、濟陰、魯等郡地。冀州，今魏郡、鄴郡、鉅鹿、清河、常山、趙郡、博陵、信都、景城等郡地。人稠土狹，不足相供。而三輔左右及涼、幽州，內附近郡，涼州，今安定、彭原之北、天水、隴西並其地。幽州，今上谷、范陽之北，東至遼東並其地。皆土曠人稀，厥田宜稼，悉不墾發。小人之情，安土重遷，寧就飢餒，無適樂土之慮。故人之爲言瞑也，謂瞑瞑無所知。猶羣羊聚畜，須主者牧養處置，置之茂草，則肥澤繁息，置之磽鹵，則零丁耗減。是以景帝六年，下詔郡國，令人得去磽狹，就寬肥。至武帝，遂徙關東貧人於隴西、北地、西河、上郡、會稽，隴西，今隴西、天水、金城、會寧、安鄉等郡地。北地，今安定、彭原、安化、平原、靈武、五原等郡地。西河，今銀川、新秦、西河、昌化等郡地。上郡，今延安、咸寧、洛交、中部等郡地。會稽，今浙江東晉陵郡以東，直至信安、永嘉郡地。凡七十二萬五千口。後加徙猾吏於關內。今宜復遵故事，徙貧人不能自業者於寬地，此亦開草闢土，振人之術也。』

仲長統昌言曰：『遠州縣界至數千，而諸夏有十畝共桑之迫。遠州有曠野不發之田，代俗安土有死無去。君長不使，誰能自往緣邊之地。亦可因罪徙人，便以守禦。』

又卷一二《食貨十二·輕重》平糶 常平 義倉·周 戰國 漢 後漢 晋 宋 齊 後魏 北齊 後周 隋 大唐

太公爲周立九府圜法，解在《錢幣篇》。太公退又行之於齊。至管仲相桓公，通輕重之權曰：『歲有凶穰，故穀有貴賤；令有緩急，故物有輕重。上令急於求米，則民重米；緩於求米，則民輕米。所緩則賤，所急則貴。人君不理，則畜賈游於市，謂賈人之多蓄積也。乘民之不給，百倍其本矣。給，足也，以十取百。故萬乘之國必有萬金之賈，千乘之國必有千金之賈者，利有所并也。國多失利，則臣不盡忠，士不盡死矣。計本量委則足矣，委，積也。然而民有飢餓者，穀有所藏也。謂富人多藏穀也。民有餘則輕之，故人君斂之以輕；民不足則重之，故人君散之以重。民輕之之時，官爲斂糴；民重之之時，官爲散之。凡輕重斂散之以時，即準平，守準平，使萬室之邑必有萬鍾之藏，藏鏹千萬；六斛四斗爲鍾。鏹，錢貫。千室之邑必有千鍾之藏，藏鏹百萬。春以奉耕，夏以奉耘，奉謂供奉。耒耜、器械、種饟、糧食必取贍焉。故大賈畜家不得豪奪吾民矣。』豪謂輕侮之。

管子曰：『夫物多則賤，寡則貴，散則輕，聚則重。人君知其然，故視國之羨羨，餘也，羊見反。不足而御其財物。穀賤則以幣與食，布帛賤則以幣與衣，視物之輕重而御之以準，故貴賤可調，而君得其利，則古之理財賦，未有不通其術焉。』穀賤以幣與食，布帛賤以幣與衣者，『與』當爲『易』，隨其所賤而以幣易取之，則輕重貴賤由君上也。周易損卦六五云：『或益之十朋之龜，弗克違，元吉。』沙門一行注曰：『十朋者，國之守龜，象社稷之臣，能執承順之道，以奉其君。龜之爲物，則生人之重寶，爲國之本，損而奉上，則國以之存；損而益下，則人以之存。言於法，則調盈虛御輕重中和之要，若伊尹、太公、管仲之所執。』夫龜者，上達神祇之情，下乃不言而信於人也。斯故往昔用之爲幣，則一行深知其道矣。

齊桓公問於管子曰：『自燧人以來，其大會可得而聞乎？』對曰：『燧人以來，未有不以輕重爲天下也。共工之王，帝共工氏，繼女媧有天下。水處什之七，陸處什之三，乘天勢以隘制天下。至於黄帝之王，謹逃其爪牙，不利其器。燒山林，破增藪，焚沛澤，沛，大澤也。一説水草兼處曰沛。逐禽獸，實以益人，然後天下可得而牧也。至於堯舜之王，所以化海內者，北用禺氏之玉，禺氏，西北戎名，玉之所出。南貴江漢之珠，其勝禽獸之仇，以大夫隨之。』勝猶益也。禽獸之仇者，使其逐禽獸，如從仇讎也。以大夫隨之者，使其大夫散邑粟財物，隨山澤之人，求其禽獸之皮。公曰：『何謂也？』對曰：『令諸侯之子將委質者，諸國君之子，若衛公子開方、魯公子季友之類。皆以雙武之皮，雙武之皮以爲裘。卿大夫豹飾，卿大夫，上大夫也。袖謂之飾。列大夫豹幨，列大夫，中大夫也。襟謂之幨，音昌詹反。大夫散其邑粟與其財物，以市武豹之皮，故山林之人刺其猛獸，刺音七亦反。若從親戚之仇。此君冕服於朝，而猛獸勝於外，大夫以散其財物，萬人得受其流，此堯舜之數也。』言堯舜嘗用此數。

管子曰：『夫富能奪，貧能與，乃可以爲天下。富者能奪，抑其利，貧者能贍，恤其乏，乃可君人。國有十年之蓄因之蓄積，常餘十年。而不足於食，皆以其技能冀君之祿也。故人君挾其食，據有餘而制不足，故人無不繫於上也。食者，人之司命，言人君唯以食能制其事，所以人無不繫於號令。且君引錣錣，籌也，丁劣反。量用，耕田發草，上得其數矣。人之所食，人有若干步畝之數，計本量委委，積。則足矣。然而人有飢餓不食音嗣者何也？穀有所藏也。言一國之內耕墾之數，君悉知。凡人計口授田，家族多少，足以自給。而人乏於食者，謂豪富之家收藏其穀故。然則人君不能散積聚，均羨餘也。不足，則君雖強本趨耕，本則務農。趨讀爲促。乃使人下相役耳，惡音烏能以爲理？』人君若不能散豪富之積，均有餘以贍不足，雖務農事，督促播植，適所以益令豪富驅役細人，終不能致理，所謂須有制度於其閒，兼輕重之術。

管子曰：『利出於一孔者，凡言利者，不必貨利，慶賞威刑皆是。其國無敵；出二孔者，其兵不詘，詘與屈同。屈，窮也，求物反。出三孔者，不可以舉兵；出四孔者，其國必亡。先王知其然，故塞人之養，養，利也。羊向反。隘其利途。故予之在君，予音與。奪之在君，貧之在君，富之在君，故人之戴上如日月，親君若父母。凡將爲國，不通於輕重，不可以守人，不能調通人利，不可以語制爲大理。分地若一，強者能守；分財若一，智者能收。智有什倍人之功，以一取什。愚有不賡賡猶償也。音庚。本之事，然而人君不能調，故人有相百倍之生也。夫人富則不可以祿使也，貧則不可以罰威也。法令之不行，萬人之不理，貧富之不齊也。且天下者處茲行茲，謂塞利途。若此而天下可一也。夫天下者，使之不使，用之不用。故善爲天下者，無曰使之，使不得不使；無曰用之，用不得不用。使其不知其所以然，若巨橋之粟貴糴，則設重泉戍之類是。故善爲國者，天下下我高，天下輕我重，天下多我寡，然後可以朝天下。』常以數傾之，若服魯梁綈之類是。

桓公問曰：『不籍而贍國，爲之有道乎？』管子曰：『軌守其時，有官天財，何求於人。泰春、泰夏、泰秋、泰冬，泰猶當也。令之所止，令之所發，令之所止，令之所發，謂山澤之所禁發。此物之高下之時，此人之所以相并兼之時也。君素爲四備以守之，泰春人之且所用者，泰夏人之且所用者，泰秋人之且所用者，泰冬人之且所用者，皆已廩之矣。』廩，藏也。言四時人之所要，皆先備之，所謂耒耜、器械、種饟、粮食必取贍焉，則豪人大賈不得擅其利。

桓公曰：『行幣乘馬之數柰何。』即臣乘馬，所謂筴乘馬者，臣猶實也。筴者，以幣爲筴，而洩重射輕。管子對曰：『士受資以幣，大夫受邑以幣，人馬受食以幣，則一國穀貲在上，幣貲在下，國穀什倍數也。皮革、筋角、羽毛、竹箭、器械、財物苟合於國器君用者，皆有矩券於上，矩券，常券。君實鄉州藏焉。周制，萬二千五百家爲鄉，二千五百家爲州。齊雖霸國，尚用周制。曰某月日苟從責者，責讀爲債。鄉決州決，故曰就庸，一日而決。國筴出於穀軌，國之筴，貨幣乘馬者也。』貲，價也。言應合受公家之所給，皆與之幣，則穀之價君上權之，其幣在下，故穀倍重。其有皮革之類堪於所用者，所在鄉州有其數，若今官曹簿帳。人有負公家之債，若耒耜種糧之類者，官司如要器用，若皮革之類者，則與其準納。如要功庸者，令就役，一日除其簿書耳。此蓋君上一切權之也。詳輕重之本旨，摧抑富商兼并之家，隘塞利門，則與奪貧富，悉由號令，然可易爲理也。此篇經秦焚書，潛蓄人閒。自漢興，晁、賈、桑、耿諸子，猶有言其術者，其後絕少尋覽，無人注解，或編斷簡蠹，或傳訛寫謬，年代綿遠，詳正莫由。今且梗槩粗知，固難得搜摘其文字。凡閱古人之書，蓋欲發明新意，隨時制事，其道無窮，而況機權之術，千變萬化，若一二模楷，則同刻舟膠柱耳，他皆類此。

桓公問於管子曰：『吾欲守國財而無稅於天下，而外因天下，可乎？』對曰：『昔武王有巨橋之粟，貴糴之數，武王即勝殷，得巨橋粟，欲使糴貴。巨橋倉在今廣平郡曲周縣也。立重泉之戍。戍，名也。假設此戍名，欲人憚役而競收粟也。重，丈恭反。令曰：「人自有百鼓之粟者不行。」鼓，十二斛也。人舉所最粟，舉，盡也。最，聚也，子外反。以避重泉之戍。而國穀二什倍，巨橋之粟亦二什倍。武王以巨橋之粟二什倍而市繒帛，軍五歲無籍衣於人；以巨橋之粟二什倍而衡黃金，衡，平也。終身無籍於人。』

桓公曰：『與天子提衡爭秩於諸侯，提，持也。合衆弱以事一強者，謂之衡。秩，次也。爲之有道乎？』管子曰：『唯籍於號令爲可。請以令發師置屯籍農，屯，戍也。發師置戍，人有粟者則不行。十鍾之家不行，六斛四斗爲鍾。百鍾之家不行，千鍾之家不行，行者不能百之一，千之十，而困窌之數困，丘倫反。窌，力救反。皆見於上矣。君按困窌之數，令之曰：「國貧而用不足，請以平價取之，子皆按困窌而不得挹損焉。」挹猶謂減其數。君直幣之輕重以決其數。直猶當也。謂決其積粟之數。使無券契之責，分之曰券，合之曰契。責讀曰債。使百姓皆稱貸於君，則無契券之債。則積藏困窌之粟皆歸於君。』

桓公曰：『齊西水潦而人飢，齊東豐庸而糴賤，庸，用也。謂豐稔而足用。欲以東之賤被西之貴，爲之有道乎？』管子曰：『今齊西之粟釜五鍾爲釜。百泉，則鏂二十也。斗二升八合曰鏂。烏侯反。泉，錢也。齊東之粟釜十泉，則鏂二錢也。請以令籍人三十泉，得以五穀菽粟決其籍。若此，則西出三斗而決其籍，東出三釜而決其籍，然則釜十之粟皆實於倉廩。西之人飢者得食，寒者得衣，若此則東西之相被，遠近之準平矣。』君下令稅人三十錢，準以五穀，令齊西之人納三斗，東之人納三釜，以振西之人，則東西俱平矣。管子智用無窮，以區區之齊一匡天下，本仁祖義，成其霸業，所行權術，因機而發，非爲常道。故別篇云『偏行而不盡』也。

桓公曰：『糴賤，寡人恐五穀之歸於諸侯，寡人欲爲萬民藏之，爲此有道乎？』管子曰：『今者夷吾過市，有新成囷京者二家，大囷曰京。君請式璧而聘之。』式，用也。璧，石璧也。聘，問也。使玉人刻石爲璧，尺萬泉，八寸者八千，七寸者七千是也。賜之以璧，仍存問之。行令半年，萬民舍其業而爲囷京以藏菽粟者過半。

管子謂桓公曰：『北郭有掘闕得龜者，掘，穿也，求物反。穿地至泉曰闕，求月反。此檢數百里之地也。檢，猶比也。以此龜爲用者，其數可比百里之地。令過之平盤之中。令，力呈反。過之，猶置之也。平盤者，大盤也。君請起十乘之使，百金之提，起，發也。提，裝也。使，色吏反。命北郭得龜之家曰：『賜若服中大夫。』若，汝也。中大夫，齊爵也。曰：『東海之子類於龜，東海之子，其狀類龜，假言此龜東海之子耳。東海之子者，海神之子也。託舍於若，託舍，猶寄居也。賜若大夫之服，以終而身，而，若也。勞若以百金勞，賜也之龜爲無貲，之，是也。是龜至寶而無貲也。無貲，無價也。而藏諸泰臺，泰臺，高臺也。立玷曰無貲。』立龜爲玷，號曰無貲。還四年，伐孤竹。還四年，後四年。丁氏之家粟丁氏，齊之富人，所謂丁惠也。可食三軍之師行五月。食音嗣。下以意取。行五月，經五月。召丁氏而命之曰：『吾有無貲之玷，吾今將有大事，請以玷爲質，音致。下皆同。以假子之邑粟。』即家粟也。丁氏北鄉再拜，革築室賦籍藏龜。革，更也。賦，敷也。籍，席也，才夜反。孤竹之役，丁氏之粟中食三軍五月之食。中，當也，丁仲反。下皆同。

桓公曰：『吾欲西朝天子而賀獻不足，爲此有數乎？』管子曰：『請以令城陰里，城者，築城也。陰里，齊地也。使其牆三重而門九襲。襲亦重也。欲其事密而人不知，又先託築城。因使玉人刻石爲璧，刻石，刻其美石。尺者萬泉，八寸者八千，七寸者七千，珪中四千，丁仲反。瑗中五百。』好倍肉曰瑗。璧之數已具，管子西見天子曰：『弊邑之君欲率諸侯而朝先王之廟，觀於周室，請以令使天下諸侯，不以彤弓石璧者，彤弓，朱弓也，非齊之所出。蓋不可獨言石璧，兼以彤弓者，猶藏其機。不得入朝。』天子許之。天下諸侯載黃金珠玉、五穀、文采布帛輸齊，輸，音式樹反。以收石璧。石璧流而之天下，天下財物流而之齊，故國八歲而無籍，陰里之謀也。

桓公曰：『吾欲殺商賈之利，而益農夫之事，爲此有道乎？』管子對曰：『請重粟之價，若是則田野大闢，而農夫勸其事矣。請以令使卿藏千鍾，大夫藏五百鍾，列大夫藏百鍾，列大夫，中大夫也。富商蓄賈藏五十鍾，內可以爲國委，於僞反。外可以益農夫矣。』

桓公曰：『崢丘之戰，崢丘，地名，未聞，一說即葵丘。人多稱貸負息以給上之急，寡人欲復業產，業產者，本業也。此何以洽？』洽，通也。言百姓爲戎事失其本業，今欲復之，何以通於此也。管子曰：『唯繆數爲可耳。』繆讀曰謬，假此術以陳其事也。令表稱貸之家，表，旌也皆堊白其門而高其閭，亦所以貴重之。使八使者式璧而聘之，以給鹽菜之用。令使者齎石璧而與，仍存問之，謙言鹽菜之用。稱貸之家皆齊首稽顙問曰：『何以得此？』使者曰：『君令曰：寡人聞之，詩曰：「愷悌君子，民之父母。」寡人有崢丘之戰，吾聞子假貸吾貧萌，萌與氓同。使有以給，子之力也。』稱貸之家皆折其券而削其書，舊執之券皆折毀之，所書之債皆削除之，不用。發其積藏，出其財物以振貧。國中大給，崢丘之謀也。

桓公曰：『魯、梁之於齊也，蠭螫也。蠭，古蜂字。螫音尸亦反。言魯、梁二國，常爲齊患也。吾欲下魯、梁，何行而可？』管子對曰：『魯、梁之民俗爲綈，徒奚反，繒之厚者謂之綈。公服綈，令左右服之，人從而服之，因令齊勿敢爲，必仰於魯、梁，則是魯、梁釋其農事而作綈矣。』桓公即爲服於泰山之陽，魯、梁二國在泰山之南，故爲服於此，近其境也，欲魯、梁人速知之。十日而服之。管子告魯、梁之賈人曰：『子爲我致綈千匹，賜子金三百斤，子十至而金三千斤，則是魯、梁不賦於人，財用足也。』魯、梁之君聞之，則教其人爲綈，十三月，魯、梁郭中之人，道路揚塵，十步不相見，絏繑而踵相隨，絏繑謂連續也。絏，息列反。繑，丘喬反。車轂齺、騎連伍而行。齺，齧也，士角反。言其車轂往來相齧，而騎東西連而行，皆趨綈利耳。管子曰：『魯、梁可下矣。公宜服帛，率民去綈，閉關無與魯、梁通使。』後十月，魯、梁人餓餒相及，相及，猶相繼。應聲之正，無以給上。應聲之正，謂急速之賦。正音征。魯、梁之君即令其人去綈修農，穀不可以三月而得。魯、梁之人糴十百，穀斗千錢。齊糶十錢。穀斗十錢。周月，魯、梁之民歸齊者十之六。

管子曰：『夫人予音與則憙，奪則怒，先王知其然，故見予之形，見，賢遍反。而不見奪之理，可使由之，不可使知之。故民愛可洽於上也。洽，通也。租籍者，所以強求，在工商曰租籍。強音其兩反。租稅者，所慮而請也。在農曰租稅。慮，猶計也。請，求也。王霸之君，去丘呂反其所以強求，廢其所慮而請，故天下樂雅教反從也。春賦以斂繒帛，夏貸以收秋實，蓋方春蠶，家闕乏，而賦與之，約收其繒帛也。方夏，農人闕乏，亦賦與之，約取其穀實也。是故人無廢事，而國無失利也。人之所乏，君悉與之，則豪富商人不得擅其利。凡五穀者，萬物之主也。穀貴則萬物必賤，穀賤則萬物必貴。兩者爲敵，則不俱平，故人君御穀物之秩相勝，而操事於其不平之間，秩，積也。食爲人天，故五穀之要，可與萬物爲敵，其價常不俱平。所以人君視兩事之委積，可彼此相勝，輕重於其間，則國利不散也。故萬民無籍而國利歸於君也。夫以室廡籍謂之毀成，小曰室，大曰廡，音武。是使人毀壞廬室。以六畜籍謂之止生，畜，許救反。是使人不競牧養也。以田畝籍謂之禁耕，是止其耕稼也。以正人籍謂之離情，正數之人，若丁壯也。離情，謂離心也。以正戶籍謂之養贏。贏謂大賈蓄家也。正數之戶既避其籍，則至浮浪爲大賈蓄家之所役屬，增其利耳。五者不可畢用，故王者偏行而不盡。故天子籍於幣，諸侯籍於食。中歲之穀，石十錢，大男食四石，月有四十之籍；大女食三石，月有三十之籍；吾子食二石，月有二十之籍。歲凶穀石二十，則大男有八十之籍，大女有六十之籍，吾子有四十之籍。六十爲大男，五十爲大女，吾子爲小男小女也。按古之石，準今之三斗三升三合。平歲每石稅十錢，凶歲稅二十者，非必稅其人，謂於操事輕重之間，約收其利也。是人君非發號令收嗇而戶籍也，彼人君守其本委謹，而男女諸君吾子無不服籍者也。』嗇，斂也。委，所委積之物也。謹，嚴也。言人君不用下令稅斂於人，但嚴守利途，輕重在我，則無所逃其稅也。

齊之北澤燒火，獵而行火曰燒，式照反。光照堂下。管子入賀曰：『田野闢，農夫必有百倍之利矣。』是歲租稅九月而具。桓公問管子曰：『此何故也？』對曰：『萬乘、千乘之國，不能無薪而炊，今北澤燒，莫之續，則是農夫得居裝而賣其薪蕘，大曰薪，小曰蕘。一束十倍，則春有以事耜，夏有以決芸，耘同。此租稅所以九月而具也。』

桓公問管子曰：『終身有天下而勿失，有道乎？』對曰：『請勿施於天下，獨施之於吾國。國之廣狹，壤之肥墝，有數；終歲食餘，有數。彼守國者，守穀而已矣。曰某縣之壤廣若干，某縣之壤狹若干，國之廣狹肥磽，人之所食多少，其數君素皆知之。則必積委幣，委，蓄也。各於縣州里積蓄錢幣，所謂萬室之邑，必有萬鍾之藏，藏鏹千萬；千室之邑，必有千鍾之藏，藏鏹百萬。於是縣州里受公錢。公錢即積委之幣。泰秋國穀去參之一。去，減也，丘呂反。君下令謂郡縣屬大夫里邑，皆籍粟入若干，穀重一也，以藏於上者，一其穀價而收藏之。國穀三分則二分在上矣。言先貯幣於縣邑，當秋時，下令收糴也。則魏李悝行平糴之法，上熟糴三捨一，中熟糴二捨一，下熟中分之，蓋出於此。今言去三之一者，約中熟爲準耳。泰春國穀倍重數也，泰夏賦穀以理田土，泰秋田穀之存子者若干，今上斂穀以幣，人曰無幣，以穀，則人之三有歸於上矣。言當春穀貴之時，計其價以穀賦與人，秋則斂其幣，雖設此令，本意收其穀，人既無幣，請輸穀，故歸於上。重之相因，時之化舉，無不爲國筴。重之相因，若春時穀貴與穀也。時之化舉，若秋時穀賤收穀也。因時之輕重，無不以術權之。則彼諸侯之穀十，吾國穀二十，則諸侯穀歸吾國矣。諸侯穀二十，吾國穀十，則吾國穀歸於諸侯矣。故善爲天下者。謹守重流，重流，謂嚴守穀價，不使流散。而天下不吾洩矣。洩，散也。吾穀不散出。彼重之相歸，如水之就下。吾國歲非凶也，以幣藏之，故國穀倍重。諸侯之穀至也，是藏一分而致諸侯之一分也。利不奪於天下。大夫不得以富侈以重藏輕，國常有十國之筴也。此以輕重御天下之道也。』

魏文侯相李悝曰：『糴甚貴傷人，此人謂士工商。甚賤傷農，人傷則離散，農傷則國貧，故甚貴與甚賤，其傷一也。善爲國者，使人無傷而農益勸。今一夫挾五口，治田百畝，歲收畝一石半，爲粟百五十石。除十一之稅十五石，餘百三十五石。食，人月一石半，五人終歲爲粟九十石，餘有四十五石。石三十，爲錢千三百五十。除社閭嘗新春秋之祠用錢三百，餘千五十。衣，人率用錢三百，五人終歲用千五百，不足四百五十。少四百五十，不足。不幸疾病死喪之費及上賦斂，又未與此。此農夫所以常困，有不勸耕之心，而令糴至於甚貴者也。是故善平糴者，必謹觀歲有上中下熟。上熟其收自四，餘四百石；平歲百畝收百五十石，今大熟四倍，收六百石。計人食終歲長四百石，官糴三百石，此爲糴三舍一也。中熟自三，餘三百石；自三，四百五十石也。終歲長三百石，官糴二百石，此爲糴二而舍一也。下熟自倍，餘百石。自倍，收三百石，終歲長百石，官糴其五十石，云下熟糴一，謂中分百石之一也。小飢則收百石，平歲百畝之收，收百五十石，今小飢收百石，收三分之二也。中飢七十石，收二分之一也。大飢三十石。收五之一也。以此推之，大小中飢之率。故大熟則上糴三而舍一，中熟則糴二，下熟則糴一，使人適足，價平則止。小飢則發小熟之所斂，官以斂藏出糴。中飢則發中熟之所斂，大飢則發大熟之所斂，而糴之。故雖遇飢饉水旱，糴不貴而人不散，取有餘而補不足也。』行之魏國，國以富彊。【略】

論曰：昔我國家之全盛也，約計歲之恒賦，錢穀布帛五千餘萬，其數具食貨賦稅篇下。經費之外，常積羨餘。遇百姓不足，而每有蠲恤。自天寶之始，邊境多功，寵錫既崇，給用殊廣，出納之職，支計屢空。於是言利之臣繼進，而道行矣。割剝爲務，岐路多端。每歲所入，增數百萬。【略】民者，瞑也，可使由之，不可使因之。審其衆寡，量其優劣，饒贍之道，自有其術。歷觀制作之者，固非易遇其人。周之興也得太公，齊之霸也得管仲，魏之富也得李悝，秦之强也得商鞅，後周有蘇綽，隋氏有高熲。此六賢者，上以成王業，興霸圖，次以富國强兵，立事可法。其漢代桑弘羊、耿壽昌之輩，皆起自賈豎，雖本於求利，猶事有成績。自茲以降，雖無代無人，其餘經邦正俗，興利除害，懷濟時之略，韞致理之機者，蓋不可多見矣。農者，有國之本也。先使各安其業，是以隨其受田，稅其所植。焉可徵求貨幣，捨其所有而責其所無者哉！天下農人，皆當糶鬻，豪商富室，乘急賤收，旋致罄竭，更仍貴糴，往復受弊，無有已時，欲其安業，不可得也。故晁錯曰：『欲民務農，在於貴粟，貴粟之道，在於使民以粟爲賞罰。如此農民有錢，粟有所洩。』謂官以法收取之也。誠如是，則天下之田盡闢，天下之倉盡盈。然後行其軌數，度其輕重，化以王道，扇之和風，率循禮義之方，皆登仁壽之域，斯不以難矣。在昔堯湯，水旱作沴，而人無捐瘠，以國有儲蓄。若賦斂之數重，黎庶之力竭，而公府之積，無經歲之用，不幸有一二千里水旱蟲霜，或一方興師動衆，廢於藝殖，寧免賦闕而用乏，人流而國危者哉！

《晉書》卷四七《傅咸傳》 陛下處至尊之位，而修布衣之事，親覽萬機，勞心日昃。在昔帝王，躬自菲薄，以利天下，未有踰陛下也。然泰始開元以暨于今，十有五年矣。而軍國未豐，百姓不贍，一歲不登便有菜色者，誠由官衆事殷，復除猥濫，蠶食者多而親農者少也。臣以頑疏，謬忝近職，每見聖詔以百姓饑饉爲慮，無能云補，伏用慚恧，敢不自竭，以對天問。舊都督有四，今并監軍，乃盈於十。夏禹敷土，分爲九州，今之刺史，幾向一倍。戶口比漢十分之一，而置郡縣更多。空校牙門，無益宿衛，而虛立軍府，動有百數。五等諸侯，復坐置官屬。諸所寵給，皆生於百姓。一夫不農，有受其飢，今之不農，不可勝計。縱使五稼普收，僅足相接；暫有災患，便不繼贍。以爲當今之急，先并官省事，靜事息役，上下用心，惟農是務也。

咸以世俗奢侈，又上書曰：『臣以爲穀帛難生，而用之不節，無緣不匱。故先王之化天下，食肉衣帛，皆有其制。竊謂奢侈之費，甚於天災。古者堯有茅茨，今之百姓競豐其屋。古者臣無玉食，今之賈豎皆厭粱肉。古者后妃乃有殊飾，今之婢妾被服綾羅。古者大夫乃不徒行，今之賤隸乘輕驅肥。古者人稠地狹而有儲蓄，由於節也；今者土廣人稀而患不足，由於奢也。欲時之儉，當詰其奢；奢不見詰，轉相高尚。昔毛玠爲吏部尚書，時無敢好衣美食者。魏武帝歎曰：『孤之法不如毛尚書。』令使諸部用心，各如毛玠，風俗之移，在不難矣。』又議移縣獄於郡及二社應立，朝廷從之。遷尚書左丞。

唐 呂延禎《浚治練湖狀》《吳中水利全書》卷一三 當縣有練湖，源出潤州高麗長山，下注官河一百二十里。當縣丹徒金壇延陵，人户並同潤。臣讀石碑，得聞湖利。訪諸鄉老，咸曰疇昔以湖有爲，故立碑於縣門。其廢於今，將百年矣。當爲湖日，湖水放一寸，河水漲一尺。旱可引灌溉，澇不致奔沖，其膏田幾逾萬頃。昔環湖而居，衣食於魚者，凡數百家，有斗門肆所。洎前唐末，兵亂之後，民殘湖廢。安仁議取斗門餘木，以修戰備。自此近湖人户，耕湖爲田。後來弓量，賦稱租籍。農商失恃，漁樵失業。河渠失利，租庸失計。民思復湖以禦災，奈何無所置立焉。苟欲訪其利病，則讀碑可知，觀湖可見。臣頻承條制，葺陂塘，切度其湖，爲利甚博。遂爲材役工，於古斗門基上，以土堰捺。及填補破缺處。初謗議震動，謂臣弗良圖。且廢湖豐己者不十餘家，有湖無災者四縣之地。臣明知利害，獨如弗聞。自今歲秋後不雨，河道乾枯，累放湖水灌注，使命商旅，舟船往來，免役牛牽。當縣及諸縣人户，請水救田，臣並掘破湖岸給水。如將久遠，須置斗門，方得通濟。其斗門木植，須用桅楠。乞給省場板木起建，狀下所司處分。

唐 蕭穎士《蕭茂挺文集・爲從叔鴻臚少卿論旱請掩骼埋胔表》 臣言：臣聞事君之義，有犯無隱，故心苟所至，願必上聞，所以罄露塵涓，裨助山海，則匪躬之節著，致主之情竭矣。臣實蕪庸，志業非遠，幸逢明聖，累忝驅策。位登四品，官亞九卿，叨竊已多，答效無紀。常願刳肝碎骨，仰報於天，此臣景行前修，悃款終夕，不能已也。臣某中謝。臣聞諸《傳》曰：『天災流行，國家人有。』雖升平之代，秉哲之君，禮義不愆，刑罰斯中，而適當其際，化理不回。故商武受命之賢王，周宣中興之令主，桑林未禱，金石以銷。禮其大統，則陰陽之數，義實固然；推其至理，是時事之端，政乖取此。誠細有所遺，驗諸方志，昭然可辨。雖日月薄蝕，無損於明，而宵旰兢慄，未喻其道，良足惜也。伏惟開元聖文神武皇帝陛下道格上蒼，功深下濟，葉兩儀之高厚，等四序之運行。告成岱宗，而靈饗聿應；展禮農籍，而嘉禾實穎。烝烝過於虞后，翼翼邁於周文，故元祖契會昌之符，蒼生踐仁壽之域。臣竊觀圖諜所記，生靈以來，巍巍赫赫，未有如聖朝之盛者也。而水旱小數，時或愆和，一旬不雨，仍延聖慮。臣竊以殷周之事考之，斯可得而言矣。臣聞《道德經》曰：『大軍之後，必有兇年。』《論語》亦曰：『加之以師旅，因之以饑饉。』蓋云暴骨中原，感動和氣，疵癘是作，災害用生。故強死之魂，《傳》稱爲鬼；積屍之氣，禮有驅除，不徒言也。臣竊觀成湯之受命也，前有伐葛之役，後有升陑之師，凡七十二征而天下服，故其詩曰：『武王載旆，有虔秉鉞；如火烈烈，莫我敢遏！』宣王之中興也，亦南征淮甸，北伐太原，外攘夷狄，復文武之境土，故其詩曰：『六月棲棲，戎車既飭；四牡騤騤，載是常服。』則二王用師而定也明矣。未聞有岐昌掩骼之政、秦穆封屍之令，旱暵之故，不亦宜乎？不然，則《月令》『孟春之命』，『掩骼埋胔』；《周禮》蜡氏『掌凡國之骴禁』，『埋而置楬焉』，豈虛設也？臣聞之，五材並用，誰能去兵？小則施諸市朝，大則陳諸原野。我國家櫜鞬理定，十紀於斯。陛下重之以懷柔，申之以靈武。三韓左衽，夷於郡縣；六狄解辮，願爲臣妾。《書》、《詩》所載，未之聞也。而西戎醜類，尚興艽野之師；東胡噍餘，猶儆柳城之戍。陛下爰整其旅，吊厥匪人。雖有征無戰，不聞遺鏃之失，而恃險與馬，猶積抗輪之斃。故血膏草莽，骸聚邱山。史不絕書，士有餘勇，以爲常矣。臣又聞之，帝王者，則天而法地，長物以子人。如天之無不幬，如地之無不載，故天無遺人。雖古先哲王，內諸華而外夷狄，亦云要服者貢、荒服者王。聲教所加，合於一揆，所以伐其叛而柔其服，重其生而哀其死。《詩》曰：『普天之下，莫非王土。』《書》曰：『丕冒海隅，莫不率俾。』此之謂也。頃春之季，恆陽小愆，宿麥未登，首種不入。賴陛下憂勞日昃，以萬物爲心。天且不違，應如影響，閏月雲暮，時雨滂流。我田我私，既浹祁祁之澤；彼黍彼稷，方成油油之稼。此天慶陛下至矣！人感陛下深矣！而密雲未灑，忽復二旬，時屬炎蒸，土仍滲漉，元元之望，又加於玆。昔燕祠寡婦，延闔境之潤；漢察冤囚，致隋車之雨。今陛下當措刑之代，濟必封之甿，吏不苛刻，人無怨訴，愆亢之由，有異於彼。愚臣不敏，竊有所見，謂宜分遺制使，往校邊庭，凡戰陣之處，體骨所在，即將埋掩，仍施厲禁。則儀刑萬國，仁洽九泉，存亡均雨露之恩，華夷同日月之照，庶膏液與聖私齊運，旱苗將朽骨俱榮。不任云云。

唐 韋嗣立《請減濫食封邑疏》《歷代名臣奏議》卷二四三　臣聞國無九年之儲家無三年之蓄，家非其家，國非其國也。故知立國立家，皆資於儲蓄矣。夫水旱之災，關之陰陽運數，非人智力所能及也。堯遭大水，湯遭大旱，則知仁聖之君，亦所不免。當此時，百姓不至於困弊者，有積也。今陛下倉庫之內，比稍空竭，尋常用度，不支一年。倘有水旱，人須賑給，徵發時動，兵要資裝，則將何以備之？其緣倉庫不實，妨於政化者，觸類而是。臣竊見比者營造寺觀，其數極多，皆務取宏博，競崇瑰麗。大則費耗百十萬，小則尚用三五萬餘，略計都用資財，動至千萬已上。轉運木石，人牛不停，廢人功，害農務，事既非急，時多怨咨。故《書》曰：『不作無益害有益，功迺成；不貴異物賤用物，民迺足。』誠哉此言，非虛設也。且元旨秘妙，歸於空寂。苟非修心定慧，諸法皆涉有爲。至如土木雕刻等功，唯是殫竭人力，但學相誇壯麗，豈關降伏身心？且凡所興工，皆須掘鑿，蟄蟲在土，種類實多，每日殺傷，動盈萬計，連年如此，損害可知。聖人慈悲爲心，豈有須行此事？不然之理，皎在目前。世俗衆僧，未通其旨，不慮府庫空竭，不思聖人憂勞，謂廣樹福田，即是增修法教。儻水旱爲災，人至饑餒，夷狄作梗，兵無資糧，陛下雖有龍象如雲，伽藍概日，豈能禆萬分之一，救元元之苦哉？於道法既有乖，在生人極爲損，陛下豈可不深思之？

臣竊見食封之家，其數甚衆，昨略問户部，云用六十餘萬丁。一丁兩匹，即是一百二十萬已上匹。臣頃在太府，知每年庸調絹數，多不過百萬，少則七八十萬已來，比諸封家所入全少。倘有蟲霜旱潦，曾不半在，國家支供，何以取給？臣聞自古封茅土、裂山河，皆須業著經綸，功申草昧，然後配宗廟之享，承帶礪之恩。皇運之初，功臣共定天下，當時食封，纔祇三二十家。今以尋常特恩，遂至百家已上，國家租賦，大半私門。私門則資用有餘，國家則支計不足，有餘則或致奢僭，不足則坐致憂危，制國之方，豈謂爲得？封户之物，諸家自徵，或是官典，或是奴僕，多挾勢逞威，陵突州縣。凡是封户，不勝侵漁，或輸物多索裹頭，或相知要取中物，百姓怨嘆，遠近共知。復有因將貨易，轉更生衅，微打紛紛，曾不寧息，貧乏百姓，何以克堪？若必限丁物送太府，封家但於左藏請受，不得輒自徵催，則必免侵漁，人冀蘇息。

唐 李蔚《諫禁中飯僧疏》《册府元龜》卷五五三　臣聞孔子聖者歟，言則引周任之言；苻融賢者也，諫必憑王猛之諫。誠以事求師古，詞貴達情。臣伏睹陛下自纘帝圖，克崇佛事，止當修外，未甚得中。臣略採本朝名臣啟奏之言，以證奉佛初終之要。

臣聞天后時，曾營大像，功逾百萬。狄仁傑上疏云：『夫寶鉸殫於綴飾，瑰材竭於輪奐。功不使鬼，必在役人；物不天來，皆從地出。非損百姓，將何以求？物生有時，用之無度。臣每思維，實所悲痛。至如往在江表，像法盛興，梁武、簡文，施捨無限。及至三淮沸浪，五嶺騰煙。列刹盈衢，無救危亡之禍；緇衣蔽路，豈有勤王之師。況近年以來，風塵屢擾，水旱不節，征役稍繁。必若多費官錢，又苦人力，一隅有難，將何救之？』此切當之言一也。中宗時，公主外戚皆奏度僧尼，姚崇奏曰：『佛不在外，求之於心。佛圖澄最賢，無益於後趙；羅什多藝，不救於姚秦。何充、苻堅，皆遭敗滅；齊襄、梁武，未免災殃。但志發慈悲，心行利益，使蒼生安樂，即是佛身。』此切當之言二也。睿宗爲金仙、玉真二公主作大觀，辛替否諫曰：『自夏已來，淫雨不解，穀荒於壠，麥爛於場。入秋已來，亢旱爲災，苗而不實，霜損蟲暴，草菜枯黃，下人咨嗟，未知賑貸。今陛下愛二女而造兩觀，燒瓦運木，載土填沙。道路流言，皆云計用錢百萬餘貫。伏惟陛下聖人也，遠無所不知；陛下明君也，細無所不見。既知且見，知倉有幾年之儲，庫有幾年之帛，知百姓之間，可存活乎？三邊之士，可轉輸乎？當今發一卒以捍邊陲，遣一兵以衛社稷，多無衣食，皆帶饑寒，賞賜之間，迴無所出。軍旅驟敗，莫不由斯。而乃以百萬貫錢，造不急之觀，以賈六合之怨，以違萬人之心。』此切當之言三也。替否又諫造寺曰：『夫釋教以清淨爲基，以慈悲爲主。故常體道以濟物，不利己而害人。每去己以全真，不營身以害教。今三時之月，築山穿池，損命也；殫府虛帑，損人也；廣殿長廊，營身也。損命則不慈悲，損人則不濟物，營身則不清淨。豈大聖至神之心乎？佛書曰：一切有爲法，如夢幻泡影，如露亦如電。臣以爲減雕琢之費，以賑貧人，是有如來之德；息穿掘之苦，以全昆蟲，是有如來之仁；罷營葺之直，以給邊陲，是有湯武之功；回不急之祿，以購清廉，是有唐虞之理；陛下緩其所急，急其所緩，親未來而疏見在，失真實而冀虛無，重俗人之所爲，輕天子之功業，臣實痛之。』此切當之言四也。

臣觀仁傑天后、高宗朝上公也，元崇先天、開元中賢哲也。替否中宗、睿宗時直臣也。臣每覽斯文，則未嘗不廢卷長嘆而感慕之。伏以陛下深重緇流，妙崇佛事，其爲樂善，實邁前蹤。但細詳時代之安危，眇鑒昔賢之敷奏，則思過半矣。道遠乎哉！臣過忝渥恩，言虧匡諫，但舉從繩之義，少裨負扆之明，營繕之閒，稍宜停減。

唐 李嶠《爲水潦灾異陳情表》《文苑英華》卷六一〇　臣嶠言：臣聞明主程才，先求於稱職；忠臣效用，必務於量己：然後庶官無廢，百度以康。若使假鳳登朝，真龍不馭，將緣鶴之鼎，方憂於折足；和鸞之駕，必誡於傾輈：豈徒鐘鼓生襖，蠻夷起笑而已？臣瓶筲賤器，駑蹇輕姿，同鼯鼠之五伎不成，異飛鴻之六翮兼備，遭逢幸會，累叨階級。陛下降非常之澤，垂不次之恩，昇之冢司，握九流之銓管；委以樞近，參萬機之損益。傳説作舟之命，徒奉箴規；仲山補褒之談，曾微答效。致令衡鏡失序，紀綱不張，官僚日增，府庫歲減：謬職之謗，或譏於畫武續貂；敗官之尤，有議於喧盧吠鵲。下生朝野之蠹，上悖陰陽之和：水潦爲災，慮深於昏墊；黎氓失稔，憂在於溝壑。軫皇情於南面，墜國庾於西成，虧變理之節，失平分之度：推其咎戾，實在微臣。昔者堯逢阻饑，而四岳咨訪；漢遇災異，而三公策免。舉遺才而求俊乂，退不肖而清庶官：厥有由來，著於古昔。臣緝熙莫效，屍曠無成，以擁腫之凡材，抱支離之痼疾。久懷致寇之祿，猶帶妨官之綬，靦目而視，不遑自安。是用啟處慚惶，寢興誡惕，思解鵕鸃之服，願辭鵷鷺之行，庶得保愚公之廬，避賢者之路，以寧衆口之囂謗，以答三靈之譴咎：則物情朝序，誰不謂宜？昔干木辭第，恆思衛生；營平寢瘵，不忘憂國。當今兵戎未靜，費務方多，人庶空虛，官僚苟且，不可不深爲防慮，妙思政術。臣銜恩佩德，念咎慚榮，雖智和無聞，自甘於罷黜；而庸短所見，猶樂於輸畫。不勝區區之意，謹昧死陳利害事一封，幸當明主不諱之朝，敢效愚臣無隱之節。儻蒙赦其狂直，收其固陋，廼冀有益纖芥，效添山海。無任悚懼懇誠之至，謹詣朝堂奉表陳請以聞。

唐 陳子昂《諫政理書》《歷代名臣奏議》卷二七　臣聞之於師曰：『元氣者，天地之始，萬物之祖王政之大端也。』天地之道，莫大乎陰陽；萬物之靈，莫大乎黔首；王政之貴，莫大乎安人：故人安則陰陽和，陰陽和則天地平，天地平則元氣正矣。是以古先帝代，見人之通於天也，天之應乎人也，天人相感，陰陽相和，災害之所以不生，嘉祥之所以遂一作並作。則一作遂觀象於天，察法於地，財成天地之道，輔相天地之宜，以左右人，於是養成羣生，奉順天德，故人得安其俗，樂其業，甘其食，美其服，陰陽大和，元氣以正。天瑞降，地符昇，風雨以時，草木不落，黽龍麟鳳，在郊藪矣。洎顓頊、唐、虞之閒，不敢荒寧，亦克用理，故其書曰：『百姓昭明，協和萬邦，黎人於變時雍，廼命羲和，欽若昊天，曆象日月星辰，敬授人時，和之得也。』至夏德衰亡，殷政微喪，桀、紂昏暴，亂於天道，殺戮無罪，放棄忠良。遂竭天下之力，殫天下之貨，作爲瑤臺，起乎瓊室，極荒淫之樂，窮耳目之玩；傾宫之女，至數千人，奇伎淫巧，以億萬計；信巫鬼，聽讒邪，遂爲糟丘酒池、炮烙之刑，一朝牛飲者三千人。龍逢不勝其憂，諫而死；箕子不堪其憤，囚爲奴。是以陰陽大乖，天地震怒，山川鬼神，發見災異疾疫大興，妖孽並作，而桀、紂不悔，卒廼滅亡，和之失也。逮周文、武創業。順天應人，誠信忠厚，加於百姓，德澤休泰，興乎頌聲；成、康之時，刑措三十餘年，天人之道始和矣。幽、厲之末，復亂厥常，苛慝暴虐，詬讟天地，百川沸騰，山冢崪崩，人以愁怨，疾厲爲作，故其詩曰：『昊天不傭，降此鞫兇；昊天不惠，降此大戾。不先不後，爲瘥爲瘵。』天地生之理，復悖於兹矣。嗚呼！豈不哀哉！豈不哀哉！

近者有隋氏，亦不克終厥初。隨高帝之有天下也，以六合爲家，方將對越天人，傳之萬代，至煬帝承平，自以貴爲天子，富有四海，欲窮宇宙之觀，極遊宴之樂，以爲人主之急務也。於是廼鑿御渠，決黄河，自伊、洛之閒而屬之揚州，生人之力既弊，天地之藏又泄。煬帝方欣然以爲得計，將后宫綵女數百千人，遂泛龍舟，遊三江五湖之閒，當其得得意也，視天下如脫屣爾。其後百姓騷弊，災變數興，吏人貪暴，其政日亂，陰陽感怒，彗孛以出。煬帝不悟，自以爲天下安於泰山，方率百萬之師，而有事於遼東。當時山東，父子不得相保也。天厭暴政，人懷亂亡，故遼東之役未歸，而中國之難已起。身死逆手，宗廟以隳，其故何哉？逆天人之理也。是以臣每察天人之際，觀禍亂之由，跡帝王之事，念先師之説，昭然著明信不欺爾，不意陛下以大聖之慮，見天人之心，將欲調元氣之綱，返淳和之治，自非陛下合天地之德，有日月之明，誰能眇然遠思，欲求大和於元氣哉？此昔者伏羲氏之所以本天人而爲三皇首也。愚臣暗昧，不勝大願，願陛下爲大唐建萬代之策，恢三聖之功，傳乎子孫，永作鴻業，千百年閒，使繼文之主有所守也。非甚無道，不失厥嗣，陛下可不務之哉？

臣伏見天皇大帝得天地之統，封於泰山，盛德大業，與天比崇矣，然尚未建明堂之宫，遂朝上帝，使萬代鴻業，今猶厥然。臣愚意者，豈非天皇大帝知陛下聖明，必能起中興之化，留此盛德，以發揮陛下哉？不然，何所異讓而未作也？今陛下欲調元氣，睦人倫，躋俗仁壽，興風禮讓，捨此道也，於何理哉？故臣不勝區區螻蟻之誠思，願陛下念先帝之休意，恢大唐之鴻業，於國南郊建立明堂，使宇宙黎元，遐荒夷貊，昆蟲草木，天地鬼神，粲然知陛下方興三皇五帝之事，與天下更始，不其盛哉！昔者黄帝合宫，有虞總章，唐堯衢室，夏后世室：羣聖之所以調元氣、理陰陽此教也。臣雖未學，竊嘗聞明堂之制也，有天地之則焉，有陰陽之統焉，二十四氣、八風、十二月、四時、五行、二十八宿，莫不率備。故順其時月而爲政，則風雨時，寒暑平，萬物茂暢，五穀登稔，元氣不錯，陰陽以和；逆其時而爲政也，則水旱興，疾疫起，蟲螟爲害，霜元成災，陰陽不和，元氣以錯：故昔者聖人所以爲教之大業也。是以臣願陛下爲大唐建萬代之策者，意在兹乎！意在兹乎！

陛下若不以臣微而廢其言，乞以臣此章與三公九卿、賢士大夫議之於庭。倘事便於今，道不違古，即請陛下徵天下鴻生鉅儒、賢良豪傑之士，博通古今皇王政理之術者，與之按《周禮・月令》而建之，臣必知天下庶人子來，不日而成也。廼正月孟春，陛下乘鑾輿，駕蒼龍，載青旂，佩蒼玉，從三公九卿、賢士大夫、鴻儒碩老、衣冠之倫，朝於青陽左个，負斧扆，憑玉几，南面以聽天下之政。於是遂發大號，宣佈四方，使各順十二月之令，無敢有違。廼命太史守典，奉法司天，日月星辰之行，無失經紀，以初爲常。陛下遂躬藉田親蠶，以勸天下之農桑；養三老五更，以教天下之孝悌；明訟恤獄，以息天下之淫刑，除害去虐，以正天下之仁壽，修文尚德，以止天下之干戈，察孝興廉，以除天下之貪吏。矜寡孤獨，疲癃羸老，不能自存者，賑恤之；后宫美人，非三妃九嬪八十一御女之數者，出嫁之；珠玉錦繡、雕琢技巧之飾，非益於理者，悉棄之；巫鬼淫祀，誑惑良人者，禁殺之。陛下務以至誠，躬服質素，以爲天下先，愚臣以爲不出數年之閒，將見太平之化也。天人之際既洽，鬼神之望允塞，然後作雅樂，潔粢盛，宗祀天皇於明堂以配上帝，使萬國各以其職來祭，豈不休哉！臣伏惟陛下至德明聖，未有能越行此道者也。故臣竊以爲此化一成，則人倫之道自睦，刑罰之原自息，兵革之事不興，還淳之途可見，仁壽禮讓，稼穡農桑，不言而自致也。是以賤臣未得爲陛下一二論之，何者？聖人之教在於可大可久者，故臣欲陛下振領提綱，使天下自理也。

唐 權德輿《權文公集補遺》卷一《上陳闕政》 陛下齊心減膳，閔惻元元。告於宗廟，禱諸天地。一物可祈，必致其禮；一士有請，必聽其言。憂人之心，可謂至已。臣聞銷天災者修政術，感人心者流惠澤，和氣洽則祥應至矣。畿甸之内，大率赤地而無所望，轉徙之人，斃踣道路，慮種麥時種不得下。宜詔所在，裁留經用，以種貸民。今兹租賦及宿逋遠貸，一切蠲除；設不蠲除，亦無可斂之理。不如先事圖之，則恩歸於上矣。十四年夏旱，吏趣常賦，至縣令爲民毆辱者，不可不察。漕運本濟關中，若轉東都以西緣道倉廩，悉入京師，督江淮所輸，以備常數，然後約太倉一歲計，斥其餘者，以雜于民，則時價不踴，而蓄藏者出矣。大曆中一縑直錢四千，今止八百，税入加舊，則出於民者，五倍其初。四方鋭於上獻，爲國掊怨，廣軍實之求，而兵有虚籍，剝取多方，雖有心計巧歷，能商功利，其於割股啗口，困人均也。比經紬放者，自謂技拭無期，坐爲匪人，感傷和氣，而冬薦官逾三年未受命，衣食既空，溘然就斃，此亦窮人之一端也。近陛下洗宥紬放者，或起爲二千石，其徒更相勉，知牽復可望，惟因而宏之，使人人自效。

唐　盧懷慎《陳時政得失疏其二》《舊唐書》卷九八　臣聞《尚書》云：『唐、虞稽古，建官惟百。夏、商官倍，亦克用乂。』此省官之義也。又云：『官不必備，惟其人。』又云：『無曠庶官，天工人其代之。』此爲官擇人之義也。臣竊見京諸司員外官，所在委積，多者數逾十倍，近古以來，未之有也。官不必備，此則有餘，人代天工，多不釐務。廣有除拜，無所裨益，俸祿之費，歲鉅億萬空竭府藏而已，豈致理之基哉？方今倉庫空虚，百姓凋弊，河葦楊輓。西給京師，公私損耗，不可勝紀。況邊隅未靜，兵革尤興，節用愛人，正在今日，增官廣費，豈曰其時？儻水旱成災，租税減入，水衡無貫朽之蓄，京庾闕流衍之儲；或疆場外守，兵車遠出；或收藏無歲，賑救在辰：此軍國之急務也，陛下將何以濟之乎？《書》云：『無輕人事惟艱，無安厥位惟危。』又云：『不見是圖。』此皆慎微之深旨也。臣竊見員外官中，或簪裾雅望，或臺閣舊人，或明習憲章，或諳閒政要，皆一時之良幹也。多不司案牘，空尸祿俸，滯其才而不申其用，尊其位而不盡其力。周稱多士，漢曰得人，豈其然歟？必有異於此矣。臣望請諸司員外官，有才能器識，衆共聞知，堪爲州牧、縣宰及上佐者，並請遷擢，使宣力四方，申其智效；有老病及不堪理務者，咸從廢省，使賢不肖較然殊貫。此濟時之切務也，安可謂行之艱哉？

唐　裴漼《諫春旱造寺觀疏》《舊唐書》卷一〇〇　臣某言：臣謹案《禮記・春夏月令》曰：『無聚大衆，無起大役，不可興土功，恐妨農事。』若號令乖度，役使不時，則人加疾疫之危，國有水旱之變，此五行之必應也。今自春及夏，時雨愆期，下人憂心，莫知所出。陛下雖降哀矜之詔，兩都仍有寺觀之作，時旱之應，實此之由。近日已來，雨雖不多，僅得下種，若不勸以農桑，恐棄本者多。故《書》云『雖有鎡基，不如逢時』，言在乎時不可失也。且春令告期，東作方始，正是丁壯就功之日，而土木方興，臣恐所妨尤多，所益尤少。耕夫蠶妾，饑寒之源，故《春秋》莊公三十一年冬不雨，《五行傳》以爲是歲三築臺；僖公二十一年夏大旱，《五行傳》以爲時作南門，勞人興役。陛下每以萬方爲念，睿旨殷勤，安國濟人，防微慮遠。伏願陛下下明制，發德音，順天時，副人望，兩京公私營造及諸和市木石等，並請且停，則蒼生幸甚。若農業失時，户口流散，縱寺觀營搆，豈救黎元饑寒之弊哉？

唐　嚴挺之《諫安福門酺宴疏》《舊唐書》卷九九　臣浚言：微臣竊惟陛下應天順人，發號施令，躬親大禮昭布鴻澤，孜孜庶政，業業萬幾，蓋以天下心爲心，深戒安危之理，此誠堯、舜、禹、湯之德教也。奈何親御城門，以觀大酺，累日兼夜，臣愚竊所未諭。夫酺者，因人所利，合醵爲懽，無相奪倫。不致糜弊，且臣卜其晝，史冊攸傳。君舉必書，帝王重慎，今廼暴衣冠於上路，羅伎樂於中宵，雜鄭衛之音，縱倡優之樂。陛下還淳復古，宵衣旰食，不矜細行，恐非聖德所宜，臣以爲一不可也。誰何警夜？伐鼓通晨，以備非常，古之善教。今陛下不深惟戒慎，輕違動息，重門弛禁，鉅猾多徒。儻有躍馬奔車，厲聲駭叫，一塵聽覽，有軫宸衷，臣以爲二不可也。且一人向隅，滿堂不樂；一物失所，納隍增慮。陛下以北宫多暇，西墉暫陟，青春日長，已積塵埃之弊；紫微漏永，重窮歌舞之樂。儻令有司跛倚，下人饑倦，以陛下近猶不恤，而況於遠乎？聖情攸聞，豈不凜然祇畏？臣以爲三不可也。且元正首祚，大禮頻光，百姓喁喁，咸謂業盛配天，功垂曠代。今陛下恩似薄於衆望，酺即過於往年，王公貴人，各承微旨，州縣坊曲，競爲課税，吁嗟道路，貨易家産，損萬人之力，勞百戲之資：適欲同其懽，而亟遺其患，復令兼夜，人何以堪？臣以爲四不可也。《書》曰：『罔咈百姓，以從己之欲。』況自去夏淫霖，經冬亢旱，農乏收成，市有騰貴，損其實，崇其虚，馳不急之務，擾方春之業，前代聖主明王，忽於微細而成過患者多矣，陛下豈可效之哉？伏望晝盡懽娱，暮令休息，要令兼夜，恐無益於聖朝。惟陛下裁擇。

唐　韓覃《諫營建中都表》《文苑英華》卷六二二　臣聞古者明王之制也，

史書過，瞽誦詩，公卿諫，士傳言，庶人謗於道，商旅議於市：然後君得聞其過失而後改之，見義而從之，所以永有天下者也。陛下不以臣不肖，忝在學士，敢不竭忠盡節，有隱避乎？《詩》曰：『靡不有初，鮮克有終。』老氏曰：『慎終如始，則無敗事。』曩者韋氏稱制，萬邦憂惶，實賴陛下神武，克復社稷。其初也，賤珍寶，禁奢華，罷土功，敦樸素，革衆弊，代天工，垂拱無爲，凝心虚靜，追蹤堯舜，比德羲軒：天下禺禺，傾耳注目，喜遇非常之主，復在於今日矣；《康哉》之歌，復聞於黎庶矣。奈何簡易未幾，而又興建中都乎？畜於閒廄數倍乎？溺於聲色無極乎？耽於遊畋不節乎？營爲繕造衆多乎？都邑課税煩劇乎？不省亡國之風，因循覆車之軌，天下失望，四海驚嗟。朝野心知，而懼罪鉗口，以斯統御天下，豈所謂可久可大之業耶？且自歷代之君，皆欲建萬代之業，使子孫長有天下者也，豈使子孫傾覆天下者哉？子孫若覺所行必將敗亡，則必恐懼不敢爲之矣。以亡國之主，自謂必不亡也，然後至於敗亡也；存國之君，恐懼必將亡也，然後至於不亡也。《易》曰：『知進退存亡得喪，而不失其正者，其惟聖人乎！』又曰：『其亡其亡，繫於包桑。』此言懼亡，獲堅固也。管仲曰：『古之隳國家、失社稷者，非故且爲之也。有樂焉，不知其陷於惡也。』陸凱曰：『有道之君，以樂樂人；無道之君，以樂樂身。樂人者其樂彌長，樂身者不久而亡。』惟陛下居安慮危，在得圖失，防患於無形之始，慎禍於纖微之初，念管仲之至言，棄少樂而存社稷，覽陸凱之篤論，思樂人而彌長也。

《禮記》曰：『孟夏之月，無有壞隳，無起土功，無發大衆，無伐大樹。』昔魯夏城中邱，《春秋》書之，垂爲後戒。今建國都，廼長久之大業也，犯天下之大禁，襲《春秋》之所諱。《詩》曰：『畏天之怒，不敢戲豫。』《孝經》曰：『理國者不敢侮於鰥寡，而況於士人乎？』今不恤庶人擾而建都國，不畏上天之怒而長戲豫，棄安就危，棄存就亡，棄易就難，棄約就奢，而欲永有天下，恐不可得也。但恐頃年已來，水旱不節，天下虚竭，兆庶困窮，户口逃散，流離艱苦，鞏洛暴水，所喪尤多，江淮赤地，饑餒者衆。加以東北有不賓之寇，西涼有喪失之軍，干戈歲增，疆埸騷動，近又胡羯逆命，徵發不寧：料事度宜，豈應更建中都乎？至若兩都，雖舊制矣，然而分守官衆多矣，費耗用度，尚以爲損，豈況更建中都乎？夫河東者，國之股肱郡也，勁鋭強兵，盡出於是，其地隘狹，今又置都，十萬之户，將安投乎？夫惟所造城闕，爰及苑囿，毁拆閭閻，令其別創，損壞冢墓，令其改眩，殷富者破其産業，貧寠者莫知所從。外迫威詔，内懷湯火，怨嗟之聲，驚惶之擾，盈於途路，逮於鬼神，老小孤惸，茫然無計，憂悲苦惱，不可勝説，此甚不可也。且陋東都而幸西都，自西都而造中都，取樂一君之欲，以遺萬人之患。務在都國之多，不恤危亡之變；悦在遊幸之麗，不顧兆庶之困：非所以建深根固蒂不拔之長策矣。昔漢帝感鍾離意之言，息事德陽之殿；魏主採續咸之諫，止造鄴都之宫。臣職非其位，言發微細，然聖主不以人廢言，不以微擯人矣。臣愚誠願陛下發德音，垂明詔，深恤黎庶，罷事中都，則福履無疆，天下幸甚。謹言。

唐　裴耀卿《請緣河置倉納運疏》《册府元龜》卷四九八　伏惟陛下仁聖至深，憂勤庶務，小有饑乏，降詔哀矜，躬親支計，救其危急。今既大駕東巡，百司扈從，諸州及三輔先有所貯，且隨見在發重臣，分道賑給，計可支一二年。從東都廣漕運，以實關輔，待稍充實，車駕西還，即事無不濟。臣以國家帝業，本在京師，萬國朝宗，百代不易之所。但爲秦中地狹，收粟不多，儻遇水旱，即便匱乏。往者貞觀、永徽之際，禄廪數少，每年轉運，不過一二十萬石，所用便足，以此車駕久得安居。今昇平日久，國用漸廣，每年陝雒漕運，數倍於前，支猶不給。陛下幸東都以就貯積，爲國大計，不憚劬勞，皆爲憂人而行，豈是故欲來往？若能更廣陝運，支入京倉廪，當有三二年糧，即無憂水旱。今日天下輸丁，約有四百萬人，每丁支出錢百文充陝洛運腳，五十文充營窖等用，貯納司農及河南府陝州，以充其費，租米則各隨遠近，任自出腳送納。東都至陝，河路艱險，既用陸腳，無繇廣致，若能開通河漕，變陸爲水，則所支有餘，動盈萬計。且江南租船，所在候水，始敢進發，吴人不便河漕，繇是所在停留，日月既淹，遂生隱盜。臣請於河口置一倉，納江東租米，便令江南船回，其從河口即分入河雒，官自僱船載運者；至三門之東置一倉，既屬水險，即於河岸傍山車運十數里；至三門之西又置一倉，每運至倉，即般下貯納，水通即運，水細便止；漸至太原倉，泝河入渭，更無停留，所省鉅萬。臣嘗任濟定冀等三州刺史，詢訪故事，前漢都關内，年月稍久，及隋亦在京師，緣河皆有舊倉，所以國用常贍。若依此行用，利便實深。

唐　陸贄《唐陸宣公翰苑集》卷七《論度支令京兆府折税市草事狀》

度支奏：『緣當年税草支用不充，諸場和市所得又少，所以每至秋夏，常有欠闕。請令京兆府折今年秋税和市草一千萬束，便令人户送入城輸納，每束兼車腳與折錢二十五文，既利貧人，兼濟公用。』希顏奉宣進止：『宜依者。』

伏以制事之體，所貴有常，順人之情，尤重改作。革而能當，尚恐未孚，動且非宜，曷由無擾？臣等每承睿旨，常以百姓爲憂，審知事不可行，安敢默而無述。每年蓄聚芻藁，所司素有恒規，計料稅草不充，即便開場和市，既優價直，復及農收，人皆樂輸，事不勞擾。陛下追想往年之事，豈嘗有緣草不足，上關宸慮者乎？延齡欲衒已能，頗隳舊制，苟收經費之用，以資贏羨之功遂使儲備空虛，支計寥落，廄圉告闕，頻煩聖聽。去歲已然，今夏尤甚，此乃不遵舊制之過也。舊制何害而變之哉？臣等謹檢京兆府應徵地稅草數，每年不過三百萬束，其中除留供諸縣館驛及鎮軍之外，應合入城輸納，唯二百三十萬而已。百姓般運，已甚艱辛常迫春農，僅能得畢。今若更徵一千萬束，仍令並送入城，即是一年之間，並徵三年稅草，計其所加車腳，則又四倍常時。物力有窮，求取無藝，其爲騷怨，理在不疑。甸服且然，四方安仰？假使時當豐稔，家悉阜殷，有草可輸，有車可載，然於途程往復，理須淹歷歲時。牛廢耕犂，人妨播植，東作既闕，西成曷期？況烝黎之間，貧富不等，收獲之際，豐耗靡均，今忽並役車牛，僱車傭必騰貴；並徵稅草，買草價必倍高。是使豪富之徒，乘急令以邀其利；窮乏之輩，因暴斂以毀其家。非所謂均節財物，準平賦法之術也。臣等又勘度支京兆比來僱車估價，及所載多少，大率每一車載一百二束，每一里給傭錢三十五文，百束應輸二束充耗。今京畿諸縣，去城近者七八十里，遠者向二百里，設令遠近相補，通以百里爲程，則僱車載草百束，悉依官司常估猶用錢三千五百文。即是一束之草，唯計般運，已當三十有五文。買草本價，又更半之。而度支曾不計量，自我作古，徑以胸臆斟酌，限爲二十五文。謂之加徵，則法度廢隳，謂之和市，則名實乖反。儻可其奏，人何以觀？豈如官自置場，要便收市，欲少市則平其估以節費，欲多市則優其價以招人。買賣既和，貧富俱便。有餘者趨加饒易售之利；不足者，免轉求貴賃之資。比之抑徵，固不同等。幸有舊制，足可遵行，何必捨易而即難，棄利而從害？臣誠暗滯，未見其宜，伏望戒敕度支，令依舊例和市，承前既有恒用，以後不得闕供，稍峻隄防，使知懍懼，妄作但不施用，歲計必免愆違。陛下若以軍廄之中，馬畜漸衆，度支所營芻藁，纔可供給當年，或慮水旱不虞，別須蓄積爲備，今屬歲稔，亦是其時。但要收斂有方，不宜科配致擾。若度支並市，延齡必復辭難，須有區分，使之均濟，望委京兆尹勾當，別和市草五百萬束，以充貯備。其所和市，並隨要便，官自置場，每場貯錢，旋付價直，時估之外，仍稍優饒，交易往來，一依市利。勿令官吏催遣，道路遮邀，但不抑人，自當趨利。其市草價直，並於年支留府錢數內以給用不盡者充，每市滿十萬束，一度聞奏，便以府司郵遞車牛，並更僱腳，相添轉徙場所般載，送付苑中輸納。如蒙聖恩允許，臣即依此宣行，既免擾人，又不增費，以資儲蓄，足禦兇災。度支謹守恒規，亦自不闕常用。臣等商度，將爲合宜。謹錄奏聞，伏聽進止。

又《請邊城貯備米粟等狀》 右。兵之所屯，食最爲急，若無儲蓄，是棄封疆。自昔敗亂之由，多因餽餉不足。臣以任當體國，職合分憂，奏減河運腳錢，用充軍鎮和糴，幸蒙聖恩允許，又屬頻歲順成，二年之間，沿邊諸軍，共計收糴米粟一百八十餘萬石，準元敕各委當道節度及監軍中使度支知巡院官同勾當檢納，仍以貯備軍糧爲名，非緣城守乏絕，及不承別處分，並不得輒有費用。若能堅守此制，有用隨即卻填，則是邊城常貯十五萬人一歲之糧以爲急難之備，永無懸絕，足固軍情。去歲版築五原，大興師旅，所司素無備擬，臨事支計缺然，賫送悉貸此糧，乃得軍行辦集。過事之後，準敕合填，迨今二年，竟不支遣。加以諸鎮軍食，例皆闕供，及其告急上聞，宣旨下迫，則又請貸貯粟，以充將士月糧，既務廢隳，且無愧畏，所未匱竭，其能幾何？夫栽植至難，毀拔至易，古人以植楊爲喻，能不爲之嘆惜哉！況水旱流行，固宜有備；戎狄爲患，可不爲虞。將欲安邊，先宜積穀，今當歲稔，令益軍儲，反罄聚蓄之資，用供朝夕之費，儻遇災難，則如之何？惟陛下詳思後圖，不貽他日所悔，臣之願也，疆場之幸也。不勝區區慮患之意，謹冒昧以聞。謹奏。

唐 陸贄《請依京兆所請折納事狀》《全唐文》卷四七五 京兆府先奏：『當管蟲食豌豆，全然不收，請據數折納大豆。』奉敕：『宜依。』度支續奏稱：『據時估豌豆每斗七十價已上，大豆每斗三十價已下，京兆府所請將大豆替豌豆，望令據估計錢數折納，則冀免損官司者。』

求瘼救災，國之令典，求瘼在知其所患，救災在恤其所無。只如螟蝛爲殃，豌豆全損，檢覆若非虛謬，地稅固合免徵。直道而行，大體斯在，府司折納充數，已爲克下從權；度支準估計錢，乃是幸災規利。所得無幾，其傷實多，傷風得財，非謂理道。且豌豆爲物，入用甚微，舊例所支，唯充畜料，準數回給大豆，諸司誰曰不然。計價剩徵，義將安在？理無所據，事不可從，望依前敕處分，未審可否？

唐 歸融《劾盧周仁進羡餘狀》《册府元龜》卷五二〇下 天下一家，何非君土，所在方鎮官庫錢，皆陛下庫緡錢也。盧周仁輕黷宸嚴，輒陳小利。務期容受，妄説異端。若言南方多有火災，故外須防戎寇，恐成煨燼，請納京師，則所進之餘，安可遂無。此盧周仁罔思大體，姑徇私誠，入財貨以干榮，待清朝而何淺，貢之無藝，實紊彝章。伏見今年正月一日赦文，天下藩方四節獻賀，三年内猶皆權停。周仁所進，頗玷皇化，何裨國用。臣伏恐萬方從此相效，皆以羡餘爲名。縱無羡餘，亦因緣刻克。生人受弊，起自周仁。深不稱陛下臨軒求太平意也。其盧周仁應須重責，以例長人者。所進錢伏請卻還湖南道收貯，以備水旱留貸貧下户納兩税，交代相承，不得擅用。使九有獲蘇，一方知感，天下幸甚！

唐 趙贊《常平倉議》《册府元龜》卷五〇二 伏以舊制置倉儲粟，名曰常平。軍興以來，此事闕廢，因循未舉，垂三十年。其間或因兇荒流散，餓死相食者，不可勝紀。古者平準之法，使萬室之邑，必有萬鍾之藏；千室之邑，必有千鍾之藏。春以奉耕，夏以奉耘。雖有大賈富家，不得豪奪吾人者，蓋謂能行輕重之法也。自陛下登極以來，許京城兩市置常平，官糴鹽米，雖經頻年少雨，米價不復騰貴，此乃即日明驗，實要推而廣之。當軍興之時，與承平或異，事須兼儲布帛，以備時須。臣今商量，請於兩郡，並江陵、成都、揚、汴、蘇、洪等州府，各置常平輕重本錢，上至百萬貫，下至數十萬貫，隨其所宜，量定多少，惟置斛斗疋段絲麻等。候物貴則下價出賣，物賤則加價收糴，權其輕重，以利疲人。並請諸道津要都會之所，皆置吏閱商人財貨，計錢每貫税二十文。天下所出竹木茶漆，皆十一税之，以充常平本。

唐 李絳《李相國論事集》卷四《論量放旱損百姓租税疏》 伏以聖慈憂旱，務在恤人，將欲赦其流亡，無如減其租税，則下懷感悦，上動陰陽。昨正月中所降德音，量放江淮去年錢米。臣聞所放數内，已有徵納，縱未納者，又多流亡。旱損州縣，至今務放錢米甚少，百姓未經豐熟，復納今年差科，疲羸之中，徵迫不及，人力困苦，卻在今年。伏望天慈，更賜優恤，其江淮先旱損處，作分數更量放今年租税。當餒饉之際，承雨露之恩，感動人心，無甚於此。輒極愚疑，上瀆宸嚴。

又《謝宣慰狀》 今日中使某至，奉宣聖旨，『以陰陽差序，時雨愆期，朕每事增修，冀感和氣，卿等悉心奉上，副朕憂勤。今有甘澤，與卿等同慰』者。臣伏以時雨既降，百姓懽欣，聖念猥加，特使宣諭，喜戴交集，忭舞失圖。臣聞惟天無私，去人不遠，與聖合德，有感必通，福應之際，其猶影響。陛下以自春以來，陽候稍亢，慮成旱暵，妨此農功，憂勤之誠，既形造次，惕厲之志，不忘寢興。爰降德音，大修政本，過此克責，勤求闕遺，絕貢獻以字黎元，務減省以崇簡易，去當今之甚弊，行歷代之所難，發自宸衷，曉示天下。人心既感，和氣自通，曾未浹旬，遂降膏雨，公私和暢，動植生榮，𪎭麥可望於豐盈，耕耒不愆於節候，康衢士庶，鼓舞歡呼，感荷皇恩，致此甘澤。則知憂先於事，故能無憂；事至而憂，事故罕救。此雖古先哲後，修已備災，引六事以責躬，念一物之失所，感應遄速，豈過於斯？臣等職忝禁闈，親承密命，無裨萬一，喜遇聖明，理之當者無不行，政之失者無不革，累積盛美，將致昇平，感抃欣榮，實倍常品。

又《論德音事》 今日奉宣聖旨如前。臣等伏以時旱稍久，聖慮時深，思降德音，除人疾苦。比來方鎮，過有進奉，因此聚斂，恣爲剝害，遂使百姓積怨悉之氣，陛下有納進之名。臣雖頻奏，已蒙寬納，今特有處分，使載在德音，實王政之大猷，爲時事之切務，上符天意，下感人心。和氣既通，甘澤必應。其合進奉外，尚慮方鎮私有聚斂者，但德音嚴加約束，如有違越，令在必行，仍令御史臺及出使郎官、御史察訪聞奏。比來制敕雖下，多至因循不守，患在賞罰不立，不患朝廷不知，聖心不移，下誰敢犯？其嶺南風俗，百姓多賣買，不得驅掠百姓爲口，禁止條約，犯者依前令有司糾察聞奏。横賊擾亂，皆由於此，今有明敕處分，足以感動其心。

又《賀德音狀》 伏以聖恩緣時稍愆旱，特發德音，誠意憂勤，每事節儉，停罷進奉，降免囚徒，廄馬宫人，既從減省，私率公債，又悉蠲除，戒長吏之貪求，禁遠人之驅掠，大革時弊，特出聖懷，下感人心，上符天意，實帝王之盛事，爲史策之輝光。斯則唐堯虞舜之明，未過於此；貞觀開元之盛，復睹於今。鼓舞億兆之懽心，丕降至誠之德意。澤以周地，陰陽之候自和；德既動天，雲雨之施何遠？臣等叨居近地，獲奉聖時，感忭忻懽，實倍常品。

又 卷五《論户部闕斛斗》 今天下州縣，皆有户部闕官俸料職田，祿粟見在，計有三百餘萬石。舊例便牒諸道監院，準時價糴貨，市綾絹送納户部。巡院官少有公心，皆申報估價，至賤三分無一，未爲奸欺。及依來牒令糴，皆是觀察、刺史、院官所由等賤價糴將，貧弱百姓惠都不收，市輕價皆貴破官錢。計度所糴斛斗回市輕貨，比及到京輸納之時，損折奸欺，十無七八。枉破官物，利入奸人，無益於公，有害於理。臣伏見自陛下嗣位以來，遇江淮饑歉，三度恩赦。賑貸百姓斛斗，多至一百萬石，少至七十萬石。本道饑儉無米，皆賜江西、湖南等道米。江淮諸道百姓，差使於江西、湖南般運，往返數千里，五六個月舟船方到。百姓殍殕相望，轉徙溝壑。蓋緣道路遐遠，不救急切也。今天下户部闕官斛斗，伏請便令所在州縣收貯，如是觀察州即令觀察判官一人專知判，諸州即録事參軍專知判。如有遷轉改易，分明交付後人。如交割之時，妄有情故，虛受物數，便懲責承受專知官。如似損壞，即仰於當處州使公用卻回，取當年新斛斗。詔書朝到，斛斗暮給，救倒懸之甚急，免般運之艱難，副聖慈憂恤之仁，免饑人僵殕之苦。若貯貸之外，斛斗甚多，便減價糶，務救百姓艱歉也。

唐 李渤《奏請停徵久遠逋懸疏》《舊唐書》卷一七一 伏奉詔敕云，度支使所奏，令臣設計徵填當州貞元二年，逃户所欠錢四千四百二十貫。臣當州管田二千一百九十七傾，今已旱死一千九百頃有餘。若更勒徇度支使所爲，必懼史官書陛下於大旱中徵三十六年前逋懸，臣任刺史，罪無所逃。臣既上不副聖情，下不忍鞭笞黎庶，不敢輕持符印，特乞放臣歸田。

唐 李渤《奏桂管常平義倉狀》《全唐文》卷七一二 臣伏詳敕文。本救荒歉，忽有危切，貴及其時。當州去京往來萬里，奏回方給，豈及饑人？臣請所管忽遇災荒，量事賑貸訖，續分析聞奏。庶使遠人速活，聖澤遐流。臣之所管，僻在嶺外，迫以山賊，人尤難理。若令數改，必困螽食。當平義倉，本救災害，向爲歉沴。擢臣處之方鎮，臣宜竭力上答皇明。伏乞聖恩允臣所奏，庶使皇靈遠被，獷俗知恩。

唐 盧攜《乞蠲蠲租賑給疏》《資治通鑑》卷二五二 陛下初臨大寶，宜深念黎元。國家之有百姓，如草木之有根柢。若秋冬培溉，則春夏滋榮。臣竊見關東去年旱災，自虢至海，麥纔半收，秋稼幾無，冬菜至少。貧者磑蓬實爲麵，蓄槐葉爲齏。或更衰羸，亦難收拾。常年不稔，則散之鄉境，今所在皆饑，無所依投，坐守鄉閭，待盡溝壑。其蠲免餘稅，實無可徵，而州縣以有上供及三司錢，督趣甚急，動加捶撻。雖撤屋伐木，僱妻鬻子，止可供所由酒食之費，未得至於府庫也。或租稅之外，更有他徭。朝廷儻不撫存，百姓實無生計。乞敕州縣，應所欠錢稅，並一切停徵，以俟蠶麥。仍發所在義倉，亟加賑給。至春深之後，有菜葉木牙，繼以桑椹，漸有可食。在今數月之間，九爲窘急，行之不可稽緩。

唐 李琪《陳經國事疏》《全唐文》卷八四七 臣聞王者富有兆民，深居九重。所重患者，百姓凋耗而不知，四海困窮而莫救。下情不得上達，羣臣不敢指言。今陛下以水潦之災，軍食乏闕，焦勞罪己，迫切疚懷。避正殿以責躬，訪多士而求理。則何思而不獲，何議而不臧。止在改而行之，足以擇其善者。臣聞古人有言曰：『穀者，人之司命也；地者，穀之所生也；人者，君之所理也。有其穀則國力備，定其地則人食足，察其人則徭役均。知此三者，爲國之急務也。』軒黃已前，不可詳記。自堯湮洪水，禹作司空，於時辨九等之田，收什一之稅。其時户口一千三百餘萬，定墾地約九百二十萬頃，最爲太平之盛。及商革夏命，重立田制，每私田十畝，種公田一畝，水旱同之，亦什一之義也。洎乎周室立井田之法，大約百里之國，提封萬井，出車百乘，戎馬四百匹，畿內兵車萬乘，馬四萬匹，以田法論之，亦什一之制也。故當成康之世，比堯舜之朝，户口蓋增二十餘萬。非他術也，蓋三代以前，皆量入以爲出，計農以立軍。雖逢水旱之災，而有兇荒之備。降及秦漢，重稅工商，急關市之征，倍舟車之算。人户既以減耗，古制猶以兼行。按此時户口，尚有千二百餘萬，墾田亦八百萬頃。至乎三國並興，兩晉之後，則農夫少於軍衆，戰馬多於耕牛。供軍須奪於農糧，秣馬必侵於牛草。於是天下户口，衹有二百四十餘萬。洎隋文之代，兩漢比隆。及煬帝之年，又三分去一。我唐太宗文皇帝以四夷初定，百姓未豐，延訪羣臣，各陳所見。惟魏徵獨勸文皇力行王道，由是輕徭薄賦，不奪農時。進賢良，悦忠直。天下傑價，喜斗直兩錢。自貞觀至於開元，將及一千九百萬户，五千三百萬口，墾田一千四百萬頃。比之堯舜，又極增加。是知救人瘼者，以重斂爲病源。料兵食者，以惠農爲軍政。仲尼云：『百姓足，君孰與不足！』臣之此言，是魏徵所以勸文皇也。伏惟深留宸鑒。如以六軍方闕，不可輕徭，兩稅之餘，猶須重斂，則但不以折納爲事，一切以本色輸官。又不以紐配爲名，止以正耗加納。猶應感悦，未至流亡。況今東作是時，羸牛將駕數州之地，千里運糧。有此差徭，必妨春種。今秋若無糧草，何以贍軍。臣伏思漢文帝時，欲人務農，乃募人入粟，得拜爵及贖罪。景帝亦如之。後漢安帝時，水旱不足，三公奏請富人入粟，得關內侯及公卿以下散官。本朝乾元中，亦曾如此。今陛下縱不欲入粟授官，願明降制旨下諸道，合差百姓轉倉之處，有能出力運官物到京師，五百石以上，白身授一初任州縣官。有官者依資遷授，欠選者便與放選。千石以上至萬石，不拘文武，明示賞酬。免令方春，農人流散。斯亦救民轉倉贍軍之一術也。

唐　王澄《請禁不務農桑奏》《全唐文》卷八四八　陛下御極以來，大稔於此。時無水旱，歲有豐登。所以民去農桑，士思遊情。或機巧以趨利，或宴樂以棄時。且一夫不耕，或受其饑；一婦不織，或受其寒者。而況鄉閭之內，城郭之中，競削錐刀，罔知本末。或鼓舞於村落，或謳歌於市廛，實繁有徒，觸類而長。若非禁止，漸恐滋彰。

唐　蕭希甫《請求言選吏以消災沴表》《册府元龜》卷五三三　臣聞天地助順，神理福謙。既物性之則宜，何虛心之致誤。伏惟陛下自統臨四海，勤恤萬方。每崇恭儉之風，嘗布仁慈之德。即合陰陽無爽，災沴不生。百穀豐盈，五兵偃息。今乃川瀆決溢，水旱愆違。必恐是調燮未乖，祭祀未潔。軫吾君宵旰之慮，負陛下覆育之恩。臣實痛心，誰回愧色。伏乞特頒明詔，下訪有司。詢其消遣之方，採彼妖祥之本。應是前王古帝，往哲先賢，或有遺祠，但存舊址，在祀典者，咸加嚴敕。稟靈通者，盡略修崇。悉遵虔肅之誠，無惰精祈之懇。然後別宜長吏，側聽庶民。稍關疾苦之由，須罄撫循之策。冀其昭感，仰贊升平。

唐　杜崇龜《請修省以塞天變表》《册府元龜》卷五三三　近日星辰變度，苦雨霖霪。是生靈共感之災，致緯象垂芒之異。惟宜修德，以答元穹。臣竊以修德遍在君臣，非獨在於君父。自古創業守文之主，未有無災變者。但能修德省躬，則化災爲福。臣見今月三日夜五更初，有二星變易，一出軒轅前路，一出室壁之間。凡五星之氣，不合五行，一德稍虧，五星變異。臣恐自戰爭已來，或有功臣義士，枉抱幽寃，或有名山大川，失於禋祀。今九月震雷，極爲異事。雷者天之號令，八月收聲。今震伏不時，是號令失節之象。陛下繼覃赦宥，虔禮神祇，惟德動天，其災必退。更宜師古，以合天心。惡殺好生，資於睿化。

唐　張延朗《請節國用表》《册府元龜》卷三一四　臣濫承雨露，擢處鈞衡，兼叨選部之銜，仍掌計司之重。況中省文章之地，洪爐陶鑄之門。臣自揣量，何以當處。是以繼陳章表，疊貢情誠。乞請睿恩，免貽朝論。豈謂御批累降，聖旨不移。決以此官，委臣非器。所以強收涕泗，勉竭怔忪。重思事上之門，細料盡忠之路。竊以位高則危至，寵極則謗生。君臣莫保於初終，分義難防於毁譽。臣若保茲重任，忘彼至公，徇情而以免是非，偷安而以固富貴，則內欺心腑，外負聖朝，何以報君父之大恩，望子孫之延慶！臣若但行王道，惟守國章，任人必取當才，決事須依正理，確違形勢，堅塞幸門，則可以振舉宏綱，彌縫大化，助陛下含容之澤，彰國家至理之風。然而讒邪者必起憾辭，憎嫉者寧無謗議？或慮至尊未悉，羣謗難明，不更拔本尋源，便俟甘瑕受玷。臣心可忍，臣恥可銷，只恐山林草澤之人，稱量聖制。冠履軒裳之士，輕慢朝廷。臣又以國計一司，掌其經費。利權二務，職在捃收。將欲養四海之貧民，無過薄賦。贍六軍之勁士，又藉倜儲。利害相隨，取與難酌。若使罄山採木，竭澤求魚，則地官之教化不行，國本之傷殘益甚。取怨黔首，是黷皇風。況諸道所徵賦租，雖多數額，時逢水旱，或遇蟲霜，其間則有減無添，所在又申逃繫欠。乃至軍儲官俸，常汲汲於供須。夏稅秋租，每懸懸於繼續。況今內外倉庫，多是罄空。遠近生民，或聞饑歉。伏惟朝廷尚添軍額，更益師徒。非時之博糴難爲，異日之區分轉大。竊慮年支有闕，國計可憂。望陛下節例外之破除，放諸項以儉省。不添冗食，且止新兵。務急去繁，以寬經費。減奢從儉，漸俟豐盈。則屈者知恩，叛者從化。弭兵有日，富俗可期。臣又聞治民尚清，爲政務易。易則繁苛並去，清則偏黨無施。若擇其良牧，委任正人，則禁內烝黎，必獲蘇息。官中倉庫，亦絕侵欺。伏望誡見在之處官，無乖撫俗。擇將來之蒞事，更審求賢。儻一一得人，則農無所苦。人人致理，則國復何憂。但奉公善政者，不惜重酬。昧理無功者，勿頒厚俸。益彰有道，兼絕徇情。伏望陛下念臣布露之前言，閔臣驚憂於後患。察臣愚直，杜彼讒邪。臣即但副天心，不防人口。庶幾萬一，仰答聖明。

唐　杜簉《請開種荒田策》《册府元龜》卷七〇　伏見近年百姓，頗遇災荒。縱納得王租，即不充口食。此蓋播種不廣，頃亩無餘。既稅外無溢數之苗，致民中有不及之弊。且國以民爲本，民以食爲天。苟百姓不足，君孰與足！伏請曉示天下，應有荒田，一任百姓開種。候及三年外，即檢照所開種頃亩多少，量納一半租稅。貴國家富饒，上下通濟者。

唐　王播《請換貯東渭橋米石奏》《册府元龜》卷四八四　東渭橋每年北倉收貯漕運糙米一十萬石，以備水旱，今累年計貯三十萬石，請以今年所運者換之。自是三歲一換，率以爲常，則所貯不陳，而耗蠹不作。

唐　李翺《李文公集》卷三《平賦書并序》　孔子曰：『道千乘之國，

敬事而信，節用而愛人，使民以時。』又曰：『若欲行而法，則周公之典在。』孟子曰：『夏后氏五十而貢，殷人七十而助，周人百畝而徹，其實皆什一也。欲輕之於堯舜之道，大貉、小貉也。欲重之於堯舜之道，大桀、小桀也。』是以什一之道，公私皆足。人既富，然後可以服教化，反淳樸。古之聖賢，未有不善於爲政理人，而能光於後代者也。故善爲政者莫大於理人，理人者莫大於既富之又教之。凡人之情，莫不欲富足而惡貧窮，終歲不製衣則寒，一日不得食則饑。四人之苦者，莫甚於農人。麥粟布帛，農人之所生也，歲大豐，農人猶不能足衣食，如有水旱之災，則農夫先受其害。『有若曰，百姓不足，君孰與足？』夫如是，百姓之視其長上如仇讎，安既不得享其利，危又焉肯盡其力？自古之所以危亡，未有不由此者也。人皆知重斂之可以得財，而不知輕斂之得財愈多也。何也？重斂則人貧，人貧則流者不歸，而天下之人不來，由是土地雖大，有荒而不耕者，雖耕之，而地力有所遺，人日益困，財日益匱。是謂棄天之時，遺地之利，竭人之財。如此者雖欲爲社稷之臣，建不朽之功，誅暴逆而威四夷，徒有其心，豈可得耶？故輕斂則人樂其生；人樂其生,則居者不流而流者日來；居者不流而流者日來,則土地無荒，桑柘日繁，盡力耕之，地有餘利，人日益富，兵日益強，四鄰之人，歸之如父母，雖欲驅而去之，其可得耶？是以與之安而居，則富而可教；與之危而守，則人皆自固。孟軻所謂『率其子弟，攻其父母，自生人以來，未有能濟』者也。

嗚呼！仁義之道，章章然如大道焉，人莫不知之，然皆不能行，何也？見之有所未盡，而又有嗜欲以害之，其自任太多，而任人太寡，是以有土地者有仁義，無代無之，雖莫不知之，然而未有一人能行之而功及後代者，由此道也。秦滅古法，隳井田，而夏殷周之道廢，相承滋久，不可卒復。翺是以取可行於當時者，爲《平賦書》，而什一之法存焉。庶幾乎能有行之者云爾。

凡爲天下者視千里之都，爲千里之都者視百里之州，爲百里之州者起於一畝之田，五尺謂之步古者六尺爲步，古之尺小，爲茲時之尺四尺八寸，則方一步爲古之方一步餘三百步六寸二分五釐，二百有四十步謂之畝古者步百爲畝，與此時不同，從俗之數則易行也。一畝爲古之田三畝，三百有六十步謂之里古者畝百爲夫，夫三爲屋，屋三爲井。井之田九夫三屋。方三百步爲一里也，方一里之田九夫。頃異名也。方里之田五百有四十畝百爲頃，五頃四十畝也。古之里雖小，其畝又加小，所以古之方一里爲田九頃，茲時方一里爲田五頃四十畝，爲古之田一十六頃有二十畝也，十里之田五萬有四千畝五百四十頃也，爲古之田一千六百二千頃也，百里之州五十有四億畝五萬四十頃也，爲古之田一十六萬二十頃也，千里之都五千有四百億畝五百四十萬頃也，爲古之一千六百二十萬頃也。方里之內，以十畝爲之屋室徑路，牛豚之所息，蔥韭菜蔬之所生植，里之家給焉古者方一里爲井，爲田九百畝，農夫家各受田百畝，公田八十畝。八家同養公田，公事畢，然後理私事。《詩》曰：『雨我公田，遂及我私。』餘田二十畝爲廬井屋室。茲時里既加大，一畝之田爲古之田三畝，則十畝之田爲古之田三十畝，校其多少亦相若矣。凡百里之州，爲方十里者百，州縣城郭之所建，通川大途之所更，邶墓鄉井之所聚，甽遂溝瀆之所渠，大計不過方十里者三十有六，有田一十九億四萬有四千畝一萬九千四百四十頃也，百里之家給焉。千里亦如之。高山大川城郭其中，斬長綴短而量之。

一畝之田，以強併弱，水旱之不時，雖不能盡地力者，歲不下粟一石。公索其十之一。凡百里之州有田五十有四億畝，以一十九億四萬有四千畝爲之州縣、城郭、通川、大途、甽遂、溝澮、邶墓、鄉井、屋室、徑路，牛豚之所息，蔥韭菜蔬之所生植，餘田三十四億五萬有六千畝三萬四千五百六十頃也。畝率十取粟一石，爲粟三十四萬五千有六百石，以貢於天子，以給州縣凡執事者之祿，以供賓客，以輸四方，以禦水旱之災，皆足於是矣。其田間樹之以桑，凡樹桑人一日之所休者謂之功。桑太寡則乏於帛，太多則暴於田，是故十畝之田，植桑五功。一功之蠶，取不宜歲度之，雖不能盡其功者，功不下一匹帛。公索其百之十。凡百里之州有田五十四億畝，以十九億四萬有四千畝爲之州縣、城郭、通川、大途、甽遂、溝澮、邶墓、鄉井、屋室、徑路，牛豚之所息，蔥韭菜蔬之所生植，餘田三十四億五萬有六千畝，麥之田大計三分當其一，其土卑，不可以植桑，餘田二十三億有四千畝，樹桑凡一百一十五萬有二千功。功率十取一匹帛，爲帛一十一萬五千有二百匹，以貢於天子，以給州縣凡執事者之祿，以供賓客，以輸四方，以禦水旱之災，皆足於是矣。

鰥寡孤獨有不人疾者，公與之粟帛；能自給者，弗征其田桑。凡十里之鄉，爲之公囷焉，鄉之所入於公者，歲十捨其一於公囷，十歲得粟三千四百五十有六石。十里之鄉多人者不足千六百家，鄉之家保公囷，使勿偷。饑歲並入不足於食，量家之口多寡，出公囷與之，而勸蠶以須麥之升焉。及其大豐，鄉之正告鄉之人，歸公所與之畜，當戒必精勿濡，以內於公囷。窮人不能歸者與之，勿徵於書。則歲雖大饑，百姓不困於食，不死於溝洫，不流而入於他矣。

人既富，樂其生，重犯法而易爲善。教其父母使之慈，教其子弟使之孝，教其在鄉黨使之敬讓，羸老者得其安，幼弱者得其養，鰥寡孤獨有不人病者皆樂其生。屋室相鄰，煙火相接於百里之內，與之居則樂而有禮，與之守則人皆固其業，雖有強暴之兵不敢陵。自百里之內推而佈之千里，自千里而被乎四海，其孰能當之？是故善爲政者，百姓各自保而親其君上，雖欲危亡，弗可得也。其在《詩》曰：『迨天之未陰雨，徹彼桑土，綢繆牖户，今此下民，或敢侮予。』此之謂也。

又 卷九《疏改税法》 臣以爲自建中元年初定兩税，至今四十年矣。當時絹一匹爲錢四千，米一斗爲錢二百，税户之輸十千者，爲絹二匹半而足矣。今税額如故，而粟帛日賤，錢益加重，絹一匹價不過八百，米一斗不過五十，税户之輸十千者，爲絹十有二匹然後可。況又督其錢使之賤賣者耶？假令官雜虛估以受之，尚猶爲絹八匹，乃僅可滿十千之數，是爲比建中之初，爲税加三倍矣。雖明詔屢下，哀恤元元，不改其法，終無所救。然物極宜變，正當斯時，推本弊，乃錢重而督之於百姓之所生也。錢者官司所鑄，粟帛者農之所出，今乃使農人賤賣粟帛，易錢入官，是豈非顛倒而取其無者耶？由是豪家大商，皆多積錢以逐輕重，故農人日困，末業日增，一年水旱，百姓菜色，家無滿歲之食，況有三年之蓄乎？百姓無三年之積，而望太平之興，亦未可也。今若詔天下，不問遠近，一切令不督見錢，皆納布帛，凡官司出納，以布帛爲準，幅廣不得過一尺九寸，長不過四十尺，比兩税之初，猶爲重加一尺，然百姓自重得輕，必樂而易輸，不敢復望如建中之初矣。行之三五年，臣必知農人漸有蓄積，雖遇一年水旱，未有菜色，父母夫婦，能相保矣。若税法如舊，不速更改，雖神農后稷復生，教人耕織，勤不失時，亦不能躋於充足矣。故臣曰：改税法，不督錢而納布帛，則百姓足。

五代 陶穀《請禁伐桑棗奏》《全唐文》卷八六三 竊以稼穡爲生民之天，機杼乃豐財之本。是以金根在御，王者用三推之儀。鞠衣載陳，后妃有躬桑之禮。則知自天子至於庶人，不可斯須忽於農桑也。又司馬遷著書曰：『齊魯之間千畝桑，安邑千樹棗，其人與千户侯等。』伏見近年以來，所在百姓，皆伐桑爲柴。忘終歲之遠圖，趨一日之小利。既所司不禁，乃積習生常。苟桑柘漸稀，則繒帛須闕。三數年內，國用必虧。雖設法課人種桑，且無及也。舊木已伐，新木未成。不知絲綿，欲憑何出。若以下民方困，不可禁之。儻砍伐一空，所在如是。歲或不稔，衣食盡忘。饑凍逼身，須爲羣盜。圖難於易，哲王令猷。作事謀始，有國常務。乞留眷覽，詢訪輔臣。欲望特下明敕，此後不得以桑棗爲柴。官場亦不許受納，州縣城門不令放入，及不得囊私置賣。犯者請加重罪。

五代 拓跋恒《諫楚文昭王書》《資治通鑑》卷二八三 殿下長深宫之中，藉已成之業，身不知稼穡之勞，耳不聞鼓鼙之音。馳騁遨遊，雕墻玉食。府庫盡矣，而浮費益甚。百姓困矣，而厚斂不息。今淮南爲仇讎之國，番禺懷吞噬之志。荆渚日圖窺伺，溪洞待我姑息。諺曰：『足寒傷心，民怨傷國。』願罷輸米之令，誅周陟以謝郡縣。去不急之務，減興作之役。無令一旦禍敗，爲四方所笑。

宋 張咏《乖崖集》卷一一《昇州謝就差江東安撫使狀》 右臣奉敕就差充江南東路安撫使者。過惟委遇，不勝悚惶。伏以江外諸州，古昇重地，賦輿繁錯，邑屋駢羅，仰大君之照臨，致羣情之熙穆。適遇亢陽斯久，美稼併傷，聖恩輟上供之軍儲，助來春之民食，衆所爲感，口不絶言。猶復假臣以安撫之名，委臣以總制之柄，有以知陛下憂民之至切，慮事之至深也。臣內揣不才，何堪重寄。謹當勵力而復疚心，宣皇澤以濟困窮，因兵威而攝兇醜，覬其屬部，咸取綏和。竭兹犬馬之誠，少輔憂勞之意。

宋 范仲淹《范文正奏議》卷上《奏乞罷陝西近裏州軍營田》 臣等竊見陝西昨來興置營田，本欲助邊，以寬民力。除沿邊有空閒膏腴地土處可以開墾外，其近裏州縣官吏不能體朝廷之意，將遠年瘠薄無人請佃逃田，抑勒近隣人户分種，或令送納租課。又自來人户租佃官莊地土，每畝出課不過一二斗，今亦勒令分種，每畝須收數斗，致貧户輸納不前，州縣追擾，無時暫暇。緣人户自用兵以來，科率勞弊，至於已業，尚多荒廢，實無餘力更及營田。其所出租課，多是抱虛送納。切覩編敕指揮，不得將逃户田土，抑勒親隣佃蒔，蓋恐害民。況今歲災旱尤甚，理當優恤，不可非理煩擾，使之重困。臣等欲乞特降指揮，應陝西近裏州軍營田，一切廢罷。如元係租佃，即令依舊額出課。如元係遠年瘠薄逃田，舊税額重，無人請佃者，即與減定税額，召人請佃。所貴疲民受賜，歸感睿仁。臣范仲淹，臣韓琦。

又《三司司農寺》 今戎事未息，三司主天下大計，而財力已困，又司農寺管天下常平倉以備水旱，賑救生民，亦可督天下勸農之政。今委輔臣一員兼掌重爲經制，取天下歲入之利，並歲給之數，較之有所不足，則須專置農官，以廣天地之利，大變商法以行山海之貨。每至歲終，具天下減省冗費之目，增息財用之法，蠲放困窮之數，並常平倉，增收賑發之數，及取天下官吏。勸農課績之優者，畫一進呈。

宋　李覯《盱江集》卷一六《富國策第二》　民之大命，穀米也；國之所寶，租税也。天下久安矣，生人既庶矣，而穀米不益多，租税不益增者，何也？地力不盡，田不懇闢也。周制井田，一夫百畝，當今四十一畝有奇。人無易業，而一心於農，農時不失，農功不粗，則地力可盡也。既又賦之以萊，或五十畝，或百畝，或二百畝，課其餘力，治其曠土，則田可墾闢也。經界既毁，王法弗復，然猶能者時出焉。李悝爲魏文侯作盡地力之教，以爲：『地方百里，提封九萬頃，除山澤邑居參分去一，爲田六百萬畝。治田勤謹，則畝益三斗；不勤，則損亦如之。地方百里之增減，輒爲粟百八十萬石矣。』漢搜粟都尉趙過能爲代田，一畝三甽，一夫三百甽，而播種於甽中，苗生葉以上，稍耨隴草，因隤其土以附苗根，盛暑隴盡而根深，能風與旱，一歲之收，常過縵田，一斛以上，善者倍之。此盡地力之效也。孝景詔曰：『郡國或磽狹，無所農桑。或地饒廣，薦草莽，水泉利，而不得徙，其議民欲徙寬大地，聽之。』此墾田之意也。今者天下雖安矣，生人雖庶矣，而務本之法尚或寬弛，何者？貧民無立錐之地，而富者田連阡陌。富人雖有丁強，而乘堅驅良，食有粱肉，其勢不能以力耕也，專以其財役使貧民而已。貧民之黠者則逐末矣，冗食矣，其不能者乃依人莊宅爲浮客耳。田廣而耕者寡，其用功必粗。天期地澤風雨之急，又莫能相救，故地力不可得而盡也。山林藪澤原隰之地可墾闢者往往而是，貧者則食不自足，或地非己有，雖欲用力，末由也已。富者則恃其財雄，膏腴易致，孰肯役慮於菑畬之事哉？故田不可得而墾闢也。地力不盡，則穀米不多；田不墾闢，則租税不增，理固然也。今將救之，則莫若先行抑末之術，以歐游民，游民既歸矣，然後限人占田，各有頃數，不得過制。游民既歸而兼并不行，則土價必賤；土價賤，則田易可得；田易可得，而無逐末之路、冗食之幸，則一心於農；一心於農，則地力可盡矣。其不能者，又依富家爲浮客，則富家之役使者衆；役使者衆，則耕者多，耕者多，則地力可盡矣。然後於占田之外，有能墾闢者，不限其數。昔晁錯言於文帝，募天下入粟縣官，得以拜爵。今宜遠取秦漢，權設爵級，有墾田及若干頃者，以次賞之。富人既不得廣占田而可墾闢，因以拜爵，則皆將以財役傭，務墾闢矣。如是而人有遺力，地有遺利，倉廩不實，頌聲不作，未之信也。管子曰：『與之在君，奪之在君，貧之在君，富之在君。』惟上所裁擇。

又　卷一八《安民策第五》　爲國者，未有不欲其民富且壽矣。薄税斂所以富之也，而水旱乘之，民亦弗可得而富也。省刑罰所以壽之也，而癘疫奪之，民亦弗可得而壽也。水旱癘疫之來，陰陽之不和也。夫陽一於《復》而六於《乾》，陰生於午而成於亥，消息有數，進退有時，非猖狂妄行之物也。無形焉，蓋非逸而動，勞而止也；無情焉，又非與於喜，奪於怒也。然而不以其叙者，有感而應，有召而來也。《洪範》九疇，『二，五事：一曰貌，二曰言，三曰視，四曰聽，五曰思』。『八，庶徵：曰雨，曰暘，曰燠，曰寒，曰風』。貌曰恭，恭作肅，肅時雨若，謂君行恭，則時雨順之；言曰從，從作乂，乂時暘若，謂君政治則時暘順之；視曰明，明作哲，哲時燠若，謂君能照哲則時暖順之；聽曰聰，聰作謀，謀時寒若，謂君能謀，則時寒順之；思曰睿，睿作聖，聖時風若，謂君能通理，則時風順之。反是則狂，常雨若，謂君行狂妄，則常雨順之；僭，常暘若，謂君行僭差，則常暘順之；豫，常燠若，謂君行逸豫，則常煖順之；急，常寒若，謂君行急，則常寒順之；蒙，常風若，謂君行蒙暗，則常風順之。其《傳》又曰：貌之不恭，是謂不肅，惟金沴木；言之不從，是謂不乂，惟火沴金；視之不明，是謂不哲，惟水沴火；乂之不聰，是謂不謀，惟土沴水；思之不睿，是謂不聖，惟金、木、水、火、土沴。由是而言，人君五事不修，則雨、暘、燠、寒、風不以其時，水、火、木、金、土交相爲沴。水旱所以狎至，癘疫所以放行也。然而君人者不以身爲身，以天下之身爲身也；不以心爲心，以天下之心爲心也。如使下皆狂，則上誰與肅？下皆僭，則上誰與乂？下皆豫，則上誰與哲？下皆急，則上誰與謀？下皆蒙，則上誰與聖？故明王欲肅則去下之狂，欲乂則去下之僭，欲哲則去下之豫，欲謀則去下之急，欲聖則去下之蒙。君明臣忠，百姓親睦，然後可以致和氣也。若能自知而不能知人，能自治而不能治人，愚者在位，貪者在職，以戕賊元元，家愁戶怨，靡所控告，是雖堯爲天子，舜總百揆，其何以媚於上下神祇哉！故去四凶，舉十六相，所以爲大功也。夫郡守縣令，吾民之司命也。漢孝宣與良二千石共治，顯宗謂出宰百里，苟非其人，則民受其殃，豈徒語哉？惟聰明睿智，益垂意於任官，則裁害可消，而富壽在矣。

宋 包拯《包孝肅奏議集》卷一《請兩制官祀九宮貴神》 臣近者監察九宮貴神，竊見以常朝官充攝太尉行事，況屬太祀，深恐未便。伏覩唐天寶年勑，以九宮神實司水旱，功佐上帝，德庇下民，冀百穀歲登，災害不作，每至四時，令中書門下往攝祭者。又准《禮》，九宮次昊天上帝，壇在太廟之上，用牲牢璧幣，類天地神祇，前代王者或親行享祀。緣累年以來，四方水旱相繼，慮是有司供職不謹，稍失精嚴。欲乞向後四時祭子，其攝太尉令兩制已上官，所貴差重其禮，以申崇奉之意。

又 卷七《請免江淮兩淛折變一》 臣竊見淮南、江淛、荆湖等州軍，數年以來，例皆薄熟，去秋亢旱尤甚，可熟三二分。當年夏稅見錢，一例科折：內第一等折納小綾，每疋一貫六百六十文省，官絁每疋二貫八百五十文省；其第二等已下至客戶，並折納小麥每斗三十四文省。續據發運司准中書劄子，據三司奏，乞將慶曆三年上供額斛斗六百萬石內，將小麥一百萬石、大豆十五萬石折納見錢。發運司遂相度小麥，每斗并耗添估九十四文省，大豆每斗并耗八十八文省，比逐處見糴價例兩倍已上，應該小麥一石納見錢九百四十文省。尋又准五月九日中書劄子，據發運司奏，竊慮豆麥價高，人戶難得見錢。奉聖旨宜令本司疾速指揮，逐路州軍據合折夏稅豆麥，令人戶如願納見錢者，即仰逐處依起納日在市價例錢數送納；如只願納本色斛斗，亦聽從便。雖有前件聖旨指揮，本處官吏並不遵稟，但一面抑令人戶納元估價錢，不許納本色斛斗。以致豆麥益賤，錢貨難得，下等人戶尤更不易。發運司但務歲計充盈，不慮民力困竭，上下相蒙，無所訴告，爲國歛怨，莫甚於此。且民者，國之本，財用所出，安危所繫，而橫賦暴取，不知紀極。若因此流亡相應而起，塗炭郡邑，則將何道可以卒安之？況已萌之兆，不可不深慮耳。兼自淮以南及兩浙、荆湖從去秋至今春，並未得雨，二麥不秀，耕種失時，民心熬熬，日懷憂懼。欲望聖慈特降詔勑，委逐路轉運、提刑不住巡歷體量，應是諸雜科率，權且停罷。若向去蠶麥稍熟，今年夏稅諸色錢等，除第一、第二等戶各令依舊折納外，其第三等已下并客戶，特與免諸般支移折變，只令各納本色，庶使重困之民稍獲蘇息。

宋 歐陽修《文忠集》卷五九《本論慶曆二年**》** 天下之事有本末，其為治者有先後。堯、舜之書略矣，後世之治天下，未嘗不取法於三代者，以其推本末而知所先後也。三王之為治也，以理數均天下，以爵地等邦國，以井田域民，以職事任官。天下有定數，邦國有定制，民有定業，官有定職。使下之共上勤而不困，上之治下簡而不勞。財足於用而可以備天災也，兵足以禦患而不至於為患也。凡此具矣，然後飾禮樂、興仁義以教道之。是以其政易行，其民易使，風俗淳厚，而王道成矣。雖有荒子孱孫繼之，猶七八百歲而後已。【略】

今四海之內非有亂也，上之政令非有暴也，天時水旱非有大故也，君臣上下非不和也。以晏然至廣之天下，無一間隙之端，而南夷敢殺天子之命吏，西夷敢有崛強之王，北夷敢有抗禮之帝者，何也？生齒之數日益衆，土地之產日益廣，公家之用日益急，四夷不服，中國不尊，天下不實者，何也？以五者之不備故也。

請試言其一二。方今農之趣耕，可謂勞矣；工商取利乎山澤，可謂勤矣；上之征賦榷易商利之臣，可謂纖悉而無遺矣。然一遇水旱如明道、景祐之間，則天下公私乏絕。是無事之世，民無一歲之備，而國無數年之儲也。以此知財之不足也。

又《原弊景祐三年**》** 孟子曰：養生送死，王道之本。管子曰：倉廩實而知禮節。故農者，天下之本也，而王政所由起也，古之為國者未嘗敢忽。而今之為吏者不然，簿書聽斷而已矣，聞有道農之事，則相與笑之曰鄙。夫知賦歛移用之為急，不知務農為先者，是未原為政之本末也。知務農而不知節用以愛農，是未盡務農之方也。

古之為政者，上下相移用以濟，下之用力者甚勤，上之用物者有節，民無遺力，國不過費，上愛其下，下給其上，使不相困。三代之法皆如此，而最備於周。周之法曰：井牧其田，十而一之。一夫之力督之必盡其所任，一日之用節之必量其所入，一歲之耕供公與民食皆出其間，而常有餘，故三年而餘一年之備。今乃不然，耕者不復督其力，用者不復計其出入，一歲之耕供公僅足，而民食不過數月。甚者，場功甫畢，簸糠麩而食秕稗，或採橡實畜菜根以延冬春。夫糠核橡實，孟子所謂狗彘之食也，而卒歲之民不免食之。不幸一水旱，則相枕為餓殍。此甚可嘆也！

夫三代之為國，公卿士庶之祿廩，兵甲車牛之材用，山川宗廟鬼神之供給，未嘗闕也。是皆出於農，而民之所耕，不過今九州之地也。歲之凶荒，亦時時而有，與今無以異。今固盡有向時之地，而制度無過於三代者。昔者用常有餘，而今常不足，何也？其為術相反而然也。昔者知務農又知節用，今以不勤之農贍無節之用，故也，非徒不勤農，又為眾弊以耗之；非徒不量民力以為節，又直不量天力之所任也。

何謂眾弊？有誘民之弊，有兼並之弊，有力役之弊，請詳言之。今坐華屋享美食而無事者，曰浮圖之民；仰衣食而養妻子者，曰兵戎之民。此在三代時，南畝之民也。今之議者，以浮圖並周、孔之事曰三教，不可以去。兵戎曰國備，不可以去，浮圖不可並周、孔，不言而易知，請試言兵戎之事。國家自景德罷兵，三十三歲矣，兵嘗經用者老死今盡，而後來者未嘗聞金鼓、識戰陣也。生於無事而飽於衣食也，其勢不得不驕惰。今衛兵入宿，不自持被而使人持之；禁兵給糧，不自荷而雇人荷之。其驕如此，況肯冒辛苦以戰鬥乎！前日西邊之吏，如高化軍、齊宗舉兩用兵而輒敗，此其效也。夫就使兵耐辛苦而能鬥戰，惟耗農民為之，可也。奈何有為兵之虛名，而其實驕惰無用之人也？古之凡民長大壯健者皆在南畝，農隙則教之以戰。今乃大異，一遇凶歲，則州郡吏以尺度量民之長大而試其壯健者，招之去為禁兵，其次不及尺度而稍怯弱者，籍之以為廂兵。吏招人多者有賞，而民方窮時爭投之，故一經凶荒，則所留在南畝者，惟老弱也。而吏方曰：不收為兵，則恐為盜。噫！苟知一時之不為盜，而不知其終身驕惰而竊食也。古之長大壯健者任耕，而老弱者游惰；今之長大壯健者游惰，而老弱者留耕也。何相反之甚邪！然民盡力乎南畝者，或不免乎狗彘之食，而一去為僧、兵，則終身安佚而享豐腴，則南畝之民不得不日減也。故曰有誘民之弊者，謂此也。其耗之一端也。

古者計口而受田，家給而人足。井田既壞，而兼並乃興。今大率一戶之田及百頃者，養客數十家。其間用主牛而出己力者，用己牛而事主田以分利者，不過十餘戶。其餘皆出產租而僑居者曰浮客，而有畬田。夫此數十家者，素非富而畜積之家也，其春秋神社、婚姻死葬之具，又不幸遇凶荒與公家之事，當其乏時，嘗舉債於主人，而後償之，息不兩倍則三倍。及其成也，出種與稅而後分之，償三倍之息，盡其所得或不能足。其場功朝畢而暮乏食，則又舉之。故冬春舉食則指麥於夏而償，麥償盡矣，夏秋則指禾於冬而償也。似此數十家者，常食三倍之物，而一戶常盡取百頃之利也。夫主百頃而出稅賦者一戶，盡力而輸一戶者數十家也。就使國家有寬征薄賦之恩，是徒益一家之幸，而數十家者困苦常自如也。故曰有兼並之弊者，謂此也。此亦耗之一端也。

民有幸而不役於人，能有田而自耕者，下自二頃至一頃，皆以等書於籍。而公役之多者為大役，少者為小役，至不勝，則賤賣其田，或逃而去。故曰有力役之弊者，謂此也。此亦耗之一端也。

夫此三弊，是其大端。又有奇邪之民去為浮巧之工，與夫兼並商賈之人為僭侈之費，又有貪吏之誅求，賦斂之無名，其弊不可以盡舉也，既不勸之使勤，又為眾弊以耗之。大抵天下中民之士富且貴者，化粗糲為精善，是一人常食五人之食也。為兵者，養父母妻子，而計其饋運之費，是一兵常食五農之食也。為僧者，養子弟而自豐食，是一僧常食五農之食也。貧民舉倍息而食者，是一人常食二人三人之食也。天下幾何其不乏也！

何謂不量民力以為節？方今量國用而取之民，未嘗量民力而制國用也。古者冢宰制國用，量入以為出，一歲之物三分之，一以給公上，一以給民食，一以備凶荒。今不先制乎國用，而一切臨民而取之。故有支移之賦，有和糴之粟，有入中之粟，有和買之絹，有雜料之物，茶鹽山澤之利有榷有征。制而不足，則有司屢變其法，以爭毫末之利。用心益勞而益不足者，何也？制不先定，而取之無量也。

何謂不量天力之所任？此不知水旱之謂也。夫陰陽在天地間騰降而相推，不能無愆伏，如人身之有血氣，不能無疾病也。故善醫者不能使人無疾病，療之而已；善為政者不能使歲無凶荒，備之而已。堯、湯大聖，不能使無水旱，而能備之者也。古者豐年補救之術，三年耕必留一年之蓄，是凡三歲期一歲以必災也。此古之善知天者也。今有司之調度，用足一歲而已，是期天歲歲不水旱也。故曰不量天力之所任。是以前二三歲，連遭旱蝗而公私乏食，是期天之無水旱，卒而遇之，無備故也。

夫井田什一之法，不可復用於今。為計者莫若就民而為之制，要在下者盡力而無耗弊，上者量民而用有節，則民與國庶幾乎俱富矣。今士大夫方共修太平之基，頗推務本以興農，故輒原其弊而列之，以俟興利除害者採於有司也。

又《兵儲慶曆四年**》**　惟王建官，各司其局，雖有細大，俾專董其權，責其成功，斯古制也。被堅執銳，乃裨校之事，若屯田積穀，在委辦吏爾。而漢末有田禾將軍，屯田北邊。魏興，建典農中郎將。唐建營田使、副、判官。雖晉、魏、南北，職未嘗闕。

國家弭獯戎之患，包漢、唐之境，然而塞垣儲偫，罔遵古憲，俾仰給他州饋餉，此外固無築室、反耕、典農、營田之利。倘遇凶荒，未免艱食。雖有轉運，未免營田。何嘗建明利害，稍致倉稟羨餘，但守空名，曾無實效。

當今之議，要在乎河北、河東、陝西戍兵之地，各特置營田使、副、判官，仍在不兼職。若遇水潦行流之處，廣植秔稻；雖荒隙原田，亦當墾闢，播以五穀。今河北保塞，河東並、汾，關中涇陽，悉有水地基址，惟有鄴中西門豹溉田之跡未見興起，得非後人務於因循，而無昔賢識邪？不然，何歷朝而下，涇陂如是？

或曰：亦嘗有人建議，良以溉導之時，瀕水之地，恐害及民田，由是而止。斯乃腐儒之見爾，非經遠之士也。夫利害相隨，古猶未免。若利害相半，憚於改作猶可，苟利七害三，當須擇地而行，豈可以小害而妨大利哉？

夫如是，鄴中溉田之法若行，關畎水沖民田，只百戶妨閡，而能溉灌千萬頃。瘠土所收，獲利益大，豈止利七而害三？亦嘗訪於彼州人士，僉曰溉田之跡湮廢茲久，土斷力田者不諳其事。殊不知官中他日就功，但於涇陽鄭白渠和雇水工，及彼中負罪百姓，悉可分配此地，俾之開導。民既見之，必仿效矣。又豈成功之難？然後特置營田使、副、判官，專董其役。西北二邊不間水陸，並仿此分職，何假飛芻挽粟、率鐘致石，坐困民力以供軍實哉！

又 卷六六《答西京王相公書景祐元年**》** 月日，某謹齋沐頓首，復書於相公閣下。所遣使二十一日至許州，獲賜書一通，伏讀周復，且慚且悸。修幸得備下吏，承寵光，日趨走於前，竊慕古人堂下一言之獻，思有所陳，而恨愚無識，不足自效，徒抱區區之心者有日矣。昨以初去府，輒因奏記，陳己疏淺，得蒙大君子休德之幸，以為離去眷戀之辭既有次第，臨治以來施政之善者，顧寮吏宜有助，而闇懦獨無能之過以為謝；因又妄思一言之獻，以畢曩時區區之心，以為忠愬；又輒贊德美，願廣功業、益休問以為禱。其誠雖勤，其言狂惑，猶即著龜之神而再三瀆，宜其拒以不應。伏蒙相公不即棄絕，猶辱以書，條陳曉諭以為寵，若其為賜也厚矣。然伏讀求繹，似有未察其誠得敢一終其說，以逃責焉。

某聞古之為政者，必視年之豐凶。年凶則節國用，振民窮，奸盜生、爭訟多，而其政繁。年豐民樂，然後休息而簡安之，以復其常。此善為政者之術，而禮典之所載也。凡某前所陳者，亦不過如是而已。其意謂夫乘凶年之後，災沴消息，風雨既時，耕種既得，常平之粟既出而民有食，關西之運既重至而軍不乏，不旱不蝗，下民樂利，天子不憂慮。能如是，然後務大體，簡細事而已，豈有直以鎮俗救民愁、無為置軍食之說邪？伏惟詳而察之。

昔者孔子嘗為委吏，必曰稱其職而已。蓋苟守其官，不敢慢其事而思其他。伏惟相公所賜之書，有居官不出位之言，有以見君子用心也。然某之所陳，非謂略一邦之小而不為，須四海之廣而後施，以棄職而越思也。蓋願乎進德廣業，思以致君而及天下，不以一邦而止，既禱且勸之辭也。

噫！士之至賤，敢以言干其上者，有三焉：不量輕重之勢，不度貴賤之位，必爭以理而後止者，此直士也；蒙德思報，不計善否，務罄其誠而言者，此知義之士也；其言乖謬，不合道理，問不及而自僭者，此狂士也。然直士之言雖逆意，宜思而擇，報德之言雖善，原其心之所來，宜容而納；狂者之言既狂矣，宜不足與之辨。某，士之賤者，敢有干而云者，於斯三者有其二焉。伏惟相公擇之納之，不足與之辨而絕之，惟所賜焉。

宋 曾鞏《元豐類稿》卷九《救災議》 河北地震、水災，隳城郭，壞廬舍，百姓暴露乏食。主上憂憫，下緩刑之令，遣拊循之使，恩甚厚也。然百姓患於暴露，非錢不可以立屋廬；患於乏食，非粟不可以飽，二者不易之理也。非得此二者，雖主上憂勞於上，使者旁午於下，無以救其患、塞其求也。有司建言，請發倉廩與之粟，壯者人日二升，幼者人日一升，主上不旋日而許之，賜之可謂大矣。然有司之所言，特常行之法，非審計終始，見於眾人之所未見也。今河北地震、水災所毀敗者甚眾，可謂非常之變也。遭非常之變者，亦必有非常之恩，然後可以振之。今百姓暴露乏食，已廢其業矣，使之相率日待二升之廩於上，則其勢必不暇乎他為，是農不復得修其畎畝，商不復得治其貨賄，工不復得利其器用，閒民不復得轉移執事，一切棄百事，而專意於待升合之食以偷為性命之計，是直以餓殍之養養之而已，非深思遠慮為百姓長計也。以中戶計之，戶為十人，壯者六人，月當受粟三石六斗，幼者四人，月當受粟一石二斗，率一戶月當受粟五石，難可以久行也。不久行，則百姓何以贍其後？久行之，則被水之地，既無秋成之望，非至來歲麥熟，賑之未可以罷。自今至於來歲麥熟，凡十月，一戶當受粟五十石。今被災者十餘州，州以二萬戶計之，中戶以上及非災害所被，不仰食縣官者去其半，則仰食縣官者為十萬戶。食之不遍，則為施不均，而民猶有無告者也；食之遍，則當用粟五百萬石而足，何以辦此？又非深思遠慮為公家長計也。至於給授之際，有淹速，有均否，有真偽，有會集之擾，有辨察之煩，厝置一差，皆足致弊。又羣而處之，氣久蒸薄，必生疾癘，此皆必至之害也。且此不過能使之得旦暮之食耳，其於屋廬構築之費將安取哉？屋廬構築之費既無所取，而就食於州縣，必相率而去其故居，雖有頽牆壞屋之尚可完者，故材舊瓦之尚可因者，什器衆物之尚可賴者，必棄之而不暇顧。甚則殺牛馬而去者有之，伐桑棗而去者有之，其害又可謂甚也。今秋氣已半，霜露方始，而民露處，不知所蔽，蓋流亡者亦已衆矣。如是不可止，則將空近塞之地。空近塞之地，失戰鬬之民，此衆士大夫之所慮而不可謂無患者也。空近塞之地，失耕桑之民，此衆士大夫所未慮而患之尤甚者也。何則？失戰鬬之民，異時有警，邊戍不可以不增爾；失耕桑之民，異時無事，邊糴不可以不貴矣。二者皆可不深念歟？萬一或出於無俚之計，有窺倉庫，盜一囊之粟、一束之帛者，彼知已負有司之禁，則必鳥駭鼠竄，竊弄鉏梃於草茅之中，以扞遊徼之吏，強者既囂而動，則弱者必隨而聚矣。不幸或連一二城之地，有枹鼓之警，國家胡能晏然而已乎？況夫外有夷狄之可慮，內有郊祀之將行，安得不防之於未然，銷之於未蒙也！

然則為今之策，下方紙之詔，賜之以錢五十萬貫，貸之以粟一百萬石，而事足矣。何則？令被災之州為十萬戶。如一戶得粟十石，得錢五千，下戶常產之貲，平日未有及此者也。彼得錢以完其居，得粟以給其食，則農得修其畎畝，商得治其貨賄，工得利其器用，閒民得轉移執事，一切得復其業，而不失其常生之計，與專意以待二升之廩於上，而勢不暇乎他為，豈不遠哉？此可謂深思遠慮，為百姓長計者也。由有司之說，則用十月之費，為粟五百萬石；由今之說，則用兩月之費，為粟一百萬石。況貸之於今而收之於後，足以賑其艱乏，而終無損於儲偫之實，所實費者，錢五鉅萬貫而已。此可謂深思遠慮，為公家長計者也。又無給授之弊、疾癘之憂，民不必去其故居，苟有頽牆壞屋之尚可完者，故材舊瓦之尚可因者，什器衆物之尚可賴者，皆得而不失。況於全牛馬，保桑棗，其利又可謂甚也。雖寒氣方始，而無暴露之患；民安居足食，則有樂生自重之心；各復其業，則勢不暇乎他為，雖驅之不去，誘之不為盜矣。夫饑歲聚餓殍之民，而與之升合之食，無益於救災補敗之數，此常行之弊法也。

今破去常行之弊法，以錢與粟一舉而賑之，足以救其患，復其業。河北之民，聞詔令之出，必皆喜上之足賴，而自安於畎畝之中，負錢與粟而歸，與其父母妻子脫於流轉死亡之禍，則戴上之施，而懷欲報之心，豈有已哉？天下之民，聞國家厝置如此恩澤之厚，其孰不震動感激，悅主上之義於無窮乎？如是而人和不可致、天意不可悅者，未之有也。人和洽於下，天意悅於上，然後玉輅徐動，就陽而郊，荒夷殊陬，奉幣來享；疆內安輯，里無囂聲，豈不適變於可為之時，消患於無形之內乎？此所謂審計終始，見於衆人之所未見也。不早出此，或至於一有枹鼓之警，則雖欲為之，將不及矣。

或謂方今錢粟恐不足以辦此。夫王者之富，藏之於民，有餘則取，不足則與，此理之不易者也。故曰：『百姓足，君孰與不足？百姓不足，君孰與足？』蓋百姓富實而國獨貧，與百姓餓殍而上獨能保其富者，自古及今，未之有也。故又曰「不患貧而患不安」，此古今之至戒也。是故古者二十七年耕，有九年之畜，足以備水旱之災，然後謂之王政之成。唐水湯旱而民無捐瘠者，以是故也。今國家倉庫之積，固不獨為公家之費而已，凡以為民也，雖倉無餘粟，庫無餘財，至於救災補敗，尚不可以已，況今倉庫之積，尚可以用，獨安可以過憂將來之不足，而立視夫民之死乎？古人有曰：『剪爪宜及膚，割髮宜及體。』先王之於救災，髮膚尚無所愛，況外物乎？且今河北州軍凡三十七，災害所被十餘州軍而已。他州之田，秋稼足望，今有司於糴粟常價斗增一二十錢，非獨足以利農，其於增糴一百萬石易矣。斗增一二十錢，吾權一時之事，有以為之耳。以實錢給其常價，以茶荈香藥之類佐其虛估，不過捐茶荈香藥之類，為錢數鉅萬貫，而其費已足。茶荈香藥之類，與百姓之命孰為可惜，不待議而可知者也。夫費錢五鉅萬貫，又捐茶荈香藥之類，為錢數鉅萬貫，而足以救一時之患，為天下之計，利害輕重，又非難明者也。顧吾之有司能越拘攣之見，破常行之法與否而已。此時事之急也，故述斯議焉。

又 卷四九《平糴》 使歲穰穀不賤出，歲凶民不病食，故平糴之令自此始。李悝修之，魏以富強。漢興，耿壽昌開常平之法，以至晉齊不能廢。後魏定和糴之制，北齊築富人之倉，隋人置監，唐人置東西市之糴，雖號名殊，其為法一也。當盛宋建隆之間，始因河內之稔，修邊糴之事。至淳化，而天下之糴復大備。

又《義倉》 使歲穰輸其餘，歲凶受而食之，故義倉之法自此始。長孫平修之，隋以富足。唐用戴胄之言，而復定著令。高宗又開雜用之禁。神龍之後，綱理疏闊，而義倉遂廢殆盡。至開元，自王公以下，至於庶人，皆有入，故義倉之實至六千萬以上。自是後而衰。宋興，乾德之初，天子哀歲不登，而倉吏不以時出與民，於是著發粟之制，使不待詔令。其後，又病吏之煩擾，而民罹輸轉之困，又罷之。至今上而舊制復行。

又《補遺·雜議十篇·議倉》 世之言治法者，莫不以三代唐虞為之本而兩漢隋唐為之末。然三代唐虞之法未必行於今而皆得其便，兩漢隋唐之法未必行於今而皆失其利也。故善言治者，不在乎援古高論，在乎當而已矣；善言法者，不在乎超世邁俗，在乎宜而已矣。

夫義倉者不興于唐虞之世也，不建於三代之君也，不起于兩漢之時也，蓋始于隋而盛于唐者也。其道以振乏為本，以恤民為先，以博施為法，以樂輸為率，以眾賴為便，以義和為名。各於其社樹之以倉，各令其民入之以穀。設其官守，嚴其戒令。豐歲則勸課而輸之，凶年則發徹而散之。不煩于刑而民樂從，不費于國而民無困。於上有救貧恤饑之政，於下無轉溝殞壑之苦。以言其濟施，則仁之厚者也；以言其輸入，則義之廣者也；以言其取與，則和之至者也。其在隋則長孫倡而始之，其在唐則戴胄舉而行之。文帝從長孫之計，於是民俗以安，國費以省，邦儲以厚，而卒能成大業之治焉。及太宗從戴胄之言，於是和氣以洽，仁風以暢，王業以固，而卒能成貞觀之風焉。降及天皇，其法始敝，弗以為博施之本而為軍國之費，弗以樂輸之賦而為征取之科。自是之後，名存而實廢矣。由此觀之，前世所以恤民而後世所以暴民，明主所以為治而昏主所以為亂者，其義倉之謂乎？

國家革五代之苛，建一王之治，于茲有年矣。租賦之調不為不中也，配斂之科不為不節也，賑恤之政不為不行也，敝濫之源不為不究也。然此歲以來，急於邊費，以征以取，浸暴于常。而又有聚斂之臣，貪殘之吏，剝下以奉上，刻私而徇公，往往竊前世恤民之法而為當今斂民之調者，累累皆是，則義倉者亦其一端也。夫昔之所謂義倉者，以義為本而行乎賑恤者也，今之所謂義倉者，以義為名而務於誅求者也。昔之義倉，務所以安之；今之義倉，務所以掊之。昔之義倉，則立倉於社，聚谷於眾，年豐則取之，民饑則與之，不令而民從，不督而民勸，故曰以義為本而行乎賑恤也；今之義倉，則有倉之號而無倉之制，有義倉之名而無義倉之實，約租之多寡而增其數，計入之豐約而定其籍，年豐則有以取之，民饑則無與振之，故曰義為名而務於誅求者也。誠能復隋唐之法而建其倉，探隋唐之本而行其義，則恤災弭患、安民泰俗無大於此者。苟不如是而徒立其號，以為征取之術，則不若勿行之愈也。

又《奏狀一篇·論常平三等糶糴斛斗不便狀》 當州檢會昨准本路提刑司牒，准司農寺牒，准熙寧元年六月九日中書劄子節文，委逐路提刑司下州軍監縣，各令供析十五年以來斛斗價，分為平及貴、賤三等開坐聞奏，仍乞付寺置簿抄錄，遇州縣斛斗及賤價，即收糴入，貴價即出糶，及平價則糶糴俱止；每遇合當糶糴，便令所在州軍及時施行，具價直申提刑者。州司承准已勘會到十五年斛斗價例，分為平及貴、賤三等，每斗錢數，于熙寧元年十一月初四日開坐具狀申奏去訖。當州勘會逐年每至秋成，據見管糴到常平倉米錢，估定在市酌中實直時價收糴斛斗，樁管準備，向去物貴出糶，救濟饑民。自今年春夏以來，里外米價增貴，小民艱食，已依條於在州及外縣鎮委官置場，出糶常平倉米救濟，止今都糶過四萬七千八百七十一碩，收錢樁管，應副秋成，依例收糴斛斗，準備來年春夏米價踴貴時出糶，以濟饑殍。今來司農寺起請分為平及貴、賤三等，貴糶賤糴，平價糶糴俱止。當州上項年內，貴價每斗七十五文，平價七十文，賤價六十文至六十二文九十八陌。若今秋米價高於所定賤價，每斗或至六十四五文以上，合依上條不該收糴；如每斗至七十文價，糶糴俱止。緣本州今來出糶斛斗至多，州城諸縣里外所闕常平倉米，若不趁時收糴貯積，竊慮來年春夏正當民間闕絕之際，官司無米支糶，小民失所。州司兼檢准編敕節文，常平倉斛斗若年豐物賤，即於市價上添錢收糴；如年儉物貴，即相度在市實直價例特與減錢出糶，不得虧損元糴之價。又條，常平倉斛斗，每年約定合糴數目，遇秋冬斛斗價平時廣謀糴。緣本州今年秋糴斛斗在近，竊慮計置失時，別致誤事。伏乞朝廷詳察，早降旨揮，許依舊條施行。

貼黃：竊詳舊法，但視時之美惡，而斂散天下之粟，不為一定之制，可謂約束之文甚簡，而彌綸之意甚周。今法必取十五年之州縣開倉鄉聚漕致同時出糶，一斗為錢七十有五，所出者幾五萬碩，所以平已踴之價，濟艱食之人。竊惟聖恩至深至厚，此可謂不易之良法也。今所糶粟幾五萬碩之錢，向冬收成正當廣糴以準備來日之害，若使拘於價平而不糴，或拘於價賤而不糴，使藏有積滯之錢，而倉無儲貯之粟，於以慮患圓微，不亦闕乎！使來歲萬一或有水旱之憂，未知何以救之？此為吏者所以不敢坐視而宴然也。伏惟聖恩財擇，幸聽用舊，無拘以新制，使幽遠之人偏蒙上賜，實天下之幸。

宋 司馬光《傳家集》卷二二《論勸農上殿札子嘉祐六年上得旨依**》** 臣聞食者生民之大本，為政之首務也。饑饉之世，珠玉金銀等於糞土，惟穀之為寶，不可一日無也。今國家每下詔書，必以勸農為先。然而農夫日寡，游手日繁，豈非為利害所驅耶？今農夫苦身勞力，惡衣糲食，以殖百穀，賦斂萃焉，徭役出焉。歲豐則賤糶以應公上之須，給債家之求，歲凶則流離異鄉，轉死溝壑。如是而欲使夫商賈末作之人，坐漁厚利、鮮衣美食者轉而緣南畮，斯亦難矣。然則勸農者，言也，害農者，政也。天下生之者益少，食之者益多，欲穀之無涸，得乎哉？為今之術，勸農莫如重穀，重穀莫如平糴，使諸路轉運使及州軍長吏，遇豐歲能廣謀糴入。官滿之日，倉庫之實比於始至增羨多者賞之；其無水旱之災、益兵之費，而蓄積耗減者黜之。又令民能力田積穀者，不以為家貲數。如是則穀重而農勸，雖有饑饉，常無流亡盜賊之患矣。今歲河北、河東沿邊穀糴至賤，此亦國家所宜留意者也。取進止。

又 卷二六《乞施行制國用疏上殿札子》 臣近曾上疏，以即今公私財用率皆窮窘，專奉目前經費，猶汲汲不足，萬一有大水大旱，饑饉相仍，戎狄侵邊，盜賊羣起，發兵誅討，不時克定，倉庫已空，百姓又竭，其憂患不細，必當早為之謀，以救斯弊。乞隨材用人，使久於其任；務農通商，以蓄息財物；節省賜予，裁損浮費。又以宰相領總計使之職，凡天下金帛錢穀屬於三司，不屬三司者，總計使皆領之。歲終則校其出入之數，若入少而出多，則思其所以救補之術，奏而行之。常使歲餘三分之一，以備饑饉，軍旅非常之費。其内外錢穀官之長，皆委總計使察其能否、考其功狀以奏而誅賞之。此誠當今之急務。伏望陛下與公卿大臣定議，早賜施行。取進止。

又 卷三三《言蓄積札子》 臣聞國以民爲本，民以食爲天。國家近歲以來，官中及民間皆不務蓄積，官中倉廩大率無三年之儲，鄉村農民少有半年之食。是以小有水旱，則公私窮匱，無以相救，流移轉徙，盜賊並興。當是之時，朝廷非不以爲憂，及年穀稍豐，則上下之人皆忘之矣。此最當今之深弊也。先帝時臣曾上言，乞將諸路轉運使及諸州軍長吏官滿之日，倉庫之實比於始至增減多少，以爲黜陟。又令民能力田積穀者，皆不以爲家貲之數。欲爲國家力救此弊。自後不聞朝廷施行。今歲開封府界、南京、宿、亳、陳、蔡、曹、濮、濟、鄆等州，霖雨爲災，稼穡之田，悉爲洪流。百姓羸弱者流轉佗方，餓死溝壑，強壯者起爲盜賊，吏不能禁。朝廷欲開倉賑貸，則軍儲尚猶不足，何以贍民？欲括取於蓄積之家，則貧者未能賑濟，富者亦將乏食，又使今後民間不敢蓄積。不幸復有凶年，則國家更於何處取之？此所以朝廷雖寒心銷志，亦坐而視之，無如之何者也。臣竊思之，盖非今日有司之罪，乃曏時有司之罪也。往日不可及，來者猶可追。陛下儻不於今日特留聖心，速救此弊，豐凶之期不可豫保，若向去復有水旱螟蝗之災，饑饉相仍甚於今年，則國家之憂，何所不至乎？臣又聞平糴之法必謹，視年之上下，故大熟則上糴三而舍一，中熟則糴二，下熟則糴一。使民適足，價平則止。小飢則發小熟之所斂，中飢則發中熟之所斂，大飢則發大熟之所斂而糶之，所以取有餘補不足也。今開封府及京東、京西水災之處，放税多及十分，是大饑之歲也。官吏往往更行收糴，所給官錢既少，百姓不肯自來中糴，則遣人編攔搜括，無以異於寇盜之鈔劫，是使有穀之家愈更閉匿不敢入市，穀價益貴，人不聊生。如此非獨天災，亦由吏治顛錯之所致也。臣愚欲望朝廷檢會臣前次及今來所奏事理，更加詳酌，擇其可者，少賜施行。指揮開封府界及京東、京西災傷州軍，見今官中收糴者，一切止住。其有常平、廣惠倉斛斗之處，按籍置歷出糶賑貸，先救農民。告諭蓄積之家，許行出利借貸與人，候豐熟之日，官中特爲理索，不令逋欠。其河北、陜西、河東及諸路應豐稔之處，委轉運司相度穀價賤者，廣謀收糴，價平即止。如本路闕少錢物，即委三司於佗處擘畫那移應副。仍自今以後，乞朝廷每年謹察諸路豐凶之處，依此施行。臣竊料有司必言官無閒錢可以趂時收糴。臣伏見國家每遇凶荒之歲，緣邊屯軍多處常用數百錢糴米一斗。若用此於豐稔之歲，可糴一碩。不知有司何故於凶荒之歲則有錢供億，至豐稔之歲則無錢也？此無佗故，患在有司偷安目前，以俟遷移進用，不爲國家思久遠之計而已。故臣惟願陛下深留聖意。取進止。

又 卷三五《言錢糧上殿札子治平二年四月十九日上**》** 臣近蒙恩給假，至陝州焚黄。竊見緣路諸州倉庫錢糧，例皆闕絶，其官吏軍人料錢月糧，並須遂旋收拾，方能支給。竊料其餘諸州臣不到處，亦多如此。臣聞國無三年之蓄，曰國非其國。今窘竭如此，而朝廷曾不以爲憂。若不幸有水旱蝗蝻，方數千里，如明道、康定之時，加之邊鄙有急，興兵動衆，不知朝廷何以待之？臣伏見陳、許、潁、亳等州，止因去秋一次水災，遂致骨肉相食，積尸滿野。此非今日官吏之罪，乃曏時官吏之罪也。何則？曏時豐稔之歲，其人但務偷安，不爲遠慮，粟麥至賤，不能儲蓄，及至凶荒之際，官私俱竭，上下狼狽，何由相救？

雖使桑羊、劉晏復生，亦無如之何也。今春幸而得雨，麥田有望，朝廷已置饑饉之事於度外，不復以儲蓄爲意矣。萬一天下州縣復有災傷，則何以異於陳、許、潁、亳之民也？若饑饉相繼，盜賊必興，此豈可不早爲之深慮乎？臣愚伏望陛下於天下錢穀，常留聖心，特降詔書，明諭中外，應文武臣僚有熟知天下錢穀利害，能使倉庫充實，又不殘民害物者，並許上書自言。陛下勿以其人官職之踈賤，文辭之鄙惡，一一畧加省覽。擇其理道稍長者，皆賜召對，從容訪問以方今食貨俱乏、公私皆困，何故而然，如何擘畫，可使上下豐足？若其言無可取者，則罷遣而已；有可取者，即爲之施行。仍記録其姓名，置於左右，然後選其中材幹出羣者，以爲轉運使、副、判官，及三司使、副、判官。仍每至年終，令三司撮計在京府界及十八路錢帛糧草見在都數聞奏，以之比較去年終見在都數。若增羡稍多，即令勘會。如別無姦巧欺謾，及非理賦斂而致增羡，其當職之人，宜量行褒賞。累經褒賞者，即別加進用。若減耗稍多，即令詰問。如別無大故災傷，及添屯軍馬而致減耗，其當職之人宜量行責罰。累經責罰者，即末從黜廢。誠能如此，行之不懈，數年之後，可使天下倉皆有餘粟，庫皆有餘財。雖有水旱蝗蝻之災，及邊鄙有急，皆不足憂也。

又 卷三六《上皇帝疏治平二年八月十一日上**》** 月日，具位臣光謹昧死再拜上疏皇帝陛下：臣聞《書》曰：『面稽天若。』《詩》曰：『文王陟降，在帝左右。』蓋言王者爲天之子，不敢不朝夕小心，祗畏其命，如在其上，如在其左右也。是故《洪範》九疇以五行爲本。言王者當祗順五行之性，內謹五事以治身，外修八政以治國，正五紀以承天序，折衷於皇極之道，登用三德之人，又參合以龜筮之謀，察風雨寒燠之來，以省得失，知休咎，導迎五福，避遠六極。此萬世不易之道也。臣不勝狂愚，忘生觸死，伏見陛下即位以來，災異甚衆。日有黑子，江淮之水或溢或涸。去夏霖雨涉秋不止，京畿東南十有餘州，廬舍沉於深淵，浮苴棲於木末。老弱流離，捐瘠道路，妻兒之價，賤於犬豕。許、潁之間，親戚相食，積尸成丘。既而歷冬無雪，煖氣如春，草木早榮，繼以黑風。今夏癘疫大作，彌漫數千里，病者比屋，喪車交路。至秋幸而豐熟，百姓欣然，庶獲蘇息。未及收穫而暴雨大至，一晝之間，川澤皆溢，溝渠逆流，原隰丘陵，悉爲洪波。一苗半穗，蕩無孑遺。都城之內，道路乘桴，城闕摧圮，官府倉廩，軍壘民居，覆沒殆盡，死於壓溺者，不可勝紀。耆耋之人，皆言耳目所記，未嘗睹聞。此乃曠古之極異，非常之大災。陛下安得不側身恐懼，思其所以致此之咎乎？臣性愚學淺，不足以窺測天意。竊以《書》曰：『天聰明自我民聰明，天明畏自我民明威。』又曰：『天視自我民視，天聽自我民聽。』然則災異之來，不在於佗，苟人心和悅，則天道無不順矣。《詩》曰：『亹亹文王，令聞不已。』又曰：『如珪如璋，令聞令望。』古之聖王，未有不先其令名而能行其政於天下者也。臣伏見陛下踐阼之初，上自宰輔，次及朝臣，下逮閭閻細民、士伍厮養，無不翕然同辭，稱頌聖德，如出一口。皆云方今皇族奉朝謁者八百餘人，陛下仁孝聰明，爲之首冠。知人疾苦，識其情僞，節儉愛物，剛果能斷。既美先帝知人之明，又慶己身逢時之幸，涕泣共談，悲喜相半。臣愚以爲昔漢惠帝無子，而得文帝，仁儉謙恭，百姓富饒，幾致刑措。昭帝無子，而得宣帝，勤惠明斷，吏良民樂，號稱中興。然則，國無嗣子，而旁親入繼，未必不爲天意福祐社稷，而光啟聖賢也。私心自幸，又甚於衆人。俄而聖躬有疾，上下之人思殺身爲牲，粉骨爲藥，庶祈早瘳，以觀聖政。不意數月之後，道塗之議稍異於前。頗有謗言，不專稱美。逮乎周歲之外，則頌者益寡，謗者益多。臣竊伏於闕門之外，日聞衆論，不勝悵恨，痛心疾首，晝而忘食，夕而忘寢，爲陛下深思其故，終不能明。意者陛下於舉動循守之間，萬一有所未思乎？敢以愚慮言之，蓋有三焉。惟陛下寬其罪，使得畢其辭。竊以皇太后仁明之德，爰自先朝，布聞四方，加之保育聖躬，在於襁褓。陛下入承大統，不可謂全非皇太后之力。當陛下初得疾之時，外間傳言皇太后於先帝梓宮之前爲陛下叩頭祈請，額爲之傷。如此，豈可謂無慈愛之心於陛下哉！不幸爲讒賊之人交相離間，遂使兩宮之情介然有隙。就使皇太后有不慈於陛下，陛下爲人之子，安可校量曲直，遂生忿恨，而於愛恭之心有所不備乎？傳曰：『大德滅小怨。』先帝擢陛下於衆人之中，自防禦使升爲天子，唯以一后數公主屬於陛下，而梓宮在殯，已失皇太后之歡心，長公主數人，皆屏居閒宮，希曾省見臣請以小喻大，設有閭里之民，家有一妻數女，及有數畝之田、一金之產，老而無子，養同宗之子以爲後。其人既沒，其子得田產而有之，遂踈母棄妹，使之愁憤怨歎，則鄰里鄉黨之人謂其子爲何如人哉？以匹夫而爲此行，猶見貶於鄉里，况以天子之尊，爲四海所瞻仰哉！此陛下所以失人心之始也。先帝天性寬仁，重違物意。晚年嬰疾，厭倦萬幾，遂以天下之事悉委之兩府。兩府或見有所偏，或意有所私，取捨黜陟，未必皆當。又巧設倖門，進拔所愛，超資越級，欺罔衆人，抑壓孤寒，無所伸愬。及陛下即位，皆謂必能奮發乾剛，昭明君德，收取威福，復還王室，進賢退愚，賞善罰惡，使海内廓然，立見太平。而陛下益事謙遜，深自晦匿。凡百奏請，不肯與奪，動循舊例，不顧事情，謹於細務，忽於大體。知人之賢不能舉，知人不肖不能去，知事之非不能改，知事之是不能從。大臣專權，甚於先朝，率意差除，無所顧忌，或非材而驟進，或有罪而見寬。此天下所以重失望也。臣聞《書》曰：『木從繩則正，后從諫則聖。』是以堯稽於衆，舍己從人；舜好問而好察邇言；禹聞善言則拜；湯用人惟己，改過不吝。此四聖人者，豈其才智之不足哉？然猶孜孜汲汲下詢愚賤之人者，蓋以四海之廣，萬幾之衆，非一人所能獨知，必資天下之耳目思慮，然後能曲盡其理也。陛下聖質雖美，亦當取法於堯、舜、禹、湯。而即政以來，或意有所見，執之不移，如堅守嚴城，禦敵外寇，使羣臣之言皆無自而入，殆非所以納百川而成巨海也。孔子曰：『人之言曰，予無樂乎爲君，唯其言而莫予違也。如其善而莫之違也，不亦善乎？如不善而莫之違也。不幾乎一言而喪邦乎？』是故明君之於聽納，無彼無我，無親無踈，無先無後，唯其是而已矣。若重我所有而輕彼所陳，信其所親而疑其所賤，主先入之言而拒後來之議，則雖有是者，亦不可得而見矣。夫人心之所好者，視醜以爲美；所惡者，視善以爲惡。苟能以平心察之，則是非易見矣。《書》曰：『有言逆于汝心，必求諸道；有言遜于汝志，必求諸非道。』若必待合於聖意則悅而從之，不合則怒而棄之，臣恐讒諂日進，方正日踈，殆非所以增社稷之福也。又國家置臺諫之官爲天子耳目，防大臣壅蔽，朝廷政事皆大臣相與裁定，然後施行，而臺諫或以異議干之，陛下當自以聖意察其是非，可行則行，可止則止。今乃復付之大臣，彼安肯以己之所行爲非，而以佗人所言爲是乎？此乃陛下所以獨取拒諫之名，而大臣坐得專權之利者也。夫以君相之重何啻泰山，賤臣之輕何啻鷄卵，乃欲相與校其勝負，臣固知其不敵矣。是以四方懷忠之士願效區區者，皆望風不進，結舌沮氣，此天下所以又失望也。凡此三者，在列之臣皆知其不可，而上畏嚴誅，下避怨怒，莫敢以此極言聞於陛下，使海内憤欝之氣積而不發，宜其有以感動天地之和矣。臣聞天意保佑王者，故爲之下災異以譴告之。若王者恐懼修省，則非徒免一時之害，又將有福禄隨之。商之太戊、武丁，周之成、宣是也。若傲忽不顧，非徒爲害於一時，又將有危亡之禍。漢之成、哀、桓、靈是也。今災異之來，意者皇天亦將保佑陛下以成商周之美乎。臣願陛下上稽天意，下順人心，於此三者，皆留聖念，奉事皇太后愈加孝謹，務得驩心；諸長公主時加存撫，無令失所。總挈大柄，勿以假人，選用英俊，循名責實，賞功罰罪，捨小取大，劃塞弊倖，一新大政。延納讜言，虛心從善，皆行之以至誠，非特爲空言而已。夫至誠可以動金石，而況人乎！不誠不足以感匹夫，而況天乎！《詩》云：『無曰高高在上，陟降厥士，日監在兹。』天雖至高，視聽甚邇。人之所爲，發於中心，則天已知之，固不待見其容貌，形於聲音也。陛下果能盡誠於此，則聖德日新，令名四達。人心既悦，天道自和，百穀蕃昌，嘉瑞並至，蠻夷率服，福流子孫矣。臣自知不才，無補朝廷，然不敢遂自塞嘿，復有所陳。惟陛下裁察。臣光昧死再拜上疏。

又《乞節用上殿札子》治平二年八月十四日上》 臣竊見國家公私窮窘，固非一日。今兹復遇大災，畿内秋田蕩無孑遺，倉廪儲蓄率多敗壞，府庫錢帛散用將盡，必恐今冬饑饉甚於去年，軍民嗷嗷，無以賑救。經費不足，重以郊禮。此乃國用危急之時，不可不早以爲憂。今取之於内帑，則内帑已虛；收之於外方，則外方已盡；斂之於下民，則下民已竭。不知朝廷將何以爲計？臣愚以爲，若非陛下側身克己，痛自節約，則無以應答天意，感慰民心，使昏墊者忘其悲愁，餒死者無所怨嗟也。臣聞節用之道，必自近始。伏望上自乘輿服御之物，下至穎王公主婚嫁之具，悉加裁損，務從儉薄，勿信主者以舊例爲言。出六宫冗食之人，使之從便；罷後苑、文思院所造淫巧服玩，止諸處不急之役。然後命有司考求在外凡百浮費之事，皆一切除去。羣臣非有顯然功效益國利民者，勿復濫加賞賜。將來南郊，自非犧牲、玉帛供神之物，其餘青城儀仗之類，止於奉車駕、備外飾者，亦令有司與禮官同共參詳減省。臣聞國有凶荒則殺禮，事天者貴於内誠而賤外物，是故器用陶匏，席用槀秸，況於青城儀仗之類，何爲不可減乎？凡此數者，唯在聖意斷而行之，固不可與庸俗之人執文泥例者謀之也。取進止。

又《乞改郊禮札子》治平二年八月上》 臣聞古者天子親祀上帝，一歲有九。國朝之制，天子三歲一郊，仍於其間改用他禮者甚衆。豈奉天之意有所倦斁哉，蓋事有不得已者也。臣竊見國家帑藏素空，重以暴雨為災，圓丘之側，流潦尚深，青城之材，頗多散失，儀仗法物，損敗非一。今若悉加完葺，恐難猝備。加以冬寒將近，諸營漂没，失其生業，屋宇敗壞，衣褐俱盡。陛下儻欲别加振救，亦恐力所不支。昔太宗太平興國九年下詔東封，尋以火災而止，更用郊禮。又淳化三年下詔祀圓丘，亦以事故，更用明年祈穀。今災變至大，國用不足，臣謂不可不小有變更。若因兹天譴，隨時損益，以九月，十月之間於大慶殿恭謝天地，亦足以展純潔之誠，昭寅畏之志。減省大費，安慰衆心，事無便於此者。陛下儻以為可，願決意早行之。

又 卷四八《乞省覽農民封事札子元豐八年九月三日上**》** 臣伏覩近降農民訴疾苦實封奏狀王嗇等一百五十道，除所訴重複外，俱已簽帖進入。竊惟四民之中，惟農最苦。農夫寒耕熱耘，霑體塗足，戴星而作，戴星而息。蠶婦育蠶治繭，績麻紡緯，縷縷而積之，寸寸而成之，其勤極矣。而又水旱霜雹蝗蝝間為之灾，幸而收成，則公私之債交爭互奪，穀未離場，帛未下機，已非己有矣。農夫蠶婦所食者糠籺而不足，所衣者綈褐而不完，直以世服田畝，不知捨此之外更有可生之路耳。故其子弟遊市井者，食甘服美，目覩盛麗，則不復肯歸南畝矣。至使世俗俳諧共以農為嗤鄙，誠可哀也。又況聚斂之臣，於租稅之外巧取百端，以邀功賞。青苗則強散重斂，給陳納新；免役則刻剝窮民，收養浮食；保甲則勞於非業之作；保馬則困於無益之費，可不念哉！夫農蠶者，天下衣食之原，人之所仰以生也，是以聖王重之。臣不敢遠引前古，竊聞太宗皇帝嘗遊金明池，召田婦數十人於殿上，賜席使坐，問以民間疾苦。田婦愚戇，無所隱避，賜帛遣之。太宗興於側微，民間事固無不知，所以然者，恐富貴而忘之故也，每臨朝無一日不言及稼穡。真宗皇帝乳母秦國夫人劉氏本農家也，喜言農家之事。真宗皇帝自幼聞之，故為開封尹，以善政著聞。及踐大位，咸平、景德之治，為有宋隆平之極，《景德農田勅》至今稱為精當。昔周公相成王，作《無逸》曰：『先知稼穡之艱難，乃逸。』則知小人之依，蓋以一盂之飯、一尺之帛，莫不出於艱難。人主既知之，則不肯用之於無益，散之於無功，驕侈之心無自而生矣。伏惟太皇太后陛下深居九重，皇帝陛下富於春秋，自非今者濬發德音，大開言路，使畎畝之民皆得上封事，則此曹疾苦何由有萬分之一得達於天聽哉？雖其文辭鄙俚、語言叢雜，皆身受實患，直貢其誠，不可忽也。伏望太皇太后陛下與皇帝陛下同賜省覽，庶以開廣聰明，資益聖性，於民間情偽靡不周知，異日太平之業，由此為始矣。取進止。

宋 范祖禹《范太史集》卷一五《論常平札子二十日**》** 臣竊以當今天下之患，在於公私俱無畜積，無以待水旱凶歉，一時不雨，則民饑饉流亡。昨春夏旱，京西、陝西艱食尤甚，唐、鄧人民相食，遺棄男女，流離道路。其存者食犬彘之食，饑民羣行刧米，坐法配流者係纍相屬。幸而得麥，民復有生望，故大盜不作耳。然轉於溝壑，與配隸遠方者，已不可勝數。仁聖在上，豈不哀閔，而為之計慮哉？夫以數月不雨，適當青黃不接之際，民已如此，若不幸復有方二三千里之水旱，將何以救之？自中夏以來，雨水不至過多，秋成可望。諸郡雖有被水災之處，然約計之，收熟之處必多。年穀稍豐，則公私逋負督迫，民間速欲得錢，無由貯積，必至甚賤，此農民所以豐凶皆困也。自非朝廷廣謀收糴，以時發斂，則無以平糴濟民。今諸路提刑司積常平錢猶多，竊恐自罷散青苗錢以來，常平之法尚未修復如舊。臣愚欲乞速降指揮諸路提刑司，乘今秋豐稔穀賤之時，盡以所有之錢增價收糴，使不至於甚賤傷農；來春穀貴，則減價出糴，使不至於甚貴傷民。若止以常平錢收糴，恐亦未廣，陛下誠能出內庫金帛數十萬以為糴本，專以備水旱凶荒，發斂以時則官本存常，而民被惠澤無窮。濟民之命，無大於此。祖宗置內藏庫，本以備軍旅非常之用。仁宗嘗出錢一百萬緡以助常平糴本，此仁恩所以深結於民心也。夫財出於民，復以濟民，但使民存，不至流亡，則今年散之，明年復有，何患乎無財也？前年冬大寒，陛下出錢十萬緡散之窮民。民苦於寒，陛下不忍坐視其死，捐以與之，誠知民為國本，不可不愛惜也。況糴本常不動，而可以利民，止是以內庫之錢借之外路，又有先朝故，何憚而不為乎？如以臣言為然，乞早賜施行。取進止。

又《再論常平札子同日**》** 臣竊以為國之本在於務農，務農之本在於貴穀。舜咨十二牧曰：『食哉惟時。』《洪範》八政，以食為首。孔子曰：『所重民食。』畜積者，邦國之大本，生民之大命也。臣伏見累年以來，天災流行，年穀不熟。昨春夏之交，天久不雨，陛下憂勞昃食於上，大臣惶恐請罪於下，豈非以倉廩空虛，民無所食，盜賊並起，將有不可知之變哉？一朝得雨，報賽神祇，則君臣釋然慶會，不復以民生為念矣。夫歲之有豐凶，天之常也。豐年常少，凶年常多。水旱之災，堯、湯所不能免，然而國不困、民不亡者，有畜積以為之備也。昨春夏未雨之時，民已無復生理，幸而得麥，出於望外，豈可常思僥倖天災之不成也？臣訪聞諸路今秋可望大熟，民間不唯速欲得錢，必至甚賤；又小民不為遠慮，一熟則輕賤五穀，粒米狼戾。古之聖王知其如此，是故操斂散之術以權之。管子曰：『民有餘則輕之，故人君斂之以輕；民不足則重之，故人君散之以重。』輕重之權在上，則其利不入於兼并之家，而農民常得其平，此所以家給人足也。至於衰世，豐不知斂，凶不知散，故其政荒，其民流。孟子曰：『狗彘食人食而不知檢，塗有餓莩而不知發，如此者，其國幾何而不亡也？』今天下背本趨末，民惟視上之所好，若朝廷以農為急，乃可以使民務本。黄金珠玉，飢不可食，寒不可衣，然而人貴之者，好之者衆也。誠使貴五穀而賤金玉，則民豈有不以穀為重者哉？布帛不可一日而闕，亦皆人力之所為，至於五穀，天不生，地不長，則非人力所能致也。昔梁武帝享國幾五十年，江南久安，風俗奢侈，不務畜積。侯景之亂，連年旱蝗，富民皆懷金玉，衣錦綺，相枕籍而死。唐末高駢亂淮南，揚州米斗至直錢五十千，皆史册所載。古有此事，安知來世之必無也？今夫夏則畜炭，冬則藏冰，凡民皆能知之；至於豐年，則不知為凶歲之備，蓋以五穀為常有而輕之耳。古人旱則備水，水則備旱，豐登則備凶歉，知天時之有必至也。惟陛下留意於務農貴穀，修常平之政，以厚天下。取進止。

又 卷一九《論支錢和雇修河人夫狀三月六日**》** 中書録黄：尚書省送到元豐庫狀，准勑，三月二日同奉聖旨，特支賜元豐庫錢二十萬貫，和雇人夫，令都水監相度分劈與南北丞地分并深州，及應係將來取旨緊急，須合預先興功去處功役，仍不得令州縣科差。尚書省看詳：元豐庫既無河北路起發上京錢物，即難以兑那。三省同奉聖旨：於河北東西路提刑司封樁舊法坊場免役内，特就便支給錢二十萬貫，餘依已降指揮，所有令元豐庫支錢指揮更不施行者。

右，臣伏詳二月六日所降聖旨，權罷修河，放罷人夫。衆論皆謂東流故道夫役當罷，其北流河水見行地分，則當修葺固護，以備夏秋水患，實不可罷。陛下哀憫百姓，不欲科差，所以今月二日續降聖旨，支賜封樁錢二十萬貫和雇人夫。自降此指揮，外議皆謂南北丞地分并深州合興功役外，所有應係將來取旨緊急，預先興工去處，即是李偉所領東流故道回河之役。緣二月六日聖旨内有候今秋取旨之文，所以三月二日聖旨又帶下將來取旨去處功役。陛下以久旱，欲息民勞，北流興役，蓋不得已。而修河權罷未一月，東流功役復興，竊恐枉費國財，重為無益。河北百姓見此次第，依前惶惶。伏望聖慈於今來支提刑司封樁錢指揮内，除先降聖旨，應係將來取旨緊急，須合預先興功去處功役一節更不施行外，餘依已降指揮，以協中外之心。臣已封還李偉請給等録黄，乞罷李偉差遣。所有今來録黄亦未敢行下，謹具封還，伏候勑旨。

又 卷二三《論求言札子七月**》** 臣聞禹戒舜曰：『后克囏厥后，臣克囏厥臣，政乃乂，黎民敏德。』舜曰：『俞允若兹，嘉言罔攸伏，野無遺賢，萬邦咸寧，稽于衆，舍己從人，不虐無告，不廢困窮，惟帝時克。』后克囏厥后者，知為君難也；臣克囏厥臣者，知為臣不易也。君知為君之難，則不可不求言於臣；臣知為臣之難，則不可不極言於君。如此，則政乃治，黎民化之，敏於為德矣。君知為君之難，此孔子所謂『一言而可以興邦』也；不知為君之難，則所樂者唯其言而人莫予違也。夫為人君出言不善，而人莫敢違，此孔子所謂『一言而喪邦』也。舜知其如此，故答禹曰：信如此，則嘉言無所隱伏，人臣得行其言，則天下之士願立於朝，故野無遺賢；賢人皆在朝，則萬國咸寧矣。人君能盡天下之善言，不遺天下之賢人，又動必稽于衆，舍己以從人，故能不虐無告，皆得其所，不廢困窮，皆得其養，惟帝堯能之。禹以道陳戒，故以此告舜；舜以堯為法，故以此答禹。其要在於聽言用賢，從衆愛民而已。臣今日所講孟子不敢勸齊王發粟以救饑，則與此正相違。齊王為民父母，坐視齊國饑饉，其民將轉死溝壑，而孟子不敢復言。譬之馮婦搏虎，豈得嘉言無所伏哉？臣觀齊王不忍一牛之死，以羊易之，非無仁心也。然而不能推愛牛之心而愛民，見牛將死，則知愛之，見民將死，則不知愛之，是以民饑而不救，此所以為不仁也。齊人無以仁義與王言者，孟子非堯舜之道不敢陳於王前。孟子見之時少，齊人見之時多，譬如萌生之物，一日温之，十日寒之，雖欲其生，豈可得哉！此所以為不智也。齊王不仁不智，由不能聽言用賢也。昔仁宗謂輔臣曰：『如聞州郡嘗於夏秋之際，先奏時雨霑足，稼穡登茂，後或災傷，畏罪不敢以聞，使民不得免賦租，甚非長吏愛民之意。』乃著令不罪州郡吏，而聽除民租。又有奏水災過實者，有司請加之罪，仁宗曰：『州郡多奏祥瑞，至於水旱之災，或抑而不聞。今守臣自陳墊壤官私廬舍，意亦在民，豈當加罪也？』仁宗聖心恤民如此，若使孟子遇仁宗之時，豈有不言者哉？臣願陛下以舜、禹之言為法，以仁宗之心為心，以齊王為戒，知為君之難，不可不求言，求言不可不訪問，使嘉言日聞，賢人日進，則四海生民幸甚。仁宗故事伏乞常留聖覽。取進止。

宋 蘇軾《東坡全集》卷四七《策別九》 其三曰均户口。夫中國之地，足以食中國之民有餘也，而民常病於不足，何哉？地無變遷，而民有聚散。聚則爭於不足之中，而散則棄於有餘之外。是故天下常有遺利，而民用不足。

昔者三代之制，度地以居民，民各以其夫家之衆寡而受田於官，一夫而百畝，民不可以多得尺寸之地，而地亦不可以多得一介之民，故其民均而地有餘。當周之時，四海之內，地方千里者九，而京師居其一，有田百同，而為九百萬夫之地，山陵林麓，川澤溝瀆，城郭宮室塗巷，三分去一，為六百萬夫之地。又以上中下田三等而通之，以再易為率，則王畿之內，足以食三百萬之衆。以九州言之，則是二千七百萬夫之地也，而計之以下農夫一夫之地而食五人，則是萬有三千五百萬人可以仰給於其中。當成、康刑措之後，其民極盛之時，九州之籍，不過千三萬四千有餘夫。地以十倍，而民居其一，故穀常有餘，而地力不耗。何者？均之有術也。自井田廢，而天下之民轉徙無常，惟其所樂，則聚以成市，側肩躡踵，以爭尋常，挈妻負子，以分升合。雖有豐年，而民無餘蓄，一遇水旱，則弱者轉於溝壑，而強者聚為盜賊。地非不足，而民非加多也，蓋亦不得均民之術而已。

夫民之不均，其弊有二。上之人賤農而貴末，忽故而重新，則民不均。夫民之為農者，莫不重遷，其墳墓廬舍，桑麻果蔬，牛羊耒耜，皆為子孫百年之計。惟其百工技藝，無事種藝，游手浮食之民，然後可以懷輕資而極其所往。是故上之人賤農而貴末，則農人釋其耒耜而游於四方，擇其所樂而居之，其弊一也。

凡人之情，怠於久安，而謹於新集。水旱之後，盜賊之餘，則莫不輕刑罰，薄稅斂，省力役，以懷逋逃之民。而其久安而無變者，則不肯無故而加卹。是故上之人忽故而重新，則其民稍稍引去，聚於其所重之地，以至於衆多而不能容，其弊二也。臣欲去其二弊，而開其二利，以均斯民。昔者聖人之興作也，必因人之情，故易為功。必因時之勢，故易為力。今欲無故而遷徙安居之民，分多而益寡，則怨謗之門，盜賊之端，必起於此，未享其利，而先被其害。臣愚以為民之情，莫不懷土而重去。惟士大夫出身而仕者，狃於遷徙之樂，而忘其鄉。昔漢之制，吏二千石皆徙諸陵。為今之計，可使天下之吏仕至某者，皆徙荊、襄、唐、鄧、許、汝、陳、蔡之間，今士大夫無不樂居於此者，顧恐獨往而不能濟，彼見其儕類等夷之人莫不在焉，則其去惟恐後耳。此所謂因人之情。夫天下不能歲歲而豐也，則必有饑饉流亡之所，民方其困急時，父子且不能相顧，又安知去鄉之為戚哉？當此之時，募其樂徙者，而使所過廩之，費不甚厚，而民樂行。此所謂因時之勢。

然此二者，皆授其田，貸其耕耘之具，而緩其租，然後可以固其意。夫如是，天下之民，其庶乎有息肩之漸也。

又 卷一〇八《朝散郎殿中侍御史林旦淮南運副制》 淮甸之民，薦罹饑饉。乃者詔發倉稟，發吳楚之漕以拯其急。猶以乏食流徙，達於朕聽。朕惟救荒之政，行之略盡。惟得良使者，因事施宜，為若可賴。爾由郎官以才任御史，習於揚、楚之俗，其為朕往視之。均徭薄斂，禁暴戢姦，無使斯人重被其困。

宋 程頤《伊川文集·賑濟論》（《二程文集》卷九） 不制民之產，無儲蓄之備，飢而後發廩以食之，廩有竭而飢者不可勝濟也。今不暇論其本，救目前之死亡，唯有節，則所及廣。常見今時州縣濟飢之法，或給之米豆，或食以粥飯，來者與之，不復有辨，中雖欲辨之，亦不能也。穀貴之時，何人不願得？食倉廩既竭，則殍死者在前，無以救之矣。數年前，一親戚為郡守愛恤之心，可謂至矣。雞鳴而起，親視俵散，官吏後至者，必責怒之，於是流民歌咏至者日衆，未幾穀盡，殍者滿道。愚常矜其用心，而嗤其不善處事。救飢者，使之免死而已，非欲其豐肥也。當擇寬廣之處宿戒，使晨入，至巳則闔門不納，午而後與之食，申而出。給米者午即出日得一食，則不死矣。其力自能營一食者，皆不來矣。比之不擇而與，當活數倍之多也。凡濟飢，當分兩處，擇羸弱者，作稀粥，早晚兩給，勿使至飽。俟氣稍完，然後一給。第一先營寬廣居處，切不得令相枕藉。如作粥，須官員親嘗，恐生及入石灰。不給浮浪游手，無是理也。平日當禁游惰，至其饑餓，則哀矜之一也。

宋 李綱《梁溪集》卷三六《勸農詔》 農，天下之本也，民之所恃以生也。民不務本而事末，則其生不遂，故先王之政，以食為首。商人以歲事來辟，則戒以稼穡匪懈，周人遣諸侯於廟，則戒以新畬銍刈，其務農重穀如此，用能享豐年之報，有積歲之儲，教化行，習俗美，而頌聲興，朕甚慕之。今朕開千畝之籍，行三推之禮，躬秉耒耜，播穜穋之種以給郊廟之粢盛，率民敦本，為天下先，庶幾四方風動，與古匹休，朕意厚矣。夫承流宣化，推朕德意而致之民者，守令之職也。其務勸農，教之稼穡，省其耕斂，勿違其時，勿奪其力，非須繫逮，毋輒追呼，以妨農功。使服田力穡，享有秋之利，衣食滋殖，立太平之基，稱朕意焉。故茲詔諭，想宜知悉。

又《誡諭守令勸課農桑詔》 朕惟生民衣食之原，莫重於農桑，故豳詩陳王業之艱難，孟子言王道之本，必以是為先。今海內承平之久，生齒日衆，一夫不耕，或受之飢，一婦不蠶，或受之寒。飢寒切於肌膚，求民興於禮義廉恥而亡為非，不可得也。肆朕開千畝之籍，行三推之禮，躬耕以供粢盛，后浴種獻繭，親蠶以為祭服，率民敦本，為天下先，庶幾四方風動，與古匹休，朕意厚矣。夫承流宣化，推朕德意而致之民者，守令之職也。其務勸課農桑，毋違其時，毋奪其力，非事須繫逮，毋輒追呼以妨其功，崇本抑末，使末技游食之民轉而緣南畝，杼軸之女親其蠶織，四方萬里之遠，男子畝，婦人桑，絲身穀腹，衣食滋殖，蓄積足以備災害，而無飢寒匱乏之患，稱朕意焉。故茲詔示，想宜知悉。

又 卷三九《乞編寬恤手詔札子》 臣恭惟宋受天命，藝祖刱業，其得天下也，以仁得之。列聖守成，其守天下也，以仁守之。重熙累洽，百有五十餘載，承平之久跨漢軼唐，雖堯舜三代之隆無以過也。陛下光紹丕圖，祇適先烈，宵衣旰食，勵精為治。立政造事，所以利安元元者無所不至，而一以仁慈為之本，可謂深得祖宗刱業守成之道矣。爰自臨御以來，屢下寬恤之詔，宸翰昭回，至誠惻怛之意見於辭者，足以鼓天下之動。是以薄海内外，蒙被德澤，天覆地載，海涵春育，無一物不得其所。協氣嘉生，薫為太平，以仁致治，其效如此。臣愚竊謂詔令之所布，實賴官吏悉意推行，不為文具，則實德之及民者彌久而彌廣。然詔令之頒降有先後，而官吏之去來為不常，雖德意志慮具在方册，後來者往往未嘗深究而周知之，朝廷之上所當以時舉而行之者也。陛下邇者幸以紹述熙豐政事頒於朝堂矣，願詔有司檢會裒集前後所降御筆寬恤手詔事件，如勸農桑、恤刑獄、戒搔擾、賑貧乏、恤鰥寡孤獨之類，通行於天下，而非一時指揮，附於紹述熙豐政事之後，以時頒之，申命以告四方，庶幾内外官吏深惟德意志慮之所在，竭力遵奉，罔敢怠廢，以副陛下以慈為寶、仁民愛物之意，天下幸甚。取進止。

又 卷八二《論常平札子》 臣聞火旱金穰，天有常數，雖堯湯不能無水旱，而能不爲水旱所困者，人事修而蓄積備也。《傳》曰：『國無九年之蓄曰不足，無三年之蓄曰國非其國。』况年歲之儲尚有缺乎！祖宗常平之政，寔用古制，豐年則增價以糴，不使傷農；凶年則損價以糶，不使艱食。倉廩有蓄而民無飢困之患，勑令具，禁制嚴密，誠良法也。建炎以來，罷提舉官而以茶鹽司兼之，奉法不謹，浸以隳壞。常平諸色錢物，州縣那移，朝廷剗刷，所餘無幾。豐年粒米狼戾，則無錢以糴；凶年民有飢色，則無米以糶。法存而人不舉，可勝歎哉。去歲之旱緜亘數路，江、湖爲甚，而福建、廣南次之。官吏坐視民之流移而無以賑貸，則常平之政不修之過也。臣愚伏望聖慈特降睿旨，改提舉茶鹽官爲提舉常平茶鹽等事，勿使視之爲兼職，恬不加恤，責其遵奉法令，不得少有違戾。自今州縣不得那移，朝廷不復剗刷，依舊推行糴糶之政，敢有違戾，重寘典憲。庶幾良法復舉，民受其賜，天下幸甚。

又 卷八五《乞于户帖錢内支十萬貫充營田本錢奏狀》 右，臣伏蒙聖慈特降告命，除臣本路營田大使。臣近因進對，已嘗具劄子進呈營田事件，已蒙朝廷降付都督行府措置外，臣竊惟屯田之策，尤便於艱難用兵之際，其用力雖勞而見功博，故漢趙充國行於金城，魏棗祗行於許下，晉杜預行於襄陽，皆能坐制敵人，以收成功。今日欲建恢復之策，營田誠不可緩也。臣頃者承乏荆湖廣南宣撫使日，於潭州管下剗刷抛荒田土得數萬畝，招降到步諒等人兵，除放散外，擇強壯者刺手為軍，得萬三千餘人，又於羣盜軍中得牛數百頭。方欲措置營田，為上流控扼久遠之計，而臣以人言罷去，其事遂寢，至今以為恨。今者朝廷講明利害，諸路並置營田使推行其法，誠為得計。然臣竊謂良農治田，必先有本，乃可圖利。今江西一路累經兵火之後，抛棄絶户荒田頃畝不可勝數，皆係膏腴，盡為荆棘之地。臣除已行下州縣剗刷應於抛荒田土，所有召募人户刱生墾闢、收買牛具、借貸糧種，所費不貲，自非朝廷寬給錢本，何以充濟？伏望聖慈特降睿旨，旋賜本錢十萬貫充營田之本，先試行於洪州管内，候稍就緒，漸令他郡倣傚施行。將來見效，紐計本息，以本還朝廷，以息充本路養兵之費。遇有羡餘，亦可補助國用。庶幾實利，不為虚文，仰副陛下委任之意。

小貼子：臣所乞營田錢本，如蒙聖慈矜允，乞於榷貨務或本路户帖錢内撥見錢十萬貫。如官告、度牒之類，决難轉變，無補於事。其餘合條陳事件，候朝廷降到錢本日，許臣畫一條具申請。伏乞聖察。

又《乞於江東浙西州軍支米三萬石應付本路賑濟奏狀》 右，臣准尚書省劄子：『新江南西路安撫制置大使兼營田大使兼知洪州李某劄子云云。勘會已降指揮，於饒州上供米内取撥一萬石，及於本路上供米内更支撥一萬石應副賑濟外，二月二十九日，三省同奉聖旨，令將撫州、建昌軍糴到米取撥，隨宜賑濟。』劄送臣照會，即時行下逐處官司，遵禀聖旨指揮施行。據撫州、建昌軍申：安撫司分撥到官告、度牒糴賑濟米，除節次支撥外，見在數目不多。其朝廷元降指揮，於饒州上供米内取撥一萬石應副賑濟，據饒州公文稱本州並無見在米斛，即不曾支撥到應副賑濟。竊緣本路旱災之餘，民户乏食，累奉詔旨及朝廷指揮督責賑濟，今來撫州、建昌軍見在數目不多，饒州上供米又不曾撥到，委是賑濟急闕。官吏坐視，無所措手。伏望聖慈特降指揮，於江南東路及兩浙西路州軍朝廷見有米斛樁管去處支撥米三萬石，令本路差官及自差人船前去搬取，仍乞嚴降指揮，諸路官司不得占吝。候本司差到官吏人船日，即時交量應副，庶幾下户及流移飢民有以接濟，仰副陛下加惠元元之意。

又 卷一〇六《申省乞施行糴納晚米狀》 據洪州申、准轉運司牒，備奉朝廷指揮，今歲和糴大米五萬石，内先糴一萬五千石，並限九月終糴足，起發前去張少保軍前。緣本州管下諸縣民田多種早占，少種大禾，其所種大禾係在向去十月方始成熟，民間並無蓄積陳大米，即與其餘路分州軍事體不同。今來秋田闕少雨澤，已覺亢旱，見在差官分頭祈禱，尚未感應。若以等候大禾成熟日收糴，竊慮有違九月糴足起發元限，本州亦未敢趁時收糴早占米斛，已申轉運司，乞賜申明朝廷施行外，申本司。并承轉運副使徐顯謨公文，契勘近准六月二十八日尚書省劄子指揮，上供米斛係充軍糧，早米不堪久貯，其合起應副行營左護軍、湖北京西宣撫司早米二十萬石，不須更催早米。如人户願以舊米豫納，即行受納起發，即不得催理早禾。以此本路和糴米斛並合收糴粳米内，先糴一十萬碩。本司已於七月十六日牒諸州照會收糴舊米外，其餘米九月開場自合收糴晚米，申本司。契勘本路春夏之間，雨暘調適，早禾已是成熟，收割了當。自入秋以來，闕少雨澤已覺亢旱，又生青蟲，食害苗稼，見今祈禱，未獲感應。若更旬日内無雨，晚田決致旱傷，竊見朝廷近降指揮受納秋苗，及和糴米斛，並要一色晚米，竊慮既不糴納早米，晚稻又失指準，有誤大計，已具奏聞，乞賜朝廷詳酌施行去訖。今據洪州前項申述，本司契勘本州管下鄉民所種稻田十分内七分並是早占米，只有三二分布種大禾，又緣入秋以來久闕雨澤，已見亢旱，竊慮晚田向去難以指準，其早米官中既不糴納，慮為兼并之家停蓄，及他路客販前去，有誤歲計。欲望詳酌，早賜指揮施行。

又 卷一一二《與趙相公第四書》 某比者蒙恩入覲，濫被睿奬，仰荷吹噓，因獲造諸屏著，瞻望衮繡之華。伏蒙鈞慈眷遇良渥，屢開東閣，使得欵陪讌語，佩服盛德，拳拳之情，無以為喻。益遠門闌，敢冀上體注倚，善衛生經，茂對寵光，以慰中外之望。違去鈞範，忽踰兩旬，嚮仰之誠，未嘗少置。途中嘗具咨目干瀆鈞聽，計獲呈徹。某已於二十日到界首交割職事訖。繇力薄材，當此艱阨之際，大懼無以仰副朝廷委任之意。既荷鈞慈力賜推挽，更冀有以終始其賜，不勝幸甚。區區懇悃，謹具別紙，伏冀垂亮。

江西去歲旱災次於湖南，而南昌視一路為甚，流移至多，道路相望，田畝有至今未耕墾者。繇亘阡陌，詢之父老，以謂前此未嘗有也。中下户往往乏食，牛具多已不存，種麥亦甚稀少，未知向去何以接濟？雖蒙朝廷許撥饒州上供米一萬碩，本路遣人船般取，得回報去已支遣盡。撫州建昌軍萬四千碩，比到，亦只存數千碩。勸誘上户數亦不多。此去秋成尚遠，賑濟殊為缺乏，已具奏乞於浙西、江東朝廷有米斛處支撥三萬碩，本路自差人船般取，仍得嚴戒諸郡應副，庶幾不失指準，莫大之幸。伏望垂念。

某近蒙朝廷委以營田，敢不悉心，以圖報効。本路諸色拋荒田土至多，已委州縣盡令剗刷，但剏建之初，非寬降錢本，使得招召佃户，置賣牛具，贍養耕種之人，何以能趁時營辦，以為永久之利？伏望朝廷特降錢本十萬貫文付本司措置，俟將來就緒日計筭本息，以本歸朝廷，以息充本路支費，庶幾有營田之實，而非特文具而已。已具奏并申尚書省外，敢望鈞慈早賜指揮施行，不勝幸甚。取會到洪州月支錢米六千餘貫石，倉庫空然，米僅有數碩，錢僅有數百貫。某到任之初，茫然不知所措，自非朝廷委漕司應副三兩個月，容某旋行措置，向後財計，決致踈虞。某不足惜，深恐誤事，仰累相公推挽之德。切望鈞慈特為敷奏，早降指揮，不勝幸甚。漕司見有總制司錢物可以應副，與椿岳飛錢糧，自不相妨，敢冀垂念。干瀆，惶恐之至。

又《與趙相公第六書》 近蒙朝廷令運司應副一月錢米，大濟目前之乏，仰荷鈞念，不勝下情。然運司所得止可以相兼充一半之費，蓋申世景一軍雖有丘贇錢糧窠名，本州前後登帶支遣，並無分文顆粒見在，皆是旋行擘畫應副，所以尤覺費力。今運司既已無有，又不敢仰煩朝廷支降，輒伸前懇，乞降茶引如元請之數，庶幾不致狼狽。敢望鈞慈以舊治為念，特賜矜從，非特某受賜也。喋喋浼瀆，第深悚息。

本路近來雨澤霑足，但下户乏本種田，殊可矜念。州縣所養多坊郭游手之民，雖能全其性命不填溝壑，然不若實惠及農夫，使將來有秋可望。前此累嘗拜懇，乞於鄰路有米去處支撥三萬碩，正為此曹設也。萬一朝廷缺米，輒援呂相例，乞支降茶引十萬貫，當自招誘客旅，趁此時入納，應副賑貸。敢望鈞慈特賜矜允，不勝幸甚。近被受密院劄子，備坐都督行府指揮，所乞軍馬候防秋日發遣，令先招填係將不係將禁兵訓練使喚，已依稟施行。緣本路缺乏之甚，所有招填例物及贍養錢糧，非千告朝廷，何以能辦？已條具畫一申請，敢望鈞察。招填新人既未必能敷額，又旋行訓練，非年歲間安能習服？將來防秋，須得督府如期遣軍馬，庶幾可以倚仗。上流重地，任責不輕，更望鈞慈特賜垂念。

虔、吉間以抽回李山軍馬，頗復紛紛，已遣副總管康隨分撥人兵前去措置，然兵力單弱，深慮不能彈壓。累乞先差三二千人付本司分擘使喚，實非得已。近降劄子，亦已關送都督行府，儻非朝廷特賜指揮，勢決難得，敢望鈞照。干冒，惶恐之至。

又《與趙相公第七書》 少懇，仰干鈞聽。漕司督催本州積欠錢米，皆是某未到任已前拖欠之數。本州缺乏之甚，近者干告朝廷，令漕司應副，方能粗了目前支費，豈復更有錢米以還舊欠？已具事因奏聞及申朝廷，乞降指揮銷破蠲免。自某到任以後，督責諸縣收簇樁辦，決不敢復有稽違。伏望鈞慈特賜矜念，早與行下，不勝幸甚。

又卷一二三《與趙相公第十一書九月七日**》** 伏讀詔書，竊審車駕時巡郡國，躬勞將士，諒惟扈從跋履，良勤神用。某拘守郡章，不獲望塵，瞻嚮行館，第深仰跂，伏幸照察。

某承乏江右，忽將半年，左支右梧，粗免曠敗，實賴鈞芘之賜。第防秋是時，屢告朝廷乞遣發軍馬，雖蒙都督行府累劄許差，至今未有到者。方車駕巡幸江上，本路當上流重地，尤不可無兵，以備不虞。除具奏陳外，輒以咨目條具利害，仰塵鈞聽，及遣屬官羅薦可詣朝廷稟議，伏望鈞慈曲加照察，特賜矜從，一路不勝幸甚。干冒，惶恐。

本路盜賊雖此豐年，猶未衰息，尚有結集，敢窺伺州縣。良以習俗頑悍，喜報仇怨，利掠貨財，不顧刑法，而本司軍馬單弱，無以鎮服之所致。近者措置王權，將招安頭首解發赴都督行府軍前使喚；復擒獲宜春劇賊所謂黃顛叔者，與其黨百餘人，餘盜稍戢，但贛上殊未靖耳。昨蒙行府許先差撥數千兵前來討蕩，既出牓告諭，頗有懼意。久之軍馬不到，知非實然，又復紛紛。深恐江上或有警報，則為患不細。近蒙省劄委以相度措置，輒以已見條陳利害申稟，伏望鈞察。

本州城壁久不修治，類多頹毀，又太濶遠，自城北一帶皆是空閑去處，難於保守。累具狀申朝廷乞降度牒措置修葺，及截去濶遠空閑去處，未奉指揮。今時月已迫，不免將安撫司錢米那兑支用，收買材料，燒變磚甓，及工役夫力並不及民，謹具圖申呈，伏望鈞察。所乞度牒，并昨蒙朝廷指揮令製造軍器合用錢物，亦累具申請，併望行下支給，不勝幸甚。

又卷一二八《與折樞密第一書》 區區造朝之日，適當樞密端明近拜之時，得與榮觀，殊以為幸。主上聖學日躋，慨然有恢復中原之志，願言展盡底蘊，協贊中興，以副海寓之望。某衰病無堪，誤蒙朝廷付以江西一路之重，本欲造膝力辭上恩優渥，不容遜避，承命而行，第切皇懼。江西當旱暵之餘，闕乏尤甚，近得交代胡侍郎書云，倉廩空然，向去支給官兵錢糧未有指准，自非朝廷應副，決致疎虞。已具劄子干告朝廷，乞支撥茶引等錢，敢望鈞慈特賜矜察。昨嘗以吴元中事拜聞，不知曾因為開陳否？公與之素厚，而又知其本末為尤詳，如蒙以片言一雪九泉之寃，少卹其家，想銜感於地下，何有窮已。幸望垂念。

宋 李光《莊簡集》卷一一《乞廢東南湖田札子》 臣契勘東南地瀕江海，水易泄而多旱，歷代以來，皆有陂湖蓄水，以備旱歲。蓋湖高於田，田又高於江海，水少則泄田中，水多則放入海，故無水旱之歲、荒蕪之田也。祥符、慶曆間，民始有盜陂湖爲田者，三司轉運使下書切責州縣，復田爲湖。當時條約甚嚴謹，水之畜泄則有閉縱之法，禁民之侵耕則有賞罰之法。近年以來，所至盡廢爲田，澇則水增益不已，旱則無灌溉之利，而湖之田亦旱矣。民既已承佃，無復脱期，所收租税悉充御前，而漕司暗虧常賦數至百萬，而民之失業者不可勝計，可謂兩失。伏望聖慈速賜指揮，盡罷東南廢湖爲田者，復以爲湖，庶幾凋瘵之民稍復故業，不勝幸甚。取進止。三月一日奉聖旨，令逐路轉運司、常平司同共相度奏聞。

《續資治通鑑長編》卷四四 〔咸平二年閏三月〕京西轉運副使朱台符上疏曰：【略】

臣聞農者國之本也，其利在粟多；兵者國之命也，其功在戰勝，此兩者存亡所繫也。方今患在農少而粟不多，兵多而戰未勝。農少則田或未墾，兵多則用常不足，故儲蓄空虛，而聚斂煩急矣。民利盡歸于國，國用盡入于軍，所以民困而國貧也。周公之制，穀積九年，此堯、湯水旱而民所以無饑色也。今郡國闕三年之糧，貧民無終歲之食，稼一不熟，則有饑死者，軍儲自贍不足，何暇賑之乎？且地方百里，每畝收粟一斛，歲計得粟五百四十萬斛，今甸服之內，凡方百里者百，所得曾不能供足軍食，而區區運糧于江、淮間，終歲所得不過百里之出者。由是而論，有以見農政之不修也。臣愚以為宜省徭役以寬其力，驅游惰以增其衆，男悉心於畎畝，女盡力於蠶桑，種必刈穫，養必紡績，不出數年，自然家有餘食，而人有兼衣矣。賈誼有言曰：『積貯者，天下之大命也。』苟粟多而財有餘，何為而不成？以攻則取，以守則固，以戰則勝，懷敵附遠，何招而不至？今驅民而歸之農，皆著於本，使天下各食其力，末技游食之民，轉而緣南畝，則人樂其所矣。此農政之修也。

又 卷七七 ［大中祥符五年春正月］戊戌，著作佐郎聊城李垂上導河形勢書三篇并圖，其略曰：臣請自汲郡東推禹故道，挾御河，減其水勢，出大伾、上陽、太行三山之間，復西河故瀆，北注大名西、館陶南，東北合赤河而至於海。因於魏縣北析一渠，正北稍西徑衡漳，出邢、洺，如夏書過洚水，稍東注易水、合百濟、會朝河而入於海。大伾而下，黄、御混流，薄山障隄，勢不能遠。如是則載之高地而北行，百姓獲利，匈奴南寇無所入。《禹貢》所謂『夾右碣石入於海』，孔安國曰：『河逆上此州界。』

其始作，自大伾西八十里，曹公所開運渠東三十里，引河水正北稍東十里，破伯禹古隄，徑牧馬陂，從禹故道，又東三十里轉大伾西、通利軍北，挾白溝，復西大河，北徑青豐、大名西，歷洹水、魏縣東，暨館陶南，入屯氏故瀆，合赤河而北至於海。既而自大伾西新發故瀆西岸析一渠，正北稍西五里，廣深與汴等，合御河道，通大伾北，即堅壤析一渠，東西二十里，廣深與汴等，復東大河。兩渠分流，則西三分水，猶得注澶淵舊渠矣。大都河水從西北大河故瀆東北，合赤河而達於海，然後於魏縣北發御河西岸析一渠，正北稍西六十里，廣深與御河等，合衡漳水。又冀州北界、深州西南三十里決衡漳西岸，限水為門，西北注滹沱，潦則塞之，使東漸渤海，旱則決之，使西灌屯田，有以見備塞限邊，形勢之利出於中國矣。

兩漢已下，言水利者屢欲求九河故道而疏之。今考圖制，九河並在平原而北，且河壞澶、滑，未至平原而上已決矣，則九河奚利哉？漢武捨大伾之故道，發頓邱之暴衝，則濫兖泛濟，接聞於世。夫平原而北地勢浚下，泄水甚易，故滄、德之間舊障皆完。滑臺而東地勢高平，入海稍難，故齊、棣之間游波互出。若放河北下，則其利甚詳。惜哉河朔平田，膏腴千里，而縱容敵騎劫掠其間，無山川阨塞之防，無形勝顧望之備，雖將材兵盛，未暇長驅，可謂授勝地於匈奴，借寇兵為虎翼。漢賈誼、鼂錯不及此議者，以河水未東故也；唐戴冑、馬周不及此議者，以守在幽北故也。今大河盡東，全燕陷北，則禦敵之計，莫大於河。不然，則趙、魏百城，賦庶萬億，所謂誨盜而招寇矣。一日伺我邊土蔬饉穀饑，乘虛入犯，臨時為計則實難，不如因人足財豐之際，下民輕資疾力而成，實興利除害之大者也。詔樞密直學士任中正、龍圖閣直學士陳彭年、知制誥王曾詳定。中正等上言：『詳垂所述，頗為周悉。所言起滑臺而下，派之為六，則沿流就下，湍急難制，恐水勢聚而為一，不能各依所導。必成六派，則是更增六處河口，悠久難於隄防；亦慮入滹沱、漳河，漸至二水淤塞，益為民患。又築隄七百里，役夫二十一萬七千，且久閲時日，侵占民田，頗為煩費。其書并圖雖興行匪易，而博洽可奬，望送史館。』從之。

又 卷一二五 ［寶元二年閏十二月］直史馆苏绅陈便宜八事：【略】

八曰修備豫。國家承平，天下無事，將八十載，民食宜足而不足，國用宜豐而不豐，甚可怪也。往者，明道之初，蟲螟水旱，幾遍天下。始之以饑饉，繼之以疾疫，民之轉流死亡，不可勝數。幸而比年稍稔，流亡稍復，而在位未嘗留意於備豫。夫備豫之道，莫若安民而厚利，富國而足食。欲民之安，則為之擇守宰，明教化；欲民之利，則為之去兼并，禁游末，䘏其疾苦，寬其徭役，則民安而利矣。欲國之富，則必崇節儉，敦質素，蠲浮費；欲食之足，則省官吏之冗，去兵釋之蠹，絕奢靡之弊，塞雕偽之原，則國富食足矣。民足於下，國富於上，雖有災沴，不足憂也。

又 卷一四三 ［慶曆三年九月丁卯］六曰厚農桑。臣聞『德惟善政，政在養民』，此言聖人之德，惟在善政，善政之要，惟在養民，養民之政，必先務農。農政既修，則衣食足，衣食足則愛膚體，愛膚體則畏刑罰，畏刑罰則寇盜自息，禍亂不興。是聖人之德發於善政，天下之化起於農畝。故詩有七月之篇，陳王業也。今國家不務農桑，粟帛常貴，江浙諸路，歲糴米二百萬碩，其所糴之價與輦運之費，每歲共用錢三百餘萬貫。又貧弱之民困於賦斂，歲伐桑棗，鬻而為薪，勸課之方，有名無實。故粟帛常貴，府庫日虚，此而不謀，將何以濟？

且如五代羣雄爭霸之時，本國歲饑，則乞糴於鄰國，故各興農利，自至豐足。江南舊有圩田，每一圩方數十里，如大城，中有河渠，外有門閘，旱則開閘引江水之利，潦則閉閘拒江水之害，旱潦不及，為農美利。又浙西地卑，常苦水沴，雖有溝河可以通海，惟時開導，則潮泥不得而堙之。雖有隄塘可以禦患，惟時修固，則無摧壞。臣知蘇州日，點檢簿書，一州之田，係出稅者三萬四千頃。中稔之利，每畝得米二碩至三碩，計出米七百餘萬碩。東南每歲上供之數六百萬碩，乃一州所出。臣詢訪高年，則云曩時兩浙未歸朝廷，蘇州有營田軍四都，共七八千人，專為田事，導河築隄，以減水患，于時民間錢五十文糴白米一碩。自皇朝一統，江南不稔則取之浙右，浙右不稔則取之淮南，故慢於農政，不復修舉。江南圩田、浙西河塘，大半隳廢，失東南之大利。今江、浙之米，碩不下六七百文足至一貫者，比於當時，其貴十倍，民不得不困，國不得不虛矣。又京東、西路有卑溼積潦之地，早年國家特令開決，水患大減。今罷役數年，漸已堙塞，復將為患。臣請每歲之秋，降敕下諸路轉運司，令轄下州軍吏民各言農桑可興之利、可去之害，或合開河渠，或築隄堰陂塘之類，並委本州軍選官計定工料，每歲於二月間興役，半月而罷，仍具功績聞奏。如此不絕，數年之間，農利大興，下少饑年，上無貴糴，則東南歲糴輦運之費大可減省。其勸課之法，宜選官討論古制，取其簡約易從之術，頒賜諸路轉運使，及面賜一本，付新授知州、知縣、縣令等。此養民之政，富國之本也。

又卷一四五 ［慶曆三年］其明年，諫官余靖言：『伏觀去冬十一月敕，頒定天下職田頃畝數目，令三司指揮。無職田處，及有職田而頃畝少處，并元標得山石積潦之地不可耕植者，限三年內，檢括官荒田并戶絕地土，及五年以上逃田支撥添換，以慶曆四年為始。斯蓋陛下所以勸羣臣、養廉吏之大惠也。然朝廷舉事，當以民為本，民患未去，官吏何安！而尚紛紛擾之？伏見淮南、江、浙經春少雨，麥田半損，蝗蝻復生；京西東、荊湖南北、廣南處處盜賊，未盡撲滅；陝西、河東輦運困苦。且庶民惶惶，失其農業，而長吏以下各營其私，憂民之心有所未至。加之檢括，寧不騷擾？況今來所定頃畝，比於舊數，三倍其多，貪吏因緣，其害甚大。伏乞朝廷特降指揮，舊有職田處，即依慶曆元年已前舊制外，其未有職田處，更候三二年，別取朝旨標撥。』余靖奏不得其月日，今附此。據王罕傳，謂以戶絕荒田為公田，非法意，則必因靖奏，遂有釐革，但史不詳載爾。

又卷一七五 ［皇祐五年十二月辛酉］左司諫賈黯建言：『天下無事，年穀豐熟，則民人安樂，父子相保。一遇水旱，則流離死亡，捐棄道路。發倉廩以賑之則糴不給，課粟富人則力不贍，轉輸千里則不及事，移民就穀則遠近交困。朝廷之臣，郡縣之吏，倉卒不知所出，則民饑而死者已過半矣。夫水旱之災，雖堯、湯有所不免，今不思所以備災之術，而歲幸年穀之熟，則是求出於堯、湯之所不可必者也。臣嘗讀隋史，見所謂立民社義倉者，取之以時而藏之於民，下足以備凶災，而上實無所利焉。願倣隋制，詔天下州軍，遇年穀豐熟，立法勸課畜積以備災。此孟子所謂「樂歲粒米狼戾，多取之而不為虐」者也，況取之以為民耶！』下其說司農寺，且命李兊與黯合議以聞。乃下諸路度可否，而以為可行者纔四路，餘或謂賦稅之外兩重供輸，或謂恐招盜賊，或謂已有常平足以贍給，或謂置倉煩擾。

於是黯復上奏曰：『臣嘗判尚書刑部，見天下歲斷死刑多至四千餘人，其間盜賊率十七八。原其所自，蓋愚民既迫於饑寒，又因之水旱，枉陷重辟。故臣請立民社義倉，以備凶歲。今諸路所陳，類皆妄議。若謂賦稅之外兩重供輸，則義倉之意，乃教民儲積以備水旱，官為立法，非以自利，行之既久，民必樂輸。若謂恐招盜賊，則盜賊利在輕貨，不在粟麥，今鄉村富室有貯粟數萬石者，亦不聞有劫掠之虞。且盜賊之起，本由貧困。臣建此議，欲使民有貯積，雖遇水旱，不憂乏絕，則人人自愛而重犯法，此正銷除盜賊之原也。若謂已有常平足以贍給，則常平之設，蓋以準平穀價，使無甚貴甚賤之傷。或遇凶饑，發以賑救，則既已失其本意，而常平之費，又出公帑，方今國用頗乏，所畜不厚。近歲非無常平，而小有水旱，輒流離餓莩，起為盜賊，則是常平果不足仰以賑給也。若謂置倉廩，斂材木，恐為煩擾，則臣聞「以佚道使民，雖勞不怨」。義倉之設，本為百姓，曉諭誠至，約束誠謹，則下民雖愚，宜無所憚。況今州縣修治郵傳驛舍，皆斂於民，豈於義倉，獨畏煩擾？人情可與樂成，不可與謀始，如臣言可采，願自朝廷斷而行之。』然當時牽於眾論，終不果行。

又卷二一八 ［熙寧三年十二月甲子］梓州路轉運判官李竦言：『奉詔，令具財用利害。伏見江淮、荊楚之地，民業窳薄，率以水田為生。地多瀕江帶山，高下不等，雖有耕耘之勞，而罕勤隄防之利；雨暘稍愆常度，必罹暵潦之災。雖有編敕興復水利指揮，而郡縣少能用心詢采。臣前任知舒州太湖縣日，訪聞諸鄉民田有邊臨溪江者，頻歲力耕疾種，不潦則旱。體問得皆有古來隄堰豬洩水勢，或因積年大水決潰，因循不復修葺。臣因乘其農隙，勸募傍近地主，備工料興築。民俗始未堅信，粗亦勉從，凡築成隄岸數處。次年積雨，溪江暴泛，賴新隄障，遂免漫溺。自昔不植之地，一旦遂為膏壤。由是令復加增葺，眾始悅隨。尋屬臣去，約太湖所修，十未一二，以天下計之，遺利固亦多矣。欲乞特詔郡縣委長吏令佐，訪求境內有古來陂堰積年毀壞荒廢者，并諸色人，具利害興修次第，指陳官司預行計置，俾因歲豐農暇，據占植地利人戶，以頃畝多少為率，勸誘備工料興修，或量破廣惠倉斛斗以充口食，不得以威刑驅逼，并專行覺察公人、耆保等接便搔擾。俟興築畢工，本州申提刑、轉運司委官檢視。及候秋成，的免水旱之患，其勸督之官，乞依編敕量功利大小，特行酬獎；元指陳修築人，亦與免本戶一次色役；或人戶例不該差役之人，即量給小可酒稅場務充賞。所貴地利不遺，民食充衍。』詔淮南提舉常平、廣惠倉司相度施行。此據會要三年十二月八日事，今附本月日。淮南倉司相度，後當考。

又 卷二七六 〔熙寧九年六月壬子〕是夏，富弼言：臣退伏草茅，不預人事。近者竊聞蠢爾蠻獠，犯我疆封，二廣作災，五嶺嚴備，雖為手足之患，諒煩宵旰之憂。然而命將得人，出師有日，上稟神算，必成武功。臣又竊聞淮南累歲尤為荒歉，流亡餓殍，賑濟難周。今驟起數萬之徒，聞由諸路而往，兵馬所到，糧草須辦。監提守宰，惟務供軍，府庫倉箱，殆難足用，既各求於集事，恐必至於擾民。復有按察之官，繼行督責之令，上下逼迫，公私煎熬，人心不寧，實可矜惻。【略】

張方平言：

交趾自李日尊以來，貢職已廢，朝廷闊略不問，邊臣苟慢，防禁益弛。凶惡盜賊、姦蠹之民、諸配徒者，不無逋逃，頗從亡匿。亦有士人頑嚚不逞，投身亡命，赴其招進，教之治兵，助其邪計。故今乾德敢奸王命，凶黨用事，多是華人。往時遣使例抵其國，見城中無居民，府舍湫陋，茅竹屋數十百區以為軍營，兵器有弓弩、木牌、梭槍、竹槍，弱不堪用，勢不能為中國患，故遠而易之。至景德中，李氏竊此疆域，及今七十餘年，王人久不涉其地，不復知其虛實。今聞其城柵隍壕乃有數重，兵力民眾必益充足，頗略旁近占城等諸小國，事勢設施，比前為強大。而嶺南長吏猶習故常，本非經遠之才，又忽不虞之戒，狂妄輕脫，為國生事。蠻性狼狎，有不能堪，告訴不聽，投書不受，事情壅塞，積成忿恨。及其戰艦抵岸，軍鼓叩城，如入無人之境，略無交鋒之備。寇兵所至，城邑為墟，遷致貨財，係纍婦女，封豕長蛇，恣其酷毒，傳聞其事，可為痛心。然此為既往之咎，方當慮將來之策，謹條九事，列于左方：

一事，即今淮甸、兩浙、江東西、湖南北州縣，仍歲旱蝗，陂澤竭涸，野無青草，人戶流散，窮荒極敝，事可憂痛。方當散利薄征，緩刑弛役，布德施惠，以撫存保息。而盜起南裔，王師大興，正出荊、潭之路，此時民力何以復堪賦發？臣愚以為今之上策，當以謀取，不可以力勝。謂宜且擇廣、桂二守臣，精密毅重，識略足任者，屬之方面，付以便宜，使各選舉部下文武將吏。其兩路職司官，朝廷為之遴選，令協力從事，招集戶口，各安本業。為發禁卒以代荊湖見兵，益令募本土丁壯，分屯緣邊城邑，使足以保守要害，更相救赴，則賊不敢復窺徼內，自取殲夷。峙糧、積芻藁，惟事乃其有備。揣情觀變，臨事制宜，歲年之時，經營進取。蓋中國御蠻寇固有大體，圖功宜審，慮害宜深，務在保威靈，紓民力，全士馬之用，惜金帛之費，先收多福以絕後虞。此為全勝之算，經遠之道。儻謂業已興舉，難於散遣，猶有中策，具諸下條。【略】

三事，東南六路災荒已甚，官私匱乏，莫相救恤。又緣青苗、助役、市易之法，農民困於輸錢，工商窘於財利，謂之錢荒，人情日急。今王師薄伐，聚於荊、潭，調發賦輸，即以軍興從事，薦饑之際，供億實勞。臣聞安民豐財，用兵之本也。所有荊湖南北、廣南東西四路青苗、助役、市易法，伏望特賜先罷，役法令復依舊制施行。以此宣布德澤，慰悅民心。易曰：『悅以先民，民忘其勞；悅以犯難，民忘其死。悅之大，民勸矣哉。』

又 卷三五五 〔元豐八年四月庚寅〕司馬光上疏曰：臣竊見先帝聰明睿智，勵精求治，思用賢輔，以致太平，委而任之，言行計從，人莫能間。雖周成王之任周公，齊桓公之任管仲，燕昭王之任樂毅，蜀先主之任諸葛亮，殆不能及。斯不世出之英主，曠千載而難逢者也。不幸所委之人，於人情物理多不通曉，不足以仰副聖志。又足己自是，謂古今之人皆莫己如，不知擇祖宗之令典，合天下之嘉謀，以啟迪清衷，佐佑鴻業，而多以己意輕改舊章，謂之新法。

其人意所欲為，人主不能奪，天下莫能移。與之同者援引登青雲，與之異者擯斥沈溝壑，專欲遂其很心，不顧國家大體。人之常情，誰不愛富貴而畏刑禍，於是搢紳士大夫望風承流，競獻策畫，務為奇巧，捨是取非，興害除利。名為愛民，其實病民，名為益國，其實傷國。作青苗、免役、市易、賒貸等法，以聚斂相尚，以苛刻相驅，生此厲階，迄今為梗。

又有邊鄙之臣，行險徼幸，大言面欺，輕動干戈，妄擾蠻夷。夫兵者，國之大事，廢興存亡，於是乎在。而其人苟營一身之官賞，不顧百姓之死亡、國家之利病，輕慮淺謀，發於造次。御軍無法，僅同兒戲；深入敵境，坐守孤城，糧運既竭，狼狽奔潰。築塞極邊，功猶未畢，輕敵不備，闔城塗地。使兵夫數十萬，暴骸於曠野；資仗巨億，棄損於異域。

又有生事之臣，欲乘時干進，建議置保甲、戶馬、保馬，以資武備。變茶、鹽、鐵冶等法，增家業侵街商税等錢，以供軍須。遂使九土之民，失業困窮，如在湯火。此皆羣臣躁於進取，惑誤先帝，使利歸於身，怨歸於上，非先帝之本志也。

臣荷先帝大恩，常思報效，嚮在朝廷之時，屢言新法非便，觸忤權貴，冒犯眾怒，爭辯非一。先帝憐其孤忠，不以為罪，仍蒙寵擢，寘之樞廷。臣以所言未行，力辭不受。臣非惡富貴而好貧賤，正欲感寤先帝，知臣為國不為身，庶幾采納狂瞽，使百姓獲安，基扃永固而已。既又自乞宂官，退伏閭里，雖身處于外，區區之心，晨夕寤寐，何嘗不在先帝之左右。所以不敢自赴闕廷如此之久者，亦猶辭樞廷之志也。

熙寧七年，歷時不雨，先帝遇災而懼，深自刻責，誕布詔書，廣開言路。臣當是時，不勝踴躍，極有開陳。而建議之臣，知所立之法不合眾心，天下之人必盡指其非，恐先帝覺寤，而己受誤國之罪，伏欺罔之刑，乃勸先帝繼下詔書，言新法已行，必不可動。臣之所言，正為新法，若不可動，臣尚何言？自是閉口，不敢復預朝廷論議十有一年矣。然每睹生民之愁怨，憂社稷之阽危，於中夜之間，一念及此，未嘗不失聲拊心也。葵藿之志，猶望先帝一賜召對，訪以外事，得吐心極言，退就斧鉞，死無所憾。不意上天降禍，先帝升遐，臣之寸誠，無由披露，鬱抑憤懣，自謂終天。及奔喪至京，乃蒙太皇太后陛下特降中使，訪以得失，是臣積年之志一朝獲伸，感激悲涕，不知所從。

顧天下事務至多，臣思慮未熟，不敢輕有條對，但乞下詔，使吏民皆得實封上言，庶幾民間疾苦，無不聞達。既而聞有旨罷修城役夫，撤詗邏之卒，止御前造作，京城之人，已自歡躍。及臣歸西京之後，繼聞斥退近習之無狀者，戒飭有司奉法失當、過為煩擾者，罷物貨等場及民所養戶馬，又寬保馬年限，四方之人，無不鼓舞！聖德傳布，一日千里，頌歎之聲，如出一口，溢于四表。乃知太皇太后陛下深居禁闥，皇帝陛下雖富於春秋，天下之事，靡不周知，民間眾情，久在聖度，四海羣生，可謂幸甚！凡臣所欲言者，陛下略已行之，臣稽慢之罪，實負萬死！

夫為政在順民心，苟民之所欲者與之，所惡者去之，如決水於高原之上，以注川谷，無不行者。苟或不然，如逆阪走丸，雖竭力以進之，其復走而下可必也。今新法之弊，天下之人，無貴賤愚智皆知之，是以陛下微有所改，而遠近皆相賀也。然尚有病民傷國，有害無益者，如保甲、免役錢、將官三事，皆當今之急務，釐革所宜先者。臣今別具狀奏聞，伏願決自聖志，早賜施行。議者必曰：『孔子稱：「孟莊子之孝，其他可能也，其不改父之臣與父之政，是難能也。」又曰：「三年無改於父之道，可謂孝矣。」』彼謂無害於民、無損於國者，不必以己意遽改之耳。必若病民傷國，豈可坐視而不改哉？易曰：『乾父之蠱，有子，考無咎。』象曰：『乾父之蠱，意承考也。』蠱者，事有蠱敝而治之也。幹父之蠱，跡似相違，意則在於承繼其業，成父之美也。又曰：『裕父之蠱，往見吝。』象曰：『裕父之蠱，往未得也。』裕者，益饒之名也。若不忍違異，益父之過，往而不返，未為得宜也。昔漢文帝除肉刑，斬右趾者棄市，笞五百者多死；景帝元年即改之，笞者始得全。武帝作鹽鐵、榷酤、均輸等法，天下困弊，盜賊羣起；昭帝用賢良文學之議而罷之，後世稱明。唐代宗縱宦官公求賂遺，置客省拘滯四方之人；德宗立未三月，悉禁止罷遣之，時人望致太平。德宗晚年有宮市，五坊小兒暴横為民患，鹽鐵月進羨餘；順宗即位，皆罷之，中外大悦。是皆改父之政而當者，人誰非之哉？況先帝之志本欲求治，而羣下干進者，競以私意紛更祖宗舊法，致天下籍籍如此，皆羣臣之罪，非先帝之過也。

為今之計，莫若擇新法之便民益國者存之，病民傷國者悉去之。使天下曉然知朝廷子愛黎庶之志，吏之苛刻者必變而為忠厚，民之離怨者必變而為親譽，德業光榮，福祚無窮，豈不盛哉？夫天子之孝，在於得萬國之歡心以事其親，儻措置如此，歡心孰大焉？事親孰備焉？不然，今幅員之內，所在嗷嗷，有倒垂之急，延頸傾耳，以俟改法，庶得蘇息。若朝廷不以為意，日復一日，萬一遇千里之蝗旱，公私匱竭，無以相救，失業之民，蜂起為盜，安知無姦雄乘之而動，則國家有累卵之危。申屠剛曰：『未至豫言，固常為虛，及其已至，又無所及。』朝廷當此之際，解兆民倒垂之急，救國家累卵之危，豈暇必俟三年然後改之哉！況今軍國之事，太皇太后陛下權同行處分，是乃母改子之政，非子改父之道也，何憚而不為哉？惟聖明裁察！

其乞罷保甲曰：

臣竊以兵出民間，雖云古法，然古者八百家纔出甲士三人、步卒七十二人，閑民甚多，三時務農，一時講武，不妨稼穡。自上世相承，習以為常，民不驚擾。自兩司馬以上，皆選賢士大夫為之，無侵漁之患，故卒乘輯睦，動則有功。今籍鄉村之民，二丁取一，以為保甲，皆授以弓弩，教之以戰陳，是農民半為兵也。三四年來，又令河北、河東、陝西置都教場，無問四時，每五日一教。特置使者比監司，專切提舉，州、縣不得關預。每一丁教閱，一丁供送，雖云五日，而保正長以泥堋除草為名，日聚教場，得賂則縱之，不則留之，是三路耕耘收穫稼穡之業，幾盡廢也。

自唐開元以來，民兵法壞，戍守戰攻，盡募長征兵士，民間何嘗習兵？夫兵者凶器，聖人不得已而用之。國家承平百有餘年，四夷順服，戴白之老不識兵革，一旦畎畝之人，忽皆戎服執兵，奔驅滿野，見者孰不驚駭？耆舊歎息，以為不祥。事既草創，調發無法，比戶騷擾，不遺一家。又巡檢、指使，按行鄉村，往來如織；保正、保長，依倚弄權，坐索供給，多責賂遺，少不副意，妄加鞭撻，蠶食行伍，不知紀極。中下之民，罄家所有，侵肌削骨，無以供億，愁苦困弊，靡所投訴，流移四方，襁屬盈路。

又朝廷時遣使者徧行按閱，所至犒設賞賚，靡費金帛，以巨萬計。此皆鞭撻平民銖兩丈尺而斂之，一旦用之如糞土。而鄉村之民，但苦勞役，不感恩澤。臣不知設保甲於農民之勞既如彼，國家之費又如此，終將何所用哉？若使之捕盜賊，衛鄉里，則何必如此之多？若使之戍邊境，征敵國，則彼國之民，以騎射為業，以攻戰為俗，自幼及長，更無他務；中國之民，生長太平，服田力穡，雖復授以兵械，教之擊刺，在教場之中，坐作進退，有似嚴整，必若使之與敵人相遇，填然鼓之，鳴鏑始交，其奔北潰敗，可以前料，決無疑也。是猶驅羣羊而戰豺狼也。當是時，豈不誤國事乎？又悉罷三路巡檢下兵士及諸縣弓手，皆易以保甲，令主簿兼縣尉，但主城市以裏；其鄉村盜賊，悉委巡檢，而巡檢兼掌巡按保甲教閱，朝夕奔走，猶恐不辦，何暇逐捕盜賊哉？

又保甲中往往有自為盜者，亦有乘保馬行劫者，然則設保甲、保馬本欲除盜，乃更資盜也。《書》曰：『民惟邦本，本固邦寧。』又曰：『可畏非民。』夫川涸魚逝，林燔鳥飛，民喪其生業，無以自存，赴訴不受，失其所依，安得不去而為盜哉？

自教閱保甲以來，河東、陝西、京西盜賊已多，至敢白晝公行，入縣鎮，殺官吏。官軍追討，經歷歲月，終不能制。況三路未至大饑，而盜賊已昌熾如此，萬一遇數千里之蝗旱，而失業饑寒、武藝成就之人，所在蜂起以應之，其為國家之患，可勝言哉！此非小事，不可以忽。夫奪其衣食，使無以為生，是驅民為盜也；使比屋習戰，勸以官賞，是教民為盜也；又撤去捕盜之人，是縱民為盜也。其謀國如此，果為利乎，害乎？

且嚮者干進之士，說先帝以征伐四夷、開邊拓土之策，故立保甲、戶馬、保馬等法。近者登極赦書節文云：『應緣邊州軍，仰逐處長吏并巡檢、使臣、鈐轄、兵士及邊上人戶，不得侵擾外界，務要靜守疆場，勿令騷擾。』此蓋聖意欲惠綏殊方，休息中國，華夷之人，孰不歸戴！然則保甲、戶馬復何所用哉？今雖罷戶馬，寬保馬，而保甲猶存者，蓋未有以其利害之詳奏聞者也。

臣愚以為宜悉罷保甲使歸農，召提舉官還朝，量逐縣戶口，每五十戶置弓手一人，略依緣邊弓箭手法，許蔭本戶田二頃，悉免其稅役。除出賊地分嚴加科罰及令出賞錢外，其賊發地分更不立三限科校，但令捕賊給賞。若獲賊數多及能獲強惡賊人者，各隨功大小遷補職級，或補班行，務在優假弓手，使人勸募。然後募本縣鄉村戶有勇力武藝者投充，計即今保甲中有勇力武藝者，必多願應募。若一人闕額，有二人以上爭投者，即委本縣令尉選武藝高強者充。或武藝衰退者，許他人指名與之比較，若武藝勝於舊者，即令充替，其被替者，更不得蔭田。如此，則不必教閱，武藝自然精熟。一縣之中，其壯勇者既為弓手，其羸弱者雖使為盜亦不能為患。仍委本州及提點刑獄常切按察，令佐有取捨不公者，嚴行典憲。若召募不足，即且於鄉村戶上，依舊條權差，候有投名者即令充替。其餘巡檢兵士、縣尉弓手、耆長壯丁逐捕盜賊，並乞依祖宗舊法。

又乞罷免役曰：

臣竊以百姓出力以供在上之役，蓋自古及今，未之或改。熙寧中，執政者以為百姓惟苦差役破產，不憚增稅，乃請據家貲高下，各令出錢雇人充役。按因差役破產者，惟鄉戶衙前有之，自餘散從、承符、弓手、手力、耆戶長、壯丁，未聞破產者也。其鄉戶衙前所以破產者，蓋由山野愚戇之人，不能幹事，使之主管官物，或因水火損敗，或為上下侵欺，是致欠折，備償不足，有破產者。至於長名衙前，久在公廷，勾當精熟，每經重難差遣，積累分數，別得優輕場務酬獎，往往致富，何破產之有！

夫差役出於民，錢亦出於民，今使民出錢雇役，何異割鼻飼口？朝三暮四，於民何所利？又嚮者役人皆上等戶為之，其下等單丁、女戶及品官、僧道，本來無役，今更使之一槩輸錢，則是賦斂愈重，非所以寬之也。故自行免役法以來，富室差得自寬，而貧者困窮日甚，殆非所以抑兼并，哀惸獨，均賦役也。又監司、守令之不仁者，於雇役人之外，多取羨餘，或一縣至數萬貫，以冀恩賞，規進取，不顧為民世世之患。又國家舊制所以必差青苗戶充役人者，為其有莊田、家屬，有罪難以逃亡，故頗自重惜。今雇浮浪之人充役，常日恣為不法，一旦事發，單身竄匿，何處州、縣不可投名？又農家所有，不過穀、帛與力，自古賦役，無出三者。自行新法以來，青苗、免役錢及賦斂，多責見錢。錢非私家所鑄，要須貿易外求，豐歲穀賤，已自傷農，況迫於期限，不得半價，盡糶所收，未能充數，家之餱糧，不暇更留。若值凶年，則又無穀可糶，人人賣田，無所可售，遂至殺牛賣肉，伐桑鬻薪，來年生計，不敢復議，此農民所以重困也。又錢者流通之物，故謂之泉布。比年以來，物價愈賤而閭閻益困，所以然者，錢皆聚於官中，民間乏錢，貨重物輕。借使有人鬻薪糴米，米價雖賤，薪價亦賤故也。

臣愚以為宜悉罷免役錢，其州、縣諸色役人，並依舊制，委本縣令佐揭簿定差，替見雇役人。其衙前，先召募人投充長名，召募不足，然後差鄉村人戶。每經歷重難差遣，依舊以優輕場務充酬獎。所有見在免役錢，撥充州、縣常平本錢，以戶口為率，存三年之蓄，有餘則歸轉運司。凡免役之法，縱富強應役之人，征貧弱不役之力，利於富者不利於貧者。及今耳目相接，猶可復舊，若更年深，富者安之，民不可復差役矣。又乞罷將官曰：臣伏以州、縣者百姓之根本，長吏者州、縣之根本，根本危，則枝葉何以得安，故自古以來，凡置州郡，必嚴其武備，設長吏，必盛其侍衛。非以重其權，驕其人也，乃所以安百姓，衛朝廷也。秦懲周室幹弱枝彊之弊，既滅六國，以為天下不復用兵，雖分三十六郡，置郡守，更以御史監之。隳名城，銷兵器，束以苛法，舉動施為，皆不得自專。是以陳勝、吴廣以匹夫奮臂大呼，郡縣莫能制，多殺長吏以應之。雖由其殘虐取亡，亦守令無權無兵之所致也。晉武帝平吴，亦以為天下既一，兵無所用，悉去州郡兵。陶璜、山濤皆言州郡武備不可廢，帝不聽。及永寧以後，盜賊羣起，州郡無備，不能擒制，天下遂大亂。夫兵者，所以威不軌而昭文德，誰能去兵？州縣無虞，則國家安矣；州、縣不守，則國家危矣。

臣竊見國朝以來，置總管、鈐轄、都監押為將帥之官，凡州、縣有兵馬者，其長吏未嘗不兼同管轄。蓋知州即一州之將，知縣即一縣之將故也。先帝欲征伐四夷，患諸州兵官不精勤訓練，士卒懈弛，於是有建議者，請分河北、陝西、河東、京東、京西等路諸軍若干人為一將，別置將官，使之專切訓練。其逐州總管以下及知州、知縣皆不得關預。及有差使，量留羸弱下軍及剩員，以充本州官白直及諸般差使。其餘禁軍，皆制在將官，專事教閱。

臣愚以為職事修舉，在於擇人，不在設官，苟不得其人，雖將官亦何所為？況今之將官，即向之為總管等者也，豈為總管等則不能舉職，為將官乃能舉職乎？此徒變易其名，無益事實，非惟無益，兼復有害。凡設官分職，當上下相維，如身之使臂，臂之使指，紀綱乃立。今為州、縣長吏及總管等，而於所部士卒有不相統攝、不得差使，殆如路人者。至於倉庫守宿，街市巡邏，亦皆乏人，雖於條許差將下兵士，而州、縣不得直差，須牒將官，將官往往占護，不肯差撥。萬一有非常之變，州、縣長吏何以號令其衆，制禦姦宄哉？

又頃歲以來，自轉運使、知州以下白直及迎送之人，日朘月減，出入導從，本為蕭條，供承荷擔，有所不給，觀望削弱，無以威服吏民。臣略舉目睹一事，以證其餘，西京城郭周圍數十里，卑薄穨闕，犬豕可踰，又瀍、洛二水交貫其中，每夜諸門扃鐍雖嚴，而灘流之際，人皆可以平行往來。其屬水南北巡檢下所管兵士，除出軍外，餘數不多，通判以下諸官白直，來往防送，倉庫守宿，街市巡邏，盡出其間。向者先帝違豫，敕西京留守親詣嵩山起建道場，其將下禁軍充白直者，於條皆不得出城經宿，所留者剩員七八人而已。西京，天子別都也，其守禦不固如此；留守，前宰相重官也，其侍衛單寡如此。況僻小州、縣，其守禦之備，侍衛之衆，可知矣。萬一有凶狡之賊，驅烏合之衆，突入城邑，或戕賊長吏，以焚燒廬舍，殺掠吏民，將何以制之哉？此則天下太平之久，習俗淳厚，羣心安固，賊不測虛實，膽智怯弱，故未敢為之耳！豈可忽略，謂之必無而不為之備哉？

今獨緣邊州、軍城隍完固，士卒衆多，可以守禦。自餘腹內州縣，既無深溝高城，又乏士卒，羣盜猝至，何以責其竭節守義，不棄城竄匿，或以酒食迎賊，以甲兵獻賊，斂民財以賂賊者乎？羣盜尚爾，況敵人傾國大舉，長驅而來者哉？易曰：『君子安不忘危，存不忘亡，治不忘亂。』兵法曰：『不恃敵之不我犯，恃我之不可犯。』國家豈可恃即日平寧，晏然高枕，不以為慮，謂其必不敢來乎？臣愚以為河北、陝西、河東、京西等路腹內州縣，宜以漸候豐年農閒之際，委提點刑獄與本處長吏相度，各修築所治之城。州城稍高，縣城次之，不必廣大。所以然者，高則難踰，小則易守故也。其緣邊屯駐兵士，遇春夏無事之際，委經略安撫使與轉運使，公共商議，量減放歸；住營州軍，或於內地就糧，勿聽怯懦將帥多有虛占，以自守衛。其腹內州軍，量其大小緊慢，大藩常留千餘人，小州亦留數百人，不得差發往別州軍。見兵不足，即時招添。悉罷將官，其逐州、縣禁軍，並委長吏與總管等同共提舉教閱，及諸處差使，其有不能精勤，致士卒懈弛者，委提點刑獄常切按察聞奏，嚴行責降。仍令逐州各選有勇力武藝之人充弓手，以守衛城邑，討捕盜賊。其州、縣吏所給白直迎送之人，皆如嘉祐編敕以前之數。如此力可以守，然後遇寇盜之至，責其棄城等罪而誅之，彼亦甘心矣！孫升君孚談圃云：溫公大更法令，傳欽之、蘇子瞻密言宜慮後患，溫公起立，拱手仰視，厲聲曰：『天若祚宋，必無此事。』二人語塞而去。方其病也，猶肩舁見呂申公，議改都省。臨終，牀簀蕭然，惟枕屏有役書一又卷。按『天若祚宋，必無此事』，邵伯溫亦載此語，但不載語誰。今附元祐元年九月一日溫公卒時，因光『以母改子』，并附注于此。

又　卷三六四　［元祐元年丁巳］司馬光、呂公著既遷官，詔閤門，光及公著正謝，特令再拜，不舞蹈；恭謝景靈宮神御，亦止再拜。光尋以疾謁告，是日二十八日丁巳。復有詔放正謝及恭謝。光惶恐不敢奉詔，乞竢疾間入謝，依減拜指揮。光自是凡十有三旬不能出，然奏疏相屬。五月十三日，光乃入對延和殿。

又移書三省曰：移書三省、密院，不得其時，附見正月末，更須考詳。

光比日牽強入朝，欲與諸公商議疏事，貢其短拙以求采擇，無何上下馬不得，至在朝假，謹具咨目如左。當今法度，所宜最先更張者，莫如免役錢。不惟刻剝貧民，使不聊生，又雇得四方無賴浮民，使供百役，官不得力，為今日之計，莫若盡罷免役錢，依舊差役。民間息肩者，什已七八，若慮逐處利害不同，即委諸路轉運司及州縣具未便事理，申陳朝廷，更為相度，別立一州一縣敕施行。第一不可委提舉司相度，彼雖本職，藉賴役錢，如魚之有水，安肯放免？必來沮難無疑也。光見欲作一文字奏聞，若降至三省，望諸公同心協力與贊成，如此行之，可以除久弊、蘇疲民。凡法久則難變，此法行之已十五年，下戶雖愁苦，上戶頗優便，常情議論，已是非一，若不於此際決志改之，恐異日遂為萬世膏盲之疾。公家不得用民力，貧民常苦，富民常優矣。朝廷今欲整治天下，蘇息疲民，先須十八路各得好監司一兩人，忠厚曉事，憂民忘私，使之進賢退不肖，興利除害。朝廷於本路事有所不知，問之則以實對，委之措置則不致乖方，然後可以倚仗為股肱耳目也。苟非其人，則百事倒置矣。前日所草監司資格及委官薦舉文字，不知諸公曾偏見未？若如此可行，則早告進呈施行。然立格為易，守格為難，既出指揮已後，願諸公堅執此格，勿自隳壞，始為有益也。

旱勢可懼，若春更不雨，必成大饑，不可不預為之備。國家所賴為根本者，莫若農民。農民者，衣食之原，國家不可不先存恤也。欲加存恤，莫若察其乏食之初，早加賑贍，使各安土，不至流移，官費既省，民不失業，此上策也。若已流移，官雖作擘畫，散米煮粥，徒聚為餓殍，無益也。為今之計，莫若預先將常平斛斗在州縣者，十分中支撥一分，充贍貸米，委州縣椿管，許一面支破，常切覺察。鄉村人戶，有闕食者，許經本縣投狀，據口數多少老小出給歷子，每五七日一次，赴縣請領口食，先從下戶為始，縣亦置簿拘管請到之數。如此救接，直至成熟日，即一切住支，卻令還納所貸元數，更不取利息，如此始是實惠。

弋俊已獲，未聞賞獲之者，其將官討捕者，不無騷擾，宜早罷之。前日蔡尹來言，開封有巨盜，朝廷有募人能擒之者，賞以班行。今既擒之，止賞以錢，孔子稱『去食去兵，無信不立』。聖朝政令，豈當如此？諸公更算其多者。范景仁當仁宗不豫，未有繼嗣，天下寒心，莫敢啟口之時，獨能首建大議以安宗廟社稷，章十九上，除官不拜，可謂以身徇國之臣，其功不在文、富之下，今文、富重賞，景仁獨不霑及。又太皇太后亦應知其大功，願諸公進呈秉國文字時，詳為敷奏，乞優與推恩。

又　卷三七四　［元祐元年夏四月辛卯］司馬光言：『臣竊惟鄉村人戶播植百穀，種藝桑麻，乃天下衣食之原，比於餘民，尤宜存恤。凡人情戀土，各願安居，苟非無以自存，豈願流移他境？國家若於未流移之前，早行賑濟，使糧食相接，不至失業，則比屋安堵，官中所費少，而民間實受賜。若於既流移之後，方散米煮粥，以有限之儲蓄，待無窮之流民，徒更聚而餓死，官中所費多，而民實無所濟。伏睹近降朝旨，令戶部指揮府界諸路提點刑獄司體量州、縣人戶，如委是闕食，據見在義倉及常平米穀速行賑濟。仍丁寧指揮州、縣多方存恤，無致流移失所，此誠得安民之要道。然所以能使流民不移者，全在本縣令、佐得人。欲乞更令提點刑獄司指揮逐縣令、佐，專切體量鄉村人戶，有闕食者，一面申知上司及本州，更不候回報，即將本縣義倉及常平倉米穀直行賑濟。仍據鄉村五等人戶，逐戶計口出給歷頭，大人日給二升，小兒日給一升，令各從民便。或五日，或十日，或半月一次，齎歷頭詣縣請領，縣司亦置簿照會。若本縣米穀數少，則先從下戶出給歷頭，有餘則并及上戶，其不願請領者聽。候將來夏秋成熟，糧食相接日，即據簿歷上所貸過糧，令隨稅送納，一斗只納一斗，更無利息。其令、佐別有良法，簡易便民，勝於此法者，亦聽從便。要在民不乏食，不至流移。仍令提點刑獄司常切體量逐縣令、佐，有能用心存卹闕食人戶，雖係災傷，並不流移者，保明聞奏，優與酬奨。其全不用心賑貸，致戶口多有流移者，取勘聞奏。乞行停替。庶使官吏有所勸沮，百姓實霑聖澤。』三省進呈，依奏。近降朝旨，乃三月二十六日。

又 卷三七七 ［元祐元年五月乙丑］右司諫蘇轍言：臣聞自古經制國用之術，以為穀帛民之所生也，故斂而藏之於官；錢幣國之所為也，故發而散之於民。其意常以所有易其所無，有無相交而國用足焉。故自熙寧以前，民間兩稅皆用米麥布帛，雖有沿納諸色雜錢，然皆以穀帛折納，蓋未嘗納錢也。錢之入官者，惟有茶酒稅雜利而已。然方是時，東南諸郡猶苦乏錢，錢重物輕，有錢荒之患。自熙寧以來，民間出錢免役，又出常平息錢，官庫之錢貫朽而不可較，民間官錢搜索殆盡。市井所用，多私鑄小錢，有無不交，田夫蠶婦力作而無所售，常平役錢山積而無救饑饉，蓋自十餘年間積成此弊，於今極矣。朝廷近日雖已減損常平，罷放免役，使民休息，然而錢積於官，無宣洩之道，民無見錢，百物益賤，譬如飢人，雖已得食，而無所取飲，久渴不治，亦能致死。

臣竊見國朝建立京邑，因周之舊，不因山河之固，以兵屯為險阻。祖宗以來，漕運東南，廣蓄軍食，內實根本，外威四鄰，方其盛時，足支十餘年。近者歲運損耗，糴賣不節，太倉無五年之蓄，國計寡弱，有識之士為之寒心。至於諸路軍糧，大抵無備。熙寧之間，東南大旱，民間闕食，官欲賑濟，無所從得，不免誅求富民，斂斗石之粟，以濟億萬之眾，勞而無益，徒以為笑。然今諸路轉運司，久以商賈不行，農民罷病，故酒稅不登；收買軍器雜物，封樁闕額衣糧等事，故經費不足。朝廷雖欲內實京師，外實諸郡，有司匱乏，勢無所出。臣欲乞指揮東南諸路轉運司各借本路常平見錢，遇年豐穀帛價賤，預買三年上供米及本路州軍三年衣糧，限以三年節次收糴，重立禁約，不得別作支用，仍於五年內收簇錢物撥還。常平倉司每歲終具元借錢及所糴物及所還數，提刑司保明，申戶部點檢有無違法聞奏，應干借錢糴買事，有不如法，並許提刑司覺察聞奏。但令錢幣通行，足以鼓舞四民，流轉百貨；倉廩充實，足以贍養諸軍，備禦水旱，則上下皆足，公私蒙利矣。如許臣所請狀，乞下戶部立法施行。

貼黃稱：所借常平司錢，非是直取以供國用，當指揮轉運司勒令如期撥還，務令常平司錢久遠不匱，轉運司緩急有所借，實長久之利也。

又 卷三九二 ［元祐元年十一月庚辰］殿中侍御史呂陶言：『伏見保甲之外雖已更改，猶有二弊未便於民。其一，為罷去二十畝已下免教指揮，卻令五等戶有三丁者皆赴冬教一月。緣民之貧富不繫丁之多少，而教與不教則有幸不幸。今田有百畝，家有二丁則免教，是謂之幸；田有十畝，家有三丁則赴教，是謂之不幸。此貧富力役大為不均。況今之教閱，官中不給錢米，一月之食皆其自辦。夫有田二十畝之家，中年所收不過二十石，賦稅、伏臘之外又令供贍一丁，則力亦難給。蓋昔日推行之始，不暇講求利害，惟務其多。今雖將五等下戶精專閱習，萬一或有調發，雖破竭家產，所得幾何？裹糧而行，豈不重困？臣愚欲乞於三等已上，或等第雖低而家業及一百貫、有三丁者，方得差充。其二，為陝西州郡今秋雨澇，高原之地，雖謂順成，下隰之田，稼亦不善。人戶有訴災傷去處，而蠲稅不及五分，並須赴教，官司奉法，不敢放免。臣竊謂保甲之令行已累年，朝廷知其有弊，多所釐改，欲民休息。若須候災傷及五分方與免教，亦恐德澤未廣。臣愚欲乞應係災傷縣分竝特免冬教，以惠畿內、三路之民。又況郡縣自來檢視災傷，多是通計一縣所放，立為分數。如元管稅一千石，放及五百石，則為之五分，即非以逐戶所傷立定分數。其被災既有多少之異，而通計一縣大數，偶不及五分，遂不免教，此朝廷之所當察也。如蒙聖慈以災傷之故，不限分數，特免教閱，則朝廷武備未為廢闕，而生民受惠深矣。臣訪聞陝西諸縣人戶，有為田土絕少，雖管三丁，陳狀乞免教者，并有詐述本戶災傷過多，但為一縣總數不及五分，亦乞免教者。逐縣拘礙條禁，不敢輒行。伏乞早賜指揮，庶寬民力。』詔：『府界、三路保甲人戶五等以下，地土不及二十畝者，雖三丁以上，並免教。』從陶請也。九月四日。

又 ［辛巳］臣僚上言：『朝廷罷俵青苗錢，令諸路提刑司委豐熟州縣廣行收糴，意欲常有儲蓄。而戶部乃請令轉運司更不收糴年計，止將常平斛斗兌糴，失朝廷養民之恩。欲乞諸路轉運司合糴年計並先糴，次令常平倉糴。若轉運司不預備本錢，過時占糴，致與常平倉相妨者，委提刑司覺察以聞。』從之。十一月四日可并此。

又 卷四一七 ［元祐三年十一月］戊辰，中書舍人曾肇言：臣今年春奉使契丹歸，嘗奏論河北開孫村口減水河未便，乞更講求利害事，人微言輕，不能仰動天聽。後聞止用兵卒興功，彌年未見成效。繼聞召都水使者王孝先、河北轉運使謝卿材、判官張景先赴三省詢訪利害，而三人所論不同，朝廷未敢臆決，遣官行視。然詔書但令相度開孫村口有無未盡利害，如孫村口不可修，即於不近界河踏逐一處。則是雖曰遣官行視，而必欲回河之意已定於廟堂之上矣。不惟如此，又下河北路計置舊隄梢草一千餘萬，且令先買五百餘萬。論者以謂既治舊隄，則是決為回河之計，然則朝廷遣二近臣，從數十官吏，銜命而出，不知果何所為也。臣雖愚懵，意朝廷必謂梢草之類不可倉猝而具，一日所遣官還奏可以回河，則來年先治舊隄，開減水河，爾時旋營梢草，公私必受其害，不可不預行計置。此誠先識遠慮，非衆人所及也。彭汝礪云云，已見十一月二日。然臣竊有私憂過計，須至不避斧鉞，披露腹心，為陛下言之。

夫河之利害，與夫可復不可復之勢，既已遣官行視，則當俟其還奏，然後可決，此固臣所不敢妄論也。至於事有可以坐而知者，今日之民力是也。蓋自數年以來，河北、京東、淮南數路災傷為甚，今歲河北並邊稍熟，近南州郡亦皆亢旱，京東即今米價斗百餘錢，盜賊並起，京西災儉尤廣，淮南秋田麤收，而春夏麥價甚貴。百姓飢殍未蘇，瘡痍未復，正當寡求省事，以休息人力。若來年雖未大興河役，止令修治舊隄，開減水河，亦須調發丁夫，本路不足則及鄰路，鄰路不足則及淮南，陛下視今日之民力，果可以堪之乎？民力未堪，則雖有回河之策及梢草先具，將安施乎？陛下若以河患為大，必欲興作，驅數路之民聚之河上，暴露風雨，飢凍苦迫，弱者羸瘠死亡，強者逋竄或轉為盜賊，縣官何以禦之？又況一人在官，一家廢業，行者齎，居者送，方春農時，害其耕作。來歲水旱之變雖未必有，而人力不至，田為汙萊，饑饉之災，可以前知矣。陛下豈忍驅此數路之民，納諸溝壑之中乎？

不惟民力如此，方今縣官財用日蹙，河朔尤為貧敝。往時積穀雖多，因去年遣使賑濟，務在大發倉廩，雖不甚災傷地分與上等優足之家，例皆賑貸，儲蓄殆空，即今州軍倉儲有不及數月，庫錢有不能支吏俸一月者。今歲開減水河，用工不多，已費四十餘萬貫，若更大興工役，修六七百里之舊隄，且謀閉塞決口，回復故道，不知其費幾何。雖以先朝所蓄餘錢或可以支，後將何以繼之乎？大抵縣官不足，必取於民，臣恐異時百姓有困於征斂者矣。其源甚微，流弊甚大，此不可不察也。陛下臨政以來，愛恤斯民，可謂至矣，奈何於災傷疲瘵之餘，興此大役，以重困之歟？臣知聖心豈忍出此，必謂河之為患有大於此者，故不惜勞民力，費國財，以成久遠之利爾。蓋今之言河患者，不過曰壞御河，堙溏濼，害民田，此猶其小者耳，河漸北注，失中國之險，最莫大之患也。雖臣之愚，亦不敢謂此為不足患也，然竊以謂壞御河，堙溏濼，害民田，特數州之患耳。至於失中國之險，則又未然之事，有無蓋未可知，而其患遠者也。豈若舉數路疲瘵之民以任莫大之役，使之暴露飢凍，離鄉失業，又有死亡逋竄之憂，其為禍博且近矣，豈特數州之患而已乎？民者國之本也，根本一搖，豈不甚可畏乎？臣愚非敢謂河必不可回，故道決不可復也，姑願陛下徐徐云爾。愛養民力至於充實，經理財用使之有餘，在天時無水旱之變，在人事無不順之理，然後可擇利害，按視形勢，見其可為，一舉而收成功，豈不善哉！伏望陛下因臣此言，審思博訪，速下詔書，罷買梢草，戒飭行河之官，務要利害得實，俟其還報，果有可為，亦須一二年後，以漸興役，如此則民力無傷，事功易就，為今之計，莫過於此。臣備位侍從，義當體國，知而不言則為失職，言而不盡則為不忠，惟陛下察其誠而恕其狂妄，幸甚！幸甚！

又言：『臣材薄望輕，自知所言難以取信，惟恃陛下聖明，特賜省察。蓋河決而北，已幾十年，未應一旦便致大害，而休養民力，愛惜財用，乃是今日先務，實繫國家大體。論者或論河勢變決，恐失此時，別有移改。臣竊以為河若果有改移，雖一面興役，豈能遏之使住？若工役既興，而河有退背，不能罷役，物料人夫，尤為枉費。蓋大河非人力可為，其來已久，惟稍緩之，審度利害，最為得策。若非出自聖斷，臣恐論議無時而定。』

又言：『臣具奏已久，日俟朝廷自有施行，至今多日，未聞指揮，須至再瀆天聽。伏望聖慈察臣所陳，益採聽公論，若一言欺罔，甘俟誅竄。』

又 卷四三〇 ［元祐四年秋七月丙申］都水監言：『黃河為中國患久矣。自小吴決口後來，泛濫未著河槽，朝廷前後遣官相度非一，終未有定論。蓋新河隄防與故道金隄殊絕，若以為北流無患，則前二年河決南宮下埽去，三年決上埽，今四年決宗城中埽，豈是北流可保無虞？以為大河臥東，則南宮、宗城皆在西岸；以為臥西，則冀州信都，恩州清河、武邑，或危或決，皆在東岸，顯是大河千里未見歸納經久之計。所以昨來相度第三、第四鋪分決漲水，少紓目前之急，而繼又宗城決溢向下，包蓄不定，雖欲不為東流之計，不可得也。河勢未可全奪，故為二股之策。今監勾當公事李偉狀，相視新開得第一口水勢湍猛，發泄不及，已不候功畢，更撥沙河隄第二口，減泄大河漲水，因而二股分行，以紓下流之患。雖未保冬夏常流，已見有可為之勢，在國家為無窮之利。必欲經久遂作二股，仍須增添役夫，乃為長利，然未下監司、州郡、外使者、北外丞司看詳，即今所修較之利害孰為輕重。』詔令河北路安撫司、監司、外使者，北外丞司，限十日具析保明以聞。八月九日，蘇轍言李偉張皇申報。

二十八日，置修河司。

著作佐郎兼侍講司馬康言：『王者以民為天，民以食為天。自古禍亂之興，皆由饑饉，為國必有九年之蓄，乃可以備水旱。比年以來，旱暵為虐，民多艱食，若今秋不稔，則公私困竭，盜賊可虞。昔魏李悝為平糴之法，國以富彊。東漢永平初以後，水旱十年，和熹鄧太后臨朝，用征和故事，徙置饑民於豐熟諸郡，躬自減省，以救災厄，故天下復平。唐太宗貞觀初，天下連歲災害，太宗勤而撫之，民雖東西就食，未嘗嗟怨；至四年，天下大稔，流散者咸歸田里，米斗不過三四錢。自古聖賢之君，非無水旱之災，惟有以待之，則不為甚害。如漢、唐之策，已非處處皆有蓄積，故令東西就食，此策之下者也；魏文侯舉國四境悉令平糴，所以有儲，此策之中者也；三代而上，國有九年之蓄，此策之上者也。今臣願陛下先為漢、唐之下策，以濟目前之艱；俟及豐穰，乃為魏文侯之中策；積以歲月，漸及三代之上策。乘今秋熟，令州縣廣糴民食所餘，悉歸於官，今冬來春，令饑民就食，俟鄉土豐穰，乃還本土。夫國家積財，惟以安國，民安則國安。故凡為國者，一絲一毫，皆當愛惜，惟於濟民，則不當吝。陛下誠能捐數十萬金帛，以為天下大本，則四海幸甚！夫實倉廩，使百姓足，非獨可以消患，太平之化，由是而興，措刑之本，無先於此矣。』

左司諫劉安世等言：『臣聞國無九年之畜曰不足，無六年之畜曰急，無三年之畜曰國非其國。蓋先王之制，三年耕，必有一年之食。以三十年之通，則可以有十年之備，故堯、湯水旱至於累年，而無捐瘠之民者，用此道也。三代以下，井田廢缺，利民之法，無善於常平，由漢迄今，莫能變易。惟自近世，有名無實，凡所以養民之具，日計不足，何暇議一年之畜哉？是以歲或不登，民輒菜色，強者轉而為賊盜，弱者不免於餓莩。保民之術如此，亦已疏矣！臣等竊謂自罷青苗錢，後來天下州縣皆有積鏹，朝廷雖更立常平之制，條目甚詳，而上下因循，未嘗留意。既無統屬，以糾其乖繆；又無賞罰，以為之勸沮。加之轉運司苟紓目前之急，多端借貸，日朘月削，殊無償足之期。非有懲革，將不勝弊。伏望聖慈特降睿旨，取今日已前應干常平敕令。嚴責近限，專委戶部刪為一書，付之有司，悉俾遵守。仍先行指揮，將天下見在常平錢，乘今秋豐稔之時，令五路糴粟一色，其餘路分，並相度逐處可以久留斛斗，廣行收糴，仍以本司錢修蓋合用倉廩，將一路所有錢滾同應副。一路之中，不得偏聚一州；一州之境，不得偏聚一縣。各隨戶口之多寡，以制糴之大數。每遇凶歉，依法出糶。糴糶之法，常比市價增減。如此，則官本常存，物價不能翔踊，或遇旱乾水溢之災，則民有所濟，不至流散，朝廷之惠澤可繼，而無乏絕之患，相因日久，漸至九年之蓄，太平之策，莫大於此。惟陛下推至誠惻怛之意，明詔執政，協力施行。所有官吏殿最，亦乞參酌修定。將來頒降之後，或有違犯，州縣委監司，監司令戶部、御史臺覺察奏劾，庶使二聖恤民之仁，不為徒善之政，傳之萬世，天下幸甚！』劉安世《盡言集》此章注云：『與右諫議大夫朱光庭同上。』按：安世以四年六月自右正言遷左司諫，十月，自左司諫為諫議大夫；朱光庭以四年九月自侍御史為右諫議大夫。若如集注，則此章當在九月後，然七月二十八日，詔令諸路提刑司下豐熟州縣，依條量添錢，廣行收糴，及覺察違慢；又令諸路封樁斛斗，若轉司要用，先封樁錢，方許兌發；并闕少本錢處，令提刑司於木路那移，及以頭子修蓋倉牔；大略與此章陳請一般。然則此詔必因此章也。集注恐誤，今不取，若云御史朱光庭則可。

右諫議大夫范祖禹亦言：『今歲秋成可望，收熟之處必多。年穀稍豐，則公私逋負督迫，民間速欲得錢，必至甚賤，此農民所以豐凶皆困也。今諸路提刑司積常平錢猶多，竊恐自罷散青苗錢以來，常平之法尚未修復如舊，欲乞速降指揮諸路提刑司，盡以所有之錢，增價收糴，使不至於甚賤傷農，來春穀貴，則減價出糶，使不至於甚貴傷民。若止以常平錢收糴，亦恐未廣，陛下誠能出內庫金帛數萬，以為糴本，以專備水旱凶荒，發斂以時，則官本常存，而民被惠澤無窮。祖宗置內藏庫，本以備軍旅非常之用，仁宗常出錢一百萬，以助常平糴本。夫財出於民，復以濟民，但使民存，不至流亡，今年散之，明年復有，何患乎無財也？』

詔：『戶部指揮諸路提刑司下豐熟州縣，依條量添錢，廣行收糴，仍覺察違慢。』又詔：『永興軍、秦鳳、河北、河東、京東、京西、淮南、兩浙提刑司，據見管封樁錢，除已係計置糴糧草，并合起發上京，及朝旨指定窠名指使錢數外，將的實見在錢支撥一半，於本路趁此秋成，及今後遇豐熟去處，廣謀計置米、麥、穀、豆，內淮南、兩浙路只於沿流，其餘路於沿流及要便，并屯聚軍馬去處，別項封樁，以封樁斛斗為名。若內有收糴得處缺少本錢，許逐司於本路有錢去處那移。於轉運司要用，許依元糴價先樁錢訖，據數兌撥提刑司，候到，具見在合糴買錢數，計置次第申尚書省。其頭子等錢亦於帳內別收，如有倉牔損處，即以頭子錢修，仍令戶部立法。』政目云：『三路，京東西、淮、浙七路封樁錢，以一半糴穀，為封樁斛斗，為永法。』

又卷四五一 〔元祐五年十一月〕先是，浙西鈐轄蘇軾言：臣聞事豫則立，不豫則廢，此古今不刊之語也。至於救災恤患，尤當在早。若災傷之民，救之於未饑，則用物約而所及廣，不過略減上供，糶賣常平，官無大失，而人人受賜，今歲之事是也。若救之於已饑，則用物博而所及微，至於耗散省倉，虧損課利，官為一困，而已饑之民終於死亡，熙寧之事是也。熙寧之災傷，本緣天旱米貴，而沈起、張靚之流，不先事奏聞，但務立賞閉糴，富民皆爭藏穀，小民無所得食。流殍既作，然後朝廷知之，始敕運江西及截本路上供米一百二十萬石濟之，巡門俵米，攔街散粥，終不能救。饑饉既成，繼以疾疫，本路死者五十餘萬人，城郭蕭條，田野邱墟，兩稅課利，皆失其舊。勘會熙寧八年本路放稅米一百三十萬石，酒課虧減六十七萬餘貫，略計所失，共計三百二十餘萬貫石，其餘耗散不可悉數，至今轉運司貧乏不能舉手。此無他，不先事處置之過也。去年浙西數郡先水後旱，災傷不減熙寧，然二聖仁智聰明，於去年十一月中，首發德音，截撥本路上供斛斗二十萬石賑濟，又於十二月中，寬減轉運司元祐四年上供額斛三分之一，為米五十餘萬斛，盡用其錢買銀絹上供，了無一毫虧損縣官，而命下之日，所在歡呼。官既行糴，案『行糴』二字未詳。考蘇軾集作『住糴』，亦與上下文意相戾，疑當作『行糶』為是。米價自落。又自正月開倉糶常平米，仍免數路稅務案『數路稅務』原本作『常平稅務』，誤，今據本集改正。所收五穀力勝錢，且賜度牒三百道以助賑濟，本路帖然，遂無一人餓殍者，此無他，先事處置之力也。由此觀之，事豫則立，不豫則廢，其禍福相絕如此。恭惟二聖天地父母之心，見民疾苦，匍匐救之，本不計較費用多少。而臣愚無識，但知權利害之輕重，計得喪之大小，以為譬如民庶之家，置莊田，招佃客，本望租課，非行仁義，然猶至水旱之歲，必須放免欠負借貸種糧者，其心誠恐客散而田荒，後日之失，必倍於今故也，而況有天下子萬姓而不計其後乎？臣自去歲以來，區區獻言，屢瀆天聽者，實恐陛下客散而田荒也。

去歲杭州米價每斗至八九十，今年正月已來，日漸減落。至五六月間，浙西數郡大雨不止，太湖泛溢，所在害稼，六月初間，米價復長，七月初，斗及百錢足陌。見今新米已出，而常平官米不敢住糶，災傷之勢，恐甚於去歲。何者？去歲之災，如人初病，今歲之災，如病再發，病狀雖同，氣力衰耗，恐難支持。又緣春夏之交，雨水調勻，浙人喜於豐歲，家家典賣，舉債出息，以事田作，車水築圩，高下殆遍，計本已重，指日待熟，而霪雨風濤，一舉害之，民之窮苦，實倍去歲。近者將官劉季孫往蘇州按教，臣密令季孫沿路體訪，季孫還為臣言，此數州不獨霪雨為害，又多大風，猝起潮浪，堤堰圩埠，率皆破損，湖州水入城中，民家皆尺餘，此去歲所無有也。而轉運判官張璹自常、潤還，所言略同，云親見吳江平望八尺，聞有舉家田苗沒在深水底，父子聚哭，以船栰撈摝，云半米猶堪炒喫，青穟且以喂牛。正使自今雨止，已非豐歲，而況止不止又未可知，則來歲之憂，非復今年之比矣。何以言之？去年杭州管常平米二十三萬石，今來已糶過十五萬石，餘八萬石，而糶賣未已。又緣去年災傷放稅，及和糴不行，省倉闕數，所有上件常平米八萬石，只了兌撥充軍糧，更無見在，惟有糴常平米錢近八萬貫，而錢非救饑之物，若來年米益貴，錢益輕，雖積錢如山，終無所用。熙寧中，兩浙市易出錢百萬緡，民無貧富，皆得取用，而米不可得，故曳羅紈，帶金玉，橫尸道上者，不可勝計。今來浙東西大抵皆糶過常平米，見在數絕少，熙寧之憂，凜凜在人眼中矣。

臣材力短淺，加之衰病，而一路生齒，憂責在臣，受恩既深，不敢別乞閒郡，日夜思慮，求來年救饑之術，別無長策，惟秋冬之間，不惜高價，多糴常平米，以備來年出糶。今來浙西數州米既不熟，而轉運司又管上供年額斛斗一百五十餘萬石，若兩司爭糴，米必大貴，饑饉愈速。和糴不行，來年青黃不交之際，常平有錢無米，官吏拱手坐視人死，而山海之間，接連甌閩，盜賊結集，或生意外之患，則雖誅殛臣等，何補於敗。以此須至具實奏聞，伏望聖慈備錄臣奏，行下戶部及本路轉運、提刑、兩路鈐轄司，疾早相度來年合與不合準備常平斛斗出糶救饑，如合準備，即具逐州合用數目。臣已約度杭州合用二十餘萬石，仍委逐司擘畫，合如何措置，令米價不至大段翔踴，收糴得足。如逐司以謂不須準備出糶救濟，即令各具保明來年委得不至飢殍流亡，結罪聞奏。緣今來已是入秋，去和糴日為無幾，比及相度往復取旨，深慮不及於事，伏乞詳察，速賜指揮。貼黄稱：『臣聞之道路，閩中災傷尤甚，盜賊頗眾。或云邵武軍有強賊人數不少，恐是廖恩餘黨，轉運司見令衢州官吏就近體訪。雖未知虚實，然恐萬一有之，不可不預慮也。』

又稱：『謹按唐史，憲宗謂宰臣曰：「卿等累言吴越去年水旱，昨有御史自江、淮按察回，言不至為災，此事信否？」李絳對曰：「臣見淮南、浙江東西道狀，皆云水旱，且方隅受任，皆朝廷信重之臣，信非事實，豈敢上陳？此固非虚說也。御史官卑，選擇非其人，奏報之間，或容希媚。況推誠之道，君人大本，苟一方不稔，當即日救濟饑貧，何可疑之耶？」帝曰：「向者不思而有此問，朕言過矣。」絳等稽首再拜。帝曰：「今後諸道被水旱饑荒之處，速宜蠲貸之。」又按本朝會要，太宗嘗語宰臣曰：「國家儲蓄，最是急務，蓋以備凶年救人命。昨者江南數州微有災旱，朕聞之，急遣使往彼，分路賑貸，果聞不至流亡，兼無飢殍，亦無盜賊之患。苟無積粟，何以拯救饑民？」近者臣每觀邸報，諸路監司多是於三四月間先奏雨水調匀，苗稼豐茂；及至災傷，須待餓殍流亡，然後奏知，此有司之常態，古今之通患也。豐熟不須先知，人人爭奏，災傷正合預備，相顧不言。若非朝廷廣加採察，則遠方之民，何所告訴？』時七月戊寅也。戊寅，十五日。

戊子，軾又言：『今月二十一日、二十二日、二十三日皆連晝夜大風雨，二十四日雨稍止，至夜復大雨。竊料蘇、湖等州風濤所損，必加於前，若不早作擘畫，廣行收糴常平斛斗準備，則來歲必有流殍之憂。伏惟聖慈早賜愍救，檢會前奏，速賜施行。臣别無才術，惟知屢奏，喧瀆聖聽，罪當萬死。』

八月丙申，詔從軾請，下本路轉運、提點刑獄司及兩路鈐轄司，限半月具相度準備救濟事具以聞。

丁巳，軾又言：『臣前奏所乞，如逐司以謂不須準備出糶救濟，即令各具保明來年委得不至飢殍流亡，結罪聞奏之意，蓋欲逐司官吏依實相度，不敢滅裂，令戶部節略行下。伏乞檢會前奏，特賜明降指揮施行。』

九月戊辰，軾又言：

本司勘會去年八九月間，杭州在市米價每斗六十文足，至十一月長至九十五文足，其勢方踊貴間，因朝旨寬減轉運司上供額斛三分之一，即時米價減落。及本州正月内便行出糶常平米，至七月終，共糶一十八萬石，以此米價無由增長，人免流殍。今來在市米見今已是七十五文足，至今冬間轉運司收糴上供額斛，及檢放秋稅，軍糧恐有闕少，亦須和糴取足。又本州須糴常平米二十餘萬石，諸州亦各收買，似此爭糴，必須踴貴，縱使大破官錢，收糴得足，亦恐來年闕食小民，必不辦高價收買官米，至時若米貴人飢，本司必須奏乞減價出賣，竊料仁聖在上，必不忍坐視人飢，不許減價。約度浙西諸郡，今年必須和糴常平米五十餘萬石，準備來年出糶，若價高本重，至時每斗只減十文，亦須坐失五萬餘貫。而況饑饉已成，流殍不已，則朝廷所以救之者，其費豈止五萬餘貫而已哉！欲乞聖慈特許寬減轉運司今年上供額斛一半，仍依去年例，令折價錢，置場收買金銀綢絹上供，則朝廷無所耗失，而浙中米價稍平，常平收糴得足，來年不至大段減價，耗折常平錢本，一路之人，得免流殍，為惠不小。勘會去年本司亦乞寬減上供額斛一半，準敕只許寬減三分之一，今來災傷及檢放稅租次第，皆甚於去年，又緣連年災傷，民力愈耗，合倍加存卹，所以須奏乞寬減一半。伏望聖慈憐愍一方，特依所乞，盡數寬減。

又勘會熙寧八年兩浙饑饉，朝旨截撥江西及本路上供斛斗一百二十五萬石，賜本路賑濟，只緣本路奏乞後時，不及於事，卒死五十萬人。去歲十一月二十九日，聖旨令發運司撥上供斛斗二十二萬石，賜本路減價出糶，所費只及熙寧六分之一，然及時濟用，倉廩有備，米不騰踴，人免流殍。本司今來勘會蘇、湖、常、秀等州頻年災傷，人戶披訴，已倍去歲，檢放苗米，亦必加倍。不惟人戶闕食，亦恐軍糧不足。欲乞檢會去年體例，更賜加數，特與截撥本路或發運司上供斛斗三十萬石，令本路減價出糶，或用補軍糧之闕。伏望聖慈愍念一路軍民，特與盡數應副。

前件事已關牒本路轉運、提刑司，照會相度施行去訖。深慮轉運司官吏職在供餽，所有寬減額斛，難於自言，伏望聖明以一方生靈為心，非為苟寬官吏之責，特賜過慮，及早施行。又況所乞數目雖廣，而所耗損錢數不多，若待饑饉已成，然後垂救，則所費十倍，無及於事。伏乞決自聖意，指揮三省，更不下有司往復勘當施行。九月戊辰七日，軾條具二事，其一乞寬減轉運司上供額斛一半，其二乞截撥上供米三十萬石準備。戊寅，軾又言：

本司再相度來年準備大計，全在廣糴常平斛斗，於正月以後便行出糶，平準市價，以免流殍之災，此外更無長策。今來選差官吏，開倉和糴，優估米價，戒約專斗不得乞覓，非不嚴切，然經今一月，並無一人赴倉入中。體問得蓋是蘇、湖、常、秀大段災傷，兼自八月半間至今陰雨不止，災傷之餘，所收無幾，又少遇晴乾，已熟者不得刈，已刈者不得舂，有穀無米，日就腐壞。見今訪聞蘇州在市米價，已是九十五文足，添長之勢，炎炎未已。本司欲便令杭州添價收糴，不惟助長米價，為小民目下之患，又官本既貴，來年難為出糶；若不添錢，又恐終是收糴不行，來年春夏間闕米出糶，有流殍之憂。竊料至時難以諱言災傷，官吏亦須略具事實聞奏，仁聖在上，理無不救，必須多方於鄰路擘畫斛斗賑濟，若不預為之防，則恐鄰路無備，臨時擘畫不行，須至先事奏乞。勘會去歲朝旨，寬減轉運司上供額斛三分之一，卻令將折斛錢置銀絹上供。又今年本司亦奏乞減額斛一半，如蒙施行，即轉運司折斛錢萬數不少。又勘會提刑司官今年諸州糴常平米至多，所多常平司官錢萬數不少，但有錢無米，坐視饑饉，為憂不細。欲乞聖慈過為防慮，特敕發運司相度擘畫錢本，於江、淮近便豐熟州軍差官置場，和糴白米五十萬石，嚴賜指揮，須官數足，仍般至真、揚州樁管；若來春本路闕常平米出糶，即令發運司撥發，於逐州下卸，仍以本路常平錢充還；若至時本路常平米有備，不須般運上件米出糶，即就撥充本路轉運司上供額斛，卻以寬減折斛錢充還。如此即於朝省錢物，無所耗損，而本路生靈億萬性命，稍免溝壑之憂。貼黃稱：『今年災傷，實倍去年，但官吏上下皆不樂檢放，諱言災傷。只如近日秀州嘉興縣因不受訴災傷詞狀，致踏死四十餘人。大率所在官吏皆同此意，但此一處以踏死人多，獨彰露耳。若朝廷只據逐處申奏及檢放秋稅分數，即無由盡見災傷之實。又臣竊見轉運、提刑司所奏災傷，皆無迫切懇至之語，朝論必以臣為過當。然臣實見連年災傷，父老皆言事勢不減熙寧，民間有錢，尚因無米，飢死數十萬人，況今民間絕無見錢，若又無米，則流殍之災，未易度量。伏望陛下深為防慮，若來年人戶元不闕食，不須如此擘畫，則臣不合過當張皇之罪，所不敢辭。縱被誅譴，終賢於有災無備，坐視人死而不能救也。』

十月壬子，軾又言：

臣近奉朝旨，相度準備來年賑濟闕食人戶，尋具畫一事件聞奏，內多糴常平以備來年出糶平準市價一事，最為要切。見今浙西諸郡米價雖貴，然不過七十文足，竊度來年青黃不交之際，米價必無一百以下。至時若依元價出糶，猶可以平壓翔踴之患，終勝於官無斛斗。坐視流殍。而提刑司專務靳惜兩三錢，遍行文字，減勒官估。臣已指麾杭州不得減價，依舊作七十收糴，見今亦不過糴得三萬餘石。其餘諸郡，不敢有違。訪聞蘇、秀最係出米地分，見今不過糴得二三萬石。而湖州一處災傷為甚，提刑司以指揮本司住糴，卻令蘇州撥常平米五萬石與湖州，又令秀州撥十萬石與杭州。若湖州得五萬石，猶恐未足於用，而蘇、秀撥十五萬石，深慮逐州不免妨闕。若所糴不多，即是兩頭闕事，而般運水腳兵稍有偷盜耗失之費，亦與所減三錢不爭。若使來年官米數少，不能平壓市價，致有流殍，更煩朝廷截撥斛斗，散與饑民，則為十倍之費。乃是所減毫毛，而所損邱山，大為非策。訪聞諸郡富民，皆知來年必是米貴，各欲廣行收糴，以規厚利。若官估稍優，則農民米貨盡歸於官，此等無由乘時射利，吞併貧弱，故造作言語，以搖官吏，皆言多破官錢，深為可惜，若便為減價住糴，正墮其計。況今來已是十月下旬，不過更一二十日，即無收糴，縱令添價，亦不及事，恐有誤來年出糶大事，所以須至別作擘畫，仰訴朝廷。緣臣先於九月十七日，曾奏乞下發運司，於豐熟近便州軍和糴五十萬石，以備常平米不足，般取出糶，卻以本路常平錢還發運司；若常平米足用，即充本路轉運司上供米，仍以額斛錢撥還。兼勘會淮南大熟，揚州、高郵軍米價甚平，若行此策，顯無妨害。伏望聖慈檢會前奏，速賜施行，與此一方連年被災之民，廣作準備。是月壬午，軾又言：『臣勘會今年本路風水之災，倍於去年，本司累具合行救濟事件聞奏，伏料仁聖在上，必已矜察。見今蘇、湖、杭、秀等州，米價日長，杭州所糴粗米，以備出糶，每斗不下六十七至七十足錢，猶自收糴不行，恐須至更添錢招買，方稍足用。竊計開春米價必是翔湧，若依條不虧元價出糶，則官本已重，小民難於收糴，無以救濟貧下，平準市價；若奏乞減價出糶，又恐耗失常平官本，亦非長策。貼黃稱：「常平錢米，豐凶之際，平準物價，以救民命，繫利害至重。本司已累奏乞指揮諸路專行糶糴，不得別將他用，如召募饑民興土功水利之類，有出無入，即漸耗散。伏望朝廷留意。」杭州裏外見管義倉米四萬餘石，準條災傷之年并許俵散賑濟。本司相度若待饑饉已成，方將上件義倉米盡行俵散，亦未能盡濟饑民。惟是開春已後，纔見在市米價增長，即便將義倉，常平米，賤價出糶，但市價不長，則一郡之民人人受賜。今來奏請欲乞將常平米，除三年以上依條合減價外，其餘並每斗減五文，內係今年貴價收糴者，每斗減二十文出糶；仍將義倉米隨色額估定賤價，一處出糶，所收錢并用填還常平所虧官本錢。如填還足外尚有剩數，亦許撥填本路別州常平所虧官本錢，仍下浙西諸郡，依此體例施行。所貴本路明年饑民，普得賤米喫用，全活億萬性命，其利至博。而其實止於耗卻義倉元不破官本米貨十餘萬石，況自來有條，災傷之歲許將義倉米俵散，但俵散之所及者狹，不如出糶之利所及者廣。伏望聖慈特出宸斷，早賜施行。』貼黃：『本司相度來年艱食之勢，深可憂畏，若候饑饉已成，疾疫已作，仁聖在上，必須廣作擘畫錢米救濟，其費必相倍蓰。若行本司所奏，開春便行出糶，則米價不長，億萬生聚，人人蒙賜。緣今年已是十一月末，乞速賜施行，所貴正月內便得開倉出糶。』

久之，乃有詔發運司兑撥合起上供并封樁等錢一百萬貫，趁時糴買斛斗封樁，準備移用，餘依浙西鈐轄司所奏施行。此據六年三月二十三日罷杭州後再乞發運司應付浙西米狀，詔下當在六年春。初，軾奏浙西災傷前後凡七章，今悉編入十一月末。軾坐此為賈易等彈劾，賴范祖禹封駁乃已，事見六年七月二十八日、八月四日軾自辯劄子。欲究此事本末，故詳載之，或刪取其要。

又 卷四八二 ［元祐八年三月］上親祠南郊之月，蘇軾言：『臣聞穀太賤則傷農，太貴則傷末。是以法不税五穀，使豐熟之鄉，商賈爭糴，以起太賤之價；災傷之地，舟車輻湊，以壓太貴之直。自先王以來，未之有改。而近歲法令始有五穀力勝税錢，使商賈不行，農末皆病。廢百王不刊之令典，而行自古所無之弊法，百世之下，書之青史曰，收五穀力勝税錢，自皇宋某年始也，臣竊為聖世病之。臣頃在黃州，親見累歲穀熟，農夫連車載米入市，不了鹽酪之費，所蓄之家，日夜祝祠，願逢饑荒。又在浙西累歲，親見水災，中民之家有錢無穀，被服金珠，餓死於市，皆官收五穀力勝税錢致商賈不行之咎也。臣聞以物與人，物盡而止；以法活人，法行無窮。今陛下每遇災傷，捐金帛，散倉廩，自元祐以來，蓋所費數千萬貫、石，而餓殍流亡不為少衰。只如去年浙中水災，陛下使江西、湖北僱船運米以救蘇、湖之民，蓋百餘萬石。又計糴本、水脚，官費不貲，而客船被差者皆失業破產，無所告訴。與其官私費耗為害如此，何似消去近日所立五穀力勝税錢一條，只行天聖附令免税指揮，則豐凶相濟，農末皆利。縱有水旱，無大饑荒。雖目下稍失課利，而災傷之地，不必盡煩陛下出捐錢穀如近歲之多也。今元祐編敕雖云「災傷地方雖有例亦免」，而穀所從來，必自豐熟地分，所過不免收税，則商賈亦自不行。議者或欲立法，如一路災傷則鄰路免税，一州災傷則鄰州亦然。雖比今之法小有疏通，而隔一路一州之外，豐凶不能相救，未為良法。須是盡削近歲弊法，專用天聖附令指揮，乃為通濟。若行臣言，税錢亦必不至大段失陷。何也？五穀無税，商賈必大通流，不載見錢，必有回貨。見錢、回貨，自皆有税，所得未必減於力勝。而災傷之地，有無相通，易為賑救。官私省費，其利不可勝計。今肆赦甚近，若得於赦書帶下，光益聖德，收結民心，實無窮之利。』

是月，軾又言：『臣聞應天以實不以文，動民以行不以言。去歲扈從南郊，親見百姓父老瞻仰聖顔，懽呼鼓舞，或至感泣，皆云：「不意今日，復見仁宗皇帝！」臣尋與范祖禹具奏其狀矣。竊揆聖心，必有下酬民言，上繼祖武之意。兼奉聖旨催促，祖禹所編仁宗故事尋已上進訖。臣愚竊謂陛下既欲祖述仁廟，即須行其實事，乃可動民。去歲十一月七日曾奏乞放免五穀力勝税錢，蓋謂此事出於天聖附令，乃仁宗一代盛德之事，入人至深，及物至廣，望陛下主張決行。尋蒙降付三省，遂送戶部下轉運司相度，必無行理。謹昧萬死，再錄前來劄子，繳連進呈，伏願聖慈特賜詳覽。若謂所捐者小，所濟者大，可以追復仁宗聖政，慰答民心，即乞只作聖意批出施行；若謂不然，即乞留中，更不降出，免煩勘當。』

貼黃稱：『臣所乞放免五穀力勝税錢，萬一上合聖意，有可施行，欲乞内出指揮，大意若曰：「祖宗舊法本不收五穀力勝税錢，近乃著令許依例收税，是致商賈無利，有無不通，豐年則穀賤傷農，凶年則遂成饑饉。宜令今後不問有無舊例，並不得收五穀力勝税錢。仍於課額內豁除此一項。」臣昧死以聞。』從違當考。十月二十三日，可考。

又 卷四八四 ［元祐八年五月］戊寅，監察御史黃慶基言：『朝廷仁愛斯民，救患恤災，使無失所之嘆者，在加意於賑濟。故比歲淮甸旱，倉廩不足以給民，至以上供綱運米賙之，前年浙西水，本路歲計不足，至使江西、湖北運米以濟之，所費無慮數百萬。然而不惜重費以濟一時，不若修舉良法以垂惠於萬世。蓋義倉者，良法也，始自隋長孫平建議，曰：「古者三年耕，有一年之積；九年耕，有三年之儲。雖有水旱，人無菜色，皆由勸導有方，蓄積先儲。」故歷世行之以為利焉。元豐間，先帝復行其法，以為隋、唐取於民太重，慮民不堪其求，於是納苗米一石者，輸義倉米五升，可謂至薄矣。夫樂歲粒米狼戾，雖多取之不為虐，又況納苗米一石，止輸五升，固非重斂也。蓄積稍豐，或有水旱，則所至倉廩自足以濟民矣。臣去歲道過太平州，見饑民甚眾，而無流亡溝壑者，蓋猶有當日義倉所積之米，足以賑濟故也。又聞蘇、湖之民，雖蒙朝廷運米以濟之，然饑者朝不及夕，往往不得霑上之惠，而殍踣者多矣。乃知義倉誠天下之良法。今其條制具在，望自今歲復行。』詔令戶部詳度。

宋 朱熹《晦庵集》卷一一《庚子應詔封事》　四月二十一日，宣教郎、權發遣南康軍事兼管內勸農事、提轄本軍界分諸鋪遞角、借緋臣朱熹謹齋沐奉疏，東向再拜，昧死獻於皇帝陛下：臣伏覩三月九日陛下可議臣之奏，申敕監司、郡守條具民間利病，悉以上聞，無有所隱。臣以布衣諸生蒙被聖恩，待罪偏壘，乃獲遭值仁聖求言願治、不間疎遠如此，其敢不悉心竭慮，以塞詔旨？然臣嘗病獻言者不惟天下國家之大體，而毛舉細故以為忠；聽言者不察天下國家之至計，而抉擿隱伏以為明，是以獻言雖多而實無所益於人之國，聽言雖廣而實無以盡天下之美。臣誠不佞，然不敢專以淺意小言仰奉明詔。惟陛下幸於其大者垂聽而審行之，則天下幸甚！臣嘗謂天下國家之大務莫大於恤民，而恤民之實在省賦，省賦之實在治軍。若夫治軍省賦以為恤民之本，則又在夫人君正其心術以立紀綱而已矣。董子所謂正心以正朝廷，正朝廷以正百官，正百官以正萬民，正萬民以正四方，蓋謂此也。夫民之不可不恤，不待魯者而後能知，亦不待明者然後能言也。然欲知其憔悴困窮之實，與其所以致此之由，則臣請以所領之郡推之，然後以次而及其所以施置之方焉。臣謹按，南康為郡，土地瘠薄，生物不暢，水源乾淺，易得枯涸，人民稀少，穀賤農傷，固已為貧國矣。而其賦稅偏重，比之他處或相倍蓰。民間雖復盡力耕種，所收之利或不足以了納稅賦，須至別作營求，乃可陪貼輸官。是以人無固志，生無定業，不肯盡力農桑，以為子孫久遠之計。幸遇豐年，則賤糶禾穀，以苟目前之安；一有水旱，則扶老攜幼，流離四出，視其田廬，無異逆旅之舍。蓋出郊而四望，則荒疇敗屋，在處有之。故臣自外任之初，即嘗具奏，乞且將星子一縣稅錢特賜蠲減。又嘗具申提點坑冶司，乞為敷奏，將夏稅所折木炭價錢量減分數。其木炭錢已蒙聖慈曲賜開允，獨減稅事漕司相度，方上版曹。若得更蒙聖恩，特依所請，則一方憔悴困窮之民，自此庶幾復有更生之望矣。然以臣計之，郡之接境江、饒等州，土田瘠薄類此者，非一郡一縣而已也；稅賦重大如此者，非一料一色而已也。若不大為經理深加隱恤，雖復時於其間少有縱舍，如以杯水救一車薪之火，恐亦未能大有所濟，而剥膚椎髓之禍，必且愈深愈酷而不可救。元氣日耗，根本日傷，一旦不幸而有方數千里之水旱，則其橫潰四出，將有不可如何者。未知陛下何以處此？此臣之所謂民之憔悴困窮而不可不恤者然也。而臣所謂省賦理軍者，請復為陛下言之。夫有田則有租，為日久矣。而今日民間特以稅重為苦者，正緣二稅之入，朝廷盡取以供軍，而州縣無復羸餘也。夫二稅之入盡以供軍，則其物有常數，其時有常限，而又有貼納水脚轉輸之費，州縣皆不容有所寬緩而減免也，州縣既無羸餘以給官吏、養軍兵，而朝廷發下離軍歸正等人又無紀，極支費日增，無所取辦，則不免創於二稅之外，別作名色，巧取於民。且如納米收耗，則自七斗八斗以至於一倍再倍而未止也。豫借官物，則自一年二年以至三年四年而未止也。此外又有月樁移用諸雜名額，抛賣乳香、科買軍器、寄招軍兵、打造鐵甲之屬，自版曹總所以至漕司，上下相承，遞相促迫，今日追究人吏，明日取勘知通，官吏無所從，出不過一切取之於民耳。蓋不如是，無以補舊欠、支目前，雖明知其一旦發覺，違法抵罪，而不及顧也。夫以罪及其身而不暇恤，尚何暇於民之恤乎？以此觀之，則今日民貧賦重其所從來亦可知矣。若不計理軍實而去其浮冗，則民力決不可寬。然國家蹙處東南，恢復之勳未集，所以養兵而固圉者，常患其力之不足，則兵又未可以遽減。竊意惟有選將吏、覈兵籍可以節軍貲，開廣屯田可以實軍儲，練習民兵可以益邊備。誠能行此三者，而又時出禁錢以續經用，民力庶幾其可寬也。今將帥之選率皆膏粱騃子，厮役凡流，徒以趨走應對為能，苞苴結託為事，物望素輕，既不為軍士所服，而其所以得此差遣，所費已是不貲。以故到軍之日，惟務裒歛刻剥，經營賈販，百種搜羅，以償債負。債負既足，則又別生希望，愈肆誅求。蓋上所以奉權貴而求陞擢，下所以飾子女而快己私，皆於此乎取之。至於招收簡閱，訓習撫摩，凡軍中之急務，往往皆不暇及。軍士既已困於刻剥，苦於役使，而其有能者又不見優異，無能者或反見親寵，怨怒鬱積，無所伸訴，平時既皆悍然有不服之心，一旦緩急，何由可恃？至於軍中子弟亦有素習弓馬、諳曉戰陣者，例皆不肯就本軍投募而朝廷反為之分責州郡，枉費錢物，拖拽短小生踈無用之人，以補軍額。凡此數端，本末巨細，無不乖錯。而所謂將帥者私欲飽滿，鑽研有效，則又可以束裝問塗而望他軍之積以為己資矣。故近歲以來，管軍臣僚遷代之速，至有一歲而再易者。是則不惟軍中利病無由究知，冗兵浮食日益猥衆。而此人之所盜竊破費與夫送故迎新，百色支用，已不知其幾何矣。至於總餽輸之任者，亦皆負倚幽陰，交適賄賂，其所程督驅催東南數十州之脂膏骨髓，名為供軍，而輦載以輸於權倖之門者，不可以數計若乃屯田、民兵二事，又特為誕謾小人竊取官職之資，而未聞其有絲毫尺寸可見之效。凡此數弊天下之人孰不知之？而任事之臣畧不敢一言以告陛下，惟務迫趣州縣，使之急征橫賦，戕伐邦本。而其所以欺陛下者，則曰如是而國可富，如是而兵可強。陛下亦聞其說之可喜，而未究其實，往往誤加奬寵，畀以事權。是以比年以來，此輩類皆高官厚禄，志滿氣得，而生民日益困苦，無復聊賴。草茅未識之士相與私議竊歎，以為莫大之禍、必至之憂近在朝夕，顧獨陛下未之知耳。為今之計，欲計軍食以紓民力，則必盡反前之所為，然後乃可冀也。蓋授將印、委利權，一出於朝廷之公議，則可以絶苞苴請託之私。務求忠勇沈毅、實經行陣、曾立勞效之人，則可以革輕授非才之弊。無苞苴請託之私，則刻剥之風可革；將得其人，則軍士畏愛奮厲。蒐閲以時，而竄名冗食者不得容於其間。得人而久其任，則上下相安，緩急可恃，而又可以省送迎之費。軍之汰卒，於凡北來歸正，添差任滿之人，皆可歸之屯田，使之與民雜耕而漸損其請給。其有材勇事藝之人，則計其品秩而多與之田，因以為什伍之長，使教其人習於馳射擊刺行伍之法。罷去諸州招軍之令，而募諸軍子弟之驍勇者，别授以田，使隸尺籍，大抵令與見行屯田、民兵之法相為表裏。擇老成忠實、通曉兵農之務者使領其事，付以重權，久其事任，毋貪小利，毋急近功，俟其果能漸省列屯坐食之兵，稍損州郡供軍之數，然後議其課，最增秩而因任之。如此十數年間，自然漸見功效。若其功效未能遽見之間，而欲亟圖所以紓州縣民間目前之急者，則願深詔主計將輸之臣，且於見今樁積金穀綿絹數內，每歲量撥三二十萬，視州郡之貧乏者，特與免起上供官物三五分而代其輸。向後軍籍既覈，屯田既成，民兵既練，則上項量撥之數可以漸減，而州郡免起之數可以漸增。州縣事力既益寬舒，然後可以禁其苛斂，責以寬恤，歲課而時稽之，不惟去其加耗預借非法科敷之弊，又視其土之肥瘠、税之輕重而均減之，庶幾窮困之民得保生業，無復流移漂蕩之意。所在曠土，亦當漸次有人開墾布種，而公上之賦亦當自然登足，次第增羡，不俟程督迫促而國真可富、兵真可彊矣。此臣之所謂省賦治軍之說然也。至於所謂其本在於正心術以立紀綱者，則非臣職之所當及。然天下萬事之根本源流有在於是，雖欲避而不言，有不可得者。

且臣頃於隆興初元誤蒙召對，蓋已畧陳其梗槩矣。今請昧死復為陛下畢其說焉。夫所謂綱者，猶網之有綱也；所謂紀者，猶絲之有紀也。網無綱則不能以自張，絲無紀則不能以自理，故一家則有一家之綱紀，一國則有一國之綱紀。若乃鄉總於縣，縣總於州，州總於諸路，諸路總於臺省，臺省總於宰相，而宰相兼統衆職，以與天子相可否而出政令，此則天下之綱紀也。然而綱紀不能以自立，必人主之心術公平正大，無偏黨反側之私，然後綱紀有所繫而立。君心不能以自正，必親賢臣，遠小人，講明義理之歸，閉塞私邪之路，然後乃可得而正也。古先聖王所以立師傅之官，設賓友之位，置諫諍之職，凡以先後縱臾，左右維持，惟恐此心頃刻之間或失其正而已。原其所以然者，誠以天下之本在是，一有不正，則天下萬事將無一物得其止者，故不得而不謹也。今天下之事如前所陳亦可見矣。陛下欲恤民，則民生日蹙；欲理財，則財用日匱；欲治軍，則軍政日紊；欲恢復土宇，則未能北向以取中原尺寸之土；欲報雪讐耻，則未能繫單于之頸而飲月氏之頭也。此其故何哉？宰相、臺省、師傅、賓友、諫諍之臣皆失其職，而陛下所與親密、所與謀議者，不過一二近習之臣也。此一二小人者，上則蠱惑陛下之心志，使陛下不信先王之大道而悦於功利之卑說，不樂莊士之讜言而安於私褻之鄙態；下則招集天下士大夫之嗜利無耻者，文武彙分，各入其門，所喜則陰為引援，擢置清顯，所惡則密行訾毁，公肆擠排。交通貨賂，則所盜者皆陛下之財；命卿置將，則所竊者皆陛下之柄。雖陛下所謂宰相、師保、賓友、諫諍之臣，或反出入其門墻，承望其風旨。其幸能自立者，亦不過齪齪自守，而未嘗敢一言以斥。之其甚畏公論者，乃畧能驚逐其徒黨之一二，既不能深有所傷，而終亦不敢明言，以擣其囊橐巢窟之所在。勢成威立，中外靡然向之，使陛下之號令黜陟不復出於朝廷而出於此一二人之門，名為陛下之獨斷，而實此一二人者陰執其柄。蓋其所壞，非獨壞陛下之綱紀而已，乃并與陛下所以立綱紀者而壞之。使天下之忠臣賢士深憂永歎，不樂其生，而貪利無耻、敢於為惡之人四面紛然攘袂而起，以求逞其所欲。然則民又安可得而恤，財又安可得而理，軍政何自而修，土宇何自而復，而宗廟之讐耻，又何時而可雪耶？臣誠至愚，不勝憤懣，因伏惟念自頃進對，得竭狂瞽，陛下不惟赦而不誅，其後十八年間，兩蒙收召，五被除擢。雖臣愚暗，自知無用於世，又為疾病憂患之所牽留，有不得祗拜恩命者，然陛下之知臣不為不深，憐臣不為不厚。顧臣乃獨畏懦藏縮，熟視天下之綱紀廢亂，生靈困苦至於如此，而不能捐生出死，一為陛下言之，是陛下不負臣而臣負陛下也。今者幸值聖明開廣言路，而臣官守適在可言之數，於此而又不言，則臣之罪雖萬死不足以自贖。是以敢冒言之，伏惟陛下曲加容貸，留神省察，奮發剛斷，一正宸心，斥遠佞邪，建立綱紀，以幸四海困窮之民。則臣不勝大幸！干冒斧鉞，臣無任瞻天望聖、戰慄俟命之至。臣熹昧死再拜謹言。

貼黄：本軍管内去秋晚田旱損，去冬地震有聲，臣已各具奏聞去訖。是後一向闕雨，耕牛疫死。今雖得雨，恐已後時，而牛死不止，勢甚可慮。伏乞睿照。臣昨蒙賜對，面奉玉音，治天下當以正心誠意為本，常竊仰歎聖學高明，深達治本如此，天下安得不治？比年以來，乃聞道路之言，妄謂陛下惡聞正心誠意之說，臣下當進對者，至相告戒，以為語忌。臣雖有以決知其不然，然竊深慮此語流傳，上累聖德，下惑羣聽，伏望睿明更賜財幸。

又 卷二一《救荒事宜畫一狀》 今有職事，已具狀奏聞外，再申尚書省。如熹所奏得蒙降出，欲乞敷，早賜施行。

一、為紹興府救荒之備不盡三月，竊恐麥熟之前、麥盡之後尚須接濟，欲乞盡推去年賞典，痛減度牒米數，再撥官會三十萬貫，庶幾賑給之餘，更可作將來儲備。又乞照應見行移用條法，支撥諸州常平義倉米斛，應副紹興府麥前急闕。

一、為伏覩近降指揮，將臨安、餘杭兩縣四等、五等人戶淳熙八年秋苗夏税依徽、饒州例並與住催。欲乞出自聖意，特降指揮，將紹興府山陰、會稽、嵊縣、諸暨、蕭山五縣四等、五等戶夏税秋苗丁錢並與住催。其餘諸州縣，遂都檢放旱傷及五分以上者，五等戶亦與住催，七分以上者，并四等戶並與住催，候秋成日併行帶納。

宋 董煟《救荒活民書》卷上 大司徒以荒政十有二，聚萬民。一曰散利，二曰薄征，三曰緩刑，四曰弛力，五曰舍禁，六曰去幾關市不譏也，七曰眚禮凶荒殺禮，八曰殺哀，九曰蕃樂蕃，讀爲藩。謂閉藏樂器而不作。十曰多昏，十有一曰索鬼神求廢祀而修之也，十有二曰除盜賊。

煟曰：《周禮》救荒，以散利、薄征居其首。今之郡縣，專促辦財賦而諱言災傷。州縣之官，有抑民告訴者；檢視之官，有不敢保明分數者。非不識古人活民之意，顧亦迫於諸司之征榷，有所不暇計慮耳。然以生民社稷爲念者，忍無策以處之乎？

大荒大劄，則令邦國移民、通財、舍禁、弛力、薄征、緩刑。

煟曰：謹按注云：大荒，大凶年也；大劄，大疾疫也。移民者，辟災就賤也；其有守不可移者，則輸之粟。梁王移民移粟之舉，正得《周禮》救荒之遺意，而孟子不取者，非不取夫此也，特譏其平居無事，不能行仁政，徒知罪歲而已耳。

遺人掌邦之委積，以待施惠；鄉里之委積，以恤囏厄；門關之委積，以養老孤；郊里之委積，以待賓客；野鄙之委積，以待羈旅；縣都之委積，以待凶荒。

煟曰：今之義倉，誠得遺人委積之遺意。然散貯於鄉里、郊野、縣都之間，故所及者均遍。比年義倉，專輸之州縣，一有凶歉，村落不能遍及矣。今有仁人在上，安保其無復倣此意而行之者乎？

國無九年之蓄，曰不足；無六年之蓄，曰急；無三年之蓄，曰國非其國也。三年耕必有一年之食，九年耕必有三年之食，以三十年之通，雖有凶旱水溢，民無菜色，然後天子食，日舉以樂。

煟曰：古稱九年之蓄者，蓋率土臣民通爲之計，固非獨豐廪庾而已。後代失典籍備慮之意，忘先王子愛之心，所蓄糧儲，唯計廪庾，而不知國富民貧，其禍尤速。今州縣有常平倉、義倉，朝廷諸路又有封樁米斛，至於大軍倉、豐儲倉、州倉、縣倉，皆不與焉。但賦斂繁重，民間實無所蓄耳。然官之所蓄，又各有司存而不敢發，馴致積爲埃塵。盍亦講求古人凶年通財之義乎？

又 《月令》：季春之月，天子布德行惠，命有司發倉廪，賜貧窮，賑乏絕。

煟曰：古人賑給，多在季春之月。蓋蠶麥未發，正宜行惠，非特饑荒之時，方行賑濟而已。

又 管仲相桓公，通輕重之權。曰：歲有凶穰，故穀有貴賤。民有餘則輕之，故人君斂之以輕，民不足則重之，故人君散之以重，使萬室之邑有萬鍾之藏，千室之邑有千鍾之藏。故大賈蓄家，不得豪奪吾民矣。

煟曰：李悝之平糴、壽昌之常平，其源蓋祖於此。今之和糴者，務求小利以爲功，殊忘斂散所以爲民之意。

又 李悝爲魏文侯作平糴之法，曰：糴甚貴傷民，甚賤傷農。若民傷則離散，農傷則國貧。故甚賤與甚貴，其傷一也。善爲國者，使民無傷而農益勸。故大熟則上糴三而舍一，計民食終歲長四百石，官糴三百石，中熟糴二，下熟糴一，使民適足，價平而止。小饑則發小熟之斂，中饑則發中熟之斂，大饑則發大熟之斂而糶之。故雖遇饑饉水旱，糴不貴而民不散，取有餘而補不足。行之魏國，國以富強。

煟曰：今之和糴，其弊在於籍數定價，且不能視上中下熟，故民不樂與宮爲市。最爲患者，吏胥爲奸，交納之際必有誅求，稍不滿欲，量折監賠之患，紛然而起。故糴買之官，不得不低價滿量，豪奪於民以逃曠責。是其爲糴也，烏得謂之和哉？至於已糴之後，又不能以新易陳，故積而不散，化爲埃；而民間之米愈少也。漢《食貨志》曰：吏良而令行，故民賴其利焉。誠哉是言！

又　錯建言，令募天下入粟縣官，得以拜爵除罪。又言入粟郡縣，足支一歲以上，特赦勿收民租。如此則德澤加於萬民，若遭水旱，民不困乏。其後上郡以西旱，復修賣爵令。

煟曰：國家賑濟之賞，非不明白。五千石，承節郎，進士，迪功郎；四千石，承信郎，進士，補上州之學。然近年州縣行之無法，出粟之後，所費不一，故民有不願就者焉。

又　宣帝五鳳四年，豐穰，穀石至五錢。耿壽昌建言，令邊郡皆築倉，以穀賤時增價而糴以利農，穀貴時減價而糶以利民，名曰常平倉。民甚便之。

煟曰：漢之常平，止立於北邊。李唐之世，亦不及於江淮以南。本朝常平之法遍天下，蓋非漢唐之所能及也。

又　隋文帝開皇三年，置常平倉。粟藏九年，米藏五年。下濕之地，粟藏五年，米藏三年。皆著於令。

煟曰：今之常平、義倉，多藏米而少藏粟，故積久不發，化爲埃塵，非但支移之弊而已。近有臣僚奏請，慮立法太重，而上下蔽蒙，虛文爲害，乞令州縣各具見在常平錢米實數，申提舉司差官般量檢點，自今日以後，不許他用，而盡赦其前日支移之罪。庶幾緩急之際，不至有誤。其説似可行也。

又　太宗置義倉、常平倉，以備凶荒。高宗以後，稍假義倉以給他費，至神龍中略盡。玄宗即位，復置之。其後第五琦請天下常平倉，皆置庫以蓄本錢。德宗時，趙贊又言：自軍興，常平倉廢垂三十年。凶荒貴散，餒死相食，不可勝紀。陛下即位，京城兩京置常平，雖頻少雨澤，米不勝貴。可推而廣之。德宗納其言。

煟曰：常平和糴，救荒實政。然嘗觀憲宗即位之初，有司以歲豐熟，請畿內和糴。當時府縣配戶，督限有稽，違則迫蹙鞭撻，甚於稅賦。號爲和糴，其實害民。今之和糴者，可不鑒懲此弊乎？

又　大中祥符，詔江淮發運司，歲留上供米五千石，以備饑年賑濟。

煟曰：祖宗之時，上供之米猶每歲截留以備賑濟，則常平義倉無所吝惜可知矣。然則祥符之詔，可不端拜而大書乎？

仁宗初即位，乾興元年十二月，以京城穀價翔貴，出常平倉米，分十四場賤糶以濟貧民。慶歷元年十一月，以京城穀價湧貴，發廩一百萬石減價出糶以濟貧民。四年正月，詔陝西穀價翔貴，其令轉運司出常平倉米減價以濟貧民。皇祐三年十二月癸巳，詔曰：天下常平倉其依元糴價糶以濟貧民，毋得收餘利以希恩賞。

煟曰：昔蘇軾論救荒大計，全在廣糶，常平斛斗，若乘艱食之際，便行減價出糶平準在市米價，則人皆受賜，亦可免流移之災。此外更無長策。若巡門俵米，攔街散粥，終無救於饑饉。其俵散之利，所及者狹，不如出糶之利所及者廣也。觀此，則知蘇軾所論真得祖宗之遺意，但當推行村落尤爲盡善盡美耳。

又　天禧元年四月，濮州侯日成上言：本州富民儲蓄斛㪷不少，近來不住增其價直。乞差使臣與通判點檢逐戶數目，量留一年支費外，依祥符八年秋時每斛上收錢十五文省，盡令出糶，以濟貧民。詔只依前後敕旨勸誘出糶，餘不得行，慮擾民也。

煟曰：富民有米，本欲糶錢。官司迫之，愈見藏匿。須當有術以出之。其術謂何？臣於勸分、抑價篇論之詳矣。然則祖宗不從日成之言，真識大體。

又　紹興中，福建帥臣奏乞措置拯濟事。高宗曰：拯濟爲貧民。近世拯濟，止及城郭市井之內，而鄉村之遠者，未嘗及之。須令措置州下縣、縣下之鄉，雖幽僻去處，亦分委官屬於，必躬必親，則貧民沾實惠矣。

煟曰：賑濟當及鄉村，常於義倉論之詳矣。然嘗聞蜀道寇作，臨汝侯嘲羅研曰：卿，蜀人，何樂禍如此？研曰：蜀中百家爲村，有食者不過數家。貧迫之人，十常八九；束縛之吏，十有二三。各令有五母雞、一母彘，床上有百錢，甑中有數升麥飯，雖蘇張巧説於前，韓白按劍於後，將不能一夫爲盜。蓋賑濟不及村落，其弊如此。高宗論拯濟，謂幽僻去處，亦分委官屬，必躬必親。所謂不出戶庭而周知天下者歟？

紹興間，戶部尚書韓仲通乞以上供之米所餘之數，歲樁一百萬石，別廩貯之。遇水旱，則助軍糧；及減，收糴。號豐儲倉。詔從之。上曰：所儲遇水旱，誠爲有補，非細事也。

熠曰：豐儲乃上供所餘，本備水旱、助軍食耳。後之經國用者，倘遇水旱，可不明立倉之本意哉？

又 紹興間，詔：義倉之設，所以備凶荒水旱。又曰：祖宗義倉，以待水旱，最爲良法。州縣奉行不虔，浸失本意。或遇水旱，何以賑救？可令監司檢視實數，補還侵失。

熠曰：屢言義倉本民間以義掊率，寄之於官。凶荒水旱，直以還民，不宜認爲己物，吝而不發也。高宗詔義倉之設，所以備凶荒水旱，又令檢視實教，補還侵失。大哉王言矣！

又 卷中 救荒之法不一，而大致有五：常平以賑糶，義倉以振濟，不足則勸分於有力之家，又遏糴有禁，抑價有禁。能行五者，則亦庶乎其可矣。至於檢旱也、減租也、貸種也、遣使也、弛禁也、鬻爵也、度僧也、優農也、治盜也、捕蝗也、和糴也、存恤流民、勸種二麥、通融有無、借貸內庫之類，又在隨宜而施行焉。

常平

熠曰：常平之法，專爲凶荒賑糶。穀賤，則增價而糴，使不傷農，穀貴則減價而糶，使不病民。謂之常平者此也。比年州縣窘匱，往往率多移用。差官核實，亦不過文具而已。自乾道間給降會子一百萬道，兌起諸路常平錢一百萬貫，而郡縣遂多侵用義倉。後雖許用會子措置和糴，其間未免抑配，當時甚患之。然則平糴之法遂不可行乎？曰：不然。臣前於李悝、後於《和糴》篇論之詳矣。但官司糴時不可籍數定價，須視歲上中下熟，一依民間實直。寧每升高於時價一二文，以誘其來，何患人之不競售哉？蓋官司措置，惟欲救民之病，財用非所較。若以私家理財規模處之，則失所以爲常平之意矣。

一、常平本法，無歲不糴，無歲不糶。上熟糴三而舍一，中熟糴二，下熟糴一，此無歲不糴也。小饑則發小熟之斂，中饑則發中熟之斂，大饑則發大熟之斂，此無歲不糶也。近來熟無所糴，饑無所糶，其間有司之吝，閉爲埃塵，良可嘆息。

一、常平錢物，不許移用，不知他費不許移用，至於救荒，正所當用。若必待報，則事無及矣。今遇旱傷去處州縣，仰一面計度，用常平錢於豐熟處循環收糴，以濟饑民。俟結局日，以糴本撥還常平可也。

一、常平賑糶，其弊在於不能遍及鄉村。今委隅官里正監視，類多文具，無實惠及民。宜仿富弼青州監散米豆之法，變通而行之。但水腳之費、般運之折，無所從出，故縣不敢請於州，村不敢請於縣。不知饑荒之年，人患無米，不患無錢，每升增於官中所定之價一文，以充上件廩費，則自無折閱之慮矣，何患賑糶之米不能遍及村落哉？但當逐保給曆零賣，以防近上人戶頓買興販之弊。

一、紹興庚午，高宗皇帝謂執政曰：國家常平，以待水旱。宜令有司以陳易新，不得侵用。若臨時貸於積穀之家，徒爲文具，無實效也。

一、昔蘇軾奏：臣在浙中二年，親行荒政。只用出糶常平米一事，更不施行餘策。若欲抄劄饑貧，不惟所費浩大，有出無收，而此聲一布，饑民雲集，盜賊疾疫，客主俱斃。惟有依條將常平斛㪷出糶，即官司簡便，不勞抄劄、勘會、給納煩費，但得數萬石斛㪷在市，自然壓下物價，境內百姓人人受賜。古今之法，莫良於此。臣謂蘇軾之法，止及於城市。若使縣鎮通行，方爲良法也。況賑濟自有義倉並行不悖，此又爲政者所當知。

一、或謂減價出糶官廩，以壓物價，固善矣，然饑荒之年，常平無米，則如之何？臣曰：不然。元祐元年四月，左司諫王巖叟言，訪聞淮南旱甚，物價湧貴，本路監司殊不留意。詔發運司截留上供米一十萬石，比市價量減出糶與闕米人戶，每戶不得過三石，其糶到錢起發上京，又何患於無米也？此例前賢行之甚多，茲不再舉。

義倉

熠曰：義倉者，民間儲蓄以備水旱也。一遇凶歉，直當給以還民，豈可吝而不發、發而遽有德色哉？謹按隋開皇五年，長孫平建育諸州立社倉於當社，委社司執帳檢校，每年收積，遇歲不熟則均給之。唐貞觀初，尚書左丞戴胄上言：隋開皇置天下社倉，終文皇世得無饑饉。太宗曰：爲百姓先作儲貯以備凶年，亦非橫斂。宜下有司具爲令。王公以下墾田，畝稅六升。天寶八年，天下義倉無慮六千三百七十萬餘石。長慶大中以來，約束既嚴，貯貸不絕。至於五代，因之以饑饉，加之以戰伐，而義倉不得不廢矣。慶曆間，王其上言，以爲舊事久廢，當酌輕法以行之。如唐田畝之稅，其實太重。永徽中，別須新格，自上戶以降出粟，又且不均。方今之宜，莫若第五等以上，於夏秋正税之外，每二斛納一升，隨常賦以入。各於州邑擇取便地，別置倉以儲之，領於本路轉運司。令天下大率取一中郡計之，夏秋正税粟麥之屬，且以十萬石爲率，則義倉於一中郡歲得五千石矣若大觀斗收二升，則又倍之。矧天下所入之廣乎？使仍歲豐熟，損有餘補不足，實天下之利。上於是詔天下立義倉。然今之州縣，因仍既久，忘其所以爲斯民所寄之物矣。

一、義倉合於民間散貯逐都，擇人掌之，如社倉之法。今輸於州縣，非也。蓋憔悴之民，多在鄉村，於城郭頗少。諸處州軍，多將義倉米隨冬苗輸納州倉，一有饑饉，人民難以委棄廬舍，遠赴州郡請求。今欲每遇凶歉之年，相度諸縣饑之大小，撥還義倉米斛。其水腳之需，亦於米内置地里遠近消尅。縣之於鄉亦然。如此，則山谷之民皆蒙其惠，不猶愈於閉爲埃塵，耗於雀鼠，仍使斯民饑餓而死乎？

一、檢准令文州縣鎮寨，歲於十月初差官抄檢内外老疾貧乏、不能自存之人，十一月起支後到者所支。每入日支一升，七歲以下減半。每五日一次，併支至次年三月終止遇閏及本土收成早晚者，官司相度給散時月，但通給百五十日止。今江浙水田種麥不廣，冬間民未困乏，其困乏多在青黄未接之時。此爲政者所宜究也。

一、熙寧初，陳留知縣蘇消言：臣領幾邑，請爲天下倡：戶五等，自二石四㪷出粟有差。每社有倉，各置守者，耆爲輸納，官爲籍記。歲凶，則出以賑民；藏之久，則又爲立法，使新陳相登。即詔行之。既而王安石沮之，遂不果行。石介著書，亦謂隋唐義倉最便。若每村立一倉，委有年德者主之，遇饑饉量口以給，則民不乏矣。此法向來福建亦行之。若乃民間再自出米，不若即義倉行之之爲善。

一、紹聖著令諸縣，義倉米㪷收五合，即元豐舊法也。大觀初，乃令增㪷收一升，以備賑荒。至今行之。然義倉米不留諸鄉而入縣倉，悉爲官吏移用。縣倉於民尤近，厥後上三等戶皆令輸郡，則義米帶入郡倉，轉充軍食，或資煩費，豈復還民？故遇凶年，無以救民之死。今若以常歲所取義米，令諸鄉各建倉貯之，縣籍其數，主以有年德之輩，遇饑饉還以賑民，且不勞遠致。推行諸鄉，即民被實惠，豈不勝於科抑賑糶之策乎？

一、慶元六年六月，臣寮劄子言：常平、義倉，國家專恃以待賑救。據諸路提舉司申戶部數目，常平錢七十餘萬緡，義倉錢五十餘萬緡，二司之米各幾二百萬石。緣提舉主管略不經意，徒存虚名，二司遂爲虚設。臣謂常平有糴本，固當有錢；義倉五十餘萬緡，則誠非令典也。攘民所寄之物，而私用糴錢，廷臣方且昌言，而不怪習俗之移人如此。

一、振濟之弊如麻。抄劄之時，里老乞覓，強梁者得之，善弱者不得也；附近者得之，遠僻者不得也；胥吏里正之所厚者得之，鰥寡孤獨疾病無告者未必得也。賑或已是深冬，官司疑之，又令覆實，使饑民自備餱糧，數赴點集，空手而歸，困踣於風霜凜冽之時，甚非古入視民如傷之意。今縣令宜每鄉委請一士戶平時信義爲鄉里推服、官員一名爲提督賑濟宮，令其逐都擇一二有聲譽行止公幹之人爲監視。每月送朱墨點心錢。縣道委令監里正分團抄劄，不許邀阻乞覓。如有乞覓，可徑於提督官司狀，申縣斷治。如更抑遏，可自於本縣或佐官廳陳訴，當痛懲一二，以勵其餘。其發米賑糶亦如之。若此，則庶乎少革耳。

一、振濟所以救饑民者，多以支米爲便。不知支米最爲重費，弊幸又多。不係沿流及產米去處，般運極爲費力，往往夫腳與米價相等，更有在路減竊拌和之弊。若是大荒年分，穀米絶無，民間艱食，不容不措置移運米斛；若不是十分荒歉，米斛流通，物價不湧，不如支錢最省便，更無偽濫之弊。小民將錢可以抽贖典過斛㪷，或是一㪷米錢可買二㪷雜斛，以三二升拌和菜茹，煮以爲食，則是二㪷之雜斛可供一家五七口數日之費。然恐純於支錢，所委不得其人，亦有減尅之弊。不若錢米兼支，實爲兩利。

勸分

熠曰：民戶有米，得價糶錢，何待官司之勸？只緣官司以戶等高下一例科且不測到場檢點，故人戶優恐，藉以爲名，閉糴深藏，以備不測。其往還道路與無歷頭之人，反無告糴之所。推原其弊，皆緣吏無策，但欲認米之虚數，假勸分之美名，欺罔上司，以圖觀美，不知適以病民也。臣居村落，目睹其弊，謂上戶固所當勸，自餘中下之家不必勸。所謂上戶者，田畝之跨連阡陌，蓄積之紅腐相因。然今之鄉落，所謂上戶者亦不多矣。中下之戶，凶荒之餘，所入未能供所出，安能有餘以賑糶哉？人之常情，勸之出米，則愈不出，惟以不勸勸之，則其米自出。臣謂今莫若勸誘上戶及富商巨賈，俾之出錢，官差牙吏於豐熟去處販米豆，各歸鄉里以濟小民。結局日，以本錢還之。村落無巨賈處，許十餘家率錢共販；或鄉人不願以錢輸官，而願自糴販者聽，官不抑價。利之所在，自然樂趨，富室亦恐後時爭先發廩，則米不期而自出矣。此勸分之要術，更宜斟酌而行之。若山路不通舟楫處，又有抄劄賑給就食散錢之法，初非執一。

一、吳遵路知通州時，淮甸災傷，民多流轉。惟遵路勸誘富豪之家，得錢萬貫，遣牙吏二十六次，和賃海船，往蘇、秀收糴米豆，歸本處依元價出糶，使通州災荒之地，常與蘇、秀米價不殊。當時范仲淹乞宣付史館，誠以饑荒之年，人既闕米，官復以認米責之，則其勢頗逆。惟俾之出錢，各自運米，其策爲最。

一、天下有有田而富之民，有無田而富之民。有田而富者，每歲輸官，固藉苗利，一遇饑饉，自能出其餘以濟佃客。至於無田而富者，平時射利侵漁百姓，緩急之際，可不出力斡旋以救饑民，爲異時根本之地哉？漢家重困商賈，蓋爲此耳。今饑饉之年，勸誘此曹，使出錢糴販，初非重困；又況救荒乃暫時之役，彼亦安得而辭？

一、淳熙間，臣寮上言：州縣荒政所謂勸分者，蓋以豪家富室儲積既多，因而勸之賑發，以惠窮民，以濟鄉里。此亦理所當然。臣訪聞，去歲州縣勸諭賑糴，乃有不問有無，只以戶等高下科定數目，俾之出備賑糴。於是吏乘爲奸，多少任情。至有人戶名係上等，家實貧窘，至鬻田糴米以應期限，而豪民得以計免者。其餘乘日中之急，濟其姦利，緣此多受其害。臣竊見朝廷重立賞格，勸諭賑糴已是詳備，所有用等則科糴，理宜禁止。臣愚欲望睿旨下諸路漕臣，嚴戒所部，如有依前用等則科糴，即許按劾。仍許人戶越訴，重作施行。尋得旨：止行勸諭，毋得科抑。則聖意誠知科抑之弊擾民矣。

一、凶年糶粟以活百姓，可謂惠而不費。況所及者皆鄉曲鄰里，可以結恩惠，可以積陰德，可以感召和氣而馴致豐稔，可以使盜賊不作而長保富贍，其於大姓亦有補矣。倘使小民轉死溝壑，流移他所，大姓占田，何暇自耕？土地荒蕪，必有所損，況又有甚於此者乎。止緣間有小民謂官司抑配，我所當得，不知感謝，卻使大姓有怠於勸分之意。此爲縣令者所宜知，而以此意曉諭可也。

禁遏糴

煟曰：嘉祐四年，諫官吳及言春秋之時，諸侯相傾，竊地專封，固不以天下生靈爲憂。然同盟之國，有救患分災之義。秦饑，晉閉之糴，而《春秋》誅之。聖朝恩施動植，視民如傷，然州郡之間，官司各專其民，擅造閉糴之令，一路饑則鄰路爲之閉糴，一郡饑則鄰郡爲之閉糴。夫二千石以上，所宜同國休戚而宣佈主恩，坐視流離，又甚於春秋之時，豈聖朝所以子育兆民之意耶？故丁丑詔諸路轉運司，凡鄰郡災傷而輒閉糴者，以違制坐之。

一、或者謂，遏糴固非美名，然聽他處之人恣行般運，不加禁止，本州本縣自至艱糴。臣曰：此見識狹陋之論也。天下一家，饑荒亦有路分。今鄰郡以吾境內豐稔而來告糴，義所當恤。此宜物色上流豐熟去處，勸誘大姓，或本州發錢差人轉糴，循環糶販，非惟可活吾境內之民，又且可活鄰郡鄰路之饑民，尚何艱糴之有？脫使此間之米不許出吾界，他處之米亦不許入吾界，一有饑饉，環視壁立，無告糴之所，則饑民必起而作亂，以延旦夕之命。此禍亂之尤速者也。淳熙八年八月敕，今歲間有旱傷州縣，全藉鄰境或旁近豐熟去處通放客販米斛，已降指揮不得遏糴。訪聞上流得熟州郡，尚不能體認朝廷均一愛民之意，輒將客販米斛邀阻禁遏。聖旨劄付諸路帥漕司，各檢坐條法，遍下所部州軍，恪意奉行。如敢違戾，仰逐司覺查按劾。尚或容蔽，委御史臺彈奏。小民聞官司有榜禁遏，每遇外人糴米，則數十爲羣，脅持取錢，毆人傷損，村民亦不敢擔米入市，民間遂致闕食。其令下詐起類如此。

一、檢會編敕諸興販斛㪷，雖遇災傷，官司不得禁止。又條法：興販斛㪷及以柴炭草木博糴糧食者，並免納脚力稅錢。注云：舊收稅處依舊，即災傷地分，雖有舊例，亦免。觀此，則知條敕不許遏糴明矣。

不抑價

煟曰：常平令文，諸糴糶不得抑勒。謂之不得抑勒，則米價隨時低昂，官司不當禁抑可知也。比年爲政者不明立法之意，謂民間無錢，須當籍定其價。不知官抑其價，則客米不來。若他處騰湧而此間之價獨低，則誰肯興販？興販不至，則境內乏食，上戶之租有蓄積者，愈不敢出矣。饑民手持其錢，終日皇皇無告糴之所，其不肯甘心就死者，必起而爲亂，人情易於扇搖，此莫大之患。何者？饑荒之年，人雖賣妻鬻產以延旦夕之命，亦所不顧。若客販不來，上戶閉糴，有饑死而已耳，有劫掠而已耳。可不思所以救之哉。惟不抑價，非惟舟車輻湊，而上戶亦恐後時爭先發廩，而米價亦自低矣。

一、昔范仲淹知杭州，二浙阻饑，穀價方湧，斗計百二十文。仲淹增至百八十，眾不知所爲。仍多出榜文，具述杭饑及米價所增之數，於是商賈聞之，晨夕爭先惟恐後，且虞後者繼來。米既輻湊，價亦隨減。包拯知廬州，亦不限米價，而賈至益多，不日米賤。此皆前賢已行之明驗。

一、臣在村落，嘗見蓄積之家不肯糶米與土居百姓，而外縣牙人在鄉村收糴，其數頗多。既是鄰邑救荒，官司自不敢輒加禁遏，止緣上司指揮不得妄增米價，本欲少抑兼并，存恤細民，不知四境之外，米價差高，小民欲增錢糴於上戶，輒爲小民脅持；獨牙儈乃平立文字，私加錢於糶主，謂之『暗點』，人之趨利，如水就下，是以牙儈可糴而土民闕食。今若不抑其價，彼將由近而及遠矣，安忍轉糶於外邑人哉？

一、紹興五年，行在斗米千錢。時留守參政孟庾、戶部尚書章誼亦不抑價，大出陳廩，每升糶二十五文，僅得時價四之一，既於小民大有所濟。次年米賤，令諸路以上供錢收糴，復多贏餘。況村落騰湧，極不過三兩月，民若食新，則價自定矣。【略】

減租

熠曰：謹按唐人水旱，損四則免租，損六則免調，損七則租庸調俱免。今之夏稅，則唐人之調絹也；役錢，則庸直也。今州縣水旱十分去處，而夏稅役錢未有減免之文。至於檢放，止及田租耳，猶切切焉勺合之是計，全未識古人用其一緩其二之意。臣幼讀畢仲衍《元豐備對錄》，記熙寧全盛時，天下兩稅錢五萬五百餘緡。頃年戶部侍郎劉邦翰上言，天下經總制錢歲額二千萬緡，而實到者亦千萬緡。夫斯錢者，唐人除陌之類，而其數乃倍於承平時正賦。且又東南之一隅，民困極矣，脫遇水旱，是可不爲寒心而思所以寬恤之哉？

貸種

熠曰：貸種固所以惠民，然不必責其償也。人情易於貸而難於償，征催不集，必有勾追鞭撻之患，青苗之法可見矣。仁宗朝，江南歲饑，貸民種糧十萬斛，屢經倚閣而官司督責不已，民貧不能自償。上憐而蠲之。周世宗亦謂：淮南饑，當以米貸民。或曰：民貧，恐不能償。世宗曰：安有子倒垂而父不爲之解者？安在責其必償也？今之議貸種者，當識此意。名之曰貸，蓋防其濫請之弊耳。其所可憂者，抄劄之際，利未之及而擾先之。若措置施行之得人，此等皆不足爲慮。

恤農

熠曰：耕而食者，農民也；不耕而食者，遊手浮食之民也。自來官司之賑給，常先市井之遊手與鄉落之浮食，而緩於農民耕夫。且農家寒耕熱耘，以供眾人之食，及其饑也，不耕者得食，而耕者反不得食，不免採掘蕨根野葛以充饑腹，豈不甚可憐哉？臣聞今行抄劄之時，自五家爲甲，遞相保委，同其罪罰。曰：某人爲遊手，某人爲工，某人爲商，某人爲農，而官之賑給以農爲先，浮食者次之。此誘民務本之一術也。

遣使

熠曰：古人救荒，或遣使開倉，遣使賑恤，遣使循行周詢民間疾苦，然法令尚簡，故所過無擾。比來諸道置使，民間利害悉以上聞，安有水旱之不知？其所闕者，在於賑濟無術，類多虛文耳。今但責監司郡縣推行救荒之實政，則民受其惠。不然，民方飢餓，官方窘匱，而王人之來所至煩擾，未必實惠及民，而先被其擾者多矣。神宗時司馬光曰：今朝廷每有一事，不委之將帥、監司、守宰，使自爲方略，責以成效，而施刑賞。常好遣使者，銜命奔走，旁午於道，徒有煩擾之弊，而於是未必有益，不若勿遣之爲愈也。

弛禁

熠曰：古人澤梁無禁，關市譏而不征。今山林河泊，各有所主；又民心不醇，一聞榜示，因砍伐墳林，大起爭競，則弛澤梁之禁已爲難行。惟有場務邀阻米船，此當禁約耳。然比年場務課額稍重，多藉舟車，雖令文米麥不許收稅，而場務別爲名色，號曰『公使錢』，多端邀阻。雖累降指揮諸處場務，不得將客米船違法收稅，庶幾商賈興販，然終未能革。臣謂：爲監司太守，莫若每遇凶荒去處，相度饑年大小，奏之朝廷，乞權減場務課額一月或半月。如此則少寬煎逼之弊，自然不敢重困米船，亦古人凶年弛禁之意。況淳熙令課利場務經災傷者，各隨夏秋限，依所放分數，於租額除豁。

鬻爵

熠曰：夫名器固不可濫，然饑荒之年，假此以活百姓之命，權以濟事，又何患焉？謹按乾道七年八月敕節文，湖南、江南旱傷，委州縣守令勸誘有米斛富室上戶，如有賑濟饑民，今來立定格目，補授名次。今具下項：無官人，一千五百石，補進義校尉願補不理選限將仕郎，聽；二千石，進武校尉如係進士，與免文解一次。不係進士，候到部，與免短使一次；四千石，補承信郎如係進士，與補上州文學；五千石，承節郎如進士，補迪功郎。文臣，一千石，減二年磨勘係選人，循一資；二千石，減三年磨勘係選人，循一資，仍與占射差遣一次；三千石，轉一官係選人，循兩資，仍占射差遣一次；五千石以上取旨優異推恩。武臣，一千石，減二年磨勘，升一年名次；二千石，減三年磨勘，占射差遣一次；三千石，補轉一官，占射差遣一次；五千石以上取旨優異推恩。勘會旱傷州縣，勸誘積粟之家賑濟，係崇尚風誼，即與進納事體不同。三省同奉聖旨，依擬定令。帥臣監司將勸誘到米斛，依數著實置歷拘收，委官賑濟，務令實惠及民。仍開具出米人姓名並米數，保明申取朝廷指揮，依人米立定賞格，推恩出給付身。其賑糶之家，依此減放推賞。如有不實，官吏重作施行。臣謂民間納米而即得官，誰不樂爲？止緣入米之後，所費倍多，未能遽得，放多疑畏。今上下若能懲革此弊，先給空名告身付之，則救荒不患無米矣。或謂大將軍告身，才易一醉，具弊若何？不知鳳翔軍興，用之無節。今只饑荒地分，數月計耳，才就豐熟即已之，何濫之有？

度僧

煟曰：嘗謂度牒換米，蓋亦一時權宜所當行。議者咸謂度牒廣行，人丁喪失，不知今日遊民甚多，而所謂童行者不可數計。今以度牒一本，度一人爲僧，而活十人之命，何憚而不爲？然平時所以不輕出者，政爲緩急之舉也。淳熙九年，敕勘會已降指揮，令廣東、福建帥臣曉諭願爲僧道之人，每名備米三百石，請換度牒一道。續降指揮，給到空名度牒一百道付紹興府，每道許人戶以米三百石請換。慮恐米數稍多，聖旨每道特與減五十石，餘依已降指揮。今乞依仿孝宗之法施行，然須州郡相度申請可也。

治盜

煟曰：凶年飢歲，民之不肯就死亡者，必起而爲盜，以延旦夕之命。倘不禁戢，則嘯聚猖獗，其患有不可勝言者。臣嘗觀乾道間，饒郡大饑，諸處嘯聚，開廩劫奪者紛然。時通守柴瑾封劍付諸縣曰：敢爲渠魁者，斬之。羣盜望風遁匿。淳熙十五年，德興饑荒，民有剽掠道路者。縣令曾棐廉得二人鎖項，號令於地頭，日給米一升，俟來年麥熟日放，盜賊由是衰止。紹興四年，樂平饑，村民攜錢市米，山路遇亡命縛而取之。邑宰楊簡曰：此曹斷刺，則復爲盜；配去，則復逃歸。斷一足筋，傳都示衆，一境肅然。此雖急切之政，然深合周公荒政除盜賊之意。【略】

和糴

煟前嘗論和糴之弊，在於籍數定價，不能因歲上中下熟。須一依民間實直，寧每升高於時價一二文，以誘其來。或難臣，以此說不可行。蓋今民間無錢，若官司和糴增長米價，則小民目下之患大爲不便。臣曰不然。和糴，本穀賤傷農，增價以稱提之耳。若此處不熟，米價騰湧，又何於此而糴哉？古人和糴，皆行於豐熟去處，其間止緣官司識見淺陋，以得小利爲己功，糴買之官，低價滿量，以備交納之折，交量之所，飛斛弄斗，以爲乞索之端，上下誅求，遂致失時，艱於及數，將來計無所出，必有配抑之患。今誠能及時收之，多寡相時，水腳之費、交量之弊、抑價之説，一切盡革，又何患焉？然臣之所深慮者，在於官司知糴而不知糶。夫積而不散，非惟化爲埃塵，虧折常平糴本，而民間之米由是愈少矣。此爲政者所當致思。然饑荒之年，非獨收糴粳米而已。凡粟豆蕎麥之類，苟可以救民命者，亦何所擇？

存恤流民

煟曰：流民，如水之流。治其源，則易爲力；遏其末，則難爲功。若本處地分賦斂稍寬，自然安土重遷，誰肯移徙？凡所以離鄉井、去親戚、棄墳墓，皆非其所得已也。臣親見浙人流移過淮甸者，始焉扶老攜幼，接踵于道，或轉死於溝壑者多矣。然本處不可存活，而抑之使不得動，於理固逆。至於一動之後，中途官司禁遏抑勒，使之復回，此又非所宜也。臣謂今未流者固宜賑救，已流者，莫若令所過州縣，多方存恤，推行富弼之法以濟之。然富弼之法，人罕得其詳，臣今編録于末卷。【略】

通融有無

煟曰：通融有無，真救荒活法。然而其法有公有私。何謂公？曰支撥官廩，借兑內庫，如假軍儲以救民饑者是也。何謂私？曰勸人廩，勸人糶販，勸誘商賈率錢販米歸鄉共濟鄉人者是也。臣謹按：淳熙九年，常州、無錫饑。臣寮奏乞，令提舉司速急於平江府通融，支常平斗斛，或借撥別邑米，前去接續賑恤。得旨，於平江府朝廷樁管米內支三千石接續賑濟。又乾道元年，浙西被水。臣寮言：太平州蕪湖見樁管常平米一十六萬石，未有支使。聖旨令臨安府於內取撥五萬石、平江府常州三萬石、湖秀各二萬石、鎮江府一萬石，仰逐州舊下差官，押人船，前去般取，專充賑糶，不得他用。其糶到錢逐項樁管，秋成收糴撥還。此則孝宗誠知通融之術，今日宜當舉行之。

借貸內庫

煟曰：天子不當有私財，私財充羨則侈心生。李迪在翰林，仍歲旱蝗，國用不足。一日歸沐，忽傳詔對內東門。上出三司所上歲出入財用數目，問：何以濟？迪曰：祖宗初置內藏庫，復西北故土，及以支凶荒。今邊無他費，陛下用此佐國用。財賦寬則民不勞矣。上曰：今當出金帛數百萬借三司。迪曰：天子於財無內外，願下詔賜三司，以顯示德澤。何必曰借？上悅從之。然則今之州郡，間有仍歲凶歉去處，而匱乏無策者，可不斟酌多寡撥賜，以爲糴本邪？

守臣到任預講救荒之政

煟曰：夫救荒無定法。風土不一，山川異宜，惟在預先講究而已。今欲諸州守臣到任，不以遠近，限一月以後，詢究本州管下諸縣鎮可以爲救荒之備及其他措置之策，講求實惠，斷然可行者，不拘件數，條具奏聞，與斟酌可否行下，責令本州守臣自守其說。如任內設遇旱澇，即檢舉施行，不得自有違戾。外委監司，內委臺諫，常切覺察。臣謂救荒有賑糶，有賑濟，有賑貸，三者其名各不同，而其用亦各有體，誠能識認其體，則實惠及民矣。今條陳於後：

賑糶

此係用常平米。其法在於平准市價，默消閉糴之風。如市價三十文一升，常平只等糴時本錢，或十五六至二十文一升出糶。然出糶之時，亦須遍及鄉縣村落之民，不可止及城郭遊手而已。若所蓄之米度不足支用，當以常平錢委官四出，於有米去處循環糴糶，務在救民，不得計較所費，規圖小利，以爲己能。然施行之際，須令上下官吏咸識此意乃可。

賑濟

此係用義倉米。其法當及老幼殘疾孤貧不能自存之人，使無告者免於夭亡，然亦不可止及城郭。或米不足，則近來州縣有義倉錢，當用此錢廣糴豆麥穀粟之類，同共賑給，或散錢與之。但抄劄之際，須當革弊臣親見徽州婺源村落賑濟，里正先赴門抄劄，每家覓錢，無錢者不與抄名。逮至官司散米，皆陳腐沙土不可食之物。得不償失，極爲可恨。然全在施行委選得人。村落之間，又各委本土公正有望爲鄉閭所信服者不可信憑公人所舉，須參寄居及士人賢者之論，庶人望稍服，仍先延見委諭之，因察其人物不許子弟代名出官時以盃酒禮貌激勸，使樂爲效命。又須有術察其任私不職者，略責一二，以警其餘。然此等設施，非可一概論，又在臨機應變也。

賑貸

此係截留上供米或者省倉米。或爲朝廷乞封樁米，或於諸色倉厫權時那用，一面申奏朝廷，借內庫，乞度牒，糴米補還。其法專及中等之戶，與夫農民耕夫之無力者，既不取息，其勢必償，此真得以陳易新之術。家計不過一石，但支給之際，戒有虛僞；催索之時，戒有搔擾；交納之時，戒有乞覓。仍不得用小㪷量出，大㪷交入，須用收支㪷斛一同。又不得取民間頭子、朱墨、勘合、抄紙等錢，其間實係流亡或有不能償者，姑已之。譬之賑濟，一散無收，亦豈在責其必償哉？此乃官司一時救荒之舉，縱有陪費失陷，居上者亦當以社稷報本爲念，是乃利國家之大者也。

《宋史》卷九一《河渠志一・黄河上》 河入中國，行太行西，曲折山間，不能爲大患。既出大伾，東走赴海，更平地二千餘里，禹迹既湮，河并爲一，特以隄防爲之限。夏秋霖潦，百川衆流所會，不免決溢之憂，然有司所以備河者，亦益工矣。

自周顯德初，大決東平之楊劉，宰相李穀監治隄，自陽穀抵張秋口以遏之，水患少息。

然決河不復故道，離而爲赤河。

又 著作佐郎李垂上《導河形勝書》三篇并圖，其略曰：臣請自汲郡東推禹故道，挾御河，較其水勢，出大伾、上陽、太行三山之間，復西河故瀆，北注大名西、館陶南，東北合赤河而至于海。因於魏縣北析一渠，正北稍西逕衡漳直北，下出邢、洺，如夏書過洚水，稍東注易水、合百濟、會朝河而至于海。大伾而下，黄、御混流，薄山障隄，勢不能遠。如是則載之高地而北行，百姓獲利，而契丹不能南侵矣。《禹貢》所謂『夾右碣石入于海』，孔安國曰：『河逆上此州界。』

其始作自大伾西八十里，曹公所開運渠東五里，引河水正北稍東十里，破伯禹古隄，逕牧馬陂，從禹故道，又東三十里轉大伾西、通利軍北，挾白溝，復西大河，北逕清豐、大名西，歷洹水、魏縣東，暨館陶南，入屯氏故瀆，合赤河而北至于海。既而自大伾西新發故瀆西岸析一渠，正北稍西五里，廣深與汴等，合御河道，逼大伾北，即堅壤析一渠，東西二十里，廣深與汴等，復東大河。兩渠分流，則三四分水，猶得注澶淵舊渠矣。大都河水從西大河故瀆東北，合赤河而達于海，然後於魏縣北發御河西岸析一渠，正北稍西六十里，廣深與御河等，合衡漳水；又冀州北界、深州西南三十里決衡漳西岸，限水爲門，西北注滹沱，潦則塞之，使東漸渤海，旱則決之，使西灌屯田，此中國禦邊之利也。

兩漢而下，言水利者，屢欲求九河故道而疏之。今考圖志，九河並在平原而北，且河壞澶、滑，未至平原而上已決矣，則九河奚利哉。漢武捨大伾之故道，發頓丘之暴衝，則濫兖泛齊，流患中土，使河朔平田，膏腴千里，縱容邊寇劫掠其間。今大河盡東，全燕陷北，而禦邊之計，莫大於河。不然，則趙、魏百城，富庶萬億，所謂誨盗而招寇矣。一日伺我饑饉，乘虛入寇，臨時用計者實難；不如因人足財豐之時，成之爲易。

詔樞密直學士任中正、龍圖閣直學士陳彭年、知制誥王曾詳定。中正等上言：『詳垂所述，頗爲周悉。所言起滑臺而下，派之爲六，則緣流就下，湍急難制，恐水勢聚而爲一，不能各依所導。設或必成六派，則是更增六處河口，悠久難於隄防；亦慮入滹沱、漳河，漸至二水淤塞，益爲民患。又築堤七百里，役夫二十一萬七千，工至四十日，侵占民田，頗爲煩費。』其議遂寢。

又 皇祐元年三月，河合永濟渠注乾寧軍。二年七月辛酉，河復決大名府館陶縣之郭固。四年正月乙亥，塞郭固而河勢猶壅，議者請開六塔以披其勢。至和元年，遣使行度故道，且詣銅城鎮海口，約古道高下之勢。二年，翰林學士歐陽修奏疏曰：

朝廷欲俟秋興大役，塞商胡，開横隴，回大河於古道。夫動大衆必順天時、量人力，謀於其始而審於其終，然後必行，計其所利者多，乃可無悔。比年以來，興役動衆，勞民費財，不精謀慮於厥初，輕信利害之偏説，舉事之始，既已蒼皇，羣議一搖，尋復悔罷。不敢遠引他事，且如河決商胡，是時執政之臣，不慎計慮，遽謀修塞。凡科配梢芟一千八百萬，騷動六路一百餘軍州，官吏催驅，急若星火，民庶愁苦，盈於道塗。或物已輸官，或人方在路，未及興役，尋已罷修，虛費民財，爲國斂怨，舉事輕脱，爲害若斯。今又聞復有修河之役，三十萬人之衆，開一千餘里之長河，計其所用物力，數倍往年。當此天災歲旱、民困國貧之際，不量人力，不順天時，知其有大不可者五：

蓋自去秋至春半，天下苦旱，京東尤甚，河北次之。國家常務安静振恤之，猶恐民起爲盗，況於兩路聚大衆、興大役乎？此其必不可者一也。

河北自恩州用兵之後，繼以凶年，人戶流亡，十失八九。數年以來，人稍歸復，然死亡之餘，所存者幾，瘡痍未斂，物力未完。又京東自去冬無雨雪，麥不生苗，將踰暮春，粟未布種，農心焦勞，所向無望。若别路差夫，又遠者難爲赴役；一出諸路，則兩路力所不任。此其必不可者二也。

往年議塞滑州決河，時公私之力，未若今日之貧虛；然猶儲積物料，誘率民財，數年之間，始能興役。今國用方乏，民力方疲，且合商胡塞大決之洪流，此一大役也。鑿横隴開久廢之故道，又一大役也。自横隴至海千餘里，埽岸久已廢，頓須興緝，又一大役也。往年公私有力之時，興一大役，尚須數年，今猝興三大役於災旱貧虛之際。此其必不可者三也。

就令商胡可塞，故道未必可開。鯀障洪水，九年無功，禹得洪範五行之書，知水潤下之性，乃因水之流，疏而就下，水患乃息。然則以大禹之功，不能障塞，但能因勢而疏決爾。今欲逆水之性，障而塞之，奪洪河之正流，使人力斡而回注，此大禹之所不能。此其必不可者四也。

横隴湮塞已二十年，商胡決又數歲，故道已平而難鑿，安流已久而難回。此其必不可者五也。

臣伏思國家累歲災譴甚多，其於京東，變異尤大。地貴安静而有聲，巨嵎山摧，海水搖蕩，如此不止者僅十年，天地警戒，宜不虛發。臣謂變異所起之方，尤當過慮防懼，今乃欲於凶艱之年，聚三十萬之大衆於變異最大之方，臣恐災禍自兹而發也。況京東赤地千里，饑饉之民，正苦天災。又聞河役將動，往往伐桑毁屋，無復生計。流亡盗賊之患，不可不虞。宜速止罷，用安人心。

又 卷九二《河渠志二·黄河中》 〔元祐〕二年二月，令圖、問欲必行前説，朝廷又從之。三月，令圖死，以王孝先代領都水，亦請如令圖議。

右司諫王覿言：『河北人戶轉徙者多，朝廷責郡縣以安集，空倉廪以振濟，又遣專使察視之，恩德厚矣。然耕耘是時，而流轉於道路者不已；二麥將熟，而寓食於四方者未還。其故何也，盍亦治其本矣。今河之爲患三：泛濫渟滀，漫無涯涘，吞食民田，未見窮已，一也；緣邊漕運獨賴御河，今御河淤澱，轉輸艱梗，二也；塘泊之設，以限南北，濁水所經，即爲平陸，三也。欲治三患，在遴擇都水、轉運而責成耳。今轉運使范子奇反覆求合，都水使者王孝先暗繆，望别擇人。』

時知樞密院事安燾深以東流爲是，兩疏言：『朝廷久議回河，獨憚勞費，不顧大患。蓋自小吳未決以前，河入海之地雖屢變移，而盡在中國；故京師恃以北限彊敵，景德澶淵之事可驗也。且河決每西，則河尾每北，河流既益西決，固已北抵境上。若復不止，則南岸遂屬遼界，彼必爲橋梁，守以州郡；如慶曆中因取河南熟戶之地，遂築軍以窺河外，已然之效如此。蓋自河而南，地勢平衍，直抵京師，長慮却顧，可爲寒心。又朝廷捐東南之利，半以宿河北重兵，備預之意深矣。使敵能至河南，則邈不相及。今欲便於治河而緩於設險，非計也。』

王巖叟亦言：『朝廷知河流爲北道之患日深，故遣使命水官相視便利，欲順而導之，以拯一路生靈於墊溺，甚大惠也。然昔者專使未還，不知何疑而先罷議；專使反命，不知何所取信而議復興。既敕都水使者總護役事，調兵起工，有定日矣，已而復罷。數十日間，變議者再三，何以示四方？今有大害七，不可不早爲計。北塞之所恃以爲險者在塘泊，黄河堙之，猝不可濬，浸失北塞險固之利，一也。橫遏西山之水，不得順流而下，蹙溢於千里，使百萬生齒，居無廬，耕無田，流散而不復，二也。乾寧孤壘，危絶不足道，而大名、深、冀腹心郡縣，皆有終不自保之勢，三也。滄州扼北敵海道，自河不東流，滄州在河之南，直抵京師，無有限隔，四也。并吞御河，邊城失轉輸之便，五也。河北轉運司歲耗財用，陷租賦以百萬計，六也。六七月之間，河流交漲，占沒西路，阻絶遼使，進退不能，兩朝以爲憂，七也。非此七害，委之可，緩而未治可也。且去歲之患，已甚前歲，今歲又甚焉，則奈何？望深詔執政大臣，早決河議而責成之。』太師文彦博、中書侍郎呂大防皆主其說。

中書舍人蘇轍謂右僕射呂公著曰：『河決而北，先帝不能回，而諸公欲回之，是自謂智勇勢力過先帝也。盍因其舊而修其未備乎？』公著唯唯。於是三省奏：『自河北決，恩、冀以下數州被患，至今未見開修的確利害，致妨興工。』乃詔河北轉運使、副，限兩月同水官講議聞奏。

十一月，講議官皆言：『令圖、問相度開河，取水入孫村口還復故道處，測量得流分尺寸，取引不過，其說難行。』十二月，張景先復以問說爲善，果欲回河，惟北京已上、滑州而下爲宜，仍於孫村濬治橫河舊堤，止用逐埽人兵、物料，并年例客軍，春天漸爲之可也。朝廷是其說。

又［元祐五年］二月己亥，詔開修減水河。辛丑，乃詔三省、樞密院：『去冬愆雪，今未得雨，外路旱暵闊遠，宜權罷修河。』

戊申，蘇轍言：『臣去年使契丹，過河北，見州縣官吏，訪以河事，皆相視不敢正言。及今年正月，還自契丹，所過吏民，方舉手相慶，皆言近有朝旨罷回河大役，命下之日，北京之人，驩呼鼓舞。惟減水河役遷延不止，耗蠹之事，十存四五，民間竊議，意大臣業已爲此，勢難遽回。既爲聖鑒所臨，要當迤邐盡罷。今月六日，果蒙聖旨，以旱災爲名，權罷修黄河，候今秋取旨。大臣覆奏盡罷黄河東、北流及諸河功役，民方憂旱，聞命踴躍，實荷聖恩。然臣竊詳聖旨，上合天意，下合民心。因水之性，功力易就，天語激切，中外聞者或至泣下，而大臣奉行，不得其平。由此觀之，則是大臣所欲，雖害物而必行；陛下所爲，雖利民而不聽。至於委曲回避，巧爲之説，僅乃得行，君權已奪，國勢倒植。臣所謂君臣之間，逆順之際，大爲不便者，此事是也。黄河既不可復回，則先罷修河司，只令河北轉運司盡將一道兵功，修貼北流堤岸；罷吳安持、李偉都水監差遣，正其欺罔之罪，使天下曉然知聖意所在。如此施行，不獨河事就緒，天下臣庶，自此不敢以虚誑欺朝廷，弊事庶幾漸去矣。』

又 卷九三《河渠志三·黄河下》 建中靖國元年春，尚書省言：『自去夏蘇村漲水，後來全河漫流，今已淤高三四尺，宜立西堤。』詔都水使者魯君貺同北外丞司經度之。於是左正言任伯雨奏：

河爲中國患，二千歲矣。自古竭天下之力以事河者，莫如本朝。而徇衆人偏見，欲屈大河之勢以從人者，莫甚於近世。臣不敢遠引，祇如元祐末年，小吳決溢，議者乃譎謀異計，欲立奇功，以邀厚賞。不顧地勢，不念民力，不惜國用，力建東流之議。當洪流中，立馬頭，設鋸齒，梢芻材木，耗費百倍。力遏水勢，使之東注，陵虚駕空，非特行地上而已。增堤益防，惴惴恐決，澄沙淤泥，久益高仰，一旦決潰，又復北流。此非堤防之不固，亦理勢之必至也。

昔禹之治水，不獨行其所無事，亦未嘗不因其變以導之。蓋河流混濁，泥沙相半，流行既久，迤邐淤澱，則久而必決者，勢不能變也。或北而東，或東而北，亦安可以人力制哉！

爲今之策，正宜因其所向，寬立堤防，約欄水勢，使不至大段漫流。若恐北流淤澱塘泊，亦秪宜因塘泊之岸，增設堤防，乃爲長策。風聞近日，又有議者獻東流之計。不獨比年災傷，居民流散，公私匱竭，百無一有，事勢窘急，固不可爲；抑亦自高注下，湍流奔猛，潰決未久，勢不可改。設若興工，公私徒耗，殆非利民之舉，實自困之道也。

又 卷九五《河渠志五·河北諸水》 神宗即位，志在富國，故以劭農爲先。熙寧元年六月，詔諸路監司：『比歲所在陂塘堙沒，瀕江圩埠浸壞，沃壤不得耕，宜訪其可興者，勸民興之，具所增田畝稅賦以聞。』二年十月，權三司使吳充言：『前宜城令朱紘，治平間修復木渠，不費公家束薪斗粟，而民樂趨之。渠成，溉田六千餘頃，數邑蒙其利。』詔遷紘大理寺丞，知比陽縣。或云紘之木渠，繞山度溪以行水，數勤民而終無功。

十一月，制置三司條例司具農田利害條約，詔頒諸路：『凡有能知土地所宜種植之法，及修復陂湖河港，或元無陂塘、圩垾、堤堰、溝洫而可以創修，或水利可及衆而爲人所擅有，或田去河港不遠，爲地界所隔，可以均濟流通者；縣有廢田曠土，可糾合興修，大川溝瀆淺塞荒穢，合行濬導，及陂塘堰埭可以取水灌溉，若廢壞可興治者：各述所見，編爲圖籍，上之有司。其土田迫大川，數經水害，或地勢汙下，雨潦所鍾，要在修築圩垾、堤防之類，以障水澇，或疏導溝洫、畎澮，以泄積水。縣不能辦，州爲遣官，事關數州，具奏取旨。民修水利，許貸常平錢穀給用。』初，條例司奏遣劉彝等八人行天下，相視農田水利，又下諸路轉運司各條上利害，又詔諸路各置相度農田水利官。至是，以條約頒焉。

祕書丞侯叔獻言：『汴岸沃壤千里，而夾河公私廢田，略計二萬餘頃，多用牧馬。計馬而牧，不過用地之半，則是萬有餘頃常爲不耕之地。觀其地勢，利於行水。欲於汴河兩岸置斗門，泄其餘水，分爲支渠，及引京、索河并三十六陂，以灌溉田。』詔叔獻提舉開封府界常平，使行之，而以著作佐郎楊汲同提舉。叔獻又引汴水淤田，而祥符、中牟之民大被水患，都水監或以爲非。

三年三月，帝謂王安石、韓絳曰：『都水沮壞淤田者，以侵其職事爾。』安石曰：『必欲任屬，當以楊汲爲都水監。今每事稟於沈立、張鞏，何能辦集。』七月，帝聞淤田多浸民田稼、屋宇，令內侍馮宗道往視，宗道以說者爲妄。八月，叔獻、汲並權都水監丞，提舉沿汴淤田。

九月戊申，遣殿中丞陳世修乘驛經度陳、潁州八丈溝故迹。初，世修言：『陳州項城縣界蔡河東岸有八丈溝，或斷或續，迤邐東去，由潁及壽，綿亙三百五十餘里，乞因其故道，量加濬治。興復大江、次河、射虎、流龍、百尺等陂塘，導水行溝中，棊布灌溉，俾數百里復爲稻田，則其利百倍。』繪圖來上，帝意向之。王安石曰：『世修言引水事即可試，八丈溝新河則不然。昔鄧艾不賴蔡河漕運，故能并水東下，大興水田。厥後既分水以注蔡河，又有新修牐以限之，與昔不同。惟無所用水，即水可并而溝可復矣。』故先命世修相度。

四年三月，帝語侍臣：『中人視麥者，言淤田甚佳，有未淤不可耕之地，一望數百里。獨樞密院以淤田無益，謂其薄如餅。』安石曰：『就令薄，固可再淤，厚而後止。』是月，帝以慶州軍亂，召執政對資政殿。馮京曰：『府界既淤田，又行免役，作保甲，人極勞弊。』帝曰：『淤田於百姓何苦？聞土細如麪。』王安石曰：『慶卒之變，陛下旰食。大臣宜於此時共圖消弭，乃合爲浮議，歸咎淤田、保甲，了不相關，此非待至明而後察也。』十月，前知襄州光祿卿史炤言：『開修古淳河一百六里，灌田六千六百餘頃，修治陂堰，民已獲利，慮州縣遽欲增稅。』詔三司應興修水利，墾開荒梗，毋增稅。

五年二月，侯叔獻等言：『民願買官淤田者七十餘戶，已分赤淤、花淤等，及定其直各有差，仍於次年起稅。若願增錢者，不以投狀先後給之。』五月，御史張商英言：『嘗聞獻議者請開鄧州穰縣永國渠，引湍河水灌溉民田，失邵信臣故道，鑿焦家莊，地勢偏仰，水不通流。』詔京西路覆實，遣程昉領其事。昉剗河去疏土，築爲巨堰。水行再歲，會霖雨，谿谷合流大漲，堰下土疏惡，莫能禦，由此廢不復治。閏七月，程昉奏引漳、洺河淤地，凡二千四百餘頃。帝曰：『灌溉之利，農事大本，但陝西、河東民素不習此，苟享其利，後必樂趨。三白渠爲利尤大，有舊跡，可極力修治。凡疏積水，須自下流開導，則畎澮易治。書所謂「濬畎澮距川」是也。』

又 七年正月，程昉言：『滄州增修西流河堤，引黃河水淤田種稻，增灌塘泊，并深州開引滹沱水淤田，及開回胡盧河，并回滹沱河下尾。』六月，金州西城縣民葛德出私財修長樂堰，引水灌溉鄉戶土田，授本州司士參軍。八月甲戌，詔司農寺具所興修農田水利次第。九月，又詔：『籍所興水利，自今遣使體訪，其不實不當者，案驗以聞。』從侍御史張琥請也。十一月壬寅，知諫院鄧潤甫言：『淤田司引河水淤酸棗、陽武縣田，已役夫四五十萬，後以地下難淤而止。相度官吏初不審議，妄興夫役，乞加絀罰。』詔開封劾元檢計按覆官。丁未，同知諫院范百祿言：『向者都水監丞王孝先獻議，於同州朝邑縣界畎黃河，淤安昌等處鹻地。及放河水，而鹻地高原不能及，乃灌注朝邑縣長豐鄉永豐等十社千九百戶秋苗田三百六十餘頃。』詔蠲被水戶夏稅。是歲，知耀州閻充國募流民治漆水堤。

又 元豐元年二月，都大提舉淤田司言：『京東、西淤官私瘠地五千八百餘頃，乞差使臣管幹。』許之。四月，詔：『闢廢田、興水利、建立堤防、修貼圩垾之類，民力不給者，許貸常平錢穀。』六月，京東路體量安撫黃廉言：『梁山、張澤兩濼，十數年來淤澱，每歲汎浸近城民田，乞自張澤濼下流濬至濱州，可泄壅滯。』從之。十二月壬申，二府奏事，語及淤田之利。帝曰：『大河源深流長，皆山川膏腴滲漉，故灌溉民田，可以變斥鹵而爲肥沃。朕取淤土親嘗，極爲潤膩。』二年，導洛通汴。六月，罷沿汴淤田司。十二月辛酉，置提舉定州路水利司。三年，知濰州楊采開白浪河。

哲宗元祐以後，朝廷方務省事，水利亦浸緩矣。四年二月甲辰，詔：『瀕河州縣，積水占田，在任官能爲民溝畎疏導，退出良田百頃至千頃以上者，遞賞之，功利大者取特旨。』四年六月乙丑，知陳州胡宗愈言：『本州地勢卑下，秋夏之間，許、蔡、汝、鄧，西京及開封諸處大雨，則諸河之水，並由陳州沙河、蔡河同入潁河，不能容受，故境内瀦爲陂澤。今沙河合入潁河處，有古八丈溝，可以開濬，分決蔡河之水，自爲一支，由潁、壽界直入于淮，則沙河之水雖甚洶湧，不能壅遏。』詔可。

又 卷九七《河渠志七·東南諸水下·明州水》 紹興五年，明州守臣李光奏：『明、越陂湖，專溉農田。自慶曆中，始有盜湖爲田者，三司使切責漕臣，嚴立法禁。宣和以來，王仲嶷守越，樓异守明，創爲應奉，始廢湖爲田，自是歲有水旱之患。乞行廢罷，盡復爲湖。如江東、西之圩田，蘇、秀之圍田，皆當講究興復。』詔逐路轉運司相度聞奏。

乾道五年，守臣張津言：『東錢湖容受七十二溪，方圓廣闊八百頃，傍山爲固，疊石爲塘八十里。自唐天寶三年，縣令陸南金開廣之。國朝天禧元年，郡守李夷庚重修之。中有四牐七堰，凡遇旱涸，開牐放水，溉田五十萬畝。比因豪民於湖塘淺岸漸次包占，種植菱荷，障塞湖水。紹興十八年，雖曾檢舉約束，盡罷請佃。歲久菱根蔓延，滲塞水脈，致妨蓄水；兼塘岸間有低塌處，若不淘濬修築，不惟寖失水利，兼恐塘埂相繼摧毀。乞候農隙趁時開鑿，因得土修治埂岸，實爲兩便。』從之。

又《越州水》 鑑湖之廣，周迴三百五十八里，環山三十六源。自漢永和五年，會稽太守馬臻始築塘，溉田九千餘頃，至宋初八百年間，民受其利。歲月寖遠，濬治不時，日久堙廢。瀕湖之民，侵耕爲田，熙寧中，盜爲田九百餘頃。嘗遣廬州觀察推官江衍經度其宜，凡爲湖田者兩存之，立碑石爲界，內者爲田，外者爲湖。政和末，爲郡守者務爲進奉之計，遂廢湖爲田，賦輸京師。自時姦民私占，爲田益衆，湖之存者亡幾矣。紹興二十九年十月，帝諭樞密院事王綸曰：『往年宰執嘗欲盡乾鑑湖，云可得十萬斛米。朕謂若遇歲旱，無湖水引灌，則所損未必不過之。凡事須遠慮可也。』

隆興元年，紹興府守臣吴芾言：『鑑湖自江衍所立碑石之外，今爲民田者，又一百六十五頃，湖盡堙廢。今欲發四百九十萬工，於農隙接續開鑿。又移壯城百人，以備撩漉濬治，差彊幹使臣一人，以「巡轄鑑湖隄岸」爲名。』

二年，芾又言：『修鑑湖，全藉斗門、堰牐蓄水，都泗堰牐尤爲要害。凡遇綱運及監司使命舟船經過，堰兵避免車拽，必欲開牐通放，以致啟閉無時，失泄湖水。且都泗堰因高麗使往來，宣和間方置牐，今乞廢罷。』其後芾爲刑部侍郎，復奏：『自開鑑湖，溉廢田二百七十頃，復湖之舊。又修治斗門、堰牐十三所。夏秋以來，時雨雖多，亦無泛溢之患，民田九千餘頃，悉獲倍收，其爲利較然可見。乞將江衍原立禁牌，別定界至，則隄岸自然牢固，永無盜決之虞。』

又《秀州水》 乾道七年，秀州守臣丘崈奏：『華亭縣東南大海，古有十八堰，捍禦鹹潮。其十七久皆捺斷，不通裏河；獨有新涇塘一所不曾築捺，海水往來，遂害一縣民田。緣新涇舊堰迫近大海，潮勢湍急，其港面闊，難以施工，設或築捺，決不經久。運港在涇塘向裏二十里，比之新涇，水勢稍緩。若就此築堰，決可永久，堰外凡管民田，皆無鹹潮之害。其運港止可捺堰，不可置牐。不惟瀕海土性虚燥，難以建置；兼一日兩潮，通放鹽運，不減數十百艘，先後不齊，比至通放盡絶，勢必晝夜啟而不閉，則鹹潮無緣斷絶。運港堰外別有港汊大小十六，亦合興修。』從之。

元 胡祗遹《紫山大全集》卷二二《論積貯》 俚語曰：『豐年積穀。』太史公《食貨志》曰：『賤取如珠玉，人恃食以生。』故視五穀為貴重。以天地之視五穀，亦百草之一草耳。僕自垂髫記每歲百草之榮枯，品類大率不同，土惟舊壤，草與歲新，今歲為蓬藋，來歲為蓬藋，又來歲為茨棘，又來歲為菰蒲，又來歲為藜藿，為梟耳。是蓋風露發生之氣不同，故百草隨其氣而榮瘁亦不一。邵康節明造物之理，曰『露化物之草』，其説信有徵矣。五穀亦率若是。農里之言曰：『寅卯多種田，堤防申酉年。』蓋謂豐歉相仍，如晝之有夜；水旱相逐，如環之循轉；百菓今歲之實繁，來歲必為之減少。大熟之歲，五穀豐碩，場圃囷倉，如京如阜；盛極而衰，實甚而耗，氣數物理，定不可逃。於此不取，狼戾棄擲，是居高明處大位素以人材自負者，反不若農里之先見。一旦歲或不登，使四海之人流離餓殍，倉廩空虚，無食以濟，為卿相者則曰：

『我未嘗負國家，非予之罪也。』寧無愧於心歟？常平倉既立，即今空無一粟，宜因今歲夏秋俱大熟，粟麥如糞土，萬億庫絲帛堆積陳腐，可支常課織造及一切經費，至元八年絲銀聽從民便，照依時估折納粟麥，以實常平倉，使農無以粟易鈔賤糴之損，官無高價和糴坐為奸人之飛耗。一歲積蓄，得三年之儲，設遇凶歲，可以紓憂，軍不缺食，民無流餓，斂有餘賤棄之滯貨，補一旦急闕之實用，一舉而獲數利，當途者宜思之。穀帛者，人之天，穀帛有餘，則人無凍餒，飽暖易得，百物皆賤。人無貴賤賢不肖，雞鳴而起，德業技藝雖各不同，所以區區勞心勞力者，養生養口體而已。所以養口體者，穀帛而已。穀帛湧貴，則百物安得而賤？百物出於人力，百工所以貿易穀帛耳。終日勤動而不能營一飽，終歲勤動而不能營一暖，是以百物亦從而增價，求脱凍餒耳。中統建元以來，三十年間無大旱、大水、蟲蝗之災厄，近年以來穀帛愈貴者，何也？田蠶者日寡，不田蠶而衣食者日衆，所以公私倉廩篋笥皆無蓄積剩餘，豐稔則不能支歲用，若遇堯、湯之水旱則人相食矣。故曰饑寒切於身則慈父不能保其子，君安能有其民哉？韓文公曰：『農之家一，而食粟之家六，若之何民不貧且盗也？』以今觀之，農者日消日減，食粟者日增日廣。略具不農品類于左：

儒、釋、道、醫、巫、工匠、弓手、曳剌、祇候、走解、冗吏、冗員、冗衙門、優伶一切坐賈行商、倡伎、貧乞、軍站、茶房、酒肆、店、賣藥、賣卦、唱詞貨郎、陰陽二宅、善友五戒、急脚廟官雜類、鹽竈户、鷹房户、打捕户、一切造作夫役、淘金户、一切不農雜户、豪族巨姓主人奴僕。

右諸人每丁所費，十農夫不能供給，何則？膏粱醪醴養體，則絺綌、羅縠、綿綺、裘馬、宮室、金玉、珠翠，加之禁網疏闊，無貴賤等級，冠婚喪祭、吉凶慶吊，窮奢極侈而無忌憚，費有用為無用。里諺曰：『高樓一席酒，貧家半月糧。』以今較之，一席所費有至千貫者，匹夫匹婦日米二升，又奚啻終身一世之糧價矣。為政者舍此而不恤不慮，日以聚斂為務。『百姓不足，君孰與足？』何不思之甚也。聖人之治天下，庶富而教，政舉兵強，泰山金城百千世而上下相安，豈以此也？

《元史》卷九三《食貨志一》 元初，取民未有定制。及世祖立法，一本於寬。其用之也，於宗戚則有歲賜，於凶荒則有賑恤，大率以親親愛民為重，而尤惓惓於農桑一事，可謂知理財之本者矣。世祖嘗語中書省臣曰：『凡賜與雖有朕命，中書其斟酌之。』成宗亦嘗謂丞相完澤等曰：『每歲天下金銀鈔幣所入幾何？諸王駙馬賜與及一切營建所出幾何？其會計以聞。』完澤對曰：『歲入之數，金一萬九千兩，銀六萬兩，鈔三百六十萬錠，然猶不足於用，又於至元鈔本中借二十萬錠矣。自今敢以節用爲請。』帝嘉納焉。世稱元之治以至元、大德爲首者，蓋以此。

明 宋端儀《立齋閑録》卷一《處士高巍上時事》 一、墾荒田。臣讀豳風七月之詩，見周公拳拳以農桑為念者，蓋農桑者衣食之本，生民之命，教化之源也，有國家者誠不可以緩。夫不耕則無粟，不蠶則無衣，豈非衣食之本乎？無食則饑，無衣則寒，豈非生民之命乎？禮義出於富足，盗賊出於貧窮，豈非教化之源乎？臣觀河南、山東、北平數千里沃壤之土，自兵燹以來盡化為榛莽之墟。土著之民流離，軍伍百不存一。地廣民稀，開闢之無方，展轉於臣心久矣。今欲變曠野為沃土，蓋有三策焉。一則當下明詔，頒告鄰境布政司，末役遊食之民，示以開墾之田，各取地方，順便兩處。有司各立文簿，去者，審其所往；來者，根其所從。官給子種牛隻，蠲免三年之税，使之盡力開墾，此一法也。二則凡官吏軍民人等，全家遷發化外者，不必照依荒田去處，限以畝數，使之自備牛隻子種，料時科徵，此又一法也。三則我國家承平日久，干戈無黷武之勞，走馬有糞革之用。當廣設屯所，使之三時務農，一時講武。又當內立司農之官，外設田畯之屬，使之巡行郊野，督責勸勉。殆見四野無曠土之譏，千疇有多稼之美矣。

二、抑末役。今天下之人民，務本者少，逐末者多。為何？蓋因務農之家，地有租，丁有役，三時力農，一時輸納，終歲憂勤，舉家勞苦，或遇薄斂之歲，俯仰有不足者矣。今為商賈者，坐列街市，日登壟斷，窺時去取，賤買貴賣，獲十分之利，納分毫之税，何益於國家用度哉？彼則乘堅策肥，冬溫夏清，妻孥無勞身之苦，飲食有兼羞之膳，四時有適體之服，終歲優遊而無糧草督責之患，是以逐末者多也。昔周時，宅不毛者有里布；漢時，不種桑麻者不能衣綿絹，是以或罰之，或辱之，使長務本也。今欲使逐末之務本，荒田之盡闢，當輕税糧以恤農民，重税課以抑商賈。如此，不遲三五年間，逐末遊食之民不待督責勸勉，自轉遷於南畝矣。

明 丘濬《大學衍義補》卷一五《治國平天下之要・固邦本・重民之事》 《舜典》：諮，十有二牧養民之官，曰食哉惟時。

朱熹曰：『王政以食爲首，農事以時爲先，舜言足食之道，惟在於不違農時也。」

臣按：君之所以治者以民，民之所以生者以食，食之所以足者以農，農之所以耕者以時，人君所以設爲州牧以子養乎民，使之得以遂其生。欲遂其生，日食不可闕；欲足其食，農時不可違，此帝舜所以諮牧而必以食爲先而勉之以時也。

帝曰：「棄，黎民阻饑厄也，汝后稷，播布也時百穀。」

臣按：帝舜于諮四嶽求奮事功熙帝載之後，即首命棄以仍其舊職，而後繼之敷教明刑之官，則農事在所重而當先可知矣。

周公作《無逸》曰：君子所其無逸，先知稼穡之艱難乃逸，則知小人之依。

蔡沈曰：「農之依田猶魚之依水、木之依土，魚無水則死，木無土則枯，民非稼穡則無以生也。故舜自耕稼以至爲帝，禹稷躬稼以有天下，文、武之基起於后稷。四民之事莫勞於稼穡，生民之功莫盛於稼穡，周公發《無逸》之訓而首及乎此，有以哉！」

臣按：人君兢兢然所以居其身于無時暇逸之地者，必先知夫稼穡之艱難也。備嘗其艱難之事而後居於逸樂之地，則知小人之所依矣。小人所依在乎稼穡，爲人上者烏可縱己之欲以妨農事而使之失其所依哉？

文王卑服即康功安民之功、田功養民之功。孔穎達曰：「就田功知稼穡之艱難。」

臣按：文王卑服，猶禹所謂惡衣服也。文王於衣服之奉所性不存，專意于安民、養民之功，然不謂養民而謂之田者，周家以農事開國，自公劉以來咸以稼穡爲事，而文王尤專心田事，即是以爲養民之功也。

《周頌》曰：嗟嗟臣工群臣百官，敬爾在公公家。王厘賜也爾成成法，來諮來茹度也。嗟嗟保介農官之副，維莫之春夏正三月。亦又何求？如何新畬三歲田。於皇歎美之辭來牟麥也，將受厥明上帝之明賜也。明昭上帝，迄至也用康年豐年也。命我衆人甸徒，庤具也乃錢銚也鎛鋤也，二者皆田器，奄觀銍獲禾短鐮艾獲也。

嚴粲曰：「既嗟歎而告臣工，又嗟歎而戒保介，皆以重農之意告之也。」

臣按：此周成王戒農官之詩，凡命他官皆無詩，而命農官獨有者，蓋以農者王政之本，周家以此開國，故重其事也。成周盛時，其播時百穀之事具有成法，群臣百官容或有不盡知者，故於戒飭之際致其深歎之言，而且加以敬之一辭，俾其詳考夫先王之成法以爲三農之勸相，既不可失其時，又不可失其度，自耕種以至於收穫無一不循其序，凡舊田與夫新田無一不得其宜，官則盡其勸相之功，民則致其耕治之力，一一皆如先王成法可也。嗚呼，先王之世盡心於農事者如此，秦、漢以來豈復有事哉？

《噫嘻》，春夏祈穀於上帝也。其詩曰：噫嘻歎辭成王，既昭明也假格也爾田官也。率時是也農夫，播厥百穀。駿大也發耕也爾私私田，終三十里萬夫之田内方三十里。亦服爾耕，十千維耦兩人並耕。

臣按：我朝學士朱善謂此詩舉成王之謚，則成王以後之詩也。成王既置田官而戒命之，後王復遵其法而重戒之。率時農夫，農官之職也。播厥百穀，農夫之事也。終三十里，欲其地之無遺利也。十千維耦，欲其人之無遺力也。籲，古之帝王致力於農事也如此，後世之君聽民自耕自獲，所以命官以治之者征租賦、督力役而已，能勿擾之使其得以盡力南畝已爲幸矣，況求其戒敕農官勸相農民勤勤懇懇如是夫？

《周禮》：遂師巡其稼穡春種曰稼，秋斂曰穡，而移用其民謂此遂之民移用於彼遂也，以救其時事謂如水潦暴至之類合力救之。

遂大夫正歲簡閱也稼器耒耜之類，修稼政。三歲大比，則帥其吏而興舉民之賢者能者，明其有功者農功之修者則明之，屬其地治者屬，聚也。地事之治者。

縣正趣催促也其稼事謂耕耘、收斂之事而賞罰之勤者賞之，怠者罰之。長趣其耕耨，稽其女功勸織事也。

里宰以歲時合耦於鋤耦並耕也，以治稼穡趣其耕耨，行其秩敘秩謂多寡，敘謂先後。

司稼掌巡行視邦野之稼而辨穜先種後熟稑後種先熟之種，周知其名與其所宜地所宜種之地，以爲法而縣於邑閭。

臣按：《周禮》，周公致太平之書也。周家自后稷以來以農爲國，故周公於《書》既作《無逸》以爲其君告，使其知小民之所依而不敢逸豫；又於《詩》作《豳頌》以爲其君誦，使其知王業之所起而不敢荒寧。及其作《周官》也，一書之間設官分職，其間爲農事者不一而足，或以巡稼穡，或以簡稼器，趨其耕耨，辨其種類，合耦以相助，移用以相救，行其秩敘，懸其法式，又於三歲大比以興其治田之，亦如大比之興賢能焉，或誅或賞，或興或廢，無非以爲農事而已。噫，周公之輔成王，陳言以獻忠於上者，惓惓以稼穡爲言；建官以分治於下者，諄諄以農事爲急，其知本乎！

《月令》：孟春之月，天子乃以元日上辛也祈穀於上帝，乃擇元辰郊後吉日也，天子親載耒耜，措之於參參乘之人保介衣甲也之御間，帥三公、九卿、諸侯、大夫躬耕帝籍，天子三推執耒而進謂之推，三公五推，卿諸侯九推。

又曰：王命布農事，命田田畯也舍居也東郊，皆修封疆田之限域，審端徑術術與遂通，田間溝洫也，善相視也丘陵、阪險、原隰土地所宜，五穀所殖，以教道民，必躬親之。田事既飭，先定準直，農乃不惑。

臣按：天子籍田千畝，收其穀爲祭祀之粢盛，故曰帝籍。謂之籍者，借也，天子執耒而進，然後借民力以終之也。古之天子非無人可耕也，而必躬爲之者，豈專爲供上帝之粢盛哉？亦以爲天下之農民帥先爾。天子既身爲之帥先，又必命田畯之官居郊野之外以督其耕，修其封疆以防其交爭，審端徑術以通其水道，善相丘陵、阪險、原隰以相其地勢高下、險易、燥濕，土地各有所宜，五穀各有所殖，教之使能其事，道之使達其理，皆須田畯躬親教飭之以定其准，使得其平定其直使得其正，則農民無所疑惑也。籲，以九重之上、萬乘之尊猶且躬爲之耕，則夫閭閻小民豈有不興起也哉？

季春之月，天子乃薦鞠衣色如鞠花之黃於先帝薦衣以祈蠶。命野虞毋伐桑柘，具曲簿也植槌也籧席之粗者筐筥之方者，四者皆蠶具，后妃齋戒親東鄉去躬桑，禁婦女毋觀使不得爲容觀之飾，省婦使咸省其他役以勸蠶事。蠶事既登，分繭稱絲，效功以共郊廟之服，毋有敢惰。

孟夏之月，蠶事畢，后妃獻繭后妃受內命婦之獻，乃收繭稅，以桑爲均繭之多寡以葉爲均齊。

《祭義》：古者天子、諸侯必有公桑蠶室，君皮弁素積，卜三宮之夫人世婦之吉者，使入蠶於蠶室。歲既單盡也矣，世婦卒蠶，奉繭以示於君，遂獻繭于夫人，夫人繅以爲黼黻文章。服既成，君服以祀先王、先公，敬之至也。

《祭統》：天子親耕于南郊以共齊盛，王后蠶于北郊以共純讀作緇服。天子、諸侯非莫耕也，王后、夫人非莫蠶也。

張栻曰：『周家建國，自后稷以農事爲務，曆世相傳，其君子則重稼穡之事，其室家則躬織之勤，相與諮嗟歎息，服習乎艱難，詠歌其勞苦，此實王業之根本也。如周公之告成王，其見於《詩》有若《七月》，皆言農桑之候也；其見於《書》有若《無逸》，則欲其知稼穡之艱難、知小人之依也，帝王所傳心法之要端在乎此。夫治常生於敬畏而亂常起於驕肆，使爲國者每念乎稼穡之勞，而其后妃又不忘乎織之事，則心不存焉者寡矣，何者？其必嚴恭朝夕而不敢怠也，其必懷保小民而不敢康也，其必思天下之饑寒若己饑寒之也，是心常存則驕矜放肆何自而生，豈非治之所由興也歟？美哉，周之家法也。其後幽王惑褒姒而廢正后，以召犬戎之禍，而詩人刺之曰「婦無公事，休其蠶織」，蓋推其禍端，良由稼穡、織之事不聞於耳、不動於心，以至於此。故誦《葛覃》「服之無斁」之章則知周之所以興，誦「休其蠶織」之章則知周之所以衰，其得失所自豈不較著乎？』

臣按：天子之尊，非無可耕之人也，而必躬耕以供宗廟之粢盛；后妃之貴，非無可織之人也，而必躬蠶以爲祭祀之服飾。所以然者，非但身致其誠信以事神明而已也，亦將以其身爲天下農夫蠶婦之帥先也。由是畎畝之間、閭閻之下，聞其風教者莫不曰以天子之尊、后妃之貴猶不廢耒耜、機杼之業，況吾儕小人乎？夫然將見田里無不耕之夫、室家無不織之女，人人有業、家家務本，自然無遊手之民、末作之技，家給而人足，盜息而訟簡，民所以爲生者益固，國所以藏富者益厚矣。張栻以爲王業之根本於是乎在，然推其根本之所以立則又在乎朝廷之上、宮闈之間，其言深至切要，所謂『帝王所傳心法之要端在乎此』，誠非虛語也。伏望明主于燕閑之暇留神垂覽，天下人民不勝大願。

《國語》：周宣王即位，不藉千畝，虢文公諫曰：『不可。夫民之大事在農，上帝之粢盛於是乎出，民之蕃庶於是乎生，事之共給於是乎在，和協輯睦於是乎興，財用繁殖於是乎始，敦龐純固於是乎成，是故稷爲大官。古者太史順時視也土，陽癉厚也憤積也盈，土氣震發，農祥房星也晨正立春之日晨中於中，日月底於天廟營室，土乃脈發。先時九日，太史告稷曰：「自今至於初吉二月朔日，陽氣俱烝，土膏其動。弗震弗渝，脈其滿眚災也，穀乃不殖。」稷以告王曰：「史帥陽官春官以命我司事主農事官曰：距今九日，土其俱動，王其祗祓祓除，監農不易。」王乃使司徒咸戒公卿、百吏、庶民，司空除壇於藉，命農大夫咸戒農用。先時五日，瞽告有協風至，王即齊宮，百官御事，各三日。王乃淳濯饗醴，及期，鬱人薦鬯，犧人薦醴，王祼鬯，乃行，百吏、庶人畢從。及藉，后稷監之，膳夫、農正陳藉禮，太史贊王，王敬從之。王耕一墢，班三之，庶人終於千畝。其后稷省功，太史監之；司徒省民，太師監之。畢，宰夫陳饗，膳宰監之。膳夫贊王，王歆大牢，班嘗之，庶人終食。是日也，瞽率、音官以省風土。廩于藉東南，鐘而藏之，而時布于農。稷則遍戒百姓，紀農協功，曰：「陰陽分佈，震雷出滯。」土不備墾，辟在司寇。乃命其旅眾也曰：「徇行也，農師一之先往，農正再之，后稷三之，司空四之，司徒五之，太保六之，太師七之，太史八之，宗伯九之，王則大徇。耨獲亦如之。」民用莫不震動，恪恭于農，修其疆畔，日服其鎛，不解于時，財用不乏，民用和同。是時也，王事唯農是務，無有求利於其官以幹農功。』

臣按：《詩序》『《載芟》，春藉田而祈社稷也』，箋言：『藉田，甸師氏所掌。王載耒耜，所耕之田，天子千畝，諸侯百畝。藉之言借也，借民力治之，故謂之藉。』疏謂：『王一耕之而使庶民芸芓終之，是借民者借此甸師之徒也。』《漢書》注韋昭亦以借民力爲言，臣瓚謂：『帝躬耕爲天下先，不得以假借爲稱。藉謂蹈藉也。』顔師古是瓚說，引宣王不藉千畝虢文公諫爲證明其非假借也。以臣觀之，二說相須其義始備。夫以千畝之田，非一人一日所能盡，意其始也，蹈藉田畝，以躬三推之儀；終也，假借民力以終千畝之制爾。自周以後迄于唐、宋，此禮不廢，然耕藉田者必祀先農。我列聖躬祀先農行藉田禮如古制，非徒以供宗廟之粢盛，實所以重農事以勸相天下之民，使興起農功也。

漢文帝二年正月，詔曰：『夫農，天下之本也。其開藉田，朕親率耕以給宗廟粢盛。』

九月，又詔曰：『農，天下之大本也，民所恃以生也，而民或不務本而事末，故生不遂。朕憂其然，故今茲親率群臣農以勸之，其賜天下民今年田租之半。』

文帝又詔皇后親桑以奉祭服，爲天下先。

景帝后二年，詔曰：『雕文刻鏤，傷農事者也；錦繡纂組，害女紅工也者也。農事傷則饑之本也，女紅害則寒之原也，夫饑寒並至而能亡爲非者，寡矣。朕親耕，后親桑以奉宗廟粢盛、祭服，爲天下先，不受獻，減大官，省繇賦，欲天下務農蠶，素有畜積以備災害。』

臣按：成周之後，最重農者莫如漢，文、景二帝尤惓惓焉，非徒有是虛文也，而減租之詔歲下，雖以武帝之窮奢好武，下至舟車皆有算，而于田租則未嘗有加焉，茲則所謂誠于憫農之實惠也。自是而後，君非不耕藉田，后非不親蠶，非不下憫農之詔，非不敕守令以勸相，然皆尚虛文而已，非實惠也，是故農不必勸也，能無擾之足矣。善乎，柳宗元之言曰：『長人者好煩其令，若甚憐焉而卒以禍，旦暮吏來而呼曰：官命促爾耕、勖爾植、督爾穫。蚤繰而緒，蚤織而縷，字而幼孩，遂而雞豚，鳴鼓而聚之，擊木而召之，小人輟飧饔以勞，吏者且不得暇，又何以蕃其生而安其性耶？臣願仁聖在上，思王業之所本，念小人之所依，禁遊惰則爲之者衆，省繇役則不奪其時，減租賦則不罄所有，是雖不下憫農之詔而人皆知其有憫念之心，不設勸農之官而人皆受其勸相之惠，田里小民不勝多幸。』

鼂錯言于文帝曰：『聖王在上而民不凍饑者，非能耕而食之、織而衣之也，爲開其資財之道也。民貧則奸邪生，貧生於不足，不足生於不農，不農則不地著，不地著則離鄉輕家，民如鳥獸，雖有高城深池、嚴法重刑猶不能禁也。民者在上所以牧之，趨利如水走下四方，亡擇也。夫珠玉、金銀，饑不可食，寒不可衣，然而衆貴之者，以上用之故也。粟米、布帛生於地、長於時、聚於力，非可一日成也，一日弗得則饑寒至，是故明君貴五穀而賤金玉。』

又曰：『方今之務，莫若使民務農而已矣。欲民務農在於貴粟，粟者，王者大用、政之本務。』

臣按：鼂錯以此告于文帝，欲其爲民開資財之道，所以開之之要在於務民于農桑，薄賦斂、廣蓄積，以實倉廩、備水旱而已。而其末又言『方今之務，莫若使民務農。務農在於貴粟，粟者，王者大用、政之本務』，人君誠貴五穀而賤金玉，民知人君所貴在此，則咸知所貴重矣。九重之上誠躬行節儉而捐棄金玉，切切焉勸農桑、抑末作，則天下之民咸趨於南畝而惟農之是務矣。

景帝後三年，詔曰：『農，天下之本也。黄金、珠玉，饑不可食，寒不可衣，以爲幣用不識其終始。間歲或不登，意爲末者衆，農民寡也。其令郡國務勸農桑，益種樹，可得衣食物，吏發民若取庸取其資以雇庸采黄金、珠玉者，坐贓爲盜，二千石聽者與同罪。』

臣按：『農，天下之本也』之一言者，文帝之詔凡三見焉，而景帝、武帝亦皆以是言冠於詔之先，漢人去古未遠，猶知所重也。後世往往重珠玉而輕穀粟，是不知所重也。景帝此詔令郡國務勸農桑、益種樹，可得衣食物，其知所重矣乎。

以上論重民之事。

又《寬民之力》 《易兌》之象曰：說以先民，民忘其勞；說以犯難，民忘其死。說之大，民勸矣哉。

程頤曰：『君子之道其說於民，如天地之施，感於其心而說服無斁，故以之先民則民心説隨而忘其勞，率之以犯難則民心説服於義而不恤其死。説道之大，民莫不知勸，勸謂信之而勉力順從人君之道。以人心説服爲本，故聖人贊其大。』

臣按：此《兑》卦之彖辭。兑之義，説也。兑上爲君，兑下爲民，有君、民相説之象。人君之用民力必以説服爲本，有事而欲與民趨之，則思曰此民所説乎不説乎？苟民心説也則先以趨之，則民知上之勞我所以逸我也，咸忘其爲勞矣；有難而欲與民犯之，則民知上之死我所以生我也，咸忘其爲死矣。人君之欲用民力，察夫事之理而得其正，體夫民之心而同其欲，必爲天下而不爲一家，必爲衆人而不爲一己，然後爲之則民無不勸勉順從者矣。

《節》之彖曰：節以制度，不傷財不害民。

程頤曰：『聖人立制度以爲節，故能不傷財害民。人欲之無窮也，苟非節以制度，則侈肆至於傷財、害民矣。』

臣按：此《節》卦之彖。節之爲言有限而止也，爲卦下兑上坎，澤上有水，其容有限，故爲節。聖人體節之義則立爲制度，量入爲出，無過取，無泛用，寧損己而益人，不厲民以適己，則必不至於傷財，不傷財則不至於害民矣。

《詩靈台》之一章曰：經始靈台，經之營之。庶民攻之，不日成之。經始勿亟，庶民子來。

朱熹曰：『國之有台，所以望氛祲、察災祥、時觀游、節勞佚也。文王之台，方其經度營表之際而庶民已來作之，所以不終日而成也。雖文王心恐煩民，戒令勿亟而民心樂之，如子趨父事，不召自來也。孟子曰：「文王以民力爲台爲沼，而民歡樂之，謂其台曰靈台，謂其沼曰靈沼。」此之謂也。』

臣按：人君之用民力以興土木之工，必若文王之作靈台將以望氛祲、察災祥、時觀游、節勞佚然後爲之，是其所以爲此台者非專以適己，蓋不得已、不得不爲者也。故其雖用民力，民反歡樂之，若秦之阿房、漢之長楊、五柞則是勞民以奉己也，民安得而不怨恨之哉？民怨則國不安，危亡之兆也。

《周禮》：小司徒之職，乃均土地，以稽其人民而周知其數。上地家七人一夫受田百畝，七口以上授以上等之地，可任也者家三人可任力役者每家三人；中地家六人，可任也者二家五人二家共五人；下地家五人，可任也者家二人。凡起徒役，毋過家一人，以其餘爲羡正卒之外皆爲羡卒，惟田與追胥竭作惟田獵與逐捕、寇盜，則正卒、羡卒皆作。

臣按：成周盛時，其役民也因其受田之高下以定其力役之多寡，故其事力相稱而其爲役也適平，及其徒役之起，又不過家用一人，非田獵與追胥不至於並行也，非若後世不復考其人之數，不復量其人之産，一切徵發，乃至於盡室而行焉。

鄉大夫之職，以歲時登其夫家之衆寡，辨其可任者。國中自七尺以及六十七尺年二十，野自六尺以及六十有五六尺年十五皆征之。其舍者謂不征者，國中貴者、賢者、能者、服公事者、老者、疾者皆舍。

旅師，凡新新徙來者之治皆聽之，使無征役。

臣按：成周力役之征必稽考其版籍之數，以辨其事力之任否，地近而役多者則征之遲而舍之早，地遠而役少者則征之早而舍之遲，非若後世役民，往往勞近而寬遠，政與古人相反也。是以自古明王尤軫念畿甸之民，無事之時常加寬恤，蓋以有事之時必賴其用故也。然不獨寬其國中之民而已，凡國之中貴而有爵者、賢而有德者、能而有才者、服勞公事者、老者、疾者皆復除之，與夫新之治則無征役，凶劄之歲則無力政，凡此皆先王行役民之義而存仁民之心。

均人凡均力役之政以歲上下，豐年則公旬音均用三日焉，中年則公旬用二日焉，無年則公旬用一日焉，凶劄凶謂饑荒，劄謂疾疫則無力政並與力政免之。

臣按：此即《王制》所謂用民之力歲不過三日者也，然又因歲時之豐歉以定役數之多寡，是以三代盛時之民，以一人之身、八口之家，於三百有六旬有六日之間無一日而不自營其私也，所以爲公者僅三日焉耳。後世驅民於鋒鏑，起民以繇戍，聚民以工作，蓋有一歲之間在官之日多而家居之日少，甚者乃至於終歲勤苦而無一日休者。嗚呼，民亦不幸而不生於三代之前哉。雖然，萬古此疆界，萬古此人民也，上之人誠能清心省事，不窮奢而極欲，不好大而喜功，庶幾人民享太平之福哉。

《春秋》：僖公二十年春，新作南門。

胡安國曰：『書新作南門，譏用民力於所不當爲也。《春秋》凡用民力得其時制者猶書於策，以見勞民爲重事，而況輕用於所不當爲者乎？』

臣按：人君之用民力，非不得已不可用也。蓋君以養民爲職，所以養之者非必人人而食之、家家而給之也，惜民之力而使之得以盡其力於私家，而有以爲仰事俯育之資、養生送死之具，則君之職盡矣。孔子作《春秋》，于魯僖之作泮宮則不書，復鸜宮則不書，而于作南門則書之。不徒書之而且加以新作之辭，以見泮宮、鸜宮乃魯國之舊制，有以舉之則不可廢，雖欲不修不可得也，如此而用民力亦不爲過，若夫南門，魯國舊所無也，雖不作之亦無所加損，何必勞民力以爲此無益之事，此聖人所以譏之歟？

《左傳》：昭公十九年，楚人城州來，沈尹戌曰：『楚人必敗。昔吳滅州來在昭十三年，子旗請伐之，王楚平王曰吾未撫吾民，今謂城州來也亦如之而城州來以挑吳，能無敗乎？』侍者成之侍者曰：『王施施恩德舍舍逋負不倦，息民五年，可謂撫之矣。』戌曰：『吾聞民樂其性而無寇仇，今宮室無量，民人日駭勞罷音疲死轉，忘寢與息，非撫之也。』

臣按：沈尹戌此言人君之欲用民力必先有以撫之，所以撫之之道在乎節用於內而樹德於外。蓋用不節，則必美衣食、厚用度、營宮室、廣廟宇，財費於內，力疲於外，而民不安其居，不遂其生，勞苦罷困、死亡轉徙，而林林而生，總總而處者皆不得樂其性，而且爲吾之寇仇矣，爲人上者可不畏哉？

哀公十一年，季孫欲以田賦，使冉有訪諸仲尼，仲尼不對而私于冉有曰：『君子之行政事也，度于禮，施取於厚，事舉其中，斂從其薄，如是則以丘丘十六井，是賦之常法亦足矣。』

臣按：施取於厚即所謂食壯者之食也，事舉其中即所謂任老者之事也，斂從其薄即所謂不厚斂於民也，此三言者聖人雖爲季孫發而以告冉有，後世人主行事以禮、用民以寬，要當以是爲法。

《王制》：用民之力，歲不過三日。

孔穎達曰：『《周禮》均人豐年旬用三日、中年旬用二日，無年旬用一日，年歲不同，雖豐不得過三日也。』

臣按：用民力如治城郭、塗巷、溝渠、宮廟之類，若師旅之事則不拘此制。

又曰：凡使民，任老者之事，食壯者之食。

臣按：先儒謂老者食少而功亦少，壯者功多而食亦多，今之使民雖少壯，但責以老者之功程；雖老者，亦食以少者之飲食，寬厚之至也。

八十者一子不從政從政謂給公家之力役，九十者其家不從政，廢疾非人不養者一人不從政，父母之喪三年不從政，齊衰、大功之喪三月不從政，將徙欲去者于諸侯三月不從政，自諸侯來徙已來者家期不從政。

臣按：昔人有言，夫人莫衰于老，莫苦於疾，莫憂于喪，莫勞於徙，此王政之所宜恤者，故皆不使之從政焉。如是，則老耄者得以終其天年，廢疾者得以全其身體，居喪者盡送終之禮，遷徙者無失所之虞，是亦仁政之一端也。

孔子曰：『張張弓弦也而不弛落弓弦也，文、武弗能也。弛而不張，文、武弗爲也。一張一弛，文、武之道也。』

臣按：此章孔子因數貢觀蜡之問而以弓喻民以荅之，謂弓之爲器，久張而不弛則力必絶，如民久勞苦而不休息則其力必憊；久弛而不張則體必變，如民久休息而不勞苦則其志必逸。弓必有時而張如民必有時而勞，弓必有時而弛如民必有時而息。一於勞苦，民將不堪，雖文王、武王有所不能治也；一于逸樂則民將廢業，則文王、武王必不爲此也。然則果如之何而可？曰不久張以著其仁，不久弛以著其義。

子曰：『使民以時。』朱熹曰：『時謂農隙之時也。』

臣按：朱熹解此章謂時爲農隙之時，至《孟子》不違農時章則又解曰農時謂春耕、夏耘、秋收之時，凡有興作不違此時，至冬乃役之也。臣竊以謂歲時有早晚，氣候有寒暑，農事有劇易，事體有緩急，人君遇有興作，必當順天之時、量事之勢、適民之願，苟墮指裂肌之時、爍石流金之候，農務方殷、饑寒切體而欲有所營爲，可乎？所謂時者非但謂農時，各隨時而量其可否可也。

魯人爲長府，閔子騫曰：『仍舊貫如之何，何必改作？』王安石曰：『改作勞民傷財，在於得已，則不如仍舊貫之善。』

臣按：古人必不得已而後改作，非甚不得已必不肯快一己之私意，廢前人之成功。安石能爲此言，至其爲相乃變祖宗之法，何哉？

魯定公問于顔回曰：『子亦聞東野畢之善御乎？』對曰：『善則善矣，然其馬將必佚。』公曰：『何以知之？』對曰：『以政知之。昔者帝舜巧於使民、造父巧于使馬，舜不窮其民力、造父不窮其馬力，是以舜無佚民、造父無佚馬。今東野畢之御也，升馬執轡銜體正矣，步驟馳騁朝禮畢矣，歷險致遠馬力盡矣，然而猶乃求馬不已，臣以此知之。』公曰：『吾子之言其義大矣，願少進乎。』回曰：『鳥窮則啄，獸窮則攫，人窮則詐，馬窮則佚，自古及今未有窮其下而無危者也。』

臣按：《家語》此章，顔子謂舜不窮其民是以無佚民，由是推之，則桀紂窮其民所以有佚民，而致危亡之禍也可知已。後世人主，其尚無以苛政虐刑以窮其民哉。

漢高祖七年，民產子復勿事二歲。

宣帝地節四年，諸有大父母、父母喪者勿繇事，使得收斂送終，盡其子道。

臣按：地節之詔即推廣《王制》父母之喪三年不從政之意，高帝七年令民產子復勿事二歲，豈非古人保胎息之遺意歟？漢世去古未遠，愛養元元之心猶有三代餘風，已死也而憫其喪，未生也而保其胎，人君以此爲政，則其國祚之長豈不宜哉。

以上論寬民之力。

又《湣民之窮》

《書大禹謨》：不虐無告，不廢困窮，惟帝時克。

真德秀曰：『易虐者不虐，易廢者不廢，皆自克艱一念爲之。』

臣按：帝舜然禹克艱之言而及於無告困窮者，蓋人君以一人而爲億兆人之父母，要必億兆人皆得其所，然後一人克盡其道。君道厥惟艱哉，是以人君欲盡克艱之道、布德於有生之民非難，而施惠於無告之民爲難也。不虐無告，不廢困窮，帝舜不敢謂其必能而歸之於堯。孔子謂堯、舜以博施濟衆爲病，亦此意歟？雖然，人君富有四海，苟惻然興念則澤無不被矣，夫豈難事而必謂帝堯然後時克哉？噫！樹藝者培其方長非難，而蘇其枯槁爲難；業醫者已其疾病非難，而起其膏肓爲難。後世帝王有志於堯、舜之治而思盡君道之難者，發政施仁烏可後此？

《無逸》：懷保小民，惠鮮鰥寡。

蔡沈曰：『於小民則懷保之，於鰥寡則惠鮮之。惠鮮者，鰥寡之人垂首喪氣，賚予周給之使有生意。』

臣按：昔帝舜告大禹以帝堯克艱之道，而以不虐無告、不廢困窮爲言；今周公告成王以文王無逸之實，而以懷保小民、惠鮮鰥寡爲言。是知自古帝王所以克艱、其君而所以無逸者，必先于發政施仁，而所以發政施仁者必先於天民之無告者，前聖、後聖其揆一也。

《詩正月》篇：哿矣富人，哀此煢獨。

朱熹曰：『亂世富人猶或可勝煢獨甚矣，此孟子所以言發政施仁必先鰥寡孤獨也。』

臣按：民之生也有富有貧，其富者雖不幸而孤獨鰥寡，然猶有以爲養生送死之具，惟夫既孤獨鰥寡矣而又貧窶乏絕焉，生無以爲生，死無以爲死，其尤可哀哉。是以帝王之施仁政也，又於其中較其淺深而爲之賙恤，使之均得其所焉。

《周禮》曰：大司徒以保息六養萬民，三曰振窮。鄭玄曰：『天民之窮者有四，曰鰥、曰寡、曰孤、曰獨。』

臣按：民之生也，少者賴父母以鞠之，老者賴子孫以養之，生有衣食之資，死有葬祭之具，則其生遂而不窮矣。然其所以遂其生者，實賴上之人爲之制產立法，使之相生養、相保愛而不相棄背焉。然物不能以皆齊，命不能以皆偶，其間不能無幼弱而失怙恃、衰老而無所依傍者焉，非上之人弘保息之，政舉振救之，令則彼何所控告以全其身命而盡其天年也哉？

《禮運》：大道之行，天下爲公，矜寡孤獨廢疾者皆有所養。

臣按：大道之行謂唐虞之世也。當是之時，家給而人足，老安而少懷，烏有所謂無告廢疾者哉？記禮者猶以此爲言，以見天下爲公之世無一人之不遂其生，則雖窮而無告、病而有疾者皆有所養焉，舉隆古之盛以示後世之法，使凡有志於堯、舜之治者皆當以堯、舜之心爲心。

《王制》：少而無父者謂之孤，老而無子者謂之獨，老而無妻者謂之矜，老而無夫者謂之寡，此四者天民之窮而無告者，皆有常餼。陳澔曰：『皆有常餼，謂君上養以餼廩有常制也。』

臣按：天下之民孰非天之所生，乃獨於幼而無父、老而無子與夫無妻無夫者而謂之天民。籲，民固皆天生者也，而此四民者力不足以養其身、言不足以達其情，則是生於天而不能全天之生，尤天之所湣念者也。人君于此四等窮人而加惠焉，是乃所以補助天之所不逮者也。

《月令》：孟春之月，掩骼埋胔。

臣按：人之生也，全理氣之性，具骨肉之軀，其生也有所養，其死也有所藏，則人之始終畢矣。苟死而暴露其骼胔，必生而凍餒其身體者也，仁人君子見之寧不惻然於心乎？此三代盛時所以因時而有掩骼埋胔之令也。

孟子曰：『老而無妻曰鰥，老而無夫曰寡，老而無子曰獨，幼而無父曰孤，此四者天下之窮民而無告者也，文王發政施仁必先斯四者。』

朱熹曰：『先王養民之政，導其妻子使之養其老而恤其幼，不幸而有鰥寡孤獨之人無父母妻子之養，則尤宜憐恤，故必先之也。』

臣按：孟子此言即《無逸》所謂文王懷保惠鮮之實也。昔者明王制民之產，使仰足以事父母、俯足以畜妻子，其或不幸少而喪父、老而喪子、而無夫、而無妻焉，故其發之于政，施之於仁，汲汲然以此四者爲先，惟恐後時而其人或阽於死亡，而吾之惠不得以及之也。

漢文帝詔曰：『方春和時，草木群生之物皆有以自樂，而吾百姓鰥寡孤獨窮困之人，或阽于死亡而莫之省憂，爲民父母將何如？其議所以振貸之。』

宣帝詔曰：『鰥寡孤獨、高年貧苦之民，朕所憐也。前下詔假公田、貸種食，其加賜鰥寡孤獨、高年帛。』

章帝詔曰：『蓋人君者視民如父母，有憯怛之愛，有忠愛之教，匍匐之救其嬰兒，無父母親屬及有子不能養食者廩給如律。』

臣按：漢世去古不遠，其惠養斯民猶有古意。觀文帝、宣帝、章帝兹三詔者，皆無上事而特下之，顓顓然以惠此無告之天民，其視魏晉以來因他事下詔而附列於條款之中者有間也。惟我聖祖登極之七年，特詔天下，其略曰：『曩因天下大亂，死者不可勝數，朕日夕慮上帝有責，思之再三，民間流離避亂，父南子北至今不能會聚，或子歿親老而無養，親歿子幼而無依，皆朕之過也。今詔天下有司具名以言朕，當惠居存養，使不失所。』噫，聖祖特下此詔，蓋自漢帝三詔之後所僅有者也。

唐太宗貞觀元年，賜民年八十以上有騑獨鰥寡、疾病不能自存者米三斛。

宋崇甯元年，詔諸路置安濟坊。紹興二年，詔臨安府置養濟院。

淳祐七年，創慈幼局。應遺棄小兒民間有願收養者，官爲倩貧婦就局乳視，官給錢米如令。

臣按：前此惠民之政及於無告者，往往因事而行，其置爲院埸以專惠之者，始見於此。我太祖開基之五年，詔天下郡縣立孤老院，凡民之孤獨殘疾不能自生者許入院，官爲贍養，每人月米三斗、薪三十斤，冬夏布一匹，小口給三分之二。尋又改孤老院爲養濟院，其初著之於令曰：『凡鰥寡孤獨，每月給米，每歲給布，務在存恤，監察御史、按察司官常加體察。』既而著之於律，曰：『凡鰥寡孤獨及廢疾之人，貧窮無親屬依倚，不能自存，所在官司應收養而不收養者，杖。若應給衣糧而官吏克減者，以監守自盜論。』不特乎此，其後也又申之以憲綱，曰：『存恤孤老，仁政所先，仰府州縣所屬，凡有鰥寡孤獨、廢疾無依之人俱收於養濟院，常加存恤，合得衣糧依期按月支給，毋令失所。遇有疾病，督醫治療。』噫，列聖相承發政施仁，咸先於斯，凡頒詔條必申飭焉，可謂仁之至而義之盡矣。臣竊以謂，京城百萬軍民所聚，無告之民不可數計，有司拘於事例，必須赴告通政司，送戶部下該管官司，取里鄰結狀，然後得與居養之列。文移上下，動經旬月，彼無告窮民豈能堪此？爲今之計，乞敕巡城御史及兵馬司官，凡遇街衢悲呼丐食之人，即拘集赴官，詢其籍貫、居址，挨究有無親屬、產業，有產業者責之管業之人，有親屬者責之有服之親，如果產業、親屬俱無，即發順天府收入養濟院居養。如此，則無告之民皆沾實惠，而衢路之間無悲號者矣。

紹興十三年，詔下錢塘、仁和二縣踏逐近城寺院充安濟坊，籍定老幼貧乏不能自存者及乞食之人，每人日支米一升、錢十文，小兒半之。

臣按：宋自南渡後建都臨安，既於京府立養濟院，又於兩赤縣以近城寺院充安置坊，籍定老幼貧乏、乞丐之食，日支米給錢以收養之。我朝於京府既立養濟院，又於京城中東西就兩僧寺官給薪米，爨熟以食貧丐之人，每寺日支米三石，恩至渥也。臣竊以謂，兩寺之設日有所費，然兩舍飯寺皆在僻靜之地，易於作弊。臣請東寺移於崇文門大街、西寺移于宣武門大街人煙輳集處，每所差部屬官一員專提調，光祿官一員司飯食，每當食時，兵馬官兵沿街趣召給與木籌，依次散食，仍令巡城御史監視，有不如法及作弊者罪之。如此，非但貧窮得食，亦使街道肅清。雖然此事關係非小，京邑翼翼，四方之極，而使疲癃殘疾之人扶老攜幼，垂首喪氣，匍匐于周道之傍，悲號於通衢之側，輦轂之下耳目所及乃尚如此，何以示四遠之觀瞻，豈不貽外夷之譏笑？伏乞聖明降賜敕諭，榜于通衢，付其責於巡城御史、兵馬司官，今後有匍匐悲號于道路者，坐以違制之罪。

崇甯三年，詔諸州縣擇高曠不毛之地置漏澤園，凡寺觀寄留槥櫝之無主者及暴露遺骸悉瘗其中，各置圖籍，立記識，仍置屋以爲祭奠之所，聽親屬祭享，著爲令。

臣按：先王之於民也，制爲養生之法而使之得所養，有不得其養者則施之以惠鮮之政；制爲藏死之具而使之得所藏，有不得其藏者則施之以掩埋之令，不徒恤其生而又恤其死也。聖祖於洪武三年慮天下貧民多以水火葬，有傷風化，下禮部議，禮部奏民間死喪不許焚化，貧窮無地者所在官司擇近城空地設爲義塚以爲瘗藏之所。祖宗良法美意今皆廢弛，乞敕有司舉行，是亦仁民之政之大者。

以上論涽民之窮。

又卷一六《治國平天下之要・固邦本・恤民之患》《書・說命》：惟事事，乃其有備，有備無患。蔡沈曰：『惟事其事，乃其有備，有備故無患也。』

臣按：先儒謂簡稼器、修稼政，事乎農事，則農有其備，故水旱不能爲之害。是則水旱之備，莫先於事農之事可見矣。

《詩・雲漢》：倬彼雲漢天河也，昭回於天回，轉也。言其光隨天轉也。王曰於乎，何辜今之人。天降喪亂，饑饉薦與薦通重也臻至也。靡神不舉求廢祀而修之，靡愛斯牲。圭璧禮神玉既卒盡也，寧莫我聽。

朱熹曰：『宣王承厲王之烈，内有撥亂之志，遇災而懼，側身修行欲銷去之，天下喜於王化復行，百姓見憂，故仍叔作此詩以美之。言雲漢者，夜晴則天河明，故述王仰訴於天之詞如此也。』

臣按：朝廷政治之最急者，莫急於民莫得食，天旱則五穀不成，五穀不成則民無由得食，民無由得食則將趁食於四方，苟處處皆然則民不幾於盡瘁乎？是故有志於爲民之君，見天下之亢旱則豫憂之，凡可以感天而致雨者無所不用其情，是以《雲漢》之詩既告於上天，又告於祖宗父母，又告於百官。索祭之禮既無所遺，禮神之物或至於盡，無所歸咎，寧以己身而當其災，無所控告，惟仰昊天而訴其憂，非徒自貶責於一己而又求助於群臣。宣王之憂民之憂如此，此其所以遇災不災而卒成中興之業也歟。

《周禮》：大司徒以荒政救凶之政十有二聚萬民，一曰散利散其所積，二曰薄徵輕租稅，三曰緩刑凶年犯法者多，緩之恐致變，四曰弛力息繇役，五曰捨禁捨山林川澤之禁，六曰去幾關市不幾察，七曰眚禮凡有禮節皆從減省，八曰殺哀凡行喪禮皆從降殺，九曰蕃樂閉藏樂器，十曰多昏不備禮而昏娶，十一曰索鬼神求廢祀而修之，十二曰除盜賊饑饉盜賊多，嚴刑以除之。

呂祖謙曰：『聚萬民者，劄瘥凶荒，民皆轉徙之四方，故以政聚之。散利是發公財之已藏者，薄徵是減民租之未輸者，此兩者荒政之始。已藏者散之，未輸者薄之，荒政之大綱舉矣。緩刑謂民迫於饑寒不幸有過失，緩其刑辟以哀矜之；弛力者平時用民力歲不過三日，今則弛之以休息民力；捨禁謂山、虞、林衡皆捨去其禁，恣民取之；去幾謂去關防之幾察，使百貨流通，商賈求市，此是救荒之要術。眚禮謂凡禮文可省者省之，如有幣無牲之類；殺哀謂凡喪紀之節一皆減省，專理會荒政；蕃樂謂歲荒民饑，當憂民之憂，所以閉藏樂器不作；多昏謂凶荒之年殺禮多昏，使男女得以相保；索鬼神謂靡神不舉，並走群望之類；前既說緩刑，後又說除盜賊，是經權皆舉，處不幸民有過固可哀矜，至於奸民亦有伺變竊發者，凶荒之歲民心易動，一夫叫呼萬夫皆集，故以除盜賊終之以止亂之萌。大抵《周禮》六官雖分職，然其關節脈理皆相應，且如散利須考大府、天府、内府凡掌財賦之官，如薄徵須考九職、九賦、九貢，如緩刑須考司寇、士師所掌之刑，他莫不然，參觀遍考然後可知。』

葉時曰：『聖人爲荒政以聚萬民，所以救天時之不常而濟地利、人和之不及也。蓋天災國家代有，歲凶年穀不登，上之人苟不有以賑救之、存恤之，則老弱轉乎溝壑，壯者散而之四方矣，民安得而聚哉？然此十二政曰弛力、曰薄徵、曰捨禁、曰去幾，固皆有以利民而一以散利爲先，則其關係民命尤急也。利不散則民不聚，雖有眚禮、蕃樂、殺哀、多昏之政，未必有實惠及民。』

臣按：《易》曰『何以聚人曰財』，《大學》曰『財散則民聚』，蓋天立君以治民，君必得民然後得以爲君，是君不可一日無民也。然民必有安居托處之地、日用飲食之具，而後能聚焉。人君爲治，所以使一世之民恒有聚處之樂而無分散之憂者，果用何物哉？財而已矣。然是財也，所以耗而費之者固由乎人力，然尤莫甚於天災焉。是以人君當夫豐穰無事之時而恒爲天災流行之思、斯民乏絕之慮，豫有以蓄積之，以爲一旦凶荒之備焉。此無他，恐吾民之散而不可復聚也。是以《周禮》十二荒政而以散利爲首，鄭氏謂散利者貸種食也，蓋予之食以濟一時之饑，予之種以爲嗣歲之計，聖人憂民之心至矣遠矣。既散所有之利而又行薄徵以下十一事以濟之，此治古之世所以時有豐凶而民無憂患，民生所以長聚而君位所以永安者，其以此歟。

遺人遺，饋也，掌委積之官掌邦之委積少曰委，多曰積以待施惠，鄉里之委積以恤民之艱厄艱厄謂年穀不熟，門關在國曰門，在郊曰關之委積以養老孤，郊里之委積以待賓客四方至者，野鄙之委積以待羈旅謂不得去者，縣都之委積以待凶荒。

廩人主藏米之官長掌九穀之數九穀謂黍、稷、稻、粱、秫、苽、麻、麥、豆也以待國之匪頒匪頒謂委人之委積、賙賜謂賜予、稍食謂祿廩，以歲之上下數邦用上謂豐年，下謂歉歲，以知足否量入爲出，知所用足與不足也，以詔穀用，以治年之凶豐治之者預爲之防也。凡萬民之食計數萬人所食，食食謂一月之食者人四釜六斗四升曰釜，上豐年爲上也；人三釜每人一月食三釜，中中等不豐不歉之年也也；人二釜每人一月食二鬴，下歉年爲下也。若食不能人二釜若一月之食一人不句一石二斗八升，則令邦移民就穀移民之不足者以就穀有餘之處，詔王殺邦用凶年邦用宜從減省。

臣按：《周禮》十二荒政是國家遇凶荒之時救濟之法也，遺人所掌是國家常時收諸委積以待凶荒施惠之法也，廩人所掌是國家每歲計其豐凶以爲嗣歲移就之法也。觀此，可以見先王之時所以爲生靈慮災、防患之良法深意矣。蓋其未荒也預有以待之，將荒也先有以計之，既荒也大有以救之，此三代之民所以遇災而無患也歟。今其遺法故在，後世人主誠能師其意而立爲三者之法，則民之遇凶荒也無饑餓之患、流移之苦矣。

司救，凡歲時有天患謂災害、民病則以節旌節巡國中及郊野，而以王命施惠。

李覯曰：『司救以王命施惠，非直凶荒而後施與也，疾疫亦有之矣。夫四時之厲或連月不愈，或闔門不起，丁壯臥於床蓐則老稚無能爲，飲食所不給、醫藥所不濟至於死者，豈天命乎？人主所宜動心矣。是故凶年非直除減田租，彼貨賂之徵皆捨之，疾疫亦然。夫阻饑之人營求衣食固無所不至，又將籠其貨賄，則何所措手足乎？況於疾疫之世，安得助天爲虐乎？人主所宜動心矣。』

臣按：疾疫之災多生於凶荒之歲，凡遇荒年宜豫爲之防，使之不至於饑餓而內傷、勞苦而外感、積聚而旁染，是亦救荒之一助也。《春秋》：襄公二十有四年，大饑。

胡安國曰：『古者救災之政，若國凶荒，或發廩以賑乏，或移粟以通用，或徙民以就食，或爲粥溢以救餓莩，或興工作以聚失業之人，緩刑捨禁，弛力薄徵，索鬼神、除盜賊，弛射侯而不燕，置廷道而不修，殺禮物而不備，雖有旱乾水溢，民無菜色。所以備之者如此，其至是年秋有陰沴之災而冬大饑，蓋所以賑業之者有不備矣，故書之以爲戒。』

臣按：胡氏之言救災之政備矣。舉而行之則雖災勿災焉，惟民災而上弗恤，此民之所以災歟。爲人上者其尚體聖人《春秋》之書法，毋坐視民之災而不爲先事之防、臨事之恤哉。

穀梁赤曰：五穀不升成也爲大饑，一穀不升謂之嗛，二穀不升謂之饑，三穀不升謂之饉，四穀不升謂之康康，虛，五穀不升謂之大侵侵，傷。大侵之禮，君食不兼味，臺榭不塗飾也，弛廢也侯射侯，廷道廷內道路不除修也，百官佈而不制雖佈列而不更製作，鬼神禱而不祀惟祈禱不祭祀，此大侵之禮也。

臣按：君食不兼味以下，此即《周禮》膳夫所謂大荒則不舉者也，譬諸父母焉，其子不哺而己乃日餘膏粱，於心安乎？

《王制》：三年耕必有一年之食，九年耕必有三年之食，以三十年之通，雖有凶旱水溢，民無菜色饑而食菜則色病，然後天子食日舉以樂。

馬耆孟曰：『三十年爲一世，三年耕必有一年之食至三十年之通，此人力也；凶旱水溢，此天變也。人力備則可以應天變，蓋王者與民同患，故雖有凶旱水溢而民無菜色於下，然後天子日食舉庶羞，備禮而以樂侑之也。』

臣按：國之所以爲國者以有民也，民之所以爲民者以有食也。耕雖出於民而食則聚於國，方無事之時、豐稔之歲，民自食其食固無賴於國也，不幸而有水旱之災、凶荒之歲，民之日食不繼，所以繼之者國也，國又無蓄焉，民將何賴哉？民之饑餓至於死且散則國空虛矣，其何以爲國哉？是以國無九年、六年之蓄，雖非完國，然猶足以爲國也，至於無三年之蓄則國非其國矣。國非其國，非謂無土地也，無食以聚民云爾。是以三年耕必餘一年食，九年耕必餘三年食，以至三十年之久其餘至於十年之多，則國無不足之患，民有有餘之食。一遇凶荒，民有所恃而不散、有所食而不死，而國本安固矣。雖然，爲治者非不欲蓄積以備凶歉也，然而一歲之所出僅足以給一歲之所費，奈何？曰數口之家、十金之產，苟有智慮者尚能營爲以度日、積聚以備患，況有天下之大、四海之富者哉？

《玉藻》：年不順成則天子素服、乘素車、食無樂。又曰：年不順成，君衣布布衣也搢插也本士之笏也，關梁不租不收租稅，山澤列遮列也，守之之義而不賦不收賦稅，土功不興，大夫不得造車馬。

臣按：古昔帝王遇災必懼，凡事皆加減節貶損，非獨以憂民之憂，蓋亦以畏天之災也，故《周禮》大荒則不舉，大劄則不舉，天地大災則不舉。舉者殺牲盛饌也，豈但飲食爲然？則凡所服之衣、所乘之車凡百興作舉皆休息，此無他，君民之分雖懸絕而實相資以相成也。當此凶荒之時，吾民嗷嗷然以待哺、肙肙然以相視，藝業者技無所用，營運者貨無所售，典質則富戶無錢，舉貸則上戶無力，魚蝦螺蚌採取已竭，木皮草根剝掘又盡，面無人色，形如鬼魅，扶老攜幼，宛轉以號呼，力疾曳衰，枵腹以呻吟，氣息奄奄，朝不保暮，其垂於阽危、瀕於死亡也如此，爲人上者何忍獨享其奉哉？雖欲享之，亦且食不下嚥也。雖然，與其貶損於既荒之餘，孰若保養於未荒之先？非獨下民不罹其苦，而上之人亦無俟於降殺也。

孟子對鄒穆公曰：『凶年饑歲，君之民老弱轉乎溝壑、壯者散而之四方者幾千人矣，而君之倉廩實、府庫充，有司莫以告，是上慢而殘下也。君行仁政，斯民親其上、死其長矣。』

范祖禹曰：『《書》曰「民惟邦本，本固邦寧」，有倉廩府庫所以爲民也，豐年則斂之，凶年則散之，恤其饑寒，救其疾苦，是以民親愛其上，有危難則赴救之如子弟之衛父兄、手足之捍頭目也。』

臣按：人君之爲治，所以延國祚、安君位者，莫急於爲民。故凡國家之所以修營積貯者，何者而非爲民哉？是故豐年則斂之，非斂之以爲己利也，收民之有餘以備他日之不足；凶年則散之，非散之以爲己惠也，濟民之不足而發前日之有餘。籲，民有患，君則恤之，則夫他日君不幸而有患焉，則民將救之惟恐後矣。

荀卿曰：『田野縣鄙者財之本也，垣牆也窌窖也倉廩者財之末也；百姓時和謂天時和順、事業得敘者耕稼得其次序貨之源也，等賦謂以差等制賦也府庫者貨之流也。故明主必謹養其和，節其流，開其源而時斟酌焉，潢然使天下必有餘而上不憂不足，如是，則上下俱富交無所藏之，是知國計之極也。故禹十年水、湯七年旱而天下無菜色者，十年之後年穀復熟而陳積有餘，是無他故焉，知本末、源流之謂也。』

臣按：荀卿本末、源流之説，有國家者不可以不知也。誠知本之所在則厚之，源之所自則開之，謹守其末，節制其流，量入以爲出，挹彼以注此，使下常有餘，上無不足。禹、湯所以遇災而不爲患者，知此故也。

魏李悝平糴法，中饑則發中熟之所斂、大饑則發大熟之所斂而糶之，故雖遇饑饉，糴不貴而民不散。漢耿壽昌請令邊郡築倉，以穀賤時則增價而糴以利農，穀貴時則減價而糶以利民，名曰常平倉。

臣按：耿壽昌常平之法，因穀貴賤而增減其價以糴糶之，其法非不善也，然年之豐歉不常，穀之種類不一，或連歲皆歉，或此種熟而彼種不收，苟其斂散之際，非斟酌而上下之，其法將有時而不平者矣。惟今江北之地，地可窖藏雜種五穀，宜仿此法於要害處立常平司，專差戶部屬官往蒞其事，隨其熟而收其物，不必專其地，因其時而予之價，不必定於官，視年豐歉隨時糴糶。立倉用壽昌之名，斂散行李悝之法，庶乎其可也。

晁錯言於漢文帝曰：『聖王在上而民不凍饑者，非能耕而食之、織而衣之也，爲開其資財之道也。故堯禹有九年之水、湯有七年之旱而國亡無同捐瘠者無相棄捐而瘦病者，以畜積多而備先具也。今海內爲一，土地、人民之眾不減湯、禹，加以亡天災數年之水旱，而畜積未及者何也？地有遺利，民有餘力，生穀之土未盡墾，山澤之利未盡出，遊食之民未盡歸農也。』

臣按：安養斯民之政在開其資財之道，開資財有道，在墾土田、通山澤使地無遺利，禁遊民、興農業使民無餘力，如此，則畜積多矣。雖有天災數年之水旱而吾所以爲之備者具之，有素安能爲吾民患哉？是以古之善爲治者恒備於未荒之先，救之已患之後者策斯下矣。

隋開皇五年，度支尚書長孫平奏令民間每秋家出粟麥一石以下，貧富無差，輸之當社，委社司檢校以備凶年，名曰義倉。

胡寅曰：『賑饑莫要乎近其人，隋義倉取之於民不厚，而置倉於當社，饑民之得食也，其庶矣乎。後世義倉之名固在，而置倉於州郡，一有凶饑無狀，有司固不以上聞也，良有司敢以聞矣，比及報可，委吏屬出而施之，文移反復，給散艱阻，監臨胥吏相與侵沒，其受惠者大抵城郭之近力能自達之人耳，居之遠者安能扶老攜幼數百里以就龠合之廩哉？必欲有備無患，當以隋氏爲法，而擇長民之官行劭農之法，輔以救荒之政，本末具舉，民之饑也庶有瘳乎。』

臣按：義倉之法，其名雖美，其實於民無益，儲之於當社亦與儲之州縣無以異也，何也？年之豐歉無常，地之燥濕各異，官吏之任用不久，人品之邪正不同。由是觀之，所謂義者乃所以爲不義，本以利民反有以害之也，但見其事煩擾、長吏奸而已，其於賑恤之實誠無益焉。然則如之何而可？臣愚竊有一見，請將義倉見儲之米歸併於有司之倉，俾將所儲者與在倉之米挨陳以支，遇有荒年照數量支以出，計其道里之費，運之當社之間以給散之就量用其中米以爲脚費。任其事者不必以見任之官，散之民者不必以在官之屬，所司擇官以委，必責以大義，委官擇人以用，必加以殊禮其事詳見下，不必拘拘於所轄，專專於所屬，如此，則庶幾民受其惠乎。

唐貞觀二年，遣使賑恤饑民，鬻子者出金帛贖還之。

臣按：饑饉之年民多賣子，天下皆然，而淮以北、山之東尤甚。嗚呼！人之所至愛者子也，時日不相見則思之，挺刃有所傷則戚之。當時和歲豐之時，雖以千金易其一稚，彼有延頸受刃而不肯與者；一遇凶荒，口腹不繼，惟恐鬻之而人不售，故雖十餘歲之兒，僅易三五日之食亦與之矣。此無他，知其借亡而無益也。然當此困餓之餘，疫厲易至相染，過者或不之顧，縱有售者亦以飲食失調，往往致死，是以荒歉之年餓莩盈途，死屍塞路，有不忍言者矣。臣愚竊以爲，唐太宗贖饑民所賣之子，固仁者之心也，然待其賣之而後贖，彼不售而死者亦多矣。莫若遇饑歉之年，民有鬻子者官爲買之，每一男一女費以五緡以上爲率，量與所賣之人以爲養贍之計，用其所餘之貲以爲調養之費，因其舊姓賜以新名，傳送邊郡，編爲隊伍，給以糧賞配之軍士之家，俾其養育死者不許句丁，如此，既得以全其性命，又得以濟其父母，內郡不耗，邊城充實，是於救荒之中而有實邊之效。或者若謂國家府庫有限，費無所出，惟今江南之人有謫戍西北二邊者，句丁補伍有如棄市，及至戍所多不得用，今後遇有荒歲預借官錢買之，待後於江南民戶有隸戎伍於極邊者，願出五百緡以上者除其尺籍，出二百緡以上者改隸近衛，如此，則除一軍得百軍，移一軍得四十軍，隨以所得抵數還官，數十年之後邊境之軍日增而南方之伍亦不缺矣。或曰因饑募兵，古有其事歟？曰富弼在青州，因濟饑民募軍萬計，史可考也。

代宗時，劉晏掌財賦，以爲戶口滋多則賦稅自廣，故其理財以愛民爲先。諸道各置知院官，每旬月具州縣豐歉之狀白使司，豐則貴糴，歉則賤糶，或以穀易雜貨供官用，及於豐處賣之。知院官始見不稔之端，先申至某月須如干蠲免，某月須如干救助，及期晏不俟，州縣申請即奏行之，應民之急未嘗失時，不待其困弊、流亡、餓殍然後賑之也。由是民得安其居業，戶口蕃息。晏始爲轉運使時，天下現戶不過二百萬，其季年乃三百餘萬，在晏所統則增，非所統則不增也，其初財賦歲入不過四百萬緡，季年乃千餘萬緡。

臣按：劉晏謂戶口滋多則賦稅自廣，故其理財以愛民爲先，上之人誠愛乎民，輕徭而薄賦，省刑而息兵，則民不消耗而戶口多矣。然戶口消耗之由，固由乎人，亦出乎天，而凶荒之歲爲尤甚，能如晏使有司每旬月具州縣豐歉之狀，貴糴賤糶，始見不稔之端，先行蠲免，救助應民之急，不待其困弊、流亡、餓殍然後賑之，如此，則人既不爲之害，天亦不能爲之災，戶口滋多，賦稅日廣矣。由是觀之，則國家所以行備荒之政非但爲民計，蓋爲國計也。

五代周顯德六年，淮南饑，世宗令以米貸之，或曰：『民貧，恐不能償。』世宗曰：『民猶子也，安有子倒懸而父不爲解者？安責其必償也。』

胡寅曰：『稱貸所以惠民，亦以病之，惠者紓其目前之急也，病者責其他日之償也。其責償也，或嚴其期，或徵其耗，或取其息，或予之以米而使之歸錢，或貧無可償而督之不置，或胥吏以詭貸而徵諸編民，凡此皆民之所甚病也。有司以豐取約予爲術，聚斂之臣以頭會箕斂爲事，大旱而稅不蠲。水潦而稅不蠲，蝗蝻螟賊而稅不蠲。長官督稅，不登數則不書課；民戶納欠，不破產則不落籍，出於民者尚如此，而況貸於公者？其責償固不遺餘力矣。世宗視民猶子，匡救其乏而不責其必償，仁人之心，王者之政也。』

臣按：胡寅此言非但稱貸之弊，乃今日義倉之弊也。朝廷設立義倉本以爲荒歉之備，使吾民不至於捐瘠，而有司奉行，不至方其收也急於取足不復計其美惡，及其儲也恐其浥爛不暇待其荒歉，所予者不必所食之人，所徵者多非所受之輩，胡氏所謂『其責償也或嚴其期、或徵其耗，或取其息，或予之以米而使之歸錢，或貧無可償而督之不置，或胥吏以詭貸而徵諸編民』，此數言者切中今日有司義倉之弊。嗚呼，官倉之儲本爲軍國也，因饑歲以稱貸於民，偏方之君猶不責償，況以聖明之世儲粟以備荒而謂之義倉者乎？

宋真宗大中祥符八年，歲歉民流，命侍御史乘傳安撫，發倉廩出粟及賑貸。

神宗熙寧二年，判汝州富弼言：『襄、鄧、汝地曠不耕，河北流民至者日衆，臣遣官察其無業可復者盡給以田，羸疾老弱不任農事者始以粟給之。』

司馬光因遣使賑濟河北流民，上言：『京師之米有限，河北之流民無窮，莫若擇公正之人爲監司，使察災傷，州縣守宰不勝任者易之，各使賑濟本州縣之民，則饑民有可生之路，豈得復有流移。』

臣按：人生莫不戀土，非甚不得已不肯捨而之他也，苟有可以延性命、度朝夕，孰肯捐家業、棄墳墓，扶老攜幼而爲流浪之人哉？人而至此，無聊也甚矣。夫有土此有民，徒有土而無民亦惡用是土爲哉？是以知治本者，恒於斯民平居完聚之時豫爲一旦流離之慮，必擇守令，必寬賦役，必課農桑，汲汲然惟民食之爲急，先水旱而爲水旱之備，未饑饉而爲饑饉之儲，此無他，恐吾民一旦不幸無食而至於流離也。夫蓄積多而備先具則固無患矣，若夫不幸蓄積無素，雖有蓄積而連歲荒歉，請之官無可發，勸之民無可貸，乞諸鄰無可應，將視其民坐守枵腹以待斃乎？無亦聽其隨處趁食以求生也。然是時也，赤地千里，青草不生，市肆無可糴之米，旅店無充饑之食，民之流者未必至所底止而爲塗中之殍多矣，然則如之何而可？曰國家設若不幸而有連年之水旱，量其勢必至饑饉，則必豫爲之計，通行郡縣，查考有無蓄積，於是量其遠近多寡，或移民以就粟，或轉粟以就民，或高時估以招商，或發官錢以市糴。不幸公私乏絕，計無所出，知民不免於必流，則亟達朝廷，豫申於會府，多遣官屬分送流，縱其所如隨處安插。所至之處請官庾之見儲，官爲給散，不責其償，借富民之餘積，官爲立券，估以時直，此處不足，又聽之他，既有底止之所，苟足以自存，然後校其老壯、强弱，老而弱者留於所止之處，壯而强者量給口糧，俾歸故鄉，官與之牛具、種子，趁時耕作，以爲嗣歲之計，待歲時可望，然後般挈以歸。如此，則民之流移者有以護送之使不至於潰散而失所有，以節制之使不至於劫奪以生亂，又有以還定安集之，使彼之室家已破而復完，我之人民已散而復集，是雖所以恤民災患，亦所以弭國禍亂也。臣嘗因是而論之，周宣王所以中興者，以萬民離散，不安其居而能勞來還定安集之也；晉惠帝所以分崩離析者，以六郡薦饑，流民入於漢川者數萬家不能撫恤之而有李特之首亂也，然則流民之關係亦不小哉。今天下大勢，南北異域，江以南地多，山澤所生之物無間冬夏，且多通舟楫，縱有荒歉，山澤所生可食者衆而商賈通舟販易爲易，其大江以北若兩淮、若山東、若河南亦可通運，惟山西、陝右之地皆是平原，古時運道今皆湮塞，雖有河山，地氣高寒，物生不多，一遇荒歲，所資者草葉、木皮而已，所以其民尤易爲流徙。爲今之計，莫若設常平倉，當豐收之年以官價雜收諸穀，各貯一倉，歲出其易爛者以給官軍月糧，估以時價折算與之詳見《制國用市糴之令》，而留其見儲米之耐久者以爲蓄積之備，又特遣臣僚尋商於入關之舊路，按河船入渭之故道，若歲運常數有餘，分江南漕運之餘以助之，一遇荒歉，舟漕陸輦以往，是皆先事之備，有備則無患矣。蓋此二藩非他處比，是乃近邊之地，所謂『保障繭絲』，二者皆有賴焉者也，尤不可不盡其心。

仁宗一遇災變則避正殿，變服、損膳、徹樂，恐懼修省見於顔色，惻怛哀矜形於詔命。災所被之處必發倉廩賑貸，或平價以糴，不足則轉漕他路粟以給，又不足則誘富人入粟，秩以官爵。災甚則出内帑、金帛，或鬻僧牒，或留歲漕，或免租税，寬逋負，休力役，罷科率，薄關市之徵，弛山澤之禁，不能自存者官爲收養，不得其死者官爲瘞埋。

臣按：宋仁宗之遇災而恤民也，不徒有惻惻然哀矜之心，而實有鑿鑿乎賑恤之政，視彼之徒爲虚文付之有司以應故事者異矣，萬歲之後廟號曰仁，不亦宜乎。

慶曆八年，河朔大水，民流就食京東者不可勝數，知青州富弼勸所部民出粟益以官廩，擇公私廬舍十萬餘區散處其人，以便薪水，官吏自前資待缺寄居者皆賦以禄，使即民所聚選老弱病瘠者廩之，仍書其勞，約他日爲奏請受賞，率五日輒遣人持酒肉飯糗慰藉，出於至誠，人人爲盡力，山林陂澤之利可資以生者聽流民擅取，死者爲大塚葬之。明年麥大熟，民各以遠近受糧歸，凡活五十餘萬人，募爲兵者萬計。

臣按：古人言救荒無善政，非謂蓄積之不先具、勸借之無其方也，蓋以地有遠近、數有多寡、人有老幼强弱，聚爲一處則蒸爲疾疫，散之各所則難爲管理，不置簿書則無所稽考，不依次序則無以遍及，置之則動經旬月，序之則緩不及救，有會集之擾，有辨察之煩，措置一差皆足致弊，此所以無善政也。富弼以一青州之守而活河朔五十萬之人，非徒活民而又因之得軍，由其立法之簡便周盡也。所以簡便周盡者，豈弼一手一足之勞哉？其法之最善者，官吏自前資待缺寄居者皆賦以禄，使即民所聚選老弱病瘠者廩之也。今世州郡無所謂待缺寄居之官吏，臣向於義倉條下云『任其事者不必見任之官，散之民者不必在官之屬』是也。臣愚欲望朝廷折衷富弼之法，立爲救荒法式，頒佈天下州縣。凡遇凶荒，或散粟，或給粥，所在官司即行下所屬，凡所部之中有致仕閑住及待選依親等項官吏、監生與夫僧道、耆老、醫蔔人等，凡平日爲鄉人所信服者，官司皆以名起之，待以士大夫之禮，喻以朝廷仁民之意，給以印信、文憑，加以公直等名，俾其量領官粟，各就所在因人散給，官不遥制，事完之日具數來上，其中得宜者量爲獎勉，作弊者加以官法，如此，則吏胥不乘機而恣其侵克，饑民得實惠而免於死亡矣。

熙寧八年夏，吴越大旱。趙抃知越州，前民之未饑爲書問屬縣，菑所被者幾，鄉民能自食者有幾，當廩於官者幾人，溝防構築可僦民使治之者幾，所庫錢倉粟可發者幾何，富人可募出粟者幾家，僧道士食之羨粟書於籍者其幾具存，使各書以對而謹其備。

臣按：曾鞏有言，菑沴之行，治世不能使之無而能爲之備，民病而後圖之與夫先事而爲計者則有間矣，不習而有爲與夫素得之者則有間矣。趙抃在越州備荒之政爲世所稱，見旱勢之方熾，知歲事之必歉，前民未饑已爲濟饑之備，觀其爲書以訪問於其屬者甚詳，且悉後世有志於民者誠能以之爲法，按其條件先事訪問，一一知其所以然之故，而委曲周盡，纖息無遺，必得其實、當其宜、無其弊而後可。如此，則菑沴之來有其備而無患矣，不然，待其狼狽潰爛之餘然後救之，安能有濟乎？

曾鞏《救菑議》曰：『有司建言請發倉廩與之粟，壯者人日二升，幼者人日一升。今百姓暴露乏食，已廢其業矣，使之相率日待二升之廩於上，則其勢必不暇乎他爲一切，棄百事而專意於待升合之食，是直以餓殍之養養之而已，非深思遠慮爲百姓長計也。以中户計之，户爲十人，壯者六人，月當受粟三石六斗，幼者四人月當受粟一石二斗，率一户月當受粟五石。自今至於麥熟凡十月，一户當受粟五十石，今被災州郡民户不下二十萬，内除有不被災及不仰食於官者去其半，猶有十萬户，計十萬户十閲月之食當用粟五百萬石而足，何以辦此？況給受之際有淹速、有均否、有真僞，有會集之擾、有辨察之煩，凡此又不過使之得旦暮之食耳，其於屋廬構築之費將安取哉？爲今之策，下方紙之詔賜之以錢五十萬貫、貸之以粟一百萬石而事足矣。何則？今被災州郡爲十萬户，如一户得粟十石、得錢五千，下户常産之貲平日未有及此者也，彼得錢以完其居，得粟以給其食，則農得修其畎畝，商得治其貨賄，一切得復其業而不失其常生之計，與專意以待二升之廩於上而勢不暇乎他爲豈不遠哉？由有司之説則用十月之費爲粟五百萬石，由今之説則用兩月之費爲粟一百萬石，況貸之於今而收之於後，足以振其艱乏而終無損於儲蓄之實，所實費者錢五鉅萬貫而已。』

臣按：曾鞏此議所謂賜之錢、貸之粟比之有司日逐給粟之説，其爲利病相去甚遠，所謂深思遠慮以爲百姓長計者真誠有之。但饑民一户貸之米十石，一旦責其如數償之難矣，不若因時量力，稍有力者償其半，無力者並與之，或立爲次第之限可也。

孝宗時，下朱熹社倉法於諸路初建之。崇安縣開耀鄉有社倉一所，熹請於府得常平米六百石賑貸，夏受粟於倉，冬則加息計米以償，自後隨年斂散，小歉則蠲其息之半，大饑則盡蠲之。凡十有四年，得息米造倉三間，及以元數六百石還府，以見儲米三千一百石以爲社倉，不復收息，每石止收耗米三升，以是一鄉之間雖遇凶年，人不缺食，後請以其法行之他處。

臣按：朱熹社倉之法固善矣，然里社不能皆得人如熹者以主之，又不能皆得如劉如愚父子者以爲之助，熹固自言其數年之間左提右挈、上説下教，爲鄉閭立此無窮之計，然則其成此倉也蓋亦不易矣。然則其法不可行歟？曰熹固言里社不能皆有可任之人，欲一聽其所爲則懼其計私以害公，欲謹其出入則鉤校靡密上下相遁，其害又有甚於官府者矣。

熹又嘗言於其君曰：『臣曾摹得蘇軾與林希書，説熙寧中荒政之弊，費多而無益，以救之遲故也。其言深切，可爲後來之鑒。』

臣按：蘇軾書云：『朝廷厚設儲備，熙寧中，本路截發及别路般來錢米並因大荒放税，及虧卻課利蓋累百鉅萬，然於救荒初無絲毫之益者，救之遲故也。』嗚呼，救之遲之一言豈但熙寧一時救荒之失哉？自古及今莫不然也。臣常見州郡每有凶荒，朝廷未嘗不發倉廩之粟、賜内帑之銀以爲賑恤之策，然往往行之後時緩不及事，朝廷有鉅萬之費而饑民無分毫之益，其故何哉？遲而已矣。所以遲者其故何在？蓋以有司官吏惟以簿書爲急，不以生靈爲念，遇有水旱災傷，非甚不得已不肯申達，縣上之郡、郡上之藩府，動經旬月始達朝廷，及至行下遣官檢勘，動以文法爲拘、後患爲慮，因一之詐疑衆皆然，惟己之便，不人之恤，非民阽於死亡、狼戾慘切，朝廷無由得知，及至發廩之令行、齎銀之敕至，已無及矣，雖或有沾惠者亦無幾爾。臣願聖明行下有司，俾定奏災限期則例頒行天下，災及八分以上者馳傳，五分以上者差人，二三分以上入遞，隨其遠近以爲期限，緩不及期以致誤事者定其罪名，秩滿之日降等敘用。如此，則藩服、監司、郡縣守令咸以救濟爲念，庶幾無遲緩之失乎。

隆興中，中書門下省言湖南、江西旱傷，立賞格以勸積粟之家，凡出米賑濟係崇尚義風，不與進納同。

臣按：鬻爵非國家美事也，然用之他則不可，用之於救荒則是國家爲民，無所利之也，宋人所謂『崇尚義風，不與進納同』是也。臣願遇歲凶荒，民間有積粟者輸以賑濟，則定爲等第，授以官秩，自遠而來者並計其路費，授官之後給與璽書，俾有司加禮優待與見任同，雖有過犯亦不追奪。如此，則平寧之時人爭積粟，荒歉之歲民爭輸粟矣，是亦救荒之一策也。

辛棄疾帥湖南，賑濟榜文只用八字曰：『劫禾者斬，閉糴者配。』

臣按：朱熹謂棄疾做兩榜便亂道，蓋欲其兼禁之也。蓋荒歉之年民間閉糴固是不仁，然當此際米價翔湧，正小人射利之時也，而必閉之者蓋彼亦自量其家口之衆多，恐嗣歲之不繼耳，彼有何罪而配之耶？若夫劫禾之舉，此盜賊之端、禍亂之萌也，周人荒政『除盜賊』正以此耳。小人乏食，計出無聊，謂饑死與殺死等死耳，與其饑而死不若殺而死，況又未必殺耶，聞粟所在，群趨而赴之，哀告求貸，苟有不從，即肆劫奪，自諉曰我非盜也迫於饑餓不得已耳。嗚呼，白晝攫人所有，謂之非盜可乎？漸不可長，彼知其負罪於官，因之鳥駭鼠竄，竊弄鋤梃以扞遊徼之吏，不幸而傷一人焉，勢不容已遂至變亂，亦或有之。臣願明敕有司，遇有旱災之歲勢必至饑窘，必先榜示禁其劫奪，諭之不從，痛懲首惡以警餘衆，決不可行姑息之政，此非但救饑荒，乃弭禍亂之先務也。然則富民閉糴何以處之？曰必先諭之以惠鄰，次開之以積福，許其隨時取直，禁人侵其所有，民之無力者官與之券許其取息，待熟之後官爲追償。苟積粟之家丁口頗衆，亦必爲之計算，推其贏餘以濟匱乏，若彼僅僅自足亦不可強也，然亦嚴爲之限。凡有所積不肯發者，非至豐穰禁不許出糴，彼見得利，恐其後時自計有餘，亦不能以不發矣。

呂祖謙曰：『大抵荒政，統而論之，先王有預備之政，上也；修李悝之政，次也；所在蓄積有可均處使之流通，移民移粟，又次也；咸無焉，設糜粥最下也。』

臣按：朱熹有言，自古國家傾覆之由何嘗不起於盜賊，盜賊竊發之患何嘗不起於饑餓。竊，天災流行國家代有，是以先王於民也備之於未荒之前，救之於方荒之際，而又養之於已荒之餘，誠以禮義生於富足，一旦饑餓切身，吾民無所倚賴，或遂至於犯禮越分，非獨慮其身之不能存，亦慮其心之或以蕩也。是以太平無事之時恒爲亂離反側之慮，豐登有餘之日恒爲荒歉不給之憂，此無他，天生人君以爲生民之主，必體天心以安民生，然後有以保其位也，不然，方其無事之時吾則資之以爲用，及其有患之際吾乃棄之而不顧，是豈天之意哉，亦豈君之道哉？是以古昔盛時，三年耕餘一年食，九年耕餘三年食，以三十年通計之則餘十年之食矣。今不能盡如古制，臣請以在倉之米尖入平出之餘遞年所得之米皆用以爲備豫之數，歲杪計用之時、量入爲出之際不在數中，仍留在倉，存其名數以待荒年之用。又立爲定制，凡藩臬、州縣民間詞訟屬戶律者，如戶婚、田土、坊場、津渡、墟市之類，訟而得理者俾量力而出粟爭田者上田一畝三斗、中田二斗、下田一斗，爭婚者上戶三十石、中戶二十石、下戶十石或四五石之類，其無理者亦罰米以贖罪，皆貯之倉以備荒政，及前此斂民以爲賑濟者皆通歸官廩。常年則依例挨陳以支，荒歲則別行關給以散積之，歲月必有贏餘，其或不足，又須多方設法以措置之，隨處通融以補益之，使必足而後已，一旦遇災，有備無患矣。大抵備荒之政不過二端，曰斂、曰散而已，有以斂之而積久不散則米粒浥腐而不可食，有以散之而一切不斂則倉廩空虛而無以繼，守者有破産之患，貧者無償官之資，有司苟且，具文追責，往往未荒而先散，及有荒歉所儲已空，饑民有慮後患者寧流移而死亡不敢領受，甚至官吏憑爲奸利，給散之際饑者不必予、予者不必饑，收斂之時償者非所受、受者不必償，其弊非止一端，必欲有利而無弊，莫若盡捐予民不責其償之爲善。然又慮夫氣運不常，豐凶莫測，徒有散而無斂，後將無以爲繼，宜計所積之多少、料民産之有無積，苟有餘不責其償可也。若或土地之偏隘、人民之衆多，遇有凶災難於取具，賑饑之後豐年取償，可分民爲三等，上戶償如其數，中戶取其半，下戶盡予之。又於戶部十三司之外依工部繕工司例別立一司，添設官吏，專以備荒，每年夏六月麥熟、秋九月以後百穀收成之候，藩府、州縣將民間所種有無成熟分數逐件申達，十月以後通申一年之數，兼計明年食足與否，有收者幾鄉，無收者幾鄉，鄉凡幾戶，得過者幾家、必須賑給者幾家，官廩之儲多少，富家之積有無，近邑何倉有米，近鄉誰家有積，或借官帑以爲備，或招商賈以通市，或請於朝廷有所蠲貸，或申於上司有所干請。凡百可以爲賑濟之備者，皆於未荒之先而爲先事之慮，歲歲而襲其常，事事而爲之制，人人而用其心，雖有荒旱水溢，民無菜色矣。若夫臨事而救之之術者，臣已於各條之下委曲而各爲之措置矣，雖然，此皆其末也，若夫本之所當先者，則朱熹所謂爲政者當順五行修五事以安百姓，若曰賑濟於凶荒之餘，縱饒措置得善，所惠者鮮，終不濟事。伏惟仁聖體上天付託之重，廣上帝好生之仁，常存哀矜惻隱之心，弘佈蠲貸賑恤之政，非獨以恤民患，蓋所以固邦本也，天下生靈不勝大幸。

以上論恤民之患。

明 屠隆《荒政考》 夫歲胡以災也，非五事不修，時有闕政，皇天示譴，降此大眚，則或小民淫侈，崇慝積釁，醞釀沴氣，仰干天和。雨暘恒若，水旱爲災，歲以不登，四境蕭條，百室枵餒，子婦行乞，老稚哀號，甚而拾橡子、采鳧茈以爲食，掩螺蚌、捕鼠雀以充糧餧，甚而劚草根，剝樹皮，析骸易子，人互相食，積骨若陵，漂屍填何。百姓之災傷、困厄至此，爲民父母奈何束手坐視而不爲之所哉？余退居海上，貧無負郭，值海國歲侵，百姓艱食流離之狀，所不忍言。余不暇自爲，八口憂惶，而重傷鄉父老子弟饑饉，乃參古人之成法，順南北之土風，察民病之緩急，酌時勢之變通，作《荒政考》以告當世，貽後來，維司牧者留意焉。

一曰蠲歲租之額以甦民困。歲荒民饑，救死不贍，奚暇完租？不爲饑荒之恤，而迫日而征之民，力必不支，不填溝中，則起而爲盜。《周禮・大司徒》以荒政十有二聚萬民，首曰薄征、緩刑、舍禁、弛力。西漢昭帝秋八月，詔曰：往年災害多，今年蠶麥傷，所賑貸種食勿收責，毋令民出今年田租。唐憲宗元和七年，上謂宰相曰：卿輩屢言淮南去歲水旱，國以民爲本，民間有災，當急救之即命速蠲其租。按唐人水旱，損四則免租，損六則免調，損七則租庸調俱免。恤民如此其厚。宋仁宗曰：頃者江南歲饑，貸民種糧數十萬斛，轉運督責不已，民貧不能償。其悉蠲之。神宗熙寧間，上以久旱，憂見容色，於是中書條奏，請蠲減賑恤。建炎二年七月十九日，上御批：大水飛蝗爲害最重之處，仰百姓自陳，州縣監司次第報明奏聞，量輕重與免租稅。淳熙令：課稅場務經災傷者，各隨夏秋限，依所放分數，丁租額除豁。元大德二年正月，詔曰：比年水旱疾疫，姓多被其殃，已嘗蠲復販貸，尚慮恩澤未周。其大德三年，腹里諸路合納色銀俸錢，盡行除免；江南等處，夏稅以一分爲率，量免三分。大德五年，詔曰：各路風水災重去處，今歲差發稅糧，並行除免。大德六年，詔曰：比歲旱溢爲災，民不聊生，民間應欠差稅，盡行免征。大德七年，詔曰：比歲不登，百姓困乏，其大德七年差發稅糧，盡行蠲免。大德八年，詔免災傷去處差發稅糧，自大德八年爲始，與免三年，或與免二年，或並行蠲免。至大二年，詔曰：被災曾經賑濟百姓，至大三年腹裏江淮夏稅，並行蠲免；至大二年正月以來，民間逋欠差稅課程，照勘並行蠲免。至大三年，詔曰：各處人民饑荒轉徙，疾疫死亡，一切逋欠，盡行躅免，仍除差稅三年。延祐改元詔曰：被災去處，皇慶二年曾經賑濟人民，延祐元年差發稅糧，盡行蠲免。國朝洪武元年，詔曰：今歲水旱去處，所在官司不拘時限，踏勘實災，稅租即當蠲免。宣德二年，詔曰：各處鹽糧稅租，除宣德二年以先未完者依例徵納，其宣德三年鹽糧稅糧以十分爲率，蠲免三分。宣德五年，敕諭各處有經水旱蝗蝻去處，從實體勘災傷田土，明白具奏，開豁稅糧。坐視不理者，罪之。宣德八年，詔曰：凡災傷去處人戶，自宣德七年十二月以前拖欠夏秋稅糧人戶鹽糧及官軍屯糧子粒，悉皆停徵；其拖欠各色課程鹽課，並各衙門見坐派買辦採辦諸色物料、顔料等，及虧欠孳收馬驢牛羊牲口，悉皆蠲免，仍免其今年夏稅。宣德九年，敕諭南京、直隸、應天、蘇松府州縣，今水旱蝗蝻災傷之處，但是工部派辦物料，即皆停止；其不係災傷之處所派辦物料，亦令陸續辦納，不許逼迫。正統六年，詔曰：今年被災去處，踏勘是實，其該徵稅糧、馬草、子粒，即與停徵，備開戶部除豁。正統十四年，詔曰：各處有被水旱災傷之處，踏勘得實，該徵糧草，所司即與除豁。景泰元年，詔曰：各處但遇水旱重傷之處，所司從實取勘申達，覆實具奏，戶部量與蠲免稅糧。天順元年，詔曰：山東、順天、河間地方，爲因上年積水未消，不曾布種，勘實具奏，該徵今年夏麥及農桑絲絹，悉與蠲免。天順七年，詔曰：各處被災府州縣，所種田禾無收，已經具奏。著巡按御史即與踏勘分豁，以甦民困。其有具奏曾經宥免者，該部即與准理，不許重徵。天順八年，詔曰：各處奏報水旱災傷，曾經巡撫宮踏勘，明白具奏，即與除免。成化七年，詔曰：各處拖欠稅糧、馬草、子粒、農桑絹布等，戶口食鹽、鈔錠、商稅、河泊門攤課程、差撥銀兩，自成化五年十二月以前盡行蠲免；今歲奏報災傷去處，曾經勘實者，糧草、子粒悉與除豁。成化九年，詔曰：被災之處，成化九年夏稅小麥、絲綿絹匹、戶口食鹽盡行蠲免。成化二十年，詔曰：各處該納糧稅，馬草，子粒、農桑、人丁、絲絹、戶口食鹽、門攤、商稅、魚課、棗株諸色課程錢貫，拖欠未徵者，自成化九年十二月以前，悉與蠲免；今歲奏報災傷去處，即行勘實，糧草、子粒悉與除豁。弘治五年，詔曰：各處先年爲因災傷，小民拖欠稅糧、草束、馬匹、物料等項，有司畏罪，捏作已徵及虛文起解，後雖遇赦，例以在官之數，仍前追徵，不與分豁者，詔書到日，撫按官務要用心查勘是實，悉免追徵。正德五年，應天並直隸、蘇松，浙江杭、嘉、湖等府，近遭水患，民不聊生，該年一應稅糧，各該撫按官從公查勘，量加蠲免，以甦民困。余考之前代，蠲租、免稅何代無之，而我祖宗蠲免之詔，更無歲不下，聖衷宏慈，皇恩湛穢。至今上照燭萬國，子惠黔黎，尤肫切焉。惟我良有司，遇災即聞，聞速具詳，毋緩毋隱，奉行恩詔，務殫厥心，使上覃至仁，下霑實惠，帝鑒欣嘉，神理孚佑，可不勉旃？

二曰發積蓄之粟以救饑傷。損有餘，補不足，天之道。王者玉食萬方，四海爲家；元元枵腹，殆濱死亡。爲民上坐擁困廩之饒，甜不急救下民旦夕之命，如爲民父母何？民饑死且盡，天下土崩，而上能晏然飽食高枕，無是理也。按《月令》：季春之月，天子布德行惠，命有司發倉廩，賜貧窮，賑乏絕。漢文帝後元六年，大旱蝗，弛山澤，發倉庾以濟民。漢昭帝始元元年三月，遣使者賑貸貧民無種食者。魏黃初二年，冀州大蝗，歲饑，使尚書杜畿持節開倉廩以賑之。吳孫權赤三年，民饑，詔遣使開倉廩賑貧者。晉武帝泰始三年，青、徐、兖州水，遣使賑恤。唐憲宗元和間，南方旱饑，遣使賑恤。將行，憲宗戒之曰：朕宫中用帛一匹，皆計其數；惟賑恤百姓，則不計所費。卿輩當體此意。宋太祖臨御之初，遣使諸州賑貸；分詣城南，賜饑民粥；曹州饑，運京師米以賑之。建隆元年，遣戶部郎沈倫使吴越，歸奏揚泗饑民多死，軍儲尚百餘萬斛，可貸於民，至秋復收新粟。帝即命發廪貸民。至道二年，詔官倉發粟數十萬石貸京畿及内郡民爲種。熙甯七年，河陽災傷，詔賜常平穀萬石，興修水利，以賑濟饑民。六月，詔常倉司衛判封權四萬九千餘石，貸共城、獲嘉等三縣中等闕食戶。熙寧八年，沂州淮揚災傷特甚，詔發常平錢、省倉米等給散孤貧戶。元大德四年，詔曰：被災去處，有貧乏闕食者，所在官司量與賑給。大德五年，詔曰：聞夏秋以來，霖雨風水爲災，南北數路民罹其害，朕甚憫焉。其議遣官分道濟恤。大德九年，詔曰：諸處百姓有貧乏不能自存者，中書省其議賑濟，毋致失所。我朝永樂十九年，詔曰：有被水旱闕食貧民，有司勘實賑濟。洪熙元年，詔曰：有被水旱災傷去處闕食貧民，有司即便取勘賑濟，毋得坐視民患。宣德九年，敕諭：被災之處，人民食乏，委官前去，於所在官倉，量給米糧賑濟。正統四年，詔曰：各處有被水旱災傷闕食貧民，有司即爲取勘賑濟，勿令失所。天順元年，詔曰：預備倉有司常加修理，蓄積糧儲，遇有民饑，驗口賑濟。朝廷德意往往如此，其在有司之良，如畢仲遊之賑濟耀州，滕達道之賑濟京師，張詠之賑濟成都，富弼之賑濟青州，皆擘畫得宜，調停有法，全活甚多，號稱良牧。夫賑濟者，聚濟不如散濟，零濟不如頓濟。何爲聚濟不如散濟？聚數千萬人於一處，而爲之給散，上之給散難周，有守候之苦，下之喧溷日積，有蹂踏之患。夏熱氣薰蒸，疾疢易作，群居露宿，棲泊無廬，爲害不淺。必也委賢能僚屬及鄉宦之良、富民之有德行者，分頭給散，而正官爲之總管稽查，可也。何爲零濟不如頓濟？即如一人日給糧一升，一月應得三斗，令饑民僕僕焉奔走而日領一日之糧，既費且勞，得不償失。不如計一月三斗之糧頓而與之，令得家居安食一月，一月糧盡，後復赴領。官不瑣煩而民得安逸，不亦可乎？

三曰行官糴之法以資轉運。夫境内災傷，野無青草，將議賑濟，則恐官府之囷廪有限；議勸借，則恐地方富戶無多。最妙之策，須發官帑銀兩若干，委用忠厚吏農富戶，轉糴於各省。外郡豐熟之處，歸而減價平糶於民。委用員役，分頭往糴，如發官銀一千兩，先糴五百兩，至而糶與饑民，即發後五百兩往糴。先五百糶完，而後五百兩繼至，後五百兩將盡，而先五百兩復來。如此轉運無窮，迴圈不已，則百姓雖丁凶年之苦，而常食豐年之糧。積穀之家，雖欲踴貴其價，而官府平糶之糧，日日在市，彼即欲獨高其價，勢必不能。漸近有秋，閉藏無用，則彼亦不得不平價而出糶矣。如他處米穀不足，則雜買豆、粟、蕎、蔔、麥、蕎、蕨粉、芝麻之類，並足充饑，民恃無恐。況豐熟而還帑，官銀不虧；那移以逸民，民饑獲濟。若委用得人，必無他虞。即勸富民，自以己資往來糴糶，民亦必從。此最妙之策也。若附近州郡無豐熟之處，不妨稍遠，所以貴見災而懼、先事預圖也。考宋慶曆四年，遣内侍齎奉宸庫銀三萬兩，下陝西博糴穀麥以濟饑民。吴遵路知通州時，淮甸災傷，民多流轉。遵路勸誘富豪之家，得錢萬貫，遣牙吏二十次和賃海船，往蘇、秀收糴米豆，歸本處依原價出糶，使通州災傷之地，常與蘇、秀米價不殊。董煟曰：借内庫錢於豐熟去處，迴圈糴糶，以濟饑民。古人高見卓識已如此，故此非余一人之臆説也。惟出糶之時，須設法禁約。糴者必系真正饑民，人不許過三石，嚴查重罰，毋爲商牙揭販者所夾混頓糴，輾轉射利，尤當嚴戢胥吏誅求，役人折勒。此不能禁，事瓦解矣。

四曰勸富戶之賑以廣相生。夫富者，珍寶豐盈，一身而外長物耳；倉箱充溢，一飽時外何加焉。即令百姓垂斃，而吾安享饒腴，萬一民窮盜起，戈矛相向，雖有粟，吾得而食諸？而富者雖有所積，未關軀命，饑者稍得所濟，實延餘生。以吾未關軀命之糧，而爲彼實延餘生之助，官府敬之，百姓感之，而又有陰德，何苦不爲？以此相勸，有良心者必動。昔眉州蘇杲，遇歲凶賣田以賑其鄰里鄉黨。逮熟，人將償之，君辭不受。以至數敗其業，危於饑寒而不悔。其後生子洵、孫軾、轍，爲大儒，光起門祚。漢州李長者遇歲不登，輒爲食以食饑者。自春徂冬，日以數千。乾道戊子民饑，就食李家者日至三四萬人。始自紹興之丙辰，三十餘年，歲以爲常。所損不貲，所全活亦無算。其後孫寅仲登上第，至禮部侍郎、敷文閣直學士。豈無尚義好施如二公者乎？惟在上之人激勸而感發之耳。而其本尤在司民牧者，精誠以干國，豈弟以恤民？如向經知陽，大旱蝗，民乏食，經度官廪歲支無餘，乃先以己圭田所人租賑救之，已而富人皆爭效慕出粟，所全活甚眾。扈稱爲梓州路轉運使，歲饑，道殣相望。稱先出祿米賑民，故富家大族，皆願以米輸人官，而全活者數萬人。夫上躬先仁義，而其下有不望風回應者，否也。又須縣賞格以勸民，頒科條以鼓眾，或量其所捐而優以禮貌，風以折節，獎以旌扁，榮以冠帶。富民之所最欲得者，給以印信一帖，除重情而外，預免其罪責一次，今得執以爲信。彼見吾之中心款誠，調停詳妥，好義者必爭先，貪慳者亦勉應矣。但惟宜行勸誘，聽其自願，不宜妄行科派，強其不堪。其最要者，在有司先自捐俸，以感竦士民。夫有司之俸幾何，詎謂其便足以賑恤百姓，而假以鼓舞倡率，使士民無辭者，在此也。

五曰籍饑民之口以革冒濫。夫上之賑濟，以活饑殍也，非以助奸民也。余見里役之報饑民也，家有需索，人有納賄，市猾之得過者，欲爲他日規避差徭之地，則賄里役，以報饑民，民之實饑而流離者，以貧無能行賄而反不得與，則雖有賑濟之名，無救小民之死。必也罪濫冒，罰遺漏，嚴勘結，密體訪。如蘇次參將饑民人口數合請米數，書寫貼於各人門首壁上，如有虛名僞數，告首斷罪。或拘集各役，出其不意，令各書報，隔別互查。或真正饑民被遺，許詣官自陳，重治報役。如此，則濫冒之弊必革，而待哺之民罔遺矣。

六曰躬賑糧之役以防吏奸。夫官府之行賑濟，當其吏胥之發糧也，則既偷竊於吏胥；及其委役之散糧也，則又克減於委役。竊與克者，十恒得其七八，而饑且死者，十不能得其二三，故事枝梧，虛文搪塞，如朝廷之德意何？必也四境之內，照東西南北，分日擇地，諭集該境饑民，躬親查給，勿委人誤事。萬一地廣人稠，一身不能遍歷，委用廉能員役，分頭管散，親給糧食，簿籍分明。計給散糧食，每一處共饑民戶口若干，糧食若干，每名口給與糧食若干，逐一明白榜示，使饑民曉然各知數目，如有管散人役克減短少，許饑民即時首告，以憑坐贓，究問如律。正官出其不意，時一親到彼處驗查，則後人斷不敢作弊，而窮民沾恩矣。

七曰詳村落之賑以遍窮簷。夫顛連無告之民，城市尚少，村落爲多。有司之行賑濟，往往彌縫於城市而疏脫於鄉村。城市之中，饑戶稍有賑濟，以爲觀美，而不知窮鄉僻野之間，横於道路，填於坑穀者，不知其幾。宋紹興中議賑濟事，高宗曰：拯濟爲貧民。近世拯濟，止及城郭市井之內，而鄉村之遠者未嘗及之。須令措置州下縣、縣下鄉，雖幽僻去處，亦分委官屬，必躬必親，則貧民沾實惠矣。乾道中，孝宗御筆批云：令春闈中艱食，朕甚念之。向聞諸處賑濟，多止及於城市而不及於鄉野，甚爲未均。卿等一一奏來。大哉王言！如陽春之遍幽谷，大明之照窮簷。爲有司者，顧可不體此意耶？必也多方撫循，加意周遍，無遠無近，皆吾赤子，近處則正官親臨，遼遠則委用廉幹，而詳於防範，嚴於稽查，使無不均之歎，可也。

八曰行食粥之擇以濟權宜。食粥之法，爲極貧者而設。極貧者雖得升合之糧，不便炊爨，日煮粥以飼之，賴以全活。顧所最忌者，群百千人而聚食一處，遠涉者不及食粥，而或以道斃。群聚則穢熱蒸染，而易以生災，甚而管粥者克米，而多攙以水給食，而不惟其時，以救民之生，反以速民之死。須慎選員役，必躬親考核，峻加罰治，斯役人不敢作奸，悉遵法令。逐鄉而煮，分圖而食，煮必以潔，食必以時。如古者按時刻，照人數，執旗引隊，群而不亂，此法可行也。要之，愚意煮粥終不如給糧，零散終不如頓散也。

九曰設多方之策以宏仁恩。夫四方之地，土風懸殊；災變之來，時勢下一。刻舟不可以求劍，膠柱不可以調瑟，必也順風俗、相時宜、酌人情、權事勢，凡可以佐百姓之急者，術亦多端矣。如漢晁錯建言，今募天下入粟縣官，得以拜爵除罪。武帝詔山林池澤之饒，與民共之。後漢永平年間，詔五穀不登，其令郡國種蕪菁，以助人食。董煟曰：饑年食蕨根、煮野菜、拾橡子、采聖米，凡可以度命者，隨所在而爲之。西晉武帝時，螟傷稼。度支尚書杜預上疏，留漢氏舊陂，繕以蓄水，令饑者盡得魚菜螺蚌之饒。此目下日給之益。水去之後，滇淤之田畝加數鍾。此又明年之益。以典牧種牛四萬五千餘頭，分以給民，使及春耕種，穀登之後，責其租稅。此又數年以後之益。程珦知徐州，久雨，珦謂：俟可耕而種，時已過矣。乃募富家，得豆數千石以貸民。使布之水中，水未盡涸而豆甲已露矣。是年遂不艱食。范純仁爲襄邑宰，因歲大旱，度來年必歉，於是盡籍境內客舟，誘之運粟，賴以無饑。又古者行鬻爵，令人輸粟，照所人之數，以次補吏；給度牒度僧，每名人米三百石易度牒一道，以活饑民。遇饑行權，及熟即止。乃若范仲淹遇災荒募民大修營造，而令饑者就工就食。世人不達，以爲災歲興作擾民也，而不知譏民反賴以獲濟。古人救荒多方哉，乃若出官帑銀而迴圈轉運，及勸富民之興販，誘客商之糴糴，此於荒政更爲吃緊，當事者不可不知也。

十曰厲揭販之禁以去市奸。歲侵穀貴，小民已不堪命，而市井之猾、牙儈之徒，罔念民艱，乘時射利。凡遇有穀之家入市出糴，結黨成群，遨截兜攬，稍高其價而收糴之，以圖折勒零糴，取利倍增。穀價之所以日長，饑民之所以日困，皆此曹爲之也。有司須嚴查密訪，重責枷鎖，號令都市，此風戢而穀價平矣。

十一曰戒折價之令以來商糴。夫民情之趨，如水之流，順而導之則通，壅而遏之則決。荒年穀貴，民誠不堪，有司不忍穀價日高以病小民，乃令折減時價，定爲平糴。此令一出，則他處之興販者畏沮而不來，本境之有穀者閉糴而不出，民食愈乏，人情益慌，強則有劫掠，弱則有饑死而已。故良有司惟貴設法調停，令穀價聽時低昂，不強折減，而出官銀以行運糴，恤商賈以來興販，請皇恩以開賑濟，懸賞格以勸富民，悉力調停，漸近食新，則穀價不減而自減，不平而自平矣。范仲淹知杭州，包文拯知廬州，皆不限米價而商至日多，米價遂賤。此前賢已行之明鑒也。

十二曰予民間之利以充贍養。民間之利，如近山林者，則有樵采之利；近江海湖蕩河泊陂池者，則有梁罟之利；近竈場者，則有煎煮之利；近關津廠務者，則有商稅之利。須力請於上，暫弛一二月之禁，令饑民得依以活命。一遇豐熟，即便停止。而又爲之嚴示約束，不得乘饑急行，非法搶掠，犯者無赦。是亦救荒之一策也。

十三曰留上供之粟以需賑濟。夫王者，爲民父母，四海蒼生，皆其赤子也。甯有父母之廩食有餘，坐視赤子之饑餓而死，而漠不爲之拯救乎？損太倉之稊米，滄海之一粟，而可以活萬姓之命，王人者所當急圖也。余考宋大中祥符，詔江淮發運司歲留上供米五千石，以備饑年賑濟。紹興間，戶部尚書韓仲通乞以上供之米所餘之數，歲樁一百萬石，別廩貯之，以備水旱。乾道七年，饒州旱傷，截留在州樁管上供米三萬石，以賑饑民。熙寧中，浙西數郡水旱災傷，詔撥本路上供斛米二十萬石賑濟。宋時人主憂民如此。今朝廷不聞詔留某項解京糧餉賑濟饑民，有司亦絕不敢以此爲請，而徒取境內藏積糧儲，量行給散，能有幾何？譬如霡霂小雨灑久旱龜拆之田，其何能濟？虛文故事，良亦可哀也已。今遇大侵，願有司力請於監司，監司力請於朝廷，留粟發粟，依仿前代。不然，所司噤不敢出聲，即民間之疾苦，何由而上聞？上人之德意何由而觸發乎？而乃令明時賑恤之仁，遠遜前代，是所司之過也。誠有能將小民饑餓、流離、乞丐、轉徙、死亡、僵藉、傷心酸鼻諸苦狀，悉描寫以上聞於當寧，而懇其留粟發粟，則上之人必惻然而感動。即不然，而言者未必便獲罪；即獲罪，吾亦欣欣甘之耳。嗟嗟！今南北水旱災傷殆通，而杳不聞鄭俠流民之圖，蘇軾腰領之禮，慷慨激切，爲下民請命者，何也？

十四曰弛專擅之禁以救燃眉。蓋民命倒懸，君門萬里，閭閻之窘急星火矣。吾不惟閭閻之急是顧，而惟私念其身家妻孥，必請命而後行，得報而後發，道途往返，未及施行，而百姓必轉於溝壑矣。萬一請而不得，則小民雖纍纍而就斃且盡，亦付之無可奈何而已。故余以爲賑濟之事，若猶可稍緩，則當以請命爲恭；若勢在燃眉，朝不及夕，則先發後聞，以身當之可也。漢汲黯奉命往視河內失火，遇河南貧人傷水旱萬餘家，或父子相食，以便宜持節發河南倉粟以賑貧民，請歸節伏矯制之罪，上賢而釋之。唐蕭復爲同州刺史，歲歉，京畿觀察使儲粟，復發之以貸百姓。有司劾治，詔削停刺史。或吊之，復曰：苟利於人，胡責之辭？其後拜兵部尚書。宋慶曆年間，江東大饑，運使楊紘發倉以賑之。吏欲取旨，紘曰：國家置義倉，本慮及凶歲。今須旨而後發，人將殍死？上聞而褒之。楊逸爲光州刺史，荒歉連歲，以倉粟賑給。有司難之，逸曰：國以人爲本，人以食爲命。以此獲戾，乃所甘心。莊宗聞而賢之。韓韶爲嬴長，賊聞其賢，相戒不入嬴境。餘縣多被寇盜，廢耕桑，其流入縣界求索衣食者甚眾。韶閔之，乃開倉賑拯。主藏者爭之，韶曰：長活溝壑之民，以此獲罪，又何歉？太守素知韶名，竟無所坐。夫捐一軀以活萬姓之命，仁人志士猶爲之，況此舉不過奪官，重則問罪而已，奈何顧惜而坐視百姓危亡？況古人專之，往往反蒙朝廷褒美，然臣子甘黜罰以犯矯制，褒美固非其所覬，覬褒美而嘗試爲之，難哉！

十五曰假便宜之權以倡民牧。夫大夫專境外，將軍制分閫。戎事則爾，荒政亦宜。然小民之危亡，輾轉在呼吸之間，而朝廷之決斷，制命在萬里之外，有司之觀望顧惜者多，捐身爲民者少，君相不長慮遙燭，而稍假有司以事權，小民之倉卒奚告焉？隋煬帝幸江都，郡縣競刻剝以充貢獻，生計無遺，加之饑饉無食，始采樹皮、木葉，或搗槁爲末，或煮土而食之。官廩充牣，吏皆畏法，莫敢賑救。百姓安得而不餓死，大下安得而不敗壞乎？宋乾德元年夏四月，詔諸州長吏，視民田旱甚者，則蠲其租，不俟報。余讀此詔，每爲感泣而頌聖明。有司非除吏之職，無封拜之權，而古惟救荒，則給空告身、空名度牒與之，而令得拜爵、度僧，專而行之，豐熟乃罷。古之良有司，有不俟請命逕自截留上供者，有專制發粟歸而伏罪者，朝廷非但赦其罪狀，而從而褒嘉旌異之，無非優假有司，全活黔首。此在荒歲，權宜不嫌於下移旁落，惟君相深計而熟察之耳。

十六曰節國家之費以業貧民。夫天子燕饗賞賜，每一舉動，輒費鉅萬，小民曾不得顆粒入口，枵腹而終，亦可悲矣。漢桓、靈、隋煬帝、唐德宗，俱享四海之饒，擁紅腐之積，穀粟如糞土，珍寶如泥沙，而黎民阻饑，罔知收恤。奔亡破敗，詎云不幸？《周禮》荒政：眚禮，蕃樂。《曲禮》歲凶，年穀不登，君膳不祭肺，馬不食穀，馳道不除，祭事不縣，大夫不食粱，士飲酒不樂。《玉藻》曰：年不順成，君衣布搢本，關梁不租，山澤列而不賦，土工不興，大夫不得造車馬。穀梁曰：大侵之禮，君食不兼味，臺榭不塗，鬼神禱而不祀。漢景帝以歲不登，令馬不食粟，徒隸衣七緵布。東晉烈宗以疆埸多虞，年穀不登，供御所須，事從儉約，九親供給，衆官廩俸，權可減半。凡諸役費，自非軍國事要，皆從停省。唐憲宗宮中用帛皆計其數，而惟賑恤百姓，無所悋惜。在朝廷稍事減損，不過省一飯一賞之費，便足延閭閻萬姓之生，亦何苦而不爲乎？

十七曰立常平之倉以善備賑。按漢耿壽昌建言，令邊郡皆築廒倉，穀賤時增價而糴以利農，穀貴時減價而糶以利民，名曰常平倉。原取惠利百姓，以防水旱災傷，初非較計出入利息，以足公簾，故增價以朵，須照歲熟之大小；減價以出，亦須照歲饑之上下，無歲不糴，無歲不糶，斯新陳互易，出入常平。唐宋力行此法，甚利小民，我朝亦仿而行之，奈有司不肯著實舉行，一切文移，虛應故事。當穀賤之時，不設法增價買糴，以致倉中空虛。稍有所積，一遇饑荒，則又受文法之牽制，畏上司之稽查，而不敢輕發以減價平糶，積於無用，閉爲灰埃。僅僅以一紙教令，勸民間之出粟，以爲吾救荒之事畢矣。爲民上者，事須師古，計在利民，設法買糴，令其常盈；絕別項之那移，計吏斗之侵克，常糴常糶，出陳易新，不可不講也。

十八曰兼義社之倉以待凶荒。按朱熹《社倉議》：淳熙八年建甯府崇安縣開耀鄉有社倉一所，本府給常平米六百石，夏間給與人戶，冬間納還，每石量收息米二斗。自後逐年依此斂散，或遇小歉，即蠲其息之半；大饑，則盡蠲之。至十有四年，量支息米，將原米六百石納還本府，其見管三千一百石並是累年人戶納到息米，已申本府照會，將來依前斂散，更不收息，每石只收耗米三升。行之諸路，其有富家情願出米本者，亦從其便；息米及數，亦與撥還。有不願置立去處，官司不得抑勒，則亦不至騷擾。公私儲蓄，實預備久遠之意，但夏貸冬收，每石收息米二斗，愚以爲利息頗重，每石息米改作一斗足矣。義倉古與社倉通行，但古行義倉法，於田畝正稅外，別徵升合，以入義倉。在廉吏行之則可，貪吏將藉以濟其多取之私，擾民不便。愚意謂之義倉，乃尚義樂施之名。官吏尚義，則捐俸以買糧；富戶尚義，則出貲以入粟。上以好義倡之而風，巨室大家起而和樂，必如是而後可耳。常平以賑糶，義倉以賑濟。在官既有減價平糶，則不必出令抑勒，而可以潛壓下穀價；後有賑濟，則與平糶參用並行，何荒不救？在糶，則止許饑民之零糴，而不許販戶之頓買；在濟，則務自城郭之百姓，以遍鄉村之極貧。如是，庶乎水旱有備，流亡可免矣。然而漏落、偽冒、重疊等弊，不可不嚴查而厘革也。

十九曰豫救荒之計以省後憂。夫當事變未來而預爲之所，則意思整暇，易於擘畫。及其事變既至，而後爲之圖，則手足冗迫，難以支分。蘇軾曰：救荒恤患，尤當在蚤。若災傷之民，救之於未饑，則用物約而所及廣；救之於已饑，則用物博而所及微。熙甯之災傷，沈起、張靜之流不先事奏聞，但立賞閉糴，富民皆事藏穀，小民無所得食。流殍既作，然後朝廷知之，始敕運江西及截本路上供米一百二十三萬石濟之，巡門俵米，攔街散粥，終不能救。繼以疾疫，本路死者五十餘萬人。此無他，不先事處置之過也。去年浙江數郡水旱，二聖仁智聰明，於去年十一月終首發德音，截撥本路上供斛斗二十萬石賑濟；又於十二月終，寬減轉運司元祐四年上供斛三分之一，爲米五十餘萬斛，盡用其錢買銀絹上供，了無一毫虧損，縣官而命下之日，所在歡呼。官既住糴，米價自落。又自正月開倉糶常平米，仍免數路稅場所收五穀力勝錢，且賜度牒三百道以助賑濟。本路帖然，絕無一人餓殍者。此無他，先事處置之力也。趙抃知越州，先民之未饑，爲書問屬縣，被災有幾鄉，民能自食者幾家，當稟於官者有幾人，溝防興築可僦民使治者有幾所，庫錢倉粟可發者有幾何，富人出粟之家有幾戶，使各書數目以對。得饑民若干，粟若干，豫爲設法賑濟。男女分日而給，使衆無相蹂。又爲給粟之所於城市郊野若干處；又告富人無得閉糶；又出官粟平價自糶；又僦民修城，領工價就食；又民取息錢者，告富人縱予之，而得熟，官許爲責償；又男女有棄者，收養之；又爲病坊處疾病之無歸者，募雇二人，屬以視醫藥飲食，令無失時；凡死者，使在處收瘞之。忭經營綏輯，纖悉畢備，皆先事爲計，越民賴以不災。古人早見如此。如見目今大水、大旱、大蝗，知將來必饑，輒豫爲之計。或豫檢踏災荒之田，豫查報被災之戶，早申災傷之文，早借備賑之粟；或豆、麥、蹲鴟，薷、蓟、蕪菁、芝麻之類可種，則躬勸率百姓廣種各鄉；或豫發官帑銀，給委忠實齒德富戶，往鄰郡豐熟去處糴米穀雜糧，以待平糶；或勸誘商賈客舟，運粟以來，而許爲存恤護視主糶焉；或豫查境内巨家富室，而結以恩信，優以禮貌，勸以陰德，悚以利害，令其各有顧惜桑梓之情。凡此皆豫之道，勝也。余城中一貧寡婦，見去歲大風水，知來歲必荒，手織巾布鞋襪，及出室中什物，令其兒日日入市，雜易大小豆麥、松花、蕨粉、芝麻之屬，磨碎炒乾，雜作爲細粉，而積數巨筒。至今歲，果大饑，日取滾湯攪而啖之。終饑荒之月，食常有餘。他人多餓死，而獨此婦無恙。令官民之智皆如此婦也，則何饑荒之足憂哉？奈何有司日惟優遊堂上，捱歲月而望遷；小民亦惟苟度目前，臨饑荒而失措？故豫備之道，不可不亟留神也。

二十曰先檢踏之政以免壅閼。水旱蝗蝻之後，田禾被災矣。若非正官親臨，逐鄉履畝檢踏災傷，而令首領及吏農、里老人等往而虛應故事，或反需索滋擾，則在先之核災不實，而後日之救荒何據乎？此隱漏重冒之弊，所以紛紛也。

二十一曰時奏荒之疏以急上聞。夫天子端居九重，安能坐照萬國而無遺？即如境内災傷矣，百姓急須告災於有司，有司急須申災於撫按，撫按急須奏災於朝廷，朝廷以萬國爲一體，必不坐視而不爲之拯救。萬一報遲，則上入易以起疑，而救災又恐無及。此伊誰之咎乎？

二十二曰嚴蔽災之罰以儆欺玩。吏好談時和年豐以約聲譽，而諱言饑荒水旱以損功名，故恒有匿災異以不聞，甚或飾饑荒爲豐穰。唐憲宗謂宰相曰：卿輩屢言淮南去歲水旱，近有御史自彼還，言不至爲災。李絳曰：御史欲爲奸諛以説上意耳。夫已則竊豐穰之虛名，而使百姓受仳離之實禍，有人心者，忍爲之乎？大曆二年秋，霖損稼，渭南令劉澡稱縣境苗獨不損。上曰：霖雨溥溥？豈渭南獨無？更命御史朱敖視之，損三千餘頃。上歎曰：縣令，字民之官。不損猶應言損，乃不仁如此乎！貶澡南浦尉。代宗此一事，稱聖矣。往年吳郡大水，吳中一令悉力祈禱，冒雨遍歷各鄉，督率修築圩岸堤塘。他郡邑潦侵，而此邑頗不爲災。及御史入其境，見田禾芃芃秀實，謂令曰：人言汝邑獨不災，果然不謬。令曰：以使君所見，乃傍宮河田，易行戽救，故得不災。其四鄉腹裏低窪去處，壞不能救者多矣。令安敢冒不災之美名，而貽百姓以大患？爲令若此，一令可哉。

二十三曰修水旱之備以貴豫防。夫救災於有事之後，不如防災於無事之先。田地之高燥者，宜有以蓄水以備旱，則池塘河蕩不可不浚也。田地之低窪者，宜有以泄水以備潦，則圩岸堤防不可不築也。我國家設有水利之官，正所以專管講求。邇年以來，有司皆視爲故事，漫不經心，水旱無備，非一旦矣。願朝廷持發明詔，申飭諸道監司督有司，有司督糧塘里役，著實修舉。修舉者有賞，廢墮者有罰，分別勤惰，以示勸懲。有備無患，此之謂也。

二十四曰躬祈禱之事以回天意。成湯六事自責，自爲犧牲，而甘霖立應。唐文皇願移災朕身，以存萬國，不忍蝗蟲食穀而吞之，寧食吾肝肺。是歲蝗不爲災。古帝王尚爾，何況有司乎？夫天高聽卑，英靈肸蠁，靡敢不孚？但天體尊而神理赫，其非凡夫假意虛文可以一呼而應，亦明矣。有司之祈禱者，或佯禁屠沽而私飲酒食肉，冠帶騶從而不肯習勞，僅發一牒，躬一拜了事而已。多岐其心，二三其德，悠悠忽忽，念罔在民。以此爲禱，而輒欲回神譴，召天和，吾知其必不能也。持齋素，斷嗜欲，畏天怒，哀民窮，首宿罪，悔己愆，内辦精誠，外屬勤苦，易錦繡而素服，屏奉從而徒跣，蒲伏而終朝，長跪而百拜，暴日而焦枯，沐雨而腫濕，涉遠道而不辭，觸蛟龍而不畏，上天加災，下民且死，吾何惜一身以謝萬姓，必感格而後已，如是而天心未有不回者也。古蝗不入境，霖雨隨車，豈偶然之故哉？

二十五曰勵勤苦之行以感人心。人雖嚚頑者，亦有良心，可感而動。平日吾爲吏廉仁，而祈禱勤苦，士民業已見而心憐之。即如欲勸士夫之賑濟，發大家之蓋藏，則不遣隸卒，不行符票，方巾野服，芒履徒步，而遍詣士民之家，爲之降其顔色，溫其言辭，優以禮貌，風以德義，憂戚之意，發於面目，誠懇之念，見於舉動。以吾平日之居官，兼以此時之誠切，士民必感而泣，良心既動，何物不舍？何民不從？如是而有恝然漠然絕不潛念官司慷慨舉發者，此則豺狼之民，良心盡滅，不妨痛懲一二，以儆眾庶。捐糜身家，我亦何求？爲百姓耳。能令百姓人人願爲我死，而何事不濟？余叨潁水上青浦令，身嘗試而知其必然。願良有司之聽之也。

二十六曰廣道途之賑以集流亡。有如旁郡縣皆饑，聞吾救荒有法，或流移而來，雖非吾部中之赤子，然仁者一視之情，寧得恝焉而聽其枕籍而死乎？熙寧詔曰：流民所在州縣，每人給米豆一升。余觀宋人壁畫屋舍，安集流民，曉示流民，許令在流寓地方諸般採取，營運支散流民斛斗米豆數目，安泊存恤，救濟最爲周悉。今郡縣有司遇有他處饑民流亡入境，亦必委曲而爲之，給廬舍，散糧食，設醫藥，惟力是視，以免其道斃。此不惟爲天子收集流移，而己之積累功行，亦不少矣。

二十七曰申保甲之令以遏盜賊。饑荒之時，盜賊易起，喘息餘命，斷不能大噪橫行，不過爲鼠狗之計，以苟旦夕蜉蝣之生。姑息而不爲之撲滅，則燎原可憂；輒用重典而悉置之法，則饑寒可憫。防戢而底定之，烏可無術哉？但獲饑盜，爲之大張其威聲，稍寬其捶楚，待以不死，號令於市，以令喧傳，當自解散。

二十八曰省荒後之耕以給將來。大饑之後，不惟民食難乏，即耕種亦苦無本。具吾爲省視，耕種無食者，量濟之，無農具者，量爲處而給之。或勸富戶借食、借具於貧民，而令貧者爲之出力耕種以補之，或待收成而以糧食償之。有司須於耕種之時，暫輟政事，親歷各鄉補助勸率。百姓見上人留意農務有如此，自然勤奮，境無惰農，農無荒業矣。省耕省斂，古人所行，今何可廢也？

二十九曰申閉糴之禁以廣通融。《左傳》：僖公十三年冬，晉薦饑，使乞糴於秦。百里奚曰：天災流行，國家代有。救災恤鄰，道也。行道有福。晉饑，秦輸之粟；秦饑，晉閉之糴。故秦伯伐晉。以本境而言，則他郡如吴越然；以天下而言，則一體若手足。自多豐熟，坐視鄰災，蓋恐爲外處搬運，致本處亦荒。不知吾不恤鄰，萬一他日吾荒，彼亦不救恤，我非惟示人以不廣其於王者一統之義何如也？考淳熙降旨諸路監司不許遏糴，今朝廷宜敕監司憲臣，出榜曉諭，不許諸路有司遏糴，違制者覺察申奏。夫唇齒相倚，首尾相應，災變流易，緩急有賴也。

三十曰墾拋荒之田以廓民產。分東西南北區圖，設勸農官數員，選有身家德行良民爲之。正官親督履畝，查勘荒田若干，於拋荒戶下即與豁糧，募佃人承領開墾；或許原戶歸而復業，量其人之丁力領墾若干，給與工本糧食。若富民恩自備工食領墾者，亦聽。三年免其起科，三年之後然後起科。蓋既免稅糧，復給工食，招來有法，勸諭有條，人誰無恆產之思？荒田盡墾，國課漸增，百姓殷富。此在淮揚、蘇松之間多有之。向設屯田官員爲此也，而拋荒開墾，今尚未盡，則亦舉行者之不肯實心任事也。如境內無拋荒田地，則督率勸農官一意每歲省耕，無分荒熟，力本重農，自有司事。如近日建議北方新開水田，於北人甚利。蓋北方地勢高燥，故宜種二麥，而其間豈無可開種水稻者，兼而行之？始議爲難，數年以後，爲利溥矣。奈人情駭於驟興，難於慮始，臣室沮撓，持議不決，殆可深惜。

凡此三十條者，皆救荒之要策，經效之良方。余考證古今，間參己見，不略不迂，頗得肯綮。夫余藿食者，睹記時事，有慨於中，蒿目而視，焦吻而談，余則過矣。當事者采而行之，天下之福也。

清　王夫之《讀通鑑論》卷一九《隋文帝》　有名美而非政之善者，義倉是也。隋度支尚書長孫平始請立之，家出粟麥一石，儲之當社，凶年散之，使其行之而善，足以賑之也。抑一鄉一社，有君子長者德望足以服鄉人，而行之十姓百家焉可矣。不然，令之嚴而祗以病民，令之不嚴，不三歲而廢矣。且即有君子長者主其事，行乎一鄉，亦及身而止耳。惡有一鄉之事，數十年之規，而可通之天下，為一代之法也哉？

行之善，而猶不足以賑荒者，假使社有百家，歲儲一石，二年而遇水旱，曾三百石之足以濟百家乎？倘水旱在三年之外，粟且腐壞蟲蝕，而不可食也。且儲粟以一石為率，將限之邪？抑貧富之有差邪？有差，而人詭於貧，誰屍其富？家限之，則歲計不足，而遑計他年？均之為農，而有餘以資義倉，其勤者也，及其受粟而多取之者，其惰者也；非果有君子長者以仁厚化其鄉，而惰者亦勸於耕，以廉於取，則徒取之彼以與此，而誰其甘之？不應，抑將刑罰以督之，井里不寧而訐訟興，何義之有？而惰窳不節之罷民，且恃之以益其驕怠。況乎人視為不得已而束于法以應令，穅覈濕腐雜投而速蠹，僅以博好義之虛名，抑何為者邪？況行之久而長吏玩為故常，不復稽察，里胥之乾沒，無與為治，民大病而匄免不能，抑其必致之勢矣。

夫王者之愛養天下，如天而可以止矣，寬其役，薄其賦，不幸而罹乎水旱，則蠲徵以蘇之，開糴以濟之。而防之平日者，抑商賈，禁賃傭，懲游惰，修陂池，治堤防，雖有水旱，而民之死者亦僅矣。賦輕役簡，務農重穀，而猶有流離道殣者，此其人自絕於天，天亦無如之何，而何事損勤苦之民，使不軌之徒懸望以增其敖慢哉？故文王發政施仁，所先者鰥、寡、孤、獨，所發者公家之廩，非取之於民而以飽不勤不節之惰農也。孟子曰：『惠而不知為政。』捐己以惠民，且不知養民之大經，況強以義脅民而攘之為己惠乎？夫義倉者，一鄉之善士，當上失其道、橫徵困民之世，行之十姓百家以苟全一隅者可也。為人上者而行之，其視梁惠王之盡心奚愈哉？

清　李光地《飭興水利牒》《清經世文編》卷四三　照得直隸九府，荷聖恩優渥，感召天和，比年收稔，民有起色。然旱潦災祲，天行常數，雖太平屢豐之世，不可以無備豫之道。近代講備荒者止於倉貯蓄積而已，豈知千有餘里，有數十州縣之寥闊，以百餘萬米穀，散在民間，大祲之年，濟一郡尚不足，況又有赴縣城領給之煩，吏胥鄉長侵蝕之弊，將來又有追比還倉之擾，是倉米在今日，殊不足賴也。

本部院思北土地宜，大約病潦十之二，而苦旱者十之八。然北方苦旱，遂至於不可支，不能如南人補救者，非獨惰農自安，蓋根在於水利不修，束手無措故也。今歲本部院，因春夏微旱，屢行通飭：凡州縣各因其山川高下之宜，如近山者導泉通溝，近河者引流釃渠，若無山無河平衍之處，則勸民鑿井，亦可稍資灌溉。若一縣開一萬井，則可溉十萬畝。約計畝獲米一石，十縣之入，已當通直全屬之倉儲矣。一溝之水，又可當百井，一渠之水，又可當十溝。以此推之，水利之興，其與積穀備荒，其利不止於倍蓰而什伯也。用地利以濟天時之窮，用人力以補天地之缺，自古爲政，莫不以此爲先。只因近來守令，但恤身謀，無能以民事爲家事者，故視此等議論，邈若河漢。今直隸經皇上浚河築堤，蠲災釋逋之後，孚誠下洽，吏習民安，有所興利，莫便此時。仰該司、道、府、廳，乘茲農隙，令各州縣親履境内，按視山川形勢，何處可通溝渠，何處應修堤障，水之源委，何去何從，地之高下，何蓄何泄，何處平壤宜勸穿井，何處水鄉應疏河道，一一繪圖具説，務須簡潔詳明，以俟檄發，畫一遵行。

至於此事，原爲百姓籌謀，非如欽工上差諸務，期會徵發，隨以督責也。該府州縣，履歷民間，務要減省徒從，只馬單車，勞問父老，詢以農事，不得騷動閭閻，費民一草。胥役有藉此作一名色，驚擾編氓者，立斃杖下。到彼時興修，有應用官民之力處，另行詳請，限冬至前，各府報齊，如遲慢不到者，該道、府等詳揭。

清 陸曾禹《康濟録》卷二《先事之政計有六》 先事論曰：哲後經國立治，積儲九稔，謂之太平。蓋時際豐熙，歲書大有，而聖德仁恩之厚，勘勞天下，宵旰勿遑。凡夫滋茂衣食，便安黎民之道，至大至詳，有舉無廢，用是萬方乂安，坐臻上理。當是時也，時有饑荒，國無歉乏，補偏救弊之術，無所事諸。後世耕者日少，户口日繁，災傷之民，教之於未饑，則用物約而所及廣，救之於已饑，則用物博而所及微。天災偶行，民情遽迫，非長民者早爲之所，則設施無序，緩急無倫，何以慰九重廑念之懷，措萬姓安全之地乎？用集歷代探本之詒，條爲先事六則，敬備廟廊採擇之端。賢吏仁民之法，古政具在，神明通變，動遵乎古而仍不泥乎古，自在道國愛民者之善爲潤澤也已。

一、教農桑以免凍接

《月令》：孟春之月，天子乃以元日祈穀於上帝，乃擇元辰，天子親載耒耜，措之參保，介之御間，帥三公、九卿、諸侯、大夫躬耕帝耤。天子三推，三公五推，卿諸侯九推。是月也，天氣下降，地氣上騰，天地和同，草木萌動。王命佈農事，命田舍東郊皆修封疆，審端徑術，善相邱陵阪險原隰土地所宜，五穀所殖，以教道民，必躬親之。田事既飭，先定準直，農乃不惑。季春之月，天子乃薦鞠衣於先帝，命野虞毋伐桑柘。鳴鳩拂其羽，戴勝降於桑，具曲植籧筐，后妃齋戒，親東鄉躬桑，禁婦女毋觀，省婦使以勸蠶事。蠶事既登，分繭稱絲效功，以共郊廟之服，毋有敢惰。

謹案：民之大事，端在農桑，上以備宗廟之粢盛，下以致民生之蕃庶。所謂和協輯睦，財用蕃殖，悉於是乎興焉。其爲典甚鉅，而佈之政令，尤不可不亟爲經綸也。自古聖王祈穀以勸民，耕措以敬天，宮廟之中，后妃肅理蠶桑，虔奉祭祀如此。由是有及時勸課之令，俾草野農人得先時整飭器具，合天道以盡人功。德至溥也，意至深也，所以敦龐淳固，民和而天錫之福，蓋恪勤乎子惠黎元之本計，無時而敢有怠心生於其間也。

齊管子曰：一農不耕，民有饑者；一女不織，民有寒者。倉廩寔而知禮節，衣食足而知榮辱。

謹案：從古賢臣致治之才，莫如管仲。觀其相齊，設施經緯，真足輔相天地之宜。所以桓公之時，最稱富盛。似此雄材，宜乎專力山海之間，以充寔百姓。及今其言如是，是蓋洞明魚鹽之利，總非本富，泉貨之用，亦有窮時，莫如使兆民之衆，舉知天地自然之利，而盡力於南畝，則饑寒勿及其身，天良愈培純厚，禮節之大，由富庶而自入範圍，榮辱所關，處豐亨而每多顧惜。國之綱維，胥立於是矣。非爲政之急務，而足民之要圖也哉！

漢景帝勸農桑詔：農，天下之本也。黄金珠玉，饑不可食，寒不可衣，以爲幣用，不識其終始。間歲或不登，意爲末者衆。農民寡也，其令郡國務勸農桑，益種樹，可得衣食物。史發民若取庸采黄金珠玉者，坐贓爲盜，二千石聽者與同罪。

謹案：金玉雖貴，無益於人之溫飽，米粟雖賤，有關乎人之身家，以身家較珠玉，則米粟之不可不實審矣。故文帝之勸農桑，重在有司，景帝之勸農桑，勿貴珠玉，皆得致治之本。所以文景之世，天下豐盈，百姓皆敦崇孝第，歌礪廉隅，治幾刑措，化洽羣生，道國之本務得也。

張堪拜漁陽太守，开稻田八千餘頃，勸民耕種，以致殷富。百姓歌曰：桑無附枝，麥穗兩岐。張君爲政，樂不可支。

謹案：富民而不令致力於發田，使野多曠土，民安惰逸，有利亦非長久之策也。良有司深明乎此，則有隙地即有良田，蓋其經營所到，無非寔在爲民之妙用，勸導所感，自多歡欣鼓舞之精神。其草野謳吟之意，有動干不自知者。張太守特開八千頃之稻田，使民嚮往於其間，人有不富而家有不足者哉？何處無田？何田無守？能以強公爲法，民樂何如。

唐高宗時，河南北旱，遣御史中丞崔謐等分道賑給。侍御史劉思立上疏曰：麥秀蠶老，農事方殷。聚集參迎，妨廢不少。既緣賑給，須立簿書。本欲安存，更成煩擾。伏望且委州縣賑給。疏奏，謐等遂不行。

謹案：自古未有人無衣食，而國能太平者也，故愛國必先愛民。即賑給之使，尚不敢遣，恐妨蠶麥，而肯擅用其力役哉！此唐之初世，衣食足而民心固，雖有賊臣擾國，不致喪危，得固本之道耳。治國者於蠶忙農務之時，可不深爲體恤，以裕其衣食之源耶！

五代梁太祖乾化元年二月，敕曰：今載春寒頗甚，雨澤仍愆，司天監占以夏秋必多霖潦，宜令所在郡縣告諭百姓，備淫雨之患。

謹案：無知之小民，烏能測上天之水旱。司天監既有明占，理宜諭衆，使知所備，雖未悉當，要亦不遠。總賴後之治民者，得思患預防之道，時時敬體天心，不使一毫怠忽，斯爲上策。

後唐明宗天成二年，敕：訪聞京城坊市軍營，有殺牛賣肉者，仰府縣軍巡嚴加糾察，如得所犯人，准條科斷。如是死牛，即令貨賣其肉，勅不得過五文；鄉村死牛，但報本村節級，然後准例納皮。天下州縣，准此處分。

謹案：事能細心揆度，自能永遠遵行。如肉令賤賣，則殺牛者必寡；報官方許開剝納皮，則偷宰者必無有犯者；若再許人告首，即以此牛賞之，誠得禁宰耕牛之善法矣。

宋太宗嘗謂近臣曰：耕耘之夫，最可矜憫。春蠶既登，併功紡績，而繒布不及其身；田禾大稔，充其腹者不過疏糲。若風雨乖侯，將如之何？

謹案：知稼穡之艱難者，須厚恤耕耘之勞苦也，否則知之亦無益。今太宗慮遭凶歲，早爲籌畫，得未雨綢繆之道矣。然不薄其賦，寬其役，緩其徵，則俯仰無資，小民不能盡力於南畝，三年之蓄不可得，何由成郅隆之治哉！

張詠知鄂州，民以茶爲業。詠曰：茶利厚，官將榷之。命拔茶植桑，民以爲苦。其後榷茶，他縣皆失業，而本地桑已成絹，歲至百萬匹。民以殷當。

謹案：寔心爲民者，任勞任怨，在所不計。如張公之方命去茶也，民心豈能無怨？後桑成而利溥，不致失業。農桑惠人，非固本之君子歟？

江翱，建安人，爲汝州魯山令。邑多苦旱，乃自建安取旱稻種，耐旱而繁寔，且可久蓄，高原種之，歲歲足食種法大取如種麥，治地畢，豫浸一宿，然後打潭下子，用稻草灰和水澆之。每除草一次，澆糞水一次。至於三，即秀矣。

謹案：土有高下燥濕之分，父母斯民者原貴有以教之也。如宋真宗因江淮兩浙旱荒，命取福建占城稻而種之者，避旱荒也。程珦因沛縣大雨，募富民之豆而佈之者，救水災也。氾勝之云：稗既堪水旱，種無不熟之時，何不擇其秸長而粒大者種之，水旱皆可避也。魯山令能立法救荒，於茲數者可無愧矣。

元世祖至元二十八年，詔頒農桑雜令。每村以五十家立一社，擇高年曉農事者爲長，增至百家，別設長一人，不及五十家者，與別村合社，地遠不能合者，聽自立社，專掌教督農民。凡種田者，立牌橛於田側，書某社某人於上，社長以時點視勸戒。不率教者，籍其姓名，以授提點官行罰，仍大書所犯於門，候改過除之，不改則罰其代充本社夫役。社中有喪病不能耕種者，合衆力助之，一社災病多者，兩社均助。浚河渠以防旱暵；地高者造水車，貧不能造者，官給材木；田無水者穿井，井深不能得水，聽種區田。又每丁課種棗二十本，雜種十本，土性不宜者種榆柳等。其數以生成爲率，願多種者聽，其無地及有疾者不與。各社種苜蓿以防饑，近水之家許鑿池養魚，牧鵝鴨，蒔蓮藕、菱芡、蒲葦以助衣食。荒閑之地，悉以付民。

謹案：農桑令當以此爲第一，詳而到，備而切。人有怠惰者，衆勵之；土有不宜者，別樹之；民有不足者，官給之，極裁成輔相之道也。何以後之理財者，但知爲己而不知爲民？識者能不爲之遐思良吏，廣乎聖澤於九有耶？

明太祖初渡江時，即以康茂才爲營田使，諭之曰：比年兵擾，堤防頹圮，民廢耕作，而軍用浩繁。理財莫先於務農，故設營田司，命爾此職，巡行堤防水利之事，俾高無患乾，卑不病潦，務以時蓄泄，毋負委託。

謹案：開基之聖主，自具有經國之大綱紀。隋時未嘗不大開河道，不過爲一日之遊。觀明太祖命人巡行水利，惟欲軍民之足食，乃知以農事爲重者，不可不急興水利也。二者相因爲用，猶木之附土，火之賴薪，非此不足以致盛大而享豐盈之福也。籌國者宜以此爲法。

教農桑總論曰：世有日月則長明，人非稼穡則勿生，故聖賢獨於耕耨之間，靡不諄諄告戒，而於法亦無不備也。憂旱之爲災，命樹之以區田，慮水之爲害，教之以櫃田，傍山者則曰梯田爲善，臨水者又曰架田可耕，圃田宜於郭外，圍田利於澤間，管子有瀆田，趙過作代田，此外尚有塗田、沙田，不能盡述。教無不備，樹無不精，使以農事爲可緩，諸君子何皆亹亹而不倦也？昔人云：漢代去古未遠，高帝立孝弟力田之科，深明乎乏九年之蓄者，適逢饑饉，不足以便民無菜色也。故其崇本抑末之志，畧不稍貶其科條。觀此，則不工不商之遊惰蠹食於農者，不當痛懲乎？讀《月令》、《管子》文，立法未嘗不善，而何以時見饑寒之衆？要知雖有絕妙之良規，究不若愛民之司牧，使其不見於設施，終無寔際，何益之有？故惟慎選循良，重農積粟，處處無羣居之遊惰，村村盡敦本之農夫，何患乎太平之不奏也？孔子曰：民之所以生者，衣食也。上不教民，民匱其生，饑寒切於身而不爲非者，寡矣。衣食可勿足乎？農桑可勿教乎？

二、講水利以備旱澇

魏文侯時，西門豹爲鄴令，有令名。至文侯曾孫襄王時，與羣臣飲酒，王爲羣臣祝曰：令吾臣皆如西門豹之爲人臣也。史起進曰：魏氏之行田也以百畝，鄴獨二百畝，是田惡也。漳水在其傍，西門豹不知用，是不知也；知而不興，是不仁也。仁智豹未之盡，何足法也？於是以史起爲鄴令，遂引漳水溉鄴，以富魏之河內。民歌之曰：鄴有賢令兮爲史公，決漳水兮灌鄴旁，終古瀉鹵兮爲稻粱。

謹案：水利者，猶人身之血脈也。血脈不行，安得無病？水利無資，田將安溉？而況有漳水在其旁乎！觀稻粱之歌，則知史起之責豹也宜矣。

秦始皇時，韓欲疲秦，使無東伐，乃使水工鄭國行間，説秦令開涇水，自中山西抵瓠口爲渠，併北山東注洛三百餘里，欲以溉田。中作而覺，秦欲殺國。國曰：始臣爲間，爲韓延數年之命。然渠成，亦秦萬世之利也。乃使卒就渠。渠成，用溉注填閼之水，溉瀉鹵之地四萬餘頃，收皆畝一鍾。於是關中爲沃野，無凶年，秦以富強。名曰『鄭國渠』。

漢案：凶年之起，水旱不時耳。渠成則蓄泄有時，民遂以富。是韓之智，鴆酒止渴也；秦之愚，塞翁失馬也。願治國者寧爲秦之愚，而無爲韓之智也。

漢元鼎間，倪寬爲左内史，奏請穿鑿六輔渠在鄭國渠之裏，今尚謂之輔渠，亦曰六渠以益溉鄭國傍高仰之田。上曰：農，天下之本也。泉流灌浸，所以育五穀也。令吏民勉農，盡地利，平繇行水，勿使失時。

謹案：天下地勢，南北不同。江之南雖多山澤，然通舟楫，而惟溝洫爲要。江之北，若河南、山東、兩淮等地，亦通運河，而所重者在溝洫。至於山西、陝右，昔時運道尚皆湮塞，而況溝洫哉！倪寬奏開六渠，天子可之，誠得蓄泄之要矣。

西晉武帝咸寧四年七月，螟傷稼。詔問：主者何以佐百姓？度支尚書杜預上疏，以爲今者水災，東南尤劇，宜敕兗豫等諸州留漢氏舊陂，繕以蓄水，餘皆決瀝，令饑者盡得魚菜螺蚌之饒，此目下日給之益也。水去之後，填淤之田，畝收數鍾，此又明年之益也。典牧種牛有四萬五千餘頭，不供耕駕，至有老死不穿鼻者，可分以給民，使及時耕種，穀登之後，責其稅租，此又數年以後之益也。帝從之。民賴其利。

謹案：當陽侯以三益利萬民，識鑒宏遠。螟雖傷稼，饑者有食，豈他人所能及哉！武庫之稱，可以無愧。

隋文帝開皇十八年，以山東頻年霖雨，杞、宋、陳、亳、曹、戴、譙、潁等諸州遠於滄梅，皆困水災，所在沈溺。帝遣使將水工，巡行川源，相視高下，發隨處近丁疏導之，困乏者開倉賑給，前後用穀五千餘萬石，遭水之處租調皆免，自是頻有年矣。

謹案：水之爲道，蓄泄由人則有益，旱澇任之則爲災。文帝知其然，不惜所費，隨地疏通，非帝王經濟之宏模歟？朱文公政訓曰：賑濟無奇策，不如講水利。若到賑濟時，成得甚事？不意文帝已先行之矣，則其國計之富足，不當甲於歷代耶？

唐杭州本江海之地，水泉鹽苦，居民稀少。刺史李泌始引湖水入城，鑿六井，民足於水，生齒始繁。後白居易復浚西湖，放水入運河，自河入田，灌溉千頃，始稱富足。但湖水多葑，自唐及錢氏，歲輒開治。宋則廢而不理，湖中葑積，爲田一十五萬餘丈，而水無幾矣。運河失期水之利，則取給於江潮，河水渾濁而多淤，三年一淘，爲市大患。六井亦幾廢矣。宋蘇軾知杭州，浚茅山、鹽橋二河，以茅山一河專受江湖，以鹽橋一河專受湖水。復造堰閘，以爲湖水蓄泄之限，而潮亦不入市矣。且去葑田，積於湖之中，爲長堤，通南北之路，而行者便，無環湖之遠也。植桃李於堤上，望之如畫。杭人名之曰『蘇公堤。』

謹案：六井不開，居民不聚，運河無水，灌溉何從？二公之力，不在錢王之下。然非東坡之去葑田淤塞，水無容處，湖外之良田又將沉而爲湖矣，疏導之功可不講哉！

五代吴越王錢氏築石堤以禦潮汐，堤外又植大木十餘行，謂之滉柱。寶元康定間，入有獻議，取滉柱可得良材數十萬，杭帥以爲然。既而舊木出水，仍皆朽敗而不可用。滉柱既空，石堤爲洪濤所激，歲歲摧決。蓋昔人埋柱以折其怒勢，不與水爭力，故江濤不能爲患也。及杜偉長爲轉運使，又有人獻議，自浙江稅場以東，移退數里爲月堤，以避怒水。此善策也，衆水工皆以爲便。獨一老水工以爲不然，密諭其黨曰：移堤則歲歲無水患矣。若輩衣食，何從而得？於是衆人從而和之。偉長悟其計，費以鉅萬，而江堤之患，何歲無之？後亦有講月堤之利，濤害稍稀，然終不若滉柱之利爲久也。

謹案：怒潮併力而來，滉柱分株而受，水之觸堤者，即有急而有緩，石之受攻者，亦或震而或寧，此塘之所以可久耳。奈何去其分濤之砥柱，任其衝激之狂瀾？無惑乎歲有所築，而塘終不能不壞也。一勞永逸之道，豈竟莫知之乎？嗚呼！沿江沿海，風浪滔天，塘或傾欹，絕無欄絆，大則漲呑城邑，小則繞郭居民悉遭漂沒，水即易退，市人難復話矣。惟望在位仁人，勿以錢王舊制，費重爲嫌，則免席卷一空之害，而澤國永拜拯溺之恩矣。

宋范仲淹爲揚州府興化令，海水爲患，田不可耕。仲淹乃築堤於通泰海三州界，長數百里，以衛民田，歲享其利。

謹案：范公之有益於興化，猶錢王之有益於杭州，皆以築堤見功。蓋海水爲患，苟不速防，不獨害於田畝，人民不將盡爲魚鱉耶？

元仁宗時，虞集拜祭酒。講罷，因言京師恃東南海運，而寔竭民力，以航不測，乃進曰：京東類海數十里，皆萑葦之場，北極遼海，南濱青齊，海潮日至，淤爲沃壤久矣。苟用浙人之法，築堤捍水爲田，聽富民欲得官者，分授其地，而官爲之限，能以萬夫耕者，授以萬夫之田，爲萬夫長，千夫、百夫亦如之。三年視其成，則以地之高下定額於朝，而以次徵之；五年有積蓄，乃命以官，就所儲給以禄，十年則佩之符印，俾得以傳子孫。則東南民兵數萬，可以近衛京師，外禦島夷，遠寬東南海運之力，内獲富民得官之用，游食之民得有所歸，自然不至爲盜矣。説者不一，事遂寢。

舊評曰：其後脱脱言京畿近水地利，召募江南人耕種，歲可收粟麥十萬餘石，不煩海運，京師足食。元主從之。又仿此法於江淮，召募能種水田及修築圍堰之人各千人爲農師。降空名添設職事敕牒十二道，募農人百人者，授正九品，二百人者，正八，三百人者，從七，就令管領所募之人，所募農夫每人給鈔十錠，期年散歸。遂大稔。

明嘉靖時，河臣周恭疏内有云：臣竊見中土之民因於河患，寔不聊生。至於運河，以山東濟南、東昌、兖州三府州縣地方，雖有汶、沂、洸、泗等河，然與民間田地，支節脈絡，不相貫通。每年太山、徂徠諸山水發，攙爲巨浸，潰決城郭，漂沒廬舍，亦與河南河患相同。或不幸而值旱暵，又自來併無修繕陂塘渠堰，蓄水以待雨澤，遂至齊魯之間，一望赤地，蝗蝻四起，草穀俱盡，東西南北横五千里，天災流行。此皆溝渠不修之故也。臣惟善救時者，在乎得其大綱；養復古者，不必拘於陳跡。所謂修溝洫者，非謂一一如古，亦惟各因水勢地勢之相因，隨其縱横曲直，但令自高而下，自小而大，自近而遠，盈科而進，委之於海而已。

國朝啤陳芳生曰：平時預修水利，則蓄泄有備，而無旱潦之患。荒年爲之，則饑民得以力食，即可免於流離。凡有父母斯民之志者，所宜急爲講求也。

明户科錢增疏請修水利。言：蘇、松、常、鎮、杭、嘉、湖七郡之水，以太湖爲腹，以大海爲尾閭，以三江入海爲血脈。蓋自吴淞淹塞，東江微細，獨存婁江一派，而婁江之委七十里曰劉家河，乃婁江入海之道。東南諸水，全恃此以歸墟，不至横溢泛濫者，則帶水靈長之利也。近日漲沙淤塞，於是東流之水，逆而向西，涓滴不入，灌溉無資，歲逢旱魃，田禾立槁，何從而救涸轍之民乎！然此猶就旱暵嘆言耳。萬一大浸稽天，七郡洪流，傾河倒峽，震澤不能受，散漫横潰，勢必以七郡之田廬爲壑，而城郭人民皆不可問。東南數百萬財賦盡委逝波，其如國計何哉！其時蘇松巡按周元泰亦言劉家河急宜開浚。俱下該撫察議。

謹案：人憂旱暵之爲災，而不知横流之更惡。淫雨無休，去路淤塞，不特泛濫滔天，民將魚鱉，即禾苗遭久溺，安得有收成！錢公特疏請開劉家河，蓄泄有備，旱潦無虞，其利澤遠矣。況近日之江濤洶湧，堤岸難防，設有不測，直入內河，而去水不速，七都之田廬百姓，不大爲可憂哉！是不得不望封疆大臣特展經營，急爲開浚，預防不測於無形耳。

講水利總論曰：凡用水而水不蓄，去水而水不流，豈特有害於農田人民，亦恐由此而喪命。此經濟名賢以仁智自任者，未有不急急於此也。史起之責西門豹，得之矣。雖然，仁智豈易言哉！韓之誘秦，大開涇水，而富其國，可謂智乎？元之不聽虞集，惟竭民力以航不測，可謂仁乎？故治水者當以倪寬爲最，捨此惟隋文帝之法更佳，故得頻年稱大有也。築塘而捍水患者，文正公仲淹也。決堤而去水災者，當陽侯杜預也。此皆蓄泄以時者矣。唐之鑿六井，宋之去葑田，獨非水利之善者乎？至若錢王於築堤之外，更列滉柱十餘行，破散洪濤併力之勢，衛護江塘經久之基，於仁智兩得矣。可恨者杭帥之愚昏，聽小人之言而去之也。明季河臣周恭所言，頗有可采，户科錢增之請，關係非常，留心民瘼者皆宜深究也。於此而不知所急，謂仁智克全而經濟無歉者，恐亦未之確也。故凡水利之當去留，在郡縣者，郡縣任之，在數郡者，司道任之，有屬通省者，督撫任之，有關隣省者，移會而分任之，必無不可爲之事矣。何憚之有？《國語》云：美哉禹功，明德遠矣。微禹吾其魚乎？後人雖不敢望聖王於萬一，但旱乾水溢，不爲救治，豈父母斯民之道哉？

附穿井法：凡開井當用數大盆，貯清水，置各處，俟夜色明朗，觀所照星何處最大而明，其地必有甘泉。此屢試屢驗者。見《農政全書》

三、建社倉以便賑貸

隋文帝開皇間，長孫平請令諸州百姓，勸諭同社，共立義倉。收穫之日，各出粟麥藏焉。社司執帳，檢校多少。歲或不登，則發以賑之。

謹案：以同社之輸蓄而濟同社之急，社司執帳，官吏尚有侵吞之事乎？民安物阜，睦俗敦倫，悉由於此。故長孫平之社倉，與李悝之平糴，皆可爲神農之高第、後稷之功臣。

唐太宗貞觀初，戴胄議自王公以下，計墾田秋熟，各輸穀粟，所在爲義倉，歲凶以給民，太宗善之。

遒案：所在爲義倉，則與社倉無異矣。且以王公而出粟，給爲庶民之所資，得損上益下，民悦無疆之道矣。社稷不有磐石之固乎？此賢主所以善之也。人能仿此社倉之建，誰曰難之？

德宗时，尚書李詥有云：去歲京師不稔，移民就豐，既廢營生，困而後達，又於國體寔有虛損。若豫儲倉粟，安而給之，豈不愈於驅督老弱糊口千里之外哉！宜敕州縣，年豐糴粟積之於倉，穀貴平價糶之於民。數年之中，穀積而人足，雖災不爲害也。

謹案：裁民而害民者，移民之政也。扶老攜幼，跋涉道途，風雨困厄，未至而亡者，十已六七矣。李公欲令州縣處處建倉，積粟救民，其深仁厚澤，非淺鮮者所能及也。

宋仁宗時，張方平上倉廩論，有云：比者敕書有諭州縣使立義倉之言，於兹三年，天下皆無立者。凡今之俗，苟且因循，有位者無心，有心者無位。在上可行者，務暇逸而從苟且，在下樂行者，或牽束而不得專。以故民間利不克時興，害不克時去。彼義租社倉者，齊隋唐氏既嘗爲之矣。果令天下之縣，各於逐鄉築爲囷廩，中户以上爲之等級，課入穀粟，縣掌其籍，鄉吏守之，遇歲之饑，發以賑給，協於《大易》裒多益寡、稱物平施之義，符於周官黨使相救、州使相周之法，誠爲國之大事也。

謹案：此論倉之所以不能建，可謂曲盡人情而言言中的矣。仁人君子果能晰其理，易其轍，去其弊，奮勇力行，不獨濟貧，且得理財正辭，禁民爲非之義矣。

熙寧初，陳留知縣蘇渭言：臣領畿邑，請爲天下倡，令户分五等，自二石至一斗，出粟有差，每社有倉，各置守者，普爲輸納，官爲籍記，歲凶則出以賑民。藏之久，則又爲立法，使新陳相登。即詔行之，既而王安石沮之，遂不果行。

謹案：文公之前，即有欲立社倉而爲天下倡者，天子已可其奏，奈爲荊公所沮。蓋青苗法專重取利，社倉法專在濟民，立意不同，自相水火。嗟夫！景星慶雲不與暴風疾雨同時可見者也。

甌寧縣有洞曰回源，劇賊范汝爲向曾竊據，民性悍，小遇饑饉，羣起殺掠。進士魏掞之謂：民易動，蓋緣艱食。乃請常平米一千六百石，以貸鄉民。至冬而還，遂置倉於邑之長灘浦。自後每歲散斂如常，民得以濟，不復思亂，草寇遂息。

明陳龍正曰：社倉之利，一以活民，一以弭盜，非特弭本境之盜也，且以清隣寇焉。文公賑粟於崇安，而擒盜於浦城；魏掞之置社倉於長灘浦，而回源洞之悍民以化。如一邑有若干鄉區，每鄉每區各立社倉，誠爲至計。

孝宗時，趙汝愚知信州，乞置社倉疏有云：臣伏見州縣之間遇水旱賑濟賑糶，往往施惠止及城郭，不及鄉村。鄉村之人爲生最苦，幸而得錢，近者數里，遠者一二十里，奔走告糴，則已居後，於是老幼愁歎，有避荒就熟，輕去鄉里之意。其間強而有力者，又不肯坐受其斃，奪攘摽掠，無所不至，以陷於非辜。城郭之民，率不致此。故臣謂城郭之患輕而易見，鄉村之害重而難知。臣愚欲望聖慈遠采隋唐社倉之制，明詔有司逐鄉置處，每歲輪差上户兩名以充社司，主其出納，不如法者治之。使幸而連年豐稔，在在得有儲蓄，則鄉里晏然，若有所恃，雖遇歉歲，奸宄之心無自生也。

謹案：趙公此疏，如親歷窮鄉，目睹貧民之苦。凡陷於剽掠者，皆因飢寒逼迫而致之，豈樂此喪身亡家之禍哉！果社社建倉，資生有路，誠救人於法網之先矣。非南渡之賢臣耶？

孝宗淳熙八年，浙東提舉朱熹上社倉議，有云：乾道四年，臣熹居崇安之開耀鄉。民艱食，請到本府常平米六百石賑貸，無不歡呼。於是存之於鄉，夏則聽民貸粟於倉，冬則令民加息以償，每石息米二斗。如遇小歉，即蠲其息之半，大饑則盡蠲之。係臣與本鄉士居官及士人數人同居掌管。凡十有四年，以六百石還府，現儲米三千一百石，以爲社倉，不復收息。故一鄉之中，雖有饑年，人不缺食。伏望聖慈，特賜施行。孝宗從其言，遍下諸路仿行其法。

國朝陳芳生曰：社倉之制，專以賑貸。凡官貸民者，必多侵冒；民貸官者，必受追呼；民與民貸，必出倍息。惟此三害俱無，雖非荒年，亦可借作種食。年年出納，久之所積自豐矣。

金世宗語户部曰：隨處時有賑濟，往注近地無粮，取於他處，往返既遠，人愈難之。何不隨處起倉，年豐則多糴，以備賑濟，設有緩急，豈不易辦乎？而徒使錢充府庫，將安用之？

謹案：金世宗不願錢充府庫，而欲以之備粟，又欲隨處起倉以儲此粟，大得萬物一體之懷。若使賢臣敬承其旨，廣推仁愛之意，以錫福斯民，豈非仁術之至大者哉！

元世祖時，趙天麟上策曰：至元六年有旨，每社立一義倉，社長主之。遇大有年，聽自相勸督而增數納之。饑饉不得已之時，計口數之多寡而散之。官司不得拘撿借貸，併許納雜色。如是非惟共相賑救，而義風亦行。

謹案：堯湯有水旱之災，而不爲其所困者，有備故也。苟社社有倉，雜色可納，饑以濟之，小荒不致流移，大荒免爲餓莩，較於臨事而圖者，相去不甚遠耶？

明嘉靖時，兵部侍郎王廷相言：備荒之政，莫善於義倉。宜儲之里社，定爲式。一村之間，約二三百家爲一會，每月一舉。第上中下三等人户，捐穀多寡，各貯於倉，而推有德者爲社長，善處事、能會計者副之。若遭凶歲，則計户給散，先中下者，後及上户，上户責之償，中下者免之。凡給貸悉隨於民，第登記冊籍，以備有司稽考。既無官府編類之煩，亦無奔走道途之苦。

謹案：侍郎之言，最爲得法。一村之間，有二三百家者，即爲一會，共建一倉。隨其社之大小，而命其積穀之多寡，又使自爲主之，非即社倉而何。有備無患，閭里雍熙，豈無上世鼓腹而歌之樂哉！

萬曆間，御史鍾化民奏內有云：臣聞古有水旱之災，而民無捐瘠，以蓄積多而備先具也。今地方一遭災荒，輒仰給於內帑，此一時權宜之計，豈百年經久之規哉！惟以本鄉所出，積於本鄉，以百姓所餘，散於百姓，則村村有儲，家家有蓄，緩急有賴，周濟無窮矣。臣令各府州縣掌印官，每堡各立義倉一所，不必新創房屋，以滋破費，即庵堂寺觀，就便設立。每倉擇好義誠寔之人，兼有身家者，共相主之。此乃積於粒米狼戾之時，比之勸借於田園荒蕪之後，難易殊矣。

謹案：鍾御史令每堡各立社倉一所，誠救民之良法。後之有司果能世守勿失，何至有饑民嘯聚之患哉！

建社倉總論曰：甚矣仁人之心，至社倉而至廣至大也。常平與義倉皆立於州縣，惟社倉則穀建於各鄉。故凡建於民間者，皆社倉也，烏得以一義字而疑之？此倉之美，不特救小民之困厄，寔可以舒大君之優心。饑寒聚集，叛亂立興，雖即旋亡，豈無軍餉？故恤國費者，此倉宜建；欲免剿賊者，此倉宜建；善培國本者，此倉宜建。口食得而上下安，枵腹飽而人心附，較之就食別境，領賑官司者遠矣。何也？無跋涉之費也，無後期之失也，無宿途之苦也。他鄉外省，不必驅馳，父母妻兒，豈猶輕棄？故諸賢無不惓惓於此倉也。然而得其妙者，文公爲最。行之久而知之詳，且欲遍行天下，而何以後人蔑之法也，豈以民間亦有不欲行者乎？大功之成，不謀乎衆，自古有之。況聞近世之常平，既不令人擄於取用，民間之社倉，則又廢而不建，是迫人於溝壑，驅民於法網矣，豈不深爲可歎哉！《書》云：皇天無親，惟德是輔。民無常懷，惟惠之懷。社倉建而天有不爲之輔，民有不爲之懷者乎？君子勉之。

四、嚴保甲以革奸頑

《周禮》大司徒施教法於邦國都鄙，使之各以教其所治民。令五家爲比，使之相保；五比爲閭，使之相受；四閭爲族，使之相葬；五族爲黨，使之相救；五黨爲州，使之相賙；五州爲鄉，使之相賓。

注云：保，猶任也。居相親近，則易爲督察也。相受者居同門閭，則可相容納也。相賓者，賢能皆備於中，相與賓而興之也。

齊管子《禁藏篇》云：夫善牧民者，非以城郭也。輔之以什，司之以伍，伍無非其人，人無非其里，里無非其家，故奔逃者無所匿，遷徙者無所容。不求而約，不召而來，故民無流亡之意，吏無備追之憂。故主政可往於民，民心可繫於主。

謹案：昔施伯對魯莊公言：管子，天下之才也。所在之國，則必得志於天下。今觀其所重，不外於保甲法，則保甲之不可不急於行也明矣。

秦以衛鞅爲左庶長，定變法之令，鞅使民爲什伍，而相收司連坐。其法以五家爲保，十家相連，收司相科察也。一家有罪，九家舉發。若不糾舉，則十家連坐。司猶管也，爲什伍之法，使之相兼管也。

謹案：此非衛鞅保甲之法乎？心雖殘忍，才頗雄長，欲民之守其法，遵其令，亦若捨此不能。蘇東坡云：帝秦者商君也，危秦者亦商君也。美哉斯言也！使以是法而範，羣黎悉歸仁厚，焉知不能以王道而化成天下？何至立法自斃，而遭後世之僇哉！

宋張詠守蜀，季春糶廩米，其價比時減三分之一，以濟貧民。凡十户爲保，一家犯事，一保皆坐不得糶，民以此少敢犯法。王文康知益州，獻議者改詠之法，窮民無所濟，復爲盜。文康奏復之。其賑糶法：人日二升，團甲給票，赴場請糶。始二月一日，至七月終，歲出米六萬石。蜀人大喜，爲之謠曰：蜀守之良，先張後王。惠我赤子，俾無流亡。何以報之？俾壽而康。

謹案：張公以十家而共除一人之弊，此弊之所以除也。法變則盜興，王文康亟奏復之，蜀人不但爲之喜，而且爲之謠，其法之有益於民，而不可度也審矣。膺牧民之任者，思欲共躋於升平，當以張公之所行爲善則。

神宗熙寧三年十二月，立保甲法。其法十家爲保，五十家爲大保，十大保爲都保。選衆所服者二人，爲都保正副。凡保丁，聽自置弓箭，習武藝。於是諸州藉保甲聚民而教之。

謹案：至難行者保甲，蓋里閭紛紜，民居最稱繁雜，一時清理，豈易稽查。此事總在賢能縣宰隨時審勢，逐段分清，積久認真，漸有就緒。王安石本意亦欲寓兵於農，但訓練無時，妨農騷擾，民又何堪此苦？是以行之而無成耳。欲行保甲者，當不泥乎古，而仍不背古，斯稱大經濟。

程伯淳令畱城，度鄉村之遠近，爲立保伍，使其力役相助，患難相扶。孤煢殘疾者，責之親黨，令無失所。出其途者，疾病皆有所養。擇其子弟之秀者，聚而教之。鄉民社會，爲立科條，旌別善惡，使之有勸有恥。在邑三載，民愛之如父母。

謹案：保伍之法，賢人君子之所必重者，蓋以捨此則無以聯絡人情，而使之交相勸勉也。故程夫子於鄉民社會之時，特立科條，使其有廉有恥，患難相扶，且拔其秀者而教之，皆由別之清，故能勵之切。使非保伍，爲立科條，何從下手？

范仲達爲袁州萬載令，善行保伍法。自來言保伍法，無及之者。雖有奸細，一無所容。每有疑似無行止之人，保伍不敢著，互相傳送至縣，縣驗其無他，方令傳送出境。訖任滿，無一寇盜。後張定叟知袁州，欲覓其法而不可得。偶有一縣吏畧記保甲之大概云：縣郭四門外，置隅官四人。此最緊要，蓋所以防衛而制變者也。一個隅官，須各管得十來里方可。若諸鄉，則置彈壓之類，而不復置隅官，默寓大小相維之意。其用人子弟，必使竭力料理，非比泛泛，每以旌賞拔擢而激勸之。

謹案：畱心濟世者，無時不以善政爲念者也。若仲達行之于前，定叟訪之於後，惜乎不能盡得其妙。惟隅官之置，知其所重。要知防衛而制變考，即社長之類是也。總之，突賞之事明，則彈壓之用切，匪類不容於甲矣。

朱熹於建寧府崇安縣，因荒請米，既建社倉，乃立保甲法。其法以十家爲甲，甲推一首，五十甲推一人通曉者爲社首。逃軍無行，不得入甲。凡得入者，又問其願與不願。惟願者開其大小口若干，共登一簿，以便稽查。

謹案：保甲法雖不爲社倉而建，但既建社倉，此法斷不可少。不然，司事者無人，舉報者無人，賢否無由而別，虛寔何從而知？故欲富国強兵者，在所首重，而欲敦倫善俗者，亦不可少緩也。朱子學貫天人，包漫無所據而力行哉？

從政郎董煟曰：官司平日宜豫先抄劄，五家爲甲。有死亡遷徙，當月里正申縣改正。凡知縣到任，責令用心抄劄存縣，庶免臨期里正有賣弄之弊。

謹案：臨期抄劄，其弊無窮，古今一轍。惟保甲行而貧富了然矣。然得之於平日者，始爲至當。故豫爲抄劄，濟世之良模也。

明張朝瑞行保甲法，或言往歲賑饑，皆領於里甲，今編保甲以代之，何也？曰：國初之里甲，猶今時之保甲。昔相隣相近，故編爲一里。今年遠人散，每見里長領賑，輒自侵隱，甲首住居窵遠，難以周知。及至知而來，來而取，取而訟，訟而追，追而得，計所得不足以償所失。故強者怒於言，懦者怒於色，只得隱忍而去。甚有鰥寡孤獨之人，里甲曰：彼保甲報之，於我何與？保甲曰：彼里甲報之，我何與焉？互相推委，使民死於溝壑，無可控訴者，難以數計。不若立爲畫一之法，俱歸保甲。盖凡編甲之民，萃聚一處，其呼喚易集，其貧富易知。昔熙寧就村賑濟，張詠照保糶米，徐寧孫逐鎮分散，朱文公分都支給，皆用此法也。

謹案：除奸剔弊，莫善於保甲，故畱心賑救者，首當重也。盖保甲不行，則審户不實，無論恩施之大小，悉爲奸人冒破侵欺，鰥寡孤獨以致嗷嗷待食者，仍絶粒而填於溝壑也。保甲顧不重哉！

王守仁巡撫江西，行十家牌法。曰：凡置十家牌，須先將各家門面小牌挨審的實。如人丁若干，必查某丁爲某官吏，或生員，或當差役，習某技藝，作某生理，或過某房出贅，或有某殘疾，及户籍由粮等項，俱要逐一查審的實。十家編排既定，照式造冊一本，畱縣以備查考。及遇勾攝及差調等項，按冊處分，更無躲閃脱一縣之事，如指諸掌。

謹案：十家牌一行，真寔無虚，則保甲之法，已得八九。但須注明左右隣居及每季更換之人，方稱至當。否則遷移物故，仍然混雜而無稽。

周孔教撫蘇時，曰：弭盜安民，莫良於保甲法。是法也，爲弭盜而設，是以治之之道編之也。人情莫不偷安，故其成之也難。爲賑濟而設，是以養之之道編之也。人情莫不偷安，故其成之也難。爲賑濟而設，是以養之之道編之也。民情莫不好利，故其成之也易。今令各府州縣，擇廉能佐貳一員，專董其事，大概先將城内以治所爲中央，每保統十甲，各設保正副等人，每甲統十户，設甲長一人。分東西南北，以東一保、東二保、東三保等爲號，南與西北亦如之。其在鄉四方保正副，又以在城保正副分方統之。假如在城東一保，統東鄉一保，在城東二保，統東鄉二保，餘則皆以此爲法。是保甲者，舊法也。以城中之保而分統鄉間之保者，新設之法也。若鄉間保長抗令，即添差助城中保長，協力處分。凡公事可以立辦矣。

謹案：保甲之法，固不可緩。若以在城保甲統在鄉保甲，未免近於穿鑿，不若文公所行之法，簡便而穩當也。

嚴保甲總論曰：保甲之法不立，城市錯雜，鄉村窵遠，在位君子烏能知其賢否，併有餘不足之家也？惟行之有素，按籍而稽，奸宄不得容畱，貧富了然在目，冒破者無有矣，則保甲不與社倉相爲表裏者歟？故不論賑濟，賑貸、賑糶，饑年皆不可少。雖平居無事之時，亦不可不以《周禮》爲先也。管子行之於齊，而桓公得霸；衛鞅施之於秦，而孝公富強；蜀人之頌美張王二公，皆不離於此也。熙寧之可歎者，安石欲寓兵於農，反妨農時，致民饑饉，不足道矣。程伯淳令於畱，民以此而戴之如父母，朱文公建於閩，貸以是而不致有侵欺。賢人君子尚不能捨此而致治，後之爲政者，何皆夢夢而不知所重也！惟范仲達行之，而亦臻其妙，後張定叟欲仿之，而不得其傳。蒼生之有幸有不幸也，一至於此！世道人心，何從得古？深爲可歎。繼此則董煟與張朝瑞，言之鑿鑿，悉中弊端，不可不閲也。王陽明之十家牌，不逾此意，周孔教之撫蘇法，賴此成規。總之，保甲之法行，任彼千頭萬緒，散漫難稽，我則有條有理，坦然明白，賞罰既當，風俗自敦。孟子亦言之矣，死徙無出鄉，鄉田同井，出入相友，守望相助，疾病相扶持，則百姓親睦，非此意耶？

五、奏截畱以資急用

唐明皇開元二十五年九月，詔曰：大河南北，人户殷繁，衣食之原，租賦尤廣。頃年水旱，廒庾尚虚。今歲屬和平，時遇豐稔，而租所人，水陸運漕，緣脚錢雜，必甚傷農。務在優饒，惠彼黎庶，息其轉輸，大寔倉儲。今年河南河北，應送含嘉太原等倉租米，宜折粟畱納本州。

謹案：不知者以爲上供急，知之者以民食亦不可緩也。畱上供以備饑年，即趙威後對齊使云『苟無歲何有民，苟無民何有君』之意耳。

宋真宗大中祥符間，詔江淮發運司歲畱上供米五千石，以備饑年賑濟。

宋董煟曰：祖宗之時，上供之米，猶每歲截畱以備賑濟，則常平義倉無所吝惜可知。然則祥符之詔，可不端拜而大書乎？

神宗熙寧中，浙江數郡水旱災傷，詔撥本路上供斛斗二十萬石賑濟。

謹案：昔人云：民可百年無貨，不可一朝有饑。熙寧中，雖多天災流行，水旱頻仍，然尚有司馬光、趙抃、吕公弼諸君子在，豈不知國本之當重，肯吝其倉庾哉！九重一詔，萬姓回春矣。

哲宗元祐元年，王岩叟言淮南旱甚，本路監司殊不畱意。詔發運司截畱上供米一十萬石，比市價量減，出糶與缺米人户，每户不得過三石。

謹案：民情難撫，最在饑年。人不得食，徙者徙而洗者流，四境靡寧矣。岩叟之罪監司，不亦宜乎？幸朝廷即詔截畱一十萬石減價出糶，活蒼生於閭里，輯奸宄於孳茅，一言出而享太平，非岩叟之類哉？

元祐四年，畱上供斗斛三分之一，爲米五十餘萬斛，盡用其錢買銀絹上供，了無一毫虧損縣官。而命下之日，所在歡呼。

謹案：民情千古一轍，昔曰勸呼，於今豈異？積於太合而紅腐，何若畱外省以施恩？愛民者所當急圖也。

高宗紹興中，户部尚書韓仲通乞以上供之米所餘之數，歲樁一百萬石，別廩貯之，以備水旱。詔從之。

上曰：所儲遇水旱誠爲有補，非細事也。

謹案：疏可題而不題，非但不爲小民作饑饉之謀，亦不爲君上建太平之策矣。如韓公此疏一行，餓殍賴之而生，盜賊由之而息，不大有功於社稷哉！

紹興五年，湖南旱甚。吕頤浩爲帥，奏截撥上供米三萬石，又令廣西帥漕兩司備五萬石，水運至本路充賑濟，全活甚衆。

謹案：民不得食，死亡相繼，即無意外之虞，已損國家元氣。吕公之奏截畱，非有愛民憂國之寔心者不能也。

孝宗乾道七年，饒州旱傷，截畱在州樁管上供米三萬石、獻助米二千石、本州義倉八萬餘石，又撥附近縣義倉五萬石，又請借會子五萬貫，接續收糴米麥賑濟。江州旱傷，截畱上供米六千五百餘石、本州義倉米四萬四千餘石，截畱贛州起到一萬石、賑糴本錢四萬餘貫，作本收糴米斛。又撥本路常平米十萬石，勸誘上户認糴米二萬八千六百餘石，吉筠等州見起赴建康府米八萬餘石，樁管米六萬七千餘石。

明陳龍正曰：饒州得米十六萬餘石，錢五萬貫，江州得米三十三萬餘石，錢四萬貫，賑饑可謂厚矣。觀其多方措置，非能如隋文帝之多藏也。然彼有餘而不散，以促其危。此不足而樂散，以綿其祚。人主之存心，天之福禍，不其永鑒與？

乾道間，胡銓疏中有云：熙寧間，浙西災傷，而沈起、張靚不先事奏聞朝廷，是不遵太宗之制也。元祐間，浙西災傷，而蘇軾先事奏乞處置，是能遵太宗之制也。今歲諸路或旱或水，方秋成之際，米已翔貴，日甚一日。來春艱食，灼然可知。倘不先事而圖，則乙酉流離之患，臣恐不免。

謹案：此疏所言，足見截畱之當早。若臨期撥用，雖多無益。顧撥用於既荒之後，莫若截畱於未荒之前。胡公以天下爲己任，力排和議，深折權奸，無刻不以蒼生爲念，故慮無不周、言無不切也。

元世祖至元二十五年，尚書省臣言杭、蘇、湖、秀四州大水，請輟上供米二十萬石，審其貧者賑之。

謹案：大水爲災，羣黎饑僅，在朝大僚能據寔奏請，畱供厰饑，不可謂非畱心國計者。然以四州億萬之民，僅恃此項以爲救濟，較之聖君賢主，蠲賑兼行，不惜重費者，去之遠矣。

明憲宗成化二年，江淮大旱，民自相殘，命右副都御史林聰往賑之。聰奏借江南粮及支運粮儲數十萬，給民食，與之種。

謹案：江淮爲財賦之區，旱荒如此而不早爲之計，督撫大員之愆也。截漕給種，亦一時之權宜。總之，災荒未至，必先提策一段愛民仁心，整頓一番惠民經濟，同寅協恭，上以積誠召天和，下爲閭閻籌本計，斯得之矣。

奏截畱總論曰：明儲巏與都御史書有云：目前救荒，簡便應急，百方以思，莫如截畱漕運之米爲善。泰昌元年，御史左光斗亦謂截漕救荒，可見智謀之士所見畧同。唐宋之詔有自來矣。元明雖不能及，要亦未嘗不以此爲善也。若王岩叟之罪監司，韓仲通之得上諭，爲國爲民之心，豈淺見者所能哉！吕頤浩爲賑饑而特請，胡銓能先事而疏題，生饑人於將斃，散盜賊於無形，得煢煢不救、炎炎奈何之意矣。林聰之奏請，庶幾乎近之。聖天子以四海爲家，豈必寔粟於京而始爲其粟哉！況天庾既足，塵腐者多，枵腹之民，賴之得活，何爲畏縮不題？忠君愛國之臣，當如是乎？若夫看省分之大小，奏截畱之多寡，不獨下救其民，抑亦廣上之澤於無窮矣。願牧民之君子，推類以權其宜，俾黎元偶處荒年，而不知有饑餒之色。上下和樂，中外乂安，豈不稱良有司之偉業歟？

六、稽常平以杜侵欺

漢宣帝五鳳四年，歲豐，穀石至五錢。耿壽昌建言，令邊郡皆築倉。穀賤時，增價而糴以利農，穀貴時，減價而糶以利民，名曰常平倉。民便之。賜爵關内侯。

謹案：一倉建而民農兩利，固本之法，莫踰於此，豈爲有司應急而成哉？所以官司必不可令挪用，小民欲貸，不必待乎奏聞，利民而不利官。耿侯立倉之意，原是如此。

隋文帝開皇間，衛州置黎陽倉，陝州置常平倉，華州置廣通倉，轉相灌注，漕關東及汾晉之粟，以給京師。置常平監。

謹案：文帝之置倉，亦云備矣，但豐年既寔粟於倉，歉歲即宜散給於民，始得建倉之益，是以能藏而又能發。不然，守藏者惟以吝惜爲心，則恫瘝視民之心，時時切摯於衷矣。

唐陸贄奏議有云：臣聞仁君在上，則海内無餒莩之人，豈必耕而餉之，爨而食之哉！盖以慮得其宜，制得其道，致人於歉乏之外，設備於災沴之前耳。魏用平糴之法，漢置常平之倉，隋氏立制，始創社倉，終於開皇，人不饑饉。除賑給百姓外，一切不得貸便支用。每遇災荒，即以賑給，小歉則隨事借貸，大饑則録事分頒，富不至侈，貧不至饑，農不至傷，糴不至貴。一舉而數美具，可不務乎？

謹案：陸贄之意，除賑給百姓外，一切不得貸便支用。盖積穀原以爲民，倘官長挪用於平時，荒年百姓更從何處支給？況奸胥猾吏知其可以轉移，即生多少情弊。陸贄此奏，可謂良法。

宋韓琦論常平倉米：遇年歲不稔，合減原價出糶。但出糶之時，須令諸縣取逐鄉逐村下户姓名，印給關子，令收執赴倉糴米。每户或三石，或兩石，不許浮數。惟是坊郭，則每日零細糶與，浮居之人，每日或一斗，或五升，則人人盡受寔惠。

謹案：鄉村來糴者，以數石計，城市來糴者，以升斗計，非常平不足以應之。倘被借端挪去，急迫何從糴取？故上司不得視爲無礙錢粮，下屬不可因公借用。倘上下交侵，不但無顔以對耿侯，益且深有愧於韓公矣。

仁宗慶曆二年，余靖疏内有云：天下無常安之勢，無常勝之兵，無常足之民，無常豐之歲。由是古先聖王守之有道，制之有術，倘有緩急，不可無備。景德中，詔天下以逐州户口多寡，量留上供錢，起置常平倉，付司農寺繫帳，三司不問出入。今若先爲三司所支，則天下儲蓄盡矣。伏乞特降指揮，三司先借支常平本錢處，併仰疾速撥還，今後不得更支撥，併依景德先降敕命施行。

謹案：此疏説得何等明白，若先爲三司借去，蓄積盡矣，遇饑年將何救濟？余公之疏，慮之深而言之切，可爲常平萬世不易之良規。

慶曆四年正月，詔陝西穀翔貴，其令轉運司出常平倉粟，減價出糶，以濟貧民。

謹案：減價出糶，始得常平之意。若早爲有司所挪，百姓何由受惠？聖意何由宣佈？此上臺之稽察當嚴，而小民之首告宜許也。

司馬光言：常平之法，此乃三代良法也。向者有州縣缺常平糴本，雖遇豐年，無錢收糴。又有官吏怠惰，厭糴糶之煩，不肯收糴，盡入蓄積之家。又有官吏雖欲趁時收糴，而縣申州，州再申其提點，取侯指揮，動經累月，已是失時，穀價倍貴，以致出糶不行，堆積腐爛。此乃法因人壞，非法之不善也。

謹案：有此三害，已爲常平之大蠹，況又有挪用之端，存無一二，饑年仍不賑糶，四害併侵，一無所患，不可向常平而生吹乎？

蘇軾奏内有云：臣在浙江二年，親行荒政，只用出糶常平米一事，更不施行餘策。若欲抄劄饑貧，不惟所費浩大，有出無收，而此聲一佈，饑民雲集，盜賊疾疫，客主俱斃。惟有依條將常平斛斗出糶，即官司簡便，不勞抄劄勘會、給納煩費，但得數萬石斛斗在市，自然壓下物價，境内百姓，人人受賜。古今之法，莫良於此。

謹案：東坡救荒，惟以平糶常平爲美，後人猶議其賑有不及，見有未廣。則凡後之爲司牧者，正宜於常平之法竭盡經營，興其利，剔其弊，使萬姓永爲利賴，荒年寔有可恃，斯爲至計。

高宗紹興庚午，高宗皇帝謂執政曰：國家之常平倉以備水旱，宜令有司以陳易新，不得侵用。若臨時貸於積穀之家，徒爲文具，無寔效也。

謹案：『不得侵用』四字，高宗已深知有司之弊矣。見得水旱爲災，數之難料，非預備穀粟以救濟生靈，何以解一時之紛擾？此詔可爲萬世法。

從政郎董煟曰：常平錢物不許移用，不知他費不許移用，至於救荒，正所當用，若必待報，則事無及矣。今遇旱傷去處，州縣仰一面計度，用常平錢於豐熟處循環收糴，以濟饑民，俟結局日，以糴本撥還常平可也。

謹案：此一節說盡常平利弊，何以近則不然？便於官而不便於民，常平似爲官而設也。嗚呼！是所重者官，所賤者民。不知米由民出，聚而不散，鉅橋粟，黎陽米，是禍端也。故侵挪者在所當稽，而現存者宜於賑糶也。

元張光大有云：常平者，荒歉之預備，無傷於農，有益於民，遇水旱雹蝗之變，民無菜色，不至流離餓殍之患，良法也。可以遏富豪趨利之心，無抄劄户口之煩。有司視爲文具者，原其所自，糴本之未立耳。若以御史所言，將三臺追到贓罰銀兩，各隨所屬，撥爲常平糴本，此爲反本還原，仁民之良策也。循環糴糶，以濟饑民，何患乎米有限而不能遍及村落哉？爲政君子果能深味常平之意，則可以固邦本，結民心，萬世之長策也。

謹案：昔人知常平可以固邦本，結民心，謂返本還原之道，莫若以贓罰銀兩收糴之，非籌之熟而計之得者歟？奈何後之司牧，無米財聽之，有穀則用之，民之困苦，絕不經營，循吏果若是乎？查盤之不可稍怠也明矣。

明張朝瑞有云：伏覩《大明會典》，洪武初，令天下縣分各立預備四倉，官爲糴穀收貯，以備賑濟。次災則賑糶，其費小；極災則賑濟，其費大。奈何歲久法湮，各州縣僅存城内一倉，其餘鄉社盡無之矣。茲欲令各屬縣於東西南北適中、水陸道達、人煙輳集處，各立常平一所，本道查發贓罰併該府縣無礙銀兩，糴穀入倉，不許逼抑科擾平民，或值中饑、大饑，以便賑糶、賑濟富者不許混買，仍用張詠賑蜀連坐法。每歲本道或該府管粮官，單車一巡視焉，以防官之治名而不治寔者。盖社倉之法立，以時收斂，富者不得取重息，騰高價，貧民歲歲受賜沾恩，誠救荒之良策也。

謹案：從古法久弊生，貴乎經理者之搜剔盡善。備災恤患，誠無過於常平義倉。今張公所言，頗得致治之要。然後世人情利弊，尤須曲意體貼，斟酌變通，務使法立而民胥享法之利，寔在有益於草野，斯稱順俗宜民之至計。

稽常平總論曰：常平倉循環糴糶出入，利民之妙法。良有司能盡心於其間，徹底爲民，勿敢自便，則蘇公美意，猶然復見於今。茲第使各省雖有常平倉，即遇饑年，官不得發，民不得食，以避部議之嚴，是豈知立倉之本意哉！試思隋文之倉，米粟未嘗不足，獨以閉藏不給致敗。慶曆詔、高宗諭，庶幾其可也。所以戒借用之弊者，莫如陸贄與余靖，得賑糶之美者，首推韓琦與蘇軾。法之弊也，司馬光言之最詳，倉之廢也，張朝瑞論之最當，其他皆可爲規爲式。《左傳》云：備豫不虞，善之大者也。常平，善人之政，稽察，豫備之端，可不慎重其事哉！

清　方觀承《賑紀》卷二《核賑·賑說示委員》　田禾災而賑恤行，賑所以救農也。農民終歲勤苦，力出於己，賦效於公，凡夫國家府庫、倉稟之積，皆農力之所入也。出其所入於豐年者而以賑其凶災，德意無窮而恩施有自，蓋有非可得而幸邀者矣。司賑者先視田畝被災輕重，復審其居處器用牛具之有無存棄，以別極貧、次貧。其不因災而貧者，則非農也。傭工之農，耰鋤輟而饑餓隨之，極貧者爲多，此與傭食於主家者有别也。孟子曰：樂歲終身苦，凶年不免於死亡。此農民之待賑爲切而急賑加賑之澤爲甚厚也。不因災而貧者亦賑，誤以賑爲博施之舉也；不必皆貧而衰老者亦賑，誤以賑爲養老之典也。乞丐得飽於凶年，將無啟其樂禍之心乎？傭人安坐而得食，將無墮其四體之勤乎？夫農饑則四民皆饑，穀貴則百物皆貴。蓋推廣恩澤而及之耳，非賑政之本意也。觀於給貧生則用存公餘款，給旗莊則用井田官穀，益知災賑之大發正帑，蓋首重救農。其餘乏食之民，不過爲區别斯可矣，未可與農民並論也。作賑說。

清　余廷燦《富民》《清經世文編》卷三九　自常平社倉外，法宜以時風諭富民，歲積穀而貯之家，家約自百石始，遞增至千石止，隨其貲產之上中下而進退之，以爲一家積貯之數，其歲無儲峙，雖有儲峙，曾不及額者。許里社相糾罰，其歲歲及額且有加者。官旌異之，惟出入斂散，則不得與顆粒於官府焉，都計一鄉横袤數十里，就中中下富民，率什之二三，上富民率百之一二，寓數百石之蓄於十户中，寓數千石之蓄於百户中，即不幸旱荒相隨屬，亦人人隱然有所恃以自固，故藏富不在官而在民，古昔富民更變，久皆知重積穀，富民重積穀，故常平社倉所遼緩稽滯不及事者。富民實能佐有司之急，紓百姓水旱之憂，一時婚姻親戚毗鄰，告糴告貸於其門者。若取寄物耳。其後謠俗被服飲食奉生送死之具，皆務極聲色，窮珍異，侈麗都，喜好佚樂，而矜誇勢焰，漸靡既久，富民遂相率重金錢，而不便利穀粟，至於歲括賣升斗之儲，以奉其所欲，給其所求，猶苦不足，困窮耗矣。一遇旱乾猝至，貧者富者俱若魚之涸而處於陸，螻蟻皆得制其命而俟其斃，有立枯死耳。嘗竊歎學士大夫，不重經籍儒術，務爲一切文法，以周防籠絡，其實乃拐腹空空，無益於用，徒長浮薄、散樸，皆富民不重穀而重金錢之故耳。昔管夷吾過市，有新成京困者二家，請桓公賞之，民爭爲京困以積穀，齊用富強，武王立重錢之戍，令民有百鼓之粟者不行，而國穀二十倍，南楚俗尤惰窳，安土物，重遷徙，僅僅與穀爲命脈，今穀熟則盡化命脈爲金錢，如穀不熟則豈可食金錢以全命脈，真荑稗之不若矣。有深思長慮，爲根本之計者。於富民早爲之所，或亦有以佐常平社倉之所不及者歟。

綜述

唐 呂延禎《練湖碑銘》《全唐文》卷八七一　不作利物不仁，不翦害物不義。不仁不義，不足爲人。先王投兇於四裔，盡力於溝洫，蓋亦除害興利，以厚生民也。延禎常思致力於人，致身於君。會國家乏使，命爲丹陽令，因舊碑預聞練湖之事。噫！世所嫉害大利小者，其以湖爲田之謂歟？使今之人，不獲其利，而罹其害，旱益枯槁，澇滋昏墊，徒永嘆其災，而莫測其亂也。田無十室之用，湖富四縣之利。智者有以從長，愚者不可慮始。利豈可廢？害豈可留？且湖之興廢，有似隨國之興廢。興於前唐之初，廢於前唐之末。今我唐開國，斯湖豈得廢也？具事以聞，克諧天心。大賚梓材，以充門鍵。傳命遐邇，罔有不悅。待事黔庶，率皆相慶。於是築塞環岸，疏鑿斗門。民若子來，役俟農隙。人不勞而物成，財不匱而用畢。大澤既陂，大水既瀦，物得其利，民除其災。波瀾瀰瀰，魚龍以依。菰蒲莓莓，邑人所資。步之終日，不得其極。望之若海，若知其涯。雷雨時行，源流歸壑。穡人之功，不愆而獲。乃植柳以助其防，並工以培其闕。歲旱靡俟雩，河源不患竭。丹陽耆舊揚言曰：『昔之復，復其侵。今之復，復其廢。是韋公之平其初，而公以成其終也。事雖殊時，功其一揆。而今而後，民其有望，庶幾免於患矣。』愚雖不敏，聊以爲銘：

海大兮波濤溺人，湖深兮潤澤生民。廢興我恐有數，利害孰云奪倫。風動菰蒲靡靡，浪搖黿魚鱗鱗。遠哉韋公兮予將復新，赫赫然帝命兮永敷萬春。

唐 裴守真《請重耕織表》《唐會要》卷八三　夫穀帛者，非造化不育，非人力不成。一夫之耕，纔兼數口；一婦之織，不贍一家。賦調所資，軍國之急，煩徭細役，並出其中，黠吏因公以貪求，豪強恃私而逼掠，以此取濟，民無以堪。又以征戍闊遠，土木興作，丁匠疲於往來，餉餽勞於轉運。微有水旱，道路遑遑。豈不以課税殷繁，素無儲積故也？夫太府積天下之財，而國用有缺；少府聚天下之伎，而造作不息；司農治天下之粟，而倉庾不充；太僕掌天下之馬，而中廄不足。此數司者，役人有萬數，費損無限極。調廣人竭，用多獻少，奸僞由此而生，黎庶緣斯而苦，此有國之大患也。

唐 劉思立《諫農時出使表》《文苑英華》卷六二四　臣思立言：臣伏見河南河北旱儉，敕遣御史中丞崔謐、給事中劉景先分道存問，兼量事賑貨。竊以水旱流行，古今代有，不專示眚，亦以戒盈。伏維天皇德越堯湯，恩隆父母，纔逢殊候，即軫沖襟。但謂聖人隔於九重，不知皇心遍於四海，所以分道出使，量使優矜，曲成賙給，特加存問。誠非愚闇，所合名言。然芻蕘之情，尚有未達，敢獻狂直，乞垂省覽。何者？麥序方秋，蠶功未畢，三時之務，萬姓所先。敕使巡撫，人皆悚忙，忘其家業，冀此天恩，踴躍來迎，必難抑止，集衆既廣，妨廢亦多。加以途程往還，兼晨夕停止，設遺物去，決不盡還。況宣問須見衆人，賑給須作文簿，少處猶經兩月，多處必更淹延。都計所歷州縣，煩擾不可勝紀。又一使之下，凡有一十六人，並馱所須，總來一馬，無驛之處，須動公私，簡弱取強，非五十匹不可。禁馬之所，求覓甚難。使人欲求，必須預追簡擇。雨後農務，特切常情，暫廢須臾，即虧歲計。每爲一馬，遂勞數家，從此相乘，恐更滋甚。又刺史縣令，委任不輕，準敕即成。合稱明旨，用倉給户，不足爲難。且令賑貸，庶免饑乏，若須出使褒貶，請待秋後閒時。臣備位憲司，不敢不奏。

唐 唐璿《乞解職待罪表》《全唐文》卷一八九　臣聞在運其工，用人代之而理；禮行其化，爲政資之以和。所謂佐弼萬機，主贊百揆；其康庶績，宏闡大猷。得其理則陰陽以調，失其和則災沴斯作。故舉才而授，帝惟其難；論疲乏於邦，官不必備。苟非其任，自古缺之。

臣樗櫟散材，桑榆暮齒，識非經遠，器不濟時。徒以宿忝周行，歷登朝廡，再睹興運，累辱寵章。執典禁戎，不雪四郊之恥；忝屍端右，更居八座之榮。任重材輕，恩深效淺。空曠職事，僶俛歲時。莫能師長具寮，損益大政。況疲弊已至，年髮浸衰，心欲自彊，力終不及。無德而祿，必爲小人之患；非材妄居，果致大臣之咎。

頃自中夏，及乎首秋，郡國水災，屢爲人害；瀕陽奧壤，流溺邑居。淇上名區，漂壞閭井。又雒水汎溢，決潰隄防，驚惶居人，輒動皇念。將政教之吏，罔副天心；實燮理之才，未知王度。夫水陰氣也，臣實主之。臣忝職右樞，致此陰沴。是不能調理其氣，而乃曠居其官。雖運屬堯年，則無治水之用，位侔殷相，且闕濟川之功。猶負明刑，坐逃皇譴，皇恩不棄，其若天何？昔漢官故事，丞相以天災免職，況竊在聖朝，臣豈敢靦顔居位？乞解所職，待罪私庭。冀移陰咎之徵，復免夜行之眚。

唐 狄仁傑《請罷百姓西戍疏勒等四鎮疏》《舊唐書》卷九三 近者國家頻歲出師，所費滋廣。西戍四鎮，東戍安東，調發日加，百姓虛弊。開守西域，事等石田，費用不支，有損無益。轉輸靡絕，杼軸殆空。越磧逾海，分兵防守，行役既久，怨曠益多。昔詩人云：『王事靡盬，不能蓺稷黍。』『豈不懷歸？畏此罪罟，念彼共人，涕零如雨。』此則前代怨思之詞也。上不是恤，則政不行而邪氣作。邪氣作，則蟲螟生而水旱起。若此，雖禱祀百神，不能調陰陽矣。方今關東饑饉，蜀漢逃亡，江淮已南，徵求不息。人不復業，則相率爲盜，本根一搖，憂患不淺。其所以然者，皆爲遠戍方外，以竭中國，爭蠻貊不毛之地，乖子育蒼生之道也。

唐 蘇頲《居大明宫德音》《文苑英華》卷四四〇 黄門：朕聞養人者謂之司牧，非逸於人上；事天者謂之帝皇，蓋御乎天下。故作爲東宇，以避燥濕；居於臺榭，以順高明：斯廼奉時令，布政教也。朕以不德，祗膺睿圖，寶十家之產，愛兆人之力，未嘗興工於土木，役思於池御，冀之休乂，以致雍熙。自律應長嬴，時方大署，溽雲屢起，溫風且至，伏以太上皇宴居珍衛，滌慮清閒，跡不往於甘泉，心每期於汾水。朕侍於左右，以奉晨夕，助元默之化，則虧於聽理；當炎蒸之序，又瀆以囂煩。惕焉載懷，敢忘順色？然大明創兆，先聖所營，即舊不加，因時而往。千門萬户，外雖謂於別宫；一日三朝，中自連於復道。下所以寧問安之懇，上所以資習靜之娛，實獲我心，俾康政理。古有服重裘者，則念人之寒；居夏屋者，則念人之熱。況比歲阻饑，甫田不稔，或愚人陷罪，圜土稱冤，凡厥庶寮，將何以恤？兩京及諸州，宜令長官親理冤獄，除犯名教及官典犯贓，並緣妖僞以外，餘罪徒以下，咸宜放免。其有茂才異等，拔萃超羣，緣無紹介，久不聞達者，咸令自舉，朕當親問。其應宣撫，咸使名聞，舉人試第四等，宜準舊例，別加優獎。見任人各量與改轉前資，常選人至冬依選例與處分，其未出身者兼授散官。先天以來，軍將押衙官等在陣戰亡者。令本軍勘實奏聞。其妄説災祥，誑惑閭里，並令州縣長官等嚴中捉搦，仍令御史金吾防察繩糾。有能直言極諫，補朕之闕者，各封進狀，朕將親覽，如有可採，當加獎擢。其皇親諸親，及東宫承優任員外檢試等官，近停令至冬處分者，有家道貧迫情願外任者，亦令所司勘績闕量才注擬。其緣坐流人處置有輕重不類者，令所司勘會聞奏，主者施行。

唐 蘇頲《處分朝集使敕一》《文苑英華》卷四六〇 敕朝集使等：朕自臨萬邦，倏已三載，何嘗不兢兢業業，勵精政道？思欲棄末敦本，阜俗安人，寰瀛之間，日月以冀。所以急於農務，不奪人時，富而教之，庶乎可致。夫苛政甚於猛武，貪人比之蝥賊，頃雖臨遣使臣，未能澄正此弊。或刻以害物，或擾以妨農，或背公向私，或全身養望，至使錢穀以害物，或擾以妨農，或背公向私，或全身養望，至使錢穀不入，杼軸其空，捐瘠相仍，流庸莫返。且四方事廣，一人獨化，共理之寄，非卿而誰？卿等至州，遞相勗勵，勤恤孤弱，勸率耕桑，各效清勤，無或隳怠。

又《處分朝集使敕二》《文苑英華》卷四六〇 敕朝集使等：朕聞御寰瀛者，不可以獨化；養黎獻者，必存於共理。故專一方，親百姓，能致循良之術，必無愁苦之聲，非牧伯之賢，疇離於此？所以精求臺閣，歷選縉紳，常舉百寮之要，以先六刺之重，虛想佳政，用成庶績。自去冬入計者，則循名責實，詢事考言，雖不無等差，終未有殊異，得非歲時或淺，風教未洽耶？故一切不除，各再臨所典。至於敬耆老，恤煢弱，止奸盜，挫豪強，人不忍欺，吏不敢犯，田疇墾辟，獄圄空虛，徭賦必平，逋逃自復，門杜請謁，庭無滯留：若是者，廼關乎職思，可以力致。至於弭災眚，集休祥，尚德義，崇禮樂，儒風大長，道化滂流，耕夫克讓，織婦知節，草木不夭，昆蟲咸遂，扇彼淳源，登兹壽域：若是者，亦宏之在我，仁遠乎哉？豈惟祿秩就加？當以公卿入拜。其或靡副朝獎，不恭朕言，陟既有之，黜故宜及。勉旃俞往，各勤我班瑞之分命。

又《處分朝集使敕四》《文苑英華》卷四六〇 敕：朕自君臨區域，子育黎庶，歲年是慎，夙夜惟寅。而誠或不孚，政猶未洽，所在旱澇，屢觀章表，因饑饉而爲理，竭憂勞以養人，非夫二千石，孰應斯委？下户給之，高户貸之，所須賑恤，並先處分。至於常賦，則著恆典，檢據成損，蠲減有條。又近日以來，中外少事，差科調發，殆至於無，處馭通融，當免於弊。不知卿等從州來日，百姓間得安穩以否？其間閣未便，敕令有闕，具以陳聞，副我深寄。時寒涉路，並平安好，且三兩日尋親識後，取曹司進止。

又《處分朝集使敕五》《文苑英華》卷四六〇　敕：朕聞諸《禮》曰：『刑禁暴，爵舉賢，則政均矣；好惡著，則賢不肖別矣。』其道然耶？朕以虛薄，祇膺景命，荷守社之靈，當億兆之責，曷嘗不昃朝晏坐，畏天愛人？思欲保其和樂，躋於仁壽，則與我共理者，其惟良二千石乎！每計吏還州，與之陛見，示其賞罰，錫以筐篚，亦云命而已矣。而朝集使豫州刺史裴綱，分典荊豫，爲政煩苛，頃歲不登，合議蠲復，部人有訴，便致科繩，縣長爲言，仍遭留繫。御史推按，遽以實聞，虐政弊人，一至於此。朕夙夜兢惕，匪遑寧居，尋遣使存問，其諸道有損處，已量加賑恤。水旱不時，實朕之過，惠養失所，分刺之由：是用黜綱於嶺裔，儆彼羣獄。朕於蒼生，若保赤子，爲之均田邑，制廬井，必欲其時和年登，遠安邇肅。托於牧宰，代以躬親，故歷難其官，誠經國致理之意也。夫德惟善政，政在養人，故土煩則草木不長，水煩則魚鱉不大，必也寬恕，貴乎清靜。諸刺史都督宜問疾苦，拯貧窮杜侵漁，察冤獄。至於賦役，務從減省，深刻爲事，人何以堪？私惠苟行，法或將墜，理須折衷，用存楷式。其百姓有穩便者，隨事條奏，朕將親覽焉。欽爾有官，各勤爲政，如風化允穆，課績殊尤，當擢之不次，旌廼厥美。凡百庶邦，敬聽朕命。

又《處分朝集使敕七》《文苑英華》卷四六〇　敕朝集使等：朕承天丕命，子育萬方，樹之師長，俾敷景化，將以固茲邦本，致諸昇平。而大道緬然，淳風未暢，租賦頗減，户口猶虛，水旱相仍，耕桑莫贍：蓋朕之不德，而吏之無方，永言於茲，良增嘆息。往歲河南失稔，時屬薦饑，州將貪名，不爲檢覆，致令貧弱，萍流外境，責在致理，有從貶黜。因茲以來，率多妄破，或式外奏免，或損中加數。至如密州去秋奏澇，管户二萬八千八百，不損者兩户而已，無田商賈之流，雷同入數。自餘諸州，不損户即丁少，得損户即丁多，天災流行，豈應偏併？皆是不度國用，取媚下人。曩之刻薄也如彼，今之窬濫也如此：不副朕意，一至於斯！疏怠之愆，雖已會赦，屍曠之跡，豈不多慚？當令所司，比類澄汰，卿等與朕共理，實惟分憂，各勉思政途，以匡不逮。其百姓閒事物，去冬赦書已處分訖，若人有疾苦，鄉有奸豪，不勸農桑，不崇學校，並宜敦勸，以正風俗。逃亡之户，必藉招攜，差科之閒，務令停減。如臺省處事，有不穩便於時者，具利害聞奏，勿復依隨，以損百姓。卿等至州之日，宜一留意，用綏我庶人，並即好去。

又《處分朝集使敕八》《文苑英華》卷四六〇　敕朝集使等：朕君臨寓內，子育黎元，何嘗不簡易愛人，勤恤庶政？天下至廣，不能獨任，故樹之方牧，咨其共理。而淳化未敷，至道猶鬱，庸賦尚減，户口且虛，水旱相仍，倉儲莫贍，無聞慈惠之政，未息凋弊之流。豈朕之不明，而吏之無術？言念於此，用惻于懷。卿等是行，勉思厥政，百姓聞有鰥寡煢獨，不能存濟者，務令優養；遊業浮惰，不勤稼穡者，將令懲肅。敦以學校，勸以農桑，差科之閒，務使平允，逃亡之户，兼藉招攜，令其下人，使得蘇息。諸州遭澇之處，多是政理無方，或堤堰不修，或溝渠未泄，頻已處分，竟無承稟，常破租庸，是何檢校？至州之日，各宜勸勉，應合修塞開導，宜預施功，若不蹔勞，何以獲利？已令御史分知訖，宜勵所職，勿犯常科。今考績深者，已有除改，資歷淺者，更佇良能。應還州人，已令所司各與賜物，待駕發後三五日別親識，並即好去。

又《處分朝集使敕九》《文苑英華》卷四六〇　敕朝集使等：宏風善俗，寄於良吏；求瘼恤隱，職在親人。朕並建藩牧，擇其師長，欽若古訓，俾人用康，而教化或未洽，黎甿或未寧，攘竊者或有犯禁，逋亡者罕聞復業。豈朕敦諭之道尚缺，而牧宰之訓未明歟？永念於此，不忘旰昃。卿等咸承朝寄，分掌外臺，共理之道，期於康濟。至若率身以正，馭衆以仁，而下不化者，未之有也。卿等還州，宜禁侵漁，絕浮惰，煢獨鰥寡，尤資惠育，盜賊襖訛，特宜禁斷。其征鎮人家，每須優當，科斂之事，必在均平。頃者水災，薦及河朔，朕思無不至，憂彼元元，發倉廩、漕江淮以賑之，蠲租稅、停征役以安之。今屬春陽布和，農事方起，慮有乏絕，致妨農桑，雖已遣使安撫，或恐事未周贍。如有不支濟者，即便量事賑給，諸道有損之處，亦宜準此。朕不欲一物失所，衆情不遂，納羣生於仁壽，躋大化於昇平。卿等各宜恭守朝章，宣佈朕意，雖萬方有罪，敢忘在予。而三載考績，須徵行事，安人稱職，可不勉歟？並宜好去。

又《每日聽政勉勵百寮敕》《文苑英華》卷四六五　敕：三春布和，萬物資始，而去冬無雪，以迄於今，將何以敬授人時，欽若天道？豈政有所缺？將教有不明？致茲亢旱，深有祇惕。堯舜以百姓爲心，禹湯以萬方罪己，朕雖薄德，匪敢遑寧。自今以後，每日聽政，思宏道理，俾康庶績。至於日旰忘食，未明求衣，惟懷永圖，朕之志也，凡百在位，可不勉歟？

唐　宋務光《諫開拓聖善寺表》《文苑英華》卷六二二　臣聞有國有家者，以恤人爲務，節用爲先。故唐堯至化，採椽不斫；漢文深仁，露臺罷搆。西方之聖，道貴融心，使下人不寧，匹夫竊嘆，豈菩薩無相布施，如來慈悲本旨哉？陛下孝思罔極，崇建明因，土木之功，莊嚴斯畢。僧房精舍，宴坐有餘；禪寺道場，經行已足。若開拓奪人便利，貧者有擠壑之憂，富者無安堵之所，幸非急切，何至於斯？況陽和發生，播植伊始，興役丁匠，廢棄農功，一夫不耕，必有饑者，三時之務，安可奪焉？臣聞失鬼神之心，可因巫祝而謝；失君長之心，可因左右而謝；失父母之心，可因親戚而謝；惟失百姓之心，不可解也。陛下以萬方爲念，何用傷一物之心？臣雖至愚，猶有所惑。方今西戎尚梗，北虜未羈，戰士老於邊亭，役車屯於塞下，甿户流散，府藏空虚。卒然烽堠興一面之虞，水旱虐數州之地，乘其不意，何以禦之？伏惟陛下體唐堯父母之用心，思菩薩如來之本意，傷邊卒艱勤之弊，察下人勞怨之聲；董逋逃，休役力，實倉庫，急農桑，杜邪枉之門，止侈尚之路；諸不急務，一切總停，應須拓寺，諸俟農隙：如此則國用充足，黎元幸甚！

唐 李華《李遐叔文集》卷一《潤州丹陽縣復練塘頌并序》 大蠟之祭辭曰：『土反其宅，水歸其壑。』先王因流下而導之，故曰九川滌源；因迤匯而豬之，故曰九澤既陂，以疏天地之氣，以利元元之用。崇伯汩五行而殛羽山，臺駘障大澤而封汾川，《洪範》首之，《春秋》載之。地有廣狹，事無今古。大江具區惟潤州，其藪曰練湖。幅員四十里，菰蒲菱芡之多，龜魚鱉蜃之生，厭飫江淮，膏潤數州。其傍大族強家，泄流爲田，專利上腴，畝收倍鍾，富劇淫衍。自丹陽、延陵、金壇環地三百里，數合五萬室，旱則懸耜，水則具舟，人罹其害九十餘祀，凡經上司紛紛與奪八十一斷。嗚呼！曲能掩直，強者以得之，老幼怨痛，沈聲無告。

永泰元年，王師大翦西戎。西戎既駾矣，生人舒息，詔公卿選賢良，先除二千石，以江南經用所資，首任能者。是歲十一月二十三日，拜常州刺史京兆韋公損爲潤州。聲如飆馳，先詔而至，吏人畏伏，男女相賀，即日上無貪刻，下無冤憤。公素知截湖開壞，災甚螟蝥，臨事風生，指斯以復。羣謗雷動，山鎮恬然，中明獨裁，文之以禮。乃白本道觀察使兼御史中丞韋公元甫，中丞撫手愜心，如公之謀，且曰：『興利除害，得其人而後行。非常之政，敢歸叔父。』公乃申戒縣吏卒徒辟之。人不俟召，呼抃從役，畚鍤蓋野，浚阜成溪。增理故塘，繚而合之，廣湖爲八十里，象月之規，儔金之固。水複其所，如鯨噀射，洶洶隱地，雷聞泉中。先程三日，若海之瀰望，灝灝如吞吐日月，沈沈如韞蓄風雨。所潤者遠，原隰皆春，耕者飽，憂者泰，於是疏爲斗門。既殺其溢，又支其澤，沃塉均品，河渠通流。商悅奠價，人勇輸賦，遐邇受利，豈惟此州！每歲萌，陰乘陽，二氣相薄，大雨時行，羣潦奔流，水得所入，盈而無傷，龍見方雩，稼蒙其渥。時前相國彭城公劉尚書晏統東方諸侯，平其貢稅，聞而悅之，白三事以聞，詔書褒異焉。彭城公宣命至江南，捧詔授公。公率元僚、掾吏、令丞以下，至於耆艾，西向拜手，忻戴皇明。人心上感，天降嘉澤，如有神祇，昭協厥志。公正直而和，專靜而斷，嫉惡宥過，惠人察奸。純鈞精堅，百煉不耗，伐冰之貴，降從士禮。《詩》云：『靖恭爾位，好是正直。』宜其享多福也。吏人入賀，公拱而謝之曰：『尚書劉公、觀察韋公，奉行王澤也，鄙何力之有焉？』丹陽令杜孟寅秉公之清白，延陵令李令從如公之愛人，金壇令胡珏稟公之成規，及丹陽耆壽周孝瑰、百姓湯源等，拜手而請曰：『兑爲澤，兑悅也。水歸於澤，而澤悅於人。百年侵塞，而公啟之。臣哉鄰哉！克諧帝休，永代是式，三縣無災。若不碣而刻之，則命不揚於厥後，後之人無以倚負也。』華嘗學古，見訪爲頌。曰：

望沄沄兮視冥冥，鳥閒魚樂葭菼生。膏腴利倍起訟爭，斯人怨抑痛無聲。韋公正直動神靈，百年淤演爲滲清。饑者飫兮病者寧，詔書光寵恩濡榮。劃然旣曙復皎明，追琢刻頌颺芳馨。

唐 白居易《白氏長慶集》卷五七《答王鍔賀賑恤江淮德音表》 水旱流行，江淮艱食。朕明申詔旨，親遣使臣，蠲其逋租，賑以公廩。爰興利物之利，用表憂人之憂，庶俾疲氓，均沾惠澤。卿克勤乃職，共理爲心，省兹賀陳，深見誠意。

又《答宗正卿李詞等賀德音表》 朕統承鴻緒，子育蒼生。累歲有秋，今春不雨，在陰陽之數，雖有盈虚，爲父子之心，敢忘惻隱？俾除人弊，以蕩歲災。卿等任重宗卿，恩連屬籍，省兹陳賀，深見忠誠。

又《答宰相杜佑等賀德音表》 古先聖王，托於人上，與百姓同其欲，與天下共其憂，唯推是心，可底於道。朕臨御萬國，迨兹五年，惕厲之懷，雖勤於夙夜，愆伏之候，猶害於歲時。思革弊以救災，在濟人而損己，是用欽刑緩死，責己哂貧，罷郡國之貢珍，省宫廄之煩費，延春令而布仁行惠，先南風而解愠阜財，庶憑懽心，以召和氣。卿等或匪躬獻替，或悉力弼諧，啟沃之間，已申霖雨之用，燮理之際，佇見陰陽之和。各宜勉之，以輔予理，所賀知。

又《答將軍方元蕩等賀德音表》　朕以時陽舛候，春澤愆期，思備旱之方，無如貶省，務動天之德，莫若精誠。是以修己哂人，去煩節用，冀答天戒，以致時和。卿志竭邦家，職修軍衛，省兹表章，深用嘉之，所賀知。

唐　劉禹錫《劉夢得文集》卷一八《和州刺史謝上表》　臣某言：伏奉制書，授臣使持節和州諸軍事、守和州刺史。臣自理巴賨，不聞善政。恩私忽降，慶抃失容。臣某中謝。伏惟皇帝陛下，丕承寶祚，光闡鴻猷。有漢武天人之姿，稟周成睿哲之德。發言合古，舉意通神。委用得人，動植咸悅。理平之速，從古無倫。微臣何幸，獲睹昌運。臣業在詞學，早歲策名。德宗尚文，擢爲御史。出入中外，歷事五朝。累承恩光，三換符竹。在分憂之寄，禄秩非輕；而素蓄所長，效用無日。臣聞一物失所，前王軫懷。今逢聖朝，豈患無位。臣即以今月二十六日，到所任上訖。伏以地在江淮，俗參吴楚。災旱之後，綏撫誠難。謹當奉宣皇風，慰彼黎庶。久於其道，冀彼知方。伏乞聖慈，俯賜昭鑒。臣遠守藩服，不獲拜舞闕庭。無任懇悃屏營之至。謹差當州軍事衙官章興奉表陳謝以聞。

又　卷一九《蘇州刺史謝上表》　臣某言：伏奉制書，授臣使持節蘇州諸軍事、守蘇州刺史。始從郎署，出領郡長。承命若驚，省躬增感。臣某中謝。伏惟皇帝陛下，受上元之眷佑，揚列聖之耿光。大康黎元，慎擇牧守。德音每發，品物咸蘇。臣本書生，素無黨援。謬以薄伎，三登文科。德宗皇帝擢爲御史，在臺三載，例轉省官。永貞之初，權臣領務，遂奏錄用，蓋聞虚名。惟守職業，實無朋附。竟坐飛語，貶在遐藩。憲宗皇帝後知事情，卻授刺史。凡歷外任二十餘年。伏遇陛下，應運重光，物無廢滯。收拾耆舊，塵忝班行。既幸逢時，常思展效。在集賢院四換星霜，供進新書二千餘卷。儒臣之分，甘老於典墳。優詔忽臨，又委之符竹。分憂誠重，戀闕滋深。石室之書，空留筆札；金閨之籍，已去姓名。本末可明，申雪無路。豈意聖慈宏納，不隔卑微。面辭之日，特許升殿。天顔咫尺，臣禮兢惶。不敢盡言，空懷誠懇。謝恩而出，生光於九陌之間；授訓而行，布政於五湖之外。臣即以今月六日到任上訖。伏以水災之後，物力素空。臣謹揚皇風，慰彼黎庶。臣聞有味之物，蠹蟲必生；有才之人，讒言必至。事理如此，古今同途。了然辨之，惟在明聖。伏惟陛下，察臣此言，則天下之人，無不幸甚。江海遠地，孤危小臣，雖雨露之恩，幽遐必被，而犬馬之戀，親近爲榮。

又《蘇州謝賑賜表》　臣某言：伏奉去年二月十五日敕，蘇州宣賜米一十二萬碩，委刺史據户均給者。恩降九天，澤流萬姓。伏以臣當州去年災沴尤甚。水潦雖退，流傭尚多。臣前月到任，奉宣聖旨，闔境老幼，無不涕零。詢訪里閭，備知凋瘵。方具事實，便欲奏論。聖慈憂人，照燭幽遠。特有賑恤，救其災荒。蒼生荷再造之恩，儉歲同有年之慶。臣忝爲長吏，倍萬恆情。無任感激抃躍之至。

又　卷二〇《汝州刺史謝上表》　臣某言：伏奉去年七月十四日詔書，授臣使持節汝州諸軍事守汝州刺史兼御史中丞，充本道防禦使，餘如故者。臣久居遠服，戀闕常深。忽降新恩，近鄉爲貴。承旨慶抃，省躬慚惶。臣某誠懽誠喜，頓首頓首。伏惟皇帝陛下，垂衣清穆之中，旁照寰瀛之内。車書所及，動植咸安。臣昨離班行，遠守江徼。延英辭日，親奉德音。知臣所部災荒，許臣到任條奏。恭承睿旨，宣示羣黎。減其征徭，頒以賑賜。伏蒙聖澤，救此天災。疲羸再蘇，幼艾同感。二年連遭水潦，百姓幸免流離。交割之時，户口增長。雖才術不足，於事未周；而憂勞則深，爲衆所悉。臣本業儒素，頻登文科。帝命遽回，再領軍郡。即以今月二十七日到州上訖。謹當奉宣聖化，慰彼蒼生。臨汝水之波，朝宗尚阻；望秦城之日，回照何時？臣無任感激屏營之至。謹差防禦押衙韋禮簡奉表陳謝。

又《同州刺史謝上表》　臣某言：伏奉去年十月二十二日制書，授臣使持節同州諸軍事、守同州刺史兼御史中丞、充本州防禦長春宫等使。恩降九重，榮忝三輔。承旨慶抃，省躬慚惶。臣某中謝。伏惟皇帝陛下，丕承列聖，光闡鴻猷。氛祲掃除，乾坤交泰。臣幸逢昌運，累沐殊私。空荷生成之恩，寧酬雨露之澤？即以今月二日到州上訖。謹宣睿旨，安慰蒸黎。伏以本州四年以來，連遭旱損。閭閻凋瘵，遠近共知。臣頃任蘇州之年，亦遭大水之後。面辭之日，親奉德音。至於撫綏，皆承聖教。二年之後，百姓獲安。今本部災荒，物力困涸。忝爲長吏，敢不竭誠？即須條疏，續具聞奏。臣恪居官次，幸接王畿。不獲拜舞彤庭，陳露丹懇。犬馬懷戀，寢興匪寧。瞻魏闕之容，朝天尚阻；望長安之路，近日爲榮。臣無任感激屏營之至。謹差防禦知衙官、試殿中監楊克乂奉表陳謝。

又《謝恩賜粟麥表》　臣某言：伏奉今月一日制書，以臣當州連年歉旱，特放開成元年夏青苗錢，並賜斛斗六萬碩，仰長吏逐急濟用，不得非時量有抽斂於百姓者。恩降九天，澤周萬姓。優詔纔下，羣情頓安。臣某誠懽誠喜，頓首頓首，伏以災沴流行，陰陽常數。物力既竭，人心匪遑。輒敢奏聞，本求賑貸。皇恩廣被，元造曲成。既免在田之征，仍頒發廩之賜。臣謹宣敕文節目，彰示兆人。鼓舞懽謠，自中徂外。臣初莅所部，便遇儉時。今蒙聖慈，特有賑恤。主恩及物，已爲壽域之人；衆意感天，必有豐年之應。臣恪居官業，不獲拜舞闕庭。臣無任感激。

又《謝恩放先貸斛斗表》 臣某言：臣奉五月二十九日敕牒，據度支所奏諸道節度、觀察使及州府借便省司錢物斛斗等數內，當州欠三萬六千二十三貫石，並放免者。殊私忽降，逋債滌除。藩方永安，遐邇咸悦。臣某誠懽誠喜，頓首頓首。伏以關輔之間，頻年歉旱。田租既須矜放，公用又不支持。承前長吏，例有借便，以救一時之急，皆成積欠之名。既未支填，常懷憂懼。聖恩周洽，洞見物情。爰命有司，使之條奏。去其舊弊，衆已獲安；嚴立新規，人知所措。臣恪居官次，不獲拜舞闕庭。臣無任抃躍屏營之至。

又《謝授分司表》 臣某言：伏奉今月十九日制書，授臣太子賓客，分司東都者。寵命自天，戰越無地。臣某中謝。臣發跡書生，以文爲業。出身入仕，四十餘年。頃自集賢學士，出守吴郡。面辭之日，親承德音。念百姓水潦之餘，示微臣政理之法。臣祗承聖旨，夙夜竭誠。閭里獲安，流庸盡復。猥蒙朝獎，錫以金章。及遷同州，又遇歉旱。悉心綏撫，幸免流離。今荷天慈，憫臣耆舊。列名賓護之職，分局河洛之都。老馬沾束帛之恩，枯株蒙雨露之澤。獲居榮秩，以畢餘年。顧此微軀，實爲厚幸。伏以臣始爲御史，逮事德宗；今忝宫僚，幸逢聖日。舉四海之内，賢能則多；求六朝之臣，零落將盡。雖迫桑榆之景，猶傾葵藿之心。無任感恩惕抃之至。

又 卷二二《汝州上後謝宰相狀》 朝議大夫、使持節汝州諸軍事、守汝州刺史兼御史中丞、充本州防禦使上柱國、賜紫金魚袋劉某。右某自領吴郡，仍歲天災。上稟詔條，下求人瘼。地包藪澤，俗尚剽輕。悉心撫綏，用法擒擿。事繁才短，常積憂虞。忽蒙天恩，稍移近郡。家本滎上，籍佔洛陽。病辭江干，老見鄉樹。榮感之至，實倍常情。印綬所拘，不獲拜謝。瞻望德宇，精誠坐馳。無任感戀之至。

《唐會要》卷八八《義倉及常平倉》 武德元年九月四日，置社倉，其月二十二日，詔曰：特建農圃，用督耕耘，思俾齊民，既庶且富，鍾庾之量，冀同水火，宜置常平監官，以均天下之貨，市肆騰踴，則減價而出，田畜豐羨，則增價而收，庶使公私俱濟，家給人足，抑止兼并，宣通擁滯，至五年十二月，廢常平監官。

貞觀二年四月三日，尚書左丞戴胄上言曰：水旱凶災，前聖之所不免，國無九年儲蓄，禮經之所明誡，今喪亂之後，戶口凋殘，每歲納租，未實倉廩，隨時出給，纔供常年，若有凶災，將何賑恤，故隋開皇立制，天下之人，節級輸粟，多爲社倉，終於文皇，一代得無飢饉，及大業中年，國用不足，並貸社倉之物，以充官費，故至末塗，無以支給，今請自王公已下，爰及衆庶，計所墾田，稼穡頃畝，每至秋熟，準其見苗，以理勸課，盡令出粟，麥稻之鄉，亦同此稅，各納所在，立爲義倉，若年穀不登，百姓飢饉，當所州縣，隨便取給，則有無均平，常免匱竭。上曰：既爲百姓先作儲貯，官爲舉掌，以備凶年，非朕所須，横生賦斂，利人之事，深是可嘉，宜下有司，議立條制。戶部尚書韓仲良奏：王公已下，墾田畝納二升，其粟麥粳稻之屬，各依土地，貯之州縣，以備凶年，制可之，令窖苫宜以葛蔓爲之。

十三年十二月十四日，詔於洛、相、幽、徐、齊、并、秦、蒲等州，置常平倉。

永徽二年閏九月六日敕，義倉據地收稅，實是勞煩，宜令率戶出粟，上下戶五石餘各有差。

六年，京東二市置常平倉，以大雨道路不通，京師米貴。

顯慶二年十二月三日，京常平倉，置常平署官員。

咸亨元年閏九月六日，置河陽倉，隸司農寺。

三年六月十七日，于洛州柏崖置敖倉，容二十萬石，至開元十年九月十一日廢。

開元二年九月二十五日敕，天下諸州，今年稍熟，穀價全賤，或慮傷農，常平之法，行之自古，宜令諸州，加時價三兩錢糴，不得抑斂，仍交相付領，勿許懸久，蠶麥時熟，穀米必貴，即令減價出糶，豆等堪貯者熟，亦宜準此，以時出入，務在利人，其常平所須錢物，宜令所司支料奏聞。

四年五月二十一日詔，州縣義倉，本備飢年賑給，近年以來，每三年一度，以百姓義倉糙米，遠送京納，仍勒百姓私出腳錢，自今以後，更不得以義倉變造。

七年六月敕，關內、隴右、河南、河北五道，及荊、揚、襄、夔、綿、益、彭、蜀、漢、劍、茂等州，並置常平倉，其本上州三千貫，中州二千貫，下州一千貫，每糴具本利與正倉帳同申。

十年九月十五日，廢河陽、柏崖、坦縣等倉。

十六年十月二日敕，自今歲普熟，穀價至賤，必恐傷農，加錢收糴，以實倉廩，縱逢水旱，不慮阻飢，公私之間，或亦爲便，宜令所在以常平本錢及當處物，各于時價上量加三錢，百姓有糶易者，爲收糴，事須兩和，不得限數，配糴訖，具所用錢物，及所收糴物數，具申所司，仍令上佐一人專勾當。

二十二年八月九日敕，應給貸糧，本州錄奏：敕到，三口以下，給米一石，六口以下，給兩石，七口以下，給三石，如給粟，準米計折。

二十八年正月敕，諸州水旱，皆待奏報然後賑給，道路悠遠，往復淹遲，宜令給訖奏聞。

天寶六載三月二十二日，太府少卿張瑄奏：準四年五月八日，并五載三月十六日敕節文，至貴時賤價出糶，賤時加價收糴，若百姓未辨錢物者，任準開元二十八年七月九日敕，量事賒糶，至粟麥熟時，徵納，臣使司商量，且糶舊糴新，不同別用，其賒糶者，至納錢日，若粟麥雜種等時價甚賤，恐更迴易艱辛，諸加價便與折納。

廣德二年正月二十五日，第五琦奏：每州置常平倉及庫使，自商量置本錢，隨當處米物時價，賤則加價收糴，貴則減價糶賣。

建中元年七月敕，夫常平者，常使穀價如一，大豐不爲之減，大儉不爲之加，雖遇災荒，民無菜色，自今已後，忽米價貴時，宜量出官米十萬石，麥十萬石，每日量付市行人，下價糶貨。

三年九月，戶部侍郎趙贊上言曰：伏以舊制，置倉儲粟，名曰常平，軍興已來，此事寖廢，因循未齊，垂三十年，其間或因凶荒流散，餒死相食者，不可勝紀，古者，平準之法，使萬室之邑，必有萬鍾之藏。春以奉耕，夏以奉耘，雖有大賈富家，不得豪奪吾民者，蓋謂能行轉重之法也，自陛下登極以來，許京城兩市置常平，官糴鹽米，雖經頻年少雨，米價未騰貴，此乃即日明驗，實要推而廣之，當軍興之時，與承平或異，事須兼儲布帛，以備時須。臣今商量，請于兩都并江陵東都揚汴蘇洪等州府，各置常平輕重本錢，上至百萬貫，下至數十萬貫，隨其所宜，量定多少，唯置斛斗疋段絲麻等，候物貴則減價出賣，物賤則加價收糴，權其輕重，以利疲民，從之，贊于是條奏諸道津要都會之所，皆置吏閱商人財貨，計錢每貫稅二十文，天下所出竹木茶漆，皆十一稅之，以充常平本，時國用稍廣，常賦不足，所稅亦隨得而盡，終不能爲常平本。

貞元八年十月敕，諸軍鎮和糴貯備，共三十三萬石，米價之外，更量與優饒，其粟及麥，據米數準折虛價，直委度支，以停減江淮運腳錢充，並支綾絹絁綿，勿令折估，其所糴粟等，委本道節度使監軍同勾當，別貯，非承特詔，不得給用。

十四年六月詔，以米價稍貴，令度支出官米十萬石，于兩街賤糶，其月，以久旱穀貴人流，出太倉粟分給京畿諸縣，其年七月，詔賑給京畿麥種三萬石，其年九月，以歲飢，出太倉粟三十萬出糶，其年十二月，以河南府穀貴人流，令以含嘉倉七萬石出糶，

十五年二月，以久旱歲飢，出太倉粟十八萬石，于諸縣賤糶。

十九年十月，太倉奏：請依六典，置太倉令兩員，丞六員，監事十員，支計官驅使官三人，典六人，府史六人，從之。

元和元年正月制，歲時有豐歉，穀價有重輕，將備水旱之虞，在權聚斂之術，應天下州府每年所稅地子數內，宜十分取二分，均充常平倉及義倉，仍各逐穩便收貯，以時糶糴，務在救乏賑貸所宜速須聞奏：

三年八月，司農少卿崔鄠奏：停太倉丞二員，監事二員，從之。

六年二月制，如聞京畿之內，舊穀已盡，宿麥未登，宜以常平義倉粟二十四萬石，貸借百姓，諸道州府有乏少糧種處，亦委所在官長，用常平義倉米借貸，淮南浙西宣歙等道，準元和二年四月賑貸，並宜停徵，容至豐年，然後徵納。

九年四月，詔出太倉粟七十萬石，開六場糶之，并賑貸外縣百姓，至秋熟徵納，便于外縣收貯，以防水旱。

十二年四月，詔出粟二十五萬石，分兩街降估出糶。九月，詔諸道應遭水州府，河中、澤潞、河東、幽州、江陵府等管內，及鄭、滑、滄、景、易、定、陳、許、晉、隰、蘇、襄、復、台、越、唐、隨、鄧等州人戶，宜令本州厚加優卹，仍各以當處義倉斛斗，據所損多少，量事賑給訖，具數聞奏。其人戶中有漂溺致死者，仍委所在收瘞，其屋宇摧倒，亦委長吏量事勸課修葺，使得安存。

十三年正月，戶部侍郎孟簡奏：天下州府常平義倉等㪷斛，請準舊例，減估出糶，但以石數奏申有司，更不收管州縣，得專以利百姓，從之。

長慶二年十月詔，江淮諸州，旱損頗多，所在米價，不免踴貴，委淮南浙西浙東、宣歙、江西、福建等道觀察使，各于本道有水旱處，取常平義倉斛㪷據時估減半價出糶，以惠貧民。

四年二月敕，出太倉陳米三十萬石，於兩街出糶。

其年三月，制曰：義倉之制，其來日久，近歲所在盜用沒入，致使小有水旱，生民坐委溝壑，推言其弊，職此之由，宜令諸州錄事參軍，專主勾當，苟爲長吏迫制，即許驛表上聞，考滿之日，戶部差官交割，如無欠負，與減一選，如欠少者，量加一選，欠數過多，戶部奏聞，節級科處。

太和四年八月敕，今年秋稼似熟，宜于關內七州府及鳳翔府，和糴一百萬石。

開成元年八月，戶部奏：應諸州府所置常平義倉，伏請起今後，通公私田畝，別納粟一升，逐年添置義倉，斂之至輕，事必通濟，歲月稍久，自致充盈，縱逢水旱之災，永絕流亡之慮，敕從之。

其年十一月，忠武軍節度使杜悰，天平軍節度使王源中奏：當道常平義倉斛㪷，除元額外，請別置十萬石，以備凶年，從之。

大中六年四月，戶部奏：請道州府收管常平義倉斛㪷，今後如有災荒水旱外，請委所在長吏，差清強官勘審，如實，便任開倉，先從貧下不濟戶給貸訖，具數分析申奏，并報戶部，不得妄有給與富豪人戶，其斛㪷仍仰本州錄事參軍至當年秋熟專勾當，據數追收。如州府妄有給使，其錄事參軍本判官，請重加殿罰，長吏具名申奏。敕旨，宜依。

其年十一月敕，應畿內諸縣百姓軍戶，合送納諸倉及諸使兩稅，送納斛㪷，舊例，每斗函頭耗物遽除，皆有數限，訪聞近日諸倉所由，分外邀頟利，索耗物，致使京畿諸縣，轉更凋弊，農桑無利，職此之由，自今以後，祇令依官額，餘並禁斷。

又 卷九〇《閉糴》 開元二年閏二月十八日敕，年歲不稔，有無須通，所在州縣，不得閉糴，各令當處長吏檢校。

上元元年九月敕，先緣諸道閉糴，頻有處分，如聞所在米粟，尚未流通，宜令諸節度觀察使，各將管內捉搦，不得輒令閉糴。

大歷十一年六月十三日敕，自今以後，所在一切不得閉糴，及隔絕榷稅。

貞元九年正月詔，諸州府不得輒有閉糴。

太和三年九月敕，河南河北諸道，頻年水患，重加兵役，農耕多廢，粒食未豐，比令使臣分路賑恤，冀其有濟，得接秋成，今諸道穀尚未減賤，而徐泗管內，又遭水潦，如聞江淮諸郡，所在豐稔，困於甚賤，不但傷農，州縣長吏，苟思自便，潛設條約，不令出界，雖無明榜，以避詔條，而商旅不通，米價懸異，致令水旱之處，種植無資，宜令御史臺揀擇御史一人，於河南巡察，但每道每州界首，物價不等，米商不行，即是潛有約勒，不必更待文榜爲驗，便具事狀，及本界刺史縣令觀察判官名銜聞奏，河南通商之後，淮南諸郡，米價漸起，展轉連接之處，直至江西湖南荊襄以東，並須約勒。依此舉勘聞奏，仍各委觀察使審詳前後敕條，與御史相知，切加訪察，不得稍有容隱。

咸通七年十月二十三日，御史臺奏：今後如有所在聞閉糴者，長吏必加貶降，本判官錄事參軍並停見任，書下考，仍勒州縣各以版榜寫錄此條，懸示百姓，每道委觀察判官，每州委錄事參軍勾當，逐月具申閉糴事由申臺。從之。

又《和糴》 證聖元年三月二十一日敕，州縣軍司府官等，不得輒取和糴物，亦不得遣人替名代取。

興元元年閏十月詔，江淮之間，連歲豐稔，迫於供賦，頗亦傷農，收其有餘，濟彼不足，宜令度支於淮南浙江東西道加價和糴三五十萬石，差官般運，於諸處減價出糶，貴從權便，以利於民。

貞元二年九月，度支奏：京兆、河南、河中、同、華、陝、虢、晉、絳、鄜、坊、丹、延等州府，夏秋兩稅青苗等錢物，悉折糴粟麥，所在儲積，以備軍食，京兆府兼給錢收糴，每斗於時估外，更加錢納於太倉。詔可之。

其年十一月，度支奏：請於京兆府折明年夏稅錢二十二萬四千貫文，又請度支給錢，添成四十萬貫，令京兆府今年內收糴粟麥五十萬石，以備軍倉。詔從之。

四年八月詔，京兆府於時價外，加估和糴，差清強官先給價直，然後貯納，續令所司，自般運，載至太倉，并差御史分路訪察，有違敕文，令長以下，當重科貶，先是，京畿和糴，多被抑配，或物估踰於時價，或先斂而後給直，追集停擁，百姓苦之，及聞是詔，莫不歡忻樂輸焉。

元和七年七月，戶部侍郎判度支盧坦奏：今冬諸州和糴貯粟，澤潞四十萬石，鄭滑易定各一十五萬石，夏州八萬石，河陽一十萬石，太原二十萬石，以今秋豐稔，必資蓄備，其澤潞易定鄭滑河陽，委本道差判官和糴，各於時價每斗加十文，所冀民知勸農，國有常備。從之。

長慶元年二月敕，春農方興，種植是切，其京北京西和糴使宜勒停，先是，度支以邊儲無備，請置和糴使，經年無效，徒擾邊民，故罷之。

四年八月，詔於關內及關外，折糴和糴粟一百五十萬石，用備飢歉，其和糴價，以戶部錢充，收貯，尋常不得支用。

寶歷元年八月，敕以兩京河西大稔，委度支和糴二百萬斛，以備災沴。

大中六年五月敕，自收關隴，便討黨項，邊境生民，皆失活業，連屬艱食，遂不寧居，兼軍儲未得殷豐，切在多方贍助，今年京畿及西北邊，稍似時熟，即京畿人家，競搬運斛㪷入城，收爲蓄積，致使邊塞粟麥，依前踴貴，兼省司和糴，亦頗艱難，其弊至深，須有釐革。其京西北今年夏秋斛㪷，一切禁斷，不得令入京畿兩界。

其年六月敕，近斷京兆斛㪷入京，如聞百姓多端以麥造麫入城貨易，所費亦多，切宜所在嚴加覺察，不得容許。

宋 董煟《救荒活民書》卷下《滕達道賑濟》 滕達道知鄆州，歲方饑，乞淮南米二十萬石爲備。後淮南、東京皆大饑，達道獨有所乞米。召城中富民，與約曰：流民且無以處之，則疾疫起，並及汝矣。吾得城外廢營田，欲爲席屋以待之。民曰：諾。爲屋二千五百間，一夕而成。流民至，以次授地，井灶器用皆具，以兵法部勒。少者炊，壯者樵，婦女汲，民至如歸。上遣工部侍郎王古按視，廬舍道巷，引繩棋布，肅然如營陣。古大驚，圖上其事。有詔褒美。所活者凡五萬人。

又《吴遵路賑濟》 民既俵米，即令采薪芻，出官錢收買，卻於常平倉市米物，歸贍老稺。凡買柴二十二萬束。比至嚴冬雨雪，市無束薪，即依元價化鬻，官不傷財，民再獲利。又以飛蝗遺種，勸種豌豆，民卒免艱食之患。其説已見《捕蝗門》。

又《韓琦平價濟村民》 韓琦論，自來常平倉，遇年歲不稔，物價稍高，合減元價出糶。出糶之時，令諸縣取逐鄉近下等第戶姓名，印給關字，令收執赴倉，每戶糶與三石或兩石。唯是坊郭，則每日零細糶與浮居之人，每日五升或一斗。故民受實惠，甚濟饑乏。即未曾見坊郭有物業人戶，乃來零糴常平倉斛斗者。前賢處事，精審如此。臣謂穀可留而米不可久留，若過三年已上，則不可食。不於饑荒之時糴錢，他日易新，則終化埃塵而已。

又《拾遺·社倉》 建州甌寧縣有洞，曰回源，其北與建陽接境，乃建炎初劇賊范汝爲竊發之地。民性悍而習爲暴，小遇饑饉，群起剽掠。去歲因旱凶，民杜八子乘時嘯聚，首破建陽，逐官吏，殺居民。至夏，張大一、李大二復於洞中作過。本路帥臣仍歲遣官軍蕩定。時進士魏掞之謂：民易動，蓋緣艱食。乃請於提舉常平官，得米一千六百石，以貸鄉民，至冬而取。遂置倉於邑之長灘鋪，自後每歲散斂如常。民得以濟，不復思亂，而草寇遂息。人謂掞之所請，乃社倉遺意。使諸鄉各有倉儲粟，則緩急可恃矣。

煟曰：社倉乃公私儲積，救濟小民，使兼併者無所肆其侵漁之心。倘天下郡邑諸鄉皆能行之，爲利甚博。

今列社倉規約於後：

朱熹社倉奏請

淳熙八年十一月，浙東提舉朱熹奏：臣所居建寧府崇安縣開耀鄉，有社倉一所。係乾道四年鄉民艱食，本府給常平米六百石，委臣與土居朝奉郎劉如愚同共賑貸，至冬收到元米。次年夏間，本府復令依舊貸與人戶，冬間納還。臣等申府措置，每石量收息米二斗，自後逐年依此斂散。或遇小歉，即蠲其息之半；大饑，則盡蠲之。至今十有四年，量支息米，造成倉廒三間收貯，已將元米六百石納還本府。其見管三千一百石，並是累年人戶納到息米。已申本府照會，將米依前斂散，更不收息，每石只收耗米三升。係臣與本鄉土居官及士人數人同共掌管。遇斂散時，即申府差縣官一員監視出納。以此之故，一鄉四五十里之間，雖遇凶年，人不闕食。竊謂其法可以推廣，行之他處，而法令無文，人情難保妄意，欲乞聖慈特依義役體例，行下諸路州軍，曉諭人戶，有願依此置立社倉者，州縣量支常平米斛，責與本都上富等人戶主執斂散。每石收米二斗，仍差本都土居或寄居官員士人有行義者，與本縣同共出納。收到息米十倍本米之數，即送元米還官；卻將息米斂散，每石只收耗米三升。其有富家情願出米本者，亦從其便；息米及數，亦與撥還。如有鄉土風俗不同者，更許隨宜立約，申官遵守，實爲久遠之利。其不願置立去處，官司不得抑勒，則亦不至搔擾。此在今日言之，雖無濟於目前之急，然實公私儲蓄預備久遠之計，人必願從者眾。伏望聖慈詳察施行。聖旨戶部看詳。聞奏本部看詳，欲行下諸路提舉司遍下本路諸州縣曉示，任從民便。如願依上件施行，仰本鄉土居或寄居官員有行義者，具狀赴本州縣自陳，量於義倉米內支撥。其斂散之事，與本鄉耆老公共措置，州縣並不得干預抑勒。十二月日，三省同奉聖旨，依戶部看詳到事理施行。

崇安社倉條約

一、逐年二月份，委諸都社首保正副將舊保簿重行編排，產錢六百文以上及有營運衣食不闕之人，即注不合請米字外，有合請米人戶，即仰詢問願與不願請米，各令親押字。三月內將所排保簿赴官交納鄉官點檢抽摘審問，仍出榜許人告首。如有漏落及增添一戶一口不實，即申縣根治；如無欺弊，即與支貸。

王崇慶曰：倉廩之合支與否，民之繫焉。此保簿所以不可不慎也。

一、逐年五月下旬前後，新陳未接之際，預於四月上旬申縣，乞依例給貸。

一、申縣訖，一面出榜排定日分，分都支散先遠後近。

曉示人戶各依日期具狀狀內開説大人小兒口數、結保每十人爲一保，遞相委保。如保內有逃亡之人，同保均備取足。十人以下不成保不支，正身赴倉請米，仍仰社首保正副隊長並各赴倉識認面目，照對保簿。如無僞冒重疊，即與全押保明。其日鄉官同入倉，據狀支散，給關子，具本息耗米數，付令收執。

一、人戶所貸官米，至冬納還不得過十一月下旬先於十月上旬定日申縣，乞差吏斗前來受納。兩平交量，每石收息米二斗小歉除息之半，大歉全免收息。候滿十年，以本米送還元借官司，每石量收耗米三升，準備折閱及支吏斗等人飯米。其米正行附曆收支。

一、每遇支散交納日，本縣吏人一名、斗子一名、倉子兩名，每名支飯米一斗；鄉官並人從，每名支飯米五升人從每位不過二人。

金華縣社倉規約

社倉穀本五百石。

社倉只置都薄一面，紙盡第二面。

一、一甲不許過三十人，甲頭一人；不滿十人，附甲。不許詭名冒借犯者除社，甲頭改替，許同甲告，罰甲頭所納給賞。

散穀以三時謂除夜或下田接新，並須甲頭相度。

一戶借一石，甲頭倍之。無居止及有藝人不借若口累眾多，作田廣，甲頭保明，別議增借。

借穀上簿不立契還穀，就簿勾銷。

借穀日，每戶納錢五十文，甲頭免十五文給甲頭，十文守倉人，十文雜支，十五文掌倉量錢。此外不許分文乞索，許甲內人告，以所得錢支賞。

量穀，本甲甲頭執概並見清量掌倉人植執概，改替。

還以三限，限以三日謂如十甲，每甲若干人，一限納若干，並甲頭預報定日子，一人不到甲內，穀並留倉，候目［足］交量。

息穀二分謂石取息二斗，中饑減半，大饑盡免。本戶納息已滿，十年免收息謂第一年納，至十一年免。

耗穀三厘謂穀一石，取耗三升，以備折閱及充每歲社倉雜費。

甲內逃亡，甲頭同甲內均填，甲頭倍之若係時疫戶絕，甲頭申倉差人審實，候還穀日銷落。若不循理者，雖已還，出社。

息穀有餘，遇饑荒給散計所有，每人大人二升，小兒一升，十日止，並以人籍戶口爲定。

社眾於規約犯一事，不借一年。再犯出籍。

清江縣社倉規約

一、所給借貴均平，亦慮失陷米本。其支借時，鄉官審問社首及甲內人，某人可借若干，眾以爲可，方可支借。其素號遊手及雖農業而眾以爲懶惰頑慢者，亦不支貸。

一、鄉官踏逐善書寫百姓一人不得用罷役過犯人，專充書寫簿書；如收支執概，就差社首。遇收支日，日支飯米一斗。

一、倉中事務並委鄉官掌管，但差使保正編排人戶、驅磨簿曆、彈壓斂散、踏逐倉廒、追斷逋負之類，須官司行遣於縣官內擇一時可委官一人，以護［司］其事。

一、鄉官從本軍給帖及本末記，主執行遣。

一、簿曆紙劄，每歲於息內支取。

煟曰：杜倉規約雖不同，使天下郡邑皆能仿此意以行之，雖有水旱，民不困乏矣。

宋劉克莊《後村集》卷二二《興化軍創立平糶倉記》 平糶倉者，太守寶章曾公之所作也。公在郡三年，蠲弛予民以鉅萬計，至是復捐楮幣萬六千緡為糴本，益以廢寺之穀。寺之産及五貫而糴，民不與也；倉之政擇二僧而付，吏不與也。糴視時之價，不抑也；糶視糴之價，不增也。別儲錢楮二千緡備折閱，又撥廢寺錢歲三百緡供縻費。歲儉價長則發是倉以權之，歲豐價平則散諸錢易新穀以藏焉。其纖悉載規約，而建置大指如此。郡人驩呼雷動，更相賀曰：異時富家南船迭操穀價低昂之柄，以制吾儕之命，今公為民積穀五千斛，富家之仁者勸，鄙者愧，南船亦不得而擅壟斷之利矣，是可賀也夫。先王委積之法遠矣，熟而斂，饑而散，李悝之法也；賤而糴，貴而糶，耿壽昌之法也，今之常平是已。貸其本，取其息，荆公所謂《周公》之法也；今之社倉是已。然艮齋魏公猶以二分之息咎朱文公，以為祖金陵之餘論。公為是倉，忠厚惻怛，有常平不費之政，無社倉取息之謗，純乎仁義而不以一毫霸政參之矣。或曰：不有常平乎？曰：常平之遇歲豐也，不易而腐也，易而無所受也。是倉則不然，其易也無害於僧也，其糴也有利於民也。常平以使者典領，使者去民遠而不時發也，郡縣去民近而不敢發也。是倉屬於郡而不屬於使者也，掌乎僧而不掌乎吏也，守以規約而不守以文法也。廣先賢之遺意，輔常平之不及，不在茲乎？或曰：艮齋之論高矣美矣，其後艮齋之倉先廢，而文公之倉不獨建人守之，往往達於天下郡邑，則以二分之息扶之故也。乃若有本無息，日消月磨，而倉敗矣。曰：別儲之錢為是設也。昔無倉而今有倉，公之惠也；修其政無使之壞，養其本無使之竭，後人之責也。立法而過憂後日之必弊，則法不可立矣；為善而逆慮後人之不能繼，則善不可為矣。公將奉使江右，顧瞻舊邦，眷焉不忘，其待吾民厚也。若夫潤澤之以俟君子，其待後人尤厚也。公名用虎，温陵人。倉作於院廢址，以紹定六年季夏落成，聽事中，敞兩敖對峙，屋皆三間，垣廡宏壯。莆田丞陳子頤實贊其議。莅其役二僧住囊山者曰智上，住華嚴者法均云。

《文獻通考》卷二一《市糴考二·常平義倉租稅》 齊管仲相桓公，通輕重之權，曰：『歲有兇穰，故穀有貴賤；令有緩急，故物有輕重上令急於求米，則民重米；緩於求米，則民輕米。所緩則賤，所急則貴。人君不理，則畜賈遊於市謂賈人之多蓄積也，乘民之不給，百倍其本矣給，足也，以十取百。故萬乘之國必有萬金之賈，千乘之國必有千金之賈者，利有所並也。國多失利，則臣不盡忠，士不盡死矣。計本量委則足矣委，積也，然而民有饑餓者，穀有所藏也謂富人多藏穀也。民有餘則輕之，故人君斂之以輕；民不足則重之，故人君散之以重民輕之之時，官爲斂糴；人重之之時，官爲散之。凡輕重斂散之以時即準平，守準平，使萬室之邑必有萬鍾之藏，藏鏹千萬六斛四斗爲鍾。鏹錢貫；千室之邑必有千鍾之藏，藏鏹百萬。春以奉耕，夏以奉耘奉，謂供奉，耒耜、器械、種餉、糧食必取贍焉，故大賈畜家不得豪奪吾民矣豪，謂輕侮之。』管子曰：『夫物多則賤，寡則貴，散則輕，聚則重。人君知其然，故視國之羨羨，餘也，羊見反不足而御其財物。穀賤則以幣與食，布帛賤則以幣與衣，視物之輕重而御之以準，故貴賤可調而君得其利，則古之理財賦，未有不通其術焉穀賤則以幣與食，布帛賤以幣與衣者，『與』當爲『易』，隨其所賤而以幣易取之，則輕重貴賤由君上也。』桓公問管子曰：『終身有天下而勿失，有道乎？』對曰：『請勿施於天下，獨施之於吾國。國之廣狹，壤之肥磽，有數；終歲食餘，有數。彼守國者，守穀而已矣。曰某縣之壤廣若干，某縣之壤狹若干，則必積委幣委，蓄也，各於州縣里蓄積錢幣，所謂萬室之邑必有萬鍾之藏，藏鏹千萬；千室之邑必有千鍾之藏，藏鏹百萬。於是縣州里受公錢公錢，即積委之幣。泰秋，國穀去參之一去，減也，邱呂反，君下令謂郡縣屬大夫里邑，皆藉粟入若干，穀重一也，以藏於上者一其穀價而收藏之，國穀三分，則二分在上矣言先貯幣於縣邑，當秋時下令收糴也。則魏李悝行平糴之法，上熟糴三捨一，中熟糴二捨一，下熟中分之，蓋出於此。今言去三之一者，約中熟爲準耳。泰春，國穀倍重數也；泰夏，賦穀以理田土；泰秋，田穀之存子者若干。今土斂穀以幣，人曰無幣，以穀，則人之三有歸於上矣言當今穀貴之時，計其價，以穀賦與人，秋則斂其幣。雖設此令，本意收其穀，人既無幣，請輸穀，故歸於上。重之相因，時之化舉，無不爲國筴重之相因，若春時穀貴與穀也。時之化舉，若秋時穀賤收穀也。因時之輕重，無不以術權之。則彼諸侯之穀十，吾國穀二十，則諸侯穀歸吾國矣。諸侯穀二十，吾國穀十，則吾國穀歸於諸侯矣。故善爲天下者，謹守重流重流，謂嚴守穀價，不使流散，而天下不吾泄矣泄，散也，吾穀不散出。彼重之相歸，如水之就下。吾國歲非兇也，以幣藏之，故國穀倍重，諸侯之穀至也，是藏一分以致諸侯之一分也。利不奪於天下，大夫不得以富侈以重藏經國，常有十國之筴也。此以輕重御天下之道也。』

魏文侯相李悝曰：『糴甚貴傷人此人謂糴工商，甚賤傷農，人傷則離散，農傷則國貧。故甚貴與甚賤，其傷一也。善爲國者，使人無傷而農益勸。今一夫挾五口，治田百畝，歲收畝一石半，爲粟百五十石，除十一之稅十五石，餘百三十五石。食，人月一石半，五人歲終爲粟九十石，餘有四十五石。石三十，爲錢千三百五十，除社閭嘗新春秋之祠用錢三百，餘千五十。衣，人率用錢三百，五人終歲用千五百，不足四百五十少四百五十，不足。不幸疾病死喪之費及上賦斂，又未與此。此農夫所以常困，有不勸耕之心，而令糴至於甚貴者也。是故善平糴者，必謹觀歲有上中下熟。上熟其收自四，餘四百石平歲百畝收百五十石，今大熟四倍，收六百石。計人歲終長四百石，官糴三百石，此爲糴三捨一也；中熟自三，餘三百石自三，四百五十石也。終歲長三百石，官糴二百石，此爲糴二而捨一也；下熟自倍，餘百石自倍，收三百石。終歲長百石，官糴其五十石，云下熟糴一，謂之中分百石之一也。小饑則收百石平歲百畝之收，收百五十石，今小饑收百石，收三分之二也，中饑七十石收二分之一也，大饑三十石收三之一也。以此推之，大小中饑之率。故大熟則上糴三而捨一，中熟則糴二，下熟則糴一，使人適足，價平則止。小饑則發小熟之所斂官以斂藏出糴，中饑則發中熟之所斂，大饑則發大熟之所斂而糴之。故雖遇饑饉水旱，糴不貴而人不散，取有餘以補不足也。』行之魏國，國以富強。

按：古今言糴糶斂散之法，始於齊管仲、魏李悝。然管仲之意兼主於富國，李悝之意專主於濟民。管仲言『人君不理，則畜賈遊於市，乘民之不給，百倍其本』，此則桑、孔以來，所謂理財之道，大率皆宗此說。然山海天地之藏，關市物貨之聚，而豪強擅之，則取以富國可也。至於農人服田力穡之贏餘，上之人爲制其輕重，時其斂散，使不以甚貴甚賤爲患，乃仁者之用心。若誘曰國家不取，必爲兼併者所取，遂斂而不復散，而資以富國，誤矣。

漢五鳳中，歲數豐穰，穀至石五錢，農人少利。大司農中丞耿壽昌奏言：

『故事，歲漕關東穀四百萬斛以給京師，用卒六萬人，宜糴三輔、弘農、河東、上黨、太原郡穀足供京師，可省關中漕卒過半。又令邊郡皆築倉，以穀賤時增其價而糴，以利農，穀貴時減價而糶，名曰常平倉。民便之。

後漢明帝永平五年，作常平倉。

按：《後漢書・劉般傳》，顯宗欲置常平倉，公卿議者多以爲便。般對以爲常平外有利民之名，而內實侵刻百姓，豪右因緣爲奸，小民不得其平，置之不便。帝乃止。然則豈後來卒置之歟？般所言者，後世常平之弊。常平起於孝宣之時，蓋至東漢而其弊已如此矣。

晉武帝欲平一江表，時穀賤而布帛貴，帝欲立平糴法，用布帛市穀，以爲糧儲。議者謂軍資尚少，不宜以貴易賤。泰始二年，帝乃下詔曰：『古人權量國用，取贏散滯，有輕重平糴之法。此事久廢，希習其宜，而官蓄未廣，言者異同，未能達通其制。更令國寶散於穰歲而上不收，貧人困於荒年而國無備。豪人富商，挾輕資，蘊重積，以管其利，故農夫苦其業，而未作不可禁也。』至四年，乃立常平倉，豐則糴，儉則糶，以利百姓。

齊武帝永明中，天下米穀布帛賤，上欲立常平倉，市積爲儲。六年，詔出上庫錢五千萬，於京師市米，買絲、綿、紋絹、布。揚州出錢千九百一十萬治建業，今江寧郡，南徐州二百萬治京口，今丹陽郡，各於郡所市糴。南荊河州二百萬治壽春，市絲、綿、紋絹、布、米、大麥。江州五百萬治潯陽，市米、胡麻。荊州五百萬今江陵，郢州三百萬治江夏，皆市絹、綿、布、米、大小豆、大麥、胡麻湘州二百萬今長沙，市米、布、蠟。司州二百五十萬治汝南，今義陽郡，西荊河州二百五萬治曆陽，南兗州二百五十萬治廣陵，雍州五百萬治襄陽，市絹、綿、布、米。使臺傳並於所在市易。

後魏孝莊時，秘書丞李彪上奏曰：『今山東饑，京師儉。臣以爲宜折州郡常調九分之二，京師都度支歲用之餘，各立官司，年豐糴積於倉，時儉則減私之十二糴之。如此，人必力田以買官絹，又務貯錢以取官粟，年豐則常積，歲兇則直給。』明帝神龜正先之際，自徐、揚內附之後，收內兵資，與人和糴，積爲邊備也。

北齊河清中，令諸州郡皆別置富人倉。初立之日，準所領中下戶口數，得一年之糧，逐當州穀價賤時，斟量割當年義租充入齊制：歲每人出墾租二石，義租五斗，墾租送臺，義租納郡，以備水旱。穀貴，下價糶之，賤則還用所糴之物，依價糴貯。

後周文帝創制六官，司倉掌辨九穀之物，以量國用。國用足，蓄其餘，以待兇荒，不足則止。餘用足，則以粟貸人，春頒秋斂。

隋文帝開皇十四年，關中大旱，人饑。帝幸洛陽，因令百姓就食，從官並準見口賑給，不以官位爲限。

隋文帝開皇三年，衛州置黎陽倉，陝州置常平倉，華州置廣通倉，轉相灌注。

漕關東及汾、晉之粟，以給京師，京師置常平監。五年，工部尚書長孫平奏：『古者，三年耕而餘一年之積，九年作而有三年之儲，雖水旱爲災，人無菜色，皆由勸導有方，蓄積先備。請令諸州百姓及軍人勸課當社，共立義倉。收獲之日，隨其所得，勸課出粟及麥，於當社造倉窖貯之，即委社司執帳檢校，每年收積，勿損敗。若時或不熟，當社有饑饉者，即以此穀賑給。』自是諸州儲峙委積。至十五年，以義倉貯在人間，多有費損，詔曰：『本置義倉，止防水旱，百姓之徒，不思久計，輕爾費損，於後乏絕。又北境諸州，異於餘處，靈、夏、甘、瓜等十一州，所有義倉雜種，並納本州。若人有旱儉少糧，先給雜種及遠年粟。』十六年，又詔秦、渭、河、廓、豳、隴、涇、寧、原、敷、丹、延、綏、銀等州社倉，並於當縣安置。又詔：社倉準上中下三等稅，上戶不過一石，中戶不過七斗，下戶不過四斗。

致堂胡氏曰：『賑饑莫要乎近其人。隋義倉取之於民不厚，而置倉於當社，饑民之得食也，其庶幾乎？儲備如此，他日關中大旱，民猶不免食粟糠豆屑，帝親帥之如洛陽就食，況素無備乎！百姓知擠於溝壑耳。後世義倉之名固在，而置倉於州郡，一有凶饑，無狀有司固不以上聞也。良有司敢以聞矣，比及報可，委吏屬出，而文移反覆，給散艱阻，監臨、胥吏相與侵沒，其受惠者大抵近郭力能自達之人耳，縣邑鄉遂之遠，安能扶攜數百里以就龠合之廩哉！能賑者其弊如此，若逢迎上意，不言水旱，坐視流散，無矜恤之心，則國家大禍由此而起。如王莽之末年，元魏之六鎮，煬帝之四方，魚爛河決，不可收壅矣。必欲有備無患，當以隋文當縣置社倉爲法，而擇長民之官，行恤農之政，其庶有瘳乎！

唐制，凶荒則有社倉賑給，不足，則徙民就食諸州。尚書左丞戴冑建議：『自王公以下，計墾田，秋熟所在爲義倉，歲凶以給民。』太宗善之，乃詔：『畝稅二升，粟、麥、粳、稻，隨土地所宜。寬鄉斂以所種，狹鄉據青苗簿而督之。田耗十四者免其半，耗十七者皆免。商賈無田者，以其戶爲九等，出粟自五石至五斗爲差。下下戶及夷獠不取。歲不登，則以賑民，或貸爲種，至秋而償。』其後，洛、相、幽、徐、齊、并、秦、蒲州又置常平倉，粟藏九年，米藏五年，下濕之地，粟藏五年，米藏三年，皆著於令。

開元七年，敕關內、隴右、河南、河北五道，及荊、揚、襄、夔、綿、益、彭、蜀、資、漢、劍、茂等州，並置常平倉。其本，上州三千貫，中州二千貫，下州一千貫。每糴具本利，與正倉帳同申。

二十二年，敕：『應給貸糧，本州錄奏，待敕到，三口以下給米一石，六口以下兩石，七口以下三石；給粟，準米計折。』

二十五年，定式：王公以下，每年戶別據所種田畝，別稅粟二升以爲義倉；其商賈戶若無田及不足者，上上戶稅五石，上中以下遞減，各有差。諸出給雜種準粟者，稻穀一斗五升當粟一斗；其折納糙米者，稻三石折納糙米一石四斗。

天寶八載，凡天下諸色米都九千六百六萬二千二百二十石。

和糴一百一十三萬九千五百三十石：

關內五十萬九千三百四十七石

河東十一萬二百二十九石

河西三十七萬一千七百五十石

隴右十四萬八千二百四石

諸色倉糧總千二百六十五萬六千六百二十石：

北倉六百六十一萬六千八百四十石

太倉七萬一千二百七十石

含嘉倉五百八十三萬三千四百石

太原倉二萬八千百四十石

永豐倉八萬三千七百二十石

龍門倉二萬三千二百五十石

正倉糧總四千二百一十二萬六千一百八十四石：

關內道百八十二萬一千五百一十六石

河北道百八十二萬一千五百一十六石

河東道一千五十八萬九千百八十石

河西道七十萬二千六十五石

隴右道二十七萬二千七百八十石

劍南道二十二萬三千九百四十石

河南道五百八十二萬五千四百一十四石：

淮南道六十八萬八千二百五十二石

江南道九十七萬八千八百二十五石

山南道十四萬三千八百八十二石

義倉糧總六千三百一十七萬七千六百六十石：

關內道五百九十四萬六千二百一十二石

河北道千七百五十四萬四千六百石

河東道七百三十萬九千六百一十石
河西道三十八萬八千四百三石
隴右道二十萬三十四石
劍南道百七十九萬七千二百二十八石
河南道千五百四十二萬九千七百六十三石
淮南道四百八十四萬八百七十二石
江南道六百七十三萬九千二百七十石
山南道二百八十七萬一千六百六十八石
常平倉糧總四百六十萬二千二百二十石：
關內道三十七萬三千五百七十石
河北道百六十六萬三千七百七十八石
河東道五十三萬五千三百八十六石
河西道三萬一千九十石
隴右道四萬二千八百五十石
劍南道萬七百十石
河南道百二十一萬二千四百六十四石
淮南道八萬一千一百五十二石
山南道四萬九千一百九十石
江南道六十萬二千三十石

二十八年，敕：『諸州水旱，皆待奏報，然後賑給。道路悠遠，往復淹遲，宜令給訖奏聞。』

天寶六載，太府少卿張瑄奏：『準敕節文，貴時賤價出糶，賤時加價收糴。若百姓未辦錢物者，量事賒糶，至粟麥熟時徵納。臣商量，其餘糶者，至納錢日若粟麥雜種等時價甚賤，恐更回易艱辛，請加價便與折納。』

自太宗時置義倉及常平倉，以備兇荒。高宗以後，稍假義倉以給他費，至神龍中略盡。元宗復置之。其後，第五琦請天下常平倉皆置庫，以蓄本錢。至是，趙贊又言：『自軍興，常平倉廢垂三十年，兇荒潰散，餒死相食，不可勝計。陛下即位，京城兩市置常平倉官，雖頻年少雨，米不騰貴，可推而廣之。宜兼儲布帛。請於兩都、江陵、成都、揚、汴、蘇、洪置常平輕重本錢，上至百萬緡，下至十萬，積米、粟、布、帛、絲、麻，貴則下價而出之，賤則加估而收之。諸道津會置吏，閱商賈錢，每緡稅二十，竹、木、茶、漆十之一，以贍常平本錢。』德宗納其策。屬軍用蹙迫，亦隨而耗竭，不能備常平之積。

貞觀、開元後，邊土西舉高昌、龜茲、焉耆、小勃律，北抵薛延陀故地，緣邊數十州戍重兵，營田及地租不足供軍，於是初有和糴。牛仙客爲相，有彭果獻策，廣關輔之糴，京師糧廩益羨。自是，元宗不復和糴於東都。

按：唐都關中，而關輔土地所入不足以供軍國之用，故常恃轉漕東南之粟，而東南之粟必先至東都，然後浮河、渭，溯流以入關，是以其至也采難。故開元以前，歲若不登，天子嘗移蹕就食於東都。自牛仙客獻策和糴，然後始免此行。然肅、代之後，既無東幸之事，東南餽餉稍不至，則上下皇皇，立有菜色之憂。三代以前，京畿千里，自甸服百里賦納總，至於五百里米，而五百里之外皆諸侯國，不過任土作貢，以輸王府，而賦稅米粟則未嘗徵之。當時宗廟百官有司與後世不殊，然賦稅取之千里之內而自足，不聞其責餉運於畿外之諸侯，糴米粟於畿內之百姓也。然則不能量入爲出，以制國用，雖竭天下之力以奉之，多爲法以取之，祗益見其不足耳！

天寶中，歲以錢六千萬緡賦諸道和糴，斗增三錢，每歲遞輸京倉者百餘斛，米賤則少府加估而糴，貴則賤價而糶。【略】

憲宗即位之初，有司以歲豐熟，請畿內和糴。當時府縣配戶督限，有稽違則追蹙鞭撻，甚於稅賦，號爲和糴，其實害民。

白居易上疏曰：『和糴之事，以臣所觀，有害無利。何者？凡曰和糴，則官出錢，人出穀，兩和商量，然後交易。今則不然，配戶督限，蹙迫鞭撻，甚於稅賦，何名和糴！今若令有司出錢開場自糴，比時價稍有優饒，利之誘人，人必情願。且本請和糴，惟圖利人，人若有利，自然願來。今若除前之弊，行此之便，是真爲和糴利人之道。又必不得已，則不如折糴。折糴者，折青苗稅錢，使納斗斛，免令賤糶，別納見錢，在於農人，亦真爲利。況度支比來所支和糴價錢，多是雜色匹段，百姓又須轉賣，然後將納稅錢。至於給付不免侵偷，貨易不免損折，所失過本，其弊可知。今若量折稅錢，使納斗斛，則既無賤糶麥粟之費，又無轉賣匹段之勞利歸於人，美歸於上，則折糴之便，豈不昭然？由是而論，則配戶不如開場，和糴不如折糴，亦甚明矣。臣久處村間，曾爲和糴之戶，親被迫蹙，實不堪命。臣近爲畿尉，曾領和糴之司，親自鞭撻，所不忍聞。伏望宸衷俯賜詳察。』

元和六年，制：『京畿舊穀已盡，粟麥未登，宜以常平、義倉粟二十四萬石貸借百姓。諸道州府有乏糧處，依例借貸。淮南、浙西、宣歙等道元和二年賑貸並停徵，容至豐年，然後填納。』

元和七年，戶部奏今年冬諸州和糴貯粟：澤蔡四十萬石，鄭、滑、易、定各一十五萬石，夏州八萬石，河陽一十萬石，太原二十萬石，靈武七萬石，振武、豐州、鹽州各五萬石，凡一百三十萬石。令於時價每斗加十文，所冀人知勸農，國有常備。

十二年，詔諸道應遭水州府，以當處義倉斛斗，據所損多少，量事賑給，訖具數聞奏。

十三年，戶部侍郎孟簡奏：『天下州府常平、義倉等斛斗，請準舊例減估出糶，但以石數奏申，有司更不收管，州縣得專達，以利百姓。』從之。

長慶元年，以京北、京西和糴擾人罷之。

四年，詔於關內、關外折糴、和糴一百五十萬石，用備饑歉。

寶曆元年，以兩京、河西大稔，委度支和糴二百萬斛，以備災沴。

開成元年，戶部奏：『應諸州府所置常平、義倉，伏請今後通公私田亩別納粟一升，逐年添貯義倉。斂之至輕，事必通濟，歲月稍久，自致盈充，縱逢水旱之災，永絕流亡之慮。』從之。

太和間，以天下回殘錢置常平、義倉本錢，歲增市之。非遇水旱不增者，判官罰俸，書下考，州縣假借，以枉法論。

宋太祖皇帝乾德元年，詔曰：『多事之後，義倉廢寢，歲或小歉，失於豫備。宜令諸州於所屬縣各置義倉，自今官所收二稅，石別稅一斗貯之，以備兇歉給與民。』

三年，詔民有欲借義倉粟充種食者，令州縣即計口給計以聞，勿俟報；義倉不足，當發公廩者奏待報。

四年，詔曰：『諸州義倉，用振乏絕，頗聞重疊輸送，未免勞煩，宜罷之。』

太宗端拱二年，置折中倉，許商人輸粟，優其價，令執券抵江淮，給其茶、鹽，每一百萬石爲一界，祿仕之家及形勢戶不得輒入粟。

淳化三年，京畿大穰，物價甚賤，分遣使臣於京城四門置場，增價以糴，令有司虛近倉以貯之，俟歲饑即減價糶與貧民。

五年，令諸州置惠民倉，如穀稍貴，即減價糶與貧民，不過一斛。

真宗咸平二年，於福建置惠民倉。

真宗景德三年，詔於京東、京西、河北、河東、陝西、淮南、江南、兩浙各置常平倉惟沿邊州郡則不置，以逐州戶口多少，量留上供錢一二萬貫，小州或二三千貫，付司農司係帳，三司不問出入，委轉運使並本州委幕職一員專掌其事。每歲秋夏加錢收糴，遇貴減價出糶，凡收糴比市價量增三五文，出糶減價亦如之，所減不得過本錢。大率萬戶歲糴萬石，止於五萬石，或三年以上不經糶，即回充糧廩，別以新粟充數。

天禧四年，詔荊湖、川陝、廣南並置常平倉。

又詔諸州通河及大路人煙繁處多糴，其僻在山險之處，止約本處主客戶收糴。

咸平六年，出內府綾羅錦綺，計直百八十萬，與河北轉運使定價市鬻糴粟實邊。

景德元年，內出銀三十萬付河北經度，貿易軍糧。自兵罷後，凡邊州積穀可給三歲，即止市糴。大中祥符初，連歲登稔，乃合河北、河東、陝西增糴，靡限常數。

初，河東既下，減其租賦。是後，有司言其地沃民勤，多積穀，乃請每歲和糴，隨常賦輸送，其直多折色給之。又京東西、河北、陝西切須糧食，則州縣括民家所積糧市之，謂之『推置』；取上戶版籍，酌其輸租而均糴之，謂之『對糴』，皆非常制。江、淮、湖、浙諸州置場和糴，以裨歲漕。

天聖三年，權三司使范雍言：『天下和買、和糴夏秋糧草，雖逐處開場，多被經販行人小估價，例外面添錢收買。候過時，乘宮中急市，即添價却將糴買者中賣，致糧草怯弱，枉費官錢不少。乞行下及早開場，依見賣時估，趁時糴買，不得容信作弊。』又臣僚言：『入中諸般糧草準備軍需，其中有所定物價高大，所入糧草低弱。蓋因逐處官員，自將收獲職田及月俸餘剩，或糴米買粗弱斗斛支糴，以互相容隱，致虧損官錢。軍人請得惡弱口糧，或形嗟怨。乞嚴禁絕。』從之。

陝西糴穀，歲預給青苗錢，自天聖中罷不復給。

河北舊有便糴之法，聽民輸粟邊州，而京師給以緡錢，錢不足，即移文外州給之，又折以象牙、香藥。景德元年，三司請令河北有輸藁入官者，準便糴粟麥例，給八分緡錢，二分象牙、香藥，其廣信、安肅、北平粟麥，悉以香藥博糴，從之。自有事二邊，戍兵浸廣，師行餽運，仰於博易，有司務優物估，以來輸入。

仁宗留意兵食，發內藏庫金帛以助糴者，前後不可勝數。寶元中，出內庫珠直緡錢三十萬，以賜三司，因諭輔臣曰：『此無用之物，既不欲捐棄，不若散之民間，收其直助邊，亦可紓吾民之斂。』

神宗留意邊備，務廣儲蓄。熙寧五年，詔以銀、絹各二十萬賜河東經略安撫司，聽人賒買，收本息封樁，以備邊費。自是，三路封樁，所給不可勝計，或取之三司，或取之市易務，或取之他路轉運司，或賜常平錢，或鬻爵、給度牒，而出內藏錢帛不與焉。

元豐元年，詔：『河東路十三州歲給和糴錢八萬餘緡，自今罷之，以其錢付轉運司市糧草。』

時三司戶部副使陳安石言：『十三州二稅三十九萬二千餘石，和糴八十二萬四千餘石，所以災傷舊不除免，蓋十三州稅輕，又本路恃爲邊儲，理不可闕。其和糴，舊支錢、布相半，數既畸零，民病入州縣之費，以鈔貿易於市人，略不食半，公家實費，民間乃得虛名。欲自今罷支糴錢，歲支與沿邊州郡市糧草封樁，遇災傷，據民不能輸數補填，如無災傷，三年一免輸。』朝廷用其議。

五年，詔以開封府界、諸路封樁闕額禁軍及淮、浙、福建等路剩鹽息錢，並輸糴便司爲本。尋詔瀛、定、澶等州各置倉，凡封樁，三司毋關預，委度支副使蹇周輔專其事。【略】

先是，常平倉領於司農寺。景祐初，始詔諸路轉運使與州長吏舉所部官專主常平錢粟。既而淮南轉運使吳遵言：『本路丁口百五十萬，而常平錢粟纔四十餘萬，歲饑不足以救恤。願自經畫爲二百萬，他毋得移用。』從之。不數年間，常平積有餘而兵食不足，乃命司農出常平錢百萬緡助三司給軍費。久之，數移用，畜藏無幾。自景祐初畿內饑，詔出常平粟貸中下戶，戶一斛。慶曆中，詔京西發常平粟以賑貧民，自是，數以賑貸，而聚斂者或增舊賈以糴，欲以市恩，詔戒之。

又詔歲歉發以濟饑者，不復督取。然常平之積不厚，亦以出多入少故也。

自乾德初置義倉，未久而罷。明道二年，詔議復之，不果。景祐中，集賢校理王琪上疏，行隋唐故事，請復置，大略謂『宜令五等以上戶，隨夏秋二稅，二斗別輸一升，隨稅以入，水旱減稅則免輸。擇便地別置倉貯之，領於轉運使，今以一中郡計之，正稅歲入十萬石，則義倉歲得五千石。推而廣之，可備饑歉。兼併之家占田廣，則義倉所入多；中下之家占田狹，則義倉所入少。及水旱賑給，則兼併之家未必待此，而中下之民實受其賜，損有餘，補不足，天下之利。』下其事會議，而議者異同。遂詔止令上三等戶輸粟，已而復罷。

慶曆初，賈黯又請立民社義倉，然牽於衆論，終不果行。

治平三年，常平入五十萬一千四十八石，出四十七萬一千一百五十七石。

神宗熙寧二年九月，制置三司條例司請：『以常平、廣惠倉見在斗斛，遇貴量減市價糶，遇賤量增市價糴，可通融轉運司苗稅及錢斛就便轉易者，亦計兌換。

仍以見錢，依陝西青苗錢例，願豫給者聽之。令隨稅納斗斛，半爲夏料，半爲秋料，內有願請本色，或納時價貴願納錢者，皆許從便。如遇災傷，許展至次料豐熟日納。非惟足以待兇荒之患，民既受貸，則轉運之家不得乘新陳不接以邀倍息。

又常平、廣惠之物，收藏積滯，必待年兇物貴然後出糶，所及不過城市遊手之人。

今通一路有無，貴發賤斂，以廣蓄積，使農人得以趨時赴事，而兼併不得乘其急。

凡以爲民而公家無所利其入，亦先王散惠興利，以爲耕斂補助之意也。欲量諸路錢穀多少，分遣官提舉，仍先自河北、京東、淮南三路施行，有緒乃推之諸路。其廣惠倉除量留給老疾貧窮人外，餘並用常平轉移法。』並從之。時天下常平錢穀見在一千四百萬貫、石。諸路各置提舉一員，以朝官爲之，管句一員，京官爲之，或共置二員，開封府界一員，凡四十一人。

按：青苗錢所以爲民害者三：曰徵錢也，取息也，抑配也。今觀條例司所請，曰隨租納斗斛，如以價貴願納錢者聽，則未嘗專欲徵錢也。曰凡以爲民，公家無利其入，則未嘗取息也。曰願給者聽，則未嘗抑配也。蓋建請之初，姑爲此美言，以惑上聽，而厭衆論，而施行之際，實則不然也。

初，王安石欲行青苗法，條例司檢詳文字蘇轍曰：『以錢貸民，使出息二分，本非爲利。然出納之際，吏緣爲奸，法不能禁；錢入民手，雖良民不免非理費用；及其納錢，雖富民不免違限。如此則鞭笞必用，州縣多事矣。唐劉晏掌國計，未嘗有所假貸。有尤之者，晏曰：「使民僥幸得錢，非國之福；使吏倚法督責，非民之便。吾雖未嘗貸，而四方豐凶貴賤，知之未嘗逾時。有賤則糴，有貴必糶，以此四方無甚貴甚賤之病，安用貸爲？」晏之言，則漢常平法耳，今推行此法，晏之功可立俟也。』安石乃止。會河北轉運司幹當公事召議事，奏乞度牒數千道爲本錢，於陝西轉運司行青苗法，春散秋斂，與安石意合，請施之河北，安石遂行之四方。蘇轍以議不合罷。

熙寧二年，帝閲羣臣奏，以儀鸞司官孫思道言坐倉事，善之。坐倉者，以諸軍餘糧願糶入官者計價支錢，復儲其米於倉也。詔條例司條例以聞，條例司請如嘉祐附令敷坐倉故事行之。

曾公亮謂支米有量數不同，難以立價。帝曰：『家各有斗，人自知其所得之多寡，雖定價，庸何傷？然此法第以恤軍班防監人可也。』安石曰：『誠然。今立價自一千至六百，過此則軍人自糴，與民間所定價亦適平，更增數錢，未至傷民。價錢賤於所定，則軍人受惠矣。』帝曰：『善。』而司馬光恐其動衆，因經筵進對，爲帝言之。呂惠卿曰：『諸軍糴石米，止得八百。募其願以一千糴之，何以致動衆？』王珪亦曰：『外郡用錢四十，可致斗米至京師。今京師乏錢，及用錢百坐倉糴一斗，此極非計。』異日，帝又謂執政坐倉糴米何如？珪等皆起對曰：『坐倉甚不便，朝廷近罷之，甚善。』帝曰：『未嘗也。』光曰：『坐倉之法，蓋因小郡乏米，而庫有餘錢，故反就軍人糴米，以給次月之糧，出於一時之急計耳。今京師有七年之儲，而府庫無錢，更糴軍人之米，使積久陳腐，其爲利害，非臣所知也。』惠卿曰：『今京師坐倉得米百萬石，則減東南歲漕百萬石。轉易爲錢，以供京師，何患無錢？』光曰：『臣聞江淮之南，民間乏錢，謂之錢荒。而土宜粳稻，彼人食之不盡，若官不糴取，以供京師發泄，必甚賤傷農矣。且民有米而官不用米，民無錢而官必使之出錢，豈通財利民之道乎？』

元符以後，又有低價抑糴之弊，詔禁之。

三年，詔：『青苗錢不許抑配。令諸路提點刑獄官體量覺察禁止，敢沮遏願請者，按罰亦如之。』

初，敕旨放青苗並聽從便，而提舉司務以多散爲功。又民富者不願取，而貧者乃欲得之，即令隨戶等高下分配，又兼貧富相兼，十人爲保，以富者爲保首。

王廣廉在河北，第一等給十五貫，第二等十貫，第三等五貫，第四等一貫五百，第五等一貫，民喧然以爲不便。而廣廉入奏言民間歌舞聖德，會言者交攻，朝廷不得已，乃降是詔。

判大名府韓琦言：『熙寧二年詔書，務在優民，不使兼併乘其急以邀倍息，皆以爲民，公家無所利其入。今乃鄉村自第一等而下，皆立借錢貫陌，三等以上更許增借，坊郭有物業抵當者，依青苗例支借。且鄉村三等並坊郭有物業戶，乃從來兼併之家也，今皆多得借錢，每借一千，令納一千三百，則是官放息錢，與初抑兼併濟困乏之意絕相違戾，欲民信服，不可得也。且愚民一時借請則甚易，納則甚難。故自制下以來，官吏惶惑，皆謂若不抑散，則上戶必不願請，下戶與無業客戶或願請，而將來必難催納。將來必有行刑督索，及勒干係書手、典押、耆戶長同保人等均賠之患。朝廷若謂陝西嘗放青苗錢，官有所得而民以爲便，此乃轉運司因軍諸有闕，適自冬涉春雨雪及時，麥苗滋盛，決見成熟，行於一時可也。今乃差官置司，以爲每歲常行之法，而取利三分，豈陝西權宜之比哉？』上乃出琦奏示執政曰：『琦真忠臣，朕始謂利民，不意乃害民如此。且坊郭安得有青苗，而使者強與之乎？』王安石勃然曰：『苟從所欲，雖坊郭何害？』因難琦奏，曰：『陛下修常平法，所以助民，至於收息，亦周公遺法也。』上終以琦說爲疑，與安石問難，安石翌日遂稱疾不出。上諭執政罷青苗法，曾公亮、陳升之即欲奉詔，趙抃獨欲俟安石出，令自罷之，連日不決。上更以爲疑。安石再視事，入謝，上勞問曰：『青苗法，朕誠爲衆論所惑，今思此事，一無所害，極不過失陷少錢物耳，何足恤？』安石曰：『但力行之，勿令小人故意壞法，如預買紬絹行之已久，亦何常失陷錢物？』安石既視事，持之益堅，人言不能入矣。初，安石在告，曾公亮、陳升之等舉行前詔，乃刪去『毋得抑遏不散』之語。安石復視事，志氣愈悍，乃面責曾公亮等，公亮不能抗。

右諫議大夫司馬光言：『彼言青苗錢不便者，大率但知所遣使者或年少位卑，倚勢作威，陵轢州縣，搔擾百姓，止論今日之害耳。臣所憂乃在十年之後，非今日也。夫民之所以有貧富者，由其材性愚智不同。富者智識差長，憂深思遠，寧勞筋骨，惡衣菲食，終不肯取債於人，故其家常有贏餘而不至狼狽也。貧者《告告》窳偷生，不爲遠慮，一醉日富，無復贏餘，急則取債於人，積不能償，至於鬻妻賣子，凍餒填溝壑，而不知自悔也。是以富者常借貸貧民以自饒，而貧者常假貸富民以自存，雖苦樂不均，然猶彼此相資，以保其生。

今縣官乃自出息錢，以春秋貸民，民之富者皆不願取，貧者乃欲得之，提舉官欲以多散爲功，故不問民之貧富，各隨戶等抑配與之。富者與債仍多，貧者與債差少，多者至十五緡，少者不減千錢。州縣官吏恐以逋欠爲負，必令貧富相兼，共爲保甲，仍以富者爲之魁首。貧者得錢，隨手皆盡，將來粟麥小有不登，二稅且不能輸，況於息錢，固不能償，吏督之急，則散而之四方。富者不去，則獨償數家所負，力竭不逮，則官必爲之倚閣，春債未了，秋債復來。歷年浸深，債負益重，或值兇年，則流轉死亡，幸而豐稔，則州縣之吏並催積年所負之債，是使百姓無有豐兇，長無甦息之期也。貧者既盡，富者亦貧，臣恐十年之外，富者無幾何矣。富者既盡，若不幸國家有邊隅之警，興師動衆，凡粟帛軍須之費，將誰從取之？臣不知今者天下所散青苗錢凡幾千萬緡，若民力既竭，加以水旱之災，州縣之吏果有仁心愛民者，安得不爲之請於朝廷，乞因郊赦而除之？朝廷自祖宗以來，以仁政養民，豈可視其流亡轉死而必責其所負，其勢不得不從請者之言也，然則官錢幾千萬緡已放散而不反矣。官錢既放散，而百姓又困竭，但使閭胥里長於收督之際有乞取之資，此可以謂之善計乎？且常平倉者，乃三代聖王之遺法，非獨李悝、耿壽昌能爲之也。穀賤不傷農，穀貴不傷民，民賴其食而官收其利，法之善者無過於此，比來所以隳廢者，由官吏不得其人，非法之失也。今聞條例司盡以常平倉錢爲青苗錢，又以其穀換轉運司錢，是欲盡壞常平，專行青苗也。國家每遇兇年，供軍倉自不能足用，固無羨餘以濟饑民，所賴者秖有常平倉錢穀耳。今一旦盡作青苗錢散之，向去若有豐年，將以何錢平糴？若有兇年，將以何穀賙贍乎？臣竊聞先帝嘗出內藏庫錢一百萬緡，助天下常平倉作糴本。前日天下常平倉錢穀共約一千餘萬貫石，今無故盡散之，他日若思常平之法，復欲收聚，何時得及此數乎？臣以爲散青苗錢之害猶小，而壞常平倉之害尤大也。』

條例司奏專疏駁韓琦所言，皆王安石自爲之。既而琦又言：『今蒙制置司以臣所言皆爲不當，看詳疏駁，事件多刪去臣元奏要切之語，曲爲沮格，及引《周禮》『國服爲息』之說，文其繆妄，將使無復敢言其非者。且古今異宜，《周禮》所載不可施於今者，其事非一。況今天下田稅已重，又非《周禮》什一之法，更有農具、牛皮、鹽錢、曲錢、鞋錢之類，凡十餘件，謂之雜錢。每夏秋起納，官中更以綢絹斛斗低估價直，令民以此雜錢折納。又每歲散官鹽與民，謂之蠶鹽，折納絹帛。更有預備收賣綢絹，如此之類，不可悉舉。皆《周禮》田稅什一之外加斂之物，取利已厚，傷農已深，奈何更引《周禮》『國服爲息』之說，謂放青苗錢乃周公太平已試之法？此則誣汙聖典，蔽惑睿明，老臣得不太息而慟哭也！

且坊郭有物力人戶，從來不曾見肯零糴常平倉斛斗者，此蓋制置司以青苗爲名，欲多借錢與坊郭有業之人，以望收利之多。假稱《周禮》太平已試之法，以爲無都邑鄙野之限，以文其曲說，惟陛下深詳其妄。

翰林學士范鎮言：『陛下初詔云公家無所利其入，今提舉司以戶等給錢，皆令出三分之息，物議紛紛，皆云自古未有天子開課場者。』王安石曰：『鎮所言若非陛下略見《周禮》有此，則豈得不爲愧恥。』

光又言：『青苗錢雖不令抑勒，而使者皆諷令抑配。如開封府界十七縣，惟陳留姜潛張敕榜縣門及四門，聽民自來，請則給之，卒無一人來請。以此觀之，十六縣恐皆不免於抑勒也。』

知青州歐陽修言：『田野之民蠢然，安知《周官》泉府爲何物，但見官中放債，每錢一百文要二十文利耳。臣愚以爲必若使天下曉然知非爲利，則乞除去二分息，但納本錢。』又言：『夏料錢於春中俵散，猶是青黃不接之時，尚有可說。若秋料於五月俵散，正是蠶麥成熟、人戶不乏之時，何名濟闕，直是放債取利耳。若二麥不熟，則夏料尚欠，豈宜更俵秋料錢？以此而言，秋料可罷不散。』中書言修擅止給青苗錢，欲下問罪，詔放罪，改知蔡州。知亳州富弼亦坐論青苗移鎮。

知山陰縣陳舜俞不肯奉行，移狀自劾曰：『方今小民匱乏，願貸之人往往有之。譬如孺子見飴蜜，孰不染指爭食？然父母疾止之，恐其積甘生病。故耆老戒其鄉黨，父兄誨其子弟，未嘗不以貸貰爲不善治生。今乃官自出錢，誘以便利，督以威刑，非王道之舉。況正月放夏料，五月放秋料，而所斂亦在當月，百姓得錢便出息輸納，實無所利，是使民取青苗錢，乃別爲一賦以弊之也。』坐謫監南康鹽酒稅。

七年，上患俵常平官吏多違法，安石曰：『若俵常平稍多縣分專置一主簿，令早入暮出，給納役錢及常平，度不過置五百員，費錢三十萬貫。今歲收息至三百萬，但費三十萬，不爲冗費也。』上從之，至元祐元年罷。

帝以久旱爲憂，翰林承旨韓維言：『畿縣近日督青苗甚急，往往鞭撻取足，民至伐桑爲薪以易錢。旱災之際，重罹此苦。』帝頗感悟。

著作佐郎黄顔言：『給納青苗錢穀，乞詔州縣視年豐荒爲給散多少，毋以元散數爲額。』

七月，帝以諸路旱災，常平司未能賑濟，諭輔臣曰：『天下常平倉若以一半散錢取息，一半減價糶貴，使二者如權衡之相依，不得偏重，民必受賜。』自是詔諸路州縣，據已支見在錢穀通數，常留一半外，方得給散。

九年，詔司農寺自今兩經倚閣常平錢人户，更不得支借錢斛。止務多給計息爲功，帝謂『天下常平錢穀，十常七八散在民間。又連歲災傷，倚閣迨半。不計督索艱難，豈惟虧失官物，兼百姓被鞭撻必衆』故也。

十年，提舉兩浙路常平言：『災傷累年，丁口減耗。凡九年以前逃絶户已請青苗錢斛，見户有合攤填者乞需豐熟日理納外，更有全甲户絶，輸償不足，或同甲内死絶，止存一二貧户難以攤納者，更乞立法。』從之。

元豐元年，詔：『常平倉錢穀，當輸錢而願入穀若金帛者，官立中價示民，物不盡其錢者足以錢，錢不盡其物者還其餘直。又聽民以金帛易穀，而有司少加金帛之直。凡錢穀當給若糴，皆用九年詔書通取，留一半之餘。』

六年，户部言：『準朝旨，諸路散斂常平物可自行法，至今酌三年斂散之中數，取一年爲格，歲終較其增虧。今以錢糧穀帛貫、石、匹、兩定年額：散一千一百三萬七千七百七十二，斂一千三百九十六萬五千四百五十九。比元豐三年散增二百一十四萬八千三百四十二，斂增一百三萬四千九百六十三；四年散增三百七十九萬九千九百六十四，斂虧一百九十八萬六千五百一十五。』詔三年、四年散多斂少及散斂俱少處，户部下提舉司具析以聞。

八年八月，詔給散青苗不許抑配，仍不立定額時哲宗已即位。哲宗元祐元年二月，詔：『提舉官累年積蓄錢穀財物，盡椿作常平倉錢物，委提點刑獄交割主管，依舊常平倉法。』

左正言朱光庭言：『天下青苗錢除支俵外，見在錢數尚多。乞並用收糴可存留斛斗，凡遇豐年則添價以糴，遇歲饑則減價以糶，大饑則貸之，候豐歲輸還，更不出息。』

門下侍郎司馬光劄子言：『常平之法，公私兩利。此乃三代之良法也。向者有因州縣闕常平糴本錢，雖遇豐歲，無錢收糴。又有官吏怠慢，厭糴糶之煩，雖遇豐歲，不肯收糴。又有官吏不能察知在市斛斗實價，只信憑行人與蓄積之家通同作弊。當收成之時，農人要錢急糶之時，故意小估價例，令官中收糴不得，盡入蓄積之家。直至過時，蓄積之家倉廩盈滿，方始頓添價例，中糶入官。是以農夫糶穀，止得賤價，官中糴穀，常用貴價，厚利皆歸蓄積之家。又有官吏雖欲趁時收糴，而縣申州，州申提點刑獄，提點刑獄司申司農寺取候指揮，比至回報，動涉累月，已至失時，穀價倍貴。是致州縣常平倉斛斗有經隔多年，在市價例終不及元糴之價，出糶不行，堆積腐爛者。此乃法因人壞，非法之不善也。』

四月，詔再立常平穀錢給斂出息之法，限二月或正月以散及一半爲額，民間絲麥豐熟，隨夏稅先納所輸之半，願並納者止出息一分。

左司諫王巖叟、中丞劉摯、右司諫蘇轍等交章言其非。右僕射司馬光劄子乞約束州縣抑配青苗錢曰：『先朝初散青苗，本爲利民，故當時指揮，立取人户情願，不得抑配。自後因提舉官速要近功，務求多散，諷脅州縣廢格詔書，名爲情願，其實抑配。或舉縣句集，或排門鈔劄。亦有無賴子弟謾昧尊親，錢不入家；亦有他人冒名詐請，莫知爲誰，及至追催，皆歸本户。朝廷深知其弊，故悉罷提舉官，不復立額考校，訪聞人情安便。昨於四月二十六日有敕令給常平錢斛，限二月或正月，只爲人户欲借者，及時得用。又令半留倉庫，半出給者，只爲所給不得輒過此數。又令取人户情願，亦不得抑配，一遵前朝本意。慮恐州縣不曉朝旨本意，將謂朝廷復欲多散青苗錢穀，廣收利息，句集抑配，督責嚴急，一切如向日置提舉官時。今欲續降指揮，令諸路提點刑獄司告示州縣，並須候人户自執狀納保，赴縣乞請常平錢穀之時，方得勘會，依條支給，不得依前句集鈔劄，强行抑配。仍仰提點刑獄常切覺察，如有官吏以此爲法騷擾者，即時取勘施行，若提點刑獄不切覺察，委轉運、安撫司覺察聞奏。』從之。録黄過中書省，舍人蘇軾奏曰：『臣伏見免役之法已盡革去，而青苗一事乃獨因舊，少加損益，欲行紾臂徐徐，月攘一鷄之道。熙寧之法本不許抑配，而其言至此，今雖復禁其抑配，其害猶在也。昔者，州縣並行倉法，而受納之際，十費二三，今既罷倉法，不免乞取，則十費五六，必然之勢也。又官吏無狀，於給散之際，必令酒務設鼓樂倡優，或關撲賣酒牌，農民至有徒手而歸者。但每散青苗，即酒課暴增，此臣所親見而爲流涕者也。二十年間，因欠青苗，至賣田宅，雇妻女，溺水自縊者，不可勝數，朝廷忍復行之歟？臣謂四月二十六日指揮以散及一半爲額，與熙寧之法初無小異，而今月二十日指揮，猶許人戶情願，未免於設法罔民。便一時非理之私，而不慮後日催納之患，三者皆非良法，相去無幾也。今者，已行常平糶糴之法，惠民之外，官亦稍利，如此足矣，何用二分之息，以賈無窮之怨！臣雖至愚，深爲朝廷惜之。欲乞特降指揮，青苗錢斛後更不給散，所有已請過者，候豐熟日，分作五年十料，隨二税送納。或乞聖慈念其累歲出息已多，自第四等以下人戶並與放免，庶使農民自此息肩，亦免後世有所譏議。兼近日謫降呂惠卿告詞云「首建青苗，次行助役」，若不盡去其法，必致奸臣有詞，流傳四方，所損不細。所有上件錄黄，臣未敢書名行下。』初，同知樞密院范純仁以國用不足，建請復青苗錢，四月二十六日指揮，盡純仁意。時司馬光方以疾在告，不與也，已而臺諫共言其非，不報。光尋具劄子，乞約束抑配，蘇軾又繳奏，乞盡罷之。光始大悟，遂力疾入對於簾前曰：『近者，不知是何奸邪勸陛下復行此事。』純仁失色却立，不敢言。青苗錢遂罷不復散。

按：元祐初，溫公入相，諸賢並進用，革新法之病民者如救眉燃，青苗、助役其尤也。然既曰罷青苗錢，復行常平倉法矣，未幾而復有再給散出息之令，而其建請乃出於范忠宣。雖曰溫公在告，不預知，然公其時有奏，乞禁抑配，奏中且明及四月二十六日敕令給錢斛之説，則非全不預知也。後以臺諫交章論列，舍人不肯書黄，遂大悟而不復再行耳。至於役法，則諸賢之是熙寧而主僱募者居其半，故差、僱二者之法，雜然並行；免役六色之錢，仍復徵取。然則諸賢雖號爲革新法，而青苗、助役之是非可否，煋中蓋未嘗有一定之見，宜熙、豐之黨後來得以爲辭也。然熙寧之行青苗也，既有二分之息，提舉司復以多散爲功，遂立各郡定額而有抑配之弊。其行助役也，既取一分之寬剩，而復徵頭子錢，民間輸錢日多，而僱人給直日損，遂至寬剩積壓。此皆其極弊處。至紹聖，國論一變，羣奸唾掌而起，於紹述故事宜不遺餘力。然考其施行之條畫，則青苗取息止於一分，且不立定額抑配；人戶助役錢寬剩亦不得過一分，而蠲減先於下五等人戶，則聚斂之意反不如熙寧之甚矣。觀元祐之再行青苗，復徵六色役錢，則知興利之途，雖君子不能盡窒之。觀紹聖之青苗取息，役錢寬剩皆止於一分，則知言利之名，雖小人亦欲少避之。要之，以常平之儲貴發賤斂，以賑兇饑，廣畜儲，其出入以粟而不以金，且不取息，亦可以懲常平積滯不散，侵移他用之弊，則青苗未嘗不可行晦菴之說如此。以坊場撲買之利及量徵六色助役之錢，以資僱役，所徵不及下戶，不取寬剩，亦可以免當役者費用破家之苦，則助役未嘗不可行二蘇之說如此。介甫狠愎，不能熟議緩行，而當時諸賢又以決不可行之説激之，羣憸因得以行其附會謀進之計，推波助瀾，無所不至，故其征利毒民，反出後來章、蔡諸人之上矣。紹聖紹述之事，章惇爲之宗主，然惇元祐時嘗言：『保甲、保馬一日不罷則有一日害。如役法，熙寧初以僱代差，行之太速，故有今弊。今復以差代僱，當詳議熟講，庶幾可行，而限止五日，其弊將益甚矣。』其説不惟切中元祐之病，亦且深知熙、豐之非。然則後來之所以攘臂稱首者，正張商英所謂熱荒要做官，而民間之利病，法度之是非，未嘗不了然煋中也，其奸人之雄歟！

紹聖二年，戶部尚書蔡京乞下有司檢會熙寧、元豐青苗條約，參酌增損，立爲定制。淮南轉運副使莊公岳言：『自元祐罷提舉官，錢穀爲他司侵借，所存無幾。欲乞追還向所侵借，令當職官依限給散，以濟乏闕，隨夏秋税償納，勿立定額，自無抑民失財之弊。』右承議郎董遵言：『青苗之制，乞歲收一分之息，給散本錢，不限多寡，各從人願，仍勿推賞。其出息至寡，則可以抑兼併之家；賞既不行，則可以絶邀功之吏。』詔並送詳定重修敕令所。

徽宗政和八年御筆：『常平斂散法利天下甚博，而比年以來，諸路欠闕，至未及散而遽取之，甚失神考制法之意。令常平司恪遵條令，斂散必時，違者以大不恭論。』

宣和五年，詔：『州縣每歲支俵常平錢穀，多是形勢戶請求，及胥吏詐冒支請。令天下州縣每歲散錢穀既畢，即揭示請人數目，逾月斂之，庶知爲僞冒者得以陳訴。』

高宗建炎二年，臣僚言：『常平和糴，州縣視爲文具，以新易舊法也。間有損失蠹腐而未嘗問，不許借貸法也。間有悉充他用用實無所儲。』詔委官偏行按視。

紹興九年，宗丞鄭鬲乞以常平錢於民輸賦未畢之時，悉數和糴，即詔行之。

上因諭宰執曰：『常平法不許他用，惟時賑饑。取於民者還以子民也。』

二十八年，趙令詪言：『州縣義倉米積欠陳腐，乞出糶，及水旱災荒，不拘檢放，及七分便許賑濟。』沈該奏：『在法，義倉止許賑濟，若出糶恐失初意。』乃令量糶三之一，椿收價錢，次年收糴撥還。

孝宗乾道八年，知台州唐仲友言：『鰥寡孤獨、老幼疾病之人，乞依乾道九年依例取撥常平義倉賑給。』上命以常平米低價出糶，以義倉米賑濟。

寧宗慶元四年，臣僚言：『州縣受納苗米，於法，義倉米合於當日支撥，而因循於州用，不復撥還；人戶納苗稍及分數，例多折納價錢，其帶義倉錢並不許撥，此因納苗而失陷義倉也。至如紹興府人戶就行在省倉送納湖田米，其合納義倉多不催理，此因湖田納米而失陷也。如淮、浙鹽亭戶納鹽以折二稅，其合納義倉多是不曾拘催，此因納鹽而失陷也。常平失於兑換，因致陳損，此倉庾陳腐之弊也常平米止許遞留一年，以新納秋苗換易支遣。常平專法，主管官替移，無拖欠失陷方與批書離任，今公然兑借，陽爲自劾，更不補還，此州縣兑移之弊也。常平和糴合專置倉廒，今州縣多因受納，以收到出剩撥歸常平倉，贏落價錢，此收糴官吏之弊也。諸沒官產業並戶絕、僧、道田賣到錢數及亡僧衣鉢法，當拘入常平，州縣侵漁，鮮曾撥正，此出賣官產之弊也。若乃吏胥之祿，合於免役錢內支給，而所催役錢，在州則主管官應副人情，在縣佐以爲公用。已催之數既不以供支遣，又於方場錢內撥支，未嘗入以爲出。如公吏差出，其本身初不請常平錢，乃詭名借請，或元非差出，而妄作緣故。至於吏胥自有定額，今守倅視常平錢米爲他司錢物，吏額日增，請給日廣，常平司委而不問。若夫借請，在法二分克納，今或一例借欠，動至數百千，例不除克，此其弊不一也，倘不爲之堤防懲革，則諸蓄日寡，荒政無備。乞明詔諸路提舉常平官講求措置，亟去前弊，責令逐州每季以本州及屬縣收支常平義倉等錢米逐項細數，申常平司，不得泛言都數。然後參照條法，逐一審訂，稍有失收、失支，勒令填納，或有情弊，必寘於法。』

嘉定十一年五月，臣僚言：『頃歲議臣有請計義倉所入之數，除負郭縣就州輸納外，餘令逐縣置數，自行收受，非惟革州郡侵移之弊，抑亦省兇年轉般之勞。曩時州倉隨苗帶納，同輸一鈔，今正苗輸之州，義倉輸之縣，則輸爲兩輸，鈔爲二鈔矣。曩時鼠雀之耗蠹，吏卒之需求，一切倚辦於正稅，而義倉不預焉，今付之於縣，既無正稅，獨有此色，耗蠹、需求又不能免矣。於是議臣有請令人戶義倉仍舊隨正稅，從便就州作一鈔輸納，而州縣復有侵移之弊。臣聞紹興初，臺臣嘗請通計一縣之數，截留下戶苗米，於本縣納，開禧初，議臣之請亦如之。蓋截留下戶之稅米，以補一縣之義倉，其餘上戶則隨正稅而輸之州；州得以補償其截留下戶之數，州不以爲怨；縣得此米，別項儲之以備賑濟，使窮民不致於艱食，則縣不以爲撓。一舉而三利得，此上策也。惟是負郭之義倉則就州輸送，自如舊制，至於屬縣之義倉則令丞同主之，每歲之終，令丞合諸鄉所入之數，上之守貳；守貳合諸縣所入之數，上之提舉常平；提舉常平合一道之數，上之朝廷。令丞替移，必批印紙，考其盈虧，以議殿最。』從之。

又 卷二三《國用考一・歷代國用》

《王制》：『冢宰制國用，必於歲之杪，五穀皆入，然後制國用。用地小大，視年之豐耗，以三十年之通，制國用，量入以爲出通三十年之率，當有九年之蓄。出，謂所當給爲。祭用數之仂算今年一歲經用之數，用其什一，喪用三年之仂喪，大事，用三歲之什一。喪祭，用不足曰暴，有餘曰浩暴，猶耗也。浩，猶饒也。祭，豐年不奢，兇年不儉。國無九年之蓄曰不足，無六年之蓄曰急，無三年之蓄曰國非其國也。三年耕，必有一年之食；九年耕，必有三年之食。以三十年之通，雖有兇旱水溢，民無菜色，然後天子食，日舉以樂。』【略】

漢興，接秦之弊，民失作業，而大饑饉。天下既定，民亡蓋藏，自天子不能具醇駟醇，不雜也，而將相或乘牛車。上於是約法省禁，輕田租，而山川園池市肆租稅之入，自天子以至封君湯沐邑，皆各有私奉養，不領於天子之經費。

漕轉關東粟以給中都官，歲不過數十萬石。文帝即位，賈誼說上曰：『漢之爲漢幾四十年，公私之積猶可哀痛。』云云，上感誼言，開籍田，躬耕以勸百姓。鼂錯說上募民入粟，邊支五歲則入粟郡縣，支一歲則時赦，勿收農民租見《田賦門》。【略】

北齊武成時，用度轉廣，賜予無節，府藏不足以供，乃減百官之祿，徹軍人常廩，並省州郡縣鎮戍之職；又制刺史守宰行兼者並不給幹南齊以有僮幹，若今驅使門僕之類，以節國用之費焉。

隋文帝開皇時，百姓承平漸久，雖遭水旱，而戶口歲增，諸州調物，每歲河南自潼關，河北自蒲坂，至於京師，相屬於道，晝夜不絕數月。帝又躬行節儉，益寬傜賦，平江表，師還，賜物甚廣，其餘出師命賞，莫不優崇。十二年，有司上言庫藏皆滿，帝曰：『朕既薄賦於人，又大經賜用，何得爾也？』對曰：『用處常出，納處常入，略計每年賜用至數百萬段，曾無減損。』乃更開左藏之院，搆屋以受之。詔曰：『既富而教，方知廉恥，寧積於人，無藏府庫。』乃蠲河北、河東今年田租，三分減一，兵減半，功調全免。煬帝即位，戶口益多，府庫盈溢，乃除婦人及奴婢、部曲之課。其後征伐巡遊不忘，租賦之入益減，百姓怨叛，以至於亡。

按：古今稱國計之富者莫如隋，然考之史傳，則未見其有以爲富國之術也。【略】司馬溫公有言：『天之生財止有此數，不在民則在官，譬如雨澤，夏潦則秋旱。』善哉言也。後世多欲之君、聚斂之臣，苛徵橫斂，民力不堪而無所從出，於是外則擅留常賦以爲進奉，內則妄指見存以爲羨餘，直不過上下之間自相欺蔽耳。德宗借軍興用度不足之名，而行間架、陌錢諸色無藝之徵斂，乃復不能稍豐涇原軍士之廩餉，以致奉天之難，至委其厚藏以遺朱泚。泚平而府庫尚盈，人皆追怨橫斂，而帝方懲奉天儲蓄空窘，益務聚蓄，不知所以致難之由非因乏財，蓋知聚而不知散，乃怨府也。不明之君可與言哉？

元　王結《文忠集》卷六《善俗要義》　皇帝聖旨裏。順德路總管府准，本路總管王太中關，會驗先欽奉詔書一款：内外官吏自今公勤奉職，廉慎律身，遵行詔條，惠安黎庶，以副委任之意。欽此。伏覩累降詔書、聖旨，訓勅在位之人勸課農桑，興舉學校，宣明教化，肅清風俗，德至渥也，凡在官守，各務遵行。竊詳當職猥以庸虛叨膺承流宣化之寄，仰祇恩命，俯慚吏民，夙夜憂惶，罔知所措，治簿書，嚴期會，恐不足以塞責。是用仰遵明詔訓勅臣下之旨，竊取古人富而教之之意，定擬到人民合行事理，名曰《善俗要義》，凡三十三件，蓋將使之勤農桑，正人倫，厚風俗，遠刑罰也。謹已繕寫成帙，合行移關請照驗，更爲講究可否行下合屬，仰各處正官、教官及社長、社師人等照依備去事理，以時訓誨社衆，務要據行，共求實效。所在士民苟能講明而遵用之，其於敦本抑末之術，遷善遠罪之道，亦未必無小補云。所定善俗名件，開列於後。准此。

總管府議得：郡守縣令，民之師帥，非止辦賦稅、理詞訟而已，務要課耕桑以厚民生，明教化以正民俗，方稱朝廷委任之意。總管王太中定擬到《善俗要義》，甚得撫字教養之方，今繕寫成帙，隨此發去，合下仰照驗，仍令本縣依上錄寫，遍下各社，須要正官、教官、社長、社師人等照依備去諭民事理，以時讀示訓誨，務令百姓通知，勸之遵用舉行，將來漸有實效。若有頑悖之人訓導不從，亦仰依法懲治施行。

一曰務農桑

夫治國之道，養民爲本；養民之術，務農爲先。蓋人生所資，惟在五穀布帛，所以累奉條畫，勸民敦本抑末、勤修農業者，以此故也。然聞所在民衆通曉務農、勤力耕桑者不爲無人，其苟且之徒未盡地利，遊惰之輩荒廢本業者，亦多有之。今後仰社長勸社衆常觀農桑之書，父兄率其子弟，主戶督其田客，趁時深耕勻種，頻並鋤耨，植禾藝麥，最爲上計。或風土不宜，雨澤遲降，合晚種雜田瓜菜者，亦可並力補種，更宜種麻以備紡績。蠶桑之事，自收種浴川生蛾喂飼以至成繭繅絲，皆當詳考農書所載老農遺法，遵而行之，家長率一家男女勤用心力，四十日間干係一年生計。若婦人得閒，伏中便可織絹沉蜜，勝似餘月。如此上可以辦納差稅，下可以一家溫飽。苟有蓄積，雖遇凶年，亦免饑寒之患也。

二曰課栽植

古人云：『十年之計，種之以木。』若栽桑或栽地桑，何必十年，三五年後便可享其利也。更能修治得法，久遠則益無窮。本路官司雖頻勸課，至今不見成效，蓋人民不爲遠慮，或又托以地不宜桑，往往廢其蠶織，所以民之殷富不及齊魯。然栽桑之法，其種椹移栽、壓條、接換，效驗已著，苟能按其成法，多廣栽種，則數年之間絲絹繁盛亦如齊魯矣。如地法委不相宜，當栽植榆、柳、青白楊樹，十年之後，枝梢可爲柴薪，身幹堪充樑柱，或自用，或貿易，皆爲有益之事。其附近城郭去處，當種植雜果貨賣，亦資助生理之一端也。

三曰廣儲蓄

古者三年耕必有一年之食，九年耕必有三年之食，蓋公私共爲儲蓄，所以雖有水旱，民無菜色。今所在人民，雖多田之家亦不爲遠計，或有餘糧，必趁物價貴時傾廩糶賣，以圖一時之利，後值凶年，貧民流移趁熟，有田者亦遭饑餓之苦，良可歎也。今後人民但有收成，除緊急用錢必合糶賣外，當漸爲儲粟之法，一年之間能三兩月糧，歲月相繼，蓄積自多，又當新陳換易，以防浥變。不幸或遭凶歉，斯民庶免饑餒流散之患。此事所慮者遠，所備者大，諸君宜加意遵行也。

四曰育牝牸

陶朱公曰：『欲速富，養五牸。』如各縣鄉有宜畜牧去處，仰有力之家多養牸牛、母羊，隨時牧放，如法柵圈。養育得所，孕字必多，牛供耕種，羊堪貨賣，翦毛飲酪，皆爲利益。善於治生者，所宜斟酌遵行也。

五曰畜雞豚

孟子曰：『雞豚狗彘之畜無失其時，七十者可以食肉矣。』且五牸之中，雞豚易置。豬種取短嘴無柔毛者良，若近山林，宜多豢養牧放；地面窄隘去處，隨宜養牧。雞種取桑落時生者良，一雄可將四五牝雞籠內著棧，如法畜養。如此則雞豚蕃息，上可以供老者之養，下可以滋生理之事也。

六曰養魚鴨

陶朱公曰：『治生之法，水畜第一。』魚池是也。仰附近河渠有地有力之家，疏鑿池沼，中溜洲渚，求懷子鯉魚及牡鯉魚納於其中，二年之後，其利無窮。鴨尤易養，無所不食，水傍育之，滋孕蕃息。更有可栽種蓮藕、蒲葦、菱角、雞頭去處，亦仰多廣栽植，亦治生之良法也。

七曰興水利防水患附

自昔水田號爲常稔，蓋旱乾則引水灌溉，霖雨則開堰疏放，宜收數倍于陸田，而粳糯又比谷麥常貴。邢臺、南和等縣瀕澧河鄉村，從前分引溝渠澆灌稻田，近水農民久蒙利益。然聞南和、任縣之境，澧河上下，尚有水勢可及之處，居民憚于改作，不知開引調度，湮塞農利，良可惜也。仰瀕河有地之家，果然水勢可及，當計會通曉水利之人，鑿渠引水，改種稻田。若獨力難成，或無知水利者，可采畫地形水勢，陳說堪以興修事理，申告上司，添力開挑。如地高，泉脈不能上流，仰成造水車，設機汲引，澆灌田苗。有不解製造者，亦聽申覆上司，開樣頒降。此皆江淮已驗良法，條畫許令舉行，雖南北風土不同，亦有可爲之處。農民慎勿樂因循，憚改作，視爲迂闊而不之信也。又聞其餘縣分附近沙、洺河及漳、漯舊河渠地面，每歲五六月霖雨連旬，諸水泛濫，平地漫流，淹沒禾稼，各宜以時修理堤防，備禦水害。若私己難辦，必資眾力成就者，亦聽申報官司，相度差撥，以爲一勞永逸之計。

八曰殖生理

城郭之民，類多工商。工作器用，商通貨財，亦人生必用之事，而民衣食其中。勤謹則家道增長，怠惰則生理荒廢。家道增，上可以辦差役，下可以足衣食。然城居子弟易爲遊蕩，各家父兄當嚴加訓導防制，常使勤修本業，勿令無故飲宴及遊行非理之地，以致奢侈淫放，費用貲財。

九曰治園圃

穀麥充饑，蔬菜助味，皆民生日用不可闕者。昔龔遂守渤海，勸民每口種薤百本、蔥五十本、韭一畦，及課農桑、畜牧之事，吏民漸皆富實。張忠定公爲崇陽令，遇農夫買菜出城者，執而笞之，諭使自種。今農民雖務耕桑，亦當於近宅隙地種藝蔬菜，省錢轉賣。且韭之爲物，一種即生，力省味美，尤宜多種。其餘瓜、茄、蔥、蒜等物，隨宜栽植，少則自用，多則貨賣。如地畝稍多，人力有餘，更宜種芋及蔓菁、苜蓿，此物收數甚多，不惟滋助飲食，又可以救饑饉度凶年也。【略】

十一曰聚義糧

義倉者，豐年貯蓄，儉歲食用。此朝廷之甲令，而近古之良法也。今歲稍有收成，隨社人戶合照依條畫，各驗口數，每口存留義糧一斗，或穀，或雜色物斛，社眾商議於本社有抵業信實之家，如法收貯，勿致損壞。儻遇凶年，還驗原納口數，支散食用。所在官司、過往軍馬，不敢支升合。若有被災人戶，田禾不收，不在存留之限。此乃有備無患之道，諸人亦當思患而預防之也。【略】

二十四曰致勤謹

古語云：『勤能勝貧，謹能勝禍。』蓋言勤力可以不貧，謹身可以免禍。務耕桑，修蠶織，葺園圃，栽樹株，利溝渠，理堤堰，通貨財，皆勤力之事也。孝于父母，順于兄長，言行慎密，出入安詳，非善勿友，非義勿取，不學賭博，不作盜賊，不好爭訟，不競貪淫，皆謹身之道也。人能如此，不惟勝貧免禍，鄉黨識者必皆愛重，稱爲善人君子矣。

元 王禎《農書》卷一〇《百穀譜・飲食類・備荒論》 蓋聞天災流行，國家代有。堯有九年之水，湯有七年之旱，雖二聖人亦不能逃其適至之數也。《春秋》二百四十二年，書『大有』年僅二，而水、旱、螽、蟲，屢書不絕。然則年穀之豐，蓋亦罕見。為民父母者，當為思患豫防之計。故古者三年耕，必有一年之食，九年耕，必有三年之食，以三十年之通制國用，雖有旱乾水溢，而民無菜色者，蓄積多而備先具也。

其蓄積之法，北方高亢多粟，宜用竇窖，可以久藏。南方墊濕多稻，宜用倉廩，亦可歷遠年。倉、廩、竇、窖，詳見《農器譜》。

其備旱荒之法，則莫如區田。區田者，起自湯旱時伊尹所制，斸地為區，布種而灌溉之。救水荒之法，莫如櫃田。櫃田者，於下澤沮洳之地，四圍築土，形高如櫃，種蓺其中，水多浸淫，則用水車出之。可種黃綠稻。地形高處，亦可陸種諸物。區田、櫃田，詳見《農器譜》。此皆救水旱永遠之計也。備蟲荒之法，惟捕之乃不為灾。然蝗之所至，凡草木葉，靡有遺者，獨不食芋、桑與水中菱、芡，宜廣種此。其餘則果食之脯，米豆之麨。棲於山者，有葛粉取葛根肉為粉、蕨萁取蕨根擣碎，以水淘汰，停粉為萁。、菂篛、橡、栗之利；瀕於水者，有魚、鱉、蝦、蟹、蛤、螺、芹、藻之饒，皆可以濟飢救儉。

其或懷金立鵠，易子炊骸，荒饑之極，則『辟穀』之法，亦可用之。辟穀方者，出於晋惠帝時，黄門侍郎劉景先遇太白山隐士所傳。曾見石本，後人用之多驗，今録于此。昔晋惠帝時永寧二年，黄門侍郎劉景先表奏：臣遇太白山隐士，傳濟飢辟穀僊方上進，言：臣家大小七十餘口，更不食別物，惟水一色，若不如斯，臣一家甘受刑戮。今將真方鏤板廣傳，見下：

大豆五斗，浄淘洗，蒸三遍，去皮，又用大麻子三斗，浸一宿，漉出，蒸三遍，令口開。右件二味，豆黄擣為末，麻仁亦細擣，漸下豆黄同擣，令匀，作團子如拳大，入甑内蒸。從初更進火，蒸至夜半子時住火，直至寅時出甑。午時曬乾，擣為末，乾服之。以飽為度，不得食一切物。第一頓得七日不飢，第二頓得四十九日不飢，第三頓得三百日不飢，第四頓得二千四百日不飢，更不服，永不飢也。不問老少，但依法服食，令人強壯，容貌紅白，永不憔悴。渴即研大麻子湯飲之，轉更滋潤臟腑。若要重喫物，用葵子三合許為末，煎，冷服，取下其藥如金色，任喫諸物，並無所損。前知隨州朱頔教民用之有驗，序其首尾，勒石于漢陽軍大別山太平興國寺。

又傳寫方：用黑豆五斗，淘浄，蒸三遍，曬乾，去皮，細末，秋麻子三斗，温浸一宿，去皮，曬乾，為細末，細糯米三斗，做粥，熟和擣前二味為劑。右件三味合擣，作團如拳大，入甑中蒸一宿，從一更發火，蒸至寅時日出方才取出甑。曬至日午，令乾，再擣為末，用小棗五斗，煮去皮核，同前三味為劑，如拳頭大，再入甑中蒸一夜。服之，以飽為度。如渴者，淘麻子水飲之，便更滋潤臟腑。無芝蔴汁，白湯亦得。少飲，不得別食一切之物。

又許真君方——武當山李道人傳。累試有驗避難歇食方：用白麵六兩，黄蠟三兩，白膠香五兩，右件，將麵冷水煉，令熟。如打麪一同，然後為圓，如黑豆大，日曬乾，再將蠟溶成汁了，將圓子投入内，打令匀，候冷，單子裹，安在浄處。如服時，每日早晨，空心可服三五十丸，冷水嚥下，不得熱食。如要喫物，任意不妨。

又服蒼术方：用蒼术一斤，好白芝蔴香油半斤。右件，將术用白米泔浸一宿，取出，切成片子。用香油炒，令熟。用瓶盛，取每日空心服一撮，用冷水湯嚥下。大能壯氣，駐顏色，辟邪，又能行履，飢即服之。

詳此數方，其間所用品味，雖不出乎穀，而民間亦難卒。得若官中預蓄品味，饑歲荒年，給賜飢民，無資糧賑濟之勞，而可延餓殍時月之命。實益世之方，安可秘而不流傳哉？

《元史》卷九六《食貨志四·常平義倉》　常平起于漢之耿壽昌，義倉起于唐之戴冑，皆救荒之良法也。元立義倉于鄉社，又置常平于路府，使饑不損民，豐不傷農，粟直不低昂，而民無菜色，可謂善法漢、唐者矣。

今考其制，常平倉世祖至元六年始立。其法：豐年米賤，官爲增價糴之；歉年米貴，官爲減價糶之。於是八年以和糴糧及諸河倉所撥糧貯焉。

二十三年定鐵法，又以鐵課糴糧充焉。義倉亦至元六年始立。其法：社置一倉，以社長主之，豐年每親丁納粟五斗，驅丁二斗，無粟聽納雜色，歉年就給社民。於是二十一年新城縣水，二十九年東平等處饑，皆發義倉賑之。皇慶二年，復申其令。然行之既久，名存而實廢，豈非有司之過與。

明　章懋《楓山集》卷二《與許知縣補之》　昨承來教詢賑濟事宜，此君子愛人之要務也。但昔人謂救荒無善政，雖以朱子大賢，浙東荒政其功德及民甚大，然猶自謂不過討幾本青綾冊子，不能盡如其意，則其他可知矣。況淺見薄識，豈足以仰承下問，姑就舊日所親歷者略陳一二，以備高明之采擇焉。

一、來教謂每圖貧戶，擇其尤者四十戶報之。此意亦可，但不知令何人開報？若付之糧里，適以爲其取錢作弊之資，而貧無錢者不得報矣。愚意只取黄冊圖眼，將該圖里老親自審問，假如某戶人口若干，田糧若干，以何事爲業。其有田產而富實者不必言矣，或無田產而爲商賈、工匠、僧道、醫卜諸技藝之業者皆可自給，惟無田產、無職業及老幼殘疾者乃爲真貧，所宜賑濟。其或戶有田糧而爲他人所詭寄，或同戶各房有田糧而本身無有，又無技藝營生者，亦爲貧民，亦宜賑濟。此等事若非爲政者先之勞之，而付手下之人，則有無端賣弄作弊，不惟無益而反有害矣。

一、來教謂書記號簿，填寫小帖，甚善甚善。但付之里長分散，則其或散或不散，亦不能無弊。不若令里長叫來，驗其人物飢瘦、衣服藍縷，親自給散，無爲弊也。

一、來教欲令里長排定資次，責其彼此相識，以防詐冒，不若就依圖眼資次面審，令其彼此相識。又欲以一縣分作五日，亦恐難以定限。若事務忙冗，再加數日亦不妨，但恐厭其煩勞而付之於人，則未免如昨書所言前官之弊矣。

一、區區昔年在福建，分巡至浦城，適遇賑濟人紛紛來告不公。及親到倉中看視，見其手冊開報之人俱無籍貫。詢問其實，則皆坊長大戶招集四方無賴之徒，來彼間治鐵冶，每一爐多至五七百人，関支倉穀而去。近倉居民不得関支，忿其不平，爭告前來。區區謂彼既不曾附籍在本縣當差，如何該支賑濟？即將各坊長問罪，追還冒支倉穀，人心始帖然而服。及審所告之人，雖係近倉之民，然皆衣服整齊、面帶酒容，亦不類乎飢民，不該賑濟。退此二種之人，次日方有十分飢窮之人來告。卻與賑濟，其數亦不甚多。以此觀之，則不可不親自審察矣。

一、區區昔年分巡至邵武，正值飢荒，米價極貴，本府倉糧不能完納，小民紛然告求賑濟，而倉無顆粒之粟。軍士群然告缺月糧，而查軍倉之儲，僅可支兩月。時將五月，青黃不接，分守裴參議無可處置，避而去之。區區謂其軍士曰：今倉中無糧與民之飢荒，難以追米，皆汝所知也。吾欲每月給米五斗、支銀三錢與汝，則可延至八月。八月以後，則各處有米可糴，與銀六錢，任汝轉易。軍皆樂從。乃謂其民曰：汝欲賑濟而無粟可發，別無可爲，汝今徵糧上官，每米一石該銀一兩二錢，於法不該宥免，我與汝減價，止納六錢上官，其餘六錢就與作賑濟。民皆懽然曰：得如此，過於賑濟矣。其有戶無田糧而貧困者，乃借支布政司銀兩以賑之，上下皆安。不然，幾於激變矣。今本縣科派煩重，又有散鈔、散鹽等項無藝之征。若會計各圖飢民該用賑濟稻穀若干，就令該圖里長領去糶賣，以代貧民辦納料銀若干，使民皆受其惠，則官欠易完而免於豪猾冒支官穀之患，雖不賑濟，猶賑濟矣。此乃權宜之法，不知如何。

又 今年荒旱，積年所無，甚爲可憂，《周官》十二荒政所宜講求，先輩有《救荒活民》之書，亦宜時常撿看，早爲處置，以防後患。近聞官府榜示，不許外郡來此販糴，此乃世俗私小之見，非公平正大之道。既犯五伯之禁，亦非朝廷之法。一言之失，弊端隨起。小民因此但見有穀船、米船來往者，盡行搶奪不已，將成大盜，先年曾有明鑒矣，不可不謹其始。小民訛言，將謂官府許其搶奪，必不甘休。若往上司訴理，來此追捕，縣中將被其擾。《易》所謂『行人得牛，邑人災』者，亦所不免。又況今官府催併物料，皆要銀兩。設不糴糴，銀兩何從而出？此皆理勢之必然，不可止遏者也。乞早除遏糴之令，及嚴行搶奪之禁，以免數者之患，乃今日爲政之急務也。

又 卷四《蘭溪縣新遷預備倉記》 洪惟我太祖皇帝，以亶聰明、作元后，拯生民塗炭之苦，而措諸衽席之安，其大造之仁蔑以加矣。然猶夙夜憂勤，圖恤民隱，以謂歲不能以無歉，民不可以無食，爰命所司，出官鈔以易穀而儲之鄉社，以備凶荒，以恤艱阨，謂之預備倉。其即周人之委積、隋唐之義廩、宋朱文公社倉之遺意也，豈非所爲竭心思，而繼以不忍人之政者乎？于時蘭谿始有東西南北四鄉之倉，視歲豐歉而斂散之，民是以不飢。列聖相承，年穀屢登，長民者懈於其職，監視弗虔，所儲蓄者積而不散，往往乾没於豪猾之手，而倉隨以壞矣。宣正以來，歲或不收，而生靈嗷嗷，無所仰給，朝廷始用大臣之議，令天下郡縣勸募富人入粟於官，以爲荒備。其輸粟至千石者，賜以璽書，旌爲義民。時無錫薛侯理常乃作大倉於縣城之南數里，倉嶺之下，儲穀以數萬計，又謂之義民倉。民固有獲其利者，夫何歷時滋久，奸弊百出，而倉非曩時之舊矣。弘治壬子之春，崑山王侯倬以才進士兩宰劇縣，皆著能聲，簡自天官，來字吾民。下車之初，歲適大侵，民窮無告，亟發廩以賑貸之，而視其倉屋皆壞漏弗支，所儲之穀失亡太半，而在庾者又皆陳腐不可食矣。侯爲之太息流涕。訪諸父老，咸謂是倉地處幽僻，四無民居，監臨以政務紛冗，弗遑時至，而主守之人又皆一二十年弗與更代，久而易懈，至有死亡迯散而莫之守者，其勢易爲侵盜。又在大河之濱，盜者不勞負擔，夜舟滿載而之四方者不知其幾。加以水濱卑濕，陰潤所蒸，在倉而腐者亦有之矣。倉儲虧耗，職此之由，而守倉人役以虧耗責償而破蕩其家者甚眾。則是倉雖曰惠民，而適以爲民害也。侯乃嘆曰：『法久而弊生，勢所必至。不有以變而通之，其可久乎？』乃相地於縣治之東，得廢寺焉。其土燥剛，無卑濕也。附城而近，監臨可常至也。去水而遠盜，舟弗能達也。在闤闠中，十手目之所措視，姦宄無所容也。將謀改作以袪宿蠹，而部使者少參韓公行部至焉。聞侯之議，深以爲然，乃具其事以白於鎮巡藩臬諸司，得報如其請。侯於是以義勸富人之堪事者，授之規畫，分其程度，俾各以力自占。徹其舊以即於新，中爲廳事，廳事之北爲廒者三，而左右對列亦各爲廒者三。屋之以間計者凡四十有五，其旁餘地又皆可續而廒焉。外則周以垣墻，皆石其址而覆以瓦，幾二百餘丈。前後重門以嚴出內，而輪奐一新矣。是役之興，人皆懼勞費而難成，然公不費官，私不擾民，經之營之，在侯一心，而義以感人，其應如響，凡富室之任其役者，運財効力，如治其私，趨事赴工，爭先恐後。肇始於其年季冬之月，而落成來歲之春，子來之政，何其易耶。守倉之役，前此多以鄉民，則往來守視，非其所便。今而易以市人，則朝夕不離乎是倉矣。先以久無更代，則虧耗數多，而難於責償。今而定爲歲一交盤之法，則無久役而民不困矣。倉雖既成，人猶懼其儲蓄之弗廣，侯以是歲當重造版籍，推割產稅，而受田之家皆物力富强者也，隨其所收多寡，計畝而勸之，得白金二千七百餘兩，易穀萬有千石，自足當前虧損之數，而倉儲不虛，非復向之名存實亡者矣。倉廩既成而儲蓄不虛，備荒有具而困窮是賴。邑之父老欣然而來告曰：『我侯涖政之初，小試經綸之業，不遑他務，而汲汲於是倉，欲爲吾民深長計，其所立之卓偉如是，豈非推廣我皇祖仁覆天下之心而爲政者乎？使其進而羽儀天朝，上佐天子，以經綸天下，則其他政之仁，大庇吾民者可預推矣。吾儕小人，自今其有瘳乎！將謀伐石以永其功，俾子孫世世勿忘我侯之仁。』愚於是竊有感焉。是倉之成，侯之仁吾民者，固至矣。若是倉能久而無弊，則非所敢知也。繼今爲政者，必有我侯至誠惻怛之心，然後可以行是倉之仁。又必有我侯達權通變，發奸擿伏之才，然後可以祛是倉之弊，而全是倉之仁。後之君子，其念之哉。必切切焉視飢猶己，亦以侯之心爲心焉。使是倉之仁久而弗壞，則吾民之蒙其惠者容有既乎。故爲執筆而不辭。

明　楊溥《楊文定公奏疏·預備倉奏積貯**》**《明經世文編》卷二七　伏聞堯湯之世，不免水旱之患，而不聞堯湯之民至於甚艱難者，蓋預有備也。凡古聖賢之君，皆有預備之政。我太祖高皇帝惓惓以生民爲心，凡於預備，皆有定制。洪武年間，每縣於四境設立四倉，用官鈔糴穀，儲貯其中。又有近倉之處，僉點大戶看守，以備荒年賑貸。官籍其數，斂散皆有定規。又縣之各鄉，相地所宜，開濬陂塘，及修築濱江近河損壞隄岸，以備水旱，耕農甚便，皆萬世之利。自洪武以後，有司雜務日繁，前項便民之事率無暇及。該部雖有行移，亦皆視爲文具。是以一遇水旱饑荒，民無所賴，官無所措，公私交窘。只如去冬今春，畿內郡縣艱難可見。況聞今南方官倉儲穀，十處九空，甚者穀既全無，倉亦無存，皆鄉之土豪大戶侵盜私用，卻妄捏作死絕及逃亡人戶借用，虛立簿籍，欺瞞官府。其原開陂塘亦多被土豪大戶侵占，以爲私己池塘養魚者，有湮塞爲私田耕種者。蓋今此弊，南方爲甚。雖聞間有完處，亦是十中之一，其實廢弛者多。其濱江近河圩田隄岸，歲久坍塌，一遇水漲，渰沒田禾，及閘垻蓄泄水利去處或有損壞，皆爲農患。大抵親民之官得人則百廢舉，不得其人則百弊興。此固守令之責。若養民之務，風憲之臣皆所當問。年來因循，亦不及此，事雖若緩，其實關係甚切。伏望聖人特命該部移行各布政司、按察司及直隸府州縣，除近有災傷去處暫且停止，候後來豐熟舉行，其見今豐熟去處，悉令有司遵依洪武年間舊制，凡倉穀、陂塘、隄岸，並要如舊整理。倉有損壞者，即於農閑時月用人修理。設有虧欠者，除赦前外，赦後有侵盜者根究明白，悉令賠償，完足亦免其罪，不許妄指無干之人搪塞。若有侵盜証佐明白而不服賠償者，准土豪及盜用官粮論罪，有司仍將舊有賠償實數開奏。其陂塘隄岸，亦令郡縣凡損壞悉於農閒用人修理。有强占陂塘私用者，犯在赦前，亦免其罪，即令退還。不退還者，亦准土豪及盜官物論罪。其退陂塘及圩岸閘垻應修去處，亦令有司開奏，應修築者以次用工，完日具實奏聞。仍乞令戶部行各布政司、府、州、縣，除災傷附近去處外，凡秋成豐稔之處府州縣官，於見有官鈔官物照依時價兩平，支糴穀粟，儲以備荒，免致臨急倉惶失措。年終將所糴實數奏聞。郡縣官考滿，給由令開報境內四倉儲穀及任內修築陂塘隄岸實數，吏部查理，計其治績，以定殿最。各按察司分巡官及直隸巡按御史所歷州縣，並要取看四倉實儲穀數，及陂塘隄岸有無損壞修理實蹟，歲終奏聞，以憑查考。如有仍前欺弊怠事者，亦具奏罪之。若所巡歷之處仍前不問不理，或所奏扶同不實，從本衙門堂上官糾劾奏聞。庶幾官有實績，荒歲人民不致狼狽，耕種無旱澇之虞，祖宗恤民良法不爲小人所壞。

明　周忱《周文襄公集·折收本色疏備荒**》**《明經世文編》卷二二　應天、鎮江、太平、寧國諸府舊有石臼等湖，其中港瀆歲辦魚課，其外平圩淺灘聽民牧孳畜，採掘菱藕，不得耕種。是以每遇山溪泛漲，水有所洩，不爲民患。近者富豪之家築成圩田，排遏湖水，每遇水漲，患即及民，宜悉平之。又各處被災，恐預備倉儲賑濟不敷，請以折銀粮稅悉徵本色，于各倉收貯，俟青黃不接之際出糶于民，以所得銀物上納京庫，則官稅不損，民亦得濟。

《明會典》卷二一《倉庾一》　國家設倉庾儲粟，以贍軍賑民，兩京、直隸，各布政司，府州縣，各都司衛所，以及王府，莫不備具，其收貯有時，支給有數，注銷有冊，各有通例，茲具列於後，而分內外倉于前，至預備倉，常存二年之蓄，以需緩急，因附見云：

京倉永次倉附

長安門倉

東安門倉

西安門倉

北安門倉
舊太倉一十一衛永樂七年設
獻陵衛倉
景陵衛倉
昭陵衛倉
羽林前衛倉　忠義前衛倉
忠義後衛倉　義勇右衛倉
蔚州左衛倉　大寧中衛倉
錦衣衛倉　神武左衛倉
新太倉七衛宣德年設
裕陵衛倉
茂陵衛倉
康陵衛倉
義勇前衛倉　大寧前衛倉
富峪衛倉　會州衛倉
海運倉六衛宣德年間，即舊海於地設
泰陵衛倉
永陵衛倉
忠義右衛倉　寬河衛倉
燕山左衛倉　義勇後衛倉
南新倉八衛永樂七年設
府軍衛倉　燕山右衛倉
彭城衛倉　龍驤衛倉
龍虎衛倉　永清右衛倉
金吾左衛倉　濟州衛倉
北新倉五衛永樂年設
府軍左衛倉　府軍右衛倉
府軍前衛倉　燕山前衛倉
金吾前衛倉
大軍倉四衛永樂年設
永清左衛倉　旗手衛倉
大軍倉　武成中衛倉
濟陽倉二衛永樂七年設
金吾右衛倉　濟陽衛倉
祿米倉二衛嘉靖四十一年，令改府軍彭城二倉之半爲祿米倉，外東倉爲衛倉，內西倉爲部倉
彭城衛南新倉　府軍前衛南新倉
西新太倉四衛永樂年設
虎賁左衛倉　金吾後衛倉
府軍後衛倉　羽林左衛倉
太平倉二衛弘治十七年設，正德八年，改鎮國府，十六年仍改正
留守前衛倉　留守後衛倉
大興左衛倉永樂七年設
通州倉四大運倉名，俱正統元年定，舊有大運東倉，後併于中倉
大運西倉永樂七年設
通州衛西倉　通州左衛西倉
通州右衛西倉　定邊衛西倉
神武中衛西倉　武清衛西倉
大運南倉天順年添廒
通州衛南倉　通州左衛南倉
通州右衛南倉　定邊衛南倉
大運中倉
通州衛中倉　通州左衛中倉
通州右衛中倉　神武中衛中倉
定邊衛中倉　神武中衛東倉舊屬大運東，今併屬於此
順天府
壩上等二十三馬牛房倉詳見後
南京
四十一衛倉見南京戶部
應天府　常平倉

水次倉五處

天津左右三倉永樂二年建，今一十八廒

德州常盈二倉宣德五年建，今二十八廒

臨清廣積常盈三倉永樂四年設，今四十八廒

徐州永福廣運二倉永福，洪武元年建，廣運，永樂十二年建，今四廒

淮安常盈一倉永樂十三年建，弘治二年，存二十七廒

凡倉廒建置，洪武四年，設軍儲倉二十所，各置官掌管。

二十八年，置

皇城長安，東安，西安，北安四門倉，每倉設副使一員。

永樂七年，置北京金吾左右，羽林前，常山左右中，燕山左右前，濟陽，濟州，大興左，武成中左右前後，義勇中左右前後，神武左右前後，忠義左右前後，武功中，寬河，會州，大寧前中，富峪，蔚州，凡三十七衛倉，及錦衣中，懷來守禦二千戶所倉，每倉設副使一員。

十三年，令通州張家灣起蓋倉廒七十間，名通濟倉，收貯各處儹運糧。

宣德六年，令添置北京及通州倉。

正統元年，定通倉名，在新城內者，爲大運中倉東倉，舊城內者，爲南倉西倉。

天順三年，令通州新城增置倉廒三百間

凡管糧專官，永樂十三年，設淮安常盈倉，令戶部主事一員，提督收放。

宣德三年，令在京各衛添設經歷一員，監收支糧，其內外衛所倉，俱令各衛首領官與倉官專管，罷軍職管糧。

十年，令戶部郎中，主事，各倉場分管糧草，三年更代。

正統三年，令戶部侍郎一員，同內官總督在京通州倉糧，及提督象馬牛羊等房草豆。

五年，添設郎中主事五員，分投提督德州倉，並象馬房等倉場收放。

十年，令總督在京通州倉侍郎，兼提督臨清，徐州，淮安等處倉糧。

十四年，令內外各倉場監督收放糧草郎中主事等官，一年一代，回日備開數目繳部，仍將經行卷簿，相沿交割，若有虧折欺蔽，續差官員徑自具奏。

景泰三年，令各倉監收官員，嚴督官攢庫斗人等，修葺倉場，開通溝渠，其曠職坐視，渰沒糧草者，拏問追陪。

成化二年，令戶部管糧官，提調官軍人匠，修理倉廒，仍令巡倉御史，常川點視。

十一年，令京通二倉，各委戶部員外一員，定廒坐撥糧米，務令挨次，不許徇情私占廒座。

嘉靖九年題准，請敕一道，齎付通倉坐糧員外郎，會同巡倉御史，督理運糧，其各總輕齎銀兩，照例驗給官軍，雇腳完糧，其通惠河成，扣省閘運腳價，解送太倉，以備修河等項支用。

萬曆二年，鑄給監督徐州，淮安，臨清，德州，天津倉關防。

凡在倉員役，正統十四年，革大軍倉官攢軍斗多餘之數，止留大使一員，副使一員，攢典二名，軍斗二十名。

景泰三年，革各倉場致仕武官守把門禁，止令辦事官一員管理。

又令在京並通州倉，軍斗收糧不及三萬石者，每十名內，摘撥五名回衛。

又令各倉斗級庫子，開寫年甲鄉貫住址，編造文冊，候巡視官員點閘。

天順七年奏准，直隸淮安府常盈倉，徐州廣運倉，各存留大使一員，副使二員，攢典二名，斗級一百名，修倉夫匠二百名，山東東昌府臨清倉，存留大使一員，副使一員，攢典一名，斗級二十名，臨清廣積倉，存留大使一員，副使二員，攢典二名，斗級三十名，二倉共存留修倉夫匠二百名，各倉原設官攢等項多餘之數裁減。

成化二十三年，令京通二倉，並淮安，徐州，臨清，水次各倉場內官，原設者存留，添設者取回。

正德十六年，令京通二倉，水次倉，皇城各門京城九門各馬場，倉場，各皇莊等處，但係正德年間額外多添內臣，司禮監照弘治初年，查參取回。

又令臨清倉監督內臣，止留見在二員，著廉靜行事，不許縱容下人生事害人，以後不必添補。

嘉靖元年奏准，德州原設修倉夫，止僉五十名，與臨清修倉夫，每名各徵銀二兩，臨清，廣積二倉，額設斗級五十名，與德州倉四十八名，每名各徵銀一十二兩，俱解臨德二州庫收，斗級就審該州有業人戶應當，按季給與工食銀，每年共一十二兩，修倉人夫，候戶部委官修理明文至日，陸續雇用。

三年議准，今後京通兩倉太監，不許添設。

八年議准，裁革通倉把門各衛致仕千百戶等官，門軍送回原衛當差，查

選該倉守支官攢軍斗老成精壯之人，分班把守，按季更換。

二十五年議准，羽林前等五十一衛倉，每年該衛原僉軍斗六名，共二千四百八十名，除見軍收糧外，其守支年分，止選精壯軍斗四名，同頂廒小甲一名，在倉看守錢糧，餘二名，退回原衛當差，俱停支月糧，候挨陳坐放之時，行取回倉，眼同放支，不許投充影射占役，違者查究，其各倉但查有剩糧二千石以下者，即令盤併別廒，或即令支盡，攢典遣歸省祭，軍斗發回該衛。

二十七年議准，各倉場監局商人，照清理鋪行事例，奏差給事中，御史各一員，會同順天府堂上官，督同宛大二縣掌印官，五城兵馬，從公查審，分爲上中下三等，造冊二本，一存本府備照，一送戶部，分發各司，遇有各倉場上納糧草等料，挨名順序，派撥應役，以後仍十年一次審編，貧乏者除豁，富厚者增補。

萬曆七年題准，裁革京倉經歷五員，通倉經歷一員。

九年題准，臨德天津等倉，委官三年一次，盤驗明白，即將官攢照例起送，免其守支。

凡倉糧收支，宣德五年，令在京各衛倉，每廒置牌一面，開所收糧數，並部運官吏，旗軍，糧長，納戶，及收糧官攢，斗級，姓名於上，掛廒門以便點閘。

又令各處軍民運糧到京，赴戶部告判，該司徑送本部委官處，定廒收受，轉行該衛，用印信下帖，發該倉收納。

六年，令南京及淮安、徐州、臨清各倉實收通關，戶部刊印，仍置號簿，編寫內外字號，用半印空填年月，每年量印幾千道，並外號簿，發監收官執掌，眼同該倉官攢，查明填寫實收米數，給付納戶，原籍官司告繳，比對查考。

正統三年，令各衛倉糧放支盡絕，盤有糠秕米塵，給與屯軍糞田。

景泰五年，令京倉納糧部運官，遞串納戶領籌，其揚米摯斛行概抬斛折蓆等項，止許正設軍斗，如納戶自願雇人者，聽。

七年，令京通二倉各處該納糙粳米未完者，准以陳米補納，仍令該倉，應時放支，不許存留。

又令兩京東安等四門倉收剩餘糧笄篩揚不堪米數，照光祿寺事例，批寫數目，即令納戶領出，該倉官攢刁難揹留者，治罪。

正德元年，令內府各監局，各庫，及各處倉場，收受錢糧，除舊例該用鋪墊蓆秸等項，該部查議，定以數目取用外，不許似前指以各項使用爲由，勒要納戶財物，違者重治。

六年，令查京通二倉，見在木斛，取先年鑄降鐵斛，較勘合勺不差，原有印烙者存留，無印烙者補印，分送各倉用使，每年二月內，較勘一次，官攢斗級人等，如有仍舊通同增減收放斛面者，從重究治。

十二年，令京通二倉監督員外郎，每月弔取各倉收卷簿，查筭放支未盡糧米倉廒，盡數造冊送部，並內外總督衙門查照，戶部將冊劄委坐糧員外郎，挨次坐撥放支，坐盡倉廒，官攢起送，軍斗回衛。

十六年議准，京倉收受糧斛，照舊止令原委主事督收，不許提督太監違例攘收，納賄作弊。

嘉靖八年議准，各處運糧官旗，納糧完日，交納楞木板片，鋪墊倉廒，止令員外郎照樣收受，如糧米在某倉，板木亦在某倉，務使京通二倉，事體歸一，收完具數呈遞總督衙門查考，如有留難索要使用者，聽外總督及巡倉御史參究挐問。

九年題准，嘉靖八年取到兩淮餘鹽銀十萬兩，候秋成米價頗平，分投委官召買，運赴徐淮二倉交收，其嘉靖九年，十年，該銀二十萬兩，候前銀糴足，再行支取，相時買納，以便支運，如南北地方，時歲豐歉不一，通融本折，斟酌奏請。

十一年題准，京倉各廒盤出附餘陳腐黑豆碗豆等項雜糧，內頗堪食用者，量給兩縣孤老，不堪食用者，送西苑水田培壅。

二十七年議准，壩上鄭家莊等處各倉場子粒銀，以後不許內臣收掌，俱著巡青科道，驗發附近州縣收貯，聽候倉場修牆支用，若有餘積，亦聽科道具數，題發戶部，湊作馬匹草料。

萬曆七年定，車戶車腳，在京東倉，每石給銀一分六釐，西倉，每石給銀二分一釐，通州西倉西門，南倉北門，每石銀一分一釐，西倉南北二門，南倉東門，每石銀一分，中倉三門，每石銀七釐

凡各倉禁例，宣德四年，榜諭各倉，凡收支糧草，官吏人等，有折收金銀，並攬納偷盜者，許諸人首告，或挐送法司，正犯處斬，仍追原物入官，家屬發邊遠充軍，首告者，賞鈔五十貫。

七年，令法司犯贓徒流雜犯死罪官吏人等，有力者，編充通州各衛倉斗級，如官攢軍斗人等，有偷盜虛出等弊，許首告得實放免，仍賞鈔一千貫，若通同偷盜作弊者，加以重罪，逃走者，發口外充軍。

正統七年，榜諭各衛差委監支官軍月糧頭目，不許擅立大小把總名色，及官攢人等通同作弊，違者，令巡倉御史，並戶部管糧官拏問。

景泰三年，令各倉官攢斗級人等，不許勒要納戶分例，曬米地鋪，及關糧人抬斛等項錢物。

四年，令各倉收糧官攢軍斗，不許小脚人等奪攬挑擔，如納戶自願雇倩者，每米一百石，止許小脚二十名。

天順元年，令在京各倉場，凡把持、誆騙、包攬、坑陷納戶，攪擾倉場之人，許人指實首告，連當房家小，發邊遠充軍。

弘治十二年奏准，凡京倉小脚歇家，營求在官，指稱公用爲由，索取囤基等項錢物，及別項求索，許被害之人赴總督及巡倉官處陳告，就於本倉門首枷號一箇月，軍發邊衛充軍，民發口外爲民，干礙內外官員，奏請定奪。

嘉靖七年議准，內外總督及京通巡倉御史，坐糧監收官員，通行曉諭禁革，凡遇有指稱太監名目，勒要茶果等錢，各官攢斗級人等，索取常例銀物，生事刁難，聽各該官員，並緝事衙門訪拏送問枷號，照例發遣，干礙職官，奏請處治。

八年議准，各處運糧官旗，俱有欽定限期，江北到早，江南來遲，今後內總督及內監督衙門，但遇運官違限，不許指稱修理公廨，鋪砌甬路，擅自科罰一磚一銀，違者，聽總督尚書及巡倉御史參奏。

二十四年題准，今後倉場事務，緝事人役，俱要遵奉詔旨，不許擅自干預，如有機密重情，亦要指有明証顯跡，毋得輒以空言刑逼招承，違者，聽巡倉御史及科道舉劾究治。

兩直隸府州縣都司衛倉

順天府

良鄉縣　豐濟倉

昌平州

居庸倉　黄花鎮倉

延慶倉　渤海倉

白羊倉　奠靖倉

鎮邊倉　廣濟倉

橫嶺倉

密雲縣

鎮邊城隆慶倉　墻子嶺廣盈倉

古北口倉　石匣倉

白馬關廣儲倉　曹家寨廣有倉

石塘嶺廣豐倉　大水谷廣積倉

涿州

常盈倉　陸樊倉

薊州

本州倉　三屯營倉舊屬永平

預備倉　五重安倉

洪山口倉　大安口倉

羅文谷倉　青山營倉

黄崖口倉　漢兒莊倉

太平寨倉

遵化縣

永盈倉　喜峰口倉

馬蘭谷倉

豐潤縣　豐盈倉

平谷縣

積留倉　將軍石營倉

豬圈頭營倉　熊兒谷倉

永平府

永豐倉　山海倉

界嶺口倉　劉家口倉

臺頭營倉　建昌營倉

黄土嶺倉　石門寨倉

燕河營倉

撫寧縣　撫寧倉

保定府　廣盈左右倉
唐縣
軍城倉　新興倉
易州
紫荊新城倉　惡石口倉
馬水口倉　大龍門陸營倉
金水口倉　烏龍溝倉
白石口倉　葫菰口倉
十八盤口倉　孟良臼倉
軍城倉　狼牙口倉
插箭嶺倉　吳王口倉
胡關新城倉　橫河槽倉
娘子關倉　新泉關倉
白草溝口倉　倒馬關下城新興倉
河間府　巨盈倉
滄州　長蘆官倉
真定府　豐盈倉
定州　永豐倉 宣德十年置
延慶州
本州倉　懷來廣阜倉
雲州堡倉　獨石廣積倉
長安嶺倉　赤城廣備倉宣德十年置
鵰鶚堡倉　龍門廣盈倉
龍門倉　馬營廣盈倉
永寧縣
永寧倉　四海冶倉
保安州
洗馬林堡倉　葛峪堡倉
新興倉　萬全廣積倉
趙川堡倉　萬全廣盈倉
永豐倉　懷安廣備倉
宣德倉　紫溝堡倉
宣政倉　宣化倉
膳房堡倉
北直隸衛
天津衛倉　天津左衛倉
天津右衛倉　延慶衛倉
涿鹿衛倉　涿鹿左衛倉
涿鹿中衛倉　密雲中衛倉
密雲後衛倉　薊州衛倉
東勝衛倉　遵化衛東店倉
鎮朔衛東店倉
萬全都司
洪州舊堡倉　大小白羊二堡倉
青邊常峪二堡倉
新開口堡倉　張家口堡倉
西陽河堡倉　新河口堡倉
兵儲倉　順聖川新城馬房倉
宣府在城倉　鎮安堡倉
青泉堡倉　松樹堡倉
君子堡倉　貓兒峪倉
上堡倉　伴壁店堡倉
三岔口堡倉　鎮寧堡倉
金家莊堡倉　牧馬堡倉
樣田堡倉　滴水崖保倉
萬全右衛倉　萬全左衛倉
寧遠站倉　渡口堡倉
李信屯堡倉　羊房堡倉
沙城堡倉　雞鳴驛倉
保安新城倉　保安舊城倉

岔道城倉　靖胡堡倉
周四溝堡倉　黑漢嶺堡倉
東城倉　西城倉
蔚州城倉　廣昌城倉
深井堡倉　黑石嶺堡倉
萬億倉　龍門所倉
土木榆林二驛倉
南山岔東岔西倉

鳳陽府

本府倉　廣儲一二四倉

潁州　廣積倉

潁上縣　本縣倉

亳州　軍儲倉

泗州　廣濟倉

壽州　本州倉

宿州　際留倉

蘇州府　永豐倉

嘉定縣　吳淞江軍儲倉

太倉州

太倉軍儲倉　鎮海軍儲倉

崇明縣　永豐倉

松江府

青村倉　軍儲北倉
軍儲南倉

上海縣　廣儲倉

鎮江府　大軍倉

廬州府　永豐倉

六安州　軍儲倉

淮安府

大軍倉　常盈倉
東新倉

鹽城縣　永積倉

海州

通濟倉　永濟倉

邳州　邳州倉

揚州府　軍儲倉

儀真縣　廣實倉

高郵州　廣儲倉

興化縣　永興倉

通州　通濟倉

泰州　常豐倉

徽州府　永豐倉

寧國府　軍儲倉

池州府　豐濟倉

太平府　豐濟倉

安慶府　萬億倉

滁州　永盈倉

徐州　永成倉

永福倉　廣運倉

凡管糧專官，宣德八年，添設萬全都司都事一員，提督所屬衛所倉。正統五年，添設保德州判官一員，於偏頭關倉監收支糧，龍門守禦千戶所吏目一員，監收支糧。九年，添設戶部主事於山海關，提督收放，兼巡視永平府界嶺口劉家口喜峰口倉場。

十一年題准，將永平山海界嶺口林南東店等倉，令山海衛管糧主事管理，其遵化薊州喜峰等處糧草，令總兵管理，及山東僉事協同參議兼管。

景泰四年，添設山東按察司副使一員，提督永平等處糧草，兼理屯田。

天順元年，添設戶部郎中一員，於永平山海薊州等處，一員於宣府，一員於大同，俱提督糧草。

又題准，於保安，隆慶二州，添除判官二員，聽巡撫郎中分定倉屬，兼收糧草。

八年，添設鳳陽府通判一員，管理廣儲等六倉糧斛。

成化二十三年，革鳳陽府管糧通判，仍留戶部主事一員，御史一員巡視。

弘治二年，添設寧國府通判一員，太平旌德二縣縣丞各一員，管糧。

十年，令宣府鎮糧草，調度主於郎中，裁革主事。

十五年，添除通判八員，銓注真定、保定、河間、大名四府，令前往宣府各倉場，監督收放糧草。

十八年題准，紫荊等關倉場，專差主事一員管理，一年滿日，照例更替。又專差主事一員，於密雲居住，整理邊儲。

又題准，紫荊、倒馬等關，照原差主事監督，其密雲、居庸等處，仍差主事二員，整理糧儲，裁革添設通判三員。

嘉靖十年，令太倉兵備副使，兼理蘇、松、常、鎮四府錢糧。

十三年，添設永平府通判一員，在於遷安縣適中處所住劄，專管薊州沿邊一帶錢糧，專聽戶部管糧郎中提調。

十六年議准，裁革永平府添設通判，及昌黎、樂亭二縣，主簿各一員，添設盧龍、撫寧二縣，主簿各一員。

十八年，取回北路居庸關，東路古北口，西路紫荊關等處倉場戶部分管委官，將附近薊州地方密雲、古北口、石匣堡等處倉場，分爲東路，屬薊州郎中管理，居庸、紫荊、倒馬等關，並腹裏保定、唐縣、易州、涿州、良鄉等處，分爲西路，委戶部郎中一員，前去易州提督前項倉場。

二十一年，添設宣大總督糧餉大臣一員。

二十二年，差主事一員，專理易州客兵糧餉。

二十五年議准，各邊郎中主事差滿回日，本部嚴加考察，在任果無贓私不職，推姦避事，過違限期等項，方許回司管事，如或不惜名檢，指實參論降黜。

二十九年，添設蘇、松、常、鎮四府管糧參政一員，列銜山東，給敕書關防，督率所屬，催徵解納。

三十年題准，易州管糧主事，專管戶部發去並各處解到主客兵銀，其召商買辦支放等項，盡屬巡撫。

三十一年題准，薊州召商買納糧餉，俱聽巡撫處置，其監督主事，止收掌稽查。

三十二年題准，密昌管糧主事，俱注選三年，仍鑄關防二顆，並請敕書二道，分給各官，收領行事。

三十七年，裁省昌平主事，止註選郎中，牲來昌密總理。

又題准，徐州兵備副使，潁州兵備僉事，各兼理糧儲。添入敕內。

四十二年題准，昌平密雲建昌三處，原設管餉通判，俱照宣大諸路事體，各給關防。

四十三年，添註貴州司郎中一員，請給敕書關防，駐劄永平，總理永平等處糧儲，兼管屯種。

四十四年，復設昌平主事，管理三路兵馬錢糧，其管糧通判，仍駐居庸，併理三區關事，密雲郎中，仍專理密雲糧餉。

萬曆二年，給昌平管糧通判關防，令兼理居庸關商稅。

五年題准，各邊糧儲郎中有缺，於員外郎主事內，擇其才守素優，資俸相應者充任，俱候三年滿日，預呈戶部，移咨吏部，選補一員，前往交代，將任內經手錢糧，逐一交盤明白，回部聽候考察，中間果有廉能勤慎，有裨邊儲者，另行優錄，其怠肆不職者，查訪得實，不時議處。

八年，裁革蘇松管糧參政一員。

凡在倉員役，正統三年，革宣府大同各衛倉軍斗，撥囚人充當。

景泰四年，令直隸通州左等四衛，並直隸武清衛各倉，每副使一員，照通州衛倉事例止僉撥軍斗一十五名。

嘉靖八年議准，添設豬圈頭營，將軍石營，馬蘭谷，各倉副使一員，漢兒莊營、太平寨營、燕河營、石門寨營，各倉大使一員，就令帶管附近熊兒谷、黃崖口、駐操營、大安口營、洪山口、伍重安營、臺頭營、義院口，七處倉場，并令山海倉、劉家口倉、喜峰口倉、永寧倉，舊設官攢，就近帶管黃土嶺營、建昌營、青山駐操營、羅文谷，四處倉場。

凡倉糧收支，嘉靖八年議准，凡專管倉分，行永順二府，將附近州縣稅糧，民壯子粒，并各衛所屯種米豆，坐派上納，以備各關營行月糧支放，帶管倉分，止派本處，及附近關營米豆，專備客兵支放，各倉場草束，以十分爲率，專管場分，坐派七分，以備料折草，及主兵支放，帶管場分，止派三分，專備客兵支放，攢典，每倉各一名，看守斗級，專管倉分，每年四名，帶管倉分，并各場，俱每年二名。

三十年題准，易州管糧官，今後召商，即於沿河倉上納，聽沿河口、石港口、東小龍門、天津關、天橋關、梨嶺，防守軍餘關給。

隆慶五年議准，順永二府所屬州縣，自隆慶六年爲始，一應起存京邊稅糧馬草，并備邊子粒，衛所關營屯米豆，秋青馬草等項銀兩，悉照議，解赴各倉場，上納本色，其中間應該起運各衙門，并存留額多用，及協濟各鎮，應給應扣者，通候會計日，咨劄太倉銀庫，照數扣除補給，其沿邊倉場攢典，務要本地殷實人民，取具干連保結，方許上納參充。

又 卷二二二《倉庚二》 各司府州縣衛所倉累年建革不一，今據吏部見選官者開列，而條例具後：

浙江布政司
杭州府
廣豐倉　廣積倉
海寧縣　永平倉
紹興府
如坻倉　大有倉
山陰縣　三江倉
餘姚縣
常豐一二三四五倉
嚴州府　和豐倉
金華府　永濟倉
衢州府　廣盈倉
處州府　永豐倉
台州府　永盈倉
臨海縣　廣儲一二三四倉
太平縣　廣盈一二三四倉
溫州府　平定倉
永嘉縣　廣豐三倉
樂清縣　廣豐一二五倉
瑞安縣
豐積倉　廣豐四倉
平陽縣
常豐倉　廣濟一二三倉
寧波府　廣盈倉
定海縣
廣安倉
常盈一二三四五倉
象山縣　廣積一二三四倉
湖州府　泰定倉
嘉興府　嘉興倉
海鹽縣
常積　二倉　廣儲倉
江西布政使司
南昌府　廣積倉
瑞州府　瑞豐倉
臨江府　豐積倉
袁州府　永豐倉
吉安府　大有倉
永新縣　永聚倉
安福縣　安積倉
贛州府　大濟倉
會昌縣　昌聚倉
信豐縣　豐積倉
南安府　大備倉
建昌府　豐盈倉
撫州府　永豐倉
廣信府　廣濟倉
鉛山縣　廣平倉
饒州府　大有倉

南康府　豐濟倉
九江府　廣盈倉
湖廣布政使司
偏橋倉　鎮遠倉
平溪倉　清浪倉
五開倉　九溪倉
銅鼓倉　施州倉
永定倉　枇杷倉
桃川倉　安福倉
天柱倉　錦田倉
大庸倉
武昌府　大有倉
黄州府　軍儲倉
蘄州　廣儲倉
荊州府
常積倉　遠安倉
枝江縣　廣濟倉
歸州　豐積倉
夷陵州　廣濟倉
常德府　慶豐倉
永州府　廣益倉
道州　廣濟倉
江華縣　廣積倉
寧遠縣　廣積倉
寶慶府　本府倉
武岡州　廣平倉
辰州府　崇盈倉
沅州　豐積倉
長沙府　永豐倉
茶陵州　廣積倉

衡州府　永豐倉
桂陽州　豐裕倉
藍山縣　廣積倉
襄陽府　大盈倉
均州　廣積倉
鄖陽府　大豐倉
房縣　廣積倉
竹山縣　竹山倉
岳州府　廣豐倉
澧州　萬盈倉
漢陽府　通濟倉
德安府　大盈倉
承天府　廣盈倉
沔陽州　永豐倉
郴州　豐濟倉
靖州　永豐倉
福建布政使司
福州府　常豐倉
福清縣
本縣倉　萬安倉
連江縣　定海倉
長樂縣　長樂倉
邵武府　常豐倉
建寧府　廣實倉
延平府　豐衍倉
將樂縣　廣豐倉
興化府
大有倉　平海倉
莆田縣　莆禧倉
泉州府

廣平倉　永寧倉
晉江縣　福全倉
同安縣
高浦倉　嘉禾倉
金門倉
惠安縣　崇武倉
漳州府
常平倉　鎮海倉
詔安縣
玄鐘倉　銅山倉
漳浦縣　陸鰲倉
汀州府　預備倉
武平縣　武平倉
福寧州
廣寧倉　大金倉
山東布政使司
濟南府
廣儲倉　廣豐倉
肥城縣　阜積倉
武定州　本州倉
德州
本州倉　常豐倉
兗州府　廣盈倉
滕縣　本縣倉
濟寧州　永豐倉
東平州　常豐倉
沂州　永豐倉
萊州府
慶豐倉　王徐倉
膠州
靈山倉　本州倉
夏河倉
即墨縣
浮山倉　積盈倉
鰲山倉　雄崖倉
登州府　和豐倉
福山縣　豐盈倉
萊陽縣
大嵩倉　大山倉
海陽倉
寧海州
常豐倉　奇山倉
金山倉　威海倉
百尺崖倉
文登縣
寧津倉　成山倉
靖海倉　廣盈倉
尋山倉
東昌府
臨清倉　廣盈倉
臨清州
廣積倉　常盈倉
青州府
永阜倉　安東倉
諸城縣　豐盈倉
莒州　永豐倉
日照縣　廣豐倉
遼東倉山東布政司□管
遼陽倉　定遼左倉
定遼右倉　定遼中倉

定遼前倉　定遼後倉
東寧倉　虎皮營城倉
奉集堡倉　武靖營倉
湯站堡倉　靉陽倉
鞍山驛倉　清河堡倉
東州堡倉帶管馬根單倉　蒲河倉
瀋陽中倉　撫順倉
海州倉　西平堡倉
東勝堡倉　蓋州倉
復州倉　金州倉
廣寧倉　廣寧左倉
廣寧右倉　廣寧中倉
廣寧左屯倉　廣寧右屯倉
廣寧中屯倉　廣寧前屯倉
廣寧後屯倉　前屯中前所倉
前屯中後所倉　大凌河倉
錦州倉　義州倉
十三山驛倉　松山所倉
小淩河倉　鎮武堡倉
杏山驛倉　寧前倉
杏林倉　寧遠倉
寧遠中左所倉　寧遠中右所倉
東關驛倉　塔山倉
三萬倉　鳳凰城倉
中固倉　遼海倉
汎河倉　開原倉
懿路倉　鐵嶺倉

山西布政使司

陽房堡倉　土棚堡倉
神池堡倉　利民堡倉
鴈門關倉　廣武城倉
平刑關倉　偏頭關倉
老營堡倉　水泉營堡倉
灰溝營堡倉　樓子營堡倉
羅圈堡倉　唐家會堡倉
公用城堡倉　三岔堡倉
五寨堡倉　寧化城倉
八角城倉　鬧泥驛倉
平原驛倉　興州倉
沙澗驛倉　太原營倉
陽和城倉　天城城倉
右衛城倉　威遠城倉
平虜城倉　井坪城倉
聚落堡倉　高山城倉
許家莊堡倉　甕城口驛倉
鎮川堡倉　鎮邊堡倉
鎮河堡倉　鎮羌堡倉
威平堡倉　德勝堡倉
拒墻堡倉　威虜堡倉
寧虜堡倉　拒門堡倉
左衛城倉　鎮虜堡倉
破虜堡倉　助虜堡倉
破胡堡倉　保安堡倉
雲岡堡倉　雲西堡倉
殘胡堡倉　殺胡堡倉
平遠堡倉　瓦窯口倉
李家寨堡倉　靖虜堡倉
鎮口堡倉　永加堡倉
鎮門堡倉　迎恩堡倉
敗胡堡倉　馬堡倉

平安驛堡倉　阻胡堡倉
雲石堡倉　紅土堡倉
乃河堡倉　雲陽堡倉
祁家河堡倉　黃土堡倉
威胡堡倉　保平堡倉
鎮寧堡倉　守口堡倉
滅胡堡倉　牛心堡倉
鐵山堡倉
太原府　太盈倉
靜樂縣　本縣倉
河曲縣　本縣倉
定襄縣　本縣倉
代州
邊儲倉　廣積倉
五臺縣　本縣倉
崞縣
本縣倉　寧武關萬億倉
繁峙縣
本縣倉　北樓口倉
岢嵐州
廣盈倉　永寧倉
保德州
保德倉　恒羨倉
廣積倉
平陽府　如京倉
蒲州　豐濟倉
大同府
大有倉　廣備倉
廣足倉　廣充倉
廣積倉　廣聚倉

大有東倉　弘賜堡倉
懷仁縣　廣豐倉
應州　廣盈倉
山陰縣　本縣倉
朔州　本州倉
馬邑縣　本縣倉
蔚州　本州倉
廣靈縣　本縣倉
廣昌縣　廣昌倉
靈丘縣　本縣倉
渾源州　廣儲倉
潞安府　永豐倉
澤州　廣豐倉
汾州　本州倉
沁州　豐贍倉
河南布政使司
開封府　軍儲倉
禹州　廣積倉
陳州　永積倉
歸德府　廣盈倉
睢州　廣豐倉
河南府　豐濟倉
嵩縣　本縣倉
陜州　陜州倉
閿鄉縣　潼關倉
彰德府　崇盈倉
磁州　永盈倉
衛輝府　廣積倉
懷慶府　本府倉
南陽府　濟安倉

唐縣　本縣倉
鄧州　豐寧倉
汝寧府　軍儲倉
信陽州　廣濟倉
陝西布政使司
寧夏倉　平虜城新安倉
應理州倉　花馬池常盈倉
興武營倉　高橋兒靈州倉
廣武營倉　柳陽城堡倉
紅山兒堡倉　鳴沙州足用倉
滋窯寨堡倉　大沙井驛倉
石溝兒驛倉　小鹽池驛倉
萌城驛倉　小鹽池城營倉
王泉營倉　邵綱堡倉
大壩堡倉　威鎮堡倉
洪廣堡倉　安定堡倉
鎮虜堡倉　石空寺堡倉
高橋兒驛倉　平羌堡倉
鎮北堡倉　鎮朔堡倉
洮州倉　岷州倉
莊浪倉　涼州廣儲倉
西寧倉　古浪城豐盈倉
紅城子驛倉　鎮番城常盈倉
永昌倉　鎮夷官倉
山丹永豐倉　肅州倉
甘州倉　高臺富積倉
西安府　永豐倉
華州　潼關倉
延安府
延豐倉　高家堡阜益倉
常積倉　榆林城廣有倉
寧塞營倉　懷遠堡永盈倉
嚮水堡永益倉　雙山堡常盈倉
威武堡富有倉　鎮靖堡巨積倉
鎮羌堡豐盈倉　綏德堡廣足倉
龍州城宏阜倉　柏林寨堡倉
魚河堡永充倉　清冰營倉
新邊營利益倉　歸德堡倉
神木倉　建安堡倉
永興堡倉　常樂堡倉
永濟堡倉　新興堡倉
大柏油川堡倉　廣儲倉
黃甫川堡倉　木瓜園堡倉
孤山堡廣濟倉　定邊營倉
清平堡常濟倉　鹽場堡倉
綏德州　廣盈倉
鳳翔府　廣積倉
鞏昌府　豐贍倉
安定縣
金家臺堡倉　廣富倉
會寧縣　廣定倉
階州
永濟倉　西安城廣豐倉
文縣
豐贍倉以上三倉，并前岷州洮州倉，洮岷道管
秦州　廣益倉
禮縣　禮店倉
臨洮府　廣儲倉
蘭州
廣積倉　西固城堡倉

金縣
把石溝倉　積積灘堡倉
一條城倉　十字川堡倉以上自廣積倉至此六倉，甘肅郎中管
河州
河州倉　大道河堡倉
弘化寺堡倉以上三倉，與歸德堡倉，臨鞏道管
平涼府　雄贍倉
固原州
固原州倉　海剌都營倉
打剌赤堡倉　西安州盈邊倉
紅古城堡倉　乾鹽池堡倉
黑水口倉　靖虜廣盈倉
豫望城新安倉　彭陽城堡倉
靜寧州倉　永寧馬驛倉
白馬城堡倉　瓦亭驛倉
鎮戎城新豐倉　板井堡倉以上十六倉，固原道管
慶陽府
永盈倉　定邊倉
便利倉　把都河堡倉
饒陽水堡倉　石澇池堡倉
三山堡倉
甜水堡倉嘉靖三十三年添設
環縣
韋州倉　環慶倉
清平驛倉　山城驛倉
徐家臺堡倉　紅得城清平倉
槐安巡檢司倉自環慶倉起，至此六倉，及前甜水倉，俱河西道管
漢中府
故縣倉　廣積倉
寧羌州　寧羌倉

興安州　金盈倉
四川布政使司
建昌倉　大印堡倉
鹽井倉　寧番倉
小河倉　越嶲倉
會川倉　鎮平倉
永寧倉　三舍倉
歸化倉　冕山橋倉
疊溪倉　松潘倉
永豐倉　瀘州衛倉
鎮西倉　禮州倉
打沖河倉　壩底堡倉
德昌倉
成都府
廣豐倉　廣寧倉
茶倉
灌縣　永積倉
威州　安遠倉
茂州
廣備倉　長寧倉
重慶府
廣濟倉　茶倉
黔江縣　廣盈倉
忠州　祿盈倉
順慶府
廣安州　豐濟倉
保寧府　永豐倉
廣元縣　廣積倉
敘州府　博濟倉
夔州府　太平倉

雅州　廣盈倉
烏撒軍民府　烏撒倉
廣東布政使司
廣州府　永豐倉
清遠縣　廣濟倉
香山縣　豐盈倉
東莞縣
永盈倉　廣有倉
大鵬倉
增城縣　際留倉
新會縣
豐積倉　廣海倉
連州　豐泰倉
惠州府　受納倉
歸善縣　平海倉
河源縣　際留倉
海豐縣
際留倉　捷勝倉
常盈倉
龍川縣　際留倉
長樂縣　際留倉
肇慶府　豐濟倉
四會縣　廣盈倉
新興縣　常豐倉
陽春縣　際留倉
陽江縣
大有倉　海朗倉
雙魚倉
德慶州　廣備倉
韶州府　通濟倉
南雄府　常平倉
潮州府　永豐倉
揭陽縣　蓬州倉
潮陽縣
靖海倉　海門倉
甲子門倉
程鄉縣　際留倉
饒平縣　大城倉
雷州府　廣積倉
海康縣　廣積倉
逐溪縣　樂民倉
徐聞縣
錦囊倉　海安倉
廣州府　廣儲倉
合浦縣　永安倉
欽州　永豐倉
瓊州府　廣豐倉
文昌縣　清瀾倉
崖州　軍儲倉
儋州　大豐倉
昌化縣　廣儲倉
萬州　廣積倉
陵水縣　南豐倉
高州府　永安倉
電白縣　神電倉
信宜縣　存積倉
化州　在城倉
吴川縣　廣積倉
石城縣　永豐倉
廣西布政使司

桂林府　廣儲倉
全州　長盈倉
柳州府　大軍倉
融縣　永豐倉
象州　受納倉
賓州　常豐倉
梧州府　廣備倉
鬱林州　永盈倉
潯州府　常平倉
貴縣　通濟倉
平樂府　慶豐倉
南寧府　大軍倉
橫州　軍儲倉
慶遠府　廣盈倉
太平府　乃積倉

雲南布政使司
雲南左衛倉　雲南右衛倉
雲南中衛倉　雲南前衛倉
雲南後衛倉　景東衛倉
六涼衛倉　越州衛倉
平夷衛倉　廣南衛倉
曲靖衛倉　臨安衛倉
蒙化衛倉　楚雄衛倉
大理衛倉　瀾滄衛倉
洱海衛倉　騰衝衛廣儲倉
姚安千戶所倉　宜良千戶所倉
木密關千戶所倉
定遠千戶所倉　楊林堡千戶所倉
安寧千戶所倉　易門縣千戶所倉
姚安中屯千戶所倉
馬隆千戶所倉
大理衛前前右右二所倉
臨安衛前前右右二所倉
雲南府　廣備倉
大理府　崇盈倉
雲南縣　泰安倉
臨安府　廣濟倉
曲靖軍民府　廣盈倉
楚雄府　大有倉
鶴慶軍民府　致阜倉
永昌軍民府
軍儲倉　足食倉
景東府　景豐倉
北勝州　充實倉

貴州布政使司
黃平倉　平越倉
赤水倉　安莊倉
都勻倉　威清倉
興隆倉　烏撒倉
清平倉　新添倉
平壩倉
普安州　普濟倉
永寧州　永豐倉
安順州　廣積倉

貴州宣慰使司
豐濟倉　龍里倉
畢節倉

王府倉舊有寧府廣聚倉，邊府廣隆倉，伊府廣盛倉，徽府永贍倉，秀府常積倉，岐府常豐倉，雍府廣積倉，涇府保盈倉，壽府太盈倉，汝府廣有倉，申府永積倉，皆以國除革
秦府　廣盈倉
晉府　廣盈倉

周府	廣儲倉
楚府	廣阜倉
魯府	廣資倉
蜀府	廣備倉
代府	廣膳倉
肅府	廣貯倉
慶府	廣濟倉
岷府	廣益倉
韓府	廣受倉
瀋府	廣實倉
唐府	廣足倉
靖江王府	廣積倉
趙府	廣有倉
鄭府	廣源倉
襄府	廣羨倉
荊府	廣容倉
淮府	廣通倉
德府	廣受倉
崇府	豐積倉
吉府	廣實倉
益府	永盈倉
衡府	豐盈倉
榮府	廣益倉

凡倉廒建置，宣德十年，令天下衛所倉，並屬府州縣，惟遼東，甘肅，寧夏，萬全，沿海衛所，無州縣去處仍舊。

正統元年，改陝西行都司，甘州中等一十三衛所倉，隸陝西布政司，令布按二司堂上官，輪流監督收放。

六年，令福建各衛所倉，改隸有司，各府縣添設管糧通判縣丞各一員。

景泰二年，改貴州永寧衛倉，隸四川布政司，添設都事一員，監督收放。

四年，令湖廣郴州，桂陽，興寧等州縣，凡裡甲不及二十裡，倉糧不及一萬石者，管糧同知縣丞等官，俱裁革。

隆慶二年奏准，蘭州所屬廣積，西古城，什字川，積積灘，一滌城，把石溝堡，六倉主兵錢糧，改屬臨鞏兵備道，與原客兵糧草，一同管理。

凡管糧專官，宣德元年，令陝西布政司，專委參議一員，監督涼州等五倉，收放糧斛。

三年，令推陞郎中員外郎，及御史，長史等官六員，爲各部侍郎，分投總督浙江，江西，湖廣，河南，山東，山西等布政司，並南北直隸府州縣，徵收稅糧。

六年，改蘇松嘉湖等府縣治農通判縣丞等官，爲管糧官。令蘇松常鎮嘉湖六府，添設通判一員，每縣添設縣丞一員，催徵稅糧。

七年題准，山西添設郎中一員，總理大同糧儲。

正統二年，添設四川按察司僉事一員，巡督邊儲。

又添設主事一員，提督固原靖虜衛廣盈倉糧料。

三年，添設山東按察司僉事一員，總理登萊青三府沿海倉糧，其各倉舊隸衛所者，俱改隸有司。

又添設陝西布政司參議，按察司僉事各一員，於甘肅監收倉糧。

又令御史一員，巡視陝西行都司邊衛倉糧。

又令陝西延安府阜益，廣有，永盈，常積，寧塞五倉並慶陽府定邊倉，戶部差主事一員，提督收放。

又令陝西巡撫都御史提督各邊倉糧，巡按御史巡察，取回提督主事等官。

又令添設陝西按察司僉事一員，專管收糧。

六年，令巡撫南直隸都御史，兼理浙江嘉興湖州二府稅糧。

九年，添設四川布政司參議一員，提督鹽井等衛邊倉。

十一年，添設山西按察司副使一員，管理大同糧儲。

又添設蔚州同知一員，提督柴溝堡倉收支。

十三年，添設山東日照縣佐貳官一員，管本縣備倭一所，及安東衛守城二所倉糧。

又添設陝西按察司副使二員，與見任副使僉事，輪流於甘肅寧夏等倉，監督收放。

景泰三年，添設山東布按二司佐貳官各一員，於遼東管理定遼左等二十五衛糧儲。

又令各司府州縣起運南京倉糧，各委堂上官一員總領。

四年，添設陝西按察司副使一員，監收糧草。

五年，添設山西潞州管糧同知一員。

天順二年，令湖廣布按二司，每年輪委堂上官一員，監督銅鼓等一十四倉糧。

又令添設登萊青三府，及膠州潞州文登等州縣，通判同知判官縣丞各一員，管糧。

又令陝西布政司右參議一員，督理糧草。

成化元年，令陝西按察司副使一員，巡察延綏榆林等處邊倉，三年更代。

二年，令遼東管糧山東布按二司官，三年一代。

三年，添設陝西臨洮府同知一員，於蘭縣監督收放糧草。

五年，添設廣東廣州府通判一員管糧。

又添設陝西布政司參議一員，於甘肅等六倉，監收糧斛，其按察司收糧副使僉事，仍兼巡歷地方。

八年，添設陝西慶陽府通判一員，分管定邊便利，寧塞，利益，臣積，宏阜，常積，七倉，延安府添設通判二員，一員分管廣盈，永充，廣有，永益，廣足，永盈，富有七倉，一員分管府谷縣倉，並清水，廣濟，豐盈，神木，柏林，阜益，常盈七倉。

又添設浙江寧紹台溫四府通判各一員，專管沿海衛所倉。

又添設河南開封，懷慶，江西袁州，福建福州等府，通判各一員，管糧。

又添設山西尉州判官一員，專管收支天城陽和二處倉場糧草，渾源州判官一員，專管收支大同右衛倉場糧草。

又添設陝西靜寧州判官三員，分管甘州，肅州，山丹三倉，秦州判官三員，分管涼州，鎮番，永昌三倉，河州判官二員，分管西寧，莊浪二倉，蘭縣縣丞二員，分管鎮夷，高臺二倉，金縣縣丞一員，分管古浪倉，布按二司監收官，照舊監督。

九年，添設廣西布政司參政一員，管糧。

十一年，添設河南布政司右參議一員，管糧。

又添設四川重慶府通判，潼川州同知，內江，仁壽，南溪，岳池，鄰水，大竹，夾江，遂寧等縣主簿各一員，專管收糧。

又題准，大同糧草缺官收放，添除判官五員，俱隸蔚州等州帶俸。

十二年，令戶部郎中一員，總理遼東糧儲，其山東布按二司官，仍舊監督。

又添設陝西鞏昌府階州判官一員，收放岷州倉糧，徽州判官一員，收放洮州食糧，隴西縣縣丞一員，收放西固城倉糧。

十三年，令四川福建布政司，於堂上官內，各委一員管糧。

又添設陝西慶陽府通判一員，管糧。

十五年，令山東布政司，於見任參議內，推委一員管糧。

又取回遼東總理糧儲郎中，令巡撫都御史督同山東布按二司官，禁革姦弊。

十六年，添設貴州布政司右參政一員，管糧。

又令仍差郎中二員，分理遼東大同糧草。

十八年，添設湖廣郴州同知一員，管糧。

又添設山西澤州代州同知各一員，管糧。

二十年，添設陝西平涼府通判一員，專管糧草。

又添設鞏昌府通判一員，管理靖虜衛廣盈倉，打剌赤堡安定會寧二倉。

又題准，金復海蓋等衛，添設監收糧斛州同知各一員，於濟南府屬州帶俸。

二十二年，差給事中查盤邊儲。

二十三年，添設大同判官一員，收放平虜衛倉場糧草，吏目一員，收放井坪所倉場糧草，俱於大同所屬州支俸。

又添設四川布政司參政一員，管糧。

弘治一年題准，陝西布政司參議，移駐涼州，管理西寧，莊浪，廣儲，常盈，豐盈等五倉，按察司委副使或僉事一員，前去甘州，管理甘肅，永豐，永昌，鎮夷，富積，肅州等六倉，請敕分投監督收放。

五年奏准，陝西都行二司所屬四十七衛所地方廣闊，一僉事不能周遍，將前設僉事一員，仍照前項分轄地方，整理糧儲，提督行都司甘州等一十五衛屯田，一員專管都司所屬三十七衛所屯田糧草。

十四年，添設山西大同府通判三員，一員於東路天城陽和二城，一員於左右威遠三城，一員於平虜井坪朔州三城，專管各倉場糧草，仍令巡撫都御史，及管糧郎中提督，各衛原設判官吏目，盡行裁革。

十五年奏准，固原洮岷等衛屯田，仍令固原管糧僉事專一管理，請敕行事。

十六年，添除通判二員，於鞏昌府帶俸，一駐劄甘州，管西自永昌至肅州倉場，一駐劄涼州，管東自紅城子堡至鎮番倉場，專一往來監督收放。又添設遼東通判一員，分管錦義，寧遠，廣寧等前後中右屯七衛，令自在州知州，帶管定邊左右中，金州，復州，海州，蓋州，七衛，安樂州知州，帶管定遼前後，瀋陽，鐵嶺，遼海，三萬，東寧，七衛各倉糧。

正德二年，將原裁革添設山西按察司僉事，照舊另選一員，前去管理。

六年，令山東沿海軍糧，查照安東事例，青登萊三府，各專委通判一員，監督收放，依時催徵。

九年議准，四川巡撫每年坐委布政司堂上官一員，親詣江油龍州等處駐劄，督催各該府州委官運納松潘錢糧。

十年，添設湖廣銅鼓，五開，大庸，永定等邊衛，管糧通判共二員，裁革澧州管糧判官。

十二年，准給甘肅管糧僉事一員關防。

又題准，令雲南管理鹽法參政兼管糧儲。

十三年，命鑄延綏管糧僉事二員關防印記。

又添設寧夏鄰近府，分通判一員，管理糧草。

又令於平涼府添注通判一員，管理本鎮東西中三路糧草。

嘉靖元年，題設遼東分守道，以山東布政司參政或參議一員，總理糧儲。

又議准，松茂二邊軍糧，除添設通判一員，專在松潘駐劄外，其江油灌縣糧運可通去處，於各府同知通判員內，每內輪差一員，前往二縣駐劄管理。

七年，令原駐涼州布政司分守官，移駐莊浪，分管莊浪鎮羌一帶倉糧，原駐甘州按察司分巡官，移駐涼州，分管涼州永昌鎮番古浪千戶所倉糧，甘州管糧僉事，照舊管理甘州等五衛，并山丹衛高臺千戶所倉糧，肅州兵備副使，就近管理肅州衛鎮夷千戶所倉糧，西寧兵備副使，就近管理西寧衛倉糧。

八年奏准，差都御史一員，領敕整理甘肅地方糧草，修舉屯政，三邊一應錢糧俱聽提督。

又題准，甘肅鎮仍設郎中一員，專在蘭州駐劄，驗收西鳳等府解運甘肅一應錢糧，三年滿日，具奏更替。

九年議准，陝西三邊，仍設管倉管屯參政僉事二員，遵奉原領敕書，各照舊管理民屯糧草，不許干預別事。

十年，令湖廣添設參議一員，專管錢糧。

十一年題准，陝西撫按官定委布按二司堂上官一員，照依河南山東總部事例，前去延綏等處駐劄，專一催儹錢糧，以備接濟。

十四年，添設四川成都府通判一員，駐劄茂州，監督收放威茂等處南路一帶倉場糧料草束。

裁革甘肅管糧僉事一員，止用一員，專管分巡，並西路糧儲，其東路糧儲，令分守參議管理。

十五年奏准，甘肅照宣大事例，歲差部官一員，往蘭州駐劄，查驗陝西八府民運糧餉。

又添設江西右參政一員，專管錢糧。

又議准，差主事一員，總理山西三關糧儲，在寧武關適中處所駐劄，三年滿日更替。

十六年，令戶部委官專管河西十五倉，其河東十五倉，惟蘭州一倉，照舊督理，餘者，俱聽兵備副使管轄，州縣倉場等官，俱聽本部委官從宜差委。

又添設平涼府通判一員，於寧夏西路地方，監督收放糧草。

十七年，添設四川敘州府通判一員，駐劄瀘州嘉明鎮，專督該州錢糧。

十八年議准，添設郎中一員，前去花馬池駐劄，專一整理各邊鎮客兵糧草，及催督各鎮民屯稅糧，三年滿日更替。

十九年，令陝西分守隴右道參議，移駐蘭州，不妨原務，管理西安等府解運甘肅錢糧。

二十四年，銓除主事一員，收放山西北樓口倉糧。

二十七年題准，鑄給宣大二鎮五路管糧通判關防。

三十七年，令冀北道參議，於冬春二季，前赴代州駐劄，會同該省管糧參政，巡歷府運州縣轉行催徵本鎮軍儲祿米。

又令分守口北道參議，請敕於十月前赴山西地方駐劄，會同該道守巡等官，徵收新舊錢糧，限次月回鎮，料理防秋事宜。

三十八年，題設通判二員，一駐廣寧，一駐遼陽，俱山東濟南府列銜，聽委稽查錢糧。

四十二年，題設通判一員，駐劄岫巖堡，列銜濟南府，專一追徵錢糧。

四十五年，添設貴州程番府管糧通判一員，於省城駐劄。

隆慶元年奏准，頒給延綏所屬各縣倉印記，令該縣典史掌管收放。

四年題准，花馬池管糧郎中，移延綏鎮駐劄，總理該鎮錢糧，其寧固二鎮主兵錢糧，並寧夏鎮客兵鹽引，仍聽稽查，兼理鹽引勘合，送撫臣填給。

五年題准，鑄給遼東通判關防三顆，在西路者，分管廣寧前錦義高平，在東路者，分管遼陽開原，在岫巖者，分管金海蓋，各倉庫。

萬曆元年議准，山西屯田僉事，移駐應州，專管山西三關大同一鎮屯務，兼清渾應山場，北樓營伍，各軍民田地。

二年，鑄給監收肅州倉臨洮府帶銜通判，固原州倉平涼府帶銜通判，靖虜甘州涼州莊浪西寧洮州六倉鞏昌府帶銜通判，監收永豐倉同知，各關防。

八年，裁革山東河南京糧道參政二員。

又裁山西屯糧參政，山東督糧參政，河南督糧參議，廣東管糧參議，貴州督糧參議，廣西管糧參政，福建督糧參政，四川督糧參政，雲南督糧參政，各一員，其糧務歸併右參政管理。

十一年，復設山東陝西督糧左參政，福建山西督糧右參政，各一員凡在倉員役，正德三年，令遼東各衛經歷，聽巡撫官差委，監督各衛所倉官攢收受糧斛。

七年議准，沿邊關營衛所把總指揮等官，不許擅將倉庫原委官員，及看守庫斗人役，別項差委，如違參究。

十二年奏准，遼東中固城添設倉官攢典各一員名，帶管柴河定遠二堡。

嘉靖十二年題准，四川永寧倉官攢考滿丁憂等項，務要申請貴州撫按衙門，轉行守巡等官，稽查經手錢糧無礙，轉報四川守巡道起送。

三十二年，添設山西神池堡，利民堡，平刑關，三倉官各一員，行山西布政司撥攢典各一名。

凡倉糧收支，正統三年，令廣西雲南四川布按二司各委堂上官一員，計議各處倉糧，量存三年支用，附餘之數，先儘調撥附近官軍人等關支，再有餘數，照依時價糶賣銀兩，准作軍官俸糧。

成化十四年，令甘肅寧夏等處各該巡撫等官，行令收糧官員，每石一尖一平，不必加耗，其每尖斛內，量加耗糧五升五合，以後查盤，俱平斛盤量，每石准除二升折耗，其餘耗糧，仍照京通二倉事例，俱作附餘作正支銷。

弘治十四年奏准開原地方沿邊堡分，照遼陽廣寧邊堡事例，每堡起蓋倉廒一所，每年酌量召買糧草，就令三萬遼海二衛倉官攢，各照該衛分管堡分，帶管收受，守瞭官軍，就彼關支。

嘉靖四年議准，浙江沿海衛所倉糧，本折中半兼收，間月支放，折色米每一石收銀七錢，五錢給軍餘，二錢修船支用，不許扣除軍士月糧。

萬曆元年，令蘭州一帶主客錢糧，皆屬郎中管理，凡出入糴買糧草，先於臨鞏兵備道掛號定價後，郎中發銀收放。

凡各倉禁例，景泰六年奏准，陝西各倉場，凡不係原委監臨提調人員，擅自下倉收放，侵越職掌，騙要民財者，許布按二司管糧官徑自拏問，應奏請者，具奏定奪。

天順元年，令邊儲銀兩，只從戶部委官，並布按二司管糧等官管理，不許總兵等官干預內外各倉通例。

洪武十八年，令凡攬納戶攬到人戶諸色物料糧米等項，不行赴各該倉庫納足，隱匿入己虛買實收者，追物還官，然後處以重刑，籍沒家產。

二十六年定，凡天下設置倉廒其在各該衛所，常存二年糧斛，分爲二十四廒，收貯以備支用，其在各司府州縣，各有倉廒，收貯糧米，以給歲用，且如在京衛所倉糧，必須查勘見數，分豁某字廒原收某年分秋糧米若干，戶部攢造印信文冊一本，進赴內府該科收貯，凡各衛支過月糧，本衛具手本奏進，與同戶部委官於原進冊內注銷，仍呈報本部知數，其在外倉廒，凡有勘合下倉放支，亦必稟請提調正官，眼同支給，比候年終，將支過數目，同實在糧斛，通行開報，以憑稽考。

永樂十五年，令各倉庫收納錢糧，務要納戶親身上納，如有兜攬作弊之人，納戶通同，不行首告者，一體治以重罪。

十六年奏准，凡納戶送糧到倉辦驗堪中，隨即收受，不許刁蹬留難，勒掯財物，及通同盜賣，虛出實收。

宣德三年奏准，凡設內外衛所倉，每倉置一門，榜曰某衛倉，三間爲一廒，廒置一門，榜曰某衛某字號廒，凡收支，非納戶及關糧之人，不許入，每季差監察御史，戶部屬官，錦衣衛千百戶各一員，往來巡察，各倉門，以致仕武官各二員，率老幼軍丁十名看守，半年更代，倉外置冷鋪，以軍丁三名巡警，在外倉，都布按三司設法關防，巡按御史點視，凡軍民偷盜，官吏斗級通同者，正犯處斬，仍追所盜糧入官，全家發邊遠充軍，給家產一半賞首告者，同盜能首者，免本罪，亦給被首告者家產之半充賞，其攬納虛收，及虛出通關者，罪同偷盜。

正統元年，令各司府州縣無軍衛去處，倉廒收糧，不及一千石者，官攢斗級裁革。

又令各處倉收糧不及五千石者，管糧官裁革。

二年令各府倉收糧四十萬石以上者，添設管糧同知，或通判一員。

景泰三年，令兜攬錢糧，誆騙納戶財物之人拏問，仍盡本法，將所攬錢糧納完，再於本犯名下，追罰一半入官，監臨官縱容者，一體治罪。

又令禁約各處倉無藉之徒，更改姓名，營充斗級，並牌子，積年在倉，通同官攢作弊，江南者，發廣西都司，江北者，發萬全都司充軍。

七年，令各布政司，並直隸府州倉，每歲印給廒經，各該官攢執掌收放，不許擅委軍職。

天順八年，令考退倉場經歷大使副使等官，仍支俸守支盡絕放回。

弘治三年，令各邊倉庫有盜糧四百石，草八千束，錢帛值銀二百兩以上者，不分文武官員吏典斗庫人等，斬首示衆，不及前數者，本身並子孫，永遠充軍。

十三年奏准，凡倉庫錢糧，若宣府，大同，甘肅，寧夏，榆林，遼東，四川，建昌，松潘，廣西，貴州，並各沿邊沿海去處，有監守盜糧二十石，草四百束銀四十兩，錢帛等物值銀一十兩以上，常人盜糧一十石，草八百束，銀二十兩，錦帛等物值銀二十兩以上，俱問發邊衛永遠充軍，兩京各衙門漕運，及京通臨淮徐德六倉，並腹裏節差給事中御史查盤去處，若有監守盜糧四十石，草八百束，銀二十兩，錢帛等物值銀二十兩以上，常人盜糧八十石，草一千六百束，銀四十兩，錢帛等物值銀四十兩以上，亦照前擬充軍，其餘腹裏節差守巡等官查盤去處，若有監守盜糧八十石，草一千六百束，銀四十兩，錢帛等物值銀四十兩以上，常人盜糧一百六十石，草三千二百束，銀八十兩，錢帛等物值銀八十兩以上，亦照前擬充軍，若盜沿邊沿海糧四百石，草八千束，銀二百兩，錢帛等物值銀二百兩以上，不分監守常人，俱照弘治三年事例，斬首示衆，其四等人犯，俱依律併贓論罪，仍各計入已之贓數滿，方照前擬斷，不及數者，照常發落，若正犯逃故者，於同爨家屬名下追陪，不許濫及各居親屬，其各處徵收在官軍需物料，應該起解料價銀兩，即係腹裏去處錢糧，如有侵盜者，追贓完日，亦照前例擬斷發落。

又奏准，在京在外並各邊，但係一應收放糧草去處，若職官子弟，積年光棍，跟子，買頭，小腳，跟官，伴當人等，三五成群，搶奪籌斛，占堆行概等項，打攬倉場，及欺淩官攢，或挾詐運納軍民財物者，杖罪以下，於本處倉場門首枷號一箇月發落，徒罪以上，與再犯杖罪以下，免其枷號，屬軍衛者，發邊衛，屬有司者，發附近，俱永遠充軍。

凡內外倉場等處糧草，並各處軍需等項，不拘起運存留，但有包攬誆騙，不行完納，事發問罪，責限三箇月以裏完納者，照常發落，過期不完者，儘其財產陪納，發邊衛充軍，經年不完者，仍枷號一箇月，照前發遣，各邊武職，主使家人伴當跟隨交納人員，挾勢攬納作弊者，參問降二級，聽使之人，仍照前例問發。

嘉靖十八年詔，各處倉官，及收糧經歷，守候二年之上，放支不盡者，仍聽全支本等俸給。

二十年詔，內外倉場官攢斗級及糧戶人等，有虧折糧草，監追年久者，除侵盜虛出等項，照舊監追外，其有浥爛損折，失火延燒者，悉免追。

萬曆十二年議准，內府錢糧，及內外倉場糧草，並各處軍需等項，不拘起存，但有包攬誆騙銀一百兩，糧二百石以上，不行完納者，照弘治十三年例問發。

預備倉

祖宗設倉貯穀，以備饑荒，其法甚詳，凡民願納穀者，或賜獎敕爲義民，或充吏，或給冠帶散官，令有司以官田地租稅契引錢，及無礙官銀，糴穀收貯，近時多取於罪犯紙贖，以所貯多少，爲考績殿最云，例具於後洪武初，令天下縣分各立預備四倉，官爲糴穀收貯，以備賑濟，就擇本地年高篤實民人管理。

正統五年奏准，各處預備倉，凡侵盜私用，冒借虧欠等項糧儲，查追完足，免治其罪，其侵盜證佐明白，不服陪償者，准土豪及盜用官糧論罪。

又議准，凡民人納穀一千五百石，請敕獎爲義民，仍免本戶雜泛差役，三百石以上，立石題名，免本戶雜泛差役二年。

又敕廣西布按二司，並巡按等官，查勘預備倉糧內，有借用未還，並虧折等項，著落經手人戶，供報追陪，其犯在赦前者，定限完日，悉宥其罪，赦後犯者，追完，照例納米贖罪，若限外不完者，不論赦前後，連當房妻小發遼東邊衛充軍。

又令六部都察院，推選屬官，領敕分投總督各布按二司，並府州縣官，處置預備倉糧，仍令巡撫侍郎，並都御史等官，兼總其事。

又令軍民人等，各驗丁田，自願出粟備荒者，聽從其便，官府不許逼抑科擾。

又令各處預備倉，或爲豪民占據，責令還官，或年深損壞，量加修葺，其倒塌不存者，官爲照舊起蓋。

又令各處預備倉，凡民人自願納米麥細糧一千石之上，雜糧二千石之上，請敕獎諭。

七年，令福建布政司，凡預備倉糧給借饑民，每米一石，候有收之年，折納稻穀二石五斗還官。

成化六年奏准，預備救荒，凡一應聽考吏典，納米五十石，免其考試，給與冠帶辦事，在外兩考，起送到部未撥辦事吏典，納米一百石，在京各衙門見辦事吏典一年以下，納米八十石，二年以下，納米六十石，三年以下，納米五十石，免其考試，就便實撥，當該滿日，俱冠帶辦事，各照資格，挨次選用。

又令在外軍民子弟願充吏者，納米六十石，定撥原告衙門，遇缺收參。

又令鳳陽，淮安，揚州三府軍民舍餘人等，納米預備賑濟者，二百石，給與正九品散官，二百五十石正八品，三百石，正七品。

又令各處預備倉，州縣掌印官親管放支，不許轉委作弊。

又令順天府河西務，山東臨清，直隸淮揚等關鈔貫，暫且折收粳粟糧米，俱以十分爲率，各存留三分，其餘七分，河西務運至天津衛滄州等處，臨清運至東昌府德州等處，淮安運至濟寧州徐州等處，揚州運至邳州桃源縣等處，俱各收貯預備官倉賑濟，待明年豐稔，仍各收鈔。

九年，令直隸保定等府州縣兩考役滿吏典，納米一百石起送吏部，免其辦事考試，就撥京考，二百五十石，免其京考，冠帶辦事，一百七十石，就於本府撥補，三考滿日，送部免考，冠帶辦事，俱挨次選用，其一考三箇月以裏無缺者，納米八十石，許於在外轃歷兩考。

弘治三年定，有司每十里以下，務要積糧一萬五千石，軍衛每一千戶所，積糧一萬五千石，每一百戶所，三百石，每三年一次查盤，有司少三分者，罰俸半年，少五分者，罰俸一年，少六分以上者，九年考滿降用，軍衛不及三百之數者，一體住俸。

十年奏准，凡三年一次查盤預備倉糧，除義民情願納粟，囚犯贖罪納米外，但有空閒官地，佃收租米，及贓罰紙價引錢，不係起解，支剩無礙官錢，盡數糴米，三年之內，不足原數，別無設法者，俱免住俸參究。

十七年議准，遼東預備倉米穀陳腐，查勘堪用者，抵石放支各該衛所官軍月糧，其米色頗陳，尚堪食用者，酌量折添斗頭，與新糧間月支給，浥爛不堪者，著令經收人員領出，照依律例追陪，耗糧照例遞減，支放盡絕，將廒座修理，照例召買上納。

十八年議准，在外司府州縣問刑應該贖罪等項贓罰等物，盡行折納，糴買稻穀上倉，以備賑濟，並不許折收銀兩，及指稱別項花銷。

正德二年，令雲南撫按同三司掌印等官，查勘各庫藏所積，除軍前支用銀物外，其餘堪以變賣，及官地湖池等項，可以召人佃種收租者，儘數設法，糴買米穀上倉，專備賑濟。

又議准，各司府州縣衛所問刑衙門，凡有例該納米者，每石折穀一石五斗，收貯各預備倉。

四年議准，湖廣原留賑濟支剩銀兩，著糴買米穀上倉，以備荒年。

五年奏准，司府州縣衛所預備倉分，添設土倉官，盡行革退，照舊令州縣正官，或管糧佐貳官收放。

七年，令在外問刑衙門，凡問擬囚犯該納紙劄者，二分納紙，八分折米穀上倉，不許折收銀兩。

又議准，陝西所屬問刑衙門，將一應該收人犯贖罪紙價，准其收納粟米穀麥等項上倉。

八年議准，遼東遇有本鎮犯該立功官員，免其立功，納穀一百石，收貯預備倉，其別處發來立功者，照舊行。

十四年，令遼東比照宣大事例，將巡按並大小衙門問過一應贖罪銀兩，存留本處，以備買糧賑濟。

嘉靖三年，令各處撫按官，督各該司府州縣官，於歲收之時，多方處置預備倉糧，其一應問完罪犯納贖納紙，俱令折收穀米，每季具數開報撫按衙門，以積糧多少，爲考績殿最，如各官任內三年六年全無蓄積者，考滿到京，戶部參送法司問罪。

四年，令各處撫按官，通查積穀備荒前後議處過事宜，翻刊成冊，分發所屬，著落掌印等官，時常檢閲，永遠遵守，撫按清軍官，每年春季，各將所屬上年收過穀石實數，奏報戶部，時常稽考，以憑賞罰。

六年，令撫按二司，督責有司設法多積米穀以備救荒，仍倣古人平糴常平之法，春間放賑貧民，秋成抵斗還官，不取其息，如見在米穀數少，各將貯庫官錢，并問過贖罪折紙銀兩，趁秋成時，委賢能官一員糴買，比時估量添二三文，府以一萬石，州以四五千石，縣以二三千石爲率，明立簿籍查考，歲荒減價，糶與窮民，仍禁姦豪，不許隱情捏名，多買罔利，事發重治。

八年題准，各處撫按官設立義倉，令本土人民，每二三十家，約爲一會，每會共推家道殷實，素有德行一人爲社首，處事公平一人爲社正，會書算一人爲社副，每朔□一會，分別等第，上等之家，出米四斗，中等二斗，下等一斗，每斗加耗五合入倉，上等之家主之，但遇荒年，上戶不足者量貸，豐年照數還倉，中下戶酌量賑給，不復還倉，各府州縣造冊送撫按查考，一年查算倉米一次，若虛，即罰會首出一年之米。

又令各處撫按官督所屬官將贓罰，稅契，引錢，一應無礙官錢，糴買稻穀，或從宜收受雜糧，以備荒歉，各該官員，果能積穀及數，聽撫按官覈實旌異，若不用心舉行，照例住俸。

又奏准，州縣積糧之法，如十里以下，積糧一萬五千石，二十里以下，二萬石，三十里以下，二萬五千石，五十里以下，三萬石，百里以下，五萬石，二百里以下，七萬石，三百里以下，九萬石，四百里以下，一十一萬石，五百里以下，一十三萬石，六百里以下，一十五萬石，七百里以下，一十八萬石，八百里以下，一十九萬石，三年之內，務彀一年之用，如數爲稱職，過數，或倍增，聽撫按奏旌，不次陞用，不及數者，以十分爲率，少三分者，罰俸半年，少五分者，罰俸一年，少六分以上者爲不職，送部降用，知府視所屬州縣積糧多寡，以爲勸懲，其軍衛三年之內，每一百戶所，各積穀三百，數外多積百石以上者，軍政等官，俱給花紅羊酒激勸，不及數者，住俸。

九年，令天下各府州縣，有積久米粟，盡數平糶，以濟貧窮，候收成買貯新穀，務足前數。

二十四年議准，徒杖笞罪，審有力者俱令照例納米入預備倉，不許以稻黍雜糧，准折上納。

萬曆五年議准，行各撫按，詳查地方難易，酌定上中下三等，爲積穀等差，如上州縣，每歲以千石爲準，多或至三二千石，下州縣以數百石爲準，少或至百石，務求官民兩便，經久可行，自本年爲始，著爲定額，每年終，分別蓄積多寡爲賞罰，其不及數者，查照近例，以十分爲率，少三分者，罰俸三箇月，少五分者，半年，六分者，八箇月，八分以上者，一年，仍咨吏部劣處，全無者，降俸二級，亦咨部停止行取推陞，待有成效，撫按酌議題請復俸，若仍前怠玩，參究革職。

七年題准，各省直撫按，督各州縣掌印官，將庫貯自理紙贖，并撫按等衙門所留二分贓罰，盡數糴穀，其追贖事例，春夏折銀，秋冬納米，如年久穀多，酌量出陳易新，以免浥爛。

又議准，各省直撫按，酌量所屬知府地方繁簡貧富，定擬積穀分數，其積不及數者，與州縣一體查參，其陞遷離任者，照在任一體參究。

八年題准，各撫按官，查盤積穀實數，分別府州縣總撒，填注主守職名，每年終奏報，其更代官，候交盤明白，方准離任。

又題准，各有司積穀，除遵照原議外，不許妄行科罰，剝民利己，果有水旱災傷，具奏減免其賑濟穀數，即申報開銷，不必復令饑民抵還。

十一年題准，各省直撫按官，會同司道，各查所屬，除富庶州縣，仍照原額積穀，其疲敝災傷，及里分雖多，詞訟原少者，酌量裁減，以後照例查參，俱以三年爲期，通融計算，分別蓄積實在之數，照例旌獎參罰，如三年之內，偶遇陞遷事故，撫按官行該司道按年考覈積穀如數，方許離任，果有災荒事故，委不能及原數者，明白具奏，方免參罰，其考滿朝覲，俱照例行，

又 卷二三《倉庾三》

馬房等倉 草場附

在京

御馬監，及各馬房，皆有倉場，儲蓄草料，以供飼秣之用，其商價俱於山東河南糧道支給，今裁兩道，改于銀庫關領，五草場商價亦如之，每上下半年，戶部山東河南等司官，九門鹽法等委官，會同科道，照時歲豐歉，估定價值，今見行，以皆京倉，故列于倉庾之後，而草場牧地附焉，其牧地額數，詳見田土。

二十三馬房倉并象房牛羊房倉

御馬倉 永樂初設　中府外場 永樂初設

天師菴草場 正統年間設【略】

馬房倉場通例

宣德九年，令監察御史，并戶部主事，於象馬牛羊等房倉場，監督收受草料，仍令內官一員，通政使司通政一員，往來提督。

十年，令壩上等馬房馬，不必散俵，馬，與黃牛，水牛，交與兵部，著民人領養耕種，偏牛，野牛，野馬，交與內官，南海子撒放，峪口原設官莊等三房馬，及馬房地方，著御馬監撥官軍牧養，黃土牛房孳生擠乳黃牛并犢六百五十隻，冷泉，德勝門裏二處羊房，見在羊二千餘隻，連牛羊房田地，俱交與良牧署掌管。

東直門裏吴家駝牛房牛，揀好乳牛并犢留一千四百隻，牯牛留一百隻，其供用庫拽磨牛驢，只留二百隻，其餘都退出兵部，與軍民耕種，養牛官軍，各留四百名，餘俱還原衛所差操，清河豬房，見養花豬，黑豬，照舊聽光祿寺取用。

又令在京花園，并象房草場，各設辦事官二員，千百戶二員，率領軍餘人等看守。

正統元年，令都察院榜示壩上大馬房草場內外官員人等，不許私役官軍，占種，交通擅借，及縱容官豪建立窯座，創蓋寺廟等項，每歲秋後，遣給事中御史等官巡視，其有仍前不悛者，處以重刑。

十四年，以防虜，移馬房草於城裏收積，設明智坊草場，北新草場，并舊臺基廠草場，每場銓撥大使副使各一員，攢典二名，辦事官二員，順天府每處撥腳夫十名，兵部撥致仕武官一員，軍餘四名，守支草束，巡視把門。

又題准，各場地勢窄狹，積草不多，將舊吏戶二部，改爲安仁坊草場，行吏部選大使副使各一員，撥攢典二名，順天府僉庫秤十名，製造大秤四連，兵部撥致仕軍官，并老軍守門。

景泰三年，令御史一員，巡視草場，禁約附近軍民之家，并管馬內外官家人，不許兜攬納戶草料，通同作弊。

天順六年題准，安仁坊草場倒塌，查得馴象所草場寬闊，堪爲兩場，將西邊三十七丈，并墻外空地十二丈，撥與安仁坊官攢收受新草。

成化十六年，令戶部收草主事等官，提督御馬倉草場各該官旗人等，築立封堆，開挑壕塹，栽種榆柳爲界，仍令給事中御史等官，不時巡察。

正德十六年，令各該管馬房倉主事，各查勘牧馬草場地土，頃畝四至明白，每處量留數頃，曬晾馬匹，其餘俱令軍民佃種，每畝徵銀三分，就令主事收管，遇秋成，照依時估，召商買草豆，本馬房支用。

嘉靖二年，添設聚落草場大使副使各二員，撥與攢典各一名，收放一應糧草，其近山東無礙荒地，每軍給與一百畝，屯種三年之外，每畝量徵米豆三升，或銀二分，就於該倉庫上納。

七年奏准，科道等官，清查過壩上等二十六處馬牛羊房等倉場，揀退不堪馬驢牛羊，俱發順天府變賣，實在馬駝驢騾牛羊並駒犢，共三千九百七十七匹頭隻，通計一年，該用料三萬九千三百石有零，草九十萬一千五百餘束，每年十一月，科道官，並戶部委官，親詣各倉場，會同提督太監，將實在馬牛羊駝，通行查點，有瘦損矮小不堪者，發各衙門變賣，將實在的數，造冊送部，以憑會計錢糧，凡未印二歲駒，每匹日給料二升，草十斤，未二歲者，不准支給，其吴家駝牛房二處草場地土，召民佃種，徵收子粒銀兩，自本年爲始，俱令蕃牧千戶所徵解本部，如有倒失牛隻，呈報給領價銀買補，今後有貢賀，及新收孳生等項馬匹，隨即印烙發場，每年通行點視，內官查照永樂年間事例，每房止留四員，一員管理錢糧，三員專管馬匹，其餘取回別用，及將司牧局衙門官吏裁革，令司牧司官吏帶管。

明 劉麟《清惠集》卷四《積穀預備倉糧以賑民疏》 直隸廣平府知府蔣彬申：據冀州武邑縣知縣王紀議稱，本縣秋糧原額，每年該二千八百餘石，三年共計七千餘石，小民輸納不前，甚至賣産鬻子。若限三年之內積穀有三萬餘石，揆之事勢，實難舉行，乞要寬減，立爲成法一節，爲照積穀一事，天下大命所關。古者三年耕，餘一年之食，九年耕，餘三年之食。經國大計，何以加此。但地有南北，産有肥瘠，民有多寡，誠有如王紀之所論者。合無俯從本官所請具奏，量爲寬減，或將在庫一應贓罰變賣銀兩，糴穀上倉，一則以備荒歉，一則以通仕路。惟復別有定奪等因，具申到案。又據武邑縣申准本府帖文備奉巡撫劉都御史案驗該吏部題奉聖旨：這行取各官，仍著撫按官查考任內照例積穀，及數的方許起送。續該吏部覆題：積穀事例，戶部議行未久，將今次行取官員暫照舊規起送，奏奉欽依准行外，爲照儲積大計，方今風憲缺官取用之日，天語丁寧，垂念如此，又云及數方許起送，其綜覈名實之嚴、思患預防之意，可謂至切至重。若非吏部用人之急，再爲寬請，則各官皆難起送。惰慢既彰，遷除無望，豈不靡然自棄，雖有它美，亦無以自贖也。見今任淺未蒙行取官員，可不各思其事，及此閒暇，勤政受詞，多方區畫，不計私囊，每存國計，片紙一錢，俱爲儲積。損豪右之利，抑緇黄之濫，作奸者繩之，犯科者繩之。務使倉有餘粟，民有所天，災生則發賑以安人心，盜起則足食以安兵計，陞遷則起送不留，行取則考查無碍。不惟公私有賴，而上下亦交盡矣。如不率從，本院臨期亦行題請，不容起程。雖廷議急于用人，而虚名無實之人亦難擢用。慮恐各官因循誤事，再此申明，務須勉修職業，毋貽後憂。爲此仰各府當該官吏，俱查照節奉勑諭并近奉欽依內事理，原行所屬各官，務要照例積穀，聽候本院委官查盤。不許虚文抵飾，以舊作新，以無爲有，索民領狀，冒作放支，攙和糠秕，以爲實數。一應弊端，俱不准理，仍題問罪，即行罷黜。又有地瘠民貧極災去處，備繇申來，但不許一槩謬申惹咎。抄案依准，差該吏賫繳，奉此案照先奉本府帖文，爲勑諭事節奉巡撫劉都御史案驗前事，行令照數積穀，已經遵行外。今奉前因，安敢玩視，自取罪譴，爲照今議定積粮之數，雖江南膏腴之地，歲歲豐登，猶或難完。況江北以來，地利不同，若不分别等第，一槩取盈，竊恐徒爲張急，難收後效。兹以武邑一縣言之，原額二十五里，三年扣該三萬。通計一縣丁口三萬有餘，每年秋粮止該二千五百餘石，總計三年不過七千有餘。蓋亦盡一縣丁口，所輸僅得如此之數，輸納不前，中間鬻男賣女者已不能無。若三萬措置，已不能出此丁口之外。且措置見行之法，多在詞訟之間，使人人皆訟，然亦有貧富不同。富者尚可，貧者何堪，豈能使其一一違犯，不恤其貧而必欲罰贖以充其數？縱使不恤，至于蕩産流移而復賑之，是科之使貧而行吾惠也，似非積穀本意。且守令賢愚，不能奉行，偏駁不一。切恐令嚴事急，衰懦者將引退以避責，貪饕者或假此以營私，急于功以圖進用者皆將不顧民命而刻意料理。鼓舞好尚之間，追徵逼迫之下，安保不至于它虞？如逆瑾之時徵求太急，而山東河南之寇一時蠭起，皆其所激。征討勦捕之費與措置之入，其利孰多？事勢或致如此，本欲濟民而反病民，本欲弭變而反致變，于此必有稱停損益之法可也。若此數不足，陞遷不得離任，行取不得起送，繼是任者亦不能神運鬼輸，以足其數，亦惟甘坐罷去耳。爲今之計，必分别南北，計歲豐凶，量減分數，立爲成法。其罪人紙米悉令納穀上倉，不許折收輕價，以圖侵漁。贓罰銀錢及變賣贓物隨時變賣議糴，不許久貯以致花費。如此則倉廩雖未充盈，而有司猶有善政，生民之福也。爲此合關本縣，煩爲轉達裁處等因，備關到縣具申到臣，已經牌仰本官，議處回報去後。今據前因，惟國以民爲本，百姓以食爲天。經制之大，儲蓄爲上。故將欲安民者，必先積穀。但百里之外，風氣頓殊，而物之不齊，物之情也。今使九州一律，勢豈能同。若北方郡縣每里必取一千五百之數，十里百里，以數而推，地至百里，粮至一十五萬，北方里社戶口幾何？生産幾何？常賦幾何？詞訟幾何？是就其耕桑所入盡數取之，不足以充前數。即以武邑一縣言之，原額二十五里，三年例該積穀二萬五千，常出常賦三年不過七千餘石，今欲至二萬五千，則是額外巧取，倍于常賦數多。其他州縣亦多類此。況是以十年爲率，災傷俱半，又勢有所不能行者。積穀惟詞訟一事其言爲正，但有力者少，無力者多。近有事例，雖有力亦減。若令事事輸穀，人人贖罪，則貧者死于縲絏，猾者逃于異鄉，本欲積粮，而其源反塞，非計之得。此外又有勸諭一途，不過望門横索，未免濫及無辜。加以官貪吏弊，其害不可勝言，昔也止于貧者不安，今也富者亦無不病，尤爲失計。縱使用刑勸諭，一切不顧，而見行之數太多，亦恐未足。本官有見于此，所以關申詳切。揆之事勢，委有不能。若謂成命已下，不敢阻違，而大勢相懸，難于責効。循良者累歲不遷，横歛者胥讒致慝。蓄積未盈，本根先瘁。國家一舉而理財用人之道皆廢，誠可憂也。爲今之計，必須俯鑒北方地瘠民貧，將前項積穀之數或照所辦秋粮以爲贏縮，又視災傷輕重以爲行止。十里以下議積粮一萬五千石，改積若干，二十里、三十里以至七百里、八百里，俱各以秋粮爲則，照前遞減。如每歲納粮千石者，止可令其積穀九百石、八百石。秋粮萬石，令其積穀九千石、八千石，而百十皆然。又不及數，方照前議，夫復何詞。中間又有水旱蟲荒，兩收無望，仍與官民分豁。小飢則發銀遠糴，大飢則開倉議賑，不必更拘前數，以恤貧民。其應否分豁，即照奏勘災傷以爲分數。如此則事有本末，政有差等，官才民力，經久可行。再查直隸保定六府見今數年水旱相仍，而大奸大盜縱横之後，民之憔悴，其在北方尤爲特甚。欲議積穀如數，必須仍待豐年。見今勑旨已布，雖竭力奉行，不過理刑贖罪、盤驗賠補常行之數，安能便有厚積。惟是巡撫以來，禁約諸司不敢擅興工作，裁抑浮費，月稽季考，一錢寸帛，囊括在公。除起運粮站等項額例不敢輕重者聽其轉解外，其餘百計清查，但有贏餘，上倉入庫，一一查盤封號。計今所積，除已經放賑開除不算外，見在倉粮共四十六萬五千九百七十三石有零。自巡撫以後，日月所積，約有二十萬餘石。

銀兩亦除放賑、修倉、修庫等項開除不算外，見在鞘封及新收未曾入鞘一應可以糴穀官銀通計共該銀十萬一千五十餘兩。遵照敕旨，就此區畫。救時之意，莫如議糴，雖前項銀數不多，而費不煩公，歛不動衆，損上益下，計出政平。中熟而糴，擇地而行，擇戶而授，每銀一兩糴穀三石，每一上中人戶領銀不過三十兩，糴穀不過百石。或者以爲價減斗增，比之望門勸罰，不爲無故。即使穀價稍貴，斗石稍增，每銀一兩，所增三斗六斗，有事而發，悉以爲民，不爲太甚。但前項銀兩儲積，一方命脉，全在于此，括索之煩，怨有所集。今欲倒囊動支，誠非細故。況此本六府掌印各官經收，就令支銷，出入一人之手，必致事久難明。合無敕下戶部，選差公正主事一員親詣各府望秋糴買，督率各該官吏搶揚播晒，潔淨乾圓。仍預先定擬何處地僻有粮，儲穀宜少，何處地衝粮少，儲穀宜多。斟酌分派已定，倉廒已修者如法鋪墊，未修者一面完修。若廒座不彀，亦許量爲增蓋。臣已預先行屬，整理未盡。其修倉糴粮地方，廉幹官員俱聽本官從宜定委，奸貪誤事者悉聽拘提參究，臣亦多方覺察，從公區處。事完之日，將支過銀兩、糴過粮數通行造冊回奏，不足之數許待豐年。仍將舊積粮數通行查盤，另廒收貯。仍將新買、舊積粮數分別明白，置立木牌，書記各廒之上，以便查考。其盤驗若侵欺短少，悉聽本官拿究追賠。如此則任土立法，政有可經，以義制利，官有定守，理財用人之道，一舉而兩得矣。

清 魏禧《救荒策·先事之策》 一曰重農。農者粟之本。或興屯田，或修水利，或賑貸牛種，或親行田野勸相，或分督里役地方，謫舉遊惰，或開墾荒之法，而首在不以工役妨農時，不以訟獄擾農家，如此則農事舉矣。

一曰立義倉。貧民、富民，多不相得：富者欺貧，貧者忌富，一迫饑饉，初猶搶米，再之劫富，再之公然嘯聚爲賊。富民目前受貧民之害，貧民日後受官府之刑，真貧富兩不得益也。所以朱子修舉社倉，不特救一時餓殍，實所以保富全貧，護人身家，養人廉恥，爲法至善。今師其意而少損益之，凡每坊設立義倉，不必分派若干家，若干人，隨其相附近處，擇便爲之，聽民自議自行，先集父老士民，懇切開諭以義倉之利，身先捐俸以勸富室。然後出示遠近，令十日內報命，凡報命者，合坊具連名呈一紙，舉值事者一正二副，某人。造冊二本：一丁冊，一義穀出入冊。凡丁冊，不論男婦、貧富、貴賤皆載之，官皆用印，旋給本坊收掌。其官所助穀若干，照各坊丁數多少，派貯倉內。其富豪慳吝不肯助義者，許本坊呈官，視所應出者加罰三等。所舉值事之人有不法不公者。本坊呈官重罰，公舉他人代之，其呈仍用印付還。或坊中事繁，三人不能理，許值事人隨簽幾人佐之，本坊俱要酌處公費以酬其勞，至義穀出入之數，官府不預。只於當發糶時，先期出示，令各坊清核丁數，定於某日糶米，官府時行巡訪。於當收糴之時，先期出示，以某日起糴穀，至某日報完，踰期不完者，以欠穀多少議罰。凡坊內與糴者，設簽寫户首姓名，下注幾口。糴米時，左設一人散簽，右設二三人量米。來糴者，先將名下應糴米錢若干，來左人領簽，即將簽投右人，照簽領米，散米已完，右人繳簽，交左人收。明日如之，富室及僮婢皆許與糴，凡糶米，如原價每升一分，今價三分，則取分六厘，二分則取分四厘，分半則取分二厘，分二厘則取一分，升一分則不出陳矣。蓋酌取餘息，以供耗折及修倉雜用諸費也。凡石、斛、升、斗之類，皆一聽官造，日久棄壞，許如法私造，仍送官驗押。蓋以賞罰之權歸於官，則人知所畏；以出入之數歸於民，則官無可私。所謂官民相制，其法無弊者也。

造倉之法，如係五間，只以四間貯穀，空閒一間，以便搬移倉穀、防整倉及新穀發熱等事。法詳治譜，可按而行之。

湯念平先生《勸積義穀序》曰：『民窮日甚，借貸無門，一有災荒，坐而待斃。昔朱文公社倉一法最爲盡善。然時詘舉贏，實爲難事，宜師其意而力行之，爲積義穀法。每坊造一木櫃，置本坊神廟，每月朔望，謁廟者各持義穀少許，或一角，或半升，或一升，至小斗而止，勿得過多，不願助者聽隨其意而因其力，不相強也。數少而不欲多者，相形則意沮，力輕則可久也。共推一端謹者司登記，雖一角、半升，必紀其名，以彰好義。推一稍有恆產而素行忠信者司出入，每朔望迄晚，即將貯櫃者登倉。次年春夏，推陳出新，因數多寡，貸與農人，息取加二。小荒則以貸諸貧人，而減其息，必公議而酌行之。若大荒則盡捐以賑困窮，必計衆而均分之，先其老弱之無告及孝子、節婦之貧者。是舉也，專以備荒而利農，他雖公事急需，不得輕移，以致耗散。有恃強而索者，衆共持之，不聽，則控諸官，庶幾可久行而不廢。夫爲數甚少，則人皆樂助，日月積之，歲歲行之，斯可無大饑之患矣。噫！省目前宴飲之費，即可甦異日數人之命；減一月雞鶩之粟，即可救他年同類之生。獨何憚而不爲哉？』

又《募義穀疏》云：『里中親友壽誕稱觴，當共計其費出義穀，欲爲人稱觴者，亦計其費出之。或宴會有不可已者，則薄其費而以義穀補之。夫省酒食之浮費以利濟饑貧，此祝壽之上術也。又有疾病及一切祈求，亦於神廟發願，出義穀若干。夫省齋醮之虚文，以利濟饑貧，此祈神之上術也。天地鬼神，原以愛人爲心，能愛人者，則彼亦愛之。以此祝壽壽必永；以此祈福病必愈；以此祈名利、子息，名利子息必得矣。」

按二條法最簡妙，能濟義倉之窮，故備記之。

一曰設砦堡。義倉之法，仍當勸諭鄉落行之。或一鄉自建一所，或數鄉共建一所，其事概聽之鄉人，而官府第頒式勸成而已。但鄉落中無城郭足恃，或有兵寇騷擾，則義穀蕩耗，斷難復聚。當令各鄉於附近之山，有險足恃者，因以爲砦，無砦者爲堡，而置義倉其中，有急則並婦女、牲畜、衣服、器用徙居之。蓋砦堡之設，可以固生聚，可以保義倉，可以行清野之法以困敵，所謂一舉而三善備者也。

一曰酌遠糴之禁。本地産穀有足支數年者，以遠方糴運過多，遂致産穀之地，頓成餓殍。然概禁遠糴，則一方粟死，一方金死，交困之道也。當於收成時出示諭民：凡收穀者，自計兩年口食以外，每穀十石，糴五石支用，存五石備荒。又爲酌視時價貴賤，以爲啟閉。如僅滿地方常價，聽其搬糴，過常價三分之一外，則不得糴遠。違者籍穀入官，分給義倉。至新穀收成已完，則舊穀任糴矣。

一曰嚴遊民之禁。百姓不謀生業者。宜置常罰，令鄉耆、鄰里時簡舉之，遊手好閒之人，如米中蠹蟲，饑饉之時，死亡尤甚，多至爲盜賊者。若督令務生，則自可生財，有養身之具矣。然欲耆里簡舉而不實心行鄉約保甲之法，未易辦也。

一曰制穀贖罪。凡有罪犯情理可原者，一照買穀備賑銀數輸穀，不令輸銀，其穀分寄各坊義倉，值事者具領狀交官，俟賑糶時，如數取出，以施最窮苦無告之人，或米或粥，視米多少可也。蓋義倉雖以周貧，然須有糴米本錢，則鰥寡孤獨，一文不辦者盡餓死矣。但施米仍當責成各坊值事，每早糴米，飯後施米，仍效義倉領簽例，令各來報名，每人寫一票給之爲據，但不須交錢耳。蓋事歸一人，則坊人姓名已熟，虚實盡知，自不至於混領。若以事歸官府，另簽胥吏行之，爲弊不可勝言。

一曰豫糴。凡地方遇有水旱，便當實稽境内人丁，核境内穀粟，扣算缺少若干，則多方籌畫，遣富商豫往穀多處買之。蓋有水旱則必有饑荒，若臨饑方議他糴，便難措手，且米價亦必踴貴也。

一曰教別種。地方遇有水旱，種植必不得時，即須先察地利，如水多害禾，則急以不忌水者種之；旱久害禾，則急以不畏旱者種之。失彼得此，尚可支援其半，大抵以先時急備爲勝著也。

清 俞森《常平倉考》 吕坤積貯條件曰：穀積在倉，第一怕地濕房漏，第二怕雀入鼠穿。此其防禦不在人力乎？大凡建倉，擇於城中最高處所，院中地基務須鍬背，院牆水道務須多留。凡鄰倉庾居民，不許挑坑聚水，違者罰修倉廒。

一、倉屋根基，須掘地實築。有石者，石為根腳；無石者，用熱透大磚磨邊對縫，務極嚴。匝厚須三尺，丁橫俱用交磚，做成一家，以防地震。房須寬，寬則積不烝；須高，高則氣得泄。仰覆瓦須用白礬水浸，雖連陰彌月，亦不滲漏。梁棟椽柱務極粗大，應費十金者，費十五、二十金。一時無得固利，苟完數年，即更實貽之倍費。故善事者一勞永逸，一費永省，究竟較多寡一費之所省為多也。以室家視倉廒者，當細思之。

一、風窗本為積熱壞穀，而不知雀之為害也，既耗我穀，又遺之糞，食之其不宜人。今擬風窗之內，障以竹篾，編孔僅可容指，則雀不能入倉。牆成後洞開風窗，過秋始得乾透。其地先鋪煤灰五寸，加鋪麥糠五寸，上幔大磚一重。糯米雜信浸和石灰，稠黏對合磚縫。如木有餘，再加木板一周；缺木處所，釘席一周可也。

一、假如倉廒五間，東西稍間，各用板隔斷，與門楣齊。穀止積於四間，留板隔東一間，如常閒空。值六七月久陰氣濕，或新收穀石生性未除，倘不發洩，必生內熱。州縣官責令管倉人役，將穀自東第二間起倒入東一間閒空之處，一間倒一間，是滿倉翻轉一遍，熱氣盡泄，本味自全，何紅腐之有？陳龍正曰：米力難久，積必用穀。北地高燥可窖，東南必藏之秫中，築基高，圍草厚。十餘年後，味彌佳。

一、倉斛依洪武年間鐵樣，用木造成，邊角以鐵葉固之，以防開縫。仍用印烙其四里，以防剜挖。但有不繫官烙，自作矮身闊口及小出大人者，坐贓重究。

一、本倉禁用燈火，不許積柴安灶。官吏以下飯食，外面吃來，不得已者送飯。如違重治。

朱健國貯貯糴論：古之積貯者藏富於民，而今之積貯者藏富於國；古之積貯者導利於下，而今之積貯者專利於上。在下則民自足而君有賑恤之恩，在上則君有餘而民無周匱之望。是以唐虞盛時，雖有九年之水，而未始無倉廪府庫之充，觀『耕田鑿井，帝利何有於我』可徵也；成周盛世，雖有軍國之需，而未始無三年九年之積，觀『水旱凶荒，民無菜色』可徵也。厥後管仲之在齊也，通輕重之權，立聚散之法，似矣而乃陰為富國之謀；李悝之在魏也，置豐凶之節，制糴糶之政，美矣而何救於地利之盡？無已則賈誼、晁錯、耿壽昌之策乎？誼欲驅民以歸農畝而抑末技，此上策也。誼之説行，當無一夫耕而十入食之者矣。錯欲使民人粟塞下，以開鬻爵贖罪之路，此中策也。錯之説行，當無千里饋糧、士有饑色者矣。壽昌欲立常平倉，使穀賤則增價以糴，穀貴則減價以糶，此下策也。壽昌之説行，當無官常有餘民常不足之歎矣。唐宋以來雖有義倉、社倉之説，大率皆常平遺意。自熙寧以後散為青苗之本，南渡以來取為軍國之需，不能救民，而且害民矣。自今觀之，蓋莫善於常平，莫不善於義倉。義倉之法，凶年則散之，豐年則斂之，其初未嘗不善也，然官與民償貸，其弊易生。方其貸也，寄之於里胥而詐冒之名多；迨其償也，責之於里胥而徵求之弊作。及其弊也，里胥必詐與貧民通而訐為詭詞，貧民必甘與里胥市而覬為滅跡，前者獲利，後者效尤，將斂散之粟與存者無幾矣。其又弊，有借止一石，或償至十數石而不足，借止一年，或徵至十數年而未休，下户細民有寧賣子女，甘流徙而不肯窺倉廪之門，見官吏之面者。以故粟竭於官，有出無入，約爽於民，有貸無還，其勢必盡廢而後已。此義倉之弊也。常平則不然，豐年穀賤則增價而糴以為備，凶歲穀貴則減價而糶以濟饑，願糴者與之而無所強，受糶者去之而無所追，其利常周，其本不僕，故公私兩便。今宜因義倉之舊，更以常平之法，量民數多寡以貯粟，酌道里遠近以立倉。每豐而糴，委之於富民而計其數，時凶而糶，臨之以廉吏而主其衡，糴不出一入，入不過一石，而又善為之處，嚴為之法，使所糴皆貧民而富者無所侵焉，斯可矣。或曰：義倉之行，饑者可徒手而得粟，常平之設，必轉貸糴本，而粟始可得也。其轉貸之際，安知富人之不留難？而徵取之時，又安知富人之不侵漁乎？答曰：天下無不弊之法，為治者但當酌其弊之輕重而審處之，常平立於漢，義倉立於隋，而用常平者常多，用義倉者常寡。常平每廢而猶存，義倉暫起而即廢。至宋於常平特置提舉之官而義倉無聞焉，亦足明其法之善矣。雖然，亦在行之者何如耳。國朝於所在州郡立預備倉，則常平之法也。嘉靖間議令每鄉立社會，以貧富出粟有差，凶劄則散之，則義倉之意也。夫茲二法者，業已備之矣。然或始詳而末弊，或乍創而旋隳者，何哉？守法者偷取一切以便上，而法不信；舉法者營私自便，而法不行也。今預備倉具在，民之以貲賜爵及補胥吏者有不以金錢乎？諸公田租税有升龠入者乎？城旦者必以粟贖乎？即有之，能十而一乎？則上固未嘗貴粟矣。州郡贖鍰，行省餘羨，貪吏以潤其橐，而廉者則每藉以行其德，使誠寬然少有奇餘，緩急猶或可濟。今且盡籠而輸之上，有司庫藏，自惟正外固已若洗，卒遇大祲，雖有愷悌之長，斂手而已矣。竭閭閻以實公藏，竭州縣以實太倉，竭太倉以實內帑，流愈上而下愈耗，則上固以輕民命矣。且平日稱為備者，既無義輸及補吏諸入，又不取之罪贖當出者，徒以法外横加箕斂，投一訟牒，輒計有力無力耳，非大較曲直也。爰書已定，復加以罰；及所罰則非穀也，所入又非倉也。民當豐歲而吏能凶之，况暇言備。即或有勸令富家出粟廪貧民者，捐瘠滿壑，啼呼滿路，更非獨無睹聽，而所斂者又非粟也，所廪者又非貧民也。民之體在澤穀，而其膏血在吏筐橐矣。蓋天下有救荒之吏，無救荒之法，救法無常，而備法有常。今當俟歲少豐之後，飭廢舉墜而重督之，無新議為也。夫積粟如積水，然非有通川大河環之，即溝澮不足恃。然汪洋演漾者在數里之外，而桔槔浸灌，取之數步之內，勢不相及也，則溝澮陂池擅其利矣。州郡之倉，通川也，豬多而溉博；里社之倉，陂池也，利近而救速；兩置則可以相灌而交濟。請於預備倉所人，循先朝舊制，入貲贖罪，悉輸粟如例。春夏穀稍貴，暫聽輸價所司，俟秋時易米儲之。有不中程者，罰無赦。貴出賤入，舊出新入，母出子入，期以平價而已，勿得輕以貸民，懼貸而責取之擾也。蓋常平者，上捐金以為母，而今上不費一錢，母之入無盡而子之出愈無盡，不過三四年，所在皆滿矣。而又修社會之制，一如嘉靖中令，令因餘而取之，因地而藏之，因入而長之，其藏之里也，猶藏之家也。歲不足，視其不足而假之，視尤者而賑之，民坐而取食子里也，猶取食於家也。社倉以賑急，縣倉以繼社，居豐多糴以泄輕，故農不傷，遇災多散而廣惠，故歲不病。為今時之計，實無出於此兩者。若謂出納之際，吏緣為姦，積儲民間，侵牟易耗，則奉法者事也。柱後惠文彈治之，孰敢不懲？

汪道亨分陝常平倉議：

一、貴糴賤糶，此常平法也，與社倉公廪不同。蓋社倉聽里社居民斂散，公廪聽有司積貯備賑，而常平法可以補二倉之所未備者。今止責之各郡。昔漢宣帝嘗曰：庶民所以安其甲里而亡歎息愁怨之聲者，政平訟理也。與我共此者，其惟良二千石乎？以為太守吏民之本也，以故此倉約法悉聽各郡守隨宜處置，務在便民。而銀穀之成數，每年只憑府冊循環查考，更不另行州縣，以滋煩擾。

一、繕修倉廒，較勘斗斛諸法，悉照公廩議行。但社倉公廩，或春放秋收，或分給賑濟，或量行取息，出陳易新，悉從里社，州縣隨時酌處。若常平，則只用糴糶一法，穀賤依時價量增以利農人，穀貴依時價量減以利貧民。此外不必逐什一，權子母，致難勾稽簿書，重煩收放。糴則銀出穀入，糶則穀去銀還，兩者循環，直截行之，庶為省便。

一、全陝府州收入不同，價值難一。當此糴穀之時，宜令斗行人等每日從實報價消長。穀有高下，價有低昂，一憑時估而量為增之。不拘穀粟，備從其類收貯，但要乾圓潔淨，能耐久儲，不許攙和濕秕。倉庾務須高爽堅固。脫遇年歲屢豐，不便糶買，就使一二年貯之不動，或量加翻曬，免致紅腐，斯為得策。

一、各府屬州縣，收穫有豐歉不同。或於豐收地方糴買，運入府倉；或量糴粟，登薄收貯州縣倉。俟明歲青黃不接，照時價置減以糶，悉聽各府隨時酌處。但吏胥弊竇多端，如預備倉糧，聞官府於出陳易新之時，行令小民關支，而猾吏作姦，輒曰小民不願，久之自不得不聽吏胥積猾詭名冒領矣。此蒙蔽之為害也。今惟現銀出糶，自無欺詐。每年亦宜斟酌年歲豐歉而調劑之。如遇豐年，小民不甚乏食，或十石，或五七石，聽民間時估糶買；荒年米穀騰貴，其時減價出糶。各府官當選委廉能，務要著實稽查嚴禁，只許貧民不拘升斗陸續買糶，多亦不許過五斗或一石。如有衙門積猾、市肆牙行及富豪之家希覬價減，暗行假名收買，盡法懲治。穀雖糶而非賑，而暗減其值，是亦不賑之賑也。其極貧之家無銀赴市者，又聽社倉公廩分賑之。而此倉一糴一糶，出入銀穀之數，須會計明白。凡遇出糶事畢，除扣下糴本已足常平舊管原額外，但有餘剩銀兩，一一登之簿籍，另作常平新收項下，下次又為糴本。以後再用以糴，再糶以還，悉依此例行。又或大荒之年，計算米粟若干，只依時估出糶若干已足原額糴本，而其餘穀粟即用以分賑極貧之人，亦無不可。其出人升斗等秤，須勘較畫一，不許擅用私置，或虐取鄉民，或虧短銀石，或冒費官銀，或偽增虛數。如承委各官容隱輕縱，慢不稽查者，聽該府從重參究。行之得法，眾口稱平者，重加優異，轉報各院另行薦奬。庶勸懲之中寓鼓舞之意，而良法不致湮廢矣。

一、鄉民有上納錢糧缺銀者，以乾潔穀粟，或車輛推挽，或挑負，不拘多寡，徑赴倉所，比市增價若干，委官用平斗隨到隨收，不許類集，致令鄉民等候，以遏其再來。每日辰時，委官到倉，不許衙役恐喝刁難。量穀見數，即時登薄。某人穀若干、該價若干，注於本人名下，逐名按數平准包封給散。如有折耗，開明官認。願即領銀者，登時支給，不許類數總放，致有豪強作弊，而柔善者反不得實數，以阻其出糶之意。如穀多者，或作數次零運，登記簿冊，總記若干石一起領銀者，亦從其便。如市糴，則照依時估，嚴禁牙行街棍詐稱官糴，愚弄鄉民。此在委官用心訪察，以剔其弊。

一、每遇春二三月青黃不接之時，減價出糶。倉穀不必上市，惟出示曉諭，明寫穀每石折米若干、市價若干，今減若干，俱要從實作數，不許有名無實。凡鄉民願糴者，出足色銀兩，自一錢起，至二三兩止，不分多寡，於每日天明時候赴該倉。委官亦於此時到倉，用較定平等平準稱銀，不許加重分厘。委官挨次收受包封登簿，某人銀若干，該穀若干，給以圖書印票，聽其支穀。收銀畢，開廒放穀，用準斗準斛行概，不得用手抹量，致有高下之弊。每日辰時委官入倉，至午未時止，收銀一次，放穀一次。倘人多穀多，或委一官收銀，一官支穀，不許耽誤農工，尤為便益。如無絲銀，即以成色銀折算，以免傾銷銀匠暗竊虧折之弊。若鄉民糴穀出倉，嚴禁宗室富家、街市豪右、衙役里排、務主歇家人等，敢有指稱欠債逋糧、工食差糧、截賠酒錢等項邀奪，質當及市肆壟斷每日更名換人，多糴過十石以上營利者，訪出或訐發，拏究問罪，完日枷號一月。宗室家人，一體從事。訐稟人役，賞穀一石，作數開銷。不得市恩姑息。其中事宜開載未盡者，聽該府隨時斟酌施行。

一、重糴本以垂永久。本司自受事以來，清查織造工料等項，實省在庫銀及本司贖羨銀共一萬五千八百有奇。除量酌分發八府一州，趁時糴穀人常平倉，各宜置底簿二扇，一注糴本銀，一注糴糶穀石，用府州印鈐首，開某年某月，奉本司發前項銀共若干，今平時估米每石價若干，該算穀若干，計銀若干，官糴每石增價若干，共出銀若干，人穀若干，完日務要明白填人，循環報查。次年春二三月青黃不接糶穀之時，務要查訪時估的確，每米一斗值銀若干，約用穀若干，該價若干，官糶比市減價若干，定數出示通行，出穀若干，入銀若干，除原糴本銀若干，增出時估銀若干，又陸續收到詞訟銀若干收貯。至秋八九十月，仍將以前銀兩糴穀，俱如前例載簿，出銀若干，人穀若干，除春糶若干石，增穀若干。以後隨時糶糴，仿此例行之。每年秋冬出銀糴穀一次，春夏出穀入銀一次。凡舊管新收，並開除實在四柱，明白填報，本司循環以憑，轉報兩院。

張朝瑞建常平倉廒議：伏睹《大明會典》：洪武初，令天下縣分各立預備四倉，官為糴穀收貯，以備賑濟，就責本地年高篤實人民管理。蓋次災則賑糶，其費小；極災則賑濟，其費大。曰賑濟，則賑糶在其中矣。賑糶，即常平法也。奈何歲久法湮，各州縣僅存城內預備一倉，其餘鄉社盡亡之矣。看得天災流行，國家代有，則救荒之政，誠當亟講。顧既荒而賑救之也難，未荒而預備之也易。今之言荒政者，不越二端：曰義倉、曰社倉，此預備而斂散者也；曰平糶、曰常平，此預備而糶糴者也。昔李悝平糴，耿壽昌常平，先後所見略同，萬世理荒上策在是矣。今欲為生民長久之計，則常平倉斷乎當復者。茲欲令各屬縣備查四鄉，有倉者因之，有而廢者修之，無者各於東西南北適中、水陸通達、人煙輳集高阜去處，官為各立寬大堅固常平倉一所，倉基約四畝，合用工料，本道查發贓罰並該府縣查處無礙銀輳合，陸續備辦建造。每歲將守巡道及府縣所理罪犯抵贖，實將一半糴穀入倉。或查有廢寺田產及無礙官銀，聽其隨便糴買。又或民願納穀者，一如祖宗已行之法，一千五百石，請敕獎為義民，三百石以上，勒石題名；或如近日救荒之令，二百石以上給與冠帶，五十石以上給與旌扁。大約每鄉一倉，上縣糴穀五千石，中縣糴穀四千石，下縣糴穀三千石，各實之，但不許逼抑科擾平民。各擇近倉殷富篤實居民二名掌管，免其雜差，准其開耗，每收穀一百石，待後發糶之時，每名准與平糶三石，二名共糶六石，以酬其勞；糶完，即換掌管，勿使重役。城中預備倉照常造送查盤；四鄉常平倉免送查盤，止於年終，各倉經管居民將舊管新收開除實在總撒數目，用竹紙小冊開報該縣，縣將四倉類冊申送各院並布政司及道府查考。凡收糴，俱該縣掌印官或委賢能佐貳官監督，不許濫委滋弊。穀到，用該縣原發較勘平準斛斗收量明白，暫貯別所。積至百石以上，方許稟官一收。如有臨收留難及未收虛出倉收、既收侵盜私用冒借虧欠等弊，查究追足，各縣逕自從輕發落；其有侵冒至百石者，通詳定奪。每歲秋冬之交，本道或該府掌印管糧官單車間一巡視，以防掌印官之治名而不治實者。每歲無饑、小饑之年不糶外，或值中饑、大饑，四鄉管倉人役稟官監糶，另委富民數名用官較平等收銀。其出糶一節，當與四鄰保甲之法並行。如該鄉穀多，即糶穀一日，保甲一周；穀少，則糶穀分為二三日或四五日，保甲一周。務使該鄉積貯之穀數，可待饑民冬春之糴數方善。四鄉不能盡同，各宜省行之。大率賑糶與賑濟不同，不必每甲尋貧民而審別之，以多寡其穀數。如一甲應糴五斗，或一石或二石，則甲甲皆同，惟以穀攤人，不因人增穀。糴銀每甲一封，亦可庶乎易簡不擾。或甲中十家輪糴，則每日每甲糴不過二人，每人糴不過二斗。此荒年賑糶之大較也。每鄉除無災都保不開外，先期將有災保甲派定次序，分定月日，某日糶某保某甲，某日糶某保某甲，明白出令保正副公舉貧民，至期令其持價糴買。如富者混買，連坐保甲，仍行張詠賑蜀之法，一家犯罪，十家皆坐不得糴。中饑糶倉穀之半，大饑糶倉穀之全，俱照原糴價銀出糶，不可加增，寧減之，大約減荒年市價三分之一，力可壓下穀價，不至騰踊。或倉穀糶盡而民饑未已，則慎選員役，持所糶穀本赴有收去處循環糴糶，源源而來，民自無饑。救荒有功員役，分別獎賞。此蓋儲用社倉之法而糶用常平之意者也。四鄉糶完，即將穀價送官，聽掌印官於秋成之日，就近各選殷實人户領銀，盡數照時價糴穀。其牙腳等費、曬揚等耗與造冊紙張工食等項，俱准開銷。其穀曬揚乾潔，官監上倉，如法安置。仍總計糴穀正銀並牙腳折耗等費，每石約共銀若干，報官註冊，以為日後出糶張本。官不得將銀貯庫過冬，致高穀價難買；如穀賤不糴，責有所歸。是倉不設於空僻去處者，恐荒年盜起，是齎之糧也；穀不隸於臺使查盤者，恐委盤問罪，是遺之害也；行平糶之法而不用稱貸取息之法者，恐出納追呼，蹈青苗之擾民也。蓋社倉之法立，則以時斂散，富者不得取重息，而貧民沾惠於一歲之中；常平之法立，則減價糶賣，富者不得騰高價，而貧民受賜於數十年後大饑之日。蓋不費之惠，其惠易遍，弗損之益，其益無方，誠救荒之良策也。

一、定倉基凡倉基，俱南向，以四畝為率。或地不足四畝者，聽其隨地建造。前後左右段落務要酌量停勻，毋使偏邪。甚有基地不足三畝者，聽其將社學及看倉住房從便另造於別地，不造入倉內，亦可。然地基窄狹者，正廳房門可小，而兩倉房間架決不可少，以其每間盛穀原約四百石有餘，小則難容也。各倉基址，必擇高阜之處，以避水濕侵穀。若地有不平者，須填補方正平坦，方可興工。四面水道，必開浚歸一，不得聽其二三漫流。各縣先將四倉四至、丈尺畝數、坐落地名與應建倉廒廳舍間數，每倉畫圖一張，貼説明白，並應給買民基價數，一一勘處停妥，申送該道府廳查核。

一、定倉式保民實政薄，開各縣立四鄉倉。每縣積穀務期萬石為率，州縣大者倍之，則大縣當儲二萬石，中縣一萬五千石，小縣萬石矣。今議倉式：頭門一座，約高一丈三尺八寸，中闊一丈，入深連簷一丈七尺六寸。兩傍耳房，每間闊八尺，以便住看倉人役。頂上用大竹篾覆之，蓋瓦。大門二扇，每扇闊三尺。東西廒房：大縣共該貯穀五千石，每邊應造廒房七間；中縣約共四千石，每邊應造廒房五間；小縣約共二千五百石，每邊應造廒房三間。每廒房一間，約貯穀四百石以上，約高一丈三尺六寸，闊一丈一尺二寸，入深一丈六尺。廒內先用地工將廒深築堅實，外簷用石板鑲砌，內用厚磚砌底，仍用條石墊擱楞木，從宜鋪釘松杉厚板，方鋪簟席。其倉頂上方木為椽，椽上用板幔，板上用大貓竹打笆覆之，笆上用土，土上蓋瓦，其瓦須密。各周圍廒牆腳闊二尺八寸，先行築實，方用條石砌腳三層，上用地伏磚扁砌，純灰抿縫中，用稍碎磚瓦，少以泥和填實，仍用鐵牽紛釘。如地勢高燥者，四面俱用磚牆，廒後及兩側牆俱包簷。廒前牆上簷闊二尺四寸，不拘七間、五間、三間，中俱隔為三段。七間者，中三間，兩傍各二間；五間者，中三間，兩旁各一間；三間者，亦隔三段，各開三門，氣樓亦如之。其廒內貼牆處，用木柵釘相思縫厚板，使穀不著牆，以防浥爛；廒口亦用相思厚板橫閘。如地勢卑濕者，廒前一面不用磚牆，廒栝外用圓木柵欄一帶，上面建廊，闊五尺六寸。廳前及兩倉外明堂空地，俱用石板鋪平，以便曬穀。正廳三間，中間作天花板，懸《聖諭六條》，以便朔望講習鄉約。約高一丈九尺六寸，中間闊一丈四尺八寸，兩旁每間闊一丈四寸，入深除簷二丈六寸。中間照壁門六扇，廳前兩旁用欄杆，外簷三尺，頂上用便磚，磚上用瓦，內地用方磚砌，簷下石板幔。三面牆垣牆腳闊二尺，先用地工築實，方用大石板砌腳三層，上用地伏磚扁砌，亦用鐵牽紛釘牢固。後社學三問，或買舊屋建造，約高一丈七尺二寸，中間闊一丈一尺二寸，兩傍每間闊一丈，人深一丈六尺四寸，頂上用幔板，鋪完蓋瓦。內地用方磚砌，兩傍用磚砌，腰牆上用窗，每邊四扇，中間用槅門四扇。三面牆垣牆腳闊二尺，先用地工築實，腳用石砌二層，高二尺，上用磚砌。本倉外周圍牆垣牆腳，闊三尺五寸，約高一丈一尺，上用牆梯瓦。蓋先用地工深築堅實，牆腳用大石塊，砌高三尺，方用土築，務離分牆一二尺，內可容人行。其土不可貼近本牆掘取。以上各項倉房廳舍，務期堅固經久，不在華美。其丈量地基、起造房屋並量木植磚石，俱用大官鈔尺為準其木匠小尺不用，須使畫一，毋致參差。

一、辦倉料倉廒每邊七間，合用柱木，每根徑六寸；矮柱，每根徑六寸；桁條，每根徑五寸五分；抽楣，每根徑四寸；椽木，每根徑三寸；穿柵木，每根徑四寸；地板愣木，每根徑五寸；地板壁板，每塊厚八分。正廳三間，合用中柱木，每根徑一尺一寸；用實木邊柱，每根徑九寸；大樑，每根長二丈，徑一尺四寸；二梁，每塊長一丈，徑一尺一寸；步梁，每塊長八尺，徑一尺；抽楣木，每根徑四寸五分；桁條，每根徑六寸；椽木，每根徑三寸。門房三間，合用柱木，每根徑五寸；桁條，每根徑四寸；抽楣木，每根徑三寸；大門二扇，每扇闊三尺。後社學三間，合用柱木，每根徑六寸；桁條，每根徑五寸五分；抽楣木，每根徑三寸五分；大樑，每根徑九寸，長一丈八尺；二梁，每塊徑八寸五分，長一丈；椽木，每根徑二寸五分，頂上用幔板，鋪完蓋瓦，其餘幫機、連簷、門窗等項開載不盡者，俱要隨宜酌量採買製作，務使與各項材木大小規式相稱。凡磚瓦，就於近倉之地立窯一二座，令窯户自燒造，石灰見買。地伏磚，每塊長一尺二寸，闊七寸，厚三寸，秤重十八斤，上燒『常平』二字；開磚每塊長一尺一寸，闊五寸，厚一寸；方磚每塊長闊各一尺；便磚每塊長七寸，闊六寸三分；瓦每塊長九寸，闊七寸，重一斤半。凡採買木植，俱要選擇圓長首尾相應、乾燥老黃色者，毋用背山白色嫩木。石板取青白堅細者，其黃色疏爛者不用。磚瓦擇青色者，黃色者不用。以上各項物料，各縣掌印官親將每倉應造廒廳舍逐一親自從實勘估，酌置定價，照數給銀，責令原定各役採買木石等料。搬運一到，即具數報掌印官並佐貳委官及總管，各查驗揀選，堪用者收之，不堪用者即時退換，不得虛冒混收。燒造磚瓦不如式者，不許混用。仍置薄送縣印鈐，日逐登填收發數目明白，委官不時稽查。各縣仍將查估過工料價銀總撒數目逐一造冊，報導查核。東西倉廒與正廳一應皆用新料，其門房社學等料，如有現成民房願賣、可以改用者，一照時價，見銀平買，庶工省費廉，建造尤速。惟不虧其價，而人自樂從矣。

徐光啟放糴倉穀法：各倉所銀糧出人之地，姦偽易生，若不立法稽核，恐民不沾平糴實惠。各縣凡遇放糴，先宜當官校準斗斛等秤，務與時勢相合。印單、釘號給各倉領用，仍存一副在官備照。次置官單，照式刊刻，聽各收銀富民刷印填給，交銀已完之人，執憑支穀。每倉置木籌三十根，每根長三尺，闊一寸二分，以天、地、人三字編號。自天一號曆至天十號止。地、人俱照編號，併發委官收候給糴，穀人執照出入。各富民於倉外擇一近便空處，專收價銀，經收守倉匡民在倉發穀。該縣選發謹慎吏役四名，赴糴穀倉聽用。一名掌籌傳送；一名在東邊門外查驗單票號籌；放人入倉；二人在西邊門內，一收單驗穀，一收籌放穀出門。倉內用大銅鑼一面，東邊門外置鼓一面。凡有保甲人民持銀赴糴，富民即時將銀秤收明白，備將保甲人民銀數並應與穀數登記號簿及填單付糴穀人執候。類有十人，先將天字型大小籌十根散給，各執單持籌從東邊聽吏查明，擊鼓三聲放人。如糴穀二石或一石五斗者，必數人支領，單上明注幾人進倉、領籌幾根。即一人止糴穀五斗，亦准領籌一根，蓋有一人即執一籌也。量穀牙斗，用擋平斛，不許用手平斛，致有高下。十人量完，發穀之人將單即注『發訖』二字，鳴鑼一聲，十人負穀齊行，然後門外擊鼓，放人入廒倉內，不致壅雜。若散天字號籌已盡，即散地字號籌，地字號籌已盡，即散人字號籌。計散人字號籌之時，而送天字號籌之吏已至矣，相繼輪轉，周流不窮。如東無單籌執照而入者，與西無單籌負穀而出者，及有單無籌、有籌無單並穀比單數多者，許各吏一體拿送究治。委官選差皂隸四名守門，捕役四名內外巡綽，以防姦弊。至晚收單，吏將單類送委官查銷，委官將銀封貯縣庫，仍聽道府並府管粮官、該縣正官不時親臨倉所查驗。或曰：限以五斗，恐貧民銀少；聽其升糴，恐人眾擁擠，富民收銀不及。宜另擇空處，每晨領穀數石，或以升糴，或以斗糴。此不論保甲，不用單籌，不拘銀錢，聽其便宜，至晚交價還官。此亦一法也。

清 俞森《義倉考》 隋開皇三年，朝廷以京師倉廩尚虛，議水旱備。度支尚書長孫平言：古者三年耕餘一年之積，九年作有三年之儲，雖水旱為災，而人無菜色，皆由勸導有方、蓄積先備故也。請令諸州百姓及軍人勸課當社，共立義倉。收穫之日，隨其所得，勸課出粟及麥，於當社造倉窖貯之。即委社司執帳簡校，每年收積，勿使損敗。若時或不熟，當社有饑饉者，即以此穀賑給。自是諸州儲峙委積。十五年，詔本置義倉，止防水旱。百姓之徒，不思久計，輕爾費損，於後乏絕觀此詔，則知當時義倉亦肩虛文耳。十六年，又詔社倉准上、中、下三等稅，上户不過一石，中户不過七斗，下户不過四斗。其後山東頻年霖雨，皆因水災，所在沉溺。天子遣使開倉振給，前後用穀五百餘萬石。

胡寅曰：撤饑莫要於近其人。隋義倉取之於民不后厚，而置倉於當社，饑民庶乎有濟。後世義倉之名固在，而置於州郡，一有凶饑無狀，有司固不以上聞也。良有司敢以上聞矣，比及報可，委屬吏經畫之，文移反覆，給散艱阻，監臨胥吏相與漫沒，其受惠者大抵城郭之近力能自達之人耳。居之遠者，安能扶老攜幼數百里以就龠合之廩哉？必欲有備無患，當以隋氏為法，而擇長民之官行勸農之法，輔以救荒之政，本末具舉。民之饑也，庶有瘳乎？

邱浚曰：義倉之法，其名雖美，其實於民無益。儲之於當社，亦與儲之州郡無以異也。何也？年之豐歉無常，地之燥濕各異，官吏之任用不久，人品之邪正不同，由是觀之，所謂義者，乃所以為不義，本以利民，反有以害之也。但見其事煩擾，長吏姦而已；其於賑恤之實，誠無益焉。然則如之何而可？愚竊謂：必將義倉見儲之米歸併於有司之倉，俾將所儲者與在倉之米挨湅以支，遇有荒年，照數量支以出，計其道里之費，運之當社之間以給散之就量用其中米以為脚費。任其事者，不必以見任之官，散之民者，不必以在官之屬。所司擇官以委，必責以大義，委官擇人以用，必加以殊禮，不必拘拘於所轄，專專於所屬。如此，庶幾民受其惠乎？

唐貞觀初，戴胄議：自王公以下，計墾田秋熟所在為義倉，歲凶以給民。太宗善之，沼畝稅六升，粟米秔稻，隨土地所宜，寬鄉斂以所種，狹鄉據青畝薄而督之。田耗十四者免其半，耗十七者皆免。商賈無田者，以其户為九等，出粟自五石至五斗為差，下下户及蠻獠不取。粟藏九年，米藏五年；卞濕之地，粟藏五年，米藏三年。歲不登，則以賑民，或貸為種，至秋而償。著為令。高宗以後，稍假以給他費，至神龍中略盡。元宗復置之。天寶八年，天下義倉米六千余萬石。【略】

開成元年，户部奏：諸州縣所置常平義倉，請通公私田畝，別納粟一升，逐年添貯義倉。斂之至輕，事必通濟；歲月稍久，自然盈充。

宋乾德中，詔諸州於各縣置義倉，歲輸二稅石，別收一斗。民饑欲貸充種食者，縣具籍申州，州長吏即計口貸訖，然後奏聞。

董熠曰：今之義倉，誠得遺人委積之遺意，然必散貯於鄉里郊野之間，則所及者均。蓋憔悴之民多在鄉村，於城郭頗少。比年義米轉輸州仓，一有凶歉，村落不能遍及。今應每遇凶歉，相度諸縣之饑太小，撥還義倉元米。其水脚之需，亦於米內量地里遠近消算。縣之於鄉亦然。如此，則山谷之民皆蒙其惠矣。

仁宗明道二年，詔議復義倉，不果。景祐中，集賢校理王琪請置，令五等已上户，隨夏秋二稅，二斗別輸一升，水旱減稅則免輸，州縣擇便地置倉貯之，領於轉運使。計以一中郡正稅歲人十萬石，則義倉可得五千石，推而廣之，則利博矣。明道中饑歉，國家欲盡貸饑民，則軍食不足，故民有流轉之患。是時兼併之家出粟數千石即補吏，是豈以官爵為輕歟？特愛民濟物不獲已為之爾。且兼併之家占田常廣，則義倉所人常多：中下之家占田常狹，則義倉所人常少。及水旱之濟，則兼併之家未必待此而濟，中下之民實先受其賜矣。事下有司會議，議者異同而止。

皇祐五年，右司諫賈黯乞立民社義倉疏。既上，上下其説司農寺，且命李充與黯合議以聞。乃下諸路度可否，而以為可行者才四路，餘或謂稅賦之外兩重供輸，或謂恐招盜賊，或謂已有常平以贍給，或謂置倉煩擾。於是黯復上奏，曰：臣嘗判尚書刑部，見天下歲斷死刑多至四千餘人，其間盜賊舉十六七。蓋愚民迫於饑寒，因之水旱，枉陷重辟。故臣請復民社義倉，以備凶歲。今諸路所陳，類皆妄議。若謂賦稅之外兩重供輸，則義倉之意，乃教民儲積以備水旱，官為立法，非以自利，行之既久，民必樂輸。若謂恐招盜賊，盜賊利在輕貨，不在麥粟。今鄉村富室有貯粟數萬石者，不聞有劫掠之虞。且盜賊之起，本由貧困。臣建此議，欲使民有貯積，雖遇水旱，不憂乏食，則人人自愛而重犯法，此正消除盜賊之原也。若謂有常平足以賑給，則常平之設，蓋以准平穀價，使無甚賤甚貴之傷，或遇兇饑，發以賑救，既已失其本意，而費又出公帑。今國用頗乏，所蓄不厚，近歲非無常平，小有水旱，輒流離餓莩，起為盜賊，則是常平果不足仰以賑給也。若謂置倉廩、斂材木恐為煩擾，則今州縣修治郵傳、驛舍，皆斂於民，豈於義倉獨畏煩擾？人情可與樂成，不可與謀始，願自朝廷斷而行之。然當時牽於眾論，終不果行。

仁宗時，張方平上倉廩論。略曰：比者敕書有諭州縣使立義倉之言，徒有空文而無畫一之制，於茲三年，天下皆無立。凡今之俗，苟且因循，嚴令堅約，猶復違慢，為民興利豈易？其人有位者無心，有心者無位，在上可行者務暇逸而從苟且，在下樂行者或牽束而不得專，以故民間利不克時興，害不得時去，積成弊蠹，以及喪敗。又凡事體興立實艱，隳壞孔易，或謀以為利，而轉以為害。彼義租社倉者，齊隋唐氏既嘗為之矣。始為百姓儲備之逋，終為辟君淫侈之費，是於藉外更生一調也。誠國家規前代之善策，為濟人之計，明立條式，權其斂出，令天下之縣各於逐鄉築為困廩，於中户已上、為之等級，課人穀麥。其輸人之數，視歲薄厚，為之三品，縣掌其籍，鄉吏守之，遇歲之饑發以賑給，小饑則約小熟之所斂，中饑則約中熟之所斂，大饑則約大熟之所斂，專自縣鄉檢校之，無使州郡計司侵取雜用焉。此則收自優户穰歲之有餘，散於貧人凶年之不足，不使兼併賈人挾輕資、蘊重財、筦其利，以豪奪於吾人。此其協於《大易》『裒多益寡，稱物平施』之意，符於周官『黨使相救，州使相周』之法，契詩人京坻之頌應時令賑乏之理，使民足而知順讓，益歸於本業，誠為國之大事也。

元祐間，上官均疏：臣聞盜賊之多，常起於凶歲；凶歲不足，常生於無備；備荒恤患，常平、義倉之設，最為良法。熙寧十年始備隋唐之舊，興置義倉，令人户於正稅斛蚪一石，別納五升，準備災傷賑濟，不得移用，法頗周密。蓋所斂至少，所聚至多，蓄之郡縣而散之於民。斂之少則民易以輸，聚之多則上足以施予，蓄之郡縣則凶歲有備，散之於民則人情無怨。此隋文皇、唐太宗嘗行於治平之世已試之效也。元豐八年，指揮諸路義倉一切廢罷，議者至今惜之。若以為擾民，則所出才二十分之一；若患他用，則當時已有著令。又況水旱不常，饑饉間有，發倉廩則每苦不足，行勸誘則不免強取，與其施之於倉卒，不若備之於無事。今平糴之法既以修復，唯義倉之制尚未興舉。臣以為義倉貯積，在近民居，則饑歲賑濟，無逋路奔馳之勞費而人受實惠。隋開皇中就社置倉，蓋以此也。臣欲乞興復義倉之法，令於村鎮有巡檢廨倉處建立倉廩，以便斂散。其餘條例，令有司更加修整，以備饑歲，誠非小補。

紹興中，趙令懇請糴州縣義倉米之陳腐者，沈該等言：義倉米不應糴，恐失預備。上曰：逐郡自有米數。若量糴十之三樁其價，次年復糴，亦何所損？

董煟曰：義倉本民間所寄，在法不當糴錢，但太陳則不可食，高宗言樁其價，次年復糴』，與今之糴米移用者有間矣。

二十八年，詔祖宗義倉，以待水旱，最為良法。州縣奉行不虔，寖失本意。或遇水旱，何以賑救？其令監司檢視實數，補還侵失。

董煟曰：義倉本民物，寄之於官。凶荒水旱，直以還民，不宜認為己物也。

劉行簡轉對奏狀略曰：義倉之法，論始於隋，增廣於唐，國朝因焉。隋開皇間，長孫平請令諸州百姓，勸課同社，共立義倉。收穫之日，各出粟麥藏焉，社司執帳檢校多少。歲或不登，則發以賑之。然立法有未備也。至唐貞觀間，戴胄請自王公以下，爰及眾庶，計所墾田稼穡畝頃，每至秋熟，以理勸課，盡令出粟，各於所在為立義倉。國朝乾德間，天子哀歲之不登而倉吏不以時出與民，於是著發粟之制，使不待詔令。其後病吏之煩擾而民罹轉輸之困，又罷之。至神宗始復舊制，民到於今賴焉。然而推行之意，有未盡合於古者，豈得不論？且所謂義倉者，取粟於民，還以賑之，固不可以不均。今也置倉入粟，止在州郡，歲饑散給，而山澤僻遠之民往往不沾其利，其力能赴州就食者蓋亦鮮少，況所待不足償勞，流離顛沛，有不可勝言者。此豈社倉之本意哉？臣愚謂義倉之粟，當於本縣村鄉多置倉窖，自始入粟以及散給，悉在其間。大縣七八處，小縣三四，遠近分佈，俾適厥中。未有倉窖，則寄寺觀或大姓之家，縣令總其凡，以時檢校。遇饑饉時，丞簿尉等分行鄉村，計口給曆，次第支散，旬一周之，庶幾僻遠之民均受其賜，不復棄家流轉道路。此厲害之較然者也。

乾道間，楊倓奏：義倉，在法夏秋正稅每斗別給五合，即正稅不及一斗免納，應豐熟一縣九分以上，即納一升，惟充賑給，不許他用。今諸路州縣常平、義倉米斛不少，年來雖間有災傷去處，支給不多，訪聞皆是擅行侵用，從來未曾稽考。乞下諸路稽考施行。趙汝愚疏：臣伏見州縣之間每遇水旱合行賑濟賑糶去處，往往施惠止及城郭，不及鄉村。鄉村之人為生最苦，有終日役役而不能致一錢者，使幸而得錢，則又一鄉之中富室無幾，近者數里，遠者一二十里，奔走告糴則已居後，於是老稚愁歎，始有避荒就熟、輕去鄉井之意。其間強有力者，又不肯坐受其斃，寇攘摽竊，無所不至，以陷於非辜。城郭之人，率不致此。故臣嘗謂城郭之患輕而易見，鄉村之害重而難知。然而求所以施行之策，則亦不過勸諭上户，廣行出糴，轉行常平義倉之米以賑之而已。夫勸諭上户，殆成虛文，轉移米斛，復多欺弊。臣愚欲望聖慈遠采隋唐社倉之制，而去其損耗乏絕之弊，明詔有司，將逐州每年合納義倉米斛，除五分依見行條法隨正稅就州縣送納外，將五分於逐鄉置廒，每歲輪差上户兩名充社司掌管收納，委本縣丞檢察，其欺弊不如法者正治之。使幸得連歲豐稔，所在稍有儲蓄，則鄉里晏然，若有所恃，雖遇歉歲，姦宄之心無自生矣。慶元初，詔户部右曹專領義倉。十一年，以臺臣請，通一縣之數，截留下户苗米，輸之於縣，別儲以備賑濟，使窮民不至於艱食。惟負郭義倉，令就州輸送。至於屬縣之義倉，則令丞同主之。每歲終，令丞合諸鄉所入之數上之守貳，守貳合諸縣所人之數上之提舉常平，提舉常平合一道之數上之庭，考其盈虛，以議最殿。【略】

元世祖時，趙天麟上策曰：隋立義倉，公私廩積可供五十年。至元六年有旨，每社立一義倉，社長主之。每遇年熟，每親丁納粟五斗、驅丁二斗，無粟聽納雜色，官司並不得拘檢、借貸、勒支。後遇歉歲，就給社民食用。社長明置收支文曆，致無損耗。自是以來二十餘年於今矣，然而社倉多有空乏之處。頃來水旱相仍，螟蝗蔽天，饑饉薦臻，四方迭苦，轉互就食，老弱不能遠移，而殍者眾矣。彼隋立義倉而富，今立義倉而貧，豈今民之不及隋民哉？臣試陳之：今條款使義倉計丁納粟，意以饑饉之時計丁出之，以取均也。又條款使驅丁半之，彼驅丁亦人也，尊卑雖異，口腹無殊，至儉之日，驅丁豈可獨半食哉？又計丁出納，則婦人不納，豈不食哉？又同社村居無田者，豈可坐視而獨不獲哉？樂歲粒米狼戾，乞丐者踵門，猶且與之，況一社之人而至儉，豈宜分彼此哉？是蓋當時議法大臣有乖陛下之本心也。伏望普頒明詔，詳諭農民：凡一社，立社長、社司各一人，社下諸人共穿築倉窖一所為義倉。凡子粒成熟之時納，則計田產頃畝之多寡而聚之。凡納例，常年每畝，粟率一升，稻率二升。凡大有年，聽自相勸督而增數納之。凡水旱螟蝗，聽自相免。凡捐社豐歉不均，宜免其歉者所當納之數。凡饑饉不得已之時出，則計口數之多寡而散之。凡出例，每口日一升，儲多每口日二升，勒為定體。凡社司、社長掌管義倉，不得私用。凡官司不得拘檢、借貸及許納雜色，皆有前詔在焉。如是則非惟共相賑救，而義風亦行。

至正間，立大司農司條畫，內一款：每社立義倉，社長主之。如遇豐年收成去處，各家驗口數，每口留粟一斗，若無粟，抵斗存留雜色物斛，以備歉歲就給。如人自行食用，官司並不拘檢、借貸、支動，經過軍馬，不得強行取要。社長明立文曆，如欲聚集收頓，或各家頓收，聽從民便，社長與社户從長商議，如法收貯，須要不致損壞。如遇天災不收去處，或本社內有不收之家，不在存留之限。明洪武初，命户部運鈔二百萬貫往各府州縣，預備糧貯。每縣於境內定為四所，於居民叢集處置倉。民家有餘粟願易鈔者，許運赴倉交納，依時價償其值。官儲粟而扃鑰之，令富民守視，凶歲賑給。已又令未備處皆舉行，而召天下老人至京，隨朝命擇其可用者，使齎鈔往各處，協同所有官司糴穀。

正統七年，令各府州縣一應職罰入官之物，俱於年終變賣在官，候秋成糴糧，預備振濟。

天順初，詔預備倉有司常加修理，蓄積糧儲。遇年凶民饑，驗口振濟。待豐年，仍將收貯在庫贓罰，照依時價收糴。收支之際，並令掌印官員專理，不許作弊。軍民人等，有願納粟穀者，照例收管，見數奏聞，以憑旌異。合於上司及風憲官按臨點閘，但有侵欺盜用者，便行拿問。

成化中，敕藩憲言：異時州縣設預備四倉，所以廣貯蓄，備旱澇，為民賴也。比及廢弛，宜核實見在貯蓄有無多寡之數，仍盡各處在官贓贖糴為備。有不敷，聽於存留糧內借撥，或於各里上中户勸助以充。其看守倉者，於附近里分僉殷實有行止者主之。至通同官吏實收虛放為侵盜者，論如律。衛所地亦如之。

弘治三年，户部議：預備倉糧係救荒至計，合照州縣大小、里分多寡、積糧難易斟酌舉行。其有司預備倉，十里以下，積糧一萬五千石；二十里以下，二萬石；三十里以下，二萬五千石；五十里以下，三萬石；一百里以下，五萬石；二百里以下，七萬石；三百里以下，九萬石；四百里以下，一十一萬石；五百里以下，一十三萬石；六百里以下，一十五萬石；七百里以下，一十七萬石；八百里以下，一十九萬石。如其數，斯為稱職；過其數者，果有卓異政績，聽撫按具奏旌異，給與本等誥命；過其數而多增一倍者，再有卓異政績，具題旌擢，仍給本等誥敕，行移吏部，遇缺不次擢用。不及數者，以十分為率，少三分者，罰俸半年；少五分者，罰俸一年；少六分以上，是為不職，候九年考滿，送吏部降用。至於知府，視所屬州縣，以積糧多寡為勸懲。如所屬州縣倉糧俱如數者，知府亦為稱職；州縣倉糧過其數而多增一倍兩倍者，知府知州一體旌異升擢。不及數三分及六分以上者，知府知州一體罰俸降用。至於六年，亦照此查算積糧多寡，以憑黜陟。其軍衛比之有司不同，必須量減，庶可責成。三年之內，每百户所各要積糧三百石數外有能積穀百石以上者，軍政掌印指揮千百户俱給羊酒花紅激勸；不及三百之數，一體住俸。以後年數，不拘石數，務要年年有積。無積者比較責罰，侵欺者參奏拿問。前項倉糧係有司者，著落有司府縣正官整理；係軍衛者，著落都司衛所軍政掌印正官整理；巡撫巡按分巡分守管糧管屯等官往來提督，時常稽考，以後仍三年一次查盤。詔從之。

胡世寧曰：弘治初年，州縣親民之官責其備荒積穀，多少以為殿最，所以民受實惠，固得邦本。正德以來，此官不重，輕選驟升，下焉者唯圖覓錢以防速退，上焉者惟事奉承取名以求早升，皆不肯盡心民事，民窮財盡，一遇凶荒，多致饑死。此先朝舊規宜遵復也。陳龍正曰：此時司計秉國者誰耶？徒講積聚而不講更換新昧之法，必至化為埃塵。且查盤數缺，必勒賠填，官民之累，俱無窮矣。困天下之粟，苦天下之官民，使粟陰銷耗於世間而百姓曾不得其用，不亦左乎？至於今日，天下皆無復有預備倉，實斯議蠱之也。使楊文貞主持，周文襄行事，肯若是哉？今存其計里積糧之數，以備稽考。

嘉靖中，王廷相言：備荒之政莫善於義倉，宜貯之里社，定為規式。一村之間，約二三百家為一會，每月一舉，第上中下户捐粟多寡，收貯於倉，而推有德者為社長，善處事能會計者副之。若遭凶歲，則計户給散，先中下者，後及上户。上户責之償，中下者免之。凡給貸悉隨於民，第令登記冊籍，以備有司稽考，則既無官府編審之煩，亦無奔走道路之苦。

户部尚書梁材言：天下郡縣各置預備倉，豐年則斂，歉年則散，本以為民，而行者率失初意。設立斗户，收守支放，文移往返，交盤旁午，斗户負累，民不沾仁。凡以屬之於官故也。今兵部侍郎王廷相欲仿古義倉之法，出之於民而藏之於社，社立正副。每月朔為社會，社正率屬讀高皇帝教民榜，申以同盟之約，舉眾中善惡獎戒之，記其社米。户口上者出什之四，中什之二，下什之一。荒歉，散及中下；大侵，上户亦次及之。蓋以有餘補不足者。昔人謂救荒無善政，臣謂義倉之法可以備荒。從之。

隆慶初，王君賞請寬積穀之例。言：近時有司，積穀之數雖已減半，然州縣大者數萬石，小者數千石，即日入民於罪，不可得盈，宜再減其額。時知州尹際可等積穀不如數，例當降調。吏部言：有司積穀備荒，雖亦急務，然校之正賦，輕重自是不同。況皆出贓罰紙贖及他設處，所人之數，視地方貧富、獄訟繁簡為差，不可以預定也。若必欲所在取盈，是徒開有司作威生事之端，反失濟民初意。上是之。

沈朝宣曰：倉號預備為凶荒設也，其積穀取諸罪贖，要在照時直徵銀，選委一二殷實誠篤大亡掌管。俟至銀多，諭令傾成足色，每千兩為一錠，官給批文，加以路費，立限差往多穀地面擇買嘉穀，差官監收；其斗級只令收貯看護。如此則穀雖年深，自堪食用。若令罪犯備穀上倉，則官吏斗級留難，以營分例，遂使附近積姦包納其穀，未免偽雜。一經查盤簸揚，勢必虧耗，其經手人員定遭問罪賠補。若值凶荒，窮民嗷嗷望食，徒以不堪者發賑，其何濟乎？

潘潢復積穀疏：查得先該户部奏行天下府州縣官，各照里社積穀備荒，立格勸懲，不為不密。但如每一小縣十里之地，三年之間，不問貧富豐凶，概令積穀萬五千石，限數既多，責效太速，以致中才剝削取盈，貪夫因緣為利，往往歲未及饑，民已坐斃，及遇凶荒，公私俱竭，為困愈甚。臣聞田野縣鄙者，財之本也；垣窌倉廉者，財之末也。與其聚民脂膏以實倉儲，孰與盡力溝洫以興水利？若宋儒朱子賑濟浙東，所至原野，極目蕭條，惟見有陂塘處田苗蔚茂，無以異於豐歲，於是益歎水利不可不修，謂使逐村逐保各治陂塘，民間可以保無流離餓莩之患，國家可以永無蠲減糶濟之費。此則救荒不如講水利明效大驗之可見者。合無本部備行都察院轉行各處御史，申明憲綱，嚴督所屬，凡境內應有圩岸壩堰坍缺、陂塘溝渠壅塞，務要趁時修築堅完，疏浚流通，以備旱澇，毋致失時，有傷禾稼，及因而擾害於民。每季終，預將疏築完壞備細緣由開報，御史及總督水利官員不時巡曆勘驗，如有申報不實及壞久不修、修不完固或因而害民者，並為不職，從實按勘施行。遇該考滿，務查水利無壞，方許起送。有能為民興利，如白起溉鄴、鄭國開渠之利者，具奏不次擢用。該管官員亦照所轄完壞多寡分數定注賢否，一體旌別。其八分紙價贖罪贓罰銀錢、香錢、引契、魚鹽茶酒等稅，不係解部者，悉如御史王重賢等所言，盡數糴穀入倉備賑，不許分外分毫科罰侵克剋，庶幾藏富於民，因地之利，雖有旱乾水溢，民無菜色。管子所謂積於不涸之倉，藏於不竭之府者，用此道矣。靳學顏論積穀疏：臣聞之，邊鄙強固，則遠人怵服；中原乂安，則邊鄙傾向。故中原者，邊鄙之根木也；百姓者，中原之根本也；衣食者，百姓之根本也。閭閻之細民，有終身無銀而不能終歲無衣，寧終歲無衣而不能終日無食。今百司宰卿夙夜不遑者，乃在銀而不在穀。臣竊慮之。夫以國家建都於燕，東極齊，西極秦，南阻江淮，神鼎之重，金甌之固，此萬世不拔之業也，而臣竊有慮焉。何哉？誠以京師北據幽都，更無郡縣而守在強敵，雖有東齊西秦，其形勢皆足以衛中原而自固，京師以南，絕無名山大澤之限、強藩興國之資，皇上南面而臨之，所恃以為腹心股肱之重者，惟河南、山東、江北裏八府之人心耳。此數處之人，率鷙悍而輕生，易動而難戢，遊食而寡積者也。一小不如意，則輕去其鄉，一有所激，則視死如歸，臣固視之熟矣。八府遭歉，則走山東，山東遭歉，則走江北，又未已也，匹夫作難，則千人響應，往事蓋屢驗之。然其弭之之計無他，不過曰恤農以係其家，足食以係其身，聚其骨肉以係其心而已。今試移文於此數處者而核其官舍之所藏，每郡得穀十萬焉，則司計者可安枕而無慮矣；得五萬焉，猶可以塞轉徙者之望；設不滿萬焉，真寒心哉！臣竊意其不滿萬者多也，即有水旱，何所賴焉？即有師旅之興，何所給焉？臣觀自古中原空虛，未有如今日者也。漢以前有廒倉，隋以前有洛口倉，唐有義倉，宋有常平倉，皆隨在而貯，不專京師。今徐、臨、德州皆有官倉，本為寄囤，至於存積，幾何哉？臣近日有疏為山西積穀，荷蒙皇上通行各省，臣非不知以用言為榮，而所慮者人意向不同，或行之不力，或施之無序，輒以為無益有損焉。臣且不堪其任咎也。臣前疏謂一曰官倉，蓋發官銀以糴者，此必甚豐，乃可以舉；一曰社倉，蓋收民穀以充者，此雖中歲，皆可以行。臣知中原空虛，不但穀少而銀亦甚少，其官倉一節，今歲已不能舉。又聞有災變，則社倉一節，今歲亦不能行。但能以今歲始講求其條件，加意於積儲，即明歲舉而後歲效，未晚也。此二倉者，社倉舉之甚易而效甚捷，然非官府主持於上，則其事終不能成矣。夫社倉即義倉也，蓋拾於漢耿壽昌而盛於隋長孫平、唐戴胄之徒，唐又最盛，計天下積至數千萬以上。及推其故，唐義倉之開，每歲自王公以下皆有人，是以其積獨多。臣所謂法令之行自貴近始也。宋則准各民正稅之數，於二十分而取其一以為社。蓋富者必田多，田多則稅多，稅多則社人多，亦唐意也。要之其出也，則中歉賑極貧；大歉賑中户；又大歉焉，乃沾及於富室。所謂恩擇之加，自無告始也。今之言官倉者，今年曰庫無銀焉，明年曰庫無銀焉，如是除八分紙贖之外，無幾耳。言社倉者，此曰官户當優免我也，彼曰占役何科擾我也，又田多者曰我不願賑於後，亦不願出於今也，如是不過貧民下户之輸，無幾耳。是二法終不可行，而中原之空虛如故也。夫民之饑也，必至於轉徙，轉徙不已，必至於為盜，盜必先諸官户與夫役占有力之家，而此輩多不悟，非官府主持而鼓舞之，終空言耳。臣請下以各省，以唐宋斂穀之法為則，而就土俗，合人情，占歲候，以通其變，限明春以里盡投各府已前見貯之數，以品其虛盈。斡明年冬末，通計一歲二倉新收之穀，驗其功能，著而為令，歲歲修之。在官倉者，時其豐歉而斂散之，利歸於官，民有大饑則以賑之。在民倉者，時其豐歉而斂散之，利歸於民，雖官有大役，亦不許借此。藏富於民，即藏富於官，皇上所為南面而恃以無恐者，其根本在此。今之言計者，不憂穀之不足而憂銀之不足。夫銀實生亂，穀實弭亂，銀之不足而泉貨代之，五穀不足則孰可以代者哉？故曰明君不寶金玉而寶五穀。伏惟聖明垂意疏入，部議請以防秋客兵銀並鹽課六萬發各府縣糴穀，又修復社倉，令所在有餘積，無為文具。竟不果行。

陳龍正曰：隋社倉、唐宋義倉，一事而異其名者也。隋唐畝賦六升，民困極矣。宋於正賦外二十加一，庶幾得中。然其大病，總在收貯於官。假如遘饑饉，悉以還民，猶多此一納一出，況來必還乎？設賑給時果盡免請弊，貧民猶苦奔走候領，況不及貧民乎？古之王者使民各蓄其有餘，而後世必欲取諸民而代為之蓄；古之王者自節其餘以春補秋助，而後世加取於正賦之外而強半更留以自肥，如之何農不饑死，朝與野不相胥以俱貧也？朱子仍社倉之名而默變其官貯之法，隋唐秕政返為純王，損下轉而益下矣。然當時亦但令民間自添社倉，未嘗革去官府義倉，須令民間鉒倉既多，官府義倉一概不用，然後全利而無害也。

明預備倉考《會典》：祖宗設倉貯穀以備饑荒，其法甚詳。凡民願納穀者，或賜獎敕為義民，或充吏，或給冠帶散官。今有司以官田地租稅契引錢及無礙官銀糴穀收貯，近時多取於罪犯紙贖，以所貯多少為考績殿最云。例具於後。洪武初，令天下縣分各立預備四倉，官為糴穀收貯，以備賑濟。就擇本地年高篤實民人管理。正統五年，奏准各處預備倉，凡侵盜私用、冒借虧欠等項糧儲，查追完足，免治其罪。其侵盜證佐明白不服賠償者，准士豪及盜用官糧論罪。又議准：凡民大納穀一千五百石，請敕獎為義民，仍免本户雜泛差役；三百石以上，立石題名，免本户雜泛差役二年。又敕廣西布按二司並巡按等官查勘預備倉糧，內有借用未還並虧折等項，著落經手人户供報追賠。其犯在赦前者，定限完日，悉宥其罪。赦後犯者追完，照例納米贖罪。若限外不完者，不論赦前後，連當房妻小發遼東邊衛充軍。又令六部都察院推選屬官，領敕分投總督各布按二司並府州縣官處置預備倉糧，仍令巡撫侍郎並都御史等官兼總其事。又令軍民人等各驗丁田自願出粟備荒者，聽從其便，官府不許逼抑科擾。又令各處預備倉，或為豪民佔據，責令還官；或年深損壞，量加修葺；其倒塌不存者，官為照舊起蓋。又令各處預備倉，凡民人自願納米麥細糧一千石之上、雜糧二千石之上，請敕獎諭。七年，令福建布政司，凡預備倉糧給借饑民，每米一石。候有收之年，折納稻穀二石五斗還官。成化六年，奏准預備救荒，凡一應聽考吏典，納米五十石，免其考試，給與冠帶辦事；在外兩考起送到部、未撥辦事吏典，納米一百石，在京各衙門見辦事吏典，一年以下納米八十石、二年以下納米六十石、三年以下納米五十石，免其考試，就便實撥，當該滿日，俱冠帶辦事，各照資格，挨次選用。又令在外軍民子弟思充吏者，納米六十石，定撥原告衙門遇缺收參。又令鳳陽、淮安、揚州三府軍民舍餘人等納米預備賑濟者，二百石，給與正九品散官；二百五十石，正八品；三百石，正七品。又令各處預備倉，州縣掌印官親管放支，不許轉委作弊。又令順天府河西務、山東臨清、直隸淮陽等關鈔貫暫且折收粳粟糧米，俱以十分為率，各存留三分，其餘七分，河西務運至天津衛、滄州等處，臨清運至東昌府德州等處，淮安運至濟寧州、徐州等處，揚州運至邳州桃源縣等處，俱各收貯預備官倉應濟，待明年豐稔，仍各收鈔。九年，令直隸保定等府州縣，兩考役滿吏典，納米一百石，起送吏部，免其辦事考試，就撥京考；二百五十石，免其京考，冠帶辦事；一百七十石，就於本府撥補，三考滿日送部免考，冠帶辦事，俱挨次選用。其一考三個月以里無缺者，納米八十石，許於在外轄曆兩考。弘治三年，定有司每十里以下，務要積糧一萬五千石，軍衛每一千户所，積糧一萬五千石，每一百户所三百石。每三年一次查盤。有司少三分者，罰俸半年；少五分者，罰俸一年；少六分以上者，九年考滿降用。軍衛不及三百之數者，一體住俸。弘治十年奏准：凡三年一次查盤預備倉糧，除義民情願納粟、因犯贖罪納米外，但有空閒官地佃收租米及贓罰紙價引錢不係起解、支剩無礙官錢，盡數糴米，三年之內不足原數、別無設法者，俱免住俸參究。十七年奏准：遼東預備倉米穀陳腐，查勘堪用者抵石放支。各該衛所官軍月糧，其米色頗陳尚堪食用者，酌量折添斗許，與新糧間月支給；浥爛不堪者，著令經收人員領出，照依律例追賠。耗糧照例遞減，支放盡絕，將廒座修理，照例召買上納。十八年議准：在外司府州縣問刑應該贖罪等項贓罰等物，盡行折納，糴買稻穀上倉，以備賑濟，並不許折收銀兩及指稱別項花銷。正德二年，令雲南撫按同三司掌印等官查勘各庫藏所積，除軍前支用銀物外，其餘堪以變賣及官地、湖地等項可以召人佃種收租者，盡數設法糴買米穀上倉，專備賑濟。又議准各司府州縣衛所問刑衙門，凡有例該納米者，每石折穀一石五斗，收貯各預備倉。四年議准：湖廣原留賑濟支剩銀兩，著糴買米穀上倉，以備荒年。五年奏准司府州縣衛所預備倉分添設土倉官盡行革退，照舊令州縣正官或管糧佐貳官收放。七年，令在外問刑衙門，凡問擬囚犯該納紙劄者，二分納紙，八分折米穀上倉，不許折收銀兩。又議准陝西所屬問刑衙門，將一應該收人犯贖罪紙價，准其收納粟米穀麥等項上倉。八年議准：遼東遇有本鎮犯該立功官員，免其立功，納穀一百石收貯預備倉。其別處發來立功，照舊行。十四年，令遼東比照宣大事例，將巡按並大小衙門問過一應議罪銀兩存留本處，以備買糧賑濟。嘉靖三年，令各處撫按官督各該司府州縣，於歲收之時，多方處置預備倉糧。其一應問完罪犯納贖納紙，俱令折收穀米，每季具數開報撫按衙門，以積糧多少為考績殿最。如各官任内三年、六年全無蓄積者，考滿到京，户部參送法司問罪。四年，令各處撫按官通查積穀備荒前後議處過事宜，翻刊成冊，分發所屬，著落掌印等官時常檢閲，永遠遵守。撫按清軍官，每年春季各將所屬上年收過穀石實數奏報，户部時常稽考，以憑賞罰。六年，令撫按二司督責有司，設法多積米穀，以備救荒。仍倣古人平糴常平之法，春間放賑貧民，秋成抵斗還官，不取其息。如見在米穀數少，將貯庫官錢並問過贖罪折抵銀兩，趁秋成時，委賢能官一員糴買，比時估量添二三文，府以一萬石、州以四五千石、縣以二三千石為率，明立簿籍查考。歲荒減價糶與窮民，仍禁姦豪，不許隱情捏名多買罔利，事發重治。八年，題准各處撫按官設立義倉，令本土人民，每二三十家約為一會，每會共推家道殷實、素有德行一人為社首，處事公平一人為社正，會書算一人為社副，每朔望一會。分別等第，上等之家出米四斗，中等二斗，下等一斗，每斗加耗五合入倉，上等之家主之。但遇荒年，上户不足者量貸，豐年照數還倉；中下户酌量賑給，不復還倉。各府州縣造冊送撫按查考，一年查算倉米一次。若虛，即罰倉首出一年之米。又令各處撫按官督所屬官，將贓罰稅契引錢一應無礙官錢糴買稻穀，或從宜收受雜糧，以備荒歉。各該官員果能積穀及數，聽撫按官核實旌異；若不用心舉行，照例住俸。又奏准州縣積糧之法，如十里以下，積糧一萬五千石；二十里以下，二萬石；三十里以下，二萬五千石；五十里以下，三萬石；百里以下，五萬石；二百里以下，七萬石；三百里以下，九萬石；四百里以下，一十一萬石；五百里以下，一十三萬石；六百里以下，一十五萬石；七百里以下，一十八萬石；八百里以下，一十九萬石。三年之内，務夠一年之用，如數為稱職，過數或倍增，聽撫按奏旌，不次升用。不及數者，以十分為率，少三分者，罰俸半年；少五分者，罰俸一年；少六分以上者，為不職，送部降用。知府視所屬州縣積糧多寡以為勸懲。其軍衛，三年之内，每一百户所各積穀三百石，數外多積百石以上者，軍政等官俱給花紅羊酒激勸，不及數者住俸。九年，令天下各府州縣，有積久米粟，盡數平糶以濟貧窮。候收成買貯新穀，務足前數。二十四年，議准徒杖笞罪，審有力者，俱令照例納米入預備倉，不許以稻黍雜糧準折上納。萬曆五年，議准行各撫按詳查地方難易，酌定上中下三等，為積穀等差。如上州縣，每歲以千石為準，多或至三二千石；下州縣以數百石為準，少或至百石。務求官民兩便，經久可行。自本年為始，著令定額，每年終分別蓄積多寡為賞罰。其不及數者，查照近例，以十分為率，少三分者罰俸三個月，少五分者半年，六分者八個月，八分以上者一年，仍諮吏部劣處。全無者，降俸二級，亦諮部停止行取推升。時有成效，撫按酌議題請復俸。若仍前怠玩，參究革職。七年，題准各省直撫按督、各州縣掌印官，將庫貯自理紙贖並撫按等衙門所留二分贓罰，盡數糴穀。其追贖事例，春夏折銀，秋冬納米。如年久穀多，酌量出陳易新，以免浥爛。又議准各省直撫按，酌量所屬知府地方繁簡貧富，定擬積穀分數。其積不及數者，與州縣一體查參；其升遷離任者，照在任一體參究。八年，題准各撫按官查盤積穀實數，分別府州縣總撒填注主守職名，每年終奏報。其更代官，候交盤明白，方准離任。又題准各有司積穀，除遵照原議外，不許妄行科罰，剝民利己。果有水旱災傷，具奏減免。其賑濟穀數，即申報開銷，不必復令饑民抵還。十一年，題准各省直撫按官，會同司道，各查所屬，除富庶州縣仍照原額積穀，其疲敝災傷及里分雖多、詞訟原少者，酌量裁減，以後照例查參。俱以三年為期，通融計算，分別蓄積實在之數，照例旌獎參罰。如三年之内偶遇升遷事故，撫按官行該司道按年考核，積穀如數方許離任。果有災荒事故委不能及原數者，明白具奏，方免參罰。其考滿朝覲，俱照例行。

清俞森《社倉考》 宋孝宗時，趙汝愚知信州，乞置社倉疏曰：臣伏見州縣之間，每通水旱合行賑濟、賑糶去處，往往施惠止及城郭，不及鄉村。鄉村之人為生最苦，有終日役役而不能致一錢者，便幸而得錢，則又一鄉之中富室無幾，近者數里，遠者一二十里，奔走告糴，則已居後，於是老稚愁歎，始有避荒就熟、輕去鄉井之意。其間強有力者又不肯坐受其斃，奪攘摽竊，無所不至，以陷於非辜。城郭之人，率不致此。故臣嘗謂城郭之患輕而易見，鄉村之害重而難知。然而求所以施行之策，則亦不過勸諭上户、廣行出糶、轉移常平義倉之米以賑之而已。夫勸諭上户，殆成虛文；轉移米斛，復多欺弊，臣愚欲望聖慈遠采隋唐社倉之制，而去其耗損乏絕之弊，明詔有司，將逐州每年合納義倉米斛，除五分依見行條法隨正稅就州縣送納外，將五分於逐鄉置廒，每歲輪差上户兩名充社司掌管受納，委本縣丞檢察。其蔽欺不如法者，正治之。使幸得連歲豐稔，所在稍有儲蓄，則鄉里晏然，若有所恃，雖遇歉歲，姦宄之心無自生矣。

甌寧縣有洞曰『回源』，劇賊范汝為向曾竊據。民性悍，小遇饑饉，群起殺掠。進士魏揆之謂：民易動，蓋緣艱食。乃請常平倉米一千六百石以貸鄉民，至冬而取，遂置倉於邑之長灘鋪，自後每歲散斂如常。民得以濟，不復思亂，草寇遂息。

陳龍正曰：社倉之利，一以活民，一以弭盜，非獨弭本境之盜也，且以清鄰寇焉。文公賑米於崇安，而盜擒於浦城；魏掞之置社倉於長灘鋪，而回源洞之悍民以化俗。吏見小小禍亂，輒議用兵，不知窮民之與姦雄非可一例行誅伐也。饑餓瀕死，威不能戢，惟惠澤可以已之。而方其饑餓，即金錢猶無以解其急也，必粟乃可。浦城盜距崇安僅二十里，用粟六百斛遂安吾民，消彼盜，兵威有此效乎？即金錢有此速乎？人疑其收息十二，有類青苗。然事貴可久，非輸息十年，何以使其後永不輸息？且豪民乘饑取利，凡貸粟者，出息恒十四五；至價貴甚，則又不許償本色，估計時值，至冬以金酬，蓋有賣冬粟三四石，僅清宿逋一石者。社倉之法行，則豪右不得施其不仁而細民之倍息可省，何必以暫收薄息為嫌哉？如一邑若干鄉區，每鄉每區立一社倉，誠為至計。賢士大夫有安和鄉里之心，不可不早議此，但當躬先倡率，風以動之，而毋強之云耳。

《崇安社倉記》朱熹：乾道戊子春夏之交，建人大饑。予居崇安之開耀鄉，知縣事諸葛侯廷瑞以書來屬予及其鄉之耆艾左朝奉郎劉侯如愚，曰：民饑矣，盍為勸豪民發藏粟下其直以賑之？劉侯與予奉書從事，里人方幸以不饑餓，而盜發浦城，距境不二十里，人情大震，藏粟亦且竭。劉侯與予憂之，不知所出，則以書請於縣、於府。時敷文閣待制信安徐公喜知府事，即日命有司以船粟六百斛泝溪以來，劉侯與予率鄉人行四十里受之黄亭步下，歸籍民口大小仰食者若干人，以率受粟，民得遂無饑亂以死，無不悅喜歡呼，聲動旁邑。於是浦城之盜無復隨和，而束手就擒矣。及秋，徐公奉祠以去，而直敷文閣東陽王公淮繼之。是冬有年，民願以粟償官貯。里中民家將輦載以歸有司，而王公曰：歲有凶穰，不可前料，後或艱食，得無復有前日之勞？其留里中而上其籍於府。劉侯與予既奉教，及明年夏，又請於府曰：山谷細民無蓋藏之積，新陳未接，雖樂歲不免出倍稱之息貸食豪右，而官粟積於無用之地，後將紅腐不復可食。願自今以往，歲一斂散，既以紓民之急，又得易新以藏，俾願貸者出息什二，又可以抑僥倖、廣貯蓄，即不欲者，勿強。歲或不幸小饑，則弛半息；大侵則盡蠲之，於以惠活鰥寡，塞禍亂源，甚大惠也。請著為例。王公報，皆施行如章。既而王公又去，直龍圖閣儀真沈公度繼之。劉侯與予又請曰：粟若分貯民家，於守視出納不便。請仿古法，為社倉以貯之。不過出捐一歲之息，宜可辦。沈公從之，且命以錢六萬助其役。於是得藉黄氏廢地而鳩工度材焉，經始於七年五月，而成於八月，為倉三、亭一，門牆守舍無一不具。司會計、董工役者，貢士劉復、劉得興，里人劉瑞也。既成而劉侯之官江西幕府，予又請曰：復與得興皆有力於是倉，而劉侯之子將仕郎琦嘗佐其父於此，其族子右修職玶亦廉平有謀，請得與並力。府以予言，悉具書札請焉。四人者遂皆就事，方且相與講求倉之利病，具為條約。會丞相清源公出鎮茲土，入境問俗，予與諸君因得具以所為條約者迎白於公。公以為便，則為出教，俾歸揭之楣間，以示來者。於是倉之庶事，細大有程，可久而不壞矣。予惟成周之制，縣都皆有委積以待凶荒，而隋唐所謂社倉者，亦近古之良法也。今皆廢矣。獨常平、義倉尚有古法之遺意，然皆藏於州縣，所惠不過市井遊惰輩，至於深山長穀力穡遠輸之民，則雖饑餓瀕死而不能及也。又其為法太密，使吏之避事畏法者視民之殍而不肯發，往往全其封鐍，遞相付授，至或累數十年不一訾省，一旦甚不獲已，然後發之，則已化為浮埃聚壤而不可食矣。夫以國家愛民之深，其慮豈不及此？然而未之有改者，豈不以里社不能皆有可任之人？欲一聽其所為，則懼其計私以害公，欲謹其出入，同於官府，則鉤校靡密，上下相遁，其害人必有甚於前所云者，是以難之而弗暇耳。今幸數公相繼，其憂民慮遠之心，皆出乎法令之外，又皆不鄙吾人以為不足任，故吾人得以及是。數年之間，左提右挈，上說下教，遂能為鄉閭立此無窮之計，是豈吾力之獨能哉？惟後之君子，視其所遭之不易者如此，無計私害公，以取疑於上，而上之人亦毋以小文拘之，如數公之心焉，則是倉之利，夫豈止於一時？其視而效之者，亦將不止於一鄉而已也。因書其本末如此，刻之石，以告後之君子云。

淳熙八年，朱熹上社倉議。曰：臣所居建甯府崇安縣開耀鄉，有社倉一所。係昨乾道四年，鄉民艱食，本府給到常平米六百石，委臣與本鄉土居朝奉郎劉如愚同共賑貸，至冬收到元米。次年夏間，本府復令依舊貸與人户，冬間納還。臣等申府措置，每石量收息米二斗，自後逐年依此斂散。或遇小歉，即蠲其息之半；大饑，即盡蠲之。至今十有四年，支息米造成倉廒三間收貯，已將元米六百石納還本府。其見管三千一百石，並是每年人户納到息米，已申本府照會，將來依前斂散，更不收息，每石只收耗米三升。係臣與本鄉土居官及士人數人同共掌管，遇斂散時，即申府差縣官一員監視出納。以此之故，一鄉四五十里之間，雖遇凶年，人不闕食。竊謂其法可以推廣行之他處，而法令無文，人情難強，妄意欲乞聖慈，特依義役體例行下諸路州軍，曉諭人户，有願依此置立社倉者，州縣量支常平米斛，責與本鄉出等人户主執斂散，每石收息二斗，仍差本鄉土居或寄居官員、士人有行義者與本縣官同共出納。收到息米十倍本米之數，即送原米還官，卻將息米斂散，每石只收耗米三升。其有富家情願出米作本者，亦從其便。息米及數，亦與撥還。如有鄉土風俗不同者，更許隨宜立約，申官遵守，實為久遠之利。其不願置立去處，官司不得抑勒，則亦不至騷擾。此在今日言之，雖無所濟於目前之急，然實公私儲蓄預備久遠之計，及今歉歲施行，人心願從者眾。其建寧府社倉見行事目，謹錄一通進呈，伏望聖慈詳察，特賜施行。孝宗從其言，遍下諸路仿行其法，任從其便。其斂散之事，與本鄉耆老公共措置，州縣並不得干預抑勒。

又《社倉事目》　一、逐年十二月份，委諸部社首保正副，將舊保簿重行編排，其間有停藏逃軍及作過無行止之人隱匿在內，仰社首、隊長覺察申報尉司，追捉解縣根究，其引致之家，亦乞一例斷罪。次年三月內，將所排保簿赴鄉官交納，鄉官點檢，如有漏落及妄有增添一户一口不實，即許人告，審實申縣，乞行根治。如無欺弊，即將其薄紐算人口，指定米數，大人若干，小兒減半，候至貸日，將人户請米狀拖對批填，監官依狀支散。

一、逐年五月下旬新陳未接之際，預於四月上旬申府，乞依例給貸，仍乞選差本縣清強官一員、人吏一名、㪷子一名前來，與鄉官同共支貸。

一、申府差官訖，一面出榜排定日分，分都支散先遠後近，一日一都，曉示人户產錢六百文以上及自有營運衣食不缺，不得請貸，各依日限，具狀狀內開説大人小兒口數結保每十人結為一保，遞相保委。如保內逃亡之人，同保均備取保。十人以下不成保不支。陳龍正曰：不成保不支，將聽畸零窮民之餓乎？不如金華縣規附甲為妥，正身赴倉請米。仍仰社首保正副、隊長、大保長並各赴倉識認面目，照對保簿，如無偽冒重疊，即與簽押保明其社首、保正等人不保而掌主保明者聽。其日監官同鄉官人倉，據狀依次支散。其保明不實別有情弊者，許人告首，隨事施行，其餘即不得妄有邀阻。如人户不願請貸，亦不得妄有抑勒。

一、收支米用淳熙七年十二月本府給到新漆黑官桶及官㪷，仰㪷子依公平量。其監官鄉官人從，逐廳只許兩人人中門，其餘並在門外，不得近前挨拶攙奪人户所請米斛。如違，許被擾人當廳告覆，重作施行。

一、豐年如遇人户請貸官米，即開兩倉，存留一倉。若遇饑歉，則開第三倉，專賑貸深山窮谷耕田之民，庶幾豐荒賑貸有節。

一、人户所貸官米，至冬納還不得過十一月下旬。先於十月上旬定日申府，乞依例差官將帶吏㪷前來，公共受納，兩平交量。舊例每石收耗米二斗，今更不收上件耗米。又慮倉廒折閱無所從出，每石量收三升，准備折閱。及支吏㪷等人飯米，其米正行附曆收支。

一、申府差官訖，即一面出榜排定日分，分都交納先近後遠，一日一部。仰社首隊長告報保頭，保頭告報人户，遞相糾率，造一色幹硬糖米，具狀同保共為一狀，未足不得交納。如保內有人逃亡，即同保均備納足赴倉交納。監官、鄉官、吏㪷等人，至日赴倉受納，不得妄有阻節及過數多取。其餘並依給米約束施行其收米人吏斗子，要知首尾，次年夏支貨日不可換。

一、收支米訖，逐曰轉上本縣所給印曆。事畢日，具總數申府縣照會。

一、每遇支散、交納日，本縣差到人吏一名、㪷子一名、社倉算交司一名、倉子兩名，每名日支飯米一㪷約半月，發遣裹足米二石，共計米一十七石五斗；又貼書一名、貼斗一名，各日支飯米一斗約半月，發遣裹足米六斗，共計四石二斗；縣官人從七名、鄉官人從共一十名，每名日支飯米五升十日，共計米八石五斗。已上共計米三十石二斗，一年收支兩次，共用米六十石四斗。逐年蓋牆並買藁薦修補倉廒，約米九石，通計米六十九石四斗。

陳龍正曰：每人日支飯米一斗，太多矣，應減為一升五合，另給酒菜銀數分，上下均便。張文嘉曰：支收交納，各有定限，為日不多。在鄉官士人，知此義舉，斷不計利。至於吏人、倉子，安肯空勞？每名支飯米一斗，即寓相犒之意。若減為一升五合，又給酒菜之資，不惟反多煩瑣，抑恐不足服此輩之心。其鄉官並僕從恐有貧薄者，亦必須支米五斗，方足薪水之用。固知朱子非過厚也。

又按朱子當日始創此事，故須官府彈壓。倘今舉行社倉，則保薄赴官交納及申縣乞差吏斗諸事，俱不必行，止須支給司社及倉守效勞宜力諸人可也。

一、排保式：某里第某都社首某人，今同本都大保長隊長編排到都內人口數下項：

甲户大人若干口，小兒若干口，居住地名某處；或產户開説產錢若干，或白煙耕田、開店買賣、土著外來，係某年移年，逐户開。
餘開：
右某等今編排到都内人户口數在前，即無漏落及增添一户一口不實，如
招人户陳首，甘伏解縣斷罪。謹狀。
年月日大保長姓名
隊長姓名
保正副姓名
社首姓名
一、請米狀式：某都第某保隊長某人、大保長某人下某處地名；保頭某人
等幾人，今遞相保委，就社倉借米，每大人若干，小兒減半，候冬收日，備
乾硬糙米，每石置收耗米三升，前來送納。保内一名走失事故，保内人情願
均備取足，不敢有違。謹狀。
年月日保頭姓名
甲户姓名
大保長姓名
隊長姓名
保長姓名
社首姓名
一、社倉支貸交收米斛，合係社首保正副告報隊長、保長，隊長、保長
告報人户。如闕隊長，許人户就社倉陳説告報，社首依公差補。如闕社首，
即申尉司定差。
一、薄書鎖鑰，鄉官公共分掌。其大項收支，須監官簽押，其餘零碎出納，
即委鄉官公共掌管。務要均平，不得徇私容情，别生姦弊。
一、如遇豐年，人户不願請貸，至七八月而產户願請者聽。
一、倉内屋宇什物，仰守倉人常切照管，不得毁損及借出他用。如有損失，
鄉官點檢，勒守倉人賠償。如些小損壞，逐時修整；大段改造，臨時具因依申府，
乞撥米斛。

陸九淵曰：社倉固為農之利，然農田常熟，則其利可久。苟非常熟之田，一遇歉歲，則有散而無斂，來歲缺種糧時，乃無以賑之。莫若兼置平糴一倉，使無貴賤之患。折所糴為二，每存其一，以備歉歲，代社倉之匱，實為常利也。

陳龍正曰：文公社倉之法，利賴無窮。其最要在『不願置立去處，官司不得抑勒』二語。孝宗仁明，詔任從民便，斂散之事，州縣不得干預。至矣哉！社倉之事蔑以加矣。若必强民置立，斂散由官，即與荊公青苗無異。此經世之學，最貴於圓通也。青苗者，田未熟而貸之錢，田已熟而收其利。安石嘗行此於一邑，甚善，然猶躬通下情，隨其願與不願也。至當國時，欲以此行之天下，而守令者又阿重臣意，皆以多散錢多得利為稱職，不問貧富緩急强與之，又寄權人役，出納之際，輕重為姦，而民遂怨詻載道矣。

《金華潘氏社倉記》朱熹：淳熙二年，東萊吕伯恭自婺來，訪予於屏山之下，觀於社倉發斂之政，喟然歎曰：此周官委積之法、隋唐義廩之制也。吾將歸而屬諸鄉人、士友相與糾合而經營之，使閭里有賑恤之儲而公家無龠合之費，不尤愈乎？伯恭既歸，不三年而卒，遂不果為。其卒之年，浙東果大饑。予因竊歎，以為向使伯恭之志得行，必無今日之患。既而尚書下予所奏社倉事，諸道募民欲為者聽之。民蓋多慕從者，而未幾予亦罷歸，又不果有所為也。是時伯恭之門人潘君叔度感其事而深其意焉，且念其家自先大夫時已務賑恤、樂施予，歲捐金帛不勝計矣，而獨不及聞於此也，於是慨然出粟五百斛，為之斂散以時，規畫詳備，一都之人賴之，而其積之厚而施之廣，蓋未已也。一日以書來曰：此吾父師之志，子幸克成之，然世俗不能不以為疑也。子其可不為一言以解之乎？予惟有生之類，莫非同體，惟君子為能無有我之私以害之，故其愛人利物之心為無窮。特窮而在下，則禹稷之事有非其分之所得為者，然苟以其家之有餘而推之以與鄰里鄉黨，則固吾聖人之所許，而未有害於不出其位之戒也。况叔度之為此，特因其墳廬之所在而近及乎十保之間，以承先志，以悦親心，以順師指，而何不可之有哉？抑凡世俗之所以病乎此者，不過以王氏之青苗為説耳。以予觀於前賢之論而以今日之事驗之，則青苗者，其立法之本意固未為不善也，但其給之也以金而不以穀，其處之也以縣而不以鄉，其職之也以官吏而不以鄉人士君子，其行之也以聚斂亟疾而無惨怛忠厚之心，是以王氏能行丁一邑而不能行乎天下。子程子嘗極論之，而卒不免於悔其已甚而有激也。婺人蓋多叔度同門之士，必有能觀於叔度所為之善，而無疑於青苗之説者，則庶乎其有以廣夫君師之澤，而使環地千里永無捐瘠之民矣，豈不又甚美哉！叔度名景憲，與伯恭同年進士，年又長而屈首受學於伯恭無難色。師没，守其説不懈益

虔，於書無所不讀，蓋深有志於當世。然以資峭直，自度不能隨世俯仰，放自中年不復求仕而獨於此為拳拳也倉在婺女鄉安期里。

頻光衷曰：凡害民之政，其始盡言利民，上開一孔，下開百竇。城郭富豪之家猶能支吾，乃若山谷僻陋蒙叟孤稚，目不識文告，耳不辨官音，舌不解敷陳，手不能訴寫，見里長則面色青黄，望公門則心戰膽栗，稍有桀驁，皆得望風索騙，幻弄吞侵，其為淩虐，寧可數計？每見上人撫循至意，不得已而開此，盡孜孜丁寧，惟恐有失，然予權任事，則情勢不能無假借，而假借之下復有假借，則侵漁之外復肆侵漁，於是告訐日煩，獄訟日滋，罪罟曰長，愁怨日盈，而太平之風索然盡矣。

又 金華社倉規約計

一、社倉穀本五百石。

一、社倉只置總簿一面；紙盡，置第二面。

一、一甲不許過三十人，甲頭一人。不滿十人附甲，不許詭名冒籍犯者出社，甲頭改替。許同甲告，罰甲頭所納給賞。

一、散穀以三時謂除夜或下田、接新，並須甲頭相度。

一、每户借一石，甲頭倍之。無居止及有藝人不借若口累衆多，作田廣，甲頭保明，別議增借。

一、借穀上薄不立契還訖，就簿勾銷。

一、借穀日，每户納錢五十文，甲頭免十五文給甲頭，十文守倉人，十文雜支，十五文掌倉量錢。此外不許分文乞索。許甲內人告，以所得錢文給賞。

陳龍正曰：此法免息後猶可行，若出息二斗，又見納五十文，太重矣。

張文嘉曰：不若每石止令納白銀三分，匯收一處，俟完日，共計銀若干，作五十股派開，照法分給各項人，亦酌中之道。

一、量穀，本甲甲頭執概並見清量掌倉人擅執概，改替。

一、還以三限，限以三日謂如十甲，每甲若干人，一限鈉若干，並甲頭預報定日子，一人不到甲內，穀並留倉，候齊交量。

一、息穀二分請石取息二斗，中饑減半，大饑盡免。本户納息已滿十年，免收息謂第一年納，至十一年免。

一、耗穀三厘謂穀一石取耗三升，以備折閱及充每歲社倉雜費。

一、甲內逃亡，甲頭同甲內均填，甲頭倍之若係時疫户絕，甲頭申倉差人審實，候還穀日銷落。不循理者，雖已還，出社。

一、息穀有餘，遇饑荒給散計所有每人，大人二升，小兒一升，十日止，並以入籍户口為定。

一、社衆於規約犯一事，不借一年；再犯出籍。

清江縣社倉規約五款

一、所借給貴均平，亦慮失陷米本。其支借時，鄉官審問社首及甲內人某人可借若干，衆以為可，方可支借。其素號遊手及雖農業而衆以為懶惰頑慢者，亦不支貸。

一、鄉官踏逐善書寫百姓一人不得用罷役過犯人專充書寫薄書。如收支執概，就差社首。遇收支日，日支飯米一斗。

一、倉中事務並委鄉官掌管，但差使保正、編排人户、磨對簿曆、彈壓斂散、踏逐倉康、追斷逋負之類，須官司行遣。

張文嘉曰：惟梗化敗度者，用官司行遣可也。

一、鄉官從本軍給帖及有朱記，主執行遣。

一、簿用紙劄，每歲於息內支散。

《建寧府建陽縣長灘社倉記》朱熹：建陽之南里曰招賢者，三地接順昌、甌寧之境，其峽多阻而裕尤勁悍。往歲兵亂之餘，稂莠不盡去，小遇饑饉，輒復相挺，群起肆暴，率不數歲一發。雖尋即夷滅無噍類，然願民良族㬱刻之間已不勝其驚擾矣。紹興某年，歲適大侵，姦民處處群聚，飲博嘯呼，若將以踵前事者，里中大怖。里之名士魏君元履為言於常平使者袁侯復一，得米若干斛以貸，於是物情大安，姦計自折。及秋將斂，元履又為請得築倉長灘，廄置之旁，以便輸者，且為後日凶荒之備，毋數以煩有司。自是歲小不登，即以告而發之。如是數年，三里之人始得飽食安居，以免於震擾夷滅之禍，而公私遠近無不陰受其賜。蓋元履少好學，有大志，自為布衣，而其所以及人者已如此。蒙其惠者，雖知其然，而未必知其所以然也。其後元履既沒，官吏之職其事者不能勤勞恭恪如元履之為，於是粟腐於倉，而民饑於室，或將發之，則上下請賕，為費已不貲矣。官吏來往，又不以時，而出納之際，陰欺顯奪，無弊不有，大抵人之所得秕糠居半而償以精鑿，計其候伺亡失諸費，往往有過倍者，是以貸者病焉，而良民凜凜於凶歲猶前日也。淳熙十一年，使者宋侯若水聞其事，且知邑人宣教郎周君明仲之賢，即以元履之事移書屬之，且下本台所被某年某月某日制書，使得奉以從事。蓋歲以夏貸而冬斂之，且收其息什之二焉，行之三年，而三里之間人情復安，如元履亡恙。時什二之收，歲以益廣。周君既以增葺其棟宇，又將稍振其餘，以漸及於旁近，蓋其惠之所及，且將日增月衍而未知其所止也。周君以予嘗有力於此者，來請文以為記。予與元履早同師門，遊好甚篤，既追感其陳跡，又嘉周君之能繼其事而終有成也，乃不辭而為之説。如此則又念昔元履既為是役，而予亦為之於崇安，其規模大略仿元履，獨歲貸收息為小異。元履常病予不當祖荊舒聚斂之餘謀，而予亦每憂元履之粟久儲速腐，惠既狹而將不久也。講論餘日，盃酒從容，時以相訾謷，而訖不能以相詘。聽者從旁抵掌觀笑，而亦不能決其孰為是非也。及是宋侯周君乃卒用予所請事，以成元履之志，而其效果如此，於是論者遂以予言為得，然不知元履之言雖疏，而其忠厚懇惻之意，藹然有三代王政之餘風，豈予一時苟以便事之説所能及哉？當時之爭，蓋予之所以為戲，而後日之請，所以必曰息有年數以免者，則猶以不忘吾友之遺教也。因並書之，以視後人，使於元履當日之心有以得之，則於宋侯、周君今日之法有以守而不壞矣。元履，名掞之，嘗以布衣召見。天子悅其對，即日除太學錄。尋以數論事，不得久居中。既而天子思復召用之，則元履既卒矣。上為悵然久之，詔有司特贈直秘閣云。

《建寧府建陽縣大闡社倉記》朱熹：招賢里大闡羅漢院之社倉，新侯官大夫周君某之所為而長灘之別貯也。始秘閣魏君之築倉於長灘，非擇其地而處之也，因其船粟之委，於是而藏焉耳。故倉之所在，極里之東北，而距西南之境遠或若干里，貸者多不便之。而是時率常數歲乃一往來，則猶未甚以為苦也。淳熙甲辰，周君始以常平使者宋公之檄司其發斂之政，而以歲貸收息之令從事，既為之更定要束，搜剔蠹弊，而以時頒焉，民已悅於受賜矣。周君因益問以因革之宜，而有以道里不均之説告者，且曰自今以往，一步而往來者再，則其勞佚之相絕，又非前日比矣。周君於是白之宋公，而更為此倉，以適遠近之中，且令西南境之受粟者即而輸焉，來歲遂以遠近分土，使各集於其所以待命。民既歲得飽食，而又無獨遠甚勞之患，於是咸德周君，而相率來請文以記其成。昔予讀《周禮》旅師、遺人之官，觀其頒斂之疏，數委積之遠邇，所以為之制數者，甚詳且密，未嘗不歎古之聖人既竭心思而繼之以不忍人之政，其不可及乃如此。及今而以是倉之役觀之，則彼其詳且密者，亦安知其不有待於歷時之久、得人之多而後乃至於此耶？因為之記其本末，以為後之君子或將有考於斯焉。周君，字居晦，好讀書，有志當世之務，吏事亦精敏絕人，不但此為可書也。

《邵武軍光澤縣社倉記》朱熹：光澤縣社倉者，縣大夫毗陵張侯訢之所為也。光澤於邵武諸邑最小而僻，自張侯之始至，則已病夫市里之間民無蓋藏，每及春夏之交，則常糴貴而食艱也。又病夫中下之家當產子者，力不能舉，而至或棄殺之也。又病夫行旅之涉吾境者，一有疾病，則無所於歸，而或死於道路也。方以其事就邑之隱君子李君呂而謀焉，適會連帥趙公亦下崇安建陽社倉之法於屬縣，於是張侯乃與李君議，略仿其意，作為此倉，而節縮經營，得他用之餘，則市米千二百斛以充。入之夏，則損價而糶，以平市估，冬則增價而糴，以備來歲。又買民田若干畝，籍僧田、民田當沒入者若干畝，歲收米合三百斛，併入於倉，以助民之舉子者，如帥司法。既又附倉列屋四楹，以待道途之疾病者，使皆有以棲托飲食而無暴露迫逐之苦。兼其創立規模、提挈綱領，皆張侯之功，而其條畫精明，綜理纖密者，則李君之力也。邑人既蒙其利而歌舞之，部使者亦聞其事而加勸獎焉。於是張侯樂其志之有成而思有以告來者，使勿壞則，以書來請記。予讀古人之書，觀古人之政，其所以施於鰥寡孤獨困窮無告之人者至詳悉矣。去古既遠，法令徒設而莫與行之，則為吏者賦斂誅求之外，亦飽食而嬉耳，何暇此之問哉？若張侯者，自其先君子而學於安定先生之門，則已悼古道之不行，而抱遺經以痛哭矣。及其聞孫，遂傳素業，以施有政，宜其志慮之及此而能委心求助，以底於有成也。李君於予蓋有講學之舊，予每竊歎其負經事綜物之才以老而無所遇也。今乃特因張侯之舉而得以粗見其毫末，是不亦有感夫？故予既書張侯之事，而又附以予之所感於李君者，來者尚有考云。

《常州宜興縣社倉記》朱熹：始予居建之崇安，嘗以民饑請於郡守徐公嘉，得米六百斛以貸，而因以為社倉。今幾三十年矣，其積至五千斛而歲斂散之，里中遂無凶年。中間蒙凰召對，輒以上聞，詔施行之而諸道莫有應者，獨閩帥趙公汝愚、使者宋公若水為能廣其法子數縣，然亦不能遠也。紹興五年春，常州宜興大夫高君商老實始為之子其縣善卷、開寶諸鄉，凡為倉者十一，合之為米二千五百有餘斛，擇邑人之賢者承議郎趙君善石、周君林、承直郎周君世德以下二十有餘人以典司之，而以書來屬予記。予心許之，而未及為也。會是歲浙西水旱，常州民饑尤劇，流殍滿道，顧宜興獨得下熟而貸之，所及者猶有賴焉。然予猶慮夫貸者之不能償，而高君之惠將有所窮也。明年春，高君將受代以去，乃復與趙周諸君皆以書來趣予文，且言去歲之冬，民負米以輸者繈屬爭先，視貸籍無龠合之不入。予於是益喜高君之惠將得以久於其民，又喜其民之信愛其上而不忍欺也，則為之計其所以然者。抑又慮其久而不能無敝於其間也，則又因而告之曰：有治人無治法，此雖老生之常談，然其實不可易之至論也。夫先王之世，使民三年耕者必有一年之蓄，故積之三十年，則有十年之蓄，而民不病於凶饑。此可謂萬世之良法矣。其次則漢之所謂常平者，今固行之，其法亦未嘗不善也。然考之於古，則三登太平之世蓋不嘗有，而驗之於今，則常平者獨其法令、薄書、莞鑰之僅存耳。是何也？蓋無人以守之，則法為徒法而不能以自行也。而況於所謂社倉者，聚可食之物於鄉井荒閑之處，而主之不以任職之吏，馭之不以流徒之刑，苟非常得聰明仁愛之令如高君，又得忠信明察之士如今日之數公者，相與並心一力，以謹其出納而杜其姦欺，則其法之難守不待它日而見之也。此又予之所身試者，故並書之以告後之君子云。

《建昌軍南城縣吴氏社倉記》朱熹：乾道四年，建人大饑，熹請於官，始作社倉於崇安縣之開耀鄉，使貧民歲以中夏受粟於倉，冬則加息什二以償。歲小不收，則弛其息之半；大侵，則盡弛之。期以數年子什其母，則惠足以廣而息可遂捐以予民矣。行之累年，人以為便。淳熙辛丑，班以使事入奉，因得條上其說，而孝宗皇帝幸不以為不可，即頒其法於四方，且詔民有慕從者聽，而官府毋或與薄。德意甚厚，而吏惰不恭，不能奉承，以布於下。是以至今幾二十年，而江浙近郡田野之民猶有不與知者。其能慕而從者，僅可以一二數也。是時南城貢士包揚方客里中，適得尚書所下報可之符以歸，而其學徒同縣吴伸與其弟倫見之，獨有感焉，經度久之，乃克有就。遂以紹熙甲寅之歲，發其私穀四千斛者以應詔旨，而大為屋以貯之，涖事有堂，燕息有齋，前引兩廊對列六庾，外為重門以嚴出納。其為條約，蓋因崇安之舊而加詳密焉。即以其年散斂如法，鄉之隱民有所仰食，無復死徙變亂之處。咸以德於吴氏，而伸與倫不敢當也，則謹謝曰：是倉之立，君師之教，祖考之澤，而鄉鄰之助也吾何力之。有哉？且今里幸及予有成，而吾子孫之賢否不可知，異時脫有不能如今日之志，以失信於鄉人者，則願一二父兄為我教之；教之一再而不能從，則已非復吾子孫矣。盍亦相與言之有司，請正其罪，庶其懼而有改，其亦可也。於是眾益諮嗟歎息其賢，以為不可及。而包君以書來道其語，且遣其倫及伸之子來請記。熹病力不能文，然嘉其意，不忍拒也。乃為之書其本末，既以警夫吴氏之子孫，便其數世之後猶有以知其前人之意如此而不忍壞，抑使世之力能為而不肯為者有所羞愧勉慕而興起焉，則亦所以廣先帝之盛德於無窮，而又以少致孤臣泣血號弓之慕也。

俞森曰：觀朱子社倉諸記及各規約，法可謂備矣。然變通亦顧其人隨其時地之宜而用之，有未可執一者。按黃震通判廣德軍，時社倉法大弊，眾以始自朱熹，不敢議。震曰：法出於聖人，猶有變通，安有先儒為法，遂不得救其弊耶？為買別田六百畝，以其租代社倉息，非凶年不得輒貸，貸不取息。此可謂善法朱子者也。【略】

元張光大議曰：古有義倉，又有社倉。義倉立於州縣，社倉立於鄉都，皆民間積貯，儲以待凶荒者也。國朝酌古准今，立義倉於鄉都，一舉兼盡社倉之設，惠至渥也。令附近稅户，各以差等出穀為本，每年收息穀一斗，候本息相停，以穀本給還元主，以利為本，立掌倉循環規運，豐年貯積，凶年出貸，有司許令點檢而不許干預侵借。其立法最為詳備，惠民之意亦甚切。至未及十年，倉庾充斥，過於本倍。然百姓困於義倉，民間但見其害而不見其利，凶年饑歲而民不免於流離死亡，其故何也？良由有司任法而不任人，法出而姦生，令行而弊起，以暴心行仁政，政無非暴，雖曰惠民，實所以厲之也。略而舉之，其弊有四：一曰掌倉之弊。今之掌倉者，非革閑之吏貼祇候，則鄉里無籍之潑皮請托行求、公納賄賂，投充是役，上以苟避差役，下以侵削小民，既已過費重貲，寧不貪圖厚利？官司容其姦偽，百姓不敢誰何。二曰點檢之弊。其有考滿守缺司吏官員門下親知，或結托求差，或倚勢分付，帶領僕從，名為計點義倉糧，盤繞鄉村，呼集社伍，需求酒食，索取齎發，饜其欲則抄寫虛數，忤其意則苛細百端，遂科斂社民，糴賣義穀，以為只待起發，前者既去，後者復來，所積之糧十去其七。三曰出貸之弊。掌倉素非仁德忠厚之士，所儲之穀，平時先已侵用，至於出貸之際，預行插和糠秕朽穀砂土，及至支遣，小斗慳童，比及到家簸揚，所貸不得一半。豐年有米，則勒令民户承貸；凶荒之歲，則推稱已貸盡絕，惟務肥己，不恤濟人。虛裝人户，具報官司，或立詭名，交割下次。民之受害，其何可言？四曰回收之弊。百姓貸穀未及半年，為之掌倉者既交割前界貸數，乃集不逞之徒，三五為群，遍繞鄉村，催索逋貸，叫囂隳突，需求酒食，何所不為？及至人户擔穀到倉，一斗必收二斗，幹人腳穀，上數科陪，滿斗豪量，不奪不展。稍涉分析，則云以後官司計點，虧折誰賠？若或不從，必是解官懲治。民之困於義倉有甚於凶荒之歲者，醫瘡剜肉，誰不側然？有此四弊，而欲惠濟於民，未之有也。及有虛申案驗，偽指倉困，觀其數則億萬有餘，考其實則百千不足，官司視為文具，姦吏因緣為私，故自立義倉以來，輾轉繁文，州縣徒有幾千萬石之名，饑荒之歲，民不沾惠，是蓋有司不以荒政為心，但為黷貨之具，委任失當，以暴心行之，本既不澄，弊端滋蔓耳。由是而言，則擇人委任為第一要事。若委任得人，亦不須差人計點，出納之公，自然無弊。然君子作事，謀始任人之方，尤所當慎。若一概委用產税富豪之家，則富而好義者少，為富不仁者多，中間未免結構所司，侵漁刻剝，其害有甚子吏胥無籍之徒。今後莫若選擇鄉里有德望誠信謹願好義之人，或賢良縉紳素行忠厚廉介之士，不拘產税抵業，但為眾所敬而悅服者，許令鄉民推舉，不必拘以鄉都，所司察其行實，以禮敦請，使之掌管，置簿供報，依時出納，不限年月交替。

至如出貨之時人水和穀，小斗慳支，回收之際大斗滿量及需索縻費，圖利倍取人户者，但有陳告得實，依不枉法例追斷。移易虛樁，坐以侵盜之罪，徵收還倉。如此則掌倉者知所警懼，保守廉恥而不妄為，貧者必沾其實惠矣。雖然，言之非艱，行之維艱。必也州縣杜其貪緣求充之源於其前，禁其不時計點之弊於其次，至於出貨回收之際，絕其供報文案之需，彼既無所費於官司，則下自可安而行之，源清流潔，上下皆可以誠心為民。有其誠，斯有其實，庶幾義倉儲積不為虛設，凶年饑歲得以濟民，上不負朝廷立法為民之美意。倘若上無公論，下有叛心，前弊不除，純任以法，雖有善者，亦無如之何也已。

明張朝瑞《圖書編社倉議》：社倉之制，乃古人良法，特患上之人不知所以倡之耳。有父母斯民之責者，果知民為邦本，食為民天，水旱之凶荒不時，官倉之積穀有限，思為備荒之善策，須酌社倉之事宜，乃計之得也。合於各保甲鄉約中各創立社倉，先捐俸金以為倡率，或罰紙贖以便上納，且誠心勸諭各村士民，使咸知以義相尚，不待督責而出穀皆其情思，徐因倉置薄，登記其數。凡出穀多者，則破格旌獎。民其有不以義相從者乎？況因時制宜，隨俗勸誘，或禁止神廟賽會，定為香錢，或違犯鄉保規條，略示懲罰，由此日積月累，則一村之穀，自足以養一村之民。每年青黃不接之時，令其出放，息止加二，小饑加一，大饑免息；成熟之年，仍令各村量行添入。此法若行之有常，三數年間，各村之穀殆將不可勝食。但民之誠偽不一，而官司之意向不同，若非出納有經，姦民或因之以滋侵漁負騙之私，官司或移之以補官倉積貯之數，是非惟無益於民，而且有害於民也。然使經官查盤，則又重為民累，合無免其查盤，止於府縣給印文簿，付鄉約正副，每歲稽查。其各村管理收放，即於本鄉每年輪一公直股實者以司出納，量與免其火夫丁差，以示酬勸。如此則姦民不得以負騙，官司不得以挪移，即遇水旱凶災，復有官穀以濟之，自是貧者不患於阻饑，富者可免於勸借，而盜賊亦因以潛消，地方之民永有賴矣。

一、社倉之設，本以為一鄉也。穀以義名，則當以義相先，斯為善俗。除捐俸並發紙贖以為之倡，及士民尚義出穀多至百十石者不可為例外，大凡當秋熟之時，或每畝童出穀半升，或通鄉各户，富者以石計，貧者以升斗計，俱報數，約正副登簿，保長收人社倉。每春有闕食者，量准借與，就於保長處會同約正副批立合同，登記簿籍，候秋收之日，加息二分納還。但借穀者，亦不得多至十石以外，恐一人姦頑無恥，催收稍難，則將並一鄉之義舉而壞之也。

一、每遇年荒，大户例有勸借。蓋官穀有限，各村又無義穀故也。若使村村有穀，則一鄉之積，自足以供一鄉之人，加以縣倉積有官穀，勸借之事以後可免，且尚義出穀而使本鄉之人俱感其惠，亦處富和鄰之一道也。不然，富本眾所忌也，積心慳吝，因之阻壞義舉，設遇凶荒，寧能獨保其富哉？

一、出穀雖非貧者之事，而歲時豐稔，或一斗，或二三斗，亦可量力出辦，准與荒年揭借義穀，亦有數倍之利。若豐收之年斗穀不肯出者，荒歉之年義穀官糧，俱不准與。

一、各鄉舊有土神廟，即有社祭之禮，但俗尚奢侈，因而迎神賽會花費不貲，不特褻瀆神明，幽有鬼責，致怠事端，且明有人非。從今鄉約舉行，一切禁止，或有情願施捨，冀神祐助，即宜准作香錢，自家告諸神明，登記鄉約簿，積為義穀，以濟人貧難，不且神人兩得之乎？每歲春秋祈報，買辦豬羊、酒果、香燭等項，即於義穀內支用。祭畢舉行社飲，申明約法，和睦鄉里，庶彬彬然成禮讓之俗矣。或有貧不能存、喪不能舉者，亦於義穀內量給以助之，會眾公議而後動支，各明白登簿，以備稽查，毋得徇私濫支冒破。

一、各村納穀，或社倉未備，權借民間空房收貯，待置倉後再行收入；或鄉村空曠，苦於看守，不願立倉者，即公議積貯，亦從其便。

一、給借固貴均平，亦慮陷失穀本。每年支借之時，須會衆公議，量其可借，方准托保借與。敢有輕借游手無賴之人以致負騙，及強梁姦貪之徒以市私恩，俱於收管人名下追賠。其收管人敢有揑開花名私取規利者，衆共呈官追罰。若出入公明，每年亦宜童給，以酬收管之勞。

《湖廣澧州社倉規約序》萬鎮：嘗謂《周禮》一書，為民慮深矣。其比閭族黨，必相救相賑，六行教民，必使任恤繼於姻睦之後。古之聖人既愛其民，又欲使其民之交相為愛，故法立而俗厚，有由也。吾鄉自罹兵革之餘，故老凋零，習俗頹弊，富家巨室溺於商功課利之習，又無君子長者之論以激發之，故舉事而益於己則為，舉事而稍損於己則弗為，甚至積粟紅腐以俟饑歉，穹其價以厚其售，曾未聞有倡於義舉者。吁！何薄也。聞有稍異流俗、能好義者，不過曰修道路之崎嶇，治溪澗之瀰漫，以為往來稱便而已。夫道路未甃，止艱行，溪澗未矼，止病涉，此一夫之任爾。假令民日乏食，久之弱者轉溝壑，強者奮臂大呼，相率而為盜，事勢至此，以富自足者可保乎？余平生念此久矣。因觀先儒文公朱先生在建，遇大饑，請於官，作社倉，建甚德之。其事有概，予欲率鄉中富而有德者法而行之。凡與盟者，穀以十斛為率，十人所聚，穀百斛，擇里之賢有才者司出納焉。其法則仿文公規模，使貧民歲以中夏受粟於倉，冬則加息十二以償。歲小不收，則池其息之半；大祲，則盡弛之。期以數年，子什其母，則惠足廣而息遂捐之於民，不惟民有所給食，無復變亂之虞，而古人相救相周任恤之法所以使之交相愛者，庶幾復見於今之俗矣。顧不偉與？因書此以為同志告，幸相與勉而行之。

汪道亨《修舉社倉事宜》

一、議本穀本社集社長、社副、社衆會議，各量貧富家口為多寡，户分三等，等列三則，其輸穀之法：每月一會，約定會期，上上户，每會一石；上中户，每會六斗；上下户，每會四斗；中上户，每會三斗；中中户，每會二斗；中下户，每會一斗；下户不與。社穀初貯，穀本尚微，不許輕易斂散。如遇便肯以一歲之穀盡輸於社，或分為三四會輸完，亦可不必拘定作十二次。如粟不便者，許納銀錢登簿，遇賤糴貯社中。若有家道頗殷而絕無斗穀入倉者，即書某人名，加以『頑吝』二字，貼社倉內，但遇荒歉，官社倉穀俱不准給。其有鄉村隘小不能分三等、等不能列三則者，即隨社大小減之，其穀之數，亦酌量增損。

一、議義穀凡社中富而好行其德者，能於本穀外，願輸二石入倉者，紀善一次；四石者，紀善二次；十石者，紀大善一次；二十石者，紀二大善；三十石者，紀三大善，州縣掌印官獎賞；輸五十石以上者，該府暨州縣送匾，書『好義』二字；輸百石以上者，本道送匾，書『施仁』二字，照例給與冠帶；輸至二百石以上者，准給冠帶優禮，本道及兩司送匾，書『樂善』二字；其輸四百石以上者，申請兩院送匾，書『積德』二字，給與冠帶，仍優免雜泛差役，犯罪不許加刑。此外若輸粟八百石以上者，申請兩院照例奏請，豎坊表里。

一、議罰穀凡官司自理贖穀，除照舊人預備官倉外，其各社有鄉約演禮不到保甲、直牌怠玩及一切違犯稍輕者，聽約正副處酌罰穀；其有本社小事口訴不平者，聽約正副量剖曲直罰穀，使之平息，以省赴告及株連干證之費；或赴告而自願和息者，該有司酌量罰穀，輸之該社，取具倉收免罪。情輕者，批約正副查處量罰，是為罰穀，登簿備查。

一、議息穀倉穀收貯若干，每年於二月起至三月四月止，宜出陳易新，餘月不得輕借。其交還月分，自九月起至十月土，不得延捱，以致穀價漸貴，輸納愆期。初年穀本尚微，每石取息二斗。如時小歉，則減息之半。行至三年之後，穀本漸裕，每石取息一斗。如時小歉，止取五升，大歉則盡免其息。凡給借之户，或遇時不還，或還而濕惡不堪者，送官重治，後次不准再借。出借之時，須會同集議，童其可償，方准托保關借。如游手無賴、刁頑無信、強豪不馴者，不得輕與。如或輕與以致負騙者，俱在保人及收管人名下追賠。收管之人揑開詭名冒領私取規利者，許人訐告，另行追罰。每放借完日，即將本社中下人户支借過穀石若干、應該息穀若干，一一登簿，以便稽考。餘穀收貯，不得混支升合。每年終結算，出入明白，給與收管人一石，以償其功。

胡其重曰：社倉之制，原為周窮恤乏，若量其不能償而遂不借，是極貧極苦之人反不獲沾周恤之例，似難為情。雖以糴本為重，殊失立倉之本意矣。此處仍須酌議。至於年終償收管之勞，當以二石為則。

一、議倉廒以上四等倉穀收貯倉廒之法，不可不講。須查各處舊有倉者，其址或嫌狹隘，相應設法量增，房屋或係假借，相應措處□凡建倉屋，四圍空曠，不近民居煙火。其有與之相近者，須買磚堆砌，以備不虞。以上費用，俱於四等穀內取之。或有尚義之士獨任其費者，官司重加獎賞。其平素無倉地方，若新斂有穀，或於各鄉約寬餘處所寄囤，或各鄉約所有空居，即度其值易買，俾鄉約社倉合置一處尤便。或借廢寺廟庵觀暫停，俟穀積果多，則公議扣穀建倉。凡有人樂助者，或銀穀，或米石，隨意多寡，俱登記於簿，勒石垂名。各該州縣每年終通查所屬，共建社倉若干，將千字文挨順里甲編立字號，共若干處，各置牌匾，大書『某字號社倉』五字懸掛倉門。該州縣將總數報之府州，以便稽察。

一、議收掌各處既有社穀、社倉，其收掌出人，當立社長一人，以本處齒行俱優者為主，更兼家資殷實者為之更妙，或即以約正、保正為之。凡社中事務，皆聽裁決。又立社副二人，以年力強壯行能服眾者為之，或即以約講、約副、保副為之。俱要犬牙相制，社長專管封鎖，社副二人一管出簿，一管人簿。又立社傑二人或四人，以壯年公直有才干者為之，俱從社長、社副指使，分任勤勞。既立諸人之後，須置穀社出入二簿，先將各户輸穀登記人簿內，待出放之時，仍將各户借過若干數目登記出薄內，造完送官查驗，印發本社，待後照數催收。

一、議典守社倉既設，則典守不可不議。如或社長近倉，則即以社長兼主守之事，社副、社傑亦然。或俱不近倉，則宜另立社直數名，或以本地人夫輪流值日，或換甲選擇，一季一換，俱聽便酌處。不若於社倉之傍，公立社學，令子弟在學讀書，則莫非看守之人，不必更立社直矣。務須加意防閑，不致疏虞為要。

一、議稽核各倉積穀既多，姦民或因之以滋侵漁，若經官逐一查盤，則必重為民累。合無免其查盤，止於本府管糧廳置循環簿二扇，各州縣每年五月將放過若干、十二月將收過若干，赴廳倒換備查。各倉放出收完，俱報本州縣。其餘出入，民自收掌。官司或因路便，或出不意抽查，以革姦弊。其經管之人，如果公勤謹慎，眾所悦服，增息穀至三百石以上者，稟官旌獎；其有侵欺及借貸之人負捐互相容隱者，許諸人指名首告，官司著實查追，不得姑息。

一、議分賑凡遇大祲之歲官府行賑之時，約算本社，除上等可以自給外，其餘中下人户，各照本穀原數，聽其分領。自非凶荒，不許討支。其本穀之外尚有義罰息等穀，約算若干，社長等公議，酌量本社應存若干以防後日，應賑若干以救目前，分數議定，而後開倉。其平時施穀入倉，先上上户，次上中户，次上下户，次中上户，次中中户，次中下户；其凶年賑穀，則先下下户，次下中户，次下上户，等而上之，至中上户而止。仍查其中，有先富而後貧者准賑，先貧而後富者不准賑。其年力強壯能為人營運及堪為人傭，社中有興作者，收之，給與工食傭工；有力強而不為傭，不事生業，坐以待賑者，賑凡二次即止。其分賑，宜常留贏餘以備後賑。

一、議推恩社倉行至三年以後，粟有贏餘，凡社中好修貧士孝子順孫不能舉火，宗族親戚俱無足恃者，貧而有喪不能舉及子女過時不能嫁娶，情景可傷者，節婦年日二十四五以前孀守，至今已逾五十，一向無隙可議者，民年七十以上貧而且病，衣食俱乏者，俱聽社長等酌議周恤，登簿報官，不許徇私冒濫。

一、議費用倉中逐年紙劄及修整倉廒、書算守倉入等茶食工雇，並春秋祈報應辦儀饌，俱各訂為定式，使不豐不儉，經久可行。或所用反過於所積，或所積僅供其所用，則非立法之意、預備儲蓄之策矣，務宜斟酌。若日久穀多，又將穀本漸置社田，亦無不可。

一、議社學古之教者，里有社，家有塾，黨有序，此教化之所以易行也。故社學亟宜舉行。社長人等，各查本處現有社學，或只有蒙館幾所，坐落某處。原無社學，須公同酌議，子公眾地基置建社學，亦照社倉出穀事例，勸諭眾人隨力樂助。或待社倉行久，以義息等穀創立。建立之後，即報州縣，亦順里挨甲編號置匾，書寫某字號社學懸掛館門。既富而教，亦化行俗美之一大關係也。

《勸輸文》沈鯉：夫倉以社名，則非獨有司之事也，蓋所有居人，均與有責焉。《傳》曰：未有上好仁而下不好義者也，未有好義其事不終者也。今吾邑侯為吾邑賑荒計，既肫肫若此矣，豈鄉士大夫與居民有力者自為桑梓身家計，反不能好義終其事與？吾知其必不然。蓋往見里中士大夫饒於財者，未有不結社飲酒，以一日之樂，糜小民終歲之費也；未有不窮奢治具，集水陸之珍，強客屬饕饜，而客謝不能不止也；未有不盛飾山池臺館魚鳥花竹，聲容耳目之玩，而費累千金不惜也；未有不以其鼠壤棄餘委諸無用，而明以資火盜陰以損己福也。諸如此類，費何可勝計？吾不謂諸君之盡然，間亦有不免焉者。儻或裁百分之一以輸之社廩，備荒年賑濟，而起人溝壑本中，不過升斗中一粒耳，而遂能施仁義以行德，化無用為有用。諸君亦何憚而不為此，而忍負賢大夫此意也。夫既名為士大夫，讀書明道，理當思天下饑由己饑，顧乃於同室之患不少置念，凶年饑歲，家有餘貲，廩有餘糧，僮僕溫飽，而目睹鄉井饑夫枕藉溝壑者，曾不少顰蹙其眉，則亦與凡民何異？於讀書明道理謂何？此無論陰騭暗虧，觖望難釋。第人皆有不忍人之心，豈以吾輩號士大夫反不能善推其心，以為鄉閭倡耶？且條陳民間疾苦，以請命於邑大夫，亦吾輩責也。今邑侯不待斥言，先自軫恤，廑思善後之策，欲使吾父老子弟長無凍餒，吾輩有不感激踴躍相率首應者，非夫也，諸君必不爾也。乃若環邑居民，雖稱不腆，然其間有力者不嘗有結社攢錢、隨會講經，為人所籠取乎？不嘗有修寺建塔、鑄佛塑神、望南海走東岱、跋涉道途、足重不惜乎？不嘗有齋僧飯道、建醮設壇，為遊食供糗糒而自謂修因果、種福田乎？夫此數者，皆無益之事，而為人所鼓勸，輒竭蹶恐後。積穀備賑，乃有益之事，而邑大夫惓惓焉反趑趄不前，此何以説也？夫神明正直，無可私媚，所福祐者，必是好人，既是好人，必行好事，行好事，無大於濟人利物，濟人利物，無過於凶年饑歲，與人盂飯可當斗粟，舉我一念可活一人，故欲積陰德，行好事者，惟此時最得力，亦惟此時最省事，神明降鑒，惟此事最分明，亦惟此事最錫福。諸君如欲為今生、為來世、為身家、為子孫，當無以逾此者，何故不為？而乃營營焉，役役焉，求之於茫昧窈冥之中，不見有分毫報應之益也。吾又為諸君大惑之。夫公輸苦浩繁，而社輸有限量。公輸有程督，有稽核，有罪係，而社輸緩急自便，賠累無虞，且自積自備，雖為人，亦為己也。況貧富何常，吾今以濟人，安知他日不有人濟我也。惟願士大夫與居民有力者謹承邑大夫教令，而道揚其波澤，以贊成盛舉無忽。

沈鯉《社倉條議》：官廩之備賑，社倉之廣積，均以為民也。然就兩者而較之，則官賑終不若民間社倉之為愈也。官賑不過一二所，社倉則逐里各有建置，積之多方，備之無窮，而輸散不出境，其便一。官賑者，官自為之也，其勢獨；社倉者，里人合力為之也，其勢分。分則集其力於眾，獨則總其勞於己，眾力易舉，獨力難周，則任獨不如任眾。其便二。官賑必須憑里甲報舉，而里甲諸人皆素以漁獵自資者也，報者未必貧，貧者未必賑，反使公家積貯徒以惠姦，則賑施文具耳；社倉則有公正好義、眾所推服者為有司分任其事，而又有賢人君子可備諮訪，故本里居民孰貧孰富、孰上孰下，一一皆有真見，粒粒皆有實惠也。其便三。官賑必須按里甲次第，較户口貧富多寡，逐一審問，有司或有他務相妨，則勢又不能速審，曠日持久，遂使枵腹垂斃之民日望倒懸之救，或不及一餍以死者有矣；社倉則各濟各坊，隨投隨給，其周之若燭照，而予之如取攜。其便四。官賑不免有盤撥轉運之煩，有需索使用之費，有斗斛高下之分，有推挽負戴之勞，而社倉則悉無此累。其便五。官賑率不過一二所，而塊内饑民嗷嗷待哺者常千萬計，駢肩聚集，沴氣薰蒸，多有他處；社倉則各里各坊，分局自濟，散而不聚，自無他患。其便六。且民俗之日以澆灕也，如逝波之東下而不可復返也。社倉既立，則里閈共為有無，必藹然有同室之義、一體之情，蓋不但緩急相周，即百姓親睦，民德歸厚，亦且由此。其便七。人情不能無公私，今令於國中，曰吾勸輸備賑，出爾私藏而公諸同邑不相識之人，非甚倜儻，誰能應之哉？惟各里有社，各社有樂善而好義者，各相勉其本里之人，動以惻隱之良，勸以陰德之報，人必不能恝然於此，而荒年賑濟，亦惟此里之人得用之，而不以泛及其他，即輸者有時而貧，亦反以自取給焉，向其利為有福，此民之情也。因而導之，當趨之如流水矣。其便八。且古人於蒐狩寓講武，於井田寓譏察，於東南其畝而溝澮互分者寓禦暴，於先公後私者寓作忠，於相助相友者寓厚裕，大抵制一事則默寓一法，如社倉之法行，則里中之善惡賢患孰可用孰不可用，皆得周知之，是政教之助，又在此矣。故曰官賑終不若社倉之為愈也。

社倉千古良法，其終於不行者，則以尚義樂助，慮有大户之名，出陳人新，恐有催徵之擾，官司稽察，則有吏胥之累，甚至官長公事所需或借此以應急，久假不歸，私藏化為公用，積之艱難者，必且廢之一旦。是以士民旁顧，遠慮懷疑，搖手而不願為也。必得良有司堅意主持，誘掖獎勸，鼓舞作興，鄉先生表師閭閻，倡率贊勸，力請當事，具題飭禁，凡力行社倉處所永不科派大户，決不官吏監督，決不經由查盤，決不挪移借用，設有姦蠹蠱惑、有司擾民紊社者，立治以法，則民志一定而不疑，知積聚皆實濟里中緩急、綢繆桑土之具，靡不爭先從事矣。

世有治人無治法，法之善者，全藉得人以相助為理。今擬各里先推舉好善而公正、老誠而精敏者紳衿士民十餘人如本里搢紳雖多，止須推舉一二位坐鎮主持，其餘俱選士民耆德，以便效勞宣力，立為社正二人，社副四人正副專司其成，但恐或以凶奪，或以病廢，故多備員，以便司量正務，社直二人凡社中應舉應廢之事，社直得調停之，不公不正之事，社直得糾正之，社干八人凡急公輔粥如徵收銀米、出納錢穀、開寫冊籍，策應公務，皆須多人以便分任。

得人最難，善任尤難。喜事者未必堪充，堪充者未必喜事。凡賢良步達及孝廉庠序中忠厚廉潔之士，或鄉里有德望誠信謹願好義之人，有司察其行實，以禮敦請。既舉之後，即須實心任事，虛公博訪，務求盡善盡美。倘里中有敏知博達、議論平實可用者，不妨延請同事；或他里有良法足采者，不妨改弦易轍。若局中之人惟知執拗，事外之人徒行腹誹，不惟有失同井友愛之風，亦何以令社事可大而可久耶？

社正之任，與州縣鄉約長之名不同。蓋鄉約長則以良善耆民為主，然既係籍在官，則有參謁迎送，調處地方，則有伺候審理，至於公私籍賴，則又未免妨功費用。今之社正，則以紳士聞望之人為主，專司社倉一事，不必責以參謁迎送也。惟社中有梗法頑賴者，方據實聞官，官為懲治，不必伺候審理也，而又公私不擾，無妨功費用之虞。故以鄉約長之有才干者，或兼攝社正之事則可；如以社正而欲兼鄉約長之名，則斷無人肯任，社事終無可成之日矣。

社倉之莫舉也，貧者恒自諉於貧，富者又恐自揚其富，以此因循，緣無真實任事之人，遂無真實定事之日也。今各里既推舉數人為之量率矣，即將本里保甲冊逐户詢之，願者入社，不願者勿強。其願者，可即用黃寸楮印成『樂善助倉』四字，實貼本家門首，每月止勸輸銀二分，一年共輸銀二錢四分，計曰積七毫，即可動事，但恐立志不堅，始勤終怠耳。於鄉則須履畝勸輸，腴產畝輸米二升，中產畝輸米一升，下產隨其便。或遇大有，下產亦宜勸輸。蓋鄉民愚而寡謀，粒米狼戾之年，多為無益妄費之事。與其妄費而無益，何如存於本里社倉，為吾他日饑荒救命之有益而不虛耶？況農民最苦青黃不接之時，貸富室米一石者，必加四五利償之。一夫之力所入幾何，宿逋既要償還，新租又難遲緩，以致日瘠日貧，流為頑鈍無賴，而產主亦陰受其弊焉。社倉一行，則有無相通，不致重困，貧富交利之道也。須共諭之。或每里於同志中擇廉隅有素望、實心肯任事者十人為會首，作為一朋。每會首名下，各募樂善好義者十人，每月輸銀一錢。如力不足者，不妨合數人共出一錢。會首斂集投社，月計積銀十兩，歲可得銀百二十兩於鄉。仿此積米，不出三年，社倉可成。若好義者多，不妨多立會首，列為二朋、三朋可也。

三吳風俗浮薄，武林尤甚，雖屋宇華好，被服粲然，而或家無宿舂之儲；且俗尚釋道，好善者每竭力以事方外，家本無中人之產，而樂齋懺建寺，以冀冥福。外此二者，或有饒裕之家，則又惜金如命，錙銖難割者也。夫此正大光明、濟人利己之事，饒裕慳吝者既不肯為，家無儲蓄與崇尚釋道者又不及為，是則相助為理必賴於通達世務而好義之人矣。合於城市鄉都廣勸樂輸，多少悉聽，侍利至數倍之日，仍遵朱子法撥還元本。凡有祈福禳災、犧牲淫祀、壽辰生子、優伶筵宴等無益妄費，悉當勸省，以益社倉。此外里中或有斗毆爭訟事在有司尚可調處者，或令其量力捐助，具息回官；更有詿誤小罪應干吏議者，或情願捐助，免其究理，仍不暴其過犯之由，書以義助美名，隨緣鼓舞，事可以集也。

稽察户口，社正副等公同里書及保甲等逐户挨查，書其居址何地、房屋幾間，或係己產，或典或租，年甲幾何，男婦幾口，同居幾人，作何生業，或有高年七十八十以上，或有孤寡殘疾之人，皆須一一詳列。而所抄户口，又須分別四種。如衣食充足者，書以『仁』字；衣食僅足者，書以『義』字；衣食拮据者，書以『禮』字；衣食不足者，書以『智』字，以為後日平糶張本。內中設有孝子順孫、義夫節婦以及安貧樂道、賢良方正之士，必須訪實，以備當事採擇。其有不良之輩，亦須密密令人委曲開誠化導，令其悔過自新。更有一種精力強干、遊手失業之人，當思收羅撫用，或勸習手藝生業，而又怵以禍福忠義，戒其恃勇露才以取禍患。至於土妓流娼、窩盜作姦、夜聚曉散、蹤跡可疑者，當曉諭本甲協同地方令之出境，以免他累。凡此皆以本里之人，稽察本里之事，自能數計燭照，物無遁情，則保甲之事即寓於其中。從此力行鄉約，擇善講者宣揚解説，月一舉行，於以阜民裕俗何有？

各里每保，置收銀米小簿二扇，公所置收銀米總簿二扇、用銀米簿二扇，雜記條約告示等項簿二扇其簿俱用鈐縫印記，其一社正掌之，其一社副或社直掌之，以杜曖昧不明及防水火意外遺夫之事，仍置大簿一扇，書某某輸助銀若干、共收銀若干、糴米若干、糶米若干、仍存若干，某某助米若干、共收米若干、貸出米若干、得利米若干、雜費米若干、仍存米若干，逐年條例舊管新收，開除實在四柱清數，造冊報縣，批驗用印，仍各領回。外再用簡明總數，開具一呈，存縣立案，以杜欺弊。里人既肯同心樂輸，每日清晨，即宜拈銀少許，另置一處，積至月終，雖極貧者不患無二分之積矣。銀期足紋，隨便零頓交納。其收銀者，即用社中人，每人分認一保，保各一薄，逐月逢九收銀給票，於每月初八日齊集公所，並銀稱估，面同登簿；本月收銀若干、折色若干、實收銀若干，隨傾十足，積貯某所。今以小里分計之，里中好義者或有三百家，家月輸銀二分，經年可積七十二兩，隨以此銀分寄典鋪或殷實之家，可朝呼而夕應者，薄起利以生息之。或竟至冬囤米，夏間乘時價糶之，如此漸積至十年，又並每年生息，雖小里可得千金之米，況又有樂助者乎？故亦不必拘定十里，但使每年徵積，得本里有米五六百石，即可停止輪助矣。城市積貯最難，初年集資未廣，且宜將銀生息，惟擇店業茂盛及溫厚信義之家，多則貸之十金，少或一二金，周年二分或分半起息，但取呼吸立應耳。若夫薦紳則不敢勞生息，庠友則不能勞生息，胥吏則不便勞生息也。

鄉都曠野之處，或效北地社倉之制。蓋建倉必須上棟下宇，有磚瓦木石之費，有透風重簷之設，而雨雪薄檐，易於沾濡，鳥雀緣空，易於剝啄，食鼠穴牆，易於圮壞，則又必歲時修葺，費且不貲。況穀既入倉，陳陳相因，則紅腐而不可食，出而曬晾之，則遞曬遞減，因緣為姦矣。社倉狀若圓困，所需惟草木泥芭，無磚瓦木石之費，日色易透，則不煩曬晾，無重檐，則鳥雀難入，四周時有人跡，則鼠不為耗，誠便利也。

城市多流寓，遷徙不常，若概用朱子加息之法，倘貸米者一旦遷去，則社本化為烏有矣。城中社倉，斷宜兼用平糴一法，每歲五六月間，先算貯積幾何石，里中貧者幾何家，通盤打算約可平糴幾何，審其戶口，量減時價，給票赴糴，先盡最貧，後及次貧。此為穀貴設也。若是冬米糴價一兩，至夏米糴價亦止一兩，則折耗無償，似不必逐戶平糴，但照時價總糴之，為推陳致新之計可也。若冬米一兩，夏米一兩二錢，除去折耗，亦獲息僅十之一，止可積為荒年平糴與賑濟之用，本年亦不能減價糴也。

朱子社倉法：諸路有願依此置立社倉者，州縣量支常平米，責於本都出等人戶主執斂散，每石收息米二斗。收到息米十倍本米之數，即送原米還官，卻將息米斂散，每石只收耗米三升。其有富家願出米本者，亦從其便；息米及數，亦與撥還。今議州縣常平空虛，勢須里中自輸自積。如銀米積至十倍本等之日，其城市之人，除遷徙別里者未及還外，其原居本里者，仍總其本銀之數一一扣還。至於鄉都之人，亦總其本米之數，皆一一扣還。由此言之，每年積之零星，十餘年後，卻能收之整頓。在貧者既可抵正務之需，而在富者亦足為高深之助，是猶藏之外府耳，而又有好義樂助之名，亦何憚而不為耶？

朱子法：將息米斂散，每石只收耗米三升。蓋朱子有遇饑蠲息之議，初無賑濟之事也。今當稍更其法，待息米斂散之日，每石仍取利一斗，另記一冊，號曰『倉餘』，一以備荒年賑濟之需，一以備常年勸善之用，如禮高年、恤孤寡、立義學、拯疾病禍患之屬是也。

社倉雖聽民間措置，有司並不干預抑勒，但事成之日，必須呈明上臺。設有侵欺等弊或暗敗公事者，許諸人直陳其姦，官司立行處分，務使懲一而警百，以杜亂法之萌可也。小饑固蠲息矣，設遇奇荒，不妨并免其本，待後陸續帶徵，徐圖如前，措本可也。

按：以上《社倉條議》係歸德沈鯉所作，後為航人張文嘉所增刻。本不復分別，今並錄之，不及辨也。

倪元璐翼富倉敘：歲大祲，民多死徙。公私上下，皆以成周委積之義為當，求其當事大夫，規宏經遠，愀然聚而謀其大者，以求儲子官。元璐繭存城曲，以拘墟之見，退而與其鄉之士大夫訾然謀其小者，以求儲於社。乃稽古社倉，自隋及唐，參之伍之，要皆有未協者。以其資計，威教悉仰朝廷，蓋非鄉之自為功者也。鄉之自為功者，古今惟考亭一法，然在考亭自為之則良，他人行之或敝，繼此真文忠行之武安亦良，其後人踵為之日益敝。考亭不曰里社不皆可任之人乎？所謂可任之人者，能人、義人、慎人、信人、廉人，天下苟不得是數者之人，昔之碧血，今為冷風。悲哉！法之倚人行也。元璐之法，察韃省機，欲使雖不得數者之人而亦可不害者，則有五道焉。曰托卑。托卑者何也？夫托尊於官，即廢興由官。官雖賢，三年而權盡，崇安之法之所以不復者，亦以其後舉倉歸官耳，今以土人世其事，以中壽量之，極其身三十年，其子若孫親見其事，習其所持，各人三十年，是則百年嘗在望也。百年之法，以官守之，須三十人，以土人守之，父子孫三人而已，家無繁令而安，里有多言而憚。此為雖不得能人亦可不害者一也。一曰居約。居約者何也？千人之聚，有田者常數十人。若以王戴之法，畝責輸升，是使數十人共執倉命也。此數十人者，必有數鵂焉，必有數蟊焉。今約之五人，則尊俎揖讓、定縱堂皇者五人耳。其千人常在階下，其數十人常在壁上，謀靜而專，志咸則銳。此為雖不得義人亦可不害者二也。曰絕累。絕累者何也？劉晏以假貸非福，青苗直以貸禍，即崇安良法，後人敗之拘催不堪，咸以咎貸。是故以粟貸民求息，則粟有再死，民亦有再死。民頑不時歸粟，粟小死；歲大饑，問諸鳩殣，粟大死；以法治民頑，民小死；春散秋斂，五六月間價踴，求粟不得，民大死。今就糴徵利，以平為功，金粟迭處，不離其據。此為雖不得慎人亦可不害者三也。曰制欺。制欺者何也？大嚼者咋斷其舌，左手持鍖右指，惕血一身，不可相信，而況於人乎？故鳴鼓雖公，不救往過；要鼎雖薄，不形來愆。今質人穀出，以鐘易石，是使受者不私，私者不負，驢駑同櫪，不見驢，亦不見駑，夷跖並纏，不患夷，亦不患跖，趹飛去來，倚枕聽之，周鄭交質之謀而有邃古結繩之化。此為雖不得信人亦可不害者四也。曰藏富。藏富者何也？過府而戟指者希，不有盜心執炙終日，寧當不知其味乎？寢處京坻，而我無處焉。不及十年，庸人皆倦矣。今以為其家之肥，期而歸子，旬而歸母，後乃盡子囷子，凡穀六千石，受息千二百石，計土田歲人穀五石，千二百石則為腴田二百四十畝，是則五家子孫世世之業也。富此五家而千家乃不饑，食五家於倉而倉乃足，千家之食，自抱其珠，誰得脱者？此為雖不得廉人亦可不害者五也。凡此五者，皆古所未嘗謀。自元璐以意創為之妄計，雖甚淺疏，斷可百年，而上因著為説，以諗同人。今饑民習賑等於驕子，更一年不登，誅求富者必立盡。此云翼富，是為富者策救，使不得貧耳。至所寓意，保甲鄉兵云然者，安知是倉不為武庫耶？或疑此法終難行者，固也。當考亭始議社倉時，吕東萊規以任所難任，恐不成功。朱吕且然，何況今日！雖然，請自隗始。

翼富倉條例

一、每坊村各建義倉一所，度可容六千石者；或初年物力不敷，暫借同會中私囷貯之，俟後資集，補建充拓可也。

一、倉以防盜備火為要。

一、會侶以少為貴，五家足矣。內有資計不足集兩為朋者，其出名任事，惟只一人，意防敗群。此為切著。更少至三家、兩家，或一人獨任尤妙。

一、千石、五百石，各隨其便。

一、倉分運、定二號。運倉以供春夏平糴，轉輸於秋成之前者也。定之為言停也，留之秋成之後，以防臨獲忽荒。如萬曆戊子大稔將收，忽大風落穗，遂成奇荒。故須八月萬寶告成，然後發糴。凡新穀入時，人爭貴陳米甖淨，出糴較新，米可贏息三分，少亦一分五厘，即時回糴新穀，以一本一利還倉。

一、每年入穀，以蚤穀方旺、晚穀將升之時為度。其出糴初年穀少，恐太蚤猝遇米貴，無以為救，須六月中旬以後、幾及秋成之時方可出倉。其後倉數漸增，惟權饑口，扣留平糴百日之資為備其餘，不妨隨時徵貴糴之他方。又初年，每五百石量留百石，至新穀既升，以陳穀發糴，亦防意夕，此因定倉無穀而然。其後定倉穀入至五百石以上，運倉即不必更留餘穀遲糴矣。或當五六月時，大水亢旱，荒徵已見，即應悉留停糴，以備非常。蓋大饑極歉，非留經歲之糧，不足以濟也。

一、每年以七月十五日交盤運倉，糴出本利銀兩；以九月初一日交盤定倉，及遲糴陳穀本利銀兩。承領者必先輸質物，田屋照活賣，貨物照典當，以十抵六，仍集眾公驗，由票真偽、產業虛實、器物佳惡計穀本利，萬全無失，就冊開寫明白，交下肩收執，方准承領。其次年下肩領到本利不欠，方准發還原質。如少欠，留質勒補；多欠，即以所質物當之。此為經久之計，不容不慎，且相稽相察，一彼一此，不須拘嫌，違約者罰。

一、穀息，運倉以二分、定倉以一分五厘為率。浮者悉入定倉，充修犒丁及抵補等費；縮者於所給五家剩息內扣抵，如又小足，明於冊內開載本年少利若干，俟後贏年補足。

一、每年交盤之際，上首知會定期，次及者陳戒牲醴，集諸家於關聖及本境土穀，啟焚誓文，隨具散福小飯，公同交割承領。

一、每年糴穀既集司會，具五簋小飯，集諸家驗過，仍將糴數及價登載冊內。至出糴入糴之時，俱各知會諸家集議而行，不得專擅徑遂，違者議罰。

一、平糴查清户口，分為上中下極四等。上户不聽糴，中户六日一糴，下、極户三日一糴，極户仍減平糴價什之二。每口日五合，初年穀少，或只三合，給票驗發。往年凶米價騰時，坊分二等，次貧平糴，極貧給賑；今有社倉，歲歲平糴，則無凶年矣。故不分糴振，惟減價示優。若有非常，又非此論。

一、坊各管坊，本坊平糴所餘，發糴他村坊者，一準時價。

一、糴價賤與糴等，即免科利，亦不分給五家；或糴賤於糴，虧折原本，五家仍斂資補足如數，俟贏年補足五家。

一、定倉穀隨用隨補，取之五家分息。一年不足，則以兩年三年完之，務如原數而止。

一、五家先而收息，既而還本，久而徒手得利，日久益充，此而藏富於社。猝遇大饑大賑，倉所不足，此五家者即責之傾貲以應，其何辭之與有？

一、穀以極燥入倉，自然不耗升合。耗即始入不慎之故，司會自行賠補。

一、日後穀盈，或上官以公事勒借他方、以缺糴告通者，皆須死爭。不應不得，則率一方之眾，操引誓條，婉切陳曉，事必當止。若畏禍徇情以致虧廢者，具如誓言，難逃神斧。

一、每當平糴之時，懼有他方起而強糴者，預選本坊壯丁，自十人漸增至五十人初年物力未敗，只可十人或二十人，以後漸充，則漸益至五十人而止，署曰護糴鄉丁。每一次平糴，輪十人防護，有事則糾眾遏禦。每一次值班十人，各給穀六升，秋收新穀既入，統給各丁人穀一石俟秋穀充，漸可加厚枚給，歲以為常，日給不遇，平糴即除。自初年選定人數、姓名、年貌，登載丁冊，永用之，不堪則革，遇缺即補，以寓保甲鄉兵之意云。

一、助罰等穀，皆人定倉。

一、建倉之費，五家各出。糴穀之費，取之糴本。惟修倉及護丁工食，司會借發取償公息，先扣後分。本年或無可扣，明年補之倉或間歲，或三年一修。

一、給賑無告，雖豐年亦然，然且索之十年之外者。惟因初年資薄，尚難廣捐，要在仁人，豈能等待？因時起義，隨所用心爾。

一、置冊八扇，共一套。運倉出納冊一扇、定倉出納冊一扇、贏息出納冊一扇、交盤冊一扇、納質冊一扇、雜費冊一扇、助罰穀冊一扇、護丁冊一扇。

誓文：某年歲次某干支某月某日某干支某坊鄉司社某某等昭告於某神之靈曰：循古之制，如何得饑？常平制公，崇安制私，私之扶公，譬轂輻持，爾坊我鄉，則各有司。積貯大命，閭茸連枝，同道為朋，主善為師，道存救患，善在因時，非若青苗，貸之督之，以濟取利，如草春滋，乃倉乃箱，千斯萬斯，菜不著色，珠不入炊，堯不怒鯀，湯不畏蠛。凡若此者，皆神之為，以饗以祀，敬歌楚茨，冀神有靈，明昭孔時，水火盜賊，屏諸四裔，並形彰癉，閑邪禁欺，或有不率，具如誓詞。

一、侵沒三百石以上，承上誓；二百石以下五十石以上，承中誓；五十石以下，承下誓變賣所質，不失原數，許於完日牲酒告神懺釋。

一、欺隱贏息及飾贏為虧者，承中誓。

一、既分倉息而遇倉缺乏、應斂資分吝不應者，承下誓。

一、以偽由物誓者，承上誓。

一、官借民借，不能力爭，以致虧廢者，承上誓；子受皆然。

一、一切費用妄報浮濫者，五十石以上，承中誓。

上誓奪算祿俱盡，身無可奪，則及子孫。

中誓奪算一紀，身無可奪，則及子孫。

下誓奪算三年。

蔡懋德《修復社倉議》：從來救荒無奇，要在平時預備。如古人常平倉、義倉皆可行，而朱子社倉之制為最善。近見臺臣申飭天下守令乘時積穀一疏，此皆備於未荒，老成憂時深慮，則凡可推廣德意與軫恤民艱者，似不妨權宜變通。況良法無弊，成規可遵，如社倉者乎？但法貴簡便，行須著實，其中事宜，僭陳六則於左：

一、定倉制。朱子社倉法初建之崇安開耀鄉，請於本府，得常平米六百石，更間賑貸，至冬納還，每石量收息米二斗。自後隨年斂散，歉則蠲其息之半，大饑則盡蠲之。凡十有四年，得息米造倉三間，及以元數六百石還府，見儲米三千一百石在倉，不復收息，每石只收耗米三升。一鄉四五十里，雖遇凶年，人不缺食。其有富家願出米作本者，亦從其便；息米及數，亦與撥還。此社倉之制，朱子請於朝通行天下者也。今宜仿其意而消息之，即附鄉約保甲而行，每鄉有約，每約有倉，以本里之蓄濟本里之饑，權豐歲之贏，救歉歲之乏，緩急相通，不出同井，子母相生，總利吾儕。此鄉中人何苦而不樂從哉？曩時杜倉難舉易廢者，以士民一輸穀入倉，即為官物，封貯不動，有耗無增，人安得常樂施？廩廩安得有餘積？蓋襲社倉之美名而失社倉之妙用，所以間行而不能經久也。今一如朱子隨時斂散加息減蠲之法，而更因宜變通子其法，則法可久行而澤遍郡邑矣。

一、因倉基。建倉工費，此吋必難即辦。既奉憲行鄉約，必有約所在寬廠寺觀，即於寺觀內擇堅固空房一間或三間，量里蓄寡以為增減。杭地梵宇甚多，不難設法修改。其他預備常平之剩廒、空閒公署之餘屋，亦可隨宜酌用。總求因便，以省營造之費。

一、裕倉本。昔朱子請府米六百石為本，今議每鄉置倉，雖盡請給於官矣。欲勸民間義助，恐杭地鮮蓄，兵火加派之餘，未必樂輸回應。今奉明旨四積之法中，可斟酌推行。如納粟援例，事關達部，而本鄉絕產為姦里影占者，可清出，即充本社穀本也。金作贖刑，部文除大辟外，照例准贖，所括甚廣，然恐開富室便門，而罪外批加刑責及例重情輕者，可量納穀本社，從輕宥免也。時雖詘而尚義有人，即子講約中委曲勸諭賢士大夫留心桑土，身先為倡，並如朱子法，息米足時撥還原本，其樂善義士必有風行云輳者。而又通以憲頒約保、旌善懲惡之意，如一約中人户富而好義者，量力輸穀若干石，與孝子悌弟輩一體載紀善簿。其犯罪應記懲釘匾而知悔改者，思輸穀若干石，姑免載懲惡簿；再犯不悛，然後載簿釘匾其門。總在本鄉中隨方設法，鼓舞流通，而倉車不思為無米之炊矣。

一、推倉長。社倉既附約所，即用選舉有家有行約正約副司之，夏散冬收，聽在本約通融權貸，仍量議看守折耗之費。縣正官印簿二扇，一存縣，一存倉，止報出入時日數目，以憑不時清查。官府不必另委查盤滋擾。

一、發倉儲。凡倉穀賑貸無法，則姦猾占賴，強梁擠奪，而貧弱仍無實惠。須編保甲時，立法精詳。如一甲十户，預先分別上中下最下户等次，開列在簿，與給掛牌符合。每於青黄不接時出貸，至冬收納，量加息耗，一如朱子法。其間權歲有大荒小歉，計户有極貧次貧，而減免議差。及節婦孤寒火災病患情尤可矜者，亦可公議減免。如有頑户年豐力充、故意拖頑者，稟官追穀，仍不許再貸。總以裒富益貧，酌盈濟歉，政不必避加息之名，要足備一鄉之緩急而已。

一、厘倉蠹。凡約正約副筦倉，務要斂散公平，登報清核。為里中服從三年，官給匾獎賞，並給免雜差，以示勸厲。如不稱者，許講約時里眾公稟選換。甚有武斷生事、欺侵倉穀者，按法治罪。右社倉法附約保而行，雖有限蓄儲未能供無窮食指，而鄉有倉，倉有積貯，遇災警少龍有備，亦足安輯人情。即平時同里相周，不失敦讓風俗。是在因宜而力行之，將古人不專美於前，而疲黎庶幾有起色乎？

蔡懋德通積備荒議

一、實在官廩。往時收貯積穀，多係倉吏圖便折乾、移部營運。凡遇查盤歲核，或以折價貯庫、秋成補糴為辭，或因迫限督催，強糴不堪充數，年年減耗，有損無增，以致倉廩日虛。有司留心者非不嚴飭，而積習一時未掃。今後凡追應納倉穀，務要即糴本色上倉。如果青黄不接，或仍作銀，初冬實糴，或即照穀計算納米，以杜姦胥折干侵弊。其米穀亦須設法出陳易新，每歲夏季給借，冬初收納，不得數年久貯，致滋浥爛耗威。庶倉廩非空名而備賑有實益矣。給借倉穀，市民春杵不便，合聽鄉里願領十人同具一券，收時量加息穀，以補耗減。

一、勸民間自積。杭不產米，又俗尚趨末，家鮮蓋藏，貧民無力可積，雜作諸色力能隨時趨食而不事積，富厚之家多開典租房、收絲蓄貨以取利而不肯積，一遇饑饉，束手無策。甚有愚民遊棍，家無儋石，外競奢華，年豐視粟如土，交易定擲銀錢，曾不思荒歉之日鄰封遏糴，始而價湧，繼且持錢擠候，無處可糴，嗷嗷待哺，圖救燃眉，雖有奇策，無如何矣。今後合無通行曉諭保甲牌上，懇切申明此意，除貧窘小民不計外，稍足之家，毋論搢紳士民在城在鄉，常思此際之艱，各乘秋成時候隨力糴積。其富户積至千石，保甲公舉核實報官，官為勸獎。即遇凶荒發糴，仍照時價，官司勿與定價，姦民不得強糴。其平時一應民間貿易，許令銀米均用，使民間自為積貯之圖，而隨予以疏通之法，官不擾而民樂勸，有益無損之術也。更有一法，民間積米百石以上者，許令報官驗實，府縣給與樂積良民印票獎勵。遇有詞訟當杖責者，執票量為輕重豁免注銷，似亦不費之惠。

一、鼓典鋪樂積。使典鋪積米而責令官糴，勉應一時，勢難久遵。欲使人人樂積，莫若亦許其時價發糴為便，非為典鋪省數金之貲也。蓋官價之名甚美，第行之目前，徒添姦棍擠搶之擾，而訛傳遠方，復阻米商趨赴之期。況典商算析錙銖，惟知營利，積米既奉官法，發米不虧私本，又何憚而不多積乎？更有一法，許令民間以物質米，以銀取質，悉照時價銀米通融。蓋窮民質銀，仍多糴米過活，或全要米，或半用銀，一聽民便。如此則所積之米陸續散出，民受接濟之惠，而積米之貲還得花息，商獲儲峙之利，而官府曾無益此厲彼之令。但積糴之時，務要領批，往遠處產米地方販歸實數。著同保正具呈甘結，以虛數妄報者罪，以貪便近揭者罪，法在必行。彼保身家，自知遵守，不必另托衙官查核，以滋騷擾。如是而典鋪仍藐玩不遵者，即繩以三尺，亦復何辭？況彼自鼓舞樂赴也。

一、通行商遠米。所云通者，欲其舟車飛挽，如水流而不止也。昔盧坦為宣歙觀察使，歲饑，或有請抑穀價者。坦曰：宣歙穀少，仰藉四方。若價賤，則商船不來，益貴矣。因每石量加十許錢，四方聞之，爭相輻輳，價遂日減。此通商之利也。商賈徵貴徵賤，趨利如鶩，別無招之之法，惟不抑市價，無損其利，則不招自集矣。又有一弊，每緣姦牙猾鋪空手斛其米貨，負價任意遷延，是以外商束手耽誤，望風畏縮，阻於中道，隨地發賣，米船鮮至，米價不得其平也。今後務宜公舉誠實有身家者一人為牙首，許其稽察各牙，不係無本之人，方許開行接商。凡商船一空，即行交足米價，令其即行，不致久滯。如有侵用久拖者，許本商呈官，定為追給。又請憲臺備行各經由關榷，凡糧食重載，悉蠲其稅，查驗明白，船到即發，毋久掯留。或有米商夾帶別貨、希圖漏稅者，三尺自在，不得慮噎而廢餐也。又通行曉諭，凡屬米船，另行優恤，決無裝兵雜運之差，勒石各處要律，以垂永久。如此則外商聞風四集，雖欲遏之而不可得，米貨进轃，米價自平矣。

一、檄鄰封弛禁。遏糴之令，列國時已知不善，況今率土王民，乃忍秦越視乎？彼固曰吾以自保其民耳，不知遏令一下，姦賈偷行，徒飽巡役之壑，姦民鼓眾，挾制囷積之家，致扃鑰善藏，本地之米不出，截留強糴，行商之米不通，饑民嗷嗷，群情洶洶。如今歲蘇常諸郡邑，產米自富，一經嚴禁而米價反高，打搶屢屢，見吾遏糴，不特病鄰而還以自病，此明鑒也。至於杭郡，上仰食於紹金新灿，下俯給於嘉湖晚粳，而蘇常以迨湖廣，實為四時不匱之源。吴中遏糴，甚且截留楚米，是米源已涸，武林處坐槁之勢，安得不驟然騰沸，日增三價乎？今議合於平時先請三臺嚴督所轄守令，不許禁阻，並移榭湖廣、應天撫按轉諭各屬盡弛遏禁，糧食時時疏通，商民兩聽其便，庶無米之地，自受疏通之利矣。

一、勸棧房接濟。夫塘棲，四面水鄉，各省直米豆與諸貨物輻輳。縉紳及富厚之家皆於此置造棧房，或自積營利，或召貯取租，其來久矣。大抵米粟出產有限，積囤無窮，秋成穀賤則收，次夏絲齊則發，換易之利，積計每至數倍。合無因其棧房之便、積囤之利，勸令隨力加積，據實報數在縣，或置一簿，聽各棧户認填餘積米若干石。除五月間換絲發變外，務照原認米數，於青黃時候，督令湖墅發糴接濟省下議荒，仍照時價，不虧原本，彼則總之取利，我則借以濟荒。又或官有帑銀，即令塘棲積米之家領批附糴。其人起家，㪷斛糠秕之間，計算必精，駕輕就熟，其從必勇，而又得借官批庇，其私米所利亦不少，舳艫銜尾，因公及私，此誠兩便也。

一、通常平遺法，以廣儲蓄。昔朱紫陽以常平倉米六百石，計歲盈歉貸民，行之數年，以原數六百石還府，所羨至三千餘石。夫貸，則有給借之煩，有拖欠追呼之患。今第即借今歲所發三千金及查帑庫餘金為本，每歲於產米價賤時，委廉幹丞簿收積，至來歲照時價糴之，必有微息，逐歲漸增，以備荒歉。或嫌官與民市而必欲戒價以糴，不知減價之名徒致哄爭，孰若稍收微息，多儲新米，米多則價自減，糴平則人不爭為更便乎？蓋地不產米，惟官設法。使米有餘，不在減省錙銖見德也。但今公帑告乏，此銀或難久懸，更在當事者設處移借耳。

一、復社義倉以敦風俗。昔隋長孫平令民間每秋家出粟麥一石以下，貧宮為差，儲之當社，以備凶年。其意甚善。顧今富民耗於侈靡，貧民疲於徵求，自贍不給，誰復肯出一粒以備荒者？然亦未有以作興之耳。杭俗崇釋，每建宇修刹、禮僧放生，爭捐鏹金，立成勝果。如鄉約講畢申諭之曰：爾輩同里同甲，生斯育斯，出人相友，守望相助，何等情誼！倘遇荒警，目擊餓莩，甯忍秦越相視？夫建宇修刹，何如每里修廒積粟？禮僧放生，何如同里賑助煢乏？其每里推賢士夫為倡，或有司稍捐羡贖以興起之，令各當户隨力捐貲，修建社倉，漸次積貯，仍於里中擇一家殷行篤者為主，置一簿聞於有司，而平時出入，則聽民間通融權貸，出陳易新，如遇凶荒，或煮粥，或賑米，總之還週一里之急。此際所救饑民必真，所活生命必眾，即是目前真實功德，其視捐金布施徼福冥冥，奚啻萬倍哉？蓋即借彼習尚，施吾轉移，不特備濟凶荒，亦可敦厚風俗矣。

湯來賀《勸設義倉序》：昔紫陽夫子特舉社倉，西山先生設為義廩，皆以萬物一體之心居安而慮危、先事而夙防也。丙子吾鄉歲歉，吾家與姻友皆施米。家大人曰：小惠勿遍，何如夙設義倉之為愈也。賀心志斯訓久矣。邇來數遇水旱，舊歲稍愈，亦非大有年也，然而穀值愈廉者，何哉？人懲丁亥之饑，耕者竭力而户多陳積也；且家窘户乏，購物無貲，而皆以穀為市也。户多陳積，故擔薪可易斗米，小民不見有饑，似可苟安於目前矣。然以穀市物，則可貯日少，非如丁亥已前之廣積也；家窘户乏，則無可稱貸，非如丁亥之荒猶有族黨親鄰可以相救援也。假令一旦有荒，則載道饑民望屋而食，雖或自擁倉箱，豈得而獨享哉？今春吾邑大姓倉庾悉空矣。春夏之交穀值雖廉，而時聞饑殍，幸秋霖優渥，差可補救而食猶未足也。茲遵家大人夙訓，遍愬有仁心者互相鼓勵，各設義倉，以防饑饉。在城居者，或設倉於祠堂以周宗族，或設倉於近境以濟鄰人；在鄉居者，或各堡創設之，或一都合力為之。每歲秋成，各出昔輪倉，或十餘石，或數石，或數斗，隨其心量其力，委曲勸勉，而不強人以所難。雖所積無多，而荒年得此，猶愈於未設也。每歲初夏，必出陳易新，則無積久成塵之患矣。擇本地與宗族之誠愘者司其散斂，每歲輪流，則可無侵用之弊矣。小荒則減價以利農，大荒則商於眾而酌給之，先給孝子順孫義夫節婦之窘乏者，次則老羸之無告者，次則良農之缺食者，惟不孝不友、敗常亂俗事確名著及遊食不事生業之人，咸勿給焉。此倉一舉，可以免溝壑，可以杜爭奪，可以睦鄉鄰，可以維風化，利莫大焉。由此推之，則凡慶壽者、求嗣者、禱病者，何不出穀以酬所願，則轉無益為有用，化虛文為實利，不亦善乎？王文成曰：為善之人，非特宗族親戚悦之，鄉黨鄰里敬之，雖鬼神亦陰相之。夫所謂為善，孰有大於賑人之饑、救人之命哉！今慶壽者若能以濟人為稱觴之祝，則自求多福，知必壽考且寧也；求嗣者若能以救荒為續後之謀，則天監在下，知必子孫千億也；禱病者若能以周人之饑為悔過遷善之圖，則神聽和平，知必勿藥有喜也。移請客數宵之費、師巫一夕之貲，於以救數命，不充然有餘哉？昔楊甸每遇荒年，輒貴糴賤糶以賑貧民，其子楊椿遂大魁天下。陳天福平糶濟人，而子孫咸登顯要，遂為湘湖世家。昔人有云予舊館於當湖陸氏，見其堂中一軸文，乃先世兩代出粟賑饑而人贈之者。文中曆敘古先濟饑之人子孫皆膺高位，謂陸氏他日必有顯者。今日東濱公而下，三代皆為九卿，其言若左券矣。來賀讀家譜，先祖民悦公、月軒公父子，賑饑不遺餘力而讓能，今子孫數世亦著文名矣。夫楊陳諸君子豈有心於求福哉？然不求福而福自至，亦足徵為善之顯報矣。吾鄉親友當思六月大旱情形，則不忍不為之預備。況師紫陽、西山，咸以萬物一體為心，則不因無報而不為惻然，亦豈因有報而始為躍然也哉？

一、每歲將秋成，即委曲相勸稍有衣食者，各出穀輸倉，隨心量力，不得相強，以致嫌隙。

一、本村有孝子順孫、義夫節婦聞其真確者，若屬家貧，每歲將穀送與其人，每家各幾石，秋成免完，若小荒各奉穀若干、大荒各奉穀若干，就所積之多少為所饋之厚薄。急宜行此，以見勵俗維風至意。

一、地方或有不孝不悌著名者，及犯倫傷化逐出祠外者，及遊手好閒不事生理者，縱貧亦不得給借，縱荒亦不得賑濟，必須嚴拒，以端風化，以警遊惰。

一、穀久必乾，且有鼠耗。每十石必算折數四斗，以免賠累。

一、凡生日，或子為父母慶壽，或孫為祖父母慶壽，其尊人好靜，不喜飲酒請客，則為子孫者隨力隨意，入穀義倉，以祈神祝壽。此實福也。親朋送禮而主人不肯受者，亦不妨隨分入穀，代為祈福。古人有放鵲縱魚以祝永年者，況活人之命乎？竊見鄉間糴穀以買禮儀，何不即以穀送，較殺儀侈費省錢省力，所益更多。

一、凡求嗣許願者，即於福神前拜謁，倘得生子，即入穀若干於義倉，留為賑濟，以謝神祐。及生子後，即以湯餅之費糴穀入倉。或請客情不可缺，即減其酒肉之半，以助義倉，於是神前焚一疏文，以酬願信可也。即親朋以穀當賀儀，亦有裨於實用。

一、凡有病祈禱者，即於神前發願，拜許病痊之後，入穀若干於義倉，留為賑濟，以謝神祐。及病癒身安，即於神前焚疏入穀，以酬願信。只隨心量力，不拘多少。此實實功德，較之建演戲，功德不啻十倍。

一、義倉每年拈鬮輪管，算清量過上手，傳下手接管，必須素行忠信又稍有身家之人方許承管。若家力甚貧，縱有忠信者，恐其急時挪散，不得徇情與之輪管，度無侵用而事可久行。

沈蘭先《社倉議》：每里各設鄉約，取私創寺院改造，里中推年高有德誼者一二人主之，或老鄉貢、耆儒、老諸生皆可。月朔則召民講論讀法，教子弟以孝弟廉讓。即於其後為倉房，高其牆垣。每遇收穫時，聽有田者各捐米一石以上至子十石封貯之，多寡從人，不以相強。此不過省數日宴會之資、無益之費，即可救異日數人之命。近多見士紳廣施僧尼，蓋造傍殿，不若貯倉粟為救荒備功甚大也。里中貧富高下，户户幾人，作何生業，立為冊籍，以時稽察。其子弟馴良及無賴者，皆如燭照。有不肖者訓飭之，召其父兄，俾董正之；必不能教者，署為兵，亦可弭盜。户有籍則姦宄無所容，又即寓保甲之意。遇凶年，則按藉而稽，其極貧户若干、次貧户若干，在本里所熟悉。其稍有體者，月支米若干；下户貧不堪者，人給米日一升。按明三日，總發男子一人領之，不須扶老挈幼而至，如此亦可省挨擠之苦。凡社倉，每里一鄉約則一社倉，倉粟賑其本里之人。或本里貧而積少，旁里積多，遇凶年，則以富里所積分賑之，務期公同協於義，毋私所有。鄉村慮盜劫，則大户家撥一人守之，許備木棍鋼叉之類。人多吝於私財，不肯捐積，不知當荒亂時，盜賊蜂起，劫而去之，則私財亦非其有。然則社倉正以保富，非獨安貧也。其有豪富慳吝、不樂為義者，里中共糾之，罰令出粟倍於常格。每鄉約立約正一人或二人、副二人，倉穀出入悉聽正副，冊籍用約正鈐記。此法遍行，當無流民；即有流移，以官府之常平賑之，天下無饑莩矣。但恐今日不能遽行此事，別為酌法如左：

欲立社倉，必先立鄉約，講明德義，人皆樂輸，又為法簡便易行。如鄉約未能立，仍須勸置。大凡勉強之事，一時即或奉行，久之終歸廢壞。社倉之舉，願入者書其名，不願從者聽。倘官設印簿，使里遞沿門勸書，則與科斂民財等，不可行也。今先就數里樂行者，任募於一里之內，設為一倉，或兼數里之眾，統立一社，收者、散者、持籌者、糴糶者，各俾自便，官不與焉。鄉間願入社者，行每畝出米二升之法；城市無田有業願入社者，則可行每月出銀二分之法。其好義自肯多出數十百倍者任之，尤多者，里人言於官，官為給獎。嘗謂民間醵錢斂分，嬉戲多，無益之費不少，惟茲社倉，才減百分之一，以輸之當社，設遇凶荒，即以備本里賑濟而起人溝壑之中，不過出平日升斗中一粒耳。且仍以本里之米，應本里之需，積之數十年之久，俾吾父老子弟永無凍餒流離，其為利賴無窮矣。社倉之法，人不樂行者有故，總在收貯於官。設遇饑饉，以完民猶費上納之苦，況當賑濟，小民未必於實沾其惠。即如文公遺法，始行甚美。其後行之不終，額定報數，無異正供之徵收，歸官督催，頓失大賢初意。以至徵募之先，人不樂有大户之名，恐將來本里有事，得指名妄報，雖有仁心，廢然自沮；積蓄之後，又恐官府挪借，將農夫手足胼胝、民間錙銖積累一朝烏有，則遵行之念又息。若能斟酌可否，因事制宜，使通行之於今日，無貽害於將來，則大善矣。

朱子社倉初行時，貸常平米六百石。今使倉本仍貸於官，恐日後操縱亦聽於官，而流為民害。總之行於官府者，則為常平，不必下涉於民；行之民間者，則為社倉，不必上經於官，宜聽民間自為積散，所煩憲禁具題者。凡力行社倉處，永不科派大户，決不官吏監督，決不經由查盤，而又官司不得借貸支動，經過軍馬不得強行占取，更或姦蠹蠱惑、有司擾民紊社者，定以某法某例，則積之艱難者不至罄奪於一旦，民志既定，自不視為上官苦我之事，而各為桑梓身家計矣。有田者當極荒之歲，亦多艱於舉粒，設使平時舉所有以入社倉，荒年但以散之他人而已，則坐視無有，未有不歎社倉之法厲己矣。今更酌為通融之法，平時所納幾何，具有冊籍，設遇奇荒之歲，中等之家仰貸無資者，照數撥完社倉原積，至豐年如常，量行入粟，永守社倉良法。既經此一凶荒一周接，入家親受其益，有不樂行者乎？無有也。其不願領歸原積者，聽存貯本社，以濟本里極貧之民及惠孤恤寡之用。此社倉一法，猶之民間結會積錢，或三五十文，或千百文，貯之一所。及歲終，始出而瓜分之，亦各如所輸數完歸之，則出之最少而力且易為，得之頗多而更適於用，頌言其利而無害，自然鼓舞樂行也。每見豐穰之時，人家得米多，便不珍惜，或以飼鵝鶩，或飽食而棄其餘。暴殄者必有天殛，何如積之倉者為有益乎？

社倉之行，全賴得人為理，但里社不能皆有可任之人，喜事者未必堪充，而堪充者未必喜事。若使經官開報，遂為官身，每月守候謁見之勞，而無復優待之禮，有品望者自不樂為。此必同里自相推舉，始為無弊。賢鄉紳主之於前，素行忠厚老成廉潔者佐之於後，並心同力，謹其出納，以杜姦欺，則社倉可行矣。

社倉既立，其有仁孝節烈孤寡無依者，里中時行周給，不待凶年。

後數條，即前一條意也。稍異者，鄉約之立不立及每里一倉法耳。然鄉約之行，易於社倉。必舉鄉約，其美始全。鄉約舉，則每里社倉亦舉矣。通前後法酌而行之，庶有益乎？

清 鄭昱《請通行常平倉法疏》《清經世文编》卷三九 竊惟國以民爲本，民以食爲天，民安而國運昌隆，食足而民生樂利，此古今不易之定理也。臣辦事垣中，見戶部復直隸撫臣郭世隆疏內，稱應如該撫題請，各州縣所存米石加謹收貯，以備賑濟，其餘米穀平價糶賣，秋收照數糴買還倉，仍將賣買過銀米價值數目造具清冊，報部查核等因，臣請得而推廣之。竊思直隸而外，各省俱報有積穀之數，俱開有捐輸之例，存貯米穀，無邑無之，但未奉部文，不敢擅動耳。

查各省昨年豐熟者固多，而饑荒者間有，如河南、山、陝、江淮等處，內有奏報發賑者，有請停漕糧者。是目下青黄不接之狀，與直隸同然也。至於湖廣、江西雖號米穀之鄉，然每至五六月，穀價不昂，而民多乏食。豐年猶然，況薄收乎？是目下青黄不接之狀亦與直隸同然也。他如閩、越、川、廣、雲、貴等省，雖豐歉不齊，要之五六月間，新禾在畝，舊穀已罄，皆青黄不接之時，又與直隸有同然也。夫積穀原以爲民也，穀積而無濟於民食，其謂之何？仰祈我皇上迅飭部議，凡各省積貯捐輸米穀，行令各撫臣酌量州縣之大小，詳查存積之多寡，應若干米穀，以備饑荒。其餘剩者俱於每年五六月，照市價減糶，所糶銀兩仍於本年九十月糴買新穀還倉，稍有羨餘存爲修倉之用，夫夏則舊穀必貴，秋則新穀必賤。穀貴則量減而糶以利民，穀賤則量增而糴以利農。豐歲則出所存之銀買穀以補倉，而常使其有餘；凶歲則發原之穀，給賑以救荒，而無使其不足。更將賣買價值，動用銀米數目，造冊報部查核。買穀則核實在，給賑則予開除。民得通其緩急，穀不至於紅朽。如此，則常平倉之良法美意，行之北直而效，行之各省而罔不效。雖有水旱，而天不能使之災，斯誠萬世之計，所謂議變通以濟實用，足民食以安民生者，莫亟乎此也。

清 鄂爾泰《議復積穀疏雍正五年》《清經世文編》卷三九 臣按積穀一條，據稱瑞州府所屬高安、上高、新昌三縣，地方褊小，民鮮蓋藏。請於三邑常平倉外，近水鄉村，各設社倉，於庫内支銀三千兩，買穀存貯。俟來歲夏初，照時價每石減五分，糶濟民食，所糶穀價除歸原項外，計得贏餘若干，該縣造冊報府，並布政司轉申巡撫諮部存案。其贏餘之銀俟秋收添買穀石，歲以爲常。如此不數年，而倉有餘穀，庫無損帑。倘行之果有裨益，則凡産穀之處，皆可通行，不僅瑞州一府等語。臣查此法行之江西等處，米穀出産最廣，水路四通，客販甚衆。庫原有餘帑，農原有餘粟，貴糴賤糶，上下交濟，用意本善，事屬可行。但奉行不善，於地方無益，若通行他省，更有勢不能者。

臣愚以爲欲行此事在得其人，在得其地，在酌其時，請敬陳大略。凡州縣官皆民父母，現銀買米，誰不樂從？然官不親買，必假於吏胥，發銀之時，層層克減，收米之時，事事需索。是民間之米，賣之民間者恒得常價，賣之官府者什僅得八九。及夏初出糶，官減五分，吏胥不敢不減，而重戥輕升，百姓實不敢不依。雖大張告示，嚴切曉諭，百姓亦唯有甘自隱忍，敢於告吏胥者百無一二，本官方自以減價糶穀，平斗便民，殊不知百姓受累已多。甚至串通客商，盡賣向外省，本地米價，從此愈貴，累民更甚。此行之在得其人也。各地産穀多寡不同，水陸遠近亦異。若或限以定額，各支庫銀數千，採買如常，毋論如滇、黔二省，每州縣歲額多不及千百兩，民間亦並無多穀，難以照行，即就江西一省論，恐亦難一例。臣前任江蘇，深悉此弊，止可濟以權宜，不可著爲例額，此行之在因其地也。至於時有豐歉，歲無盡登，今於夏初之間，以所買之穀減價糶出，據數報部，秋成買補。設歲一不熟，即使價增於前，亦復無穀可買，而倉儲虧空，恐干參罰，自必報荒求寬，至來歲買補。部議不允，則官實受累，部議若允，則端不可開。即半收半歉之歲，穀不能賤，而官必欲買補，甚至勒賣，而吏又四路搜括，如同緝捕。民間有穀，不敢不賣，而饔飧不繼，勢且無以自給。此行之在酌其時也。

得其人，因其地，酌其時，庶幾有益。不然，即存七糶三之例，法良意美，而或屬員朦混，上司因循，將名爲糶官米，名爲買官米，實爲不肖官吏掩飾虧空、捏稱民欠之資。此弊各省皆然，雲貴尤甚，臣受事一年，已知備細。欲概行糾參，則一經革職，十無一完。臣以錢糧爲重，又不敢不稍有顧慮，因嚴切開示，仍佯爲不知，密囑司道等勒限清還，除調順甯府韓鍾業經臣前題參外，現今完米者十有六七。以銀抵米，仍待買補者十有八九，俱限於閏三月内完抵。臣看此輩習染深重，終難振拔，擬於限滿日通參，請旨一概解任，勒限完補，限内全完者酌量開復，逾限不完者革職治罪，庶於事有濟，亦於法無損。但雲南萬里，銓官赴任，動須半載，臨時委署亦難得多人。懇祈聖恩於記名賢員内，府廳州縣預命往十數員，著臣按缺委署，分別題補，則既無曠官，自無廢事矣。

清 周學健《請撥支以備購儲疏乾隆六年》《清經世文編》卷三九 奉諭旨：『朕看州縣有司，往往慮及霉變賠補，以多積穀石爲憂。其如何酌量定例，俾其從容不至賠補之處，交與該部另議具奏。欽此。』大哉王言，誠推恩群情之隱，而籌畫積貯之首務也。夫常平積穀，不去其累官者。而欲倉儲之常盈而無虧，庸可得乎？累官之事，莫如霉變與買補二者。本年五月内，臣在戶部侍郎時，會同遵旨，議請將常平倉穀，比照通倉准銷氣頭廒底之例，行令各省督撫酌定成規，已題明辦理在案。是霉變一事，將來可免賠累，且繕修倉廒，及時曬晾，照例出易，勤慎之員原可不致虧損，此猶人力所能爲也。至於買補賠累，則有非人力所及者。春夏出糶，當青黄不接之時，米價必貴，秋收新穀登場，價值自必平賤，似乎買補止有盈餘，竟無不敷，不知穀價之貴賤，視乎年歲之豐歉。如出糶之時，遇歉價貴，買補之時，遇豐價賤，則有盈餘，或出糶與買補之時，皆值歉收，皆值豐收，其價值約相等。即有不敷，尚屬無多。若出糶之時，則遇豐年價賤，買補之時，又值歉收價昂，斯價值相懸，不敷之數，每以千計。即出糶數少，不敷價值者亦每至數百兩不等。積儲一事，原應盡心辦理，第倉儲不出陳易新，致有黴變，則有賠補之嚴例。出糶之後，不依限買補，致倉儲空虛，則有買補遲延之參處，派買倉穀，則府州縣官歲給養廉有幾，何能堪此賠累乎？遇不肖之員，派累里民，短價領買，勢所必至。然派買一出，而參劾隨之，處分及之矣。府州縣官食祿王朝，有計贓治罪之科條，如違功令，則參處不免。欲全功名，賠累何底，焉得不視爲畏途？惟冀積穀之少以省賠累之地乎？

乾隆二年，戶部議定，買補不敷，准將通省糶價贏餘勻撥。如再不敷，准動存公銀兩撥補。自此例一定，買補之賠累少減。迨至乾隆四年，原任江西巡撫張渠因是年江省皆遇歉收價貴，並無盈餘可以融補，奏請停其撥補。經部議定，嗣後以本地之盈餘，爲本地之撥補，將通省融撥及公項撥補之處，通行停止在案。夫以通省之盈餘，撥補通省之不敷，則有盈餘之州縣，固不容其冒銷侵隱，無盈餘之州縣，亦不致賠累偏枯，事屬公平。今以本地之盈餘爲本地之撥補，設此一邑之中，連遇出糶價賤，買補價賤，則雖有盈餘無煩動用矣。其或連遇出糶價賤，買補價貴，則更無盈餘可以撥補矣。況既定以本年撥補，則上年所有盈餘，不肖之員必百計浮開，以圖侵冒。上司因係本地撥補之項，不甚愛惜，聽其開銷。彼上年並無盈餘者，則又不准融撥，勒令賠補，是同一撥補盈餘，以之勻撥通省，則公而溥，以之撥補本地，則偏而私，其理較然可睹也。至於動支存公，添補不敷之處，必值該省皆係歉收價貴，盈餘不敷，然後動支。若年豐穀賤，則盈餘已敷撥補，動支存公，原非常有之事，且查存公銀兩，留爲辦理地方公事之需，各直省如辦解物料，不敷腳價及修理衙署等項，皆得動支。地方公事孰有大於積儲者？而反不准動支，亦覺輕重失宜。如以勻撥盈餘，添補存公，恐經管倉儲之員，恃有此例，遂啟浮冒侵漁之漸，獨不思州縣各官辦理之事，何處不當稽核其浮冒，防閑其侵漁？斷無預料其浮冒侵漁，遂可矯其弊而廢棄成法也。如以買補之時，價果昂貴，原可諮明展限，不知此例一開，畏累之員群起效尤，止圖存價在庫矣。天時之豐歉，難以預料，設或年復一年，價仍昂貴，不且盡倉儲之粟，轉而爲存庫之價，積儲竟爲虛設矣。且上年既因價貴停買，下年春間，必係價昂，仍須平糶。至秋成之時，並買兩年之穀，更覺艱難，是價貴停買一事尤於積儲無益也。

以臣愚見，欲倉儲之常盈，必使官無賠累之苦，欲使官無賠累之苦，必當復通省撥補與動支存公之例，方爲有裨。仰請皇上下該部定議，通行各省，將乾隆六年以前，凡有穀價盈餘，徹底查清，解交司庫，統俟下年買補時有不敷之處，核實撥補。如撥補有餘，再留爲下年之用。倘或不敷，動支存公添補，嗣後總以上年通省盈餘爲下年勻撥不敷之用。其府州縣買穀還倉，如有盈餘，事竣之日即解貯司庫，另款收存，報部查核。倘府州縣有將盈餘銀兩任意侵那者，嚴參治罪。至於買補之時，原應稽察其冒報侵漁之弊，請責成道府確查本處市價，按其買補月日，核實准銷。如有虛開捏報及道府等官不實力稽查，虛應故事，聽其冒捏者，該督撫嚴參，分別治罪議處。如此，則經管倉儲之員，既免賠累之苦，且除冒銷之端。積儲自充，民食有賴，於足民之至計，不無小補也。

清 秦蕙田《捐監兼收銀穀疏》乾隆十年 《清經世文編》卷三九

竊臣伏見我皇上仁覆如天，臨馭以來，刻刻以愛養黎元爲念，宵衣旰食，懃懇切至。凡農田水利有關民計者無不舉，市租商稅有裨民食者靡不蠲。一遇水旱偏災，截漕發粟，平糶兼施，動以百萬計。蓋自古及今，從未有若斯之痌瘝一體，大化旁流者也。近又欽奉特恩，將直省丙寅年地丁銀兩普加蠲免，使山陬海澨，窮鄉僻壤，無一不沾浩蕩深仁。大澤敷天，歡聲動地，從此有田之戶及務本之農民，固已無不曲被隆施，淪肌浹體。微臣恭遇聖世德洋恩溥之時，敬體皇上欲使無一夫不得其所之至意，更欲於現行事例，通籌利濟，以冀少裨聖主愛民足用之懷於萬一。臣惟今日之民非特貧之爲患，而貧富不均之爲患，非乏財之爲患，而財用不流通之爲患，是以富者日富，貧者日貧，日富則奢侈僭踰之弊生，日貧則不惟煢獨鰥寡有無告之憂，即讀書士類資生無策，有不暇治禮義之苦。若此等者，賑貸之所難周，蠲免之所不及，而實何一不在聖心軫念之中。惟是欲以有定之經費，供無限之蠲施，此固理與勢所難，而欲於萬無可商之中，求一通融補救之道，則莫若裒多益寡，以民養民之爲惠大而利溥也。

前者荷蒙恩旨，准留捐監事例，以爲賑濟之用。始則內部收銀，今則外省收穀，此誠通變宜民之善政也。臣愚以爲此例專令收穀，則捐輸不皆踴躍，倉廩未即充盈，以之備荒而不足，若稍有變通，則捐輸充裕，不惟賑濟有藉，而其餘尚可沾溉困窮。臣再四思維，悉心推究，則以專收穀石不如銀穀兼收之爲盡善也。況銀穀兼收之例，山東一省上年業已議准暫行，若更推之各省，則其效必可立睹。臣敬爲我皇上陳之。

收穀之便一，其不便者四。所謂便者，誠以本色收貯利於興發，而不失足食之本意也。臣思五穀之與金銀其爲利一，而爲用不同。夫穀有豐歉，而金無盈絀，銀有定數，而穀無定價。民間所出之穀止有此數，若果係豐稔，穀粟有餘，乘時收貯，以備水旱，誠爲盡善。若值穀少之時，急公者購買上捐，不惟穀價騰貴有損貧民，而在倉多一石之儲，即在民少一石之食。況時價先後不齊，雖經議減之後，捐者仍屬寥寥，一不便也。米穀不可久貯，直省燥濕不同，若陳陳相因，霉爛可慮，有用化爲無用，二不便也。倉穀交代，盤量折耗，不無賠累，官吏視爲畏途，隱致抑勒撓阻，捐者裹足不前，三不便也。直省之田土不一，江、浙、川、廣，爲產穀最多之鄉，閩、粵、雲、貴，有食米不敷之處，必欲一例徵取，恐多此贏彼絀，四不便也。有此不便，臣所以慮捐輸之不皆踴躍，倉廩之未即充盈，以之備荒而不足者也。

今若概令銀穀兼收，其便有五。蓋捐輸一事，有天時地利人事之不齊，豐年則穀便，歉歲則銀便，此係於天時者。穀多之鄉利於穀，穀少之地利於銀，此係於地利者。力田之民利於穀，逐末之民利於銀，此係於人事者。況捐穀尚有時價高下之不齊，捐銀則貴賤多寡皆畫一，此一便也。有穀者不必易銀，則穀多不至價賤以傷農；有銀者不必易穀，則穀少不至價貴以傷民，銀穀任便，輸納爭先，倉廩必致充裕，二便也。捐賑理應用穀，而饑民待哺維亟，開倉饋運有需時日，即領穀到手，尚須舂簸炊爨，若捐項既足，銀米兼賑，餅餌立能果腹，挾貲兼可謀生，且賑一半之銀即留一半之穀，倉貯不致大虧，三便也。水旱告急，事存呼吸，例應一面奏聞，即一面動帑。惟是正項地方，關係重大，所司出納過謹，災民遺漏堪虞。若果銀米充足，施展寬裕，長吏不屯其膏，窮民隱受其惠，四便也。倘銀穀兩收，穀少而銀多，則不妨移此地有餘之銀買別處有餘之穀，以歉歲有餘之銀，買豐年有餘之穀。賤糴貴糶，倉穀必豐，並可濟常平之不及，五便也。至於各省藩庫，爲貯備之根本，若此例一行，除穀石仍收本色外，所有全省賑項之銀，均令解交藩庫。通盤核算，將應備賑濟之額盡數存留，平時則酌量米穀之貴賤，以供調度，臨期則審視地方之緩急，以資接濟。以全省之入救一隅之災，有疏通而無耗絀，庶幾不虛我皇上籌畫倉儲、有備無患之至意。若行之日久，必有贏餘，則各省農田水利之當興者，及養濟育嬰諸務與鰥寡孤獨之無告者，貧生不能餬口及有關學校書院之待給者，均可酌量取資。而以本省富戶之有餘，濟本省貧民之不足，盈虛相濟，財用流通，即凡賑貸難周，蠲免不及之民，從此無不均沾聖澤，惠而不費，用而不竭。此臣所謂稍爲變通則不惟賑濟有藉，尚可沾溉困窮，冀少裨聖主愛民足用之懷於萬一者也。

至部臣前議州縣收銀，恐開虧空之端。今令解交藩庫，自可毋庸慮及。又近日湖廣督臣鄂彌達奏請停止本色，一概收銀，已收監穀，糶後毋庸買補，經戶部議，一概准收折色，恐未補之倉儲足額無期，臨時之購買轉運未便。而已收之穀糶後不行買補，倉儲日漸空虧，均毋庸議。伏查鄂彌達所奏，欲將本色停止，臣則爲銀穀必須兼收，鄂彌達謂穀糶毋庸買補，臣則謂銀多正便收糴，意見似有不同，並非現經議駁之條，瀆陳聖聽也。

清 王柔《請各直省行常平捐穀疏》《清經世文編》卷三九　竊臣前以通裕民食之法，請於秋成確探上游豐收之處，差員領銀，前往採買，至次年青黃不接之時，減價平糶，繕折陳奏。業經奉旨發議，惟是豐收地方，業經各處差員赴買，恐一時米價昂貴，更不得不爲籌及。臣查豐收之地其米價未得平減者，多因富商大戶恣意囤積所致，若必強之使賣，恐有不肖胥役藉端滋事，而需食之民仍未均沾實惠。

臣再四思維，有不禁自除之法，莫善於各省府州縣，遍開常平倉捐穀之例，以備積儲，以資轉運也。蓋富商大戶蓄積銀穀，每思遇開恩例，急公上進，祇以開例之地離鄉窵遠，不能自赴上納，輒轉托親友順帶包捐，不無多用盤費，且有被騙重納者，以故率多觀望。今若於各省府州縣，悉開常平捐穀之例，使本地之人即於本地親身上納，既無詐騙，亦免盤費，節省穩便。凡有米穀之家無不踴躍，一遇豐收之歲，米穀必半在官而半在民矣。其所收穀石，遇有鄰省差員赴買，價銀收貯藩庫，即可碾米撥發領運，則鄰省採買之員不必求米穀於市，而止問米穀於官，自無市價高昂之患，而囤積者更無所容其奸。如有謂捐多米貴者，殊不知本地收捐之穀即可於本地隨時碾米，減價平糶，更不須遠謀於他省，尤爲便捷，似於通裕民食之計，大有裨益也。

清 良卿《請禁派買倉穀疏》乾隆三十一年《清經世文編》卷三九　查直省設立常平倉穀，春糶秋補，接濟民食，有備無患，法至善也。而定例責成州縣等官平價採買運倉，不許轉派里遞，違者定有議處之條，乾隆二十九年。又經兩江總督尹繼善奏奉俞允，通飭各省嚴禁派買，復勒石永禁。蓋以州縣採買倉糧，一經按田強派，未必全照市價給發，而書役家人又復從中扣克，百弊叢生，閭閻滋擾，是以特嚴其禁也。黔省額貯常平倉米八十七萬七千石，每年借糶兼行，法良意美。惟買補還倉之時，酌定村莊大小，買穀多寡，派分里遞交納，係原任撫臣張廣泗題明於前，復經撫臣圖爾炳阿奏明於後，相沿爲例，在撫臣等具奏之際，立言皆以黔中跬步皆山，不通舟楫，民苗背負肩挑，多止數斗，難供採買，不得不向糧戶給價承辦，其議近是，而擾累之弊由之漸啟，臣請申明其故。州縣月報米穀價值，督撫大吏確核入告，原無不實。州縣按照時價採買，例不許出此範圍。在小民零星運送，飯食費均無所出，核之市價，已有虧折，況黔省地山多，煙戶畸零，名曰糧戶，實鮮蓋藏。自派買之例一定，不問貧富，不計遠近，不論民苗，按田計畝，升斗均攤，追呼之擾幾同正賦，兼之奸胥按戶派交，易啟偏枯，里保領銀轉發，難免扣克，此又弊端之莫可窮詰者也。夫苗性易惑而多貪，治此岩疆重地，務在馴順而鎮靜之，柰何以惠民之舉而開擾累之端？

臣伏思黔省荷蒙聖主格外天恩，當青黃不接之時，許令地方官詳請出借倉穀，接濟貧民，秋成交納還倉，無論年歲豐歉，一照廣東、福建之例，概免加息。曠典昭垂，民苗均沾補助，倉糧亦免陳積，原無需乎平糶之舉。應請嗣後黔省倉穀，每年分別歲收之豐嗇，酌定出借之多寡，不必拘泥存七之數，按時借給，秋收還倉。倘有徵收不前，及冒濫滋弊者，分別參追。仍責成該道府不時查察，如該處市有餘米，不准輕易詳糶，如果市值較秋收貴至三成以上，地方情形必須糶濟，酌照該處可能採買之數，詳明出糶，秋成自行平價買補。一切派發里遞承辦之令，永行禁革。如此則出借寬裕，民有餘粟，而市價自平，糶易既少，而補倉較易。派買永除，雖有不肖官吏亦無以藉端滋擾矣。

清　楊錫紱《陳明米貴之由疏乾隆十三年**》**《清經世文編》卷三九　奉上諭：『米穀爲民生日用所必需，而邇年以來，日見騰貴，窮黎何以堪此？即如川、湖素稱產米，而川撫紀山則以商販雲集，米價騰湧爲奏。湖北督撫則以江南被災，資楚糧接濟，以致本省米貴爲奏。又如直隸一省，向藉八溝糧石，今歲畿輔，尚屬有秋，而八溝亦以搬運太多而貴。夫商販流通，貴則徵賤，間或暫時翔湧，何至連歲遞增，有長無落？若謂囤户居奇，此實弊藪。然自地方官力所能禁，何至全不奉行？若謂户口繁滋，則自康熙年間以來，休養生息，便應逐漸加增，何獨至今日而一時頓長？若謂水旱偏災，則亦向來所有，何以從來未聞如此之貴？且亦當歉者貴而豐者賤，又何至到處皆然？若謂康熙年間，倉儲有銀無米，今則年年採買，民間所出，半入倉庾，未免致妨民食。然在當時，分省定額，悉經該督撫分別酌議，自按各省情形。且至今足額者寥寥，亟須採買，所在皆是，藉以備荒撥賑，難議停止。設或果由於此，則當切實敷陳，商酌妥辦，不當聽其自然，而不爲之所也。朕反復思之，不能深悉其故，亦未得善處之方。夫人事不修，而民生不裕，今日政治之闕失何在？所以致此者何由？米豆關稅，業經通免，雖不可因此遽求奏效，而於米價宜不爲無補。又何以價不日減，轉益日增？朕自御極以來，宵旰勵精，勤求民隱。閭閻疾苦，無或壅於上聞，乃不能收斗米三錢之益，而使赤子胥有艱食之累，殊益焦勞。各督撫身任封疆，於民生第一要務，必當詳悉熟籌，深究其所以然。如果得其受病之由，尤當力圖補救。乃各省督撫，或不以介意，或歸咎於鄰封，或責過於商販，而應作如何辦理之處，並未籌及。可傳諭各督撫，令其實意體察，詳求得失之故，據實陳奏。或朕所舉諸條之外，別有弊端，俱宜確切入告，務期實有益，以裕民天。欽此。』仰見聖主勤求民隱之至意。

臣伏查水旱偏災與囤户居奇，雖亦足致米穀之貴，然尚非所由貴之源也。臣竊以米穀之貴，由於買食者多，買食者多，由於民貧。夫國家休養生息，百餘年於茲，荒土盡辟，宜乎民之日富，而反貧者，積漸之勢然也。所謂積漸之勢有四，一曰户口繁滋，一曰風俗日奢，一曰田歸富户，一曰倉穀採買。倉穀採買之弊，我皇上所謂處處積貯，年年採買，民間所出半入倉庾，未免致妨民食。蓋已洞悉情形，毋庸更贅，户口繁滋，則聖諭謂自康熙年間以來，休養生息，便應逐漸加增，何至一時頓長？以臣觀之，實亦未嘗不係漸增。臣生長鄉村，世勤耕作，見康熙年間稻穀登場之時，每石不過二三錢，雍正年間，則需四五錢，無復二三錢之價。今則必需五六錢，無復三四錢之價。蓋户口多，則需穀亦多，雖數十年荒土，未嘗不加墾辟，然至今日而無可墾之荒者多矣。則户口繁滋，足以致米穀之價，逐漸加增，勢必然也。臣謂由於風俗日奢者，蓋國初人經亂離，備嘗艱苦，風尚儉樸，迨安居樂業，數十年後，子孫有笑其祖父之樸陋者矣。衣食之類，競求佳麗，婚喪之事，務期美觀。始於通都大邑，今則荒徼山僻之農民，亦漸習奢靡，平時揭借爲常，力田所入，抵債去其大半，餘又隨手花銷，甫交冬春，即須糴米而食。農民日食，亦取給市鋪，則價焉得不長也？臣謂由於田歸富户者，蓋國初，地餘於人，則地價賤；承平以後，地足養人，則地價平；承平既久，人餘於地，則地價貴。向日每畝一二兩者，今至七八兩，向日七八兩者今至二十餘兩。貧而後賣，既賣無力復買，富而後買，已買可不復賣，近日田之歸於富户者大約十之五六。舊時有田之人，今俱爲佃耕之户。每歲所入，難敷一年口食，必須買米接濟，而富户登場之後，非得善價，不肯輕售，實操糧價低昂之權。夫一物也，一人市之，價不能增也，十人市之，則一時頓長矣，十人出售，價不能求多也，一人獨售，則任其高勒矣。如是而米穀安得不貴乎？今就四者之由，合而計之，生齒之繁，此我國家重熙累洽之效，無可議者。田歸富户，非均田不可。然此法行之開創之初，尚虞紛擾，今累葉承平之時，更難施行。惟風俗奢靡，尚屬勸禁可施。現奉欽定《禮書》頒發飭遵，應令地方官實力董率。但人情由儉入奢易，由奢返儉難，此止可徐徐化導，亦不能遽收其效。至於常平積貯，藉以備荒，難議停止，聖明遠見，誠爲探本握要。然臣再四思維，雖不便因採買致貴而議停止，而其中亦尚有應斟酌調劑者。蓋積貯以足敷賑濟而止，不必過多。乾隆九年，御史孫灝奏請酌定常平貯穀額數，以平市價，經部議准，通行各省。雖俱酌定額數，然當時督撫究竟爲有備無患之意重，而未深計及於穀價之日昂，採買之維艱。即以湖南言之，州縣之倉有貯至五六萬者，府倉有貯至七八萬者，亦未免過多。應飭各省將定額再加詳細確核，有過多者酌量裁減十之一二。其已買足者，於平糶時存銀歸庫。未買足者即扣除，不必再買。又從前部議，各省倉穀足額後，續有收捐監穀，設遇賑恤動用，毋庸買補。第賑恤已有額貯之穀，此額外捐穀，與其久貯繁重，不如逐歲賣之。湖南現在將額外捐穀，每歲糶價解司，爲修理城垣之用。他省似亦可照行。又常平糶三爲出陳易新計耳。其實豐年之後，原無資於平糶，而倉穀堅好，亦有可存貯數年者。州縣官因年例糶三，即穀好年豐，亦必出糶，請嗣後不必限定每年糶三，遇年歉價貴之時，多糶固可，如年豐價平之時，即不糶亦可。蓋多糶一石，小民未必多受一石之益，而少買一石，閭閻即受少賣一石之惠矣。

臣伏讀諭旨，詢及今日政治之闕失何在，所以致此者何由，仰見聖德謙沖，治益求治，誠天下生民之福也。臣反復思之，今日之政治，大綱細目，無不畢舉。第奉行之下，致力不專，循名者多，而盡實者少。即如定例，令州縣官歷鄉村，體訪應興應禁各事，將行之有無效驗，造冊詳報，督撫核實，三年一次奏聞。此固責實之意，然查所列應興諸政，皆係易於鋪張假冒之事。其有實跡可據而難於粉飾者，莫如地方之水利。顧因泛騖之事多，而水利亦遂致力不專，未奏實效。臣竊以爲目今養民之政，尤當專意講求者，莫如水利一事。似應酌立勸懲之法，使各認真料理，免托空言。蓋近日荒土雖已盡辟，而水利尚未盡興。夫雨暘偶愆，事所常有。果水利之蓄泄有資，自非異常水旱，豈即坐視無收？今江湖河港之水利，其在通都孔道者，固已逐一整頓。然山鄉僻壤之間，致有陂塘堰壩，歷久湮廢者不少。又一鄉一隅，水泉隔遠，塘井不足，雖可疏引開浚，而地屬有主，倡率無人，遂多因循者，亦不一而足。大約民間百畝之田，有一二畝陂塘，即可救蔭。而愚民昧於遠計，寧爭此一二畝歲收之穀，不知偶值少雨，並百畝而棄之。若親民之官爲之指示開導，當無不爽然悟者。臣請下直省，責成道府等官，督率州縣，專力於水利，務必實心講求，稽之志乘，訪之紳耆。凡遇下鄉之便，即留意相度，何處舊跡之宜復，何處新工之宜興，面同該地士庶熟籌詳議。或勸其協力，或代其設法，或量捐薄俸以爲倡，或酌請公項以爲助。果有實意感孚於民，誰不踴躍從事？風聲所樹，即身未親歷之處，一切水利，民間亦必自爲興復，則土盡膏腴，出穀可倍於舊，而蓄泄有備，偏災不能爲患，庶於米穀之貴不無裨益。此等陂塘堰壩之新復新興，俱有實跡可以勘查，道府勘驗確實，果於民田有益，即詳請題諮，酌與議叙。其有平日漫不經心，以致旱澇得以爲災，亦令道府於勘災之際，查有未興水利，州縣明知不理者，即詳揭參處。如此，似可使州縣專力講求水利，於應興諸政中，尤加意料理，未必非補救米貴之一道也。夫米價之貴，今日已成積漸之勢，欲令一旦而復歸於賤，誠未易易，就臣所見，不過於採買之中，斟酌調劑，並請專力水利，以期產穀之多。是否有當，伏惟聖明裁擇。

清 陳宏謀《種雜糧廣樹植狀》《清經世文編》卷三七

滇省地方，跬步皆山，沃壤原少，而山確之區不能處處種植，即低下之區亦不能年年種植。總因小民狃於積習，不知廣積糞土，不知栽植雜糧，誠爲可惜也。節奉憲檄，通飭各屬勸民廣種雜糧。本司亦復再四指明開導，以資民食。前據羅次縣任令以羅民不曉栽種旱糧，任聽地畝拋荒。又不識釀糞之法，情願自備牛種，將百姓所不種之田雇人耕種，照工分麥。又築茅置棚於郊外，圈牛以示釀糞之法，庶使羅民見而仿效等情。本司當以種植積糞，事切農功，應如所請，並通行所屬一體遵照。此外如山嶺土坯，連草帶土，曬乾火化，拌入糞土，皆可肥田。又如通衢大路，傍開小溝，添入雜車樹支，日受牛馬踐踏之水，既便行人，尤可積糞。其餘山箐嶺窪，村傍隙地，均可照此行之。至於馱載牛馬，往來打野之處，旁挖小池，就近將牛宿糞草掃入，亦可積糞。茲據羅次縣知縣張應鈞詳稱，『羅民從前亦知積糞種地，但民性疲懶，率多曠棄，嗣經前任導以置設欄圈，多蓄豬牛，以便積糞之法。百姓習之已久，數年以來，所種雜糧俱已勃然，卑職到任，仍復率由成規，不時勸諭。邇來羅邑旱地，漸無曠土，農人積糞，總無遺棄，瘦薄地土，種無不收，頗有成效，轉報查核』等語，是前詳積糞之法，頗有成效，似應通行各屬督率農民各就土宜，廣行積糞，以裨種植者也。

抑本司更有請者。滇南承平日久，生齒浩繁，加以在在廠井，一人之耕不足以供數人之食，非盡地力之已竭，實由人力之未勤，有水之處可以種稻穀，無水之處可以種雜糧。雜糧之中，有春蕎冬蕎，燕麥小麥，蠶豆黃豆，鼠豆青稞等物，滇民終年所食皆資此物。此外尚有堇茶、野菜、蘿蔔、蘋薯等物，隨處可以種植，荒月亦可療饑。再滇中本係山區，叢岡復箐，草木繁茂，柴薪自來充裕。乃因井需柴，廠局需炭，旦旦而伐，幾於舉目童山。薪炭漸已艱貴，即草根樹皮，幾爲民間難得之物矣。滇中四望山嶺，有不能種植糧食之地，斷無不能種植樹木之處。且原係崇林密箐，今始斬伐殆盡，正當復行栽種，總由性耽疲玩，僅計目前，不圖久遠，將來日復一日，柴薪艱貴，窮民之苦又在於茲。凡此種植之法，均宜與積糞並行不悖。近已節奉旨通行，然民情固難於圖始，地方官亦恒視爲瑣屑，若非專其責成，設法勸懲，仍未必有益。伏讀上諭：『天下親民之官莫如州縣，州縣之事，莫切於勤察民生，而務教養之實政，有事則在縣辦理，無事則巡歷鄉村，所至之處，詢民疾苦，課民農桑，宣佈教化，崇本抑末，善良者加之獎勵，頑梗者予以威懲，遇有爭角細事，就地剖斷，以省差拘守候之苦，如此從容歲月，始可收循良之實效，不愧爲民之父母。』大哉王言，其訓迪夫州縣者切，期望夫州縣者專，而所以爲民謀衣食之源者，誠無微之不晰也。今所議積糞種植，實爲滇民切要之務，請通行各屬，於因公出入之便，循行勸課之時，就其地土情形，勸以開溝積糞，遇有閑曠地土，即傳所在居民，詢其所以歷來不種植之由，考其可以種植之物。無水者尋水導流，無種者借本代覓，有主之地聽其自種，無主之地許其認種，既種之後時爲稽查，毋使廢棄，阻撓偷竊者，嚴加究處。並責成老農、鄉保、頭人，各於所管村寨日夕勸諭，惰棄者量爲懲處，勤力者格外獎勵。並以所管村寨之種植多寡，定老農、鄉保、頭人之功過，年底分別勸懲，但不必差役查拿，至茲擾累。地方官事實冊內，歲以爲考，務使已行未效者接續舉行，未行者亦復推廣舉行，俾四境之土俗物宜，時懸官長心目之間，司牧之早作夜思，不越小民身家之計，月計雖云不足，歲計自已有餘，可以破疲玩之積習，即可以基無窮之樂利矣。

清 高晋《請海疆禾棉兼種疏》乾隆四十年 《清經世文编》卷三七

竊照大江以南，江寧、鎮江、常州、蘇州府屬地方，土多沃壤，民習耕種，且能手藝營生，衣食足資利賴，惟松江府、太倉州、海門廳、通州所屬之各縣，逼近海濱，率以沙漲之地，宜種棉花，是以種花者多，而種稻者少。每年口食全賴客商販運，以致糧價常貴，無所底止。臣思衣食重，種棉花雖可織布成衣，然而一日不再食則饑，是饑之較寒則又食重於衣矣。臣從前閱兵，兩次往來於松江、太倉、通州地方。留心體察并詢之地方府廳州縣，究其種棉而不種稻之故，非沙土不宜於稻，蓋緣種棉費力少而獲利多，種，工本重而獲利輕。小民惟利是圖，積染成風，官吏視以爲常，亦皆習而不察，以現在各廳州縣農田計之，每村莊知務本種稻者，不過十分之二三，圖利種棉者，則有十分之七八。又究其所以種稻多費工本之故，則因田閑支河汊港淤塞者多，艱於車水，工本不無多費。臣曾諄飭府廳州縣，勸諭地方紳士鄉農，照業食佃力之例，將凡有淤塞溝洫，次第開挖，并剴切出示，使知食重於衣，多種稻而少種棉，官民固知爲根本之計，未嘗不計及於此，無如官無考成，民惟圖利，奉行未免有名無實。即如崇明一縣，向因本地多種棉花，不種糧食，准其招商赴上江有漕聚米之區，採買運濟。乾隆二十年以前，臣在安徽布政使任內，核計崇商買米之數，不過二十餘萬石，近則遞年加增，已買至三十餘萬石。此即生齒日繁，本地糧食不足之明矣。

臣再四思維，并於過蘇時，又與撫臣兩司面爲講求臨民之道，固應好其所好，而食爲民天，又不可不謀其久遠之計。各州縣雖有常平社倉以備緩急，而水旱無常，一旦歉收，本地既無積蓄，倉糧有限，又將何以爲繼？此沿海沙地急應改棉種稻，以裕民食者也。但立法不善，非特無益，轉恐累民，惟有寬其限期，善爲化導，使民自知務本，漸臻饒裕，以享盛世升平之福，斯爲盡善。臣請嗣後以三年爲限，責成松江、太倉、海門、通州，各府廳州縣地方官，將應開溝渠淤塞支河汊港多方設法，照業食佃力之例，次第勸民、開浚深通，以收水利之益。然後勸諭紳士百姓，凡田土在一頃以下者應聽其便，若在一頃以上者只許種棉一半，其餘一半改種稻田。士民之遵行者獎勉之，抗違者教戒之，府廳州縣果能視民如子，實心實力，認真督辦，道府隨時稽察，如有成效，詳報督撫核實，特疏保薦，以獎循吏。倘或虛應故事，奉行不力，甚至假手胥役，藉端滋擾者，以闒茸溺職糾參。如此，寬以限期，則民無擾累，官有責成，將見本地之產糧日多，不專藉於外來商販，似於海疆民食，大有裨益矣。

清 楊景仁《籌濟編》卷三一《備雜糧》

《王制》：『民無菜色。』《注》謂『無食菜之饑色。』誠以耕九餘三，雖逢水旱，而饔常繼，斯菜色不形。然菜不熟曰饉，次於穀不熟曰饑，是其資乎民食，裨益非淺。其在豐年，猶藉以輔穀，況值大祲，或薦饑，粒米如珠，嗷嗷待命，既難謀乎麤糲，復告匱於糟糠，縱在上者賑恤百方，而恩不及周，力難爲繼。當一飽之無時，願少緩須臾毋死，非有雜糧，曷充枵腹？而雜糧非可取辦於臨時也，有備無患，濟荒者籌之熟矣。

恭讀雍正二年上諭：『舍旁田畔及荒山不可耕耘之處，度量土宜，種植樹木。桑、柘可以飼蠶，棗、栗可以佐食，柏、桐可以資用，即榛、楛、雜木，亦足以供炊爨。其令有司課種植。』乾隆七年上諭：『如果園圃、虞衡、藪牧之藏，以次修舉，於民生日用，不無裨益。我國家生齒日繁，凡資生養贍之源，不可不爲急講。欽此。』仰見睿慮周詳，雖民間瑣務，靡不殫心。課農之餘，並及果木，爲閭閻佐食用，即以備饑荒，計至深遠也。

古來循吏究圖民事，固期米穀充盈，然亦未嘗不加意於菜、果之植焉。夫人情一日不食則饑，當此急，勿能擇，乞命於草根樹皮，溫涼莫辨其性，蒸莫識其方。得一物而皇然下嚥，冀以實饑腸，延殘喘。詎知不諳物性，訾昌陽而進豨苓，以虺而代蘼蕪，欲丐餘生，而或轉促其生者多矣。然則上古食草木之實，近世效之，亦足療饑，特須辨其可食者而食之，且須知其可食而早植之，而豫蓄之。明永樂時，周憲王作《救荒本草》，有圖以肖其形，有説以著其用。首言產生之壤，同異之名，次言寒熱之性，甘苦之味，淘浸烹煮，蒸灑調和之法，共草木、米穀、果菜凡四百十四種。其可食者，爲葉，爲花，爲實，爲根，爲筍，爲皮，爲莖，各有幾種。一種而或葉與實皆可食，或根與葉皆可食，或花、葉與實皆可食，條分縷晰，匯次成書。嘉靖四年，巡撫畢蒙齋以爲有裨荒政，下令重刊。正德間，王西樓磐作《野菜譜》，因江淮饑民採摘野菜充食，恐其誤食傷生，歷覽詳詢，得六十餘種，每種圖其象而係以詩，采風者諷之，怦然感民生之艱苦焉。此二書皆精於格致而切於恫瘝者也。惟是《救荒本草》中，如黃耆、桔梗之類，半係藥物，則於舊《本草》。其新增者，如竹節菜出新鄭，紫雲菜生密縣，因周王備藩河南，當時植於圃者，多係中州產，他處未必盡有之。至如百合、石榴、柿、梨、梅、杏等物，乃尋常果品，人盡知食之。今擇其可磨作餅蒸食者，登載較詳。至《野菜譜》，如絲屩、屩板、蒿蒿之屬，世不盡識。今檢其村野所恒有，而便於采捋者載之，以補《救荒本草》所未備。近世吳氏儀洛輯《本草從新》，所收救荒之品，較易取求。而前明徐宗伯光啟《農政全書》所載食草木葉法與辟穀等方，亦附錄焉。屠隆《荒政考》云：『災傷之處，雜置豆、粟、薷、蜀、麥、蕎、蕨粉之類，皆足充饑。』今據諸書所志，酌錄而匯存之。世有心民瘼，知其可食而早植之，而豫蓄之，俾得補五穀之缺，而無傷生之嗟，豈非救荒之一助哉！

噫嘻！觀於此者，小民艱食之情可以惻然而悲矣。仁人君子所由訪溝洫之遺模，講積貯之成法，競競焉防於未荒之前；稽平糶之舊制，循散賑之良規，肫肫焉援於既荒之後。思其艱以圖其易，惟茲雜糧，藉以輔穀，而不恃爲延命之資，固有備無患者之上願也。

傳記

《三國志》卷五七《吳志十二・駱統傳》 孫權以將軍領會稽太守，統年二十，試爲烏程相，民戶過萬，咸歎其惠理。權嘉之，召爲功曹，行騎都尉，妻以從兄輔女。統志在補察，苟所聞見，夕不待旦。常勸權以尊賢接士，勤求損益，饗賜之日，可人人別進，問其燥溼，加以密意，誘諭使言，察其志趣，令皆感恩戴義，懷欲報之心。權納用焉。出爲建忠中郎將，領武射吏三千人。及淩統死，復領其兵。

是時徵役繁數，重以疫癘，民戶損耗，統上疏曰：『臣聞君國者，以據疆土爲彊富，制威福爲尊貴，曜德義爲榮顯，永世胤爲豐祚。然財須民生，彊賴民力，威恃民勢，福由民殖，德俟民茂，義以民行，六者既備，然後應天受祚，保族宜邦。書曰：衆非后無能胥以寧，后非衆無以辟四方。推是言之，則民以君安，君以民濟，不易之道也。今彊敵未殄，海內未乂，三軍有無已之役，江境有不釋之備，徵賦調數，由來積紀，加以殃疫死喪之災，郡縣荒虛，田疇蕪曠，聽聞屬城，民戶浸寡，又多殘老，少有丁夫，聞此之日，心若焚燎。思尋所由，小民無知，既有安土重遷之性，且又前後出爲兵者，生則困苦無有溫飽，死則委棄骸骨不反，是以尤用戀本畏遠，同之於死。每有徵發，羸謹居家重累者先見輸送。小有財貨，傾居行賂，不顧窮盡。輕剽者則进入險阻，黨就羣惡。百姓虛竭，嗷然愁擾，愁擾則不營業，不營業則致窮困，致窮困則不樂生，故口腹急，則姦心動而攜叛多也。又聞民間，非居處小能自供，生產兒子，多不起養；屯田貧兵，亦多棄子。天則生之，而父母殺之，既懼干逆和氣，感動陰陽。且惟殿下開基建國，乃無窮之業也，彊鄰大敵非造次所滅，疆埸常守非期月之戍，而兵民減耗，後生不育，非所以歷遠年，致成功也。夫國之有民，猶水之有舟，停則以安，擾則以危，愚而不可欺，弱而不可勝，是以聖王重焉，禍福由之，故與民消息，觀時制政。方今長吏親民之職，惟以辨具爲能，取過目前之急，少復以恩惠爲治，副稱殿下天覆之仁，勤恤之德者。官民政俗，日以彫弊，漸以陵遲，勢不可久。夫治疾及其未篤，除患貴其未深，願殿下少以萬機餘閒，留神思省，補復荒虛，深圖遠計，育殘餘之民，阜人財之用，參曜三光，等崇天地。臣統之大願，足以死而不朽矣。』權感統言，深加意焉。

《舊唐書》卷七〇《戴冑傳》 其年，轉尚書右丞，尋遷左丞。先是，每歲水旱，皆以正倉出給，無倉之處，就食他州，百姓多致饑乏。二年，冑上言：『水旱凶災，前聖之所不免。國無九年儲蓄，禮經之所明誡。今喪亂已後，户口凋殘，每歲納租，未實倉廩。隨即出給，纔供當年，若有凶災，將何賑卹？故隋開皇立制，天下之人，節級輸粟，名爲社倉，終文皇代，得無饑饉。及大業中年，國用不足，並取社倉之物以充官費，故至末塗，無以支給。今請自王公已下，爰及衆庶，計所墾田稼穡頃畝，每至秋熟，準其見苗以理勸課，盡令出粟。稻麥之鄉，亦同此稅，各納所在，立爲義倉。』太宗從其議。以其家貧，賚錢十萬。

清 俞森《社倉考》 毛鼎新，黄岩人，授浙西提舉監茶司准遣，改常平司准遣。其長有欲獻羡余四十萬者，鼎新力爭以置社倉。陳普曰：鼎新此舉，不啟君上之侈心，而於民有德，且俾其長免言利幹進之咎，一舉而三善具焉。附：乾德四年，詔出納之吝，謂之有司，倘規致於羡餘，必深務於掊克。知光化軍張全操上言三司，令諸處倉場主吏有羡余粟及萬石、芻五萬束以上者，上其名，請行賞典。此苟非倍納民租，私減軍食，何以致之？宜追寢其事，匆頒行，除官所定正耗外，嚴加止絕。

陳芳生曰：錢穀出納，積少成多，不無餘潤。為民牧者，特患無實心耳。苟有實心以行實政，何利不可興建哉？浙江運司席某居官清介，自正供外，力卻火耗事。去任時，庫中尚存羨餘五千。吏請曰：此可取也。席曰：獨非百姓膏血耶？卒不受。嗚呼！席氏誠不可及矣，然亦獨為君子耳。以天地間有用之物，置之無用之地，徒飽鼠竊狗偷者之腹，不大可惜耶？大約司榷司監司倉羡餘極多，雖甚清介，亦有饒溢，有志斯民，何利不舉？故特表而出之，以為賢士大夫告。

《清史稿》卷三〇七《陳大受傳》 淮南、北洊饑，發倉穀賑之。穀且盡，繼以麥。又告糴江南、廣東，且發且儲。時頻歲饑民掠米麥以食，有司以盜論。哀其情，奏原六十餘人。麥熟，禁躧麴造酒及大商囤積。又以高阜斜陂不宜稻麥。福建安溪有旱稻名畬粟，不須溉灌，前總督郝玉麟得其種，教民試藝有獲。因令有司多購，分給各州縣，俾民因地種植。事聞，上諭曰：『諸凡如此留心，甚慰朕懷。』

是年，調江蘇，疏請飭糧道較定各州縣漕斛，及先冬令民搜蝻子。屢諭嘉獎，並以搜蝻子法令直隸總督高斌仿行。常州、鎮江、太倉三府州被水災，發倉治賑。江南舊多借堰圩塘，或有久廢者，被水後尤多潰敗，工鉅費重，民力不能勝。大受出官粟借之，召民興築，計時而成。於江浦繕三合、永豐、北城諸圩，於句容復郭西塘黄堰，蘇州、太倉疏劉家河，灌溉瀦洩，諸工畢舉。七年秋，黄河決古溝、石林，高、寶、興、泰、徐諸州縣罹其患，大受馳視以聞。上命截漕米協濟，大受乃命多具舟，候水至分載四出，舳艫數百里，一日而徧。丹陽運河口藉湖水灌輸，淤沙需疏濬，大受奏定六年大修，每年小修。後高宗南巡，御製反李白丁都護歌曰：『豈無疏濬方，天工在人補。輪年大小修，往來通商賈。』蓋嘉其奏定歲修法利於漕運也。

十年，有旨蠲明年天下錢糧，大受疏請核准漕項科則，曉諭周知；彙覈地丁耗羡，同漕項並完；酌定業户減租分數，通飭遵行。得旨嘉獎。户部議禁商人貯米，大受謂：『商人貯米，得少利即散，貯不過一歲，民且利焉。請弛禁便。』又言：『城工核減，意在節用。用省而工惡，再修且倍之。』上皆韙其言。常州俗好佛，家設靜堂，自立名教。江寧、松江、太倉漸染其習。大受疏請飭有司防禁，移佛入廟；堂內人田屋產，量爲處置。上諭曰：『此等事須實力，不可欲速。不然，則所謂好事不如無也。』

十一年，加太子少保，調福建。十二年，疏言：『近海商民，例許往暹羅造船販米。內渡時若有船無米，應倍稅示罰。』部議從之。疏言：『巡臺御史巡南北二路，臺灣、鳳山、諸羅、彰化四縣具廚傳犒賞，往往濫准詞訟。又於額設胥役外，俾奸民注籍，恃符生事。』上命自乾隆五年起，巡臺御史均下部嚴議。又疏言：『臺灣番民生業艱難，向漢民重息稱貸。子女田產，每被盤折。請撥臺穀二萬石分貯諸羅、彰化、淡水諸縣，視鳳山例接濟。其不願借者聽。』報可。臺灣民、番雜處，土音非譯不通。有奸民殺人賄通事，移坐番罪，疑之，再鞫，竟得白。或言海上有島十四，爲田萬餘畝，可開墾，前政以入告。大受以島地久在禁令，一旦開禁，聚人既多，生奸尤易。設兵彈壓，爲費彌甚，利不敵害，輒奏罷之。召授兵部尚書。十三年，調吏部，協辦大學士、軍機處行走。十四年，金川平，晉太子太傅。秋，署直隸總督。

十五年，授兩廣總督。陛辭請訓，上曰：『汝直軍機處兩年，萬幾之事，皆所目擊，即朕訓也。何贅辭？惟中外一心足矣。』尋命協理粵海關。兩粵去京師遠，吏媮民嚨，大受以猛治之，舉劾不法吏，政令大行。十六年，以病乞解任，溫詔慰留。未幾，卒，賜祭葬，謚文肅，祀賢良祠。

又《陳宏謀傳》 二十二年，調江蘇。入覲，上詢及各省水災，奏言皆因上游爲衆水所匯，而下游無所歸宿，當通局籌辦。上以所言中肯綮，命自河南赴江蘇循途察勘。【略】

在揚州值水災，奏請遣送飢民回籍，官給口糧，得補入賑册，報可。鹽政令淮商於稅額外歲輸銀助國用，自雍正元年始，積數千萬，率以空數報部。及部檄移取，始追徵，實陰虧正課，宏謀奏停之。【略】

在江西，歲饑，告糴於湖廣。發帑繕城垣，築堰埭，修圩隄閘壩，以工代賑。南昌城南羅絲港爲贛水所趨，善衝突，建石隄捍之。左蠡朱磯當衆水之衝，亦築隄百丈，水患以平。又以錢貴，奏請俟雲南銅解京過九江，留五十五萬五千斤，開爐鼓鑄；並以舊設爐六，請增爐四：詔並許之。又以倉儲多虧缺，請令民捐監，於本省收穀，以一年爲限。限滿，上命再收一年。又以民俗尚氣好訐訟，請令各道按行所屬州縣，察有司，自理詞訟，毋使延閣滋累。上命實力督率，毋徒爲具文。

在陝西，募江、浙善育蠶者導民蠶，久之利漸著。高原恆苦旱，勸民種山薯及雜樹，鑿井二萬八千有奇，造水車，教民用以灌溉。陝西無水道，惟商州龍駒寨通漢江，灘險僅行小舟。宏謀令疏鑿，行旅便之。又以陝西各屬常平倉多空廒，亦令以捐監納穀。並請開爐鑄錢，如江西例。户部撥運洋銅，鑄罄，採雲南銅應用，錢價以平。請修文、武、成、康四王及周公、太公陵墓，即以陵墓外餘地召租得息，歲葺治。皆下部議行。

在河南，請修太行隄。又以歸德地窪下，議疏商丘豐樂河、古宋河，夏邑響河，永城巴溝河，民力不勝，請發帑濬治。

既至福建，歲歉米貴，內地仰食臺灣，而商舶載米有定額，奏弛其禁以便民。又疏言福建民囂競多訟，立限月爲稽覈，以已未結案件多寡，課州縣吏勤惰。又言福建地狹民稠，多出海爲商，年久例不准回籍。請令察實內地良民或已死而妻妾子女願還里者，不論年例，許其回籍，從之。

在湖南，禁洞庭濱湖民壅水爲田，以寬湖流，使水不爲患，歲大熟。江南災，奏運倉穀二十萬石濟之，仍買民穀還倉。【略】

其治南河，大要因其故道，開通淤淺，俾暢流入海。督民治溝洫，引水由支達幹，時其蓄洩。徐、海諸州多棄地，遇雨輒淫溢，課民開溝，即以土築圩，多設涵洞爲旱潦備；低地則令種蘆葦，薄其賦。其在江蘇，尤專意水利，疏丁家溝，展金灣壩，濬徐六涇白茆口，洩太湖水，築崇明土塘禦海潮，開各屬城河。又疏言：『蘇州向設普濟、育嬰、廣仁、錫類諸堂，收養煢獨老病，並及棄嬰。請將通州、崇明濱海淤灘，除附近民業著聽升科，餘撥入堂。又通州、崇明界新漲玉心洲，兩地民互爭，請併撥入，以息爭競。』上諭曰：『不但一舉而數善備，汝亦因此得名也。』

及督湖廣，疏言：『洞庭湖濱居民多築圍墾田，與水爭地，請多掘水口，使私圍盡成廢壤，自不敢再築。』上諭曰：『宏謀此舉，不爲煦嫗小惠，得封疆之體。』

逮入長吏部，疏言：『文武官弁，均有捕盜之責。乃州縣捕役，平時豢盜，營兵捕得，就讞時任其狡展，或且爲之開脱。嗣後應令原獲營員會訊。』上嘉其所見切中事理。又疏言：『河工辦料，應令管河各道親驗加結。失事例應文武分償，而參游例不及，應酌改畫一。』下河督議行。又言：『匿名揭帖，循例當抵罪，所告款內有無虛實，仍應按治。則宵小不得逞奸，有司亦知所警。』上亦韙之。

紀事

《史記》卷一二九《貨殖列傳》 昔者越王句踐困於會稽之上，乃用范蠡、計然。《集解》：徐廣曰：『計然者，范蠡之師也，名研，故諺曰「研、桑心筭」。』駰案：范子曰『計然者，葵丘濮上人，姓辛氏，字文子，其先晉國亡公子也。嘗南游於越，范蠡師事之。』《索隱》計然，韋昭云范蠡師也。蔡謨云蠡所著書名『計然』，蓋非也。徐廣亦以爲范蠡之師，名研，所謂『研、桑心計』也。范子曰『計然者，葵丘濮上人，姓辛氏，字文，其先晉之公子。南游越，范蠡事之』。吳越春秋謂之『計倪』。漢書古今人表計然列在第四，則『倪』之與『研』是一人，聲相近而相亂耳。計然曰：『知鬬則修備，時用則知物，《索隱》：時用知物。案：言知時所用之物。二者形則萬貨之情可得而觀已。故歲在金，穰；水，毁；木，饑；火，旱。《索隱》：五行不說土者，土，穰也。旱則資舟，水則資車，《索隱》：

國語大夫種曰『賈人旱資舟，水資車以待』也。物之理也。六歲穰，六歲旱，十二歲一大饑。夫糶，二十病農，九十病末。《索隱》：言米賤則農夫病也。若米斗直九十，則商賈病，故云『病末』。末謂逐末，即商賈也。末病則財不出，農病則草不辟矣。上不過八十，下不減三十，則農末俱利，平糶齊物，關市不乏，治國之道也。積著《索隱》：音張呂反。之理，務完物，無息幣。《索隱》：毋息弊。久停息貨物則無利。以物相貿易，腐敗而食之貨勿留，無敢居貴。論其有餘不足，則知貴賤。貴上極則反賤，賤下極則反貴。貴出如糞土，賤取如珠玉。《索隱》：夫物極貴必賤，極賤必貴。貴出如糞土者，既極貴後，恐其必賤，故乘時出之如糞土。賤取如珠玉者，既極賤後，恐其必貴，故乘時取之如珠玉。此所以爲貨殖也。元注恐錯。財幣欲其行如流水。』修之十年，國富，厚賂戰士，士赴矢石，如渴得飲，遂報彊吴，觀兵中國，稱號『五霸』。

《漢書》卷八《宣帝紀》［五鳳四年春正月］大司農中丞耿壽昌奏設常平倉，以給北邊，應劭曰：『壽昌奏令邊郡穀賤時增賈而糴，穀貴時減賈而糶，名曰常平倉。見食貨志。』省轉漕。賜爵關內侯。

又 卷一二《平帝紀》［元始元年］天下女徒已論，歸家，顧山錢月三百。如淳曰：『已論者，罪已定也。令甲，女子犯罪，作如徒六月，顧山遣歸。說以為當於山伐木，聽使入錢顧功直，故謂之顧山。』應劭曰：『舊刑鬼薪，取薪於山以給宗廟，今使女徒出錢顧薪，故曰顧山也。』師古曰：『如說近之。謂女徒論罪已定，並放歸家，不親役之，但令一月出錢三百，以顧人也。為此恩者，所以行太皇太后之德，施惠政於婦人。』復貞婦，鄉一人。師古曰：『復音方目反。鄉一人，取其尤最者。』置少府海丞、果丞各一人；師古曰：『海丞，主海税也。果丞，掌諸果實也。』大司農部丞十三人，人部一州，勸農桑。

太皇太后省所食湯沐邑十縣，屬大司農，常別計其租入，以贍貧民。

又 卷二三《刑法志三》 漢興，高祖初入關，約法三章曰：『殺人者死，傷人及盜抵罪。』蠲削煩苛，兆民大說。師古曰：『說讀曰悅。』其後四夷未附，兵革未息，三章之法不足以禦姦，師古曰：『禦，止也。』於是相國蕭何攈摭秦法，師古曰：『攈摭，謂收拾也。攈音九問反。摭音之石反。』取其宜於時者，作律九章。

當孝惠、高后時，百姓新免毒蠚，人欲長幼養老。師古曰：『蠚音呼各反。』蕭、曹爲相，填以無爲，師古曰：『言以無爲之法填安百姓也。填音竹刃反。』從民之欲，而不擾亂，是以衣食滋殖，刑罰用稀。

又 卷二四《食貨志下》 其明年，元封元年，卜式貶爲太子太傅。而桑弘羊爲治粟都尉，領大農，盡代僅斡天下鹽鐵。師古曰：『代孔僅。』弘羊以諸官各自市相爭，物以故騰躍，而天下賦輸或不償其僦費，師古曰：『僦，顧也，言所輸賦物不足償其餘顧庸之費也。僦音子就反。』乃請置大農部丞數十人，分部主郡國，各往往置均輸鹽鐵官，令遠方各以其物如異時商賈所轉販者爲賦，景祐、殿、局本都作『販』。而相灌輸。置平準於京師，都受天下委輸。召工官治車諸器，皆仰給大農。大農諸官盡籠天下之貨物，貴則賣之，賤則買之。如此，富商大賈亡所牟大利，如淳曰：『牟，取也。』則反本，而萬物不得騰躍。故抑天下之物，名曰『平準』。天子以爲然而許之。於是天子北至朔方，東封泰山，巡海上，旁北邊以歸。師古曰：『旁音步浪反。』所過賞賜，用帛百餘萬匹，錢金以鉅萬計，皆取足大農。

弘羊又請令民得入粟補吏，及罪以贖。令民入粟甘泉各有差，以復終身，師古曰：『復音方目反。』不復告婚。它郡各輸急處，而諸農各致粟，山東漕益歲六百萬石。一歲之中，太倉、甘泉倉滿。邊餘穀，諸均輸帛五百萬匹。民不益賦而天下用饒。於是弘羊賜爵左庶長，師古曰：『第十等爵。』黄金者再百焉。師古曰：『凡再賜百金。』

是歲小旱，上令百官求雨。卜式言曰：『縣官當食租衣税而已，師古曰：『衣音於既反。』今弘羊令吏坐市列，販物求利。師古曰：『市列，謂列肆。』亨弘羊，天乃雨。』師古曰：『亨，鬻也，音普庚反。』久之，武帝疾病，拜弘羊爲御史大夫。

《後漢書》卷一下《光武帝紀下》［建武六年春正月］辛酉，詔曰：『往歲水旱蝗蟲爲灾，穀價騰躍，言踴貴也。人用困乏。朕惟百姓無以自贍，惻然愍之。其命郡國有穀者，給稟《說文》：『稟，賜穀也。』音筆錦反。高年、鰥、寡、孤、獨及篤癃、無家屬貧不能自存者，如律。大戴禮曰：『六十無妻曰鰥，五十無夫曰寡。』《禮記》曰：『幼而無父曰孤，老而無子曰獨。』《爾雅》曰：『篤，困也。』《蒼頡篇》曰：『癃，病也。』漢律今亡。二千石勉加循撫，無令失職。』職猶常也。

又 卷三《孝章帝紀》 建初元年春正月，詔三州郡國：『方春東作，恐人稍受稟，往來煩劇，或妨耕農。稍謂少少給之，不頓與。其各實覈尤貧者，計所貸并與之。流人欲歸本者，郡縣其實稟，令足還到，聽過止官亭，無雇舍宿。長吏親躬，無使貧弱遺脱，小吏豪右得容姦妄。詔書既下，勿得稽留，刺史明加督察尤無狀者。』

《宋書》卷八二《周朗傳》 農桑者，實民之命，爲國之本，有一不足，則禮節不興。若重之，宜罷金錢，以穀帛爲賞罰。然愚民不達其權，議者好增其異。凡自淮以北，萬匹爲市；從江以南，千斛爲貨。亦不患其難也。今且聽市至千錢以還者用錢，餘皆用絹布及米，其不中度者坐之。如此，則墾田自廣，民資必繁，盜鑄者罷，人死必息。又田非疁水，皆播麥菽，地堪滋養，悉蓺紵麻，蔭巷緣藩，必樹桑柘，列庭接宇，唯植竹栗。若此令既行，而善其事者，庶民則叙之以爵，有司亦從而加賞。若田在草間，木物不植，則撻之而伐其餘樹，在所以次坐之。

又取稅之法，宜計人爲輸，不應以貲。云何使富者不盡，貧者不蠲。乃令桑長一尺，圍以爲價，田進一畝，度以爲錢，屋不得瓦，皆責貲實。民以此樹不敢種，土畏妄墾，棟焚榱露，不敢加泥。豈有剝善害民，禁衣惡食，若此苦者。方今若重斯農，則宜務削茲法。

《南齊書》卷三七《李悛傳》 宋代太祖輔政，有意欲鑄錢，以禪讓之際，未及施行。建元四年，奉朝請孔覬上鑄錢均貨議，辭證甚博。其略以爲『食貨相通，理勢自然。李悝曰「糴甚貴傷民，甚賤傷農」。民傷則離散，農傷則國貧。甚賤與甚貴，其傷一也。三吳國之關閫，比歲被水潦而糴不貴，是天下錢少，非穀穰賤，此不可不察也。【略】』

《魏書》卷六二《李彪傳》 其三曰：臣聞國本黎元，人資粒食，是以昔之哲王莫不勤勸稼穡，盈畜倉廩。故堯湯水旱，人無菜色者，蓋由備之有漸，積之有素。暨于漢家，以人食少，乃設常平以給之；魏氏以兵糧乏，制屯田以供之。用能不匱當時，軍國取濟。又記云：國無三年之儲，謂國非其國。光武以一畝不實，罪及牧守。聖人之憂世重穀，殷勤如彼；明君之恤人勸農，相切若此。頃年山東饑，去歲京師儉，內外人庶出入就豐，既廢營產，疲而乃達，又於國體實有虛損。若先多積穀，安而給之，豈有驅督老弱餬口千里之外？以今況古，誠可懼也。臣以爲宜析州郡常調九分之二，京都度支歲用之餘，各立官司，年豐糴積於倉，時儉則加私之二，糶之於人。如此，民必力田以買官絹，又務貯財以取官粟，年登則常積，歲凶則直給。又別立農官，取州郡戶十分之一以爲屯民，相水陸之宜，料頃畝之數，以贓贖雜物餘財市牛科給，令其肆力。一夫之田，歲責六十斛，蠲其正課并征戍雜役。行此二事，數年之中，則穀積而人足，雖災不爲害。臣又聞前代明主，皆務懷遠人，禮賢引滯。故漢高過趙，求樂毅之胄；晉武廓定，旌吳蜀之彥。臣謂宜於河表七州人中，擢其門才，引令赴闕，依中州官比，隨能序之。一可以廣聖朝均新舊之義，二可以懷江漢歸有道之情。

又 卷一一〇《食貨志六》 魏初不立三長，故民多蔭附。蔭附者皆無官役，豪強徵斂，倍於公賦。十年，給事中李沖上言：『宜準古，五家立一隣長，五隣立一里長，五里立一黨長，長取鄉人強謹者。隣長復一夫，里長二，黨長三。所復復征戍，餘若民。三載亡愆則陟用，陟之一等。其民調，一夫一婦帛一匹，粟二石。民年十五以上未娶者，四人出一夫一婦之調；奴任耕，婢任績者，八口當未娶者四；耕牛二十頭當奴婢八。其麻布之鄉，一夫一婦布一匹，下至牛，以此爲降。大率十匹爲公調，二匹爲調外費，三匹爲內外百官俸，此外雜調。民年八十已上，聽一子不從役。孤獨癃老篤疾貧窮不能自存者，三長內迭養食之。』

書奏，諸官通議，稱善者衆。高祖從之，於是遣使者行其事。乃詔曰：『夫任土錯貢，所以通有無；井乘定賦，所以均勞逸。有無通則民財不匱，勞逸均則人樂其業。此自古之常道也。又隣里鄉黨之制，所由來久。欲使風教易周，家至日見，以大督小，從近及遠，如身之使手，幹之總條，然後口算平均，義興訟息。是以三典所同，隨世洿隆；貳監之行，從時損益。故鄭僑復丘賦之術，鄒人獻盍徹之規。雖輕重不同，而當時俱適。自昔以來，諸州戶口，籍貫不實，包藏隱漏，廢公罔私。富強者并兼有餘，貧弱者餬口不足。賦稅齊等，無輕重之殊；力役同科，無衆寡之別。雖建九品之格，而豐埆之土未融；雖立均輸之楷，而蠶績之鄉無異。致使淳化未樹，民情偷薄。朕每思之，良懷深慨。今革舊從新，爲里黨之法，在所牧守，宜以喻民，使知去煩即簡之要。』初，百姓咸以爲不若循常，豪富并兼者尤弗願也。事施行後，計省昔十有餘倍。於是海內安之。

十一年，大旱，京都民飢。加以牛疫，公私闕乏，時有以馬驢及橐駝供駕輓耕載。詔聽民就豐。行者十五六，道路給糧稟，至所在，三長贍養之。遣使者時省察焉。留業者，皆令主司審覈，開倉賑貸。其有特不自存者，悉檢集，爲粥於術衢，以救其困。然主者不明牧察，郊甸間甚多餧死者。時承平日久，府藏盈積，詔盡出御府衣服珍寶、太官雜器、太僕乘具、內庫弓矢刀鋌十分之八、外府衣物繒布絲纊諸所供國用者，以其太半班賚百司，下至工商皂隸，逮于六鎮邊戍，畿內鰥寡孤獨貧癃者，皆有差。

十二年，詔羣臣求安民之術。有司上言：『請析州郡常調九分之二，京都度支歲用之餘，各立官司，豐年糴貯於倉，時儉則加私之一，糶之於民。如此，民必力田以買絹，積財以取粟。官，年登則常積，歲凶則直給。又別立農官，取州郡戶十分之一，以爲屯民。相水陸之宜，斷頃畝之數，以贓贖雜物市牛科給，令其肆力。一夫之田，歲責六十斛，甄其正課并征戍雜役。行此二事，數年之中則穀積而民足矣。』帝覽而善之，尋施行焉。自此公私豐贍，雖時有水旱，不爲災也。

世祖之平統萬，定秦隴，以河西水草善，乃以爲牧地。畜產滋息，馬至二百餘萬匹，橐駝將半之，牛羊則無數。高祖即位之後，復以河陽爲牧場，恒置戎馬十萬匹，以擬京師軍警之備。每歲自河西徙牧於并州，以漸南轉，欲其習水土而無死傷也，而河西之牧彌滋矣。正光以後，天下喪亂，遂爲羣寇所盜掠焉。

又 正光後，四方多事，加以水旱，國用不足，預折天下六年租調而徵之。百姓怨苦，民不堪命。有司奏斷百官常給之酒，計一歲所省合米五萬三千五十四斛九升，孽穀六千九百六十斛，麪三十萬五百九十九斤。其四時郊廟、百神羣祀依式供營，遠蕃使客不在斷限。爾後寇賊轉衆，諸將出征，相繼奔敗，所亡器械資糧不可勝數，而關西喪失尤甚，帑藏益以空竭。有司又奏內外百官及諸蕃客稟食及肉悉二分減一，計終歲省肉百五十九萬九千八百五十六斤，米五萬三千九百三十二石。

孝昌二年冬，稅京師田租畝五升，借賃公田者畝一斗。又稅市，入者人一錢，其店舍又爲五等，收稅有差。

莊帝初，承喪亂之後，倉廩虛罄，遂班入粟之制。輸粟八千石，賞散侯；六千石，散伯；四千石，散子；三千石，散男。職人輸七百石，賞一大階，授以實官。白民輸五百石，聽依第出身，一千石，加一大階；無第者輸五百石，聽正九品出身，一千石，加一大階。諸沙門有輸粟四千石入京倉者，授本州統，若無本州者，授大州都；若不入京倉，入外州郡倉者，三千石，畿郡都統，依州格；若輸五百石入京倉者，授本郡維那，其無本郡者，授以外郡；粟入外州郡倉七百石者，京倉三百石者，授縣維那。

孝靜天平初，以遷民草創，資產未立，詔出粟一百三十萬石以賑之。三年夏，又賑遷民稟各四十日。其年秋，并、肆、汾、建、晉、泰、陝、東雍、南汾九州霜旱，民飢流散。四年春，詔所在開倉賑恤之，而死者甚衆。時諸州調絹不依舊式，齊獻武王以其害民，興和三年冬，請班海內，悉以四十尺爲度。天下利焉。

《晉書》卷三《武帝紀》 ［咸寧二年春正月］丁未，起太倉於城東，常平倉於東西市。丁未起太倉於城東、常平倉於東西市。九月戊申朔，無丁未。本書食貨志及御覽一九〇引晉陽秋，謂泰始四年七月起常平倉。

又卷二一《禮志下》 及武帝泰始四年，詔刺史二千石長吏曰：『古之王者，以歲時巡狩方岳，其次則二伯述職，不然則行人順省。故雖幽遐側微，心無壅隔，下情上通，上指遠諭，至于鰥寡，罔不得所，用垂風遺烈，休聲猶存。朕在位累載，如臨深川，夙興夕惕，明發不寐，坐而待旦，思四方水旱災眚，爲之怛然。勤躬約己，欲令事事當宜。常恐衆吏用情，誠心未著，萬機兼猥，慮有不周，政刑失謬，而弗獲備覽。百姓有過，在予一人。惟歲之不易，未遑卜征巡省之事，下之未乂，其何以恤之。今使使持節侍中副給事黄門侍郎銜命四出，周行天下，親見刺史二千石長吏，申諭朕心，訪求得失損益諸宜，觀省政教，問人間患苦。周典有之曰：「其萬姓之利害爲一書，其禮俗政事刑禁之逆順爲一書，其暴亂作慝犯令爲一書，其札喪凶荒厄貧爲一書，其康樂和親安平爲一書，每國辨異之，以返命于王。」舊章前訓，令率由之。還具條奏，俾朕昭然鑒于幽遠，若親行焉。大夫君子，其各悉乃心，敬乃事，嘉謀令圖，苦言至戒，與使者盡之，無所隱諱。方將虛心以俟，其勉哉勖之，稱朕意焉。』

又卷二六《食貨志》 咸寧元年十二月，詔曰：『出戰入耕，雖自古之常，然事力未息，未嘗不以戰士爲念也。今以鄴奚官奴婢著新城，代田兵種稻，奴婢各五十人爲一屯，屯置司馬，使皆如屯田法。』

又 ［咸寧三年］詔曰：『孳育之物，不宜減散，事遂停寢。問主者，今典虞右典牧種產牛，大小相通，有四萬五千餘頭。苟不益世用，頭數雖多，其費日廣。古者匹馬匹牛，居則以耕，出則以戰，非如猪羊類也。今徒養宜用之牛，終爲無用之費，甚失事宜。東南以水田爲業，人無牛犢。今既壞陂，可分種牛三萬五千頭，以付二州將吏士庶，使及春耕。穀登之後，頭責三百斛。是爲化無用之費，得運水次成穀七百萬斛，此又數年後之益也。加以百姓降丘宅土，將來公私之饒乃不可計。其所留好種萬頭，可即令右典牧都尉官屬養之。人多畜少，可並佃牧地，明其考課。此又三魏近甸，歲當復入數十萬斛穀，牛又皆當調習，動可駕用，皆今日之可全者也。』

又卷四六《劉頌傳》 政務多端，世事之未盡理者，難徧以疏舉，振領總綱，要在三條。凡政欲靜，靜在息役，息役在無爲。倉廩欲實，實在利農，利農在平糴。爲政欲著信，著信在簡賢，簡賢在官久。官久非難也，連其班級，自非才宜，不得傍轉以終其課，則事善矣。平糴已有成制，其未備者可就周足，則穀積矣。無爲匪他，却功作之勤，抑似益而損之利。如斯而已，則天下靜矣。此三者既舉，雖未足以厚化，然可以爲安有餘矣。夫王者之利，在生天地自然之財，農是也。所立爲指於此，事誠有功益。苟或妨農，皆務所息，此悉似益而損之謂也。然今天下自有事所必須，不得止已，或用功甚少而所濟至重。目下爲之，雖少有廢，而計終已大益。農官有十百之利，及有妨害，在始似如未急，終作大患，宜逆加功，以塞其漸。如河汴將合，沈萊苟善，則役不可息。諸如此類，亦不得已已。然事患緩急，權計輕重，自非近如此類，準以爲率，乃可興爲，其餘皆務在靜息。

《隋書》卷一《高祖紀上》 ［開皇五年］五月甲申，詔置義倉。

又卷六一《長孫平傳》 開皇三年，徵拜度支尚書。平見天下州縣多罹水旱，百姓不給，奏令民間每秋家出粟麥一石已下，貧富差等，儲之閭巷，以備凶年，名曰義倉。因上書曰：『臣聞國以民爲本，民以食爲命，勸農重穀，先王令軌。古者三年耕而餘一年之積，九年作而有三年之儲，雖水旱爲災，而民無菜色，皆由勸導有方，蓄積先備者也。去年亢陽，關右饑餒，陛下運山東之粟，置常平之官，開發倉廩，普加賑賜，大德鴻恩，可謂至矣。然經國之道，義資遠算，請勸諸州刺史、縣令，以勤農積穀爲務。』上深嘉納。自是州里豐衍，民多賴焉。

《北史》卷一一《隋高祖文帝紀》 ［開皇五年］五月甲申，初置義倉。

《舊唐書》卷一四《憲宗紀上》 ［元和六年］八月癸亥朔，戶部侍郎李絳奏：『諸州闕官職田祿米，及見任官抽一分職田，請所在收貯，以備水旱賑貸。』從之。

又卷四九《食貨志下·倉廩》 武德元年九月四日，置社倉。其月二十二日詔曰：『特建農圃，本督耕耘，思俾齊民，既康且富。鍾庾之量，冀同水火。宜置常平監官，以均天下之貨。市肆騰踊，則減價而出；田穡豐羨，則增糴而收。庶使公私俱濟，家給人足，抑止兼并，宣通壅滯。』至五年十二月，廢常平監官。

貞觀二年四月，尚書左丞戴冑上言曰：『水旱凶災，前聖之所不免。國無九年儲畜，禮經之所明誡。今喪亂之後，戶口凋殘，每歲納租，未實倉廩。隨時出給，纔供當年，若有凶災，將何賑卹？故隋開皇立制，天下之人，節級輸粟，多爲社倉，終於文皇，得無饑饉。及大業中年，國用不足，並貸社倉之物，以充官費，故至末塗，無以支給。今請自王公已下，爰及衆庶，計所墾田稼穡頃畝，至秋熟，準其見在苗以理勸課，盡令出粟。稻麥之鄉，亦同此稅。各納所在，爲立義倉。若年穀不登，百姓飢饉，當所州縣，隨便取給。』太宗曰：『既爲百姓預作儲貯，官爲舉掌，以備凶年，非朕所須，橫生賦斂。利人之事，深是可嘉。宜下所司，議立條制。』戶部尚書韓仲良奏：『王公已下墾田，畝納二升。其粟麥粳稻之屬，各依土地。貯之州縣，以備凶年。』可之。自是天下州縣，始置義倉，每有飢饉，則開倉賑給。以至高宗、則天，數十年間，義倉不許雜用。其後公私窘迫，漸貸義倉支用。自中宗神龍之後，天下義倉費用向盡。

高宗永徽二年六月，敕：『義倉據地收稅，實是勞煩。宜令率戶出粟，上上戶五石，餘各有差。』

六年，京東西二市置常平倉。明慶二年十二月，京常平倉置常平署官員。

開元二年九月，敕：『天下諸州，今年稍熟，穀價全賤，或慮傷農。常平之法，行之自古，宜令諸州加時價三兩錢糴，不得抑斂。仍交相付領，勿許懸欠。蠶麥時熟，穀米必貴，即令減價出糶。豆穀等堪貯者，熟亦準此。以時出入，務在利人。其常平所須錢物，宜令所司支料奏聞。』

四年五月二十一日，詔：『諸州縣義倉，本備飢年賑給。近年已來，每三年一度，以百姓義倉糙米，遠赴京納，仍勒百姓私出脚錢。自今已後，更不得義倉變造。』

七年六月，敕：『關內、隴右、河南、河北五道，及荊、揚、襄、夔、綿、益、彭、蜀、漢、劍、茂等州，並置常平倉。其本上州三千貫，中州二千貫，下州一千貫。』

十六年十月，敕：『自今歲普熟，穀價至賤，必恐傷農。加錢收糴，以實倉廩，縱逢水旱，不慮阻飢，公私之間，或亦爲便。宜令所在以常平本錢及當處物，各於時價上量加三錢，百姓有糴易者，爲收糴。事須兩和，不得限數。配糴訖，具所用錢物及所糴物數，申所司。仍令上佐一人專勾當。』

天寶六載三月，太府少卿張瑄奏：『準四載五月并五載三月敕節文，至貴時賤價出糶，賤時加價收糴。若百姓未辦錢物者，任準開元二十年七月敕，量事賒糶，至粟麥熟時徵納。臣使司商量，且糶舊糴新，不同別用。其賒糶者，至納錢日若粟麥雜種等時價甚賤，恐更迴易艱辛，請加價便與折納。』

廣德二年正月，第五琦奏：『每州常平倉及庫使司，商量置本錢，隨當處米物時價，賤則加價收糴，貴則減價糶賣。』

建中元年七月，敕：『夫常平者，常使穀價如一，大豐不爲之減，大儉不爲之加，雖遇災荒，人無菜色。自今已後，忽米價貴時，宜量出官米十萬石，麥十萬石，每日量付兩市行人下價糶貨。』

三年九月，戶部侍郎趙贊上言曰：『伏以舊制，置倉儲粟，名曰常平。軍興已來，此事闕廢，或因凶荒流散，餓死相食者，不可勝紀。古者平準之法，使萬室之邑，必有萬鍾之藏，千室之邑，必有千鍾之藏，春以奉耕，夏以奉耘，雖有大賈富家，不得豪奪吾人者，蓋謂能行輕重之法也。自陛下登極以來，許京城兩市置常平，官糴鹽米，雖經頻年少雨，米價未騰貴，此乃即目明驗，實要推而廣之。當軍興之時，與承平或異，事須兼儲布帛，以備時須。臣今商量，請於兩都并江陵、成都、揚、汴、蘇、洪等州府，各置常平，輕重本錢，上至百萬貫，下至數十萬貫，隨其所宜，量定多少。唯貯斛斗疋段絲麻等，候物貴則下價出賣，物賤則加價收糴，權其輕重，以利疲人。』從之。贊於是條奏諸道津要都會之所，皆置吏，閱商人財貨。計錢每貫稅二十，天下所出竹、木、茶、漆，皆十一稅之，以充常平本。時國用稍廣，常賦不足，所稅亦隨時而盡，終不能爲常平本。

貞元八年十月，敕：『諸軍鎮和糴貯備，共三十三萬石，價之外，更量與優饒。其粟及麻，據米數準折虛價，直委度支，以停江淮運脚錢充，並支綾絹絁綿，勿令折估。所糴粟等，委本道節度使監軍同勾當別貯，非承特敕，不得給用。』

十四年六月，詔以米價稍貴，令度支出官米十萬石，於兩街賤糶。其年九月，以歲飢，出太倉粟三十萬石出糶。是歲冬，河南府穀貴人流，令以含嘉倉粟七萬石出糶。十五年二月，以久旱歲飢，出太倉粟十八萬石，於諸縣賤糶。

元和元年正月，制：『歲時有豐歉，穀價有重輕，將備水旱之虞，在權聚斂之術。應天下州府每年所稅地子數內，宜十分取二分，均充常平倉及義倉，仍各逐穩便收貯，以時出糶，務在救人，賑貸所宜，速奏。』

六年二月，制：『如聞京畿之內，舊穀已盡，宿麥未登，宜以常平、義倉粟二十四萬石貸借百姓。諸道州府有乏少糧種處，亦委所在官長，用常平、義倉米借貸。淮南、浙西、宣歙等道，元和二年四月賑貸，並且停徵，容至豐年，然後填納。』

九年四月，詔出太倉粟七十萬石，開六場糶之，并賑貸外縣百姓。至秋熟徵納，便於外縣收貯，以防水旱。

十二年四月，詔出粟二十五萬石，分兩街降估出糶。其年九月，詔諸道應遭水州府，河中、澤潞、河東、幽州、江陵府等管內，及鄭、滑、滄、景、易、定、陳、許、晉、隰、蘇、襄、復、台、越、唐、隨、鄧等州人戶，宜令本州厚加優恤。仍各以當處義倉斛斗，據所損多少，量事賑給。

十三年正月，戶部侍郎孟簡奏：『天下州府常平、義倉等斛斗，請準舊例減估出糶，但以石數奏申，有司更不收管，州縣得專達以利百姓。』從之。

長慶四年二月，敕出太倉陳粟三十萬石，於兩街出糶。其年三月制曰：『義倉之制，其來日久。近歲所在盜用沒入，致使小有水旱，生人坐委溝壑。永言其弊，職此之由。宜令諸州錄事參軍，專主勾當。苟爲長吏迫制，即許驛表上聞。考滿之日，戶部差官交割。如無欠負，與減一選。如欠少者，量加一選。欠數過多，戶部奏聞，節級科處。』大和四年八月，敕：『今年秋稼似熟，宜於關內七州府及鳳翔府和糴一百萬石。』

大中六年四月，戶部奏：『諸州府常平、義倉斛斗，本防水旱，賑貸百姓。其有災沴州府地遠，申奏往復，已至流亡。自今已後，諸道遭災旱，請委所在長吏，差清強官審勘，如實有水旱處，便任先從貧下不支濟戶給貸。』從之。

建中四年六月，戶部侍郎趙贊請置大田：天下田計其頃畝，官收十分之一。擇其上腴，樹桑環之，曰公桑。自王公至于匹庶，差借其力，得穀絲以給國用。詔從其說。贊熟計之，自以爲非便，皆寢不下。復請行常平稅茶之法。又以軍須迫蹙，常平利不時集，乃請稅屋間架、算除陌錢。間架法：凡屋兩架爲一間，屋有貴賤，約價三等，上價間出錢二千，中價一千，下價五百。所由吏秉算執籌，入人之廬舍而計其數。衣冠士族，或貧無他財，獨守故業，坐多屋出算者，動數十萬，人不勝其苦。凡沒一間者，杖六十，告者賞錢五十貫，取於其家。除陌法：天下公私給與貨易，率一貫舊算二十，益加算爲五十。給與他物或兩換者，約錢爲率算之。市牙各給印紙，人有買賣，隨自署記，翌日合算之。有自貿易不用市牙者，驗其私簿，無私簿者，投狀自集。其有隱錢百者沒入，二千杖六十，告者賞十千，取其家資。法既行，而主人市牙得專其柄，率多隱盜。公家所入，曾不得半，而怨讟之聲，囂然滿於天下。至興元二年正月一日赦，悉停罷。

《新唐書》卷五二《食貨志二》 文宗大和九年，以天下回殘錢置常平義倉本錢，歲增市之。非遇水旱不增者，判官罰俸，書下考；州縣假借，以枉法論。

文宗嘗召監倉御史崔虞問太倉粟數，對曰：『有粟二百五十萬石。』帝曰：『今歲費廣而所畜寡，奈何？』乃詔出使郎官、御史督察州縣壅遏錢穀者。時豪民侵噬產業不移戶，州縣不敢徭役，而征稅皆出下貧。至於依富室爲奴客，役罰峻於州縣。長吏歲輒遣吏巡覆田稅，民苦其擾。

《資治通鑑》卷一三《漢紀五》 賈誼說上曰：『管子曰：管子，管仲之書。「倉廩實而知禮節，衣食足而知榮辱。」民不足而可治者，自古及今，未之嘗聞。治，直之翻；下同。古之人曰：「一夫不耕，或受之飢；一女不織，或受之寒。」生之有時而用之無度，亡，古無字通。則物力必屈。屈，其勿翻，盡也；下大屈同。古之治天下，至纖，至悉，故其畜積足恃。今背本而趨末者甚衆，是天下之大殘也；師古曰：本，農業也；末，工、商也。言人棄農業而務工、商者甚衆。殘，謂傷害天下也。背，蒲妹翻。淫侈之俗，日日以長，長，知兩翻。是天下之大賊也。殘、賊公行，莫之或止；大命將泛，莫之振救。孟康曰：泛，方勇翻，覆也。師古曰：字本作『覂』，此通用。振，舉也。生之者甚少而靡之者甚多，靡，讀曰糜，散也。天下財產何得不蹷！蹷，音厥，傾竭也。

漢之爲漢，幾四十年矣，幾，居衣翻。公私之積，猶可哀痛。失時不雨，民且狼顧；鄭氏曰：民欲有畔意，若狼之顧望也。李奇曰：狼性怯，走喜還顧。言民見天不雨，心亦恐也。師古曰：李說是。歲惡不入，請賣爵子；如淳曰：賣爵級又賣子也。余謂請賣爵子，猶言請爵、賣子也。入粟得以拜爵，故曰請爵。富者有粟以徼上之急，至於請爵；貧者無以自活，至於賣子。既聞耳矣。如淳曰：聞於天子之耳。安有爲天下阽危者若是而上不驚者！阽危，欲墜之意。阽，音閻，又丁念翻。

世之有饑、穰，天之行也；李奇曰：天之行氣，不能常熟也。或曰：行，道也；師古曰：穰，豐也；人羊翻。禹、湯被之矣。被，皮義翻。即不幸有方二三千里之旱，國胡以相恤？卒然邊境有急，卒，讀曰猝。數十百萬之衆，國胡以餽之？兵、旱相乘，天下大屈，有勇力者聚徒而衡擊，衡，讀曰橫。罷夫、羸老，易子齩其骨。罷，讀曰疲。齩，五巧翻，齧也。政治未畢通也，治，直吏翻。遠方之能僭擬者並舉而爭起矣；乃駭而圖之，豈將有及乎！夫積貯者，天下之大命也；貯，丁呂翻。苟粟多而財有餘，何爲而不成！以攻則取，以守則固，以戰則勝，懷敵附遠，何招而不至！

今敺民而歸之農，皆著於本；敺，與驅同。著，直略翻。使天下各食其力，末技、游食之民轉而緣南畮，則畜積足而人樂其所矣。樂，音洛。可以爲富安天下，而直爲此廩廩也，廩，與凜同；廩廩，危懼之意。師古曰：言務耕農，厚畜積，則天下富安，何乃不爲而常不足，直廩廩若此也。竊爲陛下惜之！』爲，于僞翻。

上感誼言，春，正月，丁亥，詔開藉田，上親耕以率天下之民。應劭曰：古者天子耕藉田千畝，爲天下先。藉者，典藉之常也。韋昭曰：藉，借也；借民以治之，以奉宗廟，且以勸率天下使務農也。臣瓚曰：景帝詔曰：『朕親耕，后親桑，爲天下先。』本以躬親爲義，不得以假借爲稱也。藉，謂蹈藉也。師古曰：國語云：宣王即位，不藉千畝。虢文公諫。則藉非假借明矣。瓚說是也。陸德明經典釋文：藉，在亦翻。

又 卷二七《漢紀十九》 ［五鳳四年］大司農中丞耿壽昌奏言：『歲數豐穰，穀賤，農人少利。時穀石五錢，所謂穀賤傷農者也。數，所角翻。少，詩沼翻。故事：歲漕關東穀四百萬斛以給京師，用卒六萬人。宜糴三輔、弘農、河東、上黨、太原郡穀，足供京師，可以省關東漕卒過半。』上從其計。壽昌又白：『令邊郡皆築倉，以穀賤增其賈而糴，穀貴時減賈而糶，賈，讀曰價。名曰常平倉。』民便之。上乃下詔賜壽昌爵關內侯。

又 卷四七《漢紀三十九》 ［章和二年］春，正月，濟南王康、阜陵王延、中山王焉來朝。上性寬仁，篤於親親，故叔父濟南、中山二王，每數入朝，濟，子禮翻。數，所角翻。朝，直遙翻。特加恩寵，及諸昆弟並留京師，不遣就國。漢制，諸藩王朝會之禮畢，各就國，不得留京師。又賞賜羣臣，過於制度，倉帑爲虛。帑，他朗翻。爲，于僞翻。何敞奏記宋由曰：『比年水旱，民不收穫；涼州緣邊，家被凶害；賢曰：時西羌犯邊爲害也。比，毗至翻。被，皮義翻。中州內郡，公私屈竭；此實損膳節用之時。國恩覆載，言恩同天地也。覆，敷救翻。賞賚過度，但聞臘賜，自郎官以上，公卿、王侯以下，至於空竭帑藏，藏，徂浪翻。損耗國資。尋公家之用，皆百姓之力。明君賜賚，宜有品制；忠臣受賞，亦應有度。賢曰：漢官儀：臘，賜大將軍、三公錢各二十萬，牛肉二百斤，粳米二百斛；特進侯十五萬，卿十萬，校尉五萬，尚書三萬，侍中、將、大夫各二萬，千石、六百石各七千，虎賁、羽林郎二人共三千，以爲祀門戶直。是以夏禹玄圭，《書・禹貢》曰：禹錫玄圭。周公束帛。賢曰：《尚書》曰：召公出取幣，入錫周公。今明公位尊任重，責深負大，上當匡正綱紀，下當濟安元元，豈但空空無違而已哉！空，當作悾。悾悾，謹慤貌。宜先正己以率羣下，還所得賜，因陳得失，奏王侯就國，除苑囿之禁，節省浮費，賑卹窮孤，則恩澤下暢，黎庶悅豫矣。』由不能用。考異曰：敞傳，此事在肅宗崩後，云『竇氏專政，外戚奢侈，賞賜過制，敞奏記云云。』袁紀在元和三年。按敞記云：『明公視事，出入再朞』，又言臘賜，知在此時。

又卷一三二《宋紀十四》［泰始三年春正月］魏沙門統曇曜奏：沙門統，猶今之僧錄。曇，徒含翻。『平齊戶及諸民有能歲輸穀六十斛入僧曹者，卽爲僧祇戶，粟爲僧祇粟，遇凶歲，賑給飢民。』

又卷一三六《齊紀二》［永明六年十二月］又，漢置常平倉以救匱乏。見二十七卷漢宣帝五鳳四年。去歲京師不稔，移民就豐，既廢營生，困而後達，又於國體，實有虛損。曷若豫儲倉粟，安而給之，豈不愈於驅督老弱餬口千里之外哉！餬，音胡。《說文》曰：寄食饗也。余據正考父鼎銘：饘於是，粥於是，以餬余口。則餬者，食饘粥之義。許慎所謂寄食者，蓋因《左傳》餬口於四方以爲說。今此當依許義。宜析州郡常調九分之二，京師度支歲用之餘，調，徒弔翻。度，徒洛翻。各立官司，年豐糴粟積之於倉，儉則加私之二糶之於人。糶，他弔翻。如此，民必力田以取官絹，積財以取官粟。年登則常積，歲凶則直給。數年之中，穀積而人足，雖災不爲害矣。

又卷一四〇《齊紀六》［建武三年冬十月］戊辰，魏置常平倉。

又卷一七五《陳紀九》［至德元年十二月］隋主以長安倉廩尚虛，是歲，詔西自蒲、陝，東至衛、汴，河東郡，蒲州。恆農郡，陝州。汲郡，衛州。陳留郡，汴州。陝，式冉翻。汴，皮變翻。水次十三州，募丁運米。華、陝、穀、洛、管、汴、汾、晉、蒲、絳、懷、衛、相，凡十三州。又於衛州置黎陽倉，陝州置常平倉，華州置廣通倉，五代志：京兆郡鄭縣，後魏置東雍州，幷華山郡，西魏改曰華州。華，戶化翻。轉相灌輸，輸，平聲。漕關東及汾、晉之粟以給長安。水運曰漕。關東，自函谷關以東州郡。五代志：文城郡，東魏置南汾州，後周改爲汾州。晉州臨汾郡，舊平陽郡也。漕，在到翻。

又卷一九二《唐紀八》［貞觀二年春正月］上謂黃門侍郎王珪曰：『開皇十四年大旱，隋文帝不許賑給，而令百姓就食山東，比至末年，賑，津忍翻。比，必利翻，及也。天下儲積可供五十年。煬帝恃其富饒，侈心無厭，厭，於鹽翻。卒亡天下。卒，子恤翻；下同。但使倉廩之積足以備凶年，其餘何用哉！』

又卷二一一《唐紀二十七》［開元二年九月］敕以歲稔傷農，令諸州脩常平倉法；太宗時置義倉及常平倉，以備凶荒。高宗以後，稍假以給他費，至神龍中略盡，至是復置之。江、嶺、淮、浙、劍南地下濕，不堪貯積，不在此例。貯，丁呂翻。

又卷二二六《唐紀四十二》［建中元年秋七月］晏又以爲戶口滋多，則賦稅自廣，故其理財以愛民爲先。諸道各置知院官，知院官，掌諸道巡院者也。每旬月，具州縣雨雪豐歉之狀白使司，豐則貴糴，歉則賤糶，或以穀易雜貨供官用，及於豐處賣之。知院官始見不稔之端，先申，至某月須如干蠲免，某月須如干救助，使，疏吏翻。如干，猶言若干也。程大昌曰：若干者，設數之言也。干，猶箇也。若箇，猶言幾何枚也。又說：干者，十干，自甲至癸也，亦以數言也。及期，晏不俟州縣申請，卽奏行之，應民之急，未嘗失時，不待其困弊、流亡、餓殍，然後賑之也。由是民得安其居業，戶口蕃息。殍，居表翻。賑，津忍翻。蕃，音煩。晏始爲轉運使，時天下見戶不過二百萬，見，賢遍翻。其季年乃三百餘萬；在晏所統則增，非晏所統則不增也。其初財賦歲入不過四百萬緡，季年乃千餘萬緡。

《續資治通鑒長編》卷四［乾德元年三月］是月，令州縣復置義倉，官所收二稅，石別輸一斗貯之，以備凶儉。此據國史志及會要，新、舊錄並無之。

又卷五［乾德二年二月］命右神武統軍陳承昭帥丁夫數千鑿渠，自長社引溵水至京，合閔河。溵水出密之大騩山，歷許田，會春夏霖雨則大溢害稼。及渠成，民無水患，閔河之漕益通流焉。

又卷七［乾德四年八月］甲寅，詔以夏麥既登，秋稼復稔，令州縣長吏勸民謹儲蓄，戒佚遊，以備凶荒。王稱東都事略：詔曰：豐年之詠，播于頌聲，廣蓄之訓，垂於載籍。今三時不害，百姓小康，田里無愁歎之聲，壟畝有遺滯之穗。州縣長吏等職司牧養，義當勸率，俾及歲穰，各務儲積，或值凶歉，不至匱乏。古者倉廩實、禮節興，所宜禁民蒱摶，勿致游惰，戒其崇儉，免於靡穀，申嚴條教，稱朕意焉。

又卷一九［太平興國三年春正月］辛丑，發近縣丁夫浚廣濟、惠民河及蔡河，分遣使督之。又分遣使十七人治黃河隄，以備水患。

又卷二三［太平興國七年二月辛未］其後，上因言及三司財賦，謂宰相趙普等曰：『仁贍縱吏為姦，諸州場院皆隱沒官錢以千萬計。朕初即位，悉令罷去，分命使臣掌其事。仁贍再三言其不便，朕語仁贍此自朕意，若歲課致虧，不以責卿。既一歲，舊千緡者為一二萬緡，萬緡者為六七萬緡，為利入數倍，用度皆足，儻遇水旱，即可以免百姓租稅。仁贍自知其非，心頗慚悸，朕亦優容之耳。』別本，上與宰相論仁贍在八年十月甲午，今移入此。

又 卷二六 〔雍熙二年〕六月己卯，詔兩街供奉僧于內殿建道場。上謂宰相曰：『今茲夏麥豐稔。比聞歲熟則民多疾疫，朕恐百姓或有災患，故令設此，未必便能獲佑，且表朕勤禱之意云。』

又 卷二七 〔雍熙三年秋七月甲午〕國子博士李覺上言：『秦、漢以來，民多游蕩，趨末者眾，貧富不均。今井田久廢，復之必難，曠土頗多，闢之為利。且勸課非不至而尚多閑田，用度非不省而未免收賦，地各有主戶，或無田產，富者有彌望之田，貧者無卓錐之地，有力者無田可種，有田者無力可耕，雨露降而歲功不登，寒暑遷而年穀無獲，富者益以多畜，貧者無能自存。欲望令天下荒田，本主不能耕佃者，任有力者播種，一歲之後，均輸其租，如此乃王化之本也。』上覽而嘉之。

又 卷三〇 〔端拱二年〕夏四月，國子博士李覺上言曰：『昔李悝有言曰：「糴甚貴傷民，甚賤傷農。民傷則離散，農傷則國貧。故甚貴甚賤，其傷一也。善為國者，使民無傷而農益勸。」所謂民者，謂士工商也。晁錯亦云：「欲民務農，在於貴粟，蓋不可使至賤，亦不可使至貴。」今王者之都，萬眾所聚，導河渠，達淮海，貫江湖，歲運五百萬斛以資國費。此朝廷之盛，臣庶之福也。近歲以來，都下粟麥至賤，倉庫充牣，露積紅腐，陳陳相因，或以充賞給，斗直十錢，此工賈之利而軍農之不利也。夫軍士妻子不過數口，而月給糧數斛，即其費有餘矣。百萬之眾，所餘既多，游手之民，資以給食，農夫之粟，何所求售？況夫西抵三峽，南極荊湖，包舉江吳，旁達浙右，歷風濤之險，踰歲月之期，始達建安軍，歷楚、泗，泝汴流，以達於京師，其沒溺耗損，亦已多矣。凡運米一斛，計其費不啻三百錢，侵耗損折，復在其外。而挽船之夫，彌涉冬夏，離去鄉舍，終老江湖，亦可傷矣。夫其糧之來也至重至艱，官之給也至輕至易，歲之豐儉，不可預期，儻不幸有水旱之虞，卒然有邊境之患，其何以救之。古者有九年之蓄，謂之太平，水旱人無菜色，蓋謂天下之民，皆有九年之蓄，非專謂兵食也。諸軍傔人舊日給米二升，今若月給賦錢三百，人心樂焉。是一斗為錢五十，計江、淮運米工腳，亦不減此數。望明敕軍中，各從其便，願受錢者，若市價官米斗為錢二十，即增給十錢，裁足以當工腳之直，而官私獲利，數月之內，米價必增，農民受賜矣。若米價騰踊，即官復給彻，軍人糴其所餘，亦獲善價，此又戎士受賜矣。不十年，官有餘糧，江外之運，亦漸可省也。』上覽奏嘉之。

又 卷三二 〔淳化二年〕五月乙巳，復置折博倉。折博倉即折中倉也，端拱二年九月初置，尋以歲旱中止，今仍復之。

又 〔淳化二年二月〕鹽鐵使魏羽等，言諸州茶鹽主吏，多負官課，請行決罰。上曰：『當案問其實。若水旱災沴，致官課虧失者，非可加刑也。帝王者，為天下主財爾。卿等司計，當以公正為心，無事割削，勿令害民而傷和氣焉。』

又 〔淳化二年六月〕辛卯，分遣使臣于京城四門置場，增價以糴，令有司虛近倉以貯之，命曰常平，以常參官領之，俟歲饑，即減價糶與貧民，遂為永制。

又 卷三四 〔淳化四年三月〕初，何承矩至滄州，即建屯田之議，上意頗嚮之。既而河朔頻年霖雨水潦，河流湍溢，壞城壘民舍，處處蓄為陂塘，妨民種藝。于是，承矩請因其勢大興屯田，種稻以足食。會臨津令黃懋亦上書，請于河北諸州興作水田，懋自言閩人，『本鄉風土，惟種水田，緣山導泉，倍費功力。今河北州軍陂塘甚多，引水溉田，省功易就，三五年內，公私必獲大利。』因詔承矩往河北諸州案視，復奏如懋言。

壬子，以何承矩為制置河北緣邊屯田使，內供奉官閻承翰、殿直段從古同掌其事，以黃懋為大理寺丞，充判官。發諸州鎮兵萬八千人給其役，凡雄莫霸州、平戎破虜順安軍興堰六百里，置斗門，引淀水灌溉。初年，稻值霜不成。懋以江東霜晚，稻常九月熟，河北霜早，又地氣遲一月，不能成實。江東早稻以七月熟，即取其種課令種之，是年八月，稻熟。始，承矩建水田之議，沮之者頗眾，又武臣亦恥于營葺佃作。既而種稻又不熟，羣議益甚，幾罷其事。及是，承矩載稻穗數車，遣吏部送闕下，議者乃息。自是葦蒲、蠃蛤之饒，民賴其利。實錄于是月甲午先載承矩上言，即命大作水田，及壬子，乃以承矩為制置使，懋為判官。按上得懋書，又令承矩按視，承矩復奏，然後施行，恐甲午日未有大作水田之命也。今並從本志。甲午，初六日；壬子，二十四日。

又 卷三七 〔至道元年正月〕度支判官陳堯叟、梁鼎上言：『唐季以來，農政多廢，民率棄本，不務力田，是以家鮮餘糧，地有遺利。臣等每於農畝之業，精求利害之理，必在乎修墾田之制，建用水之法，討論典籍，備窮本末。自漢、魏、晉、唐以來，於陳、許、鄧、潁暨蔡、宿、亳至於壽春，用水利墾田，陳跡具在。望選稽古通方之士，分為諸州長吏，兼管農事，大開公田，以通水利，發江、淮下軍散卒及募民以充役。每千人人給牛一頭，治田五萬畝，雖古制一夫百畝，今且墾其半，俟久而古制可復也。畝約收三斛，歲可得十五萬斛，凡七州之間，置二十屯，歲可得三百萬斛，因而益之，不知其極矣，行之二三年，必可致倉廩充實，省江、淮漕運。其民田之未闢者，官為種植，公田之未墾者，募民墾之，歲登所取，其數如民間主客之例，此又敦本勸農之要道也。傅子曰「命縣於天，人力雖修，苟水旱之不時，則一年之功棄矣。水田之制由人力，人力苟修，則地利可盡也。」且蟲災之害又少于陸，水田既修，其利兼倍，與陸田不侔矣。』上覽奏嘉之，即遣大理寺丞皇甫選、光祿寺丞何亮馳傳往諸州按視，經度其事。

又 卷四一 ［至道三年夏四月］，詔以國家大事，足食為先，今億兆至蕃，未聞有九年之蓄，令兩制議致豐盈之術以聞。

又詔三司及茲歲稔，大為市糴以實倉廩。

又 卷四五 ［咸平二年冬十月］丙寅，令諸路轉運司申淳化惠民之制，歲豐熟則增價以糴，饑歉則減直而出之。

又 卷四七 ［咸平三年五月］丁未，詔緣黃、汴河令佐常巡護隄岸，無得差出，有闕，流內銓即時注擬，勿使乏人。

又 ［己酉］先是，河決，灌濟、泗，鄆州城中常苦水患，至是，大雨彌月，積潦益甚。乃命工部郎中陳若拙與閣承翰經度徙城。若拙等請徙於東南五十里汶陽鄉之高原，詔可。

又 卷六二 ［景德三年正月］辛未，以工部員外郎兼侍御史知雜事王濟、比部員外郎孫崇諫權判司農寺，崇諫給本官食俸，月賜添支錢七千。始置常平倉也。先是，言事者以為水旱災沴，有備無患，古有常平倉，今可復置。請于京東西、河東、陝西、江淮、兩浙計戶口多少，量留上供錢，自千貫至二萬貫，令轉運使每州擇清幹官主之，專委司農寺總領，三司無得輒用。每歲夏秋，準市估加錢收糴，貴則減價出糶，俟十年有增羨，則以本錢還三司。詔三司集議，請如所奏，而緣邊不增置。於是，司農官吏創廨舍，藏籍帳，度支別置常平倉案。大率萬戶歲餘萬石，止於五萬石。或三年以上不經糴，則回充糧廩，別以新粟補之。其後，有詔災傷州軍糶粟，斗勿過百錢。

詔陝西轉運司視管內乏食處，即賑給之。

又 卷七〇 ［大中祥符元年十二月甲辰］又詔江、淮發運轉運司，部內各留三年之儲，以備水旱。先是，江、淮米悉運送京師。至是，司天監言揚、楚之分，當水旱為沴，防患故也。

又 卷七七 ［大中祥符五年］京城常平倉置七場，分糶米糧，趨市者眾，或至壅隘。詔分為十四場以便民。

令滑州出常平倉粟賤糶以賑窮乏。

又 卷七八 ［大中祥符五年八月］戊申，通判棣州史瑩言：『本州河水為患，隄防不固，慮非時決溢，衝注州城。望徙井邑於试河，其城壘俟霜降水涸而葺之。』知州孫沖又言：『臣前舉瑩共治水事，瑩黨右豪族，妄請徙城。願召赴闕，劾其罪。』從之。時试河有富民賂官司請徙州治，故沖奏及之。六月丙寅，當考。

又 卷八七 ［大中祥符九年八月丙子］令江、淮發運司歲留上供米五十萬，以備饑年賑濟。

又 卷一〇三 ［天聖三年二月丙寅］先是，君平言：『今歲畿甸雨澤均，訴水災者猶及數萬戶，此積潦不洩，州縣縱弛之咎也。今方治溝洫，或令佐中徙任，則後來者漫不知緒，何以集事。請俟春料畢役，許其去。』時單州碭山下地污下，古河塞不通，遂立法督令佐。於是，河將成，又奏：『非有司專其事，後必復廢，請本州縣長吏並兼溝洫河道事。府界提點謹察舉，民訴水，亟按視之。』詔皆從其請。又以左侍禁李守忠專管勾溝洫河道司。

又卷一一四 ［景祐元年六月丁酉］京東轉運司言，濟、兗間素多閑田，青州都監郝仁禹頗知田事，請令規度水利，募民耕墾，從之。

又 ［淳化二年］壬子，出內藏庫緡錢五十萬下三司，於瀕河州縣置場糴麥。先是京東旱，麥不時種故也。

又 卷一一五 ［景祐元年七月乙巳］天下常平倉置已久，領於司農寺。壬子，始詔諸路轉運使與州長吏舉所部官專主常平錢粟。既而淮南轉運副使吴遵路言：『本路丁口百五十萬，而常平錢粟才四十餘萬，歲饑不足以救卹。願自經畫，增為二百萬，他毋得移用。』許之。吴遵路上言，乃景祐三年四月，今從本志聯書之。

樞密直學士杜衍亦嘗建議曰：『歲有豐凶，穀有貴賤，計本量委，散滯取贏，宜究其術。若官以法平之，則農人有利，粟有所洩。今豪姓蓄賈，乘時賤收，而拙業之人，旋致罄竭。水旱則稽伏而不出，須其翔踊以牟厚利，而農民貴糴。九穀散於穰歲，百姓困於凶年，雖勸課官家至日見，亦奚益於事哉！蓋常平倉制度不立，有名而無實。謂宜量州郡遠近，戶口眾寡，時有饑熟，取賤出貴，嚴以賞罰，課責官吏，出納無壅，增損有宜。公糴未充，則禁爭糴以規利者；糴畢而儲之，則察其以供軍為名而假借者。夫香象珠璣，久藏府庫，非衣食之急，若州郡闕母錢，願斥賣以賜之，補助其乏。』衍傳載常平議，在衍為中丞後，今掇出附見。衍為中丞，乃明年二月也。

又 ［景祐元年冬十月辛酉］初，大名府言：『自河決橫隴，而德、博以來皆罹水患。請早行修塞。』即詔王沿等相視，沿等以為河勢奔注未定，且功大，未可遽興。癸亥，復遣侍御史知雜事楊偕、入內押班王惟忠、閤門祗候康德輿同往視度。既而偕等言：『欲且興築兩岸馬頭，令緣隄預積芻藁。俟來年秋，乃大發丁夫修塞。』從之。

又 卷一一六 ［景祐二年三月己丑］殿中丞、通判齊州張宗彝，言大名府新作金隄，可以捍橫隴決河水勢，請今緩修塞之役。詔河北轉運司繪黃河至海圖上之。

又 ［景祐二年戊辰］淮南轉運副使吳遵路請於真楚泰州、高郵軍為斗門十九，以畜泄水利，從之。

又 卷一一七 ［景祐二年冬十月］癸酉，詔河北有塘泊處知州軍並兼管勾屯田隄道事。景祐初，劉平去真定，楊懷敏領屯田司如故。塘泊日益廣，至吞沒民田、蕩溺邱墓，百姓始告病，乃有盜決以去水患者。懷敏奏立法依盜決隄防律，於是知雄州葛懷敏請立木為水則，以限盈縮，從之。葛懷敏請立水則，實錄在此年，劉平以景祐元年二月去真定，此皆據本志附見。

又 卷一二二 ［寶元元年六月己卯］帝留意農事，每以水旱為憂。甲申，詔天下州郡每旬上雨雪狀，著為令。

又 卷一三三 ［慶曆元年九月］乙亥，詔天下立義倉。自乾德初置義倉，未久而罷。明道二年，詔議復之，不果。景祐中，集賢校理王琪上疏，引隋、唐故事，請復置，曰：『唐貞觀中，自王公以下，墾田畝稅二升，其實太重。至永徽之後，自上戶以降，計戶出粟，亦復不均。今宜令五等以上戶，計夏秋二，別輸一升，隨稅以入，水旱稅減則免輸。州縣擇便地別置倉貯之，領於轉運使。今以一中郡計之，正稅歲入十萬碩，則義倉歲得五千碩，推而廣之，其利博矣。』因言：『明道中，最為饑歉，國家欲貸饑民則兵食不足，故民有流轉之患。是時，兼并之家出粟數千碩即補官，是豈以爵為輕歟？特愛民濟物，不獲已而為之爾。孰與夫乘歲之豐收，羨餘之入，於天下之廣，為無窮之利，豈不大哉！且兼并之家占田常廣，則義倉所入常多；中下之家占田常狹，則義倉所入常少。及水旱賑給，則兼并之家未必待此而濟，中下之民實先受其賜矣。損有餘補不足，天下之利也。』事下有司，會議者異同而止。於是，琪復上其議，上納之。已而眾論紛然，以為不便，遂詔第令上三等戶輸粟，尋復罷。止令上三等戶輸義倉，乃明年正月戊午日事。

又 卷一四二 ［慶曆三年秋七月辛未］范仲淹、韓琦言：『臣等竊見陝西永興軍、同耀華州、陝府等處，今夏災旱，得雨最晚。民間秋稼，甚無所望。官中倉廩，亦無積貯。若不作擘畫，即百姓大段流移，殍亡者眾。兼軍食闕絕，臨時轉漕不及。臣等欲乞朝廷速降指揮，委本路都轉運使孫沔，速相度上件州軍向去救濟饑民及辦給軍食有何次第，如難為擘畫，即便於黃河內般輦自京以來斛米，往彼應副。仍速行相度，沿路如何計綱即不至艱阻事狀奏聞。候到，乞朝廷早賜施行。』

又 卷一四九 ［慶曆四年五月］戊寅，詔淮南比年穀不登，今春又旱蝗，其募民納粟與官，以備賑貸。

又 卷一五〇 ［慶曆四年六月辛卯］詔旨謂：『民力困敝，財賦未強。』臣等議之，國家革五代諸侯之暴，奪其威權，以度支財用，自贍天下之兵。歲月既深，賦斂日重，邊事一聳，調率百端，民力愈窮。農功愈削，水旱無備，稅賦不登，減放之數，動踰百萬。今方選舉良吏，務本安民，修水旱之防，收天地之利。而更嚴著勉農之令，使天下官吏專於勸課，百姓勤於稼穡，數年之間，大利可見。又山海之貨，本無窮竭，但國家輕變其法，深取於人，商賈不通，財用自困，今須朝廷集議，從長改革，使天下之財，通濟無滯。又減省冗兵，量入以出，則富強之期，庶有望矣。

又 卷一七五 ［皇祐五年秋七月］庚戌，上謂輔臣曰：『如聞諸州軍嘗於夏秋之際，先奏時雨霑足，田稼登茂，後或災傷，遂不敢奏，致使民稅不得蠲除，甚非長吏愛民之意，宜申飭之。』

又卷一八九〔嘉祐四年六月〕丁丑，詔諸路轉運使，凡鄰路鄰州災傷而輒閉糴者，以違制坐之。初，諫官吳及言：『春秋之時，諸侯相傾，竊地專封，固不以天下生靈為憂，然猶同盟之國有救患分災之義。凡外災則不書，莊公十一年書宋大水，昭公十八年書宋、衛、陳、鄭災，皆外災也，所以書者，是承赴告之辭，而患難相恤之謂也。又莊公二十八年，臧孫辰告糴於齊，魯語之文，以鬯圭、玉磬如齊告糴曰：「不腆先君之敝器，敢告滯積，以紓執事。」齊人歸其玉而與之糴。僖公十五年，晉侯及秦伯戰於韓，獲晉侯。傳云：「晉饑，秦輸之粟；秦饑，晉閉之糴，故秦伯伐晉。」諸侯無稱獲之例，而經書曰獲晉侯，貶絕之也。戰國之世，王道如線不絕，一有閉糴而春秋誅之。陛下恩施動植，視人如傷，然州郡之間，官司各專其民，擅造閉糴之令，一路饑，則鄰路為之閉糴，一郡饑，則鄰郡為之閉糴。夫二千石以上，所宜同國休戚，而班布主恩，坐視流離，又甚於春秋之時，豈聖朝所以子育兆民之意哉！』故有是詔。

又卷二〇四〔三月己丑〕司馬光言：臣近蒙恩給假至陝州焚黃，竊見緣路諸州倉庫錢糧，類皆闕絕，其官吏軍人料錢、月糧，並須逐旋收拾，方能支給。竊料其餘諸州，臣不到處，亦多如此。臣聞國無三年之蓄，曰國非其國。今窘竭如此，而朝廷曾不以為憂，若不幸有水旱蝗蝻方數千里，如明道、康定之時，加之邊鄙有急，興兵動眾，不知朝廷何以待之？臣伏見陳、許、潁、亳等州，止因去秋一次水災，遂致骨肉相食，積尸滿野。此非今日官吏之罪，乃鄉時官吏之罪也。何則？鄉時豐稔之歲，其人但務偷安，不為遠慮，粟麥至賤，不能儲蓄，及至凶荒之際，官私俱竭，上下狼狽，何由相救？雖使桑弘羊、劉晏復生，亦無如之何也。今春幸而得雨，麥田有望，朝廷已置饑饉之事於度外，不復以儲蓄為意矣，萬一天下州縣復有災傷，則何以異於陳、許、潁、亳之民？若饑饉相繼，盜賊必興，此豈可不早為之深慮乎？【略】

仍每至年終，命三司撮計在京、府界及十八路錢帛糧草見在都數聞奏，以之比較去年終見在都數，若增羨稍多，即令勘會，如別無姦巧欺謾及非理賦斂而致增羨，其當職之人宜量行褒賞，累經褒賞者，即別加進用。若減耗稍多，即令詰問，如別無大故災傷及添屯軍馬而致減耗，其當職之人宜量行責罰，累經責罰者，即永從黜廢。誠能如此持之不懈，數年之後，可使天下倉皆有餘粟，庫皆有餘財，雖有水旱蝗蝻之災及邊鄙有急，皆不足憂也。此疏不得其時，附見春末，更須詳考。

又卷二一一〔熙寧三年五月庚戌〕詔歐陽修不合不奏聽朝廷指揮，擅止散青苗錢，特放罪。修在青州常奏疏，曰：伏見朝廷新制，俵青苗錢以來，中外之議，皆稱不便，多乞寢罷，至今未蒙省察，臣敢條陳三事：【略】

其二，檢詳元降指揮，如災傷及五分以上，則夏料青苗錢令于秋料送納，秋料于次年夏料送納。臣竊謂年歲豐凶，固不可定，其間豐年常少、而凶年常多，今所指揮，蓋只言偶然一料災傷耳。若連遇三兩料水旱，則青苗錢積壓拖欠數多；又若纔遇豐熟，卻須一併催納，則民永無豐歲矣。至于中小熟之年，不該得災傷分數，合于本料送納者，或人戶無力，或頑猾拖延，本料尚未送納了當，若令又請次料合俵錢數，則積欠轉多，必難催索。臣今欲乞人戶遇災傷，本料未曾送納者，及人戶無力或頑猾拖延不納者，並更不支俵與次料錢。如此，則人戶免積壓拖欠，州縣免鞭扑催驅，官錢免積欠失陷。

又卷二一四〔熙寧三年八月庚午〕知唐州、光祿卿高賦提點陝西路刑獄。上批：『近令司農寺專主天下常平廣惠倉、農田、水利、差役事。今後每季終，具下項事節聞奏，如有未盡事理，更增損指揮：天下常平、廣惠倉見在錢斛若干數目，夏、秋青苗錢散過若干數目，合收若干斛斗，已納若干、未納若干、倚閣若干，糴到諸色斛斗若干、斗直若干，出糶過若干、都收息錢若干，賑貸過若干，天下水利興修過若干處，所役過若干人功，若干兵功、若干民功，淤溉到田若干頃畝，增到稅賦若干數目，農田開闢到若干生荒地土，增到若干稅賦，天下差役更改過若干事件，寬減得若干民力。』此據會要、實錄刪修，云上批司農寺專主天下常平廣惠倉、農田、水利、差役事，自今歲終，可具常平、廣惠倉錢穀見在，夏秋青苗錢斂散、納欠、倚閣、糴糶、本息、賑貸，水利興修所役兵民，淤溉田畝及開闢生荒所增稅賦，差役更改數以聞。

又卷二一八〔熙寧三年十二月壬戌〕開封府界提點司言：『差官視諸縣官職田頃畝肥瘠立租課，不得臨時制定。遇災傷，依稅減放。』從之。

又卷二一九〔熙寧四年春正月〕壬辰，詔鬻天下廣惠倉田為三路及京東常平本，其當賑濟，即以廣惠、常平等倉所貯粟麥給之。初，王安石言：『廣惠田可鬻，以實三路常平。』曾公亮曰：『佃戶或百年承佃，有如己業，今鬻之則至失職，非便。』上曰：『還令佃戶買之，則無不可者。』安石曰：『公亮所言蓋官莊也。若廣惠倉田乃本是戶絕，法自當鬻，但因近置廣惠所積不多，何能賑饑？今已修常平法，則凶年固不患無所賑濟。』公亮終以為不可，曰：『利不百，不變法。』上曰：『但義理可行則行之，自無不利。』安石曰：『利者義之和，義固所為利也。』公亮曰：『亦有利於公家不利百姓者，不可謂之義。』安石曰：『若然，亦非人主所謂利也。』於是卒從安石議，而有是詔。

又 卷二三六 〔熙寧五年閏七月丙辰〕辛酉，上與王安石議行河東保甲，曰：『兩丁或不易，只取三丁以上如何？』【略】安石曰：『陛下正當為天之所為。知天之所為，然後能為天之所為。為天之所為者，樂天也，樂天然後能保天下。不知天之所為，則不能為天之所為。不能為天之所為，則當畏天。畏天者不足以保天下，故戰戰兢兢，如臨深淵，如履薄冰者，為諸侯之孝而已。所謂天之所為者，如河決是也。天地之大德曰生，然河決以壞民產而天不恤者，任理而無情故也。故祈寒暑雨，人以為怨，而天不為之變，以為非祈寒暑雨不能成歲功故也。孔子曰：「惟天為大，惟堯則之。」堯使鯀治水，鯀汩陳其五行九載。以陛下憂卹百姓之心，宜其寢食不甘，而堯能待如此之久，此乃能為天之所為，任理而無情故也。』

又 卷二四五 〔熙寧六年五月乙丑〕初，亶言蘇州水利，具書與圖，以為環湖之地稍低，常多水，沿海之地稍高，常多旱，故古人治水之跡，縱則有浦，横則有塘，又有門、堰、涇、瀝而碁布之，亶能言者總二百六十餘所。今欲略循古人之法，七里為一縱浦，十里為一横塘，又因出土以為隄岸，用二千萬夫，水治高田，旱治下澤，要以三年，而蘇之田畢治矣。朝廷始得亶言，以為可行，遂真除司農寺丞，令提舉興修。然亶徒能言之爾，至蘇興役，民大以為擾，論議沸騰。會呂惠卿被召，言其措置乖方，又違先降朝旨，故有是命。上謂王安石曰：『亶似非妄作者，今乃如此。』又曰：『呂惠卿極以為不可修，言無土。』安石曰：『臣嘗遍歷蘇州河，親掘試，皆可取土，土如塹，極可用。臣始議至和塘可作，蘇人皆以為笑，是時朝廷亦不施行。後來修成，約七八十里，高岸在深水之中，何嘗以無土為患？』上又以為圩大不可成，車水難，安石曰：『今江南大圩至七八十里，不患難車水，但亶所為倉卒，又妄違條約爾。』郟亶受命在去年十一月八日，今年四月十八日，蘇州云云。

又 〔熙寧六年〕己卯，詔：『自今災傷年分，除於法應賑濟外，更當救卹者，並豫計合興農田水利工役人夫數及募夫工直，當賜常平錢穀，募饑民興修。如係災傷，輒不依前後敕賑濟者，委司農寺點檢奏劾以聞。』

又 卷二四七 〔熙寧六年九月戊戌〕上謂王安石曰：『奉先寺進新種稻極佳，賜與一道紫衣。』王安石曰：『陛下每以勸農事為急，而奉先率先種稻。』上曰：『蔡河既作重閘，有餘水，乃教河側人種旱地為稻，而奉先率先種稻。』上曰：『蔡河雖作重閘而未嘗閉者，水有餘故也。若教人廣引蔡水種稻，則蔡河乃不患水多。』安石曰：『鄧艾得并水東下營田者，以不賴蔡河漕運故也。自來賴蔡河漕運，故欲并水東下，作鄧艾遺跡不可得。今蔡河作重閘，無所用水，則欲并水東下，無所不可。若相旱地為塘，多引溝洫作水田，則陳、潁數州自足食，餘及京師矣。此須擇一能幹事人方了此。』陳瓘論曰：以農事為急務，又急勸農，神考聖政不掩也。然臣攷日錄之內，抵牾誣訕之言，臣不能無疑焉。造神考之言曰：『只是修水利，又不似王繼恩平得西川。』又撰安石之對曰：『民功曰庸，乃先王之所甚貴，何必平西川也？』嗚呼！是則掠美于己，非則斂怨於君，呂誨之言可謂不誣矣。『只是修水利，又不似王繼恩平得西川』，見七年二月九日。

又 卷二八七 〔元豐元年春正月辛酉〕又詔：『諸路州軍闕雨雪或雨雪過多，委提舉司月一申中書進呈，令司農寺注籍。』

又 卷二九六 〔元豐二年二月庚申〕又詔：『諸路方春闕雨，慮生蝗蝻害田，其令河北、陝西、京東西等路監司，常戒州縣撲滅，毋致滋生。』

《文獻通考》卷二一《市糴考二・社倉》 淳熙八年十一月，浙東提舉朱熹言：『乾道四年間，建民艱食。熹請於府，得常平米六百石，請本鄉土居朝奉郎劉如愚共任賑濟，夏受粟於倉，冬則加二計息以償。自後逐年斂散，或遇少歉，即蠲其息之半，大饑即盡蠲之。凡十有四年，得息米造成倉廒，及以元數六百石還府，見管米三千一百石，以爲社倉，不復收息，每石只收耗米三升，以故一鄉四十五里間，雖遇兇年，人不闕食。請以是行於司倉。』時陸九淵在敕令局，見之嘆曰：『社倉幾年矣，有司不復挂墻壁，所以遠力無知者。』遂編入《賑恤門》凡借貸者十家爲甲，甲推其人爲之首，五十甲則本倉自擇一公平曉事者爲社首。正月告示，社首下都結甲，其有藏匿逃軍及作過無行止人，互相覺察。及有稅錢衣食不闕者，並不得入甲。仍問人戶願與不願入甲，開具一家大人若干口、小兒若干口，大人一石，小兒減半，五歲以下不預請，甲頭加請一倍。社首親自審訂虛實，取各人親手押字，類聚齊備，賫赴本倉。再自審其無弊，然後逐一排定，甲頭寫上都簿，明載某人借若干石，依正簿給，關與甲頭收執請穀。仍分兩時支散，初當下田時。次當耘耨時，秋禾成熟，還穀不得過八月三十日納足，穀有濕惡不實者罰之。

嘉定末，真德秀帥長沙行之。然今所在州縣間有行之者，皆以熹之已行者爲式，兇年饑歲，人多賴之。然事久而弊，或主者倚公以行私，或官司移用而無可給，或拘納息米而未嘗除免，甚者拘催無異正賦。良法美意，胥此焉失，必有仁人君子以公心推而行之，斯民庶乎其有養矣。

朱子《建安五夫社倉記》曰：『予惟成周之制，縣都各有委積，以待兇荒，而隋、唐所謂社倉者，亦近古之良法也。今皆廢矣，獨常平、義倉尚有古法之遺意，然皆藏於州縣，所恩不過市井惰遊輩，至於深山長谷力穡遠輸之民，則雖饑餓致死而不能及也。又其爲法太密，使吏之避事畏法者，視民之殍而不肯發，往往全其封鐍，遞相傳授，或至累數十年不一訾省，一旦甚不獲已，然後發之，則已化爲浮埃聚壤而不可食矣。夫以國家愛民之深，其慮豈不及此？然而未有所改者，豈不以里社不能皆可任之人，欲一聽其所爲，則恐其計私以害公，欲謹其出入，同於官府，則鈎校靡密，上下相遁，其害又有甚於前所云者，是以難之而有弗暇耳。

又《金華社倉記》曰：『抑凡世俗所以病乎此者，不過以王氏之青苗爲說耳。以予觀於前賢之論，而以今日之事驗之，則青苗者，其立法之本意固未爲不善也。但其給之也，以金而不以穀；其處之也，以縣而不以鄉；其職之也，以官吏而不以鄉人士君子；其行之也，以聚斂亟疾之意而不以慘怛忠利之心。是以王氏能行之於一邑，而不能行之於天下。子程子嘗極論之，而卒不免悔其已甚而有激也。』

高宗紹興間，於江、浙、湖南博糴博糴極邊糧草，每歲自三司拋數下庫務，先封樁緊便鈔，然後召人入糴也。所謂『緊便鈔』謂水路緊便處緊便鈔，謂上三山場榷務也，多者給官誥，少者給度牒。於是或以鈔引數多不售，而吏緣爲奸，人情大擾。於是減損其價，勸誘富實積粟之家，不拘官戶、編戶。至於斗面加擡有禁，專斗乞取有禁，凡朝廷降金銀錢帛和糴，而州縣阻節不即支還者有罰。

四川有對糴米，謂如稅戶甲家當輸百石，則又科糴百石，所輸倍於正稅，皆軍興後科配也。

紹興八年，侍御史蕭振言：『經制司糴米，一例拋降數目與諸州，如此則諸州不免拋下諸縣，諸縣科與百姓，是百姓年例又添一番科率。經制一司張官置吏，止爲收糴一事，如何拋與諸州？乞別選官置場收糴。』從之。

十五年，詔禁州縣減克價錢，橫斂腳費，如盤量出剩，監官計剩數科罪。

十八年，戶部奏免和糴，而命三總領置場糴之。

孝宗乾道三年，詔州縣只以本錢坐倉收糴，毋得強配於民。

四年，糴本不給度牒、關引，只降會子，品搭錢糧，每石價錢二貫五百文，又令人戶自行量概。凡江西、湖南民間不便於關子，令兩路繳回。

淳熙四年，詔四川旱傷處免糴。上諭執政曰：『聞總司糴米皆散在諸處，萬一軍興而屯駐處無米，臨時豈不誤事。大抵賑糴未可歲循環，以備兇荒；樁積米須留於要害屯軍所在，庶幾軍民皆便。』

《遼史》卷一三《聖宗紀四》［統和十三年］冬十月乙亥，置義倉。

《金史》卷五〇《食貨志五·和糴》 熙宗皇統二年十月，燕、西、東京，河東，河北，山東，汴京等路秋熟，命有司增價和糴。

又 世宗大定二年，以正隆之後倉廩久匱，遣太子少師完顏守道等山東、西路收糴軍糧，除戶口歲食外，盡令納官，給其直。三年，謂宰臣曰：『國家經費甚大，向令山東和糴，止得四十五萬餘石，未足爲備。自古有水旱，所以無患者，由蓄積多也。山東軍屯處須急爲二年之儲，若遇水旱則用賑濟。自餘宿兵之郡，亦須糴以足之。京師之用甚大，所須之儲，其勅戶部宜急爲計。』

又［大定］五年，責宰臣曰：『朕謂積貯爲國本，當修倉廩以廣和糴。今聞外路官文具而已，卿等不留心，甚不稱委任之意。』

又［大定］六年八月，勅有司，秋成之後，可於諸路廣糴，以備水旱。

又［大定］九年正月，諭宰臣曰：『朕觀宋人虛誕，恐不能久遵誓約。其令將臣謹飭邊備，以戒不虞。去歲河南豐，宜令所在廣糴，以實倉廩。詔州縣和糴，毋得抑配百姓。』

又［大定］十二年十二月，詔在都和糴以實倉廩，且使錢幣通流。又詔凡秋熟之郡，廣糴以備水旱。十六年五月，諭左丞相紇石烈良弼曰：『西邊自來不備儲蓄，其令所在和糴，以備緩急。』

又［大定］十七年春，尚書省奏，『先奉詔賑濟東京等路飢民，三路粟數不能給。』上曰：『朕嘗諭卿等，豐年廣糴以備凶歉。卿等皆言天下倉廩盈溢，今欲賑濟，乃云不給。自古帝王皆以蓄積爲國長計，朕之積粟豈欲獨用。卽今不給，可於隣道取之。自今多備，當以爲常。』四月，尚書省奏，『東京三路十二猛安尤闕食者，已賑之矣。尚有未賑者』。詔遣官詣復州、曷蘇館路，檢視富家，蓄積有餘增直以糴。令近地居民就往受糧。

又［大定］十八年四月，命泰州所管諸猛安、西北路招討司所管奚猛安，咸平府慶雲縣、霧鬆河等處遇豐年，多和糴。

又 章宗明昌四年七月，諭旨戶部官，『聞通州米粟甚賤，若以平價官糴之，何如？』於是，有司奏，『中都路去歲不熟，今其價稍減者，以商旅運販繼至故也。若即差官爭糴，切恐市價騰踴，貧民愈病，請俟秋收日，依常平倉條理收糴』。詔從之。

又 明昌五年五月，上曰：『聞米價騰踴，今官運至者有餘，可減直以糶之。其明告民，不須貴價私糴也。』

又［明昌］六年七月，勑宰臣曰：『詔制內饑饉之地令減價糶之，而貧民無錢者何以得食，其議賑濟。』省臣以爲，闕食州縣，一年則當賑貸，二年然後賑濟，如其民實無恒產者，雖應賑貸，亦請賑濟。上遂命間隔飢荒之地，可以辨錢收糴者減價糶之，貧乏無依者賑濟。

又 宣宗貞祐三年十月，命高汝礪糴於河南諸郡，令民輸輓入京，復命在京諸倉糴民輸之餘粟。侍御史黃摑奴申言：『汝礪所糴足給歲支，民既於租賦之外轉輓而來，亦已勞矣。止將其餘以爲歸資，而又強取之，可乎？且糴此有日矣，而止得二百餘石，此何濟也。』詔罷之。十二月，附近郡縣多糴於京師，穀價騰踴，遂禁其出境。

又［貞祐］四年，河北行省侯摯言：『河北人相食，觀、滄等州斗米銀十餘兩。伏見沿河諸津許販粟北渡，然每石官糴其八，商人無利，誰肯爲之。且河朔之民皆陛下赤子，既罹兵革，又坐視其死，臣恐弄兵之徒得以藉口而起也。願止其糴，縱民輸販爲便。』詔從之。又制凡軍民客旅粟不於官糴處糶，而私販渡河者，杖百。沿河軍及譏察權豪家犯者，徒年、杖數並的決從重，以物沒官。

上以河北州錢多，其散失民間頗廣，命尚書省措畫之。省臣奏：『已命山東、河北榷酤及濱、滄鹽司，以分數帶納矣。今河北艱食，販粟北渡者衆，宜權立法以遮糴之。擬於諸渡口南岸，選通練財貨官，先以金銀絲絹等博易商販之糧，轉之北岸，以迴易糴本，兼收見錢。不惟杜姦弊，亦使錢入京師。』從之。

又上封事者言：『比年以來屢艱食，雖由調度征斂之繁，亦兼并之家有以奪之也。收則乘賤多糴，困急則以貸人，私立券質，名爲無利而實數倍。飢民惟恐不得，莫敢較者，故場功甫畢，官租未了，而囷已空矣。此富者益富，而貧者益貧者也。國朝立法，舉財物者月利不過三分，積久至倍則止，今或不期月而息三倍。願明勑有司，舉行舊法，豐熟之日增價和糴，則在公有益，而私無損矣。』詔宰臣行之。是年，權河東南路宣撫副使烏古論慶壽言邀糴事。

又 興定元年，上頗聞百姓以和糴太重，棄業者多，命宰臣加意焉。八月，以戶部郎中楊貞權陝西行六部尚書，收給潼、陝軍馬之用，奏糴販糧濟河者之半，以寬民。從之。

六月，立和糴賞格。

又 卷五〇《食貨志五・常平倉》 世宗大定十四年，嘗定制，詔中外行之，其法尋廢。章宗明昌元年八月，御史請復設，勑省臣詳議以聞。省臣言：『大定舊制，豐年則增市價十之二以糴，儉歲則減市價十之一以出，平歲則已。夫所以豐則增價以收者，恐物賤傷農。儉則減價以出者，恐物貴傷民。增之損之以平粟價，故謂常平，非謂使天下之民專仰給於此也。今天下生齒至衆，如欲計口使餘一年之儲，則不惟數多難辦，又慮出不以時而致腐敗也。況復有司抑配之弊，殊非經久之計。如計諸郡縣驗戶口例以月支三斗爲率，每口但儲三月，已及千萬數，亦足以平物價救荒凶矣。若令諸處，自官兵三年食外，可充三月之食者免糴，其不及者俟豐年糴之，庶可久行也。然立法之始貴在必行，其令提刑司各路計司兼領之，郡縣吏沮格者糾，能推行者加擢用。若中都路年穀不熟之所，則依常平法，減其價三之一以糶。』詔從之。

又［大定］三年八月，勑『常平倉豐糴儉糶，有司奉行勤惰褒罰之制，其徧諭諸路，其奉行滅裂者，提刑司糾察以聞』。又謂宰臣曰：『隨處常平倉，往往有名無實。況遠縣人戶豈肯跋涉，直就州府糴糶。可各縣置倉，命州府縣官兼提控管勾。』遂定制，縣距州六十里內就州倉，六十里外則特置。舊擬備戶口三月之糧，恐數多致損，改令戶二萬以上備三萬石，一萬以上備二萬石，一萬以下、五千以上備萬五千石，五千戶以下備五千石。河南、陝西屯軍貯糧之縣，不在是數。州縣有倉仍舊，否則創置。郡縣吏受代，所糴粟無壞，一月內交割給由。如無同管勾，亦准上交割。違限，委州府并提刑司差官催督監交。本處歲豐，而收糴不及一分者，本等內降，提刑司體察，直申尚書省，至日斟酌黜陟。

九月，勑置常平倉之地，令州府官提舉之，縣官兼董其事，以所糴多寡約量升降，爲永制。

又諭尚書省曰：『上京路諸縣未有常平倉，如亦可置，定其當備粟數以聞。』四年十月，尚書省奏，『今上京、蒲與、速頻、曷懶、胡里改等路，猛安謀克民戶計一十七萬六千有餘，每歲收稅粟二十萬五千餘石，所支者六萬六千餘石，總其見數二百四十七萬六千餘石。臣等以爲此地收多支少，遇災足以賑濟，似不必置』。遂止。

又［大定］五年九月，尚書省奏，『明昌三年始設常平倉，定其永制。天下常平倉總五百一十九處，見積粟三千七百八十六萬三千餘石，可備官兵五年之食，米八百一十餘萬石，可備四年之用，而見在錢總三千三百四十三萬貫有奇，僅支二年以上。見錢既少，且比年稍豐而米價猶貴，若復預糴，恐價騰踴，於民未便』。遂詔權罷中外常平倉和糴，俟官錢羨餘日舉行。

《宋史》卷二《太祖紀二》［乾德三年］三月癸酉，詔置義倉。

又 卷五《太宗紀二》［淳化三年六月］辛卯，置常平倉。

又 卷七《真宗紀二》［景德三年春正月］辛未，置常平倉。

又 卷一一《仁宗紀三》［慶曆元年九月］乙亥，復置義倉。

又 卷一二《仁宗紀四》［嘉祐七年］丙申，詔內藏庫、三司共出緡錢一百萬，助糴天下常平倉。

又 卷九四《河渠志四・白溝河》 至道二年三月，內殿崇班閻光澤、國子博士刑用之上言：『請開白溝，自京師抵彭城呂梁口，凡六百里，以通長淮之漕。』詔發諸州丁夫數萬治之，以光澤護其役。議者非之。會宋州通判王矩上表，極陳其不可，且言：『用之田園在襄邑，歲苦水潦，私幸渠成。』遂罷其役。咸平六年，用之爲度支員外郎，又令自襄邑下流治白溝河，導京師積水，而民田無害。

又 卷九五《河渠志五・御河》［熙寧］三年正月，韓琦言：『河朔累經災傷，雖得去年夏秋一稔，瘡痍未復。而六州之人，奔走河役，遠者十一二程，近者不下七八程，比常歲勞費過倍。兼鎮、趙兩州，舊以次邊，未嘗差夫，一旦調發，人心不安。又於寒食後入役，比滿一月，正妨農務。』詔河北都轉運使劉庠相度，如可就寒食前入役，即亟興工，仍相度最遠州縣，量減差夫，而輟修塘堤兵千人代其役。

又《塘濼緣邊諸水》 神宗熙寧元年正月，復汾州西河濼。濼舊在城東，圍四十里，歲旱以溉民田，雨以瀦水，又有蒲魚、茭芡之利，可給貧民。前轉運使王沿廢爲田，人不以爲便。至是，知雜御史劉述請復之。是歲，又遣程昉諭邊臣營治諸濼，以備守禦。

又《河北諸水》 淳化二年，從河北轉運使請，自深州新砦鎮開新河，導胡盧河，分爲一派，凡二百里抵常山，以通漕運。胡盧河源於西山，始自冀州新河鎮入深州武彊縣，與滹沱河合流，其後變徙，入大河。至神宗熙寧中，內侍程昉請開決引水入新河故道，詔本路遣官按視。永靜軍判官林伸、東光縣令張言舉言：『新河地形高仰，恐害民田。』昉言：『地勢最順，宜無不便。』乃復遣劉璯、李直躬考實，而璯等卒如昉言，伸等坐貶官。

又《岷江》 大觀二年七月，詔曰：『蜀江之利，置堰溉田，旱則引灌，澇則疏導，故無水旱。然歲計修堰之費，敷調於民，工作之人，並緣爲姦，濱江之民，困於騷動。自今如敢妄有檢計，大爲工費，所剩坐贓論，入己準自盜法，許人告。』

興元府褒斜谷口，古有六堰，澆溉民田，頃畝浩瀚。每春首，隨食水戶田畝多寡，均出夫力修葺。後經靖康之亂，民力不足，夏月暴水，衝損堰身。紹興二十二年，利州東路帥臣楊庚奏謂：『若全資水戶修理，農忙之時，恐致重困。欲過夏月，於見屯將兵內差不入隊人，併力修治，庶幾便民。』從之。

又 卷九六《河渠志六・東南諸水上》 靖康元年三月丁卯，臣僚言：『東南瀕江海，水易泄而多旱，歷代皆有陂湖蓄水。祥符、慶曆間，民始盜陂湖爲田，後復田爲湖。近年以來，復廢爲田，雨則澇，旱則涸。民久承佃，所收租稅，無計可脫，悉歸御前，而漕司之常賦有虧，民之失業無算。可乞盡括東南廢湖爲田者，復以爲湖，庶幾凋瘵之民，稍復故業。』詔相度利害聞奏。

八月辛丑，戶部言：『命官在任興修農田水利，依元豐賞格，千頃以上，該第一等，轉一官，下至百頃，皆等第酬獎；紹聖亦如之。緣政和續附常平格，千頃增立轉兩官，減磨勘三年，實爲太優。』詔依元豐、紹聖舊格。

《元史》卷九三《食貨志一・農桑》 農桑，王政之本也。太祖起朔方，其俗不待蠶而衣，不待耕而食，初無所事焉。世祖即位之初，首詔天下，國以民爲本，民以衣食爲本，衣食以農桑爲本。於是頒農桑輯要之書于民，俾民崇本抑末。其睿見英識，與古先帝王無異，豈遼、金所能比哉。

中統元年，命各路宣撫司擇通曉農事者，充隨處勸農官。二年，立勸農司，以陳邃、崔斌等八人爲使。至元七年，立司農司，以左丞張文謙爲卿。司農司之設，專掌農桑水利。仍分布勸農官及知水利者，巡行郡邑，察舉勤惰。所在牧民長官提點農事，歲終第其成否，轉申司農司及戶部，秩滿之日，注於解由，戶部照之，以爲殿最。又命提刑按察司加體察焉。其法可謂至矣。

是年，又頒農桑之制一十四條，條多不能盡載，載其所可法者：縣邑所屬村疃，凡五十家立一社，擇高年曉農事者一人爲之長。增至百家者，別設長一員。不及五十家者，與近村合爲一社。地遠人稀，不能相合，各自爲社者聽。其合爲社者，仍擇數村之中，立社長官司長以教督農民爲事。凡種田者，立牌橛於田側，書某社某人於其上，社長以時點視勸誡。不率教者，籍其姓名，以授提點官責之。其有不敬父兄及凶惡者，亦然。仍大書其所犯于門，俟其改過自新乃毁，如終歲不改，罰其代充本社夫役。社中有疾病凶喪之家不能耕種者，衆爲合力助之。一社之中災病多者，兩社助之。凡爲長者，復其身，郡縣官不得以社長與科差事。農桑之術，以備旱暵爲先。凡河渠之利，委本處正官一員，以時濬治。或民力不足者，提舉河渠官相其輕重，官爲導之。地高水不能上者，命造水車。貧不能造者，官具材木給之。俟秋成之後，驗使水之家，俾均輸其直。田無水者鑿井，井深不能得水者，聽種區田。其有水田者，不必區種。仍以區田之法，散諸農民。種植之制，每丁歲種桑棗二十株。土性不宜者，聽種榆柳等，其數亦如之。種雜果者，每丁十株，皆以生成爲數，願多種者聽。其無地及有疾者不與。所在官司申報不實者，罪之。仍令各社布種苜蓿，以防饑年。近水之家，又許鑿池養魚并鵝鴨之數，及種蒔蓮藕、雞頭、菱角、蒲葦等，以助衣食。凡荒閑之地，悉以付民，先給貧者，次及餘戶。每年十月，令州縣正官一員，巡視境内，有蟲蝗遺子之地，多方設法除之。其用心周悉若此，亦仁矣哉。

九年，命勸農官舉察勤惰。於是高唐州官以勤陞秩，河南陝縣尹王仔以惰降職。自是每歲申明其制。十年，令探馬赤隨處入社，與編民等。二十五年，立行大司農司及營田司於江南。二十八年，頒農桑雜令。是年，又以江南長吏勸課擾民，罷其親行之制，命止移文諭之。二十九年，以勸農司併入各道肅政廉訪司，增僉事二員，兼察農事。是年八月，又命提調農桑官帳冊有差者，驗數罰俸。故終世祖之世，家給人足。天下爲戶凡一千一百六十三萬三千二百八十一，爲口凡五千三百六十五萬四千三百三十七，此其敦本之明效可睹也已。

成宗大德元年，罷妨農之役。十一年，申擾農之禁，力田者有賞，游惰者有罰，縱畜牧損禾稼桑棗者，責其償而後罪之。由是大德之治，幾於至元。然旱暵霖雨之災迭見，饑毁荐臻，民之流移失業者亦已多矣。

武宗至大二年，淮西廉訪僉事苗好謙獻種蒔之法。其說分農民爲三等，上戶地一十畝，中戶五畝，下戶二畝或一畝，皆築垣牆圍之，以時收採桑椹，依法種植。武宗善而行之。其法出齊民要術等書，兹不備錄。三年，申命大司農總挈天下農政，修明勸課之令，除牧養之地，其餘聽民秋耕。

仁宗皇慶二年，復申秋耕之令，惟大都等五路許耕其半。蓋秋耕之利，掩陽氣於地中，蝗蝻遺種皆爲日所曝死，次年所種，必盛於常禾也。延祐三年，以好謙所至，植桑皆有成效，於是風示諸道，命以爲式。是年十一月，令各社出地，共蒔桑苗，以社長領之，分給各社。四年，又以社桑分給不便，令民各畦種之。法雖屢變，而有司不能悉遵上意，大率視爲具文而已。五年，大司農司臣言：『廉訪司所具栽植之數，書于冊者，類多不實。』觀此，則惰於勸課者，又不獨有司爲然也。致和之後，莫不申明農桑之令。天曆二年，各道廉訪司所察勸官内丘何主簿等凡六人，惰官濮陽裴縣尹等凡四人。其可考者，蓋止於此云。

《明史》卷九《宣宗紀》［宣德五年五月］丙辰，修預備倉，出官錢收糴備荒。

又 卷一五《孝宗紀》［弘治三年］三月丙辰，命天下預備倉積粟，以里數多寡爲差，不及額者罪之。

又 卷二一《神宗紀二》［萬曆三十九年四月］丙申，設邊鎮常平倉。

又 卷七八《食貨二・賦税蠲免》 至若賦税蠲免，有恩蠲，有災蠲。太祖之訓，凡四方水旱輒免税，豐歲無災傷，亦擇地瘠民貧者優免之。凡歲災，盡蠲二稅，且貸以米，甚者賜米布若鈔。又設預備倉，令老人運鈔易米以儲粟。荊、蘄水災，命戶部主事趙乾往振，遷延半載，怒而誅之。青州旱蝗，有司不以聞，逮治其官吏。旱傷州縣，有司不奏，許耆民申訴，處以極刑。孝感饑，其令請以預備倉振貸，帝命行人馳驛往。且諭戶部：『自今凡歲饑，先發倉庾以貸，然後聞，著爲令。』在位三十餘年，賜予布鈔數百萬，米百餘萬，所蠲租稅無數。成祖聞河南饑，有司匿不以聞，逮治之。因命都御史陳瑛榜諭天下，有司水旱災傷不以聞者，罪不宥。又敕朝廷歲遣巡視官，目擊民艱不言者，悉逮下獄。仁宗監國時，有以發振請者，遣人馳諭之，言：『軍民困乏，待哺嗷嗷，尚從容啟請待報，不能效漢汲黯耶？』宣宗時，戶部請覈饑民。帝曰：『民饑無食，濟之當如拯溺救焚，奚待勘。』蓋二祖、仁、宣時，仁政亟行。預備倉之外，又時時截起運，賜內帑。被災處無儲粟者，發旁縣米振之。蝗蝻始生，必遣人捕瘞。鬻子女者，官爲收贖。且令富人蠲佃戶租。大戶貸貧民粟，免其雜役爲息，豐年償之。皇莊、湖泊皆弛禁，聽民採取。饑民還籍，給以口糧。京、通倉米，平價出糶。兼預給俸糧以殺米價，建官舍以處流民，給糧以收棄嬰。養濟院窮民各注籍，無籍者收養蠟燭、旛竿二寺。其卹民如此。世宗、神宗於民事略矣，而災荒疏至，必賜蠲振，不敢違祖制也。

又《賑米之法》 振米之法，明初，大口六斗，小口三斗，五歲以下不與。永樂以後，減其數。

納米振濟贖罪者，景帝時，雜犯死罪六十石，流徒減三之一，餘遞減有差。捐納事例，自憲宗始。生員納米百石以上，入國子監；軍民納二百五十石，爲正九品散官，加五十石，增二級，至正七品止。武宗時，富民納粟振濟，千石以上者表其門，九百石至二三百石者，授散官，得至從六品。世宗令義民出穀二十石者，給冠帶，多者授官正七品，至五百石者，有司爲立坊。

振粥之法，自世宗始。

報災之法，洪武時不拘時限。弘治中，始限夏災不得過五月終，秋災不得過九月終。萬曆時，又分近地五月、七月，邊地七月、九月。

洪武時，勘災既實，盡與蠲免。弘治中，始定全災免七分，自九分災以下遞減。又止免存留，不及起運，後遂爲永制云。

又 卷七九《食貨志三·倉庫》 先是，成化間行長運之法。江南州縣運糧至南京，令官軍就水次兌支，計省加耗輸輓之費，得餘米十萬石有奇，貯預備倉以資緩急之用。至是，巡撫都御史以兌支有弊，請令如舊上倉而後放支。戶部言：『兌支法善，不可易。』詔從部議，以所餘就貯各衛倉，作正支銷。又從戶部言，山東改兌糧九萬石，仍聽民自運臨、德二倉，令官軍支運。正德二年，漕運官請疏通水次倉儲，言：『往時民運至淮、徐、臨、德四倉，以待衛軍支運，後改附近州縣水次交兌。已而并支運七十萬石亦令改兌。但七十萬石之外，猶有交兌不盡者，民仍運赴四倉，久無支銷，以致陳腐。請將浙江、江西、湖廣正兌糧米三十五萬石，折銀解京，而令三省衛軍赴臨、德等倉，支運如所折之數。則諸倉米不腐，三省漕卒便於支運。歲漕額外，又得三十五萬折銀，一舉而數善具矣。』帝命部臣議，如其請。六年，戶部侍郎邵寶以漕運遲滯，請復支運法。戶部議，支運法廢久，不可卒復，事遂寢。

臨、德二倉之貯米也，凡十九萬，計十年得百九十萬。自世宗初，災傷撥補日多，而山東、河南以歲歉，數請輕減，且二倉囤積多朽腐。於是改折之議屢興，而倉儲漸耗矣。嘉靖元年，漕運總兵楊宏，請以輕齎銀聽運官道支，爲顧僦舟車之費，不必裝鞘印封，計算羨餘，以苦漕卒。給事、御史交駁之。戶部言：『科道官之論，主於防奸，是也。但輕齎本資轉般費，今慮官軍侵耗，盡取其贏餘以歸太倉，則以脚價爲正糧，非立法初意也。』乃議運船至通州，巡倉御史覈驗，酌量支用實數，著爲定規。有羨餘，不輸太倉，即用以修船，官旗漁蠹者重罪。輕齎銀者，憲宗以諸倉改兌，給路費，始各有耗米；兌運米，俱一平一銳，故有銳米；自隨船給運四斗外，餘折銀，謂之輕齎。凡四十四萬五千餘兩。後頗入太倉矣。

隆慶中，運道艱阻，議者欲開膠萊河，復海運。由淮安清江浦口，歷新壩、馬家壕至海倉口，徑抵直沽，止循海套，不泛大洋。疏上，遣官勘報，以水多沙磧而止。

神宗時，漕運總督舒應龍言：『國家兩都並建，淮、徐、臨、德，實南北咽喉。自兌運久行，臨、德尚有歲積，而淮、徐二倉無粒米。請自今山東、河南全熟時，盡徵本色上倉。計臨、德已足五十餘萬，則令納於二倉，亦積五十萬石而止。』從之。當是時，折銀漸多。萬曆三十年，漕運抵京，僅百三十八萬餘石。而撫臣議截留漕米以濟河工，倉場侍郎趙世卿爭之，言：『太倉入不當出，計二年後，六軍萬姓將待新漕舉炊，倘輸納愆期，不復有京師矣。』蓋災傷折銀，本折漕糧以抵京軍月俸。其時混支以給邊餉，遂致銀米兩空，故世卿爭之。自後倉儲漸匱，漕政亦益弛。迨於啟、禎，天下蕭然煩費，歲供愈不足支矣。

運船之數，永樂至景泰，大小無定，爲數至多。天順以後，定船萬一千七百七十，官軍十二萬人。許令附載土宜，免徵稅鈔。孝宗時限十石，神宗時至六十石。

憲宗立運船至京期限，北直隸、河南、山東五月初一日，南直隸七月初一日，其過江支兌者，展一月，浙江、江西、湖廣九月初一日。通計三年考成，違限者，運官降罰。武宗列水程圖格，按日次填行止站地，違限之米，頓德州諸倉，曰寄囤。世宗定過淮程限，江北十二月，江南正月，湖廣、浙江、江西三月，神宗時改爲二月。又改至京限五月者，縮一月，七八九月者，遞縮兩月。後又通縮一月。神宗初，定十月開倉，十一月兌竣，大縣限船到十日，小縣五日。十二月開幫，二月過淮，三月過洪入閘。皆先期以樣米呈戶部，運糧到日，比驗相同乃收。

凡災傷奏請改折者，毋過七月。題議後期及臨時改題者，立案免覆。漂流者，抵換食米。大江漂流爲大患，河道爲小患；二百石外爲大患，二百石內爲小患。小患把總勘報，大患具奏，其後不計多寡，概行奏勘矣。

又 明初，於漕政每加優恤，仁、宣禁役漕舟，宥遲運者。英宗時始扣口糧均攤，而運軍不守法度爲民害。自後漕政日弛，軍以耗米易私物，道售稽程。比至，反買倉米補納，多不足數。而糧長率攙沙水於米中，河南、山東尤甚，往往蒸溼浥爛不可食。權要貸運軍銀以罔厚利，至請撥關稅給船料以取償。漕運把總率由賄得。倉場額外科取，歲至十四萬。世宗初政，諸弊多釐革，然漂流、違限二弊，日以滋甚。中葉以後，益不可究詰矣。

漕糧之外，蘇、松、常、嘉、湖五府，輸運內府白熟粳糯米十七萬四十餘石，內折色八千餘石，各府部糙粳米四萬四千餘石，內折色八千八百餘石，令民運，謂之白糧船。自長運法行，糧皆軍運，而白糧民運如故。穆宗時，陸樹德言：『軍運以充軍儲，民運以充官祿。人知軍運之苦，不知民運尤苦也。船戶之求索，運軍之欺陵，洪閘之守候，入京入倉，厥弊百出。嘉靖初，民運尚有保全之家，十年後無不破矣。以白糧令軍帶運甚便。』疏入，下部議。不從。

凡諸倉應輸者有定數，其或改撥他鎮者，水次應兌漕糧，即令坐派鎮軍領兌者給價，州縣官督車戶運至遠倉，或給軍價就令關支者，通謂之乞運。九邊之地，輸糧大率以車，宣德時，餉開平亦然，而蘭、甘、松潘，往往使民背負。永樂中，又嘗令廣東海運二十萬石給交阯云。

明初，京衛有軍儲倉。洪武三年增置至二十所，且建臨濠、臨清二倉以供轉運。各行省有倉，官吏俸取給焉。邊境有倉，收屯田所入以給軍。州縣則設預備倉，東南西北四所，以振凶荒。自鈔法行，頗有省革。二十四年儲糧十六萬石於臨清，以給訓練騎兵。二十八年置皇城四門倉，儲糧給守禦軍。增京師諸衛倉凡四十一。又設北平、密雲諸縣倉，儲糧以資北征。永樂中，置天津及通州左衛倉，且設北京三十七衛倉。益令天下府縣多設倉儲，預備倉之在四鄉者移置城內。迨會通河成，始設倉於徐州、淮安、德州，而臨清因洪武之舊，并天津倉凡五，謂之水次倉，以資轉運。既，又移德州倉於臨清之永清壩，設武清衛倉於河西務，設通州衛倉於張家灣。宣德中，增造臨清倉，容三百萬石。增置北京及通州倉。京倉以御史、戶部官、錦衣千百戶季更巡察。外倉則布政、按察、都司關防之。各倉門，以致仕武官二，率老幼軍丁十人守之，半年一更。英宗初，命廷臣集議，天下司府州縣，有倉者以衛所倉屬之，無倉者以衛所改隸。惟遼東、甘肅、寧夏、萬全及沿海衛所，無府州縣者仍其舊。正統中，增置京衛倉凡七。自兌運法行，諸倉支運者少，而京、通倉不能容，乃毀臨清、德州、河西務倉三分之一，改爲京、通倉。景泰初，移武清衛諸倉於通州。成化初，廢臨、德預備倉在城外者，而以城內空廒儲預備米。名臨清者曰常盈，德州者曰常豐。凡京倉五十有六，通倉十有六。直省府州縣、藩府、邊隘、堡站、衛所屯戍皆有倉，少者一二，多者二三十云。

預備倉之設也，太祖選耆民運鈔糴米，以備振濟，即令掌之。天下州縣多所儲蓄，後漸廢弛。于謙撫河南、山西，修其政。周忱撫南畿，別立濟農倉。他人不能也。正統時，重侵盜之罪，至僉妻充軍。且定納穀千五百石者，敕獎爲義民，免本戶雜役。凡振饑米一石，俟有年，納稻穀二石五斗還官。弘治三年限州縣十里以下積萬五千石，二十里積二萬石；衛千戶所萬五千石，百戶所三百石。考滿之日，稽其多寡以爲殿最。不及三分者奪俸，六分以上降調。十八年令贖罪贓罰，皆糴穀入倉。正德中，令囚納紙者，以其八折米入倉。軍官有犯者，納穀準立功。初，預備倉皆設倉官，至是革，令州縣官及管糧倉官領其事。嘉靖初，諭德顧鼎臣言：『成、弘時，每年以存留餘米入預備倉，緩急有備。今秋糧僅足兌運，預備無粒米。一遇災傷，輒奏留他糧及勸富民借穀，以應故事。乞急復預備倉糧以裕民。』帝乃令有司設法多積米穀，仍倣古常平法，春振貧民，秋成還官，不取其息。府積萬石，州四五千石，縣二三千石爲率。既，又定十里以下萬五千石，累而上之，八百里以下至十九萬石。其後積粟盡平糴，以濟貧民，儲積漸減。隆慶時，劇郡無過六千石，小邑止千石。久之數益減，科罰亦益輕。萬曆中，上州郡至三千石止，而小邑或僅百石。有司沿爲具文，屢下詔申飭，率以虛數欺罔而已。

弘治中，江西巡撫林俊嘗請建常平及社倉。嘉靖八年乃令各撫、按設社倉。令民二三十家爲一社，擇家殷實而有行義者一人爲社首，處事公平者一人爲社正，能書算者一人爲社副，每朔望會集，別戶上中下，出米四斗至一斗有差，斗加耗五合，上戶主其事。年饑，上戶不足者量貸，稔歲還倉。中下戶酌量振給，不還倉。有司造册送撫、按，歲一察覈。倉虛，罰社首出一歲之米。其法頗善，然其後無力行者。

兩京庫藏，先後建設，其制大略相同。內府凡十庫。內承運庫，貯緞匹、金銀、寶玉、齒角、羽毛，而金花銀最大，歲進百萬兩有奇。廣積庫，貯硫黄、硝石。甲字庫，貯布匹、顔料。乙字庫，貯胖襖、戰鞋、軍士裘帽。丙字庫，貯棉花、絲纊。丁字庫，貯銅鐵、獸皮、蘇木。戊字庫，貯甲仗。贓罰庫，貯沒官物。廣惠庫，貯錢鈔。廣盈庫，貯紵絲、紗羅、綾錦、紬絹。六庫皆屬戶部。惟乙字庫屬兵部。戊字、廣積、廣盈庫屬工部。又有天財庫，亦名司鑰庫，貯各衙門管鑰，亦貯錢鈔。供用庫，貯秔稻、熟米及上供物。以上通謂之內庫。其在宮內者，又有內東裕庫、寶藏庫，謂之裏庫。凡裏庫不關於有司。其會歸門、寶善門迤東及南城磁器諸庫，則謂之外庫。若內府諸監司局，神樂堂，犧牲所，太常、光禄寺，國子監，皆各以所掌，收貯應用諸物。太僕則馬價銀歸之。明初，嘗置行用庫於京城及諸府州縣，以收易昏爛之鈔。仁宗時罷。

英宗時，始設太倉庫。初，歲賦不徵金銀，惟坑冶税有金銀，入內承運庫。其歲賦偶折金銀者，俱送南京供武臣禄。而各邊有緩急，亦取足其中。正統元年改折漕糧，歲以百萬爲額，盡解內承運庫，不復送南京。自給武臣禄十餘萬兩外，皆爲御用。所謂金花銀也。七年乃設戶部太倉庫，各直省派剩麥米，十庫中綿絲、絹布及馬草、鹽課、關税，凡折銀者，皆入太倉庫。籍沒家財，變賣田產，追收店錢，援例上納者，亦皆入焉。專以貯銀，故又謂之銀庫。弘治時，內府供應繁多，每收太倉銀入內庫。又置南京銀庫。正德時，內承運庫中官，數言內府財用不充，請支太倉銀。戶部執奏不能沮。嘉靖初，內府供應視弘治時，其後乃倍之。初，太倉中庫積銀八百餘萬兩，續收者貯之兩廡，以便支發。而中庫不動，遂以中庫爲老庫，兩廡爲外庫。及是時，老庫所存者僅百二十萬兩。二十二年特令金花、子粒銀應解內庫者，並送太倉備邊用，然其後復入內庫。三十七年令歲進內庫銀百萬兩外，加預備欽取銀，後又取沒官銀四十萬兩入內庫。隆慶中，數取太倉銀入內庫，承運庫中官至以空劄下戶部取之。廷臣疏諫，皆不聽。又數取光禄太僕銀，工部尚書朱衡極諫，不聽。初，世宗時，太倉所入二百萬兩有奇。至神宗萬曆六年，太倉歲入凡四百五十餘萬兩，而內庫歲供金花銀外，又增買辦銀二十萬兩以爲常，後又加內操馬芻料銀七萬餘兩。久之，太倉、光禄、太僕銀，括取幾盡。邊賞首功，向發內庫者，亦取之太僕矣。

凡甲字諸庫，主事偕科道巡視。太倉庫，員外郎、主事領之，而以給事中巡視。嘉靖中，始兩月一報出納之數。時修工部舊庫，名曰節慎庫，以貯礦銀。尚書文明以給工價，帝詰責之，令以他銀補償，自是專以給內用焉。

其在外諸布政司、都司、直省府州縣衛所，皆有庫，以貯金銀、錢鈔、絲帛、贓罰諸物。巡按御史三歲一盤查。各運司皆有庫貯銀，歲終，巡鹽御史委官察之。凡府州縣税課司局、河泊所，歲課、商税、魚課、引由、契本諸課程，太祖令所司解州縣府司，以至於部，部劄之庫，其元封識，不擅發也。至永樂時，始委驗勘，中，方起解；至部復驗，同，乃進納。嘉靖時，建驗試廳，驗中，給進狀寄庫。月逢九，會巡視庫藏科道官，進庫驗收，不堪者駁易。正統十年設通濟庫於通州。世宗時罷。隆慶初，密雲、薊州、昌平諸鎮皆設庫，收貯主客年例、軍門公費及撫賞、修邊銀云。

凡爲倉庫害者，莫如中官。內府諸庫監收者，横索無厭。正德時，台州衛指揮陳良納軍器，稽留八載，至乞食於市。內府收糧，增耗嘗以數倍爲率，其患如此。諸倉初不設中官，宣德末，京、通二倉始置總督中官一人，後淮、徐、臨、德諸倉亦置監督，漕輓軍民被其害。世宗用孫交、張孚敬議，撤革諸中官，惟督諸倉者如故。久之，從給事中管懷理言，乃罷之。

初，天下府庫各有存積，邊餉不借支於內，京師不收括於外。成化時，巡鹽御史楊澄始請發各鹽運提舉司贓罰銀入京庫。弘治時，給事中曾昂請以諸布政司公帑積貯征徭羡銀，盡輸太倉。尚書周經力爭之，以爲用不足者，以織造、賞賚、齋醮、土木之故，必欲盡括天下財，非藏富於民意也。至劉瑾用事，遂令各省庫藏盡輸京師。世宗時，閩、廣進羡餘，戶部請責他省巡按，歲一奏獻如例。又以太倉庫匱，運南戶部庫銀八十萬兩實之。而戶部條上理財事宜，臨、德二倉積銀二十萬兩，錄以歸太倉。隆慶初，遣四御史分行天下，搜括庫銀。神宗時，御史蕭重望請覈府縣歲額銀進部，未報上。千户何其賢乞敕内官與己督之，帝竟從其請，由是外儲日就耗。至天啟中，用操江巡撫范濟世策，下敕督歲進，收括靡有遺矣。南京内庫頗藏金銀珍寶，魏忠賢矯旨取進，盜竊一空。内外匱竭，遂至於亡。

《宋會要輯稿・食貨七・水利上》 〔熙寧二年〕十二月八日，梓州路轉運判官李竦言：『奉詔，令具財用利害事。伏見江淮、荊楚之地民業窊薄，率以水田爲生。地多瀕江帶山，高下不等，雖有耕耘之勞，而罕勤隄防之利。雨暘稍愆常度，必罹暵潦之災。雖有《編敕》興復水利指揮，而郡縣少能用心詢采。臣前任知舒州太湖縣日，訪聞諸鄉民田有邊臨溪江者，頻歲力耕疾種，不潦則旱。體問得皆有古來堤堰豬洩水勢，或因積年大水決潰，因循不復修完。因乘其農隙，勸募傍近地主備工料興築。民俗始未堅信，粗亦勉從，凡築成堤岸數處。次年積雨，溪江暴泛，賴新堤障，遂免浸溺，自昔不植之地，一旦遂爲膏壤。遂令復功增葺，衆始悦隨。尋屬臣去，約太湖所修，十未一二，以天下計之，遺利固亦多矣。欲乞特詔郡縣委長吏、令佐訪求境内古來陂堰積年毁壞荒廢者，并諸色人具利害、興修次第指陳，官司預行計度，俾因歲豐農暇，據占以植地利人户，以頃畝多少爲率，勸誘出備工料興修。或量破廣惠倉斛㪷以充口食，不得以威刑驅逼。并專行覺察公人、耆保等接便搔擾。俟興築畢工，本州申提刑、轉運司，委官檢視。及候秋成，的免水旱之患，其勸督之官乞《依編》量功利大小，特行酬奬；元指陳修築人，亦與免本户一次色役。若《户例》不該差役之人，即量給小可酒税場務充賞。所貴地利不遺，民食充衍。』詔淮南提舉常平廣惠倉司相度施行。

十二月二十七日，京西轉運司言：『許州長杜等縣有牧馬草地四百餘頃，先爲不堪牧放，權令人租。今相度，可以拘收入官，決邢山、潩河石限等水溉種稻田。』從之。【略】

〔元豐〕七年三月三十日，知相州滿中行言：『林慮縣南修合澗河水以濟民，用功既久，又有孟兒等村鑿井取水十年，百八十尺不及泉，民以爲勞而無功，寧遠行汲水。以初奉朝旨，未敢罷。』詔罷之。徽宗崇寧三年十月二十三日，臣僚言：『元豐官制，水部掌川瀆河渠凡水政。詳立法之意，非徒爲穿塞開導、修舉目前而已，天下水利，凡當興修者，皆在所掌。宜發明之，以告于上，在今尤急。如浙右積水比連，震澤泛溢，渰浸田廬，未有歸宿。此類利害，最宜講明，而未之及者也。願申飭水部及當職官，推廣元豐修明水政，凡當興修，悉究利害，條具以聞。』從之。

大觀四年十月一日，户部言：『提舉兩浙路常平司奏：乞詔諸路常平司，專委守令詢考古迹，應瀦水之地立堤防之限，置籍拘管，俾公私無得侵占。凡民田不近水處，畧倣《周官》遂人、稻人溝防之制，使合衆力而爲之。看詳：欲下諸路提舉司，詳此丁寧州縣常切檢舉相度，依詳敕條施行。』從之。

政和元年三月十四日，詔：『近因陳仲宜等言：諸路湖濼、池塘、陂澤緣供贍學費，增收遺利，縱許豪富有力之家薄輸課利占固，專據其利，馴致貧窶細民頓失採取蓮荷、蒲藕、菱芡、魚鱉、蝦蜆、螺蚌之類，不能糊口營生。若非供納厚利於豪户，則無繇肯放漁採。兼遇時雨稍愆，即成災傷，蠲除租課，遺棄地利，因被阻飢。推究始終，爲患頗大，理合改更。令檢會行下諸路。』先是，荊湖北路提點刑獄公事陳仲宜奏：『本路州縣將久來衆共灌溉食利陂湖，一槩比附坊場，令人户買撲，收錢以助學費，致妨人户灌溉及細民食利，爲害不細。已牒諸州並提舉學事司依法改正施行去訖。竊慮諸州不便施行，望降睿旨。』又提舉淮南西路常平等事李西美奏：『蘄州等處沿江湖池不少，自來係衆人採取，小民所賴。向緣縣學支費，令人户請佃出課。欲依已得指揮改正。』故有是詔。【略】

〔政和元年〕十月二日，臣僚言：『蘇、湖、秀三州並江，積水歲爲患，故須圩岸以障。越州有鑑湖租三十萬，法許興修水利支用。乞令本路提舉常平司委三州令佐相視，創立圩岸，工用之費，取足於鑑湖錢糧。』從之。

四年二月十五日，工部言：『前太平州軍事判官盧宗原請開修自江州至真州古來河道湮塞者凡七處，以成運河，入浙西一百五十里，可避一千六百里大江風濤之患。凡用夫五百二十六萬一千一百七十五工，米五萬七千八百三十五碩。又可就工興築自古江水浸没膏腴田，自三百頃至萬頃者凡九所，計四萬二千餘頃，其三百頃以下者又過之。乞依宗原任太平州判官日已興政和圩田例，召人户自備財力興修，更不用官錢糧。仍依府畿見行興修水利法，不限等第，許請佃，歲約得官租一百餘萬貫碩。若朝廷專遣官總核興修，衆工並舉，一年之間，可見成效。』詔差膳部員外郎沈鏻同本路常平官相度措置，仍差盧宗原充幹當公事。【略】

〔政和〕七年正月二十日，臣僚言：『趙霖興役治水，蘇、杭等州去歲災傷疾疫，民力正宜休息。』詔罷役，霖別與差遣。

七月六日，提點京畿刑獄公事王本奏：『前任提舉京畿常平日，根括諸縣天荒瘠鹵地，開修水田，引水種稻，逐年所收土利不少。將引水不利之地一萬二千餘頃，並置圖籍拘管，入稻田務，召人承佃。數內已佃五千三百余頃，蒙朝廷立定賞格，已足激勸。尚慮逐縣令佐不切奉行，卻致荒廢。欲乞朝旨比附鹽事司開墾鹻地賞格推賞。』詔依，申明行下。【略】

《食貨志》：哲宗元佑六年閏八月四日，知杭州林希言：『太湖積水未退，爲蘇、湖大患。乞專委監司躬詣瀕海泄水處相度開決，庶使積水漸退，民田復出，流移歸業。』詔左朝奉郎邵光與本路監司同導積水。

元符元年二月十六日，工部言：『河北屯田司令塘水深淺季申尚書工部。今後塘泊，州軍率于孟月保明所管地分塘水增減尺寸，徑報屯田司。候到，差官檢覆，本司于仲月審察，詣實保奏，仍具申本部。』從之。

欽宗靖康元年三月一日，臣僚言：『東南地瀕江海，舊有陂湖蓄水，以備旱歲。近年以來，盡廢爲田，澇則水爲之增益，旱則無灌溉之利，而湖之爲田亦旱矣。民既承佃，無復可脫，租稅悉歸御前，而漕司暗虧常賦，多至數百萬斛，而民之失業者眾矣。乞盡罷東南廢湖爲田者，復以爲湖。』詔令逐路轉運、常平司計度以聞。以上《續國朝會要》。

高宗紹興元年九月七日，三省言：『宣州、太平州圩田歲入租課浩瀚，近緣賊馬蹂踐，掘破圩岸，及佃戶逃亡未歸，荒閑甚多。』詔：『令逐州守臣將缺壞圩岸疾速措置，如法修治。人戶耕種。內合用工料，並見佃貧乏無力人戶，並許取撥常平錢米量行應副，及借貸支使。』【略】

［紹興］六年九月二十三日，溫州進士張頎言：『今歲旱凶，逮此窮冬，民食已艱，惟水利一事可行於此時。今已孟春農隙，乘民乏食乏，仍興是役，用以振之，一舉而兩得。本州委里安縣主簿同張頎前去集善鄉陶山湖，勸率豪戶情願出備穀米，給散貧乏之人，同共修築陂塘，蓄水灌溉，因便賑濟小民千餘家，各免饑乏，功效尤著。緣此以近及遠，互相依效之人頗眾，貧民賴以兼濟，望朝廷特行推賞。』頎召赴行在都堂審察。【略】

［紹興］十六年正月二十一日，知興元府楊政言：『契勘本府山河六堰，澆溉民田頃畝浩瀚。自來春首，隨民戶田畝多寡，均差夫力修葺。昨經兵火，民力不足，多因夏月暴水，衝壞堰身。若修葺不如法，遂失一歲之利。今措置，如遇渠堰損壞，民力不足，即於見屯軍兵下等人內量差應副，併力修葺。』從之。

十九年七月二日，上諭宰執曰：『平江堤堰不修，歲輸米比舊額虧十萬斛；并臨安西湖，民灌溉所資，其利不細，歲久淤澱，並宜措置修治。』

十六年十一月，前知袁州張成己言：『江西良田多占山崗上，資水利以爲灌溉，而罕作池塘以備旱暵。望令江西守令，俾務隙時勸督父老相地之宜，講究池塘灌溉之利，以爲耕種無窮之資。』詔令戶部檢具賞格，行下本路常平司措置。

二十年四月二十三日，上諭輔臣曰：『久雨，不至妨農否？民田須常作瀦蓄，昨來士大夫有理會興修陂湖之利者，宜令州郡措畫，以備闕雨灌溉。』於是尚書省勘會：『諸路州縣陂湖，本以蓄水，準備灌溉民田。訪聞比來多爲大戶侵佔，一或闕雨，有妨灌溉。』詔令逐州軍措置，每季具施行次第以聞。

六月十四日，權知江陰軍蔣及祖言：『江陰軍地廣民眾，號稱沃壤，北枕大江，潮汐之所往來。然漕河別有一派曰五卸港，港北入大江，凡六十里。自大觀中濬治，距今填淤，積水不泄，霖潦暴至，冒沒民田，故西南諸鄉多水溢之虞。本軍舊有橫河，自建寅門至平江常熟縣，凡五十里，傍爲支渠，溉田甚廣。自政和中濬治，距今沙漲，幾爲平地，凡北江之潮，無自而入，故東南之鄉多旱幹之患。二河之利也不開鑿，望命官相視興修，仍令長吏以時疏導。』詔令本路常平司相度，申尚書省。【略】

［紹興二十一年］九月六日，左朝奉郎周楙言：『臣前任蘄州，見郡城環回皆山，每遇霖雨，則眾山之水奔湊城下，莫之能禦。治平二年，郡守張衡創築河堤，以捍水勢，從此無復水患。自經兵火，掘鑿殆盡。望詔有司委自知、通同屬縣就農隙依所定錢米，和雇游手濬渠，取土成堤，水到渠成，堤亦成矣。堤岸既修，除去水患，民皆安居，而灌溉有備，亦無旱暵之虞。』上可其言，因宣諭曰：『不獨蘄州，凡沿淮合堤備水患處，令本路漕臣同逐州守臣措置。』

二十三年七月二十三日，試右諫議大夫史才言：『浙西諸郡水陸平夷，民田最廣，平时無甚水甚旱之憂者，太湖之利也。數年以来，瀕湖之地多爲軍下兵卒侵據爲田，擅利妨農，其害甚大。蓋隊伍既易於施工，土益增高，長堤彌望，名曰埧田。水源既壅，太湖之積漸與民田隔絕不通，旱則據之以溉埧田，而民田不沾其利。乞專令本路監司躬究治，盡復太湖舊利，使軍民

各安其職，田疇盡蒙其利，農事有賴。』上然，從之。【略】

［紹興］二十八年八月二日，宰執進呈監察御史任古論蘇、常、湖、秀被風水災傷，乞措置浙西、江東、淮南賑糴事。上曰：『被水州縣檢放税苗，而賑貸其不給，固當如此。』辛臣曰：『平江一帶低下，而堤堰壅塞，畎澮不通，致有積水。佗郡亦不至此。』上曰：『可令蔣燦同漕臣專一措置。』

九月十三日，兩浙路轉運副使趙子潚、知平江府蔣璨言：『近被旨相度水利利害，子潚等歷吴江、吴、長三縣民田渰沒去處相視，以至常熟；又自常熟北至揚子江，又自崑山東至海口，推究源流，講求利害。今詢訪得浙西諸州，平江最爲低下，而湖、常等州之水皆歸於太湖，自太湖以導於松江，自松江以注海。是太湖者數州之水所瀦，而松江者又太湖之所洩也。然以數州瀦水之巨浸，而獨洩以松江之一川，宜其勢有所不勝受，而洩放有所不逮。是以昔人於常熟之北開二十四浦，疏而導之揚子江，又於崑山之東開一十二浦，分而納之海。兩邑大浦凡三十有六，而民間私小涇港不可勝數，皆所以決壅滯而防泛溢也。後因潮汐往來，泥沙積聚，舊置開江之卒尋亦廢去。閲時既久，填淤日增，此大浦所以堙塞，而民田於是有渰沒之憂也。昨日建議興修水利之人接武而出，其説皆迂闊汗漫而難用。所見於已施行者，天禧、天聖間，運使張綸於常熟、崑山縣各開衆浦，以導積水；景祐間郡守范仲淹親至海浦，開浚五河以疏導諸邑之水，使東南入于松江，東北入于揚子與海。政和間，提舉趙霖將命興修水利，開浚三十三浦，役工僅開常熟兩浦、崑山一浦而罷。開三浦之後，迄今又四十年，諸浦堙塞，又非昔日之比，遂致湖瀼盈溢，浦港澱淤，而積水散漫，民田之中，十年之間，澇歲八九。今相視，泥沙湮塞，有妨洩水，合行開掘分導緊切去處，開具如左：一、常熟縣開浦五處：梅里塘，泄崑湖，並常熟塘一帶積水，自本縣東柵，由梅里鎮至白蕩橋；又白茆浦，係泄崑湖、承湖水，自周涇至浦口；又崔浦，泄昆湖、承湖由梅里塘積水，自浦口至雉浦一帶；又福山浦，系泄崑湖、承湖并府塘一帶積水，自尚墅橋及九折塘至顯星橋；又黄泗浦，係泄尚湖及崑湖水，自三里汀至十字港。一、昆山縣開浦四處：新洋江，北接百家瀼，南出吴松江，自百家瀼口至太倉塘；又小虞浦，北接鰻鰈瀼，南出吴松江，自鰻□瀼鰈下，南至黄墓村橋；又雇浦，北接斜塘瀼，南出吴松江，自郭澤塘口下，北至邵塘；又郭澤塘，南通夏駕浦，東通雇浦、洛徹、吴松江。已上兩縣，總計工三百三十七萬四千六百六十四工，錢三十三萬七千四百六十六貫三百文，米一十萬一千五百三十九碩八斗九升。子潚等契勘，崑山縣四浦工力不多，乞止用本縣食利人戶，支給錢米，委本縣官監督開浚。常熟縣五浦工力浩瀚，係與吴、長等縣利害相及。欲除崑山縣外，有本縣食利人戶，以五千人爲率，人夫數少，即於三縣見賑濟人内募強壯人充。應所有差官起工等事件，續次條具申請。緣平江府積水經今已兩月餘日未退，已妨種麥。若不於農隙之際支給錢米，雇夫開治，深恐來歲春雨，積水愈甚，虧失常賦不便，望速降指揮施行。』詔差御史任古同提點刑獄徐康前去覆視，詳究利害聞奏。所有合措置事件，令趙子潚、蔣璨一面條具，申尚書省。其任古仍令上殿奏事畢，疾速前去。』

二十五日，知涪州程敦書言：『稻田以水爲本，故無渠堰而田宜稻者，則有瀦水之地以待灌溉。比緣經界，官吏以民間瀦水地爲天荒地，豪猾游手因而結交州縣，請佃承買，洩其水以爲可種之地，獨擅其利。田既無水，歲失播種。乞行下諸路，如有請佃承買瀦水地者，即爲改正。』從之。

十一月九日，監察御史任古言：『平江府常熟四縣舊有開江四指揮，共二千人額，專一修治浦塘等，并置巡塘官一員。今欲乞止於常熟、崑山兩縣合招填一百人額，其請給等並依舊例支給施行。仍奏撥軍員、使臣各二人，分管軍兵。如有塘浦堙缺，通融人工役使，逐旋修治。』古又奏：『昆山縣耆宿言：所開浦四處，緣今歲積雨，東北風潮，并太湖及山水相會，有渰沒民田；兼郭澤塘一浦横過，即非泄水去處。春間人戶圍田，自當開撩。所有小虞浦、新洋江、雇浦三處雖合開浚，見今四浦盡爲松江大水漲遏其外，發泄遲緩，是致諸浦蓄水，難以興工。欲候江水減落、岸塍出露，人戶自行開掘，亦不願支破錢米。若内有貧乏無力之人，乞量借常平官糧，寬立年限，分料送納。』乞從民便。已行下本縣，令預備將來興工之具，候江水減退，即行開浚。』並從之。

同日，監察御史任古言：『臣同徐康與常熟縣官覆視五浦，今詳究得本縣東柵至雉浦入丁涇，通徹福山塘，下注大江，委是快便。若依趙子潚當來申請，以五千人爲率，於來歲正月入役，約計一月餘日可畢此浦，使崑、承二湖及府塘一帶并被傷民田内水通注于江。然後浚治黄泗浦、三里江至十字港，工力亦不甚多。併趁農隙，先畢二浦，其餘合開港浦，再俟將來農隙，當以緊慢次第興工。』古又奏：『趙子潚昨計料開浚崔浦，係決泄昆、承二湖及民田内水，南自梅里塘距浦口，迤邐北入大江。古等身詣相視，其浦乾涸，可以行往。蓋緣浦身適回曲折，泄水不快，是致積沙高厚，開浚工倍。欲于雉浦口别開一涇，徑入福山大浦，通於大江，名爲丁涇。比之崔浦，並無回曲，不惟開浚省費，實於泄水爲便。」詔並依奏，錢於御前激賞庫支降，米就平江府撥到綱米内支取。令趙子潚同守臣措置，於正月上旬興工。令預備器用，不許科擾於民。

二十九年正月二十一日，兩浙路轉運副使趙子潚言：『被旨開浚平江府常熟縣東柵至雉浦入丁涇，徹福山塘，已於正月五日興工。據常熟縣父老稱，福山塘與丁涇地勢相等。今開丁涇，更深三尺，若不濬福山塘，則水必至倒注於涇。今與平江府州縣官同往相視，宜依父老陳乞開濬。又見開東柵至雉浦口，河面並合闊八丈，並雉浦港底四丈二尺，貴得泄水通快。』詔依，仍令疾速興工。

又《食貨五三·倉部》 宋會要：《兩朝國史志》：倉部，判司一人，以無職事朝官充。凡倉庾受納租税、出給禄廩之事，皆歸於三司，而别置提點倉場官以督察之，本司無所掌。令史一人、驅使一人。元豐官制行，郎中、員外郎始實行本司事。

哲宗元佑元年四月二十六日，三省言：『尚書六曹職事閑劇不等，今欲減定員數。事簡者，倉部減郎中官一員。』從之。

十月四日，詔户部以減罷倉部郎中一員，許復置，專勾覆案並印發諸色鈔引。

郎官一人，分案有六：曰倉場，掌糧草收支及出納欠折；曰上供，掌年額上供斛斗及封樁糧草；曰糴糶，掌糴糶坐倉折納等；曰給納，掌給禄廩、賑濟、雜給事；曰知雜；曰開折。吏額：主事一人、令史二人、書令史八人、守當官八人、貼司九人。

高宗建炎三年四月十三日，詔倉部郎官以一員爲額。

同日，詔倉部吏人減三分之一。

同日，詔倉部印司，依《户部通用令》，先於知雜案書吏、令史内選差，無即通選，滿三年無過犯，轉一資，勘驗關司勳推賞訖，再滿三年替。

同日，詔罷司農寺。内本寺掌行諸倉支納、諸路起到上供糧斛、諸草場受納税草，行下所屬倉界草場交納、支遣事務，撥隸倉部。

紹興元年七月十五日，詔：『行在省倉受納綱運，令户、工部斟量較定斗樣，繳申尚書省，責下所屬製造，降下諸路州軍，應受納、支遣、起綱、交量，並用省樣新斗量。今後每遇起綱，並于綱解内分明聲説係用新降斗量起發，仰省倉依條受納，不得作弊；如有違犯，許本綱諸色人越訴。』

二年八月五日，户部尚書黄叔敖言：『省倉草料場每日支遣卸納糧斛、草料浩瀚，昨在京日，司農寺日輪卿、少、丞一員，點檢按察本處公人並綱運，杖以下罪並勘斷，其餘牒送所屬施行，以此人稍知畏。緣軍興及罷司農寺後來，更無輪官按察，易生姦弊。伏望詳酌，比附在京日，從本部輪差郎官一員，將帶人吏，各不妨本職，前去點檢巡按。其合用杖直、獄子，於仁和、錢塘兩縣輪差，每十日一替。』從之。

三年二月三日，詔：『行在諸倉遇打請日，令户部前一日據合支數，令本倉般量出廒，於廊屋下安頓，遇天晴，於磚場上垛放支遣。』

四年七月二十七日，詔復置司農寺。倉部昨併到司農寺所行支納糧斛、草料等事務，並撥到手分等，並依舊歸本寺。

二十二年三月十四日，殿中侍御史林大鼐言收糴馬料不得踰額，賣茶不得抑配事。上諭宰臣曰：『錢穀大計，亦要户部得人。朕觀徽宗皇帝朝，户部之職，多自發運使、轉運使擢用，蓋以經歷民事、諳練財賦故也。大鼐所奏，從之。』

二十三年六月十八日，詔：『應倉交卸綱運折欠，並即時具名色、數目申解所屬。見得有侵盜貿易之弊，即送大理寺推治。其過誤損失，並押下元起綱處依法施行。』先是，止送排岸司監繫，故有是命。

孝宗隆興元年八月三日，户部言：『依指揮，條具併省吏額：倉部見管主事一名，令史二人，書令史八人，正貼司九人，私名五人。今減書令史一名，守當官一名，正貼司二人，私名一名。乞將減罷人籍定，以後有闕，依名次撥填。』詔依。見在人且令依舊，將來遇闕，更不遷補。

乾道二年十二月十九日，詔令户部將舊鎮城倉依舊撥還臨安府。從守臣王炎請也。

六年五月四日，户部言：『依指揮，條具併省吏額：倉部見管二十八人，今減守當官一名，正貼司二人，通計二十五人爲額。』詔依，各從下裁減。將來見闕日，依名次撥填。其減下人，願依條比換名目者聽。

七年正月二十九日，户部言：『行在省倉上中下界、豐儲倉、草料場斗面官，並係小使臣到部合差短使之人，吏部依資次差撥，每季一替。其所差官，近來多係從軍揀汰，不曉斛斗面次第，全無鈐束。欲乞令吏部於識字小使臣內，每處各行差注一員。如任內別無遺闕，依監官任滿減半推賞；如任內有量斛斗高下，展磨勘一年；如有情弊，具申朝廷別作施行，仍不得差揀汰人。所有見差在倉短使官，候差到正官，交替施行。』從之。

九年閏正月二十五日，詔令户部行下三總領所，約束見有應官兵出戍州縣，今後遇打請口食糧米，須管將堪充支遣無糠粃陳米與新米相兼支散，仍將最陳次不堪米數，各逐旋兑充本處厢軍并賑濟等用，却以新米對數補還，依舊窠名樁管訖，具數申尚書省。

續會要：淳熙七年四月二十七日，詔户部和糴場依豐儲倉例併入省倉下界。

八年閏三月四日，詔：『自今行在省倉上中下界、豐儲倉、豐儲西倉、草料場監門，任滿無違闕，各與減二年磨勘。』

九月二十八日，詔：『自今每遇歲終，令户部長貳、郎官同司農寺官詣諸倉，將應管經常及樁管米斛抽摘盤量。』

十三年十二月九日，詔倉部減貼司一人、私名一人。以司農少卿吳燠議減冗食，下敕令所裁定，故有是命。

紹熙元年十月十一日，户部言：『遞年承降指揮，令逐路漕司將諸路合發上供等米，以州軍地里遠近均撥，起赴屯兵去處卸納，應副支用。所有紹熙二年合用糧斛，合措置將江、浙等路元年合發上供等米，並二年坐倉和糴米，均撥充來年一十二箇月支遣。乞下兩浙、江東西、湖南北路轉運司，除豁折納馬料、上供米外，將其餘合發數目，責所屬如數收樁、發納，并發下淮東西、湖廣總領所，催促逐路漕司照應今來擬定數目拘催。候到，令項樁管，聽候科撥支用。仍開具州軍已赴到綱界數目申部并司農寺照會注籍，拘催施行。』從之。以上《永樂大典》卷一四六五八

又《常平倉》 真宗景德三年正月，上封官請於京東、京西、河北、河東、陝西、淮南、江南、兩浙各置常平倉。惟沿邊州郡則不置。以逐州户口多少，量留上供錢一二萬貫，小州或三二十貫，付司農寺係帳，三司不問出入，委轉運司并本州選幕職州縣官清幹者一員專掌其事。每歲秋夏，加錢收糴，遇貴減價出糶。凡收糴，比市價量增三五文，出糶減價亦如之，所減仍不得過本錢。以三年爲界。所收錢穀羨利，止委本寺專掌，三司及轉運司不得支撥。事下三司詳定，請如所奏。乃命御史知雜王濟判司農寺，孫崇諫同判。

三月，以都官員外郎喬希顏知開封府開封縣，太常丞晁諒知開封府浚儀縣，仍兼監常平倉。從判司農寺王濟等所舉也。

四月，司農寺言：『諸路州軍當河路、通舟船，及雖不當大路、河道，而人户繁會可以運粟贍他處者，望並令多糴。其或僻在山險之處，止約本處主、客户收糴，貴無枉費。應收糴斛斗之時，官吏敢受行人請求，高其價直者，許諸人糾告，嚴行區斷，告者給賞錢百千。』並從之。

大中祥符二年二月，分遣使臣出常平倉粟、麥，於京城四面開八場，減價以糶。

四月，詔司農寺：『京師所糶常平倉粟，前詔雖已減價，可更斗減五錢。』

五年正月二十六日，詔：『京城常平倉所置七場糶糧米，如聞趨市者衆，遂至壅溢。其令分爲十四，以便於民。』

六年十一月，三司言：『司農寺請以開封、祥符兩縣常平倉併爲在京常平倉。其在京及諸路常平倉斛㪷，若經二年，即支作軍糧，以新者給還。請並如所奏。』從之。

八年五月，詔：『常平倉所糴斛㪷，夏色限至八月終，秋色至次年正月終。』

七月，判司農寺盛度言：『諸路州軍常平倉斛，如於元約數外增糴及一倍已上者，其當職官並與理爲勞績。』從之。

九年十二月，詔：『江南、淮南諸州軍穀價稍貴，民頗闕食，令本路轉運司以常平倉斛㪷減價，一㪷已下零細出糶。』

天禧元年二月一日，詔：『災傷州軍，常平倉斛㪷減價出糶，止以元糴價爲準。』

十二日，詔在京常平倉合計度斛㪷，並令三司擘畫，或許入中，無使擾人。

二年正月，詔：『諸州常平倉斛㪷，其不滿萬户處，許糴萬碩；萬户已上、不滿二萬户，糴二萬碩；二萬户已上、不滿三萬户，糴三萬碩；三萬户已上、不滿四萬户，糴四萬碩；四萬户已上，糴五萬碩。』

六月，三司言：『勘會司農寺于左藏庫封樁市米錢五萬貫，自今如有宣旨須索及諸支遣，望以其錢充給。候諸處納到，旋補其數。』從之。

四年五月，判司農寺張士遜言：『諸州常平倉斛㪷，自今每遇出糶，望委本州通判每日在倉提舉，多方約束，以絕姦倖，使貧下缺食之人市糴不至艱阻。』從之。

八月六日，詔益、梓、利、夔州、荊湖南北、廣南東西路並置常平倉。

仁宗天聖二年十一月，司農寺言：『舊制，在京并府界縣分及諸州、府、軍、監常平倉如有糴糶，即供月帳；如無糴糶，只供季帳。今諸州所供多不如式，有煩往復會問。欲望自今不以有無糴糶，並作季帳供申。』從之。

是月，都官員外郎劉厚載言：『自置常平倉以來，每年司農寺、轉運司遍下諸道州府催糴夏秋斛㪷，蓋不知外方時價貴賤不同，一例行遣，其外處官吏人不能平準物價，但務多積，以爲勞效。欲望自今遇賤即糴，當貴則糶。若米、粟兩色，可以久積，其它並令減數。』從之。

景祐元年正月二十五日，臣僚上言：『伏親滄州糧倉白米數少，小豆萬碩甚多，飢民就賤，多糴小豆。欲乞以常平倉白米五萬碩，易糧倉小豆出糶。』詔河北轉運司依奏。

七月二十五日，臣僚上言：『常平倉所管錢斛，乞降敕下司農寺、轉運司，選差幕職州縣官，或京朝官兼監常平倉。』詔開封府界提點、諸路轉運施行。

慶曆四年正月，詔：『陝西穀價翔貴，其令轉運司出常平倉米，減價以市貧民。』

七月二十九日，詔：『天下常平倉，本備救濟貧民，不得別有支借，違者，以違制論。其收積年深者，許依舊條兑换，毋致損惡。』

八月二日，詔令司農寺下逐路轉運使、提點刑獄朝臣等：『今後得替上殿，先具本路常平倉斛㪷數目進呈，移任者準此，發奏方得起離。本寺糾察之。』

五年九月二十八日，司農寺言：『天下常平倉，自景德中起置，自後承准條約不少，乞將降到敕劄參定爲一司條貫，久可遵行。』從之。

六年二月三日，中書門下言：『向以臣僚上言，川峽中國初無常平倉，自康定二年益州路提刑司擘畫創置。訪聞州縣收糴多是約攔入場，或分配人户，遂致物價踴貴，人民艱食。』遂令司農寺下益、梓、利三路州軍罷常平倉，見管錢斛撥係省倉庫帳管。夔州路因亦不置。而司農寺復上言：『川峽四路既罷常平倉，萬一川峽水旱阻饑，何以救濟？乞依舊帳管，不得別用。儻飢歉之歲，可備賑貸。』詔四路轉運司如所請施行。

皇祐三年十月十八日，淮南、兩浙路體量安撫陳升之等言：『災傷州軍，乞出糶常平倉斛㪷。』詔：『逐倉初糴並當豐年價賤，如依元價出糶，緣置場差官收糴，積貯、鋪襯折耗費用不少，宜令淮南、兩浙、江南東西、荊湖南北等路提刑司勘會，元糴價上每㪷量添錢十文至十五文足出糶。』升之復言：『如添錢，即非恤民之意。』乃詔依原糴價出糶。

至和二年三月五日，知益州張方平言：『益、梓、利、夔路賣到户絕莊田價錢，欲乞下四路轉司盡撥入提刑司，添糴常平倉斛㪷。今後並依此。』從之。

嘉祐四年七月十日，詔：『天下常平倉多所移用，而不足以支凶年。其令内藏庫與三司共支錢一百萬，下諸路助糴糶之。』

神宗熙寧元年九月十四日，司農寺言：『常平倉之法最切要，伏見諸路年歲豐凶、穀價貴賤，自來並無關報。乞下府界提點及諸路提刑司，今後夏秋，責轄下州縣供析豐荒的實分數文狀，類聚以聞，降付本寺。所貴糴糶不至失時。』從之。

二年二月八日，三司言：『天下屯田省莊，皆子孫相承，租佃歲久，兼每畝所出子㪷比田税數倍，及户絕田已撥入廣惠倉者，並乞不許賣。其餘没納莊田，願買者聽。』從之。

九月三日，詔出内藏庫錢百萬緡，分賜河北諸州，增糴常平倉穀。

五日，制置三司條例司言：『乞令河北、京東、淮南路轉運司施行常平倉、廣惠倉移那出納及預散之法，委轉運司及提舉官，每州於通判幕職官内選差一員專切管勾。令知、通點檢在州及諸縣錢斛。廣惠倉斛㪷，除依例合支老、疾、貧窮、乞丐人，據數量留外，其餘並令常平倉監官通管，一般轉易。其兩倉見錢，依陝西出俵青苗錢例，每於夏秋未熟以前，約逐處收成時酌中物價，立定預支每㪷價例，召人户情願請領。』又言：『今欲將常平、廣惠倉見在斛㪷，遇貴量減市價出糶，遇賤量增市價收糴。其可以計會轉運司用苗税及係省錢斛就便博易者，亦許計會兑换。仍以見錢依陝西青苗錢例，取人户情願，預行支給，令隨税送納斛㪷。内有願請本色斛㪷，或納時價貴願納見錢，皆聽從便，務在優民。如遇災傷，亦許於次料收熟日送納。兼初措置非一，欲量逐路州軍錢物多少，選官一兩員分頭提舉。仍乞於京東、淮南、河北三路先行此法。候成次第，即下諸路施行。』並從之。

閏十一月二十三日，又言：『乞體量鄜延、環慶、涇原三路斛㪷價高之處，權住收糴常平斛㪷。其已糴下者，即兑充軍糧。所有封樁在京鹽院見錢三十萬貫，即令轉運司及管勾常平倉官兑便到本州軍。』

二十四日，又言：『昨乞賣諸路見管廣惠倉田，爲河北、河東、京東、陝西四路常平糴本。尋準詔，諸路熙寧元年以前見管斛㪷，並令變轉見錢、金、銀、紬、絹，充河北、河東、陝西三路糴本。緣已差諸路提舉常平、廣惠倉官，若悉令變轉，移之三路，則諸路却闕斛㪷，恐不爲便。』詔淮南等路前詔更不施行，所積斛㪷，並只留本處。

三年正月，又言：『訪聞河北、河東、陝西州軍少闕省錢，多不坐倉收糴。欲乞三路如闕見錢，許提舉常平倉司坐倉收糴，以備俵散；如合留充軍糧，即却令撥兑和糴或入中。』從之。

二十三日，詔：『諸路常平、廣惠倉給散青苗錢，本爲農種之時惠卹貧乏，元令取人户情願。今慮諸處當職官吏不體朝廷本意，不問民間願與不願，輒行追呼，或即均配，翻爲搔擾。今仰諸路提點刑獄臣僚體量覺察，如違，即一面禁止，具官吏姓名以聞，當議重行朝典。如敢阻抑人户情願請領，亦依此施行。』

三月，制置三司條例司言：『奉旨，以臣僚累言常平倉新法不便，蓋未喻朝廷之意，令本司明諭中外，凡今所患，盡是州縣官吏弛慢，因緣爲姦，不可歸於法。請委按察官謹繩官吏，而朝廷嚴督按察官而已。今具畫一：言者謂：「公家無所利其人，今河北乃取息三分。」《周禮》民之貸者，取息有至於二十而五，今豫俵青苗價錢，但約熟時酌中物價。若熟時物貴，即許量減市價納錢。然則未定合納實數，故約束河北不得過三分；京西、陝西等路不過二分而已。所以防遇納時價貴，恐虧損百姓爾。就諸路，惟河北最多，尚不過三分，又非定取。若物價低平，即有合納本色，不收其息，或只收一二分時。多少相補，比于《周官》，已不爲多。況近今若遇物價極貴，亦不得過二分。且《周禮》國事、財用取具於泉府之官賒貸之息，今則不領于三司，專以振民乏絕。言者謂：「上三等户及城郭有物力家，素患兼併，今又許貸借，況河北每保須要上三等户一名，則終不免爲貧户代陪。又提舉官峻責州縣，如人户不願請，即結罪申報；若選官曉諭，却人户願請，即別行遣。官吏懼此，亦因有貧户浮浪願請之人，或須行散配。」本司案：鄉村上三等及城郭有物力户內，亦有闕乏之時，就人取債，豈皆是兼并之家？今貸貧民，有餘則以俵之，免就私家取倍息，乃是抑兼并之意。河内每保須要上三等者，蓋關防浮浪之輩。若官吏抑勒州縣，自違元法。況今年開封諸縣甚有上三等願請，以近驗遠，事理可知。如提舉官約束州縣，正防避事壞法之人。或急於功利，諷州縣抑配與人，即諸路各有安撫、轉運、提刑，委任皆在其上。若有官吏故壞新法，或曲狥提舉官意抑勒百姓，自當按劾。言者謂：「百姓有本户税賦及豫買絹紬，又生此一重，則愈不易。」本司按：逐路承例科斂，名目誠多，然當闕乏之時，不免私家舉債，常出倍息，此所以貧者愈困也。今貸與常平本錢，迺濟其難急。又令約熟時中價例納斛斗，至於時物價貴，乃納見錢，比元本不得過二分，即是免出倍息於兼并之家，何至不易？言者謂：「但躬行節儉，當節浮費，則國用足，何必四出興利之臣，以疑遠近？」今案：先王之政，未嘗不以「食貨」爲始，張官置吏，大抵多爲農事也。近世以來，農尤困苦，朝廷但有徭役加之，而無歲時補助之法。自京畿陂防溝洫多有不治，都城側近至棄數百里爲汙萊，骨肉流離失業。況四方遐僻，從可推知。一方水旱，則餓死者相枕藉，而流移者填道路。如前歲河北一飢，不免漕江、淮之米以救之，然未有補於流亡也。或不免就人強借錢物，以至典質田產以供暴令。此亦可謂國用之窮矣。至於差役困苦，尤使失職。今置此官，正爲憂此，即非朘削百姓，以佐人主私費，亦豈得謂之興利之臣而致疑也？言者謂：「令常平千餘萬緡散在民間，將須不返。常平舊法自合古制，而無失陷之弊。」今新法之中兼存舊法，但以舊法廣儲蓄，抑兼并、賑貧弱之方未備，又無專領官司，致糴糶之時百端姦弊，貴價糴入，經數十年後，出糶不行，無補振救，故須約《周禮》賒貸，增立新法，專置一司，即非違舊制也。言者謂：「新法不當示之條約，明言利息。」本司案：《周官》貸民明言以國服爲息。聖人於天下，取之有道，非以爲私，于理何嫌，而不可明示條約？言者謂：「坊郭人户既無青苗，不可貸借。」本司案：常平舊法，亦糴與坊郭之人。今散農民有餘，仍不許坊郭貸借，是令常平有滯積余藏，而坊郭之人獨不被賑救乏絕之惠也。《周禮》貸民之法，即無都邑、鄙野之限，今乃約《周禮》太平已試之法，即非專用陝西豫俵青苗條貫也。』先是，御史中丞呂公著、翰林學士司馬光、諫官孫覺、李常、御史張戩、程顥等皆言常平新法不便，或謂且召刮利。大名府韓琦乞罷諸路提舉官。上以琦等所奏付置司，令申明法意，布諭諸路也。

五月四日，詔：『莫、霸、保、雄州、安肅、廣信、順安、信安、幹寧、保定軍，爲係極邊，沿塘泊及西山軍人户苦無田疇，並罷支散青苗錢。』

十八日，詔：『今後諸路常平、廣惠倉出俵青苗錢，委轉運、府界提點提舉，每年相度留錢斛，準備非時賑濟出糶外，更不限定時月，只作一料支俵，或却作兩料送納，以便本處人情。如願分兩料請者，亦聽。』

七月二十八日，賜京東預買紬絹并所得息錢五十萬貫與本路常平倉。

九月一日，同判司農寺呂惠卿言：『淳化中，都下初置常平倉，賤糴貴發。至景德中，差開封府浚儀知縣監倉事。祥符六年，始以兩縣常平倉併爲在京常平。其斛㪷經二年即支充軍糧，貨易新好，充見在數，其法實爲利民。而其後糴糶之政久不行，文字本末，隨亦廢墜。今常平有封樁米至伍十二萬碩，但寄積在京倉界，唯據逐界每月具見數申寺，而朝廷初無發斂之政，甚可惜也。欲乞遇價貴即出之，賤即以其錢糴之，如淳化中故事。』於是中書請以司農見樁管米指射新好者貨易，仍與開封府界斛㪷通融支用。從之。

十月七日，京東路提舉常平、廣惠倉司言：『本路州軍例少見錢支俵青苗，轉運司有熙寧元年朝廷借賜紬絹收買軍糧，除已還外，餘錢一十四萬貫。欲乞借支用，候三年内依數還内藏庫。』從之。

十一月十九日，河北路提舉河北常平、廣惠倉司言：『大名府等處州軍，今秋薄熟，人户不易。乞依舊條，作兩料支散青苗錢，及許令災傷州軍預行支俵。』詔從所請。仍令諸路所散青苗錢料次，今後令提舉官體量施行。

二十四日，詔：『諸路給青苗錢斛官司，諸色公人取受人户錢物，雖已依敕掠乞取差點人夫錢物條約，慮未凛懼。今後應諸色公人因給納常平倉等錢斛取受，杖罪送鄰州編管，徒罪以上刺配本州牢城。並許諸色人陳告，杖罪支賞錢五十千，徒罪一百千。先以官錢給賞，後以犯事及干繫人家財充。或無可送納，官吏保明除破。』

四年正月六日，詔出賣天下廣惠倉見管田。仍令府界及諸路具年終所賣錢申司農寺，爲三路并京東常平倉本錢。其合賑濟，即以廣惠、常平等倉所貯粟麥給之。

二月八日，詔内藏庫借錢六十萬貫付淮南、江東，均給兩路，爲常平倉糴本。其錢令淮南發運司將合撥河東、陝西折斛錢兑還。

六月十二日，河北提點刑獄王廣廉言：『乞將廣惠倉錢斛入常平倉。』從之。

十月十六日，賜絹七十萬匹，爲陝西常平糴本。仍許自京召人供抵當賒買，於本路送納見錢。

十一月二十八日，司農寺言：『乞將諸路出賣到户絶田土錢，從本司移助諸路常平糴本。』從之。

七年十月二十二日，詔三司借上供糧十萬碩，與淮南西路提舉常平司，準備出糶或借支用。

九年正月九日，詔司農寺，自今兩經倚閣常平錢人户，更不得支散錢斛。

八月六日，詔陝西等五路提舉常平倉司，具降指揮令諸常平存留一半錢，遇斛㪷價賤，許趁時收糴後至今夏，糴到是何斛斛及實數目以聞。

十二月三日，詔：『開封府界諸縣人户見欠今年秋料常平錢斛並緩急錢米，除官户外，並與展限至來年，隨秋料送納。』

十二日，詔中書門下：『諸路提舉管勾常平倉官自來未有明降令畫一職守，致轄下官司不知適從，凡有舉動，輒與轉運司一例申稟。提舉司亦多不問是與不是本管職事，便爲行遣，或有聞奏朝廷者。上下煩勞，弊害頗甚，宜參詳前後指揮聞奏。』

十年二月十五日，詔：『諸路熙寧十年合散常平錢斛，並勘會州縣内有數少支散不足去處，於鄰近州縣有餘處借支，却令元散州縣認數催納，即不得令人户隔遠州縣請納，有妨農作。其鄉民有因災傷全户移者，名下舊欠常平錢斛，候歸業日，從提舉司相度料次送納。』

三月二十七日，提舉兩浙路常平倉司言：『本路累年災傷，死損人口至多，見存人户少欠官中錢物，尚送納不辦，又爲攤填逃絶户名下請過錢物，顯見難爲送納。所有攤填熙寧九年以前逃絶户請過青苗錢斛，乞候送納本户數足，向去豐熟日理納外，更有全甲人户死絶，除依條將本家財産填納外，如目下尚有少欠，一甲内死絶數多，只有一兩户見在，貧闕難爲攤納者，更乞別立法條。』從之。

元豐元年正月二十二日，詔司農寺，應常平留一半錢谷糶糴數，歲終類聚，春季點檢。仍開逐路以聞。

閏正月十三日，詔河北路以常平米賑貸飢民。

二月四日，京東東路體量安撫黄廉言：『西路及徐州、淮陽軍良田百餘萬頃被水，若退遲，麥種不入，秋田失期。乞於淮南路沿流豐熟州縣借常平錢十萬緡和糴，或於去年折納糧内借十萬碩，依元折價計數爲所借錢，水運赴京東，以備賑糶，聽司農寺移用。』詔京東、淮南東路提舉官於界首會議以聞。

四月十九日，詔：『開廢田、興水利、建立堤防、修貼圩埠之類，民力不能給役者，聽受利民户具應用之類，貸常平錢穀，限二年兩料輸足，歲出息一分。」

二十二日，詔：「麟、府、豐州見欠熙寧七年至九年振貸米人户，不以等第，與展限，分夏、秋納。」

五月十七日，詔：「常平錢穀，願以穀及金帛準市直中價計二分息折納者，聽。」

七月八日，環慶路經畧司乞以本司及常平錢帛乘秋成廣糴，如將來別無支用，即依糴價兑與轉運司。從之。

九月十四日，詔：「諸路提舉司與轉運司兑換糧，並以錢物對行交撥。諸官户欠常平錢物，第四等以上，雖經災傷，毋得展限倚閣。」

二年二月六日，詔河北東路提舉司常平錢四萬緡，分給大名府、澶州糴軍糧。

四月十二日，詔河北東路提舉常平倉司，所散濱、棣、滄州飢民食，至五月止。

九月二十四日，詔以永興路常平倉穀十九萬碩給鄜延路九將守禦之用，餘令轉運司以漸計置。以鄜延路言，歲計軍食二十七萬餘碩，而常平無餘故也。

十月六日，權發遣司農寺都丞吳雍言：「淮浙連歲豐稔，穀賤，乞借逐路積剩免役、坊場錢，就並河州縣鎮增價糴秔米，常與別司倉儲兑換。如向去價稍高，兑充上供。」下司農寺，請如雍議，先以常平所留之半并散不盡錢充糴本，次以坊場、免役餘錢，坊場錢留半，免役錢留二年。從之。

三年四月四日，真定府路走馬承受黃誥言：「本路差禁軍採泥城沾草，有妨教閲，及蹂民田。」詔市以常平倉頭子錢。

六月十二日，詔司農寺於永興軍等路給常平倉穀十八萬碩，充環慶路將下守禦及緩急漢蕃弓箭手闕乏借貸。

八月九日，賜常平米二萬碩、坊場錢三萬緡，付梓州路轉運司應副夷事。

二十七日，詔令於近便州縣，以常平司錢留三萬貫、米五萬碩，以待瀘南夷事支費。

同日，詔開封府界諸路提舉司，於要會州縣指占空閒地或空營，蓋造常平倉。

同日，權發遣司農寺都丞吳雍言：「淮浙連歲豐稔，昨嘗乞存留揚州轉般倉充淮浙常平都倉。欲乞委提舉司辟官一員專主管，每年廣謀收糴，除年

計外，常積萬碩，及受納兩浙轉運糧斛，與發運司上供額斛斟兑換。」從之。

十二月二日，詔：「瓊管州軍，皆有常平。若推行如法，自無人户倍稱出息之弊。據朱初平等所奏，措置海南事不少，並不及常平事，令具析以聞。」

四年六月十七日，詔諸路提舉官散斂常平錢，比較增虧，中書立法。

五年二月二十四日，知秦州呂公孺言：「經畧司常平錢斛，法以救恤屬蕃、弓箭手之類。今所在甚少，望特權借提舉司錢斛相兼支俵，仍展至三月。」詔借錢斛五千貫碩。

三月二十七日，詔：「潁昌府三縣災傷，特支常平倉米二萬碩。」

十月二十一日，賜梓州路轉運司常平等米十萬碩。以本路應副瀘南軍前放閣運糧夫税，致闕乏故也。

六年正月二十一日，詔：「陝西、河東路常平倉糴價不得過轉運司，河北諸司，糴價不得過措置糴便司。」

二十六日，尚書户部言：「準朝旨，諸路提舉官散斂常平物，可自行法至今，酌三年之中數，取一年立爲額，歲中比較增虧。今以銀錢穀帛、貫、碩、匹、兩定年額，散一千一百三萬七千七百七十二，斂一千三百九十六萬五千四百五十九；元豐三年散一千三百一十八萬六千一百一十四，斂一千五百萬四百二十二，比較，散增二百一十四萬八千三百四十二，斂增一百三萬四千九百六十三；元豐四年散一千三百八十三萬七千七百三十六，斂一千一百九十七萬八千九百九十四，比較，散增二百七十九萬九千九百六十四，斂虧一百九十八萬六千五百一十五。」詔三年、四年散多斂少及散斂俱少處，户部下提舉司分析以聞。

八月二十七日，賜涇原路經畧司度僧牒千道爲常平錢。禮部言已給過所立年額，於是特給。

七年三月十七日，尚書户部言：「提舉京東路常平等事燕若古乞州縣積欠錢斛，對移令佐催督。看詳，欲下提舉常平司，具可以權對移職位、姓名關吏部。」從之。

八月七日，詔户部支常平積剩錢二十萬緡，賜秦州計置糧草。從經畧使吳雍請也。

十四日，詔：「洺州水災，糧料不足，許借鄰近州縣常平倉米、麥、小豆共五萬碩，限三年還。」

二十一日，中書省言：『聞今歲廣西秋稼大稔，粒米狼戾，正宜蓄積。』詔廣南西路提舉常平司乘時廣糴。

二十九日，詔支常平積剩錢五十萬緡，付熙河蘭會路經制司市糧草。

十月十一日，尚書吏部言：『經制變運川峽路常平倉積剩錢，所增息錢二百三十二萬緡，乞推恩。』詔李元輔遷兩官；史君俞、張茂先候改官日各遷一官，減二年磨勘；劉何、虞仲荀減磨勘年月有差。

哲宗元佑元年四月二十二日，三省言：『諸路旱災處，已降指揮賑濟外，按《常平條》：「遇穀貴則量減錢糶，不得虧本；賤則量添錢糴。」昨臣僚言淮南米斗直百七十文，慮官司拘執量減市價之文，致民不霑實惠。欲令府界、諸路闕食處，其常平穀價但不虧元本，並許出糶。仍委州縣嚴加覺察，不得與興販之人。』從之。

二十六日，三省言：『提舉官累年積貯錢物，委提點刑獄司主之，依舊常平倉。其常平倉每年春秋斂散，及歲成收糴、歲饑出糶，以陳易新，與省穀交兑，及饑饉賑貸，主司並合依法推行。元條貸常平錢、穀、絲、麥，豐熟，許隨夏稅先納所輸之半，願併納者，止出息一分。』從之。

八月五日，詔府界、諸路提點刑獄司，自今後常平錢穀，令州縣依舊法糴糶；其青苗錢更不支俵。

十一月二十七日，臣僚言：『朝廷罷俵青苗錢，令諸路提刑司委豐熟州縣廣糴，意欲常有儲蓄。而户部乃請令轉運司更不收糴年計，止將常平斛㪷兑糴，失朝廷養民之意。欲乞諸路轉運合糴年計並先糴，次令常平倉糴。若轉運司不預備本錢，過時占糴，致與常平倉相妨者，委提刑司覺察以聞。』從之。

二年六月九日，户部請：『應常平穀價比市價不虧，或雖虧而貴賤通計不及一分者，移轉運司兑充和糴；或指二稅，聽人户從便納錢。虧及一分已上，即不以年限，兑轉運司新穀。若三年已上虧及三分，亦許糶，或曉諭人户願者聽，仍隨夏秋稅納。願納錢者，依糶價，並免出息。』從之。

三年正月二日，詔復置廣惠倉。

二月十二日，詔給廣惠倉錢三萬緡，及闕額役兵錢糧、衣賜，募貧民應役以恤之。

紹聖元年六月九日，户部看詳役法所言：『熙寧、元豐間許提舉官，以總一路之法，州有管勾官，縣有給納官。今復免役，既置提舉官及管勾官，乞從《元豐令》，給納月分，逐縣常留簿、丞一員。』從之。

九月十二日，詔府界諸路罷廣惠倉，其户絶田土，並行出賣，並本倉見管錢斛，撥入常平倉收管。所有賑濟合行事件，令户部檢舉《元豐敕令》，立法以聞。

二年十二月二十二日，户部奏：『自元佑以來，諸處官司借用常平等錢，習以爲常。乞今後他司並不許奏乞借用。』從之。其朝廷封樁錢準此。

元符三年十月二十八日，前京東西路提刑鄭僅奏：『頃歲河北災傷，流民至齊、鄆；去歲河北又饑，流民徧及京東。今常平有折納之法而未嘗折納，有糴糶之法而多不廣糴。欲民不流，不若多積穀；欲多積穀，不若推行折納、糴糶之法。視民口多寡，使縣常有三五萬斛，州常有三五萬斛，小饑則平價糶與下户，中饑則糶及中户而貸下户；大饑則糶及上户而貸中户，甚則貸及上户。官不虛費，而民實受惠，自不流徙。仍依和糴，用實價折納；無和糴處比市價量增。庶於民户無所虧損。』從之。

徽宗崇寧五年正月七日，太府少卿張綬奏：『請依元豐舊制，復置江湖淮浙常平都倉，乘穀甚賤時，歲額外糴穀百萬貯之。且受納兩浙轉般所輸與發運司上供額斛相易，以待那用。』從之。

大觀二年八月十四日，户部侍郎李孝稱奏：『諸路州軍秋稼十分豐稔，所可慮者，粒米狼戾，復致傷農。已蒙朝旨，將人户輸納並積欠增價折納，仍以本司見在錢數，於沿流州軍收糴。尚慮無降錢數，所糴未廣。檢會崇寧四年指揮：「取今年已前五年中一年通一路所糴最多之數，加一倍收糴。」欲乞下諸路提舉常平司，今秋並依前項已得指揮加倍收糴。糴本闕處，特許借支諸色係官並封樁錢應副。所貴便於公私。』從之。

三年四月十一日，詔：『常平所糴斛㪷，多是本倉合干人巧爲名目弊倖，自行收糴，甚非我神考立法之本意。可嚴行止絶，除依常憲外，重立配法，仍增賞典，許人陳告。官吏准此。』

十月八日，户部奏：『淮浙每年起發常平穀三十三萬碩上京，以備販糴支用。所起斛㪷綱運少欠，合依條於押綱人名下追理，及兵梢請給内尅折。緣自來未有拘催補發條限，欲乞令提舉常平司將欠數置籍拘管，候年終，具數關轉運司，據所尅合納之數次年撥還。仍令提舉常平司將追尅到數盡行起發，以補年額之數。』從之。

十五日，尚書省言：『知江寧府曾孝序奏：「江寧府界，夏秋相繼亢旱，民間高田一例不熟，諸縣人户例皆訴旱。」已差官檢放，向去必大闕食，決至流移。除已出糶常平米穀，稍平物價，及依條措置賑濟，準備將來貸給外，契勘民間種田稻種，每歲於收成之時，各據地段廣狹存留，準備春種。今既歲旱，不足以充口食。欲將常平司見存諸色錢、諸司封樁錢趁時收糴稻種，候將來春種，出糶與力田之人。不惟抑兼并厚邀高價之弊，庶使被災下户來歲無曠土之患。或人户無錢趁糴，有情願借貸之人，仍許官司量度逐户田畝、稅數多寡借貸。並依常平斂散之法，候秋熟先次帶納，庶幾稍寬民間嗣歲之憂。』詔依所奏，疾速施行。

四年二月一日，提舉京西北路常平等事韓嚮奏：『比年累降朝旨，令諸路提舉司加倍收糴，及增例折納斛㪷封樁，於沿流處計置起發，或朝廷特降指揮別作支用。竊謂常平等錢，本以視年谷豐凶，散斂糴糶，以平物價而抑兼并。今將糴折到斛㪷起發支用，深恐常平錢日朘月削，非立法之本意。欲應提舉司錢物糴折斛㪷更不封樁起發，依舊存留本路，庶無妨闕。』從之。

六月二十三日，户部奏：『常平錢物，非緣役事輒用若佗司陳乞借支者，前後敕條申明，非不詳備，蓋以示天下，使曉然知之，又以示他司無復借用之理，形之詔書，發乎宸翰，委曲丁寧，固宜有司所當虔奉。而比年以來，復有官司陳乞借用，乃曰不以諸般違礙，仍免執奏，又有權免再得旨奏知不行者。如此類非一，條法殆爲虛文。今罪法非不重，禁約非不明，尚欲申嚴，無以加矣。欲乞詔自今官司尚有陳乞或借用者，請依條執奏不行外，仍許本部關報御史臺彈劾以聞。』從之。

政和元年三月十一日，户部奏：『諸路常平斛斗，本以待斂散賑濟之用，法禁擅支甚嚴，比來州縣往往擅將支用。欲乞自今來指揮到日，州縣如有擅支常平錢數等物，責限十日，經常平司自陳，依前降指揮特與免罪，從本部量多寡責限撥運。限滿不自陳，並仰提舉司按劾以聞，仍依擅支法罪，貴有以懲誡。』從之，仍限一季撥還。

二十一日，臣僚言：『常平錢物擅支借、移動，禁約甚嚴。近京西漕臣違法申請借撥，若不禁止，一路不已，徧於天下，侵蠹之弊，可勝道哉！乞詔三省務遵成憲，如違，御史臺奏劾。』從之。

十二月十八日，前知汝州慕容彥逢奏：『常平之法，唯納欠多寡最見推行之實。欲乞應散斂常平錢穀，逐歲於令佐印紙内批書納欠分數，候三考滿日，別立殿最之法。庶幾知所勸沮，罔或偷惰。』從之。

三年五月二十八日，詔：『逐路提舉司所糴二麥功倍斛㪷，，並收買綿帛合用本錢，若取撥封樁錢不足，許用本司不係封樁錢貼數收買，即不得有妨歲計。支用錢依已降指揮。餘路依此。』

七月十七日，河北東路提舉常平司言：『承朝旨，諸路今歲二麥收成，當乘時取撥諸色封樁錢加倍收糴。仍於常平所糴一倍上更加一倍，約計合糴十六萬餘碩。訪聞二麥不可久貯，若少候秋熟，收糴粟豆，委得經久。』詔依。餘路更有似此去處，依此。

五年七月二十四日，詔：『人户青苗錢折納到斛㪷，逐路常平司係帳收管。其餘斛斗，提刑司封樁。』

八月二十日，尚書省言：『勘會今歲秋苗大豐，竊慮一併上市，價賤傷農。』詔：『諸路豐熟州軍，令常平司將諸色積欠錢物見合催納者，並許依在市價直用斛㪷折納，只就本處倉送納，每月具數申尚書省。如願將未合催舊欠亦行折納者，仍於市價上增一分，並不得抑勒。』

六年正月二十日，詔：『提舉司折納斛兑糴到價錢並歸提舉司。其提刑司封樁指揮一節更不施行。餘路依此。』

二十一日，臣僚言：『常平之法，天下之利，而比者州縣憚于出給文移之勞，雖遇穀貴，不即經畫出散，及朝廷訪聞，亦已後時。乞令州縣常斟酌民間闕食，隨時賑救。仍令常平司具有無出糶申户部，以考勤惰。』從之。

十月二十七日，詔：『常平錢物充俵散賑貸并雇役支酬之費，豈可輒將他用？有司妄行劃刷，全失旨意。自今如奉御筆并除本司支用外，方得取撥。違者，以違御筆論。』

七年十二月十八日，手詔：『應日前諸路他司借支常平錢物，並特除破，與免撥還。今後仰遵守元豐、紹聖勅令，敢有陳乞借用者，以大不恭論。』

宣和元年六月二十一日，詔曰：『神考常平之政，以年之上下制穀價，以歲之豐耗爲興積。儲蓄盛多，兼并無所牟大利。比年官失其守，他司殆用殆盡，糴本既竭，儲蓄一空，利歸兼并，民受其弊。仰諸路提舉常平司，檢詳前後詔條，令州縣官審度年歲，遇賤必糴，遇貴必糶，不許他司輒有移用。雖奉詔支借，亦須執奏不行。每歲春季，提舉司具前一年部下所糴、所糶及所收息數申尚書省，取旨賞罰。若糴糶失時，及有欺弊，官以違制論，人吏決配千里。』

八月二日，都省言：『奉詔：「常平法，在元豐中，諸司不敢請用，守官者不敢擅支，在處儲積豐盈。比年以來，有司輒行申請，執奏殆成空文，仰三省疾速措置取旨。」今恭依措置：常平司除本司常平錢依本法審度糴買外，仍許將本司管朝廷諸色封樁錢、免役、坊場剩錢，並樁留舊雇耆、户長、壯丁剩錢，除合用數外，並應副乘時計置收糴。其糴到穀，並依元窠名樁管。遇本司常平斛㪷闕用，即許逐旋以常平錢依元糴價樁錢兑撥。今後官司有擅支過錢物，按察、檢點官到，輒移兑或改易敖庫牌額、妄指別色錢物應數者，加本罪二等。按察、點檢官知而不舉，各與同罪。諸州縣如有違犯者，委廉訪使者按察以聞。他司破條宛轉因事陳乞支借移用，雖奉特旨，亦執奏；如再得旨，奏知方行。違者，以違制論。』詔依擬定。

十一日，詔：『常平提舉官任非其人，法令日以弛廢，比覽奏牘，有一年之間，一縣拖欠常平、免役、坊場等穀錢至數萬貫碩，並逃亡詭名、失陷本息者，不可勝計。或人吏冒税户姓名，未納拖欠；或當職官容縱知情冒請錢穀，以新蓋舊。如此甚衆。其前項違法官吏等，中書省候案到，將上取旨，重行竄責。仰諸路提舉常平官徧行取旨，點檢違法廢令去處，按劾以聞。具所部有無拖欠及失陷本息，今後給納俵散。如申狀不實，若公吏人并命官之家詭名、假冒卑幼私請，並兩經倚閣，或年終有欠，輒行給散；若公吏人緣給納受乞；或將新蓋舊，抑勒留難：一切違法，當職官及主管官不檢察，提舉官不按劾，仰漕憲並廉訪使者互察聞奏，當議重行黜責。仍許人户越訴。』

先是，臣僚言：『神宗皇帝理財之政，莫大于常平之法。比年借支擅用，舊積、糴本既以兩耗，又吏緣爲姦，邀阻百端，民不肯市。去年諸路水災，常平司錢穀遂不足以賑救，致截撥上供。望申戒諸路提舉常平，檢詳前後詔條，舉行如初。歲歷所部，精功稽察，繕修倉廩，本錢欠闕，那移應副。州縣官常切依法審度糴糶。其糶兑不行處，依法相度，革邀阻之弊，使民樂市，毋令兼并復擅厚利。仍每歲縣以舊積所糴收息各若干數申州，州申提舉司，提舉司類逐州數申户部，户部總天下數申尚書省，尚書省度大小，以最多寡處取旨賞罰。』故有是詔。

二年三月十三日，户部侍郎虞奕等奏：『常平封樁錢物，本以待朝廷支用。昨緣諸路侵借，總計七百餘萬。大觀二年八月二十二日，詔立限十年撥還。今年限已滿，所還未及三分之一。欲將大觀二年八月已前限滿未還之數，自今年爲始，再限五年均還。其追欠約束，並依已降指揮施行。』從之。

八月二十四日，詔：『諸路今歲豐熟倍常，令常平司依條廣行收糴。』

三年九月二十四日，手詔：『常平之法，所以惠天下、垂後世，其澤甚厚。自熙豐迄今五十餘年，財用之在有司者，詔令具存。比年官失其守，侵耗殆盡，時有水旱，民或流亡。則截上供、發内帑，常平所積殆闕如也，甚非熙豐之旨。如潼川路昌州，失陷常平錢一十三萬。儻諸州類此，則所失豈可勝計？除已行根治外，仰諸路常平提舉官攷究見在實數，或官司移用，開析聞奏。』其後，

四年十二月十一日，提舉潼州府路常平鄭庭芬等具常平見在錢物等四十六狀並五冊聞奏。詔曰：『前違法侵支、移兑、拖欠、失陷等，並他司借出錢物，並限一月改正，追理撥還，内轉運司限一季。未得歸著數日，令常平司疾速根究。見緣違法等取勘去處，疾速取勘，依條施行。其不可存留之物，變轉出賣。抵當下誥勅、度牒，立限收贖，不管占壓本錢。民間見欠錢物，依條催理。如常平官奉行違戾，當依重行黜責。』

五年八月四日，詔：『常平係熙豐成法，不可加損。今後官司妄有申請，意在侵漁，令户部按劾以聞。』

六年閏三月十六日，新差提舉河東路常平林積仁言：『欲天下州縣每歲散常平錢穀既畢，即具所請姓名、數目揭示，逾月而斂之。庶使人户徧知，苟爲假冒，得以陳訴。』從之。

七年二月一日，詔：『二麥將登，仰諸路新除常平官，以封樁錢廣行收糴，仍具所糴及價以聞。』

六日，太宰白時中奏：『臣竊以常平之法，元豐成憲，比歲以來，任非其人，官失厥守，侵紊隳廢，浸失本旨。或並緣爲奸，謂如詭名冒請、官吏同爲侵盜之類。或倚公市私，謂如以本司錢物獻納之類。或名色混殽，用成侵蠹，謂如諸司錢物裒同收貯，致有侵用之類。或徇情假貸，致有失陷，謂如諸司私相那用之類。或散斂無實而本息交廢，謂如州縣散斂，轉息爲本之類。或檢察無方，而名實代易，謂如州縣、監司點檢，以有易無，互換諸司錢物之類。遂使良法善治殆成虚文。願詔執事，覈散給之實，嚴執奏之令。參稽本末，灼見穀弊，講畫措置行下，申之以告誡，勵之以賞罰。庶幾前日成效，漸可追復。』詔送講議司相度取旨。

六月十六日，詔諸路豐熟州縣，令提舉常平司據合催今年夏料常平錢物，

並依價加一分，取人户情願。折納亦依此施行，不得輒有抑勒。每月令逐州具數申尚書省。

又《義倉》 乾德三年三月，詔：『比置義倉，以備凶歲。若上言待報，則恐乖軫恤。自今人户欲借義倉粟充種、食，委本縣具災傷人户申州，州即處分，計口賑貸，然後以聞。仍令及時止依元數送納。至時如别有灾沴，亦當更與容限。或人户衆多，義倉賑貸不足，亦具奏聞，别發廩充給。』

四年三月，詔：『朝廷比置義倉，以恤百姓，蓋防歉歲，用賑飢民。訪聞重疊供輸，復成勞擾，俾從停廢，以便物情。其郡國義倉並罷之。先有乞限送納者，並從之。』

太宗太平興國七年二月八日，詔：『廬州管内民所逋義倉米萬七千二百四十碩，特貸之。』

八年正月，宋州言：『宋城縣民自周顯德元年所給義倉斛㪷，已經二十餘年，見今督納，民實不逮，率多逃移。欲望與限，至夏秋熟日送納。』詔並除之。

淳化五年十月，令諸州惠民倉故穀，遇糴稍貴即減價糶與貧民，人不過一斛。

真宗咸平二年十月，庫部員外郎成肅請於福建路置惠民倉，從之。先是，三司言福建不須置倉，肅以遠俗尤宜存恤，故有是詔。是月敕：『先詔諸州惠民倉，如在市斛㪷價高，人户闕食，速具聞奏，當差官往彼減價出糶。深慮申奏遲延，自今止委知州、通判、幕職官吏互監開倉，比市價減錢，零細出糶。』

咸平二年十月十七日，詔：『令諸路轉運司，管内有惠民倉處，豐熟則增價以糴，歉則減直而出之。』

仁宗慶曆元年九月，詔天下立義倉。先是，判三司户部勾院王琪言：『自景祐以來，嘗言方今之宜，莫若自第五等户以上，於夏、秋正税外，每二碩别納一㪷，隨常賦以入。若遇水旱，但正税得減，則更不輸。各州於邑擇其便地，别置倉以貯之，領於本路轉運使。今天下大率取一中郡計之，夏秋正税粟、麥之類，且以十萬碩爲率，則義倉於一中郡歲得五千碩矣，矧天下所入之廣乎！使仍歲豐登，則積如京坻，不可勝計矣。明道中最爲飢歉，國家欲盡貸飢民，則兵食不足，故民有流轉之患。是時兼併之家出數千碩粟，即稱爲官吏。是豈國家以官爵爲輕歟，特愛民濟物，不獲已而爲之爾。與夫乘歲之豐，收羡餘之入，於天下之廣，爲無窮之利，豈不大哉！且自第一至第二等兼并之家，占田常廣，於義倉則所入常多；自第三至第四等中、下之家，占田常狹，於義倉則所入常少。及其遇水旱，行賑給，則兼并之家未必待此而濟，中、下之室實先受其賜矣。損有餘，補不足，實天下之利也。』事下有司，會議者多異同而止。至是，琪復上前所議，而仁宗爲特行之。

二年正月，詔天下新置義倉，止令上三等户輸之。

五年七月十六日，知揚州韓琦言：『近詔罷義倉，所有斛㪷若便撥入官倉支遣，即恐未副朝廷立義倉示民以信之意。所有斛㪷，乞下諸處據數撥與常平倉附帳，别作一項樁管，或遇水旱災傷，即賑濟貧民。』從之。

皇祐五年七月九日，詔：『荊湖南、北路災傷州軍所將義倉米救濟。訪聞司農寺卻令理納，甚非朝廷振乏之意，宜特與除破。』

神宗熙寧二年七月二日，御史錢顗言：『陳汝義任京東轉運使日，以羡餘貢奉爲名，官吏希望風旨，尚行暴斂。如去年勸誘糧斛入官，以備河北流民，而多不支散；齊州科配義倉，取數太多；曹、濟州諸縣又令耆長代納，民何以堪？乞下京東路，除二税外，權倚閣諸逋欠，以候豐年。』詔廢義倉，已納者並給還之。

十年九月十六日，詔開封府界提點刑司，先自豐稔畿縣立義倉之法。

元豐元年二月五日，提點開封府界諸縣鎮公事蔡承禧言：『義倉之法，今率之以二碩而輸一㪷，至爲輕矣。乞今年夏料科税之始，不煩中覆，悉皆舉行。』詔府界諸縣並依已行《義倉法》，仍隸提舉司。

六月二十四日，詔京東、京西、淮南、河東、陝西路，依開封府界諸縣行《義倉法》。仍以今年秋料爲始。先以將作主簿王吉言：『去歲詔講復義倉，試於畿邑，已不擾而行。欲乞於豐稔路，委提舉司勘會省税、常平、免役錢穀欠閣共不及三分處，先推行。庶幾數年之間，即見成効。』故有是詔。

十月十八日，權發遣興州羅觀乞頒義倉法於川峽四路。從之。

十二月六日，詔：『應鄉村民願以所納義倉糧别鈔就便納縣倉者，聽。』從知管城縣趙燮請也。

十五日，詔民納税不及㪷者，免納義倉。

二年二月五日，詔威、茂、黎三州罷行義倉法。初，興州羅觀乞置義倉於川峽四路，許之。既而成都府路提舉司言：『威、茂、黎三州，夷夏雜居，税賦不多，舊不推行新法，歲計、軍儲皆轉運司支移蜀州税米就輸，及募人入中，恐不可置義倉。』故有是詔。

十二月二十八日，詔雅州榮經縣依茂、威、黎三州免輸義倉米。蓋以所領户雜蕃夷也。

八年十月十六日，詔罷義倉。其已納數，遇歉歲以充賑貸。

哲宗元祐八年五月一日，監察御史黃慶基言：『朝廷覆育海内，無有遠邇，一視而同仁。至於捄患卹災、欲民無失所之歎者，尤加意於賑濟。故比歲淮甸旱，倉廪不足以給民，至以上供綱運米賑之。前年浙西水，本路歲計不足，致使江西、湖北運米以濟之，所費無慮數百萬。然而不惜重費，以濟一時，不若修舉良法，以垂惠於萬世。蓋義倉者，良法也，始自隋長孫平建議，元豐間而先帝復行其法，以爲隋唐取於民太重，慮民不堪其求，於是納苗米一碩者輸義倉米五升，可謂至薄矣。夫樂歲粒米狼戾，雖多取之不爲虐。又況納苗米一碩，止輸五升，固非重斂也。蓄積稍豐，或有水旱，則所至倉廪自足以濟民矣。臣去歲道過太平州，見飢民甚衆，而無流亡溝壑者，蓋猶有當日義倉所積之米足以賑濟故也。又聞蘇、湖之民雖蒙朝廷運米以濟之，然飢者朝不及夕，往往不得霑上之惠，而殍殕者多矣。乃知義倉誠天下之良法。今其條制具在，望自今歲復行。』詔令户部詳度。

紹聖元年閏四月十六日，侍御史虞策請復置義倉。三省言：『舊行義倉法，上户苗税率一碩出米五升。』詔除廣南東西路外，並復置義倉，自來歲始，放税二分以上，免輸。所貯義倉米，專充賑濟。輒移用者論如法。

徽宗政和元年正月二十二日，臣僚言：『《元豐義倉令》，計所輸之税㪷納五合。」《大觀勑》：「應豐熟計一縣九分以上，增爲一升。」乞罷所增之數。』詔依元豐、紹聖法。

七月六日，户部言：『立到「諸義倉計夏秋正税穀數，無正税穀處，物帛之類折爲穀者，准此。每一㪷别納五合，同正税爲一抄，不收頭子、腳剩錢」，及「民限當日交入本倉。出剩通正税盤量都數紐計。即正税不及一，並本户放税二分已上及孤貧不濟者，免納」等條。』詔依。以臣僚言：『省倉遇納到正税米，不即分撥義倉，轉運司多以闕乏，隨時支遣。欲於紹聖本條内，增條「過一日不撥，監、專杖一百；二日，加一等，罪止徒一年」，及「因而他司移用，並依已降指揮，依擅支法施行」。』詔令户部立法故也。

二年五月二十五日，提舉京西南路常平等事范域言：『《紹聖常平免役令》：「諸納義倉穀而税應支移者，隨税附旁送納。仍准數以本處省税穀對換。無税倉處，截留下等户税。」近年轉運司多將省税量度闕剩，更互支移非要便縣分，契勘逐縣每料合納義倉之數，並依無税倉例，截留下户税，使就本處送納。伏望下有司立法。』詔令户部立法。

宣和二年三月十六日詔：『義倉本以待水旱。頃歲諸路災傷，有司便文自營，並不陳乞通融支用，截撥過上供年額米斛數多，致闕中都歲計。可將京畿東路、江南東西、兩浙、荊湖南北路見在義倉穀數，留三分以待本路支用外，餘並令逐路提舉常平、轉運、輦運撥發司官同共計置起發上京，補還截過上供額米斛，免執奏。内不係沿流州縣措置移那，並限至今年十月終盡數到闕。係御筆處分。如敢執占，以稽滯御筆論。逐司官先具措置般發次第聞奏。』

七月七日，臣僚言：『近降指揮，京畿見在義倉穀留三分以待本路支用，合起七分義倉斛㪷三十六萬餘碩，内除沿流及中牟、鄭州合起十二萬碩兑與本路轉運司支用，并沿流尚有二萬餘碩可以兑那外，不係沿流去處，並合用車乘般載赴闕。訪聞合起州縣，並科配民自備車乘、人畜起發。又義倉久積之穀，起發斗面必須大段虧少，至此却科斂取足，必致大困。伏望依近降指揮，兑與京畿運司，令充逐處係省支用，却將兩浙等路起赴本路額，據數支撥至京卸納。州縣合起義倉數，既已兑充本處係省支用，合將賦税依法支移，遞攢補填。』詔依前奏，疾速行下。

五年四月十三日，成都府路轉運司言：『奉詔措置糴米賑濟事。本路自淳化間民艱食，未有出糶常平、義倉賑濟之法，遂糴省倉米五萬碩。今價稍平，民無闕食。如遇米貴，乞將常平、義倉米減價出糶，歲稔，糴以補之。候本司歲計有餘，依舊支糴省倉米。』從之。

六月九日，詔：『自今諸州供申義倉並二税納畢帳，並立項開説逐縣、通計一州豐熟分數。』

六年正月二十六日，京畿轉運司言：『京畿七分義倉穀苗起發上京，約一十萬餘碩，往往不係沿流縣分樁管。欲依宣和二年七月七日已降指揮，並兑宣和六年分歲額。據取過斛㪷，却於淮、浙起赴京畿宣和六年分歲額内，令逐路一面如數依限綱起發上京。』從之。

五月七日，詔：『義倉積穀，本以備賑濟，著在元豐成憲。昨令所在存留三分，非唯見在之數不多，兼終違神考立法本意。今後義倉，並依《紹聖常平免役令》唯充賑給，更不得起發赴京。』

六月二十八日，提舉京西北路常平等事李與權言：『欲今後轉運司科撥訖，限一日關報常平司；逐州承轉運司科撥，本州分科下逐縣訖，亦限一日申提舉常平司，庶可檢察義倉斛㪷。』從之。

七年五月八日，軍器少監呂源言：『信州額理秋苗一十萬八千餘碩。若每㪷納義倉一升，歲合理義倉一萬八千餘碩，其義倉帳只理納到六千餘碩。自宣和元年至五年，實收義倉穀共二萬二千餘碩。饒州去歲人户有納正稅三二十碩，卻只納義倉三五斗。而本路州縣，其間有只行催理正稅，不曾依條同爲一鈔輸納，往往獨欠義倉。欲申嚴條法，將今來所陳行下諸路，依此檢察，免致失陷，於常平司賑給之費不爲無補。』從之。以上《續國朝會要》。

高宗紹興二年十二月七日，臣僚言：『常平租課，願納價錢者聽。此紹聖成法也。省部令監司不得折納價錢，於是監司執省符催納本色。一旦盡催本色，剗刷積年逋欠，亦不許納價錢，則困民甚矣。願詔省部、監司遵守成法，庶幾州縣奉行，不致違戾。』詔常平租課折納價錢。

五年四月十六日，詔令江南東西、兩浙、福建諸州軍守臣各行體度本處米價，如是騰踴，仰將見在常平米斛依條出糶。候秋成日，却行收糴撥還，依舊樁管。仍令常平司拘收。

十月九日，三省言：『湖南、江西歲旱，田畝灾傷，自今秋成之際，民間已是缺食，恐至來春大飢。欲令常平司多方廣糴，以備賑濟麼。』上曰：『朕聞江、湖歲歉，夙夜爲憂。常平法自漢以來行之，乃是救荒之政。自祖宗專用義倉賑濟，最爲良法。比來多有失陷，可降指揮申飭有司稽考之也。』上又曰：『江西、湖南歲歉，恐來春艱食。雖已廣糴以待賑濟，可更令監司、守臣勸課種麥，庶來歲有以接濟飢民。仍更丁寧，示朕夙夜念民疾苦之意。』

同日，殿中侍御史王縉言：『近年以來，常平中罷，而義倉之法亦名存實亡。官司借兑支遣，例皆不即撥還。其有支移、折變去處，更不收納，一有水旱，飢民流移，官司何以賑給？欲望申嚴義倉之法，應州縣納到米數，並別敖樁管，不得擅有支動。其有支移、折變及就便輸納去處，並通計一縣合收之數，截留下户苗米，於本縣送納。上户折變數多，願就納本色者，聽從便。庶幾有以備水旱之變，無坐視流移之患。』詔令户部限一日勘當，申尚書省。

六年三月五日，詔：『荊湖南路所起諸州縣減下吏人雇食錢，權暫裁留作本，添助趁時廣行糴米，以備賑濟。候將來出糶到價錢，依限起發赴行在送納。』從之。先是，詔令本路將前項錢變轉輕賫，發赴行在。至是，本路言潭、衡、永州灾傷，見措置賑濟。故有是詔。

七年九月二十二日，明堂大禮赦：『勘會人户遇災傷，缺乏種、食，依常平法，許結保貸借常平錢穀，限一年隨税送納。內有委實貧乏無可輸納人户，理合矜憫，可令諸路常平司行下所屬州縣，逐一取見紹興七年正月一日以前應未輸納錢穀，內委實貧乏、無可輸納者，仰本司審驗詣實，開具所欠數目，保明申尚書省，取旨蠲免。』十年九月十日明堂，十三年十一月八日、十六年十一月十日、十九年十一月十四日、二十二年十一月十八日、二十三年十一月十九日、二十八年十一月二十三日南郊，三十一年九月二日明堂，並同此制。

九年七月二十三日，臣僚言：『國朝盛時，府界、諸路所積常平、義倉米幾千五百萬斛。天災代有，民無流離餓殍，由有備也。艱難以來，用度不足，或取以給軍須，至於州縣他費，因以侵用，比年往往銷費殆盡，甚乖祖宗憫人恤灾之意。今日經制，議者止謂盡行經畫，以應支遣而已，至於察其豐凶以謹散斂；勸其貯納以待賑給，未之聞也。太抵有司務紓目前之責，不思久遠之計，遂指言者無事預備之言以爲迂緩。不幸一有二三千里水旱蟲蝗之憂，言之何及！謂宜准舊制，更加修明侵移擅用格奏之令，使祖宗恤民備災之政不寢於聖代。』詔令户部檢坐見行條法，措置申嚴行下。

十二年五月二十三日，詔：『衢州米貴，細民不易。將義倉米置場出糶一萬碩，具實價供申朝廷。并户部不得容令合干人作過，低估虧本，計會占糴，不及細民。仍令浙東常平司檢察施行。』從本州所請也。

十三年五月二十五日，户部言：『西州軍米貴，逐處義倉米見在數多，欲令各處取撥一萬五千碩，量減市價，委官出糶，務要惠及細民。仍委轉運、常平司勸論兼并之家，無得邀價閉糴。』從之。

十五年五月十三日，大理寺丞周楙言：『頃因臣僚建言，諸道有生子不舉者，屢勤詔旨，申嚴勸誘，纖悉備至。應貧乏家生男女不能養贍者，每人支錢四千，于常平或免役寬剩錢內支給。雖帝堯之嘉孺子，文王之保小民，莫過是也。切聞之，州縣免役寬剩錢折收微細，生民至多，豈能賙給？陛下誠欲實德及民，莫若量發義倉之粟以賑之。所在義倉，隨苗輸納，不許出糶，陳陳相因，至有紅腐而莫敢移用者。歲率一路發千斛以活千人，以諸路計之，一歲所全活者，不知幾何人也！此令一行，民被嘉惠，仰荷君父之恩，俯篤天性之愛，將見餘風曠然不變，人樂有子矣。』詔令户部措置，申尚書省。户部言：『乞下諸路常平司，依今來臣僚奏請事理，行下所部州縣，遇有下等貧乏人户生產男女，即時於見管常平、義倉米内每人改支米一碩。内鄉村去縣稍遠處，委本縣措置，將義倉米準備支散。務要實惠貧弱，無令合干人作弊阻節，減剋入己。若稍有滅裂違戾去處，按治依法施行。』

八月二十六日，權户部侍郎王鈇言：『江東西、湖南路今歲雨澤霑足，年豐米賤。若不趁時收糴，無以備水旱緩急之須，亦有傷農之患。欲令諸路常平司，將諸色錢除留歲用外，盡行取撥，委官措置，趁時收糴，別項樁管。』從之。

所十八年閏八月二十八日，御史臺主簿陳夔言：『伏親《常平令》，歲十月州縣籍民之老疾貧乏不能自存凡與乞丐者，廩給之，至三月而止。而州縣之吏，去朝廷稍遠者，往往類不知奉行。孟冬之月，未嘗檢察老疾、乞丐之人而籍之，不過行移文書，以應格、令而已，所謂日給之米，乃或移之他用，或糜於侵盜，豈不上負陛下之良法美意哉！欲乞睿斷，專責監司常切覺察，有敢因循，重寘典憲。』上因宣諭曰：『義倉之許，其來尚矣，所以備凶荒、水旱，救民於艱食之際，誠仁政之所先也。訪聞比年以來，州縣奉法不虔，或侵支盜用，而監司失於檢察；或賑濟無術，而僻遠窮困之民，不得均被其惠，非所以稱朕矜恤元元之意。宜令户部措置。』户部言：『乞檢坐見行條法，申嚴行下諸路常平司，約束所部州縣，恪意奉行，依時給散，務要實惠貧乏、乞丐之人。仍仰本司常切覺察，如有似此違戾去處，按治依法施行。仍令諸路提刑司更切覺察施行。』從之。

二十年九月一日，上諭宰執曰：『國家設常平倉，正爲儲蓄以待水旱賑濟。宜令有司以陳易新，不得妄有侵移。若臨時措畫，假貸積穀之家，徒爲虛文，無實效也。』

二十二年正月二十一日，大理評事莫蒙言：『州縣間常賦秋苗、義倉，官耗各有定數，而受納官吏往于額外別立名色，謂之「加三收耗」及「腳耗」之類，民户受弊，至有納一、二倍纔及正額者。其多收在官之數，止資官吏侵盜欺隱。乞令有司檢坐條法行下，每遇受納，揭示民間，許令越訴。仍令監司、郡守常切覺察，如有違戾，按劾聞奏。』從之。

二十四年九月四日，監登聞鼓院曹紱言：『常平之法，肇自前古，迨及聖朝，嘉惠元元。其出納之方，尤切注意：米賤則斂之於官，貴則散之於民，使農、末皆利而國用益裕，是堯、湯先具之備也。今者時和政協，歲已告豐，視向日新陳未接之際，其價益平。然能因天之所與以利于下，實甚盛之舉歟。欲望明詔有司，俾令州縣及時廣糴，使倉廩充實，異時用以賑貸，則下民永無乏食之患。』詔令户部措置，申尚書省。其後户部言：『乞下諸路常平司，嚴切行下所屬，遵依見行法條及已降指揮施行，毋致稍有違戾。如本司不切檢察，即仰漕、憲司按劾施行。』從之。

十月三日，三省言：『諸路州軍今歲豐熟，間有高田旱傷去處。』上曰：『令常平司措置通融糴糶，務令兼濟，毋致失所。』

二十六年二月二十五日，國子監丞徐時舉言：『切觀自祖宗立常平之法，穀賤則增價糴之，不使傷農；穀貴則減價糶之，不使傷民。本末不傷，公私爲利，誠萬世不刊之典。臣觀今日郡縣，惟常平所積，動盈億萬。然米積既久，慮多陳腐，其一路使者及守倅、法官又以擅移動者獲罪非輕，不敢變易。乞詔有司於新陳未接之前，許將常平所積陳米減價出糶。一則在市米價無緣稍增，二則在倉之米以陳易新，三則郡縣多積，民食不匱。至於秋成，又許據見在錢數，以三分之一增糴新米，嚴爲約束，以絕弊倖。茲亦理財之先務也。』詔令户部措置。其後户部言：『乞下諸路提舉常平司，常切鈐束所部州縣遵依見行條法，仍樁辦本錢。候將來秋成日，廣行收糴米斛，如法收樁，即不得抑勒搔擾。如有違戾去處，本司按治，依法施行。若本司失於檢察，即仰漕、憲司按劾施行。』從之。

四月二十四日，侍御史湯鵬舉言：『祖宗常平條制，萬世之良法也。比者，前司農寺丞王炎輒妄申陳申，乞將諸路州軍見管常平錢盡收糴米斛，起發赴行在；而前兼權户部侍郎鍾世明因此申陳，又令諸路每歲撥積年陳次米斛一十五萬碩起赴行在省倉等處，支遣大軍糧食。臣切見王炎、鍾世明所申，委實耗蓄積之財用，壞已成之良法。若謂以新易陳，則自有條令，州縣自應依法逐歲換易；若謂欲起陳腐之米，支給大軍食用，則深爲不便。乞申嚴有司遵守常平條制，自今以後，不得輒有奏請。王炎、鍾世明小官，敢爾申請，沮壞祖宗之成法，乞賜黜降。』詔依奏。王炎、鍾世明各特降一官。

八月十四日，宰執進呈淮南漕司開具到本路諸州縣米價，其間最賤處，每㪷不下一百二三十文。上曰：『昨聞淮南路米價極賤，朕恐太賤則傷農，故欲乘時收糴以惠民。今具到米價如是，則未須忙。候將來價減，每碩亦不下一千。至時若户部無錢，朕當自支一百萬貫令收糴。』沈該等曰：『陛下愛民之心如此，可謂至矣。』

十月二十八日，尚書省言：『諸路州軍見在常平、義倉米數，切慮日久，因而陳損。』詔令户部行下逐路常平司，將見樁管米先次支遣，卻將今年收到秋苗依數撥還，候省限滿，樁管數足，申尚書省差官前去點檢、盤量。

閏十月三日，尚書省言：『諸路州軍見管常平、義倉米斛，其間有不及萬碩大段數少去處。今來米價低平，合行措置收糴。』詔令諸路常平司相度，將見管米斛數少去處，用作樁糴本錢措置趁時收糴。仍開具合糴州軍及糴到數目申尚書省。

二十七年十月二十一日，户部言：『義倉米依法隨苗輸納，令項樁管，專充賑濟。州縣多不即時據數取撥收樁，或並隨苗赴州倉送納，更不撥還，外縣兼有折納價錢去處。非唯違法，委是有悮賑給。欲令逐路常平司常切覺察，有違戾去處，按劾施行。』從之。

二十八年四月十七日，詔：『每歲春夏之交，新陳未接，諸州自合將常平米依條出糶。訪聞近來有失奉行，不唯不能接濟小民，亦因致陳腐。可令諸路常平司行下州縣，以時量減價錢出糶。其收到價錢，秋成日盡數收糴，依舊樁管。仍逐年具糴糶過數目申尚書省。』

二十二日，上諭輔臣曰：『常平、義倉米，所以待水旱之變，緩急賑貸所不可闕，須委官點檢見在，勿令移易。若不先事預備，臨時科取於民，定成虛文，無補實効。』宰臣沈該等奏曰：『今州縣間往往皆有儲積，其浙東路欲委提舉官審實，具數以聞。』

二十四日，提舉兩浙東路常平茶鹽公事都潔言：『諸路州縣每遇官司減價糶米，其監糶官多是容縱公吏等人詭作小民姓名，過數多糴。伏望行下諸路，凡有此弊，必加以刑。其監糶官吏亦寘于法。則缺食之民悉被實惠。』從之。

七月六日，婺州守臣言：『依准指揮，許撥義倉米二萬碩應副出糶。今將糶盡，乞於義倉米内更撥五千碩，接續出糶。』從之。

九月十一日，權兩浙路計度轉運副使湯沂言：『諸路州縣每歲秋稔，穀不勝賤；曁交春夏，米必騰貴。蓋緣秋成之時，所在不曾措置糴買，兼并之家乘賤收積，以幸春夏邀求厚利。縱州縣賑糶官米，不過及城市百姓。欲望專委諸路提舉司，至歲正二月以後，減價出糶，錢依舊樁還常平庫，遇秋成日收糴。』

十四日，左正言何溥乞命有司討論故實，度户口以制多寡之數，鬻官田以充收糴之本。於是户部言：『常平米依法賑糶，義倉唯充賑給。若擅支借移用，以違制論。蓋緣日前州郡省計不敷，妄以兑易新谷爲名，暗行侵用，常平司並不躬親點檢，兼累承指揮，諸路灾傷州軍，内有常平米斛闕少去處，合撥義倉米相兼賑糶，候秋成補糴。及看詳常平司有拘收到州縣應沒官、户絕等田，除紹興二十年至二十六年租稅已行起發，緣常平司多拘收到人户塲務、抵當、户絕等田產，今欲下諸路常平司行下所部州縣，將紹興二十七年、二十八年所收樁管錢米，取見實數，盡行撥入常平窠名。仍將見今出賣沒官等田產所收價，取撥三分，相兼應副常平糴本。仍令州縣趁時收糴。所有奏乞度户口以制多寡，亦乞下諸路常平司約束施行。』從之。

二十三日，禮部言：『江南西路州縣道觀，多有朝廷撥賜田產，近來至有全無道士去處，其田產盡爲他人侵耕盜用。欲自今更不撥充學糧，令常平司拘收，別項樁管。』從之。

二十五日，三省言：『權户部侍郎趙令詪言：「州縣義倉米遇積壓陳腐，即行出糶。及水旱灾傷，乞檢放及七分，便許賑濟。」宰臣沈該等奏曰：「在法，義倉米止許賑濟，若行出糶，恐失豫備也。」上曰：「逐郡義倉米自有定數，若每歲量糶十之三，樁收價錢，次年依數收糴撥還，亦何至侵損數目？又如灾傷檢放，一州通及七分方許賑濟，飢荒自有高下，必須及七分，則合賑濟絕少矣，飢荒之民，何繇獲濟？卿等可別作措置。」沈該等奏曰：「陛下卹民之念，可謂切至。臣等當遵依聖訓，別擬進呈。」』於是詔令諸路常平司，據州縣所管義倉米，以十分爲率，量行出糶，歲不得過三分。拘收價錢，次年糴還。仍歲具糴過數目申尚書省。』

二十九年六月十九日，詔浙西差司農寺丞韓元龍，江東差平江府通判任盡言，日下前去徧詣州縣，同主管官覆實的確見在常平、義倉米、錢物數，除程限一月，開具以聞。如州縣違慢隱蔽，並許劾奏。仍將侵支、借兑、失陷數目，報提舉常平官措置以聞。諸路並委漕臣准此。先是，提舉浙西常平茶鹽公事呂廣問言：『常平、義倉之法，廣儲蓄以待不時之須，事久廢弛，名在實亡。縱有見存，類多陳腐。主藏之吏不過指廩固扃，執虚券以相授受。蓋緣法禁至重，干連猥多，間有州縣稍有便文去處，時暫受納省米入倉充填元數，假託以新易陳之法，隨手復支，常將一歲米斛抵擬兩司名色。設有支遣，豈不悮事？欲望每路遣官一員，同提舉行檢察，若干係積壓欠折，驗實除豁；若干係近新借兑，責限補還；自餘實若干，嚴切椿管，今後依條對兑，先交新米入倉，方得支撥陳米。又常平錢物，兵火以來，前後因循，至失稽考，今若一旦便付所司，州縣之間輾轉干繫，總計諸路，何啻數千人！又況有逃亡貧乏，無可理償；獄事繁興，徒傷和氣。』故有是命。

閏六月一日，詔秀州崇德縣丞路樗先次放罷。以司農寺丞韓元龍劾樗掌常平、義倉米斛，隱蔽違法，虚作收盤數目故也。

十二日，中書門下省言：『近已差官核實常平、義倉米斛、錢物，今來若便行根究，切慮州縣妄有科借，卻致搔擾。』詔：『令所差官同主管官依已降指揮，先次開具的確見在實數申尚書省；如有借兑、欠折數目，報提舉司措置。内侵欺盗用，候事畢日，類聚申取朝廷指揮。州縣輒敢科擾於民，仰提舉司覺察，按劾以聞，當議重寘典憲。』

七月十八日，司農寺丞韓元龍言：『浙西州縣出糶米錢，其見在庫無慮六十余萬。今歲中稔，乞下常平司官措置，盡數收糴米斛，別廒收貯，不得與舊管及新納到義倉米交雜。或恐逐縣散漫，難於稽考，則併於本州收糴椿管，不得妄行科擾，及有侵隱移兑。稍有違戾，重作施行。』從之。仍令浙西常平官措置，具接續收糴數目申尚書省。

八月三日，祕閣修撰、兩浙路轉運副使錢端禮言：『近者支降錢本，廣行收糴。監糴之官，次第立賞。措置經畫，全在守倅，乞應諸州收糴先次數足者，許令具守倅姓名取旨；如或慢令弗虔，亦乞具不職官吏以聞。』又言：『常平米斛，前此州縣多行侵用。今來朝廷支降本錢收糴，即合如法收貯，別項椿管。欲望預行戒約，如敢移易兑借，並依違制科罪。若向去積年陳次，即仰具申朝廷聽旨，許將苗税米以新易陳，免損蛀之患。』並從之。

十一日，詔令淮南東西路常平司，將見管常平錢盡數取撥，委官置場，趁時收糴。如人户情願中糴稻穀，仰本司以三分爲率，收糴一分，於沿流州軍椿管。仍逐旋具糴到數申尚書省，即不得科配民户，卻致搔擾。

二十六日，中書門下省言：『州縣義倉米，係合隨苗送納，往往抑令別鈔，又行收耗。』詔令户部申嚴約束，仍多出文榜曉示。如違，許民户越訴。州縣委監司、漕司委户部按劾，取旨重作施行。

十二月五日，臣僚言：『欲望特降指揮，將浙西路自紹興二十三年以前應合追理少欠常平米斛、錢物，委當職官驗實除放。其二十四年以後者，分立近限追理。限滿，則選差清强官覈實。稍有違慢，重寘典憲。』從之。

三十一年十月六日，詔令兩浙、江東西、湖南路常平司，委官分詣所部州縣，據見管米數子細看驗，分爲上、中、下三等，各具色額及有無不堪之數，限五日開具申尚書省。

十三日，守殿中侍御史杜莘老言：『朝廷近收兩淮、湖廣等路常平、義倉米，委官覈其實數，令逐處椿管，應副不測使用。望特降指揮，令四川漕臣將諸州軍常平、義倉米數，差官往諸處點檢覈實，日下椿管。』從之。

紹興三十二年十一月十四日，孝宗即位未改元。臣僚言：『伏親近日於淮東、西總領司各椿苗米一百萬碩，備宣撫司移屯支用。内發浙西常平米一十三萬二千餘碩往淮東，撥江東常平米三十七萬四千餘碩往淮西。竊惟常平一司，蓋以備水旱、盗賊緩急之用。今浙西一路所管雖號三十七萬二千余碩，江東一路所管雖號九十七萬一千餘碩，然而積年陳腐，及移易、借兑、耗折、侵欺之數殆居其半，一旦三分取一，兩路所積，幾無餘矣。間遇水旱、盗賊之變，將何以爲備乎？望詔二三大臣諭户部長、貳別行措置，應副椿積。』詔户部看詳。已而户部申：『乞於兩浙漕司和糴米撥一十三萬二千餘碩赴淮東；江東、西漕司和糴米並江西上供米、建康中納米九千碩共三十七萬四十餘碩赴淮西，充椿積米。其江東、浙西常平米，更不取撥。』從之。

十二月十日，福建常平司言：『比本路糴過常平、義倉米一十一萬六千三百餘碩，收錢二十五萬餘貫。已委官置場收糴，準備賑糴。』詔：『福建見管常平、義倉米尚多，將糴到錢貫，於内撥十萬貫措置收糴，其餘錢十五萬貫，專充本路州軍添招五分弓手錢。』

孝宗隆興元年十二月二十五日，詔：『臨安府近緣河道淺澀，客米興販未至，深慮民庶艱食。可將本府見管常平、義倉米減價出糶。其糴到價錢，不得妄用，候秋成日旋行補糴。』從中書門下省請也。

二年二月二十七日，敷文閣待制、知台州趙伯圭言：『本州闕雨日久，二麥未熟，米價踴貴，細民艱食。依已降指揮，見管常平、義倉米賑糶。竊慮貧民艱得見錢，欲特量行賑借第四等已下貧乏之户，候秋成日，依元借數隨苗償官。』詔依。自餘灾傷州郡依此施行。

乾道元年三月六日，臣僚言：『比因户部申請，請將會子一百萬道兑起諸路常平錢一百萬貫，卻於會子上批鑿「不許支用」，是致諸路常平司取應干錢物盡數起發，無復見存。或遇歉歲，賑糶、賑濟之惠何所倚辦？欲乞行下諸路，將户部所降會子且以三分發赴行在，改換批鑿，許充糴本，以爲異時之備。』從之。

四月六日，詔：『去歲兩浙被水州郡民庶艱食，累降指揮，以常平、義倉米減價賑糶，所有糶到價錢，州委通判、縣委縣丞，拘收封樁，不得移易借兑。候秋成日，盡數收糴補額。仍先具見樁錢數申尚書省。餘路依此。』

八月十四日，中書門下省言：『常平、義倉米，舊許州縣以新易陳，緣此多有借兑支遺者。今秋成在即，乞敕諸路提舉常平司下諸州主管官，間有借兑數目，於受納秋米内依數撥還。』從之。

十一月七日，詔福建提舉司具到本路見在常平米九萬九千二百餘碩、義倉米二十九萬五千六百餘碩。令本司契勘，如無陳腐，不須更行收糴。從中書門下省請也。

二年二月二十二日，詔司農少卿陳良弼前往浙東點檢常平等倉。於是良弼言：『被旨點檢浙東常平米，所至州縣合抽摘盤量，若就用當處斗級，慮難機察。乞於行在省倉見管軍斗指差一名隨逐前去。其州縣有山僻去處，若候歷，切恐往復，徒有煩擾，欲專委諸州主管官日下親往點檢，具詣實明文申。或有侵盜、移易，許將當職官吏姓名按劾聞奏。』並從之。

四月二十四日，陳良弼言：『浙東七州，見樁粳米二十五萬五千四百餘碩，其間已有陳次數目，若經暑濕蒸壞，折欠愈多。其見管糯米一萬一千二百餘碩，即非賑濟、賑糶可用之物。』詔行下本路，須以新易陳，不得損壞官物。其糯米即仰變轉收糴。

二十六日，陳良弼言：『比點檢浙東七州常平倉，其間失陷、借支、壞爛、失收米麥共二十七萬六千二百二十餘碩，並常平錢一萬四百四十餘貫。乞委提舉官遍詣所屬，劃刷係省錢米償納。如所償未足，候受納秋苗日，並盡數償還。』從之。

十一月十二日，臣僚言：『國家置常平、義倉，爲水旱、凶荒之備。近來州縣循習借用，多存虚數。其間或未至侵支，亦不過堆積在倉，緘縢惟謹。初未嘗以新易陳，經越十數年，例皆腐敗而不可食用。乞下逐路常平司申儆州縣，常切以新易陳，無致損壞。仍差官盤量見在實數申奏。』從之。

三年正月十六日，户部言：『諸路歲糴米一百萬碩，權行住糴，節次承降指揮，科撥和糴北場先拋降下未糴現在錢銀，並兩浙運司合樁今年歲額糴本移用錢，及諸路常平剩下糴本等錢，共二百萬貫，令行在並隆興、建康、鎮江府、衡、鼎州置場收糴米斛共一百萬碩，依舊作常平樁管。緣逐路提舉司自承受指揮後，循習住滯，不催督錢數起發，深慮因而過時，有悮收糴。本部今隨宜措置，行在收糴米五十萬碩，鎮江、建康府各收糴米二十萬碩，隆興府收糴米一十五萬碩，衡州收糴米一十萬碩，鼎州收糴米五萬碩，欲將所料糴本錢數劄下逐路提舉常平官、兩浙轉運司，日下計置盡數赴逐處糴場交納。仍各具已催起錢數申尚書省。』從之。

十二月九日，户部侍郎曾懷言：『諸路常平、義倉米見在者，總三百五十七萬九千餘碩，並錢二百八十七萬一千餘貫。除兩浙東西、江東西、湖南北、廣東西、福建、成都、潼川府、利州路樁積米並已有餘外，有淮東西、京西、夔州路雖有見管，各不過一十萬碩。乞委逐路常平官，將見管將錢於管下州軍依市價收糴。以所糴米通舊管均撥諸州，準備水旱支用。』從之。

二十二日，徽州言：『近緣雨水霖潦，禾稼損壞，米價踴貴，民庶闕食。乞於本州見管和糴、義倉米取撥一萬碩賑糶糶：原作『糴』，據本書食貨六二之四二改，將糶到價錢拘收，不得移兑。候來歲秋成日，便行收糴，務要依元撥數及依舊窠名樁管。』從之。

同日，詔諸路提舉官常切點檢常平、義倉，毋致侵移，及不得虚樁數目。仍于歲終具當年所納併通見在實數聞奏。從中書門下省請也。

四年正月二十八日，臣僚言：『去秋霖雨之久，有傷禾稼。訪聞近日七閩及江浙近地米價漸增，將來必致騰踴。欲望特詔州縣，應有借兑常平、義倉米，仰守臣日下照數填撥，如遇艱食，平價出糶。』從之。

二月九日，權發遣隆興府沈樞言：『去歲江西諸郡類多水潦，而本府諸邑，如南昌、新建、豐城、進賢，被患尤甚。竊料歉澇之餘，民必艱食。本府常平倉米，自累歲賑糶之後，所存無幾。檢照乾道二年八月，户部撥降江西、淮西、湖北路常平錢二十五萬貫，於本府糴米一十五萬碩，就常平倉樁管。近者户部申請行下本路轉運司起發赴鄂州。今欲於十五萬碩中量留五萬碩接續賑糶，候秋成日，却行收糴起發。』從之。

四月二日，臣僚言：『近降指揮，給度牒四百道，下成都府路充糴本，收糴米斛，賑濟飢民。切見成都一路，惟綿、漢州、石泉軍旱傷最甚，飢民日增而未已。提刑司發漢州義倉以賑之。宣撫司助萬緡，制置司亦助數千緡，上户又義助米斛，猶有不繼之憂，然則常平、義食之政，安可忽也！蜀中自成都、漢州之外，常平、義倉之額雖多，而借兑之數不一，甚者但存虚籍，本無儲蓄。或遇水旱阻飢，何以爲計？乞下四路提舉常平檢察樁管，，不許移用。』從之。

五月十四日，詔諸路提舉常平官每歲春季巡歷逐州，點檢常平、義倉，以實數申尚書省。不得仍前虚樁，有悞指準。先是，臣僚言：『常平、義倉行之二百餘年，民受其賜。後緣州郡歲計窘急，移用寖多，既不能還，徒存帳籍。又以專法不許移用，及有陳損，皆不以去官、赦降原免。所以前後官司懼有譴責，互相隱蔽，例不敢以實聞。故虚樁之數，陳腐之弊，積習因循，久莫能革。去歲朝廷劄下諸路提舉官，令諸州於歲終具當年所納並通見在實數聞奏。福建、江東近已申到，止是遍牒州縣取會供具，提舉官即不曾親自巡按，切恐循習之弊未除，虚樁之數猶在。』故有是命。

六月七日，詔諸路提舉常平官督責所部州縣，候秋成日，將人户合納之數依條限拘催，盡實收樁。仍以見管錢依時收糴，不得違戾。及依已降指揮，每歲春季躬歷所部州縣，盤量見在米斛，具數聞奏。從中書門下請也。

二十七日，江西提舉胡堅常言：『去歲部内十一州免於水患者纔三數處，自今春米價踴貴，諸郡賑糶，比市價三分之二。雖今秋得熟，急於收糴以補所糶，恐止及元數之半。而見在米不無積久腐敗不可食之數，爾後或值水旱，何以爲備？乞將一路常平錢除合起發外，盡數收糴。』從之。

七月十二日，中書門下省言：『照對逐路常平司具到乾道三年見在數目内，饒、信、衢三州近緣賑濟支用，却與元數不同，顯是虚樁，有悞指擬。除已別作施行外，尚慮更有似此去處。』詔諸州知、通候今降指揮到，限五日，將本州截日見管常平、義倉錢米，具實數申尚書省。如有虚樁不實，當職官吏重寘典憲。提舉官循情隱庇，亦當一例黜責。

二十四日，臣僚言：『州縣常平錢穀，多有名無實。如近日江西、福建與饒、信荒歉，飢民奪米，幾於嘯聚。蓋常平法弊，遂至於此。今雨暘適時，可望小稔，乞下諸路常平司，將見在封樁錢物，於九月、十月置場收糴。如糴本不足，則那撥別錢以繼之。兼湖南、江西諸郡有常平米積下不曾支遣者數目亦多，恐久陳腐，亦乞令提舉官分撥往常平米欠闕去處，庶易補足。』從之。

二十九日，尚書省言：『信州常平、義倉米，元申帳狀管九萬三千餘碩。今次提舉司申有六萬八千餘碩，及至盤量，止得一萬二千九百余碩，其餘皆是虚數。提舉官李庚到任已及二年，並不檢察，是以闕米，有悞賑濟。知州趙師嚴、通判李桐係乾道三年在任之人，所申帳狀隱庇虚妄。』詔李庚特降兩官放罷，趙師嚴、李桐各降兩官，今後更不得與堂除差遣。

五年二月二日，知寧國府錢端禮言：『常平米雖有以陳易新之法，而州縣涉嫌，官吏不敢移易，年月既深，陳蛀損壞，腐爲塵土。乞今後有上供去處，將見在常平米擇其不陳腐者，許兑撥本年上供，却將收到新米依數樁管。内無上供州縣，聽以陳易新，則常平所貯，歲皆新米，無陳腐折欠之患。』詔諸路州軍將見在常平米先以本州支遣數目以新易陳。若州縣支遣數少，兑換不盡，即依今來所乞，委自守臣審實，以堪充軍食米兑作上供起發，却將收到新米依數撥還，如法樁管。

五月七日，刑部侍郎汪大猷言：『常平、義倉之法，國家行之，最爲詳備。其錢物不得與他司交雜，它司輒乞支移借用者，皆有禁制。自紹興三十一年成閔爲湖北京西招撫使，創行申請軍馬經過州縣，批支券食於義倉米内取撥，自後七八年間，義倉之積耗散殆盡。乞自今出戍軍兵經過州縣所批券米於上供米内支給，不許擅支義倉。如有違戾，必寘之法。』從之。

八月五日，詔：『今後知、通每遇交替，從提舉司取見管常平錢米有無陳腐、侵支、兑用，新舊官連銜結罪，保明申朝省。』先是，湖北提舉謝師稷言：『常平之法，蓋爲水旱之備。歷時寖久，州縣率多侵用，名存實亡。陛下洞察積弊，令逐路提舉官親歷所部盤量，取見實數，責逐州知、通交管封樁，不得侵支，惟許以新易陳，如日前虚申數目之弊，一旦盡革。臣切恐見任之人既經替移，州郡循習舊弊，又擅行借兑，無以關防。』故有是命。

六年九月十三日，江東運副、兼淮西總領張松言：『今歲江東、二浙間有澇旱去處，目今米價已漸騰踴，豈可不預爲備？切見江西、湖南、湖北三路常平倉蓄積充盈，積而不散，多至損敗。不若檢校見存之數，取撥一半轉移江、浙，則常平所移，亡慮數十萬碩。米既富足，民自無飢。』詔江西常平、義倉米通起三十萬碩，湖南常平、義倉米通起一十萬碩，並令發運司措置應副水腳錢，津發赴建康府樁管。

七年六月二十四日，臣僚言：『近來常平之法寖壞，帑庫之積所至空虛。方粒米狼戾之際，則無本以收糴，迨野有餓殍，始爲移粟之舉，或取之鄰州，或取之別路。道路既遙，時月亦淹，救助未至，而民之骨已槁矣。今雨暘時若，有秋可望，願詔常平使者檢覆諸州常平糴本，有支移侵盜去處，各令隱括樁辦，以俟穀賤傷農之際增價收糴，以惠斯民。』從之。

二十六日，臣僚言：『近者魏王奏請寧國府回糴常平米五萬碩，應副官兵支遣，已降指揮除放。切惟寧國一郡，常平之儲幾何？而取其五萬斛，異時境内一有饑饉，顧何以賑之？乞委江東常平司核實寧國回糴之數，實計有幾，同共措置撥還。』既而户部供寧國府已收納義倉米二萬七千餘碩外，止欠二萬二千餘碩。詔禮部給降度牒一百一十道付寧國府，措置出賣，補糴昨回糴過常平之數。

八年四月十七日，權户部尚書楊倓言：『義倉，在法計夏秋税每一斗別納五合，即正税不及一斗免納。應豐熟，計一縣九分以上，即納一升，唯充賑給，不許它用。今諸路州縣歲收苗米六百餘萬碩，其合收義倉米斛不少。訪聞諸州將遞年所收更不樁管，往往擅行侵用。乞行下諸路提舉常平，限半月委逐州主管常平官取索五年的實收支文帳，申部稽考。』從之。

八月十六日，提舉浙東常平公事鄭良嗣言：『浙東去歲五月終，一路有管常平米斛三十四萬五千余碩，續措置收糴到米九萬一千餘碩。緣有災傷及借撥軍糧及支乞丐，見管只有四十二萬碩。今欲趁秋成更糴五萬碩。除別措置外，尚少錢五萬三千二十餘貫。』詔令禮部紐計度牒給降。

九年七月二十一日，詔諸路提舉將所部州軍常平、義倉錢斛委官點檢見在數目，一萬碩以下盡行盤量；一萬碩已上抽摘盤量。依實保明聞奏。從户部尚書楊倓請也。以上《乾道會要》。

又《廣惠倉》 《宋會要》：仁宗嘉祐二年八月二十三日，詔置天下廣惠倉。初，樞密使韓琦請罷鬻諸路户絕田，募人承佃，以夏秋所輸之課給在城老、幼、貧乏、疾病不能自存者。既建倉，仍詔逐路提點刑獄司專領之，歲終具所支納上三司。十萬户已上，留一萬碩；七萬户，八千碩；五萬户，六千碩；三萬户，四千碩；二萬户，三千碩；萬户，二千碩；不滿萬户，一千碩。有餘，則許鬻之。

四年二月十一日，詔三京、諸路州軍，自今年終，應係户絕納官田土未出賣者，並撥隸廣惠倉。

是月，詔三司以天下廣惠倉隸司農寺，逐州幕職、曹官各一員專監。每歲十月，別差官檢視老幼殘疾不能自給之人，籍定姓名，自次月，一日人給米一升，幼者半之。三日一給，至明年二月止。尚有餘，即量諸縣大小而均給之。以上《永樂大典》卷一七五四

又《司農倉》 《宋會要》：置司農倉二十有五，隸司農寺，掌九穀廩藏之事，以給官吏、軍兵祿食之用。凡綱運受納及封樁、支用，月具數以報司農。

又《折中倉》 宋太宗端拱二年，置折中倉，許商人輸粟，優其價，今執券抵江、淮，給其茶鹽。每一百萬石爲一界。祿仕之家及形勢户不得輒入粟。尋以歲旱中止。淳化二年，改折博倉。以上《永樂大典》卷七五一四

又《食貨六二・京諸倉》 宋會要：京諸倉，總二十三所。船般倉、税倉，每倉監官三，以京朝官及三班充。端拱初，詔以粳米、糯米爲一倉，小麥、小菉豆爲一倉，大豆、粟爲一倉，每歲納畢，先省一人。税倉準此。又，每倉監門一人，以司天監官充，至治平三年五月詔罷之。折中倉監官無定員，以京朝官及諸司副使、内侍充，其所由、主斗、防守兵士無定數。國初置倉，凡受四河運至京師者，謂之船般倉：永豐、通濟、萬盈、廣衍、初，通濟有四倉，真宗景德四年改第三曰萬盈，第四曰廣衍。延豐、舊曰廣利，景德中改，大中祥符二年增第二。順成、舊曰常豐，真宗景德中改。濟遠、舊曰常盈，景德中改。富國太平興國中以迎春苑故地爲倉。十倉，受江、淮所運，謂之東河，亦曰裏河；永濟、永富二倉、受懷、孟諸州所運，謂之西河；廣濟第一倉，受潁、壽諸州所運，謂之南河，亦曰外河；廣積、廣儲二倉，受曹、濮諸州所運，謂之北河。又有茶庫倉，或空，則兼受船般斛㪷。其受京畿之租者，謂之税倉：廣濟第二倉，受京東界諸縣；廣積第一倉、左右騏驥院倉、天駟監倉三倉，受京北界諸縣；左天廄坊倉，受京西界諸縣；舊有義倉，大中祥符元年停。大盈、右天廄二倉，受京南界諸縣。其受商人入中，謂之折中倉，有裏河、外河二名，其後諸倉名額或更，則所受小異。今豐濟、廣濟、萬盈、廣衍、延豐第一、第二、順成、濟遠、

富國、永濟第一、第二、永富等十二倉，受江、淮運；裏、外河折中、廣濟第一、三倉，受京西運；廣儲、廣積南、廣積第一、廣濟税倉等四倉，受京東運；天駟監、左右騏驥、牧養監倉，受人户馬料等，以應支用。

太祖建隆元年五月，命殿中侍御史王伸、監察御史王祐、户部郎中沈義倫、殿中丞王仁郁、太常博士夏侯澄、太子左贊善大夫陳泛、左龍武將軍韓令升、左千牛衛將軍時贊，分掌在京倉庾。先是京畿近輔租調委輸，吏緣爲奸，民多咨怨。至是始擇庭臣總之。

三年七月，追奪右衛率府薛勳在身官，配沂州衙前收管。坐監常盈倉不能禦轄所部，用斗稍重，爲覘者所捕，下獄伏罪，太祖怒而黜之，棄倉吏於市。

乾德三年九月，帝聞在京官廩有積歲陳腐者，乃有司滯於給遣也。權點檢三司趙玭及判官並罰俸。

太宗太平興國二年七月，詔免右監門衛將軍范從簡、率府率宋廷信、太子洗馬張若訥、衛尉寺丞劉光序等官，坐分掌太倉，吏重入民租，失察舉故也。先是，歲漕江、淮米四五百萬斛，以給京師，選能吏分掌其出納，以中黄門副之。太宗恐吏槩量爲奸，遣期門卒變服偵邏，得永豐倉持量者張遇凡八輩，鞫之，盡得其受財爲姦狀，帝悉命斬之，杖中黄門，免掌庾吏，懲不謹。

雍熙四年八月，詔：在京水運諸倉，先是倉吏槩量爲姦，致外州民逋欠米二十六萬七千石，並除之。

端拱元年七月，命樞密直學士徐休復等案視京城水運倉，裁其利害。休復等言：『京城内外凡大小二十五倉，官吏四百二人，計每歲所給不下四百萬石。望自今米、麥、菽各以百萬石爲一界，每界命常參官、供奉官、殿直各一人，專知、副知各二人，凡七人，同掌之，監官月加請給，如知州、監軍之數，專、副給飧錢。諸倉凡貯米千四百六十余萬石，可支三歲，惟小麥、菽豆過三歲即陳惡，望令有司每歲無多調，而米、麥各以百五十萬石爲一界。』又言：『東南諸州歲運秔米，守給者常須數歲乃畢，或罹暑濕，固多損敗。望每石給雀鼠耗一勝。』並從之。

二年九月，詔開封府特許於在京折中粳米、粟、豆、大小麥：『國家之務，儲蓄爲先。自前省倉折中斛㪷，蓋以濟人利物，通商惠農，既積歲時，頗生欺弊，久從停罷，復議施行。將永便於公私，宜別行於條貫。其折中斛㪷，自今只許客旅將斛㪷依時價折中，準船般倉例，每百萬石爲一界。所有食禄之家並形勢人，並不得入中斛㪷及與人請求折納。違者許人陳告，主吏處死，本官除名貶配，仍委御史臺糾察。其所中斛㪷，不計多少，並支與告事人充賞，主吏自能陳告，並免罪，亦依告事人例施行。其監納朝臣、使臣，不得受人囑託納中斛㪷，違者並除名貶配。候納及數目，即旋具逐色斛㪷封樁，於樞密院送納。仍以膳部員外郎范正辭、洛苑副使綦仁澤、作坊副使尹宗諤同掌其事。』先是，募民及聽商賈入粟給券，於江、淮以茶鹽償之，謂之折中。或有言其弊濫，罷之。自是歲失國用百萬之入，故復之也。

淳化二年五月，置折博倉，許商旅納粟、麥，計其直，分于江、淮以官茶給之。先是，有折中倉之目，掌庾吏與縣量者爲姦，遂詔停廢。端拱二年，有司請復置，既而歲旱，中止，至是始復焉，甚有以佐國用，而商人便之。

五年四月，帝嘗語及折中倉，左右皆言折中乃公私之利。帝曰：『豐稔之歲，行之固有利焉。儻年穀稍歉，慮商人收糴斛㪷，物價翔起。物價貴則貧民愈艱食焉。』參知政事趙昌言對曰：『臣下只知折中爲便，殊不知陛下用心憂民至此，方知外人豈能測量聖慮！』

真宗咸平元年七月，詔里、外河折中倉所由、㪷子，隨專、副一界一替。

八月，詔監倉京朝官無得以羨餘爲課。

五年二月，真宗曰：『倉廩府庫，多收出羨以爲勞績，若非常納之際重斂，即是支給之時減尅。諸道轉送官物，償其逋責，公人頗甚不易，況舊有條貫。可嚴行誡約，但以持平爲務，不得收其羨餘，敘爲勞績。』

景德二年，詔三班勿以蔭補未歷事使臣監諸倉。

三年三月，詔：『在京倉草場監門使臣，自今後逐日常須各在本處監門，不得容庇專、副、公人等輒作弊倖，亦不得妄託事故，非時拋離本處。如違，當行嚴斷。所有監門司天臺主簿、保章正等，若是須要勾集議事，即仰司天監奏取指揮，并仰提點倉場所常切覺察。如有違犯，即具名聞。』

四年十月，詔京城倉場受納芻糧勿得留滯，仍令三司、開封府察之。

十一月，詔申太倉給軍食概量刻少之禁。先是，軍士所得斛裁八九㪷，頗以爲言，帝以問三司使丁謂，謂曰：『前詔條制太倉納諸州運糧無得增受，諸軍月給無得減刻，違者至死。今此減刻，誠合嚴誅。但運糧米常有耗，舟卒盜食其中，若太倉輸納稍難，則恐綱運不繼。』帝曰：『然月廩不可虧少。』故復約束之。

大中祥符二年十月，帝宣示宰臣王旦等，謝德權言：『先提舉折中倉，知紅粳米不任久積倉廩，當時遂準三司牒，只納白粳米。近日有言事者請納紅米。今所給已多，雖利於商旅，其官廩先有紅米，計其支給，積年未及新者，徒致腐敗。』仍取折中舊納紅米、白米及新者以進。帝曰：『可令三司議可否以聞。』

五年三月，詔：『在京諸倉自今每遇支散諸軍班、諸色人月糧口食，仰子細驗認，如是興販人收接買籌，支請卻上好斛㪷及有搭帶出外，即收捉赴三司勘逐，坐法施行。』

六年二月，詔：『諸倉等處監門使臣及監官，當給糧、受納綱運時，不得與官員及諸色人、閒雜人同坐，如違，應犯人並當嚴斷。仍委三司提點倉場所常切覺察，兼許人陳告。』

四月，詔：『在京工役禁軍、厢軍兵士所請口食，令殿前、侍衛馬、步軍司指揮，依例每月一度請領，至月盡、旬假日，並與免一日工役，令兵士自去赴倉擔般。並仰三司每至支散口食之時，預先指揮合支倉分，令監官、專副等專在本倉等候兵士請領，無令悮事。』

七月，詔：『自今每差京朝官、使臣監納秋、夏稅，不得令公人等供給喫食。監官並須躬親巡覷敖門，不得於監門使臣處吏私取曆，往本家或鄰倉抄上，稱無損動。其監門使臣亦不得顔情吏私，將文歷與監官書押。如違，許人陳告，各以違制論。』

十月，詔：『京城諸倉所納秋賦宜令均平，不得稽滯侵擾。仍委開封府廉察之。』

七年二月，詔：倉草場神衛剩員以三千人爲額。

六月，詔：『如聞在京諸倉場人户送納官物多有留滯，乞索錢物，宜令開封府察訪收捉以聞。』

十二月，詔：『自今百萬倉所給納斛㪷，其監官並許依久來體例分倉勾當給納。』

八年四月，詔曰：『自我京畿，達於淮、泗，倉庾相望，轉輸至多。若無增損之欺，寧有羨餘之積？俾均出納，以便公私。應裝納倉敖之處，及在京諸倉監官等，須均兩平受納，不得侵削，所收羨剩，並不理爲勞績，但一界幹集，別無逋負，即依元敕施行。』先是，監百萬倉、國子博士夏侯晟等以收到出剩，乞行酬奬，有司以咸平中條制，凡倉庾所收出剩不爲勞績，至是申明之。

九年四月五日，詔京朝官年六十以上，勿差監在京諸倉。時國子博士雍文載年六十五受敕，上言求免。帝曰：『京倉自受納至給畢，常六七年，若此輩一任，則老於掌庾矣。』因著式焉。

仁宗天聖二年六月，樞密院言：『近爲頻經霖雨，取到在京倉敖疎漏倒塌未修去處。今據提點倉場所言，見未修了敖屋計六百二十七間。朝廷累降指揮，當職官吏催促修蓋，至今未見結絶，乃逐處監官不切用心。』詔當職官吏等取近限上冬修蓋畢功，如少闕兵匠，亦令樞密院速與指揮抽差，如更違慢不即修蓋，及稍違近限，令樞密院劄送御史臺取勘。從之。

三年三月，内園使、開州刺史王應昌言：『在京諸倉，舊差朝官、供奉官已上歷外任者勾當，專副、所由、㪷子等皆有畏懼，支遣諸軍班月糧皆獲好物。今來諸倉多是京官、殿直，兼有未歷外任者，每有綱運卸納，取様之時，或即到門，或即不來，只憑專副、所由，是致綱梢偷糴官物，入水土伴和交納，在倉未經年歲，發熱㬥死裛黑弱。切緣軍儲事大，糧綱不少，欲乞依舊選差歷外任朝官、使臣充百萬界守給勾當。所有押綱使臣、省監綱梢及本界專副、所由、㪷子等，別乞重行條約誡勵。』從之。

九月，審官院言：『三司勘會「在京百萬倉，欲乞今後除合入西川、廣南遠官不差外，其合入江、浙、荊湖、福建遠者，並許差監。仍自立界受納直至守支漏底，別無欠少損惡官物，合入遠者，即與家便差遣；合入近者，即與陞陟差遣。若有少欠損惡斛斗，乞依條施行」者，本院檢會，自來監在京百萬倉京朝官得替到院，承例入近地差遣。雖前後累據監倉官員收到出剩乞行酬奬，又緣當院條貫元不曾指定名目酬奬，只依常例定差。欲乞今後監倉自立界至漏底，無少欠損惡斛㪷，如是合入遠地親民差監者，與當一任親民資敘；其合入近地親民差監者，與升陟差遣；其曾經外任差遣合入近地監當人差監者，與改親民，仍並與近地差遣。所有接續定差監殘零界分者，候支遣畢日，與近地差遣；合入遠地監當及新授京朝官，即更不定差監倉。』從之。

四年十二月，三司言：『在京粳米倉有低次斛㪷萬數甚多，有司勾到行人估價，每㪷六十文，又緣低次黑弱，恐出糶不盡。更乞下府界諸縣昨經水災之處，如有人户合銷賑貸，即具數目申省般撥應副。』仁宗曰：『糶價特與減半，若賑貸與人户，每二㪷令納麤色一㪷，餘從之。』時大雨之後，食物騰貴，及諸處置場出糶，差官俵給賑貸，遠近貧民利於減價，曉夕奔湊，遞相蹴踏，爭糴不暇。殆至春首，民不艱食，實賴此也。

六年八月，以監順城小麥倉、左侍禁高延偉受納、給遣，收到羨剩斛㪷萬數甚多，與家便監押差遣。

七年閏二月，詔：『在京監百萬倉使臣，今後須是揀曾經監押、巡檢別無贓私違犯者充，即不得差未經差使使臣勾當。』

三月，詔：『訪聞在京諸倉多是大量綱運斛㪷，及支散時減剋軍糧。令下三司指揮提點倉場所并提點㪷面使臣，常切躬親提點受納，不得信憑逐倉監專、㪷子大量綱運內斛斗，亦不得取受押綱軍大將、殿侍錢物，七、八㪷布袋入倉，卻稱數足。如或別差人抽拔點檢㪷面，及因事彰露，被人陳告，其監專、㪷子仰勘逐情罪以聞。仍指揮提點倉場使臣，自今後每遇支糧時，仰不住來往提點，須是兩平量與請人，及不得別作情弊，帶出官物。如稍有違，其干繫人仰勘逐情罪取旨。所有在京諸倉監官，今後但得支遣官物了足，並依前後條制施行。其收到出剩，更不理爲勞績。』

九年七月二十七日，詔：『京朝官未歷親民差監京倉者，自今須一界受納支給了畢，無得非時求替。其嘗經親民者，自如舊條。』時大理評事李畹監折中倉，以貪求替，因有是命。

景祐三年七月二十三日，中書言：『京百萬倉欲令三司舉京朝官監當。自今合入親民舉差者，自立界至支遣漏底，一界了當無損欠，及三年已上，與理親民一任；五年以上，與當兩任；如及七年，與升一任差遣。其元合入遠地者，與近地；合入近地者，與先次。曾經外任差遣、合入近地監當人舉差者，自立界至支畢了當，許通計前任、今任監當年限，其合改親民者，與改親民資序；若於合改親民年限外，更監當及三年以上者，與理親民一任；及五年已上者，與理兩任，仍與近地差遣。舉充監殘零界及三年以上了當者，各於元資序上理爲一任；不及三年者，元合入遠地差遣，即與近地；合入近地，與先次差遣。』從之。

寶元三年正月二十五日，詔在京百萬倉，今後舉官須具同罪聞奏。時三司判官王求、李柬之舉官監京倉，皆不同罪，故條約之。

慶曆七年二月，命內侍二員提舉月給軍糧。時侍御史吳鼎臣言：諸軍班所給糧多陳腐，又㪷升不足，請以內臣提察之。

皇祐三年九月六日，教坊判官王世昌自陳年老，乞監永濟倉門。帝曰：『世昌本亦士人，以無行檢，遂充此職。且倉門是國家儲糧出納之所，豈可令此輩主之？宜與在京一廟令。』

至和二年九月，詔：『京朝官曾犯贓私罪若公坐至徒者，毋得差監在京倉、庫、場、務』。

治平元年十月五日，三司言：『乞令諸倉界以納粳米月日爲先後，支諸軍班月糧。』從之。

二年八月七日，權三司使韓絳言：『近日雨水，諸倉、場斛㪷浸濕不堪。乞相兼支給諸軍班等。』詔令三司只就逐倉委監倉官員減價出糶，仍差判官一員並提點倉場所官提舉照管。

三年八月，奪監富國倉屯田郎中萬及一官，內殿崇班王從謹、西頭供奉官戴宏皆勒停，坐受米濕惡，壞十八萬石也。

神宗熙寧三年九月二十五日，三司詳定：『在京船般倉專、副、所由、㪷子、曹司門人等，如因倉事取受糧綱及請人錢物，並應在京諸司系公之人因倉事取受專典、㪷級，並因綱運事取受糧綱錢物，並計贓錢，不滿一百徒一年，每一百加一等，一千流二千里，每一千加一等，罪止流三千里。所有共受分贓入己者，併計所受坐罪，仍分首從。其引領過度并行用錢者，於首罪下減二等。已上決訖，徒罪皆刺配五百里外牢城，流罪皆刺配千里外牢城，滿十千，即受贓爲首者，刺配沙門島。已上若許未受其取與引領過度人，各減本罪一等，爲首者依上條配，內合配沙門島者配廣南牢城。仍許諸色人陳告，犯人該徒，給賞錢百千，流罪二百千，配沙門島三百千，若系公之人，給賞外更轉一資。其賞錢並先以官錢代支，一面內自收受贓及元引領過度并行用錢人家豹充填，下足，即與除破。其元引領過度及行用並受贓人，亦許陳首，依條免罪給賞。』從之。

十一月，制置三司條例司言：『都官員外郎劉昭遠等言：「竊見在京諸倉久來立界，有百萬界與五大界兩法，雖各有所便，亦各不無所害。其百萬界所便者，米、麥、馬料各別立界，無雜色分占敖屋與虛增界數；其不便者，逐界斛㪷散在諸倉，官吏疲勞奔走，致給受不精。其五大界所便者，逐界倉敖附近官吏易爲管勾；其所不便者，兼納雜色，分占敖屋，並虛增起界數。」

今于百萬界去官吏之疲勞，而取其人糧、馬料之各異；於五大界取倉分之附近，而去其占敖增數之未便，改立新五界法並舊條約束。』並詔三司依所定施行。

十九日，詔：『見任倉界官除朝廷擢用外，不許諸處奏舉差遣。』

二十三日，三司條例司言：『諸軍班所請月糧，先已坐倉收糴，近降指揮：並支十㪷。慮元定價小，欲自龍神衛及諸司每石等第增錢收糴。』從之。

十二月六日，詔：『支給軍糧，並依近降指揮十㪷足數，卸納綱運亦仰兩平交量。如違，元量㪷級並行科決。每倉各置一石斛，遇盤量官物，傾於其中比較，免致高下其手。諸倉㪷子三百九十人，今並是正身祗候，逐月更不赴提舉所探差，只委下卸司依名次差撥，既免虛占人數，住滯綱運，兼支破食錢，各得均濟。如倉分輒敢虛闕斛㪷數目，多索㪷子，即委下卸司點檢申本所勘斷干繫人等。仍告示諸軍班及諸司，如遇請糧，並須隔日令逐指揮抱曆曹司赴合支倉分，投下所請糧倉數目單子，以憑約度抽索今後斗子人數。其逐界更不差斗子隔宿往逐營告報開倉，只令合支界分預先關申殿前、馬、步軍司合支諸軍次，令逐司一面差人告報開倉請領日分。』

四年三月四日，詔罷三司奏舉諸倉監門使臣，止令三班院選未滿六十歲、無贓罪使臣充，其酬獎如奏舉例施行。

八年三月，詔：『在京倉、庫立界滿，如勾當及二十箇月，與理爲一任；若不及，即與新界專、副別立界勾當。』

九年四月二十六日，詔諸在京、府界倉、庫所供月、季、年帳，並于合滿後依限申省，月、季帳二十五日，半年帳四十日，年帳五十日。如違，依《編敕》倉庫申州法。以上《國朝會要》。《續會要》附司農寺。

高宗紹興元年七月五日，詔：『行在省倉受納綱運，令户、工部斠量較定㪷樣，繳申尚書省，責下所屬製造、降下諸路州縣。應受納、支遣起綱交量，並用省樣新㪷量，今後每遇起綱，並於綱界内分明聲說係用新降㪷交量起發，仰省倉依條受納，不得作弊。如有違犯，許本綱諸色人越訴。』

十月十六日，詔：『省倉請人出備短腳錢，每石五文，止用本倉腳袋般騰交付。其請人擅入敖者，杖一百，許人告，賞錢三十貫。』

二年十月十七日，詔於倉門外置監門廨舍。

三年正月六日，行在省倉内，鎮城倉改爲行在南倉，仁和倉改爲行在北倉。鎮城倉係臨安府州倉，仁和縣倉係仁和縣地基上修蓋，各襲其稱，至是改之。

二十六日，詔：『今後諸軍三衙每遇支請，並差撥逐部將官部押人兵赴倉鈐束。』

二月二日，詔：『告獲東北倉偷盜糧斛，每石支賞錢五十貫文，先以官錢代支，後於犯人並干連人名下追理還官。仍令左藏西庫先次支錢二百貫文，於兩倉監門官處收掌，堆垛充賞。』從户部請也。

三日，詔：『行在諸倉遇打請日，令户部前一日據合支數令本倉般量出敖，於廊屋下安頓，遇天晴，於磚場上垛放支遣。』

三月二十五日，詔：『行在南、北倉監官四員並兼管幹和糴，其食錢每員日支二百文，於本場百陌錢内支。』

四年四月六日，詔南、北倉各差檢察㪷面官一員，令吏部差小使臣，依在部短使。以主管官告院、兼權司農寺丞羅長康言：『昨在京諸倉各差㪷面官一員，係吏部尚書左、右選輪月互差，闕官，乞差小使臣充，理當短使。今來行在南、北倉見準樞密院差到本院使臣兼充監門，兼視㪷面檢察。切慮不得專一，欲乞依舊差撥，逐季一易。仍於和糴場百陌錢内量支請給，並監官遇得替，以本倉曆尾見管米斛委官般量，候數足，方許離任。』户部勘當：『欲依本官所乞，令吏部依例差小使臣一員專一檢察。』吏部供到狀：『今來若朝廷依户部勘當事理，亦合於本部合著短使小使臣内依名次差，比依在部短使，幹辦不滿兩箇月，理爲輕格一次。如無合差短使人，即依條限三日募情願人，理名次差撥，候滿日，令司農寺徑申所屬選分差替。』從之。

七月二十七日，詔復置司農寺。倉部昨並到司農寺所行支納糧斛、草料等事務並撥到手分等，並依舊歸本寺。

八年十月四日，詔：『南、北倉各糴米，每及五萬石，監官減半年磨勘，如不及五萬石，更不紐計。』從司農少卿徐林請也。先是，紹興四年四月十九日朝旨：兩倉歲終共糴米二十萬石，監官轉官。不及全年，紐計推賞。至是改之。

十一年六月六日，詔行在三倉以『行在省倉上、中、下界』爲名，監官以『監行在省倉上、中、下界』系銜稱呼，所有監、專理任、請給、差置並給納應幹約束事件等，並依見行條法。户部據白劄子：『行在省倉各有色額高下米樣不等，其逐倉前有無圖兇頑之人在彼居住，逐時收買低下米籌，行用錢物告囑監官下人及專、副，換敖支出色高白米，夾帶大量，並監官亦將白米作人情應副支與諸處所破顧募，卻將低下米入在白米攪拌，支遣大軍，深屬不便。欲乞將逐倉米分出等第高下，作上、中、下三界。』本部尋下司農寺相度去後，據本寺狀：『昨在京日，系一十七倉，分立上、中、下界，逐界各拘三、四倉受納糧斛，及一百五十萬石爲界，候及數排立，以次界受納，前界止是守支。今來行在省倉係每倉差監官二員，二年成任，止在本倉受納給遣，是致混雜色額。今此倣舊日隨宜措置，將三倉分定米斛色額，專一受納支遣。一、欲乞將上色白苗米並分撥赴南倉，就用南倉監、專受納，支充上界。其米系充宰執、侍從、管軍、職事官、宗室、百官、省、臺、寺、監等祿粟支遣。一、欲將次色苗米分撥東、北倉卸納，令北倉監官二員就本倉專副專一管幹受納給遣。上件米斛充中界，更不許干預別界米斛。其次色苗米系充班直、皇城親事官、輦官、五軍等口食支遣。一、欲將糙米分東、北倉卸納，令東倉監官二員，就本倉專副專一管幹受納給遣。上件糙米充下界，即不許干預別界米斛。其米係充五軍月糧、三衙、厢、禁軍、諸司庫務等口食、月糧支遣。一、今來若依前項事理施行，所有三倉見在逐色米斛，今差定逐界監、專互相交割，認數支遣。其已後到米綱運，從本司照檢色額行下，分定倉界受納，候支絕三倉截日見在數目接續支給。』故有是命。

十二年四月二十三日，詔省倉下界依南、北倉例，專差檢視斛面官。以司農寺丞柳綽言：『行在東倉昨自創置以來，支納稍簡，系監門官兼管檢視斛面。本倉近改充省倉下界，專一支納糙米，又有中界將合納苗米分撥就本倉交納，比之日前支給，委是浩瀚。』故有是命。

二十三年六月十八日，詔：『應倉、庫交卸綱運折欠，並即時具名色、數目申解所屬，見得有侵盜貿易之弊，即送大理寺推治；其過誤損失，並押下元起綱處依法施行。』先是止送排岸司監繫，故有是命。以上《中興會要》。

孝宗乾道三年六月九日，詔兩浙轉運司：臨安府踏逐到二百萬石倉敖基址，所用材植、物料，候青城畢日就用。仍令將作監將應管抽解竹木應副蓋造。

七月二十三日，詔：『今歲後秋成，委行在和糴場官吏於新置二百萬石倉內糴米二十萬石，所有本錢，撥省倉等處見錢、會子充。若本錢不足，以經常窠名錢內貼支。』

二十七日，詔艮山門外於養濟院蓋造五十萬石倉敖。

十二月十二日，户部言：『近承指揮創蓋新倉，候秋成，委行在和糴場官吏就本倉收糴米三十萬石。除已差官趁時收糴外，令文思院依立定額名，鑄造本倉合用印記，其巡防兵級、看管，亦乞下殿前、馬、步軍司差撥。所有合差專、副、手分人數，監官、監門官糴米賞典應合行事件，並乞依省倉中界已得指揮施行。』詔依户部所申，仍以『豐儲倉』爲名。

四年三月十七日，詔：『諸倉支諸軍月糧、口食，抑勒坐倉低價糴買，反將軍人與在外糴米人非法斷罪，追理賞錢，深屬不便。令户部出榜曉示，自今後諸軍支月糧、口食米，並令從便，不得依前抑勒糴買。』

五年十一月七日，詔：『省倉中界改作豐儲倉，卻將東青門外豐儲倉改作省倉中界，逐倉有管米界，以新易陳支遣。』

十八日，户部尚書曾懷言：『省倉中界已改爲豐儲倉，其舊豐儲倉却改作中界，所有專、㪷等，並令仍舊認數支遣，監官依舊主管本倉職事。』從之。

六年正月十四日，户部尚書曾懷等言：『豐儲倉展套太醫局添造敖屋，已經相視可以修蓋新舊敖屋八十六座，貯米一百三十萬石，乞下兩浙漕司、臨安府疾速修蓋。』從之。先是，司農少卿莫濟言：『太醫局已罷，乞將本局屋宇撥付司農寺安頓米斛。』至是，曾懷有請，故有是命。

十二月十九日，詔：『應幹倉、場、庫務等處官，自今須管照條依時出入，如違，許所屬按治。仍令户部長、貳專一覺察，如有違戾，按治施行。』先是，上封事者言『行在倉、場、庫、務監官、公吏終日在外，多不坐局，錢穀出納，委之羣小，若不措置，切慮如向來左帑之弊』故也。以上《乾道會要》。

又《義倉》《經進總類國朝會要》：紹熙元年七月八日，臣僚言：『義倉之制，始于隋開皇。户出谷麥，貯於當社，故名社倉，遇歉賑給。國朝因之。今州郡於入納之際，與省苗混一，雖撥隸常平，然義倉之設，本以賑濟，今乃雜置其中。乞詔有司，令各就本縣置立義倉，以縣丞主之，庶不失社倉本意。』下户部看詳。本部欲下諸路提舉常平司看詳。臣僚奏陳，照應見行條法鈐束諸州縣，將見管義倉米點檢見數。後收納到義倉米，於常平倉内令擇敖屋專一盛貯，分明置立義倉米牌號，不得將常平米仍前混雜。仰提舉司常切點檢覺察。如違，從本司按治施行。從之。以上《光宗會要》。

慶元二年六月二十四日，户部言：『權兵部侍郎、兼知臨安府謝源明奏：「乞詔諸路提舉常平官，不得將義倉米與常平混雜，令提舉官躬親覈寔。若委係久年陳腐欠折之數，非因合干人偷盜作弊，具寔欠保奏，悉與蠲放。」本部看詳：欲從奏陳事理，下諸路提舉司行下所部州縣，須管將義倉、常平錢米分割所隸，令項樁管，攢具帳狀，從本司逐時檢覈，毋令妄有他用，以備濟糶。其間陳腐欠折之數，併委提舉司躬親覈寔。如見得別無情弊，結罪保明，申取指揮施行。』從之。

嘉泰三年五月二十一日，監察御史林行可言：『竊惟義倉之法，每輸二稅一石，別取一斗，歉歲即給與民。元豐中，既詔開封府畿縣義倉隸常平司，又詔京東、京西、淮南、河東、陝西依開封府界諸縣行義倉法。立法之初，所以行之諸縣者，蓋以一縣所管二稅之數，取其贏餘，積而爲凶荒之備。以本縣之粟，賑本縣之民，此意至均也。紹興十八年，因旱，復詔戶部措置，益爲詳備。今也不然，一粒以上皆歸之州倉，而不復儲之外縣，一遇州郡給散，而使其盼盼然不得霑丐，此豈立法之本意哉？乞明詔諸路提舉常平官行下所部諸縣，將每歲所納二稅大數細算合輸義倉斗斛若干，除附郭縣就州倉送納外，仰諸縣別立倉敖，明置簿籍，盡數截納，委令、佐通管，歲具納到米數申常平司，州郡不得輒自拘納。縣道除賑濟支給外，常切措置以新易陳。稍有並緣侵支，仰郡守、監司嚴行按劾。』從之。

嘉定二年三月二十八日，臣僚言：『人戶納苗，或就縣倉，或往州倉，各從其便，令典具存。蓋納苗則有義倉，有耗剩，義倉所儲，專以待水旱凶荒，耗剩則倅廳拘發，漕司支遣。近年以來，有立約束不許縣倉受納，必欲盡歸之州郡。殊不知縣倉不受納，則失義倉之利，設有水旱凶荒，何以賑之？所謂耗剩者，當據縣倉所納苗米若干，然後取耗剩若干。浙中諸邑有管苗米余十萬石者，豈盡於縣倉受納也？今倅廳不問見納之數，但以苗額總計耗剩，悉取於縣。乞戒敕諸郡，每歲苗米從民之便，許於縣倉輸納，俾存義倉，以待賑貸。如耗剩米只據所納苗數解發，不得額外一毫妄有紐折。』詔令戶部看詳聞奏。既而戶部言：『照得民間輸納苗米，自合各從其便，或就縣倉，或往州倉。不唯便於民戶，其義倉所輸，亦可以備凶荒水旱賑恤之用。兼州郡所取耗剩，亦應以收到苗米分數紐計拘催，不應秖以遞年額管苗數取於縣道，又復以高價折錢，委爲民害。乞行下諸路監司、州郡，遵從今來臣僚奏請事理，恪意奉行，毋致滅裂。如有違戾去處，監司覺察，嚴作施行。』從之。

七年三月九日，臣僚言：『福建地狹人稠，歲一不登，民便艱食，貧家得子，多棄不舉，法令有不能禁。曩時宿儒□議，初由鄉里創立社倉，借糴本諸司，爲米鉅萬，夏貸而冬斂之，雖中產亦得接濟，其利甚博。以社倉之息米二分，與不濟僧寺之租米歲入舉子倉，以濟貧乏生子之人，使有所仰給，遂不忍棄。此良法也，行於建、劍上四軍州。比年以來，社倉之米不貸于貧民下戶，而土人倉官乃得專之，以爲謀利豐殖之具，所貸者非其親戚，即其家佃火與附近形勢、豪民之家。冬則不盡輸，其可得而斂者又爲倉官私有。凡不濟院之產，皆形勢戶請佃，倉官不敢誰何。租米既不肯輸，息米又無可撥，生子之人不蒙沾，訟訴紛然。是以舉子雖有倉，刻石雖有碑，而美意盡失之矣。乞下提舉司每歲擇一清彊官，覈實見在米數，其欠折則監倉官填還，責之保司，同共管掌。歲委令、丞收支，修復舊法，樁管儲蓄，斂貸以時。』從之。

十一年五月六日，臣僚言：『頃歲議臣有請計義倉所入之數，除負郭縣就州輸送外，餘令逐縣置敖、自行收受。非惟革州郡侵移之弊，抑以省凶年轉般之勞，是可行也。曩時州倉隨苗帶納，鈔同一鈔，輸同一輸也，今正稅輸之州，義倉輸之縣，則鈔爲二鈔，輸爲兩輸矣。曩時雀鼠之耗蠹，吏卒之須求，一切倚辦於正稅，而義倉不預焉。今付之於縣，既無正稅，獨有此色，則雀鼠之耗蠹，吏卒之須求，所不能免矣。於是議臣有請，令人戶義倉仍舊隨正稅從便就州作一鈔輸納，而州郡復有侵移之弊。臣聞紹興初，臺臣嘗請申嚴義倉之法，通計一縣合收之數，截留下戶苗米於本縣送納。開禧初，議臣復請倣紹興之意，令本州遇收受之時，計一縣合納義倉之數相當，聽從本縣收受，其餘則仍令隨苗赴州輸納。蓋截留下戶之稅米，以補一縣之義倉，則輸同一輸，鈔同一鈔，雀鼠之耗蠹，吏卒之須求，一切倚辦於正稅，而義倉不預焉，與輸之州無以異也。其餘上戶之義倉，則隨正稅而輸之州，州得以補償其截留下戶之數也，則州不以爲怨。縣得此米別項儲之，以備水旱賑濟之須，使窮民不至於艱食，則縣不以爲撓，一舉而三利獲，此上策也。惟是負郭之義倉，則就州輸送，自如舊制。至於屬縣之義倉，則令、丞同主之。每歲之終，令、丞合諸鄉所入之數，上之守貳；守貳合諸縣所入之數，上之提舉常平；提舉常平合一道所入之數，上之朝廷。令、丞替移，必批印紙，考其盈虧，以議其殿最。庶乎寔惠及民，不致爲州縣之所侵移，而徒爲虛文也。』從之。

十四年七月十四日，臣僚言：『朝廷興置義倉，令人戶各隨正苗輸納，斂之于豐年，而散之於歉歲，最爲良法。以浙西言之，一路八州軍府，歲額管納苗米一百三十餘萬，合收義倉米一十余萬，比來無歲不稔，且以三年所儲，已計三四十萬，縱遇水旱，足可賑給。蓋緣州縣循習爲常，納米及半，或元額已登，餘則準直悉令輸錢，以致義倉之額虧少，而已納之米不肯隨即分撥，又復侵移，妄行消破，提舉司無從稽考，誠爲利害。今歲雨暘時若，當議預行措置更革。乞申飭諸路提舉司，日下取見所部州縣一歲額管苗米數目，計其合收義倉米斛，自嘉定十四年分爲始，令人户合鈔送納，州委通、簽，縣委丞、簿交受，仍入別倉安頓，亦不收頭子、腳剩錢及耗米。如州縣輒敢並緣騷擾，或依舊混殽收貯，從本司密具官吏姓名來上，重行鐫責，人吏決配。候交受畢，開具數目、樁頓去處，及編排所納米鈔，併行繳申提舉司，本司更加檢覈，總而上之，大農置籍參考。其通、簽、丞、簿，每考批書印紙，如替移到罷，亦赴提舉司將認樁義倉米令項批書。若有侵欺違戾，申取指揮，斷在必行。仍下敕令所修立成法。』從之。以上《寧宗會要》。

又《諸州倉庫》《宋會要》：太祖建隆四年七月，詔曰：『爲國之計，足食是先。屬年谷之豐登，顧倉儲之流衍，苟暴涼之失節，即損壞以爲虞。必資守土之臣，共體分憂之寄。應所在倉廩，並委長吏躬親檢校，勿令損惡。』

乾德四年四月，詔曰：『出納之吝，謂之有司。儻規致于羨餘，必深務於掊克。知光化軍張全操言：「三司令諸處倉場主吏，有羨餘粟及萬碩、芻五萬束以上者，上其名，請行賞典。」此苟非掊納民租，私減軍食，亦何以致之乎？宜追寢其事，勿復頒行。除官所定耗外，嚴加止絕。』

雍熙二年七月，帝謂宰臣曰：『國家儲蓄，最是急務，蓋以備凶年，救人命也。昨者江南數州微有灾旱，朕聞之，急遣使往彼分路賑貸，果聞不至流亡，兼無餓殍，亦無盜賊之患。苟無積粟，何救飢民？今天下數年已來，連歲豐稔，諸道州、府見管斛㪷，慮主者弛慢，或致損敗，可嚴爲戒勵。』乃詔曰：『邦家所切，儲蓄是資。所以防水旱之爲災，救生靈之闕食。稍有飢荒之患，便行賑貸之恩。免致流亡，式彰勤恤。濟民惠物，何以加茲！今天下雖屢豐穰，頗多貯積，官吏或失於提點，儲廩則至於損傷。不唯陷主掌之人員，兼亦誤朝廷之計度。宜行告諭，用警因循。應天下州郡、軍、監見管諸色糧，宜令逐路轉運司與逐處知州、通判及軍、監官吏並當職人吏等常切提舉，倉司不得非理損惡官物。其計度支用外，積數多處，並仰設法變換，或作時價出糶，或借貸與民充食，或有水路處，即般運赴京及軍馬屯駐之處並餐驛大路。違者等第科罪，雖去官，猶論如律。』

大中祥符三年七月，宣示王旦等：『省司近日責罰諸州虧少課利，條法稍嚴。若爾，則率之於民日益增峻。可特降詔示，今後逐年比較場務去處，如內有界分得替零月或有虧少，更不比較責罰，並以祖額全年立定分數比較。如有虧少，許將前界出剩撥填外，更有虧少，即依編敕將多補少，就輕依條施行。』

大中祥符六年十一月三日，帝謂王旦等：『言事者云江、淮大稔，所在積稻、粟，倉庾不能貯。』旦等請下州郡興葺廩舍。帝曰：『近聞民間粒食愈賤，可依例增價收糴，以惠農民。仍令所在州軍除上供外，常積三年儲。』馬知節言：『江、淮卑濕，困倉必作地梁，方免糜潰。』旦言：『廩庾並委轉運司規畫創造，上供、收糴依例施行。』帝然之。

十五日，令諸州倉、場所納旁鈔，自今證驗訖，具斤數送軍資庫。每經二年一定價，鬻錢入官，不得妄有費用，違者坐之。初，景德二年敕：『逐年貯積，以備檢會。』至是，河北轉運司言：『貯積既久，多即糜壞，而檢會之際，第用帳曆。請悉出市於人。』三司總括天下之數，且請二周歲即鬻，故有是命。

九年七月，令保州徙監草場使臣廨舍於場外，以煙爨密邇，謹火患也。

天禧二年三月，河東轉運使言：『并、潞州倉元支剩五千斛，及復欠四千斛。昨準大中祥符八年六月二十八日敕：「給支三年已下欠數者、償納半年已上者，咸釋之。」竊以此輩仰恃明詔，別有欺弊，已移牒根究償納。臣所部州郡積粟皆三五年，此若不行，弊必滋長。望特定條制。』三司言：『至道元年五月十七日敕：「諸州受納斛㪷收到剩數，支絕日，除雀鼠耗外，欠者償官。」今請祥符八年以前用至道敕，八年以後用新敕。其每歲納粟，正收、雀鼠耗著於籍。歲除雀鼠耗外，三年已下咸令償納。已上，於剩數更免什之三，五年已上，免十之五，七年已上免什之七起。乞今後受納界分少剩，並如今奏。』從之。

三年四月，左班殿直、閤門祇候任中立言：『沿邊諸處糧草，逐處雖有專監使臣，每至支散月糧及口食，管勾不逮。欲乞今後諸處只就彼令職官與使臣同監，仍以一員依在京例監支認籌。以此遞相覺察，可絕欺弊。』從之。

四年八月，兵部員外郎、知制詔呂夷簡言：『沿邊州軍寨倉、草場防護糧草，如稍疎違，監官、人吏，大理寺並斷斬刑，及違制奏裁。望別定沿邊刑名。』

詔法寺詳定以聞。

五年十月，淮南江浙荊湖制置發運使周寔，請於泗州轉般倉側隙地量蓋倉廒三五百間。

仁宗天聖二年九月，淮南江浙荊湖制置發運使方仲荀等言：『真、楚、泗州轉般倉監官，今後收到出剩，不得批上曆子，理爲勞績。江、浙州軍多裝發熱斛，乞依真、楚、泗州例支裝發。沿江巡檢司、排岸司多有勾索綱運，邀難住滯，乞行止絶。並淮南、兩浙州軍和糴場監官內有糴下麤弱斛㪷，不任上供，乞勘逐理納價錢。』並從之。又言：『舒、廬等十三州軍逐年和糴斛，乞只于真、楚、泗州就近收糴。』帝令三司與仲荀同共相度聞奏。

七年九月，臣僚言：伏親編敕：「諸處倉場受納所收頭子錢，除一半納官外，其餘並於倉場內置櫃封鏁。凡有支破，監官與知州、通判同上文曆，其縣、鎮逐旋具支破數目申州，候納罷日磨勘，具帳申奏。並稅倉支遣斛㪷漏底，如不少欠，元收出剩亦不破雀鼠耗及無損惡官物，其支使不盡頭子錢，不以三年內外，並將一半納官，餘一半支與專、副。若是元收出剩斛㪷支遣漏底却有少欠，及破雀鼠耗、損惡官物，其存留頭子錢更不支與專、副，並送納入官。」天下所收頭子錢，貫萬浩瀚，其倉場納罷，只將一半納官，內一半逐州官吏皆依舊來體例支遣，但有名目破使去處，即便使用。又緣元敕，候倉場漏底不破雀鼠耗，許將一半支與專、副。其倉、場漏底，實見少有不破雀鼠耗者，以此天下一半頭子錢多是逐州依例因循破用。今乞每年所收頭子官錢，除合給與鋪襯、紙筆食直錢外，並乞一齊收納入官，更不存留封鏁。如此，則拘轄官錢不至枉用。』詔：『諸處倉場所收頭子錢納官外，內有合行支使者，並依先降條貫明上文曆支使，不得妄作名目，枉有破用。如敢故違，並當劾罪嚴斷。以上《國朝會要》。

熙寧十年九月四日，詔：『諸河倉納粟，至次年支給，一碩破耗一升，歲加一升，至八升止。』

元豐元年閏正月九日，賜度僧牒百道，付河東路轉運司買材木，應副大名府、澶州修倉。

八月十六日，詔京東路轉運司，齊州章丘縣被水，修縣城倉庫，並給省錢。

四年四月二十八日，詔：『以瀛、定、滑州擬修盛貯封樁糧斛倉屋圖，每州兩倉修蓋，付專切措置河北糴便蹇周輔，差官往彼，度所宜建置處以聞。』

九月二十七日，權發遣三司度支副使公事、河北東西路體量安撫蹇周輔乞就西山采斫木植，修蓋北京等處倉敖等。從之。仍命周輔經畫提舉。

五年九月二十一日，措置河北糴便司言：『準朝旨，於瀛、定二州修倉六所，先後給度僧牒千五百道，其錢已盡用，乞增給。』詔給一千。

元符三年四月二十日，徽宗即位未改元。詔：『訪聞諸路災傷州軍，緣倉庫蓄積不廣，致支散諸軍月糧、口食等多以情願坐倉爲名，又支價錢低小，致食用不足，因茲逃竄、餓殍，恐寖久聚爲盜賊。自今支散月糧等，須是斟量食用豐足之外，方許將有餘情願坐倉，依見和糴價支錢，所屬官司即不得順從，承望抑脅。如有違，並科違制之罪。仍令提刑司常切覺察，及令户部立法聞奏。』

徽宗大觀元年十一月五日，陝西路轉運副使薛嗣昌言：『涇原見准詔，就鎮戎軍、平夏城、通陝寨、西安州四處營建都倉草場，欲乞賜名額。』詔：『都倉可賜名，平夏城曰裕財，鎮戎曰裕國，通峽曰裕兵，西安曰裕邊。

四年十二月九日，詔曰：『近諸倉月給軍糧多有減刻，監視斗面官不切躬親檢察，仰司農寺檢具條制申飭施行。如有違犯，官員重行黜責，吏人決配千里。』

政和元年五月三十日，詔：『諸軍月糧、口食雖食用有餘，不取情願而抑令坐倉收糴者，徒二年。』以臣僚乞嚴立抑勒之罪，復坐倉之法。若果是食用之餘，情願依實直價，使以見錢給之，因亦可行，但須嚴立抑勒條法。故復立此條。

三年閏四月三日，詔：『諸監倉門官應差出者，常留正官一員在倉，係獨員者不得差。』以尚書省言『諸州監倉、監門官差出，全無正官在倉，雖有權官，於受給不得專』故也。

四年八月十七日，京畿提點刑獄公事林箎言：『諸州縣倉屋損壞，公吏喜於作倖，漕司憚于應副。伏見省倉之法，以收息五釐椿充修補之用。欲應倉屋以本倉盤量到出剩十分椿一分，如省倉收息之法，專充修倉之用，庶使天下倉庾常功修飭，無復侵竊腐蠹之患。』從之。

五年四月十八日，臣僚上言：『高陽關路諸州軍倉廒內，滄州寶嘉倉白米經今十年，別無損爛，受納官周志行顯見用心。保定軍省倉白米，均糴未及二年，已多腐爛，監糴官趙升之顯見受納濕惡。』詔志行特循一資，升之特降一資。

同日，詔河間府豐利、廣富倉檢計合用錢數，支撥滄州鹽倉頭子錢，令吴玠措置修葺。以臣僚言『河間控扼衝要之地，兵屯既眾，豐利、廣富兩倉二千餘間，經三十五年，乞就近支撥滄州鹽倉頭子錢，或借支鹽息錢，充修倉支用，令變轉回易，分限撥還』故也。

十一月十五日，陝西路轉運使席貢言：『續降《政和令》：「諸倉監官應差出者，常留正官一員在倉，係獨員者，不許差出。」其諸州軍資庫監官與監倉職事無異，欲今後並不許差出，責令專一管出納。』從之。

六年十二月十七日，詔：『封樁錢將以待非常之用，有司失於經畫，妄乞支撥。自今輒有陳乞，以違御筆論。』從户部請也。

八年二月四日，臣僚上言：『州縣倉庫受納、糴買，國用所繫。永靜軍縱令攬納麤惡税斛八萬餘碩，略行估剥，虧官錢三萬緡，却於攬納户處賤糴黄米入公使庫，償以淡酒，又令納倉獻送遺利錢數百緡，復以酒持送倉官，雖知州但以不知情贖金，而麤惡損折之物無緣償足。竊慮此類尚多。欲乞應總領財用、監司巡歷所至，檢察違戾者奏劾。』從之。

宣和元年十月十三日，詔：『濱州南、北兩倉五百餘間廒屋，例皆疎漏，見收貯措置糴便司斛㪷不少。仰措置糴便司於所收二分頭子錢内支撥見錢五千貫，付知、通修葺。候畢工日，令廉訪使者點檢保奏。』

七年二月十四日，詔：『諸路州軍所在軍糧窘闕，支散不時，又多麤惡，致汝州、安肅軍、雄州、廣信軍、興仁府兵士作鬧。又拱州出戍雄州兵士例皆赤露，並無衣裝，只因衣糧大段闕絶。除已重作施行外，可令尚書省嚴行約束諸路漕臣，應合支軍兵衣糧，並如期給散，仍不得夾雜糠及用麤色折兑。如敢違戾，重行貶竄，不以去官赦原。』

四月二十七日，講議司言：『勘會收支官物，州縣官司則憑簿曆，朝廷省部、監司則憑帳狀，而帳内官物與簿曆不同，簿曆内又與倉庫見在不同，至有帳尾見在錢物一二十萬，而曆與庫内全無見在。攢造、驅磨、申奏，徒爲無用之空文。除諸州封樁錢物已降指揮委常平司官取索驅磨外，其非封樁錢物，欲令所屬監司委諸州通判，遍詣本州及管下倉、場、庫、務，將帳檢及逐處赤曆文簿取見在官物實數，於勾院置簿拘籍。』從之。

欽宗靖康元年十月十二日，詔：『諸路漕司據住營、駐泊廂、禁軍未支軍糧疾速應數按月支給，不得循習舊弊，及坐倉虚稱官買，量給價錢。違者，重行竄責。』以上《續國朝會要》。

高宗建炎元年五月一日，赦：『自崇寧以來，州縣倉庫受納税賦，務槩概量，以圖出剩，東南六路爲甚。其弊本於補發綱運斛額外增數。可除歲額上供數外，其每年認起補發額斛並權住罷。』

二年二月十日，淮南西路提刑司言：『近年以來，諸州受納官與專、斗作弊，公然受納濕惡、偽濫之物。或年月深遠，不曾依條兑換，將不堪斛盛貯別敖，專充軍糧，兑留好米支見任官月俸。欲乞今後在倉應受納糧斛，不得分別官員、軍兵，並令一敖收支。内有大段損壞全不堪支遣，即勒元受納官備償，仍許監司出巡檢察。』從之，仍坐條行下。

十一月二十二日，赦：『應金人及盗賊經由州縣内有燒毁係官屋宇等去處，除城池、倉庫外，餘並未得興修，以寬民力。如違，以違制論。仍令監司按舉。』三年四月八日、四年二月二十三日赦並同。

紹興二十六年八月十七日，尚書户部郎中、總領湖廣江西京西路財賦湖北京西軍馬錢糧逢汝霖言：『州縣受納人户租税米斛，取耗唯恐不多，前後累降約束非不嚴備，然終不能遏絶者，其説以謂贍養官吏、軍兵悉出於此。就使如其説，已犯禁綱，而近年又復輒將在倉米斛出糶，收其價直，以資妄用。此殊可駭。若軍期急闕，猶當申稟，苟爲不然，其可擅乎？乞特降處分，應州縣係省米斛不得擅糶。如委因闕乏，事須出糶，即具因依申轉運司，待報施行。仍令轉運司覈實，申户部照會。庶不至重困民力，輕耗國計。』從之。

三十年四月二十四日，臣僚言：『竊見川、廣、荊、湖般運糧斛錢物至行在者，經涉江湖，道里遥遠，既入浙河，又有守閘阻淺之患。而建康府溧陽縣東壩鄧步、溧水縣銀林、太平州之間有陸路，遠者二十五里，近者十五里，正川、廣、江、湖舟楫經從之地。若於此置轉般倉，下卸川、廣、江、湖漕運之物，及支撥四向旁近州縣不通水路物斛，及省併江東轉運司蕪湖縣倉於此受納，實爲利便。又訪聞銀林、鄧步中間陸路舊曾開通，見有堰閘、溝港遺跡可考，問其所廢之因，則謂宣州境内地高，每遇水漲，則無以防遏爲害。只當量留最高處三二里間不必開通，以爲置倉之基，則於般運尤易。』詔並令本路轉運司相度施行。以上《中興會要》。

孝宗乾道二年七月四日，詔置隆興府轉般倉。詳見《水陸運》。

三年八月三十日，詔：『江州、荊南、襄陽府大軍倉庫，並聽逐處守臣檢察，如有違戾事件，並申總領所劾治。』先是，尚書度支郎中唐瑑言：『湖廣總領所江州、荊南、襄陽府各有大軍倉庫，其逐處監官，州府不敢何問，不能不生姦弊。』故有是命。

四年二月二十一日，前監鎮江府户部大軍倉王晞言：『乞依行在省倉監官體例，任滿推賞。』户部下司農寺指定，欲依紹興十八年五月二十一日已降指揮，比附行在省倉監官體例，與減二年磨勘推賞施行。從之。

三月十七日，詔：『諸倉支諸軍月糧、口食，抑勒坐倉，低價糴買，及將軍人與在外糴米人非法斷罪，追理賞錢，並令從便，不得依前抑勒糴買。』從中書門下省請也。

四月八日，荊湖南路轉運判官邵及之言：『被旨，郢州創造轉般倉一所，合專置官吏。欲差排岸官一員拘催交卸，監官一員給納，專知官、攢司各一名，掌管收支。排岸官就差本州都監兼管，專知、攢司從本路轉運司踏逐見役人吏、衙前充。每月量行添支專知官食錢一十五貫，攢司一十二貫。監官不拘大小使臣、京官、選人，或乞令踏逐所隸州縣見任官管幹，每月添支茶湯錢二十貫，排岸官十五貫。』從之。

五月七日，太府卿、總領湖北京西軍馬錢糧鍾世明言：『襄陽等處倉庫收支錢物浩瀚，本所差遠，難以稽察。昨雖有指揮令守臣檢察，亦恐不專。竊慮暗失本所財計，乞許臣間或前去點檢，及詢訪支遣官兵請受有無減剋之弊，兼民間休戚亦得奏聞。』從之。

五年八月二十九日，詔：『應管官物倉、場、庫、務等去處，自乾道二年除放之後，如有少欠錢物，令所屬並須管依條陪還，即不得仍前妄行申請除放，令户部申嚴行下。』從中書門下省請也。

六年九月三日，新權知汀州謝知幾朝見，奏乞令諸州司法同司户管幹倉庫職事。上曰：『刑獄事重，倉庫利害稍輕，令司户專管。』

十月八日，平江府許浦鎮駐劄御前水軍諸軍統制馮湛言：『臣移屯許浦，屢嘗申請乞就梅里鎮置立倉廩，應副支請，得旨依臣所乞。今踏逐到梅里鎮勝法寺空閒廊屋庫堂大小共三十間，可以安頓錢糧。』詔胡堅常疾速措置擗截，津運錢米前去。

八年八月七日，淮南運判向士偉言：『本路廬、和州、巢縣等處見屯戍軍旅，轉餉兵食，水路回遠，初無經久利便聚糧之所。就無爲軍造轉般倉一所，約可儲三十萬斛。今相度得本司後倉屋見有二十余間，周回空地可以添造倉廒。』詔令馮忠嘉疾速修蓋。運判馮忠嘉言：『無爲軍距巢縣水路一百四十里，路稍徑直，在所不論；距和州，則下水九十里至裕溪口，合九江。水路之間，冬幹則成下水，春水生則爲上水，下水則快而易進，上水則急而難遡，又下水六十里至楊林渡，又上水二十五里始至和州，凡上、下水一百七十五里，迂遠如此。臣獨謂聚糧最宜乘水未退運入，廬州爲上，其次則莫如和州，又其次則莫如巢縣。蓋倉合肥，運道不惟艱難，且有不通之時，至和州自可指撥下卸，何若自爲迂遠？伏望詳酌置倉去處，且仍舊貫。』詔令趙善俊、王楫同共相度合與不合修蓋。

九年正月二十四日，有旨令淮南轉運司於和州並巢縣各蓋造可以盛貯米斛一十萬碩倉廒一所，其無爲軍倉廒更不修蓋。以上《乾道會要》。

淳熙元年八月十日，吏部員外郎莫濛言：『諸州倉、庫、場、務多巧作名色增置簿曆。乞令諸州於歲前兩月將倉、庫、場、務簿曆悉解赴提刑司印押，限歲前一月先次給下。令提刑司每歲終具州邑已印給赤曆簿書名件，申户部帳司照會。若州郡復踵前弊，令監司按劾。』從之。

二年二月十四日，淮南運副吴淵言：『今朝廷樁積米在淮西，除經常數外，不若就江南樁積。乞于太平州蕪湖縣采石鎮江次高仰處建倉屋百間，可樁積米伍十萬碩，就令本鎮監税官兼管。』從之。

三年五月二十六日，詔：『三總領及見有樁管處漕臣督責守令，檢舉以新易陳。將來點檢如有陳腐，當職官吏重置典憲。』從中書門下省言也。

九月二十六日，度支郎中史松老言：『四川宣撫司有備邊樁積糧一百一十餘萬石，倉廒類皆鹵莽，多致腐敗。乞行下制置司、總領所盤量，除陳腐外，具實數以聞；每遇支糧，逐年新陳兑易；葺其倉庾，使之堅久，庶幾可備緩急。』詔利路運判王敦詩、知興元府李蘩委官點檢分明聞奏，或有不實，其當職官吏取旨重罰，不以去官、赦降原減。

四年正月四日，淮東總領錢良臣言：『揚州近於古城舊基添築堡寨，於内合建倉儲米。近已造廒屋五十間，料屋二十間，乞令揚州守臣差人看管修葺，無令損漏。』從之。六年九月，又展蓋廒屋五十間，從淮東總領葉翥請也。

十一月一日，四川制置使胡元質言：『關外諸州見管樁積糧斛共一百十四萬四千石有奇，率多陳壞。今乞支給軍糧，以陳腐米增數與之，物雖不精，彼利其數之多，亦所願欲。於樁積之數雖少虧，猶愈于全棄也。』詔周嗣武同總領公共相度，將低次不堪支遣者措置變糴，卻將價錢盡行收糴，依舊樁管。

五年閏六月十一日，詔鎮江、建康府各置轉般倉一所。鎮江府於閘外、建康府於石頭城修築，各置文、武監官一員，總領專一提領。

八月七日，詔成都府置省倉監官一員，以帥臣言本府省倉出納甚多，自來不置監官，止差糧料院官兼監故也。

八年閏三月十七日，詔：『鄂州於近處建倉，如遇綱運到岸，即令入倉，不得于諸倉安頓。』以臣僚言『湖南每歲發米到鄂州，無一定交納之地，出卸後時，姦弊不一，間遇風濤，或至沉覆，非惟陷折官物，而部押官吏往往因此狼狽失所』故也。

九年七月九日，詔：『諸路州軍應有朝廷米斛，專委守臣認數樁管，如致陳腐及有少欠，並令守臣抱認補填。雖已去官，亦取旨責罰，總司毋得干預。』

十年正月十一日，詔：『淮西州軍將見在米斛以新易陳，認數樁管，非奉指揮，不得擅支。』以本路監司言：『有見在米斛五萬六千八百三十餘石，已牒諸州軍樁管。』故有是命。

四月七日，詔：『建康、鎮江府轉般倉各撥隸本府，所有逐州府大軍倉樁管朝廷米，並委守臣同本倉監官認數別敖封鎖。其監官考任除所屬批書外，亦令於逐州府批書有無少欠，方得離任。』以知建康府范成大言『近旨，諸路州軍應有朝廷米斛，專委守臣認數樁管，總司不許干預。今來本府大軍轉般倉元係屬淮西總司，今朝廷既撥付守臣樁收，其合干人若依舊隸總司，難以檢察。乞將轉般倉撥正所隸，則守臣方可任責』故也。

十一年二月二十四日，權發遣澧州趙鼐言：『本州連年旱歉，去歲尤甚，見將常平米斛賑糶，而所管不多，難以繼後，若不急行措置，將來轉致失所。臣契勘本州見有朝廷樁積米斛四萬餘石，若俟奏聞取旨行下，然後賑糶，竊恐緩不及事。恭親元降指揮，委守臣認數，如陳腐少欠，並守臣抱認填補。臣除目下將上件樁管米一面開倉賑糶，拘收價錢，令項樁貯，候秋熟日，從元數收糴補填，非惟可以接濟饑民，亦免陳腐之患。』詔住糴，先具已收價並用過米斛數目申尚書省。

十二年五月十三日，黃州奏：本州措置糴到占米二萬石，穀種五千石，小麥種一千石，在州城倉及麻城、黃陂縣倉樁管。照得上件備濟占米係土產小米，不堪久遠樁積，況今已是年深，若不變糴，恐日後轉見陳腐。兼本州自開春以來，少有米斛上市，竊慮民間闕食。除已逐急將上件占米照元價出糴，候秋成收糴樁管外，詔黃州日後取撥樁管米斛，須候請降指揮方得支使，其已糴占米權依所乞，候今秋糴還樁管。

十四年九月十七日，中書門下省言：『鎮江、建康府轉般等倉并鄂州、江陵、襄陽府見樁管米斛數目浩瀚，屢降指揮，令逐州府同總領所常切措置，以新易陳。却緣自來綱運到岸，憚於般卸，往往就船支遣，是致損壓陳次。』詔令守臣將見樁管米斛逐一契勘元交卸歲月先後，並開具自淳熙十一年至十三年終已對兑過數目分明以聞。仍仰淮東、西、湖廣總領所今後遇綱到岸，須管拘催赴倉卸納，依節次指揮以新易陳，不得仍前就船支遣。

十四年十月七日，樞密院進呈淮東總領所相度到楚州不宜赴倉積穀。上曰：『楚州必守之地，自當積穀爲備，總領所相度事理未是，可令起倉三十間。』

以上《孝宗會要》。

淳熙十六年六月十六日，中書門下省言：『秋成不遠，合照年例廣行收糴，樁管米斛。其行在諸倉並淮東、西、湖廣總領所見管倉廒，慮有疏漏。』詔司農寺及淮東、西、湖廣總領所各預行修葺，以備儲積。其合用物料，令所在州軍疾速隨宜應副，毋致闕誤。

紹熙二年二月十二日，中書門下省照會：鎮江府轉運倉、大軍寄納倉及兩淮州軍并襄陽府等處樁積米斛，竊慮或有陳次，有誤將來支遣，乞降指揮，委自逐處帥、守并總領官逐一覈實，取目今樁積米斛，開具逐廒年分、有無陳次及借兑未還之數。從之。

五月二十九日，臣僚言：『襄漢之地，緜亘數千里，屯兵控扼去處，衝要實繁，兵少則不敷，兵多則糧不能繼。爲今之計，莫若預積以爲之備。嘗充積粟所在，惟郢州及應城兩處，宜廣建倉廩爲積貯之計。』詔湖廣總領所相度措置以聞。總領詹體仁言：『本所照得郢州見屯軍馬，每歲合用米料共約支一萬七千餘石，每年常科撥綱運四萬餘石前去應副支用。又有樁管米料近一十萬石，若更積粟，恐致陳腐。兼本州城内湫溢，亦無空閒高阜。自鄂至郢，春冬之間水路可通，緩急不妨津運，似亦未須添蓋倉廒。其應城縣已準指揮令修蓋寨屋，以備分戍牧馬。臣近因往荊襄點檢倉庫，經過本縣，親行相視得向來辛巳屯軍，一時米料多是逐急那借僧寺觀空屋盛貯，本縣舊管廒屋例皆疎漏頹廢，不堪樁收官物，遂委知縣踏逐縣西空閑地一段，可以蓋倉一百間，約盛米料一十萬石。其地卻近以水次，般運順便。計料合用材植等九千六百二十餘貫，工食在外。體仁檢照淳熙十四年間，鄂州蓋造大軍倉一百間，蒙朝廷支降錢一萬五千貫起蓋了當。今相度，乞行下本所，於樁管會子內支撥一萬五千貫，付鄂州都統司收買材植等，差撥軍中工匠如法起蓋。』從之。

四年七月十七日，中書門下省言：『諸路樁管朝廷米斛，紹熙二年二月十二日已降指揮，委逐處帥、守並總領官逐一取會數目。雖據申到，竊慮未得盡實。』詔三總領所日下取見樁米州軍元管數目，具結罪保明文狀申尚書省。將來支遣，不管少有欠折，並令各路總領及樁管去處守臣專一任責。如向後或有虧欠，並重寘典憲。

五年五月二十四日，淮西提舉張同之言：『管下諸州見管樁積米僅三十萬石，雖名水次，其間多是山澗小河，春夏雨水泛漲，方可通運，秋冬水落，則往往不通舟檝。州縣憚於造倉之費，一時苟且，多就寺觀夾截小屋，或於露天積囤，上漏下濕，豈不損腐？兼積樁已久，亦不能保其無虧。詢訪得舒州桐城縣管下樅陽鎮，下瞰大江，舊大雲倉一所已廢，而基尚存。目今本鎮官銜內常帶「監樁積倉庫」，若於此處建造倉屋百餘間，將其它見樁之米凡不近大江者徙之於中，異時舒州應糴到樁積米斛，並於此倉樁頓。非特淮西緩急可以應用，若撥付淮東，亦順流而下，誠爲利便。況舒、黄州、無爲軍名曰淮郡，其實近裏，僻在一隅，且有重山複湖之險，委是利於樁積，合行一體措置。』從之。又言：『兩淮自收去偽錢之後，當時官中所給收換之錢多是會子，隨即轉而之他。此後連年薄收，官與民爲市者絕少，以故民間錢物艱得。所謂改官錢於民者，不過於和糴，若豐熟年分，和糴亦不必專在於秋冬，遇有米皆可收糴，但不擾，則樂然投糴，官私皆得其利。仍將所糴之米於新倉樁頓，委實經久可行。兼照得諸州各有交子換到鐵錢，及樁管上供等鐵錢，別無起發，欲乞逐旋付守臣，責之認數，自今年秋成爲始，選擇清廉通時務官置場，招誘鄉民等不拘時節赴場出糴，兩平交量，優於市價，即不將顆粒科敷於民。每年於歲終比較所糴多寡而賞罰之。』從之。以上《光宗會要》。

慶元元年十二月九日，淮東轉運司言：『本司計料到起蓋和糴樁管朝廷米斛倉廒二百八十三間，合用竹、木、磚、瓦、釘、灰、蘆、篾物料，人工錢米，及周回牆圍填疊地基，每間約價錢三百貫文，共用八萬四千九百貫文。乞於本路樁管交子、鐵錢內支降，應副起蓋。』詔令本司於真州見樁管鐵錢內支撥四萬二千四百貫文。

三年十月二日，度支郎中岳震言：『淳熙以來，臣僚奏請守臣交替，將見在錢物具數申部，報御史臺置籍稽考。孝宗皇帝首俞其請。陛下踐祚，又復申嚴，誠良法也。今諸路州軍大率隱而不申者，本部無由而知。使其任滿到闕，吏部關報，責以必申，尚猶可也，若外除就差不到闕者，其不申必矣。及其申到，有指東爲西，認此作彼，本部亦無由而辨。至有合解諸色綱運占護而不解，合支官兵請給積壓而不支，留裝虛數，反累後人。臣謂此法當責漕臣，今後所部郡守替移，須管覈實諸色綱運、應干請給支至日下齊足，餘外方爲實在之數，保明申部。諸司替移，應有錢物除與幕屬同銜申外，仍報本路互察之司保明申聞。』從之。

四年十月三日，臣僚言：『乞明詔大臣，就職事官內選曉事清彊官分詣逐路，將樁積米躬親盤量，取見的實見在數目，仍索干照，逐一驅磨，究見元樁管若干，續收糴到若干，節次借兑若干，折欠若干，見管若干，各項聲說因依，開具細帳並干照事祖，一處結罪保明，齎申朝廷。候到，委官覈實，將節次借支之數，公共參酌的合支數目，具呈取旨，明行銷豁外，有合管見在米斛，行下各處如法封樁。今後不許私自借兑顆粒。或遇以新易陳，即限在當日具申朝省，仍於狀內分明聲說，係將是何名色米一併撥還，或欲候秋成日旋行收糴，即預先撥出價錢，令項寄收，具數供申。其米不許擅自移易，亦不許積壓，致有損壞。每至歲終，從各州軍守臣同當職官具委無借兑結罪奏聞，委自提領官常切檢察。如敢擅自借兑，不以多寡，具申朝廷，重寘典憲。』詔先次點檢三總領所，淮東差大理寺主簿謝儼，淮西差司農寺主簿王大過，湖廣差軍器監主簿潘子韶，內淮東、西各限半月，湖廣限十日起發，各具知稟文狀申。其州軍有朝廷樁積米處，令本路轉運司差官點檢，保明申尚書省，續行差官覈實。余依已降指揮。

五年四月二十四日，因右諫議大夫、兼侍講張釜言：『行下謝儼，若已盤量到所屬州軍樁積米料內有欠折浩瀚去處，即將合干人送獄根究欺弊，仍一面具因依先申朝廷，一併劄下潘子韶、王大過照應，使奉公竭力，一體施行。

庶幾州縣官吏悚然知朝廷命令之不可玩，而典憲之不可逃。繼自今樁積米之散在諸路者，皆可指準，不復貽陛下憂矣。』從之。

十三日，軍器監丁逢言：『竊見潼川運司樁管糴本錢米，先有運判岳霖樁到糴米錢引二十萬道，糴米專備災傷支用，昨因資、普等州旱傷，用過一半以上。臣到任，交到錢引九萬六千二百餘道、見錢三千一百餘貫。臣撙節浮費，添積錢引一十余萬道，及糴到米斛。至解任，共樁糴本錢引二十萬二千八百餘道，湊及岳霖任内數目。緣慶元二年遂寧府、資、普州夏旱免稅，制置司行下運司支錢米應副州郡急闕，必有支過錢米。若後官不爲補填，緩急無以接濟。乞特降指揮下潼川運司，常切樁管糴本錢米二十萬道元數，遇有災傷支用，隨即補填元額，不得虧少。』從之。

嘉定五年三月二十八日，知和州富嘉謀言：『竊惟兩淮，歷陽爲淮西要郡，昨來胡寇侵擾攻圍不下者，人人有死無二，而本州厢、禁軍堅守之功爲多。欲籍官田立廣惠，以給民之孤獨；開質坊收利息，以給軍人守城之有功者。二事皆不可緩。自臣到任以來，凡没官、户絕田入於官者籍之，今得田一千七百畝，歲收其租，以贍鰥寡貧窮孤獨之人及有死無以葬者。立廣惠倉於州倉之内，專委户曹主之，與常平、義倉兼舉而並行。蓋本州雖有常平、義倉，所得不多，一有水旱，則鰥寡無以養，貧窮無以給，未免有流徙之患，非所以惠貧民、實邊境、弭盜賊也。本州守城立功軍兵四百九十五人，昨蒙朝廷給到宣帖，各人節次陳乞幫行正請，本州具申江淮制置大使司，備申朝廷，回準指揮。其所增添請給，從本州應副。前任周馬帥以本州窘乏，具申制置大使司，乞下總領所照各人所授宣帖給正請，且放行一半。續得旨，令和州于見樁管會子内取撥五千貫應副。前任守臣又申朝廷，于樁管錢内撥到會子五千貫，展計换見錢一萬一千五百九十一貫，取會到實管守禦立功厢、禁軍四百四十五人，計二千七百六十四資，除周馬帥任内添支外，再共添錢八百二十餘貫。臣到任，首申朝廷行下，于樁管錢内支撥一萬貫文。今來月支已盡，不敢再申控告。今將公庫趲積到錢三萬貫文，及將本州舊醋庫改作激勵抵當庫，在闤闠處開置，月收息錢，專助添支當來守禦立功厢、禁軍，以爲軍人無窮之利，以示激勸。專委知、録主之。又恐歲收息錢支遣不敷，今益之以没官田桑之租，與夫本州節制司舊管抵當庫所收息錢，公使庫日收房廊、白地賃錢，並行撥隸，使後之爲州者得以了一歲添支之費。二策於和州誠爲兵、民莫大之利。除已揭牓曉示軍民，黏連拘籍没官地田桑租花利，及撥隸舊抵當庫息錢、公庫房廊白地錢窠名單子外，仍開具措置廣惠倉已拘籍到户絕租課，並拘籍支給守臣、立功厢禁軍添幫錢窠名。抵當本息，没官地田、柴山，隱漏桑租，及根括到逃亡户絕之家水陸地、柴山、桑林、石磊地租課等，申乞劄下本州置籍拘樁，專充兩項支遣，庶幾永爲邊郡無窮之利。』批送户部，限十日勘當申尚書省。既而户部言：『所申兩項，委有利便。所有元管庫本錢，自是本州州用錢，即無交收；諸司窠名官錢，亦不是常平錢本，及無合充上供經、總制錢數，及於今來檢坐條法即無違礙。』從之。

六年二月五日，都省言：『建康府轉般倉監官目今堂除文臣，其監門兼斗面官亦合一體。』得旨：建康轉般倉監門兼斗面官堂除使闕，差選人經任有舉主無過犯人。部授見任許終滿，已差下人依省罷法。

七年十一月四日，詔：『今後建康府、鎮江府轉般倉監門官任滿，如能搜檢無透漏官物，比倉官與減半推賞施行。』以監建康府轉般倉門史文卿申乞比附倉官推賞，故有是命。

十四年六月十六日，德音赦文：『應蘄、黄州倉、場、庫、務但干係官錢物，如實經兵火燒劫，仰淮西制置司審實，開具數目保明以聞，當議斟酌減放。内有官吏般載錢物往別處州縣收藏，或回易興販，不曾被劫而隱匿入己者，並自德音到日，限一月經所在官司首納。如限滿不首及首納不盡，因事罥罣，並依法施行，仍不理今來德音原免。』以上《寧宗會要》。以上《永樂大典》卷七五一二。

《清史稿》卷八《聖祖紀三》［康熙五十六年］乙未，發通州倉米分貯直隸州縣備賑。

又［康熙五十九年］冬十月癸卯，上還京。詔再以河南積穀運往陝西放賑。明年，河南漕糧照數補還倉穀，其餘漕糧留貯河南。

又卷一六《仁宗紀》［嘉慶二十年］會計天下民數三萬二千六百五十七萬四千八百九十五名口，存倉穀數三千八十萬二千八百六十九石九斗一升七合五勺。

又卷一二一《食貨志二·倉庫》 京師及各直省皆有倉庫。倉，京師十有五。在户部及内務府者，曰内倉，曰恩豐；此外曰禄米，曰南新，曰舊太，曰富新，曰興平，曰海運，曰北新，曰太平，曰本裕，曰萬安，曰儲積，曰裕豐，曰豐益。在通州者，曰西倉，曰中倉。各省漕運，分貯於此。直省則有水次倉七：曰德州，曰臨清，曰淮安，曰徐州，曰江寧，各一；惟鳳陽設二。爲給發運軍月糧並駐防過往官兵糧餉之需。其由省會至府、州、縣，俱建常平倉，或兼設裕備倉。鄉村設社倉，市鎮設義倉，東三省設旗倉，近邊設營倉，瀕海設鹽義倉，或以便民，或以給軍。大抵京、通兩倉所放米，曰官俸，曰官糧，亦名甲米，二者去全漕十之六。其一，養工匠，名匠米。其一，定鼎時，宗臣封親王者六，封郡王者二，世宗之弟封親王者一，此九王子孫，自適裔外，並有封爵，以世降而隨之，統名恩米，二者去京倉百之一。是以雍正以前，太倉之粟常有餘。

乾隆二十八年，戶部侍郎英廉疏言：『邇年因賑恤屢截留漕運，間遇京師糧貴，復發內倉米石平糶，儲積漸減。請於湖廣、江西、江南、浙江產米之區，開捐貢監，均收本色，收足別貯。遇截漕之年，即於次年照數補運京倉。』下九卿議准，旋復停止。及嘉慶中，川楚盜起，水旱間作，工匠既倍於昔，而九王之後亦愈衍愈衆。咸豐後，復有雩寇之亂，運道不通，倉儲益匱，亂平稍復舊例。

向京師平糶，有五城米局，八旗米局。五城米局始於康熙。雍正四年，於內城添廠，並添五城、通州廠各一。乾隆二年，增五城爲十廠，尋又添設八廠於四鄉。九年，於四路同知設四廠。八旗米局凡二十四，又通州左右翼兩局，皆設於雍正六年。乾隆元年，併爲八局，旋仍舊。十五年，命二十四局分左右翼辦理，不拘旗分。十七年，以米價未平，且有勒買之弊，諭併通州兩局停止。

其直省常平、裕備等倉，順治十一年，命各道員專管，每年造冊報部。十七年，戶部議定常平倉穀，春夏出糶，秋冬糴還，平價生息，凶歲則按數給散貧戶。康熙六年，甘肅巡撫劉斗疏言：『積米年久恐浥爛，請變價糴新穀。』從之。七年，陝西巡撫賈漢復請將積穀變價生息。帝諭出陳入新，原以爲民，若將利息報部，反爲民累，著停止生息。十九年，諭常平倉留本州縣備賑，義倉、社倉留本村鎮備賑。三十年，戶部議令直隸所捐米石，大縣存五千石，中縣四千，小縣三千；嗣又令再加貯一倍。三十一年，議定州縣積穀，照正項錢糧交代，短少以虧空論。三十四年，議定江南積穀，每年以七分存倉，三分發糶，並著爲通例。四十三年，議定州縣倉穀霉爛者，革職留任，限一年賠完復職；逾年不完，解任；三年外不完，定罪，著落家產追賠。

時各省州縣貯穀之數，山東、山西大州縣二萬石，中州縣萬六千石，小州縣萬二千石；江西大州縣一萬二千石；江蘇、四川率不過五六千石；而福建現在捐穀二十七萬石，常平又存五十六萬石；臺灣捐穀及常平爲最多，共八十餘萬石。令酌留三年兵需，餘變價充餉。四十七年，議定州縣官於額貯外加買貯倉，准其議敍，若捐穀以少報多，或將現貯米捏作捐輸，後遇事發，除本管知府分賠外，原報督撫一併議處。至官將倉穀私借於民，計贓以監守自盜論，穀石照數追賠。五十四年，議定紳民捐穀，按數之多寡，由督撫道府州縣分別給扁，永免差役。

雍正三年，以南方潮溼，令改貯一米易二穀。四年，浙閩總督高其倬疏言：『閩省平糶有二大病：一，交盤之弊不清，各官授受，皆有價無穀，而價又不敷買補；一，平糶之價太賤，每石減價至一兩，且有不及一兩者，各屬雖欲買補，緣價短束手，而姦民乘此謀利，往往借價貴，煽惑窮民，竟欲平糶之期，一歲早於一歲，平糶之價，一年賤於一年。請嗣後視米之程高下，每石以一兩二錢或一兩三錢，穀則定以六錢五分或六錢，總以秋成後既平之價爲準。』帝韙其言。尋定州縣倉廒不修，致米穀霉爛者，照侵蝕科斷，並將虧空各州縣解任。其穀令自行催還，限以一年，逾限者治罪。五年，定各省常平倉，每年底令本府州盤查。如春借逾十月不完，或捏造，俱行參處，照數追賠。又因福建常平倉各屬有銀穀兩空者，有無穀而僅存價者，查實，將虧空之州縣官更換。

十三年，內閣學士方苞上平糶倉穀三事：『一，倉穀每年存七糶三，設遇價昂，必待申詳定價，窮民一時不得邀惠。請令各州縣酌定官價，一面開糶，一面詳報。一，江淮以南地氣卑溼，若通行存七糶三，恐積至數年，必有數百萬霉爛之穀，有司懼罪，往往以既壞之穀抑派鄉戶。請飭南省各督撫，驗察存倉各穀色，因地分年，酌定存糶分數；河北五省倘遇歲歉，亦不拘三七之例。一，穀之存倉有鼠耗，盤糧有折減，移動有脚價，糶糴守局有人工食用，春糶之價即稍有贏餘，亦僅足充諸費。請飭監司郡守歲終稽查，但數不虧，不得借端要挾，倘逢秋糴價賤，除諸費外，果有贏餘，詳明上司別貯，以備歉歲之用。』下部議行。

乾隆三年，兩江總督那蘇圖疏言平糶之事，止須比市價酌減一二分。兩廣總督鄂彌達亦言：『平糶之價，不宜頓減。蓋小民較量錙銖，若平糶時官價與市價懸殊，則市儈必有藏以待價，而小民藉以舉火者，必皆仰資官穀。

倉儲有限，商販反得居奇，是欲平糶而糶仍未平也。從來貨積價落，民間既有官穀可糴，不全賴鋪戶之米，鋪戶見官穀所減有限，亦必稍低其價以冀流通。請照市價止減十一，以次遞減，期年而止，則鋪戶無所操其權，而官穀不至虞其匱。』均報可。七年，諭：『從前張渠奏請減價糶穀，成熟之年，每石照市價減五分，米貴之年減一錢。但思歉歲止減一錢，窮民得米仍艱。嗣後著督撫臨時酌量應減若干，奏明請旨。如有奸民賤糴貴糶，嚴拏究治。』

十三年，高宗諭大學士、戶部曰：『邇來常平倉額日增，有礙民食，嗣後應以雍正年間舊額爲准。』尋議雲南不近水次，陝、甘兼備軍務，向無定額，請以現額爲准。雲南七十萬石，西安二百七十萬石，甘肅三百七十萬石，各有奇。又福建環山帶海，商運不通，廣東嶺海交錯，產穀無幾，貴州不通舟楫，積貯均宜充裕，以現額爲准，福建二百五十餘萬石，廣東二百九十餘萬石，貴州五十萬石。其餘照雍正年間舊額：直隸二百一十萬石，奉天百二十萬石，山東二百九十萬石，山西百三十萬石，河南二百三十萬石，江蘇百五十萬石，安徽百八十萬石，江西百三十萬石，浙江二百八十萬石，湖北五十萬石，湖南七十萬石，四川百萬石，廣西二十萬石，各有奇，通計十九省貯穀三千三百七十餘萬石，較舊額四千四百餘萬石，應減貯千四百餘萬石。自是各省或額缺不補。二十三年，特諭採買還倉。三十一年，各省奏銷，報實存穀數，惟江西、河南、廣東與十三年定額相同。其視舊額增多者：湖南百四十三萬石，山西二百三十萬石，四川百八十五萬石，廣西百八十三萬石，雲南、貴州皆八十餘萬石。而浙江視舊額減少二百二十萬石，奉天減少百萬，甘肅減少百四十萬；其直隸、江蘇、安徽、福建、湖北、山東、陝西或減二十萬、或減五六十萬。蓋聚之難而耗之易如此。

嘉慶初，仁宗屢下買補之令。四年，諭曰：『國家設立常平倉，若不照額存儲，僅將穀價貯庫，猝遇需米之時，豈銀所能濟用？』命各省採買還倉。十七年，戶部浙江司所存常平倉穀數凡三千三百五十萬八千五百七十五石有奇，去乾隆中定額猶不遠。至道光十一年，副都御史劉重麟、御史卞士雲先後疏言，各直省州縣於常平倉大率有價無穀，其價又不免侵用。帝命各督撫嚴覈究治。然據十五年戶部奏，查各省常平倉穀實數，仍止二千四百餘萬石，又非嘉慶時可比，況咸豐間天下崩亂之日乎。同治三年諭：『近來軍務繁興，寇盜蠭起，所至地方輒以糧盡被陷，其故由各州縣恣意侵挪，遇變無所依賴。嗣後各省常平倉，責成督撫認真整頓。』迨光緒初，直隸、河南、陝西、山西迭遭旱災，饑民死者日近萬人。四年，給事中崔穆之，八年，御史鄔純嘏，復先後請籌辦倉穀，於是各督撫始稍加意焉。

其社義各倉，起於康熙十八年。戶部題准鄉村立社倉，市鎮立義倉，公舉本鄉之人，出陳易新。春日借貸，秋收償還，每石取息一斗，歲底州縣將數目呈詳上司報部。六十年，奉差山西左都御史朱軾奏請山西建立社倉，諭曰：『從前李光地以社倉具奏，朕諭言易行難。行之數年，果無成效。張伯行亦奏稱社倉之益，朕令伊暫行永平地方，其有效與否，至今未奏。凡建設社倉，務須選擇地方敦實之人董率其事。此人並非官吏，借出之米，還補時遣何人催納？即豐收之年，尚難還補，何況歉歲？其初將衆人米穀扣出收貯，無人看守，及米石缺空，勢必令司其事者賠償，是空將衆人之米棄於無用，而司事者無故爲人破產賠償也。社倉之法，僅可小邑鄉村，若由官吏施行，於民無益。今朱軾復以此爲請，即令伊久住山西，鼓勵試行。』雍正二年，諭湖廣總督楊宗仁、湖北巡撫納齊喀、湖南巡撫魏廷珍等：『前命建社倉，本爲民計。勸捐須俟年豐，如值歉歲，即予展限。一切條約，有司勿預，庶不使社倉頓成官倉。今乃令各州縣應輸正賦一兩者，加納社倉穀一石。聞楚省穀石現價四五錢不等，是何異於一兩正賦外加收四五錢火耗耶？』尋議定：凡州縣官止任稽查，其勸奬捐輸之法，自花紅遞加扁額以至八品冠帶。如正副社長管理十年無過，亦以八品冠帶給之。其收息之法，凡借本穀一石，冬間收息二斗。小歉減半，大歉全免，祇收本穀。至十年後，息倍於本，祇以加一行息。

三年，從江蘇巡撫何天培請，止頒行社倉五事：一，賑貸均預造排門冊存案；一，正副社長外，再舉一殷實者總司其事；一，州縣官不許干預出納；一，所需紙筆，必勸募樂輸，或官撥罰項充用；一，積穀既多，應於夏秋之交，減價平糶，秋收後照時價買補。

五年，因湖廣社倉虧空，諭：『邇年督撫辦社倉最力者，惟湖廣總督楊宗仁。今據福敏盤查，始知原報甚多，而現貯無幾。朕思舉行此法實難。我聖祖仁皇帝深知之，是以李光地奏請而未允，張伯行暫行而即罷。蓋在富民無藉乎倉，則輸納不前，而貧者又無餘粟可納。至於州縣官，實心者豈可多得？湖廣虧缺之數，倘係州縣私用，必嚴追賠補，或民間原未交倉，或交倉之數與原報多寡不符，若令照數完納，恐力未敷，須斟酌辦理。』六年，世宗諭曰：

『前岳鍾琪請於通省加二火耗內應行裁減每兩五分之數，且暫徵收，發民買穀，分貯社倉，俟數足即行裁減，是以暫收耗羨之中，隱寓勸輸之法，實則應行斟酌之耗羨，即小民切己之貲財，而代民買貯之倉儲，即小民自捐之積貯。乃陝省官員以爲收貯在官，即是官物，而胥吏司其出納者，遂有勒買勒借之弊。今特曉示，鐫石頒布，儻地方官有如前者，以撓擾國政、貽誤民生治罪。』

乾隆四年，戶部議准陝西巡撫張楷奏定社倉事例：一，社長三年更換；一，春借時酌留一半，以防秋歉；一，限每年清還；一，將借戶穀數姓名曉示；一，令地方官稽查交代分賠。五年，議定陝、甘社穀凡係民間者，聽自擇倉正、副管理。其係加二耗糧內留五分爲社糧者，責成地方官經理，入於交代。自是之後，州縣官視同官物，凡遇出借，層遞具詳，雖屬青黃不接，而上司批行未到，小民無由借領。此後應請令州縣於每年封印後，酌定借期，一面通詳，一面出借，其期按耕種遲早以爲先後。得旨允行。

十八年，直隸總督方觀承疏言：『義倉始於隋長孫平，至宋朱子而規畫詳備。雖以社爲名，實與義同例。其要在地近其人，人習其事，官之爲民計，不若民之自爲計，故守以民而不守以官，城之專爲備，不若鄉之多爲備，故貯於鄉而不貯於城。今使諸有司於四鄉酌設，粟黍從便，並選擇倉正、副管理，不使胥吏干預。現據報捐穀數共二十八萬五千三百餘石，合百四十四州縣衛所，共村莊三萬五千二百一十，爲倉千有五。』帝嘉之。三十七年，戶部議准，社倉仍令官經理出納。

嘉慶四年，又議准社義各倉出納，由正、副長經理，止呈官立案。道光五年，安徽巡撫陶澍疏言：『義倉苟欲鮮弊，惟有秋收後聽民間量力輸捐，自擇老成者管理，不減糶，不出易，不借貸，專意存貯，以待放賑。』如所議行。其後軍興，各省皆廢。同治六年，特諭興復。光緒中，惟陝西巡撫馮譽驥所籌建者千六百餘所爲最多云。

其旗倉在東三省者，初皆貯米二千萬石。營倉自康熙二十二年始。時山海關各口建倉，達於黑龍江墨爾根。三十年，令江寧、京口等處各截留漕米十萬石存貯。三十六年，諭沿邊衛堡如榆林等處均貯穀。四十九年，以湖南鎮筸改協爲鎮，撥借帑銀三千兩，買穀貯倉。五十四年，命貯米密雲、古北口。雍正三年，貯穀歸化城土拉庫。四十七年，先後命廣東提標各營暨諸鎮協均貯穀，其後復推行貴州、四川、浙江、福建、河南。十一年，命喜峯口貯穀。

著録

清 倪國璉《康濟録・序》 吏科給事中臣倪國璉謹奏，為進呈書籍事：仰惟我皇上軫念民瘼，仁恩周浹，遇各省偶有歉收，隨即多方補救，蠲賑備施，不惜宵旰之勤勞，以謀斯民之安飽。然猶聖不自聖，安益求安，旱澇未形，疇諮早切，視民如傷之懷，有加無已，建極錫福之道，曲成不遺。凡屬內外大小臣工，孰不思罄竭愚忱，以仰佐聖治於萬一者？臣忝居言職，輪該進書，因見同鄉已故錢塘縣監生臣陸曾禹所集《救饑譜》一書，未經刊刻。其書每條前列經史，後加論説，與今所進經史之體無異。是以不揣愚昧，錄其大要，共為四卷，恭呈睿覽。雖書中所列條目總不出聖政之範圍，然其編輯詳明，似尚有可取者。伏惟聖慈垂鑒，俯采芻蕘之一得，宥其草野之蠢愚，臣曷勝惶悚待命之至。謹奏。乾隆四年十月二十日。奉上諭：『吏科給事中倪國璉奏進《救饑譜》四卷，猶有鄭俠繪圖入告之遺意，甚屬可嘉。著南書房翰林詳加校對，略為刪潤，命名曰《康濟錄》，交與武英殿刊刻頒發。倪國璉著賞賜表裏各二匹，以示獎予。欽此。』

《四庫全書總目提要》卷八二《史部三十八・政書類二》

《救荒活民書》三卷浙江范懋柱家天一閣藏本

宋董煟撰。煟字季興，鄱陽人。紹熙五年進士，嘗知瑞安縣。是書前有自序，謂『上卷考古以證今，中卷條陳救荒之策，下卷備述本朝名臣賢士之所議論施行，可為法戒者』。書中所序，如以常平為始自隋，義倉為始自唐太宗，皆不能遠考本原。然其載常平粟米之數，固《隋書》所未及志也。其宋代蠲免優恤之典，載在《宋史》紀、志及《文獻通考》、《續通鑑長編》者，此撮其大要，不過得十之二三。而當時利弊，言之頗悉，實足補《宋志》之闕。勸分亦宋之政令，史失載而此有焉。他若減租貸種、淳熙卹災令格，皆可為史氏拾遺。而宋代名臣救荒善政，亦多堪與本傳相參證，猶古書中之有裨實用者也。

《欽定康濟録》六卷

乾隆四年御定。初，仁和監生陸曾禹作《救饑譜》，吏科給事中倪國璉為檢擇精要釐為四卷。會詔翰林科道輪奏經史講義，國璉因恭錄進呈。皇上嘉其有裨於實用，命內直諸臣刪潤其詞，剞劂頒布，因賜今名。其書凡分四門：一曰前代救援之典，所錄故實，上起唐虞，下及元、明，案朝代先後編次。二曰先事之政，分子目六。三曰臨事之政，分子目二十。四曰事後之政，分子目五。又附錄者四事。皆先引古事，後系論斷。案金穰木饑，天道恆然。堯水湯旱，聖朝不免。其挽回氣數，則在於人事之修舉。《周禮》荒政十有二，多主於省事以節財。蓋預備之道，已散見於各職故也。我皇上宵衣旰食，軫念民依。或歲星偶沴，禾麥不登。賜蠲貸者動輒數十百萬，賜賑卹者亦動輒數十百萬。卽遇貪墨敗度，借拯災以蝕帑者，尚恐封疆大吏，因噎廢餐，杜侵冒之風，或靳撫綏之費，綸音宣諭，至再至三，含識之倫，罔弗共喻，仁宏博濟，實邁唐虞。是以國瑾是編，特邀睿賞。臣等校錄之下，仰見勤求民瘼之心，與俯察邇言之意，均迴軼千古也。

《荒政叢書》十卷山西巡撫採進本

國朝俞森編。森號存齋，錢塘人。由貢生官至湖廣布政司參議。是書成於康熙庚午，輯古人救荒之法，於宋取董煟，於明取林希元、屠隆、周孔教、鍾化民、劉世教，於國朝取魏禧，凡七家之言。又自作常平、義倉、社倉三考。溯其源，使知所法，復究其弊，使知所戒，成書五冊，其官河南僉事時所撰也。末附《鄖襄賑濟事宜》及《捕蝗集要》，其官分守荊南道時所撰也。救荒之策，前人言之已詳，至積儲尤為救荒之本。森既取昔人良規，班班具列，而於三考尤極詳晰，登之梨棗，俾司牧者便於簡閱，亦可云念切民瘼者矣。右政書類，邦計之屬，六部，五十三卷，皆文淵閣著錄。案：古者司徒兼教養，後世則惟司錢穀。以度支所掌，條目浩繁，然大抵邦計類也。故今統以邦計為目，不復一一區別。

又 卷八四《史部四十・政書類存目二》

《救荒活民補遺書》三卷浙江范懋柱家天一閣藏本

明朱熊撰。熊字維吉，江陰人。取宋從政郎董煟原書，而益以有明卹賑制詔，及前代好施獲福事蹟。其立意不爲不善，然序述典故，備錄經典重農之語，則迂而不切。雜載諸史賑卹之文，則繁而鮮要。皆不免剿襲陳言，無裨實政。至於盛陳福報，尤涉於有爲而爲，蓋鄉里勸施之格言，而非經國之碩畫；二氏因果之緒論，而非儒者之正理也。

《救荒事宜》一卷江西巡撫採進本

明周孔教撰。孔教有《中丞疏稾》，已著錄。是編乃其官應天巡撫時以三吳被水而作。分目二十三條，附議三條，大旨不出《周官》荒政之意。蓋當時所頒條教，而其屬官爲之刊行也。

《救荒策會》七卷浙江巡撫採進本

明陳龍正撰。龍正字惕龍，嘉善人。崇禎甲戌進士，授中書舍人，左遷南京國子監丞。福王召爲禮部祠祭司員外郎。事蹟具《明史》本傳。宋董煟輯《古今救荒活民書》三卷，元張光大續之，明朱熊復加補綴。龍正是編則合三家之書，刪其繁複，而附以崇禎庚辰、辛巳嘉善救荒之事。其斥朱熊之書雜陳詭異之事，持論頗正，然大旨不出董煟書也。龍正喜談經世之術，此亦其一。崇禎末嘗建議開墾畿輔河南、山東荒田，以省轉運。史謂是時中原殘破，有田不得耕，龍正守常理而已，則其所講，亦僅紙上之談矣。

《救荒事宜》一卷編修程晉芳家藏本

明張陛撰。陛字登子，山陰人。崇禎庚辰，歲大饑。劉宗周及祁彪佳皆里居，宗周倡議煮粥，彪佳倡議平糶，陛更出其家粟五百石，佐二人所不及。慮賑或未周，貲或虛糜，於是斟酌情形，創爲十法。一聚米、二踏勘、三優恤、四分別、五散米、六核實、七漸及、八激勸、九平糴、十協力。擘畫具有條理，多所全活，陛因疏其綱要爲此書。

又 卷一〇二《子部十二・農家類》

《救荒本草》二卷兩淮鹽政採進本

明周王橚撰。橚，太祖第五子。洪武十一年封，十四年就藩開封。建文中，廢徙雲南。永樂初復爵。洪熙元年薨，諡曰定。《明史》本傳稱『橚好學，能詞賦，以國土夷曠，庶草蕃廡，考核其可佐饑饉者四百餘種，繪圖上之』，卽此書也。李時珍《本草綱目》，以此書及《普濟方》俱云洪武初周憲王著。考憲王有燉於仁宗初始嗣封，其說殊誤。是編爲嘉靖乙卯陸東所重刊。每卷又分爲前後，共成四卷。其見諸舊本草者一百三十八種，新增者二百七十六種，皆詳核可據。前有東序，亦稱周憲王著。蓋當時以親藩貴重，刊書皆不題名，故輾轉傳譌，有所不免，今特爲糾正焉。

《野菜博錄》四卷浙江鮑士恭家藏本

明鮑山撰。山字元則，號在齋，婺源人。嘗入黃山，築室白龍潭上七年，備嘗野蔬諸味。因次其品彙，別其性味，詳其調製，著爲是編。分草部二卷，木部二卷。草部葉可食者，自大藍至秋角苗一百四十二種。木部葉可食者，自茶樹柯至藩籬枝五十九種。花可食者，自臘梅至欄齒五種。實可食者，自青舍子條至野葡萄二十五種。花實可食者，槐樹、欒華木、房木三種。葉實可食者，杏樹至石榴十九種。花葉實俱可食者，松樹至旁其五種。葉皮實俱可食者，榆錢至老兒樹四種。並圖繪其形，以備荒歲。蓋明之末造，饑饉相仍。山作此書，亦仁者之用心乎？自序記所得凡四百數十種，而是編所載僅二百六十二種，蓋又有所試驗去取歟？所錄廣於王磐《野菜譜》，較明周定王《救荒本草》亦互有出入。木饑、金穰，理可先知。堯水、湯旱，數亦莫遁。有備無患，不厭周詳。苟其有益於民命，則王道不廢焉。書雖淺近，要亦荒政之一端也。

藝文

宋 范仲淹《范文正別集》卷三《稼穡惟寶賦王者崇本民食爲貴**》** 資時者稼穡，務本者惟王。顧民食而可貴，為國寶而允臧。田疇播殖之時，豈慙種玉；倉廩豐登之際，寧讓滿堂。稽彼前賢，垂諸大雅。謂養民而可取，必重穀而無捨。惟農是務，誠天下之本歟；以寶為名，表物中之貴者。耒耜无廢，黍稷是崇。每訓耕耘之績，如敦追琢之功。闢五土之時，披沙豈異；載千箱之處，照乘攸同。蓋以順彼天時，美茲政本。觀艱難而有獲，稱瓌奇而何損。年多膏澤，連城之價可期；瑞有嘉禾，希代之姿奚遠。是知寶金璧者，見棄於聖人；寶稼穡者，克濟於生民。得之則九年利用，闕之則百姓食貧。多既如雲，寧愧白虹之氣；祈於元日，似求赤水之珍。其或剖巨蚌以勞心，攻他山而竭力。在寒暑則非民之服，在饑饉則非民之食。徒聞賈禍之辱，莫見作甘之德。曷若我東作可嘉，西成不忒。既堅既好，亞父欲碎而何能；如京如坻，季子比多而莫得。念茲在茲，百王不移。此盈疇而是貴，彼韞櫝而何為。見三時之有倫，如分三品；與四民之共給，胡畏四知。今國家崇后稷之功，廣神農之道。既豐年以為瑞，蓋惟穀而是寶。故能富庶之風，告成穹昊。

宋 歐陽修《文忠集》卷四九《漢高祖廟賽雨文滁州慶曆七年**》** 謹以清酌庶羞之奠，致祭於漢高皇帝之神。古之為政者，率人甚勤，備災甚謹，而自勉甚篤。故勸農節用，均豐補敗，雖有水旱之歲，而無饑殍之民。一遇天災，則厚自貶責，務修人事之闕，而復陰陽之和。今乃不然。當無事之時，不能勤民於農，而亡備災之具。一月不雨，使民惶惶，又不自責以修其闕，而動輒干神。賴神聰明，知厥過之在吏，閔斯民之可哀，賜之豐年，遍及遠邇。神之大惠，如何可報？吏之大過，如何可逃？惟與民永事神，無敢懈。尚饗！

又《又祭漢高祖一作城隍廟**文**滁州，慶曆七年**》** 民常患不勤於農，農勤矣而雨敗其稼；吏常患不修其職，職修矣而雨害其功。吏與民慢，則懼神罰。妨民沮吏，豈又神聰！今麥雖已失，猶有望於穀。城尚可補，敢不勞厥躬？咎難追於已往，神幸惠於其終。

宋 劉克莊《後村集》卷一二一《諸廟祝文》 某為天子之吏，但能輕刑薄斂，拊摩天子之民而已，至於禦菑捍患，使水旱寇攘不能干犯，非神孰尸之乎？視事云始，稽首祠下。

金 元好問《遺山集》卷三三《鄧州新倉記》 觀察判官曹君德甫以書抵某云：『武勝一軍，雄殿南服。重兵所宿，兼倍諸道。故廩庾之積，尤為吾州之大政。今漆水公之鎮是邦也，至之日，即以新倉為事，度材於山，賦庸於兵，心計手授，百堵皆作。蓋經始於正大六年之八月，而斷手於八年之四月。文石既具，子為我記之。』某以為：天下之為食者莫勞於農，而莫不害于農。農之力，至於今極矣！噓牛而耕，曝背而耘，十人之勞不能給一人之食，水旱霜雹，螟蝗蟊蠈，凡害于稼者不論也。用兵以來，調度百出。常賦所輸，皆瘡痍之民終歲勤動不得以養其父母妻子，而以之佐軍興者。兵則恃農而戰，農則恃戰而耕。朝廷旰食宵衣，惟穀之恤，勸農冠蓋，相望於道。廩人之制非不具備，而有司或不能奉承，精粗之不齊，陳腐之不知，度量之不同，簿領之不一，收貯之不謹，啟閉之不時，訶禁之不嚴，檢察之不恒，冒濫之不究，請託之不絕，一隙所開，百姦乘之。百家之所斂，不足以給雀鼠之所耗；一邑之所入，不足以補風雨之所敗。四方承平，粒米狼戾時然且不可，況道殣相望之後乎？然則有能為國家重民食而謹軍賦者，業文之士宜喜聞而樂道之。也唯公為徐、為陝、為鳳翔、為京兆、為洛陽，盡力民事二十年於茲，知民之所難，知戰之所資，知廢政之不可不舉，知積弊之不可不去。是役也，易腐敗為堅整，廣狹陋為宏敞，增卑濕為爽塏，導壅蔽為開廓。環以複垣，鍵以重扃。圭撮有經，新陳有次，暵曝有所，檢視有具，出入有籍，巡衛有卒。條畫周密，截若畫一。萬箱踵來，千倉日盈，陳陳相因，如岡如陵。望之巍然，有以增金城湯池之重。京師仰給，於是乎張本。某，屬吏也，知公為詳，故并著其設施如此。四月二十三日，儒林郎、南陽縣令、武騎尉、賜緋魚袋元某記。

元 郝經《陵川集》卷六《勸農閔農也。兵亂以來，四民失業，農病爲甚。因讀淵明勸農之作，感而賦此**》** 植天務本，實惟農民。力田效勤。含淳守真。代食惟賢，勸恤相因。耒耜之益，始活斯人。每每原田，奕奕黍稷。雨暘若時，具來播植。惟是穮蓘，惟是稼穡。倉庾惟盈，斯人足食。爰自兵興，魚涸處陸。汙萊菑畬，澆散純穆。浚肌刮骨，㓞音軋貐音與塵逐。婦役弗蠶，夫征弗宿。苛政蝟起，紛更弗久。饑腸曷充，獨耕無耦。既空杼軸，孰事畎畝。流亡異土，隕涕博手。食衆農寡，安得不匱。有年無種，豐穫安冀。盜賊羣起，餒死並至。曾是司牧，曾是無愧。井地荒空，甿俗頑鄙。逐末逞僞，無復率履。農為匪民，犯繩越軌。本既凋傷，政何由美。

元 楊維楨《鐵崖古樂府》卷五《勸糶詞》 水旱阻堯湯，生民無罪歲。後代倉廩虛，時和亦為沴。孰云富而咢，甚矣貧不繼。借富以貸貧，窮哉己非計。况乃指廪間，夏楚刦以勢夏音賈。

又《吴農謡》 吴農竭力畊王田，王賦已供常餓眠。鄧通董賢何為者，一生長用水衡錢董賢或作偃賢。

又《劭農篇》 今日當假我，縣守初出郭。出郭到誰家，田父有新約。桑陰抽戾疹，石畸渡署彴。田父喜我來，釃酒出杯杓。招來道上氓，賣刀買黄犢。水南架魚梁，水北築稻屋。十分麥上場，兩番蠶上箔。永願吏不妖，重願歲不惡。呼婦殺黄雞，重話田間樂。

明 楊士奇《東里續集》卷一《旌義堂記》 正統三年六月十日，上遣行人盧懋齎璽書，旌江西吉安府泰和縣民蕭褱爲義民。蓋自上臨御以來，四方之人仰體皇仁，出穀縣官，預備賑荒，事日有聞於上，悉賜璽書旌褒。時士奇兼掌内制，每私怪斯舉權輿吾郡，而未聞吾邑有一人繼者，蓋歷三歲，始見于褱。吾與褱同邑有連，且嘗作賓蕭氏塾，固知褱必能爲義，然猶怪其獨緩也。今年過鄉里，里耆老爲余言：褱之圖效義久矣。屬時令丞闕，簿攝令事，褱具材作義廪，言於縣，請以隸官，又言願出穀納廪，以備賑飢。縣吏需重賂乃行，褱私竊歎曰：『以賂吏，曷如及飢時褱以賑民乎？』不肯賂，吏亦竟不行。明年，吉安府通判余君來掌縣事，褱復言之，余君大喜，即日遣其佐眎褱所作廪，而内其穀，凡千二百石，遂聞于朝。斯其所由緩也。嗟乎！水旱在古聖人之世不能無，惟古聖人有備焉，故其民不病。今民比比能仰體皇仁，爲先事之備，食禄者乃有不能，或又貪緣以爲己利，彼獨何心？如余君之明治體、豫民患，卓然其今之循良有司，何可多得哉！若蕭氏之務義，厥有自來，非昉於褱也。昔褱之大父思和甫、父安正甫，當元季寇亂，所在靡寧，思和甫父子挺然發帑倡義，保障其一鄉，終亂不見兵禍，至于今號其里曰桃源。我國家靖宇内，定法制，簡富民長萬石區，俾董徭賦，思和甫與焉，惟義之行，上下賴之。後安正甫繼焉，一循其父之義。及褱偕弟應又繼焉，皆循大父、父之義，尤格慎介然，不一毫苟取。其區之民有横恣不律者，率略之弗較；有艱窶不給者，恆加卹之。蓋蕭氏施義其鄉，昉于褱之大父、父，而至于褱益篤也。玉音下逮，龍光煇煌，真無忝也矣，豈若世之驟興於一人、偶見於一善，而濫冒寵錫者之可同日語哉。予既名褱所居堂曰旌義，褱來北京，屬書之。予惟其宜書者有二：泰和之民以效義荷璽書旌褒，自褱始，一也；余公之廉公明決，二也。遂并蕭氏世德書之。

雜録

唐 鄭畋《討巢賊檄》《册府元龜》卷四一六 鳳翔隴右節度使檢校尚書左僕射同中書門下平章事充京西諸道行營都統上柱國滎陽郡開國公食邑二千户鄭畋，移檄告諸藩鎮郡縣侯伯牧守將吏曰：夫屯亨有數，否泰相沿，如日月之蔽虧，似陰陽之愆伏。是以漢朝方盛，則莽、卓肆其奸兇；夏道未衰，而羿浞騁其殘酷。不無僭越，尋亦誅夷。即知妖孽之生，古今難免。代有忠貞之士，力爲匡復之謀。我國家應五運以承乾，躡三王之垂統。綿區飲化，匝宇歸仁。十八帝之嘉猷，銘於神鼎；三百年之睿澤，播在人謠。加以政尚寬宏，刑無枉濫。翼翼勤行於王道。孜孜務恤於生靈。足可傳寶祚於無窮，御瑤圖於不朽。

近歲螟蝗作害，旱暵延災。因令無賴之徒，遽起亂常之暴。雖加討逐，猶肆猖狂。草賊黄巢，奴僕下才，豺狼醜類。寒耕熱耨，不勵力於田疇；媮食靡衣，務偷生於剽奪。結連兇黨，驅迫平人。始擾害於里閭，遂侵淩於郡邑。屬以藩臣不武，戎士貪財。徒加討逐之名，竟作遷延之役。致令滋蔓，累有邀求。聖上愛育情深，含宏道廣。指萬方而罪己，用百姓以爲心。假以節旄，委之藩鎮。冀其悛革，免困疲羸。而殊無犬馬之誠，但恣蟲蛇之毒。剽掠我征鎮，覆沒我京師，淩辱我衣冠，屠殘我士庶。視人命有同於草芥，謂大寶易竊如奕棋。而乃竊據宮闈，僞稱名號。爛羊頭而拜爵，續狗尾以命官。燕巢幕以誇安，魚在鼎而猶戲。殊不知五侯拗怒，期分項羽之屍；四冢既成，待葬蚩尤之骨。猶復廣侵田宅，濫瀆貨財。比溪壑以難盈，類烏鳶而縱攫。芒芒赤縣，僅同夷貊之鄉；惴惴黔黎，若在狴牢之內。因友人神共怒，行路傷心。

畋謬領藩垣，榮兼將相。每枕戈以待旦，常泣血以忘餐。誓與義士忠臣，共剪狐鳴狗盜。近承詔命，會合諸軍。皇帝親御六師，即離三蜀。霜戈萬隊，鐵馬千羣。雕虎嘯以風生，應龍驤而雲起。淮南高相公，會關東諸道，百萬雄師，計以夏初，會於關內。畋與涇原節度使程宗楚、秦州節度使仇公遇等，已驅組練，大集關畿。爭麾隴右之蛇矛，待掃關中之蟻聚。而土番黨項，已久濡皇化，深憤國仇，願以沙漠之軍，共濟蕩平之捷。此際華戎合勢，藩鎮連衡。旌旗煥爛於雲霞，劍戟晶熒於霜雪。莫不持繩待試，賈勇爭先。思垂竹帛之功，誓雪朝廷之恥。矧茲殘孽，不足殄除。況諸道世受國恩，身縻好爵。皆貯匡邦之略，咸傾致主之誠。自函洛搆氛，鑾輿被敵。莫不指銅駝而眥裂，望玉壘以魂銷。聞此勤王，固宜投袂。更希憤激，速殄寇仇。永圖社稷之勳，以報君親之德。迎鑾反正，豈不休哉！

清 陸曾禹《康濟録》卷四《社倉條約》 社倉論曰：救荒之術，賑濟貴乎速，轉運貴乎近，利賴貴乎恒久，而不在乎一時之權宜。若是乎社倉之不可不設也審矣！但建之而不得其法，或相強於未行之前，或粉飾於舉行之際，托非其人，乾沒是患，開發或濫，浮冒正多。推其意，原本於鄉黨相賙，而久且為閭里之擾累，豈非徒騖虛名而毫無實裨省乎？用集文公之條約，敢瀆司牧之聽聞，果能仿佛前賢，設施四境，未饑者咸歌大有，將饑者悉免倒懸，能變通以善其用，則紫陽復生而仁民之術溥矣。

又 一、逐年十二月，分委諸部社首保正副，將舊保簿重行編排。其間有停藏逃軍及作過無行止之人，隱匿在內，仰社首隊長覺察申報，尉司追捉，解縣根究。其引至之家，亦乞一例斷罪。次年三月內，將所排保簿赴鄉官交納，鄉官點檢。如有漏落及妄有增添，一户一口不實，即許人告，審實申縣，乞行根治。如無欺弊，即將其簿紐算人口，指定米數，大人若干，小兒減半，候支貸日，將人户請米狀拖對批填，監官依狀支散。

一、逐年五月下旬新陳未接之際，預於四月上旬，申府乞依例給貸。仍乞選差本縣清強官一員、人吏一名、斗子一名，前來與鄉官同共支貸。

一、申府差官訖，一面出榜，排定日分，分都支散先遠後近，一日一都，曉示人户產錢六百文以上，及自有營運衣食不缺，不得請貸。各依日限具狀狀內開説大人、小兒口數結保每十人結為一保，遞相保委。如保內逃亡之人，同保均備取保，七人以下不成保不支。陳龍正曰：不成保不支，將聽畸零窮民之餓乎？不如金華縣規，附甲為妥。正身赴倉請米，仍仰社首保正副隊長大保長並各赴倉識認面目，照對保簿，如無僞冒重疊，即與簽押保明其社營保正等人不保，而掌主保明者聽。其日，監官同鄉官人倉據狀，依次支散。其保明不實，別有情弊者，許人告首。隨事拖行，其餘即不得妄有邀阻。如人户不願請貸，亦不得妄有抑勒。

一、收支米，用淳熙七年十二月本府給到新漆黑官桶及官斗，仰斗子依公平量。其監官鄉官人從，逐廳止許兩人人中門，其餘並在門外，不得近前挨撥攙奪人户所請米斛。如違，許被擾人當廳告覆，重作施行。

一、豐年如遇人户請貸官米，即開兩倉，存留一倉。若遇饑歉，則開第三倉，專賑貸深山窮穀耕田之民。庶幾豐荒賑貸有節。

一、人户所貸官米，至冬納還不得過十一月下旬。先於十月上旬，定日申府，乞依例差官，將帶吏斗前來，公共受納，兩平交置。舊例每石收耗米二斗，今更不收上件耗米。又慮倉廒折閱，無所從出，每石量收三升，准備折閱及支吏斗等人飯米。其米正行附冊收支。

一、申府差官訖，即一面出榜，排定日分，分都交納先近後遠，一日一都。仰社首隊長告報保頭，保頭告報各户，遞相糾率，造一色乾硬糙米具狀同保共為一狀，未足不得交納。如保内有人逃亡，即同保均備納足赴倉交納。監官鄉官吏斗等人，至日赴倉受納，不得妄有阻抑及過數多取，其餘并依給米約束施行其收米人吏斗子，要知首尾。次年夏支貸日，不可差换。

一、收支米訖，逐日轉上本縣所給印冊。事畢日，具總數申府縣照會。

一、每遇支散交納日，本縣差到人吏一名、斗子一名、社倉算交司一名、倉子兩名，每人日支飯米一斗約半月，發遣裹足米二石，共計米一十七石五斗。又貼書一名、貼斗一名，各日支飯米一斗約半月，發遣裹足米六斗，共計四石二斗。縣官人從七名、鄉官人從共一十名，每名日支飯米五升十日，共計米八石五斗。已上共計米三十石二斗。一年收支兩次，共用米六十石四斗。逐年蓋墻，並買稾薦，修補倉廒，約米九石。通計米六十九石四斗。

陳龍正曰：每人日支飯米一斗，太多矣。應減為一升五合，另給酒菜銀數分，上下均便。

張文嘉曰：支收交納，各有定限，為曰不多。在鄉官士人，知此義舉，斷不計利。至於吏人倉子，安肯空勞？每名支飯米一斗，即寓相犒之意。若減為一升五合，又給酒菜之資，不惟反多煩瑣，抑恐不足服此輩之心。其鄉官並僕從，恐有貧薄者，亦必須支米五升，方足薪水之用。固知朱子非過厚也。

又按：朱子當日始創此事，故頻官府彈壓。倘今舉行社倉，則保薄赴官交納及申縣乞差、吏斗請事，俱不必行，止須支給司社及倉守效勞宣力諸人可也。

一、排保式。某里第某都，社首某人，今同本都大保長隊長編排到都內人口數下項。

甲户大人若干口，小兒苦干口，居住地名某處；或產户開説產錢若干，或白煙耕田，開店買賣，上著外來，係某年移來，逐户開。

餘開：

右某等，今編排到都內人户口數在前，即無漏落及增添一户一口不實。如招人户陳言，甘伏解縣斷罪。謹狀。

年月日大保長姓名

隊長姓名

保正副姓名

社首姓名

請米狀式。某都第某保隊長某人，大保長某人下，某處地名，保頭某人等幾人，今遞相保委，就社倉借米，每大人若干，小兒減半。候冬收日，備乾硬糙米，每石量收耗米二升，前來送納，保內一名走失事故，保內人情願均備取足，不敢有違。謹狀。

年月日保頭姓名

甲户姓名

大保長姓名

隊長姓名

保長姓名

社首姓名

一、社倉支貸交收米斛，合係社首保正副告報隊長保長，隊長保長告報人户。如闕隊長，許人户就社倉陳説，告報社首依公差補。如闕社首，即申尉司定差。

一、薄書鎖鑰，鄉官公共分掌。其大項收支，須監官簽押，其餘零碎出納，即委鄉官，公共掌管。務要均平，不得徇私容情，別生姦弊。

一、如遇豐年人户不應請貸，至七八月而產户應請者，聽。

一、倉內屋宇什物，仰守倉人常切照管，不得毀損及借出他用。如有損失，鄉官點檢，勒守倉人賠償。如些小損壞，逐時修整；大段改造，臨時具因依申府，乞撥米斛。

宋陸九淵曰：社倉固為農之利，然農田常熟，則其利可久。苟非常熟之田，一遇歉歲，則有散而無斂，來歲缺種糧時，乃無以賑之。莫若兼置平糴一倉，使無責賤之患。折所糴為二，每存其一，以備歉歲，代社倉之匱，實為長利也。

舊説：青苗者，田未熟而貸之錢，田已熟而收其利。安石嘗行此於一邑，甚善。然猶躬通下情，隨其應與不願也。至當國時，欲以此行之天下，而守令者又阿重臣意旨，以多散錢多得利為稱職，不問貧富緩急強與之，又寄權人役，出納之際，輕重為姦，而民遂怨讟載道矣。

謹案：社倉之建，至凶歲而益見其妙。若聽民之願與不願而議建，十不得一矣。何也？小民以他人之物，而為一己之所有，則恆喜；以一己之需而為公家之所存，則多惡，此必然之勢也。如懼其惡而不令建，張詠之命去茶植桑，不嘗致惡於四境乎？其後何以復為其所喜。等而上之，魯人之歌孔子，鄭人之歌子產，皆彰彰可驗也。是彼一時之喜惡，何足以惑吾永遠之深仁哉？

農業技術減灾部

論説

《吕氏春秋》卷二六《士容論·任地》 四曰：后稷曰：子能以窐爲突乎？子能藏其惡而揖之以陰乎？子能使吾士靖而甽浴土乎？子能使保溼安

地而處乎？子能使藿夷毋淫乎？子能使子之野盡爲泠風乎？子能使槁數節而莖堅乎？子能使穗大而堅、均乎？子能使粟圜而薄糠乎？子能使米多沃而食之彊乎？無之若何？

凡耕之大方：力者欲柔，柔者欲力。息者欲勞，勞者欲息。棘者欲肥，肥者欲棘。急者欲緩，緩者欲急。溼者欲燥，燥者欲溼。

上田棄畝，下田棄甽。五耕五耨，必審以盡。其深殖之度，陰土必得，大草不生，又無螟蜮。今茲美禾，來茲美麥。是以六尺之耜，所以成畝也；其博八寸，所以成甽也；耨柄尺，此其度也；其耨六寸，所以間稼也。地可使肥，又可使棘。人肥必以澤，使苗堅而地隙；人耨必以旱，使地肥而土緩。

草諯大月。冬至後五旬七日，菖始生，菖者百草之先生者也，於是始耕。孟夏之昔，殺三葉而穫大麥。日至，苦菜死而資生，而樹麻與菽，此告民地寶盡死。凡草生藏日中出，狶首生而麥無葉，而從事於蓄藏，此告民究也。五時見生而樹生，見死而穫死。天下時，地生財，不與民謀。

有年瘞土，無年瘞土。無失民時，無使之治下。知貧富利器，皆時至而作，渴時而止。是以老弱之力可盡起，其用日半，其功可使倍。不知事者，時未至而逆之，時既往而慕之，當時而薄之，使其民而郤之。民既郤，乃以良時慕，此從事之下也。操事則苦，不知高下，民乃逾處。種稑禾不爲稑，種重禾不爲重，是以粟少而失功。

又《辯土》 五曰：凡耕之道：必始於壚，爲其寡澤而後枯；必厚其靹，爲其唯厚而及；䬸者紝之，堅者耕之，澤其靹而後之；上田則被其處，下田則盡其汙。無與三盜任地：夫四序參發，大甽小畝，爲青魚胠，苗若直獵，地竊之也；既種而無行，耕而不長，則苗相竊也；弗除則蕪，除之則虛，則草竊之也。故去此三盜者，而後粟可多也。

所謂今之耕也，營而無獲者：其蚤者先時，晚者不及時，寒暑不節，稼乃多菑，實。其爲畝也，高而危則澤奪，陂則埒，見風則儠，高培則拔，寒則雕，熱則脩，一時而五六死，故不能爲來。不俱生而俱死，虛稼先死，眾盜乃竊。望之似有餘，就之則虛。農夫知其田之易也，不知其稼之疏而不適也；知其田之際也，不知其稼居地之虛也；不除則蕪，除之則虛，此事之傷也。故晦欲廣以平，甽欲小以清；下得陰，上得陽，然後咸生。

稼欲生於塵，而殖於堅者。慎其種，勿使數，亦無使疏。於其施土，無使不足，亦無使有餘。熟有耰也，必務其培。其耰也植，植者其生也必先。其施土也均，均者其生也必堅。是以晦廣以平，則不喪本莖；生於地者，五分之以地。莖生有行，故遬長；弱不相害，故遬大。衡行必得，縱行必術。正其行，通其風，夬心中央，帥爲泠風。苗，其弱也欲孤，其長也欲相與居，其熟也欲相扶。是故三以爲族，乃多粟。

凡禾之患，不俱生而俱死。是以先生者美米，後生者爲秕。是故其耨也，長其兄而去其弟。樹肥無使扶疏，樹墝不欲專生而族居。肥而扶疏則多秕，墝而專居則多死。不知稼者：其耨也去其兄而養其弟，不收其粟而收其秕，上下不安，則禾多死，厚土則孽不通，薄土則蕃轓而不發。壚埴冥色，剛土柔種，免耕殺匿，使農事得。

《韓非子》卷一五《難二第三十七》 舉事慎陰陽之和，種樹節四時之適，無早晚之失，寒溫之災，則入多。不以小功妨大務，不以私欲害人事，丈夫盡於耕農，婦人力於織紝，則入多。務於畜養之理，察於土地之宜，六畜遂，五穀殖，則入多。明於權計，審於地形、舟車機械之利，用力少致功大，則入多。利商市關梁之行，能以所有致所無，客商歸之，外貨留之，儉於財用，節於衣食，宮室器械，周於資用，不事玩好，則入多。入多，皆人為也。若天事、風雨時，寒溫適，土地不加大，而有豐年之功，則入多。人事、天功，二物者皆入多，非山林澤谷之利也。夫無山林澤谷之利入多，因謂之窕貨者，無術之言也。

《周禮·地官司徒·山虞》 掌山林之政令，物為之厲而為之守禁。仲冬斬陽木，仲夏斬陰木。凡服耜，斬季材，以時入之。令萬民時斬材，有期日。凡邦工入山林而掄材，不禁。春秋之斬木不入禁。凡竊木者有刑罰，若祭山林，則為主而脩除，且蹕。若大田獵，則萊山田之野；及弊田，植虞旗于中，致禽而珥焉。

《漢書》卷二四《食貨志上》 《洪範》八政，一曰食，二曰貨。食謂農殖嘉穀可食之物，師古曰：『殖，生也。嘉，善也。』貨謂布帛可衣，師古曰：『衣音於既反。』及金刀龜貝，所以分財布利通有無者也。師古曰：『金謂五色之金也。黃者曰金，白者曰銀，赤者曰銅，青者曰鉛，黑者曰鐵。刀謂錢幣也。龜以卜占，貝以表飾，故皆爲寶貨也。』二者，生民之本，興自神農之世。『斲木爲耜，煣木爲耒，耒［耨］之利以教天下王先謙說據顏注，作「耨」是。按景祐、殿本都作「耨」。』，而食足；

師古曰：『斲，斫也。煣，屈也。耒，手耕曲木也。耜，耒端木所以施金也。耨，耘田也。耜音似。煣音人九反。耒音來內反。耨音乃搆反。』『日中爲市，致天下之民，聚天下之貨，交易而退，各得其所』，而貨通。師古曰：『自「斲木爲耜」以至於此，事見《易上·繫辭》。』食足貨通，然後國實民富，而教化成。黄帝以下『通其變，使民不倦』。李奇曰：『器幣有不便於時，則變更通利之，使民樂其業而不倦也。』堯命四子以『敬授民時』，師古曰：『四子謂羲仲、羲叔、和仲、和叔也。事見虞書堯典也。』舜命后稷以『黎民祖飢』，孟康曰：『祖，始也。黎民始飢，命棄爲稷官也。古文言阻。』師古曰：『事見虞書舜典。（王先謙說唐寫本「事見」下有「虞書」二字。按景祐本有。）』是爲政首。禹平洪水，定九州，制土田，各因所生遠近，賦入貢棐，應劭曰：『棐，竹器也，所以盛。方曰筐，隋曰棐。』師古曰：『棐讀與匪同，《禹貢》所謂「厥貢漆絲，厥篚織文」之類是也。隋，圜而長也。隋音他果反。』楙遷有無，萬國作乂。師古曰：『楙與茂同，勉也。言勸勉天下，遷易有無，使之交足，則萬國皆治。』殷周之盛，詩書所述，要在安民，富而教之。故易稱『天地之大德曰生，聖人之大寶曰位；何以守位曰仁，何以聚人曰財。』師古曰：『下繫之辭。』財者，帝王所以聚人守位，養成羣生，奉順天德，治國安民之本也。故曰：『不患寡而患不均，不患貧而患不安；蓋均亡貧，和亡寡，安亡傾。』師古曰：『《論語》載孔子之言。』是以聖王域民，師古曰：『爲邦域。』築城郭以居之，制廬井以均之，師古曰：『井田之中爲屋廬。』開市肆以通之，師古曰：『肆，列也。』設庠序以教之；師古曰：『庠序，禮官養老之處。』士農工商，四民有業。學以居位曰士，闢土殖穀曰農，作巧成器曰工，通財鬻貨曰商。師古曰：『鬻，賣也。鬻音弋六反。』聖王量能授事，四民陳力受職，故朝亡廢官，邑亡敖民，地亡曠土。師古曰：『敖謂逸游也。曠，空也。』

理民之道，地著爲本。師古曰：『地著，謂安土也，音直略反。』故必建步立畮，正其經界。師古曰：『畮，古畝字也。』六尺爲步，步百爲畮，畮百爲夫，夫三爲屋，屋三爲井，井方一里，是爲九夫。八家共之，各受私田百畮，公田十畮，是爲八百八十畮，餘二十畮以爲廬舍。師古曰：『廬，田中屋也。春夏居之，秋冬則去。』出入相友，守望相助，疾病相救，景祐、殿本都作『相』。王先謙說作『相』是。民是以和睦，而教化齊同，力役生產可得而平也。

民受田，上田夫百畮，中田夫二百畮，下田夫三百畮。歲耕種者爲不易上田；休一歲者爲一易中田；休二歲者爲再易下田，三歲更耕之，自爰其處。孟康曰：『爰，於也。』師古曰：『更，互也，音工衡反。』農民戶人已受田，其家衆男爲餘夫，亦以口受田如比。師古曰：『比，例也，音必寐反。』士工商家受田，五口乃當農夫一人。此謂平土可以爲法者也。若山林藪澤原陵淳鹵之地，晉灼曰：『淳，盡也，舄鹵之田不生五穀也。』各以肥磽多少爲差。師古曰：『磽，磽确也，謂瘠薄之田也，音口交反。』有賦有稅。稅謂公田什一及工商衡虞之入也。師古曰：『賦謂計口發財，稅謂收其田入也。什一，謂十取其一也。工、商、衡、虞雖不墾殖，亦取其稅者，工有技巧之作，商有行販之利，衡虞取山澤之材產也。』賦共車馬甲兵士徒之役，師古曰：『徒，衆也。共讀曰供。』充實府庫賜予之用。稅給郊社宗廟百神之祀，天子奉養百官祿食庶事之費。民年二十受田，六十歸田。七十以上，上所養也；十歲以下，上所長也；十一以上，上所強也。師古曰：『勉強勸之，令習事也。強音其兩反。』種穀必雜五種，以備災害。師古曰：『歲月有宜，及水旱之利也。種卽五穀，謂黍、稷、麻、麥、豆也。』田中不得有樹，用妨五穀。力耕數耘，收穫如寇盜之至。師古曰：『力謂勤作之也。如寇盜之至，謂促遽之甚，恐爲風雨所損。』還廬樹桑，師古曰：『還，繞也。』菜茹有畦，瓜瓠果蓏應劭曰：『木實曰果，草實曰蓏。』張晏曰：『有核曰果，無核曰蓏。』臣瓚曰：『案木上曰果，地上曰蓏也。』師古曰：『茹，所食之菜也。畦，區也。茹音人豫反。畦音胡圭反。蓏音來果反。』殖於疆易。張晏曰：『至此易主，故曰易。』師古曰：『詩小雅信南山云「中田有廬，疆埸有瓜」，卽謂此也。』雞豚狗彘毋失其時，師古曰：『彘卽豕。』女修蠶織，則五十可以衣帛，七十可以食肉。

又

周室既衰，暴君汚吏慢其經界，師古曰：『汚謂貪穢也。』繇役橫作，師古曰：『繇讀曰徭。橫音胡孟反。』政令不信，上下相詐，公田不治。故魯宣公『初稅畮』，春秋譏焉。孟康曰：『春秋謂之履畮，履踐民所種好者而取之，譏其貪也。』於是上貪民怨，災害生而禍亂作。

陵夷至於戰國，貴詐力而賤仁誼，先富有而後禮讓。是時，李悝爲魏文侯作盡地力之教，師古曰：『李悝，文侯臣也。悝音恢。』以爲地方百里，提封九萬頃，除山澤邑居參分去一，爲田六百萬畮，治田勤謹則畮益三升，服虔曰：『與之三升也。』臣瓚曰：『當言三斗。謂治田勤，則畮加三斗也。』師古曰：『計數而言，字當爲斗。瓚說是也。』不勤則損亦如之。地方百里之增減，輒爲粟百八十萬石矣。又曰糴其貴傷民，韋昭曰：『此民謂士工商也。』甚賤傷農；民傷則離散，農傷則國貧。故甚貴與甚賤，其傷一也。善爲國者，使民毋傷而農益勸。今一夫挾五口，治田百畮，歲收畮一石半，爲粟百五十石，除十一之稅十五石，餘百三十五石。食，人月一石半，五人終歲爲粟九十石，餘有四十五石。石三十，爲錢千三百五十，除社閭嘗新春秋之祠，用錢三百，餘千五十。衣，人率用錢三百，五人終歲用千五百，不足四百五十。師古曰：『少四百五十，不足也。』不幸疾病死喪之費，及上賦斂，又未與此。師古曰：『與讀曰豫。』此農夫所以常困，有不勸耕之心，而令糴至於甚貴者也。是故善平糴者，必謹觀歲有上中下孰。上孰其收自四，餘四百石；張晏曰：『平歲百畮收百五十石，今大孰四倍，收六百石，計民食終歲長四百石，官糴三百石，此爲糴三舍一也。』中孰自三，餘三百石；張晏曰：『自三，四百五十石也。終歲長三百石，官糴二百石，此爲糴二而舍一也。』下孰自倍，餘百石。張晏曰：『自倍，收三百石，終歲長百石，官糴其五十石，云下孰糴一，謂中分百石之一。』小飢則收百石，張晏曰：『平歲百畮之收，收百五十石，今小飢收百石，收三分之二也。』中飢七十石，張晏曰：『收二分之一。』大飢三十石。張晏曰：『收五分之一也。以此準之，大小中飢之率也。』故大孰則上糴三而舍一，中孰則糴二，下孰則糴一，使民適足，賈平則止。師古曰：『賈讀曰價。』小飢則發小孰之所斂，李奇曰：『官以斂藏出糴也。』中飢則發中孰之所斂，大飢則發大孰之所斂，而糴之。故雖遇饑饉水旱，糴不貴而民不散，取有餘以補不足也。行之魏國，國以富彊。

及秦孝公用商君，壞井田，開仟伯，師古曰：『仟伯，田間之道也。南北曰仟，東西曰伯。伯音莫白反。』急耕戰之賞，雖非古道，猶以務本之故，傾鄰國而雄諸侯。然王制遂滅，僭差亡度。庶人之富者累鉅萬，師古曰：『鉅，大也。大萬，謂萬萬也。累者兼數，非止一也。言其貲財積累萬萬也。』而貧者食糟糠；有國彊者兼州域，而弱者喪社稷。至於始皇，遂并天下，內興功作，外攘夷狄，收泰半之賦，師古曰：『泰半，三分取其二。』發閭左之戍。應劭曰：『秦時以適發之，名適戍。先發吏有過及贅壻、賈人，後以嘗有市籍者發，又後以大父母、父母嘗有市籍者。戍者曹輩盡，復入閭，取其左發之，未及取右而秦亡。』師古曰：『閭，里門也。（言居在里門之左者，景祐、殿本都作「里」。一切發之。此閭左之釋，應最得之，諸家之義煩穢舛錯，故無所取也。）』男子力耕不足糧饟，師古曰：『饟，古餉字也。』女子紡績不足衣服。竭天下之資財以奉其政，猶未足以澹其欲也。師古曰：『澹，古贍字也。贍，給也。其下並同。』海內愁怨，遂用潰畔。師古曰：『下逃其上曰潰。』

漢興，接秦之敝，諸侯並起，民失作業而大饑饉。凡米石五千，人相食，死者過半。高祖乃令民得賣子，就食蜀漢。天下既定，民亡蓋臧，蘇林曰：『無物可蓋臧。』自天子不能具醇駟，師古曰：『醇，不雜也。無醇色之駟，謂四馬雜色也。』而將相或乘牛車。師古曰：『以牛駕車也。』上於是約法省禁，輕田租，什五而稅一，量吏祿，度官用，以賦於民。師古曰：『纔取足。』而山川園池市肆租稅之入，自天子以至封君湯沐邑，皆各爲私奉養，不領於天子之經費。師古曰：『言各收其所賦稅以自供，不入國朝之倉廩府庫也。經，常也。』漕轉關東粟以給中都官，歲不過數十萬石。師古曰：『中都官，京師諸官府也。』孝惠、高后之間，衣食滋殖。文帝卽位，躬修儉節，思安百姓。時民近戰國，皆背本趨末，賈誼說上曰：筦子曰『倉廩實而知禮節』。師古曰：『筦與管同。管子，管仲之書也。』民不足而可治者，自古及今，未之嘗聞。古之人曰：『一夫不耕，或受之飢；一女不織，或受之寒。』生之有時，而用之亡度，則物力必屈。師古曰：『屈，盡也。音其勿反。』古之治天下，至孅至悉也，師古曰：『孅，細也。悉，盡其事也。孅與纖同。』故其畜積足恃。今背本而趨末，食者甚衆，是天下之大殘也；師古曰：『本，農業也。末，工商也。言人已棄農而務工商矣，其食米粟者又甚衆。殘謂傷害也。』淫侈之俗，日日以長，是天下之大賊也。殘賊公行，莫之或止；大命將泛，孟康曰：『泛音方勇反。泛，覆也。』師古曰：『字本作覂，此通用也。』莫之振救。師古曰：『振，舉也。』生之者甚少而靡之者甚多，師古曰：『靡，散也，音縻。』天下財產何得不蹷！應劭曰：『蹷，傾竭也。』師古曰：『蹷音厥。』漢之爲漢幾四十年矣，師古曰：『幾，近也。音鉅衣反。』公私之積猶可哀痛。師古曰：『言年載已多，而無儲積。』失時不雨，民且狼顧；鄭氏曰：『民欲有畔意，若狼之顧望也。』李奇曰：『狼性怯，走喜還顧。言民見天不雨，今亦恐也。』師古曰：『李說是也。』歲惡不入，請賣爵、子。如淳曰：『賣爵級又賣子也。』既聞耳矣，安有爲天下阽危者若是而上不驚者！師古曰：『阽危，欲墜之意也。音閻，又音丁念反。』

世之有飢穰，天之行也，李奇曰：『天之行氣，不能常孰也。或曰，行，道也。』師古曰：『穰，豐也，音人常反。』禹、湯被之矣。師古曰：『謂禹遭水，而湯遭旱也。』卽不幸有方二三千里之旱，國胡以相恤？師古曰：『胡，何也。』卒然邊境有急，數十百萬之衆，國胡以餽之？師古曰：『卒讀曰猝。餽亦饋字也。』兵旱相乘，天下大屈，師古曰：『屈音其勿反。』有勇力者聚徒而衡擊，師古曰：『衡，橫也。』罷夫羸老易子而齩其骨。師古曰：『罷讀曰疲。齩，齧也，音五巧反。』政治未畢通也，遠方之能疑者並舉而爭起矣，師古曰：『疑讀曰擬。擬，僭也，謂與天子相比擬。』乃駭而圖之，豈將有及乎？師古曰：『圖謂謀也。』

夫積貯者，天下之大命也。苟粟多而財有餘，何爲而不成？以攻則取，以守則固，以戰則勝。懷敵附遠，何招而不至？師古曰：『懷，來也，安也。』今毆民而歸之農，皆著於本，師古曰：『毆亦驅字。著音直略反。』使天下各食其力，末技游食之民轉而緣南晦，師古曰：『言皆趨農作也。』則畜積足而人樂其所矣。可以爲富安天下，而直爲此廩廩也，李奇曰：『廩廩，危也。』師古曰：『言務耕農，厚畜積，則天下富安，何乃不爲，而常不足廩廩若此。』竊爲陛下惜之！於是上感誼言，始開籍田，躬耕以勸百姓。

鼂錯復說上曰：聖王在上而民不凍飢者，非能耕而食之，織而衣之也，師古曰：『食讀曰飤。衣音於既反。』爲開其資財之道也。故堯、禹有九年之水，湯有七年之旱，而國亡捐瘠者，孟康曰：『肉腐爲瘠。捐，骨不埋者。或曰，捐謂民有飢相棄捐者。或謂貧乞者爲捐。』蘇林曰：『瘠音漬。』師古曰：『瘠，瘦病也。言無相棄捐而瘦病者耳。不當音漬也。貧乞之釋，尤疏僻焉。』以畜積多而備先具也。今海內爲一，土地人民之衆不避湯、禹，加以亡天災數年之水旱，而畜積未及者，何也？地有遺利，民有餘力，生穀之土未盡墾，山澤之利未盡出也，游食之民未盡歸農也。民貧，則姦邪生。貧生於不足，不足生於不農，不農則不地著，不地著則離鄉輕家，民如鳥獸，雖有高城深池，嚴法重刑，猶不能禁也。

夫寒之於衣，不待輕煖；師古曰：『以禦風霜，不求靡麗也。煖音乃短反。』飢之於食，不待甘旨；師古曰：『旨，美也。』飢寒至身，不顧廉恥。人情，一日不再食則飢，終歲不製衣則寒。夫腹飢不得食，膚寒不得衣，雖慈母不能保其子，君安能以有其民哉！明主知其然也，故務民於農桑，薄賦斂，廣畜積，以實倉廩，備水旱，故民可得而有也。

民者，在上所以牧之，趨利如水走下，四方亡擇也。師古曰：『走音奏。』夫珠玉金銀，飢不可食，寒不可衣，然而衆貴之者，以上用之故也。其爲物輕微易臧，在於把握，可以周海內而亡飢寒之患。師古曰：『周謂周徧而游行。』此令臣輕背其主，而民易去其鄉，盜賊有所勸，亡逃者得輕資也。粟米布帛生於地，長於時，聚於力，非可一日成也；數石之重，中人弗勝，師古曰：『中人者，處強弱之中也。』不爲姦邪所利，一日弗得而飢寒至。是故明君貴五穀而賤金玉。

今農夫五口之家，其服役者不下二人，師古曰：『服，事也，給公事之役也。』其能耕者不過百晦，百晦之收不過百石。春耕夏耘，秋穫冬臧，伐薪樵，治官府，給繇役；春不得避風塵，夏不得避暑熱，秋不得避陰雨，冬不得避寒凍，四時之間亡日休息；又私自送往迎來，弔死問疾，養孤長幼在其中。勤苦如此，尚復被水旱之災，急政暴賦，景祐本作『賦』。王念孫說作『賦』是。按通鑑亦作『賦』。賦斂不時，朝令而暮改。當具有者半賈而賣，師古曰：『本直千錢者，止得五百也。賈讀曰價。』亡者取倍稱之息，如淳曰：『取一償二爲倍稱。』師古曰：『稱，舉也，今俗所謂舉錢者也。』於是有賣田宅鬻子孫以償責者矣。而商賈大者積貯倍息，小者坐列販賣，師古曰：『行賣曰商，坐販曰賈。列者，若今市中賣物行也。賈音古。』操其奇贏，日游都市，師古曰：『奇贏，謂有餘財而畜聚奇異之物也。一說，奇謂殘餘物也，（景祐、殿、局本都作『奇』。王先謙說作『奇』是。音居宜反。』乘上之急，所賣必倍。師古曰：『上所急求，則其價倍貴。』故其男不耕耘，女不蠶織，衣必文采，食必粱肉；景祐、殿、局本都作『粱』。王先謙說作『粱』是。）注同。師古曰：『粱，好粟也，即今之粱米。』亡農夫之苦，有仟伯之得。師古曰：『仟謂千錢，伯謂百錢也。伯音莫白反。今俗猶謂百錢爲一伯。』因其富厚，交通王侯，力過吏勢，以利相傾；千里游敖，冠蓋相望，乘堅策肥，履絲曳縞。師古曰：『堅謂好車也。縞，皓素也，繒之精白者也。』此商人所以兼幷農人，農人所以流亡者也。

今法律賤商人，商人已富貴矣；尊農夫，農夫已貧賤矣。故俗之所貴，主之所賤也；吏之所卑，法之所尊也。上下相反，好惡乖迕，師古曰：『迕，違也。好音呼到反。惡音烏故反。迕音五故反。』而欲國富法立，不可得也。方今之務，莫若使民務農而已矣。欲民務農，在於貴粟；貴粟之道，在於使民以粟爲賞罰。今募天下入粟縣官，得以拜爵，得以除罪。如此，富人有爵，農民有錢，粟有所渫。師古曰：『渫，散也，音先列反。此下亦同也。』夫能入粟以受爵，皆有餘者也；取於有餘，以供上用，則貧民之賦可損，師古曰：『損，減也。』所謂損有餘補不足，令出而民利者也。順於民心，所補者三：一曰主用足，二曰民賦少，三曰勸農功。今令民有車騎馬一匹者，復卒三人。如淳曰：『復三卒之算錢也。或曰，除三夫不作甲卒也。』師古曰：『當爲卒者，免其三人；不爲卒者，復其錢耳。復音方目反。』車騎者，天下武備也，故爲復卒。師古曰：『爲音于僞反。』神農之教曰：『有石城十仞，應劭曰：「仞，五尺六寸也。」師古曰：「此說非也。八尺曰仞，取人申臂之一尋也。」湯池百步，師古曰：「池，城邊池也。以沸湯爲池，不可輒近，喻嚴固之甚。」帶甲百萬，而亡粟，弗能守也。』以是觀之，粟者，王者大用，政之本務。令民入粟受爵至五大夫以上，乃復一人耳，師古曰：『五大夫，第九等爵也。復音方目反。』此其與騎馬之功相去遠矣。爵者，上之所擅，出於口而亡窮；師古曰：『擅，專也。』粟者，民之所種，生於地而不乏。夫得高爵與免罪，人之所甚欲也。使天下人入粟於邊，景祐、殿本都有『人』字，通鑑亦有。以受爵免罪，不過三歲，塞下之粟必多矣。

於是文帝從錯之言，令民入粟邊，六百石爵上造，師古曰：『上造，第二等爵也。』稍增至四千石爲五大夫，師古曰：『五大夫，第九等爵。』萬二千石爲大庶長，師古曰：『大庶長，第十八等爵也。』各以多少級數爲差。錯復奏言：『陛下幸使天下入粟塞下以拜爵，甚景祐、殿本都作「甚」。王先謙說作「甚」是。大惠也。竊恐塞卒之食不足用大漾天下粟。邊食足以支五歲，可令入粟郡縣矣；師古曰：「入諸郡縣，以備凶災也。」足支一歲以上，可時赦，勿收農民租。如此，德澤加於萬民，民俞勤農。師古曰：「俞，進也，音踰，又音愈。」時有軍役，若遭水旱，民不困乏，天下安寧；歲孰且美，則民大富樂矣。』上復從其言，乃下詔賜民十二年租稅之半。明年，遂除民田之租稅。

後十三歲，孝景二年，令民半出田租，三十而稅一也。其後，上郡以西旱，復修賣爵令，而裁其賈以招民；師古曰：『賈讀曰價。裁謂減省之也。』及徒復作，得輸粟於縣官以除罪。師古曰：『復音房目反。解在宣紀。』始造苑馬以廣用，師古曰：『苑馬，謂爲苑以牧馬。』宮室列館車馬益增修矣。然婁敕有司以農爲務，師古曰：『婁，古屢字。』民遂樂業。至武帝之初七十年間，國家亡事，非遇水旱，則民人給家足，都鄙廩庾盡滿，而府庫餘財。京師之錢累百鉅萬，貫朽而不可校。景祐、殿本都作『校』，注同。師古曰：『累百鉅萬，謂數百萬萬也。校謂計數也。』太倉之粟陳陳相因，師古曰：『陳謂久舊也。』充溢露積於外，腐敗不可食。衆庶街巷有馬，仟伯之間成羣，師古曰：『謂田中之阡陌也。』乘牸牝者擯而不得會聚。孟康曰：『皆乘父馬，有牝馬間其間則踶齧，故斥出不得會同。』師古曰：『言時富饒，故恥乘牸牝，不必以其踶齧也。踶，蹋也，音大奚反。』守閭閻者食粱肉；爲吏者長子孫；如淳曰：『時無事，吏不數轉，至於生長子孫而不轉職也。景祐、殿本都作『生長』。居官者以爲姓號。如淳曰：『《貨殖傳》倉氏、庾氏是也。』人人自愛而重犯法，師古曰：『重，難也。』先行誼而黜媿辱焉。師古曰：『以行誼爲先，以媿辱相黜也。行音下更反。』於是罔疏而民富，役財驕溢，或至并兼豪黨之徒以武斷於鄉曲。師古曰：『恃其饒富，則擅行威罰也。斷音丁喚反。』宗室有土，公卿大夫以下爭於奢侈，師古曰：『有土，謂國之宗姓受封邑土地者也。』室廬車服僭上亡限。物盛而衰，固其變也。

是後，外事四夷，內興功利，役費並興，而民去本。董仲舒說上曰：『春秋它穀不書，至於麥禾不成則書之，以此見聖人於五穀最重麥與禾也。今關中俗不好種麥，是歲失春秋之所重，而損生民之具也。願陛下幸詔大司農，使關中民益種宿麥，令毋後時。』師古曰：『宿麥，謂其苗經冬。』又言：『古者稅民不過什一，其求易共；師古曰：「共讀曰供。次下亦同。」使民不過三日，其力易足。民財內足以養老盡孝，外足以事上共稅，下足以畜妻子極愛，故民說從上。師古曰：「說讀曰悅也。」至秦則不然，用商鞅之法，改帝王之制，除井田，民得賣買，富者田連仟伯，貧者亡立錐之地。又顓川澤之利，管山林之饒，師古曰：「顓與專同。管，主也。」荒淫越制，踰侈以相高；邑有人君之尊，里有公侯之富，小民安得不困？又加月爲更卒，已復爲正，一歲屯戍，一歲力役，三十倍於古；師古曰：「更卒，謂給郡縣一月而更者也。正卒，謂給中都官者也。率計今人一歲之中，屯戍及力役之事三十倍多於古也。更音工衡反。」田租口賦，鹽鐵之利，二十倍於古。如淳曰：「秦賣鹽鐵貴，故下民受其困也。」師古曰：「既收田租，又出口賦，而官更奪鹽鐵之利。率計今人一歲之中，失其資產，二十倍多於古也。」或耕豪民之田，見稅什五。如淳曰：「十稅其五。」師古曰：「言下戶貧人，自無田而耕墾豪富家田，十分之中，以五輸本田主也。」故貧民常衣牛馬之衣，而食犬彘之食。重以貪暴之吏，刑戮妄加，師古曰：「重音直用反。」民愁亡聊，亡逃山林，轉爲盜賊，赭衣半道，斷獄歲以千萬數。漢興，循而未改。古井田法雖難卒行，宜少近古，師古曰：「卒讀曰猝。近音其靳反。」限民名田，以澹不足，師古曰：「名田，占田也。各爲立限，不使富者過制，則貧弱之家可足也。」塞并兼之路。鹽鐵皆歸於民。去奴婢，除專殺之威。服虔曰：「不得專殺奴婢也。」薄賦斂，省繇役，以寬民力。然後可善治也。』仲舒死後，功費愈甚，天下虛耗，人復相食。師古曰：『耗音呼到反。』

又 至昭帝時，流民稍還，田野益闢，頗有畜積。宣帝即位，用吏多選賢良，百姓安土，歲數豐穰，師古曰：『數音所角反。穰音人常反。』穀至石五錢，農人少利。時大司農中丞耿壽昌以善爲算能商功利，師古曰：『商，度也。』得幸於上，五鳳中奏言：『故事，歲漕關東穀四百萬斛以給京師，師古曰：「漕，水運。」用卒六萬人。宜糴三輔、弘農、河東、上黨、太原郡穀足供京師，可以省關東漕卒過半。』又白增海租三倍，天子皆從其計。御史大夫蕭望之奏言：『故御史屬徐宮，李奇曰：「御史大夫屬。」家在東萊，言往年加海租，魚不出。長老皆言武帝時縣官嘗自漁，海魚不出，後復予民，魚乃出。夫陰陽之感，物類相應，萬事盡然。今壽昌欲近糴漕關內之穀，築倉治船，費直二萬萬餘，服虔曰：「萬萬，億也。」有動衆之功，恐生旱氣，民被其災。壽昌習於商功分銖之事，其深計遠慮，誠未足任，宜且如故。』上不聽。漕事果便，壽昌遂白令邊郡皆築倉，以穀賤時增其賈而糴，以利農，穀貴時減賈而糶，名曰常平倉。師古曰：『賈並讀曰價。』民便之。上乃下詔，賜壽昌爵關內侯。而蔡癸以好農使勸郡國，至大官。師古曰：『爲使而勸郡國也。使音山吏反。（景祐、殿本都作「吏」。王先謙說唐寫本同。）』

元帝即位，天下大水，關東郡十一尤甚。二年，齊地飢，穀石三百餘，民多餓死，琅邪郡人相食。在位諸儒多言鹽鐵官及北假田官、常平倉可罷，孟康曰：『北假，地名也。』毋與民爭利。上從其議，皆罷之。又罷建章、甘泉宮衛，角抵，齊三服官，省禁苑以予貧民，減諸侯王廟衛卒半。又減關中卒五百人，轉穀振貸窮乏。其後用度不足，獨復鹽鐵官。

成帝時，天下亡兵革之事，號爲安樂，然俗奢侈，不以畜聚爲意。永始二年，梁國、平原郡比年傷水災，師古曰：『比，頻也。』人相食，刺史守相坐免。

哀帝即位，師丹輔政，建言：『古之聖王莫不設井田，然後治乃可平。師古曰：「建，立也，立其議也。」孝文皇帝承亡周亂秦兵革之後，天下空虛，故務勸農桑，帥以節儉。民始充實，未有并兼之害，故不爲民田及奴婢爲限。師古曰：「不爲作限制。上爲音于偽反。」今累世承平，豪富吏民訾數鉅萬，而貧弱俞困。蓋君子爲政，貴因循而重改作，師古曰：「重，難也。」然所以有改者，將以救急也。亦未可詳，宜略爲限。』師古曰：『詳謂悉盡也。』天子下其議。丞相孔光、大司空何武奏請：『諸侯王、列侯皆得名田國中。列侯在長安，公主名田縣道，及關內侯、吏民名田皆毋過三十頃。諸侯王奴婢二百人，列侯、公主百人，關內侯、吏民三十人。期盡三年，犯者沒入官。』時田宅奴婢賈爲減賤，丁、傅用事，董賢隆貴，皆不便也。師古曰：『丁、傅及董賢之家皆不便此事也。』詔書且須後，師古曰：『須，待也。』遂寢不行。宮室苑囿府庫之臧已侈，百姓訾富雖不及文景，然天下戶口最盛矣。

平帝崩，王莽居攝，遂篡位。王莽因漢承平之業，匈奴稱藩，百蠻賓服，舟車所通，盡爲臣妾，府庫百官之富，天下晏然。莽一朝有之，其心意未滿，師古曰：『謂愛惜之意未厭飽也。』陋小漢家制度，以爲疏闊。師古曰：『莽以漢家制度爲泰疏闊，而更之令陋小。』宣帝始賜單于印璽，與天子同，而西南夷鉤町稱王。師古曰：『鉤音鉅于反。町音大鼎反。』莽乃遣使易單于印，貶鉤町王爲侯。二方始怨，侵犯邊境。莽遂興師，發三十萬衆，欲同時十道並出，一舉滅匈奴；募發天下囚徒丁男甲卒轉委輸兵器，自負海江淮而至北邊，如淳曰：『負，背也。』使者馳傳督趣，師古曰：『傳音張戀反。趣讀曰促。』海內擾矣。又動欲慕古，不度時宜，師古曰：『度音大各反。』分裂州郡，改職作官，下令曰：『漢氏減輕田租，三十而稅一，常有更賦，罷癃咸出，晉灼曰：「雖老病者，皆復出口算。」師古曰：「更音工衡反。罷讀曰疲。」而豪民侵陵，分田劫假，師古曰：「分田，謂貧者無田而取富人田耕種，共分其所收也。假亦謂貧人賃富人之田也。劫者，富人劫奪其稅，侵欺之也。」厥名三十，實什稅五也。富者驕而爲邪，貧者窮而爲姦，俱陷於辜，刑用不錯。師古曰：「錯，置也。（景祐、殿、局本都作「也」。王先謙說作「也」是。）」今更名天下田曰王田，奴婢曰私屬，皆不得賣買。其男口不滿八，而田過一井者，分餘田與九族鄉黨。』犯令，法至死，制度又不定，吏緣爲姦，天下謷謷然，陷刑者衆。師古曰：『謷謷，衆口愁聲也，音敖。』

後三年，莽知民愁，下詔諸食王田及私屬皆得賣買，勿拘以法。然刑罰深刻，它政誖亂。師古曰：『誖，乖也，音布內反。』邊兵二十餘萬人仰縣官衣食，師古曰：『仰音牛向反。』用度不足，數橫賦斂，師古曰：『數音所角反。橫音胡孟反。（景祐、殿本都作「音」，此誤。）』民俞貧困。常苦枯旱，亡有平歲，穀賈翔貴。晉灼曰：『翔音常。』師古曰：『晉說非也。翔言如鳥之回翔，謂不離于貴也。若暴貴，稱騰踊也。』

末年，盜賊羣起，發軍擊之，將吏放縱於外。北邊及青徐地人相食，雒陽以東米石二千。莽遣三公將軍開東方諸倉振貸窮乏，又分遣大夫謁者教民煮木爲酪；服虔曰：『煮木實，或曰如今餌朮之屬也。』如淳曰：『作杏酪之屬也。』師古曰：『如說是也。』酪不可食，重爲煩擾。師古曰：『重音直用反。』流民入關者數十萬人，置養澹官以稟之，吏盜其稟，師古曰：『稟，給也。盜其稟者，盜所給之物。稟音彼甚反。』飢死者什七八。莽恥爲政所致，乃下詔曰：『予遭陽九之阸，百六之會，師古曰：「此曆法應有災歲之期也。事在律曆志。」枯旱霜蝗，饑饉荐臻，蠻夷猾夏，寇賊姦軌，百姓流離。予甚悼之，害氣將究矣。』師古曰：『究，竟盡也。』歲爲此言，以至於亡。

又 卷二九《溝洫志》

應劭曰：『溝廣四尺，深四尺；洫廣深倍於溝。』師古曰：『洫音許域反。』

夏書：禹堙洪水十三年，如淳曰：『堙，沒也。』師古曰：『堙，塞也。洪水氾溢，疏通而止塞之。堙音因。』過家不入門。陸行載車，水行乘舟，泥行乘毳，孟康曰：『毳形如箕，擿行泥上。』如淳曰：『毳音茅蕝之蕝。謂以板置泥上以通行路也。』師古曰：『孟說是也。毳讀如本字。』山行則梮，如淳曰：『梮謂以鐵如錐頭，長半寸，施之履下，以上山，不蹉跌也。』韋昭曰：『梮，木器，如今輿牀，人舉以行也。』師古曰：『如說是也。梮音居足反。』以別九州；

師古曰：『分其界。』隨山浚川，師古曰：『順山之高下而深其流。』任土作貢；師古曰：『任其土地所有以定貢賦之差也。』通九道，陂九澤，度九山。師古曰：『言通九州之道，及鄣遏其澤，商度其山也。度音大各反。』然河災之羨溢，害中國也尤甚。師古曰：『羨讀與衍同，音弋展反。』唯是爲務，故道河自積石，師古曰：『道，治也，引也。從積石山而治引之令通流也。道讀曰導。』歷龍門，南到華陰，東下底柱，師古曰：『底音之履反。』及盟津、雒內，至于大伾。鄭氏曰：『山一成爲伾，在修武、武德界。』張晏曰：『成皋縣山是也。臣瓚以爲今修武、武德無此山也。成皋縣山又不一成也。今黎陽山臨河，豈是乎？』師古曰：『內讀曰汭。伾音皮彼反。解在《地理志》。』於是禹以爲河所從來者高，水湍悍，難以行平地，師古曰：『急流曰湍。悍，勇也。湍音它端反。』數爲敗，乃釃二渠以引其河，孟康曰：『釃，分也。分其流，泄其怒也。二渠，其一出貝丘西南南折者也，其一則漯川也。河自王莽時遂空，唯用漯耳。』師古曰：『釃音山支反。漯音它合反。』北載之高地，過洚水，至於大陸，播爲九河，師古曰：『播，布也。』同爲迎河，入于勃海。臣瓚以爲『《禹貢》「夾右碣石入于河」，則河入海乃在碣石也。武帝元光二年，河移徙東郡，更注勃海。禹時不注也。』師古曰：『解在《地理志》。』九川既疏，九澤既陂，諸夏乂安，師古曰：『疏，分流。』功施乎三代。

自是之後，滎陽下引河東南爲鴻溝，以通宋、鄭、陳、蔡、曹、衛，與濟、汝、淮、泗會。於楚，西方則通渠漢川、雲夢之際，東方則通溝江淮之間。於吳，則通渠三江、五湖。於齊，則通淄濟之間。於蜀，則蜀守李冰鑿離𡍼，晉灼曰：『𡍼，古堆字也。𡍼，岸也。』師古曰：『音丁回反。』避沫水之害，師古曰：『沫音本末之末。水出蜀西南徼外，東南入江。』穿二江成都中。此渠皆可行舟，有餘則用溉，師古曰：『溉，灌也，音工代反。』百姓饗其利。至於它，往往引其水，用溉田，溝渠甚多，然莫足數也。

魏文侯時，西門豹爲鄴令，有令名。師古曰：『有善政之稱。』至文侯曾孫襄王時，與羣臣飲酒，王爲羣臣祝曰：『令吾臣皆如西門豹之爲人臣也！景祐、殿、局本都有「如」字。』史起進曰：『魏氏之行田也以百畝，師古曰：「賦田之法，一夫百畝也。」鄴獨二百畝，是田惡也。漳水在其旁，西門豹不知用，是不智也。知而不興，是不仁也。仁智豹未之盡，何足法也！』於是以史起爲鄴令，遂引漳水溉鄴，以富魏之河內。民歌之曰：『鄴有賢令兮爲史公，決漳水兮灌鄴旁，終古舃鹵兮生稻粱。』蘇林曰：『終古，猶言久古也。《爾雅》曰「鹵，鹹苦也」。』師古曰：『舃即斥鹵也。謂鹹鹵之地也。』

其後韓聞秦之好興事，欲罷之，無令東伐。如淳曰：『息秦滅韓之計也。』師古曰：『罷讀曰疲，令其疲勞不能出兵。』乃使水工鄭國間說秦，師古曰：『間音居莧反。其下亦同。』令鑿涇水，自中山西邸瓠口爲渠，師古曰：『中讀曰仲，即今九嵕之東仲山也。邸，至也。』並北山，東注洛，三百餘里，師古曰：『並音步浪反。洛水，即馮翊漆沮水。』欲以溉田。中作而覺，師古曰：『中作，謂用功中道，事未竟也。』秦欲殺鄭國。鄭國曰：『始臣爲間，然渠成亦秦之利也。臣爲韓延數歲之命，而爲秦建萬世之功。』秦以爲然，卒使就渠。渠成而用注填閼之水，王念孫說此『溉』字涉下『溉』字而衍。溉舃鹵之地四萬餘頃，收皆畝一鍾。師古曰：『注，引也。閼讀與淤同，音於據反。填閼謂壅泥也。言引淤濁之水灌鹹鹵之田，更令肥美，故一畝之收至六斛四斗。』於是關中爲沃野，無凶年，秦以富彊，卒幷諸侯，因名曰鄭國渠。

漢興三十有九年，孝文時河決酸棗，東潰金隄，師古曰：『潰，潰決也。金隄，河隄名也，在東郡白馬界。隄音丁奚反。』於是東郡大興卒塞之。

其後三十六歲，孝武元光中，河決於瓠子，東南注鉅野，師古曰：『鉅野，澤名，舊屬兗州界，即今之鄆州鉅野縣。』通於淮、泗。上使汲黯、鄭當時興人徒塞之，輒復壞。是時武安侯田蚡爲丞相，其奉邑食鄃。鄃居河北，師古曰：『奉音扶用反。鄃音輸，清河之縣也。』河決而南則鄃無水災，邑收入多。蚡言於上曰：『江河之決皆天事，未易以人力彊塞，彊塞之未必應天。景祐、汲古、殿、局本都作「應」。』而望氣用數者亦以爲然，是以久不復塞也。

時鄭當時爲大司農，言：『異時關東漕粟從渭上，師古曰：「異時，往時也。」度六月罷，師古曰：「計度其功，六月而後可罷也。度音大各反。」而渭水道九百餘里，時有難處。引渭穿渠起長安，旁南山下，師古曰：「旁音步浪反。」至河三百餘里，徑，易遭，師古曰：「徑，直也。易音弋豉反。」度可令三月罷；而渠下民田萬餘頃又可得以溉。此損漕省卒，「罷」字《史記》無，蘇輿疑衍。「損」字景祐、殿本都作「損」，《史記》同。而益肥關中之地，得穀。』上以爲然，令齊人水工徐伯表，師古曰：『巡行穿渠之處而表記之，今之豎標是。』發卒數萬人穿漕渠，三歲而通。以漕，大便利。其後漕稍多，而渠下之民頗得以溉矣。

後河東守番係師古曰：『姓番名係也。番音普安反。』言：『漕從山東西，歲百餘萬石，師古曰：「謂從山東運漕而西入關也。」更底柱之艱，師古曰：「更，歷也，音庚。」敗亡甚多而煩費。穿渠引汾溉皮氏、汾陰下，引河溉汾陰、蒲坂下，師古曰：「引汾水可用溉皮氏及汾陰以下，而引河水可用溉汾陰及蒲坂以下，地形所宜也。」度可得五千頃。

故盡河壖棄地，師古曰：「謂河岸以下緣河邊地素不耕墾者也。壖音而緣反。」民茭牧其中耳，師古曰：「茭，乾草也。謂收茭草及牧畜產於其中。茭音交。」今溉田之，師古曰：「溉而種之。」度可得穀二百萬石以上。穀從渭上，與關中無異，師古曰：「雖從關外而來，於渭水運上，皆可致之，故曰與關中收穀無異也。」而底柱之東可毋復漕。』上以爲然，發卒數萬人作渠田。數歲，河移徙，渠不利，田者不能償種。師古曰：『言所收之直不足償糧種之費也。種音之勇反。』久之，河東渠田廢，予越人，令少府以爲稍入。如淳曰：『時越人有徙者，以田與之，其租稅入少府也。』師古曰：『越人習於水田，又新至，未有業，故與之也。稍，漸也。其入未多，故謂之稍也。』

其後人有上書，欲通褒斜道及漕，師古曰：『褒、斜，二谷名，其谷皆各自有水耳。斜音弋奢反。』事下御史大夫張湯。湯問之，言『抵蜀從故道，故道多阪，回遠。師古曰：「抵，至也。故道屬武都，有蠻夷，故曰道，即今鳳州界也。回音胡內反。」今穿褒斜道，少阪，近四百里；而褒水通沔，斜水通渭，皆可以行船漕。漕從南陽上沔入褒，褒絕水至斜，間百餘里，以車轉，從斜下渭。如此，漢中穀可致，而山東從沔無限，便於底柱之漕。且褒斜材木竹箭之饒，儗於巴蜀。』師古曰：『儗，比也。』上以爲然。拜湯子卬爲漢中守，發數萬人作褒斜道五百餘里。道果便近，而水多湍石，不可漕。

其後嚴熊言：『臨晉民願穿洛以溉重泉以東萬餘頃故惡地。師古曰：「臨晉、重泉皆馮翊之縣也。洛即漆沮水。」誠即得水，可令畝十石。』於是爲發卒萬人穿渠，自徵引洛水至商顔下。應劭曰：『徵在馮翊。商顔，山名也。』師古曰：『徵音懲，即今所謂澄城也。商顔，商山之顔也。謂之顔者，譬人之顔額也，亦猶山領象人之頸領。（景祐、殿本都作『領』。王先謙說作『領』是。）』岸善崩，如淳曰：『洛水岸也。』師古曰：『善崩，言憙崩也。』乃鑿井，深者四十餘丈。往往爲井，井下相通行水。水隤以絕商顔，師古曰：『下流曰隤。』東至山領十餘里間。井渠之生自此始。穿得龍骨，故名曰龍首渠。作之十餘歲，渠頗通，猶未得其饒。

自河決瓠子後二十餘歲，歲因以數不登，而梁、楚之地尤甚。上既封禪，巡祭山川，其明年，乾封少雨。師古曰：『乾音干。解在郊祀志。』上乃使汲仁、郭昌發卒數萬人塞瓠子決河。於是上以用事萬里沙，則還自臨決河，湛白馬玉璧，師古曰：『湛讀曰沈。沈馬及璧以禮水神也。』令羣臣從官自將軍以下皆負薪寘決河。師古曰：『寘音大千反。』是時東郡燒草，以故薪柴少，而下淇園之竹以爲揵。晉灼曰：『淇園，衛之苑也。』如淳曰：『樹竹塞水決之口，稍稍布插按樹之，水稍弱，補令密，謂之揵。以草塞其裏，乃以土填之。有石，以石爲之。』師古曰：『揵音其偃反。』上既臨河決，悼功之不成，乃作歌曰：

瓠子決兮將奈何？浩浩洋洋，慮殫爲河。如淳曰：『殫，盡也。』師古曰：『浩浩洋洋，皆水盛貌。慮猶恐也。浩音胡老反。洋音羊。』殫爲河兮地不得寧，功無已時兮吾山平。如淳曰：『恐水漸山使平也。』韋昭曰：『鑿山以填河。』師古曰：『韋說是也。已，止也。言用功多不可畢止也。』吾山平兮鉅野溢，如淳曰：『瓠子決，灌鉅野澤使溢也。』魚弗鬱兮柏冬日。孟康曰：『鉅野滿溢，則衆魚弗鬱而滋長，迫冬日乃止也。』師古曰：『孟說非也。弗鬱，憂不樂也。水長涌溢，濊濁不清，故魚不樂，又迫於冬日，將甚困也。柏讀與迫同。弗音佛。』正道弛兮離常流，晉灼曰：『言河道皆弛壞。』蛟龍騁兮放遠游。歸舊川兮神哉沛，臣瓚曰：『水還舊道，則羣害消除，神祐滂沛也。』師古曰：『沛音普大反。』不封禪兮安知外！師古曰：『言不因巡狩封禪而出，（景祐、殿、局本都作「狩」，此誤。）則不知關外有此水。』皇謂河公兮何不仁，張晏曰：『皇，武帝也。河公，河伯也。』泛濫不止兮愁吾人！齧桑浮兮淮、泗滿，如淳曰：『齧桑，邑名，爲水所浮漂。』久不反兮水維緩。師古曰：『水維，水之綱維也。』

河湯湯兮激潺湲，師古曰：『歌有二章，自「河湯湯」以下更是其一，故云一曰也。湯湯，疾貌也。潺湲，激流也。湯音傷。潺音仕連反。湲音于權反。』北渡回兮迅流難。師古曰：『迅，疾也，音訊。』搴長茭兮湛美玉，如淳曰：『搴，取也。茭，草也，音郊。景祐、殿本都作『郊』，此誤。一曰，茭，竿也。取長竿樹之，用著石間以塞決河也。』臣瓚曰：『竹葦絙謂之茭也，所以引置土石也。』師古曰：『瓚說是也。搴，拔也。絙，索也。湛美玉者，以祭河也。茭字宜從竹。搴音蹇。茭音交，又音爻。湛讀曰沈。絙音工登反。』河公許兮薪不屬。如淳曰：『旱燒，故薪不足也。』師古曰：『沈玉禮神，但許福祐，但以薪不屬逮，故無功也。屬音之欲反。』薪不屬兮衛人罪，師古曰：『東郡本衛地，故言此衛人之罪也。（景祐、殿本都作「人之」，是。）』燒蕭條兮噫乎何以御水！師古曰：『燒草皆盡，故野蕭條然也。噫乎，歎辭也。噫音於期反。』隤林竹兮揵石菑，師古曰：『隤林竹者，即上所說「下淇園之竹以爲揵」也。石菑者謂臿石立之，然後以土就填塞也。菑亦臿耳，音側其反，義與插同。（景祐本作「插」。）』宣防塞兮萬福來。於是卒塞瓠子，築宮其上，名曰宣防。而道河北行二渠，復禹舊迹，師古曰：『道讀曰導。』而梁、楚之地復寧，無水災。

自是之後，用事者爭言水利。朔方、西河、河西、酒泉皆引河及川谷以溉田。而關中靈軹、成國、湋渠如淳曰：『《地理志》「盩厔有靈軹渠」。成國，渠名，在陳倉。湋音韋，水出韋谷。』引諸川，汝南、九江引淮，東海引鉅定，臣瓚曰：『鉅定，澤名也。」泰山下引汶水，師古曰：『汶音問。』皆穿渠爲溉田，各萬餘頃。它小渠及陂山通道者，不可勝言也。師古曰：『陂山，因山之形也。道，引也。陂音彼義反。道讀曰導。一曰，陂山，遏山之流以爲陂也，音彼皮反。』

自鄭國渠起，至元鼎六年，百三十六歲，而兒寬爲左内史，奏請穿鑿六輔渠，師古曰：『在鄭國渠之裏，今尚謂之輔渠，亦曰六渠也。』以益溉鄭國傍高卬之田。師古曰：『素不得鄭國之溉灌者也。卬謂上向也，讀曰仰。』上曰：『農，天下之本也。泉流灌寖，所以育五穀也。師古曰：「寖，古浸字。」左、右内史地，名山川原甚衆，細民未知其利，故爲通溝瀆，畜陂澤，師古曰：「畜讀曰蓄。」所以備旱也。今内史稻田租挈重，不與郡同，師古曰：「租挈，收田租之約令也。郡謂四方諸郡也。挈音苦計反。」其議減。令吏民勉農，盡地利，平繇行水，勿使失時。』師古曰：『平繇者，均齊渠堰之力役，謂俱得水利也。繇讀曰徭。』

後十六歲，太始二年，趙中大夫白公鄭氏曰：『白，姓。公，爵。時人多相謂爲公。』師古曰：『此時無公爵也，蓋相呼尊老之稱耳。』復奏穿渠。引涇水，首起谷口，尾入櫟陽，師古曰：『谷口即今雲陽縣治谷是。』注渭中，袤二百里，師古曰：『袤，長也，音茂。』溉田四千五百餘頃，因名曰白渠。民得其饒，歌之曰：『田於何所？池陽、谷口。鄭國在前，白渠起後。師古曰：「鄭國興於秦時，故云前。」舉臿爲雲，決渠爲雨。師古曰：「臿，鍫也，所以開渠者也。」涇水一石，其泥數斗。且溉且糞，長我禾黍。如淳曰：「水渟淤泥，可以當糞。」衣食京師，億萬之口。』言此兩渠饒也。

是時方事匈奴，興功利，言便宜者甚衆。齊人延年上書師古曰：『史不得其姓。』言：『河出昆侖，經中國，注勃海，是其地勢西北高而東南下也。可案圖書，觀地形，令水工準高下，開大河上領，晉灼曰：『上領，山頭也。』出之胡中，東注之海。如此，關東長無水災，北邊不憂匈奴，可以省隄防備塞，士卒轉輸，胡寇侵盗，覆軍殺將，暴骨原野之患。天下常備匈奴而不憂百越者，以其水絶壤斷也。此功壹成，萬世大利。』書奏，上壯之，報曰：『延年計議甚深。然河乃大禹之所道也，師古曰：『道讀曰導。』聖人作事，爲萬世功，通於神明，恐難改更。』

自塞宣房後，河復北決於館陶，分爲屯氏河，師古曰：『屯音大門反。而隋室分析州縣，誤以爲毛氏河，乃置毛州，失之甚矣。』東北經魏郡、清河、信都、勃海入海，廣深與大河等，故因其自然，不隄塞也。此開通後，館陶東北四五郡雖時小被水害，而兗州以南六郡無水憂。宣帝地節中，光祿大夫郭昌使行河。北曲三所水流之勢皆邪直貝丘縣。師古曰：『直，當也。』恐水盛，隄防不能禁，乃各更穿渠，直東，經東郡界中，不令北曲。渠通利，百姓安之。元帝永光五年，河決清河靈鳴犢口，師古曰：『清河之靈縣鳴犢河口也。』而屯氏河絶。

成帝初，清河都尉馮逡師古曰：『逡音七旬反。』奏言：『郡承河下流，與兗州東郡分水爲界，城郭所居尤卑下，土壤輕脆易傷。頃所以闊無大害者，以屯氏河通，兩川分流也。師古曰：「闊，稀也。」今屯氏河塞，靈鳴犢口又益不利，獨一川兼受數河之任，雖高增隄防，終不能泄。如有霖雨，旬日不霽，必盈溢。師古曰：「雨止曰霽，音子計反，又音才詣反。」靈鳴犢口在清河東界，所在處下，雖令通利，猶不能爲魏郡、清河減損水害。禹非不愛民力，以地形有勢，故穿九河，今既滅難明，屯氏河不流行七十餘年，新絶未久，其處易浚。師古曰：「浚謂治道之令其深也。浚音峻。」又其口所居高，於以分流殺水力，景祐、殿本都有「流」字。道里便宜，可復浚以助大河泄暴水，備非常。又地節時郭昌穿直渠，後三歲，河水更從故第二曲間北可六里，復南合。今其曲勢復邪直貝丘，百姓寒心，宜復穿渠東行。不豫修治，北決病四五郡，南決病十餘郡，然後憂之，晚矣。』

事下丞相、御史，白博士許商治尚書，善爲算，能度功用。師古曰：『白，白於天子也。度音大各反。』遣行視，師古曰：『行音下更反。』以爲屯氏河盈溢所爲，方用度不足，師古曰：『言國家少財役。』可且勿浚。

後三歲，河果決於館陶及東郡金隄，泛溢兗、豫，入平原、千乘、濟南，凡灌四郡三十二縣，水居地十五萬餘頃，深者三丈，壞敗官亭室廬且四萬所。御史大夫尹忠對方略疏闊，上切責之，忠自殺。遣大司農非調師古曰：『大司農名非調也。』調均錢穀河決所灌之郡，師古曰：『令其調發均平錢穀遭水之郡，使存給也。調音徒釣反。』謁者二人發河南以東漕船五百艘，師古曰：『一船爲一艘，音先勞反，其字從木。』徙民避水居丘陵，九萬七千餘口。河隄使者王延世使塞，師古曰：『命其爲使而塞河也。《華陽國志》云延世字長叔，犍爲資中人也。』以竹落長四丈，大九圍，盛以小石，兩船夾載而下之。三十六日，河隄成。上曰：『東郡河決，流漂二州，校尉延世隄防三旬立塞。其以五年爲河平元年。卒治河者爲著外繇六月。如淳曰：『律說，戍邊一歲當罷，若有急，當留守六月。今以卒治河之故，復留六月。』孟康曰：『外繇，戍邊也。治水不復戍邊也。』師古曰：『如、孟二說皆非也。以卒治河有勞，雖執役日近，皆得比繇戍六月也。著謂著於簿籍也。著音竹助反。下云「非受平賈，爲著外繇」，其義亦同。』惟延世長於計策，功費約省，用力日寡，朕甚嘉之。其以延世爲光祿大夫，秩中二千石，賜爵關內侯，黄金百斤。」

後二歲，河復決平原，流入濟南、千乘，所壞敗者半建始時，復遣王延世治之。杜欽説大將軍王鳳，以爲『前河決，丞相史楊焉言延世受焉術以塞之，蔽不肯見。今獨任延世，延世見前塞之易，恐其慮害不深。又審如焉言，延世之巧，反不如焉。且水勢各異，不博議利害而任一人，如使不及今冬成，來春桃華水盛，必羨溢，有填淤反壤之害。師古曰：『《月令》「仲春之月，始雨水，桃始華」。蓋桃方華時，既有雨水，川谷冰泮，衆流猥集，波瀾盛長，故謂之桃華水耳。而《韓詩傳》云「三月桃華水」。反壤者，水塞不通，故令其土壤反還也。羨音弋繕反。淤音於庶反。』如此，數郡種不得下，師古曰：『種，五穀之子也，音之勇反。』民人流散，盜賊將生，雖重誅延世，無益於事。宜遣焉及將作大匠許商、諫大夫乘馬延年雜作。孟康曰：『乘馬，姓也。』師古曰：『乘音食證反。』延世與焉必相破壞，深論便宜，以相難極。師古曰：『壞，毁也，音怪。極，窮也，音居力反。』商、延年皆明計算，能商功利，師古曰：『商，度也。』足以分别是非，擇其善而從之，必有成功』。鳳如欽言，白遣焉等作治，六月乃成。復賜延世黄金百斤。治河卒非受平賈者，爲著外繇六月。蘇林曰：『平賈，以錢取人作卒，顧其時庸之平賈也。』如淳曰：『《律説》，平賈一月，得錢二千。』師古曰：『賈音價。』

後九歲，鴻嘉四年，楊焉言『從河上下，患底柱隘，可鐫廣之』。師古曰：『鐫謂琢鑿之也，音子全反。』上從其言，使焉鐫之。鐫之裁沒水中，不能去，而令水益湍怒，爲害甚於故。

是歲，勃海、清河、信都河水湓溢，灌縣邑三十一，師古曰：『湓，踴也，音普頓反。』敗官亭、民舍四萬餘所。河隄都尉許商與丞相史孫禁共行視，圖方略。師古曰：『圖，謀也。行音下更反。』禁以爲『今河溢之害數倍於前決平原時。今可決平原金隄間，開通大河，令入故篤馬河。韋昭曰：『在平原縣。』至海五百餘里，水道浚利，又乾三郡水地，得美田且二十餘萬頃，足以償所開傷民田廬處，又省吏卒治隄救水，歲三萬人以上』。許商以爲『古説九河之名，有徒駭、胡蘇、鬲津，今見在成平、東光、鬲界中。師古曰：『此九河之三也。徒駭在成平，胡蘇在東光，鬲津在鬲。成平、東光屬勃海，鬲屬平原。徒駭者，言禹治此河，用功極衆，故人徒驚駭也。胡蘇，下流急疾之貌也。鬲津，言其陿小，可鬲以爲津而度也。鬲與隔同。』自鬲以北至徒駭間，相去二百餘里，今河雖數移徙，不離此域。孫禁所欲開者，在九河南篤馬河，失水之迹，處勢平夷，旱則淤絕，水則爲敗，不可許。』公卿皆從商言。先是，谷永以爲『河，中國之經瀆，師古曰：『經，常也。』聖王興則出圖書，王道廢則竭絕。今潰溢横流，漂沒陵阜，異之大者也。修政以應之，災變自除。』是時李尋、解光亦言『陰氣盛則水爲之長，故一日之間，晝減夜增，江河滿溢，所謂水不潤下，雖常於卑下之地，猶日月變見於朔望，明天道有因而作也。衆庶見王延世蒙重賞，競言便巧，不可用。議者常欲求索九河故迹而穿之，今因其自決，可且勿塞，以觀水勢。河欲居之，當稍自成川，跳出沙土，然後順天心而圖之，必有成功，而用財力寡。』於是遂止不塞。滿昌、師丹等數言百姓可哀，上數遣使者處業振贍之。師古曰：『處業，謂安處之使得其居業。』

哀帝初，平當使領河隄，師古曰：『爲使而領其事。』奏言『九河今皆寘滅，按經義治水，有決河深川，師古曰：『決，分泄也。深，浚治也。』而無隄防雍塞之文。師古曰：『雍讀曰壅。』河從魏郡以東，北多溢決，水迹難以分明。四海之衆不可誣，宜博求能浚川疏河者』。下丞相孔光、大司空何武，奏請部刺史、三輔、三河、弘農太守舉吏民能者，莫有應書。

待詔賈讓奏言：治河有上中下策。古者立國居民，疆理土地，必遺川澤之分，度水勢所不及。師古曰：『遺，留也。度，計也。言川澤水所流聚之處，皆留而置之，不以爲居邑而妄墾殖，必計水所不及，然後居而田之也。分音扶問反。度音大各反。』大川無防，小水得入，陂障卑下，以爲汙澤，師古曰：『停水曰汙，音一胡反。』使秋水多，得有所休息，左右游波，寬緩而不迫。夫土之有川，猶人之有口也。治土而防其川，猶止兒啼而塞其口，豈不遽止，然其死可立而待也。師古曰：『遽，速也，音其庶反。』故曰：『善爲川者，決之使道；師古曰：『道讀曰導。導，通引也。』善爲民者，宣之使言。』蓋隄防之作，近起戰國，雍防百川，各以自利。師古曰：『雍讀曰壅。』齊與趙、魏，以河爲竟。師古曰：『竟讀曰境。』趙、魏瀕山，齊地卑下，師古曰：『瀕山，猶言以山爲邊界也。』師古曰：『瀕音頻，又音賓。』作隄去河二十五里。河水東抵齊隄，則西泛趙、魏，趙、魏亦爲隄去河二十五里。雖非其正，水尚有所游盪。時至而去，則填淤肥美，民耕田之。或久無害，稍築室宅，遂成聚落。大水時至漂沒，則更起隄防以自救，稍去其城郭，排水澤而居之，湛溺自其宜也。師古曰：『湛讀曰沈。』今隄防陿者去水數百步，遠者數里。近黎陽南故大金隄，從河西西北行，至西山南頭，乃折東，與東山相屬。師古曰：『屬，連及也，音之欲反。』民居金隄東，爲廬舍，往十餘歲更起隄，王念孫説『往』當作『住』。

從東山南頭直南與故大隄會。又內黃界中有澤，方數十里，環之有隄，師古曰：『環，繞也。』往十餘歲太守以賦民，師古曰：『以隄中之地給與民。』民今起廬舍其中，此臣親所見者也。東郡白馬故大隄亦復數重，民皆居其間。從黎陽北盡魏界，故大隄去河遠者數十里，內亦數重，此皆前世所排也。河從河內北至黎陽爲石隄，激使東抵東郡平剛；師古曰：『激者，聚石於隄旁衝要之處，所以激去其水也。激音工歷反。』又爲石隄，使西北抵黎陽、觀下；師古曰：『觀，縣名也，音工喚反。』又爲石隄，使東北抵東郡津北；又爲石隄，使西北抵魏郡昭陽；又爲石隄，激使東北。百餘里間，河再西三東，迫阸如此，不得安息。

今行上策，徙冀州之民當水衝者，決黎陽遮害亭，放河使北入海。河西薄大山，東薄金隄，勢不能遠泛濫，朞月自定。難者將曰：『若如此，敗壞城郭田廬冢墓以萬數，百姓怨恨。』昔大禹治水，山陵當路者毀之，故鑿龍門，辟伊闕，師古曰：『辟讀曰闢。闢，開也。』析底柱，破碣石，師古曰：『析，分也。』墮斷天地之性。師古曰：『墮，毀也，音火規反。』此乃人功所造，何足言也！今瀕河十郡治隄歲費且萬萬，及其大決，所殘無數。如出數年治河之費，以業所徙之民，遵古聖之法，定山川之位，使神人各處其所，而不相奸。師古曰：『奸音干。』且以大漢方制萬里，豈其與水爭咫尺之地哉？此功一立，河定民安，千載無患，故謂之上策。

若乃多穿漕渠於冀州地，使民得以溉田，分殺水怒，雖非聖人法，然亦救敗術也。

難者將曰：『河水高於平地，歲增隄防，猶尚決溢，不可以開渠。』臣竊按視遮害亭西十八里，至淇水口，乃有金隄，高一丈。自是東，地稍下，隄稍高，至遮害亭，高四五丈。往六七歲，河水大盛，增丈七尺，壞黎陽南郭門，入至隄下。如淳曰：『然則隄在郭內也。』臣瓚曰：『謂水從郭南門入，北門出，而至隄也。』師古曰：『瓚說是也。』水未踰隄二尺所，從隄上北望，河高出民屋，百姓皆走上山。水留十三日，隄潰，景祐、殿本無『二所』二字。朱一新說二字涉上文而衍。吏民塞之。臣循隄上，行視水勢，師古曰：『行音下更反。』南七十餘里，至淇口，水適至隄半，計出地上五尺所。今可從淇口以東爲石隄，多張水門。初元中，遮害亭下河去隄足數十步，至今四十餘歲，適至隄足。由是言之，其地堅矣。恐議者疑河大川難禁制，滎陽漕渠足以卜之，景祐、汲古、殿、局本都作『卜』。如淳曰：『今礫谿口是也。言作水門通水流，不爲害也。』師古曰：『礫谿，谿名，即《水經》所云泲水東通礫谿者。（殿本『涑』作『泲』。王先謙說作『泲』是。）』其水門但用木與土耳，今據堅地作石隄，勢必完安。冀州渠首盡當卬此水門。治渠非穿地也，師古曰：『卬音牛向反。』但爲東方一隄，北行三百餘里，入漳水中，其西因山足高地，諸渠皆往往股引取之；如淳曰：『股，支別也。』旱則開東方下水門溉冀州，水則開西方高門分河流。通渠有三利，不通有三害。民常罷於救水，半失作業；師古曰：『此一害也。罷讀曰疲。』水行地上，湊潤上徹，民則病溼氣，木皆立枯，鹵不生穀；師古曰：『此二害。』決溢有敗，爲魚鼈食：此三害也。若有渠溉，則鹽鹵下溼，填淤加肥；師古曰：『此一利。』故種禾麥，更爲秔稻，高田五倍，下田十倍；師古曰：『此二利也。秔謂稻之不粘者也，音庚。』轉漕舟船之便：此三利也。今瀕河隄吏卒郡數千人，伐買薪石之費歲數千萬，足以通渠成水門；又民利其溉灌，相率治渠，雖勞不罷。師古曰：『罷讀曰疲。』民田適治，河隄亦成，此誠富國安民，興利除害，支數百歲，故謂之中策。

若乃繕完故隄，增卑倍薄，勞費無已，數逢其害，此最下策也。

王莽時，徵能治河者以百數，其大略異者，長水校尉平陵關並師古曰：『桓譚《新論》云（景祐、殿本都作『新』。）並字子陽，材智通達也。』言：『河決率常於平原、東郡左右，其地形下而土疏惡。聞禹治河時，本空此地，以爲水猥，盛則放溢，師古曰：『猥，多也。』少稍自索，師古曰：『索，盡也，音先各反。』雖時易處，猶不能離此。上古難識，近察秦漢以來，河決曹、衛之域，其南北不過百八十里者，可空此地，勿以爲官亭民室而已。』大司馬史長安張戎師古曰：『《新論》云字仲功，習溉灌事也。』言：『水性就下，行疾則自刮除成空而稍深。河水重濁，號爲一石水而六斗泥。今西方諸郡，以至京師東行，民皆引河、渭山川水溉田。春夏乾燥，少水時也，故使河流遲，貯淤而稍淺；雨多水暴至，則溢決。而國家數隄塞之，稍益高於平地，猶築垣而居水也。可各順從其性，毋復灌溉，則百川流行，水道自利，無溢決之害矣。』御史臨淮韓牧師古曰：『《新論》云字子台，善水事。』以爲『可略於《禹貢》九河處穿之，縱不能爲九，但爲四五，宜有益。』大司空掾王橫師古曰：『橫字平中，琅邪人。見《儒林傳》。中讀曰仲。』言：『河入勃海，勃海地高於韓牧所欲穿處。往者天嘗連雨，東北風，海水溢，西南出，濅數百里，九河之地已爲海所漸矣。師古曰：『漸，濅也，讀如本字，又音子廉反。』禹之行河水，本隨西山下東北去。師古曰：『行謂通流也。』周譜云定王五年河徙，如淳曰：『譜音補，世統譜諜也。』則今所行非禹之所穿也。又秦攻魏，決河灌其都，決處遂大，不可復補。宜卻徙完平處，更開空，師古曰：「空猶穿。」使緣西山足乘高地而東北入海，乃無水災。」沛郡桓譚爲司空掾，典其議，爲甄豐言：「凡此數者，必有一是。宜詳考驗，皆可豫見，計定然後舉事，費不過數億萬，亦可以事諸浮食無産業民。師古曰：「事謂役使也。」空居與行役，同當衣食；衣食縣官，而爲之作，乃兩便，師古曰：「言無産業之人，端居無爲，及發行力役，俱須衣食耳。今縣官給其衣食，而使修治河水，是爲公私兩便也。」可以上繼禹功，下除民疾。」王莽時，但崇空語，無施行者。

贊曰：古人有言：「微禹之功，吾其魚乎！」師古曰：「《左氏傳》載周大夫劉定公之辭也。言無禹治水之功，則天下之人皆爲魚鼈耳。」中國川原以百數，莫著於四瀆，而河爲宗。孔子曰：「多聞而志之，知之次也。」師古曰：「《論語》稱孔子之言曰「多聞擇其善者而從之，多見而志之，知之次也。」志，記也，字亦作識，音式冀反。」國之利害，故備論其事。

又 卷六四《賈捐之傳下》 對奏，上以問丞相御史。御史大夫陳萬年以爲當擊；丞相于定國以爲「前日興兵擊之連年，護軍都尉、校尉及丞凡十一人，還者二人，卒士及轉輸死者萬人以上，費用三萬萬餘，尚未能盡降。今關東困乏，民難搖動，捐之議是。」上乃從之。遂下詔曰：「珠厓虜殺吏民，背畔爲逆，今廷議者或言可擊，或言可守，或欲棄之，其指各殊。朕日夜惟思議者之言，羞威不行，則欲誅之；狐疑辟難，則守屯田；師古曰：「辟讀曰避。次下亦同。」通于時變，則憂萬民。夫萬民之饑餓，與遠蠻之不討，危孰大焉？且宗廟之祭，凶年不備，況乎辟不嫌之辱哉！今關東大困，倉庫空虛，無以相贍，又以動兵，非特勞民，凶年隨之。其罷珠厓郡。民有慕義欲內屬，便處之；師古曰：「欲有來入內郡者，所至之處，即安置之。」不欲，勿彊。」珠厓由是罷。

晋 嵇含《南方草木狀》卷下《果類》 柑及橘之屬，滋味甘美特異者也。有黃者，有頳者，頳者謂之壺柑。交趾人以席囊貯蟻，鬻於市者，其窠如薄絮，囊皆連枝葉，蟻在其中，並窠而賣。蟻赤黃色，大於常蟻。南方柑樹，若无此蟻，則其實皆為群蠹所傷，无復一完者矣。今華林園有柑二株，遇結實，上命群臣宴飲於旁，摘而分賜焉。

晋 常璩《華陽國志》卷三《蜀志》 周滅後，秦孝文王以李冰為蜀守。冰能知天文地理，謂汶山為天彭門；乃至湔氐縣，見兩山對如闕，因號天彭闕。仿佛若見神，遂從水上立祀三所，祭用三牲，珪璧沈濆。漢興，數使使者祭之。

冰乃壅江作堋，穿郫江、檢江，別支流雙過郡下，以行舟船。岷山多梓、柏、大竹，頹隨水流，坐致材木，功省用饒；又溉灌三郡，開稻田。於是蜀沃野千里，號為「陸海」。旱則引水浸潤，雨則杜塞水門，故記曰：水旱從人，不知饑饉，時無荒年，天下謂之「天府」也。外作石犀五頭以厭水精；穿石犀溪於江南，命曰犀牛裡。後轉置犀牛二頭：一在府市市橋門，今所謂石牛門是也；一在淵中，乃自湔堰上分穿羊摩江，灌江西。于玉女房下白沙郵作三石人，立三水中。與江神要：水竭不至足，盛不沒肩。

《晋書》卷二六《食貨志》 漢自董卓之亂，百姓流離，穀石至五十餘萬，人多相食。魏武既破黃巾，欲經略四方，而苦軍食不足，羽林監潁川棗祗建置屯田議。魏武乃令曰：「夫定國之術在於強兵足食，秦人以急農兼天下，孝武以屯田定西域，此先世之良式也。」於是以任峻爲典農中郎將，募百姓屯田許下，得穀百萬斛。郡國列置田官，數年之中，所在積粟，倉廩皆滿。祗死，魏武後追思其功，封爵其子。建安初，關中百姓流入荊州者十餘萬家，及聞本土安寧，皆企望思歸，而無以自業。於是衛覬議爲「鹽者國之大寶，自喪亂以來放散，今宜如舊置使者監賣，以其直益市犁牛，百姓歸者以供給之。勤耕積粟，以豐殖關中，遠者聞之，必多競還。」於是魏武遣謁者僕射監鹽官，移司隸校尉居弘農。流人果還，關中豐實。既而又以沛國劉馥爲揚州刺史，鎮合肥，廣屯田，修芍陂、茹陂、七門、吴塘諸堨，以溉稻田，公私有蓄，歷代爲利。賈逵之爲豫州，南與吴接，修守戰之具，堨汝水，造新陂，又通運渠二百餘里，所謂賈侯渠者也。當黃初中，四方郡守墾田又加，以故國用不匱。時濟北顏斐爲京兆太守，京兆自馬超之亂，百姓不專農殖，乃無車牛。斐又課百姓，令閑月取車材，轉相教匠。其無牛者令養猪，投貴賣以買牛。始者皆以爲煩，一二年中編戶皆有車牛，於田役省贍，京兆遂以豐沃。鄭渾爲沛郡太守，郡居下溼，水潦爲患，百姓飢乏。渾於蕭、相二縣興陂堨，開稻田，郡人皆不以爲便。渾以爲終有經久之利，遂躬率百姓興功，一冬皆成。比年大收，頃畝歲增，租入倍常，郡中賴其利，刻石頌之，號曰鄭陂。魏明帝世徐邈爲涼州，土地少雨，常苦乏穀。邈上修武威、酒泉鹽池，以收虜穀。又廣開水田，募貧民佃之，家家豐足，倉庫盈溢。及度支州界軍用之餘，以市金錦犬馬，通供中國之費。西域人入貢，財貨流通，皆邈之功也。其後皇甫隆爲敦煌太守，敦煌俗不作耬犂，及不知用水，人牛功力既費，而收穀更少。隆到，乃教作耬犁，又教使灌溉。歲終率計，所省庸力過半，得穀加五，西方以豐。

嘉平四年，關中饑，宣帝表徙冀州農夫五千人佃上邽，興京兆、天水、南安鹽池，以益軍實。青龍元年，開成國渠，自陳倉至槐里築臨晉陂，引汧洛溉舄鹵之地三千餘頃，國以充實焉。正始四年，宣帝又督諸軍伐吴將諸葛恪，焚其積聚，恪棄城遁走。帝因欲廣田積穀，爲兼并之計，乃使鄧艾行陳、項以東，至壽春地。艾以爲田良水少，不足以盡地利，宜開河渠，可以大積軍糧，又通運漕之道。乃著濟河論以喻其指。又以爲昔破黄巾，因爲屯田，積穀許都，以制四方。今三隅已定，事在淮南。每大軍征舉，運兵過半，功費巨億，以爲大役。陳蔡之間，土下田良，可省許昌左右諸稻田，并水東下。令淮北二萬人、淮南三萬人分休，且佃且守。水豐，常收三倍於西，計除衆費，歲完五百萬斛以爲軍資。六七年間，可積三千萬餘斛於淮土，此則十萬之衆五年食也。以此乘敵，無不克矣。宣帝善之，皆如艾計施行。遂北臨淮水，自鍾離而南横石以西，盡沘水四百餘里，五里置一營，營六十人，且佃且守。兼修廣淮陽、百尺二渠，上引河流，下通淮潁，大治諸陂於潁南、潁北，穿渠三百餘里，溉田二萬頃，淮南、淮北皆相連接。自壽春到京師，農官兵田，雞犬之聲，阡陌相屬。每東南有事，大軍出征，汎舟而下，達于江淮，資食有儲，而無水害，艾所建也。

又　及晉受命，武帝欲平一江表。時穀賤而布帛貴，帝欲立平糴法，用布帛市穀，以爲糧儲。議者謂軍資尚少，不宜以貴易賤。泰始二年，帝乃下詔曰：『夫百姓年豐則用奢，凶荒則窮匱，是相報之理也。故古人權量國用，取贏散滯，有輕重平糴之法。理財鈞施，惠而不費，政之善者也。然此事廢久，天下希習其宜。加以官蓄未廣，言者異同，財貨未能達通其制。更令國寶散於穰歲而上不收，貧弱困於荒年而國無備。豪人富商，挾輕資，蘊重積，以管其利。故農夫苦其業，而末作不可禁也。今者省傜務本，并力墾殖，欲令農功益登，耕者益勸，而猶或騰踊，至於農人並傷。今宜通糴，以充儉乏。主者平議，具爲條制。』然事竟未行。是時江南未平，朝廷厲精於稼穡。四年正月丁亥，帝親耕藉田。庚寅，詔曰：『使四海之内，棄末反本，競農務功，能奉宣朕志，令百姓勸事樂業者，其唯郡縣長吏乎！先之勞之，在於不倦。每念其經營職事，亦爲勤矣。其以中左典牧種草馬，賜縣令長相及郡國丞各一匹。』是歲，乃立常平倉，豐則糴，儉則糶，以利百姓。

又　卷一〇九《慕容皝傳》　皝記室參軍封裕諫曰：臣聞聖王之宰國也，薄賦而藏於百姓，分之以三等之田，十一而稅之；寒者衣之，飢者食之，使家給人足。雖水旱而不爲災者，何也？高選農官，務盡勸課，人治周田百畝，亦不假牛力；力田者受旌顯之賞，惰農者有不齒之罰。又量事置官，量官置人，使官必稱須，人不虚位，度歲入多少，裁而禄之。供百僚之外，藏之太倉，三年之耕，餘一年之粟。以斯而積，公用於何不足？水旱其如百姓何！雖務農之令屢發，二千石令長莫有志勤在公、鋭盡地利者。故漢祖知其如此，以墾田不實，徵殺二千石以十數，是以明章之際，號次升平。

《隋書》卷二四《食貨志》　武帝保定二年正月，初於蒲州開河渠，同州開龍首渠，以廣溉灌。

又　其後以渭水多沙，流有深淺，漕者苦之。四年，詔曰：

京邑所居，五方輻湊，重關四塞，水陸艱難。大河之流，波瀾東注，百川海瀆，萬里交通。雖三門之下，或有危慮，但發自小平，陸運至陜，還從河水，入於渭川，兼及上流，控引汾、晉，舟車來去，爲益殊廣。而渭川水力，大小無常，流淺沙深，即成阻閡。計其途路，數百而已，動移氣序，不能往復，汎舟之役，人亦勞止。朕君臨區宇，興利除害，公私之弊，情實愍之。故東發潼關，西引渭水，因藉人力，開通漕渠，量事計功，易可成就。已令工匠，巡歷渠道，觀地理之宜，審終久之義，一得開鑿，萬代無毁。可使官及私家。方舟巨舫，晨昏漕運，沿泝不停，旬日之功，堪省億萬。誠知時當炎暑，動致疲勤，然不有暫勞，安能永逸。宣告人庶，知朕意焉。

於是命宇文愷率水工鑿渠，引渭水，自大興城東至潼關，三百餘里，名曰廣通渠。轉運通利，關内賴之。諸州水旱凶饑之處，亦便開倉賑給。

唐　皇甫憬《諫不置勸農判官疏》《文苑英華》卷六九七　臣聞智者千慮，或有一失，而愚夫千計，亦有一得。且夫無益之事繁，則不急之務重，不急之務重則役數，役數則人疲，人疲則無聊生矣。是以太上務德，以静爲本；其次化之，以安爲上。但責其疆界，嚴其隄防，山水之餘，即爲見地。何必聚人阡陌，親遣檢量，故奪農時，致令受弊？又因出使之輩，未識大體，所由殊不知陛下愛人至深，務以刻剝爲計。州縣懼罪，據牒即徵，逃亡之家，鄰保代出，鄰保不濟，又便更逃一作輸。急之則都不謀生，緩之則慮法交及，臣恐逃逸從此更深。至如澄流在源，止沸在火，不可不慎。今之具寮，向逾萬數，蠶食府庫，侵害黎民，國絕數載之儲，家無經月之蓄。雖有厚稅，亦不可供，户口逃亡，莫不由此。縱使伊、皐申術，管、晏，陳謀，豈息兹弊？若以此給，將何以堪？雖東海南山，盡爲粟帛，亦恐不足，豈量田稅客能周給也？

唐 裴耀卿《京師饑請廣漕運疏》（雍正）《山西通志》卷一三三 陛下既東巡，百司畢從，則太倉三輔可遣重臣，分道賑給，自東都益廣漕運，以實關輔，關輔既實，則乘輿西還，事蔑不濟。且國家大本在京師，但秦地狹，水旱易匱。往貞觀、永徽時，祿廩者少，歲運粟二十萬略足，今用度寖廣，運數倍且不支，故數東幸，以就厥粟。爲國大計，臣願廣陝運道，使京師常有三年食，雖水旱不足憂。今天下輸丁約四百萬，使丁出百錢爲陝洛運費，又益半爲營窖用，分納司農河南陝州。又令租米悉輸東都，從都至陝，河益湍沮，若廣漕路，變陸爲水，所支尚贏萬計。且河南租船，候水始進，河工不便河漕，處處停留，易生隱盜。請置倉河口，以納東租，然後官自僱載，分入河洛。度三門東西，各築廒倉，自東至者，東倉受之。三門迫險，則旁河鑿山，以開車道，運十數里，西倉受之。度宜徐運抵太原倉，趨河入渭，更無留阻，可減費鉅萬矣。

唐 杜甫《乾元元年華州試進士策問五首》《杜詩詳注》卷二五 問：古之山林藪澤之地，各以肥磽多少爲差。故供甲兵士徒之役，府庫賜與之用，給郊廟宗社之祀，奉養祿食之出，辨乎名物，存乎有司，是謂公賦知歸、地著不撓者已。今聖朝紹宣王中興之洪業於上，庶尹備山甫補衮之能事於下，而東寇猶小梗，率土未甚辟，總彼賦税之獲，盡贍軍旅之用，是官御之舊典闕矣。人神之攸序乖矣；欲使軍旅足食，則賦稅未能充備矣。欲將誅求不時，則黎元轉罹於疾苦矣，子等以待問之實，知新之明，觀志氣之所存，於應對乎何有，佇渴救敝之通術，願聞強學之所措，意蓋在此矣，得遊説乎？

問：國有輶車，廬有飲食，古之按風俗、遣使臣，在王官之一守，得馳傳而分命。蓋地有要害，郊有遠近，供給之比，省費相懸。今兹華惟襟帶，關逼輦轂，行人受辭於朝夕，使者相望於道路，屬年歲無蓄積之虞，職司有愁痛之嘆。況軍書未絕，王命急宣，插羽先翥於騰鷹，敝帷不供於埋馬，豈芻粟之勤獨爾，實驂騑之價闕如。人主之軫念，屢及於兹；邦伯之分憂，何嘗敢怠？乞恩難再，近日已降水衡之錢；積骨頗多，無暇更入燕王之市。欲使輶軒有喜，主客合宜，閭閻罷杼軸之嗟，官吏得從容之計，側佇嘉論，當聞濟時。

問：通道陂澤，隨山濬川，經啟之理，疏奠之術，抑有可觀，其來尚矣。初聖人盡力溝洫，有國作爲隄防，洎後代控引淮海，漕通涇渭，因舟楫之利，達倉庾之儲。又賴此而殷，亦行之自久。近者有司相土，決彼支渠，既潰渭而亂河，竟功多而事寢。人實勞止，岸乃善崩。遂使委輸之勤，中道而棄。今軍用蓋寡，國儲未贍，雖遠方之粟大來，而助挽之車不給。是以國朝仗彼天使，徵兹水工，議下淇園之竹，更鑿商顏之井。又恐煩費居多，績用莫立，空荷成雲之鍤，復擁填淤之泥。若然，則舟車之用，大小相妨矣；軍國之食，轉致或闕矣。矧夫人煙尚稀，牛力不足者已。子等飽隨時之要，挺實王之資，副乎求賢，敷厥讜議。

問：足食足兵，先哲雅誥，蓋有兵無食，是謂棄之。致能掉鞅，靡旌，斯可用矣。況寇猶作梗，兵不可去，日聞將軍之令，親睹司馬之法。關中之卒未息，灞上之營何遠？近者鄭南訓練，城下屯集，瞻彼三千之徒，有異什一而稅。竊見明發教以戰鬬，亭午放其庸保，課乃菽麥，以爲尋常。夫悦以使人，是能用古，伊歲則云暮，實慮休止，未卜及瓜之還，交比翳桑之餓。羣有司自救不暇，二三子謂之何哉？

問：昔唐堯之爲君也，則天之大，敬授人時，十六升自唐侯者已；昔帝舜之爲臣也，舉禹之功，克平水土，三十登爲天子者已。本之以文思聰明，加之以勞身焦思，既睦九族，協和萬邦，黜去四兇，舉十六相，故五帝之後，傳載唐虞之美，無德而稱焉。《易》曰：『君子終日乾乾。』《詩》曰：『文王小心翼翼。』竊觀古人之聖哲，未有不以君唱於上，臣和於下，致乎人和年豐，成乎無爲而理者也。主上躬純孝之聖，樹非常之功，內則拳拳然事親如有闕，外則悖悖然求賢如不及，伊百姓不知帝力、庶官但恭己而已。寇孽未平，咎徵之至數也；倉廩未實，物理之固然也。今大軍虎步，列國鶴立，山東之諸將雲合，淇上之捷書日至。二三子議論宏正，詞氣高雅，則遺寢蕩滌之後，聖朝砥礪之辰。雖遭明主，必致之於堯舜；降及元輔，必要之於稷汯。驅蒼生於仁壽之域，反淳樸於羲皇之上。自古哲王立極，大臣爲體，眇然坦途，利往何順，子有説否？庶復見子之志，豈徒瑣瑣射策、趨競一第哉？頃之問孝秀，取備尋常之對，多忽經濟之體，考諸詞學，自有文章在，策以徵事，曷成凡例焉？今愚之粗徵，貴切時務而已。夫時患錢輕，以至於量資幣、權子母。代復改鑄，或行乎前榆莢、後契刀。當此之際，百姓蒙利厚薄，何人所制輕重？又穀者，所以阜俗康時、聚人守位者也。下至十室之邑，必有千鍾之藏。苟兇穰以之，貴賤失度，雖封丞相而猶困，俟大農而謂何？是以繼絕表微，無或區分逾越，蒙實不敏，仁遠何哉？

唐 陸贄《唐陸宣公翰苑集》卷六《鑾駕將還宮闕論發日狀》 右。先頒敕旨，已定行期，所司供承，亦聞粗備。但以霖潦方甚，道路阻艱，衆情同憂，莫敢論奏。今發日漸逼，陰雲尚繁，小大嗷嗷，愁懼轉甚。臣雖闇鈍，亦竊揣量，豈不知元惡初平，餘氛未殄，乃是逆順將分之際，吉凶多變之時，須速鎮安，理宜促駕。向使霖潦爲害，人功可施，其備禦由於智能，其役用止於煩費，其所患不及於性命，其可憂但在於人臣，則當公私罄財，上下竭力，務寧大業，奚恤暫勞。各應葉奉聖規，安敢復忤成命，良以褒斜峻阻，素號畏途，緣側逕於巔巖，綴危棧於絕壁。或百里之內，歷險且千，或一程之巾，涉水數四。若遇積雨滯浸，羣峰澍流，鉅石崩奔，訇殷相繼，深谷彌漫，往來不通，悉非功力之所支，籌略之所遏。斯須之頃，跬步之閒，倉黃遘殃，皆不可測。匹夫單騎，尚且過防，況萬乘時行，千官景從，而可以蹈不存之險，冒無禦之災乎？如或磴路瀑崩，閣道淹圮，環衛之儀少缺，屬車之馬微驚，縱有億徒，何所爲用？陛下欲無駭慮，其可得乎！又或霪滯更深，谿澗皆溢，逕路既絕，傳送無由，連山萬重，進退不可，一日乏食，將如之何？陛下欲無軫憂，固亦難矣。人主舉措，宜圖萬全，必先事以防危，不臨危而求幸。幸而獲濟，貽愧已深，不幸罹災，追悔何及。孔子曰：『欲速則不達。』誠哉是言。臣今非敢阻陛下欲速之情，但願以不達爲慮耳。儻迴睿旨，少俟開晴，則發期雖延，涉路無滯，不疾而速，允葉乾行，知幾其神，是謂天鑒。竊聞羣議，輒以上陳，屢屢懇誠，實冀昭納。謹奏。

唐 柳宗元《柳河東集》卷三《時令論上》 《呂氏春秋》十二紀，漢儒論以為《月令》，措諸《禮》以為大法焉。其言有十二月七十有二候，迎日步氣，以追寒暑之序，類其物宜而逆為之備，聖人之作也。然而聖人之道，不窮異以為神，不引天以為高，利於人，備於事，如斯而已矣。觀《月令》之説，苟以合五事，配五行，而施其政令，離聖人之道，不亦遠乎？

凡政令之作，有俟時而行之者，有不俟時而行之者。是故孟春修封疆，端徑術，相土宜，無聚大衆。仲春利堤防，達溝瀆，止田獵，備蠶器。季春合牛馬，百工無悖于時。孟夏無起土功，無發大衆，勸農勉人。仲夏班馬政，聚百藥。季夏行水殺草，糞田疇，美土疆，土功、兵事不作。孟秋納材葦。仲秋勸人種麥。季秋休百工，人皆入室，具衣裘；舉五穀之要，合秩芻，養犧牲；趨人收斂，務蓄菜，伐薪為炭。孟冬築城郭，穿竇窖，修囷倉，謹蓋藏，勞農以休息之，收水澤之賦。仲冬伐木，取竹箭。季冬講武，習射禦；出五穀種，計耦耕，具田器；合諸侯，制百縣輕重之法，貢賦之數。斯固俟時而行之，所謂敬授人時者也。其餘郊廟百祀，亦古之遺典，不可以廢。

誠使古之為政者，非春無以布德和令，行慶施惠，養幼少，省囹圄，賜貧窮，禮賢者；非夏無以贊傑俊，遂賢良，舉長大，行爵出祿，斷薄刑，決小罪，節嗜欲，靜百官；非秋無以選士厲兵，任有功，誅暴慢，明好惡，修法制，養衰老，申嚴百刑，斬殺必當；非冬無以賞死事，恤孤寡，舉阿黨，易關市，來商旅，審門閭，正貴威近習，罷官之無事者，去器之無用者。則其闕政亦以繁矣，斯固不俟時而行之者也。變天之道，絕地之理，亂人之紀，舍孟春則可以有事乎？作淫巧以蕩上心，舍季春則可以為之者乎？夫如是，內不可以納於君心，外不可以施於人事，勿書之可也。

又曰：『反時令，則有飄風、暴雨、霜雪、水潦、大旱、沉陰、氛霧、寒暖之氣，大疫、風咳、鼽嚏、瘧寒、疥病之疾，螟蝗、五穀瓜瓠果實不成、蓬蒿藜莠並興之異，女災、胎夭傷、水火之訛，寇戎來入相掠，兵革並起、道路不通、邊境不寧、土地分裂、四鄙入保、流亡遷徙之變。』若是者，特瞽史之語，非出於聖人者也。然則夏后、周公之典逸矣。

又《時令論下》 或者曰：月令之所作，以爲君人者法也。蓋非爲聰明睿智者爲之，將慮後代有昏昧傲誕，而肆于人上，忽先王之典，舉而廢之，近而取之，若陳、隋之季是也。故取仁義禮智信之事，附于時令，俾時至而有以發之也。不爲之，將因循放蕩，而皆無其意焉爾。於是又爲之言五行之反戾、相蕩、相摩、妖災之説，以震動于厥心，古之所以防昏亂之術也。今子發而揚之，使前人之奧秘布露顯明，則後之人而又何憚耶？』

曰：聖人之爲教，立中道以示于後。曰仁、曰義、曰禮、曰智、曰信，謂之五常，言可以常行一本『行』字下有『之』字者也。防昏亂之術，爲之勤勤然書于方冊，興亡治亂之致，永守是而不去也。未聞其威之以怪，而使之時而爲善，所以滋其怠傲而忘理也。語怪而威之，所以熾其昏邪淫惑，而爲禱禳、厭勝、鬼怪之事，以大亂于人也。且吾子以爲畏冊書之多，孰與畏人之言？使謂謂者言仁義利害，焯乎列于其前而猶不悟，奚暇顧《月令》哉？是故聖人爲大經以存其直道，將以遺後世之君臣，必言其中正而去其奇邪。其有囂然而不顧者，雖聖人復生，無如之何，又何冊書之有？

若陳、隋之季，暴戾淫放，則無不爲矣。求之二史，豈復有行《月令》之事者乎？然而其臣有勁悍者，爭而與之言先王之道，猶十百而一遂焉。然則《月令》之無益于陳、隋亦固矣。立大中，去大惑，捨是而曰聖人之道，吾未之信也。用吾子之説罪我者，雖窮萬世，吾無憾焉爾。

宋 宋祁《景文集》卷二八《乞停開溝洫札子》 臣伏見景祐編敕，應天、開封府界宿、亳、曹、單、棣、、許陳、蔡等州溝河，逐縣令佐如能在任多設方畧，勸誘部民開道通流，別無時雨渰潦田苗，並許批上歷子，及本處保明聞奏，令佐與參選，注家便官。臣昨知陳州日，體問得諸處縣令主簿，為見有此條貫，只是逐年一度差公人下鄉，取責戶長等狀，稱勸誘到百姓開導溝洫河道，並得通快，別不渰損田苗文狀申縣，本州據縣狀批上本人歷子，得替日，依例保明，便該參選，注家便官。其實每年無一戶一工曾開治溝洫，本官亦不曾按行勸誘。所有每年渰損田苗，放卻二税，卻稱是外處橫水入界，致渰殺田，苗不是本處雨水渰潦。似此，不惟選人僥倖，顯屬冒罔朝廷。臣愚欲自今後停廢上項條貫，更不行用。今日以前，已在銓參選人，乞不追改。取進止。

宋 蔡襄《端明集》卷二六《乞復五塘札子》 臣昨至興化軍，訪聞得莆田縣有陂塘五所：勝壽、西衡、大和、屯前、東塘。自來積水灌注塘下沿海鹹地一千餘頃爲田，八千餘家耕種爲業。大中祥符年中，有百姓陳清等陳狀，於秋蘆陂開渠引水灌注屯塘下民田，却決去五所陂塘，以地爲田，官司妨礙，不與檢給。天聖年中，陳潭知軍日，其陳清却與官戶形勢計會，同共請上件塘內地土，州縣徇私曲理，先次給却屯前、大和、東塘、陂塘三所，去水爲田。舊日仰塘水灌注之地盡皆焦旱。百姓爭訟，州縣一向抑迫，不與申理。至李餘慶知軍日，陳清又請勝壽、西衡二塘爲田，其時不與檢給。寶元年中，汪隨政內，徇私順情，一向檢給，科率產錢，供輸税賦。臣體問得自決去五所陂塘已來，沿海鹹地只仰天雨，有種無收州。縣多是不與放免税賦，是致人戶逃移，見居者只括土煎鹽，枉陷刑獄。慶曆二年秋旱，官司檢放產税，例及九分。切緣舊作陂塘，灌田一千餘頃，濟活八千餘家；及決塘爲田已來，收得塘內田一百餘頃，豐贍得官勢戶三十餘家。又年年雨水，放却税賦至多。前後百姓論訴不絶，官司爲見已出却產錢，經屬省帳，難爲除落，不與受理。若以民間利害，即貧困却八千餘家，只豐贍得官戶三十餘家；若以官中租賦，即每年蠲放千頃租賦，只得百頃租賦。其爲利害，公私均然。所有上件田土，雖是臣鄉里，即本家及親戚無有一畝相連。臣欲乞下本路轉運司，選清強一員，取索應是干連案卷看詳，親詣五所陂塘處定奪聞奏。如與臣所陳利害稍同，乞賜除落塘內新定產錢，依舊積水爲塘，利濟民戶。取進止。

宋 歐陽修《文忠集》卷一〇八《論修河第一狀至和二年**》** 右臣竊見朝廷近因臣寮建議，欲塞商胡，開橫壟，回大河於故道，已下三司，候今秋興役，見令京東計度物料次。臣伏以國家興大役、動大眾，必先順天時、量人力，謀於其始而審，然後必行，計其所利者多，乃能無悔。伏見比年以來，興役勤眾，勞民費財，不精謀慮於厥初，輕信利害之偏說，舉事之始，既已倉惶，群議一搖，尋復悔罷。臣不敢遠引他事上煩聖聰，只如往年河決商胡，是時執政之臣不慎計慮，遽謀修塞。科配一千八百萬梢芟，搔動六路一百有餘州軍，官吏催驅，急若星火，民庶愁苦，盈於道塗。或物已輸官，或人方在路，未及興役，遽已罷修，虛費民財，為國斂怨，舉事輕脱，為害若斯。雖既往之失難追，而可鑒之蹤未遠。今者又聞復有修河之役，聚三十萬人之眾，開一千餘里之長河，計其所用物力，數倍往年。當此天災歲旱之時，民困國貧之際，不量人力，不順天時，臣知其有大不可者五：

蓋自去秋以及今春，半天下苦旱，而京東尤甚，河北次之。國家常務安靜振恤之，猶恐饑民起而為盜，何況於此兩路，聚大眾，興大役？此其必不可者一也。河北自恩州用兵之後，繼以凶年，人戶流亡，十失八九。數年以來，人稍歸復，然死亡之餘，所存無幾，瘡痍未斂，物力未完，今又遭此旱歲。京東自去冬無雨雪，麥不生苗，已及莫春，粟未布種，不惟目下乏食，兼亦向去無望。而欲於此兩路興三十萬人之役，若別路差夫，則遠處難為赴役，就河便近，則此兩路力所不任。此其必不可者二也。臣伏見往年河決滑州，曾議修塞，當時公私事力，未如今日貧虛，然猶收聚物料，誘率民財，數年之間，方能興役。況今國用方乏，民力方疲，且合商胡塞大決之洪流，此自是一大役也。鑿橫壟，開久廢之故道，此又一大役也。自橫壟至海一千餘里，歸岸久已廢壞，頓須修緝，此又一大役也。往年公私有力之時，興一大役，尚須數年。今並三大役，倉卒興為於災旱貧虛之際，此其必不可者三也。就令商胡可塞，故道可回，猶宜重察天時、人力之難為。何況商胡未必可塞，故道未必可回者哉。臣聞鯀障洪水，九年無功。禹得《洪範》五行之書，知水趨下之性，乃因水之流，疏決就下，而水患乃息。然則以大禹之神功，不能障塞其流，但能因勢而疏決爾。今欲逆水之性，障而塞之，奪洪河之正流，斡以人力而回注，此大禹之所不能，此其必不可者四也。橫壟湮塞，已二十年，商胡決流，又亦數歲，故道已塞而難鑿，安流已久而難回。昨聞朝廷曾遣故樞密直學士張奎計度，功料極大，近者再行檢計，減得功料全少。功料少則所開淺狹，淺狹則水勢難回，此其必不可者五也。

臣伏見國家累歲災譴甚多，其於京東，變異尤大。地貴安靜，動而有聲。巨嵎山摧，海水搖蕩，如此不止僅乎十年，天地警戒，必不虛發。臣謂變異所起之方，尤宜加意防懼。今乃欲於凶旱之年，聚三十萬之大眾，於變異最大之方，臣恐地動山搖，災禍自此而始。方今京東，赤地千里，饑饉之民，正苦天災，又聞河役將動，往往伐桑拆屋，無復生計。流亡盜賊之患，不可不虞。欲望聖慈特降德音，速罷其事，當此凶歲，務安人心。徐詔有司審詳利害，縱令河道可復，乞候豐年餘力，漸次興為。臣實庸愚，本無遠見，得於外論，不敢不言。謹具狀奏聞。

宋 曾鞏《元豐類稿》卷一三《越州鑒湖圖序》 鑒湖，一曰南湖，南並山，北屬州城漕渠，東西距江，漢順帝永和五年，會稽太守馬臻之所為也，至今九百七十有五年矣。其週三百五十有八里，凡水之出於東南者皆委之。州之東，自城至于東江，其北堤石楗二，陰溝十有九，通民田，田之南屬漕渠，北東西屬江者皆溉之。州之東六十里，自東城至於東江，其南堤陰溝十有四，通民田，田之北抵漕渠，南並山，西並堤，東屬江者皆溉之。州之西三十里，曰柯山斗門，通民田，田之東並城，南並堤，北濱漕渠，西屬江者皆溉之。總之，溉山陰、會稽兩縣十四鄉之田九千頃。非湖能溉田九千頃而已，蓋田之至江者盡於九千頃也。其東曰曹娥斗門，曰蒿口斗門，水之循南堤而東者，由之以入于東江。其西曰廣陵斗門，曰新逕斗門，水之循北堤而西者，由之以入于西江。其北曰朱儲斗門，去湖最遠。蓋因三江之上、兩山之間，疏為二門，而以時視田中之水，小溢則縱其一，大溢則盡縱之，使入于三江之口。所謂湖高於田丈餘，田又高海丈餘，水少則泄湖溉田，水多則泄田中水入海，故無荒廢之田、水旱之歲者也。由漢以來幾千載，其利未嘗廢也。

宋興，民始有盜湖為田者。祥符之間二十七戶，慶曆之間二戶，為田四頃。當是時，三司轉運司猶下書切責州縣，使復田為湖。然自此吏益慢法，而奸民浸起，至于治平之間，盜湖為田者凡八千餘戶，為田七百餘頃，而湖廢幾盡矣。其僅存者，東為漕渠，自州至于東城六十里，南通若耶溪，自樵風涇至于桐塢，十里皆水，廣不能十餘丈，每歲少雨，田未病而湖蓋已先涸矣。自此以來，人爭為計說。蔣堂則謂宜有罰以禁侵耕，有賞以開告者。杜杞則謂盜湖為田者，利在縱湖水，一雨則放聲以動州縣，而斗門輒發。故為之立石則水，一在五雲橋，水深八尺有五寸，會稽主之；一在跨湖橋，水深四尺有五寸，山陰主之。而斗門之鑰，使皆納于州，水溢則遣官視則，而謹其閉縱。又以謂宜益理堤防斗門，其敢田者拔其苗，責其力以復湖，而重其罰。猶以為未也，又以謂宜加兩縣之長以提舉之名，課其督察而為之殿賞。吳奎則謂每歲農隙，當僦人濬湖，積其泥塗以為丘阜，使縣主役，而州與轉運使、提點刑獄督攝賞罰之。張次山謂湖廢，僅有存者難卒復，宜益廣漕路及他便利處，使可漕及注民田里，置石柱以識之，柱之內禁敢田者。刁約則謂宜斥湖三之一與民為田，而益堤使高一丈，則湖可不開，而其利自復。范師道、施元長則謂重侵耕之禁，猶不能使民無犯，而斥湖與民，則侵者孰禦？又以湖水較之，高於城中之水，或三尺有六寸，或二尺有六寸，而益堤壅水使高，則水之敗城郭廬舍可必也。張伯玉則謂日役五千人濬湖，使至五尺，當十五歲畢，至三尺，當九歲畢。然恐工起之日，浮議外搖，役夫內潰，則雖有智者，猶不能必其成。若日役五千人，益堤使高八尺，當一歲畢。其竹木之費，凡九十二萬有三千，計越之戶二十萬有六千，賦之而復其租，其勢易足，如此，則利可坐收，而人不煩弊。陳宗言、趙誠復以水勢高下難之，又以謂宜修吳奎之議，以歲月復湖。當是時，都水善其言，又以謂宜增賞罰之令。其為說如此，可謂博矣。朝廷未嘗不聽用而著於法，故罰有自錢三百至于千，又至于五萬，刑有自杖百至于徒二年，其文可謂密矣。然而田者不止而日愈多，湖不加濬而日愈廢，其故何哉？法令不行，而苟且之俗勝也。

昔謝靈運從宋文帝求會稽回踵湖為田，太守孟顗不聽，又求休崲湖為田，顗又不聽，靈運至以語詆之。則利於請湖為田，越之風俗舊矣。然南湖繇漢歷吳、晉以來，接于唐，又接于錢鏐父子之有此州，其利未嘗廢者。彼或以區區之地當天下，或以數州為鎮，或以一國自王，內有供養祿廩之須，外有貢輸問遺之奉，非得晏然而已也。故強水土之政以力本利農，亦皆有數，而錢鏐之法最詳，至今尚多傳於人者。則其利之不廢，有以也。

近世則不然，天下為一，而安於承平之故，在位者重舉事而樂因循。而請湖為田者，其語言氣力往往足以動人。至于修水土之利，則又費材動眾，從古所難。故鄭國之役，以謂足以疲秦，而西門豹之治鄴渠，人亦以為煩苦，其故如此。則吾之吏，孰肯任難當之怨，來易至之責，以待未然之功乎！故說雖博而未嘗行，法雖密而未嘗舉，田者之所以日多，湖之所以日廢，由是而已。故以謂法令不行，而苟且之俗勝者，豈非然哉！

夫千歲之湖，廢興利害，較然易見。然自慶曆以來三十餘年，遭吏治之因循，至于既廢，而世猶莫寤其所以然，況於事之隱微難得，而考者繇苟簡之故，而弛壞於冥冥之中，又可知其所以然乎？今謂湖不必復者，曰湖田之入既饒矣，此游談之士為利於侵耕者言之也。夫湖未盡廢，則湖下之田旱，此方今之害而眾人之所睹也；使湖盡廢，則湖之為田亦旱矣，此將來之害而眾人之所未睹也。故曰此游談之士為利於侵耕者言之，而非實知利害者也。謂湖不必濬者，曰益堤壅水而已，此好辨之士為樂聞苟簡者言之也。夫以地勢較之，壅水使高，必敗城郭，此議者之所已言也；以地勢較之，湖使下，然後不失其舊，不失其舊，然後不失其宜，此議者之所未言也。又山陰之石則為四尺有五寸，會稽之石則幾倍之，壅水使高，則會稽得尺，山陰得半，地之窪隆不並，則益堤未為有補也。故曰此好辨之士為樂聞苟簡者言之，而又非實知利害者也。二者既不可用，而欲禁侵耕，開告者，則有賞罰之法矣；欲謹水之畜泄，則有閉縱之法矣；欲痛絕敢田者，則拔其苗，責其力以復湖，而重其罰，又有法矣；或欲任其責於州縣與轉運使、提點刑獄，或欲以每歲農隙濬湖，或欲禁田石柱之內者，又皆有法矣。欲知濬湖之淺深，用工若干，為日幾何；欲知增堤竹木之費幾何，使之安出；欲知濬湖之泥塗積之何所，又已計之矣。欲知工起之日，或浮議外搖，役夫內潰，則不可以必其成，又已論之矣。誠能收眾說而考其可否，用其可者，而以在我者潤澤之，令言必行，法必舉，則何功之不可成，何利之不可復哉！

鞏初蒙恩通判此州，問湖之廢興於人，未有能言利害之實者。及到官，然後問圖於兩縣，問書於州與河渠司，至於參核之而圖成，熟究之而書具，然後利害之實明。故為論次，庶夫計議者有考焉。熙寧二年冬臥龍齋。

又卷一九《襄州宜城縣長渠記》 荊及康狼，楚之西山也。水出二山之間，東南而流，春秋之世曰鄢水，《左丘明傳》，魯桓公十有三年，楚屈瑕伐羅，及鄢，亂次以濟是也。其後曰夷水，《水經》所謂漢水又南過宜城縣東，夷水注之是也。又其後曰蠻水，酈道元所謂夷水避桓溫父名，改曰蠻水是也。秦昭王三十八年，使白起將，攻楚，去鄢百里，立碣，壅是水為渠以灌鄢。鄢，楚都也，遂拔之。秦既得鄢，以為縣。漢惠帝三年，改曰宜城。宋孝武帝永初元年，築宜城之大堤為城，今縣治是也。而更謂鄢曰故城。鄢入秦，而白起所為渠因不廢。引鄢水以灌田，田皆為沃壤，今長渠是也。

長渠至宋至和二年，久隳不治，而田數苦旱，川飲食者無所取，令孫永曼叔率民田渠下者，理渠之壞塞，而去其淺隘，遂完故碣，使水還渠中。自二月丙午始作，至三月癸未而畢，田之受渠水者，皆復其舊。曼叔又與民為約束，時其蓄泄，而止其侵爭，民皆以為宜也。

蓋鄢水之出西山，初棄於無用，及白起資以禍楚，而後世顧賴其利。酈道元以謂溉田三千餘頃，至今千有餘年，而曼叔又舉眾力而復之，使並渠之民，足食而甘飲，其餘粟散於四方。蓋水出於西山諸谷者其源廣，而流於東南者其勢下，至今千有餘年，而山川高下之形勢無改，故曼叔得因其故跡，興於既廢。使水之源流，與地之高下，一有易於古，則曼叔雖力，亦莫能復也。

夫水莫大於四瀆，而河蓋數徙，失禹之故道，至於濟水，又王莽時而絕，況於眾流之細，其通塞豈得如常？而後世欲行水溉田者，往往務躡古人之遺跡，不考夫山川形勢古今之間同異，故用力多而收功少，是亦其不思也歟？

初，曼叔之復此渠，白其事於知襄州事張瓌唐公。公聽之不疑，沮止者不用，故曼叔能以有成。則渠之復，自夫二人者也。方二人者之有為，蓋將任其職，非有求於世也。及其後言渠堨者蜂出，然其心蓋或有求，故多詭而少實，獨長渠之利較然，而二人者之志愈明也。

熙寧六年，余為襄州，過京師，曼叔時為開封，訪余於東門，為余道長渠之事，而諉余以考其約束之廢舉。予至而問焉，民皆以謂賢君之約束，相與守之，傳數十年如其初也。予為之定著令，上司農。八年，曼叔去開封，為汝陰，始以書告之。而是秋大旱，獨長渠之田無害也。夫宜知其山川與民之利害者，皆為州者之任，故予不得不書以告後之人，而又使之知夫作之所以始也。曼叔今為尚書兵部郎中、龍圖閣直學士。八月丁丑曾鞏記。

又 卷二四《水部制》 川瀆堤防，宣其利而備其害，四方萬里之遠，郎實總領，秩甚寵焉。爾以周材，朕用選授。夫知水之不可障，而導之使行，此成法也。推而見之於事，待爾能稱其官。

又 卷四九《水利》 自史起溉鄴田，鄭國鑿涇水，李冰以區區之蜀，修二江之利。漢興，文翁穿煎洩，鄭當時引渭，莊熊引洛，兒寬奏鑿六輔渠，而白公注涇渭，邵信臣廣鉗盧之浸。自是後，王景理芍陂，馬臻築鑒湖。至晉，杜預疏荊兗之水，張闓理曲阿之塘，宋人引淠，魏人引河。唐疏雷陂，築句城，除堰遏之害，皆代天施，長地力，衣食元元，而足公家之費。故三代溝澮之法替，而赴時務功，此不可不重也。聖宋當雍熙之間，以下並同《屯田》篇，但改『欲修耕屯之業』作『水之浸灌者，舊跡皆可理』。

宋 王安石《乞廢玄武湖爲田疏熙寧十年**》**（景定）《建康志》卷一八 臣蒙恩特判江寧軍府，於去年十一月十一日到任管當職事。當時集官吏軍民，宣佈聖化，啟迪皇風。終戍一載，所幸四郊無壘，天下同文。然臣竊見金陵山廣地窄，人烟繁茂，為富者田連阡陌，為貧者無置錐之地。其北關外有湖二百餘頃，古跡號為玄武之名，前代以為遊玩之地，今則空貯波濤，守之無用。臣欲於內權開丁字河源，洩去餘水，決瀝微渡，使貧困飢人盡得螺蚌魚蝦之饒，此目下之利。水退之後，濟貧民，假以官牛、官種，又明年之計也。貧民得以春耕夏種，穀登之日，欲乞明敕所司，無以侵漁聚斂，只隨其田土色高低歲收水面錢，以供公使庫之用，無令豪強大作侵佔。專駕巡狩，復為湖面，則公私兩便矣。伏望明降隆章，綏懷貧腐。

宋 蘇軾《東坡全集》卷五七《杭州乞度牒開西湖狀》 元祐五年四月二十九日，龍圖閣學士左朝奉郎知杭州蘇軾狀奏。右臣聞天下所在陂湖河渠之利，廢興成毀，皆若有數。惟聖人在上，則興利除害，易成而難廢。昔西漢之末，翟方進爲丞相，始決壞汝南鴻隙陂，父老怨之，歌曰：『壞陂誰？翟子威。飯我豆食羹芋魁。反乎覆，陂當復。誰言者？兩黃鵠。』蓋民心之所欲，而托之天，以爲有神下告我也。孫皓時，吳郡上言，臨平湖自漢末草穢壅塞，今忽開通，長老相傳，此湖開，天下平，皓以爲己瑞，已而晉武帝平吳。由此觀之，陂湖河渠之類，久廢復開，事關興運。雖天道難知，而民心所欲，天必從之。

杭州之有西湖，如人之有眉目，蓋不可廢也。唐長慶中，白居易爲刺史。方是時，湖溉田千餘頃。及錢氏有國，置撩湖兵士千人，日夜開浚。自國初以來，稍廢不治，水涸草生，漸成葑田。熙寧中，臣通判本州，則湖之葑合，蓋十二三耳。至今纔十六七年之間，遂堙塞其半。父老皆言十年以來，水淺葑合，如雲翳空，倏忽便滿，更二十年，無西湖矣。使杭州而無西湖，如人去其眉目，豈復爲人乎？

臣愚無知，竊謂西湖有不可廢者五。天禧中，故相王欽若始奏以西湖爲放生池，禁捕魚鳥，爲人主祈福。自是以來，每歲四月八日，郡人數萬會于湖上，所活羽毛鱗介以百萬數，皆西北向稽首，仰祝千萬歲壽。若一旦堙塞，使蛟龍魚鼈同爲涸轍之鮒，臣子坐觀，亦何心哉！此西湖之不可廢者，一也。杭之爲州，本江海故地，水泉鹹苦，居民零落，自唐李泌始引湖水作六井，然後民足於水，井邑日富，百萬生聚，待此而後食。今湖狹水淺，六井漸壞，若二十年之後，盡爲葑田，則舉城之人，復飲鹹苦，其勢必自耗散。此西湖之不可廢者，二也。白居易作《西湖石函記》云：『放水溉田，每減一寸，可溉十五頃；每一伏時，可溉五十頃。若蓄洩及時，則瀕河千頃，可無凶歲。』今歲不及千頃，而下湖數十里間，茭菱穀米，所獲不貲。此西湖之不可廢者，三也。西湖深闊，則運河可以取足於湖水。若湖水不足，則必取足於江潮。潮之所過，泥沙渾濁，一石五斗。不出三歲，輒調兵夫十餘萬工開浚，而河行市井中蓋十餘里，吏卒搔擾，泥水狼籍，爲居民莫大之患。此西湖之不可廢者，四也。天下酒稅之盛，未有如杭者也，歲課二十餘萬緡。而水泉之用，仰給於湖，若湖漸淺狹，水不應溝，則當勞人遠取山泉，歲不下二十萬工。此西湖之不可廢者，五也。

臣以侍從，出膺寵寄，目覩西湖有必廢之漸，有五不可廢之憂，豈得苟安歲月，不任其責。輒已差官打量湖上葑田，計二十五萬餘丈，度用夫二十餘萬工。近者伏蒙皇帝陛下、太皇太后陛下以本路饑饉，特寬轉運司上供額斛五十餘萬石，出糶常平米亦數十萬石，約敕諸路，不取五穀力勝稅錢，東南之民，所活不可勝計。今又特賜本路度牒三百，而杭獨得百道。臣謹以聖意增價召入中，米減價出賣以濟饑民，而增減耗折之餘，尚得錢米約共一萬餘貫石。臣輒以此錢米募民開湖，度可得十萬工。自今月二十八日興工，農民父老，縱觀太息，以謂二聖既捐利與民，活此一方，而又以其餘棄，興久廢無窮之利，使數千人得食其力以度此凶歲，蓋有泣下者。臣伏見民情如此，而錢米有限，所募未廣，葑合之地，尚存大半，若來者不嗣，則前功復棄，深可痛惜。若更得度牒百道，則一舉募民除去淨盡，不復遺患矣。

伏望皇帝陛下、太皇太后陛下少賜詳覽，察臣所論西湖五不可廢之狀，利害較然，特出聖斷，別賜臣度牒五十道，仍勑轉運、提刑司，於前來所賜諸州度牒二百道內，契勘賑濟支用不盡者，更撥五十道價錢與臣，通成一百道。使臣得盡力畢志，半年之間，目見西湖復唐之舊，環三十里，際山爲岸，則農民父老，與羽毛鱗介，同泳聖澤，無有窮已。臣不勝大願，謹錄奏聞，伏候勑旨。

貼黄。目下浙中梅雨，葑根浮動，易爲除去。及六七月，大雨時行，利以殺草，芟夷蘊崇，使不復滋蔓。又浙中農民皆言八月斷葑根，則死不復生。伏乞聖慈早賜開允，及此良時興工，不勝幸甚。

又貼黄。本州自去年至今開浚運河，引西湖水灌注其中，今來開除葑田逐一利害，臣不敢一一煩瀆天聽，別具狀申三省去訖。

又《申三省起請開湖六條狀》 元祐五年五月初五日，龍圖閣學士左朝奉郎知杭州蘇軾狀申。軾於熙寧中通判杭州，訪問民間疾苦。父老皆云：『惟苦運河淤塞。遠則五年，近則三年，率常一開浚，不獨勞役兵民，而運河自州前至北郭穿闤闠中，蓋十四五里，每將興工，市肆洶動，公私騷然，自胥吏壕寨兵級等，皆能恐喝人戶，或云當於某處置土，某處過泥水，則居者皆有失業之憂，既得重賂，又轉而之他。及工役既畢，則房廊邸店，作踐狼藉，園囿隙地，例成丘阜，積雨蕩濯，復入河中，居民患厭，未易悉數。若三五年失開，則公私壅滯，以尺寸水欲行數百斛舟，人牛力盡，跬步千里，雖監司使命，有數日不能出郭者。其餘艱阻，固不待言。』問其所以頻開屢塞之由。皆云：『龍山、浙江兩閘，日納潮水，泥沙渾濁，一汛一淤，積日稍久，便及四五尺，其勢當然，不足怪也。』軾又問言：『潮水淤塞，非獨近歲，若自唐以來如此，則城中皆爲丘阜，無復平田。今驗所在，堆疊泥沙，不過三五十年所積耳，其故何也？』父老皆言：『錢氏有國時，郡城之東有小堰門，既云小堰，則容有大者。昔人以大小二堰隔截江水，不放入城，則城中諸河，專用西湖水，水既清徹，無由淤塞。而餘杭門外地名半道洪者，亦有堰名爲清河，意似愛惜湖水，不令走下。自天禧中，故相王欽若知杭州，始壞此堰，以快目下舟楫往來，今七十餘年矣，以意度之，必自此後湖水不足於用，而取足於江潮。又況今者西湖日就堙塞，昔之水面，半爲葑田，霖潦之際，無所瀦畜，流溢害田，而乾旱之月，湖自減涸，不能復及運河。』

謹按唐長慶中刺史白居易浚治西湖，作《石函記》，其略曰：『自錢塘至鹽官界應溉夾河田者，皆放湖入河，自河入田，每減一寸，可溉十五頃，每一伏時，可溉五十頃。若堤防如法，蓄泄及時，則瀕河千頃，無凶年矣。』由此觀之，西湖之水，尚能自運河入田以溉千頃，則運河足用可知也。軾於是時，雖知此利害，而講求其方，未得要便。今者蒙恩出典此州，自去年七月到任，首見運河乾淺，使客出入艱苦萬狀，穀米薪芻，亦緣此暴貴，尋劄刷捍江兵士及諸色廂軍得千餘人，自十月興工，至今年四月終，開浚茆山、鹽橋二河，各十餘里，皆有水八尺以上。見今公私舟船通利。

父老皆言：『自三十年以來，開河未有若此深快者也。』然潮水日至，淤填如舊，則三五年間，前功復棄。軾方講問其策，而臨濮縣主簿監在城商税蘇堅建議曰：『江潮灌注城中諸河，歲月已久，若遽用錢氏故事，以堰閘卻之，令自城外轉過，不惟事體稍大，而湖面葑合，積水不多，雖引入城，未可全恃，宜參酌古今，且用中策。今城中運河有二，其一曰茆山河，南抵龍山浙江閘口，而北出天宗門。其一曰鹽橋河，南至州前碧波亭下，東合茆山河，而北出餘杭門。餘杭、天宗二門，東西相望，不及三百步。二河合於門外，以北抵長河堰下。今宜於鈐轄司前創置一閘，每遇潮上，則暫閉此閘，令龍山浙江潮水，徑從茆山河出天宗門，候一兩時辰，潮平水清，然後開閘，則鹽橋一河過闤闠中者，永無潮水淤塞、開淘搔擾之患。而茆山河縱復淤填，乃在人戶稀少村落相半之中，雖不免開淘，而泥土有可堆積，不爲人患。潮水自茆山河行十餘里至梅家橋下，始與鹽橋河相通，潮已行遠，泥沙澄墜，雖入鹽橋河，亦不淤填。自來潮水入茆山、鹽橋二河，只淤填十里，自十里以外，不曾開淘，此已然之明效也。茆山河既日受潮水，無緣涸竭，而鹽橋河底低茆山河底四尺，梅家橋下，量得水深四尺，而碧波亭前，水深八尺。則鹽橋河亦無涸竭之理。然猶當過慮，以備乏水。今西湖水貫城以入于清湖河者，大小凡五道。一，暗門外斗門一所。一，湧金門外水閘一所。一，集賢亭前水筧一所。一，集賢亭後水閘一所。一，菩提寺前斗門一所。皆自清湖河而下以北出餘杭門，不復與城中運河相灌輸，此最可惜。宜於湧金門內小河中，置一小堰，使暗門、湧金門二道所引湖水，皆入法慧寺東溝中，南行九十一丈，則鑿爲新溝二十六丈，以東達于承天寺東之溝，又南行九十丈，復鑿爲新溝一百有七丈，以東入于貓兒橋河口，自貓兒橋河口入新水門，以入于鹽橋河，則咫尺之近矣。此河下流，則江潮清水之所入，上流，則西湖活水之所注，永無乏絶之憂矣。而湖水所過，皆闤闠曲折之間，頗作石櫃貯水，使民得汲用浣濯，且以備火災，其利甚博。此所謂參酌古今而用中策也。』

軾尋以堅之言使通直郎知仁和縣事黄僎相度可否，及率僚吏躬親驗視，一一皆如堅言，可成無疑也。謹以四月二十日興工開導及作堰閘，且以餘力修完六井，杭州城中多鹵地，無甘井。唐刺史李泌始作六井，皆引湖水注其中，歲久不治。熙寧中，知州陳襄與軾同擘畫修完，而功不堅，至今復廢壞。軾今改作瓦筒，又以塼石培甃固護，可以堅久。皆不過數月，可以成就。而本州父老農民覩此利便，相率詣軾陳狀，凡一百一十五人，皆言：『西湖之利，上自運河，下及民田，億萬生聚，飲食所資，非止爲游觀之美，而近年以來，堙塞幾半，水面日減，茭葑日滋，更二十年，無西湖矣。』勸軾因此盡力開之。軾既深愧其言，而患兵工寡少，費用之資無所從出。父老皆言：『竊聞朝廷近賜度牒一百道，每道一百七十貫，爲錢一萬七千貫。本州既高估米價，召人入中，減價出糶，以濟饑民，消折之餘，尚有米錢約共一萬貫石，若支用此，亦足以集事矣。』

適會錢塘縣尉許敦仁建言西湖可開狀，其略曰：『議者欲開西湖久矣，自太守鄭公戩以來，苟有志於民者，莫不以此爲急，然皆用工滅裂，又無以善其後。蓋西湖水淺，茭葑壯猛，雖盡力開撩，而三二年間，人工不繼，則隨手葑合，與不開同。竊見吴人種菱，每歲之春，芟除滂漉，寸草不遺，然後下種。若將葑田變爲菱蕩，永無茭草堙塞之患。今乞用上件錢米，雇人開湖，候開成湖面，即給與人户，量出課利，作菱蕩租佃，獲利既厚，歲歲加工，若稍不除治，微生茭葑，即許人劃賃，但使人户常憂劃奪，自然盡力，永無後患。今有錢米一萬貫石，度所雇得十萬工，每工約開葑一丈，亦可添得十萬丈水面，不爲小補。若量破錢米召募饑民興役，必不濟事。若每日破米三升錢五十五文足，雇一强壯人夫，然後可使。雖云强壯，然艱食之歲，使數千人得食其力以度凶年，亦歸於賑濟也。』

軾尋以敦仁之策，參考衆議，皆謂允當。已一面牒本州依敦仁擘畫，支上件錢米雇人，仍差捍江船務樓店務兵士共五百人，般載葑草，於四月二十八日興工去訖。今來有合行起請事件，謹具畫一如左。

一、今來所創置鈐轄司前一閘，雖每遇潮上，閉閘一兩時辰，而公私舟船欲出入閘者，自須先期出入，必不肯端坐以待閉閘，兼更有茅山一河自可通行，以此實無阻滯之患，而能隔截江潮，徑自茅山河出天宗門，至鹽橋一河，永無堙塞開淘搔擾之患，爲利不小。恐來者不知本末，以阻滯爲言，輕有變改，積以歲月，舊患復作，今來起請新置鈐轄司前一閘，遇潮上閉訖，方得開龍山浙江閘，候潮平水清，方得卻開鈐轄司前閘。

一、鹽橋運河岸上，有治平四年提刑元積中所立石刻，爲人户屋舍侵占牽路已行除拆外，具載闊狹丈尺。今方二十餘年，而兩岸人户復侵占牽路，蓋屋數千間，卻於屋外别作牽路，以致河道日就淺窄。準此，據理並合拆除，本州方行相度，而人户相率經州，乞遽逐人家後丈尺，各作木岸，以護河堤，仍據所侵占地量出賃錢，官爲樁管準備修補木岸，乞免拆除屋舍。本州已依狀施行去訖。今來起請應占牽路人户所出賃錢，並送通判廳收管，準備修補河岸，不得别將支用，如違，並科違制。

一、自來西湖水面，不許人租佃，惟茭葑之地，方許請賃種植。今來既將葑田開成水面，須至給與人户請佃種菱。深慮歲久人户日漸侵占舊來水面種植，官司無由覺察，已指揮本州候開湖了日，於今來新開界上，立小石塔三五所，相望爲界，亦須至立條約束。今來起請，應石塔以内水面，不得請射及侵占種植，如違，許人告，每丈支賞錢五貫文省，以犯人家財充。

一、湖上種菱人户，自來鬻割葑地，如田塍狀，以爲疆界。緣此即漸葑合，不可不禁。今來起請應種菱人户，只得標插竹木爲四至，不得以鬻葑爲界，如違，亦許人劃賃。

一、本州公使庫，自來收西湖菱草蕩課利錢四百五十四貫，充公使。今來既開草葑，盡變爲菱蕩，給與人户租佃，即今後課利，亦必稍增。若撥入公使庫，未爲穩便。今來起請欲乞應西湖上新舊菱蕩課利，並委自本州量立課額，今後永不得增添。如人户不切除治，致少有草葑，即許人劃賃，其到賃人，特與權免三年課利。所有新舊菱蕩課利錢，盡送錢塘縣尉司收管，謂之開湖司公使庫，更不得支用，以備逐年雇人開葑撩淺，如敢别將支用，並科違制。

一、錢塘縣尉廨宇，在西湖上。今來起請今後差錢塘縣尉銜位内帶管勾開湖司公事，常切點檢，纔有茭葑，即依法施行。或支開湖司錢物，雇人開撩替日，委後政點檢交割。如有茭葑不切除治，即申所屬點檢，申吏部理爲違制。

以上六條，並刻石置知州及錢塘縣尉廳上，常切點檢。

右謹件如前。勘會西湖葑田共二十五萬餘丈，合用人夫二十餘萬工。上件錢米，約可雇十萬工，只開得一半。軾已具狀奏聞，乞別賜度牒五十道，通成一百道，充開湖費用外，所有逐一子細利害，不敢一一紊煩天聽。伏乞僕射相公、門下侍郎、中書侍郎、尚書左丞、尚書右丞特賜詳覽前件所陳利害，及起請六事，逐一敷奏，立爲本州條貫，早賜降下，依稟施行。兼畫成地圖一面，隨狀納上，謹具狀申三省，謹狀。

又 卷五九《進單鍔吴中水利書狀》 元祐六年七月二日，翰林學士承旨左朝奉郎知制誥兼侍讀蘇軾狀奏。右臣竊聞議者多謂吴中本江海大湖故地，魚龍之宅，而居民與水爭尺寸，以故常被水患。蓋理之當然，不可復以人力疏治。是殆不然。

臣到吴中二年，雖爲多雨，亦未至過甚，而蘇、湖、常三州，皆大水害稼，至十七八，今年雖爲淫雨過常，三州之水，遂合爲一，太湖、松江，與海渺然無辨者。蓋因二年不退之水，非今年積雨所能獨致也。父老皆言，此患所從來未遠，不過四五十年耳，而近歲特甚。蓋人事不脩之積，非特天時之罪也。

三吴之水，瀦爲太湖，太湖之水，溢爲松江以入海。海水日兩潮，潮濁而江清，潮水常欲淤塞江路，而江水清駛，隨輒滌去，海口常通，故吴中少水患。昔蘇州以東，官私船舫，皆以篙行，無陸挽者。古人非不知爲挽路，以松江入海，太湖之咽喉不敢鯁塞故也。自慶歷以來，松江始大築挽路，建長橋，植千柱水中，宜不甚礙。而夏秋漲水之時，橋上水常高尺餘，況數十里積石壅土築爲挽路乎？自長橋挽路之成，公私漕運便之，日葺不已，而松江始艱噎不快，江水不快，軟緩而無力，則海之泥沙隨潮而上，日積不已，故海口湮滅，而吴中多水患。近日議者，但欲發民浚治海口，而不知江水艱噎，雖暫通快，不過歲餘，泥沙復積，水患如故。今欲治其本，長橋挽路固不可去，惟有鑿挽路于舊橋外，別爲千橋，橋谼各二丈，千橋之積，爲二千丈，水道松江，宜加迅駛。然後官私出力以浚海口，海口既浚，而江水有力，則泥沙不復積，水患可以少衰。臣之所聞，大略如此，而未得其詳。

舊聞常州宜興縣進士單鍔，有水學，故召問之，出所著《吴中水利書》一卷，且口陳其曲折，則臣言止得十二三耳。臣與知水者考論其書，疑可施用，謹繕寫一本，繳連進上。伏望聖慈深念兩浙之富，國用所恃，歲漕都下米百五十萬石，其他財賦供饋不可悉數，而十年九澇，公私凋弊，深可愍惜。乞下臣言與鍔書，委本路監司躬親按行，或差強幹知水官吏考實其言，圖上利害。臣不勝區區。謹錄奏聞，伏候敕旨。

又《録單鍔吴中水利書》 切觀三州之水，爲患滋久，較舊賦之入，十常減其五六。以日月指之，則水爲害於三州，逾五十年矣。所謂三州者，蘇、常、湖也。朝廷屢責監司，監司每督州縣，又間出使者，尋按舊跡，使講明利害之原。然而西州之官求東州之利，目未嘗歷覽地形之高下，耳未嘗講聞湍流之所從來，州縣憚其經營，百姓厭其出力，鈎曰：『水之患，天數也。』按行者駕輕舟於汪洋之陂，視之茫然，猶擿埴索途，以爲不可治也。間有忠於國，志於民，深求而力究之。然有知其一而不知其二，知其末而不知其本，詳於此而略於彼。故有曰：『三州之水，咸注之震澤，震澤之水，東入于松江，由松江以至於海。自慶歷以來，吴江築長堤，橫截江流，由是震澤之水，常溢而不洩，以至壅灌三州之田。』此知其一偏者也。或又曰：『由宜興而西，溧陽縣之上有五堰者，古所以節宣、歙、金陵九陽江之衆水，由分水、銀林二堰，直趨太平州蕪湖，後之商人，由宣、歙販賣排木，東入二浙，以五堰爲艱阻，因相爲之謀，罔紿官中，以廢去五堰，五堰既廢，則宣、歙、金陵九陽江之水，或遇五六月山水暴漲，則皆入於宜興之荊溪，由荊溪而入震澤，蓋上三州之水，東灌蘇、常、湖也。』此又知其一偏者耳。或又曰：『宜興之有百瀆，古之所以洩荊溪之水，東入二震澤也，今已堙塞，而所存者四十九條，疏此百瀆，則宜興之水自然無患。』此亦知其一偏者也。三者之論，未嘗參究，得之既不詳，攻之則易破。以鍔視其跡，自西五堰，東至吴江岸，猶之一身也，五堰則首也，荊溪則咽喉也，百瀆則心也，震澤則腹也，傍通太湖衆瀆，則絡脈衆竅也，吴江則足也。今上廢五堰之固，而宣、歙、池九陽江之水不入蕪湖，反東注震澤，下又有吴江岸之阻，而震澤之水，積而不洩，是猶有人焉桎其手，縛其足，塞其衆竅，以水沃其口，沃而不已，腹滿而氣絶，視者恬然，猶不謂之已死。今不治吴江岸，不疏諸瀆，以洩震澤之水，是猶沃水於人，不去其手桎，不解其足縛，不除其竅塞，恬然安視而已，誠何心哉？然而百瀆非不可治，五堰非不可復，吴江岸非不可去，蓋治之有先後。且未築吴江岸已前，五堰其廢已久，然而三州之田，尚十年之間，熟有五六，五堰猶未爲大患。自吴江築岸已後，十年之間，熟無一二。欲具驗之，閱三州歲賦所入之數，則可見矣。且以宜興百瀆言之。古者所以洩西來衆水，入震澤而終歸于海。蓋震澤吐納衆水，今納而不吐。鍔竊視熙寧八年，時雖大旱，然連百瀆之田，皆魚游鼈處之地，低汙之甚也。其田去百瀆無多遠，而田之苗，是時亦皆旱死。何哉？蓋百瀆及傍穿小港瀆，歷年不遇旱，皆爲泥沙堙塞，與平地無異矣。雖去震澤甚邇，民力難以私舉，時官又無留意疏導者，苗卒歸乎槁死。自熙寧八年迄今十四載，其田即未有可耕之日，歲歲訴潦，民益憔悴。昔嘉祐中，邑尉阮洪，深明宜興水利。方是時，吳中水，洪屢上書監司，乞開通百瀆。監司允其請，遂鳩工於食利之民，疏導四十九條，是年大熟。此百瀆之驗，歲水旱皆不可不開也。宜興所利，非止百瀆而已。東則有蠡河，橫亘荊溪，東北透湛瀆，東南接罨畫溪。昔范蠡所鑿，與宜興之西蠡運河，皆以昔賢名呼。其蠡河，遇大旱則淺澱，中旱則通流，又有孟涇洩滆湖之水入震澤，其他溝瀆澱塞，其名不可縷舉。夫吳江岸界於吳松江、震澤之間，岸東則江，岸西則震澤。江之東則大海也，百川莫不趨海。自西五堰之上，衆川由荊溪入震澤，注于江，由江歸于海，地傾東南，其勢然也。自慶歷二年，欲便糧運，遂築北堤，橫截江流五六十里。遂致震澤之水，常溢而不洩，浸灌三州之田。每至五六月之間，湍流峻急之時，視之，則吳江岸之東，水常低，岸西之水，不下一二尺，此堤岸阻水之跡，自可覽也。又覩岸東江尾與海相接之處，汙澱茭蘆叢生，沙泥漲塞，而又江岸之東自築岸以來，沙漲成一村。昔爲湍流奔湧之地，今爲民居民田，桑棗場圃。吳江縣由是歲增舊賦不少。雖然，增一邑之賦，反損三州之賦，不知幾百倍耶？夫江尾昔無茭蘆壅障流水，今何致此？蓋未築岸之前，源流東下峻急，築岸之後，水勢遲緩，無以滌蕩泥沙，以至增積而茭蘆生，茭蘆生則水道狹，水道狹則流洩不快。雖欲震澤之水不積，其可得耶？今欲洩震澤之水，莫若先開江尾茭蘆之地，遷沙村之民，運其所漲之泥，然後以吳江岸鑿其土爲木橋千所，以通糧運。每橋用耐水土木棒二條，各長二丈五尺，橫梁三條，各長六尺，柱六條，各長二丈，除首尾占閣外，可得二丈餘泄道。每一里，計三百六十步，一里爲橋十所，計除占閣外，可開水面二十三丈，每三十步一橋也。一千條橋，共開水面二千丈，計一十一里四十步也。隨橋泄開茭蘆爲港走水，仍於下流開白蜆、安亭二江，使太湖水由華亭、青龍入海，則三州水患必大衰減。常州運河之北偏，乃江陰縣也。其地勢自河而漸低。上自丹陽，下至無錫運河之北偏，古有泄水入江瀆一十四條。曰孟瀆、曰黃汀堰瀆、曰東函港、曰北戚氏港、曰五卸堰港、曰梨溶港、曰蔣瀆、曰歐瀆、曰魏瀆涇、曰支子港、曰蠡瀆、曰牌一曰碑涇。皆以古人名或以姓稱之，昔皆以洩衆水入運河，立斗門，又北洩下江陰之江。今名存而實亡。今存者無幾，二浙之糧船不過五百石，運河止可常存五六尺之水，足可以勝五百石之舟。以其一十四處立爲石碶斗門，每瀆於岸北先築堤岸，則制水入江。若無堤防，則水泛溢而不制，將見灌浸江陰之民田民居矣。昔熙寧中，有提舉沈披者，輒去五卸堰走運河之水，北下江中，遂害江陰之民田，爲百姓所訟，即罷提舉，亦嘗被罪。始欲以爲利，而適足以害之，此未達古人之智，以至敗事也。切見近日錢塘進士余默，兩進三州水利，徒能備陳功力瑣細之事，殊不知本末。惟有言得常州運河晉陵至無錫一十四處置斗門洩水，北下江陰大江，雖三尺童子，亦知如此可以爲利。然余默雖能言斗門一事，合鍔鄙策，奈何無法度以制入江之水，行之，則又豈止爲一沈披耶？又覩主簿張寔進狀，言吳江岸爲阻水之患，涇函不通。其言然則然矣，雖言吳江岸，而不言措置水之術。蓋古之所創，涇函在運河之下，用長梓木爲之，中用銅輪力，水衝之，則草可刈也，置在運河底下，暗走水入江。今常州有東西二函地名者，乃此也。昔治平中，提刑元積中開運河，嘗開見函管，但函管之中皆泥沙，以謂功力甚大，非可易復，遂已。今先開鑿江湖海故道堙塞之處，洩得積水，他日治函管，則可。若未能開故道，而先治函管，是知末而不知本也。切見常州運河之北偏，皆江陰低下之田，常患積水，難以耕植。今河上爲斗門，河下築堤防，以管水入江，百姓由是緣此河堤，可以作田圍，此洩水、利田之兩端也。宜興縣西有夾苧干瀆，在金壇、宜興、武進三縣之界，東至滆湖及武進縣界，西南至宜興，北至金壇，通接長塘湖，西接五堰。茅山、薛步山水，直入宜興之荊溪，其夾苧干，蓋古之人亦所以洩長塘湖東入滆湖，洩滆湖之水入大吳瀆、塘口瀆、白魚灣、高梅瀆四瀆及白鶴溪，而北入常州之運河，由運河而入一十四條之港，北入大江。今一十四條之港，皆名存而實亡，累有知利便者獻議朝廷，欲依古開通，北入運河以注大江，自滆湖、長塘湖兩首，各開三分之二，爲彼田戶皆豪民，不知利便，惟恐開鑿己田，陰構胥吏，皆泥而不行。元豐之間，金壇令曾長官奏請乞開，朝廷又降指揮，委江東及兩浙兩路監司相度，及近縣官員相視，又爲彼豪民計構不行。儻開夾苧干通流，則西來他州入震澤之水，可以殺其勢，深利於三州之田也。鍔熙寧八年，歲遇大旱，切觀震澤水退數里，清泉鄉湖乾數里，而其地皆有昔日丘墓、街井、枯木之根，在數里之間，信知昔爲民田，今爲太湖也。太湖即震澤也。以是推之，太湖寬廣，逾於昔時。昔云有三萬六千頃，自築吴江岸，及諸港瀆堙塞，積水不洩，又不知其愈廣幾多頃也。鍔又嘗見低下之田，昔人爭售之，今人爭棄之。蓋積年之水，十無一熟，積空頭之税，或遇頻年不收，則饑餓丐殍，鬻妻子以償王租，或置其田捨其廬而逋。至於酒坊，處在水鄉，沽賣不行，以致敗闕者，比年尤甚。皆緣水傷下田不收故也。鍔又嘗游下鄉，切見陂嗥之間，亦多丘墓，皆爲魚鼈之宅。且古之葬者，不即高山，則於平原陸野之間，豈即水穴以危亡魂耶？嘗得唐埋銘於水穴之中，今猶存焉。信夫昔爲高原，今爲汙澤，今之水不洩如古也。昨熙寧間，檢正張鍔命屬吏殿丞劉懋相視，蘇、秀二州海口諸浦瀆，爲沙泥壅塞，將欲疏鑿以快流水。懋相視回申，以謂若開海口諸浦，則東風駕海水倒注，反灌民田。鍔謂懋曰：『地傾東南，百川歸海，古人開諸海浦，所以通百川也。若反灌民田，古人何爲置諸浦耶？百川東流則有常，西流則有時，因東風雖致西流，風息則其流亦復歸於海，其勢然也。凡江湖諸浦港，勢亦一同。』懋雖信其如此，然猶有説。蓋以昔視諸浦無倒注之患，而今乃有之。蓋昔無吴江岸之阻，諸浦雖暫有泥沙之壅，然百川湍流浩急，泥沙自然滌蕩，隨流以下，今吴江岸阻絕，百川湍流緩慢，緩慢，則其勢難以蕩滌沙泥，設使今日開之，明日復合。又聞秀州青龍鎮入海諸浦，古有七十二會。蓋古之人以爲七十二會曲折宛轉者，蓋有深意，以謂水隨地勢東傾入海，雖曲折宛轉，無害東流也，若遇東風駕起，海潮洶湧倒注，則於曲折之間有所回激，而泥沙不深入也。後人不明古人之意，而一皆直之，故或遇東風，海潮倒注，則泥沙隨流直上，不復有阻。凡臨江湖海諸港浦，勢皆如此。所謂今日開之，明日復合者此也。今海浦昔日曲折宛轉之勢，不可不復也。夫利害掛於眉睫之間，而人有所不知。今欲洩三州之水，先開江尾，去其泥沙茭蘆，遷沙上之民；次疏吴江岸爲千橋；次置常州運河一十四處之斗門石䃮堤防，管水入江；次開導臨江湖海諸縣一切港瀆，及開通茜涇。水既洩矣，方誘民以築田圍。昨郟亶嘗欲使民就深水之中，疊成圍岸。夫水行於地中，未能洩積水而先成田圍，以狹水道，當春夏滿流浩急之時，則水當湧行於田圍之上，非止壞田圍，且淹浸廬舍矣，此不智之甚也。欲乞朝廷指揮下兩浙轉運司，擇智力了幹官員，分布諸縣，則不越數月，其工可畢。所有創橋疏通河港置斗門利便制度，不在規規而言也。今所畫《三州江湖溪海圖》一本，但可觀其大略，港瀆之名，亦布其一二耳。欲見其詳，莫若下蘇、常、湖諸縣，各畫溪河溝港圖一本，各言某河某瀆通某縣某處，俟其悉上，合而爲一圖，則纖悉若視於指掌之間也。鍔又覩秀州青龍鎮有安亭江一條，自吴江東至青龍，由青龍洩水入海。昔因監司相視，恐走透商税，遂塞此一江。其江通華亭及青龍。夫籠截商税利國，能有幾耶？堰塞湍流，其害實大。又況措置商税，不爲難事。竊聞近日華亭、青龍人戶，相率陳狀，情願出錢，乞開安亭江。見有狀在，本縣官吏未與施行。近又訪得宜興西滆湖有二瀆，一名白魚灣，一名大吴瀆，洩滆湖之水入運河，由運河入一十四處斗門下江。其二瀆在塘口瀆之南。又有一瀆名高梅瀆，亦洩滆湖之水入運河，由運河入斗門，在吴瀆之南。近聞知蘇州王覿奏請開海口諸浦。鍔切謂海口諸浦不可開，今開之，不逾日，或遇東風，則泥沙又合矣。嘗觀《考工記》曰：『善溝者，水嚙之；善防者，水淫之。』蓋謂上水湍流峻急，則自然下水泥沙嚙去矣。今若俟開江尾及疏吴江岸爲橋，與海口諸浦同時興功，則自然上流東下，嚙去諸浦沙泥矣。凡欲疏通，必自下而上。先治下，則上之水無不流，若先治上，則水皆趨下，漫滅下道，而不可施功力。其理勢然也。故今治三州之水，必先自江尾海口諸浦，疏鑿吴江岸，及置常州一十四處之斗門，築堤制水入江，比與吴江兩處分洩積水，最爲先務也。然鍔觀合開三州諸溝瀆，不必全藉官錢，蓋三州之民，憔悴之久，人人樂開，故半可以資食利戶之力也。今略舉其一二。若開江尾疏吴江岸爲橋，遷吴江岸東一村之民開地，復爲昔日之江，置一十四處之斗門，并築一十四條堤，制水入江。開茭苧干、白鶴溪、白魚灣、大吴瀆、塘口瀆、宜興東蠡河已上，非官錢不可開也。若宜興之横塘、百瀆，蘇州之海口諸浦、安亭江，江陰之季子港、春申港、下港、黄田港、利港，宜興之塘頭瀆，及諸縣凡有自古洩水諸溝港濱瀆，盡可資食利戶之力也。莫若先下三州及諸縣，抄録諸道江湖海一切諸港瀆溝濱自古有名者，及供上丈尺料之工力之費，或係官錢，或係食利私力，期之以施工日月，同日開鑿，同日疏放。若或放水有先後，則上水奔湧東下，衝損在下開未畢溝港，以故須同日決放也。或者有謂：『昔人創望亭、呂城、奔牛三堰，蓋爲丹陽下至無錫、蘇州地形東傾。古人創三堰，所以慮運河之水東下不制，是以創堰以節之，以通漕運。自熙寧，治平間，廢去望亭、呂城二堰，然亦不放綱運，何耶？』鍔曰：『昔之太湖及西來衆水，無吴江岸之阻，又一切通江湖海故道，未嘗堙塞，故運河之水，嘗慮走洩入於江湖之間，是以置堰以節之。今自慶歷以來，築置吴江岸，及諸港浦一切堙塞，是以三州之水，常溢而不洩，二堰雖廢，水亦常溢，去堰若無害。今若洩江湖之水，則二堰尤宜先復。不復，則運河將見涸而糧運不可行，此灼然之利害也。又若宜興創市橋，去西津堰。蓋嘉祐中邑尉阮洪上言監司，就長橋東市邑中創一橋，使運河南通荊溪。初開鑿市街，乃見昔日橋柱尚存泥中，咸謂古爲橋於此也。又運河之西口，有古西津堰，今已廢去久矣。且古之廢橋置堰，以防走透運河之水，今也置橋廢堰，以通荊溪，則溪水常倒注入運河之内，今之與古，何利害之相反耶？鍔以謂古無吳江岸，衆水不積，運河高於荊溪，是以塞橋置堰，以防洩運河之水也。今因吳江岸之阻，衆水積而常溢，倒注運河之内，見以創橋廢堰，見利而不見害也。今若治吳江岸洩衆水，則運河之水，再防走洩，當於北門之外，創一堰可也。其利害蓋如此也。』或又曰：『切觀諸縣高原陸野之鄉，皆有塘圩，或三百畝，或五百畝，爲一圩。蓋古之人停滀水以灌溉民田。以今視之，其塘之外皆水，塘之中未嘗滀水，又未嘗植苗，徒牧養牛羊畜放鳧雁而已。塘之所創，有何益耶？』鍔曰：『塘之爲塘，是猶堰之爲堰也。昔日置塘滀水，以防旱歲，今自三州之水，久溢而不洩，則置而爲無用之地。若決吳江岸洩三州之水，則塘亦不可不開以滀諸水，猶堰之不可不復也。此亦灼然之利害矣。苟堰與塘爲無益，則古人奚爲之耶？蓋古之賢人君子，大智經營，莫不除害興利，出於人之未到。後人之淺謀管見，不達古人之大智，顛倒穿鑿，徒見其害而莫見其利也。若吳江岸止知欲便糧道，而不知遏三州之水，反以爲害。又若廢青龍安亭江，徒知不漏商旅之稅，又不知反狹水道以遏百川。今之人所以不如古者，凡如此也。』鍔切觀無錫縣城内運河之南偏有小橋，由橋而南下，則有小瀆，瀆南透梁溪瀆有小堰，名曰單將軍堰，自橋至梁溪，其瀆不越百步，堰雖有，亦不渡船筏，梁溪即接太湖。昔所以爲此堰者，恐洩運河之水。昔熙寧八年，是歲大旱，運河皆旱涸，不通舟楫。是時鍔自武林過無錫，固見將軍堰，既不渡船筏，而開是瀆者，古人豈無意乎？因語與邑宰焦千之曰：『今運河不通舟楫，切覩將軍堰接運河，去梁溪無百步之遠，古人置此堰瀆，意欲取梁溪之水以灌運河。』千之始則以鍔言爲狂，終則然之。遂率民車四十二管，車梁溪之水以灌運河，五日河水通流，舟楫往來。信夫古人經營利害，凡一溝瀆，皆有微意，而今人昧之也。嘗見蘇州之茜涇，昔范仲淹命工開導，以洩積水以入于海。當時諫官不知蘇州患在積水不洩，咸上疏言仲淹走洩姑蘇之水。蓋不知其利，而反以爲害。今茜涇自仲淹之後，未復開鑿，亦久堙塞。鍔存心三州水利，凡三十年矣。每覩一溝一瀆，未嘗不明古人之微意，其間曲折宛轉，皆非徒然也。鍔今日之議，未始增廣一溝一瀆，其言與圖符合。若非觀地之勢，明水之性，則無以見古人之意。今并圖以獻，惟執事者上之朝廷，則庶幾三州憔悴之民，有望於今日也。

貼黄。其圖畫得草略，未敢進上。乞下有司計會單鍔別畫。

一、先開吳江縣江尾茭蘆地。

一、先遷吳江沙上居民，及開白蜆江通青龍鎮，又開青龍鎮安亭江通海。

一、先去吳江土爲千橋。

一、先置常州運河斗門二十四所，用石碶并築堤，管水入江。

一、次開夾苧干、白鶴溪、白魚灣、塘口瀆、大吳瀆，令長塘湖、滆湖相連，走洩西水，入運河，下斗門入江。

一、次開宜興百瀆，見今只有四十九條，東入太湖。

一、次開蘇州茜涇、白茅、七鴉、福山、梅里諸浦及茜涇。

一、次開江陰下港、黄田、春申、季子、竈子諸港。

一、次開宜興東西蠡河。

一、次根究諸臨江湖海諸縣，凡洩水諸港瀆，並皆疏鑿。

伍堰水利。昔錢舍人公輔爲守金陵，常究伍堰之利。雖知伍堰之利，而不知伍堰以東三州之利害。鍔知三州之水利，而未究伍堰以西之利害。一日，錢公輔以世之所爲伍堰之利害，與鍔參究，方知始末利害之議完也。公輔以爲伍堰者，自春秋時，吳王闔閭用伍子胥之謀伐楚，始創此河，以爲漕運，春冬載二百石舟，而東則通太湖，西則入長江，自後相傳，未始有廢。至李氏時，亦常通運，而置牛於堰上，挽拽船筏於固城湖之側。又嘗設監官，置廨宇，以收往來之税。自是河道澱塞，堰埭低狹，虚務添置者，十有一堰。往來舟筏，莫能通行，而水勢遂不復西。及遇春夏大水，江湖泛漲，則園頭、王母、龍潭三澗，合爲一道，而奔衝東來，河之不治，愈可見也。今若開深故道，而存留銀林、分水二堰，則諸堰盡可去矣。所欲存二堰者，蓋本處地勢，自銀林堰以西，地形從東迤邐西下，自分水堰以東，地形從西迤邐東下，而其河自西壩至東壩十六里有餘，開淘之際，須隨逐處地形之高下以濬之，然後江東兩浙可以無大水之患。然銀林堰南則通建平、廣德，北則通溧水、江寧，又當增修高廣，以俟商旅舟船往還之多，可以置官收税，如前之利。此伍堰所以不可不復也。今莫若治伍堰。使上之水不入於荊溪，而由分水、銀林二堰，直歸太平之蕪湖，下治吳江之岸爲千橋，使太湖之水東入于海中，治百瀆之故道，與夫蘇、常、湖三州之有故道旁穿於太湖者。雖不可縷舉，而概可以跡究也。難者曰：『雖復伍堰，奈何伍堰之側山水東下乎？復堰無益也。』鍔答曰：『由伍堰而東注太湖，則有宣、歙、池、廣德、溧水之水，苟復堰，使上之水不入於荊溪，自餘山澗之水，寧有幾耶？比之未復，十須殺其六七耳。』難者乃服。

宋 晁補之《雞肋集》卷二六《河議》

《洪範》：五行，一曰水。其浸為海，其發源注海為江、河、淮、濟，實惟四瀆，而河為四瀆宗。三王之祭川，所以先河而後海，為務本者也。岷山導江，導淮自桐柏，導沇水東流為濟，其道里近。而導河積石，其道里遠，且源壯而流激，故禹治四瀆，功施於河為多。積石去中國既遠，過此人罕至，至荒忽不可知。若《山海經》、《穆天子傳》《水經》，雜傳記之說，槩曰：河出崑崙墟。崑崙墟高萬一千里，為地之中，而河出其東北陬。其上醴泉、華亭，多奇物，草木、鳥獸猶不可考。至言河上通漢，見於牽牛客星之占。而《山海經》又有敦夢之山者，敦夢之水出焉，而東流注於泑澤，河水之所潛也，其源渾渾泡泡。郭璞說泑澤蓋鹽澤，鹽澤去玉門陽關纔三百餘里，安取崑崙墟乎？然《山海經》自漢儒說皆以為禹書，其所記如此。雖《爾雅》亦曰：『河出崑崙墟，色白，并渠千七百，一川色黃。』太史公、班固皆以謂《禹本紀》言河出崑崙山，崑崙山高二千五百餘里，日月所相避隱為光明也。自張騫使大夏、窮河源之後，惡睹所謂崑崙者哉？故言九州山川，《尚書》近之。今所論亦本《禹貢》導河積石及《周禮》《爾雅》《史記》《漢書》載河所經，與後世隄防人事，迄于宋興，使有考焉。《禹貢》：『天下之州九，而河所道者四，曰雍、豫、兗、冀。』孔安國說，冀以堯都，不言境。距黑水，東據河，有州曰雍，故曰『黑水西河惟雍州』。西南距荊山，北距河，有州曰豫，故曰『荊河惟豫州』。東南據濟，西北距河，有州曰兗，故曰『濟河惟兗州』。雍州云西河，自西河以西也。豫州云荊河，自南河以南也。兗州云濟河，自東河以東也。然則西河之東距雍、南河之北距豫、東河之西距兗，為冀州可知矣。故《職方氏》正西曰雍州，而《釋地》河西曰雍州。《職方氏》河南曰豫州，而《釋地》亦曰河南曰豫州。《職方氏》河東曰兗州，而《釋地》濟河間曰兗州。《職方氏》河內曰冀州，而《釋地》地兩河間曰冀州。雍州以其自西河而西，故或曰正西，或曰河西。豫州以其自南河而南，故皆曰河南。兗州以其自東河而東，故或曰河東，或曰濟河間。冀州以其距雍、豫、兗為境，故或曰河南，或曰兩河間。而雍州言正西不言河者，則以在成周雒邑為正西也。自《禹貢》《職方氏》以考《爾雅》，其辨四州河所經之域皆合，而《職方氏》又曰東北曰幽州，其川河沛。幽州薄海，蓋言其入歟？九州之地，雍、豫高而兗、冀下，幽州東北又下。而河起西北，所從來高，故其始猶委蛇稍南，及其下龍門，則流駛竹箭也。《禹貢》曰：『導河積石，至於龍門。南至於華陰，東至於底柱，又東至於孟津，東過洛汭，至於大伾，北過洚水，至於大陸，又北播為九河，同為逆河，入於海。』自積石東流，至於龍門，始折而南者一，又折而東者三，又折而北者再，然後入海。其所涉之地八，此河經營中國之形。而秦晉之河曲戰，《公羊》所以言河曲，疏矣，河千里而一曲者也。自張騫通西域，積石之西往往可紀。出玉門關有兩道：一從鄯善，傍南山；一從車師，傍北山皆。被河西行，至莎車為南道，至疏勒為北道。而西域三十六國，皆在匈奴之西、烏孫之南，北有大山，中央有河，東西六千餘里，南北千餘里。其河蓋兩源，一出蔥嶺，一出于闐，合而注蒲菖海。蒲菖海，所謂鹽澤者也。蔥嶺之西既不說有河，于闐之西又水皆西注，意河源為出於此。鹽澤去玉門陽關三百餘里，廣袤三百里。其水亭居，冬夏不盈耗，皆以為潛行地中，南出於積石，為中國河云。而《穆天子傳》說：『天子飲於枝渚之中、積石之南河。』積石名南河，則與張騫所謂『南出於積石』者又類。而學者據經有『導河積石』，當為河源，豈積石之西河自行地中，故禹不治？而『導河積石』特言施功自積石始，亦不說河源也。積石在金城西南，龍門在絳州龍門，底柱在西虢，孟津在洛北，洛汭在鞏，大伾在汜，洚水在信都，大陸在鉅鹿，其地皆可考。而《水經》諸家圖河所道，蓋自積石山始西南流，又東流入塞，過燉煌、酒泉、張掖郡南，與洮合。過安定、地郡北，流過朔方郡西，又南流過五原郡南，又東流過雲中、西河郡東，又南流過上都、河東郡西，然後乃出龍門，而又南流至於華陰。故《呂覽》說：龍門未開，河出孟門東大溢，是謂洪水。禹鑿龍門，始南流也。自龍門至潼關與渭合，至鞏與洛合，而伊、洛、瀍、澗四水合流，所謂伊『洛、瀍、澗既入於河』也。與濟合成皋，與沁合武德，乃道黎陽、鉅鹿而北播為九河，所謂徒駭、太史、馬頰、覆釜、胡蘇、簡潔、鉤盤、鬲津者也。此九河者廢滋久，獨漢成帝時許商上書言古記九河之名，有徒駭、胡蘇、鬲津，今在成平、東光、鬲界中。自鬲津以北至徒駭間，相遠百里，後世因謂許商言三河三縣，則徒駭在成平，胡蘇在東光，鬲津在鬲縣可知。

以《爾雅》之次考焉，則徒駭最北，鬲津最南，而六枝者包其間。然鄭康成謂九河，齊桓公塞之，同為一河，齊居東，信如康成言，塞其八枝以拓地，則自桓公而來，河所行蓋獨徒駭矣。而太史公、班固又皆稱禹，以謂河所從來者高，水湍悍，難以行平地，數為敗，乃釃二渠以引其河：一貝邱，一漯川。北載之高地，過洚水，至於大陸，播為九河，同為逆河，入於渤海。二渠於《禹貢》無見，不知太史公、班固何從言之？『島夷皮服，夾右碣石，入於河。』島夷，海曲；碣石，海畔山。夾山之右，泝而入河，以達冀州，則禹時河入海蓋在碣石也。《地理志》：碣石在北平驪城縣西南。計渤海北距碣石五百餘里，而河入渤海，蓋漢武帝元光三年，河徙東郡所更注也。而言禹時河入渤海，何哉？周定王五年，河始徙，見於《周譜》，班固言之。又秦攻魏，決河灌其都，洪處遂大，不可復補。去古逾遠，移徙難得而考，而言禹、釃二渠，又何哉？《孟子》曰：『禹之治水，水之道也。』歷三代無患以此。自滎陽下引河，東南為鴻溝，以通宋、鄭、陳、蔡、曹、衛、濟、汝、淮、泗會於楚。而禹功既微，齊與趙、魏因河為境，而隄防寖興，弛障谷之禁，以鄰國為壑，鑿一孔，開百竅，如甕敝漏，漸以不補，則後世河數為敗，非天時也。漢而下，井源益煩，以漕以溉，甘利而昧害。東灌西引，河用屢窘，使不得一日安流，則狂怒衍溢，亦固其理。摭其著者言之：武帝時，鄭當時引渭穿渠，起長安，旁南山下至河；番係引河溉汾陰蒲坂下。自是之後，朔方、西河、河西、酒泉皆引河及川谷以溉矣。宣帝地節中，郭昌使行河北曲三所，復穿渠直東。魏正始中，亦穿廣漕渠，引河入汴。晉太始中，亦鑿陝南山，決河注洛。隋仁壽中，亦塹自龍門底臨清關度河。大業中，復開通濟渠、永濟渠，以引穀、洛、沁水。開元中，避三門之峻，亦北鑿石渠至它川谷，頗引以溉漕。而亂水之理，助河為敗者往往而有。始自漢興三十有九年，孝文時決酸棗，東潰金堤。於時東郡雖大興卒塞之，而河之為患，因寖尋滋甚。元光中，徙頓邱，東南注渤海，決瓠子，東南注鉅野。元封中，決館陶，分為屯氏河。永光中，決清河靈鳴犢口。建始中，決館陶、東郡金堤，又決平源，入濟南、千乘。建國三年，決魏郡。貞觀中，壞陝州河北縣，毀河陽中潬。開元中，決博州、棣州。大和中，決棣州。開成中，決鄭滑。乾寧中，圮滑州。其餘隄防人力所不備，若大雨霖，漂壞郡縣，病人民，至不可勝紀。陵夷五代，以迄宋興，歲屢敗，其患非一朝一夕之故也。戰國及秦，用兵不遑暇事河。而元光中，再決二十餘年，比塞輒復圮，興役最大，《瓠子之歌》其詞哀焉。今考之武帝時至於王莽，言河利害，大槩十五家。其言非忠而近似者一，其甚疎者一，其不切者一，其害焉者一，其一時或利或害者二，其可行無害者十。而十者之論，其詳者曰賈氏。竊以謂漢治河盡此，故備論之。始決瓠子，田蚡奉邑食鄃。鄃居河北，河決而南，則鄃無水災，言於上曰：『江河之決皆天事，未易以人力彊塞之。』蚡要以為食鄃計，無意國事，而其言『未易以人力彊塞者』良可用。此言非忠而近似者一也。齊人延年言：『河出崑崙，經中國，注渤海，此其地勢西北高而東南下也。可按地圖，開大河上嶺，出之胡中，如此則關東長無水災，北邊不憂匈奴。』延年議閎大，然歸於狂悖，且有天地則有此河，其行流有域，禹不能改，而延年欲改之，此甚疎者一也。谷永言：『河，中國之經瀆，聖王興則出圖書，王道廢則竭絕。今潰溢橫流、漂没陵阜，異之大者也。修政以應之，災變自除。』王者孰不欲奉天理物？然天時人事，其應豈皆若符節？堯猶有九年之患，禹猶有四載之勤，堯禹豈不知修政以應之哉？此不切者一也。楊焉言：『從河上下，患底柱隘，可鐫廣之。』上從其言，鐫之裁沒水中，不能去，而令水益湍怒，為害甚於故。是歲渤海、清河、信都灌縣邑三十一。禹治水蓋亦鑿龍門，披山通道，至不可勝言。厎柱豈不可鐫？而焉無其術，故壅閼為敗。此害焉者一也。郭昌使行河，北曲三所，水流之勢皆斜直貝邱，恐水盛，隄防不能禦，乃更穿渠直東，民便安之。後三歲，河水更從故第二曲間復斜直貝邱，百姓寒心。孫禁以謂『可決平原金堤間，通大河，令入故篤馬河。至海五百餘里，水道浚利，又乾三郡水地，得美田，省吏卒治隄救水。』二者其言異，而大槩利害雜，故為說同。郭昌渠始通利，後不便，較然可知。篤馬河在九河南，失水之迹，然以舒民財力為便。此或利或害者二也。自昔之患，以故道之湮，與隄防捷菑，與河爭勝負，故凡言分河救水怒，與觀水勢復禹之舊、無與水爭地者，其言皆可用，無害。馮逡為清河都尉，言：『郡承河下流，土壤輕脆易傷，頃所以濶無大害者，以屯氏河通兩川，分為流也。今獨一川兼受數河之任，雖高增隄防，終不能泄。屯氏河新絕未久，又其口所居高，於以分殺水勢，道里便宜，可復浚，以助大河泄暴水。』屯氏河北塞宣房，北決所為，東北經魏郡、信都、渤海入海，蓋近禹故道。會許商白不用，後果復決館陶。李尋、解光言：『陰氣盛，則水為之長，故一日之間晝減夜增，江河滿溢。所謂水不潤下，雖常於卑下之地，猶日月變見於朔，朢明天道有因而作也。可且勿塞，以觀水勢。

河欲居之，當稍自成川，跳出沙土，然後順天心而圖之，必有成功，而用財力寡。」尋、光要近於陰陽之學，而其言『觀水勢所欲居則易為功』，豈可易哉！張戎言：『河水重濁，號為一石水而六斗泥，今民皆引河、渭水川水以溉田。春夏乾燥，少水時也，故使河流遲，貯淤而稍淺，雨多水暴至，則溢決。而國家數隄塞之，稍益高於平地，猶築垣而居水也。可各順從其性，勿復灌溉，則百川流行，水道自利矣。』灌溉有不應導，而導隄防有不應塞，而塞戎之言可謂近古。許商說：『古記九河之名，有徒駭、胡蘇、鬲津，今見在成平、東光、鬲界中。自鬲津以北至徒駭間，相去三百餘里，今河雖數移徙，不離此域。』商明算計，能商功利，且當是時，三河者庶計可索，惜乎其事不究也。韓牧以謂：『可略於《禹貢》九河處穿之，縱不能為九，但為四五，宜有益。』王橫言：『河入勃海，勃海地高於韓牧所欲穿處。往者天常連雨，東北風，九河之地已為海所漸矣。禹之行河水，本隨西山下東北去。《周譜》云定王五年河徙，則今所行非禹之所穿也。使緣西山足乘高地而東北入海，乃無水災。』牧、橫亦皆欲求禹之舊，求禹之舊固無不可，而歲久難識。迄於今，河移徙無常處。自馮逡、李尋、解光、張戎、許商、韓牧、王橫七人，雖議各不同，而要之逡欲殺水怒，尋、光欲觀水勢，戎欲順水之性，商、牧欲求禹之迹，橫欲使緣西山東北入海，故其言皆近。而橫與平當、關竝、賈氏之上策，不獨在漢，事雖施之方今，大較不能改也。平當言：『九河皆填滅，按經義治水，有決河深川，而無隄防壅塞之文。河從魏郡以東北多溢決，水迹難以分明，宜博求能濬川疏河者。』夫決百川距海，濬畎澮距川，見於《書》。且水因地以制流，故在《易》：『地上有水，比。』水行地上，乃有隄防，隄防之法為不得已。平當可謂能知經矣。關竝：『河決率嘗於平原、東郡左右，其地形下而土疏惡。聞禹治河時，本空此地，以謂水猥盛則放溢，少稍自索，雖時異處，猶不能離此。上古難識，近察秦漢以來，河決曹、衛之域，其南北不過百八十里者，皆空此地，勿以為官亭民舍而已。』夫水所欲居，人固不能奪，始宅之，河又盪去。歲如是，曾不愛，獨愛百八十里哉？關竝可謂能知務矣。至賈氏之上策，不欲與水爭地，蓋與平當、關竝之論合。其言曰：古者立國居民，疆理土地，必遺川澤之分，度水勢所不及，使秋水多，得有所休息，左右遊波寬緩而不迫。夫土之有川，猶人之有口也。治土而防其川，猶止兒啼而塞其口，豈不遽止，然其死可立而待也。故曰：『善為川者，決之使道；善為民者，宣之使言。』蓋隄防之作，近起戰國。齊與趙、魏，以河為境。齊作隄，去河二十五里；趙、魏亦為隄防，去河二十五里。雖非其正，水尚有所遊盪。今隄防陿者去水數百步，遠者數里，迫隘如此，不得安息。令行上策，徙冀州之民當水衝者，決黎陽遮害亭，放河使北入海。西薄太山，東薄金隄，勢不能遠泛，期月而定。且以大漢方制萬里，豈其與水爭咫尺之地哉！此功一立，河定民安，千載無患，故謂之上策。自禹迹廢，由漢至宋興，千有餘年。河決自黎陽而下，遠者數百里，近者數十里間耳。故賈氏言『徙冀州之民當水衝者，決黎陽遮害亭，放河使北入海。西薄太山，東薄金堤，勢不能遠泛』。以今形勢所直考之猶是。竊以謂賈氏之策，不獨在漢，事雖施諸方今，為久遠慮，不能加者如此。至難者曰：『若如此，敗壞城郭、田廬、塚墓以萬數，百姓怨恨。』蓋賈氏亦能言矣。以禹治水，山陵當路者毀之，故鑿龍門、闢伊闕、折底柱、破碣石，墮斷天地之性，至城郭、田廬、塚墓，此乃人功所造，何足言也？又以謂瀕河十郡，治隄歲費且萬萬，及其大決，所殘無數。如出數年治河之費，以業所徙之民，宜亦便利。自馮逡至賈氏十家，考之漢事與方今，其言皆可行而無害。然即目前之安，舒歲月之力，則諸家者皆能道。若夫始難而終易，暫勞而永逸，則王橫、賈氏西山、黎陽之議，於今猶上策。至賈氏中策，言多穿漕渠，下策言隄防，蓋無足道者。昔晁錯議削六國，天下皆曰晁錯愚，然漢卒無禍，賴錯發之。夫必有大害，然後有大利，西山、黎陽何以異此？雖然，此可謂智者道，難為流俗言也。晉魏迄唐至五季，言水利者不乏無著見者，獨唐賈耽嘗繪布隴西，且載河所經受，為圖上之，亦不及治河也。祖宗深憫河患，治遙隄，置使，置判官，開分水河為斗門，開減水河，在乾德二年、三年，太平興國七年，淳化四年，景德四年，其事詳於國史。而開寶五年詔：『澶、衛數州，霖雨荐降，洪河為患。每閱《夏書》所載，但言導河隨山濬川，未聞力制湍流、廣營高岸。自戰國專利堙塞故道，小以妨大，私而害公，九河之制遂隳，歷代之患未弭。凡縉紳多士、草澤之倫，有素習河渠之書，深知疏導之策，若為經久，可免重勞，竝詣闕上書，附驛以聞。』深惟開寶詔書最為近古，聖謀遠覽，慮河之意，允出上策，而天下未有應者。豈所謂為政善，因禍而成福，轉敗而為功，若管仲才者世固鮮哉？其後，景德中，李垂上《導河書》，言今魏縣之左，河勢東折，不如《書》，北至於大陸，又忘其迹，蓋周末失道，為衡、漳所湮矣。而《漢志》，禹所釃二渠，曰東為漯川者，乃今泉源赤河；曰北出貝邱者，乃今王莽故瀆。而漢塞宣房所行二渠，蓋獨漯川。其一則漢決之，起觀城，入蒲臺，所謂武河者也。貝丘，王莽時既空，而澶、滑比多壞者，以地平不固。故欲河出大伾、上防、太行三山之間，起大伾西南八十餘里曹魏所開枋頭河之東，引河北行微東，挾御河通王莽故瀆。北經清豐、大名之西，歷洹水東、館陶南，而北合赤河。以通於海。起大伾、合赤河，蓋五百七十里，兩厓倍之，為一千一百四十里，去岡麓古障八百四十里，治新防三百里。為用力寡，大槩近漢王横欲緣西山足棄高地而東北入海者。其說九河故迹，皆在平原而下，獨簡河亡，則與許商、王横之說異。然垂之議，以謂河患率在澶、滑，未至九河則已決矣，九河奚利哉？又欲自白馬派河為六，以助殺水怒，則與賈氏議多穿漕渠者頗類。事下任中正等，中正等言：『垂所述自禹至漢河所流行甚詳，其言起白馬派為六者，河湍激，難制其勢，或合而一，恐不能各從所導。借使必為六，是有六河口也，隄防之功為難。』於是垂議寢。後用事者，往往言水利，以其無大改，更不皆載，獨載孫民先奏。民先奏曰：『竊觀舊河，兩厓間相去數十里，而河流常薄西岸，以此知東地形高而河欲西遷之驗也。今魏、恩、冀之西，相、邢、洺之東，皆古陂地斥鹵東西二三十里，南北數百里，其西薄西山，其東薄金隄，其中地形下隱如故渠。比河決，及御河、漳水溢，皆合流其間，以謂是蓋洚水大陸故迹，可決王供水衝，使河行此地，過乾寧，合獨流口以入於海。』民先議河，大較與李垂不異，世多言垂、民先議為近。又比歲卒潰小吳，而澶淵東故渠遂竭，河果自清豐、大名西派為三、四，乃東北注，髣髴如垂、民先所欲導云。至漢王延世之徒事塞河，三旬立塞，世皆以為才，竊謂猶救火家以焦頭爛額見客者，故不記。與夫計向背、度緩急，版築茭薪、水工河卒，歲儲月積、增卑倍薄，凡河之近務，則有司存。

宋 朱熹《晦庵别集》卷六《再勸修築陂塘》　契勘今歲旱傷，盖緣人戶不修築陂塘，積水灌溉田禾，致令乾死。使軍已節次行下三縣，及散榜、給印榜曉示人戶，陂塘淺漏處，亦合併力開掘修築。如有欠闕工料支費，并諸軍縣借米喫用修築，次年送納。如陂塘廣闊，費用工力數多，亦當計料工食申軍，切待具申提舉衙，撥米借貸。

宋 董熉《救荒活民書》卷中《勸種二麥》　熉曰：春秋於他不書，惟無麥即書。仲舒建議令民廣種宿麥，無令後時。蓋二麥於新陳未接之時，最爲得力，不可不廣也。按《四時纂要》及諸家種藝之書，八月三卯日種麥，十倍全收。今民非不知種，但貧而無力，故後時耳。古人春省耕而補不足，秋省斂而助不給。今爲政者，於饑荒之年，能捐帑廩推行補助之法，此非徒救荒，亦因寓務農重本之意。

宋 葉適《水心集》卷九《績溪縣新開塘記》　田于山谷，踰高逗深燒變，築疊而堨，引其泉流以潤澤之，有所不及，益鑿爲塘，儲雨以待。昔之聚民於此者，擇其水土之利，固已詳矣。若夫計田而堀，量畝而浚，必使水無不足，而不以雨暘之節聽於天，時有水旱而田無高下，皆欲爲樂歲。人之願雖然，而人之事不能盡然也。民齒税輸，而與官較尺寸之旱，常以報聞，則訟牒煩而詐偽起，績溪之民無善俗矣。王君木叔宰是縣之始，行視民田，驗其水利之近遠，塘堨之有無，而知所以豐荒之故，曰：『凡不得水者，當別開塘注田爾。』農不可，曰：『田狹，吾安能壞見田，又刻財與力創爲之耶！』教之再三，猶不聽。木叔曰：『是不足告語。』其治縣節縮，稍得餘錢，遂請於監司，買民田使爲之，古跡之廢併修之，塘之所須揵椿木石皆買與之，工食之不足者頗助之。畢二年，爲新塘六十八，堨六，買田有自畝三十至六十步，出錢有自緡二百三十以上至千文，歛田有自畝二千至三千，然後績溪之田無不得水。紹熙五年，縣民始不以旱報官而歲全熟美矣。木叔之治民，又詳矣哉！古之長民者示之以意，其次爲條教，其次號令之，最下者撻罰驅脇之，意之難從久矣。若木叔知計田堀塘爲民利，以條教告之，以號令使之而已；民有不聽，撻罰之爾。夫將以利之而已，雖或撻罰之，未過也。今木叔以條教號令爲不能，撻罰之又不可，故爲之買田堀之，又爲之買揵椿木石與之，工食助之，如父母待驕子然。或曰：『非常道，木叔委曲以就其民爾。』夫委曲以就其民而可以利之，雖非常道，斯謂之仁矣。績溪之民，忘之，可乎？不忘，未之計，廢墜之，可乎？木叔名柟，永嘉人也。慶元元年五月二十日。

《宋史》卷九一《河渠志一·黃河上》　是年，祠部員外郎李垂又言疏河利害，命垂至大名府、滑衛德貝州、通利軍與長吏計度。垂上言：

臣所至，並稱黃河水入王莽沙河與西河故瀆，注金、赤河，必慮水勢浩大，蕩浸民田，難於隄備。臣亦以爲河水所經，不無爲害。今者決河而南，爲害既多，而又陽武埽東、石堰埽西，地形汙下，東河泄水又艱。或者云：『今決處漕底坑深，舊渠逆上，若塞之，旁必復壞。』如是，則議塞河者誠以爲難。若決河而北，爲害雖少，一旦河水注御河，蕩易水，逕乾寧軍，入獨流口，遂及契丹之境。或者云：『因此搖動邊鄙。』如是，則議疏河者又益爲難。臣於兩難之間，輒畫一計：請自上流引北載之高地，東至大伾，瀉復於澶淵舊道，使南不至滑州，北不出通利軍界。

何以計之？臣請自衛州東界曹公所開運渠東五里，河北岸凸處，就岸實土堅引之，正北稍東十三里，破伯禹古隄，注裴家潭，逕牧馬陂，又正東稍北四十里，鑿大伾西山，釃爲二渠：一逼大伾南足，決古隄正東八里，復澶淵舊道；一逼通利軍城北曲河口，至大禹所導西河故瀆，正北稍東五里，開南北大隄，又東七里，入澶淵舊道，與南渠合。夫如是，則北載之高地，大伾二山脽股之間分酾其勢，浚瀉兩渠，匯注東北，不遠三十里，復合于澶淵舊道，而滑州不治自涸矣。

臣請以兵夫二萬，自來歲二月興作，除三伏半功外，至十月而成。其均厚埤薄，俟次年可也。

疏奏，朝議慮其煩擾，罷之。

初，滑州以天臺決口去水稍遠，聊興葺之，及西南堤成，乃於天臺口旁築月隄。六月望，河復決天臺下，走衛南，浮徐、濟，害如三年而益甚。帝以新經賦率，慮殫困民力，即詔京東西、河北路經水災州軍，勿復科調丁夫，其守扞隄防役兵，仍令長吏存恤而番休之。五年正月，知滑州陳堯佐以西北水壞，城無外禦，築大隄，又疊埽於城北，護州中居民；復就鑿橫木，下垂木數條，置水旁以護岸，謂之『木龍』，當時賴焉；復並舊河開枝流，以分導水勢，有詔嘉獎。

又 舊制，歲虞河決，有司常以孟秋預調塞治之物，梢芟、薪柴、楗橛、竹石、茭索、竹索凡千餘萬，謂之『春料』。詔下瀕河諸州所產之地，仍遣使會河渠官吏，乘農隙率丁夫水工，收采備用。凡伐蘆荻謂之『芟』，伐山木榆柳枝葉謂之『梢』，辮竹糾芟爲索。以竹爲巨索，長十尺至百尺，有數等。先擇寬平之所爲埽場。埽之制，密布芟索，鋪梢，梢芟相重，壓之以土，雜以碎石，以巨竹索橫貫其中，謂之『心索』。卷而束之，復以大芟索繫其兩端，別以竹索自內旁出，其高至數丈，其長倍之。凡用丁夫數百或千人，雜唱齊挽，積置於卑薄之處，謂之『埽岸』。既下，以橛臬閡之，復以長木貫之，其竹索皆埋巨木於岸以維之，遇河之橫決，則復增之，以補其缺。凡埽下非積數疊，亦不能遏其迅湍，又有馬頭、鋸牙、木岸者，以蹙水勢護隄焉。

又 卷九四《河渠志四·汴河下》 ［元豐元年］范子淵知都水監丞，畫十利以獻。又言：『汜水出玉仙山，索水出嵩渚山，合洛水，積其廣深，得二千一百三十六尺，視今汴流尚贏九百七十四尺。以河、洛湍緩不同，得其贏餘，可以相補。

猶慮不足，則旁堤爲塘，滲取河水，每百里置木牐一，以限水勢。兩旁溝、湖、陂、濼，皆可引以爲助，禁伊、洛上源私引水者。大約汴舟重載，入水不過四尺，今深五尺，可濟漕運。起鞏縣神尾山，至士家堤，築大堤四十七里，以捍大河。起沙谷至河陰縣十里店，穿渠五十二里，引洛水屬于汴渠。』疏奏，上重其事，遣使行視。

又 卷九五《河渠志五·塘濼緣邊諸水》 仁宗明道二年，劉平自雄州徙知成德軍，奏曰：『臣嚮爲沿邊安撫使，與安撫都監劉志嘗陳備邊之略。臣今徙真定路，由順安安肅、保定州界，自邊吳淀望趙曠川、長城口，乃契丹出入要害之地，東西不及一百五十里。臣竊恨聖朝七十餘年，守邊之臣，何可勝數，皆不能爲朝廷預設深溝高壘，以爲扼塞。臣聞太宗朝，嘗有建請置方田者。今契丹國多事，兵荒相繼，我乘此以引水植稻爲名，開方田，隨田塍四面穿溝渠，縱廣一丈，深二丈，鱗次交錯，兩溝間屈曲爲徑路，才令通步兵。引曹河、鮑河、徐河、鷄距泉分注溝中，地高則用水車汲引，灌溉甚便。願以劉志知廣信軍，與楊懷敏共主其事，數年之後，必有成績。』帝遂密敕平與懷敏漸建方田。侍禁劉宗言又奏請種木于西山之麓，以法榆塞，云可以限契丹也。後劉平去真定，懷敏猶領屯田司。塘日益廣，至吞沒民田，蕩溺丘墓，百姓始告病，乃有盜決以免水患者，懷敏奏立法依盜決堤防律。

《金史》卷五〇《食貨志五·水田》 明昌五年閏十月，言事者謂郡縣有河者可開渠，引以溉田，詔下州郡。既而八路提刑司雖有河者皆言不可溉，惟中都路言安肅、定興二縣可引河溉田四千餘畝，詔命行之。六年十月，定制，縣官任內有能興水利田及百頃以上者，陞本等首注除。謀克所管屯田，能創增三十頃以上，賞銀絹二十兩疋，其租稅止從陸田。

又 承安二年，勑放白蓮潭東牐水與百姓溉田。三年，又命勿毀高梁、河閘，從民灌溉。

又 泰和八年七月，詔諸路按察司規畫水田，部官謂：『水田之利甚大，沿河通作渠，如平陽掘井種田俱可灌溉。比年邳、沂近河布種豆麥，無水則鑿井灌之，計六百餘頃，比之陸田所收數倍。以此較之，它境無不可行者。」遂令轉運司因出計點，就令審察，若諸路按察司因勸農，可按問開河或掘井如何爲便，規畫具申，以俟興作。

又 貞祐四年八月，言事者程淵言：「碭山諸縣陂湖，水至則畦爲稻田，水退種麥，所收倍於陸地。宜募人佃之，官取三之一，歲可得十萬石。」詔從之。興定五年五月，南陽令李國瑞創開水田四百餘頃，詔陞職二等，仍錄其最狀徧諭諸道。

十一月，議興水田，省奏：「漢召信臣於南陽灌溉三萬頃。魏賈逵堰汝水爲新陂，通運二百餘里，人謂之賈侯渠。鄧艾修淮陽、百尺二渠，通淮、潁，大治諸陂於潁之南，穿渠三百餘里，溉田二萬頃。今河南郡縣多古所開水田之地，收穫多於陸地數倍。」勅令分治戶部按行州郡，有可開者誘民赴功，其租止依陸田，不復添徵，仍以官賞激之。陝西除三白渠設官外，亦宜視例施行。

又 元光元年正月，遣戶部郎中楊大有等詣京東、西、南三路開水田。

又《區田之法》 區田之法，見嵇康《養生論》，自是歷代未有天下通用如趙過一畝三甽之法者。章宗明昌三年三月，宰執嘗論其法於上前，上曰：「卿等所言甚嘉，但恐農民不達此法，如其可行，當徧諭之。」四年夏四月，上與宰執復言其法，久之，參知政事胥持國曰：「今日方之大定間，戶口既多，費用亦厚。若區種之法行，良多利益。」上曰：「此法自古有之，若其可行，則何爲不行也？」持國曰：「所以不行者，蓋民未見其利。今已令試種於城南之地，乃委官往監督之，若使民見收成之利，當不率而自效矣。」參知政事夾谷衡以爲「若有其利，古已行矣。且用功多而所種少，復恐廢壠畝之田功也」。上曰：「姑試行之。」六月，上問參知政事胥持國曰：「區種事如何？」對曰：「六七月之交，方可見矣。」「河東及代州田種今歲佳否？」曰：「比常年頗登。」是日，命近侍二人馳驛巡視京畿禾稼。

五年正月，勅諭農民使區種。先是，陳言人武陟高翌上區種法，且請驗人丁、地土多少，定數令種。上令尚書省議既定，遂勅令農田百畝以上，如瀕河易得水之地，須區種三十餘畝，多種者聽。無水之地，則從民便。仍委各千戶謀克縣官依法勸率。

又 承安元年四月，初行區種法，男年十五以上、六十以下有土田者丁種一畝，丁多者五畝止。二年二月，九路提刑馬百祿奏：「聖訓農民有地一頃者區種一畝，五畝即止。臣以爲地肥瘠不同，乞不限畝數。」制可。

又 泰和四年九月，尚書省奏：「近奉旨講議區田，臣等謂此法本欲利民，或以天旱乃始用之，倉卒施功未必有益也。且五方地肥瘠不同，使皆可以區種，農民見有利，自當勉以效之。不然，督責雖嚴，亦徒勞耳。」勅遂令所在長官及按察司隨宜勸諭，亦竟不能行。

元 胡祗遹《紫山大全集》卷二二《論農桑水利》 一、論人無餘力而貪畎畝之多。《詩》曰：「無田甫田，惟莠驕驕。」古者一夫受田百畝，步百為畝，比之二百四十步為畝，不及其半耳。地非不足，而儉於百畝，大抵一夫之力終歲勤動，無懈無怠，百畝之田猶不能辦。後世貪多而不量力，一夫而兼三四人之勞，加以公私事故廢奪其時，使不得深耕易耨，不順天時，不盡地力，膏腴之地，人力不至，十種而九不收，良以此也。

二、論牛力疲乏寡弱而服兼併之勞。地以深耕熟杷及時則肥，能如是者，牛力耳。古者三牛耕今田之四十畝，牛之芻豆飽足，不妄服勞，壯實肥腯，地所以熟。今以不芻不豆羸老困乏之牛而犁地二百餘畝，不病即死矣。就令不病不死，耕豈能深而杷豈能熟歟？時過而耕，犁入地不一二寸，荒蔓野草不能除去根本，如是而望畝收及于古人，不亦艱哉？

三、論有司奪農時而使不得任南畝。農以時為先，過時而耕植，力雖能辦，亦必不獲，況力不足耶。今日府州司縣官吏奸弊，無訟而起訟，片言尺紙入官，一言可決者，逗遛遷延半年數月，以至累年而不決。兩人爭訟，牽連不干礙人四鄰、親戚、鄉老、主首、大户、見知人數十家，廢業隨衙，時當耕田而不得耕，當種植而不得種植，當耘耨而不得耘耨，當收穫而不得收穫，揭錢舉債以供奸貪之乞取，乞取無厭，不得寧家，所以田畝荒蕪，歲無所入，良可哀痛。雖設巡按察司，略不究問，縱恣虎狼白晝食人，誰其憐之。

四、論種植以鹵莽滅裂而望豐穰。土不加糞，耕不以時，杷不破塊，種每後期，穀麥種子不精粹成熟，不鋤不耘，雖地力膏腴，畝可收兩石者，亦不得四之一。儻不幸雨澤不時，所得不償所費。

五、論不遵古法，怠惰不敏。暵地社種，麥皆團科，種一粒可生五莖；地不殺暵，天寒下種，子一粒止得一莖，所獲懸絕如此。穀宜早種，二月尤佳，穀生兩葉如馬耳便鋤，既遍即再鋤，鋤至三四次，不惟倍收，每粟一斗得米八升，每斗斤重比常米加五。今日農家人力弱，貪多種穀，苗高三四寸才撮苗，苗為野草荒蕪，不能滋旺叢茂，每科獨莖小穗，勤者再鋤，怠惰者遂廢，所收畝不三五斗，每斗得米五升，半為糠秕。

六、論勸民務農而不使民知為農之樂。古人之勸農，春省耕則補不足，秋省斂則助不給，問民之所疾苦而哀憫子育之，愚不能者則款曲細密教道之以法，非不量其力之所不及而督迫鞭撲之。一夫之力而責以當數人之任，聚集期會而反廢時日。官吏雜遝，使民供給酒食之不暇。水旱、風霜、蟲蝗之災不恤不憐。歲不登，家闕食，而賦稅如故，虐下欺上，徒取文具。官不得富實之利，私不能免凍餒之苦，棄本逐末，賣田賣牛，流離奔竄，皇皇然無定居。產業丁口衆多不能移徙者，代當逃户差役，日就困苦貧乏。冤苦失職，不可枚數，此其略也。

七、論農家隨俗亦皆奢侈過度而妄費穀帛。匹夫匹婦終歲勤動，歲終所獲除納官奉公之外，不能供半歲之口體。今日男婚女嫁，吉凶慶吊，不稱各家之有無，不問門第之貴賤，例以奢侈華麗相尚，飲食衣服擬于王侯，賤賣有用之穀帛，貴買無用之浮淫，破家壞產，負債終身，不復故業，不償稱貸。農室既空，轉徙逃避，農業亦廢。有司略不禁治，豈不可歎。

《元史》卷九三《食貨志一》 凡種田者，立牌橛於田側，書某社某人於其上，社長以時點視勸誡。不率教者，籍其姓名，以授提點官責之。其有不敬父兄及凶惡者，亦然。仍大書其所犯于門，俟其改過自新乃毀，如終歲不改，罰其代充本社夫役。社中有疾病凶喪之家不能耕種者，衆爲合力助之。一社之中災病多者，兩社助之。凡爲長者，復其身，郡縣官不得以社長與科差事。農桑之術，以備旱暵爲先。凡河渠之利，委本處正官一員，以時濬治。或民力不足者，提舉河渠官相其輕重，官爲導之。地高水不能上者，命造水車。貧不能造者，官具材木給之。俟秋成之後，驗使水之家，俾均輸其直。田無水者鑿井，井深不能得水者，聽種區田。其有水田者，不必區種。仍以區田之法，散諸農民。種植之制，每丁歲種桑棗二十株。土性不宜者，聽種榆柳等，其數亦如之。種雜果者，每丁十株，皆以生成爲數，願多種者聽。其無地及有疾者不與。所在官司申報不實者，罪之。仍令各社布種苜蓿，以防饑年。近水之家，又許鑿池養魚并鵝鴨之數，及種蒔蓮藕、雞頭、菱角、蒲葦等，以助衣食。凡荒閑之地，悉以付民，先給貧者，次及餘戶。每年十月，令州縣正官一員，巡視境内，有蟲蝗遺子之地，多方設法除之。其用心周悉若此，亦仁矣哉。

明 徐階《徐文貞公集二·與撫院論水利》三吳水利《明經世文編》卷二四五 凡言水利者，大率二端：蓄與泄是也。而所謂蓄泄，有大蓄泄焉，有小蓄泄焉。大泄者以海爲壑，鑿白茅諸港、吳淞諸江，導江湖之水而注之尾閭也。大蓄者，去江湖之淤澱，使足以受支河之水也。小泄者，以近田之支河爲壑，導田間之水而注之其中也。小蓄者，疏濬支河，使足以受田間之水也。夫專意於泄，於救潦可矣。即不幸五六月間復如去歲之不雨，何以濟之？不若致力於蓄，則旱既足以救，而潦亦有所容而不爲害也。蓄泄之大者，其勢用財力必多，未易猝舉。今姑治其小，則莫若修築圩岸，然亦不可槩云修築而已。敝邑之田，東、西二鄉高下迥絶，東鄉本不苦水，岸高則車救愈勞，當令各以修築之力，疏濬支河，爲蓄水之計，仍遠徙其泥，毋俾復壅。西鄉圩岸在所必築，而艱于得土，亦當督令濬河，因取塗泥附之舊岸，築而加高廣焉。庶財力不虛費，而旱澇皆有備也。

明 歸有光《震川集》卷三《水利論》 吳地庳下，水之所都，爲民利害尤劇。治之者皆莫得其源委。禹之故迹，其廢久矣。

吳東北邊境，環以江海，中瀦太湖。自湖州諸溪從天目山西北宣州諸山谿水所奔注，而從吳江過甫里，經華亭青龍江以入海。蓋太湖之廣三萬六千頃，入海之道，獨有一路，所謂吳淞江者。顧江自湖口距海不遠，有潮泥填淤反上之患。湖田膏腴，往往為民所圍占，而與水爭尺寸之利，所以松江日隘。昔人不循其本，沿流逐末，取目前之小快，别鑿港浦，以求一時之利，而松江之勢日失，所以沿至今日，僅與支流無辨，或至指大于股，海口遂至湮塞。此豈非治水之過與？

蓋宋揚州刺史王濬以松江滬瀆壅噎不利，欲從武康紵谿為渠浛，直達於海，穿鑿之端自此始。夫以江之湮塞，宜從其湮塞者而治之，不此之務，而别求他道，所以治之愈力而失之愈遠也。太倉公為人治疾，所診期決死生，而或有不驗者，以為不當飲藥針灸而飲藥針灸，則先期而死。後之治水者，與其飲藥針灸何以異？孟子曰：『天下之言性也，則故而已矣。故者以利為本。』『禹之行水，行其所無事也。』欲圖天下之大功，而不知行其所無事，其害有不可勝言者。嗟夫，近世之論，徒區區于三十六浦間，或有及于松江，亦不過疏導目前壅滯，如浚蟠龍、白鶴匯之類，未見能曠然修禹之跡者。

宜興單鍔著書，為蘇子瞻所稱。然欲修五堰，開夾苧干瀆以截西來之水，使不入太湖。殊不知揚州藪澤，天所以瀦東南之水也，今以人力遏之。夫水為民之害，亦為民之利，就使太湖乾枯，于民豈為利哉？太史公稱『河菑衍溢，害中國也尤甚，唯是為務』。禹治四海之水，而獨以河為務。余以為治吴之水，宜專力於松江。松江既治，則太湖之水東下，而餘水不勞餘力矣。

或曰：《禹貢》『三江既入，震澤底定』。吴地尚有婁江、東江，與淞江為三，震澤所以入海，非一江也。曰：張守節《史記正義》云：『一江西南上太湖，為淞江。一江東南上至白蜆湖，為東江。一江東北下，曰婁江。』本言二水皆松江之所分流。水經所謂長瀆歷河口，東則淞江出焉，江水奇分，謂之三江口者也。而非《禹貢》之三江。大抵説三江者不一，惟郭景純以為岷江、浙江、松江為近。蓋經特紀揚州之水，今之楊子江、錢塘江、松江，並在揚州之境，書以告成功。而松江由震澤入海，經蓋未之及也。

由此觀之，則松江獨承太湖之水，故古書江、湖通謂之笠澤。要其源近，不可比儗楊子江，而深濶當與相雄長。范蠡云：『吴之與越，三江環之。』夫環吴、越之境，非岷江、浙江、松江而何？則古三江並稱無疑。故治松江，則吴中必無白水之患，而從其旁鉤引以溉田，無不治之田矣。然治松江必令濶深，水勢洪壯與楊子江埒，而後可以言復禹之跡也。

又《水利後論》 單鍔以吴江堤横截江流，而岸東江尾茭蘆叢生，泥沙漲塞，欲開茭蘆之地，遷沙村之民，運去漲土，鑿堤岸千橋走水，而於下流開白蜆安亭江，使湖水由華亭青龍入海。雖知松江之要，而不識《禹貢》之三江，其所建白，猶未卓然，所以欲截西水，壅太湖之上流也。蘇軾有言：『欲松江不塞，必盡徙吴江一縣之民。』此論殆非鍔之所及，今不鐫去堤岸，而直為千橋，亦守常之論耳。

崇寧二年，宗正丞徐確提舉常平，考《禹貢》三江之説，以為太湖東注，松江正在下流，請自封家渡古江開淘至大通浦，直徹海口。當時惟確欲復古道，然確為三江之説，今亦不可得而考。

元泰定二年，都水監任仁發開江，自黄浦口至新洋江，江面財濶十五丈。仁發稱：古者江狹處猶廣二里。然二里，即江之湮已久矣。自宋元嘉中，滬瀆已壅噎，至此何啻千年？郟氏云：『吴松古道，可敵千浦。』又江旁縱浦，郟氏自言小時猶見其濶二十五丈，則江之廣可知。故古江蟠屈如龍形。蓋江自太湖來源不遠，面勢既廣，若徑直則又易泄，而湖水不能蓄聚，所以迂迴其塗。使如今江之淺狹，何用蟠屈如此？

余家安亭，在松江上，求所謂安亭江者，了不可見。而江南有大盈浦，北有顧浦，土人亦有三江口之稱。江口有渡，問之百歲老人，云：『往時南北渡一日往來僅一二迴。』可知古江之廣也。本朝都御史崔恭鑿新道，自大盈浦東至吴淞江巡檢司，又自新涇西南蒲滙塘入江，自曹家河直鑿平地至新塲江，面廣十四丈。夫以郟氏所見之浦，尚有二十五丈，而都水所開江面，財及當時之浦。至本朝之開江，迺十四丈。則興工造事，以今方古，日就卑微，安能復見禹當時之江哉？

漢賈讓論治河，欲北徙冀州之民當水衝者，決黎陽遮害亭，放河北入海，當敗壞城郭田廬冢墓以萬數。以為大禹治水，山陵當路者毁之，墮斷天地之性，此迺人功所造，何足言也？若惜區區漲沙茭蘆之地，雖歲歲開浦，而支本不正，水終横行。今自嘉靖以來，歲多旱而少水，愚民以為自今不復見白水之患。余嘗聞正德五年秋，雨七日夜，吴中遂成巨浸。設使如漢建始間，霖雨三十日。將如之何？天災流行，國家代有，一遇水潦，吾民必有魚鼈之憂矣。

或曰：今獨開一江，則其餘溪港當盡廢耶？曰：禹決九川，距四海，濬畎澮距川。江流既正，則隨其所在，可鉤引以溉田畝。且江流浩大，其勢不能不漫溢。如今之小江，尚有勦娘江分四五里而合者。則夫奇分而旁出，古婁江、東江之跡，或當自見。且如劉家港，元時海運千艘所聚，至今為入海大道。而上海之黄浦，勢尤洶湧，豈能廢之？但本支尊大，則支庶莫不得所矣。

明 歸有光《震川别集》卷二上《嘉靖庚子科鄉試對策五道》

第五問

古之為天下者養民之生，後之為天下者聽民之自生。夫聽民之自生可也，又從而取之。取之可也，而不求所以為可繼之道，則我之取者無窮，而民之生日蹶。民蹶而我之取者將不我應，國計民生兩困而俱傷，其何以善其後？是不可不深思而熟慮之也。我國家建都北平，歲輸東南之粟以入京師者數百萬，舳艫相銜接於江淮，加以方物土貢、金帛錦繡，以供大官王服者，歲常不絶，其取於民不少矣。而比年以來，民生日瘁，國課日虧，水旱薦告，有司常患莫知所以為計，然惟知取於民，而未知所以救菑捍患，與民莫大之利也。大抵西北之田，其水旱常聽於天，而東南之田，其水旱常制於人。蓋其地有三江五湖之灌注，而東南又竝海，有隄防蓄泄，雖恒雨恒暘而可以無虞，故昔之言水利者先焉。《禹貢》：『三江既入，震澤底定。』震澤即今太湖，《周禮》所謂具區、五湖，蓋地一而名異也。《爾雅》『具區』，郭景純云：『吴越之間有具區，周五百里，故曰五湖也。』其言五湖，猶江之言九江爾。《春秋》越與吴戰於五湖，豈太湖之外復有四哉？其所謂具區、洮隔、彭蠡、青艸、洞庭，及季氏圖彭蠡、洞庭、巢湖、太湖、鑑湖爲五湖者非也。禹治揚州之水，西偏莫大于彭蠡，而東偏莫大於震澤。欲寧震澤之水，在於疏其下流三江入於海，而後震澤無泛濫之虞。震澤固吐納衆水者也，西北有宣、歙、蕪湖、荆溪、宜興、溧陽、溧水數郡之水，西南有天目、富陽、分水、湖州、杭州諸山諸溪奔注之水，瀦聚于湖，而由震澤、吴江長橋東入松江、青龍江，而入海。溧陽之上，古有五堰以節宣、歙、金陵、九陽江之水。宜興之下，有百瀆以疏荆溪所受之水。江陰而東有運河泄水以入江，宜興而西有夾苧、干與、塘口、大吴等瀆泄四水。此治其原委之法也。三江，東南泄水之尾閭也。三江之流不疾，則海潮逆上，日至淤塞，而下流不通。此吴淞江之疏導不可不先，而凡太湖以下諸江之入於海者，皆不可以不加之意也。昔宋單鍔嘗疏《東南水利書》，蘇文忠以為有利于民，條其事於朝，而亦莫能行之者，大抵承平日久，人習于苟安，稍有建國家之計，必以為迂遠動衆而不可用，故經國之慮每至于格而不行。夫自漢以來，天下之用不盡於東南，至唐宋而東南之民始出其力以給天下之用。然自吴越竊據于此，乃能修水利以自給，外以奉事大國，而内不乏于朝府之用，是以其國不困而民猶足以支。及天下全盛，江南不熟則取于浙右，浙右不熟則取于淮南，于是圩田塘務因循隳廢，而坐失東南之大利，以至于今。夫錢氏以一方用之，惟其治之也專，故常足于用。今以天下用之，惟其治之也泛，故常不足于用。嗚呼，以天下之大而無賴于東南，則可以坐視而莫為之所。以天下之大而專仰給于東南，其又何可不考其利病而熟圖之也。先朝周文襄公、夏忠靖公治之，常有成績矣。然百餘年來，已非其故。有司案行，修舉故事，已漫然莫知其故迹之所存矣，至又委之國貧民困。夫國貧民困已矣，任其困而貧也，則將何時而已乎？夫亦延訪故老，偏考昔人之論，而求今日之所宜，又不必專泥于古之迹，而惟視夫水勢之所順。蓋古今天時地勢、陵谷邱淵代有變移，必欲鑿空以尋故迹，吾恐力愈勞、費愈廣而迄不可就，反為苟安目前者之所嗤笑。禹之行水，行其所無事而已矣。五堰百瀆，可復則復之。白蜆、安亭、青龍江，可開則開之。或為縱浦，或為横塘，或置沿海堽身，堽置斗門，使渠河之通海者不湮于潮泥，堤塘之捍患者不至於摧壞，而又督成水利之官常時相視，禁富人豪家碾磑、蘆葦、茭荷、陂塘壅礙上流，而倣錢氏遺法，收圖回之利，養撩清之卒，更番迭役以浚之，而後利興而可久，害革而民不困。不然，如近者嘗浚白茆，曾幾何時，漸就湮塞，此其懲也。今夫富人有良田美莊，猶不使之荒蕪而加意焉，况東南以供天下之費乎？抑是法也，非特可以行之東南也。齊魯之地非古之中原乎？數日不雨，禾俱槁死，黄茅、白葦一望千里，父子、兄弟束手坐視，相率而為溝中之瘠，凡以溝渠之制廢也。謂宜少倣古匠人溝洫之法，募江南無田之民以業之。蓋于古吴則通三江五湖，于齊則通菑濟之間，滎陽下引河，東南為洪溝以通宋、鄭、陳、蔡、曹、衛，與濟、汝、淮、泗會，而朔方、兩河、河西、酒泉皆引河，關中漳渠、靈軹引諸水，東海引鉅定，泰山下引汶水，皆穿渠溉田萬餘頃，豈獨三江五湖之為利哉！舉而行之，不但可興西北之利，而東南之運亦少省矣。天下之事在乎其人，毋徒委之氣數，而以論事者為迂也。

清　陸世儀《論足食》《清經世文编》卷三六　李悝爲魏文侯作盡地力之教，以爲地方百里，提封九萬頃，除山澤邑居，三分去一，爲田六百萬畝。治田勤謹，畝益三斗，不勤則損亦如之。地方百里之增減，爲粟八十萬石。又曰：糴甚貴傷民，甚賤傷農，民傷則流散，農傷則國貧。其説皆名語，非鞅之開阡陌比也。但其意主於富國而未主於富民耳。

《亢倉子》曰：人舍本事末，則其産約，其産約則輕流徙。國家有災患皆生遠志，無有居心。『農則其産稪，其産稪則重流散。』又曰：『人農則樸，樸則易用。』此皆知本之論，有天下者不可不知。

只『永不起科』四字，不勞不費，爲西北足食之本。而『守望相助』四字，爲足兵之本，但國家須守此勿失民信爲急耳。

開中軍屯，宜互相表裏，腹裏莫如開中，邊塞莫如軍屯。

清　陸世儀《論區田》《清經世文编》卷三六　予向讀區田法而異之，以爲播種之中既有此妙法，古人何不悉以之教民，又民間何以竟不傳此法？嘗疑不決，及讀《元史》，見元時嘗以此法下之民間，教民如法耕種，民卒不應。又特遣端官分督，究竟迄無成功，未審教督者非人耶？抑此法終不可行也？王楨曰：『古人區種之法，本爲濟旱，惟近家瀕水爲上，其種不必牛，但鍬钁墾劚，便於貧家。大率一家五口可種一畝，男子兼作，婦人童稚，量力分工，定爲課業，各務精勤，用省工倍，田少收多。』按此云近家瀕水，則邱陵城之地，必不可種矣。又聞常州鎮江田甚高仰，而土性受水，每農夫轉水一日則可停二三日，太倉土性獨不然，其高仰之地，遇旱日必打水二遍。若皖地則全不受水，未可一概論也。

賈思勰曰：『區田以糞氣爲美，不必皆良田。又不耕旁地，庶盡地力。區種不先治地，即荒地爲之也。』又曰：『區中生草拔之，區間草以鏟鏟之，若苗長不能用鋤，則以鐮比地刈其草穢。』又曰：『兗州刺史劉仁之，昔在洛陽，於宅田七十步之地，域爲區田，收粟三十六石，然則一畝之收，有過百石矣。』徐元扈曰：『區收一斗，畝六十六石，即區田一畝可食二十許人矣。』蓋古今斗斛絕異。《周禮》食一豆肉，飲一豆酒，中人之食也。若如今升斗，則中人豈能頓盡？孔明數升已自不少，廉頗五斗得無太多？計今之畝若斗，則每畝可收數石，可食兩人以下耳。見文學張弘言有糞種壅法，即今嘗種稻田，亦可得穀畝二十餘斛也。

予欲以區田語鄉人，詢其可否，恐鄉人以爲書本中語，駭而不信。乃詭言曰：『近有自湖廣來者云：「彼處種田，有區種法，畝可得米二十石許，果否？」』因以其術詳告之。鄉人曰：『理或有此，吾鄉有種芋者，其法近此。』因言種芋法，先掘地爲區，每區深闊各三尺許，熟糞壅之，每區種芋一株，漸鋤土壅芋，既成，每區得芋若干斤，每斤得金若干，計每畝約得金四十兩許，即此法也。予又問：『區芋得利如此，今人家何不多種？』曰：『工力甚費，人不耐煩。』然則區田之法不行，亦工力費，而人不耐煩也與！然當賦役煩重之世，苟能躬耕四五畝，即可爲一家數口之養，此莫大之樂，又何工力煩費之足憂乎？

予聞東鄉有撮穀法，種必倍收，而人每不肯種，又不能多種。予問其詳，云：『撮穀有二難，一則耘鋤難，一則易酣，不能耐風潮也。』撮穀之法，先耕地，車水浸田，然後下種，以三指撮穀種下之，約五六寸一撮，如蒔秧狀。撮畢，以足徐退，復撮如初，足從水中行，水微蕩漾，則穀種不定，多四散不能成稞簇，故不便耘鋤。又根出浮面，入土不深，稞長大，上實下虛，故易酣，且不耐風雨也。以此知區田之法之善，隔區分種，則下種有地，不必足立水中，以手按實，則無蕩漾之患，苗出看稀稠存留，則無耘鋤之艱，漸耨壟草以壅其根，則根深蒂固，無酣側之虞，而耐風與旱，以此徵之，區田之倍收必矣。撮穀、區田之倍收有故，秧不移種，元氣未泄也。今田家蒔秧，先一日拔秧浸水中，或一宿，或再宿不等，甚者或經三四宿而後始蒔，蒔之時，拋擲堆垛，略不少惜。蒔後遇赤日則黄萎，數日而後始醒，秧之元氣泄盡矣。其值陰雨而易醒者，則稻必勝，早蒔之勝於晚蒔，亦以過小暑，則氣漸熱，秧難遽醒也。由此觀之，同一蒔也。醒之難易，猶係禾之善否，而移種不移種之分乎？

看來秧性亦大耐磨折，今草木之類，必賤種乃易植，其貴種則移種之頃，百方調護，猶多萎死。秧則不然，其拔也信手速拔，略不顧惜，拋擲堆垛，棄置累日，其蒔也。兩指夾之，插入水土，縱横攲斜，未嘗壅治，然及其既成，猶能畝收三四石，使壅護愛惜，曲盡其道，如區田諸法，所獲過倍亦何足疑？乃今人習於苟簡，惟務欲速，終不肯加工加力，至誣古法以爲必不可用，吾末如之何也已矣。古人云：『鹵莽而耕，滅裂而獲。』此言豈欺我哉？但野人愚而固，未可以言語爭，有心者能躬行以率之，則庶幾矣。

漢武帝使趙過爲搜粟都尉。過能爲代田，其耕耘下種田器，皆有便巧。一歲之收嘗過縵田畝一斛以上，用力少而得穀多。按代田即古后稷法，一畝三甽，歲代其處，故曰代田。后稷以二耜爲耦，廣尺深尺曰甽，甽長終畝，一畝三甽，一夫三百甽，而播種於甽中。苗生葉以上，稍耨隴草，因隤其土以附苗根。故《詩》曰：『或耘或耔，黍稷儗儗。』耘，除草也。耔，附根也。言苗稍壯，每耨輒附根。比盛暑，隴盡甽平，則根深而能耐風與旱，故儗儗而盛。縵田，平田也。謂如今之田不爲甽，漫漫然，故曰縵田。此大約如區田而簡易過之。然曰過縵田每畝一斛以上，則亦不過勝而已，區田數倍之說恐未必也。

趙過代田之法，其簡易遠過區田，蓋區田之法，必用鍬钁墾掘。有牛不能用，其勞一；必擔水澆灌，有車戽不能用，其勞二。且隔行種行，田去其半，於所種行內，隔區種區，則半之中又去其半，田且存四之一矣。以四之一之田，而得粟欲數十倍於縵田，雖有良法，恐不及此。今欲以代田之法參區田之意，更斟酌今農治田之方而用之，凡未下種之初，先令民以牛治田甽，甽深一尺，廣二尺，長終其畝。甽間爲隴，隴廣一尺，積甽中之土於隴上，一畝之地，闊十五步，步當六尺，十五步得九十尺，當爲甽隴三十道。甽之首爲衡溝，以通灌輸。夫甽隴分則牛犁用矣，衡溝通，則車戽便矣。甽廣於隴，則田無棄地矣。乃令民治糞，糞之法各以其土之所宜，及時播種，播種之法，一如區田。先以水灌溝，使土少甦，平其塊壘，乃徐播種，以手按實，蓋之以灰，而微潤之。苗出，耘之如法，使其中爲四行，行相去五寸，間可容鋤。生葉以上，乃漸耨隴草，隤土以附之。其應下墾，及應閣水復水，俱依今農法試之，當必有驗。

今人不種區田者，一則不知其法，一則工力費，一則江南水田，田中冬夏積水，不便開溝分畛。惟高田可分畛，則又有不便者。高田冬必種麥，麥至夏至方收穫。若區田，則清明、穀雨之時已將播種。其開溝分畛，須於冬春之間畢工。是因穀而廢麥，區田所以終不可行也。然予於此，又有一說。今人欲種早花或早稻，則冬間便荒地不種二麥，其言曰：雖少一熟，然地力總在內，不較輸也。早稻早花之獲不及區田，然農人猶能捨彼就此，況區田乎？故吾以爲農人能分早花早稻之田，以種區田，亦庶幾兩得矣。

種區田又有兩便之法，凡農家種稻，先於清明時治地爲秧田，俟小滿前後分蒔。其種秧之田亦拔起再蒔，今何不寄種秧於區田？當播種時，分其田十之二三，開畛如前法，俟苗長插蒔之際，則分其餘秧以蒔他田。在區田則以當耘耔，在常田則以當播種，是誠兩便。

農家種稻最苦耘鋤。蓋耘鋤之時，正當溽暑，又苗禾已長，人行其中，暑氣蒸鬱，大不堪耐。故農家耘鋤，多在清早，日稍中即起，或有竟不耘鋤者。區田費耘，故人尤畏，然吾又有說於此，常田耘鋤多在暑中者，以插蒔故晏也。若區田不用插蒔，則苗長自速，大約常田插蒔之時，區田已將耘鋤矣，何暑之有？至於鋤土壅根，則今種棉之家，日暴於田，不以爲苦而不鋤，區田壟高，足不濡水，與鋤棉同，亦何憚而不爲哉？

稻熟時，予往觀刈獲，見田傍一禾甚長，高禾約尺餘。顧問之，佃曰：『此予偶遺一粒穀，未嘗糞治，今秀實如此，亦甚奇。』予因數其穗，得二百餘粟。時禾遍數皆九十餘粟，是禾不啻倍之。因思此禾蓋未嘗移種，元氣未泄故也。然偶遺田旁，不糞不耘，纖毫未加人力，其稍壯碩者，特以得全於天耳。使如前法，盡種植之宜，其穗之長茂堅好。又豈特如斯已乎？信乎樹藝之法，不可不講也。

清 張履祥《楊園先生全集·農書第十六》 桐鄉田地相匹，蠶桑利厚。東而嘉善、平湖、海鹽，西而歸安、烏程，俱田多地少，農事隨鄉，地之利爲博，多種田不如多治地。吾鄉田不宜牛耕，用人力最難。又田壅多，工亦多，地工省，壅亦省，田工俱忙，地工俱閑，田赴時急，地赴時緩，田憂水旱，地不憂水旱。俗云『千日田頭，一日地頭』是已。況田極熟，米每畝三石。春花一石有半，然間有之，大約其三石爲常耳。下路湖田有畝收四五石者，田寬而土滋也。吾鄉田溢土淺，故止收此。地得葉盛者，一畝可養蠶十數筐，少亦四五筐，最下二三筐。若二三筐者即有豆二熟。米賤絲貴時，則蠶一筐即可當一畝之息矣。米甚貴，絲甚賤，尚足與田相准。雖久荒之地，收梅豆一石、晚豆一石，近來豆價貴，亦抵田息，而工費之省不啻倍之，況又稍稍有葉乎？但田荒一年熟，地荒三年熟，人情欲速治地，多不盡力。其或地遠者，力有所不及耳。俗云『種桑三年，采葉一世』，未嘗不一勞永逸也。弗思耳。治地。

農叟有言：『禾歷三時，故稈三節，麥歷四時，故稈四節。種稻必使三時氣足，種麥必使四時氣足，則收成厚。』吾鄉種田多在夏至後，秋盡而收，所歷二時而已。種麥多在立冬後，至夏至而收，所歷三時而已。欲禾歷三時，麥歷四時，胡可得焉？惟有下秧極早，可補事力之不逮。穀雨浸種，立夏前下穀，稍備春氣，至插青之日，秧老而苗易長，且耐風日，所謂秧好半年田也。中秋前，下麥子於高地，獲稻畢，移秧於田，使備秋氣。雖遇霖雨妨場功，過小雪以種，無傷也。人但知夏前秧之好，而不知所以好之故在得春氣，備三時也。知種麥之多收，而不知所以多收之故在得秋氣，備四時也。湖州無春熟，種田早，收穫遲，即米多於吾鄉。北方無水田，麥即廣熟，非獨地燥，歷時多，能盡其性也。早麥又有幾善，墾溝揪溝便於早。早則脫水而坨燥，力暇而溝深。溝益深則土益厚，早則經霜雪而土疏，麥根深而勝壅，根益深則苗益肥，收成必倍。坨燥、土疏、溝深，又爲將來種稻之利。凡事利必兼利，害必兼害。惰農苦種麥之勞，耽撮子之逸，甘心薄收，甚至失時，春花絕望，愚矣哉！稻秧、麥秧。

漢文帝詔：歲勸民種樹。《管子》云：『一年之計樹穀，十年之計樹木。』吾里無山，土亦罕曠。然能於地隙水濱種植良材百株，三十年後，可得百金以外。若種樹成林，大小相替，材木可無乏用矣。每年芟其繁枝，可以爲薪。各以地之所宜，則桐鄉椿、梓、榆、檀皆上木也。紹興祁氏，資送其女，費至千金，人怪其厚。祁曰：『吾費不過十金耳。』人益駭，問其故。曰：『於女生之年，山中人包種杉秧萬株，株費一厘，女十六七而嫁，杉木大小，每株值價一錢，則嫁資裕如矣。』此雖山林與平野不同，然智可通也。種樹。

農事不理，則不知稼穡之艱難。休其蠶織，則不知衣服之所自，《豳風》陳王業之本，《七月》八章只曲詳衣食二字，《孟子》七篇言王政之要莫先於田里樹畜。今日言及，輒笑爲鄙陋。是以廉恥不立，俗不長厚。然既治田桑，即必須兼治圃。古者民淳俗樸，瓜瓠俱在疆場。今不能然，則編籬爲圃，一以養生，以禦盜。俗籬用槿易成，然實寡用而不固，不若間以枳橘，雜以五茄皮、枸杞。三物有刺，可禦暴客，其實又皆可食而有用。其成雖須十年五年，然久而愈密。籬下種萱花，自生自長，花開隨采以曬，亦蔬之輔佐也。園中菜果瓜蒲，惟其所植，每地一畝，十口之家四時之蔬可不出戶而皆給矣。古人場圃同地，秋收則築堅圃地爲場，以納禾稼，至來春則又耕治之，以種菜茹。此意湖州鄉間往往見之，吾鄉殊不然也。場惟收成時一用，三時廢棄而已。圃則更辟一處，不得已則於桑下種菜，謂菜不害桑也。其實種菜之地桑枝不茂，此不特地力之不盡，亦見人工偷惰，無足取也。古人規制無大小，俱有法度，何不遵而行之？編籬。

嘗論基址墳墓，各宜思糧之所出，墳旁種芊芍，便可取薪。基址寬曠，則前植榆、槐、桐、梓，後種竹木，旁治圃，中庭植果木。凡可取爲祭祀賓客親戚饋問之用，即省市辦金錢。中庭之樹，莫善於梅、棗、香圓、橙、橘、茱萸之類，莫不善於桃、李、杏、柿之類，蓄物之類。蓄物易潰不能藏蓄，吾所不取。

農事大綱有三，道惟在豫。一、疆界宜正也。田地賦役之所起，我不可以侵人，亦不可使人侵我。本讓畔之意，與其以我侵人，毋寧使人侵我。語曰：『終身讓路，不枉百步；終身讓畔，不失一段。』若地段田角與人相間，彼此便利，則兌換可也。一、溝渠宜浚也。田功水利，一方有一方之蓄泄，一區有一區之蓄泄，一畝亦有一畝之蓄泄。漏而不知塞，壅而不知疏，日積月累，愈久而力愈難。燥濕不得其宜，工費多而收較薄矣。其事係一家者，固宜相度開浚。即事非一家，利病均受者亦當集修治，不可觀望推卻，萌私己之心。且思大禹平治九州水土，興萬世之利，何況鄉黨中，被一夫涓滴之澤乎！若乃占公爲私，損人益己，自非人之所爲矣。一、塍岸宜修築也。吾鄉視海寧爲下，既不憂旱，視歸安爲高，亦不憂水。圩岸雖不甚重，然不時爲修築，則地虞攤塌，田患漏泄，積久滋弊，恒至疆界失其舊所。田塍地，草根盤踞，所損亦復不少。宜於農隙之月，趁晴清理修治，則省忙工，若閒時蹉失，到插種收成之後，便無及矣。至於墳墓居址以及道路橋樑，凡屬己所當爲，雖於農務無關，亦當乘隙料理，非度外可置也。田功。

種田地，利最薄，然能化無用爲有用。不種田地，力最省，然必至化有用爲無用。何以言之？人畜之糞與灰泥無用也。一入田地，便將化爲布帛菽粟。即細而桑釘稻穩，無非家所必需之物。殘羹剩飯，以至米汁酒渣，上以食人，下以食畜，莫不各有生息。至於大者，勤則善心生，愛土物，厥心臧，又勿論已。筋力有用也，逸則脆弱；丁口有用也，閑則虛靡。金錢粟帛有用也，薪油耗之，酒漿耗之，瓜蔬又耗之，麻縷絲枲亦耗之。儉者耗三之一，奢者過之。至其甚者，男習惰遊，女休蠶織，長傲誨淫，又勿論已。賈子曰：『治天下至纖至悉也。』此言雖大，可以喻小。人能綜其大綱，復不厭纖悉，家政其庶理乎？農事纖悉。

吾里田地，上農夫一人止能治十畝，故田多者輒佃人耕植而收其租。又人稠地密，不易得田，故貧者賃田以耕，亦其勢也。嘗讀《孟子》曰：『諸侯之寶三，土地、人民、政事。』士庶之家亦如此。家法，政事也。田產，土地也。雇工人及佃戶，人民也。佃戶終歲勤動，祁寒暑雨，吾安坐而收其半。賦役之外，豐年所餘，猶及三之二，不爲薄矣。而俗每存不足之意，任僕者額外誅求，腳尖斛面之類，必欲取盈，此何理耶？且思朝廷一布寬恤之詔，百畝之家所益幾何，而歡傳萬口。下加徵之令，百畝之家所損幾何，而怨讟載道。豈非民力不可竭乎？大凡田所坐落，平日決宜躬履畎畝，識其肥瘠，計其寬隘及泥蕩水路，莫不畫圖詳記。及佃戶受田之日，宜至其室家，熟其鄉里，察其勤惰，計其丁口，慎擇其勤而良者，人而心一者任之。收租之日，則加意寬恤，僕人積弊極力革除。至於凶災、爭訟、疾病、死喪，及煢獨貧厄，總宜教其不知，而恤其不及，須令情誼相關，如一家之人可也。近見富家巨室，田主深居不出，足不及田疇，面不識佃戶，一任紀綱僕所爲，至有盜賣其產，變易區畝而不知者。侵沒租入，將熟作荒，退善良之佃，任與刁黠，種種弊端不一而足。坐使生計匱索，虛糧積累，以致破家亡身，無不由此。或乃恃目前之豪橫，陵虐窮民，小者勒其酒食，大者逼其錢財妻子，置之獄訟，出爾反爾，可畏哉！佃戶。

西鄉女工，大概織綿細素絹，績苧麻黃草以成布匹。東鄉女工，或雜農桑，或治紡績。若吾鄉女工則以紡織木棉與養蠶作綿爲主。隨其鄉土，各有資息，以佐其夫。女工勤者，其家必興；女工游惰，其家必落。夫婦女所業不過麻枲繭絲之屬，勤惰所繫，似於家道甚微，然勤則百務俱興，惰則百務俱廢。故曰：『家貧思賢妻，國亂思良相。』資其輔佐，勢實相等也。且如匹夫匹婦，男治田地可十畝，女養蠶可十筐，日成布可二疋，或紡棉紗八兩，寧復憂饑寒乎？刺繡淫巧，在所當戒。女工。

凡事各有成法，行法在人，其人存則其政舉，其人亡則其政息，家政亦加之。歸安茅氏，農事爲遠近最。吾邑莊氏，治桑亦爲上七區首。今皆廢棄，一者由天，荒亂而盜起也。一則由人，膏粱之久，不習稼穡艱難也。司馬溫公居洛，有田三頃，躬親庶務，不捨晝夜。劉忠宣公教子讀書，兼力農。曰：困之將以益之。宴安害人，遊閑廢事，古之人無不懼之。今《農書》所載者，法也，苟非其人，法不虚行。行法之要，一曰忠信，一曰精勤。忠信以待人，則人無不盡之心；精勤以立事，則事無不成之勢。要之，忠信本也。《衛《詩》》：『星言夙駕，稅於桑田。』言勸課之勤也，而終之以『秉心塞淵，騋牝三千』。言其操心誠實而淵深，故雖畜馬之衆，亦至於三千也。農桑之務，用天之道，資人之力，興地之利，最是至誠無偽。百穀草木用一分心力，輒有一分成效；失一時栽培，即見一時荒落。我不能欺彼，彼亦不欺我，卻不似末世人情作偽難處也。然與世人相交，農終易處。以雇工而言，口惠無實，即離心生，夙興夜寐，即朝氣作。俗曰：『作工之人要三好，銀色好，飲食好，相與好。作家之人要三早，起身早，煮飯早，洗腳早。三好以結其心，三早以出其力，無有不濟。』推之事事，殆一轍也。習勤。

人言耕讀不能相兼，非也。人只坐無所事事，閒蕩過日及妄求非分，營營朝夕。看得讀書是人事外事，又爲文字章句之家，窮年累歲而不得休息。故以耕爲俗末勞苦不可堪之事，患其分心。若專勤農桑，以供賦役，給衣食而絕妄爲，以其餘閒讀書修身，盡優遊也。農功有時，多則半年。諺云：『農夫半年閑。』此半年之中，一月未嘗無幾日之暇，一日未嘗無幾刻之息，以是開卷誦習，講求義理，不已多乎？竊謂心逸日休，誠莫過此。

清 顧炎武《日知録》卷一〇《紡織之利》 今邊郡之民，既不知耕，又不知織，雖有材力，而安於遊惰。華陰王宏撰《箸議》，以爲延安一府，布帛之價貴於西安數倍，既不獲紡織之利，而又歲有買布之費，生計日蹙，國稅日逋，非盡其民之惰，以無教之者耳。今當每州縣發紡織之具一副，令有司依式造成，散給里下，募外郡能織者爲師。即以民之勤惰工拙，爲有司之殿最，一二年間，民享其利，將自爲之而不煩程督矣。計延安一府，四萬五千餘戶，戶不下三女子，固已十三萬餘人，其爲利益，豈不甚多？按《鹽鐵論》曰：『邊民無桑麻之利，仰中國絲絮而後衣之。夏不釋褐，冬不離窟，父子夫婦，內藏於專室土圜之中。』崔寔《政論》：『僕前爲五原太守，土俗不知緝績，冬積草伏臥其中。若見吏，以草纏身，令人酸鼻。今大同人多是如此，婦人出草則穿紙褲，真所謂倮蟲者也。吾乃賣儲峙得二十餘萬，詣雁門廣武迎織師，使巧手作機，乃紡以教民織。』《後漢書》采入本傳。是則古人有行之者矣。《漢志》有云：『冬，民既入，婦人同巷，相從夜績，女工一月得四十五日。』『八月載績，爲公子裳』，豳之舊俗也。率而行之，富強之效，惇龐之化，豈難致哉？吳華覈上書，欲禁綾綺錦繡，以一生民之原，豐穀帛之業。謂今吏士之家，少無子女，多者三四，少者一二。通令戶有一女，十萬家則十萬人，人人織績，一歲一束，則十萬束矣。使四疆之內同心戮力，數年之間，布帛必積，恣民五色惟所服用，但禁綺繡無益之飾，且美貌者不待華采以崇好，豔姿者不待文綺以致愛，有之無益，廢之無損，何愛而不暫禁，以充府藏之急乎？此救乏之上務，富國之本業。使管、晏復生，無以易此。方今纂組日新，侈薄彌甚，斫雕爲樸，意亦可行之會乎？

清 黄六鴻《積貯》《清經世文編》卷三九 夫三代而下之言積貯，莫善於平糴、常平、社義諸倉之法矣。然而初行有效，久則弊壞者，蓋創始之人以實心而行良法，故法興而利溥；繼起之人以良法而濟私心，故法敝而害滋。如漢耿壽昌之常平，始甚益民，後劉般以侵刻百姓，豪右因緣爲奸，小民不得其平而罷。隋長孫平之義倉，當社而立，即委社司簡校。吏不得操儲峙委積，小民均利。後因貯在民間，多有損失，又議置倉州郡，一遇凶饉賑發，受惠者皆近郭力能自達之人，而遠鄉僻壤，孤煢無告，不獲沾龠合。唐太宗詔置義倉，令畝稅二升爲不登之賑貸。又置常平倉，以備凶荒。後高宗時，稍假之以給他費，至神龍而略盡。宋代屢置惠民常平，以防凶荒，後因兵食不足，乃分常平數百萬緡，助三司以給軍費。熙寧間，王安石乃創立三司條例司，盡廢天下常平本，而易爲青苗錢。於是百姓無凶年之賙贍，而有樂歲之困窮。

由此觀之，豈法之弊哉？不得其人之故也。然自古及今，亦安得盡有其人而後議其法乎？今朝廷備荒之政命直省建立常平，令捐穀得補太學明經。近復允計臣請，聽民間照畝出粟，以爲積貯。其爲災民計，可謂詳且切矣。

然備貯之粟，春則減價以糶，秋則增價糴買還倉，非即耿壽昌常平之制乎？然今之捐納，半徇於上司親友之情面，半沒於官役朋比之侵漁，而廪中之儲，濩落無幾。恐其一朝敗露，遂假潮濕浥爛之辭，而爲出陳易新之請，以掩飾其欺。及不幸而去官，虧空之弊水落石出，其累萬盈千，見之參奏者，比比皆是。是朝廷惠窮民之具，竟飽奸貪溪壑之吞。較昔劉般指壽昌常平之流弊，又不獨侵刻百姓，豪右爲奸而已也。今之常平等穀皆於城郭置倉，吏胥掌其出納。其意以貯在民間，多有損失，莫若近之官長，就便稽查，而委之主守，以專責成，亦即隋之社倉改之州郡之謂也。然而旱潦偶罹，饑荒望賑。四遠孤窮，既不能爲升合匍匐而來，百里元侯又不能爲挽負鄉村而去，則賑濟止在城而不在鄉，夫又非隋之改置州郡，受惠皆近郭而遠僻不沾龠合，同出一轍哉？

鴻以爲欲倉貯有備，在於官得其人；欲侵刻無聞，在於制得其法；欲遠近均沾，在於常平倉社之並設。愚請得而申言之，可乎？夫倉貯之所以空虛者，由主守之無稽，而本官之懸久無補也。無稽則吏易以作奸，無補則漏，日形其罅，欲求充備，難矣。爲有司者誠能選小心畏法之胥，以爲典守，俾其出納有考，多寡有數，以嚴立其罰。及出易之際，官勿自用，使穀去倉，而銀須歸帑，亦不得聽先後補，致穀入手而價則無償。如是官胥既無染指，奸蠹不致騙誑，而倉貯猶患其無備乎？至於百姓受其侵克者，由於糶糴之不及窮民也。出易之際，小民弗獲受升斗。及減糶增糴，又僅有其名，而反爲加耗以損益其數，此百姓之所以有害而無利也。爲有司者誠能春而減價以糶，秋而增值以糴，酌其數而均與之，毋爲強有力所並，是則窮氓溥邀其惠，而尚有侵克之爲患乎？其社倉雖委之社正社副，而一切糶糴及費用之數，絲粒必登簿籍，彙報之官。官不惟按籍而稽，尤須履倉箧而察其數，單騎減從，毫髮不擾，則其鄉之人，視其倉皆我民之有也。好義者其勸輸皆爲我父兄子弟之所藏也，即典司諸人亦甘爲勞勩，不忍侵漁，以爲此我鄉人之脂膏性命也。如是而四鄉僻遠，有不均沾實惠者乎？合常平社倉而計之，援例所納之穀，宜貯之常平，建倉於城郭；照畝所輸之穀，宜貯之社倉，建倉於四鄉。及當歲饉，近郭散之社倉，又視城鄉之不足，而轉移以濟。此社倉、常平之並設均爲救民之至計也。爲有司者誠能以二倉之詳委，申之大吏，大吏請之於朝，永爲備荒定制，洵保邦固本，萬世之利矣。否則宜與紳士富民商酌，於各鄉照社倉自立義倉，廣爲樂助，亦如前法設施。恐力有不贍，不妨由少累多，如朱子貸常平倉米六百擔，積十四年，除償原貸外，獲現米三千餘擔，而一鄉之中，雖遇凶年，民不乏食，此亦其明驗矣。嗚呼！亦安得長有賢有司，而實心任之，使良法美意，行之千年，而有利無害也哉！

清 李光地《飭廣積貯牒》《清經世文編》卷三九　照得直隸地方，連年屢獲收穫，山佃澤農，稍有起色，然盈虛爲天行常數，備豫乃王政先務，故本部院年來每以開導水利，爲諸郡牧民者勸。今半載有餘，或以空文報答，或竟寂然無聞。雖北方土脈水性，與江南不同，且其民因循怠惰，難與慮始。或旗莊鄉宦，抗不奉行，爲其佃僕者又以非係己業，無心從事，所以推行甚艱。然一日爲民牧，則須盡一日民牧之心。該府州縣宜於理事辦差之暇，輕車減從，按行阡陌，因地勢以制宜，順民心而興事。遵照本部堂導溝、釃渠、開井三法，擇其便於民者，講究行之。縱遇旱潦，足以補救。此爲民興利之一法也。

比因屢被召對，仰窺聖意，每以民間蓄積爲拳拳。又慮有司奉法無人，推行不善，則利民之事適以滋擾，故宜使民牧講試，以引其端，不可使部文督責，以重其累。此誠聖明無隱不矚，體念官民之盛心也。爲此，仰該道府即移行各道府，除從前存倉米石，仍嚴飭州縣謹貯外，其各市鎮村莊，可否仿古人遺意，於收斂之歲，或勸募富家，出穀倡義，或詳算田產，按畝薄輸。何鄉所出，即貯之本鄉，司以本鄉之人。遇上歲，則有入無出，年年增捐。中歲則平糶，務使價極廉賤，不必取贏，秋成以其價糴補，下歲則發貸。其力能還者秋成交倉，不取利息，力不能還者免之。如果逢凶饑，則盡數煮賑，俟豐年從新勸募。如此，則官不累而民不擾，多一分蓄積，則所在獲一分之利。是又爲民藏富之一法，但行法之初，須使民樂從，無官吏抑勒之患，一難也。既行之際，必須得廉善公平之人以司其事，此在有司察訪真確，否則徒爲蠹蝕貽害，二難也。行法之後，付之民，則漫無稽察；責之官，則吏因騷擾，其弊至使良民不願管掌，而奸棍反用爲市，三難也。有此三難，所以良法美意，或致滋弊，義倉社倉徒空名而已。該道府將本部堂以下所條利病，深思熟講，仍會集所部賢紳耆老，廣諮博議。如謂可行，即詳悉講議條款，詳請施行。或有應題叙之有司紳官，應旌獎之富室義民，作何分別鼓勵，亦一一條列詳請。古人有言：『有治人，無治法。』該道府勿視爲易，勿畏爲難，果能實心推行，必有績效可紀。限自文到至秋收日，各道府務將積穀利弊及所治之內，民心曾否樂從，人才有無可托，並該管州縣有無能奉行之人，該道府以爲此事應舉應停之處，一一具文申覆，於八月內到院，勿得遲慢取咎。

清　劉汶《預備倉貸穀私議》《清經世文編》卷三九　康熙庚午，山東巡撫佛倫，請積穀備荒，畝徵四合，別貯於倉，上下其法於各直省。癸酉，巡撫桑格上言：『倉穀已足，請停四合之徵。』於是天下州縣，皆有積穀矣，謂之預備倉。辛巳，御史李發甲疏請開倉貸民，春放秋收，二分取息，如朱子社倉之法。方今聖人在上，耆德盈庭，嘉謀讜論，豈小儒輒能窺測？抑民生利病，亦聖世甄陶之士，所宜究心。嘗讀朱子《學校貢舉私議》，謹依仿斯體，擬作一通，聊當格物，質之師友云爾。

謹按朱子社倉，即王安石青苗之法。然而青苗害民，社倉便民，何也？青苗以錢貸民，而收二分之息錢；社倉以穀貸民，而收二分之息穀。錢與穀不同也。青苗錢必貸於縣，社倉穀則貸於鄉，縣與鄉不同也。青苗之出納，官吏掌之；社倉之出納，鄉人士君子掌之。官吏之與鄉人士君子不同也。青苗意主於富國，故歲雖不歉，民雖不急，亦必強之而貸取其息。社倉意主於救荒，故必儉歲貧民願貸而後與之。強貸與願貸不同也。青苗雖帑藏充溢，猶收息錢；社倉始惟借府穀六百石，至十四年之後，還六百石外，尚餘三千餘石，足以備荒，遂不復取息，但每石加耗米三升而已。取息與耗米不同也。此利害之所由分歟？

頃者，臺奏請以預備倉穀貸民，春放秋收，二分取息，如朱子社倉之法。竊以爲臺臣所奏，乃朱子始立社倉，不得已之權宜，非十四年以後經久之良法也。又預備倉之制，與社倉微有不同。誠如臺臣所請，其細碎不便於民者不勝臚列。姑言其弊，最大者有五焉。社倉穀積於本鄉，近者比屋，遠者數里，負戴甚易耳。今之倉穀在縣不在鄉。遠鄉貧民，無舟車引重之具，勢不能匍匐數十百里，而求升斗之穀。若欲移穀於四鄉大鎮以便民，則儲蓄無地，挽運無資。然則其能貸穀者，不過城中關外遊食之子、無藉之徒耳。本圖賑業農民，究竟農民一無所得，其弊一也。社倉乃鄉黨之私事，可以鄉人賑之。今則公家之事，出納之際，必藉吏胥。其放穀也，朽腐糠秕，迫脅領取，愚民不敢不受。其收穀也，淋尖踢斛，名爲加二，其實則加倍，又加四矣。其間期程迫促，符檄追呼，公人飲食之具，出入賄賂之需，道路往來之費，旅宿守候之累，必不能免，民將重困，其弊二也。歲之豐儉不常，則貸穀多少，每歲不等。若定例每年春放秋收，歲終總核，其加二之入，則縣令視爲定額，不敢缺少以妨考成，非按里抑配，即按畝濫徵。抑配，則不借者亦必強之借矣；濫徵，則不得穀者亦必還穀矣。陝西籽粒一案，不肖官吏以此二法殃民，向所目擊心病者今又將殃各直省矣。其弊三也。社倉之法，原因借官穀作本，勢須還倉，又六百石之穀，不足爲荒備，故不得已而取加二之息。及至官穀已償，積穀已足，遂不加息，但取耗米三升。假令朱子早得三千石穀，必不加息矣。豈待十四年後乎？今預備倉穀，大縣數千石，小縣亦不下千石八百石，略足支一縣之饑，可以不取息矣。若仍依死法，不知變通，窮民既有償息之苦，倉痍又有穀滿之虞。蓋藏織席，費出何所？取辦民間，又須生事。且五年之後，穀備倍於今，穀多農少，借者益稀，而有司仍責每年加二之額，其勢不得不出於抑配，不得不出於濫徵。本以救民，反以害民，其弊四也。各縣倉穀，那移者多，實貯者少；朽蠹者多，完好者少。縣令正苦虧空，無術補苴，忽得此例，必以朽蠹與民。或實無倉穀，造爲領狀，以欺上官。上官或受其賕，陰爲之庇，則縣令益無顧忌，公然按里按畝，均派還倉，此亦陝西籽粒已然之弊，必復見於倉穀。其弊五也。五弊並興，則是慕社倉之名而得青苗之實也，甚非計也。

然則爲今之計宜何從？曰：亦惟行朱子十四年以後之社倉耳。然且不能悉除五弊，僅可免其三焉。蓋立法防弊，十得其七已爲良法，其十之三則待人而後行，非法所能及也。所謂三弊可免者，一曰貸穀與民，並不取息，但收耗米，每石三升，如朱子之法，則弊少十之三矣。二曰貸穀多少以豐凶爲酌量，歲終造冊詳報，不預限其數，則弊又少十之二矣。三曰先查倉穀，實貯若干，朽腐若干，虧空若干，據實首明，免其前愆，責令停升停俸，陸續補完，准與開復。若以朽穀與民，或僞寫領狀，私派田里，立即革職拿問，從重治罪。督撫司道徇庇，不即揭參，或被科道糾彈，或被旁人告發，並治督撫司道知府之罪。如此，則弊又少十之二矣。此法一定，設有賢能督撫仰體皇上嘉惠元元至意，任使循良，各以其忠厚惻怛之誠，爲長久深遠之計。盈縮之數，因地制宜，斂散有方，因人授事，勿中飽於蠹胥，勿漏卮於遊手，勿任法而苛急，勿慢令而後時，庶幾彼二弊者亦以漸去。而水旱不憂，上下與足，變而通之，存乎其人，非可以一切之法，束縛而馳驟之者也。謹議。

清　陳斌《量行溝洫之利》《清經世文編》卷三八　十一者，取民之中制也。漢三十取一，唐、宋或二十或三十以取一，俱輕於三代，而顧不如三代之民之樂者。以三代田必分授，而有溝洫之利其民也。三代溝洫之利，其小者民自爲也。其大者官所爲也。溝洫所起之土，即以爲道路，溝洫所通之水，即以備旱潦。大雨時行，泄而出之，田不憂潦也。越有小旱，激而灌之，苗不憂槁也。故溝洫者萬世之利也。後世議之，慮其棄地之多而實無多也。一井之步約百有八十丈，其爲溝畛者八尺而已矣。一成之步約萬有八千丈，其爲洫與塗者九，積十有四丈四尺而已矣。通計所棄之地二百分之一而弱也。今更新爲之，必有慮其事之難成者，則更非甚難之事也。斌觀甽田之法，一尺之甽，二尺之遂，即耕而即成者也。今蘇、湖之田，九月種麥，必爲田輪，兩輪中間，深廣二尺。其平闊之鄉萬輪鱗接，整齊均一，彌月悉成，古之遂徑，豈有異乎？設計其五年而爲溝澮，則合八家之力，而先治一横溝，田首之步之爲百八十丈者，家出三人，就地築土，二日而畢矣。明年以八家之力再治洫，廣深三溝，其長十之。料工計日，三日而半，七日而畢矣。又明年，以八百家之力爲澮，廣深三洫，其長百溝。料工計日，一旬而半，三旬而畢矣。即以三旬之功，分責三歲，其就必矣。及功之俱成，民甽田以爲利。一歲之中，家修其遂，眾治其溝洫，官督民而浚其澮，有小水旱，可以無饑，十分之饑可救其五，故曰溝洫者萬世之利也。此古之所不惜於區區之棄地，而亦未嘗畏其難成者也。

百姓，一夫失業則饑，十日失穀則殍，此宜其家自爲生，人自爲力矣。乃百姓終歲墾田，而仍饑以殍者，此必其所不能自爲者也。一則以歲之不時，一則以溝洫之不治也。歲之不時，人所莫能爲也。溝洫之不治，農民莫能爲，官可齊其力而爲之也。其不爲者，謂其至重而不敢舉，至煩而莫之任也。竊觀秦、漢以下之言限田名田者，既以奪富民而興怨讟，已無復置其議矣。而魏孝文均田之令，其還受畝分之法，遠歷北齊、北周以至李唐，行之且數百年。此何以能然？況其溝洫之利隨時隨地無不可興者，而又何以不能哉？蓋時無大水旱，則坐視爲不必爲，及水旱至而拯恤不遑，又萬萬無可爲者。加以民食之盈絀必數年而後見，國家之利病必數年而後見。事無近功，官無嚴課，故吾民之饑飽死生，一聽命於不可知之歲，而曾無十一之防、百一之救也。斌謂救荒無善策，爲溝洫於未荒之時，此豫救之策也。即爲溝洫於救荒之時，使饑民即功而就食，此一救而兩救之策也。然而土異形，人異習。按方尺之圖，動十萬之眾，如漢武帝之輕用方士，坐廣厦之内，度溪谷之外，如王安石之欲田梁山泊者，則固不可爲也。即春議經界，秋議遣使，如宋天禧之提點刑獄並領勸農之職，而仍無毫之益於民者，亦名美而不足恃也。故爲溝洫必訪求於鄉耆、里長，而總其事於郡守，責其成於縣令，分其任於縣丞、主簿，則親而不擾，久而必成，今集四境之耆長，體訪以人情地勢，有酌見其可興溝洫之利者，丞、主簿一相度焉，而公酌之縣令。令再相度焉，准里計日，具圖以請於郡，而作其功。有廢地可以溝通者，則募其旁近失田之夫爲之，官助以不足，田成而授其人。五年而起科，畝十而當一，有溝洫其業田爲永利者，則以任本業之人。民實其田，官均其力，春夏作五日，秋作十日，冬作二旬，丞、簿親董之，令一作一視。先成者籍而存於官，其未成者簿志之，至來歲續而畢焉。民田一頃聽溝地半畝，十頃五畝，令不當溝塗之道者，轉償其鄰田。田不及頃，則任力而不聽田。二十畝以下者貰其力，蓄泄之利，兩邑共之，則郡守責其兩令，令或代去，則交其簿於受代之人。凡縣令置農田課，郡守察之，其阻成功及借名生擾者黜。

古揚州之田下下，今蘇湖之田之賦固上上也。自唐肅、代之世，轉稻東吳，至宋南朝，至元、明，漕運俱大半取給於是。此孔安國所謂田下賦上而人功修者也。蘇、湖之民善爲水田，春收豆麥，秋收禾稻，中年之入概得三石，而北方之種地者乃不能半之，則以無爲水田者也。凡穀之種，禾稻倍入，種稻之田，水田又倍。昔時關中鄴下之渠，蜀郡之江，荊之芍陂，揚之七門三堰，本廢田也，而畝收數鍾，民賴以饒，得水之效也。西北土性高燥，宜麥宜粱，所在低平之田，即爲下産，以其非粱麥之性，而雨澤一過，水無所注故也。誠爲其守令者，能勤行相度，分年規地，仿溝洫之意，備蓄泄以爲水田，種禾稻以佐晚熟，則高地之水四注，而爲害者必轉以爲利矣。且爲溝洫，非古之鑿空求水利者比也。以民之田，興民之利，不遣使，不起徒，不招流户，視其大小功力，隨作隨成，有小水旱，此豐而彼歉，則鄰近之人，必有請其法而自爲之者，勿憂事之難於慮始也。斌竊觀有水之處，皆可爲田。故浙、閩、江、淮間，岡嶺之上，有泉源可灌者爲山田；江湖之旁，有淤泥可圍者爲圩田。若於西北低平之田量爲溝洫，夫豈有山田、圩田之難哉？通其變使民不倦，此利一興，匪獨散金錢轉粟米，損此益彼之數也。其在於古，求代田、區田之法；其在於今，用水車、水盤之制，合乎地勢，信於民情，爲之有成，事可經久。此朱子以經界爲五十年之利者是也。

清　王心敬《井利説》《清經世文編》卷三八　或問豐川氏曰：『水利爲救旱第一義。然如旱日之久則江且落，河且竭，淵泉亦且微而涸，將取水之路不且窮乎？水路窮而生民之旱饑將何濟歟？』豐川氏曰：『不然。不見吾夫子係《易》之辭有曰：「井養而不窮」耶？』則如掘井一法正可通於江河淵泉之窮，而實補於天道雨澤之缺。吾生陝西，未能遍行天下，而如河南、湖廣、江南北，則足跡嘗及之。山西、順天、山東則嘗聞之，大約北省難井之地，惟豫省之西南境地勢高亢者，井灌多難。至山東、直隸，則可井者且當不止一半。特以地廣民稀，小民但恃天爲生，畏於勞苦。而歷來當事亦畏於草昧經營，故荒歲率聽諸天，坐待流離死亡耳。惟山西則民稠地狹，爲生艱難，其人習於儉勤，故井利甲於諸省。然亦罕遇召父杜母爲監司，故井處終不及曠土之多，至如吾陝之西安、鳳翔二府，則西安渭水以南諸邑十五六皆可井，而民習於惰，少知其利。獨富平、蒲城二邑井利頗盛，如流渠、米原等鄉，有掘泉深至六丈外以資汲灌者。甚或用磚包砌，工費三四十金，用轆轤四架而灌者。故每值旱荒時，二邑流離死亡者獨少，鳳翔九屬，水利可資處又多於西安，而棄置未講者亦且視西安爲多。夫天道六十年必有一大水旱，三十年必有數小水旱，即十年中，旱歉亦必一二值，惟地下之水泉終無竭理，若按可井之地立掘井之法，則實利可及於百世。今計其規制之詳，則首在視村堡人丁多寡之數，次視地勢高下淺深之宜，又次計成井取水難易省費之詳，又次必先事豫備，不至緩時以失事機，而緊要則在鄉約。村村得人，而大綱紐則在太守賢明，實心實力，嚴飭州縣，信賞必罰，絲毫不以假借也。

何以言首視村堡人丁多寡之數也？凡乏河泉之鄉，而欲興井利，必計丁成井。大約男女五口必須一圓井，灌地五畝，十口則須二圓井，灌地十畝。若人丁二十口外，得一水車方井，用水車取水，然後可充一歲之養，而無窘急之憂。井若不稱人數，即所產不敷人用，雖欲不流離死亡，寧可得乎？此所謂必視人口之多寡以成井也。何以必視高下淺深之宜也？地勢高，則爲井深而成井難；地勢下，則爲井淺而成井易。然又有雖高而不帶沙石，成井反易，地下而多有沙石，成井反難者。故地勢所宜次辨也。何以又須細計地之成井難易、取水省費之詳也？成井難者其費重，成井易者其費省；取水難者其費重，取水易者其費輕。費省，則可按其地而量助以官穀；費重，則可稱其費而多藉以倉糧。鄉約係本地之人，必知村中人家之貧富。砌匠係久作之人，必悉其工料之情實。但得鄉約井匠計估不爽，官吏勤查而細酌之，然後價少而事舉，無意外之隱奸耳。故成井與取水之難易宜次計也。何以又言必先事預備也？凡近河近泉近澤一二里間，水可引到之處，則襄江水車制可用。至如井深二丈以上，則山、陝汲井之車無不可用，但井須磚石包砌，工費頗多。不豫爲之計，使一切井工器具豫成於春間，倘如夏後驟旱，田苗資水將何及乎？惟磚料先備，則臨時一井，數日可完。雖水面降落，泉不易竭矣。故曰必先事豫備也。何以言要緊在鄉約得人，而尤在太守飭州縣信賞必罰也？鄉約不得人，官吏豈能一一親視？雖上司悉心籌畫，而承行盡屬具文。且即鄉約得人，下不尊服，動輒掣肘，亦豈能成就此一大事乎？然非太守刻意巡察，州縣畏法，奚得一郡舉無廢事，不致玩愒苟且乎？故曰在鄉約得人，而尤在太守盡心也。

至如細計工程，辨物料，籌費用，察舉廢，別勤惰而定賞罰，尤須切情合宜，無令大工之中沮，功罪之卒淆，則又成事之資藉，奏績之機緘爾。蓋吾又細計其詳，凡爲井之地，大約四五丈以前，可以得水之地皆可井。然用轆轤則易，而用水車則難。水車之井，淺深須在三丈上下，且即地中不帶沙石，而亦必須用磚包砌。統計工程，井淺非七八金不辦，井深非十金以上不辦。而此一水車亦非十金不辦。然既成之後，則深井亦可灌二十餘畝，淺井且可灌三四十畝，但使糞灌及時，耘耔工勤，即此一井，歲中所獲竟可百石，少亦七八十石。夫費二三十金，而荒年收百石，所值孰多？誠使相地度力，或地段寬長，丁口多，一家而開兩三井；又如地段窄短，人丁寡少，或數家而共爲一大井。此則用水車之井，雖難而不可忽也。至於小井，則不須磚砌，即工匠不過數錢，器具不過一金可辦。若地中帶沙須磚砌者，一切工費亦止在三五金外。然一井可及五畝，但得工勤，歲可得十四五石穀，更加精勤，二十四五石可得也。夫費三五金，而於荒年收穀十四五石，甚至二十餘石，所值孰多？且即八口之家，便可度生而有餘，是則用轆轤之井尤不可忽也。又如居近南山之鄉，井可用石代磚者，則一鄉通力載取，至其所用之檔木、井架、水車、轆轤等木，則鄉中寺觀之木可借用者借之，富家之所蓄與或其地之所產，則鄉約評價，或借官穀立償，或鄉約作保，亦償以秋後之穀。此亦鄉之善人所樂爲也。太守先差的當人員稽察各鄉之舉廢，仍時乘馬巡行屬邑。務必一周再周，且即攜帶酒肴，凡勤而如法者立加賞勸，惰者立加責懲。其待鄉約，亦必一體加以榮辱，而如州縣官之宜獎宜戒，更必毫不得假焉。總之要一郡之內，村村大小之井相間而成，戶戶備旱之具無有不豫，凡工費不足者。皆鄉約通融酌劑，或稟官借穀，或保借於村中，即於秋成責其計穀之價，用加二之息，一一盡還。而此外如地高難井、石田絕水之鄉，與夫寡婦孤兒，單丁獨戶，僧尼流客，師巫樂工，或有人而無田，或有田而無丁，或有田有人而無食用之資，皆須鄉約悉心計處，稟官施行，不使一人一家不同其利，豈非王政之大者哉！

乾隆二年，陝西巡撫臣崔紀言：『陝西平原八百餘里，農作率皆待澤於天，旱即束手無策。竊思鑿井灌田一法實可補雨澤之缺。臣籍居蒲州，習見其利，思爲廣行，除延安、榆林二府，邠、鄜、綏德三州，所屬地高土厚，不能鑿井外，西安、同州、鳳翔、漢中四府，並渭南九州縣，地勢低下，或一二丈或三四丈即可得水。渭北二十里州縣，地勢高仰，亦不過四五丈六七丈得水，但有力家可勸諭開鑿，貧民實難勉強。墾將地丁耗羨銀兩借給貧民，資鑿井費，分三年完繳，再鑿井耕田，民力況瘁，與河、泉自然水利者不同，請免以水田升科。』得旨允行。又疏言：『陝省水利莫如龍洞渠。在秦爲鄭渠，漢爲白渠，宋迄元、明或名豐利，或名王御史新渠，或名廣惠，或名通濟。上承涇水，中受諸泉，利賴甚溥。自雍正五年，督臣岳鍾琪動帑興修，經陽、醴泉、三原、高林四縣咸資灌溉。奈未定歲修之法，又因涇漲入渠，泥沙漲閼，諸泉從渠岸泛出，石罅滲漏。經前撫臣碩色諮部修浚。但現在龍洞泉北入涇，不南入渠。其篩珠、瓊珠以下諸泉，雖南流，奈渠身滲漏，亦多入涇，若不將龍洞及諸渠泥沙淘盡，不但不能引涇，即龍洞泉亦不下達。最要莫若於龍洞內築石壩以納泉，不使入涇。龍洞南岸石堤應加高，以防濁水溢塞。又水磨橋、太王橋上下各泉，亦應於泉旁築壩，收入渠內。請設水夫三十名，供啟閉閘版之役。』俱允行。明年三月，以紀於陝西水利辦理未善，改湖南巡撫。十五年，陝西巡撫陳宏謀言關中之地平原土厚，雖有河道，岸高難引，鑿井灌田實爲救旱良法。臣諭屬勸導，凡以己資開井者，地方官明獎勵，無力者給社穀、常平穀作工本，報聞。

清 陳宏謀《請水利責成佐貳疏乾隆六年**》**《清經世文編》卷三八 竊惟耕鑿乃衣食之源，而水利實農田要務。江西一省，所屬郡縣，非濱江帶湖，即環山逼嶺。近湖之地勢與水平，民間築有圩堤閘壩，以資捍衛。地以內之民田廬舍，煙火萬家，每遇水發，全仗圩堤閘壩，周圍堅固，始保無虞。一有沖漫，均遭淹害，此以圩堤閘壩防水之害者也。近山之地，高下畸零，開墾田地，既防沖決之爲患，又苦灌溉之無資。惟有修砌陂塘堰圳，水至可資防禦，水少可資灌溉，此又以陂塘堰圳防水之害，而即資水之利者也。江西水利大段不外此二者，而年歲之豐歉亦即關係於此二者矣。向例於農隙時，撫臣行令各地方官，將舊築圩堤，派夫修葺，年底將完固緣由，造冊報部存案。止就南昌、瑞州、臨江、饒州、南康、九江、贛州等府所屬之十有餘縣，年年報部有案者，匯冊開報。而近山逼嶺地方，一切陂塘堰圳，均不在開報勘修之例。即此數府中，除所報圩堤而外，亦尚有續修未修之圩堤閘壩，總因地方官向無承修保固之責，視爲泛常，并不親勘督修。其間民力之勤惰，出夫之多寡，圩堤之堅否，地方官既未親臨查勘，無人督率，奸頑田戶，每推諉不前。不但應修而未修者延挨觀望，即已經派修者亦不過虛堆浮土，掩飾一時。隨修隨傾，難資捍禦，以致驟遭大水，尺土不保。全圩受淹，一處沖決，闔境罹害。現據士民以民間情願修圩築圳，請官督修主持，以免阻撓等詞，紛紛具呈。則江省之圩堤堰圳，夫力雖出於民，督率不可無官也明矣。

臣查地方縣令身膺民社，水利農田，本其專責。但每年農工畢後，正值徵漕開訟之際，勢難親身前往各鄉勘修，而各處應修之處，無官爲之督率，未免心力不齊，強弱不一，動多阻撓爭執、控告不休之事。惟各縣均有縣丞一官，本屬閑曹，並無專管職掌，原應佐理縣務。此等圩堤堰圳，乃民生要務，正宜委令辦理。臣蒞藩司任時，正屆農隙之時，曾經詳明通飭各屬，委令縣丞各員，分頭勘修，但係一時詳行之事，若不定以責成，永遠遵守，仍致始勤終怠，難收實效。臣請將江西一省縣丞均加水利銜，凡有修築圩堤閘壩、陂塘堰圳等項工程，俱專責各該縣縣丞查勘督修。間有並無縣丞之屬，即委典史巡檢，各按本管地段查勘督修。每年九月以後，農隙之時，各該縣丞等官，輕騎減從，親詣各鄉確勘，將應修圩等項查照向例，督率圩長民夫，合力修築。薄者培之，卑者增之。圩長徇私怠玩、田戶恃強抗違者，該委員即可就近分別懲治，統限歲底修竣，造冊移縣。該縣察實，加具印結，轉申匯冊報部查核。其有向無圩堤等項查勘情形，或應築堤建閘，或應修砌塘圳等類及向曾築有工程，或年久坍塌過甚者，亦即督令該地民夫合力修築。如工程浩大，關係永遠水利，而民力不支難以派修者，應請循照從前奏明事例，動支鹽規充公銀兩，給發興修。各該員三年之內果皆實力督修，並無沖決被水等事，遇有保舉升用，將承辦水利如何，列入事實獎薦，以示鼓勵。倘有扶同捏飾，以及藉端需索、擾累鄉民等弊，分別參究。自此之後，除猝遇異常大水，非人力能施，毋容議外，如止尋常雨水，而有圩有壩田地工程，修築不堅，致有沖漫受淹者，將各該委員及知縣一併題參，分别議處。如此，則責成既專，修築以時，各官咸知境内有不容玩視之工程，小民亦知境内有不容推諉之工程。上下官民交相勸勉，水利興而農田得收實效矣。

清　尹會一《敬陳農桑四務疏》《清經世文編》卷三六　竊衣食爲生民之至計，農桑實務本之良圖。我皇上軫念民依，重農貴粟。特頒諭旨，明示勸課之方，復命廷臣，詳籌教稼之法。臣伏讀綸音，遵照部議，業已飭令各屬隨地制宜，因民利導，設立老農，興修水利，實力奉行。惟是臣生長田間，頗知農務，謹就豫省情形，悉心籌畫，謬抒管見，敬爲我皇上陳之。

一、天時之宜乘也。凡物之生長，必有其候，故農時以勿違爲先，而力田以早種爲主。蓋早種則先得土氣，根株深固，發生必盛，收成必倍。今豫省百姓，罔知節候，往往有時宜播種而未舉耜者，有時宜耘耔而始播種者。既失天時，遂違物性。臣查播麥之期，務在白露，如天氣尚暖，當於白露十日後種之。種高粱，當臨清明節，種早穀，當臨穀雨節，種棉花，當在春末夏初，豆子晚穀，則於五月刈麥之後，在麥地播種，蕎麥於中伏以内，芝多種於棉花地旁，即有氣候不同，寒暄各異之處，要必按時下種，不可遲緩。應令地方官刊刻告示，遍户曉諭，並責令老農，督率勸勉。仍欽遵聖諭，州縣官不拘時日，輕騎減從，親往各鄉查勘。如逾時而未耕未種者，即詢明緣由，面加訓飭。倘有工本不足者，許老農開具名結，藉以倉穀，秋後照例還倉，則天時無失，而耕種得宜，庶百穀繁昌，收穫自豐矣。

一、人力之宜盡也。南方種田一畝，所獲以石計，北方種地一畝，所獲以斗計。非盡南智而北拙，南勤而北惰，南沃而北瘠也。南方地窄人稠，一夫所耕，不過十畝，多則二十畝。力聚而功專，故所獲甚厚；北方地土遼闊，農民惟圖廣種，一夫所耕，自七八十畝以至百畝不等，意以多種則多收。不知地多則糞土不能厚壅，而地力薄矣。工作不能遍及，而人事矣。是以小户自耕己地，種少而常得豐收，佃户受地承耕，種多而收成較薄。應令地方官勸諭田主，多招佃户，量力授田，每佃所種，不得過三十畝。至耘耔之法，又須去草務盡，培壅甚厚。犁則以三覆爲率，糞則以加倍爲准，鉏則以四次爲常，棉花又不厭多鉏，則地少力專。佃户既獲豐收，田主自享其利，且分多種之田以給無田之人，則遊民亦少，仍飭地方官善於奉行，不得強抑勒派，以滋擾累。

一、樹藝之宜廣也。夫木之佳者，以桑爲尚。其餘如棗、梨、桃、杏、榆、柳、椿、杜等，均堪利用。臣查豫省地方，每多鹹城飛沙之地，小民因難以墾種，大半荒棄。不知鹽城之地，挖去三尺，必無鹹味，飛沙之地，挖去三尺，必有濕氣。而村尾溝頭，籬邊屋角，隙地頗多，雖不可播種五穀者，未始不可栽植樹木。似應令地方官，責成鄉耆保長，廣爲勸諭，就所宜之木，隨處種植，加意培養。如鄉耆保長有能於一年之内，勸民種桑五百株，梨、棗等樹一千株者，據實冊報，印官給以花紅；三年内能每年添種如前數者，給匾奬勵，則地無曠土，而利賴更溥矣。

一、女工之宜勤也。竊以蠶桑之利，固屬無窮，而布匹之需，爲用尤廣。查江南蘇、松兩郡，最爲繁庶，而貧乏之民，得以俯仰有資者，不在絲而在布。女子七八歲以上，即能紡絮，十二三歲，即能織布，一日之經營盡足以供一人之用度而有餘。今棉花産自豫省，而商賈販於江南，則以豫省之民，曠廢女工故也。臣愚以爲寸絲之直可以買尺布，衣布之人百倍於衣絲。且織布易而織絲難，教以難者，或未必其率從，教以易者，庶可冀其就業。但豫省未嘗不織布，而家有機杼者百不得一。應令地方官，曉諭有力之家，或多造機杼，貸於織布之户，量取賃直，或將無礙公項可以動支打造者，令其報名給領。俟一年之後，繳還原項，並廣諭婦女，凡牌甲之内，有一家織布者，即令同甲仿效行之，久而比户連村，無不各勤紡織，似亦推廣蠶桑之一道也。

以上四條，臣仰體我皇上重農務本，富民足食之至意，竊就豫省地方，董率官民，措施辦理。但臣知識淺陋，是否有當，伏乞訓示。

清　郭起元《論閩省務本節用書》《清經世文編》卷三六　某閩人也，竊願言閩事。閩地二千餘里，原隰饒沃，山田有泉滋潤，力耕之，原足給全閩之食。無如始辟地者。多植茶蠟、麻苧、藍靛、糖蔗、離支、柑橘、青子、荔奴之屬，耗地已三之一，其物猶足供食用也。今則煙草之植，耗地十之六七，原煙出自西北邊外，謂可以驅寒耳。今則遍於東南，飲煙者無間暑寒，爲用與食鹽等，而又勝之。閩中更甚，煙葉之雨露入地，則地苦而穀蔬不生，無益於人而害於嘉種。如此，閩田既去七八，所種稻菽麥亦寥寥耳。由是仰食於江、浙、臺灣、建、延。米艘自海來者，有風濤魚龍之險，自建、延下者，灘石犖確，水潦不時，往往阻滯。而江浙官吏，又輒禁洋遏糴，故閭閻時時乏食。執事發令移文採買，而境内可以無饑矣。

竊念古者建國，君民不待食於疆外。閩地耗於植煙，既嚴其禁，然小民不知大計，終以草爲利，久且復植。粳稌火耕水耨，沾塗胼胝，用力甚勞。海民習魚鹽蠃蛤之利者，冒險取之，逸獲而利饒，故惰於耕耘。不知民惟耕耘，則氣樸而質固，習勤而善生，古稱孝弟始於力田者，良不誣也。今惟飭長吏率三老諭民以重農務本之益，俾通曉自悟，漸革其俗，斯阜成盈寧之效可幾也。執事敷教以來，士多經明行修，今又開設書院義學，宜乎孝友睦婣任恤者，所在皆是。然而士民仰事俯育，兼資乎物力，孟子曰：『菽粟如水火，而民焉有不仁者乎？』今戶口日蕃，而地不加增，民以日貧者，人與土贏詘之勢異也。一人之食，十人食之，則必饑矣；一人之衣，十人衣之，則必寒矣。爲今之圖，亦惟節儉以濟其不足。誠令中人之家去肥甘而粗糲之，一人之食可飽數人。易羅紈而布絮之，一人之衣可燠數人。此雖民間嗇之務，而登耗安危之機寓焉。福、興、泉、漳四郡，用物侈靡，無論其它，即冠帶衣履間，動與吴、閶、杭、越競勝。不知彼地之膏腴，此方之瘠薄，財力之難以支也久矣。伏望飭吏設禁轉移之，衣食足而民仁，乃自然之效也。仰祈垂鑒而採納之，幸甚。

清　張允隨《勸農三策疏》乾隆二年》《清經世文編》卷三六　奏爲請酌定考課，獎勸補助之規，以裨農政事。竊惟足食爲民生之本計，教養爲王政之先圖。綸音迭沛，無時不軫念農功，興懷勸相，曉諭督撫大吏，講求水利，而以農桑本務，倡課百姓爲先。至州縣之能勸民墾種者，非有大過，毋輕劾去，以期勸課有成。大哉王言，誠二帝三王之用心，而萬世兆民所永賴者也。臣奉到上諭，悉心體貼，除滇省水利另折奏聞外，似覺尚有可以推廣善治者，敬爲我皇上陳之。

查勸課農桑固州縣之責，而州縣政務殷繁，不能遍及，是以部議仿照《周禮》遂地之制，量設數人以司董成，誠農政之先務。但思州縣牧令，熟諳農功者少，似宜定爲規條，示以准的，俾選擇之始，既有以察其能否，考課之時，亦有以驗其勤惰。臣請定十則，一曰筋力勤健，二曰婦子協力，三曰耕牛肥壯，四曰農器充鋭，五曰耔種精良，六曰相土植宜，七曰灌溉深透，八曰耘耨以時，九曰糞壅寬餘，十曰圃潔治。以上十條以十得八九者爲上農。酌量州縣土田之多寡，村落之遠近，即於上農之内，選擇老成謹厚之人專司教導，於井里之中，晨夕聚處之際，勤者勸之益勤，惰者勉之勿惰，逐末者引之以務本，遊手者教之以學稼，不許干預他事。至農人雖終歲勤動，而其功力之齊，則全在春耕夏種秋收之日。牧令政務雖繁，而一歲之中，要當竭此數旬之心力，以勸農事。如每歲二三月間，東作方興，州縣親行履畝一次，則耕犁之勤惰可得大概矣。四五月間，插蒔方殷，再行履畝一次，則栽種之勤惰，可得大概矣。九十月間，穡事告成，再行履畝一次，則農功之勤惰可得其全矣。勤者獎賞之，惰者誡飭之，老農教導無效者，則另選以代之。如州縣奉行不力，督撫司道府爲之稽察而申飭之，如此，爲牧令者既克盡其勸課，亦不致滋擾閭閻，則用力少而收功溥矣。其餘月日，恪遵訓旨，凡值公事之暇，即巡歷鄉村，所至之處，詢疾苦而課農桑，獎善良而懲頑梗，則上下之情通，而提撕易入，不難合四境如一室矣。

至部議所定量加獎賞之例，固所以答老農教導之勞，而鼓众農力作之氣。但查州縣既多，老農亦众，若動帑賞給，則國家經費有定。若僅地方官捐給，則牧令中急公之員固不乏人，而庸謹者不無苟簡從事，則獎賞之典，將成具文。又當酌一法，以爲風勵斯民之具。伏查遂師之制重於成周，力田之科隆於漢代，而國家現行鄉飲酒之禮，凡鄉民之年高而謹者，得推爲介賓，民間深以爲榮。今老農雖未足與於此選，然果能率民以服先疇，若有成效，亦有司所當禮貌者也。臣請仿其意，於每歲秋成之後，州縣查其所管鄉村，如果地辟民勤，穀豐物阜，則爲之備花紅酒醴，設席公所，進而觴之，並用鼓樂導之以出。使耕鑿之儔見農民之細，而長吏親爲優禮，其觀感興起之忱，有油然而生者矣。

至於貧乏之民，堯、舜之世所不能無，故先王有省耕省斂之典，即有補不足助不給之恩。倘課農之法既備勸，農之典復隆，而工本艱難，自當更籌補助之典，俾得及時栽種。查各屬社倉穀石，原係春借秋還，而常平倉穀，每年出陳易新，亦得詳明動借。然皆於青黄不接之時，以之接濟民食，安能復作耔種。臣查社倉，係社長經理出入，例應加息還倉。應聽民間自行借給外，請將常平倉穀於出陳易新之外，另立借給耔種名目，在存七數内，再行酌借一二分，俾民間共知其爲作種之項。令州縣官春夏巡行畎畝之時，查係實在無種窮民，即擇倉内堪爲耔種之新穀，酌動借給，令其作種，其力稍能自備，及吏胥皁役人等，不得捏冒濫借，務使貧民得沾實惠。秋成照數還倉，照例不許加息，其或偶有水旱不齊，緩至次年交倉，一轉移間，而貧民既得乘時布種，復得免重利借貸之苦，則且咸受裁成輔相之愷澤於無窮矣。

清 朱倫瀚《截留漕糧以充積貯札子》《清經世文編》卷三九　竊惟裕國足民之計，首重倉庾積貯。產穀運米之地，素稱江廣東南。是以滇、黔、閩、粵、川、陝、山西諸省例不徵漕，山東、河南只徵運粟米，惟江蘇、安徽、浙江、江西、湖北、湖南六省，每歲徵運漕白糧米以實天儲。不惟官兵俸餉所需，多年以來歷蒙皇上天恩浩蕩，賑糶頻施，遠近生民賴以存活者不知凡幾。是天庾正供，根本重地，必陳陳相因，而後可爲久安長治之計，則京通各倉之不容不足也明矣。至各直省所屬之倉糧，原以待賑待糶，接濟民食，預防歲歉，亦不容稍有虧缺者。內充必須外裕，酌盈所以劑虛，更不可不因時有以籌策也。所謂籌策者，貴乎因時有濟，不妨行於不足之時，仍可歸於有常之例，乃今之籌畫積貯，只曰速補毋缺而已。臣以爲倉糧不可不買，而不可急爲買也；糧額固不可缺，而不可急求如額也。謹計盈虛之數，合產米之區，爲之酌緩急之宜，思久長之計，有不得不略爲變通者，敬爲我皇上陳之。

夫米穀之產於各處也，雖其地土之肥瘠，收穫之多寡不等，而一年所入只有此數。乃所出而爲用者有漕米、有兵米，地丁完納，藉此而供，居常用度，藉此而辦。蓋藏已有難言，何況盛世滋生，人口日眾，歲時豐歉各處難一，以有限有則之田土，供日增日廣之民食，此所以不能更有多餘。以無多餘之所出，而欲供各處盡力之搬運，此所以米穀日見其不足，價值日見其增長。臣所謂計盈虛之數者此也。

至廣產之地，米穀之價，臣少年隨任江西，往來外省各處，及補授浙江糧道十餘年，督率糧艘前赴江淮，又署任湖廣驛鹽道，合此數省觀之，其米穀之價俱加倍於從前矣。即如浙江省分，浙東一帶只供本地兵米民食，不能更爲浙西之用。其杭、嘉、湖三府屬二十二州縣內，每年應辦漕白正耗糧米、南秋兵米外，仍須本地之倉社積貯。所產不敷所需，不待言也。江南辦糧愈多，兼之各處經商人民到處雲集，食米更倍。江西素爲魚米之鄉，邇來生齒倍繁，多往外省開墾力作，號爲棚民，則庶而不富，亦可見矣。湖廣素稱沃壤，故有『湖廣熟天下足』之諺，以今日言之，殊不盡然，湖北一省，宜昌、施南、鄖陽，多處萬山之中，荊州尚須由武漢撥濟兵米，德安、襄陽、安陸，其地多種豆麥，稻田亦少，武昌所屬半在山中，惟漢、黃兩郡尚屬產米。湖南亦惟長沙、寶慶、嶽州、澧州、衡州、常德等府係廣產之鄉，其中亦復多寡不等。餘郡遠隔山溪，難以轉運，加以本處之生聚，外來之就食，各省之搬運，價乃愈昂。而今日之採買運販者，動云楚省，不知今日之楚省非復昔日之楚省也，且亦待濟於川省矣。武漢一帶有『待川米來而後減價』之語，則不足之情形已見。恐未可視爲不竭之倉、不涸之源也。臣所謂統核天下產米之區者此也。

是以就緩急之宜、久長之計，請爲籌畫變通之策。伏思積貯之道，原因百姓不能蓋藏，是以廣爲儲備，以待賑糶之需。今歲仰荷皇仁，直隸可稱大有，其遠近各省亦多雨水調勻，已兆豐盈之慶。地方積貯缺額之米，正宜及時買補。竊恐各處買補並舉，每省莫不以數十萬百萬計，交相爭購於一時，必致米價昂貴。是地方未受平糶之利，先受目前米貴之累。或謂買補之法，不必本地，不必鄰封，但擇產穀最多之地而買之，則賤值可抵價。不知此地原因穀多而價賤，本地既有官買之穀，今又爲各處分買，亦必價增而穀貴，是豐年多產之鄉亦等於歉歲薄收之地矣。或謂存七糶三，穀仍在民，議賑議糶，利仍歸下。如常平、義倉、社倉皆自古調繆之至計，然法久弊生，未必盡有利而無害也。且古人耕九餘三，必有九年之耕，無水旱之災，無那移之耗，然後可餘三年之食，若三年而欲謀三年之食，必不可得。且所餘已盡爲官貯，而不復爲民之所有，是不得不有權宜之道，而計及積貯也。查近經倉場督臣奏稱倉廒俱已充盈，不能再貯新糧。是自古天庾之足未有過於今日者也。來歲輪運，自必更加豐裕。

臣愚以爲臨期籌畫倉廒，莫若先時籌畫積貯。請將各省倉廒應買補之米穀暫停採購，則各處少此採買之米，自必流布於本地，以爲民食。年豐米多，其價自然低減，其運漕各省積貯所缺之額，請即於應行運京之漕米內，酌量撥留本地，以充積貯。在京通各倉，定例原有應貯之數，似不可少，自今歲觀之，已覺有餘，況京倉之與外倉皆朝廷之內外府也。外省倉儲既足，民食已敷，其於天庾不過暫少太倉一粒，而數省閭閻即可充裕十分，一轉移間，各省倉儲俱少買數十萬石米穀作爲本地之需。官倉盈而額數不缺，民食足而價值不貴，不待耕九餘三，而旱澇無虞，不須採買，而官民無累，一舉而數善備矣。況亦不過行之一時，明年即可照舊辦理。惟查本地漕糧從無充本地積貯之處，恐格於成例。然我皇上天地爲心，歷年豁免糧賦，折徵緩徵，截留漕糧，撥運賑濟，多方矜恤，皆自來例之所未有。更蒙特諭各省督撫，『寧可國家多費帑金，不可使閭閻一夫失所』。大哉王言，視民如傷，凡有利於百姓之事無不破格行之於今日矣。至有漕各省應貯額數若干，應行買補若干，年景豐歉，地方廣狹，作何分撥留貯，及暫時停運之糧艘、丁舵水手，作何給與苦蓋養贍之處，臣未敢擅議。

清 喬光烈《最樂堂文集》卷二《同州府荒地渠泉議》 夫辟土地以廣農功，任流泉以資灌溉，使野無不墾，歲無旱乾，所謂因地用天，利民無窮者也。然土不可曠而有不可耕，非徒草宅之患也。潤澤有宜而亦有不可致，則視形便之殊也。土不可耕必强田之，潤不可致必强取之，費徒多而見功少，於事無所益，於人寡所便，唯斟酌其宜施行之，庶幾力省而效多。同州府所領自潼關外，州縣凡九。曰華州，曰大荔，曰朝邑，曰澄城，曰蒲城，曰華陰，曰白水，曰郃陽，曰韓城。計其地盡爲田，耕獲歲播無所荒廢者，惟潼關、郃陽、韓城耳。外此華州、大荔、朝邑、澄城、蒲城、華陰、白水，舊地荒不治者共九千二百三頃四十有九畝。其後累經墾復而今現田於民者，合計凡三千七百九十頃七十畝有餘。又華州、大荔、蒲城、華陰皆有屯地，明時軍屯種者也。其地以頃計者共一百八十二，是已久荒，後乃漸墾之，得六十一頃四十八畝，其未復地尚一百二十頃餘六十二畝，而諸州縣泉源所出，若昔時引爲渠者，於潼關有潼河、張公堰、禁峪河及麻峪三渠，於華州有喬峪渠、階峪水渠、赤堤峪渠，共五堰，石堤峪渠、西溪渠、小敷渠、黄家河渠、黄家峪渠、構峪河渠、羅紋渠、太平渠、孝感泉。於大荔有龍首渠、北莊泉、蘇村泉。於朝邑有雙泉、蔡莊、象底、大奇、西莊五泉。於郃陽有大峪河、洽水、橋頭河、宮城河、王村瀵、莘里瀵、運斗瀵，引之爲三十二渠。於韓城有濾河、芝河、潦河、[氵軌]河、澗水、文水、盤水，引之爲五十八渠。於澄城有玉泉、大谷河、縣西河、八渠十分。於蒲城有漫源、半坡寨、常樂三郎諸渠及鄭渠。於華陰有磨渠、靈應泉渠、醴泉渠、甕峪渠，凡合計泉渠一百六十有三。今疏通其流皆可引灌，若潼關之周公渠、漕渠，華州之漕渠、利俗渠及天鵝池、東西南三溪，大荔之馮村、坡底、洪善三泉，朝邑之通靈陂，韓城之湖濾水土門七堰，蒲城之白馬泉、山陽堰，華陰之敷水蒲谷峪、段明峪、黄神長漕渠與白水之武子渠。或開自唐、宋時，並多堙廢。

自論者謂西北少水利，故田無沾溉，常以旱歲爲虞。又其地廣人少，或棄地不耕，爲民計者務使尺寸之壤無遺種，涓滴之潤無遺利，以今日之同州而言，其未墾復者爲地尚五千數百頃，其廢不治者泉渠且二十餘，似宜急導之農耕而悉修其水利，不可須臾緩。然以民之取利，甚於官之教民，苟利所在，必爭先往鶩，忘其勞力，孰甘棄可耕之土，而任爲閒田？誰不樂溉浸之有資，而聽其爲槁壤哉？唯見其無所利，而爲之徒費其勤，是以土未墾復者，渠泉湮莫疏者，歲月久之，任廢不治，非無故也。且夫地利不可不盡，而所爲盡地利者，亦非必盡於稼穡。古善爲民計者，原隰腴沃，可田者田之，其地瘠确與五種不宜者則樹之果蓏材木，故樹桑足以供蠶絲，樹之棗、栗、芋、魁，足以供貨鬻備凶荒，不必爲田而利。且饒於菽粟，則度地任土，當各視其宜焉。今同州所屬民稠地狹，凡平衍可墾之地皆墾辟無遺。其不能墾復之民屯荒地五千五百三十三頃三十四畝，非磽确不毛，即瀕河漫決，難施人力，是外山坡嶺側不成坵段者。如華州之構峪、金堆城，郃陽之梁山，蒲城之北山，大荔之爐地，前已督所屬州縣官以次勸民栽植果木，務使野無曠土，以盡地利。至所有渠泉引溉者每逢灌溉之期，民間俱立有水排，依其序次，放水不紊。若所灌地畝，各就渠水大小分派支流，難以續開。至堙廢渠泉，唯潼關周公渠尚可修復，餘或源流微細，或水性若，或地高水遠，或乾涸堙塞。常因行縣之便再四講求，揆視情勢，雖欲復之，措施無方。蓋今昔既殊，而形便亦異也。今唯先於平衍之區勸民多鑿井泉，且於渭、洛兩河製造水車、桔槔等，令民觀法以收水利，於事爲便。謹議。

『盡地利者非必盡於稼穡』一語，扼西北水利得失之鍵。

清 楊錫紱《請嚴池塘改田之禁疏》《清經世文編》卷三八 竊惟民生資乎穀食，而粳稻則維賴水以生。計自播種以至成熟，無一日可以缺水。故《周禮》遂人治野之法，制其地而溝封之，廣四尺曰溝，八尺曰洫，廣二尋、深二仞曰澮、百里之間爲澮者一，爲洫者百，爲溝者萬，捐膏腴之地以爲溝洫，誠以蓄泄有時，則旱不得爲患，所棄者小，所利者大也。

後世阡陌既開，溝洫雖廢，然陂澤池塘實與田畝相依倚。近水則腴，遠水則瘠，所在皆然。湖南濱臨洞庭，各屬多就湖濱築堤墾田，與水爭地，常有沖決漫溢之憂。經前撫臣蔣溥題請湖濱荒地，禁民築墾在案，此外各屬非近江近湖之田，皆藉池塘以爲灌溉，塘池水足，則夏秋久晴，亦挹注有資。乃自滋生日繁，荒土盡辟，愚民昧於遠計，往往廢水利而圖田工，不獨大江大湖之濱，及數里數頃之湖蕩，日漸築墾，盡失舊跡，即自己輸糧管業數畝之塘，亦培土改田，一灣之潤亦截流種稻。彼徒狃於雨暘時若之歲，以塘爲無用，不知偶值旱澇，已所得不償所失。即本年湘陰、武陵等邑各有偏災，此皆濱臨洞庭，而去湖稍遠，即水無接濟。臣確加查訪，皆由塘多改田之故。

又溪澗之水遠近取資，若徒恃己業，截壑爲田，則上溢下漫，無不受累。現在各屬訟案糾紛大半由此，往往爭阻毆，釀成人命。此弊不獨湖南，大約東南各省無處不然。水利日廢，腴產漸變爲瘠，實爲民生之患。

查乾隆九年，浙江布政司潘思榘請禁侵佔官湖，止指湖蕩官地而言，若民業塘池，尚未議及。臣愚以爲國家生齒日繁，地土固日辟而廣，而至於關係水利之蓄泄，則仍當以地予水，而後水不爲害，田亦受益。但小民無知，不能遠慮，而地方官因田糧較塘糧加重，以改則升科，爲勸墾之功，遂俱貪目前之小利，而忘經久之大害。臣思從前已經改墾之田，逐一清厘，固恐滋擾。若自今以往嚴行禁止，於東南各省甚爲有益。應請皇上下各省督撫，轉飭地方官，將池塘、陂澤蓄泄之利明白諄切曉諭，凡地關蓄水及出水者俱不許自倚己業改墾爲田，其有現在因墾爭訟者，令地方官親自勘明。但有礙水利，即不許報墾。此後如刁民有不報官，私將塘池改墾爲田者。查出重懲，仍予改正，地方官有聽民混將塘池改墾田畝，希圖升科徼利，攘爲勸墾政績者，查出參處。如此，庶溝洫之遺意不致盡廢，而田功得水利而倍益矣。

清　魯仕驥《備荒管見》《清經世文編》卷四一　備荒莫先於重農事。重農事之目：【略】

一曰籌水利。兩山之間，必有水焉，大者爲溪，小者爲澗。旱則可資以灌溉，而潦足爲田害。畜之泄之，陂塘溝畎，其不可忽者也。凡行部所至，問民疾苦，必詳詢其地方山溪若何，有無陂塘溝畎，已壞者修之，廢者復之。如或地勢低窪，常虞泛溢爲患，則築堤捍禦，當與地方有識者諮諏而慎行之。

一曰培山林。山多田少之地，其田多磽，況夫山無林木，濯濯成童山，則山中之泉脈不旺，而雨潦時降，泥沙石塊與之俱下，則田益磽矣。必也使民樵采以時，而廣畜巨木，郁爲茂林，則上承雨露，下滋泉脈，雨潦時降，甘泉奔注，而田以肥美矣。

一曰養地力。人皆知盡地力，而不知養地力。夫斯民智慮日出，今之地力無有不盡者矣。地力益盡，而五穀益少，其結實者鮮也。古者有不易之地，一易之地，再易之地。不易之地，歲可種穀，最上者也。其次則休一歲乃種，謂之一易。其次休二歲乃種，謂之再易。漢趙過作代田法，猶祖此意，總欲使地力寬然有餘耳。今縱不能如古之更易代種，然朱虛侯所謂『深根溉種，立苗欲疏，非其種者，鋤而去之』，亦所以稍養其地力也。蓋立苗疏，則地力厚，而一種入土，結實百倍，且精氣充足，其爲穀尤養人也。至辨具糞種，亦有劑量。凡畏旱之田，糞宜淡宜少，而多畜水以濟之，則蟲不爲災；畏潦之田，糞宜燥宜厚，而深浚溝畎以泄之，則水不能淹。總之，宜以地氣爲主。地氣七分，糞三分，調劑以生穀，則其穀結實大而多矣。

一曰多穀種。古者穀種入土，必雜五種以備災害。今閩中多種地瓜，過於五穀，幾若食味之正。然此外如粟、麥、黍、稷，南方不恒種者，山藪水涯，稍有隙土，即教民求其種而種之。雖地氣不齊，未必廣有收穫，然多爲之備，亦或薄有所得也。若煙草，廢田荒谷，所當厲爲之禁。

清　孫宅揆《教稼書》卷一《區田説》　昔湯有七年之旱，伊尹始作區田。元王禎《農書》，推本氾勝之之法，以爲每田一畝，廣一十五步，每步五尺，計七十五尺。每行占地一尺五寸，計分五十行。其長一十六步，每步五尺，計八十尺，每行占地一尺五寸，計分五十三行，長廣相乘，得二千六百五十區，空一行，種一行，隔一區，種一區。留空以便澆灌，又可疏風方不熱壞苗，且以其土壅根。除隔空可種六百六十二區，區深一尺，用熟糞二升，驟用生糞過多，糞力峻熱，即熱壞苗有害。與區土相和，布種勻覆，以手按實，令土與種相著，苗出時，每一寸留一株，每行十株，每區十行，留百株，別制廣一寸長柄小鋤，鋤多則糠薄，若鋤至八遍，每穀一斗，得米八升，如雨澤時降，則可坐享其成。旱則澆灌，不過五六次即可收成，結實時，鋤四旁土，深壅其根。種既密，穗又長，大時恐風吹折。其爲區，當於閒時旋旋掘下，春種大麥、豌豆，夏種粟米、黑豆、高粱、穈黍，秋種小麥，隨天時早晚，地氣寒暖，物土之宜，節次爲之，不必貪多。毋論平地山莊，歲可常熟，近家瀕水爲上，其種不必牛犁，惟用鍬钁墾劚，更便貧家，大率區田一畝，足食五口，丁男兼作，婦人童子，量力分工，定爲課業。若糞治得法，灌溉以時，雖遇災旱，不能損耗矣。《齊民要術》云：兖州刺史劉仁之在洛陽曾爲之，一畝可百石，人多疑焉，古斗三當今之一，或者以是歟？康熙丁亥，桂林朱蘊叔龍耀爲蒲令，邑處萬山中，高陵陡坡，非雨澤不能有秋，爰取區田法試之，後爲太原司馬，在平定亦然。收每區四五升，畝可三十石，於是爲圖説刊佈之，以爲務農者勸，此則近事之明徵也。徐元扈先生有言：『三代制産，非以多與之爲厚也。』語云：『務廣地者荒。』《詩》云：『無田甫田，維莠驕驕。』后稷爲田，一畝三甽。伊尹作區田，負水灌溉。古之治地者，盡力盡法而不務大。禹時稷爲農師，洪水初治，作乂之士甚多，恐民務廣地以致荒蕪，故限田五十，使精於業，即五十畝可食八口之家矣，豈不諒哉？故詳述其説，用著於篇。

盛柚堂云：近衢州詹文煥監督大通，於官舍隙地爲之，計一畝之收五倍常田。又聊城鄧公鍾嶽於雍正末亦曾行此，一畝之收多常田二十斛。

雍正二年，直隸巡撫李維鈞奏曰：『嘗考伊尹耕莘之時，有區田之法，尚未如法，而一畝之地，已收穀十六石，若無地窮民，得荒廢之地數畝，俾收穫倍蓰。臣繪成區制，在保定城內，賃地二畝，雇人試行之，其補種灌溉，其區種，則數口之家亦能養贍，或歲遇旱澇，仿而行之，於農功大有裨益。』奏入，奉朱諭：『區田一説，向日視爲迂之談，亦未聞有行之者。觀爾所奏，收穫倍蓰，則非荒唐矣。此法倘能通行，獲益良非淺鮮，雖係古人成法，亦爾一片爲國爲民之心，感格神明之所默授，朕實欣悦之至，俟後再有成效，更爲源源奏聞，此誠美政也。』欽此。

清 陳宏謀《通查井泉檄》《清經世文編》卷三八 耕田鑿井，農功並重，井養不窮，著之於經。陝西地方，平原高阜，河渠無多，閑有河道，岸高河低，難資汲灌，偶爾缺雨，便受旱災。乾隆二年，崔前院曾通行開井。西、同、鳳、漢四府，乾、邠、商、興四州，共册報開成井三萬二千九百餘眼。開而未成，填塞者數亦約相同，其中有民自出資開鑿者。有借官工本開鑿，分年繳還者。祇因當時各屬奉行未善，或操之太急，不論地土高下，或勉强開鑿，有明知開亦無益而粉飾相欺者。後因一二處之不可開，遂爾動色相戒，咸謂陝省開井無益，殊非持平之論。

本都院前次蒞陝，見鄠縣王豐川先生所著《井利説》甚爲明切。悉心體訪，井利可興。凡一望青葱、煙户繁盛者，皆屬有井之地。崔院任內所開之井年來已受其利。曾行令各屬巡歷鄉村，勸民開井甚。去冬今春，雨雪稀少，夏禾受旱，令各屬分別開報，惟舊有井泉之地夏收皆厚，無井之地收成皆薄。即小民有臨時掘井灌溉。亦尚免於受旱，則有井無井利害較然，鑿鑿不爽。此外可以開井而未開之地亦正不少，正在通行檄查。據咸陽臧令稟稱，今年現開井七百一十眼，灌溉大得其利，華州華陰亦然。大概渭河以南開井皆易，渭河以北高原山坡不能開井，其餘平地開井稍難，然穿至數丈未有不及泉者。除延、榆、綏、鄜四屬難議開鑿外，其餘各府州難易不同。必須將新井舊井多寡如何，井泉深淺若何，通查明白，方可相機勸導，分別籌辦。仰司官吏即便轉行西、同、鳳、漢、乾、邠、商、興等屬，除民間住房汲飲之井毋庸查開外，其灌溉田畝桑園之井，查照折式，開明送閲。其未開井之處，泉水深淺如何，開井難易若何，內有實不可開之處，亦即聲明，如開一井，約需費若干，逐一聲明，徑報本都院查考，以憑酌奪。止須傳令鄉保將本處之井開一草單，約略新舊深淺數目，該州縣匯折送，事期簡易，不得苛細駁查，亦不必出差往查，致未開井而先有一番紛擾也。復到之日，如何漸次舉行，本都院自有籌酌，該州縣不得揣摩，隨口混復，亦不得懼累故作阻難也。

清 李拔《種棉説》《清經世文編》卷三七 天生萬物以爲人用，草花蟲殼，可爲衣被，冰繭火蠶，皆可爲絲，吉貝婆羅，皆可爲布。然出產不常，組織非易，閭閻往往難之，求其取多用宏，價廉工省，貴賤咸宜，貧富皆便者，惟棉花爲最上。古未有棉，漢後始入中國，流傳遂廣，世蒙其休，我皇上念切民依，留心耕織，溫飽之利遍於天下。予嘗北至幽燕，南抵楚粵，東游江淮，西極秦隴，足跡所經，無不衣棉之人，無不宜棉之土。八口之家，種棉一畦，歲獲百斤，無憂號寒。市肆所鬻，每斤不逾百錢，得之甚易，服之無斁，婦子熙熙，如登春臺，有由然也。

閩中地號炎海，天氣溫暖，土脈疏潤，最宜種植，而棉花絶少出產，購自江浙，價常加倍。又其甚者，男子惟捕蜃蛤，女子不解織紝，寸絲尺布，皆須外市，苟非素封，欲不歎無衣也，得乎？乾隆己卯，予守福寧郡，怪而問之。或云土地非宜，予疑之，因於署內隙地試種，歲入甚富，及調福州，屢試有效，然後知閩地宜棉，而不棉者非地之過也。開先無人，而種植之道不講也。謹爲粗舉其略，俾謀生者取焉。

棉樹挺生，葉如蒼耳。高一二尺，性喜燥惡濕，宜種山坡沙磧間，或地平，則四面掘小溝以泄雨水，水聚則葉雖茂不花，即花亦鮮實，或搖落無餘。每歲春三月，取花子入土中，數日即生，非其種者，鋤而去之。每株相離約尺許，毋使太密，鋤三次，長尺許即開黃花，花謝結實如桃。又十餘日，實開棉出，拾而存之，自下而上，綿綿不絶。自五六月至九十月方止，有頭花中花尾花之制，故蜀中土俗以砍花柴爲農功畢也。花既得，用車繳之，去其子，彈爲棉，紡線織布即可爲被服，夫使農民有佐種植之利，而工商無衣貴布之累，則未有如廣興木棉之得計者也。民之欲自謀生與司牧之欲爲民謀者，其尚審而行之。

清 蔣士銓《札吴翥堂觀察》《清經世文編》卷三八

僕奉先太安人柩，舟行離省垣六十里，酷熱甚，泊趙家圍水曲，就樹陰小憩。時豆棚中鄉人雜坐，語無倫次。其老人嗟歎聲尤苦，僕傾聽之。壯者曰：『久雨壞圩，天災也，而人禍隨之至此。』老者曰：『田以圩爲郭，郭崩則水入而據之，有田者切膚之痛也。苟可施畚鍤，則完築恐後，功令督責奚取焉？今每值圩壞，則大吏委官督築，所委者皆瑣瑣下僚，苟求錙銖，不知政體之人。至則令爪牙拿田主，迫促於水中修築。隨築隨崩，既莫救已淹之稻，復加毒受害之人。於是出差役之錢，出買松之錢。苟違之，則鋃鐺滿室，婦女逃竄，布帛、菽粟、雞犬、瓜壺一空，是隸卒而盜賊也。於是撤屋以之，醵錢以養之，使逍遥乎河上，醉飽於田家。或五六旬十旬，坐待水退圩成而去，其饔者朝饔夕飧，雞豚魚酒，横索無饜，至兩月之久。如某戶因無給委員，而鬻田破家者，上官不知也。』究之圩壞，則田主必修，水退則諸圩共築。農以田爲命，豈有坐視其圩之壞，甘心委産於巨浸者乎？甚至仇家乘隙，行賄傾陷，弊害叢生，不可思議。是委員查圩督修之害斷宜永爲裁禁也。

清 畢沅《陝省農田水利牧畜疏乾隆四十七年**》**《清經世文編》卷三六

竊臣接准部諮，欽奉上諭：『以原任刑部侍郎任克溥前後條陳各事宜，皆關係士習民風、官方吏治。現在有無似此未經整頓者，著大學士九卿科道及各督撫直攄所見，據實奉聞。』欽此，臣跪讀之下，仰見我皇上整飭官方，勤求民隱，睿慮旁周，竊惟國家大計，不過民生吏治二端，而建官之本意，則以勤民爲主，勤民之要，終以足食爲先。百餘年來，生齒日繁，而天地生財只有此數，是以民間逐末，日事營求。不過此絀彼贏，生計所資，終未優裕。臣粗覽載籍，竊見民生衣食之源，大率農民爲要，畜牧次之。因土之宜而盡民之力，以收自然之利，其在西北等省施之尤當而易行。即如陝西，古稱四塞雄封，地大物博。唐虞以來，厥田稱上，迨及成周，尤以稼穡爲重。《豳風》《無逸》所陳，至今猶可想見其遺意。惟司牧者以其事無近功，不復爲之措意，以致小民失業者多，往往流爲惰窳。

至州縣爲親民之官，所關最要。得其人則一邑之民享其利，不得其人則一邑之民受其害。如病在貪酷，則日事誅求，而良善難安生業；病在因循，則聽從胥吏，而閭里鮮得安居。其中稍有才具者，又復以酬應爲能，不以地方爲事。此等病民之官又當隨時厘剔，大示懲創。再一州一縣，大者不過數百里而遥。近有在任數年，而四鄉未嘗一至者，所謂司牧者謂何？臣現擬飭屬，嗣後於本境四鄉，或一歲之内，或一季之内，務須輕車减從，周遍歷行，按查保甲，稽查遊惰。如有利病所關，應行應革事宜，具稟上官，以便隨時查辦。至春秋祈報，宣講聖諭，朔望行香，雖係事屬儀文，然小民日事觀贍，自有隱相維繫之故。故下情易於上達，而匪僻難以潛滋。編氓目見耳聞，共知法紀所在，未始不可化莠爲良。地方郡吏皆當實力奉行，不得以爲無關考成，視爲具文。以上各件，若就目前而論，雖無小效近功，然月計不足，歲計有餘，行之既久，則戶慶盈寧，人歌樂利，官方士習未有不蒸蒸日上者。至大吏爲閤屬視效所關，自當以聖主愛民之心爲心，以足民之事爲事，損上益下，潔己奉公，董率監司牧守，講求實政，化導士民，俾衣食足而知禮義。此臣等守土之責，尤所當隨事隨時，共相勖勵者也。

清 王昶《癸未會試策問一道》《清經世文編》卷三九

問《王制》三年耕必有一年之食，九年耕必有三年之食。而《周禮》遺人『掌凡委積』，『巡而比之，以時頒之』，制莫善也。嗣後管仲通輕重之權，李悝平貴賤之數，其法與古不謬歟？漢耿壽昌之常平，隋長孫平之義倉，暨宋朱子之社倉，皆深得乎《王制》《周禮》之遺意。然典守之責，勢不得不寄之州縣，既屬州縣，而弊乃滋多矣。不兑换，則弊在陳腐，兑换而弊又在需索；不散給，則弊在虧損，散給而弊又在那移。平日之立法，當何如歟？且一遇饑荒，監臨有司有文移之繁，分給有延挨之慮，監守有出倉之費，斗斛有减耗之患，得穀有蒸爛之虞，臨時之謀畫又當何如歟？至常平在州縣，則市井遊惰者得以沾恩，而不及於僻壤。社倉在鄉里，則豪強武斷者得以自利，而不遍於窮黎。斟酌於二者之間，宜何如調劑歟？況常平必行採買，而一經猾吏，則其價定多抑勒。社倉必行出息，而一遭歉歲，則其本恒至難償。下不至於累民，上不至於欠公，又何道之從歟？州縣之交代，則有冊籍，鄉村之保甲，則有稽查。然奉行故事，率有穀之名，無穀之實。如何而積弊可以悉除歟？抑和糴、寄糴、俵糴、均糴、博糴、兑糴、括糴諸法，其利弊可一一陳歟？我皇上軫念民依，每遇偏災，議蠲議緩，或賑以口糧，或給以籽種，動支輒千萬計。然求之於臨時者格外之恩，而謀之於平素者經久之策，諸生固將皆有民社之責者也。其悉抒以對。

清 岳震川《府志食貨論》《清經世文編》卷三六

府志食貨中無煙草，安

康之民果不種此，此俗之善也。今漢中郡城，商賈所集，鋪十居其三四。城固湑水以北，沃土腴田，盡植煙苗，盛夏晴霽，彌望野綠，皆此物也。當其收時，連雲充棟。大商賈一年之計，夏絲秋煙，煙烏得與絲並論耶？自陳文恭公撫秦，滕公天綬守漢中，設立蠶局，勸藝桑柘，爲生民之本業在是，煙何爲者？《記》稱天子巡狩，太史陳《詩》以觀民風，命市納賈，以觀民之所好惡，志淫好僻，甘肅士人賦草《詩》曰：『餉賓先餅餌，種地礙桑麻。』南鄭城固大商，重載此物，曆金州以抵襄樊、鄂渚者，舳艫相接，歲糜數千萬金，可謂好之僻矣。或曰：楚人糜金，漢中得利，何害？豈知興漢之人，以此糜金者不少耶？害有大於礙桑麻者耶？故曰：安康若不種煙草，此俗之善也。又聞紫陽務滋煙苗，較漢中尤精，尤易售，此可以爲戒，弗可效也。若云皇皇求利，庶人之行，則蠶桑之利，齊可以富國，山南之民，豈不能以桑蠶富其家耶？

清 張海珊《積穀會議》《清經世文編》卷三九　吾里濱太湖，自前明來，時患水警。而其地土著多，人浮於田，計一家所耕田，不能五畝。以是仰貿易工作爲生，與夫遊手之徒，且十室而九，向藉楚、蜀秈米，接濟青黃。不幸天災流行，客米閉遏，則吾鄉先受其害。緬維積貯之政，自古所重，國家於常平、義、社諸法，申飭舉行，幾遍郡國。官司考成殿最，每以是爲憑。歲久法弛，有採買之弊，有那借之弊，有裱散抑配之弊，有出納侵蝕之弊。無治法，有治人，諒哉言矣。

夫官爲之計，固不如民自爲計之爲得。考明嘉靖中，令士人每二三十家爲立會，設立義倉。而高念平先生，亦有勸募義穀之舉，今吾鄉雖累經荒歉，室家空匱，不能爲出格度外事。然苟用此意行之，持之以需，行之以積漸，亦何事不可成？夫天下之事，莫不有端，方其端緒初見，成與否皆未可預定，而定乎人之心與力之所至。朱子社倉之設，自言數年之間，左提右挈，上説下教，爲鄉里立無窮之利。然則數年之始，固亦岌岌乎未可成，而卒成之，以貽爲千古之良法美意，而吾里今日之舉，亦猶是也。惟吾同人，其各矢實心毅力，相與有成，勿阻浮議，勿存意見。幸而有成，鄉里無窮之福，子孫數世之計，於是乎在。謹議。

清 賀長齡《勸民開溝除潦示道光二年**》**《清經世文編》卷三八　照得地之有水，猶人身之有血脈也。血脈壅滯，則病必及其身；水道不通，則地必受其害。此一定之理，夫人而知之者。東省連年被水，而今歲尤甚。本道雖甫經蒞任，而蒿目困苦，深惻於懷。推求其故，揔由溝洫不修，河道不浚，以致水失歸，泛濫爲害，而溝洫之所以不修，河道之所以不浚，固由地方官不善經理，要亦爾小民貪近利而忘遠害之故也。夫有地必有地主，各就其地之所在，開挖溝渠，既不費財且亦不甚費力，而鄉愚無知，有地必種，斷不肯捨此尺寸之土以爲疏通水道之地。一遇雨多之年，水無所歸，一片汪洋，不但此尺寸之土一無所獲，並所謂良田者亦受其害。夫既受其害矣，似宜翻然改圖，開挖溝渠，以爲未雨綢繆之計。乃貪戀小利，迷而不悟，猶希冀於來歲雨水之或不多。及至來歲而其害如故，或且加甚焉，年復一年，田畝皆淪於巨浸。嗟我小民，衣食無出，其何以堪此也？

茲特劄飭各州縣督率各莊里長，勸導爾民，各以己力開挑溝洫。一曰田溝，就本莊地畝間段開之。其應間隔若干畝可開一溝，應令州縣相度籌議。二曰界溝，於兩姓田畝交界之處開之。其每溝寬深若干尺，亦俟州縣相度籌議。此二者不特水大之時足資分納，即偶逢旱涸，亦可爲灌溉之需。且於彼此地界，藉爲疆畫，尤永除侵佔之弊。是偶用爾等之力於一時，實爲爾等田畝無窮之利也。至於往來道路，舊有濠溝，大半湮塞，積水之後，車馬不通，亦應各就舊跡深挖，是曰路溝。即以濠內挑取之土填墊道路，路愈高則溝愈深，不但免水淹浸，而往來車馬亦不能闌入田畝，蹂踐禾稼，而濠水深足，地畝亦收滋潤之功。是既便於行旅，復益於居民，尤爲一舉兩利也。至各州縣境內，舊有河道，雖經多年湮塞，而河形猶存，橋樑尚在。可見從前本有河流，只因爾等愚民貪顧小利，往往私行侵佔，開墾播種，以致愈久愈塞，亦應各自開挖，以資宣洩。爾小民各宜自計久長，及早辦理，毋致積水受害，後悔無及，尤不得貪顧小利，妄行阻撓。本道志在必行，爾等切勿觀望，要知本道之意實爲利爾起見，非以病爾也。

清 宋如林《通飭黔省種橡育蠶檄》《清經世文編》卷三七　照得衣食爲民生之本，農桑視物土之宜，地無餘利，人無餘力，斯民氣可以漸舒。黔省跬步皆山，田土磽薄，恒多苦貧，十三郡州，惟遵義務蠶功，亦惟遵義稱富厚，是蠶絲之利，不可不講也。各屬種橡養蠶，已經飭行在案，查橡子即青棡子，種各不同，應用真青棡子，其葉方宜飼蠶，如水青棡，只供染房之用，不可收買。買獲之後，埋藏不能如法，即易生蟲，種之亦難發生，其種植處，亦須相度其地，應於不能樹藝五穀之處，排列埋種，人力易於經管。至橡子雖產於遵義者多，然路途費重，收買維艱，聞上游一帶，皆有橡子，居民不知育蠶之法，收穫轉售，殊爲可惜，且事在創始，人皆畏難，若但多張告示，諭令栽種，禁止斬伐，差赴四鄉，督責巡查，以爲認真，未睹日後之成效，但見目前之紛擾，是未得橡樹之利，先受橡樹之累，民將畏避之不暇，其何能踴躍從事，以興此美利耶？

總之，此事不惟不可視爲具文，並不可視爲公務。府廳州縣於因公下鄉之便，接見士民，詳細曉諭，俾知其事非難，其利甚厚，售絲之利倍於售繭，故云利無算。橡本無稅，蠶亦無稅，故云永不稅。民雖至愚，未必無領略其旨者。能領略則肯試行，試行獲利則皆信從，轉輾傳播，漸次推廣，不必董率而自知栽培，不必禁令而自知愛護。地利可收，民生可裕，全賴司民牧者善爲之勸導耳。查遵義府屬，初亦不知養蠶，前守陳公遣人至山東購買繭種，廣爲教導，至今利賴，陳守能以山東之利行之遵義，現任各官不能以遵義之利行之諸郡，當仁不讓，見義必爲者當不至此。合再劄飭，仰各該府廳州縣，務須實力奉行，實心勸諭，必使民間知其利而樂爲，不得迂緩置之，亦不得滋擾閭閻。其有無賴之徒，盜伐他人樹木者，有犯必懲，毋以細事置不理問，以期良法美意得以遍行，實有厚望焉。

清　汪志伊《荒政輯要附論六條》《清經世文編》卷四一　按《周禮》荒政十二，其中如散財、薄徵、緩刑、弛力，實爲備荒諸政之祖。自兩漢而降，言荒政者，史不絕書矣。然古今異宜，南北殊尚，有如汲長孺之發粟，施之後世則爲擅，而謁者之令，有所不行；范希文之增價，行之薄俗則爲舛，而求糴之民，必且生謗。他如伐蛟之說，於宣、歙之地爲宜，與河、朔之民言之，弗信也。捕蝗諸具，爲兗、豫、梁、宋之地所必備，執閩、廣、吴、越之民謀之，必笑且走矣。然則執一者不化，而泥古者鮮通，豈惟荒政然哉？觀朱子社倉諸記及各規約，法可謂備矣。然變通亦在其人，隨其時地之宜而用之，未可執一也。按黄震通判廣德軍時，社倉大弊，衆以始自文公，不敢他議，震曰：『法出於聖人猶有通變，安有先儒爲法，遂不得救其弊哉？』即别買田六百畝，以其租代社倉息，非凶年不得輒貸，貸不取息。此可謂善於法朱子者矣。

宋范文正公仲淹知杭州，二浙阻饑，穀價方踴，每斗一百二十文，公增至一百八十文，衆不知所爲，仍多出榜文，具述杭饑及米價所增之數。於是商賈爭先，惟恐其後，米既輻輳，價亦隨減。按范公仁智兼全，行之固極其善，後世法令不可造次，須要揆時度勢。假如杭州米貴，增價之榜文，必須預先差人於產米地方張掛，約其已到之後，我處方增其價。不然，彼處米商未知，而我先增其價，貧民何堪久食貴米？但增價告示，切不可令一人知之，恐俱待增價而後賣，則民愈苦矣。

宋范忠宣公純仁在襄城時，久旱不雨。公度來歲必闕食，遂盡籍境内客舟，召其主而諭之曰：『民將無食，爾等商販，唯以五穀貯於佛寺中，候缺食時，吾爲汝主糴。』衆賈從命，運販不停，以至春首，所蓄無慮十數萬。諸縣饑，獨境内之民不知也。又宋紹興五年，行至斗米千錢。時留守參政孟庚、戶部尚書章誼不抑價，惟大出陳廪，每升止糶二十五文，僅得時價四之一耳，民賴以濟。二事相類，皆可行之。蓋米價太貴，民雖賣妻鬻女，總救不得數旬之苦，何也？米貴則人賤，所得無幾耳。二公大出陳廪，減價救民，秋成仍可賤糴，非仁智兩全之道歟？故慮米貴者，出天庾而賤糶，一也。借國帑以興販，二也。王侯貴戚、大小臣工、軍民人等，有米照時價出糶，視其多寡，遞加恩獎，三也。責重有司，廣貸牛種，課民春耕，因其勤惰，定以黜陟，四也。朝廷重農抑末，優恤窮甿，五也。

乾隆丁未夏，山西大同郡旱饑。郡中多關中、直隸、陝西來就工作之民，糧騰踴，工不通，民往無食，歸無資，輒百十輩之富家横索，至攫飲食財物，而土著之隱民，無所取食者隨之，蜂屯蟻聚，城鄉被擾，號稟者日數十。總鎮沐公派弁兵巡衛，太守文公議逐之。時予知霍州，奉委赴大同讞案，行至雁門關得悉其狀。念大同客民半非土著，大同雖歉，本籍固豐，官爲資送，民自樂從。因由急遞稟撫軍，飛飭地方官，招集流民，查明籍貫，分別四路造冊，每名站給錢百文，撥役護送，凡過州縣亦如之。客民既散，而後專賑本籍，郡遂以寧。此亦因地制宜之一法也。

林希元《荒政》，首言得人難，審戶難。蓋謂審戶不清，各弊端從茲而起，故爲荒政中最難事，然未有不得人而能清理者也。在院司當牧令是求，在州縣宜衿耆是選，務在得人，方能濟事。而得人、審戶之方，吾謂當行保甲之法，何也？保甲不立，煙戶不清，則衿耆之賢否無别，何能得人以分任其勞？閭閻之貧富不分，安得審戶而悉除其弊？況保甲之法，平日爲弭盜而行，則官畏煩難，而民亦嫌其擾累，此時爲蠲賑而行，則官甚便宜而民亦樂於從事，而盜賊奸宄無所容，更不待言矣。是一舉而無善不備焉，若逢災象已成，誠於此卷成規，不畏其難，斟酌而力行之，則其餘皆易爲力矣。

或曰：務安輯，贖鬻子，信賞罰，三事洵善後之政也。而水利、農桑、倉儲、節儉、風俗數大端，當先事而預爲有備之計者，今反置爲後圖，何也？不知此數大端者，我國家已講之素而謀之精矣。特因地方官日久懈生，丁寧於無事之日，輒視爲老生常談，申明於既荒之後，創巨痛深，言易入而行必果也。雖然亦有説，夫燃眉則急，痛定則忘，人情大抵皆然，而辦災爲尤甚。或請蠲緩以紓民力，或加賑恤以救民窮，地方官輒以爲盡力盡心，事堪告竣矣。而不知饑饉餘生，瘡痍未起，試爲之四顧閭閻，居有定所乎？人皆完聚乎？食能果腹乎？田不荒蕪乎？業不怠惰乎？一有不然，民情即爲之不安。爲民父母者，獨能晏然不爲甫能一飽之民，畫長久之計乎？故必慮終如始，一勞永逸，而後荒政全也。更有一法，可乘此而行者，預令饑民能書字者，皆得進見，人具一紙，勿書姓名，將所當興、當革者及官吏豪猾横行侵刻者，一一開列，散佈於地，擇其衆論僉同者而察之，如果得實，立即施行，尤遇災求言以通下情之要策也。

清 張海珊《開港議》《清經世文編》卷三八　昔我夫子之稱禹曰『盡力溝洫』，嘗怪其不及疏瀹決排之功，而止在溝洫之細，豈非以疏瀹決排所以去水之害，而溝洫者所以收水之利，於以成則壤而粒生民，功於是爲大乎？考之《周禮》，遂人治野，有遂，有溝，有洫，有澮，有川，而合於匠人之制，則所謂澮者必廣二尋，深二仞，下而至於爲洫，爲溝，爲遂，其廣與深皆殺之以兩。然必相地防，順理勢，有磬折參伍之制，有句矩之法，必極其高與深而後已。而溝之行三十者，其廣又倍焉。遂也，溝洫也，澮也，川也，若網之在綱，有條而不紊，而又有瀦以畜之，有防以止之，視天時之旱澇，地形之高下，而爲之蓄泄焉。

溝洫之制所以輔井田以並行，井田可廢，而溝洫之制必不可廢。東南澤國，而吴江、震澤兩邑又居其下流，水之爲害甚大，而爲利亦溥。圩田之美聞天下，其在三江左右互相遊衍，而逶迤入海者，則有若涇若浦；其分承諸處之水而散瀦者，則有若瀆若蕩若漾；其承苕霅水而分疏以入太湖者，則有若瀆若漊若港，或十里，或五里，或縱或衺，隨流隨瀦，而其支流曲折又有所謂横港者，各徑其圩之東與西，而與田相入於以時，水旱資灌溉，倘亦古溝洫之遺意乎？

歲月浸久，湖流淤濁，隨水以上，水去而泥存，農人之侵佔半之，圍岸之塌落又半之，而漊與港僅存其跡。或略通細流，春水時至，則無地以瀦，隨漫入田，一遇赤旱，則港底龜坼，車戽無所，人但見水之爲害，而不能用其利，豈不惜哉？嗚呼！古所謂遂人，稻人之職，既不能復，官府又不暇以此等爲事，而縉紳士夫又日事錐刀，朘小民之生，以高貲相雄，百事廢墮，道塗不修，橋梁不舉，漊港塞而圩田之利亦廢。蓋以古神聖之所盡力者，而目以爲瑣，笑以爲迂。天下事大抵如是已。作《開漊港議》，而以應行事宜附於後。

清 程含章《與所屬牧令書嶺南集**》**《清經世文編》卷三八　政莫善於養民，養民莫大於水利，則陂塘之開不可不急講矣。雖然，有難焉者。今諸君試號於衆曰：吾爲爾開陂，爲爾開塘，而民必不應也。更試號於衆曰：本府爲爾開陂，爲爾開塘，而民亦不應也。更試號於衆曰：督撫司道爲爾開陂，爲爾開塘，而民仍不應也。夫水爲粒食之原，百姓寧不知自謀，而顧令之不從，何哉？彼其望利之心不敵其慮害之心也，固已久矣。何則？一陂之開必合數十百家之人爲之，且必請勘於官而後決之。衆心不同，可慮也；衆論不協，可慮也。衆力不齊，可慮也。官司之守候，書役之需索，夫馬之供頓，在在可慮也。陂水之利，杳不知其何鄉，而切身之憂紛然莫解，此其慮之在於始者也。工作方興，人懷觀望，鄉鄰有詬誶之聲，銀錢有墊支之累，陂頭甫築，而撓之者來矣。溝路所經，而撓之者又來矣。伐人一木一石，而撓之者又來矣。讓之則功不可成，爭之則訟端立起。萬一半途而廢，則虚縻之工料衆不與償，跋前躓後，轉悔此舉爲多事，此其慮之在於繼者也。陂幸告成，水汩汩來矣。近者以其水過己前也，則爭；遠者以其水難到田也，則又爭；強者恃力，則又爭；富者恃財，則又爭。爭之不已，必繼以斗，或傷或死，產業破亡。且新築之工，多不堅實，大雨之後沖決必多。怨讟紛騰，呼衆莫應，前累未清，後累踵至，首事之心力既倦，二三年後，廢爲邱墟，而前功盡棄矣。此其慮之在於終者也。

然則陂終不可開乎？曰：是大不然。余在南雄，嘗開陂塘五十有三矣。民之慮於始者，吾慎圖之；民之慮於繼者，吾預防之；民之慮於終者，吾善成之。民或朝有請焉，而吾夕來矣；民或夕有請焉，而吾朝來矣。肩輿就道，不勞僕從，不費民財，示則親給，諭則親書，書役不得過問也。一陂之勘至於再，至於三，至於五，至於十，吾不以爲勞也；首事之來見吾者，如入其家，至於再，至於三，至於五，至於十，吾不以爲煩也。大寒大暑，吾能耐之，大饑大渴，吾能忍之；逼仄之區，險危之地，十里八里，吾能步之。陂之未成，吾目之所視，耳之所聽，晝之所思，夜之所夢，咸在於此。往往有緊要關頭，百姓未言而吾諭先下，首事未到而吾已先來。陂焉有不成者乎？一陂既成，百姓見有利無害，咸曰：吾父母未嘗有尺土於此，而如是勞心，如是勞身，如是費財，況吾儕小人衣食之資，子孫之計，能毋勤乎？於是強者斂跡，弱者勉力，紛紛以開陂開塘請矣。

今余忝爲郡守，所屬各縣，民多窮苦，寧無可興之水利乎？則安得不引爲己責而急圖之也？雖然，有難焉者。郡守牧令皆有地方之責，然民之信郡守也，恒不如信縣令，民之畏郡守也，恒不如畏縣令。何則，守遠而令近，守而令親也。惟冀諸君與余同心，以民事爲己事，凡有應修堤堰，應開陂塘之處，董率士民，勉力爲之，並上其事於余，余皆捐廉爲倡，暇則親往督之，以代諸君之勞。一馬一夫，一茶一飯，不以累諸君。果其著有成效，他日荷鍤成雲，決渠降雨，諸君將與召父、杜母並傳不朽，余亦得藉以稍塞吾責，豈不美歟？抑余更有屬者，昔伊尹爲政，一夫不獲，則曰『時予之辜』。范文正公有言：『先天下之憂而憂，後天下之樂而樂。』諸君其有見於此乎？此意得也，則於興修水利何難之有？否則與其擾民，毋寧寧民，其毋以余爲斂怨府也。則幸甚。

清　周凱《勸襄民種桑説三則》《清經世文编》卷三七

農桑者。天下之大命也。一夫不耕則民饑，一女不織則民寒，民饑民寒，強者爲非而罹於法，弱者貧且死。自古爲然，獨襄云乎哉？余守襄陽二載，見民之於耕不遺餘力，崇山峻嶺尺寸開闢，其不宜黍稷者。藝薯芋雜以爲食，而民之貧猶是，豈力之不出於身與？抑貨之或棄於地也？《孟子》曰：『五畝之宅，樹牆下以桑，五十者可以衣帛。』《史記》：『齊魯千畝桑，其人與千戶侯等。』未見有桑陰十畝者。夫桑以飼蠶，無桑則無蠶矣。農之於耕，竭終歲之勞，一熟再熟，所入可計，而有水旱之慮。蠶則數月之工，婦女之事，無水旱之虞，利與稼穡等。且農按畝計稅，有什一之徵，而桑無徵，爾襄民何憚而不爲也？栽桑之地不妨稼穡，牆角畦稜，道旁場圃，閑隙之地皆可栽。一家栽十五桑，計得葉若干，飼蠶若干，獲繭若干，以絲以帛，以供一家之需，余可以易財粟。桑宜野，亦宜山，桑之葉可以蠶，桑之實可以酒，桑之木可以爲薪，桑之皮可以爲紙，鄰近荊、豫皆有桑，爾襄民亦何慮而不爲也？而餘猶懼民之難於圖始也。《管子》曰：『十年之計樹木。』利在十年後而先棄工貲於今日，是利未入而已費，今予先從遠方購小桑八百餘，栽之萬山之下，大堤之上，示以栽種接壓之法。蓋桑之爲類不一，宜接宜壓，而葉始肥，任爾民采其枝條接壓之，爾襄民又何樂而不爲也？昔者范純仁知襄城，課民種桑，張詠治崇陽，拔茶種桑，沈瑀爲建德令，一丁種十五桑。余何敢與古人比？但見爾民之牆角畦稜，道旁場圃，間隙之地有大利焉，而不知取也。故爲説以勸之，爾何忍使他木之蕭蕭濯濯者，占爾栽桑之地也？

或者曰：蠶桑之利，宜東南不宜西北，遂疑襄陽近西北，非桑所宜。不知《禹貢·兗州》曰：『桑土既蠶。』《青州》曰：『厥篚檿絲。』檿，山桑也。他州如揚、徐東南，《禹貢》亦僅曰：『厥篚織貝』，『厥篚元纖縞』而已。考之《《詩》·豳風》『蠶月條桑』，《唐風》『集於苞桑』，《秦風》『止於桑』。『桑者閑閑』詠於魏，『鳲鳩在桑』詠於曹，『説於桑田』詠於衛。按古今疆域計之，冀、荊、豫、梁、雍皆宜桑，利不獨東南也。且襄陽古稱南國。南屬荊，北屬豫，介荊、豫之交。荊州厥篚元纁璣組，豫州厥篚纖纊。纊，細綿也。纁絳幣，組綬屬，皆絲所織。不桑不蠶，其何以織？昔北燕馮跋下書，令百姓種桑。遼無桑，慕容廆通晉，求種江南，而平川有桑息。張天錫歸晉，稱北方之美，桑椹甘香。涼、燕皆處西北，且曰：桑爲有生之本。利盡西北矣。何獨東南？其尤足爲襄陽明證者。《先賢傳》載司馬德操躬采桑後園，龐士元助之，《齊書》載韓係伯桑陰妨他地遷界，鄰人愧謝。此三子皆襄陽人，則襄之宜桑必矣。或者曰：橘踰淮爲枳，非木之性，遷地勿良。按《農書》，荊桑多椹，魯桑少椹。《禹貢》『厥篚檿絲』注：『魯桑宜飼大蠶，荊桑宜飼小蠶。』則荊自有桑，與魯桑並著。《襄陽志》載物產，桑及山桑素絹。穀城之廟灘有絹，南漳之東鞏有絲，接壤當陽之河溶有河溶絹，天門有天門絹，荊有荊綢。爾庶民試則而效之，加以壓接壅溉之法，安見其變爲枳耶？或者曰：襄有木棉之利，與蠶桑匹。按木棉，古吉貝，樹高丈餘。今之所藝者草本木棉，《群芳譜》所謂班枝花也。可爲絮爲布，絮與帛同功。《禮》：『童子不裘不帛。』帛暖，恐損幼者筋骨。七十非帛不暖，言老者非帛不足衛其筋骨也。爾既知織木棉以爲布矣，曷不織繭絲以爲衣乎？況藝木棉以畝計，侵稼穡之地，有芟柞之工，水潦之慮。桑則樹之牆角畦稜、道旁場圃間隙之地，較木棉爲尤便。且爾既有木棉之利矣，益以蠶桑，其利不更溥哉？爾襄民何其未之思也？

余非僅與爾民言利也，余甚憫襄之婦女，無以專其執業，而壹其心志也。婦人無事，以蠶織爲事，士庶人之妻親蠶以衣其夫，餘力足以自食，而心始貞。比者余行效野，見貧民婦女，操耰鋤雜耕耦，心竊異之。謂《詩》言饁不言耕也。乃未幾而婦訟其夫矣。未幾而夫訟其婦矣。襄多婦女拐逃、搶、買休、賣休之案。婦人不再斬，斬衰爲其夫服。今襄之戒雞鳴矢栢舟者，蓋亦有人，其不止於再醮者，比比然也。娶者不以爲非，嫁者不以爲耻，羞惡之心人皆有之，豈其心之殊人哉？夫亦無業之可專，無志之可壹，而力不足以自食也。不桑故也。《周禮》：宅不毛者出里布，毛桑麻之屬，典婦功之職，專授女工之事。秋獻功，辨其苦良，謂婦女不親絲枲，則耽於逸樂，而淫邪易生。《閭師》『不蠶者不帛』，與『不耕者祭無盛』同罰。謂不親其事，即不得用其物，抑之使不得齊於儕人之禮，恥之也。聖王之所以設官分職，不惜委曲繁重而爲民謀者，誠以農桑者養民之生，即以正民之心也。凡人勞則思，思則善心生，逸則淫，淫則噁心生，勞者多富，逸者多貧，富則禮義之心生，貧則奸盜之心生，無恆產因無恒心，而放辟邪侈，無不爲矣。今襄之明禮義者不必盡出於富，而其爲盜賊奸邪者及抵於法，無不諉咎於貧。推其致貧之由，則恆產恒心，勞逸之論，間不容寸。《管子》曰：『倉廩實而知禮節，衣食足而知榮辱。』揚子曰：『男子畝，女子桑。』習其耳目而定其心思，嫻其道藝而世其家業，無非以道率民，其尤深於家塾黨庠之爲教乎？知農桑之利如彼，不農不桑之害如此，自古迄今，曾無二理，襄之民亦何憚而不爲也？

清　章謙《備荒通論上》《清經世文編》卷三九　天下之本在農，農民困則天下困。天下之困解而止，而農民口食之外，尚有事田畝，但解口食之困而不可止，以故天下即不困而農常困，不獨凶年困，樂歲亦困。《語》云：『可使足民。』《孟》云：『使有菽粟如水火。』其使之道果安在哉？耕三餘一，耕九餘三。非農自餘之，實賴有積貯之政。然東漢之常平，今則可收不可放，隋之社倉又可放而不可收。若是者何也？蓋不知人民之數故也。《周禮》在六鄉者，鄉大夫而下至於五家之比長；在六遂者，遂大夫而下至於五家之鄰長，六鄉，畿輔，如今順天。六遂，如今之各直省。不特知之，而且辨之數之，而總之於大司徒、小司徒。如今戶部尚書、侍郎。其數直由五家之比長、鄰長而詳，不待凶荒而施捨之政、補助之法、斂散之節易行也。後世之法不揣其本，無積貯則立而視民之死，有積貯則徒滋詐僞而無補於事。愚以爲欲厚生必講倉法，欲講倉法莫要於知民數，欲知民數先清田數。田數本有冊籍，然有一田必確知其一田之主。如近時有田百畝則當一夫，而欲避差役則詭寄戶名。於是有無田有差者，有數百畝千畝而無差者。今欲確知田主，按籍以求真名不難也。使邑宰合而計之似難，使各倉分而核之則易。一圖之大者五六千畝，小者二三千畝。上農佃二十畝，口必多，中下以次而降，其數他人不知，田主未有不知者。由倉而核田主之真名，由田主而核佃戶之真數。春頒則田主承領，秋斂則田主歸償。古者田以井授，則管於比長、鄰長之官。今以買受，則業主即比長、鄰長之官也。一甲統十戶，一保統十甲。立一倉，皆以士人有家業者主之。今之總甲即隸於所立之倉正倉副爲役。大小相維，綱舉目張，宜無便於此者。或曰：佃或詐諼，田主懼累，不肯爲之承領，奈何？曰：初行信有之，久則無是矣。初行時，田主曰：是真貧而不能償者也。倉主則曰：是果貧耶？揭其名而定其數，不許其借而許其糴，雖不借猶借也，而不貧者不與焉。不貧者田主不憂其不償也，不難於承領也，而他途之人不與焉。夫農民之常困於他途者，他途貧，謀口而止，而農民不但謀口而止，一畝之田，耒耜有費，籽種有費，罱斛有費，雇募有費，祈賽有費，牛力有費，約而計之，率需錢千。一畝而需千錢，上農耕田二十畝，則口食之外，耗於田者二十千。以中年約之，一畝得米二石，還田主租息一石，是所存者僅二十石。當其春耕急需之時，米價必貴，折中計之，每石貴一千有餘。勢不得不貸之有力之家，而富人好利，挾其至急之情，以邀其加四加五之息，以八閱月計之，率以二石償一石，所存之二十石，在秋時必賤，富人乘賤而索之，其得以暖不號寒、豐不啼饑，而可以卒歲者，十室之中無二三焉。農民之所以困，反不在凶年而在樂歲。今由倉借米，無所謂貴賤也。加二斗之息，不及富人十之一也。來春又借之而出，雖名曰借，實取之官中而用之也。實算一石，止償二斗。詐諼之民，亦深知失信負逋之無利，而爭輸恐後矣。行之日久，而田主猶懼佃戶之累而不肯爲承借者，必無之事也。

古者九等定戶，二口起，十口止。不二口，則鰥寡孤獨，分會合養之無難矣。因是曆考古來言積貯者，惟管子、李悝能用《周禮》民數之法，亦可見其時井田未廢。朱子則行於一鄉，其數易知。惜猶未詳求及此，故其法皆不久而自敝也。或曰田以買受，復由佃種，參差進退，月異而歲不同，其數何由盡知？

余以爲不然。假如一人買田百畝，其佃種者必有七八戶。工本大者，不能過二十畝爲上戶，能十二三畝者爲中戶，但能四五畝者爲下戶，上、中、下各幾戶，他人不知，業主未有不知者。著落業主開明戶若干、口若干，以交倉。將來春放之時，按其人口多少，定放幾何，收時亦然。或口數有增減，悉由業主隨時更正。推至數百畝千畝者，皆一例可知矣。其佃戶而外，或有自種己田者，亦分別其上、中、下戶，而托田鄰領放，或他圖之親友，皆以取信於倉爲主。其他工匠雜色人等，不過鎮市公知共見，亦分爲上、中、下戶，許糴不許放。分造正色、雜色二簿。及大歉之歲，公行義賑，則正色、雜色一例給放，其下戶即極貧也，中戶即次貧也，上戶不賑。此皆不待查核而按籍了然者。以此行社倉，則常年春放之數悉當其口數田數，何至有秋收逋竄之弊？即大荒給賑，又何至如近年詭冒無稽，一無考核也哉？後世田歸於業主，則業主即鄰長、里長之官。業主不經理之，將誰經理之者？每鄉立倉正二人以考其成，每圖立倉副二人以核其實。每田每戶，各業主註冊以立其根。上下公知，互相糾正。保甲出其中，井田寓其中，而謂民生不厚，風俗不成，無是事也。

清 章謙《備荒通論下》《清經世文编》卷三九 食餘而不知斂，狗彘食人食矣。斂而不能散，老稚轉於溝壑矣。顧易於散者，必難於收。無論凶年無以振死亡，且何以爲恒年再散之地乎？不可不詳其道也。其道云何？一、責成田主周知民數。二、權宜糴糶。三、存典生息。其必分三條相輔而行者。誠以各鄉情形不同，聽民自爲擇取，或當青黃不接之時，以倉米平糶價，每升酌減幾文，使倉有微息，而農民亦沾實惠，此亦一法也。更或每年變價，交典生息八厘，輾轉生息，以爲大荒賑糴之用，此又一法也。三法並行，而必以周知民數爲之根柢。特恐初行查考未清，抑或各鄉致有不同，姑以減糴存典二法通其變耳。至若城鎮圖分多半不耕之民，則惟有糴矣。特非荒不糴與農民別，而以民數爲主，則亦與農民同耳。三代後能推行盡利者，其惟管子乎？管仲《輕重篇》曰：『歲有凶穰，故穀有貴賤；令有緩急，故物有輕重。上令急於求米，則民重米，緩於求米，則民輕米。人君不理，則畜賈游於市，乘民不給，百倍其本矣。給，足也。故萬乘之國，必有萬金之賈，千乘之國，必有千金之賈者，利有所並也。賈，謂居積者。計本量委則足矣。在上者量本而委以所欲居之貨，不使有以十取百之弊。然而民有饑餓者，穀有所藏也。富人藏穀，亦賈類。民有餘則輕之，人君斂之以輕，民不足則重之，人君散之以重。凡輕重斂散之以時，即准平；守准平，使萬室之邑，必有萬鍾之藏，藏鏹千萬。千室之邑，必有千鍾之藏，藏鏹百萬。六斛四斗爲鍾。鏹，錢貫也。春以奉耕，夏以奉耘，耒耜器械，種穰糧食，必取贍焉。故大賈畜家，不得豪奪吾民矣。』以上《管子》全文。

按商列於四民之中，而獨有畜賈之禁者，商通貨，賈居奇，心同而術異。商察歲時之豐歉，知四方之貴賤，以有通無，裒多益寡，故穀賤而商糴至，則其價必增，價增則利農，穀貴而商販至，則其價必減，價減則人與農俱利。若夫賈則爲主而不爲客，非有關津舟車之勞，不能久待也。非有旅食賃宿之費，以急於求售也。商多一日有一日之累，賈則多一日有一日之利。是以非至賤不糴，非至貴不糶。挾其至貴至賤之權，以乘小民之急，夫安得不困？故《考工》稱國有六職，而不及賈，誠以商尚有利於民，而賈者直國家之大也。損富賈之有餘，以補耕耘耒耜之不足。《管子》其善用泉府法歟！《泉府》云：『貨之滯於民用者，以其價買之。』即《管子》『有餘則輕之』，故人君斂之以輕也。《泉府》云『物揭而書之，以待不時而買』者，即《管子》『不足則重之』，故人君散之以重也。《泉府》云：『凡民之貸者，與其有司辨而授之，以國服爲之息。』鄭司農謂：『從官借本賈，以其所賈之國所出爲息也。』康成曰：『貸萬錢者，期出息五百。』即《管子》之『泰春國穀倍重數，泰夏賦穀以理田土，春秋田穀之存子者若干』是也。夫泉府之職，列於地官，以司徒之屬有周知土地人民之責也。《管子》則曰『國之廣狹肥饒有數，終歲食餘有數』，尤爲握根探本之論。此法惟李悝嘗能行之。李悝曰：『糴甚貴傷人，甚賤傷農。人傷則離散，農傷則國貧。故甚貴甚賤，其傷一也。善爲國者使人無傷，而農益勸。』凡不耕而食者曰人。按管子策國籌農而已，而悝則兼人，其法較密。不知管子當穀賤之時，已存三分之一，以待人民相爲糴糶，而商賈之家又復計本量委以使之轉販取贏。至於出穀之時，平價任買，人與農復何所區別哉？故李悝之法亦即管子之法也。

或曰：熙寧行泉府，害如彼，何也？曰：非泉府法也。《泉府》云：『凡民之貸者，不貸於公，亦貸於私。言民之願貸者，不願貸者不相強也。』而熙寧則抑配之。提舉司以多散爲功。《泉府》云：『國服爲息，是隨其所服事之物爲稅。』鄭司農云：『或以絲絮，或以絺葛，是也。』而熙甯則概徵錢，錢亦可爲息，定以錢則不可。泉府之息，康成謂萬錢五百，而熙寧則放錢一千，收錢一千三百。六倍。抑配行則領者不必償，償者不必領，而鞭笞勒扣無所不至矣。

富不願領，貧不能償。強富代貧，勢所必至。徵錢一定，則税非其產，勢必於秋成穀賤之時，轉輾求售，以償官債，而卒歲之計，且不暇問矣。至於息重之害，又不待言，而謂是泉府法乎？其尤悖亂無理者，盡散常平錢，作青苗錢，是使萬萬窮民，盡作朝廷債戶，不幸有水旱之災，而朝廷涓滴之澤，不漏於編氓也，豈不謬哉？

《宋會要輯稿・瑞異二・旱》〔嘉定八年〕七月二日，臣僚奏：『有天旱，有人旱，此唐人之論也，臣請推廣其意，而爲今日救旱之說。在天之旱，不推誠以致禱，則其澤未易以沾洽；人遇亢旱，不致力於備具，則其災必至於滋甚。是人旱反甚於天旱也。天雖亢旱，旬月之間，豈無時雨之沾灑地雖乾涸，田隴之間，豈無泉脈之流通？成周之時，一夫之田，必有二尺之遂，九夫之井，必有四尺之溝。等而上之，爲洫爲澮，以達於川，皆以瀦雨潦於泛溢之日，亦以通泉脈于乾涸之餘。考之周典，稻人以瀦蓄水，以防止水，又有遂以均水，其蓄水潦以備旱乾，甚周也。攷之《月令》，在仲夏則命有司祈祀山川百源，在季春則命有司通達溝瀆，以防壅塞，疏水脈以助灌溉，甚悉也。天未嘗無愛物澤物之心，屢禱而不即應，已應而澤不流通，或者蓋歸之數也。天數固茫昧而不可必，人爲旱備，獨可頃刻而不致其力乎？未旱不爲之備，既旱則坐視而弗救，是非天旱，蓋人實旱之也。今東南之地，沃壤彌望固亦絕少，誠不可以井田溝遂之制施之。然一方數十里之內，豈無陂塘可開之以灌注田畝？一望之地，豈無畎澮可浚之以瀦水？依山之田，豈無泉源之不涸者可導之以滋溉？瀕湖之田，或有湖高而田下之處，堤岸欲密，獨不可度其勢而少泄之乎？瀕江、瀕溪之田，大率水低而田高，取水雖勞，獨不可並力而收車戽之利乎？臣閩人也，閩地瘠狹，層山之巔，苟可寘人力，未有尋丈之地不坵而爲田。泉溜接續，自上而下，耕墾灌溉，雖不得雨，歲亦倍收。其有平地而非膏腴之田，無陂塘可以灌注，無溪澗可以汲引，各於田塍之側開掘坎井，深及丈餘，停蓄雨潦，以爲旱乾一溉之助。炎雲如灼，桔槔俯仰不以爲勞，所濟雖微，不猶勝於立視其槁而摶手無策乎？江浙號爲澤國，田悉腴潤，遠非瘠地之比。然旱乾爲害，視他處特甚，每以惰農苟安，爲備不素，固應爾耳。蓋耕田之民，田非己有，方春播種，滿意秋成，猝罹旱暵，已觖始望，饑號相逼，自救不贍，皇恤苗槁不過倚鋤仰天孅息而已。否則秧槁，群趨哄訴於官府之庭而已。貧民困矣，爲富民之有田者獨不能出力貸資，以爲農民救旱之助乎？旱禾瘁矣，獨不當亟爲瀦水導泉之計，以爲晚禾之備乎？任此責者，獨非字民之官乎？令以勸農爲職，興修水利，又令丞之責。所宜愛民如愛子，救旱如救焚，出入阡陌，諮訪黎老，號召農民而慰勉之。若所有陂塘可以浚廣，若所有泉脈可以疏瀹，畎澮堙塞，使之相率而開導；溪河側近，俾之協力而車注，圍田之占水者宜掘則掘，勿以勢要而遽抳；礲碓之截水者宜拆則拆，勿以經久而姑存；耕夫無力以營救，則勸諭富室之有田者隨其所佃而資助之。縣官視爲頃刻不可少緩之事，親加相視，勤於誘率，庶幾上下畢力，以救天災。旱傷或至七八分，詎無一二分之滋濟？旱田似已無及，猶冀晚禾之登稔。今夏雖曰亢旱，然未嘗逾月而不雨，特不甚接續，故無所瀦蓄耳。地必沮洳而後雨水可瀦，官必加意而後小民竭力。瀦水救旱，實目前之急務。毋曰今已後時，而置之悠悠不恤也。近睹江西漕臣所奏，一路獨興國軍闕雨爲甚，陂塘已竭，近泉去處亦可蓄水，以護晚秧，此亦臣區區過計之意。今欲推行此意，莫若行下諸路監司，提督令丞，躬親相視，開廣陂塘，疏導溝瀆，掘井泉，通地脈，凡可爲救旱之計，將無一之不舉，要以日而課效。若令與丞有能興修水利，浹濟若干頃畝，不拘多寡，守以其實申之監司，監司保奏，即行推賞。庶使官吏激勸，民被實惠。況興修水利，自有賞格。前此州縣官以此獲賞者或許循資，或減磨勘，類多文具，皆未有興利之實績。今若以實績來上，而重推賞焉，則誰不加勸是不特救目前之旱而止。臣所陳不勝懇切，惟陛下垂聽而亟推行之，天下幸甚。』詔從之。

又《食貨七・水利上》《食貨志》：天聖四年八月，監察御史王沿上相州開河渠引水溉民田利害，詔候修護黃河畢日規畫之。沿奏云：『渠田起于戰國魏襄王時，東有全齊，西有強秦，韓、魏在其前，燕、趙居其後，干戈歲動，封疆日蹙，苟不盡其地利，則爲強國所吞。故史起獻其謀曰：魏氏之行田也以百畝，鄴獨二百畝，是田惡也。漳水在其旁，西門豹爲鄴令，請引之以溉鄴，以富魏之河內。臣徧觀史傳，但載溉灌之饒，不書疏導之法。唯本州圖經稱有天井堰者，魏武帝所作。二十里分十二重墱，每墱相去三百步，令互相灌注。故左太沖《魏都賦》云：『墱流十二，同源異口。』詳此，則古來漳水本淺，不與岸平，須就岸以開渠，復臨渠而作堰，則水流渠內，渠灌田中。蓋爲渠之初，必就高處，渠行數里，方達平田。若水與岸平，田與岸接，爲渠甚易，溉田不難，則自國初以來，庸常之人已能開之久矣，又豈假臣之瞽言而後隱度哉！臣按《史記》云：韓聞秦之好興事，欲疲之，無令東伐，乃俾水工鄭國說秦，令鑿渠，引涇水並北山東注洛三百里，欲以溉田。中作而覺，鄭國乃曰：『爲韓延數年之命，爲秦建萬世之功。』秦以爲然，卒使就渠。夫以強秦之力鑿一渠，有何艱哉，韓人乃云欲疲之，鄭國又云爲韓延數年之命，則是舉秦國之人而疲之數年，然後能成之。今若持此較彼，則史起之引漳水，豈止一朝一夕之功哉？是必歲役萬人，數歲而獲其利。又鄭國鑿渠，並北山東注洛三百里，則是爲渠之初，須就高處，本不與平田相接，亦已明矣。若與平田相接，則澆灌之利豈能遠及三百里哉？臣詳王軫、房中正等相度漳渠事狀，大抵云水卑岸高，渠已湮塞，若作堰開渠，其功甚大，則亦然矣。若云渠堰雖成，其水渾濁，不堪溉田，及所作之堰，若遇川隘之時，必復衝壞，則是軫等不知溉田之方、作堰之法。臣按鄭白渠之引涇水也，今在耀州之雲陽、三原、富平及京兆府之涇陽、高陵、櫟陽六縣。緣渠皆立斗門，多者至四十餘所，以分水勢。其下別開小渠，方以溉田，則水有所分，民無奔注之患。且其水最濁，故稱『涇水一石，其泥數斗，溉糞禾黍』。今反言其水渾濁，不堪溉田，斯豈非不知而爲知者耶？又其作堰之法，或雲皆用大石方四五尺者，錮之以鐵，積之如陵，岐彼中流，擁爲雙派，其南流者乃爲涇水，其東注者乃是二渠，故雖駭浪不能壞。古人苟不如此，則年年修渠，歲歲作堰，百姓豈有利哉！今漳水之畔若復渠田，乞朝廷勘會雲陽縣若有上件渠堰斗門，即乞精擇水工十餘人徧詣彼處模古人作堰開渠之法，觀今人置斗門溉田之方，及命雲陽民自今犯罪當配者，皆徙相州，教百姓水種陸蒔之利，則其謀易成矣。至如北邊，本無水田，自徙江南罪人于彼，後來皆知水利。臣昨于正月內上疏，乞命水工往鄭白渠，觀彼疏導之制，往衡漳之上鑿而引之，蓋亦慮磁、相之民不知作渠法耳。又詳王軫稱，若不開舊渠而截河作堰，當渠開二丈四尺，則作堰之功可損半，當並役五十萬工，日萬人，役五旬而罷。役七十五萬餘工，若從渠口開深一丈四尺，當役十三萬餘工。以臣籌之，若若擇水工有計智，依鄭白渠作堰之法，采岯山之石，取磻陽之木，給黎城之鐵，扼中流，據長岸，資木石之固，作其堰焉，上開大渠，可成別派。沿渠數里，分置斗門，漸及平田，必獲澆溉之饒。水東入御河，或遇川溢之時，則于元渠之口下板以塞之，以防奔注之患。其磁、魏、邢、洺既居下流，堤岸又淺，或餘波可及，或別渠可穿，則所謂『鄭國在前，白渠起後』，又且『首起谷口，尾入櫟陽』之類也。夫如是，則復三百年廢跡，溉數萬頃良田，雖役萬人，數歲而畢，亦不足爲勞矣。又詳王軫稱，若開古渠，則掘卻民田，而其萬金、都領等尋之無迹』者。大凡開溝渠，豈有不犯民田哉！若不犯民田而能開之者，雖史起復生，亦不知計之安出。其萬金等渠水之無跡者，蓋本田之中，歲久堙沒。又詳王軫稱：『高平渠據百姓狀稱，稅賦已重，雖得水，出利不得，乞不修堰。』檢會臣昨言，乞于安陽水次作堰，不以遠近，百姓並許引水溉灌，蓋欲春夏旱時澆救二十村民田。今軫曾不思先議增稅，致人憂疑，不願灌溉，斯豈恤民之旨哉！又以堰成之後，安陽水少，行舟不得，虧卻稅額。夫以一渠之流，不過減本河數分之水，安患舟不浮哉？苟有利民，雖虧稅，其亦末矣。臣載觀軫等事狀，似不以古今利害，徒采村落小民、壕寨軍將之語，以斟酌三百年廢渠之迹，其能盡其術乎昔西門豹賢臣也，史起尚以爲不知用，是不智也，況野人鄙卒之屬，能盡知乎？《傳》曰：『夫民可與樂成，不可與謀始。』又曰：『可使由之，不可使知之。』今國家生民富庶，區夏乂安，有陶唐擊壤之風，無戰國交兵之事，猶乃俯從鄙議，恢復農工，此蓋丕闡皇猷，紹隆治本，雖大禹之疏濬川澤，周人之均別廬井，亦無以加矣。』

綜述

《周禮·地官司徒·稻人》　掌稼下地。以豬畜水，以防止水，以溝蕩水，以遂均水，以列舍水，以澮寫水，以涉揚其芟，作田。凡稼澤，夏以水殄草而芟夷之。澤草所生，種之芒種。旱暵，共其雩斂。喪紀，共其葦事。

漢　氾勝之《氾勝之書》卷上《耕田篇》　凡耕之本，在於趣時和土。務糞澤，早鋤獲春凍解，地氣始通土，一和。解夏至天氣始暑，陰氣始盛，土復解。夏至後九十日，晝夜分，天氣和。以此時耕田，一而當五，名曰膏澤，皆得時功。春，地氣通，可耕堅硬強地。黑壚土輒平摩其塊以生草，草生復耕之。天有小雨，復耕和之，勿令有塊，以待時，所謂強土而弱之也。春候地氣始通，椓橛木根尺二寸，埋尺見其二寸。立春後土塊散，上沒橛，陳根可拔，此時二十日以後，和氣即土剛，以此時耕，一而當四。和氣去，耕，四不當一。杏始華榮輒耕，輕土、弱土望杏花落復耕，耕輒藺之。草生有雨澤耕，重藺之。土甚輕者，以牛羊踐之，如此則土強，此謂弱土而強之也。春氣未通，則土曆適不保澤，終歲不宜稼，非糞不解，慎無旱耕，須草生至可種時，有雨即種。土相親，苗獨生，草穢爛，皆成良田，此一耕而當五也。不如此而旱耕，塊硬苗穢，同孔出不可鋤治，反為敗田。秋無雨而耕，絕土氣，土堅垎，名曰脂田。及盛冬耕，匯奶氣，土枯燥，名曰脯田。脯田與脂田皆傷田。二歲不起稼，則一歲休之。凡種時，五月耕，一當三；六月耕，一當再；若七月耕，五不當一。冬雨雪止，輒以藺之，掩地雪，勿使從風飛去。後雪復藺之，則立春保澤，凍蟲死，來年宜稼。得時之和，適地之宜，田雖薄惡，收可畝十石。

又《**種穀篇**》　小豆忌卯，稻麻忌辰，禾忌丙，黍忌醜，秫忌寅未，小麥忌戌，大麥忌子，大豆忌申卯，凡九穀有忌日。種之不避其忌，則多傷敗，此非虛語也。其自然者燒黍稷則害瓠。

種無期，因地為時。三月榆莢時雨膏地強，可種禾。薄田不能糞者，以原蠶矢雜禾種之，則禾不蟲。又取馬骨挫一石，以水三石，煮之三沸，漉去滓，以汁漬附子五枚，三四日去附子，以汁和蠶矢、羊矢各等分，撓令洞洞如稠粥，先種二十日時，以溲種如麥飯狀，常天旱燥時，溲之立乾薄布數撓，令易乾，明日復溲，天陰雨則勿溲，六七溲而止，輒曝謹藏，勿令復濕。至可種時，以餘汁溲而種之，則禾稼不蝗。無馬骨亦可用雪汁，雪汁者，五穀之精也，使稼耐旱。常以冬藏雪汁，器盛埋於地中。治種如此，則收常倍。

植禾，夏至後八十、九十日，常夜半候之天有霜，若白霜下一平明時，令兩人持長索相對，各持一端以概禾中，去霜露，日出乃止。如此禾稼，五穀不傷矣。

又《**區種法篇**》　湯有旱災，伊尹作區田，教民糞種，負水澆稼。區田以糞氣為美，非必須良田也。諸山林近邑，高危傾阪，及鄰城上皆可為區田。區田不耕旁地，庶盡地力。凡區種不先治地，便荒地為之，以畝為率，令一畝之地長十八丈，廣四丈八尺，當橫分十八丈，作十五町，町間分為十四道，以通行人。道廣一尺五寸，町皆廣一尺五寸，長四丈八尺，尺橫鑿町作溝，溝一尺，深亦一尺，積穰於溝間，相去亦一尺。嘗悉以一尺地積穰不相受，令宏二尺地以積穰。種禾黍於溝間，夾溝為兩行，去溝兩邊各二寸半，中央相去五寸，旁行相去亦五寸。一溝容四十四株，一畝合萬五千七百五十株，種禾麥，令上一寸土，不可令過一寸，亦不可令減一寸。凡區種麥，令相去二寸，一行一溝容五十二株，一畝凡四萬五千五百五十株，麥上令土厚二寸。凡區種大豆，令相去一尺二寸，一溝容九株，一畝凡六千四百八十株。區種荏，令相去三尺，胡麻相去一尺。區種天旱常溉之，一畝常收百斛。上農夫區方深各六寸，間相去九寸，一畝三千七百區，一日作千區，區種粟二十粒。美糞一升，合土和之，畝用種二升，秋收區別三升。粟畝收百斛。丁男長女治十畝，十畝收千石，歲食三十六石，支二十六年。中農夫區方七寸，深六寸，相去二尺，一畝千二十七區，用種一升，收粟五十一石，一日作三百區。下農夫區方九寸，深六寸，相去二尺，一畝五百六十七區，用種粟六升，收二十八石，一日作二百區。區中草生茇之，區間草以劃劃之；若以鋤鋤，苗長不能耘之者，以鉤鐮比地刈其草矣。驗美田至十九石，中田十三石，薄田一十石。尹澤取減法，神農復加之骨汁、糞汁種種，剉馬骨、牛、羊、豬、麋、鹿骨一斗，以雪汁三斗，煮之三沸，取汁以漬附子，率汁一斗，附子五枚，漬之五日，去附子，搗麋、鹿、羊矢，等分置汁中，熟撓和之。候晏溫，又溲曝，狀如后稷法，皆溲，汁乾乃止。若無骨，煮繅蛹汁和溲，如此，則以區種之大旱澆之，其收至畝百石以上，十倍於後稷。此言馬蠶，皆蟲之先也；及附子，令稼耐旱，終歲不失於獲。獲不可不速，常以急疾為務，芒張葉黃，捷獲之無疑。獲禾之法，熟過半斷之。

北魏　賈思勰《**齊民要術・自序**》　《史記》曰：『齊民無蓋藏。』如淳注曰：『齊，無貴賤，故謂之齊民者，若今言平民也。』

蓋神農爲耒耜，以利天下；堯命四子，敬授民時；舜命后稷，食爲政首；禹制土田，萬國作乂；殷周之盛，詩書所述，要在安民，富而教之。

《管子》曰：『一農不耕，民有飢者；一女不織，民有寒者。』『倉廩實，知禮節；衣食足，知榮辱。』丈人曰：『四體不勤，五穀不分，孰爲夫子？』《傳》曰：『人生在勤，勤則不匱。』古語曰：『力能勝貧，謹能勝禍。』蓋言勤力可以不貧，謹身可以避禍。故李悝爲魏文侯作盡地力之教，國以富強；秦孝公用商君，急耕戰之賞，傾奪鄰國而雄諸侯。

《淮南子》曰：『聖人不耻身之賤也，愧道之不行也；不憂命之長短，而憂百姓之窮。是故禹爲治水，以身解於陽盱之河；湯由苦旱，以身禱於桑林之祭。【略】神農憔悴，堯瘦癯，舜黎黑，禹胼胝。由此觀之，則聖人之憂勞百姓亦甚矣。故自天子以下，至於庶人，四肢不勤，思慮不用，而事治求贍者，未之聞也。』『故田者不強，囷倉不盈；將相不強，功烈不成。』

《仲長子》曰：『天爲之時，而我不農，穀亦不可得而取之。青春至焉，時雨降焉，始之耕田，終之簠、簋，惰者釜之，勤者鍾之。矧夫不爲，而尚乎食也哉？』《譙子》曰：『朝發而夕異宿，勤則菜盈傾筐。且苟無羽毛，不織不衣；不能茹草飲水，不耕不食。安可以不自力哉？』

鼂錯曰：『聖王在上，而民不凍不飢者，非能耕而食之，織而衣之，爲開其資財之道也。【略】夫寒之於衣，不待輕煖；飢之於食，不待甘旨。飢寒至身，不顧廉耻。一日不再食則飢，終歲不製衣則寒。夫腹飢不得食，體寒不得衣，慈母不能保其子，君亦安能以有民？【略】夫珠、玉、金、銀，飢不可食，寒不可衣。【略】粟、米、布、帛，【略】一日不得而飢寒至。是故明君貴五穀而賤金玉。』劉陶曰：『民可百年無貨，不可一朝有飢，故食爲至急。』陳思王曰：『寒者不貪尺玉而思短褐，飢者不願千金而美一食。千金、尺玉至貴，而不若一食、短褐之惡者，物時有所急也。』誠哉言乎！

神農、倉頡，聖人者也；其於事也，有所不能矣。故趙過始爲牛耕，實勝耒耜之利；蔡倫立意造紙，豈方縑、牘之煩？且耿壽昌之常平倉，桑弘羊之均輸法，益國利民，不朽之術也。諺曰：『智如禹、湯，不如嘗更。』是以樊遲請學稼，孔子答曰：『吾不如老農。』然則聖賢之智，猶有所未達，而況於凡庸者乎？

猗頓，魯窮士，聞陶朱公富，問術焉。告之曰：『欲速富，畜五牸。』乃畜牛羊，子息萬計。九真、廬江，不知牛耕，每致困乏。任延、王景，乃令鑄作田器，教之墾闢，歲歲開廣，百姓充給。燉煌不曉作耬犁；及種，人牛功力既費，而收穀更少。皇甫隆乃教作耬犁，所省庸力過半，得穀加五。又燉煌俗，婦女作裙，攣縮如羊腸，用布一匹。隆又禁改之，所省復不貲。茨充爲桂陽令，俗不種桑，無蠶織絲麻之利，類皆以麻枲頭貯衣。民惰窳羊主切，少麤履，足多剖裂血出，盛冬皆然火燎炙。充教民益種桑、柘，養蠶，織履，復令種紵麻。數年之間，大賴其利，衣履溫暖。今江南知桑蠶織履，皆充之教也。五原土宜麻枲，而俗不知織績；民冬月無衣，積細草，臥其中，見吏則衣草而出。崔寔爲作紡績、織紝之具以教，民得以免寒苦。安在不教乎？

猗頓，魯窮士，聞陶朱公富，問術焉。告之曰：『欲速富，畜五牸。』乃畜牛羊，子息萬計。九真、廬江，不知牛耕，每致困乏。任延、王景，乃令鑄作田器，教之墾闢，歲歲開廣，百姓充給。燉煌不曉作耬犁；及種，人牛功力既費，而收穀更少。皇甫隆乃教作耬犁，所省庸力過半，得穀加五。又燉煌俗，婦女作裙，攣縮如羊腸，用布一匹。隆又禁改之，所省復不貲。茨充爲桂陽令，俗不種桑，無蠶織絲麻之利，類皆以麻枲頭貯衣。民惰窳羊主切，少麤履，足多剖裂血出，盛冬皆然火燎炙。充教民益種桑、柘，養蠶，織履，復令種紵麻。數年之間，大賴其利，衣履溫暖。今江南知桑蠶織履，皆充之教也。五原土宜麻枲，而俗不知織績；民冬月無衣，積細草，臥其中，見吏則衣草而出。崔寔爲作紡績、織紝之具以教，民得以免寒苦。安在不教乎？

黃霸爲潁川，使郵亭、鄉官，皆畜雞、豚，以贍鰥、寡、貧窮者；及務耕桑，節用，殖財，種樹。鰥、寡、孤、獨，有死無以葬者，鄉部書言，霸具爲區處：某所大木，可以爲棺；某亭豚子，可以祭。吏往皆如言。龔遂爲渤海，勸民務農桑，令口種一樹榆，百本薤，五十本葱，一畦韭，家二母彘，五雞。民有帶持刀劍者，使賣劍買牛，賣刀買犢，曰：『何爲帶牛佩犢？』春夏不得不趣田畝，秋冬課收斂，益蓄果實、菱、芡。吏民皆富實。召信臣爲南陽，好爲民興利，務在富之。躬勸農耕，出入阡陌，止舍離鄉亭，稀有安居。時行視郡中水泉，開通溝瀆，起水門、提閼，凡數十處，以廣溉灌，民得其利，蓄積有餘。禁止嫁娶送終奢靡，務出於儉約。郡中莫不耕稼力田。吏民親愛信臣，號曰『召父』。僮种爲不其令，率民養一豬，雌雞四頭，以供祭祀，死買棺木。顏斐爲京兆，乃令整阡陌，樹桑果；又課以閑月取材，使得轉相教匠作車；又課民無牛者，令畜豬，投貴時賣，以買牛。始者民以爲煩，一二年間，家有丁車、大牛，整頓豐足。王丹家累千金，好施與，周人之急。每歲時農收後，察其強力收多者，輒歷載酒肴，從而勞之，便於田頭樹下飲食勸勉之，因留其餘肴而去；其惰者，獨不見勞，各自耻不能致丹，其後無不力田者，聚落以至殷富。杜畿爲河東，課民畜牸牛、草馬，下逮雞、豚，皆有章程，家家豐實。此等豈好爲煩擾而輕費損哉？蓋以庸人之性，率之則自力，縱之則惰窳耳。

故《仲長子》曰：『叢林之下，爲倉庾之坻；魚鼈之堀，爲耕稼之場者，此君長所用心也。是以太公封而斥鹵播嘉穀，鄭、白成而關中無飢年。蓋食魚鼈而藪澤之形可見，觀草木而肥墝之勢可知。』又曰：『稼穡不修，桑果不茂，畜產不肥，鞭之可也；杝落不完，垣牆不牢，掃除不淨，笞之可也。』此督課之方也。且天子親耕，皇后親蠶，況夫田父而懷窳惰乎？

李衡於武陵龍陽汎洲上作宅，種甘橘千樹。臨死勑兒曰：『吾州里有千頭木奴，不責汝衣食，歲上一匹絹，亦可足用矣。』吳末，甘橘成，歲得絹數千匹。恒稱太史公所謂『江陵千樹橘，與千戶侯等』者也。樊重欲作器物，先種梓、漆，時人嗤之。然積以歲月，皆得其用，向之笑者，咸求假焉。此種殖之不可已已也。諺曰：『一年之計，莫如樹穀；十年之計，莫如樹木。』此之謂也。

《書》曰：『稼穡之艱難。』《孝經》曰：『用天之道，因地之利，謹身節用，以養父母。』《論語》曰：『百姓不足，君孰與足？』漢文帝曰：『朕爲天下守財矣，安敢妄用哉！』孔子曰：『居家理，治可移於官。』然則家猶國，國猶家，是以家貧則思良妻，國亂則思良相，其義一也。

夫財貨之生，既艱難矣，用之又無節；凡人之性，好懶惰矣，率之又不篤；加以政令失所，水旱爲災，一穀不登，胔腐相繼：古今同患，所不能止也，嗟乎！且飢者有過甚之願，渴者有兼量之情。既飽而後輕食，既暖而後輕衣。或由年穀豐穰，而忽於蓄積；或由布帛優贍，而輕於施與：窮窘之來，所由有漸。故《管子》曰：『桀有天下，而用不足；湯有七十二里，而用有餘，天非獨爲湯雨菽、粟也。』蓋言用之以節。

《仲長子》曰：『鮑魚之肆，不自以氣爲臭；四夷之人，不自以食爲異：生習使之然也。居積習之中，見生然之事，夫孰自知非者也？斯何異蓼中之蟲，而不知藍之甘乎？』

今採捃經傳，爰及歌謠，詢之老成，驗之行事，起自耕農，終於醯、醢，資生之業，靡不畢書，號曰《齊民要術》。凡九十二篇，束爲十卷。卷首皆有目錄，於文雖煩，尋覽差易。其有五穀、果、蓏非中國所殖者，存其名目而已；種蒔之法，蓋無聞焉。捨本逐末，賢哲所非，日富歲貧，飢寒之漸，故商賈之事，闕而不錄。花草之流，可以悅目，徒有春花，而無秋實，匹諸浮僞，蓋不足存。

鄙意曉示家童，未敢聞之有識，故丁寧周至，言提其耳，每事指斥，不尚浮辭。覽者無或嗤焉。

又《雜説》　夫治生之道，不仕則農；若昧於田疇，則多匱乏。只如稼穡之力，雖未逮於老農；規畫之間，竊自同於后稷。所爲之術，條列後行。

凡人家營田，須量己力，寧可少好，不可多惡。假如一具牛，總營得小畝三頃，據齊地大畝，一頃三十五畝也。每年一易，必莫頻種。其雜田地，即是來年穀資。

欲善其事，先利其器。悅以使人，人忘其勞。且須調習器械，務令快利；秣飼牛畜，事須肥健；撫恤其人，常遣歡悅。

觀其地勢，乾濕得所，禾秋收了，先耕蕎麥地，次耕餘地。務遣深細，不得趁多。看乾濕，隨時蓋磨著切。見世人耕了，仰著土塊，並待孟春蓋，若冬乏水雪，連夏亢陽，徒道秋耕不堪下種。無問耕得多少，皆須旋蓋磨如法。

如一具牛，兩箇月秋耕，計得小畝三頃。經冬加料餵。至十二月內，即須排比農具使足。一入正月初，未開陽氣上，即更蓋所耕得地一徧。

凡田地中有良有薄者，即須加糞糞之。

其踏糞法：凡人家秋收治田後，場上所有穰、穀積等，並須收貯一處。每日布牛脚下，三寸厚；每平旦收聚堆積之；還依前布之，經宿即堆聚。計經冬一具牛，踏成三十車糞。至十二月、正月之間，即載糞糞地。計小畝畝別用五車，計糞得六畝。匀攤，耕，蓋著，未須轉起。

自地亢後，但所耕地，隨餉蓋之；待一段總轉了，即橫蓋一徧。計正月、二月兩箇月，又轉一徧。

然後看地宜納粟：先種黑地、微帶下地，即種糙種；然後種高壤白地。其白地，候寒食後榆莢盛時納種。以次種大豆、油麻等田。

然後轉所糞得地，耕五六徧。每耕一徧，蓋兩徧，最後蓋三徧。還縱橫蓋之。候昏房、心中，下黍種無問。

穀，小畝一升下子，則稀穊得所。

候黍、粟苗未與壠齊，即鋤一徧。黍經五日，更報鋤第二徧。候未蠶老畢，報鋤第三徧。如無力，即止；如有餘力，秀後更鋤第四徧。油麻、大豆，並鋤兩徧止，亦不厭早鋤。穀，第一徧便科定，每科只留兩莖，更不得留多。每科相去一尺。兩壠頭空，務欲深細。第一徧鋤，未可全深；第二徧，唯深是求；第三徧，較淺於第二徧；第四徧較淺。

凡蕎麥，五月耕；經二十五日，草爛得轉；並種，耕三徧。立秋前後，皆十日內種之。假如耕地三徧，即三重著子。下兩重子黑，上頭一重子白，皆是白汁，滿似如濃，即須收刈之。但對梢相答鋪之，其白者日漸盡變爲黑，如此乃爲得所。若待上頭總黑，半已下黑子，盡總落矣。

其所糞種黍地，亦刈黍了，即耕兩徧，熟蓋，下糠麥。至春，鋤三徧止。

凡種小麥地，以五月內耕一徧，看乾濕轉之，耕三徧爲度。亦秋社後即種。至春，能鋤得兩徧最好。

凡種麻地，須耕五六徧，倍蓋之。以夏至前十日下子。亦鋤兩徧。仍須用心細意抽拔，全稠闊細弱不堪留者，即去却。

一切但依此法，除蟲災外，小小旱，不至全損。何者？緣蓋磨數多故也。又鋤耨以時。諺曰『鋤頭三寸澤』，此之謂也。堯湯旱澇之年，則不敢保。雖然，此乃常式。古人云：『耕鋤不以水旱息功，必獲豐年之收。』

如去城郭近，務須多種瓜、菜、茄子等，且得供家，有餘出賣。只如十畝之地，灼然良沃者，選得五畝，二畝半種葱，二畝半種諸雜菜；似校平者種瓜、蘿蔔。其菜每至春二月內，選良沃地二畝熟，種葵、萵苣。作畦，栽蔓菁，收子。至五月、六月，拔諸菜先熟者，並須盛裹，亦收子訖。應空閑地種蔓菁、萵苣、蘿蔔等，看稀稠鋤其科。至七月六日、十四日，如有車牛，盡割賣之；如自無車牛，輸與人。即取地種秋菜。

葱，四月種。蘿蔔及葵，六月種。蔓菁，七月種。芥，八月種。瓜，二月種；如擬種瓜四畝，留四月種，並鋤十徧。蔓菁、芥子，並鋤兩徧。葵、蘿蔔，鋤三徧。葱，但培鋤四徧。白豆、小豆，一時種，齊熟，且免摘角。但能依此方法，即萬不失一。

又 卷一《耕田第一》 凡開荒山澤田，皆七月芟艾之，草乾即放火，至春而開。根朽省功。其林木大者劖烏更反殺之，葉死不扇，便任耕種。三歲後，根枯莖朽，以火燒之。入地盡矣。耕荒畢，以鐵齒鎒楱俎候反再徧杷之，漫擲黍穄，勞郎到反亦再徧。明年，乃中爲穀田。

凡耕高下田，不問春秋，必須燥濕得所爲佳。若水旱不調，寧燥不濕。燥耕雖塊，一經得雨，地則粉解。濕耕堅垎（胡洛切），數年不佳。諺曰：『濕耕澤鋤，不如歸去。』言無益而有損。濕耕者，白背速鎒楱之，亦無傷；否則大惡也。春耕尋手勞，古曰『耰』，今曰『勞』。《說文》曰：『耰，摩田器。』今人亦名勞曰『摩』，鄙語曰『耕田摩勞』也。秋耕待白背勞。春既多風，若不尋勞，地必虛燥。秋田濕長劫反實，濕勞令地硬。諺曰：『耕而不勞，不如作暴。』蓋言澤難遇，喜天時故也。桓寬《鹽鐵論》曰：『茂木之下無豐草，大塊之間無美苗。』

凡秋耕欲深，春夏欲淺。犂欲廉，勞欲再。犂廉耕細，牛復不疲；再勞地熟，旱亦保澤也。秋耕稀一感反青者爲上。比至冬月，青草復生者，其美與小豆同也。初耕欲深，轉地欲淺。耕不深，地不熟；轉不淺，動生土也。菅茅之地，宜縱牛羊踐之，踐則根浮。七月耕之則死。非七月，復生矣。

凡美田之法，綠豆爲上，小豆、胡麻次之。悉皆五、六月中穊羹懿反種，七月、八月犂掩殺之，爲春穀田，則畝收十石，其美與蠶矢、熟糞同。

凡秋收之後，牛力弱，未及即秋耕者，穀、黍、穄、粱、秫茇方末反之下，即移羸速鋒之，地恒潤澤而不堅硬。乃至冬初，常得耕勞，不患枯旱。

又 《氾勝之書》曰：『凡耕之本，在於趣時，和土，務糞澤，早鋤早穫。』

『春凍解，地氣始通，土一和解。夏至，天氣始暑，陰氣始盛，土復解。夏至後九十日，晝夜分，天地氣和。以此時耕田，一而當五，名曰膏澤，皆得時功。』

『春地氣通，可耕堅硬強地黑壚土，輒平摩其塊以生草，草生復耕之，天有小雨復耕和之，勿令有塊以待時。所謂強土而弱之也。』

『春候地氣始通：椓橛木長尺二寸，埋尺，見其二寸；立春後，土塊散，上沒橛，陳根可拔。此時二十日以後，和氣去，即土剛。以時耕，一而當四；和氣去耕，四不當一。』

『杏始華榮，輒耕輕土弱土。望杏花落，復耕。耕輒藺之。草生，有雨澤，耕重藺之。土甚輕者，以牛羊踐之。如此則土強。此謂弱土而強之也。』

『春氣未通，則土歷適不保澤，終歲不宜稼，非糞不解。慎無旱耕。須草生，至可耕時，有雨即耕，土相親，苗獨生，草穢爛，皆成良田。此一耕而當五也。不如此而旱耕，塊硬，苗、穢同孔出，不可鋤治，反爲敗田。秋無雨而耕，絶土氣，土堅垎，名曰「臘田」。及盛冬耕，泄陰氣，土枯燥，名曰「脯田」。脯田與臘田，皆傷田，二歲不起稼，則一歲休之。』

『凡麥田，常以五月耕，六月再耕，七月勿耕，謹摩平以待種時。五月耕，一當三。六月耕，一當再。若七月耕，五不當一。』

『冬雨雪止，輒以藺之，掩地雪，勿使從風飛去；後雪復藺之；則立春保澤，凍蟲死，來年宜稼。』

『得時之和，適地之宜，田雖薄惡，收可畝十石。』

崔寔《四民月令》曰：『正月，地氣上騰，土長冒橛，陳根可拔，急菑強土黑壚之田。二月，陰凍畢澤，可菑美田緩土及河渚小處。三月，杏華盛，可菑沙白輕土之田。五月、六月，可菑麥田。』

又 《收種第二》 《氾勝之書》曰：『種傷濕鬱熱則生蟲也。』【略】

『取禾種，擇高大者，斬一節下，把懸高燥處，苗則不敗。』【略】

《師曠占術》曰：『杏多實不蟲者，來年秋禾善。五木者，五穀之先；欲知五穀，但視五木。擇其木盛者，來年多種之，萬不失一也。』

又《種穀第三》 按今世粟名，多以人姓字爲名目，亦有觀形立名，亦有會義爲稱，聊復載之云耳：

朱穀、高居黃、劉豬獬、道愍黃、聒穀黃、雀懊黃、續命黃、百日糧，有起婦黃、辱稻糧、奴子場、音加支穀、焦金黃、鶴鴉合履，今一名麥爭場：此十四種，早熟，耐旱，熟早免蟲。聒穀黃、辱稻糧二種，味美。

今墮車、下馬看、百羣羊、懸蛇赤尾、罷虎黃、雀民泰、馬曳韁、劉豬赤、李浴黃、阿摩糧、東海黃、石駵歲、青莖青、黑好黃、陌南禾、隈隄黃、宋冀癡、指張黃、兔脚青、惠日黃、寫風赤、一晛黃、山鹺、頓黨黃：此二十四種，穗皆有毛，耐風，免雀暴。一晛黃一種，易春。

寶珠黃、俗得白、張鄰黃、白鹺穀、鉤千黃、張蟻白、耿虎黃、都奴赤、茄蘆黃、薰豬赤、魏爽黃、白莖青、竹根黃、調母粱、磊碨黃、劉沙白、僧延黃、赤粱穀、靈忽黃、獺尾青、續德黃、稈容青、孫延黃、豬矢青、煙熏黃、樂婢青、平壽黃、鹿橛白、鹺折筐、黃橝穇、阿居黃、赤巴粱、鹿蹄黃、餓狗蒼、可憐黃、米穀、鹿橛青、阿邏邏：此三十八種，中租大穀。白鹺穀、調母粱二種，味美。稈容青、阿居黃、豬矢青三種，味惡。黃橝穇、樂婢青二種，易春。

竹葉青、石抑閼創怪反、竹葉青一名胡穀、水黑穀、忽泥青、衝天棒、雉子青、鵰脚穀、鴈頭青、欖堆黃、青子規：此十種晚熟，耐水；有蟲災則盡矣。

凡穀成熟有早晚，苗稈有高下，收實有多少，質性有強弱，米味有美惡，粒實有息耗。早熟者苗短而收多，晚熟者苗長而收少。強苗者短，黃穀之屬是也；弱苗者長，青、白、黑是也。收少者美而耗，收多者惡而息也。地勢有良薄，良田宜種晚，薄田宜種早。良地非獨宜晚，早亦無害；薄地宜早，晚必不成實也。山、澤有異宜。山田種強苗，以避風霜；澤田種弱苗，以求華實也。順天時，量地利，則用力少而成功多。任情返道，勞而無獲。入泉伐木，登山求魚，手必虛；迎風散水，逆坂走丸，其勢難。

凡穀田，綠豆、小豆底爲上，麻、黍、胡麻次之，蕪菁、大豆爲下。常見瓜底，不減綠豆，本既不論，聊復記之。

又 凡種穀，雨後為佳。遇小雨，宜接濕種；遇大雨，待穢生。小雨不接濕，無以生禾苗；大雨不待白背，濕輾則令苗瘦。穢若盛者，先鋤一遍，然後納種乃佳也。春若遇旱，秋耕之地，得仰壟待雨。春耕者，不中也。夏若仰壟，非直蕩汰不生，兼與草穢俱出。

又《氾勝之書》曰：『禾，夏至後八十、九十日，常夜半候之，天有霜若白露下，以平明時，令兩人持長索相對，各持一端，以概禾中，去霜露，日出乃止。如此，禾稼五穀不傷矣。』

《寔勝之書》曰：『稗，既堪水旱，種無不熟之時，又特滋茂盛，易生蕪穢。良田畝得二三十斛。宜種之，備凶年。

又《漢書·食貨志》曰：『種穀必雜五種，以備災害。』師古曰：「歲月有宜，及水旱之利也。五種即五穀，謂黍、稷、麻、麥、豆也。」』

又 卷二《大豆第六》 《氾勝之書》曰：『大豆保歲易爲，宜古之所以備凶年也。謹計家口數，種大豆，率人五畝，此田之本也。

又《大小麥第十瞿麥附**》** 『當種麥，若天旱無雨澤，則薄漬麥種以酢且故反漿并蠶矢；夜半漬，向晨速投之，令與白露俱下。酢漿令麥耐旱，蠶矢令麥忍寒。

『麥生黃色，傷於太稠。稠者鋤而稀之。

『秋鋤以棘柴耬之，以壅麥根。故諺曰：「子欲富，黃金覆。」「黃金覆」者，謂秋鋤麥、曳柴壅麥根也。至春凍解，棘柴曳之，突絕其乾葉。須麥生，復鋤之。到榆莢時，注雨止，候土白背復鋤。如此則收必倍。

『冬雨雪止，以物輒藺麥上，掩其雪，勿令從風飛去。後雪，復如此。則麥耐旱、多實。

『春凍解，耕和土，種旋麥。麥生根茂盛，莽鋤如宿麥。』

氾勝之區種麥：『區大小如上農夫區。禾收，區種。凡種一畝，用子二升。覆土厚二寸，以足踐之，令種土相親。麥生根成，鋤區間秋草。緣以棘柴律土壅麥根。秋旱，則以桑落時澆之。秋雨澤適，勿澆之。春凍解，棘柴律之，突絕去其枯葉。區間草生，鋤之。大男、大女治十畝。至五月收，區一畝，得百石以上，十畝得千石以上。

『小麥忌戌，大麥忌子，「除」日不中種。』

崔寔曰：『凡種大、小麥，得白露節，可種薄田；秋分，種中田；後十日，種美田。唯穬，早晚無常。正月，可種春麥、豍豆，盡二月止。』

又《水稻第十一》 稻苗長七八寸，陳草復起，以鐮侵水芟之，草悉膿死。稻苗漸長，復須薅。拔草曰薅。薅訖，決去水，曝根令堅。量時水旱而溉之。將熟，又去水。

又《種芋第十六》《列仙傳》曰：『酒客爲梁，使烝民益種芋：「三年當大饑。」卒如其言，梁民不死。』按芋可以救饑饉，度凶年。今中國多不以此爲意，後至有耳目所不聞見者。及水、旱、風、蟲、霜、雹之災，便能餓死滿道，白骨交横。知而不種，坐致泯滅，悲夫！人君者，安可不督課之哉？

又卷四《栽樹第三十二》《食經》曰：『種名果法：三月上旬，斫取好直枝，如大母指，長五尺，内著芋魁中種之。無芋，大蕪菁根亦可用。勝種核，核三四年乃如此大耳。可得行種。』

凡五果，花盛時遭霜，則無子。常預於園中，往往貯惡草生糞。天雨新晴，北風寒切，是夜必霜，此時放火作煴，少得煙氣，則免於霜矣。

又《種椒第四十三》此物性不耐寒，，陽中之樹，冬須草裹。不裹即死。其生小陰中者，少稟寒氣，則不用裹。所謂『習以性成』。一木之性，寒暑異容；若朱、藍之染，能不易質？故觀鄰識士，見友知人也。

又卷五《種桑柘第四十五養蠶附**》**椹熟時，多收，曝乾之，凶年粟少，可以當食。《魏略》曰：『楊沛爲新鄭長。興平末，人多飢窮，沛課民益畜乾椹，收䔲豆，閱其有餘，以補不足，積聚得千餘斛。會太祖西迎天子，所將千人，皆無糧。沛謁見，乃進乾椹。太祖甚喜。及太祖輔政，超爲鄴令，賜其生口人，絹百匹，既欲厲之，且以報乾椹也。』今自河以北，大家收百石，少者尚數十斛。故杜葛亂後，飢饉荐臻，唯仰以全軀命，數州之内，民死而生者，乾椹之力也。

又《龍魚河圖》曰：『冬以臘月鼠斷尾。正月旦，日未出時，家長斬鼠，著屋中。祝云：「付勑屋吏，制斷鼠蟲；三時言功，鼠不敢行。」』

《雜五行書》曰：『取亭部地中土塗竈，水、火、盜賊不經；塗屋四角，鼠不食蠶；塗倉、簞，鼠不食稻；以塞坎，百日鼠種絶。』

《淮南萬畢術》曰：『狐目狸腦，鼠去其穴。』注曰：『取狐兩目，狸腦大如狐目三枚，擣之三千杵，塗鼠穴，則鼠去矣。』

又卷六《養牛、馬、驢、騾第五十六相牛、馬及諸病方法**》**服牛乘馬，量其力能；寒溫飲飼，適其天性：如不肥充繁息者，未之有也。金日磾，降虜之煨燼，卜式編户齊民，以羊、馬之肥，位登宰相。公孫弘、梁伯鸞，牧豕者，或位極人臣，身名俱泰；或聲高天下，萬載不窮。甯戚以飯牛見知，馬援以牧養發迹。莫不自近及遠，從微至著。嗚呼小子，何可已乎！故小童曰：『羊去亂羣，馬去害者。』卜式曰：『非獨羊也，治民亦如是。以時起居，惡者輒去，無令敗羣也。』諺曰：『羸牛劣馬寒食下』，言其乏食瘦瘠，春中必死。務在充飽調適而已。

陶朱公曰：『子欲速富，當畜五牸。』牛、馬、豬、羊、驢五畜之牸。然畜牸則速富之術也。

《禮記·月令》曰：『季春之月，【略】合累牛、騰馬，遊牝于牧。『累、騰，皆乘匹之名，是月所以合牛馬。』【略】仲夏之月，【略】遊牝别羣，則縶騰駒。『孕任欲止，爲其牡氣有餘，恐相蹄齧也。』【略】仲冬之月，【略】馬牛畜獸，有放逸者，取之不詰。』『《王居明堂禮》曰：「孟冬命農畢積聚，繼收牛馬。」』

凡驢、馬駒初生，忌灰氣，遇新出爐者，輒死。經雨者則不忌。

又飼父馬令不鬭法：多有父馬者，别作一坊，多置槽廄；剉芻及穀豆，各自别安。唯著韁頭，浪放不縶。非直飲食遂性，舒適自在，至於糞溺，自然一處，不須掃除。乾地眠臥，不濕不污。百匹羣行，亦不鬭也。

又飼征馬令硬實法：細剉芻，枚擲揚去葉，專取莖，和穀豆秣之。置槽於迥地，雖復雪寒，勿令安廠下。一日一走，令其肉熱，馬則硬實，而耐寒苦也。

又治牛馬病疫氣方：取獺屎，煮以灌之。獺肉及肝彌良，不能得肉、肝，乃用屎耳。

治馬患喉痹欲死方：纏刀子露鋒刃一寸，刺咽喉，令潰破即愈。不治，必死也。

治馬黑汗方：取燥馬屎置瓦上，以人頭亂髮覆之，火燒馬屎及髮，令煙出，著馬鼻上熏之，使煙入馬鼻中，須臾即差也。

又方：取豬脊引脂、雄黄、亂髮，凡三物，著馬鼻下燒之，使煙入馬鼻中，須臾即差。

馬中熱方：煮大豆及熱飯噉馬，三度愈也。

治馬汗凌方：取美豉一升，好酒一升——夏著日中，冬則溫熱——浸豉使液，以手搦之，絞去滓，以汁灌口。汗出，則愈矣。

治馬疥方：用雄黄、頭髮二物，以臘月豬脂煎之，令髮消；以塼揩疥令赤，及熱塗之，即愈也。

又方：湯洗疥，拭令乾。煮麵糊，熱塗之，即愈也。

又方：燒柏脂塗之，良。

又方：研芥子塗之，差。六畜疥，悉愈。然柏瀝、芥子，並是躁藥，其偏體患疥者，宜歷落斑駮，以漸塗之，待差，更塗餘處。一日之中，頓塗偏體，則無不死。

治馬中水方：取鹽著兩鼻中，各如雞子黄許大，捉鼻，令馬眼中淚出，乃止，良矣。

治馬中穀方：手捉甲上長髮，向上提之，令皮離肉，如此數過。以鈹刀子刺空中皮，令突過。以手當刺空，則有如風吹人手，則是穀氣耳。令人溺上，又以鹽塗，使人立乘數十步，即愈耳。

又方：取錫如雞子大，打碎，和草飼馬，甚佳也。

又方：取麥蘖末三升，和穀飼馬，亦良。

治馬脚生附骨一一不治者，入膝節，令馬長跛一一方：取芥子，熟擣，如雞子黄許，取巴豆三枚，去皮留臍，三枚亦熟擣，以水和，令相著。和時用刀子，不爾破人手。當附骨上，拔去毛。骨外，融蜜蠟周匝擁之，不爾，恐藥躁瘡大。著蠟罷，以藥傅骨上，取生布割兩頭，各作三道急裹之。骨小者一宿便盡，大者不過再宿。然要須數看，恐骨盡便傷好處。看附骨盡，取冷水淨洗瘡上，刮取車軸頭脂作餅子，著瘡上，還以淨布急裹之。三四日，解去，即生毛而無瘢。此法甚良，大勝炙者。然瘡未差，不得輒乘，若瘡中出血，便成大病也。

治馬被刺脚方：用穬麥和小兒哺塗，即愈。

馬炙瘡：未差，不用令汗。瘡白痂時，慎風。得差後，從意騎耳。

治馬瘙蹄方：以刀刺馬踠叢毛中，使血出，愈。

又方：融羊脂塗瘡上，以布裹之。

又方：取鹹土兩石許，以水淋取一石五斗，釜中煎取三二斗。剪去毛，以泔清淨洗。乾，以鹹汁洗之。三度即愈。

又方：以湯淨洗，燥拭之。嚼麻子塗之，以布帛裹。三度愈。若不斷，用穀塗。五六度即愈。

又方：剪去毛，以鹽湯淨洗去痂，燥拭。於破瓦中煮人尿令沸，熱塗之，即愈。

又方：以鋸子割所患蹄頭前正當中，斜割之，令上狹下闊，如鋸齒形；去之，如剪箭括。向深一寸許，刀子摘令血出，色必黑，出五升許，解放，即差。

又方：先以酸泔清洗淨，然後爛煮豬蹄取汁，及熱洗之，差。

又方：取炊底釜湯淨洗，以布拭令水盡。取黍米一升作稠粥，以故布廣三四寸，長七八寸，以粥糊布上，厚裹蹄上瘡處，以散麻纏之。三日，去之，即當差也。

又方：耕地中拾取禾茇東倒西倒者一一若東西横地，取南倒北倒者，一壠取七科，三壠凡取二十一科，淨洗，釜中煮取汁，色黑乃止。剪却毛，泔淨洗去痂，以禾茇汁熱塗之，一上即愈。

又方：尿漬羊糞令液，取屋四角草，就上燒，令灰入鉢中，研令熟。用泔洗蹄，以糞塗之。再三，愈。

又方：煮酸棗根，取汁淨洗，訖。水和酒糟，毛袋盛，漬蹄没瘡處。數度即愈也。

又方：淨洗了，擣杏人和豬脂塗。四五上，即當愈。

治馬大小便不通，眠起欲死，須急治之，不治，一日即死：以脂塗人手，探穀道中，去結屎。以鹽内溺道中，須臾得溺，便當差也。

治馬卒腹脹，眠臥欲死方：用冷水五升，鹽二升，研鹽令消，以灌口中，必愈。

治驢漏蹄方：鑿厚塼石，令容驢蹄，深二寸許。熱燒塼，令熱赤。削驢蹄，令出漏孔，以蹄頓著塼孔中，傾鹽、酒、醋，令沸浸之。牢捉勿令脚動。待塼冷，然後放之，即愈。入水、遠行，悉不發。

又 治牛疫氣方：取人參一兩，細切，水煮，取汁五六升，灌口中，驗。

又方：臘月兔頭燒作灰，和水五六升灌之，亦良。

又方：朱砂三指撮，油脂二合，清酒六合，暖，灌，即差。

治牛腹脹欲死方：取婦人陰毛，草裹與食之，即愈。此治氣脹也。

又方：研麻子取汁，溫令微熱，擘口灌之五六升許，愈。此治食生豆腹脹欲垂死者，大良。

治牛疥方：煮烏豆汁，熱洗五度，即差耳。

治牛肚反及嗽方：取榆白皮，水煮極熟，令甚滑，以二升灌之，即差也。

治牛中熱方：取兔腸肚，勿去屎，以草裹，吞之，不過再三，即愈。

治牛蝨方：以胡麻油塗之，即愈。豬脂亦得。凡六畜蝨，脂塗悉愈。

治牛病：用牛膽一箇，灌牛口中，差。

唐 韓鄂《四時纂要》卷一《春令·正月》 治牛疫方：當取人參細切，水煎取汁，冷灌口中，五升已來，即差。又取真安息香，於牛欄中燒，如焚香法。如初覺一頭至兩頭是疫，即牽出，令鼻吸其香氣，立止。又方十二日：兔頭燒作灰，和水五升，灌口中，差。

《通典》卷二《食貨二·水利田》 周 秦 漢 後漢 晋 東晋 宋 後魏 大唐 魏文侯使李悝作盡地力之教，以爲地方百里，提封九萬頃，除山澤邑居參分去一，爲田六百萬畝。理田勤謹則畝益三斗，不勤則損亦如之。地方百里之增減，輒爲粟百八十萬石。必雜五種，以備災害。力耕數耘，收穫如寇盜之至。謂促遽之甚，恐爲風雨損之。還廬樹桑，還，遶也。菜茹有畦，瓜瓠果蓏，木實曰果，草實曰蓏。茹，所食之菜。畦，區也。殖於疆場。至曾孫襄王，以史起爲鄴令，起進曰：『魏氏之行田也以百畝，賦田之法，一夫百畝。鄴獨二百畝，是田惡也。漳水在其旁，西門豹爲鄴令不知用，是不知也。』於是，遂引漳水溉鄴，以富魏之河内。民歌之曰：『鄴有賢令兮爲史公，決漳水兮灌鄴旁，終古瀉鹵兮生稻粱。』瀉鹵，即斥鹵也，鹵，鹹苦也，謂鹹鹵之地。史記云西門豹引漳水溉鄴，誤。

其後，韓聞秦之好興事，欲疲之，無令東伐。乃使水工鄭國閒説秦，令鑿涇水，自仲山西抵瓠口爲渠，並蒲浪反北山，東注洛，三百餘里，欲以溉田。中作而覺，秦欲殺國，國曰：『始臣爲閒，然渠成亦秦之利也。』秦以爲然，卒使就渠。渠就，用注填閼之水，溉澤鹵之地四萬餘頃，收皆畝一鍾。於是關中爲沃野，無凶年，命曰鄭國渠。閼讀與淤同。

秦平天下，以李冰爲蜀守，冰壅江水作堋部用反，穿二江成都中，雙過郡下，以通舟船，因以溉灌諸郡，於是蜀沃野千里，號爲陸海。

漢文帝以文翁爲蜀郡太守，穿煎涣，溉灌繁田千七百頃，人獲其饒。武帝元光中，大司農鄭當時言：『引渭穿渠，起長安，並南山下，至河三百餘里。渠下民田萬餘頃，又可得以溉田，益肥關中之地，得穀。』天子以爲然，令齊水工徐伯表巡行表記之，悉發卒數萬人穿漕渠，三歲而通。渠下民頗得以溉田矣。其後，河東守番係請『穿渠引汾溉皮氏、汾陰下，引河溉汾陰、蒲坂下，皮氏，今龍門縣地，屬絳郡。汾陰，今寶鼎縣地。蒲坂，今河東縣地。並屬河東郡。度可得五千頃。五千頃故盡河壖棄地，民茭牧其中耳，今溉田之，度可得穀二百萬石以上』。天子以爲然，發卒數萬人作渠田。數歲，河移徙，渠不利，則田者不能償種。久之，河東渠田廢，與越人，令少府以爲稍入。時越人有徙者，以田與之，其租税入少府也。稍，漸也。其入未多，故謂之稍。其後莊熊羆言：『臨晉民即今馮翊縣也。願穿洛以溉重泉以東萬餘頃重泉在今馮翊郡界，今有乾坑，即熊羆之所穿渠。故惡地。誠得水，可令畝十石。』於是爲發卒萬餘人穿渠，自徵音懲引洛水至商顔下。徵在馮翊，即今郡之澄城縣。商顔，今馮翊縣界。岸善崩，洛水岸。乃鑿井，深者四十餘丈。往往爲井，井下相通行水。水穨以絶商顔，下流曰穨。東至山嶺十餘里閒。井渠之開自此始。穿渠得龍骨，故名曰龍首渠。作之十餘歲，渠頗通，猶未得其饒。是時，用事者爭言水利。朔方、西河、河西、酒泉皆引河及川谷以溉田。而關中輔渠、靈軹引諸水，汝南、九江引淮，東海引鉅定澤名。泰山下引汶水，皆穿渠爲溉田，各萬餘頃。佗小渠陂山通道，不可勝言。

自鄭國渠起，至元鼎六年，百三十六歲，而倪寬爲左内史，奏請穿鑿六輔渠，在鄭國渠之裏，今尚謂之輔渠，亦曰六渠。以益溉鄭國傍高仰之田。素不得鄭國之溉灌者。仰謂上向。帝曰：『農，天下之本也。泉流灌，所以育五穀也。左、右内史地，名山川原甚衆，細民未知其利，故爲通溝瀆，畜陂澤，所以備旱也。今内史稻田租挈重，不與郡同，租挈，收田租之約令。郡謂四方諸郡。其議減。令吏民勉農，盡地利，平徭行水，勿使失時。』平徭者，均齊渠堰之力役，謂俱得水之利。後十六歲，趙中大夫白公此時無公爵，蓋相呼尊老之稱也。復奏穿渠，引涇水，首起谷口，尾入櫟音藥陽，谷口，今雲陽縣治谷是。注渭中，袤二百里，溉田四千五百餘頃，因名曰白渠。民得其饒，歌之曰：『田於何所？池陽、谷口。鄭國在前，白渠起後。鄭國興於秦時，故云前也。舉鍤爲雲，決渠爲雨。鍤，鍬。涇水一石，其泥數斗。且溉且糞，長我禾黍。水停淤泥，可以當糞。衣食京師，億萬之口。』言此兩渠饒也。

元帝建昭中，邵信臣爲南陽太守，於穰縣理南六十里造鉗盧陂，累石爲隄，傍開六石門以節水勢。澤中有鉗盧王池，因以爲名。用廣溉灌，歲歲增多，至三萬頃，人得其利。及後漢杜詩爲太守，復修其業。時歌之曰：『前有邵父，後有杜母。』後漢章帝建初中，王景爲廬江太守。郡部安豐縣有楚孫叔敖所起芍陂，先是荒廢，景重修之，境内豐給。其陂徑百里，灌田萬頃。芍音鵲。今壽春郡安豐縣界。順帝永和五年，馬臻爲會稽太守，始立鏡湖，築塘周迴三百十里，灌田九千餘頃，至今人獲其利。

晉武帝咸寧元年，詔曰：『今年霖雨過差，又有蟲災。潁川、襄城，自春以來，略不下種，深以爲慮。主者何以爲百姓計。』當陽侯杜元凱上疏曰：『臣輒思惟，今者水災，東南特劇，非但五穀不收，居業并損。下田所在渟汙，高地皆多境埆，百姓困窮，方在來年。雖詔書切告長吏二千石爲之設計，而不廓開大制，定其趣舍之宜，恐徒文具，所益蓋薄。當今秋夏蔬食之時，而百姓已有不贍，前至冬春，野無青草，則必指仰官穀，以爲生命。此乃一方之大事，不可不早爲思慮。臣愚謂既以水爲田，當恃魚菜螺蜯，而洪波汎濫，貧弱者終不能得。今者宜大壞兗及荊河州東界兗州東界，今濟陽、濟陰、東平、魯郡之閒。荊河州東界，今汝南、汝陰、譙郡之閒也。諸陂，隨其所歸而宣導之。令饑者盡得水產之饒，百姓不出境界之內，朝暮野食，此目下日給之益也。水去之後，填淤之田，畝收數鍾。至春大種五穀，五穀必豐，此又明年之益也。』杜君又言：『諸欲修水田者，皆以火耕水耨爲便，非不爾也。然此施於新田草萊，與百姓居相絕離者耳。往者東南草創人稀，故得火田之利。頃來戶口日增，而陂堰歲決，良田變生蒲葦，人居沮澤之際，水陸失宜，放牧絕種，樹木立枯，皆陂之害也。陂多則土薄水淺，潦不下潤。故每有水雨，輒復橫流，延及陸田。言者不思其故，因云此土不可陸種。臣計漢之戶口，以驗今之陂處，皆陸業也。其或有舊堰，則堅完修固，非今所謂當爲人害也。臣見尚書胡威啟宜壞陂，其言懇至。臣又見宋漢侯相應遵上便宜，求壞泗陂，徙運道。時下都督度支共處當，各據所見，不從遵言。臣按遵上事，運道東詣壽春，有舊渠，可不由泗陂出。泗陂在彼地界，壞地凡萬三千餘頃，傷敗成業。遵縣領應佃二千六百口，可謂至少，而猶患地狹，不足肆力，此皆水之爲害也。當所共衈，而都督度支方復執異，非所見之難，直以不同害理也。人心所見既不同，利害之情又有異，軍家之與郡縣，士大夫之與百姓，其意莫有同者，此皆偏其利以忘其害，此理之所以未盡，而事之所以多患也。臣又按，荊河州界中度支所領佃者，州郡大軍雜士，凡用水田七千五百餘頃耳。計三年之儲，不過二萬餘頃。以常理言之，無爲多積無用之水。況於今者水潦瓫溢，大爲災害，臣以爲宜發明詔，勑刺史二千石，漢氏舊堰及山谷私家小陂，皆當修繕以積水。其諸魏氏以來所造立及諸因雨決溢蒲葦馬腸陂之類，皆決瀝之。長吏二千石躬先勸功，諸食力之人並一時附功令，比及水凍，得粗枯涸。其所修功實之人，皆以俾之。其舊陂堰溝渠當有所補塞者，比尋求微跡，一如漢時故事，早爲部分列上，須冬閒東南休兵交代，各留一月以佐之。夫川瀆有常流，地形有定體，漢氏居人衆多，猶以無患，今因其所患而宣瀉之，跡古事以明近，大理昭然，可坐論而得。臣不勝愚意，嘗竊謂最是今日之實益也。』

朝廷從之。

東晉張闓音開爲晉陵內史，時所部四縣並以旱失田，闓乃立曲阿新豐塘，今丹陽郡丹陽縣界。溉田八百餘頃，每歲豐稔。葛洪爲其頌，乃徵入拜大司農。

宋文帝元嘉七年，劉義欣爲荊河刺史，鎮壽陽。今壽春郡也。于時土境荒毀，百姓離散。義欣綱維補緝，隨宜經理。芍陂良田萬頃，隄堰久壞，秋夏常苦旱。義欣遣諮議參軍殷肅循行修理，有舊溝引淠匹詣反水入陂，淠，水名，在汝南。伐木開榛，水得通涇，由是遂豐稔。

後魏刁雍爲薄骨律鎮將，至鎮，上表曰：『富平西三十里，薄骨律鎮，今靈武郡。富平，今迴樂縣。有艾山，南北二十六里，東西四十五里，鑿以通河，似禹舊迹。其兩岸作溉田大渠，廣十餘步，山南引水入此渠中。計昔時高於河水不過一丈，河水激急，沙土漂流。今日此渠高於河水二丈三尺，又河水侵射，往往崩頹。渠既高懸，水不得上，雖復諸處按舊引水，水亦難求。今艾山北，河中有洲渚，水分爲二。西河小狹，水廣百四十步。臣今請入來年正月，於河西高渠之北八里，分河之下五里，平地鑿渠，廣十五步，深五尺，築其兩岸，令高一丈。北行四十里，還入古之高渠，即修高渠而北，復八十里，合百二十里，大有良田。計用四千人，四十日功，渠得成就。所欲鑿新渠口，河下五尺，水不得入。今求從小河東南岸斜斷到西北岸，計長二百七十步，廣十步，高二丈，絕斷小河。二十日功，計得成畢，合計用功六十日。小河之水盡入新渠，水則充足，溉官私田四萬餘頃。旬日之閒，則水一徧，水凡四溉，穀得成實。』從之，公私獲其利。

裴延儁爲幽州刺史，范陽郡有舊督亢渠，徑五十里。漁陽燕郡有故戾陵諸堰，廣袤三十里。皆廢毀多時，莫能修復，水旱不調，人多饑餒。延儁自度水形營造，未幾而就，溉田萬餘頃，爲利十倍。

大唐貞觀十八年，李襲稱爲揚州大都府長史，乃引雷陂水，又築句城塘，以溉田八百餘頃，百姓獲其利。徵拜太府卿，人至今賴之。

永徽六年，雍州長史長孫祥奏言：『往日鄭、白渠溉田四萬餘頃，今爲富商大賈競造碾磑，堰遏費水，渠流梗澀，止溉一萬許頃。請修營此渠，以便百姓。至於鹹鹵，亦堪爲水田。』高宗曰：『疏導渠流，使通溉灌，濟泼炎旱，應大利益。』太尉無忌對曰：『白渠水帶泥淤，灌田益其肥美。又渠水發源本高，向下枝分極衆。若使流至同州，則水饒足。比爲碾磑用水，洩渠水隨入滑；加以壅遏耗竭，所以得利遂少。』於是遣祥等分檢渠上碾磑，皆毀之。至大曆中，水田纔得六千二百餘頃。

明 宋濂《文憲集》卷一六《上虞縣重修柯韓二牐碑》 上虞有湖名夏蓋，延袤一百餘里。縣東北衆水經上妃、白馬二陂，匯于湖，釃為三十六渠，支分絡聯，以達于田，凡溉一十三萬畮有畸。渠之下流建二石牐，視時溢乾而留洩之，歲恒無凶者。近代農官失政，畚土成塍，取給一朝，不旋踵而圮。傍縣亡賴男子當旱暵時，又夜半決防以去。然湖並于海，鹵水或乘潮入，善禍稼。舊嘗造隄捍其衝，潮汐齧蝕，至是亦暴潰，民憧憧告病矣。乃洪武四年冬，臨淮唐侯鐸自殿中侍御史出守會稽。上虞會稽屬，縣人士羣走白侯，侯愀然弗寧，行海上，視決堤，與民共約，度田以會粟，因口以賦庸，鑿石為隄，自蓮花池至纂風，合萬有三千尺，始與故石隄屬。侯斬牲饗海神已，登民謂曰：『隄幸成，二牐無難者。』會侯召入為卿奉常，遂命僚屬集事。其柯家牐廣二十有四尺，深如廣之數而贏其一。先築土樹橛，櫛比星攢，度久且不壞，方敷以石。兩翼四隅，咸斂甃如法，中峙石楹，左右皆有副鍥坎陷，版以為縱閉，復隨土形崇卑疏級為五以瀉水，上駕石梁以便行者。槩以章計者九百八十有五，灰以斛量者三百六十又四，石以丈數者七百三十有八，匠以日考者一千三百。其韓家牐廣減前牐之半，深比廣倍之，石楹唯二級，道則減其一，仍冠以石梁，餘皆同。其工物視前，匠損四百，石損五百，灰損六十八，槩損二百八十一。始事洪武甲寅秋七月，訖工於冬十有二月，此其大凡也。有道浮屠雷峯净昱，乃具事狀，介太史氏朱君右徵濂文記其成。予聞成周之時，稻人掌稼平地，以瀦畜水，以防止水，以溝蕩水，以遂均水，以列舍水，以澮瀉水，其為法甚備，其為利至久也。然而溝澮之屬所可考者，其深廣自四尺至八尺，或至於尋仞各二。先王豈不知害地而廢稼，以為不若是則水性失其常，溢則有溺患，乾則禾將菑矣。古制不可復見，有能設瀦防以惠民者，得不謂之賢哉？昔者曾文定公之為齊州，州城西北有湖，疏為水門，遇流潦暴集，則取荆葦為蔽，納土於門，以防外水之入。公為易之以石，其深八十尺，廣三十尺，視水高下而閉縱之，而禁障宣通皆得其節，人無後虞。今唐侯之為牐也，其事與之頗相類。世言古今人不能相及，果足信之與？是可書已。相其成者，通判府事吴敬、知縣張翼。營度督視不憚勞勚者，主簿史文郁也。司其出內，則邑大姓徐某、余某。法宜牽聯得書，海堤別自有記，茲可畧云。系之以詩曰：

維夏蓋湖，百川所瀦，在彼海邦。其一釃為通渠，行水委蛇，溉稻與秔。其二制水有牐，因時闢闔，其法孔臧。其三農政斯缺，惡壤為竭，水失厥防。其四侃侃唐侯，爰諮爰諏，中心盡傷。其五曰是弗脩，民焉有秋？敢視為常。其六乃登乃屬，乃謀乃告，乃輯其長。其七畮會其粟，工來以族，筮日奏功。其八琢石于山，樹槩于灣，以楗以梁。其九決塞有關，既堅且完，若首有航。其十昔何怒突，今乃順則，弗隳我疆。其十一行彼赤日，清流潏潏，黄茂芃芃。其十二食為民天，非稼無年，民用卒爽。其十三伊誰我憐，五馬翩翩，朱衣葱珩。其十四成周之制，有溝有遂，維畫維良。其十五古法寖廢，河渠興利，其效則章。其十六漢吏曰循，惠乎烝民，唯此之蘉。其十七矧乎鉅津，北枕海濱，澤被五鄉。其十八侯治之棘，行龐心惻，不翅父兄。其十九越石可泐，越川可竭，侯功勿忘。其二十

又《義烏重浚繡川湖碑》 義烏有繡川湖，在縣西一百五十步，廣袤九里三十步。舊設東西中三管，稽其户田之數，以均水利。其所溉凡八百九十五畮。後加疏瀹之功，其利愈博，以畮計者至於一千五百而贏。東南各有斗門，釃以二渠。東渠循堤折行，會於南，又折而東，疏為三以達于田。然而衆流行潢洿間，挾之入湖，其勢易致塡閼。在宋紹興甲子，知縣董爟請湖為放生池，嘗一濬之。淳熙戊戌，縣丞吴沃以春夏暴漲而淫，管不能宣洩，始更為牐，視贏縮而司啟閉。仍架石橋其上，人因以吴公名之。開禧丙寅，縣丞胡衍，景定甲子，知縣林桂發，復皆重濬之。自後無繼之者。一遇亢陽為沴，水輒涸，田遂不稔。曲阜孔侯來為縣之三年，政通人和，百廢具興，乃躬履湖濱，愀然而嘆曰：『無湖是無田也。茲非縣令之責乎？』歸與僚佐謀，集八鄉二十八里之民，量地定繇，分鄉授事，各植小幟以別其界域，使之不相淆亂。嚴示期約，責其成功。於是畚鍤齊舉，有不戒而趨之意。侯恐其過於勞也，趣承水利之家，具酒漿葅醢以食之。勸相既頻，功緒日就。湖之北故為官道，水齧蝕且盡，因築而廣之。湖南沿隄亦有曲逕，以通人行，居民侵塞，且及湖百尺，皆斥而復之。雜藝花柳，映帶左右，復聚土為山於花島之後。經始於今洪武戊午正月十五日，至三月十八日，湖之濬已及三之二，以東作方興，遂輟其功。其深約五尺有奇，役工三萬二千有奇。自興是役，晝恒晴，夜或雨雪。迨夫遂事，淫霖夕不止。君子謂侯愛民之所感。是歲婺七縣

大旱，並湖之田獨獲有秋。縣人士懷侯不能忘，援昔人名橋故事，既名土山為孔公墩，以識侯功，復來謁予文為記，欲示後之為令者，俾嗣濬之。余觀載籍之中，有民社者能脩陂渠之政，則屢書之而不厭其詳。此無他，以民食之所繫，故特用是以為勸也。昔者史起之為鄴令，大興水利以利民，至有舄鹵生稻粱之謡，逮今五尺之童亦有能知其賢者。世之為令者苟能如起之愛民，其脩名有不垂於無窮者乎？繡川湖縣之巨浸，一方之所倚賴。自景定甲子以迄乎兹，已閲一百十五春秋，佩銅章墨綬者不知其幾人，皆漠然不以為意，而孔侯獨能行之，可謂無愧昔賢者矣。因備書之，勒於金石，非惟永侯之文，抑亦勸來者使亦效之也。侯名克源，字敦夫，孔子五十五代孫。系之以詩曰：

華川之墟，衆水所趨。其勢回旋，匯而為湖。黄流奔衝，歲受洿濁。不有濬之，化為平陸。孰為其先？澤我甫田。孰為其後？維今之賢。其賢為誰？裔自曲阜。我煦我育，不翅召父。百齡絶響，曰吾繼之。民食攸繫，何敢弗思。乃程土功，乃集徒旅。畚鍤齊興，其來如雨。森之綢綢，斥之綠綠。翕之鳩鳩，離之休休。窊者既深，壅者斯戢。建牐築防，節其出入。潦水時行，納之若虚。猶如東瀛，注於尾閭。亢陽為沴，靡神不格。徒爾號呼，土毛盡赤。我行我野，黍苗芃芃。亦有流泉，其聲潨潨。人力勝天，遵古之義。胡不是脩，索諸茫昧。彼歲遘凶，我年獨豐。拊几而思，曰誰之功？功在不刊，非文莫紀。采而書之，敢告惇史。

明 王濟《君子堂日詢手鏡》卷下 吴浙農家甚勞，横之農甚逸。其地皆山，鄉有田一圻，則有塘瀦。水塘高於田，旱則決塘竇以灌。又有近溪澗者，則決溪澗，故横人不知有桔槔。每歲二月布種畢，以牛耕田令熟，秧二三寸即插於田，更不復顧，遇無水方往決灌，略不施耘盪鋤之工，惟耨草一度而已。勤者再之耨者，言拔去草也。至六月皆已穫，每一畝得穀二石者為上，此亦習於逸惰而不力耳。又有畬禾，乃旱地可種者，彼人無田之家并傜僮人皆從山嶺上種此禾，亦不施多工，亦惟耨草而已，穫亦不減水田。彼又不知種麥之法，故膏腴之地，皆一望蕪莽，不顧。余詢之，云亦嘗種，遇熟時不伺曝乾，即鞭淨貯之器間，彼土又多濕熱，皆黰為紅黑色，食皆無味，或有食即嘔吐成疾，遂云地不宜麥，故皆不種。殊不知收時須曝，令乾甚，方貯之，無不美。余備寫種收之法示之，各村墟間亦有人種矣。

明 海瑞《備忘集》卷一《開吴淞江疏》 題爲修復水利，以濟迫切飢民事。《禹貢》稱『三江既入，震澤底定』，三吴水利，當濬之使入於海，從古而然也。婁江、東江係是入海小道，惟吴淞江盡洩太湖之水，由黄浦入海。事起近年以來水利臣曠職不修，撫按亦不留心，惟此督責日至，潮泥日有積累，日月繼嗣，通道填淤，雖水勢就下而無下可爲就矣。時遭久塞，淞江一水國計所需，民生攸賴，修之舉之不可一日緩也。臣於舊歲十一月巡歷上海縣，親行相視，旋委上海縣知縣張嵿率領沿江住居父老按行故道，量得淤塞當濬地長該一萬四千三百三十七丈二尺，原江面闊三十丈。今議開十五丈，計該用工銀七萬六千二百二兩二錢九分。今以水荒缺秋收，兼之二麥未佈，時方春正月之初，米每石價銀已八錢五分矣。飢民動以千百，告求賑濟。臣已計將節年導河夫銀、臣本衙門贓罰銀兩、各倉儲米穀并溧陽縣鄉官史際義出賑濟穀二萬石率此告濟飢民，按工給與銀米。於今正月初三日，按江故道，興工挑濬，委松江府同知黄成樂督率上海縣知縣張嵿、嘉定縣知縣邵一本分理。興工之中，兼行賑濟，千萬飢民，稍安戢矣。但工程浩大，銀兩不敷，飢饉頻仍，變故叵測。官儲民積，計至二月間盡矣。江南四面皆荒，湖廣江西有收成，府縣又執行閉糴，無從取米。伏望皇上軫念民飢，當恤吴淞江水道國計所關，敕下該部酌議量留蘇、松、常三府漕糧二十萬石，准照前旨銀數改折。凡應天等十一府州縣庫貯，不拘各院道諸臣項下無礙贓罰銀兩聽臣調用。浙江杭、嘉、湖三府與蘇、松、常三府共此太湖之水，吴淞江開則六府均蒙其利，塞則六府同受其害，其庫藏銀亦如應天等府一例取用，彼處飢民亦聽上工就食。吴淞借飢民之力而故道可通，民借銀米之需而荒歉有濟，一舉兩利，地方不勝幸甚。

又《開白茆河疏》 題爲再濬常熟縣入海河道，兼行賑濟飢民事。臣於正月初三日開挑吴淞江，已經題請外，臣於二十七日巡歷常熟縣地方，父老人等紛紛告稱：本縣白茆河道雖經隆慶二年開挑，止是一線之路，是以隆慶三年水患不能流洩，三吴靠北一帶縣分均受其害。常熟去吴淞江尚有四日之程，飢民之能赴工於吴淞者，十之一二而已。若是興工之中兼行賑濟，一舉兩利，當開白茆。臣旋於二十八日親行相視，大驗闊者不過四丈，水深不過四尺，狹者不及二丈，水深不及三尺，果然淺狹。考之三吴水利，《禹貢》稱『三江既入，震澤底定』。今三吴入海之道南止吴淞江，北止白茆河，劉家河居其中，三處而已。劉家河原通達無滯，若止開吴淞而不開挑白茆，誠爲缺事，難免水患。臣又酌計臣先所題請吴淞江工銀尚有餘剩，可充他用。

吳淞江河因飢民雲集，計在二月二十日，前後告成決矣。青黃不接，飢民尚苦無處趁食，官發銀米賑濟，勢之所必然也。臣思與其空行濟飢而無益於後，不若仍照吳淞江事例，興工之中兼行賑濟，既有利於目前之飢民，河道開通，且有望今秋之成熟。臣已責令署縣事常州府通判姜國華丈量，約長該五千七丈七尺，因舊河道廣狹淺深不一，通融牽搭，計該用人夫一百六十四萬九千五百三十六工，計該用工銀四萬一千二百三十八兩四錢，一照吳淞江例，不取之民，不損之官，止以倉庫之積給之，尚可成此一河道也。飢民告濟，不散不止，臣已行令縣丞夏佐、典史鍾應亨各分工專督，通判姜國華總行稽察，於二月初九日興工矣。伏望皇上軫念飢民當賑，水利當興，敕下該部，地方幸甚。

明 歸有光《震川集》卷八《論三區賦役水利書》 有光再拜謹致書

明侯執事：竊承明侯以本縣十一、十二、十三保之田土荒萊，居民逃竄，歲逋日積，十數年來，官於茲土者未嘗不深以為憂，而不能為吾民終歲之計。明侯戚然於此，下詢芻蕘。有光生長窮鄉，譚虎色變，安能默然而已。竊惟三區雖隸本縣，而連亘嘉定迤東沿海之地，號為岡身。田土高仰，物產瘠薄，不宜五穀，多種木棉，土人專事紡績。周文襄公巡撫之時，為通融之法，令此三區出官布若干疋，每疋准米一石，小民得以其布上納稅糧，官無科擾，民獲休息。至弘治之末，號稱殷富。正德間始有以一人之言而變易百年之法者，遂以官布分俵一縣。夫以三區之布散之一縣，未見其利，而三區坐受其害，此民之所以困也。夫高阜之地，遠不如低窪之鄉。低鄉之民雖遇大水，有魚鱉菱芡之利，長流採捕，可以度日。高鄉之民一遇亢旱，彌望黃茅白葦而已。低鄉水退，次年以膏沃倍收。瘠土之民艱難百倍也。前巡撫歐陽公與太守王公行牽耗之法，但於二保、三保低湮水鄉特議輕減，而於十一、十二、十三保高阜旱區却更增賦。前日五升之田與槩縣七、八等保膏腴水田均攤三斗三升五合，此蓋一時失於精細，而遂貽無窮之害。小民終歲勤苦，私家之收或有不能及三斗者矣，田安不得荒？逋安得不積？此民之所以困也。吳淞江為三州太湖出水之大道，水之經流也。江之南北岍二百五十里間，支流數百，引以灌溉。自頃水利不修，經河既湮，支流亦塞。然自長橋以東，上流之水猶駛。迨夏駕口至安亭，過嘉定、清浦之境，中間不絕如綫。是以兩縣之田與安亭連界者無不荒。以三區言之，吳淞既塞，故瓦浦、徐公浦皆塞。瓦浦塞則十一、十二保之田不收，徐公浦塞則十三保之田不收。重以五六年之旱，溝澮生塵，嗸嗸待盡而已。此民之所以困也。生愚妄為執事者計之，其一曰復官政之舊。乞查本縣先年案卷，官布之徵于三區在于某年，其散於一縣在於某年，祖宗之成法、文襄之舊稅一旦可得而輕變，獨不可以復乎？今之賦役冊，凡縣之官布皆為白銀矣。獨不思上供之日為白銀乎？猶為官布乎？如猶以為官布，則如之何其不可復也？古之善為政者必任其土之所宜以為貢，文襄之意蓋如此。即今常州府有布四萬疋，彼無從得布也，必市之安亭。轉展折閱，公私交敝，有布之地不徵其布而必責其銀，無布之地不徵其銀而必責其布。責常州以代輸三區之銀，則常州得其便。責三區以代輸常州之布，則三區得其利。此在執事言於巡撫，一轉移之間也。其二曰復稅額之舊。牽耗之法係蘇州一郡之事，生愚未敢僭及。姑言今日之易行者。前王公已定耗法，均攤之田，三斗三升五合。歉薄之田，二斗二升。既而會計本縣薄田太多，而三十六萬之外乃增餘積米數千。王公下有司再審，歉薄之田均攤數千之米。此王公之意，欲利歸於下也。有司失於奉行，如三區者終在覆盆之下，而所存餘積之米遂不知所歸。欲乞查出前項餘積，作為正糧，而減三區之額，復如其舊。此則無事紛更，而又有以究王公欲行而未遂之意矣。夫加賦至三斗，而民逋日積，實未嘗得三斗也。復舊至五升，而民以樂輸，是實得五升也。其於名實較然矣。既減新額，又於逃户荒田開豁存糧，照依開墾荒田事例，召募耕種。數年之間，又必有生息之漸也。其三曰修水利之法。吳淞江為三吳水道之咽喉，此而不治，為吾民之害未有已也。先時言水利者不知本原，苟狥目前，修一港一浦以塞責而已。必欲自原而委，非開吳淞江不可。開吳淞江，則崑山、嘉定、青浦之田皆可墾。議者不究其本，因見沿江種蘆葦之利，反從而規取其稅。自角直浦、索路港諸地，悉為豪民之所占。向也私占而已，今取其稅，是教之塞江之道也。上流既壅，下流安得而不閼乎？生愚為三區之田而欲開吳淞江，似近於迂，然恐吳淞江不開，數年之後不獨三區，而三州之民皆病也。若夫開瓦浦溉十一、十二保之田，開徐公浦溉十三保之田，此足支持目前，下策也。生愚聞之，古之君子為生民之計，必不肯拘攣於世俗之末議，而決以敢為之志。況此三區，本縣蕞爾之地，在明侯之宇下，得升斗之水可以活矣。伏願行此三策，庶幾垂死而再甦之，其有德於吾民甚大。又今旱魃為灾，明侯昔日車馬所過，瀕河人跡所至之處，禾稼僅有存者。至於腹裏，無復青草。近經秋潦，往往千畝之田，枯苗數莖隨水蕩漾而已。救荒之策、免租之議，此如拯溺救焚，尤不可緩者。又今三區無復富户，所充糧役，不及中人之產，賠賍之累尤不忍言。乞念顛連無告之民，照弘治間例及太守南岷王公新行事例，免其南北運庫子馬役解之類，此亦可以少紓目前之急也。唯明侯留意焉。

又 卷一六《光禄署丞孟君浚河記》 吴淞江承太湖之水，蜿蜒東下三百里入海，左右之浦如百足。江自甫里折而北行，至崑山全吴鄉東，為渚浦，又為帆歸浦，斜折而南，入於渚浦。江復東，而浦之南出者，其東為張浦，又東為顧仙浦，又東為諸天浦，又東為同邱浦，又東為新塘，皆南入於渚浦。若為塘、為漊、為涇、為浜，凡在其間者，此光禄署丞孟君規其鄉所浚之水，江東南岸之地也。自新塘東，則江又南折，非孟君之鄉矣。君居家好義，歲捐貲以為民興利，至是大旱，又捐貲盡浚諸水之在其鄉者。當此時，邑民告饑，而全吴半鄉獨豐熟，其父老感君之義，請記其事。夫三吴江海之界，而羣山之水又犇注於其間為大浸，所謂太湖也。太湖分迸而出，以入於海，若以人力溝防疏導，則無不治之田，而水旱不能為患害。蓋湖水自西而下，而海之潮自東而上，清流不能勝濁泥之滓，故水不可一日不浚也。嘉靖初，朝廷嘗遣大吏來治，今四十年不治矣。古之三江，其二不可考，今惟吴淞一江，仰接太湖之水。古者江狹處猶廣二里，今自下駕以來，僅僅如綫，而茭蒲葭菼生其中，下流入海之蹌口不復通矣。千墩、新洋、黄浦皆亂流也，水道何由而順乎？故江左右之浦在東者但見止水藴藻，而姑蘇以東、秀州以北百里間，其田皆不耕。吾恐又數年，江日涸而西，而湖水益横流，東南之民將不食也。孟君居一鄉，能興其鄉之水利，則夫受司牧之寄者獨何以辭其責耶？君名紹曾，字守約，以太學上舍為大官丞，所浚河三十有四二萬七千六百九十四丈，為工四萬九千六百，用穀十有三萬九千觔。是用勒石，以告來者。

明 佚名《蓬軒類記》卷一 新昌、嵊縣有冷田，不宜早禾，夏至前後始插秧，秧已成科，更不用水，任烈日暴土坼裂，不恤也。至七月盡八月初，得雨，則土蘇爛而禾茂長。此時無雨，然後汲水灌之。若日暴未久，而得水太早，則稻科冷瘦。多不叢生。予初不知其故，偶見近水可汲之田如是，怪而問之。農者云云。始知觀風問俗，不可後也。

又 山陰、會稽有田灌鹽酒，或壅鹽草灰，不然不茂。寧波、台州近海處，田禾犯鹹潮則死，故作碶堰以拒之。嚴州壅田多用石灰，台州則煅螺蚌蛤蠣之灰，不用人畜糞。云人畜糞壅田，禾草皆茂，蠣灰則草死而禾苗茂，故用之。

又 嚴州山中灌田之法，有水輪。其制，約水面至岸高若干尺，如其度為輪，輪之輻以細木幹為之。每輻出栒處，繫一竹筒，但微繫其腰，使兩頭活動，可以俯仰。置軸半岸，貫輪其上，岸上近輪處，置木槽承水。溪水散緩，則以石約歸輪下使急，水急則輪轉如飛。每筒得水，則底重口仰，及轉至上，則筒口向下，水瀉木漕，分流田中。不勞人力，而水自足，蓋利器也。夫桔槔隨處有之，或運以手，或運以足，或運以牛，機器之巧無踰此矣。山中深溪高岸，桔槔之巧莫能施矣，於是乎有水輪之制焉。蓋制器利用，苟有益於斯世，則君子取焉。漢陰抱甕之説，特憤世疾邪之所為，未足以喻廣大也。

清 趙青藜《請減穀價興水利疏乾隆十二年**》**《清經世文編》卷三八 我皇上軫念民依，以所在穀價昂貴，再三求審盈絀之理，裕流通之源。特頒諭旨，令暫停省採買及捐監收米之例，酌緩急而藏富於民，猶且淵衷若谷，大學士九卿詳議。臣竊以爲今日穀價之貴實由漸積使然，蓋其驟貴也。或因歲歉，或因採買，而及其採買既過，歉歲復熟，價非不稍減。然以視從前未貴時之原價，固已略浮其值矣。如此經三五次起落，三五次浮積，而視原價固已大相懸絶矣。日貴一日，年貴一年，習以成常，誰肯率先以減者？況現在官糶定例，適足爲商賈居奇之藉。查定例，大荒減價一錢，中荒五分，尋常出易即不准減。此無論商屯把持、胥役需索，而庫平庫色，民不勝其誅求也；造冊給票，照票給米，民不勝其守候也。任發任領，以官爲政，米之良否，民不得而揀擇也。又糶米之數，人不得過五斗，即以極減之一錢計之，爲銀不過五分，此五分者足敵其誅求乎？足償其守候乎？民無所利，觀望不前，而官欲速其售，商乃得通胥役以巧行其屯，穀之昂貴，愈成牢不可破之局，奉行之不善，所當急議通變者此也。

臣愚以爲宜酌改定例，不妨多減，以創率先之路，破積貴之局。而議者必曰：徒以利奸屯也。不知減價既多，則民之趨買者必衆，趨既衆，則其自爲稽察者必嚴，商屯必無所容其掩飾，而受國家浩蕩之澤者莫非待哺之民矣。乃議者或曰：減多糶多，如缺倉額何？而臣愚以爲減糶而價平，價平而糶穀之項即可就本地秋收時買補，不憂其缺也。抑臣更有請者，臣查雍正年間直隸營田水利，每歲穀入不下數十萬石，比年以來，幾成故事，漸就廢弛，以致穀入多不如前，臣甚惜之。臣請諭令直隸督臣查明從前營田處所，就現在已成田畝造一清冊，從長經理，應修復者修復，應興舉者興舉。總以屬之州縣及統轄之道府，分別勸懲，無喜事，無畏難，寬爲之期，而務收實效焉。

雖水利事宜，非臣之明所能詳悉，而營成一處得一處之益，營成一畝亦得一畝之益。考《禹貢》揚州之域，田惟下下，荊州之域，田惟下中。今所稱產米鄉者，乃在湖廣江西二省，是非西北之水失其道，而地失其利之明驗乎？且西北佃田，廣種薄收，人以頃計。所以然者，以水潦難齊，而工本恐棄於無用也。誠興水利，以善蓄泄，使旱乾水溢，不得爲災，則深耕易耨，而佃人且以畝計，至多亦以畝之十計，是一頃之地可多容六七佃戶，失業之民可漸驅以歸於農，而遊手者寡矣。再查直隸一省，旗民居多。若任業主以董莊頭，任莊頭以率散佃，其爲力尤易，而爲法尤簡。

至於大工，力難責之民人者，令地方官詳明督撫，估計請帑興修，以所入租穀按年扣還，第恐畏難而奉行不實耳。古來大工大役，多以行所無事而成。以本地官勸本地民，興本地水利，即有會同之處，而以效役之民，視之猶其本地父母，不患不聽。故臣以爲屬之州縣及統轄之道府而已足也。至一切規畫營田定例，應有可遵。特其多差官役，往來道路，則臣所謂喜事之適以滋擾，而大不可者也。臣請皇上廣集議，斷自宸衷，一意舉行。縱無近功之可圖，實爲萬世所利賴。蓋水滋灌溉，而土壤膏沃，穀入豐盈，久之即東南挽運可省，何至穀價昂貴，上煩聖慮？若止暫停省採買，收捐監穀，保無穀不加貴足矣。欲減價就平，臣有以知其不能，微特臣而已，即定議之大臣恐亦不能保其必減也。何者？積漸之勢已成，難可卒返耳。且監穀既停，將來遇有需穀之處，乃向近採買，價必加昂，而旋停旋買，抑豈我皇上從長妥計之諭旨哉？理財足民，無過開源節流之道，而增糴減糶，依然良法美意之初。雖減價以糶，御史李清芳曾以上請，群臣業經議駁，而第以官糴不減，則穀價終不得而平，價不平則終無以仰慰宵旰之憂勤，又何敢以駁議僉同，遂爲緘默，不披瀝愚忱於聖明之前也！

《宋會要輯稿・食貨八・造水碓》

曹娥堰

《宋會要》：曹娥堰，威洲之保寧縣新修堰，天禧二年三月修。

碓子堰

《宋會要》：鳳州梁泉縣之碓子堰，大中祥符二年置。

第六堰

《宋會要》：紹興二十三年五月十二日，利州路安撫司機宜楊庭言：『興元府見屯御前軍馬合用糧料，全藉糴買應副食用。本府褒斜谷口有古六堰，澆溉民田頃畝浩瀚，自來春首隨食水戶田畝多寡，均出夫力修葺。昨經兵火，民力不足，多因夏月使水之際，暴水衝損堰身，遂失一歲之利。又撥屯內將兵、差不入隊人兵併手修葺，庶幾便民。』詔四川安撫制置司詳所陳事理施行。

築堰

《宋會要》：紹興十一年四月二十三日，兩浙轉運副使張叔獻等言：『華亭縣東南枕海，西連太湖，北接松江，松江之北復控大海，地形東南最高，西北稍下，柘湖十有八港，正在其南。故古來築堰，以禦鹹潮，防趨下而北，爲民田之害。』

水溢堵堰

《宋會要》：乾道四年五月二十四日，知樞密院事、四川宣撫使虞允文言：『彭州九隴等三縣管都江等別等一十餘堰，灌溉民田，其堰身長七十餘里。自紹興二十年以後，州郡不以寘意，遇雨水泛溢，決壞堰身，水利畧盡。知縣梁介躬行堰所，部勒丁夫修治堅密，水脉通流，田畝霑之，溉及旁縣，實爲永利。』詔梁介直秘閣、利州路轉運判官。以上《永樂大典》一六七六六

汴河堰

《宋會要》：皇祐二年閏十一月，賜汴河治堰緡錢。

山河堰

《宋會要》：乾道七年五月十二日，參知政事、四川宣撫使王炎言：『興元府山河堰灌溉甚廣，世傳爲漢蕭何所作。嘉祐中，提舉常平史炤奏上堰法，獲降敕書，刻石堰上，至今遵守。』

捍海堰

《宋會要》：天聖六年七月，淮南發運司興修泰州捍海堰畢工，詔以發運副使、兼知泰州張綸領韶州刺史，轉運使胡令儀遷一官。堰內歸業人戶免三年差役稅賦，督役三班、壕寨軍校等遞支賜有差。

司馬堰

《宋會要》：泰州之司馬堰，淳化二年二月詔廢。以上《永樂大典》卷一六七六六

水閘

《宋會要》：天聖四年十月，楚州北神堰并真州江口南堰各置造水閘。

先是，監稅三槐王乙上言，詔轉運司度其事，且言其經也利濟，省得綱運般剥、偷侵、住滯，故信從之，仍遷一秩。

淳熙六年三月十二日，宰執進呈知鎮江府司馬伋言：用石修砌潮閘門，浚海鮮河，使舟船有艤泊之所。上曰：『司馬伋濬河修閘，惠利甚廣。可除寶文閣待制。』

淳熙十四年九月十一日，權知揚州熊飛言：『揚州一帶運河惟藉瓜洲、真州兩閘瀦積，今來河水走泄，祇緣瓜洲上、中二閘久不修治，獨潮閘一座，轉運、提鹽及本州共行修整。然迫近江潮，水勢衝激，易致損壞。真州二閘亦損漏。乞下淮南轉運司、淮東提鹽司疾速同共修理，仍乞下真州日下修葺本州上下二閘，以防走泄。』從之。

保安閘

《宋會要》：乾道五年二月八日，權發遣臨安府周淙言：『竊見浙江舊有渾水、清水、保安三閘，歲久損壞，已行修治。今欲專差官一員充監閘，常令管轄閘兵依時啟閉，并不住打淘河道，免致湮塞，使公私舟船無留滯之患。乞先從本府于大小使臣內有材力能幹官選辟。』從之。

月河閘

《宋會要》：乾道二年六月十一日，前權知秀州孫大雅言：『昨所領州，其境內欲水潦可以無憂而又足以禦旱者，莫若修閘與斗門，以時啓閉之爲利也。且其地有四湖：一曰柘湖，二曰澱山湖，三曰當湖，四曰陳湖。其東南則柘湖，自金山浦、小官浦入于海；其西南則澱山湖，自蘆瀝浦入于海；西北則陳湖，自大姚港朱里浦入于吳松江；其南則當湖，自月河南浦口、澉浦口亦可達於海。支港相貫，四湖皆通也。今若官於諸港浦分作閘或斗門，度時啓閉，不獨可以洩水，而旱亦獲利。』詔委本路漕臣同秀州守臣躬往相度措置，候農隙興工。其後兩浙漕臣姜詵、秀州守臣鄭聞言：『合於張涇堰傍高兩岸創築月河，置閘一所。其兩柱金口基脚並以石造，涇內水泛即開閘以泄之。』詔令十一月興工。

乾道三年三月二十一日，權兩浙路計度轉運副使姜詵言：『華亭縣新涇、招賢涇雖有水河，泄水不快，今相度，欲於張涇、白苧、陳涇、新涇四處各置一閘，遇蘇、秀、湖三州水泛，候潮退，即開閘以殺水勢。』從之。《至元嘉禾志》：考證：宋隆興甲申八月，本路漕臣姜詵奏請于張涇堰增庳爲高，築月河，置閘其上，甃巨石兩址，相距常有四尺，深十有八板，扳尺有一寸，以時啓閉，故鹹潮無自而入。月河之長三千三百五十有五尺，廣六尺，許克昌爲之記。

洪澤閘

《宋會要》：乾道元年三月十八日，淮南路轉運判官韓元龍言：『催督修整洪澤兩閘，自三月初四日興工，至十二日畢。』詔修閘官兵令總領所等第犒設。

五瀉堰閘

《宋會要》：乾道三年四月二十四日，兩浙漕臣姜詵言：『常州無錫縣以北五瀉堰，通徹江陰軍等處，其堰有閘一重，承前除綱運及重船開閘通放外，餘舟止車堰。後以無錫利於拘稅，恐車堰走失，即將舊堰掘斷，自收掌閘鑰，不以大小、空重舟船，並閘內通放，致啓閉無時，失洩運水，閘板多浮，不相連貼，亦不著底，水從板罅晝夜流入裹河。今相度，於五瀉堰閘里更添閘一重，并修築元堰，依舊車打小料舟船。』詔本州措置。

呂城閘

《宋會要》：慶元五年正月十九日，兩浙轉運、浙西提舉司言：『以知鎮江府萬鍾乞於呂城倣臨安、嘉興二閘之制，添置一閘。兩司委官相視，鎮江府地形高峻，東至常州，運河迤邐就下，每遇水漲，河流湍急，呂城兩閘歲也損壞。今若依倣三閘之制，本府自備工役添造一閘，則堤防周備，可保無虞。但今來呂城兩閘既已損壞，若不先行修整，雖有新建上閘，亦難獨當上流。欲乞下本府將呂城兩閘重行修葺，候畢工日，卻從本府從長措置，接續添造新閘，庶得利便。』從之。以上《永樂大典》卷二二七八四

斗門閘

《宋會要》：孝宗皇帝隆興二年二月十三日，知紹興府吳芾言：『昨條奏興修會山陰縣鑑湖，全藉斗門堰閘蓄水，都泗堰閘尤爲要害。凡遇綱運及監司使命舟船經過，堰兵避免車打，必欲開閘通放，以致啓閉無時，失泄湖水。體訪都泗堰因高麗使往來，宣和間方置閘，今乞廢罷。』從之。

淳熙五年十二月二十二日，提舉廣南路常平茶鹽司言：『昨來所開濟川河口創置斗門一座，候春夏間江潮稍大，以時啓閉，通放至運河，則鹽綱往來，無淺涸之患。』從之。

淳熙十二年三月二十八日，淮南轉運司言：『和州守臣乞於千秋澗置斗門，

以防麻、澧湖水洩入江。遇歲旱，灌溉民田，實爲利便。」從之。

淳熙十四年四月四日，知太平州張子顏言：「本州管下圩田，除繁昌縣並是私圩，江湖隔遠外，所是當塗、蕪湖兩縣諸圩，當塗受水特甚。至於斗門水函，多以竹木爲之，間用磚石，往往不牢，致有損壞。今當塗縣重新改造斗門一十三所，石卷砌四所，水函八所，修砌舊系磚石斗門五所，水函一十所；蕪湖縣重新改造斗門八所，用磚石卷砌。今後每歲冬間農隙之時，先次增修大埂。今來興修內埂二十段，共長三萬二千三百八十二丈，計一百七十九里一百六十二丈，並已了畢。」詔令守臣以時檢察，務爲也遠之利。

通江橋閘

《宋會要》：淳熙二年十二月十六日，臨安府言：「欲於通江橋用石砌疊，置立閘板，遇河水乾涸，啓板通放潮水入河，繼行下板，固護水勢。」

栲栳閘

《宋會要》：乾道元年正月十七日，知鎮江府方滋言：「體訪子城居民水患，秖緣近來栲栳閘城下放水道通澈裏澳，當時務蓄水灌栲栳閘，免泄運水。今裏澳形勢低下，放水不入。事既無益，每因水漲入城，反爲民患。又體訪古西夾城裏教場城下有水澳池一處，停蓄子城內水；向北有古溝一所，於利涉門城下置水隐一座，通澈大江。每遇水滿，通放澳水出城，以是居民少罹水患今相度於向西城下水隐子城外添置閘閉斷，使運河水不入子城裏澳，也遠爲便。」從之。

常豐閘

《宋會要》：淳熙十一年六月八日，勾昌泰又言：「台州黃巖縣之東地名東浦，紹興中開鑿，建置常豐一閘，名爲決水入江，其實縣道欲令舟船取徑通過，每船納錢，以充官費。一日兩潮，一潮一淤，纔遇旱乾，更無灌溉之備。已將上件常豐閘築爲平陸，還故基。乞下本縣，自今永不得開鑿入江湖，庶絕後患。」從之。

黃岩縣閘

《宋會要》：淳熙十一年十一月二十六日，浙東提舉勾昌泰言：「台州黃岩縣舊有官河，自縣前至溫顏嶺凡九十里，其支流九百三十六所，皆以溉田。元有五閘，久廢不修。今相度，其河有合開三十一萬九千丈有奇，一面開淘，兩月可畢。惟有建閘一事，約費二萬餘緡，乞從朝廷給降。」詔下兩浙轉運司從本司取的實合用錢數，於本司所得窠名錢內取撥，應副施行。十二年四月二日，宰執進呈昌泰再上言：「漕司不應副錢，乞度牒二十道。」上曰：「此乃百姓水利，可與度牒二十道，令浙東提舉司每道作七百貫出賣，揍本司合支用錢數應副興修。候了畢間，開淘及修建去處並灌溉田畝數目開具聞奏。」以上《永樂大典》卷二二七八五

《宋會要》：祥符七年六月，知永興軍陳堯咨導龍首渠入城，民便之。詔嘉獎。以上《永樂大典》卷一七〇一

天聖四年閏五月，陝府西轉運使王博文等言：「準勅相度到右班殿直劉逵奏，乞開治解州安邑縣至白家場永豐渠，行舟運鹽，經久不至勞民。其開修檢計工料別具奏陳。次乞選差使臣一員勾當開修，候其功成，望賜酬獎。按此渠自後魏正始二年都水校尉元清引平坑水西入黃河以運鹽，故號永豐渠。周、齊之間，渠遂廢絕。隋大業中，都水監姚暹決堰濬渠，自陝郊西入解縣，民賴其利。及唐末至五代亂離，迄今湮沒，水甚淺涸，舟楫不行。」詔三司相度以聞。先是，解州般鹽帖，頭麻處厚等詣闕訴，稱般鹽陪用家貲並盡，乞別行相度，故有是奏。從之，甚利於公私也。以上《永樂大典》卷一七〇二

淳熙七年六月三十日，知臨安府吳淵言：「萬松嶺兩傍古渠，多被權勢及百司公吏之家起造屋宇侵占，及內西寨前石橋并海眼緣管道堙塞，積久淤填，兼都亭驛橋南北河道緣居民多將糞土、瓦礫拋颺河內，以致填塞，流水不通。今欲分委兩通判監督地分厢巡逐時點檢鈐束，不許人戶仍前將糞土等拋颺河渠內及侵占去處。任滿，批書水流淤塞，從本府將所委通判及地分節監保明申尚書省，各減一年磨勘。如有違戾去處，各展一年。」從之。以上《永樂大典》卷一七〇四

淳熙八年九月二十八日，知襄陽府郭杲言：「本府有木渠，可溉田數千頃，堙塞，乞以開修。」從之。以上《永樂大典》卷一七〇三

斗門

《宋會要》：仁宗天聖四年二月，侍御史方慎言言：「杭州元有江岸斗門二，凡舟船出入，一則溫台路，一則衢婺路。其北岸斗門爲潮水所壞，因循不修。今兩路舟船併在一岸，備見不便。蓋斗門啓閉有時，須候潮平方開，因茲住滯。欲望後創二斗門。詔本州疾速修創，勿令住滯舟楫。

神宗熙寧二年七月，京西轉運司言：「乞差官檢視鄭州滎澤界魏樓村斗

門地形高下，相度經久利害。』命監察御史裏行張戩、館閣校勘顧臨定奪。戩等言魏村斗門委實利便，詔都水監施行。

《乾道會要》：壽皇聖帝乾道七年二月四日，觀文殿大學士、知紹興府蔣芾言：『本府會稽縣德政鄉古有二浦：一名兆浦，在上流凡五里餘，舊有斗門，以障外水；一名後浦，在下流凡十里餘，舊來深浚，以泄裏水。爰自堙塞，久不修治。今欲商度開浦，并置斗門。』從之。

十一月十二日，皇子、判寧國府魏王愷言：『化成、惠民兩圩周回已置立斗門，共二十四所，兩旁用石築疊，及以沙板安閘，高築土鉗，常加堅實。及斗門遞年專輪圩戶四名防守。臣欲行下宣城縣令佐，今後遇圩內積水深長、外河水低於斗門，即仰守圩人戶申官，躬親先次集衆開斗門出入。候畢，即依舊安閘築塞。及常切禁止圩民，不得盜決堤岸，犯者依法施行。』從之。

堤岸

《宋會要》：徽宗建中靖國元年四月三十日，詔發運司差官點檢龜山新河堤岸，如有墊缺，速功補築，仍自今歲以爲常。以上《永樂大典》卷一六二一〇

傳記

唐　杜牧《樊川文集》卷一一《唐故銀青光禄大夫檢校禮部尚書御史大夫充浙江西道都團練觀察處置等使上柱國清河郡開國公食邑二千户贈吏部尚書崔公行狀》　今上即位四年，公亟請於丞相閣曰：『願得一方疲人而治之。』除陝虢觀察使兼御史大夫。先是陝之官人，人必月克俸錢五千助輸貢于京師者，歲至八十萬。公曰：『官人不能贍私，安能恤民。吾不能獨治，安可自封。』即以常給廉使雜費，下至于鹽酪膏薪之品，十去其九，可得八十萬，歲爲代之。官人感悦，隨治短長，不忍爲欺。萬國西走，陝實其衝，復有江、淮、梁、徐、許、蔡之戍兵，北出朔方、上郡、回中、汧隴間，踐更往來，不虛一時。民之供億，吏須必應，生活之具，至于瓶缶匕匙，常碎於四方之手。公曰：『此猶束炬以焚民也。』於是節宴賞，截浮費，凡金漆陶木絲枲之用，悉爲具之，可饗數千人，民一不知。復有詔旨支税粟輸大倉者，歲數萬斛。始斂民也，遠遠近近，就積佛寺，終輸于河，復籍民而載之，民之鉅牛大車，半頓于路，前政咸知之，計不能出。公曰：『管仲曰，粟行五百里，民有饑色。斯言粟重物也，不可推遷，民受其弊。況今迂直之計，有不翅習試五百里乎。』公乃大索有無，親執籌而計之。北臨黄河，樹倉四十間，穴倉爲漕，下注于舟。因隙賞直，不敗時務。自此壯者斛，幼者斗，負挈橐裹，委倉而去，不知有輸。他境之民，越逸奔走，輧軫爭鬭，願爲陝民。政成化行，上國下國，更口贊頌。

凡二年，改岳、鄂、安、黄、蘄、申等州觀察使，囊山帶江，三十餘城，繚繞數千里，洞庭、百越、巴、蜀、荊、漢而會注焉。五十餘年，北有蔡盜，於是安鎖三關，鄂練萬卒，皆傖楚善戰，浸有戰風，稱爲難治，有自來矣。公始臨之，簡服伍旅，修理械用，親之以文，齊之以武，大創廳事，以張威容。造蒙衝小艦，上下千里，武士用命，盡得羣盜。公曰：『劫于水者，以盡殺爲習，雖值童耇而無捨焉。比附他盜，刑不可等。』於是一死之內，必累加之，盜相誡曰：『公之未去，勿觸其境。』然後黜棄奸冒，用公法也；升陟廉能，用公舉也；撫護窮約，用公惠也。豪商大賈，不得輕役，不得隱田，父子兄弟，不得同販。于闔境之內，有餘不足，自公而均。復建立儒宮，置博士，設生徒，廩餼必具，頑惰必遷，敬讓之風，人知家習。八年秋，江水漲溢。公曰：『安得長堤而禦之。』言訖，軍士齊民，雲鍤雨杵，一揮立就，令行恩結，有如此者。千里之內，如視堂廡，雖僻左下里，歲臘男子必以鷄黍賀餽，女子能以簪瑱相問遺，富樂懽康，肩於治古。

凡五年，遷浙江觀察使，加禮部尚書。公曰：『三吴者，國用半在焉。因高爲旱，因下爲水者六歲矣。輕賦兵役，不減於民，上田沃土，多歸豪強。苟悦所謂公家之惠，優於三代，豪強之酷，甚於亡秦，今其是也。』於是料民等第，籍地沃瘠，均其征賦，一其徭役，經費宴賞，約事裁節。民有宿逋不可減於上供者，必代而輸之。誠禱山川，歲獲大稔。復曰：『衣冠者，民之主也。自艱難已來，軍士得以氣加之，商賈得以財侮之，不能自奮者多棲於吴土。』遂立延賓館以待之，苟有一善，必接盡禮。因訪里閭，益知民之疾苦，隨以治之。纔逾期歲，而吴民復振。

開成元年十月二十日，薨於治所。多士相吊曰：『使公相天子，貞觀、開元之俗，可期而見也。豈公不幸，實生民之不幸也。』主上痛悼，輟朝一日，贈吏部尚書。公生得靈和，自千名立朝，爲公卿，爲侯伯，未嘗須臾間汲汲牽率，欲顯名于合道，而仁義忠信，明智恭儉，鬱積發溢，自然相隨。不立

約結而善人自親，不設溝壘而不肖自遠，不志於榮達而官位自及。公內外閥閱，源派清顯，拔於甲族，而復甲焉。親昆仲六人，皆至達官，公與伯兄季弟，五司禮闈，再入吏部，自國朝已來，未之有也。上至公相方伯，下及再命一命，幕府陪吏之屬，遍滿內外，皆公門生。公俯首益恭，如孤臣客卿，惕惕而多畏也。自爲重鎮，苞苴金幣之貨，不至權門。親戚故舊，周給衣食，畢其婚喪，悉出俸錢，不以家爲。在家怡然，未嘗訓勉，子弟自化，皆爲名人。居室卑庳，不設步廊，賓至值雨，則張蓋躡屐而就于外位。初鎮于陝，或束挺經月，不鞭一人。至于驛馬令五歲幸全，則爲代之，著爲定制，曰：致一物於必窮之地，君子不爲，其爲仁愛而臻於此。及遷鎮鄂渚，嚴峻刑法，至于誅罰，未嘗貰一等後一刻。或問於公曰：『陝鄂之政不一，俱臻於治，何也？』公曰：『陝之土堉民勞，吾撫之不暇，尚恐其驚。鄂之士沃民剽，雜以夷俗，非用威刑，莫能致理。政貴知變，蓋爲此也。』聞者服焉。

唐 柳宗元《柳河東集》卷八《段太尉逸事狀》 先是，太尉在涇州，爲營田官。涇大將焦令諶取人田，自佔數十頃，給與農，曰：『且熟，歸我半。』是歲大旱，野無草，農以告諶。諶曰：『我知入數而已，不知旱也。』督責益急，農且饑死，無以償，即告太尉。太尉判狀，辭甚巽，使人來諭諶。諶盛怒，召農者曰：『我畏段某耶？何敢言我！』取判鋪背上，以大杖擊二十，垂死，輿來庭中。太尉大泣曰：『乃我困汝。』即自取水洗去血，裂裳衣瘡，手注善藥，旦夕自哺農者，然後食。取騎馬賣，市穀代償，使勿知。淮西寓軍帥少尹榮，剛直士也。入見諶，大駡曰：『汝誠人耶？涇州野如赭，人且饑死；而必得穀，又用大杖擊無罪者。段公，仁信大人也，而汝不知敬。今段公惟一馬，賤賣市穀入汝，汝取之不恥。凡爲人傲天災、犯大人、擊無罪者，又取仁者穀，使主人出無馬，汝將何以視天地，尚不愧奴隸耶！』諶雖暴抗，然聞言則大愧流汗，不能食，曰：『吾終不可以見段公。』一夕，自恨死。

《明史》卷二八一《循吏傳·徐九思》 徐九思，貴溪人。嘉靖中，授句容知縣。始視事，恂恂若不能。俄有吏袖空牒竊印者，九思摘其奸，論如法。郡吏爲叩頭請，不許，於是人人惴恐。爲治於單赤務加恩，而御豪猾特嚴。訟者，扶不過十。諸所催科，預爲之期，逾期令里老逮之而已，隸莫敢至鄉落。縣東西通衢七十里，塵土積三尺，雨雪，泥沒股。九思節公費，甃以石，行旅便之。朝廷數遣中貴醮神三茅山，縣民苦供應。九思搜故牒，有鹽引金久貯於府者，請以給賞，民無所擾。歲侵，穀湧貴。巡撫發倉穀數百石，使平價糶而償直於官。九思曰：『彼糴者，皆豪也。貧民雖平價不能糴。』乃以時價糶其半，還直於官，而以餘穀煮粥食餓者。穀多，則使稱力分負以去，其山谷遠者，則就旁富人穀，而官爲償之，全活甚衆。嘗曰：『即天子布大惠，安能人人蠲租賜復，第在吾曹酌緩急而已。』久之，與應天府尹不合，爲巡撫所劾，吏部尚書熊浹知其賢，特留之。

積九載，遷工部主事，歷郎中，治張秋河道。漕河與鹽河近而不相接，漕水溢則泛濫爲田患。九思議築減水橋於沙灣，俾二水相通，漕水溢，則有所洩以入海，而不侵田，少則有所限而不至於涸。工成，遂爲永利。時工部尚書趙文華視師東南，道河上。九思不出迎，遣一吏齎牒往謁，文華嫚駡而去。會遷高州知府。文華歸，修舊怨，與吏部尚書吳鵬合謀搆之，遂坐九思老，致仕。句容民爲建祠茅山。九思家居二十二年，年八十五，抱疾，抗手曰『茅山迎我』，遂卒。子貞明，自有傳。

又《湯紹恩》 湯紹恩，安岳人。父佐，弘治初進士。仕至參政。紹恩以嘉靖五年擢第。十四年由戶部郎中遷德安知府，尋移紹興。爲人寬厚長者，性儉素，內服疏布，外以父所遺故袍襲之。始至，新學宮，廣設社學。歲大旱，徒步禱烈日中，雨即降。緩刑罰，恤貧弱，旌節孝，民情大和。

山陰、會稽、蕭山三邑之水，匯三江口入海，潮汐日至，擁沙積如丘陵。遇霪潦，則水阻沙不能驟洩，良田盡成巨浸，當事者不得已決塘以瀉之。塘決則憂旱，歲苦修築。紹恩遍行水道，至三江口，見兩山對峙，喜曰：『此下必有石根，余其於此建閘乎？』募善水者探之，果有石脈橫亙兩山間，遂興工。先投以鐵石，繼以籠盛甃屑沉之。工未半，潮衝蕩不能就，怨讟煩興。紹恩不爲動，禱於海神，潮不至者累日，工遂竣。修五十餘尋，爲閘二十有八，以應列宿。於內爲備閘三，曰經溇，曰撞塘，曰平水，以防大閘之潰。閘外築石隄四百餘丈扼潮，始不爲閘患。刻水則石間，俾後人相水勢以時啟閉。自是，三邑方數百里間無水患矣。士民德之，立廟閘左，歲時奉祀不絕。屢遷山東右布政使，致仕歸，年九十七而卒。

又《龐嵩》 龐嵩，字振卿，南海人。嘉靖十三年舉於鄉。講業羅浮山，從遊者雲集。二十三年歷應天通判，進治中，先後凡八年。府缺尹，屢攝其事。始至，值歲饑，上官命督振。公粟竭，貸之巨室富家，全活者六萬七千餘人。

乃蠲積逋，緩征徭，勤勞徠，復業者又十萬餘人。

留都民苦役重，力爲調劑，凡優免户及寄居客户、詭稱官户、寄莊户、女户、神帛堂匠户，俾悉出以供役，民困大蘇。江寧縣葛仙、永豐二鄉，頻遭水患，居民止存七户。嵩爲治隄築防，得田三千六百畝，立惠民莊四，召貧民佃之，流移盡復。屢剖冤獄，戚畹王湧、舉人趙君寵占良人妻，殺人，嵩置之法。

又《陳幼學》 陳幼學，字志行，無錫人。萬曆十七年進士。授確山知縣。政務惠民，積粟萬二千石以備荒，墾萊田八百餘頃，給貧民牛五百餘頭，覈黄河退地百三十餘頃以賦民。里婦不能紡者，授紡車八百餘輛。置屋千二百餘間，分處貧民。建公廨八十間，以居六曹吏，俾食宿其中。節公費六百餘兩，代正賦之無徵者。栽桑榆諸樹三萬八千餘株，開河渠百九十八道。

布政使劉渾成弟燦成助妾殺妻，治如律。行太僕卿陳耀文家人犯法，立捕治之。汝寧知府丘度慮幼學得禍，言於撫按，調繁中牟。秋成時，飛蝗蔽天。幼學捕蝗，得千三百餘石，乃不爲災。縣故土城，卑且圮。給饑民粟，俾修築，工成，民不知役。縣南荒地多茂草，根深難墾。令民投牒者，必入草十斤。未幾，草盡，得沃田數百頃，悉以畀民。有大澤，積水，占膏腴地二十餘里。幼學疏爲河者五十七，爲渠者百三十九，俱引入小清河，民大獲利。大莊諸里多水，爲築隄十三道障之。給貧民牛種，貧婦紡具，倍於確山。越五年，政績茂著。以不通權貴，當考察拾遺，掌道御史擬斥之，其子爭曰：『兒自中州來，咸言中牟治行無雙。今予殿，何也？』乃已。

《清史稿》卷二七九《于成龍傳》 于成龍，字振甲，漢軍鑲黄旗人。康熙七年，自廕生授直隸樂亭知縣。八年，署灤州知州。以逸囚當降調，樂亭民列善政，兩叩閽籲留，下巡撫金世德勘實，得復任。十三年，以緝盜逾限未獲，又當降調，世德疏請留，上特許之。十八年，遷通州知州。

二十年，直隸巡撫于成龍遷兩江總督，疏薦可大用；會江寧府缺員，疏請敕廷臣推清操久著與相類者，上即以命成龍。二十三年，上南巡至江寧，嘉成龍廉潔，親書手卷賜之。超擢安徽按察使。上還京師，賜其父參領得水貂裘，並諭八旗諸大臣有子弟爲外吏者，各貽書訓勉，視得水之教成龍。上以江南下河諸州縣久被水，敕議疏濬，命成龍分理，仍聽河道總督靳輔節制。輔請於上流築隄束水；成龍擬疏海口，濬下河水道，持異議。上遣尚書薩穆哈、學士穆稱額往諮於民，薩穆哈等還奏，言衆謂濬海無益，乃命緩興工。

二十五年二月，授成龍直隸巡撫。入對，上問：『治畿輔利弊應興革者宜何先？』成龍對：『弭盜爲先。姦宄倚旗下爲淵藪，有司莫敢誰何，臣當執法治之。』瀕行，賜白金千、表裏二十端。上官，疏言：『弭盜當力行保甲，旗下莊屯不屬於州縣，本旗統領遠在京師，僅有撥什庫在屯，未能約束。應令旗人與民户同編保甲，撥什庫、鄉長互相稽察，盜發，無問所劫爲旗爲民，協力救護。得盜，賞；藏盜、縱盜，罰。』又疏言：『燕山六衛，所轄遼闊，與州縣不相統屬，盜發止責汛弁捕治，而衛官置不問。請以衛地屬所近州縣同編保甲，並於通州、盧溝橋、黄村、沙河各設捕盜同知，守備以下分汛、墩、臺及旗下莊屯，悉歸稽察。』並下部議行。先後捕治旗丁沈顛、太監張進昇及大盜司九、張破樓子等，置於法。二十六年，上獎成龍廉能，加太子少保。幸霸州，成龍朝行在，賜白金千、馬具黄鞍轡。湖廣巡撫張汧以貪被劾，命與副都御史開音布、山西巡撫馬齊往按，得實，論如律。

初，成龍分理下河，未興工而罷。上又以湯斌言，復命濬治，以侍郎孫在豐董其役。輔仍主重隄束水，並議開中河，疏攔馬河減水壩所洩水。上命學士禪布以疏示成龍，成龍力主濬下河，罷築重隄，並謂中河雖開無益。輔詣京師，疏言在豐及總漕慕天顏附和成龍，朋謀陷害。成龍自湖廣還，上命諸臣廷辨之。輔言濬海口慮倒灌，成龍言高家堰築隄，縱上流水不來，而秋雨時至，天長、六合諸水洩歸何處，故海口仍當濬。上罷輔，代以王新命。及中河工竟，遣學士開音布、侍衛馬武閱視，還奏天顏令漕船退出中河。上逮問天顏，天顏發成龍私書，囑毋附輔。下廷臣議，削太子少保，降調，命留任。二十九年，遷左都御史，兼鑲黄旗漢軍都統。

三十一年，新命罷，輔復爲河督，旋卒，上以命成龍。輔領帑購柳束，工部駁減，成龍覈無虛冒。輔築高家堰重隄，募夫遠方，預給銀安家，工中止，未扣抵。新命題銷，格部議，成龍復以請，上並與豁免。三十三年，召詣京師，疏言運河自通州至嶧縣，黄河自滎澤至碭山，隄卑薄者皆宜加築高厚，並高家堰諸處改石工，毛城鋪諸處疏引河，及清江浦迤下並江都、高郵諸隄工，策大舉修治。別疏請設道員以下各官，又計工費，請開捐例，減成核收；並推廣休革各員，上至布政使，皆得捐復。上召成龍入，問：『開捐例得無累民？』成龍言：『無累。』請益力，上廷折之，成龍乃請罪。上因問：『爾嘗短靳輔，謂減水壩不宜開，今果何如？』成龍曰：『臣彼時妄言，今亦視輔而行。』廷臣議成龍懷私妄奏，當奪官，上命留任。仍興舉簡要各工，乃請先將高家堰土隄改築石工。

三十四年，命復官。旋丁父憂，還京師，以董安國代。上親征噶爾丹，再出塞，命成龍以左都御史銜督餉，噶爾丹竄死，予拜他喇布勒哈番世職。三十七年，命以總督銜管直隸巡撫，請修永清、固安渾河隄，並加以濬治，上爲改河名曰永定。旋疏請設南北岸分司。董安國罷，復授河道總督。三十八年，上南巡，臨閱高家堰，歸仁隄諸處，諭以增築疏濬諸事。尋以病乞假，命在任調治，遣醫往視。三十九年，卒，賜祭葬，謚襄勤。

又 卷三〇三《孫嘉淦傳》 尋命兼管直隸河工，嘉淦議治永定河。初至官，即請於金門閘上下多建草壩，使河流漸復故道。四年正月，復疏請於金門閘下增設草壩一，引永定河歸故道，自中亭、玉帶達天津歸海。得旨，偕總河顧琮悉心經理。嘉淦復疏言：『天津南北運河與淀河會於西沽以入於海河。南運河水濁，久必淤墊，況通省之水皆匯於此，秋潦時至，宣洩不及。大學士鄂爾泰曾奏准於靜海獨流疏引河，實下游治水之關鍵。但開河易，達海難，設中途梗阻，必更漫溢爲患。且海口開深，又恐潮水倒灌。臣等現勘通省水道，凡衆河交會及入淀、入海之路，有急宜修濬者，即於今夏興修。』報聞。五月，晉太子少保。

五年九月，疏言：『直隸經流之大者，永定、子牙、南運、北運四河，與東西兩淀。治永定河，擬於葉淀之東疏引河，由西沽北入海；治子牙河，擬濬新河，引上游諸水入淀，開舊河東隄，使漸由西沽南入海；治北運河，兩岸去沙裁直，濬減河，培隄岸；治南運河，兩岸築遙隄，濬河使行正溜；安陵鎮建閘，濬減河三十餘里，入老河口達於海；治西淀，擬開白溝河故道以入中亭，九橋南別疏一河，並濬青門河別派分流，下游已暢達，復將金門閘西引河改由東道，於苑家口疊道建木橋五，使瀝水通行；治東淀，擬濬上游三岔河令寬深，楊家河、卞家河窪諸處疏引河，並行而東會於西沽，庶使四河順軌，兩淀暢洩。』又引永定河改歸故道，各工俱全，上嘉之。時江南總督高斌入都，上命會同嘉淦議河務，十月，合疏言：『永定河當於固安南、霸州北順流東下，接東淀達西沽入海，則上游漲水自消。霸州北當築隄護城，保定縣西新莊至城東路疃村隄根逼溜，應加寬厚，其路疃村東至艾頭村接營田圍埝約五十餘里，擬築月隄作重障。』嘉淦方鋭意引永定河歸故道，河溢，傍河諸州縣被水。六年正月，諭曰：『朕聞永定河經理未善，固安、良鄉、涿州、雄縣、霸州諸州縣田畝往往被淹，孫嘉淦不能辭其責也。』於是命大學士鄂爾泰蒞勘，請暫塞金門閘上游放水口，嘉淦奏：『旋開旋築，實與放水本意相左，將來泥沙壅入玉帶，恐爲患更大。』諭曰：『此奏固是，然鄂爾泰慎重，欲籌萬全，卿不必固執己見。卿此事自任甚力，而料理未善，朕不能爲卿諱。然朕終以卿爲是者，不似顧琮爲游移巧詐之計耳。』其後上巡天津，閱中亭河工，賦詩紀事，猶病嘉淦之失計也。

又 卷四七七《循吏傳二·陳悳榮》 陳悳榮，字廷彥，直隸安州人。康熙五十一年進士，授湖北枝江知縣。修百里洲隄，除轉餉雜派。雍正三年，遷貴州黔西知州，父憂歸。服闋，署威寧府。未幾，威寧改州，補大定知府。烏蒙土司叛，東川、鎮雄附之，悳榮赴威寧防守。城陴頹圮，倉猝聚米桶，實土石，比次甃築，墉堞屹然。賊焚牛衛鎮，去城三十里，悳榮日夜備戰，賊不敢逼。總兵哈元生援至，賊敗走。尋以母憂去官。服闋，授江西廣饒九南道。九江、大孤兩關錮弊盡革之。【略】

［乾隆］四年，署布政使，疏言：『黔地山多水足，可以疏土成田。小民難於工本，不能變瘠爲腴。山荒尤多，流民思墾，輒見撓阻。桑條肥沃，亦不知蠶繅之法。自非牧民者經營而勸率之，利不可得而興也。今就鄰省雇募種棉、織布、飼蠶、紡績之人，擇地試種，設局教習，轉相仿效，可以有成。應責各道因地制宜，隨時設教。一年必有規模，三年漸期成效。』詔允行。乃給工本，築壩堰，引山泉，治水田，導以蓄洩之法。官署自育蠶，於省城大興寺繅絲織作，使民知其利。六年，疏陳課民樹杉，得六萬株。七年，貴築、貴陽、開州、威寧、餘慶、施秉諸州、縣報墾田至三萬六千畝。開野蠶山塲百餘所，比户機杼相聞。悳榮據以入告，數被溫旨嘉獎。又大修城郭、壇廟、學舍。廣置栖流所，收行旅之病者。益囚糧。冬寒，恤老疾煢孤之無衣者。親課諸生，勗以爲己之學。設義學二十四於苗疆，風氣丕變。十一年，遷安徽布政使，賑鳳、潁水災，流移獲安。十二年，卒於官。

悳榮在貴州興蠶桑，爲百世之利。時遵義知府陳玉壂，山東歷城人，到郡見多槲樹，土人取爲薪炭。玉壂曰：『此青萊樹也，吾得以富吾民矣。』乃購歷城山蠶種，兼以蠶師來，試育五年，而蠶大熟，獲繭八百萬，自是遵綢之名大著。正安州吏目徐階平，亦自浙江購繭種，仿玉璧行之正安，亦大食其利。遵義鄭珍著《樗繭譜》，以傳玉璧遺法。

又《陳慶門》 陳慶門，字容駟，陝西盩厔人。雍正元年進士。從鄠王心敬講學，養親不仕。母王趣之，乃謁選。七年，授安徽廬江知縣，修建文廟，規制悉備。大濬城壕。置義田二百畝有奇。贍養煢獨，立社倉四所，積穀以貸平民。縣民舊習，止知平疇種稻，高阜皆爲棄壤。因市牛具，仿北方種植法，躬督墾闢，遂享其利。

尋署無爲州事。州瀕江，上下二百里，率當水衝，前人築壩四，常沒於水。慶門於鮑魚橋、沓魚口二處，樹樁編竹，實土爲坦坡；又取亂石填擲水中，水停沙淤，久而成洲，民免墊溺之患。又署六安州，舊有水塘，議者欲墾塘以爲田，將絕灌溉之利。慶門力言於上官，事乃寢。

十一年，擢亳州知府，俗悍，好羣鬬，倚蠹役，表裏爲奸。慶門廉得其魁黨，先後杖遣數百人。又好訟，仿古鄉約法，使之宣導排解。勤於聽斷，日決數十事。不數月，澆風一變。州瀕湖，地窪下，用秦中收淀之犂法，督民挑濬，地下者漸高，水歸其壑，農田賴焉。母憂歸。

乾隆元年，服闋，以大臣薦，補四川達州知州。境環萬山，歲常苦旱，教民種旱稻，始無艱食之憂。隣郡巴州，桑柘素饒，乃買桑徧植，教以分繭繅絲之法，獲利與巴州等。時川東多流民，官廩不給，遂釐剔腴田之被隱占者，爲義產以贍之，全活甚衆。建宣漢書院，聘名流教授，文風漸振。未幾，乞病歸。著仕學一貫錄，世以儒吏稱之。

又《周人龍》 周人龍，字雲上，直隸天津人。康熙四十八年進士，授山西屯留知縣。興學賑荒，有聲。調清源，境內洞渦、嶮峪諸河入汾，常有水患，濬渠築堰，民賴之。歷忻州直隸州知州、蒲州知府。蒲郡瀕黃河，河水遷徙無常。山、陝兩省民隔河爭地，訟數十年不結。人龍請於大吏曰：『臨河灘地，當以河爲界。河東遷，則山西無地之糧歸陝西；河西遷，則陝西無地之糧歸山西。糧隨地起，不缺正賦。因地納糧，無累民生。山、陝沿河二千餘里，凡兩省湮沒之地，令地方官照糧查地，按地過糧。除鹵鹹者照例題請免徵，其餘水退之地，招令沿河民認糧承種，庶事無偏枯，爭訟可息。』大吏從其議，至今便之。

雍正初，有言丁糧歸地，便於無力之丁，不便於有田之家。人龍駁之，略曰：『有田者，尚以輸納爲艱，豈無田者反易？君子平其政，焉得人人而悅之？今不悅者，不過紳衿富户；而大悅者，乃在煢煢無告之小民。若因其控告而不行，則豪強得志，而窮民終於無告。此議在當日未行則已耳，今行之數年，勢難中止。窮民狃於數年樂利，必不安於一旦變更。且富民少而窮民多，不當以彼易此。』議上，事乃定。以憂去官。

服闋，補湖北安陸。數月，擢江西督糧道，未行，江水決鍾祥三官廟隄及天門沙溝坑，招集鄰縣民，諭以利害，同築禦。踴躍荷畚鍤至者數萬人，親冒風雨，率以施工。或勸其『已遷官，何自苦』，人龍曰：『助夫由我招至，我去即散矣。伏汛一至，民何以堪？』閱兩月工成，安陸人尸祝之。江西漕糧徵運素多弊，嚴立規條，宿蠹一清。乾隆十年，乞病歸，卒。

又《邵大業》 邵大業，字在中，順天大興人，舊籍浙江餘姚。雍正十一年進士，乾隆元年，授湖北黃陂知縣。初到官，投訟牒者坌至，不移晷，決遣立盡。吏人一見問姓名，後無不識，衆莫敢弄以事。有兄弟爭產訟，皆頒白，貌相類。令以鏡鏡面，問曰：『類乎？』曰：『類。』則進與爲家人語曰：『吾新喪弟，獨不得如爾兩人白首相保也。』二人感動罷去。蛟水壞城，當壞處立，誓以殉，水驟止，拯溺餔飢，完隄岸，民得免患。總督以其名上聞，會父憂去。

服闋，授河南禹州知州，調睢州。頻潦，請糶請賑，民以免患。濬惠濟河，以俸錢更直，擢江南蘇州知府。松江盜獄久不決，株連瘐斃者衆，奉檄鞫治。見羣犯皆斷脛折踝，蹙然曰：『爾等亦人子，迫飢寒至此，猶茹刑顛倒首從，誣連非罪人，何益於爾？』有盜皤然曰：『官以人類待我，我不忍欺。』獄辭立具。

兼署蘇松太道，尋攝布政使事，大吏交章薦。十六年，高宗南巡，御舟左右挽行，名蝦鬚縴。大業語從臣，除道增縴必病民，非所以宣上德意，遂改單縴。會積雨，治吳江帳殿未就，總督劾大業觀望。及乘輿至，則供備已具，然大業卒因左遷。

尋授河南開封知府，屬縣封丘民被控侵占田畝，及勘丈，非侵占，而畝浮於額。大業考志乘，河南賦則，自明萬曆改併，中地十畝，作上地七畝；下地十畝，作上地三畝。上官以昔爲下則，今則膏腴，議加賦。大業曰：『此河衝淤積，百姓以墳墓田廬所易之微利也。今日爲退灘淤地，異日即可爲沙壓水衝。冬春播種，夏秋之收穫不可知。上年河決，屋宇未盡葺，流亡未盡復，遽增歲額，何以堪？』旋從部議試種三年，次年果沒入水，乃止。未幾，以河溢，降江南六安州知州，又以盜案鐫級。引見，再還江南，署江寧府。

二十八年，授徐州知府，府城三面瀕黄河，西北隅尤當衝，雖有重隄，恃韓家山埽爲固。大業按視得蘇公舊隄，起城西雲龍山，迄城北月隄，長三里，湮爲民居，復其舊。越歲，韓家山埽幾潰，民恃此隄以無恐。復濬荊山橋河，於水利宣洩，規畫盡善。治徐七年，間有水患，不病民。三十四年，坐妖匪割辮事罷職，謫戍軍臺，數年卒。

大業所至以勸學爲務，因黄陂二程子祠建義學，葺睢州洛學書院，集諸生親爲之師焉。

又《基淵》 基淵，字靜溪，山西興縣人。乾隆十七年進士，歸班銓授河南嵩縣知縣。舊傍伊水有渠十一，久湮絶。基淵按行舊址，勸民修復。山澗諸流可引溉者，皆爲開渠。渠身高下不一者，分段設閘以蓄洩之。田高渠下者，則教爲水車引溉。凡開新、舊渠十八，灌田六萬二千餘畝。巡撫上其事，優詔議敍，尋以憂去。服闋，授甘肅鎮原，調皋蘭，擢肅州直隸州知州。洪水渠岸峻易崩，基淵度勢於南石岡引鑿渠口，以避沖陷之害。野猪溝有荒田，無水久廢。基淵詢訪耆舊，加寬柳樹閘龍口，別開子渠。界荒田爲七區，招民佃種，區取租十二石，給各社學，名曰新文渠。州東南九家窑，鑿山後渠開屯田，舊駐州判主之，久之田益薄瘠，民租入不足支官役；基淵請汰州判，改屯升科，爲籌歲修費，民於是有恆産。

基淵治官事如家事，博求利病。在嵩縣，植桑教蠶，出絲甲於他邑。以無業之地，建社學三十二所。在肅州，開郊外廢灘，種楊十餘萬株。徧諭鄉堡種樹，薪樵取給，建社學二十一所。又於金佛、清水兩鄉建倉，以免徵糧借囤民房之累。革番、民採買需索，皆有實惠。四十四年，擢江西廣信知府，卒於官。

又 卷四七八《循吏傳三·鄭敦允》 鄭敦允，字芝泉，湖南長沙人。嘉慶十九年進士，選庶吉士，散館授刑部主事，遷員外郎。道光八年，出爲湖北襄陽知府。襄陽俗樸，訟事多出教唆。敦允長於聽斷，積牘爲空。訪所屬衙蠹莠民最爲民患苦者十餘人，論如律。地號盜藪，請帑籌充緝捕費，多設方略，獲盜百餘。巨盜梅权者，勇悍多徒黨，捕者人少莫能近，衆至則逸。偵知所在，夜往擒之，其徒追者數百人。令曰：『欲奪犯者，殺而以屍與之。』衆不敢逼。訴者麕集，曰：『久不敢言，言輒火其居。』敦允曰：『苦吾民矣！』遂置之法。棗陽地瘠民貧，客商以重利稱貸，田産折入客籍者多。敦允許貸户自陳，子浮於母則除之，積困頓蘇。

漢水齧樊城，壞民居，議甃石隄四百餘丈，二年而成。明年，漢水大漲，樊城賴以全。

襄陽岸高水下，遇旱，艱於引溉。頒筒車式，使民仿製，民便之。調署武昌，會大水，樊城石工掣損，敦允固請回任守修。襄人走迎三百里，日夜牽挽而至，議增築子埝護隄根。災民就食者數萬，爲草舍居老疾稚弱，令壯者赴工自食。敦允昕夕巡視，工未竟，致疾，未幾卒，祀名宦。

紀事

《尚書·虞書·堯典》 帝曰：『咨！四岳。湯湯洪水方割，蕩蕩懷山襄陵，浩浩滔天。下民其咨，有能俾乂？』僉曰：『於，鯀哉！』帝曰：『吁！咈哉！方命圮族。』岳曰：『异哉，試可，乃已。』帝曰：『往，欽哉！』九載，績用弗成。

又《舜典》 帝曰：『棄！黎民阻飢。汝后稷，播時百穀。』

又《益稷》 帝曰：『來，禹！汝亦昌言。』禹拜曰：『都，帝！予何言？予思日孜孜。』皋陶曰：『吁！如何？』禹曰：『洪水滔天，浩浩懷山襄陵；下民昏墊。予乘四載，隨山刊木。暨益奏庶鮮食。予決九川，距四海；濬畎澮，距川。暨稷播奏庶艱食、鮮食，懋遷有無化居。烝民乃粒，萬邦作乂。』皋陶曰：『俞，師汝昌言。』

《漢書》卷二四《食貨志上》 武帝末年，悔征伐之事，乃封丞相爲富民侯。韋昭曰：『沛蕲縣也。』師古曰：『欲百姓之殷實，故取其嘉名也。』下詔曰：『方今之務，在於力農。』以趙過爲搜粟都尉。過能爲代田，一晦三甽。師古曰：『甽，壟也，音工犬反，字或作畎。』歲代處，故曰代田，師古曰：『代，易也。』古法也。后稷始甽田，以二耜爲耦，師古曰：『併兩耜而耕。』廣尺深尺曰甽，長終晦。一晦三甽，一夫三百甽，而播種於甽中。師古曰：『播，布也。種謂穀子也。』苗生葉以上，稍耨隴草，師古曰：『耨，鉏也。』因隤其土以附苗根。景祐、殿本都作『苗根』。王先謙說作『苗根』是。師古曰：『隤謂下之也，音頹。』故其詩曰：『或芸或芓，黍稷擬擬。』師古曰：『小雅甫田之詩。擬擬，盛貌。芸音云。芓音子。擬音擬。』芸，除草也。芓，附根也。王先謙說殿本『耔』作『芓』是。言苗稍壯，每耨輒附根，比盛暑，隴盡而根深，師古曰：『比音必寐反。』能風與旱，師古曰：『能讀曰耐也。』故擬擬而盛也。其耕耘下種田器，皆有便巧。率十二夫爲田一井一屋，故畮五頃，鄧展曰：『九夫爲井，三夫爲屋。夫百畮，於古爲十二頃。古百步爲畮，漢時二百四十步爲畮，古千二百畮，則得今五頃。』用耦犂，二牛三人，一歲之收常過縵田畮一斛以上，師古曰：『縵田，謂不爲甽者也。（景祐、殿本都作「甽」。王先謙說作「甽」是。）縵音莫幹反。』善者倍之。師古曰：『善爲甽者，又過縵田二斛以上也。』過使教田太常、三輔，蘇林曰：『太常主諸陵，有民，故亦課田種也。』大農置工巧奴與從事，爲作田器。二千石遣令長、三老、力田及里父老善田者受田器，學耕種養苗狀。蘇林曰：『爲法意狀也。』民或苦少牛，亡以趨澤，師古曰：『趨讀曰趣。趣，及也。澤，雨之潤澤也。』故平都令光教過以人輓犂。師古曰：『輓，引也，音晚。』過奏光以爲丞，教民相與庸輓犂。師古曰：『庸，功也，言換功共作也。（景祐、殿本都作「換」。王先謙說作「換」是。）義亦與庸賃同。』率多人者田日三十畮，少者十三畮，以故田多墾闢。過試以離宮卒田其宮壖地，師古曰：『離宮，別處之宮，非天子所常居也。壖，餘也。宮壖地，謂外垣之內，內垣之外也。諸緣河壖地，廟垣壖地，其義皆同。守離宮卒，閑而無事，因令於壖地爲田也。壖音而緣反。』課得穀皆多其旁田畮一斛以上。令命家田三輔公田，李奇曰：『令，使也。命者，教也。令離宮卒教其家田公田也。』韋昭曰：『命謂爵命者。命家，謂受爵命一爵爲公士以上，令得田公田，優之也。』師古曰：『令音力成反。』又教邊郡及居延城。韋昭曰：『居延，張掖縣也。時有甲卒也。』是後邊城、河東、弘農、三輔、太常民皆便代田，用力少而得穀多。

《後漢書》卷五《孝安帝紀》 ［元初二年春正月］修理西門豹所分漳水爲支渠，以溉民田。《史記》曰：『西門豹爲鄴令，發人鑿十二渠，引水灌田。』所鑿之渠，在今相州鄴縣西也。

又 ［永初二年二月］辛酉，詔三輔、河內、河東、上黨、趙國、太原各修理舊渠，通利水道，以溉公私田疇。《前書音義》曰：『美田曰疇。』

又 三年春正月甲戌，修理太原舊溝渠，溉灌官私田。酈元《水經注》曰：『昔智伯遏晉水以灌晉陽，後人踵其遺跡，蓄以爲沼，分爲二派，北瀆即智氏故渠也。其瀆乘高，東北注入晉陽城，以溉灌，東南出城注於汾水。』今所修溝渠即謂此。

又 ［永初三年七月］庚子，詔長吏案行在所，皆令種宿麥蔬食，務盡地力，其貧者給種餉。

《魏書》卷一一〇《食貨志六》 夫爲國爲家者，莫不以穀貨爲本。故洪範八政，以食爲首，其在易曰『聚人曰財』，周禮以九職任萬民，以九賦斂財賄。是以古先哲王莫不敬授民時，務農重穀，躬親千畝，貢賦九州。且一夫不耕，一女不織，或受其飢寒者。飢寒迫身，不能保其赤子，攘竊而犯法，以至於殺身。跡其所由，王政所陷也。夫百畝之內，勿奪其時，易其田疇，薄其稅斂，民可使富也。既飽且富，而仁義禮節生焉，亦所謂衣食足，識榮辱也。晉末，天下大亂，生民道盡，或死於干戈，或斃於飢饉，其幸而自存者蓋十五焉。

太祖定中原，接喪亂之弊，兵革並起，民廢農業。方事雖殷，然經略之先，以食爲本，使東平公儀墾闢河北，自五原至于棝陽塞外爲屯田。初，登國六年破衛辰，收其珍寶、畜產，名馬三十餘萬、牛羊四百餘萬，漸增國用。既定中山，分徙吏民及徒何種人、工伎巧十萬餘家以充京都，各給耕牛，計口授田。天興初，制定京邑，東至代郡，西及善無，南極陰館，北盡參合，爲畿內之田；其外四方四維置八部帥以監之，勸課農耕，量校收入，以爲殿最。又躬耕籍田率先百姓。自後比歲大熟，匹中八十餘斛。是時戎車不息，雖頻有年，猶未足以久贍矣。

太宗永興中，頻有水旱，詔簡宮人非所當御及非執作伎巧，自餘出賜民。神瑞二年，又不熟，京畿之內，路有行饉。帝以飢將遷都於鄴，用博士崔浩計乃止。於是分簡尤貧者就食山東。敕有司勸課留農者曰：『前志有之，人生在勤，勤則不匱。凡庶民之不畜者祭無牲，不耕者祭無盛，不樹者死無槨，不蠶者衣無帛，不績者喪無衰。教行三農，生殖九穀；教行園囿，毓長草木；教行虞衡，山澤作材；教行藪牧，養蕃鳥獸；教行百工，飭成器用；教行商賈，阜通貨賄；教行嬪婦，化治絲枲；教行臣妾，事勤力役。』自是民皆力勤，故歲數豐穰，畜牧滋息。

泰常六年，詔六部民羊滿百口，調戎馬一匹。

世祖即位，開拓四海，以五方之民各有其性，故修其教不改其俗，齊其政不易其宜，納其方貢以充倉廩，收其貨物以實庫藏，又於歲時取鳥獸之登於俎用者以牣膳府。

先是，禁網疏闊，民多逃隱。天興中，詔採諸漏戶，令輸綸綿。自後諸逃戶占爲細繭羅縠者甚衆。於是雜營戶帥遍於天下，不隸守宰，賦役不周，戶口錯亂。始光三年詔一切罷之，以屬郡縣。

神䴥二年，帝親御六軍，略地廣漠。分命諸將，窮追蠕蠕，東至瀚海，西接張掖，北度燕然山，大破之，虜其種落及馬牛雜畜方物萬計。其後復遣成周公萬度歸西伐焉耆，其王鳩尸卑那單騎奔龜茲，舉國臣民負錢懷貨，一時降款，獲其奇寶異玩以巨萬，駝馬雜畜不可勝數。度歸遂入龜茲，復獲其殊方瓌詭之物億萬已上。是時方隅未克，帝屢親戎駕，而委政於恭宗。真君中，恭宗下令修農職之教，事在帝紀。此後數年之中，軍國用足矣。

高宗時，牧守之官，頗爲貨利。太安初，遣使者二十餘輩循行天下，觀風俗，視民所疾苦。詔使者察諸州郡墾殖田畝、飲食衣服、閭里虛實、盜賊劫掠、貧富強劣而罰之，自此牧守頗改前弊，民以安業。

自太祖定中原，世祖平方難，收獲珍寶，府藏盈積。和平二年秋，詔中尚方作黃金合盤十二具，徑二尺二寸，鏤以白銀，鈿以玫瑰，其銘曰：『九州致貢，殊域來賓，乃作茲器，錯用具珍。鍜以紫金，鏤以白銀，範圍擬載，吐燿含真。纖文麗質，若化若神，皇王御之，百福惟新。』其年冬，詔出內庫綾綿布帛二十萬匹，令內外百官分曹賭射。四年春，詔賜京師之民年七十已上太官廚食以終其身。

顯祖即位，親行儉素，率先公卿，思所以賑益黎庶。至天安、皇興間，歲頻大旱，絹匹千錢。劉彧淮北青、冀、徐、兗、司五州告亂請降，命將率衆以援之。既臨其境，青冀懷貳，進軍圍之，數年乃拔。山東之民咸勤於征戍轉運，帝深以爲念。遂因民貧富，爲租輸三等九品之制。千里內納粟，千里外納米；上三品戶入京師，中三品入他州要倉，下三品入本州。

又 九年，下詔均給天下民田：

諸男夫十五以上，受露田四十畝，婦人二十畝，奴婢依良。丁牛一頭受田三十畝，限四牛。所授之田率倍之，三易之田再倍之，以供耕作及還受之盈縮。

諸民年及課則受田，老免及身沒則還田。奴婢、牛隨有無以還受。

諸桑田不在還受之限，但通入倍田分。於分雖盈，沒則還田，不得以充露田之數。不足者以露田充倍。

諸初受田者，男夫一人給田二十畝，課蒔餘，種桑五十樹，棗五株，榆三根。非桑之土，夫給一畝，依法課蒔榆、棗。奴各依良。限三年種畢，不畢，奪其不畢之地。於桑榆地分雜蒔餘果及多種桑榆者不禁。

諸應還之田，不得種桑榆棗果，種者以違令論，地入還分。

諸桑田皆爲世業，身終不還，恒從見口。有盈者無受無還，不足者受種如法。盈者得賣其盈，不足者得買所不足。不得賣其分，亦不得買過所足。

諸麻布之土，男夫及課，別給麻田十畝，婦人五畝，奴婢依良。皆從還受之法。

諸有舉戶老小癃殘無授田者，年十一已上及癃者各授以半夫田，年踰七十者不還所受，寡婦守志者雖免課亦授婦田。

諸還受民田，恒以正月。若始受田而身亡，及賣買奴婢牛者，皆至明年正月乃得還受。

諸土廣民稀之處，隨力所及，官借民種蒔。役有土居者，依法封授。

諸地狹之處，有進丁受田而不樂遷者，則以其家桑田爲正田分，又不足不給倍田，又不足家內人別減分。無桑之鄉準此爲法。樂遷者聽逐空荒，不限異州他郡，唯不聽避勞就逸。其地足之處，不得無故而移。

諸民有新居者，三口給地一畝，以爲居室，奴婢五口給一畝。男女十五以上，因其地分，口課種菜五分畝之一。

諸一人之分，正從正，倍從倍，不得隔越他畔。進丁受田者恒從所近。若同時俱受，先貧後富。再倍之田，放此爲法。

《晉書》卷二六《食貨志》 太興元年，詔曰：『徐、揚二州土宜三麥，可督令熯地，投秋下種，至夏而熟，繼新故之交，於以周濟，所益甚大。昔漢遣輕車使者汜勝之督三輔種麥，而關中遂穰。勿令後晚。』其後頻年麥雖有旱蝗，而爲益猶多。

《隋書》卷二四《食貨志》 王者量地以制邑，度地以居人，總土地所生，料山澤之利，式遵行令，敬授人時，農商趣向，各本事業。書稱懋遷有無，言穀貨流通，咸得其所者也。周官太府，掌九貢九賦之法，王之經用，各有等差。所謂取之以道，用之有節，故能養百官之政，勗戰士之功，救天災，服方外，活國安人之大經也。爰自軒、頊，至于堯、舜，皆因其所利而勸之，因其所欲而化之。不奪其時，不窮其力，輕其征，薄其賦，此五帝三皇不易之教也。古語曰：『善爲人者，愛其力而成其財。』若使之不以道，斂之如不及，財盡則怨，力盡則叛。昔禹制九等而康歌興，周人十一而頌聲作。於是東周遷洛，諸侯不軌，魯宣初稅畝，鄭產爲丘賦，先王之制，靡有孑遺。秦氏起自西戎，力正天下，驅之以刑罰，棄之以仁恩，以太半之收，長城絕於地脉，以頭會之斂，屯戍窮於嶺外。漢高祖承秦凋敝，十五稅一，中元繼武，府廩彌殷。世宗得之，用成雄侈，開邊擊胡，蕭然咸罄。宫宇揶於天漢，巡遊跨於海表，旱歲除道，凶年嘗秣，戶口以之減半，盜賊以之公行。於是譎詭賦稅，異端俱起，賦及童齔，算至船車。光武中興，聿遵前事，成賦單薄，足稱經遠。靈帝開鴻都之牓，通賣官之路，公卿州郡，各有等差。漢之常科，土貢方物，帝又遣先輸中署，名爲導行，天下賄成，人受其敝。自魏、晉二十一帝，宋、齊十有五主，雖用度有衆寡，租賦有重輕，大抵不能傾人產業，道關政亂。

道關政亂，『政』當作『治』，唐人諱改。

又 天保八年，議徙冀、定、瀛無田之人，謂之樂遷，於幽州范陽寬鄉以處之。百姓驚擾。屬以頻歲不熟，米糴踴貴矣。廢帝乾明中，尚書左丞蘇珍芝，議修石鼈等屯，歲收數萬石。自是淮南軍防，糧廩充足。孝昭皇建中，平州刺史嵇曄建議，開幽州督亢舊陂，長城左右營屯，歲收稻粟數十萬石，北境得以周贍。又於河內置懷義等屯，以給河南之費。自是稍止轉輸之勞。

至河清三年定令，乃命人居十家爲比鄰，五十家爲閭里，百家爲族黨。男子十八以上，六十五已下爲丁；十六已上，十七已下爲中；六十六已上爲老；十五已下爲小。率以十八受田，輸租調，二十充兵，六十免力役，六十六退田，免租調。

京城四面，諸坊之外三十里內爲公田。受公田者，三縣代遷戶執事官一品已下，逮于羽林武賁，各有差。其外畿郡，華人官第一品已下，羽林武賁已上，各有差。

職事及百姓請墾田者，名爲永業田。奴婢受田者，親王止三百人；嗣王止二百人；第二品嗣王已下及庶姓王，止一百五十人；正三品已上及皇宗，止一百人；七品已上，限止八十人；八品已下至庶人，限止六十人。奴婢限外不給田者，皆不輸。其方百里外及州人，一夫受露田八十畝，婦四十畝。奴婢依良人，限數與在京百官同。丁牛一頭，受田六十畝，限止四牛。

又每丁給永業二十畝，爲桑田。其中種桑五十根，榆三根，棗五根。不在還受之限。非此田者，悉入還受之分。土不宜桑者，給麻田，如桑田法。

率人一牀，調絹一疋，綿八兩，凡十斤綿中，折一斤作絲，墾租二石，義租五斗。奴婢各准良人之半。牛調二尺，墾租一斗，義租五升。墾租送臺，義租納郡，以備水旱。墾租皆依貧富爲三梟。其賦稅常調，則少者直出上戶，中者及中戶，多者及下戶。上梟輸遠處，中梟輸次遠，下梟輸當州倉。三年一校焉。租入臺者，五百里內輸粟，五百里外輸米。入州鎮者，輸粟。人欲輸錢者，准上絹收錢。諸州郡皆別置富人倉。初立之日，准所領中下戶口數，得支一年之糧，逐當州穀價賤時，斟量割當年義租充入。穀貴，下價糴之；賤則還用所糴之物，依價糴貯。

每歲春月，各依鄉土早晚，課人農桑。自春及秋，男十五已上，皆布田畝。桑蠶之月，婦女十五已上，皆營蠶桑。孟冬，刺史聽審邦教之優劣，定殿最之科品。人有人力無牛，或有牛無力者，須令相便，皆得納種。使地無遺利，人無遊手焉。

緣邊城守之地，堪墾食者，皆營屯田，置都使子使以統之。一子使當田五十頃，歲終考其所入，以論褒貶。

《北史》卷六三《蘇綽傳》 人生天地之間，衣食爲命。食不足則飢，衣不足則寒。飢寒切體，而欲使人興行禮讓者，此猶逆坂走丸，勢不可得也。是以古之聖王知其若此，先足其衣食，然後教化隨之。夫衣食所以足者，由於地利盡。地利所以盡者，由於勸課有方。主此教者，在乎牧守令長而已。人者冥也，智不自周，必待勸教然後得盡其力。諸州郡縣，每至歲首，必戒敕部人，無問少長，但能操持農器者，皆令就田，墾發以時，勿失其所。及布種既訖，嘉苗須理，麥秋在野，蠶停於室，若此之時，皆宜少長悉力，男女併功，若揚湯救火，寇盜之將至，然後可使農夫不失其業，蠶婦得就其功。若游手怠惰，早歸晚出，好逸惡勞，不勤事業者，則正長牒名郡縣，守令隨事加罰，罪一勸百。此則明宰之教也。

夫百畝之田，必春耕之，夏種之，秋收之，然後冬食之。此三時者，農之要月也。若失其一時，則穀不可得而食。故先王之戒曰：『一夫不耕，天下必有受其飢者；一婦不織，天下必有受其寒者。』若此三時，不務省事，而令人廢農者，是則絕人之命，驅以就死然。單劣之戶，及無牛之家，勸令有無相通，使得兼濟。三農之隙，及陰雨之暇，又當教人種桑植果，藝其蔬菜，修其園圃，畜育雞豚，以備生生之資，以供養老之具。

夫爲政不欲過碎，碎則不煩；勸課亦不容太簡，簡則人怠。善爲政者，必消息時宜而適煩簡之中。故《詩》曰：『不剛不柔，布政優優，百祿是求。』如不能爾，則必陷於刑辟矣。

唐 寇泚《對開渠判》《文苑英華》卷五二八 岐州刺史馬回奏開渠與人相假貸，歲課不時入。執事以爲勞無成，將議裁貶。

蒲密之化，鄭白之饒，溝洫可以立人，秦漢斯焉定霸。《豳風》載陳於王業，瓠口深著於甿謠。故典農中郎明濟河於興廢，搜粟都尉定邦國於錙銖，眷彼循良，義存俯企。馬回中和踐化，右翊班條，以爲鄴下璒流，功成於舄鹵；南陽疏亩，富埒於京坻，雖開鑿方勤，而清閒每就，假多慚於邵父，終有協於倪公。儻秋蜂春鵝，人樂疲於力役；杏花菖葉，農靡闕於耕桑。輸稅若或先時，菽粟何妨殷積？詳刑議獄，詎曰攸宜？

唐 呂令問《對陂防判》《全唐文》卷二九六 甲秉權決去陂水，人相傳云：有兩黃鵠云陂當復。甲以惑衆劾之，衆云：自決陂之後，飯我豆食羹芋魁，科不服罪。

秉國之權，非賢奚可？因人所利，君子不奪，甲爲政者，異於是乎？以爲畜水不流，竭之何害？豈知舊防是要，罷之或損。且川浸藪澤，殖物於是乎生；蒲魚稻粱，爲利於是乎博。濟人理國，職此之由，潰塘涸源，過孰斯盛？蓋藏或寡，純固則盈。割鮮厭粱，空思於舊貫；飯豆煮芋，奚取於訛言？愚謂載以既陂，政可遵於夏訓；廢而興謗，事無取於漢臣。此則有過能改，彼當內訟自直。無往不復，傳者何傷？聊以抒憂，未爲惑衆。甲自不典，人無匪彝，輒欲咎之，末由也已。

唐 裴鼎《對陂防判》《文苑英華》卷五二八 甲秉權決去陂，水人相傳云，有兩鵠言陂當復。甲以惑衆，去飯我豆食羹芋魁，科不伏罪。

天生五材，水善利物。且溉且糞，長我黍禾；爲隄爲防，制爲畜泄。甲秉國鈞軸，作人父母，可以興利除害，仍舊貫以從時。豈宜違俗變常，師乃心而改作？使或者相駭，訛言不懲，托黃鵠以興詞，冀鴻陂之必復。烏鳴亳社，抑有前聞；石言魏榆，斯無可採。昔田疇是辟，歌鄭卿之遺愛；今羹芋興謠，嗟漢臣之不軌。緬想翟公之策，安可效諸？竊詳甯越之鞭，非其罪也。

唐 于季重《對陂防判》《文苑英華》卷五二八 甲秉權決去陂水，人相傳云有兩鵠言陂當復。甲以惑衆，云飯我豆食羹芋魁。科不伏罪。

政在利農，人惟守業，順其事者，莫不胥悅；變其舊者，會是興謠。惟甲國鈞是秉，具瞻斯重，永言溝洫，而新是謀。水旱不愆，資變理而成化；人天可望，冀敦勸而有秋。然則南陽之陂，自滮池而爲睦澤，鄰傍之水，因舄鹵而作膏腴。是汎是流，俯雲雨之攸潤；我疆我理，棲豆芋之餘糧。方進不忘於前蹤，白公且同於斯類。此則有益於國，專利而行；未可式禮苟愆，更從人欲。陂兮當復，聽乃輿言，惑衆論咎，責則何甚？黃鵠既聞於師古，焉敢定刑；丹筆亦宥於無稽，終宜服念。置之理也，誰曰是乎！

唐 元承先《對無夫修隄堰判》《全唐文》卷三九八 河南諸州申無夫修理隄堰，請與之平價，仍免外徭。省司以爲興平價則官無所供，免外徭則公事廢闕，不之許。州訴人實阻饑，恐不及冬成，至春復桃花水爲害。

備豫不虞，古來善策，隨事興理，今亦宜然。於廓長河，邈界中國，來萬里之外，歷數州之間。榮光載浮，竹箭長下。千里作曲，呈瑞馬以出圖；三日成霖，或迷牛而爲害。永言諸郡，夾河之壖，堯水屢逢，媧灰未止。俾太守沈馬，空竭精誠；將軍負薪，猶勞太息。則必土功展事，金隄爰起，匪用齊人之力，孰免爲魚之嘆？恭聞漢事，以蠲六月之徭；大哉聖朝，實平百姓之價。公家之事，知無不爲，苟利於人，胡爲不可？省司所見，未窒盈庭之辭；州訴宜從，可塞如川之口。

唐 郭尚溫《對無夫修隄堰判》《全唐文》卷三九九 河南諸州申無夫修理隄堰，請與之平價，仍免外徭。省司以爲與平價則官無所供，免外徭則公事廢闕，不之許。州訴人實阻饑，恐不及冬成，至春復桃花水爲害。

使人以時，不奪農務，前王令典，歷代通規。頃屬月離畢星，天作霖雨，緣河諸郡，水害方殷。王尊之祭徒誠，陽侯之怒無息，是隳隄堰，乃請修營。動衆興功，雖不違於九月；免徭酬直，或大優於百姓。握蘭則兩停俱廢，恐未得於隨時；剖竹則二事兼全，亦頗同於大過。況頻遭墊溺，人實阻饑，若不冬成，必貽春慮。理須折衷，事遣合宜，則丞相無壞陂之尤，將軍免負薪之苦。

唐 孟楚瓊《對無夫修隄堰判》《全唐文》卷四〇〇 河南諸州申無夫修理隄堰，請與之平價，仍免外徭。省司以爲與平價則官無所供，免外徭則公事廢闕，不之許。州訴人實阻饑，恐不及冬成，至春復桃花水爲害。

五材並用，水德靈長；八卦裁成，坎宮流潤。銀河有漂查之浪，金堤苦懸釜之憂。《漢書》以溝洫興謠，《史記》乃河渠發詠，疏導得理，編甿以寧。

眷彼諸州，是稱修葺。隄堰縱横，瓠子須切，黎人阻饑，匏瓜莫食。遠由蘭署，庶救梅林，何高見之不同，而平價之無給？夫則非人莫可，人則非食罔存。數日暫勞，猶宜不許；累旬重役，焉可闕如？官供尚且云無，私備奚能取濟？況國家無事，主是唐堯；河內有倉，吏非汲黯。但使準格興役，何必申省拘文？公課自有常程，令式寧無舊例？免徭請價，蒙竊惑焉。

唐　劉潤《對無夫修堤堰判》《全唐文》卷四〇一　河南諸州申無夫修理堤堰，請與之平價，仍免外徭。省司以爲與平價則官無所供，免外徭則公事廢闕，不之許。州訴人實阻饑，恐不及冬成，至春復桃花水爲害。

邦寧本固，《書》稱經理之方；慮始樂成，《易》著變通之義。且河分南北，境控青徐，壤雜下田，土爲上賦。薦逢堯水，乍闕殷儲，感發於中，思索其極。順時令，庀工徒，版築爰興，堤防互設。崛然特起，同斷岸之孤標；的爾殊形，狀屯田之錯峙。期於永逸，汔用小康，望免外徭，式酬平價。州將當撫循之寄，顧瞻黔黎；省司膺出納之權，愛存府庫。俱爲奉國，咸是循公，探源若混其淄澠，究理頗別於涇渭。何則？雖言營造，本資其井田，徒謂繕修，未起於桑梓。力常有限，徭或可蠲，役靡逾時，價無宜給。是則上省勞費，人忘阻饑，無闕於農，不愆於素。縱使隄疏瓠子，不復興歌，浪起桃花，誰能爲害？

唐　趙頤貞《對清白二渠判》《文苑英華》卷五二八　得清白二渠，交口不著斗門堰，府司科高陵令罪。云：是二月一日以前。

清白二渠，其來自遠，善利萬物，聞諸古昔。故疏溝若雨，荷鍤如雲，利彼秦坰，興功鄭白。雖墾鑿南亩，人歌日出之功；而翹望西成，不假月離之潤。所以每加修葺，式建堤防，各有司存。標諸令式，高陵令以遷鶯入仕，翔鸞布德，宣風百里，早副天心。管鎋二渠，正當交口，欲加門堰，諒有前規，即此經營，非無往例。但以金堤柳色，未變新枝；玉琯葭灰，尚飄春雪。節未逾於二月，事不越於三章，府局論辜，竊以未可，欲加罪也，其如詞乎？

唐　劉仲宣一作宣**《對清白二渠判》**《文苑英華》卷五二八　得清白二渠，交口不著斗門堰，府司科高陵令罪，云是二月一日以前。

殷俗富人实惟稼穡，分疆列土，必假溝渠。白公入秦，卒興涇水之利；史起居魏，大引河流之溢。信衣食之是資，知珠玉之非貴，理宜順時役築，作制隄防。惟彼高陵，地稱三輔；瞻言沃壤，良由二渠。完謹苟虧，畜泄乖用，必貽罪戾，何以逃刑？且如雨畢除道，既候於天時；水涸成梁，再編於月令。斗門不設，交口未修，功雖闕於千金，時靡過於二月。遽即科殿，恐爽廉平，請從矜釋，謂合通典。

唐　薛霽《對清白二渠判》《文苑英華》卷五二八　得清白二渠，交口不著斗門堰。府司科高陵令罪。云是二月一日以前。

導水東流，百川歸海，甘泉北對，二渠交錯。灌注不息，黔黎資上善之功；奔瀉無窮，生靈得下潤之廣。鄭國創業，白公繼焉；秦兼十倍之資，韓得數年之力。決渠降雨，不待商羊之歌；荷鍤成雲，寧假飛龍之氣。理合克奉時令，謹塞堤防，水潦盛昌，懼有奔突。桃花泛溢，增修及二月之前；瓠子興謠，誡未失時；見彼章程，不罹其咎。有詞難罰，無濫斯人。

唐　劉晉《對清白二渠判》《文苑英華》卷五二八　得清白二渠，交口不著斗門堰，府司科高陵令罪，云是二月一日以前。

作利生人，實資水德，至於科學家濫，或以災成。故立陂堤，存夫令式，雖墨綬爲化，不願於勞人，而黄潦或湧，益深於害物。況作事謀始，合用於農隙，啟塞隨時，豈待於春仲。論事乃拙於爲政，語對何聞於有司？堰既不立於千金，刑亦安疑於兩璧。郡侯所詰，爰按科條。

唐　王灣《對清白二渠判》《文苑英華》卷五二八　得清白二渠，交口不著斗門堰，府司科高陵令罪，云是二月一日以前。

溝洫之宜，隄防是急，惟禹盡力，乃安生人。自鄭渠來興，秦壤增利，清白相映，雲天並開；稻粱交陰，雨汗俱發。東風適降，南亩初勤，曉波猶微，春修未遽。縣令以恤人從術，計役乘閒，雖蟄户驚飛，方期伐木，而斗門議立，且恐勞人。未爲瓠子之決，欲後桃花之水，府司按職，體要俱懷，聽風俗於初聞，謂弦歌於未理。誠以溉灌無闕，經營有圖，豈乖蒲宰之明，當寬柳惠之黜，情存審慎，可適隨時。

唐　賈登《對凶荒判》《文苑英華》五〇六　豫州昔歲人羹芋魁，所由徵租，百姓不伏。

則以三壤，均乎九賦，或愆歲計之期，必降時宜之典。荊河惟豫，芋區在蜀，往有菜蔬之色，獲充藜藿之資。採葑以菲，且存下體；如葵非智，斯無衛足。既而吏作輕税，人因薄言，雖稱漢代有文，頗異堯年作法。且所緣歲損，合豫申陳，六條初不上言，百姓無從下免。任從收税，豈謂合宜？

唐　顔朝隱《對凶荒判》《文苑英華》五〇六　豫州昔歲人羹芋魁，所由徵租，百姓不伏。

食以爲天，農固其本，幾缺有秋之稔，徒有望歲之憂。睇彼荊河，實惟菜色，豐祥不聞於鳴雀，徇急頗見於蹲鴟。地雖化於岐山，豈臻豐富？人已歌於翟氏，詎得徵收？百姓有詞，理固難奪。

唐　湯履冰《對梢溝判》《全唐文》卷四〇七　甲通梢溝三十里，主者按興役不申。甲云：水漱之，不合申。

甲義恤菑畬，志殷溝洫，懼襄陵之薦及，梢嚙攸通，稽濬川之前聞，源流遂遠。當以崇朝其雨，高岸爲谷，無勞役之事，濟稼穡之艱。里則斯遙，功則其倍，涇泥是沃，俄分數斗之謠；韓工已成，良開萬代之利。歲自便稔邦由是臧，異東西之見分，寧嗟別思；殊劉項之有割，是悅昌期。漱而不徭，足以嘉尚，決而非役，奚用申爲？粉署將繩，恐涉察泉之義；白圭思復，宜從因水之詞。

唐　鄭昭《對梢溝判》《全唐文》卷四〇七　甲通梢溝三十里，主者按興役不申。甲云：水漱之不合申。

先王之制，廬井有伍。爰自澮畎，達以溝洫。拯下人之墊溺，變彼汾之沮洳。故河渠式修，煥馬遷之典；衡漳既導，美夏禹之績。今甲之所施，用酌前訓，不資穿鑿，坐看通引。顧源流之所觸，望平疇之有藝。況承茲水漱，罔殫衆庸；同史起之利人，類王尊之濟物。遂使苞蕭發詠，無浸彼之虞；汾澮興言，多流惡之美。既稱裨益，聞此損費。自可旌其殊效，勸彼異能；豈宜按以不申，加之底戾？但刑期不僭，令著明文。役且不滿千夫，法難從於五罪。既不合上請，即宜原宥。

唐　王重華《對縣令祭山川判》《文苑英華》卷五三五　乙爲邑宰，祭其封內名山川。將按其非法。訴稱：『旱暵甚，所以祈之。苟利於人，不敢避也。』

山川咸秩，嘉其以靈，雪霜不時，於是乎禜，庻縣斯設，典禮孔明。乙職惟奉公，思不出位。百里行善，且在子男之列；十倫展祭，爰僭諸侯之封。孰謂鄴人，不如林放？固宜按法，曾是簡彝。必也驕陽害時，司嗇憚暑，詩歌太甚，義救如焚。信靡神而不宗，在精祈而則可。用寧旱暵，難責規爲。雖欲正名，如其恤隱。不乏吾事，須旌墨綬之賢；空惜爾爲，無允彤襜之舉。

唐　柏虔冉《新創千金陂記》《全唐文》卷八〇五　撫州刺史渤海李公，一日無事，理舟汝水。溯流而上，顧視原野而嘆曰：『焉有沃壤如此，而不富於民耶？』有田户鄒棱，跪而拜曰：『棱臨川之小民，老於農者。請以利害計於使君，願申其說。』公曰『然』。因得盡搜故事，得華陂舊基焉。棱曰：『華陂始於上元。在大曆中，有若顔魯公，亦建土塍陂，尋亦廢塞。在貞元中，有若戴公，置冷泉陂，其跡尋荒。在太和中，有若杜公，修置不成。咸通五年七年，有若皇甫公，有若鍾離公，相承八十餘年，皆儀圖其地，卒不能就。』公曰：『不然。吾試爲汝成之。』於是究其源，度其地，鳩其工，諭其民，民咸樂之。九年八月，鑿冷泉故基，自文昌橋直抵南洲鋪上口，凡九百七十餘丈，接汝江，皆沙礫排窒，微有其趾。於是畚鍤既備，並其工而開鑿。乃浚其洫，乃高其堧。土與江口平，盡出其沙與積壤。縈束盤委，望之若帶焉。過報恩寺，趨文昌橋，下透隴亩而分其溝塍，綺錯鱗差，二十餘派。陂偃五所，以節水勢。公又於其上橫截汝江，置千金陂，南北百二十五丈。斬木爲樁，疊薪爲澤，間以鉅石而絡之。江水小長，陂則蹙其水丈餘，而入於冷泉之新渠。奔流貫激，通舟楫之利，利於窮民。走文昌橋北，沿流三十餘里，灌注原田，新舊共百有餘頃。自茲田無荒者，民悉力而開耕，爾後又不可勝紀其頃亩矣。先是荒廢陂水不入，仰天雨積潦而溉之。苟旱暵不雨，苗則盡槁。是臨汝長寧長樂三鄉之民，固無望秋成，而輸王之税，不減他户。窮民焦號，無所控訴。至有鬻妻傭女，其苦甚矣。嗚呼！不有天意將大拯於撫民，則公曷蒞於臨汝耶？曷成於千金陂耶？民咸聚而謠曰：『公倅景城，民蘇南皮。南皮斗門，厥績今存。在昔河流，西走燕魏。民困堤防，日憂理水。舟楫壅遏，爲弊仍歲。公作斗門，分水之勢。亦不役民，荷公之制。』又曰：『公作千金，撫民惠深。陂水沈沈，樂乎人心。我田不荒，我苗如林。憂公之去，誰其嗣音。』十年夏，新陂成，公召郡從事及賓客，載酒張樂，觀陂以落之。由是軍民無少長，緊公之德，賴公之惠，因錄其績，聞於廉使。請詣闕借留，引寇恂故事，而聲聞朝廷，爲上郡之政首。迨十一年夏，公秩將滿，懼公之去，惜公美績，恐汩於後，錄事參軍衛宗卿、臨川令陸翾、都押衙李莊、都虞候吴敦實、子糾候讓勾覆王贊、泊州縣胥吏等，羣進衆拜於庭曰：『公之利臨川，其績彰彰，厥功懋哉。而千金之創，特異於古。雖汝南何敞開銅陽以利物，邵侯斷洪流以溉田，無以過也。不刊於石，則撫人何所仰其德哉？』衆有議曰：『軍倅柏虔冉，早踐文場，善屬詞筆，宜勒其事。』虔冉才非博古，學昧通經，而繆爲賓吏，纂我公之懿德，豈能備乎？辭不獲免，因操筆覼縷事，志於貞石，愧無文飾。咸通十一年歲在庚寅六月壬午朔廿八日己酉記。

唐 司空圖《司空表聖文集》卷二《太原王公同州修堰記》 洛自西北趣大河，蓋同源於積石，伏而乃發，離而復合耳。故其流皆渾而悍，暴而難制。然左輔土田，賴之爲膏壤。堰雖勞，不可廢也。而又振泥加厚，水勢益抑。去故治之，治之勤日倍也。大中末，州南堰壞，久不能復。比歲旱蝗，關畿九困。咸通五年，太原王公自中書舍人出牧是邦，思所以利人者，無易於此。乃省公用，節私費，僦徒賦役，躬親率屬，得健吏於班，授以成規。亦既集事，而中作雨甚。川壑會流，雷風蹴南而鼓之，益肆狂嚙。雖有力者，堅百仞之阜，亙爲其防，亦不能禦，勢明矣。必俟至誠克敷，旁資感效耳。公晨往河堧，跪陳牢醴。既而陰雲潰散，功倍人悅。翌日堰乃成，水折而光，皆若導而徙。令邑里交賀，合樂以迓之。流聞京師，中外以爲國慶。時國家兵役屢與，漕輓已絕。故自淮汴至於河潼之交，百敖皆刳，人無所仰視之者。雖已鼎食，亦若銜餒而返。農饑卒怠，何以振其威力哉？關中不涸之轍，必本是堰。公果成之，以明大計。雖旋亦決敗，而功緒足遺後人矣。七年秋，愚自滿獲展贄見之禮，出次近坰，備得其事，因著於篇，以彰勤濟之志云。

唐 穆員《新修漕河石斗門記》《文苑英華》卷八一二 分洛爲漕，斗門在都城東南中橋之右。舊制喉不深，口不束，其流隨之，水斯溢，旱斯涸。東有斜堰，俾其來往。終歲不修輒壞，修則水積高而迤南北。北傷則洛亙邙趾，南傷則魚遊井鄽，不修則漕復於陸。且其地與岸，皆寘薪焉，不再閏不一易。每歲繕塞斜堰，洎南北隄橋之費，相與盈萬。其斗門之功不計，蓋其弊者也。安平公治三川之暇，顧念於此之疾未去，且曰：『水之性，導無不順，壅無不害。善爲水者，唯其所趣，使若自然。其要在於不與之競而已。』是用浚斗門之下，以量其入，庳斜堰之上，以歸其餘。庶乎饒不爲增，傷不爲減。盈萬之費，歲收於公。而通海之波，率土之運，東西交騖，合朝宗之義焉。中橋之旁有古堰，廢石沈於泥沙，公乃發而轉之，以代寘薪之制。省於自他山而致者，蓋百之一。猶懼剛之不勝柔，岸化於水。乃授規矩，俾之追琢。如斧斯銳，以分其衝，如月斯仰，以折其勢。積石山鬭，中流湯湯。南鄰鑿龍，永代無愧。上濟行邁，是爲通橋。歲三月興作，四月畢事。人不見始而睹其終。埒其功用，不足於常歲之數。而不朽之利，與皇都洛水，垂之無窮焉。嗚呼！物之至柔者水，不得其理，甚者懷山襄陵，其次決堤防，隤城邑。夫惟不爭之力，然後勝之。天下之理一理也。制天下之至強者，其唯不爭乎？於水也見公之政，於政也見公之德。異日觀易簡久大之業，此非其一隅哉！公以爲成公之志者實肄其勤，命以名氏刻於岸石，仍俾末吏謹而書之。貞元四年四月丁亥日記。

唐 武少儀《移丹河記》《全唐文》卷六一三 高平古泫氏邑也，其沿代改名，圖經詳矣。初相地而居之，蓋以土厚水深爲善，農鑿井而飲者，則以穿壤剖石爲艱，故千家之中，數井而已。綆以遠引而多絕，瓶以難升而驟羸。則雖有端賜之機智，無施其巧捷；雖有管寧之仁惠，無杜其忿鬪。況牛馬俟乎滿腹，必遵乎十里之河；而瓜蔬期乎給口，常望一旬之雨。朝夕勞苦，歲時饑饉，可勝道哉！嘻！凡爲前敝滋久，終俟後賢乃革，不然，豈子男百輩，而莫之是恤？

貞元七年，潞州屯留令平原明濟，受連帥相國大司空義陽王李公之命，假領茲邑，撫桉疲黎，其清勤簡惠，不異於屯留之政，政可知也。下車之日，咨訪故老，問人疾病。僉曰：『公之至也，俗詠其蘇矣。惟水之歎，詎敢求救於公耶？』明侯聞之，若疚於心，且形於色。曰：『夫窮必有泰，固常理也，此豈無望！前或未思，吾將退而慮之。』由是發智周之妙，躬循郊原，目究川谷，度高下之勢，相引決之宜。有丹水者，始自縣之西北，山源高而派平，可議壅以導。明侯載審厥事，將利於人，乃下謀於鄉耋，次白於郡守，上言於節制。纔獲所請，爰臧其功，乘井稅之暇，候農桑之隙，先儲乎薪芻之物，次具乎鍬鍤之器。然後量功命日，使里人樂助，競子來而展力。故不更數，宛其有成。始瀦流而爲潭，因疏渠以繞郭；築防以補其陷隙，刳木以道其險阻，脈分枝散，貫邑周閭，彌苔草之間，陰陰槐柳之下。遂使家開沼沚，户植芰荷，濫觴可以寄傲，垂釣可以烹鮮。豈直豐畦圃之沃灌，恣閭閈之飲濯？路有奉漿之義，井爲應汲之泉，人無荷擔之勞，畜無奔走之困而已也！復於潭側，特建水祠，列樹敞亭，別成佳境。將俾水依神而永久，人賴水而無極，庶功用不再，且祈報有歸焉。明侯睹夫衆情之欣洽，足以間居而賞玩。化舄之餘，閱王鳧之雙飛；臨堂之際，調宓琴而合響，不其美爾！

君子曰：『政無大小，以勤民爲良；事無工拙，以利物爲貴。』如明侯者，實兼而有之。其由我大司空義陽王以至公且明推獎而致此者矣。予偶以行役，經過於斯，耳聆嘉謠，目覽異績，緇黃耆艾，因請予以記事。予誠忝跡於文者，姑具述義陽王之德，舉明侯之善，亦何辭焉？是則勉而志之。貞元癸酉建。

唐 孫樵《孫可之文集》卷一〇《復召堰籍》 會昌元年，漢波逾堤，陸走漂民，襄陽以渚。於是天子曰：『户部侍郎盧某，前爲廣州，治稱廉平。家無餘儲，府有羨財。耕夫無所徭，舶賈無所征。蠢兹海隅，賴之而安。其以襄陽之殘民屬治之。』盧公既來襄陽，始用李從事允之畫，能成新堤，即問可以爲治狀。對曰：『天子以襄陽饑甿，寄活於公，宜有以休養之者。襄陽之屬城爲唐州，唐州之支邑爲泌陽。泌之東有二流走出，斷堤嚙道。而西派於二流，南別爲溝。壞高岸頹，水不得行。昔召信臣嘗爲南陽，能爲民障水泉，廣溉灌。世賴其利，俗用蕃富。嘗披地圖，北盡南陽故地，豈古所謂召堰者耶？代邈時移，功不加修。堤豁於流，浸泄爲波。自泌陽以南，平陵以西，居民甚逋，墾田甚雕。公則能復信臣舊規，真民十世利者。』盧公立召管田部將，出卒與谷，率以聽命。李從事即爲條分程度，指畫經略，且使即其故堤，以鯁二渠。鑿其枯溝，析爲南流。水門既陳，百瀆脈分。蔓蔓于原，支支於屯。數百里間，野無隙田，旱無枯苗。召堰既成，秋田大登。八州之民，咸忘其饑。范陽盧庠，能道李從事佐盧公事。且曰：『盧公自南海至襄陽，再以李從事參畫軍事。凡其所居，鏗耀有聞。及爲潞州，聲光削然。發戍卒，甲興而嘩，盧公駭咤，謂他從事曰：「使李從事從我，寧及此耶！」』是時李從事陷於讒言，獲譴當奪權。自盧公黜留洛陽如此，則李從事前佐盧公宜何如哉！李從事去襄陽五年，召堰之利，益大於民。歲增良田，頓至四萬。樵惜李從事之跡不爲人知，作《復召堰籍》。

唐 佚名《對清白二渠判》《文苑英華》卷五二八 得清白二渠，交口不著斗堰。府司科高陵令罪。云是二月一日以前。

三輔名區，千里奥壤，決渠爲雨，荷鍤成雲。衣食之源，見資於畎畝；桑麻之利，實賴於溝渠。故隱於金椎，沉之石楗，用防飄梗，爰備蟄流。縣令職在字人，化兼馴翟，用遵常式，或未成規。良以秋潦未收，且疑於瓠子；春流詎泛，未慮於桃花。修葺既非後時，府科何其速耳？請從按記，愚謂合宜。

《舊唐書》卷四九《食貨志下·漕運》 咸亨三年，關中飢，監察御史王師順奏請運晉、絳州倉粟以贍之，上委以運職。河、渭之間，舟楫相繼，會于渭南，自師順始之也。武德八年十二月，水部郎中姜行本請於隴州開五節堰，引水通運，許之。

又 十八年，宣州刺史裴耀卿上便宜事條曰：『江南戶口稍廣，倉庫所資，惟出租庸，更無征防。緣水陸遙遠，轉運艱辛，功力雖勞，倉儲不益。竊見每州所送租及庸調等，本州正二月上道，至揚州入斗門，即逢水淺，已有阻礙，須留一月已上。至四月已後，始渡淮入汴，多屬汴河乾淺，又般運停留，至六七月始至河口，即逢黃河水漲，不得入河。又須停一兩月，待河水小，始得上河。入洛即漕路乾淺，船艘隘鬧，般載停滯，備極艱辛。計從江南至東都，停滯日多，得行日少，糧食既皆不足，欠折因此而生。又江南百姓不習河水，皆轉雇河師水手，更爲損費。伏見國家舊法，往代成規，擇制便宜，以垂長久。河口元置武牢倉，江南船不入黃河，即於倉內便貯。鞏縣置洛口倉，從黃河不入漕洛，即於倉內安置。爰及河陽倉、柏崖倉、太原倉、永豐倉、渭南倉，節級取便，例皆如此。水通則隨近運轉，不通即且納在倉，不滯遠船，不憂久耗，比於曠年長運，利便一倍有餘。今若且置武牢、洛口等倉，江南船至河口，即却還本州，更得其船充運。并取所減脚錢，更運江淮變造義倉，每年剩得一二百萬石。即望數年之外，倉廪轉加。其江淮義倉，下濕不堪久貯，若無船可運，三兩年色變，即給貸費散，公私無益。』疏奏不省。

至二十一年，耀卿爲京兆尹，京師雨水害稼，穀價踴貴，玄宗以問耀卿，奏稱：『昔貞觀、永徽之際，祿廪未廣，每歲轉運，不過二十萬石便足。今國用漸廣，漕運數倍，猶不能支。從都至陝，河路艱險，既用陸運，無由廣致。若能兼河漕，變陸爲水，則所支有餘，動盈萬計。且江南租船，候水始進，吴人不便漕輓，由是所在停留，日月既淹，遂生竊盜。臣望於河口置一倉，納江東租米，便放船歸。從河口即分入河、洛，官自雇船載運。三門之東，置一倉。三門既水險，即於河岸開山，車運十數里。三門之西，又置一倉，每運至倉，即般下貯納。水通即運，水細便止。自太原倉泝河，更無停留，所省鉅萬。前漢都關中，年月稍久，及隋亦在京師，緣河皆有舊倉，所以國用常贍。』上深然其言。

至二十二年八月，置河陰縣及河陰倉、河西柏崖倉、三門東集津倉、三門西鹽倉。開三門山十八里，以避湍險。自江淮而泝鴻溝，悉納河陰倉。自河陰送納含嘉倉，又送納太原倉，謂之北運。自太原倉浮于渭，以實關中。

上大悅。尋以糴卿爲黃門侍郎、同中書門下平章事，充江淮、河南轉運都使；以鄭州刺史崔希逸、河南少尹蕭炅爲副。凡三年，運七百萬石，省陸運之傭四十萬貫。舊制，東都含嘉倉積江淮之米，載以大輿而西，至于陝三百里，率兩斛計傭錢千，此糴卿所省之數也。明年，糴卿拜侍中，而蕭炅代焉。二十五年，運米一百萬石。

又 天寶以來，楊國忠、王鉷皆兼重使以權天下。肅宗初，第五琦始以錢穀得見。請於江、淮分置租庸使，市輕貨以救軍食，遂拜監察御史，爲之使。乾元元年，加度支郎中，尋兼中丞，爲鹽鐵使。於是始大鹽法，就山海井竈，收榷其鹽，立監院官吏。其舊業戶洎浮人欲以鹽爲業者，免其雜役，隸鹽鐵使。常戶自租庸外無橫賦，人不益稅，而國用以饒。明年，琦以戶部侍郎同平章事，詔兵部侍郎呂諲代之。

寶應元年五月，元載以中書侍郎代呂諲。是時淮、河阻兵，飛輓路絕，鹽鐵租賦，皆泝漢而上。以侍御史穆寧爲河南道轉運租庸鹽鐵使，尋加戶部員外，遷鄂州刺史，以總東南貢賦。是時朝議以寇盜未戢，關東漕運，宜有倚辦，遂以通州刺史劉晏爲戶部侍郎、京兆尹、度支鹽鐵轉運使。鹽鐵兼漕運，自晏始也。二年，拜吏部尚書、同平章事，依前充使。晏始以鹽利爲漕傭，自江淮至渭橋，率十萬斛傭七千緡，補綱吏督之。不發丁男，不勞郡縣，蓋自古未之有也。自此歲運米數千萬石，自淮北列置巡院，搜擇能吏以主之，廣牢盆以來商賈。凡所制置，皆自晏始。廣德二年正月，復以第五琦專判度支鑄錢鹽鐵事。而晏以檢校戶部尚書爲河南及江淮已來轉運使，及與河南副元帥計會開決汴河。永泰二年，晏爲東道轉運常平鑄錢鹽鐵使，琦爲關內、河東、劍南三川轉運常平鑄錢鹽鐵使。大曆五年，詔停關內、河東、三川轉運常平鹽鐵使，自此晏與戶部侍郎韓滉分領關內、河東、山、劍租庸青苗使。至十四年，天下財賦，皆以晏掌之。

建中初，宰相楊炎用事，尤惡劉晏，炎乃奪其權。詔曰：『朕以征稅多門，郡邑凋耗，聽于羣議，思有變更，將致時雍，宜遵古制。其江淮米準旨轉運入京者，及諸軍糧儲，宜令庫部郎中崔河圖權領之。今年夏稅以前，諸道財賦多輸京者，及鹽鐵財貨，委江州刺史包佶權領之。天下錢穀，皆歸金部、倉部，委中書門下簡兩司郎官，準格式條理。』尋貶晏爲忠州刺史。晏既罷黜，天下錢穀歸尚書省。既而出納無所統，乃復置使領之。其年三月，以韓洄爲戶部侍郎，判度支；金部郎中杜佑權勾當江淮水陸運使。炎尋殺晏于忠州。自兵興已來，凶荒相屬，京師米斛萬錢，官廚無兼時之食，百姓在畿甸者，拔穀挼穗，以供禁軍。洎晏掌國計，復江淮轉運之制，歲入米數十萬斛以濟關中。代第五琦領鹽務，其法益密。初年入錢六十萬，季年則十倍其初。大曆末，通天下之財，而計其所入，總一千二百萬貫，而鹽利過半。李靈耀之亂，河南皆爲盜據，不奉法制，賦稅不上供，州縣益減。晏以羨餘相補，人不加賦，所入仍舊，議者稱之。其相與商榷財用之術者，必一時之選，故晏沒後二十年，韓洄、元琇、裴腆、包佶、盧貞、李衡相繼分掌財賦，出晏門下。屬吏在千里外，奉教如目前。四方水旱，及軍府纖芥，莫不先知焉。

《新唐書》卷五一《食貨志一》 貞觀中，初稅草以給諸閑，而驛馬有牧田。

太宗方銳意於治，官吏考課，以鰥寡少者進考，如增戶法。失勸導者以減戶論。配租以斂穫早晚、險易、遠近爲差。庸、調輸以八月，發以九月。同時輸者先遠民。皆自槩量。州府歲市土所出爲貢，其價視絹之上下，無過五十匹。異物、滋味、口馬、鷹犬，非有詔不獻。有加配，則以代租賦。

其凶荒則有社倉賑給，不足則徙民就食諸州。尚書左丞戴胄建議：『自王公以下，計墾田，秋熟所在爲義倉，歲凶以給民。』太宗善之，乃詔：『畝稅二升，粟、麥、秔、稻，隨土地所宜。寬鄉斂以所種，狹鄉據青苗簿而督之。田耗十四者免其半，耗十七者皆免之。商賈無田者，以其戶爲九等，出粟自五石至于五斗爲差。下下戶及夷獠不取焉。歲不登，則以賑民；或貸爲種子，則至秋而償。』其後洛、相、幽、徐、齊、并、秦、蒲州又置常平倉，粟藏九年，米藏五年，下濕之地，粟藏五年，米藏三年，皆著于令。

貞觀初，戶不及三百萬，絹一匹易米一斗。至四年，米斗四五錢，外戶不閉者數月，馬牛被野，人行數千里不齎糧，民物蕃息，四夷降附者百二十萬人。是歲，天下斷獄，死罪者二十九人，號稱太平。此高祖、太宗致治之大略，及其成效如此。

又 卷五三《食貨志三》 唐都長安，而關中號稱沃野，然其土地狹，所出不足以給京師，備水旱，故常轉漕東南之粟。高祖、太宗之時，用物有節而易贍，水陸漕運，歲不過二十萬石，故漕事簡。自高宗已後，歲益增多，而功利繁興，民亦罹其弊矣。

初，江淮漕租米至東都輸含嘉倉，以車或馱陸運至陝。而水行來遠，多風波覆溺之患，其失嘗十七八，故其率一斛得八斗爲成勞。而陸運至陝，纔三百里，率兩斛計傭錢千。民送租者，皆有水陸之直，而河有三門底柱之險。顯慶元年，苑西監褚朗議鑿三門山爲梁，可通陸運。乃發卒六千鑿之，功不成。其後，將作大匠楊務廉又鑿爲棧，以輓漕舟。輓夫繫二鉅於胸，而繩多絕，輓夫輒墜死，則以逃亡報，因繫其父母妻子，人以爲苦。

開元十八年，宣州刺史裴耀卿朝集京師，玄宗訪以漕事，耀卿條上便宜曰：『江南戶口多，而無征防之役。然送租、庸、調物，以歲二月至揚州入斗門，四月已後，始渡淮入汴，常苦水淺，六七月乃至河口，而河水方漲，須八九月水落始得上河入洛，而漕路多梗，船檣阻隘。江南之人，不習河事，轉雇河師水手，重爲勞費。其得行日少，阻滯日多。今漢、隋漕路，瀕河倉廩，遺迹可尋。可於河口置武牢倉，鞏縣置洛口倉，使江南之舟不入黃河，黃河之舟不入洛口。而河陽、柏崖、太原、永豐、渭南諸倉，節級轉運，水通則舟行，水淺則寓於倉以待，則舟無停留，而物不耗失。此甚利也。』玄宗初不省。二十一年，耀卿爲京兆尹，京師雨水，穀踊貴，玄宗將幸東都，復問耀卿漕事，耀卿因請『罷陝陸運，而置倉河口，使江南漕舟至河口者，輸粟於倉而去，縣官雇舟以分入河、洛。置倉三門東西，漕舟輸其東倉，而陸運以輸西倉，復以舟漕，以避三門之水險。』玄宗以爲然。乃於河陰置河陰倉，河清置柏崖倉；三門東置集津倉，西置鹽倉；鑿山十八里以陸運。自江、淮漕者，皆輸河陰倉，自河陰西至太原倉，謂之北運，自太原倉浮渭以實關中。玄宗大悅，拜耀卿爲黃門侍郎、同中書門下平章事，兼江淮都轉運使，以鄭州刺史崔希逸、河南少尹蕭炅爲副使，益漕晉、絳、魏、濮、邢、貝、濟、博之租輸諸倉，轉而入渭。凡三歲，漕七百萬石，省陸運傭錢三十萬緡。

是時，民久不罹兵革，物力豐富，朝廷用度亦廣，不計道里之費，而民之輸送所出水陸之直，增以『函脚』、『營窖』之名，民間傳言用斗錢運斗米，其糜耗如此。

及耀卿罷相，北運頗艱，米歲至京師纔百萬石。二十五年，遂罷北運。而崔希逸爲河南陝運使，歲運百八十萬石。其後以太倉積粟有餘，歲減漕數十萬石。

二十九年，陝郡太守李齊物鑿砥柱爲門以通漕，開其山顛爲輓路，燒石沃醯而鑿之。然棄石入河，激水益湍怒，舟不能入新門，候其水漲，以人輓舟而上。天子疑之，遣宦者按視，齊物厚賂使者，還言便。

齊物入爲鴻臚卿，以長安令韋堅代之，兼水陸運使。堅治漢、隋運渠，起關門，抵長安，通山東租賦。乃絕灞、滻，並渭而東，至永豐倉與渭合。又於長樂坡瀕苑牆鑿潭於望春樓下，以聚漕舟。堅因使諸舟各揭其郡名，陳其土地所產寶貨諸奇物於栿上。先時民間唱俚歌曰『得体紇那邪』。其後得寶符於桃林，於是陝縣尉崔成甫更《得体歌》爲《得寶弘農野》。堅命舟人爲吳、楚服，大笠、廣袖、芒屩以歌之。成甫又廣之爲歌辭十闋，自衣缺後綠衣、錦半臂、紅抹額，立第一船爲號頭以唱，集兩縣婦女百餘人，鮮服靚粧，鳴鼓吹笛以和之。衆艘以次輳樓下，天子望見大悅，賜其潭名曰廣運潭。是歲，漕山東粟四百萬石。自裴耀卿言漕事，進用者常兼轉運之職，而韋堅爲最。

又 是時，汴宋節度使春夏遣官監汴水，察盜灌溉者。歲漕經底柱，覆者幾半。河中有山號『米堆』，運舟入三門，雇平陸人爲門匠，執標指麾，一舟百日乃能上。諺曰：『古無門匠墓。』謂皆溺死也。陝虢觀察使李泌益鑿集津倉山西逕爲運道，屬于三門倉，治上路以回空車，費錢五萬緡，下路減半；又爲入渭船，方五板，輸東渭橋太倉米至凡百三十萬石，遂罷南路陸運。其後諸道鹽鐵、轉運使張滂復置江淮巡院。及浙西觀察使李錡領使，江淮堰埭隸浙西者，增私路小堰之稅，以副使潘孟陽主上都留後。李巽爲諸道轉運、鹽鐵使，以堰埭歸鹽鐵使，罷其增置者。自劉晏後，江淮米至渭橋寖減矣，至巽乃復如晏之多。

初，揚州疏太子港、陳登塘，凡三十四陂，以益漕河，輒復堙塞。淮南節度使杜亞乃濬渠蜀岡，疏句城湖、愛敬陂，起隄貫城，以通大舟。河益庳，水下走淮，夏則舟不得前。節度使李吉甫築平津堰，以洩有餘，防不足，漕流遂通。然漕益少，江淮米至渭橋者纔二十萬斛。諸道鹽鐵、轉運使盧坦糴以備一歲之費，省冗職八十員。自江以南，補署皆剸屬院監，而漕米亡耗於路頗多。刑部侍郎王播代坦，建議米至渭橋五百石亡五十石者死。其後判度支皇甫鎛議萬斛亡三百斛者償之，千七百斛者流塞下，過者死；盜十斛者流，三十斛者死。而覆船敗輓，至者不得十之四五。部吏舟人相挾爲姦，榜笞號苦之聲聞于道路，禁錮連歲，赦下而獄死者不可勝數。其後貸死刑，流天德五城，人不畏法，運米至者十亡七八。鹽鐵、轉運使柳公綽請如王播議加重刑。大和初，歲旱河涸，掊沙而進，米多耗，抵死甚衆，不待覆奏。

秦、漢時故漕興成堰，東達永豐倉，咸陽縣令韓遼請疏之，自咸陽抵潼關三百里，可以罷車輓之勞。宰相李固言以爲非時，文宗曰：『苟利於人，陰陽拘忌，非朕所顧也。』議遂決。堰成，罷輓車之牛以供農耕，關中賴其利。

故事，州縣官充綱，送輕貨四萬，書上考。開成初，爲長定綱，州擇清彊官送兩稅，至十萬遷一官，往來十年者授縣令。江淮錢積河陰，轉輸歲費十七萬餘緡，行綱多以盜抵死。判度支王彦威置縣遞羣畜三千三百乘，使路傍民養以取傭，日役一驛，省費甚博。而宰相亦以長定綱命官不以材，江淮大州，歲授官者十餘人，乃罷長定綱，送五萬者書上考，七萬者減一選，五十萬減三選而已。及戶部侍郎裴休爲使，以河瀕縣令董漕事，自江達渭，運米四十萬石。居三歲，米至渭橋百二十萬石。

凡漕達于京師而足國用者，大略如此。其他州、縣、方鎮，漕以自資，或兵所征行，轉運以給一時之用者，皆不足紀。

唐開軍府以扞要衝，因隙地置營田，天下屯總九百九十二。司農寺每屯三十頃，州、鎮諸軍每屯五十頃。水陸腴瘠、播殖地宜與其功庸煩省、收率之多少，皆決於尚書省。苑內屯以善農者爲屯官、屯副，御史巡行莅輸。上地五十畝，瘠地二十畝，稻田八十畝，則給牛一。諸屯以地良薄與歲之豐凶爲三等，具民田歲穫多少，取中熟爲率。有警，則以兵若夫千人助收。隸司農者，歲三月，卿、少卿循行，治不法者。凡屯田收多者，褒進之。歲以仲春籍來歲頃畝、州府軍鎮之遠近，上兵部，度便宜遣之。開元二十五年，詔屯官敘功以歲豐凶爲上下。鎮戍地可耕者，人給十畝以供糧。方春，屯官巡行，讁作不時者。天下屯田收穀百九十餘萬斛。

初，度支歲市糧於北都，以贍振武、天德、靈武、鹽、夏之軍，費錢五六十萬緡，泝河舟溺甚衆。建中初，宰相楊炎請置屯田於豐州，發關輔民鑿陵陽渠以增溉。京兆尹嚴郢嘗從事朔方，知其利害，以爲不便，疏奏不報。郢又奏：『五城舊屯，其數至廣，以開渠之糧貸諸城，約以冬輸；又以開渠功直布帛先給田者，據估轉穀。如此則關輔免調發，五城田闢，比之浚渠利十倍也。』時楊炎方用事，郢議不用，而陵陽渠亦不成。然振武、天德良田，廣袤千里。

又　貞觀、開元後，邊土西舉高昌、龜茲、焉耆、小勃律，北抵薛延陀故地，緣邊數十州戍重兵，營田及地租不足以供軍，於是初有和糴。牛仙客爲相，有彭果者獻策廣關輔之糴，京師糧稟益羨，自是玄宗不復幸東都。天寶中，歲以錢六十萬緡賦諸道和糴，斗增三錢，每歲短遞輸京倉者百餘萬斛。米賤則少府加估而糴，貴則賤價而糶。

貞元初，吐蕃劫盟，召諸道兵十七萬戍邊。關中爲吐蕃蹂躪者二十年矣，北至河曲，人戶無幾，諸道戍兵月給粟十七萬斛，皆糴於關中。宰相陸贄以『關中穀賤，請和糴，可至百餘萬斛。計諸縣船車至太倉，穀價四十有餘，米價七十，則一年和糴之數當轉運之二年，一斗轉運之資當和糴之五斗。減轉運以實邊，存轉運以備時要。江淮米至河陰者罷八十萬斛，河陰米至太原倉者罷五十萬，太原米至東渭橋者罷二十萬。以所減米糴江淮水菑州縣，斗減時五十以救乏。京城東渭橋之糴，斗增時三十以利農。以江淮糴米及減運直市絹帛送上都』。帝乃命度支增估糴粟三十三萬斛，然不能盡用贄議。憲宗即位之初，有司以歲豐熟，請畿內和糴。當時府、縣配戶督限，有稽違則迫蹙鞭撻，甚於稅賦，號爲和糴，其實害民。

《金史》卷四七《食貨志二·田制》　［大定］二十年四月，以行幸道隘，扈從人不便，詔戶部沿路頓舍側近官地，勿租與民耕種。又詔故太保阿里先於山東路撥地百四十頃，大定初又於中都路賜田百頃，命拘山東之地入官。五月，諭有司曰：『白石門至野狐嶺，其間淀濼多爲民耕植者，而官民雜畜往來無牧放之所，可差官括元荒地及冒佃之數。』

二十一年正月，上謂宰臣曰：『山東、大名等路猛安謀克戶之民，往往驕縱，不親稼穡，不令家人農作，盡令漢人佃蒔，取租而已。富家盡服紈綺，酒食遊宴，貧者爭慕效之，欲望家給人足，難矣。近已禁賣奴婢，約其吉凶之禮，更當委官閱實戶數，計口授地，必令自耕，力不贍者方許佃於人。仍禁其農時飲酒。』又曰：『奚人六猛安，已徙居咸平、臨潢、泰州，其地肥沃，且精勤農務，各安其居。女直人徙居奚地者，菽粟得收穫否？』左丞守道對曰：『聞皆自耕，歲用亦足。』上曰：『彼地肥美，異於他處，惟附都民以水害稼者賑之。』

三月，陳言者言，豪強之家多占奪田者。上曰：『前參政納合椿年占地八百頃，又聞山西田亦多爲權要所占，有一家一口至三十頃者，以致小民無田可耕，徙居陰山之惡地，何以自存。其令占官地十頃以上者皆括籍入官，將均賜貧民。』省臣又奏，『椿年子猛安參謀合、故太師耨盌溫敦思忠孫長壽等，親屬計七十餘家，所占地三千餘頃』。上曰：『至秋，除牛頭地外，仍各給十頃，餘皆拘入官。山後招討司所括者，亦當同此也。』又謂宰臣曰：『山東路所括民田，已分給女直屯田人戶，復有籍官閑地，依元數還民，仍免租稅。』

六月，上謂省臣曰：『近者大興府平、灤、薊、通、順等州，經水災之地，免今年稅租。不罹水災者姑停夏稅，俟稔歲徵之。』時中都大水，而濱、棣等州及山後大熟，命修治懷來以南道路，以來糴者。又命都城減價以糶。又曰：『近遣使閱視秋稼，聞猛安謀克人惟酒是務，往往以田租人，而預借三二年租課者。或種而不耘，聽其荒蕪者。自今皆令閱實各戶人力，可耨幾頃畝，必使自耕耘之，其力果不及者方許租賃。如惰農飲酒，勸農謀克及本管猛安謀克并都管，各以等第科罪。收穫數多者則亦以等第遷賞。』

七月，上謂宰臣曰：『前徙宗室戶於河間，撥地處之，而不迴納舊地，豈有兩地皆占之理，自今當以一處賜之。山東刷民田已分給女直屯田戶，復有餘地，當以還民而免是歲之租。』八月，尚書省奏山東所刷地數，上謂梁肅曰：『朕嘗以此問卿，卿不以言。此雖稱民地，然皆無明據，括爲官地有何不可？』又曰：『黃河已移故道，梁山濼水退，地甚廣，已嘗遣使安置屯田。民昔嘗恣意種之，今官已籍其地，而民懼徵其租，逃者甚衆。若徵其租，而以冒佃不即出首罪論之，固宜。然若遽取之，恐致失所。可免其徵，赦其罪，別以官地給之。』御史臺奏『大名、濟州因刷梁山濼官地，或有以民地被刷者』。上復召宰臣曰：『雖曾經通檢納稅，而無明驗者，復當刷問。有公據者，雖付本人，仍須體問。』十月，復與張仲愈論冒占田事。

二十二年，以附都猛安戶不自種，悉租與民，有一家百口壠無一苗者，上曰：『勸農官，何勸諭爲也，其令治罪。』宰臣奏曰：『不自種而輒與人者，合科違例。』上曰：『太重，愚民安知。』遂從大興少尹王脩所奏，以不種者杖六十，謀克四十，受租百姓無罪。

又命招復梁山濼流民，官給以田。時人戶有執契據指墳壠爲驗者，亦拘在官，先委恩州刺史奚晦招之，復遣安肅州刺史張國基驗實給之，如已撥係猛安，則償以官田。上曰：『工部尚書張九思執強不通，向遣刷官田，凡犯秦、漢以來名稱，如長城、燕子城之類者，皆以爲官田。此田百姓爲已業不知幾百年矣，所見如此，何不通之甚也。』八月，以趙王永中等四王府冒占官田，罪其各府長史府掾，及安次、新城、宛平、昌平、永清、懷柔六縣官，皆罰贖有差。

又〔大定〕二十七年，隨處官豪之家多請占官地，轉與它人種佃，規取課利。命有司拘刷見數，以與貧難無地者，每丁授五十畝，庶不至失所，餘佃不盡者方許豪家驗丁租佃。章宗大定二十九年五月，擬再立限，令貧民請佃官地，緣今已過期，計已數足，其占而有餘者，若容告訐，恐滋姦弊。況續告漏通地，勅旨已革，今限外告者宜却之，止付元佃。兼平陽一路地狹人稠，官地當盡數拘籍，驗丁以給貧民。上曰：『限外指告多佃官地者，却之，當矣。如無主不願承佃，方許諸人告請。其平陽路宜計丁限田，如一家三丁已業止三十畝，則更許存所佃官地一頃二十畝，餘者拘籍給付貧民可也。』

七月，諭旨尚書省曰：『唐、鄧、潁、蔡、宿、泗等處，水陸膏腴之地，若驗等級，量立歲租，寬其徵納之限，募民佃之，公私有益。今河南沿邊地多爲豪民冒占，若民或流移至彼，就募令耕，不惟貧民有贍，亦增羡官租。其給丁壯者田及耕具，而免其租稅。』八月，尚書省奏：『河東地狹，稍凶荒則流亡相繼。竊謂河南地廣人稀，若令招集他路流民，量給閑田，則河東飢民減少，河南且無曠地矣。』上從所請。九月戊寅，又奏：『在制，諸人請佃官閑地者免五年租課，今乞免八年，則或多墾。』並從之。十一月，尚書省奏：『民驗丁佃河南荒閑官地者，如願作官地則免租八年，願爲已業則免稅三年，並不許貿易典賣。若豪強及公吏輩有冒佃者，限兩月陳首，免罪而全給之，其稅則視其鄰地定之，以三分爲率減一分，限外許諸人告詣給之。』制可。

明昌元年二月，諭旨有司曰：『瀕水民地，已種蒔而爲水浸者，可令以所近官田對給。』

三月，勑『當軍人所受田，止令自種，力不足者方許人承佃，亦止隨地所產納租，其自欲折錢輸納者從民所欲，不願承佃者毋強』。

又《租賦》民愬水旱應免者，河南、山東、河東、大名、京兆、鳳翔、彰德部內支郡，夏田四月，秋田七月，餘路夏以五月，秋以八月，水田則通以八月爲限，遇閏月則展期半月，限外愬者不理。非時之災則無限。損十之八者全免，七分免所損之數，六分則全徵。桑被災不能蠶，則免絲綿絹稅。諸路雨雪及禾稼收穫之數，月以捷步申戶部。

太宗天會元年，敕有司輕徭賦，勸稼穡。十年，以遼人士庶之族賦役等差不一，詔有司命悉均之。熙宗天眷五年十二月，詔免民戶殘欠租稅。皇統三年，蠲民稅之未足者。世宗大定二年五月，謂宰臣曰：『凡有徭役，均科強戶，不得抑配貧民。』有言以用度不足，奏預借河北東西路、中都租稅，上以國用雖乏，民力尤艱，遂不允。三年，以歲歉，詔免二年租稅。又詔曰：『朕比以元帥府從宜行事，今聞河南、陜西、山東、北京以東、及北邊州郡，調發甚多，而省部又與他州一例征取賦役，是重擾也。可憑元帥府已取者例，蠲除之。』五年，命有司，凡罹蝗旱水溢之地，蠲其賦稅。六年，以河北、山東水，免其租。

八年十月，彰德軍節度使高昌福上書言稅租甚重，上諭翰林學士張景仁曰：『今租稅法比近代甚輕，而以爲重，何也？』景仁曰：『今之稅斂殊輕，非稅斂則國用何從而出。』

二年二月，尚書省奏，天下倉廩貯粟二千七十九萬餘石。上曰：『朕聞國無九年之蓄則國非其國，朕是以括天下之田以均其賦，歲取九百萬石，自經費七百萬石外，二百萬石又爲水旱之所蠲免及賑貸之用，餘纔百萬石而已。朕廣蓄積，備飢饉也。小民以爲稅重，小臣沽民譽，亦多議之，蓋不慮國家緩急之備也。』

十二年正月，以水旱免中都、西京、南京、河北、河東、山東、陜西去年租稅。十三年，謂宰臣曰：『民間科差，計所免已過半矣。慮小民不能詳知，吏緣爲姦，仍舊徵取，其令所在揭牓諭之。』十月，勅州縣官不盡力催督稅租，以致逋懸者，可止其俸，使之徵足，然後給之。十六年正月，詔免去年被水旱路分租稅。十七年，上問宰臣曰：『遼東賦稅舊六萬餘石，通檢後幾二十萬。六萬時何以仰給，二十萬後所積幾何？』戶部契勘，謂先以官吏數少故能給，今官吏兵卒及孤老數多，以此費大。上曰：『當察其實，毋令妄費也。』十七年三月，詔免河北、山東、陜西、河東、西京、遼東等十路去年被旱蝗租稅。十八年正月，免中都、河北、河東、山東、河南、陜西等路前年被災租稅。十九年秋，中都、西京、河北、山東、河東、陜西以水旱傷民田十三萬七千七百餘頃，詔蠲其租。二十年三月，以中都、西京、河北、山東、河東、陜西路前歲被災，詔免其租稅。以戶部尚書曹望之之言，詔減鄜延及河東南路稅五十二萬餘石，增河北西路稅八萬八千石。又詔諸稅粟非關邊要之地者，除當儲數外，聽民從便折納。二十一年九月，以中都水災，免租。前時近官路百姓以牛夫充遞運者，復於它處未嘗就役之家徵錢償之。

又［大定］二十六年，軍民地罹水旱之災者，二十一萬頃免稅凡四十九萬餘石。二十七年六月，免中都、河北等路嘗被河決水災軍民租稅。十一月，詔河水泛溢，農田被災者，與免差稅一年。懷、衛、孟、鄭四州塞河勞役，并免今年差稅。章宗大定二十九年，赦民租十之一。河東南北路則量減之。尚書省奏，兩路田多峻阪，磽瘠者往往再歲一易，若不以地等級蠲除，則有不均。遂勅以赦書特免一分外，中田復減一分，下田減二分。

舊制，夏、秋稅納麥、粟、草三色，以各處所須之物不一，戶部復令以諸所用物折納。上封事者言其不可，戶部謂如此則諸路所須之物要當和市，轉擾民矣。遂命太府監，應折納之物爲祗承宮禁者，治黃河薪芻增直二錢折納，如黃河岸所用木石固非土產，乃令所屬計置，而罷它應折納者。

明昌元年四月，上封事者乞薄民之租稅，恐廩粟積久腐敗。省臣奏曰：『臣等議，大定十八年戶部尚書曹望之奏，河東及鄜延兩路稅頗重，遂減五十二萬餘石。去年赦十之一，而河東瘠地又減之。今以歲入度支所餘無幾，萬一有水旱之災，既蠲免其所入，復出粟以賑之，非有備不可。若復欲減，將何以待之。如慮腐敗，令諸路以時曝晾，毋令致壞，違者論如律。』制可。

十一月，尚書省奏，『河南荒閑官地，許人計丁請佃，願仍爲官者免租八年，願爲己業者免稅三年』。詔從之。

明昌二年二月，勅自今民有訴水旱災傷者，即委官按視其實，申所屬州府，移報提刑司，同所屬檢畢，始令翻耕。三年六月，有司言河州災傷，闕食之民猶有未輸租者，詔蠲之。九月，以山東、河北三路被災，其權閣之租及借貸之粟，令俟歲豐日續徵。上如秋山，免圍場經過人戶今歲夏秋租稅之半。

四年冬十月，上行幸，諭旨尚書省曰：『海壖石城等縣，地瘠民困，所種惟黍稗而已。及賦於官，必以易粟輸之。或令止課所產，或依河東路減稅，至還京當定議以聞。』五年，勅免河決被災之民秋租。

泰和四年四月，以久旱下詔責躬，免所旱州縣今年夏稅。九月，陳言者謂河間、滄州逃戶，物力錢至數千貫，而其差發，有司止取辦於見戶，民不能堪矣。詔令按察司，除地土物力命隨其業，而權止其浮財物力。五年正月，詔有司，自泰和三年嘗所行幸至三次者，被科之民特免半年租稅。

八年五月，以宋謀和，詔天下，免河南、山東、陝西六路今年夏稅，河東、河北、大名等五路半之。八月，詔諸路農民請佃荒田者，與免租賦三年，作己業者一年，自首冒佃、及請佃黄河退灘地者，不在免例。

宣宗貞祐三年十月，御史田迥秀言：『方今軍國所需，一切責之河南。有司不惜民力，徵調太急，促其期限，痛其棰楚。民既罄其所有而不足，遂使奔走傍求於它境，力竭財殫，相踵散亡，禁之不能止也。乞自今凡科徵必先期告之，不急者皆罷，庶民力寬而逋者可復。』詔行之。十二月，詔免逃戶租稅。

四年三月，免陝西逃戶租。五月，山東行省僕散安貞言：『泗州被災，道殣相望，所食者草根木皮而已。而邳州戍兵數萬，急徵重役，悉出三縣。官吏酷暴，擅括宿藏，以應一切之命。民皆逋竄，又別遣進納閑官以相迫督。皆怙勢營私，實到官者纔十之一，而徒使國家有厚斂之名。乞命信臣革此弊以安百姓。』詔從之。

興定元年二月，免中京、嵩、汝等逋租十六萬石。

四年，御史中丞完顏伯嘉奏，亳州大水，計當免租三十萬石，而三司官不以實報，止免十萬而已。詔命治三司官虛妄之罪。七月，以河南大水，下詔免租勸種，且命參知政事李復亨爲宣慰使，中丞完顏伯嘉副之。十月，以久雨，令寬民輸稅之限。十一月，上曰：『聞百姓多逃，而逋賦皆抑配見戶，人何以堪。軍儲既足，宜悉除免。今又添軍須錢太多，亡者詎肯復業乎。』遂命行部官閲實免之，已代納者給以恩例，或除它役，仍減桑皮故紙錢四之一。三年，令逃戶復業者但輸本租，餘差役一切皆免。能代耕者，免如復戶。有司失信擅科者，以違制論。

《宋史》卷九一《河渠志一·黄河上》［太平興國］八年五月，河大決滑州韓村，泛澶、濮、曹、濟諸州民田，壞居人廬舍，東南流至彭城界入于淮。詔發丁夫塞之。隄久不成，乃命使者按視遙堤舊址。使回條奏，以爲『治遥堤不如分水勢。自孟抵鄆，雖有隄防，唯滑與澶最爲隘狹。於此二州之地，可立分水之制，宜於南北岸各開其一，北入王莽河以通于海，南入靈河以通于淮，節減暴流，一如汴口之法。其分水河，量其遠邇，作爲斗門，啟閉隨時，務乎均濟。通舟運，溉農田，此富庶之資也』。不報。時多陰雨，河久未塞，帝憂之，遣樞密直學士張齊賢乘傳詣白馬津，用太牢加璧以祭。十二月，滑州言決河塞，羣臣稱賀。

又 卷九二《河渠志二·黄河中》［熙寧］六年四月，始置疏濬黄河司。先是，有選人李公義者，獻鐵龍爪揚泥車法以濬河。其法：用鐵數斤爲爪形，以繩繫舟尾而沈之水，篙工急櫂，乘流相繼而下，一再過，水已深數尺。宦官黄懷信以爲可用，而患其太輕。王安石請令懷信、公義同議增損，乃別制濬川杷。其法：以巨木長八尺，齒長二尺，列於木下如杷狀，以石壓之；兩旁繫大繩，兩端矴大船，相距八十步，各用滑車絞之，去來撓蕩泥沙，已又移船而濬。或謂水深則杷不能及底，雖數往來無益；水淺則齒礙沙泥，曳之不動，卒乃反齒向上而曳之。人皆知不可用，惟安石善其法，使懷信先試之以濬二股，又謀鑿直河數里以觀其效。且言於帝曰：『開直河則水勢分。其不可開者，以近河，每開數尺即見水，不容施功爾。今第見水即以杷濬之，水當隨杷改趨直河，苟置數千杷，則諸河淺澱，皆非所患，歲可省開濬之費幾百千萬。』帝曰：『果爾，甚善。聞河北小軍壘當起夫五千，計合境之丁，僅及此數，一夫至用錢八緡。故歐陽修嘗謂開河如放火，不開如失火，與其勞人，不如勿開。』安石曰：『勞人以除害，所謂毒天下之民而從之者。』帝乃許春首興工，而賞懷信以度僧牒十五道，公義與堂除；以杷法下北京，令虞部員外郎、都大提舉大名府界金堤范子淵與通判、知縣共試驗之，皆言不可用。會子淵以事至京師，安石問其故，子淵意附會，遽曰：『法誠善，第同官議不合耳。』安石大悅。至是，乃置濬河司，將自衛州濬至海口，差子淵都大提舉，公義爲之屬。許不拘常制，舉使臣等；人船、木鐵、工匠，皆取之諸埽；官吏奉給視都水監丞司；行移與監司敵體。

當是時，北流閉已數年，水或横決散漫，常虞壅遏。十月，外監丞王令圖獻議，於北京第四、第五埽等處開修直河，使大河還二股故道，乃命范子淵及朱仲立領其事。開直河，深八尺，又用杷疏濬二股及清水鎮河，凡退背魚肋河則塞之。王安石乃盛言用杷之功，若不輟工，雖二股河上流，可使行地中。

又［元豐四年］四年四月，小吳埽復大決，自澶注入御河，恩州危甚。六月戊午，詔：『東流已填淤不可復，將來更不修閉小吳決口，候見大河歸納，應合修立堤防，令李立之經畫以聞。』帝謂輔臣曰：『河之爲患久矣，後世以事治水，故常有礙。夫水之趨下，乃其性也，以道治水，則無違其性可也。如能順水所向，遷徙城邑以避之，復有何患？雖神禹復生，不過如此。』輔臣皆曰：『誠如聖訓。』河北東路提點刑獄劉定言：『王莽河一徑水，自大名界下合大流注冀州，及臨清徐曲御河決口、恩州趙村埧子決口兩徑水，亦注冀州城東。若遂成河道，即大流難以西傾，全與李垂、孫民先所論違背，望早經制。』詔送李立之。

八月壬午，立之言：『臣自決口相視河流，至乾寧軍分入東西兩塘，次入界河，於劈地口入海，通流無阻，宜修立東西堤。』詔覆計之。而言者又請：『自王供埽上添修南岸，於小吳口北創修遙堤，候將來礬山水下，決王供埽，使直河注東北，於滄州界或南或北，從故道入海。』不從。

九月庚子，立之又言：『北京南樂、館陶、宗城、魏縣，淺口、永濟、延安鎮，瀛州景城鎮，在大河兩堤之間，乞相度遷於堤外。』於是用其說，分立東西兩堤五十九埽。定三等向著：河勢正著堤身爲第一，河勢順流堤下爲第二，河離堤一里內爲第三。退背亦三等：堤去河最遠爲第一，次遠者爲第二，次近一里以上爲第三。立之在熙寧初已主立堤，今竟行其言。

五年正月己丑，詔立之：『凡爲小吳決口所立堤防，可按視河勢向背應置埽處，毋虛設巡河官，毋橫費工料。』六月，河溢北京內黃埽。七月，決大吳埽堤，以紓靈平下埽危急。八月，河決鄭州原武埽，溢入利津、陽武溝、刀馬河，歸納梁山濼。詔曰：『原武決口已引奪大河四分以上，不大治之，將貽朝廷巨憂。其輟修汴河堤岸司兵五千，併力築堤修閉。』都水復言：『兩馬頭墊落，水面闊二十五步，天寒，乞候來春施工。』至臘月竟塞云。九月，河溢滄州南皮上、下埽，又溢清池埽，又溢永靜軍阜城下埽。十月辛亥，提舉汴河堤岸司言：『洛口廣武埽大河水漲，塌岸，壞下牐斗門，萬一入汴，人力無以枝梧。密邇都城，可不深慮。』詔都水監官速往護之。丙辰，廣武上、下埽危急，詔救護，尋獲安定。

七年七月，河溢元城埽，決橫堤，破北京。帥臣王拱辰言：『河水暴至，數十萬衆號叫求救，而錢穀稾轉運，常平歸提舉，軍器工匠隸提刑，埽岸物料兵卒即屬都水監，逐司在遠，無一得專，倉卒何以濟民？望許不拘常制。』詔：『事干機速，奏覆牒稾所屬不及者，如所請。』戊申，命拯護陽武埽。

十月，冀州王令圖奏：『大河行流散漫，河內殊無緊流，旋生灘磧。宜近澶州相視水勢，使還復故道。』會明年春，宮車晏駕。

大抵熙寧初，專欲導東流，閉北流。元豐以後，因河決而北，議者始欲復禹故迹。神宗愛惜民力，思順水性，而水官難其人。王安石力主程昉、范子淵，故二人尤以河事自任；帝雖藉其才，然每抑之。其後，元祐元年，子淵已改司農少卿，御史呂陶劾其『修堤開河，縻費巨萬，護堤壓埽之人，溺死無數。元豐六年興役，至七年功用不成。乞行廢放』，於是黜知兗州，尋降知峽州。其制略曰：『汝以有限之材，興必不可成之役，驅無辜之民，置之必死之地。』中書舍人蘇軾詞也。

又 卷九七《河渠志七·東南諸水下·淮郡諸水》 ［淳熙］十二年，和州守臣請於千秋澗置斗門，以防麻灃湖水洩入大江，遇歲旱灌溉田疇，實爲民利。十四年，揚州守臣熊飛言：『揚州運河，惟藉瓜洲、真州兩牐瀦積。今河水走泄，緣瓜洲上、中二牐久不修治，獨潮牐一坐，轉運、提鹽及本州共行修整，然迫近江潮，水勢衝激，易致損壞；真州二牐，亦復損漏。令有司葺理上、下二牐，以防走泄。』從之。

紹熙五年，淮東提舉陳損之言：『高郵、楚州之間，陂湖渺漫，茭葑彌滿，宜創立堤堰，以爲瀦泄，庶幾水不至於泛溢，旱不至於乾涸。乞興築自揚州江都縣至楚州淮陰縣三百六十里，又自高郵、興化至鹽城縣二百四十里，其隄岸傍開一新河，以通舟船。仍存舊堤以捍風浪，栽柳十餘萬株，數年後隄岸亦牢，其木亦可備修補之用。兼揚州柴墟鎮舊有隄牐，乃泰州泄水之處，其牐壞久，亦於此創立斗門。西引盱眙、天長以來衆湖之水，起自揚州江都，經由高郵及楚州寶應、山陽，北至淮陰，西達于淮；又自高郵入興化，東至鹽城而極於海；又泰州海陵南至揚州泰興而徹于江：共爲石磋十三，斗門七。乞以紹熙堰爲名，鑱諸堅石。』淮田多沮洳，因損之築隄捍之，得良田數百萬頃。奏聞，除直秘閣、淮東轉運判官。

又 卷一七三《食貨志上一·農田》 端拱初，親耕籍田，以勸農事。然畿甸民苦稅重，兄弟既壯乃析居，其田畝聚稅於一家，即棄去；縣歲按所棄地除其租，已而匿他舍，冒名佃作。帝聞而思革其弊，會知封丘縣竇玭言之，乃詔賜緋魚，絹百匹；擢太子中允，知開封府司錄事，俾按察京畿諸縣田租。玭專務苛刻以求課最，民實逃亡者，亦搜索於鄰里親戚之家，益造新籍，甚爲勞擾，數月罷之。時州縣之吏多非其人，土地之利不盡出，租稅減耗，賦役不均，上下相蒙，積習成敝。乃詔：『諸知州、通判具如何均平賦稅，招輯流亡，惠恤孤貧，窒塞姦幸，凡民間未便事，限一月附疾置以聞。』而比年多稼不登，富者操奇贏之資，貧者取倍稱之息，一或小稔，富家責償愈急，稅調未畢，資儲罄然。遂令州縣戒里胥、鄉老察視，有取富民穀麥貲財，出息不得踰倍，未輸稅毋得先償私逋，違者罪之。

言者謂江北之民雜植諸穀，江南專種秔稻，雖土風各有所宜，至於參植以防水旱，亦古之制。於是詔江南、兩浙、荊湖、嶺南、福建諸州長吏，勸民益種諸穀，民乏粟、麥、黍、豆種者，於淮北州郡給之；江北諸州，亦令就水廣種秔稻，並免其租。淳化五年，宋、亳數州牛疫，死者過半，官借錢令就江、淮市牛。未至，屬時雨霑足，帝慮其耕稼失時，太子中允武允成獻踏犂，運以人力，即分命祕書丞、直史館陳堯叟等即其州依式製造給民。

又 大中祥符四年，詔曰：『火田之禁，著在《禮經》，山林之間，合順時令。其或昆蟲未蟄，草木猶蕃，輒縱燎原，則傷生類。諸州縣人畬田，並如鄉土舊例，自餘焚燒野草，須十月後方得縱火。其行路野宿人，所在檢察，毋使延燔。』帝以江、淮、兩浙稍旱即水田不登，遣使就福建取占城稻三萬斛，分給三路爲種，擇民田高仰者蒔之，蓋旱稻也。內出種法，命轉運使揭榜示民。後又種於玉宸殿，帝與近臣同觀；畢刈，又遣內侍持於朝堂示百官。稻比中國者穗長而無芒，粒差小，不擇地而生。六年，免諸路農器之稅。明年，諸州牛疫，又詔民買賣耕牛勿算；繼令羣牧司選醫牛古方，頒之天下。

天禧初，詔諸路自今候登熟方奏豐稔，或已奏豐稔而非時災沴者，即須上聞，違者重置其罪。先是，民訴水旱者，夏以四月，秋以七月，荊湖、淮南、江浙、川峽、廣南水田不得過期，過期者吏勿受；令佐受訴，即分行檢視，白州遣官覆檢，三司定分數蠲稅，亦有朝旨特增免數及應輸者許其倚格，京畿則特遣官覆檢。太祖時，亦或遣官往外州檢視，不爲常制；傷甚，有免覆檢者。至是，又以覆檢煩擾，止遣官就田所閱視，即定蠲數。時久罷畋遊，令開封府諭民，京城四面禁圍草地，許其耕牧。二年，詔民有孝弟力田、儲蓄歲計者，長吏倍存恤之。

初，朝議置勸農之名，然無職局。四年，始詔諸路提點刑獄朝臣爲勸農使、使臣爲副使，所至，取民籍視其差等，不如式者懲革之；勸恤農民，以時耕墾，招集逃散，檢括陷稅，凡農田事悉領焉。置局案，鑄印給之。凡奏舉親民之官，悉令條析勸農之績，以爲殿最黜陟。

自景德以來，四方無事，百姓康樂，戶口蕃庶，田野日闢。仁宗繼之，益務約己愛人。即位之初，下詔曰：『今宿麥既登，秋種向茂，其令州縣諭民，務謹蓋藏，無或妄費。』上書者言賦役未均，田制不立，因詔限田：公卿以下毋過三十頃，牙前將吏應復役者毋過十五頃，止一州之內，過是者論如違制律，以田賞告者。既而三司言：限田一州，而卜葬者牽於陰陽之說，至不敢舉事。又聽數外置墓田五頃。而任事者終以限田不便，未幾即廢。

又 帝每以水旱爲憂，寶元初，詔諸州旬上雨雪，著爲令。慶曆三年，詔民犯法可矜者別爲贖令，鄉民以穀麥，市人以錢帛。謂民重穀帛，免刑罰，則農桑自勸，然卒不果行。參知政事范仲淹言：『古者三公兼六卿之職，唐命相判尚書六曹，或兼諸道鹽鐵、轉運使。請於職事中擇其要者，以輔臣兼領。』於是以賈昌朝領農田，未及施爲而仲淹罷，事遂止。皇祐中，於苑中作寶岐殿，每歲召輔臣觀刈穀麥，自是罕復出郊矣。

帝聞天下廢田尚多，民罕土著，或棄田流徙爲閒民。天聖初，詔民流積十年者，其田聽人耕，三年而後收賦，減舊額之半；後又詔流民能自復者，賦亦如之。既而又與流民限，百日復業，蠲賦役，五年減舊賦十之八；期盡不至，聽他人得耕。至是，每下赦令，輒以招輯流亡、募人耕墾爲言。民被災而流者，又優其蠲復，緩其期招之。詔諸州長吏、令佐能勸民修陂池、溝洫之久廢者，及墾闢荒田、增稅二十萬已上，議賞；監司能督責部吏經畫，賞亦如之。

久之，天下生齒益蕃，闢田益廣。獨京西唐、鄧間尚多曠土，入草莽者十八九，或請徙戶實之，或議置屯田，或欲遂廢唐州爲縣。嘉祐中，唐守趙尚寬言土曠可闢，民希可招，而州不可廢。得漢邵信臣。故陂渠遺跡而修復之，假牛犂、種食以誘耕者，勸課勞來。歲餘，流民自歸及淮南、湖北之民至者二千餘戶；引水溉田幾數萬頃，變磽瘠爲膏腴。監司上其狀，三司使包拯亦以爲言，遂留再任。治平中，歲滿當去。英宗嘉其勤，且倚以興輯，特進一官，賜錢二十萬，復留再任。時患守令數易，詔察其有實課者增秩再任，而尚寬應詔爲天下倡。後太守高賦繼之，亦以能勸課被獎，留再任。

又 興修水利田，起熙寧三年至九年，府界及諸路凡一萬七百九十三處，爲田三十六萬一千一百七十八頃有奇。神宗元豐元年，詔開廢田，興水利，民力不能給役者，貸以常平錢穀，京西南路流民買耕牛者免征。五年，都水使者范子淵奏：『自大名抵乾寧，跨十五州，河徙地凡七千頃，乞募人耕種。』從之。

哲宗即位，宣仁太后臨朝，首起司馬光爲門下侍郎，委之以政。詔天下臣民皆得以封事言民間疾苦。光抗疏曰：『四民之中，惟農最苦，寒耕熱耘，霑體塗足，戴日而作，戴星而息；蠶婦治繭、績麻、紡緯，縷縷而積之，寸寸而成之，其勤極矣。而又水旱、霜雹、蝗蜮間爲之災，幸而收成，公私之債，交爭互奪。穀未離場，帛未下機，已非己有，所食者糠粃而不足，所衣者綈褐而不完。直以世服田畝，不知舍此之外有何可生之路耳。而況聚斂之臣，於租稅之外，巧取百端，以邀功賞。青苗則彊散重斂，給陳納新；免役則刻剝窮民，收養浮食；保甲則勞於非業之作；保馬則困於無益之費，可不念哉！今者濬發德音，使畎畝之民得上封事。雖其言辭鄙雜，皆身受實患，直貢其誠，不可忽也。』

初，熙寧六年，立法勸民栽桑，有不趨令，則倣屋粟、里布爲之罰。然長民之吏不能究宣德意，民以爲病。至是，楚丘民胡昌等言其不便，詔罷之，且蠲所負罰金。興平縣抑民田爲牧地，民亦自言，詔悉還之。元祐四年，詔：『瀕河州縣，積水冒田。在任官能爲民經畫疏導溝畎，退出良田自百頃至千頃，第賞。』

崇寧中，廣南東路轉運判官王覺，以開闢荒田幾及萬頃，詔遷一官。其後，知州、部使者以能課民種桑棗者，率優其第秩焉。政和六年，立管幹圩岸、圍岸官法，在官三年，無隳損堙塞者賞之。京畿提點刑獄王本言：『前任提舉常平，根括諸縣天荒瘠鹵地一萬二千餘頃入稻田務，已佃者五千三百餘頃，尚慮令、佐不肯究心。』詔比開墾畝地格推賞。平江府興修圍田二千餘頃，令、佐而下以差減磨勘年。

又 〔乾道〕六年二月，詔曰：『朕深惟治不加進，思有以正其本者。今欲均役法，嚴限田，抑游手，務農桑。凡是數者，卿等二三大臣爲朕任之。』十有二月，監進奏院李結獻治田三議：一曰務本，二曰協力，三曰因時。大略謂：『浙西低田恃堤爲固，若堤岸高厚，則水不能入。乞於蘇、湖、常、秀諸州水田塘浦要處，官以錢米貸田主，乘此農隙，作堰增令高闊，則堤成而水不爲患。方此饑饉，俾食其力，因其所利而利之。秋冬旱涸，涇浜斷流，車畎修築，尤爲省力。』詔令胡堅常相度以聞。其後，戶部以三議切當，但工力浩瀚，欲曉有田之家，各依鄉原畝步出錢米與租田之人，更相修築，庶官無所費，民不告勞。從之。

七年二月，知揚州晁公武奏：『朝廷以沿淮荒殘之久，未行租稅，民復業與創戶者，雖阡陌相望，然聞之官者十纔二三，咸懼後來稅重。昔晚唐民務稼穡則增其租，故播種少；吳越民墾荒田而不加稅，故無曠土。望詔兩淮更不增賦，庶民知勸。』詔可。十月，司馬伋請勸民種麥，爲來春之計。於是詔江東西、湖南北、淮東西路帥漕，官爲借種及諭大姓假貸農民廣種，依賑濟格推賞，仍上已種頃畝，議賞罰。九年，王之奇奏增定力田賞格，募人開耕荒田，給官告綾紙以備書填，及官會十萬緡充農具等用。以種糧不足，又詔淮東總領所借給稻三萬石。

淳熙五年，詔：『湖北佃戶開墾荒田，止輸舊稅。若包占頃畝，未悉開耕，詔下之日，期以二年，不能徧耕者拘作營田，其增稅、剗佃之令勿行。』六年五月，提舉浙西常平茶鹽顏師魯奏：『設勸課之法，欲重農桑、廣種植也。今鄉民於己田連接閒曠磽确之地，墾成田園，用力甚勤。或以未陳起稅，爲人所訟，即以盜耕罪之，何以勸力田哉？止宜實田起稅，非特可戢告訐之風，亦見盛世重農之意。』詔可。十有一月，臣僚奏：『比令諸路帥、漕督守令勸諭種麥，歲上所增頃畝。然土有宜否，湖南一路唯衡、永等數郡宜麥，餘皆文具。望止諭民以時播種，免其歲上增種之數，庶得勸課之實。』

七年，復詔兩浙、江、淮、湖南、京西路帥、漕臣督守令勸民種麥，務要增廣。自是每歲如之。八年五月，詔曰：『迺者得天之時，蠶麥既登，及命近甸取而視之，則穟短繭薄，非種植風厲之功有所未至歟？朕將稽勤惰而詔賞罰焉。』是歲連雨，下田被浸，詔兩浙諸州軍與常平司措置，再借種糧與下戶播種，毋致失時。十有一月，輔臣奏：『田世雄言，民有麥田，雖墾無種，若貸與貧民，猶可種春麥。臣僚亦言，江、浙旱田雖已耕，亦無麥種。』於是詔諸路帥、漕、常平司，以常平麥貸之。

先是，知揚州鄭良嗣言：『兩淮民田，廣至包占，多未起稅。朝廷累限展首，今限滿適旱，乞更展一年。』詔如其請。九年，著作郎袁樞振兩淮還，奏：『豪民占田不知其數，二稅既免，止輸穀帛之課。力不能墾，則廢爲荒地；他人請佃，則以疆界爲詞，官無稽考。是以野不加闢，戶不加多，而郡縣之計益窘。望詔州縣畫疆立券，占田多而輸課少者，隨畝增之；其餘閑田，給與佃人，庶幾流民有可耕之地，而田萊不至多荒。』

紹熙元年，初，朱熹爲泉之同安簿，知三郡經界不行之害。至是，知漳州。會臣僚請行閩中經界，詔監司條具，事下郡。熹訪問講求，纖悉備至。乃奏言：『經界最爲民間莫大之利，紹興已推行處，公私兩利，獨泉、漳、汀未行。臣不敢先一身之勞逸，而後一州之利病，切獨任其必可行也。然必推擇官吏，委任責成；度量步畝，算計精確；畫圖造帳，費從官給；隨產均稅，特許過鄉通縣均紐，庶幾百里之內，輕重齊同。今欲每畝隨九等高下定計產錢，而合一州租稅錢米之數，以產錢爲母，每文輸米幾何，錢幾何，止於一倉一庫受納。既輸之後，却視元額分隸爲省計，爲職田，爲學糧，爲常平，各撥入諸倉庫。版圖一定，則民業有經矣。但此法之行，貧民下戶固所深喜，然不能自達其情；豪家猾吏實所不樂，皆善爲說辭，以惑羣聽；賢士大夫之喜安靜、厭紛擾者，又或不深察而望風沮怯，此則不能無慮。』輔臣請行于漳州。明年春，詔漕臣陳公亮同熹協力奉行。會農事方興，熹益加講究，冀來歲行之。細民知其不擾而利於己，莫不鼓舞，而貴家豪右占田隱稅、侵漁貧弱者，胥爲異論以搖之，前詔遂格。熹請祠去。五年，蠲廬州旱傷百姓貸稻種三萬二千一百石。

慶元元年二月，上以歲凶，百姓飢病，詔曰：『朕德菲薄，饑饉荐臻，使民阽於死亡，夙夜慘怛，寧敢諉過於下耶？顧使者、守令所與朕分寄而共憂也，乃涉春以來，聞一二郡老稚乏食，去南畝，捐溝壑，咎安在耶？豈振給不盡及民歟？得粟者未必饑，饑者未必得歟？偏聚於所近，不能均濟歟？官吏視成而不自省歟？其各恪意措畫，務使實惠不壅，毋以虛文蒙上，則朕汝嘉。』

寧宗開禧元年，夔路轉運判官范蓀言：『本路施、黔等州荒遠，綿亘山谷，地曠人稀，其占田多者須人耕墾，富豪之家誘客戶舉室遷去。乞將皇祐官莊客戶逃移之法校定：凡爲客戶者，許役其身，毋及其家屬；凡典賣田宅，聽其離業，毋就租以充客戶；凡貸錢，止憑文約交還，毋抑勒以爲地客；凡客戶身故，其妻改嫁者，聽其自便，女聽其自嫁。庶使深山窮谷之民，得安生理。』刑部以皇祐逃移舊法輕重適中，可以經久，淳熙比附略人之法太重，今後凡理訴官莊客戶，並用皇祐舊法。從之。

嘉定八年，左司諫黃序奏：『雨澤愆期，地多荒白。知餘杭縣趙師恕請勸民雜種麻、粟、豆、麥之屬，蓋種稻則費少利多，雜種則勞多獲少。慮收成之日，田主欲分，官課責輸，則非徒無益；若使之從便雜種，多寡皆爲己有，則不勸而勸，民可無饑。望如所陳，下兩浙、兩淮、江東西等路，凡有耕種失時者並令雜種，主毋分其地利，官毋取其秋苗，庶幾農民得以續食，官免振救之費。』從之。

知婺州趙愻夫行經界於其州，整有倫緒，而愻夫報罷。士民相率請于朝，乃命趙師嵒繼之。後二年，魏豹文代師嵒爲守，行之益力。於是向之上戶析爲貧下之戶，實田隱爲逃絕之田者，粲然可考。凡結甲冊、戶產簿、丁口簿、魚鱗圖、類姓簿二十三萬九千有奇，創庫匱以藏之，歷三年而後上其事于朝。

又 紹興元年，詔宣州、太平州守臣修圩。二年，以修圩錢米及貸民種糧，並於宣州常平義倉米撥借。三年，定州縣圩田租額充軍儲。建康府永豐圩租米，歲以三萬石爲額。圩四至相去皆五六十里，有田九百五十餘頃，近歲墾田不及三之一。至是，始立額。

五年，江東帥臣李光言：『明、越之境，皆有陂湖，大抵湖高於田，田又高於江、海。旱則放湖水溉田，澇則決田水入海，故無水旱之災。本朝慶曆、嘉祐間，始有盜湖爲田者，其禁甚嚴。政和以來，創爲應奉，始廢湖爲田。自是兩州之民，歲被水旱之患。餘姚、上虞每縣收租不過數千斛，而所失民田常賦，動以萬計。莫若先罷兩邑湖田。其會稽之鑑湖、鄞之廣德湖、蕭山之湘湖等處尚多，望詔漕臣盡廢之。其江東、西圩田，蘇、秀圍田，令監司守令條上。』於是詔諸路漕臣議之。其後議者雖稱合廢，竟仍其舊。

初，五代馬氏於潭州東二十里，因諸山之泉，築堤瀦水，號曰龜塘，溉田萬頃。其後堤壞，歲旱，民皆阻飢。七年，守臣呂頤浩始募民修復，以廣耕稼。十六年，知袁州張成己言：『江西良田，多占山岡，望委守令講陂塘灌溉之利。』其後比部員外郎李泳言，淮西高原處舊有陂塘，請給錢米，以時修濬。知江陰軍蔣及祖亦請濬治本軍五卸溝以洩水，修復橫河支渠以溉旱。乃並詔諸路常平司行之，每季以施行聞。

二十三年，諫議大夫史才言：『浙西民田最廣，而平時無甚害者，太湖之利也。近年瀕湖之地，多爲兵卒侵據，累土增高，長堤彌望，名曰壩田。

旱則據之以溉，而民田不沾其利；澇則遠近泛濫，不得入湖，而民田盡沒。望盡復太湖舊迹，使軍民各安，田疇均利。』從之。二十四年，大理寺丞周環言：『臨安、平江、湖、秀四州下田，多爲積水所浸。緣溪山諸水并歸太湖，自太湖分二派：東南一派由松江入于海，東北一派由諸浦注之江。其沿江泄水，惟白茅一浦最大。今泥沙淤塞，宜決浦故道，俾水勢分派流暢，實四州無窮之利。』詔兩浙漕臣視之。

二十八年，兩浙轉運副使趙子潚、知平江府蔣璨言：『太湖者，數州之巨浸，而獨洩以松江之一川，宜其勢有所不逮。是以昔人於常熟之北開二十四浦，疏而導之江；又於崑山之東開一十二浦，分而納之海。三十六浦後爲潮汐沙積，而開江之卒亦廢，於是民田有淹沒之患。天聖間，漕臣張綸嘗於常熟、崑山各開衆浦；景祐間，郡守范仲淹亦親至海浦，濬開五河；政和間提舉官趙霖復嘗開濬。今諸浦湮塞，又非前比，計用工三百三十餘萬，錢三十三萬餘緡，米十萬餘斛。』於是詔監察御史任古復視之。既而古至平江言：『常熟五浦通江誠便，若依所請，以五千功，月餘可畢。』詔以激賞庫錢、平江府上供米如數給之。二十九年，子潚又言：『父老稱福山塘與丁涇地勢等，若不濬福山塘，則水必倒注于丁涇。』乃命併濬之。

隆興二年八月，詔：『江、浙水利，久不講修，勢家圍田，堙塞流水。諸州守臣按視以聞。』於是知湖州鄭作肅、知宣州許尹、知秀州姚憲、知常州劉唐稽並乞開圍田，濬港瀆。詔湖州委朱夏卿，秀州委曾愭，平江府委陳彌作，常州、江陰軍委葉謙亨，宣州、太平州委沈樞措置。九月，刑部侍郎吴芾言：『昨守紹興，嘗請開鑑湖廢田二百七十頃，復湖之舊，水無泛溢，民田九千餘頃，悉獲倍收。今尚有低田二萬餘畝，本亦湖也，百姓交佃，畝直纔兩三緡。欲官給其半，盡廢其田，去其租。』戶部請符浙東常平司同紹興府守臣審細標遷。從之。

乾道二年四月，詔漕臣王炎開浙西勢家新圍田，草蕩、荷蕩、菱蕩及陂湖溪港岸際旋築塍畦、圍裏耕種者，所至守令同共措置。炎既開諸圍田，凡租戶貸主家種糧債負，並奏蠲之。六月，知秀州孫大雅代還，言：『州有柘湖、澱山湖、當湖、陳湖，支港相貫，西北可入于江，東南可達于海。旁海農家作壩以却鹹潮，雖利及一方，而水患實害鄰郡；設疏導之，則又害及旁海之田。若於諸港浦置牐啟閉，不惟可以洩水，而旱亦獲利。然工力稍大，欲率大姓出錢，下戶出力，於農隙修治之。』於是以兩浙轉運副使姜詵與守臣視之，詵尋與秀常州、平江府、江陰軍條上利便。詔：『秀州華亭縣張涇牐并澱山東北通陂塘港淺處，俟今年十一月興修；江陰軍、常州蔡涇牐及申港，明年春興修；利港俟休役一年興修；平江府姑緩之。』三年三月，詵使還，奏：『開濬畢功，通洩積水，久浸民田露出塍岸。臣已諭民趁時耕種。恐下戶闕本，良田復荒，望令浙西常平司貸給種糧。』又奏措置、提督、監修等官知江陰軍徐藏等減磨勘年有差。

四年，以彭州守臣梁介修復三縣一十餘堰，灌溉之利及於鄰邦，詔介直祕閣、利路轉運判官。七年，王炎言：『興元府山河堰世傳漢蕭、曹所作。本朝嘉祐中，提舉史炤上堰法，獲降敕書刻石堰上。紹興以來，戶口凋疏，堰事荒廢，遂委知興元府吴拱修復，發卒萬人助役。宣撫司及安撫、都統司共用錢三萬一千餘緡，盡修六堰，濬大小渠六十五里，凡溉南鄭、褒城田二十三萬三千畝有奇。』詔獎諭拱。

九年，戶部侍郎兼樞密都承旨葉衡言：『奉詔覈實寧國府、太平州圩岸，內寧國府惠民、化成舊圩四十餘里，新築九里餘；太平州黄池鎮福定圩周四十餘里，延福等五十四圩周一百五十餘里，包圍諸圩在內，蕪湖縣圩周二百九十餘里，通當塗圩共四百八十餘里。並高廣堅緻，瀕水一岸種植榆柳，足捍風濤，詢之農民，實爲水利。』於是詔獎諭判寧國府魏王愷，略曰：『大江之壖，其地廣袤，使水之蓄洩不病而皆爲膏腴者，圩之爲利也。然水土鬥齧，從昔善壞。卿聿修稼政，巨防屹然，有懷勤止，深用歎嘉。』

九年八月，臣僚言江西連年荒旱，不能預興水利爲之備。於是乃降詔曰：『朕惟旱乾、水溢之災，堯、湯盛時，有不能免。民未告病者，備先具也。豫章諸郡縣，但阡陌近水者，苗秀而實；高卬之地，雨不時至，苗輒就槁。意水利不修，失所以爲旱備乎？唐韋丹爲江西觀察使，治陂塘五百九十八所，灌田萬二千頃。此特施之一道，其利如此，矧天下至廣也。農爲生之本也，泉流灌溉，所以毓五穀也。今諸道名山，川原甚衆，民未知其利。然則通溝瀆，潴陂澤，監司、守令，顧非其職歟？其爲朕相丘陵原隰之宜，勉農桑，盡地利，平繇行水，勿使失時。雖有豐凶，而力田者不至拱手受弊，亦天人相因之理也。朕將即勤惰而寓賞罰焉。』

淳熙二年，兩浙轉運判官陳峴言：『昨奉詔徧走平江府、常州、江陰軍，諭民併力開濬利港諸處，並已畢功。始欲官給錢米，歲不下數萬，今皆百姓相率效力而成。』詔常熟知縣劉穎特增一秩，餘論賞有差。三年，賜皇子判明州魏王愷詔曰：『陂湖川澤之利，或通或塞，存乎其人。四明爲州實治鄞，鄞之鄉東西凡十四，而錢湖之水實溉其東之七。吏惰不虔，葑茭蕪翳，利失其舊，農人病焉。卿臨是邦，乃能講求利便而濬治之，遂使並湖七鄉之田，無異時旱乾之患，其爲澤豈淺哉。剡奏徹聞，不忘嘉歎。』

十年，大理寺丞張抑言：『陂澤湖塘，水則資之瀦洩，旱則資之灌溉。近者浙西豪宗，每遇旱歲，占湖爲田，築爲長堤，中植榆柳，外捍茭蘆，於是舊爲田者，始隔水之出入。蘇、湖、常、秀昔有水患，今多旱災，蓋出於此。乞責縣令毋給據，尉警捕，監司覺察。有圍裹者，以違制論；給據與失察者，併坐之。』既而漕臣錢沖之請每圍立石以識之，共一千四百八十九所，令諸郡遵守焉。

紹熙二年，詔守令到任半年後，具水源湮塞合開修處以聞；任滿日，以興修水利圖進，擇其勞效著明者賞之。慶元二年，戶部尚書袁說友等言：『浙西圍田相望，皆千百畝，陂塘漊瀆，悉爲田疇，有水則無地可瀦，有旱則無水可戽。不嚴禁之，後將益甚，無復稔歲矣。』嘉泰元年，以大理司直留佑賢、宗正寺主簿李澄措置，自淳熙十一年立石之後，凡官民圍裹者盡開之。又令知縣並以『點檢圍田事』入銜，每歲三四月，同尉點檢有無姦民圍裹狀，上于州，州聞于朝。三年遣官審視，及委臺諫察之。二年二月，佑賢、澄使還，奏追毀臨安、平江、嘉興、湖、常開掘戶元給佃據。三月，右正言施康年言：『近屬貴戚不體九重愛民之心，止爲一家營私之計，公然投牒以沮成法，乞戒飭；自今有陳狀者，指名奏劾，必罰無赦。』

開禧二年，以淮農流移，無田可耕，詔兩浙州縣已開圍田，許元主復圍，專召淮農租種。

嘉定三年，臣僚言：『竊聞豪民巨室並緣爲姦，加倍圍裹，又影射包占水蕩，有妨農民灌溉。』於是復詔浙西提舉司俟農隙開掘。七年，復臨安府西湖舊界，盡蠲歲增租錢。十七年，臣僚言：『越之鑑湖，溉田幾半會稽，興化之木蘭陂，民田萬頃，歲飲其澤。今官豪侵占，填淤益狹。宜戒有司每歲省視，厚其瀦蓄，去其壅底，毋容侵占，以妨灌溉。』皆次第行之。

寶慶元年，以右諫議大夫朱端常奏，除嘉泰間已開浙西圍田租錢，蓋稅額尚存，州縣迫民白納故也。寶祐元年，史館校勘黃國面對：『圍田自淳熙十一年識石者當存之，復圍者合權其利害輕重而爲之存毀，其租或歸總所，或隸安邊所，或分隸諸郡。』上曰：『安邊所田，近已撥歸本所。』國又奏：『自丁未已來創圍之田，始因殿司獻草蕩，任事者欲因以爲功，凡旱乾處悉圍之，利少害多，宜開掘以通水道。』上然之。咸淳十年，以江東水傷，除九年圩田租，減四分。

紹興二十七年，趙子潚奉詔措置鎮江府沙田，欲輕立租課，令見佃者就耕；如勢家占吝，追日前所收租利。詔速拘其田措置，蠲其冒佃之租。二十八年正月，詔戶部員外郎莫濛同浙西、江東、淮南漕臣趙子潚、鄧根、孫藎視諸路沙田、蘆場。先是，言者謂江、淮間沙田、蘆場爲人冒占，歲失官課至多，故以命濛等。既而殿中侍御史葉義問言：『奉行者不恤百姓，名爲經量，實逼縣官按圖約紐，惟務增數，以希進用。有力之家初無加損，貧民下戶已受其害。因小利擾之，必致逃移，坐失稅額。』因極論之。二月，詔：『沙田、蘆場止爲勢家詭名冒占，其三等以下戶勿例根括。』六月，以孫藎措置沙田滅裂，罷之。詔：『浙西江東沙田、蘆場，官戶十頃、民戶二十頃以上並增租，餘如舊。置提領官田所掌之，不隸戶部。』二十九年，以莫濛經量沙田、蘆場失實，責監饒州景德鎮稅，遂詔盡罷所增租。

三十二年九月，趙子潚言：『浙西、江東、淮東沙田，往年經量，有不盡不實處，爲人戶包占。期以今冬自陳，給爲己業，與免租稅之半；過期許人告，以全戶所租田賞之。其蘆場量立輕租。』詔以馮方措置。十有一月，方滋疏論沙田。上問：『沙田或以爲可取，或以爲可捐。』陳康伯等奏：『君子小人，各從其類。小人樂於生事，不惜爲國斂怨；君子務存大體，唯恐有傷仁政，所以不同。』上然之，命止前詔勿行。

乾道元年，臣僚言：『浙西、江東、淮東路沙田蘆場，頃畝浩瀚，宜立租稅，補助軍食。』詔復令梁俊彥與張津等措置。二年，輔臣奏：『俊彥所上沙田、蘆場之稅，或十取其一，或取其二，或取其三，皆不分主客。』朝廷疑之。六年，以俊彥所括沙田、蘆場二百八十餘萬畝，其間或已充己業，起稅不一，及包占未起租者，乞並估賣、立租。詔蔡洸、梁俊彥行在置司措置。八年七月，詔提領官田所催三路沙田、蘆場租錢併歸戶部。十月，遣官實江、淮沙田、蘆場頃畝，悉追正之。

建炎元年，籍蔡京、王黼等莊以爲官田，詔見佃者就耕，歲減租二分。三年，凡天下官田，令民依鄉例自陳輸租。紹興元年，以軍興用度不足，詔盡鬻諸路官田。五年，詔諸官田比鄰田租，召人請買，佃人願買者聽，佃及三十年以上者減價十之二。六年，詔諸路總領諭民投買戶絶、沒官、賊徒田舍及江漲沙田、海退泥田。七年，以賊徒田舍及逃田充官莊，其沒官田依舊出賣。二十年，凡沒官田、城空田、戶絶房廊及田，並撥隸常平司；轉運、提刑、茶鹽司沒入田亦如之。

二十一年，以大理寺主簿丁仲京言，凡學田爲勢家侵佃者，命提學官覺察；又命撥僧寺常住絶產以贍學。戶部議併撥無敕額庵院田，詔可。初，閩以福建六郡之田分三等：膏腴者給僧寺、道院，中下者給土著、流寓。自劉夔爲福州，始貿易取貲。迨張守帥閩，紹興二年秋。上倚以拊循凋瘵，存上等四十餘剎以待高僧，餘悉令民請買，歲入七八萬緡以助軍衣，餘寬百姓雜科，民皆便之。

二十六年，以諸路賣官田錢七分上供，三分充常平司糴本。初，盡鬻官田，議者恐佃人失業，未賣者失租。侍御史葉義問言：『今盡鬻其田，立爲正稅，田既歸民，稅又歸官，不獨絶欺隱之弊，又可均力役之法。』浙東刑獄使者邵大受亦乞承買官田者免物力三年至十年。一千貫以下免三年，一千貫以上五年，五千貫以上十年。於是詔所在常平沒官、戶絶田，已佃未佃、已添租未添租，並拘賣。二十九年，初，兩浙轉運司官莊田四萬二千餘畝，歲收稻、麥等四萬八千餘斛；營田九十二萬六千餘畝，歲收稻、麥、雜豆等十六萬七千餘斛，充行在馬料及糴錢。四月，詔令出賣。七月，詔諸路提舉常平官督察欺弊，申嚴賞罰。分水令張升佐、宜興令陳迟以賣田稽違，各貶秩罷任。九月，浙東提舉常平都絜以賣田最多，增一秩。三十年，詔承買荒田者免三年租。

又 卷三三六《司馬康傳》 上疏言：『比年以來，旱暵爲虐，民多艱食。若復一不稔，則公私困竭，盜賊可乘。自古聖賢之君，非無水旱，惟有以待之，則不爲甚害。願及今秋熟，令州縣廣糴，民食所餘，悉歸於官。今冬來春，令流民就食，候鄉里豐穰，乃還本土。凡爲國者，一絲一毫皆當愛惜，惟於濟民則不宜吝。誠能損數十萬金帛，以爲天下大本，則天下幸甚。』拜右正言，以親嫌未就職。

《宋會要輯稿・食貨七・水利上》 慶曆三年十一月七日，詔：『訪聞江南舊有圩田，能禦水旱，並兩浙地卑，常多水災，雖有堤防，大半隳廢。及京東、西亦有積潦之地，舊常開決溝河，今罷役數年，漸已堙塞，復將爲患。宜令江、淮、兩浙、荊湖、京東、京西路轉運司轄下州軍圩田並河渠、堤堰、陂塘之類合行開修去處，選官計工料，每歲于二月間未農作時興役，半月即罷。仍具逐處開修功績並所獲利濟大小事狀保明聞奏，當議等第疇獎。內有系災傷人戶，即不得一例差夫搔擾。如吏民有知農桑可興廢利害，許經運司陳述，件析利害，畫時選官相度，如委利濟，亦即施行。』

四年正月二十八日，詔：『陂塘、圩田之類，及逐處隄堰河渠可備水患者，或能創置開決，或久遠廢壞堙塞卻能興復，或前人已興功未成，後來接續了畢者，仰逐處勘會功料大小、所利廣狹以聞。』

十月，權發遣戶部判官公事燕度言：『竊聞關中水利，古人所以富國，近來亦有臣僚擘畫澆灌者。然州縣鮮能訪尋水勢，疚心農務，是致頻年亢旱，屢遭飢饉，百姓流移，軍儲不集。近華州渭南知縣曹公望嘗引敷水，溉田甚廣，民間頗稱利便。卻聞有人爲妨私家水磨，遂訟于官。雖州縣不行，然水勢可以疏引澆溉去處不少，似此盡爲豪勢之家占爲碾磑之利，而州厭見乎訟，不敢盡心計畫。欲乞特下陝西都轉運司，如州縣能以水利澆溉民田廣闊者，應是妨滯公私碾磑、池沿諸般課利，並須停廢，不得爭占，州縣仍不得受理。』詔三司詳定，尋移陝西都轉運司就近相其利害。于是本司言，度擘畫委是經久之利。從之。

五年九月二十八日，兩浙提點刑獄宋純等言：『乞應在官有能擘劃開修水利，並須先具所見利害，于畫地圖，申本屬州軍及轉運或提刑司。委自本司于部下選官親詣地所相度，如寔合行開修，經久利濟，詢問鄉耆，審取詣寔，差官具保明結罪，申轉運、提刑司體量允當，方下本屬州軍計夫料、餉糧，許法勸誘租利人戶情願出備。仍依元敕，于未農作時興役半月，不得非時差擾。候畢，具元擘畫官吏依近詔保明施行。如官吏敢擅開修，不預申本屬，不得理爲勞績，及出給公據保明，仍勘事端施行。』從之，仍詔今後委寔有功效，並只理爲勞績。

皇祐元年正月二十五日，兩浙轉運司言：『知越州餘姚縣謝景初申：「當縣陂湖三十一所，並係眾戶植利蔭田。內二十一所見于圖經，其間有被形勢豪強人戶請射作田納租課，後來遂廢水利去處。雖累有詔敕及赦令，山澤陂湖不得占固，即無明言不得請射營種，及無簿籍拘管，所以官司吒循請托，或致受納賂遺，令形勢豪強人戶請射作田，以起納租稅爲名，收作已業，民田蔭溉之利，其弊不細。請下本屬，明置簿籍拘管，永爲衆戶蔭溉之利。今後更不得以起納租稅爲名，輒行請射。如違，其所請人及所給官司重行朝典。」本司欲依謝景初所請，明置簿籍拘管陂湖，永充衆戶貯水蔭田，更不許以起納租稅爲名請射。仍令知縣常行檢察，如違，其所請頭主及給付官司，各乞嚴行勘斷奏聞。』事下三司，三司相度：『乞今後江、淮、兩浙、荊湖路州軍如有陂湖，明置簿籍拘管，永爲衆戶貯水蔭田，更不許人戶以起納租稅爲名輒行請射。仍令知縣常行檢察，如違，其所請人及所給付官司各重寘于法。』從之。

至和元年八月二十日，光州仙居縣令田淵言：『竊見江淮民田，十分之中八九種稻。春中遇雨，則耕耨布種常宜霑潤；盛夏稍愆雨澤，則其苗衰薄，所收微尠。惟是陂塘有修築堅固、蓄水高廣，則下所灌田不以旱沴，無不厚收。訪聞民間不肯協力乘閑修作，雖私有文約，愚頑之民多不聽從，興工之時，難爲糾率，或矜強恃猾，抑卑淩弱；或只令幼小應數，而坐俟其利。似此之類，十居其半。及用水際，争來引注，是以勞費不均，多起鬥訟。勸力懦善之家受其弊，故不能專志特力，用工興修，是致因循，極有遺利。竊見京畿及京東、京西等路每歲初春差夫，多爲民田所興，逐縣差官部押，或支移三五百里外，工役罕有虛歲。伏知江淮並不點差夫役，當農隙之際，一向安閑，比之北地，寔爲優幸。其民于自己所利，亦不能勤力治生。暫勞永逸，誠宜勸率。若非官爲拘督，因時興作，則私下雖有期會，無由糾集，所興之工，獲水之利十未得其一二。欲乞諸路凡有陂塘湖港可以溉田之處，今後令逐縣將元籍所管及不曾供報之處逐一拘收。每年預先檢計工料，各具析合係使水人戶各有田段畝數，據寔戶遠近各備工料，候至初春，本縣定日，如差夫例，點集入役。仍逐處立團頭、陂長監催，本州差逐縣官點檢部轄。候畢，責干係人結罪供狀狀，仍別差官覆檢料例，並視差夫條約。後雖完固，亦須每歲計度合添工料，補疊堤防高厚，則積水深廣，獲利愈博。其久來堙塞遺跡，及地勢合有可以創置陂塘之處，令逐處檢踏，聽人戶所願，經官申述，亦即相度，依例興修。其有陂塘幹淺退出灘地，卻爲接連之家侵占，經久妄冒，便作己田欄占，不令依舊修作，多起訟端，官司不爲研窮。今後須仰定奪，雖經歲深，亦不得占護。若向去添疊水勢，過于舊跡，亦當損少利衆。其有水侵之地，即令檢量，據數比撲，量減二稅。及新創陂塘之處，若有水面侵卻不係使水之人田土，亦乞準前例。所差團頭、陂長，于上等戶內如差夫隊頭例選差，仍給文貼，令董其役。或遇大雨，即率衆戶防守。遇愆亢使水，須衆議同開決，自上及下，均勻灌溉，不得壅障。所產魚蛤、蒲葦、蓮芡之類，須秋成方得採捕。乞明立條約，若是盜決堤防，情理重者，嚴寘之法。』詔下三司施行。

又［熙寧二年］閏十一月十五日，提舉兩浙常平等事、秘書丞侯叔獻徙開封界，都官員外郎、提舉開封府界常平等事林英徙兩浙路。以叔獻言：『汴河歲漕東南六百萬斛，浮江泝淮，更數千里，計其所費，率數石而致一碩。雖中都之粟用饒，而六路之民實受其弊。夫千里饋糧，軍志所忌，矧京師帝居，天下輻湊，人物之富、兵甲之饒不知幾百萬數。夫以數百萬之衆，而仰給于東南千里之外，此未爲策之得也。臣伏思之，沿河兩岸沃壤千里，而夾河之間多有牧馬地及公私廢田，畧計二萬余頃，計馬而牧，不過用地之半，則是萬有餘頃，常爲不耕之地，此遺利之最大者也。觀其地勢，利於行水，最宜稻田。欲望于汴河南岸稍置斗門，泄其餘水，分爲支渠，及引京、索河並二十六陂水以灌之。則環畿甸間，歲可以得穀數百萬，以給兵食。此減漕省卒、富國強兵之術也。』故以叔獻代英，仍令計會所屬相度，具經久利害以聞。

十二月二十三日，條例司乞差秘書省著作佐郎、同管勾廣南東路常平等事楊汲同提舉開封府界常平等事，同秘書丞侯叔獻於夾河引汴水以溉民田。從之。

三年正月二十四日，條例司言：『進士程義路所陳蔡、汴等十河利害文字，實知水利。欲令義路隨侯叔獻、楊汲等以備指引，仍給驛券，視三班借職。』從之。

二月二日，都水監言：『中牟縣曹村袁家地可創水澾一坐，水漲出時任其自流，比之修斗門倍省工費。又吒而可以淤民田千餘頃。』從之。

二月三日，制置三司條例司言：『同判都水監張鞏等相度得中牟縣界曹村創置水澾一坐，遇漲水時任其自流，比之修㪷門大省費。又更灌二十餘里民田，都計五十餘里，約千有餘頃。所有合用人功物料，委京西都大司支那應副。乞依所奏施行。』從之。

二月二十六日，補潭州湘陰縣進士李度爲本州長吏，仍詔本路，候有合修水利，令勾當。以監司言度嘉祐中率人修築兩鄉塘堤，灌溉民田，賞賜粟帛、復徭役故也。

又［熙寧］五年正月，兩浙轉運副使俞希旦言：『伏覩朝廷興修天下農田水利，此萬世之長圖。其間有昔日溝港，而今爲田畝，疏導水患，須至開決。緣未有條約，竊慮官吏有便廢民田爲溝港，致侵於民；亦有可以疏鑿，而未敢以興工，致利害有所未盡。欲乞應興水利處，有合開決民田者，即以官田計其頃畝撥還田戶；如無田可撥，即計田給直。』詔送司農寺，遂移兩浙轉運、提舉倉司看詳：『所請爲利。尚慮將來法行之後，州縣不計田土肥瘠高下，一例以步畝准折撥還，或虧損百姓。欲立關防，其給還民田之時，州縣並須依色額支撥官田，不得將瘠薄不堪耕佃田土，只以步畝抵數還民。內官田雖比元田薄而堪耕佃，有願請者，即兩倍其直，紐計步數，準折撥還。』從之。

五月十八日，詔：『應人戶見耕占古迹陂塘地土，如可興修澆灌，委實利便，其所占地土始係祖業，即依鄉原例支給價錢收買，除破省稅。如地內見有墳墓、舍屋，仍量給還葬、拆修功錢。係請射者，即與破稅。如施功開墾，量給功直。以上合支錢，并合修斗門木石，如食利人戶物力出辦不及，即許於常平倉官錢內支破。仍令提、轉、倉司，候相度得利便，即先具澆灌頃畝及合用人功物料、諸般支費錢物實數，保明聞奏。』

十九日，提舉京西常平等事陳世修言：『乞於唐州石橋河南北岸壘石爲馬頭，造虹橋枯過河道，於橋樑下挖透槽橫絕過河，引水入東、西邵渠，灌注九子等十五陂，則二百里之間，終冬水利均浹。』詔知唐州蘇涓覆視，如實，即委世修提舉創造。

十一月十七日，權發遣都水監丞周良孺言：『奉詔相度陝西提舉常平揚蟠所議洪口水利。今與涇陽知縣侯可等相度，欲就石門創口引水，入侯可所議鑿小鄭泉新渠，與涇水合西而爲一，引水並高隨古鄭渠南岸。今自石門以北，已開鑿二丈四尺，此處用堰約起涇水入新渠行，可溉田二萬餘頃。若開渠直至三限口合入白渠，則其利愈多，然慮功大難成。若且依可等所陳，迴洪洪口至騶騮項合白渠洪，行十余里餘，雖溉兩旁高阜不及，然用功不多。既鑿石爲洪口，則經久無遷徙之弊。若更開渠至臨涇鎮城東，就高入白渠，則水行二十五里，灌溉益多。或不以功大爲難成，遂開渠直至三限口五十餘里，下接耀州雲陽界，則所溉田可及三萬餘頃。雖用功稍多，然獲利亦遠。』詔用良孺議，自石門創口至三限口，合入白渠興修，差蟠、可提舉，又令入內供奉官黄懷信乘驛相度功料。先是，上問鄭渠利害，王安石曰：『此事正與唐州邵渠事相類，從高瀉水，決無可慮。陛下若捐常平息錢助民興作，何善如之！』上曰：『縱用內藏錢，亦何惜也。』初，宰相王安石奏事，因陳天下水利極有興治處，民間已獲其利。上曰：『灌溉之利，農事大本，但陝西、河東民素不習此。今既享其利，後必有繼爲之者。然三白渠爲利尤大，兼有舊跡，自可極力興修。大凡疏積水，須自下流開導，則畎澮易治，《書》所謂「濬畎澮距川」者是也。』

十二月二日，又詔：『應有開墾廢田、興修水利、建立隄防、修貼圩埠之類，工役浩大，民力所不能給者，許受利人戶於常平倉係官錢斛內連狀借貸支用，仍依青苗錢例作兩限或三限送納，只令出息二分。如是系官錢斛支借不足，亦許州縣勸誘物力人出錢借貸，依鄉原例出息，官爲置簿，及時催理。』

又［熙寧］六年五月二十三日，提舉兩浙興修水利郟亶追司農寺丞，送吏部流內銓，仍罷修兩浙水利。初，亶言蘇州水利，具書與圖，以爲：『環湖之地稍低，常多水；沿海之地稍高，常多旱。故古人治水之迹，縱則有浦，橫則有塘，又有門、堰、涇、瀝而碁布之。亶所能言者總二百六十餘所。今欲畧循古人之法，七里爲一縱浦，十里爲一横塘，又吒出土以爲堤岸，用度二千萬夫。水治高田，旱治下澤，要以三年，而蘇之田畢治矣。』朝廷始得亶書，以爲可行，遂除司農寺丞，令提舉興修。工役既興，而民以爲擾。會呂惠卿被召，言其措置乖方，又違先降朝旨，故有是命。

又［熙寧九年］八月二十四日，權判都水監程師孟言：『臣昔提點河東刑獄，兼河渠事，本路多土山，旁有川谷，每春夏大雨，水濁如黄河。礬山水俗謂之天河水，可以淤田。絳州正平縣南董村旁有馬壁谷水，勸誘民得錢千八百緡，買地開渠，淤瘠田五百餘頃。州縣有天河水及泉源處，開渠築堰，皆成沃壤。凡九州二十六縣，興修田四千二百餘頃，并修復舊田五千八百餘頃，計萬八千餘頃。嘉祐五年畢功，攢成《水利圖經》二卷，付州縣遵行，迨今十七年。聞南董村田畝舊值兩三千，所收穀五七斗，自淤後，其直三倍，所收至三兩碩。今權領都水淤田，竊見累歲淤變京東西鹹鹵之地，盡成膏腴，爲利極大。尚慮河東路猶有荒瘠之田，可引天河淤溉。乞委都水監選差官往，與農田水利司并逐縣令佐檢視，有可淤之處，具頃畝功料以聞。俟修畢，差次酬賞。』從之。於是奏遣都水監丞耿琬主管淤河東路田。

又［紹興二十三年］閏十二月二十七日，又言：『今措置太平州圩埕下項：一、今來當塗、蕪湖兩縣人戶被水損壞圩埕，乞結甲保借米糧相添，自行修築。在法，係是農田水利，民力有不能辦者，合依宣州體例借貸，具數保明申提舉常平司外，有萬春等圩埕人戶乞官爲雇工修築。今檢計被水破缺并裏外埂損壞，合行增築貼補。其蕪湖縣萬春、陶新、政和等圩埕三所，共長一百四十五里有餘，合用九十六萬一百三十四工。當塗縣管圩埕一所，係廣濟圩，長九十三里有餘。其圩與私圩五十餘所並在一處，坐落青山前，各係低狹。埂外面有大埂埕一條，包套逐圩在內，抵障湖水。今來逐圩被水損壞，詢訪人戶，只修外面大埂，不惟數倍省工，委是可以抵障水勢。所有腹裏圩埕或有損處，聽人戶自修。尋取會到逐縣被水修治官私圩埕體例，係是人戶結甲保借常平米自修。今來損壞尤甚，人戶工力不勝，不能修治。今措置，欲乞依見今人戶結甲乞保借米糧自修圩埕體例，不以官私圩，人戶等第納苗租錢米充雇工之費。官爲代支過錢，年限帶納。自餘合用錢米，並乞下提舉常平司照會，日下取撥津發，應副本州雇工修治施行。一、今來蕪湖縣申：獨山、永興、保城、咸寶、保勝、保豐、行春圩北，其地圩埕被水衝破打損至多。若只依係保借糧米，將來修築不前。內有咸寶一圩，被水損壞，衝成潭缺，計長二十五丈，闊三十丈，深二丈二尺，須用創作堤埕從里面圍裹，倍費工力，比獨山等圩埕損壞，尤見工費不同，委是民力難辦，乞官爲雇工修築。今檢計獨山等七圩委是被水損壞處多，其咸寶堤埕衝破成潭處，難以就舊基修築，合從里面別創築埂圍裹，計長八十一丈，合用五千四百工。今措置，上件圩埕欲各依例結甲隨苗借米外，更據戶下田每畝與借錢一百文省，令自修築。其咸寶圩埕潭缺處，據合用工數，欲乞官和雇人工，共同修治。』於是戶部言：『欲乞下太平州、江東轉運、常平司，並依本官逐項措置到事理施行。』從之。

二十四年九月十五日，大理寺丞周環言：『臨安、平江、湖、秀四州低下之田，多爲水積浸灌，蓋緣溪山諸水併歸太湖。水分爲二派：東南一派由松江入於海，東北一派由諸浦注之江。其沿江泄水諸浦中，惟白茅浦最大，今爲沙泥淤塞，每歲若遇暑雨稍多，則東北一派水必壅溢，遂致浸傷農田。欲望令有司相視，於農隙開決白茅浦故道，俾水勢分派流暢，實四州無窮之利。』詔令轉運司措置。

又《食貨八·水利下》 《方域志》：紹興三十二年二月二十七日，詔令臨安府自浙江清水閘橫河口西曲盡頭南至龍山閘一帶河道，並令開淘。

馬端臨《通考》：紹興元年，詔：宣州、太平州守臣修圩，議修圩官賞罰。又詔：修圩錢米及貸民種糧，並于宣州常平義倉米內撥借。又詔：建康新豐圩租米，歲以三萬石爲額。圩四至相去皆五六十里，有田九百五十餘頃，近歲墾田不及三分之一，至是始立額。紹興五年春二月，寶文閣待制李光言：『明、越之境，皆有陂湖，大抵湖高于田，田又高於江海，旱則放湖水灌田，澇則決田水入海，故不爲災。本朝慶曆、嘉祐間，始有盜湖爲田者，三司使切責漕臣甚嚴。政和以來，創爲應奉，始廢湖爲田，自是兩州之民歲被水旱之患。壬子歲，嘗取會稽餘姚、上虞兩邑利害，自廢湖以來，每縣所得租課不過數千斛，而所失民田常賦動以萬計，遂先罷兩邑湖田。其會稽之鑒湖、鄞之廣德湖、蕭山之湘湖等處尚多，望詔漕臣訪問，應明、越湖田盡行廢罷。其江東西圩田、蘇秀圍田，併遍下諸路監司、守、令條上。』詔諸路漕臣躬親相度，以聞於朝。紹興二十三年正月，詔以永豐圩賜秦檜。檜死，圩復歸有司。諫議大夫史才言：『浙西民田最廣，而平時無甚害者，太湖之利也。近年瀕湖之地多爲軍下侵據，累土增高，長堤彌望，名曰埧田，旱則據之以溉，而民田不沾其利；水則遠近泛濫，不得入湖，而民田盡沒。望詔有司究治，盡復太湖舊跡，使軍民各安，田疇均利。』從之。按圩田、湖田多起於政和以來，其在浙間者隸應奉局，其在江東者，蔡京、秦檜相繼得之。大概今之田，昔之湖，徒知湖中之水可涸而爲田，而不知湖外之田將胥而爲水也。主其事者皆近倖權臣，是以委鄰爲壑，利己困民，皆不復問。《涑水記聞》言王介甫欲興水利，有獻言欲涸梁山泊，可得良田萬頃者。介甫然其說，復以爲恐無貯水之地。劉貢甫言：『在其旁別穿一梁山泊，則可以貯之矣。』介甫笑而止。當時以爲戲談。今觀建康之永豐圩，明、越之湖田，大率即涸梁山泊之策也。沙田、蘆場：紹興二十八年，詔戶部員外郎莫濛同浙西、江東、淮南漕臣趙子濇、鄧根、孫藎檢視逐路沙田、蘆場。先是，言者謂江淮間沙田、蘆場爲人冒占，歲失官課至多，故以命濛等。既而侍御史葉義問等言貧民受害，乃詔沙田、蘆場止爲世家詭名冒占，其三等以下戶勿一例根括。尋詔官戶十頃、民戶二十頃以上並增租，餘如舊。置提領官田所領之，不隸戶部。二十九年，詔盡罷所增租。孝宗隆興元年，知紹興府吳芾乞浚會稽、山陰、諸暝諸縣舊湖，以復水利，及築蕭山縣海塘，以限鹹潮，從之。又開掘鑒湖。乾道元年，詔令淮西總領所撥付建康中收到子粒令項椿管，非詔旨無得擅用。臣僚言：『秦檜既得永豐圩，竭江東漕計修築堤岸，自此水患及于宣、池、太平、建康。昨據總領所申：通管田七百三十頃，共理租二十一萬一千餘秤，當年所收纔及其半，次年僅收十五之一。假令歲收盡及元數，不過米二萬餘石，而四州歲有水患，所失民租，何翅十倍？乞下江東轉運司相度。本圩始害民者廣，乞依浙西例開掘，及免租戶積欠。』從之。江東轉運司奏：『永豐圩自政和五年圍湖成田，今五十餘載，橫截水勢，每遇泛漲，衝決民圩，爲害非細。難民田千頃，自開修至今至今，可耕者止四百頃，而損害數州民田，失稅數倍。欲將永豐圩廢掘瀦水，其在側民圩不礙水道者如舊。』詔從之。其後漕臣韓元吉言：『此圩初是百姓請佃，後以賜蔡京，又以賜韓世忠，又賜秦檜，繼撥隸行宮，今隸總所。五十年間，皆權臣大將之家，又在禦府，其管莊多武夫健卒，侵欺小民，甚者剽掠舟船，囊橐盜賊，鄉民病之，非圩田能病民也。』於是開掘之命遂寢。乾道二年，詔漕臣王炎相視開掘淛西勢家新圍田，謂草蕩、荷蕩、菱蕩及陂湖溪港岸際築塍畦圍裹耕種者，所至令守、倅、縣令同共措置。五年，知明州張津奏乞開東錢湖，瀦水灌田，從之。七年，四川宣撫使王炎奏開興元府山河堰，溉南鄭、褒城四百九十三萬三千畝有奇。詔獎諭。乾道九年，詔戶部侍郎葉衡核寔甯國府太平州圩岸。五月，衡言：『甯國府惠民、化成舊圩四十餘里，新增築九里餘；太平州黃州鎮福定圩周迴四十餘里，延福等五十四圩周迴一百五十餘里，包圍諸圩在內；蕪湖縣圩岸大小不等，周回總約二百九十餘里，通當塗圩岸共約四百八十餘里，並皆高闊壯實。瀕水一岸種植榆柳，足捍風濤。詢之農民，實爲永利。』於是詔獎諭。知甯國府汪澈言：『他圩無大害，惟童圩最爲害民，只決此圩，水勢且順。』從之。

淳熙二年，淮東總領錢良臣奏：『修復鎮江府練湖，凡七十二源，灌田百余萬畝。』從之。三年，監察御史傅淇奏：『近臣僚奏陳圍田湮塞水道之害，陛下復令監司、守臣禁止圍裹，此乃拔本塞源之要術。然豪右之家未有無所憑依，而肆意築圍者。聞淛西諸縣江湖草塘計畝納錢，利其所入，給據付之。望條約諸縣，毋得給據與官、民戶及寺躢。』上曰：『此乃侵佔之地，今絕其源，後去無復此患。可令漕司、常平司察之。』

《食貨志》：孝宗紹興三十二年未改元。十一月二十九日，參知政事、督視湖北京西路軍馬汪澈言：『相視襄陽有二渠，一曰長渠，一曰木渠，皆古來水利播殖去處。大約長渠溉田七千頃，木渠溉田三千頃，其間陂池灌浸，脉絡交通，土皆膏腴。自兵火後，悉已堙廢。嘗差委湖北運判呂擢、京西運判姚嶽親至其地計度。今且先治長渠，凡築堰開渠，可用二萬工，并合要牛具、種糧等，就委兩路運司措置，不令絲毫擾民。長渠纔成，或募民之在邊者，或取軍中之老弱者，雜耕其中。來秋穀熟，量度收租，以充軍儲，既省饋運，又可安集流亡。乞以措置京西營田司爲名，令姚岳兼領。』從之。其後乾道九年十二月二十三日，權京西路轉運判官胡仰復言：『長、木二渠之利，數內靈溪水見流白馬堰，系鄂州都統制司營田莊，水亦通。惟是白馬陂以東石子山、木眼山合渠去處類多損壞，日復一日，必皆湮塞。今若隨宜興修，可以立見成效。欲望下荊鄂都統制司，令同本司差官行視二渠，隨宜開遍。』詔戶、兵、工部看詳。各部欲下鄂州都統制、京西安撫、轉運司、襄陽府同共疾速相度施行。從之。

隆興元年四月十二日，詔：『浙西路轉運、常平司取見今逐州人戶創立塍包圍成田，及漁戶廣施漁具壅遏水勢去處，疾速相度，措置施行。仍令州縣常切督責巡尉，每歲于農隙時修治堤防，無使缺壞。及春夏之交，部集人戶於河道淤塞要害之處，併工開撩，常令水路通快。』從殿中侍御史胡沂請也。

六月十二日，工部尚書、兼侍讀張闡等言：『竊見近降指揮，將紹興府鑒湖田、明州廣德湖田盡賣。二湖元灌溉民田浩瀚，後緣民間侵種，遂作圩田。今若一槩出賣，竊恐於民間別有所妨。如紹興府鑑湖曾立石碑，應深溝大港，並永遠存留，以充灌溉。今欲乞專委紹興府、明州守臣討論利害詣寔，方可出賣。』從之。

二年八月五日，詔：『浙江水利久不講修，積雨無所鍾泄，重爲秋稼之害。可令逐州守臣考按古跡及見今淤塞去處，條具措置聞奏。』

九月四日，集英殿修撰、知宣州許尹奏：『本州有童圩，寔係創興，委是堙塞水流去處。今欲依舊開決作湖，以爲民利。』詔令本路轉運司相度，如有壅塞，候秋收畢措置開決。

十二日，詔江東、浙西監司、郡守：『朕嗣服以來，求民之瘼，比緣江東、浙右俱被水災，思拯民於愁歎，寤寐不忘。卿等既分外臺之寄，皆爲共理之良，宜究乃心，各揚爾職。能于所部講明田事，預爲陂塘渠堰，防患未然，使顯效著于將來者，朕當不次親擢；其或但爲文具，尚畏權勢，無益於備患，徒擾於庶民，國有典刑，朕必不赦。』

乾道元年正月十四日，知徽州呂廣問條奏農田水利：『諸塘堨合輪知首之人充，雖田少不該，亦均給水利，不得阻障。若鄉例私約輪充，於官簿內開說充知首人。盡賣田業、新得產家雖合充，止輪當末名，不得越次，仍批官簿照會。諸塘堨係眾利害，蓄水救田，本縣于農隙之時告示知首及同食水利人，均備人夫，並力修作。塘堨下合承水利田產，人戶典賣者，並依資次承水。如係買稅戶塘堨水，亦申官注籍。塘堨水上流既足，如障塞，公然占奪，不從州縣約束者，取旨。形勢之家將新置田產卻在舊堨之上占截水利，似此去處，縣官即時除拆。若舊堨不容修築，衆定利害，務從民便。若兩堨用水已足，不放流者，亦仰官司禁約。𠶹堨兩岸或被水衝陷，隔岸漲出沙田，止許被水人承佃，不得田鄰爭占。𠶹堨所在合留水門，若不妨阻舟船，或擅毁拆，並追勘斷。約束未盡，如別有私約，並仰知首自陳添入。若舊例已定，不得創改。有合增事件，並聞官，始許行用。』從之。

二月二十四日，詔：『紹興府開濬鏗湖，除唐賀知章放生池舊界十八餘頃爲放生池水面外，其餘聽從民便，逐時放水，依舊耕種。』從知府趙令詪請也。

同日，知平江府沈度言：『被旨開掘長洲縣習義鄉清沼湖圍田一千八百三十九畝，益地鄉尚澤蕩圍田一千五百畝，蘇臺鄉元潭圍田一千五百八十八畝，樊洪瀼圍職田三百二十二畝，營田一千九百六十九畝，費村瀼圍田一千六百六十二畝，崑山縣大虞浦圍田二十六畝，小虞浦圍田一百六畝，新洋江圍田一百七畝，崑塘圍田三十三畝，許塘圍田二十六畝，六河塘圍田一十三畝，常熟縣梅里塘圍田二畝，白茆浦圍田二百三十一畝，自今通泄水勢。』詔浙西提刑曾逮親至其地審實，開具洩水通快、可以經久無湮塞去處保明以聞。

二年四月七日，吏部侍郎陳之茂言：『比年以來，泄水之道既多湮塞，重以豪戶有力之家以平時瀦水之處堅築塍岸，廣包田畝，彌望綿亘，不可數計。中下田疇易成泛溢，歲歲爲害，民力重困。數年之後，凡瀦爲陂澤，盡變爲阡陌，而水患恐不止今日也。乞選差疆明郎官一員，同漕臣，將日下將新圍之田疾速開鑿。』上曰：『聞浙西自圍田即有水患，前此屢有人理會，竟爲權要所梗。卿等可檢點累降指揮已曾如何施行，仍委兩浙運副王炎疾速相視利害以聞。』既而王炎言：『相視圍田內有張子蓋新舊圍田九十餘畝，占籍兩縣，堙塞水勢，久爲民患。躬至其地，地名四塘，周迴約二十里，開掘已盡，泄水通快；地名長安，周回約四十里，見督縣官併工開掘。乞戒勵張子蓋等家，再犯，重置典憲。已開掘去處，各立標記。餘州縣依此。』從之。

五月十一日，尚書省言：『浙西圍田有壅塞水勢去處，近專遣漕臣親詣逐州縣監督開掘，以泄積水，除去民害。尚慮形勢權要之家日後依前冒法謀利，復行修築，爲害如初，理宜約束。』令兩浙轉運司並遂州縣守令常切檢察遵守，如有違犯之人，命官取旨，餘重作施行。

六月一日，臣僚言：『江陰軍在浙西最爲地勢卑下，雖瀕大江，而歲苦水患，尤甚於他州。蓋常州之水，其勢趍下，儘自五瀉堰分流入石頭港、黃港、夏港、蔡港、申港，達于大江，而江潮直至堰下。歲久潮泥淤塞河港，水既不能輸泄，漫入田間，而申港一河連接數鄉，所繫尤重。又有三山與秦望山，山腳之下石自港內橫絕而過，壅遏水道，今所謂大石堰、小石堰者是也。一屬常州，一屬江陰。其石比年漸高大，河水爲之不流，數鄉無歲不被害。田畝常在水底，而常州境內河港水勢又不能泄，實爲兩郡之害。若非朝廷措置開掘，以兩郡之力，必不能辦。乞詔有司下本路監司、兩郡守臣，同力相度利害。』詔工部行下轉運司，同常州、江陰軍相度，措置以聞，候農隙日，興工開掘。

十五日，臣僚言：『浙西圍田壅塞水勢，已行開掘。竊見永豐圩自政和五年圍湖成田，經今五十餘年，横截水勢，不容通泄，圩爲害非細。今相度，欲將永豐圩廢掘，依舊爲蓄水之地。』詔依，候至十一月開掘。後復詔仍舊不開。

十月十四日，利州路提點刑獄公事張德遠言：『興元府褒城縣山河六堰灌溉褒城、南鄭兩縣田八萬餘畝，內有光道拔一渠決壞年深，民力不能興修，下流闕水，率多改種陸田。今歲正月內，判興元府吳璘親率將士代民修塞，仍作偏偃，勒回別渠棄水，併入光道拔下流。諸堰堅固。前日陸種去處，復爲稻田，其利甚博。』詔璘令學士院降詔奬諭。

三年五月十五日，秘閣修撰、前知衢州周操言：『宣城管下六縣，惟宣城、南陵有圩田去處，而宣圩田最多，共計一百七十九所。大率地本卑下，人力矯揉，以成田畝，十年九潦，常有水患。議者多欲廢決梗塞水道之圩，以全衆圩，謂不當隱忍愛惜當決之圩，使衆圩俱受其害。臣于乾道元年十一月到任，是時圩田再遭巨浸，童圩係是破壞之數，人戶稱此圩委梗塞水道。臣遂出榜曉諭，且令權住一年興築。若來年衆圩熟，不遭水患，遂可永久廢罷。今已去彼隔歲，乞將童圩徑行廢決。所有養賢、政和、蓮湖三圩，乞併賜行下，委自守臣詢訪，條具聞奏。』詔甯國府守臣相度利害以聞。其後知寧國府汪澈言：『童圩最爲民害。一水自徽州績溪縣、本府寧國縣合諸水至童圩，一水自廣德軍建平縣合本府宣城縣南湖之水至童圩，二水奔衝併來，其勢浩渺，所以向上諸圩悉遭巨浸。又嘗考此圩本童家湖，容流衆水，非古來圩額。今若將童圩廢決，則水勢自然順適。其餘未可輕議。』從之。

四年五月二十四日，詔：『知彭州梁介自到任，講究農田水利，經畫修築本州九隴等三縣十餘堰，灌溉民田，固護水勢，委是利便。可除直秘閣、利州路轉運判官，填見闕。』從四川安撫使虞允文請也。

八月七日，觀文殿大學士、知紹興府史浩言：『府內諸暨聚天台、四明數百里重岡復嶺，水出之源，其流既廣，止有錢清一江爲吐泄之處。古人於縣之四傍立湖七十二處以瀦蓄，故無泛溢之患。歲久，所謂七十二湖者，人皆占以爲田，故雨水沾足，則水皆歸七十二湖，所種之苗，悉皆浸損。然則非水爲害，民間不合以湖爲田也。今湖不可復，則諸暨湖田爲之，民歲歲受害，臣不敢以不告。』詔令史浩選委諳曉湖田利害官相度措置。七年十二月八日，臣僚又言：『紹興府諸暨縣地接婺之浦江、義烏，衆溪輻湊，與本縣諸山之水凡四十餘港合流而下。境內舊有七十二湖，可以瀦蓄，歲久，湖變爲田，不惟水無所歸，而溪港浸爲漲沙堙塞。由是久雨則有墊溺之患，久晴則有旱暵之憂。開鑿約用六十八萬一千五百工，每工日給米二升，計用米一萬三千六百三十碩。』詔令蔣芾相度。

九月二十四日，詔：『諸路提舉官自今興修水利，若不依常平免役條令先選官按視，許令興修，只憑州縣保明，虛撰農田水利酬賞，輒爲申奏不實者，從戶部按劾取旨。本部人吏不照應條法疏難，輒便依隨僞妄，關報推賞者，亦科違制之罪。』

十月二十六日，臣僚言：『紹興府諸縣各有湖，湖高於田，築塍岸瀦水以備旱。其田高於江，置斗門洩水以備潦。故雖或水旱而有備，歲可使之常豐。蕭山縣管下湘湖灌溉九鄉民田，夏秋之交，多闕雨澤，決其湖以灌田，禾稼滋茂。近聞百姓將湘湖填築以爲田，寔害灌溉。欲乞令紹興府差官看視，若委是將湘湖爲田，則令開掘，復以爲湖，依舊灌溉民田。』從之。

五年三月二十日，大理正、措置兩淮官田徐子寅言：『兩淮荒蕪之田一目百里，究其十分之地，陸田纔三四，而水田居其五六。春夏之交，霖雨之久，耕耨之勞、秧莳之功一旦空然，此田之所以爲民病也。自去冬，同歸正頭目人差擇到楚州山陽縣大溪村博田岡空閒官田約數百餘頃，南有灌溝，可通運河；北有舊溝，可接小溪。今欲由其舊跡，與之開浚，約用五百工。歸正人各欲俟墾種畢日，併力開浚。』從之。

六年閏五月一日，知雷州戴之邵言：『管下瀕海土薄，地雜泥沙，東北接連有大塘一所，臣於農隙雇募夫丁併力開築。竊慮歲久，官司不能相繼增修，旋致堙塞，乞今後差注本州海康、遂溪兩縣，並令於官銜上帶「主管河渠公事」。任滿，有無增修損壞，批上印紙。』從之。

七日，徽猷閣待制、新知寧國府姜詵言：『寧國府、太平州兩郡，惟仰圩田，得以供輸。今來夏雨頻多，竊慮縣官滅裂，民心不齊，失於修治，大爲圩田之害，欲選委清彊官同本縣遍行檢視修護。』從之。

六月二十二日，徽猷閣待制、知寧國府姜詵言：『宣城縣、南陵圩田既壞，有不曾決破圩田九所，欲於今冬自十月措置修圩，以係官錢米募民興工，俟今秋八九月措置以聞。』從之。其後詵措置修濟養圩岸，兼開決除廢在外。詔從之，餘州軍圩岸損壞准此。

九月二十八日，新知泉州周操言：『太平州所管圩田，每遇水災決壞，除大圩官爲興修外，其它圩並係食利之戶保借官米自行修治，就今冬十月內措置。乞委自各州守臣照紹興二十三年例，從實措置施行。』詔：『應有圩田合修治處，仰逐州守臣精加檢實，及工役合用錢米支費，具數限一月聞奏。』

十月二十三日，知寧國府姜詵言：『焦村私圩梗塞水面，致化成、惠民圩頻有損壞，合將焦村圩廢決。其化成、惠民兩圩南元有梗岸接焦村圩，合依舊增高修築。』從之。

十二月十四日，監行在都進奏院李結言：『蘇、湖、常、秀所產，爲兩浙之最，自紹興十三年以來，屢被水害，議者皆歸積水不決之故，以爲積水既去，低田自熟。第以工役浩繁，事皆中輟。臣有管見治田利便三議：一曰敦本，二曰協力，三曰因時。司農丞郟亶議云：古人使塘浦闊深者，蓋欲取土以爲堤岸，非專爲決積水。若堤岸高厚，借令大水之年，江湖之水高於民田五七尺，而堤岸尚出於塘浦三五尺，故雖大水，不能入於民田。民田既不容水，則塘浦之水自高於江，而江之水亦高於海，不須決泄而水自湍流矣。此古人治低田之法也。若知決水而不知治田，則所浚之地，不過積土於兩岸之側，霖雨蕩滌，復入塘浦，不五七年，填淤如舊，前功盡棄。爲今之務，莫若專務治田。乞詔監司守令相視蘇、湖、常、秀諸州水田、塘浦緊切去處，發常平義倉錢米，隨地多寡，量行借貸與田主之家，令就此農隙，作堰車水，開浚塘浦，取土修築兩邊田岸。立定丈尺，衆戶相與併力，官司督以必成。且民間築岸所患無土。今既開浚塘浦，積土自多，而又塘闊水深，易以流泄。田岸既成，水害自去，此臣所謂敦本之義也。』結又以爲：『百姓非不知築堤固田之利，然而不能者，或因貧富同段而出力不齊，或因公私相吝而吒循不治，非協力不可。百姓所鳩工力有限，必賴官中補助；官非因饑歉，難以募民興役，非因時不可。』詔：李結所陳，誠爲允當。今相度，欲鏤板曉示民間有田之家，各自依鄉原體例，出備錢米，與租佃之人更相勸諭，監督修築田岸。庶官無所損，民不告勞』。詔從之。

七年七月二十五日，將作少監馬希言奏：『被旨覆寔太平州修圩利病，欲望委自有圩田州縣守令措置，將圩內人戶推一名有心力、田畝最高之人爲圩長，大圩兩人，每遇秋成，集本圩人夫於逐圩增修。面闊一尺，側厚一尺，腳闊二尺，須用堅土實築。若圩內人力不足，或闕工食，官中量行添助。如是五年不輟，則圩勢高厚，雖有湖潦，不能侵也。』詔令逐州守臣措置。希言又言：『乞再委三州軍守令，應私圩未修去處，以田畝十分爲率，借米一分，令日下修葺。仍令被水之圩更與給借糧種，候秋熟，分兩年剋納，並須遍及四遠鄉村。先以所管常平米支，如不足，轉運司就鄰近州縣取撥應副。』從之。

二月四日，觀文殿學士、知紹興府蔣芾言：『本府會稽縣德政鄉有田萬二千畝，七年被水，細民殆無生意。古有後浦，在下流凡十里餘，舊來深浚，以泄裹水。爰自損壞堙塞，每遇溪流泛溢，江湖壅大，則滃浸旬日，水不通泄，一再插種，並無收成。乞於本府常平錢借支二千緡、義倉米借支三千斛，就行賑濟，因以開浦。』從之。

五月二十日，詔：『太平州、寧國府新修圩田，可差監察御史陳舉善前去覆實，開具有無堅壯損壞以聞。』

七月十三日，戶部尚書曾懷等言：『秀州華亭縣新涇塘合築堰置閘，以捍咸鹹潮，免侵民田，事繫利害。其所用工料錢五萬貫文省，乞委浙西提舉常平官李結疾速興修。』從之。後知秀州丘崈遂成之。詳見『堤堰』門。

八年十一月，臣僚言：『寧國府兩圩埂岸雖已圓固，至於卑窪去處可以瀦水者，又須當求所以措畫之方。惟相其水源所歸，穿掘陂堤以儲蓄之。外水既落，則因以決放，而可以免於浸溺。況兩圩腹內功裹私圩十五所，其野泊荒陂低圩之田廢而不治者尚多有之。圩民知其利而不能自辦，官欲爲之，又無餘力可成。惟其常有淹澇之憂，而未免蠲減苗稅，孰若以其所減者募民疏鑿？欲望於苗租內截撥米若干碩，責以農隙之時浚築，將見永無水患，不失賦入，以濟大農之用。』詔江東常平司委官取見的實合修去處丈尺、工料、米數，實具文狀保明以聞。

九年八月十六日，詔曰：『朕惟旱幹水溢之災，堯、湯盛時有不能免，民未告病者，備先具也。間者數年比不登，江、湖、閩、浙之人或荐告饑。豈有肥磽人事之不齊乎？將火耕水耨不得其時，地有遺利乎？抑賦役繁多，或奪其力乎？何種入之寡乏也？深惟其故，未燭厥理。乃博延群臣，訪問得失。吏有從南方來者，言豫章諸郡綿亘阡陌，近水者苗秀而實，高仰之地雨不時至，苗輒就槁。意者水利不修，失所以爲旱備乎！唐韋丹爲江西觀察使，治陂塘五百九十八所，灌田萬二千頃。此特施之一道，其利如此，矧天下至廣也！農爲生之本也，泉流灌溉，所以毓五穀也。今諸道名山川原甚衆，民未知其利，然則通溝瀆，瀦陂澤，監司、守令顧非其職歟！其爲朕相丘陵原隰之宜，勉農功，盡地利，平繇行水，勿使失時。雖年有豐凶，而力田者不至拱手受弊，亦天人相因之理也。朕將即吏勤惰，行殿最而寓賞罰。各殫厥心，無蹈後悔。』

九月二十七日，度支員外郎朱儋言：『江東圩田爲利甚大，其所慮者水患而已。知增築埂岸以固堤防爲急，而不知廢決隘塞，以緩奔衝之勢。乞下江東轉運、常平司，更切講究本路圩田別有似此隘塞水道合從廢決去處，與逐州守臣公共詳酌，奏請施行。』從之。

九年十一月二十五日，詔：『令諸路州縣將所隸公私陂塘川澤之數開具，申報本路常平司籍定，專一督責縣丞，以有田民戶等第高下分佈工力，結甲置籍，於農隙日浚治疏導。務要廣行瀦蓄水利，可以公共灌溉田畝。如無縣丞處，即責以次縣官依此措置。候歲終，令本州參酌將工力最多去處保明申常平司，差官覈寔，申朝廷推賞。其怠慢不職之人，按劾取旨責罰。』從臣僚請也。

十二月二日，龍圖閣待制、知太平州胡元質言：『今歲遭值大水，除政和等十三圩不曾遭風水，餘諸圩幾四百里爲水漫沫而入，內外灌浸，風浪淘洗，經涉三時。其受害損壞不一，合隨其所損而爲之計。其洗動處則重築，其坍落處則補築，其虧狹處則貼築，其不損壞處則又爲之增築。其工費計米二萬一千七百五十七碩五升，錢二萬三千五百七十貫一百三十七文省，比隆興二年、乾道六年所省幾半。務趁此冬土脉堅實之時，及期辦集。』從之。

以上《乾道會要》。

《方域志》：壽皇聖帝隆興元年十一月二十四日，知紹興府吴芾言：『鑑湖之廣，周回三百五十有八里，環山三十六源之水注流其中。自漢永和五年，會稽太守馬臻爲之，溉會稽山陰縣之田九千餘頃。至於國初，八百餘年，民受其利。歲月寖遠，濬治不時，日以堙廢，瀕湖之民侵耕爲田。熙寧間，盜而田者九百餘頃。朝廷嘗委前廬州觀察推官江衍經度其宜，凡爲田者兩存之。乃立石碑爲界，内者爲田，外者爲湖，申嚴約束。政和末，爲郡守者務爲應奉之計，遂建議廢湖爲田，賦輸入于京師。自是姦民私占，無所忌憚，江衍所立石碑之外爲田者又一百六十五頃七畝有奇，而湖湮廢盡矣。今欲開鑿，合用工四百九十萬七千九百餘。欲望申嚴約束，今後每於農隙接續興工。仍乞勑旨本路提舉常平官并本府守臣各兼提舉開湖，通判、令、丞、簿各兼主管開湖，庶得上下協力。昔錢氏以臨安府西湖有灌田之利，嘗專置撩湖兵士千人，人以爲便。今欲移壯城一百人備撩漉浚治之役，許本府辟差強幹大小使臣一員，以巡轄鑑湖堤岸爲名。』從之。其後芾任刑部侍郎，復奏：『自開鑑湖，溉廢田一百七十頃，復湖之舊，又修治斗門堰閘十三所。夏秋以來，時雨雖多，亦無泛濫之患。民田九千餘頃悉獲倍收，其爲利較然可見。勘會旁近低田不過二萬畝，欲從官司量給其直之半，而盡廢其田，將江衍元立禁碑別定界止，則堤岸自然永無盜決之虞。』從之。

二年八月六日，臣僚言：『大江之南海濱有三十六浦，洩浙西陂湖之水入於海，浙西因無水患。近歲浦港淤塞甚多，且有力之家圍田支閡。紹興二十八年，朝廷差趙子瀟措置開濬，未及興工，改用任古，比子瀟所計十減八九，議者非之。今次議得，三十六浦實有四等：如茜涇、下張、崔浦、黄泗、七丫浦、掘浦、溪浦、金涇八所爲最要；如六鶴、楊林、千步涇、甘草、六河、高浦、司馬浦、東陳浦九所又其次也；如浪港、參浦、五嶽、川沙、顧逕、野兒、西陳、水門、溏浦、黄鶯、耿涇、瓦浦、唐浦、石幢、鄔溝、北浦十六所，又其次也；如白茆、福山、許浦三所，不大淤塞。欲望睿旨選官，先次商浙西水勢，將三十六浦擇要切處科計工役，盡理開濬。』詔諸州守臣考按古迹及條具堙塞河港以聞。其後兩浙路轉運判官陳彌作言：『奉旨平江府躬至常熟、崑山兩縣考利病。常熟之浦二十有四，皆北入于江；崑山之浦十有二，東入于海。蓋以太湖、震澤居其上流，昔人患松江之不能勝，欲使衆流涇得其歸故也。諸浦之興，始於天禧，成於景祐。逮政和間，稍已堙廢。夫瀦水則今之塘湖是也，瀉水則今諸浦是也。識者皆知開浦之利不但今日，特以工費甚廣，不敢輕議。今若併舉大役，慮歉歲民無餘力，官無羨儲，及致勞擾。輒擇其宜先者凡十浦，而其緩急又半之。興工之月，仍乞以緩急爲先後之序。常熟縣最要二浦：曰許浦，曰白茆浦，總計工役爲錢十萬五千三百四十八緡，米四萬五千四百四十六石。次二浦：曰崔浦、黄泗浦，總計工役爲錢七萬六千六百八十二緡，米二萬三千三百四石。崑山縣最要三浦：茜涇、下張、七丫浦，總計工役爲錢七萬一千四百七十二緡，米二萬一千四百四十一石；次三浦：川沙、楊林、掘浦，總計工役爲錢二萬二千二百緡，米六千六百六十石。』詔平江府守臣沈度覈實，如委當開掘，即具省減工料聞奏。

同日，權發遣常州劉唐稽言：『本州申、利二港上自運河發流，經營回復，至下流析爲二道，一自利港，一自申港，以達于江。緣江口每日潮汐帶沙，填壅上流，淤泥澄積，流洩不通；而申港又以江陰軍釘立標揭，拘欄稅船，每潮則泥沙爲木標所壅，淤塞益甚。今若相度開此二河，但下流申、利兩港並隸江陰軍。若議定深闊丈尺，各於本界開淘，庶協力皆辦。又孟瀆一港在奔牛鎮西，唐孟簡所開，並宜興縣界，沿湖舊有百瀆，皆通宜興之水，藉以疏洩。近歲阻於吳江石塘，流行不快，而沼湖河港所謂百瀆，存者無幾。今若開通，委爲公私之便。』詔本路憲臣葉謙亨相視，先具利害以聞。其後謙亨言：『港水與民田漫沒不分，俟水退計度。』詔憲臣曾建兩月措置開濬，事有未便，條奏。至乾道二年八月，漕臣姜詵等始議措置，欲於來年移造蔡涇閘、申港工物，次年春初地脉開凍之時，先開申港。其説謂上流横河有三山横石，妨礙洩水，須先開鑿。日役民夫七千，度至三月上旬畢工。更乞休役一年，再於次年開濬利港。合用民夫，乞下常州、江陰軍兩郡均募。詔江陰軍、常州蔡涇閘及申港來年春興功，利港更休役一年。明年四月，修申港成，官吏第賞有差。

十月二十日，直敷文閣、權發遣臨安府黄仁榮言：『餘杭南、北兩湖綿亘二千餘里，頃年以創置馬監，洪水暴漲，泥土沙石亟湧入湖，遂致壅塞淤積，水無所歸。乞將馬監撥歸南蕩，可以施工修治。』詔馬監撥南蕩，就委仁榮措置。仁榮措置：『兩湖東舊有五畝畦，計七十二丈，以殺水勢，不致衝突，久廢不修。今鄉自備椿筱，修治兩湖北中隔塘約四里，隔護湖水，免入縣市，浸損民屋。即今塘岸損漏，欲候農隙日興工。馬監元買田地一千六百五十九畝，並兩湖地七千九百四畝，漲泥堙塞。已勸諭鄉民候農隙日力辦，於湖內任便取土，興修濬治。』從之。

乾道元年正月十四日，敷文閣待制、知建康府張孝祥言：『溧水縣銀林至東埧約陸行十五餘里，中隔五堰，東通溧陽、宜興兩縣入太湖，古道尚存，歷歷可考。按圖經云：昔吳王闔閭伐楚，以伍相舉兵，因開此瀆，以通漕運。此道堙塞久矣，宣和間，嘗委發運司同本府審度利害。議者以謂東西湖水高低不等，若開此河，西湖之水流入東湖，則蘇、常被害。又云土石堅硬，不通開鑿。是時頗疑此說，遂即舊河開井丈餘，探知工力可以穿鑿，即會計貲糧，方欲興工，偶靖康多事，因而止役。今宣和間所開土井尚存，則土石堅硬之說，已不然矣。此河從古有之，既入太湖，當自松江順流入海，則蘇、常被害之說，亦未爲得。紹興以來，朝廷屢委本路漕司相度利害，村民往往憚於興作；加其地多以車腳往來，牙儈所得甚厚，使舟船通行，即黨輩失利，故立異說以惑亂上下。況銀林至東壩，每春水泛漲，舊河亦可通百料之舟。方今駐蹕錢塘，若此河可開，不唯川廣、荊湖、江淮諸路綱運減省水脚，且免涉大江數百里風濤、寇盜之患。』詔令汪澈依張孝祥所具便宜，限半月措置以聞。其後澈移通判張維行視。維言：『若開五堰，恐大江泛濫，無以禦之，蘇、常受害。』奏聞，遂寢。

同日，敷文閣待制、知建康府張孝祥言：『奉詔案視溝瀆古迹。考按圖經：秦淮水三源：一自華山由句容，一自盧山由溧陽，一自溧水至赤山湖，至府城東南，合而爲一。縈回繚繞，綿亘二百餘里，溪港溝澮之水盡歸焉。水流上水門，由府城入大江。舊上、下水門展闊，自兵火後，砌疊稍狹，雖便於一時防守，寔遏水源流通不快。兼兩岸居民填築河岸，添造屋宇，日漸侵占其岸白地，利入公庫。若本府免收，仍諭居民不許侵占，秦淮既復古道，則水不泛漲矣。又府城東南號陳二渡，有順聖河，正分秦淮之水。每遇春夏，天雨連綿，上源奔湧，則分一派之水自南門一直入江，故秦淮無泛濫之患。今一半淤塞爲田，水流不通，河勢雖存，寔不通澈。若不惜數畝之田，疏導之以復古迹，其利尤倍。』詔帥臣汪澈指定以聞。徹代孝祥，故命焉。其後澈言：『水潦之害，大抵緣建康地勢稍低，秦淮既泛，又大江湍漲，其勢溢溢，非由水門砌疊窄狹及居民侵築所致。秦淮分三派：一入城中，入下水門入江，一抱北流爲壕，一抱城南流爲壕入江。入城中者，即由上水門，其砌疊處正不可闊，闊則水入城益多，狹則有以殺其勢，而分歸兩壕。臣今指定上下水門砌疊處不動，夾河居民之屋亦不毀除，止去兩岸積壤，使河流快，所謂陳二渡順聖河，乃程二渡也，訛而爲陳。相近者有二河之迹：一名順營河，一名石溝河，自東南至城角伏龜樓下，與城濠相就，直入江。疑古有此，莫究堙塞年代。順營勢彎難鑿，惟石溝勢快，可以下工。其河約六里，見爲民田。今指定，欲自程二渡開復石溝一河，就伏龜樓下南城壕，可使秦淮水勢不至大入城中。臣又慮其地係行宮東南旺方，不宜開鑿。』從之。

三月六日，知平江府沈度言：『兩浙運判陳彌作言崑山、常熟界白茆等十浦相視疏濬先後之序，約用工三百二十二萬七千三百有奇。今體訪彼處耆老，所開港浦並通澈大海，遇潮即海內細砂隨泛以入，潮退而砂泥澄墜。許一舉開濬，晝停夜積，不數年以舊填淤。今若依舊招置闕額開江兵卒，常熟、崑山每縣各一百人，仍於本府見管使臣內選差二員部轄，相視緊緩見今淤塞之所，次第開濬，通洩水勢，不數月，諸浦可以漸次通澈。如慮潮水帶上砂泥停積，即候徐來委逐縣措置官船，於要緊浦內擺泊，用開江兵卒駕船，每遇潮退，隨之搖航，常使砂泥隨潮退落，不至停積，實爲久便。』從之。

二年二月十九日，和州言：『開鑿姥下河，東接大江，防捍敵人，檢制盜賊，最爲右地。』輔臣以堙廢既久，擅興非宜，奏罷之。

三月十七日，太平州言：『轄下東采石與和州楊林渡相直，紹興三十一年，金人犯江，先自和州造船，入楊林渡小河，徑衝采石，其爲要害明甚。今和州止爲創收商稅，皆微小課息，卻將舊姥下河東接大江，西至姥下市橋，次曲尺至和州城下，稍西比接連東河，出大江，欲創疏鑿，達和州城下，直抵慈湖，相對赤埭河口出大江，通放舟船。恐緩急賊船可以囊橐，實難防禦。』詔以其事下淮西總領所、轉運司。其後逐司言：『楊林渡元係大江砂夾河水，通行約三千四百餘步，堙塞歲久。若今開通，可免逐年大江黃滂湧入姥下，浸損圩埠。兼砂夾自今淤澱，人馬可以直過，別無限隔。若開通河道，緩急之際，江北百姓牛馬等可先渡砂上，次第濟渡過江。其砂上亦可儲蓄糧草，軍民兩利。』詔和州將未開步數，許行開掘。

六月二十三日，權兩浙路計度轉運副使姜詵言：『華亭縣蹻港、顧永涇、大沈涇、小沈涇、縷涇、新漕涇、銚港、東沈涇、沅家港、龍泉港十所與柘湖相通入海，後以潮砂淤塞港口，今相度，令秀州從宜開濬。常熟縣黃泗浦、崔浦、許浦、白茅浦亦以潮沙所堙，浦口淺狹，開鑿合用二百二十九萬三百餘工。最要許浦，自梅里塘、雉浦口東南至白蕩橋；黄浦，自黄沙港至塘橋；其次崔浦，自丁涇塘至浦口；黄泗浦，自十字港至溪浦。』詔本路漕臣躬詣相視，仍令逐州守臣專委令丞計度開掘，申尚書省。其後詵復言：『遍往相視，據鄉土父老等合辭言：瀕海諸浦，官司難以盡開。衆議許浦最要，今先開濬，及自雉浦口開至梅里，直達柴彎，則積水可徑泄入揚子江，與諸浦以次開淘。』詔別議施行。

三年十一月十五日，紹興府言：『轄下蕭山縣西興鎮通江兩閘，近年爲江沙壅塞，舟楫不通，募人自西興至大江疏成沙河二十里，并開浚閘裏運河十三里，通便綱運，民旅皆利。既通之後，復恐潮水不定，仍有填淤之患，并本府通江六堰綱運至多，謂宜措置，爲經久便利。欲乞於本府合差注指使員數差一員，以專開撩西興沙河繫銜，庶永遠爲一方舟楫之利。本府額管捍江兵士二百人，今欲撥差五十名，專充開撩沙浦，不得泛雜差使。仍從本府措置起立營屋居止，遇有微小拆毁處，即時開撩，歷常令通濟。』從之。

四年十二月二十六日，臣僚言：『蕭山縣民裴詠等屢經御史臺訴百姓汪彦等將湘湖爲田千餘畝，以獻總管李顯忠。若果以湘湖爲田，侵漁不已，湖當盡廢，湖廢則九鄉萬衆之産一遇旱幹，何以灌溉，苗即就槁。欲乞令紹興府差官行視，若委以湘湖爲田，則給民，復以爲湖，非湘湖則勿問。』從之。

五年二月七日，權發遣臨安府周淙言：『西湖水面惟務深闊，不容填溢，並引入城内諸井，一城汲用，尤在涓潔。今相度，欲增置撩湖軍兵，以百人爲額，專委錢塘縣尉並壕寨官一員，於銜内帶「主管開湖」，專一管轄軍兵開撩。仍乞除德壽宫外，自今並不許有力之家種植菱茭，及因而包占，增疊堤岸。或有違戾，依蘇軾任内申請，以違制論。』從之。

九月六日，權知明州張津言：『轄下東錢湖容受七十二溪，方圓廣闊八百頃，傍山爲固，叠石爲塘，合八十里。自唐天寶三年，縣令南金開廣之。皇朝天禧元年，郡守李夷庚重修之。中有四閘七堰，凡遇旱涸，開閘放水，灌溉七鄉民田計五十四萬畝。雖甚亢旱，亦無災傷。昨因豪民於湖塘淺岸漸次包占，種植茭荷，障塞湖水。紹興十八年，雖曾檢舉約束，盡罷請佃，歲久，茭根蔓延，滲塞水脉，致妨蓄水。兼塘岸間有低塌去處，若不開淘修築，不惟侵失水利，兼恐塘埂相繼摧毁。欲望下本州，候農隙之際，趁時開鑿，因得土修治埂岸，寔爲兩便。』從之。其後本州言：『行視湖濱，緣所用丁夫浩瀚，見樁錢米殊闕不支。竊見東錢湖自有湖以來，到今雖遇大旱，不闕灌溉。自前雖時復野生茭草，諸鄉百姓至二三月間便採割貨賣，飼食耕牛。近年因兩寨水軍牧馬，盡籠有之，刈割失時，以致根蔓積爲厚葑。今若依舊許百姓二三月間茭草發生之時任便采刈，八九月以後無用水之時，縱幹湖水，令百姓牧放踐踏，即茭葑逐軍自壞，經久淨盡，官中可無大費，誠爲便利。兼環湖皆出倚山爲岸，岸非山處殆不能半，外民田率低下，雨澤稍多，湖面漲溢，輒時決放。至今諸堰有所謂則水石者，言水過此則須開閘破堰，放泄湖水，可見岸下足以潴蓄。今欲度量，將所樁錢米先修堤防。堤防既高，水自潴蓄。水勢既深，雖茭葑未除，亦不爲害。』詔開東錢湖前旨不行，所樁錢米，令本州修築堤岸。

七年七月二十四日，詔兩浙漕臣沈度專一措置修築練湖。先是，臣僚上言：『鎮江府丹陽練湖，按圖經：幅員四十里，納長山諸水，漕運資之。故古語云：「湖水寸，渠水尺。」在唐時，法禁甚嚴，盜決者罪比殺人。本朝猶踵其法，爾後浸緩其禁以惠民。然修築嚴甚，春夏多雨之際，潴蓄盈滿，夏秋雖無雨，漕渠或淺，但泄湖水一寸，則爲河一尺矣。故夾岡亦未始有膠舟之患，公私兩便焉。兵火以後，多廢不治，堤岸圮缺，春夏不能貯水。強家因而專利，耕以爲田。歲月既久，其害滋廣。官司雖時稱開濬補築，徒爲文具而已。侵耕浸多，功以淤澱，夏秋乏雨之際，視湖如掌，啟板至十餘，纔能泄入河，猶不能大有所濟，況民田邪？由此公私兩病矣。伏望特降睿旨，令本路轉運若提舉官日下與府縣長吏躬親相視，按唐、興國初之舊，于貯水委有利害，必嘗開掘者若干，公心詳度利害，檢計工料，保明以聞。然後遣一郎官或御史復案之，候農隙興工，務使易成而難毁。仍參酌中制，立爲盜決侵耕之法，著于令，責長吏以奉行必定，庶幾練湖漸復其舊，民田獲灌溉之利，漕渠無淺涸之患。』

七年九月十一日，權發遣秀州丘崈言：『華亭縣地勢南北高仰，其鄉間父老皆稱或遇水澇，本縣西北有長泖，接連澱山湖、趙屯浦、鹹魚港，出大盈浦，趣吳松江入大海。縣北亦有通波塘、蒿塘、郭巷涇，趣艾祈浦，通吳松江，亦入大海。縣東北又有北俞塘、黄浦塘、蟠龍塘，通接吳松大江，皆泄裏河水澇。内北俞塘見今淤塞，已委官相視開撩。竊詳蘇、湖州積水，湖州自震澤太湖泄入吴松江，平江府自練湖入白蜆江，泄入吴松江，並歸大海。止緣兩州之人不知地勢，所以累訴，官司信之，累命决水於二州，初無利便，反均被鹹潮之患。』宻興修本州涇塘堰，條奏水利，因及之。

十月十三日，兩浙路計度轉運副使沈度言：『被旨措置修築練湖，相視上下兩湖石𥕛三座，舊有啟閉閘板，歲久板木不存，因此走泄。内横填石𥕛係縱水歸下湖，今已衝損，及姚婆石𥕛最爲切要，走水尤多。欲依舊置閘板啟閉，監督添用椿木，隨閘板高下填築固護；及南北斗門損漏，一切各已整治。竊觀上湖地形比下湖高仰，西向地形石𥕛之側有數丈損闕，比之東向，其岸稍低。兩湖草地灘脚若濬治近岸，即就土可以增堤高、固湖身。復依古者作上峰，就湖堆積。如此，則蓄水必多，不獨以通利綱運，亦以灌溉民田。』從之。

八年六月二日，直敷文閣、權發遣兩浙西路提點刑獄公事、提舉河渠公事、王淮言：『竊見姑蘇號曰平江，言江流至此而平也。平則勢緩，緩則易壅，非泄而入海，則不能無潦水之患。《書》言三江既入，震澤底定。臣嘗考三江入海之由，不可詳據，姑以耳目所接，鄰於海而易泄者，惟秀之青龍港、蘇之許浦、白茆，與夫琴川、百家涇，皆泄入海之道也。今秀之青龍港固自若，所不必論，而蘇之百家涇、琴川、白茆或存或廢，未可遽復。惟常熟之許浦，流之最下者，沙石填壅，其淺者既夷而爲平陸，而其深者亦不過尋丈，舟行則膠，流集必遏。曩者朝廷嘗命憲臣相視而開導之，工役既衆，暫而遂止。然法有不便於彼而於此甚便者，事有不行於前而於兹爲可行者，惟因人之力而用之則役省，因人之利而導之則樂從。力半工倍，莫甚於此。且今之許浦，水軍屯駐在焉，連營列壘，不下萬計。誠於此時命主將以提其綱，命縣官以佐其費，秋冬之交，防托之暇日，率其卒伍，沿許浦一帶疏而通之，浚而深之，使江海之流相接，而又立爲犒賞，隨所治之多寡爲之等差，則貪者先之，懦者隨焉，持久之效可旬日辦也。豈惟浙西之民可無水潦之患，亦彼屯駐者之利也。其地里之遠近，流委之曲折，地勢之高卑，經理之始末，當命有司别條具焉。惟冀陛下留神，幸甚。』

同日，五兵郎、前權發遣鎮江府兵馬鈐轄王徹言：『紹興二十八年開平江府常熟縣五浦，時因積水泛溢，欲泄八大江，宜自常熟縣東開鑿，至雉浦五十里入許浦，縱水入江，方爲長利。卻自雉浦之西就民田創河二十五里，號丁涇塘，横引水復入福山浦，使二浦之水復歸一浦，止近縣田稍獲灌溉，他無補也。且大江之南，鎮江府以往地勢極高，至常州地形漸低。錢塘江之北，臨安以往，地勢尤高，秀州及湖州地形極低。而平江府居在最下之處，使歲有一尺之水，則湖州、平江之田，無高下皆滿溢，每歲夏潦秋漲，安得無一尺之水乎？聞江瀕海岸常列三十六浦，各置巡檢寨捍江海，浚治江浦，通快上水，故數十年前淛西不聞每歲被水。今三十六浦最急者，平江府五浦，蓋平江府實爲淛西衆水聚集之地，就五浦之内，黄泗浦之中，大抵與福山通流，不用開鑿外，崔浦、許浦、白茆浦三所潮沙壅積，與岸齊平，使千里之外不能流入，大江之潮不能上通。竊謂治水當導所受之處，若使下流壅積，不達江海，雖鑿陂塘，所及亦狹。要使江泉海瀕注水如瀉，然後百川之流漸有歸宿。謹圖地形水利附奏。』詔先措置開鑿許浦，條約以聞。其後平江府守臣丘宻言：『開鑿許浦，雖大水不無獲利，然頓失瀦蓄，遇旱不無所病，且大役難成。』其議遂止。

九年十一月二十三日，臨安府言：『承禦降文字，竊惟西湖自蘇軾開鑿以後，舊額合招撩河兵士一百人駐於近湖之地，歲輒開撩，不使淤塞。今六飛駐蹕，所存止二十有五人。況禁戢不嚴，冒佃浸多，故多葑茭蔓延，西南一帶，已成平陸，而濱湖之民，每以葑草圍裹，種植荷花，駸駸未已。若不鋤治，恐數十年之後，西湖遂廢，將如越之鑑湖，不復可復。欲望睿慈措置，凡湖之荷蕩，若閑慢不急之所，許存留；若居湖中，有礙湖面，一切芟除，務令淨盡。仍乞約束，自後居民不得再有圍裹，如違戾，以違制論。庶幾瀦水有餘水，而漕渠六井之須，雖遇旱歲，可以無乏，公私兼濟，實非小補。』從之。其後臨安府守臣言：『一切芟除外，西至顯明寺前，北至四聖觀港湖，東至王妃塔，南至山脚，種植菱芰蕩等，並係良馬院主掌。』詔並令開撩。

又《造水磑》《宋會要》：真宗大中祥符八年四月，命河北安撫副使賈宗相度定州北河興置水磑。先是，上封者言：定州地有暖泉，冬月不冰，可以常用，故使經度之。

仁宗天聖八年四月，陝府西轉運司言：『秦州路歲造麴用麥數萬石，止合於在州及近郊水磑户分配變磨，其就倉請領并納麪時頗多邀滯擾。今據磑户八十餘人狀：願紐撲官水磑五盤，所收數納官，只乞官自變磨應副。知州張綸尋已施行。兼綸差通判程賁於州界側近度地形安便處增修水磑，得永寧寺西官柳林中可修立水磑一，悉不妨占居民地土水利。令并舊官磑應副中變磨合用麴麥外，亦可量出租課，添助軍須。乞降敕處分。』從之。

神宗熙寧六年五月六日，詔諸創置水磑碾碓有妨灌溉民田者，以違制論，不以去官、赦降原免。官司容縱準此。

元豐六年二月二十七日，都提舉汴河堤岸司言：『丁字河水磨，近爲瀦蔡河開斷水口，妨闕茶磨。本司相度通津門外汴河去自盟河咫尺，自盟河下流入淮，於公私無害。欲置水磨百盤，放退水入自盟河。』從之。

哲宗紹聖元年八月二十三日，詔興復水磨茶，應合行事，令戶部先具措置，申尚書省。

九月二十八日，戶部言：『準敕，復置水磨，今踏逐到京、索、天源等河，措置修立。』從之，仍差右通直郎孫迥提舉。

二年三月七日，戶部言：『得旨興修水磨茶事。初元豐中，都提舉汴河堤岸司總領，即便水流用之。堤岸司今廢歸都水監，而措置茶事乃隸戶部，事不相應。請依元豐置都提舉汴河堤岸司故事，應一司事並依舊條。』詔就差提舉茶場水磨官兼提舉汴河提岸，專管句，自洛至府界調節汴水，應副茶磨，不得有妨東南漕運。

四年十一月十一日，戶部郎中、提舉水磨茶場孫迥言：『茶磨乞於在京東水門外沿汴河兩岸逐舊日修置水磨去處，別行興復。』從之。

元符三年十二月三日，詔以都水使者魯君貺專切應副茶場水磨。先是，閻守懃、李士京同領茶場，欲榷淮南茶，盡鬻之官，歲當三百萬緡，三省抑而不行。至是，三省因奏，神宗本以抑奪都城十數兼并之家，歲課至三十四萬緡，近賈種民遂增展及輔郡，人以爲病。詔增展輔郡榷茶指揮勿行，止依元豐舊法。

徽宗崇寧二年二月二十三日，提舉京城茶場所言：『紹聖初，興復元豐水磨，推行京畿茶法，歲收二十六萬餘緡。四年，于長葛、鄭州等處京、索、潩水河增磨二百六十所，借用汴水，極爲要便。自輔郡榷法之罷，遂失其利，今四磨不能給。其元符三年罷輔郡榷茶指揮乞勿行。』從之。

《嘉定鎮江志》：本朝《會要》：淳化元年二月，詔廢潤州之京口、呂城、常州之望亭、奔牛四堰，秀州之杉青堰，杭州之捍江、清河、長安三堰，越州之山陰縣西堰。天聖七年五月，兩浙轉運使言潤州新河畢工，降詔獎之。

《三朝國史志》：慶曆三年，潤州瀦漕河成，督功者賜詔嘉獎。其後每年必乾淺，輒阻漕舟。虞部郎中胡淮與兩浙路提點刑獄元積中再經度，常、潤州河夾崗道置堰，功費多而卒無補。御史陳經言之，淮及積中皆貶官。係熙寧二年。初，武進尉陵民瞻建議廢呂城堰，又即望亭堰置閘，而知常州王說議開珥瀆河，通常、潤運路。朝廷以虞部郎中胡淮提舉，民瞻督役，兩浙提刑元積中總其事。蓋積中主民瞻議故也。鄭向爲兩浙轉運副使，疏潤州蒜山漕河抵于江，人便利之。皇祐二年，王琪再守潤，轉運使欲大興役，浚常、潤二州漕河。琪言：『方蠻蜑騷五嶺，又南方歲比不登，民困無聊，不可重興此役。』詔罷之。而後議者卒請廢呂城堰，破古函管而浚之，河反狹，舟不得方行，公私以爲不便，官吏率得罪去。

《會要》：治平四年七月，都水監言：『兩浙相度到潤州至常州界開淘運河，廢置堰閘，乞候今年住運，開修夾岡河道。』從之。

《四朝國史志》：元祐四年，知潤州林希復呂城堰，置上下閘，以時啟閉。

《四朝史》本傳：曾孝蘊字處善，公亮從子，紹聖中管幹發運司糴羅事，建言揚之瓜洲、潤之京口、常之奔牛宜易堰爲閘，以便漕運、商賈。役成，公私便之。

《四朝國史志》：元符二年九月，潤州京口、常州奔牛澳閘畢工。先是，兩浙轉運判官曾孝蘊獻澳閘利害，因命孝蘊提舉興修，仍相度立啟閉日限之法，至是始告成也。

《會要》：崇寧元年十二月一日，中書省、尚書省勘會左司員外郎曾孝蘊劄子：『紹聖間，獻陳澳閘利害，蒙朝廷令孝蘊提舉，興修了當。行運首尾四五年，若不別令官司主管，則已成東南漕運大利當遂廢革。欲乞專差官一員，自杭州至揚州瓜洲澳閘，通管常、潤、揚、秀、杭州新舊等閘，依已降條貫，專切提舉車水澳閘，覺察應干姦弊。乞差舊曾監修澳閘宣德郎、新知崑山縣事鮑朝懋提舉管幹，依提舉弓箭手例序官，請給、人從、舟船等事，於蘇州置廨宇，以提舉淮浙澳閘司爲名。人吏許于常、潤、蘇、杭、秀等州選差，半年一替。仍令兩浙轉運司進奏官兼管發落文字。』從之。

政和六年八月，御筆：『鎮江府旁臨揚子大江，舟楫往來，每遇風濤，無港河容泊，以故三年之間，溺舟船凡五百餘艘，人命當十倍其數，甚可傷惻！訪聞西有舊河可以避急，歲也湮廢。宜令發運司計度，深行濬治，以免沉溺之患。

委官處畫，早令告功。」《嘉定鎮江志》

《宋會要》：慶曆中，於夾岡道置堰，功費多而卒無補，旋罷。今地名有黄泥埧者，豈其地與。按舊志：夾岡地勢縈回歧分，山脊相距曠迥，行者惴惴。熊叔茂詩：『僻疑昏有虎，靜怪曉無雞。』謂此地也。嘉定中，郡守宇文紹彭創置六鋪，撥邏卒守之，舟行陸走，藉以無恐。混一以來成坦途。

又《食貨六一・水利雜録》《宋會要》：太宗皇帝淳化四年，知雄州何承矩及臨濟令黄懋請於河北諸州置水利田，興堰六百里，置斗門灌溉。詳見『屯田』門。

至道元年正月五日，度支判官梁鼎、陳堯叟言：『乞興三白渠及南陽、陳、潁、壽春、沛郡、襄陽水田，復邵信臣、鄧艾、羊祜之制，以廣農作。』詔光祿寺丞何亮等經度之。

九月，堯叟、鼎等言：『伏自唐季以來，農政多廢，民率棄本，不務力田，是以廩庾無餘糧，土地有遺利。臣等每於農畝之際，精求利害之本，討論典故，備得端倪。自陳、許、鄧、潁暨蔡、宿、亳至於壽春，用水利墾田，先賢聖跡具在，坊埭廢毀，遂成汙萊。儻開闢以爲公田，灌溉以通水利，發江淮下軍散卒，給官錢市牛及耕具，導達溝瀆，增築防堰，每千人，人給牛一頭，治田五萬畝，畝三斛，歲可得十五萬斛。凡七州之間，置二十七屯，歲可得三百萬斛。因而益之，不知其極矣。行之二三年，必可以置倉廩，省江淮漕運。閑田益墾，民益饒足，乃慎選州縣官吏，俾兼督其事。民田之未闢者，官爲種植；公田之未墾者，募民墾之。歲登，官私各取其半，此又敦本勸農之術。』又引：『漢元帝建昭中，邵信臣爲南陽太守，于穰縣南六十里造鉗盧陂，累石爲堤，旁開六石門以節水勢，溉田三萬頃。至晉杜預，因信臣遺跡，激滍、淯之水以溉田萬頃。魏武以任峻爲典農中郎將，屯田于許下，得穀百萬斛。晉宣王遣鄧艾行陳、潁以東，至壽春，艾言田良水少，不足以盡地利，宜開渠。淮北二萬人，淮南三萬人，且佃且守，歲小豐，常收三倍。除給費外，歲完五百萬斛，六年可積三千萬斛。宣王然之，遂北並淮，自鍾離而南，横石以西，盡泚水四百餘里，五里置一營，營六十人，且佃且守。更修廣淮陽、百尺二渠，上引河流，下通淮、潁，大治諸陂，於潁南、潁北穿渠三百里，溉田二萬頃。自戰爭以來，民競逐末，凡此遺跡，率皆荒榛。臣等欲因其溝塍，增築堤堰，導其水利，墾爲公田。《傅子》曰：陸田命繫於天，人力雖修，苟水旱不時，則一年之功棄矣。水田之制由人力，人力苟修，則地利可盡也。矧又膏沃特甚，螟螣不生，比於陸田，又不侔矣。』帝覽奏嘉之，詔大理寺丞皇甫選、光祿寺丞何亮乘傳按視經度之。

二年四月，皇甫選、何亮等言：『奉詔往諸州興水利。臣等先至鄭渠相視舊跡。按《史記》：鄭渠元引涇水，自仲山西抵瓠口，並北山，東注洛三百餘里，溉田四萬頃，收皆畝一鍾。白渠引涇水，首起谷口，尾入櫟陽，注渭中，袤二百餘里，溉田四千五百頃。兩處共四萬四千五百頃。今之存者不及二千頃，乃二十二分之一分也。詢其所由，皆云因近代職守之人改修渠堰，坼壞舊坊，走失其水，故灌溉之功絕不及古渠。況此水二郡六縣資其利以溉田畝，望令增築堰埭。舊有放水斗門百七十六處，悉已毀壞，望繕治之，嚴禁豪民盜用水。移六石洪門，就近上河岸不損處開渠口，通河水。慎選能吏，專掌其事。』又言：『鄧、許、陳、潁、蔡、宿、亳等七郡民力耕種不及之處，官司閑田共二十二萬餘頃，凡三百五十一處，並是漢魏以來邵信臣、杜詩、杜預、任峻、司馬宣王、鄧艾等置墾闢之地。內鄧州界鑿山穿嶺，疏導河水，散入唐、鄧、襄三州，灌溉田土。又諸陂塘坊埭大者長三十里至五十里，闊五丈至八丈，高丈五尺至二丈，其溝渠大者長五十里至百里，闊三丈至五丈，深一丈至丈五尺，可行小舟。臣等按視，諸處增築陂堰，太費工役。欲望於舊防未壞可以疏引水利處，先耕二萬餘頃，漸興置之。』詔從其請，令自鄧州始，但募民耕墾，免其稅。令選等保舉一人，與鄧州通判同掌其事，選與亮分路按察焉。

五月，知懷州許袞上言：『蒙差奉職張致與臣相度開畎河水，澆溉人户田苗並官竹園。臣等相度，所有令狐管水磨兩盤，實是每年配率民户於丹河作堰，功料至大，百姓甚困弊，欲望特行停廢。其上汜河下流水磨兩盤，且乞仍舊差人勾當，出辦元額一半錢銀。其官竹園依時流溉外，沿河人户，乞令鄉村春夏澆田自上流使水，秋冬澆田，自下流使水。如違，乞以盜決堤防條科罪。或百姓自辦開畝，廣作陂塘，亦聽取便。今據河內縣里正申超等分析到，緣河兩岸使水二十二村，二百二十五户，澆得田土約六百八十餘頃，并屬省竹園在內。』帝謂宰相等曰：『川谷通流，澆溉畎畝，乃農田之急務也，豈可以水磨微細課入妨百姓之利哉？其水磨依奏廢兩盤，見存留者亦與減放一半課額。餘水則引入官地，用灌園竹，勿使荒廢。』

真宗咸平六年三月，以大理寺丞黃宗旦通判潁州，從京西轉運使查道之舉。宗旦先上潁州諸縣陂塘荒地計千五百餘頃，可募民耕佃。因命宗旦經度之。其民自占者三百二十餘家，朝廷欲終其事，適會道舉奏，遂就命之。

景德元年正月，北面都鈐轄閻承翰言：『自定州開渠至蒲陰縣東約六十二里，引水入沙河，東經邊湖泊入界河，可通行舟楫。』計其工役並圖畫來上之。帝謂侍臣曰：『承翰以開導此河不惟易致資糧，兼可耕種其旁，引水溉灌，以助軍實。且許險以限戎馬，亦邊防之利也。宜可其奏。』

四月十四日，閻承翰言：『自嘉山引徐河水，經定州東入沙河。其新開河北，官司已開田種稻；其旁隙地，欲募人耕墾。』從之。

大中祥符五年九月，帝曰：『保州興置稻田，地里漸廣。知州高尹到彼，並不具興修次第聞奏。可密諭尹，令常用心興置，仍逐月件析以聞。其稻田務兵士或聞數目無多，宜令樞密院量與增差。』

天禧元年六月十一日，知昇州丁謂言：『城北有後湖，因旱，百姓請佃，計七十六頃，納租五百五十餘貫。今請依前蓄水，種植菱蓮，或遇亢旱，決以溉田。仍用蒲魚之利旁濟民飢。望量遣軍士開修，其租錢特與減放。』從之。

十二日，詔：『明州城外濠地及慈溪、鄞縣陂湖所納課額永除之，許民溉田疇、采菱芡。』

二年十二月，都官員外郎張若谷言：『宣州化城圩水陸地八百八十餘頃，歲納租米二萬四千餘碩，見屬永陽鎮監税使臣勾當，未得整肅。望置一使臣專領其事。』從之。

四年五月，淮南勸農使王貫之等導海州界石闥堰水入漣水軍溉民田；知濠州定遠縣、太子中舍江澤率部民修古塘堰，貯水溉田，民獲其利。詔並獎之，仍令代還日考課引對。因諭諸路勸農司，應塘堰可以利民者，准此繕修。

七月，詔：『江淮南舊有陂塘，民請佃二十年以內者，並許仍舊修畎，自今不許請佃。內已種苗者，俟收穫畢修作。二十七年已上者，依舊爲主。』

仁宗天聖四年八月，監察御史王沿上相州開河渠引水溉民田利害，詔俟修護黃河畢日規畫之。沿奏云：『渠田起於戰國魏襄王時，東有全齊，西有強秦，韓、魏在其前，燕、趙居其後，干戈歲動，封疆日蹙。苟不盡其地利，則爲強國所吞。故史起獻其謀曰：魏氏之行田也以百畝，鄴獨二百畝，是田惡也。漳水在其旁，西門豹爲鄴令，請引之以溉鄴，以當魏之河內。臣徧觀史傳，但載灌溉之饒，不書疏導之法。唯本州圖經稱有天井堰者，魏武帝所作，二十里，分十二重墱，每墱相去三百步，令互相灌注。故左太沖《魏都賦》云：「墱流十二，同源異口。」詳此，則古來漳水本淺，不與岸平，須就岸以開渠，復臨渠而作堰。則水流渠內，渠灌田中。蓋爲渠之初，必就高處，渠行數里，方達平田。若水與岸平，田與岸接，爲渠甚易，溉田不難。則自國初以來，庸常之人已能開之也矣，又豈假臣之瞽言而後隱度哉！臣按《史記》云：「韓聞秦之好興事，欲疲之，無令東伐，乃俾水工鄭國說秦，令鑿渠，引涇水並北山東注洛三百里，欲以溉田。中作而覺。鄭國乃曰：「爲韓延數年之命，爲秦建萬世之功。」秦以爲然，卒使就渠。夫以強秦之力，鑿一渠，有何艱哉？韓人乃云欲疲之，鄭國又云爲韓延數年之命，則是舉秦國之人而疲之數年，然後能成之。今若持此較彼，則史起之引漳水，豈止一朝一夕之功哉？是必歲役萬人，數歲而獲其利。又鄭國鑿渠，並北山東注洛三百里，則是爲渠之初，須就高處，本不與平田相接，亦已明矣。若與平田相接，則澆灌之利豈能遠及三百里哉？臣詳王軫、房中正等相度漳渠事狀，大抵云水卑岸高，渠已湮塞，若作堰開渠，其功甚大，則亦然矣。若云渠堰雖成，其水渾濁，不堪溉田，及所作之堰，若遇川溢之時，必復衝壞，則是軫等不知溉田之方、作堰之法。臣按鄭白渠之引涇水也，今在耀州之雲陽、三原、富平及京兆府之江陽、高陵、櫟陽六縣，緣渠皆立斗門，多者四千餘所，以分水勢。其下別開小渠，方以溉田，則水有所分，民無奔注之患。且其水最濁，故稱「涇水一石，其泥數斗，溉糞禾黍」。今反言其水渾濁，不堪溉田，斯豈非不知而爲知者耶？又其作堰之法，或云皆用大石方四五尺者，錮之以鐵，積之如陵，岐彼中流，擁爲雙派。其南流者乃爲涇水，其東注者乃是二渠，故雖駭浪不能壞。古人苟不如此，則年年修渠，歲歲作堰，百姓豈有利哉？今漳水之畔若復渠田，乞朝廷勘會雲陽縣若有上件渠堰斗門，即乞精擇水工十餘人徧詣彼處，模古人作堰開渠之法，觀今人置斗門溉田之方，及命雲陽民自今犯罪當配者，皆徙相州。教百姓水種陸蒔之利，則其謀易成。至如北邊，本無水田，自徙江南罪人于彼，後來皆知水利。臣昨於正月內上疏，乞命水工往鄭白渠，觀彼疏導之制，往衡漳之上鑿而引之。蓋亦慮磁、相之民不知作渠法耳。又詳王軫稱：若不開舊渠而截河作堰，當役七十五萬餘工；若從渠口開深一丈四尺，當役十三萬餘工。以臣籌之，若渠開二丈四尺，則作堰之功可損半，當並役五十萬工，日萬人，役五旬而罷。若擇水工有計智，依鄭白渠作堰之法，采峄山之石，取磻陽之木，給黎城之鐵，扼中流，據長岸，資木石之固，作其堰焉，上開大渠，可成別派。沿渠數里，分置斗門，漸及平田，必獲澆溉之饒。水東入御河，或遇川溢之時，則於元渠之口下板以塞之，以防奔注之患。其磁、魏、邢、洺既居下流，堤岸又淺，或餘波可及，或別渠可穿，則所謂鄭國在前，白渠起後，又且首起谷口，尾入櫟陽之類也。夫如是，則復三百年廢迹，溉數萬頃良田，雖役萬人，數歲而畢，亦不足爲勞矣。又詳王軫稱『若開古渠，則掘却民田，而其萬金、都領等，渠尋之無迹』者。大凡開溝渠，豈有不犯民田哉？若不犯民田而能開之者，雖史起復生，亦不知計之安出。其萬金等渠求之無迹者，蓋本在田之中，歲久堙沒。又詳王軫稱：高平渠據百姓狀稱税賦已重，雖得水，出利不得，乞不修堰。檢會臣昨言，乞于安陽水次作堰，不以遠近，百姓並許引水澆，蓋欲春夏旱時澆救二十村民田。今軫曾不思先議增税，致人憂疑，不願灌溉，斯豈卹民之旨哉！又以堰成之後，安陽水少，行舟不得，虧却税額。夫以一渠之流，不過減本河數分之水，安患舟不浮哉？苟有利民，雖虧税，其亦末矣。臣載觀軫等事狀，似不以古今利害，徒采村落小民、壕寨軍將之語，以斟酌三百年廢渠之迹，其能盡其術乎？昔西門豹賢臣也，史起尚以爲不知用，是不智也。況野人鄙卒之屬，能盡知乎？傳曰：夫民可與樂成，不可與謀始。又曰：可使由之，不可使知之。今國家生民富庶，區域乂安，有陶唐擊壤之風，無戰國交兵之事，猶乃俯從鄙議，恢復農工。此蓋丕闡皇猷，紹隆治本，雖大禹之疏浚川澤、周人之均別廬井，亦無以加矣。』

景祐元年十一月二十一日，三司户部副使王沿言：『磁、相、邢、趙州已南州軍灌澆去處，人户種蒔稻田。勘會西山一帶州軍即目開修，甚有地窪。竊緣逐處少得稻種，乞下衛州，於種田務支借二百碩，與人户種蒔，收成日依元數送納。』從之。

慶曆三年十一月七日，詔：『訪聞江南舊有圩田，能禦水旱，並兩浙地卑，常多水災，雖有堤塘，大半隳廢。及京東西亦有積潦之地，舊常開決溝河，今罷役數年，漸已湮塞，復將爲患。宜令江、淮、兩浙、荊湖、京東、京西路轉運司，轄下州軍圩田并河渠堤堰陂塘之類合行開修去處，選官計工料，每歲於二月間未農作時興役，半月即罷。仍具各處開修功績並所獲利濟大小事狀保明聞奏，當議等第酬奬。內有係災傷人户，即不得一例差夫搔擾。如吏民有知農桑可興廢利害，許經運司陳述，件析利害，晝時選官相度，如委利濟，亦即施行。』

四年正月二十八日，詔：『陂塘圩田之類，及逐處堤堰河渠可備水患者，或能創制開決，或久遠廢壞堙塞却能興復，或前人已興功未成後來接續了畢者，仰逐處勘會功料大小、所利廣狹以聞。』

十月，權發遣户部判官公事燕度言：『竊聞關中水利，古人所以富國，近年亦有臣僚擘畫澆灌者。然州縣鮮能訪尋水勢，疚心農務，是致頻年亢旱，屢遭飢饉，百姓流移，軍儲不集。近華州渭南知縣曹公望嘗引敷水，溉田甚廣，民間頗稱利便。却聞有人爲妨私家水磨，遂訟於官。雖州縣不行，然慮厭見乎訟，不敢盡心計畫。欲乞特下陝西都轉運司，如州縣能以水利澆溉民田廣闊者，應是妨滯公私碾磑、池沼諸般課利，並須停廢，不得爭占。州縣仍不得受理。』詔三司詳定，尋移陝西都轉運司，就近相其利害。於是本司言，度擘畫委是經久之利。從之。

五年九月二十八日，兩浙提點刑獄宋純等言：『乞應在官有能擘畫開修水利，並須先具所見利害，於畫地圖，申本屬州軍及轉運或提刑司。委自本司於部下選官，親詣地所相度，如實合行開修，經久利濟，詢問鄉耆，審取詣實，差官具保明結罪，申轉運、提刑司體量允當，方下本屬州軍，計夫料、餉糧，設法勸誘租利人户情願出備。仍依元敕，于未農作時興役半月，不得非時差擾。候畢，其元擘畫官吏，依近詔保明施行。如官吏敢擅開修，不預申本屬，不得理爲勞績，及出給公據保明，仍勘事端施行。』從之，仍詔今後委實有功效，並只理爲勞績。

皇祐元年正月二十五日，兩浙轉運司言：『知越州餘姚縣謝景初申，當縣陂湖三十一所，並係衆户植利蔭田，內二十一所見於圖經。其間有被形勢豪強人户請射作田納租課，後來遂廢水利去處。雖累有詔敕及赦令，山澤陂湖不得占固，即無明言不得請射管種，及無簿籍拘管，所以官司因循請托，或致受納賂遺，令形勢豪強人户請射作田，以起納租稅爲名，收作己業，民田蔭溉之利，其弊不細。請下本屬，明置簿籍拘管，永爲衆户蔭溉之利。今後更不得以起納租稅爲名，輒行請射。如違，其所請人及所給官司重行朝典。

本司欲依謝景初所請，明置簿籍，拘管陂湖，永充衆户貯水蔭田，更不許以起納租税爲名請射。仍令知縣常行檢察，如違，具所請頭主及給付官司，各乞嚴行勘斷奏聞。』事下三司，三司相度：『乞今後江、淮、兩浙、荊湖路州軍，如有陂湖，明置簿籍拘管，永爲衆户貯水蔭田。更不許人户以起納租税爲名，輒行請射。仍令知縣常行檢察，如違，其所請人及所給付官司，各重寘於法。』從之。

至和元年八月二十日，光州仙居縣令田淵言：『竊見江淮民田，十分之中八九種稻，春中遇雨，則耕耨布種常宜霑潤；盛夏稍愆雨澤，則其苗衰薄，所收微尠。惟是陂塘有修築堅固，蓄水高廣，則下所灌田，不以旱沴，無不厚收。訪聞民間不肯協力乘閑修作，雖私有文約，愚頑之民多不聽從，興工之時，難爲糾率。或矜強恃猾，抑卑淩弱。或只令幼小應數，而坐俟其利。似此之類，十居其半。及用水之際，爭來引注。是以勞費不均，多起鬬訟。勤力懦善之家常受其弊，故不能專志特力，用工興修，是致因循，極有遺利。竊見京畿及京東、京西等路每歲初春差夫，多爲民田所興，逐縣差官部押，或支移三五百里外，工役罕有虛歲。伏知江淮並不點差夫役，當農隙之際，一向安閑，比之北地，實爲優幸。其民於自己所利，亦不能勤力治生，暫勞永逸，誠宜勸率。若非官爲拘督，因時興作，則私下雖有期會，無由糾集，所興之工，獲水之利十未得其一二。欲乞諸路凡有陂塘湖港可以溉田之處，今後令逐縣將元籍所管及不曾供報之處，逐一拘收。每年預先檢計工料，各具析合係使水人户各有田段畝數，據實户遠近各備工料，候至春初，本縣定日，如差夫例點集入役。仍逐處立團頭、陂長監催，本州差逐縣官點檢部轄。候畢，責干係人結罪供狀，仍別差官覈檢料例，並視差夫條約。後雖完固，亦須每歲計度合添工料，補疊隄防高厚，則積水深廣，獲利愈博。其久來湮塞遺跡，及地勢合有可以創制陂塘之處，令逐處檢踏，聽人户所願，經官申述。亦即相度，依例興修。其有陂塘幹淺退出灘地，却爲接連之家侵占，經也妄冒，便作己田攔占，不令依舊修作，多起訟端，官司不爲研窮。今後須仰定奪，雖經歲深，亦不得占獲。若向去添疊水勢，過於舊跡，亦當損少利衆。其有水侵之地，即令檢量，據數比撲，量減二税。及新創陂塘之處，若有水面侵却不系使水之人田土，亦乞準前例。所差團頭、陂長，於上等户内如差夫隊頭例選差，仍給文帖，令董其役。或遇大雨，即率衆户防守；遇愆亢使水，須衆議同開決，自上及下，均匀溉灌，不得壅障。所產魚蛤、蒲葦、蓮芡之類，須秋成方得採捕。乞明立條約，若是盜決堤防，情理重者，嚴寘之法。』詔下三司施行。

嘉祐五年五月，知秀州羅拯言：『乞今後諸處湖塘及運河邊田土，不得更令諸色人及官員請射。如有私冒侵占耕作，並以違制論。仍不以年歲遠近，令追理所得租課入官。』詔都水監相度以聞。監司看詳：『蓋緣逐路轉運司及州縣並不檢條約舉行，是致豪勢人將衆户蓄水陂湖請射，量出租税，有妨旱歲溉救民田。今欲乞下逐路轉運司，依羅拯所請施行。如違，乞以違制科罪。』從之。

七月六日，羅拯言：『昨差往兩浙路相度均定茶租，竊見諸處係官湖塘並運河邊田土，多被權要之家請射，及鄰近鄉民侵占汚澱，種作成田。或量出租課入官，其實微薄，却致湖塘漸成湮廢，有妨灌溉民田；並運河因之淺澀，阻滯官私舟船。如越州鑑湖，自東漢時興修，著在圖籍。周圍三百餘里，灌田數萬餘頃，其爲越人之利甚大。近歲爲貪黷之輩以權勢干請，假託姓名，占射殆徧。欲乞今後諸處湖塘及運河邊田土，不得更令請射。如有私冒侵占耕作，並科違制之罪。仍不以年歲遠近，令追理所得租税入官。』從之。

二十四日，兩浙轉運司言：『睦州桐廬縣令劉公臣言：「民間有古溪澗溝渠泉源，接連山江，多被富豪之家漸次施工填築，作田耕種。無力之人田畝接連，或遇水旱，並不約水溉田，因茲害稼。及訟於官，又爲富豪人户與賣產之家通爲弊倖，於文契並分居帖内廣定四至，包裹溪源在内，官司據而斷遣，實見不均。欲乞應天下郡縣鄉村，有古來溪澗、溝渠、泉穴之處，並不得人户作埭填築，占據爲主。每遇春農之際，並仰有田分之家各據頃畝多少均攤，出備工力修開，取令深闊，盛貯其水。或遇水旱，即據田畝輪番取水澆溉。明置文簿拘管，官爲印押，給與本處鄉長收管。或有貧人下户貿易田土與別主者，亦據見佃之人承認水分。違者，嚴寘之法。」本司看詳：民間水利，州縣自合依此施行。今劉公臣申述，已下諸軍州，令部内縣分應有古來溪澗、溝渠、泉穴之處，並不許人户作埭填築，占據水利。仍令逐縣置簿拘管，常行點檢。如遇水大，即令決泄，並不得壅遏，却致浸沒民田。若係旱歲，亦須通放，許令衆户得水，救蔭田畝。春時人户願備工開淘者從便，即不得邀難阻節。雖已施行，慮久不能遵守。』詔送詳定寬恤民力所，關兩浙提刑司定奪。提刑司言：『欲依所請。』詔復送都水監相度以聞。監司看詳：『天下陂湖、塘堰、溪澗、溝渠、泉穴爲強猾之人奪利侵占作田者甚多，每至旱歲，無水澆救苗稼。若依寬䘏民力所相度劉公臣並兩浙轉運司事理，實見可行。欲乞下諸路提刑司，并下逐州縣，應有上件陂湖、塘堰、溪澗、溝渠、泉穴，元係衆人所使水利，久來爲人耕占作田，合依所請施行。仍先具根究地名、源流去處、廣狹深淺、合澆溉得多少人户田土頃畝數目，申都水監，從本監看詳施行。仰本監置簿拘管，歲時檢舉，所冀經久不廢。』詔可，仍令逐處應有陂湖、塘堰、溪澗、溝渠、泉穴，如根究得元係衆人使水，久來爲人耕占去處，即更差官定奪，奏候朝旨施行。

是月，權三司使包拯言：『京西多閑田，而唐州治四縣，其田之入草莽者十八九。雖簡其賦徭，而民多流去，不能以還業。知州趙尚寬興復邵信臣渠并境内之陂堰，下溉民田數萬頃，荒瘠之地變爲沃壤。今非獨流民自歸，又有淮南、河北之民至者萬餘户，請且留再任。若更能招輯户口，特與升陟差遣。』從之。

六年七月，提點河北刑獄公事張問言：『奉詔相度河北八州軍塘濼。今若就塘出土作堤，以蓄西山之水，則涉夏大河雖溢，而民田無衝浸之害。請下逐處，每歲增築。』從之。

英宗治平三年十一月，都水監言：『勘會諸處陂澤，本是停蓄水潦。近年京畿諸路州縣例多水患，詳究其因，蓋爲豪勢人户耕犂高阜處土木，侵疊陂澤之地，爲田於其間，官司並不檢察。或量起税賦請射，廣占耕種，致每年大雨時行之際，陂澤填塞，無以容蓄，遂至泛溢，頗爲民患。不制其漸，則盡爲民患。欲乞應天下州縣及京畿陂澤之類，皆不得請射。仍明立界址，逐季舉行，令地分鄉耆覺察，不得容縱人户侵耕。許諸色人陳告，每畝支賞錢三千，以犯事人家財充。仍不以年歲遠近，並令追理所得地利入官。如違，其請射人并所給官司及侵耕之人，並科違制之罪。』從之。以上《國朝會要》。

治平四年五月，神宗即位未改元。京西南路安撫使郭申錫等言：『知唐州高賦在任興建水利，墾辟荒田，户口日增，民獲安便。』詔賦再任，如更能興置水利、招添人户、開廣閑田，仰轉運司畫析保明以聞，當議特與升陟。

神宗熙寧元年六月十一日，中書言：『諸州縣古跡陂塘，異時皆蓄水溉田，民利數倍。近歲所在堙廢，致無以防救旱災，及瀕江圩埠，毀壞者衆。坐視沃土，民不得耕。』詔：『諸路監司訪尋轄下州縣可興復水利之處，如能設法勸誘，興修塘堰圩埠，功利有實，即具所增田税地利保明以聞，當議旌寵。』

二年四月十六日，權三司使公事吴充言：『竊見前襄州宜城縣令朱紘在任日，復修木渠，不費公家束薪㪷粟，而民樂趍之。渠成，所溉六千餘頃，數邑蒙其利。今授唐州泚陽縣令，乞召紘赴闕，詢其利害。如可試用，乞疇其勞。』詔轉大理寺丞。

閏十一月十五日，提舉兩浙常平等事、秘書丞侯叔獻徙開封界，都官員外郎、提舉開封界常平等事林瑛徙兩浙路。以叔獻言：『汴河歲漕東南六百萬斛，浮江泝淮，更數千里，計其所費，率數石而致一碩。雖中都之粟用饒，而六路之民實受其弊。夫千里餽糧，軍志所忌，矧京師帝居，天下輻湊，人物之衆，車甲之饒，不知幾百萬數。夫以數百萬之衆，而仰給于東南千里之外，此未爲策之得也。臣伏思之，沿河兩岸沃壤千里，而夾河之間多牧馬地及公私廢田，略計二萬餘頃。計馬而牧，不過用地之半，則是萬有餘頃常爲不耕之地，此遺利之最大者也。觀其地勢，利於行水，最宜稻田。欲望于汴河南岸稍置斗門，泄其餘水，分爲支渠，及引京、索河并三十六陂以溉灌之。則環畿甸間，歲可以得谷數百萬碩，以給兵食，此減漕省卒、富國強兵之術也。』故以叔獻代瑛，仍令計會所屬相度，具經久利害以聞。

十二月二十三日，條例司乞差秘書省著作佐郎、同管勾廣南東路常平等事楊汲，同提舉開封府界常平等事、同秘書丞侯叔獻于夾河引汴水以溉民田。從之。

三年正月二十四日，條例司言：『進士程義路所陳蔡、汴等十河利害文字，實知水利。欲令義路隨侯叔獻、楊汲等，以備指引。仍給驛券，視三班借職。』從之。

二月二日，都水監言：『中牟縣曹村袁家地，可創水澾一座，水漲出時，任其自流。比之修斗門，倍省公費。又因而可以淤民田千餘頃。』從之。

二月三日，制置三司條例司言：『同判都水監張鞏等相度得中牟縣界曹村創置水澾一座，遇漲水時，任其自流，比之修門，大省費。又更灌二十餘里民田，都計五十餘里，約千有餘頃。所有合用人功物料，委京西都大司支那應副。乞依所奏施行。』從之。

二月二十六日，補潭州湘陰縣進士李度爲本州長史。仍詔本路，候有合修水利，令勾當。以監司言度嘉祐中率人修築兩鄉塘堤，灌溉民田，嘗賜粟帛，復徭役故也。

四月五日，制置三司條例司言：『據提舉河北路常平廣惠倉皮公弼言，懷州官吏同相度到境内秦河、丹河、汜河等，可以引水澆溉。然體民間多不願興修水利，蓋慮起立粳稻米水税故，已議差官按驗。仍體問得洺、鎮、趙等州，亦有溝渠河道，可以興置水利。民間多恐官司創立粳稻水税，久遠輸納不前。公弼看詳，興置水利，係朝廷創新施行，若不設法招誘，人户無由肯用心，致州縣亦難興置。欲乞應人户今來創新修到渠堰，引水溉田，種到粳稻，並只令依舊管舊税，更不增添水税名額。所貴人户各肯興修水利。制置司相度，欲依所請，下河北東、陝西路施行。』從之。

九月二十一日，以知密州、尚書兵部郎中、集賢殿修撰張芻知滄州、兵部郎中楚建中爲河北轉運使，遣殿中丞陳世修乘驛同京西、淮南農田水利司官經度陳、潁州八丈溝故跡以聞。初，世修言：『陳州項城縣界蔡河東岸，有八丈溝故跡，或斷或續，迤邐東去。由潁及壽，綿亘三百八十餘里。乞因其故道，量功濬治。完復大江以北伏虎、流龍、百尺等陂塘，導水行溝中，棋布其勢，俾數百里地復爲稻田，則其利百倍。』及畫圖奏上。於是上諭：『陳世修言陳、許間地勢止合作水田，甚善。』又令早應副世修事。王安石曰：『世修言引水事即可試，但言八丈溝新河事宜，俟一精于水事人同相度可也。向時八丈溝，止爲鄧艾當時不賴蔡河漕運，得併水東下，故能大興水田。其後蔡河分其水漕運，水不可併，故溝未可講。今蔡河新修閘無所用水，即水可併，而溝可復古跡矣。』故有是命。

十二月八日，梓州路轉運判官李竦言：『奉詔，令具財用利害事。伏見江淮、荊楚之地，民業窳薄，率以水田爲生，地多瀕江帶山，高下不等，雖有耕耘之勞，而罕勤隄防之利。雨暘稍愆常度，必罹暵潦之災。雖有《編敕》興復水利指揮，而郡縣少能用心詢采。臣前任知舒州太湖縣日，訪聞諸鄉民田有邊臨溪江者，頻歲力耕疾種，不潦則旱。體問得皆有古來堤堰瀦泄水勢，或因積年大水決潰，因循不復修完。臣因乘其農隙，勸募旁近地主備工料興築。民俗始未堅信，粗亦勉從。凡築成堤岸數處，次年積雨，溪江暴泛，賴新堤所障，遂免浸溺。自昔不植之地，一旦遂爲膏壤。遂令復功增葺，衆始悦隨。尋屬臣去，約太湖所修十未一二。以天下計之，遺利固亦多矣。欲乞特詔郡縣，委長吏、令佐訪求境内古來陂堰積年毀壞荒廢者，并諸色人具利害、興修次第指陳。官司預行計度，俾因歲豐農暇，據占植地利人户，以頃畝多少爲率，勸誘出備工料興修。或量破廣惠倉斛㪷，以充口食，不得以威刑驅逼，並專行覺察公人、耆保等接便搔擾。俟興築畢工，本州申提刑、轉運司，委官檢視。及候秋成，的免水旱之患，其勸督之官，乞依《編敕》，量功利大小，特爲酬獎。元指陳修築人，亦與免本户一次色役。若《户例》不該差役之人，即量給小可酒税場務充賞。所貴地利不遺，民食充衍。』詔淮南提舉常平、廣惠倉司相度施行。

十二月二十七日，京西轉運司言：『許州長社等縣有牧馬草地四百餘頃，先爲不堪牧放，權令人租。今相度，可以拘收入官，決邢山、潩河、石限等溉種稻田。』從之。

四年六月十九日，詔司農寺選官，經量汴河兩岸淤到官陂、牧地、逃田等，召人請射租佃。

二十四日，又詔：『諸州縣當職官如擘畫興修農田水利事，並先具利害，申轉運或提刑、提舉司，差官詣地相度，保明供申本司，疾速體訪施行。如能完復陂塘溝河，或導引諸水淤溉民田，修貼堤岸或疏決積潦水害，或召募開墾久廢荒田委堪耕種，令所屬官司結罪以聞。千頃以上，京朝官轉一資；幕職、州縣官勘會功過、考第、舉主，轉合入京朝官。或與循資，不拘名次指射優便差遣。五百頃以上，京朝官減三年磨勘；幕職官與循資；令録及合入令録人與兩使職官，判司簿尉與初等職官。内合守選者仍與免選。三百頃以上，京朝官減二年磨勘，選人免選，注家便官。合免選者，與指射優便官。二百頃以上，京朝官減一年磨勘，選人並與免選。合免選者與指射家便官。百頃以上，理爲勞績。若只是興修開墾近歲損壞陂圩、溝河、荒田之類，比附上條頃畝，加一等酬獎。若功利殊常，自從朝廷旌擢。其已係創置增修功利及民者，委官司常行葺治。如至廢壞，並當降黜。』

五年正月，兩浙轉運副使俞希旦言：『伏睹朝廷興修天下農田水利，此萬世之長圖。其間有昔日溝港，而今爲田畝，疏導水患，須至開決。緣未有條約，竊慮官吏有便廢民田爲溝港，致侵於民；亦有可以疏鑿，而未敢以興工，致利害有所未盡。欲乞應興水利處，有合開決民田者，即以官田計其頃畝，撥還田户。如無田可撥，即計田給直。』詔送司農寺，遂移兩浙轉運、提舉倉司看詳：『所請爲利。尚慮將來法行之後，州縣不計田土肥瘠高下，一例以步畝準折撥還，或虧損百姓。欲立關防，其給還民田之時，州縣並須依色額支撥官田。仍不得將瘠薄不堪耕佃田土，只以步畝抵數還民。內官田雖比元田薄而堪耕佃，有願請者，即兩倍其直，紐計步數，準折撥還。』從之。

五月十八日，詔：『應人户見耕占古跡陂塘地土，如可興修澆灌，委實利便。其所占地土，始係祖業，即依鄉原例，支給價錢收買，除破省税。如地内見有墳墓、舍屋，仍量給還葬、拆修功錢。係請射者，即與破税。如施功開墾，量給功直。以上合支錢，并合修斗門木石，如食利人户物力出辦不及，即許于常平倉官錢内支破。仍令提、轉、倉司，候相度得利便，即先具澆灌頃畝及合用人工物料、諸般支費錢物實數，保明聞奏。』

十九日，提舉京西常平等事陳世修言：『乞於唐州石橋河南北岸叠石爲馬頭，造虹橋架過河道，於橋樑下挖透槽，横絕過河，引水入東、西邵渠，灌注九子等十五陂。則二百里之間，終冬水利均浹。』詔知唐州蘇涓覈視，如實，即委世修提舉創造。

十一月十七日，權發遣都水監丞周良孺言：『奉詔，相度陝西提舉常平楊蟠所議洪口水利。今與涇陽知縣侯可等相度，欲就石門創口，引入侯可所議鑿小鄭泉新渠，與南涇水合而爲一，引水並高從古鄭渠南岸。今自石門以北已開鑿二丈四尺，此處用堰約起涇水入新渠行，可溉田二萬餘頃。若開渠直至三限口，合入白渠，則其利愈多。然慮功大難成。若且依可等所陳，回洪口至駱駝項合白渠，行十餘里，雖溉兩旁高阜不及，然用功不多。既鑿石爲洪口，則經久無遷徙之弊。若更開渠至臨涇鎮城東，就高入白渠，則水行二十五里，灌溉益多。或不以功大爲難成，遂開渠直至三限口五十餘里，下接耀州雲陽界，則所溉田可及三萬餘頃。雖用功稍多，然獲利亦遠。』詔用良孺議，自石門創口至三限口，合入白渠興修，差蟠、可提舉。又令入内供奉官黄懷信乘驛相度功料。先是，上問鄭渠利害，王安石曰：『此事正與唐州邵渠事相類。從高瀉水，決無可慮者。陛下若捐常平息錢助民興作，何善如之。』上曰：『縱用内藏錢，亦何惜也。』初，宰相王安石奏事，因陳天下水利極有興治處，民間已獲其利。上曰：『灌溉之利，農事大本。但陝西、河東民素不習此。今既享其利，後必有繼爲之者。然三白渠爲利尤大，兼有舊跡，自可極力興修。大凡疏積水，須自下流開導，則畎澮易活。《書》所謂「浚畎澮距川」者是也。』

十二月二日，又詔：『應有開墾廢田、興修水利、建立隄防、修貼圩垾之類，工役浩大，民力所不能給者，許受利人户於常平倉係官錢斛内連狀借貸支用。仍依青苗錢例，作兩限或三限送納，只令出息二分。如是係官錢斛支借不足，亦許州縣勸誘物力人出錢借貸，依鄉原例出息，官爲置簿，及時催理。』

［六年十二月］四日，權發遣河北西路提刑公事李南公言相度撲椿口添灌東塘等，詔閻士良專督修。先是，滄州北三堂等塘泊爲黄河所注，其後大河改道，而泊遂淤澱。程昉嘗請開琵琶灣，引黄河水灌之，其功不成。士良建言堰水絕禦河，引西塘水灌之。今從其請。

［五年］十二月十八日，提舉淮南西路常平倉司言：『濠州鍾離縣長安堰、定遠縣楚漢泉二堰水利至溥，積年湮廢。乞依宿、亳、泗州例，賜常平錢穀，春初募人興修。』詔楊汲覈視，如可興，即本司官提舉。

六年五月二十三日，提舉兩浙興修水利郟亶追司農寺丞，送吏部流内銓，仍罷修兩浙水利。初，亶言蘇州水利，具書與圖，以爲：『環湖之地稍低，常多水；沿海之地稍高，常多旱。故古人治水之迹，縱則有浦，横則有塘，又有門、堰、涇、瀝而棊布之。亶所能言者，總二百六十餘所。今欲略循古人之法，七里爲一縱浦，十里爲一横塘。又因出土以爲堤岸，用度二千萬夫。水治高田，旱治下澤，要以三年而蘇之田畢治矣。』朝廷始得亶書，以爲可行，遂除司農寺丞，令提舉興修。工役既興，而民以爲擾。會呂惠卿被召，言其措置乖方，又違先降朝旨，故有是命。

六月十六日，命太子中允、集賢校理、檢正中書刑房公事沈括相度兩浙路農田、水利、差役等事。

八月二日，檢正中書刑房公事沈括辟官相度兩浙水利。上曰：『此事必可行否？』王安石曰：『括乃土人，習知其利害，性亦謹密，宜不敢輕舉也。』上曰：『事當審計，無如郟亶妄作，中道而止，其爲害不細也。』

三日，三司言：『浙西諸州水患，久不疏障，隄防川瀆，多皆堙廢。今若一出民力，必難成功。乞下司農，貸官錢，募民興役。』從之。

十六日，管勾都水監丞侯叔獻言：『近准詔，從所請開白溝等河。欲以白溝爲清汴，儲三十六陂及京、索二水爲源，倣真、楚州，開平河置牐，四時行舟，因罷汴渠。』上曰：『叔獻開白溝河，功料未易辦，乃欲來年即廢汴渠，宜更遣官覈驗。且汴渠歲運甚廣，河北、陝西資焉。又都畿公私所用良材，皆自汴口而至，何可遽廢？』王安石曰：『此役若成，亦無窮之利。當別爲漕河，以通黃河一支漕運，乃爲經久耳。』馮京曰：『若白溝成，與汴、蔡皆通運輸，爲利愈大。臣恐汴河終不可廢。』上然之，詔劉璯同叔獻覈視以聞。後覈視河長八百里，工大，分爲三歲興修。從之。

七年四月八日，檢正中書刑房公事沈括言：『先奉朝旨，許支兩浙陂湖等遺利錢興修水利。近勘會本路先管遺利錢額，及再差官根究，興修見未周徧，已見貫萬不少。竊見兩浙荒廢隱占，遺利尚多，及溫、台、明州以東海瀕塗地，可以興築堤堰圍裹，耕種頃畝浩瀚，可以盡行根究修築，收納地稅，將來應副水利，養雇人夫，及貼支吏祿，免致侵耗免役及係省錢物。雖曾差官勾當，緣不在本路，無人應副。欲乞特降朝旨，選委官吏，仍乞優立獎勸之法。』詔宜令沈括選委官吏勾當，仍立獎勸之法以聞。

八月九日，中書門下言：『諸處見差官吏舉人擘畫興修農田水利，未見奏到興修次第及結絕了當。』詔令司農寺條析以聞。寺司勘會：『府界諸縣荒閑地土，召人開種稻田，並陳、許州溉田及兩浙、永興軍等路水利，河中府、同、解等州淤田、回移洪口等，已相度並已、未興修次第，係差官員舉人管勾去處。』詔令司農寺常切點檢催促。

九月一日，臣僚上言：『伏見朝廷近年廣興工利，頗有不實，互相隱蔽，未經考察。欲乞令司農寺畫具已興過功利，中書置籍拘管。間或選官計會，逐路監司指名按驗，具的實事狀，連書結罪聞奏。其不實之人，并元保明官司，並乞重寘於法，以戒欺罔。』詔應已興修水利，宜令司農寺置簿拘管。如朝廷差官出外，即本寺申中書，令取索，因便體訪。如有不寔不當，即按驗詣實以聞。

十月十三日，以皇城使、端州刺史程昉遙領達州團練使。昉治滹沲河，議者爭出所見，謂非利。昉確不移。既而水行，人便之。上嘉焉，進官以賞之。

八年五月二十五日，右班殿直、勾當修內司楊琰言：『開封、陳留、咸平三縣種稻，乞于陳留縣界舊汴河下口，因新舊二堤之間修築水塘，用碎甓築成虛堤五步以來，取汴河清水入塘灌溉。』詔琰管勾，罷勾當修內司。依舊兼巡護惠民、蔡河、京、索、金水河斗門、堤岸、河道。令開封府界提點司提舉。俟灌溉有實，保明以聞。

九月二十三日，詔：『諸當職官申請興修農田水利，謂開修陂塘溝河，導引諸水淤溉民田，或貼堤岸、疏決積潦，永除水害，或召募開墾久廢荒田之類，委堪耕種者，並先具利害、工料申提舉司，體訪詣實，差官檢覈。功利大者，知州交職事與以次官，親行檢驗。俟舉修畢，委本縣次第保明，申提舉司。本司選差別州縣官覈按保明申本司。本司保明申寺。如元係監司、提舉司官擘畫，即本司申寺，差鄰路官計會本州縣官共覈按，保明申寺。千頃與第一等酬獎；七百頃與第二等；五百頃與第三等；三百頃與第四等；一百頃與第五等。若擘畫而不曾監修，及監修而元非擘畫，並堙塞廢壞不滿二十年，而由舊功完復者，各降一等。其數少未應賞格者，委提舉司保明給公據，以任計酬獎。其功利殊常者，申寺奏裁。』

九年正月二十五日，中書門下言：『相度淮南東西路水利劉瑾言：「體訪得揚州江都縣古鹽河、高郵縣陳公塘等湖，天長縣白馬塘、沛塘，楚州寶應縣泥港、射馬港，山陽縣渡塘溝、龍興浦，淮陰縣青州澗，宿州虹縣萬安湖、小河子，壽州安豐芍陂子等可興置。」今欲除古鹽河、萬安湖、小河子已令司農寺結絕，餘下逐路轉運司選官覈按施行。如本路職司有妨礙，即委別路選官。』從之。

七月二十八日，罷程昉同管勾外都水監丞，令都大制置河北河防水利，並依制置屯田使例施行。續詔更不別置司，其職事並依外都水監丞例施行。

八月二十四日，權判都水監程師孟言：『臣昔提點河東刑獄，兼河渠事，本路多土山，旁有川谷，每春夏大雨，水濁如黃河。礬山水俗謂之天河水，可以淤田。絳州正平縣南董村旁有馬壁谷水，勸誘民得錢千八百緡，買地開渠，淤瘠田五百餘頃。州縣有天河水及泉源處，開渠築堰，皆成沃壤。凡九州二十六縣，興修田四千二百餘頃，並修復舊田五千八百余頃，計萬八千餘頃。嘉祐五年畢功，攢成《水利圖經》二卷，付州縣遵行。迨今十七年，聞董村田畝舊直三兩千，所收穀五七斗，自淤後，其直三倍，所收至三兩碩。今權領都水淤田，竊見累歲淤變京東西鹽鹵之地，盡成膏腴，爲利極大。尚慮河東路荒瘠之田，可引天河淤溉。乞委都水監選差官往，與農田水利司並逐縣令佐檢視，有可淤之處，具頃畝、工料以聞。俟修畢，差次酬賞。』從之。於是奏遣都水監丞耿琬主管淤河東路田。

元豐元年四月十九日，詔興水利，聽民户貸常平錢穀。詳見『農田』門。

六月七日，京東路體量安撫黄廉言：『本路被水後，乞敕有司檢計溝河，候豐熟，令所屬調丁夫濬治。梁山、張澤兩濼累歲填淤，浸損民田，亦乞自下流浚至濱州。』從之。開濬溝河，令都水監遣官同轉運司檢視工料。

十四日，詔：『聞近畿路有苦雨處，令開封府界提點司督諸縣開畎積水，具退出民田次第以聞。京東、西路州軍，委轉運司施行。』

三年七月十二日，詔前永興軍等路察訪使李承之，前知司農寺丞莊公岳，前提舉常平倉沈披、蔡朦，轉運判官章楶、楊蟠各展磨勘三年；提點刑獄李南公、轉運使趙瞻展二年；前轉運使張詵、楚建中各贖銅二十斤。坐保明修永興洪口不當也。

六年十二月二十一日，尚書户部狀：『新權提舉成都府路常平等事韓玠言唐州泌陽縣界焉仁陂遺利，乞下京西南路提舉司相度。』從之。

七年三月三十日，知湘州滿中行言：『林慮縣南修合澗河水以濟民，用功既久，又有孟兒等村鑿井取水十年，百八十尺不及泉，民以爲勞而無功，寧遠行汲水。以初奉朝旨，未敢罷。』詔罷之。

哲宗元祐六年閏八月四日，知杭州林希言：『太湖積水未退，爲蘇湖大患。乞轉委監司躬詣瀕海泄水處相度開決，庶使積水漸退，民田復出，流移歸業。』詔左朝奉郎邵光與本路監司同導積水。

紹聖四年閏二月二十九日，工部言：『京西都大提舉汴河堤岸楊琰乞依元豐年例，減放洛水，入京西界大白龍坑及三十六陂充水櫃，准備添助汴水行運等。下都水監相度，欲乞興復，悉如元豐故事甚便。』詔賈種民、楊琰同相度合占頃畝及功力以聞。

元符元年二月十六日，工部言：『河北屯田司令塘水深淺季申尚書工部。今後塘泊，州軍率於孟月保明所管地分塘水增減尺寸，徑報屯田司。候到，差官檢覈，本司于仲月審察詣實保奏，仍具申本部。』從之。

徽宗崇寧三年十月二十三日，臣僚言：『元豐官制，水部掌川瀆河渠凡水政。詳立法之意，非徒爲穿塞開導、修舉目前而已，天下水利，凡當興修者，皆在所掌。宜發明之，以告於上，在今尤急。如浙右積水比連，震澤泛溢，渰浸田廬，未有歸宿。此類利害，最宜講明，而未之及者也。願申飭水部及當職官，推廣元豐修明水政，凡當興修，悉究利害，條具以聞。』從之。

大觀四年十月一日，户部言提舉兩浙路常平司奏：『乞詔諸路常平司，各專委守令詢考古跡，應瀦水之地，立隄防之限，置籍拘管，俾公私無得侵占。凡民田不及水處，畧倣《周官》遂人、稻人溝防之制，使合衆力而爲之。仍復看詳，欲下諸路提舉司，詳此丁寧州縣，常切檢舉相度，依詳敕條施行。』從之。

政和元年二月十四日，詔：『近因陳仲宜等言，諸路湖濼、池塘、陂澤緣供贍學費，增收遺利，縱許豪富有力之家薄翰課利占固，專據其利，馴致貧窶細民頓失採取蓮荷、蒲藕、菱芡、魚鱉、蝦蜆、蚌螺之類，不能糊口營生。若非供納厚利於豪户，則無繇肯放漁采。兼遇時雨稍愆，即成災傷，蠲除租課，遺棄地利，因被阻飢。推究始終，爲患頗大，理合改更。』令檢會行下諸路。先是，荊湖北路提點刑獄公事陳仲宜奏：『本路州縣將也來衆共灌溉食利陂湖，一槩比附坊場，令人户買撲，收錢以助學費，致妨人户灌溉及細民食利，爲害不細。已牒諸州並提舉學事司，依法改正施行去訖。竊慮諸州不便施行，望降睿旨。』又提舉淮南西路常平等事李西美奏：『蘄州等處沿江湖池不少，自來係衆人採取，小民所賴。向緣學院支費，令人户請佃出課。欲依已得指揮改正。』故有是詔。

二十一日，詔弛陂湖塘濼之禁，依元豐舊法，與衆共利，聽其汲引灌溉，及許瀕水之民漁採，以資生計。所有創許人户作遺利斷撲、供納課利以助學費，可改正不施行。今後更不許人陳乞斷佃請射。監司常切覺察，如有違犯，糾劾以聞。

十月二日，臣僚言：『蘇、湖、秀三州並江，積水歲爲患，故須圩岸以障。越州有鑑湖，租三十萬，法許興修水利支用。乞令本路提舉常平司委三州令佐相視，創立圩岸，工用之費取足於鑑湖錢糧。』從之。

四年二月十五日，工部言：『前太平州軍事判官盧宗原請開修自江州至真州古來河道堙塞者凡七處，以成運河，入浙西一百五十里，可避一千六百里大江風濤之患。凡用夫五百二十六萬一千一百七十五工、米一十五萬七千八百三十五碩。又可就土興築自古江水浸沒膏腴田，自三百頃至萬頃者凡九所，計四萬二千餘頃。其三百頃以下者又過之。乞依宗原任太平州判官日已興政和圩田例，召人户自備財力興修，更不用官錢糧。仍依府畿見行興修水利法，不限等第，許請佃，歲約得官租一百餘萬貫碩。若朝廷專遣官總核興修，衆工並舉，一年之間可見成效。』詔差膳部員外郎沈鏻同本路常平官相度措置。仍差盧宗原充幹當公事。

三月二十日，膳部員外郎沈鐈奏：『奉詔相度措置江、淮、兩浙路開修運河、興築圩田。據幹當公事盧宗原狀，合開修河路係官司措置外，有可興圩田，係涉江、淮、兩浙三路。已曾申明，乞依都畿見行興修水利法，不限等第，許人户請佃，情願隨力各借錢米。慮人户不知今來朝廷許令請佃，若相度措置得有合修地土去處，即乞先次令逐處官司散出牓示，告諭人户送納投狀，理定名次。至興修有日，令人户送納興修錢糧。成田日，依次給佃。』從之。

五月二十三日，京西轉運副使張徽言：『二浙雖遇豐歲，蠲除歲賦不下三四十萬碩，皆隄防不修、溝洫不濬。欲申敕所屬監司，督責州縣，各審視境内合興修隄防溝洫，以利害大小急緩爲先後，具圖狀先申朝廷，逐時檢舉催督，接續興修。雖農田水利隸常平司，乞轉運司同共催督。』從之。

六年八月四日，尚書省言：『平江府司户曹事趙霖相度，平江府積水舊有三十六浦，導其水歸於江海，又爲之閘，以導積水。今堙塞殆盡。措置當興修並置閘等，共用役夫一千七百五十六萬五千餘工、錢一百四萬二千余貫、米五十二萬六千餘碩。又發運副使應安道委官相視，港浦六處堙塞，合行先開，共役夫二百八十萬八千餘工，合用錢糧二十四萬七千餘貫碩。秀州華亭縣欲並循古法，盡去諸堰，各置小斗門。常州、鎮江府、望亭鎮合依舊置閘。』詔劄與趙霖，相度保明聞奏。

十六日，鴻臚卿王仲嶷奏：『兩浙積水之地多是民田，止因興築圍岸，苟簡滅裂，歲時風水充蕩彌漫，遂成陂湖。望朝廷選差有風力人，專行計置興築圍岸。其所差官據圍裹過田數多寡，特與推恩，庶幾激勸。』詔送趙霖施行。

十月六日，新差權發遣提舉兩浙路常平等事趙霖言：『奉詔，相度平江府積水，其諸路監司、州縣承受備坐前項指揮，如有稽緩，因致闕悮去處，欲乞以違制論。合用錢米，踏逐到越州鑑湖封樁米，欲乞支撥一十萬石，並借支本路諸州本錢一十萬貫文。如闕，則以常平倉積米及常平封樁錢貼支。並乞降空名度牒二千道，承信郎、承節郎、將仕郎官誥各五十道。其命詞，並令以「興修水利」爲名。別立價直，將逐浦合用工料，召有力人户出備錢米，官爲募夫，監部開修。或一户數户管一浦，候畢工日，計實用錢米紐直給空名，

許令變賣書填，召募出賣，不得抑勒。仍不依進納出身人例，以爲勸誘之方。今來措置興修積水，開浦置閘，並在平江府界内，欲乞權就本府置局，以「提舉措置興修水利」爲名。其差辟到官吏居泊、供給、人從，並令仍就平江府應副。工作日，應閘匠每人別給工錢一百文、米三升。』詔並依所奏施行。

十二月四日，提舉兩浙路常平等事，兼提舉措置興修水利趙霖奏：『興修水利未盡事，胡、常、秀三州見行方田處，候興修水利稍見就緒日施行。庶使數州之民悉力以成大利。批降依奏指揮，支撥越州鑑湖封樁錢米，他司別有陳請支撥，欲乞許臣執奏。及開浦置閘，雇募夫力縣分知、佐，自十一月止二月，諸司不許差出。』從之。

七年正月二十日，臣僚言：『趙霖興役治水，蘇、杭等州去歲災傷疾疫，民力正宜休息。』詔罷役，霖別與差遣。

七月六日，提點京畿刑獄公事王本奏：『前任提舉京畿常平日，根括諸縣天荒瘠鹵地，開修水田，引水種稻，逐年所收土利不少。將引水不利之地一萬二千餘頃，並置圖籍，拘管入稻田務，召人承佃。數内已佃五千三百余頃，蒙朝廷立定賞格，已足激勸。尚慮逐縣令佐不切奉行，却致荒廢。欲乞朝指比附鑑事司開墾地賞格推賞。』詔依，申明行下。

宣和元年二月十四日，臣僚言：『訪聞江淮荊漢間荒瘠彌望，率古人一畝十鍾之地。其堤閼、水門、溝澮之迹迤邐猶存，而郡縣恬不以爲意。近絳州百姓呂平等詣御史臺披訴，乞開濬熙寧舊渠，以廣浸灌，情願加税一等。則是近世陂池之利且廢矣，何暇議復古哉！欲詔常平使者，有興修水利功效明白，則亟以名聞，特與褒除，以勵能者。』從之。

三月二十三日，詔直秘閣、提舉兩浙路常平趙霖降兩官。以增修水利不當故也。

六月七日，詔：『比遣趙霖措置興修吴浙水利，霖召募被水艱食之民，凡役工二百七十八萬二千四百有奇，開一江、一港、四浦、五十八瀆，已見成績。霖可陞職一等，仍復所降兩官。』其後十月十日，詔趙霖差辟到水利官屬，具等第、職位、姓名聞奏，當優與推賞。

八月二十四日，提舉專切措置水利農田所奏：『浙西諸縣各有陂湖、溝港、涇浜、湖濼，自來蓄水灌溉，及官私舟船往還。今欲就委打量官遍詣鄉村檢踏，應有似此去處，打量並見丈尺、四至、著望，用大石碑雕鐫地名、丈尺、四至，

以《千字文》爲號，於界首分明標識。仍曉示地分食利人户常切照管，無令損動、堙塞，請占。縣別置簿拘收，縣尉遇下鄉檢察，如有堙塞，即時開濬。』從之。

三年二月一日，詔：『越州鑑湖、明州廣德湖自措置爲田，下流堙塞，有妨灌溉，致失陷常賦。又請佃人多是新舊權勢之家，廣占頃畝，公肆請求。兩州被害民户例多流徙。仰陳亨伯體究詣實，如所納租税過重，即相度減免，立爲中制。應妨下流灌溉處，並當弛以與民。令條畫圖上取旨，毋得觀望滅裂。』

三月十九日，詔：『江南路官私圩垾，有司希功妄作，或輒將上流閉塞，致下流無水灌溉；或擁遏無所發洩，致鄰左例遭水患。及有元供頃畝數多，後來實數不及，輒敷與民户，或勒令等第承佃，或抑配倍納租賦，因此多致民户流徙。可限十日改正。見妨民户灌溉及擁遏無發泄者，所屬監司相度措置，或弛以予民。所輸税賦，比附鄰近，立爲永制。如尚敢營私觀望，許民户越訴，當議重行黜責。』

五年五月四日，臣僚言：『鎮江府練湖與新豐塘地里相接八百餘頃，灌溉四縣民田。每歲春夏，雨水漲滿，側近百姓引灌田苗；縱秋無雨，亦不慮旱；漕河水淺，湖水灌注。是以一寸益河一尺，其來久矣。今湖堤四岸多有損缺，春夏不能貯水，纔至少雨，則民田便稱旱傷，縣官又禁止民間不得引湖水灌田，且以益河爲務，故丹陽等縣民田失於灌溉，虧損賦税。欲令食利縣分候農隙日，次第補葺隄防。』詔本路漕臣並本州縣當職官計度利害，檢計日用功料以聞。

七年九月二十二日，詔以徽猷閣待制、知江寧府盧襄爲顯謨閣直學士；江東路提點刑獄、常平官各轉一官。以能奉詔體國，罷丹陽、固城、石臼三湖爲圩田，及言開銀林河事爲不急之務，切中時弊也。

欽宗靖康元年三月一日，臣僚言：『東南地瀕江海，舊有陂湖蓄水，以備旱歲。近年以來，盡廢爲田，澇則水爲之增益，旱則無溉灌之利，而湖之爲田亦旱矣。民既承佃，無復可脱，租税悉歸御前，而漕司暗虧常賦，多至數百萬斛，而民之失業者衆矣。乞盡罷東南廢湖爲田者復以爲湖。』詔令逐路轉運、常平司計度以聞。以上《續國朝會要》。

高宗紹興元年九月七日，三省言：『宣州、太平州圩田，歲入租課浩瀚。近緣賊馬蹂踐，掘破圩岸，及佃户逃亡未歸，荒閑甚多。』詔令逐州守臣將缺壞圩岸疾速措置，如法修置，人户耕種。内合用功料并見佃貧乏無力人户，並許取撥常平錢米，量行應副，及借貸支使。

二年正月一日，詔：『宣州、太平州見修治圩田，逐州當職官能趁時興修了當，將來收租税及，選人会與改合入官，京官轉一官，更減二年磨勘。如過期違慢，仰提刑司具名按劾，官取旨重行勒停，人吏決配。

二月三日，知太平州張錞言：『本州管下公私荒閑水田甚多，今欲廣行召募，修圩開墾。其糧種，據所佃頃畝多寡立法，官中量爲借貸。候至秋米成熟，將所借物數分料剋還。縣丞或主簿一員專爲勸誘催督，歲終較請佃之數，以其多者乞行推賞。仍欲踏逐指差大小使臣兩員，充本州準備使喚，幹辦農田事務。』從之。

十六日，詔：『太平州諸縣興修圩岸錢未及供貸人户種糧，令于宣州常平、義倉等米内取撥一萬碩，仍令太平州認數，候將來圩田收成日，却行撥還。』

二年三月二十七日，都省言：『太平州、宣州圩田，累降指揮，專委太平州守臣張錞、宣州通判樊滋，同本路漕臣、提刑司併工修治，尚慮不切用心，理當專責帥臣提總其事。』詔專委李光。

二年三月二十九日，紹興府上虞令趙不搖言：『本縣所管夏蓋湖等一十三處，自廢湖爲田，租米皆屬御前，省税即隸户部。官吏知有湖田數千碩之利，而不知奪此水利，檢放省税，歲乃至萬碩。建炎以後，湖租盡入户部，然未之廢，廢之誠便。』吏部侍郎李光言：『二方利病，莫甚於湖田。大抵湖高於田，又高於江海，水少則泄湖水入田，水多則瀉田水入湖，故無水旱之歲、荒廢之田也。自政和以來，樓异知明州，王仲薿知越州，内交權臣，專務應奉，將兩郡陂湖廢以爲田，澇則增溢不已，旱則無灌溉之利，而湖之爲田亦旱矣。百姓失業，不可勝計。望下轉運司，比較自興湖以來所失常賦，與湖田所得孰多孰少，檢會祖宗條法，應東南诸郡自政和以來以湖爲田者，復以爲湖。』詔户部、工部看詳。本部言：『昨據紹興府上虞縣邱襄等狀稱，靖康元年三月内降指揮，盡罷東南廢湖爲田者復以爲湖。令逐路轉運等司同共相度利害聞奏。乞先次廢罷本縣夏蓋湖田，遂行下兩浙提刑司施行。去後雖據本司申到因依聞奏，當時緣未見靖康間轉運司曾如何相度具奏，有無畫到指揮，再下提刑司從長相度，申部未到。』詔令張守限三日相度，具經久的確利害以聞。

五月十日，知紹興府張守言：『被旨，令相度上虞、餘姚兩縣湖田復廢爲湖經久利害以聞。守契勘民户所納苗米，較兩年號爲豐熟。但夏秋雨水稍不應時，其減放之數，以湖田所收補折外，官中已暗失米計四千二百餘石，民間所失當復數倍。今相度，先將餘姚、上虞湖田復廢爲湖，委是經久有利無害。伏望早賜施行。』詔依，仍乞自紹興三年正月爲始。

四月一日，詔：『宣州見興修官私圩田，可改委新除守臣李處勵措置，並依樊滋前後已得指揮疾速施行。其樊滋不合專輙工役，限一日分析不奉行因依以聞。』

二日，詔江南東路轉運判官陳敏識將宣州見管常平、義倉并惠民圩租米一萬九千七百餘石，於内支撥一萬三千石與太平州外，餘數撥付宣州，並專充貸借圩田民户使用，同所委守臣疾速勸民耕佃。

三年二月八日，兩浙西路宣諭胡蒙言：『乞行下兩浙諸州軍府，委官相度管下縣分鄉村，勸誘有田産上中户，量出功料，相度利害，預行補治堤防圩岸等，以備水患，庶免將來有害民田。』詔劄與本路轉運司相度施行。

九月二十二日，太平州言：『當塗縣管下舊有路西湖，傍有拔聳港，係通宣、徽州界，每遇春夏，山水泛漲，自港入湖，出海塘港，入本州姑溪河，通出大江，所以諸圩無水患。止因政和二年本州將路西湖興修作政和圩，自後山水無所發泄，遂致沖決圩岸，損害田苗。乞廢田，依舊開掘爲湖。』户部下本路轉運、提刑司同共相度。逐司言決圩爲湖，委是經久利便。從之。

五年閏二月二日，江南東路轉運司言：『契勘太平州管下當塗、蕪湖、繁昌等三縣圩田，所收租米萬數浩大。因去歲春夏雨水連綿，江湖泛溢，衝決圩岸，已蒙朝廷支降到圩米一萬石，應副見行修築。欲依紹興二年正月内指揮推恩，庶幾有以激勸。』從之。

四日，知湖州李光言：『自壬子歲入朝，首論明、越州廢湖爲田之害，蒙獨罷上虞、餘姚兩邑湖田。其會稽之鑑湖、鄞之廣德湖、蕭山之湘湖等處，其類甚多，州縣官往往利爲圭田，頑猾之民因而獻計，侵耕盜種，上下相蒙，未肯盡行廢罷。竊謂二浙每歲秋租，大數不下百五十萬斛，蘇、湖、明、越，其數大半，朝廷經費之源，實本於此。伏望專委漕臣，遍行郡邑，延問父老，考究漢唐之遺制，檢舉祖宗之成法，應明、越湖田盡行廢罷。内有積菱葑淺澱去處，許于農隙量差食利户旋行開撩，稍假歲月，盡復爲湖。』詔逐路轉運，限半月躬親前去相度利害，申尚書省。

六年九月二十三日，溫州進士張頎言：『今歲旱凶，逮此窮冬，民食已艱。惟水利一事，可行於此時。今已孟春農隙，乘民乏食，仍興是役，用以振之，一舉而兩得。』本州委瑞安縣主簿同張頎前去集善鄉陶山湖，勸率豪户情願出備穀米，給散貧乏之人，同共修築陂塘，蓄水溉灌，因便賑濟小民千餘家，各免飢乏，功效尤著。緣此以近及遠，互相依效之人頗眾，貧民賴以兼濟。望朝廷特行推賞。頎召赴行在都堂審察。

七年三月十九日，兩浙西路安撫置制大使、兼知臨安府呂頤浩言：『五代時，僞楚馬殷據湖南，於潭州東二十里，因諸山之泉，築堤瀦水，號曰龜塘，灌溉公私一萬余頃，惠及一方。其後堤堰廢壞，經百餘年，有失修治。去年旱災，民皆失食。臣雇募飢民，修成堤岸，以爲久遠之利。今來栽插是時，欲令安撫司於潭州摘那數百人併力栽插，及將來芟除蒿草。』詔令劉洪道疾速措置施行。

五月十二日，詔：『臨安府餘杭縣南北湖依舊存留，灌溉民田等用，不許輒便出賣。』

十七日，尚書右僕射、都督諸路軍馬張浚言：『勘會興元府、洋州所管渠堰澆溉民田，數目浩瀚。昨自兵火之後，例皆隳壞。今吳玠遣發將兵及委知興元府王俊、知洋州楊從義部押官兵同共修葺，並已就緒，望賜獎諭。仍乞降黃牓撫勞將兵。』從之。

二十三日，給事中、兼直學士院胡世將言：『吳玠等能憂國恤民，發戲下之眾以興渠堰，廣灌溉之用，爲富國與強兵之資，寬疲瘵遠輸之急，其體國之忠，有足嘉者。臣謂宜因以風勵將帥，使咸知朝廷之意，各務究心興修水利，措置營田，以省饋運而寬民力。欲望將今來降詔敕牓文，令有司行下諸大帥及統兵官等照會，將王俊、楊從義等特賜旌賞，以爲忠勞之勸。』從之。

八年十一月二日，侍御史蕭振言：『乞詔親民之官，各詢境内之地某鄉某里凡係陂塘堰埭民田共取水利去處，咸籍而記之。若從官中追集修治，則慮致搔擾。不若隨其土著，分委土豪，使均敷民田近水之家，出財穀工料，于農隙之際修焉，縣官董其大槩而已。仍于縣官罷任之日，書所興修水利若干於印紙，量加旌賞，以勸來者。』詔令户部行下諸路常平司，委守臣措置興修以聞。

九年正月二十一日，利州路提刑司言：『保明到王俊、楊從義、田晟修葺興元府、洋州兩處修到渠堰溉田所增苗税，乞依已降指揮旌賞施行。』詔吴玠令學士院降詔奬諭，餘各與轉一官，依條回授。

五月二十四日，權發遣明州周綱言：『嘗考明州城西十二里有湖，名廣德，周回五十里，蓄諸山之水利，以灌溉鄞縣七鄉民田，其利甚廣。自政和八年，守臣樓異請廢爲田，召人請佃，得租米一萬九千餘石。至紹興七年，守臣仇悆又乞令見種之人不輸田主，徑納官租，增爲四萬五千餘石。臣嘗詢之老農，以謂湖未廢時，七鄉民田每畝收穀六七石，今所收不及前日之半，以失湖水灌溉之利故也。計七鄉之田不下二千頃，所失穀無慮五六十萬石，又不無旱幹之慮。乞還舊物，仍舊爲湖。伏望特降指揮施行。』詔依，令轉運司疾速措置，申尚書省。十三年三月二十四日，明州言：『契勘廣德湖下等田畝緣既已爲田，即無復可爲湖之理，不免私自冒種，非唯每年暗失官租三千餘石，而元佃人户詞訟終無由止息。又因緣有爭占鬬訟，愈見生事。欲乞依舊爲田，令原佃人户耕種。』從之。

十五年閏十一月九日，差權發遣利州元不伐言：『蜀本魚鳧彭濮之國，土地瘠薄，秦太守李冰鑿離堆，皂水，以灌以溉，由是水利之興，徧於右蜀，遂爲奥區。養民之利，莫大於此。爰從近歲，堰多壞缺，不時營繕，爲農之害，莫大於此。賞罰之明，著於甲令，非舉而行之，無以示勸懲。欲望戒飭有司，克遵成憲，申嚴殿最，以隆邦本，使無罪歲之憂。』詔委四川宣撫司相度措置。

十六年正月二十一日，知興元府楊政言：『契勘本府山河六堰，澆溉民田頃畝浩瀚。自來春首，隨民户田畝多寡，均差夫力修葺。昨經兵火，民力不足，多因夏月暴水，衝壞堰身。若修葺不如法，遂失一歲之利。今措置，如遇渠堰損壞，民力不足，即於見屯軍兵下等人内量差應副，併力修葺。』從之。

[十九年]七月二日，上諭宰執曰：『平江堤堰不修，歲輸米比舊額虧十萬斛；並臨安西湖民灌溉所資，其利不細。歲久淤澱，並宜措置修治。』

[十六年]十一月，前知袁州張成己言：『江西良田多占山岡上，資水源以爲灌溉，而罕作池塘以備旱暵。望令江西守令，俾務隙時勸督父老，相地之宜，講究池塘灌溉之利，以爲耕種無窮之資。』詔令户部檢具賞格，行下本路常平司措置。

二十年四月二十三日，上諭輔臣曰：『久雨，不至妨農否？民田須常作瀦蓄。昨來士大夫有理會興修陂湖之利者，宜令州郡措畫，以備闕雨灌溉。』於是尚書省勘會：『諸路州縣陂湖，本以蓄水，准備灌溉民田。訪聞比來多爲大户侵占，一或闕雨，有妨灌溉。』詔令逐州軍措置，每季具施行次第以聞。

六月十四日，權知江陰軍蔣及祖言：『江陰軍地廣民眾，號稱沃孀，北枕大江，潮汐之所往來。然漕河別有一派，曰五卸港，港北入大江，凡六十里。自大觀中濬治，距今填淤，積水不泄，霖潦暴至，冒没民田，故西南諸鄉多水溢之虞。本軍舊有横河，自建寅門至平江常熟縣，凡五十里，旁爲支渠，溉田甚廣。自政和中濬治，距今沙漲，幾爲平地。北江之潮，無自而入，故東南之鄉，多旱幹之患。二河之利，久不開鑿。望命官相視興修，仍令長吏以時疏導。』詔令本路常平司相度，申尚書省。

二十一年十一月十九日，前權知池州黄子遊言：『乞飭提舉常平官，將舊來管下所有陂塘應幹水利去處，委官檢踏，本處縣丞措置，申本司照應修治，務要可禦水旱。如一切了當，從本司覈實，申乞推賞施行。或不切究心，措置滅裂，亦仰常平司具名按劾。』上曰：『聞近陂塘水利去處多爲人侵占，可令有司措置，毋妨眾用。』於是詔户、工部檢坐見行條法指揮申嚴行下。既而蒙上諭輔臣：『須是常平官得人。若監司用心，此等事無慮。聞近時監司多是端坐，不出巡歷。提點刑獄職在平反，尤當遍臨所部，宜加戒飭。』乃詔：諸路灌溉民田陂湖往往爲人侵占，令户部行下提舉常平官躬親措置，申尚書省。

二十二年八月四日，比部員外郎李泳言：『淮西募民耕墾閑田，而田疇高原去處，舊有陂塘，以資灌溉。今來墾辟雖廣，而未究水利。若使民户自行開濬，竊恐方集之人，有傷其力。望詔有司行下州縣，更切講究水利。如有陂塘所在，俾於農隙，官給錢米以濬治之。』上宣諭曰：『聞州郡陂塘蓄水去處，如紹興及淮南，往往爲民户所侵占。雖目前州縣獲利，恐三五年後，無水溉田，却爲害非細。李泳所奏，可令户部行下本路常平司措置。』

九月六日，左朝奉郎周楙言：『臣前任蘄州，見郡城環回皆山，每遇霖雨，則眾山之水奔湊城下，莫之能禦。治平二年，郡守張衡創築河堤，以捍水勢，從此無復水患。自經兵火，掘鑿殆盡。望詔有司委自知通，同屬縣就農隙依所定錢米，和雇游手濬渠，取土成堤，水到渠成，堤亦成矣。堤岸既修，除去水患，民皆安居，而灌溉有備，亦無旱暵之虞。』上可其奏，因宣諭曰：『不獨蘄州，凡沿淮合堤備水患去處，令本路漕臣同逐州守臣措置。』

二十三年七月二十三日，試右諫議大夫史才言：『浙西諸郡水陸平夷，民田最廣，平時無甚水甚旱之憂者，太湖之利也。數年以來，瀕湖之地多爲軍下兵卒請據爲田，擅利妨農，其害甚大。蓋隊伍既易於施工，土益增高，長堤彌望，名曰垻田。水源既壅，太湖之積漸與民田隔絶不通。旱則據之以溉垻田，而民田不沾其利。乞專令本路監司躬親究治，盡復太湖舊利，使軍民各安其職，田疇盡蒙其利，農事有賴。』上然，從之。

十月二十二日，户部言：『宣州、太平州諸管官私圩田内有被水衝破圩埕去處。欲乞委司農寺丞、兼權户部郎中鍾世明前去措置。』從之。

二十七日，鍾世民言：『被旨，差往宣州、太平州措置圩埕。今條具下項：一、今來宣州化城、惠民圩埕周圍接連，計長八十里，其小埂不用修築外，内被水破缺并里外損壞摧塌去處，合行修築增高。一、今來修築圩埕，合用和雇人工錢米，乞于常平錢米内應副。如本州常平錢米不足，即許提舉常平司於本州合發上供錢米内取撥兑借，免至臨時缺悞。其下三等人户，竊慮緣水患無力輸納，即乞令結甲借貸常平司錢，自紹興二十四年爲始，作四年帶納。一、今來修築圩岸，所用工浩瀚，務要堅實，庶可堅久。全籍所差官協力管幹，庶不致滅裂，枉費人工。如有不切用心，弛慢職事，許行按劾。内有昏懦怯弱不任職事之人，亦許差官抵替。所有檢察、監修、部役等官，如能用心了辦，不致滅裂，虚廢人工，亦乞許保明，申取朝廷指揮，量行推賞，庶示懲勸。』於是户部看詳，欲乞下宣州并江東轉運、常平司詳此，並依本官逐項措置到事理施行。從之。

閏十二月二十七日，又言：『今措置太平州圩埕下項：一、今來當塗、蕪湖兩縣人户被水，損壞圩岸。乞結保甲，借米糧相添，自行修築。在法，係是農田水利，民力有不能辦者，合依宣州體例借貸，具數保明，申提舉常平司外，有萬春等圩埕人户乞官爲雇工修築。今檢計被水破並裏外埂損壞，合行增築帖補，其蕪湖縣萬春、陶新、政和等圩埕三所，共長一百四十五里有餘，合用九十六萬一百三十四工；當塗縣管圩埕一所，係廣濟圩，長九十三里有餘。其圩與私圩五十餘所並在一處，坐落青山前，各係低狹。埂外面有大埂埕一條，包套逐圩在内，抵障湖水。今來逐圩被水損壞，詢訪人户，只修外面大埂，不惟數倍省工，委是可以抵障水勢。所有腹裏圩埕或有損處，聽人户自修。尋取會到逐縣被水修治官私圩埕體例，係是人户結甲保借常平米自修。今來損壞尤甚，人户工力不勝，不能修治。今措置，欲乞依見今人户結甲乞保借米糧自修圩埕體例，不以官私圩，人户等第納苗租錢米，充雇工之費。官爲代支過錢，年限帶納。自餘合用錢米，並乞下提舉常平司照會，日下取撥津發，應副本州雇工修治施行。一、今來蕪湖縣申，獨山、永興、保城、咸寶、保勝、保豐、行春圩北，其地圩埕，被水衝破打損至多。若只依係保借糧米，將來修築不前。内有咸寶一圩，被水損壞，衝成潭缺，計長二十五丈，闊三十丈，深二丈二尺。須用創作堤岸，從裏面圍裹，倍費工力。比獨山等圩埕損壞，尤見工費不同，委是力難辦。乞官爲雇工修築。今檢計獨山等七圩，委是被水損壞處多。其咸寶圩埕衝破成潭處，難以就舊基修築，合依裏面別創築埂圍裹，計長八十一丈，合用五千四百工。今措置，上件圩埕欲各依例結甲隨苗借米外，更據户下田每畝與借錢一百文省，令自修築。其咸寶圩埕潭缺處，據合用工數，欲乞官和雇人工，共同修治。』於是户部言，欲乞下太平州、江東轉運、常平司，並依本官逐項措置到事理施行。從之。

二十四年九月十五日，大理寺丞周環言：『臨安、平江、湖、秀四州低下之田，多爲積水浸灌。蓋緣溪山諸水併歸太湖，水分爲二派：東南一派由松江入於海，東北一派由諸浦注之江。其沿江泄水諸浦中，惟白茅浦最大，今爲沙泥淤塞。每歲若遇暑雨稍多，則東北一派水必壅溢，遂致浸傷農田。欲望令有司相視，于農隙開决白茅浦故道，俾水勢分派流暢，實四州無窮之利。』詔令轉運司措置。

二十八年八月二日，宰執進呈監察御史任古論蘇、湖、常、秀被風水災傷，因措置浙西、江東、淮南賑糶事。上曰：『被水州縣檢放税苗而賑貸其不給，固當如此。』宰臣言：『瀕江一帶低下，而堤堰壅塞，畎澮不通，致有積水。他郡亦不至此。』上曰：『可令蔣璨同漕臣專一措置。』

九月十三日，兩浙路轉運副使趙子潚、知平江府蔣璨言：『近被旨，相度水利利害。子潚等歷吳江、吳、長州三縣民田湮没去處相視，以至常熟，又自常熟北至揚子江，又自崑山東至海口，推究源流，講求利害。今詢訪得浙西諸州，平江最爲低下，而湖、常等州之水皆歸於太湖，自太湖以道於松江，自松江以注海。是太湖者三州之水所瀦，而松江者又太湖之所洩也。然以數州瀦水之巨浸，而獨洩以松江之一川，宜其勢有所不勝受，而洩放有所不逮。是以昔人於常熟之北開二十四浦，疏而導之揚子江，又於崑山之東開一十二浦，分而納之海。兩邑大浦，凡三十有六，而民間私小徑港不可勝數，皆所以決壅滯而防泛溢也。後因潮汐往來，泥沙積聚，舊制開江之卒尋亦廢去。閱時既久，填淤日增，此大浦所以湮塞，而民田於是有淹浸之憂也。昨者建議興修水利之人接武而出，其説皆迂闊汗漫而難用。所見於已施行者，天禧、天聖間運史張綸於常熟、崑山縣各開衆浦以導積水；景祐間郡守范仲淹親至海浦，開濬五河以疏導諸邑之水，自東南入于松江、東北入於揚子與海；政和間，提舉趙霖將命興修水利，開浚三十三浦，役工僅開常熟兩浦、崑山一浦而罷。開三浦之後，迄今又四十年，諸浦湮塞，又非前日之比，遂致湖瀼盈溢，浦港澱淤，而積水散漫民田之中，十年之間，澇歲常八九。今相視，泥沙湮塞，有妨洩水，合行修掘開導緊切去處，開具如左：一、常熟縣開浦五處：梅里塘，泄崑湖並常熟塘一帶積水，自本縣東柵，由梅里鎮至白蕩橋；又白茆浦，係泄崑湖、承湖水，自周涇至浦口；又崔浦，泄崑湖、承湖由梅里塘積水，自浦口至雉浦一帶；又福山浦，係泄崑湖、承湖並府塘一帶積水，自尚墅橋及九折塘至顯星橋；又黄四浦，係泄尚湖及崑湖水，自三里汀至十字港。一、崑山縣開浦四處：新洋江，北接百家瀼，南出吴淞江，自百家瀼口至太倉塘；又小虞浦，北接鰻鯉瀼，向南出吴淞江，自鰻鯉瀼口下，南至黄墓村橋；又雇浦，北接斜塘瀼，南出吴松江，自郭澤塘口下，北至邵塘；又郭澤塘，南通夏駕浦，東通雇浦、洛徹、吴松江。已上兩縣，總計工三百三十七萬四千六百六十四工、錢三十三萬七千四百六十六貫三百文、米一十萬一千五百三十九石八九升。子潚等契勘：崑山縣四浦工力不多，乞止用本縣食利人户，支給錢米，委本縣官監督開濬。常熟縣五浦工力浩瀚，係與吴、長等縣利害相及。欲除崑山縣外，有本縣食利人户，以五千人爲率。人夫數少，即於三縣見賑濟人内募強壯人充。應所有差官起工等事件，續次條具申請。緣平江府積水，經今已及兩月餘日未退，已妨種麥。若不于農隙之際支給錢米，雇夫開治，深恐來歲春雨，積水愈甚，虧失常賦不便。望速降指揮施行。』詔差御史任古同提點刑獄徐康前去覈視，詳究利害聞奏。所有合措置事件，令趙子潚、蔣璨一面條具，申尚書省。其任古仍令上殿奏事畢，疾速前去。

二十五日，知涪州程敦書言：『稻田以水爲本，故無渠堰而田宜稻者，則有瀦水之地以待灌溉。比緣經界，官吏以民間瀦水地爲天荒地，豪猾游手因而交結州縣，請佃承買，洩其水以爲可種之田，獨擅其利。田既無水，歲失播種。乞行下諸路，如有請佃承買瀦水地者，即爲改正。』從之。

十一月九日，監察御史任古言：『平江府常熟等四縣，舊有開江四指揮共二千人額，專一修治浦塘等，并置巡塘官一員。今欲乞止於常熟、崑山兩縣各招填一百人額，其請給等並依舊例支給施行。仍奏撥軍員、使臣各二人，分管軍兵。如有浦塘堙缺，通融役使，逐旋修治。』古又奏：『崑山縣耆宿言，所開浦四處，緣今歲積雨，東北風潮，並太湖及山水相會，有渰沒民田。兼郭澤塘一浦横過，即非泄水去處。春間人户圍田，自當開撩。所有小虞浦、新洋江、雇浦三處，雖合開浚，見今四浦盡爲松江大水漲過其外，發泄遲緩，其致諸浦蓄水，難以興工。欲候江水減落，岸塍出露，人户自行開掘，亦不願支破錢米。若内有貧乏無力之人，乞量借常平官糧，寬立年限，分料送納；乞從民便。已行下本縣，令預備將來興工之具，候江水減退，即行開浚。』並從之。

同日，監察御史任古言：『臣同徐康與常熟縣官覈視五浦，今詳究得本縣東柵至雉浦入丁涇，通徹福山塘，下注大江，委是快便。若依趙子潚當來申請，以五千人爲率，於來歲正月入役，約計一月餘日可畢此浦。使昆、承二湖及府塘一帶并被傷民田内水通注於江，然後浚治黄泗浦、三里江至十字港，工力亦不甚多。併趁農隙，先畢二浦。其餘合開港浦，再俟將來農隙，當以緊慢次第興工。』古又奏：『趙子潚昨計料開浚崔浦，係決泄崑、承二湖及民田内水，南自梅里塘，距浦口迤北入大江。古等身詣相視，其浦乾涸，可以行往。蓋緣浦身迂回曲折，泄水不快，是致積沙高厚，開浚工倍。欲於雉浦口別開一涇，徑入福山大浦，通於大江，名爲丁涇，比之崔浦，並無回曲。不惟開浚省費，實于泄水爲便。』詔並依奏，錢於御前激賞庫支降，米就平江府撥到綱米内支取。令趙子潚同守臣措置，於正月上旬興工。令預備器用，不許科擾於民。

二十九年正月二十九日，兩浙路轉運副使趙子潚言：『被旨開濬平江府常熟縣東柵至雉浦入丁涇，徹福山塘，已於正月五日興工。據常熟縣父老稱，福山塘與丁涇地勢相等，今開丁涇，更深三尺，若不濬福山塘，則水必至倒注於涇。今與平江府州縣官同往相視，宜依父老乞開濬。又見開東柵至雉浦口，河面並合闊八丈，并雉浦港底四丈二尺，貴得泄水通快。』詔依，仍令疾速興工。

二月十八日，敷文閣待制、知平江府陳正同言：『相視到常熟縣開浚諸浦，其修治田岸，係有田之家計畝均出錢米，以保永業，必無怨尤之理。舊來浦口雖有潮沙之患，每得上流清水湍浚，可以推滌，不至全然壅塞。後來節次被人户圍裹瀦水湖瀼爲田，其已成之田，人户認爲永業。欲乞今後不許人户更將邊湖瀦水去處占射圍裹。』於是户部言：『在法，瀦水之地，謂衆共溉田者，輒許人請佃承買，並請佃承買人，各以違制論。每畝賞錢三貫，一百貫止。今欲下平江府明立界至，約束人户，即不得依前占射圍裹。』從之。

同日，詔常熟縣丞江續之減二年磨勘，壕寨官韓彦、彭昇各與轉一官資。以本路運使保明開浚浦畢工故也。

三十年三月八日，淮南運判張祁言：『被旨措置開墾荒田、修築圩埠陂塘。竊見無爲軍盧江縣楊柳圩一所，周環五十里，兵火後來不曾修築，致圩埠損闕，溝洫壅蔽，一向荒閑二十餘年。及無爲縣嘉成圩一所，各有荒閑田土。本司見已修築堤岸，蓋造莊屋，收買牛具，招集百姓耕墾。竊念淮甸窮陋，本司別無寬剩錢物應副逐急支遣。欲望詳酌，權于本路州軍合起發錢内科撥三萬貫，從本司置曆，專充措置開耕荒田支費。候稍有次第，即將逐年所收莊課樁管，撥還支過錢數。』詔於淮東茶鹽司樁管錢内支撥三萬貫應付。已上《中興會要》。

紹興三十二年孝宗即位未改元。十一月二十九日，參知政事、督視湖北京西路軍馬汪徹言：『相視襄陽有二渠，一曰長渠，一曰木渠，皆古來水利播殖去處。大約長渠溉田七千頃，木渠溉田三千頃，其間陂池灌浸，脈絡交通，土皆膏腴。自兵火後，悉已堙廢。嘗差委湖北運判吕擢、京西運判姚岳親至其地計度。今且先治長渠，凡築堰開渠，可用二萬工，并合要牛具、種糧等，就委兩路運司措置，不令絲毫擾民。長渠纔成，或募民之在邊者，或取軍中之老弱者，雜耕其中。來秋穀熟，量度收租，以充軍儲。既省餽運，又可安集流亡。乞以措置京西營田司爲名，令姚岳兼領。』從之。其後，乾道九年十二月二十三日，權京西路轉運判官胡仰復言：『長、木二渠之利，數内靈溪水見流白馬堰，係鄂州都統制司營田莊，水亦通。唯是白馬陂以東石子山、木眼山合渠去處類多損壞，日復一日，必皆湮塞。今若隨宜興修，可以立見成效。欲望下荆鄂都統制司，令同本司差官行視二渠，隨宜開遍。』詔户、兵、工部看詳。各部欲下鄂州都統制，京西安撫、轉運司，襄陽府同共疾速相度施行。從之。

隆興元年四月十二日，詔浙西路轉運、常平司取見今逐州人户創立岸包圍成田，及漁户廣施漁具壅遏水勢所去處，疾速相度，措置施行。仍令州縣常切督責巡尉，每歲于農隙時修治隄防，無使闕壞。及春夏之交，部集人户於河道淤塞要害之處，併工開撩，常令水路通快。從殿中侍御史胡沂請也。

六月十二日，工部尚書、兼侍讀張闡等言：『竊見近降指揮，將紹興府鑑湖田、明州廣德湖田盡賣。二湖元灌溉民田浩瀚，後緣民間侵耕，遂作圩田。今若一概出賣，竊恐於民間別有所妨。如紹興府鑑湖曾立石碑，應深溝大港永遠存留，可以充灌溉。今欲乞專委紹興府、明州守臣討論利害詣實，方可出賣。』從之。

二年八月五日，詔：『江浙水利久不講修，積雨無所鍾泄，重爲秋稼之害。可令逐州守臣考按古迹及見今淤塞去處，條具措置聞奏。』

九月四日，集英殿修撰、知宣州許尹奏：『本州有童圩，實係創興，委是堙塞水流去處。今欲依舊開決作湖，以爲民利。』詔令本路轉運司相度，如委有壅塞，候秋收畢，措置開決。

十二日，詔江東、浙西監司、郡守：『朕嗣服以來，求民之瘼。比緣江東浙右俱被水災，思拯民於愁歎，寤寐不忘。卿等既分外臺之寄，皆爲共理之良，宜究乃心，各揚爾職。能於所部講明田事，預爲陂塘渠堰，防患未然，使顯効著於將來者，朕當不次親擢。其或但爲文具，尚畏權勢，無益於備患，徒擾于庶民，國有典刑，朕必不赦。』

乾道元年正月十四日，知徽州吕廣問條奏農田水利：『諸塘堨合輪知首之人充，雖田少不該，亦均給水利，不得阻障。若鄉利私約輪充，於官簿内開説充知首人。盡賣田業、新得産家雖合充，止輪當末名，不得越次，仍批官簿照會。諸塘堨係衆水利，蓄水救田。本縣於農隙之時，告示知首及同食水利人，均備人夫，併力修作。塘堨下合承水利田産，遇人户典賣，並依資次承水。如係買税户塘堨水，亦申官注籍。塘堨水上流既足，如障塞、公然占奪，不從州縣約束者，取旨。形勢之家將新置田産却在舊堨之上占截水利，似此去處，縣官即時除拆。若舊堨不容修築，衆定利害，務從民便。若兩堨用水已足，不放流者，亦仰官司禁約。甽堨兩岸或被水衝陷，隔岸漲出沙田，止許被水人承佃，不得田鄰爭占。甽堨所在合留水門，若不妨阻舟船，或擅毁拆，並追勘斷。約束未盡，如別有私約，並仰知首自陳添入。若舊例已定，不得創改。有合增事件並聞官，始許行用。』從之。

二月二十四日，詔紹興府開浚鑑湖。除唐賀知章放生池舊界十八餘頃爲放生池水面外，自餘聽從民便，逐時放水，依舊耕種。從知府趙令詪請也。

同日，知平江府沈度言：『被旨，開掘長洲縣習義鄉清沼湖圍田一千八百三十九畮，益地鄉尚澤蕩圍田一千五百畮，蘇臺鄉元潭圍田一千五百八十八畮，樊洪瀼圍職田三百三十二畝、營田一千九百六十九畝，費村瀼圍田一千六百六十二畝，崑山縣大虞浦圍田二十六畝，小虞浦圍田一百六畝，新洋江圍田一百七畝，崑山塘圍田三十三畝，許塘圍田二十六畝，六河塘圍田一十三畝，常熟縣梅里塘圍田二畝，白茆浦圍田二百三十一畝，目今通泄水勢。』詔浙西提刑曾逮親至其地審寔，開具洩水通快、可以經久無堙塞去處保明以聞。

二年四月七日，吏部侍郎陳之茂言：『比年以來，泄水之道既多堙塞，重以豪右有力之家以平時瀦水之處堅築塍岸，廣包田畝，彌望綿亘，不可數計，中下田疇易成泛溢，歲歲爲害，民力重困。數年之後，凡瀦爲陂澤，盡變爲阡陌，而水患恐不止今日也。乞選差強明郎官一員，同漕臣，日下將新圍之田疾速開鑿。』上曰：『聞浙西自圍田即有水患。前此屢有人理會，竟爲權要所梗。卿等可檢點累降指揮已曾如何施行，仍委兩浙運副王炎疾速相視利害以聞。』既而王炎言：『相視圍田内有張子蓋新舊田九十餘畝，占籍兩縣，堙塞水勢，久爲民患。躬至其地，地名四塘，周圍約二十里，開掘已盡，泄水通快；地名長安，周圍約四十里，見督縣官併工開掘。乞戒勵張子蓋等家，再犯，重寘典憲。已開掘去處，各立標記。餘州縣依此。』從之。

五月十一日，尚書省言：『浙西圍田有壅塞水勢去處，近專遣漕臣親詣逐州縣監督開掘，以泄積水，除去民害。尚慮形勢權要之家日後依前冒法謀利，復行修築，爲害如初，理宜約束。』令兩浙轉運司并逐州縣守令常切檢察遵守，如有違犯之人，命官取旨，餘重作施行。

六月一日，臣僚言：『江陰軍在浙西最爲地勢卑下，雖瀕大江，而歲苦水患，尤甚於他州。蓋常州之水，其勢趍下，儘自五瀉堰分流入石頭港、黄港、夏港、蔡港、申港，達于大江。而江潮直至堰下，歲久潮泥淤塞河港，水既不能輸泄，漫入田間，而申港一河連接數鄉，所繫尤重。又有三山與秦望山，山脚之下石自港内横絕而過，壅遏水道，今所謂大石堰、小石堰者是也。一屬常州，一屬江陰。其石比年漸高大，河水爲之不流，數鄉無歲不被害，田畝常在水底。而常州境内，河港水勢又不能泄，寔爲兩郡之害。若非朝廷措置開掘，以兩郡之力，必不能辦。乞詔有司，下本路監司、兩郡守臣，同力相度利害。』詔工部行下本路轉運司，同常州、江陰軍相度，措置以聞。候農隙日，興工開掘。

十五日，臣僚言：『浙西圍田壅塞水勢，已行開掘。竊見永豐圩自政和五年圍湖成田，經今五十餘年，横截水勢，不容通泄，圩爲害非細。今相度，欲將永豐圩廢掘，依舊爲蓄水之地。』詔依，候至十一月開掘。後復詔仍舊不開。

十月十四日，利州路提點刑獄公事張德遠言：『興元府褒城縣山河六堰灌溉褒城、南鄭兩縣田八萬餘畝。内有光道拔一渠決壞年深，民力不能興修，下流闕水，率多改種陸田。今歲正月内，判興元府吴璘親率將士代民修塞，仍作偏堰，勒回別渠棄水，併入光道拔下流。諸堰堅固，前日陸種去處，復爲稻田，其利甚博。』詔吴璘令學士院降詔奬諭。

三年五月十五日，秘閣修撰、前知衢州周操言：『宣城管下六縣，唯宣城、南陵有圩田去處，而宣圩田最多，共計一百七十九所。大率地本卑下，人力矯揉，以成田畝，十年九潦，常有水患。議者多欲廢決梗塞水道之圩，以全衆圩，是謂不當隱忍愛惜當決之圩，使衆圩俱受其害。臣於乾道元年十一月到任，是時圩田再遭巨浸。臣遂出榜曉諭，童圩係是破壞之數，人户稱此圩委梗塞水道。今已去彼隔歲，且令權住一年興築。若來年衆圩熟，不遭水患，遂可永久廢罷。乞將童圩徑行廢決。所有養賢、政和、蓮湖三圩，乞併賜行下，委自守臣詢訪，條具聞奏。』詔寧國府守臣相度以聞。其後，知寧國府汪徹言：『童圩最爲民害，一水自徽州績溪縣、本府寧國縣合諸水至童圩；一水自廣德軍建平縣合本府宣城縣南湖之水至童圩。二水奔衝併來，其勢浩渺，所以向上諸圩悉遭巨浸。又嘗考此圩本童家湖，容流衆水，非古來圩額。今若將童圩廢決，則水勢自然順適。其餘未可輕議。』從之。

四年五月二十四日，詔：『知彭州梁介自到任，講究農田水利，經畫修築本州九隴等三縣十餘堰，灌溉民田，固護水勢，委是利便。可除直秘閣、利州路轉運判官，填見缺。』從四川安撫使虞允文請也。

八月七日，觀文殿大學士、知紹興府史浩言：『本府諸暨聚天台、四明數百里重岡復嶺，水出之源，其派既廣，止有錢清一江爲吐泄之處。古人于縣之四傍立湖七十二處以瀦蓄，故無泛濫之患。歲久，所謂七十二湖者，人皆占以爲田，故雨水霑足，則水皆歸七十二湖，所種之苗，悉皆浸損。然則非水爲害，民間不合以湖爲田也。今湖不可復，則諸暨湖田爲之，民歲歲受害，臣不敢以不告。』詔令史浩選委諳曉湖田利害官相度措置。七年十二月八日，臣僚又言：『紹興府諸暨縣地接婺之浦江、義烏，眾溪輻湊，與本縣諸山之水凡四十餘港合流而下。境内舊有七十二湖，可以瀦蓄。歲久，湖變爲田，不惟水無所歸，而又溪港浸爲漲沙堙塞，由是久雨則有墊溺之患，久晴則有旱暵之憂。開鑿約用六十八萬一千五百工，每工日給米二升，計用米一萬三千六百三十石。』詔令蔣芾相度。

九月二十四日，詔：『諸路提舉官自今興修水利，若不依常平免役條令，先選官按視，許令興修，只憑州縣保明，虛譔農田水利酬賞，輒爲申奏不實者，從户部按劾取旨。本部人吏不照應條法疏難，輒便依隨僞妄，關報推賞者，亦科違制之罪。』

十月二十六日，臣僚言：『紹興府諸縣各有湖，湖高於田，築塍岸瀦水以備旱；其田高于江，置斗門洩水以備潦。故雖或水旱而有備，歲可使之常豐。蕭山縣管下湘湖，灌溉九鄉民田，夏秋之交，多闕雨澤，決其湖以溉田，禾稼滋茂。近聞百姓將湘湖填築以爲田，寔害灌溉。欲乞令紹興府差官看視，若委是將湘湖爲田，則令開掘，復以爲湖，依舊灌溉民田。』從之。

五年三月二十日，大理正、措置兩淮官田徐子寅言：『兩淮荒蕪之田一目百里，究其十分之地，陸田纔三四，而水田居其五六。春夏之交，霖雨之久，耕耨之勞，秧蒔之功，一旦空然，此田之所以爲民病也。自去冬，同歸正頭目人差擇到楚州山陽縣大溪村博田崗空閒官田約數百余頃，南有灌溝，可通運河，北有舊溝，可接小溪。今欲由其舊跡，與之開浚，約用五百工。歸正人各欲俟墾種畢日，併力開浚。』從之。

六年閏五月一日，知雷州戴之邵言：『管下瀕海土薄地雜泥沙，東北接連有大塘一所。臣於農隙雇募夫丁併力開築，竊慮歲久，官司不能相繼增修，旋致堙塞。乞今後差注本州海康、遂溪兩縣，並令於官銜上帶「主管河渠公事」。任滿，有無增修損壞，批上印紙。』從之。

七日，徽猷閣待制、新知寧國府姜詵言：『寧國府太平州兩郡，惟仰圩田，得以供輸。今來夏雨頻多，竊慮縣官滅裂，民心不齊，失于修治，大爲圩田之害。欲選委清彊官，同本縣遍行檢視修護。』從之。

六月二十二日，徽猷閣待制、知寧國府姜詵言：『宣城南陵縣圩田既壞，有不曾決破圩田九所。欲於今冬自十月措置修圩，以係官錢米募民興工，俟今秋八九月措置以聞。』從之。其後，詵措置修濟養圩岸，兼開決除廢在外。詔從之，餘州軍圩岸損壞准此。

九月二十八日，新知泉州周操言：『太平州所管圩田，每遇水災決壞，除大圩官爲興修外，其它圩並係食利之户保借官米自行修治。就今冬十月内措置，乞委自各州守臣，照紹興二十三年例，從寔措置施行。』詔應有圩田合修治處，仰逐州守臣精功檢寔，及工役合用錢米支費，具數限一月聞奏。

十月二十三日，知寧國府蕫詵言：『焦村私圩梗塞水面，致化成、惠民圩頻有損壞。合將焦村圩廢決。其化成、惠民兩圩南元有埂岸接焦村圩，合依舊增高修築。』從之。

十二月十四日，監行在都進奏院李結言：『蘇、湖、常、秀所產，爲兩浙之最。自紹興十三年以來，屢被水害，議者皆歸積水不決之故，以爲積水既去，低田自熟。第以工役浩煩，事皆中輟。臣有管見治田利便三議：一曰敦本，二曰協力，三曰因時。司農丞郟亶議云：「古人使塘浦闊深者，蓋欲取土以爲堤岸，非專爲決積水。若堤岸高厚，借令大水之年，江湖之水高於民田五七尺，而堤岸尚出於塘浦三五尺，故雖大水，不能入于民田。民田既不容水，則塘浦之水自高於江，而江之水亦高於海，不須決泄而水自湍流矣。」此古人治低田之法也。若知決水而不知治田，則所開浚之地，不過積土於兩岸之側，霖雨蕩滌，復入塘浦，不五七年，填淤如舊，前功盡棄。爲今之務，莫若專務治田。乞詔監司、守令相視蘇、湖、常、秀諸州水田塘浦緊切去處，發常平、義倉錢米，隨地多寡，量行借貸與田主之家，令就此農隙，作堰車水，開浚塘浦，取土修築兩邊田岸，立定丈尺。眾户相與併力，官司督以必成。且民間築岸，所患無土。今既開浚塘浦，積土自多，而又塘闊水深，易以流泄。田岸既成，水害自去。此臣所謂敦本之議也。』結又以爲：『百姓非不知築堤固田之利，然而不能者，或因貧富同段而出力不齊，或因公私相吭吝而因循不治，非協力不可。百姓所鳩工力有限，必賴官中補助；官中非因飢歉，難以募民興役，非因時不可。』詔：『李結所陳，緣所費浩大，令胡堅常相度措置。』胡堅常看詳：『李結所議，誠爲允當。今相度，欲鏤板曉示民間有田之家，各自依鄉原體例，出備錢米，與租佃之人更相勸諭，監督修築田岸。庶官無所損，民不告勞。』詔從之。

七年七月二十五日，將作少監馬希言奏：『被旨，覈寔太平州修圩利病。欲望委自有圩田州縣守令措置，將圩内人户推一名有心力、田畝最高之人爲圩長，大圩兩人。每遇秋成，集本圩人夫於逐圩增修。面闊一尺，側厚一尺，脚闊二尺，須用堅土寔築。若圩内人力不及，或闕工食，官中量行添助。如是五年不輟，則圩勢高厚，雖有湖潦，不能侵也。』詔令逐州守臣措置。希言又言：『乞再委三州軍守令，應私圩未修去處，以田畝十分爲率，借米一分，令日下修葺。仍令被水之圩更與給借糧種，候秋熟，分兩年剋納。並須遍及四遠鄉村。先以所管常平米支，如不足，轉運司就鄰近州縣取撥應副。』從之。

二月四日，觀文殿學士、知紹興府蔣芾言：『本府會稽縣德政鄉有田萬二千畝，七年被水，細民殆無生意。古有後浦，在下流，凡十里餘。舊來深浚，以泄裏水。爰自損壞堙塞，每遇溪流泛溢、江潮壅大，則渰浸旬月，水不通泄，一再插種，並無收成。乞于本府常平錢借支三千緡，義倉米借支三千斛，就行賑濟，因以開浦。』從之。

五月二十日，詔：『太平州寧國府新修圩田，可差監察御史陳擧善前去覈寔，開具有無堅壯損壞以聞。』

七月十三日，户部尚書曾懷等言：『秀州華亭縣新涇塘合築堰置閘，以捍鹹潮，免浸民田，事繫利害。其所用工料錢五萬貫文省，乞委浙西提舉常平官李結疾速興修。』從之。後知秀州丘崈遂成之。詳見『堤堰』門。

八年十一月，臣僚言：『寧國府兩圩埂岸雖已圓固，至於卑窪去處可以瀦水者，又須當求所以措畫之方。惟相其水源所歸，穿掘陂堤以儲蓄之。外水既落，則因以決放，而可以免於浸溺。況兩圩腹内包裹私圩十五所，其野泊荒陂低圩之田，廢而不治者尚多有之。圩民知其利而不能自辨，官欲爲之，又無餘力可成。惟其常有淹澇之憂，而未免蠲減苗税，孰若以其所減者募民疏鑿？欲望於苗租内截撥米若干碩，責以農隙之時浚築，將見永無水患，不失賦入，以濟大農之用。』詔江東常平司委官取見的寔合修去處丈尺、工料、米數，寔具文狀，保明以聞。

九年八月十六日，詔曰：『朕惟旱乾水溢之災，堯、湯盛時有不能免，民未告病者，備先具也。間者數年比不登，江、湖、閩、浙之人或荐告飢，豈有肥磽人事之不齊乎？將火耕水耨不得其時，地有遺利乎？抑賦役繁多，或奪其力乎？何種入之寡乏也？深惟其故，未燭厥理。乃博延羣臣，訪問得失。吏有從南方來者，言豫章諸郡，綿亘阡陌，近水者苗秀而寔，高仰之地雨不時至，苗輒就槁。意者水利不修，失所以爲旱備乎！唐韋丹爲江西觀察使，治陂塘五百九十八所，灌田萬二千頃。此特施之一道，其利如此。矧天下至廣也，農爲生之本也。泉流灌溉，所以毓五穀也。今諸道名山川原甚衆，民未知其利，然則通溝瀆、瀦陂澤，監司、守令顧非其職歟！其爲朕相丘陵原隰之宜，勉農功，盡地利，平繇行水，勿使失時，雖年有豐凶，而力田者不至拱手受弊，亦天人相因之理也。朕將即吏勤惰，行殿最而寓賞罰。各殫厥心，無蹈後悔。』

九月二十七日，度支員外郎朱儋言：『江東圩田爲利害大，其所慮者，水患而已。知增築埂岸以固隄防爲急，而不知廢決隘塞，以緩奔衝之勢。乞下江東轉運、常平司，更切講究本路圩田別有似此隘塞水道合從廢決去處，與逐州守臣公共詳酌，奏請施行。』從之。

九年十一月二十五日，詔令諸路州縣將所隸公私陂塘川澤之數開具，申本路常平司籍定，專一督責縣丞，以有田民户等第高下分佈工力，結甲置籍，于農隙日浚治疏導。務要廣行瀦蓄水利，可以公共灌溉田畝。如無縣丞處，即責以次縣官依此措置。候歲終，令本州參酌，將工力最多去處保明，申常平司，差官覈寔，申朝廷推賞。其怠慢不職之人，按劾取旨責罰。從臣僚請也。

十二月二日，龍圖閣待制、知太平州胡元質言：『今歲遭值大水，除政和等十三圩不曾遭風水，餘諸圩幾四百里，爲水漫沫而入，内外灌浸，風浪淘洗，經涉三時，其受害損壞不一，合隨其所損而爲之計：其洗動處則重築，其坍落處則補築，其虧狹處則貼築。其不損壞處則又为之增築。其工費計米二萬一千七百五十七碩五升、錢二萬三千五百七十貫一百三十七文省。比隆興二年、乾道六年所省幾半。務趁此冬土脈堅實之時，及期辦集』。從之。以上《乾道會要》。

孝宗淳熙元年四月七日，提舉兩浙常平茶鹽公事劉孝韙言：『紹興府山陰縣安昌、清風兩鄉，餘姚縣蘭風、東山等五鄉海塘爲海潮所損，已委各縣尉修築。溫州瑞安、永嘉、平陽，台州黃巖等縣，皆有堙塞河道海浦，乞行開修。』從之。

五月六日，詔溫州瑞安知縣特轉兩官，任滿與通判差遣。以淛東提舉劉孝韙言恕開運河、溉民田，又遍詣諸鄉浚治河淚，興建塘濼斗門，故有是命。

六月十二日，詔福州長樂知縣徐蓍、連江知縣曾模各特轉一官。以本路安撫使言蓍興修管下湖塘水利，及創造斗門一百四所，灌溉民田二千八十餘頃；模開浚東湖塘二十餘里，造水閘、築埕塍一百二十餘所，灌溉田二十餘頃，故有是命。

七月二十三日，提舉江南東路常平茶鹽公事潘甸言：『被旨詣所部州縣，措置修築濬治陂塘，今已畢工。計九州軍四十三縣，共修治陂塘溝堰凡二萬二千四百五十一所，可灌溉田四萬四千二百四十二頃有奇。用過夫力一百三十三萬八千一百五十餘工，食利人户一十四萬八千七百六十有餘。』詔劄下諸路，依此逐一開具以聞。

十一月二十七日，江東運副程叔達言：『番陽、廣德二郡，地最高仰，間有旱傷，二郡尤甚。乞詔守令遍行阡陌，有荒曠田畝無水源處，相視其宜，多創塘濼，以備灌溉。及令常平、轉運司分行督察，若民力不能獨辦，量行應副錢米，以助其役。』從之。

二年三月四日，淛東提舉常平折知常言：『台州黄巖縣令孫叔豹勸諭食利之家自行興工，開濬八鄉官河九十餘里，置立斗門、堰閘五所，灌溉田畝。』詔孫叔豹改合入官，候任滿赴都堂審察。

四月二十二日，詔知泰州張子正、提舉淮南東路常平鹽茶公事葉翥各特轉一官。以修築泰州捍海堰有勞故也。

七月二十八日，浙西提舉薛元鼎言：『太湖之水，獨泄以松江之一川，其勢有所不勝受，並湖數州皆受其害。景祐間，范仲淹嘗就常熟、崑山之間濬五大浦：茜涇、下張、七丫、白茆、許浦，以殺其勢，爲數州之利。比年並皆堙塞。前任提舉陳舉善勸諭人户，以漸開浚。獨許浦正是泄水去處，並未施工。昨水軍統制馮湛乞用軍兵開掘，因與守臣不協，遂已。臣竊見許浦自梅里約三十餘里堙塞不通，其水軍搬運錢糧亦自艱難。乞詔馮湛候農隙日，從所請開濬。』從之。

閏九月十九日，詔：浙東今歲間有旱傷州軍，仰轉運司同提舉常平司日下委官詢訪興修水利去處，召募本處闕食人，支給錢米，因此存濟，趁時修築，不得因而科抑騷擾。

十月二日，淮東總領錢良臣言：『鎮江三邑旱傷，練湖湮塞之久，而樁積之米陳腐甚多，欲因賑濟，以興水利。』從之。

三日，詔：『昨令諸路監司、守令措置興修水利，以備旱幹灌溉田畝。江東具到修治陂塘溝堰二萬二千四百餘所、淮東一千七百餘所、浙西二千一百餘所。今歲旱傷，江東、淮東爲甚，未委當來如何興修。可令元興修官江東提舉潘甸、淮東提舉葉翥、知平江府陳峴具析以聞。』從中書門下省請也。

十一月七日，福建提舉薛居實言：『漳州龍溪縣丞范熏勸率田户開壑東湖，修飾斗門及陂塘、浦港六十一所，灌田甚多。』詔范熏特循兩資，任滿赴都堂審察。

三年二月十一日，新知南康軍趙彥逾言：『諸處興修陂塘，施工開掘，緣無限制，多是苟簡。望責之監司，命諸州軍，如興修水利、陂塘、河溝，不以廣狹，隨其地形，並限深一二丈，具畢工月日申奏。不測遣使合核寔而加賞罰。』從之。

四月二十六日，皇子判明州、魏王愷言：『本州鄞縣東錢湖周回八十餘里，自唐天寶間開置，灌溉定海、鄞縣民田甚多。而茭葑滋生，塘岸摧毀，寖也久湮塞水源。今欲開濬，約用錢一十萬貫、米一萬碩。』詔於本州見管義倉米内就撥米一萬碩，提領南庫所支會子五萬貫。三年十月十九日，以東錢湖興修成，愷降詔奬諭，長史莫濟除秘閣修撰，司馬陳延年直秘閣。

六月二十九日，詔兩浙漕臣及提舉常平官并逐州守臣常切覺察，自今如有官、民户及寺觀圍築田畝，堙塞水道，即行禁止。如違，具名以聞。從中書門下省請也。

七月二十三日，詔浙西諸州縣輒敢給據與官、民户及寺觀買佃江湖草蕩圍築田畝者，許人户越訴，仍重寘典憲。監司常切覺察。從監察御史傅淇請也。

四年十二月十三日，前浙東提舉常平茶鹽公事何偁言：『本路州縣措置到水利，創建河浦、塘埭、斗門二十九處，增修開濬淺狹塘埭、斗門、碶閘、溪浦、河堰、碶潭、湖埂六十三處，計灌溉民田二十四萬九千二百六十六畝。』詔提舉兩浙東路常平茶鹽公事姚宗之覈實，開具聞奏。

五年閏六月二十四日，淮東總領所言：『高郵寶應田歲被水澇，昔元祐間發運張綸興築長堤，環遶二百餘里，爲函管一百八所，石㽦、斗門三十六座，以時疏洩，下注謝陽湖，流入于海，故年穀屢登。自殘擾之後，是堤函管、石撻、斗門盡皆廢壞，湖水漫流。今乞委官專董其事，同守令於農隙之際官給米募夫，擇湖水衝要去處，建石撻、斗門、函管，察堤岸之損闕，修築填補，庶幾公私利便。』從之。六年四月三日畢工，詔淮東總領葉翥覈實以聞。

六年正月四日，詔諸路提舉司各取去年所部州軍興修水利數目以聞。

七年二月四日，知潭州辛棄疾言：『欲令常平司、本路諸州郡措置，以官米募工濬築陂塘，因而賑給，一則使官米遍及細民，二則興修水利。』從之。

十二月十一日，詔諸路提舉常平司常切約束所部縣丞，每季檢視措置農田興修水利，務要廣行灌溉田畝。如奉行違戾，仰按劾以聞。從三省請也。

八年九月二十四日，知鎮江府潘緯言：『鎮江府置二閘，本爲三邑高仰之田藉此灌溉。自使者往來，官司常留準備。望行下本府并轉運、常平司，自今常留四版，以備人使經由。遇春夏間，如水及五六版，許令通放，霑溉民田，實爲兼濟。』從之。

九年六月二十二日，度支員外郎姚述堯言：『傳法寺僧請佃明州定海縣鳳浦、沈窖兩湖八百畝爲田。契勘兩湖可以灌溉田二萬六千餘畝，乞委浙東提舉官將所佃田盡行開掘，復爲平湖，以爲旱幹灌注之利。』從之。

同日，詔兩浙漕司行下所部州縣，自今常切禁止官、民户毋得將草蕩圍裹成田。如失覺察，其漕臣取旨施行。

九月二十六日，淮南運判錢冲之言：『真州之東二十里有陳公塘，周回百里，本司近已興修塘岸，建置斗門、石撻各一所於東、西湫口二處。乞於揚子縣知縣、尉銜内帶入「兼主管陳公塘」六字，庶幾責有所歸。』從之。

十年二月二十四日，知秀州趙善悉言：『本州海鹽縣境，近已修築堰閘共八十八處，開濬運河一百四十九里一百步，瀦積水源，以資灌溉之用。』詔可令縣尉兼管，縣丞提督。

四月九日，大理寺丞張抑言：『浙西諸州豪宗大姓於瀕湖陂蕩多占爲田，名曰塘田。於是舊爲田者，始隔絶水出入之地。淳熙八年，雖因臣僚劄子，有旨令兩浙運司根括，而八年之後，圍裹益甚。乞自今責之知縣，不得給據，責之縣尉常切巡捕，責之監司常切覺察。仍許人告。令下之後，尚復圍裹，斷然開掘，犯者論如法。』從之。

十二月四日，知和州錢之望言：『歷陽縣、含山縣有麻、灃二湖，灌溉民田，爲利甚博。乾道二年，因守臣胡昉鑿千秋澗以蔎險，澗既開通，而二湖之水始洩入江。積十餘年，湖水日淺，灌溉之利遂廢。今欲於千利置斗門，以防湖水之洩。遇大浸則啟之以出外，遇旱暵則用之以瀦水，俾二湖之浸如初，又不妨千秋澗之險。』從之。

二十二日，知明州楊獬言：『定海縣崇丘鄉南北二港，總計二萬四千六百餘丈，日就湮塞。本縣丞趙師程勸諭人户，各據食利併力開掘，皆已畢工，欲行推賞』。辛執進呈，上曰：『且令提舉官覈實，俟來秋見其利，方可推賞。』

十一年正月十一日，詔浙東提舉司將開掘過白馬湖爲田去處，並置立版牓，每季檢舉，曉諭人户，日後不得再有侵占。仍仰本司常切覺察，毋致違犯。

八月五日，詔浙西諸路州府各將管下舊來圍田去處明立標記，仍出牓曉諭官、民户，今後不得於標記外再有圍裹。如敢違戾，具名申取朝廷指揮，仰漕臣常切覺察。以中書門下省檢會淳熙十年四月九日臣僚奏，將浙西諸州豪宗大姓圍裹瀕湖陂塘斷然開掘。緣有措置未盡，訪聞日來尚多違戾，故有是命。

十一月三日，詔：『向來趙善悉所修海鹽縣堰閘，及劉俁修華亭縣塘堰，令劉潁親往相視，目今有無衝決損壞，並本州去年所修水利，於今年有無實被灌溉田畝及未盡去處，開具聞奏。』浙西提舉劉潁言：『一、相視海鹽縣所開河泖五處，雖得深濬，可以蓄水，其入深田畝，全藉支港分引水勢灌溉稻苗。緣河泖開濬既深，支港高仰，每遇雨澤，其水傾入大河，無所瀦停。目今止是大河有水，支港幹淺，若他日闕雨，必至旱涸。衆議皆欲開濬，除已委官措置，趁農隙興工開淘，此役重大，乞量支錢米，以爲犒賜。户部勘當，乞下浙西提舉司，將本開通小港從今來奏請，開掘施行。其犒賜錢米，從本司措置，量行支散。一、相視得海鹽縣白馬廟至縣東二十里地，屬沙腰鹽場，其地卑下，潮水見行衝決。數中有岡門三條，洗滌日漸深廣，鹹水將及民田，人一二里内創置塘岸一條，限隔鹽場。若從官司出備錢物，置買材料，其費不多。户部勘會，乞下浙西提舉司計料工費，具詣寔文狀供申。一、相視得華亭縣澱山湖闊四十餘里，所以瀦泄九鄉之水。近歲被人户妄作沙塗，經官佃買，修築岸塍，圍裹成田，計二萬餘畝。以此北鄉之田遇水無處通泄，遇旱亦無由取水灌溉。乞下有司詳度施行。户部勘當，乞下浙西提舉司，更切委官審實。如係妄作沙塗，包占湖面去處，即仰照條開掘施行。一、照對華亭縣自築運港塘堰、張涇漨堰，守臣丘崈奏，其諸堰不可無官巡視修葺，乞移秀州城下杉青閘官至彼監管，專以監新涇堰爲名。遂於亭林寶雲寺作廨宇，招堰兵五十人充役。向來運港堰外二十里尚通海潮，兼亦未曾築塘涇堰岸，委合在亭林監管。今來運港堰外二十里並已潮泥淤塞，塘岸更不須修築，却合照管張涇澾堰岸等處，而相去乃在二三里外，委是不便。今欲移就張涇澾堰居止，不惟於往巡視山塘涇岸一帶便近，兼張涇澾堰鹽船經過，多於彼處停泊，等候潮汛，未免衷私出賣。若得堰官在彼，亦可稽察私販。乞下本州，畧與創立廨舍，本司亦當少助其費。本處堰兵衣糧，州縣視爲閑慢，不以時得，往往怠慢，不切向公。户部勘當，乞下浙西提舉司，將新涇堰監官移就張涇堰居止。其堰兵衣糧，行下本州按月支給。一、照對華亭縣塘岸西綿亘七十餘里，所管堰兵不多，每遇修葺，全藉食利人户，以爲所築堤岸止是沙土，每歲未免少有坍損。官司役用人户，若遇豐歲，口食稍給，固自無害。設有饑歉，恐難徭使。今踏逐到運港堰外舊涇二十里，目今潮泥填塞，生出蘆柴，約歲可得柴三萬餘束。若以一半爲看管採斫工力之費外，歲可得錢三數百千。既係官塘地段，却與民間全無交涉。若令丞、尉拘收，更行踏逐添助，足可贍給支用。户部勘當，乞下浙西提舉司，得踏逐到前項柴地。如委係官塘地段，不係民間產業，令從今來奏請事理拘收入常平施行。』從之。

十二月二十六日，進呈知太平州陳騤奏：『修圩畢工，已行具奏，躬親遍視驗實。今到圩上，見得元水決破大埂，成深潭處一百三十一丈，圩脚見闊七尺，面闊二丈，高一丈三尺。其幫築元水齧蝕見湖大埂，凡二萬五千一百三十四丈五尺；其幫築元水決破及齧蝕子埂，凡一萬五千八百三十七丈，比舊埂面有增闊二丈至六尺，埂脚有增闊三尺至八尺，高有增三寸至五寸。至舊埂脚又增築一丈至二丈，並皆修築堅實，委堪也遠。臣昨已將防護圩岸約束刊碑分植在圩曉示。竊慮畢築之後，過往路人及牛羊放牧，恣有踐踏頹毀。分責巡尉，各據地界，每五日一次點檢，十日一次申州，庶幾常有覺察，不致因循隳壞。』上曰：『陳騤與集英殿修撰。』

十二年正月五日，户部言：『明州申，鄞縣東錢湖蓄積澗水，溉田三十餘萬畝。昨緣茭草延蔓，侵耗湖水，昨奉旨，支降錢米開淘茭葑，堆積沿湖山灣湖灤去處，遂成葑地。先係資教院僧立利承佃，茲墾成田三百餘畝。近有人户争佃，承提舉常平司行下本州，出榜別召人增租承佃。蓋緣東錢湖積水灌溉定海、鄞縣七鄉民田，竊人户以增租承佃爲名，填叠增廣，有妨積水。乞將上件沿湖葑地不許人户請佃，仍舊開掘爲湖，庶免向後湮塞之患。』詔勾昌泰躬親前去相視開掘。

二月二十一日，詔從事郎徽州休寧縣丞譚次山、迪功郎池州貴池縣尉趙炳、從政郎寧國府宣城縣丞陳篆各循一資。以江東提舉張押言，篆等浚築陂塘最爲究心，乞賜推賞。故有是命。

四月三日，宰執進呈户部勘當知鎮江府耿秉奏：『遇亢旱，聽民車河水。』上曰：『河水豈可不令百姓灌田？』王淮等奏：『尋常人使來時，恐水淺，所以不聽人户車水。』上曰：『稼穡事大，可依耿秉所請。』

十月四日，知臨安府張杓言：『竊見本府每遇大雨，四山之間所積糞壞衝突而下，雖行措置增添海子，深闊溝渠，創置鐵窗，差委使臣等往來尋視，纔遇填積，旋即除去。躬行督促，不敢少懈，常恐或有所未至。倘更本府憚於支費，稍不任責，則數月之間，便可填塞。臣照得元祐五年守臣蘇軾申請開西湖畫一，内一項，乞將西湖新舊菱蕩課利錢盡送錢塘縣尉司收管，以備逐年開葑撩淺。如敢別用，並科違制。又一項，乞今後錢塘縣尉銜位帶「管勾開湖司公事」，常切點檢開撩。替日，如有菱葑不治，即申吏部，理爲遺闕。臣今欲倣此二説，先儲工力之費，將本府合得湖塘等錢六項，每年共計錢二千九百餘貫，專置赤曆，樁充挑撩湖河之用。如別將支使，並科以違制之罪。却分委本府正任通判二員，一則點檢城内外河道，一則點檢西湖，更以巡河、巡湖爲名。城内道則委之排岸并逐地分兵官，江浦口河則委之城東巡檢、修江監閘官，西湖則委之錢塘縣尉、城西巡檢。日後差注，並乞於階銜中帶入。每歲委轉運司覈視有無湮塞，以爲殿最，從運司保明批書。責既有歸，人必盡力，工費既儲，易於辦集，誠爲無窮之利。』從之。

十三年正月二十六日，詔承事郎、臨江軍新淦縣丞梁克俊轉一官，文林郎、臨江軍新喻縣丞王必簡循兩資，承奉郎、贛州興國縣丞劉伋與減三年磨勘。以江西轉運、提舉司言克俊等興修陂塘，乞加推賞。故有是命。

十二月十六日，知太平州張子顏言：『昨奉聖訓，圩田候農隙，每歲一往點檢。去年已嘗具奏，前往逐圩看視畢。即今復是農隙，除已行下管屬三縣，將官私圩埂照應逐年體例趁時增築，今措置，自淳熙十三年冬爲始，每歲俟修官埂畢日，勸諭圩官專長部集食利人夫，興築合圩元來舊小圍埂。將來或有損闕去處，其害及一小圍，其它諸圍自可保守。已行呼集圩官勸諭，下鄉部集人夫，增修官埂畢日，併工興築內埂，兼蕪湖縣官修圩內間有元來舊埂去處，已行勸諭興修，以備向去梅夏雨水。欲照前項累降指揮，親往圩上相視點檢，及照對諸圩從來不曾開治圩內溝瀼，今因修築小圍，就行勸諭農民浚治水道。』從之。

十四年七月十九日，詔宣教郎、知秀州華亭縣劉璧特轉一官，候任滿赴都堂審察。以浙西提舉羅點言，華亭縣旱，河流斷絕，璧躬行村落，相視水利。有青龍江，可通潮水，填塞已久，璧糾集民夫開浚，救溉民田，委是利便，特功旌別。故有是命。

八月二日，詔修職郎、秀州華亭縣尉徐昭特循一資。以兩浙轉運司言，昭與知縣劉璧協力興建水利，乞量加推賞。故有是命。

十五年十月四日，知湖州趙思言：『湖州寔瀕太湖，並湖有堤爲之限制，且例二十七浦漊，引導湖水，以溉民田。因各建斗門，以爲蓄泄之所，視旱潦爲之啟閉。去歲之旱，高下之田俱失霑溉。專委官吏訪求遺迹，開濬浦漊，不數日間，湖水通徹，遠近俱獲其利，而於斗門因加整葺。乞詔守臣逐歲差官親詣湖堤，遍行相視，開濬浦漊，治斗門，庶幾永久。』從之。

淳熙十六年五月五日，知嚴州錢聞詩言：『本州東城下大壕注湖水入城，瀦三小湖，與外溪水會于龍津橋下，揖州治，轉東南入江，居民侵塞，爲屋爲圃者半。臣委曲論侵塞之家，皆願還官如舊界。今一壕自湖至東江，凡四里，通流無礙。又念外溪沙石易積，不三二年間，淤塞水溢，恐復爲湖害。令浚湖官就畚湖土，填築堤岸，得地百餘丈，造蓋三十六家募賃，賃直三歲計得千緡，可以浚溪湖。已委建德縣尉日掠，每月解本州常平庫寄樁。乞行下本路常平司，時與點檢。每三歲令守臣以其錢和雇人夫浚溪。如湖塞，亦浚。或有用餘之錢，量犒重役官吏。』從之。

六月七日，淛東提舉袁説友言：『本路管下州縣田畝每歲易於告旱，往往皆因河渠陂塘斂不開浚，斗門、堰閘失於修建，以致不能瀦水，一遇水旱，禾稼即有損傷。內有管下台州臨海縣、明州鄞縣、紹興府上虞縣三處，開淘河涇，建置堰閘、斗門，各已畢工。其紹興府上虞縣運河一帶，自梁湖堰至通明堰計三十五里，本縣先乞裨捺塘岸，次乞置立減水石撻。已勸諭三鄉上户均出樁筱用工，裨捺塘岸，今並已堅固。所有合置減水石撻，恐妨農務，乞候農隙興建。』從之。

光宗紹熙二年七月二十二日，詔：『守令凡到任半年之後，具所部有無水源湮塞，合行開修去處，次第申聞。任滿之日，亦具已興修過水利畫圖繳進。擇其勞効著明，功垂久利者，特與推賞，以激勸之。』據臣僚請也。

三年十一月五日，知潼川府范仲藝言：『東南二江環蹙城郭，近江隄岸歲久頹壞。雖曾措置修築，未兩年間，又值大水，悉皆漂壞。自後節次相視修築南江五堤，以扞城郭；疏導東山古渠，以分水勢；開敞府北山路，以便避水人民；別建城東、城南兩處木橋，以防漲潦漂壞。又詢訪東江水脉元在東山普慧寺下，旁山而行。見得東江之水元旁東山安流以行，只緣江口堙塞，久不淘濬，江心土隄常漏，湍水漲潦之際，南江合怒，因而回流，吹損城郭。今於普慧寺下疏開古來江道三百丈有奇，并於上流漏水灘上疊石堰水，分送水脉，令復傍山而行，並已畢工。合所築五座長堤，並開道東山下石渠，若逐歲常加增修，使兩江之水久遠循山而行，則一城之憂，遂可永息。乞自朝廷行下本府，委自守臣任責，逐年於係省錢內趁時收買竹木，雇募人夫，檢舉修葺，不令廢填。』從之。

四年八月十二日，知太平州葉翥言：『本州所管當塗、蕪湖、繁昌三縣並低接江湖，圩田十居八九，皆是就近湖濼低淺去處築圍成埂，便行布種。每遇大水年分，江湖水漲，衝突岸埂，即時破決，顆粒不收。近一二十年以來，官司出錢，每于農隙之際鳩集圩户，增築岸埂，高如城壁，種植蘆葦，以圍岸脚。今措置，欲於圩田之内舊有通水小溝去處開濬深闊，就用其土增築塍岸，亦令高廣厚實，以爲里瀼，可爲車戽出入之地。其間頃畝廣袤，或無舊溝，亦皆創新爲之。必使一圩之間，遇水可以瀦蓄，遇旱可以灌溉。欲先於當塗縣所管官圩五十五所之内先開濬一二圩溝港，使之丈尺深闊，可以納水。已于本州去年州用米内取撥米三千石，趲積到錢一千貫，專充修圩使用。先於今冬農隙，雇集食利圩夫，均行開通水壕田溝，且逐旋興修一兩圩，寬作三年，庶使州郡接續成功，永爲久利。今別行開濬，大壕以闊五尺、深一丈；小溝以闊二丈、深七尺爲約，及兩岸田塍，亦高三四尺、脚闊四五尺。未免用過人户田畝開修。欲候收割之後，先次差官，於合修溝岸去處，打量係是何人田產，所用過步畝若干，總見數目，以時估價直紐計錢數，於諸圩衆户有田之家均敷價錢給還。所合差官監督之役，分頭管幹，只就本州選擇見任官逐時興修。』詔本州守臣將葉翥椿管下錢米修圩接續措置，逐時興修，以防水患。

紹熙五年九月二十七日，司農卿兼知臨安府蔡戡、兩浙轉運判官黄黼言：『餘杭縣去行在四十五里，地勢最下，當天目群水之衝，每遇霖雨，水勢暴漲，即高尋丈，故隄防之設，比他邑爲重。不幸一決，則邑不可居，田不可耕，其害浸淫於臨安府、湖、秀三州六縣。今歲八月水漲湖決，約計四十六所，共五百餘丈。既欲修治，必須沿湖幫廣舊堤，填築敗岸，合於湖内取土。紹興初，南湖爲孳生馬監，馬不蕃息，監遂隳廢。而湖有蘆葦茭芡鶉魚之利，至今監據其利，凡民間下湖採取，必納錢買牌，違者有禁。今來馬監既已久廢，則兩湖合還本縣，庶幾可於湖内取土，每歲築岸浚湖，爲本縣悠久之利。乞降旨，撥南北兩湖歸還本縣，從便取土，修築隄岸，開浚湖港，派連天目，旁通裏河，潦則瀦水，旱則灌田，以爲三州六縣之利。』臨安府、轉運司欲分抱採取買牌課利入馬監申發。

甯宗慶元元年十月十一日，新知通州李楫言：『乞行下諸道，每於農隙，專令通判嚴督所屬縣丞躬行阡陌，博訪父老，應舊係溝澮及陂塘去處稍有堙，趣使修膳，務要深闊。或有水利廣袤，工費浩瀚，即申監司，别委官相視，量給錢米，如法疏治，毋致滅裂。仍勑監司察倅、丞之勤惰，以爲殿最。異時非但亢陽有備，或遇淫潦，而水有所歸，亦不致泛浸之患，實經久之利便。』從之。

二年八月二日，户部尚書袁説友、侍郎張抑言：『近年以來，淛西諸郡圍田之利既行，而陂塘淹瀆皆變爲田，年歲既深，圍田日廣，曩日瀦水之地，百不一存。水無所瀦，旱無所取，雨則易潦，晴則易旱者，皆四田有以致之也。今淛西鄉落圍田相望，皆千百畝，陂塘淹瀆，悉爲田疇？有水則無地之可瀦，有旱則無水之可戽，易水易旱，歲歲益甚。今不嚴爲之禁，將不數年，水旱易見，又有甚於今日，無復有稔歲矣。乞下淛西提舉司，將諸郡管下縣分委各縣清疆佐官取索淳熙十一年内立碑標記、圍田簿籍，照籍及碑内四至，親到地頭，著寔審究，畫定某鄉某村其舊田增圍者有若干畝，及新創圍裏者有若干畝，結罪具申提舉司，併行籍記。若盡行開掘，復恐租種者有失業之患。令本司嚴立賞榜，遍於諸州縣城郭鄉村散瞑曉諭，自後輒敢將陂塘淹瀆等應干瀦水之處增圍舊田及新創圍田，並雖係舊圍之田，如已經浸沒，或圍岸已倒者，不得再行修圍。上件三項，立賞錢一千貫。如有違犯，許諸色人赴提舉司陳告。仰追犯人根勘指實，即以所圍田委官日下盡掘，並行沒官。賞錢先以常平錢代支，犯人以違制論，不以蔭贖，監錮追賞。仍令提舉司每歲於秋成後，檢舉今來指揮，申嚴鏤榜，遍行曉諭，毋致久遠視爲虚文。』從之。

中書門下省言：『乞行下浙西提舉司，令從實契勘。如舊圍田本係經界字號，及自經界後來常年得熟，止因去年被水浸沒，或圍岸已倒，如不妨衆共水利及曾有石碑標記去處，許令修築。如舊圍之田有累年積水，已係衆共水利及自來不曾有石碑標記去處，雖係曾經紹興十三年經界立定字號，不許援引今來指揮，再行修圍。如有違犯，自依已降指揮，勘斷追賞。仰本司令所委官分明區别，不得令豪強形勢之家並緣修圍，有妨水利。常切遵守。』詔令户部行下浙西提舉司照應。

三年六月十一日，淮東提舉王寧言：『昨者奉旨，開濬高郵軍至楚州鹽城縣並修築一帶堤岸，皆已畢工。今斟酌措置，斗門、石礎通大河港，所以殺水勢之衝決，故去水近而所置稀；函管通小溝港，所以節水勢之高下，故去水遠而所置密。除鹽城縣係上流止有右礎一座，即無斗門、函管外，高郵、興化兩縣，共函管、斗門止四座，石礎止七座，却管函管四十四座，並係紹興五年所修置。内石礎已是高固，不必移改。獨斗門、函管視新開河底尚有低一尺五寸者，乃是當來修置之初設爲此弊，却欲暗竊運河之水，以濟其私，甚失本意。今斟酌水勢，於斗門之外，視新開河底，以四尺爲則甃砌。水若登及四尺，則流而入於斗門。於函管之外，視新開河底，以三尺五寸爲則甃砌。水若登及三尺五寸，則流而入于函管。其制悉徹石礎而差小焉。大率水小隘則先放函管，水浸溢則兼放斗門，水大溢則併放石礎，必次第濵泄，乃得其平。尚慮頑民猶有私意，不放水濵泄，輒行毀掘，則爲公私之害。欲乞分委地分巡尉每月一巡視，仍委知縣每季一點檢，如有毀掘去處，即申本司追斷，仍與登時修整。苟或憑蔽，毀有損壞，從本司覺察責罰。紹熙五年所修函管，不能盡復其舊，是致人户續有陳乞興修者。今盡行根刷，舊有函管未復去處共二十座，並與興修，務令均一。次乞令逐縣每年冬收成畢日，檢舉勸率挑撩，無淺淤。如有怠惰不從勸率之人，即行懲治，責得接續治成，爲久遠之利。』從之。

寧宗嘉泰元年九月四日，中書門下省言：『檢會已降指揮，訪聞浙西州郡圍田不已，日侵水利，爲害匪輕。雖累有指揮禁戢，官吏奉行不虔，遂至全無忌憚。可選差職事官二員，專一措置。自淳熙十一年立石碑之後，不以官、民户，應輒有圍裏者，候秋割了日，限兩月盡行開掘，務在必行，無爲文具。』

詔差大理司直留佑賢、宗正寺主簿李澄，限半月内起發。仍各具已開掘過數目申尚書省。

十月四日，臣僚言：『伏見宫陵之山，俯鑑湖爲形勢。今鑑湖爲奸人侵耕包占，日就淺狹，忽遇天旱，乾涸無餘，既於宫陵形勢未便，又于會稽、山陰兩縣俱失灌溉民田，害莫大焉。嘗推究本原，有姦人規圖管莊之利，將此侵湖田獻入爲慈福宫、延祥觀莊田，姦人因此侵碑外低窪之地，盡行包占爲田，並無忌憚。臣子爲是延祥之田，莫敢輕議，今乃撥入修内司矣。今湖面日蹙，天久不雨，徒步可行。不惟元來食湖之田被害，而日後侵之田亦例失灌溉矣。竊聞淤田微利，歲入修内司不及萬緡，朝廷視此，不啻如太倉之稊米，必不靳惜。今乃使此郡兩邑民田每歲苦旱，以致上勤宵旰，捐廪賑濟，減放秋苗，所損不知幾萬錢。而姦人占據，淤田所入大槩有名無實，適足以饜飫修内司管莊輩饕食爾。今縱未能盡復慶曆、治平以前舊跡，如隆興間吴芾所奏碑外之田，與今日修内司元係侵湖之田，豈有不可復而爲湖者？乞委自紹興府，同本路提刑、主管河渠司，且將修内司田凡係侵包東西兩湖石碑外低窪淤土爲之者，盡廢爲湖，不得耕種。趁此農隙之時，限日開掘，以俟朝廷委官覈實，毋爲文具。仍俟開畢之後著令，每歲委通判一員巡視有無再行侵包，保明具申臺省照會。如再盜種之人，則乞如治平間臣僚所議，拔其苗，責其力以復湖，重其罰，庶使越人田畝不憂每歲之災傷，宫寢諸陵稍復平湖之形勝，實爲公私利便。』從之。

十二月十四日，吏部尚書、兼實錄院修撰、兼侍講袁説友言：『竊見比頒詔旨，以浙西圍田之害荒廢水利，遣二使者親往措置，盡行開掘。命下之日，識者交慶。今開掘之利，竊聞十竟七八，然議者猶有遠慮。蓋今不預爲必行之法，則恐歲復一歲，人情易玩，法久易廢，官司不能禁戢，納束不能詳備。則恐今日圍田已壞者，又復漸圍於後日矣。此不可不慮也。今乞行下，將每州諸縣内，令鄉所掘圍田並行逐縣置籍，凡所掘某人圍田計若干畝、坐落四至並田主姓名，並行抄上，如法印記，付各縣知縣牢固掌管。其知縣于銜内帶「專一點檢圍田事」，每遇農事方興，於三月、四月，知縣同縣尉將簿籍親往已掘圍田地頭，偏行點檢有無姦民再行圍裹布種。遇點檢畢，具有無結罪保明申州，州申省部。所有知縣每考及任满批書，並于印紙上批鑿有無再行圍裹，分明批上。仍行下提刑司，照措置圍田所已置開掘諸縣内圍田簿籍，依様抄錄一本存留。提刑司每遇春夏之交，抽摘諸州内或一縣或兩縣，互差有心力官前去對籍，親到鄉分審點已開掘去處，結罪保明，具有無再行圍裹申提刑司。提刑司再行結罪保明，備申省部。每三年，三月内從朝廷取旨，選差職事官兩員，分往浙西諸州點檢審視。各州知、通專一遵守朝廷行下應干約束，務在必行。仍委臺諫常切覺察彈奏。庶幾法久不行，人無輕玩，所在水利，永助豐登。』從之。

二年二月十四日，大理司直留佑賢、宗正寺主簿李澄條具到圍田利害，乞下提舉司，將臨安、平江、嘉興府湖、常州開掘圍田户名、數目，除曾納錢請買，許將元産地管業別作營生，不得圍裹成田。其它白狀作常平沒官産、學糧、職田等色請佃者，並行追索元給公據，入官毁抹。仍嚴飭浙西提舉官及守令，今後不得輒行開請佃公據。縣分巡尉並帶「專一巡視圍田」，下敕令所議定禁止刑名，修爲成法。其殿前司草蕩，不許將有管草蕩再行圍築爲田，及種植菱荷、蘆葦。如違，委御史臺覺察。其官賣産立價低微，占據寬闊。今來既已開掘，止合照祖額輸納。其創立爲田賦税，却合與之減免。下諸州屬縣，應論訴圍田結局以前填叠者，並不許受理。截自嘉泰二年正月以後，新行填叠，委是堰塞妨礙水勢之處，却許行指實陳訴。』詔從之。

二月十一日，右正言、兼侍講施康年言：『去歲因夏秋不雨，復行乾道之令，特遣使者巡視開掘，務在必行。蓋欲廣疏灌溉之源，預爲水旱之備。奈何近屬貴戚之家，平日享國家高爵厚禄，貪婪無厭，不體九重愛民之心，止爲一家營私之計，公然投詞，紊煩朝廷，畧無忌憚。且國家行一法一令，貴戚之臣，首當遵奉。今乃交相符合，倡爲浮議，意欲搖動愚民，倣效陳訴，以沮成法。乞嚴飭貴近之家，自今後輒有前來陳狀者，臺諫指名奏劾，必罰無赦。』從之。

六月九日，臣僚言：『常潤一帶，與臨安、蘇、秀運河相通，兩浙州郡，向者以此漕運入於汴京，故鎮江謂之京口。今日自京口漕運入于行都，皆此河也。常潤之間，舊有名湖水利數處，皆可注之於河。又有大江大湖之水可引而入，爲之閘堰。如江水，則有潮汛之候，每月遇大汛，則開閘放水入河，水及然後下閘。如湖水，則不拘汛次，遇支港闕水，則引湖水而入。河水有闕，則引支港水而入。況又有天雨，可及運河，安得而涸乎？乞專遣提舉常平使者同與州郡相視措置，使江湖之水皆入于河，以爲綱運舟楫之備。雖遇天雨之至，常謹閫闢之法，但不使河水大溢，免爲田疇道路之患。』從之。

三年二月十一日，臣僚言：『丹陽練湖回環四十里，湖面闊遠，蓄水至多，固足爲旱幹之備。然其弊有二：斗門之不固、函管之不通是也。爲今之計，莫若修築斗門、開掘函管，工用省而惠濟博。乞下鎮江府差官相度，疾速條具施行。』從之。

十一月十一日，南郊赦文：『在法，湖塘池濼之利與衆共者，不得禁止及請佃承買，監司常切覺察。如許人請佃承買，並犯人糾劾以聞。請佃及買者，追地利入官。訪聞比年以來，縣道利於賦入，違法給佃，或作荷蕩，或作草地，容令形勢之家占據，侵奪小民食利。自今仰轉運、提舉司嚴行措置約束。如州縣奉行法令違戾，按劾以聞。』自後郊祀、明堂赦亦如之。

開禧元年四月十八日，集英殿修撰、知寧國府沈作賓言：『本府宣城縣管下有號童家湖者，乃徽州績溪縣、廣德軍建平縣二水之所會，其勢闊遠。政和間，有貴要之家請佃此湖，圍成田。宣和間，因民户陳詞，遂令開掘，依舊成湖。至紹興間，有淮西總管張榮者，詭名承佃，再築爲圩，計田一十八頃、草塌七頃。自後每遇水漲，諸圩被害如初。至隆興、乾道間，守臣許尹、周操具申朝廷，遂將童湖圩廢決，以息水患。至今年深，民間又復節次改易地名，挑揀田段，經官請佃。萬或遂所欲，則漸次築圩，被害者衆矣。乞明詔三省行下本州常切遵守，毋令人户妄有請佃圍築，以妨水利。』從之。

五月十一日，浙西提刑葉籈言：『近郡縣圍田之害，朝廷爲之專遣使命，措置開掘。比歲以來，雖稍多雨，無曩時泛溢之憂。近者有訟開掘之不公者，頑民皆起僥覬之心，陳訴者源源而未絕。乞約束州縣，凡各有訟圍田者，即令當官重責決配，估籍文狀，然後送所司究驗虛實。如果有契券碑籍歲月明白，即從令丞、守倅次第結罪保明申本司。本司再行覈實保明，具事因申取指揮施行，不得擅自給與。如有虛妄，則坐以所責之罪。若州縣奉行滅裂，乞賜加責罰，下本司以憑遵守施行。』從之。

嘉定二年十一月四日，臣僚言：『臣聞浙右號爲澤國，松江、太湖控引灌溉，且無旱幹之憂。而比年以來，未嘗患水而多苦旱者，水利不修而陂塘溝瀆之事不講也。浙西之俗，惟恃江湖溪河天造地許自然之水。至於陂塘之儲蓄、瀆澮之開浚，一切廢而不講。欲亟委監司下之郡縣，相視水勢之高下，推尋陂塘之堙塞。雖小小之溝渠，凡利之可以及民田者，悉循行而周視之。趁此農隙，責立近限，申聞監司，以達於朝省。然後于合用賑糶錢米之內，分委才敏清強之官，責以開浚疏導之事，募民之無食者，役而食之。分圍申結，如庸雇夫役體例，日役若干、用錢米若干，皆可稽考。民既執役，朝夕待哺，雖欲不與，不可得也。若胥吏或有減剋，坐以重罪。』從之。

三年七月八日，臣僚言：『迺者朝廷分遣使者，將奏冊曾經有籍開掘之田，許人户入米，仍舊圍裏。已降指揮，不許稍有過數。竊聞豪民巨室並緣爲姦，廣行圍裏，殆且加倍。又連年亢旱，江湖之濱，塗泭旋生，囑託胥吏，僞造干照，或就縣起立税租，納錢請佃，多圍成田。又所在水蕩，自來止是栽種茭蘆、菱荷之屬，不妨瀦水。今亦憑籍再圍指揮，影射包占，不顧衆户灌溉之利。又牧馬草地，自有標定界止。今來牧放官與管蕩軍兵接受賕囑，縱人圍裏，以畝計者，動以萬數。積日累久，輾轉侵占，重妨水利。凡此數者，爲害寖廣。乞詔浙西提舉常平司，照當來續降指揮，多給文牓，曉諭官、民户，除奏冊有籍曾經開掘之田許令圍裏外，如有過數包占，步田不同，雖曾經縣起立税租及納錢請佃，並候秋成之後，差委清彊官分往地頭，照元奏耕界至，打量步畝分留，其餘盡行開掘。仍劄下殿前司，約束兵官，不得擅將草地私給自據，與之圍裏。嚴立罪賞，務在必行。每歲專責諸縣縣丞點檢有無創添圍占田畝，申常平司。每考書上印紙，以憑將來稽考。如此，則水勢疏通，有所瀦泄，實爲民田久遠之利。』從之。

五年三月七日，臣僚言：『丹陽練湖，舊系瀦水去處，聞之父老，以爲放練湖水一寸，可增運河水一尺，其利之博如此。向者親往行視，四下湖流，僅如衣帶，中間填淤，茭莽彌亘。非惟漕渠無倉卒之益，而四下田畝亦失車捲之利。臣又按《中興記事本末》言，鎮江府呂城夾崗地勢高仰，久不雨，則水淺而漕艱。兩浙運使向子諲取唐韋損、劉晏攷核狀，置斗門一、石䃮一，以復舊跡，計度止費萬緡。今本府郡帑頗有余，儻計向來卷江天河之艱，使損數萬緡，以爲漕運之利，異時再值旱幹，免致倉卒勞擾，亦一方之幸。』詔令兩浙轉運司同鎮江府守臣公共相度合開浚去處丈尺，措置條具，申尚書省。

六年十二月十三日，臣僚言：『竊聞浙東之田，其旁海者常有海潮衝蕩之患；浙西之田，其旁湖者常有霖潦弗泄之憂。故防海潮者在於修築隄岸，防水潦者在於疏剔河港。乞戒飭紹興守臣，趁此農隙，立限了畢所修白洋、石塘，不得並緣科擾。其餘姚縣八鄉濱海之塘，逐急差官相視，修疊土塘，以防近患。仍照白洋體例，一面商議修築石塘，以利永久。所有浙西蘇、湖等處田畝，增築外埂，侵占官河，並於田埂外種植竹筱、雜木，壅遏水勢者，告示鄉保，日下令自拆毁伐去。其形勢之家不得私意執占。如違，許人户陳訴，官爲相視毁拆。若道民所創石橋不礙水勢者，聽其仍舊。其或橫當水衝、故障上流，出膀州縣，許鄉民陳訴改造，實爲兩浙無窮之利。』從之。

七年七月三日，臣僚言：『竊惟國家駐蹕臨安，左江右湖，襟帶形勝，八九十年，生齒繁阜。所恃以溉負郭膏腴之田、飲闔城内外之人者，西湖之利溥哉。乾道、淳熙之間，累降指揮，居民不得占圍裹湖面。如違，以違制論。其時守臣遵奉，開過侵礙湖心荷草蕩八萬二千九百餘丈，盡復元祐之舊規。嘉泰以來，權姦用事，私欲橫生，其微至於西湖草塘，亦復狥情，聽民請佃。日漸月積，種荷之地寖廣，而湖面之水愈狹，不惟失形勢之壯觀，而亦違淳熙之指揮。臣嘗畧計，鑒安府舊蕩四百餘畝，每歲增收租錢一千貫有畸。以天府財計之夥繁，視此千百緡，直瑣瑣耳。乞行下臨安府，西湖水面盡從舊界。至嘉定以後續租地段，侵占湖面去處，並行開拓，不許租殖。其人户歲增納租錢，盡與蠲除。』從之。

十二年十二月二日，臣僚言：『臨安府鹽官縣日來爲海潮衝突，沙岸傾坍，其事頗異。蓋鹽官爲邑，雖是瀕海，相去尚有三十餘里，從來初無海患，所以鹽竈頗盛，課利易登。去歲海水泛漲，海潮湍激，橫衝沙岸，每一潰裂，常數十丈，日復一日，侵入鹵地，蘆洲港瀆蕩爲一壑。京畿赤縣密近都城，内有二十五里之塘，直通長安之閘，上徹臨平，下接崇德，漕運往來，客舟絡繹。兩岸田畝，無非沃壤。若海水透徹，徑入于塘，不惟民田有鹹水淹没之患，而裹河堤岸亦將有潰決之憂。乞下浙西諸司公共相度，條具築捺之策，截撥合解上供錢米，以爲工物之費，務使捍堤堅壯，土脉充實。』從之。

十四年六月二十五日，詔令封樁庫於見樁管度牒内，支撥一十二道，付慶元府，每道作八百貫文變賣價錢，充修砌上水、烏金等處碶埧及開掘夾砌道士堰、朱賴堰工物等使用。仍令本府專一委官提督，務在河流通徹，碶埧堅固，經久利濟。仍不得縱令吏胥因而科擾作弊。從本府之請也。

十二月十七日，詔令紹興府就於樁管米内支撥三千石。仍令封樁庫支撥度牒七道付本府，每道作八百貫文變賣，並充開河使用。務在如法開浚，經久流通，毋致積泥，再有淤塞。具所用工役、支過錢米帳，申尚書省。從浙東提刑、兼知紹興府汪綱請也。

十五年四月五日，臣僚言：『越之鑑湖，受溉之田幾半會稽。往者累任帥臣時功浚治，故民被其利。今官豪侵占殆盡，填淤益狹，所餘僅一衣帶水耳。興化之木蘭陂，始爲富人捐金興築，民田萬頃，歲飲其澤。今釃水之道多爲巨室占塞，時或水旱，鄉民至有争水而死者。水利之在天下，顧何地而不可興？今遺陂故堰，古人之已興修者，聽其湮廢而不修之歟？乞下臣此章，戒諭州縣，應水利所隸官司，每歲躬親相視，厚其潴蓄，去其壅底，罔俾豪强侵占，以妨灌溉。歲終則具其興修去處，申提舉司，委官覈實，以憑賞罰。務求實利，毋事具文。如此，溝洫有復修之政，農畝有西成之望。』從之。

十七年二月二日，詔令封樁庫支撥度牒一千道付福州，每道作八百貫文會子變賣價錢，貼充開浚西南二湖使用。務要實濬流通，經久便民。候畢工日，具申尚書省。從本州守臣胡永之請也。

又《淤田》《宋會要》：熙寧四年三月戊子，文彦博曰：『陛下即位以來，厲精求治，而人情未安，蓋更張之過也。祖宗以來，法制未必皆不可行，但有廢墜不舉之處耳。』馮京曰：『府界既淤田，又修差役，作保甲，人極勞弊。』上曰：『淤田于百姓有何患苦？比令内臣拔麥苗，觀其如何。乃取得淤田土，視之如細麪然。見一寺僧，言舊有田不可種，去歲以淤田故，遂得麥。』

《清史稿》卷一二一《食貨志二・賦役》 一曰蠲免賦稅。蠲免之制有二：曰恩蠲，曰災蠲。恩蠲者，遇國家慶典，或巡幸，或用兵，輒蠲其田賦。

又 災蠲有免賦，有緩徵，有賑，有貸，有免一切逋欠。清初定制，凡遇災蠲，起運存留均減。存留不足，即減起運。順治初，定被災八分至十分，免十之三；五分至七分，免二；四分免一。康熙十七年，改爲六分免十之一，七分以上免二，九分以上免三。雍正六年，又改十分者免其七，九分免六，八分免四，七分免二，六分免一。然災情重者，率全行蠲免。凡報災，夏災以六月，秋災以七月。既報，督撫親蒞災所，率屬發倉先賑，然後聞。康熙三年，户部奏遇災之地，先將額賦停徵十之三，以待題免。四年，御史郝維訥請凡災地田賦免若干，丁亦如之。其後丁隨地起，凡有災荒，皆丁地並蠲。旨下之日，州縣不即出示，或蠲不及數、納不留抵者，科以侵欺之罪。乾隆元年，安徽布政使晏斯盛請『嗣後各省水旱應免錢糧之數，於具題請賑日始，限兩月造報，並請將丁銀統入地糧銀內覈算蠲免』。從之。聖祖、高宗兩朝，叠次普免天下錢糧，其因偏災而頒蠲免之詔，不能悉舉。仁宗之世，無普免而多災蠲，有一災而免數省者，有一災而免數年者。文宗以後，國用浩繁，度支不給，然遇疆臣奏報災荒，莫不立予蠲免。若災出非常，或連年饑饉，輒蠲賑兼施云。

著録

明 卞同《救荒本草・原序》 植物之生於天地間，莫不各有所用。苟不見諸載籍，雖老農老圃亦不能盡識。而可亨可芼者，皆躪藉於牛、羊、鹿、豕而已。自神農氏品嘗草木，辨其寒温甘苦之性，作爲醫藥，以濟人之夭札，後世賴以延生。而《本草》書中所載多伐病之物，而於可茹以充腹者，則未之及也。

敬惟周王殿下體仁遵義，孳孳爲善。凡可以濟人利物之事，無不留意。嘗讀《孟子》書，至于五穀不熟，不如荑稗。因念林林總總之民，不幸罹於旱潦，五穀不熟，則可以療飢者，恐不止荑稗而已也。苟能知悉而載諸方册，俾不得已而求食者，不惑甘苦於荼、薺，取昌陽，棄烏喙，因得以裨五穀之缺，則豈不爲救荒之一助哉。於是購田夫野老，得甲坼勾萌者四百餘種，植於一圃，躬自閱視。俟其滋長成熟，迺召畫工繪之爲圖，仍疏其花、實、根、榦、皮、葉之可食者，彙次爲書一帙。名曰《救荒本草》，命臣同爲之序。臣惟人情，於飽食煖衣之際，多不以凍餒爲虞，一旦遇患難，則莫知所措，惟付之於無可柰何。故治己治人，鮮不失所。

今殿下處富貴之尊，保有邦域，於無可虞度之時，乃能念生民萬一或有之患，深得古聖賢安不忘危之旨。不亦善乎？神農品嘗草木以療斯民之疾，殿下區別草木欲濟斯民之飢，同一仁心之用也。雖然，今天下方樂雍熙泰和之治，禾麥產瑞，家給人足，不必論及於荒政。而殿下亦豈忍視斯民仰食於草木哉。是編之作，蓋欲辨載嘉植，不沒其用，期與《圖經本草》並傳于後世。庶幾萍實有徵，而凡可以亨芼者，得不躪藉於牛、羊、鹿、豕。苟或見用於荒歲，其及人之功利，又非藥石所可擬也。尚慮四方所產之多，不能盡録，補其未備，則有俟於後日云。永樂四年歲次丙戌秋八月奉議大夫周府左長史臣卞同拜手謹慎序。

《四庫全書・捕蝗考》提要 編修程晉芳家藏本。臣等謹案：《捕蝗考》一卷，國朝陳芳生撰。芳生字漱六，仁和人。螽蝝之害，春秋屢見於策書。《詩・大田》篇：『去其螟螣，及其蟊賊，無害我田稺。田祖有神，秉畀炎火。』毛、鄭之説，以炎火為盛陽，謂田祖不受此害，持之付於炎火，使自銷亡，並非實火。是漢時尚未詳除蝗之制，故訓詁家有是説也。至唐姚崇作相，遣使捕蝗，引《詩》此語以為證，朱子《集傳》亦從其説，於是捕蝗之法始稍稍見於紀述。芳生此書，取史册所載事蹟議論，彙為一編。首備蝗事宜十條，次前代捕蝗法，而明末徐光啟奏疏最為詳核，則全錄其文。附以陳龍正語及芳生自識二條。大旨在先事則預為消弭，臨時則竭力翦除，而責成於地方官之實心經理。條分縷析，頗為詳備。雖卷帙寥寥，然頗有裨於實用也。乾隆四十六年十月恭校上。

總纂官臣紀昀、臣陸錫熊、臣孫士毅。

總校官臣陸費墀。

清 林則徐《籌濟編・序》 《籌濟編》三十二卷，常熟楊靜閑比部所輯，蓋取古今荒政之可行者，類次排纂，條分件系之，疏通證明之。良以救荒無善策，而不可無策，與其遇荒而補苴，何如未荒而籌備，誠使爲民牧者，事理洞達于平時，偶值偏災，措之有本，上以紓聖天子宵旰之憂，下以托窮黎數十百萬之命。於戲，其用心可不爲至哉！

今夫牧民之官，民之身家之所寄也。年穀順成，安於無事，民與官若相遠，一有旱乾水溢，則哀號之聲、顛連之狀，不忍聞而不能不聞，不忍睹而不能不睹。彼民所冀于官之聞之睹之者，謂必有以生活我也。夫民固力能自生活者也，至力窮而望之於官，良足悲矣。居官者誠知民以生活望我，而我必有以生活之，則籌備之方，不可不圖之於早也。良醫之爲醫也，布指知脈，取古方損益之，藥性之溫涼，質劑之輕重，了然於胸中，施之以其宜，而後沉痾可蠲，元氣可復。若臨證而取辦，其不殆也僅矣。先生是書，古方之大成也，有未病之方，有既病之方，有病後攝補之方，而醫之道盡矣。牧民者，民之醫也。庸醫誤一人，病者猶戒而絕之，官之所醫奚翅數十百萬輩，且皆在凋劬困逼、九死一生之時，得其方則生，不得則速之死，既爲之官即爲之醫矣，其得謂生死與我無與乎？有是方而無待於用，不失爲良醫；有是方而適資其用，又各視夫時與地以損益之，民之疾痛庶可少瘳也哉！雖然，法之所以行者，意也。必使意之及民無弗實，而法始不爲虛文；且必先使意之在己無弗實，而法始不爲虛器。夫法本無弊者也，意不實則弊生。因弊而廢法，是以噎廢食也。故官能實一事之意，即民受一事之賜，凡政皆然，況救荒其尤亟者乎！

先生是書，感癸未之災而作。是歲也，則徐陳臬江蘇，與賑恤蠲緩之事。邇膺簡命來撫此邦，甚懼無以樂利吾民，所願牧民之官通民疾苦，而意無弗實，則是書皆扁鵲、倉公所宜讀者也，益願與郡縣諸君共勉之矣。

先生諱景仁，嘉慶戊午科舉人，由中書曆官刑部安徽司員外郎。別著有《式敬編》五卷，慎庶獄也。次子希銓，與則徐同歲舉進士，入詞館。季子希鏞，舉辛巳恩科順天鄉試。留心民瘼者，其後必昌，矧有撫字之任者乎？是又可以勸矣。

道光壬辰冬十月家子林則徐拜撰。

藝文

唐 李翰《蘇州嘉興屯田紀績頌并序》《全唐文》卷四三〇　禹平水土，溝洫之功大；棄粒蒸人，稼穡之務重。自古有國家，未嘗不率由斯道，底慎其業。故登平足以厚生殖，禍難足以定兇災，未有易此而能理者。自羯戎亂常，天步多艱，兵連不解，十有四年。因之以饑饉，重之以夭札，死者暴露，亡者惰遊。編版之户，三耗其二；歸耕之人，百無其一。將多於官吏，卒衆於農人。古者八家爲鄰，一家從軍，七家從之，猶曰興師十萬內外騷動，不得操農桑者七十萬家。今乃以一夫家食一伍，一餘子衣一卒，師將不立，人將不堪，此聖上所以旰食宵興。求古今令典，可以濟斯難者，莫出乎屯田。廣德初，乃命相國元公倡其謨，分命諸道節度觀察都團練使統其事。擇封內閒田荒壤，人所不耕者爲之屯。求天下良材善政，以食爲首者掌其務。屯有都知，羣士爲之，都知有治，即邑爲之官府。官府既建，吏胥備設，田有官，官有徒，野有夫，夫有任。上下相維如郡縣，吉凶相恤如鄉黨，有誅賞之政馭其衆，有教令之法頒於時：此其所以爲屯也。雖天子命之，股肱贊之。至於宣上命，齊下力，經地域，制地事，辨土宜，均土法，簡穡器，修稼政，陳三省之種而敬其始，考九農之要而成其終，則都知之職，專達其事焉。詎可以非其人哉？浙西觀察都團練使御史中丞兼吴郡守贊皇公，經國大賢，憂公如家，慎擇厥官，以對明命。浙西有三屯，嘉禾爲大，乃以大理評事朱自勉主之。且揚州在九州之地最廣，全吴在揚州之域最大，嘉禾在全吴之壤最腴。故嘉禾一穰，江淮爲之康；嘉禾一歉，江淮爲之儉。公首選於衆，獨當其任，有寬簡惠和之德，知艱難勤儉之事。政達乎本，智通乎時，仁愛足以結下，機權足以成務。嘉禾土田二十七屯，廣輪曲折千有餘里，公畫爲封疆屬於海，浚淇畎澮達於川。求遂氏治野之法，修稻人稼穡之政，芟以殄草，剔以除木，風以布種，雨以附根，頒其法也。冬耕春種，夏耘秋獲，朝巡夕課，日考旬會，趨其時也。勤者勞之，惰者勗之，合耦助之，移田救之，宣其力也。下稽功事，達之於上，上制禄食，復之於下，敘其勞也。至若義感於內，誠動於中。徇國忘家，恤人猶已，野次露宿，簞食瓢漿，盡四體之勤，趨一時之役。大寒慄烈，而猶執蓑鼓；盛暑赫曦，而不傳車蓋。如登高去梯，與之死生；投醪均味，忘其饑渴。然後知仁義之政，必見於耕獲；井田之法，可施於甲兵。夫如是，人將竭其力，地將盡其利，天將與其時。自贊皇爲郡無兇年，自朱公爲屯無下歲。元年冬，收入若干斛，數與浙西六州租稅埒。朝嘉厥庸，授廷尉評。公又稽氣授時，如前代法。有白雀集於高豐屯廩，蓋大穰之徵也。屯官某乙等，聚而稱曰：『初公爲屯，人有二懼焉：邑人懼其暴，屯人懼其擾。』今溝封犬牙，而不相侵，疆埸日履，而人不知。方舟而上，以餽師旅，此功及於國也；登量而入，以寬徵稅，此德加於人也。古者智效一官，政修一鄉，猶歌之詠之，手之足之，況朱公之績，如此其大者乎！遂相與斬琬玉，表阡陌。南陽太守，豈專刻石之功？桐鄉嗇夫，終踐大農之位。其辭曰：

茫茫九區，陽九躔災。兵荒瘥札，田卒汙萊。天步未移，連師滿野。不耕不藝，仰食於下。嗷嗷遺人，糊口餽軍。帝曰子憂，爰立其屯。且戰且耕，古之善經。辟師肅祗，王命是將。嘉禾之田，際海茫茫。取彼榛荒，畫爲封疆。朱公蒞之，展器授方。田事既飭，黎人則康。我屯之稼，如云漠漠。夫伍棋布，溝封綺錯。朱公履之，勸耨趨獲。稂莠不生，螟螣不作。歲登億計，徵寬稅薄。息我蒸人，遂其耕鑿。我屯之庾，如京如坻。嘉量是登，方舟是維。贊皇獻之，達於京師。飽我六軍，肅將天威。畎距於溝，溝達於川。故道既湮，變溝爲田。朱公浚之，執用以先。浩浩其流，乃與湖連。上則有塗，中亦有船。旱則溉之，水則泄焉。曰雨曰霽，以溝爲天。俾我公私，就無饑年。公田翼翼，私田嶷嶷。

不侵其畔，不犯其穡。我倉既盈，爾廩維億。屯人熙熙，邑人怡怡。不擾其務，不干其時。我無爾暴，爾無我欺。我有官屬，朱公訓之。我有徒侶，朱公恤之。我有衆役，朱公率之。我有微功，朱公序之。起於田中，印綬累累。何以況之？福祿如茨。何以久之？刻篆於碑。

唐 呂令則《義井賦》并序 《文苑英華》卷四〇 鑿地生泉之爲井，施人不倦之爲義。兼濟往來，存乎惠也；置當衢路，仰無私也；皎鏡清虛，尚其潔也。三德既備，萬物是仰，井乃無心，義惟我謀。當衢鑿井，稱物平施，酌而不竭，奉觴樽之化焉！見義不爲恥也，遇善莫書過也。義既行矣，文在兹乎？賦曰：

夫地脈伏泉，天文垂井，式覩象而遂鑿，雖暫勞而功永。深不過於數仞，用有要乎萬頃，風動無波，物對生影。勁陰殺節，挹之而彌溫；炎旱蒸天，探之而逾冷。況地接一都之會，邑居狹俗之境。川流雨驟，車馬於焉往來；風舉雲搖，帝王由兹行幸。魏主罷指梅之策，隰朋息尋蟻之請。豈非人有其願，地下藏靈，色湛湛以天碧，嵌陰陰而晝冥。高風始秋，泛落桐之一葉；太陽既沒，映長天之數星。因注水而暫益，縱改邑而常寧。素綆下懸，映垂冰之晶晶；銅瓶上汲，滴淺溜之泠泠。清泉既汲，白日可見，豈獨兼濟行李？抑亦取給兹縣。隨所求而皆足，豈有殊於貴賤？若乃連巖之曲，闤闠之前，雨苔環合生其上，露桃蓊鬱植其邊，殊季氏之有缶，異疏勒之無泉。入夜雲開，涵長河之短直；向晨霧歇，映大天之小圓。玉甃護崩，誰識下無禽矣；銀床防墜，不聞中有人焉。乃有去國征人，奔星驛騎，或注情於故櫪，或銜悲於遠寄。飲之則長鳴而忘其苦辛，酌之則充量而欣其普施，雖一勺之蓋鮮，亦懷恩而感義。瓶之罄矣！既虛來而實歸；爾牛來思，亦滿腹而受賜。故知理邑者賢，濟人者井。揚聖人之道，用而不竭；守君子之德，澄而彌靜。鑿飲忘帝王之力，汲用嘉仁明之境，儻見惻於莫食，庶微功之得省。

唐 呂令則《河堤賦》 《文苑英華》卷四六 水以潤物，飛梁載舟，居信順動，法謙處柔。朝滄溟以委輸，習坎德以安流。善利爲水，涵育乎萬族；極深不測，灌注乎九州。壅之則有備無患，決之則致敗爲憂。先設其防，以過奔潦。興版築，護衢道，惟精惟一，是經是造。其奮鍤也，齊叫以雷震；其揮鍤也，連刃以霜皓。矗長堤其若雲，岌修岸其如島。何固護之克壯，息奔突以永保。既夾植於菱蓮，又夤緣於萍藻。雖興役賦，而一勞永固，牛馬由其望辨，樓船可以迳度。清深鏡澈，時升曳尾之龜；左右人稀，每帶銜魚之鷺。行旅於是乎無虞，耕耘於是乎知措。夫水可以爲人之利，堤可以防水之溢，堤修則中國無憂，水敗則下人多恤。亦由人之爲政，政成人逸；政或不成，奸詐以出。則河堤之義，取類非一，可以合人之安危，可以喻政之得失。凡百在位，慎乃終吉。別有沉淪戒忤，漂搖衢術，幸登涉於河堤，冀沾濡於瑣質。

唐 柳宗元《柳河東集》卷二〇《井銘》并序 始州之人各以罌甗負江水，莫克井飲。崖岸峻厚，旱則水益遠，人陟降大艱。雨多，則塗滑而顛。恆爲咨嗟，怨惑訛言，終不能就。元和十一年三月朔，命爲井城北隍上。未晦，果。寒食洌而多泉，邑人以灌。其上堅垍，其利悠久。其相者浮圖談康、軍事牙將米景。鑿者蔣晏。凡用罰布六千三百，役庸三十六，大塼千七百。其深八尋有二尺。銘曰：

盈以其神，其來不窮，惠我局之人。嗾！疇肯似于政，其來日新。

宋 范仲淹《范文正集》卷二〇《水車賦》如歲大旱汝爲霖雨 器以象制，水以輪濟。假一轂汲引之利，為萬頃生成之惠。揚清激濁，誠運轉而有時；救患分災，幸周旋於當世。有以見天假之年，而王無罪歲者也。當其東作云布，西成以期。何密雲不雨兮？若焚若灼；而大田多稼兮，如渴如飢。耒耜之功既至，倉箱之望將危。豈無陂池，抱甕之行曷濟；亦有溝洫，挈瓶之利胡為。乃有智者樂水而起予，梓人治材而和汝。謂一溉之可洽，俾百兩之斯舉。因無傷於濡軌，軋軋臨川；初有認於埋輪，翹翹在渚。是車也匪疾匪徐，彼水也突如來如。補畎畝之不足，損溪壑之有餘。渤潏騰波，忽若刺山之泉湧；潺湲去浪，漸如澄江之練舒。詎見瓶羸，那慙綆短。流洋洋兮乍若膏潤，苗忻忻兮初如律暖。載脂載牽，幾通鄭國之渠；弗馳弗驅，自解成湯之旱。動將勢旋，發與機會。既引重之象著，亦救焚之功大。河水浼浼，得我而不滯不凝；原田每每，用我而無災無。仁常汲下，智復鈎深。于以見因民之利，于以見洗物之心。若夫大禹之年，應資治水；必也高宗之世，亦命為霖。至如賢人在輔，德施周普，五日一風，十日一雨，則斯車也，吾猶不取。

宋 歐陽修《文忠集》卷五三《書宜城修水渠記後奉呈朱寺丞》 因民之利無難爲，使民以説民忘疲。樂哉朱君鄗靈堤，導鄗及蠻興衆陂。古渠廢久人莫知，朱君三月而復之。沃土如膏瘠土肥，百里歲歲無凶災。鄗蠻之水流不止，襄人思君無時已。

宋 曾鞏《元豐類稿》卷一九《廣德湖記》 鄞縣張侯圖其縣之廣德湖，而以書并古刻石之文遺予曰：『願有紀。』

蓋湖之大五十里，而在鄞之西十二里。其源出於四明山，而引其北為漕渠，泄其東北入江。凡鄞之鄉十有四，其東七鄉之田，錢湖溉之；其西七鄉之田，水注之者，則此湖也。舟之通越者皆由此湖，而湖之產，有鳧雁魚鱉、茭蒲葭菼、葵蓴蓮芡之饒。其舊名曰鶯脰湖，而今名，大曆八年令儲仙舟之所更也。貞元元年，刺史任侗又治而大之。大中元年，民或上書請廢湖為田，任事者左右之，為出御史李後素驗視，後素不為撓民以得罪，而湖卒不廢。刺史李敬方與後素皆賦詩刻石以見其事，其說以謂當是時湖成三百年矣，則湖之興，其在梁齊之際歟！

宋興，淳化二年，民始與州縣強吏盜湖為田，久不能正。至道二年，知州事丘崇元躬按治之，而湖始復。轉運使言其事，詔禁民敢田者，至其後，遂著之於一州敕。咸平中，賜官吏職田，取湖之西山足之地百頃為之，既而務益取湖以自廣。天禧二年，知州事李夷庚始正湖界，起堤十有八里以限之。湖之濱，有地曰林村砂末，曰高橋臘臺，而其中有山曰白鶴，曰望春，自太平興國以來，民冒取之，夷庚又命禁絕，而湖始復。天聖、景祐之間，民復相率請湖為田，州從事張大有案行止之，而知州事李照又言其事，報知至道詔書，照以刻之石，自此言請湖為田者始息。而康定某年，縣主簿曾公望又益治湖。

至張侯之為鄞，則湖久不治，西七鄉之農以旱告。張侯為出營度，民田湖旁者皆喜，願致其力。張侯計工賦材，擇民之為人信服有知計者，使督役而自主之，一不以屬吏，人以不擾，而咸勸趨。於是築環湖之堤，凡九千一百三十四丈，其廣一丈八尺，而其高八尺，廣倍於舊，而高倍於舊三之二。鄞人累石堙水，闕其間而扃以木，視水之小大而閉縱之，謂之碶。於是又為之益舊，總為碶九，為埭二十。堤之上植榆柳，益舊總為三萬一百。又因其餘材為二亭於堤上以休，而與望春、白鶴之山相直，因以其山名。山之上為廟，一以祠神之主此湖者，一以祠吏之有功於此湖者。以熙寧元年十一月始役，而以明年二月卒事。其用民之力八萬二千七百九十有二工，而其材出於工之餘。既成，而田不病旱，舟不病涸，魚雁茭葦、果蔬水產之良皆復其舊，而其餘及於比縣旁州。張侯於是可謂有勞矣。

是年，予通判越州事。越之南湖，久廢不治，蓋出於吏之因循，而至於不知所以為力，予方患之。觀廣德之興，以數百年，危於廢者數矣，繇屢有人，故益以治。蓋大曆之間，溉田四百頃，大中八百頃，而今二千頃矣。則人之存亡，政之廢舉，為民之幸不幸，其豈細也歟？故為之書，尚俾來者知毋廢前人之功，以永為此邦之利，而又將與越之人圖其廢也。

張侯名峋，字子堅，以材聞，去而為提舉兩浙路常平廣惠倉，兼管勾農田差役水利事，方且用於時云。

宋 晁補之《雞肋集》卷一〇《五丈渠》 五丈渠，河水齧堤三里餘。懸流下噴水渤潏，訛言相驚有怪物。濼東漁子浮兩舠，清晨徑流雙鬣搖。驚人跳起橫觸島，大鱘十尺長夭矯。殺之信宿不敢言，竝村稍稍聞者諠。伐鱗封肉擔揭去，兩日一村猫犬飫。夜來水泛州西原，青青百頃白波翻。里巫推變咎漁子，豫且賊神實為此。此邦一年不穀食，賣魚取錢當常職。聞道相家口，津人無敢憑。大魚死，小魚靈。

金 元好問《遺山集》卷三三《創開滹水渠堰記》 州倅定襄李侯介於教官劉浚明之深，以《滹水新渠記》為請，曰：『滹水之源，出於雁門東山之三泉，過繁時，遂為大川。放而出忻口，並北山而東，去僕所居橫山為不遠。上世以來，知水利可興，故嘗興之，由宋爾朱氏而下，凡三人焉。爾朱，丘村人，家有賜田百頃，因以雄吾鄉。役家之僮奴，欲從忻口分支流為渠。鄉之人以是家公為較固之計，莫有助之者，且姍笑之，因自沮而罷。大定戊子，無畏莊信武喬公號稱「十萬喬氏」者，度其財力易於興造，復以渠為事。開及日陽里，農民以盜水致訟，有避罪而就死者。事出於曖昧，甲乙鈎連，無從開釋，役夫散歸，至以水田為諱。承安中，吾里齊全羨率鄉曲大家，按喬公故迹，欲終成之，而竟亦不成。僕不自度量，以先廣威嘗與齊共事，思卒前業。賴縣豪傑、鄉父兄子弟佽助之，歷二年之久，僅有所立。蓋經始於壬寅之八月，起湯頭嶺西之白村，上下逾六十里，經建安口，乃合流。又明年之三月既望，合鄉人預議，洎執役者置酒張樂以落之。老幼欣快，驩呼動地，出乎昔所望之外。宜有文辭以垂示永久，幸吾子留意焉。』余以謂立功立事，必天時人事合而後可，然繫於人事者為尤多。曩余官西南鄧之屬邑，多水田，業户餘三萬家。長溝大堰，率因故蹟而增築之，而其用力有不可勝言者。試一二考之：夫水在天壤間為至平，且善利萬物而不爭。有餘者損之，不足者補之，時乃天之道。兼并之家，力足以制單貧，而賄足以侮文法。身私九里之潤，人無一漑之益者多矣。以至平為不平，不爭為必爭，補有餘，損不足，傷水之性，逆天之道。覆車之轍，前後相接。田野細民，有敢復與大豪共公者乎？矧夫非大變之後，無不爭之田；非屢豐之年，無供役之食。事艱於慮始，人習於惡勞。賢否異情，理難脗合。彼已分利，孰為綱維？故雖有萬折必東之心，而終屈於七遇皆北之勢。使臨之以公上之命，且無望於必成，況創始于鄉社二三之議乎？有其時而乏其人，有其人而無其志，力不前勝，事必後艱。大哉志乎！唯強也，故能立天下之懦；唯堅也，故能易天下之難。由是而充之，關輔之三白、襄樊之黔蘆，皆此物也。故嘗謂江鄉澤國，巧於用水，凡可以取利者無不盡。舉鍤投袂，隨為豐年。今河朔州郡非無川澤，而人不知有川澤。捐可居之貨，失當乘之機，如愚賈操金，昧於貿遷之術。旱暵為虐，乃無以療之。求象龍，候商羊，坐為林尫、暴巫、禳禬家之所悞。搏手困窮，咎將誰執？方新渠之成也，余往觀焉。流波沄沄，浄瀑盈溝，若大有力者擁之而前。農事奮興，坐享豐潤，禾麻菽麥，鬱鬱彌望。計所收拾，如有以相之。夫孤倡而合衆力，一善而兼萬夫，暫勞而有亡窮之利，若李侯者，其可謂有志之士矣！雖然，水利之在吾州者，非特滹河而已也。出東門一舍，少折而南，由三霍而東，盡南邢之西，其間無井邑，無聚落，無丘壟，特沮洳之濼而已。誠能引牧馬之水，以合三會於蒙山之麓，隄障有所，出内有限，纔費數千人之功，平湖渺然，當倍晉溪之十。惜無大農尺一之版，使扁舟落吾手中耳。因記侯興建始末，慨然有感於中，故兼及之。侯名子成，先廣威用承直郎蔭，當補官，州牒已上吏曹矣，而新令限至朝請大夫者，乃係班。廣威詣登聞鼓院自陳，道陵從之。預供奉者四百二十人。仕至蠡州酒務使。李侯，所謂是以似之者歟？年月日記。

雜録

唐 黄子發《相雨書・候氣》 凡有珥者，狂風迅起。在日爲風，在月有雨。五緯生珥，大雨滂沛者二十日。

候申後日有珥者，雨在次後一日。

候日暈。午刻前暈者，風起正北方。午刻後暈者，有大風發屋拔木。風從暈門處來。

視日出氣正白、日入氣正赤者，皆走石飛沙。

日入有光燭天者，晝夜連陰二十日。

日入返照有黄光者，次後一日大風。

晚有斷虹者，半夜有雨達日中。

日已射廬，猶有霧者，細雨兩日。

三日有霧濛濛者，狂飆大起。

白虹降，惡霧遂散。

電光出西北方，雨注傾壁也。

辰刻電，大風吹樹，至暮遂雨。

電光與星同耀者，有烈風暴雨。

日始出，南方有霧者，辰刻雨。

日出，無風而熱者，至日中，則雲雷作、風雨興也。

視黑氣於日下如覆船者，立時遂雨。

氣從下上於雲漢者，雨數日。

凡黄霧四塞者，日晴則雨，日雨則晴，不雨不晴，則民擾亂。

日沒有黑虹，次後一日雨。

月中生長虹，首南北貫月者，小霧三日，大霧五日，十二日後大雨雹。

西北聞雷，雨至之候也。次後二日復來。

既雨且霧，次復二日後大雨。

雨前霧者，至夕頽壁也。

雨後霧者，城陷之候。

遠觀十里外有青黑氣者，大雨將至。

午刻日色赤者，次後一日雨。申刻日色赤，次後二日雨。日入光赤，七日後雨。日始出色赤，即日雨。

又《觀雲》 候日始出，日正中，有雲覆日，而四方亦有雲，黑者大雨，青者小雨。

日入方雨時，觀雲有五色，黑赤並見者，雨即止。黄白者，風多雨少；青黑雜者，雨隨之，必滂沛流潦。

常以戊申日，候日欲入時，日上有別雲，不論大小，視四方黑者大雨，青者小雨。

以丙丁辰之日，四方無雲，唯漢中有雲者，六中日風雨如常。

以六甲日、平旦清明，東向望日始出時，如日上有直雲大小貫日中，青者以甲乙日雨，赤者以丙丁日雨，白者以庚辛日雨，黑者以壬癸日雨，黃者以戊己日雨。

六甲日四方雲皆合者，即雨。

四方有躍魚雲遊疾者，即日雨；遊遲者，雨少難至。

四方有雲如羊豬者，雨立至。

四方北斗中有雲，後五日大雨。

四方北斗中無雲，唯河中有雲，三枚相連，狀如浴豬，後三日大雨。

日入時有黑雲相接於日，雨注即傾滴也。

日沒時雲暗紅者，或風或雨。

午刻有雲蔽日者，夜中大雨。

日始出，東南有黑雲，巳刻雨。

日入西北，有黑雲覆日，夜半雨。

清晨雲如海濤者，即時風雨興也。

雲逆風行者，即雨也。

日已出，卯刻有大雲，渾者天陰，清者天雨。

雲在山下佈滿者，連宵細雨數日。

雲若魚鱗，次日風最大。

夜雨達旦，盈盈不盡者，細雨還大也。

天中有雲亂擾者，風雨最多也。

日出紅雲見，申刻有雨。

雨隨風亂飛無力者，霎時大霧天黯也。

日沒紅雲見，次日雨。

凡秋冬以東風、南風有雨，春夏以西風、北風有雨。

訊頭風不長，過後風雨愈毒也。

夏日雨過，東風起，遲暮越大，將拔屋。

凡候雨，以晦朔弦望、雲漢四塞者，皆當雨。

如門牛彘者，當雨。

暴有異雲如水牛者，不三日大雨。

黑雲如羊群奔，如飛鳥，五日必雨。

雲如覆船者，皆雨。

北斗獨有雲，不五日大雨。

四望見青白雲，名曰天寒之雲，雨征。

蒼雲黑色，細如杼柚蔽日月者，五日必雨。

雲如兩人提鼓持桴者，皆爲大暴雨也。

日入時雲皆如亂草者，次日雨。

朝辨雨法：有黑雲如一匹皂於日中，即一日大雨；二匹，二日大雨；三匹，十日大雨也。

青白赤黑雲，在東西南北，名曰四塞之雲，見即有雨也。

日午刻有風亂動幃幕者，立時雨至也。

日出，其下有雲如散泉者，即雨。或次日。

日中，南方有雲如散泉者，申刻雨。

日入，日上有雲如散泉者，或在日下，皆夜中雨也。

月下有黑雲如龜者，次日有雨。

又《察日月並星宿》 日出不見雲，有大風。日出即煊，有細雨。

日出便有輝，雨在日內。

日出而雨，日入而息。

日色黑者，大霧細雨二十日。

日色無光，大雨。

日中重影，大雨三日。

日熱殺人，六月霜雨。

日出裂木，有雨。

日出射竹木有光采，有雨。

月朔有雨，晦亦有雨。上弦日前後無雨，下弦則雨。下弦無月魄則注，晦日無上弦則雨。

月光大明，七日有雨。

三日月覆者，次日雨。

晦日見月，名曰炙虧，日出必有雨。

月宿房，雨如霰，日中遂散。月宿箕，大風飛水。月宿斗口中，三日大雨。月宿虛，風發大水。月宿畢，風雨興也。月宿井，大水敗穀。月宿張翼，大雨雪。

月無光，四日大雨。

月返照，大雨。

月與水宿會，大雨三日。

太白入斗，五日陰雨，不見星。

又《會風詳聲》

雨中大風飛雹者，九日後復來。

雨後簷前有滴聲者，不久又大雨。

春日北風晴，日中又雨。

九日不改風，每日風雨日星皆見，謂之太和。雨扣石無聲，日中大雨。始雨，瓦木皆有聲，大雨在半日後。

雨注聲如裂帛，南方百里外有火災。

細雨有聲，東方五十里外有火災。

雨過瓦裂作聲，西方十里外有火災。

風雨俱從坎處入幕，吹瓶有聲，北方三里外有火災。三十里外，復有火災。五百里外，大火，流血。

又《推時》 春雪，後二句有大風。

凡以降霜後有風雷者，次歲春多陰。

立春不見日，雨在春末夏初最多也。

春日寒者，有久雨。

冬雪不積，小雨將至也。

冬雪久積，又有大雪也。

月二十五、六日不雨，初五、六日必雨。

二十二日雨，二十八日又雨。

正月不見雨，二月不見晴。

夏旱三十日，次歲春雨二十日。

秋旱三十日，次歲夏雨七日不止。

凡夏旱，甲子日雨者，秋旱四十日。秋甲子雨者，冬旱六十日。冬甲子雨者，春旱四十日。春甲子雨者，夏旱六十日。

又《相草木蟲魚玉石》 每夕取通草一莖，以火然之，盡者，次日晴；不盡者雨。

雨注著樹不下地，邑有災也。或曰：大水沒郭。

雨凝如漆著竹木上，其主有凶。

視鸛鳴亂翔，誇罣飛鳴者，雨立至。

鴉飛鼓翅有聲，將雨累日。

樹穴生水，天有雨。雨落井中生泡者，越下愈大也。

雨中鴉鳴，翅無聲，雨遂止。

視蟻登壁者，將雨之候也。

視魚躍波者，天將陰雨。

壁上自然生水者，天將大雨。

石上津潤出液，將雨數日。

雨注不息，政不和也。

虎龍相鬥，日光大烈而雨也。

犬貓食草，次日雨又晴。

又《候雨止天晴》 雨後，見漢中有雲在箕尾間，天晴之候也。陰雨時，雲下見有日光，則天晴。

雲飛疾、雨下速者，風雨即止。

曉雲在東，無雨天晴也。

夏日夜中雨至，旦日出便止。

雨注無風，五日後始晴。

候晴六十日者，以甲子雨者，二日止。乙丑雨者，二日止。丙寅雨者，即日止。丁卯雨者，日沒止。戊辰雨者，夜半止。己巳雨者，立刻止。庚午雨者，一日止。辛未雨者，七日止。壬申雨者，即止。癸酉雨，二日止。甲戌雨，即時止。乙亥雨，即日止。丙子雨，夕止。丁丑雨，夕止。戊寅雨，即止。己卯雨，立止。庚辰雨，即止。辛巳雨，二日止。壬午雨，即止。癸未雨，一日止。甲申雨，即日止。乙酉雨，一日止。丙戌雨，夕止。丁亥雨，即時止。戊子雨，二日止。己丑雨，三日止。庚寅雨，即止。辛卯雨，二日止。壬辰雨，八日止。癸巳雨，夕止。甲午雨，即時止。乙未雨，二日止。丙申雨，夕止。丁酉雨，一日止。戊戌雨，一日止。三日，天晴雨大止。己亥雨，即時止。庚子雨，四日止。辛丑雨，一日止。壬寅雨，即時止。癸卯雨，即止。甲辰雨，即止。乙巳雨，一日止。丙午雨，即時止。丁未雨，立止。戊申雨，二日止。己酉雨，二日止。庚戌雨，即時止。辛亥雨，二日止。壬子雨，一日止。癸丑雨，即時止。甲寅雨，立時止。乙卯雨，一日止。丙辰雨，一日止。丁巳雨，即時止。戊午雨，立止。己未雨，即時止。庚申雨，四日止。辛酉雨，即日止。壬戌雨，即時止。癸亥雨，立止。半天雲霧見日在洞中，雨止，天遂晴。

宋 劉克莊《後村集》卷三六《土地祝文》 某兹由庾使挈入漕治，雖曰受命於君，豈敢不徼福於神乎？敢告。

又《辭諸廟文》 某來南兩載，迭更庾漕，若闒於舶，皆嘗次攝。無勞於國，無德於民，一筆勾去，孰云不宜。兹蒙上恩，歸奏使事。面君省親，臣子至願，望不及此，神實福之。謹奉瓣香，稽首以辭。

明 朱橚《救荒本草原》卷一

草部

葉可食《本草》原有四十種

刺薊菜 以下草部 葉可食 本草原有

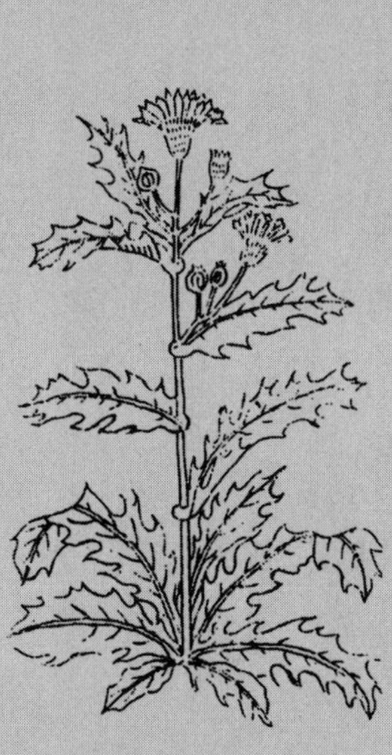

刺薊菜　本草名小薊，俗名青刺薊，北人呼爲千針草。出冀州，生平澤中，今處處有之。苗高尺餘。葉似苦苣葉。莖葉俱有刺，而葉不皺。葉中心出花頭，如紅藍花而青紫色。性涼，無毒；一云味甘，性溫。

救饑：採嫩苗葉煠熟，水浸淘淨，油鹽調食，甚美。除風熱。

治病：文具《本草》草部『大小薊』條下。

大薊

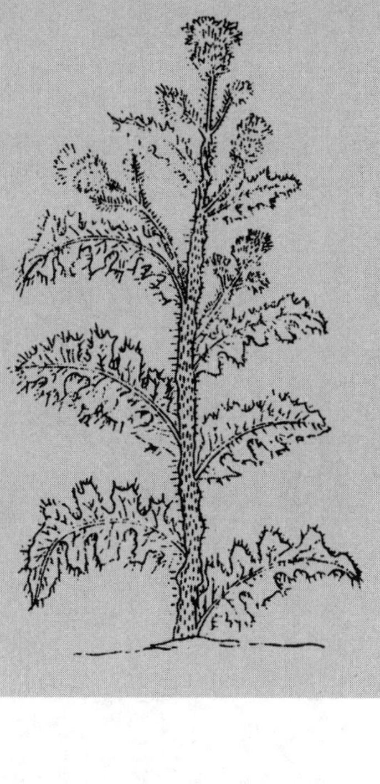

大薊　生山谷中，今鄭州山野間亦有之。苗高三四尺。莖五稜。葉似大花苦苣菜葉。莖、葉俱多刺，其葉多皺。葉中心開淡紫花，味苦，性平，無毒，根有毒。

救饑：採嫩苗葉煠熟，水淘去苦味，油鹽調食。

治病：文具《本草》草部『大小薊』條下。

山莧菜

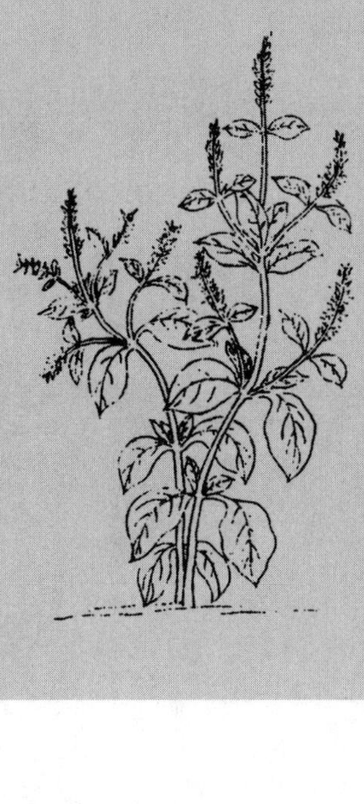

山莧菜　本草名牛膝，一名百倍，俗名腳斯蹬，又名對節菜。生河內川谷，

及臨朐江淮閩粤關中蘇州皆有之，然皆不及懷州者爲真。蔡州者，最長大柔潤。今鈞州山野中亦有之。苗高二尺已來。莖方，青紫色；其莖有節如鶴膝，又如牛膝狀，以此名之。葉似莧菜葉而長，頗尖艄音哨。葉皆對生。開花作穗。根味苦酸，性平無毒，葉味甘微酸。惡螢火、陸英、龜甲、白前。

救饑：採苗葉煠熟，換水浸去酸味，淘淨，油鹽調食。

治病：文具《本草》草部『牛膝』條下。

欵冬花

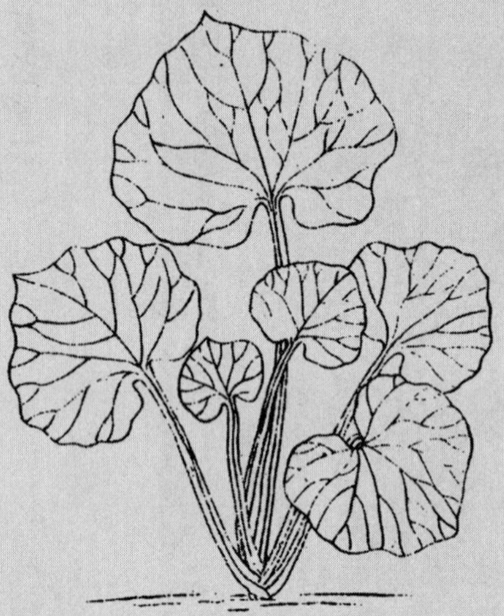

欵冬花　一名橐音托吾，一名顆凍，一名虎鬚，一名菟奚，一名氐冬。生常山山谷及上黨水傍，關中、蜀北、宕音蕩昌、秦州、雄州皆有，今鈞州密縣山穀間亦有之。莖青，微帶紫色。葉似葵葉，甚大而叢生；又似石葫蘆葉頗團。開黃花。根紫色。《圖經》云：葉如荷而斗直。大者，容一升；小者，容數合。俗呼爲蜂斗葉，又名水斗葉。此物不避冰雪，最先春前生，雪中出花，世謂之鑽凍。又云：有葉似萆薢。開黃花，青紫萼，去土一二寸；初出如菊花，萼通直而肥實無子。陶隱居所謂『出高麗百濟』者，近此類也。其葉味苦，花味辛甘。性溫無毒。杏仁爲之使，得紫菀良，惡皂莢、硝石、玄參；畏貝母、辛夷、麻黃、黃芩、黃連、青葙。

救饑：採嫩葉煠熟，水浸淘去苦味，油鹽調食。

治病：文具《本草》草部條下。

萹蓄

萹蓄　亦名萹竹。生東萊山谷，今在處有之，布地。生道傍，苗似石竹，葉微闊，嫩緑如竹。赤莖如釵股，節間花出，甚細，淡桃紅色，結小細子。根如蒿根，苗葉味苦，性平，一云味甘，無毒。

救饑：採苗葉煠熟，水浸淘浄，油鹽調食。

治病：文具《本草》草部條下。

大藍

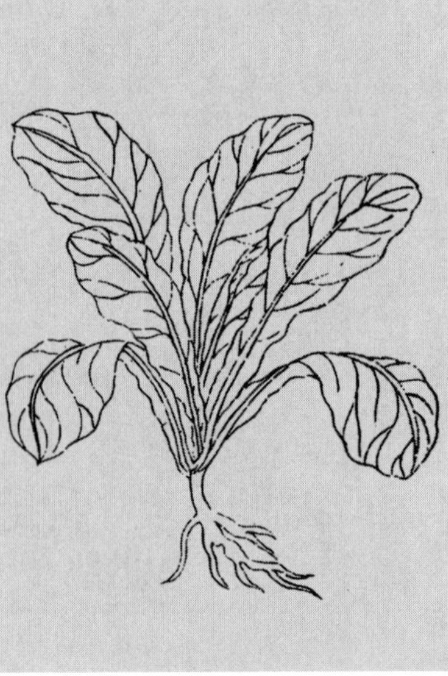

大藍　生河内平澤，今處處有之。人家園圃中多種。苗高尺餘，葉類白菜，葉微厚而狹窄尖，淡粉青色。莖叉梢間開黃花，結小莢，其子黑色。《本草》謂菘藍可以爲靛染青。以其，葉似菘菜，故名菘藍，又名馬藍。《爾雅》所謂『葴，馬藍』是也。味苦，性寒，無毒。

救饑：採葉煠熟，水浸去苦味，油鹽調食。

治病：文具《本草》草部『藍實』條下。

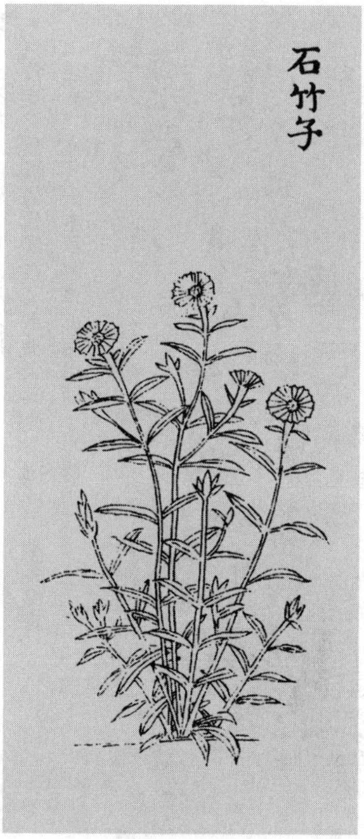

石竹子　《本草》名瞿麥，一名巨句麥，一名大菊，一名大蘭，又名杜母草、燕麥、蘥音藥。麥。生大山川谷，今處處有之。苗高一尺已來。葉似獨掃葉而尖小，又似小竹葉而細窄。莖，亦有節，梢間開紅白花而結蒴，內有小黑子。味苦辛，性寒，無毒。蘘草、牡丹爲之使，惡螵蛸。

救饑：採嫩苗葉煠熟，水浸淘浄，油鹽調食。

治病：文具《本草》草部『瞿麥』條下。

紅花菜　《本草》名紅藍花，一名黃藍。出梁漢及西域，滄、魏亦種之，今處處有之。苗高二尺許。莖、葉有刺，似刺薊葉而潤澤，窊五化切面。梢結梂彙音求胃，亦多刺。開紅花蘂出梂上。圃人採之，採已復出，至盡而罷。梂中結實，白顆如小豆大。其花暴乾，以染真紅及作胭脂。花味辛，性温，無毒。葉味甘。

救饑：採嫩葉煠熟，油鹽調食，子可笮音乍作油用。

治病：文具《本草》草部『紅藍花』條下。

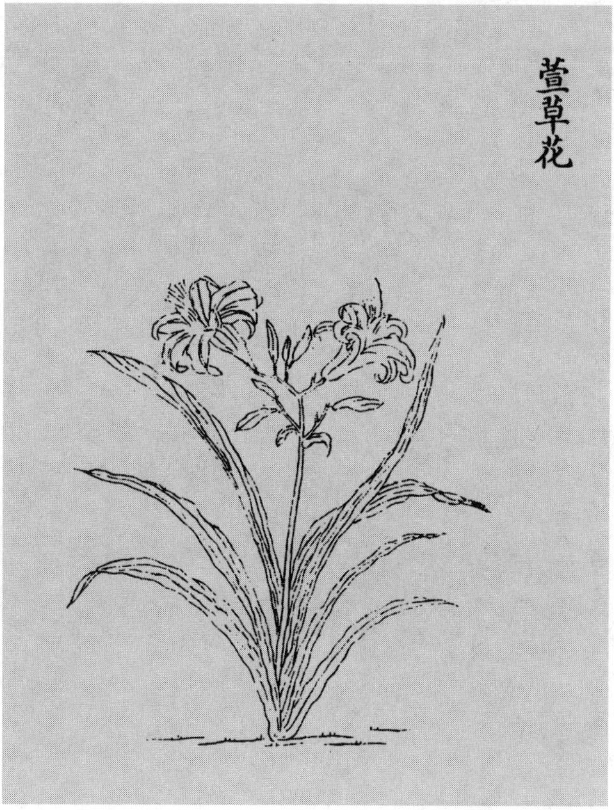

萱草花　俗名川草花，《本草》一名鹿葱。謂生山野。花名宜男。《風土記》云：『懷姙婦人佩其花生男』故也。人家園圃中多種。其葉就地叢生，兩邊分垂，葉似菖蒲葉而柔弱，又似粉條兒菜葉而肥大，葉間攛葶。開金黃花味甘，無毒。根凉亦，無毒。葉味甘。

救饑：採嫩苗葉煠熟，水浸淘浄，油鹽調食。

治病：文具《本草》草部條下。

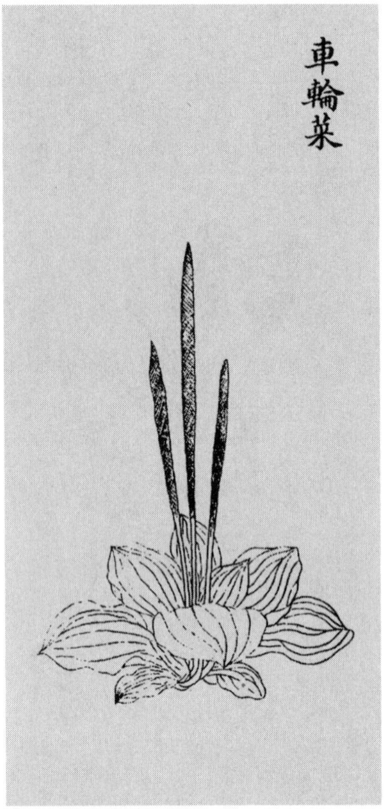

車輪菜　《本草》名車前子，一名當道，一名芣苢音浮以，一名蝦蟆衣，一名牛遺，一名勝舄音昔。《爾雅》云馬舄，幽州人謂之牛舌草。生滁州及真定平澤，今處處有之。春初生苗，葉布地如匙面，累年者，長及尺餘，又似玉簪葉梢大而薄。葉叢中心，攛葶三四莖，作長穗如鼠尾。花甚密，青色，微赤。結實如葶藶，子赤黑色。生道傍。味甘鹹，性寒，無毒。一云味甘，性平。葉及根味甘，性寒，常山爲之使

救饑：採嫩苗葉煠熟，水浸去涎沫，淘浄，油鹽調食。

治病：文具《本草》草部『車前子』條下。

白水葒苗　《本草》名葒草，一名鴻藹音纈。有赤白二色。《爾雅》云『紅，龍古，其大者蘬』，《鄭詩》云『隰有遊龍』是也。所在有之。生水邊下濕地，葉似蓼葉而長大，有澁毛。花開紅白，又似馬蓼。其莖有節而赤。味鹹，性微寒，無毒。

救饑：採嫩苗葉煠熟，水浸淘浄，油鹽調食，洗浄蒸食亦可。

治病：文具《本草》草部『葒草』條下。

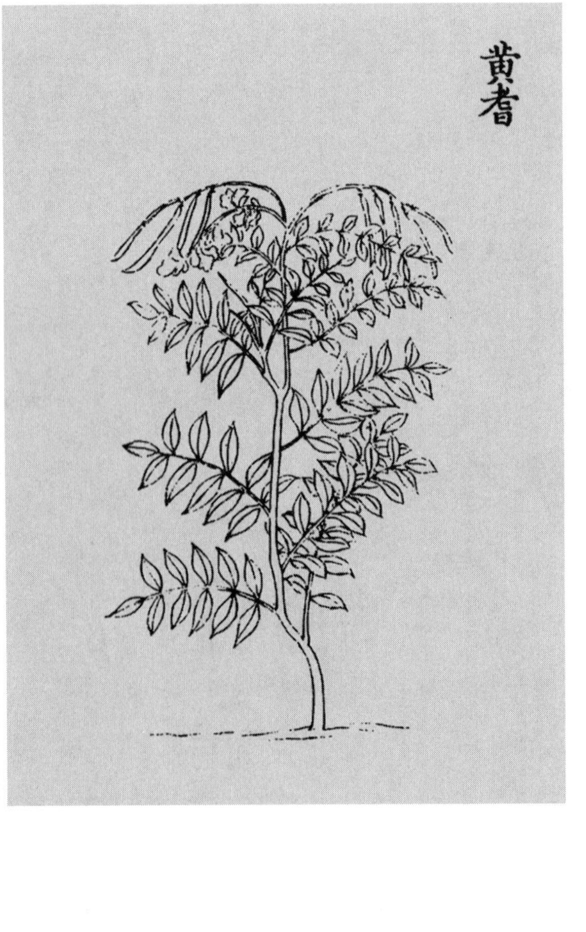

黄耆　一名戴糝，一名戴椹，一名獨椹，一名芰草，一名蜀脂，一名百本，一名王孫。生蜀郡山谷及白水、漢中、河東、陝西，出綿上呼爲綿黄耆，今處處有之。根長二三尺，獨莖，叢生枝幹。其葉扶疏，作羊齒狀，似槐葉微尖小，又似蒺蔾葉，闊大而青白色。開黄紫花，如槐花大。結小尖角長寸許。味甘，性微温，無毒。一云味苦，微寒，惡龜甲、白蘚皮。

救饑：採嫩苗葉煠熟，換水浸淘洗去苦味，油鹽調食，藥中補益，呼爲羊肉。

治病：文具《本草》草部條下。

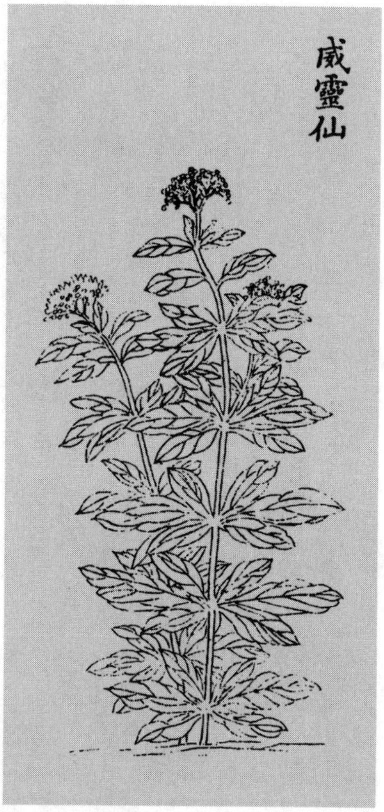

威靈仙　一名能消。出商州上洛山、華山并平澤，及陝西、河東、河北、河南、河、湖、石州、寧化等州郡。不聞水聲者良。今密縣梁家衝山野中，亦有之。苗高一二尺。莖方，如釵股，四稜，莖多細茸白毛，葉似柳葉而闊，邊有鋸齒，又似旋覆花葉，其葉作層生，每層六七葉相對，排如車輪樣，有六層至七層者。花淺紫色或碧白色。作穗似蒲臺子，亦有似菊花頭者。結實青色，根稠密多鬚。味苦，性溫，無毒。惡茶及麵湯，以甘草梔子代飲可也。

救饑：採葉煠熟，换水浸去苦味，再以水淘净，油鹽調食。

治病：文具《本草》草部條下。

馬兜鈴　根名雲南根，又名土青木香。生關中及信州、滁州、河東、河北、江、淮、夔音馗、浙州郡皆有，今高阜音負去處亦有之。春生，苗如藤蔓。葉如山藥葉而厚大，背白。開黄紫花，頗類枸杞花。結實如鈴，作四五瓣。葉脱時，鈴尚垂之，其狀如馬項鈴，故得名。味苦，性寒，又云平，無毒。

救饑：採葉煠熟，用水浸去苦味，淘净，油鹽調食。

治病：文具《本草》草部條下。

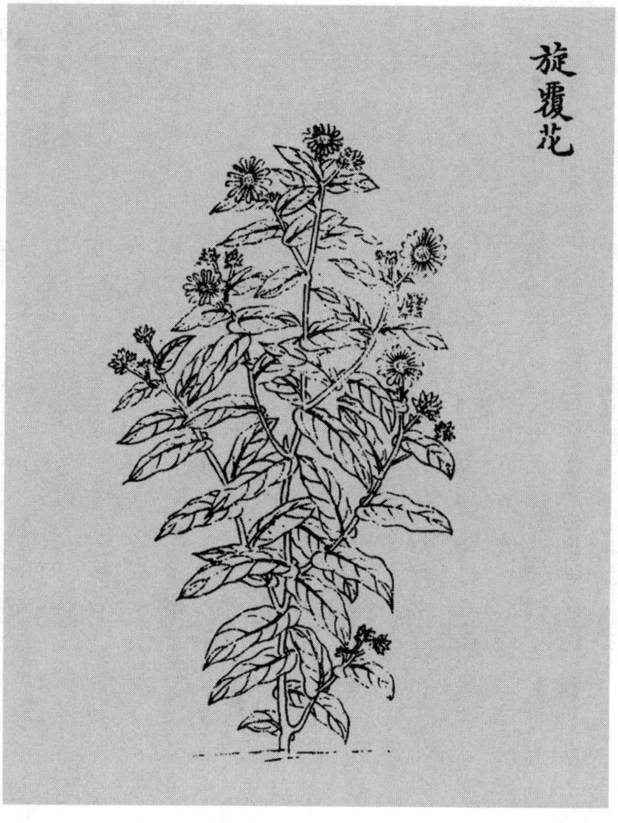

旋覆花　一名戴椹，一名金沸草，一名盛椹。上黨田野人呼爲金錢花。《爾雅》云『蕧、盜庚』。出隨州，生平澤川谷。今處處有之。苗多近水傍。初生大如紅花葉而無刺。苗長二三尺已來。葉似柳葉，稍寬大。莖細如蒿，開花似菊花，如銅錢大，深黄色。花味鹹甘，性温，微冷利，有小毒。葉味苦，性涼。

救饑：採葉煠熟，水浸去苦味，淘净，油鹽調食。

治病：文具《本草》草部條下。

防風

防風　一名銅芸，一名茴草，一名百枝，一名屏風，一名蕳根，一名百蜚。生同州沙苑川澤，邯鄲、琅邪、上蔡、陝西、山東。處處皆有，今中牟田野中亦有之。根土黃色，與蜀葵根相類，梢細短。莖、葉俱青綠色。莖深而葉淡，葉似青蒿葉而闊大，又似米蒿葉而稀疏。莖似茴香。開細白花，結實似胡荽子而大。味甘辛，性温，無毒。殺附子毒，惡乾薑、藜蘆、白斂、芫花。又有石防風，亦療頭風眩痛。又有叉頭者，令人發狂，叉尾者，發痼疾。

救饑：採嫩苗葉作菜茹，煠食，極爽口。

治病：文具《本草》草部條下。

虀臭苗

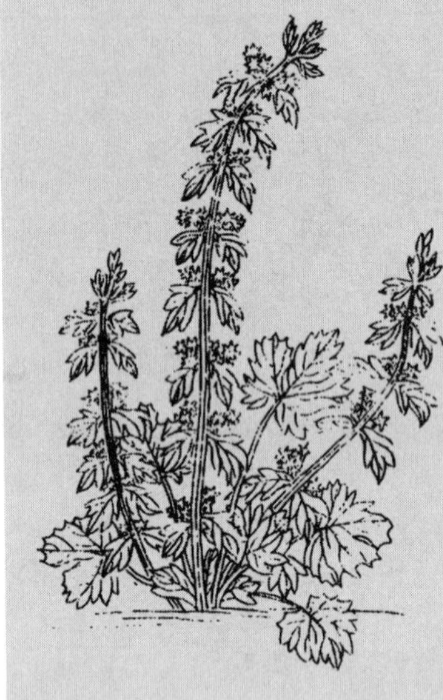

虀臭苗　《本草》『茺蔚子』是也。一名益母，一名益明，一名大劄，一名貞蔚。皆云蓷音推益母也。亦謂蓷臭穢。生海濱池澤，今田野處處有之。葉似荏子葉，又似艾葉而薄小色青。莖方，節節開小白花。結子黑茶褐色，三棱細長。味辛甘，微溫；一云微寒，無毒。

救饑：採苗葉煠熟，水浸淘净，油鹽調食。

治病：文具《本草》草部『茺蔚子』條下。

澤漆

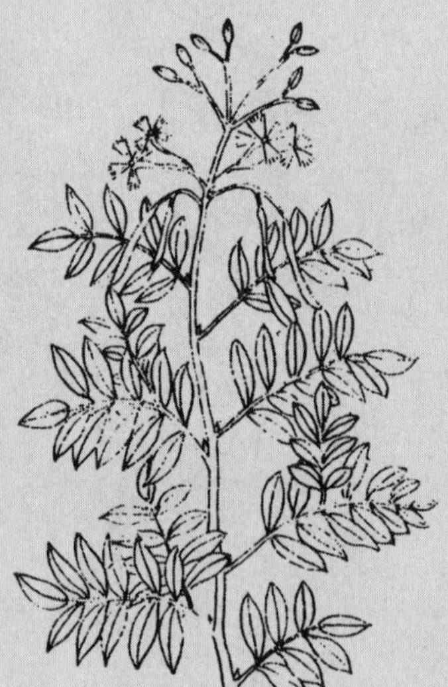

澤漆　《本草》一名漆莖大戟苗也。生大山川澤及冀州、鼎州、明州，今處處有之。苗高二三尺，科叉生。莖紫赤色。葉似柳葉，微細短。開黃紫花，狀似杏花而瓣頗長。生時摘葉，有白汁出，亦能齧刺人，故以爲名。味苦辛，性微寒，無毒；一云有小毒；一云性冷，微毒。小豆爲之使，惡薯蕷。初嘗，葉味澀苦；食過，回味甜。

救饑：採葉及嫩莖煠熟，水浸淘净，油鹽調食，採嫩葉蒸過，曬乾，做茶吃，亦可。

治病：文具《本草》草部條下。

酸漿草

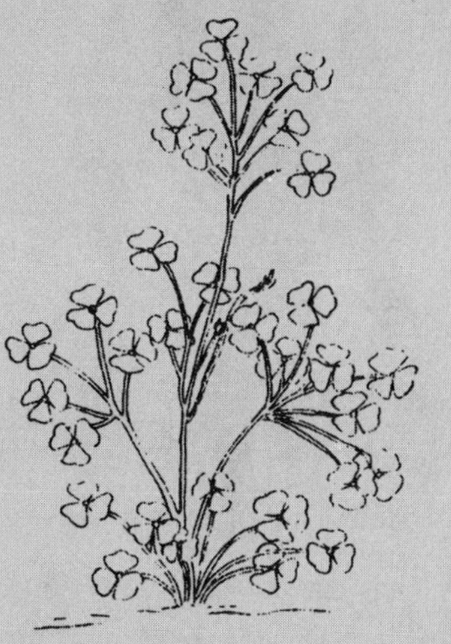

酸漿草　《本草》名酢與醋字同漿草，一名醋母草，一名鳩酸草，俗爲小酸茅。舊不著所出州土，今處處有之。生道傍下濕地。葉如初生小水萍，每莖端，皆叢生三葉。開黃花。結黑子。南人用苗揩鍮音偷石器，令白如銀色光艷。味酸，性寒，無毒。

救饑：採嫩苗葉生食。

治病：文具《本草》草部『酢漿』條下。

蛇床子

蛇床子　一名蛇粟，一名蛇米，一名虺床，一名思益，一名繩毒，一名棗棘，一名牆蘼。《爾雅》一名盱。一名蛇粟，一名蛇米，一名虺床，一名思益，一名繩毒，一名棗棘，一名牆蘼。《爾雅》一名盱。生臨淄川谷田野，今處處有之。苗高二三尺，青碎作叢似蒿枝，葉似黃蒿葉，又似小葉蘼蕪，又似藁本葉。每枝上有花頭百餘，結同一窠。開白花，如傘蓋狀，結子半黍大，黃褐色。味苦辛，甘，無毒。性平，一云有小毒。惡牡丹、巴豆、貝母。

救饑：採嫩苗葉煠熟，水浸淘洗浄，油鹽調食。

治病：文具《本草》草部條下。

桔梗

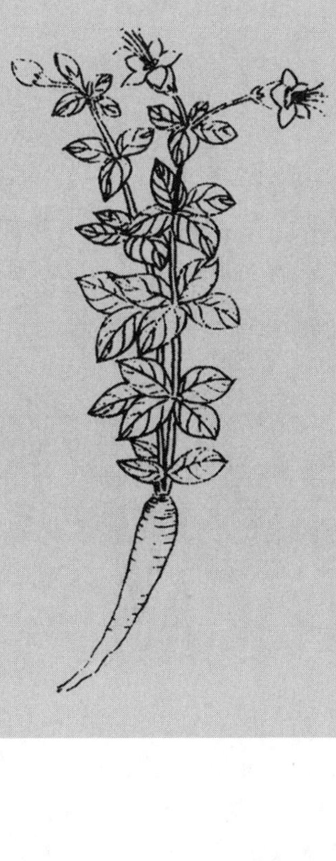

桔梗　一名利如，一名房圖，一名白藥，一名梗草，一名薺苨。生嵩高山谷及寃句，和州、解州，今鈞州、密縣山野，亦有之。根如手指大，黃白色。春生苗，莖高尺餘，葉似杏葉而長撱，四葉相對而。生。嫩時亦可煮食，開花紫碧色，頗似牽牛花。秋後結子，葉名隱忍。其根有心，無心者乃薺苨也。根葉味辛，苦，性微温，有小毒。一云味苦，性平，無毒。節皮爲之使，得牡礪、遠志、療恚怒。得硝石、石膏，療傷寒，畏白芨、龍眼、龍膽。

救饑：採葉煠熟，換水浸去苦味，淘洗浄，油鹽調食。

治病：文具《本草》草部條下。

茴香

茴香　一名蘹音懷香子，北人呼爲土茴香。茴、蘹聲相近，故云耳。今處處有之，人家園圃多種。苗高三四尺。莖粗如筆管。傍有淡黃袴葉，抪莖而生。袴葉上，發生青色細葉，似細蓬葉而長，極疏細，如絲髮狀。袴葉間，分生叉枝，梢頭開花。花頭如傘蓋，黃色。結子如蒔蘿子，微大而長，亦有線瓣。味苦辛，性平，無毒。

救饑：採苗葉煠熟，換水淘淨，油鹽調食，子調和諸般食味，香美。

治病：文具《本草》草部『蘹香子』條下。

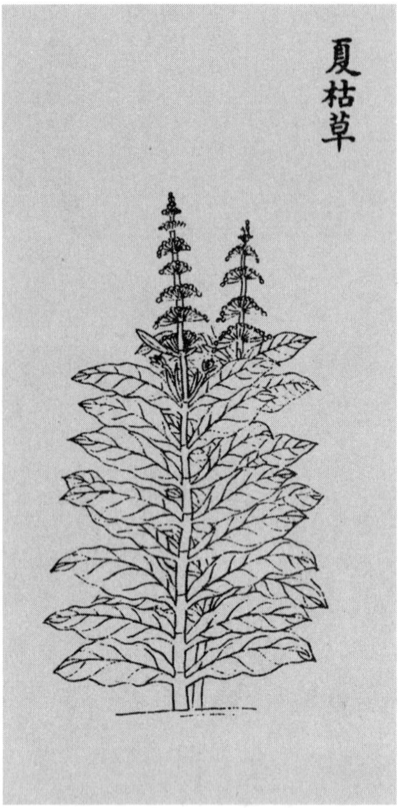
夏枯草

夏枯草　《本草》一名夕句，一名乃東，一名燕面。生蜀郡川谷及河、淮、浙、滁平澤。今祥符西田野中亦有之。苗高二三尺。其葉對節生；葉似旋覆葉而極長大，邊有細鋸齒，背白，上多氣脈紋路。葉端開花，作穗長二三寸許。其花紫白似丹參花。葉味苦，微辛，性寒，無毒。土瓜爲之使。俗又謂之鬱臭苗，非是。

救饑：採嫩葉煠熟，換水浸，淘去苦味，油鹽調食。

治病：文具《本草》草部條下。

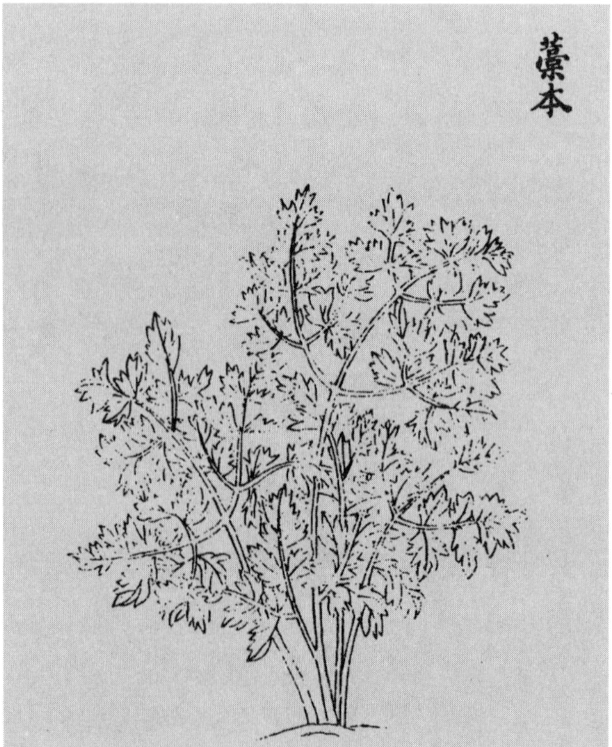
藁本

藁本　一名鬼卿，一名地新，一名微莖。生崇山山谷及西川、河東、兗州、杭州，今衛輝輝縣栲栳圈山谷間，亦有之，俗名山園荽苗，高五七寸，葉似芎藭葉細小，又似園荽葉而稀疏。莖比園荽莖頗硬直。味辛，微苦，性温微寒，無毒。惡䕡茹，畏青葙子。

救饑：採嫩苗葉煠熟，水浸淘淨，油鹽調食。

治病：文具《本草》草部條下。

柴胡　一名地薰，一名山菜，一名茹草葉，一名芸蒿。生弘農川谷及宛句，壽州、淄州、關陝江湖間皆有，銀州者爲勝，今鈞州密縣山谷間，亦有。苗甚辛香，莖青紫堅硬，微有細線楞，葉似竹葉而小，開小黄花，根淡赤色。味苦，性平微寒，無毒。半夏爲之使，惡皁莢，畏女菀、藜蘆。又有苗似斜蒿，亦有似麥門冬苗而短者，開黄花。生丹州，結青子，與他處者不類。

救饑：採苗葉煠熟，换水浸，淘去苦味，油鹽調食。

治病：文具《本草》草部條下。

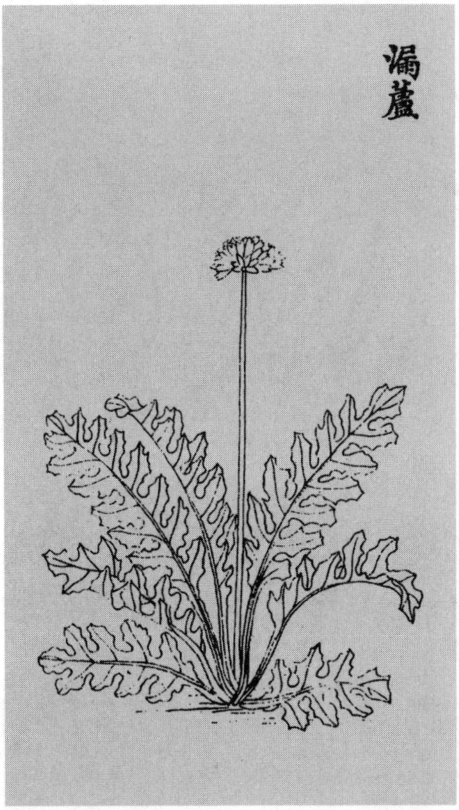

漏蘆　一名野蘭，俗名莢蒿。根名鹿驪根，俗呼爲鬼油麻。生喬山山谷及秦州、海州、單州、曹、兖州，今鈞州、新沙崗間，亦有之。苗葉就地叢生，葉似山芥菜葉而大，又多花叉，亦似白屈菜葉，又似大蓬蒿葉。及似風花菜脚葉而大。葉中攛葶，上開紅白花。根苗味苦鹹，性寒，大寒，無毒。連翹爲之使。

救饑：採葉煠熟，水浸，淘去苦味，油鹽調食。

治病：文具《本草》草部條下。

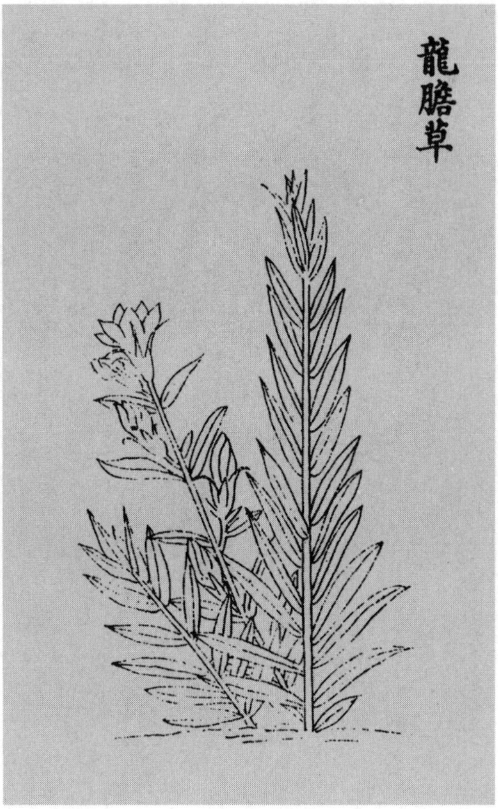

龍膽草　一名龍膽，一名陵游，俗呼草龍膽。生齊朐山谷及宛句，襄州、吴興皆有之，今鈞州新鄭山崗間，亦有。根類牛膝而根一本十餘莖，黄白色，宿根。苗高尺餘，葉似柳葉而細短，又似小竹，開花如牽牛花，青碧色，似小鈴形樣。陶隱居注云『狀似龍葵，味苦如膽』，因以爲名。味苦，性寒，大寒，無毒。貫衆、小豆爲之使，惡防葵、地黄，又云，浙中又有山龍膽草。味苦，澁此同類而别種也。

救饑：採葉煠熟，换水浸，淘去苦味，油鹽調食，勿空腹服餌，令人溺不禁。

治病：文具《本草》草部條下。

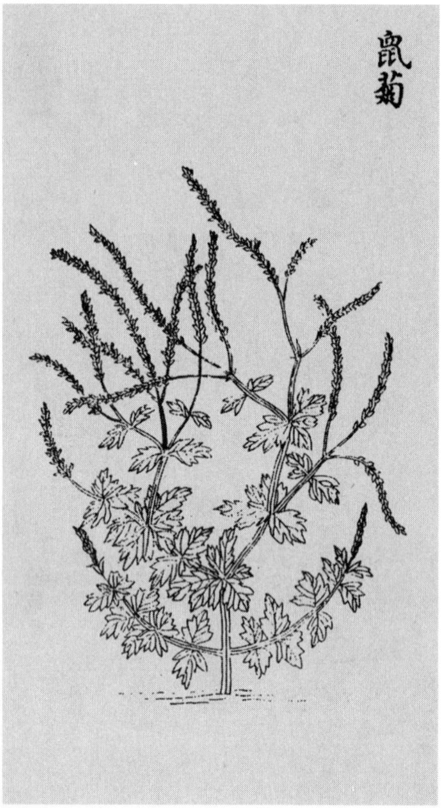

鼠菊　《本草》名鼠尾草，一名葝音勍，一名陵翹。出黔州及所在平澤有之，今鈞州新鄭崗野間，亦有之。苗高一二尺，葉似菊花，葉微小而肥厚，又似野艾蒿葉而脆，色淡緑，莖端作四五穗，穗似車前子穗而極疏細。開五瓣淡粉紫花，又有赤白二色花者，黔中者苗如蒿。《爾雅》謂『葝，鼠尾』，可以染皁。味苦，性微寒，無毒。

救饑：採葉煠熟，換水浸去苦味，再以水淘令浄，油鹽調食。

治病：文具《本草》草部『鼠尾草』條下。

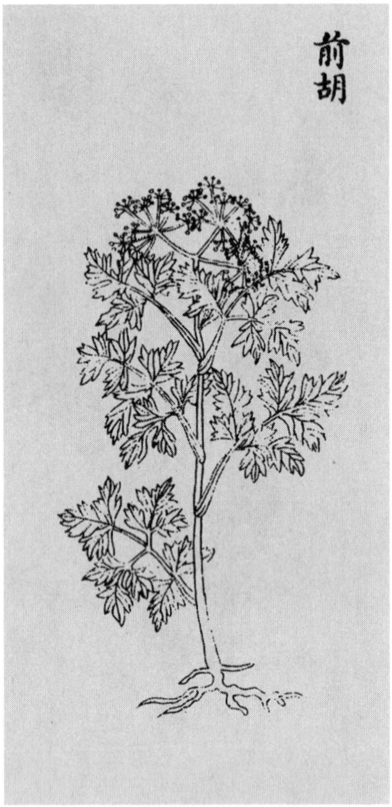

前胡　生陝西、漢、梁、江、淮、荊、襄、江寧、成州諸郡，相、孟、越、衢、婺、睦等州皆有。今密縣梁家衝山野中，亦有之。苗高一二尺，青白色，似斜蒿，味甚香美。葉似野菊葉而瘦細；頗似山蘿卜葉，亦細；又似芸蒿。開黪白花，類蛇床子花。秋間結實。根細，青紫色，一云外黑裏白。味甘辛微苦，性微寒，無毒。半夏爲之使，惡皁莢，畏藜蘆。

救饑：採葉煠熟，換水浸淘浄，油鹽調食。

治病：文具《本草》草部條下。

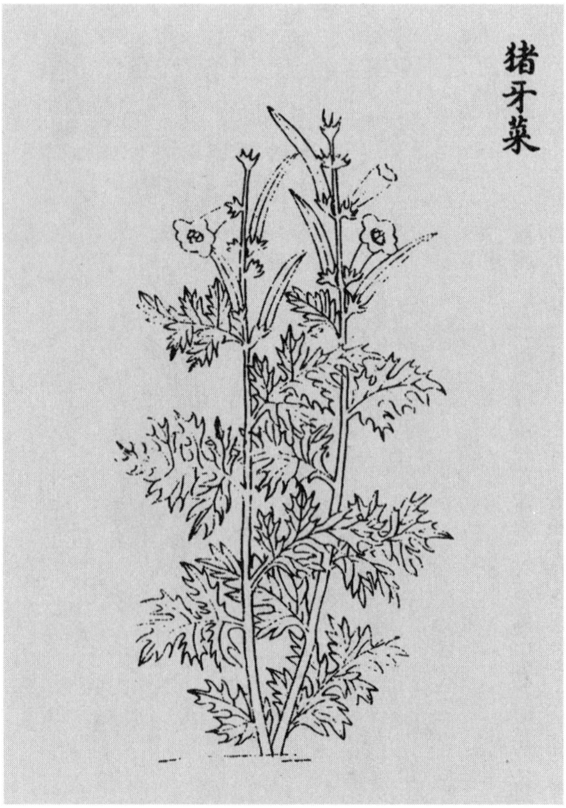

猪牙菜　《本草》名角蒿，一名莪蒿，一名蘿蒿，又名藘音廬蒿。舊云生高崗及澤田，塹洳處多有；今處處有之，生田野中。苗高一二尺。莖、葉如青蒿，葉似斜蒿葉而細，又與蛇床子葉頗似。梢間開花，紅赤色，鮮明可愛。花罷，結角子，似蔓菁角，長二寸許，微彎。中有子黑色，似王不留行子。味辛，苦，性温，無毒。一云性平有小毒。

救饑：採嫩苗。莖、葉煠熟，水浸去苦味，淘浄，油鹽調食。

治病：文具《本草》草部『角蒿』條下。

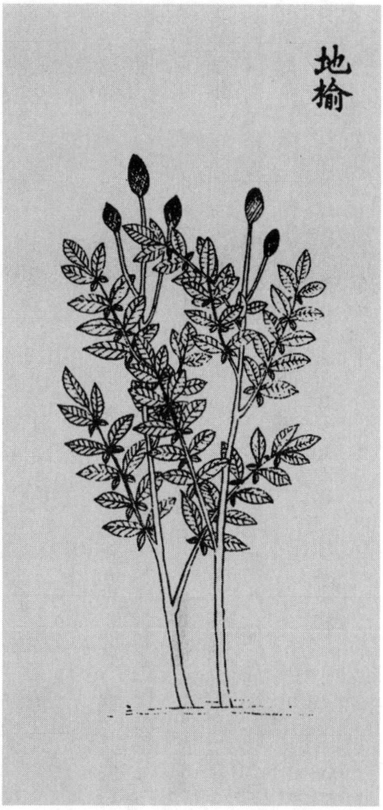

地榆　生桐柏山及冤句山谷，今處處有之。密縣山野中亦有此。多宿根。其苗初生布地，後攛葶，直高三四尺，對分生葉。葉似榆葉而狹細，頗長，作鋸齒狀，青色。開花如椹子，紫黑色；又類豉，故名玉豉。其根外黑裏紅，似柳根。亦入釀酒藥。燒作灰，能爛石。味苦甘酸，性微寒，一云沉寒，無毒。得髮良，惡麥門冬。

救饑：採嫩葉煠熟，用水浸去苦味，換水淘淨，油鹽調食，無茶時，用葉作飲，甚解熱。

治病：文具《本草》草部條下。

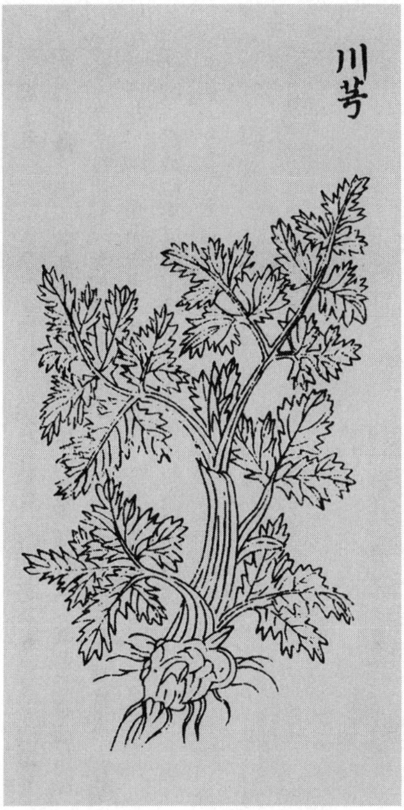

川芎　一名芎藭，一名胡藭，一名香果。其苗葉名蘼蕪，一名微蕪，一名茳蘺。生武功川谷、斜谷，西嶺、雍州川澤及冤句，其關陝、蜀川、江東山中，亦多有，以蜀川者爲勝。今處處有之，人家園圃多種。苗葉似芹而葉微細窄，卻有花叉；又似白芷葉，亦細；又如園荽葉微壯。又有一種，葉似蛇床子葉，而亦粗壯。開白花。其芎，人家種者，形塊大、重。實多脂潤，其裏色白。味辛甘，性溫，無毒。山中出者，瘦細，味苦辛，其節大、莖細，狀如馬銜，謂之馬銜芎；狀如雀腦者，謂之雀腦芎，皆取有力。白芷爲之使；畏黃連。其蘼蕪。味辛香，性溫，無毒。

救饑：採葉煠熟，換水浸去辛味，淘淨，油鹽調食，亦可煮飲，甚香。

治病：文具《本草》草部條下。

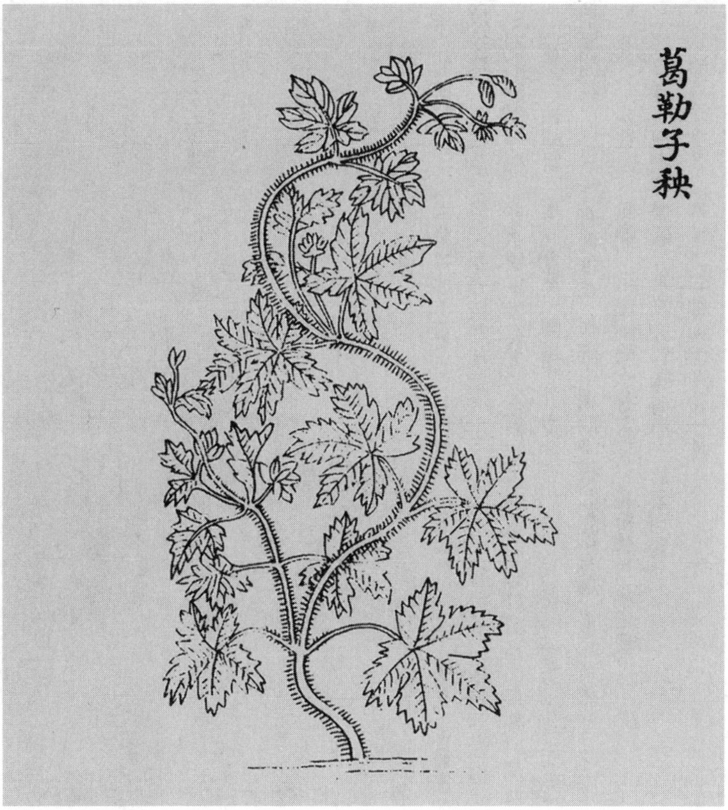

葛勒子秧　《本草》名葎草，亦名葛勒蔓，一名葛葎蔓，又名澀蘿蔓。南人呼爲攬藤。舊不著所出州土，今田野道傍處處有之。其苗延蔓而生藤，長丈餘，莖多細澀刺。葉似葷麻葉而小，亦薄。莖、葉極澀能抓挽人。莖葉間開黄白花，結子類山絲子，其葉味甘苦，性寒，無毒。

救饑：採嫩苗葉煠熟，换水浸去苦味，淘净，油鹽調食。

治病：文具《本草》草部『葎草』條下。

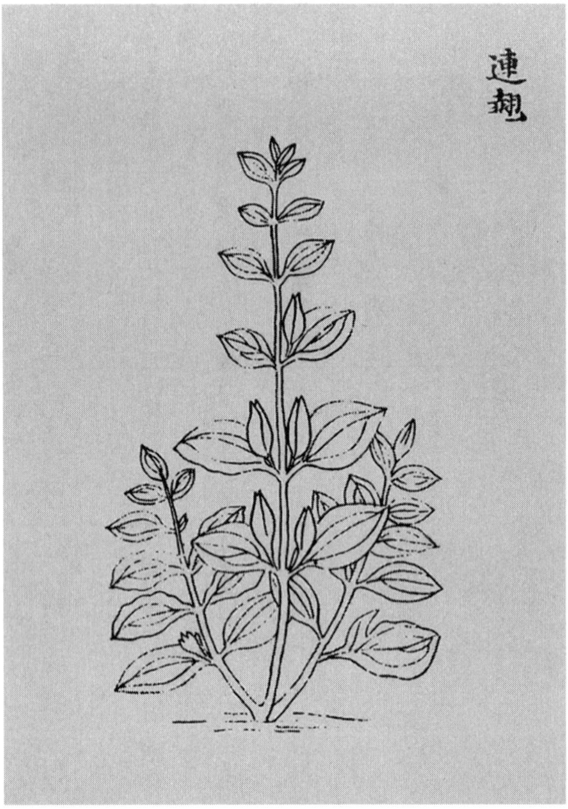

連翹　一名異翹，一名蘭華，一名折根，一名軹音紙，一名三廉。《爾雅》謂之連，一名連苕音條。生太山山谷及河中，江寧澤潤淄兖鼎岳利州南康皆有之，今密縣梁家衝山谷中亦有。科苗高三四尺，莖稈赤色，葉如榆葉大而光色青黄，邊微細鋸齒。又似金銀花，葉微尖艄音哨，開花黄色可愛。結房，狀似山梔子。蒴微匾而無棱瓣。蒴中有子如雀舌樣，極小。其子折之，間片片相比如翹，以此得名。味苦，性平，無毒。葉亦。味苦。

救饑：採嫩葉煠熟，换水浸去苦味，淘洗净，油鹽調食。

治病：文具《本草》草部條下。

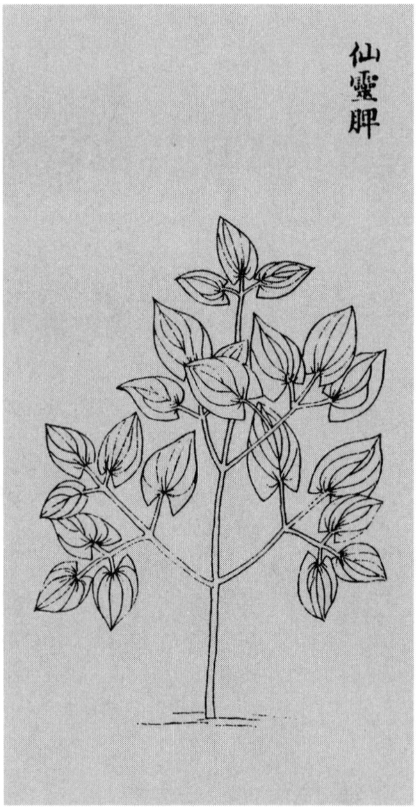

仙靈脾　《本草》淫羊藿，一名剛前，俗名黄德祖、千兩金、乾雞筋、放杖草、棄杖草，俗又呼三枝九葉草。生上郡陽山山谷，及江東陝西泰山漢中湖湘汾州等郡，并永康軍皆有之。今密縣山野中亦有。苗高二尺許，莖似小豆莖，極細緊。葉似杏葉，頗長。近蒂皆有一缺。又似菉豆葉，亦長而光。梢間開花，白色，亦有紫色花。作碎小獨頭子根，紫色有茸，形類黄連狀。味辛，性寒，一云性温，無毒，生處不聞水聲者良，薯蕷紫芝爲之使。

救饑：採嫩葉煠熟，水浸去邪味淘净，油鹽調食。

治病：文具《本草》草部『淫羊藿』條下。

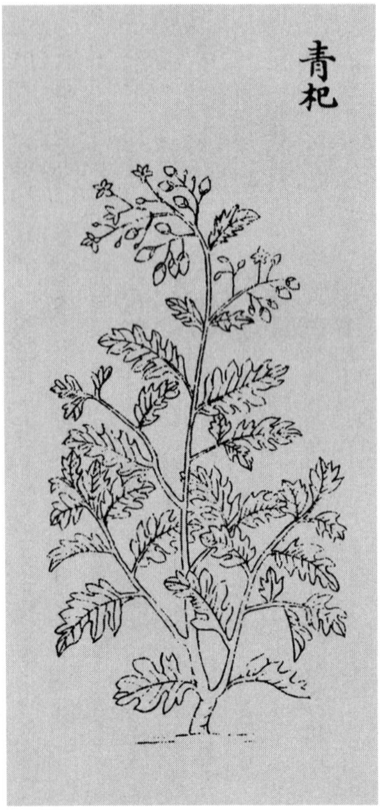

青杞　《本草》名蜀羊泉，一名羕泉，一名羊飴，俗名漆姑。生蜀郡山谷，及所在平澤皆有之，今祥符縣西田野中亦有。苗高二尺餘，葉似菊葉稍長。花開紫色，子類枸杞子，生青熟紅。根如遠志，無心有糝疎錦切。味苦，性微寒，無毒。

救饑：採嫩葉煠熟，水浸去苦味，淘洗浄，油鹽調食。

治病：文具《本草》草部『蜀羊泉』條下。

野生薑

野生薑　《本草》名劉寄奴。生江南其越州、滁州皆有之，今中牟南沙崗間，亦有之。莖似艾蒿，長二三尺餘，葉似菊葉而瘦細，又似野艾蒿葉亦瘦細，開花白色，結實黄白色，作細筩子蒴兒，盖蒿之類也。其子似稗而細，苗葉味苦，性温，無毒。

救饑：採嫩葉煠熟，水浸，淘去苦味，油鹽調食。

治病：文具《本草》草部『劉寄奴』條下。

馬蘭頭

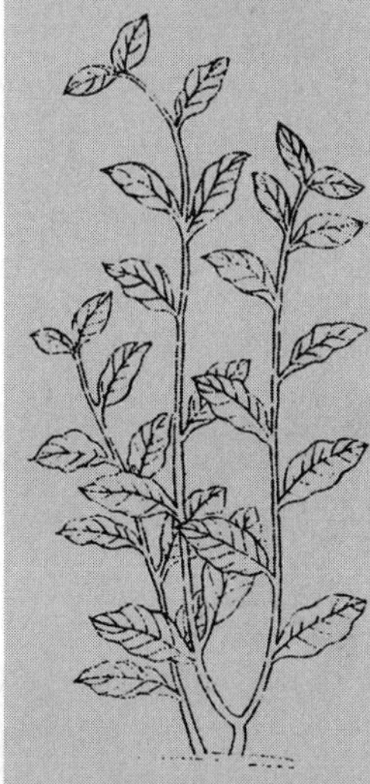

馬蘭頭　《本草》名馬蘭舊不著所出州土，但云生澤傍，如澤蘭。北人見其花，呼爲紫菊，以其花似菊而紫也。苗高一二尺，莖亦紫色。葉似薄荷葉，邊皆鋸齒；又似地瓜兒葉，微大。味辛，性平，無毒。又有山蘭。生山側，似劉寄奴，葉無椏，不對生。花心微黄赤。

救饑：採嫩苗葉煠熟，新汲水浸去辛味淘洗浄，油鹽調食。

治病：文具《本草》草部條下。

豨薟

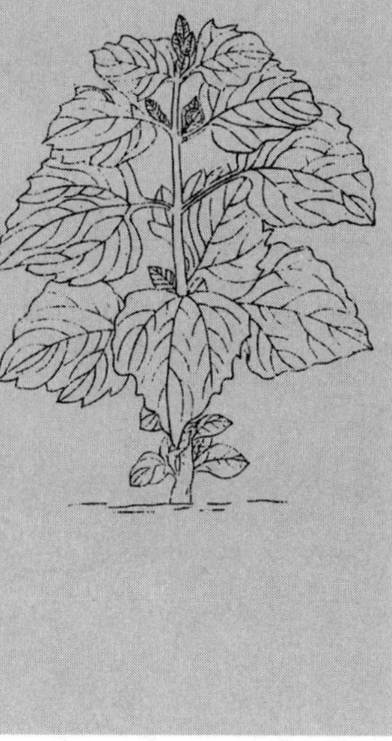

豨薟音枕　俗名粘糊菜，俗又呼火枕草。舊不著所出州郡，今處處有之。苗高三四尺，金棱銀線，素根紫稭，莖叉對節而生，莖葉頗類蒼耳莖，葉絞脈堅直。梢葉間，開花深黄色。又有一種：苗葉似芥葉而尖狹，開花如菊，結實頗似鶴虱。科苗味苦，性寒，有小毒。

救饑：採嫩苗葉煠熟，水浸去苦味，淘洗浄，油鹽調食。

治病：文具《本草》草部條下。

澤瀉

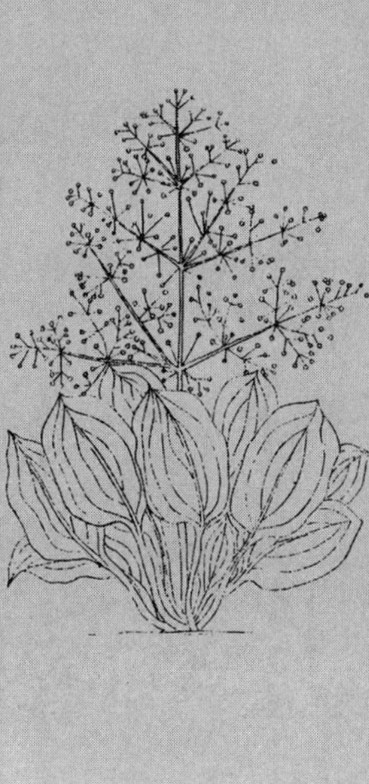

澤瀉　俗名水蒼菜，一名水瀉，一名及瀉，一名芒芋，一名鵠瀉。生汝南池澤，及齊州；山東、河陝、江淮亦有，漢中者爲佳。今水邊處處有之。

叢生苗葉，其葉似牛舌草葉，紋脈堅直。葉叢中間攛葶，對分莖叉。莖有線楞。梢間，開三瓣小白花。結實小，青細，子味甘。葉味微鹹，俱無毒。

救饑：採嫩葉煠熟，水浸淘浄，油鹽調食。

治病：文具《本草》草部條下。

又 卷二

草部

葉可食新增八十二種

竹節菜　一名翠蝴蝶，又名翠蛾眉，又名笪竹花，一名倭青草。南北皆有，今新鄭縣山野中亦有之。葉似竹葉微寬，短莖，淡紅色，就地叢生，攛節似初生嫩葦節。梢葉間開翠碧花，狀類蝴蝶。其葉味甜。

救饑：採嫩苗葉煠熟，油鹽調食。

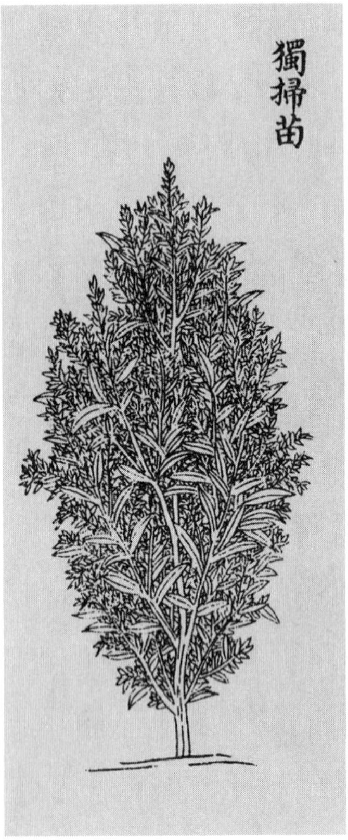

獨掃苗　生田野中，今處處有之。葉似竹形而柔弱細小，抪音布莖而生。莖葉梢間結小青子，小如粟粒。科莖老時，可爲掃帚。葉味甘。

救饑：採嫩苗葉煠熟，水浸淘浄，油鹽調食，晒乾，煠食不破腹尤佳。

治病：今人多將，其子亦作地膚子代用。

歪頭菜　出新鄭縣山野中。細莖，就地叢生，葉似豇豆葉而狹長，背微白，兩葉並生一處。開紅紫花，結角比豌豆角短小匾瘦。葉味甜。

救饑：採葉煠熟，油鹽調食。

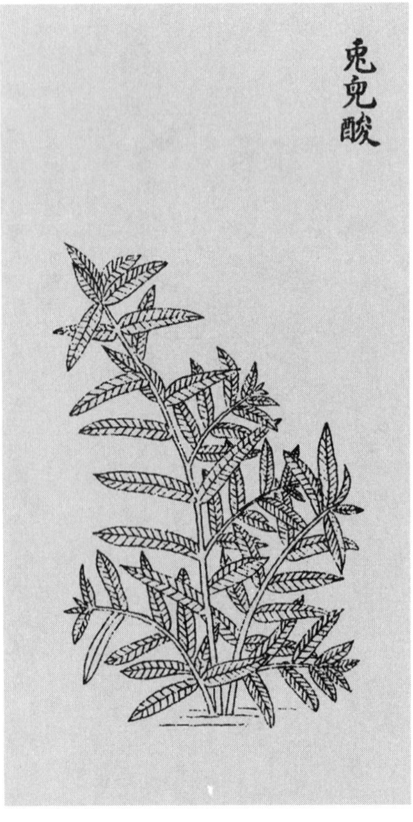

兎兒酸　一名兎兒漿。所在田野中皆有之。苗比水葒矮短，莖葉皆類水葒。其莖節密，其葉亦稠，比水葒葉稍薄小，味酸，性寒，無毒。

救饑：採苗葉煠熟，以新汲水浸去酸味，淘淨，油鹽調食。

鹻音減蓬　一名鹽蓬。生水傍下濕地。莖似落藜，亦有線楞，葉似蓬而肥壯，比蓬葉亦稀疏。莖葉間結青子，極細小，其葉味微鹹，性微寒。

救饑：採苗葉煠熟，水浸去鹻味，淘洗淨，油鹽調食。

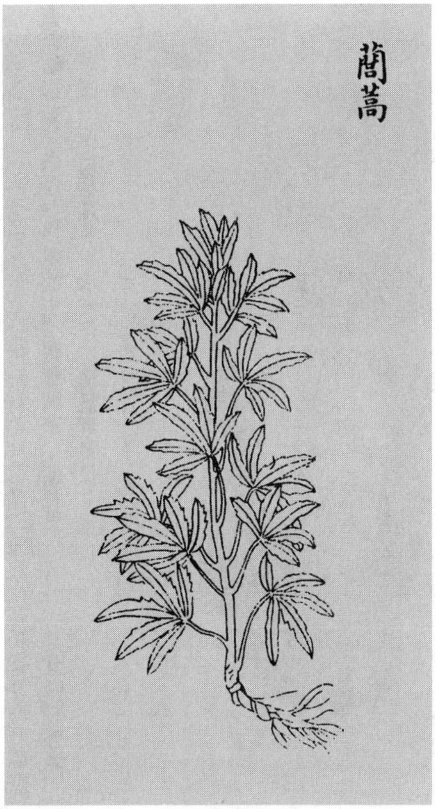

蔄蒿　田野中處處有之。苗高二尺餘，莖幹似艾。其葉細長鋸齒，葉抪音布莖而生，味微苦，性微溫。

救饑：採嫩苗葉煠熟，水浸淘淨，油鹽調食。

水蒿苣　一名水菠菜。水邊多生。苗高一尺許。葉似麥藍葉，而有細鋸齒，兩葉對生，每兩葉間，對叉又生兩枝。稍間開青白花，結小青蓇葖，如小椒粒大。其葉味微苦，性寒。

救饑：採苗葉煠熟，水淘淨，油鹽調食。

金盞菜　一名地冬瓜菜。生田野中。苗高二三尺，莖初微赤而有線路。葉似線柳葉，微厚，抪莖而生。莖葉稠密。開花紫色黄心。其葉味甘性寒。

救饑：採苗葉煠熟，水淘净，油鹽調食。

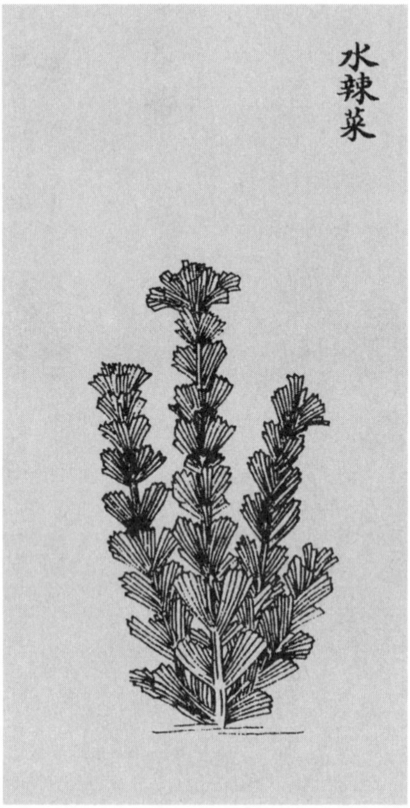

水辣菜　生水邊下濕地中。莖高一尺餘，莖圓。葉似雞兒腸葉，頭微齊短；又似馬蘭頭葉，亦更齊短。其葉抪莖生，梢間出穗，如黄蒿穗。其葉味辣。

救饑：採嫩苗葉煠熟，換水，淘去辣氣，油鹽調食。生亦可食。

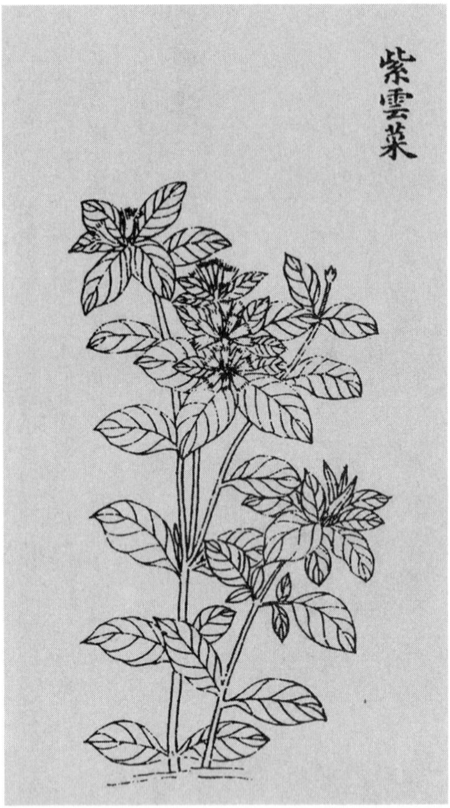

紫雲菜　生密縣付家衝山野中。苗高一二尺。莖方，紫色，對節生叉。葉似山小菜葉，頗長，抪梗對生。葉頂及葉間，開淡紫花，其葉味微苦。

救饑：採嫩苗葉煠熟，水浸，淘去苦味，油鹽調食。

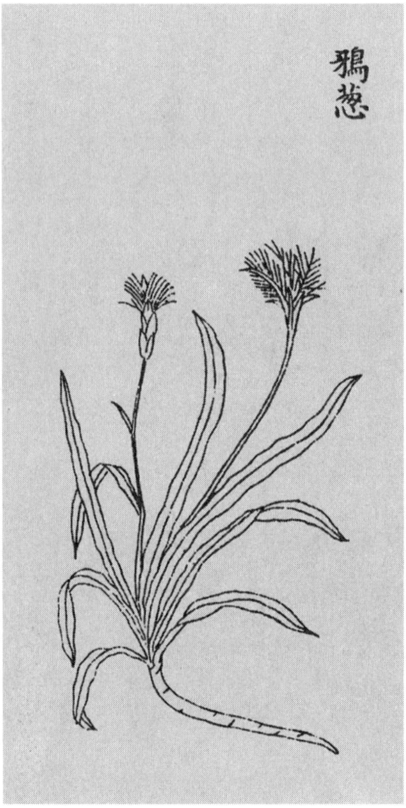

鴉葱　生田野中。枝葉尖長，塌地而生。葉似初生萵苣葉而小；又似初生大藍葉，細窄而尖。其葉邊皆曲皺。葉中攛葶，吐結小蓇葖，後出白英。味微辛。

救饑：採苗葉煠熟，油鹽調食。

匙頭菜　生密縣山野中，作小科苗。其莖面窊五化切背圓。葉似圓匙頭樣，有如杏葉大，邊微鋸齒。開淡紅花。結子黄褐色。其葉味甜。

救饑：採葉煠熟，水浸淘淨，油鹽調食。

鷄冠菜　生田野中。苗高尺餘，似青荚葉，窄小；又似山菜葉而窄艄。梢間出穗，似兔兒尾穗，卻微細小。開粉紅花。結實如莧菜子。苗葉味苦。

救饑：採苗葉煠熟，水浸，淘去苦氣，油鹽調食。

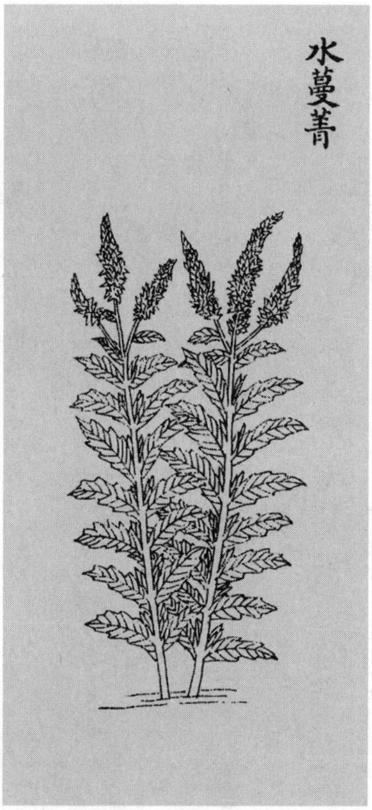

水蔓菁　一名地膚子。生中牟縣南沙崗中。苗高一二尺。葉彷佛似地瓜兒葉，卻甚短小，卷邊窊面；又似雞兒腸葉，頗尖艄。梢頭出穗，開淡藕絲褐花。葉味甜。

救饑：採苗葉煠熟，油鹽調食。

治病：今人亦將，其子作地膚子用。

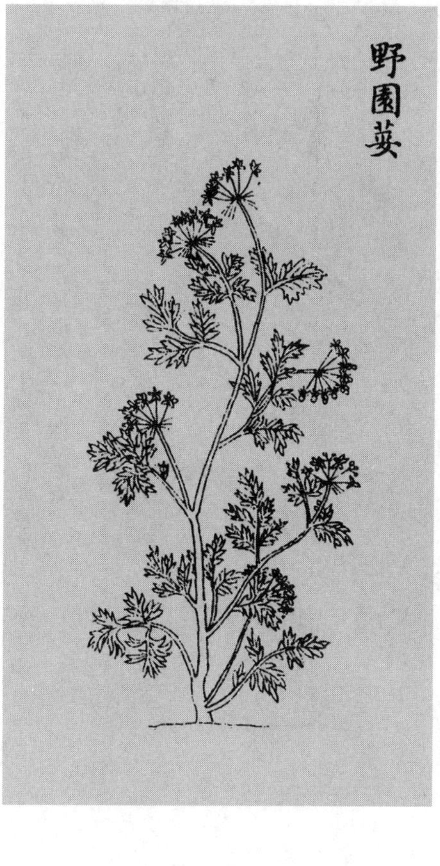

野園荽音錐　生祥符縣西北田野中。苗高一尺餘。苗葉結實，皆似家胡荽，但細小瘦窄。味甜，微辛香。

救饑：採嫩苗葉煠熟，油鹽調食。

牛尾菜　生輝縣鴉子口山野間。苗高二三尺。葉似龍鬚菜葉。葉間分生叉枝，及出一細絲蔓，又似金剛刺葉而小，紋脈皆竪。莖葉梢間，開白花。結子黑色。其葉味甘。

救饑：採嫩葉煠熟，水浸淘净，油鹽調食。

山莃菜　生密縣山野中。苗初塌地生。其葉之莖，背圓面窊五化切。葉似初出冬蜀葵，葉梢五花叉鋸齒邊，又似蔚臭苗葉而硬厚頗大。後擻莖叉。莖深紫色。梢葉頗小。味微辣。

救饑：採苗葉煠熟，換水浸淘净，油鹽調食。

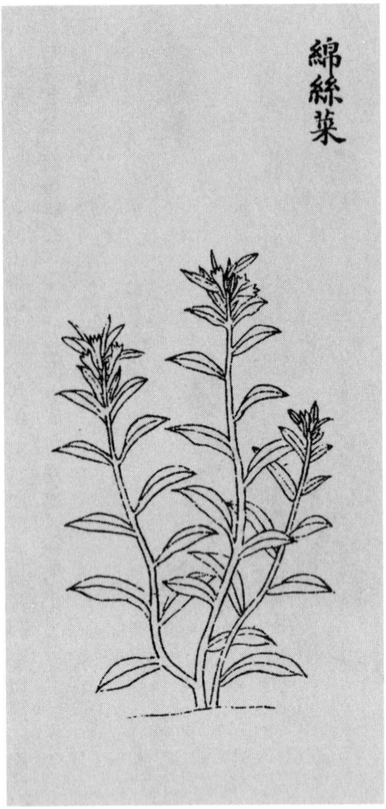

綿絲菜　生輝縣山野中。高一二尺。葉似兔兒尾葉，但短小；又似柳葉菜葉，亦比短小。梢頭攢生小蓇葖，開黲白花。其葉味甜。

救饑：採嫩苗葉煠熟，水浸淘净，油鹽調食。

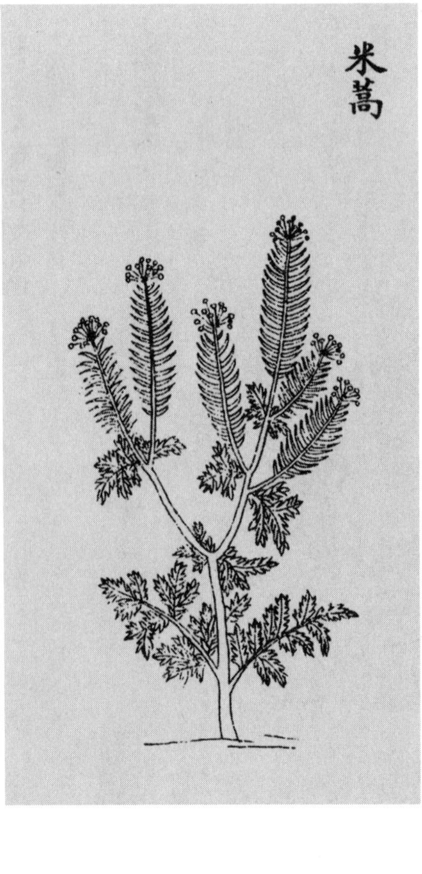

米蒿　生田野中，所在處處有之。苗高尺許。葉似園荽葉微細。葉叢間分生莖叉，梢上開小青黄花，結小細角，似葶藶角兒。葉味微苦。

救饑：採嫩苗煠熟，水浸過淘净，油鹽調食。

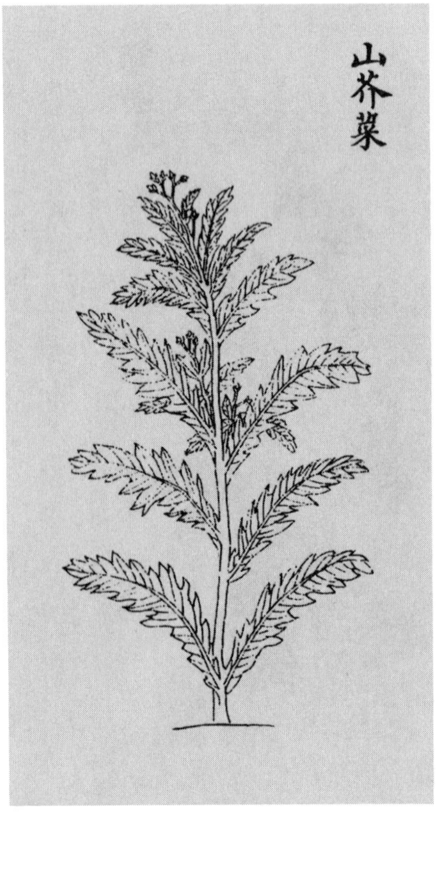

山芥菜　生密縣山坡及岡野中。苗高一二尺。葉似家芥菜葉，瘦短微尖而多花。叉開小黄花，結小短角兒。味辣，微甜。

救饑：採苗葉揀擇净，煠熟，油鹽調食。

舌頭菜　生密縣山野中。苗葉塌地生。葉似山白菜葉而小；頭頗團，葉面不皺，比小白菜葉亦厚，狀類豬舌形，故以爲名。味苦。

救饑：採葉煠熟，水浸去苦味，換水淘净，油鹽調食。

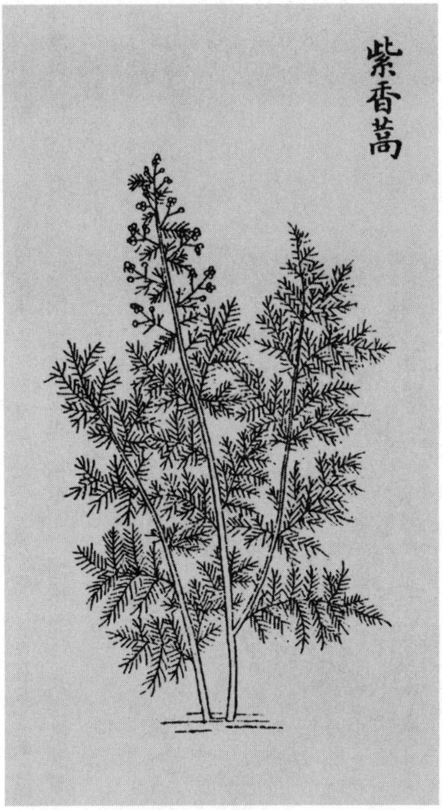

紫香蒿　生中牟縣平野中。苗高一二尺。莖方，紫色。葉似邪蒿葉，而背白；又似野胡蘿卜葉，微短。莖葉梢間，結小青子，比灰菜子又小。其葉味苦。

救饑：採葉煠熟，水浸去苦味，油鹽調食。

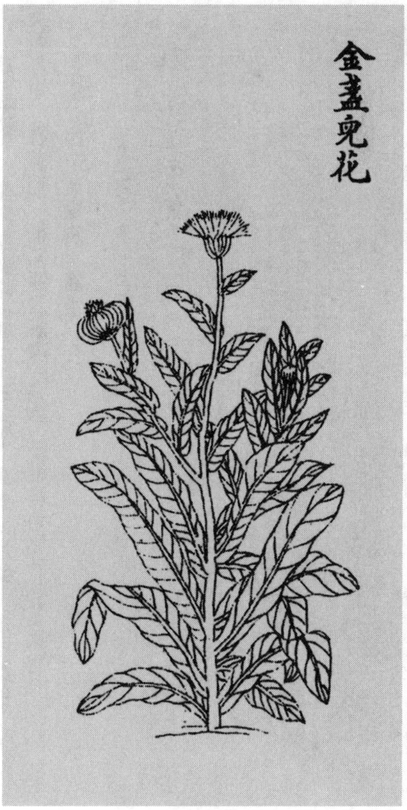

金盞兒花　人家園圃中多種。苗高四五寸。葉似初生萵苣葉，比萵苣葉狹窄而厚；抪音布莖生葉。莖端開金黄色盞子様花。其葉味酸。

救饑：採苗葉煠熟，水浸去酸味淘净，油鹽調食。

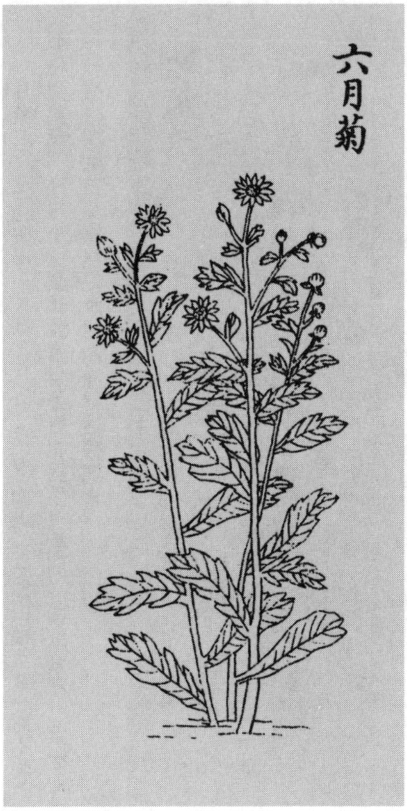

六月菊　生祥符西田野中。苗高一二尺。莖似鐵杆音杆蒿莖。葉似雞兒腸葉，但長而澀；又似馬蘭頭葉而硬短。梢葉間，開淡紫花。葉味微酸澀。

救饑：採葉煠熟，水浸去邪味，油鹽調食。

費菜　生輝縣太行山車箱衝山野間。苗高尺許。葉似火焰草葉而小，頭頗齊，上有鋸齒。其葉抪音布莖而生。葉梢上，開五瓣小尖淡黄花。結五瓣紅小花蒴兒。苗葉味酸。

救饑：採嫩苗葉煠熟，换水，淘去酸味，油鹽調食。

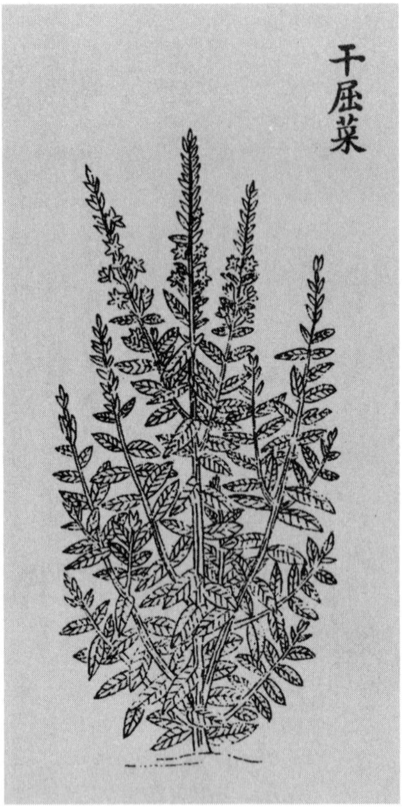

干屈菜　生田野中。苗高二尺許。莖方，四楞。葉似山梗菜葉，而不尖；又似柳葉菜葉，亦短小。葉頭頗齊。葉皆相對生。梢間，開紅紫花。葉味甜。

救饑：採嫩苗葉煠熟，水浸淘净，油鹽調食。

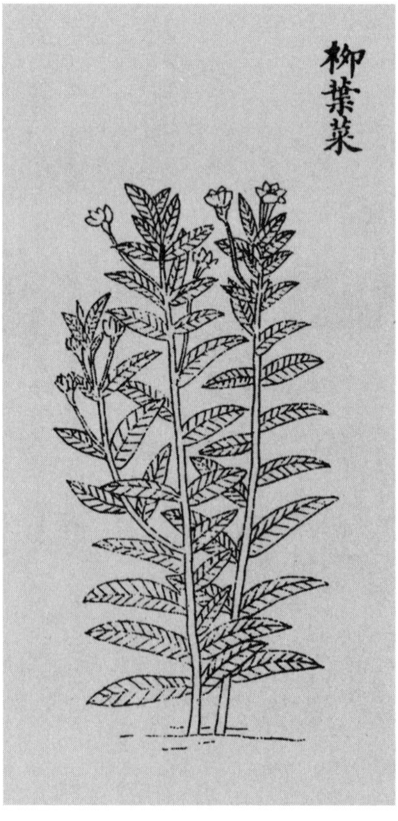

柳葉菜　生鄭州賈峪音欲山山野中。苗高二尺餘。莖淡黄色。葉似柳葉而厚短，有澀毛。梢間開四瓣深紅花，結細長角兒。其葉味甜。

救饑：採苗葉煠熟，油鹽調食。

婆婆指甲菜　生田野中，作地攤音灘科。生莖細弱，葉像女人指甲，又似初生棗葉，微薄。細莖。梢間結小花蒴。苗葉味甘。

救饑：採嫩苗葉煠熟，油鹽調食。

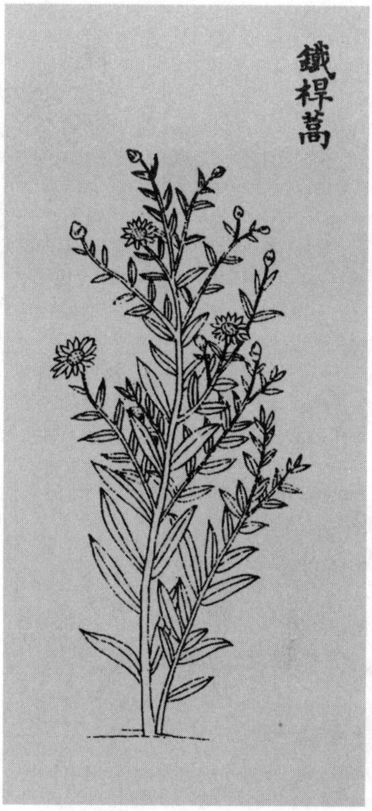

鐵桿蒿　生田野中。苗莖高二三尺。葉似獨掃葉，微肥短；又似扁蓄葉而短小，分生莖叉。梢間開淡紫花黄心。葉味苦。

救饑：採葉煠熟，淘去苦味，油鹽調食。

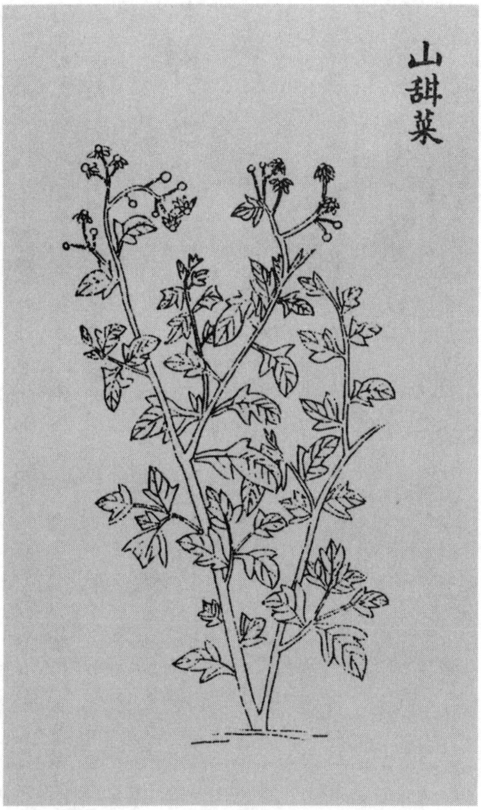

山甜菜　生密縣韶華山山谷中。苗高二三尺。莖青白色。葉似初生綿花葉而窄。花叉頗淺。其莖葉間開五瓣淡紫花。結子如枸杞子，生則青，熟則紅色。葉味苦。

救饑：採葉煠熟，換水浸，淘去苦味，油鹽調食。

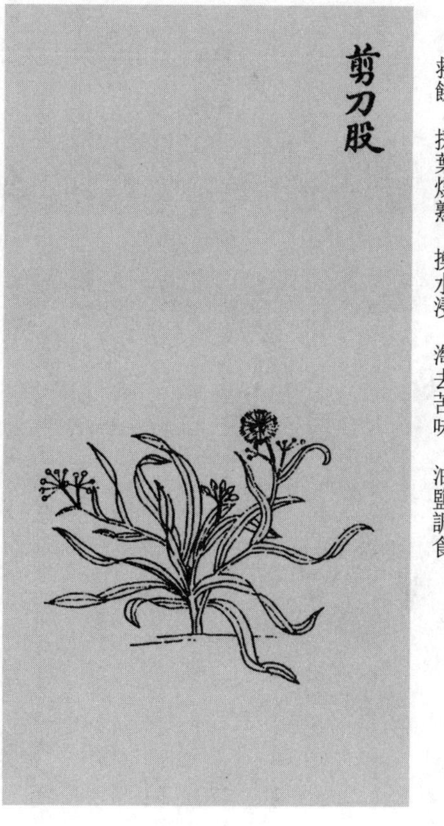

剪刀股音古　生田野中，處處有之。塌地作科苗，葉似嫩苦苣菜而細小。色頗似藍。亦有白汁。莖叉梢間開淡黄花。葉味苦。

救饑：採苗葉煠熟，水浸，淘去苦味，油鹽調食。

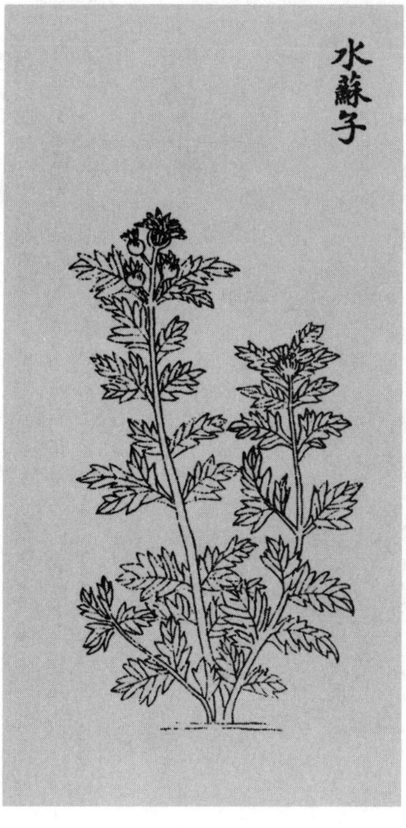

水蘇子　生下濕地。莖淡紫色，對生莖叉，葉亦對生。其葉，似地瓜葉而窄，邊有花，鋸齒三叉。尖葉下，兩傍又有小叉。葉梢開花黃色，其葉微辛。

救饑：採苗葉煠熟，油鹽調食。

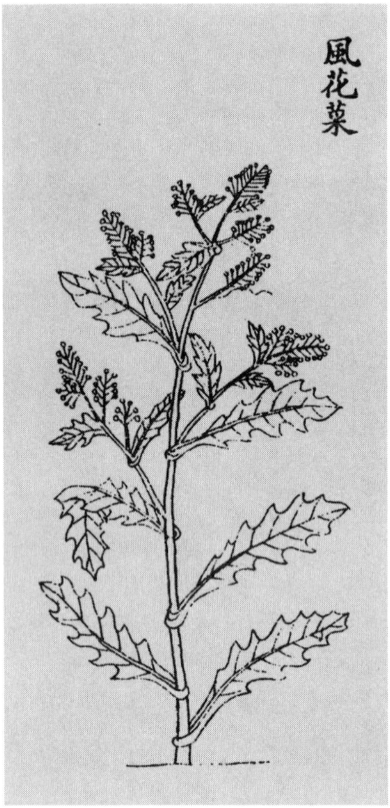

風花菜　生田野中。苗高二尺餘。葉似芥菜葉而瘦長，又多花叉。梢間開黃花，如芥菜花。味辛，微苦。

救饑：採嫩苗葉煠熟，換水浸，淘去苦味，油鹽調食。

鵝兒腸　生許州水澤邊。就地妥莖而生，對節生葉。葉似⿰⻊勞豆葉而薄，又似佛指甲葉微艄。葉間分生枝叉，開白花。結子似葶藶子。其葉味甜。

救饑：採苗葉煠熟，油鹽調食。

粉條兒菜　生田野中。其葉初生，就地叢生，長則四散分垂。葉似萱草葉，而瘦細微短。葉間攛葶，開淡黃花。葉甜。

救饑：採葉煠熟，淘洗淨，油鹽調食。

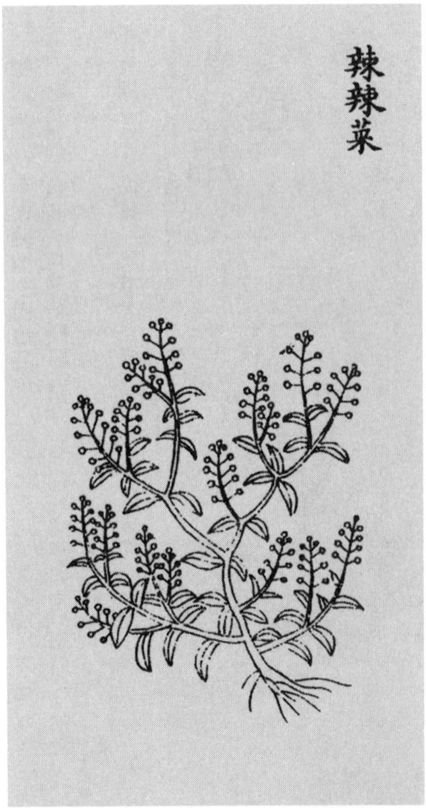

辣辣菜　生荒野中，今處處有之。苗高五七寸。初生尖葉，後分枝莖，上出長葉。開細青白花，結小匾蒴。其子，似米蒿子，黃色，味辣。

救饑：採嫩苗葉煠熟，水浸淘淨，油鹽調食。生揉亦可食。

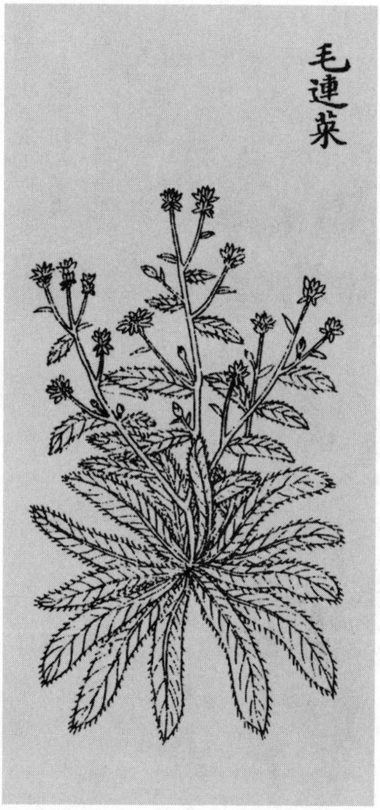

毛連菜　一名常十八。生田野中。苗初塌地生，後攛莖叉，高二尺許。葉似刺薊葉而長大，稍尖；其葉邊褗音堰曲皺，上有澀毛。梢間開銀褐花。味微苦。

救饑：採葉煠熟，水浸淘淨，油鹽調食。

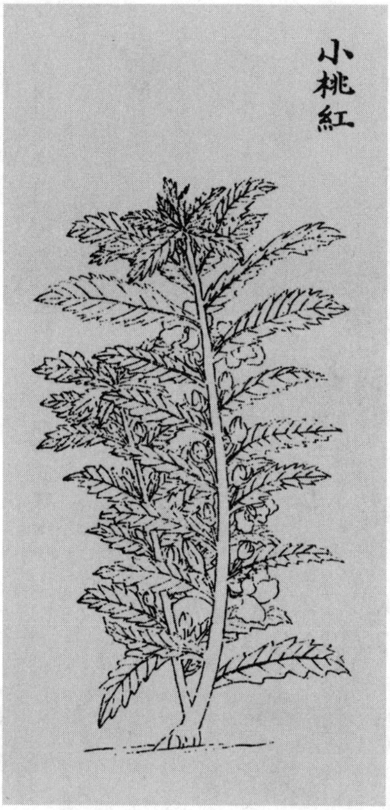

小桃紅　一名鳳仙花，一名夾竹桃，又名海蒳音納，俗名染指甲草。人家園圃多種，今處處有之。苗高二尺許。葉似桃葉而傍邊有細鋸齒。開紅花。結實形類桃樣，極小。有子似蘿卜子，取之易迸北諍切散，俗名急性子。葉味苦，微澁。

救饑：採苗葉煠熟，水浸一宿做菜，油鹽調食。

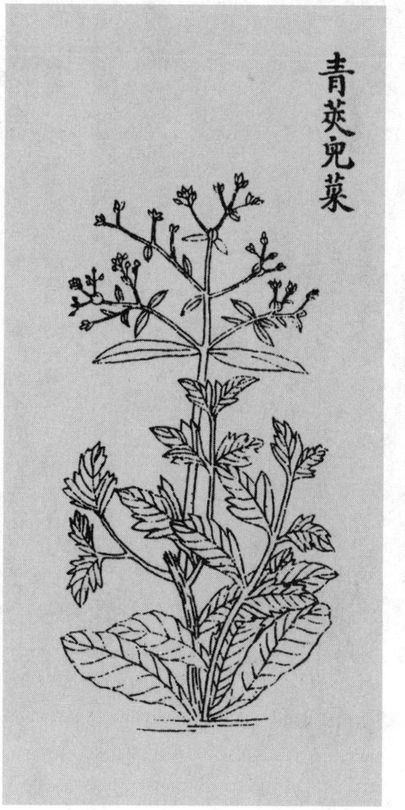

青莢兒菜　生輝縣太行山山野中。苗高二尺許，對生莖叉，葉亦對生。其葉，面青背白，鋸齒三叉葉。腳葉，花叉頗大，狀似荏子葉而狹長尖艄。莖葉梢間，開五瓣小黃花；衆花攢開，形如穗狀。其葉，味微苦。

救饑：採嫩苗葉煠熟，換水浸，淘去苦味，油鹽調食。

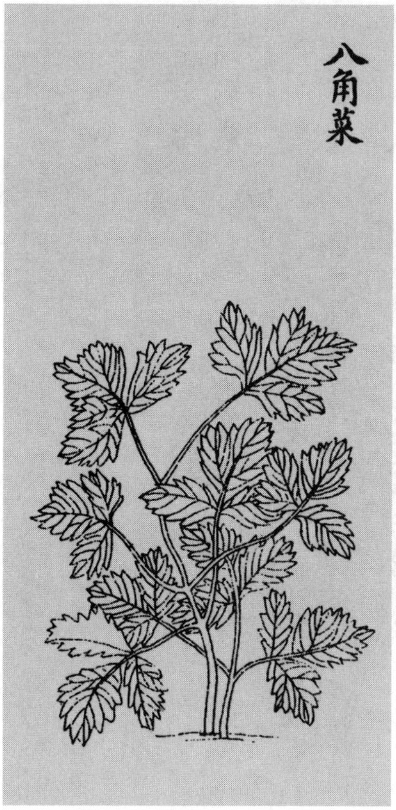

八角菜　生輝縣太行山野中。苗高一尺許，苗莖甚細。其葉狀類牡丹葉而大，味甜。

救饑：採嫩苗葉煠熟，水浸淘浄，油鹽調食。

耐驚菜　一名蓮子草。以其花之菁葖，狀似小蓮蓬様，故名。生下濕地中。苗高一尺餘，莖紫赤色，對生莖叉。葉似小桃紅葉而長。梢間開細瓣白花，而淡黄心。葉味苦。

救饑：採苗葉煠熟，油鹽調食。

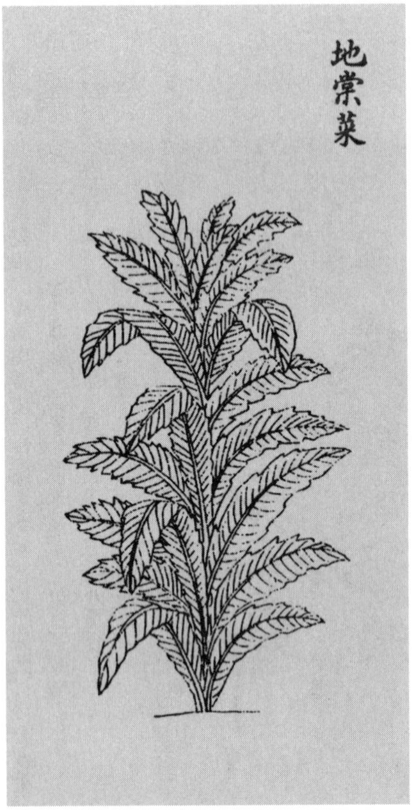

地棠菜　生鄭州南沙崗中。苗高一二尺。葉似地棠花葉，甚大；又似初生芥菜葉，微狹而尖。

救饑：採嫩苗葉煠熟，油鹽調食。

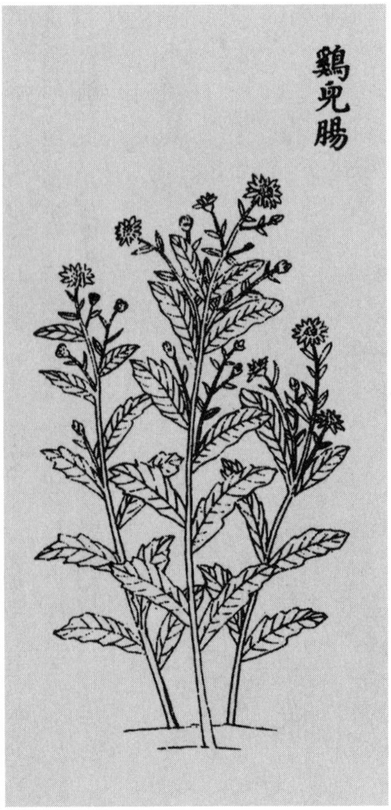

雞兒腸　生中牟田野中。苗高一二尺。莖黑紫色，葉似薄荷葉微小，邊有稀鋸齒，又似六月菊。梢葉間開細瓣淡粉紫花，黄心。葉味微辣。

救饑：採葉煠熟，換水，淘去辣味，油鹽調食。

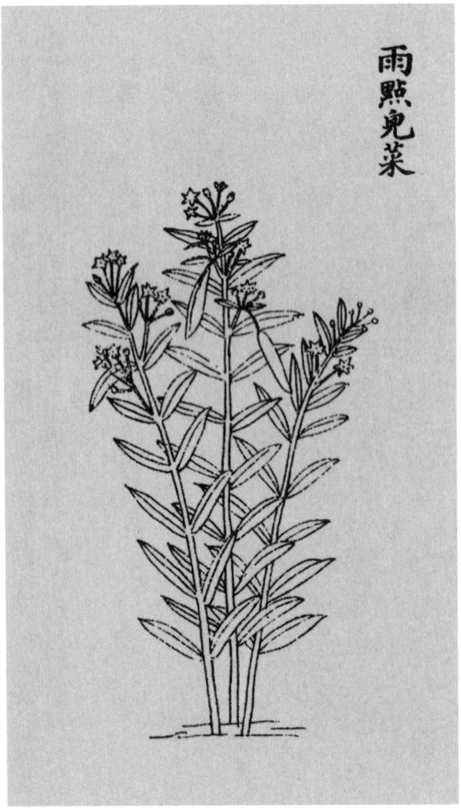

雨點兒菜　生田野中，就地叢生。其莖，腳紫梢青。葉如細柳葉而窄音側小，抪音布莖而生；又似石竹子葉而頗硬。梢間開小尖五瓣音辦白花。結角比蘿卜角又大。其葉味甘。

救饑：採葉煠熟，水浸作過淘洗令净，油鹽調食。

白屈菜　生田野中。苗高一二尺。初作叢生，莖葉皆青白色。莖有毛刺，梢頭分叉，上開四瓣黃花。葉頗似山芥菜葉，而花叉極大；又似漏蘆葉而色淡。味苦微辣。

救饑：採葉和净土煮熟撈出，連土浸一宿，換水淘洗净，油鹽調食。

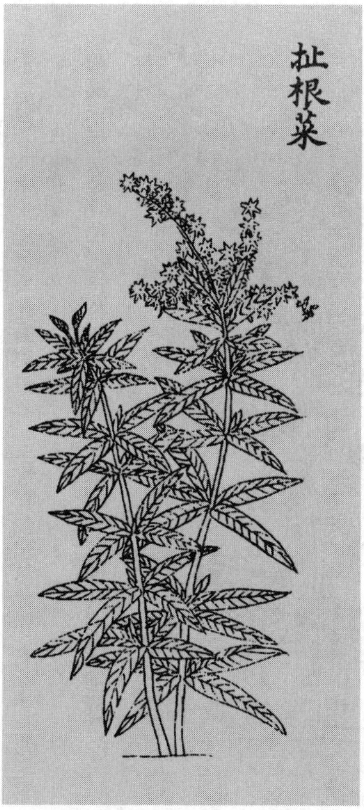

扯根菜　生田野中。苗高一尺許。莖赤色紅。葉似小桃紅葉，微窄小，色頗綠；又似小柳葉，亦短而厚窄。其葉周圍攢莖而生。開碎瓣小青白花。結小花蒴，似蒺藜樣。葉苗味甘。

救饑：採苗葉煠熟，水浸淘净，油鹽調食。

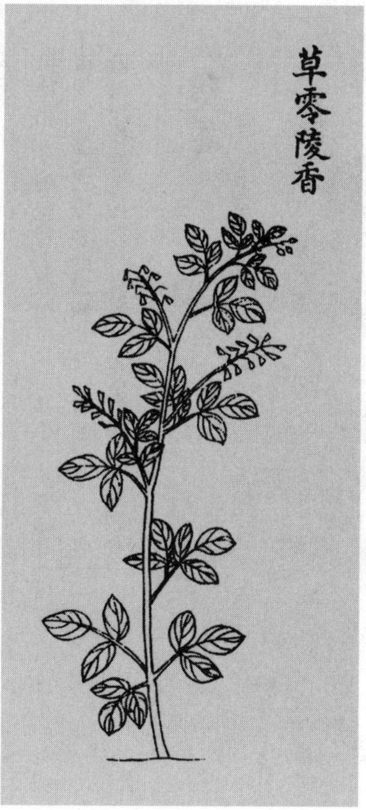

草零陵香　又名芫香，人家園圃中多種之。葉似苜蓿葉而長大，微尖。莖葉間開小淡粉紫花，作小短穗。其子如粟粒。苗葉，味苦，性平。

救饑：採苗葉煠熟，換水淘净，油鹽調食。

治病：今人遇零陵香缺，多以此物代用。

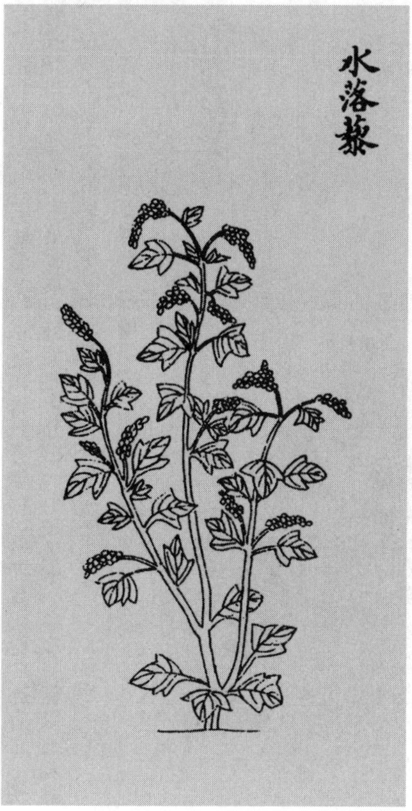

水落藜　生水邊，所在處處有之。莖高尺餘，莖色微紅。葉似野灰菜葉而瘦小。味微苦澀，性涼。

救饑：採苗葉煠熟，換水浸淘洗净，油鹽調食，晒乾，煠食尤好。

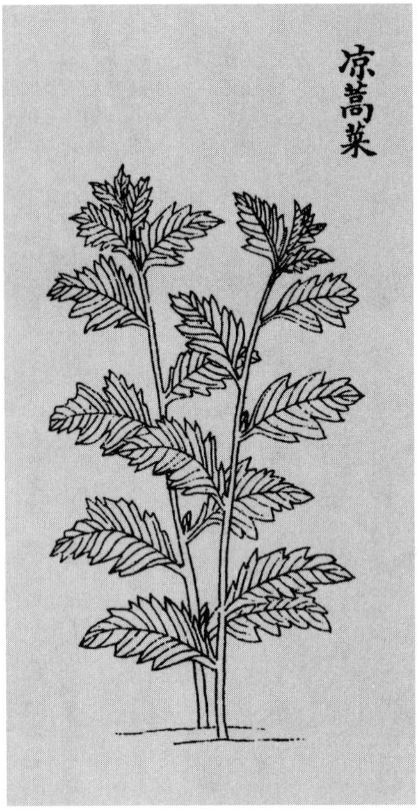

涼蒿菜　又名甘菊芽。生密縣山野中。葉似菊花葉而長細尖艄音哨，又多花叉。開黃花。其葉味甘。

救饑：採葉煠熟，換水浸淘净，油鹽調食。

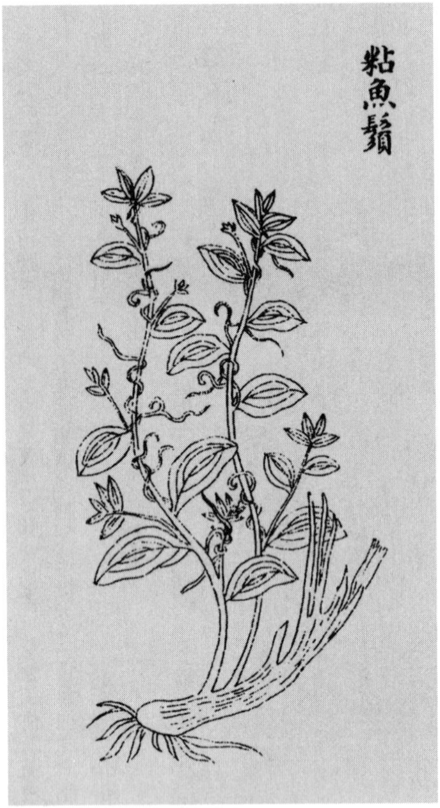

粘魚鬚　一名龍鬚菜。生鄭州賈峪音欲山，及新鄭山野中亦有之。初先發笋其後延蔓。生莖發葉，每葉間皆分出一小叉又出一絲蔓，葉似土茜葉而大，又似金剛刺葉，亦似牛尾菜葉，不澁而光澤。味甘。

救饑：採嫩笋葉煠熟，油鹽調食。

節節菜　生荒野下濕地。科苗甚小。葉似鹻音減蓬，又更細小而稀疏。其莖多節堅硬兀諍切。葉間開粉紫花。味甜。

救饑：採嫩苗揀擇净煠熟，水浸淘過，油鹽調食。

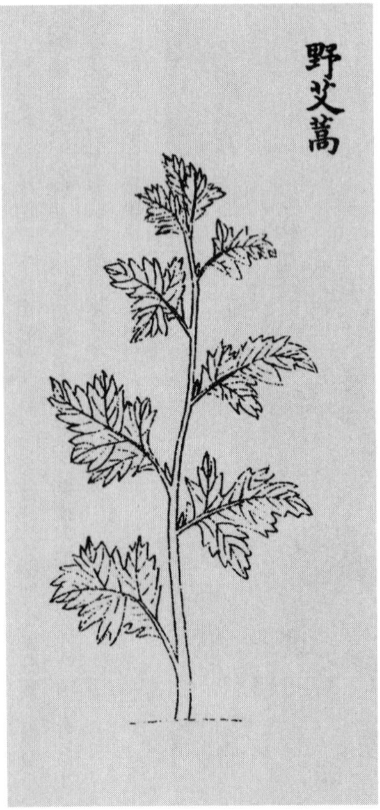

野艾蒿　生田野中。苗葉類艾而細，又多花叉。葉有艾香，味苦。

救饑：採葉煠熟，水淘去苦味，油鹽調食。

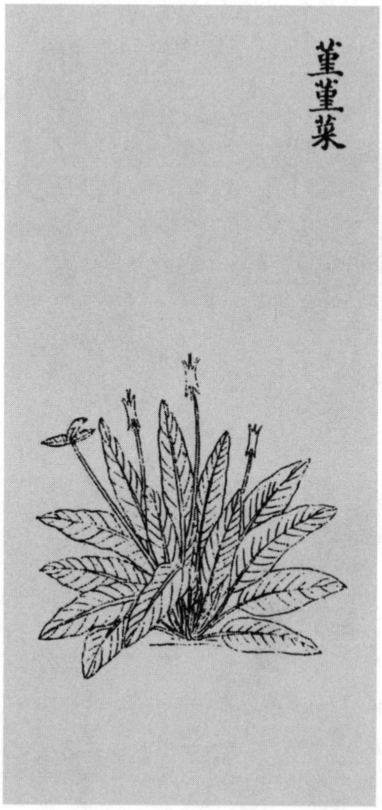

菫菫菜　一名箭頭草。生田野中。苗初塌地生。葉似鈹音批箭頭樣，而葉蒂甚長。其後，葉間攛葶，開紫花。結三瓣蒴兒，中有子如芥子大，茶褐色。味甘。

救饑：採苗葉煠熟，水浸淘淨，油鹽調食。

治病：今人傳說根葉擣傅，諸腫毒。

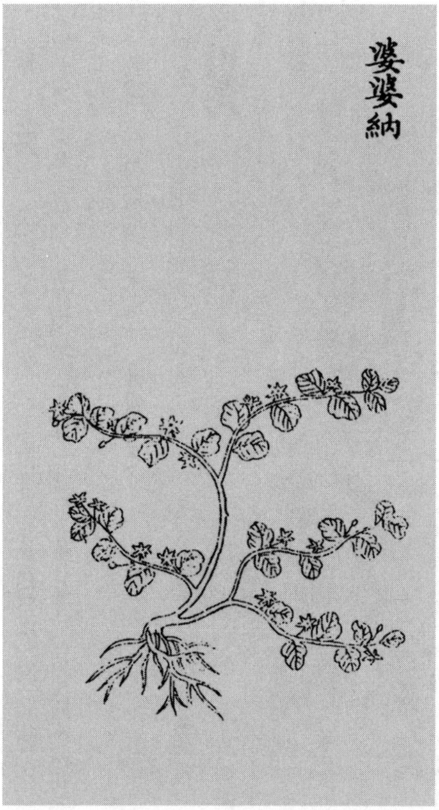

婆婆納　生田野中。苗塌地生。葉最小，如小麵花黶音掩兒，狀類初生菊花芽，葉又團邊微花，如雲頭樣。味甜。

救饑：採苗葉煠熟，水浸淘淨，油鹽調食。

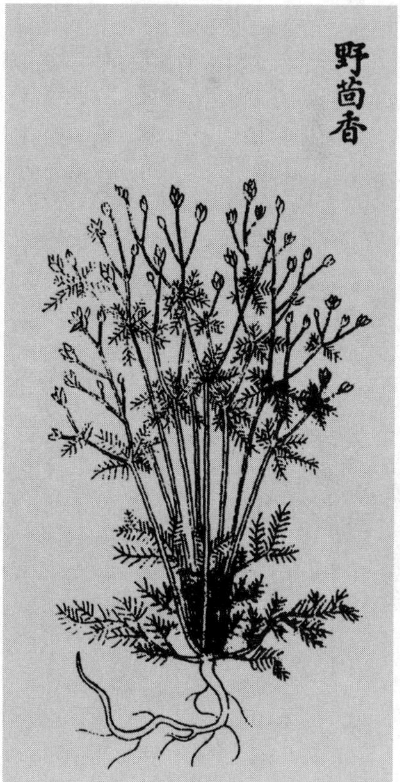

野茴香　生田野中。苗初塌地生。葉似抪音布娘蒿葉，微細小。後於葉間攛七官切葶，分生莖叉。梢頭開黃花。結細角，有黑子。葉味苦。

救饑：採苗葉煠熟，水浸，淘去苦味，油鹽調食。

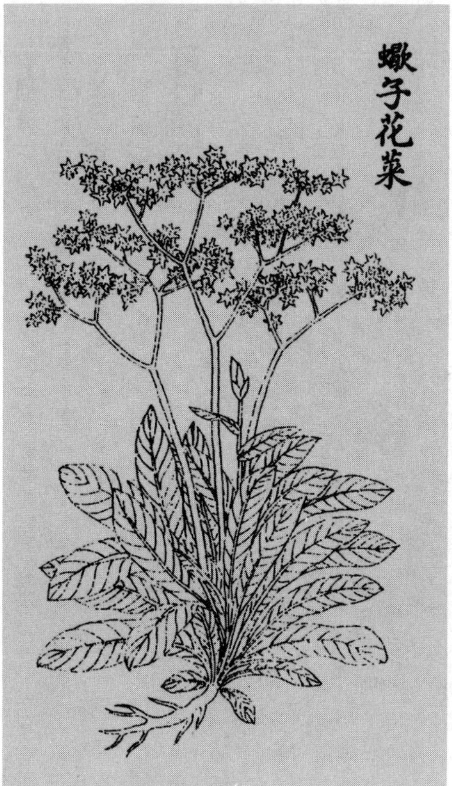

蠍子花菜　又名虼音吃蚤花，一名野菠菜。生田野中。苗初塌地生。葉似初生菠菜葉而瘦細，葉間攛生莖叉，高一尺餘。莖有線楞，梢間開小白花。其葉味苦。

救饑：採嫩葉煠熟，水淘凈，油鹽調食。

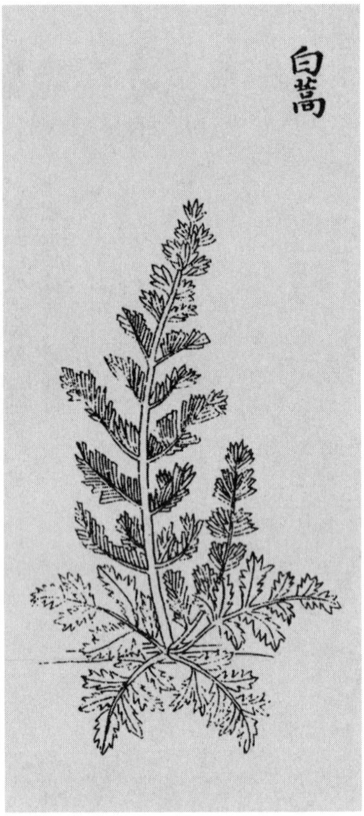

白蒿　生荒野中。苗高二三尺。葉如細絲，似初生松針，色微青白，稍似艾香。味微辣。

救饑：採嫩苗葉煠熟，換水浸淘凈，油鹽調食。

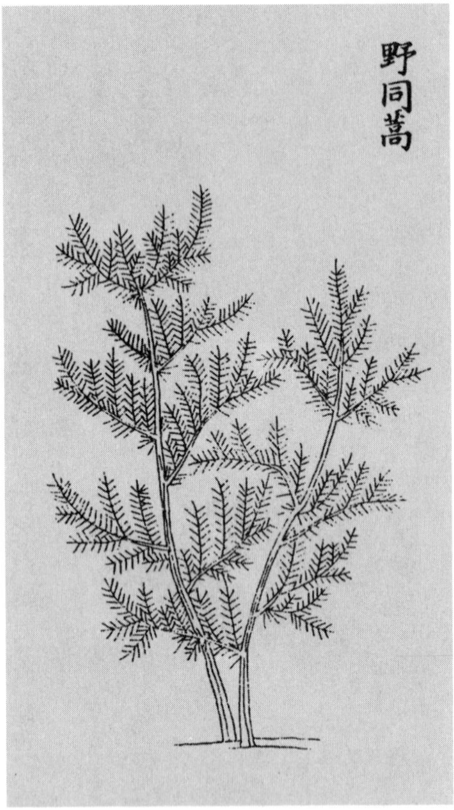

野同蒿　生荒野中。苗高二三尺。莖紫赤色。葉似白蒿，色微青黃，又似初生松針而茸音戎細。味苦。

救饑：採嫩苗葉煠熟，換水浸淘凈，油鹽調食。

野粉團兒　生田野中。苗高一二尺。莖似鐵杆音杆蒿莖。葉似獨掃葉而小，上下稀疏。枝頭分叉，開淡白花，黃心，味甜辣。

救饑：採嫩苗葉煠熟，水浸淘凈，油鹽調食。

蚵蚾菜音軻婆　生密縣山野中。苗高二三尺許。葉似連翹葉微長；又似金銀花葉而尖，紋皺卻少；邊有小鋸齒。開粉紫花，黃心。葉味甜。

救饑：採嫩苗葉煠熟，水浸淘洗淨，油鹽調食。

狗掉尾苗　生南陽府馬鞍山中。苗長二三尺，拖蔓而生。莖方，色青。其葉似歪頭菜葉，稍大而尖艄，色深綠，紋脈微多；又似狗筋蔓葉。梢間開五瓣小白花，黃心，眾花攢開。其狀如穗。葉味微酸。

救饑：採嫩葉煠熟，換水浸去酸味淘淨，油鹽調食。

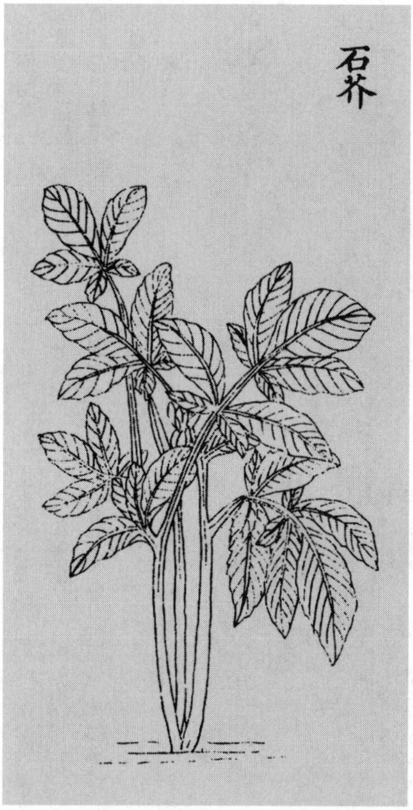

石芥　生輝縣鴉子口山谷中。苗高一二尺，葉似地棠菜葉而闊短，每三葉或五葉攢生一處。開淡黃花，結黑子。苗葉味苦，微辣。

救饑：採嫩葉煠熟，換水浸去苦味，油鹽調食。

獾耳菜音歡　生中牟平野中。苗長尺餘，莖多枝叉；其莖，上有細線楞。葉似竹葉而短小，亦軟，又似萹蓄葉，卻頗闊大，而又尖。莖葉俱有微毛。開小黲白花，結細灰青子。苗葉味甘。

救饑：採嫩苗葉煠熟，水浸淘淨，油鹽調食。

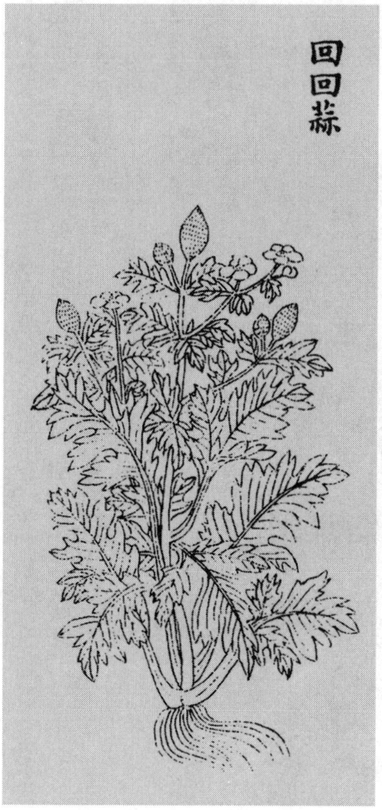

回回蒜　一名水胡椒，又名蝎虎草。生水邊下濕地，苗高一尺許。葉似野艾蒿而硬，又甚花叉；又似前胡葉，頗大，亦多花叉。苗莖梢頭，開五瓣黄花。結穗如初生桑椹子而小，又似初生蒼耳實，亦小；色青，味極辛辣。其葉味甜。

救饑：採葉煠熟，換水浸淘净，油鹽調食，子可擣爛調菜用。

地槐菜　一名小蟲兒麥。生荒野中。苗高四五寸。葉似石竹子葉，極細短。開小黄白花，結小黑子。其葉味甜。

救饑：採葉煠熟，水浸淘净，油鹽調食。

螺靨兒音羅掩　一名地桑，又名痢見草。生荒野中。莖微紅。葉似野人莧葉，微長，窄而尖。開花，作赤色。小細穗兒。其葉味甘。

救饑：採苗葉煠熟，水浸，淘去邪味，油鹽調食。

治病：今人傳説治痢疾採苗用水煮服甚效。

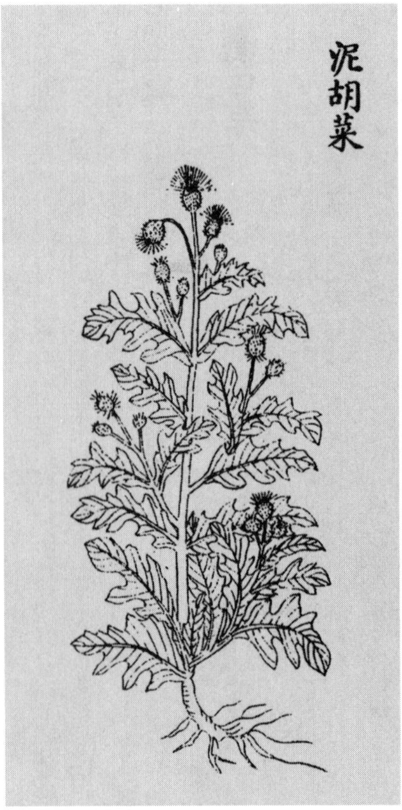

泥胡菜　生田野中。苗高一二尺。莖梗繁多。葉似水芥菜葉，頗大，花叉甚深；又似風花菜葉，卻比短小。葉中攛葶，分生莖叉。梢間開淡紫花，似刺薊花。苗葉味辣。

救饑：採嫩苗葉煠熟，水浸淘净，油鹽調食。

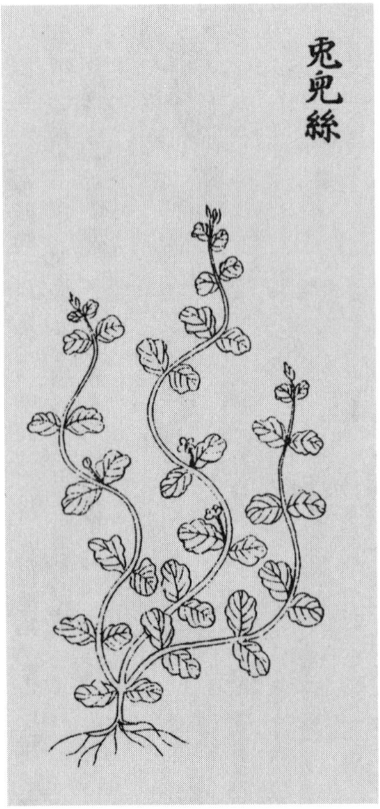

兔兒絲　生田野中。其苗就地拖蔓。節間生葉，如指頂大；葉邊似雲頭樣。小黃花。苗葉味甜。

救饑：採嫩苗葉煠熟，水浸淘浄，油鹽調食。

老鸛筋　生田野中，就地拖秧而生。莖微紫色。莖叉繁稠。葉似園荽葉而頭不尖，又似野胡蘿卜葉而短小。葉間開五瓣小黃花，味甜。

救饑：採嫩苗葉煠熟，水浸去邪味淘洗浄，油鹽調食。

絞股藍　生田野中，延蔓而生。葉似小藍葉，短小軟薄，邊有鋸齒；又似痢見草葉，亦軟，淡緑；五葉攢生一處。開小花，黃色；又有開白花者。結子如豌豆大，生則青色，熟則紫黑色。葉味甜。

救饑：採葉煠熟，水浸去邪味涎沫淘洗浄，油鹽調食。

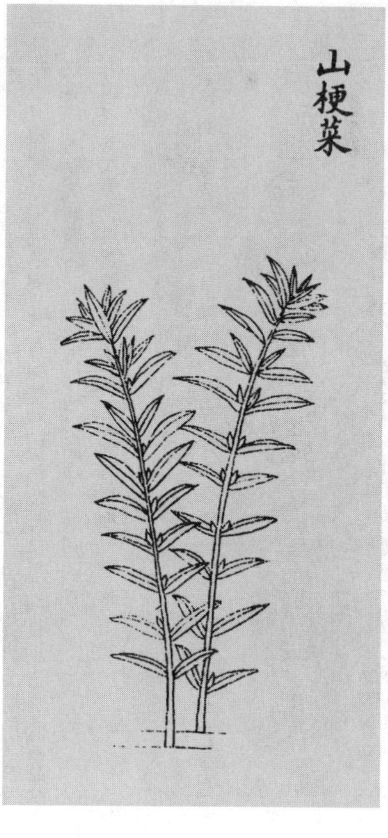

山梗菜　生鄭州賈峪音欲山山野中。苗高二尺許，莖淡紫色。葉似桃葉而短小，又似柳葉菜葉，亦小。梢間開淡紫花。其葉味甜。

救饑：採嫩葉煠熟，淘洗浄，油鹽調食。

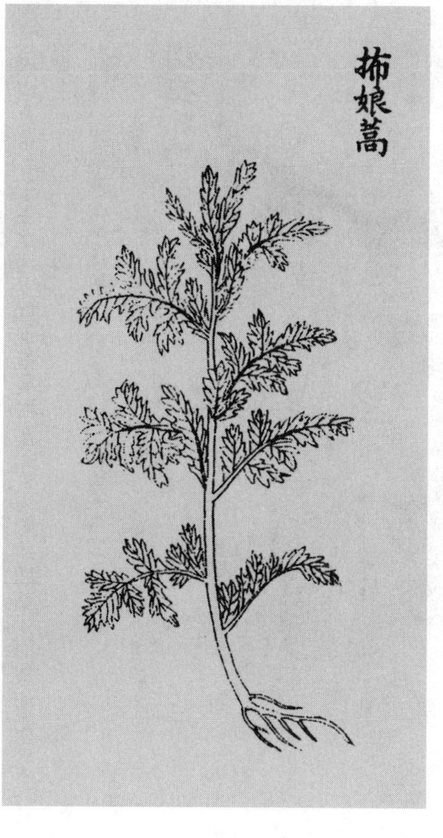

抪(音布)娘蒿　生田野中。苗高二尺許。莖似黃蒿莖。其葉碎小茸細如針，色頗黃綠。嫩則可食，老則爲柴。苗葉味甜。

救饑：採嫩苗葉煠熟，換水浸，淘去蒿氣，油鹽調食。

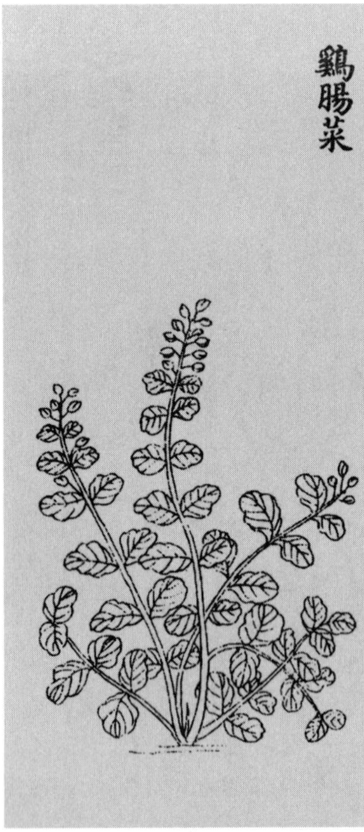

雞腸菜　生南陽府馬鞍山荒野中。苗高二尺許。莖方色紫。其葉對生。葉似菱葉樣而無花叉；又似小灰菜葉，形樣微匾。開粉紅花，結碗子蒴兒。葉味甜。

救饑：採苗葉煠熟，水淘净，油鹽調食。

水胡蘆苗　生水邊，就地拖蔓而生。每節間開四葉，而葉如指頂大；其葉尖上皆作三叉，味甜。

救饑：採葉連嫩秧煠熟，水浸淘净，油鹽調食。

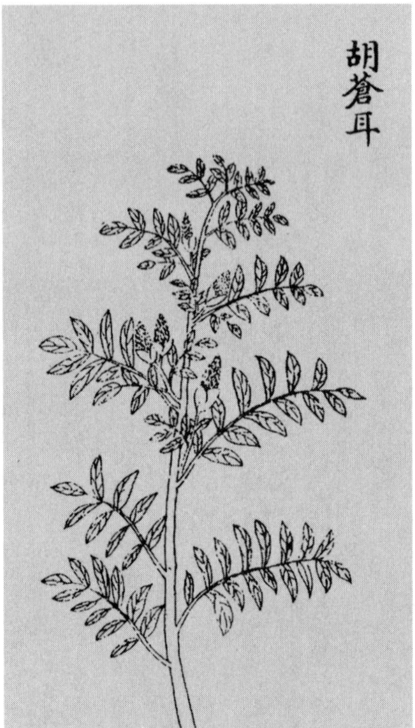

胡蒼耳　又名回回蒼耳。生田野中。葉似皂莢葉，微長大；又似望江南葉而小，頗硬。色微淡綠。莖有線楞。結實如蒼耳實，但長艄(音哨)。味微苦。

救饑：採嫩苗葉煠熟，水浸去苦味，淘净，油鹽調食。

治病：今人傳說治諸般瘡。採葉，用好酒熬喫，消腫。

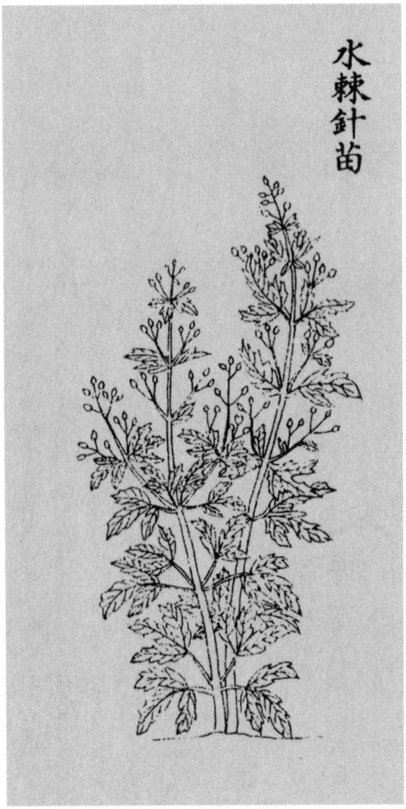

水棘針苗　又名山油子。生田野中。苗高一二尺，莖方四楞，對分莖叉。葉亦對生；其葉似荊葉而軟，鋸齒尖葉。莖葉紫綠。開小紫碧花。葉味辛辣，微甜，性溫。

救饑：採苗葉煠熟，水淘洗淨，油鹽調食。

沙蓬　又名雞爪菜。生田野中。苗高一尺餘，初就地上蔓生，後分莖叉，其莖有細線楞。葉似獨掃葉，狹窄而厚；又似石竹子葉，亦窄。莖葉梢間結小青子，小如粟粒。其葉味甘，性溫。

救饑：採苗葉煠熟，水浸淘淨，油鹽調食。

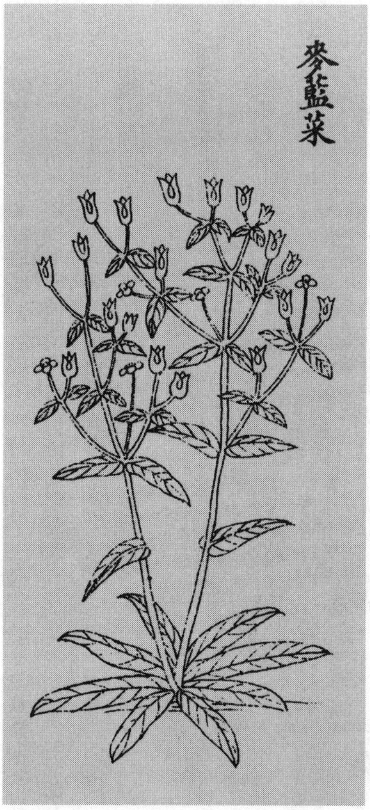

麥藍菜　生田野中。莖葉俱深蒿苣色。葉似大藍梢葉而小，頗尖。其葉抱莖對生；每一葉間，攛生一叉。莖叉梢頭，開小肉紅花，結蒴，有子似小桃紅子。苗葉味微苦。

救饑：採嫩苗葉煠熟，水浸淘淨，油鹽調食。

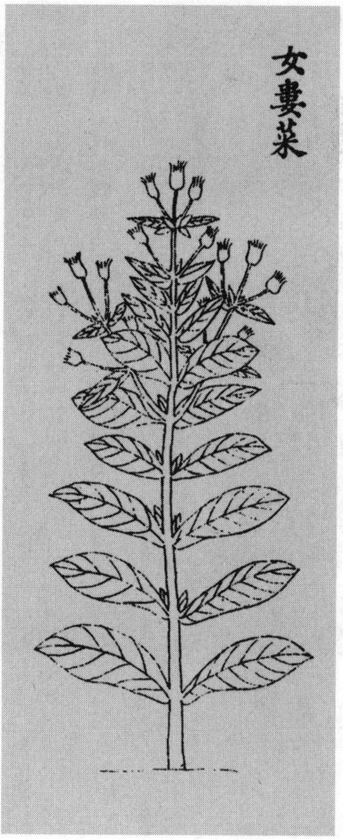

女婁菜　生密縣韶華山山谷中。苗高一二尺，莖叉相對分生。葉似覆旋花葉，頗短；色微深綠，摠莖對生。梢間出青蓇葖。開花微吐白蕊。結實青子，如枸杞微小。其葉味苦。

救饑：採嫩苗葉煠熟，換水浸去苦味，淘淨，油鹽調食。

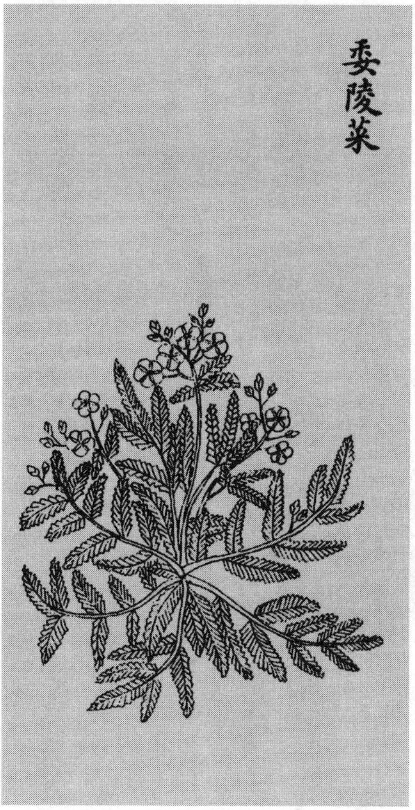

委陵菜　一名翻白菜。生田野中。苗初塌地生，後分莖叉；莖節稠密，上有白毛。葉彷佛類柏葉而極闊大，邊如鋸齒形，面青背白；又似雞腿兒葉而卻窄；又類鹿蕨葉，亦窄。莖葉梢間開五瓣黄花。其葉味苦，微辣。

救饑：採苗葉煠熟，水浸淘净，油鹽調食。

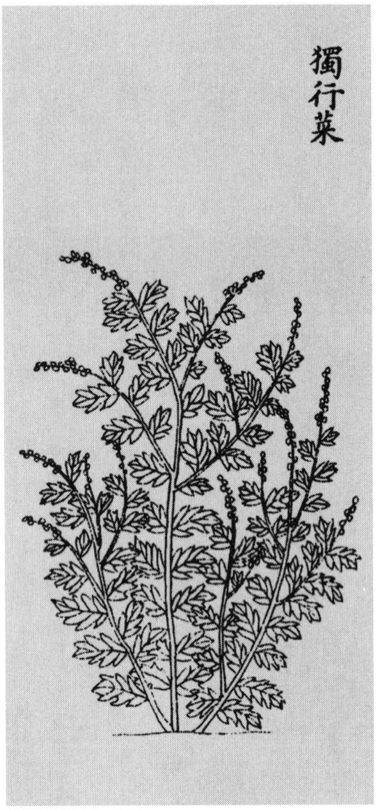

獨行菜　又名麥稭菜。生田野中。科苗高一尺許。葉似水棘針葉，微短小；又似水蘇子。葉亦短小狹窄，作瓦隴樣。梢出細葶，開小黪白花。結小青蓇葖，小如菉豆粒。葉味甜。

救饑：採嫩苗葉煠熟，換水淘浄，油鹽調食。

山蓼　生密縣山野間。苗高一二尺。葉似芍藥葉而長細窄音側，又似野菊花葉而硬厚；又似水胡椒葉，亦硬。開碎瓣白花。其葉味微辣。

救饑：採嫩葉煠熟，換水浸去辣氣，作成黄色，淘洗浄，油塩調食。

又 卷三

草部

葉可食新增四十二種

根可食《本草》原有九種新增十五種

花蒿　生荒野中。苗葉就地叢生。葉長三四寸，四散分垂；葉似獨掃葉而長硬，其頭頗齊，微有毛澀。味微辛。

救饑：採葉煠熟，水浸淘淨，油鹽調食。

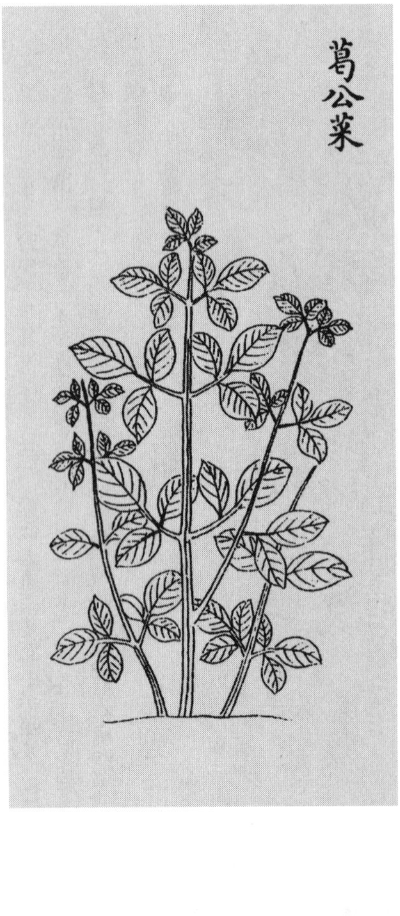

葛公菜　生密縣韶華山山谷間。苗高二三尺。莖方，窊面四楞，對分莖叉。葉方對生，葉似蘇子葉而小，又似荏子葉而大。梢間開粉紅花。結子如小米粒而茶褐色。其葉味甜，微苦。

救饑：採葉煠熟，水浸去苦味，換水淘淨，油鹽調食。

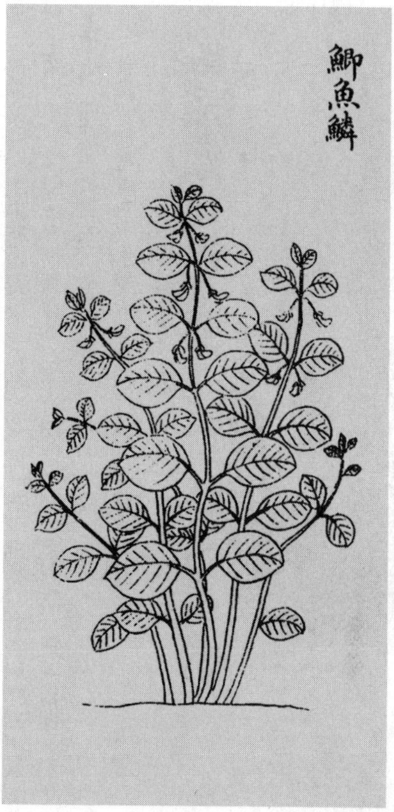

鯽魚鱗　生密縣韶華山山野中。苗高一二尺。莖方而茶褐色，對分莖叉。葉亦對生，葉似雞腸菜葉頗大，又似桔梗葉而微軟薄，葉面卻微紋皺。梢間開粉紅花。結子如小粟粒而茶褐色。其葉味甜。

救饑：採葉煠熟，水浸淘淨，油鹽調食。

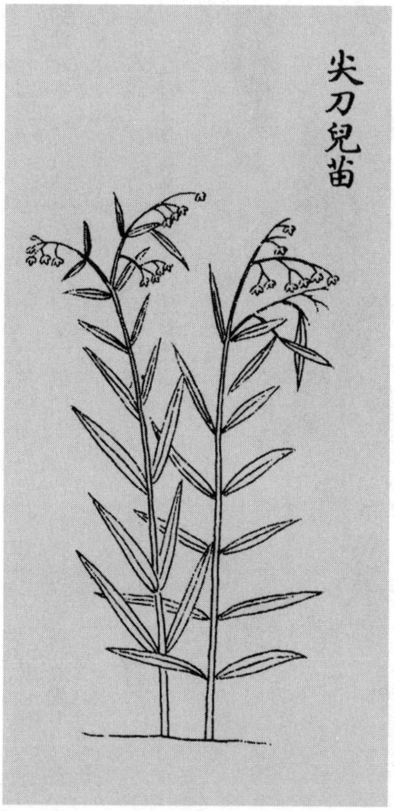

尖刀兒苗　生密縣梁家衝山野中。苗高二三尺。葉似細柳葉，硬而細長而尖。葉皆兩兩抪音布莖對生，葉間開淡黃花。結尖角兒，長二寸許，粗如蘿卜角；中有白瓤及小匾黑子。其葉味甘。

救饑：採葉煠熟，水淘洗淨，油鹽調食。

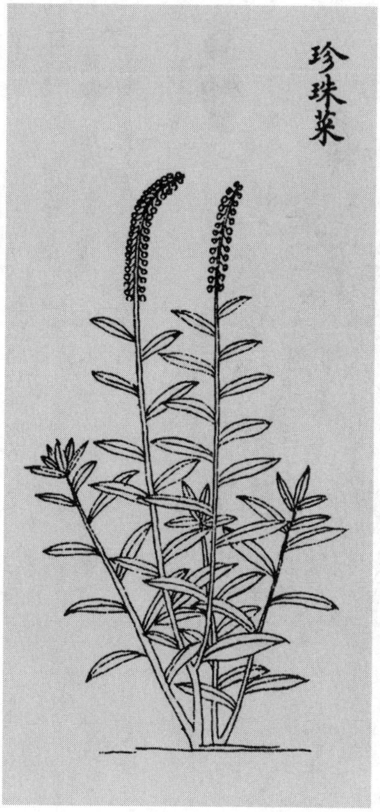

珍珠菜　生密縣山野中。苗高二尺許。莖似蒿稈，微帶紅色。其葉狀似柳葉而極細小，又似地梢瓜葉。頭出穗，狀類鼠尾草穗，開白花。結子小如菉豆粒，黃褐色。葉味苦澀。

救饑：採葉煠熟，換水浸去澁味淘淨，油鹽調食。

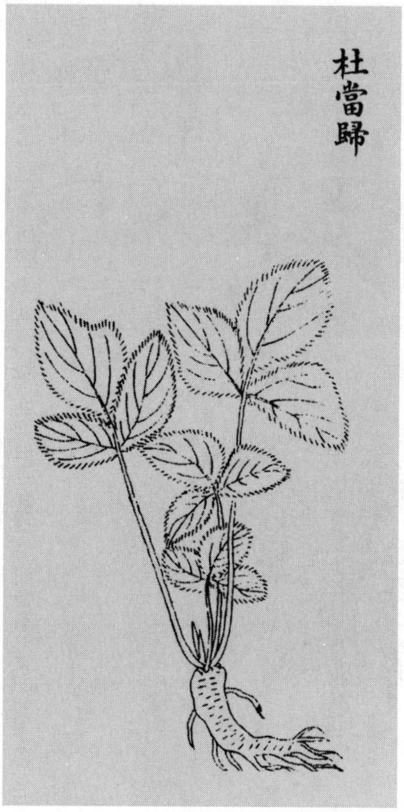

杜當歸　生密縣山野中。其莖圓而有線楞。葉似山芹菜葉而硬，邊有細鋸齒刺，又似蒼朮葉而大，每三葉攢生一處。開黃花。根似前胡根，又似野胡蘿卜根。其葉味甜。

救饑：採葉煠熟，水浸，作成黄色，換水淘洗淨，油鹽調食。

治病：今人遇當歸缺以此藥代之。

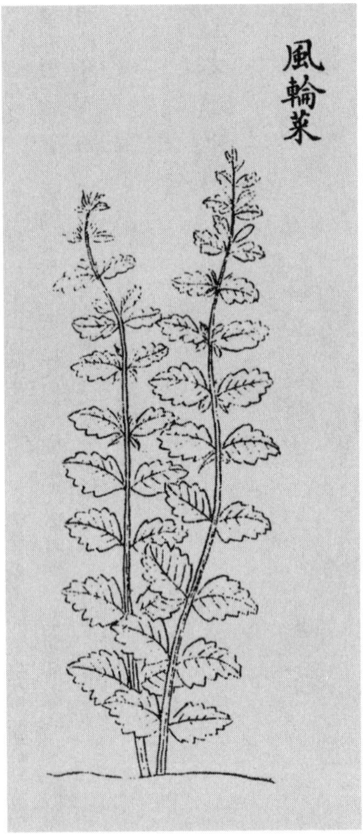

風輪菜　生密縣山野中。苗高二尺餘。方莖四楞，色淡綠微白。葉似荏子葉而小，又似威靈仙葉微寬，邊有鋸齒叉。兩葉對生，而葉節間又生子葉極小，四葉相攢對生。開淡粉紅花，其葉味苦。

救饑：採葉煠熟，水浸去邪味淘洗淨，油鹽調食。

拖白練苗　生田野中。苗塌地生葉，似垂盆草葉而又小。葉間開小白花，結細黄子。其葉味甜。

救饑：採苗葉煠熟，油鹽調食。

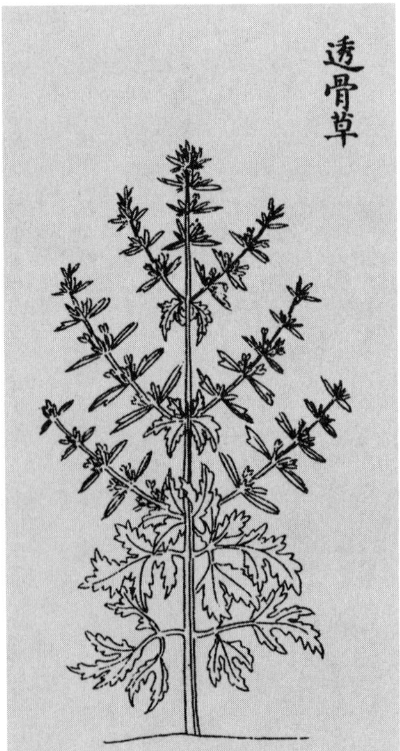

透骨草　一名天芝麻。生中牟荒野中。苗高三四尺。莖方，窊面四楞；其莖腳紫。對節分生莖叉。葉似蔄蒿葉而多花叉，葉皆對生。莖節間，攢開粉紅花。結子似胡麻子。葉味苦。

救饑：採嫩苗葉煠熟，水浸去苦味，淘淨，油鹽調食。

治病：今人傳説採苗搗傅腫毒。

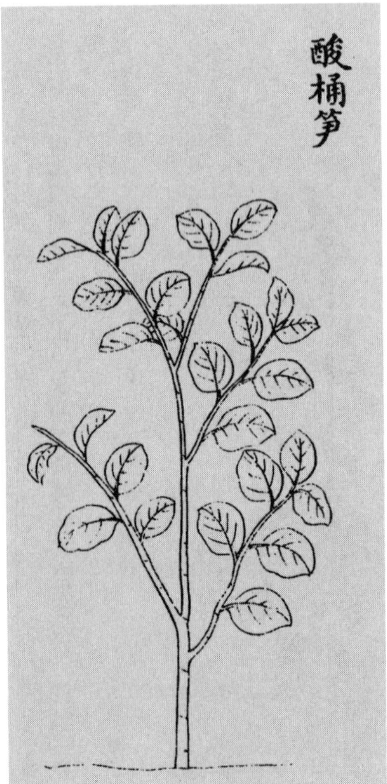

酸桶笋　生密縣韶華山山澗邊。初發笋葉，其後分生莖叉。科苗高四五尺，莖稈似水葒莖，而紅赤色。其葉似白槿葉而澀，又似山格刺菜。葉亦澀，紋脈亦粗。味甘微酸。

救饑：採嫩笋葉煠熟，水浸去邪味淘淨，油鹽調食。

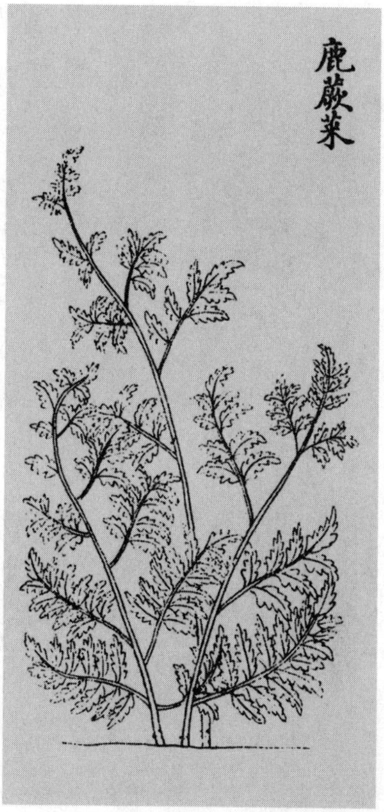

鹿蕨菜　生輝縣山野中。苗高一尺許。其葉之莖，背圓而面窊五化切。葉似紫香蒿腳葉，而肥闊頗硬；又似胡蘿卜葉，亦肥硬。味甜。

救饑：採苗葉煠熟，水浸淘淨，油鹽調食。

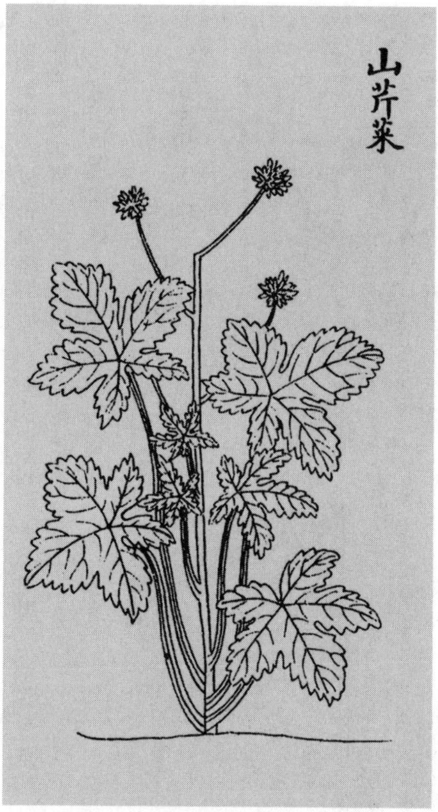

山芹菜　生輝縣山野間。苗高一尺餘。葉似野蜀葵葉稍大，而有五叉，又似地牡丹葉亦大。葉中攛生莖叉，梢結刺球，如鼠粘子刺球而小。開花黲白色。葉味甘。

救饑：採苗葉煠熟，水浸淘淨，油鹽調食。

金剛刺　又名老君鬚。生輝縣鴉子口山野間。科條高三四尺，條似刺蘼音梅花條，其上多刺。葉似牛尾菜葉，又似龍鬚菜葉，比此二葉俱大。葉間生細絲蔓，其葉味甘。

救饑：採葉煠熟，水浸淘淨，油鹽調食。

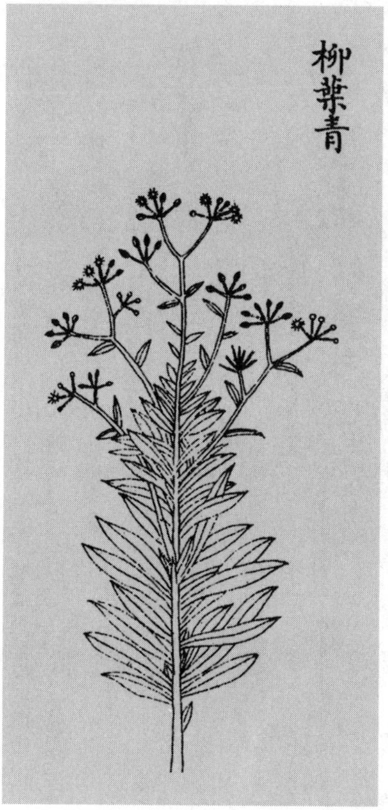

柳葉青　生中牟荒野中。科苗高二尺餘。莖似蒿莖。葉似柳葉而短，抪音布莖而生。開小白花，銀褐心。其葉味微辛。

救饑：採嫩葉煠熟，水浸淘淨，油鹽調食。

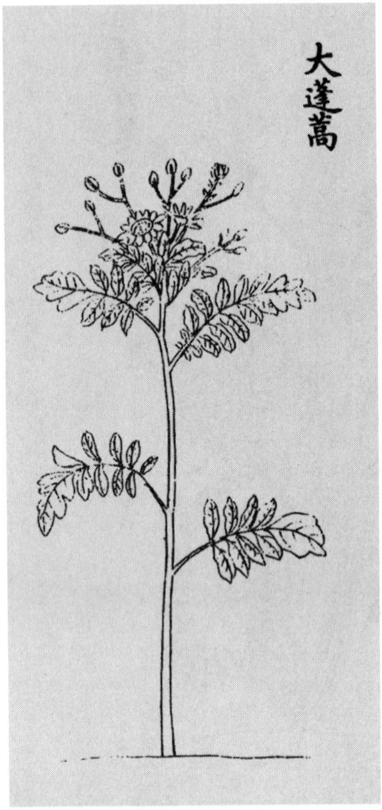

大蓬蒿　生密縣山野中。莖似黄蒿莖。色微帶紫。葉似山芥菜葉而長大。極多花叉；又似風花菜葉，叉亦多；又似漏蘆葉，卻微短。開碎瓣黄花。苗葉味苦。

救饑：採葉煠熟，水浸，淘去苦味，油鹽調食。

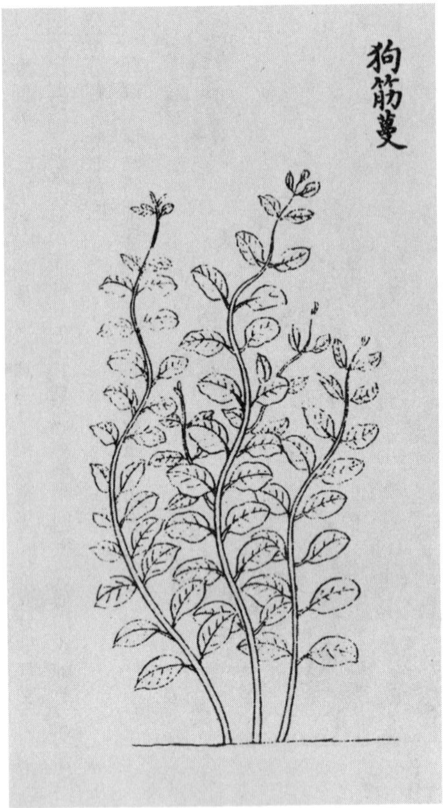

狗筋蔓　生中牟縣沙崗間。小科就地拖蔓生。葉似狗掉尾葉而短小；又似月芽菜葉，微尖艄而軟，亦多紋脈。兩葉對生。梢間開白花。其葉味苦。

救饑：採葉煠熟，水浸，淘去苦味，油鹽調食。

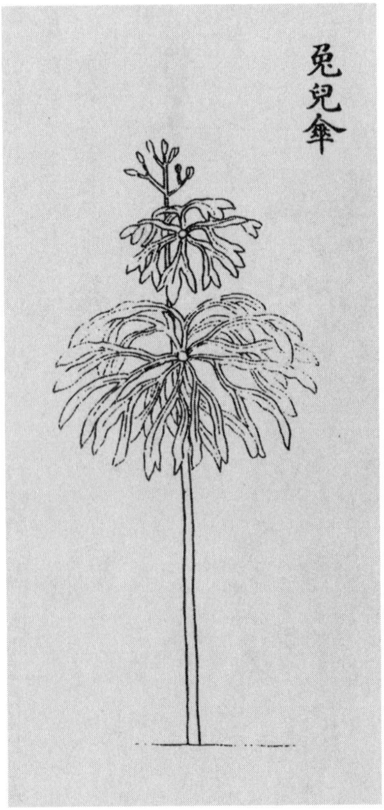

兔兒傘　生滎陽塔兒山荒野中。其苗高二三尺許。每科初生一莖；莖端生葉一層，有七八葉。每葉分作四叉，排生如傘蓋狀，故以爲名。後於葉間攛生莖叉，上開淡紅白花。根似牛膝而疏短，味苦微辛。

救饑：採嫩葉煠熟，換水浸，淘去苦味，油鹽調食。

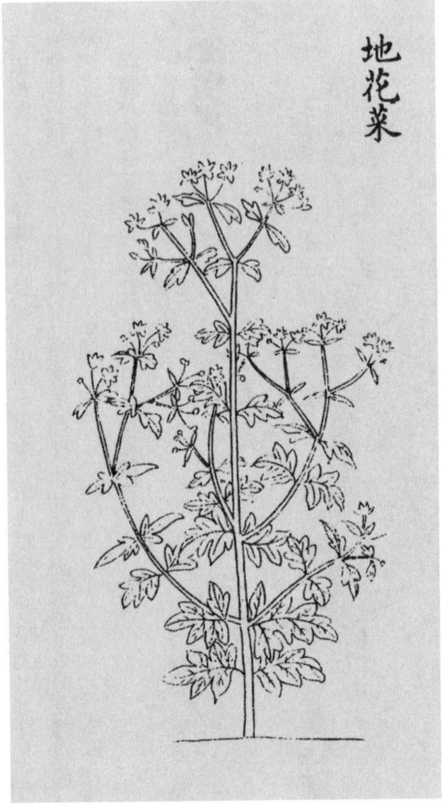

地花菜　又名墓頭灰。生密縣山野中。苗高尺餘。葉似野菊花葉而窄細，又似鼠尾草葉亦瘦細。梢葉間，開五瓣小黄花。其葉味微苦。

救饑：採葉煠熟，水浸淘洗淨，油鹽調食。

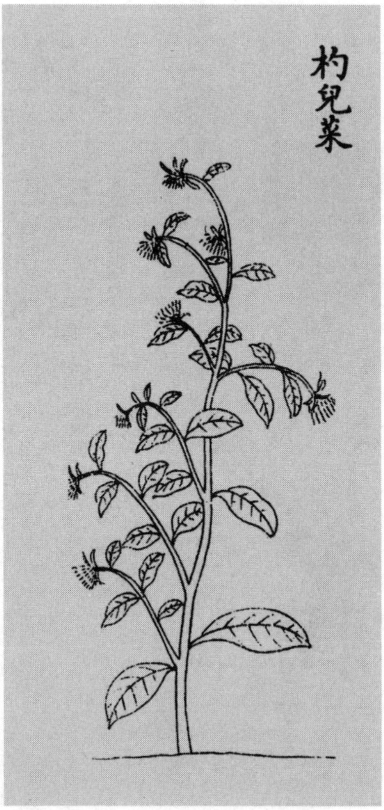

杓兒菜　生密縣山野中。苗高一二尺。葉類狗掉尾葉而窄，頗長，黑綠色，微有毛澀；又似耐驚菜葉而小，軟薄，梢葉更小。開碎瓣淡黄白花。其葉味苦。

救饑：採葉煠熟，水浸去苦味，淘洗淨，油鹽調食。

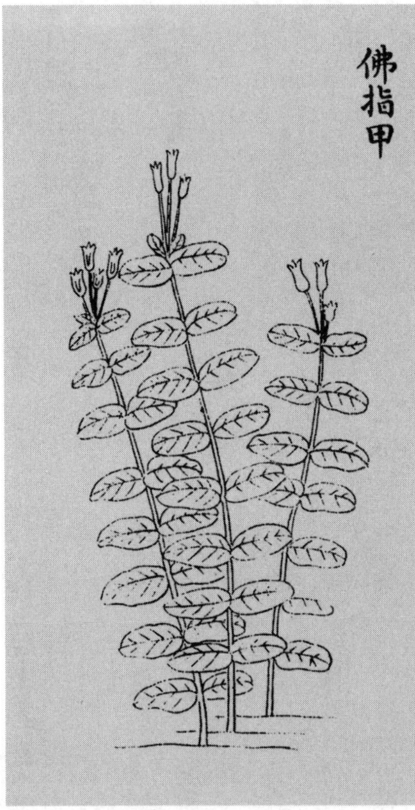

佛指甲　生密縣山谷中。科苗高一二尺。莖微帶赤黄色。其葉淡綠，背皆微帶白色。葉如長匙頭樣，似黑豆葉而微寬；又似鵝兒腸葉，甚大。皆兩葉對生。開黄花。結實形如連翹，微小；中有黑子，小如粟粒。其葉味甜。

救饑：採嫩葉煠熟，換水淘洗淨，油鹽調食。

虎尾草　生密縣山谷中。科苗高二三尺。莖圓。葉頗似柳葉而瘦短，又似兔兒尾葉，亦瘦窄；又似黄精葉，頗軟。抪莖攢生。味甜，微澀。

救饑：採嫩苗葉煠熟，換水，淘去澁味，油鹽調食。

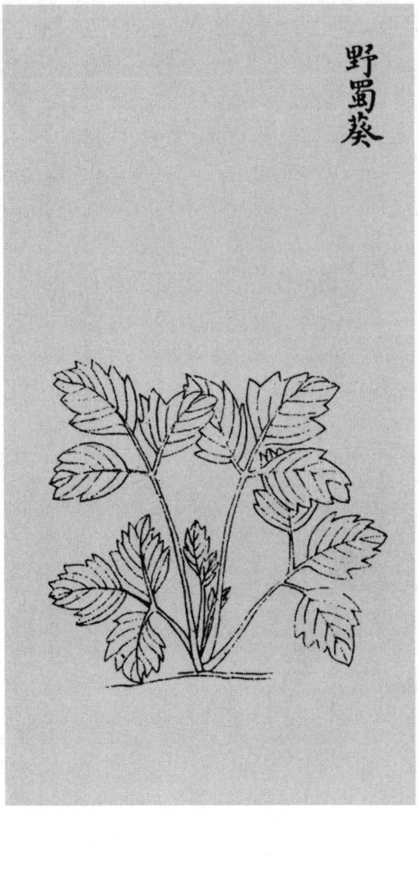

野蜀葵　生荒野中，就地叢生。苗高五寸許。葉似葛勒子秧葉而厚大，又似地牡丹葉。味辣。

救饑：採嫩葉煠熟，水浸淘淨，油鹽調食。

蛇葡萄　生荒野中，拖蔓而生。葉似菊葉而小，花叉繁碎，又似前胡葉亦細。莖葉間，開五瓣小銀褐色花。結子如豌豆大，生青，熟則紅色。苗葉味甜。

救饑：採葉煠熟，换水浸淘淨，油鹽調食。

治病：今人傳説搗根傅貼瘡腫。

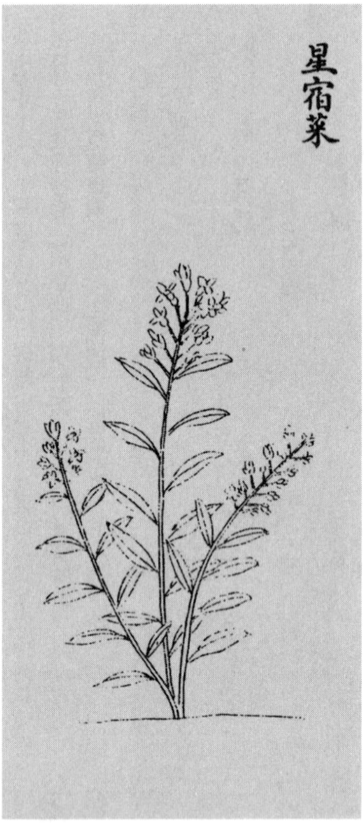

星宿菜　生田野中。作小科苗生。葉似石竹子葉而細小；又似米布袋葉微長。梢上開五瓣小尖白花。苗葉味甜。

救饑：採苗葉煠熟，水浸淘淨，油鹽調食。

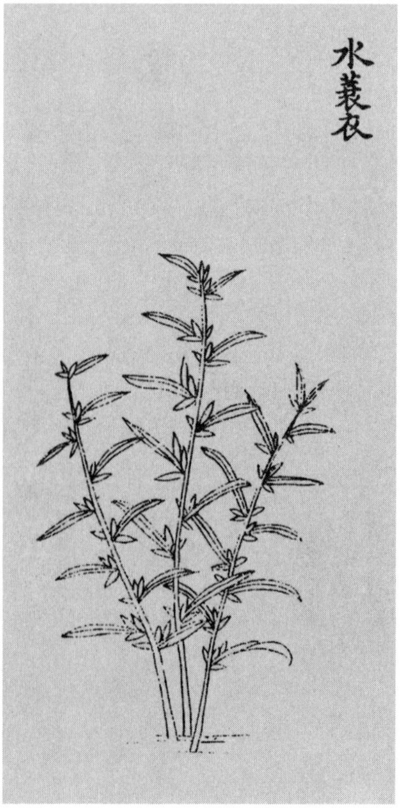

水蓑衣　生水泊邊。葉似地梢瓜葉而窄音側。每葉間，皆結小青蓇葖音骨突。其葉味苦。

救饑：採苗葉煠熟，水浸，淘去苦味，油鹽調食。

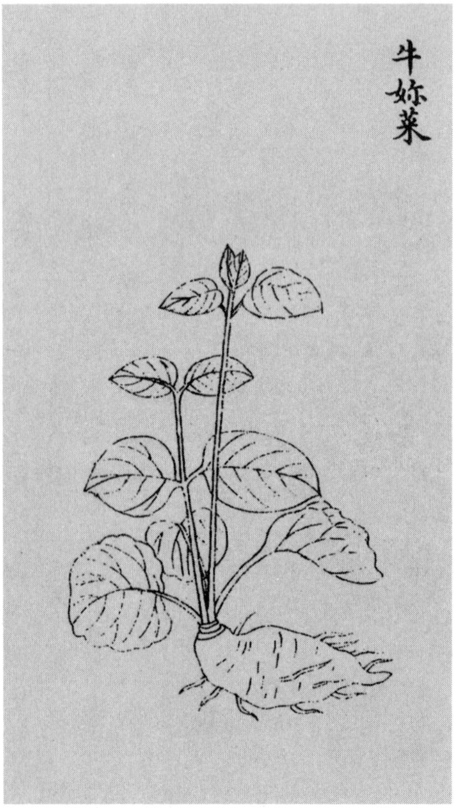

牛妳菜　出輝縣山野中。拖藤蔓而生。葉似牛皮硝葉而大；又似馬兜鈴葉極大，葉皆對節生。梢間開青白小花。其葉味甜。

救饑：採嫩苗葉煠熟，水浸淘淨，油鹽調食。

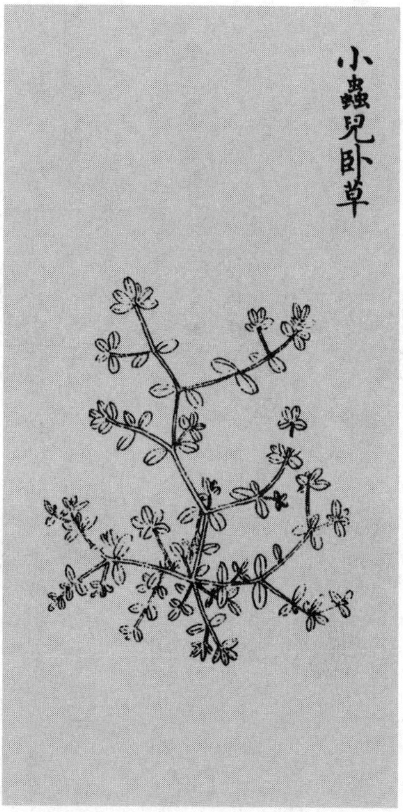

小蟲兒臥草　一名鐵線草。生田野中。苗塌地生。葉似苜蓿葉而極小；又似雞眼草葉，亦小。其莖色紅。開小紅花。苗味甜。

救饑：採苗葉煠熟，水浸淘淨，油鹽調食。

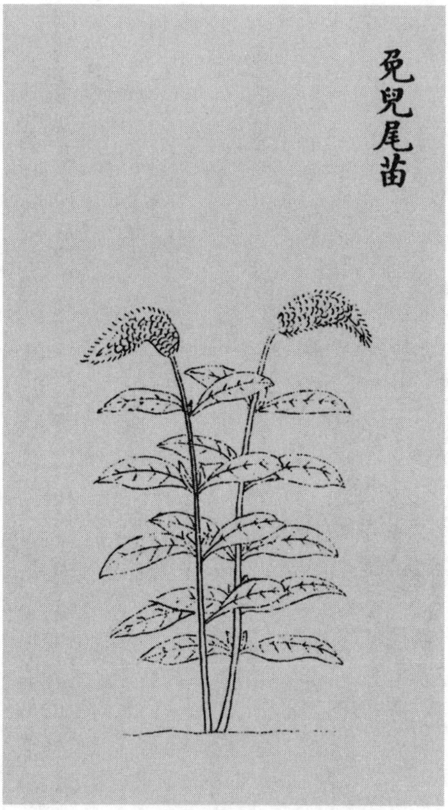

兔兒尾苗　生田野中。苗高一二尺。葉似水蘋葉而狹短。其尖頗齊。梢頭出穗如兔尾狀，開花白色，結紅蓇葖，如椒目大，其葉味酸。

救饑：採嫩苗葉煠熟，水浸淘淨，油鹽調食。

地錦苗　生田野中。小科苗高五七寸，苗葉似園荽音雖。葉間開紫花，結小角兒。苗葉味苦。

救饑：採苗葉煠熟，水浸淘淨，油鹽調食。

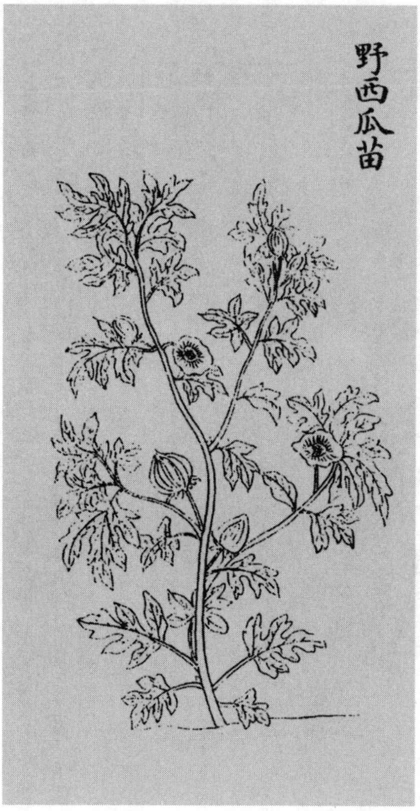

野西瓜苗　俗名秃漢頭。生田野中。苗高一尺許。葉似家西瓜葉而小，頗硬。葉間生蒂，開五瓣銀褐花，紫心黄蕊。花罷作蒴，蒴内結實如楝子大。苗葉味微苦。

救饑：採嫩苗葉煠熟，水浸去邪味淘過，油鹽調食。

治病：今人傳説採苗搗傅瘡腫拔毒。

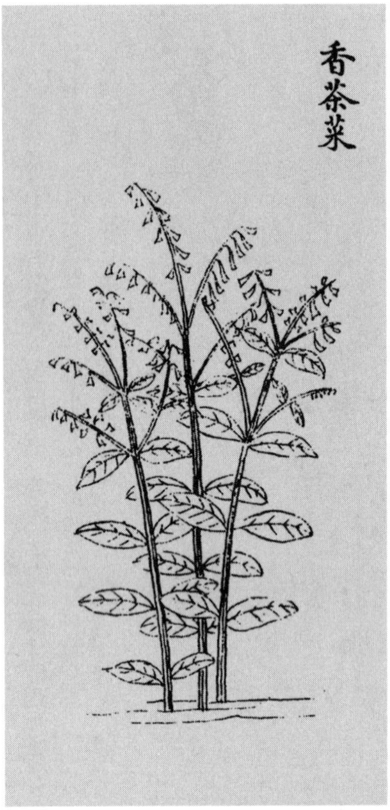

香茶菜　生田野中。莖方，窊五化切面四楞。葉似薄荷葉微大，抪莖。梢頭出穗，開粉紫花，結蒴音朔如蕎麥蒴而微小。葉味苦。

救饑：採葉煠熟，水浸去苦味，淘洗淨，油鹽調食。

薔蘼音墻梅　又名刺蘼，今處處有之。生荒野崗嶺間，人家園圃中亦栽。科條青色，莖上多刺。葉似椒葉而長，鋸齒又細，背頗白。開紅白花，亦有千葉者，味甜淡。

救饑：採芽葉煠熟，換水浸淘淨，油鹽調食。

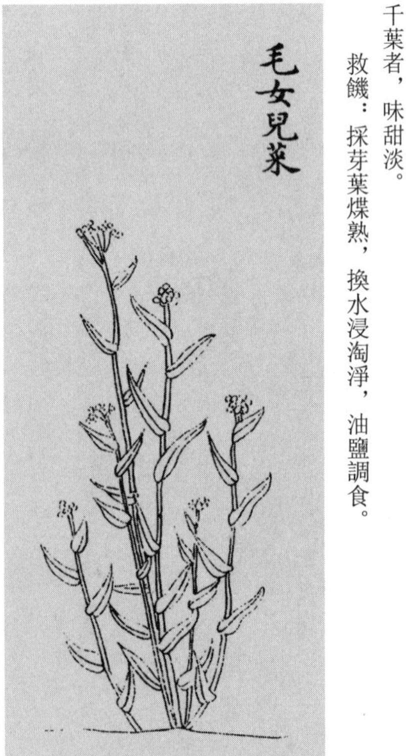

毛女兒菜　生南陽府馬鞍山中。苗高一尺許。葉似綿絲菜葉而微尖；又似兔兒尾葉而小。莖葉皆有白毛。梢間開淡黄花，如大黍粒，數十顆攢成一穗。味甘酸。

救饑：採苗葉煠熟，水浸淘淨，油鹽調食，或拌米麵蒸食亦可。

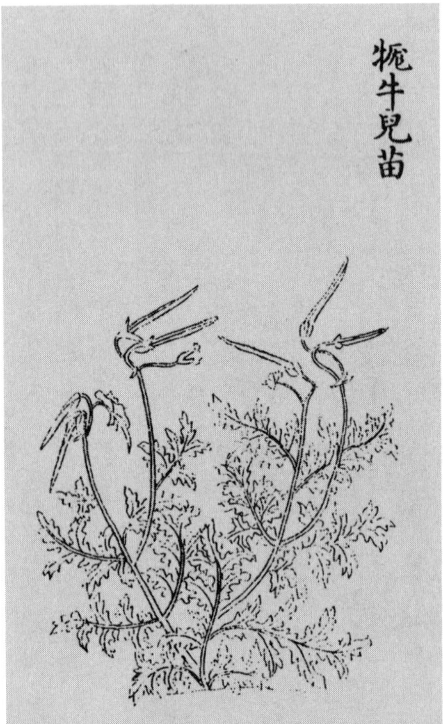

牻牛兒苗音龐　又名鬥牛兒苗。生田野中。就地拖秧而生，莖蔓細弱。其莖紅紫色。葉似蒝荽葉，瘦細而稀疏。開五瓣小紫花。結青蓇葖音骨突。兒上有一嘴即委切甚尖鋭音芮，如細錐音追子狀。小兒取以爲鬬戲，葉味微苦。

救饑：採葉煠熟，換水浸去苦味，淘浄，油鹽調食。

鐵掃箒

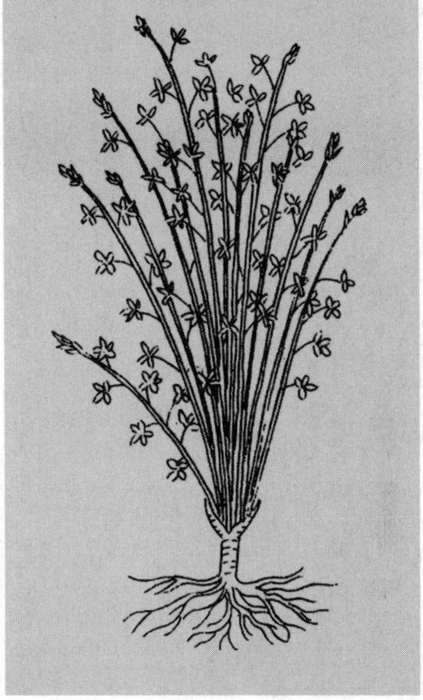

鐵掃箒　生荒野中。就地叢生，一本二三十莖，苗高三四尺。葉似苜蓿葉而細長；又似細葉胡枝子葉，亦短小。開小白花。其葉味苦。

救饑：採嫩苗葉煠熟，換水浸去苦味，油鹽調食。

山小菜

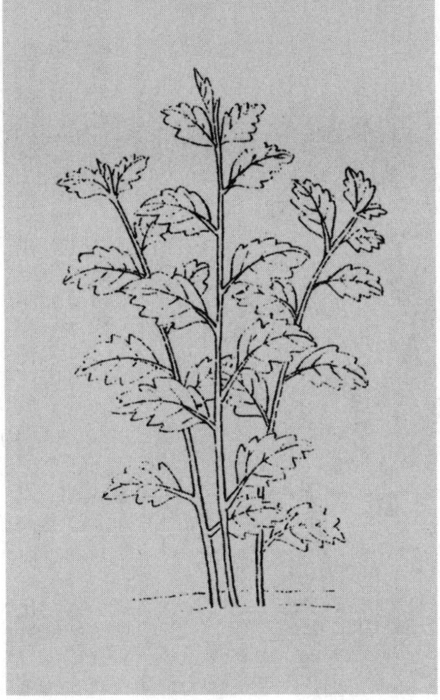

山小菜　生密縣山野中。科苗高二尺餘，就地叢生。葉似酸漿子葉而窄小，面有細紋脈，邊有鋸齒色深綠；又似桔梗葉，頗長艄。味苦。

救饑：採葉煠熟，水浸，淘去苦味，油鹽調食。

羊角苗

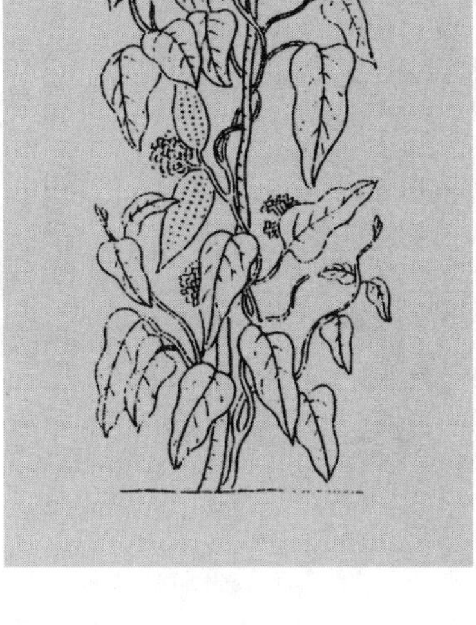

羊角苗　又名羊奶科，亦名合鉢兒，俗名婆婆針紥兒，又名細絲藤，一名過路黄。生田野下濕地中。拖藤蔓而生，莖色青白。葉似馬兜鈴葉而長大，又似山藥葉，亦長大，面青，背頗白。皆兩葉相對生。莖葉折之俱有白汁出。葉間出蒴，開五瓣小白花。結角似羊角狀，中有白瓤。其葉味甘微苦。

救饑：採嫩葉煠熟，換水浸去苦味，邪氣淘淨，油鹽調食。

耬斗菜

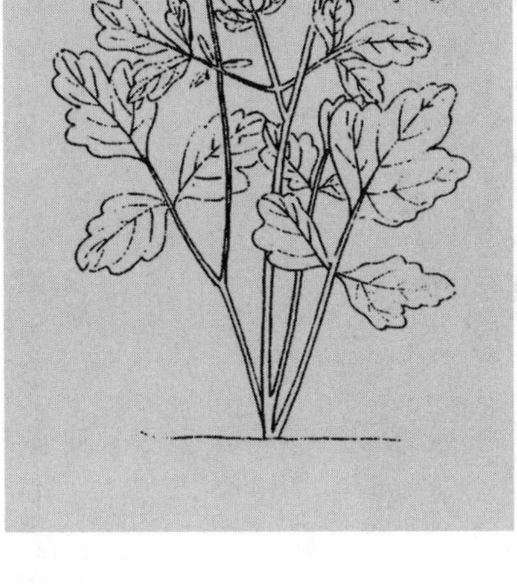

樓斗菜　生輝縣太行山山野中。小科苗，就地叢生。苗高一尺許，莖梗細弱。葉似牡丹葉而小，其頭頗團。味甜。

救饑：採葉煠熟，水浸淘淨，油鹽調食。

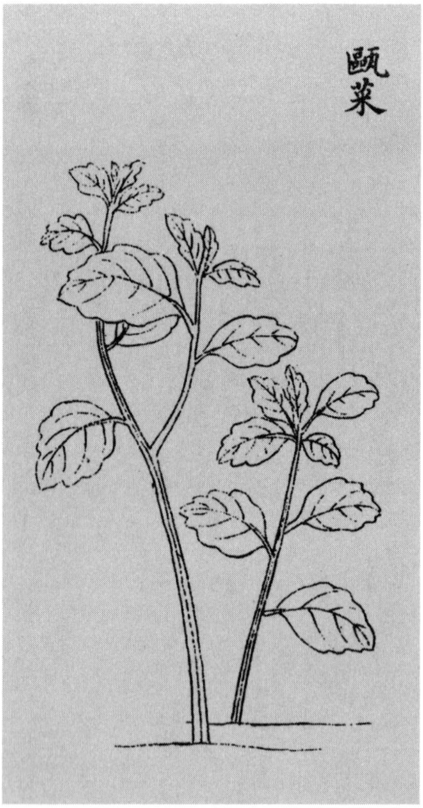

甌菜　生輝縣山野中。就地作小科苗，生莖叉。葉似山莧菜葉，而有鋸齒；又似山小菜葉，其鋸齒比之卻小，味甜。

救饑：採嫩苗葉煠熟，水浸淘淨，油鹽調食。

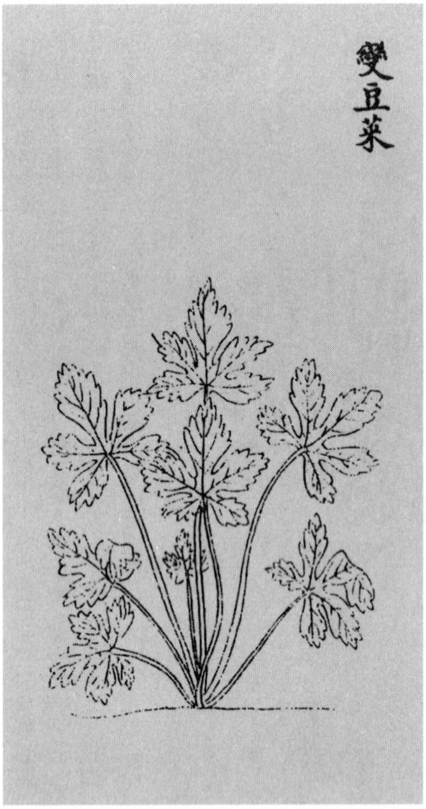

變豆菜　生輝縣太行山山野中。其苗葉，初作地攤音灘科生。葉似地牡丹葉極大；五花叉，鋸齒尖。其後葉中分生莖叉。梢葉頗小，上開白花。其葉味甘。

救饑：採葉煠熟，作成黃色，換水淘淨，油鹽調食。

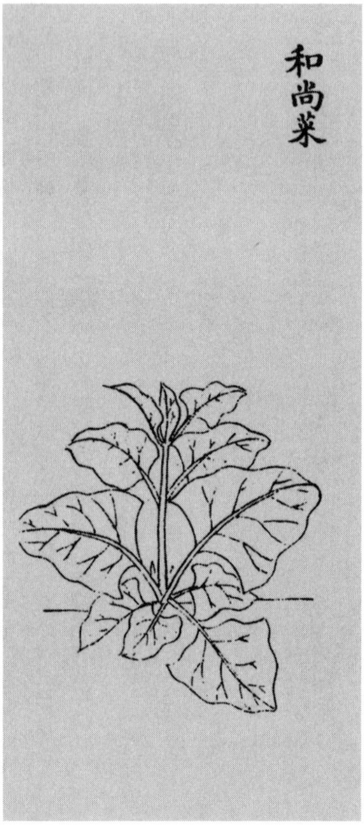

和尚菜　田野處處有之。初生塌地布葉，葉似野天茄兒葉而大，背微紅紫色。後攛苗，高二三尺。葉似蒼蓬葉，短小而尖；又似紅落藜葉，而色不紅。結子如灰菜子。葉味辛酸，微鹹。

救饑：採嫩葉煠熟，換水浸去邪味淘淨，油鹽調食，或晒乾，煠食亦可。或云不可多食，久食令人面腫。

萎蕤　本草一名女萎，一名熒，一名玉竹，一名馬薰。生太山山谷，及舒州滁州均州。今南陽府馬鞍山亦有。苗高一二尺，莖斑。葉似竹葉，闊短而肥厚，葉尖處有黄點；又似百合葉，卻頗窄小。葉下結青子，如椒粒大。其根似黄精而小異，節上有莭。味甘，性平，無毒。

救饑：採根換水煮極熟，食之。

治病：文具《本草》草部條下。

百合

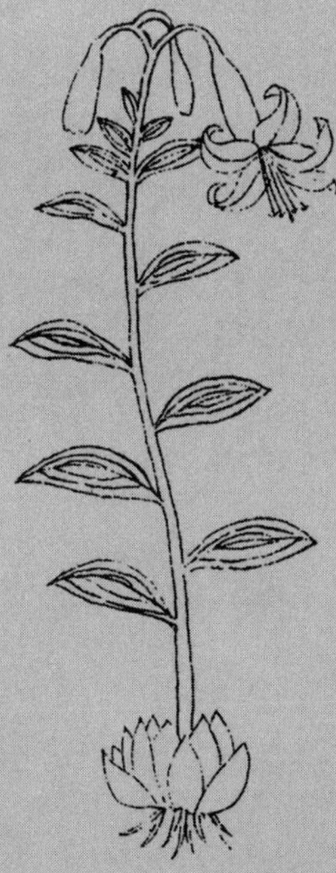

百合　一名重箱，一名摩羅，一名中逢花，一名強瞿。生荊州山谷，今處處有之。苗高數尺，幹粗如箭，面有葉如雞距，又似大柳葉而寬，青色稀疏。葉近莖微紫，莖端碧白。開淡黄白花，如石榴嘴而大，四垂向下，覆長蕊；花心有檀色。每一顆須五六花。子色紫，圓如梧桐子，生於枝葉間。每葉一子，不在花中，此又異也。根色白，形如松子殼，四面攢生，中間出苗；又如葫蒜，重疊生二三十瓣。味甘，辛平，無毒。一云有小毒。又有一種開紅花，名山丹，不堪用。

救饑：採根煮熟食之，甚益人氣；又云蒸過與蜜食之，或爲粉尤佳。

治病：文具《本草》草部條下。

天門冬

天門冬　俗名萬歲藤，又名婆羅樹。本草一名顛勒，或名地門冬，或名筵門冬，或名巔棘，或名淫羊食，或名管松。生奉高山谷，及建州漢州，今處處有之。春生藤蔓，大如釵股，長至丈餘，延附草木上。葉如茴香，極尖細而疏滑，有逆刺；亦有澀而無刺者。其葉如絲杉而細散，皆名天門冬。夏生白花；亦有黄花及紫花者。秋結黑子，在其根枝傍；入伏後，無花，暗結子。其根白，或黄紫色，大如手指，長二三寸；大者爲勝。其生高地，根短味甜氣香者上；其生水側下地者，葉細似蘊而微黄，根長而味多苦、氣臭者下，亦可服。味苦甘，性平，大寒，無毒。垣衣、地黄及貝母爲之使；畏曾青。服天門冬，誤食鯉魚中毒，浮萍解之。

救饑：採根，換水浸去邪味，去心煮食，或晒乾煮熟，入蜜食尤佳。

治病：文具《本草》草部條下。

章柳根

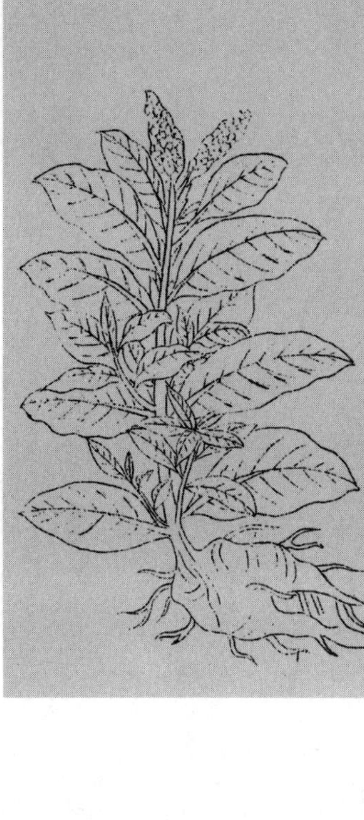

章柳根　《本草》名蔏陸，一名薚音湯根，一名夜呼，一名白昌，一名當陸，一名章陸。《爾雅》謂之蓫薚音逐湯。《廣雅》謂之馬尾，易謂之莧陸。生咸陽川谷，今處處有之。苗高三四尺，葉青，如牛舌，微闊而長。根如人形者，有神。亦有赤白二種。花赤，根亦赤；花白，根亦白。赤者不堪服食，傷人，乃至痢血不已；白者堪服食。亦有一種名赤昌，苗葉絕相類，不可用，須細辨之。商陸味辛酸；一云味苦，性平，有毒；一云性冷，得大蒜良。

救饑：取白色根切作片子煠熟，換水浸，洗淨，淡食，得大蒜良，凡製薄切以東流水浸二宿撈出，與豆葉隔間入甑蒸，從午至亥，如無葉，用豆依法蒸之，亦可，花白者年多仙人採之作脯，可爲下酒。

治病：文具《本草》草部『蔏陸』條下。

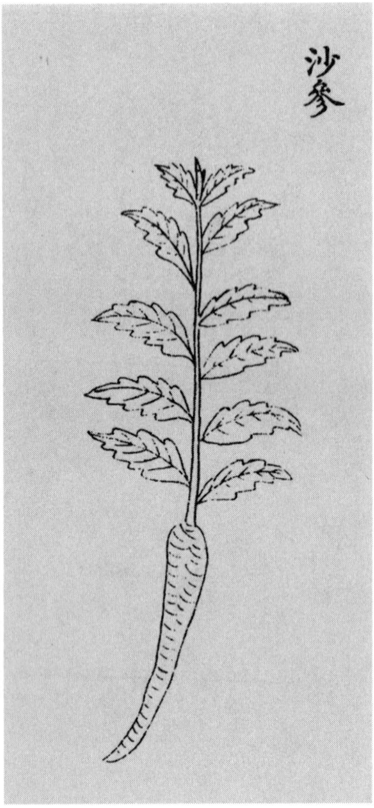

沙參　一名知母，一名苦心，一名志取，一名虎鬚，一名白參，一名識美，一名文希。生河内川谷，及冤句般陽續山，並淄齊潞隨歸州，而江淮荆湖州郡皆有，今輝縣太行山邊亦有之。苗長一二尺，叢生崖坡間。葉似枸杞葉，微長，而有叉牙鋸齒。開紫花。根如葵根，赤黄色，中正白實者佳。味微苦，性微寒，無毒。惡防己及藜蘆。又有杏葉沙參，及細葉沙參，氣味與此相類，但圖經内不曾該載此二種葉苗形容，未敢併入本條，今皆另條開載。

救饑：掘根，浸洗極淨，換水煮去苦味，再以水煮極熟食之。

治病：文具《本草》草部條下。

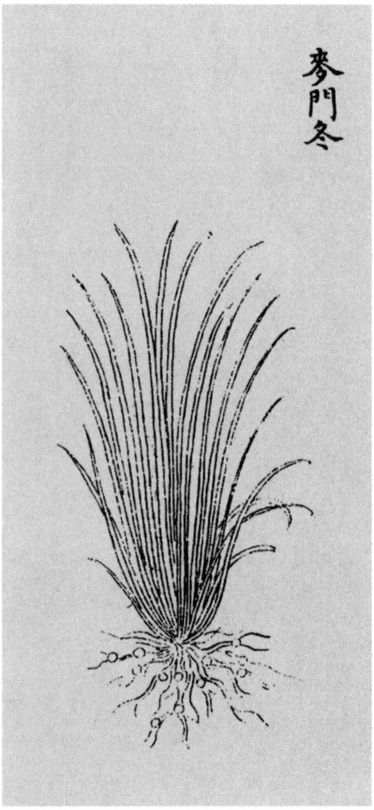

麥門冬　《本草》云：秦名羊韭，齊名愛韭，楚名馬韭，越名羊蓍。一名禹葭音加，一名禹餘糧。生隨州、陸州及函谷堤阪肥土石間久廢處有之。今輝縣山野中亦有。葉似韭葉而長，冬夏長生。根如穬音礦麥而白色。出江寧者小潤，出新安者大白。大者苗如鹿葱，小者如韭。味苦，性平，微寒，無毒。地黄、車前爲之使；惡款冬、苦瓠、苦芙，畏木耳、苦參、青蘘。

救饑：採根，換水浸去邪味，淘洗淨，蒸熟，去心食。

治病：文具《本草》草部條下。

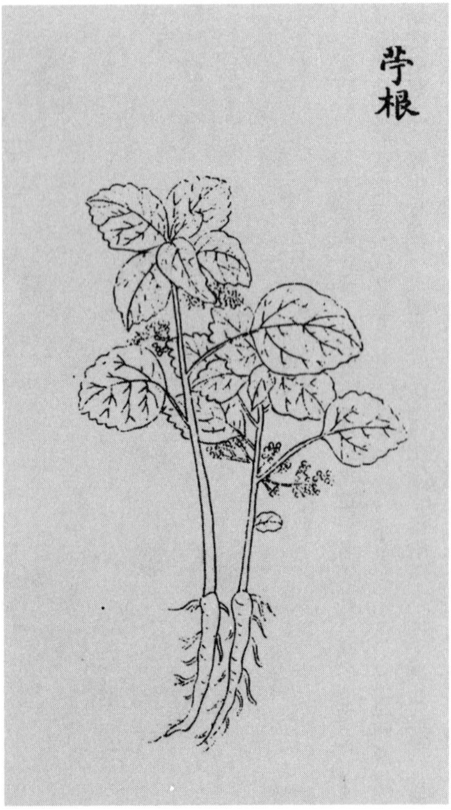

苧根　舊云閩蜀江浙多有之；今許州人家田園中亦有種者。苗高七八尺，一科十數莖。葉如楮葉而不花叉，面青背白，上有短毛；又似蘇子葉。其葉間出細穗，花如白楊而長，每一朵凡十數穗，花青白色。子熟，茶褐色。其根黃白色，如手指粗。宿根地中，至春自生，不須藏種。根味甘性寒。

救饑：採根，刮洗去皮煮，極熟食之甜美。

治病：文具《本草》草部條下。

蒼朮

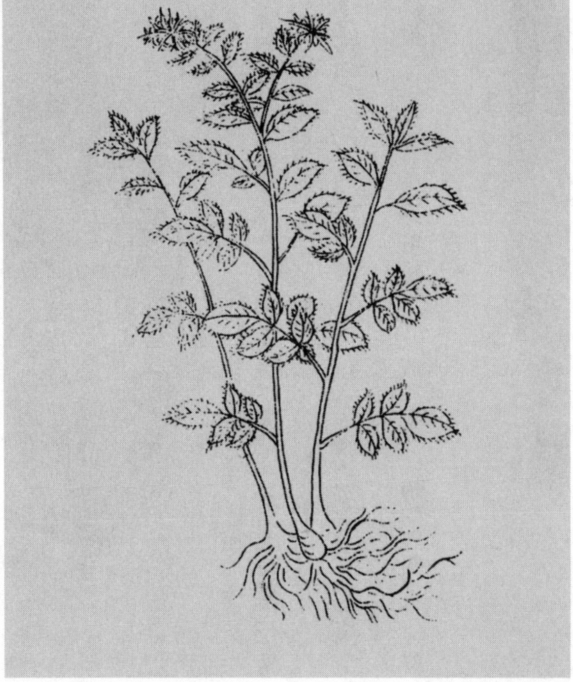

蒼朮　一名山薊，一名山精，一名山連，一名山精。生鄭山漢中山谷，今近郡山谷亦有，嵩山茅山者佳。苗淡青色，高二三尺。莖作蒿榦。葉抪莖而生，梢葉似棠葉，腳葉有三五叉，皆有鋸齒小刺。開花深碧色，亦似刺薊花；或有黃白花者。根長如指，大而肥實；皮黑茶褐色，味苦甘；一云味甘辛，性溫，無毒。防風、地榆爲之使。

救饑：採根去黑皮，薄切，浸二三宿，去苦味。煮熟食亦作煎餌，久服輕身，延年不饑。

治病：文具《本草》草部條下。

菖蒲

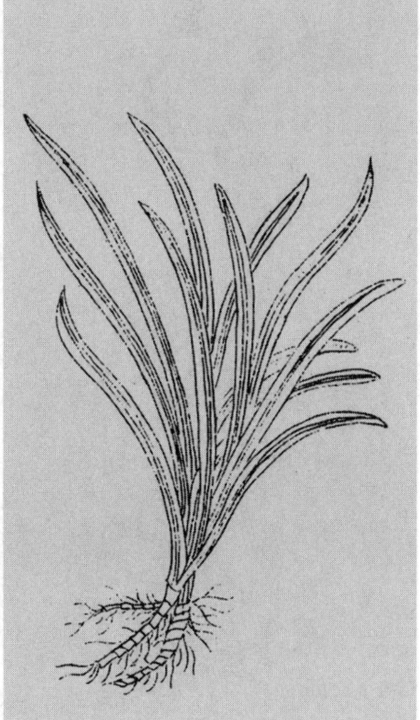

菖蒲　一名堯韭，一名昌陽。生上洛池澤，及蜀郡嚴道戎衛衡州，並嵩嶽石磧上。今池澤處處有之。葉似蒲而匾，有脊，一如劍刃。其根盤屈有節，狀如馬鞭。榦大。根傍引三四小根，一寸九節者良；節尤密者佳。亦有十二節者。露根者不可用。又一種名蘭蓀，又謂溪蓀，根形氣色，極似石上菖蒲。葉正如蒲，無脊。俗謂菖蒲生於水次，失水則枯。其菖蒲味辛，性溫，無毒。秦皮、秦艽爲之使；惡地膽、麻黃；不可犯鐵，令人吐逆。

救饑：採根肥大節，稀水浸去邪味，製造作果，食之。

治病：文具《本草》草部條下。

葍子根 新增

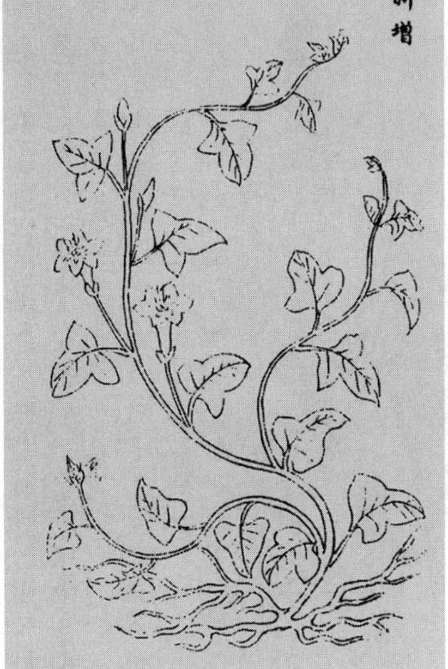

葍子根　俗名打碗花，一名兔兒苗，一名狗兒秧。幽薊間謂之燕葍根，千葉者呼爲纏枝牡丹；亦名穰花。生平澤中，今處處有之。延蔓而生，葉似山藥葉而狹小。開花狀似牽牛花，微短而圓，粉紅色。其根甚多，大者如小箸粗，長一二尺，色白，味甘，性溫。

救饑：採根，洗淨蒸食之，或晒乾杵碎炊飯食。或磨作麵作燒餅蒸食皆可。久食則頭暈破腹，間食則宜。

菽蘡根音冒嫂　俗名麵碌礡音禄讀。生水邊下濕地。其葉就地叢生，葉似蒲葉而肥短，葉背如劍脊樣，葉叢中間攛葶，上開淡粉紅花，俱皆六瓣。花頭攢開，如傘蓋狀，結子如韭花蓇葖音骨突。其根如鷹爪黄連樣，色如墐泥色，味甘。

救饑：採根，揩去皴音逡毛，用水淘净，蒸熟食，或晒乾炒熟食，或磨作麵蒸食，皆可。

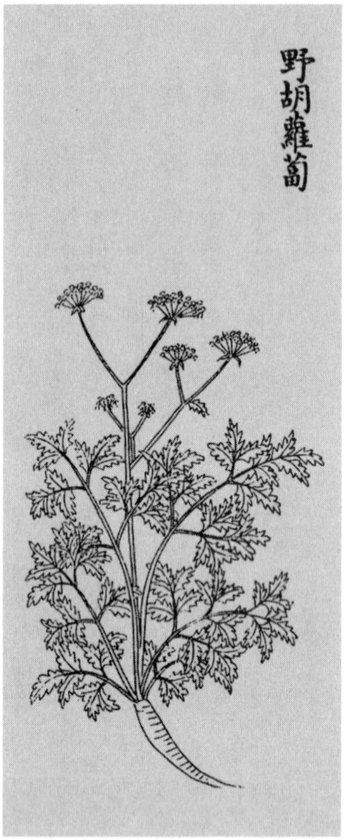

野胡蘿蔔　生荒野中。苗葉似家胡蘿蔔，俱細小。葉間攛生莖叉，梢頭開小白花，衆花攢開如傘蓋狀，比蛇床子花頭又大，結子比蛇床子亦大。其根比家胡蘿蔔尤細小，味甘。

救饑：採根，洗淨蒸食生食亦可。

綿棗兒　一名石棗兒。出密縣山谷中，生石間。苗高三五寸。葉似韭葉而闊，瓦隴樣。葉中攛葶出穗，似雞冠莧穗而細小。開淡紅花，微帶紫色。結小蒴兒。其子似大藍子而小，黑色。根類獨顆蒜，又似棗形而白。味甜性寒。

救饑：採取根，添水久煮極熟，食之。不換水煮食後，腹中鳴有下氣。

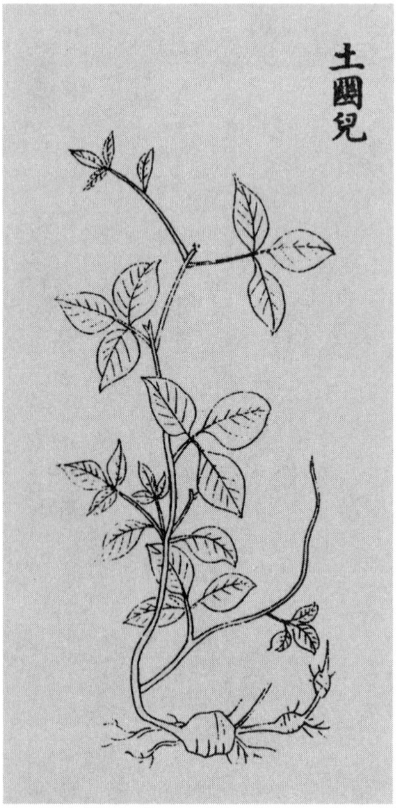

土圞兒　一名地栗子。出新鄭山野中。細莖延蔓而生。葉似菉豆葉，微尖艄；每三葉攢生一處。根似土瓜兒根，微團。味甜。

救饑：採根煮熟食之。

野山藥　生輝縣太行山山野中。妥他果切藤而生。其藤似葡萄條稍細，藤頗紫色。其葉似家山藥葉而大，微尖。根比家山藥極細瘦，甚硬。皮色微赤，味微甜，溫平無毒。

救饑：採根煮熟食之。

治病：今人與《本草》草部下薯蕷同用。

金瓜兒　生鄭州田野中。苗初生，似小葫蘆葉而微小；又似赤雹兒葉。莖方。莖葉俱有毛刺。每葉間出一細藤，延蔓而生。開五瓣尖碗子黄花。結子如馬瓟音雹大，生青熟紅。根形如雞彈微小；其皮土黄色，內則青白色。味微苦，性寒；與酒相反。

救饑：掘取根，換水煮浸去苦味，再以水煮極熟食之。

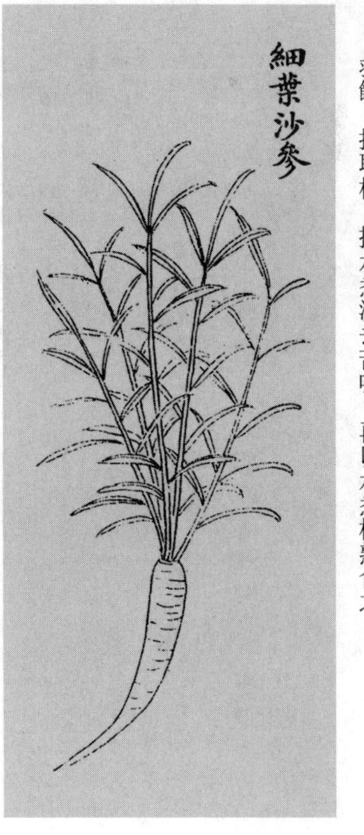

細葉沙參　生輝縣太行山山衝間。苗高一二尺，莖似蒿蘚音秆。葉似石竹子葉而細長；又似水蓑與莎同音梭衣葉，亦細長。梢間開紫花。根似葵根，而粗，如拇音母指大，皮色灰，中間白色。味甜，性微寒。本草有沙參，苗、葉、莖狀，所說與此不同，未敢併入條下，今另爲一條，開載於此。

救饑：掘取根洗淨煮熟食之。

治病：與《本草》草部下沙參同用。

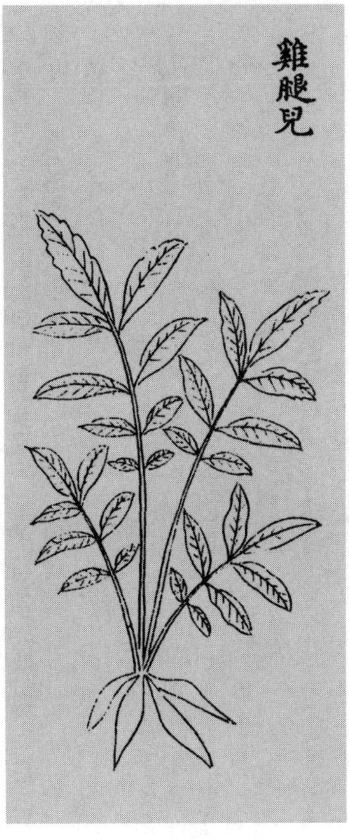

雞腿兒　一名鷄白草。出鈞州山野中。苗高七八寸。細長鋸齒葉硬玉静切厚，背白；其葉似地榆葉而細長。開黃花。根如指大，長三寸許，皮赤內白，兩頭尖艄，味甜。

救饑：採根煮熟食。生喫亦可。

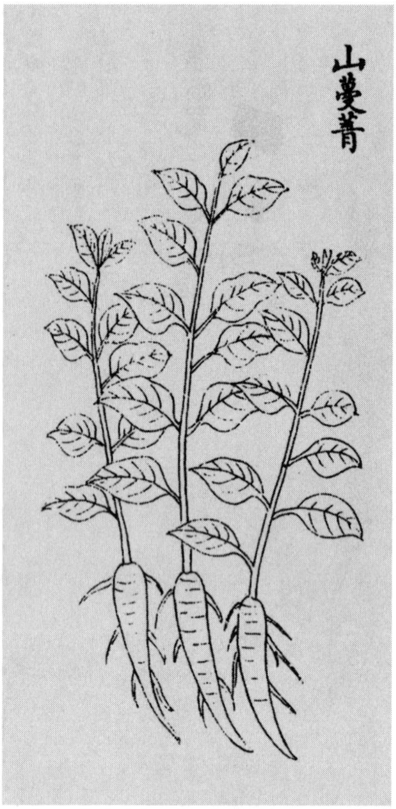

山蔓菁　出鈞州山野中。苗高一二尺。莖葉皆萵苣色，葉似桔梗葉，頗長艄而不對生；又似山小菜葉微窄。根形類沙參，如手指粗。其皮灰色，中間白色。味甜。

救饑：採根煮熟食。生亦可食。

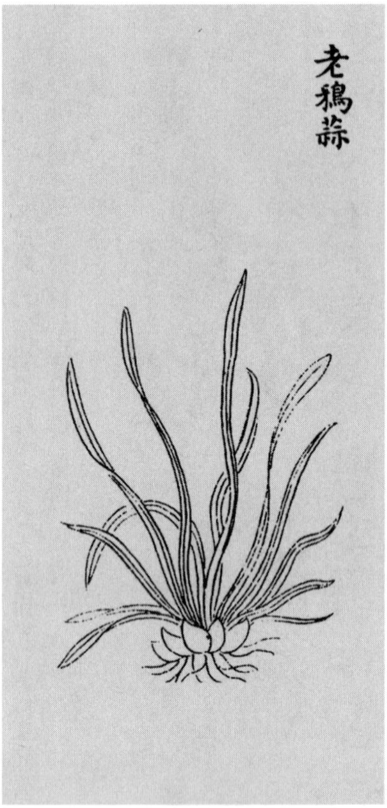

老鴉蒜　生水邊下濕地中。其葉直生，出土四垂葉，狀似蒲而短，背起劒脊，其根形如蒜瓣，味甜。

救饑：採根煠熟，水浸淘淨，油鹽調食。

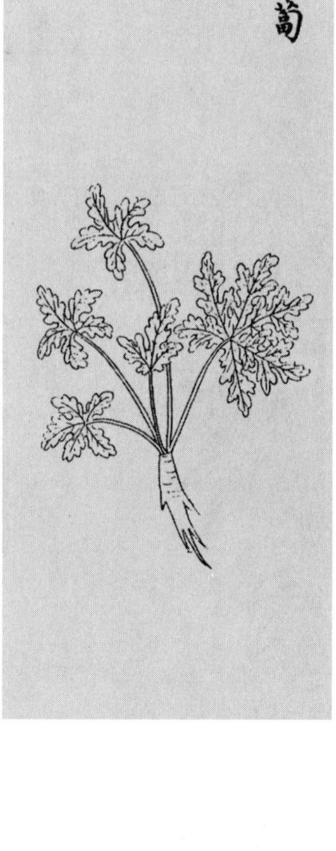

山蘿蔔　生山谷間，田野中亦有之。苗高五七寸，四散分生莖葉。其葉似菊葉而闊大，微有艾香。每莖五七葉排生，如一大葉。梢間開紫花。根似野胡蘿蔔根，而帶黲白色，味苦。

救饑：採根煠熟，水浸，淘去苦味，油鹽調食。

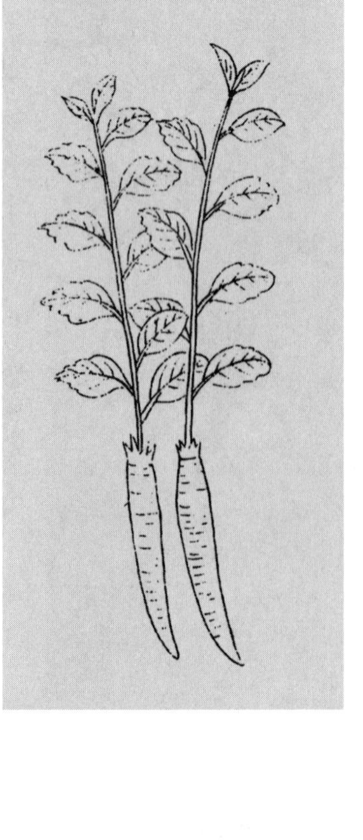

地參　又名山蔓菁。生鄭州沙崗間。苗高一二尺，葉似初生桑科小葉，微短；又似桔梗葉，微長。開花似鈴鐸樣，淡紅紫花。根如拇指大，皮色蒼，內黲白色，味甜。

救饑：採根煮食。

獐牙菜　生水邊。苗初塌地生。葉似龍葍菜葉而長窄，葉頭頗團而不尖，其葉嫩薄，又似牛尾菜葉，亦長窄。其根如芽根而嫩，皮色黑灰，味甜。

救饑：掘根洗淨煮熟，油鹽調食。

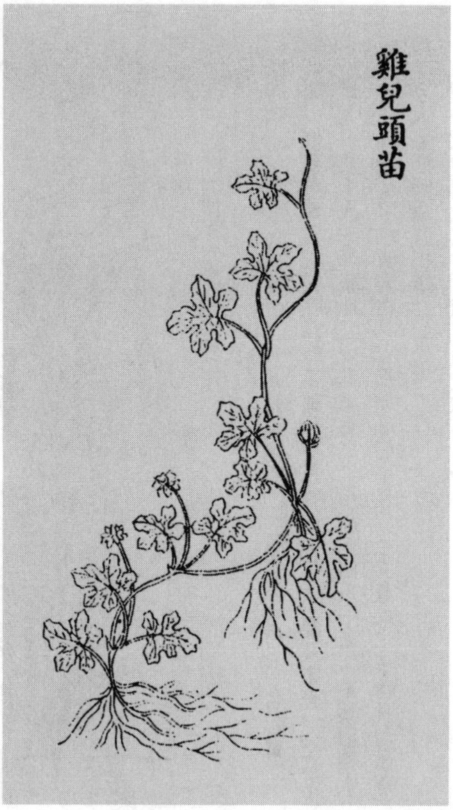

雞兒頭苗　生祥符西田野中。就地妥他果切秧生。葉甚疏稀，每五葉攢生，狀如一葉，其葉花叉有小鋸齒。葉間生蔓，開五瓣黄花。根叉甚多，其根形如香附子而葍長，皮黑肉白，味甜。

救饑：採根，換水煮熟食。

又 卷四

草部

實可食《本草》原有四種新增十六種。

葉及實皆可食《本草》原有六種新增六種。

根葉可食《本草》原有四種新增七種。

笋葉可食《本草》原有三種。

根及花皆可食《本草》原有二種。

根及實皆可食《本草》原有一種新增一種。

花葉皆可食《本草》原有二種新增二種。

莖可食《本草》原有一種新增一種。

笋及實皆可食《本草》原有一種。

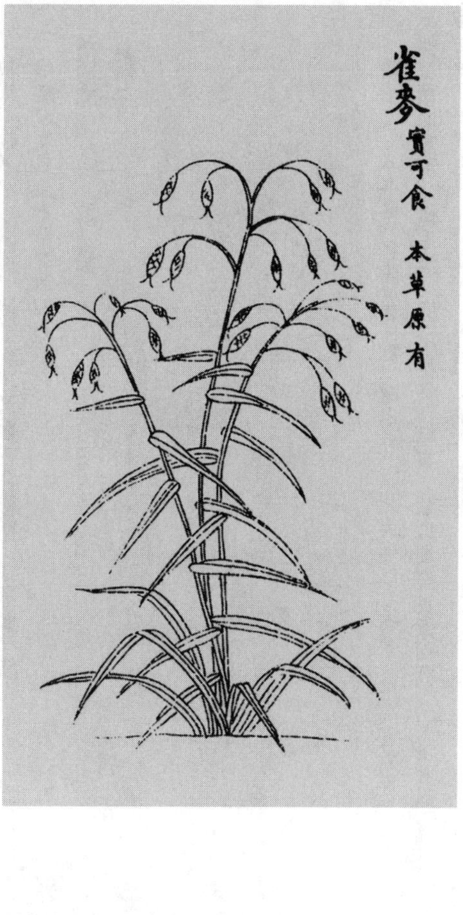

雀麥　本草一名燕麥，一名籥音藥。生於荒野林下，今處處有之。苗似燕麥而又細弱，結穗像麥穗而極細小，每穗又分作小叉穗十數個。子甚細小，味甘，性平，無毒。

救饑：採子舂去皮搗作麵蒸食，作餅食，亦可。

治病：文具《本草》草部條下。

回回米　　本草名薏苡仁，一名解蠡音离，一名屋菼音毯，一名起實，一名贛音紺，俗名草珠兒，又呼爲西番蜀秫音蜀述。生真定平澤及田野，交趾生者，子最大。彼土人呼爲贛珠。今處處有之。苗高三四尺。葉似黍葉而稍大。開紅白花。作穗子。結實青白色，形如珠而稍長，故名薏珠。子味甘，微寒，無毒。今人俗亦呼爲菩提子。

救饑：採實舂取其中仁煮粥食，取葉煮飲亦香。

治病：文具《本草》草部『苡薏仁』條下。

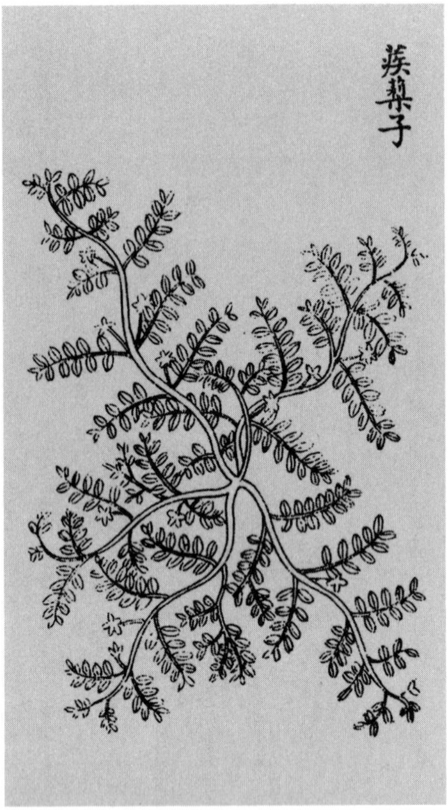

蒺藜子　　《本草》，一名旁通，一名屈人，一名止行，一名犲音柴羽，一名升推，一名即蔾，一名茨。生馮翊平澤道傍；今處處有之。布地蔓生。細葉，小黄花，結子有三角刺人是也。味苦辛，性温，微寒，無毒。烏頭爲之使。又有一種白蒺藜，出同州沙苑，開黄紫花。作莢子，結子狀如腰子樣，小如黍粒。補腎藥多用。味甘，有小毒。

救饑：收子，炒微黄，搗去刺，磨麵，作燒餅，或蒸食，皆可。

治病：文具《本草》草部條下。

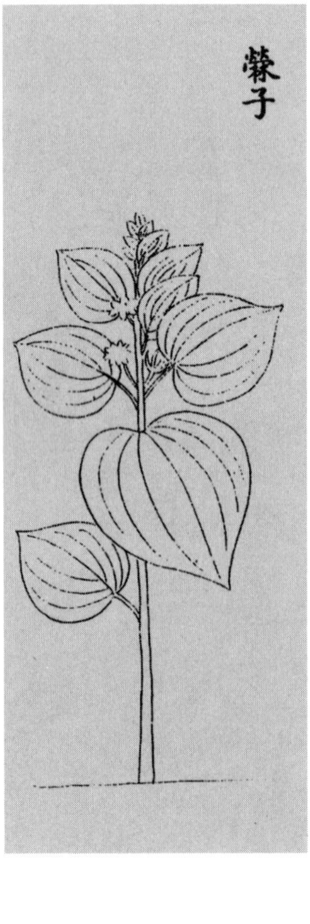

檾子　　《本草》名苘與檾同實。處處有之。北人種以打繩索。苗高五六尺。葉似芋葉而短薄，微毛澀。開金黄花。結實，殼似蜀葵實殼而圓大，俗呼爲檾饅頭。子黑色，如蟛豆大。味苦，性平，無毒。

救饑：採嫩檾饅頭取子生食，子堅實時，收取子浸去苦味，晒乾磨麵食。

治病：文具《本草》草部『苘實』條下。

稗子　有二種：水稗，生水田邊；旱稗，生田野中。今皆處處有之。苗葉似穇子，葉色深綠；脚葉頗帶紫色。梢頭出匾穗，結子如黍粒大，茶褐色；味微苦，性微溫。

救饑：採子擣米煮粥食，蒸食尤佳，或磨作麵食，皆可。

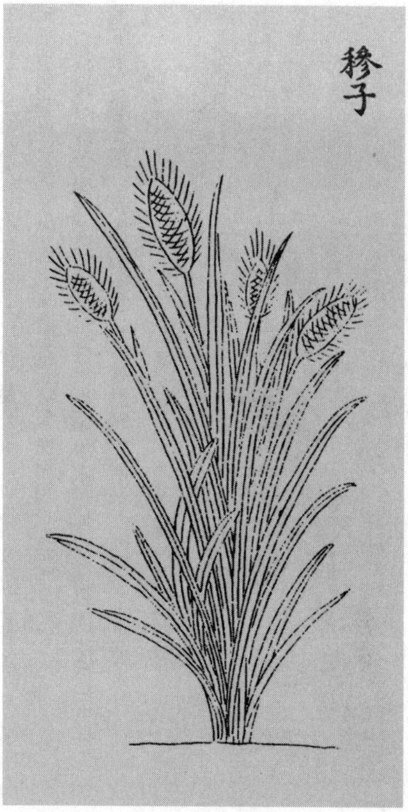

穇子　生水田中及下濕地內。苗葉似稻，但差短。梢頭結穗，彷佛稗子穗。其子如黍粒大，茶褐色，味甘。

救饑：採子擣米煮粥，或磨作麵蒸食，亦可。

川穀　生汜水縣田野中。苗高三四尺。葉似初生薥秫音蜀述葉微小，葉間叢開小黄白花。結子似草珠兒微小，味甘。

救饑：採子擣爲米。生用冷水淘淨後，以滾水湯三五次，去水下鍋，或作粥，或作炊飯食，皆可，并堪造酒。

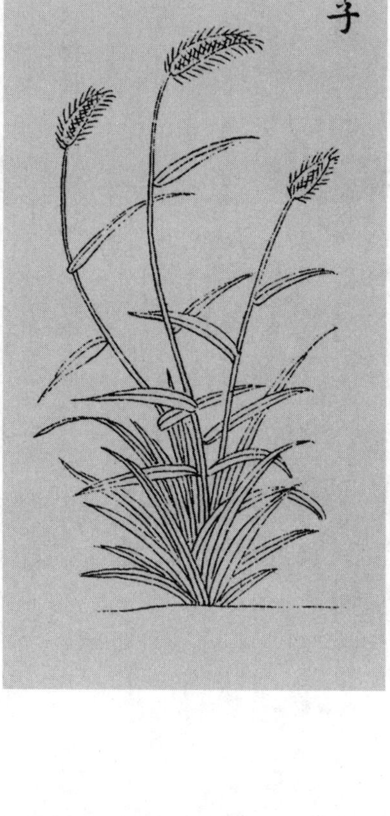

莠草子　生田野中。苗葉似穀，而葉微瘦。梢間開茸音戎細毛穗，其子比穀細小，舂米類折米。熟時即收，不收即落。味微苦，性溫。

救饑：採莠穗，揉音柔取子擣米，作粥或作水飯，皆可食。

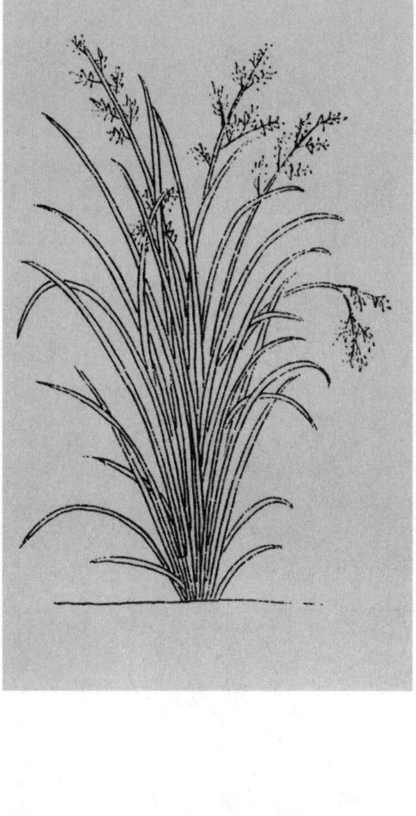

野黍　生荒野中。科苗皆類家黍，而莖葉細弱；穗甚瘦小，黍粒亦極細小。味甜，性微溫。

救饑：採子，舂音冲去粗糠，或搗，或磨麵蒸糕，食甚甜。

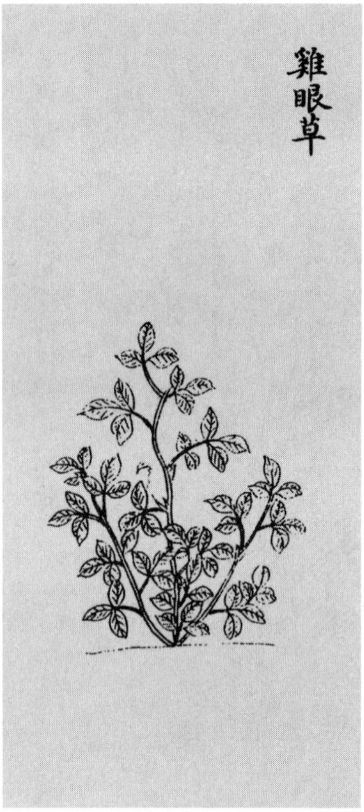

雞眼草　又名掐音恰不齊。以其葉用指甲掐之，作劐音霍不齊，故名。生荒野中，塌地生。葉如雞眼大，似三葉酸漿葉而圓；又似小蟲兒臥單葉而大。結子小如粟粒，黑茶褐色，味微苦。氣與槐相類，性溫。

救饑：採子搗取米，其米青色。先用冷水淘淨，卻以滾水泡三五次，去水下鍋。或煮粥，或作炊飯食之。或磨麵作餅食，亦可。

鷰麥　田野處處有之，其苗似麥。攛七宫切葶，但細弱。葉亦瘦細，抪音布莖而生。結細長穗，其麥粒極細小，味甘。

救饑：採子，舂去皮，搗磨爲麵食。

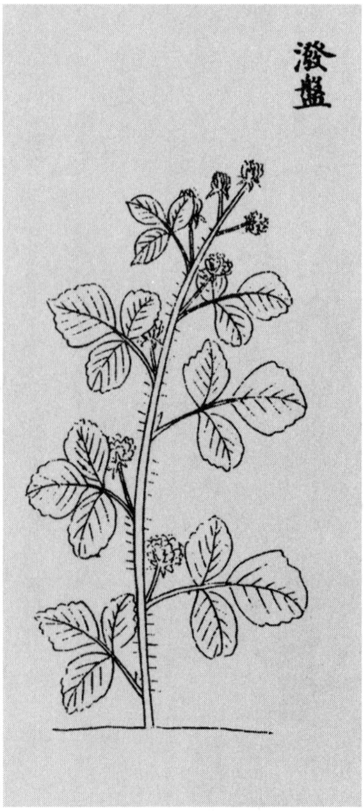

潑盤　一名托盤。生汝南荒野中，陳蔡間多有之。苗高五七寸。莖葉有小刺。其葉彷彿似艾葉稍團，葉背亦白。每三葉攢生一處。結子作穗，如半柿大，類小盤堆石榴顆狀。下有蒂承，如柿蒂形。味甘酸，性溫。

救饑：以潑盤顆粒紅熟時採食之。彼土人取以當果。

絲瓜苗　人家園籬邊多種之。延蔓而生。葉似括樓葉而花叉大。每葉間出一絲藤，纏附草木上。莖葉間開五瓣大黃花。結瓜形如黃瓜而大，色青，嫩時可食；老則去皮，內有絲縷，可以擦洗油膩器皿。味微甜。

救饑：采嫩瓜切碎，煠熟，水浸淘淨，油鹽調食。

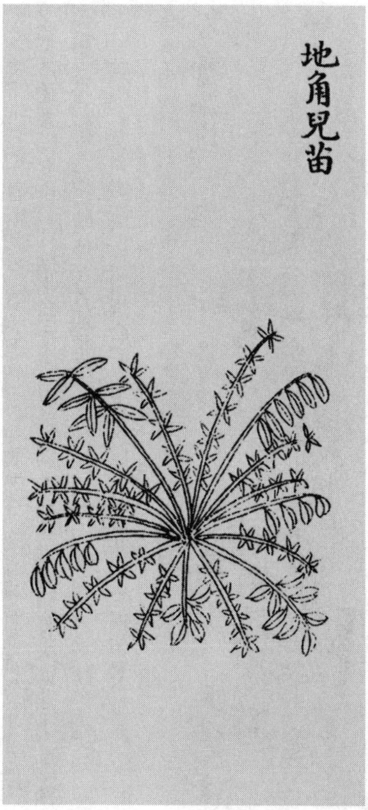

地角兒苗　一名地牛兒苗。生田野中，塌地生。一根就分數十莖，其莖甚稠。葉似胡豆葉微小，葉生莖面，每攢四葉對生作一處。莖傍另又生葶。梢頭開淡紫花。結角似連翹角而小，中有子，狀似蹹豆顆，味甘。

救饑：採嫩角生食，硬角煮熟食豆。

馬瓟兒音雹　生田野中，就地拖秧而生。葉似甜瓜葉極小。莖蔓亦細。開黃花。結實比雞彈微小，味微酸。

救饑：摘取馬瓟熟者食之。

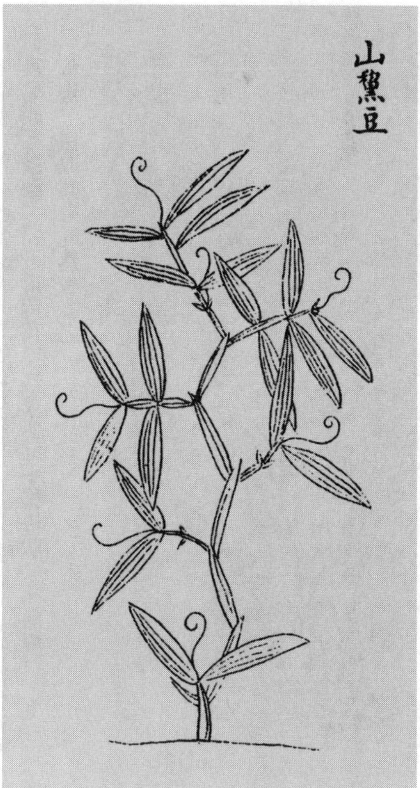

山黧豆　一名山豌豆。生密縣山野中。苗高尺許。其莖，窊面劍脊。葉似竹葉而齊短，兩兩對生。開淡紫花。結小角兒。其豆匾如蹹豆，味甜。

救饑：採取角兒煮食，或打取豆食，皆可。

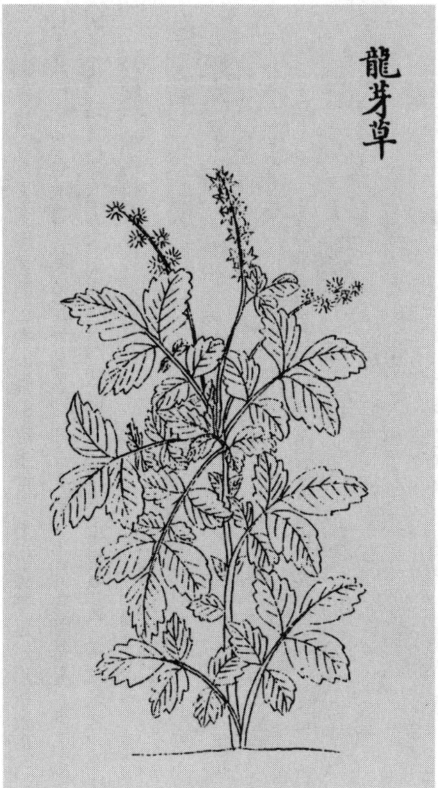

龍芽草　一名瓜香草。生輝縣鴨子口山野間。苗高一尺餘。莖多澀毛。葉形如地棠葉而寬大；葉頭齊團。每五葉或七葉作一莖，排生。葉莖腳上，又有小芽葉兩兩對生。梢間出穗，開五瓣小圓黄花。結青毛蓇葖，有子，大如黍粒，味甜。

救饑：收取其子，或搗或磨，作麵食之。

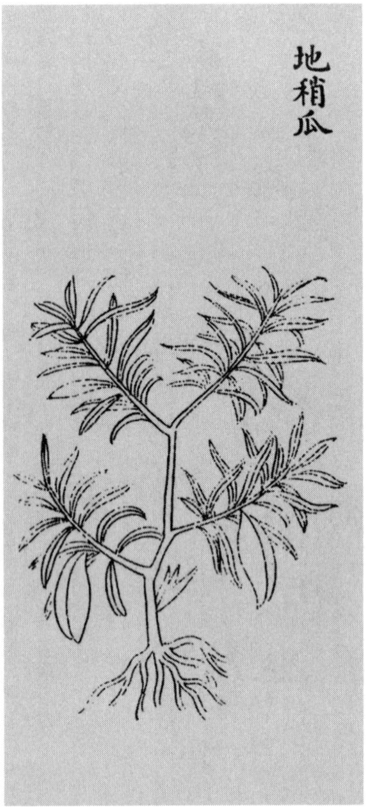

地稍瓜　生田野中。苗高尺許，作地攤科生。葉似獨掃葉而細窄，光硬；又似沙蓬葉，亦硬；周圍攢莖而生。莖葉開小白花。結角長大如蓮子，兩頭尖艄音峭；狀又似鴉嘴形，名地稍瓜。味甘。

救饑：其角嫩時，摘取煠食；角若皮硬，剝取角中嫩瓤生食。

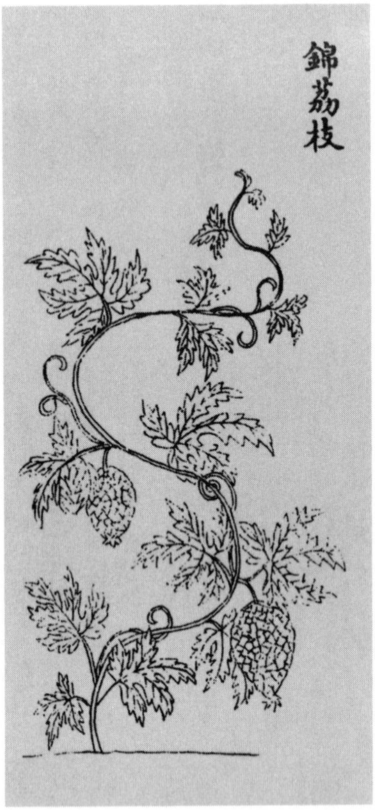

錦荔枝　又名癩葡萄。人家園籬邊多種。苗引藤蔓延，附草木生。莖長七八尺，莖有毛澀。葉似野葡萄葉，而花叉多，葉間生細絲蔓。開五瓣黄碗子花。結實如雞子大，尖艄紋皺，狀似荔枝而大，生青熟黄。內有紅瓤，味甜。

救饑：採荔枝黄熟者，食瓤。

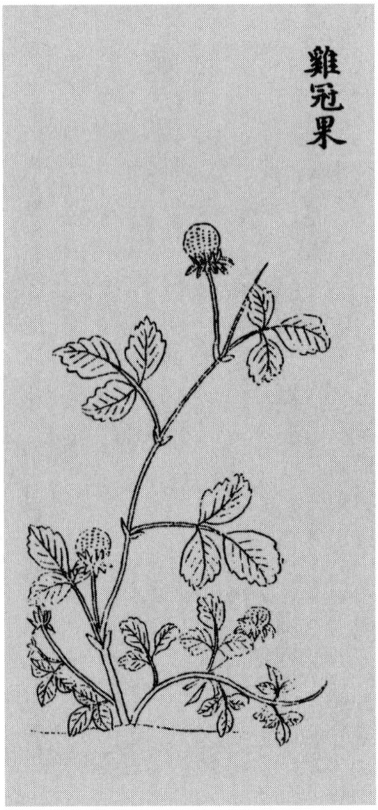

雞冠果　一名野楊梅。生密縣山谷中。苗高五七寸。葉似潑盤葉而小；又似雞兒頭葉微團。開五瓣黄花。結實似紅小楊梅狀。味甜酸。

救饑：採取其果紅熟者食之。

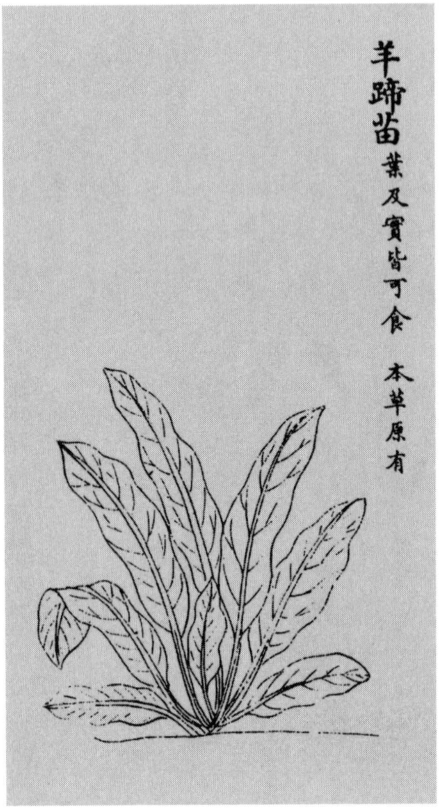

羊蹄苗　一名東方宿，一名連蟲陸，一名鬼目，一名蓄；俗呼豬耳朵。生陳留川澤，今所在有之。苗初塌地生，後攛生莖叉，高二尺餘。其葉狹長，頗似萵苣，而色深青；又似大藍葉，微闊。莖節間紫赤色。其花青白成穗。其子三棱。根似牛蒡而堅實。味苦。性寒無毒。

救饑：採嫩苗葉煠熟，水浸，淘淨苦味，油鹽調食。其子熟時，打子搗爲米，以滾水湯三五次，淘淨，下鍋作水飯食。微破腹。

治病：文具《本草》草部條下。

蒼耳　本草名葈音徙耳。俗名道人頭，又名喝起草，一名胡葈，一名地葵，一名葹音詩，一名常思，一名羊負來。《詩》謂之卷耳。《爾雅》謂之苓耳。生安陸川谷及六安田野，今處處有之。葉青白類粘糊菜葉。莖、葉秋間結實比桑椹短小而多刺其實。味苦甘，性温葉味苦辛，性微寒有小毒。又云，無毒。

救饑：採嫩苗葉煠熟，換水浸去苦味，淘淨，油鹽調食。其子炒微黃，搗去皮，磨爲麵作燒餅，蒸食亦可。或用子熬油點燈。

治病：文具《本草》草部『葈耳』條下。

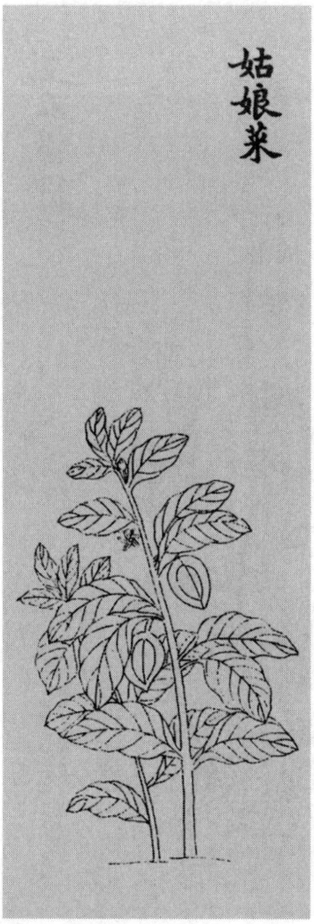

姑娘菜　俗名燈籠兒，又名掛金燈。本草名酸漿，一名醋漿。生荆楚川澤，及人家田園中，今處處有之。苗高一尺餘。苗似水莨而小。葉似天茄兒葉窄小，又似人莧葉，頗大而尖。開白花。結房如囊，似野西瓜。蒴形如撮口布袋，又類燈籠樣。囊中有實，如櫻桃大，赤黃色；味酸。性平寒，無毒。葉味微苦。別條又有一種酸漿草，三葉，與此不同，治證亦別。

救饑：採葉煠熟，水浸，淘去苦味，油鹽調食，子熟，摘取食之。

治病：文具《本草》草部『酸漿』條下。

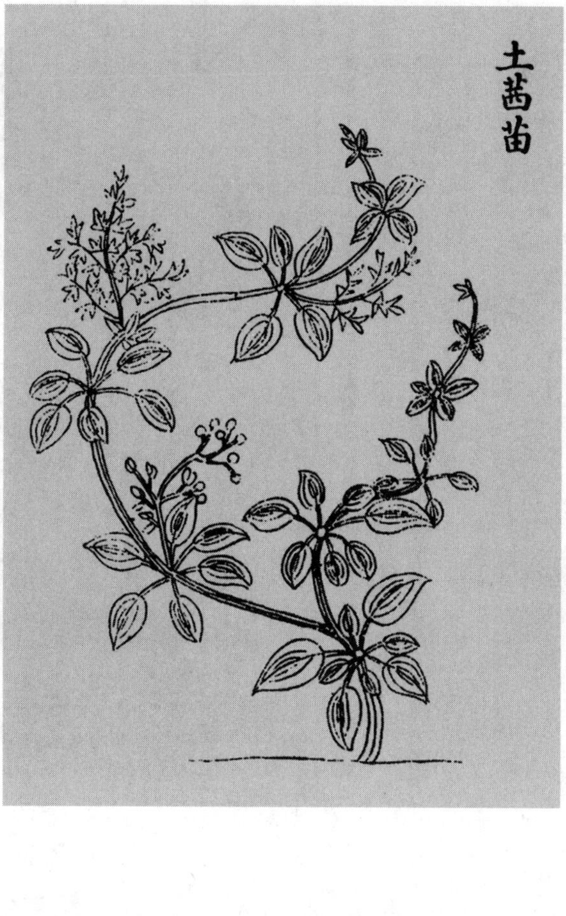

土茜苗　本草根名茜根，一名地血，一名茹藘音閭，一名茅蒐音搜，一名蒨與茜同。生喬山川谷，徐州人謂之牛蔓。西土出者佳，今北土處處有之，名土茜。根可以染紅。葉似棗葉形，頭尖下闊，紋脈豎直。莖方。莖葉俱澀。四五葉對生節間。莖蔓延，附草木。開五瓣淡銀褐花。結子小如菉豆粒，生青熟紅。根紫赤色。味苦，性寒，無毒。一云味甘，一云味酸。畏鼠姑。葉味微酸。

救饑：採葉煠熟，水浸作成黃色，淘淨，油鹽調食。其子紅熟摘食。

治病：文具《本草》草部『茜根』條下。

王不留行　又名剪金草，一名禁宮花，一名剪金花。生太山山谷；今祥符沙堈間亦有之。苗高一尺餘。其莖對節生叉。葉似石竹子葉而寬短，抪莖對生。腳葉似槐葉而狹長，開粉紅花。結蒴如松子大，似罌粟殼樣極小。有子如葶藶子大，而黑色。味苦甘。性平，無毒。

救饑：採嫩葉煠熟，換水，淘去苦味，油鹽調食，子可搗爲麵食。

治病：文具《本草》草部條下。

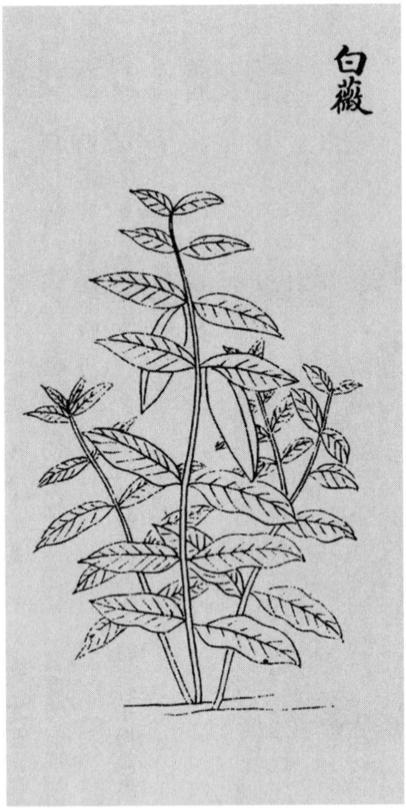

白薇　一名白幕，一名薇草，一名春草，一名骨美。生平原川谷，並陝西諸郡及滁州。今鈞州密縣山野中亦有之。苗高一二尺，莖葉俱青。頗類柳葉而闊短，又似女婁腳葉而長硬毛澀。開花紅色，又云紫花。結角似地稍瓜而大，中有白瓤。根狀如牛膝根而短，黄白色。味苦鹹，性平，大寒，無毒。惡黄芪、大黄、大戟、乾薑、乾漆、山茱萸、大棗。

救饑：採嫩葉煠熟，水浸淘淨，油鹽調食，并取嫩角煠熟，亦可食。

治病：文具《本草》草部條下。

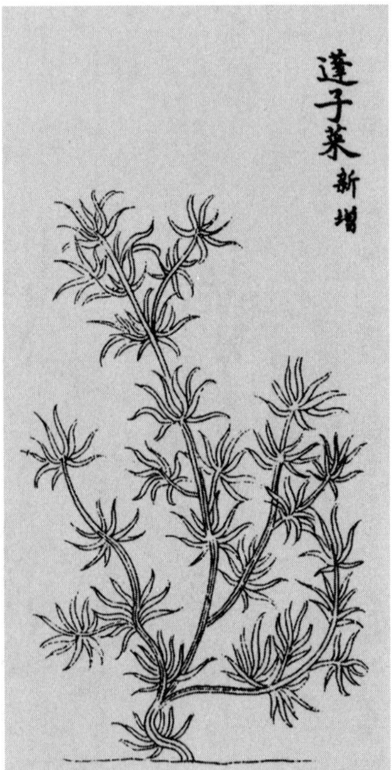

蓬子菜　生田野中，所在處處有之。其苗嫩時，莖有紅紫線楞。葉似鹼蓬葉微細。苗老結子。葉則生出叉刺。其子如獨掃子大。苗葉味甜。

救饑：採嫩苗葉煠熟，水浸淘淨，油鹽調食。曬乾煠食尤佳。及採子搗米，青色。或煮粥，或磨麵作餅蒸食，皆可。

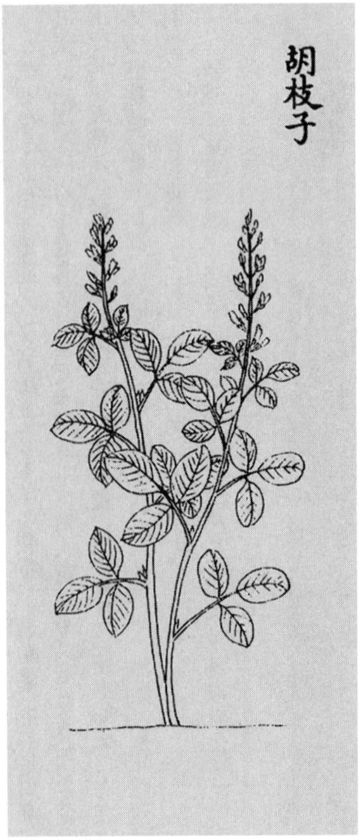

胡枝子　俗亦名隨軍茶。生平澤中。有二種：葉形有大小，大葉者，類黑豆葉；小葉者，莖類蓍草，葉似苜蓿葉而長大。花色有紫、白。結子如粟粒大，氣味與槐相類。性溫。

救饑：採子微舂，即成米。先用冷水淘淨，復以滾水湯三五次，去水下鍋，或作粥，或作炊飯，皆可食。加野菉豆，味尤佳。及採嫩葉蒸曬爲茶，煮飲亦可。

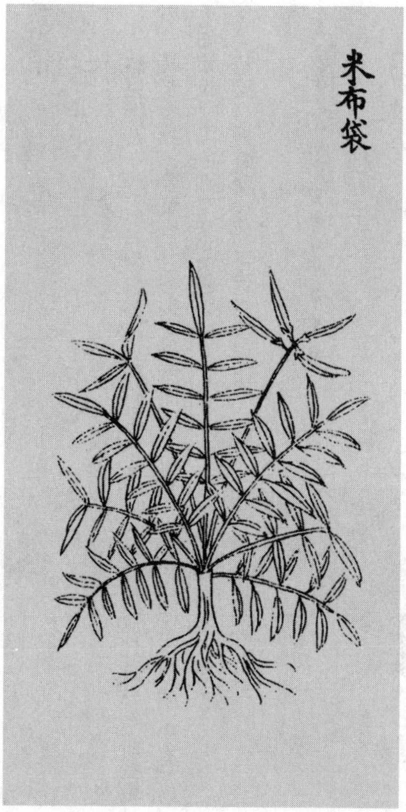

米布袋　生田野中，苗塌地生。葉似澤漆葉而窄，其葉順莖排生。梢頭攢結三四角，中有子，如黍粒大，微匾。味甜。

救饑：採角取子，水淘洗淨，下鍋煮食。其嫩苗葉煠熟，油鹽調食亦可。

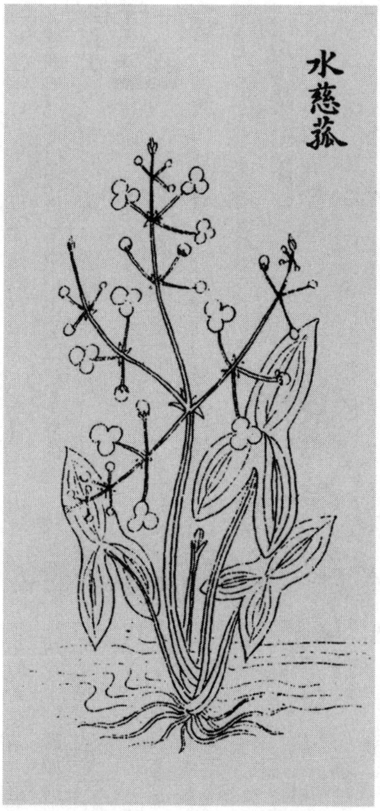

水慈菰　俗名爲剪刀草，又名剪搭草。生水中。其莖面窊背方，背有線楞。其葉三角，似剪刀形。葉中攛生莖叉，梢間開三瓣白花，黄心，結青蓇葖，如青楮桃狀，頗小。根類葱根而粗大，其味甜。

救饑：採近根嫩筍莖，煠熟，油鹽調食。

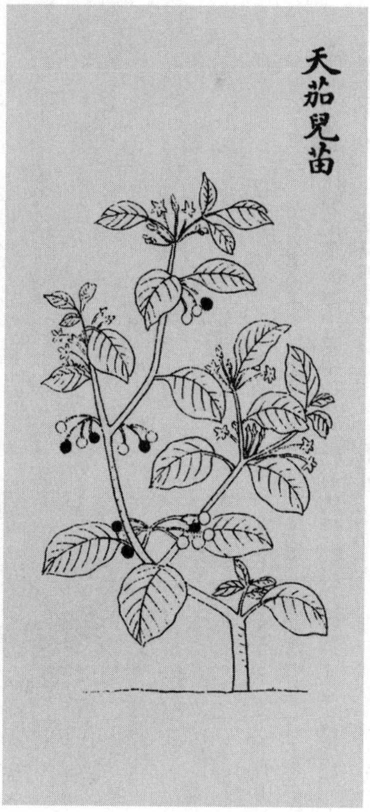

天茄兒苗　生田野中。苗高二尺許。莖有線楞。葉似姑娘草葉而大，又似和尚菜葉卻小。開五瓣小白花。結子似野葡萄大，紫黑色，味甜。

救饑：採嫩葉煠熟，水浸去邪味，淘淨，油鹽調食。其子熟時，亦可摘食。

治病：今人傳說：採葉傳貼腫毒、金瘡，拔毒。

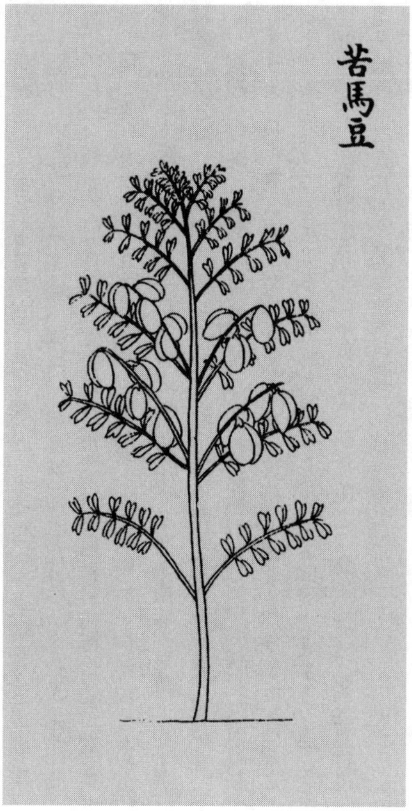

苦馬豆　生延津縣郊野中，在處有之。苗高二尺許。莖似黄芪苗，莖上有細毛。葉似胡豆葉微小，又似蒺藜葉卻大。枝葉間開紅紫花。結殼如拇指頂大半。頂間多虛，俗呼爲羊尿胞，內有子，如檾音頃子大，茶褐色。子葉俱味苦。

救饑：採葉煠熟，換水浸去苦味，淘淨，油鹽調食。及取子水浸，淘去苦味，曬乾，或磨，或搗爲麵，作燒餅、蒸食，皆可。

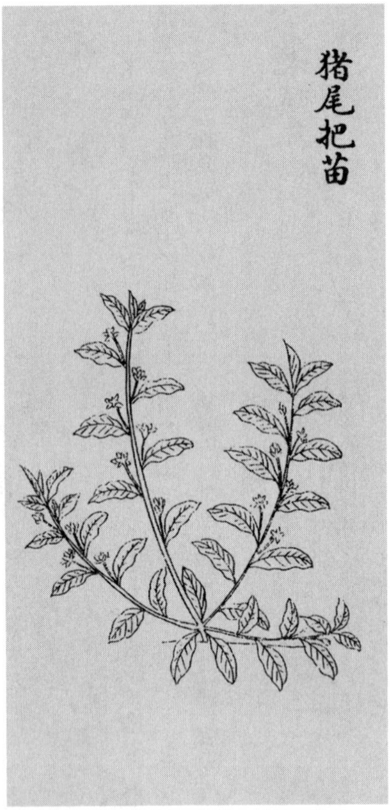

猪尾把苗　一名狗脚菜。生荒野中。苗長尺餘。葉似甘露兒葉而甚短小，其頭頗齊。莖葉皆有細毛。每葉間，順條開小白花。結小蒴兒，中有子，小如粟粒，黑色。苗葉味甜。

救饑：采嫩葉炸熟，換水浸淘淨，油鹽調食。子可搗爲麵食。

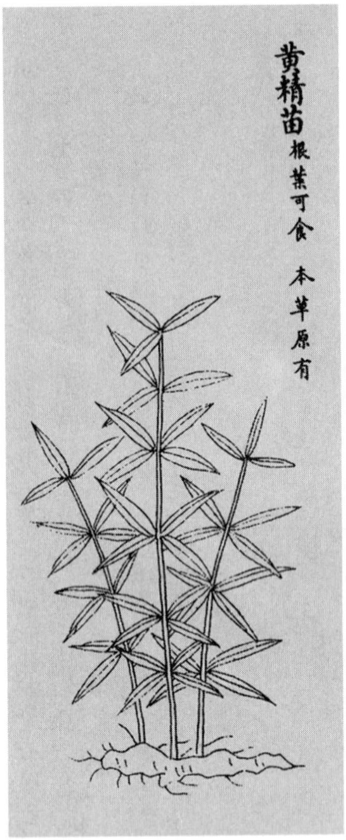

黄精苗　俗名筆管菜，一名重樓，一名菟竹，一名雞格，一名救窮，一名鹿竹，一名萎蕤，一名仙人餘糧，一名垂珠，一名馬箭，一名白及。生山谷，南北皆有之。嵩山茅山者佳。根生肥地者大如拳，薄地者猶如拇指。葉似竹葉，或二葉，或三葉，或四五葉，俱皆對節而生。味甘，性平，無毒。又云莖光滑者，謂之太陽之草，名曰黄精，食之可以長生。其葉不對節，莖葉毛鉤子者，謂之太陰之草，名曰鉤吻，食之入口立死。又云莖不紫、花不黄，爲異。

救饑：採嫩葉煠熟，換水浸去苦味，淘淨，油鹽調食。山中人採根九蒸九暴，食甚甘美。其蒸暴：用甕去底，安釜上，裝滿黄精，密蓋蒸之，令氣溜，即暴之。如此九蒸九暴，令極熟，不熟則刺人喉咽。久食長生辟穀，其生者，若初服隻可一寸半，漸漸增之，十日不食他食。能長服之，食止三尺；服三百日後，盡見鬼神，餌必升天。又云花實可食，罕見難得。

治病：文具《本草》草部條下。

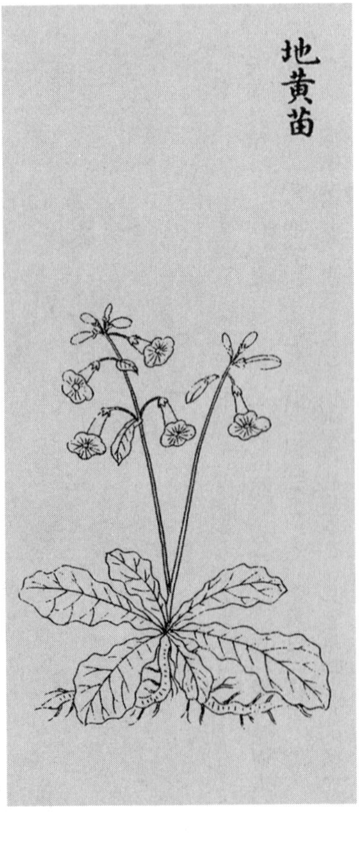

地黄苗　俗名婆婆奶；一名地髓，一名芐音戶，一名芑音杞。生咸陽川澤，今處處有之。苗初搨地生。葉如山白菜葉而毛澀，葉面深青色；又似芥菜葉而不花叉，比芥菜葉頗厚。葉中攛莖，上有細毛。莖梢開筒子花，紅黄色，北人謂之牛奶子花。結實如小麥粒。根長四五寸，細如手指，皮赤黄色，味甘苦，性寒無毒。惡貝母，畏無荑，得麥門冬、清酒良。忌鐵器。

救饑：採葉煮羹食。或搗絞根汁，搜麵作餅飪，汲水淘食之。或取根浸洗淨，九蒸九暴，任意服食。或煎以爲煎食。久服輕身，不老，變白，延年。

治病：文具《本草》草部條下。

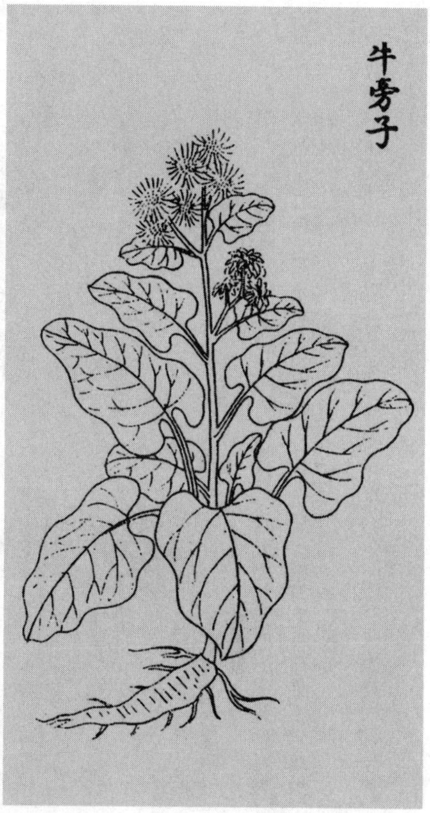

牛旁子　本草名惡實米，去蕚名鼠粘子，俗名夜叉頭，根謂之牛菜。生魯山平澤，今處處有之。苗高二三尺，葉如芋葉，長大而澀，花淡紫色。實似蘿蔔而褐色，外殼如栗梂而小，多刺；鼠過之，則綴惹不可脫，故名。殼中有子，如半粒麥而匾小。根長尺餘，粗如拇指，其色灰黲，味辛，性平。一云，味甘無毒。

救饑：采葉炸熟，水浸去邪氣，淘洗淨，油鹽調食；及取根，洗淨，煮熟食之。久食甚益人，身輕耐老。

治病：文具《本草》草部『惡實』條下。

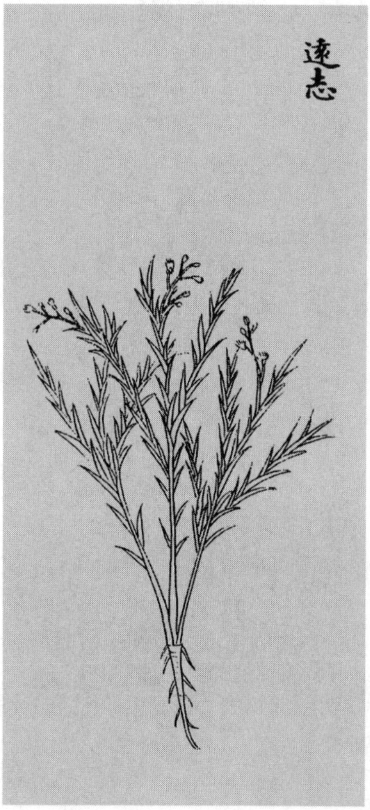

遠志　一名棘菀，一名葽音腰繞，一名細草。生太山及冤句川谷，河陝商齊泗州亦有，俗傳夷門遠志最佳；今密縣梁家衝山谷間多有之。苗名小草，葉似石竹子葉，又極細。開小紫花，亦有開小紅白花者。根黃色，形如蒿根，長及一尺許；亦有根黑色者。根葉俱味苦，性溫，無毒。得茯苓、冬葵子、龍骨良。殺天雄、附子毒。畏珍珠、藜蘆、蜚蠊、齊蛤、蠐螬。

救饑：採嫩苗葉煠熟，換水浸去苦味，淘淨，油鹽調食。及掘取根，換水煮浸，淘去苦味，去心，再換水煮極熟，食之。不去心，令人心悶。

治病：文具《本草》草部條下。

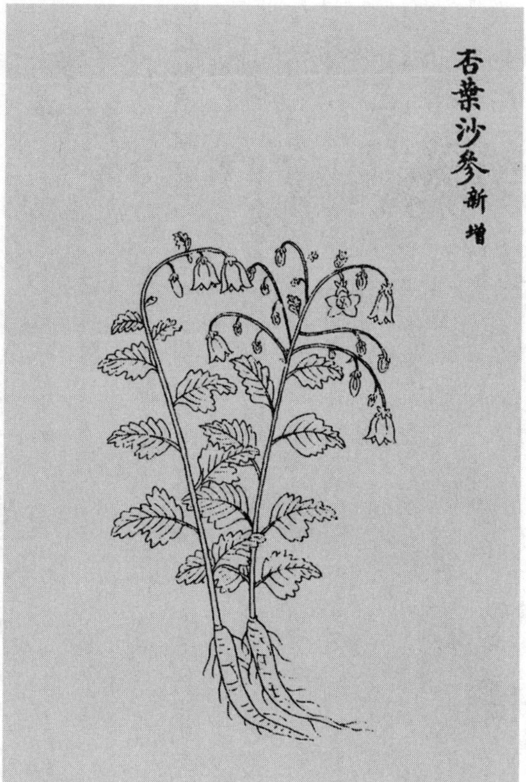

杏葉沙參　一名白麵根，生密縣山野中。苗高一二尺，莖色青白。葉似杏葉而小，邊有叉牙；又似山小菜，葉微尖而背白。梢間開五瓣白碗子花。根形如野胡蘿蔔，頗肥，皮色灰黲，中間白色，味甜，性微寒。本草有沙參，苗葉根莖，其說與此形狀皆不同，未敢併入條下，乃另開於此。其杏葉沙參，又有開碧色花者。

救饑：採苗葉煠熟，水浸淘淨，油鹽調食。掘根換水煮食，亦佳。

治病：與《本草》草部下沙參同用。

藤長苗　又名旋菜。生密縣山坡中，拖蔓而生。苗長三四尺餘。莖有細毛。葉似滴滴金葉而窄小，頭頗齊。開五瓣粉紅大花。根似打碗花根。根葉皆味甜。

救饑：採嫩苗葉煠熟，水浸淘淨，油鹽調食。掘根，換水煮熟，亦可食。

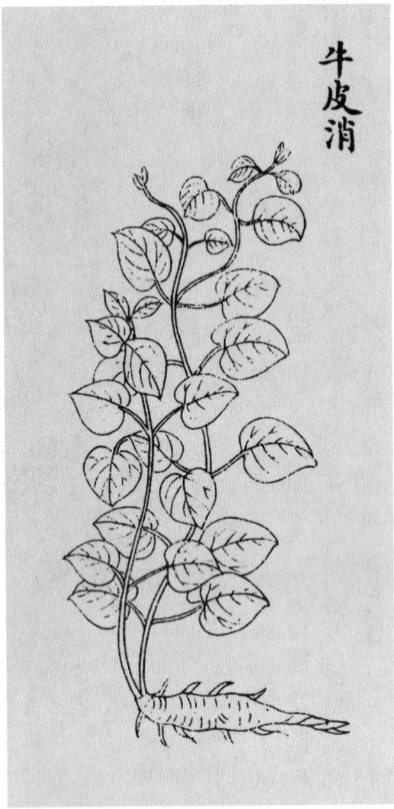

牛皮消　生密縣野中，拖蔓而生。藤蔓長四五尺。葉似馬兜鈴葉寬大，而薄，又似何首烏葉，亦寬大。開白花，結小角兒。根類葛根而細小，皮黑，肉白，味苦。

救饑：採葉煠熟，水浸去苦味，油鹽調食。及取根，去黑皮，切作片，換水煮去苦味，淘洗淨，再以水煮極熟，食之。

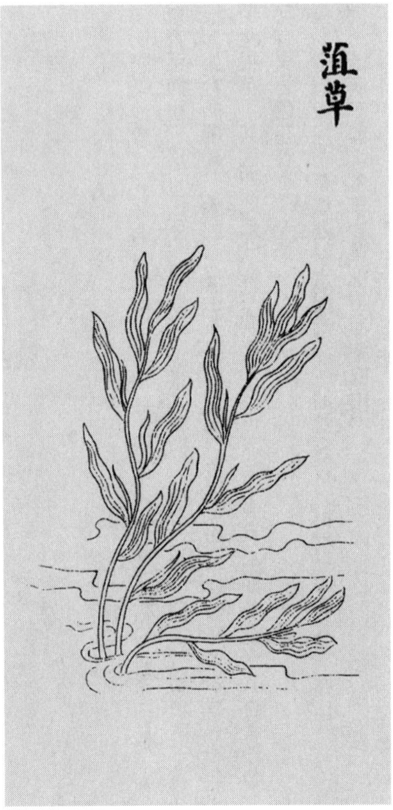

蒩草上音鮓　即水藻也。生陂塘及水泊中。莖如粗線，長三四尺。葉形似柳葉，而狹長，故名柳葉蒩。又有葉似蓬子葉者。根粗如釵股而色白，味微鹹，性微寒。

救饑：撈取葉連嫩根揀擇，洗淘潔淨，剉碎煠熟，油鹽調食。或加少米煮粥食，尤佳。

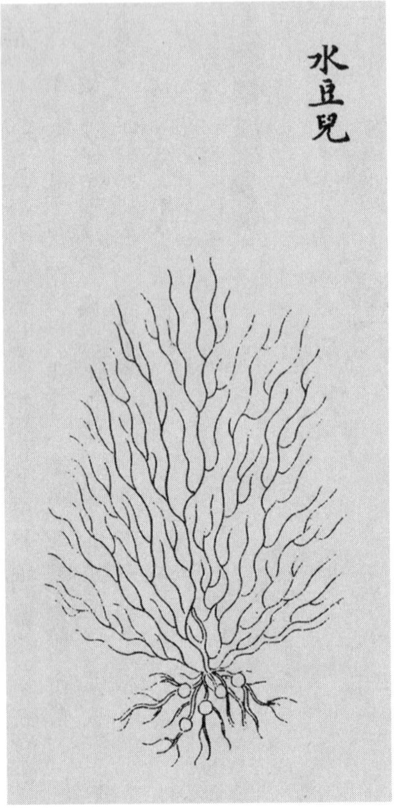

水豆兒　一名葳菜。生陂塘水澤中。其莖葉比蒩草又細，狀類細線，連綿不絕。根如釵股而色白，根下有豆，如退皮菉豆瓣，味甘。

救饑：採秧及根豆，擇洗潔淨煮食。生醃食亦可。

草三奈

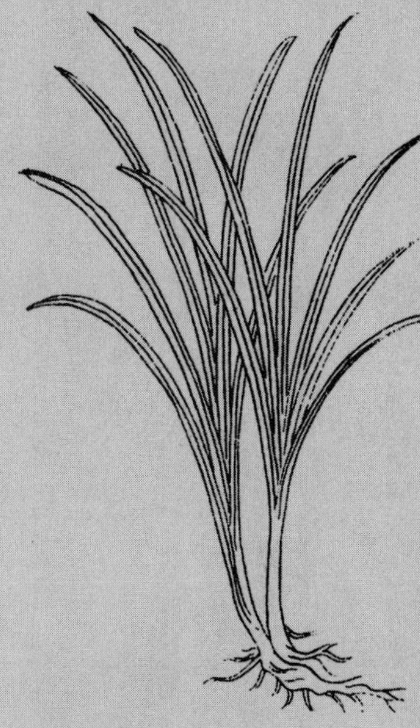

草三奈　生密縣梁家衝山谷中。苗高一尺許。葉似蓑草而狹長。開小淡紅花。根似雞爪形而粗，亦香。其味甘，微辛。

救饑：採根，換水煮食；近根嫩白新葉，亦可煠食。

水葱

水葱　生水邊及淺水中。科苗彷彿類家葱，而極細長。梢頭結青葖，彷彿類葱青葖而小。開黪白花。其根類葱根，皮色紫黑。根苗俱味甘，微鹹。

救饑：採嫩苗連根揀擇洗淨，煠熟，水浸淘淨，油鹽調食。

蒲笋 笋葉可食 本草原有

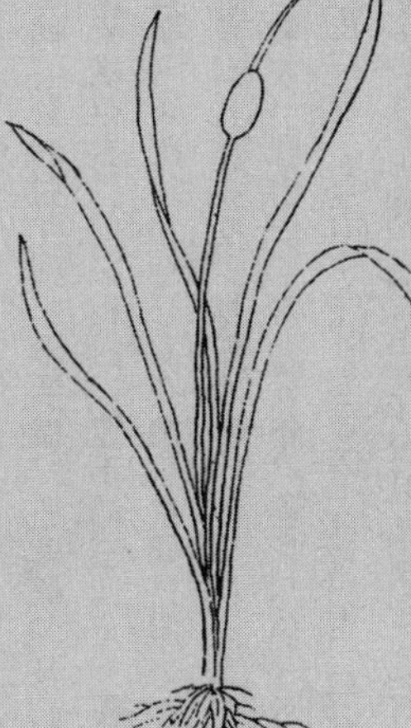

蒲笋　《本草》名其苗爲香蒲，即甘蒲也；一名睢，一名醮。俚俗名此蒲爲香蒲，謂菖蒲爲臭蒲。其香蒲，水邊處處有之。根比菖蒲根極肥大而少節。其葉初未出水時，葉莖紅白色，採以爲筍。後攛梗於叢葉中，花抱梗端，如武士棒杵，故俚俗謂蒲棒。蒲黄，即花中蕊屑也，細若金粉，當欲開時，有便取之。市廛間亦採，以蜜搜作果食貨賣，甚益小兒。味甘，性平，無毒。

救饑：採近根白筍，揀剝洗淨，煠熟，油鹽調食，蒸食亦可。採根刮去粗皴，曬乾，磨麵，打餅蒸食皆可。

治病：文具《本草》草部『香蒲及蒲黄』條下。

蘆笋

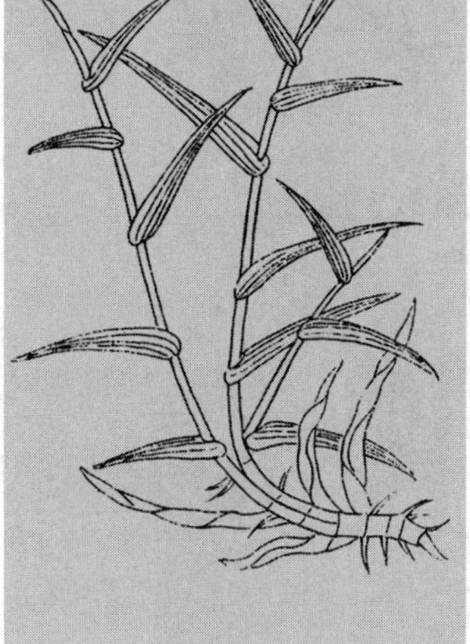

蘆笋　其苗名葦子草。本草有蘆根，《爾雅》謂之葭華上音佳，下是棰切。生下隰陂澤中。其狀都似竹，但差小，而葉抱莖生，無枝叉。花白，作穗如茅花。根如竹根，亦差小而節疏。露出浮水者，不堪用。味甘，一云辛，性寒。

救饑：採嫩筍煠熟，油鹽調食。其根甘甜，亦可生咂食之。

治病：文具《本草》草部『蘆根』條下。

茅芽根　本草名茅根，一名蘭根，一名茹根，一名地菅音奸，一名地筋，一名兼杜，又名白茅菅。其芽一名茅針。生楚地山谷，今田野處處有之。春初生苗，布地如針。夏生白花，茸茸然。至秋而枯。其根至潔白，亦甚甘美。根性寒，茅針性平，花性溫，俱味甘、無毒。

救饑：採嫩芽，剝取嫩穰食，甚益小兒。及取根咂食甜味。久服利人，服食此可斷穀。

治病：文具《本草》草部『茅根』條下。

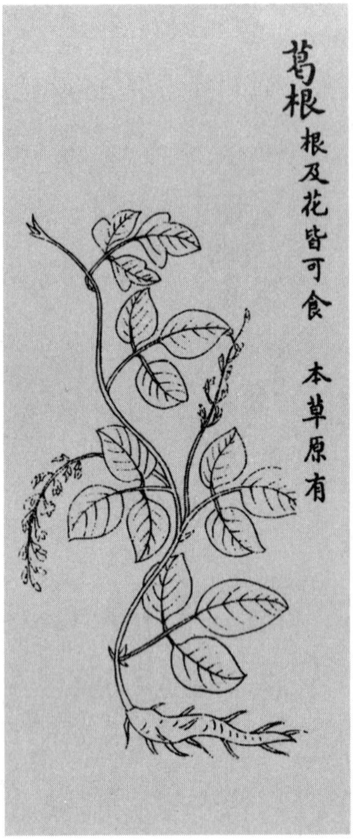

葛根　一名雞齊根，一名鹿藿，一名黃斤。生汶山川谷，及成州、海州、浙江，並澧鼎之間，今處處有之。苗引藤蔓，長二三丈。莖淡紫色。葉頗似楸葉而小，色青。開花似豌豆花，粉紫色。結實如皂莢而小。根形如手臂，味甘，性平，無毒。一云性冷，殺野葛、巴豆、百藥毒。

救饑：掘取根入土深者，水浸洗淨，蒸食之。或以水中揉出粉，澄濾成塊，蒸煮皆可食。及採花曬乾煠食，亦可。

治病：文具《本草》草部條下。

何首烏　一名野苗，一名交藤，一名夜合，一名地精，一名陳知白；又名桃柳藤，亦名九真藤。出順州南河縣；其嶺外江南諸州，及虔州，皆有；以西洛、嵩山、歸德、柘城縣者爲勝；今鈞州、密縣山谷中亦有之。蔓延而生。莖蔓紫色，葉似山藥葉而不光。嫩葉間開黃白花，葛勒花。結子有棱，似蕎麥而極細小，如粟粒大。根大者如拳，各有五楞瓣，狀似甜瓜樣，中有花紋，形如鳥獸、山嶽之狀者，極珍。有赤白二種：赤者雄，白者雌。又云，雄者苗葉黃白，雌者赤黃色。一云雄苗赤，生必相對，遠不過三四尺，夜則苗蔓相交，或隱化不見。凡修合藥，須雌雄相合，服有驗。宜偶日服：二四六八日是也。其藥本無名，因何首烏見藤夜交，採服有功，因以採人爲名耳。又云仙草。其爲五十年者，如拳大，號山奴，服之一年，髭髮烏黑。百年如碗大，號山哥，服之一年，顏色紅悅。百五十年，如盆大，號山伯，服之一年，齒落重生。二百年如斗栲栳大，號山翁，服之一年，顏如童子，行及奔馬。三百年如三斗栲栳大，號山精，服之一年，延齡。純陽之體，久服成地仙。

又云：其頭九數者，服之乃仙。味苦澀，性微溫，無毒，一云味甘，茯苓爲之使，酒下最良。忌鐵器、豬羊血，及豬肉、無鱗魚。與蘿蔔相惡，若並食，令人髭鬢早白，腸風多熱。

救饑：掘根，洗去泥土，以苦竹刀切作片，米泔浸經宿，換水煮去苦味，再以水淘洗淨，或蒸或煮食之。花亦可煠食。

治病：文具《本草》草部條下。

瓜樓根 根及實皆可食 本草原有

瓜樓根　俗名天花粉。本草名括樓。實，一名地樓，一名果蠃音裸，一名天瓜，一名澤姑，一名黄瓜。生弘農川谷及山陰地，今處處有之。入土深者良，生鹵地者有毒。《詩》所謂『果蓏音裸之實』是也。根亦名白藥，大者細如手臂，皮黄，肉白。苗引藤蔓。葉似甜瓜葉而作花叉，有細毛。開花似葫蘆花，淡黄色。實在花下，大如拳，生青熟黄。根味苦，性寒，無毒。枸杞爲之使，惡乾薑，畏牛膝、乾漆，及烏頭。

救饑：採根，削皮至白處，寸切之；水浸，一日一次換水。浸經四五日，取出爛搗研，以絹袋盛之，澄濾令極細如粉。或將根曬乾，搗爲麵，水浸澄濾二十餘遍，使極膩如粉。或爲燒餅，或作煎餅，切細麵，皆可食。採括樓穰煮粥食，極甘。取子炒乾搗爛，用水熬油，亦可。

治病：文具《本草》草部『栝樓』條下。

磚子苗 新增

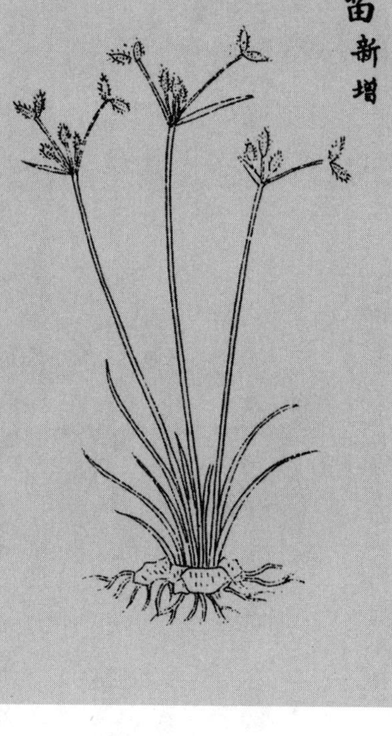

磚子苗　一名關子苗。生水邊。苗似水葱而粗大，內實，又似蒲葶。梢開碎白花。結穗似水莎草穗，紫赤色。其子如黍粒大，根似蒲根而堅實，味甜。子味亦甜。

救饑：採子磨麵食；及採根擇洗淨，換水煮食；或曬乾磨爲麵食，亦可。

菊花 花葉皆可食 本草原有

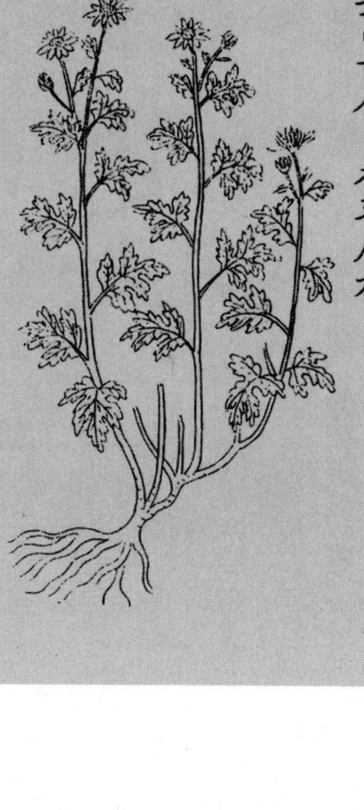

菊花　一名節華，一名日精，一名女節，一名女華，一名女莖，一名更生，一名周盈，一名傅延年，一名陰成。生雍州川澤，及鄧衡齊州田野，今處處有之。

味苦甘，性平，無毒。朮、枸杞、桑根、白皮爲之使。

救饑：取莖紫氣香而味甘者，採葉煠食，或作羹皆可。青莖而大，氣味作蒿苦者，不堪食，名苦蒿。其花亦可煠食，或炒茶食。

治病：文具《本草》草部條下。

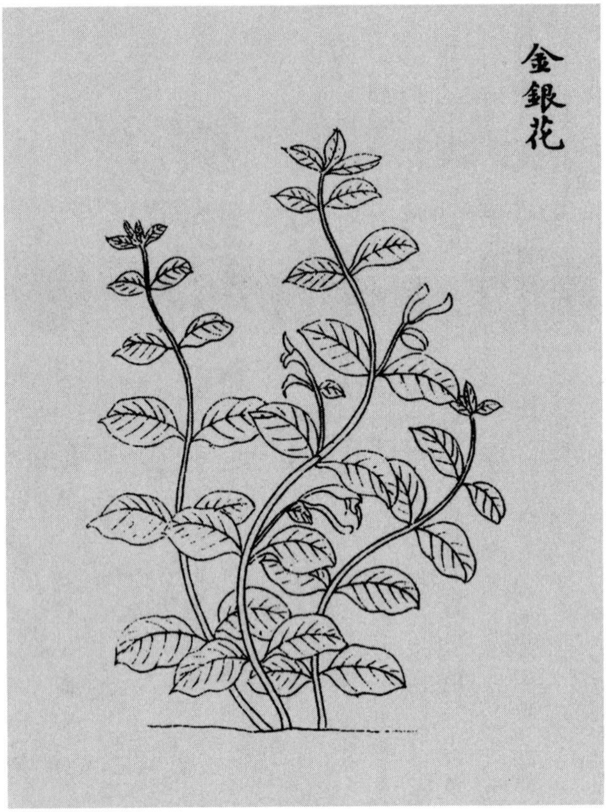

金銀花　本草名忍冬；一名鷺鷥藤，一名左纏藤，一名金釵股；又名老翁鬚，亦名忍冬藤。舊不載所出州土，今輝縣山野中亦有之。其藤淩冬不凋，故名忍冬草，附樹延蔓而生，莖微紫色，對節生葉。葉似薜荔葉而青，又似水茶臼葉，頭微團而軟，背頗澀。又似黑豆葉而大。開花五出，微香，蒂帶紅色。花初開白色，經一二日則色黃，故名金銀花。本草中不言善治癰疽發背；近代名人，用之奇效。味甘，性溫，無毒。

救饑：採花煠熟，油鹽調食；及採嫩葉，換水煮熟，浸去邪味，淘淨，油鹽調食。

治病：文具《外科精要》及《本草》草部『忍冬』條下。

望江南　其花名茶花兒。人家園圃中多種。苗高二尺許，莖微淡赤色。葉似槐葉而肥大微尖，又似胡蒼耳葉頗大，又似皂角葉亦大。開五瓣金黃花。結角長三寸許。葉味微苦。

救饑：採嫩苗葉煠熟，水浸淘去苦味，油鹽調食。花可炒食，亦可煠食。

治病：今人多將其子作草决明子代用。

大蓼　生密縣梁家衝山谷中。拖藤而生。莖有線楞而頗硬，對節分生

莖叉。葉亦對生，葉似山蓼葉微短，拳曲。節間開白花。其葉味苦微辣。

救饑：採葉煠熟，換水浸去辣味，作成黃色，淘洗淨，油鹽調食。花亦可煠食。

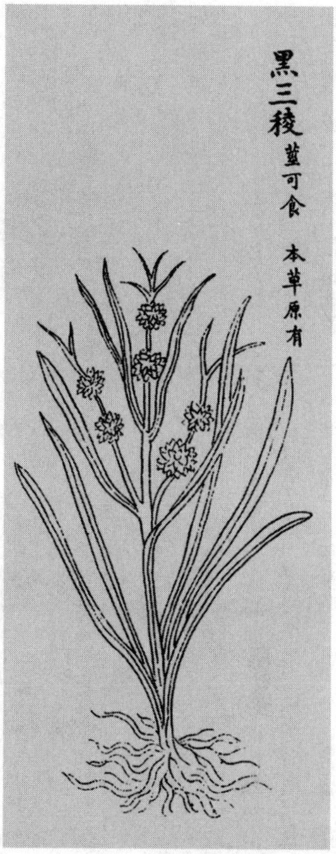

黑三稜　舊云：河陝、江淮、荊襄間皆有之；今鄭州賈峪山澗水邊亦有。苗高三四尺，葉似菖蒲葉而厚大，背皆三稜劍脊。葉中攛葶，葶上結實，攢爲刺球，狀如楮桃樣而三，顆瓣甚多。其顆瓣，形似草決明子而大，生則青，熟則紅黃色。根狀如烏梅而頗大，有莖蔓延相連，比京三稜體微輕，治療併並同。其葶味甜，根味苦，性平，無毒。

救饑：採嫩葶剝去粗皮，煠熟，油鹽調食。

治病：文具《本草》草部『京三稜』條下。

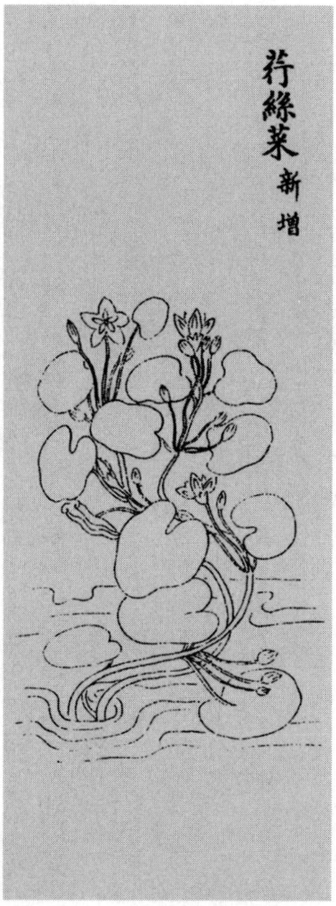

荇絲菜　又名金蓮兒，一名藕蔬菜。水中拖蔓而生。葉似初生小荷葉，近莖有椏劐音鴉霍。葉浮水上，葉中攛莖，上開金黃花。莖味甜。

救饑：採嫩苗煠熟，油鹽調食。

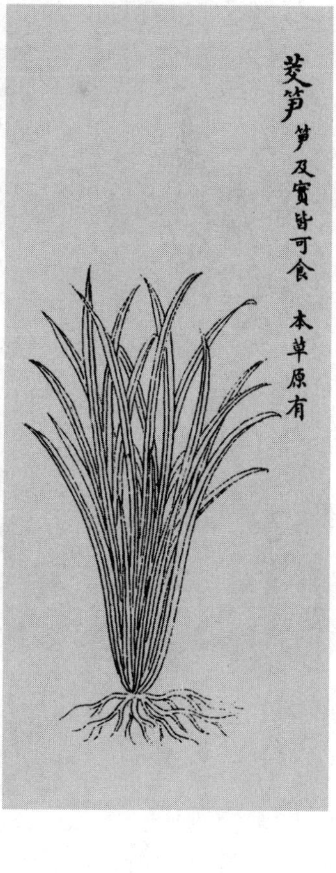

茭筍　本草有菰根，又名菰蔣草，江南人呼爲茭草，俗又呼爲茭白。生江東池澤水中及岸際，今在處水澤邊皆有之。苗高二三尺。葉似蔗荻，又似茅葉而長、闊、厚。葉間攛葶，開花如葦。結實青子。根肥，剝取嫩白筍可啖。久根盤厚，生菌音窘細嫩，亦可啖，名菰菜。三年已上，心中生葶如藕白軟，中有黑脈，甚堪啖，名菰首。味甘，性大寒無毒。

救饑：採茭菰筍煠熟，油鹽調食。或採子舂爲米，合粟煮粥食之，甚濟饑。

治病：文具《本草》草部『菰根』條下。

又 卷五

木部

葉可食《本草》原有八種，新增三十三種。

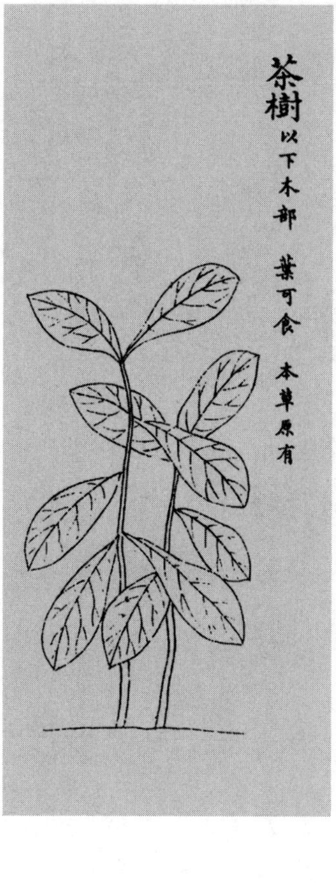

茶樹　《本草》有茗苦㮇與茶字同。《圖經》云：生山南漢中山谷；閩浙蜀荊江湖淮南山中皆有之；惟建州北苑數處產者，性味獨與諸方不同。今密縣梁家衝山谷間，亦有之。其樹大小皆類梔子。春初生芽，爲雀舌、麥顆。又有新芽，一發便長寸餘，微粗如針；漸至環腳、軟枝條之類。葉老則似水茶白葉而長；又似初生青岡橡葉而小，光澤。又云：冬生葉，可作羹飲。世呼早採者爲㮇與茶字同。晚取者爲茗，一名荈音喘。蜀人謂之苦㮇，今通謂之茶。茶、荼聲近，故呼之。又有研治作餅，名爲臘茶者，皆味甘苦。性微寒，無毒。如茱萸、葱、薑等良。又別有一種，蒙山中頂上清峰茶，云春分前後，多聚人力，候雷初發聲，併手齊採，若得四兩，服之即爲地仙。

救饑：採嫩葉或冬生葉，可煮作羹食。或蒸焙作茶，皆可。

治病：文具《本草》木部『茗苦㮇』條下。

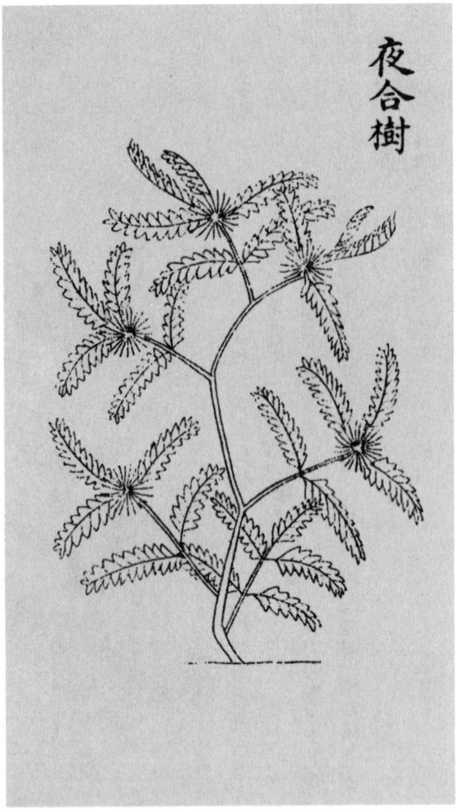

夜合樹　本草名合歡，一名合昏。生益州及雍洛山谷。今鈞州鄭州山野中亦有之。木似梧桐，其枝甚柔弱。似皂莢葉，又似槐葉，極細而密，互相交結，每一風來，輒似相解，了不相牽綴。其葉至暮而合，故名合昏。花發紅白色，瓣上若絲茸然，散垂結實，作莢子極薄細。味甘，性平，無毒。

救饑：採嫩葉煠熟，水浸淘淨，油鹽調食。曬乾煠食，尤好。

治病：文具《本草》木部『合歡』條下。

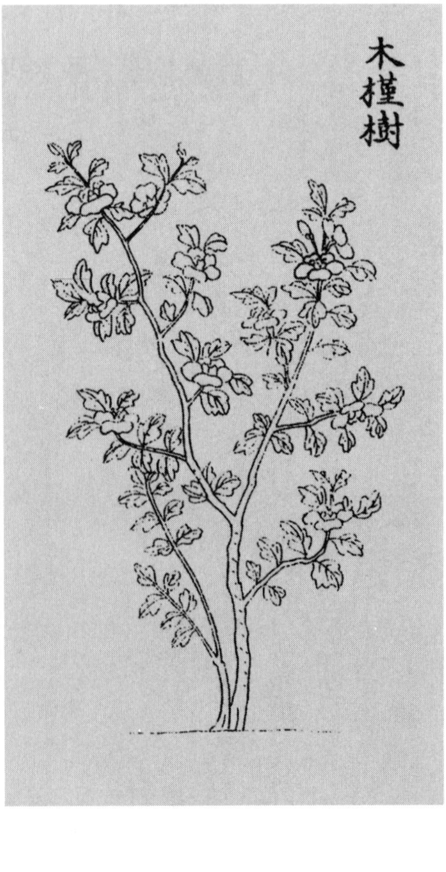

木槿樹　《本草》云：木槿如小葵花，淡紅色；五葉成一花，朝開暮斂。花與枝兩用。湖南北人家，多種植爲籬障。亦有千葉者，人家園圃多栽種。性平，無毒。葉味甜。

救饑：採嫩葉煠熟，冷水淘淨，油鹽調食。

治病：文具《本草》木部條下。

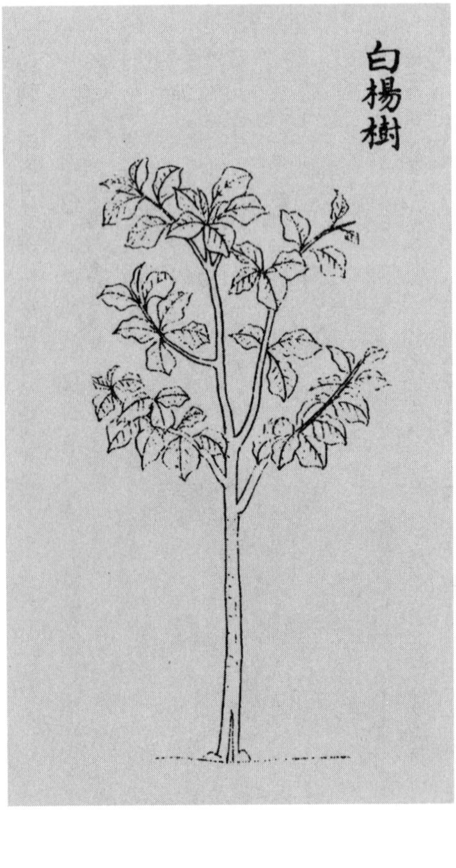

白楊樹　《本草》：白楊樹皮，舊不載所出州土，今處處有之。此木高大，皮白似楊，故名。葉圓如梨，肥大而尖；葉背甚白，葉邊鋸齒狀；葉蒂小，無風自動也。味苦，性平，無毒。

救饑：採嫩葉煠熟，作成黃色，換水淘去苦味洗淨，油鹽調食。

治病：文具《本草》木部條下。

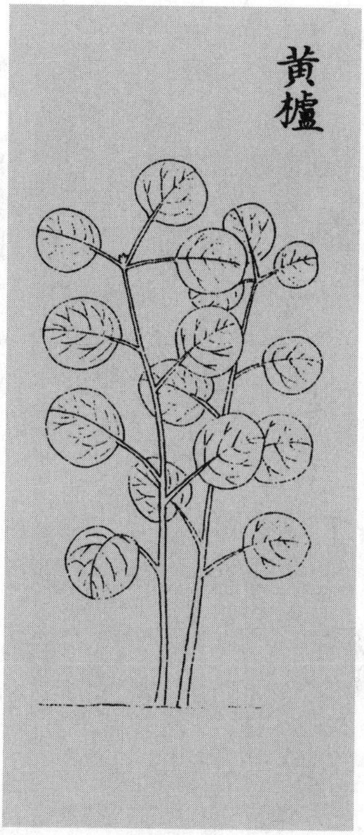

黃櫨　生商洛山谷，今鈞州、鄭州山野中亦有之。葉圓，木黃，枝莖色紫赤。葉似杏葉而圓大，味苦，性寒，無毒。木可染黃。

救饑：採嫩芽煠熟，水淘去苦味，油鹽調食。

治病：文具《本草》木部條下。

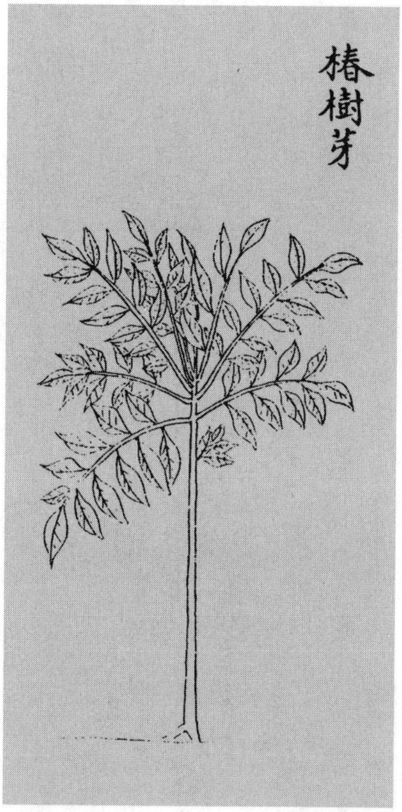

椿樹芽　本草有椿木、樗木。舊不載所出州土；今處處有之。二木形幹大抵相類。椿木實而葉香可啖，樗木疏而氣臭，膳夫熬去其氣亦可啖。北人呼樗爲山椿，江東人呼爲虎目。葉脫處有痕如樗蒲子，又如眼目，故得此名。夏中生莢。樗之有花者無莢，有莢者無花。莢常生臭樗上，未見椿上有莢者。然世俗不辨椿樗之異，故俗名爲椿莢。其實樗莢耳。其無花不實，木大端直爲椿；有花而莢大，小幹多迂矮者爲樗。椿味苦，有毒；樗味苦，有小毒，性溫。一云性平無毒。

救饑：採嫩芽煠熟，水浸淘淨，油鹽調食。治病：文具《本草》木部『椿木樗木及椿莢』條下。

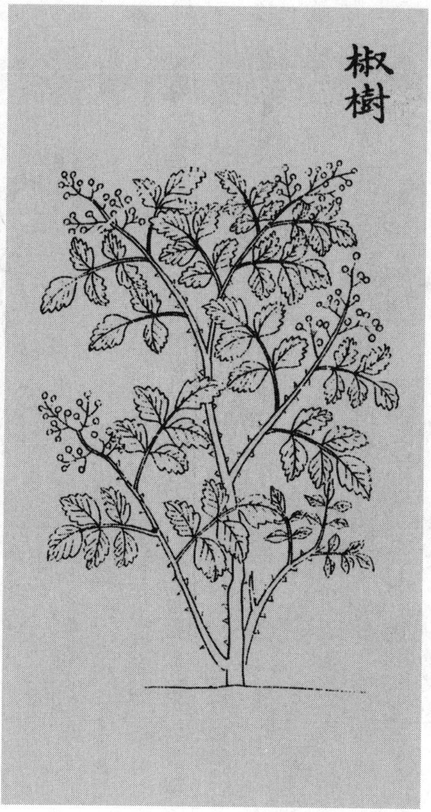

椒樹　《本草》：蜀椒，一名南椒，一名巴椒，一名蓎藙。生武都川谷及巴郡歸峽，蜀川陝洛間人家園圃多種之。高四五尺，似茱萸而小，有針刺。葉似刺蘼葉微小；葉堅而滑，可煮食，甚辛香。結實無花，但生於葉間，如豆顆而圓，皮紫赤。此椒，江淮及北土皆有之。莖皆相類，但不及蜀中者皮肉厚、腹裏白、氣味濃烈耳。又云：出金州西城者佳，味辛，性溫，大熱，有小毒。多食令人乏氣，口閉者殺人。十月不食椒，損氣傷心，令人多忘。杏仁爲之使，畏欵冬花。

救饑：採嫩葉煠熟，換水浸淘淨，油鹽調食。椒顆調和百味，香美。

治病：文具《本草》木部『蜀椒』條下。

椋子樹

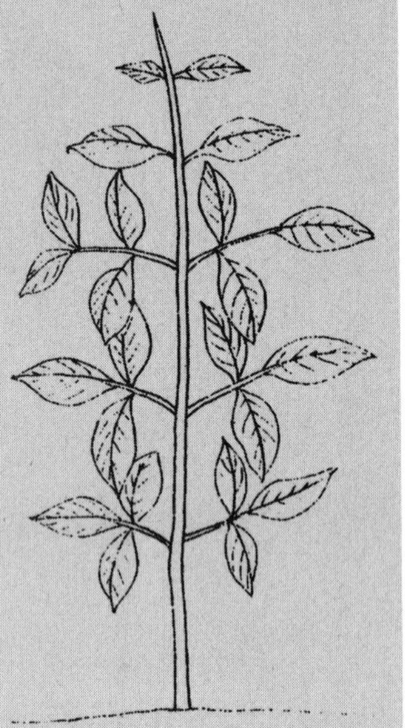

椋子樹上音良　《本草》有椋子木。舊不載所出州土。今密縣山野中亦有之。其樹有大者，木則堅重，材堪爲車輞。初生作科條，狀類荊條，對生枝叉。葉似柿葉而薄小，兩葉相當，對生。開白花。結子細圓，如牛李子，大如豌豆，生青熟黑。味甘鹹，性平無毒。葉味苦。

救饑：採葉煠熟，水浸淘去苦味，洗淨，油鹽調食。

治病：文具《本草》木部條下。

雲桑新增

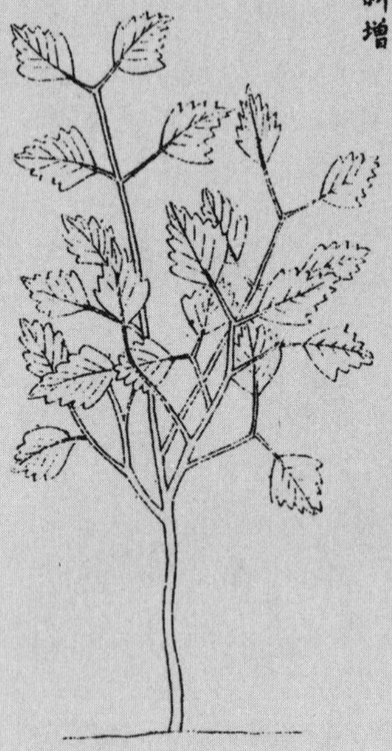

雲桑　生密縣山野中。其樹枝葉皆類桑，但其葉如雲頭，花叉又似木欒樹。葉微闊。開細青黃花。其葉味微苦。

救饑：採嫩葉煠熟，換水浸，淘去苦味，油鹽調食，或蒸晒作茶尤佳。

黃楝樹

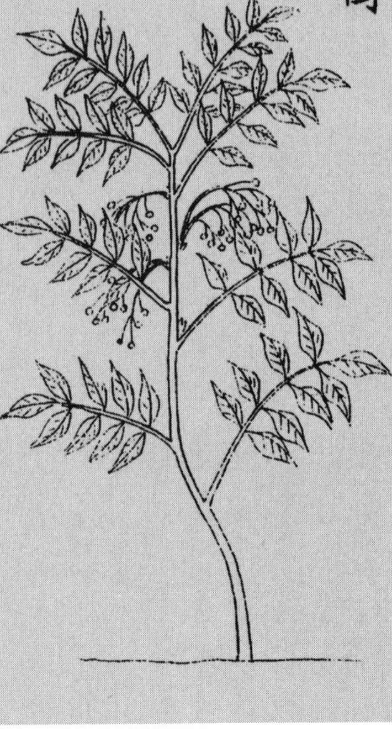

黃楝樹　生鄭州南山野中。葉似初生椿樹葉而極小，又似楝葉，色微帶黃。開花紫赤色。結子如豌豆大，生青，熟亦紫赤色。葉味苦。

救饑：採嫩芽葉煠熟，換水浸去苦味，油鹽調食，蒸芽曝乾，亦可作茶煮飲。

凍青樹

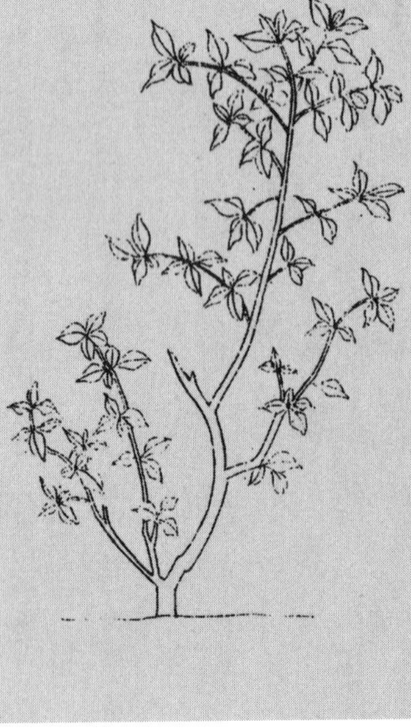

凍青樹　生密縣山谷間。樹高丈許。枝葉似枸骨子樹而極茂盛，淩冬不凋，又似樝樝子樹葉而小，亦似穁芽葉微窄，頭頗團而不尖。開白花。結子如豆粒大，青黑色。葉味苦。

救饑：採芽葉煠熟，水浸去苦味，淘洗淨，油鹽調食。

穁芽樹

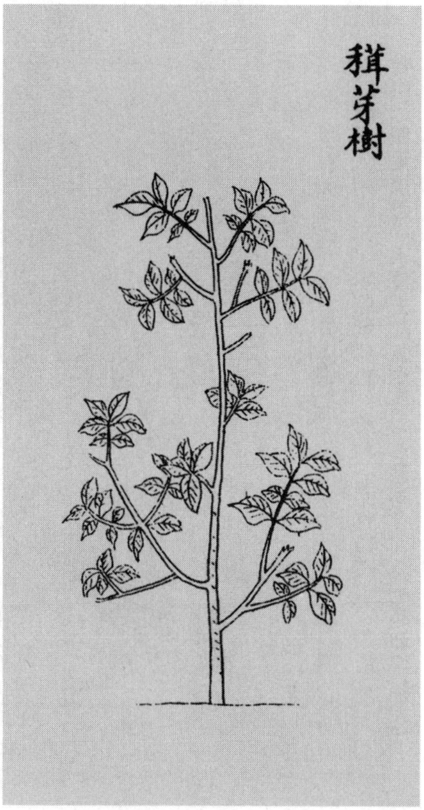

穁芽樹上音冗　生輝縣山野中。科條似槐條；葉似冬青葉，微長。開白花。結青白子。其葉味甜。

救饑：採嫩葉煠熟，水淘淨，油鹽調食。

月芽樹

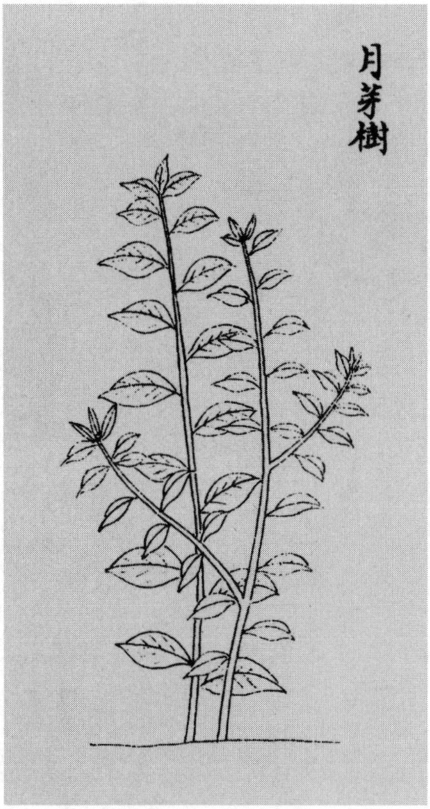

月芽樹　又名芿音仍芽。生田野中。莖似槐條。葉似歪頭菜葉，微短，稍硬；又似穁芽葉，頗長艄，其葉兩兩對生，味甘，微苦。

救饑：採嫩葉煠熟，水浸淘淨，油鹽調食。

女兒茶

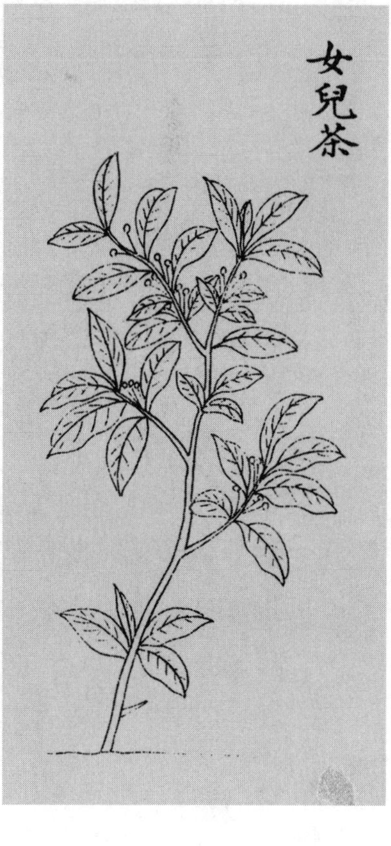

女兒茶　一名牛李子，一名牛筋子。生田野中。科條高五六尺，葉似鬱李子葉而長大，稍尖，葉色光滑；又似白棠子葉，而色微黃綠。結子如豌豆大，生則青，熟則黑，茶褐色。其葉味淡，微苦。

救饑：採嫩葉煠熟，水浸淘淨。油鹽調食；亦可蒸曝作茶，煮飲。

省沽油

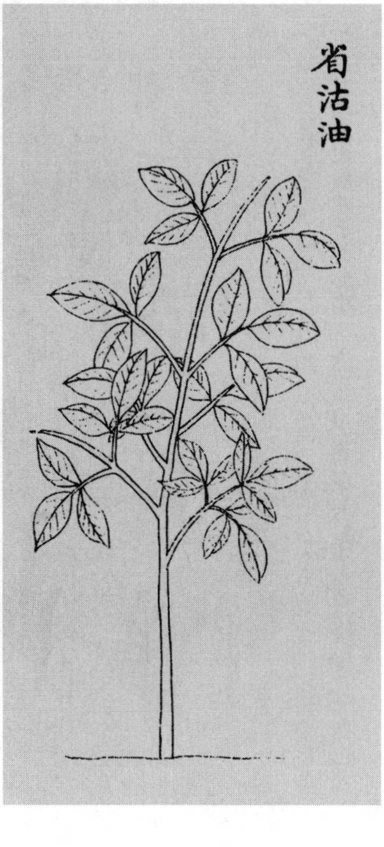

省沽油　又名珍珠花。生鈞州風谷頂山谷中。科條似荊條而圓，對生枝叉。葉亦對生。葉似驢駝布袋葉而大；又似葛藤葉卻小；每三葉攢生一處。開白花，似珍珠色。葉味甘，苦性。

救饑：採葉煠熟，水浸淘淨，油鹽調食。

白槿樹　生密縣梁家衝山谷中。樹高五七尺。葉似茶葉，而甚闊大光潤；又似初生青岡葉，而無花叉；又似山格刺樹葉亦大。開白花。其葉味苦。

救饑：採嫩葉煠熟，換水浸去苦味，油鹽調食。

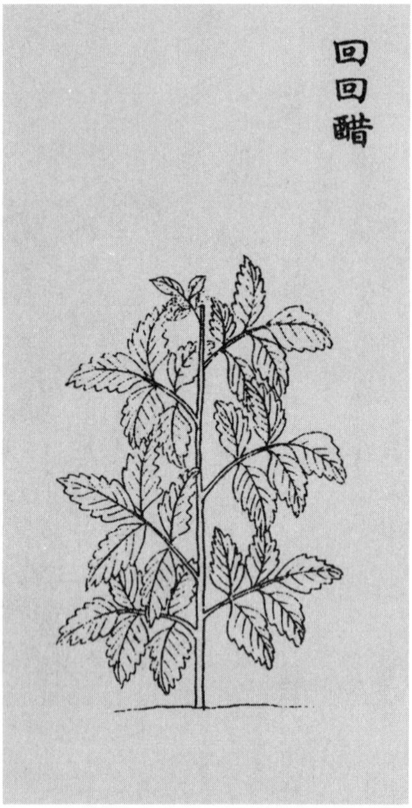

回回醋　一名淋樸摋。生密縣韶華山山野中。樹高丈餘。葉似兜櫨樹葉而厚大，邊有大鋸齒，又似厚椿葉而亦大；或三葉，或五葉，排生一莖。開白花。結子大如豌豆，熟則紅紫色，味酸。葉味微酸

救饑：採葉煠熟，水浸去酸味淘淨，油鹽調食，其子調和湯味如醋。

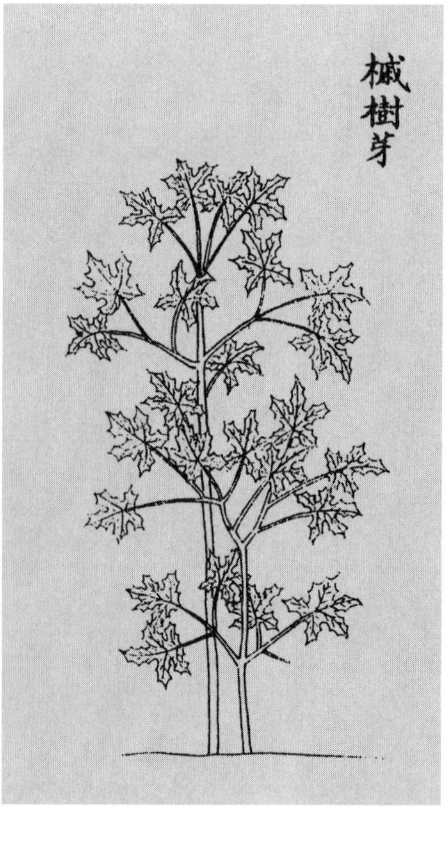

槭樹芽槭音色　生鈞州風谷頂山谷間。木高一二丈。其葉狀類野葡萄葉，五花尖叉，亦似棉花葉而薄小，又似絲瓜葉，卻甚小，而淡黃綠色。開白花。葉味甜。

救饑：採葉煠熟，以水浸作成黃色，換水淘淨，油鹽調食。

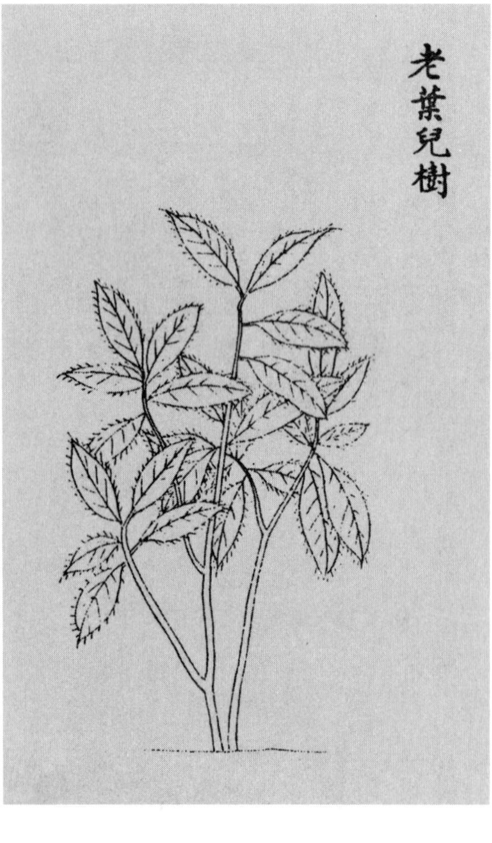

老葉兒樹　生密縣山野中。樹高六七尺。葉似茶葉，而窄瘦尖艄；又似李子葉而長。其葉味甘，微澀。

救饑：採葉煠熟，水浸去澁味淘洗淨，油鹽調食。

青楊樹

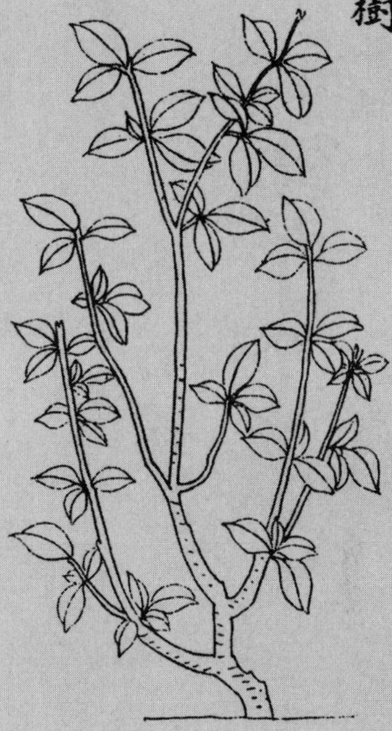

青楊樹　在處有之。今密縣山野間亦多有。其樹高大。葉似白楊樹葉而狹小，色青，皮亦頗青，故名青楊。其葉味微苦。

救饑：採葉煠熟，水浸作成黄色，換水淘淨，油鹽調食。

龍栢芽

龍柏芽　出南陽府馬鞍山中。此木久則亦大，葉似初生橡櫟音歷小葉而短。味微苦。

救饑：採芽葉煠熟，換水浸淘淨，油鹽調食。

兜櫨樹

兜櫨樹　生密縣梁家衝山谷中。樹甚高大。其木枯朽極透，可作香焚，俗名壞香。葉似回回醋樹葉而薄窄；又似花楸樹葉，卻少花叉。葉皆對生，味苦。

救饑：採嫩芽葉，煠熟，水浸去苦味，淘洗淨，油鹽調食。

青岡樹

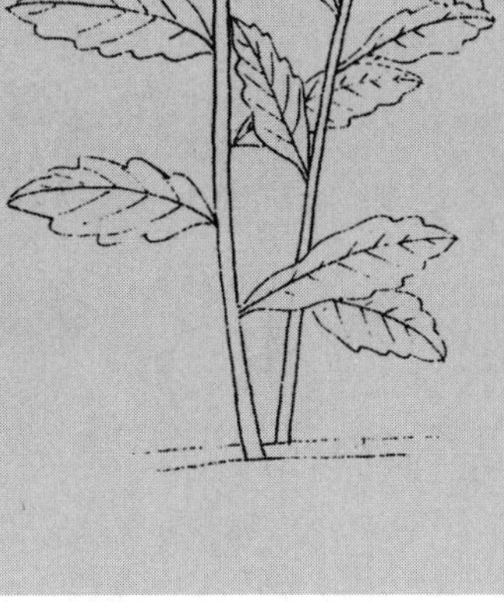

青岡樹　舊不載所出州土，今處處有之。其木大而結橡斗者爲橡櫟音歷，小而不結橡斗者爲青岡。其青岡樹枝葉條幹，皆類橡櫟，但葉色頗青，而少花叉。

味苦，性平，無毒。

救饑：採嫩葉煠熟，以水浸漬音自。作成黄色，換水淘洗淨，油鹽調食。

檀樹芽　生密縣山野中。樹高一二丈。葉似槐葉而長大。開淡粉紫花。葉味苦。

救饑：採嫩芽葉煠熟，換水浸去苦味，淘洗淨，油鹽調食。

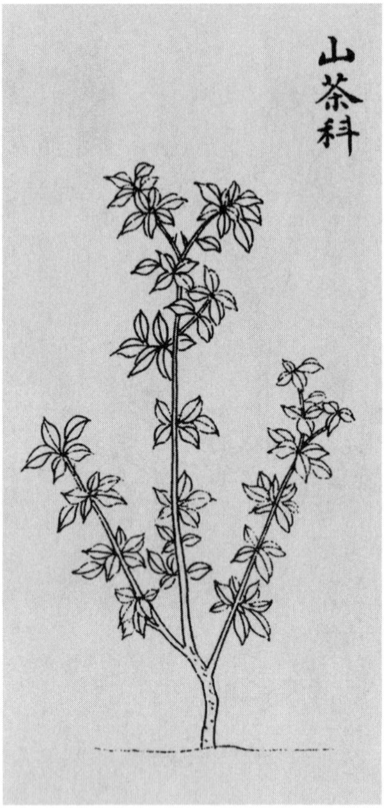

山茶科　生中牟土山田野中。科條高四五尺。枝梗灰白色。葉似皂莢葉而團；又似槐葉亦團，四五葉攢生一處，葉甚稠密，味苦。

救饑：採嫩葉煠熟，水淘洗淨，油鹽調食，亦可蒸晒乾做茶煮飲。

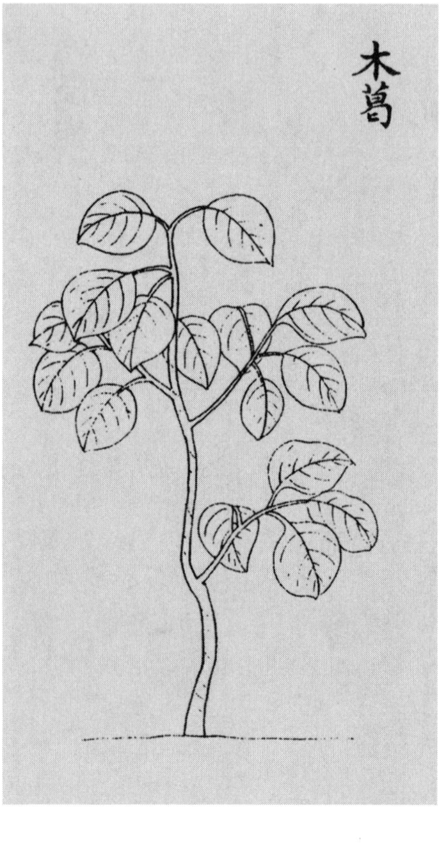

木葛　生新鄭縣山野中。樹高丈餘。枝似杏枝。葉似杏葉而團；又似葛根葉而小，味微甜。

救饑：採葉煠熟，水浸淘淨，油鹽調食。

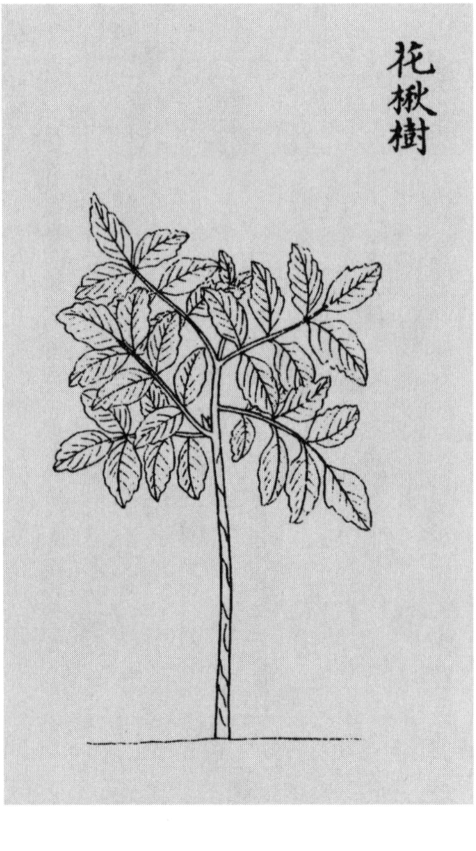

花楸樹　生密縣山野中。其樹高大。葉似回回醋葉，微薄；又似兜櫨樹葉，邊有鋸齒叉。其葉味苦。

救饑：採嫩芽葉煠熟，換水浸去苦味，淘洗淨，油鹽調食。

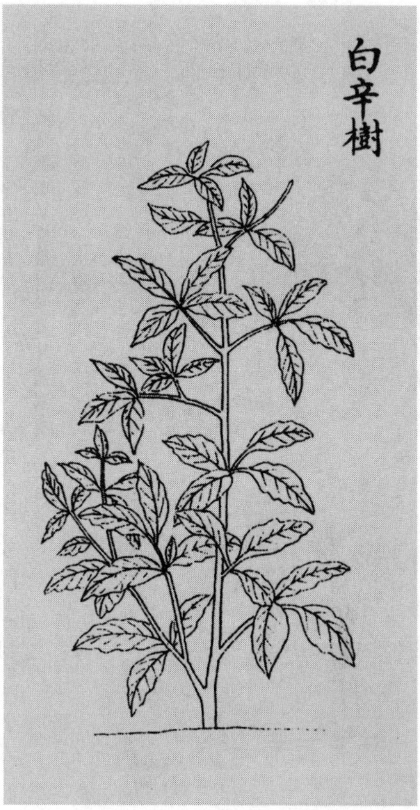

白辛樹　生滎陽塔兒山崗野間。樹高丈許。葉似青檀樹葉，頗長而薄，色微淡綠；又似月芽樹葉而大，色亦差淡。其葉味甘，微澀。

救饑：採葉煠熟，水浸，淘去澁味，油鹽調食。

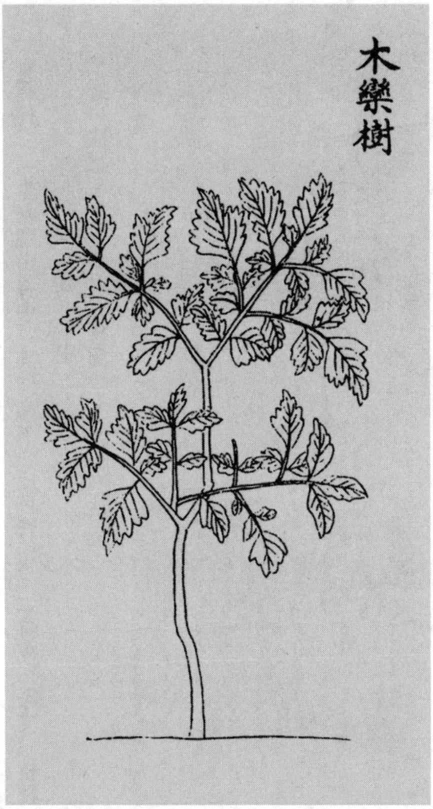

木欒樹　生密縣山谷中。樹高丈餘。葉似楝葉，而寬大稍薄。開淡黃花。結薄殼。中有子，大如豌豆，烏黑色，人多摘取串作數珠。葉味淡甜。

救饑：採嫩芽葉煠熟，換水浸淘淨，油鹽調食。

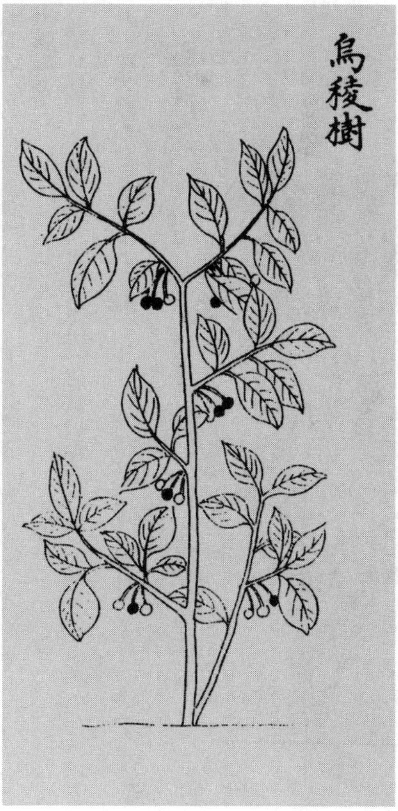

烏稜樹　生密縣梁家衝山谷中。樹高丈餘。葉似省沽油樹葉，而背白；又似老婆布鞊，葉微小而艄，開白花，結子如梧桐子大。生青熟則烏黑，其葉味苦。

救饑：採葉煠熟，換水浸去苦味，作過淘洗淨，油鹽調食。

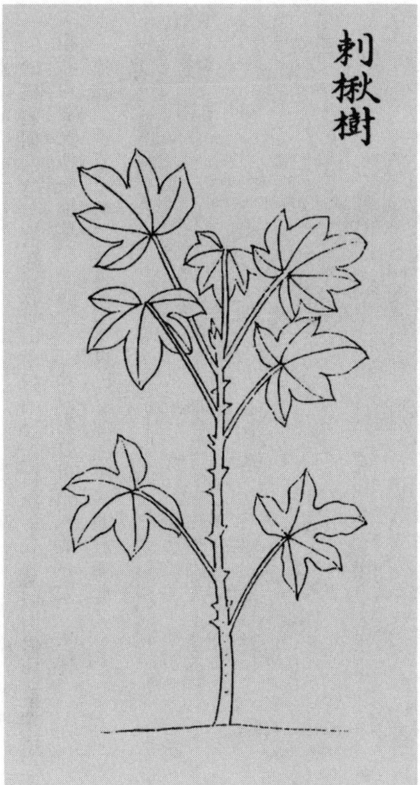

刺楸樹　生密縣山谷中。其樹高大；皮色蒼白，上有黃白斑文。枝梗間多有大刺。葉似楸葉而薄，味甘。

救饑：採嫩芽葉煠熟，水浸淘淨，油鹽調食。

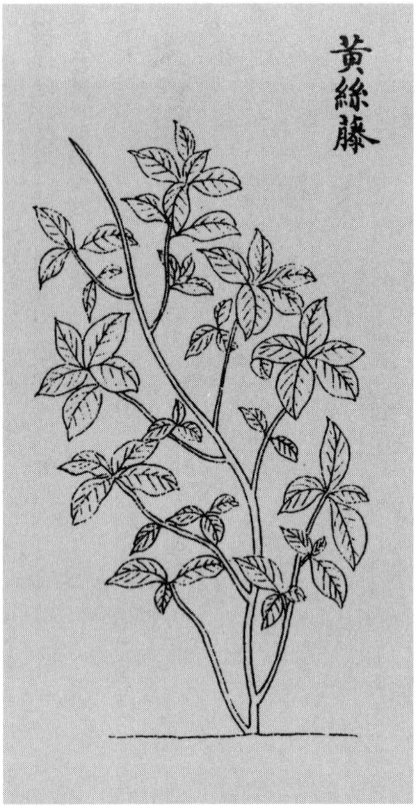

黃絲藤　生輝縣太行山山谷中。條類葛條。葉似山格刺葉而小；又似婆婆枕頭葉，頗硬，背微白，邊有細鋸齒。味甜。

救饑：採葉煠熟，水浸淘淨，油鹽調食。

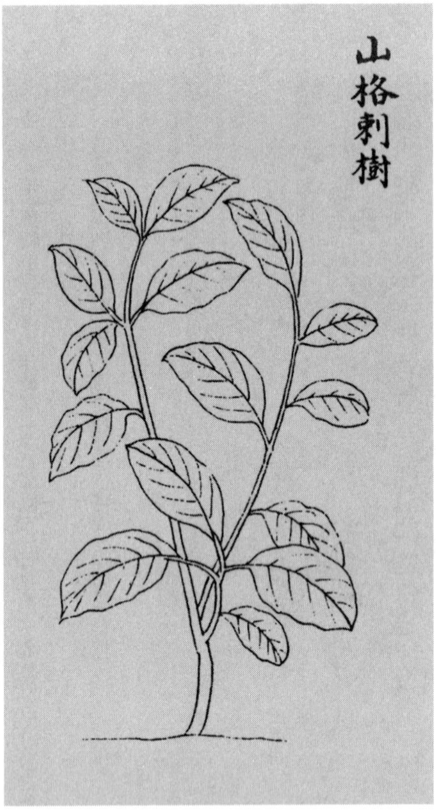

山格刺樹　生密縣韶華山山野中。作科條生。葉似白槿樹葉頗短，而尖艄音肖；又似茶樹葉，而闊大；及似老婆布鞊，葉亦大。味甘。

救饑：採葉煠熟，水浸作成黃色，淘洗淨，油鹽調食。

笐樹杭去聲　生輝縣太行山山谷中。其樹高丈餘。葉似槐葉而大，卻頗軟薄；又似檀樹葉，而薄小。開淡紅色花。結子如菉豆大，熟則黃茶褐色。其葉味甜。

救饑：採葉煠熟，水浸淘淨，油鹽調食。

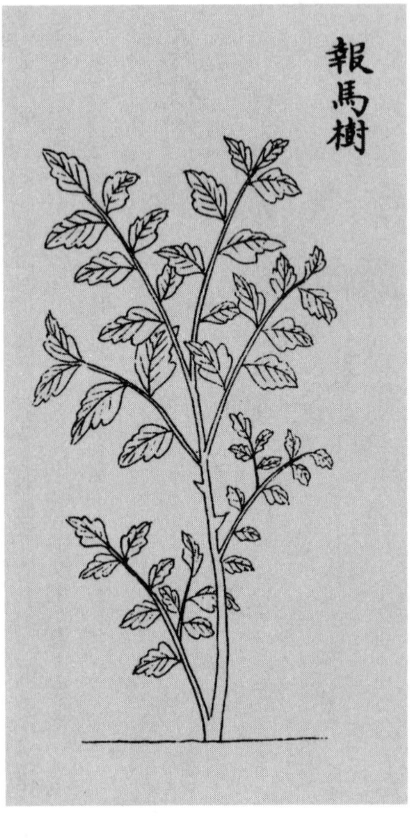

有花叉；又似白辛葉，頗大而長硬。葉味甜。救饑：採嫩葉煠熟，水淘淨，油鹽調食，硬葉煠熟，水浸作成黄色，淘去涎沫，油鹽調食。

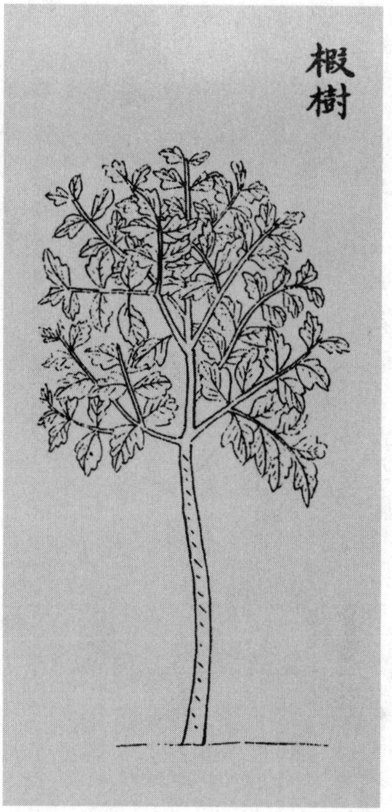

椴樹　生輝縣太行山山谷間。樹甚高大，其木細膩，可爲桌器。枝叉對生。葉似木槿葉而長大微薄，色頗淡緑，皆作五花椏音鴉叉，邊有鋸齒。開黄花。結子如豆粒大，色青白。葉味苦。救饑：採嫩葉煠熟，水浸去苦味，淘洗淨，油鹽調食。

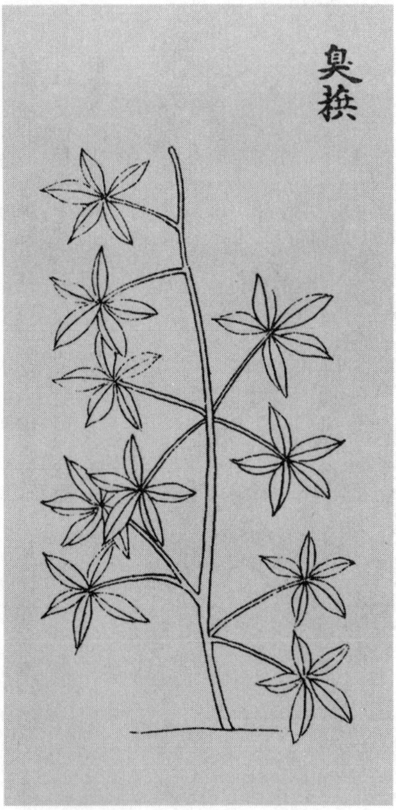

臭蕻臭去聲　生密縣楊家衝山谷中，科條高四五尺，葉似杵瓜葉而尖艄音哨，又似金銀花葉亦尖艄，五葉攢。生如一葉，開花白色，其葉味甜。救饑：採葉煠熟，水浸淘淨，油鹽調食。

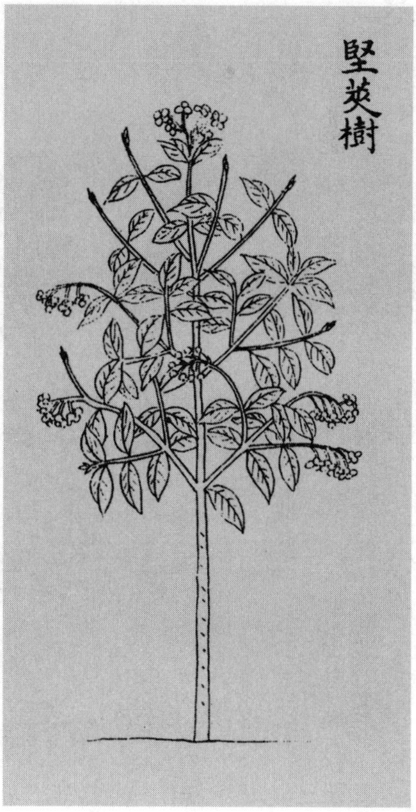

堅莢樹　生輝縣太行山山谷中。其樹枝幹堅勁，可以作棒。皮色烏黑，對分枝叉。葉亦對生。葉似拐棗葉而大，微薄，其色淡緑；又似土欒樹葉，極大而光潤。開黄花，結小紅子。其葉味苦。救饑：採嫩葉煠熟，水浸去苦味，淘洗淨，油鹽調食。

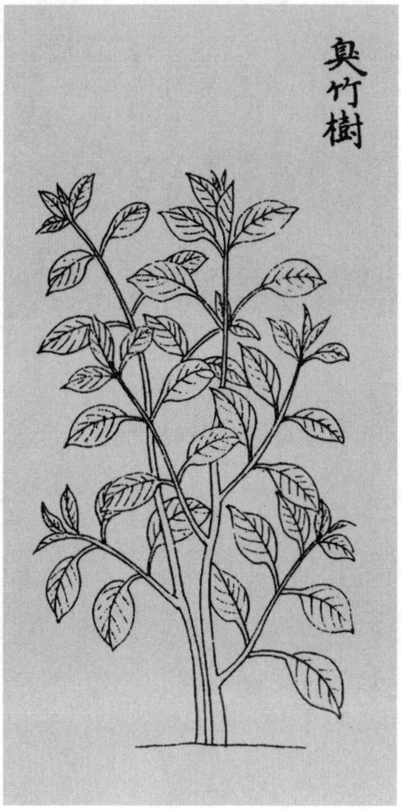

臭竹樹　生輝縣太行山山野中。樹甚高大。葉似楸葉而厚，頗艄，卻少花叉；又似拐棗葉亦大。其葉面青背白，味甜。

救饑：採葉煠熟，水浸去邪臭氣味，油鹽調食。

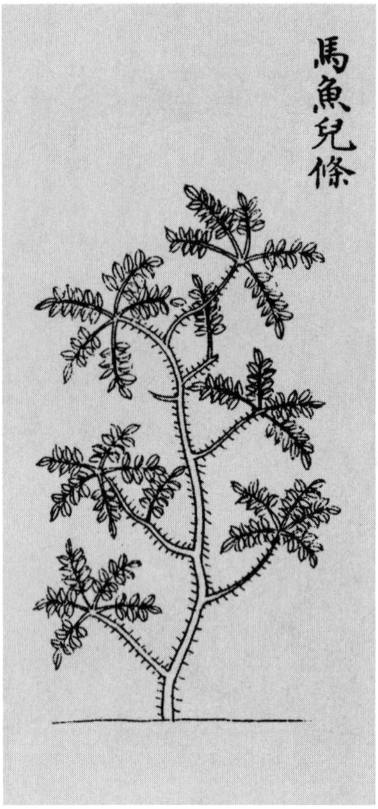

馬魚兒條　俗名山皂角。生荒野中。葉似初生刺蘼花葉而小。枝梗色紅，有刺似棘針微小。葉味甘，微酸。

救饑：採葉煠熟，水浸淘淨，油鹽調食。

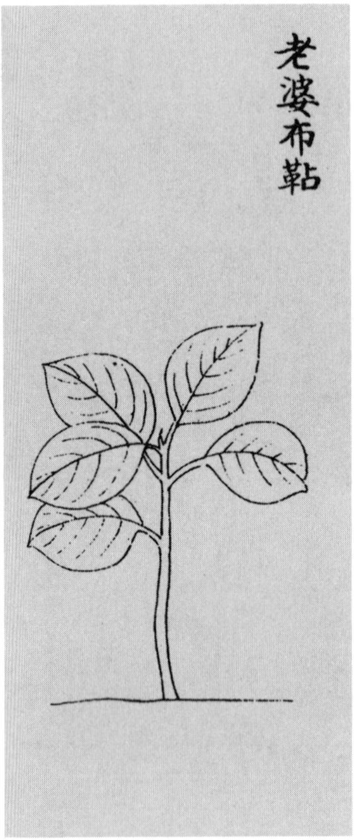

老婆布鞊　生鈞州風谷頂山野間。科條，淡蒼黃色。葉似匙頭樣，色嫩綠，而光俊；又似山格刺葉卻小。味甘性平。

救饑：採葉煠熟，水浸作過淘淨，油鹽調食。

又 卷六

木部

實可食《本草》原有六種，新增十四種。

葉及實皆可食《本草》原有五種，新增三種。

花可食新增五種。

花葉皆可食《本草》原有一種。

花葉實皆可食新增二種。

葉皮及實皆可食《本草》原有二種。

筍可食《本草》原有一種。

米穀部

實可食新增七種。

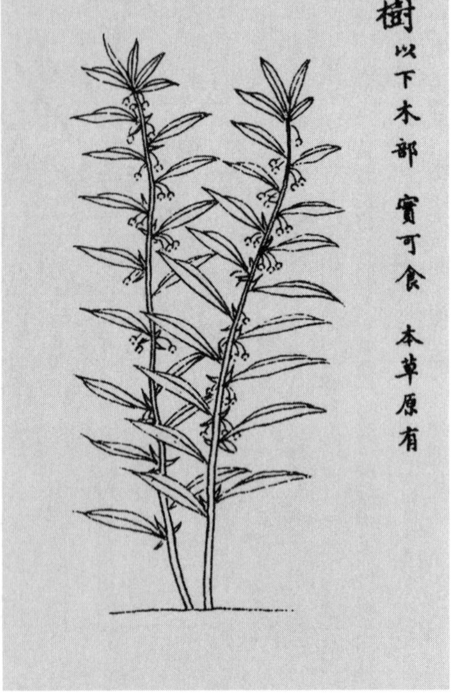

蕤核樹　俗名蕤李子。生函谷、川谷，及巴西、河東皆有，今古峭關西茶店山谷間亦有之。其木高四五尺，枝條有刺。葉細似枸杞葉而尖長；又似桃葉而狹小，亦薄。花開白色。結子紅紫色，附枝莖而生，狀類五味子。其核仁，味甘，性溫，微寒，無毒。其果，味甘酸。

救饑：摘取其果紅紫色熟者食之。

治病：文具《本草》木部條下。

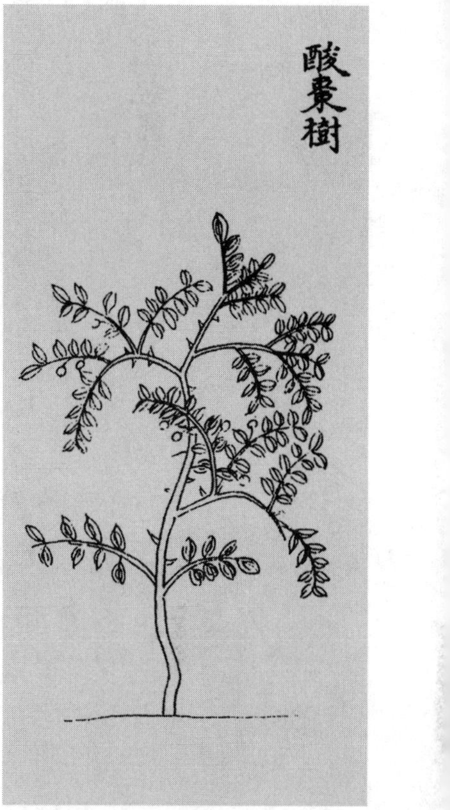

酸棗樹　《爾雅》謂之樲棗。出河東川澤，金城壘坡野間多有之。其木似棗而皮細，莖多棘刺。葉似棗葉微小。花似棗花。結實紅紫色，似棗而圓小；核中人微匾，名酸棗人，入藥用。味酸，性平；一云性微熱。惡防己。

救饑：採取其棗爲果食之，亦可釀酒，熬作燒酒飲。未紅熟時，採取煮食，亦可。

治病：文具《本草》木部條下。

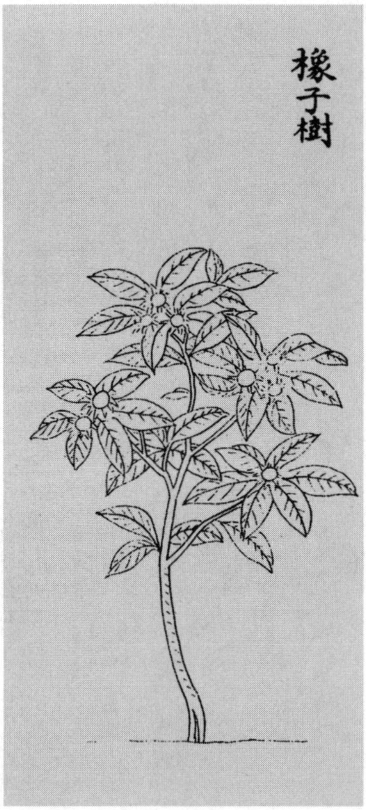

橡子樹　《本草》：橡實，櫟音歷木子也。其殼，一名杼土與切斗。所在山谷有之。木高二三丈。葉似栗葉而大。開黃花。其實橡也，有梂彙音胃自裹，其殼即橡斗也。橡實味苦澁，性微温，無毒。其殼斗可染皁。

救饑：取子換水浸煮十五次，淘去澀味，蒸極熟，食之。厚腸胃，肥健人，不饑。

治病：文具《本草》木部『橡實』條下。

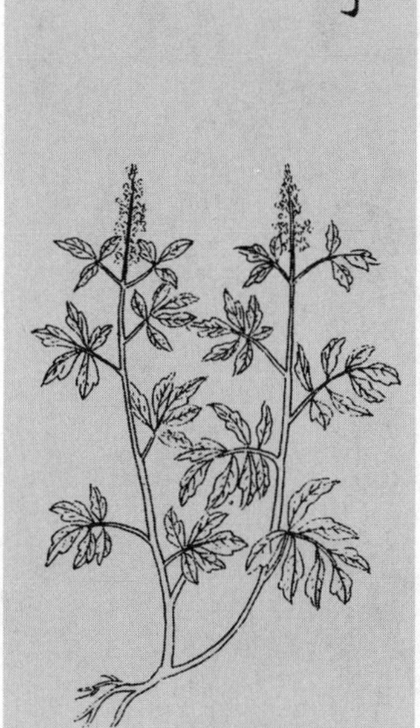

荊子　本草有牡荊實，一名小荊實，俗名黃荊。生河間南陽、冤句山谷，並眉州、蜀州、平壽都鄉高岸及田野中，今處處有之，即作箠杖者。作科條生。枝莖堅勁，對生枝叉。葉似麻葉而疏短，又有葉似椋葉而短小，卻多花叉者。開花作穗，花色粉紅，微帶紫。結實大如黍粒，而黃黑色。味苦，性溫，無毒。防風爲之使。惡石膏烏頭。陶隱居《登真隱訣》云：荊木之華葉，通神見鬼精。

救饑：採子，換水浸淘去苦味，曬乾，搗磨爲麵食之。

治病：文具《本草》木部『牡荊實』條下。

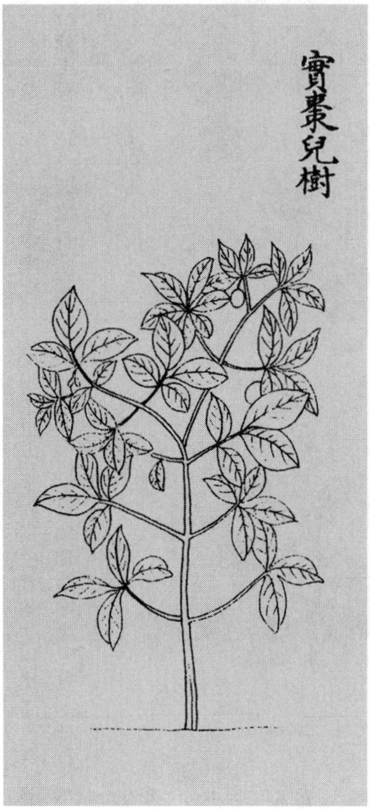

實棗兒樹　《本草》名山茱萸，一名蜀棗，一名鷄足，一名魃音妓實，一名鼠矢。生漢中川谷，及琅琊、冤句、東海、承縣、海州；今鈞州、密縣山谷中亦有之。木高丈餘。葉似榆葉而寬，稍團，紋脈微粗。開淡黄白花。結實似酸棗大，微長，兩頭尖艄，色赤；既乾，則皮薄味酸。性平，微温，無毒。一云味鹹、辛，大熱。蓼實爲之使，惡桔梗、防風、防己。

救饑：摘取實棗紅熟者食之。

治病：文具《本草》木部『山茱萸』條下。

孩兒拳頭　本草名莢蒾音迷，一名擊蒾，一名弄先。舊不著所出州土，但云所在山谷多有之。今輝縣太行山山野中亦有。其木作小樹。葉似木槿而薄；又似杏葉頗大，亦薄澀。枝葉間，開黄花。結子似溲疏，兩兩切並，四四相對，數對共爲一攢；生則青，熟則赤色；味甘苦，性平，無毒，蓋檀、榆之類也。其皮堪爲索。

救饑：採子紅熟者食之；又煮枝汁，少加米作粥，甚美。

治病：文具《本草》木部『莢蒾』條下。

山藜兒　一名金剛樹，又名鐵刷子。生鈞州山野中。科條高三四尺，枝條上有小刺。葉似杏葉頗團小。開白花。結實如葡萄顆大，熟則紅黄色，味甘酸。

救饑：採果食之。

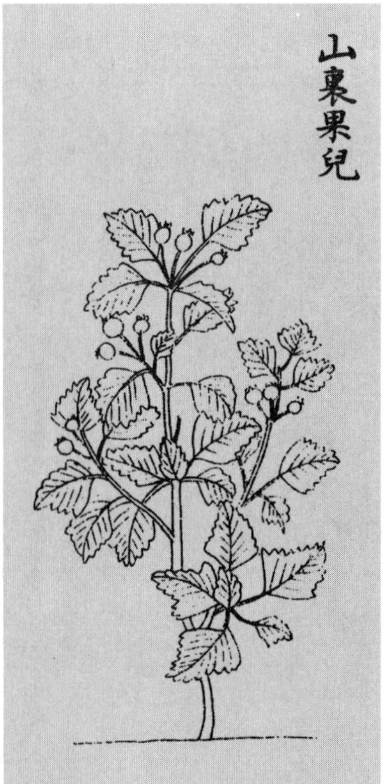

山裏果兒　一名山裏紅，又名映山紅果。生新鄭縣山野中。枝莖似初生桑條，上多小刺。葉似菊花葉，稍團；又似花桑葉，亦團。開白花。結紅果，大如櫻桃，味甜。

救饑：採果食之。

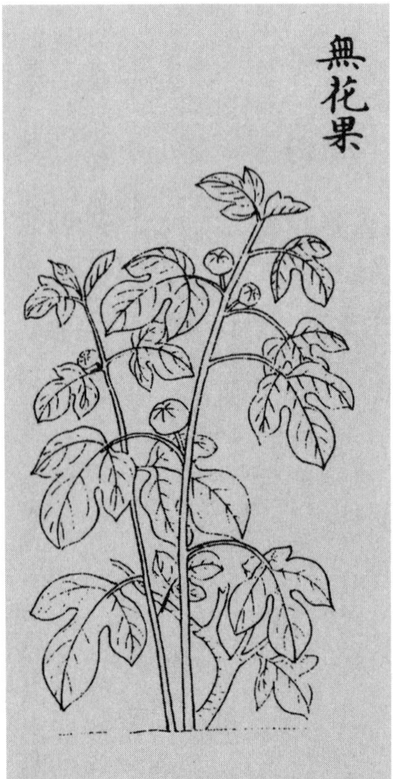

無花果　生山野中，今人家園圃中亦栽。葉形如葡萄葉頗長，硬而厚，稍作三叉。枝葉間生果，初則青小；熟大，狀如李子，色似紫茄色，味甜。

救饑：採果食之。

治病：今人傳說治心痛，用葉煎湯服甚效。

青舍子條　生密縣山谷間。科條微帶柿黃色。葉似胡枝子葉，而光俊微尖。枝條梢間，開淡粉紫花。結子，似枸杞子微小，生則青而後變紅，熟則紫黑色，味甜。

救饑：採摘，其子紫熟者食之。

白棠子樹　一名沙棠梨兒，一名羊奶子樹，又名剪子果。生荒野中。枝梗似棠梨樹枝而細；其色微白。葉似棠葉而窄小，色亦頗白；又似女兒茶葉卻大，而背白。結子如豌豆大，味酸甜。

救饑：其子甜熟時，摘取食之。

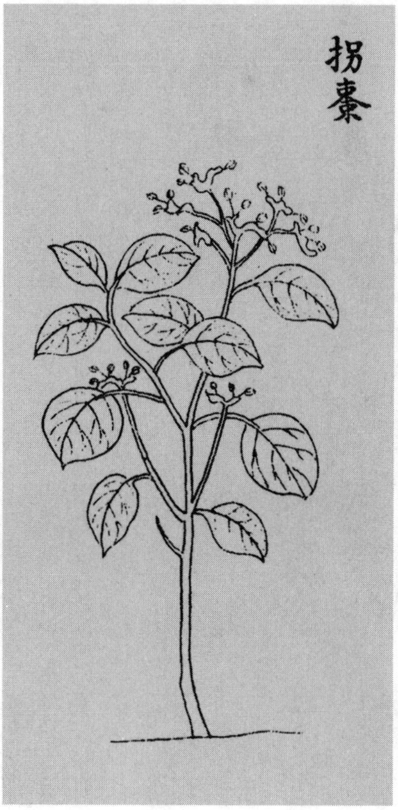

拐棗上古買切　生密縣梁家衝山谷中。葉似楮葉，而無花叉，卻更尖艄，面多紋脈，邊有細鋸齒。開淡黃花。結實狀似生薑，拐叉而細短，深茶褐色，故名拐棗。味甜。

救饑：摘取拐棗成熟者食之。

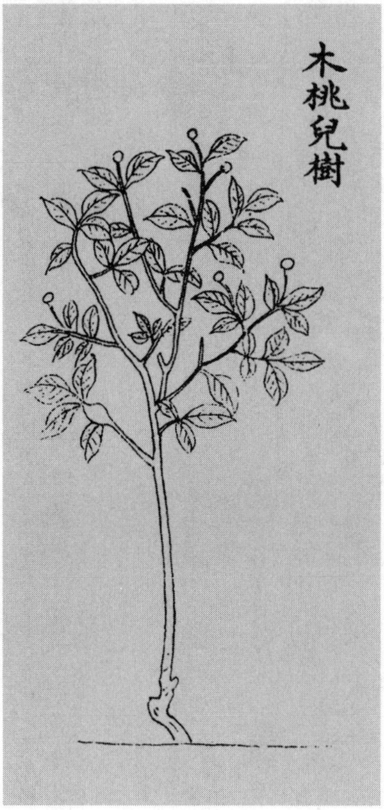

木桃兒樹　生中牟土山間。樹高五尺餘。枝條上氣脈積聚爲疙瘩，狀類小桃兒極堅實，故名木桃。其葉似楮葉而狹小，無花叉，卻有細鋸齒；又似青檀葉。梢間另又開淡紫花。結子似梧桐子而大，熟則淡銀褐色，味甜，可食。

救饑：採取，其子熟者食之。

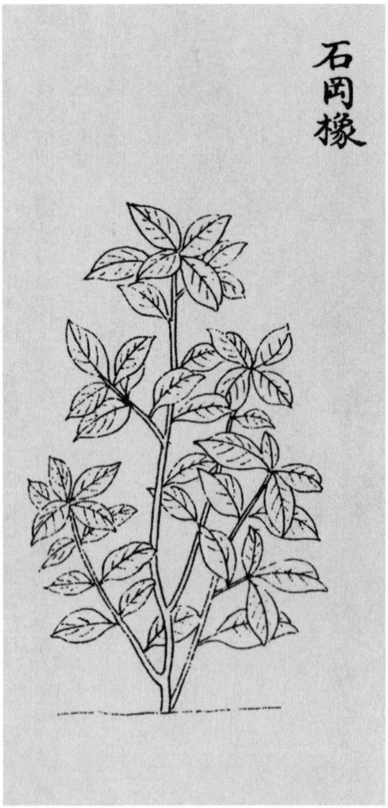

石岡橡　生汜水西茶店山谷中。其木高丈許。葉似橡櫟葉，極小而薄，邊有鋸齒，而少花叉。開黄花。結實如橡鬥而極小，味澀，微苦。

救饑：採實換水煮五七水令極熟食之。

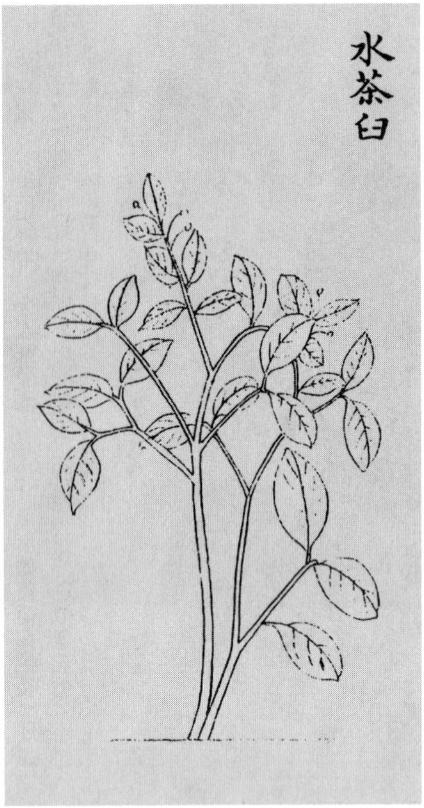

水茶臼　生密縣山谷中。科條高四五尺。莖上有小刺。葉似大葉胡枝子葉而有尖；又似黑豆葉，而光厚，亦尖。開黄白花。結果如杏大，狀似甜瓜瓣而色紅，味甜酸。

救饑：果熟紅時摘取食之。

野木瓜　一名八月樝音粗，又名杵瓜。出新鄭縣山野中。蔓延而生，妥他果切附草木上。葉似黑豆葉，微小光澤，四五葉攢生一處。結瓜如肥皂大，味甜。

救饑：採嫩瓜換水煮食，樹熟者亦可摘食。

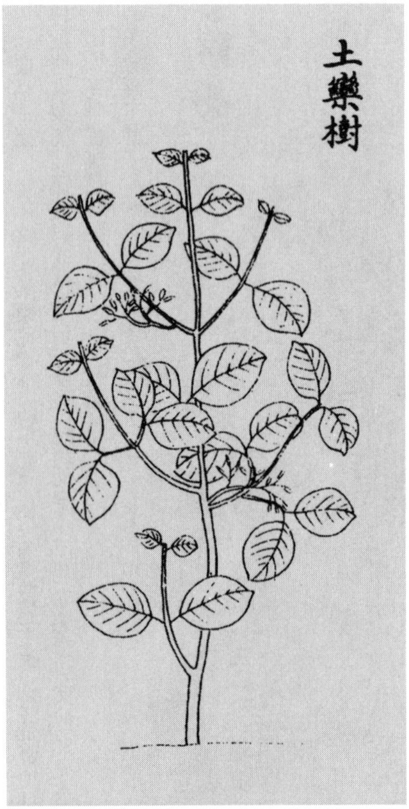

土欒樹　生汜水西茶店山谷中。其木高大堅勁。人常採斫以爲秤簳音稈。葉似木葛葉，微狹而厚，背頗白，微毛；又似青楊葉亦窄。開淡黃花結子小如豌豆而匾，生則青色，熟則紫黑色，味甘。

救饑：摘取其實紫熟者食之。

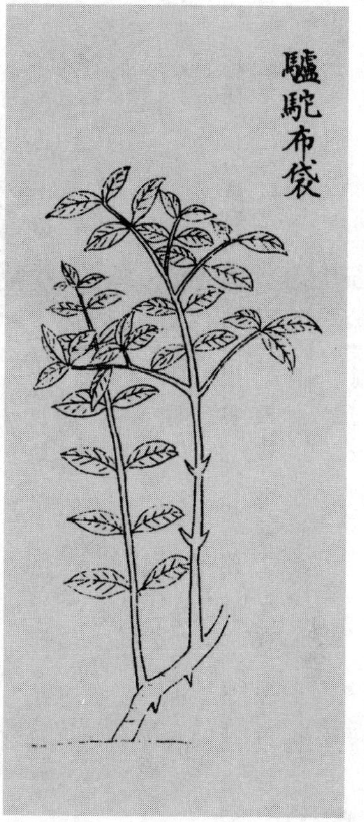

驢駝布袋　生鄭州沙崗間。科條高四五尺。枝梗微帶赤黃色。葉似鬱李子葉，頗大而光；又似省沽油葉，而尖頗齊，其葉對生。開花色白。結子如菉豆大，兩兩並生；熟則色紅，味甜。

救饑：採紅熟子食之。

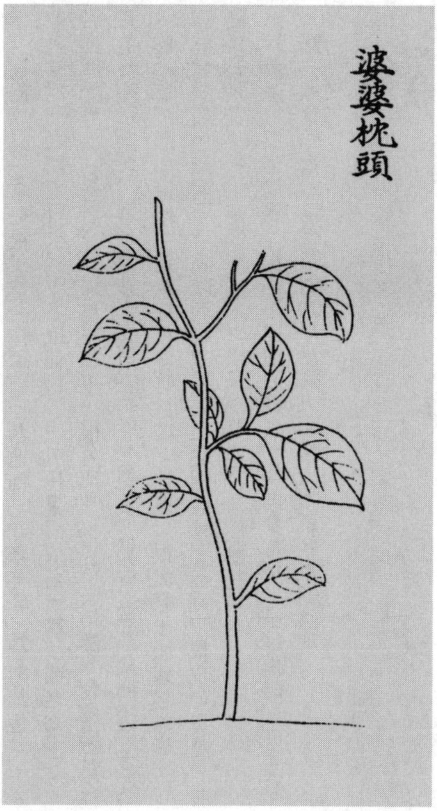

婆婆枕頭　生鈞州密縣山坡中。科條高三四尺。葉似櫻桃葉，而長艄。開黃花。結子如菉豆大，生則青，熟紅色，味甜。

救饑：採熟紅子食之。

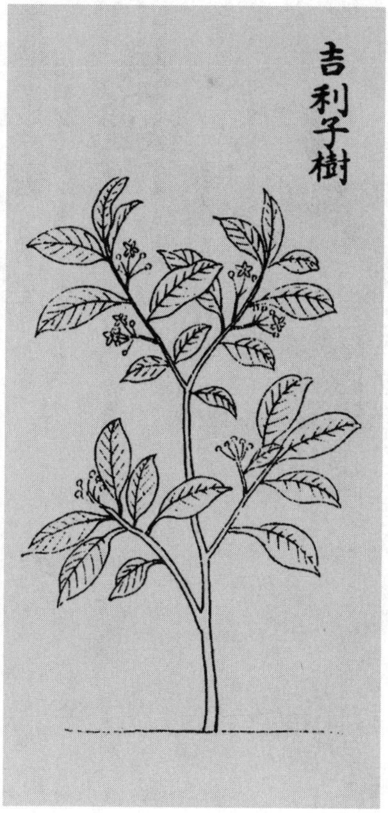

吉利子樹　一名急蘼子科。荒野處處有之。科條高五六尺，葉似野桑葉而小；又似櫻桃葉亦小。枝葉間開五瓣小尖花，碧玉色，其心黃色。結子如椒粒大，兩兩並生，熟則紅，味甜。

救饑：其子熟時採摘食之。

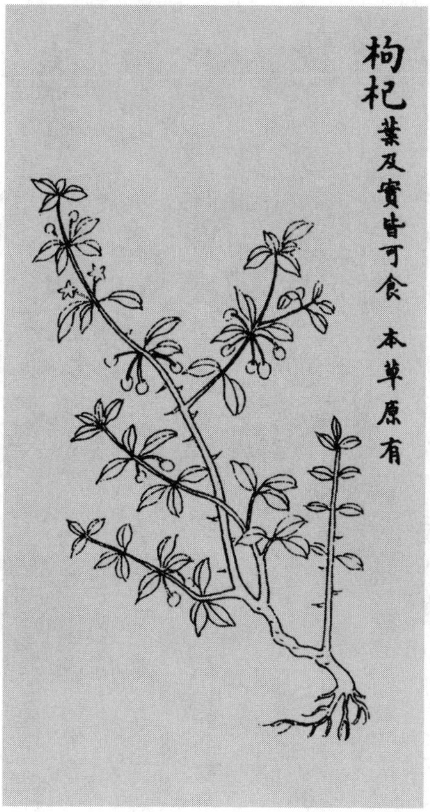

枸杞　一名杞根，一名枸忌，一名地輔，一名羊乳，一名却暑，一名仙人杖，一名西王母杖，一名地仙苗，一名托盧，或名天精，或名却老，一名枸檵音繼，一名苦杞，俗呼爲甜菜子，根名地骨。生常山平澤，今處處有之。其莖幹高三五尺，上有小刺春生苗，葉如石榴葉而軟薄。莖葉間開小紅紫花，隨便結實，形如棗核，熟則紅色。味微苦，性寒，根大寒子微寒，無毒。一云味甘平白色無刺，者良陝西枸杞長一二丈圍數寸，無刺，根皮如厚朴，甘美異於諸處。生子如櫻桃，全少核，曝乾如餅。極爛有闕。

救饑：採葉煠熟，水淘淨，油鹽調食，作羹食皆可。子紅熟時，亦可食。若渴，煮葉作飲，以代茶飲之。治病：文具《本草》木部條下。

柏樹　本草有柏實，生太山山谷，及陝州宜州，其乾州者最佳；密州側柏葉尤佳，今處處有之。味甘；一云味甘辛，性平，無毒。葉味苦。一云味苦辛，微溫，無毒。牡礪及桂、瓜子爲之使。畏菊花、羊蹄草、諸石，及麵麴。

救饑：《列仙傳》云：『赤松子食柏子，齒落更生。』採柏葉新生並嫩者，換水浸其苦味，初食苦澀，入蜜或棗肉和食尤好；後稍易吃，遂不復饑。冬不寒，夏不熱。

治病：文具《本草》木部『栢實』條下。

皂莢樹　生雍州川谷，及魯之鄒縣，懷孟產者爲勝，今處處有之。其木極有高大者。葉似槐葉，瘦長而尖，枝間多刺。結實有三種：形小者爲豬牙皂莢，良；又有長六寸及尺一者。用之當以肥厚者爲佳。味辛、鹹，性溫有小毒。柏實爲之使，惡麥門冬，畏空青、人參、苦參。可作沐藥，不入湯。

救饑：採嫩芽煠熟，換水浸洗淘淨，油鹽調食，又以子不以多少炒，春去赤皮，浸軟煮熟，以糖漬之，可食。

治病：文具《本草》木部條下。

楮桃樹　本草名楮實，一名穀音構實，生少室山，今所在有之。樹有二種：一種，皮有斑花紋，謂之斑穀，人多用皮爲冠；一種皮無花紋，枝葉大相類。其葉似葡萄，作瓣叉，上多毛澀，而有子者爲佳。其桃如彈大，青綠色，後漸變深紅色，乃成熟。浸洗去穰，取中子入藥。一云皮斑者是楮，皮白者是穀。皮可作紙，實味甘，性寒。葉味甘，性涼。俱無毒。

救饑：採葉并楮桃帶花煠爛，水浸過，握乾作餅，焙熟食之，或取樹熟楮桃紅蘂食之，甘美。不可久食，令人骨軟。

治病：文具《本草》木部『楮實』條下。

柘樹

柘樹　本草有柘木，舊不載所出州土。今北土處處有之。其木堅勁，皮紋細密，上多白點。枝條多有刺。葉比桑葉甚小而薄，色頗黃淡，葉梢皆三叉，亦堪飼蠶。綿柘刺少，葉似柿葉微小。枝葉間結實，狀如楮桃而小，熟則亦有紅蕊。味甘酸。葉味甘，微苦。柘木味甘，性溫，無毒。

救饑：採嫩葉煠熟，以水浸，作成黃色，換水浸去邪味，以水淘淨，油鹽調食。其實紅熟，甘酸可食。

治病：文具《本草》木部條下。

木羊角科 新增

木羊角科　又名羊桃，一名小桃花。生荒野中。紫莖，葉似初生桃葉，光俊，色微帶黃。枝間開紅白花。結角似豇豆角，甚細而尖艄；每兩兩角並生一處。味微苦酸。

救饑：採嫩稍葉煠熟，水浸淘淨，油鹽調食，嫩角亦可，煠食。

青檀樹

青檀樹　生中牟南沙崗間。其樹枝條紋細薄。葉形類棗微尖艄，背白而澀，又似白辛樹葉微小。開白花。結青子，如梧桐子大。葉味酸澀，實味甘酸。

救饑：採葉煠熟，水浸，淘去酸味，油鹽調食，其實成熟亦可摘食。

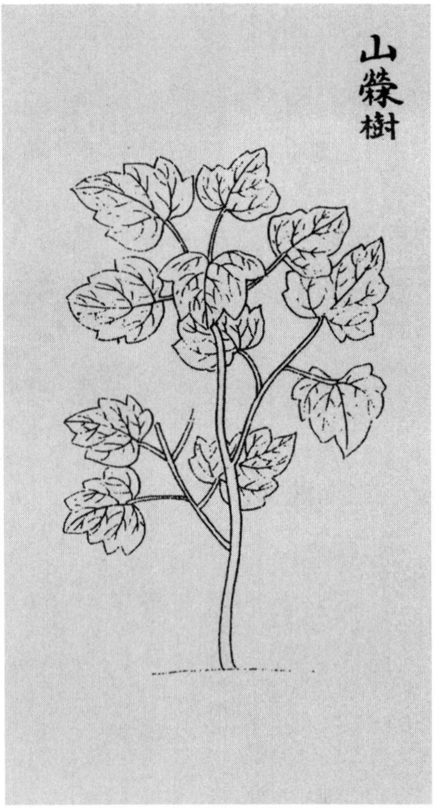

山檾樹　生密縣梁家衝山谷中。樹高丈餘，葉似初生檾葉，又似芙蓉葉而小，又似牽牛花葉，葉肩兩傍却又有角叉。開白花，結子如枸杞子大。熟則紫黑色。味甘酸葉味苦。

救饑：採葉煠熟，水浸去苦味，淘洗淨，油鹽調食，其子熟時摘取食之。

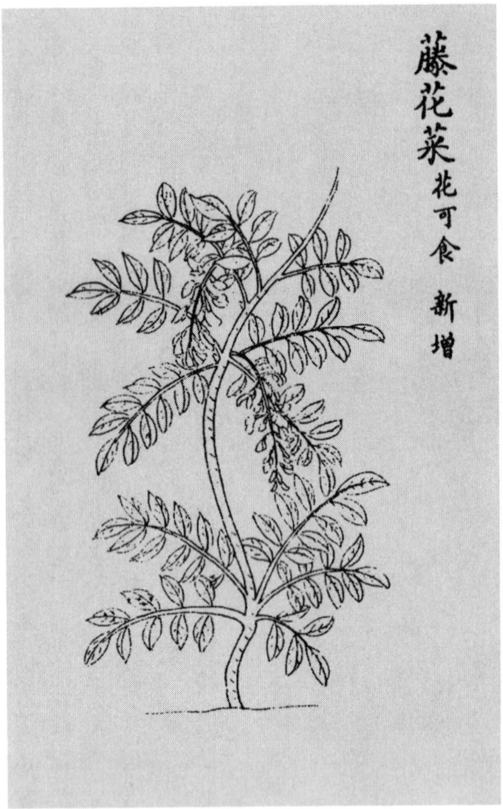

藤花菜　生荒野中沙崗間。科條叢生。葉似皂角葉而大；又似嫩椿葉而小，淺黃綠色。枝間開淡紫花。味甘。

救饑：採花煠熟，水浸淘淨，油鹽調食，微焯過晒乾，煠食尤佳。

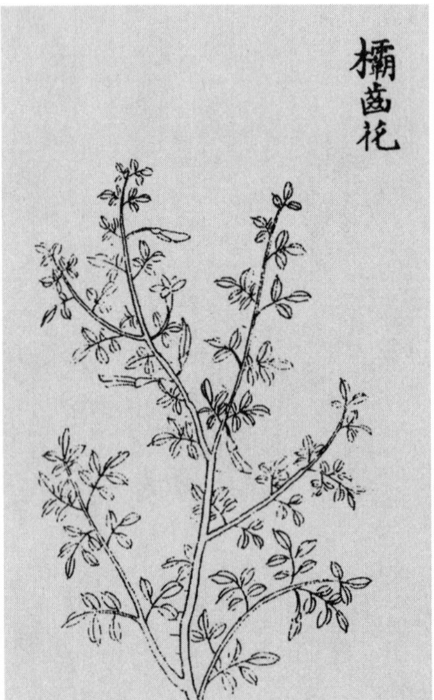

欐齒花上音麗　本名錦雞兒，又名醬瓣子。生山野間；中州人家園宅間亦多栽。葉似枸杞子葉而小；每四葉攢生一處。枝梗亦似枸杞，有小刺。開黃花，狀類雞形；結小角兒，味甜。

救饑：採花煠熟，油鹽調食。炒熟，吃茶亦可。

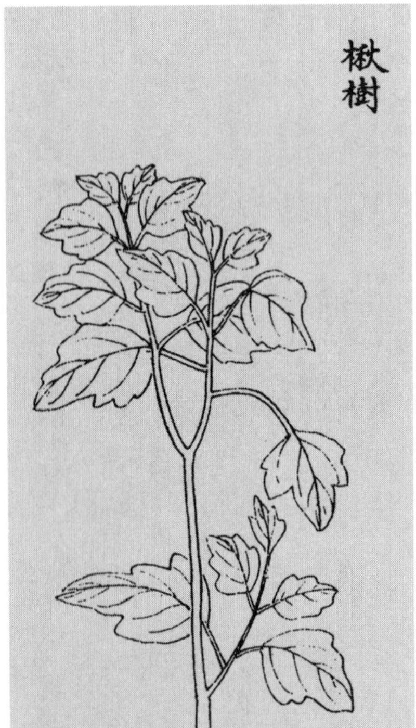

楸樹　所在有之。今密縣梁家衝山谷中多有。樹甚高大；其木可作琴瑟。葉類梧桐葉而薄小；葉梢作三角尖叉。開白花，味甘。

救饑：採花煠熟，油鹽調食；及將花晒乾，或煠或炒，皆可食。

臘梅花

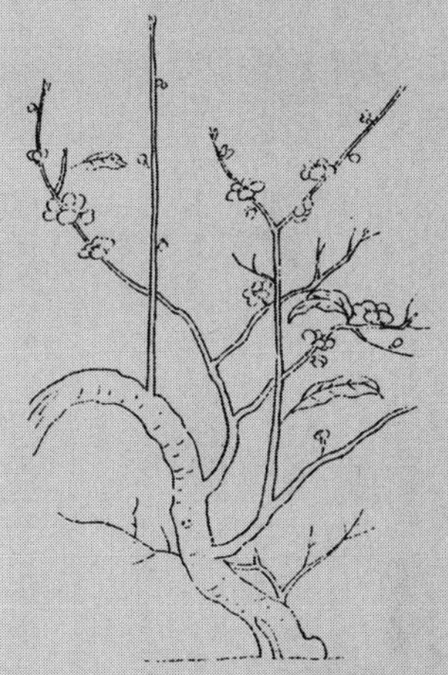

臘梅花　多生南方，今北土亦有之。其樹枝條頗類李；其葉似桃葉而寬大，紋微粗。開淡黃花。味甘微苦。

救饑：採花煠熟，水浸淘淨，油鹽調食。

馬棘

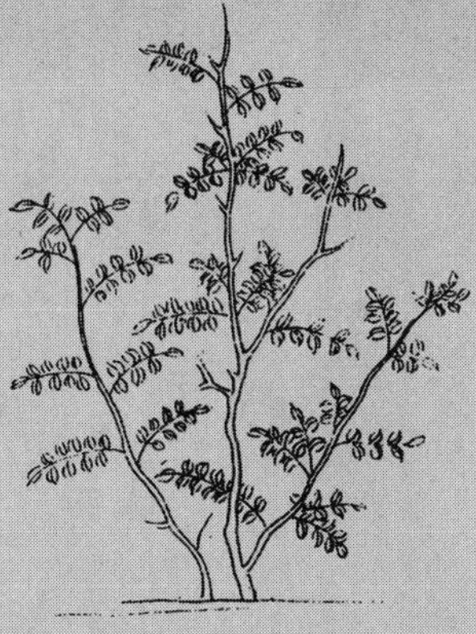

馬棘　生滎陽崗野間，科條高四五尺。葉似夜合樹葉而小，又似蒺莉葉而硬（玉諍切），又似新生皂莢，科葉亦小。梢間開粉紫花，形狀似錦雞兒花微小，味甜。

救饑：採花煠熟，水浸淘淨，油鹽調食。

槐樹芽 花葉皆可食　本草原有

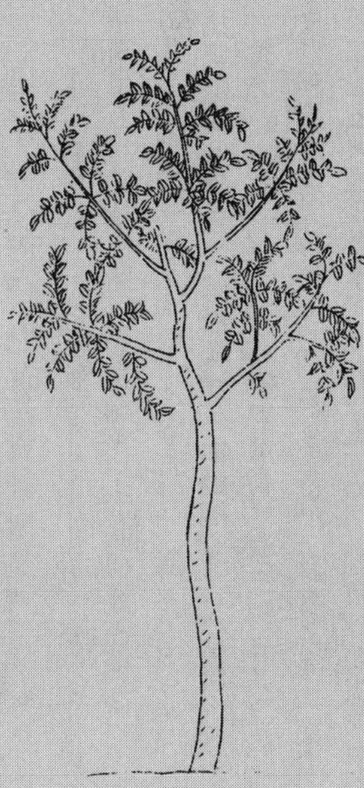

槐樹芽　本草有槐實，生河南平澤；今處處有之。其木有極高大者。《爾雅》云槐有數種：葉大而黑者名櫰（公回切）槐；又有晝合夜開者，名守宮槐；葉細而青綠者，但謂之槐。其功用不言有別。開黃花。結實似豆角狀。味苦酸鹹，性寒，無毒。景天爲之使。

救饑：採嫩芽煠熟。換水浸淘，洗去苦味，油鹽調食。或採槐花炒熟食之。

治病：文具《本草》木部『槐實』條下。

棠梨樹 花葉實皆可食　新增

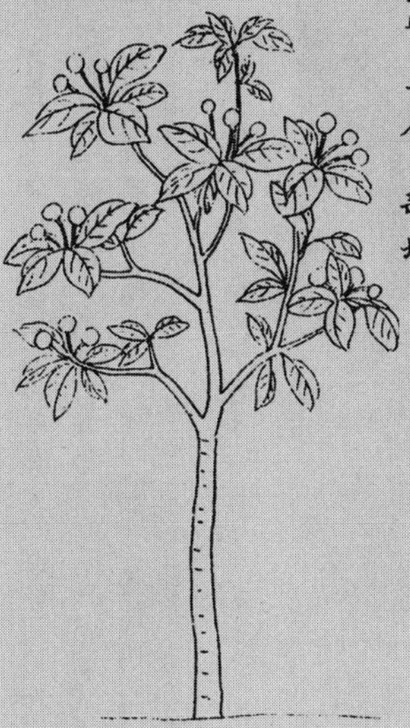

棠梨樹　今處處有之，生荒野中。葉似蒼朮葉；亦有團葉者，有三叉葉者，葉邊皆有鋸齒；又似女兒茶葉，其葉色頗白。開白花。結棠梨如小楝子大，味甘酸。花葉味微苦。

救饑：採花煠熟食，或曬乾磨麵，作燒餅食亦可。及採嫩葉煠熟，水浸淘淨，油鹽調食；或蒸曬作茶亦可。其棠梨經霜，熟時摘食，甚美。

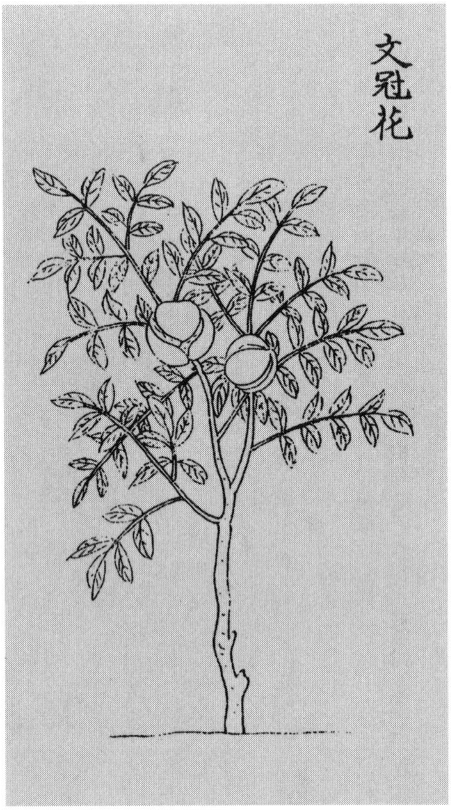

文冠花　生鄭州南荒野間。陝西人呼爲崖木瓜。樹高丈許。葉似榆樹葉而狹小，又似山茱萸葉亦細短。開花彷彿似藤花，而色白。穗長四五寸。結實狀似枳殼而三瓣，中有子二十餘顆，如肥皂角子。子中瓤如栗子，味微淡，又似米麵，味甘可食。其花味甜，其葉味苦。

救饑：採花煠熟，油鹽調食。或採葉煠熟，水浸淘去苦味，亦用油鹽調食。及摘實取子，煮熟食。

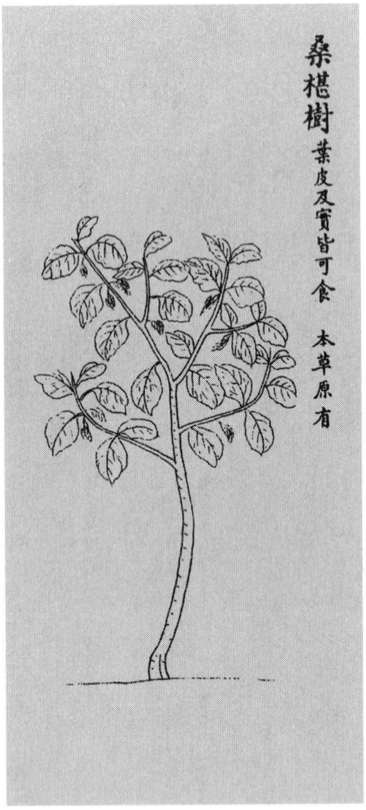

桑椹樹　本草有桑根白皮，舊不載所出州土；今處處有之。其葉飼蠶。結實爲桑椹，有黑白二種。桑之精英，盡在於椹。桑根白皮，東行根益佳；肥白者良，出土者不可用，殺人。味甘，性寒，無毒。製造忌鐵器及鉛。葉椏者名雞桑，最堪入藥。續斷、麻子、桂心爲之使。桑椹味甘性暖，或云木白皮亦可用。

救饑：採桑椹熟者食之。或熬成膏，攤於桑葉上，曬乾，搗作餅收藏；或直取椹子曬乾，可藏經年，及取椹子清汁置瓶中，封三二日即成酒，其色味似葡萄酒，甚佳。亦可熬燒酒。可藏經年，味力愈佳。其葉嫩老皆可煠食。皮炒乾，磨麵可食。

治病：文具《本草》木部『桑根白皮』條下。

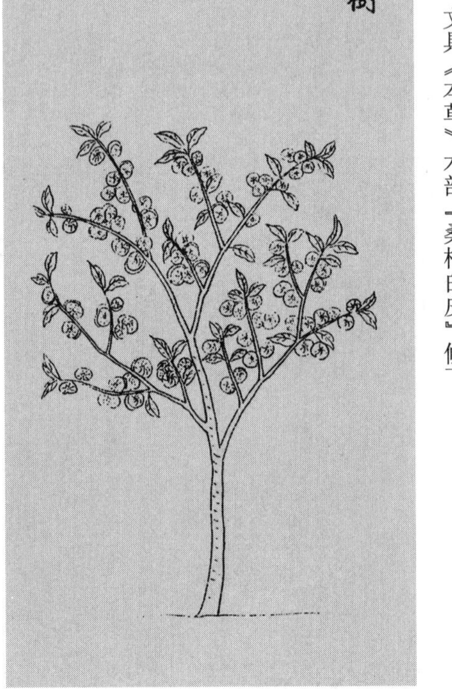

榆錢樹　本草有榆皮，一名零榆。生潁川山谷，秦州今處處有之。其木高大。春時未生葉，其枝條間，先生榆莢：形狀似錢而薄小，色白，俗呼爲榆錢。後方生葉，似山茱萸葉而長，尖艄潤澤。榆皮味甘，性平無毒。

救饑：採肥嫩榆葉煠熟，水浸淘淨，油鹽調食。其榆錢，煮糜羹食佳，但令人多睡。或焯過曬乾備用，或爲醬皆可食。榆皮刮去其上乾燥皴澀者，取中間軟嫩皮，剉碎曬乾，炒焙極乾，搗磨爲麵，拌糠麩草末蒸食，取其滑澤易食。又云：榆皮與檀皮爲末，服之令人不饑。根皮亦可搗磨爲麵食。

治病：文具《本草》木部『榆皮』條下。

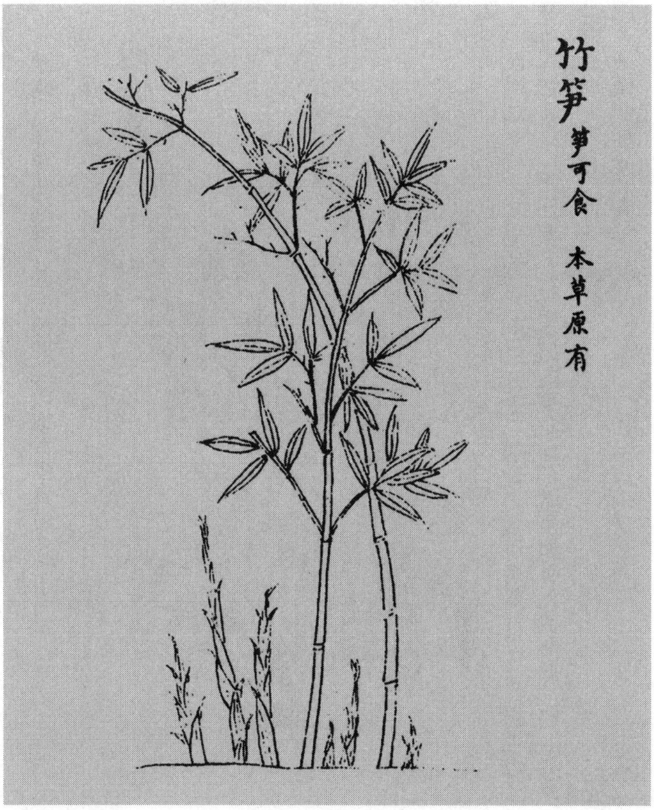

竹笋　本草竹葉有篁音謹又音允竹葉、苦竹葉、淡竹葉。《本經》並不載所出州土，今處處有之。竹之類甚多，而入藥者惟此三種，人多不能盡別。篁竹堅而促節，體圓而質勁。皮白如霜，作笛者。有一種，亦可名篁竹。苦竹亦有二種：一種出江西及閩中，本極粗大。筍味甚苦，不可啖。一種出江浙，近地亦時有之，肉厚而葉長闊。筍微苦味。俗呼甜苦筍，食所最貴者。亦不聞入藥用。淡竹肉薄，節間有粉，南人以燒竹瀝者。醫家隻用此一品。又有一種薄殼者，名甘竹，葉最勝。又有實中竹、篁竹，並以筍爲佳，於藥無用。凡取竹瀝，惟用淡竹、苦竹、篁竹爾。陶隱居云：竹實出藍田；江東乃有花而無實。而頃來斑斑有實，狀如小麥，堪可爲飯。《圖經》云：竹筍味甘，無毒；又云寒。

救饑：採竹嫩笋煠熟，油鹽調食，焯過晒乾，煠食尤好

治病：文具《本草》木部『竹葉』條下。

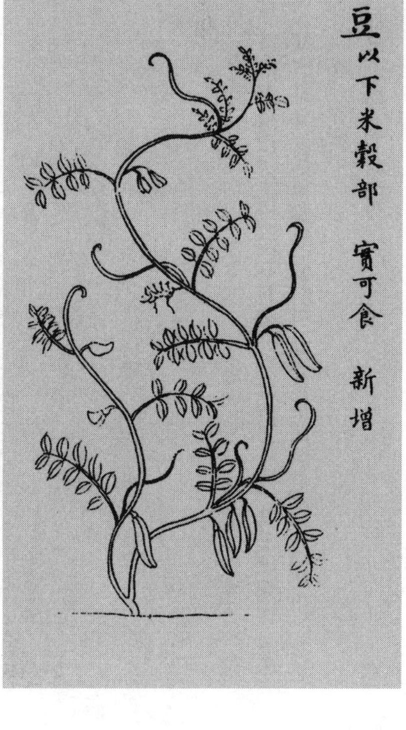

野豌豆　生田野中。苗初就地拖秧而生，後分生莖叉。苗長二尺餘。葉似胡豆葉稍大，又似苜蓿葉亦大。開淡粉紫花。結角，似家豌豆角，但秕音比小。味苦。

救饑：採角煮食，或收取豆煮食，或磨麵製造食用，與家豆同。

勞豆　生平野中，北土處處有之。莖蔓延，附草木上。葉似黑豆葉，而窄小微尖。開淡粉紫花。結小角，其豆似黑豆，形極小。味甘。

救饑：採取豆淘洗淨，煮食。或磨爲麵，打餅、蒸食，皆可。

山扁豆

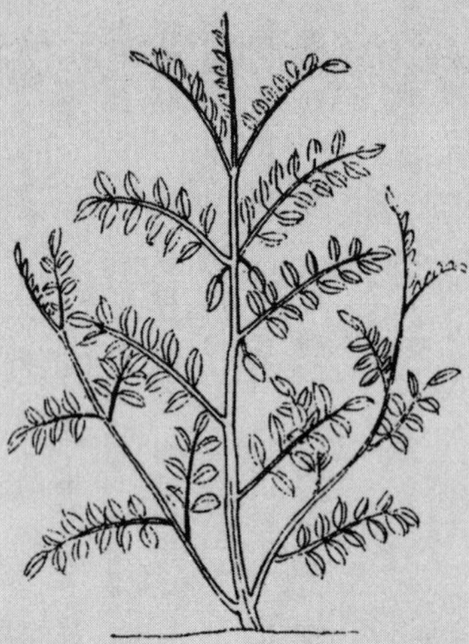

山扁豆　生田野中。小科苗高一尺許。葉似蒺藜葉微大，根葉比苜蓿葉頗長，又似初生豌豆葉。開黄花。結小匾角兒。味甜。

救饑：採嫩角煠食。其豆熟時，收取豆煮食。

回回豆

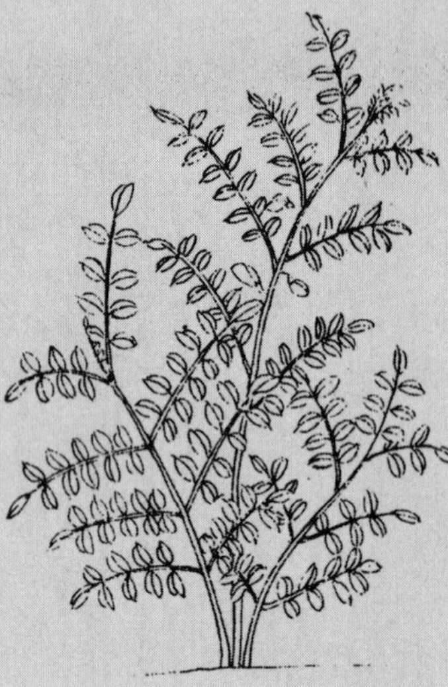

回回豆　又名那合豆。生田野中。莖青。葉似蒺藜葉，又似初生嫩皂莢而有細鋸齒。開五瓣淡紫花，如蒺藜花樣。結角如杏仁樣而肥。有豆如牽牛子微大。味甜。

救饑：採豆煮食。

胡豆

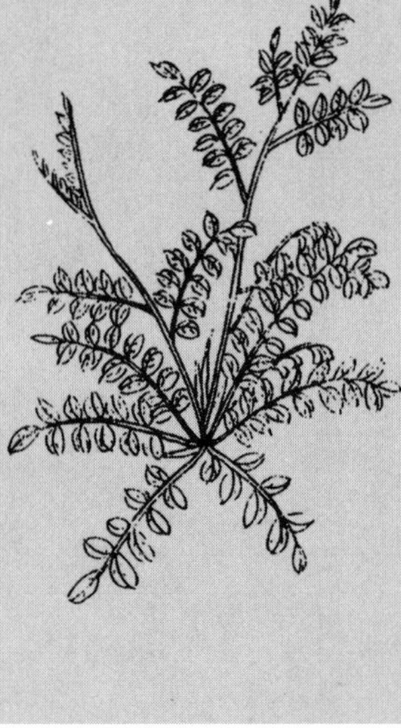

胡豆　生田野間。其苗初塌地生，後分莖叉。葉似苜蓿葉而細。莖葉梢間，開淡葱白褐花。結小角，有豆如虜豆狀。味甜。

救饑：採取豆煮食，或磨麵食，皆可。

蠶豆

蠶豆　今處處有之，生田園中。科苗高二尺許。莖方。其葉狀類黑豆葉，而團長光澤，紋脈堅直，色似豌豆，頗白。莖葉梢間開白花。結短角。其豆如豇豆而小，色赤，味甜。

救饑：採豆煮食，炒食亦可。

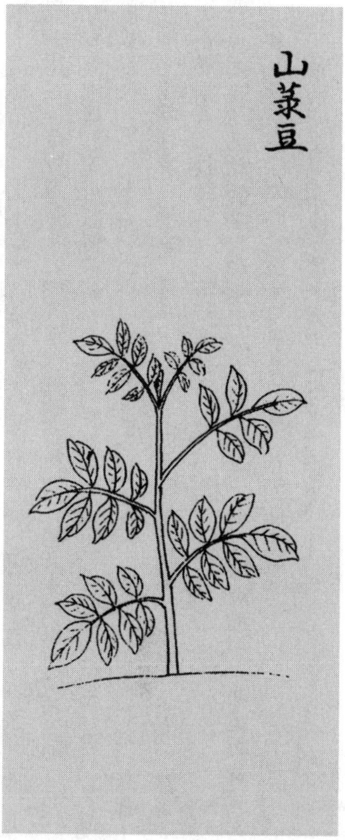

山菉豆　生輝縣太行山車箱衝山野中。苗莖似家菉豆，莖微細。葉比家菉豆葉狹窄艄。開白花。結角亦瘦小。其豆黯綠色，味甘。

救饑：採取其豆煮食，或磨麵攤煎餅食，亦可。

又 卷七

米穀部

葉及實皆可食《本草》原有五種，新增八種。

果部

實可食《本草》原有十種，新增四種。

葉及實皆可食《本草》原有四種，新增一種。

根可食《本草》原有二種。

根及實皆可食《本草》原有二種。

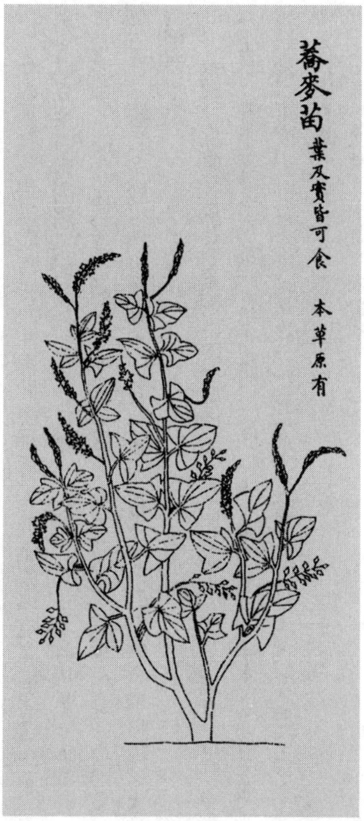

蕎麥苗　處處種之。苗高二三尺許。就地科叉生。其莖色紅。葉似杏葉而軟，微艄。開小白花。結實作三稜蒴兒。味甘，性平、寒，無毒。

救饑：採苗葉煠熟，油鹽調食。多食微瀉。其麥，或蒸使氣餾音溜。於烈日中晒，令口開，舂取人［仁］煮作飯食，或磨為麵，作餅蒸食，皆可。

治病：文具《本草》米穀部條下。

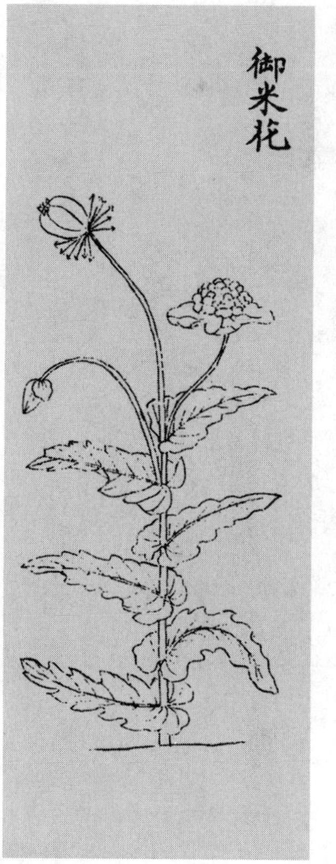

御米花　《本草》名罌子粟，一名象穀，一名米囊，一名囊子。處處有之苗。高一、二尺。葉似靛葉色而大，邊皺，多有花叉。開四瓣紅白花；亦有千葉花者。結殼似骲音雹箭頭。殼中有米數千粒，似葶藶子，色白。隔年種則佳。米味甘，性平，無毒。

救饑：採嫩葉煠熟，油鹽調食。取米作粥，或與麵作餅，皆可食。其米和竹瀝煮粥食之，極美。

治病：文具《本草》米穀部『罌子粟』條下。

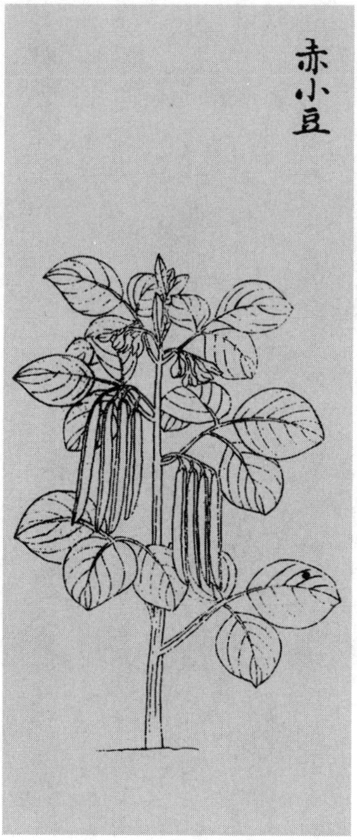

赤小豆　《本草》舊云：江淮間多種蒔。今北土亦多有之。苗高一二尺。葉似豇豆葉，微團艄。開花似豇豆花，微小，淡銀褐色，有腐氣，人故亦呼為腐婢。結角比菉豆角頗大。角之皮色，微白帶紅。其豆有赤、白、黧色三種。味甘、酸，性平，無毒。合鮓食成消渴；為醬合鮓食成口瘡。人食則體重。

救饑：採嫩葉煠熟，水淘洗淨，油鹽調食，明目。豆角亦可煮食。又法：赤小豆一升半，炒大豆黃一升半，焙。二味搗末，每服一合，新水下。日三服，盡三升，可度十一日不饑。又説：小豆食之，逐津液，行小便，久服則虚人，令人黑瘦枯燥。

治病：文具《本草》米穀部條下。

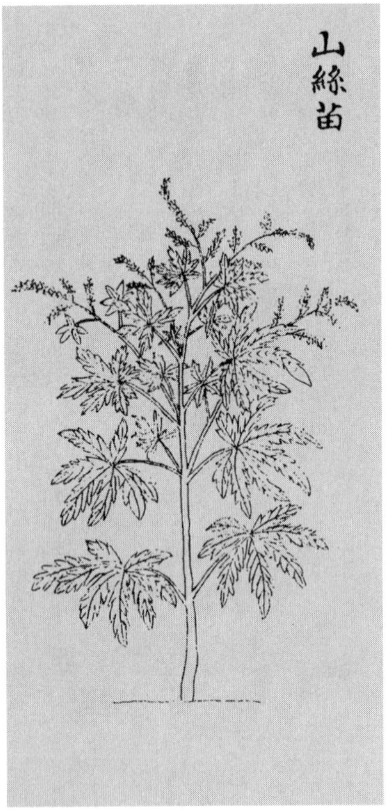

山絲苗　《本草》有麻蕡音焚，一名麻勃，一名苧音字，一名麻母。生太山川谷，今皆處處有之。人家園圃中多種蒔，績其皮以為布。苗高四五尺。莖有細線楞。葉形狀似柳葉，而邊皆有叉牙鋸齒，每八九葉攢生一處；又似荆葉而狹，色深青。開淡黃白花。結實小，如菉豆顆而匾。《圖經》云：麻蕡，此麻上花勃勃者。味辛，性平，有毒。麻子味甘，性平、微寒，滑利，無毒。入土者損人。畏牡蠣、白薇。惡茯苓。

救饑：採嫩葉煠熟，換水浸去邪惡氣味，再以水淘洗淨，油鹽調食。不可多食，亦不可久食，動風。子可炒食，亦可打油用。

治病：文具《本草》米穀部『麻蕡』條下。

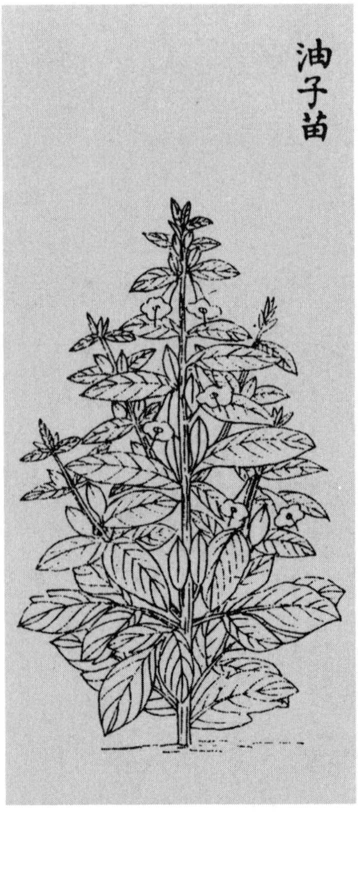

油子苗　《本草》有白油麻，俗名脂麻。舊不著所出州土，今處處有之。人家園圃中多種。苗高三四尺。莖方。窊面四楞。對節分生枝杈。葉類蘇子葉而長，尖艄，邊多花叉。葉間開白花。結四稜蒴兒，每蒴中有子四五十餘粒。其子味甘，微苦。生則性大寒，無毒；炒熟則性熱；壓笮為油，大寒。

救饑：採嫩葉煠熟，水浸淘洗淨，油鹽調食。其子亦可炒熟食，或煑食，及笮為油食，皆可。

治病：文具《本草》米穀部『白油麻』條下。

黃豆苗　今處處有之，人家田圃中多種。苗高一二尺。葉似黑豆葉而大。結角比黑豆角稍肥大。其葉味甘。

救饑：採嫩苗葉煠熟，水浸淘淨，油鹽調食。或採角煑食，或收豆煑食，及磨為麵食，皆可。

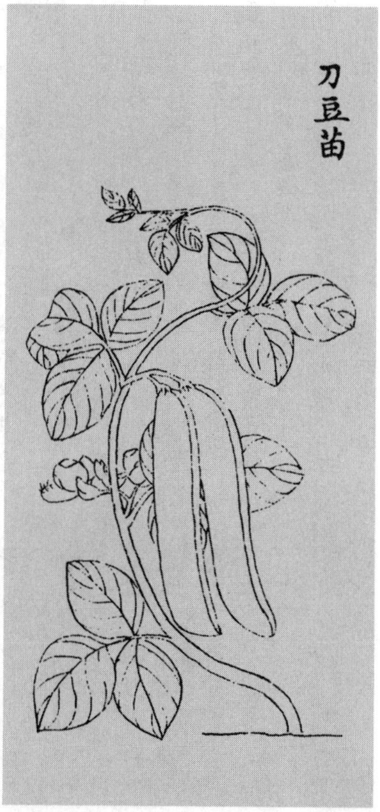

刀豆苗　處處有之，人家園籬邊多種之。苗葉似豇豆葉，肥大。開淡粉紅花。結角如皂角狀而長。其形似屠刀樣，故以名之。味甜、微淡。

救饑：採嫩苗葉煠熟，水浸淘淨，油鹽調食。豆角嫩時煑食。豆熟之時，收豆煑食或磨麵食，亦可。

眉兒豆苗　人家園圃中種之。妥他果切蔓而生，葉似菉豆葉，而肥大闊厚，潤澤光俊，每三葉攢生一處。開淡粉紫花。結匾角，每角有豆止三四顆。其豆色黑、匾，而皆白眉，故名。味微甜。

救饑：採嫩苗葉煠食。豆角嫩時，採角煑食。豆成熟時，打取豆食。

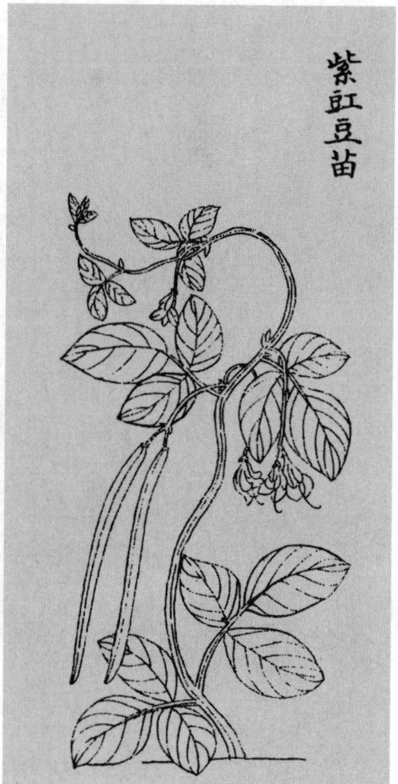

紫豇豆苗　人家園圃中種之。莖葉與豇豆同；但結角，色紫，長尺許。味微甜。

救饑：採嫩苗葉煠熟，油鹽調食。角嫩時，採角煑食；亦可做菜食。豆成熟時，打取豆食之。

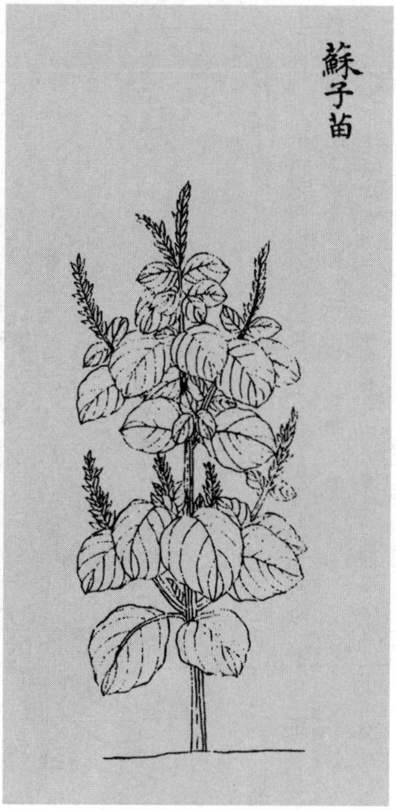

蘇子苗　人家園圃中多種之。苗高二三尺。莖方。窊五化切面四楞，上有澀毛。葉皆對生，似紫蘇葉而大。開淡紫花。結子比紫蘇子亦大。味微辛，性温。

救饑：採嫩葉煠熟，換水淘洗淨，油鹽調食。子可炒食，亦可笮油用。

豇豆苗

豇豆苗　今處處有之。人家田園中多種。就地拖秧而生，亦延籬落。葉似赤小豆葉，而極長䏽。開淡粉紫花。結角長五七寸。其豆味甘。

救饑：採嫩葉煠熟，水浸淘淨，油鹽調食。及採嫩角煠食，亦可。其豆成熟時，打取豆食。

山黑豆

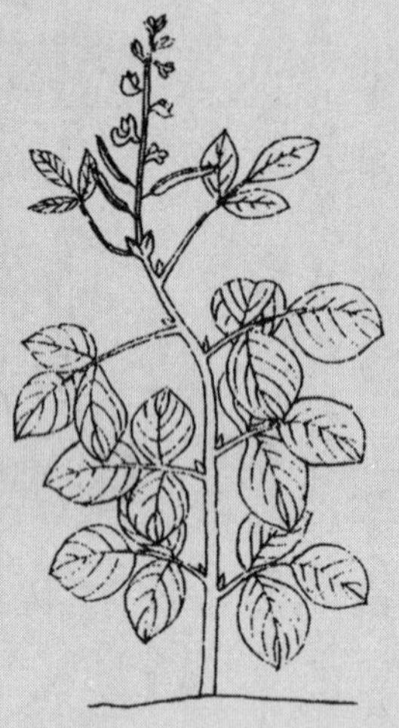

山黑豆　生密縣山野中。苗似家黑豆。每三葉攢生一處，居中大葉如菉豆葉；傍兩葉似黑豆葉，微圓。開小粉紅花。結角比家黑豆角極瘦小。其豆亦極細小。味微苦。

救饑：苗葉嫩時，採取煠熟，水淘去苦味，油鹽調食。結角時，採角煑食，或打取豆食，皆可。

舜芒穀

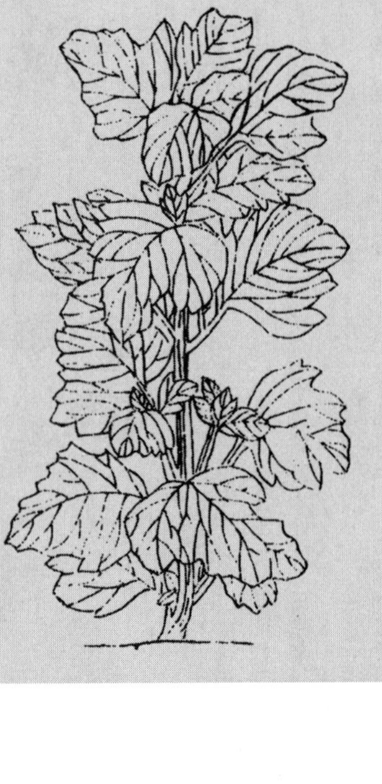

舜芒穀　俗名紅落藜。生田野，及人家田莊窠音科上多有之。科苗高五尺餘。葉似灰菜葉而大，微帶紅色。莖亦高麄，可為拄杖。其中心葉甚紅，葉間出穗。結子如粟米顆，灰青色。味甜。

救饑：採嫩苗葉，晒乾，揉音柔去灰，煠熟，油鹽調食。子可磨為麵，做燒餅蒸食。

櫻桃樹 以下果部　實可食　本草原有

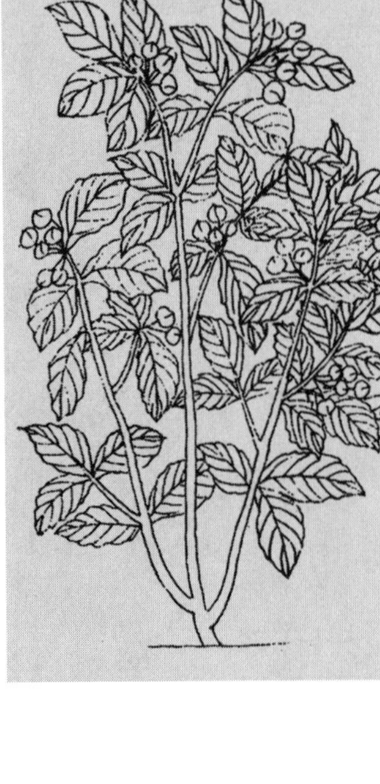

櫻桃樹　處處有之。古謂之含桃。葉似桑葉而狹窄，微軟。開粉紅花。結桃似郁李子而小，紅色鮮明。味甘，性熱。

救饑：採果紅熟者，食之。
治病：文具《本草》果部條下。

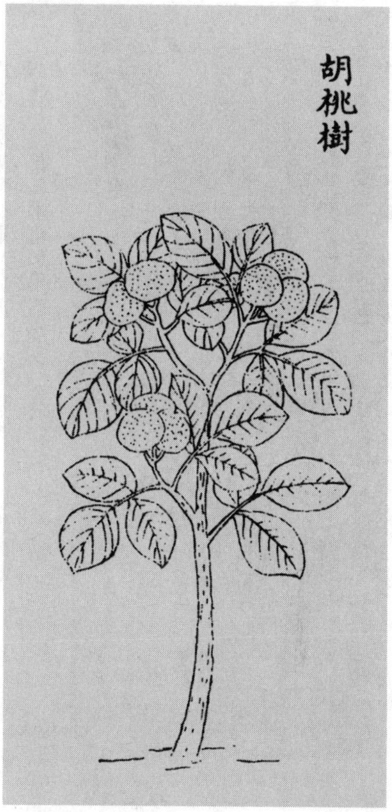

胡桃樹　一名核桃。生北土，舊云張騫從西域將來。陝、洛間多有之，今鈞、鄭間亦有。其樹大株。葉厚而多陰。開花成穗，花色蒼黄。結實外有青皮包之，狀似梨。大熟時漚去青皮，取其核是。胡桃味甘，性平，一云性熱，無毒。

救饑：採核桃，漚去青皮，取瓤食之，令人肥健。

治病：文具《本草》果部條下。

柿樹　舊不載所出州土，今南北皆有之。然華山者，皮薄而味甘珍；宣、歙、荆、襄、閩、廣諸州，但生啖，不堪為乾，椑柿壓丹石毒。烏柿，宣、越者性温，諸柿食之，皆善而益人。其樹高一二丈。葉似軟棗葉，頗小而頭微團。結實種數甚多，有牛心柿、蒸餅柿、蓋柿、塔柿、蒲楪紅柿、黄柿、朱柿、椑柿。其乾柿，火乾者謂之烏柿。諸柿味甘，性寒，無毒。

救饑：摘取軟熟柿，食之。其柿未軟者，摘取，以温水醂音攬熟，食之。麄心柿不可多食，令人腹痛。生柿彌冷，尤不可多食。

治病：文具《本草》果部條下。

梨樹　出鄭州及宣城，今處處有之。其樹葉似棠葉而大，色青，開花白色。結實形樣甚多：鵝梨出鄭州，極大，味香美而漿多；乳梨出宣城，皮厚而肉實，味極長；水梨出北都，皮薄而漿多，味差短；又有消梨、紫煤梨、赤梨、甘棠梨、禦兒梨、紫花梨、青梨、茅梨、桑梨之類，不能盡具其名。梨實味甘、微酸，性寒，無毒。

救饑：其梨結硬未熟時，摘取煮食。已經霜熟，摘取生食或蒸食，亦佳。或削其皮，晒作梨糁，收而備用，亦可。

治病：文具《本草》果部條下。

葡萄　生隴西五原、敦煌山谷及河東。舊云：漢張騫使西域得其種，還而種之，中國始有。蓋北果之最珍者。今處處有之。苗作藤蔓而極長。大盛者，一、二本綿被山谷。葉類絲瓜葉，頗壯，而邊多花叉。開花極細而黄白色。其實有紫、白二色；形之圓鋭，亦二種；又有無核者。味甘，性平，無毒；又有一種蘡薁音嬰鬱真相似，然蘡薁乃是千歲虆，但山人一槩收而釀酒。

救饑：採葡萄為果，食之。又熟時取汁，以釀酒飲。

治病：文具《本草》果部條下。

李子樹　《本草》有李核人，舊不載所出州土，今處處有之。其樹大，高丈餘。葉似郁李子葉，微尖艄而潤澤光俊。開白花，結實種類甚多，見《爾雅》者，有『休，無實李』。李之無實者，一名趙李。『痤，接慮李』，即今之麥李，細實有溝道，與麥同熟，故名之。『駁，赤李』，其子赤者是也。又有青李、緑李、赤李、房陵李、朱仲李、馬肝李、黄李、紫李、水李，散見書傳，美其味之可食，皆不入藥。今有穿條紅、御黄子。其李實味甘，微苦；一云味酸，核人味苦，性平。俱無毒。

救饑：摘取李實色熟者食之。不可臨水上食；亦不可和蜜食，損五臟。及與雀肉同食；和漿水食，令人霍亂，澀氣。多食，令人虚熱。

治病：文具《本草》果部『李核人』條下。

木瓜　生蜀中并山陰蘭亭，而宣州者佳，今處處有之。其樹枝狀似柰。花深紅色。葉又似柿葉，微小而厚。《爾雅》謂之楙音茂。其實形如小瓜；又似栝樓而小。兩頭尖長。淡黄色。味酸，性温，無毒。

救饑：採成熟木瓜食之，多食亦不益人。

治病：文具《本草》果部條下。

櫨子樹　舊不著所出州土，今鞏縣趙峯山野中多有之。樹高丈許。葉似冬青樹葉，稍闊厚，背色微黄；葉形又類棠梨葉，但厚。結果似木瓜，稍團。味酸甜、微澀，性平。

救饑：果熟時採摘食之，多食損齒及筋。

治病：文具《本草》果部木瓜條下。

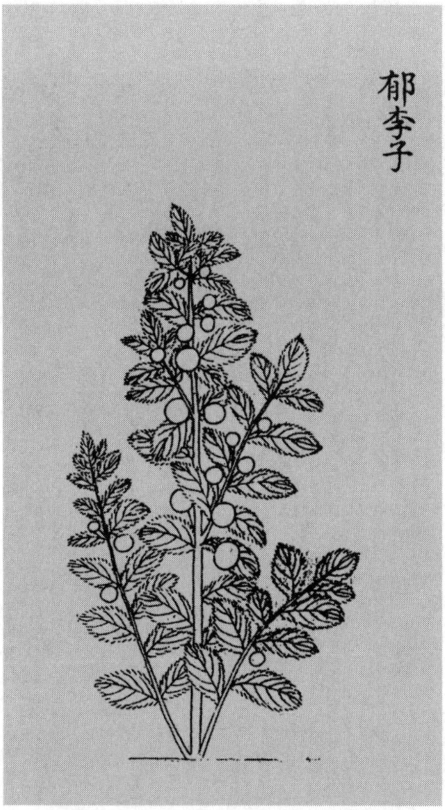

郁李子　《本草》郁李子，一名爵李，一名車下李，一名雀梅，即奥音郁李也，俗名藴音歐梨兒。生隰州高山川谷、丘陵上，今處處有之。木高四五尺。枝條花葉皆似李，惟子小。其花或白或赤，結實似櫻桃，赤色。其人味酸，性平；一云味苦辛。其實味甘、酸，根性凉，俱無毒。

救饑：其實紅熟時，摘取食之，酸甜味美。

治病：文具《本草》果部『郁李人』條下。

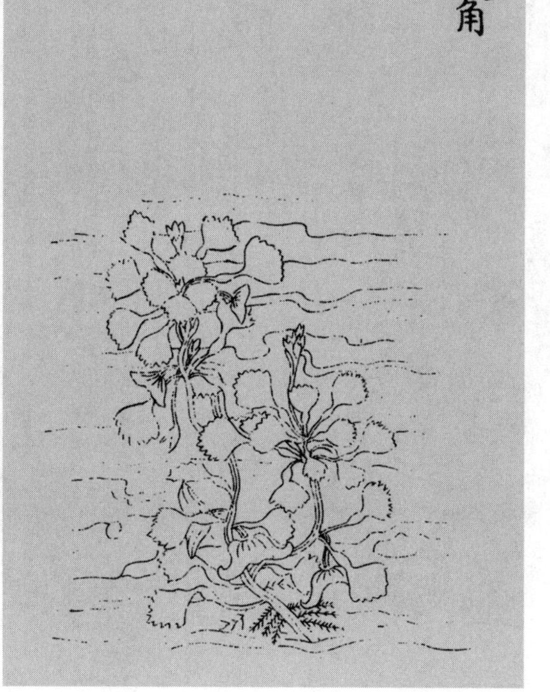

菱角　《本草》名芰音技實，一名蓤音陵。處處有之。水中拖蔓生，葉浮水上，三尖鋸齒葉。開黄白花，花落而實生。實有二種：一種四角；一種兩角。兩角中又有嫩皮而紫色者，謂之浮蓤，食之尤美。味甘，性平，無毒；一云性冷。

救饑：採菱角鮮大者，去殼生食。殼老及雜小者，煑熟食；或晒其實，火燔以為米，充糧作粉，極白潤，宜人。服食家蒸曝，蜜和餌之，斷穀長生。又云雜白蜜食，令人生蟲；一云，多食，臟冷，損陽氣，痿莖，腹脹滿。暖姜酒飲，或含吳茱萸，嚥津液，即消。

治病：文具《本草》果部『芰實』條下。

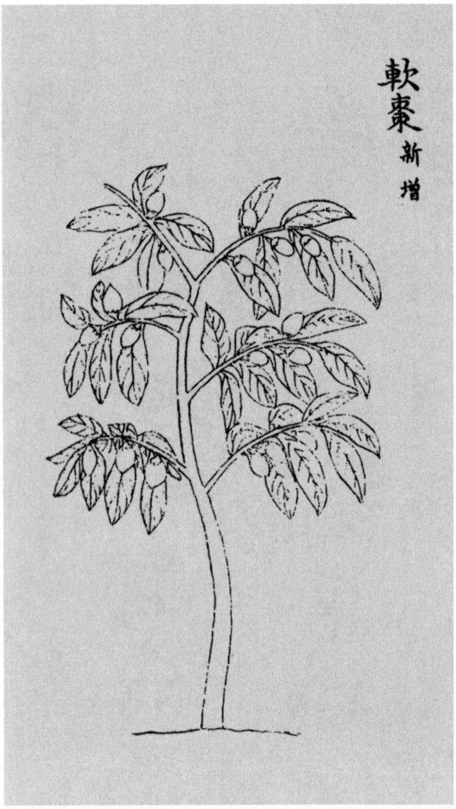

軟棗　一名丁香柿，又名牛乳柿，又呼羊矢棗，《爾雅》謂之梬音影。舊不載所出州土，今北土多有之。其樹，枝、葉、條、幹皆類柿，而結實甚小。乾熟則紫黑色。味甘，性温；一云微寒，無毒。多食動風，發冷風咳嗽。

救饑：採取軟棗成熟者食之。其未熟，結硬時摘取，以温水漬養，醂盧感切去澀味，另以水煮熟，食之。

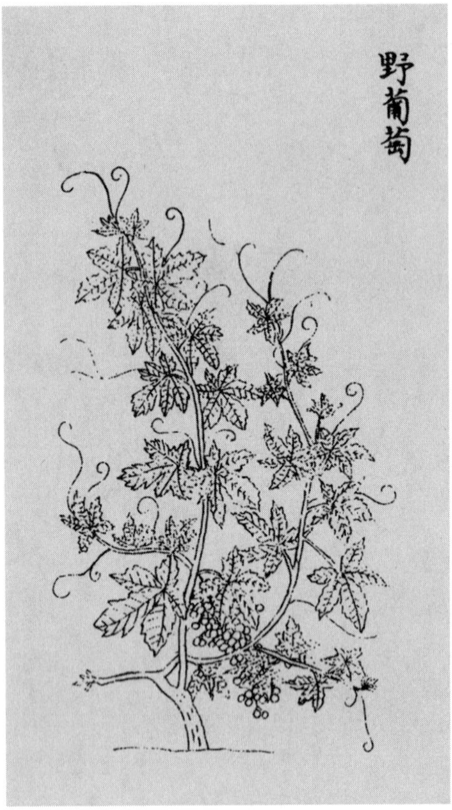

野葡萄　俗名煙黑。生荒野中，今處處有之。莖葉及實俱似家葡萄，但皆細小。實亦稀疎。味酸。

救饑：採葡萄顆紫熟者，食之；亦中釀酒飲。

梅杏樹　生輝縣太行山山谷中。樹高丈餘。葉似杏葉而小，又頗尖艄，微澀。邊有細鋸齒。開白花。結實如杏實大；生青，熟則黄色。味微酸。

救饑：摘取黄熟梅果，食之。

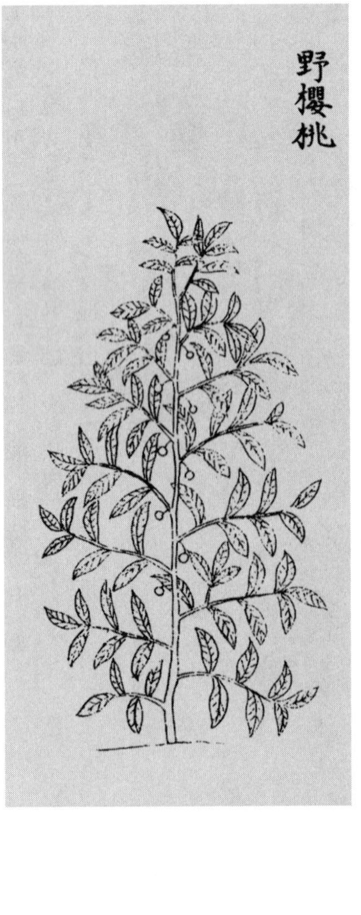

野櫻桃　生鈞州山谷中。樹高五六尺。葉似李葉，更尖。開白花，似李子花。結實比櫻桃又小，熟則色鮮紅。味甘，微酸。

救饑：摘取其果紅熟者，食之。

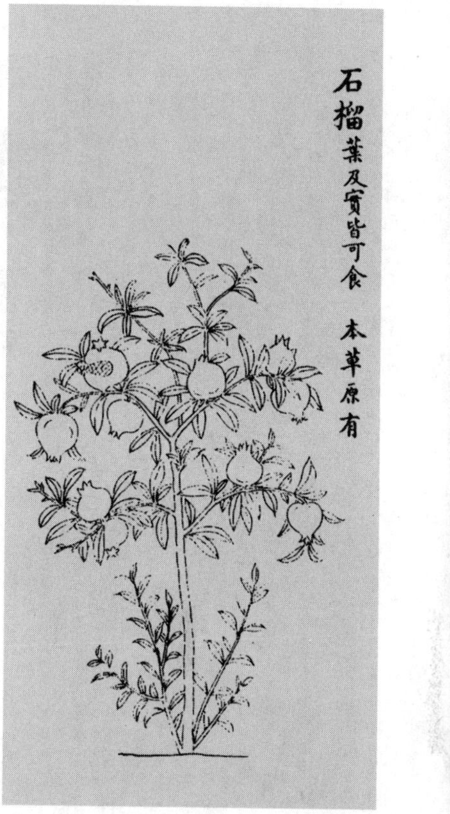

石榴　《本草》名安石榴，一名丹若，《廣雅》謂之若榴。舊云：漢張騫使西域，得其種還。今處處有之。木不甚高大，枝柯附幹，自地便生作叢。種極易成，折其枝條，盤土中便生。其葉似枸杞葉而長，微尖；葉緑，微帶紅色。花有黄、赤二色。實亦有甘、酸二種，甘者可食，酸者入藥。味甘、酸，性温，無毒。又有一種，子白，瑩澈如水晶者，味亦甘，謂之水晶石榴。

救饑：採嫩葉煠熟，油鹽調食。榴果熟時，摘取食之。不可多食，損人肺，及損齒令黑。

治病：文具《本草》果部條下。

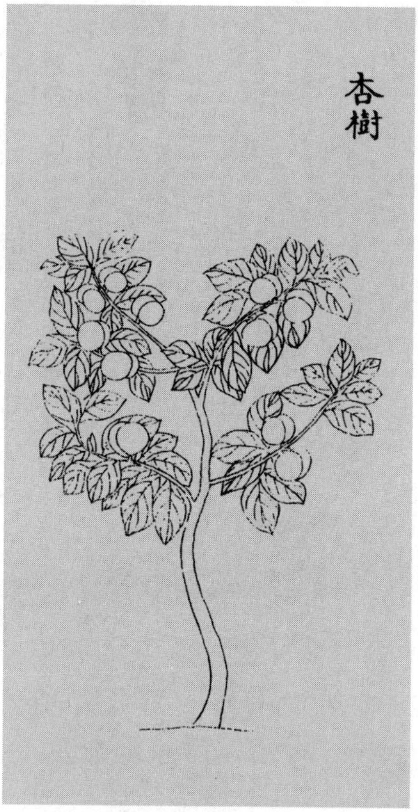

杏樹　《本草》有杏核人。生晉山川谷，今處處有之。其實有數種：黄而圓者名金杏，熟最早；扁而青黄者，名木杏，其子皆入藥；又小者名山杏，不堪入藥。其樹高丈餘。葉頗圓，淡緑，頗帶紅色。葉似木葛葉而光嫩，微尖。開花色紅。結實金黄色。核人味甘、苦，性温，冷利，有毒。得火良，惡黄芩、黄耆、葛根，解錫毒。畏蘘草。杏實味酸，性熱。

救饑：採葉煠熟，以水浸漬，作成黄色，換水淘淨，油鹽調食。其杏黄熟時，摘取食。不可多食，令人發熱及傷筋骨。

治病：文具《本草》果部『杏核人』條下。

棗樹　《本草》有大棗，乾棗也。一名美棗，一名良棗。生棗出河東平澤及近北州郡，青、晉、絳、蒲州者特佳；江南出者，堅燥少肉。樹高一二丈。葉似酸棗葉而大，比皂角葉亦大，尖艄光澤。葉間開青黄色小花。結實種數甚多，《爾雅》云：壺棗，江東呼棗大而鋭上者為壺，壺，猶瓠也；邊，腰棗，一名細腰，又謂轆轤棗；櫅音賫，白棗，即今棗，子白乃熟；遵，羊棗，實小而圓，紫黑色，俗又呼為羊矢棗；洗，大棗，河東猗氏縣出，大棗如雞卵；蹶泄，苦棗，云子味苦；晳，無實棗，云不著子者；還味，稔棗，云還味，短味也；又有水菱棗、御棗，即撲落蘇也；又有牙棗。皆味甘美。其餘不能盡別其名。大棗味甘，性平，無毒。殺烏頭毒，牙齒有病人切忌食。生棗味甘、辛，多食令人寒熱腹脹。羸瘦人不可食。蒸煑食，補腸胃，肥中益氣。不宜合葱食。

救饑：採嫩葉煠熟，水浸作成黄色，淘淨，油鹽調食。其棗紅熟時，摘取食之；其結生硬未紅時，煑食亦可。

治病：文具《本草》果部『大棗』條下。

桃樹　《本草》有桃核人。生太山川谷，河南、陝西出者尤大而美。今處處有之。樹高丈餘。葉狀似柳葉而闊大，又多紋脈。開花紅色。結實品類甚多：其油桃，光小；金桃，色深黃；崑崙桃，肉深，紫紅色。又有餅子桃、麵桃、鷹嘴桃、鴈過紅桃、凍桃之類，名多不能盡載。山中有一種桃，正是《月令》中『桃始花』者，謂山桃。不堪食啗，但中入藥。桃核人味苦、甘，性平，無毒。

救饑：採嫩葉煠熟，水浸作成黃色，換水淘淨，油鹽調食。桃實熟軟時，摘取食之；其結硬未熟時，亦可煑食；或切作片，晒乾為糁，收藏備用。

治病：文具《本草》果部『桃核人』條下。

沙果子樹　一名花紅。南北皆有，今中牟崗野中亦有之，人家園圃亦多栽種。樹高丈餘。葉似櫻桃葉而色深緑；又似急蘼音梅子葉而大。開粉紅花，似桃花瓣，微長不尖。結實似李而甚大。味甘、微酸。

救饑：摘取紅熟果，食之。嫩葉亦可煠熟，油鹽調食。

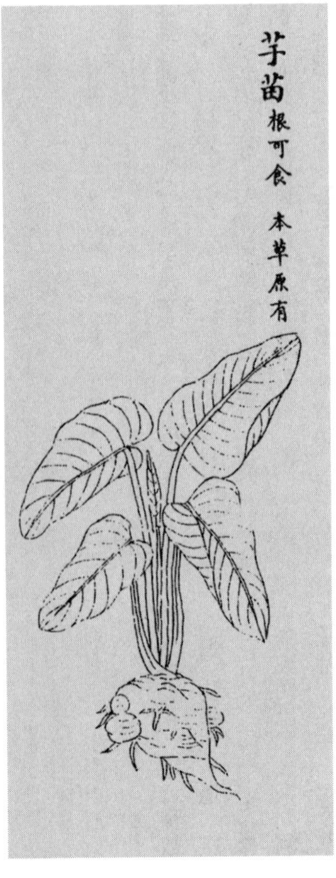

芋苗　《本草》一名土芝，俗名芋頭。生田野中，今處處有之，人家多栽種。葉似小荷葉而偏長，不圓。近蔕邊皆有一劐音霍兒。根狀如雞蛋大，皮色茶褐，其中白色。味辛，性平，有小毒。葉冷，無毒。

救饑：《本草》芋有六種：青芋，細長毒多，初煑須要灰汁，換水煑熟乃堪食。白芋、真芋、連禪芋、紫芋毒少，蒸煑食之；又宜冷食，療熱止渴。野芋，大毒，不堪食也。

治病：文具《本草》果部條下。

鉄葧音孛臍　《本草》名烏芋，又名凫音夫茨，一名藉姑，一名水萍，一名槎音查牙，亦名茨菰，又名燕尾草。《爾雅》謂之芍。有二種：根黑皮厚肉硬白者，謂之猪葧臍；皮薄色淡紫肉軟者，謂之羊葧臍。生水田中。葉似莎草而厚肥，稍又長窄。葉間生葶，其葶三稜。稍頭開花醬褐色。根即葧臍。味苦、甘，性微寒。

救饑：採根煑熟食；製作粉，食之，厚人腸胃，不饑。服丹石人尤宜食，解丹石毒。孕婦不可食。

治病：文具《本草》果部『烏芋』條下。

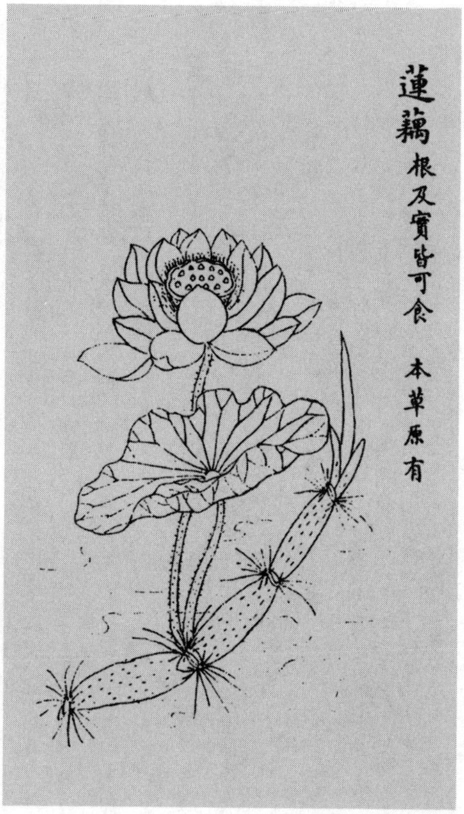

蓮藕　《本草》有藕實，一名水芝丹，一名蓮。生汝南池澤，今處處有之。生水中，其葉名荷。圓徑尺餘。其花，世謂之蓮花，色有紅、白二種。花中結實，謂之蓮房，俗名蓮蓬。其蓮，青皮裏白，子為的，即蓮子也。的中青心為薏。其的至秋，表皮色黑而沉水，就蓬中乾者，謂之石蓮。其根謂之藕。《爾雅》云：荷，芙蕖，其莖茄，其葉蕸，其本蔤音密，云是莖下白蒻音若在泥中；藕節間初生萌芽也。其花菡萏，其實蓮，其根藕，其中的。的，中薏是也。芙蕖其總名，別名芙蓉。又云：其花未發為菡萏；已發為芙蓉。蓮實、莖味甘，性平、寒，無毒。

救饑：採藕煠熟食，生食，皆可。蓮子蒸食或生食，亦可。又可休糧，仙家貯石蓮子、乾藕經千年者，食之至妙；又以實，磨為麵食，或屑為米，加粟煑飯食，皆可。

治病：文具《本草》果部『藕實』條下。

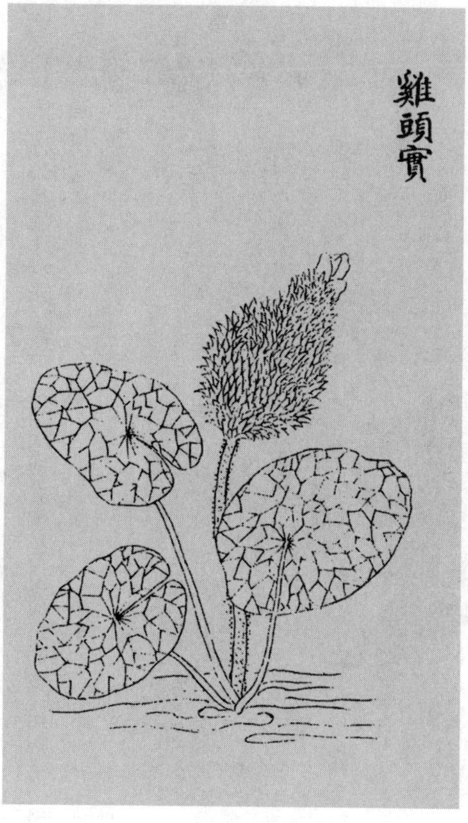

雞頭實　一名芡，一名鴈喙實。幽人謂之雁頭。出雷澤，今處處有之。生澤中。葉大如荷而皺，背紫，有刺，俗謂雞頭盤。花下結實，形類雞頭，故以名之。中有子，如皂莢子大，艾褐色。其近根莖葳音耿嫩者名為蔿音葦葳，人採以為菜茹。實味甘，性平，無毒。

救饑：採嫩根莖煠食。實熟採實，剝人食之。蒸過，烈日晒之，其皮即開，舂去皮，擣人為粉，蒸煠作餅，皆可食。多食不益脾胃氣，兼難消化；生食，動風，冷氣。與小兒食，不能長大，故駐年耳。

治病：文具《本草》果部條下。

又卷八

菜部

葉可食《本草》原有十三種，新增十九種。

根可食新增二種。

根葉皆可食《本草》原有一種，新增四種。

葉及實皆可食《本草》原有三種，新增三種。

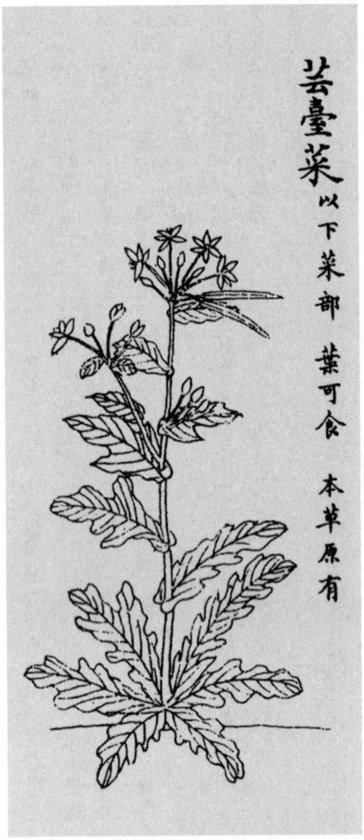

芸薹菜　今處處有。葉似菠菜葉，比菠菜葉兩傍多兩叉。開黃花。結角似蔓菁角，有子如小芥子大。味辛，性温，無毒。經冬根不死。辟蠹音渡。

救饑：採苗葉煠熟，水浸淘洗淨，油鹽調食。

治病：文具《本草》菜部條下。

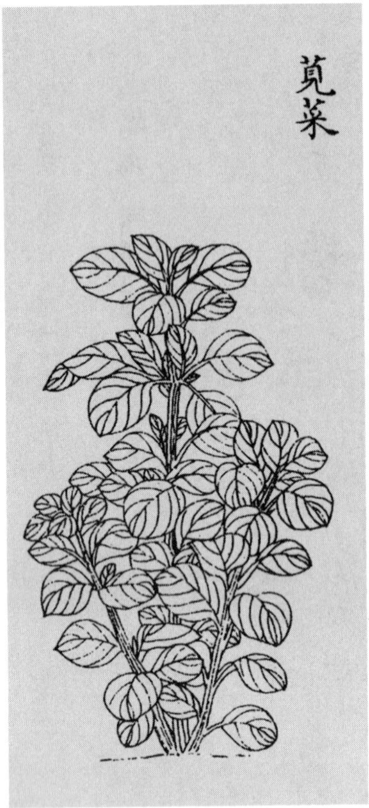

莧菜　《本草》有莧實，一名馬莧，一名莫實，細莧亦同，一名人莧，幽、薊間訛呼爲人杏菜。生淮陽川澤及田中，今處處有之。苗高一二尺。莖有線楞。葉如小藍葉而大，有赤、白二色。家者，茂盛而大；野者，細小葉薄。味甘，性寒，無毒。不可與鼈肉同食，生鼈瘕。

救饑：採苗葉煠熟，水淘洗淨，油鹽調食。晒乾，煠食尤佳。

治病：文具《本草》菜部條下。

苦苣菜　《本草》云：即野苣也，又名褊音扁苣，俗名天精菜。舊不著所出州土，今處處有之。苗搨地生。其葉光者，似黃花苗葉；葉花者，似山苦蕒葉。莖葉中皆有白汁。味苦，性平；一云性寒。

救饑：採苗葉煠熟，用水浸去苦味，淘洗淨，油鹽調食；生亦可食。雖性冷，甚益人，久食輕身少睡，調十二經脈，利五臟。不可與血同食，作痔疾；一云不可與蜜同食。

治病：文具《本草》菜部條下。

馬齒莧菜　又名五行草。舊不著所出州土，今處處有之。以其葉青、梗赤、花黃、根白、子黑，故名五行草耳。味甘，性寒、滑。

救饑：採苗葉，先以水焯音綽過，晒乾煠熟，油鹽調食。

治病：文具《本草》菜部條下。

苦蕒菜　俗名老鸛菜。所在有之，生田野中。人家園圃種者，為家苦蕒。脚葉似白菜，小葉抪莖而生，稍葉似鴉嘴形。每葉間分叉攛亭，如穿葉狀，稍間開黃花。味微苦，性冷，無毒。

救饑：採苗葉煠熟，以水浸淘，洗淨，油鹽調食。出蠶蛾時，切不可取拗，令蛾子赤爛。蠶婦忌食。

治病：文具《本草》菜部條下。

莙薘菜　所在有之，人家園圃中多種。苗葉搨地生。葉類白菜而短，葉莖亦窄，葉頭稍團，形狀似糜匙樣。味鹹，性平、寒，微毒。

救饑：採苗葉煠熟，以水浸，洗淨，油鹽調食。不可多食，動氣破腹。

治病：文具《本草》菜部條下。

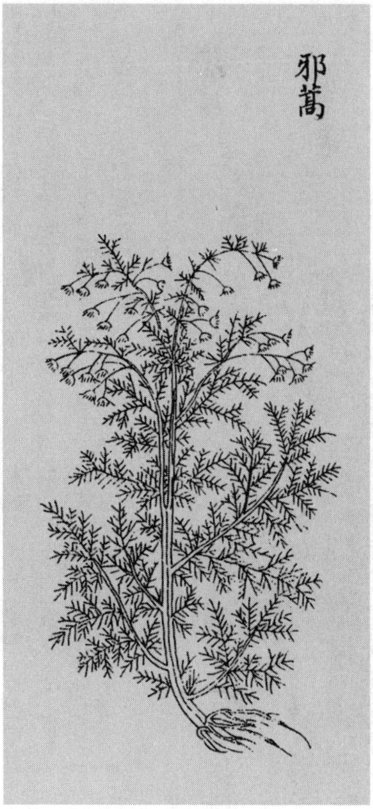

邪蒿　生田園中，今處處有之。苗高尺餘，似青蒿細軟。葉又似胡蘿蔔葉，微細而多花叉。莖葉稠密。稍間開小碎瓣黃花。苗葉味辛，性温、平，無毒。

救饑：採苗葉煠熟，水浸洗淨，油鹽調食。生食，微動風氣。作羹食良。不可同胡荽音雖食，令人汗臭氣。

治病：文具《本草》菜部條下。

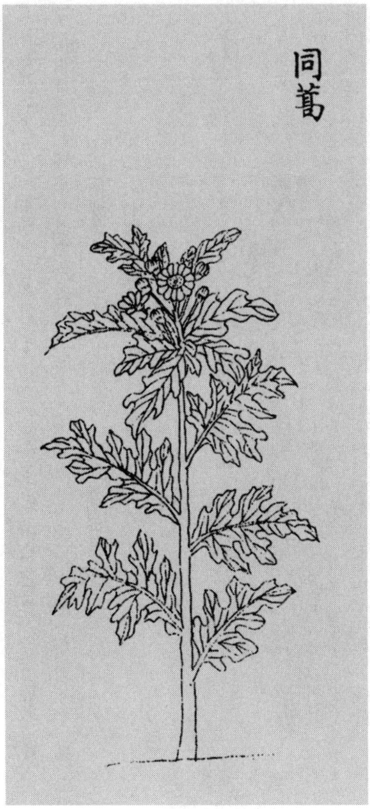

同蒿　處處有之，人家園圃中多種。苗高一二尺。葉類胡蘿蔔葉而肥大。開黃花，似菊花。味辛，性平。

救饑：採苗葉煠熟，水浸洗淨，油鹽調食。不可多食，動風氣，熏人心，令人氣滿。

治病：文具《本草》菜部條下。

冬葵菜

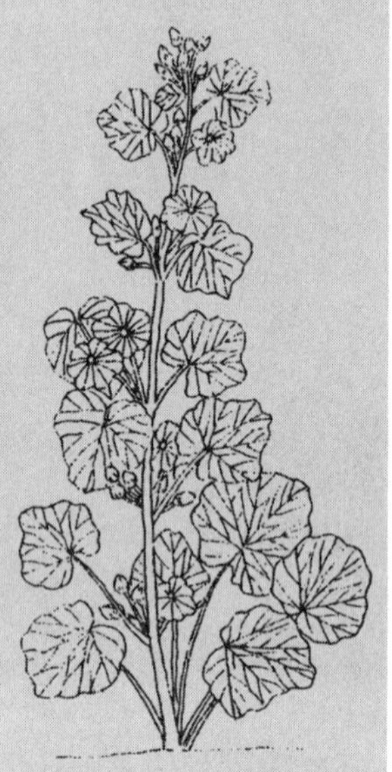

冬葵菜　《本草》：冬葵子，是秋種葵，覆養經冬，至春結子，故謂冬葵子。生少室山，今處處有之。苗高二三尺，莖及花葉似蜀葵而差小，子及根俱味甘，性寒，無毒。黃芩為之使，根解蜀椒毒。葉味甘，性滑利。為百菜主，其心傷人。

救饑：採葉煠熟，水浸淘淨，油鹽調食。服丹石人尤宜食。天行病後食之，頓喪明。熱食，亦令人熱悶動風。

治病：文具《本草》菜部條下。

蓼芽菜

蓼芽菜　《本草》有蓼實。生雷澤川澤，今處處有之。葉似小藍葉，微尖；又似水葒葉而短小，色微帶紅。莖微赤。稍間出穗。開花赤色。莖葉味辛，性温。

救饑：採苗葉煠熟，換水浸去辣氣，淘淨，油鹽調食。

治病：文具《本草》菜部『蓼實』條下。

苜蓿

苜蓿　出陝西，今處處有之。苗高尺餘。細莖。分叉而生。葉似錦雞兒花葉，微長；又似豌豆葉，頗小，每三葉攢生一處。稍間開紫花。結彎角兒，中有子，如黍米大，腰子樣。味苦，性平，無毒；一云微甘，淡；一云性凉。根寒。

救饑：苗葉嫩時，採取煠食。江南人不甚食多。食利大小腸。

治病：文具《本草》菜部條下。

薄荷

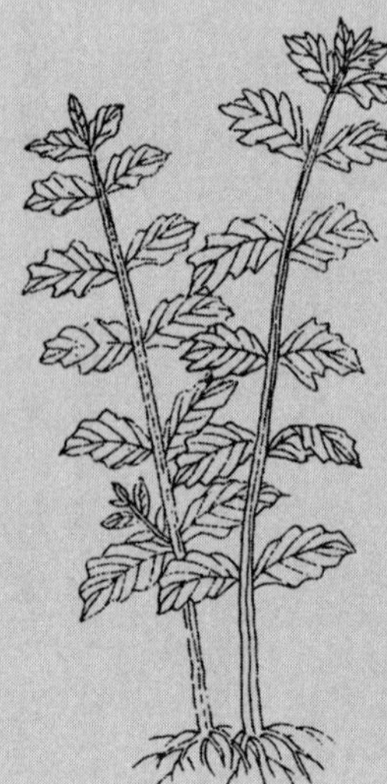

薄荷　一名雞蘇。舊不著所出州土，今處處有之。莖方。葉似荏子葉小，頗細長；又似香菜葉而大。開細碎黪白花。其根經冬不死，至春發苗。味辛、苦，性温，無毒；一云性平。東平龍腦崗者尤佳。又有胡薄荷，與此相類，但味少甘為別，生江浙間，彼人多作茶飲，俗呼為新羅薄荷。又有南薄荷，其葉微小。

救饑：採苗葉煠熟，换水浸去辣氣，油鹽調食。與薤作虀音賫食相宜。煎豉湯，暖酒和飲；煎茶，並宜。新病瘥人勿食，令人虚汗不止。猫食之即醉，物相感爾。

治病：文具《本草》菜部條下。

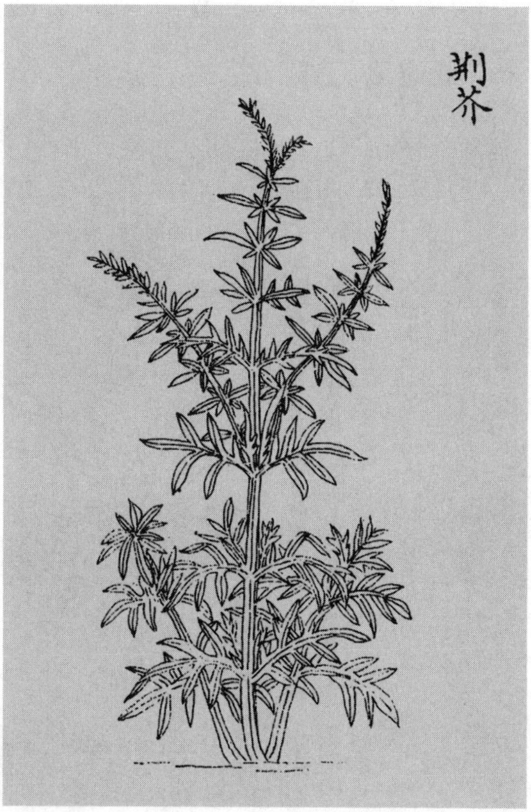

荊芥　《本草》名假蘇，一名鼠蓂，一名薑芥。生漢中川澤及岳州、歸德州，今處處有之。莖方。窊面。葉似獨掃葉而狹小，淡黄緑色。結小穗，有細小黑子，鋭圓。多野生。以香氣似蘇，故名假蘇。味辛，性温，無毒。

救饑：採嫩苗葉煠熟，水浸去邪氣，油鹽調食。初生，香辛可啖，人取作生菜，醃食。

治病：文具《本草》菜部『假蘇』條下。

水蘄音勤　俗作芹菜，一名水英。出南海池澤，今水邊多有之。根莖離地二三寸，分生莖叉。其莖方，窊面四楞。對生葉，似痢見菜葉而闊短，邊有大鋸齒；又似薄荷葉而短。開白花，似蛇床子花。味甘，性平，無毒；又云大寒。春、秋二時，龍帶精入芹菜中，人遇食之，作蛟龍病。

救饑：發英時採之，煠熟食。芹有兩種：秋芹取根，白色；赤芹取莖葉，並堪食。又有渣音相芹，可為生菜食之。

治病：文具《本草》菜部條下。

香菜　生伊洛間，人家園圃種之。苗高一尺許。莖方，窊丑化切面四稜，莖色紫。稔葉似薄荷葉，微小；邊有細鋸齒，亦有細毛。梢頭開花作穗，花淡藕褐色。味辛香，性温。

救饑：採苗葉煠熟，油鹽調食。

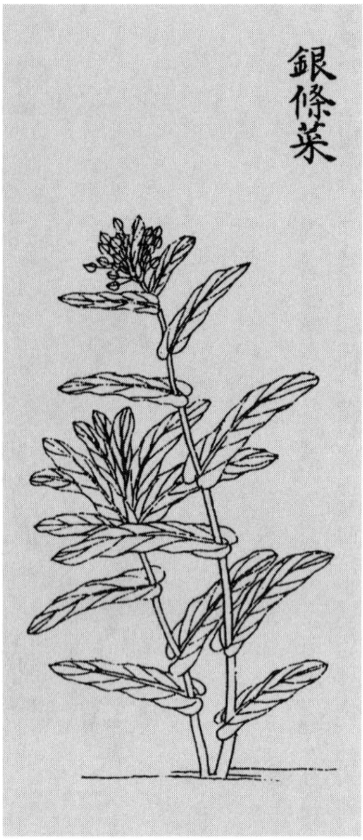

銀條菜　所在人家園圃多種。苗葉皆似萵苣細長，色頗青白。攛葶高二尺許。開四瓣淡黃花。結蒴，似蕎麥蒴而圓，中有子，如油子大，淡黃色。其葉味微苦，性涼。

救饑：採苗葉煠熟，水浸淘淨，油鹽調食。生揉音柔亦可食。

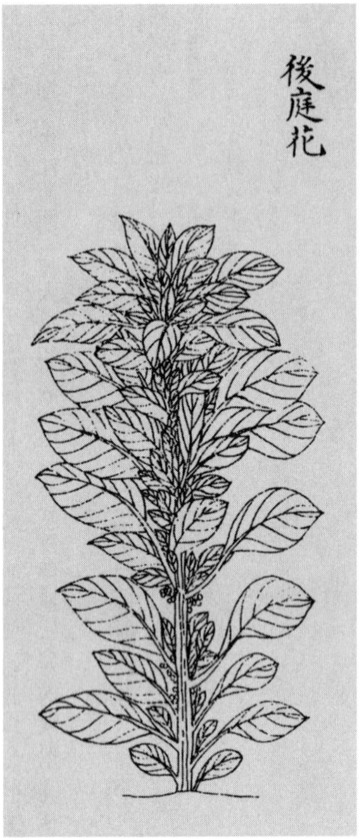

後庭花　一名雁來紅。人家園圃多種之。葉似人莧葉，其葉中心紅色，又有黃色相間，亦有通身紅色者，亦有紫色者。莖葉間結實，比莧實微大。其葉，衆葉攢聚，狀如花朵。其色嬌紅可愛，故以名之。味甘、微澀，性涼。

救饑：採苗葉煠熟，水浸淘淨，油鹽調食。晒乾，煠食尤佳。

火焰菜　人家園圃多種。苗葉俱似菠菜，但葉稍微紅，形如火焰。結子亦如菠菜子。苗葉味甜，性微冷。

救饑：採苗葉煠熟，水淘洗淨，油鹽調食。

山葱　一名隔葱，又名鹿耳葱。生輝縣太行山山野中。葉似玉簪葉，微團，葉中攛七官切葶，似蒜葶，甚長而澀。稍頭結青葖音骨突似葱青葖，微小。開白花。結子黑色。苗味辣。

救饑：採苗葉煠熟，油鹽調食。生醃食，亦可。

背韭

背韭　生輝縣太行山山野中。葉頗似韭菜，而甚寬大。根似葱根。味辣。

救饑：採苗葉煠熟，油鹽調食。生醃食，亦可。

水芥菜

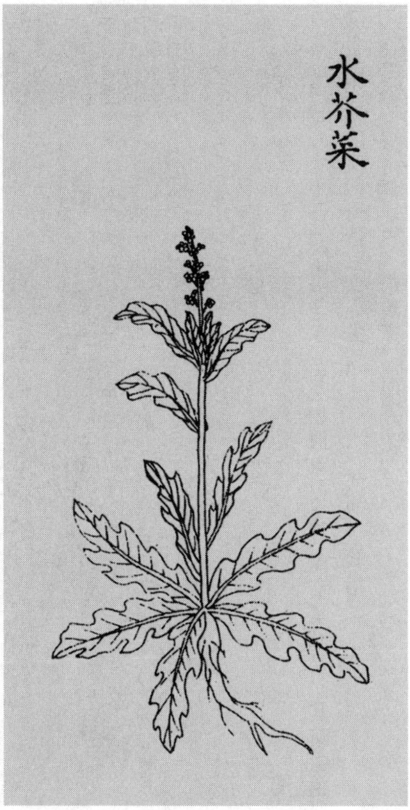

水芥菜　水邊多生。苗高尺許。葉似家芥菜葉，極小，色微淡緑，葉多花叉。莖叉亦細。開小黄花。結細短小角兒。葉味微辛。

救饑：採苗葉煠熟，水浸去辣氣，淘洗過，油鹽調食。

遏藍菜

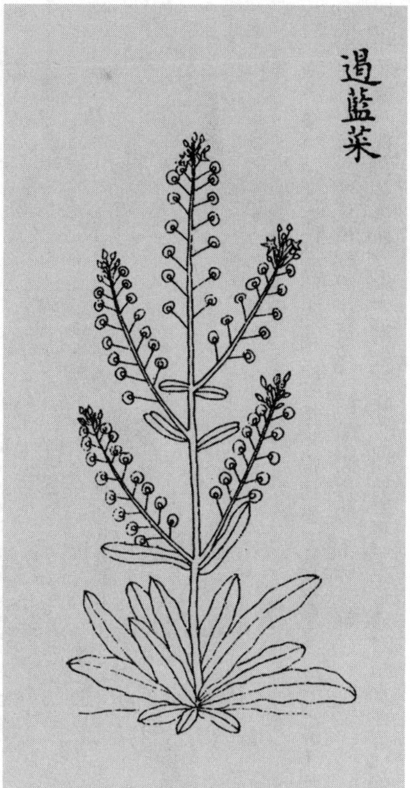

遏音惡藍菜　生田野中下濕地。苗初搨地生。葉似初生菠菜葉而小，其頭頗團。葉間攛葶分叉。上結莢兒，似榆錢狀而小。其葉味辛香、微酸，性微温。

救饑：採苗葉煠熟，水浸取酸辣味，復用水淘淨，作齏，油鹽調食。

牛耳朵菜

牛耳朵菜　一名野芥菜。生田野中。苗高一二尺，苗莖似萵苣色，葉似牛耳朵形而小；葉間分攛葶叉。開白花。結子如粟粒大。葉味微苦辣。

救饑：採苗葉淘洗淨，煠熟，油鹽調食。

山白菜　生輝縣山野中。苗葉頗似家白菜，而葉莖細長，其葉尖艄，邊有鋸齒叉；又似莙薘菜葉而尖瘦，亦小。味甜、微苦。

救饑：採苗葉煠熟，水淘淨，油鹽調食。

山宜菜　又名山苦菜。生新鄭縣山野中。苗初搨地生。葉似薄荷葉而大，葉根兩傍有叉，背白；又似青莢兒菜葉，亦大。味苦。

救饑：採苗葉煠熟，油鹽調食。

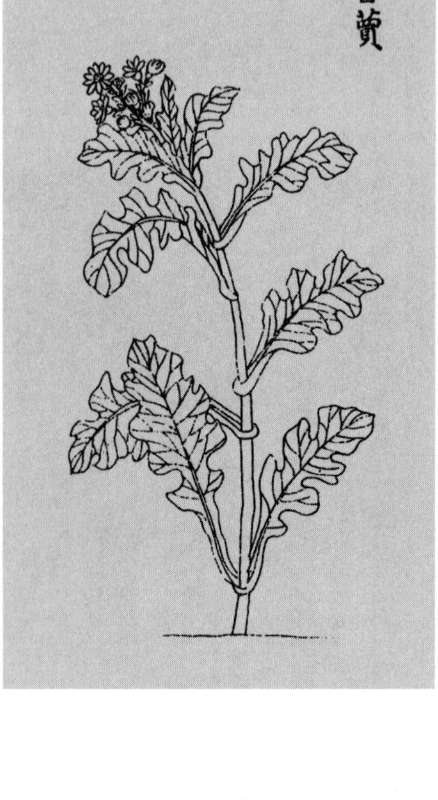

山苦蕒　生新鄭縣山野中。苗高二尺餘。莖似萵苣葶而節稠。其葉甚盛花，有三五尖叉，似花苦苣葉，甚大。開淡棠褐花，表微紅。味苦。

救饑：採嫩苗葉煠熟，水淘去苦味，油鹽調食。

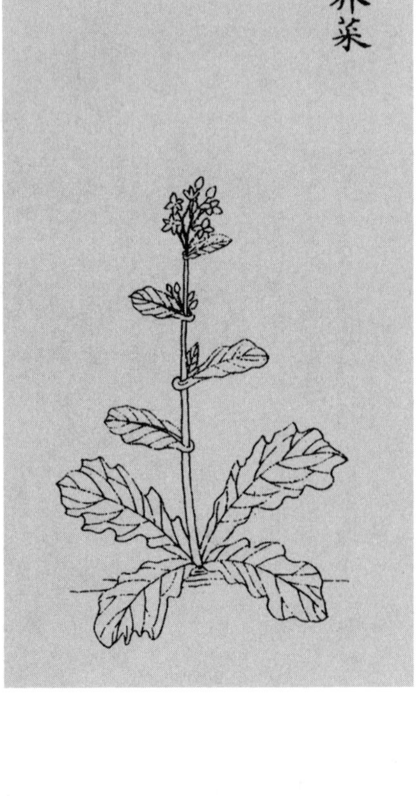

南芥菜　人家園圃中亦種之。苗初搨地生，後攛葶叉。葉似芥菜葉，但小而有毛澀。莖葉稍頭開淡黃花。結小尖角兒。葉味辛辣。

救饑：採苗葉煠熟，水浸淘去澀味，油鹽調食。生焯過，醃食亦可。

山萵苣

山萵苣　生密縣山野間。苗葉搨地生。葉似萵苣葉而小；又似苦苣葉而却寬大。葉脚花叉頗少，葉頭微尖，邊有細鋸齒。葉間攛葶。開淡黃花。苗葉味微苦。

救饑：採苗葉煠熟，水浸淘去苦味，油鹽調食。生揉亦可食。

黃鵪菜

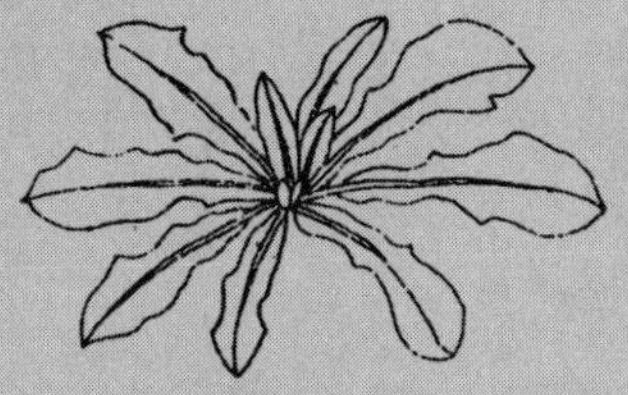

黃鵪菜　生密縣山谷中。苗初搨地生。葉似初生山萵苣葉而小，葉脚邊微有花叉；又似孛孛丁葉而頭頗團。葉中攛生葶叉，高五六寸許。開小黃花。結小細子，黃茶褐色。葉味甜。

救饑：採苗葉煠熟，換水淘淨，油鹽調食。

鷰兒菜

鷰兒菜　生密縣山澗邊。苗葉搨地生。葉似匙頭樣，頗長；又似牛耳朶菜葉而小，微澀；又似山萵苣葉亦小，頗硬，而頭微團。味苦。

救饑：採苗葉煠熟，換水浸淘淨，油鹽調食。

孛孛丁菜

孛孛丁菜　又名黃花苗。生田野中。苗初搨地生，葉似苦苣葉，微短小。葉叢中間攛葶。梢頭開黃花。莖葉折之，皆有白汁。味微苦。

救饑：採苗葉煠熟，油鹽調食。

柴韭　生荒野中。苗葉形狀如韭，但葉圓細而瘦。葉中攛葶。開花如韭花狀，粉紫色。苗葉味辛。

救饑：採苗葉煠熟，水浸淘淨，油鹽調食。生醃食，亦可。

野韭　生荒野中。形狀如韭苗。葉極細弱；葉圓，比柴韭又細小。葉中攛葶。開小粉紫花，似韭花狀。苗葉味辛。

救饑：採苗葉煠熟，油鹽調食。生醃食，亦可。

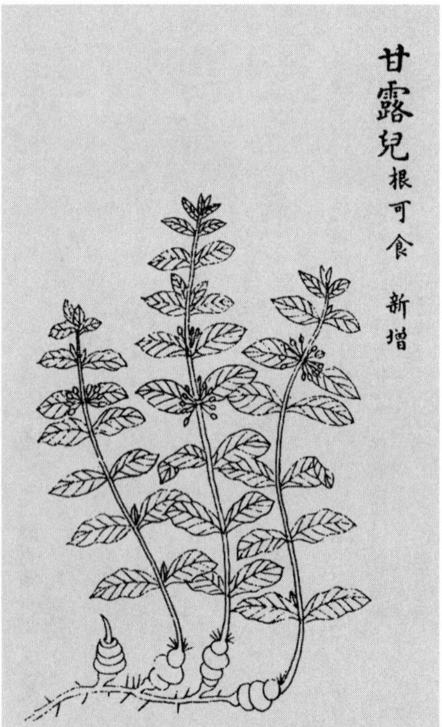

甘露兒　人家園圃中多栽。葉似地瓜兒葉，甚闊，多有毛澀，其葉對節生，色微淡緑；又似薄荷葉，亦寬而皺。開紅紫花。其根呼為甘露兒，形如小指，而紋節甚稠，皮色黲白。味甘。

救饑：採根洗淨煠熟，油鹽調食。生醃食，亦可。

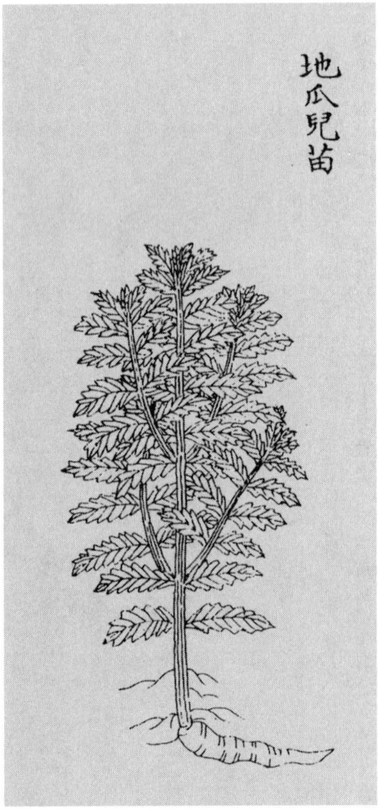

地瓜兒苗　生田野中。苗高二尺餘。莖方，四楞。葉似薄荷葉，微長大；又似澤蘭葉，抪莖而生。根名地瓜，形類甘露兒，更長。味甘。

救饑：掘根洗淨，煠熟，油鹽調食。生醃食，亦可。

澤蒜 根葉皆可食 本草原有

澤蒜　又名小蒜。生田野中，今處處有之。生山中者，名蒚力的切。苗似韭菜，葉中心攛葶。開淡粉紫花。根似蒜而甚小。味辛，性温，有小毒；又云熱，有毒。

救饑：採苗根作羹，或生醃，或煠熟，油鹽調，皆可食。

治病：文具《本草》菜部『小蒜』條下。

樓子葱 新增

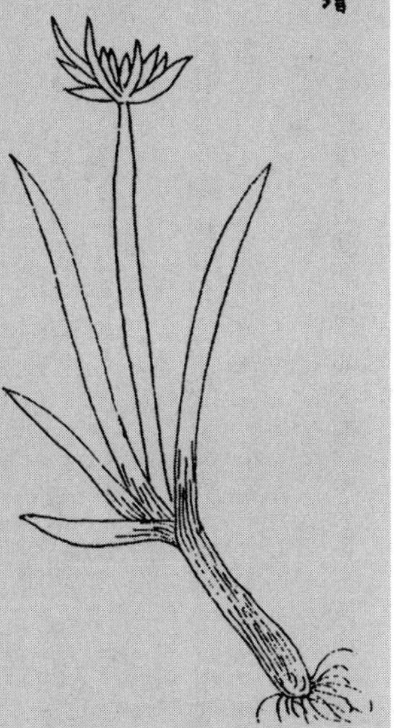

樓子葱　人家園圃中多栽。苗、葉、根、莖俱似葱。其葉稍頭，又生小葱四五枝，疊生三四層，故名樓子葱。不結子，但掐音恰下小葱，栽之便活。味甘、辣，性温。

救饑：採苗莖連根，擇去細鬚，煠熟，油鹽調食。生亦可食。

治病：文具《本草》菜部下『葱』同用。

薤韭

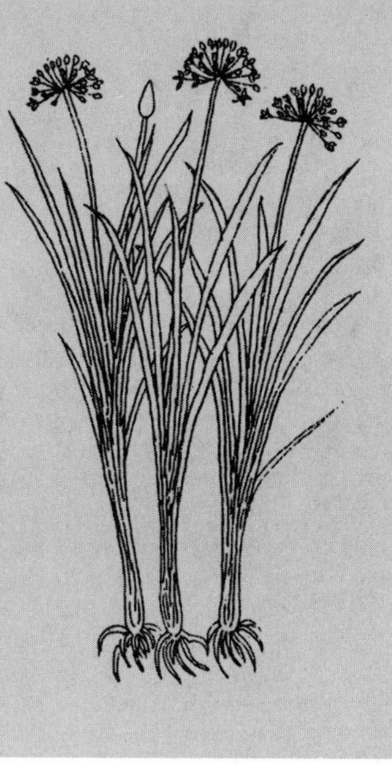

薤韭　一名石韭。生輝縣太行山山野中。葉似蒜葉而頗窄狹；又似肥韭葉，微闊。花似韭花，頗大。根似韭根，甚麄。味辣。

救饑：採苗葉煠熟，油鹽調食。生亦可食。冬月採取根，煠食。

水蘿蔔

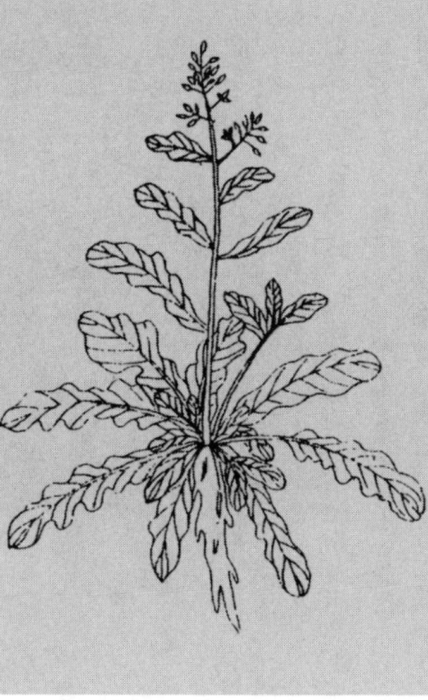

水蘿蔔　生田野下濕地中。苗初搨地生。葉似薺菜形而厚大，鋸齒尖。花葉又似水芥葉，亦厚大。後分莖叉。稍間開淡黄花。結小角兒。根如白菜根而大。味甘、辣。

救饑：採根及葉煠熟，油鹽調食。生亦可食。

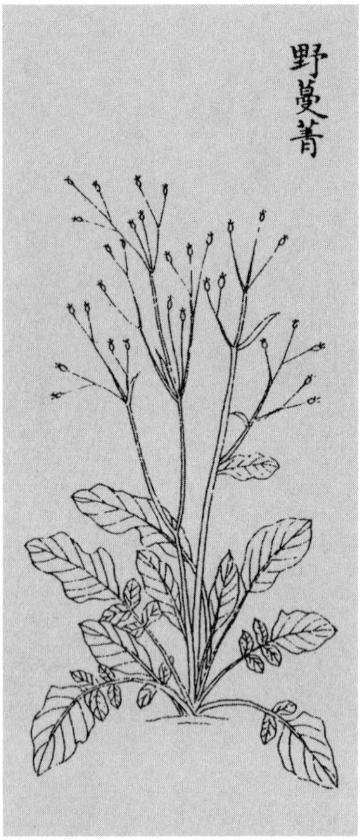

野蔓菁　生輝縣栲栳音考老圈山谷中。苗似家蔓菁葉而薄小，其葉頭尖艄，葉脚花叉甚多。葉間攛出枝叉，上開黄花。結小角，其子黑色。根似白菜根，頗大。苗、葉、根味微苦。

救饑：採苗葉煠熟，水浸淘淨，油鹽調食。或採根，換水煮去苦味，食之，亦可。

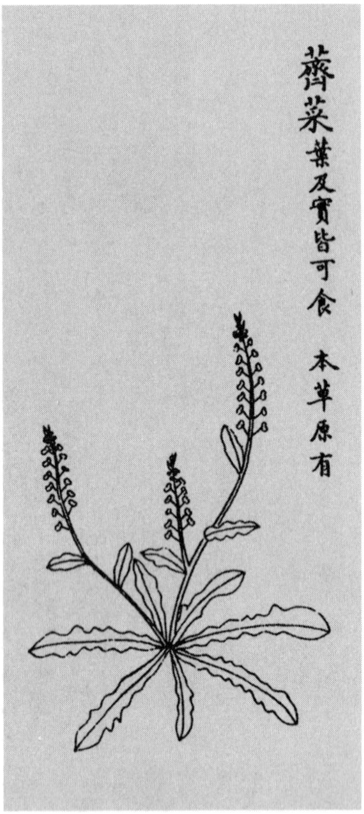

薺菜　生平澤中，今處處有之。苗榻地生，作鋸齒葉。三、四月出葶，分生莖叉。稍上開小白花。結實小，似菥蓂子。苗葉味甘，性温，無毒。其實亦呼菥蓂音錫覓子。其子味甘，性平。患氣人食之，動冷疾。不可與麪同食，令人背悶。服丹石人，不可食。

救饑：採子，用水調攪，良久成塊，或作燒餅，或煮粥食，味甚粘滑。葉煠作菜食，或煮作羹，皆可。

治病：文具《本草》菜部條下。

紫蘇　一名桂荏。又有數種：有勺蘇、魚蘇、山蘇。出簡州及無為軍，今處處有之。苗高二尺許。莖方。葉似蘇子葉，微小。莖葉背面皆紫色，而氣甚香。開粉紅花。結小蒴，其子狀如黍顆。味辛，性温；又云味微辛甘，子無毒。

救饑：採葉煠食，煮飲亦可。子研汁煮粥，食之皆好。葉可生食；與魚作羹，味佳。

治病：文具《本草》菜部『蘇子』條下。

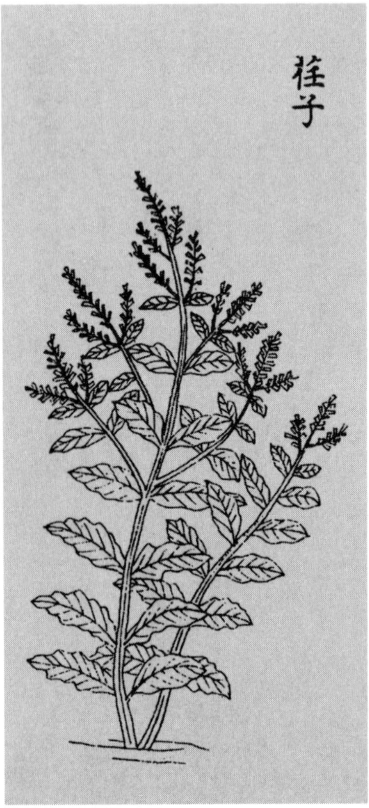

荏子　所在有之，生園圃中。苗高一二尺。莖方。葉似薄荷葉，極肥大。開淡紫花。結穗似紫蘇穗，其子如黍粒。其枝莖對節生，東人呼為䔡音魚，以其『蘇』字但除禾邊故也。味辛，性温，無毒。

救饑：採嫩苗葉煠熟，油鹽調食。子可炒食；又研之雜米作粥，甚肥美；亦可笮油用。

治病：文具《本草》菜部條下。

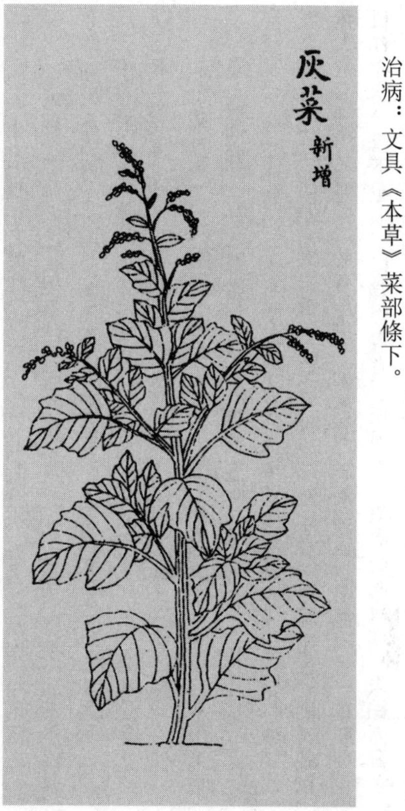

灰菜　生田野中，處處有之。苗高二三尺。莖有紫紅線楞。葉有灰麥孛音勃。結青子，成穗者甘，散穗者微苦。性暖。生墻下、樹下者，不可用。

救饑：採苗葉煠熟，水浸淘淨，去灰氣，油鹽調食。晒乾煠食尤佳。穗成熟時，採子搗為米，磨麵作餅蒸食，皆可。

丁香茄兒　亦名天茄兒。延蔓而生，人家園籬邊多種。莖紫，多刺，藤長丈餘。葉似牽牛葉，甚大而無花叉；又似初生嫩蘇葉。却小、開粉紫邊紫色心筒子花。狀如牽牛花樣。結小茄，如丁香樣而大。有子如白牽牛子，亦大。味微苦。

救饑：採茄兒煠食，或醃作菜食。嫩葉亦可煠熟，油鹽調食。

山藥　《本草》名薯蕷，一名山芋，一名諸薯，一名脩脆音翠，一名兒草，秦楚名玉延，鄭越名土藷音諸。出明州、滁州，生嵩山山谷，今處處有之。春生苗，蔓延籬援。莖紫色。葉青，有三尖角，似千葉狗兒秧葉而光澤。開白花。結實如皂莢子大。其根，皮色黲黄，中則白色。人家園圃種者，肥大如手臂，味美。懷孟間產者，入藥最佳。味甘，性温平，無毒。紫芝為之使，惡甘遂。

救饑：掘取根，蒸食甚美，或火燒熟食，或煮食皆可，其實亦可煮食。

治病：文具《本草》草部『薯蕷』條下。

明　佚名《蓬軒類記》卷二　西湖三賢祠，祠唐白文公樂天、宋蘇文忠公子瞻、林處士逋也。樂天守杭日，嘗築捍錢塘湖，鍾洩其水，溉田千頃，復修六井，民賴其利。子瞻初通判杭州，後復為守，開西湖，作長堤，中為六橋，又濬城中六井，與民興利除害，郡人德之。林處士則以其風節之重耳。考之郡志，郡故斥鹵，唐興元間，鄴侯李泌守杭，鑿六井，引西湖水入城，民受其惠。則杭之水利興自鄴侯，而白、蘇二公之所修濬者，其遺蹟也。知有白、蘇而忘鄴侯，可乎？竊謂三賢祠當祠李、白、蘇三公以遺愛，和靖則別祠於其舊隱巢居閣或四照堂，以表風節，斯於事體為宜也。

禳弭救荒部

題解

《左傳・昭公元年》 山川之神，則水旱癘疫之災，於是乎禜之；日月星辰之神，則雪霜風雨之不時，於是乎禜之。若君身，則亦出入、飲食、哀樂之事也，山川星辰之神又何為焉？僑聞之，君子有四時：朝以聽政，晝以訪問，夕以脩令，夜以安身。於是乎節宣其氣，勿使有所壅閉湫底以露其體，茲心不爽，而昏亂百度。今無乃壹之，則生疾矣。

《禮記》卷三《王制》 冢宰制國用，必於歲之杪，五穀皆入然後制國用。用地小大，視年之豐耗。以三十年之通制國用，量入以爲出，祭用數之仂。喪，三年不祭，唯祭天地社稷爲越紼而行事。喪用三年之仂。喪祭，用不足曰暴，有餘曰浩。祭，豐年不奢，凶年不儉。國無九年之畜曰不足，無六年之蓄曰急，無三年之蓄曰國非其國也。三年耕，必有一年之食；九年耕，必有三年之食。以三十年之通，雖有凶旱水溢，民無菜色，然後天子食，日舉以樂。

《説文》卷一一《雨部・雩》 夏祭，樂于赤帝，以祈甘雨也。从雨于聲。

漢 董仲舒《春秋繁露》卷三《精華五》 大雩者何？旱祭也。難者曰：『大旱雩祭而請雨，大水鳴鼓而攻社，天地之所爲，陰陽之所起也。或請焉、或怒焉者何？』曰：『大旱者，陽滅陰也；陽滅陰者，尊厭卑也。固其義也，雖大甚，拜請之而已，敢有加也。大水者，陰滅陽也；陰滅陽者，卑勝尊也。日食亦然。皆下犯上，以賤傷貴者，逆節也，故鳴鼓而攻之，朱絲而脅之，爲其不義也，此亦春秋之不畏強禦也。故變天地之位，正陰陽之序，直行其道而不忘其難，義之至也。**【略】**』

《舊唐書》卷二四《禮儀志四》 京師孟夏以後旱，則祈雨，審理冤獄，賑恤窮乏，掩骼埋胔。先祈嶽鎮、海瀆及諸山川能出雲雨，皆於北郊望而告之。又祈社稷，又祈宗廟，每七日皆一祈。不雨，還從嶽瀆。旱甚，則大雩，秋分後不雩。初祈後一旬不雨，即徙市，禁屠殺，斷繖扇，造土龍。雨足，則報祀。祈用酒醢，報準常祀，皆有司行事。已齊未祈而雨，及所經祈者，皆報祀。若霖雨不已，禜京城諸門，門別三日，每日一禜。不止，乃祈山川、嶽鎮、海瀆；三日不止，祈社稷、宗廟。其州縣，禜城門；不止，祈界內山川及社稷。三禜、一祈，皆準京式，並用酒脯醢。國城門報用少牢，州縣城門用一特牲。

明 祝允明《前聞記・正經傳》 又如《洪範》內『惟天陰隲下民，相協厥居』一節，蔡氏俱以天言，不知『陰隲下民』乃天之事，『相協厥居』乃人君之事。天之『陰隲下民』者何？風雨霜雪，均調四時，五穀結實，立烝民之命，此天之陰隲也。君之『相協厥居』者何？敷五教以教民，明五刑以弼教，保護和洽，使強不得凌弱，眾不得暴寡，而各安其居也。若如蔡氏之説，則『相協厥居』事付之於天，而君但安安自若，而奉天勤民之政畧不相與，又豈天佑下民，作之君師之意哉？今後當依此説。』

清 段玉裁《説文解字注》卷一《示部・禳》 祀除厲殃也。厲殃，謂厲鬼凶害。各本作癘，誤。《月令》：三月『命國難，九門磔禳，以畢春氣』。注：此月之中，日行歷昴。昴有大陵積尸氣，佚則厲鬼隨而出行。命方相氏毆疫，又磔牲以禳於四方之神，所以畢止其災。』又十二月『命有司大難旁磔』。注：此月之中，日歷虛危。虛危有墳墓四司之氣，爲厲鬼將隨強陰出害人也。旁磔於四方之門。磔，禳也。按許與《月令注》合。《周禮注》曰：卻變異曰禳。禳，攘也。與許異。

又卷一一《雨部・雩》 夏祭樂於赤帝以祈甘雨也。《公羊傳》曰：大雩者何？旱祭也。《月令》仲夏之月大雩帝，用盛樂。乃命百縣，雩祀百辟卿士有益於民者，以祈穀實。注曰：雩，吁嗟求雨之祭也。雩帝，謂爲壇南郊之旁雩五精之帝，配以先帝也。自鞀鞞至柷敔皆作曰盛樂，凡他雩用歌舞而已。《春秋傳》曰：龍見而雩，雩之正當以四月。按鄭言『五精之帝』，高誘注《時則訓》曰：『帝，上帝也。』許獨云赤帝者，以其爲夏祭而言也。以祈甘雨，故字从雨。

論説

《尚書・周書・洪範》 武王勝殷，殺受，立武庚，以箕子歸。作《洪範》。

惟十有三祀，王訪于箕子。王乃言曰：『嗚呼！箕子，惟天陰騭下民，相協厥居，我不知其彝倫攸敘。』

箕子乃言曰：『我聞在昔，鯀陻洪水，汩陳其五行。帝乃震怒，不畀洪範九疇，彝倫攸斁。鯀則殛死，禹乃嗣興，天乃錫禹洪範九疇，彝倫攸敘。初一曰五行，次二曰敬用五事，次三曰農用八政，次四曰協用五紀，次五曰建用皇極，次六曰乂用三德，次七曰明用稽疑，次八曰念用庶徵，次九曰嚮用五福，威用六極。

一、五行：一曰水，二曰火，三曰木，四曰金，五曰土。水曰潤下，火曰炎上，木曰曲直，金曰從革，土爰稼穡。潤下作鹹，炎上作苦，曲直作酸，從革作辛，稼穡作甘。【略】

八、庶徵：曰雨，曰暘，曰燠，曰寒，曰風，曰時。五者來備，各以其敘，庶草蕃廡。一極備，凶；一極無，凶。曰休徵：曰肅，時雨若；曰乂，時暘若；曰哲，時燠若；曰謀，時寒若；曰聖，時風若。曰咎徵：曰狂，恒雨若；曰僭，恒暘若；曰豫，恒燠若；曰急，恒寒若；曰蒙，恒風若。曰王省惟歲，卿士惟月，師尹惟日。歲月日時無易，百穀用成，乂用明，俊民用章，家用平康。日月歲時既易，百穀用不成，乂用昏不明，俊民用微，家用不寧。庶民惟星，星有好風，星有好雨。日月之行，則有冬有夏；月之從星，則以風雨。

《文子》卷上《精誠》 老子曰：昔黃帝之治天下，調日月之行，治陰陽之氣，節四時之度，正律曆之數，別男女，明上下，使強不掩弱，眾不暴寡，民保命而不夭，歲時熟而不凶，百官正而無私，上下調而無尤，法令明而不暗，輔佐公而不阿，田者讓畔，道不拾遺，市不預賈，故于此時，日月星辰不失其行，風雨時節，五穀豐昌，鳳凰翔于庭，麒麟游于郊。虙犧氏之王天下也，枕石寢繩，殺秋約冬，負方州，抱員天。陰陽所擁、沈滯不通者，窮理之；逆氣戾物、傷民厚積者，絕止之。其民童蒙不知東西，視瞑瞑，行蹎蹎，侗然自得，莫知其所由，浮游泛然，不知所本，自養不知所如往。當此之時，禽獸蟲蛇無不懷其爪牙，藏其螫毒，功揆天地。至黃帝要繆乎太祖之下，然而不章其功，不揚其名，隱真人之道，以從天地之固然，何則道德上通而智故消滅也。

又《上德》 陰難陽，萬物昌；陽復陰，萬物湛。物昌，無不贍也；物湛，無不樂也。物樂則無不治矣。陰害物，陽自屈，陰進陽退，小人得勢，君子避害，天道然也。陽氣動，萬物緩而得其所，是以聖人順陽道。夫順物者，物亦順之；逆物者，物亦逆之，故不失物之情性。洿澤盈，萬物節成；洿澤枯，萬物節荂。故雨澤不行，天下荒亡。陽上而復下，故爲萬物主；不長有，故能終而復始；終而復始，故能長久；能長久，故爲天下母。陽氣畜而後能施，陰氣積而後能化，未有不畜積而後能化者也。故聖人慎所積。陽滅陰，萬物肥；陰滅陽，萬物衰，故王公尚陽道則萬物昌，尚陰道則天下亡。陽不下陰，則萬物不成；君不下臣，德化不行，故君下臣則聰明，不下臣則暗聾。日出于地，萬物蕃息，王公居民上，以明道德；日入于地，萬物休息，小人居民上，萬物逃匿。雷之動也，萬物啟；雨之潤也，萬物解。大人施行，有似于此，陰陽之動有常節，大人之動不極物。雷動地，萬物緩；風搖樹，草木敗。大人去惡就善，民不遠徙，故民有去就也，去尤甚，就少愈。風不動，火不出；大人不言，小人無跡。火之出也必待薪，大人之言必有信。有信而真，何往不成！河水深，壤在山；丘陵高，下入淵。陽氣盛，變爲陰；陰氣盛，變爲陽。故欲不可盈，樂不可極。忿無惡言，怒無惡色，是謂計得。火上炎，水下流；聖人知道，以類相求。聖人倞陽，天下和同；倞陰，天下溺沉。

漢 孔臧《孔叢子》卷上《論書第二》 雩禜。所以祭水旱也。禋於六宗，此之謂也。

《關尹子·二柱》 曰：寒暑溫涼之變，如瓦石之類，置之火即熱，置之水即寒，呵之即溫，吸之即涼。特因外物有去有來，而彼瓦石實無去來。譬如水中之影，有去有來。所謂水者，實無去來。

曰：衣搖空得風，氣呵物得水，水注水即鳴，石擊石即光。知此說者，風雨雷電皆可爲之。蓋風雨雷電皆緣氣而生，而氣緣心生。猶如內想大火，久之覺熱，內想大水，久之覺寒。知此說者，天地之德皆可同之。

曰：五雲之變，可以卜當年之豐歉；八風之朝，可以卜當時之吉凶。是知休咎災祥，一氣之運耳。渾人我，同天地，而彼私智認而已之。

《子夏易傳》卷七《周易·繫辭上》 天尊地卑，乾坤定矣。卑高以陳，貴賤位矣。動靜有常，剛柔斷矣。方以類聚，物以羣分，吉凶生矣。在天成象，在地成形，變化見矣。是故剛柔相摩，八卦相盪。鼓之以雷霆，潤之以風雨。日月運行，一寒一暑。

《周禮・地官司徒・舞師》 掌教兵舞，帥而舞山川之祭祀；教帗舞，帥而舞社稷之祭祀；教羽舞，帥而舞四方之祭祀；教皇舞，帥而舞旱暵之事。凡野舞，則皆教之。凡小祭祀，則不興舞。

又《春官宗伯・大宗伯》 以吉禮事邦國之鬼神示，以禋祀祀昊天上帝，以實柴祀日月星辰，以槱燎祀司中司命飌師雨師，以血祭祭社稷五祀五嶽，以貍沈祭山林川澤，以疈辜祭四方百物。

又《小祝》 掌小祭祀將事侯禳禱祠之祝號，以祈福祥，順豐年，逆時雨，寧風旱，彌烖兵，遠辠疾。大祭祀，逆齍盛，送逆尸，沃尸盥，贊隋，贊徹，贊奠。凡事，佐大祝。大喪，贊湎，設熬置銘；及葬，設道齎之奠，分禱五祀。大師，掌釁祈號祝。有寇戎之事，則保郊祀于社。凡外內小祭祀、小喪紀、小會同、小軍旅，掌事焉。

又《司巫》 掌羣巫之政令。若國大旱，則帥巫而舞雩。國有大烖，則帥巫而造巫恒。祭祀，則共匰主及道布及蒩館。凡祭事，守瘞。凡喪事，掌巫降之禮。

《逸周書》卷一《糴匡解第五》 成年穀足，賓祭以盛，大馴鍾絕，服美義注，皁畜約制，餘子務藝，宮室城廓脩爲崥，供有嘉菜，於是日滿。年儉穀不足，賓祭以中盛，樂惟鍾鼓不服美，三牧五庫補攝，凡美不脩，餘子務穡，於是糺秩。年饑，則勤而不賓，舉祭以薄，樂無鍾鼓，凡美禁，畜不皁羣，車不雕攻，兵崥不利，民利不淫，征當商旅，以救窮乏，問隨鄉，不鬻熟，分助有匡以綏無者，於是救困。大荒，有禱無祭，國不稱樂，企不滿壑，刑罰不脩，舍用振穹，君親巡方，卿参告糴，餘子倅運，開廩同食，民不藏糧曰有匡。俾民畜惟牛羊，於民大疾惑，殺，一人無赦，男守疆，戎禁不出，五庫不膳，喪禮無度，祭以薄資，禮無樂，宮不幃，嫁娶不以時，賓旅設位有賜。

《國語》卷三《周語下・單穆公諫景王鑄大錢》 景王二十一年，將鑄大錢。景王，周靈王之子景王貴也。二十一年，魯昭之十八年也。錢者，金幣之名，所以貿買物、通財用者也。古曰泉，後轉曰錢。賈侍中曰：『虞、夏、商、周金幣三等：或赤、或白、或黃。黃為上幣，銅鐵為下幣。大錢者，大於舊，其價重也。』唐尚書曰：『大錢重十二銖，文曰「大泉五十」。』鄭後司農說周禮，云：『錢始蓋一品也。周景王鑄大錢而有二品，後數變易，不識本制。至漢，唯五銖久行。至王莽時，錢乃有十品，今存於民，多者有貨布、大泉、貨泉。大泉徑寸二分，重十二銖，文曰「大泉五十」。』則唐君所謂大泉者，乃莽時泉，非景王所鑄明矣。又景王至赧王十三世而周亡，後有戰國、秦、漢，幣物易改，轉不相因，先師所不能紀。或云大錢文曰『寶貨』，皆非事實。又單穆公云：『古者有母平子、子權母而行。』則二品之來，古而然矣。鄭君云『錢始一品，至景王而有二品』，省之不熟也。案：『貿買物』，《攷異》卷一：『補音云：「『買』或當為『貨』，不然，衍字歟？」案《御覽》資產十五引《國語注》作「質貨物」。』單穆公曰：『不可。穆公，王卿士，單靖公之曾孫也。古者，天災降戾，降，下也。戾，至也。災，謂水旱、蝗螟之屬。於是乎量資幣，權輕重，以振救民。量，度也。資，財也。權，稱也。振，拯也。民患輕，則為作重幣以行之民患幣輕而物貴，則作重幣，以行其輕也。於是乎有母權子而行，民皆得焉。重曰母，輕曰子，以子貿物。物輕則子獨行，物重則以母權而行之也。子母相通，民皆得其欲也。若不堪重，則多作輕而行之，亦不廢重，於是乎有子權母而行，小大利之。堪，任也。不任之者，幣重物輕，妨其用也，故作輕幣雜而用之，以重者貿其貴，以輕者貿其賤也。子權母者，母不足則以子平而行之，故錢小大，民皆以為利也。

『今王廢輕而作重，民失其資，能無匱乎？廢輕而作重，則本竭而末寡也，故民失其資也。若匱，王用將有所乏，民財匱，無以供上，故王用將乏。乏則將厚取於民。厚取，厚斂也。民不給，將有遠志，是離民也。給，共也。遠志，逋逃也。且夫備有未至而設之，備，國備也。未至而設之，謂備預不虞，安不忘危也。有至而後救之，謂若救火療疫，量資幣平輕重之屬也。是不相入也。二者先後各有宜，不相入，不相為用也。可先而不備，謂之怠；怠，緩也。可後而先之，謂之召災。謂民未患輕而重之，離民匱財，是為召災也。周固羸國也，天未厭禍焉，而又離民以佐災，無乃不可乎？言周固已為羸病之國，天降禍災，未厭已也。將民之與處而離之，將災是備禦而召之，則何以經國？君以善政為經，臣奉而成之為緯。國無經，何以出令？令之不從，上之患也，故聖人樹德於民以除之。樹，立也。除，除令不從之患也。

『《夏書》有之曰：「關石、和鈞，王府則有。《夏書》，逸書也。關，門關之征也。石，今之斛也。言征賦調鈞，則王之府藏常有也。一曰關，衡也。」《詩》亦有之曰：「瞻彼旱麓，榛楛濟濟。《詩・大雅》旱麓之首章也。旱，山名。山足曰麓。榛，似栗而小。楛，木名。濟濟，盛貌也。盛者言王者之德被及也。愷悌君子，干祿愷悌。愷，樂也。悌，易也。干，求也。君子，謂君長也。言陰陽調，草木盛，故君子求祿，其心樂易也。」夫旱麓之榛楛殖，殖，長也。故君子得以易樂干祿焉。若夫山林匱竭，林麓散亡，藪澤肆既，肆，極也。既，盡也。散亡，謂無山林衡虞之政也。民力彫盡，田疇荒蕪，資用乏匱，彫，傷也。穀地為田，麻地為疇。荒，虛也。蕪，穢也。君子將險哀之不暇，而何易樂之有焉？險，危也。

『且絕民用以實王府，絕民用，謂廢小錢而鑄大錢也。猶塞川原而為潢汙也，其竭也無日矣。大曰潢，小曰汙。竭，盡也。無日，無日數也。若民離而財匱，災至而備亡，王其若之何備？亡，無救災之備也。吾周官之於災備也，其所怠棄者多矣，周官，周六官。災備，備災之法令也。而又奪之資，以益其災，是去其藏而翳其人也。王其圖之！善政藏於民。翳，猶屏也。人，民也。奪其資，民離叛，是遠屏其民也。一曰翳，滅也。』

王弗聽，卒鑄大錢。

又卷四《魯語上·展禽論祭爰居非政之宜》

海鳥曰『爰居』，止於魯東門之外三日，爰居，雜縣也。東門，城東門也。臧文仲使國人祭之。文仲不知，以爲神也。展禽曰：『越哉，臧孫之爲政也！越，迂也，言其迂闊不知政要也。夫祀，國之大節也；節，制也。而節，政之所成也。言節所以成政也。故慎制祀以爲國典。典，法也。今無故而加典，非政之宜也。加，益也，謂以祭鳥益國法也。

『夫聖王之制祀也，法施於民則祀之，謂五帝、殷契、周文也。以死勤事則祀之，虞幕、夏杼、殷上甲微，周高圉、大王也。能以勞定國則祀之，殷冥水死，周棄山死是也。能禦大災則祀之，夏禹是也。能扞大患則祀之。殷湯、周武是也。非是族也，不在祀典。族，類也。昔烈山氏之有天下也，烈山氏，炎帝之號也，起於烈山。《禮》祭法以烈山爲厲山也。其子曰柱，能殖百穀百蔬；柱爲后稷，自夏以上祀之。草實曰蔬。夏之興也，周棄繼之，故祀以爲稷。夏之興，謂禹也。棄能繼柱之功，自商已來祀也。共工氏之伯九有也，共工氏，伯者，名戲，弘農之間有城。案：此注公序本作『共工氏，伯者，在戲、農之間。有域也』。其子曰后土，能平九土，其子，共工之裔子句龍也，佐黃帝爲土官。九土，九州之土也。后，君也，使君土官，故曰后土也。故祀以爲社。社，后土之神也。黃帝能成命百物，以明民共財，黃帝，少典之裔子帝軒轅也。命，名也。顓頊能修之。顓頊，黃帝之孫、昌意之子帝高陽也，能修黃帝之功。帝嚳能序三辰以固民，固，安也。帝嚳，黃帝之曾孫、玄囂之孫、蟜極之子帝高辛也。三辰，日、月、星。謂能次序三辰，以治厤明時，教民稼穡以安也。堯能單均刑法以儀民，堯，帝嚳之庶子陶唐氏放勛也。單，盡也。均，平也。儀，善也。舜勤民事而野死，舜，顓頊之後六世有虞帝重華也。野死，謂征有苗死於蒼梧之野也。鮌鄣洪水而殛死，殛，誅也。鮌，顓頊之後、禹之父也。堯使治水，鄣防百川，績用不成，堯用殛之于羽山。禹能以德修鮌之功，鮌功雖不成，禹亦有所因，故曰修鮌之功。契爲司徒而民輯，契，殷之祖，爲堯司徒，能敬敷五教。輯，和也。冥勤其官而水死，冥，契後六世孫、根圉之子也，爲夏水官，勤於其職而死於水也。湯以寬治民而除其邪，湯，冥後九世、主癸之子，爲夏諸侯，以寬得民。除其邪，謂放桀扞大患也。稷勤百穀而山死，稷，周棄也，勤播百穀，死於黑水之山。毛詩傳云。文王以文昭，文王演易，又有文德。周語曰『文王質文』也。武王去民之穢。穢，謂紂也。故有虞氏禘黃帝而祖顓頊，郊堯而宗舜；賈侍中云：『有虞氏，舜後，在夏、殷爲二王後，故有郊、禘、宗、祖之禮也。』昭謂：此上四者，謂祭天以配食也。祭昊天於圜丘曰禘，祭五帝於明堂曰祖、宗，祭上帝於南郊曰郊。有虞氏出自黃帝、顓頊之後，故禘黃帝而祖顓頊，舜受禪於堯，故郊堯。《禮》祭法：『有虞氏郊嚳而宗堯。』與此異者，舜在時則宗堯，舜崩而子孫宗舜，故郊堯也。夏后氏禘黃帝而祖顓頊，郊鮌而宗禹；虞、夏俱黃帝、顓頊之後，故禘祖之禮同。虞以上尚德，夏以下親親，故郊鮌也。商人禘舜而祖契，郊冥而宗湯；舜，當爲嚳，字之誤也。《禮》祭法曰：『商人禘嚳。嚳，契父，商之先，故禘之。』後鄭司農云：『商人宜郊契。』周人禘嚳而郊稷，嚳，稷之父。稷，周始祖也。祖文王而宗武王；此與《孝經》異也。商家祖契，周公初時亦祖后稷而宗文王，至武王雖承文王之業，有伐紂定天下之功，其廟不可毀，故先推后稷以配天，而後更祖文王而宗武王也。幕，能帥顓頊者也。有虞氏報焉；幕，舜後虞思也，爲夏諸侯。帥，循也。顓頊，有虞之祖也。報，報德，謂祭也。案《發正》卷四：『舜爲幕後，傳有明文。』又，『報，報德，謂祭也。』公序本作『報，報德之祭也。』杼，能帥禹者也，夏后氏報焉；杼，禹後七世、少康之子季杼也，能興夏道。上甲微，能帥契者也，商人報焉；上甲微，契後八世、湯之先也。高圉、大王，能帥稷者也，周人報焉。高圉，后稷後十世、公非之子也。大王，高圉之曾孫古公亶父也。凡禘、郊、祖、宗、報，此五者國之典祀也。典，法也。

『加之以社稷山川之神，皆有功烈於民者也；及前哲令德之人，所以爲明質也；質，信也。以其有德於民而祭之，所以信之於民心也。及天之三辰，民所以瞻仰也；及地之五行，所以生殖也；殖，長也。五行，五祀，金木水火土也。及九州名山川澤，所以出財用也。謂九州之中名山川澤也。非是不在祀典。

『今海鳥至，己不知而祀之，以爲國典，難以爲仁且智矣。夫仁者講功，講，論也。仁者心平，故可論功也。而智者處物。處，名也。無功而祀之，非仁也；鳥無功也。不知而不能問，非智也。今茲海其有災乎？夫廣川之鳥獸，恆知避其災也。』

是歲也，海多大風，冬煖。煖，爰居之所避也。文仲聞柳下季之言，柳下，展禽之邑；季，字也。曰：『信吾過也，季子之言不可不法也。』使書以爲三筴。筴，簡書也。三筴，三卿卿一通也，謂司馬、司徒、司空也。

《墨子》卷三《尚同上》

天下之百姓皆上同於天子，而不上同於天，則菑猶未去也。今若天飄風苦雨，溱溱而至者，此天之所以罰百姓之不上同於天者也。』

是故子墨子言曰：『古者聖王為五刑，請以治其民。譬若絲縷之有紀，罔罟之有綱，所連收天下之百姓不尚同其上者也。』

又《尚同中》 夫既尚同乎天子，而未上同乎天者，則天菑將猶未止也。故當若天降寒熱不節，雪霜雨露不時，五穀不孰，六畜不遂，疾菑戾疫、飄風苦雨，荐臻而至者，此天之降罰也，將以罰下人之不尚同乎天者也。故古者聖王，明天鬼之所欲，而避天鬼之所憎，以求興天下之害。是以率天下之萬民，齊戒沐浴，潔為酒醴粢盛，以祭祀天鬼。其事鬼神也，酒醴粢盛不敢不蠲潔，犧牲不敢不腯肥，珪璧幣帛不敢不中度量，春秋祭祀不敢失時幾，聽獄不敢不中，分財不敢不均，居處不敢怠慢。曰其為正長若此，是故上者天鬼有厚乎其為政長也，下者萬民有便利乎其為政長也。天鬼之所深厚而能彊從事焉，則天鬼之福可得也。萬民之所便利而能彊從事焉，則萬民之親可得也。其為政若此，是以謀事得，舉事成，入守固，出誅勝者，何故之以也？曰唯以尚同為政者也。故古者聖王之為政若此。

漢 陸賈《新語》卷下《明誡》 君明於德，可以及於遠；臣篤於義，可以至於大。何以言之？昔湯以七十里之封，升帝王之位；周公自立三公之官，比德於五帝三王；斯乃口出善言，身行善道之所致也。故安危之要，吉凶之符，一出於身；存亡之道，成敗之事，一起於善行；堯、舜不易日月而興，桀、紂不易星辰而亡，天道不改而人道易也。

夫持天地之政，操四海之綱，屈申不可以失法，動作不可以離度，謬誤出口，則亂及萬里之外，何況刑無罪於獄，而誅無辜於市乎？

故世衰道失，非天之所為也，乃君國者有以取之也。惡政生惡氣，惡氣生災異。螟蟲之類，隨氣而生；虹蜺之屬，因政而見。治道失於下，則天文變於上；惡政流於民，則螟蟲生於野。賢君智則知隨變而改，緣類而試思之，於災異爾變。聖人之理，恩及昆蟲，澤及草木，乘天氣而生，隨寒暑而動者，莫不延頸而望治，傾耳而聽化。聖人察物，無所遺失，上及日月星辰，下至鳥獸草木昆蟲，是月六鷁之退飛，治五石之所隕，所以不失纖微。至於鴝鵒來，冬多麋，言鳥獸之類得其所也。十有二月隕霜不煞菽，言寒暑之氣，失其節也。鳥獸草木尚欲各得其所，綱之以法，紀之以數，而況於人乎？

聖人承天之明，正日月之行，錄星辰之度，因天地之利，等高下之宜，設山川之便，平四海，分九州，同好惡，一風俗。《易》曰：『天垂象，見吉凶，聖人則之；天出善道，聖人得之。』言御占圖歷之變，下衰風化之失，以匡盛衰，紀物定世，後無不可行之政，無不可治之民，故曰：『則天之明，因地之利。』觀天之化，推演萬事之類，散之於天地之閒，調之以寒暑之節，養之以四時之氣，同之以風雨之化，故絕國異俗，莫不知同好惡，樂則歌，哀則哭，蓋聖人之教所齊一也。

夫善道存乎心，無遠而不至也；惡行著乎己，無近而不去也。周公躬行禮義，郊祀后稷，越裳奉貢而至，麟鳳白雉草澤而應。殷紂無道，微子棄骨肉而亡。行善者則百姓悅，行惡者則子孫怨。是以明者可以致遠，否者可以失近。故《春秋》書衛侯之弟鱄出奔晉，書鱄絕骨肉之親，棄大夫之位，越先人之境，附他人之域，窮涉寒饑，織履而食，不明之效也。

漢 韓嬰《韓詩外傳》卷二《第六章》 傳曰：雩而雨者何也？曰：無何也，猶不雩而雨也。星墜木鳴，國人皆恐，何也？是天地之變，陰陽之化，物之罕至者也。怪之可也，畏之非也。夫日月之薄蝕，怪星之黨見，風雨之不時，是無世而不嘗有也。上明政平，是雖並至無傷也。上暗政險，是雖無一無益也。夫萬物之有災，人妖最可畏也。曰何謂人妖？曰：枯耕傷稼，枯耘傷歲，政險失民，田穢稼惡，糴貴民飢，道有死人，寇賊並起，上下乖離，鄰人相暴，對門相盜，禮義不修，牛馬相生，六畜作妖，臣下殺上，父子相疑，是謂人妖。妖是生於亂。傳曰：天地之災，隱而廢也，萬物之怪，書不說也。無用之變，不急之察，棄而不治。若夫君臣之義，父子之親，男女之別，切瑳而不舍也。《詩》曰：『如切如瑳，如錯如磨。』

又《第十章》 夫霜雪雨露，殺生萬物者也，天無事焉，猶之貴天也。執法厭文，治官治民者，有司也，君無事焉，猶之尊君也。夫闢土殖穀者后稷也，決江疏河者禹也，聽獄執中者臯陶也，然而有聖名者堯也。故有道以御之，身雖無能也，必使能者爲己用也。無道以御之，彼雖多能，猶將無益於存亡矣。《詩》曰：『執轡如組，兩驂如舞。』貴能御也。

又《第三十章》 傳曰：國無道則飄風厲疾，暴雨折木，陰陽錯氛，夏寒冬溫，春熱秋榮，日月無光，星辰錯行，民多疾病，國多不祥，羣生不壽，而五穀不登。當成周之時，陰陽調，寒暑平，羣生遂，萬物寧。故曰：其風治，其樂連，其驅馬舒，其民依依，其行遲遲，其意好好。《詩》曰：『匪風發兮，匪車揭兮，顧瞻周道，中心製兮。』

又卷三《第二章》 有殷之時，穀生湯之廷，三日而大拱。湯問伊尹曰：『何物也？對曰：穀樹也。』湯問：『何爲而生於此？』伊尹曰：『穀之出澤，野物也，今生天子之庭，殆不吉也。』湯曰：『奈何？』伊尹曰：『臣聞：妖者禍之先，祥者福之先。見妖而爲善，則禍不至，見祥而爲不善，則福不臻。』湯乃齊戒靜處，夙興夜寐，弔死問疾，赦過賑窮，七日而穀亡，妖孽不見，國家其昌。《詩》曰：『畏天之威，于時保之。』

又《第十九章》 太平之時，民行役者不踰時，男女不失時以偶，孝子不失時以養。外無曠夫，內無怨女。上無不慈之父，下無不孝之子。父子相成，夫婦相保。天下和平，國家安寧。人事備乎下，天道應乎上。故天不變經，地不易形，日月昭明，列宿有常。天施地化，陰陽和合，動以雷電，潤以風雨，節以山川，均其寒暑。萬民育生，各得其所，而制國用。故國有所安，地有所主。聖人刳木爲舟，剡木爲楫，以通四方之物，使澤人足乎木，山人足乎魚，餘衍之財有所流。故豐膏不獨樂，磽确不獨苦，雖遭凶年飢歲，禹湯之水旱，而民無凍餓之色。故生不乏用，死不轉尸。《詩》曰：『於鑠王師，遵養時晦。』

又卷五《第三十章》 如歲之旱，草不潰茂。然天悖然興雲，沛然下雨，則萬物無不興起之者。民非無仁義根於心者也，王政怵迫而不得見，憂鬱而不得出。聖王在被躧舄，視不出閤，動而天下隨，倡而天下和。何如在此有以應哉？《詩》曰：『如彼歲旱，草不潰茂。』

又卷七《第十九章》 傳曰：善爲政者，循情性之宜，順陰陽之序，通本末之理，合天人之際。如是則天氣奉養而生物豐美矣。不知爲政者，使情壓性，使陰乘陽，使末逆本，使人詭天，氣鞠而不信，鬱而不宣。如是則災害生，怪異起，羣生皆傷，而年穀不熟。是以其動傷德，其靜亡救。故緩者事之，急者弗知，日反理而欲以爲治。《詩》曰：『廢爲殘疾，莫知其尤。』

又卷八《第十五章》 一穀不升謂之鎌，二穀不升謂之飢，三穀不升謂之饉，四穀不升謂之荒，五穀不升謂之大侵。大侵之禮，君食不兼味，臺榭不飾，道路不除，百官補而不制，鬼神禱而不祠，此大侵之禮也。《詩》曰：『我居御卒荒。』此之謂也。

又《第二十章》 夫賢君之治也，溫良而和，寬容而愛，刑清而省，喜賞而惡罰。移風崇教，生而不殺，布惠施恩，仁不偏與。不奪民力，役不踰時，百姓得耕，家有收聚，民無凍餒，食無腐敗。士不造無用，雕文不粥于肆。斧斤以時入山林。國無佚士，皆用於世。黎庶歡樂衍盈。方外遠人歸義，重譯執贄。故得風雨不烈。《小雅》曰：『有弇淒淒，興雲祁祁。』以是知太平無飄風景雨明矣。

《春秋穀梁傳·昭公二十五年》 經：秋七月，上辛大雩，季辛又雩。

傳：季者，有中之辭也。又，有繼之辭也。

《春秋公羊傳·桓公五年》 經：大雩。

傳：大雩者何？旱祭也。然則何以不言旱？言雩則旱見；言旱則雩不見。何以書？記災也。

又《昭公二十五年》 經：秋七月，上辛大雩，季辛又雩。

傳：又雩者何？又雩者非雩也，聚衆以逐季氏也。

《淮南子》卷八《本經訓》 太清之始也，和順以寂漠，質真而素樸，閑靜而不躁，推移而無故，在內而合乎道，出外而調于義，發動而成於文，行快而便於物，其言略而循理，其行悅而順情，其心愉而不僞，其事素而不飾，是以不擇時日，不占卦兆，不謀所始，不議所終，安則止，激則行，通體於天地，同精於陰陽，一和于四時，明照於日月，與造化者相雌雄。是以天覆以德，地載以樂，四時不失其敘，風雨不降其虐，日月淑清而揚光，五星循軌而不失其行。當此之時，玄元至碭而運照，鳳麟至，蓍龜兆，甘露下，竹實滿，流黃出，而朱草生，機械詐僞莫藏於心。逮至衰世，鐫山石，鍥金玉，擿蚌蜃，消銅鐵，而萬物不滋。刳胎殺夭，麒麟不游，覆巢毀卵，鳳凰不翔，鑽燧取火，構木爲臺，焚林而田，竭澤而漁，人械不足，畜藏有餘，而萬物不繁兆，萌牙卵胎而不成者，處之太半矣。積壤而丘處，糞田而種穀，掘地而井飲，疏川而爲利，築城而爲固，拘獸以爲畜，則陰陽繆戾，四時失敘，雷霆毀折，雹霰降虐，氛霧霜雪不霽，而萬物燋夭。菑榛穢，聚埒畝，芟野菼，長苗秀，草木之句萌、銜華、戴實而死者，不可勝數。乃至夏屋宮駕，縣聯房植，橑檐榱題，雕琢刻鏤，喬枝菱阿，夫容芰荷，五采爭勝，流漫陸離，脩掞曲，校夭矯，曾橈芒，繁紛挐，以相交持，公輸、王爾無所錯其剞劂削鋸，然猶未能澹人主之欲也。是以松柏箘露夏槁，江、河、三川絕而不流，夷羊在牧，飛蛩滿野，天旱地坼，鳳皇不下，句爪、居牙、戴角、出距之獸於是鷙矣。民之專室蓬廬，無所歸宿，凍餓飢寒死者，相枕席也。及至分山川谿谷使有壤界，計人多少衆寡使有分數，築城掘池，設機械險阻以爲備，飾職事，制服等，異貴賤，差賢不肖，經誹譽，行賞罰，則兵革興而分爭生，民之滅抑夭隱，虐殺不辜而刑誅無罪，於是生矣。

天地之合和，陰陽之陶化萬物，皆乘人氣者也。是故上下離心，氣乃上蒸，君臣不和，五穀不爲。距日冬至四十六日，天含和而未降，地懷氣而未揚，陰陽儲與，呼吸浸潭，包裹風俗，斟酌萬殊，旁薄衆宜，以相嘔咐醞釀，而成育群生。是故春肅秋榮，冬雷夏霜，皆賊氣之所生。由此觀之，天地宇宙，一人之身也；六合之內，一人之制也。是故明於性者，天地不能脅也；審於符者，怪物不能惑也。故聖人者，由近知遠，而萬殊爲一。

古之人，同氣于天地，與一世而優游。當此之時，無慶賀之利、刑罰之威，禮義廉耻不設，毀譽仁鄙不立，而萬民莫相侵欺暴虐，猶在于混冥之中。逮至衰世，人衆財寡，事力勞而養不足，於是忿爭生，是以貴仁。仁鄙不齊，比周朋黨，設詐諝，懷機械巧故之心，而性失矣，是以貴義。陰陽之情，莫不有血氣之感，男女群居雜處而無別，是以貴禮。性命之情，淫而相脅，以不得已，則不和，是以貴樂。是故仁義禮樂者，可以救敗，而非通治之至也。夫仁者所以救爭也，義者所以救失也，禮者所以救淫也，樂者所以救憂也。神明定於天下而心反其初，心反其初而民性善，民性善而天地陰陽從而包之，則財足而人澹矣，貪鄙忿爭不得生焉。由此觀之，則仁義不用矣。道德定於天下而民純樸，則目不營於色，耳不淫於聲，坐俳而歌謠，被髮而浮游，雖有毛嬙、西施之色，不知說也，《掉羽》《武象》，不知樂也，淫泆無別，不得生焉。由此觀之，禮樂不用也。是故德衰然後仁生，行沮然後義立，和失然後聲調，禮淫然後容飾。是故知神明然後知道德之不足爲也，知道德然後知仁義之不足行也，知仁義然後知禮樂之不足脩也。今背其本而求其末，釋其要而索之於詳，未可與言至也。

又 卷九《主術訓》 湯之時，七年旱，以身禱於桑林之際，而四海之雲湊，千里之雨至。抱質效誠，感動天地，神諭方外，令行禁止，豈足爲哉！古聖王至精形於內，而好憎忘於外，出言以副情，發號以明旨，陳之以禮樂，風之以歌謠，業貫萬世而不壅，橫扃四方而不窮，禽獸昆蟲與之陶化，又況於執法施令乎！

又 卷二〇《泰族訓》 天設日月，列星辰，調陰陽，張四時，日以暴之，夜以息之，風以乾之，雨露以濡之。其生物也，莫見其所養而物長；其殺物也，莫見其所喪而物亡，此之謂神明。聖人象之，故其起福也，不見其所由而福起；其除禍也，不見其所以而禍除。遠之則邇，延之則疎；稽之弗得，察之不虛；日計無算，歲計有餘。夫濕之至也，莫見其形，而炭已重矣。風之至也，莫見其象，而木已動矣。日之行也，不見其移，騏驥倍日而馳，草木爲之靡，縣熢未轉，而日在其前。故天之且風，草木未動而鳥已翔矣，其且雨也，陰曀未集而魚已噞矣，以陰陽之氣相動也。故寒暑燥濕，以類相從；聲響疾徐，以音相應也。故《易》曰：『鳴鶴在陰，其子和之。』高宗諒闇，三年不言，四海之內寂然無聲；一言聲然，大動天下。是以天心呿唫者也，故一動其本而百枝皆應，若春雨之灌萬物也，渾然而流，沛然而施，無地而不澍，無物而不生。故聖人者懷天心，聲然能動化天下者也。故精誠感於內，形氣動於天，則景星見，黃龍下，祥鳳至，醴泉出，嘉穀生，河不滿溢，海不溶波。故《詩》云：『懷柔百神，及河嶠嶽。』逆天暴物，則日月薄蝕，五星失行，四時干乖，晝冥宵光，山崩川涸，冬雷夏霜。《詩》曰：『正月繁霜，我心憂傷。』天之與人有以相通也。故國危亡而天文變，世惑亂而虹蜺見，萬物有以相連，精祲有以相蕩也。故神明之事，不可以智巧爲也，不可以筋力致也。天地所包，陰陽所嘔，雨露所濡，化生萬物，瑤碧玉珠，翡翠玳瑁，文彩明朗，潤澤若濡，摩而不玩，久而不渝，奚仲不能旅，魯般不能造，此之謂大巧。宋人有以象爲其君爲楮葉者，三年而成，莖柯豪芒，鋒殺顔澤，亂之楮葉之中而不可知也。列子曰：『使天地三年而成一葉，則萬物之有葉者寡矣。』夫天地之施化也，嘔之而生，吹之而落，豈此契契哉！』故凡可度者，小也；可數者，少也。至大，非度之所能及也；至衆，非數之所能領也。故九州不可頃畝也，八極不可道里也，太山不可丈尺也，江海不可斗斛也。故大人者，與天地合德，日月合明，鬼神合靈，與四時合信。故聖人懷天氣，抱天心，執中含和，不下廟堂而衍四海，變習易俗，民化而遷善，若性諸己，能以神化也。《詩》云：『神之聽之，終和且平。』夫鬼神視之無形，聽之無聲，然而郊天、望山川，禱祠而求福，雩兑而請雨，卜筮而決事。《詩》云：『神之格思，不可度思，矧可射思！』

漢 劉向《説苑》卷一八《辨物》 齊景公爲露寢之臺，成而不通焉。柏常騫曰：『爲臺甚急，臺成，君何爲不通焉？』公曰：『然。梟昔者鳴，其聲無不爲也，吾惡之甚，是以不通焉。』柏常騫曰：『臣請禳而去之！』

公曰：『何具？』對曰：『築新室，爲置白茅焉。』公使爲室，成，置白茅焉。柏常騫夜用事，明日問公曰：『今昔聞鴞聲乎？』公曰：『一鳴而不復聞。』使人往視之，鴞當陛布翼伏地而死。公曰：『子之道若此其明也！亦能益寡人壽乎？』對曰：『能。』公曰：『能益幾何？』對曰：『天子九、諸侯七、大夫五。』公曰：『亦有徵兆之見乎？』對曰：『得壽，地且動。』公喜，令百官趣具騫之所求。柏常騫出，遭晏子於塗，拜馬前，辭曰：『騫爲君禳鴞而殺之，君謂騫曰：「子之道若此其明也，亦能益寡人壽乎？」騫曰能。今且大祭，爲君請壽，故將往。以聞。』晏子曰：『嘻，亦善矣！能爲君請壽也。雖然，吾聞之：惟以政與德順乎神，爲可以益壽。今徒祭可以益壽乎？然則福名有見乎？』對曰：『得壽地將動。』晏子曰：『騫，昔吾見維星絕，樞星散，地其動。汝以是乎？』柏常騫俯有間，仰而對曰：『然。』晏子曰：『爲之無益，不爲無損也。薄賦斂，無費民，且令君知之！』

夫水旱俱天下陰陽所爲也。大旱則雩祭而請雨，大水則鳴鼓而劫社。何也？曰：陽者陰之長也，其在鳥則雄爲陽雌爲陰，在獸則牡爲陽而牝爲陰，其在民則夫爲陽而婦爲陰，其在家則父爲陽而子爲陰，其在國則君爲陽而臣爲陰。故陽貴而陰賤，陽尊而陰卑，天之道也。今大旱者，陽氣太盛以厭於陰，陰厭陽固，陽其填也，惟填厭之太甚，使陰不能起也，亦雩際拜請而已，無敢加也。至於大水及日蝕者，皆陰氣太盛而上減陽精，以賤乘貴，以卑陵尊，大逆不義，故鳴鼓而懾之，朱絲縈而劫之。由此觀之，《春秋》乃正天下之位，徵陰陽之失。直責逆者不避其難，是亦《春秋》之不畏強禦也。故劫嚴社而不爲驚靈，出天王而不爲不尊上，辭蒯聵之命不爲不聽其父，絕文姜之屬而不爲不愛其母，其義之盡耶！其義之盡耶！

齊大旱之時，景公召群臣問曰：『天不雨久矣，民且有飢色，吾使人卜之，崇在高山廣水，寡人欲少賦斂以祠靈山可乎？』群臣莫對。晏子進曰：『不可，祠此無益也。夫靈山固以石爲身，以草木爲髮；天久不雨，髮將焦，身將熱，彼獨不欲雨乎？祠之無益。』景公曰：『不然，吾欲祠河伯可乎？』晏子曰：『不可，祠此無益也。夫河伯以水爲國，以魚鱉爲民；天久不雨，水泉將下，百川竭，國將亡，民將滅矣，彼獨不用雨乎？祠之何益？』景公曰：『今爲之奈何？』晏子曰：『君誠避宮殿暴露，與靈山河伯共憂，其幸而雨乎！』於是景公出野，暴露三日，天果大雨，民盡得種樹。景公曰：『善哉！晏子之言可無用乎？其惟右德也！』

夫天地有德，合則生氣有精矣；陰陽消息，則變化有時矣。時得而治矣，時得而化矣，時失而亂矣；是故人生而不具者五：目無見，不能食，不能行，不能言，不能施化。故三月達眼而後能見，七月生齒而後能食，期年生臏而後能行，三年顖合而後能言，十六精通而後能施化。陰窮反陽，陽窮反陰，故陰以陽變，陽以陰變。故男八月而生齒，八歲而毀齒，二八十六而精小通；女七月而生齒，七歲而毀齒，二七十四而精化小通。不肖者精化始至，而生氣感動，觸情縱欲，故反施亂化。故《詩》云：『乃如之人，懷婚姻也；大無信也，不知命也。』賢者不然，精化填盈後，傷時之不可遇也，不見道端，乃陳情欲以歌。《詩》曰：『靜女其姝，俟我乎城隅；愛而不見，搔首踟躕。』『瞻彼日月，遙遙我思；道之云遠，曷云能來？』急時之辭也，甚焉，故稱日月也。

《禮記·王制》　冢宰制國用，必於歲之杪，五穀皆入，然後制國用。用地小大，視年之豐耗，以三十年之通，制國用，量入以為出。祭用數之仂。喪，三年不祭，唯祭天地社稷，為越紼而行事。喪用三年之仂。喪，祭，用不足曰暴，有餘曰浩。祭，豐年不奢，凶年不儉。國無九年之畜曰不足，無六年之蓄曰急，無三年之蓄曰非其國也。三年耕，必有一年之食；九年耕，必有三年之食。以三十年之通，雖有凶旱水溢，民無菜色，然後天子食，日舉以樂。

又《郊特牲》　天子大蜡八。伊耆氏始為蜡，蜡也者，索也。歲十二月，合聚萬物而索饗之也。蜡之祭也，主先嗇而祭司嗇也，祭百種以報嗇也。饗農及郵表畷、禽獸，仁之至義之盡也。古之君子，使之必報之。迎貓，為其食田鼠也；迎虎，為其食田豕也，迎而祭之也。祭坊與水庸，事也。曰：『土反其宅，水歸其壑，昆蟲毋作，草木歸其澤。』皮弁、素服而祭。素服，以送終也。葛帶、榛杖，喪殺也。蜡之祭，仁之至義之盡也。黃衣、黃冠而祭，息田夫也。野夫黃冠；黃冠，草服也。

大羅氏，天子之掌鳥獸者也，諸侯貢屬焉。草笠而至，尊野服也。羅氏致鹿與女，而詔客告也，以戒諸侯曰：『好田、好女者亡其國。』天子樹瓜華，不斂藏之種也。』八蜡以記四方。四方年不順成，八蜡不通，以謹民財也。順成之方，其蜡乃通，以移民也。既蜡而收，民息已。故既蜡，君子不興功。

又《祭法》　雩宗，祭水旱也。

又　夫聖王之制祭祀也：法施於民則祀之，以死勤事則祀之，以勞定國則祀之，能禦大菑則祀之，能捍大患則祀之。是故厲山氏之有天下也，其子曰農，能殖百穀，夏之衰也，周弃繼之，故祀以為稷。共工氏之霸九州也，其子曰后土，能平九州，故祀以為社。帝嚳能序星辰以著衆，堯能賞均刑法以義終，舜勤衆事而野死，鯀障鴻水而殛死，禹能脩鯀之功，黃帝正名百物以明民共財，顓頊能脩之，契為司徒而民成，冥勤其官而水死，湯以寬治民而除其虐，文王以文治，武王以武功去民之菑，此皆有功烈於民者也。及夫日月星辰，民所瞻仰也；山林川谷丘陵，民所取材用也。非此族也，不在祀典。

漢 董仲舒《春秋繁露》卷三《精華》 大雩者何？旱祭也。難者曰：『大旱雩祭而請雨，大水鳴鼓而攻社，天地之所爲，陰陽之所起也，或請焉、或怒焉者何？』曰：『大旱者，陽滅陰也。陽滅陰者，尊厭卑也，固其義也，雖大甚，拜請之而已，敢有加也。大水者，陰滅陽也。陰滅陽者，卑勝尊也。日食亦然。皆下犯上，以賤傷貴者，逆節也，故鳴鼓而攻之，朱絲而脅之，爲其不義也，此亦《春秋》之不畏強禦也。故變天地之位，正陰陽之序，直行其道，而不忘其難，義之至也。是故脅嚴社而不爲不敬靈，出天王而不爲不尊上，辭父之命而不爲不承親，絕母之屬而不爲不孝慈，義矣夫！』

又 卷四《王道》 春秋何貴乎元而言之？元者，始也，言本正也；道，王道也；王者，人之始也。王正，則元氣和順，風雨時，景星見，黃龍下；王不正，則上變天，賊氣并見。

五帝三王之治天下，不敢有君民之心，什一而稅。教以愛，使以忠，敬長老，親親而尊尊，不奪民時，使民不過歲三日，民家給人足，無怨望忿怒之患、強弱之難，無讒賊妬疾之人。民修德而美好，被髮銜哺而游，不慕富貴，恥惡不犯，父不哭子，兄不哭弟。毒蟲不螫，猛獸不搏，抵蟲不觸。故天爲之下甘露，朱草生，醴泉出，風雨時，嘉禾興，鳳凰麒麟遊於郊。囹圄空虛，畫衣裳而民不犯，四夷傳譯而朝，民情至樸而不文。郊天祀地，秩山川，以時至，封於泰山，禪於梁父。立明堂，宗祀先帝，以祖配天，天下諸侯各以其職來祭。貢土地所有，先以入宗廟，端冕盛服，而後見先，德恩之報，奉先之應也。

桀、紂皆聖王之後，驕溢妄行。侈宮室，廣苑囿，窮五采之變，極飭材之工，困野獸之足，竭山澤之利，食類惡之獸。奪民財食，高雕文刻鏤之觀，盡金玉骨象之工，盛羽旄之飾，窮白黑之變。深刑妄殺以陵下。聽鄭衛之音，充傾宮之志，靈虎兕文采之獸，以希見之意，賞佞賜讒，以糟爲邱，以酒爲池，孤貧不養，殺聖賢而剖其心，生燔人聞其臭，剔孕婦見其化，斮朝涉之足察其拇，殺梅伯以爲醢，刑鬼侯之女取其環。誅求無已，天下空虛，群臣畏恐，莫敢盡忠，紂愈自賢。周發兵，不期會於孟津者八百，諸侯共誅紂，大亡天下，《春秋》以爲戒，曰『蒲社災』。

周衰，天子微弱，諸侯力政，大夫專國，士專邑，不能行度制法文之禮，諸侯背叛，莫修貢聘奉獻天子。臣弒其君，子弒其父，孽殺其宗，不能統理，更相伐銼以廣地，以強相脅，不能制屬，強奄弱，衆暴寡，富使貧，並兼無已，臣下上僭，不能禁止。日爲之食。星霣如雨。雨螽。沙鹿崩。夏大雨水。冬大雨雪。霣石于宋五。六鷁退飛。霣霜不殺草。李梅實。正月不雨至於秋七月。地震，梁山崩，壅河三日不流。晝晦。彗星見于東方，孛于大辰，鸛鵒來巢。《春秋》異之，以此見悖亂之徵。孔子明得失，差貴賤，反王道之本，譏天王以致太平，刺惡譏微，不遺小大，善無細而不舉，惡無細而不去，進善誅惡，絕諸本而已矣。

又 卷六《二端》 《春秋》至意有二端，不本二端之所從起，亦未可與論裁異也，小大微著之分也。夫覽求微細於無端之處，誠知小之將爲大也，微之將爲著也。吉凶未形，聖人所獨立也，雖欲從之，末由也已，此之謂也。故王者受命，改正朔，不順數而往，必迎來而受之者，授受之義也。故聖人能繫心於微而致之著也。是故《春秋》之道，以元之深正天之端，以天之端正王之政，以王之政正諸侯之即位，以諸侯之即位正竟內之治，五者俱正，而化大行。故書日蝕、星隕、有蜚、山崩、地震、夏大雨水、冬大雨雹、隕霜不殺草、自正月不雨至於秋七月、有鸛鵒來巢。《春秋》異之，以此見悖亂之徵。是小者不得大，微者不得著，雖甚末，亦一端。孔子以此效之，吾所以貴微重始是也。因惡夫推災異之象於前，然後圖安危禍亂於後者，非《春秋》之所甚貴也。然而《春秋》舉之以爲一端者，亦欲其省天譴而畏天威，內動於心志，外見於事情，修身審己，明善心以反道者也。豈非貴微重始、慎終推效者哉！

又 卷一二《暖燠孰多》 天之道，出陽爲暖以生之，出陰爲清以成之。是故非薰也不能有育，非溧也不能有熟，歲之精也。知心而不省薰與溧庸多者，用之必與天戾，與天戾，雖勞不成。是自正月至於十月，而天之功畢，計其間陰與陽各居幾何，薰與溧其日庸多，距物之初生至其畢成，露與霜其下庸倍。故從中春至於秋，氣溫柔和調。及季秋九月，陰乃始多於陽，天於是時出溧下霜，出溧下霜而天降物，固已皆成矣。故九月者，天之功大究於是月也。十月而悉畢，故案其跡，數其實，清溧之日少少耳，功已畢成之後，陰乃大出，天之成功也，少陰與而太陰不與，少陰在内，而太陰在外，故霜加於物，而雪加於空。空者，亶地而已，不逮物也。功已畢成之後，物未復生之前，太陰之所當出也，雖曰陰，亦以太陽資化其位，而不知所受之。故聖王在上位，天覆地載，風令雨施。雨施者，布德均也；風令者，言令直也。《詩》云：『不識不知，順帝之則。』言弗能知識，而效天之所爲云爾。禹水湯旱，非常經也，適遭世氣之變而陰陽失平。堯視民如子，民視堯如父母。《尚書》曰：『二十有八載，放勳乃殂落，百姓如喪考妣，四海之内，閼密八音三年。』三年陽氣厭於陰，陰氣大興，此禹所以有水名也。桀，天下之殘賊也；湯，天下之盛德也。天下除殘賊而得盛德大善者，再是重陽也。故湯有旱之名，皆適遭之變，非禹湯之過。毋以適遭之變疑平生之常，則所守不失，則正道益明。

又卷一四《治亂五行》 火干木，蟄蟲蚤出，蚿雷蚤行；土干木，胎夭卵毈，鳥蟲多傷；金干木，有兵；水干木，春下霜。

土干火，則多雷；金干火，草木夷；水干火，夏雹；木干火，則地動。

金干土，則五穀傷有殃；水干土，夏寒雨霜；木干土，倮蟲不爲；火干土，則大旱。

水干金，則魚不爲；木干金，則草木再生；火干金，則草木秋榮；土干金，五穀不成。

木干水，冬蟄不藏；土干水，則蟄蟲冬出；火干水，則星墜；金干水，則冬大寒。

又《五行變救》 五行變至，當救之以德，施之天下，則咎除；不救以德，不出三年，天當雨石。木有變，春凋秋榮，秋木在，春多雨，此繇役衆，賦斂重，百姓貧窮叛去，道多饑人；救之者，省繇役，薄賦斂，出倉穀，振困窮矣。火有變，冬溫夏寒，此王者不明，善者不賞，惡者不絀，不肖在位，賢者伏匿，則寒暑失序，而民疾疫；救之者，舉賢良，賞有功，封有德。土有變，大風至，五穀傷，此不信仁賢，不敬父兄，淫泆無度，宮室榮；救之者，省宮室，去雕文，舉孝悌，恤黎元。金有變，畢昴爲回三覆，有武，多兵，多盜寇，此棄義貪財，輕民命，重貨賂，百姓趣利，多姦軌；救之者，舉廉潔，立正直，隱武行文，束甲械。水有變，冬濕多霧，春夏雨雹，此法令緩，刑罰不行；救之者，憂囹圄，案姦宄，誅有罪，蒐五日。

又《五行五事》 王者與臣無禮，貌不肅敬，則木不曲直，而夏多暴風；風者，木之氣也，其音角也，故應之以暴風。王者言不從，則金不從革，而秋多霹靂；霹靂者，金氣也，其音商也，故應之以霹靂。王者視不明，則火不炎上，而秋多電；電者，火氣也，其音徵也，故應之以電。王者聽不聰，則水不潤下，而春夏多暴雨；雨者，水氣也，其音羽也，故應之以暴雨。王者心不能容，則稼穡不成，而秋多雷；雷者，土氣也，其音宮也，故應之以雷。

五事：一曰貌，二曰言，三曰視，四曰聽，五曰思。何謂也？夫五事者，人之所受命於天也，而王者所修而治民也。故王者爲民，治則不可以不明，準繩不可以不正。王者貌曰恭，恭者，敬也；言曰從，從者，可從；視曰明，明者，知賢不肖，分明黑白也；聽曰聰，聰者，能聞事而審其意也；思曰容，容者，言無不容。恭作肅，從作乂，明作哲，聰作謀，容作聖。何謂也？恭作肅，言王者誠能内有恭敬之姿，而天下莫不肅矣。從作乂，言王者言可從，明正從行，而天下治矣。明作哲，哲者，知也，王者明，則賢者進，不肖者退，天下知善而勸之，知惡而恥之矣。聰作謀，謀者，謀事也，王者聰，則聞事與臣下謀之，故事無失謀矣。容作聖，聖者，設也，王者心寬大無不容，則聖能施設，事各得其宜也。

王者能敬則肅，肅則春氣得，故肅者主春。春，陽氣微，萬物柔易移，弱可化。於時陰氣爲賊，故王者欽欽不以議陰事，然後萬物遂生，而木可曲直也。春行秋政，則草木凋；行冬政，則雪；行夏政，則殺。春失政則。

王者能治則義立，義立則秋氣得，故乂者主秋。秋氣始殺，王者行小刑罰，民不犯則禮義成。於時陽氣爲賊，故王者輔以官牧之事，然後萬物成熟，秋，草木不榮華，金從革也。秋行春政，則華；行夏政，則喬；行冬政，則落。秋失政，則春大風不解，雷不發聲。

王者能知，則知善惡，知善惡，則夏氣得，故哲者主夏。夏，陽氣始盛，萬物兆長，王者不揜明，則道不退塞。而夏至之後，大暑隆，萬物茂育懷任，王者恐明不知賢不肖，分明白黑，於時，寒爲賊，故王者輔以賞賜之事，然後夏草木不霜，火炎上也。夏行春政，則風行；秋政，則水行；冬政，則落。

夏失政，則冬不凍在，五穀不藏，大寒不解。

王者無失謀，然後冬氣得，故謀者主冬。冬，陰氣始盛，草未必死，王者能聞事審謀慮之，則不侵伐，不侵伐且殺，則死者不恨，生者不怨。冬日至之後，大寒降，萬物藏於下，於時，暑爲賊，故王者輔之以急斷之事，以水潤下也。冬行春政，則蒸；行夏政，則雷；行秋政，則旱，冬失政，則夏草木不實，霜，五穀疾枯。

又卷一五《郊祀》　周宣王時，天下旱，歲惡甚，王憂之，其詩曰：『倬彼雲漢，昭回於天。』王曰：『嗚呼！何辜今之人！天降喪亂，饑饉薦臻。靡神不舉，靡愛斯牲。珪璧既卒，甯莫我聽！旱既太甚，蘊隆蟲蟲。不殄禋祀，自郊徂宮。上下奠瘞，靡神不宗。后稷不克，上帝不臨，耗射下土，甯刃我躬。』宣王自以爲不能乎后稷，不中乎上帝，故有此災。有此災，愈恐懼而謹事天。天若不予是家，是家者安得立爲天子？立爲天子者，天予是家。天予是家者，天使是家。天使是家者，是家天之所予也，天之所使也。天已予之，天已使之，其間不可以接天，何哉？故《春秋》凡譏郊，未嘗譏君德不成於郊也，乃不郊而祭山川，失祭之敍，逆於禮，故必譏之。以此觀之，不祭天者，乃不可祭小神也。郊因先卜，不吉，不敢郊；百神之祭不卜，而郊獨卜，郊祭最大也。《春秋》譏喪祭，不譏喪郊，郊不辟喪，喪尚不辟，況他物？郊祝曰：『皇皇上天，照臨下土，集地之靈，降甘風雨，庶物群生，各得其所，靡今靡古，維予一人某，敬拜皇天之祜。』夫不自爲言而爲庶物群生言，以人心庶天無尤焉。天無尤焉，而辭恭順，宜可喜也。右郊祀九句。九句者，陽數也。

又《順命》　孔子曰：『畏天命，畏大人，畏聖人之言。』其祭社稷、宗廟、山川、鬼神，不以其道，無災無害；至於祭天不享，其卜不從，使其牛口傷，鼷鼠食其角，或言食牛，或言食而死，或食而生，或不食而自死，或改卜而牛死，或卜而食其角，過有深淺薄厚，而災有簡甚，不可不察也；猶郊之變因其災，而之變應而無爲也，見百事之變之所不知而自然者，勝言與！以此見其可畏，專誅絕者，其唯天乎！臣殺君，子殺父，三十有餘，諸其賤者則損，以此觀之，可畏者，其唯天命、大人乎！亡國五十有餘，皆不事畏者也，況不畏大人，大人專誅之，君之滅者，何日之有哉！魯宣違聖人之言，變古易常，而災立至，聖人之言可不慎！此三畏者，異指而同致，故聖人同之，俱言其可畏也。

又卷一六《求雨》　春旱求雨，令縣邑以水日禱社稷山川，家人祀戶，無伐名木，無斬山林，暴巫，聚尪。八日於邑東門之外爲四通之壇，方八尺，植蒼繒八，其神共工，祭之以生魚八、玄酒，具清酒、膊脯，擇巫之潔清辯利者以爲祝。祝齋三日，服蒼衣，先再拜，乃跪陳。陳已，復再拜，乃起。祝曰：『昊天生五穀以養人，今五穀病旱，恐不成實，敬進清酒膊脯，再拜請雨。雨幸大澍，即奉牲禱。』以甲乙日爲大蒼龍一，長八丈，居中央；爲小龍七，各長四丈，於東方，皆東鄉，其間相去八尺。小童八人，皆齋三日，服青衣而舞之；田嗇夫亦齋三日，服青衣而立之。鑿社，通之於閭外之溝，取五蝦蟇錯置社之中，池方八尺，深一尺，置水蝦蟇焉。具清酒、膊脯，祝齋三日，服蒼衣，拜跪陳祝如初。取三歲雄雞與三歲豭豬，皆燔之於四通神宇。令民闔邑里南門，置水其外；開邑里北門，具老豭豬一，置之於里北門之外；市中亦置豭豬一，聞鼓聲，皆燒豭豬尾，取死人骨埋之，開山淵，積薪而燔之，通道橋之壅塞，不行者決瀆之。幸而得雨，報以處一，酒鹽黍財足，以茅爲席，毋斷。

夏求雨，令縣邑以水日，家人祀竈，無舉土功，更火浚井，暴釜於壇，臼杵於術。七日爲四通之壇於邑南門之外，方七尺，植赤繒七，其神蚩尤，祭之以赤雄雞七、玄酒，具清酒、膊脯，祝齋三日，服赤衣，拜跪陳祝如春辭。以丙丁日爲大赤龍一，長七丈，居中央，又爲小龍六，各長三丈五尺，於南方，皆南鄉，其間相去七尺，壯者七人，皆齋三日，服赤衣而舞，司空嗇夫亦齋三日，服赤衣而立之；鑿社，而通之閭外之溝，取五蝦蟇錯置里社之中，池方七尺，深一尺，具酒脯，祝齋，衣赤衣，拜跪陳祝如初，取三歲雄雞豭豬，燔之四通神宇，開陰閉陽如春也。

季夏禱山陵以助之，令縣邑十日壹徙市於邑南門之外，五日禁男子無得行入市，家人祠中霤，無舉土功，聚巫市傍，爲之結蓋，爲四通之壇於中央，植黃繒五，其神后稷，祭之以母䐁五、玄酒，具清酒、膊脯，令各爲祝齋三日，衣黃衣，皆如春祠。以戊己日爲大黃龍一，長五丈，居中央，又爲小龍四，各長二丈五尺，於南方，皆南鄉，其間相去五尺，丈夫五人，皆齋三日，服黃衣而舞之，老者五人，亦齋三日，衣黃衣而立之，亦通社中於閭外之溝，蝦蟇，池方五尺，深一尺，他皆如前。

秋暴巫尪至九日，無舉火事，無煎金器，家人祠門，爲四通之壇於邑西門之外，方九尺，植白繒九，其神少昊，祭之以桐木魚九，玄酒，具清酒、膊脯，衣白衣，他如春。以庚辛日爲大白龍一，長九丈，居中央，爲小龍八，各長四丈五尺，於西方，皆西鄉，其間相去九尺，鰥者九人，皆齋三日，服白衣而舞之，司馬亦齋三日，衣白衣而立之，蝦蟇，池方九尺，深一尺，他皆如前。

冬舞龍六日，禱於名山以助之。家人祠井，無壅水，爲四通之壇於邑北門之外，方六尺，植黑繒六，其神玄冥，祭之以黑狗子六、玄酒，具清酒、膊脯，祝齋三日，衣黑衣，祝禮如春。以壬癸日爲大黑龍一，長六丈，居中央，又爲小龍五，各長三丈，於北方，皆北鄉，其間相去六尺，老者六人，皆齋三日，衣黑衣而舞之，尉亦齋三日，服黑衣而立之，蝦蟇、池，皆如春。

四時皆以水日，爲龍必取潔土爲之，結蓋，龍成而發之。四時皆以庚子之日，令吏民夫婦皆偶處。凡求雨之大體，丈夫欲藏匿，女子欲和而樂。

又《止雨》 雨太多，令縣邑於土日塞水瀆，絕道，蓋井，禁婦人不得行入市，令縣鄉里皆掃社，下縣邑若丞合史嗇夫三人以上，祝一人，鄉嗇夫若吏三人以上，祝一人，里正父老三人以上，祝一人，皆齋三日，各衣時衣，具處一，黍鹽美酒財足祭社，擊鼓三日，而祝先再拜，乃跪陳。陳已，復再拜，乃起。祝曰：『嗟！天生五穀以養人，今淫雨太多，五穀不和，敬進肥牲清酒，以請社靈，幸爲止雨，除民所苦，無使陰滅陽，陰滅陽，不順於天，天之常意在於利人，人願止雨，敢告於社。』鼓而無歌，至罷乃止。凡止雨之大體，女子欲其藏而匿也，丈夫欲其和而樂也，開陽而閉陰，闔水而開大，以朱絲縈社十周，衣赤衣赤幘，三日罷。

二十一年八月甲申朔丙午，江都相仲舒告内史中尉：陰雨太久，恐傷五穀，趣止雨。止雨之禮，廢陰起陽，書十七縣、八十離鄉，及都官吏千石以下夫婦在官者，咸遣婦歸，女子不得至市，市無詣井，蓋之，勿令泄，鼓用牲于社。祝之曰：『雨以太多，五穀不和，敬進肥牲，以請社靈，社靈幸爲止雨，除民所苦，無使陰滅陽，陰滅陽，不順於天，天意常在於利民，願止雨，敢告。』鼓用牲於社，皆壹以辛亥之日，書到，即起縣社令長若丞尉官長，各城邑社嗇夫里吏正里人皆出，至於社，下餔而罷，三日而止，未至三日，天暒亦止。

漢 班固《白虎通》卷四《災變》 天所以有災變何？所以譴告人君，覺悟其行，欲令悔過修德，深思慮也。《援神契》曰：『行有玷缺，氣逆於天，情感變出，以戒人也。』

災異者，何謂也？《春秋潛潭巴》曰：『災之言傷也，隨事而誅；異之言怪也，先發感動之也。』何以言災有哭也？《春秋》曰：『新宮火，三日哭。』《傳》曰：『必三日哭何？禮也。』災三日哭，所以然者，宗廟先禮所處，鬼神無形體，曰今忽得天火，得無爲災所中乎？故哭也。變者何謂也？變者，非常也。《耀嘉》曰：『禹將受位，天意大變，迅風靡木，雷雨晝冥。』服乘者何謂也？衣服乍大乍小，言語非常。故《尚書大傳》曰：『時則有服乘也。』孽者何謂也？曰：介蟲生爲非常。《尚書大傳》曰：『時則介蟲之孽，時則有龜孽。』堯遭洪水，湯遭大旱，示有譴告乎？堯遭洪水，湯遭大旱，命運時然。所以或災變或異何？各隨其行，因其事也。

霜之爲言亡也，陽以散雲。雹之爲言合也，陰氣專精，積合爲雹。

日食者必殺之何？陰侵陽也。鼓用牲於社。社者衆陰之主，以朱絲縈之，鳴鼓攻之，以陽責陰也。故《春秋傳》曰：『日食鼓用牲於社。』所以必用牲者，社，地別神也，尊之，故不敢虛責也。日食，大水則鼓用牲於社，大旱則雩祭未雨，非苟虛也。勑陽責下，求陰道也。月食救之者，陰失明也，故角尾交日。月食救之者，謂夫人擊鏡，傳人擊杖，庶人之妻楔搔。太平之時，時雨時霽，下以恒陽而以時陽，天地之氣宣也。

《漢書》卷七五《翼奉傳》 是歲，關東大水，郡國十一飢，疫尤甚。**【略】**因赦天下，舉直言極諫之士。奉奏封事曰：

臣聞之於師曰，天地設位，懸日月，布星辰，分陰陽，定四時，列五行，以視聖人，名之曰道。師古曰：『視讀曰示。下亦類此。』聖人見道，然後知王治之象，故畫州土，建君臣，立律曆，陳成敗，以視賢者，名之曰經。賢者見經，然後知人道之務，則《詩》《書》《易》《春秋》《禮》《樂》是也。《易》有陰陽，《詩》有五際，應劭曰：『君臣、父子、兄弟、夫婦、朋友也。』孟康曰：『《詩内傳》：「五際，卯、酉、午、戌、亥也。陰陽終始際會之歲，於此則有變改之政也。」』《春秋》有災異，皆列終始，推得失，考天心，以言王道之安危。至秦乃不說，傷之以法，師古曰：『說音悅。言不悅《詩》《書》而以文法傷文學之人也。』是以大道不通，至於滅亡。今陛下明聖，深懷要道，燭臨萬方，師古曰：『燭，照也。』布德流惠，靡有闕遺。罷省不急之用，振救困貧，賦醫藥，賜棺錢，師古曰：『賦謂分給之。』恩澤甚厚。又舉直言，求過失，盛德純備，天下幸甚。

臣奉竊學《齊詩》，聞五際之要十月之交篇，師古曰：『《小雅》篇名也。』

知日蝕地震之效昭然可明，猶巢居知風，穴處知雨，師古曰：『巢居，烏鵲之屬也。穴處，狐貍之類也。』亦不足多，適所習耳。臣聞人氣內逆，則感動天地；天變見於星氣日蝕，地變見於奇物震動。所以然者，陽用其精，陰用其形，猶人之有五臧六體，五臧象天，六體象地。故臧病則氣色發於面，體病則欠申動於貌。今年太陰建於甲戌，律以庚寅初用事，曆以甲午從春。孟康曰：『太陰在甲戌，則太歲在子。十一月庚寅日，黃鍾律初起用事也。』曆中甲庚，律得參陽，性中仁義，情得公正貞廉，張晏曰：『甲庚皆三陽。甲在東方爲仁，庚在西方爲義。戊爲公正，寅午爲廉貞。』晉灼曰：『木數三。寅在東方，木位之始，故曰參陽也。』師古曰：『中音竹仲反。』百年之精歲也。正以精歲，本首王位，張晏曰：『春也。』日臨中時接律而地大震，其後連月久陰，雖有大令，猶不能復，師古曰：『大令謂虛倉廩、開府庫之屬也。復，補也，音扶目反。』陰氣盛矣。古者朝廷必有同姓以明親親，必有異姓以明賢賢，此聖王之所以大通天下也。同姓親而易進，異姓疏而難通，故同姓一，異姓五，乃爲平均。今左右亡同姓，獨以舅后之家爲親，異姓之臣又疏。二后之黨滿朝，非特處位，勢尤奢僭過度，呂、霍、上官足以卜之，甚非愛人之道，又非後嗣之長策也。陰氣之盛，不亦宜乎！

臣又聞未央、建章、甘泉宮才人各以百數，皆不得天性。師古曰：『言絕男女之好也。』若杜陵園，其已御見者，臣子不敢有言，雖然，太皇太后之事也。及諸侯王園，與其後宮，宜爲設員，出其過制者，此損陰氣應天救邪之道也。今異至不應，災將隨之。其法大水，極陰生陽，反爲大旱，甚則有火災，春秋宋伯姬是矣。師古曰：『伯姬，魯成公女，宋恭公之夫人也。幽居守寡，既久而遇火災，極陰生陽也。』唯陛下財察。師古曰：『財與裁同。』

明年夏四月乙未，孝武園白鶴館災。奉自以爲中，上疏曰：『臣前上五際地震之效，曰極陰生陽，恐有火災。不合明聽，未見省答，臣竊內不自信。今白鶴館以四月乙未，時加於卯，月宿亢災，與前地震同法。臣奉乃深知道之可信也。不勝拳拳，願復賜間，卒其終始。』師古曰：『間，空隙也。卒，盡也。』

上復延問以得失。奉以爲祭天地於雲陽汾陰，及諸寢廟不以親疏迭毀，皆煩費，違古制。又宮室苑囿，奢泰難供，以故民困國虛，亡累年之畜。所繇來久，師古曰：『畜讀曰蓄。繇與由同。』不改其本，難以末正，乃上疏曰：

臣聞昔者盤庚改邑以興殷道，聖人美之。師古曰：『盤庚，殷王名也。將遷亳，殷衆庶咸怨，作《盤庚》三篇以告之，遂乃遷都，事見《尚書》也。』竊聞漢德隆盛，在於孝文皇帝躬行節儉，外省繇役。其時未有甘泉、建章及上林中諸離宮館也。未央宮又無高門、武臺、麒麟、鳳皇、景祐、殿本都作『鳳』，此誤。白虎、玉堂、金華之殿，獨有前殿、曲臺、漸臺、宣室、溫室、承明耳。孝文欲作一臺，度用百金，師古曰：『度，計也，音大各反。』重民之財，廢而不爲，其積土基，至今猶存，師古曰：『今在新豐縣南，驪山頂上也。』又下遺詔，不起山墳。故其時天下大和，百姓洽足，德流後嗣。

如令處於當今，因此制度，必不能成功名。天道有常，王道亡常，亡常者所以應有常也。必有非常之主，然後能立非常之功。臣願陛下徙都於成周，左據成皋，右阻黽池，景祐、殿、局本都作『右』。前鄉崧高，後介大河，師古曰：『鄉讀曰嚮。介，隔也，礙也。』建滎陽，扶河東，南北千里以爲關，而入敖倉；地方百里者八九，足以自娛；東厭諸侯之權，西遠羌胡之難，師古曰：『厭，抑也。音一葉反。遠音于萬反。』陛下共己亡爲，師古曰：『共讀曰恭。』按成周之居，兼盤庚之德，萬歲之後，長爲高宗。漢家郊兆寢廟祭祀之禮多不應古，臣奉誠難亶居而改作，如淳曰：『亶居猶虛居也，欲徙都乃可更制度也。』師古曰：『亶讀曰但。但居，謂依舊都也。』故願陛下遷都正本。衆制皆定，亡復繕治宮館不急之費，歲可餘一年之畜。師古曰：『畜讀曰蓄。次下亦同。』

臣聞三代之祖積德以王，然皆不過數百年而絕。周至成王，有上賢之材，因文武之業，以周召爲輔，師古曰：『召讀曰邵。』有司各敬其事，在位莫非其人。師古曰：『言所任皆得賢材也。』天下甫二世耳，師古曰：『甫，始也。』然周公猶作《詩》《書》深戒成王，以恐失天下。《書》則曰：『王毋若殷王紂。』師古曰：『《周書・亡逸》篇也。其書曰：周公曰：「烏虖！毋若殷王紂之迷亂，酗于酒德哉！」是也。』其《詩》則曰：『殷之未喪師，克配上帝；宜監于殷，駿命不易。』師古曰：『《詩・大雅》文王之詩也。師，衆也。駿，大也。言殷家自帝乙以上，未喪天下之時，皆能配天而行。至紂荒怠，自取敗滅。今宜以殷王賢愚爲鏡，知天之大命甚難也。』今漢初取天下，起於豐沛，以兵征伐，德化未洽，後世奢侈，國家之費當數代之用，非直費財，又乃費士。孝武之世，暴骨四夷，不可勝數。有天下雖未久，至於陛下八世九主矣，如淳曰：『呂后爲主，不得爲世，故八世九主矣。』雖有成王之明，然亡周召之佐。師古曰：『召讀曰邵。』今東方連年飢饉，加之以疾疫，百姓菜色，或至相食。師古曰：『人專食菜，故肌膚青黃，爲菜色也。』地比震動，天氣溷濁，日光侵奪。師古曰：『比，頻也。溷，汙也，音下頓反。』繇此言之，師古曰：『繇與由同。』執國政者豈可以不懷怵惕而戒萬分之一乎！故臣願陛下因天變而徙都，所謂與天下更始者也。天道終而復始，窮則反本，故能延長而亡窮也。今漢道未終，陛下本而始之，於以永世延祚，不亦優乎！如因丙子之孟夏，順太陰以東行，張晏曰：『如因今丙子之四月也。太陰是時在甲戌，當轉在乙亥、丙子，左旋之也。』到後七年之明歲，必有五年之餘蓄，然後大行考室之禮，李奇曰：『凡宫新成，殺牲以釁祭，致其五祀之神，謂之考室。』師古曰：『考，成也，成其禮也。《詩·小雅》斯干之詩序曰『斯干，宣王考室也』，故奉引之。』雖周之隆盛，亡以加此。唯陛下留神，詳察萬世之策。

書奏，天子異其意，答曰：『問奉：今園廟有七，云東徙，狀何如？』奉對曰：『昔成王徙洛，般庚遷殷，其所避就，皆陛下所明知也。非有聖明，不能一變天下之道。臣奉愚戇狂惑，唯陛下裁赦。』

其後，貢禹亦言當定迭毀禮，上遂從之。及匡衡爲丞相，奏徙南北郊，其議皆自奉發之。

漢 王充《論衡》卷五《異虛篇》 說災異之家，以為天有災異者，所以譴告王者，信也。夫王者有過，異見於國；不改，災見草本；不改，災見於五穀；不改，災至身。左氏《春秋傳》曰：『國之將亡，鮮不五稔。』災見於五穀，五穀安得熟？不熟，將亡之徵。災亦有且亡五穀不熟之應。天不熟，或為災，或為福，禍福之實未可知，桑穀之言安可審？

論說之家，著於書記者，皆云：『天雨穀者凶。』《書傳》曰：『蒼頡作書，天雨穀，鬼夜哭。』此方凶惡之應。和者，天用成穀之道。從天降而和，且猶謂之善，況所成之穀，從雨下乎？極論訂之，何以為凶？夫陰陽和則穀稼成，不則被災害。陰陽和者，穀之道也，何以謂之凶？絲成帛，縷成布。賜人絲縷，猶為重厚，況遺人以成帛與織布乎？夫絲縷猶陰陽，帛布猶成穀也。賜人帛，不謂之惡，天與之穀，何故謂之凶？夫雨穀吉凶未可定，桑穀之言未可知也。

使暢草生於周之時，天下太平，人來獻暢草。暢草亦草野之物也，與彼桑穀何異？如以夷狄獻之則為吉，使暢草生於周家，肯謂之善乎？夫暢草可以熾釀，芬香暢達者，設自生於周朝，與嘉禾、朱草、蓂莢之類不殊矣。然則桑亦食蠶，蠶為絲，絲為帛，帛為衣，衣以入宗廟為朝服，與暢無異，何以謂之凶？

衛獻公太子至靈臺，蛇遶左輪。御者曰：『太子下拜。吾聞國君之子，蛇遶車輪左者速得國。』太子遂不下，反乎舍。御人見太子，太子曰：『吾聞為人子者，盡和順於君，不行私欲，共嚴承令，不逆君安。今吾得國，是君失安也。見國之利而忘君安，非子道也；得國而拜，其非君欲。廢子道者不孝，逆君欲則不忠，而欲我行之，殆欲國之危明矣。』投殿將死，其御止之，不能禁，遂伏劍而死。夫蛇遶左輪，審為太子速得國，太子宜不死，獻公宜疾薨。今獻公不死，太子伏劍，御者之占，俗之虛言也。或時蛇為太子將死之妖，御者信俗之占，故失吉凶之實。夫桑穀之生，與蛇遶左輪相似類也。蛇至實凶，御者以為吉；桑穀實吉，祖己以為凶。

禹南濟於江，有黃龍負舟，舟中之人五色無主。禹乃嘻笑而稱曰：『我受命於天，竭力以勞萬民。生，寄也；死，歸也。死，歸也，何足以滑和？視龍猶蝘蜓也。』龍去而亡。案古今龍至皆為吉，而禹獨謂黃龍凶者，見其負舟，舟中之人恐也。夫以桑穀比於龍，吉凶雖反，蓋相似。野草生於朝，尚為不吉，殆有若黃龍負舟之異，故為吉而殷朝不亡。

晉文公將與楚成王戰於城濮，彗星出楚，楚操其柄，以問咎犯。咎犯對曰：『以彗鬥，倒之者勝。』文公夢與成王搏，成王在上，盬其腦。問咎犯，咎犯曰：『君得天而成王伏其罪，戰必大勝。』文公從之，大破楚師。嚮令文公問庸臣，必曰不勝。何則？彗星無吉，搏在上無凶也。夫桑穀之占，占為凶，猶晉當彗末、搏在下為不吉也。然而吉者，殆有若對彗、見天之詭，故高宗長久，殷朝不亡。

使文公不問咎犯，咎犯不明其吉，戰以大勝，世人將曰：『文公以至賢之德，破楚之無道，天雖見妖，臥有凶夢，猶滅妖消凶以獲福。』殷無咎犯之異知，而有祖己信常之占，故桑穀之文，傳世不絕，轉禍為福之言，到今不實。

又《感虛篇》 儒者傳書言：『堯之時，十日並出，萬物燋枯。堯上射十日，九日去，一日常出。』

此言虛也。

夫人之射也，不過百步，矢力盡矣。日之行也，行天星度，天之去人，以萬里數，堯上射之，安能得日？使堯之時，天地相近，不過百步，則堯射日，矢能及之；過百步，不能得也。

假使堯時天地相近，堯射得之，猶不能傷日，日何肯去？何則？日，火也。使在地之火，附一把炬，人從旁射之，雖中，安能滅之？地火不為見射而滅，天火何為見射而去？

此欲言堯以精誠射之，精誠所加，金石為虧，蓋誠無堅則亦無遠矣。夫水與火各一性也，能射火而滅之，則當射水而除之。洪水之時，流濫中國，為民大害，堯何不推精誠射而除之？堯能射日，使火不為害，不能射河，使水不為害。夫射水不能卻水，則知射日之語，虛非實也。

或曰：『日，氣也，射雖不及，精誠滅之。』夫天亦遠，使其為氣，則與日月同；使其為體，則與金石等，以堯之精誠，滅日虧金石，上射日則能穿天乎？世稱桀、紂之惡，射天而毆地；譽高宗之德，政消桑穀。今堯不能以德滅十日，而必射之，是德不若高宗，惡與桀、紂同也，安能以精誠獲天之應也？

傳書言：『武王伐紂，渡孟津，陽侯之波，逆流而擊，疾風晦冥，人馬不見。於是武王左操黃鉞，右執白旄，瞋目而麾之曰：「余在，天下誰敢害吾意者！」於是風霽波罷。』

此言虛也。

武王渡孟津時，士眾喜樂，前歌後舞，天人同應。人喜天怒，非實宜也。前歌後舞，未必其實；麾風而止之，跡近為虛。

夫風者，氣也，論者以為天地之號令也。武王誅紂是乎？天當安靜以祐之。如誅紂非乎？而天風者，怒也。武王不奉天令，求索己過，瞋目言曰：『余在，天下誰敢害吾者！』重天怒，增己之惡也，風何肯止？父母怒，子不改過，瞋目大言，父母肯貰之乎？如風天所為，禍氣自然，是亦無知，不為瞋目麾之故止。夫風猶雨也，使武王瞋目以旄麾雨而止之乎？武王不能止雨，則亦不能止風。

或時武王適麾之，風偶自止，世褒武王之德，則謂武王能止風矣。

傳書言：『魯襄公與韓戰，戰酣，日暮，公援戈而麾之，日為之反三舍。』

此言虛也。

凡人能以精誠感動天，專心一意，委務積神，精通于天，天為變動，然尚未可謂然。襄公志在戰，為日暮一麾，安能令日反？使聖人麾日，日終不反，襄公何人？而使日反乎？

鴻範曰：『星有好風，星有好雨。日月之行，則有冬有夏。月之從星，則有風雨。』夫星與日月同精，日月不從星，星輒復變。明日月行有常度，不得從星之好惡也，安得從襄公之所欲？

星之在天也，為日月舍，猶地有郵亭，為長吏廨也。二十八舍有分度，一舍十度，或增或減。言日反三舍，乃三十度也。日，日行一度，一麾之間，反三十日時所在度也？如謂舍為度，三度亦三日行也，一麾之間，令日卻三日也？

宋景公推誠出三善言，熒惑徙三舍，實論者猶謂之虛。襄公爭鬥，惡日之暮，以此一戈麾，無誠心善言，日為之反，殆非其意哉！且日，火也，聖人麾火，終不能卻，襄公麾日，安能使反？

或時戰時日正卯，戰迷，謂日之暮。麾之，轉左曲道，日若卻，世好神怪，因謂之反，不道所謂也。

傳書言：『荊軻為燕太子謀刺秦王，白虹貫日。衛先生為秦畫長平之事，太白蝕昴。』此言精感天，天為變動也。

夫言白虹貫日，太白蝕昴，實也。言荊軻之謀，衛先生之畫，感動皇天，故白虹貫日，太白蝕昴者，虛也。

夫以筯撞鐘，以筭擊鼓，不能鳴者，所用撞擊之者小也。今人之形，不過七尺，以七尺形中精神，欲有所為，雖積銳意，猶筯撞鐘、筭擊鼓也，安能動天？精非不誠，所用動者小也。且所欲害者，人也，人不動，天反動乎？

問曰：『人之害氣，能相動乎？』曰：『不能。』『豫讓欲害趙襄子，襄子心動；貫高欲篡高祖，高祖心亦動。二子懷精，故兩主振感。』曰：禍變且至，身自有怪，非適人所能動也。何以驗之？時或遭狂人於途，以刃加己，狂人未必念害己身也，然而己身先時已有妖怪矣。由此言之，妖怪之至，禍變自凶之象，非欲害己者之所為也。且凶之人，卜得惡兆，筮得凶卦，出門見不吉，占危睹禍氣。禍氣見於面，猶白虹、太白見於天也。變見於天，妖出於人，上下適然，自相應也。

傳書言：『燕太子丹朝於秦，不得去，從秦王求歸。秦王執留之，與之誓曰：「使日再中，天雨粟，令烏白頭，馬生角，廚門木象生肉足，乃得歸。」當此之時，天地祐之，日為再中，天雨粟，烏白頭，馬生角，廚門木象生肉足。秦王以為聖，乃歸之。』

此言虛也。

燕太子丹何人？而能動天？聖人之拘，不能動天；太子丹，賢者也，何能致此？

夫天能祐太子，生諸瑞以免其身，則能和秦王之意，以解其難。見拘一事而易，生瑞五事而難。舍一事之易，為五事之難，何天之不憚勞也？湯困夏臺，文王拘羑里，孔子厄於陳、蔡。三聖之困，天不能祐，使拘之者睹祐知聖，出而尊厚之。或曰：『拘三聖者，不與三誓，三聖心不願，故祐聖之瑞，無因而至。天之祐人，猶借人以物器矣，人不求索，則弗與也。』曰：太子願天下瑞之時，豈有語言乎？心願而已。然湯閉於夏臺，文王拘於羑里時，心亦願出；孔子厄陳、蔡，心願食。天何不令夏臺、羑里關鑰毀敗，湯、文涉出；雨粟陳、蔡，孔子食飽乎？

太史公曰：『世稱太子丹之令天雨粟，馬生角，大抵皆虛言也。』太史公書漢世實事之人，而云『虛言』，近非實也。

傳書言：『杞梁氏之妻嚮城而哭，城為之崩。』此言杞梁從軍不還，其妻痛之，嚮城而哭，至誠悲痛，精氣動城，故城為之崩也。

夫言嚮城而哭者，實也；城為之崩者，虛也。

夫人哭悲，莫過雍門子。雍門子哭對孟嘗君，孟嘗君為之於邑。蓋哭之精誠，故對嚮之者悽愴感慟也。夫雍門子能動孟嘗之心，不能感孟嘗衣者，衣不知惻怛，不以人心相關通也。今城，土也，土猶衣也，無心腹之藏，安能為悲哭感慟而崩？

使至誠之聲能動城土，則其對林木哭，能折草破木乎？嚮水火而泣，能涌水滅火乎？夫草木水火，與土無異，然杞梁之妻不能崩城，明矣。

或時城適自崩，杞梁妻適哭，下世好虛，不原其實，故崩城之名，至今不滅。

傳書言：『鄒衍無罪，見拘於燕，當夏五月，仰天而歎，天為隕霜。』此與杞梁之妻哭而崩城，無以異也。

言其無罪見拘，當夏仰天而歎，實也；言天為之雨霜，虛也。夫萬人舉口，並解吁嗟，猶未能感天；鄒衍一人，冤而壹歎，安能下霜？鄒衍之冤，不過曾子、伯奇。曾子見疑而吟，伯奇被逐而歌。疑、與拘同，吟、歌與歎等，曾子、伯奇不能致寒，鄒衍何人，獨能雨霜？

被逐之冤，尚未足言。申生伏劍，子胥刎頸，實孝而賜死，誠忠而被誅，且臨死時，皆有聲辭。聲辭出口，與仰天歎無異，天不為二子感，獨為鄒衍動，豈天痛見拘，不悲流血哉？伯冤痛相似，而感動不同也？

夫熿一炬火，爨一鑊水，終日不能熱也；倚一尺冰，置庖廚中，終夜不能寒也。何則？微小之感，不能動大巨也。今鄒衍之歎，不過如一炬、尺冰，而皇天巨大，不徒鑊水庖廚之醜類也。一仰天歎，天為隕霜，何天之易感，霜之易降也？

夫哀與樂同，喜與怒均。衍興怨痛，使天下霜，使衍蒙非望之賞，仰天而笑，能以冬時使天熱乎？變復之家曰：『人君秋賞則溫，夏罰則寒。』寒不累時，則霜不降；溫不兼日，則冰不釋。一夫冤而一歎，天輒下霜，何氣之易變，時之易轉也？

寒溫自有時，不合變復之家。且從變復之說，或時燕王好用刑，寒氣應至；而衍囚拘而歎，歎時霜適自下。世見適歎而霜下，則謂鄒衍歎之致也。

傳書言：『師曠奏白雪之曲，而神物下降，風雨暴至，平公因之癃病，晉國赤地。』

或言：『師曠清角之曲，一奏之，有雲從西北起；再奏之，大風至，大雨隨之，裂帷幕，破俎豆，墮廊瓦。坐者散走，平公恐懼，伏乎廊室。晉國大旱，赤地三年，平公癃病。』夫白雪與清角，或同曲而異名，其禍敗同一實也。

傳書之家，載以為是；世俗觀見，信以為然。原省其實，殆虛言也。

夫清角何音之聲，而致此？『清角，木音也，故致風而。如木為風，雨與風俱。』三尺之木，數絃之聲，感動天地，何其神也？此復一哭崩城，一歎下霜之類也。

師曠能鼓清角，必有所受，非能質性生出之也。其初受學之時，宿昔習弄，非直一再奏也。審如傳書之言，師曠學清角時，風雨當至也。

傳書言：『瓠芭鼓瑟，淵魚出聽；師曠鼓琴，六馬仰秣。』或言：『師曠鼓清角，一奏之，有玄鶴二八，自南方來，集於廊門之危；再奏之而列；三奏之，延頸而鳴，舒翼而舞，音中宮商之聲，聲吁于天。平公大悅，坐者皆喜。』尚書曰：『擊石拊石，百獸率舞。』此雖奇怪，然尚可信。何則？鳥獸好悲聲，耳與人耳同也。禽獸見人欲食，亦欲食之，聞人之樂，何為不樂？然而『魚聽』、『仰秣』，『玄鶴延頸』，『百獸率舞』，蓋且其實；風雨之至，晉國大旱，赤地三年，平公癃病，殆虛言也。

或時奏清角時，天偶風雨，風雨之後，晉國適旱；平公好樂，喜笑過度，偶發癃病。傳書之家，信以為然，世人觀見，遂以為實。實者樂聲不能致此。

何以驗之？風雨暴至，是陰陽亂也。樂能亂陰陽，則亦能調陰陽也，王者何須脩身正行，擴施善政？使鼓調陰陽之曲，和氣自至，太平自立矣。

傳書言：『湯遭七年旱，以身禱於桑林，自責以六過，天乃雨。』或言：『五年。禱辭曰：「余一人有罪，無及萬夫；萬夫有罪，在余一人。天以一人之不敏，使上帝鬼神傷民之命。」於是剪其髮，麗其手，自以為牲，用祈福於上帝。上帝甚說，時雨乃至。』

言湯以身禱於桑林自責，若言剪髮麗手自以為牲，用祈福於帝者，實也。言雨至為湯自責以身禱之故，殆虛言也。

孔子疾病，子路請禱。孔子曰：『有諸？』子路曰：『有之；誄曰：「禱爾于上下神祇。」』孔子曰『丘之禱，久矣。』聖人脩身正行，素禱之日久，天地鬼神知其無罪，故曰『禱久矣』。易曰：『大人與天地合其德，與日月合其明，與四時合其敘，與鬼神合其吉凶。』此言聖人與天地鬼神同德行也。即須禱以得福，是不同也。湯與孔子俱聖人也，皆素禱之日久。孔子不使子路禱以治病，湯何能以禱得雨？孔子素禱，身猶疾病；湯亦素禱，歲猶大旱，然則天地之有水旱，猶人之有疾病也。疾病不可以自責除，水旱不可以禱謝去，明矣。

湯之致旱以過乎？是不與天地同德也。今不以過致旱乎？自責禱謝，亦無益也。人形長七尺，形中有五常，有癉熱之病，深自剋責，猶不能愈，況以廣大之天，自有水旱之變，湯用七尺之形，形中之誠，自責禱謝，安能得雨邪？人在層臺之上，人從層臺下叩頭，求請臺上之物。臺上之人聞其言，則憐而與之；如不聞其言，雖至誠區區，終無得也。夫天去人，非徒層臺之高也，湯雖自責，天安能聞知而與之雨乎？

夫旱，火變也；湛，水異也。堯遭洪水，可謂湛矣，堯不自責以身禱祈，必舜、禹治之，知水變必須治也。除湛不以禱祈，除旱亦宜如之。由此言之，湯之禱祈，不能得雨。

或時旱久，時當自雨，湯以旱久，亦適自責，世人見雨之下，隨湯自責而至，則謂湯以禱祈得雨矣。【略】

傳書言：『梁山崩，壅河，三日不流，晉君憂之。晉伯宗以輦者之言，令景公素縞而哭之，河水為之流通。』

此虛言也。

夫山崩壅河，猶人之有癰腫，血脈不通也。治癰腫者，可復以素服哭泣之聲治乎？

堯之時，洪水滔天，懷山襄陵，帝堯吁嗟，博求賢者。水變甚於河壅，堯憂深於景公，不聞以素縞哭泣之聲能厭勝之。堯無賢人若輦者之術乎？將洪水變大，不可以聲服除也？

如『素縞而哭』，悔過自責也，堯、禹之治水，以力役，不自責。梁山，堯時山也；所壅之河，堯時河也。山崩河壅，天雨水踊，二者之變，無以殊也。堯、禹治洪水以力役，輦者治壅河用自責，變同而治異，人鈞而應殊，殆非賢聖變復之實也。

凡變復之道，所以能相感動者，以物類也。有寒則復之以溫，溫復解之以寒。故以龍致雨，以刑逐暑，皆緣五行之氣，用相感勝之。山崩壅河，素縞哭之，於道何意乎？

此或時河壅之時，山初崩，土積聚，水未盛。三日之後，水盛土散，稍壞沮矣。壞沮水流，竟注東去。遭伯宗得輦者之言，因素縞而哭，哭之因流，流時謂之河變起此而復。其實非也。何以驗之？使山恒自崩乎？素縞哭無益也。使其天變應之，宜改政治。素縞而哭，何政所改，而天變復乎？【略】

世稱：南陽卓公為緱氏令，蝗不入界。蓋以賢明至誠，災蟲不入其縣也。此又虛也。

夫賢明至誠之化，通於同類，能相知心，然後慕服。蝗蟲，閩虻之類也，何知何見，而能知卓公之化？使賢者處深野之中，閩虻能不入其舍乎？閩虻不能避賢者之舍，蝗蟲何能不入卓公之縣？

如謂蝗蟲變，與閩虻異，夫寒溫，亦災變也，使一郡皆寒，賢者長一縣，一縣之界能獨溫乎？夫寒溫不能避賢者之縣，蝗蟲何能不入卓公之界？

夫如是，蝗蟲適不入界，卓公賢名稱於世，世則謂之能卻蝗蟲矣。何以驗之？夫蝗之集於野，非能普博盡蔽地也，往往積聚多少有處。非所積之地，則盜跖所居；所少之野，則伯夷所處也。集過有多少，不能盡蔽覆也。夫集地有多少，則其過縣有留去矣。多少不可以驗善惡，有無安可以明賢不肖也？蓋時蝗自過，不謂賢人不入明矣。

又卷一四《寒溫篇》 說寒溫者曰：人君喜則溫，怒則寒。何則？喜怒發於胸中，然後行出於外，外成賞罰。賞罰，喜怒之效，故寒溫渥盛，凋物傷人。

夫寒溫之代至也，在數日之間，人君未必有喜怒之氣發胸中，然後渥盛於外。見外寒溫，則知胸中之氣也。當人君喜怒之時，胸中之氣未必更寒溫也。胸中之氣，何以異於境内之氣？胸中之氣，不為喜怒變，境内寒溫，何所生起？六國之時，秦、漢之際，諸侯相伐，兵革滿道，國有相攻之怒，將有相勝之志，夫有相殺之氣，當時天下未必常寒也。太平之世，唐、虞之時，政得民安，人君常喜，絃歌鼓舞，比屋而有，當時天下未必常溫也。豈喜怒之氣為小發不為大動邪？何其不與行事相中得也？

夫近水則寒，近火則溫，遠之漸微。何則？氣之所加，遠近有差也。成事：火位在南，水位在北，北邊則寒，南極則熱。火之在鑪，水之在溝，氣之在軀，其實一也。當人君喜怒之時，寒溫之氣，閨門宜甚，境外宜微。今案寒溫外内均等，殆非人君喜怒之所致。世儒說稱，妄處之也。

王者之變在天下，諸侯之變在境内，卿大夫之變在其位，庶人之變在其家。夫家人之能致變，則喜怒亦能致氣。父子相怒，夫妻相督，若當怒反喜，縱過飾非，一室之中，宜有寒溫。由此言之，變非喜怒所生，明矣。

或曰：『以類相招致也。喜者和溫，和溫賞賜，陽道施予，陽氣溫，故溫氣應之。怒者慍恚，慍恚誅殺，陰道肅殺，陰氣寒，故寒氣應之。虎嘯而谷風至，龍興而景雲起，同氣共類，動相招致，故曰：「以形逐影，以龍致雨。」雨應龍而來，影應形而去，天地之性，自然之道也。秋冬斷刑，小獄微原，大辟盛寒，寒隨刑至，相招審矣。』

夫比寒溫於風雲，齊喜怒於龍虎，同氣共類，動相招致，可矣。虎嘯之時，風從谷中起；龍興之時，雲起百里内。他谷異境，無有風雲。今寒溫之變，並時皆然。百里用刑，千里皆寒，殆非其驗。齊、魯接境，賞罰同時，設齊賞魯罰，所致宜殊，當時可齊國溫、魯地寒乎？

案前世用刑者，蚩尤、亡秦甚矣。蚩尤之民，湎湎紛紛；亡秦之路，赤衣比肩，當時天下未必常寒也。帝都之市，屠殺牛羊，日以百數。刑人殺牲，皆有賊心，帝都之市，氣不能寒。

或曰：『人貴於物，唯人動氣。』夫用刑者動氣乎？用受刑者為變也？如用刑者，刑人殺禽，同一心也。如用受刑者，人禽皆物也，俱為萬物，百賤不能當一貴乎？

或曰：『唯人君動氣，眾庶不能。』

夫氣感必須人君，世何稱於鄒衍？鄒衍匹夫，一人感氣，世又然之。刑一人而氣輒寒，生一人而氣輒溫乎？赦令四下，萬刑並除，當時歲月之氣不溫。往年，萬戶失火，煙焱參天；河決千里，四望無垠。火與溫氣同，水與寒氣類。失火河決之時，不寒不溫。然則寒溫之至，殆非政治所致。然而寒溫之至，遭與賞罰同時，變復之家，因緣名之矣。

春溫夏暑，秋涼冬寒，人君無事，四時自然。夫四時非政所為，而謂寒溫獨應政治？正月之始，正月之後，立春之際，百刑皆斷，囹圄空虛，然而一寒一溫。當其寒也，何刑所斷？當其溫也，何賞所施？由此言之，寒溫，天地節氣，非人所為，明矣。

人有寒溫之病，非操行之所及也。遭風逢氣，身生寒溫。變操易行，寒溫不除。夫身近而猶不能變除其疾，國邑遠矣，安能調和其氣？人中於寒，飲藥行解，所苦稍衰；轉為溫疾，吞發汗之丸而應愈。燕有寒谷，不生五穀。鄒衍吹律，寒谷可種。燕人種黍其中，號曰黍谷。如審有之，寒溫之災，復以吹律之事，調和其氣，變政易行，何能滅除？是故寒溫之疾，非藥不愈；黍谷之氣，非律不調。堯遭洪水，使禹治之。寒溫與堯之洪水，同一實也。堯不變政易行，知夫洪水非政行所致。洪水非政行所致，亦知寒溫非政治所招。

或難曰：《洪範》庶徵曰：『急，恆寒若；舒，恆燠若。』若，順；燠，溫；恆，常也。人君急，則常寒順之；舒，則常溫順之。寒溫應急舒，謂之非政，如何？

夫豈謂急不寒、舒不溫哉？人君急舒而寒溫遞至，偶適自然，若故相應。猶卜之得兆，筮之得數也，人謂天地應令問，其實適然。夫寒溫之應急舒，猶兆數之應令問也，外若相應，其實偶然。何以驗之？夫天道自然，自然無為。二令參偶，遭適逢會，人事始作，天氣已有，故曰道也。使應政事，是有為，非自然也。

易京氏布六十四卦於一歲中，六日七分，一卦用事。卦有陰陽，氣有升降，陽升則溫，陰升則寒。由此言之，寒溫隨卦而至，不應政治也。案易無妄之應，水旱之至，自有期節，百災萬變，殆同一曲。

變復之家，疑且失實。何以為疑？

夫大人與天地合德，先天而天不違，後天而奉天時。洪範曰：『急，恆寒若；舒，恆燠若。』如洪範之言，天氣隨人易徙，當先天而天不違耳，何故復言『後天而奉天時』乎？『後』者，天已寒溫於前，而人賞罰於後也。由此言之，人言與尚書不合，一疑也。京氏占寒溫以陰陽升降，變復之家以刑賞喜怒，兩家乖跡，二疑也。民間占寒溫，今日寒而明日溫，朝有繁霜，夕有列光，旦雨氣溫，旦暘氣寒。夫雨者陰，暘者陽也；寒者陰，而溫者陽也。雨旦暘反寒，暘旦雨反溫，不以類相應，三疑也。三疑不定，『自然』之說，亦未立也。

又《譴告篇》 論災異者，謂古之人君為政失道，天用災異譴告之也。災異非一，復以寒溫為之效。人君用刑非時則寒，施賞違節則溫。天神譴告人君，猶人君責怒臣下也。故楚嚴王曰：『天不下災異，天其忘予乎！』災異為譴告，故嚴王懼而思之也。

曰：此疑也。夫國之有災異也，猶家人之有變怪也。有災異，謂天譴告人君，有變怪，天復譴告家人乎？家人既明，人之身中，亦將可以喻。身中病，猶天有災異也。血脈不調，人生疾病；風氣不和，歲生災異。災異謂天譴告國政，疾病天復譴告人乎？釀酒於罌，烹肉於鼎，皆欲其氣味調得也。時或鹹苦酸淡不應口者，猶人勺藥失其和也。夫政治之有災異也，猶烹釀之有惡味也。苟謂災異為天譴告，是其烹釀之誤，得見譴告也。占大以小，明物事之喻，足以審天。使嚴王知如孔子，則其言可信。衰世霸者之才，猶夫變復之家也，言未必信，故疑之。

夫天道，自然也，無為。如譴告人，是有為，非自然也。黃老之家，論說天道，得其實矣。且天審能譴告人君，宜變易其氣以覺悟之。用刑非時，刑氣寒，而天宜為溫；施賞違節，賞氣溫，而天宜為寒。變其政而易其氣，故君得以覺悟，知是非。今乃隨寒從溫，為寒為溫，以譴告之意，欲令變更之且。太王亶父以王季之可立，故易名為歷。『歷』者，適也。太伯覺悟，之吳、越採藥，以避王季。使太王不易季名，而復字之『季』，太伯豈覺悟以避之哉？今刑賞失法，天欲改易其政，宜為異氣，若太王之易季名。今乃重為同氣以譴告之，人君何時將能覺悟，以見刑賞之誤哉？

鼓瑟者誤於張弦設柱，宮商易聲，其師知之，易其弦而復移其柱。夫天之見刑賞之誤，猶瑟師之睹弦柱之非也，不更變氣以悟人君，反增其氣以渥其惡，則天無心意，苟隨人君為誤非也。紂為長夜之飲，文王朝夕曰：『祀，茲酒。』齊奢於祀，晏子祭廟，豚不掩俎。何則？非疾之者，宜有以改易之也。子弟傲慢，父兄教以謹敬；吏民橫悖，長吏示以和順。是故康叔、伯禽失子弟之道，見於周公，拜起驕悖，三見三笞。往見商子，商子令觀橋梓之樹。二子見橋梓，心感覺悟，以知父子之禮。周公可隨為驕，商子可順為慢，必須加之捶杖，教觀於物者，冀二人之見異，以奇自覺悟也。夫人君之失政，猶二子失道也，天不告以政道，令其覺悟，若二子觀見橋梓，而顧隨刑賞之誤，為寒溫之報，此則天與人君俱為非也。無相覺悟之感，有相隨從之氣，非皇天之意，愛下譴告之宜也。

凡物能相割截者，必異性者也；能相奉成者，必同氣者也。是故離下兌上曰『革』。革，更也。火金殊氣，故能相革。如俱火而皆金，安能相成？屈原疾楚之臭洿，故稱香潔之辭；漁父議以不隨俗，故陳沐浴之言。凡相溷者，或教之薰隧，或令之負豕。二言之於除臭洿也，孰是孰非？非有不易，少有以益。夫用寒溫非刑賞也，能易之乎？西門豹急，佩韋以自寬；董安于緩，帶絃以自促。二賢知佩帶變己之物，而以攻身之短。天至明矣，人君失政，不以他氣譴告變易，反隨其誤，就起其氣，此則皇天用意，不若二賢審也。楚莊王好獵，樊姬為之不食鳥獸之肉；秦繆公好淫樂，華陽后為之不聽鄭、衛之音。二姬非兩主，拂其欲而不順其行。皇天非賞罰，而順其操，而渥其氣，此蓋皇天之德，不若婦人賢也。

故諫之為言，『間』也。持善間惡，必謂之一亂。周繆王任刑，《甫刑篇》曰：『報虐用威。』威、虐皆惡也。用惡報惡，亂莫甚焉。今刑失賞寬，惡也。天復為惡以應之，此則皇天之操，與繆王同也。

故以善駮惡，以惡懼善，告人之理，勸厲為善之道也。舜戒禹曰：『毋若丹朱敖。』周公敕成王曰：『毋若殷王紂。』毋者，禁之也。丹朱、殷紂至惡，故曰『毋』以禁之。夫言『毋若』，孰與言『必若』哉？故『毋』、『必』二辭，聖人審之，況肯譴非為非，順人之過，以增其惡哉？天人同道，大人與天合德。聖賢以善反惡，皇天以惡隨非，豈道同之效，合德之驗哉？

孝武皇帝好仙，司馬長卿獻《大人賦》，上乃僊僊有淩雲之氣。孝成皇帝好廣宮室，揚子雲上《甘泉頌》，妙稱神怪，若曰非人力所能為，鬼神力乃可成。皇帝不覺，為之不止。長卿之賦，如言仙無實效；子雲之頌，言奢有害，孝武豈有僊僊之氣者，孝成豈有不覺之惑哉？然即天之不為他氣以譴告人君，反順人心以非應之，猶二子為賦頌，令兩帝惑而不悟也。

竇嬰、灌夫疾時為邪，相與日引繩以糾纆之，心疾之甚，安肯從其欲？太伯教吳冠帶，孰與隨從其俗，與之俱倮也？故吳之知禮義也，太伯改其俗也。蘇武入匈奴，終不左衽；趙他入南越，箕踞椎髻。漢朝稱蘇武，而毀趙他之性，習越土氣，畔冠帶之制。陸賈說之，夏服雅禮，風告以義，趙他覺悟，運心嚮內。如陸賈復越服夷談，從其亂俗，安能令之覺悟，自變從漢制哉？

三教之相違，文質之相反，政失，不相反襲也。譴告人君誤，不變其失，而襲其非，欲行譴告之教，不從如何？管、蔡篡畔，周公告教之，至于再三。其所以告教之者，豈云當篡畔哉？人道善善惡惡，施善以賞，加惡以罪，天道宜然。刑賞失實，惡也。為惡氣以應之，惡惡之義，安所施哉？漢正首匿之罪，制亡從之法，惡其隨非而與惡人為群黨也。如束罪人以詣吏，離惡人與異居，首匿、亡從之法除矣。狄牙之調味也，酸則沃之以水，淡則加之以鹹，水火相變易，故膳無鹹淡之失也。今刑賞失實，不為異氣以變其過，而又為寒於寒，為溫於溫，此猶憎酸而沃之以鹹，惡淡而灌之以水也。由斯言之，譴告之言，疑乎？必信也？今熯薪燃釜，火猛則湯熱，火微則湯冷。夫政猶火，寒溫猶熱冷也。顧可言人君為政，賞罰失中也，逆亂陰陽，使氣不和，乃言天為人君為寒為溫以譴告之乎！

儒者之說又言：『人君失政，天為異；不改，災其人民；不改，乃災其身也。先異後災，先教後誅之義也。』

曰：此復疑也。以夏樹物，物枯不生；以秋收穀，穀棄不藏。夫為政教，猶樹物收穀也。顧可言政治失時，氣物為災；乃言天為異以譴告之，不改，為災以誅伐之乎！儒者之說，俗人言也。盛夏陽氣熾烈，陰氣干之，激射褩裂，中殺人物，謂天罰陰過。外一聞若是，內實不然。夫謂災異為譴告誅伐，猶為雷殺人罰陰過也。非謂之言，不然之說也。

或曰：谷子雲上書陳言變異，明天之譴告，不改，後將復有，願貫械待時。後竟復然。即不為譴告，何故復有？子雲之言，故後有以示改也。

曰：夫變異自有占候，陰陽物氣自有終始。履霜以知堅冰必至，天之道也。子雲識微，知後復然，借變復之說，以效其言，故願貫械以待時也。猶齊晏子見鉤星在房、心之間，則知地且動也。使子雲見鉤星，則將復曰：『天以鉤星譴告政治，不改，將有地動之變矣。』然則子雲之願貫械待時，猶子韋之願伏陛下，以俟熒惑徙，處必然之驗，故譴告之言信也。

予之譴告，何傷於義？

損皇天之德，使自然無為轉為人事，故難聽之也。稱天之譴告，譬天之聽察也，反以聽察傷損於天德。『何以知其聾也？以其聽之聰也。何以知其盲也？以其視之明也。何以知其狂也？以其言之當也。』夫言當視聽聰明，而道家謂之狂而盲聾。今言天之譴告，是謂天狂而盲聾也。

《易》曰：『大人與天地合其德。』故太伯曰：『天不言，殖其道於賢者之心。』夫大人之德，則天德也；賢者之言，則天言也。大人刺而賢者諫，是則天譴告也，而反歸告於災異，故疑之也。

六經之文，聖人之語，動言『天』者，欲化無道，懼愚者。之言非獨吾心，亦天意也。及其言天，猶以人心，非謂上天蒼蒼之體也。變復之家，見誣言天，災異時至，則生譴告之言矣。

驗古以知今，知天以人。『受終于文祖』，不言受終于『天』，堯之心知天之意也。堯授之，天亦授之，百官臣子皆鄉與舜。舜之授禹，禹之傳啟，皆以人心效天意。《詩》之『眷顧』，《洪範》之『震怒』，皆以人身效天之意。文、武之卒，成王幼少，周道未成，周公居攝，當時豈有上天之教哉？周公推心合天志也。上天之心，在聖人之胸，及其譴告，在聖人之口。不信聖人之言，反然災異之氣，求索上天之意，何其遠哉？世無聖人，安所得聖人之言？賢人庶幾之才，亦聖人之次也。

又　卷一五《明雩篇》　變復之家，以久雨為湛，久暘為旱，旱應亢陽，湛應沈溺。或難曰：夫一歲之中，十日者一雨，五日者一風。雨頗留，湛之兆也；暘頗久，旱之漸也。湛之時，人君未必沈溺也；旱之時，未必亢陽也。人君為政，前後若一，然而一湛一旱，時氣也。范蠡《計然》曰：『太歲在于水，毀；金，穰；木，饑；火，旱。』夫如是，水旱饑穰，有歲運也。歲直其運，氣當其世，變復之家，指而名之。人君用其言，求過自改。暘久自雨，雨久自暘，變復之家，遂名其功。人君然之，遂信其術。試使人君恬居安處，不求己過，天猶自雨，雨猶自暘。暘濟雨濟之時，人君無事，變復之家，猶名其術。是則陰陽之氣，以人為主，不統於天也。夫人不能以行感天，天亦不隨行而應人。

《春秋》魯大雩，旱求雨之祭也。旱久不雨，禱祭求福，若人之疾病，祭神解禍矣，此變復也。

《詩》云：『月離于畢，比滂沲矣。』《書》曰：『月之從星，則以風雨。』然則風雨隨月所離從也。房星四表三道，日月之行，出入三道。出北則湛，出南則旱。或言出北則旱、南則湛。案月為天下占，房為九州候。月之南北，非獨為魯也。

孔子出，使子路齎雨具。有頃，天果大雨。子路問其故，孔子曰：『昨暮月離于畢。』後日，月復離畢。孔子出，子路請齎雨具，孔子不聽。出果無雨。子路問其故，孔子曰：『昔日，月離其陰，故雨；昨暮，月離其陽，故不雨。』夫如是，魯雨自以月離，豈以政哉？如審以政，令月離于畢為雨占，天下共之，魯雨，天下亦宜皆雨。六國之時，政治不同，人君所行，賞罰異時，必以雨為應政，令月離六七畢星，然後足也。

魯繆公之時，歲旱。繆公問縣子：『天旱不雨，寡人欲暴巫，奚如？』縣子不聽。『欲徙市，奚如？』對曰：『天子崩，巷市七日；諸公薨，巷市五日。為之徙市，不亦可乎！』案縣子之言，徙市得雨也。案《詩》《書》之文，月離星得雨。日月之行，有常節度，肯為徙市故，離畢之陰乎？夫月畢天下占，徙魯之市，安耐移月？月之行天，三十日而周。一月之中，一過畢星，離陽則暘，離陰則雨。假令徙市之感，能令月離畢陰，其時徙市而得雨乎。夫如縣子言，未可用也。

董仲舒求雨，申《春秋》之義，設虛立祀。父不食於枝庶，天不食於下地，諸侯雩禮所祀，未知何神。如天神也，唯王者天乃歆，諸侯及今長吏，天不享也。神不歆享，安耐得神？如雲雨者氣也，雲雨之氣，何用歆享？觸石而出，膚寸而合，不崇朝而辨雨天下，泰山也。泰山雨天下，小山雨國邑。然則大雩所祭，豈祭山乎？假令審然，而不得也。何以效之？水異川而居，相高分寸，不決不流，不鑿不合。誠令人君禱祭水旁，能令高分寸之水流而合乎？夫見在之水，相差無幾，人君請之，終不耐行，況雨無形兆，深藏高山，人君雩祭，安耐得之？

夫雨水在天地之間也，猶夫涕泣在人形中也。或賫酒食，請於惠人之前，求出其泣，惠人終不為之隕涕。夫泣不可請而出，雨安可求而得？雍門子悲哭，孟嘗君為之流涕；蘇秦、張儀悲說坑中，鬼谷先生泣下沾襟。或者儻可為雍門之聲，出蘇、張之說，以感天乎？天又耳目高遠，音氣不通。杞梁之妻，又已悲哭，天不雨而城反崩。夫如是，竟當何以致雨？雩祭之家，何用感天？

案月出北道，離畢之陰，希有不雨。由此言之，北道，畢星之所在也。北道星肯為雩祭之故下其雨乎？孔子出，使子路齎雨具之時，魯未必雩祭也。不祭，沛然自雨；不求，曠然自暘。夫如是，天之暘雨，自有時也。一歲之中，暘雨連屬。當其雨也，誰求之者？當其暘也，誰止之者？

人君聽請，以安民施恩，必非賢也。天至賢矣，時未當雨，偽請求之，故妄下其雨，人君聽請之類也。變復之家，不推類驗之，空張法術，惑人君。或未當雨，而賢君求之而不得；或適當自雨，惡君求之，遭遇其時。是使賢君受空責，而惡君蒙虛名也。

世稱聖人純而賢者駁，純則行操無非，無非則政治無失。然而世之聖君，莫有如堯、湯。堯遭洪水，湯遭大旱。如謂政治所致，堯、湯惡君也；如非政治，是運氣也。運氣有時，安可請求？世之論者，猶謂堯、湯水旱。水旱者，時也；其小旱湛，皆政也。假令審然，何用致湛？審以政致之，不脩所以失之，而從請求，安耐復之？世審稱堯、湯水旱，天之運氣，非政所致。夫天之運氣，時當自然，雖雩祭請求，終無補益。而世又稱湯以五過禱於桑林，時立得雨。夫言運氣，則桑林之說絀；稱桑林，則運氣之論消。世之說稱者，竟當何由？救水旱之術，審當何用？

夫災變大抵有二：有政治之災，有無妄之變。政治之災，須耐求之。求之雖不耐得，而惠愍惻隱之恩，不得已之意也。慈父之於子，孝子之於親，知病不祀神，疾痛不和藥。又知病之必不可治，治之無益，然終不肯安坐待絕，猶卜筮求祟，召醫和藥者，惻痛慇懃，冀有驗也。既死氣絕，不可如何，升屋之危，以衣招復，悲恨思慕，冀其悟也。雩祭者之用心，慈父孝子之用意也。無妄之災，百民不知，必歸於主。為政治者，慰民之望，故亦必雩。

問：『政治之災，無妄之變，何以別之？』

曰：德酆政得，災猶至者，無妄也；德衰政失，變應來者，政治也。夫政治，則外雩而內改，以復其虧；無妄，則內守舊政，外脩雩禮，以慰民心。故夫無妄之氣，歷世時至，當固自一，不宜改政。何以驗之？周公為成王陳立政之言曰：『時則物有間之，自一話一言，我則末，維成德之彥，以乂我受民。』周公立政，可謂得矣。知非常之物，不賑不至，故敕成王自一話一言，政事無非，毋敢變易。然則非常之變，無妄之氣間而至也。水氣間堯，旱氣間湯。周宣以賢，遭遇久旱。建初孟季年，北州連旱，牛死民乏，放流就賤。聖主寬明於上，百官共職於下，太平之明時也。政無細非，旱猶有，氣間之也。聖主知之，不改政行，轉穀賑贍，損酆濟耗。斯見之審明，所以救赴之者得宜也。魯文公間歲大旱，臧文仲曰：『脩城郭，貶食省用，務嗇勸分。』文仲知非政，故徒脩備，不改政治。變復之家，見變輒歸於政，不揆政之無非；見異懼惑，變易操行，以不宜改而變，秖取災焉。

何以言必當雩也？

曰：《春秋》大雩，傳家左丘明、公羊、穀梁無譏之文，當雩明矣。曾皙對孔子言其志曰：『暮春者，春服既成，冠者五六人，童子六七人，浴乎沂，風乎舞雩，詠而歸。』孔子曰：『吾與點也。』魯設雩祭於沂水之上。暮者晚也，春謂四月也。『春服既成』，謂四月之服成也。冠者、童子，雩祭樂人也。『浴乎沂』，涉沂水也，象龍之從水中出也。『風乎舞雩』，風，歌也。『詠而饋』，詠歌饋祭也，歌詠而祭也。說論之家，以為浴者，浴沂水中也；風，乾身也。周之四月，正歲二月也，尚寒，安得浴而風乾身？由此言之，涉水不浴，雩祭審矣。《春秋左氏傳》曰：『啟蟄而雩。』又曰：『龍見而雩。』啟蟄、龍見，皆二月也。春二月雩，秋八月亦雩。春祈穀雨，秋祈穀實。當今靈星，秋以雩也。春雩廢，秋雩在，故靈星之祀，歲雩祭也。孔子曰：『吾與點也。』善點之言，欲以雩祭調和陰陽，故與之也。使雩失正，點欲為之，孔子宜非，不當與也。樊遲從游，感雩而問，刺魯不能崇德，而徒雩也。夫雩，古而有之，故《禮》曰：『雩祭，祭水旱也。』故有雩禮，故孔子不譏，而仲舒申之。夫如是，雩祭，祀禮也。雩得禮，則大水，鼓用牲于社，亦古禮也。得禮無非，當雩一也。

禮祭也［地］社，報生萬物之功。土地廣遠，難得辨祭，故立社為位，主心事之。為水旱者，陰陽之氣也，滿六合，難得盡祀，故脩壇設位，敬恭祈求，效事社之義，復災變之道也。推生事死，推人事鬼。陰陽精氣，儻如生人能飲食乎，故共馨香，奉進旨嘉，區區惓惓，冀見荅享。推祭社言之，當雩二也。

歲氣調和，災害不生，尚猶而雩。今有靈星，古昔之禮也。況歲氣有變，水旱不時，人君之懼，必痛甚矣。雖有靈星之祀，猶復雩，恐前不備，彤繹之義也。冀復災變之虧，獲酆穰之報，三也。

禮之心悃愊，樂之意歡忻。悃愊以玉帛效心，歡忻以鍾鼓驗意。雩祭請祈，人君精誠也。精誠在內，無以效外。故雩祀盡己惶懼，關納精心於雩祀之前，玉帛鍾鼓之義，四也。

臣得罪於君，子獲過於父，比自改更，且當謝罪。惶懼於旱，如政治所致，臣子得罪獲過之類也。默改政治，潛易操行，不彰於外，天怒不釋，故必雩祭。惶懼之義，五也。

漢立博士之官，師、弟子相詞難，欲極道之深，形是非之理也。不出橫難，不得從說；不發苦詰，不聞甘對。導才低仰，欲求裨也；砥石劘厲，欲求銛也。推《春秋》之義，求雩祭之說，實孔子之心，考仲舒之意。孔子既歿，仲舒已死，世之論者，孰當復問？唯若孔子之徒、仲舒之黨，為能說之。

又卷一七《治期篇》 世稱五帝之時，天下太平，家有十年之蓄，人有君子之行。或時不然，世增其美，亦或時政致。何以審之？夫世之所以為亂者，不以賊盜眾多，兵革並起，民棄禮義，負畔其上乎？若此者，由穀食乏絕，不能忍饑寒。夫饑寒並至而能無為非者寡，然則溫飽並至而能不為善者希。《傳》曰：『倉稟實，民知禮節；衣食足，民知榮辱。』讓生於有餘，爭起於不足。穀足食多，禮義之心生；禮豐義重，平安之基立矣。故饑歲之春，不食親戚，穰歲之秋，召及四鄰。不食親戚，惡行也；召及四鄰，善義也。為善惡之行，不在人質性，在於歲之饑穰。由此言之，禮義之行，在穀足也。案穀成敗，自有年歲。年歲水旱，五穀不成，非政所致，時數然也。必謂水旱政治所致，不能為政者莫過桀、紂，桀、紂之時，宜常水旱。案桀、紂之時，無饑耗之災。災至自有數，或時返在聖君之世。實事者說堯之洪水，湯之大旱，皆有遭遇，非政惡之所致。說百王之害，獨謂為惡之應，此見堯、湯德優，百王劣也。審一足以見百，明惡足以照善。堯、湯證百王，至百王遭變，非政所致，以變見而明禍福。五帝致太平，非德所就，明矣。

人之溫病而死也，先有凶色見於面部。其病，遇邪氣也，其病不愈。至於身死，命壽訖也。國之亂亡，與此同驗。有變見於天地，猶人溫病而死，色見於面部也。有水旱之災，猶人遇氣而病也。災禍不除，至於國亡，猶病不愈，至於身死也。論者謂變征政治，賢人溫病色凶，可謂操行所生乎？謂水旱者無道所致，賢者遭病，可謂無狀所得乎？謂亡者為惡極，賢者身死，可謂罪重乎？夫賢人有被病而早死，惡人有完強而老壽，人之病死，不在操行為惡也。然則國之亂亡，不在政之是非。惡人完強而老壽，非政平安而常存。由此言之，禍變不足以明惡，福瑞不足以表善，明矣。

在天之變，日月薄蝕，四十二月日一食，五六月月亦一食，食有常數，不在政治，百變千災，皆同一狀，未必人君政教所致。歲害鳥帑，周、楚有禍；綝然之氣見，宋、衛、陳、鄭皆災。當此之時，六國政教未必失誤也。曆陽之都，一夕沈而為湖，當時曆陽長吏未必誑妄也。成敗系於天，吉凶制于時。人事未為，天氣已見，非時而何？五穀生地，一豐一耗；穀糴在市，一貴一賤。豐者未必賤，耗者未必貴。豐耗有歲，貴賤有時。時當貴，豐穀價增；時當賤，耗穀直減。夫谷之貴賤不在豐耗，猶國之治亂不在善惡。

《易緯・乾鑿度》 孔子曰：以爻正月，為亨國數。存六期者，天子欲求水旱之厄，以位入軌年數，除軌算盡，則厄所遭也。甲乙為饑，丙丁為旱，戊己為中興，庚辛為兵，壬癸為水。臥算為年，立算為日，此術謂之意，先置今所復值軌卦消息。君六，天子之軌數。乾也，則七百六十八；復也，六百八十八；坎則七百。以作入軌年數，除之者，陽爻則除其十四，陰爻則除五十六。從初至上，如是再如軌意矣。每除識其數於側，至於求時，而土則厄之所遭耳。筭者為軌，餘年不足，復除所識。卧筭與立皆年數也。今所求者主於日不用，故分別之。必除先入軌年數，水旱兵饑得矣。先入軌數，前代值之。軌除其入年數者七百二十歲，四十二歲者大周，萬三百四十歲。以除滅上九，上九咸自處，其餘一。欲得除一帝卦者，以次除之，數有多少。欲得除日，求之也。如是，乃救災度厄矣。陽之法。言陽推法術之將有，求厄而為之備也。

又《坤靈圖》 經曰：震下乾上，無妄，天精起。起，猶立。乾為天，震為長子。天生長子，聖人立為天子。天下之人各得所天所獲無妄也。帝必有洪水之災，天生聖人使殺之。故言乃統天也。初九，震在子，坎為水，又年與艮同體，艮為山，是大水為人害，天故生聖君堯求命之，是亦堯辜也，與乾統天之功同。

邱括義因象助類辭曰：天無雲而雷。先王，以茂對時，育萬物。茂，勉也。對，遂育長也。天之將雨，先必與雲而後雷，今乾在上，下無坎而有震，是以雷行天下，無雲而雷。洪水之時人苦雨之多，故堯於是茂勉，遂其教令以養萬物，以是眾庶艱食，得以糊口焉。

經曰：乾下艮上，大畜。

天災將至，預畜而待之，人免於餓，故曰元亨。按《乾元序制記》『內賢子孫，繼世而立』云云，疑此處注文。

又《辨終備》 雪霜水疾，旱餓喪地，動山崩淪，慧隕，物恠悖淫。崩淪，若步庶崩者也。慧，彗。隕，隕石也。立社稷之類，悖見淫散也。

負之傍害，水決，江德潰河空移徙赤黃。負之，示聞。傍，水決貌。江德潰，亦謂決亂而出也。空，竭之。移徙，地震之類也。踴起，物恠踴躍出見。以日昂沖望之。曰乘陰氣。按：『示聞』二字疑誤。『踴起』以下與正文不相應，疑有脫文。

箕風飄石，折拔樹，酷深。酷，暴也。飄石、折樹，言系夾也。暴深，害物甚也。

長大卒嬉，暴大楊。暴大，言不以漸。楊楊，大貌也。

解裂珥偶，虹霓蔓行，解，陷也，淪也。裂，地圮。珥偶、虹霓，皆日傍氣名，妖。

沉藏相桐，水害淌滂滂。沉藏，當藏以物。相當為桐，射發立也。滂滂，水貌也。

日之既，陽德消，月之毀，刑將將。日既，日蝕明盡，故陽消月之毀，亦謂月蝕常過也。陰將將，大也。陰主刑。陰似脫之。

大恠土蒙，群鳥卻，野獸群，遊人孽。來濟者，來成也。其氣不效，君不能修德，杜漸防萌。黃霧滿者，亂氣起也。朝方陽埃，寇將來，十刃之莫四出，虹牛招屍，益土與之開皆離坎之異也。鱗出者，聖人將起，授之符緯。有王者，則聚生五帝之坐。其帝將王，則其坐亡九也。按：此注皆與正文不相合，疑有脫簡。

《吳越春秋》卷一《吳太伯傳》 吳之前君太伯者，后稷之苗裔也。后稷，其母台氏之女姜嫄，爲帝嚳元妃，年少未孕，出游於野，見大人跡而觀之，中心歡然，喜其形像，因履而踐之。身動，意若爲人所感。後妊娠。恐被淫泆之禍，遂祭祀以求，謂無子履上帝之跡，天猶令有之。姜嫄怪而棄于阨狹之巷，牛馬過者折易而避之。復棄于林中，適會伐木之人多。復置于澤中冰上，衆鳥以羽覆之。后稷遂得不死。姜嫄以爲神，收而養之，長因名棄。爲兒時，好種樹禾、黍、桑、麻五穀，相五土之宜，青、赤、黃、黑，陵、水、高、下，粢、稷、黍、禾、蕖、麥、豆、稻，各得其理。堯遭洪水，人民泛濫，遂高而居。堯聘棄使教民山居，隨地造區，研營種之術。三年餘，行人無飢乏之色。

乃拜棄爲農師，封之台，號爲后稷，姓姬氏。后稷就國爲諸侯。

又 卷九《勾踐陰謀外傳》 昔者，桀起靈臺，紂起鹿臺，陰陽不和，寒暑不時，五穀不熟，天與其災，民虛國變，遂取滅亡。

又 ［勾踐］十一年，越王深念永思，惟欲伐吳，乃請計倪，問曰：『吾欲伐吳，恐不能破，早欲興師，惟問於子。』計倪對曰：『夫興師舉兵，必且內蓄五穀，實其金銀，滿其府庫，勵其甲兵。凡此四者，必察天地之氣，原於陰陽，明於孤虛，審於存亡，乃可量敵。』越王曰：『天地存亡，其要柰何？』計倪曰：『天地之氣，物有死生。原陰陽者，物貴賤也；明孤虛者，知會際也；審存亡者，別真偽也。』越王曰：『何謂死生真偽乎？』計倪曰：『春種八穀，夏長而養，秋成而聚，冬畜而藏。夫天時有生而不救種，是一死也；夏長無苗，二死也；秋成無聚，三死也；冬藏無畜，四死也。雖有堯舜之德，無如之何。夫天時有生，勸者老，作者少，反氣應數，不失厥理，一生也；留意省察，謹除苗穢，穢除苗盛，二生也；前時設備，物至則收，國無逋稅，民無失穗，三生也；倉已封塗，除陳入新，君樂臣歡，男女及信，四生也。夫陰陽者，太陰所居之歲留息，三年，貴賤見矣。夫孤虛者，謂天門地戶也。存亡者，君之道德也。』越王曰：『何子之年少，於物之長也？』計倪曰：『有美之士，不拘長少。』越王曰：『善哉，子之道也！』乃仰觀天文，集察緯宿，曆象四時。以下者上，虛設八倉，從陰收著，望陽出糴，筴其極計，三年五倍，越國熾富。勾踐歎曰：『吾之霸矣，善計倪之謀也。』

《三國志》卷二五《魏志二十五・高堂隆傳》 天作淫雨，冀州水出，漂沒民物。隆上疏切諫曰：蓋『天地之大德曰生，聖人之大寶曰位；何以守位？曰仁；何以聚人？曰財』。然則士民者，乃國家之鎮也；穀帛者，乃士民之命也。穀帛非造化不育，非人力不成。是以帝耕以勸農，后桑以成服，所以昭事上帝，告虔報施也。昔在伊唐，世值陽九厄運之會，洪水滔天，使鯀治之，績用不成，乃舉文命，隨山刊木，前後歷年二十二載。災眚之甚，莫過於彼，力役之興，莫久於此，堯、舜君臣，南面而已。禹敷九州，庶士庸勳，各有等差，君子小人，物有服章。今無若時之急，而使公卿大夫並與廝徒共供事役，聞之四夷，非嘉聲也，垂之竹帛，非令名也。是以有國有家者，近取諸身，遠取諸物，嫗煦養育，故稱『愷悌君子，民之父母』。今上下勞役，疾病凶荒，耕稼者寡，饑饉荐臻，無以卒歲。宜加愍卹，以救其困。

《後漢書》卷二七《五行志五・疫》 延光四年冬，京都大疫。張衡明年上封事：『臣竊見京師爲害兼所及，民多病死，死有滅戶。人人恐懼，朝廷燋心，以爲至憂。臣官在於考變禳災，思任防救，未知所由，夙夜征營。臣聞國之大事在祀，祀莫大於郊天奉祖。方今道路流言，僉曰「孝安皇帝南巡路崩，從駕左右行慝之臣欲徵諸國王子，故不發喪，衣車還宮，偽遣大臣，並禱請命」。臣處外官，不知其審，然尊靈見罔，豈能無怨！且凡大祀小有不蠲，猶爲譴謫，況以大穢，用禮郊廟？孔子曰：「曾謂泰山不如林放乎！」天地明察，降禍見災，乃其理也。又聞者，有司正以冬至之後，奏開恭陵神道。陛下至孝，不忍距逆，或發冢移尸。《月令》：「仲冬土事無作，慎無發蓋，及起大衆，以固而閉。地氣上泄，是謂發天地之房，諸蟄則死，民必疾疫，又隨以喪。」厲氣未息，恐其殆此二事，欲使知過改悔。《五行傳》曰：「六沴作見，若時共禦，帝用不差，神則不怒，五福乃降，用章于下。」臣愚以爲可使公卿處議，所以陳術改過，取媚神祇，自求多福也。』

《晋書》卷二九《五行志下》 安帝元興二年十月，錢唐臨平湖水赤，桓玄諷吳郡使言開除以爲己瑞，俄而桓玄敗。

《傳》曰：『思心之不容，是謂不聖，厥咎霿，厥罰恒風，厥極凶短折。時則有脂夜之妖，時則有華孽，時則有牛禍，時則有心腹之痾，時則有黃眚黃祥，時則有金木水火沴土。』思心不容，是謂不聖。思心者，心思慮也。容，寬也。孔子曰：『居上不寬，吾何以觀之哉！』言上不寬大包容，臣下則不能居聖位。貌言視聽，以心爲主，四者皆失，則區霿無識，故其咎霿也。雨旱寒燠，亦以風爲本，四氣皆亂，故其罰恒風也。恒風傷物，故其極凶短折也。傷人曰凶，禽獸曰短，草木曰折。一曰：凶，夭也；兄喪弟曰短，父喪子曰折。在人，腹中肥而包裹心者，脂也。心區霿則冥晦，故有脂夜之妖。一曰：有脂物而夜爲妖，若脂夜汚人衣，淫之象也。一曰：夜妖者，雲風並起而杳冥，故與常風同象也。溫而風則生螟螣，有裸蟲之孽。劉向以爲：『於《易》，巽爲風，爲木。卦在三月四月，繼陽而治，主木之華實。風氣盛至，秋冬木復華，故有華孽。』一曰：地氣盛則秋冬復華。一曰：華者色也，土爲內事，謂女孽也。於《易》，坤爲土，爲牛。牛大心而不能思慮，心氣毁，故有牛禍。一曰：牛多死及爲怪，亦是也。及人，則多病心腹者，故有心腹之痾。土色黃，故有黃眚黃祥。凡思心傷者，病土氣；土氣病，則金木水火沴之，故曰時則有金木水火沴土。不言『惟』而獨曰『時則有』者，非一衝氣所沴，明其異大也。其極凶短折者，順之，其福曰考終命。劉歆《思心傳》曰：『時有贏蟲之孽，謂螟螣之屬也。』

《周書》卷四七《黎景熙傳》　保定三年，盛營宮室。春夏大旱，詔公卿百寮，極言得失。季明上書曰：

臣聞成湯遭旱，以六事自陳。宣王太甚，而珪璧斯竭。豈非遠慮元元，俯哀兆庶。方今農要之月，時雨猶愆，率土之心，有懷渴仰。陛下垂情萬類，子愛羣生，覲禮百神，猶未豐洽者，豈或作事不節，有違時令，舉措失中，儻邀斯旱。

《春秋》，君舉必書，動爲典禮，水旱陰陽，莫不應行而至。孔子曰：『言行，君子之所以動天地，可不慎乎。』《春秋》莊公三十一年冬，不雨。《五行傳》以爲是歲一年而三築臺，奢侈不恤民也。僖公二十一年夏，大旱。《五行傳》以爲時作南門，勞民興役。漢惠帝二年夏，大旱。五年夏，大旱，江河水少，谿澗水絕。《五行傳》以爲先是發民十四萬六千人城長安。漢武帝元狩三年夏，大旱。《五行傳》以爲是歲發天下故吏穿昆明池。然則土木之功，動民興役，天輒應之以異。典籍作誡，儻或可思。上天譴告，改之則善。今若息民省役，以答天譴，庶靈澤時降，嘉穀有成，則年登可覬，子來非晚。《詩》云：『民亦勞止，迄可小康。惠此中國，以綏四方。』或恐極陽生陰，秋多雨水，年復不登，民將無覬。如又荐飢，爲慮更甚。

唐　王泠然《論薦書》　僕聞位稱燮理者，則道合陰陽；四時不愆，則百姓無怨。豈有冬初不雪，春盡不雨，麥苗纔日而青死，桑葉未秋而黃落，蠢蠢迷愚，嗷嗷愁怨，而相公溫服甲第，飽食廟堂？僕則天地之一生人，亦同人而怨相公也。京房《易傳》曰：『欲德不用，茲謂張，言人君欲賢者而不用，徒張此意。厥災荒，云大旱也，陰陽不雨。』復曰：『師出過時，茲謂曠，其旱不生。』夫天道遠，人道邇，僕多言者也，安知天道？請以人事言之：主上開張翰林，引納才子，公以傲物而富貴驕人，爲相以來，竟不能進一善，拔一賢，漢高祖云：『當今之賢士，豈獨異於古人乎？』有而不知，是彰相公之暗；知而不用，是彰相公之短。故自十月不雨，至於五月，雲纔積而便散，雨垂落而復收，此欲德不用之罰也。仍聞六胡爲孽，日寇邊陲，邦家連兵，來往塞下。已西諸將必不出師，過時之咎也；四郊多壘，卿大夫之辱也，不知廟堂肉食者何以謀之？相公在外十餘年，而復相國，險阻艱難，備嘗之矣；民之情僞，盡知之矣。今人室如懸磬，野無青草，何恃而不恐？天則不雨，公將若之何？昨五月有恩，百官受賜，公官既大，物亦多有，金銀器及錦衣等，聞公受之，面有喜色。今歲大旱，黎人阻饑，公何不固辭金銀，請賑倉廩？懷寶衣錦，於相公安乎？百姓餓欲死，公何不舉賢自代，讓位請歸？

公三爲相，而天下之人，皆以公爲亢極矣。夫物極則反，人盛必衰，日中則昃，月滿則虧。老子曰：『功成名遂，則身退，天之道也。』今公富貴功成，文章命遂，唯身未退耳。相公昔在南中，自爲《岳陽集》，有《送別詩》云：『誰念三千里，江潭一老翁。』則知虞卿非窮愁不能著書以自寬，賈誼非流竄不能作賦以自安。公當此時，思欲生入京華，歸老田里，脫身瘴癘，其可得乎？今則不然，忘往日之棲遲，貪暮年之富貴，僕恐前途更失，後悔難追。主上以相公爲賢，使佐社稷，若棄德不讓，是廢明君之舉，豈曰能賢？僕見相公事方急，不可默諸桃李，公聞人之言或中，猶可收以桑榆。詩曰：『投我以木瓜，報之以瓊琚。』此言雖小，可以喻大。相公《王君詠》曰：『淒涼丞相府，餘慶在元成。』蘇公一聞此詩，移相公於荊府，積漸至相，由蘇得也。今蘇屈益部，公坐廟堂，投木報瓊，義將安在？亦可舉蘇以自代，然後爲朔方之行。抑又聞屋漏在上，知之在下，報國之重，莫若進賢。去年赦書云：『草澤卑位之閒，恐遺賢俊，宜令兵部即作牒目，徵名奏聞。』而吏部起請云：『試日等第全下者，舉主量加貶削，條目一行。』僕知天下父不舉子，兄不舉弟，向者百司諸州長官，皆無才能之輩，並是全軀保妻子之徒，一入朝廷即恐出，暫居州郡即思改，豈有輕爲薦舉，以取貶削？今聞天下尚有四百人應舉，相公豈與四百人盡及第乎？既有第差，由此百司諸州長官，懼貶削而不舉者多矣。僕竊謂今之得舉者，不以親則以勢，不以賄則以交，未必能鳴鼓四科，而裹糧三道。其不得舉者，無媒無黨，有行有才，處卑位之閒，仄陋之下，吞聲飲氣，何足算哉？何迺天子令有司舉之，而相公令有司拒之？則所謂欲德不用，徒張此意，事與京房《易傳》同，故天以大旱相試也。

去年所舉縣令，吏部一例與官，舉若得人，天何不雨？賢俊之舉，楚既失之，縣令之舉，齊亦未得。夫有賢明宰相，尚不能燮理陰陽，而令庸下宰君，豈即能輯熙風化？相公必欲選良宰，莫若舉前倉部員外郎吳太元爲洛陽令；

必欲舉御史中丞，莫若舉襄州刺史吴靳。清華轂之路，非太元不可；任臺閣之風，非吴靳不可。僕非吴靳親友，但以知其賢明，相公有而不知，知而不用，亦其過深矣。抑又聞之：昔閔子騫爲政，曰：『仍舊貫。如之何？何必改作？』凡校書正字，一例不得入畿，相公曾爲此職，見貞觀以來故事。今吏部侍郎楊滔，目不識字，心不好賢，蕪穢我清司，改張我舊貫，去年冬奏請：『自今已後，官無内外，一例不得入畿。』即知正字校書，不如十鄉縣尉；明經進士，不如三衛出身。相公復此改張，甄别安在？

古人有坐釣登相，立籌封侯，今僕無尚父之謀、薛公之策，徒以仕於書苑，生於學門，小道逢時，大言祈相，僕也幸甚幸甚！去冬有許贈公愛子協律，其詩有句云：『官微思倚王，文淺怯投珠。』《吕氏春秋》云：『嘗一臠之肉，知一鼎之味。』請公且看此十字，則知僕曾吟五言，則亦更有舊文，願呈作者。如公之用人，蓋已多矣；僕之思用，其來久矣。拾遺、補闕，寧有種乎？僕雖不佞，亦相公一株桃李也。此書上論不雨，陰陽乖度，中願相公進賢爲務，下論僕身求用之路，事繁而言不典，理切而語多忤。其善也必爲執事所哂，其惡也必爲執事所怒。儻哂既罷，怒方解，則僕當持舊文章而再拜來也。

唐 吴兢《貞觀政要》卷一〇《灾祥第三十九》 貞觀八年，隴右山崩，大蛇屢見，山東及江、淮多大水。太宗以問侍臣，秘書監虞世南對曰：『春秋時，梁山崩，晉侯召伯宗而問焉，對曰：「國主山川，故山崩川竭，君爲之不舉樂，降服乘縵，祝幣以禮焉。」梁山，晉所主也。晉侯從之，故得無害。漢文帝元年，齊、楚地二十九山同日崩，水大出，令郡國無來獻，施惠於天下，遠近歡洽，亦不爲災。後漢靈帝時，青蛇見御座；晉惠帝時，大蛇長三百步，見齊地，經市入朝。按蛇宜在草野而入市朝，所以爲怪耳。今蛇見山澤，蓋深山大澤，必有龍蛇，亦不足怪。又山東之雨，雖則其常，然陰潛過久，恐有冤獄，宜斷省系囚，庶或當天意，且妖不勝德，修德可以銷變。』太宗以爲然，因遣使者賑恤饑餒，申理冤訟，多所原宥。【略】

貞觀十一年大雨，穀水溢，沖洛城門，入洛陽宫，平地五尺，毁宫寺十九，所漂七百餘家。太宗謂侍臣曰：『朕之不德，皇天降災，將由視聽弗明，刑罰失度，遂使陰陽舛謬，雨水乖常。矜物罪己，載懷憂惕。朕又何情獨甘滋味？可令尚食斷肉料，進蔬食。文武百官各上封事，極言得失。』中書侍郎岑文本上封事曰：

臣聞開撥亂之業，其功既難；守已成之基，其道不易。故居安思危，所以定其業也；有始有卒，所以崇其基也。今雖億兆乂安，方隅寧謐，既承喪亂之後，又接凋弊之餘，户口減損尚多，田疇墾辟猶少。覆燾之恩著矣，而瘡痍未複；德教之風被矣，而資産屢空。是以古人譬之種樹，年祀綿遠，則枝葉扶疏，若種之日淺，根本未固，雖壅之以黑墳，暖之以春日，一人搖之，必致枯槁。今之百姓，頗類於此。常加含養，則日就滋息；暫有征役，則隨日凋耗。凋耗既甚，則人不聊生；人不聊生，則怨氣充塞；怨氣充塞，則離叛之心生矣。故帝舜曰：『可愛非君，可畏非民。』孔安國曰：『人以君爲命，故可愛。君失道，人叛之，故可畏。』仲尼曰：『君猶舟也，人猶水也，水所以載舟，亦所以覆舟。』是以古之哲王雖休勿休，日慎一日者，良爲此也。伏惟陛下覽古今之事，察安危之機，上以社稷爲重，下以億兆在念。明選舉，慎賞罰，進賢才，退不肖。聞過即改，從諫如流。爲善在於不疑，出令期於必信。頤神養性，省遊畋之娱；去奢從儉，減工役之費。務静方内，而不求辟土；載櫜弓矢，而不忘武備。凡此數者，雖爲國之恒道，陛下之所常行。臣之愚昧，惟願陛下思而不怠，則至道之美與三、五比靈斯，億載之祚與天地長久。雖使桑穀爲妖龍蛇作孽，雉雊於鼎耳，石言於晉地，猶當轉禍爲福，變災爲祥，況雨水之患，陰陽恒理，豈可謂天譴而系聖心哉？臣聞古人有言：『農夫勞而君子養焉，愚者言而智者擇焉。』輒陳狂瞽，伏待斧鉞。

太宗深納其言。

唐 瞿曇悉達《開元占經》卷五三《辰星占一·辰星盈縮失行五》

《元命包》曰：『刑失，則簡宗廟，廢祭祀，故辰星不以時出，當寒反温，四時錯政。』《春秋緯》曰：『辰星失其時而出，當寒反温，當温反寒，政反清濁，同倫也。』《考靈曜》曰：『政失於冬，辰星不效其鄉。』《孝經·鉤命》曰：『失信則辰星縮，天下大水，歲不豐熟。』石氏曰：『辰星當出而不出，謂之擊；卒伏而待，兵大起，豪傑發。』甘氏曰：『辰星政緩則不出，急則不入，非時則占。邦將大饑，辰星出不以時。』巫咸曰：『辰星一時不出，其時不和，兵起；二時不出，二時不和，一曰名水大出；三時不出，三時不和，兵甲大起；四時不出，天下大饑，有決水流，殺人民；一曰有孛星出於東方。辰星春不見，期百八十日，大風髮屋折木，秋不實，不見婁，長稼傷，乃見彗星。辰星夏不見，期百六十日，旱；冬則不藏，不見輿鬼，中稼傷，乃見月食。辰星秋不見，期百八十日，有兵不見亢，稚稼傷。辰星冬不見，期百八十日，陰雨六十日，有流民，夏則不長，不見牽牛，民大流。辰星上出四孟，天下亂；一曰天下更王。』《洪範五行傳》曰：『辰星出孟，易王之表也。漢高三年，辰星出四孟，后二年，漢滅楚也。』『辰星一時而再見，兵起；其行右，兵右行，行左，兵左行；有兵兵罷；一曰辰星一時再出，色赤而角，不出其年中而兵起。辰星亂行，流水湯湯，兵革搶搶；使之不殺，治溝渠，通水道；如此則止。辰星出天南，大潦；出北，大旱。』《海中占》曰：『辰星出四孟，為月食；出四季，彗星。主好破壞名山，雍塞大川，通谷名水，則辰星不出；歲大旱，草木不長，禽獸牛馬不蕃，五穀不滋，民多病，體癰疽。辰星逆行一舍，以其時水出。』京房《對災異》曰：『人君內無仁義，外多華飾，則辰星失度，不救，必有逆主之謀；其救也，明刑、慎罰、審法，心中無縱，功治城郭，可以聘士來賢，廣恩行惠，則災消矣。』《荆州占》曰：『辰星出，不待其時，當水反旱，當旱反水。辰星不以時效者，用刑罰不中。辰星一時不效，其時不和；二時不效，風雨不適；三時不效，水旱不調；四時不效，王者憂綱紀，天下饑荒，人民流亡，去其鄉。辰星不效四仲，則春多苦雨，夏多淒風，當溫反寒，當寒反溫，陰陽不和，五穀不成。辰星出四季，有破軍。』巫咸曰：『辰星出四季，敗國。』《荆州占》曰：『辰星春不見，期百日，必有暴風疾雨，而傷苗稼；夏不見，為旱、饑，期九十日，有流民；秋不見，期六十日，大水；冬不見，五穀不藏，人民流亡；四時俱不見，河海決波。仲女為妖彗，見於二十八宿，各以其舍，命其國。辰星縮，天子失卒，臣害作。辰星亂行，甲兵鏘鏘，上見四孟，改政易王；見於四仲，陰陽和，五穀成；下見四季，寇賊相望，政失綱。辰星變色而逆，其國殃；留守環繞不去，其國大凶，無道。水星一南一北，寒於禾稷，侯王有憂。辰星行諸列宿，失道；乘陽為水，乘陰為旱。』石氏曰：『辰星出孟月，天子尊師習兵，有殺謀。』郗萌曰：『辰星出西丁未間，天下大旱，赤地千里。』

又 卷九三《候星善惡雲氣占·八節日氣候》 立春正月節，其日晴明少雲，歲熟；陰則旱，蟲傷禾豆。風從乾來，暴霜殺物，穀猝貴；坎來，冬大寒，胡兵內擾；艮來，五穀熟；震來，氣泄，物不成；巽來，多風、蟲；離來，旱傷物；坤來，春寒，六月水，人多愁土功；兌來，旱、霜，兵起。

春分二月中，其日東方有青雲，歲熟；晴明，物不成。風從乾來，歲多寒，金鐵倍貴；坎來，豆菽不成，民饑病；艮來，夏不熱，米貴一倍；震來，五穀成，亦無盜賊；巽來，蟲生，四月多暴寒；離來，五月先水后旱；坤來，小水，人多瘧疾；兌來，春寒，八月國有憂，有兵。

立夏日，南方有赤雲，歲豐；清明，則旱。風從乾來，其年凶、饑，夏霜，麥不刈；坎來，多雨水，魚行人道；艮來，山崩地動，人疫；震來，雷不時，擊物；巽來，其年大熟；離來，夏旱，禾焦；坤來，萬物夭傷；兌來，蝗蟲大作。

夏至日，南方有赤氣，則熟；晴明，則旱。風從乾來，寒傷萬物；坎來，寒暑不時，夏日多寒；艮來，山水暴出；震來，八月人多疾；巽來，九月風，落草木；離來，五穀熟；坤來，六月雨水橫流；兌來，秋多雨霜。

立秋日，有白雲及小雨，則吉；晴明，物不成。風從乾來，甚寒，多雨；坎來，冬多雪，多陰寒；艮來，秋氣不和；震來，秋多雨雹，人不和，草木再榮；巽來，內兵猝起；離來，兵戎不利，多旱；坤來，五穀熟；兌來，兵起，將行。

秋分日，西方有白雲，則善；晴明，物不成。風從乾來，人多相掠；坎來，多寒；艮來，十二月多陰寒；震來，人疫，再花，不實；巽來，十月多風；離來，兵動國南七百里；坤來，土功興；兌來，五穀大收。

立冬日，晴明，小寒，人君吉，天下喜。風從乾來，君令行，天下安；坎來，冬雪殺走獸；艮來，地氣淺，人多病；震來，人不安居，多寒；巽來，冬溫，明年夏旱；離來，明年五月大疫；坤來，水泛溢，魚鹽倍多；兌來，妖言為幻，兵在山澤。

冬至日，有雲，雪寒，明年大豐；晴明，物不成。風從乾來，強國有憂，多寒；坎來，歲美，人安；艮來，正月多陰；震來，雷不發，大雨並；巽來，百蟲害物；離來，冬溫，乳母多死，水旱不時，人疫；坤來，蟲傷苗，多水；兌來，明年秋雨，兵起。

唐 張廷珪《請河北遭旱澇州準式折免表》《文苑英華》卷六〇九 臣廷珪言：伏見景龍二年三月十一日敕，河南北桑蠶倍多，風土異宜，租庸須別，自今以後，河南、河北蠶熟，依限即輸庸調，秋苗若損，唯令折租，迺爲常式者。臣聞皇天無私覆，后土無私載，日月無私鑒，陰陽無私毓。是以明王聖帝，則而像之，慶浹萬邦，政敷一德。故《書》曰：『無偏無黨，王道蕩蕩；無反無側，王道正直。』伏惟聖朝御曆，皇極在人，正朔所覃，率土奉若，百年於茲矣。頃於災歲，重賦饑人，頓革彝典，特開變例，雖施蠻貊之邦，臣愚猶知不可。況此兩道，枕倚大河，南接神州，北通天邑，郡縣雄劇，人物昌阜，既類股肱之地，允宜得其欣心，豈可殊其土風，異其徭賦，不恤災患，而殫其財力者？即以桑蠶，別加徵稅。至如隴右百姓，羊、馬是資；山南諸州，椒、漆爲利。其或銅、錫、鉛、鍇，貨自巖通；蜃、蛤、魚、監，財自海殖。土物惟性錯貢，方隅咸有，澇年並無他稅，旱歲各準常規，豈獨斯人，外之王度？且天災所降，年穀莫登，在於貧弱，或至殍殣。生理既甚難恃，人心固未易安，就其憂危，載空杼軸，窮斯濫矣，將無不至。臣效官潁服，實在河南，每見部人，衆稱冤苦。伏思景龍之際，時多賊臣，有若宗楚客、紀處訥、武延秀、韋溫等，蔽虧日月，專擅威權，各食實封，遍河南、河北。屬當水旱，屢致蠲除，因而遂矯制命，固非先朝之本意也。伏願陛下廣天成之德，均子育之愛，式崇大體，追復舊章，許河南、河北有水旱處，依貞觀、永徽故事，一準令式折免，則在蒼生，不勝幸甚！謹因所部司法參軍鄭元亮奏澇損謹附表以聞。

唐　張廷珪《論萊州置監牧及和市牛羊奴婢表》《文苑英華》卷六一六　臣廷珪言：竊見國家於河南北和市牛羊，及荊、益等州市奴婢，擬於登、萊州置監牧，此必有人謂頃歲以來，軍裝所資，國用不足，或將見陶朱公、公孫弘、卜式之事，而爲陛下陳其策耳。臣愚以齷齪小算，有損無益，不足爲盛明天子行法於代也。何以明之？彼三人者，實爲匹夫，藉空虛之地，罄勤勞之力，畜牧積歲，增致千金，苟以一家言之，其計得也。今聖朝疆域四海，臣妾萬方，天覆地載，莫非所有，而欲必取於人，從牧於國，何示人之不廣，而近樹私也？況和市遞送，所在騷然，公私煩費，不可勝計。臣聞諸古人曰：『百姓足，君孰與不足？百姓不足，君孰與足？』蓋君之與人，上下同體，無所閒也。

今河南牛疾甚處，十不一存，農傷豈徒百姓而已？又今牧童取其牛在[illegible]孛者，下俚尢要，一則利其孳產，二則不廢營農，家家保之，豈願輒賣？今雖和市，甚於抑奪百姓之望，是牛再疫而農重傷，此則有損無利一也。頃者諸州雖定估價，既緣並市，則雖平準，如其簡擇，事須賄求，侵刻之端，從此而出。牛羊踴貴，必倍於常，百姓私陪，則破家業。雖官得一牛一羊，而百姓已失兩牛兩羊價矣，此則有損無利二也。登、萊之境，是稱海隅，因之水氣，加以風回，秋則早寒，春則晚煦，深山大澤，咸生蛟蛇，若置羣牧，必多死損，此則有損無利三也。高原之田，百姓耕植，下濕之地，不堪放牧。若奪百姓高處，兩州皆失丁田，至於牛羊，復相踐暴，久長如此，闔境不安。非直百姓被侵，蓋失國家租賦，則有損無利四也。且又荊、益等州和市奴婢，多是國家户口，奸豪掠來，一入於官，永無雪理。況南北既遠，風土非宜，乍到登萊，必生疾疫，此則有損無利五也。

且方今東泊滄海，西泊流沙，亭障多虞，甲冑未息，戎機調發，歲時相繼。由是丁兵逃散，户口流亡，略舉大凡，十有數四。陛下天憐黔首，光啟元猷，將命使臣，分道巡撫，簡而靜鎮，難必乂安，矧迺征伐外繁，徵求內廣，欲使萬方兆庶安堵復業，亦猶翦鳥之翼而望其騰騫，脫魚之鱗而願其游泳。臣又聞之，君所恃者人，人所生者食，食所資者耕，耕所恃者牛。廢耕則去食，去食則無人，人無以生，君將何恃？然則牛者君國字人之本，豈可無故一旦取之哉？臣又度羊之爲須，非軍國切要，假令畜牧能遂繁滋，三數歲閒，億萬可致，陛下豈可鬻之於外蕃，射其利爲用乎？又可鬻之於中土，割其命爲資乎？牛之爲損則如彼，羊之無益則如此，臣雖愚戇知其必不可也。伏願陛下特加審慎，詳圖損益，諸有所和市及新置監牧等，儻回聖慮，即日停絕，天下蒼生，豈勝幸甚！昧死上奏以聞。

唐　辛替否《諫造金仙玉真兩觀疏》《唐文粹》卷二七　臣嘗以爲古之用度不時，爵賞不當，破家亡國者，口說不如身逢，耳聞不如眼見。臣請以有唐以來，理國之得失，陛下之所眼見者以言之，惟陛下審之聽之，擇善而從之，則萬歲之業，自可致矣，何憂乎黎庶之不康？福祚之不永？伏以太宗文武聖皇帝，陛下之祖，撥亂反正，開階立極，得至理之體，設簡要之方，省其官，清其吏，舉天下職司，無一虛授；用天下財帛，無一枉費。賞必俟功，官必得雋，所爲無不成，所征無不克。不多造寺觀，而福德自至；不多度僧尼，而殃咎自滅。道合乎天地，德通乎神明，故天地憐之，神明祐之，陰陽不愆，風雨合度，四人樂其業，五穀遂其成。腐粟爛帛，填街委巷千里萬里，貢賦於郊，九夷百蠻，歸款於闕，自有帝王已來，未有若斯之神聖者也。故得享國久長，多歷年所，陛下何不取而則之？中宗孝和皇帝，陛下之兄，居先人之業，忽先人之化，不取賢良之言。徒恣子女之意，官爵非擇，虛食祿者數千人；封建無功，妄食土者百餘户。造寺不止，枉費財者數百億；度人不休，免租庸者數十萬。是使國家所出加數倍，所入減數倍，倉不停卒歲之儲，庫不貯一時之帛。所惡者逐，逐多忠良；所愛者賞，賞多讒慝。朋佞喋喋，交相傾動，容身不爲於朝廷，保位皆由於黨附，奪百姓之食以養殘兇，剝萬人之衣以塗土木。於是人怨神怒，衆叛親離，水旱不調，疾疫屢起，遠近殊論，公私罄然，五六年閒，至於禍變，享國不永，受終於兇婦人。寺捨不能保其身，僧尼不能護妻子，取譏萬代，見笑四夷，此陛下之所眼見也，何不除而改之？依太宗之理國，則百官以理，百姓無憂，故泰山之安，立可致矣。依中宗之理國，則萬人以怨，百事不寧，故累卵之危，立可待矣。

頃自夏已來，霪雨不解，穀荒於隴，麥爛於場；入秋已來，亢旱成災，苗而不實，霜損蟲暴，草菜枯黄。下人咨嗟，未知賙賑，而營寺造觀，日繼於時，檢校試官，充臺溢署。伏惟陛下愛兩女，爲造兩觀，燒瓦運木，載土填坑，道路流言，皆云計用錢百餘萬貫。惟陛下聖人也，無所不知；陛下明君也，無所不見。既知且見，知倉有幾年之儲？庫有幾年之帛？知百姓之閒，可存活乎？三邊之上，可轉輸乎？當今發一卒以禦邊陲，追一兵以衛社稷，多無衣食，皆帶饑寒，賞賜之閒，迥無所出，軍旅驟敗，莫不由斯。而迺以百萬貫錢，造無用之觀，以賈六合之怨乎？以違萬人之心乎？伏惟陛下族阿韋之家，而不改阿韋之亂政；忍棄太宗之理本，不忍棄中宗之亂階；忍棄太宗久長之謀，不忍棄中宗短促之計，陛下又何以繼祖宗、親萬國？昔陛下與皇太子在阿韋之時，危亡是懼，常切齒於羣兇。今貴爲天子，富有四海，而不改羣兇之事，臣恐復有切齒於陛下者也，陛下又何以非羣兇而誅之？臣往見明敕，自今以後，一依貞觀故事。且貞觀之時，豈有今日之造寺營觀，加僧尼道士，益無用之官，行不急之務，而亂政者也？臣以爲棄其言而不行其信，慕其善而不遷其惡，陛下又何以刑于四海？

往者和帝之憐悖逆也，爲奸人之所誤，宗晉卿勸爲第宅，趙履溫勸爲園亭，損數百家之居，侵數百家之地，工徒斲而未息，義兵紛以交馳，卒使亭不得遊，宅不得坐，信邪佞之説，成骨肉之刑，此陛下之所眼見也。今茲造觀，臣必知非陛下公主之本意，得無有趙履溫之徒將勸爲之，冀誤其骨肉，不可不明察也。臣聞出家修道者，不幹預於人事，專清其身心，以虚泊爲高，以無爲爲妙；依兩卷《老子》，視一軀天尊，無欲無營，不損不害，何必璇臺玉榭，寶像珍龕，使人困窮，然後爲道哉？且舊觀足可歸依，無造無營，以取窮竭，若此行之三年，國不富，人不安，朝廷不清，陛下不樂，則臣請殺身於朝，以令天下言事者。伏惟陛下行非常之惠，權停兩觀，以俟豐年；以兩觀之財，爲公主施貧窮，填府庫，則公主之福德無窮矣。不然，臣恐下人怨望不減於前朝矣。前朝之時，賢愚知其必敗，人雖有口而不敢言，言未發聲，禍將及矣。韋月將受誅於丹徼，燕欽融見殺於紫庭，此人皆不惜其身，而納忠於主，身既死矣，主亦危矣。故先朝誅之，陛下賞之，是陛下知直言之士，有裨於國。臣今直言，亦先朝直言之人也，惟陛下察之。

唐 張九齡《曲江集》卷一六《上封事書》 五月二十日，宣義郎左拾遺內供奉臣張九齡謹再拜死罪死罪，上書開元神武皇帝陛下：臣所以上事，以臣愚見，並當時九切，不敢飾詞，伏願陛下親覽可否之宜，幸甚幸甚。臣伏以陛下自克清內難，光宅天下，常欲躋人於富壽，致國於太平。聖慮每勤，德音屢發，然猶黎人未息，水旱爲憂，臣竊伏思之，有由然矣。臣聞乖政之氣，發爲水旱，天道雖遠，其應甚速。昔者東海枉殺孝婦，旱者久之，一吏不明，匹婦非命，則天爲之旱，以昭其冤。況今六合之閒，元元之衆，莫不懸命於縣令，宅生於刺史，陛下所與共理，此九親於人者也，多非其任，徒有其名，致旱之由，豈惟孝婦一事而已？是以親人之任，宜得其賢；用才之道，宜重其選。而今刺史縣令，除京輔近處雄望之州，刺史猶擇其人，縣令或備員而已，其餘江淮隴蜀三河諸處，除大府之外，稍稍非才。但於京官之中出爲州縣者，或是緣身有累，在職無聲，用於牧宰之閒，以爲斥逐之地；或因勢附會，遂忝高班，比其勢衰，且無他責，又謂之不稱京職，亦迺出爲刺史。至於武夫流外，積資而得，官成於經久，不計於有才。諸若此流，盡爲刺史，其餘縣令已下，固不可勝言。蓋甿庶所繫，國家之本務，本務之職，反爲好進者所輕；承弊之人，每遭非才者所擾：陛下聖化，從此不宣，皆由不重親人之選，以成其弊，而欲天下和洽，固不可得也。

唐 蘇源明《諫幸東京疏》《册府元龜》卷五五二 臣等今月四日及七日上言車駕幸東京不便。籲天而訴，稽首而祈，竭誠不精，留中不下。臣等自咎自毒，若昏若狂。以爲雨淫孟冬，霖積季秋，道路且泥，甚不可一也。從春大旱，方始秋苗，田農之間，十已耗半，方且斂獲，猶未收入。先之以清道之役，申之以祇頓之苦，水欲澄而撓之，人欲靜而棼之，甚不可二也。臣等每立廊下，竊見旌旗之下，盡是餓夫，執殳僕于行門者，日見一二。市井之中，半是餒人，或求食死於路傍者，日見四五。甚不可三也。

唐　尹暢《對賢良方正策問闕》《文苑英華》卷四八三　伏惟陛下事天明，事地察，無文咸秩，羣望畢舉。故祈穀汾脽，薦寶鼎於宗廟；潘柴岱嶺，靄飛煙於雲日。神歆效其如答，靈貺昭而必聞。雖飄風乍起，曾不終朝，大雨時行，旁泚數郡，亦未聞偃拔包裹之甚也。陛下憂勤，夕惕若厲，信禹湯之罪己，實堯舜之用心。蓋天災流行，國家代有，屠龍牲馬，亦何以爲？《書》稱『安人則惠』，《易·翼》『損上益下』，謂宜開倉廩以賙給，選牧宰以寵綏，散利薄征，息役施捨。禳修之道，何莫由斯！傳曰：『德勝不祥，義厭不惠』，謂此物也。雖歸諸天道，亦以人事。故周官六職，水旱則宗伯是司；漢宰三公，災眚則丞相是主。不然，何以昭燮贊之術，開勸戒之端哉？大體若兹，祥徵何有？臣聞夫大理之後，有易亂之人者，安寧無故，驕心起也；大亂之後，有易理之人者，創艾避災，思樂生也。當今海服清晏，太平無虞，衆宜曲折，萬事纖妙，文理至詳，不可復加矣。陛下享已成之功，居崇高之位，入有後庭聲色之務，出有苑囿遊觀之樂。志得無滿乎？欲得無極乎？古語云『行百里者，半於九十』，言末路之難也。此言雖微，可以喻大。是以聖人乾乾日惕，莫敢或遑，雖休勿休，盡善盡美。伏願陛下慎終如始，以成德政，使鴻圖盛烈，作唐龍光，不騫不虧，永永無極，此適時務之所當先也。

唐　陸贄《翰苑集》卷二《貞元改元大赦制興元二年正月一日**》**　門下：王者體元立極，欽若乎天地；纂業承統，嚴奉於祖宗。所以敬事修誠，務本郭孝，尊其上以御於下，謹其身而訓於人。百神允諧，兆庶永賴，立國之本，斯其大經。朕燭理不明，違道招損，往遭多難，淪陷國都，天地宗祧，曠而莫主，則是欽若嚴奉之義缺矣，甚用懼焉。洎復京師，遽將告謝，有司以人力耗斁，禮物廢隳，日居月諸，歲聿雲暮。卜其吉日，俯一作甫在上春，齊心永懷，坐以待曙。而百辟卿士，抗疏上言，咸謂人心未寧，不足以盡敬；寇孽猶在，不足以告功。迫於羣情，俯抑誠願，郊廟孔邇，瞻言莫從，悼心慚顔，胡寧自處。重以和平未洽，災沴薦臻，去歲旱蝗兩河爲甚，人流不息，師出靡居。加之以徵求，因之以荒饉，困窮殍餒，轉死邱墟。關輔之間，冬無積雪，土膏未發，宿麥不滋，詳思咎徵，有爲而致。豈兵戎之後，餘祲尚存，將獄犴之中，深冤未釋。又河中淮右，逆將阻兵，汙脅齊人，陷之死地，雖欲自雪，厥路無由，抱義銜冤，足傷和氣。此皆由朕爽德，播災於人，爲之父母，實用愧恥。今元陰已謝，春日載陽，勾萌華伸，幽蟄咸震，思與海内，同心自新，發號更元，用符天意，宜改興元二年爲貞元元年。

又《冬至大禮大赦制貞元元年十一月**》**　江淮轉運使檢校左僕射同中書門下平章事韓滉，勵精勤職，夙夜在公，漕挽資儲千里相繼，事無愆素，人不告勞，拯於兇災，厥有成績，可進封晉國公。關畿之内，連歲興戎，薦屬天災，稼穡不稔，穀糴翔貴，烝黎困窮，倉廩空虚，莫之賑贍。每一興念，惻然痛心。宜令度支取江西湖南見運到襄州米十五萬石，設法般赴上都，以救百姓荒饉。如山路險阻，車乘難通，仍召貧人，令其般運，便以米充腳價，務於全活流庸，庶事優饒，副朕勤恤。【略】自立兩稅，經今百年，或初定之時，已有偏並，或户口減耗，舊額猶存，輕重不均，流亡轉甚。委度支即折衷條理，以恤困窮。古者雖有水旱，人無菜色，皆由儲蓄不匱，勸導有方。前代所置義倉，國初亦循其制，被災救乏，甚便於人。即宜準貞觀故事，天下所墾見田，上自王公，下及百姓，每豐稔之歲，秋夏兩時，州縣長官以理勸課，據頃畝多少，隨所種粟豆稻麥，逐便貯納，以爲義倉。如年穀不登，即量取賑給，官司但爲立法勸諭，不得收管，仍各委本道觀察使逐便宜處置聞奏。敦本厚生，必資播殖，當今所切，莫甚於斯。自今百姓有墾辟田疇加於常歲者，所加之地，不得輒徵租稅。其刺史令長考課，亦以本界墾田多少爲殿最。今年蝗旱損甚州府，開春之後，量給種子，使就農功。天下應荒閒田，有肥沃堪置屯田處，委當管節度使、觀察、都團練、都防禦等使刺史審細檢行，以諸色人及百姓情願者，使之營佃。如部署精當，收獲數多，本道使刺史特加褒升，屯田等節級優賞。如是逃户田地，本主復業，即卻給還。輦谷之下，四方會同，供應既多，難爲準定，急賦繁役，人何以堪？宜令京兆尹與度支計會，長安萬年兩縣，每季各先支貯備錢五千貫文，於縣庫收納，定清干官專知。應緣卒須別索，及雜供擬並工匠等，縣令與專知宮先對給價錢，季終之後，申度支勘會。應闕和市和僱，並須先給價錢。兩稅外，一物已上，不得科配百姓。【略】天災作沴，深徹予衷，跼蹐憂慚，罔知攸措。令穀價騰踴，人情震驚，鄉閭不居，骨肉相棄，流離殞斃，所不忍聞。公私之間，廩食俱闕，既無賑恤，又復徵求，財殫力竭，繼以鞭箠。弛征則軍糧乏贍，厚取則人何以堪。念兹困窮，痛切心骨，思所以濟，浩無津涯。補過實在於增修，救患莫如於息費。致咎之本，既由朕躬，謝遣之誠，宜自朕始。宜令尚食所進御膳，每日各減下一半。應宮人等每月惟供給糧米一千五百碩，飛龍廄馬，從今已後至三十日已前，並減一半料。京兆府應差科百姓，及和市和買等諸色目，事無大小，一切並停。公私債負，容待蠶麥熟後徵理。

又 卷三《貞元九年冬至大禮大赦制》 兵興已來，垂四十載，稅額煩重，人已困窮，因之以流離，加之以凍餒，爲人父母，實切哀傷。誠由德化未孚，耗斁猶廣，每欲蠲復，使之小休，迫於軍儲有意未就。姑示勤恤，減其田租惠貸非多，良深憫愧，天下百姓。貞元十年地租斛斗應合度支收管者，宜並三分減收一分，如當管無屬度支斛斗，即減放合送上都十分之一。其所放斛斗錢物，並委巡院官與觀察經略等使計會，審勘定數，分明榜示百姓，仍具申奏。去年以來所有貸糧種子，並存百姓腹內者，一切放免。富國安人，在於薄斂，必不得已，簡則易從。自頃削去煩苛，定爲兩稅，既無他撓，頗便於時。朕推誠御人，所貴在信，保此成法，斯於不逾。凡百有司，所宜遵守，儻求取無節，則因緣起奸，獲利失人，殊乖朕意。諸司諸使及諸州府，除兩稅外，別有科配悉宜禁絕。近年以來，因和市和糴欠負百姓錢物，並即填還。已後官司應有市糴者，各須先付價直，不得賒取抑配因兹斂怨擾人。水旱爲災，古人不免，苟有豐蓄，則無兇年。間屬多虞，里閭凋耗，如務求於日給，不遑慮於歲儲。一穀不成，人則艱食，害至而救，其傷已多，俾無餒殍之憂，將在備之而已。宜委諸州府長吏，每年以當管回殘餘羨錢物，糴賤時收糴，各隨便近貯納。年終具有無多少，報中書門下，兼申考功，以爲考課昇降。如有替代，各分交領，準前申報。若遇災異不稔，即量事給與百姓，輒有將充諸色用者，以枉法贓罪之。其勸課百姓，自置義倉，仍準貞元元年十一月十一日制處分。

又《蝗蟲避正殿降免囚徒德音》 夫人事失於下，則天變形於上，咎徵之作，必有由然。自去歲已來，災沴仍集，雨澤不降，延歷三時。蟲蝗既臻，彌亙千里，穀糴翔貴，稼穡卒癢。嗷嗷烝人，聚泣田畝，興言及此，實所痛傷。遍祈百神，曾不獲應。方悟禱祀殊救患之術，言詞非謝譴之誠。憂心如焚，深自刻責。得非刑法舛謬，忠良鬱堙，暴賊未蠲，勞師靡息。事或無益，而重爲煩費；任或非當，而橫肆侵蠡。有一於兹，足傷和氣，本其所以，罪實在予。百姓何辜，重罹殍餒。所宜出次貶食，節用緩刑，側身增修，以謹天戒。朕避正殿不御，百寮奏事，並於延英處分。尚食進膳，宜更節減。百司不急之務，一切且除。諸軍將士外，自餘應食官糧人，及諸色用度等，並委本使長官商量，權行停減，以救荒饉。仍限十日內，具元額及所釐革，條件聞奏。待至豐稔，卻令依舊。畿內百姓，委京兆尹切慰撫，除正稅正役外，徵科差遣，並宜禁絕。非交相侵奪，尋常訴訟，不須追擾，務且息人。京畿內外，及京兆府諸縣，見禁囚徒，死罪降徒，流以下一切放免。畿內及河中同州界，應有因戰陣殺戮，遺骸暴露者，各委所在長吏隨時薶瘞。咨爾卿佐，實惟股肱，所當一其誠心，同恤災患，勉修厥職，副我憂勤。

又 卷四《賑恤諸道將吏百姓等詔》 國之經制儲畜備災，雖遇凶年，人無菜色。時或弛徵散利，務穡勸分，徙有以均無，因豐而補敗，救患之術，抑其次焉。自戎役繁興，兩河尤極，農桑日廢，井邑爲墟，丁壯服其干戈，疲羸委於溝壑，傷夷未復，荒饉薦臻。歷河朔而至于太原，自淮沂而被于洛汭，蟲螟爲害，雨澤愆時，稼穡卒癢，烝黎重困。然猶徵賦不息，征役未寧，凍餒流離，寄命無所，興言感悼，焚灼于懷。朕聞刑罰失中，虐沴斯作。致咎之本，在予一人；萬姓何辜，遭罹其弊。兢兢惕畏，不敢遑安，庶蠲下土之災，用答上天之戒。其宣武等軍、宋、亳、陳州等節度，淄、青等州節度，河陽、懷州節度，東都畿汝等州節度，潞美軍澤、潞、磁、邢等州節度，保寧軍節度，成德軍恆、深、趙等州節度，易、定等州節度，每管各賜米五萬碩，所司即般運，都於楚州分付，各委本道差官受領，賑給將士百姓等，務令均洽，以惠困窮。屬軍費方殷，國儲尚歉，今所賜賑給，其數非多，猶慮孤惸，或未周贍，穀價翔貴，何能自資。江淮之間，連歲豐稔，迫於貢賦，頗亦傷農。收其有餘，濟彼不足，允乎發斂之術，且葉變通之規。宜令度支於淮南、浙江東西等道量置場加價和糴米三五十萬碩，差官般運於諸道，減價出糴，貴從權便，以利於人，無或勞煩，重子不德。方嶽守將，實朕股肱，恤患分憂，與朕同體。宜即遣使，分道宣慰，勞勉將士，省問鄉閭。有可以救歲之兇災，除人之疾苦，各與本道節度使商議，具以聞奏，必精必詳，用稱朕意。

唐 顧況《華陽集》卷下《陰陽不測之謂神論》 班固云：『陰陽多拘忌，以爲無益。』嗟乎！古論陰陽，以和神人，以順風雨，以播稼穡，以除災害。後之學者，但張恢譎，不自戒慎。不固親疏之道，不精逆順之理，不達性命之分，而裁衣拜官，沐浴翦爪，徵於歷日，豈不悖哉！左道亂政，先王無赦。往見術者序卜筮之書，及諸家秘訣，七曜九宮六壬三五復返；十精飛鳥天目地耳計神。漢曆以天赦母倉爲吉，朔曆以雲漢密莫爲吉，各生異氣；天竺律法，復與大衍有差，吾誰歸矣？又以姓配音，以音配墓，以墓配殺，此莊惠以荒唐舛駁之論。且黄帝二十五子，得其姓者十三人，或以地爲姓，或以官爲姓，或以謚爲姓，或以王父字爲姓。士會在虞爲陶唐氏，在夏爲御龍氏，在商爲豕韋氏，在周爲唐杜，在晉爲范宣子，在隨爲隨武子，在秦爲劉氏，女嫁欒黶爲祁氏焉。此一人之身，改姓三，改氏五。范蠡在陶爲朱公，在齊爲鴟夷子，范睢稱張禄先生，第五倫、王伯齊、鮑永本姓包，京房本姓李，張良之後爲留氏，田横之後爲王氏，姓有兩字、三字、四字、五字，孰先孰後？孰是孰非？長平同坑，南陽同封，時日或同，吉凶或異。行年本命，其事安在？周時玉尺，漢代黄鐘，河汾鼎氣，沈埋日久。不可仰則，其道多門，行則無盡不如已也。是故文字非上學，上學神聽，原其性也；集解非宗師，宗師授受，扶於理也。端心靜一，神明將至。黄帝遺元珠，象罔得之。漢主心動獲貫高，襄子心動得豫讓。披髮祭野，野人之遺魂。非有陰陽算術之功，涉津無涯，安濟所屆？

釋氏五蔭，輪爲四生，或居人中，以爲鬼神，唯代有佛法，獨能究竟。白雲依山，出入自得；飛鳥以滅，虚空不礙。清明在躬，志氣如神，陰陽不測，唯佛而已。

唐 顧況《釋祀篇》《全唐文》卷五二九　龍在甲寅，永嘉大水，損鹽田。溫人曰：『雨潦不止，請陳牲豆，備嘉樂，祀海龍，揀辰告廟，拜如常度。』況曰：『不可。夫天雨若，其冥數也。天苟不已，龍曷能已？先王經物，祀典有常。今海爲川長，龍爲介長，不應祀而祀之，非禮也。動不合禮，祀猶不典。瀆典毁教，臯之大者也。夫溫夷越雜居，役斂煩多，皆有遠志，宜昭賞刑，謹吏則，勤而不懈，猶恐罔從，而淫神貪福，海盗亦將亂，溫人其不免乎？昔三王祭川，先河後海。而諸侯祭其疆，季氏旅於梁甫，孔子譏之。今海廟在溫，溫人其可祭乎？神禍慢祉虔，醜回嘉直者也。驅迫窮氓，索罄南邑，罔其神以縱，毋乃不可乎？三代之祈甘雨也，則納稷契；其除水害也，則流共工。其愛人勝祀。』翼日雨止，鹽人復本，泉貨充府。

唐 李德裕《李衛公外集》卷四《禱祝論》　《語》曰：『某之禱久矣。』又曰：『祭則受福。』豈非聖人與天地合德，與日月合明，與鬼神合契，無所請禱，而禱必感通？唯牧伯之任，不可廢也。夫時不雨，稼穡將枯，閉閣責躬，百姓不見，若非遍走羣望，則皆謂太守無憂人之意，雖在畎畝，不絕嘆音。余前在江南，毁淫祠一千一十五所，可謂不諂神黷祭矣。然歲或大旱，必先令掾屬祈禱，積旬無效，乃自躬行，未嘗不零雨隨車，或當宵而應。其術無他，唯至誠而已。將與祭，必閒居三日，清心齋戒，雖禮未申於泂酌，而意已接於神明。所以理郡八年，歲皆大稔，江左黎庶，謳歌至今。古人乃有剪爪致詞，積薪自誓，精意上達，雨必滂沱，此亦至誠也。苟誠能達天，性能及物，焉用以肌膚自苦，焦爛爲期？動天地，感鬼神，莫尚於至誠。故備物不足報功，禴祭所以受福。余以爲人患不誠，天之去人，不相遠矣。

唐 李德裕《李文饒文集》卷一一《論九宮貴神壇狀》　右，準天寶三載十月六日敕，『九宮貴神，實司水旱，功佐上帝，德庇下民。冀嘉穀負登，災害不作，每至四時初節，令中書門下攝祭』者。準《禮》：『九宮次昊天上帝，壇在太清宫、太廟上，用牲牢幣璧，類於天地神祇。』天寶三載十二月，元宗親祀；乾元元年正月，肅宗親祀。伏以累年以來，水旱愆候，恐是有司禱請，誠敬稍虧。今屬孟春，合修祀典。望至明年正月癸丑，差宰臣一人祈請。向後四時祭，並差僕射、少卿、尚書等官。所冀稍重其事，以申嚴敬。臣等去月二十五日已於延英面奏，伏奉聖旨，令檢舊儀進來者。今欲及祭時，伏望令有司崇飾舊壇，務於嚴潔。謹録奏聞，伏候敕旨。

又《論九宮貴神合是大祠狀》　右，既經兩朝親祀，必是祈請有征。伏以自太和以來，水旱愆候，陛下常憂稼穡，每念蒸人，臣等所以上副聖心，以修墜禮。伏見太和三年禮官、御史等狀，或言縱司水旱兵荒，品秩不過列宿，今者五星悉是從祀，日月猶在中祀；又云太一、天一，此九神於天地猶子男也。竊觀其意，皆是以星辰不合比於天地。曾不知統而言之，則爲天地，而在天成象，自有尊卑。謹按後魏《五均志》：『大辰第二星盛而常明者，爲天皇露寢，大帝常居，始由道奥而陳變通之跡。』又：『天皇大帝，其精耀魄寶，蓋萬神之秘圖，與河洛之命紀皆稟焉。』此則上帝是星之明據也。天一掌八氣九精之政令，以佐天極，微明而有常，則陰陽序而大運興；太一掌十有六神之法度，以輔人極，微明而得中，則神人和而王道平。又北斗有衡、權二星，天一、太一參居其間，所以財成天工，輔相神道也。若一概以列宿論之，實爲乖謬。又按《漢書》：『天神貴者天一、太一，佐曰五帝。古者天子以春秋祭太一。』則列於祀典，其來久矣。今五帝猶爲大祀，則太一豈宜降禮？稍重其祀，固爲得所。劉向言祖宗所立神祇舊位，誠未易動，又曰古今異制，經無明文，至尊至重，難以疑説正也。以劉向博通，尚難改作，況臣等學不究於天人，禮尤懵於祀典，妄爲參酌，恐未得中。伏望更令太常卿與禮官詳定，庶獲明據。

唐 盧文紀《陳政事疏》《册府元龜》卷三一四　臣聞事君盡忠，孔子激揚於直道。無功受祿，《周書》譏諷於曠官。敢因災沴之時，輒貢傾輸之懇。臣伏見比年以來，朝廷多故，人事則兵喪禍亂，天時則水旱蟲霜。若非陛下拯溺救焚，移災作福，則生靈受弊，宗社何依。今則區宇甫安，人神胥悦。但以自夏愆陽，及秋霖雨，雖勞聖慮，過切閔傷。蓋屬當否數之辰，尤費消禳之力。雖民斯鮮福，亦天道使然。爲君之難，實見於此。臣聞沉潛剛克，高明柔克。是君宜執柔以御下，臣當剛正以報君，則冀上下和平，君臣訢合。臣思德宗初置學士，本不以文翰是供。蓋獻納論思，朝夕延問，至於給諫遺補之職，是曰『諫官』。月請練紙，時政有失，無不極言。望陛下聽政之餘，時召學士諫官，詢謀政道，俾獻讜言，明書黜陟之科，以責語言之效。《書》云：『乂時暘若，肅時雨若。』以《洪範》言之，繫於君德。臣請嚴禋於宗廟社稷，精禱於嶽瀆神祇。進忠良，退不肖，除寇盜，恤惸嫠。慎刑章，明舉選。任賢勿貳，去邪勿疑。王道砥平，無偏無黨。中外除改，請守舊規。長興四年以前敕命繁碎者，請重選擇。如新敕不及舊章，便請卻依前代。如舊章不如新敕，便請釐革施行。倘不阻於奏陳，庶漸臻於理體。

唐 張鑄《請灾異依故事奏》《册府元龜》卷四七五　欽若天道，聞諸堯舜之朝。敬授人時，乃自殷周之代。能消災異而致福祥，自兵興以來，多失本朝故事。不拘典法，有誤修禳。承前日月薄蝕，百官皆合守司。星象有差，九重亦當避殿。以明減損，式示恭虔。信守國經，何虧聖德。自此或乾象謫見，凡關災異，請依故實，令百官守司，陛下御便殿，減常膳，準令式遵行。

唐 李嬪《請自出律錢收贖善權寺事奏》《全唐文》卷七八八　臣竊見前件寺在縣南五十里離墨山，是齊時建立。山上有九斗壇，頗謂靈異。每準敕令祭名山大川，即差官致奠。凡有水旱祈禱，無不響應。寺内有洞府三所，號爲乾洞者石室。通明處可坐五百餘人，稍暗處執炬以入，不知深淺。其中石有鳥獸之形及鹽堆、米堆怪異之狀極多。洞門直下，便臨大水洞，潺湲宛轉，湍瀨實繁於山腹内，漫流入小水洞。小水洞亦是一石室。室内水泉無底，大旱不竭。洞門對齋堂廚庫，似非人境。洞内常有雲氣升騰，云是龍神所居之處。臣太和中在此習業，親見白龍於洞中騰出，以爲雷雨。寺前良田極多，皆是此水灌溉。時旱水小，百姓將水車於洞中取水，車聲纔發，雨即旋降。

會昌中毀廢寺宇之後，爲一河陰院官鍾離簡之所買。宣宗卻許修崇佛寺，簡之便於寺内所居堂前造一逆修墳，以絕百姓收贖建立之路。其塋纔成，忽見一大赤蛇，長數丈，據於墳前。簡之驚悸成疾，遂卒於此。子息亦固吝寺前良田，竟葬簡之於其間。萬古靈跡，今成塋域，鄉村痛憤，不敢申論，往來驚嗟，無不嘆息。況簡之男姪家業見居揚州海陵縣，松檟亦元在彼處。只以固護廢寺田産，一二兒姪在此。今伏遇陛下至明至聖，凡是墜典，已皆舉明。今以古跡靈境，恐遊玩喧嘩，居人褻瀆，肸蠁無依，神祇失所，尚令官中收贖，復置寺宇。豈有此靈異古跡，兼是名山大川之藪，今爲墓田，理似不可。臣懷此冤憤近三十年，儻不遇陛下睿思通幽，聖慮徹古，特降敕命，盡許卻收，即難特有論請。齊朝梵宇，永爲邱墟，神仙窟宅，終被蕪穢。

臣今請自出俸錢，依元買價收贖。訪名僧主持教化，同力卻造成善權寺。其連寺田産收贖之後，並卻捨入寺家，永充供養。伏乞聖慈敕下常州，差官檢勘，勒簡之男姪等移旅櫬歸海陵。其寺地及林木莊田等，並重出公驗，交付臣勾當軍將，待揀定僧徒後，施入常住。其收贖價錢，亦請便交付簡之男姪等。其寺仍請準近敕格，度僧住持。靈泉勝境，因陛下重遂灑掃；洞府仙官，因陛下再獲依據。佛刹重興於舊地，鐘磬復聞於故山。臣既沐元澤，獲畢素願。臣無任踴躍忭荷屏營之至！謹錄奏聞，伏聽敕旨。

《舊唐書》卷三七《五行志》　神龍元年七月二十七日，洛水漲，壞百姓廬舍二千餘家。詔九品已上直言極諫，右衛騎曹宋務光上疏曰：

臣聞自昔后王，樂聞過，罔不興；拒忠諫，罔不亂。何者？樂聞過則下情通，下情通則政無缺，此其所以興也；拒忠諫則羣議壅，羣議壅則主孤立，此其所以亂也。伏見明敕，令文武九品已上直言極諫。大哉德音，其堯、舜之用心，禹、湯之責己也！

臣嘗讀書，觀天人相與之際，考休咎冥符之兆，有感必通，其間甚密。是以政失於此，變生於彼，亦猶影之像形，響之赴聲，動而輒隨，各以類應。故易曰：『天垂象，見吉凶，聖人象之。』竊見自夏已來，水氣悖戾，天下郡國，多罹其災。去月二十七日，洛水暴漲，漂損百姓。謹按《五行傳》曰：『簡宗廟，廢祭祀，則水不潤下。』夫王者即位，必郊祀天地，嚴配祖宗，是故鬼神歆饗，多獲福助。自陛下光臨寶極，綿歷炎涼，郊廟遲留，不得殷薦，山川寂寞，未議懷柔。暴水之災，殆因此發。臣又按，水者陰類，臣妾之道。陰氣盛滿，則水泉迸溢。加之虹蜺紛錯，暑雨滯淫，雖丁厥時而汩恆度，亦陰勝之沴也。臣恐後庭近習，或有離中饋之職，干外朝之政。伏願深思天變，杜絕其萌。又自春及夏，牛多病死，疫氣浸淫，于今未息。謹按《五行傳》曰：『思之不睿，時則有牛禍。』意者萬機之事，陛下或未躬親乎？昔太戊有異木生于朝，伊陟戒之修德，厥妖用殄；高宗有飛雉雊于鼎，祖己陳以政事，殷道再興。此皆視履考祥，轉禍爲福之明鑑也。晁錯曰：『五帝其臣不及，則自親之。』今朝廷怪異雖則多矣，然皆仰知陛下天光。伏願勤思德容，少凝大化，以萬方爲念，不以聲色爲娛，以百姓爲憂，不以犬馬爲樂。暫勞宵旰，用緝明良，豈不休哉！天下幸甚！

臣聞三王之朝，不能免淫亢；太平之時，不能無小孽。備禦之道，存乎其人。若細微之災，恬而不怪，及禍變成象，駭而圖之，猶水決而繕防，疾困而求藥，雖復僶俛，亦何救哉！夫災變應天，實繫人事，故日蝕修德，月蝕修刑。若乃雨暘或愆，則貌言爲咎，雩禜之法，在于禮典。今暫逢霖雨，即閉坊門，弃先聖之明訓，遵後來之淺術，時偶中之，安足神耶？蓋當屏翳收津，豐隆戢響之日也。豈有一坊一市，遂能感召皇靈；暫閉暫開，便欲發揮神道。必不然矣，何其謬哉！至今巷議街言，共呼坊門爲宰相，謂能節宣風雨，變理陰陽。夫如是，則赫赫師尹，便爲虛設；悠悠蒼生，復何所望？【略】

凡此數者，當今急務，唯陛下留神採納，永保康寧。

疏奏不省。

右僕射唐休璟以霖雨爲害，咎在主司，上表曰：『臣聞天運其工，人代之而爲理；神行其化，爲政資之以和。得其理則陰陽以調，失其和則災沴斯作。故舉才而授，帝唯其難；論道於邦，官不必備。頃自中夏，及乎首秋，郡國水災，屢爲人害。夫水，陰氣也，臣實主之。臣忝職右樞，致此陰沴，不能調理其氣，而乃曠居其官。雖運屬堯年，則無治水之用；位侔殷相，且闕濟川之功。猶負明刑，坐逃皇譴。皇恩不弃，其若天何？昔漢家故事，丞相以天災免職。臣竊遇聖時，豈敢覥顏居位。乞解所任，待罪私門，冀移陰咎之徵，復免夜行之眚。』

五代　李慎儀《乞修飾祠宇疏》《全唐文》卷八五二　今春已來，稍愆雨澤。陛下念稼穡之重，深宵旰之憂。倍軫聖心，遍走羣望。盈尺則告瑞於元朔，如膏則潤浹於暮春。可卜豐穰，動諧響應。請天下凡祠宇有益於人者，下本處常令修飾，冀集洪休。

五代　李詳《諫修德省灾疏》《舊五代史》卷一四一　臣聞天地之道，以易簡示人。鬼神之情，以禍福爲務。王者祥瑞至而不喜，災異見而輒驚。罔不寅畏上元，思答譴告。臣聞北京地震，日數稍多。臣曾覽國書，伏見高宗時晉州地震，上謂羣臣曰：『朕政教不明，使晉州屢有震動耶。』侍中張行成對曰：『天陽也，地陰也。陽君象，陰臣象。君宜動轉，臣宜安靜。今晉州地震，彌旬不休。將恐女謁使事，臣下陰謀。且晉州陛下本封，今地震焉，尤彰其應。伏願深思遠慮，以杜未萌。』又開元中秦州地震，尋差官宣慰。又降使致祭山川，所損之家，委隨事制宜奏聞。伏惟陛下中興唐祚，起自晉陽。地數震於帝鄉，理合思於天誡。臣伏思陛下統臨萬國，於今六年。猛將如雲，銳師如雨。出無不捷，叛無不擒。歲稔時豐，人安物阜。實慮天意恐陛下忘創業艱難之時，有成功矜滿之意。欲陛下有始有卒於兢兢業業也。今伏望聖慈特委親信，兼選勳賢，且往北京慰安。密令巡察，問疾苦於黎庶，俾議蠲除。備祭祀於山川，各加虔禱。然後乞陛下鑒前朝得喪之本，採歷代聖哲之規，近君子而遠小人，任賢無貳。杜邇言而求讜議，擇善而從。崇不諱之風，罷不急之務。則景公修德，熒惑退捨以爲祥。太戊小心，桑穀生朝而不害。自然妖不勝德，所謂宏之在人。寰瀛永定於無疆，遐邇長歸於有道。

五代　張允《駁赦論》《舊五代史》卷一〇八　管子云：『凡赦者小利而大害，久而不勝其禍。無赦者小害而大利，久而不勝其福。』又《漢紀》云：『吳漢疾篤，帝問所欲言，對曰：「唯願陛下無爲赦耳。」』如是者何？蓋行赦不以爲恩，不行赦亦不以爲無恩，爲罰有罪故也。竊觀自古帝王，皆以水旱則降德音而宥過，開獄牢以放囚，冀感天心，以救其災者，非也。假有二人訟，一有罪，一無罪。若有罪者見捨，則無罪者銜冤。銜冤者彼何疏？見捨者此何親乎？如此則是致災之道，非救災之術也。自此小民遇天災則喜，皆相勸爲惡，曰國家好行赦，必赦我以救災。如此則是國家教民爲惡也。且天道福善禍淫，若以捨爲惡之人，而便變災爲福，則又是天助其惡民也。細而災之，必不然矣。或曰：『天降之災，蓋欲警戒人主，節嗜欲，務勤儉，恤鰥寡，正刑罰，不濫捨有罪，不僭殺無辜，使美化行於天下。聖德聞於上，則雖有水旱，亦不爲沴矣。』豈以濫捨有罪，而反能救其災乎？彰其德乎？是知赦之不可行也。明哉明哉！

五代　李道安《上灾異疏》《歷代名臣奏議》卷二九八　倉廩者國之本，糧食者人之命。固其本則邦寧，重其命則人富。今粒食中皆生蜂蠆，切疑在位貪鄙，奪民農時，戕害人命。故天生災異，以爲警告。又蟲皆曳米而行，恐邊鄙不寧，干戈忽起，餽挽相繼，人不堪命。伏願少精聖慮，與大臣恐懼修省，以消災異。

五代　沈顔《祭祀不祈説》《文苑英華》卷三六二　夫祭典之興，所以奉祖宗而表有功也，非所以祈明神而邀福佑也。故王者郊天地而立七廟，諸侯奉社稷而置五廟，士庶人各以其家。功施於民則祀之，以死勤事則祀之，以勞定國則祀之。昔列山氏之子曰柱，能植百穀，夏興也，周繼之，故祀於稷。共工氏爲九域，其子曰后土，能平九土，故祀於社。舜勤事而野死，鯀障洪水而殛死。冥勤其官而水死，有虞氏禘黄帝而祖顓頊，郊堯而宗舜；夏后氏亦禘黄帝而祖顓頊，郊鯀而宗禹；商人禘舜而祖契，郊禹而宗湯；周人禘嚳而郊稷，祖文王而宗武王；故所謂奉祖宗而長有功也，非所以祈明神而邀福佑也。必以明神可祈，福佑可量，則三代不易世，秦漢不更氏，王者無明暗，卿士無賢愚，能盡其祭祀，則享其福祚矣。神必私於禱祈，悦於肥腯，而降其禧祥，則王者盡堯舜也，侯者盡桓文也，水不爲潦也，火不爲災也，年無壽夭也，民無貧富也，戰無不勝也，守無不固也，禍無不殄也，疾疹不生也，國家無危亡也，宗祀無廢絕也。是皆祈而不得，禱而無應明矣。然是經百代而不易其俗，傳百王而不革其風者，誠有以也。夫兩國相持，必有其勝也。萬邦各治，必有其康也。祈年者必有其豐也，祈病者必有其瘳也。祈仕者必有其遷也，祈貨者必有其饒也。有一於此，咸以神之佑也。而不知人事之起，匪成即敗，匪得即失。用之有巧拙，智之有先後。歲有豐儉，運有否泰，非神之所置也。於是廢業而不爲非，竭産而不爲悔。奸巫乘之，以語禍福，竟不能明，浸以成俗。得非上失其正，下郊其爲者乎？

《新唐書》卷三四《五行志二十四》　萬物盈於天地之間，而其爲物最大且多者有五：一曰水，二曰火，三曰木，四曰金，五曰土。其用於人也，非此五物不能以爲生，而闕其一不可，是以聖王重焉。夫所謂五物者，其見象於天也爲五星，分位於地也爲五方，行於四時也爲五德，稟於人也爲五常，播於音律爲五聲，發於文章爲五色，而總其精氣之用謂之五行。

自三代之後，數術之士興，而爲災異之學者務極其説，至舉天地萬物動植，無大小，皆推其類而附之於五物，曰五行之屬。以謂人稟五行之全氣以生，故於物爲最靈。其餘動植之類，各得其氣之偏者，其發爲英華美實、氣臭滋味、羽毛鱗介、文采剛柔，亦皆得其一氣之盛。至其爲變怪非常，失其本性，則推以事類吉凶影響，其説尤爲委曲繁密。

蓋王者之有天下也，順天地以治人，而取材於萬物以足用。若政得其道，而取不過度，則天地順成，萬物茂盛，而民以安樂，謂之至治。若政失其道，用物傷天，民被其害而愁苦，則天地之氣沴，三光錯行，陰陽寒暑失節，以爲水旱、蝗螟、風雹、雷火、山崩、水溢、泉竭、雪霜不時、雨非其物，或發爲氛霧、虹蜺、光怪之類，此天地災異之大者，皆生於亂政。而考其所發，驗以人事，往往近其所失，而以類至。然時有推之不能合者，豈非天地之大，固有不可知者邪？若其諸物種類，不可勝數，下至細微家人里巷之占，有考於人事而合者，有漠然而無所應者，皆不足道。

語曰：『迅雷風烈必變。』蓋君子之畏天也，見物有反常而爲變者失其本性，則思其有以致而爲之戒懼，雖微不敢忽而已。至爲災異之學者不然，莫不指事以爲應。及其難合，則旁引曲取而遷就其説。蓋自漢儒董仲舒、劉向與其子歆之徒，皆以《春秋》、《洪範》爲學，而失聖人之本意。至其不通也，父子之言自相戾，可勝歎哉！昔者箕子爲周武王陳禹所有《洪範》之書，條其事爲九類，别其説爲九章，謂之《九疇》。考其説初不相附屬，而向爲《五行傳》，乃取其五事、皇極、庶證附於五行。以爲八事皆屬五行歟，則至於八政、五紀、三德、稽疑、福、極之類，又不能附。至俾《洪範》之書失其倫理，有以見所謂旁引曲取而遷就其説也。然自漢以來，未有非之者。又其祥眚禍痾之説，自其數術之學，故略存之，庶幾深識博聞之士有以考而擇焉。

夫所謂災者，被於物而可知者也，水旱、螟蝗之類是已。異者，不可知其所以然者也，日食、星孛、五石、六鷁之類是已。孔子於《春秋》，記災異而不著其事應，蓋慎之也。以謂天道遠，非諄諄以諭人，而君子見其變，則知天之所以譴告，恐懼脩省而已。若推其事應，則有合有不合，有同有不同。至於不合不同，則將使君子怠焉，以爲偶然而不懼。此其深意也。蓋聖人慎而不言如此，而後世猶爲曲説以妄意天，此其不可以傳也。故考次武德以來，略依《洪範五行傳》，著其災異，而削其事應云。

宋 田錫《咸平集》卷一《上真宗乞賑給河北饑民》 臣今月二十五日所進實封，為覇州、乾寧軍死傷人戶等。自二十六日至今，又據莫州奏饑死一十六口，滄州奏全家饑死一十七戶。雖有指揮下轉運司相度，及減斛斗賑糶，即未見別行指揮。若有司只如此行遣，實未稱陛下憂勤之心也。陛下為民父母，使百姓饑死，乃是陛下負百姓也。宰相調燮陰陽，啓聖德而惠澤不下流，王道未融明，是宰相負陛下也。今陛下何不引咎，如禹湯罪己，畧降德音，下饑餓殺人處州府，民心知陛下憂恤，然後振廩給貸，以救其死。若倉廩虛而饋運邊備尚未足，即日無可給貸，則是執政素不用心所致。昔伊尹作相，恥一夫不獲。今餓殺人如此，所謂焉用彼相。今陛下可將此事以理道畧面責宰臣以下，觀其何辭以對，視其有無怍色，有無憂色。待三日後，或旬浹以來，不上表待罪，不拜章求退，是忍人也，何良相之為乎！既非良相而猶用之，則是陛下不以百姓心為心也。若不別進用賢臣，恐危亂之萌，將來滋蔓難圖也。《語》曰：『十室之邑，必有忠信。』況今皇家富有萬國，豈無人焉。可於常參官自來五日一轉對中，觀其所上之言有遠大謀畧、經綸才業者，可非次擢用。若有其言而無其實，退之以禮，亦合理體。不然，則臣恐國家未能早致太平也。豈惟太平之未能致，其憂患不獨在邊防，而叛亂在內地也。此是陛下纘嗣先帝萬世基業之急務也，所急之務，莫先於此。惟聖聰睿鑒，詳微臣之言。陸贄云：『貪因循者，終有大患。』今若因循，不早為謀，則慮大患至矣。今臣所奏，且可先降德音，以禹湯責躬之意以謝天，以堯舜至仁之心以待下，使饑餓地分知陛下憂恤之心也。臣職在深嚴，日有聞見，不敢不奏。咸平三年正月上時，直集賢院權管幹通進銀臺司兼門下封駁。

宋 范仲淹《范文正奏議》卷上《奏爲灾異後合行疎决刑獄等六事》

臣今早親聞德音，謂復有災異，當修德以及民，並詔臣等謹省刑法。此實見聖人憂畏之心，合於天意。臣今條奏數事，皆陛下增修明德之要。

一、齋誡發誠，特降詔命，明言災變屢見，敢不罪己祗畏，以告中外羣臣，同心修省。

二、遣使四方，疎決刑獄，非害人者，悉從減降。

三、詔天下州縣長吏，訪問民間孤獨不能存活者，特行賑恤。

四、詔逐處籍出陣亡之家，察其寡弱，別加存養。

五、邊陲之民被敵國驅擄者，量支官物，贖還本家。

六、詔諸處欠負已該赦恩除放者，官司更不得催理。違者，官吏科違制之罪，遇赦不原，仍差近臣置司與奪。

陛下力行此數事，下悦民心，上答天戒。昔商中宗桑穀共生於朝，懼而修德，撫綏百姓，三年而歸者十六國，號為中興。陛下今日因災修德，則福及兆人，道光千載。天下幸甚。

又《奏災異後合行四事》 臣近日屢聞德音，以災異數見，畏天罪己，此實聖帝明王至仁之體也，天下幸甚幸甚！昨日宰臣等再奉聖旨，不須謝過，但自行事，此又濟時責實之要也。臣等敢不惶恐，思竭誠志，以副宵旰之意。臣觀自古國家，皆有災異。但聖德善政，及於天下，人不敢怨叛，則雖有災異，而無禍變也。如其德衰政暴，兆民怨叛，故災異之出，多成禍變也。陛下今既畏天之戒，上憂宗社，下憂生靈，固已得堯湯之心矣。如更行堯湯之事，使天下受賜，其有災異，適足增陛下之盛德。臣待罪輔臣，經年無狀，四方多事，未敢引退，恐負君親擢用之意。臣竊觀自祥符年後，以至今日，火不炎上之災已十數度，又累有地震之異。今夏蝗秋澇，人多妖言，雖陛下修德罪己，自可以動天地，感鬼神，而念及生民，若不遑處。臣請行此數事，少助陛下救生民之萬一，惟聖心裁擇。

一、委天下按察使省視官吏，老耄者罷之，貪濁者劾之，昏懦者逐之，是能去謬吏而紀慢政也。至於激勸善政之術，即未著明；其官吏中有畏上位之威，希意望進；或矯修廉節，而爭為猛政。求集事之名者，務為暴斂；求盡公之稱者，專用深文。政尚虛聲，人受實弊。資產竭於科率，舉動觸於刑憲。生民困苦，善人嗟痛。此天下怨叛之本也。秦以天下怨叛而亡，漢以救秦之弊而興。臣請詔諸路按察官，除常程糾察舉薦外，於轄下知州、知縣、縣令中別選潔己愛民，顯有善政，得百姓心如倚父母者，各具有的實事狀，舉三兩人，特與改官再任，或陞陟委用。如此，則天下官吏知陛下憂赤子之心，各務愛民求理，不為苛政，足以息生民之怨叛也。如所舉不實，仰御史臺彈奏，當議重行貶黜。令別進呈唐時選剌史縣令條目，便乞約附施行。

一、天下官吏明賢者絶少，愚暗者至多。民訟不能辨，吏姦不能防，聽斷十事，差失者五六。轉運使、提點刑獄但采其虛聲，豈能徧閲其實！故刑罰不中，日有枉濫。其奏按於朝廷者，千百事中一二事耳。其奏到案牘，下審刑、大理寺，又只據案文，不察情實，惟務盡法，豈恤非辜！或無正條，則引謬例，一斷之後，雖寃莫伸，或能理雪，百無一二。其間死生榮辱，傷人之情，實損和氣者多矣。古者一刑不當，而三年大旱，著於史策，以戒來代，非虚言也。況天下枉濫之法，寧不召災沴之應耶！臣請詔天下按察官專切體量州縣長吏及刑獄法官，有用法枉曲，侵害良善者，具事狀奏聞，候到，朝廷詳其情理，別行降黜。其審刑、大理寺，乞選輔臣一員兼領，以慎重天下之法。令檢尋自來斷案及舊例，削其謬誤，可存留者，著為例冊。

一、今諸道常平倉，司農寺管轄，官小權輕，主張不逮。逐處提點刑獄，多不舉職，盡被州府借出常平倉錢本使用，致不能及時聚糴。每有災沴，及其遺使安撫，雖民委溝壑，而倉廩空虚，無所振發，徒有安撫之名，而無救恤之實。又國家養民之政，本尚務農，因民之利而利之，則朝廷不勞心而民自養之矣。臣請選輔臣一員兼領司農寺，力主天下常平倉，使時聚糴，以防災沴。並詔諸路提點刑獄，今後得替上殿，並先進呈本路常平倉斛㪷數目，方得別奏公事。移任者，亦須依此發奏後方得起離。仰司農寺常切糾舉，及委輔臣等速定勸農賞罰條約，頒行天下。

一、天下茶鹽，出於山海，是天地之利，以養萬民也。近古以來，官禁其源，人多犯法。今又絶商旅之路，官自行販，困于運置。其民庶私販者徒流，兵稍盜取者絞配，歲有千萬人罹此刑禍。是有司與民爭利，作為此制，皆非先王之法也。及以官販之利，較其商旅則增息非多，而固護之弊未能革者，俟陛下之睿斷爾。臣請詔天下茶鹽之法，盡使行商，以去苛刻之刑，以息運置之勞，以取長久之利，此亦助陛下修德省刑之萬一也。

宋 包拯《包孝肅奏議集》卷一《奏謹天誡》 臣竊見近者太白犯月於箕尾之分，熒惑犯鎮星於虚、危之分，而又冬雷震發，雨木成氷，博詢前聞，固不虚發。臣謹按歷代《五行志》曰：『太白犯月，月犯太白，熒惑犯鎮星，皆外寇之兆。雨木成氷者，説者謂上陽施不下通，下陰施不上達，故雨木為之氷。氷者陰之盛，木者少陽貴神，卿大夫之象。』亦曰：『木氷為木介，介者甲兵之象。』又曰：『冬雷者，所發之地主兵。謂雷以二月出八月入也。』今年冬而震雷雨雹者，陽不閉藏而發泄，皆失節之異。夫月者太陰之長，后妃大臣諸侯之象，亦主夷狄。鎮星所管宋、衛、陳、鄭之分，若金火凌犯，固不為福。況又箕尾屬燕，虚、危屬齊，設或内非其應，則北人之患，山東之憂，亦須大為之防。且頃歲有星孛之異，近復有巨嵎之震，不可忽也。今四方災旱，流亡未復，雖遣使綏撫，貸粟賑給，而上下困竭，濟卹攸艱，此乃天意篤佑聖宋，丁寧陛下如是之至也。《書》曰：『歷象日月星辰。』此言王者當仰視天文，俯察地理，觀日月消息，候星辰躔次，揆山川變動，參人民謡俗，以考休咎。若見災異，則退而責躬，恐懼修德以應之；有不可救者，則蓄儲備以待之，故宗社享無疆之福。伏望陛下省災異之來，驗休祥之應，謹奉上天之戒，以揆當時之務。外則幅員之廣，戎狄寇盜之可虞；内則機政之繁，號令賞罰之未信。固宜進擢賢傑，振張紀律，廣闢衆正之路，屏絶羣枉之門，斥遠奸憸，慎重聽納，近自宮禁，遠及邊陲，杜漸防微，中外協濟。如此，則庶幾後患可弭，惟聖度裁處。

宋 司馬光《傳家集》卷一六《賜文武百寮宰臣富弼已下上第五表乞皇帝御正殿復常膳聽樂允批答》 省表具之，朕秉德不明，陰陽謬戾，旱暵為災，辜及元元。為人父母，不能保養覆冒以厚其生，朕甚愧之。是用避去正寢，貶膳徹樂，夙夜悼懼，内自刻責，以請咎於神祇。浹辰之間，雖霡霂屢霑，而不能周洽，菽麥將槁，禾麻未滋。而羣公卿士，以尊奉母慈，誕揚顯號，良日既戒，宜以時行，禮樂之文，不可不備。當抑已復常，以成大典。苟協於義，朕何敢違？所請宜允。

宋 楊萬里《誠齋集》卷六九《奏對札子・癸巳輪對第一札子》 臣恭遇陛下親郊，底於休成，而臣得駿奔其間，國之大慶，臣之至榮也。然臣竊觀其初，微雨既降，而陛下惕然寅畏，憂形天顔。既而天表之應。步自太室而瑞雪紛至，燎重紫壇而雲物開除，肆眚丹鳳而日光清照，此蓋陛下一念之誠，天應之速也。且夫雨暘者，天也。變雨而暘者，陛下之一念也。然則災祥雖在乎天，而變災為祥者，實在乎陛下矣。然臣竊怪比年以來，江湖之間水旱間作，陛下勅監司，諭守臣，捐給内帑之錢，發太倉之粟，所以畏天憂民者盡矣。而嘉氣未應，豐年未屢，此豈天道之遠有所難格歟？臣聞之《易》曰：『君子以自強不息。』《記》曰：『文王之所以為文也，純亦不已。』昔者唐太宗即位之初，元年飢，二年蝗，三年水，宜其治之難也。然太宗聽魏徵仁義之言，黜封倫刑名之論，導人使諫，勤而撫民，未幾大稔，米斛三錢。蓋太宗不以天之未應而少怠，亦不以天之既應而自足，此其所以致貞觀之隆也。今以陛下畏天之誠，憂民之切，以念郊祀雨暘之心為念斯民水旱之心，以郊祀三數日寅畏之心為純亦不已之心。聖心不息，天意自格。變水旱為豐穰，銷氛祲為泰和，豈特致貞觀之治而已。臣不勝愚忠。取進止。

宋 胡銓《澹庵文集》卷一《制策·御試策一道》 问：『蓋聞治道本天，天道本民，故視聽從違，不急於算數占候，而惟民是察，持以至誠，無遠弗屆，古先哲王罔不由斯道也。朕承宗廟社稷之託於俶擾阽危之後，懷父母兄弟之憂於攜貳單微之時，念必撫民以格天，庶或悔過以靖亂。踰年於茲，寢興在是。故府庫單匱，軍費倍滋，而賦斂加薄；外患未弭，盜賊尚多，而追胥有程。擇守令以厚牧養，責按廉以戢貪暴。命令為民而下者十常六七，凡曰聚所欲、去所惡者，朕有弗聞，未有聞而不恤，恤而不行也。然而迎親之使接武在道，而敵情未孚；保國之謀刻意在兵，而軍勢未張。躬純儉以敦本，而奢侈之習未悛；擴大公以示訓，而私罔之俗尚勝。刑賞不足以振偷惰之氣，播告不足以革狂悖之心。田畝未安，旱蝗害歲。豈朕不德，無以動天，聽抑政令失宜，而民以為病乎？何精誠之弗效，而禍亂之難戢也？伊欲復親族，奠疆埸，清寇攘，善風俗，使百姓樂業而亹亹迓衡，何修而可以臻此？子大夫涉艱險以副詳延，誠亦勤矣。其必有至言欲為朕陳者，其悉言之無隱。若乃矜空文而無補於實，咎既往而無益於今者，非朕之所欲聞也。其以朕之未聞而切於時者言之，朕將親覽焉。』

臣對：『臣聞國將興聽於民，國將亡聽於天。湯武聽於民，其興也勃焉；桀紂聽於天，其亡也忽焉。方桀紂之未亡也，謂已有天命，曰：「我生不有命在！」彼以天命為真可恃，偃然自謂子孫帝王萬世之業也。及其亡也，諸侯歸商者三千，資以勝夏，則成湯以興；諸侯歸周者八百，資以勝商，則武王以興。湯武聽於民而反以興，非民興之也，修人事以應天，是以興；桀紂聽於天而反以亡，非天亡之也，恃天命而虐於人，是以亡。興亡之端，厥監在民而不在天，甚易曉也。而中材庸主，每每反之，此忠臣義士之所以深悲，天下之所以亂亡相尋，而世主不悟也。陛下起干戈鋒鏑之間，適值天下倥偬不暇給之秋，外亂內訌，憸人秉朝，邊方有風塵之虞，中原有新羈之馬，赤子入無知之俗，民愁盜起，禍稔蕭牆，王室摇摇然幾如一髮引千鈞。當此之時，可謂亂甚矣！臣愚謂陛下宜焦心嘗膽，聽于民之時也。而陛下策臣等數十條，大概質之於天。首曰：「蓋聞治道本天，天道本民。」又曰：「豈朕不德，無以動天？」又曰：「何精誠弗效而禍亂之難戢也？」似皆聽於天者，此臣所以深疑，而願為陛下直言無諱也。【略】臣謂陛下躬純儉而驕奢未悛者，是陛下未必純儉也；擴大公而私罔尚勝者，是大公未必能擴也；賞罰不足以振偷惰，是大柄下移也；播告不足以革狂悖，是危亂之兆也；田畝未安而旱蝗害歲，則生民失職而怨沴並作也。【略】而陛下以田畝未安、旱蝗害歲為患，則是生民失職，人心將離，血氣將絕之時也。謹按《春秋》灾異變見常與人事相符。灾異見於上，則禍變罹於下，猶鐵炭之低昂，見效可信也。凡《春秋》書蟲者，傷旱蝗之害稼也。然書蟲凡九，而哀公十數月之間凡三書之，甚之也。甚之者，疾其害民之甚也。按是時十三年之間，而帥師伐某、侵某、取某、戰於某地，比他公為特甚，干戈至此而糜爛其民矣，生民至此而為血肉矣。黄池之會，夷狄主盟中國，天下日趨於亡矣，乃復暴興田賦，民怨禍稔，歲大旱蝗，人有艱食之苦，聖人於此不一年而三書蟲，傷之也。是知旱蝗之患，實兵戈怨毒之餘所由作也。比年以來，北寇橫行，干戈爛熳而不息，未嘗一年不戰，生民日委頓，四夷日熾盛，天下不知有生之樂，幾年於此矣。瘡痍之日，肝腦塗地，丘隴發掘，辜及枯骨，此肉腐血流者，不知幾億萬生靈之命，陛下不得而見也。士卒死邊野之外，婦哭其夫，母哭其子，寡婦弱子抱負輛車，望寃弔哀於千里之外，途悲巷泣，怨痛徹天，陛下不得而聞也。陛下不見其所不見，不聞其所不聞，驅民萬死之地，而卒無一毫之利，積毀銷骨，積寃傷和，陰沴作而灾禍興，何怪乎田畝之未安，旱蝗之害歲也！今者兩河淮甸，赤地千里，飛蝗蔽天，公卿大臣熟視無計，而請為遣蝗之舉。嗚呼，正使蝗而可遣，是移腹心之疾而置諸股肱，不知他境之民何苦而加之哉！臣聞天禧中，真宗以再歲旱蝗，秋稼不稔，慨然動念，宸慮政令闕失，有爽天意，因詔削鹽茶條禁之峻刻者，以懲旱蝗之變。以今政令闕違，豈惟鹽茶一二事而已。臣知旱蝗為害實天意大警陛下也，而議者尚謂天灾流行，由歷數運會，非政令失宜之咎。嗚呼，天下有善則歸諸己，天下有禍則歸之天，此非聖賢之用心也。願陛下少戢誅討，少息調發，練兵實粟，養吾銳氣，而全中國之力，以消蝗旱之灾。毋以精神弗效而怠荒，毋畏禍亂難戢而息志，以《春秋》為戒而謹持之，以祖宗為監而力行之，毋以草茅之言而罷之，則天下幸甚。陛下中策臣以此。【略】臣故曰：願陛下以《春秋》為戒而謹持之，以祖宗為監而力行之，無以草茅之言而罷之，則天下幸甚。臣謹對。

宋 李綱《梁溪集》卷九八《乞益修政事札子》 臣聞和氣致祥，乖氣致沴，天人之際，應若影響，不可誣也。政令和平，合於民心，天應以福，雨暘時若而為豐歲，此和氣致祥之符也；政令乖戾，咈於民心，天應以灾，水旱極備而為凶年，此乖氣致沴之符也。豐凶之本，乃在人主心術、朝廷注措之間，宗社之安危，生靈之休戚繫焉，可不懼乎！前年江、湖、閩、浙嘗苦大旱，流移失業，殍踣相望，陛下軫慮之深，不遑暇食，親灑宸翰，勸誘賑濟，其所全活不知其幾千萬人。至誠動天，報以休應，曰雨而雨，曰暘而暘，歲大豐穰，民以安樂。自經一稔之後，上下恬嬉，不復勤恤民隱。朝廷意民間之有蓄積，百色誅求，上供不以實數而以虛額，和糴不以本錢而以關子。絲蠶未生，已督供輸。禾穀未秀，已催裝發。州縣困於轉輸，文移急於星火。官吏愁歎，閭里怨咨，感動天心，旱災復作。江、湖、淮、浙所被甚廣，歲且歉食，人情驚疑，如居風濤，洶洶靡定。然則陛下欲消弭災異，導迎吉祥，不必他求，但如前日之用心，自然感召和氣，休應立臻，則旱暵必復為豐年矣。昔周宣遇災而懼，側身修行，欲銷去之，而王化復行，《雲漢》之詩是也。安知旱暵之災，行為中興之資乎？願詔朝廷益修政事，凡所以賑救民災、給足軍食者，早正素備，無待倉猝取具於臨時也。方今強敵憑陵，僭竊窺伺，屯兵淮滸，以為控扼，欲進則未能，欲退則不可，開口待哺於縣官者數十萬人。平時運餉已極勞費，歲一不稔，將何以給之？夫今日之患，欲民力寬則軍食闕矣，欲軍儲裕則民財匱矣，二者如鐵炭之低昂，此首重則彼尾輕，非有術以權之，使斂不及民而軍食足，不可得而均也。孟子曰：『無政事則財用不足。』今屯兵之數不多於前時，而養兵之費十倍於往日，死生去來，無籍可稽，上功行賞，無實可考，轉資遷秩者動以萬計，廩祿之費，又不知其幾何也。開端者不可復斂，放行者不可復收，日益月加，無時而已。天地之生財有時，人力之理財有限，而度量不立於其間，養兵之費有增無減，坐致耗屈，竭出於民，謂之有政事可乎？此臣之所以日夜為陛下寒心者也。夫政事立然後財用足，財用足然後軍食給，軍食給然後民力寬，民力寬然後天心格，天心格然後和氣可召而為豐年。此臣所以願陛下救今日之弊，以修政事為先也。臣仰察天時，俯揆人事，今日誠為危急存亡之秋，惟陛下念宗社生靈之重，圖為善後長久之策，留神邦本，天下幸甚。臣以衰病，屢乞閑散，將歸山林，不勝憂國之情，輒復自竭陳其大畧，以瀆天聽。如聖心尚有所疑，願賜清問，得以展盡底蘊，為陛下詳言之。誓罄狂瞽，仰酬大恩。臣無任。

又《乞詳酌見糴晚米奏狀》 右，臣契勘本路春夏之間，雨暘調適，早禾已是成熟，收割了當。自入秋以來，闕少雨澤，已覺亢旱，又生青蟲，食害苗稼。見今祈禱未獲感應，若更旬日內無雨，晚田決致旱傷。竊見朝廷近降指揮，受納秋苗及和糴米斛，並要一色晚米。竊慮既不糴納早米，晚稻又失指準，有誤大計。伏望聖慈特降睿旨，令朝廷更賜詳酌施行。

《續資治通鑑長編》卷五三 〔咸平五年十一月〕庚申，河陽節度判官清池張知白上疏曰：

臣聞創王業期於無窮者，必政事為基。是以王業盛者，其政事必經久可取，遠大可法，然後速見治平之運。竊以古今之言事者，鮮不以防邊為急務，故多舉西北二隅攻守之事，以獻方略，由是奇兵之謀，紛然競興。夫五行之中，金為兵，以五事配之，則金為義，兵之為用，實不可去也。乃知言弭兵者，罪莫大焉；窮兵者，亦罪莫大焉。夫史籍所載，京師為陽，而諸夏為陰，蓋取諸內外之義也。夫陽主生物，陰主殺物，故知四夷擾邊，不足異也，在制之有道爾。又和樂為陽，愁苦為陰，王者必先內和人心，而後制四夷，此崇陽抑陰之義也。臣伏見去春大雪，今夏暴雨，稽《洪範》之書，則繫乎咎惡之文。伏惟陛下自即大位，日謹一日，而復溫厚恭肅，祗畏勤儉，討論方册，思廣治道。聖德無缺，則咎惡何從而起，豈非政令之間有不便於天時者乎？今夫春者，發生之月也，可生而不可殺也。國家每歲春夏將交之時，禁止採捕，是仁及鳥獸，而不聞禁決死罪。夫人者，萬物之靈，豈不重於鳥獸？今建寅之月，三元之始，孟夏乃是正陽之月，於卦為乾。況正律所載，有『秋分已前不決死罪』之制，月令當春，則曰『無肆掠』，謂不可以陰政犯陽，又曰『宜行仁而不可以舉義事』，及夏則曰『挺重囚，出輕繫』，並無決死刑之文。唐朝悉依此制。若罪在十惡，尤為巨蠹者，則決不待時。【略】

又按禮經：季夏中氣之後十五日不可興土功，為土將用事，氣欲靜也。請詔天下每歲起季夏中氣後至立秋節半月內，非邊陲防警，捍敵浚城，及完治隄防，以禦水害，餘並不得起創土功，其整葺隳頹者，不在此限。

又 卷九三 〔天禧三年春正月乙亥〕大中祥符間，天子既封禪，士大夫爭奏符瑞，獻贊頌，立獨言：『水發徐、兖，旱連江、淮，無為烈風，金陵大火，是天所以戒驕矜，而中外多上雲露、草木、禽蟲諸物之瑞，此何足為治道言哉！願敕有司，草木之異，雖大不錄，水旱之變，雖小必聞。』前後凡上四十餘事云。或將後段附祥符二年正月張知白、俞獻可所言後。

又 卷一〇八 ［天聖七年六月丁未］太廟齋郎蘇舜欽，詣登聞鼓院上疏曰：

烈士不避鈇鉞而進諫，明君不諱過失而納忠，是以懷策者必吐上前，蓄冤者無至腹誹。然言之難不如容之難，容之難不如行之難。有言之，必容之；有容之，必行之，則三代之主也，幸陛下留聽焉。臣觀今歲自春徂夏，霖雨陰晦，未嘗少止，農田被災者幾於十九。臣以謂任用失人，政令多乖，賞罰失中之所召也。天之降災，欲悟陛下，而大臣歸咎於刑獄之濫，陛下聽之，故肆赦天下，以為禳救。如此，則是殺人者不死，傷人者不抵罪，而欲以合天意也。古者斷決滯訟以平水旱，不聞用赦。故赦下之後，陰霾及今。前志曰：『積陰生陽，陽生則災見焉。』乘夏之氣，發洩於玉清宮，震雨雜下，烈焰四起，樓觀萬鼎，數刻而盡，非慢於火備，乃天之垂戒也。陛下當降服減膳，避正寢，責躬罪己，下哀痛之詔，罷非業之作，拯失職之民，察輔弼及左右無裨國體者罷之，竊弄威權者去之，念政刑之失，收芻蕘之論，庶幾可以變災為祐。浹日之間，未聞為此，而將計工役以圖修復。都下之人，聞者駭惑，聚首橫議，咸謂非宜，皆曰章聖皇帝勤儉十餘年，天下富庶，帑府流衍，乃作斯宮，及其畢功，海內虛竭。陛下即位，未及十年，數遭水旱，雖征賦咸入而百姓困乏。若大興土木，則費用不知紀極。財力耗於內，百姓勞於下，內耗下勞，何以為國！況天災之，己違之，是欲競天。無省己之意，逆天不祥，安己難任，欲祈厚貺，其可得乎！今為陛下計，莫若採吉士，去佞人，修德以勤至治，使百姓足給而征稅寬減，則可以謝天意而安民情矣。夫賢君見變，修道除凶，亂世無象，天不譴告。今幸天見之變，是陛下修己之日，豈可忽哉？

又 卷一一一 ［寶元元年春正月］乙卯，大理評事、監在京店宅務蘇舜欽詣匭通疏曰：臣聞河東地大震裂，涌水，壞屋廬城堞，殺民畜幾十萬，歷旬不止。始聞惶駭疑惑，竊思自編策所紀，前代衰微喪亂之世，亦未嘗有此大變。今四聖接統，內外平寧，神人交歡，兵革偃息，固與夫衰微喪亂之世異，何災變之作返過之邪。且妖祥之興，神實尸之，各以類告，未嘗妄也。天人之應，古今之鑒，大可恐懼。豈王者安於逸豫，信任近狎而不省政事乎？廟堂之上，有非才冒祿，竊弄威福而侵上事者乎？又豈施設之政有不便於民者乎？深宮之中，有陰教不謹以媚道進者乎？西北羌夷有背盟犯順之心乎？臣從遠方來，不知近事，心疑而口不敢道也。所怪者，朝廷見此大異，不修闕政，以厭天戒、安民心，默然不恤，如無事之時；諫官、御史，不聞進牘鋪白災害之端，以開上心。然民情洶洶，聚首橫議，咸有憂悖之色。臣以世受君祿，身齒國命，涵濡惠澤，以長此軀，目睹心思，驚怛流汗，欲盡吐肝膽，以拜封奏。

又 臣竊見綱紀隳敗，政化闕失，其事甚眾，不可概舉。謹條大者二事以聞：

一曰正心。【略】臣望陛下修己以御人，洗心以鑒物，勤聽斷，舍燕安，放棄優諧近習之纖人，親近剛明鯁正之良士。因此災變，以思永圖，則天下幸甚。

二曰擇賢。夫明主勞於求賢，而逸於任使。然盈庭之士，不須盡擇，在擇一二輔臣及御史、諫官而已。陛下用人，尚未遴擇。昨王隨自吏部侍郎平章事，超越十資，復為上相。此乃非常之恩，必待非常之才，而隨虛庸邪諂，非輔相之器，降麻之後，物論沸騰。故疾纏其身，災仍於國。此亦天意愛惜我朝，陛下鑒之哉！且石中立頃在朝行，以詼諧自任，士人或有宴集，必置席間，聽其語言，以資笑噱。今處之近輔，不聞嘉謀，物望甚輕，人情所忽，使災害屢降而朝廷不尊，蓋近臣多非才者。【略】

臣以謂陛下身既勤儉，輔弼、臺諫又皆得人，則天下何憂不治，災異何由而生。惟陛下少留意焉。舜欽本傳稱，康定中，河東地震，舜欽詣匭上疏，蓋誤也。康定中，則王隨等罷久矣，今據舜欽集，見之此年正月十八日。

又 卷一二七 ［康定元年五月己卯］刑部員外郎、天章閣待制、知同州龐籍為陝西都轉運使。籍嘗上言：『連年災異，天久不雨，臣謂弭災消禍，在朝廷自修。比年費用奢廣，出納不嚴，內中須索既多，有司以憑由除破，無緣鉤較虛實。臣竊謂凡乘輿所用，宮中所費，宜取先朝為則。今宿師西鄙，力戰重傷，方獲功賞，而內官、醫官、樂官，無功時享豐賜，故天下指目，謂之三官。願少裁抑，無厚賚予，專勵戰功，敵寇不足平也。』籍上疏不得月日，本傳在為都轉運使之後，今附見，更須考詳。疏言天久不雨，其時亦可約也。

又 卷一四三 ［慶曆三年九月壬辰］歐陽修言：【略】此外，京東今歲自秋不雨，至今麥種未得，江淮倫賊之後，繼以饑蝗；陝西災旱，道路流亡，日夜不絕。似此等處，將來盜賊必起，是見在者未滅，續來者更多。而乾象變差，譴告不一，於古占法多云『天下大兵並起』。今兵端已動於下，天象又告於上，而朝廷安恬舒緩，無異常時，此臣前狀所謂古之智者能慮未形之機，今之謀臣不識已形之禍者也。

臣聞兩漢之法，凡盜賊並起、人民流亡、天文災異，如此等事，皆責三公，或被誅戮，或行黜放。今幸朝廷仁聖寬慈，大臣偶免重責，而猶忘忽禍患，偷習因循，此臣所謂大臣不肯峻國法以繩官吏，蓋由陛下不以威刑責其大臣者也。

又 卷一五一 〔慶曆四年秋七月〕先是，范仲淹言：臣近日屢聞德音，以災異數見，畏天罪己，此實聖帝明王至仁之體也。昨日宰臣等再奉聖旨：『不須謝過，但自行事。』此又濟時責實之要也。臣等敢不惶恐，思竭誠志，以副宵旰之意。臣觀自古國家皆有災異，但盛德善政及於天下，人不敢怨叛，則雖有災異，而無禍變。如其德衰政暴，兆民怨叛，故災異之出，多成禍變。陛下今既畏天之戒，上憂宗社，下憂生靈，固已得堯、湯之心矣，如更行堯、湯之事，使天下受賜，其有災異，適足增陛下之盛德。臣待罪輔臣，經年無狀，四方多事，未敢引退，恐負君親擢用之意。臣竊觀自祥符年後，以至今日，火不炎上之災，已十數度，又累有地震之異，今夏蝗秋潦，人多妖言，雖陛下修德罪己，自可以動天地，感鬼神，而念及生民，若不遑處。臣請行此數事，少助陛下救生民之萬一，惟陛下裁擇。【略】

一，天下官吏，明賢者絕少，愚暗者至多，民訟不能辨，吏姦不能防，聽斷十事，差失五六。轉運使、提點刑獄，但采其虛聲，豈能遍閱其實，故刑罰不中，日有枉濫。其奏按於朝廷者，千百事中一二事爾，其奏到案牘，下審刑、大理寺，又只據案文，不察情實，惟務盡法，豈恤非辜。或無正條，則引謬例，一斷之後，雖冤莫伸，或能理雪，百無一二。其間死生榮辱，傷人之情，實損和氣者多矣。古者一刑不當而三年大旱，著於史冊，以戒來代，非虛言也。況天下枉濫之法，寧不召災沴之應耶？臣請詔天下按察官，專切體量州縣長吏及刑獄法官，有用法枉曲侵害良善者，具事狀奏聞，候到朝廷，詳其情理，別行降黜。其審刑、大理寺，乞選輔臣一員兼領，以慎重天下之法，令檢尋自來斷案及舊例，削其謬誤，可存留者著為例冊。

一，今諸道常平倉，司農寺管轄，官小權輕，主張不逮，逐處提點刑獄多不舉職，盡被州府借出常平倉錢本使用，致不能及時聚糴，每有災沴及遣使安撫，雖民委溝壑，而倉廩空虛，無所賑發，徒有安撫之名，且無救恤之實。又國家養民之政，本在務農，因民之利而利之，則朝廷不勞心而民自養。臣請選輔臣一員兼領司農寺，力主天下常平倉，使時聚糴，以防災沴。并詔諸路提點刑獄，今後得替上殿，並先進呈本路常平倉斛數目，方得別奏公事。移任者亦須依此發奏後，方得起離。仰司農寺常切糾舉，及委輔臣等速定勸農賞罰條約，頒行天下。

又 卷一五四 〔慶曆五年春正月丙戌〕先是，田況言：比來災咎頻仍，蝗潦繼作，陛下責躬引咎，不遑寧處，以至躬祈道佛，並走羣望，薰祓之意，可謂至矣。然觀當世之弊，驗致災之由，其實役斂重而民愁，和氣傷而沴作。役斂之重，由國計之日窘；國計之日窘，由宂兵之日蕃。今天下兵已踰百萬，比先朝幾三倍矣，自昔以來，坐旨費衣食，養兵之宂，未有如今日者。雖欲斂不重，民不愁，和氣不傷，災沴不作，不可得也。昔董仲舒、劉向謂《春秋》所書蝝螟之災，皆政貪賦重之所致。今陝西、河東、河北三路民玩弊，人共知之，臣不復言矣。且以江、淮之間言之，今江、淮菽麥已登矣，而官責民輸錢，數斗之費，不供一斗之價，物遂大賤而農傷。稅絹已輸矣，民間貿易無餘，而暴令復下，又配市之，織紝之家寒不庇體，而利盡于商賈。累年以來，刻剝不已，民間泉貨皆以匱竭。其他百色科調，峻法爭利，不可勝言。傳聞東南之民，大率中產以下往往乏食。民之愁窘，致傷和氣如此，而未聞陛下與二府大臣議所以救之之術，乃欲以一爐香、數祝板，上塞譴咎，此臣所以不得已而言也。

又 卷一五八 〔慶曆六年六月丙子〕參知政事吳育與宰相賈昌朝不相能，監察御史唐詢既怨育，遂希昌朝意上奏曰：

賢良方正、直言極諫、茂材異等科，由漢涉唐，皆不常置。若天見災異，政有闕失，則詔在位薦之。【略】其後孝元初元二年地震，永光二年日蝕；成帝建始三年災異屢見，河平四年日蝕、水災，鴻嘉二年數遭水旱，元延元年日蝕、星隕；光武建武六年、七年，日蝕；章帝建初元年地震，五年日蝕；和帝永元六年，凶饑；安帝永初元年日蝕，五年日蝕、地震；順帝延光四年京師大疫，永和六年日蝕，或詔丞相、御史，或詔郡國守相、司隸州牧，或詔大將軍，舉賢良直言者十六，舉茂材者一而已。本朝但用兩漢之名，而不用兩漢之制，請自今不與進士同時設科，若因災異非時舉擢，宜如漢故事，親策當世要務，罷祕閣之試。

疏上，帝刊其名付中書，育奏疏駁之曰：『三代以來取士之盛，莫若漢、唐。漢文帝十五年詔舉賢良文學之士，上親策之，則有如晁錯者出焉，是時非有災異而舉也。武帝建元元年詔舉賢良方正、直言極諫之士，元光元年詔賢良對策，則有若董仲舒、公孫弘者出焉，所舉亦非因災異。但策中語或及者，亦陳事之一端爾。唐開元二年六月甲子制，其有茂材異等，咸令自舉。是年設直言極諫科。逮憲宗元和間，制科尤盛，有若元稹、白居易皆特出之材。觀當時策目所訪者，皇王之要道，邦國之大務，可以覆視，固不專於災異也。此漢、唐故事有足據者。其間或因天變，又非時親策者，則亦有之。厥後時君或居常自逸，謂無闕政，及天災已著，時釁已形，然後下詔舉之，欲救於臨事，此則取士之弊風，而後王之末造也，豈足法哉。

陛下自復制科，於茲累年，隨貢舉而開，疏數適中。若必俟災譴然後詔舉，非惟失設科本意，且尤不可者有三：一則使天下賢俊滯淹之士，待災異而進，非所以養廉恥也；二則平居不詢，造形乃問，非所以懼天災也；三則輕改信令，示天下無渴士之心，非所以廣賢路也。且漢、唐所立孝廉及進士等科，皆每歲常選，故制舉不隨而開。今禮部進士，數年一舉，因以制舉隨之，則事適其宜，何害於時，須此紛易。況災異之出，不常厥期，或彌年所無，則此舉奚設，或比歲而有，則於事太煩。既不因乎天災，又不隨乎貢部，而曰非時詔舉，浩無端倪，乃是遂廢此科。芻蕘稍詢，則言路有寄；餼羊一去，則禮意都忘。今無故而更張，使遺材絕望，其傷國體，不亦大乎？乞并下臣奏兩制詳定。

又卷一六五［慶曆八年八月］是月，殿中侍御史何郯言：『臣昨於六月內曾具奏論，為今歲災異為害甚大，陳執中首居相位，燮理無狀，實任其責，因舉漢時以災異冊免三公故事，乞因執中求退，從而罷免，以答天意，未蒙施行。今霖雨連晝夜不止，百姓憂愁，豈非大臣專恣，務為壅蔽，陰盛侵陽所致。雖陛下焦勞於上，而臣下不能奉承聖旨，竊恐未能銷去災異。【略】

今中外之人，怨望執中非一，其召災異，未必不由此。古人以一夫傷嗟，王道為虧，況復天下傷嗟者多乎？又執中昧經國之大體，無適時之長材，當四方多事之秋，陛下欲倚之使致太平，固不可望也。今陛下用執中則失天下人心，退執中則慰天下人望。陛下豈可慮傷一執中之意，而不念失天下之心！失天下之心而欲天地之氣和，固不可得也。伏望聖慈依臣前奏，罷免執中，以慰天下之望。臣於大臣固無嫌隙，不避其威權而言者，蓋慮陛下以淫雨未止，憂勞過甚，不責臣下而引咎聖躬，所以欲乞退強戾專恣之人，免致壅蔽，使上下情通，則災異可除，和平可致。茲事所舉，繫國家利害甚大，伏惟聖心斷之不疑，速賜裁決。但使執中退不失安全，則君臣之分無損。然後別擇通明賢材而任之，以平國政。臣近蒙差考試國子監舉人，不得面對，故有此論列，惟陛下不惜退罷一臣，以順天下之望，則天下幸甚。』

又卷一七九［至和二年三月］己卯，邇英閣講《周禮》大畢，王洙曰：『祠天地之器，以質信為本。』帝曰：『曹操不事質信而多詐忌，何以事上帝乎？』洙曰：『天地之德，非至誠之道，至質之器，何以動之？』張揆讀《後漢書》應劭議刑，揆曰：『當漢獻帝亂世，有司猶能守法，今天下奏獄，或違法出罪，負冤不伸。水旱之災，未必不由此也。』帝曰：『祖宗以來，多用中典，奏讞者往往貸之，豈欲刑罰之濫乎！』

又卷一九四［嘉祐六年八月乙亥］於是司馬光復與同列上疏言：『臣等竊見今歲以來，災異屢臻，日食地震，江、淮騰溢，風雨害稼，民多菜色，此正陛下側身克己之時。而道路流言，陛下近日宮中燕飲，微有過差，賞賚之費，動以萬計，耗散府庫，調斂細民。況酒之為物，傷性敗德，禹、湯所禁，周公所戒，殆非所以承天憂民、輔養聖躬之道也。陛下恭儉之德，彰信兆民，議者皆以為後宮奢縱，務相誇尚，左右近臣，利於賞賚，陛下重違其請，屈意從之。夫天以剛健為德，君以正固為事，柰何徇後宮左右之欲，上忽天戒，下忘民病，中不為宗廟社稷深自重惜？臣等愚惑，切為陛下不取。伏望陛下當此之際，悉罷燕飲，安神養氣，後宮妃嬪進見有時，左右小臣賞賚有節，及厚味臘毒之物無益奉養者，皆不宜數御以傷太和，乃可以解皇天譴告之威，慰元元窮困之望，保受命無疆之休矣。』上嘉納之。光行狀云：『既取蘇轍，光遂與諫官王陶同上疏，願為宗廟社稷自重。上嘉納之。』按陶此時不在朝廷，諫官則楊畋、龔鼎臣及光，凡三人爾，恐行狀誤，今但云同列，更須考詳。

又卷二〇六［治平二年九月］甲戌，以制科入等著作佐郎范百祿為祕書丞，升一任；前和川縣令李清臣為著作佐郎。

百祿所對策言：《五行傳》曰：『簡宗廟，案《宋史》俱作簡宗室，當以此為是，後皆放此。廢祭祀，則水不潤下。』魯莊公丹桓宮楹，又刻其桷，以自夸大，天應時而水。夫傅飾非典，猶不卑其先君，其變且若是，況今朝廷陳奏，顯言欲為兩統、貳父之舉，簡宗廟者豈有愈於斯邪？昔漢孝哀尊共皇，而河南潁川大水；孝安尊德皇，而京師及郡國二十九大水；孝桓尊崇皇，而六郡地裂、水湧、井溢，又明年以平原王奉崇皇祀、尊馬氏為崇園貴人，而京師雨水；孝靈尊仁皇而京師大水。歷考數者之異，若有期會而至，異世同驗，密如符節。彼衰世之主，豈足為昭代之所取而復道之哉！然足以明天心之不易也。今之為異，先事而發，有以見上天開祐有道之意，豈不昭昭歟？

又 卷二〇八 ［治平三年十一月己巳］司馬光奏：『臣聞王者父天母地，子育黎元，嚴恭鬼神，畏懼災異，故能安靜國家，饗有多福，自生民以來，不易之道也。天雖至高，視聽甚邇，朝夕不離王者左右，順吉逆凶，應若影響，此乃《詩》《書》所載，聖人所言，豈可謂之漠然無知，而簡忽不顧哉？臣伏見陛下踐阼已來，太陽祲色，中有黑子；大風晝晦；冬溫無冰；連年大水，漂沒廬田。以至今歲災異尤甚，彗星彰見，光炎隆熾，朝東暮西，連月乃滅；飛蝗害稼；日有食之。加之陝西、河東夏秋乏雨，禾既不收，麥仍未種，婦子恓惶，流離滿路；西戎內侮，邊鄙未安。當此之際，羣臣宜勸導陛下，以祇畏天命，勤恤民隱，克己謙約，博求至言，以消變咎，以延嘉祥。而朝廷晏然，曾不為意。或以為自有常數，非關人事，或以為景星嘉瑞，更當有福。今者又有佞臣建議請上尊號，其為欺蔽上天，誣罔四海，孰甚於此！使上帝鬼神，怫鬱不懌。自拜表以來，陛下嬰此疾疹，久而未愈，此皆羣臣諂諛之罪，陛下豈得不省寤而深思哉？臣不勝區區，忘生觸死，伏望陛下自以聖意止羣臣所上章表，卻尊號而勿受，更下詔書深自咎責。咨謀四方，廣開言路，求所以事天養民、轉災為福之道。俟聖體康復，政化流通，天時豐穰，人心悅豫，然後推崇徽號，何晚之有？如此庶幾上帝收還威怒，福祿大來，聖躬和平，勿藥有喜，羣臣百姓，莫不幸甚。況陛下鄉者郊禮之前，辭尊號不受，天下稱頌盛德，至今未已。然則是棄虛名而得實名，舍虛美而取實美也，於陛下何損焉。臣荷國大恩，承乏侍從，見近日羣臣皆以言為諱，入則拜手稽首，請加鴻名，出則錯立族談，腹非竊笑，終無一人為陛下正言其不可者，臣切痛之。是敢妄進狂瞽，唯聖明采察。』不從。

又 卷三六三 ［元豐八年十二月己丑］［劉］摯又言：『伏見自入冬以來，並無雨雪，亢陽為厲，被災甚廣，羣情嗷嗷，驚憂四顧。考原經典，可謂大異。夫人之氣，與天地陰陽之氣，相為出入、流通而往來者也。人情和於下，則天道順於上，人事乖於此，則天變效於彼，是謂天人相與之際也。故聖人之事天也，知其在上不遠，應以類至，則凡祈禳消伏，以為末節小數，而專修政事以應之。竊以陛下委國仰成，與之均休戚、同榮辱者，不在三省、樞密院執政之臣乎！今廟堂之上，大臣八人，情志乖睽，謀謨不一，無同心同德之節，有分曹懷貳之意。故議政之際，排陷依違，相激相鬭，其語往往播在中外。所以政令壅格而不下，文書稽滯而不行，官爵濫於無名而不應於典故，公道屈於貴近而獨施於疏遠，私邪朋比，上下隔塞。況當皇帝陛下淵默諒闇之日，太皇太后陛下制出房闥之時，朝廷政權盡在大臣，而大臣不咸如此，故天下但聞頗僻之事而不見和善之政。政不和則人情不和，人情不和則天地之氣繆沴而生此變也。《書》曰：「肅時雨若。」《五行傳》以謂冬旱政令舒緩之所致也。今上下可謂不肅，朝廷之政可謂驕慢廢弛，號令可謂二三不振矣。古者災異水旱，咎在燮理陰陽之官，故策免三公以塞其譴。今歲已窮盡，旱暵如此，宿麥在野，無潤澤之入，春氣相乘，有疫癘之變。生民一歲之大命，豈可不念之哉！又一月以來，日眚無光，風霾昏翳。考之占驗，皆非小變，而上之人恬不以為怪，此中外之所以恐懼而不寧。伏望聖慈深省上天儆告之意，俯察朝廷乖戾之變，特詔大臣修飭政事，凡賦斂之害人者，法令之未安者，大解而更張之。至於決獄訟之私枉，趣諸司之稽違，進忠良，退阿諛，通壅蔽，去疑貳，務以至誠實事上塞天譴，下救生民，則和氣之應，將不旋日而得之矣。』

又 卷三六四 ［元祐元年春正月］是月，右諫議大夫孫覺言：『臣竊見漢陳平對文帝曰：「陛下使待罪宰相。宰相者，上佐天子理陰陽，順四時，下遂萬化之宜，外鎮撫四夷，內親附百姓，使卿大夫各得其職也。」丙吉見牛喘，問之，掾史謂丞相失問，吉曰：「方春少陽用事，未可大熱。三公典調和陰陽，職當憂，是以問之。」兩漢大災異，罷免宰相者，以其責在燮理之地。太宗朝，李昉以霖霪百餘日，陰陽乖戾罷。仁宗朝，王曾以昭應宮災罷；梁適以苛慝並作、變異重仍罷。水旱過常，為大災變，為宰相者當任其責，宰相不以為任，則誰當任之？今自皇帝陛下、太皇太后陛下親政以來，所以便安元元，有所更易者，其事不一，下至閭巷小人，山海殊絕之處，莫不謳歌而鼓舞。然而陰陽未和，旱氣太甚，經冬無雪，春又不雨，彌數千里，粟麥失種，此其為憂不一日二日而已也。將恐編戶乏食，盜賊羣起，良民受害，浸為遠近之憂。皇帝陛下、太皇太后陛下親出祈禱，憂勤切至，徧走羣望，未嘗一日而忘其憂。而蔡確、韓縝視之，眇然若不任其責者，未有閉門引咎，上章謝罪，引故事乞賜罷免。天意有可知者，前後雨雪少降而輒止，陰雲稍合而復散，意者揆務不勝其任，和氣不格其應乎？為宰相而無體國憂念之心，愛民惻怛之意，晏然自處，若其事非己憂者，臣以為此非大臣之道也。伏乞依兩漢故事，循祖宗舊例，各賜罷黜，以警百官。』二月甲申，覺又有兩章。

又［元祐元年春正月辛丑］左正言朱光庭奏：『臣聞天人之際，未嘗有間，災祥之應，密若合符，況代天理物之臣，實謨明弼諧之任。考《周官》則有燮理陰陽之説，驗漢史則有災異策免之文。臣伏見自冬涉春，時雪未降，儻歲一不稔，則民將何賴？當睿明之在御，方責任於輔臣，若不別白忠邪，何以召迎和氣？竊以蔡確之不恭，章惇之不忠，韓縝之不恥，見於行事已極著明，豈可尚容居位以累聖政？臣雖已曾兩具論奏，至今未見施行。臣竊觀自古以來君天下者，任忠賢則治，任姦邪則亂，此不易之道也。恭惟陛下圖治之始，方一意致天下於太平，宜鑒古之所以為治亂之由，則忠賢不可不信任，姦邪不可不放遠。然今輔弼之間，尚此忠邪未判，欲以成治，於理則難。天時愆亢，咎或由之。伏望陛下上觀天意，下察人情，任賢勿貳，去邪勿疑，自然天人協順，善祥來格，豐年之應，固未為晚。欲乞檢會臣前奏，早賜睿斷施行。』此據編類章疏，光庭以正月十二日奏此。貼黃云：時雪未降，乞任賢去姦。

又［元祐元年］甲辰，監察御史王巖叟奏：『臣聞盛德之君，必有所畏。上所畏者天道，下所畏者民心。故常悦民心以求天道，順天道以慰民心。伏見自冬不雪，今涉春矣，旱暵為災，非獨一方，而廣及四遠，麥苗槁竭，水泉消涸，變異甚大，此天道之所以警陛下也。民心嗷嗷，日懼疾疫交生而饑饉繼作，流亡無所而盜賊繁興，非國家小事，陛下何不於民心而求之？今陛下仁愛之念固深日至矣，然徒為祈禳小數以冀消伏，則臣以謂未得所以求天道之要。天道之要，在民所苦者革之而不吝，民所惡者去之而勿疑爾。《傳》曰：「動民以行不以言，應天以實不以文。」非欺後世之説也。惟陛下無忽，幸甚！臣觀天地之所以示意於陛下者，非不再三，比者既陰而復晴，欲雪而還已，陛下知其然乎？猶陛下於天下之大害，朝中之大姦，已悟而復疑，將斷而又止也。如陛下曠然判忠邪，別是非，除大害，復大利，使億兆鼓舞，驩然一辭，和氣上薄於天，則天自將以膏澤嘉瑞答陛下矣，何憂乎災變，何事乎祈禱也哉！』

又［元祐元年春正月］庚戌，侍御史劉摯言：『臣自去年十一月後來累具狀，彈奏宰相蔡確不恭不忠，貪權罔上，無廉恥之節，失進退之義，營私立黨，陰害政事，皆公議所不容，而朝廷安危大體之所繫，天示譴告，旱暵成災，無燮理陰陽之德，無厭服中外之望也，乞賜罷免，使之外補，至今不蒙可否之命。緣臣備員言路，既已彈劾之，臣則義不可止，前後章疏既不蒙付外施行，累乞上殿又不蒙指揮允許，上下隔塞，情志不通，公道不明，邪正不辨。今旱虐廣闊，二麥絕望，人之艱食，疾疫已作，盜賊將起，陛下祈禱之誠，非不勤至，而和氣不答，則害譴之大，將誰召之哉？陛下仁慈包容，不究其故，欲不失恩意於大臣則可也，然生民何罪，不蒙哀救？假如不欲暴確前後罪惡，則自當依古今典故，止以災變罷去，有何不可？伏乞檢詳臣前後論確事狀，盡降付三省。若臣之言不誣，即乞速賜睿斷，罷確以答天戒，以慰安中外；若臣之言有不出於公議，則乞黜臣以謝確。所貴忠邪是非有所分別，無徒使臣紛紛言之，煩瀆天聽也。』

又卷三六五［元祐元年二月辛酉］左正言朱光庭奏：此據編類章疏增入二月二日。『臣竊觀天意未和，蓋緣人心未悦，人心所以未悦，蓋緣政事未修，政事所以未修，蓋緣忠賢未安，忠賢所以未安，蓋緣姦邪未去。夫所謂天意和者，何以形容？三光明，寒暑平，風雨時而已。所謂人心悦者何以究知？惟家給食足，民無札瘥而已。所謂政事修者何以辨明？惟上有道揆，下有法守而已。所謂忠賢安者何以表見？惟同心一德，直道而行而已。所謂姦邪去者何以舉錯？惟去其甚者惡類亦消而已。故姦邪去則忠賢安，忠賢安則政事修，政事修則人心悦，人心悦則天意和，此不易之理也。臣嘗論姦邪，則指蔡確、章惇、韓縝為之先；論忠賢，則以司馬光、范純仁、韓維為之先。去姦邪、任忠賢惟先者為急，伏望陛下上觀天時，如此愆亢，將為災歲矣。臣願陛下早賜睿斷，以順天意。若以蔡確、章惇、韓縝久為大臣，進退以禮，因此愆亢，假之禮數，俾均逸外藩，禮固不薄矣。陛下擢任忠賢，彌加信任，待以不次，蔡確既去，乞以司馬光補其闕；韓縝既去，乞以范純仁補其闕；章惇既去，乞以韓維補其闕。蓋此天下大任，惟天下大賢可以當之，非張璪已下備位之臣可以堪任也。陛下果去姦邪，信任忠賢，上合天意，下合人望，則和氣充溢於上下，變災為祥，天之膏澤，不旋踵而當降矣。伏望聖慈，斷在不疑，早賜施行，以召和氣，以幸天下。』

又 卷三六六 ［元祐元年二月甲戌］右司諫蘇轍言：『伏見陛下以久旱憂勞，禱請勤至，自冬歷春，天意未荅，宿麥枯瘁，災害廣遠。民自近歲皆苦於重斂，儲積空匱，若此月不雨，饑饉必至，盜賊必起。保甲之餘，民習武事，猖狂嘯聚，為患必甚。而陛下所以應天勤民，未有其實。臣竊見去年赦書蠲免積欠，止於殘零兩稅。至於官本債負、出限役錢，皆不得除放。民有破蕩家產，父子流離，衣食不繼，有欲死而不可得者。買撲酒坊，先因實封投狀，爭氣務勝，競說高價，既得之後，利入微細，不能出辨，違限不納，加以罰錢，至於籍沒家產，杻械生蟣虱而不得脫者。臣願陛下降哀痛之書，應今日以前民間官本債負、出限役錢及酒坊元額罰錢，見今資產耗竭，實不能出者，令州縣監司保明除放，使民得再生以養父母妻子。朝廷棄捐必不可得之債，以收民心，民心悅附，甘澤可致。雖使天道幽遠，雨不時應，而仁澤流溢，亦可以化服強暴，消止盜賊。臣謹按《漢書》文、景、宣、元之間，憂民之疲病，每歲輒式陴稅、減算賦，自損以厚下，民戴其澤。中遭王莽之變，皆謳吟思漢，漢以絕而復續。夫漢世平安之日，猶蠲必得之常賦以惠民，而況當今旱勢未止，災害方作，前件欠負，皆勢不可得，奈何靳而不與哉？伏願陛下斷自聖心，特降手詔，無使有司吝於出納，以廢格聖澤，則天人不遠，宜有善應。』

又 卷三九八 ［元祐二年夏四月己亥］［王］覿又言：『《書》曰：『惟吉凶不僭，在人；惟天降災祥，在德。』夫人君之德配乎天地，而協乎陰陽者也。故災祥之來，皆隨其德。古之人君，每見災異，則退而自省以修德焉，乃可以變災為祥，轉禍為福。伏見去歲以來，旱災屢作，今春涉夏，亢陽猶甚。陛下焦勞惻怛，精意祈禱，靡神不舉，而又傾倉廪之積以賑饑，省土木之工以寬役，親錄囚徒，赦過宥罪，宜可以致雨矣。而雨猶未也，然則天意亦必有在矣。

謹按：《洪範》之五事，一曰貌。貌曰恭，恭作肅，見於休徵則曰肅，時雨若也。夫人君外既有恭莊以著於貌，內必有肅欽以生於心，然後施於政事，一皆主於肅欽，則百官羣吏，四方萬里，莫敢不肅，而天應之以時雨。此天人相與之際，如影響也。恭惟陛下春夏以來，凡可以致雨者無所不講，而雨猶未應，意者欽肅之道或有所未備乎？陛下起居語默，多在深宮之中，非愚臣所得而見，其見於政事者，臣得以言之也。

夫中都之官，雍容養望者多，而紀綱浸隳；諸司之吏，驕慢玩法者眾，而鞭笞罕及。此京師官吏之不肅也。監司妄意朝廷厭於督責者，以苟簡為適時；郡縣妄意朝廷主於寬大者，以縱弛為得計。此監司郡縣之不肅也。國之凶人，可誅竄以明國之刑者，或沮格於大臣之言；民之巨蠹，可黜削以釋民之怨者，或稽留於典吏之手。此刑罰之不肅也。令出惟行弗惟反，今發號出令，或數日而追，或累月而變者。此號令之不肅也。廣西新州之役，以兵將邀功，無辜受戮者千餘人，遠方之民銜冤無訴矣，而久不正其罪。此軍政之不肅也。河北塘泊之嶮，以大河橫流，漲為平陸者數百里，敵騎之來將通行而無礙矣，而莫有任其責者。此邊吏之不肅也。凡政事之不肅者類如此，而求所謂時雨順之，不其難哉！

夫仁恩豈不可致雨，而肅欽乃可以致雨者，何耶？蓋肅欽然後仁恩可行也。朝廷不肅，則小人肆，而下有受其弊者矣；政事不肅，則萬事隳，而民不保其生矣。夫如是，且將救亂之不暇，尚何仁恩之有？況可以感天心而致雨乎？惟肅欽，然後政事修而仁恩行，乃所以致雨之道也。然則言動之不可以不肅者，臣願躬行之；政事之不可以不肅者，臣願深圖之。庶幾乎雨可致也。』詔以覿言降詔。舊錄云：『時上未親政，姦臣在朝，詆誣神考良法善政，故天降災若此。而覿朋比蒙蔽飾非，妄指賊盜外敵而已。』新錄辨曰：『按：覿疏論不肅致旱，上自聖躬起居、朝廷號令，以至監司守令、邊吏軍政，各有條理，最為盡善。而謂之朋比蒙蔽，實出誣罔。』今刪去『時上未親政』以下四十字。

又 卷四二二 ［元祐四年二月己巳］右正言劉安世言：『臣伏見去冬以來，頗愆時雪，今春踰月，亢陽愈甚。詢之四方，率多旱暵，二麥已損，荐饑可憂。然南畝之間，苗未至槁，近日得雨，猶有可救。方二聖子育黎庶，垂意民事，謂宜責躬修政，以召和氣，而禱祀之禮有所未舉，賑救之目有所未行，臣雖甚愚，竊以為過。昔堯有九年之水，湯遇七年之旱，而國無捐瘠之民者，蓋備之有素而已。宣王遇𨽍而懼，側身修行，欲消去之，故《雲漢》之詩曰：「不殄禋祀，自郊徂宮，上下奠瘞，靡神不宗。」此前代聖帝明王已行之事，陛下之所宜法也。伏望聖慈祗畏天變，徹樂損膳，精誠祈禱，明敕大臣，講求闕政，申命中外，審決留獄，諸路監司，謹視所部凶荒州縣，廣為賑濟之備。或官廪有不充去處，仍勸誘富民納粟，以助公上，擇其尤者，寵以閒官。

不急工役，悉俾停罷，庶幾人神和悦，早致膏澤，國有預備，民無流散。』

又言：『臣近以時雨愆候，旱勢闊遠，嘗進狂瞽，粗陳消復之理，又舉前代聖帝明王側身修行，救災備患之事，條列以聞，乞賜採擇，今已累日，未睹施行。臣聞田家之言，以謂三冬得雪而中春無雨，則猶不免於歲歉。今内自畿縣，外及諸路，率皆旱暵，二麥已損，嗷嗷下民，將罹饑饉，凡可以為救助者，安可緩也！臣聞聖王為國，必有九年之蓄，故雖遇旱乾水溢之災，民無菜色。今歲不登，人且狼狽，若有司不度事勢，拘執故常，必俟春夏之交，方行祈禱之禮，民已艱食，而始為賑貸之計，所謂大寒而後索衣裘，亦無及矣。伏望聖慈特垂軫惻，禋祀之典、救荒之政，先事而講，不必待時，責躬求言，恤刑省役，庶召和氣，以致膏澤。』不報。安世言今春踰月，當是二月間，今附月末，更須參考，或是五年事。

又卷四二四 〔元祐四年三月乙酉〕右正言劉安世言：『臣伏見去冬迄春，雨雪愆期，夏苗將槁，秋種未布，雖陛下至誠惻怛，祈禱備盡，霈然之澤，終未告足。竊惟故事，春有大宴，方茲久旱，民憂阻饑，伏望聖慈深加軫卹，特罷宴樂，以示憫雨之意，庶幾天人感悦，早獲嘉應。』御史中丞李常亦請罷春燕，執政進呈，不行。此據曾肇奏議。

中書舍人彭汝礪同曾肇言：『臣伏見去年諸路災歉，京西、陝西人至相食，冬間屢得嘉雪，宿麥甚茂，饑民嗷嗷，待此以濟，而雨不時應，旱氣以成，麥苗萎黄，勢將槁死。雖收成之處，所得固已無多，若饑饉薦臻，公私受敝有不可言者。此正君臣側身畏懼、憂卹百姓之時，而恬然莫以為意，此臣之所未喻也。皇帝、太皇太后畏天愛民，海内所知，豈忍生靈轉徙溝壑？恐是上下蒙蔽，苟寬聖心，但云雨澤小愆，未至害事。九重深遠，何繇盡知？臣等承乏從官，不敢雷同隱默，敢效小補，仰裨萬一。伏見已定今月十七日春燕，臣愚竊謂天菑方作，民食未充，乃於此時君臣相與飲食燕樂，恐無以消復天變，導迎和氣。伏望特降德音，為罷春燕，使百姓咸知陛下之意。人心既悦，天意亦順，自有膏澤應聲而至，猶足以捄垂死之苗，獲豐登之望。蓋輟一日之適，而成終歲之功，在於聖心，宜無難者。惟留神無忽，天下幸甚！』

貼黄稱：『臣等非不知燕日已迫，言若後時，反覆思念，自春亢旱，雨作輒止，豈非人事有所未至。累年饑饉，使今年麥復不收，則公私之憂有不可勝言者，故不能默然，以負陛下。罷一燕雖小事，然足以知二聖至誠惻怛，所以畏天憂民者無所不盡，天高聽下，日監在茲。昔宋景公一言而熒惑退舍，況二聖盛德，其應宜不旋日。如蒙采聽，伏乞出自聖斷，即降指揮。』

又 〔元祐四年三月〕安世又言：『臣伏見陛下即位以來，於今五載，承天順地，仁民愛物，德澤洋溢，施乎方外，元元鼓舞，歌頌不暇，固宜陰陽順序，風雨時若，諸福協應，百嘉蕃昌。而歲比不登，和氣堙鬱，饑饉流徙，災傷頗眾。今春旱暵為虐，京畿、西洛二麥失望，農民嗷嗷，且有菜色。雖陛下惻然軫念，靡神不宗，疏決繫囚，降從寬典，而霈然之澤，終未告足。又陝西、河北屢聞地震，大星晝殞，其光燭地，旬月之間，巨異仍見。臣聞天人之際，精祲有以相盪，善惡有以相推者，事作乎下，象動乎上，陰陽之理，各應其感，陰變則靜者動，陽蔽則明者掩，水旱災異，譴告警懼，使之兢兢修省，而不至於失道之敗也。臣竊謂上天之體，雖高而聽卑；明主所應，惡文而尚實。與其為祈禳之小數，不若圖消復之大方。臣願陛下夙夜祗畏，側身修行，特下明詔，以示罪己；又許中外臣民，極言政事之闕失，專委近臣，考求其當，以施有政，庶幾下情不至壅塞。其諸路災傷州縣，流民所至，並委守令多方賑濟，無俾捐瘠。申敕沿邊帥臣及捕盜官吏，常切警備，以戒不虞。今日已前内外營造土木之役，苟非要切，並乞停罷。分命監司按視留獄，公卿輔弼同寅協恭，以思天變。開眾正之路，杜羣枉之門，誠備災之善經，應變之至務也。昔宋景公小國之諸侯爾，有不忍移禍之誠，出人君之言三，熒惑為之退舍。以陛下之明聖，發以至誠，以精意感通，何求弗獲？臣待罪諫列，日聞焦勞，輒效愚衷，庶裨萬一，惟冀聖慈少賜採納，不勝幸甚！』二十二日辛卯，日中天晴，四方有雲，午時有流星出自東北方，向西北方急流，入濁沒，即安世所指巨異之一也。地震未詳。

又卷四二五 〔元祐四年夏四月乙巳〕宰臣呂大防等以旱求罷政，詔答不允。時自春不雨，至於是月。

左諫議大夫梁燾對延和殿，奏以『春夏屢陰不雨，皆人主猶豫不斷之象，願面詔大臣，協忠決議，無留政事。方皇帝富於春秋，太皇太后保祐聖躬，制政簾帷，臣下易為蒙蔽，願正紀綱，明法度，採用忠言，講求仁術，坐使明恩實惠，徧及四海。望皇帝陛下時親政事，將來臨御獨斷，練熟機務』。太皇太后曰：『近來内中進呈，常同商量，官家出意決事，皆有聖斷。』燾對曰：『聖德日新，天下幸甚，此太皇太后保祐之功也。願官家更進聖學，日課經史，熟記寶訓故事。』上納之。燾又論：『不當用近習之言進退人材。自古禍亂之興，皆由中官眩惑主聽，況在今日，尤宜深戒。』

燾嘗奏：『臣聞湯以六事禱旱，其一曰「政不節歟」。今朝廷議減官俸、罷吏祿，君子嗟惻，小人愁怨，公利所得不多，人心所失已甚。減俸傷養廉之名，罷祿有縱貪之實，其近「政不節」矣。伏望聖慈批降寢罷，以安羣情。』貼黃：『戶部置局減省已久，四方取索文字，紛紛不絕，不惟減刻之名虧傷國體，而又行移之跡動搖人情，官吏坐食，更增浮費，但見所損，未知所益。伏望聖慈詳酌此事終是不便，速賜指揮，罷議浮費局，但委本部郎官結絕。減省一事，今來人情嗟怨，議論沸騰，必已上達聖聽。若忽降中旨罷局，益得中外歡心。臣所以乞批降中旨，所貴恩德上歸兩宮，事體自合如此。招怨動眾，非今日可行之事。伏乞深留聖意，仍乞今後深察，妄議一切不行，漸就安靜，上副清衷。』據燾集，所奏不得其時，且附四月梁燾對後，更徐考浮費局果罷不罷，或削去。

又［元祐四年丁卯］右正言劉安世言：『臣近以自春涉夏，旱暵為虐，地震星殞，巨異仍出，輒奏狂瞽之論，粗陳消復之理。方陛下祗畏天戒，側身修行，日俟明詔採用一二，今既浹旬，未睹施行，惓惓之心，不能自已，再瀆天聽，幸垂省察。臣嘗考《禮記》《春秋》《月令》，以謂無聚大眾，無置城郭，掩骼埋胔，毋起土工。有以見聖人奉順陰陽，取法天下，力役之事，不奪農時，行道之殣，亦順生氣，是以風雨時若，災害不生，天人和同，上下交泰。其或賦政違道，役使過中，人力疲勞，善氣搖動，則國有水旱之變，民罹疾疫之災。此繼天奉元之君，所以夙夜恭敬而不敢忽也。《春秋》莊公三十一年冬，不雨。《五行傳》以謂是歲一年三築臺。僖公二十一年夏，大旱。《五行傳》以謂作南門，勞民興役。災祥之應，各以類至，著於方策，皆可稽考。臣伏見京師修城開壕，功費重大，兵夫之眾已至數千，徒庸之計幾八百萬，穿撅墳墓，乖掩骼之仁，違逆天時，犯無戎之戒，人困於役，國傷於財，然則嘉氣之久不效，未必不由於此也。臣聞天下有道，守在四夷。今帝王之都而為守敵之具，則外之屏翰，將安用之？必謂州郡為不足恃，則平陸之一城，恐非用武之地。況國家利源，比之前日，去其大半，用度漸窘，正務裁節。陛下躬行法度，為天下先，而乃以不貲之費，棄於無用之所，可不惜哉！或謂先朝已嘗興作，欲終其事，則乞罷雇人，止以廣固之兵，不計歲月，漸令修葺，自餘土木不急之役，伏乞特降指揮，悉俾停罷，所貴順承天意，以致膏澤。』梁燾亦有兩章，月日不同，更須考詳。

又 卷四四〇［元祐五年］三月甲午，侍御史孫升言：『臣聞天人相與之際，甚可畏也。蓋政事失于下，則天變見于上，如影響之應形聲也。伏見自春以來，雨澤愆期，聖慮焦勞，至誠惻怛，憂念元元，祈禱天地、宗廟、神祇，可謂至矣。然雲屢密而不雨，或雨而不能挨霈，未副陛下焦勞之意者，何哉？豈冤抑愁歎有所未伸，以傷天地之和氣耶？蓋匹婦銜冤，猶能致旱，況搢紳士大夫乎？竊見比部郎中劉宗傑，昔年因執政與御史協比，追攝宗傑繫獄，都省人吏希旨為奸，宗傑久負屈抑，一旦身居刑部，因見從初行遣不公案牘，恚憤不平，遂再三論列。雖事係大赦以前，緣宗傑剛忿，常罹繫獄之冤，不能隱忍，自謂今日可以暴露奸宄之惡。朝廷怒其如此，黜之郢州，又下御史臺差人押出。如宗傑一人，固不足惜，但自此陳訴六曹屈抑者，每指宗傑為戒，無復敢有再三陳奏者。而尚書省諸房明有敕令，應公文申陳論訴六曹行遣不當，不得更付本曹，自合本房取索公案，考察當否，與奪結絕。臣訪聞尚書省諸房避見與奪行遣，都司不復檢察，往往卻付本曹取會，迂枉稽滯，至有經年不決者。受屈之人又不敢再有奏論，愁歎之聲盈于道路，天聽高遠，何由聞知？況尚書省乃天下訴訟取決之地，而稽違如此，何以副陛下至誠惻怛，憂念元元之意哉？伏望聖慈特降指揮，內外臣庶，應有曾經朝廷論訴冤抑，久未結絕者，仰具詣實因依，經登聞鼓院投進，並送兩制諫官，取索從初一宗行遣，看詳事理，疾速與奪，逐旋聞奏，庶幾伸雪冤抑，感召和氣，少副陛下焦勞之意，中外幸甚！』編類章疏係五年三月二十九日。劉宗傑黜知郢州，在四年三月八日。

又［元祐五年三月］是月【略】御史中丞梁燾言：『臣聞湯以六事禱旱，一曰：「政不節歟」今朝廷議減官俸，罷吏祿，君子嗟惻，小人愁怨，公利所得不多，人心所失已甚。減俸傷養廉之名，罷祿有縱貪之實，其近「政不節」矣。伏望聖慈批降寢罷，以安羣情。』貼黃：『戶部置局減省已久，四方取索文字，紛紛不絕，不惟減刻之名，虧傷國體，而又行移之跡，動搖人情，官吏坐食，更增浮費，但見所損，未知所益。伏望聖慈詳酌，此事終是不便，速賜指揮罷議浮費局，但委本部郎官結絕。減省一事，今來人情嗟怨，議論沸騰，必已上達聖聽。若忽降中旨罷局，盡得中外歡心。臣所以乞批降中旨，所貴恩德上歸兩宮，事體自合如此。招怨動眾，非今日所行之事。伏乞深留聖意，仍乞今後深察，妄議一切不行，漸就安靜，上副清衷。』燾言不得其時，因是春旱，附三月末。正月十日，燾先有論列。

又［元祐八年三月］辛巳，御史中丞李之純言：『衆賢和於朝，則萬物和於野，至於形和聲和，則天地之和應矣。今仲春之末，生育之候，而風霾間作，繼以大寒、霰雪、雨水，有戾和氣，殆人事不善有以干之者。夫燮理陰陽，輔臣之職。比聞國論稍虧協睦，語或傳播，動繫觀望。昔臯陶曰「同寅協恭」，伊尹曰「惟和惟一」，蓋訏謨密勿，運動樞極，言雖忽微，其出彌大，不可不謹重協和。望深加訓諭，責其同德，上代天工，以召至和之氣。』『國論稍虧協睦』，當考其為何事而言。

又卷四八二［元祐八年三月庚寅］翰林侍講學士范祖禹言：『臣前上仁皇訓典，願陛下法則仁宗，宜以至誠好學為先。今因進講《月令》聖人奉天之事，臣竊以為畏天者莫如仁宗，故願陛下先誠於事天。臣聞聖人之事天也，非在於七日戒、三日齋、執圭幣以饗圜丘之時也；天之佑聖人也，亦非在於祭則降福之時也。聖人無一日而不事天，天無一日而不祐聖人。昔堯授舜，舜授禹，皆曰「天之曆數在爾躬」。夫帝王之興，受天眷命，豈一朝一夕哉？由其積行累功，素合於天也。臣伏見自去冬郊祀以來，天人協應，風雨時若，豐年之祥，此乃皇天饗佑，陛下至誠之所感。而自仲春以來，暴風雨雪，寒氣過甚，節令不時，豐年之祥，復未可必。夫天之於人君，亦猶人君之於臣下也。小過則戒敕之，若其不改，然後責罰加焉。人君睹小異而不儆戒，則大異將至矣。是以洊雷震則君子恐懼修省，迅雷風烈，孔子必變，敬天威怒也。惟陛下戒之慎之，無忽天地之小異，側身修行，以消大異於未然，則天心常悅，人心常和，四海幸甚！』

又卷五一五［元符二年九月］右正言鄒浩上疏曰：臣聞《禮》曰：『天子之與后，猶日之與月，陰之與陽，相須而成者也。』『天子理陽道，后治陰德；天子聽外治，后聽內職。』然則立后以配天子，安得不謹！今陛下為天下擇母，而所立乃賢妃劉氏，一時公議，莫不疑惑，誠以國家自有仁祖故事，不可不遵用之耳。蓋皇后郭氏與美人尚氏爭寵致罪，仁祖既廢后，不旋踵并斥美人，所以示公也。及至立后，則不選於妃嬪，必選於貴族，而立慈聖光獻，所以遠嫌也，所以為天下萬世法也。陛下以罪廢孟氏，與廢郭氏實無以異。然孟氏之罪未嘗付外雜治，果與賢妃爭寵而致罪乎？世固不得而知也；果不與賢妃爭寵而致罪乎？世亦不得而知也。若與賢妃爭寵而致罪，則并斥美人以示公，固有仁祖故事存焉。若不與賢妃爭寵而致罪，則不立妃嬪以遠嫌，亦有仁祖故事存焉。二者必居一於此矣，不可得而逃也。況孟氏得罪之初，天下孰不疑立賢妃以為后！及讀詔書有『別選賢族』之語，又聞陛下臨朝慨歎，以廢后為國家不幸，又見宗室有立妾之請，陛下怒其輕亂名分，而重賜譴責，於是天下始釋然，不疑陛下立后之意在賢妃也。今果立，則天下之所以期陛下者，皆莫之信矣。載在史冊，傳示萬世，不免上累聖德，可不惜哉！且五伯者，三王之罪人也，其葵邱之會，載書猶首曰『無以妾為妻』，況陛下之聖，高出三王之上，其可忽此乎！萬一自此以後，士大夫有以妾為妻者，臣僚糾劾以聞，陛下何以處之？不治，則傷化敗俗，無以為國治之則。上行下效，難以責人。孔子曰：『名不正，則言不順；言不順，則事不成；事不成，則禮樂不興；禮樂不興，則刑罰不中；刑罰不中，則民無所措手足。』夫名之不正，遂至民無所措手足，其為害可勝道哉！尤不可不察也。

臣伏睹陛下天性仁孝，追奉休烈，惟恐一毫不當先帝之意。然先帝在位動以二帝三王為法，斥兩漢而不取。今陛下乃引自漢以來有為五伯之所不為者以自比，是豈先帝之意乎？是豈繼志述事所當然者乎？此尤公議之所未喻也。臣觀白麻內再三言之者，不過稱賢妃有子及引永平、祥符立后事以為所資之故實。臣請論其所以然者。若曰有子可以為后，則永平中貴人馬氏未嘗有子也，所以立為后者，以德冠後宮故也；祥符中德妃劉氏未嘗有子也，所以立為后者，以鍾英甲族故也。又況貴人之系實為馬援之女，德妃之時且無廢后之嫌，其與賢妃事體迥然異矣。若曰賢妃德冠後宮亦如貴人，鍾英甲族亦如德妃，則何不於孟氏罷廢之初，用立慈聖光獻故事便立之乎？必遷延四年以待今日果何意耶？必欲以此示天下果信之邪？兼臣聞頃年冬享景靈宮，賢妃實隨駕以往，是日雷作，其變甚異。今又宣麻之後，大雨繼日，已而飛雹。又自告天地、宗廟、社稷以來，陰霪不止，以動人心，則上天之意益可見矣。陛下事天甚謹，畏天甚至，尤宜思所以動天而致然者。考之人事既如彼，求之天意又如此，安可不留聖慮乎？伏望聖慈深賜照納，不以一時改命為甚難，而以萬世公議為足畏，追停冊禮，別選賢族，如初詔施行。庶幾上答天意，下慰人心，為宗廟、社稷之計，不勝幸甚。疏奏，詔浩言多狂妄，事實不根，特除名勒停，送新州羈管。

宋　董煟《救荒活民書》卷上　宣王承厲王之烈，內有撥亂之志。遇災而懼，側身修行，欲銷去之。《詩》曰：『天降喪亂，饑饉薦臻。靡神不舉，靡愛斯牲。』又曰：『靡人不周，無不能止。』

熠曰：『靡神不舉，靡愛斯牲』說者謂慰安人心。然山川禱祠，從古有之，亦見古人憂畏之切。至於『靡人不周，無不能止』，自非當時有實惠及民，安能如是？

又 慶曆七年，以旱避正殿，詔中外臣寮，指陳當世切務。又下詔：『咎自朕致，民實何愆？與其降咎於人，不若降災於朕。』辛丑祈雨，炎日卻蓋不御。是歲江東大饑，運使楊紘發義倉以賑之。吏欲取旨，紘謂吏曰：『國家置義倉，本慮凶歲。今須旨而發，人將殍死。』上聞，乃褒之。

熠曰：楊逸爲光州刺史，荒歉連歲，以倉粟賑給，有司難之。逸曰：『國以人爲本，人以食爲天。以此獲戾，乃所甘心。』韓韶爲嬴長，他縣流民入界，韶聞之，乃開倉賑救。主藏者爭之，韶曰：『長活溝壑之民，以此獲罪，又何歉？』祖宗每遇水旱，憂懼如此。今竑不俟取旨而發義倉，誠得二子之用心。

宋 真德秀《西山文集》卷五《故事癸酉八月十七日進**》** 《通鑑·唐德宗紀》：初，安史之亂，數年間天下戶口什亡八九，州縣多爲藩鎮所據，貢賦不入朝廷，府庫耗竭，中國多故，羌戎每歲犯邊，所在宿重兵，仰給縣官，所費不貲，皆倚辦於劉晏。晏以爲戶口滋多則賦稅自廣，故其理財常以養民爲先。諸道各置知院官，每旬月具州縣雨雪豐歉之狀白使司，豐則貴糴，歉則賤糶，或以穀易雜貨供官用，及於豐處賣之。知院官始見不稔之端，先申至某月須如干蠲免，某月須如干救助。及期，晏不俟州縣申請，即奏行之，應民之急，未常失時，不待其困弊流亡餓殍然後賑之也。由是民得安其居業，戶口蕃息。晏始爲轉運使，時天下見戶不過二百萬，其季年乃三百餘萬。其初財賦歲入不過四百萬緡，季年乃千餘萬緡。

臣聞諸《大學》曰：『有德此有人，有人此有土，有土此有財，有財此有用。德者本也，財者末也。外本內末，爭民施奪，是故財聚則民散，財散則民聚。』自古迄今，未有人心失而財可恃者，亦未有不卹其民而可以豐財者。聖賢之言，炳若星日，萬世不能易也。劉晏在唐雖未足以語此，然猶知養民爲理財之本，出入斂散，亦皆有法。歲豐穀賤則傷農，故必高其價以糴；歲饑穀貴則傷民，故必下其價以糶。凶荒始兆，先期賑卹，用物雖約，所濟者多。以故民生安業，戶口蕃息，歲入之賦至於數倍。夫晏以一有司，粗知財用之本末，猶能致利若此，況爲天下者，誠能究《大學》生財之義，一意務德以養民，其效可勝計哉！臣觀近世所謂善理財者，何其憒乎此也？元元已病而科斂日興，不知皮將盡而毛亡所傅也；出新巧以籠愚民，苟邀倍稱之入，不知朝四莫三之亡益也。孟子曰：『我能爲君實倉廩，充府庫，今之所謂良臣，古之所謂民賊也。』夫以劉晏之術而槩諸孟子之言，已未免爲聖賢罪人矣，而今之有司則又晏之罪人也。惟聖明之君、忠智之臣，亟思其本而改圖之，實天下幸甚。

金 王若虛《滹南集》卷四三《焚驢志》 歲己未，河朔大旱，遠邇焦然無主賴。鎮陽帥自言憂農，督下祈雨甚急。厭禳小數，靡不為之，竟無驗。既久，恠誕之說興。適民家有產白驢者，或指曰：『此旱之由也。雲方興，驢輒仰號之，雲輒散不留。是物不死，旱胡得止？』一人臆倡，衆萬以附。帥聞，以為然，命亟取，將焚之。驢見夢於府之屬某曰：『冤哉焚也！天禍流行，民自罹之，吾何預焉？吾生不幸為異類，又不幸墮乎畜獸。乘負駕馭，惟人所命；驅叱鞭箠，亦惟人所加。勞辱以終，吾分然也。若乃水旱之事，豈其所知，而欲寘斯酷與？孰誣我者，而帥從之。禍有存乎天，有因乎人，人者可以自求，而天者可以委之也。殷之旱也，有桑林之禱，言出而雨；衛之旱也，為伐邢之役，師興而雨；漢旱，卜式請烹宏羊；唐旱，李中敏乞斬鄭注。救旱之術多矣，盍亦求諸是類乎？求之不得，無所歸咎，則存乎天也，委焉而已。不求諸人，不委諸天，以無稽之言，而謂我之愆，嘻其不然！暴巫投魃，既已迂矣，今茲無乃復甚？殺我而有利於人，吾何愛一死？如其未也，焉用為是以益惡？濫殺不仁，輕信不智，不仁不智，帥胡取焉？吾子其屬也，敢私以訴。』某謝而覺，請諸帥而釋之，人情初不懌也。未幾而雨，則彌月不解，潦溢傷禾，歲卒以空。人無復議驢。

《宋史》卷六一《五行志一上》 天以陰陽五行化生萬物，盈天地之間，無非五行之妙用。人得陰陽五行之氣以為形，形生神知而五性動，五性動而萬事出，萬事出而休咎生。和氣致祥，乖氣致異，莫不於五行見之。《中庸》：『至誠之道，可以前知。國家將興，必有禎祥；國家將亡，必有妖孽。見乎蓍龜，動乎四體。禍福將至，善必先知之，不善必先知之。』人之一身，動作威儀，猶見休咎，人君以天地萬物為體，禎祥妖孽之致，豈無所本乎？故由漢以來，作史者皆志五行，所以示人君之戒深矣。自宋儒周惇頤《太極圖說》行世，儒者之言五行，原於理而究於誠；其於《洪範》五行五事之學，雖非所取，然班固、范曄志五行已推本之，及歐陽脩唐志，亦采其說，且於庶徵惟述災眚，而休祥闕焉，亦豈無所見歟？

舊史自太祖而嘉禾、瑞麥、甘露、醴泉、芝草之屬，不絕於書，意者諸福畢至，在治世為宜。祥符、宣和之代，人君方務以符瑞文飾一時，而丁謂、蔡京之姦，相與傅會而為欺，其應果安在哉？高宗渡南，心知其非，故宋史自建炎而後，郡縣絕無以符瑞聞者，而水旱、札瘥一切咎徵，前史所罕見，皆屢書而無隱。於是六主百五十年，兢兢自保，足以圖存。

《易》震之象曰：『震來虩虩，恐致福也。』人君致福之道，有大於恐懼修省者乎？昔禹致羣臣於會稽，黃龍負舟，而執玉帛者萬國。孔甲好鬼神，二龍降自天，而諸侯相繼畔夏。桑穀共生于朝，雉升鼎耳而雊，而大戊、武丁復修成湯之政。穆王得白狼、白鹿，而文、武之業衰焉。徐偃得朱弓矢，宋湣有雀生鸇，二國以霸，亦以之亡。大概徵之休咎，猶卦之吉凶，占者有德以勝之則凶可為吉，無德以當之則吉乃為凶。故德足勝妖，則妖不足慮；匪德致瑞，則物之反常者皆足為妖。妖不自作，人實興之哉！今因先後史氏所紀休咎之徵，彙而輯之，作五行志。

《元史》卷五〇《五行志上》　人與天地參為三極，災祥之興各以類至。天之五運，地之五材，其用不窮，其初一陰陽耳，陰陽一太極耳。而人之生也，全付畀有之，具爲五性，著爲五事，又著爲五德。修之則吉，不修則凶，吉則致福焉，不吉則致極焉。徵之於天，吉則休徵之所應也，不吉則咎徵之所應也。天地之氣，無感不應，天地之氣應，亦無物不感，而況天子建中和之極，身爲神人之主，而心範圍天地之妙，其精神常與造化相流通，若桴鼓然。故軒轅氏治五氣，高陽氏建五官，夏后氏修六府，自身而推之於國，莫不有政焉。其後箕子因之，以衍九疇，其言天人之際備矣。漢儒不明其大要，如夏侯勝、劉向父子，競以災異言之，班固以來采爲五行志，又不考求向之論著本於伏生。生之《大傳》言：『六沴作見，若是共禦，五福乃降；若不共禦，六極其下。禹乃共辟厥德，爰用五事，建用王極。』後世君不建極，臣不加省，顧乃執其類而求之，惑矣。否則判而二焉，如宋儒王安石之論，亦過也。天人感應之機，豈易言哉！故無變而無不修省者，上也；因變而克自修省者，次之；災變既形，修之而莫知所以修，省之而莫知所以省，又次之；其下者，災變並至，敗亡隨之，訖莫修省者，刑戮之民是已。歷考往古存亡之故，不越是數者。

元起朔漠，方太祖西征，角端見于東印度，爲人語云『汝主宜早還』，意者天告之以止殺也。憲宗討八赤蠻于寬田吉思海，會大風，吹海水盡涸，濟師大捷，憲宗以爲『天導我也』。以此見五方不殊性，其於畏天，有不待教而能者。世祖兼有天下，方地既廣，郡邑災變，蓋不絕書，而妖孽禍眚，非有司言狀，則亦不得具見。

昔孔子作《春秋》，所紀災異多矣，然不著其事應；聖人之知猶天也，故不妄意天，欲人深自謹焉。

又卷一八三《王思誠傳》　至正元年，遷奉議大夫、國子司業。二年，拜監察御史，上疏言：『京畿去年秋不雨，冬無雪，方春首月蝗生，黃河水溢。蓋不雨者，陽之亢，水涌者，陰之盛也。嘗聞一婦銜冤，三年大旱，往歲伯顏專擅威福，讎殺不辜，郯王之獄，燕鐵木兒宗黨死者，不可勝數，非直一婦之冤而已，豈不感傷和氣邪！宜雪其罪。敕有司行禱百神，陳牲幣，祭河伯，發卒塞其缺，被災之家，死者給葬具，庶幾可以召陰陽之和，消水旱之變，此應天以實不以文也。』

元　張養浩《三事忠告》卷二《牧民忠告下·救荒第七·祈禱》　凡有祈禱，不必勞眾，齋居三日，以思己愆：民有冤歟？己有贓歟？政事有未善歟？報國之心有未誠歟？無則如儀行事，有則必俟追改而後禱焉。夫動天地，感鬼神，非至誠不可；纖毫之慝未除，則彼此邈然矣。

明　李賢《天順日録》　天下氣候關於朝廷，驗之果然。景泰時不孝於親，不敬其兄，不睦其室，至而朝廷之上怨恨，憂鬱之氣充滿，是以六七年間水旱災傷遍天下。天變於上，氣乖於下，一年甚一年。自天順初上復位之後，敬天尊祖，孝親睦族，宮室之中，有恩以相愛，有禮以相接。歲時調和，年穀屢豐，海內之民無饑寒流離之苦。由是觀之，朝廷之氣和，天下亦和；朝廷之氣乖，天下亦乖。《中庸》所謂『致中和，天地位焉，萬物育焉。』聖賢之言，信不誣也。

明　陸容《菽園雜記》卷四　『昔公孫弘對策于漢武之朝，有曰：「心和則氣和，氣和則形和，形和則聲和，聲和則天地之和應矣。故陰陽和，甘露降，五穀登，六畜蕃，嘉禾興，朱草生，山不童，澤不涸，此和之至也。」

《中庸》曰：『致中和，天地位焉，萬物育焉。』觀今日上下之心，和邪？不和邪？傷天地之和氣者誰歟？使盲風怪雨發作者誰歟？凶年饑歲老弱將轉乎溝壑矣。思天下有溺，由己溺之；思天下有饑，由己饑之者又誰歟？庖有肥肉，廐有肥馬，民有饑色，野有餓莩。當此之時，為民父母不以由己饑之、由己溺之之心處之，而泛泛迎請超果寺觀音大士至普照，有同兒戲。具文之禱祈，安能召和氣而回戾氣哉？為今之計，莫若講行救荒之政，平糴價以紓民力，行賑濟以救饑貧，放商稅以通客旅，清獄訟以伸冤枉，察吏姦以革賄賂，抑小人以扶君子，通下情以療民瘼，凡可以弭災異、召和氣者，盡心力而為之。惟閣下留意，幸甚。』此松江僧順昌祈晴上官府疏。凡僧人文字，多道佛之靈異及奉佛利益，未有能自指斥其無益者。國初名僧如復見心輩，亦不免此。此僧獨出正論，且以為『有同兒戲』，可謂超乎流俗者矣。當時具文祈禱者皆衣冠士夫，覽此疏能無愧乎？讀之起敬。

明 王守仁《王文成全書》卷二一《答佟太守求雨癸亥》 昨楊、李二丞來，備傳尊教，且詢致雨之術，不勝慚悚！今早諶節推辱臨，復申前請，尤為懇至，令人益增惶懼。天道幽遠，豈凡庸所能測識？然執事憂勤為民之意真切如是，僕亦何可以無一言之復！

孔子云：『丘之禱久矣。』蓋君子之禱不在於對越祈祝之際，而在於日用操存之先。執事之治吾越，幾年於此矣。凡所以為民祛患除弊興利而致福者，何莫而非先事之禱，而何俟於今日？然而暑旱尚存而雨澤未應者，豈別有所以致此者歟？古者歲旱，則為之主者減膳撤樂，省獄薄賦，修祀典，問疾苦，引咎賑乏，為民遍請於山川社稷，故有叩天求雨之祭，有省咎自責之文，有歸誠請改之禱。蓋《史記》所載湯以六事自責，《禮》謂『大雩，帝用盛樂』，《春秋》書『秋九月，大雩』，皆此類也。僕之所聞於古如是，未聞有所謂書符呪水而可以得雨者也。唯後世方術之士或時有之。然彼皆有高潔不汙之操，特立堅忍之心。雖其所為不必合于中道，而亦有以異於尋常，是以或能致此。然皆出小說而不見於經傳，君子猶以為附會之談；又況如今之方士之流，曾不少殊於市井嚚頑，而欲望之以揮斥雷電，呼吸風雨之事，豈不難哉！僕謂執事且宜出齋於廳事，罷不急之務，開省過之門，洗簡寃滯，禁抑奢繁，淬誠滌慮，痛自悔責，以為八邑之民請於山川社稷。而彼方士之祈請者，聽民間從便得自為之，但弗之禁而不專倚以為重輕。

夫以執事平日之所操存，苟誠無愧於神明，而又臨事省惕，躬帥僚屬致懇乞誠，雖天道亢旱，亦自有數，使人事良修，旬日之內，自宜有應。僕雖不肖，無以自別於凡民，使誠有可以致雨之術，亦安忍坐視民患而恬不知顧，乃勞執事之僕，僕豈無人之心者耶？一二日內，僕亦將禱於南鎮，以助執事之誠。執事其但為民悉心以請，毋惑於邪說，毋急於近名，天道雖遠，至誠而不動者，未之有也。

明 聶豹《聶貞襄集・應詔陳言以弭灾異疏正學備賑均徭勵節》《明經世文編》卷二二二 臣聞治天下以正風俗、得賢才爲本。仰惟國家之興百六十餘年矣，然而至今人才未振，風俗未醇，民力未裕，國用未舒，人士微謙遜之節，里巷多攘奪之風，盜賊之竊發無時，災害之薦臻未已，刑雖繁而奸弗戢，官不攝而事弗理者，伊誰之責哉？是皆責在士夫。若曰外士夫以求賢才，則賢才何由而得？外賢才以正風俗，則風俗何由而始？故欲善今日之風俗，當自今日之士夫始。欲善今日之士夫，當自今日之學校始。學校者，又士夫之所關也。去聖既遠，學校之政不修，人士類以記誦詞章爲學，方其用心之始，既不止於毫釐之差，則其中之所行與夫中之所就，又奚啻於千里之謬哉。間亦有一二豪傑之士奮興特立，不爲浮詞蔓說所靡，然一傅眾咻，終不免乎傾排之害。故臣竊謂欲正今日之學校以養今日之人才，當於科舉學校之中深加敦本尚實之教。而教之之法，則《周禮》大司徒之三物乃其準的也。孟軻氏曰：『雖有知慧，不如乘勢，雖有鎡基，不如待時。』臣觀祖宗積德已逾百年，以其數則正當禮樂可興之會，而陛下聖神文武，受命中興，二三大臣，同心一德，以其時考之，又爲能興禮樂之時。臣備員臺屬，待罪閫陬，觀民省方，知其蠹壞之極，而因察識其弊源之所在，是以輒忘疏昧，妄綴爲四事，以上荅陛下求言如渴之意。一曰敦本實以興正學也，二曰清寺田以備賑卹也，三曰覈官籍以均徭役也，四曰考宦餘以勵風節也。願陛下垂聽而采擇之。【略】若謂清寺田以備賑卹者，臣考常平法，州縣寺舍歲用有餘，則以歸官賑民之窮餓者。宋儒楊時爲瀏陽日，使行旅之疾苦飢踣於道者隨所在申縣，縣令寺舍飲食之。是皆前代已試之法也。臣謹按福建一省，總官民田粮計八十四萬九千有奇，內寺觀田粮已計有十二萬八千有奇。夫僧道在四民之中，百分未有其一，而僧道所得產業，十分乃有其二，井地不均，異端昌熾，可以永歎而遐思者，臣固未易卒言也。時以僧道既有是田之多，則其斯倉斯箱飽滿充盈，富不期驕，佚則生淫，飲食男女之欲多出乎天理人情之外，褻瀆僭多，不可名言。又乃結交官府，爲敗露之先圖，私買田宅，爲還俗之退計，以致前日所積，懸磬一空，一遇官府追徵，均徭上役，便爾舉手無措，則其勢不得不求假于士夫豪富之家矣。士夫豪富之家乘其有急，要其必從，必欲本少利多，方借與銀應辦，爲僧道者又不得不投托士夫之家，以爲棲身免難之計。凡僧道田租，一槩包收殆盡，甚者貪饕不息，絕無良心，只要收穀入家，任彼粮差負累。而爲僧道者命不可堪，則又裹茶齎約，而望他仕宦之門以爲己歸矣。是以在福建巡按監司府州縣等衙門，爲僧道田租一事，詞訟文卷如毛如山，敝積竭神，不能撲遏，而救民之善政、理財之善方爲是分奪虧損多矣。臣謹按景泰三年事例，各處寺觀田土每寺觀量存六十畝爲業，其餘撥與小民佃種納粮。又按成化六年事例，令福建僧寺及有寺無僧田土，每寺除徵及百畝以下，其多餘田地給與無田小民領種。臣謂二聖茲法至精至當，可以決行無疑，永行而無弊者也。然而至今不行者，竊恐當時言事之臣徒岔寺觀之積弊，一時用計之未詳，是以僧道有所籍口，假託權倖，膚受齗訴，復有所謂士夫之嗜利者立乎其間，爲之擺布，是以法泥不行，流弊至今。間有一二名雖撥與小民佃種，實則俱爲大家所得。臣謂宜通查天下寺觀粮米，百畝以上者俱依成化年間事例，每寺觀給田百畝，以爲常住僧道修理屋宇、香燈茶果之費。粮米百畝以下者，俱依景泰年間事例，給田六十畝以爲常住僧道修理屋宇、香燈茶果之費。其小寺觀粮米不滿六十畝者，俱各併歸大寺觀。除住持僧道給田百畝外，餘僧道查果有真度牒者，每名仍給田一十畝，與爲坐粮，其餘田地俱入于官，每田百畝責令排年里老結報佃戶一人或寺觀原管下甲首丁力相應者承種之，該納佃租斛秤等項俱照僧道前收租穀事例，不得有所增損。其該收租穀儲于官之別倉，該年秋粮驛傳八分料粮與夫十年里役均徭等項費用皆於是乎取給，其所餘者再不許別項支用，專備賑濟，仍令司府縣管粮官督理之。前後收支存留數目，務要每年終申呈巡按衙門，以憑查考，以防侵欺。至於重造黃冊之時，其在寺觀僧道所管所謂百畝二十畝者，俱以本寺觀僧道立戶，曰一某寺僧某、某觀道某田地若干畝、米若干石。僧道所辦一應粮差只是照其所收田產外，此外粮差皆與無預。其在官所收田粮則另立社莊爲戶，以備過割不得，復以僧道爲名，曰一某社莊收某寺觀田地若干畝、米若干石。夫寺觀田米既除粮差，公用必省，因其害而除之以息爭，因其利而導之以足國，量其所入，計其所出，截長補短，有剩無欠，而預備倉所積，一年之間可得粟數萬石，積之數年，八閩之荒可有備矣。伏願聖明裁之，一則可以養僧道清淨無爲之規，二則可以免官府逋負追推之擾，三則可以息士夫爭奪之風，四則可以供國家賑恤之用。今者饑饉薦臻，國用不足，陛下宵旰，亦嘗以是爲慮矣。何乃以有用之穀粟爲僧道淫慾之資，以裕民之厚利爲豪勢爭奪之門哉。

清 李蕃《旱魃辨》《清經世文編》卷四五　黃民遇旱，則以里中新喪爲魃，劫而誅之，惡俗也。予治之次年，辛亥大旱，予爲此辨以曉之，此風遂熄云。

嗟爾民！旱甚矣，非魃不至此。我急欲誅之以紓爾憂。然以新喪當之則不可。《詩》曰『旱魃爲虐』，經無明注。及考他書，兆天下之旱者二，旱一國者亦二，而兆一邑之旱者四，新喪不與焉。

其狀如狐而有翼，音如鴻而名獙獙者，姑逢山中有之。石膏水中，似鱣而一目，音如鷗者，女巫山中有之，見則天下旱者也。其旱一國者，若南方之似人而目生頂上，行如飛者，一首兩身，似蛇而名肥遺，生於渾夕山者是也。其狀如鴞，而赤足直喙，音如鵠而黃文白首，人面龍身者，在鍾山之東也。有鳥焉，似鴞而人面，蜼身而犬尾，在崦嵫山也。西望幽都，有音如牛，是錞於母逢山之大蛇也。有如蛇而四翼，其音如磬，是鮮山之下鮮水之鳴蛇也，如是者旱一邑。此皆出《神異經》及東西南北中諸山經，非予之臆説也。

爾民往察之，有一於此，任爾率比閭族黨往誅之，無赦！其或仍謂新喪爲魃者，是亂民也，惡風也，予將執國法以誅之，亦無赦！

清 王概《雩説》《清經世文編》卷四五　客有問於王子曰：『方今旱魃爲虐，自春徂夏，不雨六十日矣。田禾蒔者未及其半，大率取諸陂塘灌輸而已。膏澤將竭，何以繼之？即制府暨郡邑大夫，軫念斯民，禁屠沽，息訟獄，建醮壇，召方士，齋心祈請，亦復旬日，而亢陽愈驕，農禾交瘁。將何法以處此乎？』

王子曰：『古之憂旱恤災，莫如《雲漢》一詩。其詩八章，呼號迫切，別無他語，惟有祈禱。顧今之祈禱，非古之祈禱也。《左傳》曰：「龍見而雩。」龍者，東方角宿，孟夏初旬，昏中始見，即有雩祭。是雩不待旱，而歲有常祭矣。秦、漢以後，雩始廢，大旱乃一舉行，然猶天子降服，親詣南郊，以七事自責，七日乃祈嶽瀆及諸山川之神能興雲雨者，又七日祈社稷及古百辟卿士有益於人者，又七日祈宗廟及古帝王有神祠者，又七日祀五天帝及五人帝，各依其方。《詩》云：「不殄禋祀，自郊徂宫。上下奠瘞，靡神不宗。」郊即天地，宫即宗廟，自天而上，自地而下，無不盡其奠瘞之禮也。又七日不雨，乃祈社稷山林川澤之神，聚於一處，命舞童六十四人皆衣元衣，爲八列，各執羽翿而舞，每歌《雲漢》一章，七日復如其初。郡縣有司雩祭亦然，但舞用六而不用八耳。今人不知雩禮，率聽一二黄冠，妄挾符咒，驅使鬼神。彼黄冠者，有何神術而能格昊天、召風雨乎？必賢有司齋戒沐浴，極其虔誠，復行古禮，敬恭明神，俾無悔怒，或者天心可格，而甘霖可望也。

客曰：『雩祭廢已久，且歷代祭法不同，今將何所折衷乎？』

曰：『古者四時皆有雩祭。春設壇於東方，植青旗，以甲乙日爲大小蒼龍，用木數；夏設壇於南方，植朱旗，以丙丁日爲大小赤龍，用火數；季夏設壇於中央，植黄旗，以戊巳日爲大小黄龍，用土數；秋設壇於西方，植白旗，以庚辛日爲大小白龍，用金數；冬設壇於北方，植黑旗，以壬癸日爲大小黑龍，用水數。梁武帝以爲雨既屬陰，而求之陽方，不已悖乎？東方爲萬物養生之始，則雩壇當在東方。唐太宗以爲冬旱無傷於農，何以雩爲？且雨屬水，水能克火，則雩壇當在北方，此論尤確。今果行雩祭，宜擇水日建四通之壇於郡邑北門外，高廣六尺，上植黑旗六，其神玄冥，祭以六黑狗，酒脯佐之。又以壬癸日取北方潔淨之土，爲大黑龍一，長六丈，居中，小龍五，各長三尺於其外，皆北向，中間相去六尺。道士六人，童子三十六人，皆齋三日，衣黑衣，手執皂旗而舞。道士教童子以《雲漢》之詩，其聲吁吁，作呼號狀。蓋雩之爲義，即嗟吁祈雨之謂也。有司則率其寮屬，及鄉先生、諸生，拜跪壇下。七日不雨，則索取境内祠廟大小遠近諸神，聚於一壇而虔祀之，《詩》所謂「靡神不舉，靡愛斯牲」，《周禮》所謂「國有凶荒，則索鬼神而祭之」也。雨則報以牲牢，不雨則神不得返其舍。山林川澤，群公先正，庶有以助我耳。雖然，此猶祈雨之文，而非祈雨之實也。古成湯禱雨桑林，翦其爪髮，自爲犧牲，而祝曰：「政不節與？使民疾與？宫室崇與？女謁盛與？苞苴行與？讒夫昌與？何不雨至斯極也！」後世人君以七事自責：一曰理冤獄；二曰輕徭賦；三曰恤鰥寡；四曰進賢良；五曰黜奸邪；六曰會合男女，使無怨曠；七曰減膳撤樂，勞其身以爲民。

『故東海殺孝婦，大旱三年，于公至，一祭其墓而雨。此理冤獄之驗也。桑宏羊興酤榷鹽鐵之利，而天下旱。卜式曰：「宏羊爲天子大臣，至與小人爭利。烹宏羊，天乃雨。」此輕徭賦之驗也。周暢爲河陽尹，時久旱，暢因收葬城外客死胔骼萬餘人，而澍雨立降。此恤鰥寡之驗也。光武時，汝南大旱，太守鮑昱，躬自往問高獲，獲白以急罷三部督郵，昱從之，果得大雨。此進賢良之驗也。後漢和帝時旱，幸洛陽寺錄囚，知其冤滯，因收洛陽令，抵司隸罪，左降河南尹，未及還宫而大雨。此黜奸邪之驗也。董仲舒在江都苦旱，問吏家在百里外者，行書告縣遣妻視，天而雨。此會合男女之驗也。東晳、戴封、諒輔之徒，皆以守令祈雨，暴身於廷，至欲舉火自焚，而大雨立降。此勞身爲民之驗也。今牧民者撫躬自察於此七事者，何有何無？天人冥默之間，豈無有感而遂通者乎？則雩祭爲祈雨之文，而七事爲祈雨之實矣。』

客曰：『審如君言，經史可據，請錄其語以獻於郡邑賢大夫爲祈雨之助。』

清　徐文弼《祈晴雨法》吏治懸鏡　《清經世文編》卷四五　余嘗考漢史紀傳諸書，知董相傳箕子《洪範》五行之學。當時言災祥休咎，預驗不爽，惜其書泯滅無傳，世無得而知者。惟《春秋繁露》一書，八十二章，畜於好古之家，多有遺缺。予假而觀焉，得七十四章《求雨法》、第七十五章《止雨法》。歲之戊午，關中秋旱，制臺查公、撫臺張公取其法禱於西郊，雨立沛。越今夏復旱，如其法行之，雨亦立沛。蓋禱而應者再矣。余取其書暨武林宋氏《直解》，刊佈所屬而弁其首。

且夫雩祭諸典載於《春秋》，詳於《周禮》，古先聖人豈將以是勤民之事，而聽於杳冥不可知之數哉？亦誠有深於識天人之理，而假是以將之，是以重其事，隆其制，具其儀，凡以通上下之交云爾。《易》曰：『雲行雨施。』《禮》曰：『天降時雨，山川出雲。』蓋下降上濟，神功亦於是乎在。亢陽違和，雨澤愆期，下上之交，夫必有阻隔之者。惟人體誠敬之性足以通之，天人回應，亦其理固然也。

江都董氏爲漢醇儒，擅天人之學素矣，是書特其餘耳。予留心民事，每患譾薄，無以扶植。且自大江以南，水旱之災，十有八九。世之俗吏，每以禱雨之禮，付之僧道，設壇遣將，呼召風雷，無一驗者。彼且甘心以爲當然，民死而莫之救，是何心哉？

拊循之暇，撿閲節解，悉以淺近之言，注於各條之下，以便觀覽，非惟官司可行，而里社亦可行。然祈天在修己德，凡我僚友、諸里社民，庶其各存心守正，毋拂天理，毋紊天常，則久旱而禱雨，久雨而禱晴，據董相之法，必有應者多矣。

綜述

《周禮・春官宗伯・女巫》 掌歲時祓除釁浴。旱暵，則舞雩。若王后弔，則與祝前。凡邦之大烖，歌哭而請。

又《家宗人》 凡以神仕者，掌三辰之灋，以猶鬼神示之居，辨其名物。以冬日至致天神人鬼，以夏日至致地示物鬽，以禬國之凶荒、民之札喪。

《後漢書》卷二五《魯恭傳》 臣伏見詔書，敬若天時，憂念萬民，爲崇和氣，罪非殊死，且勿案驗。進柔良，退貪殘，奉時令。所以助仁德，順昊天，致和氣，利黎民者也。

舊制至立秋乃行薄刑，自永元十五年以來，改用孟夏，而刺吏、太守不深惟憂民息事之原，進良退殘之化，因以盛夏徵召農人，拘對考驗，連滯無已，司隷典司京師，四方是則，而近於春月分行諸部，託言勞來貧人，而無隱惻之實，煩擾郡縣，廉考非急，逮捕一人，罪延十數，上逆時氣，下傷農業。案《易》五月姤用事。經曰：『后以施令誥四方。』言君以夏至之日，施命令止四方行者，所以助微陰也。行者尚止之，況於逮召考掠，奪其時哉！

比年水旱傷稼，人飢流亢。今始夏，百穀權輿，陽氣胎養之時。自三月以來，陰寒不暖，物當化變而不被和氣。《月令》：『孟夏斷薄刑，出輕繫。行秋令則苦雨數來，五穀不熟。』又曰：『仲夏挺重囚，益其食。行秋令則草木零落，人傷於疫。』夫斷薄刑者，謂其輕罪已正，不欲令久繫，故時斷之也。臣愚以爲今孟夏之制，可從此令，其決獄案考，皆以立秋爲斷，以順時節，育成萬物，則天地以和，刑罰以清矣。

《隋書》卷七《禮儀志二》 春秋『龍見而雩』，梁制不爲恒祀。四月後旱，則祈雨，行七事：一，理冤獄及失職者；二，振鰥寡孤獨者；三，省繇輕賦；四，舉進賢良；五，黜退貪邪；六，命會男女，恤怨曠；七，撤膳羞，弛樂懸而不作。天子又降法服。七日，乃祈社稷；七日，乃祈山林川澤常興雲雨者；七日，乃祈羣廟之主于太廟；七日，乃祈古來百辟卿士有益於人者；七日，乃大雩，祈上帝，徧祈所有事者。大雩禮，立圓壇於南郊之左，高及輪廣四丈，周十二丈，四陛。牲用黄牯牛一。祈五天帝及五人帝於其上，各依其方，以太祖配，位於青帝之南，五官配食於下。七日乃去樂。又徧祈社稷山林川澤，就故地處大雩。國南除地爲墠，舞童六十四人。祈百辟卿士於雩壇之左，除地爲墠，舞童六十四人，皆袨服，爲八列，各執羽翳。每列歌《雲漢》詩一章而畢。旱而祈澍，則報以太牢，皆有司行事。唯雩則不報。若郡國縣旱請雨，則五事同時並行：一，理冤獄失職；二，存鰥寡孤獨；三，省徭役；四，進賢良；五，退貪邪。守令皆潔齋三日，乃祈社稷。七日不雨，更齋祈如初。三變仍不雨，復齋祈其界內山林川澤常興雲雨者。祈而澍，亦各有報。

《通典》卷四三《禮三・吉禮二・郊天下大雩》周 漢 後漢 晉 東晉 齊 梁 陳 後魏 北齊 隋 大唐 周制，《月令》：建巳月，大雩五方上帝。《春秋左氏傳》曰：『龍見而雩。』角亢見時，周之六月，陽氣盛，恒旱，故雩。雩之爲言遠也，遠爲百穀以祈膏雨。其壇名曰雩禜，《祭法》曰：『雩禜祭水旱。』鄭云：『雩禜，水旱壇。』於南郊之傍。雩祭天地，故從陽位。以總五天，不可偏在四方，故於南郊。配以五人帝。太昊配青帝，炎帝配赤帝，軒轅配黄帝，少昊配白帝，顓頊配黑帝。命樂正習盛樂，《月令》云：『仲夏樂師修鞀鞞鼓，均琴瑟管簫，執干戚戈羽，調竽笙篪簧，飭鐘磬柷敔。』而俱作故曰盛樂也。篪音池。舞皇舞。析白羽爲之，形如帗也。舞師云：『教皇舞，帥而舞旱暵之事。』暵，呼旱反。《月令》：『命有司爲民祈祀山川百源、百辟卿士有益於民者，以祈穀實。』天子雩上帝，諸侯雩山川。卿士謂古之上公以下，若句龍、社稷之類也。何休注《春秋公羊傳》曰：『旱則君親之南郊，以六事謝過自責：政不善歟？人失職歟？宮室崇歟？婦謁盛歟？苞苴行歟？讒夫昌歟？使童男童女各八人而呼雩也。』按《月令》本出於管子，即周時人也。至秦呂不韋編爲《呂氏春秋》，漢戴聖又取集成《禮記》，徵其根本，並周制。若國大旱，則司巫帥巫而舞雩。注云：『雩，旱祭也。天子於上帝，諸侯於上公之神。』若旱暵，則女巫舞雩。雩，呼嗟求雨之祭。使女巫舞，旱祭崇陰也。鄭司農云：『求雨用女巫，故《檀弓》曰：「歲旱，繆公召縣子而問曰：『吾欲暴巫，奚若？』曰：『天則不雨，而望之愚婦人，無乃已疏乎！』」』《左傳》曰：『龍見而雩。』謂建巳之月，蒼龍宿之體，昏見東方，萬物始盛，待雨而大，故祭天，遠爲百穀祈膏雨。《公羊傳》曰：『言雩則旱見，言旱則雩不見。』皆善人君能感懼天災，應變求索，憂人之急，非四時常祭。不雩則言旱，旱而不害物則言大雩，言大雩則大旱可知也。《穀梁傳》曰：『雩得雨曰雩，不得雨曰旱。』《禮》云『龍見而雩』，常祀不書，書者皆爲旱故。得雨則喜，以月爲正。不得雨則書旱，明災成也。

漢承秦滅學，正雩禮廢。旱，太常祝天地宗廟。董仲舒《春秋》：『春旱，令縣邑以水日禱社稷山川，家人祠戶。無伐名木，無斬山林。暴巫聚蛇八日。於邑東門外爲四通壇，方八尺，植蒼繒八。其神共工。祭以生魚八，玄酒，具清酒膊脯。擇巫之潔清辨利者爲祝。祝齋三日，服蒼衣。先再拜，乃跪陳。祝曰：「昊天生五穀以養人。今五穀病旱，恐不成實。敬進清酒膊脯再拜，雨幸大澍，即奉牲禱。」復再拜起，以甲、乙日爲大青龍一，長八丈，居中；爲小龍七，各長四丈，於東，皆東鄉，相去八尺。小童八人，皆齋三日，服青衣而舞。田嗇夫齋三日，青服而立。鑿社通閭外溝。取五蝦蟆置社中。池方八尺，深一尺。具酒脯，祝如初。取三歲雄雞與三歲猳猪，皆燔之於四方通神宇。令人闔邑里南門，置水其外，開里北門。具老猳猪一，置之里北門外。市中亦置猳猪一。聞鼓皆燒猳猪尾，取灰骨埋之，開山泉積薪燔之。通橋道之壅塞。得雨報以豚酒黍，茅席無斷也。夏令縣邑以水日家人祠竈神，無舉土功。更大浚井。暴釜於壇，杵臼於術，七日。爲四通壇於邑南門外，植赤繒七。其神蚩尤。祭之以赤雄雞七，玄酒，具清酒膊脯。祝齋三日，服赤衣，拜跪陳祝如春。以丙、丁日爲大赤龍一，長七丈，居中；小龍六，各長三丈五尺，於南，皆南鄉，相去七尺。壯者七人，皆齋三日，服赤衣而舞之。司空嗇夫亦齋三日，服赤衣而立。鑿社通閭外溝。取五蝦蟆置社中。池方七尺，深一尺。具酒脯，祝齋衣拜祝如初。取三歲雄雞、猳猪，燔之四方通神宇，開陰閉陽如春也。季夏，禱山陵以助之。令縣邑十日一徙市於邑南門外，五日禁男子無入市。家人祠中霤。無舉土功。聚巫市旁。爲四通之壇於中，植黃繒五。其神后稷。祭之母䰞五。母音模，《禮》謂之淳母。䰞音移，《周禮》曰食。玄酒，具清酒膊脯。令各爲祝齋三日，黃衣，餘皆如春。以戊、己日爲大黃龍一，長五丈，居中；小龍四，各長二丈五尺，於中央，皆南鄉，相去五尺。丈夫五人，齋三日，黃服而舞。老者亦齋三日，衣黃而立。通社中於閭外溝，蝦蟆池方五尺，深一尺，他如前。秋暴兵尪巫九日。無舉火事，無煎金器。家人祠門。爲四通壇於邑西門外，方九尺，植白繒九。其神太昊。祭之桐木魚九，玄酒，具清酒膊脯。白衣。他如春。以庚、辛日爲大白龍一，長九丈，居中；小龍八，各長四丈五尺，於西方，皆西鄉，相去九尺。鰥者九人，皆齋三日，服白衣舞之。司馬亦齋三日，白衣而立。蝦蟆池方九尺，深一尺。他如前。冬，舞龍六日，禱於名山以助之。家人祠井。無壅水。各爲四通壇於邑北門外，方六尺，植黑繒六。其神玄冥。祭以黑狗子六，玄酒，具清酒膊脯。祝齋三日，黑衣。祝如春。以壬、癸日爲大黑龍一，長六丈，居中；小龍五，各長三丈，於北方，皆北鄉，相去六尺。老者六人，皆齋三日，黑衣而舞。尉亦齋三日，黑衣而立。蝦蟆池皆如春。四時皆以水日，爲龍必取潔土。令吏人夫婦皆偶處。』《新論》曰：『劉歆致雨，具作土龍。爲土龍者，以龍見輒有風雨興起，以迎送之，故緣象其類爲之。』武帝元封六年，旱，女子及巫丈夫不入市。

成帝五年六月，始命諸官止雨，朱繩反縈社，擊鼓攻之。是後水旱常不和。干寶曰：『朱絲縈社。社，太陰也。朱，火色也。絲屬離。天子伐鼓於社，責羣陰也；諸侯用幣於社，請上公也；伐鼓於朝，退自責也。此聖人厭勝之術。』

後漢自立春至立夏盡立秋，郡國上雨澤。若少，各掃除社稷，公卿官長以次行雩禮以求雨。《春秋繁露》曰：『大旱雩祭而請雨，大水鳴鼓而攻社，天地之所爲，陰陽之所起，或請焉，或攻焉，何如也？曰：大旱，陽滅陰也。陽滅陰者，尊厭卑，固其義也，雖太甚，拜請之而已。大水者，陰滅陽也。陰滅陽者，卑勝尊也。以賤凌貴者，逆節，故鳴鼓而攻之，朱絲而脅之，爲其不義，此亦《春秋》之不畏強禦也。變天地之位，正陰陽之序，直行其道而不忌其難，義之至也。』閉諸陽，衣皁，興土龍，《山海經》曰：『大荒東北隅中有山，名凶犂土丘，應龍處南極，殺蚩尤與夸父，不得復上，故下數旱，旱而爲應龍之狀，乃得大雨。』郭璞曰：『今之土龍，本此，氣應自然冥感，非人所能。』立土人舞童二佾，七日一變如故事。反拘朱索縈社，伐朱鼓。禱賽以少牢如禮。

晉武帝咸寧二年春，旱，因後漢舊典，諸旱處廣加祈請。五月，祈雨於社稷山川。

東晉穆帝永和年，有司議，制雩壇於國南郊之旁，依郊壇近遠，阮諶云『壇在巳地』。按得衛宏《漢儀》，稱『魯人爲雩壇在城東南』。諸儒所說皆云壇，而今作墠。又《論語》樊遲從遊於舞雩之下，衛宏所說魯城東南，舊跡猶在焉。祈上帝百辟。旱則祈雨，大雩社稷、山林、川澤。戴邈議云：『周冬及春夏旱，禮有禱無雩。天旱日淺則災微，旱日久則災甚。微則禱小神社稷之屬，甚乃大雩帝耳。按《春秋左氏傳》之義，春夏無雨未成災，雩而得雨則書雩，不得雨則書旱，明災成也。然則始雩未得便告飢饉之甚，爲歌哭之請。』舞僮八佾六十四人，皆玄服，持羽翳，而歌《雲漢》之詩章。時博士議：『《雲漢》之詩，宣王承厲王，撥亂遇災而懼，故作是歌。今晉中興，奕葉重光，豈以周人秏斁之辭乎！漢魏之代，別造新詩，晉室太平，不必因故。』司徒蔡謨議曰：『聖人迭興，禮樂之制，或因或革。《雲漢》之詩，興於宣王，今歌之者，取其修德禳災，以和陰陽之義，故因而用之。』

齊明帝建武二年旱，雩，以武帝配饗於雩壇。時祠部郎中何佟之議曰：『皇齊以武帝配五精於明堂，今亦宜配享於雩壇矣。今武帝遏密未終，自可不奏樂，至於旱祭舞雩，蓋是吁嗟之義，既非懽樂，此不涉嫌。祝史稱祠，仰祈靈澤，舞雩無闕。』

梁武帝天監元年，有事雩壇。壇於南郊之左，高及廣輪四丈，周十二丈，四陛。帝以爲雨既類陰，而求之正陽，其謬已甚。東方既非盛陽，而爲生養之始，則雩壇應在東方，祈晴亦宜此地。遂移於東郊。十年，帝又以雩祭燔柴，以火祈水，於理爲乖。於時停用柴燎，從坎瘞典。時議曹郎朱异議曰：『按周宣《雲漢》之詩，毛注有瘞埋之文，不見燎柴之說。若以五帝必柴，則明堂又無其事。』大同五年，又築雩壇於籍田兆內。四月後旱，則祈雨行七事。一，理冤獄及失職者；二，賑鰥寡孤獨；三，省傜輕賦；四，舉進賢良；五，黜退貪邪；六，命會男女，恤怨曠；七，徹膳羞，弛樂懸而不作。天子降法服。七日，乃祈社稷。七日，乃祈山林川澤常興雲雨者。七日，乃禘羣廟之主於太廟。七日，乃祈古來百辟卿士有益於人者。七日，乃大雩上帝，偏祈前祈所有事者。大雩禮於壇，用黃牯牛一，祈五天帝及五人帝，各依其方，以太祖配，位於青帝之南，五官配食於下。七日乃去樂。又偏祈社稷山林川澤，就故地處大雩。國南除地爲墠，舞僮六十四人，皆衣玄服，爲八列，各執羽翳。每列歌《雲漢》詩一章而畢。旱而祈澍，則報以太牢，皆有司行事。唯雩則不報也。若郡縣邑旱請雨，則五事同時並行。五事謂黜退貪邪以上，如前議。守令皆齋潔三日，乃祈社稷。七日不雨，更齋祈如初。三變仍不雨，復齋祈其界山林川澤常興雲雨者。祈而澍，亦各有報。

陳因梁故事。武帝時以德皇帝配，文帝時以武帝配，廢帝以文帝配。牲用黃牛，而以清酒四升洗其首。其壇墠配饗歌舞，皆如梁禮。天子不親奉，則太宰、太常、光祿行三獻禮。其法皆採齊建武二年舊典。

後魏文成帝和平元年四月旱，詔州郡於其界內，神無大小悉洒掃，薦以酒脯。年登之後，各隨本秩，祭之以牲牢。

北齊以孟夏龍見而雩，祭太微宮五精帝於夏郊之東。爲圓壇，廣四十五尺，高九尺，四面各一陛。爲三壝外營，相去深淺，并燎壇，一如南郊。後主時，錄尚書、總知內外兵及機密高阿那肱獨秉朝政，尚書郎中源師立嘗諮那肱云：『龍見當雩。』問師立云：『龍見何處，作何顏色？』師立云：『此是龍星見，須雩祭，非是真龍見。』那肱又云：『漢兒多事，強知星宿。』其牆面如此，竟亡齊國。若建午未申之月不雨，則使三公祈五帝於雩壇，禮用玉帛，有燎，不設樂，選伎工端潔善謳詠者，使歌《雲漢》之詩於壇南，其儀如郊禮。

隋制，雩壇國南十三里啟夏門外道左，高一丈，周二十丈。孟夏龍見，則雩五方上帝，配以五人帝於上，太祖配饗，五官從祀於下。牲用犢十，各依方色。若京師孟夏後旱，則祈雨，行七事。如梁之七事。七日，祈岳鎮海瀆及諸山川能興雲雨者；又七日，祈社稷及古來百辟卿士有益於人者；又七日，乃祈宗廟及古帝王有神祠者；又七日，乃修雩，祈神州；又七日，仍不雨，復從岳瀆以下祈禮如初。秋分以後不雩，但禱而已。皆用酒脯。初請後二旬不雨者，即徙市禁屠。皇帝御素服，避正殿，減膳撤樂，或露坐聽政。百官斷傘扇。令家人造土龍。雨澍，則命有司報。州縣祈則理冤獄，存鰥寡孤獨，掩骼埋胔，潔齋祈於社稷。七日，乃祈界內山川能興雲雨者，徙市斷屠。雨澍亦有報。

大唐武德初，定令：每歲孟夏，雩祀昊天上帝於圜丘，景皇帝配，牲用蒼犢二。五方上帝、五人帝、五官並從祀，用方色犢十。貞觀雩祀於南郊，顯慶禮於圜丘。開元十一年孟夏後旱，則祈雨，審理冤獄，賑恤窮乏，掩骼埋胔。先祈岳鎮海瀆及諸山川能興雲致雨者，皆於北郊遙祭而告之。又祈社稷，又祈宗廟，每以七日皆一祈。不雨，還從岳瀆如初。旱甚，則大雩。秋分後不雩。初祈後一旬不雨，即徙市，禁屠殺，斷扇，造大土龍。雨足，則報祀。祈用酒脯醢，報准常祀，皆有司行事。已齋未祈而雨，及所經祈者，皆報祠。至二十年新撰禮，其正雩旱禱，並備本儀。起居舍人王仲丘議：『按貞觀禮，孟夏雩祀五方上帝、五人帝、五官於南郊，顯慶禮則雩祀昊天上帝於圜丘。按鄭玄注《月令》云：「雩於上帝者，天之別號，允屬昊天，祀於圜丘，尊天位也。」然雩祀五帝既久，亦請二禮並行，以成大雩帝之義。』

又卷一三四《禮九十四·開元禮纂類二十九·凶禮一·賑撫諸州水旱蟲災賑撫蕃國水旱附**》**

皇帝遣使賑撫諸州水旱蟲災，本司散下其禮，所司隨職供辦。使者未到之前，所在長官先勒集所部僚佐等及正長、老人。本司先於廳事大門外之右，設使者便次，南向。又於大門外之右設使者位，東向；大門外之左設長官以下及所部位，重行，北向西上。於廳事之庭少北，設使者位，南向。又於使者位之南三丈所，設長官位，北向；其所部僚屬則位於長官之後，文東武西，每等異位，重行北面，相對爲首；正長、老人則位其南，重行，北面西上。使者到，所司迎，引入便次。長官及所部嚴肅以待，正長、老人等並列於大門外之南，重行，北面西上。

至時，使者以下各服其服，所在長官及所部僚佐亦各服公服。行參軍引長官以下出，就門外位立。司功參軍引使者就門外位立，持節者立於使者之北，史二人對舉制案，列於使者之南，俱少退東向。行參軍贊拜，長官及所部在位者皆再拜。行參軍引長官等以次先入，立於門內之右，重行西面。司功參軍引使者入，幡節前導，持案者從之。使者到庭中位立，持節者於使者東南，西面。持制案者立於使者西南，東面。行參軍引長官以下俱入，就庭中位。立定，持節者脫節衣，持案者以案進使者前，使者取制書，持案者退復位。使者稱：『有制。』行參軍贊再拜，長官及諸在位者皆再拜。使者宣制書訖，行參軍又贊拜，長官及諸在位者皆再拜。行參軍引長官進詣使者前，受制書，退復位訖，司功參軍引使者以下出，復門外位。行參軍引長官及諸在位者各出即門外位如初。行參軍贊拜，長官及諸在位者皆再拜。司功參軍引使者以下還便次。長官退，其正長、老人等任散。蕃國賑撫同諸州禮。其國主供待及入出即館饗食之屬則如常，但略其燕好。

唐 韋湊《諫造寺觀疏》《全唐文》卷二〇〇 臣聞諸《易》曰：『何以守位曰仁，何以聚人曰財。』然則非財無以建國，國之府庫，非自殖財，還資於人，賦斂而制也。人之貲產，非自然生，勞筋苦骨竭力而致也。人所以甘於征賦者，知用之不爲私也。資以散人，人有何怨？若乃用之或不節，散之以非公，既盡而厚斂，則人不堪命，鮮不怨叛矣。

歷觀古先有天下者，未嘗不以薄賦斂省傜役而興焉，徵稅重人力殫而滅焉。並詳諸載籍，列爲龜鏡。然曩以邊烽驟驚，戎幕薦興，每應機須，頗傾帑藏。臣竊計即時庫物，如此嘗用，略支一歲，殊恐不足。而觀寺興工，土木所料，動至鉅萬，更空竭之，必不支年矣。頃年天下災損流行，乏絕稍多，申奏相繼，每延聖念，總令賑恤，更加賦稅，則人交不堪，衣食靡供，調斂安出？儻邊烽尚警，戎虜南牧，軍資糧用將何以濟乎？此臣所以深憂也。

今營觀寺者，蓋謂修德以禳災也。以臣寡聞，稽諸史冊，人君修德，有異於是。昔殷太戊時，桑穀生朝，七日大拱。太戊問伊陟，陟曰：『臣聞天不勝德。』帝其修德，太戊懼，早朝宴退，務撫百姓，三年，遠方重譯而至者六十國。桑穀日枯，殷道中興，此豈造寺觀哉？宋景公時，熒惑守心，公召子韋而問焉。子韋曰：『其禍當君，雖然，可移於相。』公曰：『相所以與理國者也。』曰：『可移於人。』公曰：『人死，寡人將誰爲君乎？』曰：『可移於歲。』公曰：『歲饑，人餓必死，爲人君而殺其人，誰以我爲君乎？』子韋曰：『君有至德之言三，天必三賞君。今夕星必徙舍，君延二十一歲。』公曰：『子何知之？』對曰：『君有三善，故有三賞，星必三舍，舍行七星。星當一年，君延年二十一矣。』果如子韋之言。此由仁發於衷，亦非造寺觀也。且修德者，謂躋萬姓於仁壽，不徇私於一己。任忠直，退諂諛，省賦役也。自陛下御極，修之久矣，何災不禳？何祥不至？而欲忽生靈之重命，崇棟宇於空祠，適足爲憂，何益聖德？此臣竊爲陛下不取也。

況《道德》之宗，興乎元元皇帝。其經曰：『聖人後其身而身先，外其身而身存。以其無私，故能成其私。』此乃抱素守真，薄以厚物，輕稅節用，清淨無爲之旨也。今欲困人弊國，峻宇雕墻，思竭輸飾窮壯麗以希至道，其可得乎？近古以來，修黃老術者，漢之文景，豈造寺觀乎？惟寡欲清心，愛人省費，而時康俗阜，海內晏然，此得之矣。秦始皇規一身之樂，忘神器之危，銳意神仙，將圖羽化，此失之矣。伏願陛下究道家之旨，備不虞之機，緩非急之作，務實府庫，以育黎甿，則寶祚愈隆，寰瀛永久矣。臣伏見敕停金仙玉真兩觀，以救農時，可謂爲得矣。今仍使司市木仍舊，又大修觀內，所費不停，國用將空，何以克濟？支度一失，天下不安。

唐 張九齡《曲江集》卷六《后土赦書》 門下：昔者巡狩所至，柴瘞斯行，蓋取誠享，以遵告類。朕恭承祖宗之烈，獲主神祇之祀，夙夜祇畏，不敢荒寧。故勒兵朔陲，先展義於汾社；回旆脽上，遂有事於郊壇。王者父事天，母事地，漢氏祈穀，未始正名，周禮降神，迺爲徼福而已。朕以天命之重，子道爲先，惟茲精誠，在乎敦孝，庶蒙福於四海，期永康於兆人，是以率由舊章，敬恭明祀，嚴配之誠既展，奠獻之禮又終。且《春秋》之義，大事在祀，齋祭之福，庶品維祺，豈獨在予，而有斯慶？可大赦天下：自開元二十年十一月二十一日昧爽已前，大辟罪已下，罪無輕重，已發覺未發覺，已結正未結正，繫囚見徒常赦所不免者，咸赦除之。官人犯贓及有罪被推者，本罪雖原，不得更令卻上，仍別與處分。自先天已來，有雜犯流移人等，並配隸人等，各量移近處。左降官未經量移，及經量移未復本資者，奏聽進止。天下遭損免州，應損户成《詔令》作減一分已上者，及供頓州，無出今年地稅，如已徵納，聽折來年地稅。逋租懸調，貸糧種子，欠負官物在百姓腹內者，並宜放免。其不損處一作免州，自開元十七年已前，所有貸糧種子，負欠官物在百姓腹內者，亦宜準此。諸州緣供頓所差貼助夫，亦放其家今年地稅。孝子順孫，義夫節婦，颯廟門閭，終身勿事。諸州侍老，百歲已上賜粟七石，九十已上賜粟五石，八十已上賜粟三石，所由速付，勿淹旬日。太原潞州府侍老等，先已加恩，不在此例。

唐 羅隱《讒書》卷三《荊巫》 荊楚人淫祀者舊矣。有巫頗聞於鄉閭，其初爲人祀也，筵席尋常，歌迎舞將，祈疾者健起，祈歲者豐穰。其後爲人祀也，羊豬鮮肥，清酤滿卮，祈疾得死，祈歲得饑。里人忿焉，而思之未得。適有言者曰：『吾昔遊其家也，其家無甚累。故爲人祀，誠心罄乎中，而福亦應乎外，其胙必散之。其後男女蕃息焉，衣食廣大焉。故爲人祀，誠不得罄於中，而神亦不歆乎外，其胙且入其家。是人非前聖而後愚，蓋牽於心而不暇及人耳。』以一巫用心尚爾，況異於是者乎？

又《天機》　善而福，不善而災，天之道也。用則行，不用則否，人之道也。天道之反，有水旱殘賊之事。人道之反，有詭譎權詐之事。是八者謂之機也。機者，蓋天道人道一變耳，非所以悠久也。苟天無機也，則當善而福，不善而災，又安得饑夷齊而飽盜跖？苟人無機也，則當用則行，不用則否，又何必拜陽貨而劫衛使？是聖人之變合於其天者，不得已而有也。故曰機。

唐　黄子發《相雨書·禱雨》　冬春夏秋四時之首甲子日，不宜雨，雨必旱在六十日後。以此之時請雨，則用壘土爲龍，使二童舞之入山。如此數日，則天降甘霖也。故《淮南》曰：『土龍致雨。』

凡少年婦女仰天大號泣不語，則雨降。

《神農求雨書》曰：『春夏雨日而不雨，甲乙命爲青龍，又爲火龍，東方小童舞之。丙丁不雨，命爲赤龍，南方壯者舞之。戊己不雨，命爲黄龍，壯者舞之。庚辛不雨，命爲白龍，又爲火龍，西方老人舞之。壬癸不雨，命爲黑龍，北方老人舞之。如此不雨，遂潛處，闔南門，置水其外。開北門，取人骨埋之。如此不雨，命祝巫而暴之。暴之不雨，神山積薪，擊鼓而焚之。』

又《祈晴》　雨久急欲止者，取銅瓶著四五斗沸湯，綿絮固口，入井。則雨立時而止也。以下闕七條。

大潦欲止者，使三寡婦、七孤兒持搗米杵，孤兒仰天號，寡婦伏地哭，聲振數十里，則雨止。但早五十日耳。

唐　佚名《正一殟司辟毒神燈儀》　伏以混沌既分，氣形乃判，女媧斷鰲而立極，伊祈曆象以授時。分三才而成三，播五行而為五。由是氣分七十二候，歲定三百六旬。成變化以行鬼神，妙陰陽而運寒暑。天垂象，財吉凶可見；人稟性，而禍福自來。故慶源乃襲於積善之家，而殃咎必幾於作惡之者。幸有禱祈之路，抑開方便之門。以今信士某圅形覆燾之間，託跡岍幪之下，正心誠意，尊天敬神，啟建玄壇，修崇清醮。香煙縹緲，靄空洞之雲霞；燈焰熒煌，燦青霄之星斗。瑤臺月冷而仙裾縹渺，碧漢風清而雲馭翱翔。察茲懇懇之齋羞，願賜迂迂而降監。伏願明德誕敷，洪恩下沛，增注方來之慶，蠲消已往之非。萬福攸同，羣魔滅試，無災無害，且逸且安。金書標不朽之名，青簡注延生之法。更祈加護，是磬恪恭。稽首歸依，無極大道。

臣衆等志心歸命，東方行瘟張使者。

伏以太虛之上，諸天之尊，自然九色之光華，不假三晨之照燭。上至日月星宿，下及海岳山川，或傾事帝之心，盡屬為臣之禮。宮室戶牖，殿閣樓臺，或珍寶以營成，或雲霞而結就。虛無縹緲，是為恍惚之庭；森羅淨霐，別有通明之殿。每於齋日，普集群靈，風生而紫宇成音，煙起而清風結篆。百千萬之仙衆，三十二之帝君，莫不大會玉京，上朝金闕。以今信士某銀缸燦爛，檀炷氤氳，惟願降臨，謹當讚詠：

布列銀缸，化成寶蓋。燦爛光華，流星俯屆。九霄儀仗，徘徊下邁。五色祥雲，氤氳沆瀣。勑下三官，消除災害。疫疾瘟瘽，皆蒙痊瘥。殟司部從，驅邪除怪。降福消災，虔恭匪懈。

臣衆等志心歸命，南方行瘟田使者。

伏以惟皇上帝，陰騭下民，故敕瘟部之神明以分天道之禍福。積善者有餘慶，則可保於安寧；積惡者有餘殃，則難逃於譴責。主殟聖者，威重權高。都天元帥，勢大職尊。昔武王治世之日，乃匡阜得道之時。御氣乘風，孰可攀於仙駕；幽岩邃谷，今猶見於靈蹤。尊號和瘟，靜明敕賜。雖大道之瘟疫，惟人所召；然神明之糾察，惟德是依。以今信士某是以香裊輕雲，燈排列宿。惟願降臨，謹當讚詠：

仰啟五殟，尊神聖帝。願回聰直，廣垂濟惠。元帥都天，留恩一切。左右威靈，無諸凝滯。匡阜先生，和殟卻癘。收殟攝毒，福及後裔。駐想雲輿，來臨壇治。保佑一家，永依神庇。

臣衆等志心歸命，西方行瘟趙使者。

伏以洪爐造物，覆燾所以無私；疏網臨人，善惡因而有報。恐懼修省之戒，嚴恭夤奉之文。羲易所傳，周書備載，吉凶在我，禍福無門。降年不永者，惟民宿辜；不善餘殃者，非天作孽。若能悔過，百祥自此而臻；苟不悛心，六極自然而至。故有殟部，以奉天符。一紀之中，令年王而行賞罰；五方之內，假將軍以秉威權。力梵魔王，輔聖每彰於猛烈；張康太保，隨神常顯於靈通。願藏雷電之威，乞賜禧祥之祉。以今信士某是以燈開菡萏，香噴狻猊。惟願降臨，謹當讚詠：

力魔梵王，曲垂大造。太保張康，尊安廟貌。十二年王，尊帝所告。五方使者，除兇去暴。正直聰明，褒忠佑孝。廣變清涼，思歸覆燾。

臣眾等志心歸命，北方行瘟史使者。

伏以皇天無親，大道不器，其功可以妙萬物，其明可以照四方。延福延生，俱有修禳之法；若男若女，咸蒙覆燾之恩。惟命殟司，下臨凡世，行病則有鬼王之猛烈，發汗則有使者之神通。以禍福化人，以災祥降世。常善救物，豈非惡害之心；無量度人，乃有好生之德。以致陰陽消息，寒暑往來，十二律之無私，四六氣之有準，瘟分三十六種，候列七十二神。心萌善，則災消；意造非，而禍至。倘伸齎奉，必賜康和。以今信士某是以香飄馥郁，燈布熒煌。惟願降臨，謹當讚詠：

三十六旬，主張氣候。二十四神，門差刻漏。七十二神，時行所受。十二律呂，黃鐘太簇。皂纛鋒刀，長牙巨獸。天之命令，生靈是祐。慈造回顏，神威息咎。保佑一家，康寧富壽。

臣眾等志心歸命，中央行瘟鍾使者。

伏以先聖所制，亙古流傳，必須顯跡於神通，然後隨方而祭祀。據壇祠而遵天命，居境域以顯威靈。旨酒佳郁，列杯柈而豐潔；朱甍碧瓦，設堂殿以深嚴。或道教之真仙，或釋門之大士，或往古之英烈，或上世之賢良，或畫繪以作容儀；或埏土而成相貌，享一方之供獻，納千里之瞻依。以今信士某是以絳蠟搖紅，紫檀凝霧，人皆欽仰，士庶歸依。法眾虔誠，謹當讚詠：

郡邑靈神，人之主宰。社令城隍，血食千載。祠廟靈祇，名彰英彩。亙古名賢，周遊四海。一方祭祀，豈容有改。願回洞鑒，來臨爽愷。保佑一家，永無驚駭。

唐　佚名《太上三五傍救醮五帝斷殟儀》　夫人家忽逢天災厄難，家口瘻疗，經一日五日者，此是宅舍前後，五帝神祇不衛於人，及有四方鄰里，忽被染剔，皆是天行疫鬼，雲中李子遨、張元伯、劉元達、烏丸鬼等病患人家。但是人家若患天行時疫，三年內，皆再發一度。可於醮曆，檢定良日，求一道士，延請就宅。若辦得修神咒齋一日兩夜、三日三夜。若不辦，只請一人醮五帝。所須色目，具列如後：

真乳頭香一兩半六爐。案六面，筆五管，墨五錠，五方綵各一段隨方色。手巾五條各長四尺二寸，命祿米五盤每盤一斗二升，酒一斗盞子四十隻，信錢五分每分一百二十文，紙一束五帖作錢財，五帖鎮座。醮盤四十分餅餤、胡桃、乾棗、乾魚、鹿脯、時新菓子，茅香湯一碗，燈十二盞，桃牌六枚各長一尺一寸闊二寸。

師位居北，叩齒三十六通了，入壇解穢

次禁鬼門

次衛靈咒

次發爐

弟子裝束冠帶如法，於齋壇前，虔誠告祝，設拜捻香，以俟通感

維某年某月某朔某日洞淵弟子臣某等，謹為弟子某生上啟：

上請東方青帝靈威仰勾芒君青帝夫人降下，

上請南方赤帝熛弩祝融君赤帝夫人降下，

上請西方白帝招矩少昊君白帝夫人降下，

上請北方黑帝葉光紀玄冥君黑帝夫人降下，

上請中央黃帝含樞紐軒轅君黃帝夫人降下。

上請五帝之子、五帝之孫、典籍功曹、司命司錄、好生司馬、大神解穢主者，左右尚書、前後僕射、延壽玉女、長吏司空、注年博士、上下大夫、虛無小吏、削死定生君、解衰脫厄君、保命益算君、治病下藥君、浮雲使者君、雷師電師君、四州九谷君、河上仙官、江湖玉女君、吞魔食鬼君、收殟食鬼君、斬鬼破鬼君、掃蕩不祥安隱六腑君、移名定籍君、各各諸座，故饗微禮，符告上下。關啟天地大神、五帝仙官並及此間土地真官、九江水帝、十二溪女、河伯水官、地下七神、土地之主五嶽四瀆護人長吏、加算主者、左右傳吏、解罪之君、一切神靈，各各執持玉板，聽臣口中詞語。今有弟子某家累年已來，居止不利，人口瘻疗，死亡非一，經營不遂，官職不遷，所願不從，災厄妄生，卜決憂忌，皆見八方四面，並有下官故炁，疫癘鬼兵，八部魔邪，暴害良善。門門唯聞哭屍之響，不聞雅樂之音。大小哀哉，枉遭者眾。耳聞目見，非是吉祥。某等日夜驚惶，無方投趣。伏聞老君設教，授與仙真，下傳凡俗，大解妙法，殺鬼生人。今於當處結壇，奉獻酒脯，祠五帝之具，占得九章。今

日吉良，宿得天倉。明如日月，比於三光。百味雜饌，不敢先嘗。清酒淨脯，甘美甚香。帝君受饗，賜福無量。七祖生天，解釋禍殃，逍遙雅樂，位等仙王。生人富貴，子孫滿堂，三十六代，及以先亡，昇入南宮，長樂福鄉，去離三塗，免墮鑊湯。長辭劍樹寒冰鐵床，不見銅柱牛頭阿傍。瘟疫疾病，萬代消亡。收攝百鬼，施於太陽。災害解散，永保吉昌。五帝之主，萬神之王，消滅惡業，知其柔剛。暉生枯榮，言成雪霜。能使官災消散，疾病去床；能使春秋冬夏，上下玄黃；能使四時節炁，天圓地方。動作自然，五色玄黃，三明六律，七柔八剛，造作人形，無暗不照，無明不光。北斗七星，布置諸宿。角亢氐房心尾箕，配屬東方；井鬼柳星張翼軫，配屬南方；奎婁胃昴畢觜參，配屬西方；斗牛女虛危室壁，配屬北方；魁𩲃𩴾魐魓𩳐魒，配屬中央五行。推節寒熱溫涼，使金剋木，木自折傷；使木剋土，土自潛藏；使土剋水，水不流行；使水剋火，火自無光；使火剋金，金自消亡。打考戮鬼，鬼走遠方。療治疾病，立即自康。規覓求官，宜奉公王。使神安宅，宅如金剛；使符指鬼，鬼即滅亡；使神斬邪，邪自破傷；使神治病，病人去床；使神防衛，行者吉昌；使神安墓，子孫滿堂；使神耕種，五穀滿倉；使神斷病，來者不當。天有九章，人有惡業，棄與八荒，蕩除街巷村陌並及弟子某宅內瘟疫斑黃。自家親之外，速去遠方，屯營百鬼之帥，捉溺付與鑊湯。吞啗精魅，五體消亡。老君口勑，誅斬不祥，何神能住，何鬼敢當。帝君降下，萬歲吉昌。行來出入，五神扶匡。官災解散，鬼賊潛藏，弟子再拜。

次上香，上茶，上酒。

謹啟五帝君等，若有邪精、五殟、鬼炁，或復藏形隱影、變化百端、盤停不去者。

上請五啗大將軍降下，放大威力，口吐神火，燒鬼頭破，然鬼身形，滅其根種，急急一如女青詔書律令。某七代已來，逮及今身，所造故違，無數重罪，賜乞原除某上祖父母，生存所犯，東方十惡、五逆之罪、不蒙解釋者。

上請角亢氐房心尾箕甲乙寅卯辰君，主為某生解釋，悉令原除某生存所犯，南方十惡、五逆重罪、不蒙解釋者。

上請井鬼柳星張翼軫巳午未丙丁君，主為某生解釋，悉令原除某生存所犯，西方十惡、五逆重罪、不蒙解釋者。

上請奎婁胃昴畢觜參申酉戌庚辛君，主為某生解釋，悉令原赦某生存所犯，北方十惡、五逆重罪、不蒙解釋者。

上請斗牛女虛危室壁亥子丑壬癸君，主為某生解釋，悉令原除某生存所犯，中央十惡、五逆重罪、不蒙解釋者。

上請中斗七星魁𩲃𩴾魐魓𩳐魒，主為弟子某生解釋，悉令原赦，若春之三月、有青殟青疫行病之鬼，因木王相欲行毒藥、傷害良善者。

上請西方白帝君，主為弟子斬殺之不得，妄行毒害。若夏之三月，有赤殟赤疫行病之鬼，因火王相欲行毒藥，傷害良善者。

上請北方黑帝君，斬殺之不得，妄行毒害。若秋之三月，有白殟白疫行病之鬼，因金王相欲行毒藥、傷害良善者。

上請南方赤帝君，斬殺之不得，妄行毒害。若冬之三月，有黑殟黑疫行病之鬼，因水王相欲行毒藥、傷害良善者。

上請中央黃帝君，斬殺之不得，妄行毒害。若四季之月，有黃殟黃疫行病之鬼，因土王相欲行毒藥、傷害良善者。

上請東方青帝君，斬殺之不得，妄行忤犯。斷除一切群邪，悉令伏匿。方得天下太平，鬼神不起，風調雨順，萬民安樂。仰被重恩，弟子再拜。

次上香，上酒

上啟五帝君等，弟子叩頭稽顙，賜乞一生一活、一度一脫，所有深重災厄。至于某生邊願為度災，安魂定魄，防衛性命，救治疾病。唯願肉人闔家、大小等身，或受年窮算盡之厄，橫因上計，願為解除，轉更注年，延生保命。若有天羅地網，纏繞軀體，未蒙解脫。各請帝君，速為斬截。一切邪精，願令消滅。若有百鬼妄生，拘錄肉人，家口男女，魂神不安者，重請五方斗中延命君、安生君、去死君、來生君，迎魂附魄，悉為扶拔，魂神將附身體之中，調和六府。東斗請為延算，西斗請為記名，北斗請為落死，南斗請為上生。主為安魂司命，更賜益算。延壽星官，請為消除死簿，定上生名。若有天上地下凶逆之鬼，滯在某家，村中巷陌、門前戶後，窺求血食，欲行凶傷。

上請三五大將軍，官吏將十萬人收魔，食鬼，唯願降下。

上請三五收殟食殟大將軍，官將十萬人降下。

上請三五收疫大將軍，官將十萬人具官降下。

上請三五收注大將軍，官將十萬人具官降下。

上請收精食精大將軍，官將十萬人具官降下。

上請收邪食邪大將軍，官將十萬人具官降下。

上請收毒食毒大將軍，官將十萬人具官降下。

上請收魅食魅大將軍，官將十萬人具官降下。

上請收凶食凶大將軍，官將十萬人具官降下。

上請五方五帝斬鬼大將軍，官將十萬人降下。主為某生家，同心併力，收攝村中巷陌、家中宅內，行客魍魎之鬼、伏屍刑殺之鬼，次收門戶井竈之鬼，次收五虛六耗、凶吹惡逆之鬼，次收童男童女之鬼，次收殃殍土長之鬼，次收獨歌自舞喜笑之鬼，次收蠱毒野道之鬼，次收山精崖石、百魅之鬼，次收八部行病之鬼，次收喚人魂魄之鬼，次收各有名字之鬼，次收明公石矸之鬼，次收無名脫籍之鬼，次收樹下犬子之鬼，次收夜行兇逆之鬼，次收山林社稷、惡逆淫祠之鬼，次收天下四鎮死將之鬼，次收刀兵軍陣、無頭無手之鬼，次收吳王子胥之鬼，次收赤眉盜賊之鬼，次收三王五霸、敗軍死將之鬼，次收下痢瞋腫之鬼，次收魯丁斑黃、轉筋、謦咳、吐逆之鬼，次收雲中李子遨、千精萬魅之鬼，次收搖鈴吹角呼喚之鬼，次收縊死之鬼，次收落水之鬼，次收羌獠之鬼，次收六夷之鬼，次收胡狄蠻戎之鬼，次收東方青注之鬼，次收南方赤注之鬼，次收西方白注之鬼，次收北方黑注之鬼，次收中央黃注之鬼，次收絕戶之鬼，次收異病卒死之鬼，次收白禿癩病之鬼，次收瘡膿臭穢之鬼，次收市死斬頭絞刑之鬼，次收烏鵲亂鳴惡音之鬼，次收饑寒凍死之鬼，次收藏形隱影之鬼，次收口舌妄語之鬼，次收六畜之鬼，次收厭人魂魄之鬼，次收白骨不葬之鬼，次收新死破射取人之鬼，次收鼠頭人身之鬼，次收牛頭人身之鬼，次收虎頭人身之鬼，次收兔頭人身之鬼，次收龍頭人身之鬼，次收蛇頭人身之鬼，次收馬頭人身之鬼，次收羊頭人身之鬼，次收猴頭人身之鬼，次收狗頭人身之鬼，次收堵頭人身之鬼。

右此鬼不承大道盟威禁律之命，專在人間，行其惡毒，令人遭官遇禍、疾病死亡，非所道理。非五帝之君天官，一一仰憑，次收討反縛逆鬼，付與都市一切絞刑，滅其根種。願令天下清寧，萬民安樂，五穀滋盛，闔家大小，魂魄或閉在天地水三官百鬼牢獄之中、不蒙解脫者。或為百鬼縶繫者，請五方五帝七星之君、壽命君、延命君、解厄治病君、卻死來生君、保命衛護君，主為某生安魂定魄，司命延年，益算七星，消除死籍。

東方青色衰厄，從今消滅青殟，鬼炁應時斷絕。

南方赤色衰厄，從今消滅赤殟，鬼炁應時斷絕。

西方白色衰厄，從今消滅白殟，鬼炁應時斷絕。

北方黑色衰厄，從今消滅炁殟，鬼炁應時斷絕。

中央黃色衰厄，從今消滅黃殟，鬼炁應時斷絕。

今日值建所請依願，福慶巍巍，更無所恨。

今日值除請福之後，災禍消除，鬼賊殄滅，福慶有餘。

今日值滿與帝為伴，任意從容，萬事欣喜。

今日值平福有餘慶，神來降駕，所願皆成。

今日值定天地同慶，神靈飽滿，合家無病。

今日值執百福臻集，富貴忻歡，無有猒忌。

今日值破卻除罪過，神來降福，消災卻禍，靈祇降駕，福祿更多。

今日值危永保無為，祈恩已後，所願皆遂。

今日值成男女長生，錢財聚集，五穀豐盈。

今日值收戶戶無憂，黃金入宅，代代不休。

今日值開仙官並來，真炁覆蔭，不見禍災。

今日值閉百鬼消滅，住宅清寧，鬼神伏歇。

次上酒，行香

重啟五帝七星君等，臣所請仙官及同侍從，當預坐者，普願飲饗。降福重於太山，消災迅如電散。福逐神來，天神降重。應感斯須，拜謝既周，行觴已畢，詞不再陳，言無所重。龍車整轡，神馬急備，來如雲奔，去如風雨。迎神千里，送神不起。自東自西，各還宮府。後有祈請，別賜垂臨。臣及弟子誠惶誠恐，稽首再禮奉辭。

次送神讚

次十二願

次學仙讚，散如常儀

《舊唐書》卷二四《禮儀志四》 京師孟夏以後旱則祈雨，審理冤獄，賑恤窮乏，掩骼埋胔。先祈嶽鎮、海瀆及諸山川能出雲雨，皆於北郊望而告之。又祈社稷，又祈宗廟，每七日皆一祈。不雨，還從嶽瀆。旱甚，則大雩，秋分後不雩。初祈後一旬不雨，即徙市，禁屠殺，斷繖扇，造土龍。雨足，則報祀。祈用酒醢，報準常祀，皆有司行事。已齊未祈而雨，及所經祈者，皆報祀。若霖雨不已，禜京城諸門，門別三日，每日一禜。不止，乃祈山川、嶽鎮、海瀆；三日不止，祈社稷、宗廟。其州縣，禜城門；不止，祈界内山川及社稷。三禜一祈，皆準京式，並用酒脯醢。國城門報用少牢，州縣城門用一特牲。

《新唐書》卷二〇《禮樂志十》 周禮五禮，二曰凶禮。唐初，徙其次第五，而李義府、許敬宗以爲凶事非臣子所宜言，遂去其國卹一篇，由是天子凶禮闕焉。至國有大故，則皆臨時采掇附比以從事，事已，則諱而不傳，故後世無考焉。至開元制禮，惟著天子賑卹水旱、遣使問疾、弔死、舉哀、除服、臨喪、冊贈之類，若五服與諸臣之喪葬、衰麻、哭泣，則頗詳焉。

凡四方之水、旱、蝗，天子遣使者持節至其州，位于庭，使者南面，持節在其東南，長官北面，寮佐、正長、老人在其後，再拜，以授制書。

宋 路時中《無上玄元三天玉堂大法》卷一三《斬瘟斷疫品》 師曰：人生于世，妄汩身心，痴迷欲想，不能運旋攝養，所以風寒暑濕傷於外，淫欲勞傷損於内，是使一身四大真散炁衰，則力弱神憊。精氣一搖，元氣不固，疫癘所由生也。若夫人能起居，以避寒暑，節飲食，以養幻軀，絕淫想，以固元精，自然真元不散，炁血周流，將見入道通真，又豈患惡毒之病，而求制伏之法耶。故《醫經》云：春不病瘟，冬藏于精。此之謂也。今太上慈悲，立制伏之法，以救末世之人，庶幾不罹夭枉，使人免夭横，躋仁壽，則太上好生之本心。經云：往昔人民仁義淳朴，無有惡心，無有夭枉，鬼不横傷。但今末世，時代澆薄，人心破壞，五情亂雜，更生疑惑，任為彼此，不信正化，唯用邪行，背真從偽，不道不仁，違天逆地，煞戮眾生，不忠不孝，無愛無慈，賊害物命，結諸惡對，致使患難侵染，家遭瘟疫，身受毒炁，大小疾病，人口死亡。如此，並六天故炁，北酆帝主，鬼部之帥、人間將師、五嶽之神，遍行天下，承其罪釁，放其毒炁，以殺惡人。故太上有法制之，《女青律》曰：若能知瘟鬼名字，鬼不敢加害。三呼其名，其鬼自滅。

東方青瘟鬼劉元達，木之精，領萬鬼行惡風之病。南方赤瘟鬼張元伯，火之精，領萬鬼行熱毒之病。西方白瘟鬼趙公明，金之精，領萬鬼行注黑之病。北方黑瘟鬼鍾士季，水之精，領萬鬼行惡毒之病。中央黃瘟鬼史文業，土之精，領萬鬼行惡瘡癰腫。

東方瘟鬼名咎達，南方瘟鬼名士言，西方瘟鬼名垚，北方瘟鬼名天遐，中央瘟鬼名大黃奴，第六瘟鬼名誅女，第七瘟鬼名伯陵。瘟鬼祖父名梁州，瘟鬼祖母名交成，瘟鬼父名延年，瘟鬼母名出中。

右五方瘟鬼，兄弟七人，合祖父母、父母共十一形。能飛行，隨月行毒，以害惡人。太上好生，有符法制之，不能為害。

正月瘟鬼，名惟。二月瘟鬼，名腫。一名星。三月瘟鬼，名劉。四月瘟鬼，名存。五月瘟鬼，名壘。音齊。六月瘟鬼，名眸。一名殍。七月瘟鬼，名幸。八月瘟鬼，名懷。九月瘟鬼，名晨。十月瘟鬼，名皁。十一月瘟鬼，名羸。十二月瘟鬼，名堅。子日瘟鬼，名根。丑日瘟鬼，名蕩。寅日瘟鬼，名怡。卯日瘟鬼，名疑。辰日瘟鬼，名厄。巳日瘟鬼，名愛。午日瘟鬼，名悟。未日瘟鬼，名奴長。申日瘟鬼，名木。酉日瘟鬼，名石。戌日瘟鬼，名志。亥日瘟鬼，名憂。

右諸瘟鬼，各直月日，並順劉元達等，放毒行害。凡五行之人，不行道戒、不忠不孝、不仁不義者，皆受其殃。凡行道遵教之人，能知其名字，皆自降伏。應去者，各自遠遁。合留者，卻其凶黨。更相約束，不犯善人。三呼其名，潛避惶懼。

又有蠱毒鬼名：

一蠱毒鬼，名捍渠。二蠱毒鬼，名咎。三蠱毒鬼，名禮咎。四蠱毒鬼，名成宴。五蠱毒鬼，名不釋。六蠱毒鬼，名烏悟。七蠱毒鬼，名緣支。八蠱毒鬼，名石干。九蠱毒鬼，名育夷。

右九鬼行諸惡，亂天下，與瘟鬼大黃奴普行邪毒。並有符制之。

天師逐瘟符

黃素朱書，隱語為咒，差天丁力士放三光炁，逐祟邪炁。一用栢簡，朱書。

咒曰：

叱咄六甲六乙鬼注，速出六丙六丁。知汝姓名，急走千里，不得留停。須臾不走，吾使大神，身長千丈，五目五睛，乎執鐵索，捕捉汝形。長鉗拔舌，噉食汝形。既滅汝形，萬劫幽冥，急急如老君律令。

師曰：若災疫之年，鬼妖流行，無所隱藏，必欲求免脱者，當志心誦吾神咒，日持三遍，可與病人同床、同食，無所畏懼，終不能害，至意平安。三呼鬼名，其鬼自滅。

咒曰：

吾戴朱雀，足履玄武。左有青龍，右有白虎。前有萬石鑊湯，後有虎賁天綱。甲卒在吾前後。黄奴之鬼去我萬里，不去者上帝斬汝形。急急如律令。

又咒曰：

叱咄五方瘟鬼，吾知汝名，得汝因何四季行瘟病。吾頭戴天，腳踏地，噉虎之聲山嶽沸，手揮神劍灑長江水。上布天羅，下布地網。吾有一將名吒唎，好食夜叉，常食鬼魅，瘟鬼聞名速走千里。急急如帝君律令。

老君辟瘟大符

黄素朱書，焚之大兩內。亦可佩帶。此大符，乃聖師在蜀收鬼戰魔之法也。

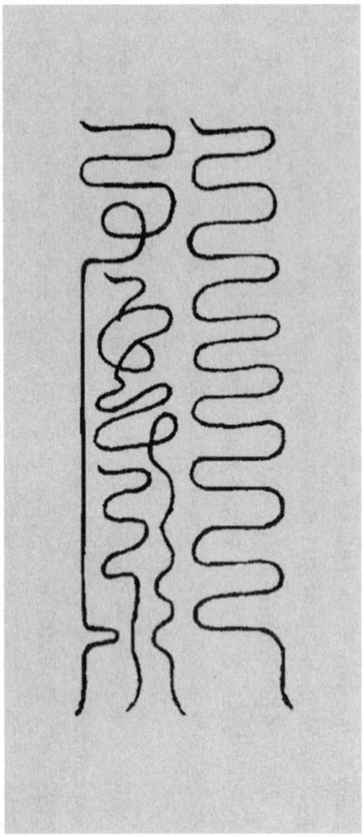

咒曰：

太上太清老君天符，主收五部鬼王。劉元達、張元伯、趙公明、鍾士季、史文業等五蠱行百毒，使黄奴、伯棄、雜俗、六丁之鬼，害殺生靈，得即腰斬，不問往罪。急如告命，風火遵承。急急如律令敕。

太上斬邪斷瘟消疫神符

三符把斗訣，迎罡炁書之。懸中堂及房屋戶，永斷惡鬼、瘟疫之患。

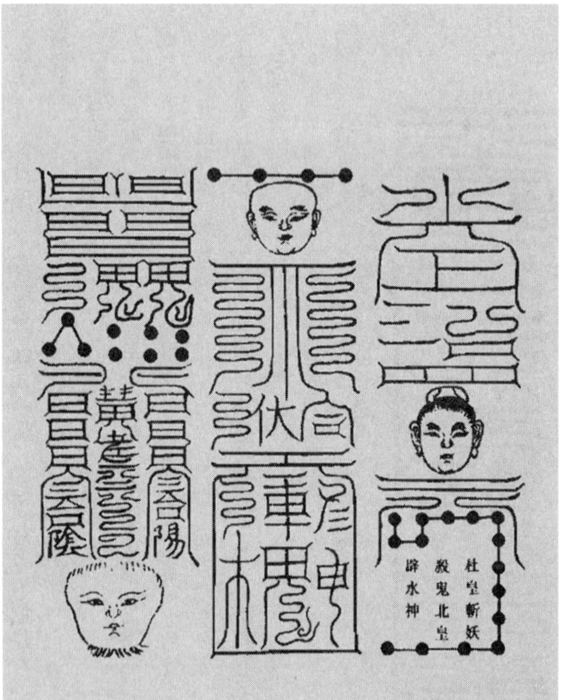

又二符

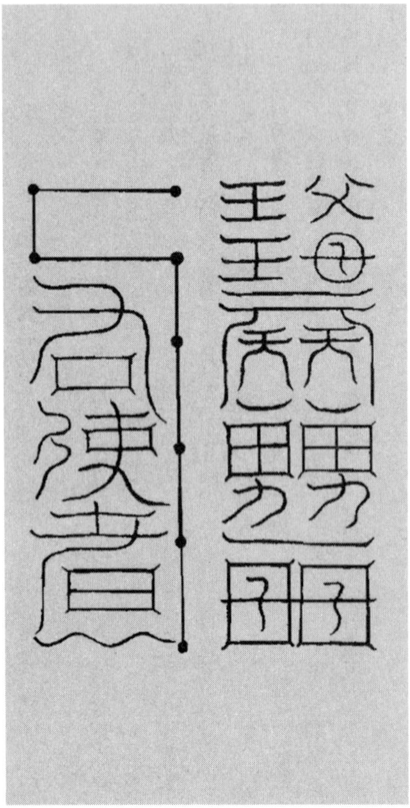

太上慈悲救苦共臥不染病炁秘符

取三光炁書符，用井水吞符下。日佩帶，夜縛髻中，仍吞三光符，如本法。

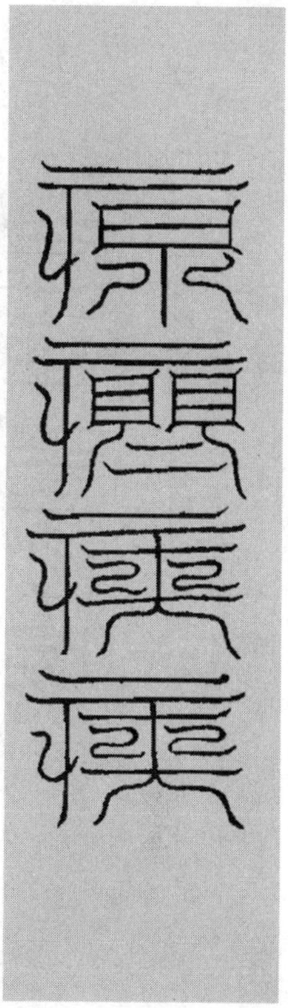

太上治傳染斬瘟鬼符

用斗訣，旋罡炁書之，井花水吞下，永無傳染之疾。若人能歲朝吞服，永無患虞。此乃太上北帝禁瘟王敕，敬之。誦天蓬咒三十六句行持。

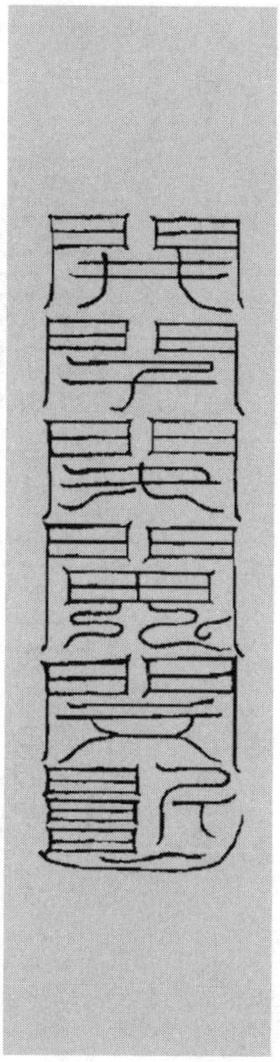

師曰：凡制伏瘟魔，先臨目，存五臟令具五神，叩齒三十六通，及四言一卓齒。為節鬼，有三被此呢，則眼睛爛而死。若世人得此呢，勤而行之，得不死之道。此咒，則天蓬咒也，世人輕誦，必墮惡道。今上士，宜勤而行之。咒中皆斬鬼之祕，口不可言。誦滿萬遍，其功莫大焉。

火鈴流金斬瘟咒

太上神靈，炎帝之精。光霞電掣，明耀三清。流火萬里，鬼無逃形。神符一下，灰滅妖精。三五將軍，豁落吏兵。平天戛地，誅鬼不停。飛符走印，頭戴七星。擲火前殺，六天魔精。瘟疫鬼賊，付與神丁。五靈真老，是吾本師。無礙神通，萬靈同歸。五瘟七疰，吾能殺之。何鬼敢虧，酆都戮形，北斗斬尸。神符一下，萬鬼潛糜。急急如太上帝君律令。

春禳瘟符

四符各方色，朱書，掛于中堂上，以辟四時不正之炁，導迎吉祥也。

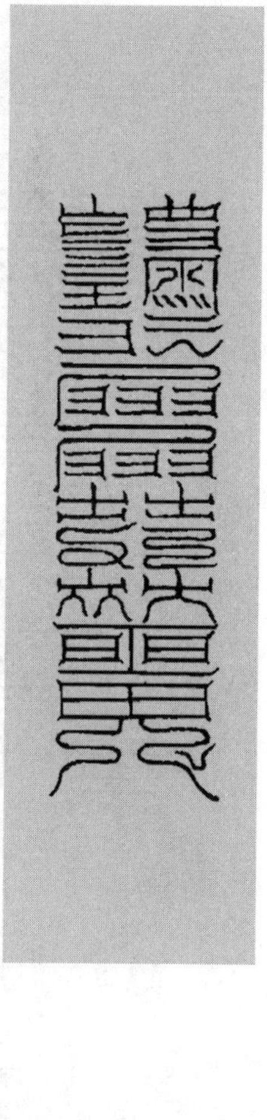

夏禳瘟符

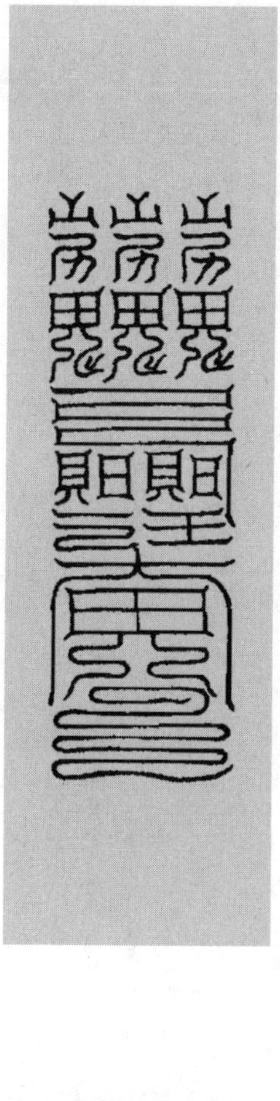

秋禳瘟符

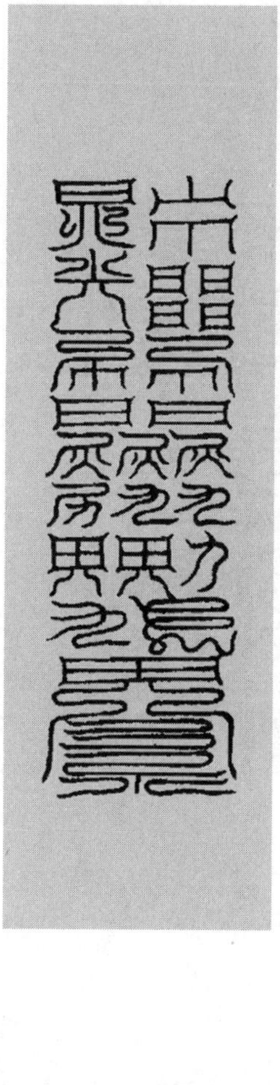

冬禳瘟符

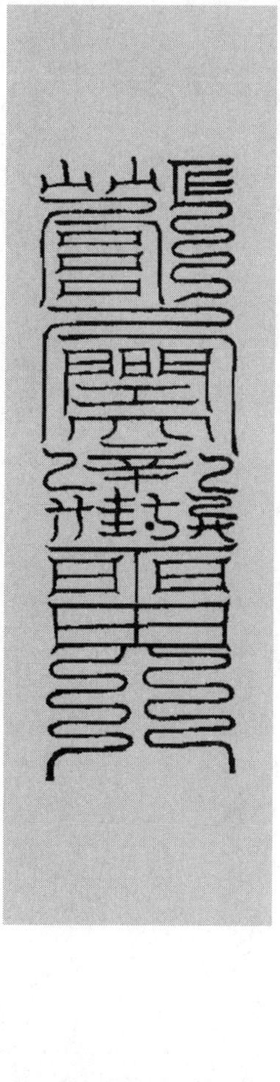

卻東鄰瘟符左為東

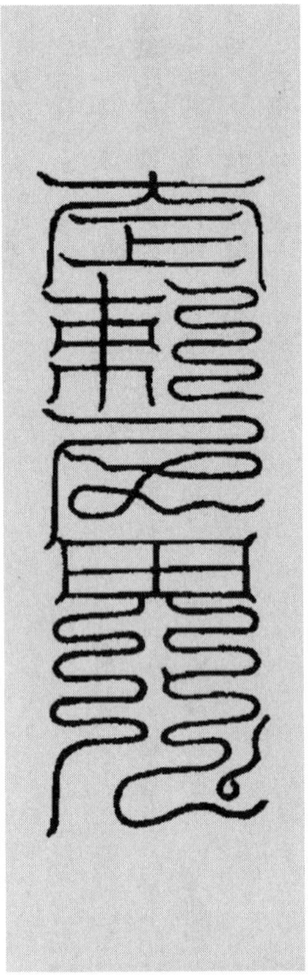

卻西鄰瘟符右為西

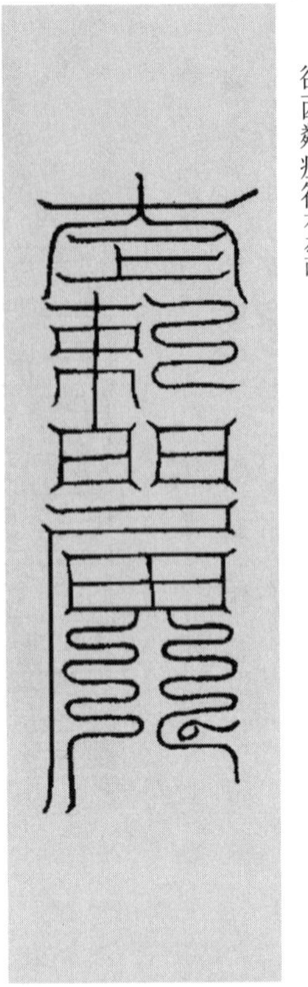

鎮貼符

用黃紙朱書，隨方鎮貼。北帝訣，變乘罡，指其方所噀水，有應驗。

又 卷二二《保制劫運品》 師曰：大道生先天，先天生太極，太極生兩儀。然後，五行分，而八卦列。吉凶定，而刑德生。故天秉陽于上，三景開明。地秉陰于下，五嶽鎮峙。人稟靈于中，萬物畢備足，以成三才而立極也。雖然囿形者，不能出其形。墮數者，不能逃乎數。是以星辰逆度，水火洪災。金木相刑，五行制剋。一有乖張，無非休咎，遂致天變，則星辰差躔，水旱相激。地變，則山摧，水沸，地震，海枯。人變，則盜賊，戎夷，兵革時興。蓋有如是厄數。故太上立太平之教，有符制之。凡欲使天長存，必先保制劫運。今立斯品，將以經天緯地，保國寧家，度人出陽九之災，躋世以太平之運，豈不休哉。【略】

禳火災法

師曰：天之行罰，曰水，曰火而已，火獨為甚。蓋不因天譴而遭熒惑之災者，宜以此法禳之。

五炁陰華玄籙

符用皂絹，長二尺四寸，黃書，敷露洞案前，以鎮火災。北帝訣書之。

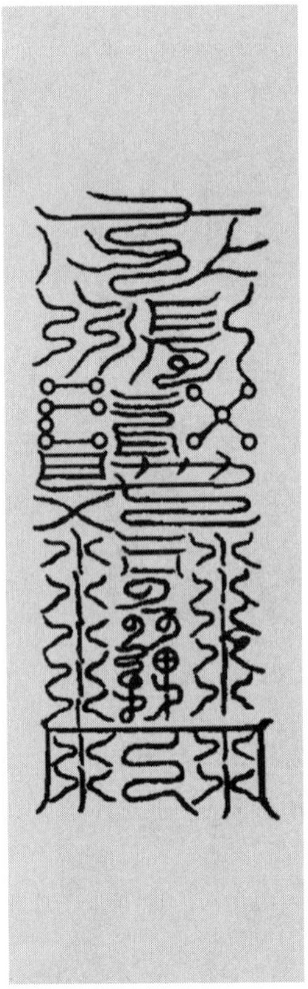

呪曰：

太陰辰星，五炁之神。制伏火光，妖塵自清。上帝有令，普護掌生。赤雲收焰，火帝返旋。太陰之炁，淼淼玄庭。急急如太陰玄生帝君律令。

右呪三時誦，各三十六遍，以水洒符，以濕為度矣。

禳火災告火星符

符用赤紙黃書，一樣三道，貼于朱旛，植于災星之前。

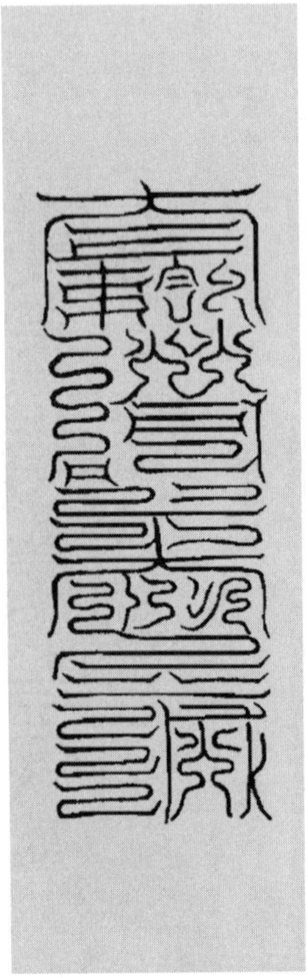

呪曰：

帝敕熒惑，速返炎旌。火雲滅焰，四境肅清。萬民按堵，孽炁不腥。符命所告，炎星敬聽。急急如律令。用午訣歸子，三時誦呪，各二十四遍。以水灑膳，令濕潤，則吉祥矣。

制炎帝禳災燈圖

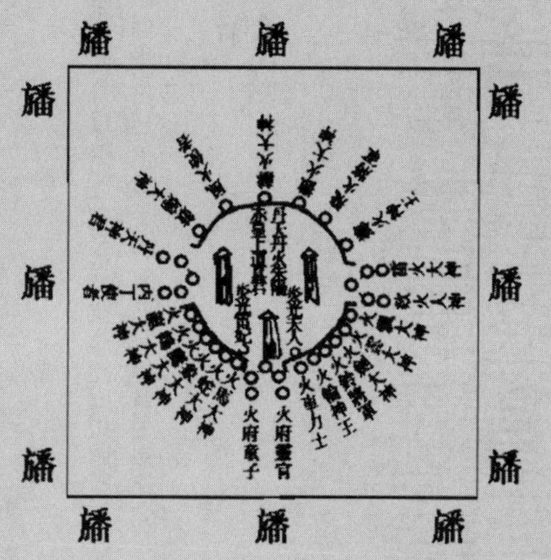

厭火光符

用絣紙為旛，上一樣十二道，周圍燈壇。一法用黃紙朱書，給付眾戶鎮禳。並北帝訣。

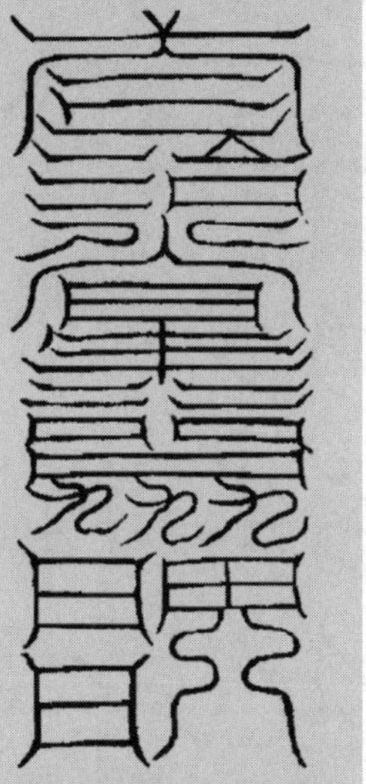

呪曰：

南斗火官除毒害離。北斗水神滅凶災。勒下坎彈入水，或入符中。一切所求皆稱遂，萬般滯悶悉通開。能依經法冥心醮，必當隨願契靈臺。凡在有心常頂禮，禍厄無門輒敢來。

鎮火光符

符步斗，握北帝訣，黃紙朱書，貼中庭之門左右，以厭伏火殃，迎降吉祥。

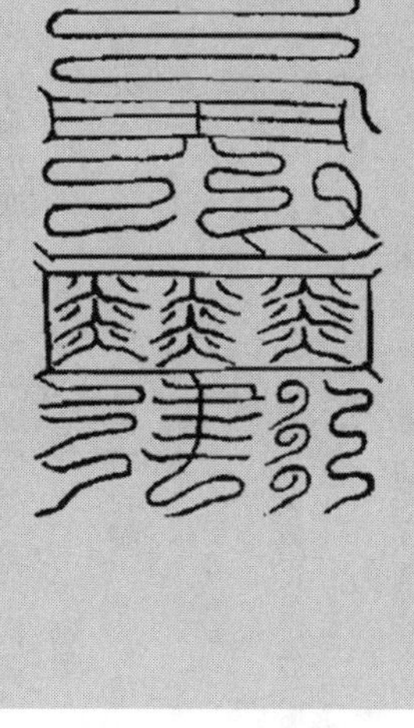

敕火滅威神呪二章

北方黑帝，壬癸之精。水神之祖，虛混泩洺謹召玄龜，制伏火精。天演靈濤，尅伐丙丁。炎赫清諍，遍化純陰。急急如太陰玄冥律令。

太陰玄冥，一炁之精。純陰結化，制伏離明。黑波滃浩，赤光散陰。中有神君，黑衣水庭。能伏火魄，先天之君。洪泉鼓浪，甲申程明。翻吼巨吽，龍咕沙吽。揚波四湧，陰炁混凝。離火退位，炎明遁形。太上符命，火神奉承。急急如太陰玄冥律令。遶燈旛誦呪，以水灑，即得火星復位，炎神退災，轉禍為祥矣。

禳地震法

師曰：天動地靜，蓋天運乎上，地靜乎下，此陰陽之常理也。若地得天象而震動者，為陰陽失序也，宜用此法以禳之。行持之士，先用建壇，設后土醮，然後告坤，鎮紫書玉籙。仍備鎮坤玉字，然後散壇。

鎮坤紫書玉籙

用栢木，長二尺四寸，闊六寸，黃書符，玉清訣。面城之坤位，入地三尺六寸埋之。

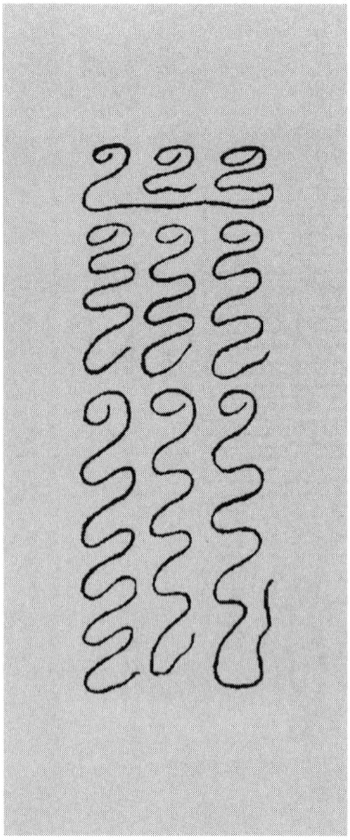

呪曰：

五嶽鎮坤維，九皇持地紀。金玉孕華修，山川通靈炁。四維無傾倚，九鼎自安位。皇祇保永寧，后土政平治。急急如中黃安鎮律令。三時登壇，各誦九遍。焚坤維安鎮符。

坤維安鎮玉符

用黃紙朱書，焚于坤位，用呪為告文矣。

呪曰：

坤維鎮靜，九地安寧。土壘承符，萬年無傾。妖祥消散，欣樂太平。一如告命。

安鎮大符

用黃紙朱書，立后土之前，三時上香行事。

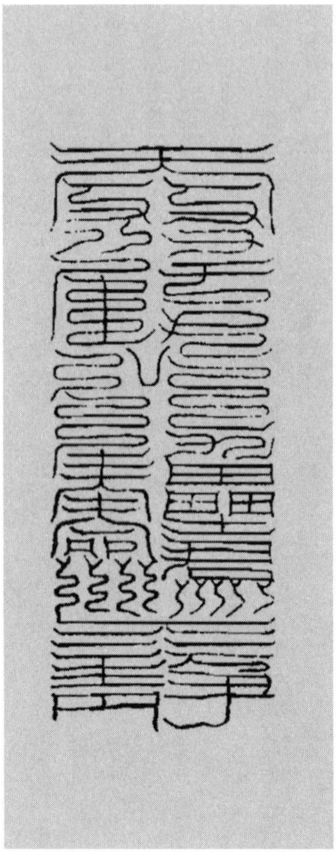

禳蝗蟲法

師曰：天之行災，曰水，曰旱，曰蝗，曰蟲，皆以害苗稼而饑饉也。衆生業力，自感自召，天豈有心哉。太上慈悲，有禳之法，使斯民躋安寧之域也。夫蝗之為災，乃冬雪不降，陰中生蟲。妖乘火而生羽，故遇夏能飛，害苗損稼。蓋蟲之種子，一經雪炁，入地三尺。一年之内，三經雪炁，入地九尺。一年無雪，出地三尺。三年雪少，必旱，蝗出為災矣。制禳有法，宜建壇設醮，差官將鼓風送入水中。及牒蝻神，以收其妖蟲也。

禳蝗焚符

符用黃紙朱書，面巽方步斗焚符。轉入南方，誦呪三十六遍，以水噀之。三朝畢，行事風起，蝗入水為驗。又用栗木板二片，書符一道，釘於蝗來處，一道高架，以栗柴焚之。

呪曰：

南方朱雀焰，煙赫丙丁神。失濟生羽翼，產孕如沙塵。九皇藏混沌，瑞雪潛驅沉。火炁怒生妖，長養害苗根。吾召社令神，主蝗蝻神君。立鼓無邊風，飄沉入海津。妖異蟲孽散，禾稼樂秋成。急急如律令。

禳旱祈雨法

師曰：凡遇久旱，祈禱未應者，守令廣為民生發憫雨心，具狀詣壇，乞致雨之意。法師備詞，飛奏三天及天師門下，并申牒三界合屬。然後依儀開建玄壇，步罡作法，召集龍神，以三日、五日、七日為率。纔得雨霑濟，別設醮謝恩。未霑足，以法催之。

召龍符

符用黑紙朱書，步斗望月建，向罡取炁，粘牒前，差天丁力士持召，龍神立至矣。

驅龍致雨符

符用黑紙粉書，焚香爐中，日三上香，必有大驗

呪曰：

天地炁通，陰陽和同。龍乘雲霧，敢有不從。甘澤霑濟，旱妖滅綜。急急如律令。呪畢，望月建，向罡，以水噀之。三日未應，然後投鐵符。

太上驅雨符

符用朱書鐵板上，步罡伏劍，差天丁力士，望天罡取炁，投江湖中。

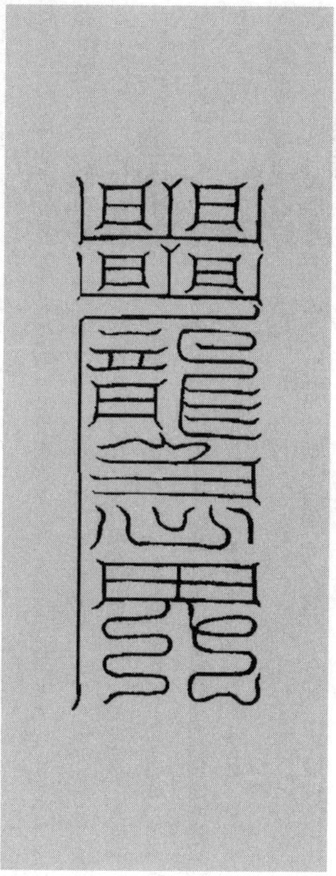

上清致雨符

鐵券，闊二寸四分，長二尺四寸，朱書，用夾袋封，投龍洞。俟雨足，仍前收起。

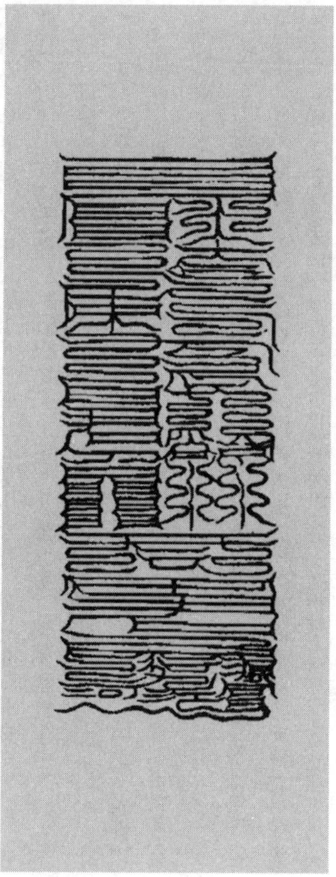

右符並如前法。凡投鐵符，於境域之內淵深靈異之處乃可，投符淺水則不可。若無源泉窟穴，須就靈異井中。近江湖，則投江湖，尤妙。投符之際，不可反顧，以防雷雨暴作。蓋此大應，有如反掌。謹之。

《文獻通考》卷七七《郊社考十・雩禱水旱附**》**

《春秋左氏傳》：『龍見而雩。』龍見建巳之月，蒼龍宿之體昏見東方，萬物始盛，待雨而大，故祭天，遠爲百穀祈膏雨也。《月令》：『仲夏，命樂師修鞀大刀反、鞞步西反、鼓，均琴、瑟、管、簫，執干、戚、戈、羽，調竽、笙、箎篪同、簧，飭鐘、磬、柷、敔，爲將大雩帝習樂也。修、均、執、調、飭者，治其器物，習其事之意。疏曰：「鞀，鼗鼓，持其柄搖之，兩耳自擊。鞞，鼓人以雷鼓鼓神祀之屬，小鼓在大鼓旁。鞀，導也，所以導樂作。鞞，裨也，裨助鼓節。琴，長三尺六寸六分，五弦。瑟，長八尺一寸，二十七弦。管長尺，圍寸，並漆之，有底，如篪六孔，並兩而吹之。簫，編二十二管，長尺四寸，今賣餳飴所吹者。干，盾也。戚，斧也。戈，鈎矛戟。羽，鳥羽，《周禮》羽舞、皇舞之屬。竽，三十六簧。笙，十三簧，列管瓠中，施簧管端，大者十九簧。篪，以竹爲之，長尺四寸，圍三寸，一孔，上出寸三分，名翹，横吹之。又云八孔。篪，啼也，聲如嬰兒啼。簧者，竽、笙之名，氣鼓之而爲聲。簧，横也，於管頭横施之。柷，如漆桶，方二尺四寸，深一尺八寸，中有椎柄，連底，撞之，令左右擊其椎。敔，如伏虎，背上有二十七鉏鋙，刻以木，長尺擽之。修者，謂修理舊物；均者，均平其聲；執者，操執營爲；調者，和調音曲；飭者，整頓器物也。」命有司爲民祈祀山川百源。大雩帝，用盛樂，乃命百縣雩祀百辟卿士有益於民者，以祈穀實。』陽氣盛而常旱，山川百源，能興雲雨者也。衆水始所出爲百源，必先祭其本乃雩。雩，吁嗟求雨之祭也。雩帝謂爲壇南郊之旁，雩五精之帝，配以先帝也。自鞀、鞞至柷、敔皆作，曰盛樂。凡他雩，用歌舞而已。百辟卿士，古者上公，若句龍、后稷之類也。《春秋傳》曰：『龍見而雩。』雩之正當以四月，凡周之秋五月之中而旱，亦修雩禮以求雨，因著正雩此月，失之矣。天子雩上帝，諸侯以下雩上公。周冬及春夏雖旱，禮有禱無雩。疏曰：『將雩祀，帝先命有司祈祀山川百源。百縣，謂諸侯也。既雩之後，則命諸侯祈祀古之有功於民者。以先帝配者，五人帝也。引《春秋傳》曰「龍見而雩」者，欲明正雩在四月，不在五月也。云「凡周之秋五月之中旱，亦修雩禮以求雨」者，釋此經大雩在五月之中，爲五月不雨修雩祭。作記者，言五月之雩是常雩，故記之於五月也。』《郊特牲》疏曰：『其爲祭五天帝則於國城南，故鄭注《論語》云「沂水在魯城南，雩壇在其上」是也。』

《通》曰：『建巳月，雩五方上帝，其壇名曰雩，禜於南郊之旁，命樂正習盛樂，舞皇舞。』

楊氏曰：『愚按：啟蟄而郊，龍見而雩，此《詩・頌》所謂春夏祈穀於上帝也。龍見而雩，與《周禮》所掌、《春秋》所書不同。《周禮》司巫帥巫而舞雩，爲旱而雩也；《春秋》書雩二十有一，因旱而雩也。龍見而雩，乃建巳之月，萬物始盛，待雨而長，聖人爲民之心切，遠爲百穀祈膏雨，與啟蟄之郊其意同，是以樂則必用盛樂，與他祭獨不同。聲音之號，所以詔告於天地之間，以達神明也。郊非不用樂也，以禮爲主，雩非不用禮也，以樂爲主，各隨其宜也。但注言「雩五精之帝」，疏言「春夏秋冬共成歲功，則不可偏祭一帝」。其言似矣，然天一而已矣，因時疊王，則有五帝之名，《易》曰「帝出乎震」是也；祭於四郊，則有五帝之位，《小宗伯》「兆五帝於四郊」是也。注疏謂夏雩總祭五帝，是一天而有五祭，祭於南郊乎？抑兼祭於四郊乎？其義何居？自注疏之說行，諸儒莫之能決。有雩祀五方上帝、五人帝、五官於南郊者，如唐《貞觀禮》是也；有雩祀昊天上帝於圜丘者，如唐《顯慶禮》是也。及開元中，起居舍人王仲邱奏：「祀昊天上帝於圜丘，尊天位也，然雩祀五帝既久，請二帝並行，以成大享帝之義。」既祀昊天上帝，又祀五帝，與明堂並祀上帝、五帝之禮，同歸於誤，此則學禮者之所深惜，而不可以不辨也。』

又《右孟夏大雩》

大司徒以荒政十有二聚萬民，十有一曰『索鬼神』。荒，兇年也。鄭司農云：『救饑之政，十有二品。索鬼神，求廢祀而修之，《雲漢》之詩所謂「靡神不舉，靡愛斯牲」者也。』《地官》。

司巫，若國大旱，則帥巫而舞雩雩，旱祭。天子於上帝，諸侯於上公之神。鄭司農云：『魯僖公欲焚巫尪，以其舞雩不得雨。』尪音汪；國有大災，則帥巫而造巫恆元謂『恆，久也。巫久者，先巫之故事』。疏曰：『後鄭之意，以恆爲先世之巫久故所行之事。今司巫見國大災，則帥領女巫等往造所行之事，案視舊所施爲而法之。』《春官》女巫旱暵則舞雩，凡邦之大災，歌哭而請。注曰：『女巫舞旱祭，崇陰也。故《檀弓》曰：「歲旱，繆公召縣子而問焉，曰：吾欲暴巫而奚若？曰：天則不雨，而望之愚婦人，無乃已疏乎？」有歌者，有哭者，冀以悲哀感神靈也。』疏曰：『此歌者憂愁之歌，若《雲漢》之詩是也。暵，呼旱反。繆音穆。縣音元。暴，蒲卜反。舞師教皇舞，帥而舞旱暵之事旱暵之事，謂雩也。暵，熱氣也。元謂：『皇，析五綵羽爲之，亦如帗。』疏曰：『謂「皇析五綵羽爲之，亦如帗」者，鍾氏染鳥羽象翟鳥、鳳皇之羽，皆五綵，此舞者所執，亦以威儀爲飾。言皇是鳳皇之字，明其羽五綵，其制亦如帗舞。若然，帗舞、羽舞、皇舞，形制皆同也。』又見《祭物樂》條。稻人，旱暵共其雩斂稻人共雩斂，稻急水者也。鄭司農云：『雩事所發斂。』疏曰：『餘官不言共雩斂，於此官特言共者，以稻是水穀，急須水，故旱時特使共雩之發斂也。』《地官》。

湯之時，大旱七年。雒坼川竭，煎沙爛石。於是使人持三足鼎祝山川，教之祝曰：『政不節邪？使人疾邪？苞苴行邪？讒夫昌邪？宮室營邪？女謁盛邪？何不雨之極也！』蓋言未已而天大雨。故天之應人，如影之隨形，響之效聲者也。

《詩》云：『上下奠瘞，靡神不宗。』言疾旱也東漢《鍾離意傳》注云：『《帝王紀》曰：成湯大旱七年，齋戒翦髮斷爪以己爲犧牲，禱於桑林，以六事自責。』《說苑》。

齊大旱之時，景公召羣臣問曰：『天不雨久矣，民且有饑色，吾使人卜之，祟在高山廣水。寡人欲少賦斂，以祠靈山，可乎？』羣臣莫對，晏子進曰：『不可，祠此無益也。夫靈山固以石爲身，以草木爲髮。天久不雨，髮將焦，身將熱，彼獨不欲雨乎？祠之無益。』景公曰：『不然，吾欲祠河伯，可乎？』晏子曰：『不可，祠此無益也。夫河伯以水爲國，以魚鱉爲民。天久不雨，水泉將下，百川竭，國將亡，民將滅矣，彼獨不用雨乎？祠之何益！』景公曰：『今爲之奈何？』晏子曰：『今誠避宮殿，暴露，與靈山、河伯共憂，其幸而雨乎！』於是景公出野，暴露三日，天果大雨，民盡得種樹。景公曰：『善哉！晏子之言，可無用乎？其惟有德也。《說苑》。』齊景公之時，天大旱三年，卜之，曰：『必以人祠，乃雨。』景公下堂頓首曰：『凡吾所以求雨者，爲吾民也。今必使吾以人祠乃且雨，寡人將自當之。』言未卒而天大雨《新序·雜事》。衛大旱，卜有事於山川，不吉有事，祭也。甯莊子曰：『昔周饑，克殷而年豐。今邢方無道，諸侯無伯，天其或者欲使衛討邢乎？』從之。師興而雨僖公十九年《左氏傳》。鄭大旱，使屠擊、祝款、豎柎有事於桑山柎音附，三子，鄭大夫，斬其木，不雨。子產曰：『有事於山，蓺山林也蓺音藝。蓺，養護令繁殖，而斬其木，其罪大矣。』奪之官邑昭公十六年《左氏傳》。

《春秋穀梁傳》：『定公元年九月，大雩。雩月，雩之正也；秋大雩，非正也；冬大雩，非正也。秋大雩之爲非正，何也冬，禾稼既成，猶雩，則非禮可知。秋，禾稼始苗，嫌當須雨，故問也？毛澤未盡，人力未竭，未可以雩也邵曰：『凡地之所生，謂之毛，《公羊傳》曰「錫之不毛之地」是也。言秋百穀之潤澤未盡也。人力未盡，謂耕耘之功未畢。』耘音雲。雩月，雩之正也，月之爲雩之正，何也？其時窮，人力盡，然後雩，雩之正也。何謂其時窮人力盡？是月不雨，則無及矣；是年不艾，則無食矣。是謂其時窮，人力盡也。雩之必待其時窮人力盡，何也？雩者，爲旱求者也。求者，請也。古之人重請。何重乎請？人之所以爲人者，讓也。請道，去讓也。則是舍其所以爲人也，是以重之。焉請哉？請乎應上公。古之神人有應上公者，通乎陰陽，君親帥諸大夫道之而以請焉道之，謂君必爲先也。其禱詞曰：『方今大旱，野無生稼，寡人當死，百姓何辜？不敢煩民請命，願撫萬民，以身塞無狀。』禱，亦請也，此即請辭也。艾，魚廢反。爲旱，於僞反。去讓，羌呂反。焉請，於虔反。夫請者，非可詒託而往也，必親之者也，是以重之詒託，猶假寄。詒，以之反。』

《月令》『大雩帝』疏曰：『按《春秋》：桓五年秋，大雩，《傳》云：「書不時。」僖十一年秋八月，大雩；十三年秋九月，大雩。成公三年秋，大雩；七年冬，大雩。襄五年秋，大雩，《傳》曰：「旱。」八年九月，大雩，《傳》曰：「旱。」十六年秋，大雩；十七年秋九月，大雩；二十八年秋八月，大雩，《傳》曰：「旱。」昭三年秋八月，大雩，《傳》曰：「旱。」六年九月，大雩，《傳》曰：「旱。」八年秋，大雩；十六年秋九月，大雩，《傳》曰：「旱。」二十四年秋八月，大雩，《傳》曰：「旱。」二十五年秋七月上辛，大雩；季辛又雩，《傳》曰：「秋書再雩，旱甚。」定元年秋九月，大雩；七年秋，大雩；九月大雩；十二年秋大雩。僖二十一年夏，大旱。宣七年秋，大旱。莊三十一年冬，不雨。僖二年冬十月，不雨；三年正月，不雨；夏四月，不雨；六月，雨，《傳》曰：「自十月不雨至於五月，不曰旱，不爲災。」文二年自十有二月不雨，至於秋七月；十年云「自正月不雨，至於秋七月」；十三年云「自正月不雨，至於秋七月」。是《春秋》之中，不雨有七，大旱有二，大雩有二十一，都並有三十。莊三十一年冬，不雨，以冬時旱氣已過，故不數。僖二十一年夏，大旱；宣七年秋，大旱；二旱災成，故不數。昭二十五年，一月再雩，祇是一旱之事爲再雩，一雩不數。定七年秋，大雩；九月，大雩；亦一時之事而爲二雩，一雩不數。成七年冬，大雩，《穀梁》云：「冬無爲雩。」明亦不數。三十之中，去此六事不數，唯有二十四在。就二十四之中分爲四部，桓五年秋，大雩，說雩禮，是一部也。僖二年冬十月，不雨；僖二年正月，不雨；夏四月，不雨，說禱禮，是二部也。文二年、文十年、文十三年，皆云自某月不雨至於秋七月，說旱不爲災，是三部也。此三部總有七條，於二十四去七條，餘有十七條，說旱氣所由，故鄭《釋廢疾》云，《春秋》凡書二十四旱；《考異郵》說云，分爲四部，各有義焉：是其事也。』

陳氏《禮書》曰：『《春秋》書雩二十有一，皆在七月以後。《左氏》曰：「龍見而雩，過則書。」蓋龍見建巳之月，而建巳乃陽充之時，陰氣所以難達也，故雩祀作焉。過此而後雩，此《春秋》所以譏也。大雩，禮之盛也，猶所謂大旅、大饗。趙氏謂雩稱大國偏雩，誤矣。《詩序》曰「夏祈穀於上帝」，《月令》曰「大雩帝」，則雩祀昊天上帝及五帝也。鄭氏謂雩祀五精之帝，然《周禮》稱上帝與五帝不同，則上帝非止五帝也。《月令》曰「令百縣雩祀百辟卿士」，則百辟卿士之祭，亦曰雩也。鄭氏曰：「天子雩上帝，諸侯雩上公。」然《周禮·小祝》小祭祀，逆風雨，寧風旱，則百辟亦天子所祀也。《祭法》有雩祭之壇。

春秋之時，魯以南門爲雩門，先儒皆以魯之舞雩在城南。鄭氏曰：「雩爲壇於南郊之旁。」其說蓋有所受也。古者，雩斂在稻人，雩樂以皇舞，以女巫。皇與女，陰也，則舞所以達陽中之陰而已。董仲舒祈雨之術，閉南門，縱北門，蓋亦古者達陰之意也。然則雩祀上帝必升煙，後世乃謂用火不可以祈水而爲坎以瘞，就陽不可以求陰而移壇於東梁禮；雩必自郊徂宮，後世或祈山林、川澤、羣廟、百辟卿士，然後及於上帝亦梁禮也。北齊及唐皆然；雩樂以舞爲盛，後世或選善謳者歌詩而已。皆非古也北齊禮。

又《右因旱而雩》

莊公二十五年秋，大水。鼓，用牲于社，于門。左氏曰：『亦非常也。凡天災，有幣無牲天災，日月食、大水也。祈請而已，不用牲也。疏曰：『天之見異，所以譴告人君，欲令改過修善，非爲求人飲食。既遇天災，隨時即告，唯當告請而已，是故有幣無牲。若乃亢旱歷時，霖雨不止，然後禱祀羣神，求弭災沴者，設禮以祭，祭必有牲。《詩·雲漢》之篇美宣王爲旱禱請，自郊徂宮，無所不祭，云：「靡神不舉，靡愛斯牲。」是其爲旱禱祭皆用牲。』。非日月之眚，不鼓眚，猶災也。月侵日爲眚。陰陽逆順之事，賢聖所重，故特鼓之。疏曰『《傳》稱「日月之眚」，日月並言，則月食亦有鼓。』。』穀梁子曰：『高下有水災曰大水。救日以鼓兵，救水以鼓衆救日以鼓兵者，謂伐鼓以責陰，陳兵示禦侮。救水以鼓衆者，謂擊鼓聚衆也。皆所以發陽也。』鄭大水，龍鬭於時門之外洧淵時門，鄭城門也。國人請爲禜焉，子產弗許，曰：『我鬭，龍不我覿也；龍鬭，我獨何覿焉？禳之，則彼其室也淵，龍之室。吾無求於龍，龍亦無求於我。』乃止也昭公十九年《左氏傳》。

漢承秦滅學，正雩禮廢。旱，太常祝天地、宗廟。

董仲舒《春秋》：『春旱求雨，令縣邑以水日令民禱社稷，家人祠戶。毋伐名木，毋斬山林。暴巫聚蛇八日。於邑東門之外爲四通之壇，方八尺，植蒼繒八。其神共工，祭之以生魚八、元酒，具清酒、膊脯，擇巫之潔清辨曰利辭者以爲祝。祝齋三日，服蒼衣，先再拜，乃跪陳，陳已，復再拜，乃起。祝曰：「昊天生五穀以養人，今五穀病旱，恐不成。敬進清酒、膊脯，再拜請雨。雨幸大澍，即奉牲禱。」以甲、乙日爲大青龍一，長八丈，居中央；爲小龍七，各長四丈，於東方，皆東鄉，其間相去八尺。小僮八人，皆齋三日，服青衣舞之。田嗇夫亦齋三日，服青衣而立之。諸里社通之於閭外之溝。取五蝦蟇，錯置社之中。池方八尺，深一尺，置水蝦蟇焉。具清酒搏膊，祝齋三日，服蒼衣，拜跪、陳祝如初。取三歲雄鷄與三歲豭豬，皆燔之於四通神宇。令民闔邑里南門，置水其外，開里北門，具老豭豬一，置之里北門之外。市中亦置一豭豬。聞鼓聲，皆燒豬尾，取死灰骨埋之，開山泉積薪而焚之。決通橋道之壅塞不行者，決瀆之。幸而得雨，報以豚一，酒、鹽、黍財足。以茅爲席，毋斷。夏求雨，令縣邑以水日家人祀竈，毋舉土功。更大浚井。暴釜於壇，杵臼於術，七日。爲四通之壇於邑南門之外，方七尺，植赤繒七。其神蚩尤，祭之赤雄鷄七，元酒，具清酒膊脯，祝齋三日，服赤衣，拜跪陳祝如春。以丙、丁日爲赤大龍一，長七丈，居中；又爲小龍六，各長三丈五尺，於南方，皆南鄉，其間相去七尺。壯者七人，皆齋三日，服赤衣而舞之。司空嗇夫亦齋三日，服赤衣而立之。鑿社而通之閭外之溝。取五蝦蟇，錯置社之中。池方七尺，深一尺。具酒脯，祝齋，衣赤，拜跪、陳祝如初。取三歲雄鷄、豭豬，燔之四通神宇。開陰、閉陽如春也。季夏，禱山陵以助之。令縣邑一徙市於邑南門之外，五日禁男子無得入市。家人祠中霤。毋過土功。聚巫市旁，爲之結蓋。爲四通之壇於中央，植黃繒五，其神后稷，祭之以母飴五母音模，《禮》謂之淳母。飴音移，《周禮》曰『飴食』，元酒，具清酒膊脯。令各爲祝齋三日，衣黃衣，餘皆如春祠。以戊、己日爲大黃龍一，長五丈，居中央；又爲小龍四，各長二丈五尺，於中央，皆南鄉，其間相去五尺。丈夫五人，皆齋三日，服黃衣而舞之。老者五人亦齋三日，衣黃衣而立之。亦通社中於閭外溝。蝦蟇池方五尺，深一尺。他皆如前。秋，暴巫尪至九日。毋舉火事，無煎金器。家人祠門。爲四通之壇於邑西門之外，方九尺，植白繒九。其神太皞。祭之桐木魚九，元酒，具清酒膊脯。衣白衣。他如春。以庚、辛日爲大白龍一，長九丈，居中央；爲小龍八，各長四丈五尺，於西方，皆西鄉，其間相去九尺。鰥者九人，皆齋三日，服白衣而舞之。司馬亦齋三日，衣白衣而立之。蝦蟇池方九尺，深一尺。他如前。冬，舞龍六日，禱於名山以助之。家人祠井。毋壅水。爲四通之壇於邑北門之外，方六尺，植黑繒六。其神元冥。祭之以黑狗子六，元酒，具清酒膊脯。祝齋三日，衣元衣，祝禮如春。以壬、癸日爲大黑龍一，長六丈，居中央；又爲小龍五，各長三丈，於北方，皆北鄉，其間相去六尺。老者六人，皆齋三日，衣黑衣而舞之。尉亦齋三日，服黑衣而立之。蝦蟇池皆如春。四時皆庚子日，令吏民夫婦皆偶處。凡求雨大體，丈夫欲藏而居，女子欲和而樂。』應龍有翼。《法言》曰：『象龍之致雨，艱矣哉，龍乎！龍乎！』《新論》曰：『劉歆致雨，具作土龍，吹律，及諸方術，無不備設。譚問：「求雨所以爲土龍，何也？」曰：「龍見者，輒有風雨興起，以迎送之，故緣其象類而爲之。」』

武帝元封六年，旱。女子及巫、丈夫不入市董仲舒奏江都王云：『求雨之方，損陽益陰。願大王無收廣陵女子爲人祝者一月租，賜諸巫者。諸巫母大小皆相聚於郭門，爲小壇，以脯酒祭；女獨擇寬大便處移市，市使無內丈夫，丈夫無得相從飲食；令吏妻各往視其夫，皆到即起，雨注而已。』。

成帝五年六月，始命諸官止雨，朱繩反縈社，擊鼓攻之。是後水旱常不和。干寶曰：『朱絲縈社。社，太陰也；朱，火色也；絲，屬離。天子伐鼓於社，責羣陰也；諸侯用幣於社，請上公也；伐鼓於朝，退自責也。此聖人厭勝之術也。』

《漢舊儀》：『孟夏，龍見而始雩，壇在城東南，引龜山爲沂水，至壇西南行，曰雲水曲中，壇上舞雩。舊制，求雨，太常禱天地、宗廟、社稷、山川已塞，各如具常祭牢禮。四月立夏後旱，乃求雨，禱求雨到七月畢，塞之。秋、冬、春三時，不求雨。』

按：漢世未嘗舉雩祀。《通典》謂漢承秦滅學，正雩禮廢，而《漢舊儀》以爲有雩壇，且指龜山、沂水以言其所，即《論語》言曾點、樊遲所遊之地，蓋魯國祀天之所，去漢都甚遠，非國城南郊之外也。然漢人舉祀事，大概多即前代舊祀之地，如雍五時祀上帝，則因秦所建，其他如作明堂奉高旁，祀后土汾陰之類，皆以爲古者嘗於其地祠祭。然則豈魯沂水之雩壇舊趾尚存，漢曾就其地立壇舉雩祀邪？

後漢制：自立春至立夏盡立秋，郡國上雨澤。若少，府郡縣各掃除社稷；其旱也，公卿官長以次行雩禮以求雨何休注《公羊傳》曰：『君親之南郊，以六事謝過自責，使童男女各八人舞而呼雩，故謂「雩」也。』《春秋繁露》曰：『大旱雩祭而請雨，大水鳴鼓而攻社，天地之所爲，陰陽之所起。或請焉，或攻焉，何也？曰：大旱，陽滅陰也。陽滅陰者，尊厭卑也。固其義也，雖太甚，拜請之而已，敢有加也？大水者，陰滅陽也。陰滅陽者，卑勝尊也。以賤陵貴者逆節，故鳴鼓而攻之，朱絲而脅之，爲其不義，此亦《春秋》之不畏強御也。變天地之位，正陰陽之序，貞行其道而不忌其難，義之至也。』。閉諸陽，衣皂，興土龍《山海經》云：『大荒東北隅中有山，名兇犁土邱。應龍處南極，殺蚩尤與誇父，不得復上，故下數旱。旱而爲應龍之狀，乃得大雨。』郭璞曰：『今之土龍，本此。氣應則自然冥感，非人所能爲也，立土人舞僮二佾，七日一變如故事。反拘朱索社，伐朱鼓，禱賽以少牢如禮。

晉武帝咸寧二年春，旱。因後漢舊典，諸旱處廣加祈請。五月，祈雨於社稷、山川。

穆帝永和時，議制雩壇於國南郊之旁，依郊壇近遠阮諶云：『壇在巳地，按得衛宏《漢儀》，稱魯人爲雩壇在城東南。諸儒所說皆云「壇」，而今作「墠」。《論語》樊遲從遊於舞雩之下，魯城東南有舊跡存。』，祈上帝，百辟。旱則祈雨，大雩社稷、山林、川澤。舞僮八佾六十四人，皆元服，持羽翳而歌《雲漢》之詩。

戴邈議云：『周冬及春夏旱，禮有禱無雩。夫旱日淺則災微，日久則災甚。微則祈小神、社稷之屬，甚乃大雩帝耳。按《春秋左傳》之義，春夏無雨未成災，雩而得雨，則書雩；不得雨，則書旱，明災成也。然則始雩未得便告饑饉之甚，爲歌哭之請。』

博士議：『《雲漢》之詩，宣王承厲王撥亂遇災而懼，故作是歌。今晉中興，奕葉重光，豈比周人耗斁之辭乎？漢、魏之代，別造新詩。晉室太平，不必因故。』司徒蔡謨議曰：『聖人疊興，禮樂之制，或因或革。《雲漢》之詩，興於宣王，今歌之者，取其修德禳災，以和陰陽之義，故因而用之。』

齊明帝建武二年，旱，雩，以武帝配饗於雩壇。祠部郎中何佟之議曰：『皇齊以武帝配五精於明堂，今亦宜配饗於雩壇矣。今武帝遏密未終，自可不奏樂；至於旱祭舞雩，蓋是嗟吁之義，既非懽樂，此不涉嫌。祝史稱祠，仰祈靈澤，舞雩無闕。』

梁武帝天監元年，有事雩壇壇於南郊之左，高及廣輪四丈，周十二丈，四陛。帝以爲雨既類陰，而求之正陽，其謬已甚。東方既非盛陽，而爲生養之始，則雩壇應在東方，祈晴亦宜此地。遂移於東郊。

十年，帝又以雩祭燎柴，以火祈水，於理爲乖，於是停用柴燎，從坎瘞典時儀曹郎朱異議曰：『按周宣《雲漢》之詩，毛注有瘞埋之文，不見燎柴之說。若以五帝必柴，則明堂又無其事。』。

大同五年，又築雩壇於籍田兆內。四月後旱，則祈雨，行七事一、理冤獄及失職者；二、賑鰥寡孤獨；三、省徭輕賦；四、舉進賢良；五、黜退貪邪；六、命會男女，恤怨曠；七、徹膳羞，施樂縣而不作，天子降法服。七日，乃祈社稷；七日，乃祈山林、川澤常興雲雨者；七日，乃祈羣廟之主於太廟；七日，乃祈古來百辟卿士有益於人者；七日，乃大雩，祈上帝，偏祈前祈所有事者。大雩禮於壇，用黃牯牛一。祈五天帝及五人帝于其上，各依其方，以太祖配，位於青帝之南，五官配食於下。七日乃去樂。又偏祈社稷、山林、川澤，就故地處大雩。國南除地爲墠，舞僮六十四人，皆衣元衣，爲八列，各執羽翳，每列歌《雲漢詩》

一章而舞。旱而祈澍，則報以太牢，皆有司行事唯雩則不報也。若郡縣邑旱請雨，則五事同時並行五事謂『黜退貪邪』以上如前。守令皆齋潔三日，乃祈社稷。七日不雨，更齋祈如初。三變仍不雨，復齋祈其界山林、川澤常興雲雨者。祈而澍，亦各有報。

陳因梁故事，武帝時以德皇帝配；廢帝以文帝配。牲用黄牯牛，而以清酒四升洗其首。其壇墠配享歌舞皆如梁禮。天子不親奉，則太宰、太常、光禄行三獻禮，其法皆採齊建武二年舊典。

後魏文成帝和平元年四月，旱。詔州郡於其界内，神無大小，悉灑掃薦以酒脯。年登之後，各隨本秩，祭以牲牢。

北齊以孟夏龍見而雩，祭太微宫五精帝於南郊之東。爲圓壇，廣四十五尺，高九尺，四面各一陛。爲三壝外營，相去深淺，並燎壇，一如南郊。若建午、申、未之月不雨，則使三公祈五帝於雩壇。禮用玉帛，有燎，不設樂，選伎工端潔善謳詠者，使歌《雲漢》之詩於壇南，其儀如郊禮。

隋制，雩壇國南十三里啟夏門外道左，高一丈，周二十丈。孟夏，龍見則雩五方上帝，配以五人帝於上；太祖配饗，五官從祀於下。牲用犢十，各依方色。

若京師孟夏後旱，則祈雨，行七事如梁之七事。七日，祈岳、鎮、海、瀆及諸山川能興雲雨者；又七日，祈社稷及古來百辟卿士有益於人者；又七日，乃祈宗廟及古帝王有神祠者；又七日，乃修雩，祈神州；又七日，仍不雨，復從岳、瀆以下祈禮如初。秋分以後不雩，但禱而已。皆用酒脯。初請後二旬不雨者，即徙市禁屠。皇帝御素服，避正殿，減膳徹樂，或露坐聽政，百官斷傘扇。令家人造土龍。雨澍，則命有司報。州縣祈雨，理冤獄，存鰥寡孤獨，掩骼埋胔，潔齋祈於社。七日，乃祈界内山川能興雲雨者，徙市斷屠。雨澍有報。

唐武德初，定令每歲孟夏雩祀昊天上帝於圜丘，景皇帝配，牲用蒼犢二；五方上帝、五人帝、五官並從祀，用方色犢十。

太宗貞觀時，雩祀於南郊。

高宗顯慶時，行雩禮於圜丘。

玄宗開元十一年：孟夏後旱，則祈雨，審理冤獄，賑恤窮乏，掩骼埋胔。先祈岳、鎮、海、瀆及諸山川能興雲致雨者，皆於北郊遥祭而告之；又祈社稷、宗廟，每以七日皆一祈。不雨，還從岳、瀆如初。旱甚，則大雩。秋分後不雩。初祈後一旬不雨，即徙市，禁屠殺，斷傘扇，造大土龍。雨足，則報祀。祈用酒、脯、醢，報準常祀，皆有司行事。已齋未祈及所經祈者，皆報祀。

起居舍人王仲邱議：『按《貞觀禮》，孟夏雩祀五方上帝、五人帝、五官於南郊；《顯慶禮》則雩祀昊天上帝於圜丘。按鄭元注《月令》云：「雩於上帝者，天之別號，元屬昊天。祀於圜丘，尊天位也。」然雩祀五帝既久，亦請二禮並行，以成大雩帝之義。』

又《唐開元禮》 孟夏，雩祀昊天上帝於圜丘，以太宗文武聖皇帝配籩豆等如冬至儀，都十七座。又祀五帝於壇第一等，五人帝於壇第二等籩豆各四，簋簠俎各一也；又祀五官於内壝之外每座籩豆各二，餘各一。其儀並如冬至圜丘。

又《時旱祈太廟》 將祈，有司卜日如別儀。前二日，守宫設祈官以下次，各於常所。右校掃除内外，又爲瘞坎於北門之内道西，方深取足容物。前一日，諸祈官清齋於廟所，諸衛令其屬晡後一刻各以其方器服守衛廟門。奉禮設版位於内外，並如常儀；設望瘞位於堂之東北，當瘞坎西南；又設奉禮位於瘞坎東北，南向，贊者二人在西，少退。太廟令拂拭神幄，又帥其屬以樽、坫、罍、洗、篚、冪、制幣篚入設，皆如常儀。執樽、罍、篚、冪者，各位於樽、罍、篚、冪之後。太官令先饌酒、脯、醢。告日未明三刻，諸告官以下各服其服，太廟令、良醞令之屬入實樽、罍及幣每室春夏用兩犧樽，秋冬用兩著樽，一實明水爲上，一實醴齊次之。山罍二，一實元酒爲上，一實清酒次之。幣以白，各長一丈八尺。未明二刻，奉禮帥贊者先入就位贊引。引御史、博士、太廟令、宫闈令、太祝以下入，當階間北面西上，立定。奉禮曰『再拜』，贊者承傳凡奉禮有詞，贊者皆承傳，御史以下皆再拜訖，升，行掃除於上。太廟令以下升自東階入，開坎室，奉出獻祖以下九室神主，各置於座如常儀訖，各引就位。質明，謁者引祈官以下俱就門外位。

謁者引祈官、贊引引執事者次入就位，立定。奉禮曰『再拜』，祈官以下皆再拜。

謁者進祈官之左，白：『有司謹具，請行事。』退復位。太官令出，帥進饌陳於東門之外。初，太官令出，諸太祝俱取幣於篚，各立於樽所。謁者引祈官升自東階，詣獻祖廟室戶前北向，太祝以幣東向授祈官，祈官受幣，進，北面跪奠於獻祖神座，俯伏，興，出戶，北向再拜。訖，謁者引祈官次進幣於懿祖以下諸室，皆如上儀。訖，謁者退還本位，諸太祝各還樽所。太官令引饌入自正門，升自太階，諸太祝迎引於階上，各設神座前訖，太官令以下降復位，諸太祝各還樽所。

謁者引祈官詣罍洗，盥手、洗爵訖，升自東階，詣獻祖酒樽所，執樽者舉冪，祈官酌醴齊訖，謁者引祈官入詣獻祖神座前，北向跪奠爵，俛伏，興，出戶，北向立。太祝持版進於戶外之右，東向跪讀祝文其文爲水旱、癘疾、蝗蟲及征伐四夷，各臨時制之訖，興，祈官再拜。太祝進，跪奠版於神座前，俛伏，興，還樽所。謁者引祈官次詣懿祖以下諸室，如獻祖之儀唯不盥洗。訖，謁者引祈官詣東序，西向立。諸太祝以爵酌罍福酒，合置一爵，一太祝持爵進祈官之左，北向立。祈官再拜受爵，跪祭酒，遂飲卒爵。太祝進受爵，復於坫。祈官俛伏，興，再拜訖，謁者引祈官降復位。諸太祝各入室，跪徹豆如式，興，還樽所。奉禮曰『再拜』，在位者皆再拜已飲福者不拜；奉禮曰『再拜』，祈官以下皆再拜訖，謁者進祈官之左，白『請就望瘞位』，贊者轉就瘞坎東北位，謁者引祈官就望瘞位，西向立。於祈官將拜，諸太祝各執篚進神座前，跪取幣，興，降自太階。詣瘞坎，以制幣置於坎訖，奉禮曰『可瘞』，東西面各四人寘土。半坎，謁者進祈官之左，白『禮畢』，謁者引祈官，贊引引執事者以次出。初白『禮畢』，奉禮、贊者還本位，御史、太祝以下俱復執事位立定。奉禮曰『再拜』，御史以下俱再拜，贊引引出。太廟令、太祝、宮闈令納神主如常儀。其祝版燔於齋坊若得所祈，報祠用太牢，受胙與將祈同，餘與告禮同。祭文臨時制撰。

又《時旱祈于太社》 將祈，有司卜日如別儀，行事、薦獻與巡狩告社稷禮並同。太社祝文曰：

『維某年歲次月朔日，子嗣天子某，謹遣具位姓名，敢昭告於太社：爰以農功，久闕時雨，惟神哀此蒼生，敷降靈液。謹以清酒、脯醢明薦於太社，以后土句龍氏配神作主。尚享太稷祝文同。』后土氏祝文曰：『嗣皇帝某，謹遣具位姓名，敢昭告於后土氏。』餘同后稷文同。得雨則用太牢，瘞幣血、飲福、受胙，與正祭同，餘與告禮同。太社祝文曰：『往以久闕時雨，敢陳精誠，惟神昭祐，降茲嘉液，率土霑洽，蒼生咸賴。謹以玉帛、清酒、醴齊、粢盛、庶品，明薦於太社，以后土句龍氏配神作主。尚享。』后稷、后土氏、太稷，祝文並同，每配祝無『玉帛』字。

又《時旱祈岳鎮以下于北郊報祀同》 將祈，有司筮日如別儀就祈及祭同。前二日，守宮設祈官以下次於東壝之外道南，北向，以西爲上；設陳饌幔於內壝東門外道北，南向。右校掃除壇之內外，又爲瘞坎於壇之壬地，方深取足容物。前一日，諸祈官清齋於祈所。諸衛令其屬晡後一刻各以其方器服守衛壝門，俱清齋一宿。奉禮設祈官位於內壝東門之內道北，執事位於道南，每等異位，俱重行西面，以北爲上；設御史位於壇下西南，東向，令史陪其後；設奉禮位於祈官西南，贊者二人次之，少退，俱西向北上；設望瘞位於壇之東北西向；又設祈官門外位於東壝之外道南，每等異位，重行北向，以西爲上。郊社令以酒樽八設於位：嶽、鎮、海、瀆各山樽二，山、川各蜃樽二，每方皆於神座之左，俱右向皆有坫以置爵；設罍、洗、篚、冪各於其方，皆道之左，俱內向，執樽、罍、篚、冪者位於樽、篚之後。其日未明二刻，太史令、郊社令各服其服，設嶽、鎮、海、瀆及諸山、川神座，各於其方，俱內向，席皆以莞；設神位各於座首。未明一刻，諸祈官以下各服其服，郊社令與良醞令之屬入實樽罍山樽實以醴齊，蜃樽實以汎齊，其明水各實於上樽，太祝以幣置於篚，設於饌所嶽、鎮、海、瀆皆有幣，各依方色，俱丈八尺。

太官令帥進饌者實籩豆，入設於內壝東門之外饌幔內。奉禮帥贊者先入就位。贊引引御史、太祝以下與執樽、罍、篚、冪者入，詣南方山川之西南，當門，重行北面，以西爲上，立定。奉禮曰『再拜』，贊者承傳，御史以下皆再拜。執樽、罍、篚、冪者各就位，贊引引御史以下行掃除如常訖，出還齋所，奉禮以下次還齋所。質明，謁者引獻官以下俱就門外位。奉禮帥贊者先入就位。贊引引御史以下入就位。謁者引獻官，贊引引執事者次入就位，立定。奉禮曰『再拜』，獻官以下皆再拜。謁者進獻官之左，白：『有司謹具，請行事。』退復位。奉禮曰『再拜』，在位者皆再拜。太祝各取幣於篚，以授獻官，獻官受幣，詣東嶽座，諸太祝各奠幣於諸嶽、鎮、海、瀆之座。謁者引獻官再拜訖，降還本位。於獻官初受幣，太官令帥進饌者奉饌陳於東門之外，獻官奠幣再拜訖，太官令引饌入，諸太祝迎引於座首，各奠於神座前。施設訖，太官令以下還本位，諸祝各還樽所。謁者引獻官詣罍洗，盥手，洗爵，詣東嶽酒樽所。執樽者舉冪，獻官酌酒；謁者引獻官進東嶽神座前，東向跪，奠爵，興，少退，東向立。初獻官進奠，祝史以爵酌酒，助奠東鎮以下，還樽所。太祝持版進於神座之右，南面跪讀祝文曰：

『敢昭告於東方嶽、鎮、海、瀆：久闕時雨，黎元恇懼，惟神哀救蒼生，敷降嘉液。謹以制幣、清酌、脯醢，明薦於東方嶽、鎮、海、瀆。尚享。』

太祝興，獻官再拜；太祝進，跪奠版於神座，興，還樽所，獻官再拜。謁者引獻官以次獻諸方嶽、鎮、海、瀆，如東方之儀諸方祝文並同。訖，謁者引獻官還本位。

初，獻東嶽，贊引次引獻官就罍洗，盥手、洗爵訖，詣東方山川酒樽所，執樽者舉冪，獻官酌酒訖，贊引引獻官進詣東方山川首座前，跪奠爵，興，少退，東向立。

初，獻官奠酒，齋郎酌酒助奠訖，還樽所。祝史持版進於神座之右，西向跪讀祝文文同嶽祭，興，獻官再拜；祝跪奠版於神座，興，還樽所。獻官再拜訖，贊引引獻官以次獻諸方山川，如東方之儀諸方祝文皆同。訖，贊引引獻官還本位，諸祝各進，跪撤豆如式，興，還樽所。奉禮曰『再拜』，獻官以下皆再拜。

謁者進獻官之左，白：『請就望瘞位。』謁者引獻官就望瘞位，西向立。於在位者將拜，諸太祝各進神座前，跪取幣置於坎。奉禮曰『可瘞』，東西廂各二人寘土。半坎，謁者進初獻之左，白『禮畢』，遂引獻官出，贊引引執事者以次出。御史、太祝以下俱復執事位，立定。奉禮曰『再拜』，御史以下皆再拜，贊引引出。祝版，燔於齋所報祀用牲幣，飲福、受胙於東方嶽、鎮、山、川首座之前。其山川唯飲福即不受胙，埋幣血與正祭同，餘與祈禮同。祝文與報社同。

又《時旱就祈岳鎮海瀆》 前一日，諸祈官皆於祈所清齋一宿，所司清掃內外，又爲埋坎於壇南如常。

奉禮設祈官位於壇東南，執事者位於祈官東南，奉禮位於執事西南，贊者二人在南，差退，俱西面北上。又設太祝奉幣位於瘞坎之南，北向海、瀆南設奉幣位向沈所。又設祈官以下門外位於南門之外道東，重行，西面北上。設樽、坫、罍、篚各於常所，執樽、罍、篚者各位於樽罍之後。其日未明，祈官以下各服其服，所司帥其屬入設神座，及實樽罍如常儀。太祝以幣置於篚幣各依方色，長丈八尺，掌饌者實籩豆籩一實脯，豆一實醢。奉禮帥贊者先入就位。贊引引太祝及執樽、罍、篚者入，當壇南重行北面，以西爲上，立定。奉禮曰『再拜』，贊者承傳，太祝以下皆再拜。執樽、罍者各就位。贊引引太祝升自東陛，行掃除於上訖，降，行掃除於下，皆就位。質明，謁者引祈官，贊引引執事者俱入就位，立定。奉禮曰『再拜』，祈官以下皆再拜其先拜者不拜。謁者進祈官之左，白：『有司謹具，請行事。』退復位。奉禮曰『再拜』，在位者皆再拜。

初，白請行事，掌饌者帥進饌者奉饌陳於東門外。祈官拜訖，太祝跪取幣於篚，以授祈官，祈官奉幣置於神座，祈官拜訖，降復位。掌饌者引饌入，升自南陛，太祝迎引於壇上，進設於座前，設訖，掌饌者以下降復執事位。謁者引祈官詣罍洗，盥手，洗爵，升自南陛，詣酒樽所。執樽者舉冪，祈官酌酒，謁者引祈官進，北面跪，奠於神座前，俯伏，興，少退，北向立。太祝持版進於神座之右，東面跪讀祝文曰文與祈社同。嶽、鎮、海、瀆，各隨其稱。祝興，祈官再拜，祝進跪奠版於神座，興，還樽所。祈官拜訖，謁者引祈官降復位。太祝進跪，撤豆如式，還樽所。奉禮曰『再拜』，在位者皆再拜。謁者進祈官之左，白：『請就望瘞位。』謁者引祈官就望瘞位，西向立。於在位者將拜，太祝進神座前跪取幣，置於坎，東西面各二人寘土。半坎海、瀆則以幣沈之，奉禮曰『再拜』，祈官以下皆再拜。謁者進祈官之左，白『禮畢』，遂引祈官出，贊引引執事者以次出。太祝以下俱復執事位，立定。奉禮曰『再拜』，太祝以下皆再拜以出，奉禮、贊者以次出。其祝版燔於齋所得雨報祠用特牲，其沈瘞幣血及飲福、受胙皆與正祭同，餘與祈禮同，祝文與北郊報祠同。

又《久雨禜祭國門》 將祭，有司筮日如別儀。前一日，諸祭官清齋於祭所，右校掃除祭所，太官丞先饌酒、脯、醢樽以瓢齊。其日質明，郊社丞帥其屬設神座，皆內向，設酒樽各於神座之左，設罍、洗及篚於酒樽之左，俱內向並實以巾、爵，執樽、罍、洗、篚者各位於樽、罍、洗、篚之後。奉禮設獻官位於罍、洗之左而右向，執事者於其後，皆以近神爲上。郊社丞與良醞之屬實樽、罍。獻官以下俱就位，立定。謁者贊拜，獻官以下皆再拜。祝與執樽、罍、篚者各就位。太官丞出詣饌所。謁者進獻官之左，白：『有司謹具，請行事。』退復位。太官丞引饌入，太祝迎跪設於神座前訖，太官丞以下還本位，祝還樽所。謁者引獻官詣罍洗，盥手，洗爵，詣樽所，執樽者舉冪，獻官酌酒，進神座前，跪奠爵，俯伏，興，少退，向座立。太祝持版進於神座之右，跪讀祝文曰：『維某年歲次月朔日，子嗣天子遣某官姓名，昭告於國門：霖雨淹久，害於百穀，惟靈降福，應時開霽。謹以清酌、嘉薦，明告於神。尚享。』祝興，獻官再拜。太祝跪奠版於神座，俯伏，興，還樽所。獻官再拜訖，謁者引還本位。祝進跪撤豆，俯伏，興，還樽所。祝與執樽、罍、篚者俱復執事位。謁者贊拜，獻官以下皆再拜。謁者進獻官之左，白『禮畢』，遂引獻官以下出。每祭皆如之。祝版皆燔於齋所若雨止，報祠用少牢，飲福與祈同。祝文曰：『前日以霖雨，式陳誠禱，惟神降祉，應時開霽。謹以清酌、少牢、粢盛、庶品，明薦於神。尚享。』。

又《諸州禜城門縣禜附**》** 若霖雨不止，禜祭城門。設神座，皆內向；設瓢齊之樽，各於神座之左；設罍、洗及篚於酒樽之左，俱內向。設司功縣則縣尉位於罍洗之左而右向，執事者位於其後，皆以近神爲上。贊禮者贊拜。無幣不爲瘞坎，餘與祈社神同。祝文曰：『維某年歲次月朔日，子刺史姓名縣則縣令姓名遣具位姓名，昭告於城門：霖雨淹久，害於百穀，惟靈降福，應時開霽。謹以清酌、嘉薦，明告於城門。尚享。』若雨止，報祠用特牲，飲福，餘與禜同。祝曰：『前以霖雨，式陳誠禱，惟靈降祉，應時開霽餘同上。』

宋制，孟夏雩祀昊天上帝爲大祀。國初以來，以四祖疊配，太宗即位，以宣祖、太祖更配。

太祖開寶九年，詔以江表底定，方內大同，幸西京，以四月有事於南郊即大雩之祀，詳見『郊祀』門。

真宗景德三年，詔有司詳定諸祠祭事。有司言：『今年四月五日，雩祀昊天上帝；十三日，立夏，祀赤帝。按《月令》：「立夏之日，天子迎夏于南郊。」注云：「迎夏爲祀赤帝於南郊。」又云：「是月也，大雩。」注云：「《春秋傳》曰，龍見而雩。」謂建巳之月，陽氣盛而常旱，萬物待雨而長，故祭天以祈雨。龍星謂角、亢也。立夏後，昏見於東方。又按《五禮精義》云：「自周以來，歲星差度，今則龍見或在五月。以祈甘雨，於時已晚，但四月上旬卜日。」今則唯用改朔，不待時節，祭於立夏之前，違茲舊禮之意。苟或龍見於仲夏之時，雩祀於季春之節，相去遼闊，於理未周。欲請自今並於立夏後卜日，如立夏在三月，則待改朔，庶節氣協於純陽，典禮符於舊史。又按《月令》云：「季秋之月，乃命冢宰，農事備收，藏帝籍之收於神倉。是月也，大饗帝。」則季秋之月，農事之終，大享明堂，報茲嘉穀。苟或猶未得節，尚當建酉，因而卜日，有屬先時。欲望自今並過寒露，然後卜日；或寒露在八月，則至九月乃卜。自餘諸祠祭皆叶禮令，無所改易。』奏可。

太祖建隆二年夏，旱。翰林學士王著請令近臣按舊禮告天地、宗廟、社稷，及望告嶽、鎮、海、瀆於北郊，以祈甘澤。詔用其禮，惟不祀配座及名山大川，雨足報賽如禮。

太祖、太宗時，凡京師水旱稍久，上親禱者，則有建隆觀、大相國、太平興國寺，上清太一宮；甚，則再幸，或撤樂減膳，進蔬饌。遣官禱者，則天齊、五龍、城隍、祆神四廟，大相國、開寶、報慈、乾明、崇夏五寺及建隆觀。令開封府祭九龍、浚溝、黃溝，子張、子夏、信陵君、段干木、扁鵲、張儀、吳起、單雄信廟。雍熙後，多遣宰相、近臣。至道後，又於寺、觀建道場，復遣常參官或內侍詣嶽、瀆致祠。咸平後，祈禱又增玉清昭應、景靈宮、會靈、祥源觀，泰一宮，或親幸致禱。

真宗咸平元年，以旱，遣使禱衛州百門廟、白鹿山百門廟以祈禱有應，賜名靈源廟。

內出李邕祈雨法：以甲、乙日，擇東方地作壇，取土造青龍。長吏齋三日，詣龍所汲流水，設香案、茗果、餈餌，率羣官、鄉老日再至祝酹，不得用音樂、巫覡，以致媟瀆。雨足，送龍水中。餘四方皆如之，飾以方色。大凡日干及建壇取土之里數、器之大小、龍之脩廣，皆取五行生成數焉。詔頒諸路，及令祀雨師、雷神。

又以畫龍祈雨法付有司鏤板頒下。其法：擇潭洞或湫濼林木深邃之所，以庚、辛、壬、癸日，刺史、縣令帥耆老齋潔，先以酒脯告社令訖，築方壇三級，高一尺，闊丈三尺。壇外二十步，界以白繩；壇上植竹枝，張畫龍。其圖以縑素上畫黑魚左顧，環以天黿十星，中爲白龍，吐雲黑色，下畫水波，有龜亦左顧，吐黑氣如線，和金銀朱丹飾龍形。又設皂幡，刎鵝頸，取血置槃中，楊枝灑水龍上。俟雨足三日，賽以豭，取畫龍投水中。

神宗元豐四年，詳定郊廟奉祀禮文所言：『近詔宗祀明堂，配以上帝，其餘從祀羣神悉罷。今祈穀、大雩猶循舊制，皆羣神從祀，恐與詔旨相戾。請孟春祈穀、孟夏大雩，惟祀上帝，以太宗皇帝配，餘從祀羣神悉罷。又請改築雩壇於國南門，以嚴祀事。』並從之。

禮部言：『雩壇當立於圜丘之左巳地，其高一丈，廣輪四丈，周十二丈，四出陛，爲三壝各二十五步，周垣四門，一如郊壇之制。』從之。

熙寧元年，帝幸寺觀祈雨，詔在京舉望祭禮，諸路分禱嶽、鎮、海、瀆名山大川。又幸相國寺，天清寺，集禧，醴泉觀祈雨。雨足，幸西太一宮報謝。

元豐四年，詳定禮文所言：『案《禮記・祭法》曰：「埋少牢於泰昭，祭時也。」《雲漢》之詩曰：「靡愛斯牲。」《周禮・太祝》注曰：「禬、禜皆有牲。」是祈禱有牲也。請祈禱郊廟、社稷，皆用少牢。』從之。

高宗紹興後，孟夏雩祀上帝，在城西惠照院望祭齋宮行禮。其後又於圜壇行禮。

紹興八年，以時雨愆候，令臨安府差官迎請天竺觀音，赴法慧寺建置道場，如法祈求。候到，宰執率侍從前詣燒香。

其後每祈水旱，則迎天竺觀音入城，或就明慶寺建道場，或差官就天竺寺祈禱。

孝宗淳熙十四年七月，太常寺言：『亢陽爲沴。檢點國朝典禮，凡京都旱，則祈嶽、鎮、海、瀆及諸山川能興雲雨者，於北郊望告；又祈宗廟、社稷及雩祀上帝、皇地祇。』詔命宰臣以下分詣祭告。八月三日，獲感應，復命報謝。

宰執進呈太常寺乞謝雨，王淮等奏，初疑後時，而禮官謂有祈必有報。上曰：『既是天地、宗廟、社稷，宮觀亦不容已。』淮等奏：『報謝只是酒脯。』上曰：『如何無牲牢？』淮等奏：『國朝典禮，祈用酒脯，謝如常祀。且紹興以來，並只是酒脯，惟雩祀用牲，然雩無報謝之禮。』上問：『前日雩祭禮儀，及歌《雲漢》之詩，樂工能之否？』淮等奏：『三獻並用宰執。一篇之詩，工人兩日習歌，亦如法。』

又 卷八八《郊社考二十一·祈禳旅禜附，禱疾、祓除、難、禱水旱已見雩祭門》

大祝掌六祝之辭，以事鬼神示，祈福祥，求永貞。一曰順祝，二曰年祝，三曰吉祝，四曰化祝，五曰瑞祝，六曰筴祝。祝，之秀反。永，長也。貞，正也。求多福，歷年得正命也。鄭司農云：『順祝，順豐年也；年祝，求永貞也；吉祝，祈福祥也；化祝，弭災兵也；瑞祝，逆時雨、寧風旱也；筴祝，遠罪疾也。』疏曰：『此六祝皆是祈禱之事，皆有辭說以告神，故云「六祝之辭」。鄭司農云「順祝順豐年」已下，皆約《小祝》而說。順祝當《小祝》順豐年，年祝當求永貞，吉祝當祈福祥，化祝當弭災兵。云「瑞祝，逆時雨、寧風旱也」者，此二者似若天之應瑞，故總謂之瑞祝。云「筴祝遠罪疾」者，自此以上，差次與《小祝》不同，唯有筴祝與《小祝》遠罪疾相當，宜爲一也。』黄氏曰：『筴祝，命龜筮之辭也。鄭見《金縢》史，乃筴祝爲禱疾之事，故以爲遠罪疾，而不知《金縢》筴祝正爲命卜筮也。』小祝掌小祭祀，將事候、禳、禱、祠之祝號，以祈福祥，順豐年，逆時雨，寧風旱，彌災兵，遠罪疾。疏曰：『掌小祭祀者，即是「將事候、禳」已下禱祠之事是也。小祭祀與「將事候、禳、禱、祠祝號」，又與「祈福祥、順豐年」已下爲目。祈福祥、順豐年、逆時雨三者，皆是候；寧風旱、彌災兵、遠罪疾三者，即是禱；求福謂之禱；報賽謂之祠。皆有祝號，故總謂之禱祠之祝號。「祈福祥」已下不言「一曰、二曰」者，大祝已言訖，小祝佐大祝行事，故略而不言；亦欲見事起無常，故不言其次第。』黄氏曰：『所謂祈、順、逆、寧、彌、遠，與大祝六祝相參錯，但小祝所掌皆小祭祀，不爲辭，掌其祝號而已。』《肆師》：『與祝候、禳於疆及郊。』注曰：『求多福，歷年得正命也。』鄭司農云：『順祝，順豐年也；年祝，求永貞也；吉祝，祈福祥也；化祝，弭災兵也；瑞祝，逆時雨、寧風旱也；筴祝，遠罪疾也。』疏曰：『此六祝皆是祈禱之事，皆有辭說以告神，故云「六祝之辭」。「鄭司農云順祝順豐年」已下，皆約《小祝》而說。順祝當《小祝》順豐年，年祝當求永貞，吉祝當祈福祥，化祝當弭災兵。云「瑞祝，逆時雨、寧風旱也」者，此二者似若天之應瑞，故總謂之瑞祝。云「筴祝遠罪疾」者，自此以上，差次與《小祝》不同，唯有筴祝與《小祝》遠罪疾相當，宜爲一也。』黄氏曰：『筴祝，命龜筮之辭也。鄭見《金縢》史，乃筴祝爲禱疾之事，故以爲遠罪疾，而不知《金縢》筴祝正爲命卜筮也。』小祝掌小祭祀，將事候、禳、禱、祠之祝號，以祈福祥，順豐年，逆時雨，寧風旱，彌災兵，遠罪疾。疏曰：『掌小祭祀者，即是「將事候、禳」已下禱、祠之事是也。小祭祀與「將事候、禳、禱、祠祝號」，又與「祈福祥、順豐年」已下爲目。祈福祥、順豐年、逆時雨三者，皆是候；寧風旱、彌災兵、遠罪疾三者，即是禱；求福謂之禱；報賽謂之祠。皆有祝號，故總謂之禱祠之祝號。「祈福祥」已下不言「一曰、二曰」者，大祝已言訖，小祝佐大祝行事，故略而不言；亦欲見事起無常，故不言其次第。』黄氏曰：『所謂祈、順、逆、寧、彌、遠，與大祝六祝相參錯，但小祝所掌皆小祭祀，不爲辭，掌其祝號而已。』《肆師》：『與祝候、禳於疆及郊。』注曰：『候、禳，小祝職也。疆五百里，遠郊百里，近郊五十里。』疏曰：『候者，候迎善祥；禳者，禳去殃氣。故肆師與小祝爲此候、禳二事。』。掌六祈，以同鬼神示。一曰類，二曰造，三曰禬，四曰禜，五曰攻，六曰說。造，七報反。禜音詠。祈，謂有災變，號呼告神以求福。天神、人鬼、地祇不和，則六癘作見，故以祈禮同之。鄭司農云：『類、造、禬、禜、攻、說，皆祭名也。類祭於上帝，《詩》曰：「是類是禡。」《爾雅》曰：「是類是禡，師祭也。」《司馬法》曰：「將用師，乃告於皇天上帝、日、月、星、辰，以禱於后土、四海神祇、山川冢社，乃造於先王，然後冢宰徵師於諸侯，曰：某國爲不道，征之，以某年某月某日，師至某國。」禜，日、月、星、辰、山、川之祭也。《春秋傳》曰：「日、月、星、辰之神，則雪、霜、風、雨之不時，於是乎禜之；山、川之神，則水、旱、癘、疫之災，於是乎禜之。」』元謂：『類、造，加誠肅，求如志；禬、禜，告之以時有災變也；攻、說則以辭責之。禜，如日食以朱絲營社；攻如其鳴鼓然。董仲舒救日食祝曰：「昭昭大明，瀸滅無光，奈何以陰侵陽，以卑侵尊！」是之謂說也。禬未聞焉。造、類、禬、禜皆有牲，攻、說用幣而已。』疏曰：『鄭知類、造、禬、禜皆有牲者，按《禮記·祭法》云：「埋少牢於泰昭，祭時也。」下云：「幽禜祭星，雩禜祭水旱。」鄭注云：「凡此以下，皆祭用少牢。」禜既用牲，故知類、造亦皆有牲，故云「皆有牲」也。知攻、說用幣者，是日食伐鼓之屬，天災有幣無牲，故知用幣而已。《詩》云「靡愛斯牲」是也。』《舜典》『肆類乎上帝』，見《因祭篇•立君》條。《王制》「天子將出，類于上帝，造乎禰」，見《巡守》及《征伐》條。《大祝》「大師造于祖，類上帝」，及《肆師》「類、造上帝」，並見《征伐》條。《王制》「諸侯將出，造乎禰」，及《大祝》「造于廟」，並見《會同》條。禜祭，見《百神篇•禜酺》條。國有大故、天災，彌祀社稷，禱祠大故，兵、寇也。天災，疫、癘、水、旱也。彌，猶徧也。徧祀社稷及諸所禱，既則祠之以報焉。《春官•肆師》：『若國有大故，則令國人祭。』注曰：『大故，謂水、旱、兇、荒。所令祭者，社及禜酺。』禜音詠。酺音蒲。疏見《百神篇•禜酺》條。《都宗人》：『國有大故，則令禱祠；既祭，反命于國。』注曰：『令，令都之有司也。祭，謂報賽也。反命，還白王。』賽，西代反。《家宗人》：『國有大故，則令禱祠，反命。祭亦如之。』注曰：『以王命令禱祠，歸白王；於獲福，又以王命令祭之；還，又反命。』。

《小宗伯》：『大災，及執事禱祠于上下神示。凡王之會同、軍旅、甸役之禱祠，肄儀爲位。國有禍災，則亦如之。凡天地之大災，類社稷、宗廟，則爲位執事，大祝及男巫、女巫也。求福曰禱，得求曰祠，誄曰：『禱爾于上下神祇。』鄭司農云：『小宗伯與執事共禱祠。』禱祈禮輕，類者，依其正禮而爲之。疏曰：『禍災謂國遭水、旱、兇、荒，則有禱祠之事，故云亦如之。天災謂日月食，星辰奔殞；地災謂震裂，則類祭社稷及宗廟，則亦小宗伯爲位祭之。』《春官》。』

《小子》：『凡沉辜侯禳，飾其牲鄭司農云：『沉謂祭川。《爾雅》曰：「祭川曰浮沉。」辜謂磔牲以祭也。《月令》曰：「九門磔禳，以畢春氣。」侯禳者，候四時惡氣，禳去之也。』《夏官》小子祈五祀，見《衅》條。《羊人》：「祭川曰浮沈。」辜謂磔牲以祭也。《月令》曰：「九門磔禳，以畢春氣。」候禳者，候四時惡氣，禳去之也。』《夏官》小子祈五祀，見《衅條》。《羊人》：『凡沉辜侯禳、衅、積，共其羊牲。疏曰：『祭天用犢，其日、月已下有用羊者。』《鷄人》：『凡祭祀、面禳、衅，共其鷄牲。』疏曰：『司農云「面禳，四面禳」，則候禳。禳謂禳去惡祥也。』《春官》。《地官•牧人》：『凡外祭毀事，用尨可也。』注曰：『外祭謂表貉及王行所過山川用事者，尨謂雜色不純。毀謂副辜候禳毀除殃咎之屬。』疏曰：『按《宗伯》云「副辜祭四方百物」，而引九門磔禳。又按《小祝》職云「將事候禳」，皆是祈除殃害非常之祭，用尨之類，故引以爲證也。』尨，亡江反。』《男巫》：『掌望祀望衍授號，旁招以茅衍音延。疏曰：『云「望祀」者，類、造、禬、禜，遙望而祀之。云「望衍」者，衍，延也，是攻、說之禮，遙望延其神，以言語責之。云「授號」者，此二者皆詛祝授以神號。云「旁招以茅」者，旁謂四方，此男巫於地官祭此神時，則以茅招之於四方也。元謂破「衍」爲「延」者，「衍」字於六祈義無所取，故破從「延」。云「望祀謂有牲粢盛」者，注《大祝》已云類、造、禬、禜皆有牲，攻、說用幣而已，有牲則有黍稷，故此兼云粢盛者也。云「延，進也，謂但用幣致其神」者，此即攻、說用幣而已是也。云「二者詛祝所授類、造、攻、說、禬、禜之神號，男巫爲之招」者，以其授號文承二者之下，故知此六神皆授之號。云「授號知是詛祝」者，按《詛祝》而知也。』注及黃氏說，見《地示篇•四望》條。』冬堂贈，無方無算堂贈謂逐疫也。無方，四方爲可也。無算，道里無數，遠益善也。元謂：『冬，歲終，以禮送不祥及惡夢皆是也。其行必由堂始。巫與神通，言當東則東，當西則西，可近則近，可遠則遠，無常數。』《春官•女巫》：『掌歲時祓除、衅浴。』注曰：『歲時祓除，如今三月上巳如水上之類。衅浴謂以香薰草藥沐浴。』疏曰：『一月有三巳，據上旬之巳而爲祓除之事，見今三月三日水上戒浴是也。』《占夢》：『季冬，乃舍萌於四方，以贈惡夢。』注曰：『元謂：「舍」讀爲「釋」，舍萌猶釋菜也。古書釋菜、釋奠多作「舍」字。萌，菜始生也。贈，送也。欲以新善去故惡。』疏曰：『元謂「舍萌猶釋菜也」者，按《王制》有釋菜奠幣之事，故從之。』《秋官•庶氏》：『掌除毒蠱，以攻說禬之，嘉草攻之。凡驅蠱，則令之比之。』注曰：『毒蠱，蟲物而病害人者。《賊律》曰：「敢蠱人及教令者棄市。」攻、說，祈名，祈其神求去之也。【略】嘉草，藥物，其狀未聞。攻之，謂熏之。令之比之，謂使爲之，又校比之。』疏曰：『攻說禬之，據去其神也；嘉草攻之，據去其身也。云「毆之」，止謂用嘉草熏之時，並使人毆之。既役人衆，故須校比之。』《翦氏》：『掌除蠹物，以攻禜攻之，以莽草熏之，凡庶蠱之事。』疏曰：『庶除，故以六祈而言之。以莽草熏之，據去其身也。』。

《傳》：『莊公二十五年六月辛未朔，日有食之。鼓，用牲于社。左氏曰：「非常也。唯正月之朔，慝未作正月，夏之四月，周之六月，謂正陽之月。今書六月而《傳》云『唯』者，明此月非正陽月也。慝，陰氣。正音政。日有食之，於是乎用幣于社，伐鼓于朝食於正陽之月，則諸侯用幣于社，請救於上公，伐鼓於朝，退而自責，以明陰不宜侵陽，臣不宜掩君，以示大義。」』公羊子曰：『日食則曷爲鼓，用牲于社？求乎陰之道也。以朱絲營社，或曰脅之，或曰爲闇，恐人犯之，故營之社者，土地之主也。月者，土地之精也。上繫於天而犯日，故鳴鼓而攻之，脅其本也；朱絲營之，助陽抑陰也。或曰『爲闇』者，社者，土地之主，尊也，爲日光盡，天闇冥，恐人犯歷之，故營之。然此說非也。記或傳者，示不欲絕異說耳。疏曰：『云知其非者，正以日食陰氣侵陽，社官五上之神，理宜抑之，而反營衛，失抑陰之義故也。』。』穀梁子曰：『言「日」言「朔」，食正朔也。「鼓用牲」，鼓，禮也；用牲，非禮也。天子救日，置五麾，陳五兵、五鼓麾，旌幡也。五兵，矛、戟、鉞、楯、弓矢；諸侯置三麾，陳三鼓、三兵；大夫擊門；士擊柝：言充其陽也凡有聲皆陽事，以厭陰氣。柝，兩木相擊。充，實也。疏曰：『五麾者，麋信云：各以方色之旌，置之五處也。五兵者，徐邈云：矛在東，戟在南，鉞在西，楯在北，弓矢在中央。五鼓者，麋信、徐邈並云：東方青鼓，南方赤鼓，西方白鼓，北方黑鼓，中央黃鼓。按五兵有五種，未審五鼓是一鼓有五色，爲當五種之鼓也。何者？《周禮》有六鼓：雷鼓、靈鼓、路鼓、鼖鼓、鼛鼓、晉鼓之等，若以爲五種之鼓，則不知六鼓之內竟去何鼓；若以爲一種之鼓，則不知六鼓之內竟取何鼓。」』文公十五年六月辛丑朔，日有食之，鼓，用牲于社。左氏曰：『非禮也。日有食之，天子不舉去盛饌，諸侯用幣于社社尊於諸侯，故請救而不敢責之，伐鼓于朝，以昭事神，訓民事君天子不舉，諸侯用幣，所以事神；尊卑異制，所以訓民。示有等威，古之道也等威，威儀等差。』昭公十七年六月甲戌朔，日有食之。左氏曰：『祝史請所用幣，昭子曰：「日有食之，天子不舉，伐鼓于社；諸侯用幣于社，伐鼓于朝，禮也。」平子禦之曰：「止也！唯正月朔，慝未作，日有食之，於是乎有伐鼓用幣，禮也。其餘則否。」太史曰：「在此月也正音政。正月謂建巳正陽之月也。於周謂六月，於夏爲四月。慝，陰氣也。四月純陽用事。陰氣未動而侵陽，災重，故有伐鼓用幣之禮也。平子以爲六月非正月，故太史答言在此月也。夏，戶雅反。」平子弗從。昭子退曰：「夫子將有異志，不君君矣。」』安君之災，故曰『有異志』。疏曰：『日食，陰侵陽，臣侵君之象。救日食，所以助君抑臣也。平子不肯救日食，是不君事其君也。』齊有彗星出齊之分野。不書，魯不見。疏曰：『出齊之分野，於元枵之次也。彗即孛也。文十四年，有星孛入于北斗；十七年，有星孛于大辰，皆書。此不書者，時魯不見，或陰不見。』，齊侯使禳之。晏子曰：『無益也，祇取誣焉。且天之有彗也，以除穢也。君無穢德，又何禳焉？若德之穢，禳之何損？《詩》曰：「惟此文王，小心翼翼。昭事上帝，聿懷多福。厥德不回，以受方國。」君無違德，方國將至，何患於彗？《詩》曰：「我無所監，夏后及商。用亂之故，民卒流亡。」若德回亂，民將流亡，祝史之爲，無能補也。』公說，乃止昭公二十六年，《左氏傳》。哀公六年，有雲如衆赤鳥，夾日以飛三日。楚子使問諸周太史，周太史曰：『其當王身乎日爲人君，妖氣守之，故以爲當王身。雲在楚上，唯楚見之，故禍不及他國。若禜之，可移於令尹、司馬。』王曰：『除腹心之疾，而寘諸股肱，何益？不穀不有大過，天其妖諸？有罪受罰，又焉移之？』遂弗禜《春秋左氏傳》。昭公十七年冬，有星孛于大辰。左氏曰：『有星孛于大辰，西及漢夏之八月，辰星見在天漢西。今孛星出辰西，光芒東及天漢。鄭裨竈言於子産曰：「宋、衛、陳、鄭將同日火，若我用瓘斝玉瓚，鄭必不火瓘，珪也。斝，玉爵也。瓚，勺也。欲以禳火。」子産弗與。十八年夏五月，火始昏見火，心星；丙子，風。梓慎曰：「是謂融風，火之始也東北曰融風。融風，木也。木，火母，故曰火之始。疏曰：『東北曰融風，《易緯》作調風，俱是東北風，一風有二名。東北，木之始，故融風爲木也。木是火之母。火得風而盛，故融爲火之始。』。七日，其火作乎從丙子至壬午七日，壬午水火合之日，故知當火作？」戊寅，風甚；壬午，大甚。宋、衛、陳、鄭皆火。梓慎登大庭氏之庫以望之大庭氏，古國名，在魯城內。魯於其處作庫。高顯，故登以望氣，參所占以審前日之言，曰：「宋、衛、陳、鄭也。」數日，皆來告火。裨竈曰：「不用吾言，鄭又將火前年，裨竈欲用瓘斝禳火，子産不聽，今復請用之。」鄭人請用之。子産不可。子大叔曰：「寶，以保民也。若有火，國幾亡。可以救亡，子何愛焉？」子産曰：「天道遠，人道邇，非所及也，何以知之？竈焉知天道？是亦多言也，豈不或信多言者或時有中？」遂不與，亦不復火《傳》言天道難明，雖裨竈猶不足以盡知之。』昭公十八年夏五月，宋、衛、陳、鄭災。左氏曰：『鄭子産使子寬、子上巡羣屏攝，至於大宮二子，鄭大夫。屏攝，祭祀之位。大宮，鄭祖廟。巡行宗廟，不得使火及之。行，去聲。疏曰：『《楚語》說事神之禮云：「使名姓之後，能知犧牲之物、彝器之量、屏攝之位、壇場之所而心率舊典者爲之宗。」知屏攝是祭祀之位也。鄭衆云：「攝，攝束茅以爲屏蔽。」其事或當然。』；使公孫登徙大龜登，開卜大夫；使祝史徙主祏於周廟，告於先君祏音石。注疏見《宗廟篇・中主》條。明日，使郊人助祝史除於國北疏曰：『郊人，當謂郊內鄉之人也。祝史，掌祭祀之官也。使此鄉人助祝史除地，在城之北作壇場，爲祭處也。就國北者，南爲陽，北爲陰，就太陰，禳火也。』，禳火於元冥、回祿元冥，水神。回祿，火神。疏曰：『《月令》冬云：「其神元冥。」知元冥水神也。《周語》云：「夏之亡也，回祿信於黔隧。」先儒注《左傳》及《國語》者皆云「回祿，火神」，或當有所見也。祭水神，欲令水抑火；祭火神，欲令火自止。禳其餘災，慮更火也。』，三日哭。七月，鄭子産爲火故，大爲社，祓禳於四方，振除火災，禮也振，棄也。』宋災，二師令四鄉正敬享二師，左右師也。鄉正，鄉大夫。享，祀也。疏曰：『宋國之法，二師分掌其方，左右各掌其二鄉，並言其事，故云「二師命四鄉正」也。《費誓》云：「魯人三郊、三遂。」則魯立三鄉。此云「命四鄉正」，則宋立四鄉也。《周禮》，鄉爲一軍，大國三軍。宋是大國，不過三軍，而有四鄉者，當時所立非正法也。於是宋置六卿，況四鄉乎？「敬享」不知所享何神。《周禮・大祝》，國有天災，乃彌祀社稷禱祀。』，祝、宗用馬於四墉，祀盤庚於西門之外祝，大祝。宗，宗人。墉，城也。用馬祭於四城以禳火。盤庚，殷王，宋遠祖。城，積陰之氣，故祀之。凡天災有幣無牲，用馬、祀盤庚，皆非禮。疏曰：『《周禮》，大祝掌六祝之辭，以事鬼神示，祈福祥。小宗伯掌建國之神位。《特牲》《少牢》，士大夫之祭祀也，皆宗人掌其事。然則諸是祭神言辭，大祝掌之；禮儀，宗人掌之。故所有祭祀，皆祝、宗同行此事。』。晉侯問於士弱曰：『吾聞之，宋災於是乎知有天道，何故問宋何故自知天道將災？』

對曰：『古之火正，或食於心，或食於咮，以出内火。是故咮爲鶉火，心爲大火謂火正之官，配食於火星也。建辰之月，鶉火星昏在南方，則令民放火；建戌之月，大火星伏在日下，夜不得見，則令民内火，禁放火。疏曰：『《周禮》：「司爟掌行火之政令，季春出火，民咸從之；季秋内火，民亦如之。」鄭司農云：「以三月昏心星見於辰上，使民出火；九月黄昏，心星伏在戌上，使民内火。」建辰之月即《月令》季春之月，日在胃昏七星中。南方七星，有井、鬼、柳、星、張、翼、軫，七者共爲朱鳥之宿星，即七星也。咮謂柳也。《春秋緯·文耀鈎》云：「咮謂鳥陽，七星爲頸。」宋均注云：陽猶首也。柳謂之咮，咮，鳥首也。七星爲朱鳥頸也。咮與頸共在於午者，鳥之止宿，口屈在頸，七星與咮體相接連故也。鶉火星昏而在南方，於此之時，令民放火。咮星爲火之候，故於十二次，咮爲鶉火也。建戌之月，即《月令》季秋之月，日在房。東方七宿，角、亢、氐、房、心、尾、箕，七者共爲蒼龍之宿。《釋天》云：「大辰，房、心、尾也，大火謂之大辰。」孫炎曰：「龍星明者，以爲時候。大火，心也，在中最明，故時候主焉。」以是故此《傳》心爲大火。九月日體在房，房、心相近，與日俱出俱沒，伏在日下，不得出見，故令民内火，禁放火也。火官合配其人，蓋多不知誰食於心，誰食於咮也。此《傳》鶉火、大火，共爲出内火之候。《周禮》之注不言咮者，以咮非内火之候，故唯指大火，以解出内之文，故其言不及咮也。』。陶唐氏之火正閼伯居商丘閼伯，高辛氏之子。《傳》曰：『遷閼伯於商丘，主辰。』辰，大火也。今爲宋星。然則商丘在宋地。疏曰：『《爾雅》以大火爲大辰，是辰爲大火也。昭公七年《傳》曰：「宋，大辰之虚。」是大火爲宋星也。閼伯居商丘，祀大火。今大火爲宋星，則知宋亦居商丘。以此明之，故云「然則商丘在宋地」也。《釋例》云：「宋、商、商丘，三名一地。」』，祀大火，而火紀時焉謂出、内火時。相土因之，故商主大火相土，契孫，商之祖也。始代閼伯之後居商丘，祀大火。商人閲其禍敗之衅，必始於火，是以日知其有天道也閲，猶數也。商人數所更歷，恆多火災。宋是殷商之後，故知天道之災必火。數，所主反。襄公九年《左氏傳》。』梁山崩，晉侯以傳召伯宗傳，中戀反。傳，驛。伯宗辟重，曰：『辟傳傳乃重載之車也！』重人曰：『待我，不如捷之速也捷，邪出。』問其所，曰：『絳人也。』問絳事焉，曰：『梁山崩，將召伯宗謀之。』問：『將若之何？』曰：『山有朽壤而崩，可若何？國主山川主，謂所主祭，故山崩川竭，君爲之不舉爲，于僞反。去盛饌，降服損盛服，乘縵縵，武旦反，又莫半反。車無文，徹樂息八音，出次舍於郊，祝幣陳玉帛，史辭自罪責，禮焉禮山川。其如此而已，雖伯宗若之何？』伯宗請見之見之於晉君，不可不肯見。遂以告而從之成公五年《左氏傳》。《國語·晉語》同。莊公三十二年秋七月，有神降于莘有神聲以接人。莘，虢地。惠王問諸内史過曰：『是何故也過，古禾反。内史過，周大夫？』對曰：『國之將興，明神降之，監其德也；將亡，神又降之，觀其惡也。故有得神以興，亦有以亡。虞、夏、商、周皆有之亦有神異。』王曰：『若之何？』對曰：『以其物享焉。其至之日，亦其物也享，祭也。若以甲、乙日祭，祭先脾，玉用蒼，服上青。以此類祭之。』王從之。内史過往，聞虢請命聞虢請於神，求賜土田之命，反曰：『虢必亡矣。虐而聽於神。』神居莘六月，虢公使祝應、宗區、史嚚享焉。神賜之土田祝，大祝。宗，宗人。史，大史。應、區、嚚，皆名。史嚚曰：『虢其亡乎！吾聞之，國將興，聽於民政順民心；將亡，聽於神求福於神。神，聰明正直而壹者也，依人而行唯德是與。虢多涼德，其何土之能得涼，薄也。爲僖二年晉滅下陽《傳》？』楚共王無冢適，有寵子五人，無適立焉。乃大有事于羣望羣望，星、辰、山、川，而祈曰：『請神擇於五人者，使主社稷。』乃徧以璧見於羣望，曰：『當璧而拜者，神所立也，誰敢違之？』既，乃與巴姬密埋璧於大室之庭大音泰。巴姬，共王妾。大室，祖廟。昭公十三年《左氏傳》。

《尚書大傳》曰：『維王后元祀王謂禹也。后，君也。祀，年也。禹始居攝爲君之年也，帝令大禹步于上帝帝，舜也。步，推也。帝令禹推演天道，謂觀得失反覆也，維時洪祀六沴，用咎于下用此時始大祀六沴之用咎于下者。禹乃共辟厥德，受命休令，爰用五事，建立王極。一曰貌。貌之不恭，是謂不肅肅，敬也。君貌不恭，則是不能敬其事也，厥咎狂君臣不敬，則倨慢如狂矣，厥罰恆雨貌曰木，木主春，春氣生。生氣失，則逾其節，故恆雨也，厥極惡生氣失，故於人則爲惡；時則有服妖服，貌之飾，時則有龜孽龜，蟲之生於水而遊於春者也，屬木，時則有鷄禍鷄，畜之有冠翼者也，屬貌，時則有下體生於上之痾痾，病也。貌氣失之病，時則有青眚，青祥維金沴木。次二事曰言。言之不從，是謂不乂君言不從，則是不能治其事也，厥咎僭君臣不治，則僭差矣，厥罰恆暘言曰金，金主秋，秋氣殺。殺氣失，故恆暘也，厥極憂殺氣失者，於人爲憂；時則有詩妖詩以言志，時則有介蟲之孽蟓、蟲、蜩、蟬之類。蟲生於火而藏於秋者，屬金，時則有犬禍犬，畜之以口吠守者也，屬言，時則有口舌之痾言氣失病也，時則有白眚，白祥維木沴金。次三事曰視。視之不明，是謂不悊悊爲瞭也。君視不明，是謂不能瞭其事也，厥咎荼君視不瞭，則荼緩也，厥罰恆燠視曰火，火主夏，夏氣長。長氣失，則恆燠也，厥極疾長氣失，故於人爲疾；時則有草妖物可見者，莫衆於草也，時則有倮蟲之孽，時則有羊禍羊，畜之遠視者也，屬火，時則有目痾，時則有赤眚，赤祥維水沴火。次四事曰聽。聽之不聰，是謂不謀君聽不聰，則是不能謀其事也，厥咎急，厥罰恆寒聽曰水，水主冬，冬氣藏。藏氣失，故恆寒也，厥極貧藏氣失，故於人爲貧；時則有鼓妖鼓，聽應也，時則有豕禍豕，畜之居閒衛而聽者也，屬水，時則有耳痾聽氣失之病，時則有黑眚，黑祥維火沴水。次五事曰思心。思心之不容，是謂不聖『容』當爲『睿』。睿，通也。心明曰聖。孔子說休徵曰：聖者通也。兼四而明，則所謂聖。聖者，包貌、言、視、聽而載之以思心者，通以待之。君思心不通，則是不能心明其事也，厥咎霿霿，冒也。君臣心不明，則相象冒矣，厥罰恆風思心曰土，土王四時，主消息、生殺、長藏之氣，風亦出內、雨暘、寒燠之徵，皆所以殖萬物之性命者也。殖氣失，故恆風，厥極兇、短、折殖氣失，則於人爲兇、短、折。未齔曰兇，未冠曰短，未婚曰折；時則有脂夜之妖夜讀曰液，時則有華孽『華』當爲『誇』。誇，蚓蟲之生於土而遊於土者，時則有牛禍牛，畜之任重者，時則有心腹之痾思心氣失之病，時則有黃眚、黃祥，時則有金、木、水、火沴土志、論皆言君不寬容則地動，元或疑焉。今四行來沴土，地乃動，臣下之相師爲畔逆之象，君不通於事所致也。以爲不寬容，亦皆爲陰勝陽，臣強之異。王之不極，是謂不建王，君也。言王者五事象五行，則王極象天也。人法天，元氣純，則不可以一體而言之也，厥咎眊劉子駿傳曰：眊，亂也。君臣不立，則上下亂也，厥罰恆陰王極象天，天養萬物。養氣失，故恆陰也，厥極弱天爲剛德，剛氣失，故於人爲弱；時則有射妖射人將發矢，必先於此儀之，發矢則必中於彼矣。君將出政，亦先於朝廷度之，出則歷於民心，射其象者也，時則有龍蛇之孽龍，蟲生於淵，行於無形，過於天者也，屬天。蛇，龜之類。或曰龍無角曰蛇，時則有馬禍天行健。馬，畜之疾行者也，時則有下人伐上之痾，時則有日月亂行、星辰逆行亂謂薄、食，斗並是。逆謂盈縮反明、經天守舍之類。維五位復建辟厥沴君失五事，則五行相沴違其位。復立之者，明其變異則改過以共禦之；又必齊肅祭祀以撫其神，則兇咎可除矣，曰：二月、三月，維貌是司；四月、五月，維視是司；六月、七月，維言是司；八月、九月，維聽是司；十月、十一月，維思心是司；十二月與正月，維王極是司司，主也。凡六沴之作，歲之朝、月之朝、日之朝，則后王受之；歲之中、月之中、日之中，則正卿受之；歲之夕、月之夕、日之夕，則庶民受之自正月盡四月，爲歲之朝；自五月盡八月，爲歲之中；自九月盡十二月，爲歲之夕。上旬爲月之朝，中旬爲月之中，下旬爲月之夕。平旦至食，爲日之朝；禺中至日昳，爲日之中；下晡至黃昏，爲日之夕。受之謂受其兇咎也。其二辰以次相將，其次受二辰，爲日、月也。假令歲之朝也，日月中則上公受之，日月夕則下公受之，日月朝則大夫受之。歲之夕也，日月朝則上士受之，日月中則下士受之。其餘差以尊卑多少則悉矣。禦貌於驕忿止貌之失者，在於去驕忿。驕忿者，是不恭之刑也，謂若傲狠明德、忿戾無期之類也，以其月，從其禮，祭之參，乃從從，順也。參祭之，其神乃順不怒也；禦言於訖衆，以其月，從其禮，祭之參，乃從訖，止也。止言之失者，在於去止衆。止衆者，是不從之刑也。止衆謂若周威、厲王弭謗以障民口之類也；禦視於忽似，以其月，從其禮，祭之參，乃從止視之失者，在於去忽似。忽似者，是不明之刑也，謂若亂於是非、象、共滔天及不辨鹿馬之類；禦聽於怵攸，以其月，從其禮，祭之參，乃從止聽之失者，在於去怵攸。怵攸者，是不聽之刑也，若老夫灌灌、小子蹻蹻，誨爾諄諄、聽我藐藐之類；禦思心於有尤，以其月，從其禮，祭之參，乃從尤，過也。止思心之失者，在於去欲。有所過欲者，是不睿之刑也，是若昭公不知禮而習小儀，不修政而欲誅季氏之類也；禦王極於宗始，以其月，從其禮，祭之參，乃從宗，尊也。止王極之失者，在於尊用始祖之法度。不言惡者，人性備五德，得失在斯，王不及則五事皆失，非一惡也，大者易姓，小者滅身。其能宗始，則錄延。其受命之君，承天制作，猶天之教命也。故掌祖廟之藏者，謂之天府。六沴之禮，散齊七日，致齊三日，新器潔祀，用赤黍，朝於中庭，祀四方從東方始，卒於北方。其祀禮曰格祀篇名也，今亡。』

《大宗伯》：『國有大故，則旅上帝及四望故謂兇災。旅，陳也，陳其祭祀以祈焉，禮不如祀之備也。上帝，五帝也。元謂四望，五嶽、四鎮、四瀆。《春官》。』《典瑞》：『四圭有邸以祀天，旅上帝注疏見《祀天禮》；兩圭有邸以祀地，旅四望注疏見《祀地禮》。大旅，共玉器而奉之玉器，謂四圭、祼圭之屬。同上。』《掌次》：『王大旅上帝，則張氈案，設皇邸注疏見《祭物篇・筵几》條。』《職金》：『旅于上帝，則共其金版鉼金謂之版。此版所施未聞。《秋官》。』《司尊彝》：『大喪存奠彝，大旅亦如之旅者，國有大故之祭也。亦存其奠彝，則陳之不即徹。疏曰：「云不即徹，則與上注「奠者朝夕乃徹」義異，但上經據人鬼日出、逮日，放其去來於陰陽，此天神無此義，但不即徹，不必要至夕也。』《春官》上。』《眡瞭》：『掌凡樂事，播鼗，擊頌磬、笙磬頌音容。眡瞭播鼗，又擊磬。磬在東方曰笙，笙，生也；在西方曰頌，頌或作『庸』，庸，功也。《大射禮》曰：『樂人宿縣於阼階東，笙磬西面，其南笙鐘，其南鎛，皆南陳。』又曰：『西階之西頌磬，東面；其南鐘，其南鎛，皆南陳。』』。掌大師之縣大師當縣，則爲之。疏曰：『大師掌六律、六同、五聲、八音。以其無目，於音聲審。』。凡樂事相瞽相謂扶工。大喪廞樂器，大旅亦如之廞，許金反。疏曰：『大旅非常祭，亦臨時乃造，故云「亦如之」。』同上。』《笙師》：『掌教龡竽、笙、塤、籥、簫、篪、箛、管，舂牘、應、雅，以教祴樂龡，昌垂反。竽音于。塤，虛袁反。牘音獨，或大錄反。注疏見《祭物篇・樂》條。大旅則陳之陳於饌處而已，不涖其縣。疏曰：『此經直言「陳之」，明陳於饌處而已，不臨其縣。其臨縣者，《大司樂》云：「大喪臨廞樂器。」注云：「臨笙師、鎛師之屬」是也。』同上。』《大卜》：『凡旅，陳龜陳龜於饌處也。《士喪禮》曰：『卜人先奠龜于西塾止南首』是也。不親貞龜，亦以卜旅祭非常，輕於大遷大師。疏曰：『饌處謂在西塾南首，故引《士喪禮》爲證也。』同上。《龜人》：『若有祭事，則奉龜以往，旅亦如之。』注曰：『奉猶送也，送之所當卜。』【略】疏曰：『旅謂祈禱天地及山川之類。」。』

陳氏《禮書》曰：『旅，非常祭也。國有大故，然後旅其羣神而祭之，則「荊、岐既旅」、「蔡、蒙旅平」、「九山刊旅」者，以水災耳。推此，則凡所遭之大故，皆兇災之類也。考之於《禮》，天子所次之位，則張氈案，設皇邸；所奠之圭，則四圭有邸；所用之版，則金版。至於《司尊彝》之存奠彝，《笙師》之陳樂器，《眡瞭》之廞樂器，皆如大喪之禮。言「奠」，則非純乎祭也；言「存」，則非即徹之也。陳樂而不懸，廞樂而不鼓，非以其兇災邪？《周官》或言「大旅」，或言「旅」，蓋故有大小，而旅亦隨異也。然大旅之禮，不若祀天之爲至也，故曰：「大旅具矣，不足以享帝。」若夫旅四望、山川，則所次不以氈案、皇邸，所用不以金版，而所用之圭則兩圭有邸而已。』

《大祝》：『掌六祈以同鬼神示，四曰禜禜，崇敬反。禜，日、月、星、辰、山、川之祭也。如日食，以朱絲營社，有牲。疏曰：『《祭法》：「埋少牢於泰昭，祭時也。」下云：「幽禜祭星，雩禜祭水旱。」皆用少牢。」。』

《黨正》：『及四時之孟月吉日，則屬民而讀邦法，以糾戒之。春秋祭禜亦如之禜謂雩禜水旱之神，蓋亦爲壇位，如祭社稷云。疏曰：『《禮記·祭法》云：「雩禜祭水旱。」按昭公元年《左氏傳》：「子產云，水旱癘疫之不時，於是乎禜之。」皆是禜祭水旱神也。《大司徒》及《封人》等皆云社稷有壇；又《祭法》王官祭日及雩禜祭水旱等，皆是壇名。故知亦如社稷有壇位。無正文，故言「云」以疑之也。』《地官》。』

《族師》：『月吉，則屬民而讀邦法月吉，每月朔日也。疏曰：『云「月吉，每月朔日也」者，以其彌親民，教亦彌數，故十二月朔日皆讀之。』，春秋祭酺亦如之酺音步，或音蒲。酺者，爲人物災害之神也，故書『酺』，或爲『步』。杜子春云，當爲『酺』。元謂《校人職》又有冬祭馬步，則未知此世所云蝝螟之酺與，人鬼之步與？蓋亦爲壇位如雩禜云。族長無飲酒之禮，因祭酺而與其民以長幼相獻酬焉。蝝，悅全反。步與音餘。疏曰：『鄭知酺者爲人物災害之神者，凡國之祈祭者，皆恐與人物爲災害。謂若州長、黨正所祭社禜，亦爲水旱與人物爲災害，明此亦是恐與人物爲災害之神也。但此經云酺不知何神，故舉漢法以況之，但漢時有蝝螟之酺神，又有人鬼之步神，未審此經酺定當何酺，故兩言之。以無正文，故皆云「與」以疑之也。按上州長春秋習射有飲酒禮，黨正十月農功畢亦有飲酒禮，皆得官物爲之。今此族卑，不得官物爲禮，故云族長無飲酒禮也。鄭知因祭酺有民飲酒之禮者，按《禮記·禮器》云：「周旅酬六屍。曾子曰：『周禮其猶醵與？』」鄭注彼云「合錢飲酒爲醵」，即引《王居明堂禮》「乃命國醵」。鄭據《禮器》《明堂禮》皆有醵法，醵即合錢飲酒，以不得官酒，故須合錢爾。』同上。《閭胥》：『各掌其閭之政令。凡春秋之祭祀，聚衆庶，既比，則讀法，書其敬敏任恤者。』注曰：『鄭司農云：「二十五家爲閭。」祭祀謂州社黨禜、族酺也。及比，皆會聚衆民，因以讀法，以敕戒之。』疏曰：『旅師以上官尊，讀法雖稀稠不同，皆有時節，但閭胥官卑，而於民爲近，讀法無有時節，但是聚衆庶比之時節讀法，故云「既比則讀法」。云「書其敬敏任恤者」，以上書其德行道藝，今此閭胥親民更近，故除任恤六行之外，兼記敬敏者也。』《鄙師》：『各掌其鄙之政令、祭祀。』注曰：『祭祀，祭禜也。』疏曰：『五百家爲鄙。』《酇長》『各掌其酇之政令。』疏曰：『一鄙五酇，故云「各掌其酇之政令」。云「治其祭祀」者，謂若族祭酺之類。』酇，作管反。《春官·肆師》：『若國有大故，則令國人祭。歲時之祭祀亦如之。』注曰：『大故謂水旱、兇荒。所令祭者，社及禜酺。』疏曰：『云「命國人祭」，按《地官》：州祭社，黨祭禜，族祭酺。於六遂之中，亦縣祭社，鄙祭禜，酇祭酺，皆是國人所祭之事也。凡言「歲時」者，謂歲之四時。《月令》唯見一時，故鄭云「此其一端」也。』《春官》。

《傳》：山川之神，則水旱癘疫之災，於是乎禜之；日月星辰之神，則雪霜風雨之不時，於是乎禜之注疏見《久雨禱》條。

又《右祈禳旅禜附》

《女祝》：『掌王后之內祭祀。凡內禱祠之事內祭祀，六宮之中竈、門、戶，禱疾病求瘳也。祠，報福。疏曰：『婦人無外事，無行與中霤之等。其竈與門、戶，人所出入，動作所由，后亦當祀之，故言竈與門、戶也。按《月令》：春祀戶，夏祀竈，秋祀門。后祀之時，亦當依此也。后無外事，禱祀又是非常之祭，故知唯有求瘳、報福之事也。』。掌以時招、梗、禬、禳之事，以除疾殃。疏曰：『云「以時」者，謂隨其事時，不必要在四時也。云「招」者，招取善祥；「梗」者，禦捍惡之未至；「禬」者，除去見在之災；「禳」者，推卻見在之變異。此四者皆與人爲疾殃，故云「以除疾殃」也。云「四禮唯禳其遺象今存」者，此四禮至漢時，招、梗及禬不行，唯禳一禮，漢猶存其遺象，故云「遺象今存」也。』《天官》』

《男巫》：『春招、弭，以除疾病元謂弭讀爲「敉」，字之誤也。敉，安也，安兇禍也。招、敉皆有祀、衍之禮。疏曰：『知「招敉皆有祀、衍之禮」者，此招、敉爲招福、安禍，與侯、禳意同，在六祝有祭之法，故知此二者亦有望祀、望衍之禮可知。』衍音延。《春官》。』『疾病，乃行禱乎五祀』盡孝子之情。五祀，博言之，士二祀曰門、曰行。《儀禮》《禮記》。

《傳》：『武王有疾，周公作《金縢》爲請命之書，藏之於匱，緘之以金，不欲人開之。』《金縢》遂以所藏爲篇名：既克商二年，王有疾，弗豫伐紂明年，武王有疾，不悅豫。二公曰：『我其爲王穆卜。』周公曰：『未可以戚我先王召公、太公言，王疾當敬卜吉凶。疏曰：「止二公之卜，云未可以憂怖我先王。」。』公乃自以爲功周公乃自以請命爲己事，爲三壇，同墠因太王、王季、文王請命於天，故爲三壇。壇，築土。墠，除地。大除地，於中爲三壇，爲壇于南方，北面，周公立焉疏曰：『神位在壇，故周公立壇上，對三王也。』。植璧秉珪，乃告太王、王季、文王璧以禮神，植置於三王之坐，周公秉桓珪以爲贄。告謂祝辭。史乃冊祝曰：『惟爾元孫某，遘厲虐疾疏曰：『史乃以策，執以祝之，曰「惟爾元孫某」，某即發也，遇得危暴重疾，今恐其死。』。若爾三王，是有丕子之責于天，以旦代某之身大子之責，謂疾不可救於天，則當以旦代之。疏曰：『元云：丕讀曰「不」。愛子孫曰子。元孫遇疾，若汝不救，是將有不愛子孫之過，爲天所責，欲使爲之請命也。與孔讀異。』。予仁若考，能多材多藝，能事鬼神我周公仁能順父，又多材多藝，能事鬼神。言可以代武王之意。乃元孫不若旦多材多藝，不能事鬼神，乃命于帝庭，敷佑四方汝元孫受命於天庭爲天子，布其德教，以佑助四方。言不可以死，用能定爾子孫于下地，四方之民罔不祗畏言武王用受命帝庭之故，能定先人子孫於天下，四方之民無不敬畏。嗚呼！無墜天之降寶命，我先王亦永有依歸。今我即命于元龜，爾之許我，我其以璧與珪歸俟爾命許謂疾瘳，待命當以事神；爾不許我，我乃屏璧與珪不許謂不愈也。屏，藏也。言不得事神。』乃卜三龜，一習吉習，因也。以三王之龜卜，一相因而吉；啟籥見書，乃井是吉三兆既同吉，開籥見占兆書，乃亦並是吉。公曰：『體，王其罔害公視兆曰，如此兆體，王其無害。言必愈。予小子新命于三王，惟永終是圖。』公歸，乃納冊于金縢之匱中。王翼日乃瘳從壇歸。翼，明。瘳，差也。朱子曰：『「若爾三王，是有丕子之責于天，以旦代某之身」，此一段先儒都解錯了，惟有鼂以道說得好。他解丕子之「責」如史傳中責其侍子之「責」，蓋云責三王之侍子。侍子，指武王也。上帝責其來服事左右，故周公乞代其死，云「以旦代某之身，予仁若考，能多材多藝，能事鬼神。乃元孫不若旦多材多藝，不能事鬼神」，「用能定爾子孫于下地，四方之民罔不祗畏」，言三王有侍子之責于天，則不如以我代之，我多材多藝，能事上帝，武王不若我多材多藝，不能事上帝。你不如且留他在世上，定爾之子孫與四方之民。文意如此，伊川却疑周公不應自說多材多藝。不是如此，蓋他只是要代武王之死而已。』。子疾病，子路請禱，子曰：『有諸？』子路對曰：『有之。誄曰：禱爾于上下神祇。』子曰：『丘之禱久矣朱子曰：『禱謂禱於鬼神。』「有諸」，問有此理否。誄者，哀死而述其行之詞也。「上下」謂天地。天曰神，地曰祇。禱者，悔過遷善，以祈神之佑也。無其理則不必禱。既曰「有之」，則聖人未嘗有過，無善可遷，其素行固已合於神明，故曰「丘之禱久矣」。又《士喪禮》，疾病行禱五祀，蓋臣子迫切之至情，有不能自已者，初不請於病者而後禱也。故孔子之於子路，不直拒之，而但告以無所事禱之意。』。』鄭子產聘于晉，晉侯有疾，韓宣子逆客，私焉私語，曰：『寡君寢疾，並走羣望晉所望祀山川，皆走往祈禱，有加而無瘳。今夢黃熊入于寢門，其何厲鬼也？』對曰：『以君之明，子爲大政，其何厲之有？昔堯殛鯀于羽山殛，誅也。羽山在東海祝其縣西南。熊，獸名，亦作『能』，如字，一音奴來反，三足鱉也，解者云，獸非入水之物，故是鱉也。一曰，既爲神，何妨是獸。按《說文》及《字林》皆云，能，熊屬，足似鹿。然則既熊屬，又爲鱉類，今本作『能』者，勝也。東海人祭禹廟，不用熊白及鱉爲膳，斯豈鯀化爲二物乎，其神化爲黃熊，以入于羽淵，實爲夏郊，三代祀之夏，戶雅反。鯀，禹父，夏家郊祭之，歷殷、周二代，又通在羣神之數，並見祀。晉爲盟主，其或者未之祀也乎言周衰，晉爲盟主，得佐天子祀羣神？』韓子祀夏郊祀鯀，晉侯有間間，差也。昭公七年，《左氏傳》《國語・晉語》及《說苑》並同，惟《國語》云『祀夏郊，董伯爲尸』爲異。楚昭王有疾，卜曰：『河爲祟。』王弗祭。大夫請祭諸郊，王曰：『三代命祀，祭不越望諸侯望祀境內山、川、星、辰。江、漢、睢、漳，楚之望也睢，七餘反。四水在楚界。疏曰：『江經南郡、江夏、弋陽、安豐，漢經襄陽至江夏安陸縣入江，睢經襄陽至南郡枝江縣入江，漳經襄陽至南郡當陽入江。是四水皆在楚界也。』。禍福之至，不是過也。不穀雖不德，河非所獲罪也。』遂弗祭。孔子曰：『楚昭王知大道矣，其不失國也，宜哉哀公六年《左氏傳》！』晉侯有疾，鄭伯使公孫僑如晉聘，且問疾。叔向問焉，曰：『寡君之疾病，卜人曰「實沈、臺駘爲祟」，史莫之知。敢問此何神也？』子產曰：『昔高辛氏有二子，伯曰閼伯，季曰實沈駘，他纔反。閼，於葛反，居于曠林，不相能也，日尋干戈，以相征討。后帝不臧后帝，堯也。臧，善也，遷閼伯于商邱，主辰商邱，宋地，主祀辰星。辰，星火也，商人是因，故辰爲商星商人，湯先相土封商邱，因閼伯故國，祀辰星。相，息亮反；遷實沈于大夏，主參夏，戶雅反。參，所林反。大夏今晉陽縣，唐人是因，以服事夏、商疏曰：『謂之唐人，當爲陶唐之後。二十九年《傳》云：「陶唐氏既衰，其後有劉累。」知此唐人是彼劉累之等類也。』。其季世曰唐叔虞唐人之季世，其君曰叔虞。當武王邑姜方震大叔震本作『娠』，之慎反，又音申。邑姜，武王后，齊大公之女。懷胎爲震。大叔，成王之弟叔也夢帝謂己：「余命而子曰虞，將與之唐，屬諸參，而蕃育其子孫。」及生，有文在其手曰「虞」，遂以命之。及成王滅唐，而封大叔焉，故參爲晉星疏曰：『叔虞爲晉之祖，故言晉侯也。』。由是觀之，則實沈，參神也。昔金天氏有裔子曰昧，爲元冥師，生允格、臺駘金天氏，帝少皞。裔，遠也。元冥，水官。昧爲水官之長。疏曰：『昧爲元冥師，師訓長也，故云「昧爲水官之長」。二十九年《傳》云：「少皞氏有四叔，修及熙爲元冥，昧爲金天裔子，當是修、熙之後。《釋例》曰：「修及熙皆爲元冥，未知昧爲誰之子，或是其子孫也。」』。臺駘能業其官纂昧之業，宣汾、洮汾，扶分反。洮，他刀反。宣，猶通也。汾、洮，二水名，障大澤陂障之，以處太原太原，晉陽也，臺駘之所居。帝用嘉之，封諸汾川帝，顓頊，沈、姒、蓐、黃，實守其祀沈音審。四國，臺駘之後。今晉主汾而滅之矣滅四國。由是觀之，則臺駘，汾神也。抑此二者，不及君身。山川之神，則水旱癘疫之災，於是乎禜之有水旱之災，則禜祭山川之神若臺駘者。《周禮》四曰禜祭，爲禜攢，用幣，以祈福祥。疏曰：『日月山川之神，其祭非有常處，故臨時營其地，立攢表，用幣告之，以祈福祥也。攢，聚也，聚草木爲祭處耳。』攢，作管反；日月星辰之神，則雪霜風雨之不時，於是乎禜之星辰之神若實沈者。若君身，則亦出入、飲食、哀樂之事也。山川星辰之神，又何爲焉言實沈、臺駘不爲君疾。昭元年《左氏傳》？』

宋公享晉侯於楚邱，請以《桑林》疏曰：『若非天子之樂，則宋人不當請，荀罃不須辭。以宋人請而荀罃辭，明其非常樂也。宋是殷後，得用殷樂，知《桑林》是殷天子之樂名也。經典言殷樂爲《大濩》，而此復云《桑林》者，蓋殷家本有二樂，如周之《大武》《象舞》也。名爲《大濩》，則傳記有說：湯以寬政治民，除其邪虐，言能覆濩下民，使得其所，故名其樂爲《大濩》。其曰《桑林》，先儒無說，唯書傳言湯伐桀之後，大旱七年，史卜曰：「當以人爲禱。」湯乃翦髮斷爪，自以爲牲，而禱於桑林之社，而雨大至，方數千里。或曰禱桑林以得雨，遂以《桑林》名其樂也。』，荀罃辭辭讓之。荀偃、士匄曰：『諸侯宋、魯於是觀禮宋，王者後；魯以周公故，皆用天子禮樂，故可觀。魯有禘樂，賓祭用之禘，三年大祭，則作四代之樂；別祭羣公，則用諸侯樂。疏曰：『劉炫曰：禘是大禮，賓得與同者，享賓用樂，《禮》《傳》無文，但實禮既輕，必異於禘。魯以享賓，當時之失，用之已久，遂以爲常。荀偃、士匄引過繆之事，以諂晉侯，使聽宋耳。魯以禘樂享賓，猶以十一牢爲士鞅，吳引以徵百牢，亦非正也。』。宋以《桑林》享君，不亦可乎言具天子之樂也？』舞師題以旌夏疏曰：『舞師，樂人之師，主陳設樂事者。謂舞初入之時，舞師建旌夏以引舞人而入，以題識其舞人之首，故晉侯卒見懼而退入于房也。謂之旌夏，蓋形制大而別爲之名。』，晉侯懼，而退入於房旌夏非常，卒見之，人心偶有所畏。去旌，卒享而還。及著雍，疾。卜，《桑林》見。荀偃、士匄欲奔請禱焉奔走還宋請禱，荀罃不可，曰：『我辭禮矣，彼則以之；猶有鬼神，於彼加之言自當加罪於宋。』晉侯有間，疾差也。差，初賣反。襄公十年《左氏傳》。齊侯疥，遂痁疥音戒；梁元帝音該；又作痎，音皆。痁，失廉反。疏曰：『後魏之世，嘗使李繪聘梁，梁人袁狎與繪言及《春秋》，說此事云：「疥」當爲「痎」，痎是小瘧，痁是大瘧。痁患積久，以小致大，非疥也。狎之此言，梁主之說也。今人瘧有二日一發，亦有頻日發者。俗人仍呼二日一發久不差者爲痎瘧，則梁主之言信而有證也。是齊侯之瘧，初二日一發，後遂頻日熱發，故曰疥遂痁。以此久不差，故諸侯之賓問疾者多在齊也。先儒曹說皆爲「疥遂痁」，初疥後瘧耳。』，期而不瘳。諸侯之賓問疾者多在期音基。瘳，敕留反。多在齊。梁邱據與裔款言於公曰：『吾事鬼神豐，於先君有加矣。今君疾病，爲諸侯憂，是祝、史之罪也。諸侯不知，其謂我不敬，君盍誅於祝固、史嚚以辭賓欲殺嚚、固，以辭謝來問疾之賓？』公說，告晏子。晏子曰：『日宋之盟，屈建問范會之德於趙武，趙武曰：「夫子之家事治，言於晉國，竭情無私。其祝、史祭祀，陳信不愧。其家事無猜，其祝、史不祈屈，居勿反。家無猜疑之事，故祝、史無求於鬼神。」建以語康王，康王曰：「神人無怨，宜夫子之光輔五君以爲諸侯主也。」』語，去聲。五君：文、襄、靈、成、景。疏曰：『文公爲戎右，襄、靈爲大夫，成公爲卿，景公爲太傅。』公曰：『據與款謂寡人能事鬼神，故欲誅於祝、史。子稱是語，何故？』對曰：『若有德之君，外內不廢，上下無怨，動無違事，其祝、史薦信，無愧心矣。君有功德，祝、史陳說之，無所愧是以鬼神用享，國受其福，祝、史與焉。其所以蕃祉老壽者，爲信君使也祉音恥。爲，子僞反，其言忠信於鬼神。其適遇淫君，外內頗邪，上下怨疾，動作辟違，從欲厭私辟，匹亦反。從，子用反。厭，於豔反，高臺深池，撞鐘舞女。斬刈民力，輸掠其聚刈，魚廢反。掠音略，以成其違，不恤後人。暴虐淫從，肆行非度，無所還忌，不思謗讟，不憚鬼神。神怒民痛，無悛於心。其祝、史薦信，是言罪也以實白神，是爲言君之罪；其蓋失數美，是矯誣也數，所主反。疏曰：『掩蓋愆失，妄數美善，是之謂矯詐誣罔者也。』。進退無辭，則虛以求媚作虛辭以求媚於神，是以鬼神不饗其國以禍之，祝、史與焉。所以夭昏孤疾者，爲暴君使也，其言僭嫚於鬼神。』公曰：『然則若之何？』對曰：『不可爲也。徵斂無度，宮室日更，淫樂不違，內寵之妾肆奪於市，外寵之臣僭令於鄙。私欲養求，不給則應。民人苦病，夫婦皆詛。祝有益也，詛亦有損。聊、攝以東聊、攝，齊西界也。平原聊城縣東北有攝城，姑、尤以西姑、尤，齊東界也。姑水、尤水皆在城陽郡東南入海，其爲人也多矣，雖其善祝，豈能勝億兆人之詛？君若欲誅於祝、史，修德而後可。』公說，使有司寬政，毀關，去禁，薄斂，已責除逋責。十二月，齊侯田于沛沛音貝。言疾愈行獵。沛，澤名。昭公二十年《左氏傳》。

又《右禱疾》

《方相氏》：『掌蒙熊皮，黃金四目，元衣朱裳，執戈揚盾，帥百隸而時難，以索室驅疫難，乃多反。驅，起俱反。蒙，冒也。冒熊皮者，以驚驅疫癘之鬼，如今魌頭也。時難，四時作方相氏以難卻凶惡也。《月令》：「季冬，命國難。」索，廋也。魌音欺。疏曰：『云「時難四時」者，按《月令》唯有三時難，鄭云「四時」者，雖三時亦得云四時，總言之也。《夏官》《春官·占夢》：「季冬，令始難驅疫。」注曰：「令，令方相氏也。難，謂執兵以有難卻也。」』。』季春，命國難，九門磔攘，以畢春氣磔，作伯反。此難，難陰氣也。此月之中，日行歷昴，有大陵積屍之氣，氣佚則厲鬼隨而出行。命方相氏帥百隸索室驅疫以逐之，又磔牲以攘於四方之神，所以畢止其災也。《王居明堂禮》曰：『季春，出疫于郊，以攘春氣。』。仲秋，天子乃難，以達秋氣此難，難陽氣也。陽暑至此不衰，害亦將及人。所以及人者，陽氣左行，此月宿直昴、畢，昴、畢亦得大陵積屍之氣，氣佚則厲鬼亦隨而出行，於是亦命方相氏帥百隸而難之。《王居明堂禮》曰：『仲秋，九門磔禳，以發陳氣，禦止疾疫。』。季冬，命有司大難，旁磔，出土牛，以送寒氣此難，難陰氣也。難陰始於此者，陰氣右行，此月之中，日曆虛、危，虛、危有墳墓四司之氣，爲厲鬼，將隨強陰出害人也。旁磔於四方之門。磔，攘也。出猶作也。作土牛者，丑爲牛，牛可牽止也。送猶畢也。疏曰：『出土牛以送寒氣者，出猶作也，此時強陰既盛，年歲已終，陰若不去，兇邪恐來歲更爲人害。其時月建丑，又土能克水，持水之陰氣，故特作土牛，以畢送寒氣也。熊氏引《石氏星經》云：「司命二星在虛北，司祿二星在司命北，司危二星在司祿北，司中二星在司危北。」史遷云：「四司，鬼官之長。」又云：「墳墓四星在危東南。」是虛、危有墳墓四司之氣也。』《月令》。

《傳》：『鄉人儺，朝服而立於阼階朱子曰：『儺所以逐疫，《周禮》，方相氏掌之。阼階，東階也。儺雖古禮，而近於戲，亦必朝服而臨之者，無所不用其誠敬也。或曰：恐其驚先祖五祀之神，欲其依己而安也。此一節記夫子居鄉之事。』《鄉黨》《郊特牲》：『鄉人裼，孔子朝服立于阼，存室神也。』疏曰：『庾云，裼是強鬼之名，謂鄉人驅逐強鬼也。』。』

又《右難》 漢制，厲殃，祀天地、日月、星辰、四時、陰陽之神，以師曠配之。其壇常祀以禳災，兼用三代葦茭、桃梗。五月五日，朱索五色印爲門戶飾，以儺止惡氣。

《通典》：『夏后氏金行，初作葦茭，言氣所交也《風俗通》曰：『《傳》曰：「萑葦有叢。」《呂氏春秋》曰：「湯始得伊尹，祓之於廟，薰以萑葦。」故用葦者，欲人之子孫蕃殖，不失其類，有如萑葦。茭者，交易，陰陽代興之義也。』。殷人水德，以螺首，慎其閉塞，使如螺也。周人木德，以桃爲梗梗，更也，言氣相更也。』

高帝八月，祓於霸上。

文帝十三年，詔曰：『秘祝之官，移過於下，朕甚弗取，其除之。』

十四年，詔曰：『朕獲執犧牲珪幣以事上帝、宗廟，十四年於今。歷日彌長，以不敏不明而久撫臨天下，朕甚自愧。其廣增諸祀壇場珪幣。昔先王遠施不求其報，望祀不祈其福，右賢左戚，先民後己，至明之極也。今吾聞祠官祝釐釐，福也。《賈誼傳》『受釐坐宣室』是也。音僖，皆歸福於朕躬，不爲百姓，朕甚愧之。夫以朕之不德，而專饗獨美其福，百姓不與焉，是重吾不德也。其令祠官致敬，無有所祈。』

後漢，仲夏之月，萬物方盛。日夏至，陰氣萌作，恐物不楙。其禮：以朱索連葷菜，彌牟樸蠱鍾，以桃印長六寸，方三寸，五色書文如法，以施之門戶。三月上巳，官民皆絜於東流水上，曰洗濯祓除去宿垢疢爲大絜絜者，言陽氣布暢，萬物訖出，始絜之矣。禊者，絜也，言自絜濯也。先臘一日，大儺譙周《論語注》曰：『儺，郤之也。』，謂之逐疫《漢舊儀》曰：『顓頊氏有三子，生而亡去爲疫鬼。一居江水，是爲瘧鬼；一居若水，是爲魍魎蜮鬼；一居人宮室區隅，善驚人小兒。』《月令章句》曰：『日行北方之宿，北方太陰，恐爲所抑，故命有司大儺，所以扶陽抑陰也。』盧植《禮記注》云：『所以逐衰而迎新。』。其儀：選中黃門子弟年十歲以上，十二以下，百二十人爲侲子，皆赤幘皂制，執大鼗《漢舊儀》曰：『方相帥百隸及童子，以桃弧、棘矢、土鼓，鼓且射之，以赤丸、五穀播灑之。』譙周《論語注》曰：『以葦矢射之。』薛綜曰：『侲之言善，善童幼子也。』。方相氏黃金四目，蒙熊皮，元衣朱裳，執戈揚盾。十二獸有衣、毛、角。中黃門行之，穴從僕射將之，以逐惡鬼於禁中。夜漏上水，朝臣會，侍中、尚書、御史、謁者、虎賁、羽林郎將執事，皆赤幘陛衛。乘輿御前殿。黃門令奏曰：『侲子備，請逐疫。』於是中黃門倡，侲子和曰：『甲作食兇，胇胃食虎，雄伯食魅，騰簡食不祥，攬諸食咎，伯奇食夢，強梁、祖明共食磔死寄生，委隨食觀，錯斷食鉅，窮奇、騰根共食蠱。凡使十二神追惡兇，赫女軀，拉女幹，節解女肉，抽女肺腸。女不急去，後者爲糧！』《東京賦》曰：『捎魑魅，斮獝狂。斬委蛇，腦方良。因耕父於清泠，溺女魃於神潢。殘夔《鬼虛》與罔象，殪壄仲而殲遊光。』注曰：『魑魅，山澤之神。獝狂，惡鬼。委蛇，大如車轂。方良，草澤神。耕父、女魃皆旱鬼，惡水，故因溺於水中，使不能爲害。夔《鬼虛》、罔象，木石之怪。壄仲、遊光，兄弟八人，恆在人間作怪害也。』孔子曰：『木石之怪夔、罔兩，水之怪龍、罔象。』臣昭曰：『木石，山也。夔一足，越人謂山獵。罔兩，山精，好學人聲而迷惑人。龍，神物，非所常見，故曰怪。罔象，食人，一名沐腫。』《埤蒼》曰：『獝狂，無頭鬼。』因作方相與十二獸舞。嚾呼，周徧前後省三過，持炬火，送疫出端門《東京賦》曰：『煌火馳而星流，逐赤疫於四裔。』注曰：『煌，火光。逐，驚走。煌然火光如星馳。赤疫，疫鬼惡者也。』侲子合三行，從東序上，西序下也；門外騶騎傳炬出宮司馬闕門，門外五營騎士傳火棄雒水中《東京賦》注曰：『衛士千人在端門外，五營千騎在衛士外，爲三部，更送至雒水，凡三輩，逐鬼投雒水中。仍上天池，絕其橋梁，使不復度還。』。百官官府各以木面獸能爲儺人師訖，設桃梗、鬱櫑、葦茭畢，執事陛者罷《山海經》曰：『東海中有度朔山，上有大桃樹，蟠屈二千里，其畢枝門，曰東北鬼門，萬鬼出入也。上有二神人，一曰神荼，一曰鬱櫑，主閱領衆鬼之惡害人者，執以葦索，而用食虎。』於是黃帝法而象之。驅除畢，因立桃梗於門戶上，畫鬱櫑持葦索，以禦兇鬼，畫虎於門，當食鬼也。《史記》曰：『東至於蟠木。』《風俗通》曰：『東海中有度朔山，上有大桃樹，蟠屈二千里，其畢枝門，曰東北鬼門，萬鬼出入也。上有二神人，一曰神荼，一曰鬱櫑，主閱領衆鬼之惡害人者，執以葦索，而用食虎。』於是黄帝法而象之。驅除畢，因立桃梗於門戶上，畫鬱櫑持葦索，以禦兇鬼，畫虎於門，當食鬼也。《史記》曰：『東至於蟠木。』《風俗通》曰：『《黄帝書》「上古之時，有神荼與鬱櫑兄弟二人，性能執鬼」。桃梗，梗者更也，歲終更始，受介祉也。蘇秦說孟嘗君曰：「士隅人語桃梗：今子東國之桃木，削子爲人。」虎者陽物，百獸之長，能擊鷙牲，食魑魅者。』。葦戟、桃杖以賜公卿、將軍特侯、諸侯《漢宮名秩》曰：『大將軍、三公，臘賜錢各三十萬，牛肉二百斤，粳米二百斛；特侯十五萬；卿十萬；校尉五萬；尚書丞、郎各萬五千；千石、六百石各七千；侍御史、謁者、議郎、尚書令各五千；郎官、蘭臺令史三千，中黄門、羽林、虎賁士二人共三千：以爲黄祠門戶直，各隨多少受也。』。是月也，立土牛六頭於國都、郡縣城外丑地，以送大寒。《月令章句》曰：『是月之會建丑，丑爲牛。寒將極，是故出其物類形象，以示送達之，且以升陽。』【略】

宋朝之制，凡水旱災異，有祈報之禮。祈用酒、脯、醢，報如常祀宮觀寺院，以香茶素饌。詳見『雩祀』門。

太祖皇帝建隆二年六月，澶、濮、曹、絳等州蝗，命長吏以牢禮祭之。

真宗天禧元年，以蝻蟲再生，分遣官禱京城宮觀寺廟，仍敕諸州軍於公宇設祭。

四年四月，以大風起西北，飛沙折木，晝晦數刻，上遣中使詣宮觀建道場以禳之。

又 三十二年八月時孝宗已即位，禮部、太常寺言：『看詳酺祭事，欲依紹興祀令，蟲蝗爲災則祭之。俟得旨，本寺擇日依儀祭告。其祭告之所，國城西北無壇壝，乞於餘杭門外西北精進寺設位行禮。所差祭告官併合排辦事，並依常時祭告小祀禮例。在外州縣無蟲蝗爲害處，候得旨令戶部行下；有蝗蟲處，即依儀式，一面差令設位祭告施行。』從之。

按《太常因革禮》，慶曆四年六月，臣僚言：『天下螟蝗頗爲民物之害，乞京師內外並修祭酺。』詔送禮院詳定。禮院稱：『《周禮》「族師春秋祭酺」，音「步」。酺爲人物災害之神。鄭康成云：「校人職有冬祭馬步，則未知此酺者，蝝螟之酺歟，人鬼之步歟？蓋亦爲壇位如雩禜云。」然則校人職有冬步，是與馬爲害者，此酺蓋人物之害也。漢時有蝝螟之酺神，又有人鬼之步神，康成未審果從何酺，故兩言之。歷代書史，悉無祭酺儀式。欲準祭馬步儀施行，壇在國城西北，祭儀禮料，並屬小祠。乞差官就馬壇設祭，稱爲酺神，祝文係學士院撰定。若外州者，即略依禜禮。是歲儀注，先擇便方除地，設營攢，謂立表施繩以代壇。其致齋、行禮、器物等，並如小祠，上香幣以白祝文曰：「維某年歲次月朔日，某州縣某官姓名，敢昭告於酺神：蝗蝝洊生，害於嘉穀，惟神降祐，應時消殄。請以清酌、制幣嘉薦，昭告於神。尚饗。」』

又 寧宗嘉定間，以飛蝗爲災，行下酺祭。

元 吴澄《吴文正集》卷一二《復崇仁申縣尹書》 澄跧伏山中，未能再造琴堂下。忽承教墨，備見愛民憂旱之誠心。然縣宰為百里諸侯，諸侯所當祭者境内山川。先儒嘗論禱雨之事，其言曰：名山大川能興雲致雨。今都不理會，却去土木人身上討雨。土木人身上果有雨乎？世俗之敝政在乎此。至若道流建醮，此乃前代亡國君臣作此兒戲之舉，褻瀆甚矣。循習至今不改，良可歎恨。青詞之類，皆矯巫僭亂之辭，適足以獲罪於天耳，豈足以感格哉？若欲致禱，當用祭文禱于山川之神，罪己哀籲，庶乎其可。今錄去韓昌黎袁州禱雨謝雨文三篇為格式。宰公所惠書辭甚佳，祭文亦不過如此而已。張令史能言宰公所見，與鄙見畧同。謹此以復來施，伏惟照察。

元 楊維楨《東維子集》卷一〇《送鄧煉師祈雨序》 洪武二年夏旱，松陵太守陳府公初下車，首詣瞿曇祠求雨。十日不降，守怒，欲焚曇象，浮屠氏拜以免。六月二十日壬午，移禱于鄧煉師法壇，明日移壇公宇，守自製心詞一章，告天曰：『下民六月之旱無伸，所求上天三日之霖，有感斯應。』鄧為奏章上帝，然後役五雷丁甲，呼吸鬼物。是日少女風從西北起，迅霆一聲振屋瓦，大雨如注。一日雨，二日雨，三日大雨足。淞民咸抃手相慶，曰：『此府公方寸中雨，而非鄧之法力，則亦無以成其誠感之速也。』守命屬吏於琮乞一言於東維先生，為鄧之勞。先生為叙其事，而又侈之以歌曰：

東海水，枯沃焦，神工無處尋天瓢。松陵太守閔民苦，疾呼鄧師誅魃妖。誅魃妖，役丁甲，蚩尤鼓風旗倒插。搜龍龍走白龍潭，迅霆夜擘干將匣。於乎縣令不積薪，將軍不拜井，爐烟一穗達丹誠，三日甘霖雲萬頃。君不見漕家粮船星火急，瓜洲渡頭河水澁。蒼天蒼天不悔骶，海民盡作枯魚泣。鄧師鬼工煩叱訶，稻田粒粒真珠多。松陵太守報新政，和氣化作擊壤堯民歌。

明 郎瑛《七修類稿》卷六《天地類・求雨求晴文》 嘉靖壬午，浙藩承大中丞蒼梧吴公廷舉之命，督予註釋董仲舒《求雨》《求晴》二文，務欲解其事理所以然之故。一時脫稿，祇以為董子真可謂惑於災異也。後往往聞之宦客，以二文嘗驗之南海，驗之湖湘，驗之南直隸矣。因思亦嘗勞心於此，檢稿遂録于天地類，請正博雅。文難通處，因於原文，未暇改正。不贅。

春旱求雨：令縣邑以水日以水能勝火。令民禱社，社在壬方，屬水，故獨禱社。出《獨斷》。又社乃土地之神，土生萬物，故祭禱焉。出《白虎通》。家祀户。春為少陽，其氣始出，祀户者取萬物始出之義。出蔡邕《獨斷》。無伐名木，無斬山林，《月令》。禁止伐木，以春盛德在木。暴巫，《左傳》曰：令人面向上，冀天哀之而雨。巫能接神，故暴之。《注》曰：男曰巫，女曰覡。而《檀弓》又曰：天久不雨，而望愚婦人。則訓巫為婦人矣。《考索》又曰：使女巫舞旱，從陰也。似當作女人。聚蛇八，蛇乃龍屬，又盤向壬，壬，北方，屬水。出《埤雅》。或謂蜥蜴，蓋蜥蜴亦蛇類求雨者也。八乃木之成數，春故也。出《月令》註。日於邑之東門之外，為四通之壇，方八尺，於東門外者，春主寅卯辰。其位居東。故《月令》迎春於東郊。出《五行志》。為四通之壇者，取便觀雲氣也。方八尺者，亦木之數也。植蒼繒八，蒼，深青色。東方青色。繒者，帛也。漢祀用帛，故仲舒云然。八亦春數。其神共工，共工以水行，霸於羲、農之間，故祀之。非堯之時共工也。出《淮南子》。祭以生魚八、玄酒，具清酒、膊脯，魚畜能興雲雨，出陶朱公《養魚經》。八亦木數也。玄酒，顔達龍五齊三酒之辨曰：玄乃玄味之本，宜水也。清酒，好酒也。《周禮》曰：膊，脇也。又豚，肩也。脯，乾肉也。擇巫之清潔辯言利辭者以祝。巫潔，冀神之降依其體也，故擇清潔之者。利言辭者，善於祝也。齋三日，服蒼衣，亦取東方之色。先再拜，乃跪陳。陳已，復再拜，乃起。祝曰：『昊天天神之大者曰昊天上帝。出《五經通義》。又《詩》曰：『倬彼昊天，寧不我矜。』言昊天，則猶望之以明也。出《詩經》。生五穀以養人，今五穀病旱，恐不成，敬進清酒、膊脯。再拜請雨。雨幸大澍，《說文》曰：時雨曰澍。又澍者，注也。奉牲。』牛羊豕曰牲。出《禮書》。以甲乙日十干屬木為蒼龍，長八丈，龍，致雨者也。青色，春尚木德也。居中央；為小龍七，合大龍為八數。各長四丈，四七二十八也。於東方，皆東向，亦取春東之義。其間相去八尺。取小童八人，凡八者，皆取木數也。小童，正長養者。春義，萬物初生，故取之順時也。皆齋三日，服青衣而舞之。田嗇夫亦齋三日，服青衣而立之。嗇夫，田夫也。八蜡之神有先嗇，司嗇為農事也，故禱雨而用之。亦取無雨則農無從而力田，故立候於此。諸里社通之於閭外之溝，閭者，聚也。水聚族處，出《韻會》。今借為門閭之閭，乃里門也，通之於溝，取水得行。獨止閭者，亦取水義耳。取五蝦蟆錯置社中池。蝦蟆，水族。得水氣之多者，故淫雨而生焉，又能變化之。故《淮南子》曰：老蝦蟆能化鶉。《古今註》曰：雷震脱尾。《本草》一名苦龍。故洪駒父詩云『龍變或托體』，所以用之。其數五者，五行也。從二陰陽在天地交午也。出《說文》。今旱而欲雨，正交午之義爾。方深八尺，亦木數也。深二尺，《說文》義地數也。禱雨從陰之義。置水蝦蟆焉。具清酒、膊脯，祝齋三日，服蒼衣，拜跪陳祝如初。取三歲雄雞、三歲豭豬，皆燔之於四通神宇。雞於地支屬酉，酉則金也。金能生水，故《埤雅》曰：雞正方之物。又《說文》曰：知時畜也。豭豬性喜雨。故《詩》曰：『有豕白蹢。烝涉波矣。』《易》曰：坎為豕。皆水義也。三歲者久，能為鬼神所使。出《埤雅》。物久則靈矣，故用之。令民闔邑南門，置水其外；閉陽也。復置水焉，殺火也。開北門，縱陰也。即《禮》云達陰之義。具老豭豬一，置于里北門之外；市中亦置一豭豬，聞鼓聲皆燒豬尾，取死人骨埋之。《說文》：豭，牡豕也。豕性屬水，市中與北門皆用之，取其以類相感，一燒而聲應。出於北門，亦達聲之義也。鼓而後燒，齊約也。取人骨埋之，《月令》：春月掩骨埋胔。《呂氏春秋》注曰：順木德而仁恩祈雨而然。蓋冀天之所感也。開山淵，積薪而燔之。淵，龍所居。開之而燔積薪，欲龍之行雨也。決通道橋之壅塞不行者，道，道路。橋，橋梁。壅塞不行者，快之欲通，利其水道，使之行也。決瀆之。幸而得雨，以豬一，酒鹽黍財足，以茅為席，毋斷。《漢書》財字讀與纔同。財足者，取其僅足而已。茅，茅草也。以此禮天，即《易》曰藉以白茅，致潔也。毋斷，存餘質也。亦無斷伐之義也。此言得雨謝禮如此。

夏求雨：令邑以水日同前。家人祀灶，祀灶於夏，取火德生旺之義。出《山堂考索》。無舉土功，《月令》無起土。土能剋水，故禁之。更大浚井，導水泉也。暴釜於壇，臼杵於衕。釜以炊，臼杵以舂。皆有事於穀者也。衕，邑中之道也。暴之者，見其久旱苗槁，示不復用，冀天哀之也。七日，夏屬火。地二生火，天七成之。七乃火之成數也。為四通之壇於邑南門之外，方七尺，亦火數也。赤繒七，赤，亦火也。其神蚩尤，蚩尤能召風伯雨師，故祭之。出《山海經》。祭之以赤雄雞、赤，火色。七，火數。玄酒，具清酒、膊脯，祝齋三日。已上同前。服赤衣，尚火也。拜跪陳祝如春。以丙丁日十干屬火為大赤龍一，長七丈，居中央。又為小龍六并大龍為七數，各長三丈五尺，共三七之數也。於南方，皆南向，南，火方，屬夏也。其間相去七尺，壯者七人，夏則萬物長盛，故人用其壯也。皆齋三日，服赤衣而舞之。司空嗇夫亦齋三日，司空，居四民、司地利者也。旱以為民，故用之也。服赤衣而立之。鑿社而通之閭外之溝，取五蝦蟆錯置里社之中池，方七尺，已上凡七，俱火數也。深一尺，取天一生水之義也。酒膊祝齋。衣赤衣，拜跪陳祝如初。取三歲雄雞、豭豬燔之四通神宇，開陰閉陽如春。已上凡如春辭者，俱同春義解。

季夏禱山陵以助之，山陵能興雲雨。令縣邑一徙市《風俗通》曰：市，恃也。養贍老小，恃以不匱也。曰徙之者，示民無生理，冀天哀之。故歷代祈有徙市禁屠，俱一義也。於南門之外，夏令，故南門也。五日，五，土數也，季夏屬焉。男子無得入市。損陽而益陰也。

出董仲舒奏。家人祀中霤，中霤，猶中屋也。出《尚書正義》。《月令》：中央屬土，故祀中霤。中霤，土神也。出《陳澔集説》。無興土功，解見前。聚巫市傍，為之結蓋。為四通之壇於中央，屬土故也。乃土位也。植黃繒五，黃，土色。五，土數。其神后稷，社神。祭之以母飩，母，音模。《禮》：八珍淳母，煎醢和黍於上，沃之以膏者。出《周禮》。《韻會》：飩音移。《禮》有飩食，乃飴米食也。出《周禮》《玉篇》。玄酒，具清酒、膊脯，各令為祝。齋三日，衣黃，從土色也。皆如春詞。以戊己日十干屬土為大黃龍一，長五丈，居中央。又為小龍四，各二丈五尺，并大龍共五數也。殺於大龍之半，亦土數。於南方，皆南向，南是夏令，故南向也。其間相去五尺。丈夫五人，丈夫亦壯者也。故《神農求雨書》為壯者。齋三日，服黃衣而舞之。老者五人，亦齋三日，衣黃衣而立之。亦通社中於閭外之溝，取蝦蟆池方五尺、深一尺，他皆如前。已上凡解俱同於前。神農求雨：第十九日戊己不雨，命為黃龍，又為大龍，壯者舞之。季立之。二字疑為夏字。又曰東方小僮舞之，南方壯者，壯者舞之也。西方沾，沾當作鰥。鰥舞之耳。北方下疑少缺一字人舞之。或是老者二字。

已上既與原書不同。或謄寫之誤。不敢強解。

秋暴巫。意原本欠一尪字。尪，有疾人也。事出《檀弓》。至九日，無舉火事，九，金成數也。秋屬金，火剋金，故禁之。蓋欲順時之義。煎金器，取金能生水之義。家人祀門，秋為閉藏，故祭門。出《文公語錄》。為四通之壇於邑西門之外，秋位西方故也。方九尺。亦金數也。植白繒九。九亦金數。白，西方之色，於時為秋，故尚之。其神大昊。白精之君，金天氏也，故祀於秋。出《月令註》。祭之桐木魚、大昊司秋，故祭之以桐木魚。玄酒，具清酒、膊脯，衣白衣，他如春。以庚辛日十干屬金為大白龍一，長九丈，居中央。為小龍八，各長四丈五尺，於西方，皆西向，其間相去九尺。解如前義。鰥者九人，老而無妻曰鰥。秋則萬物零落，用之。九，亦金數也。皆齋三日，服白衣而舞之。司馬亦齋三日，衣白衣而立之。仲秋治兵。司馬，掌兵者也，故順時用之。出《山堂考索》。蝦蟆池方九尺、深一尺，已上解俱如前。他皆如前。

各各作冬字儛儛舞同龍六日，冬屬水，六乃水之成數也，故用之。禱於名山以助之，名山，靈者也。又山川出雲故也。家人祀井，冬為水旺之候，故祭井。出《文公語錄》。無壅水。為四通之壇於邑北門之外，時既為冬，方則位北。方六尺，植黑繒六，六，水數。黑，水也。其神玄冥，玄冥，水官之臣、少皞之子，乃水神。出《月令註》。祭之以黑狗子六、《古今註》曰：狗為羹獻，是用於祭者也。《禮》亦云然。取其黑，因水之色也。《爾雅》曰：狗為尨狗，有致雨之義存焉。玄酒，具清酒、膊脯，祝齋三日，衣黑衣，祝禮如春。以壬癸日十干屬水為大黑龍一，長六丈，水之數也。居中央。為小龍五，各長三丈，如前義也。於北方，皆北向，順時之義。其間相去六尺，亦水數也。老者六人，一歲之氣將終。老者一生以將終，亦順時之義。尉亦齋三日，冬已歲週，而尉則縣佐之末，至冬而用，取其義也。皆齋三日，衣黑衣而舞之。禱雨為民，親民莫如縣。衣黑衣而立之。蝦蟆池如春，已上同春。四時皆以水，必闕一日字也。為龍必取潔土，求雨必為龍，蓋龍見輒有雲雨之興。緣其象類而為之。出《桓譚新論》，所謂土龍是也。為之結蓋，蓋覆於其上也。龍成而發之。發之，去之也。四時皆以庚子之日，天干庚屬金，地支子屬水，金能生水故也。令吏民夫婦皆偶處。陰陽和而後雨。取其和樂也。凡求雨之大體，丈夫欲藏匿，女子欲和而樂。閉陽縱陰之義。《神書》《神農求雨書》也又曰：開袖山袖當作神。神原本無此神字方通淵，積薪，夜擊鼓譟而燔之。為其旱也。《春秋繁露》曰：大旱雩祭而請雨。或請焉，或怒焉，何如也？曰：大旱，陽滅陰也。陽滅陰者，尊壓卑也。因其義，惟大祭拜請之而已，敢有加耶？大水者，陰滅陽也。陰滅陽，卑勝尊也。賤凌貴者為逆節，故鳴鼓而攻之。《春秋》不畏強禦也。

止雨文

雨大，多令縣邑以土日剋水故也塞水瀆，瀆，邑中溝也。《荀子》曰『入其水瀆』是也。塞之者，使水不能行。絕道，道，道路也。絕之使不得通暢也。蓋井，井以出水為功，蓋之，禁止也。禁婦人不得出入市。絕陰也。令縣鄉里皆掃社下，致潔也。縣邑若亟亟當作丞令吏嗇夫三人以上，祝一人；鄉嗇夫若吏三人以上，祝一人；里正父老三人以上，祝一人，祝一人，祝禱其一人也。皆齋三日，各衣時衣，春，青色。秋，白色。夏，赤色。冬，黑色。具豚一、《曲禮》曰：豚曰腯肥。以牛羊曰肥，豕曰腯，則豚乃兼二物也。黍、小米、鹽、美酒、即清酒也。財足祭社。擊鼓三日，干寶曰：擊鼓于社，責羣陰也。而祝先再拜，乃跪陳。陳已，復再拜乃起。祝曰：『諾。古者應時有節交曰諾。出《爾雅》。天生五穀以養人，今淫雨久雨也太多，五穀不和，敬進肥牲、牛羊曰肥，犬豕曰牲。清酒，以請社靈，幸為止雨，除民所苦，無使陰滅陽，《易》曰：水盛即火滅也。不順于天。天之常意在於利人。人願止雨，敢告于鼓。鼓而無歌，至罷而止。』凡止雨之大體，女子欲其藏而匿，故禁之。丈夫欲其和而樂也。故舞之。開陽閉陰，闔閭水故蓋井而開火，故擊鼓通陽，及下文所謂朱絲縈社是也。以朱絲縈社十周，衣朱衣赤幘，言罷。社，太陰也。朱，火色也。絲屬離，以之縈社而至十周。人衣朱衣，冀陰而變陽。出《文獻通考》《干寶論》。一以辛亥之日，《易》註：辛有自新之意，亥有微陽起接盛陰意。取其日者，欲閉塞水過而新火也。書到即起。即日行此禮也。縣社令長知縣若丞縣丞尉主簿官長，從官也。各城邑闤境內外者也社嗇夫、里、里甲也。吏吏胥正、老人，糧里老也。皆出至於社下，餔而罷，申時食也。三日而止。未至三日，天大星亦止。星乃陽精，見則氣宣晴矣。

明 歸有光《震川集》卷一六《長興縣城隍神靈應記》 凡他郡縣城隍之神，民奔走賽祀特盛，長興則否。余至之日，像塑剝落，侍從跛倚壁間，祠門外右即為溷湢。前有司月朔望一至，未嘗問焉。然神儼然靚居，無淫瀆者，則余以為長興城隍之神獨尊於他縣也。余頗為葺神居之圮壞，繪飾塑像，除前之穢。然神像特偉麗，尊嚴如王者。祠前古柏二株蒼翠挺直可愛，其左一株右紐如絞索，尤奇，真棲靈之地。余於縣數决大獄，即心開，類神有以告之。每閭里有姦，輒不時發，故余於事神尤虔。會大旱，自五月至於六月不雨。縣有方山，自太湖西南望，最為雄高。上有黑龍湫，冬夏水不竭，民言先時禱雨多應。余遂往至山下，欲上山，民皆叩頭言：『山陡險不可上，先至此禱雨，皆望祀，無登者。』余曰：『為禱雨來，畏險非誠也。』又曰：『赤日烈甚，無草木之蔽，徒步上下近三四十里，暍不可登也。』余曰：『為禱雨來，畏暍非誠也。』遂披荆棘而行，或側逕僅置半武。過小龍洞，洞亦有湫。又上，乃至大龍洞。兩石罅上闔下開，如佛龕，高可四五丈，湫廣數尺，其中甚清凉。因拜祭，有物蜿蜒俎間。山既益高，則盡見陽羨諸山湧出，如層波疊浪而東。北望太湖如鏡，隐隐見姑蘇之臺。已下，方盛暑烈日，天無纖雲，還至神前，拜致所取龍洞之水。方出廟，大雨如注，四境霑足，綠疇彌望，萬衆懽呼，以為神之報答如響也。至秋中又旱，余復至山。禱已，下半山即雨，雖不能如前沾足，而玄雲靉靆，四野時有雨至，是歲竟免旱灾。會余改官欲去縣，明日將辭於神，幼子夜夢神與之言：『吾齾與胡靴敝，又無船。』時余繪神像，盖圬者以神下體近几，故仍前漫漶，欺余不見也。至明，問之道士，果然。又吾鄉神祠上常有畫船懸梁，余問此神廟何不類吾蘇州有畫船懸，道士對曰：『故有之，今壞不懸也。』余遂捐貲令復繪神下體，與懸畫船。余尋往臨安，而郡倅有惡余者，計得縣篆，即日以兩戈船冒風雨夜至縣，欲捃拾以為罪，見人輒搒掠，縣中大驚。一日，倅忽夢神指其胸，明日瘍發於胸死矣。余欲為勒石於廟，會行，不果然。自離縣，常往來於懷。噫！使人皆得逞其一時之凶暴以害人，則人道滅矣，賴神明之昭然者如此。君子之守道循理，遭世之洶洶，其亦猶有所恃也耶？余既書此，因貽後之代者。倘與余同志，必為勒石於祠下，以著神之靈驗焉。

明 姚福《青溪暇筆》卷二 東坡言：『《太平廣記》云：以虎頭縋之有龍之湫潭中，能致雨。須以長綆繫之，雨足乃取出，不爾雨不止。試之有驗。』福謂東坡非欺人者。今年江南旱甚，惜未有以此術告於有司者，故表著之。氣類相感，理或然也。

明 佚名《靈寶無量度人上經大法》卷三三《修禳條格品》 玄師曰：四時失度，陰陽不調，星宿錯度，日月失昏，國主有災，兵革四興，疫毒流行，兆民死傷，師友命過，亦當修齋，行香誦經。凡建靈寶之法壇，集同學之清士，取九方之清泉，貯金玉之妙器，墨書九野之名，埋瘞三晨之象，靈蓋加持，驗災增減。備神明之好樂，奏九聖之所隸，心丹合天，九功乃就，克臻昇舉。泄語外知，其功不注。

訣曰：四時失度，謂春行秋令，夏行冬令之類；陰陽不調，謂雨暘不時，亢陽炎盛之類，皆須修齋誦經，六時行香。星宿錯度，謂五星凌犯，九曜差躔，妖彗出野，怪炁異生；日月失昏，謂交移失次，餌蝕暈虹，蒙霧霞暗，皆為失昏。國主有災，謂奸臣賊子，篡權專制，逼脇王命，違和失政之類。兵革四興，謂八方未化，番戎侵境，賊鋒逆臣，肆伐亂征，鎮山壓野，男號女悲，互相殘凌。疫毒流行，謂時行瘟疫，遍連城邑，惡獸毒物，妖惑流行。兆民死傷，謂風勞炁冷，鬼邪侵犯，山崩地陷，水火相侵，河海山川，惡物興禍，野道蠱魅，鬼怪侵凌，伏連延纏。死傷兆民，師友命過，謂同學如親，為有片善，可習為師。九種陰功，大則靈寶玄壇，小則建三晨小壇，內師友命厄，則量度誦建，命過則依升度品格。

靈寶玄壇格

取生炁方无穢汙石礫之土，又非戰場刑獄屠坊生產之地，建壇三級。下層方九尺，高一尺。中層建八角，縱横長七尺二寸。上層圖面去五尺，高九寸為式。

四時失度陰陽下調格

上層供養鎮壇禳災四時失度陰陽不調靈符，次設虛皇天尊、五方五帝、三官四司、扶桑大帝、暘谷神王。中層九州社令、五嶽大神、四瀆龍君、四海源王、八卦大神。下層設河上玉女、海中玉女、雲雷雨部、風伯雨師、直壇土地、歲德尊神、十二月將、十二時官。

四時失度陰陽不調靈符

又 疫毒流行兆民死傷格

上層設昊天上帝，妙行真人，長生保命天尊，十方靈寶天尊，慈悲度厄真人，三天大法師，天地水三官，四聖元帥。中層列三元將軍，解厄度厄兵士，收瘟斬瘟大將軍，甘露童子，清涼玉女，六職天醫。下層列五方天兵騎吏，太歲神君，九州社令。

疫毒流行兆民死傷符

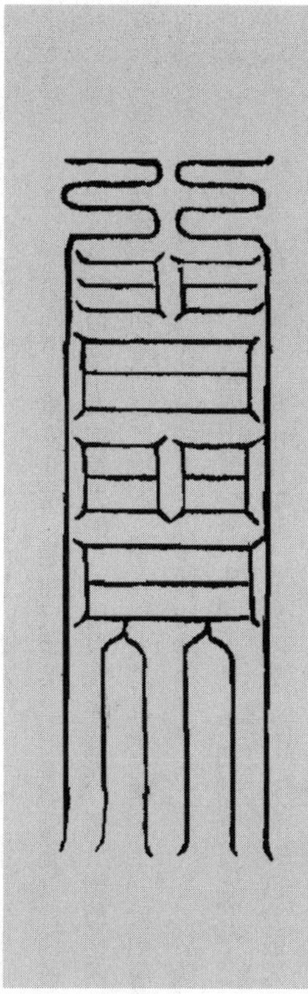

又 驗器中災福厄會法

黑濁水災，黑渾雨潦，黃濁風災，黃渾疫災，黃穢蟲災，字列地震，白濁字黯小寇，白渾字滅兵災，水渴耗旱災，水紅赤字淡水災，青渾飢荒。如有非法變易，須速白天省批，報以別之。如平常者，皆一州平寧。

九宮八節愈災法

玄師曰：南上之宮，韓司主柄，有九宮天星，下降九地，執奉天命，司行災異。一節主定炁，一年主分，百日主巡治，一日立變令。坎宮玄淵之神，曰太一星也，主兵水，河泛岸決，穀貴兵戎。離宮丹炎之神，曰天一星也，主大旱草枯，亢陽火災，穀焦民飢。中宮厚化之神，曰天符星也，主地炁害坼，土功地震，疾病民勞。乾宮飛雲之神，曰青龍星也，主霜寒大水火兵。艮宮積陰之神，曰太陰星也，主陰霾霪霧，日月无光。震宮青龍之神，曰軒轅星也，主迅雷烈風，苦雨藩營，多病重霜。巽宮虛藹之神，曰招搖星也，主卒風雹雨，傷損禾稼蟲蝗。坤宮元土之神，曰攝提星也，主土功暴寒，霜凍大霧，傷殺草木。兑宮金秀之神，曰咸池星也，主霜冷五穀，折毀兵盜狂賊。

此之九年，奉南上之命，各主一節，令之災異。按九土而巡行，多置尅制之宮，成四時失度，陰陽不調。又有三清長吏、太一神君，專主兵革旱潦，疫毒流成。況紫微上宮天皇玄府青羅真人，主劫數曆限，推遷七政，司括下元，民災國厄，日月薄蝕，五星變易，失度差躔，天坼地震，妖彗凶孛，怪星異炁，亦主九土災祥。

凡八節自冬至日為始，先面東，誦經十過，以消冬至至立春四十五日九土之災。自一宮坎宮面北，誦一轉九宮誦，九轉畢，至面東誦一轉，以消坎宮北方之災。如立春節，先面東，誦經十過，以消立春四十五日災。自艮宮為始，至七宮兑宮成九過，而面東成十轉也。並如九宮式，是遇八節日誦經一十過，誦畢，並祝侍經玉童玉女，典行其意，每思一土如元始十遍二回說經之祥，自始青，皆得度世，一念一存思。

八節九宮之圖

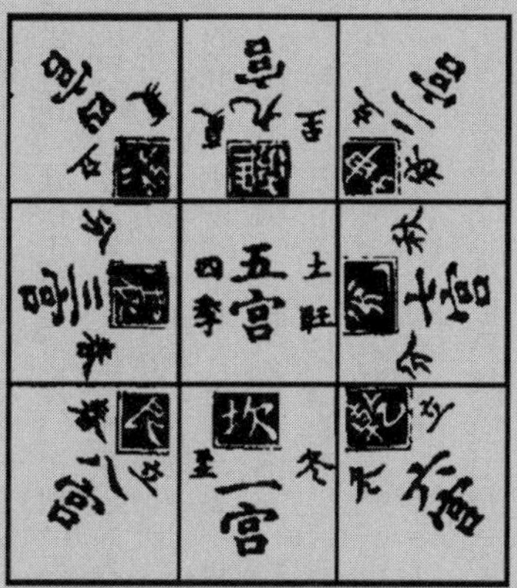

玄師曰：凡九土災祥，皆於年中十月十五日下元節，普校大會之日，上帝預定。至十一月冬至一陽炁應，災祥隨炁升潛，同乎數者，先於正月元日後，災祥發矣；不遭數者，即候日月已盡，災祥始興。而下世凡俗昧知。既司洞玄仙職，不待臨事而消。預於十月十五日下元之後，行功救世，助國濟民。擇同學之人九員，建三天總炁壇，上層法天，中層象人，下層體地，依三層設位。上層東西，用金玉作日月形，銀銅亦得，圓形，日象九分，月象十分，安卯酉之地，壇沿之極處。次以五石英作五星，形如彈丸，按五方埋瘞。上層田月之裹三寸，各深一寸。於壇心上以衝天柱高三尺二寸，每八寸穿一天盤，作三重。第四下一重安斗罡，如曲尺燈架。上層壇周側以青色彩泥，如淡碧色，以丹砂書二十八宿罡之形。中層以黃色彩泥，增於壇周側四方，書靈寶五功符，書四維四道。次書三十二天大梵雲篆光明玉字，於中層四維均布之。及書三十二天帝諱於下，以寶器或清浄不津陶之器九隻，於壇九方，取深淵源長之泉，九器內中宮之器，亦安坤方。未納水時，法師九人，各面九方，執筆，存極萬里人物山川城郭，取炁吹筆，安九方。按宮分數炁存思。如面南方宮，九次取炁吹筆，訖於器中黑書九州之名，將九方水煎沸，納於器中使平滿，以蓋覆之，安燈於側，及香於前，器後立牌，書如法。下層以白色彩泥，又於壇側開八門，二道畫八卦，畫四海五嶽，中嶽亦在坤宮，九州分野，依式置壇訖，並依三層設聖位。都畢，方於子時入壇，八方敷几案裀席，以八人同志，各典一方內，大法師立高座在地戶，面天門而守典中央五宮之職。如此置位了，方可六時行香，每人各誦靈寶大經一遍，同聲諷誦一遍，共周十遍。仍各有心映內功經法，以意施為，至一晝夜六時畢，於亥時入壇，開器視之，見九土災祥。再依前行持，又至亥時視之，以器中水并所書如常，即罷壇，設醮謝恩。除災度魂祈謝外，並用此行持。

玄師曰：此乃大赤金科，勿以私意，輒行更變，失其規式，所感不應，徒勞无成。

又 卷三四《五帝育物品》 玄師曰：雜霧冗薄，寒暑失節，乾坤包承，蟲蝗滋生，啖食百穀，疫癘交攻，傷殺黎庶，夏霜冬雷，秋炁花榮，春令不孚，虹蜺徹天，大雹苦雨，烈風迅雷，損害群物，水出蛟蜃，陸走虎兕，長虺隊鼠，怪魔厭蠱。祈火府以拯令，請五帝以育物。西嶽治蟲毒，收蝗束蛇虎，昊天除癘保命，天官治疫救苦，玉文鎮長蛟，金書解厭蠱。非上品難助神功，假中篇以隆威力，應速飛升遊神，而獲恩得福於玄祖。訣曰：元始道祖，分降化類。三素之炁化高真，五行正炁為百神，罡烈之炁化六甲，柔和之炁化六丁，沖和之炁化庶民，至陰之炁為鬼精，雜類之炁為禽畜，微冗之炁化昆蟲是也。其四時之度，五帝育物。春時青帝行於和炁，至四月赤帝接令，變和為溫。若青帝不收春令，則薄寒氣軟，五穀百果不實，霧炁作疫。或赤帝侵令，迅雷烈風，水妖作災，損於萬物，民病熱癘，癰疥痢毒。夏時赤帝行於火令，成熟萬物，至七月白帝接令，化溫為涼。若赤帝不收夏令，則亢陽水涸，虹蜺雹電，苦雨烈風，損害草木，毒虺惡蟲，出於山野。若白帝侵令，則夏有霜霧，草木黃死，百穀不實，民病瘧瘶。秋時白帝行於秋令，五穀結實，萬物收成，至十月黑帝接令，變凉為風。若白帝不收秋令，則秋炁花榮，虎豹作災，鼠食五穀，民病瘡瘍。或黑帝侵令，則山河溢水，海岸地震，百穀不成，飛走自死，地毛荒饉，餒疾交作。冬時黑帝行於寒令，至正月青帝不接令，則雨螽折木，老幼卒亡，民病大疫於春。或青帝侵令，則百花早榮，有秀不實，水出蛟蜃，民病暴死。又四時四炁，土德助之。若水失於節度，則陰陽不調，百災萬害，隨玆而生。皆隸南昌上帝韓司火府，韓君丈人主之，號可韓，統於五帝，育物拯令，正天宿度，調泰璇璣，齊常七政。凡有此災，須請命丈人，告命五帝，下有蟲蝗虎兕，並西嶽君主之。疫癘屬東極青玄太清玉司長生保命府、太一元生府、翊天四帥院主之。玉文金書別出，仍皆須中篇，萬過上品，度人十回，可以愈災凶於四表，除妖孽於八方也。積此玄功，非福一身，慶及玄祖。

清 韓夢周《祈雨文》《清經世文編》卷四五 嗚呼！入夏以來，雨澤告愆。夢周再禱於城隍之神，以誠之不至，而神不我德，萬姓恫懼，祈祝皇皇，靡神不舉。夢周身為長吏，惟民是司，其憂其樂，長吏以之，其死其生，長吏視之，夙夜彷徨，莫識所為。伏惟尊神，忠義冠今古，英靈鎮寰區。自我大清受命，隆禮寵嘉，其必將圖厥報。伏念一區之民，皆皇上赤子，一命之士，皆為天子牧民。況於尊神，覆庇蒼黎，靡有涯量。夢周不揣猥陋，且願為民請命，敢以十事誓於神，惟神罰其吏而哀其民，夢周死且不朽。

其一有若貪黷貨利，朘民之生，願罰算十年。其一有若殘忍酷刑以戕民，願罰算十年。其一有若受請托，枉是非，願罰算五年。其一有若驕逸弗念民戚，曠厥官事，願罰算五年。其一有若法弗及惡，以莠賊良，良者弗式，願罰算三年。其一有若置民依農桑弗興，願罰算三年。其一有若學校不舉，教士不以誠，願罰算三年。其一有若諂上以利與色，思固寵位，願罰算三年。其一有若厥鰥寡漠不在抱，爲心之喪，願罰算三年。其一有若縱吏胥假官之威，用毒虐於小民，願罰算三年。

凡茲十事，長吏有一於身，實爲惡德。愆伏之由，惟神殛之。累事而加，奪其算數。用赴告於皇天后土，其疾既去，其民將甦。及時大霈霖澤，俾萬匯昭回，民生康賴，則神之恩德，世世答貺其無斁。尚饗！

傳記

《漢書》卷七四《魏相傳》 元康中，匈奴遣兵擊漢屯田車師者，不能下。上與後將軍趙充國等議，欲因匈奴衰弱，出兵擊其右地，使不敢復擾西域。相上書諫曰：『臣聞之，救亂誅暴，謂之義兵，兵義者王；敵加於己，不得已而起者，謂之應兵，兵應者勝；爭恨小故，不忍憤怒者，謂之忿兵，兵忿者敗；利人土地貨寶者，謂之貪兵，兵貪者破；恃國家之大，矜民人之衆，欲見威於敵者，謂之驕兵，兵驕者滅。此五者，非但人事，乃天道也。間者匈奴嘗有善意，所得漢民輒奉歸之，未有犯於邊境，雖爭屯田車師，不足致意中。今聞諸將軍欲興兵入其地，臣愚不知此兵何名者也。今邊郡困乏，父子共犬羊之裘，食草萊之實，常恐不能自存，難於動兵。師古曰：『不可以兵事動之。』「軍旅之後，必有凶年」，師古曰：『此引老子《道經》之言。』言民以其愁苦之氣，傷陰陽之和也。出兵雖勝，猶有後憂，恐災害之變因此以生。今郡國守相多不實選，師古曰：『言不得其人。』風俗尤薄，水旱不時。案今年計，子弟殺父兄、妻殺夫者，凡二百二十二人，臣愚以爲此非小變也。今左右不憂此，師古曰：『左右謂近臣在天子左右者。』乃欲發兵報纖介之忿於遠夷，殆孔子所謂「吾恐季孫之憂不在顓臾而在蕭牆之內」也。師古曰：『《論語》季氏將伐顓臾，孔子謂冉有、季路曰：「吾恐季孫之憂不在顓臾而在蕭牆之內。」故相引之。顓臾，魯附庸國。蕭牆，屏牆也，解在《五行志》。』願陛下與平昌侯、樂昌侯、平恩侯及有識者詳議乃可。』師古曰：『平昌侯王無故、樂昌侯王武，並帝之舅。平恩侯許伯，皇太子外祖父也。』上從相言而止。景祐、殿本都作『相』。

相明易經，有師法，好觀漢故事及便宜章奏，師古曰：『既觀國家故事，又觀前人所奏便宜之章也。』以爲古今異制，方今務在奉行故事而已。數條漢興已來國家便宜行事，及賢臣賈誼、鼂錯、董仲舒等所言，奏請施行之，曰：『臣聞明主在上，賢輔在下，則君安虞而民和睦。師古曰：『虞與娛同。』臣相幸得備位，不能奉明法，廣教化，理四方，以宣聖德。民多背本趨末，師古曰：『本，農業也。末，商賈也。趨讀曰趣。』或有飢寒之色，爲陛下之憂，臣相罪當萬死。臣相知能淺薄，不明國家大體，時用之宜，惟民終始，未得所繇。師古曰：『惟，思也。繇讀與由同。由，從也，因也。』竊伏觀先帝聖德仁恩之厚，勤勞天下，垂意黎庶，憂水旱之災，爲民貧窮發倉廩，賑乏餧；師古曰：『餧，餓也，音乃賄反。』遣諫大夫博士巡行天下，師古曰：『行音下更反。』察風俗，舉賢良，平冤獄，冠蓋交道；師古曰：『言其往來不絕也。』省諸用，寬租賦，弛山澤波池，師古曰：『弛，放也，言不禁障之也。波音陂。』禁秣馬酤酒貯積，師古曰：『秣，以粟米飤馬也。酤酒者，糜費深也。貯積者，滯米粟也。』所以周急繼困，慰安元元，便利百姓之道甚備。臣相不能悉陳，昧死奏故事詔書凡二十三事。臣謹案王法必本於農而務積聚，量入制用以備凶災，師古曰：『謂視年歲之豐儉。』亡六年之畜，尚謂之急。師古曰：『畜讀曰蓄。《禮記・王制》云：「國無九年之蓄曰不足，無六年之蓄曰急，無三年之蓄曰國非其國也。」』元鼎二年，平原、勃海、太山、東郡溥被災害，師古曰：『溥與普同。』民餓死於道路。二千石不豫慮其難，使至於此，師古曰：『慮，思也。』賴明詔振捄，乃得蒙更生。師古曰：『捄，古救字。』今歲不登，穀暴騰踊，師古曰：『價忽大貴也。』臨秋收斂猶有乏者，至春恐甚，亡以相恤。西羌未平，師旅在外，兵革相乘，臣竊寒心，宜蚤圖其備。師古曰：『蚤，古早字也。』唯陛下留神元元，帥繇先帝盛德以撫海內。』師古曰：『帥，循也。繇與由同。由，從也。』上施行其策。

又數表采易陰陽及《明堂》《月令》奏之，師古曰：『表爲標明之。采，撮取也。』曰：『臣相幸得備員，奉職不修，不能宣廣教化。陰陽未和，災害未息，咎在臣等。臣聞易曰：「天地以順動，故日月不過，四時不忒；聖王以順動，故刑罰清而民服。」師古曰：『豫卦象辭也。忒，差也。』天地變化，必繇陰陽，師古曰：『繇與由同。』陰陽之分，以日爲紀。日冬夏至，則八風之序立，萬物之性成，各有常職，不得相干。東方之神太昊，乘震執規司春；張晏曰：『木爲仁，仁者生，生者圜，故爲規。』南方之神炎帝，乘離執衡司夏；張晏曰：『火爲禮，禮者齊，齊者平，故爲衡。』西方之神少昊，乘兌執矩司秋；張晏曰：『金爲義，義者成，成者方，故爲矩。』北方之神顓頊，乘坎執權司冬；張晏曰：『水爲智，智者謀，謀者重，故爲權。』中央之神黃帝，乘坤艮執繩司下土。張晏曰：『土爲信，信者誠，誠者直，故爲繩。』茲五帝所司，各有時也。東方之卦不可以治西方，南方之卦不可以治北方。春興兌治則飢，秋興震治則華，冬興離治則泄，師古曰：『天地之氣不閉密也。』夏興坎治則雹。明王謹於尊天，慎于養人，故立羲和之官以乘四時，師古曰：『乘，治也。』節授民事。師古曰：『各依其節而授以事。』君動靜以道，奉順陰陽，則日月光明，風雨時節，寒暑調和。三者得敘，則災害不生，五穀熟，絲麻遂，師古曰：『遂，成也。』中木茂，鳥獸蕃，師古曰：『中，古草字。蕃，多也，音扶元反。』民不夭疾，衣食有餘。若是，則君尊民說，上下亡怨，師古曰：『說讀曰悅。』政教不違，禮讓可興。夫風雨不時，則傷農桑；農桑傷，則民飢寒；飢寒在身，則亡廉恥，寇賊姦宄所繇生也。師古曰：『亂在外爲姦，在內爲宄。繇與由同。其下類此。』臣愚以爲陰陽者，王事之本，羣生之命，自古賢聖未有不繇者也。天子之義，必純取法天地，而觀於先聖。高皇帝所述書天子所服第八如淳曰：『第八，天子衣服之制也，於施行詔書第八。』曰：「大謁者臣章受詔長樂宮，曰：『令羣臣議天子所服，以安治天下。』相國臣何、御史大夫臣昌師古曰：『蕭何、周昌也。』謹與將軍臣陵、太子太傅臣通等議：師古曰：『陵，王陵。通，叔孫通。』『春夏秋冬天子所服，當法天地之數，中得人和。故自天子王侯有土之君，下及兆民，能法天地，順四時，以治國家，身亡禍殃，年壽永究，師古曰：『究，竟也。』是奉宗廟安天下之大禮也。臣請法之。中謁者趙堯舉春，應劭曰：『四時各舉所施行政事。』服虔曰：『主一時衣服禮物朝祭百事也。』師古曰：『服說是也。』李舜舉夏，兒湯舉秋，貢禹舉冬，師古曰：『高帝時自有一貢禹也。兒音五奚反。』四人各職一時。』大謁者襄章奏，制曰：『可。』」孝文皇帝時，以二月施恩惠於天下，賜孝弟力田及罷軍卒，祠死事者，頗非時節。師古曰：『罷軍卒，卒之疲於軍事者也。罷音疲。一曰新從軍而休罷者也，音薄蟹反。』御史大夫朝錯時爲太子家令，奏言其狀。臣相伏念陛下恩澤甚厚，然而災氣未息，竊恐詔令有未合當時者也。願陛下選明經通知陰陽者四人，各主一時，時至明言所職，以和陰陽，天下幸甚！』相數陳便宜，上納用焉。

又 卷七五《李尋傳》 李尋字子長，平陵人也。治《尚書》，與張孺、鄭寬中同師。寬中等守師法教授，尋獨好《洪範》災異，又學天文月令陰陽。事丞相翟方進，方進亦善爲星曆，除尋爲吏，數爲翟侯言事。帝舅曲陽侯王根爲大司馬票騎將軍，厚遇尋。是時多災異，根輔政，數虛己問尋。尋見漢家有中衰阸會之象，其意以爲且有洪水爲災，乃說根曰：

『書云「天聰明，」師古曰：『《虞書·皋陶謨》之辭也。天視聽，人君之行不可不畏慎也。』蓋言紫宮極樞，通位帝紀，孟康曰：『紫宮，天之北宮也。極，天之北極星也，樞是其迴轉者也。《天文志》曰：「天極其一明者，太一常居也。」太一，天皇大帝也，與通極爲一體，故曰通位帝紀也。』太微四門，廣開大道，孟康曰：『太微，天之南宮也。四門，太微之四門也。』五經六緯，尊術顯士，孟康曰：『六緯，五經與樂緯也。』張晏曰：『六緯，五經就孝經緯也。』師古曰：『六緯者，五經之緯及樂緯也。孟說是也。』翼張舒布，燭臨四海，張晏曰：『翼二十八星，十八度。舒布，張廣也。翼翅夾張，故言也。』少微處士，爲比爲輔，孟康曰：『少微四星在太微西，主處士儒學之官，爲太微輔佐也。』故次帝廷，女宮在後。孟康曰：『言少微四星在太微次。太微爲天帝廷。女宮謂軒轅星也。』聖人承天，賢賢易色，取法於此。師古曰：『賢賢，尊上賢人。易色，輕略於色，不貴之也。易音弋二反。』天官上相上將，皆顓面正朝，孟康曰：『朝太微宮垣也。西垣爲上將，東垣爲上相，各專一面而正天之朝事也。』憂責甚重，要在得人。得人之效，成敗之機，不可不勉也。昔秦穆公說諓諓之言，任仡仡之勇，身受大辱，社稷幾亡。師古曰：『諓諓，小善也。仡仡，壯健也。謂聽杞子、逢孫、楊孫之言，言鄭可襲，乃使孟明視、西乞術、白乙丙帥師伐鄭，遂爲晉襄公所禦而敗於殽，三帥盡獲，匹馬隻輪皆無反者。諓音踐。仡音巨乙反，景祐、殿、局本都作『巨』，此誤。又音牛乞反。』悔過自責，思惟黃髮，任用百里奚，卒伯西域，德列王道。師古曰：『謂晉歸三師之後，穆公自悔，作《秦誓》云：「雖則云然，尚猶詢茲黃髮，則罔所愆。」自言前有云然之過，今庶幾以道謀此黃髮賢老，則行事無所過失矣。百里奚本虞人也，穆公用之，卒成霸業。』二者禍福如此，可不慎哉！

『夫士者，國家之大寶，功名之本也。將軍一門九侯，二十朱輪，漢興以來，臣子貴盛，未嘗至此。夫物盛必衰，自然之理，唯有賢友彊輔，庶幾可以保身命，全子孫，安國家。

『書曰「曆象日月星辰」，師古曰：『《虞書·堯典》之辭也。』此言仰視天文，俯察地理，觀日月消息，候星辰行伍，揆山川變動，參人民繇俗，師古曰：『繇讀與謠同。繇俗者，謂若童謠及輿人之誦。』以制法度，考禍福。舉錯誖逆，咎敗將至，徵兆爲之先見。師古曰：『誖，乖也，音布內反。』明君恐懼修正，側身博問，轉禍爲福；不可救者，即蓄備以待之，故社稷亡憂。

『竊見往者赤黃四塞，地氣大發，動土竭民，天下擾亂之徵也。彗星爭明，張晏曰：『與日月爭明。』庶雄爲桀，大寇之引也。師古曰：『將引致大寇也。』此二者已頗效矣。城中訛言大水，奔走上城，朝廷驚駭，女孽入宮，應劭曰：『謂小女陳持弓也。』此獨未效。間者重以水泉涌溢，旁宮闕仍出。李奇曰：『旁宮闕而出水也。』師古曰：『旁，附也。仍，頻也。重音直用反。旁音薄郎反。』月、太白入東井，犯積水，缺天淵。張晏曰：『犯東井，有水災。』孟康曰：『積水一星在北河北。天淵十星在北斗星東南。缺者，拂其角而過之也。』日數湛於極陽之色。張晏曰：『衆陽之宗，故爲極陽也。色宜明耀，而無光也。』羽氣乘宮，孟康曰：『《天文志》曰西方爲羽。羽，少陰之位。少陰臣氣，乘於君也。』晉灼曰：『羽，北方水也，水陰爲臣。宮，中央土也，土爲君。今水乘土，言臣氣勝於君也。』起風積雲。又錯以山崩地動，河不用其道。師古曰：『錯，雜也。言河徙流不從故道也。』盛冬靁電，潛龍爲孽。孟康曰：『黑龍冬見。』張晏曰：『《五行傳》曰：「龍見井中，幽囚之象也。」』繼以隕星流彗，維、填上見，孟康曰：『有地維星，有四填星，皆妖星也。』晉灼曰：『《天文志》四填星出四隅，去地可四丈，地維藏光亦出四隅，去地可二丈，若月始出，所見下有亂者亡，有德者昌。』日蝕有背鄉。師古曰：『背音步內反。鄉讀曰嚮。』此亦高下易居，洪水之徵也。不憂不改，洪水乃欲盪滌，流彗乃欲埽除；改之，則有年亡期。師古曰：『言可延期，得禳災。』故屬者頗有變改，小貶邪猾，師古曰：『屬者謂近時也。屬音之欲反。』日月光精，時雨氣應，師古曰：『精謂光明也。』此皇天右漢亡已也，師古曰：『右讀曰祐。』何況致大改之！宜急博求幽隱，拔擢天士，任以大職。李奇曰：『天士，知天道者也。』晉灼曰：『嚴君平言師於天士。天士，應宿台鼎之臣也。』師古曰：『李說是也。』諸闒茸佞讇，抱虛求進，師古曰：『闒音吐臘反。茸音人勇反。讇，古諂字。』及用殘賊酷虐聞者，若此之徒，皆嫉善憎忠，壞天文，敗地理，涌趯邪陰，湛溺太陽，師古曰：『趯字與躍同。湛讀曰沈。』爲主結怨於民，師古曰：『爲音于僞反。』宜以時廢退，不當得居位。誠必行之，凶災銷滅，子孫之福不旋日而至。政治感陰陽，猶鐵炭之低卬，見效可信者也。孟康曰：『《天文志》云「縣土炭」也，以鐵易土耳。先冬夏至，縣鐵炭於衡，各一端，令適停。冬，陽氣至，炭仰而鐵低。夏，陰氣至，炭低而鐵仰。以此候二至也。』及諸蓄水連泉，務通利之。修舊隄防，省池澤稅，以助損邪陰之盛。案行事，考變易，訛言之效，未嘗不至。請徵韓放，服虔曰：『姓名也，曉水。』掾周敞、王望可與圖之。』根於是薦尋。

哀帝初即位，召尋待詔黄門，使侍中衛尉傅喜問尋曰：『間者水出地動，日月失度，星辰亂行，災異仍重，師古曰：『重音直用反。』極言毋有所諱。』尋對曰：

『陛下聖德，尊天敬地，畏命重民，悼懼變異，不忘疏賤之臣，幸使重臣臨問，愚臣不足以奉明詔。竊見陛下新即位，開大明，除忌諱，博延名士，靡不並進。臣尋位卑術淺，過隨衆賢待詔，師古曰：『過猶謬也。』食太官，衣御府，久汙玉堂之署。師古曰：『玉堂殿在未央宮。』比得召見，亡以自效。師古曰：『比，頻也。』復特見延問至誠，自以逢不世出之命，願竭愚心，不敢有所避，庶幾萬分有一可采。唯棄須臾之間，宿留瞽言，師古曰：『間謂空隙之時也。宿音先就反。留音力救反。』考之文理，稽之五經，揆之聖意，以參天心。夫變異之來，各應象而至，臣謹條陳所聞。

『《易》曰：「縣象著明，莫大乎日月。」師古曰：『《上繫》之辭也。在天成象，故曰縣象也。』夫日者，衆陽之長，輝光所燭，萬里同晷，人君之表也。師古曰：『晷，景也。』故日將旦，清風發，羣陰伏，君以臨朝，不牽於色。日初出，炎以陽，君登朝，佞不行，忠直進，不蔽障。日中輝光，君德盛明，大臣奉公。日將入，專以壹，君就房，有常節。君不修道，則日失其度，晻昧亡光。師古曰：『晻與暗同，又音烏感反。』各有云爲。其於東方作，日初出時，師古曰：『作，起也。日出之時，人物皆起。』陰雲邪氣起者，法爲牽於女謁，服虔曰：『謁，請也。』有所畏難；日出後，爲近臣亂政；日中，爲大臣欺誣；日且入，爲妻妾役使所營。師古曰：『營謂繞也。』間者日尤不精，光明侵奪失色，邪氣珥蜺數作。本起於晨，相連至昏，其日出後至日中間差瘉。師古曰：『瘉與愈同。』小臣不知內事，竊以日視陛下志操，衰於始初多矣。其咎恐有以守正直言而得罪者，傷嗣害世，不可不慎也。唯陛下執乾剛之德，彊志守度，毋聽女謁邪臣之態。諸保阿乳母甘言悲辭之託，斷而勿聽。勉強大誼，絕小不忍；良有不得已，可賜以財貨，不可私以官位，誠皇天之禁也。日失其光，則星辰放流。張晏曰：『日夜食則失光，晝立六尺木，不見其景也。日陽失光明，陰得施也。』陽不能制陰，陰桀得作。間者太白正晝經天，宜隆德克躬，以執不軌。

『臣聞月者衆陰之長，銷息見伏，百里爲品，千里立表，萬里連紀，孟康曰：『品，同也，言百里內數度同也。千里則當立表度其景，萬里則繼其本所起紀其宿度也。』妃后大臣諸侯之象也。朔晦正終始，弦爲繩墨，望成君德，春夏南，秋冬北。間者月數以春夏與日同道，孟康曰：『房有四星，其間有三道。春夏南行，南頭第一星裏道也。秋冬北行，北頭第一星裏道也。與日同道者，謂中央道也。此三道者，日月五星之所由也。』過軒轅上后受氣，孟康曰：『軒轅南大星爲后。』入太微帝廷揚光輝，犯上將近臣，列星皆失色，厭厭如滅，鄭氏曰：『厭音檿桑之檿。』師古曰：『音烏點反。』此爲母后與政亂朝，師古曰：『與讀曰豫。』陰陽俱傷，兩不相便。外臣不知朝事，竊信天文即如此，近臣已不足杖矣。師古曰：『杖謂倚任也。』屋大柱小，可爲寒心。師古曰：『言天下事重大，臣之任當得賢能者。』唯陛下親求賢士，無彊所惡，以崇社稷，尊彊本朝。師古曰：『邪佞之人誠可賤惡，勿得寵異，令其盛彊也。』

『臣聞五星者，五行之精，五帝司命，應王者號令爲之節度。歲星主歲事，爲統首，號令所紀，今失度而盛，此君指意欲有所爲，未得其節也。又填星不避歲星者，后帝共政，相留於奎、婁，張晏曰：『歲星爲帝，填星爲女主也。』當以義斷之。熒惑往來亡常，劉攽說『營』當作『熒』。按殿本作『熒』。周歷兩宮，作態低卬，張晏曰：『兩宮謂紫微、太微。』入天門，上明堂，貫尾亂宮。孟康曰：『角兩星爲天門，房爲明堂，尾爲後宮。』蘇林曰：『常占當從尾北，而今貫之，尾爲後宮之義也。』太白發越犯庫，張晏曰：『發越，疾貌也。庫，天庫也。』孟康曰：『奎爲天庫。』兵寇之應也。貫黃龍，入帝庭，張晏曰：『黃龍，軒轅也。』當門而出，隨熒惑入天門，至房而分，欲與熒惑爲患，不敢當明堂之精。此陛下神靈，故禍亂不成也。熒惑厥弛，張晏曰：『厥弛，動搖貌。』佞巧依勢，微言毀譽，進類蔽善。師古曰：『進其黨類而擁蔽善人。』太白出端門，孟康曰：『端門，太微正南門。』臣有不臣者。火入室，金上堂，張晏曰：『熒惑入營室也。』孟康曰：『火入室謂熒惑歷兩宮也。金謂太白也。上堂，入房星也。』不以時解，其憂凶。填、歲相守，又主內亂。宜察蕭牆之內，毋忽親疏之微，師古曰：『微謂其事微。』誅放佞人，防絕萌牙，以盪滌濁濊，消散積惡，師古曰：『濊與穢同也。』毋使得成禍亂。辰星主正四時，當效於四仲；四時失序，則辰星作異。今出於歲首之孟，天所以譴告陛下也。政急則出蚤，政緩則出晚，政絕不行則伏不見而爲彗茀。師古曰：『茀與孛同。』四孟皆出，爲易王命；四季皆出，星家所諱。今幸獨出寅孟之月，蓋皇天所以篤右陛下也，師古曰：『篤，厚也。右與祐同。祐猶助也。』宜深自改。

『治國故不可以戚戚，欲速則不達。經曰：「三載考績，三考黜陟。」師古曰：『《虞書·舜典》之辭也，言三年一考功績，三考一行黜陟也。』加以號令不順四時，既往不咎，來事之師也。間者春三月治大獄，時賊陰立逆，恐歲小收；季夏舉兵法，時寒氣應，恐後有霜雹之災；秋月行封爵，其月土濕奧，張晏曰：『違於月令也。』師古曰：『奧，溫也，音於六反。』恐後有雷雹之變。夫以喜怒賞罰而不顧時禁，雖有堯舜之心，猶不能致和。善言天者，必有效於人。設上農夫而欲冬田，肉袒深耕，汗出種之，然猶不生者，非人心不至，天時不得也。《易》曰：「時止則止，時行則行，動靜不失其時，其道光明。」師古曰：『此艮卦彖辭也。言動止隨時則有光明也。』《書》曰：「敬授民時。」師古曰：『《虞書·堯典》之辭也。言授下以四時之命，不可不敬也。』故古之王者，尊天地，重陰陽，敬四時，嚴月令。順之以善政，則和氣可立致，猶枹鼓之相應也。師古曰：『枹，擊鼓之椎也，音孚。其字從木也。』今朝廷忽於時月之令，諸侍中尚書近臣宜皆令通知月令之意，設羣下請事；若陛下出令有謬於時者，當知爭之，以順時氣。

『臣聞五行以水爲本，其星玄武婺女，天地所紀，終始所生。孟康曰：『婺女，須女也，北方天地之統，陰陽之終始也。』水爲準平，王道公正修明，則百川理，落脈通；師古曰：『落謂經絡也。』偏黨失綱，則踊溢爲敗。《書》云「水曰潤下」，師古曰：『《周書·洪範》之辭也。』陰動而卑，不失其道。天下有道，則河出圖，洛出書，故河、洛決溢，所爲最大。今汝、潁畎澮皆川水漂涌，與雨水並爲民害，師古曰：『畎澮，小流也。許慎說廣尺深尺曰畎，廣二尋深二仞謂之澮。川者，水貫穿而通流也。畎音工犬反。澮音工外反。』此《詩》所謂「爗爗震電，不寧不令，百川沸騰」者也。師古曰：『《詩·小雅·十月之交》之詩也。爗爗，光貌。寧，安；令，善也。言陰陽失和，雷電失序，不安不善，故百川又沸騰。』其咎在於皇甫卿士之屬。師古曰：『皇甫卿士，周室女寵之族也，解在《劉向傳》。』唯陛下留意詩人之言，少抑外親大臣。

『臣聞地道柔靜，陰之常義也。地有上中下，其上位震，應妃后不順，中位應大臣作亂，下位應庶民離畔。震或於其國，國君之咎也。四方中央連國歷州俱動者，其異最大。間者關東地數震，五星作異，亦未大逆，宜務崇陽抑陰，以救其咎；固志建威，閉絕私路，拔進英雋，退不任職，以彊本朝。夫本彊則精神折衝，本弱則招殃致凶，爲邪謀所陵。師古曰：『折衝，言有欲衝突爲害者，則能折挫之。』聞往者淮南王作謀之時，其所難者，獨有汲黯，以爲公孫弘等不足言也。景祐、殿本都有『以爲』二字。弘，漢之名相，於今亡比，而尚見輕，何況亡弘之屬乎？故曰朝廷亡人，則爲賊亂所輕，其道自然也。天下未聞陛下奇策固守之臣也。語曰，何以知朝廷之衰？人人自賢，不務於通人，故世陵夷。師古曰：『通人謂薦達賢材也。陵夷謂頹替也。』

『馬不伏歷，不可以趨道；士不素養，不可以重國。師古曰：『伏歷謂伏槽歷而秣之也。趨讀曰趣。』《詩》曰「濟濟多士，文王以寧」，師古曰：『《大雅·文王》之詩也。已解於上。』孔子曰「十室之邑，必有忠信」，師古曰：『《論語》載孔子之言也。』非虛言也。陛下秉四海之衆，曾亡柱幹之固守聞於四境，殆開之不廣，取之不明，勸之不篤。《傳》曰：『士之美者善養禾，君之明者善養士。』中人皆可使爲君子。師古曰：『言在所以勸厲之。』詔書進賢良，赦小過，無求備，以博聚英儁。如近世貢禹，以言事忠切蒙尊榮，當此之時，士厲身立名者多。禹死之後，日日以衰。及京兆尹王章坐言事誅滅，智者結舌，師古曰：『不敢出言也。』邪僞並興，外戚顓命，師古曰：『顓與專同。』君臣隔塞，至絕繼嗣，女宮作亂。師古曰：『謂趙飛燕姊妹也。』此行事之敗，誠可畏而悲也。本在積任母后之家，非一日之漸，往者不可及，來者猶可追也。先帝大聖，深見天意昭然，使陛下奉承天統，欲矯正之也。宜少抑外親，選練左右，舉有德行道術通明之士充備天官，然後可以輔聖德，保帝位，承大宗。下至郎吏從官，行能亡以異，又不通一藝及博士無文雅者，宜皆使就南畝，師古曰：『遣歸農業。』以視天下，師古曰：『視讀曰示。』明朝廷皆賢材君子，於以重朝尊君，滅凶致安，此其本也。臣自知所言害身，不辟死亡之誅，唯財留神，反覆覆愚臣之言。』師古曰：『財與裁同，謂裁量而反思之。』

是時哀帝初立，成帝外家王氏未甚抑黜，而帝外家丁、傅新貴，祖母傅太后尤驕恣，欲稱尊號。丞相孔光、大司空師丹執政，諫爭久之，上不得已，遂免光、丹而尊傅太后。語在丹傳。上雖不從尋言，然采其語，每有非常，輒問尋。尋對屢中，遷黄門侍郎。以尋言且有水災，故拜尋爲騎都尉，使護河隄。

又 卷八五《谷永傳》 元延元年，爲北地太守。時災異尤數，永當之官，上使衛尉淳于長受永所欲言。永對曰：【略】

諸夏舉兵，萌在民饑饉而吏不卹，興於百姓困而賦斂重，發於下怨離而上不知。《易》曰：「屯其膏，小貞吉，大貞凶。」孟康曰：『膏者所以潤人肌膚，爵祿亦所以養人者也。小貞，臣也。大貞，君也。遭屯難飢荒，君當開倉廩，振百姓，而反吝，則凶；臣吝嗇，則吉。《論語》曰：「出內之吝，謂之有司。」』師古曰：『易屯卦九五爻辭。』《傳》曰：「飢而不損茲謂泰，厥災水，厥咎亡。」師古曰：『《洪範傳》之辭。』《訞》辭曰：「關動牡飛，辟爲無道，臣爲非，厥咎亂臣謀篡。」師古曰：『《易·訞》占之辭也。訞即妖字耳。』王者遭衰難之世，有飢饉之災，不損用而大自潤，故凶；百姓困貧無以共求，師古曰：『共讀曰供。無以供在上之所求。』愁悲怨恨，故水；城關守國之固，固將去焉，故牡飛。往年郡國二十一傷於水災，禾黍不入。今年蠶麥咸惡。百川沸騰，江河溢決，大水泛濫郡國十五有餘。比年喪稼，師古曰：『比，頻也。』時過無宿麥。師古曰：『時過者，失時不得種也。秋種夏收，故云宿麥。』百姓失業流散，羣輩守關。如淳曰：『欲入就賤穀也。』大異較炳如彼，水災浩浩，黎庶窮困如此，宜損常稅小自潤之時，師古曰：『言所潤益於己者，當減小之。』而有司奏請加賦，甚繆經義，逆於民心，布怨趨禍之道也。牡飛之狀，殆爲此發。古者穀不登虧膳，災婁至損服，凶年不塈塗，明王之制也。師古曰：『塈，如今仰泥屋也，音許既反。』《詩》云：「凡民有喪，扶服捄之。」師古曰：『《邶國·谷風》之詩。服音蒲北反。捄，古救字。』《論語》曰：「百姓不足，君孰予足？」師古曰：『《論語》載有若對魯哀公之辭也。言百姓不足，君安得獨足乎？』臣願陛下勿許加賦之奏，益減大官、導官、中御府、均官、掌畜、廩犧用度，止尚方、織室、京師郡國工服官發輸造作，以助大司農。流恩廣施，振贍困乏，開關梁，內流民，恣所欲之，師古曰：『之，往也。』以救其急。立春，遣使者循行風俗，宣布聖德，師古曰：『行音下更反。』存卹孤寡，問民所苦，勞二千石，師古曰：『勞，慰勉也。二千石，謂郡守、諸侯相也，音來到反。』敕勸耕桑，毋奪農時，以慰綏元元之心，防塞大姦之隙。師古曰：『綏，安也。』諸夏之亂，庶幾可息。』

《後漢書》卷三〇下《郎顗傳》 順帝時，災異屢見，陽嘉二年正月，公車徵，顗乃詣闕拜章曰：『臣聞天垂妖象，地見災符，所以譴告人主，責躬脩德，使正機平衡，流化興政也。《易·內傳》曰：「凡災異所生，各以其政。變之則除，消之亦除。」《易·稽覽圖》曰：『凡異所生，災所起，各以其政，變之則除，其不可變，則施之亦除。』鄭玄注云：『改其政者，謂失火令則行水令，失土令則行木令，失金令則行火令，則災除去也。不可變謂殺賢者也。施之者，死者不可復生，封祿其子孫，使得血食，則災除也。』伏惟陛下躬日昊之聽，溫三省之勤，《論語》曾子曰『吾日三省吾身』也。思過念咎，務消祇悔。祇，大也。《易》復卦初九曰：『無祇悔元吉。』

『方今時俗奢佚，淺恩薄義。夫救奢必於儉約，拯薄無若敦厚，安上理人，莫善於禮。修禮遵約，蓋惟上興，革文變薄，事不在下。故《周南》之德，《關雎》政本。《周南》詩序曰：『《關雎》，風之始也，所以風化天下而正夫婦也。』故夫婦爲政本也。本立道生，風行草從，澄其源者流清，溷其本者末濁。天地之道，其猶鼓籥，以虛爲德，自近及遠者也。籥如笛，六孔。鼓籥，其形內虛而氣無窮。老子曰：『天地之閒其猶橐籥，虛而不屈，動而愈出。』伏見往年以來，園陵數災，陽嘉元年冬，恭陵百丈廡災。永建元年秋，茂陵園寢災。炎光熾猛，驚動神靈。《易》天人應曰：「君子不思遵利，茲謂無澤，厥災孽火燒其宮。」又曰：「君高臺府，犯陰侵陽，厥災火。」又曰：「上不儉，下不節，炎火並作燒君室。」自頃繕理西苑，修復太學，永建六年修太學也。宮殿官府，多所搆飾。昔盤庚遷殷，去奢即儉，《帝王紀》曰：『盤庚以耿在河北，迫近山川，自祖辛以來奢淫不絕，乃度河將徙都亳之殷地。人咨嗟相怨，不欲徙，盤庚乃作書三篇以告喻之。』今《尚書·盤庚》三篇是也。亳在偃師。夏后卑室，盡力致美。《論語》孔子曰：『禹惡衣服而致美乎黻冕，卑宮室而盡力乎溝洫。』又魯人爲長府，閔子騫曰：「仍舊貫，何必改作。」長府，魯之府名也。仍，因也。貫，事也。言因舊事則可，何必更作。見《論語》。臣愚以爲諸所繕修，事可省減，稟卹貧人，賑贍孤寡，此天之意也，人之慶也，仁之本也，儉之要也。焉有應天養人，爲仁爲儉，而不降福者哉？

『土者地祇，陰性澄靜，宜以施化之時，敬而勿擾，竊見正月以來，陰闇連日。《易·內傳》曰：「久陰不雨，亂氣也，蒙之比也。蒙者，君臣上下相冒亂也。」《易·稽覽圖》曰：「日食之比，陰覆陽也。蒙之比也，陰冒陽也。」鄭玄注云：『蒙，氣也。比非一也。邪臣謀覆冒其君，先霧從夜昏起，或從夜半或平旦。君不覺悟，日中不解，遂成蒙；君復不覺悟，下爲霧也。』比音庛。又曰：「欲德不用，厥異常陰。」夫賢者化之本，雲者雨之具也。得賢而不用，猶久陰而不雨也。又頃前數日，寒過其節，冰既解釋，還復凝合。夫寒往則暑來，暑往則寒來，《易·繫詞》之文也。此言日月相推，寒暑相避，以成物也。今立春之後，火卦用事，當溫而寒，違反時節，由功賞不至，而刑罰必加也。宜須立秋，順氣行罰。

『臣伏案《飛候》，參察衆政，京房作《易飛候》。以爲立夏之後，當有震裂涌水之害。又比熒惑失度，盈縮往來，涉歷輿鬼，環繞軒轅。《天官書》曰：『輿鬼，南方之宿。』軒轅黃龍體，女主後宮之象也。火精南方，夏之政也。政有失禮，不從夏令，則熒惑失行。熒惑，南方，主夏，爲禮爲視。禮虧視失，不行夏令，則熒惑逆行也。見《天文志》。正月三日至乎九日，三公卦也。凡卦法，一爲元士，二爲大夫，三爲三公，四爲諸侯，五爲王位，六爲宗廟。《前書》曰：『梁人焦延壽，字贛，長於災變，分六十四卦，更直日用事，以風、雨、寒、溫爲候。』音義云：『分卦直日之法，爻主一日，即三日九日，並爲三公之卦也。』三公上應台階，下同元首。《春秋元命包》曰：『魁下六星，兩兩而比，曰三台。』《前書音義》曰：『泰階，三台也。』又《黃帝泰階六符經》曰：『泰階者，天之三階也。上階爲天子，中階爲諸侯、公卿、大夫，下階爲士、庶人。三階平則陰陽和，風雨時。』《尚書》曰：『君爲元首，臣作股肱。』言三公上象天之台階，下與人君同體也。政失其道，則寒陰反節。「節彼南山」，詠自《周詩》；《詩·小雅》曰：『節彼南山，維石巖巖，赫赫師尹，人具爾瞻。』注云：『節，高峻貌也。喻三公之位，人所高嚴也。赫赫，顯盛也。師尹，三公也。言三公之位，天下之人共瞻視之。』「股肱良哉」，著於《虞典》。而今之在位，競託高虛，納累鐘之奉，忘天下之憂，六斛四斗曰鐘，《左傳》曰四升爲豆，四豆爲區，四區爲釜，十釜爲鐘也。棲遲偃仰，寢疾自逸，被策文，得賜錢，即復起矣。何疾之易而愈之速？以此消伏災眚，興致升平，其可得乎？今選舉牧守，委任三府。三公也。長吏不良，既咎州郡，州郡有失，豈得不歸責舉者？而陛下崇之彌優，自下慢事愈甚，所謂大網疏，小網數。謂緩於三公，切於州郡也。三公非臣之仇，臣非狂夫之作，所以發憤忘食，懇懇不已者，誠念朝廷欲致興平，非不能面譽也。

『臣生長草野，不曉禁忌，披露肝膽，書不擇言。伏鑕鼎鑊，死不敢恨。謹詣闕奉章，伏待重誅。』

書奏，帝復使對尚書。使就尚書更對也。顗對曰：

『臣聞明王聖主好聞其過，忠臣孝子言無隱情。臣備生人倫視聽之類，而稟性愚憝，不識忌諱，故出死忘命，懇懇重言。重，再也。誠欲陛下修乾坤之德，開日月之明，披圖籍，案經典，覽帝王之務，識先後之政。如有闕遺，退而自改。本文武之業，擬堯舜之道，攘災延慶，號令天下。此誠臣顗區區之願，夙夜夢寤，盡心所計。謹條序前章，暢其旨趣，謂前詣闕所上章也。條便宜七事，具如狀對：

『一事：陵園至重，聖神攸馮，而災火炎赫，迫近寢殿，魂而有靈，猶將驚動。尋宮殿官府，近始永平，歲時未積，便更修造。又西苑之設，禽畜是處，離房別觀，本不常居，而皆務精土木，營建無已，消功單賄，巨億爲計。《易內傳》曰：「人君奢侈，多飾宮室，其時旱，其災火。」是故魯僖遭旱，修政自勑，下鐘鼓之縣，休繕治之官，《春秋考異郵》曰：『僖公三年春夏不雨，於是僖公憂閔，玄服避舍，釋更傜之逋，罷軍寇之誅，去苛刻峻文慘毒之教，所蠲浮令四十五事。曰：「方今天旱，野無生稼，寡人當死，百姓何罪？不敢煩人請命，願撫萬人害，以身塞無狀。」禱已，舍齊南郊，雨大澍也。』雖則不寧，而時雨自降。《左傳》僖公『六月雨』。由此言之，天之應人，敏於景響。敏，疾也。今月十七日戊午，徵日也，陽嘉二年正月。日加申，日在申時也。風從寅來，丑時而止。丑、寅、申皆徵也，不有火災，必當爲旱。南方爲徵，故爲火及旱也。願陛下校計繕修之費，永念百姓之勞，罷將作之官，減彫文之飾，損庖廚之饌，退宴私之樂。《易中孚傳》曰：「陽感天，不旋日。」《易中孚傳》曰：『陽感天，不旋日，諸侯不旋時，大夫不過朞。』鄭玄注云：『陽者天子，爲善一日，天立應以善；爲惡一日，天立應以惡。諸侯爲善一時，天立應以善；爲惡一時，天立應以惡。大夫爲善一歲，天亦立應以善；爲惡一歲，天亦立應以惡。』一說云『不旋日，立應之；不過時，三辰閒；不過朞，從今旦至明日旦』也。陽即指天子也。如是，則景雲降集，眚沴息矣。景雲，五色雲也，一曰慶雲。《孝經援神契》曰：『德至山陵則景雲出。』顗以陵園火災，故引之也。眚沴謂災氣。

『二事：去年已來，兌卦用事，類多不効。《易傳》曰：「有貌無實，佞人也；有實無貌，道人也。」寒溫爲實，清濁爲貌。《易稽覽圖》曰：『有實無貌，屈道人也；有貌無實，佞人也。』鄭玄注曰：『有寒溫，無貌濁清靜，此賢者屈道，仕于不肖君也。有貌濁清靜，無寒溫，此佞人以便巧仕於世也。』今三公皆令色足恭，外厲內荏，以虛事上，無佐國之實，故清濁效而寒溫不效也，是以陰寒侵犯消息。《易稽覽圖》曰：『侵消息者，或陰專政，或陰侵陽。』鄭玄注：『溫卦以溫侵，寒卦以寒侵。陽者君也，陰者臣也，專君政事亦陰侵陽也。』占曰：「日乘則有妖風，日蒙則有地裂。」如是三年，則致日食，陰侵其陽，漸積所致。立春前後溫氣應節者，詔令寬也。其後復寒者，無寬之實也。夫十室之邑，必有忠信，率土之人，豈無貞賢，未聞朝廷有所賞拔，非所以求善贊務，弘濟元元。宜採納良臣，以助聖化。

『三事：臣聞天道不遠，三五復反。《春秋合誠圖》曰：『至道不遠，三五而反。』宋均注云：『三，三正也。五，五行也。三正五行，王者改代之際會也。能於此際自新如初，則通無窮也。』今年少陽之歲，法當乘起，恐後年已往，將遂驚動，涉歷天門，災成戊己。戊亥之閒爲天門也。今春當旱，夏必有水，臣以六日七分候之可知。夫災眚之來，緣類而應。行有玷缺，則氣逆于天，精感變出，以戒人君。王者之義，時有不登，則損滋徹膳。數年以來，穀收稍減，家貧戶饉，歲不如昔。百姓不足，君誰與足？水旱之災，雖尚未至，然君子遠覽，防微慮萌。《老子》曰：「人之飢也，以其上食稅之多也。」故孝文皇帝綈袍革舄，木器無文，《前書》曰：『孝文帝身衣弋綈，足履革舄，兵木無刃，衣縕無文。』約身薄賦，時致升平。今陛下聖德中興，宜遵前典，惟節惟約，天下幸甚。《易》曰：「天道無親，常與善人。」是故高宗以享福，高宗，殷王武丁也。《尚書大傳》曰：『武丁祭成湯，有雉飛升鼎耳而呴，祖己曰：「雉者野鳥，升于鼎者，欲爲用也，無則遠方將有來朝者。」故武丁內反諸己，以思先王之道。三年，編髮重譯來朝者六國。孔子曰：「吾於《高宗肜日》見德之有報之疾也。」』《帝王紀》曰『高宗饗國五十有九年，年百歲』也。宋景以延年。《呂氏春秋》曰『宋景公時，熒惑在心，召子韋問焉。子韋曰：「禍當君。雖然，可移宰相。」公曰：「宰相，寡人所與理國家也。」曰：「可移於人。」公曰：「人死，寡人將誰爲君？」曰：「可移於歲。」公曰：「歲飢人餓，誰以我爲君乎？」子韋曰：「君有至德之言三，天必三賞君，熒惑必退三舍。一舍行七星，星當一年，君延二十一年矣。」熒惑果退三舍』也。【略】

『六事：臣竊見今月十四日乙卯巳時，白虹貫日。凡日傍氣色白而純者名爲虹。貫日中者，侵太陽也；見於春者，政變常也。方今中官外司，各各考事，考，劾也。其所考者，或非急務。又恭陵火災，主名未立，立猶定也。時考問延火者姓名未定也。多所收捕，備經考毒。尋火爲天戒，以悟人君，可順而不可違，可敬而不可慢。陛下宜恭己內省，以備後災。凡諸考案，并須立秋。又《易傳》曰：「公能其事，序賢進士，後必有喜。」反之，則白虹貫日。以甲乙見者，則譴在中台。譴，責也。《韓詩外傳》曰：『三公者何？司空、司徒、司馬也。司馬主天，司空主地，司徒主人。故陰陽不調，星辰失度，責之司馬；山陵崩絕，川谷不流，責之司空；五穀不殖，草木不茂，責之司徒。』甲乙東方主春，生殖五穀之時也。而白虹以甲乙日見，明責在司徒也。自司徒居位，陰陽多謬，時劉崎爲司徒，至陽嘉三年策免。久無虛己進賢之策，天下興議，異人同咨。咨，嗟歎也。且立春以來，金氣再見，謂元年閏十二月己丑夜，有白氣入玉井，二年正月乙卯，白虹貫日，此金氣再見。金能勝木，必有兵氣，宜黜司徒以應天意。陛下不早攘之，將負臣言，遺患百姓。』

又 臺詰顗曰：『對云「白虹貫日，政變常也」。朝廷率由舊章，何所變易而言變常？又言「當大蠲法令，革易官號」。或云變常以致災，或改舊以除異，何也？又陽嘉初建，復欲改元，據何經典？其以實對。』顗對曰：

『方春東作，布德之元，陽氣開發，養導萬物。王者因天視聽，奉順時氣，宜務崇溫柔，遵其行令。《禮記·月令》，孟春，天子命相布德和令，行慶施惠，下及兆人。仲春，安萌牙，養幼少，存諸孤，省囹圄，去桎梏，止獄訟。是遵其行令也。而今立春之後，考事不息，秋冬之政，行乎春夏，故白虹春見，掩蔽日曜。凡邪氣乘陽，則虹蜺在日，斯皆臣下執事刻急所致，殆非朝廷優寬之本。此其變常之咎也。又今選舉皆歸三司，非有周召之才，而當則哲之重，《尚書》曰：『知人則哲。』每有選用，輒參之掾屬，參，豫也。公府門巷，賓客填集，送去迎來，財貨無已。其當遷者，競相薦謁，各遣子弟，充塞道路，開長姦門，興致浮偽，非所謂率由舊章也。尚書職在機衡，宮禁嚴密，北斗魁星第三爲機，第五爲衡，於天文爲喉舌。李固對策曰：『陛下之有尚書，猶天有北斗，主爲喉舌，斟酌元氣，運平四時，出納王命也。』

私曲之意，羌不得通，偏黨之恩，或無所用。選舉之任，不如還在機密。欲使尚書專掌選也。臣誠愚戇，不知折中，斯固遠近之論，當今之宜。又孔子曰：「漢三百載，斗歷改憲。」《春秋保乾圖》曰：『陽起於一，天帝爲北辰，氣成於三，以立五神，三五展轉，機以動運。』故三百歲斗歷改憲也。三百四歲爲一德，五德千五百二十歲，五行更用。《易乾鑿度》孔子曰：『立德之數，先立木、金、水、火、土德，各三百四歲。』五德備凡千五百二十歲，太終復初，故曰五行更用。更猶變改也。王者隨天，譬猶自春徂夏，改青服絳者也。《禮記・月令》，孟春天子衣青衣，服倉玉，孟夏則衣朱衣，服赤玉也。自文帝省刑，適三百年，而輕微之禁，漸已殷積。王者之法，譬猶江河，當使易避而難犯也。故《易》曰：「易則易知，簡則易從，易簡而天下之理得矣。」今去奢即儉，以先天下，改易名號，隨事稱謂。《易》曰：「君子之道，或出或處，同歸殊塗，一致百慮。」是知變常而善，可以除災，變常而惡，必致於異。今年仲竟，來年入季，仲終季始，歷運變改，故可改元，所以順天道也。

『臣顗愚蔽，不足以荅聖問。』

顗又上書薦黄瓊、李固，并陳消災之術曰：

『臣前對七事，要政急務，宜於今者，所當施用。誠知愚淺，不合聖聽，人賤言廢，當受誅罰，《論語》孔子曰：『不以人廢言。』征營惶怖，靡知厝身。

『臣聞刳舟剡楫，將欲濟江海也；《易》曰：『黄帝刳木爲舟，剡木爲楫。』聘賢選佐，將以安天下也。昔唐堯在上，羣龍爲用，羣龍喻賢臣也。鄭玄注《易》乾卦云：『爻皆體乾，羣龍之象。』舜既受禪，禹與稷、契、咎繇之屬並在朝。文武創德，周召作輔，是以能建天地之功，增日月之耀者也。《詩》云：『赫赫王命，仲山甫將之。邦國若否，仲山甫明之。』《詩・大雅》也。將，行也。若，順也。順否猶臧否，謂善惡也。言國有善惡，仲山甫能明之。宣王是賴，以致雍熙。陛下踐祚以來，勤心庶政，而三九之位，未見其人，三公九卿也。是以災害屢臻，四國未寧。四方之國。臣考之國典，驗之聞見，莫不以得賢爲功，失士爲敗。且賢者出處，翔而後集，《論語》：『色斯舉矣，翔而後集。』爵以德進，則其情不苟，然後使君子恥貧賤而樂富貴矣。若有德不報，有言不讎，來無所樂，進無所趨，無爵賞也。則皆懷歸藪澤，修其故志矣。夫求賢者，上以承天，下以爲人。不用之，則逆天統，違人望。逆天統則災眚降，違人望則化不行。災眚降則下呼嗟，化不行則君道虧。四始之缺，五際之戹，其咎由此。四始謂《關雎》爲《國風》之始，《鹿鳴》爲《小雅》之始，《文王》爲《大雅》之始，《清廟》爲《頌》之始。缺猶廢也。《翼奉傳》曰：『易有陰陽五際。』孟康曰：『《韓詩外傳》云「五際，卯、酉、午、戌、亥也，陰陽終始際會之歲，於此則有變改之政。」』豈可不剛健篤實，矜矜慄慄，以守天功盛德大業乎？《易・繫詞》曰：『日新之謂盛德，富有之謂大業。』

又　謹復條便宜四事，附奏於左：【略】

『三事：去年十月二十日癸亥，太白與歲星合於房、心。太白在北，歲星在南，相離數寸，光芒交接。房、心者，天帝明堂布政之宫。《春秋元命包》曰：『房四星，心三星。』《孝經鉤命決》曰：『歲星守心年穀豐。』歲星守心爲重華，故年豐也。《尚書洪範記》曰：『月行中道，移節應期，德厚受福，重華留之。』《天官書》曰『歲星一曰攝提，一曰重華』也。重華者，謂歲星在心也。今太白從之，交合明堂，金木相賊，而反同合，太白，金也。歲星，木也。金剋木，故相賊也。此以陰陵陽，臣下專權之異也。房、心東方，其國主宋。卯爲房、心，宋之分也。《石氏經》曰：石氏，魏人石中夫也，見《蓺文志》。『歲星出左有年，出右無年。』今金木俱東，歲星在南，是爲出右，恐年穀不成，宋人飢也。陛下宜審詳明堂布政之務，然後妖異可消，五緯順序矣。五緯，五星也。

『四事：《易傳》曰：『陽無德則旱，陰僭陽亦旱。』陽無德者，人君恩澤不施於人也。陰僭陽者，祿去公室，臣下專權也。自冬涉春，訖無嘉澤，數有西風，反逆時節。春當東風也。朝廷勞心，廣爲禱祈，薦祭山川，暴龍移市。董仲舒《春秋繁露》曰：『春旱，以甲乙日爲倉龍一，長八尺，居中央；爲小龍七，各長四尺，於東方。皆東向，其閒相去八尺。小童八人，皆齋三日，服青衣而舞之。夏，以丙丁日爲赤龍，服赤衣。季夏，以戊己日爲黄龍，服黄衣。秋，以庚辛日爲白龍，服白衣。冬，以壬癸日爲黑龍，服黑衣。牲各依其方色，皆燔雄雞，燒猳豬尾，於里北門及市中以祈焉。』《禮記》：歲旱，魯穆公問於縣子，縣子曰：『爲之徙市，不亦可乎？』見《檀弓篇》。臣聞皇天感物，不爲僞動，災變應人，要在責己。若令雨可請降，水可攘止，則歲無隔并，太平可待。然而災害不息者，患不在此也。不在祈禱。立春以來，未見朝廷賞錄有功，表顯有德，存問孤寡，賑恤貧弱，而但見洛陽都官奔車東西，收繫纖介，牢獄充盈。臣聞恭陵火處，比有光曜，比，頻也。時恭陵百丈廡災，仍有光耀不絕。明此天災，非人之咎。丁丑大風，掩蔽天地。風者號令，天之威怒，皆所以感悟人君忠厚之戒。又連月無雨，將害宿麥。若一穀不登，則飢者十三四矣。陛下誠宜廣被恩澤，貸贍元元。昔堯遭九年之水，人有十載之蓄者，簡稅防災，爲其方也。簡，少也。

方，法也。願陛下早宣德澤，以應天功。若臣言不用，朝政不改者，立夏之後乃有澍雨，於今之際未可望也。若政變於朝而天不雨，則臣爲誣上，愚不知量，分當鼎鑊。』

書奏，特詔拜郎中，辭病不就，即去歸家。至四月京師地震，遂陷。陽嘉二年四月己亥地震，六月丁丑洛陽地陷，是月旱也。其夏大旱。

又 卷五七《劉陶傳》 時大將軍梁冀專朝，而桓帝無子，連歲荒飢，災異數見。陶時游太學，乃上疏陳事曰：

『臣聞人非天地無以爲生，天地非人無以爲靈，《書》曰『惟天地萬物父母，惟人萬物之靈』也。是故帝非人不立，人非帝不寧。夫天之與帝，帝之與人，猶頭之與足，相須而行也。伏惟陛下年隆德茂，中天稱號，中謂當天之中也。襲常存之慶，循不易之制，目不視鳴條之事，耳不聞檀車之聲，鳴條，地名，在安邑之西。《尚書》曰：『伊尹相湯伐桀，遂與桀戰于鳴條之野。』檀車，兵車也。《詩》曰：『檀車嘽嘽，四牡痯痯，征夫不遠。』嘽音昌善反。痯音管。天災不有痛於肌膚，震食不即損於聖體，故蔑三光之謬，輕上天之怒。伏念高祖之起，始自布衣，高祖曰：『吾以布衣提三尺以取天下。』拾暴秦之敝，追亡周之鹿，《前書》蒯通曰：『秦失其鹿，天下共遂之。』《音義》云：『以鹿喻帝位也。』合散扶傷，克成帝業。功既顯矣，勤亦至矣。流福遺祚，至於陛下。陛下既不能增明烈考之軌，而忽高祖之勤，妄假利器，委授國柄，使羣醜刑隸，芟刈小民，彫敝諸夏，虐流遠近，利器謂威權也。《周禮》『太宰以八柄詔王馭羣臣』，謂爵、祿、與、置、生、奪、廢、誅也。刑隸謂閹人也。故天降衆異，以戒陛下。陛下不悟，而競令虎豹窟於麑場，豺狼乳於春囿。鹿子曰麑。乳，產也。斯豈唐咨禹、稷，益典朕虞，議物賦土蒸民之意哉？又今牧守長吏，上下交競；封豕長蛇，蠶食天下；貨殖者爲窮冤之魂，貧餒者作飢寒之鬼；高門獲東觀之辜，豐室羅妖叛之罪；《說苑》曰『孔子爲魯司寇，七日而誅少正卯於東觀之下』也。死者悲於窀穸，生者戚於朝野；杜元凱注《左傳》曰：『窀，厚也。穸，夜也。厚夜猶長夜也。』是愚臣所爲咨嗟長懷歎息者也。且秦之將亡，正諫者誅，諛進者賞，嘉言結於忠舌，國命出於讒口，擅閻樂於咸陽，授趙高以車府。趙高爲車府令，與婿咸陽令閻樂謀殺胡亥。事見《史記》也。權去己而不知，威離身而不顧。古今一揆，成敗同執。願陛下遠覽強秦之傾，近察哀、平之變，得失昭然，禍福可見。

『臣又聞危非仁不扶，亂非智不救，故武丁得傅說，以消鼎雉之災，武丁，殷王高宗也。《尚書》曰：高宗得傅說爲相，殷復興焉。高宗時，有雉登鼎耳而雊，武丁懼而修德，位以永寧。周宣用申、甫，以濟夷、厲之荒。申伯，仲山甫，周宣王之臣也。《詩》曰：『惟申及甫，惟周之翰。』《史記》曰：周孝王之子燮，是爲夷王。夷王崩，子厲王胡立，行暴虐，死于彘也。竊見故冀州刺史南陽朱穆，前烏桓校尉臣同郡李膺，皆履正清平，貞高絕俗。穆前在冀州，奉憲操平，摧破姦黨，掃清萬里。膺歷典牧守，正身率下，及掌戎馬，威揚朔北。斯實中興之良佐，國家之柱臣也。宜還本朝，挾輔王室，上齊七燿，下鎮萬國。臣敢吐不時之義於諱言之朝，不時謂不合於時也。諱言謂拒諫也。猶冰霜見日，必至消滅。臣始悲天下之可悲，今天下亦悲臣之愚惑也。

唐 權德輿《權載之文集》卷一七《唐故江南西道都團練觀察處置等使中散大夫使持節都督洪州諸軍事守洪州刺史兼御史中丞騎都尉賜紫金魚袋贈左散騎常侍崔公神道碑銘并序》 其爲郎中，考課經費，彌綸綜覈，三劇曹無留事，瀕江郡國，仍歲夭癘，而浙河之東，兇旱特甚。縣官恤然，臨遣使臣，發吳之公聚，賑越之艱食。君受載馳，仁聲先翔，噢咻憯怛，布施優裕。不樂宴私，不嘗酒肴，東人鼓舞，感動肝膈。

又 卷二〇《唐故中大夫守國子祭酒潁川縣開國男賜紫金魚袋贈户部尚書韓公行狀》 乾元中，江淮兇饑，相扇嘯聚，而新安郡負山洞之阻，爲害特甚。朝廷推其能名，除睦州別駕知州事，俄拜監察御史，又轉殿中侍御史，賜緋魚袋，充江西都團練判官，軍州庶政，多所訪決。未幾，以本官知制誥，參掌宥密，式敷聲明，炳然訓辭，潤色王度。時元載持衡，深相器重，公愈不自安，每因災眚，必疏古義，且以西漢賜上尊酒之比，深儆戒之。元終不悟，竟及於禍，公以謗累貶邵州司户。【略】既至，拜兵部侍郎，在職數月，遷京兆尹兼御史大夫。三輔難理，轂下尤甚，賊泚之後，旱蝗相乘，連師十餘萬屯於蒲坂，戎裝兵馬，仰給京師，內安罷甿，外贍軍實，師克濟而人不困，公之力焉。

又 卷二一《唐故幽州盧龍軍節度副大使知節度事管內支度營田觀察處置押奚契丹兩番經略盧龍軍等使開府儀同三司檢校司徒兼中書令幽州大都督府長史上柱國彭城郡王贈太師劉公墓志銘并序》 興元初以太子家令爲莫州刺史，以御史中丞爲行軍司馬，凡吏理之尉薦，輿師之拊循，如良庖之無肯綮，良農之無滅裂。司徒即代，有詔奪情，節哀順變，講信修睦。

先公之封軫盡在，長帥之威惠畢舉。比歲大旱，蝝蝗爲災，絜齊蔬菲，默以心禱。甘雨祁祁，嘉生莓莓，因其豐登，示以班制。古諸侯之令典，靡不具焉。

《續資治通鑑長編》卷一三〔開寶五年冬十月〕癸卯，詔功德使與左街道録劉若拙，集京師道士試驗，其學業未至而不修飾者，皆斥之。若拙，蜀人，自號華蓋先生，善服氣，年九十餘不衰，步履輕疾。每水旱，必召於禁中，設壇場致禱，其法精審，上甚重之。

又 卷二四〔太平興國八年秋七月郭〕贄飲酒過量，偶入對，宿酲未解，發言輕易，上怒，辛未，責授祕書少監。尋出知荊南府，俗尚淫祀，屬久旱，盛禱雨之具，贄始至，悉命撤去，投之江流，不數日，大雨。

又 卷二七〔雍熙三年〕春正月戊寅，德彝為右千牛衛大將軍、判沂州，時年十九。會飛蝗入境，吏民請坎瘞火焚之，德彝曰：『上天降災，守土之罪也。』乃責躬引咎，齋戒虔禱，而蝗自殪。

明 宋端儀《立齋閑録》卷四 景泰元年，英宗皇帝歸自北狩，尊為太上皇，別居南宮，今上在儲位。又明年，乃易兩宮。疏隔嫌隙滋萌，災異薦臻，人心危懼，廷臣無敢以言。時公為儀制郎中，特陳修德弭災十四事：一畏天戒，二任燮理，三養聖躬，四節幸御，五務儉約，六勤論政，七惇孝義，八慎賞賚，九重名爵，十革巡撫，十一擇重臣，十二辯異端，十三卻貢獻，十四汰冗官。其『畏天戒』，大意謂：『內臣不可干外政，佞臣不可假威福，後宮不宜盛聲色。凡為陰盛之類，請悉革罷。』其『惇孝義』，則謂：『上聖皇太后為天下母，受天下養，可謂尊養之至矣。然必躬修問安視膳之禮，乃盡尊養之誠。太上皇帝君臨天下十有四年，陛下向嘗親受冊封為臣子，是天下之父也。至以天位授陛下，尊為太上皇，是天下之至尊也。每月朔望及歲時節旦，宜率羣臣朝見於延安門，以極尊崇之道。而又復舊皇后於中宮，以正天下之母儀；復舊皇儲於東宮，以定天下之大本。如此，則倫誼篤而和氣充，天意自回，災異自弭矣。』疏上，忤旨，下公錦衣衛獄。刑逼誣引大臣并南宮通謀，榜掠慘酷，體無完膚，濱死者數，卒無一言他及。惟御史鐘同先嘗有言，故并逮之，俱欲重坐。會天大風雨，黃氣四塞，刑乃少緩。明年秋，南京大理卿廖莊入朝，亦以嘗請復儲杖於闕廷。因命杖公與同至百，同死，公幾絕，復生，禁錮愈嚴。公了無懟悔意。越二載。英廟復登寶位，今上還正儲宮。首録公忠，出之獄，嘉嘆良深，遂陞禮部右侍郎。出泰和尹直所撰恭毅章公神道碑。

紀事

《春秋・桓公五年》 大雩。

又《襄公五年》 秋，大雩。

又《襄公七年》 秋九月，大雩。

又《襄公二十八年》 秋八月，大雩。

又《昭公三年》 八月，大雩。

又《昭公六年》 秋九月，大雩。

又《昭公十六年》 九月，大雩。

又《昭公二十四年》 秋八月，大雩。

又《昭公二十五年》 秋七月上辛，大雩；季辛，又雩。

《左傳・桓公五年》 秋，大雩，書，不時也。凡祀，啟蟄而郊，龍見而雩，始殺而嘗，閉蟄而烝。過則書。

又《襄公五年》 秋，大雩，旱也。

又《襄公七年》 秋九月，大雩，旱也。

又《襄公二十八年》 秋八月，大雩，旱也。

又《昭公三年》 八月，大雩，旱也。

又《昭公六年》 秋九月，大雩，旱也。

又《昭公十六年》 九月，大雩，旱也。鄭大旱，使屠擊、祝款、豎柎有事於桑山。斬其木，不雨。子產曰：『有事於山，蓺山林也；而斬其木，其罪大矣。』奪之官邑。

又《昭公二十四年》 秋八月，大雩，旱也。

又《昭公二十五年》 秋，書再雩，旱甚也。

漢 劉向《說苑》卷一《君道》 楚莊王好獵，大夫諫曰：『晉楚敵國也，楚不謀晉，晉必謀楚，今王無乃耽於樂乎？』王曰：『吾獵將以求士也，其榛藂刺虎豹者，吾是以知其勇也；其攫犀搏兕者，吾是以知其勁有力也；罷田而分所得，吾是以知其仁也。因是道也而得三士焉，楚國以安。』故曰：苟有志則無非事者，此之謂也。湯之時大旱七年，雒圻川竭，煎沙爛石，於是使人持三足鼎，祝山川，教之祝曰：政不節耶？使人疾耶？苞苴行耶？讒夫昌耶？宮室營耶？女謁盛耶？何不雨之極也，蓋言未已而天大雨，故天之應人，如影之隨形，響之效聲者也。《詩》云：『上下奠瘞，靡神不宗。』言疾旱也。

又卷一八《辨物》 夫水旱俱天下陰陽所爲也。大旱則雩祭而請雨，大水則鳴鼓而劫社。何也？曰：陽者陰之長也，其在鳥則雄爲陽，雌爲陰，在獸則牡爲陽而牝爲陰；其在民則夫爲陽而婦爲陰，其在家則父爲陽而子爲陰，其在國則君爲陽而臣爲陰。故陽貴而陰賤，陽尊而陰卑，天之道也。今大旱者，陽氣太盛以厭於陰，陰厭陽固，陽其填也，惟填厭之太甚，使陰不能起也，亦雩際拜請而已，無敢加也。至於大水及日蝕者，皆陰氣太盛而上減陽精，以賤乘貴，以卑陵尊，大逆不義，故鳴鼓而懾之，朱絲縈而劫之。由此觀之，《春秋》乃正天下之位，徵陰陽之失。直責逆者不避其難，是亦《春秋》之不畏強禦也。故劫嚴社而不爲驚靈，出天王而不爲不尊上，辭蒯聵之命不爲不聽其父，絕文姜之屬而不爲不愛其母，其義之盡耶！其義之盡耶！

齊大旱之時，景公召群臣問曰：『天不雨久矣，民且有飢色，吾使人卜之，崇在高山廣水，寡人欲少賦斂以祠靈山可乎？』群臣莫對。晏子進曰：『不可，祠此無益也。夫靈山固以石爲身，以草木爲髮；天久不雨，髮將焦，身將熱，彼獨不欲雨乎？祠之無益。』景公曰：『不然，吾欲祠河伯可乎？』晏子曰：『不可，祠此無益也。夫河伯以水爲國，以魚鱉爲民；天久不雨，水泉將下，百川竭，國將亡，民將滅矣，彼獨不用雨乎？祠之何益？』景公曰：『今爲之奈何？』晏子曰：『君誠避宮殿暴露，與靈山河伯共憂；其幸而雨乎！』於是景公出野，暴露三日，天果大雨，民盡得種樹。景公曰：『善哉！晏子之言可無用乎？其惟右德也！』

《漢書》卷九《元帝紀》 ［初元三年］六月，詔曰：『蓋聞安民之道，本繇陰陽。師古曰：『繇與由同。』間者陰陽錯謬，風雨不時。朕之不德，庶幾羣公有敢言朕之過者，今則不然。媮合苟從，未肯極言，師古曰：『媮與偷同。』朕甚閔焉。永惟烝庶之饑寒，遠離父母妻子，勞於非業之作，衛於不居之宮，師古曰：『不急之事，故云非業也。』恐非所以佐陰陽之道也。其罷甘泉、建章宮衛，令就農。百官各省費。師古曰：『費用之物務減省。』條奏毋有所諱。有司勉之，毋犯四時之禁。丞相御史舉天下明陰陽災異者各三人。』於是言事者衆，或進擢召見，人人自以得上意。師古曰：『人人各自以當天子之意。』

又 ［初元五年］夏四月，有星孛于參。詔曰：『朕之不逮，序位不明，師古曰：『逮，及也。言官人之位失其次序。』衆僚久廱，應劭曰：『廱音曠。』師古曰：『廱，古曠字。曠，空也。不得其人，則職事空廢。』未得其人。元元失望，上感皇天，陰陽爲變，咎流萬民，朕甚懼之。乃者關東連遭災害，饑寒疾疫，夭不終命。詩不云乎：『凡民有喪，匍匐救之。』師古曰：『《邶國·谷風》之詩也。言見人有喪禍之事，則當盡力以救之。匍音步扶反。匐音步得反。』其令太官毋日殺，師古曰：『不得日日宰殺。』所具各減半。師古曰：『食具也。』乘輿秣馬，無乏正事而已。師古曰：『秣，養也，以粟秣食之也。正事謂駕供郊祀蒐狩之事，非游田者也。秣音末。』罷角抵、上林宮館希御幸者、齊三服官、李斐曰：『齊國舊有三服之官。春獻冠幘縰爲首服，紈素爲冬服，輕綃爲夏服，凡三。』如淳曰：『《地理志》曰齊冠帶天下。胡公曰『服官主作文繡，以給袞龍之服』。《地理志》襄邑亦有服官。』師古曰：『齊三服官，李說是也。縰與纚同，音山爾反，即今之方目紗也。紈素，今之絹也。輕綃，今之輕紗也。襄邑自出文繡，非齊三服也。』北假田官、李斐曰：『主假賃見官田與民，收其假稅也。故置田農之官。』晉灼曰：『《匈奴傳》秦始皇渡河據陽山北假中，《王莽傳》五原北假膏壤殖穀。北假，地名。』師古曰：『晉說是也。』鹽鐵官、常平倉。博士弟子毋置員，以廣學者。賜宗室子有屬籍者馬一匹至二駟，三老、孝者帛，人五匹，弟者、力田三匹，鰥寡孤獨二匹，吏民五十戶牛酒。』省刑罰七十餘事。除光祿大夫以下至郎中保父母同產之令。應劭曰：『舊時相保，一人有過，皆當坐之。』師古曰：『特爲郎中以上除此令者，所以優之也。同產，謂兄弟也。』令從官給事宮司馬中者，得爲大父母父母兄弟通籍。應劭曰：『從官，謂宦者及虎賁、羽林、太醫、太官是也。司馬中者，宮內門也。司馬主武，兵禁之意也。籍者，爲二尺竹牒，記其年紀名字物色，縣之宮門，案省相應，乃得入也。』師古曰：『應說非也。從官，親近天子常侍從者皆是也。故此下云科第郎、從官。司馬門者，宮之外門也。衛侯有八屯，衛侯司馬主衛士徼巡宿衛。每面各二司馬，故謂宮之外門爲司馬門。』

漢 孔臧《孔叢子》卷下《敘世》 子豐拜高第御史。建初元年，歲大旱。乃上疏曰：『臣聞爲不善而災報，得其應也。爲善而災至，遭時運也。陛下即位日新，視民如傷，而不幸耗旱，時運之會耳，非政教之所致也。昔成湯遭旱，因自責，減御損膳，而大有年。天意者陛下未爲成湯之事焉。』天子納其言而從之。三日雨即降，轉拜黃門侍郎，典東觀事。

晉 袁宏《後漢紀》卷一三《後漢孝和皇帝紀上》 ［永元六年］秋七月，京都旱。司空張奮上疏曰：『歲比不登，人食不足。今復旱，秋稼未立，陽氣垂盡，日月迫促。夫國以民為本，以穀為命，政之急務，憂之重者也。臣義恩尤深厚，受職過任，夙夜憂惶，章奏不能序心，願對中常侍，口陳得失。』上即引見，明日車駕親幸洛陽寺，省錄囚徒，於是大雨。

又 卷二七《後漢孝獻皇帝紀》 ［初平四年］是時帝使侍御史裴茂之詔獄，原輕繫者二百餘人，其中有善士為［李］傕所枉者。傕表之曰：『茂之擅出囚徒，疑有姦故，宜置於理。』詔曰：『災異數降，陰雨為害，使者銜命，宣布恩澤，原解輕微，庶合天心，欲解冤結而復罪之乎？一切勿問。』

《後漢書》卷二《孝明帝紀》 ［永平］三年春正月癸巳，詔曰：『朕奉郊祀，登靈臺，見史官，正儀度。儀謂渾儀，以銅爲之，置於靈臺，王者正天文之器也。度謂日月星辰之行度也。史官即太史，掌天文之官也。夫春者，歲之始也。始得其正，則三時有成。正謂日月五星不失其次也。三時謂春、夏、秋。《左傳》曰：『務其三時。』比者水旱不節，邊人食寡，政失於上，人受其咎。有司其勉順時氣，勸督農桑，去其螟蜮，以及蝥賊；《爾雅》曰：『食苗心曰螟，食節曰賊，食根曰蝥。』蜮一名短弧，今之水弩，含沙射人爲災。言此者，欲令臣下順時行政，勿侵擾也。詳刑慎罰，明察單辭，單辭猶偏辭也。夙夜匪懈，以稱朕意。』

又 ［永平三年八月］壬申晦，日有蝕之。詔曰：『朕奉承祖業，無有善政。日月薄蝕，彗孛見天，水旱不節，稼穡不成，人無宿儲，下生愁墊。儲，積也。墊，溺也，音丁念反。雖夙夜勤思，而智能不逮。昔楚莊無災，以致戒懼；《說苑》曰：『楚莊王見天不見妖而地不出孽，則禱于山川曰：『天其忘余歟？』此能求過于天，必不逆諫矣。』魯哀禍大，天不降譴。《春秋感精符》曰：『魯哀公時，政彌亂絕，不日食。政亂之類，當致日食之變，而不應者，譴之何益，告之不悟，故哀公之篇絕無日食之異。』今之動變，儻尚可救。有司勉思厥職，以匡無德。古者卿士獻詩，百工箴諫。《國語》曰：『天子聽政，公卿至于庶士獻詩，師箴，百工諫，庶人傳語，近臣盡規，而後王斟酌事焉。』其言事者，靡有所諱。』

又 卷五《孝安帝紀》 ［永初七年］五月庚子，京師大雩。

又 卷六《孝順帝紀》 ［陽嘉元年二月］甲戌，詔曰：『政失厥和，陰陽隔并，冬鮮宿雪，春無澍雨。分禱祈請，靡神不禜。深恐在所慢違『如在』之義，今遣侍中王輔等，持節分詣岱山、東海、滎陽、河、洛，盡心祈焉。』

又 《孝質帝紀》 ［永憙元年］夏四月壬申，雩。

［永憙元年五月］甲午，詔曰：『朕以不德，託母天下，布政不明，每失厥中。自春涉夏，大旱炎赫，憂心京京，故得禱祈明祀，冀蒙潤澤。前雖得雨，而宿麥頗傷；比日陰雲，還復開霽。寤寐永歎，重懷慘結。將二千石令長不崇寬和，暴刻之爲乎？其令中都官繫囚罪非殊死考未竟者，一切任出，以須立秋。郡國有名山大澤能興雲雨者，二千石長吏各絜齊請禱，謁誠盡禮。

【略】

又 卷四一《鐘離意傳》 會連有變異，意復上疏曰：『伏惟陛下躬行孝道，修明經術，郊祀天地，畏敬鬼神，憂恤黎元，勞心不怠。而天氣未和，日月不明，《易通卦驗》曰：『愚智同位，則日月無光。』水泉湧溢，寒暑違節者，咎在羣臣不能宣化理職，而以苛刻爲俗。吏殺良人，繼踵不絕。百官無相親之心，吏人無雍雍之志。《爾雅》曰：『雍雍，和也。』至於骨肉相殘，毒害彌深，感逆和氣，以致天災。百姓可以德勝，難以力服。先王要道，民用和睦，故能致天下和平，灾害不生，禍亂不作。《鹿鳴》之詩必言宴樂者，《鹿鳴》，《詩·小雅》宴羣臣也。其詩曰：『呦呦鹿鳴，食野之苹，我有嘉賓，鼓瑟吹笙。』以人神之心洽，然後天氣和也。願陛下垂聖德，揆萬機，詔有司，慎人命，緩刑罰，順時氣，以調陰陽，垂之無極。』帝雖不能用，然知其至誠。亦以此故不得久留，出爲魯相。

《宋書》卷五《文帝紀》 ［元嘉］五年春正月乙亥，詔曰：『朕恭承洪業，臨饗四海，風化未弘，治道多昧，求之人事，鑒寐惟憂。加頃陰陽違序，旱疫成患，仰惟災戒，責深在予。思所以側身剋念，議獄詳刑，上答天譴，下恤民瘼。羣后百司，其各獻讜言，指陳得失，勿有所諱。』

又 卷三一《五行志二·恒暘》 太和五年三月，自去冬十月至此月不雨，辛巳，大雩。

晉武帝咸寧二年五月，旱，大雩，及社稷山川。至六月，乃澍雨。

《魏書》卷五《世祖紀》 ［和平五年閏四月］戊子，帝以旱故，減膳責躬。是夜，澍雨大降。

又 卷七上《高祖紀上》 ［太和四年］京師旱。甲辰，祈天災於北苑，親自禮焉。減膳，避正殿。丙午，澍雨大洽。

又 ［太和四年二月］癸巳，詔曰：『朕承乾緒，君臨海內，夙興昧旦，如履薄冰。今東作方興，庶類萌動，品物資生，膏雨不降，歲一不登，百姓飢乏，朕甚懼焉。其敕天下，祀山川羣神及能興雲雨者，修飾祠堂，薦以牲璧。

民有疾苦，所在存問。』

又 卷七下《高祖紀下》 ［太和二十年七月］戊寅，帝以久旱，咸秩羣神；自癸未不食至于乙酉，是夜澍雨大洽。

丁亥，詔曰：『炎陽爽節，秋零卷澍，在予之責，實深悚慄，故輟膳三晨，以命上訴。靈鑒誠款，曲流雲液。雖休勿休，寧敢愆怠。將有賢人湛德，高士凝棲，雖加銓採，未能招致。其精訪幽谷，舉茲賢彥，直言極諫，匡予不及。又邪佞毁朝，固唯治蠹；貪夫竊位，大政以虧。主者彈劾不肖，明黜盜祿。又法爲治要，民命尤重，在京之囚，悉命條奏，朕將親案，以時議決。又疾苦六極，人神所矜，宜時訪恤，以拯窮廢。鰥寡困乏、不能自存者，明加矜恤，令得存濟。又輕徭薄賦，君人常理，歲中恒役，具以狀聞。又夫婦之道，生民所先，仲春奔會，禮有達式，男女失時者以禮會之。又京民始業，農桑爲本，田稼多少，課督以不，具以狀言。』

又 卷一〇五《天象志三》 神瑞元年二月，填入東井，犯天尊，旱祥也。天象若曰：土失其性，水源將壅焉；施于天尊，所以福矜寡之萌也。先是，去年九月至于五月，歲再犯軒轅大星；八月庚寅至二年三月，填再犯鬼積尸。歲星主農事，軒轅主雪霜風雨之神，返覆由之，所以告黄祇也。土爰稼穡，鬼爲物之精氣，是謂稼穡潛耗，人將以饉而死焉。一曰大旱。是後，京師比歲霜旱，五穀不登，詔人就食山東，以粟帛賑乏，語在《崔浩傳》。先是，月犯歲于畢。占曰『饑在晉代，亦其徵』。又鬼主秦，旱在秦邦。至二年，太史奏，熒惑在匏瓜中，一夜忽亡失之，後出東井，語在《崔浩傳》。既而關中大旱，昆明枯涸。

又 顯祖天安元年正月戊子太白犯歲星。歲，農事也，肅殺干之，是爲稼穡不登。六月，熒惑犯鬼。占曰『旱饑疾疫，金革用』。八月丁亥，太白犯房。占曰『霜雨失節，馬牛多死』。九月甲寅，熒惑犯上將，太白犯南斗第三星。占曰『貴人將相有誅者』。十一月己酉，太白又犯歲星。或曰歲爲諸侯，太白主兵刑之政，再干之，事洊也。是歲九月，州鎮十一旱饑。十月，宋氏六王皆戮死。明年，宋師敗于呂梁，江南阻饑，牛且大疫。其後，東平王道符擅殺副將及雍州刺史，據長安反，詔司空和其奴討滅之。九月，詔賜六鎮孤貧布帛，宋主以後宮服御賜征北將士。後歲夏，旱，河決，州鎮二十七皆饑，尋又天下大疫。元年六月，太白犯左執法；十月，火又犯之。占曰『大臣有憂，霸者之刑用』。是歲六月，月犯井；十月，又掩之。皇興元年正月，月犯井北轅第二星；八月，又蝕之。占曰『貴人當之，有將死，水旱祥也』。道符作亂之明年，司空和其奴、太宰李峻皆薨。

又 ［太和］十年九月，熒惑犯歲星。歲主農事，火星以亂氣干之，五稼旱傷之象也。占曰『元陽以饉，人不安』。自八年至十一年，黎人阻饑，且仍歲災旱。八年正月辛巳，月在畢，暈井、歲星、觜、參、五車。占曰『有赦，糴貴』。其年六月，大赦。冬，州鎮十五水旱，人饑。九年正月，月在參，暈觜、參兩肩、五車，爲大赦，爲水。戊申，月犯井，爲水祥也。是歲，冀定數州大水，人有鬻男女者，京師及州鎮十三水旱傷稼。明年，大赦。

《晉書》卷三《武帝紀》 ［泰始］七年春正月甲寅朔，日有蝕之。乙卯，詔曰：『比年災異屢發，日蝕三朝，地震山崩。邦之不臧，實在朕躬。公卿大臣各上封事，極言其故，勿有所諱。』

又 卷二八《五行志中》 咸寧二年五月旱，大雩，至六月乃澍雨。

太康二年旱，自去冬旱至此春。三年四月旱，乙酉詔司空齊王攸與尚書、廷尉、河南尹錄訊繫囚，事從蠲宥。

《隋書》卷七《禮儀志二》 陳氏亦因梁制，祈而澍則報以少牢。武帝時，以德皇帝配，文帝時，以武帝配。廢帝即位，以文帝配青帝。牲用黄牯牛，而以清酒四升洗其首。其壇壝配饗歌舞，皆如梁禮。天子不親奉，則太宰、太常、光祿行三獻禮。其法皆採齊建武二年事也。

梁、陳制，諸祠官皆給除穢氣藥，先齋一日服之，以取清潔。

天監九年，有事雩壇。武帝以爲雨既類陰，而求之正陽，其謬已甚。東方既非盛陽，而爲生養之始，則雩壇應在東方，祈晴亦宜此地。於是遂移於東郊。

十年，帝又以雩祭燔柴，以火祈水，於理爲乖。儀曹郎朱异議曰：『案周宣《雲漢》之詩，毛注有瘞埋之文，不見有燔柴之說。若以五帝必柴，今明堂又無其事。』於是停用柴，從坎瘞典。

十一年，帝曰：『四望之祀，頃來遂絕。宜更議復。』朱异議：『鄭衆云：「四望謂日月星海。」鄭玄云：「謂五岳四鎮四瀆。」尋二鄭之說，互有不同。竊以望是不即之名，凡厥遙祭，皆有斯目。豈容局於星漢，拘於海瀆？請命司天，有關水旱之義，爰有四海名山大川，能興雲致雨，一皆備祭。』帝從之。又揚州主簿顧協又云：『禮「仲夏大雩」，《春秋》「龍見而雩」，則雩常祭也，水旱且又禱之，謂宜式備斯典。』太常博士亦從協議。祠部郎明巖卿以爲：『祈報之祀，已備郊禋，沿革有時，不必同揆。』帝從其議，依舊不改。

大同五年，又築雩壇於藉田兆內。有祈禜，則齋官寄藉田省云。

後齊以孟夏龍見而雩，祭太微五精帝於夏郊之東。爲圓壇，廣四十五尺，高九尺，四面各一陛。爲三壝外營，相去深淺，并燎壇，一如南郊。於其上祈穀實，以顯宗文宣帝配。青帝在甲寅之地，赤帝在丙巳之地，黃帝在己未之地，白帝在庚申之地，黑帝在壬亥之地。面皆內向，藉以藁秸。配帝在青帝之南，小退，藉以莞席，牲以騂。其儀同南郊。又祈禱者有九焉：一曰雩，二曰南郊，三曰堯廟，四曰孔、顔廟，五曰社稷，六曰五岳，七曰四瀆，八曰滏口，九曰豹祠。水旱癘疫，皆有事焉。無牲，皆以酒脯棗栗之饌。若建午、建未、建申之月不雨，則使三公祈五帝於雩壇。禮用玉幣，有燎，不設金石之樂，選伎工端潔善謳詠者，使歌《雲漢》詩於壇南。自餘同正雩。南郊則使三公祈五天帝於郊壇，有燎，座位如雩。五人帝各在天帝之左。其儀如郊禮。堯廟，則遣使祈於平陽。孔、顔廟，則遣使祈於國學，如堯廟。社稷如正祭。五岳，遣使祈於岳所。四瀆如祈五岳，滏口如祈堯廟，豹祠如祈滏口。

隋雩壇，國南十三里啟夏門外道左。高一丈，周百二十尺。孟夏之月，龍星見，則雩五方上帝，配以五人帝於上，以太祖武元帝配饗，五官從配於下。牲用犢十，各依方色。京師孟夏後旱，則祈雨，理冤獄失職，存鰥寡孤獨，振困乏，掩骼埋胔，省傜役，進賢良，舉直言，退佞諂，黜貪殘，命有司會男女，恤怨曠。七日，乃祈岳鎮海瀆及諸山川能興雲雨者；又七日，乃祈社稷及古來百辟卿士有益於人者；又七日，乃祈宗廟及古帝王有神祠者；又七日，乃修雩，祈神州；又七日，仍不雨，復從岳瀆已下祈如初典。秋分已後不雩，但禱而已。皆用酒脯。初請後二旬不雨者，即徙市禁屠。皇帝御素服，避正殿，減膳撤樂，或露坐聽政。百官斷傘扇。令人家造土龍。雨澍，則命有司報。州郡尉祈雨，則理冤獄，存鰥寡孤獨，掩骼埋胔，潔齋祈于社。七日，乃祈界內山川能興雨者，徙市斷屠如京師。祈而澍，亦各有報。霖雨則禜京城諸門，三禜不止，則祈山川岳鎮海瀆社稷。又不止，則祈宗廟神州。報以太牢。州郡縣苦雨，亦各禜其城門，不止則祈界內山川。及祈報，用羊豕。

《舊唐書》卷五《高宗紀下》［總章三年八月］丙寅，以久旱，避正殿，尚食減膳。

又　卷八《玄宗紀上》［開元十四年］六月戊午，大風，拔木發屋，毁端門鴟吻，都城門等及寺觀鴟吻落者殆半。上以旱、暴風雨，命中外羣官上封事，指言時政得失，無有所隱。

又　卷二四《禮儀志四》　永泰二年，春夏累月亢旱，詔大臣裴冕等十餘人，分祭川瀆以祈雨。禮儀使右常侍于休烈請依舊祠風伯、雨師於國門舊壇，復爲中祠，從之。

又　會昌元年十二月，中書門下奏：『準天寶三載十月六日敕，「九宮貴神，實司水旱，功佐上帝，德庇下人。冀嘉穀歲登，災害不作。每至四時初節，令中書門下往攝祭」者。準禮，九宮次昊天上帝，壇在太清宮、太廟上，用牲牢、璧幣，類於天地。天寶三載十二月，玄宗親祠。乾元二年正月，肅宗親祀。伏自累年已來，水旱愆候，恐是有司禱請，誠敬稍虧。今屬孟春，合修祀典，望至明年正月祭日，差宰臣一人禱請。向後四時祭，並請差僕射、少師、少保、尚書、太常卿等官，所冀稍重其事，以申嚴敬。臣等十一月二十五日已於延英面奏，伏奉聖旨令檢儀注進來者。今欲祭時，伏望令有司崇飾舊壇，務於嚴潔。』敕旨依奏。

二年正月四日，太常禮院奏：『準監察御史關牒：「今月十三日，祀九宮貴神，已敕宰相崔珙攝太尉行事，合受誓誡，及有司徒、司空否？」伏以前件祭本稱大祠，準大和三年七月二十四日敕，降爲中祠。昨據敕文，祇稱崇飾舊壇，務於嚴潔，不令別進儀注，更有改移。伏恐不合却用大祠禮料，伏候裁旨。』中書門下奏曰：

『臣準天寶三載十月六日敕，「九宮貴神，實司水旱」。臣等伏覩，既經兩朝親祠，必是祈請有徵。況自大和已來，水旱愆候，陛下常憂稼穡，每念烝黎。臣等合副聖心，以修墜典。伏見大和三年禮官狀云：「縱司水旱兵荒，品秩不過列宿。今者五星悉是從祀，日月猶在中祀。」竊詳其意，以星辰不合比於天官。曾不知統而言之，則爲天地，在於辰象，自有尊卑。謹按後魏王鈞志：「北辰等二星，盛而常明者，乃爲元星露寢，天帝常居，始由道奧而爲變通之迹。又天皇大帝，其精曜魄寶，蓋萬神之秘圖，河海之命紀皆稟焉。」據茲說即昊天上帝也。天一掌八氣、九精之政令，以佐天極。徵明而有常，則陰陽序，大運興。太一掌十有六神之法度，以輔人極。徵明而得中，則神人和而王道昇平。又北斗有權、衡二星，天一、太一參居其間，所以財成天地，輔相神道也。若一概以列宿論之，實爲淺近。按《漢書》曰：「天神貴者太一，佐曰五帝。」古者天子以春秋祭太一，列於祀典，其來久矣。今五帝猶爲大祀，則太一無宜降祀，稍重其祀，固爲得所。劉向有言曰：「祖宗所立神祇舊典，誠未易動。」又曰：「古今異制，經無明文，至尊至重，難以疑說正也。」其意不欲非祖宗舊典。以劉向之博通，尚難於改作，況臣等學不究於天人，識尤懵於祀典，欲爲參酌，恐未得中。伏望更令太常卿與學官同詳定，庶獲明據。』

又 卷三七《五行志》 貞觀二年六月，京畿旱，蝗食稼。太宗在苑中掇蝗，咒之曰：『人以穀爲命，而汝害之，是害吾民也。百姓有過，在予一人，汝若通靈，但當食我，無害吾民。』將吞之，侍臣恐上致疾，遽諫止之。上曰：『所冀移災朕躬，何疾之避？』遂吞之。是歲蝗不爲患。

《新唐書》卷九《僖宗紀》 〔廣明元年〕三月辛未，以旱避正殿，減膳。

《資治通鑑》卷一四〇《齊紀六》 〔建武三年秋七月〕魏主以久旱，自癸未不食至于乙酉，羣臣皆詣中書省請見。帝在崇虛樓，武帝永明九年，魏移道壇於桑乾之陰，改曰崇虛寺。此蓋遷洛後建崇虛樓於禁中，齋戒則居之。見，賢遍翻。遣舍人辭焉，且問來故。舍人，即中書舍人。問其所以來請見之故。豫州刺史王肅對曰：『今四郊雨已霑洽，獨京城微少。細民未乏一餐而陛下輟膳三日，臣下惶惶，無復情地。』少，詩沼翻。復，扶又翻。帝使舍人應之曰：『朕不食數日，猶無所感。比來中外貴賤，皆言四郊有雨，比，毗至翻。朕疑其欲相寬勉，未必有實。方將遣使視之，使，疏吏翻。果如所言，即當進膳；如其不然，朕何以生爲，當以身爲萬民塞咎耳！』塞，悉則翻。是夕，大雨。

《續資治通鑑長編》卷一 〔建隆元年八月〕甲戌，命近臣分詣京城諸祠廟禱雨。

又 卷三 〔建隆三年三月〕癸亥，分命近臣於京城祠廟禱雨。

又 〔建隆三年夏四月〕甲子，幸相國寺禱雨，遂幸迎春苑宴射。

又 〔建隆三年〕甲申，幸太清觀，又幸相國寺禱雨。

又 卷四 〔乾德元年〕夏四月甲申，以旱，分命使徧禱京城祠廟，是夕雨。

又 〔乾德元年秋七月〕丁丑，分命近臣於京城祠廟禱雨。

又 卷五 〔乾德二年二月〕丁酉，遣左拾遺梁周翰等馳驛分詣五嶽祈雨。

又 卷一一 〔開寶三年夏四月〕丁亥，幸建隆觀、相國開寶寺，禱雨。

又 卷一三 〔開寶五年〕十二月乙未，命近臣於京城祠廟祈雪。

又 卷一五 〔開寶七年二月〕癸卯，分命近臣於京城祠廟禱雨。

又 卷一六 〔開寶八年三月〕癸巳，命近臣祈雨於在京祠廟。

又 〔開寶八年五月〕辛巳，以久雨，命近臣祈晴於在京祠廟。

又 卷一七 〔開寶九年二月〕庚寅，分命近臣徧禱城中祠廟，久雨故也。

又 〔開寶九年〕初，雨彌月不止，上遣中使齎三木與嶽神約，宿齋日雨不止，當施桎梏，又使禱無畏三藏塔，不如約則毀之。及期始晴霽，以訖成禮。都民垂白者相謂曰：『我輩少經亂離，不圖今日復觀太平天子儀衛。』有泣下者。

又 卷一九 〔太平興國三年春正月〕辛亥，命近臣禱雨於京城寺觀祠廟。後二日雨足，又遣使分賽焉。

又 卷二一 〔太平興國五年〕五月，大霖雨，命近臣分詣京城寺觀、宮廟祈晴。

又 卷二三 〔太平興國六年夏四月〕辛未，幸太平興國寺、相國寺禱雨。上躬親聽斷，京城諸司獄有疑者，多臨決之。是歲，自春涉夏不雨，上意獄訟有冤濫。

又 卷二四 〔太平興國八年八月〕壬辰，德音釋死罪以下，大水故也。《宋朝要錄》：『制曰：「堯、舜之功格天，不能逃陰陽之數；禹、湯之言罪己，所以致邦國之興。」』

又 卷三〇 〔端拱二年〕自三月不雨，至于五月。戊戌，上親錄京城諸司繫獄囚，多所原減。即命起居舍人須城宋惟幹等四十二人分詣諸道，按決刑獄。是夕，大雨。上因謂近臣曰：『為君當如此勤政，即能感召和氣。如後唐莊宗不卹國事，惟務畋遊，動經浹旬，大傷苗稼，及還，乃降敕蠲放租賦，此甚不君也。』樞密副使張宏奏曰：『莊宗不獨如此，尤惑於音樂，縱酒自恣，樂籍之中獲典郡者數人。』上曰：『凡人君節儉為宗，仁恕為念。朕在南府時，于音律粗亦經心，今非朝會，未嘗張樂。晨夕下藥，常以鹽湯代酒，常服浣濯之衣。而鷹犬之娛，素所不好，且多親飛走，真誥所不許，朕常以為戒也。』

又 〔端拱二年九月〕上以歲旱減膳，遍走羣望，皆弗應。是夕，手詔賜宰相趙普等曰：『萬方有罪，罪在朕躬。自星文變見以來，久愆雨雪。朕為人父母，心不遑寧，直以身為犧牲，焚于烈火，亦足以答謝天譴。當與卿等審刑政之闕失，念稼穡之艱難，恤物安民，庶祈眷佑。』時普被疾請告，即以授呂蒙正等。壬申，蒙正等詣長春殿謝曰：『陛下臨御以來，躬親萬機，勤卹民隱，未嘗有纖微之失。蓋臣等調燮無狀，致此愆尤。漢制，水旱策免三公，臣等實任其責，願上印綬，避賢者路。』上慰勉之。

知制誥王禹偁上疏曰：『臣嘗讀《墨子》有七患一篇，言歲旱兇饑之事。雖本小說，似有裨于時政。大抵一穀不收謂之饉，二穀不收謂之旱，三穀不收謂之兇，四穀不收謂之餽，五穀不收謂之饑。饉則大夫以下皆損其祿五分之一，旱則損其二，兇則損其三，餽則損其四，饑則盡無祿，廩食而已。今旱雲不霑，宿麥未茁，既無九年之蓄，可憂百姓之饑，望陛下特降詔書，直云君臣之間政教有闕，自乘輿服御以下至百官奉料，非宿衛軍士、邊庭將帥，悉第減之，上答天譴，下厭人心，候雨足如故。臣朝行中家最貧，奉最薄，亦願首減奉以贖耗蠹之咎。外州歲市紫茜、皮翎、蔻角之類，亦望權停一年；事材八作，文思紫雲工巧之技，亦罷其作。近城掘土侵墓者瘞之，外州配隸之眾非贓盜者釋之。然後戒州縣吏以古昔猛虎渡河、飛蝗越境之事，境內山川靈廟，並委祈禱。其餘軍民刑政之弊，非臣所知者，望委宰相裁議頒行。但感人心，召和氣，變災為福，惟聖人行之。』

知制誥田錫言：『臣今奉詔，差在太一宮用青詞致醮祈雨者。竊以時雨愆亢，聖慮焦勞，自秋涉冬，祠禱皆遍，陛下親降乘輿，躬謁寺觀，有以見仁主憂民之旨，聖人卹物之心。雖災沴流行，何代蔑有，而帑廩儲積，可備不虞。然自今歲以來，天見星妖，秋深雷震，繼以旱暵之沴，可虞饑饉之災。此實陰陽失和，調燮倒置，上侵下之職而燭理未盡，下知上之失而規過未能，所以成茲咎徵，彰乎降鑒，或乾文示變，或沴氣生妖。昨陛下以上天垂譴告之文，御樓行赦，德音朝發，妖彗夕消。天不言而感報昭彰，神幽贊而應答遄速。今以宿麥未種，甘雨未零，人心不寧，農望已失。或聞小小寇盜，聚散靡常，嗷嗷蒸黎，憂畏實甚。愆陽既戾于寒沍，厥疾乃生于癘疵，民或流亡，穀必翔貴。尚賴陛下聖德，宗廟慶靈，蠢茲獯戎，騷邊頓息，惠然諸國，底貢交修。不然，則人心一搖，盜計斯得，何以靜潢池弄兵之嘯聚，何以禦戎馬南牧之奔衝。惟是秋冬，又無雨雪，此乃天意尚欲垂誡，聖心諒亦深思。豈刑繫之間，尚未平允，法令之設，尚爾煩苛。或力役未悉矜蠲，或奢靡未盡撙節。言路雖啟，蹇諤者未必一一聽從，王道雖行，孤苦者未必人人受賜。或刑賞過于常理，因喜怒失于厥中。嘉言納忠，或見破于横議，任賢待下，或鮮終于至誠。若然，則雖旰食疚懷，宵衣軫念，孜孜萬務，適足勞于聖躬，翼翼小心，尚未臻于至化。今舉大略，上犯宸嚴。

『禮曰：「王言如絲，其出如綸。」《書》曰：「謹乃出令，令出惟行。」今朝廷所行，或異于是。謀始稍虧于審謹，令出無愧于改更，有敕下方用，尋即罷方用，御札謁清廟，尋罷謁清廟，以是知急速機務，寧無錯行。臣之愚蒙，豈敢逭于誅戮，臣之遭遇安忍負于聖明，是以因事上言，庶裨萬一。伏望陛下因此時旱，更降詔書，引咎責躬，以答天誡，布德覃慶，以安民心。蠲減征徭，簡約科禁，搜察淹滯，登進才良。猛士守方，無使黷鄰召怨，朝臣典郡，正宜選廉任能。或旌別勤勞，或省閱浮泛，振廩通貨以救餓殍，加估收儲以備闕乏。蕃戎蹂踐之處，士庶陷歿之家，哀亡卹存，憫其餘苦，掩骼置奠，慰彼沈冤，閭里再命于復除，孤寡量優其給賜，儉約奉己以合禮，謹靜息民以安邊。詳延忠鯁之臣，詢究災祥之理，弭災求理，正在此時，變沴致祥，屬當今日。若旱沴不已，歲歉相仍，盜聚萑蒲，伺隙而動，狄乘饉塞，幸災為虞，是則國家之慮實深，朝廷之憂非淺也。』疏奏，上不悅，宰相亦怒錫疏有『變調倒置』等語，尋罷知制誥，以戶部郎中出知陳州。

又卷三二 ［淳化二年］三月己巳，上以歲旱蝗，手詔呂蒙正等曰：『元元何罪！天譴如是，蓋朕不德之所致也。卿等當於文德殿前築一臺，朕將暴露其上，三日不雨，卿等共焚朕以答天譴。』蒙正等皇恐謝罪，匿詔書。翌日而雨，蝗盡死。

又 ［淳化二年五月］己酉，上以久愆時雨，憂形於色，謂宰臣曰：『亢陽滋甚，朕懇禱精至，並走羣望，而未獲嘉應者，豈非四方刑獄有寃濫，郡縣吏不稱職，朝廷政治有所闕乎？』因遣常參官十七人分詣諸路按決刑獄。是夕，雨。庚戌，宰臣相率稱賀，上曰：『朕孜孜求理，視民如傷，內省于心，無所負矣。而久愆時雨，蓋陰陽之數，非朕所憂。憂在獄吏舞文巧詆，計臣聚斂掊克，牧守不能宣布詔條，卿士莫肯修舉職業爾。』李昉、張齊賢及賈黃中、李沆慚懼拜伏，退，上表待罪。上曰：『朕之中心，苟有所懷，即欲與卿等言之。既言之，即無事矣。然中書庶務，卿等尤宜盡心也。』昉等復上表稱謝焉。《實録》別本昉傳有昉等所上表及太宗答詔，正傳皆無之，今亦不載。

又［淳化二年］六月庚申，有蝗自東北來，蔽天，經西南而去。上謂宰相曰：『朕素不識此蟲，羣飛而過，其勢甚盛，必恐害及田稼，朕憂心如擣。亟遣人馳詣所集處視之，卿等何策可去？』悉對曰：『蟲螟因旱乃生，頻雨則不能飛，為災與否，亦繫歲時，聖心焦勞，憂及黎庶，固當感通天地。臣等職在燮調，伏增慚懼。』是夕，大雨，蝗盡殪。《寶訓》載聖語于二年，然二年蝗未嘗過京師也。今從《實録》。《寶訓》稱呂蒙正，而三年蒙正已罷相，故改其名。時京畿大穰，物價至賤。

又 卷三七［至道元年］二月甲申，命宰相及羣臣分於京城寺觀、祠廟禱雨，又命中使分祀五嶽，故事，御署祝版以遣之。翰林學士王禹偁上言：『準禮，五嶽視三公，今雖加王爵，猶人臣爾。天子稱名，恐非古制。請自今更不御署，庶尊卑適序，典禮無差。』上親批其紙尾曰：『昔唐德宗猶屈拜風雨，且國朝典禮素定，豈可廢也。朕為萬民祈福，桑林之禱，猶無所憚，至於親署，又何損焉。』

又［至道元年夏四月］辛丑，上謂宰相曰：『自春不雨至今，並走羣望而未獲嘉應，豈獄犴之中頗有寃繫乎？』即日命侍御史元玘等四十四人，乘傳分往諸道案察刑獄。除十惡、劫殺、故殺、鬭殺、官典犯贓及損敗官物外，其劫殺止除為首者，餘悉減死配本城，流以下遞減一等。翌日御崇政殿，親決京城諸司繫囚，獲宥原者數百人，因謂宰相曰：『刑罰者，不得已而用之，能不失有罪而得中道者，斯為難矣。東漢劉寬止用蒲鞭，人知恥格，所謂威而不猛，足以輔成德化也。』後三日，大雷雨，街中水深數尺。

又 卷四六［咸平三年］戊辰，以京畿旱，御崇政殿，親決繫囚，多所原宥。

癸酉，大雨。

又 卷四七［咸平三年五月］先是，上以兩浙災疫，深所軫念，命三館檢討靈跡以聞，於是遣使遍祭其山川祠廟，為民祈福。

又 卷四八［咸平四年二月］丁未，兵部郎中、直昭文館韓援等八人分詣嶽瀆祈雨。

又［咸平四年］屯田郎中楊覃上言：『春初方盛，時雨稍愆，輦轂之下繫囚，望詔有司，未得論決死罪，竢降雨乃復常典。』又請凡決重囚日，減膳撤樂，以應古義，且彰至仁之德焉。此事不知其月日，今附見慮囚之前。

又［咸平四年］丁巳，幸大相國、開寶、天壽寺、上清宮祈雨。戊午，雨。自去冬旱，上每御蔬食，憂憫切至，是日，方臨軒決事，雨沾衣，左右進蓋，卻而不御。

又 卷五二［咸平五年秋七月］戊戌，幸啟聖院、太平興國寺、上清宮致禱。雨霽，遂幸龍衛營視所壞垣室，勞賜有差。

又 卷五六［景德元年三月丙子］元扆在定州凡五年，屬久旱，州吏白召巫作土龍祈雨，元扆曰：『巫本妖民，龍止獸也。惟精誠可以格天。』乃集道士，設壇醮，潔齋三日，百拜懇禱，信宿而雨。

又［景德元年五月］甲午，遣常參官詣五嶽、四瀆祈雨。是日大雨，遂留不遣。

又［景德元年夏四月］辛巳，命知制誥晁迥詣北嶽祈雨。

又［景德元年六月］壬戌，命知制誥陳堯咨詣北嶽祈雨。

又［景德元年］己丑，上謂侍臣曰：『近頗亢旱，有西州入貢胡僧，自言善呪龍祈雨。朕令精舍中試其術，果有符應。事雖不經，然為民救旱，亦無所避也。』

又 卷五七［景德元年閏九月戊辰］詔戶部判官、工部員外郎李防，右正言、直史館張知白等，分詣江南東、西路理繫囚，訪民疾苦，祠境內山川，旱故也。

又 卷五九［景德二年春正月甲申］江、浙、荊湖旱，遣使乘傳祠其境內山川。

又 卷六一［景德二年九月］壬戌，遣太子中允張績乘傳詣解州鹽池致祭。時轉運司言：『夏秋霖雨，有妨種鹽，故老相傳，唐朝每遇水災，必遣使告祭，乃不為害。』故上特親署祝文往禱。張績，未見，九月甲午注可考。

又 卷六三［景德三年五月丙辰］詔以畫龍祈雨法付有司鏤板頒下。

又詔自今每遣使祈報，悉給南海上等香，以致精意。給香前此矣，今附見。

又 卷七一［大中祥符二年春正月乙亥］去冬，有詔京師賜酺五日，以二月五日為始。於是久旱，右僕射張齊賢言：『宴樂，陽事也。甫經上元，又將酺飲，恐非所以答天意。請俟雨足，乃如詔旨。』從之。

又［大中祥符二年二月］乙巳，幸大相國寺、上清宮、景德開寶寺祈雨。

戊申，又遣官祀太一，又祀玄冥五星於北郊。己酉，雨。《實錄》於甲辰即書雨，而乙巳、戊申兩日猶祈焉，恐誤也，今從《本紀》。

又 ［大中祥符二年夏四月壬辰］河北旱，乙未，遣使祀北嶽。

又 ［大中祥符二年五月］庚辰，遣右諫議大夫陳象輿等詣陝西祈太平宮、后土、西嶽、河瀆諸祠，旱故也。

又 卷七四 ［大中祥符三年秋七月］壬子，遣内侍鄭志誠、江德明分往昇、洪、潤州撫問軍民，犒設將校、耆老及祀境内山川，以久不雨，屢有火災故也。

又 卷七六 ［大中祥符四年］九月辛未朔，以霖雨，遣官分祈天地、宗廟、社稷、在京神祠寺觀。京城民僦官舍者，免其直三日；賜諸軍薪蒸。

又 ［大中祥符四年］丁丑，以霖雨未止，遣官祈祀。

又 卷八四 ［大中祥符八年春正月］戊申，分遣侍臣禱雨於玉清昭應宮、廟社諸神祠。

又 ［大中祥符八年二月］癸酉，親謁玉清昭應宮，幸開寶寺、上清宮祈雨。

又 卷八七 ［大中祥符九年五月］癸巳，京畿蝗，命輔臣詣玉清昭應宮、景靈宮、會靈觀建道場以禱之。

又 ［大中祥符九年秋七月］甲寅，遣官分詣京城寺觀焚香，以蝗災也。

又 ［大中祥符九年］癸亥，以蝗災遣官祀九宮貴神。

上封者言，蝗旱由大臣子弟恣横所致也。詔諭宰相令學士院降詔，以警在位，詔曰：『朕勤遵治化，用致洽和。而近以螟蝝傷於稼穡，考前書之所記，由部吏之侵漁。屬者郡縣之官，昌法不檢，子弟之輩，怙勢肆求。民實怨嗟，氣用堙鬱，俯從輕典，恐長弊風。自今士大夫各務敦修，更思教勗，姑從保家之美，勿貽敗類之羞，苛掇顯尤，難從末減。仍令所在官司，謹察視之。』

又 ［大中祥符九年八月］癸未，以京師愆雨，遣使分禱宮觀寺院。

又 ［大中祥符九年］丁亥，以向敏中使回，宴近臣於長春殿，不舉樂，閔雨也。王旦等曰：『昨偶蟲螟，已優免民賦，今稍沾時雨，亦未妨農事，物價甚賤。陛下憂軫過深，四方封奏，一一親覽。近者特降詔旨蠲京畿榷酤之民折輸芻藁，中等已下殘欠夏税又與倚閣，生民受賜多矣。天災流行，從古所有，陛下精祈懇至，減膳蔬食，臣等備位宰輔，豈勝慚懼！伏望稍寬宸念。』再拜以請，上撫諭久之。

戊子，詔以旱罷近臣社日飲會，又罷秋宴。

又 卷八八 ［大中祥符九年九月丁未］命輔臣分祈天地、廟社、神祠、宫觀、佛寺，旱故也。

又 ［大中祥符九年九月甲寅］時以愆亢，有龜山僧智悟請就開寶寺福聖塔斷左手祈雨，是日雨降。自秋不雨，上憂形於色，減膳徹樂，徧走羣望。及是霑沛，中外忻慶。分遣官致謝於所祈處，上作甘雨應祈詩，近臣畢和。

又 卷八九 ［天禧元年二月］癸巳，上謂宰臣曰：『朕以去歲蝗旱，秋稼不稔，夙夜驚懼，未嘗暫忘。今已中春，時雨未降，齋心請禱，誠感莫達。實慮政令有爽天意，因思茶鹽條禁，傷於峻刻，宜有以革之。』向敏中曰：『天時災沴，抑有常數。今陛下勞謙克己，孜孜旰昃，苟邦政人事無所闕失，則天災流行亦無累於聖德。願稍寬憂軫。』上曰：『茶法行之已久，儻或難於遽改，但削其尤不便民而傷於厚斂者可也。』

又 卷九四 ［天禧三年秋七月］癸亥，以久雨，命近臣詣廟社、宫觀、佛寺、神祠祈禱。

又 卷九五 ［天禧四年三月丙戌］以旱遣近臣分詣諸宮廟寺觀禱雨。

又 卷九七 ［天禧五年六月］辛亥，以霖雨，分遣官祈天地、社稷、宫廟、寺觀、神祠。

又 卷一〇二 ［天聖二年三月］戊申，遣官分詣五嶽、四瀆祈雨。

又 卷一〇五 ［天聖五年六月］甲戌，幸玉清昭應宮及開寶寺祈雨。丙子，詔開封府諸縣決繫囚無或淹滯。以近州皆雨，而畿内獨無雨故也。丁丑，雨。

又 ［天聖五年秋七月］庚戌，詔以大暑，自今不御前殿，終月。初，王曾等言：『夏秋大旱，毒氣中人，此《洪範》所謂「僭恆暘若」也，皆臣等輔政無狀，以致厥咎。』上曰：『朕亦夙夜循省，其變豈徒然哉？當與卿等共修政事，以答天戒爾。』

又 卷一一一 ［明道元年三月］丙申，龍圖閣直學士馬季良為江南東路災傷州軍體量安撫使，西上閤門使曹儀副之。遣官祈雨。

又 卷一一二 ［明道二年二月］丁亥，祈雨於會靈觀、上清宮、景德開寶寺。

又 卷一一三 ［明道二年八月］壬子，宰臣張士遜等言：『比諸道旱蝗，請用漢故事冊免，蒙賜詔不許。今陛下既減損尊名，願各降官一等，以塞天異。』上慰勉之。

又 卷一一八 ［景祐三年六月］庚戌，以河北久旱，遣官詣北嶽祈雨。

又 卷一二〇 ［景祐四年五月］乙卯，以旱遣使決三京繫囚。

又 卷一三三 ［慶曆元年］八月丁丑朔，遣官詣澶州祭河。時方議開分水河，以減湍暴之勢，未庀功，而水自成道，州以其事聞，特祠之。

又 卷一四〇 ［慶曆三年夏四月］丙辰，遣官詣五岳、四瀆祈雨。

又 卷一四一 ［慶曆三年五月］庚辰，幸相國寺、會靈觀祈雨。

辛巳，上謂輔臣曰：『自春夏不雨，歲時失望，蓋朕不德所致，但日於禁中蔬食、精禱、引咎而已。』章得象曰：『陛下奉天愛民，至誠如此，臣等備位衡弼，不能布宣善政，以召和氣，而過貽陛下之憂。』上曰：『朝廷細故，朕與卿等未嘗不留意。惟民閒疾苦，尤須省察，有以利天下者，在必行之。卿等其務公心咨訪，以荅天意。』

范仲淹言：『臣親聞德音，謂屢有災異，當修德以及民，并詔臣等謹省刑法。此實見聖人憂畏之心，合於天意。臣今條奏數事，皆陛下增修明德之要。一、齋戒發誠，特降詔命，明言災眚屢見，敢不罪己祗畏，以告中外羣臣，同心修省；二、遣使四方，疏決刑獄，非害人者悉從減降；三、詔天下州縣長吏，訪聞民間孤獨不能存活者，特行賑卹；四、詔逐處籍出陣亡之家，察其寡弱，別如存養；五、邊陲之民被戎馬驅擄者，量支官物贖還本家；六、詔諸處欠負已該赦恩除放者，官司更不得催理，違者，官吏科違制之罪，遇赦不原，仍差近臣置司與奪。陛下力行此數事，下悅民心，上荅天戒。昔商中宗桑穀共生於朝，懼而修德，撫綏百姓，三年而歸者十六國，號為中興。陛下今日因災修德，則福及兆人，道光千載，天下幸甚！』仲淹言附辛巳後，須更考詳。

又 ［慶曆三年］戊子，雨。輔臣稱賀。上曰：『天久不雨，將害民田，朕每焚香，上禱于天。昨夕寢殿中，忽聞微雷，遽起冠帶，露立殿下，須臾雨至，衣皆沾溼。移刻雨霽，再拜以謝，方敢升階，自此尚冀槁苗可救也。』章得象曰：『非陛下至誠，曷以致天應若此。』上曰：『比欲下詔罪己，撤樂減膳，又恐近於崇飾虛名，不若夙夜精心密禱為佳爾。』仁宗皇帝慶曆三年，京師夏旱，諫官王公素乞親行禱雨，帝曰：『太史言月二日當雨，一日欲出禱。』公曰：『臣非太史，知是日不雨。』帝問故，公曰：『陛下幸其當雨以禱，不誠也，不誠不可動天，臣故知不雨。』帝曰：『明日禱雨醴泉觀。』公曰：『醴泉之近，猶外朝也，豈憚暑不可遠出邪？』帝每意動，則耳赤。耳已盡赤，厲聲曰：『當禱西太一宮。』公曰：『乞傳旨。』帝曰：『車駕出郊不預告，卿不知典故。』公曰：『國初以虞非常。今久太平，預告，但百姓瞻望清光者眾爾，無虞也。』諫官故不扈從，明日，特召王公以從。日色甚熾，埃霧張天，帝玉色不怡。至瓊林苑，回望西太一宮上有雲氣，如香煙已起。少時，雷電雨甚至。帝卻逍遙輦，御平輦，撤蓋還宮。又明日，召公對，帝喜曰：『朕賴卿得雨，幸甚。』又曰：『昨即殿庭雨立百拜，焚生龍腦香十七斤，至中夜，舉體盡溼。』公曰：『陛下祀天當恭畏，然陰氣足以致疾，亦當戒。』帝曰：『念不雨，欲自以身為犧牲，何戒也？』此據邵博《聞見後錄》，當考。恐博所記西太一宮即相國寺、會靈觀。及七年三月，禱西太一宮，則素不在諫院矣。又按《會要》祈禱門，慶曆三年五月十四日，幸大相國寺、會靈觀祈雨。先是，諫官以天旱，請遣官祈雨。帝曰：『朕已於宮中蔬食，密禱上天，引咎責己，庶獲豐秝之應。』宰臣章得象曰：『陛下奉天憂民，至誠如此，必有感召。』所稱諫官，必王素也。當考詳增入。

又 ［慶曆三年］己丑，幸相國寺、會靈觀謝雨。

諫官余靖言：

『伏睹春夏以來，旱勢至廣，陛下憂勤勞恤，躬行禱祈，雖獲澍應，而夏田先已損矣。臣以古者三年耕，必有九年之蓄，國無九年之蓄，曰國非其國。故雖堯水湯旱，民無菜色者，有備災之術也。方今官多冗費，民無私蓄，一歲不登，逃亡滿道，蓋上下皆無儲積故也。

『臣竊謂當今備災之術最急者，寬租賦、防盜賊而已。誠知國家邊甲未解，經費日廣，不宜更減民賦自窘財用，其如農收有限，當量民力而取之。雖或差減，尚有數分之入，今若全取，一旦不堪其求，必致流亡之患，則永失常賦矣。今天府之民，九重不遠，其訴旱者尚或半得申明，半遭抑退，況遠方之人，其無告必矣！陝、關已西，尤須撫之。伏望朝廷特降詔命，應遭旱州軍，委清強官體量，實旱損夏苗去處，特與量減夏稅分數，不得容有僥倖，此乃惠民之實效也。若待有逃亡然後振救，將無及矣。

『臣又聞，衣食不足，雖堯、舜在上，不能使民不為賊盜。若水旱之後，盜賊滋長，世之常也。近聞解州、鄧州羣賊入城，刧略人戶，此乃都監、監押、巡檢不得其人之所致也。似此階漸，不可滋蔓，伏乞朝廷申明捕捉之科，嚴行賞罰之典。其不獲強盜人，不得卻將竊盜比折，特行勒停、衝替、降資之法，庶幾戮力同心，以折盜賊之勢。』上嘉納之。『上嘉納之』，據張唐英《政要》。

又 卷一四七 ［慶曆四年三月乙丑］諫官歐陽修言：『臣伏見近出內

庫金帛，賜陝西以救饑民。風聞江、淮以南，今春大旱，至有井泉枯竭、牛畜瘴死、雞犬不存之處，九農失業，民庶嗷嗷，然未聞朝廷有所存卹。陛下至仁至聖，憂民愛物之心，靡所不致，但患遠方疾苦，未達天聰，苟有所聞，必須留意。下民疾苦，臣職當言。昨江、淮之間，去年王倫蹂踐之後，人戶不安生業，倫賊纔滅，瘡痍未復，而繼以飛蝗，自秋至春，三時亢旱。今東作已動，而雨澤未霑，此月不雨，則終歲無望。加又近年以來，省司屢於南方斂率錢貨，而轉運使等多方刻剝，以貢羨餘。江、淮之民，上被天災，下苦盜賊，內應省司之重斂，外遭轉運之誅求，比於他方，被苦尤甚。今若不加存卹，將來繼以凶荒，則饑民之與疲怨者相呼而起，其患害不比王倫等偶然狂叛之賊也。臣謂民怨已久，民疲可哀，因其困時，宜速施惠，不惟消弭盜賊之患，兼可以悅其疲怨之心。伏望聖慈特遣一二使臣，分詣江、淮名山，祈禱雨澤，仍下轉運司并州縣，各令具逐處亢旱次第奏聞，及一面多方擘畫，賑濟窮民，無至失時以生後患。』

又 卷一四八 〔慶曆四年夏四月〕己未，遣官祈雨。

丙寅，遣內侍詣兩浙、江、淮祠廟祈雨。

又 卷一五四 〔慶曆五年二月〕癸卯，詔天久不雨，其令州縣毋得淹繫刑獄。

又 辛亥，祈雨于相國、天清寺，會靈、祥源觀。

又 卷一五八 〔慶曆六年夏四月〕壬申，遣官祈雨。

又 卷一五九 〔慶曆六年九月庚寅〕時數有災異，戶部員外郎、兼侍御史知雜事梅摯引《洪範》上變戒曰：『「王省惟歲」，謂王總羣吏，如歲兼四時，有不順則省其職。今日食於春，地震於夏，雨水於秋，一歲而變及三時，此天意以陛下省職未至而丁寧告戒也。伊、洛暴漲，漂廬舍，海水入台州，殺人民，浙江潰防，黃河溢埽，所謂水不潤下。陛下宜責躬修德，以回上帝之眷祐，陰不勝陽，則災異衰止而盛德日起矣。』又言權陝西轉運使張堯佐非才，由宮掖以進，恐上累聖德。及奏減省資政殿學士員，召待制官同議政，復百官轉對。上謂大臣：『梅摯言事有體。』以為戶部副使。本傳以摯言災異為摯任殿中侍御史時，蓋誤也。按災異皆今年事，今因摯遷官附見。張堯佐權陝西漕，是月即真，摯言亦必在是月。惟奏減資政殿學士員，請召待制議政及百官轉對，恐別有月日，當考。

又 卷一六〇 〔慶曆七年二月〕丙寅，遣官五嶽、四瀆祈雨。

又 〔慶曆七年三月〕癸巳，詔曰：『自冬訖春，旱暵未已，五種弗入，農失作業。朕惟災變之來，應不虛發，殆不敏不明以干上帝之怒，咎自朕致，民實何愆，與其降疾於人，不若移災於朕。自今避正殿，減常膳，中外臣僚指當世切務，實封條上，三事大夫，其協心交儆，稱予震懼之意焉。』上每命學士草詔，未嘗有所增損。至是楊察當筆，既進詔草，以為未盡罪己之意，令更為此詔。

又 〔慶曆七年三月〕辛丑，幸西太一宮祈雨，所過神祠，皆遣中使致禱。壬寅，【略】上之幸西太一宮也，日方炎赫，卻蓋不御，及還而雨，是日大浹。邵博記禱雨西太一宮事由王素，然此時不在諫院，已具五年五月。

又 卷一六四 〔慶曆八年六月〕壬辰，帝語輔臣曰：『春夏久雨，朕日蔬食，夙夜禱于上帝。儻霖淫未止，當去食啜水，冀移災朕躬。然不欲使外聞之，嫌其近名耳。』宰臣文彥博對曰：『今景氣澄晏，實聖德感通也。』

又 卷一六六 〔皇祐元年五月〕丁未，遣官祈雨。

又 卷一六七 〔皇祐元年秋七月〕丙申，定州不雨。初，知定州韓琦言，河朔久不雨，請祈無所應，若出自聖懷，禱於天地山川，宜獲嘉澤。尋遣工部郎中、祕閣校理張子思持密詞禱於北嶽。至是，以雨足聞。子思，知白兄子也。

又 〔皇祐元年八月甲申〕初，諸路奏大水，知諫院錢彥遠言：『陰氣過盛，在《五行傳》，下有謀上之象。請嚴宮省宿衛。』未幾，〔楊〕景宗坐責，特賜彥遠五品服。

又 卷一六八 〔皇祐二年三月〕甲午，遣官祈雨。

又 〔皇祐二年己亥〕分遣朝臣詣天下名山大川祠廟祈雨。

又 〔皇祐二年六月〕己巳，再頒先朝祈雨雪法，令所在置嚴潔處。

又 卷一六九 〔皇祐二年九月〕庚子【略】時積雨彌旬，帝精禱禁中。甲辰，齋於文德殿，天日澄霽，人情胥悅。

又 〔皇祐二年十一月〕丁酉，邇英閣講《易·无妄》卦，帝曰：『无妄之疾，何云勿藥有喜？』楊安國對曰：『凡疾之所起，由有妄而來，九五居尊得位，為無妄之主。天下皆無妄，而偶有疾，非己所致，病當自損，可勿藥而有喜也。若人主剛正自修，身無虛妄，而偶有災，若堯、湯水旱，非己所招，但順時修德，勿須治理，必欲除去，不煩勞天下，是有喜也。然堯遭洪水，使鯀、禹治之，雖知災未可息，且順民心。鯀功不成者，災未息也。禹能治水者，災欲盡也。是亦勿藥有喜之義也。今河水圮決，歷五十年，役天下兵民、耗天下財用未嘗息，大河亦未嘗復故道也。而兵民頓敝，何啻百千萬計，地財委盡，何啻億萬萬計！恐民不堪命，國力不繼。臣以為大河、犬戎自古為患，當如堯、舜務順民心，順時修德，其災自息，亦勿藥有喜也。』

又［皇祐二年閏十一月］甲午，知制誥胡宿言：『事神保民，莫先祭祀。比年以來，水旱相仍，竊意有所未至也。望令天下具名山大川能興雲雨者，增秩之，春秋以時禱祀。』詔可。

又卷一七〇［皇祐三年］五月庚戌朔，詔恩、冀等州旱，其令長吏精虔禱雨，決繫囚無或淹滯，仍令轉運司體量今年夏稅以聞。

又［皇祐三年六月］丁酉，上謂輔臣曰：『近遣內侍往嘉州祈雨，而本州諸僧道威儀迎候境上，如此，則遠人多擾矣。其令轉運司禁止之。』

又卷一七二［皇祐四年三月］丁卯，遣官祈雨。

戊辰，上謂輔臣曰：『開封奏婦人阿齊為祈雨斷右臂，恐惑眾，不可以留京師，其令徙居曹州。』本志以阿齊事繫之慶曆四年，今從《實錄》。

又卷一七六［至和元年夏四月辛丑］先是，知制誥胡宿言：『臣竊以國家乘火而王，火於五行，其神屬禮。《漢書・天文志》曰：「火，禮也。」以此而言，國家常須恭依典禮，以順火性。伏睹京師自去秋不雨，綿歷三時，聖心焦勞，臣下隕越，思所以消救之道，未知所出。伏惟陛下明德恤祀，虔供郊廟，宜蒙福應，乃遘災旱。古者祭天，神無二主，禮專一配，所以奉天帝之尊，明不敢瀆。三代、兩漢之盛，莫之敢易。唐初始有兼配之事。垂拱中，禮官希旨，郊丘諸祀，遂有三祖同配之禮。開元十一年，明皇親享圜丘，禮官建議，遂罷三祖同配之事。除此之外，未有一代三帝同配昊天之禮。國家至道三年，詔書親郊圜丘，以太祖、太宗並配。陛下即位，景祐二年，詔禮官詳按典禮，以辨崇配之序。詔書節文：「自今以往，太祖定配，二宗迭侑。」去年八月八日，詔書：「今次南郊，三聖並侑，後次卻依舊禮。」未踰旬日，復有「今後每遇南郊，三聖並侑」之詔。竊尋詔旨，先後不同，此誠陛下至孝烝烝，虞舜之用心也。然有違典禮，未合天衷，致旱之由，恐在於此。臣愚欲望聖慈，今後南郊，乞且依去年八月八日詔書及景祐二年禮官所定太祖定配之典，追寢去年八月二十四日「今後每次南郊，三聖並侑」之詔書，告謝天地，以順火性，必蒙福祉之降，足消災旱之異。臣若心知不可，口不敢言，即是長負陛下獎育之恩，沒有餘責。』不報。胡宿奏章，不得其時。按胡宗愈作宿行狀云：『宿因旱災奏章，未幾，祥源觀火，乃下宿章。禮官以郊事重，未敢議。宿復上章，始從之。』然《實錄》都不見此。其後嘉祐六年正月，罷三聖並侑，蓋用楊畋議也。今姑附宿章于祥源觀火之後，仍云不報，更俟考詳。【略】

戊午，殿中侍御史裏行吳中復對于延和殿，上謂曰：『比上封者多言陰陽不和，蓋由大樂未定。且樂之不合于古久矣。朕以水旱之災，繫時政得失，非樂所召也。』

又［至和元年八月］丙申，知諫院范鎮言：『陛下每遇水旱之災，必露立仰天，痛自刻責，盡精竭慮，無所不至，蓋百吏不稱職，使陛下憂勤於上，而人民愁苦於下也。夫以國家用調責之三司，三司責之轉運使，轉運使責之州，州責之縣，縣責之民，民竭其力以佐公上而自用不給，則嗟怨之氣，干戾天地，此水旱之所以作也。願詔中書、樞密大臣，考求祖宗朝逮天聖中，官吏與所畜兵及天下賦入之數而斟酌裁節之，庶國用有常而民力有餘。陛下雖高拱無所事，而天地之和應矣。惟留神采擇。』

又卷一七九［至和二年夏四月］甲午，遣官祈雨。

又［至和二年五月癸亥］先是，久不雨，帝問翰林侍讀學士呂公綽何以致雨，公綽曰：『獄久繫則旱。』帝親慮獄，已而大雨。

又卷一八二［嘉祐元年五月］丁未，遣官祈晴。以晝夜大雨，權增京城裏外巡檢。

又卷一八三［嘉祐元年秋七月丙戌］文彥博、富弼等之共議建儲，未嘗與西府謀也，樞密使王德用聞之，合掌加額，曰：『置此一尊菩薩何地？』或以告翰林學士歐陽修，修曰：『老衙官何所知？』於是上疏曰：

『臣伏睹近降詔書，以雨水為災，許中外臣僚上封事，有以見陛下畏天愛人、恐懼修省之意也。竊以雨水為患，自古有之，然未有災入國門、大臣奔走，渰浸社稷，破壞都城者，此蓋天地之大變也。至於王城京邑，浩如陂湖，人畜死者，不知其數。其幸而存者，屋宇摧塌，無以容身，縛筏露居，上雨下水，纍纍老幼，狼籍於天街之中。又聞城外墳冢，亦被浸注，棺槨浮出，骸骨飄流。此皆聞之可傷，見之可憫。生者既不安其室，死者又不得其藏，此亦近世水災未有若斯之甚者。此外四方奏報，無日不來，或云閉塞城門，或云衝破市邑，或云河口決千百步闊，或云水頭高三四丈餘，道路隔絕，田苗蕩盡，是則大川小水，皆出為災，遠方近畿，無不被害。此陛下所以警懼莫大之變，隱惻至仁之心，廣為咨詢，冀以消伏。竊以天人之際，影響不差，未有不召而自至之災，亦未有已出而無應之變，其變既大，則其憂亦深。臣愚謂非小小有為可塞此大異也，必當思宗廟社稷之重，察安危禍福之機，追已往之闕失，防未萌之患害，如此等事，不過一二而已。【略】

『凡世所謂五行災異之學，臣雖不深知，然其大意可推而見也。《五行傳》言：「簡宗廟則水為災。」陛下嚴奉祭祀，可謂至矣，惟未立儲貳。易曰：『主器莫若長子。』殆此之警戒乎？至於水者陰也，兵亦陰也，武臣亦陰也，此類推而易見者，天之譴告，苟不虛發，惟陛下深思而早決，庶幾可以消弭災患，而轉為福應也。臣伏讀詔書曰：「悉心以陳，無有所諱。」故臣敢及之，若其他時政之失，必有羣臣應詔為陛下言者。臣言狂計愚，惟陛下裁擇。』

疏凡再上，皆留中不出。韓琦舊傳云歐陽修因水災再上疏，皆留中。修傳亦云水災即嘉祐元年事，而修傳乃於作樞副後載之，誤也。修奏議自有月日。王德用事，據《江氏雜志》誤云富、范，蓋誤以文為范也，今改之。

又 ［嘉祐元年］八月庚戌朔，日有食之。司馬光又上疏曰：

『竊以為國家者，政有小大，事有緩急，知所前後，則功無不成。議者或曰當今之務大而急者，在於水災泛濫。是大不然。彼水災所傷，不過污下及濱河之民，若積雨既止，少疏而塞之，則民皆復業，豈能為國家之患哉？然則在於穀帛窘乏。是又不然。夫以四海之富，養之有道，用之有節，使良有司治之，穀帛不可勝用也，豈能為國家之患哉？然則在於強敵侵盜。是又不然。夫強敵侵盜，不過能驚擾邊鄙之民，御之有道，備之有謀，可使朝貢相繼，豈能為國家之患哉？』

又 卷一九五 ［嘉祐六年九月丁丑］時知江州呂誨亦上言曰：【略】

『臣又聞自夏及秋，京師淫雨，諸路水潦，數州地震，江河泛溢，民戶墊溺。斯陰盛之徵，固有冥符。唐神龍初，洛水暴盛，宋務光曰：「自登皇極，未建元良，非所以守器承祧，養德贊業。姻戚之間，謗議所集，積疑成災。」厥罰斯至，乃已然之明驗。有以知皇天愛陛下之深，數以災異感動，若尚不加警悟，殆非畏天保國之深慮也。』

又 卷一九六 ［嘉祐七年春正月］壬戌，御宣德門觀燈，顧從臣曰：『此因歲時與萬姓同樂爾，非朕獨肆游觀也。』先是，諫官楊畋、司馬光等以去年水災，乞罷上元觀燈，故特宣諭之。

又 ［嘉祐七年乙亥］初，諫官楊畋上言：『《洪範五行傳》曰：「簡宗廟則水不潤下。」又曰：「聽之不聰，厥罰常水。」去年夏秋之交，久雨傷稼，澶州河決，東南數路大水為災。陛下臨御以來，容受直諫，非聽之不聰也；以孝事親，非簡於宗廟也。然而災異數見，臣愚殆以為萬幾之聽，必有失於當者；七廟之享，必有失於順者。惟陛下精思而矯正之。』於是詔太常禮院檢詳郊廟未順之事。

又 卷二〇一 ［治平元年夏四月甲申］司馬光言：『伏見權御史中丞王疇，建言乞陛下循真宗故事，幸諸寺觀祈雨，朝廷雖從其請，而講議選日已踰旬浹，至今車駕未出，眾論狐疑，皆云事恐中輟。臣愚竊以陛下踐位已踰朞年，京城百姓未聞屬車之音，重以嚮者聖體不安，遠方之人妄造事端，訛言未息，若聞車駕一出，則遠近釋然，莫不悅喜。況今春少雨，麥田枯旱，禾種未入，倉廩虛竭，閭里饑愁。陛下為民父母，當與同其憂苦，祈禱羣神，豈可晏然視之，不以疚懷？況詔命已降，流聞四方，若復遷延，久而不出，則道路之人逾增猜惑，不若嚮時初無此議也。且王者以四海為家，故稱乘輿，或稱行在，車駕暫出，近在京城之內，亦何必拘瞽史之言，選揀時日，忘萬民朝夕之急？殆非成湯《桑林》、周宣《雲漢》之意也。臣愚伏望陛下斷自聖心，於一兩日之間，車駕早出，為民禱雨，以副中外顒顒之望。』

甲午，祈雨於相國天清寺、醴泉觀。帝久不豫，至是士庶驩呼相慶。

五月己亥，詔：『自今水旱，命官禱於九宮貴神。』初，胡宿上言：『竊見前書所載，九宮貴神實司水旱，雖不見經，而當時尊祀次昊天上帝。唐明皇、肅宗嘗親祀之。雖太和降為中祀，至會昌即復其禮，仍以宰相往修祠事。國家祇若舊典，列於常祀，至和中，因修時祭，光祿小吏慢祀而震死者二人，威靈所傳，耳目未遠。今首夏垂盡而時雨尚愆，有惻上仁，偏走羣望。昔宣王遭旱，《雲漢》之詩曰：「上下奠瘞，靡神不宗。」況水旱之神，又可闕諸？臣愚以為宜因此時特遣近臣并祀九宮貴神。』詔禮院詳議。於是，禮官議以國朝舊制，每歲雩祀外，水旱稍久，則遣官告天地、宗廟、社稷及諸寺觀、宮廟，九宮貴神今列大祀，亦宜準此命官就壇祈禱。故從之。案：自此以下皆五月中事，此條之首疑脫『五月』二字。

又 卷二〇六［治平二年九月］壬戌，以霖雨罷大宴。

司馬光言：『謙德之美，尊而益光，施之神人，無不悅順。竊見陛下將有事于南郊，羣臣循襲故事，請上尊號，以陛下叡智聰明，徽柔懿恭，享茲鴻名，云何不可？正以邇者暴雨為災，五稼漂沒，編戶失業，吁嗟之聲盈於道路，迄今未息。陛下當此之際，正宜深自抑損，以承答天譴，慰釋眾心。况尊號非古，近出有唐，陛下受而有之，不足以褒大聖功；推而不居，足以發揮盛德。所有羣臣上尊號表，伏乞拒而勿受，仍令更不得上表。此亦區區微誠欲補萬分之一也。』

呂誨亦言：『羣臣四表請上尊號，未蒙俞允，有以見宸衷謙抑之至也。然自霖雨以來，責躬引咎，詔求讜言，祗若天戒，顯揚英聲茂實，亦恐非今日之宜。羣臣抗章，蓋迫人情，亦拘常禮。臣伏望陛下因時災譴，思所以應變之實，鴻名盛美，抑而弗居。俟郊廟成禮，天人協和，然後俯順羣情，增崇徽號，於體為順。如允臣所請，望宣諭輔弼，所上第五表，批答宜丁寧訓告，以斷封章，謙德彌沖，式孚於外，天下幸甚。』

光既上言，復面有開陳，上嘉納之。羣臣凡五上表，終不允。

又 卷二一四［熙寧三年八月］庚申，分命輔臣祈雨。

又［熙寧三年八月］丙寅，以久旱御崇政殿，疏決繫囚，雜犯死罪以下第降一等，杖笞釋之。

又 卷二二〇［熙寧四年二月］丁丑，分命輔臣祈雨。

又 卷二三四［熙寧五年六月］辛亥，幸集禧觀大相國寺祈雨。

又 卷二四五［熙寧六年五月］戊申，分命輔臣祈雨。

又 卷二四六［熙寧六年秋七月］己酉，分命輔臣祈雨。

又 庚申，分命輔臣祈雨于郊廟、社稷。

又 卷二四七［熙寧六年九月戊戌］分命輔臣祈雨。

又 卷二五〇［熙寧七年二月］己丑，分命輔臣祈雨。

又 卷二六三［熙寧八年閏四月壬子］詔：『聞永興等路亢旱，其令轉運司訪名山靈祠，委長吏請禱。』

又 卷二六四［熙寧八年五月］丙寅，命輔臣禱雨于天地、宗廟、社稷。

又 卷二六六［熙寧八年秋七月癸未］詔晚田闕雨，遣官祈禱。又詔淮南、兩浙等路旱災，遣官禱南嶽諸祠載祀典者，仍委長吏精虔致祭。

又 卷二八一［熙寧十年］三月辛亥朔，分命輔臣祈雨。

又［熙寧十年三月］辛酉，分命輔臣祈雨於郊廟、社稷，仍詔開封府界、京東西、河北轉運、提點刑獄司各訪名山靈祠，委長吏請禱。

又［熙寧十年四月］辛卯，上批：『聞諸路皆少雨，可令轉運司訪名山靈祠，委長吏祈禱。已雨，速具以聞。監司察刑獄淹延，或就近巡按。』

又［熙寧十年四月壬寅］內出蜥蜴祈雨法，試之果驗，詔附宰鵝祈雨法頒行之。

又 卷二八三［熙寧十年秋七月］甲寅，分命輔臣祈晴。

又［熙寧十年］己巳，分命輔臣祈晴於郊廟、社稷。

又［熙寧十年七月乙亥］詔：『河北霖雨浹日不止，頗害秋稼，令長吏精禱名山靈祠。』

又 卷二八四［熙寧十年八月］辛丑，分命輔臣祈晴。

又 卷二八七［元豐元年］春正月庚戌，詔河北轉運司，令所在長吏躬禱名山靈祠。旱故也。

壬子，命輔臣祈雨。【略】乙卯【略】又詔京西、淮南路轉運司訪名山靈祠，委長吏禱雨雪。

又 卷二九〇［元豐元年六月］甲寅，命輔臣祈雨。

又［元豐元年六月丙辰］上批：『聞近畿路有苦雨處，令轉運司委長吏禱名山、靈祠，及令開封府界提點司督諸縣開畎積水，具退出民田次第以聞。京東西路州軍委轉運司施行。』

又 卷二九四［元豐元年十一月］甲申，分命輔臣祈雪。

又［元豐元年十一月乙酉］又詔：『聞京西、河北、陝西諸路自冬無雪，並邊山田麥苗已旱，令轉運司訪名山靈祠，委長吏祈禱。』

又 卷二九七［元豐二年四月庚戌］上批：『聞兗、鄆、徐、濟等州久無雨，穀麥失望，人情不安，雖已遣內臣往東嶽建道場，可更遣禮官祈禱。』又批：『廣西春旱特甚，其令安撫、轉運司訪名山靈祠祈禱。』

又 卷三〇二［元豐三年二月］辛丑，命輔臣祈雨。

又［元豐三年二月甲寅］詔：『聞京東、京西、河北、河東、陝西路闕雨，其令轉運司訪名山靈祠，委長吏祈禱。』

又［元豐三年二月］丁巳，命輔臣祈雨。

又 卷三六四 ［元祐元年春正月］庚戌，侍御史劉摯言：「臣自去年十一月後來累具狀，彈奏宰相蔡確不恭不忠，貪權罔上，無廉耻之節，失進退之義，營私立黨，陰害政事，皆公議所不容，而朝廷安危大體之所繫，天示譴告，旱暵成災，無變理陰陽之德，無厭服中外之望也，乞賜罷免，使之外補，至今不蒙可否之命。緣臣備員言路，既已彈劾之，臣則義不可止，前後章疏既不蒙付外施行，累乞上殿又不蒙指揮允許，上下隔塞，情志不通，公道不明，邪正不辨。今旱虐廣闊，二麥絕望，人之艱食，疾疫已作，盜賊將起，陛下祈禱之誠，非不勤至，而和氣不答，則害譴之大，將誰召之哉？陛下仁慈包容，不究其故，欲不失恩意於大臣則可也。【略】摯又言：臣已於前章論列其詳矣。今自去冬以來，都無雨雪，畿甸及京東、西近而易知也，陝西、河北、江、淮之遠，有人來者，臣每詢訪，皆云「大旱」。則被災之地，可謂廣闊，百姓一歲之命，惟賴麥爾，麥不登則民飢，民飢則盜賊必起，又疾疫相承而作，天下之勢，誠可大憂，非小小災異，乃上帝警告以動聖慮也。漢世水旱災變，必策免三公，而三公以災異引咎自殺者，比比有之。又曰：『烹弘羊，天乃雨。』夫烹人非致雨之道，而雨必可致者，蓋桑弘羊聚斂姦臣也，以謂烹是人則民心悅，民心悅，則天怒解而和氣應也。前世及本朝凡遇水旱變異，則執政之臣必須引咎自劾，惶恐畏天，懇求去位，以避賢路，以謝天譴，蓋身為公卿，職在變理陰陽故也。確位居上相，正任其責，而恬然不以為意，前日山陵使還不去，今日大旱不去。中外士論莫不驚怪，謂確貪固寵祿，實有輕朝廷之心，將謂皇帝陛下春秋富盛，太皇太后陛下垂簾之際，或未能盡知大臣充山陵使及遇災異，明有辭任典故，所以幸於不悟而都不備禮自言，傲然安倨，蔑視公議。今旱勢累月，已涉春矣，生民嗷嗷，驚駭狼顧，正是大臣恐懼待罪之日，又是陛下思答天戒、更張政事、變置大臣之時也。確竊據日久，姦險陰害，不忠於國，無心於民，與章惇死黨相結，同力護持敝法，沮排同列，以隔塞陛下善政，誰不憤疾？而陛下覆之如天，容之如地，不判其邪正，不辨其公私，此中外士大夫，未見其是非成敗之所在，所以懷疑觀望，未敢盡心展意於國家者也。【略】辛亥，詔以時雨稍愆，今月二十四日太皇太后躬詣太一宮、集禧觀祈禱。【略】癸丑，太皇太后駕獨祈雨。此據《政目》增入，《實錄》不書。【略】丙辰，上幸大相國寺祈雨。

又 卷三七四 ［元祐元年夏四月］壬辰，以時雨稍愆，疏決在京繫囚，雜犯死罪以下遞降一等，至杖釋之。

又 卷三七五 ［元祐元年四月己亥］右諫議大夫孫覺言：『去冬以來，天久亢旱，無大雨澤，麥已不收，春種失時，人方闕食。陛下側躬卹災，無所不至，親御便殿，慮問囚徒，所犯非死，例從寬減，憂勞之至，而聖澤未至浹洽者，或有所在。減降之恩，雖出自聖意，然獄吏治囚，根究未見本末，或會問在遠州、縣，候事畢議法，始引減降，得從輕坐。臣以為在京左右軍巡司、錄司乞差兩制官一員，畿內諸縣，差諫官、御史一員，分視獄囚。已殺人及重傷守辜外，皆酌情約法，減降區斷。應照驗未圓、會問未到者，並許召保押出，知其在，以稱聖恩蕩滌之意。』

詔：『在京並開封府界諸縣見禁罪人，內有根究未見本末，或會問結絕未得者，在京差左司諫王巖叟，開封府界諸縣差監察御史孫升，親往逐處分視獄囚，與當職官同看詳，除已殺人及重傷守辜外，餘并酌情約法，一面區斷。內府界諸縣徒罪已下不該刺配者，亦許一面斷遣訖奏。應照證未圓、會問未到者，並召保知在，聽候斷遣。』《新錄》但云親往分視獄囚，約法斷遣。『與當職官』以下並削去。

又 卷三九六 ［元祐二年］三月甲寅，詔輔臣分詣寺觀祈雨。

又 ［元祐二年三月］丁丑，開寺觀祈雨。

又 卷四二一 ［元祐四年春正月］丁亥，詔以愆雨，開寺觀。

又 卷四三八 ［元祐五年二月］癸卯，詔時雨稍愆，應五嶽、四瀆州軍令長吏祈禱。

又 ［元祐五年二月］丁未，疏決四京、府界諸縣繫囚，除常赦所不原外，雜犯死罪以下遞降一等，杖以下釋之。其後，又詔疏決應天下州、府、軍、監、縣等繫囚，從給事中范祖禹之言也。祖禹言：『臣伏見陛下以久旱疏決在京及三京繫囚，聖心焦勞，欽恤庶獄。祖宗以來，赦過宥罪，多蒙嘉應，然今溥天不雨，旱災甚廣，恐刑獄冤滯，以傷和氣者，非止于四京。臣願陛下因推惠澤，以及四方，詔諸路轉運、提刑司官，疾速分詣所屬州縣，引問見禁罪人，疏理決遣；仍先徧行指揮，疾速結絕，無令淹延；深戒官吏，務察冤枉，使朝廷德意及遠，感動人心，庶可消弭災異。乞留中，特出聖意指揮。又祖宗時，遣使決獄，或詔逐路監司疏決，其例不一，欲乞參酌施行。』從祖禹言，據《舊錄》，仍增入祖禹全章，并附梁燾云云。

御史中丞梁燾言：『臣伏見聖念閔雨，申飭祈禱，仁德動天，宜有福應。臣聞陰陽之道，密與政通，亦願敬修人事，上應天心。竊恐京邑之間，下及四方郡縣，留獄滯訟，感傷和氣。伏望聖慈特賜指揮，差官點檢結絕，其罪有可疑、情非巨蠹者，並聽從輕決遣。在京、京畿差臺省官，諸路委監司分行，庶恩澤下究，羣情感悅，和氣上通，以致嘉雨。』

燾嘗奏事延和殿，進疏言旱暵踰時，宜廣德施惠，以召和氣；又乞用慶曆、熙寧故事，以旱罷免宰相，修德應天，進賢退不肖，省刑宥罪，無間疏遠，寬賦薄斂，以惠細民，用銷災異。太皇太后曰：『旱澇自是時數。』燾對曰：『陛下之言失矣。人主當上畏天威，以為警戒。今陛下未有畏天之實，乃曰「時數」，此意恐不出聖心，必出左右取悅之言，上惑聰明，是深誤陛下也。陛下愍物憂歲，懼災省己，刻意至誠，必有時雨之應；若懷疑致惑，歸之于數，而不自責，何以上當天心，銷伏災變？天去人咫尺，應響如答。湯以六事祝山川，言未已而雨；宋景公有人君之言三，熒惑為之退舍。陛下以母儀保佑官家，親天下事，至于言動，便有史臣書載，垂示萬世，豈可不謹也！願畏天之威，順天之道，從民心，召和氣，誠意如此，何憂不雨也？』太皇太后是之。

又 卷四四一 ［元祐五年夏四月辛丑］先是，御史中丞梁燾言：『臣伏見兩宮閔雨，至誠惻怛，明飭政令，以召和氣。聖德應天之實，無所不至，今屬臺諫官分責六曹，臣等見根究諸司壅隔稽滯之弊。臣以為治之道，在先正本清源，而三省政事之本，命令之源也。其休戚所繫，誠非有司之比，恐不能獨無留滯闕失之事也。臣愚欲望聖慈面詔大臣，總持綱要，協輔至公，各誡屬官分察滯事，如門下省委給事中，中書省委舍人，尚書省委都司，親閱簿書，點檢結絕，候了日具總目聞奏，庶幾大小之政，上下修舉，以副宸衷求治之意。』貼黃：『三省合進呈事至多，其間不無留滯，欲乞聖慈指揮：除事干要速及法當取旨外，并令別具條目，擬進施行，即不得與熟事滾同進入。四方申尚書省待報文字不少，法須勘當，類成留滯，欲乞聖慈指揮：將見到申請更不送逐處勘當，并疾速相度行下；即事連他司，或于文法須合取會者，勒令合干人吏暫齎文書赴都司照會，仰都司白執政，請限結絕；其見勘當未了者，立限申都司。訴訟詞狀準此。』癸卯，詔三省自去年十月一日至今承受到文字，門下省給事中、中書省中書舍人、尚書省左右司郎中親閱簿書，點檢結絕。《新錄》削去，蓋不知梁燾曾有奏請。此亦救旱之一事也，今備載之。

詔：久愆雨澤，開寺觀令士庶燒香。此據《御集》。

又 卷四七一 ［元祐七年三月丁酉］是日，輔臣奏事延和殿，太皇太后深以旱暵為憂。

戊戌，月食。簽書樞密院王巖叟奏言：『臣伏見去歲日食五月朔，今歲月食三月望，且食之既。按《十月之交》詩曰：「日月告凶，不用其行。四國無政，不用其良。」《傳》曰：「國無政，不用善，則自取謫於月日之災，故政不可不謹也。」又曰：「彼月而食，則維其常。此日而食，于何不臧？」考告凶之蝕，同以為戒；考維常之言，則若專戒日食，而不以月食為可畏。蓋詩人之時，事異于今。今方兩宮同聽天下之政，實日月並明之道，俱不當有薄蝕之變也。臣竊惟皇帝陛下以光明純粹之德，淵默臨朝，太皇太后陛下以仁義忠恕之行，發而為政，蓋無一不合天心者。然則何為謫見於日月之災？臣殆恐陰邪道長，有以蒙蔽盛明，而聖心不以為疑，故天見變異以示警戒。此天心之仁愛陛下，而欲全聖德之美也，消伏之應，宜在此時。願陛下用人之際則審邪正，使必得其真，聽言之際則察是非，使必歸於當，斥遠陰邪，深防蒙蔽之害，以答天心。臣等不勝幸甚。』貼黃：『臣又按漢曆志記月食之既者，率二十三食而復既。按元豐八年八月望嘗食之既，今固未及二十三食而復既，則是不當既而既，臣故恐天意之有以深警陛下也。』巖叟言必在此後，今即附見。此言或緣孫升、韓川，升等出乃發。移附六月亦便，更詳之。

己亥，疏決在京并府界繫囚，雜犯死罪已下第降一等，至杖釋之。王巖叟云聖意必在十六日施恩，以月食之變也，然不明諭。政目於十四日書之。

又 卷四九一 ［紹聖四年九月］壬子，批旨付三省：『天垂變異，彗出西方，災譴為大，朕實懼焉！可避正殿，損常膳，罷秋宴。公卿各宜悉心修政，輔朕不德，仍許中外臣僚等直言朝政闕失，朕將親覽。具此意令學士院降詔處分。』詔曰：『朕以非德，奉承大業，夙夜戰栗，不遑康寧，惟恐不及以仰當天心，以羞先帝聖德。乃仲秋之夕，彗出西方，推原典經，茲謂大異。永惟其咎，未燭厥理，豈非庶政之失，以悖三光之明？譴告之來，朕實祇懼！書不云乎，『惟先格王正厥事。』已避正殿，損常膳，罷秋宴，公卿其各悉心修政，輔朕不德。應中外臣僚等，並許直言朝政闕失，朕將親覽，虛心以改，庶幾以銷天文之變焉。』

又詔中太一宮設醮，開啟、罷散日，遣執政官一員詣宮燒香。是日，彗入天市垣，輔臣早朝，上顧問『見彗否？』皆以實對。上曰：『長丈餘。』且曰：『初起于氐，掃巴星，天變甚大，當避朝損膳，求言肆赦，以答天戒。』又曰：『已于諸處建道場，當更于文德殿設醮。』曾布因言熙寧肆赦，自有故事。又言：『熙寧乙卯歲十月，在翼、軫吴楚分野之外，尋有交州之變。光芒掃長沙，明年春，民大饑，疫死者相枕藉。自丙辰春出師討交趾，丁巳春師還，死者數十萬。今掃巴星，則巴、蜀亦不可不慮，臣等當更講求兵備。兼星在氐、羌，邊事誠不可不誡。臣素言涇原籬落未葺，須至營築堡障，其他版築當且休息，未可舉動。』上皆深然之。退語章惇，以肆赦不可已，惇曰：『元豐三年不曾赦。』布曰：『七月星變，九月明堂，宜其不赦也。』是日，布又白上：『熙寧七年南郊，八年冬再赦，在大禮後一年。今去大禮尚逾年，適相似。』上曰：『天變更何必議歲月。』又曰：『熙寧赦，不獨為星變，更以華山崩之類。』布曰：『去歲江表大旱，溪河皆涸竭，今歲兩浙運河亦斷流，因此一沛不為過。昔東海孝婦以寃死，一方為之大旱，一婦人寃死，足以致災變，況天下乎？今政事有未便于人，刑罰有過當，此大臣所當修省改更，以稱陛下寅畏天變之意。』上深嘉納。

又 卷五〇七 ［元符二年三月］甲寅，詔輔臣今月十四日分詣宮觀、寺院等處祈雨。

又 ［元祐五年三月］乙丑，詔輔臣詣天地、社稷、宗廟、宮觀、寺院等處祈雨。

又 ［元祐五年三月］己巳，詔稍愆時雨，竊慮刑獄淹延枝蔓，在京委刑部郎中及御史一員，開封府界令提點諸路案此處原本註闕文。兩州軍令監司分頭點檢催促結絕見禁罪人。

又 庚午，御崇政殿，閱試諸軍轉員凡三日。詔時雨稍愆，開在京宮觀寺院五日。

《宋史》卷六六《五行志四·金》 端拱二年五月，京師旱，秋七月至十一月，旱；上憂形於色，蔬食致禱。是歲，河南、萊登深冀旱甚，民多飢死，詔發倉粟貸之。

淳化元年正月至四月，不雨，帝蔬食祈雨。【略】

景祐三年六月，河北久旱，遣使詣北嶽祈雨。

慶曆元年九月丁未朔，遣官祈雨。二年六月戊寅，祈雨。三年，遣使詣嶽、瀆祈雨。四年三月丙寅，遣内侍兩浙、淮南、江南祠廟祈雨。五年二月，詔天久不雨，令州縣決淹獄，又幸大相國寺、會靈觀、天清寺、祥源觀祈雨。六年四月壬申，遣使祈雨。七年正月，京師不雨。二月丙寅，遣官嶽、瀆祈雨。三月辛丑，西太乙宮祈雨。

皇祐元年五月丁未，遣官祈雨。三年，恩、冀諸州旱。三月，分遣朝臣詣天下名山大川祠廟祈雨。

至和二年四月甲午，遣官祈雨。

嘉祐五年，梓州路夏秋不雨。七年三月甲子，罷春燕，以久旱故也。辛丑，西太乙宮祈雨。【略】

元祐元年春，諸路旱。正月，帝及太皇太后車駕分日詣寺觀禱雨。

［政和］四年旱，詔振德州流民。

宣和元年二月，詔汝、潁、陳、蔡州飢民流移，常平官勒停。【略】

紹興二年，常州大旱。帝問致旱之由，中書舍人胡交修奏守臣周祀殘酷所致，尋以屬吏坐贓及殺不辜，竄嶺南。三年四月，旱，至于七月；帝蔬食露禱，乃雨。【略】七年春，旱七十餘日，時帝將如建業隨所在分遣從臣有事于名山大川。【略】九年六月旱六十餘日，有事于山川。十一年七月旱，戊申，有事于嶽瀆。乙卯，禱雨于圜丘、方澤、宗廟。

又 ［乾道］四年夏六月旱，帝將撤蓋親禱于太乙宮而雨，時襄陽、隆興、建寧亦旱，八月詔頒皇祐祀龍法于郡縣。

又 ［淳熙七年］九月，紹興、隆興、建康、江陵府，台、婺、常、潤、江、筠、撫、吉、饒、信、徽、池、舒、蘄、黄、和、潯、衡、永州，興國、臨江、南康、無爲軍皆大旱，江、筠、徽、婺州，廣德軍無錫縣尤甚，禱雨于天地宗廟社稷、山川群望。【略】十四年五月，旱。六月戊寅，有事于山川群望。甲申，帝親禱于太乙宮。七月己酉，大雩于圜丘，望于北郊，有事于嶽瀆海凡山川之神。時臨安、鎮江、紹興、隆興府，常、湖、秀、衢、婺、處、明、台、饒、信、江、吉、撫、筠、袁州，臨江、興國、建昌軍皆旱，越、婺、台、處、江州，興國軍尤甚，于九月乃雨。

又 ［慶元］三年，潼、利、夔路十五郡旱，自四月至于九月，金、蓬、普州大旱。四月壬子禱于天地、宗廟、社稷。六年四月旱，五月辛未禱于郊丘、宗社。鎮江府、常州大旱，水竭，淮郡自春無雨，首種不入，及京襄皆旱。

又 嘉泰元年五月，旱。丙辰，禱于郊丘、宗社。戊辰，大雩于圜丘。浙西郡縣及蜀十五郡皆大旱。二年春，旱，至于夏。秋七月庚午，大雩于圜丘，祈于宗社。【略】［開禧］三年二月，不雨。五月己丑，禱于郊丘宗社。

又 嘉定元年夏，旱。閏月辛卯，禱于郊丘、宗社。二年夏四月，旱，首種不入。庚申，禱于郊丘、宗社。六月乙酉，又禱。至于七月，乃雨。【略】八年春，旱，首種不入。四月乙未，禱于太乙宮。庚子，命輔臣分禱郊丘、宗社。五月庚申，大雩于圜丘，有事于嶽瀆海。至于八月，乃雨。江浙淮閩皆旱，建康、寧國府，衢、婺、温、台、明、徽、池、眞、太平州，廣德、興國、南康、盱眙、安豐軍為甚。行都百泉皆竭，淮甸亦然。十年七月，不雨，帝日午曝立，禱于宮中。

《金史》卷三五《禮志八・祈禜》 大定四年五月，不雨。命禮部尚書王競祈雨北嶽，以定州長貳官充亞、終獻。又卜日於都門北郊，望祀嶽鎮海瀆，有司行事，禮用酒脯醢。後七日不雨，祈太社、太稷。又七日祈宗廟，不雨，仍從嶽鎮海瀆如初祈。其設神座、實樽罍如常儀。其樽罍用瓢齊，擇甘瓠去柢以爲尊。祝板惟五岳、宗廟、社稷御署，餘則否。後十日不雨，乃徙市，禁屠殺，斷傘扇，造土龍以祈，雨足則報祀，送龍水中。

十七年夏六月，京畿久雨，遵祈雨儀，命諸寺觀啟道場祈禱。

明 佚名《國初禮賢録》 上以劉基為太史令，值熒惑守心，群臣震懼。基密奏上，宜罪己以回天意。次日，上臨朝，即以基語諭群臣，眾心始安。後大旱，上命基諗滯獄，凡平反出若干人，天應時雨。上大喜。基因奏請立法定制，遂從之。

明 李賢《天順日録》 景泰初，予進正本十策，且乞留中朝夕省覽，少助身心之學。不省，竟發出。越數日，户科給事中李侃因災異上言：『近日李某所言有關聖躬，略不省覽，無恐懼修省之實。災異迭見，殆由於此』覽此奏，御將予奏疏取入，謄寫一本觀看。禮部尚書楊寧見之嘆息，一日見予曰：『吾讀崇節儉一事，殆欲下泪，乃逐條為前鑑，以為當留意行之。』本部尚書何文淵求稿一看，曰：『忠鯁之言也。』少保于謙見之曰：『人所難言者。』南京祭酒陳敬宗曰：『聞其題目，知為至論矣。』後頒君鑑於羣臣，予復採二十二君善行，每君不過三四事最切要者，乞體而行之。景泰覽之亦不省，曰『此奏欲何為？』中官王誠曰：『欲上學此數君耳。』乃頷之。但流於荒淫，不復介意。

明 尹直《謇齋瑣綴録》卷七 成化己亥秋九月，六科十三道都給事中張海等劾户部尚書楊鼎、工部尚書王復、南京兵部尚書薛遠、吏部侍郎錢溥，謂四方水旱，皆四人妨政失職所致，宜加黜罷。不允。

明 祝允明《野記》卷三 正統末，京師旱，街巷小兒為土龍禱雨，拜而歌曰：『雨帝雨帝，城隍土地。雨若再來，還我土地。』成羣譟呼，不知所起。未幾，有監國即位之事，繼又有復辟之舉。説者謂雨帝者，與帝；城隍者，郕王；再來還土地，復辟也，以謠為有徵也。

《明史》卷三〇《五行志三》 洪武三年，夏旱。六月戊午朔，步禱郊壇。【略】二十六年，大旱，詔求直言。

又 ［嘉靖］二十年三月，久旱，親禱。

又 ［隆慶］四年夏旱，詔諸司停刑。

又 ［萬曆］十三年四月戊午，因久旱步禱郊壇，京師自去秋至此不雨，河井并涸。十四年三月乙巳，以久旱，命順天府祈禱。

又 ［崇禎］三年三月，旱，擇日親禱。【略】十六年五月辛丑，祈禱雨澤，命臣工痛加修省。

《宋會要輯稿・禮一八・祈雨》 國朝凡水旱災異，有祈報之禮。祈用酒、脯、醢，報如常祀。宮觀寺院以香茶、素饌。京城玉清昭應宮、上清宮、今廢。景靈宮、太一宮、太清觀、今建隆觀。會靈觀、今集禧觀。祥源觀、今醴泉觀。大相國寺、封禪寺、今開寶寺。太平興國寺、天清寺、天壽寺、今景德寺。啟聖院、普安院，以上乘輿親禱。或分遣近臣告昊天上帝於南郊，皇地祇於北郊或南郊。望祭祈太廟、社稷，望祭諸方嶽鎮海瀆。於南郊望祭。天齊仁聖帝廟、五龍堂、城隍廟祠、報慈寺、崇夏寺、報先寺、今乾明寺。九龍堂、浚溝廟、子張子夏廟、信陵君廟、段干木廟、扁鵲廟、張儀廟、吳起廟、單雄信廟，以上並敕建、遣官。九龍堂以下舊只令開封府遣官，後皆勑差官。仍令諸寺院宮觀開啟道場。今水旱亦令依古法祈求。五嶽四瀆廟、河中府后土、亳州太清宮、兖州會真宮、河中府太寧宮、鳳翔府太平宮、舒州靈仙觀、江州太平觀、亳州明道觀、泗洲延祥觀、兖州景靈宮、太極觀，以上並差朝臣或內侍，自京齎香合、祝板，馳驛就祈。五嶽真君觀、泗洲普照寺、西京無畏三藏塔，以上並遣內臣詣建道場。

太祖建隆二年六月十九日，翰林學士王著上言：『秋稼將登，稍愆時雨，望令近臣按舊禮告祭天地、宗廟、社稷，及望告嶽、鎮、海、瀆於北郊，以祈雨。』詔用其禮，惟不祀配座及名山大川；雨足，報祭如禮。

四年五月一日，以旱，命近臣禱天地、社稷、宗廟、宫觀、神祠、寺，遣中使馳驛禱于嶽瀆。自是凡水旱皆遣官祈禱，唯有變常禮則別錄。

乾德二年三月十一日，遣左拾遺梁周翰等馳驛分詣五嶽祈雨。

端拱二年十月二十三日，御書白箋一幅降宰相趙普第曰：『萬方有罪，罪在朕躬。顧茲雨雪愆期，應是妖星所致。為人父母，心莫遑寧，直以身為犧牲，焚於烈火，亦未足以荅謝大譴。當共卿等審刑政之闕失，念稼穡之艱難，恤物安人，以祈垂佑。』時普以疾在告，即以御劄授呂蒙正等。翌日，蒙正等詣長春殿曰：『臣等伏讀御劄，若負芒刺。自陛下纘承寶位，一紀有餘，躬覽萬幾，勤恤民隱，未嘗有纖微之失。蓋是臣等任處弼諧，用愆霖雨，願上印綬，以荅天譴。』帝慰勉久之。先是彗星謫見之後，自七月不雨，至是凡五嶽四瀆、名山大川，無不徧禱，殊無回應。帝憂念烝民，不遑安寢，故有是詔。

淳化元年四月五日，命中使分詣五嶽祈雨。

二年三月三十日，帝以歲蝗旱，減損常膳，並禱群望，而甘澤未應，降手詔曰：『宰相呂蒙正與參知政事等共於文德殿前築一台，朕當暴露於其上，三日不雨，卿等當焚朕以荅天譴。』蒙正等惶恐，共匿詔書，不宣佈於外。未幾而膏澤霑足，飛蝗盡死。

淳化三年五月十六日，帝以久愆時雨，憂形於色，謂宰相曰：『歲旱滋甚，朕懇禱精至，並走神祇，而猶未獲膏澤者，豈非四方刑獄冤濫，郡縣吏不稱職，朝廷政理有所缺乎？』是夕降雨尺餘。翌日，宰相以時雨應期，相率拜賀，帝曰：『朕孜孜求理，視民如傷，內省於心，無所負矣，而久愆時雨。蓋陰陽之數，非朕所憂，朕所憂者在政化之未孚，官吏之不稱職耳。』因切責。宰相李昉等慙懼拜伏，退，上表待罪，賜璽書諭荅。

至道元年二月十三日，命中使分詣五嶽祈雨。

至道二年三月十五日，以歲宿戒，親詣諸寺觀祈雨，會大風，不果出，遣宣政使王繼恩以下分禱，命有司講求故實。太常禮院上言：『按典禮，凡京都旱，則祈嶽、鎮、海、瀆及諸山川能興雲雨者，於北郊望而祭之。又祈宗廟、社稷。每七日一祈，不雨，還從北郊如初。旱甚則雩，雨足則報。祈用酒、脯、醢，報如常祀，皆有司行事。已齋及未祈而雨者，皆報祀。』遂遣參知政事李昌齡祠北郊，張洎、寇準分祠太廟、社稷。又命官詣皇建院、寶相寺、天壽院、啟聖院、觀音院、普淨院、定力院、天壽顯靜寺、顯聖寺、等覺院、天清寺祈禱。

真宗咸平元年三月八日，詔曰：『農功伊始，膏澤未霑，爰伸至誠，庶獲嘉應。宜遣官告祈天地、宗廟、社稷、嶽瀆、京城祠廟、寺觀。』

四月四日，以京東、河北旱，遣使于衛州白鹿山百門廟祈雨。後以祈應，賜名靈源廟。五日，詔曰：『時雨未洽，宿麥可憂，恤然疚懷，再伸勤請。宜特遣工部侍郎畢士安祠五龍堂，刑部侍郎郭贄、給事中柴成務、知制誥李若拙祠太一宮。令以今月九日早赴逐處焚香虔祈，以副朕意。』

五月七日，幸相國寺焚香禱雨，升殿而雨霶霈。復冒雨幸太平興國寺、啟聖院、建隆觀，賜僧道錢帛茶荈。教坊伶官見於道左，賜錢三百千，不令扈從。從駕衛士悉霑濕，賜新衣易之。

咸平二年三月十四日，以旱，詔有司祠雷師、雨師。四年二月亦然。

閏三月三日，工部侍郎、知楊州魏羽上唐李邕《雩祀五龍堂祈雨之法》，詔頒于諸路。帝曰：『此法前代所傳，不用巫覡，蓋防褻慢。可令長吏清潔行之。郡內有名山大川、宮觀寺廟，並以公錢致禱。』其法以甲乙日，擇東方地作壇，取土造青龍。長吏齋三日，詣龍所，汲流水，設香案、茗菓、餈餌，率群臣、鄉老日再至祝酹。不得用音樂、巫覡，以致媟瀆。雨足，送龍水中。餘四方皆如之，飾以方色。大凡日干及建壇取土之里數，器之大小及龍之修廣，皆取五行生成數焉。

五日，幸太一宮、天淨寺禱雨。前一日，帝與宰臣俱蔬食，以致精懇。十日，得雨，群臣皆賀，因詔罷諸無名力役、不急營造。

三年六月一日，詔遣使祠兩浙境內名山、大川、祠廟。先是帝以其地災疫，深所軫念，命三館檢討祈福靈跡以聞，至是命使禱祭，以祈福應。

又 [咸平]四年二月十五日，幸開寶、天壽、相國寺、上清宮祈雨。翌日，雨。自去冬至是，雨雪稍愆，帝憂軫至甚，每御蔬食。是日臨軒，御衣霑濕，左右進蓋，卻而不御。

景德元年四月二十七日，以京城旱，命知制誥晁迥詣北嶽禱雨。

五月十一日，遣常參官詣五嶽四瀆祈雨。是日大雨霑足，不遣。

六月九日，命知制誥陳堯諮北嶽祈雨。

七月六日，大雨。翌日，帝謂侍臣曰：『近頗亢旱，有西州入貢胡僧自言善呪龍祈雨，朕令於精舍中試其術，果有符應。事雖不經，然為民救旱，亦無避也。』

又 大中祥符二年二月，詔：『如聞近歲命官祈雨，有司止給祝板，不設酒脯。其令自今祈報，一如《禮令》。』七日，詔：『自今中書門下特差官祈禱，並前一日致齋。祠廟祭告，並用香、幣、酒、脯、醢等，仍令太常禮院牒諸司寺監供應。祠官不虔，御史臺糾舉以聞。』帝聞遣官祈雨，有司止給祝板，不設酒脯，因出《禮令》、故事示宰臣，命申明之。其賽謝日，諸宮觀、寺院官給錢五千造食，宮觀仍用青詞。神廟則翰林給酒，御廚造食，遣寬衣天武官舁往，仍給紙錢、馳馬。

十八日，愆雨，遣知制誥錢惟演、直史館高伸、職方員外郎高冕祠太一宮。禮院言『太一宮兩廊有十精太一十六神，並主風雨，望增遣官分拜』故也。司天少監史序祀玄冥五星於北郊，除地為壇望告。都官員外郎梁楚祀雨師、雷師於本壇。又特祀景德、天清、顯聖、顯寧、顯靜五寺。

二十六日，以雨足，遣官報謝社稷。初，學士院不設配位，及是以問禮官。太常禮院言：『祭必有配，報如常祀，當設配座。又諸神祠，天齊、五龍用中祠例；祆祠、城隍用羊、八籩、八豆。既設牲牢、禮料，其禦廚食、翰林酒、紙錢、馳馬等更不復用。其五嶽、四瀆、泗州普照寺、西京無畏三藏，先遣朝臣祈請，亦當報謝。』詔止令樞密院遣使臣馳往報謝，餘從請。

四月十日，以河北久旱，遣祠北嶽。

五月二十五日，以陝西旱甚，遣使分詣鳳翔府上清太平宮、汾陰后土、西海、西嶽、河瀆顯聖王廟、西嶽真君觀祭醮。仍令各前三日致齋。如陝西更有自來靈顯宮觀、寺院、神廟，委轉運使選官精虔祈禱。

七月二十日，詔諸路祈禱雨雪所須禮料，並從官給。先是以祈雨法頒諸州，至是上封者言州縣多因緣率斂，故有是命。

大中祥符三年八月六日，以昇、洪、潤州亢旱火災，遣內侍馳往撫問軍民，犒設將校、耆老，及醮禱管內名山、大川、神祠有益於民者。

八年二月十七日，命宰臣以下分詣寺觀祈雨，遣官禱嶽瀆，仍命參知政事丁謂建道場於五嶽觀。是時觀修營尚未畢工。

二十二日，幸玉清昭應宮、開寶寺、上清宮焚香禱雨。

大中祥符九年九月十三日，以自秋不雨，帝慮首種失時，憂形於色，減膳徹樂，徧走羣望，命輔臣分祈天地、宗廟、社稷、神祠、宮觀、佛寺。即日雨降，分遣官致謝於所禱之處。時有泗洲龜山僧智悟請就開寶寺福聖塔斷右手祈雨，及是帝作《甘雨應祈》之詩，命近臣畢和。

又 仁宗天聖二年三月二十三日，詔以中春農事興，畿甸久無雨澤，遣官詣五嶽四瀆祈求，仍詣會靈觀池上塑龍。翌日雨足，詔在京宮觀、祠廟擇日賽謝。嶽、瀆在外者，止就會靈觀望祭，更不差官。

三年九月六日，帝宣諭：『近內臣南中勾當，回言諸處名山洞府投送金龍玉簡，每開啟道場，頗有煩擾，不得清淨。速令分祈諸路投龍處所，仍今後不開建道場。』宰臣王曾等曰：『亦聞投龍之處，每建道場，預差人夫般送齋料物色，踰越山嶺，煩擾貧民。或如聖意，今後務從簡省，實為至當。』

明道二年三月二十二日，幸會靈觀、上清宮、景德寺、靈感宮請雨。

景祐元年正月八日，太子洗馬致仕邢中和言：『自去冬雨雪愆亢，聖心祈禱未應。臣克課正月九日、十八日必降甘雨，望遣官躬祀九宮貴神、十精太一，必有靈應。』詔差兩制官一員精虔祈禱。九日，詔開封府令街坊人戶依古法精虔祈求雨雪。十九日，以獲應報謝。

四月二十六日，詔：『河東路愆雨，令逐州軍長吏躬詣名山、祠廟、宮觀、寺院，依古法精虔祈求。』

五月二十二日，幸靈感塔、上清宮、祥源觀，以愆雨應期報謝。

又 〔景祐〕三年六月一日，詔：『河北路愆雨，差朝臣詣北嶽，及令轉運使、州軍長吏詣名山、祠廟、寺觀，依古法祈求。』

慶曆三年四月十七日，遣官詣五嶽四瀆祈雨。

五月十四日，幸大相國寺、會靈觀祈雨。先是諫官以天旱，請遣官祈雨，帝曰：『朕已宮中蔬食，密禱上天，引罪責己，庶獲豐秝之應。』宰臣章得象曰：『陛下奉天憂民，至誠如此，必有感召。』帝曰：『天災流行，亦朕躬無德所致。』得象曰：『此乃臣等備位衡宰，未能宣佈善政，以召和氣。適聞天語，甚不遑安。』帝曰：『時政中瑣細之務，不足留意，惟是民間疾苦，須當省察，有以利天下者必行之。卿等更宜公共訪求，以答天意。』得象曰：『兵興已來，賦役頗重，臣等固當夙夜思度，務在康濟，惟恐才力有所不逮。』

二月十二日，詔近遣官祈雨獲應，並令祭謝。是日，宰臣賀雨，帝曰：『昨夕陰雲始布，朕露立殿庭，仰空禱望。須臾雨至，衣盡霑濕，嬪御輩亦立雨中久之。』章得象曰：『苟非至誠如此，何以感動天地！』帝曰：『朕比欲下詔避寢徹膳，以申責己之意，然不當為此虛名，夙夜精心，密為祈請。

四年三月四日，遣內侍兩浙、淮南祠廟祈雨。

五年二月二十四日，幸大相國寺、會靈觀、天清寺、祥源觀祈雨。二十八日獲應，復詣報謝。

六年四月二十一日，以陝西旱，遣內侍往寧州要冊湫建道場祈求。

皇祐元年七月五日，定州少雨，初，知州韓琦言：『河朔久不雨，而禱祈無應。若興自聖懷，禱於天地山川，宜獲嘉澤。』尋遣秘閣校理張子思以默詞祈於北嶽，至是以雨足聞奏。

二年三月十一日，命朝臣乘傳詣天下名山、大川、祠廟請雨。

八月十五日，詔再頒先朝祈雨雪法，令所在置嚴潔處，遇愆旱即依法祈雨。

十二月二十一日，知制誥胡宿言：『事神保民，莫先祭祀。比年以來，水旱相仍，切意有所未至。望令天下具名山大川能興雲雨者增入祀典，春秋禱祀。』從之。

三年六月七日，詔：『近遣內侍往嘉州祈雨，而本州具僧道威儀候迎境上，遠人勞擾，其令轉運司自今禁止之。』

四年三月十一日，遣官祈雨。帝謂輔臣曰：『開封奏，婦人阿齊為祈雨斷臂，恐惑眾，不可以留京師，其令徙居曹州。』

七年三月十八日，幸西太一宮普安禪院祈雨。

英宗治平元年四月十九日，命輔臣禱雨於天地、宗廟、社稷，及遣使禱五嶽四瀆、名山大川、諸祠廟。

二十八日，幸相國寺、天清寺、醴泉觀，以旱災，為民祈福。先是權御史中丞王疇言：『真宗咸平元年三月小祥，是歲五月親出禱雨。然則皇祖舊典，在諒闇中亦嘗有所臨幸，但不為宴樂之事耳。陛下光有天下，不唯都城之人願瞻天日之表久矣，雖四方之遠，亦皆向風而環首，想聽輿馬之音，以自慰也。伏料聖孝思慕之勤勤，必尚未忍及于遊幸，然諸路宮觀所以奉真靈而延福禧，與諸帝后神御所在，恐宜於聽斷奉養之暇，有所饗謁而請禱，以表尊先奉神之心。顧乘輿服御或不當全用常例，乞下太常參詳。』仍詔禮院詳定。至是詣寺觀禱雨。

五月四日，詔：『自今水旱，命官禱於九宮貴神。』從樞密副使胡宿請。

【略】

閏五月十四日，詔久旱，將以十七日禱雨於禁中。宰臣請以是日分禱于宮觀寺院，從之。二十三日，以應祈，復命報謝。

二年正月二十八日，以旱，命宰臣已下自二月二日分詣諸宮觀寺院祈求。三月獲應，覆命報謝。

三月六日，詔五嶽四瀆、名山大川處差知州、通判祈雨。

四年五月十三日，詔差朝臣五嶽四瀆諸水府祈雨。十九日，以感，復命報謝。

神宗熙寧元年正月二十一日，詔：『古者有望祭山川之禮，今獨闕此，宜令禮官講求故事，以時舉行。令在京差官分禱，宜各就本司先致齋三日，然後行事。諸路擇端誠修潔之士分禱東海、四鎮、五嶽、四瀆、名山、大川。至祠所潔齋行事，毋得出謁、宴飲、賈販，及諸煩擾。仰監司察訪聞奏。諸路神祠、靈跡、寺觀雖不系祀典，祈求有應者，並委州縣差官潔齋致禱。』

二十七日，幸西太一宮謝雨。先是正月十九日幸相國、天清寺、集禧、醴泉觀祈雨，又下詔舉望祭禮，及諸處遍祈，帝又謂輔臣曰：『朕嘗於禁中發太乙誓願祈雨雪，俟有驗，當詣西太一宮謝之。』至是雨足，乃往。

二月七日，雨甚，帝曰：『時雨應祈，春苗有望。』樞密使文彥博曰：『雨雪久愆，若非陛下精神動天，何以致此？』帝曰：『天道不遠，苟懷康濟之心，必蒙昭荅。』樞密副使韓絳曰：『若上下協心，專務康濟生靈，必獲天佑。』

四月十二日，詔：『河北、京東尚未得雨，可指揮兩路闕雨州軍長吏，親禱所在名山神祠。』

七月二十八日，以霖雨未至，遣官祈天地及宗廟、社稷、五嶽、四瀆，仍令輔郡長吏齋潔祈祭所在名山靈祠，開在京寺觀縱士庶焚香五日。

二年四月三日，幸集禧觀、醴泉觀、大相國寺祈雨。

閏十一月二十三日，三司使吳充言：『每歲宮觀祈禱，率用黃白紙錢不少。竊謂祇奉上真，理宜虔潔，紙錢于古無稽。乞自今請寢罷。』從之。

十二月二十四日，三司又言：『准詔今後應奉道場之物悉准舊例，然禱雨雪或有未應，則計日支賜，倍有煩費。欲望除本命生辰年交保夏道場僧道恩例准舊外，非泛供設滿一月，班首人十五千，餘各十千。一月外只依一月。例半月以上，及二七日、七日、三日，皆遞減半，惟衣服仍舊。』從之。

五年六月一日，詔：時雨未降，輔郡名山聖祠可指揮所在長吏精虔祈禱。三日，幸集禧觀、大相國寺祈雨。九日，復幸謝雨。

七年二月十八日，詔河北東西、京東、永興、秦鳳路轉運司，令久愆雨澤去處，長吏擇祠廟精加祈求。

三月十三日，以旱，遣官分禱京城畿内諸祠、五嶽、四瀆，各委長吏致祭。

五月九日，詔河南路轉運司：『見闕雨州軍令逐處長吏訪尋所在名山靈祠能興雲雨者，開設道場，精虔祈求。』

七月七日，詔陝西路亢旱，秋種未入，令轉運司訪名山靈祠祈雨。

八月十一日，詔久旱禱雨未應，其令長吏躬禱嶽瀆。十八日，詔諸監司訪名山靈祠，委長吏祈雨。又遣輔臣告於中太一宫。是日，又詔京師久旱，祈禱多日，未獲感應，可差官就中太一宫致告十神太一，並開建道場，差宰臣以下致告。又令諸路轉運、提點司訪尋轄下州縣名山靈祠，委長吏精虔祈禱。

九月三日，命輔臣分詣天地、社稷、宫、寺等處謝雨，五嶽四瀆仰逐處長吏虔行祠賽三日。帝以連日雨，諭輔臣曰：『朕禁中令掘地一尺五寸，土猶滋潤，如此必可耕耨。』韓絳曰：『陛下憂憫元元，禱祠備至，精神上達，亟致感通。臣等比與太一齋祠，竊觀執事者踰旬未嘗解帶，以見聖意虔恭，左右之臣亦不敢小怠也。』

八年三月二十一日，河北西路轉運使劉航言：『自冬頗愆雨雪，乞遣中使于曲陽大茂山真令洞投龍以禱。』從之。

閏四月十九日，詔定州路自春闕雨，令知州薛向躬禱北嶽。

二十一日，詔永興等路亢旱，令轉運司訪名山靈祠，委長吏祈禱。

二十三日，詔真定府界旱甚，令孫固親禱名山靈祠。

六月一日，詔淮南旱甚，令轉運司委州軍長吏祈禱名山靈祠。

七月二十三日，詔諸色晚田見闕雨澤，選日差官祈禱。又詔淮南、兩浙等路，久苦旱災，遣尚書職方員外郎張維祈禱，仍令逐路有載在祀典靈顯祠廟，所在長吏精虔祈禱。

九年六月二十七日，又詔：『訪聞京西路頃闕雨澤，西京尤甚，速令所在訪名山靈祠，長吏精虔祈禱。』

九月十三日，詔輔臣詣天地、社稷、宗廟、寺觀祈雨。

十年三月十六日，詔開封府界、京東、河北東路見愆雨澤，令提點及轉運司訪尋管下名山靈祠，委所在長吏躬親精虔祈禱。

四月十二日，詔：『諸路少雨州軍，令轉運司訪境内名山靈祠，委長吏祈禱，如獲感應，旋具奏聞。』元豐五年三月二十八日，詔河北等路祈雨，亦令旋具感應處聞奏。

二十三日，中書門下言：『御前降到蜥蜴祈雨法，四月十八日舉行，二十日而雨。』詔附宰鵝祈雨法後頒行。其法：捕蜥蜴十數至甕中，漬之以雜木葉。選童男十三歲以下、十歲以上二十八人，分兩番，間日衣青衣，以青塗面及手足，人持柳枝，霑水散灑，晝夜環繞，誦呪曰：『蜥蜴蜥蜴，興雲吐霧。雨若滂沱，放汝歸去。』

元豐元年正月九日，詔京南、京西、淮南轉運司訪管内名山靈祠，委長吏躬親祈禱雨雪。自後二年、三年、五年、六年、七年，諸路或雨暘失時，即詔轉運司移文郡縣，並如元年正月九日詔。

二月二十三日，詔輔臣分詣天地、宗廟、社稷等處祈雨，仍令京東西、河北、河東、陝西、淮南等路雨澤愆少州軍轉運司，訪尋管下名山靈祠，委長吏精虔祈禱。

三月九日，詔中書門下：時雨未足，可選日遣官祭禱風伯、雨師、雷師。十六日，又遣官祭禱玄冥五星以下。

二年二月二十八日，詔：『河北、京東、河東、陝西久愆時雨，漸見害稼，可分遣禮官躬親東西北嶽、五臺山祈禱。』

四月十二日，詔：『聞兗、鄆、徐、濟等州久無雨澤，谷麥失望，人情不安。近雖已差内臣見在東嶽道場，可遣禮官詣彼祈禱。所有廣西今春亢旱，可下安撫轉運司訪名山靈祠，所在差官禱雨。』

三年七月七日，詔：『西北諸路久愆雨澤，令知定州韓絳躬詣北嶽祈禱；東、西、中嶽令所在知州依此。』

四月三日，詔輔臣謝雨於天地、宗廟、社稷。初，自春不雨，祈禱備至，及是雨尺餘，帝喜見於色，諭輔臣曰：『禁中令人掘地，潤及一尺五寸，秋成當復有望，殆天助也。』王珪曰：『陛下正身修德，格於皇天，前後祈禱，未嘗不應。』帝曰：『卿等更宜悉心補朕不逮，庶合天意。』

六年五月十六日，詔：『訪聞陝西諸路見苦少雨，守臣祈禱，久未感應。宜令轉運司更切訪名山靈祠，所在擇日恭致朝命，委官虔祈。』

七年三月二十四日，詔：『淮南、京東、京西路即今闕少雨澤，可令轉運司各訪尋管下名山靈祠，所在委長吏躬親精虔祈禱。』

哲宗元祐元年正月二十四日，太上皇后詣中太一宮、集禧觀，二十七日，皇帝詣大相國寺，皆以祈雨。

四年三月二十四日，詔：『京西路闕雨，中嶽、河瀆及淮、濟各委長吏祈禱，仍遣內侍齎香就建道場。』

五年五月十二日，詔：『昨為闕雨，差官詣兗州東嶽等處祈求，名山大川就差本處長吏祈禱。已獲感應去處，就委本處長吏選日恭詣賽神。』

紹聖元年四月八日，詔：『時雨稍愆，令開封府及諸路依例祈求，畿內諸祠即提點司選官精禱。』

十八日，詔諸州長吏躬詣五嶽四瀆祈禱。

二十一日，輔臣以畿內縣降雨狀進呈。帝曰：『聞諸路頗得膏澤，良可喜也，但未徧及爾。又聞一麥皆有成熟之望，不知粟已布種未也？』輔臣皆曰：『雨澤雖降，尚憂未渥，見已祈禱。』至二十五日而雨足，遣輔臣謝宮觀寺院。

四年五月三日，詔令陝西、河東、京東路闕雨州軍，應管下嶽瀆及名山大川並諸祠廟自來祈禱感應之處，並令長吏精虔祈求。其合用祝文令學士院依例修撰。

元符二年二月二十七日，詔陝西路闕雨去處，令逐州軍長吏選諸境內名山大川、祠廟精禱。

三月十一日，詔輔臣分詣宮觀寺院祈雨。

二十二日，詔輔臣分詣天地、宗廟、社稷、宮觀、寺院等處祈雨；諸路闕雨州軍，令長吏于管下嶽瀆名山並諸祠廟自來祈禱感應之處，選日精虔祈求，其合用祝文令學士院依例修撰。

三年五月二十四日，詔諸路如有闕雨去處，令逐州軍長吏選日詣境內名山大川、祠廟精禱。

徽宗崇寧五年五月二十四日，宰臣以愆雨祈求，上曰：『二十六七必有雨。』已而果驗。趙挺之曰：『陛下天縱將聖，雖曆象陰陽占候，無不賾其精微。』上曰：『天地之間不離陰陽五行之數，今日太一移宮，水限也，故有雨。』

政和二年五月二十六日，差近臣詣宮觀寺院祈雨。未及禱而雨，改報謝。

宣和四年二月七日，駕詣廣聖宮，卜以卯時焚密表祈雨，申時雨降。

高宗建炎四年六月八日，令宰執率侍從官詣越州圓通觀音院祈雨，合用香令入內內侍省請降。自後凡用香並如之。紹興元年十九日亦用此禮。

七月二日，詔宰執率侍從官詣天慶觀、圓通寺謝雨。十月二十二日，詔就圓通院開建祈雨道場，日輪侍從官一員燒香，每五日宰執官前去祈禱。

二年八月二十六日，詔令簽書樞密院事權邦彥詣天竺寺祈雨。

三年六月二十一日，詔：『訪聞兩浙東路稍愆雨澤，令本路帥司差官詣寺觀廟宇嚴潔祈禱。』

七月四日，詔輪宰執從官一員詣上天竺寺祈雨。

十六日，上以愆雨，謂輔臣曰：『朕宮中素食已累日，尚未降澤，令斷屠。精禱雖至，然尚慮政事未平，刑獄冤濫，可速令疎決平反。在外州縣令提刑親行疎決，務在刑清也。』至是就法慧寺祈雨，斷屠宰三日。

五年二月二十五日，詔：『雨澤稍愆，恐妨農事，應臨安府界載在祀典，及名山大川、神祠、龍洞，在內分差從官，在外遣職事官，親詣祈雨。』五年六月九日、八年十一月五日、九年六月十七日並同此例。

六月九日，宰臣趙鼎奏請分遣侍從官徧走群寺祈雨，上曰：『亢陽如此，朝廷政事闕失，更宜講求。』沈與求曰：『《雲漢》之詩雖云『上下奠瘞，靡神不宗』，不廢禱祈之事，要之以側身修行為本，必蒙嘉應。』

十三日，詔：『訪聞湖南久愆雨澤，可令帥臣席益恭詣南嶽廟祈禱。應合用祠祭之物並于上供錢內支破，務要精潔，庶獲感應。』

二十一日，宰臣趙鼎等奏：『甘澤應祈，皆陛下寅畏怵惕，精誠所格，乞御常膳。』上曰：『朕累日寢食不安者，豈特為國無儲蓄，而望歲之心甚切，兼恐歲饑民貧，起而為盜，朝廷不免遣兵討定，殘殺人命，亦天道之所宜憫也。』

二十二日，中書門下省言：『昨日稍愆雨澤，祈禱天地、宗廟、社稷、岳瀆、四海、雨師、雷師、應臨安府界載在祀典及名山大川神祠、龍洞，今已獲感應，望並令元差官各詣逐處報謝。』從之。自是每祈晴雨有應，並依此禮。

又 紹興七年二月九日，詔：『應平江府界載在祀典，及名山大川、神祠、龍洞，在內分差侍從，在外委所屬縣分知縣，親詣祈雨。』

二十六日，詔：『雨澤稍愆，恐妨農事，應建康府界載在祀典，及名山大川、神祠、龍洞，在內分差侍從官，在外委所屬縣分知縣，親詣祈雨。』七年六月七日、七月八日並同此制。

六月七日，詔：『諸路如有闕雨去處，令轉運司行下逐州縣，差官祈禱。』

七月十三日，宰臣張浚等言雨澤稍闕，乞率從官禱雨。又乞弛役、慮囚等數事，因奏：『如浙西諸郡及宣州、廣德軍地形下，未覺旱；如鎮江、建康府地形高，最覺闕雨。』上曰：『朕患唯不知四方水旱之實，宮中種兩區稻，其一地下，其一地高，昨日親閱之，地高者其苗有槁矣。須精加祈求，庶早得雨澤。』

十三日，詔：『稍愆雨澤，恐傷禾稼，可差官祈禱。』天地差參知政事陳與義，宗廟差宣州觀察使仲鸎，社稷差戶部侍郎王俣，五嶽、五鎮差禮部侍郎吳表臣，四海、四瀆差禮部侍郎陳公輔，雨師、雷師差太府少卿鄭作肅。

十七日，宰臣張浚奏：『祈雨已多日，而未有感應。』上曰：『昨日有雲物，意遂作雨，而夜深乃散。卿等更求可以感召和氣事，悉意為之。』

六月二十日詔已迎請上天竺觀音就法慧寺祈求雨澤，令臨安府禁屠宰三日，並雞鴨之類並不得宰殺。其後法慧寺廢為懷遠驛，每迎請就明慶寺。

九年七月二十一日，宰臣秦檜等奏：『陛下齋居蔬食，以祈雨澤，考之典禮，唯當損太官常膳。』上曰：『雖損膳，豈免日殺一羊？天意好生，朕意實不忍殺。』『臣檜等既欽孅上至仁之心，愛人及物，雖一羊不忍推此如應天，何患天心不格？』既而霔應禱霑足。

十一年七月六日，詔雨澤稍愆，令太常寺祈禱九宮貴神。

十二月，尚書省言：『旱暵為災，深恐害稼，依禮例，合差官祈禱天地、宗廟、社稷、嶽鎮、海瀆、雨師、雷神。』從之。

十二年五月九日，知臨安府俞俟言：『上天竺靈感觀音自車駕駐蹕，每遇水旱，凡有祈求，必獲感應。今來本寺修建殿宇，望給降度牒，添助修造，庶示褒崇。』詔令於本係省錢支賜錢五千貫。

十九年七月十二日，輔臣以甘雨應祈，乞拜表稱賀，上曰：『若更五日無雨，則禾稼有傷，如浙東等處尤高，得此雨，極為利濟，秋成遂可必。徑山等處祈禱感應，可與加封。』

二十一年十二月十五日，上宣諭輔臣曰：『連日小雨，臘雪未應期，已遣使祈禱太乙祠。』是日晚，雪作。翌日，上謂秦檜曰：『昨晚便得雪，甚可喜。』檜等曰：『陛下至誠昭格如此，當率百官拜表稱賀。』

二十九年三月四日，詔：『雨澤尚愆，令太一宮、甯壽觀精加祈禱，仍禁屠宰三日。』八日，詔以久旱祈禱未應，禁屠宰三日，及雞鴨魚蝦應干生命之屬，並行禁斷。

乾道四年六月十二日，詔臨安府於今月十三日早，如法迎請觀音入城祈雨。十六日，上宣諭宰執曰：『天久不雨。』宰臣陳俊卿奏曰：『陛下憂閔元元，念穡事之重如此，只此一念，便可感動天地。』上曰：『朕亦欲卻蓋，烈日中歸，庶或可以動天意。卿等可檢故事有此否。』

十七日尚書省言：『近雨澤稍愆，臨安府奉上天竺觀音，就明慶寺祈禱。』詔日輪侍從官一員燒香。又詔：『應臨安府界載在祀典，及名山大川、神祠、龍洞，在內分差侍從，在外委所屬縣知縣，親詣祈雨。合用香令入內內侍省請降。仍令本府具合祈禱處，日下申尚書省。』

十八日，宰臣蔣芾奏言：『昨日並夜得雨滂霈，皆陛下聖德感動天意。』上曰：『此雨極可喜，但不知四遠及外方州郡亦遍及否？』陳俊卿奏曰：『觀今早雲氣未散，次第遠處亦皆有雨，車駕來日更不必出。』上曰：『今既得雨，卻未須出，姑俟他日。』顧蔣芾曰：『卿可詣太一宮謝，須是臻至。』芾奏曰：『臣謹當齋戒祇事，卻差執政詣明慶寺觀音處謝雨。』上曰：『甚好！』是日殿庭雨再下，天顏有喜色，顧芾曰：『若更得數日雨，使四遠通濟，則今秋可望一熟。』王炎奏曰：『得此一雨，中外人情孰不欣快，豈是小事！』先是十六日有旨，欲以十九日幸太一宮、明慶寺祈雨，至時得雨，故止令宰執詣謝。

二十七日，詔：『雨澤稍多，令臨安府止屠宰三日，及雞鴨魚蝦應生命之屬，並行禁斷。』

八月六日，禮部言：『兩浙安撫司以祭龍求雨法來上，乞布之天下。按皇祐頒降祈雨雪法冊，無繪畫龍等，惟廣德軍元解發印造到，內有繪畫樣制，至今年深，慮致損墜，乞於昨來祭龍祈雨雪內添入繪畫龍等樣制，從本部下臨安府鏤板，以黃紙如法印造成冊，納本部，本部下都進奏院頒降諸路州、府、軍、監、縣等，嚴加收掌，遇愆雨雪，精潔祈求。」從之。

七年五月十七日，詔：『臨安府已迎請天竺觀音就明慶寺祈雨，令宰執十八日前詣燒香，自十九日輪侍從官一員祈禱。及應臨安府界載在祀典並名山大川、神祠、龍洞，在內分差侍從官，在外委所屬縣知縣親詣祈雨。合用香，令入內內侍省請降。仍令本府具合祈禱處，日下申尚書省。其湖、秀、常州，平江、鎮江府闕雨處，亦令所屬縣親詣祈禱。」

十八日，上宣諭宰執曰：『自去冬郊祀以來，雨暘時若，誠不易得。』虞允文奏曰：『陛下聖德上當天心，如元旦受冊寶，天色澄霽；近日恭請太上出郊，終日開晴，至晚乃雨。天心昭昭，其應不虛。』上曰：『雨暘尤好，麥已登場，稻田亦下種矣。』允文等奏曰：『農人得雨種稻，得晴刈麥，兩不闕事，誰知帝力之大也！上曰：『朕心惟望百姓富足，國計又其次，民富則國富矣。』允文奏曰：『自古帝王只以豐年為祥瑞，蓋富實之本。』梁克家奏曰：『陛下無一念不在百姓，上天降鑒，必有美報。且如去秋一兩郡小歉，聖心焦勞，分委臣下措置。入春以來，並無流民，所活不知幾千萬人。蠶麥倍登，盛德之報。』上曰：『前日蠶麥豐熟，朕親拜表章，以荅天休。此去秋成，即與卿等同燒香也。』同日，詔為祈雨，其十九日早晚御膳並進素。

七月十六日，宣諭臨安府少尹：『見祈雨澤，可禁屠宰三日。關報浙西州軍，依此嚴切禁斷，仍精加祈禱。』

十一月二十四日，詔：『近日闕雨，令臨安府精加祈禱，及令兩浙安撫、轉運司行下所部守令，務在嚴潔。應感，每五日一次具雨澤狀申尚書省。』

二十九日，宰執奏禱雨雪事，上宣諭曰：『昨寫與龔茂良、陳彌作問兩路雨雪，朕之憂心形於寤寐。』虞允文奏曰：『聖心焦勞，臣等兢懼。近聞江西得雨，此間雖未甚雨，若遂禱而得之，亦足少寬宵旰之念。』

淳熙三年五月二日，參知政事龔茂良、李彥穎奏：『農事正興，民間以久不得雨為慮。適連夜雱霈，極可慶。』上喜甚，曰：『朕日夕以此為憂，早上方于宮中焚香拜謝天地。更乞終惠，成此豐年，以寬焦勞之念。』茂良等言：『陛下憂民閔雨如此，誠意所格，天且不違，茲誠大慶。』同日，詔：『近來雨澤霑足，浙間種蒔已見次第，可令江東、淮南漕臣，具管下州縣得雨日辰，及布種禾稼分數以聞。』

七年五月十三日，上謂輔臣曰：『昨日日間雨雖小，至夜頗雱霈。』右丞相趙雄等奏曰：『昨日吳淵未曾取旨，遽欲迎請天竺觀音入城。繼聞有旨令吳淵只就寺中祈禱，甚當。陛下之禱久矣！』上曰：『朕每自修省，唯恐不逮，孳孳為民，未嘗敢忽。庶幾天心昭格，雨暘以時。』雄等奏曰：『成湯遇旱，則以六事責己；宣王遇旱，則側身修行。陛下仁孝勤儉，日新一日，聖德之修，固有素矣，非若宣王因有懼而修也。』上曰：『成湯禱旱之辭，朕每疑好事者增益之。且湯之不邇聲色，自無女謁，何至於盛？今曰女謁盛邪，則是湯果嘗有此事矣？』雄等奏曰：『不邇聲色，載之於《書》，女謁之盛，見於傳記，今當以《書》為正。』

八月四日，上謂輔臣曰：『祈雨未應，朕欲初六日就禁中設醮祈禱。卿等來日宜齋戒，後日拈香。』又云：『朕欲下詔求言，自職事官以上各令實封言事。』是夕雨。

淳熙九年六月十二日，詔遣內侍關禮詣紹興府降香禱雨。是月二十二日已獲感應，覆命報謝。

十年七月四日，車駕詣景靈宮行禮，次幸明慶寺拈香祈雨。

十三年六月十一日，宰執進呈祈雨放房緡，上曰：『亦須禁屠宰，臨安一日殺多少物命！』王淮等奏：『禱雨未應，聖心焦勞，臣等不勝煌灼。』上曰：『朕欲親詣太一宮燒香，次至明慶。』淮等奏：『祖宗禱雨太一宮，雖有故事，但當此盛暑，懼勞聖躬。』上曰：『朕為百姓，不憚出一日，亦欲小民知朕此意。』淮等奏：『乾道間亦曾降旨，適會有雨。』上曰：『當時卻不曾出。』十三日，宰臣王淮等奏：『雨澤愆期，陛下欲十四日先就殿庭焚香禱天，次詣太一宮、明慶寺燒香。淮等及侍從欲就十五日分禱天地、宗廟、宮觀諸處。』上曰：『序當如此。』十四日，幸太一宮，次明慶寺觀音前焚香禱雨。

七月十日，太常寺言：『亢陽為沴。檢照國朝典禮，凡京都旱，則祈嶽、鎮、海、瀆；及諸山川能興雲雨者，於北郊望告；又祈宗廟、社稷，及雩祀上帝、皇地祇。』詔命宰臣已下分詣祭告。八月三日，已獲感應，復命報謝。

十四日，命秘書省著作佐郎、兼權兵部郎官梁汝永往徑山龍潭，大宗正丞、兼權刑部郎官李祥往廣德張王祠，各齎御香、祝板祈雨。

八月二日，宰執進呈太常寺乞謝雨，王淮等奏：『初疑後時，而禮官謂有祈必有報。』上曰：『既是天地、宗廟、社稷、宮觀，亦不容已。若更月十日無雨，人將乏水飲，則奈何？』淮等奏：『報謝只用酒脯。』上曰：『如何無牲牢？』淮等奏：『國朝典禮，祈用酒脯，謝如常祀，合用牲牢。但紹熙以來並止用酒脯，惟雩祀用牲，然雩無報謝之禮。』上曰：『前日歌《雲漢》之詩，如何？』淮等奏：『亦如法。』

淳熙十六年閏五月二十三日，詔：『近聞建康府闕少雨澤，令守臣精加祈禱，務要速獲感應。仍將見禁公事疾速決遣，毋致淹延。如本路更有闕雨去處，令帥臣依此施行。』

十月十九日，臣僚言：『祈雨奏告天地，大抵用法酒二升、鹿臡五合。此則所宜厚者，簡而不虔，乞依儀制用酒、脯、醢，報謝用牲牢。』從之。

紹熙元年六月十九日，詔：『雨澤稍愆，恐妨禾稼，可日輪侍從一員詣上天竺靈感觀音前精加祈禱，務要速獲感應。』是月二十二日獲應，命官報謝。

五年四月二十一日，為闕雨，詔差太府少卿林湜詣臨安洞霄宮，秘書監薛叔似詣徑山龍潭，司農卿萬鍾詣天目山龍洞祈禱。至五月十三日獲應，命元差官報謝。同日，中書門下省言：『兩浙、江東西、兩淮州軍間有稍闕雨澤去處，已委守令祈禱，未獲感應。』詔逐路轉運司行下所部闕雨州縣，仰守令躬詣管內寺觀神祠，嚴潔精加祈禱，務要速獲感應。仍禁屠宰三日，以指揮到次日為始。同日，詔：『祈雨未獲感應，令臨安府迎請上天竺靈感觀音，就明慶寺精加祈禱，仍禁屠宰三日。』

七月九日，詔：雨澤稍愆，日輪侍從官一員詣上天竺靈感觀音前精加祈禱，務要速獲感應。凡遇祈禱及獲應日，宮觀祠廟則命元差官，上天竺觀音前、霍山廣惠廟則命日輪至官致謝。其香皆係入內內侍省請降。慶元元年六月、二年三月、三年四月、五年四月，嘉泰元年四月、六月，三年四月，開禧元年七月、二年六月、三年五月，嘉定元年四月，二年五月，六年五月，七年六月，八年三月、五月，九年五月，十年六月，十一年五月、十月，十三年六月，十四年正月，十七年六月，亦如之。

八月二十四日，詔：『近日雨澤稍多，日輪侍從一員詣上天竺靈感觀音前精加祈禱。』慶元元年正月、五月，二年八月，四年四月、七月、八月，五年八月，嘉泰三年三月，開禧元年九月、二年三月、三年八月，嘉定三年五月，四年八月，五年三月、八月，六年正月、七月，七年九月，九年八月，十年四月，亦如之。

開禧三年二月十一日，詔：『雨澤稍愆，兩浙州軍令本路轉運司行下所部闕雨州縣，委自守令親詣管下靈應神祠精加祈禱，務獲感應。』嘉定元年閏四月亦如之。

五月二十九日，以雨澤稍多，詔令執政、侍從分詣祈禱天地、宗廟、社稷、宮觀、嶽鎮海瀆、風雷雨師。

慶元三年三月二十六日，詔：『雨澤稍愆，令臨安府守臣詣天竺山精加祈禱，務獲感應。』自後凡遇雨暘愆期，並有是命。

四月九日，詔：雨澤稍闕，令宰執、侍從分詣祈禱天地、宗廟、社稷、嶽、鎮、海、瀆、羣神。嘉泰元年五月、開禧三年五月、嘉定八年四月亦如之。

六年四月二十四日，宰執進呈次，謝深甫等奏：『日來諸處闕雨，前日乞輪侍從祈禱，隨即傾注，但未滂沛。惟陛下發一念之誠，庶幾感應必速。』上曰：『止得一日之雨，未能霑足。』二十七日，詔：『雨澤稍愆，令臨安府迎請上天竺靈感觀音就明慶寺，同所輪侍從精加祈禱，務獲感應。』嘉泰元年五月、開禧元年七月、嘉定元年閏四月、七年六月、八年三月、十年六月、十四年正月，亦如之。

五月四日，詔令逐路轉運司行下所部闕雨州縣，仰守令躬詣管內寺觀神祠，更切嚴潔，精加祈禱，務要速獲感應。仍自指揮到日，禁屠宰三日。開禧二年六月、嘉定元年閏四月、七年六月、八年三月亦如之。同日，都省言：闕雨祈禱未應。詔分遣官詣臨安府洞霄宮、徑山龍潭、天目山龍洞祈禱，仍令臨安府及安撫司差近上官三員同齎祝版前去。嘉泰元年五月、開禧元年七月、嘉定元年四月、七年六月、八年三月、十四年正月亦如之。後又命官詣龍井惠濟廟祈禱。同日詔：『祈雨未應，遣官齎御封香、祝版前去廣德軍，同守臣躬詣廣惠廟精加祈禱。』嘉泰元年五月、開禧三年二月、嘉定元年閏四月、七年十月、八年三月、十四年正月亦如之。

十四日，都省言：『亢陽為沴，祈禱未獲感應。檢照典禮，凡京都旱，則再祈嶽、鎮、海、瀆，及諸山川能興雲雨者於北郊望告，又祈宗廟、社稷，及雩祀於圜壇。』詔宰臣以下分詣祭告。嘉泰元年五月、嘉定八年四月亦如之。

十八日，詔明慶寺迎請觀音祈禱，令豐儲倉支米七十石充本寺食用。

二十一日，宰臣京鏜奏：『雨澤應期，中外欣喜，皆自陛下側身修行，有以感格。』上曰：『連日滂沛，遂過所望。』

嘉泰元年五月七日，詔：『雨澤稍愆，分差卿監、郎官詣臨安府東嶽天齊仁聖帝、吳山忠武英烈威顯靈祐王、天王神、城隍廟、福順王廟、旌忠觀祈禱。』開禧元年六月、三年五月、嘉定八年三月、十年六月、十四年正月亦如之。

三年九月二十日，詔：『雨澤稍多，分遣卿監詣東嶽天齊仁聖帝、吳山忠武英烈威靈顯祐王、天王神、城隍廟、旌忠觀祈禱。』開禧三年五月、嘉定五年九月、六年正月、十年四月亦如之。

嘉定元年閏四月二十四日御筆：『朕念常暘為沴，夕惕靡寧。雖已齋心致禱于宮中，及命羣臣徧走名祠，而精誠未至，雨澤尚愆。朕以二十七日親詣太一宮及明慶寺燒香。仍令三省行下諸路監司、守臣，各體朕意，虔加祈求，務獲通濟。』既而獲應，詔令宰臣詣太一宮、執政詣明慶寺致謝。

八年三月二十八日，詔：『雨澤稍愆，差官祈禱雨師、雷神、風師。』

二十九日，詔：『雨澤愆期，兩浙路州縣社稷各令守令精加祈禱。』

四月六日，車駕詣景靈宮朝獻行禮，次幸太一宮及明慶寺靈感觀音前，拈香祈雨。已而獲應，五月九日詔令宰執並詣致謝。

十一日御筆：『農事既興，時雨未浹，皆朕涼德所致，已于宮中蔬食，密禱上天，省過責躬。可自今月十二日為始，避殿、減膳、撤樂。仍令輔臣分祈天地、宗廟、社稷，庶獲嘉應，以慰民心。』

十五日，御筆：『自春入夏，雨澤愆期，夙夜疚懷，靡遑寧處。已令徧禱羣祀，雖獲感應，尚未霑足。應諸路闕雨州縣靈跡、神祠、寺觀，雖祀典所不載，而水旱應禱者，各委郡長吏差官潔齋祈禱。』

十七日，兩浙路運判章良肱言：『目今正當營種之時，管下州縣間有闕雨去處，雖已行下兩浙州縣，分委官於自來靈感寺觀廟宇精加祈禱，及親詣上天竺觀音寺、龍井玉泉諸廟祈求，雖獲感通，猶未霑足。今欲躬親前去徑山龍洞祈禱，乞賜指揮。』從之。

五月二十七日，臣僚言：『臣竊聞神宗朝旱暵為災，司馬光上疏以為，『京師近雖獲雨，而畿甸之外旱氣如故，願陛下雖徇羣臣之請，御正殿，復常膳，猶應兢兢業業，憂勞四方。』此先正之格言，聖主之所樂聞也。今者王畿近甸旱既太甚，河渠為陸，稻畦如石，人情嗷嗷，天意莫解。若更旬浹，事將若之何？執事者祈禱無效，奔走力疲。近者雨方小應，未應謝而遽謝。羣臣又再三請陛下御殿復膳，陛下不得已而從之，亦其未應請而遽請也。然則其果謂天人可欺邪？其遂委之無可奈何，而不復圖所以救災之道邪？臣伏思，天心未嘗無感通之理，殆今日猶未盡所以應天之實。姑以數端言之。臣聞遷善改過，取象風雷，貴其速也。陛下昨頒求言之旨，而詔書格於五日之餘，明主急聞切直之意殆不其然。臣是以疑應天之不以實也。動人以言，所感者淺；言又不切，人誰肯懷？伏讀求言之詔，責躬之義未深，具文之意莫揜，臣是以疑應天之不以實也。士子投書，司匭扞格，逡巡數日，扣閽乃通。蓋導人使諫之誠不孚，故有司疑沮之遂見，尚可謂應天以實乎？搢紳應詔，掇拾細故；後省看詳，未盡施行。藥皮膚之病而諱心腹之疾，尚可謂應天以實乎？方日者誇雨應而興白龍之祠，走羣望以舉謝雨之禮，乃有阡陌細民指行事官而怨訕，攜槁苗於都城以赴愬者。昔固有袖死蝗請賀，而飛蝗蔽天者，今壅蔽無乃類此邪？近甸之旱勢既彌甚，江淮之間，赤地相望，間有所植新秧，盡為蝗蝻所損，而州縣申述，或謂雨已通濟，或謂雨意未已，或謂蠶麥收成。貢諛說之書，行蒙蔽之實。昔人有言：州縣奏雨，一寸云三寸，三寸云一尺。今欺罔無乃過之耶！舉是數端，則非惟應天之無實，且欺天以自文。欲以格天，臣知其難矣！方今都城米價日以翔踴，增長不已，將斗粟千金，而有司未聞措置。西湖瀦水，且防滲漏，貴勢取放，以供園池，有司順承惟謹。湖山久年不竭之泉，今者亦就枯涸。城中鬻水於山者，雙斛幾至半百。淮甸行旅，率以數十金而得一杯水。或謂此等氣象，數十年來之所無。天變如斯，而所以應之者類不甚切，臣實為之寒心。況旱勢已深，小暑屆候，縱使得雨，稼事無及，或可蘇瀕水之禾，或可植霜熟之稻，大勢已去，所種能幾？是惟亢陽赫烈，中外憂虞，儻非三日之霖，一驅旱魃之虐，將恐鬱攸疵癘，相挺而起，多端之虞，不特無年而已。臣願陛下上軫宸慮，俯察先言，雖從御殿復膳之請，益圖銷變召和之道，毋以施行一二者為已足，毋以指陳激切者為過當，毋以凶荒有數未必由人而興，毋以勢分相遼難為人言所制。圖以理勝，不必求以氣勝；樂與眾同，不必故與眾違。所謂智高天下而聽於至愚，威加四海而屈於匹夫。容小所以為大，善下所以為深。古聖君賢相之事業，其配天無私、同地厚載者皆在於此。更乞速降指揮，令有司再行祈禱，必誠必敬，期於感通，以見朝廷不忘閔雨，有志乎民，於以稍慰人心，杜患微眇。』從之。

嘉定十年六月八日，詔令兩浙漕臣詣上天竺靈感觀音前及詣霍山廣會廟行祠祈雨。

嘉定十四年正月七日，詔：『歲暮以來，雨澤未應。當此春首，農事漸興，令兩浙州軍監司、守臣以下精嚴祈禱。仍於各州軍應城內外有靈壇、古跡、寺觀及龍潭、靈祠等處，守臣躬親前去。如其地里隔涉，州委職官、縣委佐官，各行前去，務要精虔，速獲感應。』以上《永樂大典》卷一〇六〇〇

又《祈雪》　高宗紹興元年十二月五日，詔：『雨雪稍愆，日輪侍從

一員詣上天竺靈感觀音前精加祈禱，務在速獲感應。』三年十一月如之。

五年正月四日，都省言：『近降指揮祈求雨雪，已獲感應。』詔令輪至侍從于初五日致謝。

甯宗慶元元年十一月二十三日，詔：『瑞雪稍愆，日輪侍從一員詣上天竺靈感觀音前精加祈禱，務獲感應。』二年十一月、三年十一月、四年十二月、五年十一月、六年十一月，嘉泰元年十一月、二年十二月、三年十一月、四年十二月，嘉定元年十一月、二年十一月、三年十二月、四年十二月、五年十二月、七年十一月、八年十二月、九年十二月、十年十二月、十一年十二月、十二年十一月、十四年十一月，亦如之。

二年十二月十二日，詔祈求雨雪，臨安府載在祀典神祠及名山大川，令本府日下委官前去精加祈禱，務獲感應。

二十一日，三省言時雪未降，合行祈禱。詔令宰執、侍從分詣祈禱天地、宗廟、社稷、天慶觀、報恩光孝觀、太一宮、九宮貴神、嶽、鎮、海、瀆、兩師、風師。

開禧二年十一月二十八日，詔：『祈雪未獲感應，令臨安府迎請上天竺靈感觀音就明慶寺，同所輪侍從嚴潔精加祈禱，務在速獲感應。』三年十二月亦如之。

十二月四日，詔：『祈雪未應，分遣卿監、郎官詣東嶽天齊仁聖帝、吳山忠武英烈威顯靈祐王、天王神、城隍廟、福順王廟、旌忠觀精加祈禱。』

嘉定五年十二月五日，詔：『祈雪未獲感應，分遣卿監、郎官詣東嶽天齊仁聖帝、吳山忠武英烈威顯靈祐王、天王神、城隍廟、福順王廟、旌忠觀祈禱。』七年十一月、十三年十二月亦如之。

以上《永樂大典》卷二二五四八

又《祈晴》 淳熙四年四月十八日，詔陰雨未已，日輪侍從一員詣上天竺靈感觀音前祈晴。八月如之。

淳熙十年九月四日，上謂輔臣曰：『連日陰雨未止，恐妨收刈，朕甚憂慮。可日輪侍從官一員詣天竺觀音前祈晴。』是月十一日已獲感應，復命官報謝。

淳熙十三年五月十四日，宰臣王淮等奏：『梅雨已多，莫須降香祈晴？』上曰：『未須如此。朕自昨日早晚焚香默禱於上帝。』淮等奏：『聖心與天通，至誠感格，與臣下萬萬不同。』

紹熙四年四月十八日，詔：『陰雨未已，日輪侍從一員詣上天竺靈感觀音前祈晴。』

紹熙十年九月四日，紹熙無『十年』，當為『四年』或『五年』之誤。上謂輔臣曰：『連日陰雨未止，恐妨收刈，朕甚憂慮。可日輪侍從官一員詣天竺觀音前祈晴。』是月十一日已獲感應，復命報謝。

開禧三年五月二十六日，都省言祈晴尚未感應。詔日輪卿監、郎官一員詣霍山廣惠廟行祠祈禱，務要速獲感應。自後凡遇詔輪侍從詣靈感觀音前祈禱，並有是命；獲應則命輪至官致謝。

嘉定六年正月二十六日，詔：『陰雨未晴，應臨安府載在祀典神祠，令本府日下差官前去精加祈禱，務要速獲感應。』

七年十月一日，都省言：『陰雨有妨收刈，見行祈晴，未獲感應。』詔遣官齎御香、祝板前去廣德軍，同守臣詣廣惠廟精加祈禱。

慶元二年八月二日，都省言：『秋雨未霽，恐妨苗稼。』詔令兩浙轉運司行下所部州縣有雨去處，應載祀典及名山大川、神祠、龍潭，委自守令親詣，精加祈禱，務獲感應。

二十日，詔令宰執詣明慶寺靈感觀音前祈求晴霽。

慶元元年五月二十二日，詔：『陰雨連綿，恐妨禾稼，令兩浙轉運司行下所部州縣，委自守令親詣管下靈應神祠，精加祈禱，務要速獲晴霽。』以上《永樂大典》卷八五四二

又《謝晴》 乾道八年九月四日，上謂宰臣曰：『自來秋多陰雨，今已十日晴矣，正當刈獲，歲事可保。朕蚤暮精心祈禱，天意可見。』虞允文奏曰：『所謂必有非人力所能致而自至者，此受命之符。』上曰：『十月間擇日就內設醮報謝。』以上《永樂大典》卷八五四四

又《酺祭》 孝宗皇帝紹興三十二年八月八日，禮部、太常寺言：『看詳酺祭事，欲依《紹興祀令》，蟲蝗為災則祭之。候得旨，本寺擇日依儀祭告。其祭告之所，國城西北無壇壝，乞于余杭門外西北精進寺設位行禮。所差祭告官併合排辦事，並依常時祭告小祀禮例。在外州縣無蟲蝗為害處，候得旨，令戶部行下有蟲蝗處，即依儀式，一面差守令設位祭告施行。』從之。

按《太常因革禮》：慶曆四年六月，臣僚言：『天下螟蝗頗為民物之害，乞京師內外並修祭酺。』詔送禮院詳定。禮院稱：『《周禮·族師》「春秋祭酺」，音步。酺為人物災害之神。鄭康成云：「校人職有冬祭馬步，則未知此酺者，蝝螟之酺歟？人鬼之步歟？蓋亦為壇位，如雩禜云。」然則校

人職有冬步，是與馬為害者，此酺蓋人物之害也。漢時有蝝螟之酺神，又有人鬼之酺神，康成未審果從何酺，故兩言之。歷代書史悉無祭酺儀式，欲准祭馬步儀施行。壇在國城西北，祭儀、禮料並屬小祠。乞差官就馬壇設祭，稱為酺神，祝文係學士院撰定。若外州者，即略依禜禮。』是歲儀注，先擇便方，除地，設營纘為位。營纘謂立表施繩以代壇。其致齋、行禮、器物等，並如小祠，上香、幣以白。祝文曰：『維某年歲次月朔某日，州縣具官姓名，敢昭告於酺神：蝗蝝薦生，害于嘉穀，惟神降祐，應時消殄。請以清酌、制幣、嘉薦昭告於神，尚饗！』

嘉定八年六月七日，以飛蝗入臨安府界，詔差官祭告酺神。同日，詔令兩浙、淮東西路轉運司行下所部州縣，如有飛蝗去處，並仰守臣差官祭告酺神，精加祈禱，不得徒為文具。

八月十四日，都省言：『飛蝗所至去處，合行祭告酺神。』詔令諸路轉運、提舉司各行下所部州軍，如有飛蝗去處，並仰守令躬親祭告，精加祈禱，毋為文具。

以上《永樂大典》卷二九四二

又《瑞異二・旱》 天聖五年，自夏不雨，至七月暑氣尤甚。宰臣王曾等言：『按《洪範》云『僭常暘若』。臣等備位台衡，深慮朝政之間，或有差失。』帝曰：『朕亦夙夜循省，上天鑒誡，豈徒然哉！當與卿等共修政事，以答天戒也。』

慶曆五年二月，詔：『天久不雨，其令州縣毋得淹繫刑獄。』

七年三月，以久不雨，下詔責躬，避正殿，減常膳，求直言，戒勵百官，罷免輔臣，以答天戒。

建隆二年，京城旱。帝幸太清觀、相國寺禱雨，下詔撤樂，太官進蔬食。

咸平二年閏三月，京城不雨。宰臣張齊賢等奏曰：『春候已殘，雨澤未降，此乃臣等燮理無效。欲求譴黜，以塞天下之責。』帝曰：『朕獲纘基構，賴卿等輔翼。但慮政務闕失，卿等相規以道，無惜直言。』即詔：『天下繫囚非十惡枉法、已殺人者死以下減一等。瘞暴骸，葺破冢。罷有司力役之無名、營繕之不急者。中外臣庶各上直言。』

景德元年，京師夏旱，人多暍死。帝遣中使于寺觀施藥，令太醫擇方救療，揭于衢路，頒示天下。又以河北歲旱大熱，遣知制誥晁迥詣北嶽祈雨，罷北面役兵。

熙甯元年正月十四日，詔：『以經冬無雪，令各述朕躬過失、時政未符天意者。』宰臣曾公亮等同對，引咎拜謝。上曰：『日與卿等相見，議政之外，未聞忠規。朕非欲文飾，誠冀卿等極言闕失，以答天變也。』

十七日，曾公亮言：『臣二上表及再進劄子，以陰陽不調，雨雪愆亢，乞從免黜。面蒙敦諭，未賜允從。伏望體臣至誠，許從罷黜。』手詔答曰：『亢沴踰時，物蒙其害，此上帝之警予，奚煩輔臣累牘請避！書經百上，朕亦不聽也。』

二十二日，以尚書職方郎中知登州許遵權判大理寺。知諫院吳申言：『陛下虔精請雨，未獲近應。古有望祭山川之禮，今徧祈羣神，此禮獨闕，宜令禮官講復其故。及諸路州縣仙聖之祠，雖不在祀典，而水旱應祈者，並委州縣遣官潔齋致禱。』從之。至二十五日方雨。

二月七日，雨霈。上曰：『好雨，春苗有望。』樞密使文彥博等奏曰：『雨雪久愆，若非陛下精神動天，何以致此！』上曰：『天道不遠，苟懷康濟之心，必蒙昭答者。』韓絳曰：『若上下協心，專務康濟生靈，必獲天祐。』

四月十一日，上批：『河北、京東尚未得雨，可指揮兩路闕雨州軍長吏親禱所在名山祠。』

三年八月十三日，上批：『聞衛州極旱，其令轉運司賑恤，仍蠲租賦。』

七年二月十八日，京東、陝西等路久旱，詔轉運司各遣長吏祈雨。

三月六日，詔以旱祈雨未應，自六日易服，避正殿，減常膳。同日，羣臣詣合門拜表，以虜使之來，誕辰之慶，宜復常禮，後三上表，猶不許。

十三日，以旱，遣官分祈禱京城並畿內諸祠，其五嶽、四瀆並委長吏致禱祭。仍令諸路監司檢察巡按所部淹延枝蔓刑獄，審刑、大理未斷公案，疾速結絕以聞。

十九日，詔：『河北、河東、陝西、京東西、淮南路轉運司具轄下已得雨州軍以聞。』

二十一日，權河北西路轉運使劉航言：『自冬以來，頗愆雨雪，乞遣使于曲陽大茂山真人洞投龍以禱。』從之。

二十八日，以久旱，詔中外許直言闕失。詳見『群臣言事』門。

四月十五日，詔：『河北路旱災已及四月中旬，若使民投訴，差官檢覆，然後蠲除，恐艱食之民有所不及。欲乞河北路其二麥不收者，不俟差官檢覆，悉免夏稅。』

八月十一日，詔：『久旱，禱雨未應，其令長吏躬禱嶽瀆。聞涇原、環慶、鄜延路自七月後得雨，其闕麥種者官貸之，官無麥種即借錢糴。』

十六日，詔諸路監司訪聞山靈祠，委長吏祈雨。又遣輔臣告於中太一宮。

八年正月二十一日，洮西沿邊安撫司言：『去歲夏秋旱，羌戶殍死者衆。自收復洮河，羌人止知畏威，而未識朝廷之惠。今此飢歉，若官爲糜粥，賑其饑急，計米一升，可給三人，則百碩當濟三千人矣。自二月盡五月，給米千五百碩，費不多而惠極博。』上批一奏：『速令經略安撫司指揮相度，於蕃市聚集之地給散，如數少即量增之。』

元祐元年閏二月四日，右司諫蘇轍言：『陛下以久旱，憂禱勤至，自冬歷春，天意未答，災害廣遠。又近歲民苦重斂，儲積空匱，應官債負有資産耗竭、實不能出者，令州縣、監司保明除放，使民心悅附，甘澤可致。』詔戶部勘會諸欠官本息罰錢並免役坊場淨利錢數目，及民戶見有無抵當物力，明具以聞。

二年四月十日，詔：『時雨久愆，旱災甚廣，可自今月十一日後避正殿，減常膳，公卿大夫其勉修厥職，共圖消復。』又詔：『尚慮尚書六曹有四方牒訴奏請文字，或賞罰難明，或民情有冤，廢置未決，郎官怠於省覽，吏人苟逃日限，非理沮難，使抱冤之人無所赴愬。宜差御史中丞傅堯俞、右司郎中杜紘、殿中侍御史孫升赴吏曹，侍御史王巖叟、右司員外郎孫覽、監察御史韓川赴戶曹，給事中張問、監察御史上官均赴禮曹，左司郎中韓宗道、監察御史張舜民赴兵曹，右諫議大夫梁燾、左司郎中范純禮、殿中侍御史呂陶赴刑曹，右司諫王覿、監察御史張舜民赴工曹，點檢自去年正月至年終文字，抽索看詳。其間有執文害事不近人情者，並元條删改，勘當住滯者，促令結絕。其指揮不當，及非理問難、鹵莽判收者，亦許牒本部再與施行。其元行吏人情輕者且與原罪，重者特行懲責。宜令三省、樞密院審度行下。』先是，右司諫王覿言：『陛下必欲有以感天意，即乞下詔責躬，以其未能肅欽，以致不肅之罰也。然後詔三省以振朝綱、去民賊，詔樞密院以嚴邊防、治軍政，詔六曹、寺監以修職事、戢胥吏，台以舉不職，此句疑脫數字。詔監司以察縱弛，詔羣守以戒偷惰，凡政事之不肅者皆修飭之。如此而雨猶未降，臣甘伏嚴誅，以爲妄言之戒。』詔以覿言降詔。二十二日雨，羣臣詣閤門拜表，請御正殿，復常膳。自是五上表，從之。

五年四月二十二日，詔：『冬雪不效，春雨弗若，逮此孟夏，旱災如焚。雖禱祠備至，而神莫之答。可自今月二十三日後減常膳，不御前殿，及將來五月一日罷文德殿視朝。』至五月十一日，始雨，羣臣詣閤門拜表，請御正殿，復常膳。自是凡四上表，乃允。自去年冬不雪，至是始雨也。

紹興三年七月二十七日，宰臣呂頤浩等言雨足。上曰：『日者亢陽，朕甚憂之，以爲穡事無望矣。今霑足如此，殆此有秋。《春秋》二百四十年，書大有年者纔一，書有年者再而已，以知豐登之難得也。』頤浩等退，相謂曰：『上至誠閔雨如此，宜豐年之來假也。』先是，自六月二十三日雨，後雖雨，微潤輒止，上極憂勞，省躬修政，折獄致刑，弛力役，罷苛撓，以圖嘉應。至祈禳，皆蔬食潔誠而爲之。自十六日已後屢雨，至是雨足。二十八日，詔復常膳。

七年六月十四日，右僕射張浚，樞密使秦檜，參知政事張守、陳與義言：『臣等以愆陽爲災，將害秋成，不愛牲幣，徧走羣靈，已彌旬浹，未獲休應。上貽陛下閔雨之慮，下使望歲之民凜凜然有溝壑之憂。載循召災之由，皆緣臣等輔相失職，積有罪戾，以奸陰陽之和。望將臣等速賜罷黜，並致嚴科，以彰失職之咎，用以厭塞天心，召致和氣。』詔：『亢陽未雨，憂心如重。咎在一人，非卿等罪。各安乃位，無復陳辭，夙夜勉旃，以輔台德。』

九年七月七日，詔令監司、郡守各以一路一郡自五月以來得雨以實聞奏。

孝宗乾道四年六月十七日，詔：『近日雨澤稍愆，臨安府已迎請上天竺靈感觀音就明慶寺祈禱，今日輪侍從官一員前去燒香。』七年七月十七日同。

七年六月十三日，詔：『比來近路州軍微愆雨澤，江西、湖南尤甚。見爲民祈禱，令御廚七月二日早晚御膳並進素。』

七月六日，詔：『江西路今歲間有旱傷州縣，令本路帥臣、監司將旱傷州縣守令精加審量，如內有老謬不能究心職事之人，先次選擇清彊能吏前去對易，措置賑濟存恤施行。仍開具已對易官職位姓名及見作如何賑恤事件，申尚書省。』

十七日，詔迎請天竺觀音就明慶寺祈雨。

十八日，有旨：『爲見祈求雨澤，今月十九日早晚御膳令御廚並進素。』

十一月二十四日，詔：『近日闕少雨澤，令臨安府精加祈禱。仍令兩浙安撫、轉運司行下所部州軍，委守令嚴潔祈禱，務在感應。每五日一次，具雨澤文狀申尚書省。』

九年十一月二十一日，詔令臨安府並諸路州縣闕少雨澤去處，委長吏精誠祈禱。名山大川、聖跡祠廟降旨委監司郡縣遣官嚴潔致祭。

淳熙五年五月八日，詔：『浙西常州、鎮江府及淮南、江東西州郡有稍愆雨澤去處，竊慮刑獄淹延，各委提刑躬親前去檢察決遣。』既而七年七月十七日，詔大理寺、臨安府並屬縣及浙東西、江東州縣決遣。

七年八月十七日，詔：『江西、湖北路之間有旱傷去處，可令戶部行下逐路監司，各將所部州縣見監進未納私茶鹽酒賞錢，依兩浙、江東已得指揮放免施行。』從臣僚言也。知峽州唐孝穎、推官朱時法、知復州潘才卿放罷。淳熙七年十一月十七日。知興國軍徐行簡放罷。十二月二日。丹陽縣令韋潛心降兩資放罷。八年八月九日。知德安府張輝、通判趙秦仲、江陵府石首縣令周居厚、復州玉沙縣令劉大綱放罷。十五日。江西提舉趙靡放罷。二十六日。並坐不恤旱荒故也。

八年七月十七日，詔：『去歲諸路州軍有旱傷去處，其監司、守臣修舉荒政，民無浮殍，各與除職轉官。』既而江西運判尤袤、淮南運判趙彥逾、江西提舉朱熹、知廣德軍耿秉並除直秘閣，知甯國府丁時發除直寶文閣，江西運副錢佃、浙東提舉趙韞、前知台州沈揆、知興元府張堅、知隆興府辛棄疾、池州袁說友、知台州唐仲友、知常州章沖、知和州張詔、知舒州李異、知興國軍王之旬、廣南路提點坑冶李大正各轉一官。

九年三月一日，知臨安府王佐言：『訪聞本府管下緣去歲荒歉，小民急於救飢，多將農蠶之具質當米穀。乞於元典之家計筭截日本息，召保立約，先次給還其利，候蠶麥畢日卻還。如典主不遵今來約束，許人戶陳訴。如小民違約不償，亦許典主陳理。』詔依。其去年旱傷州軍准此，仍官爲置籍，將來遇有陳理之人，即仰照籍施行。

八月十九日，詔：『知建康府范成大、知臨安府王佐轉一官，減二年磨勘。知紹興府王希呂除敷文閣直學士，江東提刑梁總除直敷文閣，江西提刑朱熹進職二等，浙西提舉張杓除直秘閣，知揚州鄭良嗣、知嚴州楊布各特轉官。以去歲旱傷，賑濟有勞故也。

十年七月十二日，詔：『以旱暵爲虐，令侍從、台諫、兩省卿監、郎官、館職各條具朝政闕失。』詳見『詔羣臣言事』。

十三日，左丞相王淮等言：『伏見自夏涉秋，兼旬不雨，蓋臣等備位宰輔，無補聖時，上干陰陽之和，靡收燮理之效。望亟正曠之責，俾從黜免。』凡三上表，不允。同日，上以季夏涉秋，旱暵爲虐，避殿減膳。

是月二十三日，左丞相王淮等率文武百僚詣文德殿拜表，請御正殿，不允。淮等再上表，乃從之。

十一年九月四日，利州路提刑、提舉司言：『金、洋、西、和州亢旱，乞降度牒三百道于豐熟處，趁時收糴，以備賑濟。』從之。

十四年七月七日，詔：『政事不修，旱暵爲虐，可令侍從、台諫、兩省卿監、郎官、館職疏時政闕失及當今急務，毋有所隱。自來日避殿、減膳、撤樂。』

十六日，詔令兩浙路帥臣、監司戒約旱傷州縣，存恤貧民，毋致流徙，因爲姦盜。仍措置合行事件，開具聞奏。於是浙東提舉田渭奏：『欲將台、處州、紹興府第五等今年未納身丁稅及婺州舊無丁稅，將第五等戶今年夏稅絹不及丈、錢不滿貫者並行住催。』詳見『恤災』。

二十八日，詔：『諸路縣分有被旱處，全藉知縣奉行賑恤。仰監司、守臣依條審度才力，據以具奏對易，不得遺闕。其庸謬衰病之人，即與祠祿，理作自陳。』

八月十四日，詔：『臨安府諸縣今歲間有旱傷鄉分，理宜措置。令張澈、游九言前去相視，將合行事件開具申尚書省。』既而十五年九月二日、十四日，宗正寺主簿張澈奏：『去秋被旨措置臨安府九縣賑荒，見得鹽官縣東鄉官塘六十里，與南路市潮浦相通，舊有三閘隳壞，遇澇即鹹水沖蕩民田，遇旱即易至死涸。又新城縣諸鄉村舊有陂塘，今皆淤塞。若于農隙之時，興此水利，即田難遇旱，亦庶幾矣。欲望行下提舉司、臨安府相度措置。諸路州縣恐有似此合興修水利處，亦乞體訪措置。』從之。詳見『水利』。以上《孝宗會要》。

慶元元年正月二十七日，臣僚言：『臣竊聞二浙之災，惟常州爲甚，流移既多，餓死者相踵，往來士夫親所見聞，皆謂賑恤惟此州當先，亦所當獨厚。伏乞特出睿斷，速降米三數萬石，以全活一方人命。今日之事，莫此爲急，臣敢冒昧言之，蒙賜矜從，不勝幸願。』詔除已于臨江軍起發米內撥一萬石外，更令鎮江府于樁管米內支一萬石充糴濟。去年閏十月二十一日已降指揮施行。

二月五日，詔：『可令學士院降詔戒飭諸道監司、守令，應水旱去處，多方賑恤，務在實惠及民。毋得徒事虛文，庸副矜念元元之意。朕將考其殿最，以示勸懲。』

嘉泰二年七月十六日，都省劄子：『勘會雨澤稍愆，竊慮江浙兩淮州軍間有闕雨去處，合行祈禱。』詔令兩浙、江東西、兩淮轉運司各行下所部闕雨州縣，委自守令親詣管下靈應神祠，精加祈禱，務獲感應。

開禧三年七月二十九日，中書門下省訪聞建甯府管内旱禾旱傷，饑民闕食，因致結集群黨，以借米爲名，劫奪財物，合行措置。詔令福建轉運、提舉司將實被旱傷之人優切措置，禁絶盜賊。各先具知稟申尚書省。

嘉定元年四月二十五日，臣僚言：『臣竊聞民自天民，天固恤之。匹夫匹婦不得其死，則三年之旱，六月之霜，不旋踵而應。況兵革之後，死於非命者不可勝計，積骸枕野，饑民相食，怨氣充塞，豈不上干陰陽之和！故自去歲以來，蝗蝻爲災，隆冬無雪，入春不雨，以迄於今。考之農時，已過芒種。今隴畝龜兆，首種不入，更遲數日，已涉夏至，則歲事無及矣。聞之道路，旱勢甚廣，江、湖、閩、浙，所至皆然。遺蝗復生，撲滅難盡，漕渠不通，米價翔踴，人情嗷嗷，幾不聊生。此豈細故，而可不求以應之哉！近者奏告祈請，靡神不宗，然欲雨而即止，暫陰而復晴，殊未有以慰四方雲霓之望。恭覩明詔，聖心焦勞，特減常膳，又以此月二十七日躬禱于太一宮明慶寺，閔雨之志，上下具孚，甚盛德也。然成湯桑林之禱，嘗引咎而責躬；宣王雲漢之災，必側身而修行。其爲應天之道，蓋未嘗專事之虚文也。欲望陛下惕厲齋居，憂勤庶政，深念生民塗炭，無辜籲天，皆由向者任用非人，以致貽禍百姓，亟下哀痛之詔，廣求切宜之言。仍詔大臣，敷求民瘼。如淮甸之賑濟，諸郡之科繇，暑月之鍜甲，近畿之和糴，若此之類，名色甚多，皆合亟議罷行。仍劄下六部長貳及臨安府、兩浙轉運司，各據所隸，凡可以慰安人心、銷弭天變者，申尚書省施行。』詔從之。

二年八月三十日，江東提舉司奏：『證對本路州縣頻歲災傷，去歲舉行荒政，所用濟糴米斛，僅能接濟。元管常平義倉米斛，至今年三月支用之外，所餘無幾。自六月以來，闕少雨澤，州縣祈禱，雖節次得雨，皆不霑足。加以飛蝗爲害，間有得熟之田，亦復被其剪傷。臣謂今歲之災甚於去歲，自合預行措置。竊見去歲嘗蒙朝廷撥降轉運司獻助米一萬石、錢三萬五千貫文，蒙給降度牒五十道，湊提舉王枬任内申請到度牒一百道，變賣價錢，收糴米斛，添助濟糴。臣昨聞本路轉運司亦有趲積助救荒錢米，具申尚書省，乞證去年例，盡數撥付本司，那融支遣。未準回降之前，已撥付江淮制置司賑恤流民外，此别無可指準。兼證開禧三年除檢放義倉米猶及六萬余石，嘉定元年義倉米除放外，止合催理四萬余石。緣民力彫弊，艱於輸納，尚及太半。及南康軍添濟北來之人，歲用常平米二千石，雖有度牒等錢，糴到米斛，分撥諸處，補還支過賑濟之數，所存不多。自今鄉村細民間有收捕蝗蟲，去其頭翅，雜以麩炒煮爲糧者。近徽州管下有以借糧爲名，白日強開人倉廩者。臣已行下諸縣，嚴行禁戢。及撥義倉常平米二千五百石，應副本州，減價出糶，預行斟酌賑濟。及廣德軍亦以饑荒爲請，六月間先于太平州寄納倉撥米四百九十石，自顧舡只，前去信州貴溪縣取撥米三千石，分與管下兩縣樁積，預備濟糶。今秋成之時，諸郡已是窘急，臣不忍坐視。若候臨時控告，恐緩不及事。欲望聖慈憫念江左諸郡軍旅之後，仍歲饑荒，特與給降度牒二百道，付本司變賣，差官吏前去得熟軍收（糴）糴米斛，運載分撥，濟糶使用。緣會子在處兑換折閲，米價日漸騰踴，若給降度牒不多，收糴數少，必是不敷分撥。欲望朝廷察臣所請，誠出不獲已，即證數給降施行。』

貼黄：臣竊見入秋以來，全不得雨，旱暵已成，分撥米斛，勢不容緩。竊慮虚牒艱於轉賣，及往鄰路收糴，往返便是半年。兼目今會子折閲，既有指揮，收賣度牒許用第十一界會子，恐持至鄰路轉行使用，有失指準。伏見朝廷見將湖南和糴到米三十余萬石發赴淮浙旱傷州郡樁管。今江東旱廣，事體一同。如蒙於内量撥五萬石應副本司，令自備人舡般運到，使一路饑民張頤待哺者不至闕望。檢正都司擬到欲令禮部支降度牒一百道付本司，每道作價值八百貫變賣，就行收糴米斛，以備濟糴使用。付本司差人前來請領。仍契勘所部州縣的實旱傷，合行濟糴去處，疾速措置，以所糴米斟酌均撥施行。仍先具已契勘措置並糴到米數，申尚書省。詔依擬到事理施行。

八年四月十一日詔：『門下：朕以眇眇之躬，託於兆民之上，夤奉大業，祗畏天戒，遵道約己，罔敢怠遑。乃者暮春，歷時不雨，來麰告病，新種未秧。朕心懼焉，並走群望，潔齋精禱，尤致其嚴。盻蠁之間，已荷孚答，雖有霑濡之潤，而尚靳滂沱之澤。邇日以來，旱氣彌甚，斯民狼顧，後憂方深。永惟有闕愆，必有其故。意者政令不當，刑罰不中，物議失平，人心胥怨。士習垢翫，滋邪諂之風；吏治煩苛，乏寬大之意。邊隅闕備預之實，州縣多失業之民。膏澤屯于下流，忠言壅于上達。一或有此，皆足致災。是用誕告臣民，

博求忠讜。若朕躬之過失，凡時政之闕遺，悉意條陳，毋有所隱。務求實是，靡事虛文。故茲詔示，想宜知悉。』【略】

度宗咸淳六年，江南大旱。十年，廬州旱，長樂、福清二縣大旱。

《清史稿》卷五《世祖本紀二》［順治十一年十一月］壬寅，詔曰：『朕纘承鴻緒，十有一年，治效未臻，疆圉多故，水旱疊見，地震屢聞，皆朕不德之所致也。朕以眇躬託於王公臣庶之上，政教不修，瘡痍未復，而內外章奏，輒以「聖」稱，是重朕之不德也。朕方內自省抑，大小臣工亦宜恪守職事，共弭災患。凡章奏文移，不得稱「聖」。大赦天下，咸與更始。』

著録

《文獻通考》卷二九五《物異考一・總序》《漢・五行志》：漢興，承秦滅學之後，景、武之世，董仲舒治《公羊春秋》，始推陰陽，爲儒者宗。宣、元之後，劉向治《穀木春秋》，數其禍福，傳以《洪範》傳讀曰附，謂附著或作傳，謂以《洪範》義傳而説之也，與董仲舒錯謂錯互不同也。至向子歆治《左氏傳》，其《春秋》意亦已乖矣；言《五行傳》，又頗不同。是以擥仲舒，別向、歆，傳載眭孟、夏侯勝、京房、谷永、李尋之徒所陳行事，訖於王莽，舉十二世，以傳《春秋》，著於篇傳讀曰附，謂比附其事。擥與擥同，謂引取之。擥音來敢反。

經曰：『初一曰五行。五行：一曰水，二曰火，三曰木，四曰金，五曰土。水曰潤下，火曰炎上皆從水火自然之性也，木曰曲直言可揉而曲，可矯而直，金曰從革革，更也，可更銷鑄也，土爰稼穡。爰，於也，可於其上稼穡也。種之曰稼，收聚曰穡。』

傳曰『《五行傳》，伏勝作，田獵不宿不得其時也。或曰不豫戒曰不宿，不戒以其時也，飲食不享不行享獻之禮，出入不節，奪民農時，及有奸謀李奇曰：『奸謀，增賦履畝之事。』臣瓚曰：『奸謀，謂邪謀也。』師古曰：『即下所謂作爲奸詐以奪農時。李説是也。』，則木不曲直。』

説曰：木，東方也。於《易》，地上之木爲《觀》。其於王事，威儀容貌亦可觀也。故行步有珮玉之度，登車有和鸞之節，田狩有三驅之制，飲食有獻享之禮，出入有名，使民以時，務在勸農桑，謀在安百姓，如此，則木得其性矣。若乃田獵馳騁不反宮室，飲食沈湎不顧法度，妄興繇役以奪民時，作爲奸詐以傷民財，則木失其性矣。蓋工匠之爲輪矢者多傷敗如淳曰：『揉輪不曲，矯矢不直也。』，及木爲變怪臣瓚曰：『梓柱更生及變爲人形是也。』，是爲木不曲直。

傳曰：『棄法律，逐功臣，殺太子，以妾爲妻，則火不炎上。』

説曰：火，南方，揚光輝爲明者也。其於王者，南鄉明而治。《書》云：『知人則哲，能官人。』故堯、舜舉羣賢而命之朝，遠四佞而放諸埜古野反。孔子曰：『浸潤之譖、膚受之愬不行焉，可謂明矣。』賢佞分別，官人有序，帥由舊章，敬重功勳，殊別嫡庶，如此則火得其性矣。若乃信道不篤，或耀虛僞，讒夫昌，邪勝正，則火失其性矣。自上而降，及濫炎妄起，焚宗廟，燒宮館，雖興師衆，不能救也，是爲火不炎上。

傳曰：『修宮室，飾臺榭，內淫亂，犯親戚，侮父兄，則稼穡不成。』

説曰：土，中央，生萬物者也。其於王者，爲內事。宮室、夫婦、親屬，亦相生者也。古者天子諸侯，宮廟大小高卑有制，後夫人媵妾多少有度，九族親疏長幼有序。孔子曰：『禮，與其奢也，甯儉。』故禹卑宮室，文王刑於寡妻，此聖人之所以昭教化也。如此則土得其性矣。若乃奢淫驕慢，則土失其性。亡水旱之災而草木百穀不熟，是爲稼穡不成。

傳曰：『好戰攻，輕百姓，飾城郭，侵邊境，則金不從革。』

説曰：金，西方，萬物既成，殺氣之始也。故立秋而鷹隼擊，秋分而微霜降。其於王事，出軍行師，把旄仗鉞，誓士衆，抗威武，所以征叛逆止暴亂也。《詩》云：『有虔秉鉞，如火烈烈。』又曰：『載戢干戈，載櫜弓矢。』動靜應宜『説以犯難，人忘其死』。金得其性矣。若乃貪欲恣睢，務立威勝，不重人命，則金失其性。蓋工冶鑄金鐵，冰滯涸堅，不成者衆，乃爲變怪，是爲金不從革。

傳曰：『簡宗廟，不禱祠，廢祭祀，逆天時，則水不潤下。』

説曰：水，北方，終藏萬物者也。其於人道，命終而形藏，精神放越，聖人爲之宗廟以收魂氣，春秋祭祀，以終孝道。正者即位，必郊祀天地，禱祈神祇，望秩山川，懷柔百神，亡不宗事師古曰：『懷，來也。柔，安也。謂招來而祭祀之，使其安也。宗，尊也。』。慎其齋戒，致其嚴敬，鬼神歆饗，多獲福助。此聖王所以順事陰氣，和神人也。至發號施令，亦奉天時。十二月咸得其氣，則陰陽調而終始成。如此則水得其性矣。若乃不敬鬼神，政令逆時，則水失其性。霧水暴出，百川逆溢，壞鄉邑，溺人民，及淫雨傷稼穡，是爲水不潤下。京房《易傳》曰：『顓事有知，誅罰絶理，厥災水。其水也，雨殺人以隕霜，大風天黃。饑而不損茲謂泰，厥災水，水殺人。辟遏有德茲謂狂應劭曰：『辟，天子也。有德者雍遏不見用也。」師古曰：『遏音一曷反』，厥災水，水流殺人，已水則地生蟲。歸獄不解，茲謂追非李奇曰：『歸罪過於民，不罪己也。』張晏曰：『謂釋有罪之人而歸無辜者也。解，止也。追非，遂非也。』，厥水寒，殺人。追誅不解，茲謂不理，厥水五穀不收。大敗不解，茲謂皆陰。解，舍也，三者於大敗，誅首惡，赦其衆，不則皆函陰氣師古曰：『函與含同』，厥水流入國邑，隕霜殺穀。

經曰：『敬用五事。五事：一曰貌，二曰言，三曰視，四曰聽，五曰思。貌曰恭，言曰從，視曰明，聽曰聰，思曰睿睿，通也，古文作睿。恭作肅，從作又讀曰乂，治也明作悊，聰作謀上聽則下謀，故聽爲謀也，睿作聖。休徵善行之驗也：曰肅，時雨若；乂，時暘若；悊，時燠若；謀，時寒若；聖，時風若凡言時者，皆謂行得其道，則寒暑風雨以時應而順之。』咎徵言惡行之驗：曰狂，恆雨若；僭，恆暘若僭，僭差；舒，恆燠若；急，恆寒若；霿，恆風若服虔曰：『霿音人備反。』應劭曰：『人君毆搆霿鄙吝，則風不順之也。』師古曰：『凡言恆者，謂所行者失道，則寒暑風雨不時，而恆久爲災也。霿音莫豆反。搆音搆，又音寇。』。』

傳曰：『貌之不恭，是謂不肅，厥咎狂，厥罰恆雨，厥極惡。時則有服妖，時則有龜孽鄭元曰：『龜，蟲之生於水而遊於春者，屬木。』，時則有鷄禍鄭元曰：『鷄，畜之有冠翼者也，屬貌。』，時則有下體生上之痾，鄭元曰：『痾，病也。貌氣失之病也。《漢書音義》曰：『若梁孝王之時牛足反出背上也。』時則有青眚青祥。鄭元曰：『青，木色也。眚生於此，祥自外來也。』唯金沴木服虔曰：『沴，害也。』如淳曰：『沴音拂戾之戾，義亦同。』鄭元曰：『沴，殄也。凡貌、言、視、聽、思心，一事失則逆人之心，人心逆則怨，木、金、水、土、火氣爲之傷，傷則衝勝來乘殄之，於是神怒人怨，將爲禍亂，故五行先見變異，以譴告人也。及妖孽禍痾眚祥，皆其氣類暴作，非常時爲怪者也，各以物象爲之占也。』。』凡六沴之作，歲之朝，月之朝，日之朝，則後王受之。歲之中，月之中，日之中，則正卿受之。歲之夕，月之夕，日之夕，則庶民受之鄭元曰：『自正月盡四月，爲歲之朝。自五月盡八月，爲歲之中。自九月盡十二月，爲歲之夕。上旬爲月之朝，中旬爲月之中，下旬爲月之夕。平旦至食時爲日之朝，禺中至日昳爲日之中。晡時至黄昏，爲日之夕。受之，受其兇咎也。』。其二辰，以次相將，其次受之鄭元曰：『二辰，謂日、月也。假令歲之朝也，日月中則上公受之，日月夕則下公受之。歲之中也，日月朝則孤卿受之。日月夕則大夫受之。歲之夕也，日月朝則上士受之，日月中則下士受之。其餘差以尊卑多少，則悉矣。』。

説曰：凡草木之類謂之妖。妖猶夭胎，言尚微也。蟲豸池爾反之類謂之孽。孽則芽孽矣。反六畜，謂之禍，言其著也。及人，謂之痾。痾，病貌也，言浸作任反深也。甚則異物生，謂之眚；自外來，謂之祥。祥猶禎也。氣相傷，謂之沴。沴猶臨涖，不和意也。每一事非『時則』以絕之，非必俱至，或有或亡，或在前或在後。孝武時，夏侯始昌通《五經》，善推《五行傳》，以傳族子夏侯勝，下及許商，皆以教所賢弟子。其傳與劉向同，惟劉歆傳獨異。貌之不恭，是謂不肅。肅，敬也。內曰恭，外曰敬。人君行己，體貌不恭，怠慢驕蹇，則不能敬萬事，失在狂易，故其咎狂也。上慢下暴，則陰氣勝，故其罰常雨也。水傷百穀，衣食不足，則奸宄並作，故其極惡也。一曰人多被刑，或形貌醜惡，亦是也。風俗狂慢，變節易度，則爲剽匹妙反輕奇怪之服，故有服妖。水類動，故有龜孽。於《易》，《巽》爲鷄，鷄有冠距文武之貌，而不爲威儀，貌氣毀，故有鷄禍。一曰水歲多鷄死及爲怪，亦是也。上失威儀，則有彊臣害君上者，故有下體生於上之痾。木色青，故有青眚青祥。凡貌傷者病木氣，木氣病則金沴之，衝氣相通也。於《易》，《震》在東方，爲春爲木；《兑》在西方，爲秋爲金；《離》在南方，爲夏爲火；《坎》在北方，爲冬爲水。春與秋，日夜分，寒暑平，是以金木之氣易以相變，故貌傷則致秋陰常雨，言傷則致春陽常旱也。至於春夏，日夜相反，寒暑殊絕，水火之氣，不得相並，故視傷常燠，聽傷常寒者，其氣然也。逆之，其極曰惡；順之，其福曰攸好德。劉子晉傳曰：『有鱗蟲之孽，羊禍，鼻痾。』説以爲於天文東方辰爲龍星，故爲鱗蟲；於《易》，《兑》爲羊，木爲金所病，故致羊禍，與常雨同應。此説非是。春與秋，氣陰陽相敵，木病金盛，故能相並，惟此一事耳。禍與妖痾祥眚同類，不得獨異。

傳曰：『言之不從，是謂不乂，厥咎僭，厥罰恆暘，厥極憂。時則有詩妖，時則有介蟲之孽，時則有犬禍，時則有口舌之痾，時則有白眚白祥。惟木沴金。』

説曰：『言之不從。』從，順也。『是謂不乂』，乂，治也。孔子曰：『君子居其室，出其言不善，則千里之外違之，況其邇者乎！』《詩》曰：『如蜩音調如螗音唐，如沸如羹。』言上號令不順人心，虛譁音華憒亂，則不能治海內，失在過差，故其咎僭。僭，差也。刑罰妄加，羣陰不附，則陽氣勝，故其罰常暘也。旱傷百穀，則有寇難，上下俱憂，故其極憂也。君炕苦朗反陽而暴虐，臣畏刑而箝鉅淹反口，則怨謗之氣發於歌謠，故有詩妖。介蟲孽者，謂小蟲有甲飛揚之類，陽氣所生也，於《春秋》爲螽音終，今謂之蝗，皆其類也。於《易》，

《兑》爲口，犬以吠守，而不可信，言氣毀故有犬禍。一曰旱歲犬多狂死及爲怪，亦是也。及人，則多病口喉欬苦愛反嗽蘇豆反者，故有口舌痾。金色白，故有白眚白祥。凡言傷者，病金氣；金氣病，則木沴之。其極憂者，順之，其福康甯。劉歆言傳曰時則有毛蟲之孽。説以爲天文西方參爲獸星，故爲毛蟲。

傳曰：『視之不明，是爲不悊』，厥咎舒，厥罰恆燠，厥極疾。時則有草妖，時則有蠃蟲之孽師古曰：『螽螟之類無鱗甲毛羽謂之蠃蟲也，音郎果反。』，時則有羊禍，時則有目痾，時則有赤眚赤祥。惟水沴火。』

説曰：『視之不明，是謂不悊』，悊，知也。《詩》云：『不明爾德，時無背無側；爾德不明，以無陪無卿師古曰：『《大雅·蕩》之詩也。言不别善惡，有逆背傾仄者，有堪爲卿大夫者，皆不知之也。仄，古側字。』言上不明，暗昧蔽惑，則不能知善惡，親近習，長同類師古曰：『習，狎也。近狎者則親愛之，同類者則長益也。』，亡功者受賞，有罪者不殺，百官廢亂，失在舒緩，故其咎舒也。盛夏日長，暑以養物，政弛緩，故其罰常燠也。燠則冬溫，春夏不和，傷病民人，故極疾也。誅不行則霜不殺草，繇臣下則殺不以時師古曰：『繇讀與由同，言誅罰由於臣下。』，故有草妖。凡妖，貌則以服，言則以詩，聽則以聲，視則以色者，五色物之大分也，在於眚祥，故聖人以爲草妖，失秉之明者也師古曰：『謂失所執之權也。音彼命反。』。溫燠生蟲，故有蠃蟲之孽，謂螟螣之類師古曰：『螟食苗心，螣食苗葉之蟲也，螟音冥。螣音徒得反。』當死不死，未當生而生，或多於故而爲災也。劉歆以爲屬思心不容。於《易》，剛而包柔爲《離》師古曰：『兩陽居外，一陰在内，云剛包柔。』，《離》爲火爲目。羊上角下蹏，剛而包柔，羊大目而不精明，視氣毀故有羊禍。一曰暑歲羊多疫死，及爲怪，亦是也。及人，則多病目者，故有目痾。火色赤，故有赤眚赤祥。凡視傷者病火氣，火氣傷則水沴之。其極疾者，順之，其福曰壽李奇曰：『於六極之中爲災者，逆火氣，致疾病也。能順火氣，則禍更爲福。』。劉歆視傳曰有羽蟲之孽，鷄禍。説以爲天文南方喙爲鳥星，故爲羽蟲；禍亦從羽，故爲鷄；鷄於《易》自在《巽》。説非是。庶徵之恆燠，劉向以爲《春秋》亡冰也。小燠不書，無冰然後書，舉其大者也。京房《易傳》曰：『禄不遂行兹謂欺，厥咎燠，雨雪四至而溫。臣安禄樂逸兹謂亂，燠而生蟲。知罪不誅兹謂舒，其燠，夏則暑殺人，冬則物華實。重過不誅，兹謂亡徵，其咎當寒而燠六日也。』

傳曰：『聽之不聰，是謂不謀，厥咎急，厥罰恆寒，厥極貧。時則有鼓妖，時則有魚孽，時則有豕禍，時則有耳痾，時則有黑眚黑祥，爲火沴水。』

説曰：『聽之不聰，是謂不謀』，言上偏聽不聰，下情隔塞，則不能謀慮利害，失在嚴急，故其咎急也。盛冬日短，寒以殺物，政促迫，故其罰常寒也。寒則不生百穀，上下俱貧，故其極貧也。君嚴猛而閉下，臣戰慄而塞耳，則妄聞之氣發於音聲，故有鼓妖。寒氣動，故有魚孽。多雨以龜爲孽服虔曰：『多雨則龜多出。』，龜能陸處，非極陰也；魚去水而死，極陰之孽也。於《易》，《坎》爲豕，豕大耳而不聰察，聽氣毀，故有豕禍也。一曰寒歲豕多死，及爲怪，亦是也。及人，則多病耳者，故有耳痾。水色黑，故有黑眚黑祥。凡聽傷者病水氣，水氣病則火沴之。其極貧者，順之，其福曰富。劉歆聽傳曰有介蟲孽也。』

傳曰：『思之不睿，是謂不聖，厥咎霿莫豆反，厥罰恆風，厥極兇短折。時則有脂夜之妖，時則有華孽，時則有牛禍，時則有心腹之痾，時則有黄眚黄祥，時則有金木水火沴土。』

説曰：『思心之不睿，是謂不聖，』思心者，心思慮也，睿，寬也。孔子曰：『居上不寬，吾何以觀之哉！』言上不寬大包容臣下，則不能居聖位。貌言視聽，以心爲主，四者皆失，區霿無識師古曰：『區音口豆反。霿音莫豆反。其下並同。』，故其咎霿也。雨旱寒燠，亦以風爲本，四氣皆亂，故其罰常風也。常風傷物，故其極兇短折也。傷人曰兇，禽獸曰短，草木曰折。一曰兇，夭也；兄喪弟曰短，父喪子曰折。在人腹中，肥而包裹心者脂也，心區霿則冥晦，故有脂夜之妖師古曰：『脂妖及夜妖。』。一曰有脂物而夜爲妖，若脂水夜汙人衣，淫之象也。一曰夜妖者，雲風並起而杳冥，故與常風同象也。溫而風則生螟螣，有裸蟲之孽師古曰：『裸亦蠃字也，從衣果聲。』。劉向以爲於《易》，《巽》爲風爲木，卦在三月四月，繼陽而治，主木之華實。風氣盛，至秋冬木復華，故有華孽。一曰地氣盛則秋冬復華。一曰華者色也，土爲内事，爲女孽也。於《易》《坤》爲土爲牛，牛大心而不能思慮，思心氣毀，故有牛禍。一曰牛多死及爲怪，亦是也。及人，則多病心腹者，故有心腹之痾。土色黄，故有黄眚黄祥。凡思心傷者，病土氣，土氣病則金木水火沴之，故曰：『時則有金木水火沴土。』不言『惟』而獨曰『時則有』者，非一衝氣所沴，明其異大也。其極曰兇短折，順之，其福曰考終命。劉歆思心傳曰時則有蠃蟲之孽，謂螟螣之屬也。

傳曰：『皇之不極，是謂不建，厥咎眊音耄，厥罰恆陰，厥極弱。時則有射妖，時則有龍蛇之孽，時則有馬禍，時則有下人伐上之痾鄭元曰：『夏侯勝説「伐」宜爲「代」，書亦或作「伐」。陰陽之神曰精氣，情性之神曰魂魄。君行不由常，侜張無度，則是魂魄傷，陰厥極，氣失之病也。天於不中之人，恆耆其毒，增以爲病，將以開賢代之也。《春秋傳》所謂奪伯有魄者是也。不名病者，病不著於身體也。』，時則有日月亂行，星辰逆行。』

説曰：『皇之不極，是謂不建』，皇，君也；極，中；建，立也。人君貌言視聽思心五事皆失，不得其中，則不能立萬事，失在眊悖，故其咎眊也師古曰：『眊，不明也。悖，惑也，音布內反。』。王者自下承天理物。雲起於山而彌於天師古曰：『彌，滿也。』，天氣亂，故其罰常陰也。一曰上失中，則下彊盛而蔽君明也。《易》曰：『亢龍有悔，貴而亡位，高而亡民，賢人在下位而亡輔師古曰：『《乾》上九文言也。』』，如此，則君有南面之尊，而亡一人之助，故其極弱也。盛陽動進輕疾服虔曰：『陽行輕且疾也。』。《禮》春而大射，以順陽氣韋昭曰：『將祭，與羣臣射，謂之大射。』。上微弱則不奮動，故有射妖。《易》曰『雲從龍師古曰：『《乾》九五文言。』』，又曰『龍蛇之蟄，以存身也師古曰：『《下繫》辭也。』』。陰氣動，故有龍蛇之孽。於《易》，《乾》爲君爲馬，馬任用而彊力，君氣毀，故有馬禍。一曰爲多死及爲怪，亦是也。君亂且弱，人之所叛，天之所去，不有明王之誅，則有篡弑之禍，故有下人伐上之痾。凡君道傷者病天氣，不言五行沴天而曰『日月亂行，星辰逆行』者，爲若下不敢沴天，猶《春秋》曰『王師敗績於貿戎』，不言敗之者，以自敗爲文，尊尊之意也。劉歆皇極傳曰有下體生上之痾。説以爲下人伐上，天誅已成，不得復爲痾云。

《唐史·五行志序》曰：『萬物盈於天地之間，而其爲物最大且多者有五：一曰水，二曰火，三曰木，四曰金，五曰土。其用於人也，非此五物不能以爲生，而闕其一不可，是以聖王重焉。夫所謂五物者，其見象於天也爲五星，分位於地也爲五方，行於四時也爲五德，稟於人也爲五常，播於音律爲五聲，發於文章爲五色，總其精氣之用謂之五行。自三代之後，數術之士興，而爲災異之學者務極其説，至舉天地萬物，動植無大小，皆推其類而附之於五物，曰五行之屬。以謂人稟五行之全氣以生，故於物爲最靈。其餘動植之類，各得其氣之偏者，其發爲英華美實、氣臭滋味、羽毛鱗介、文采剛柔，亦皆得其一氣之盛。至其爲變怪非常，失其本性，則推以事類吉凶影響，其説尤爲委曲繁密。蓋王者之有天下也，順天地以治人，而取材於萬物以足用。若政得其道，而取不過度，則天地順成，萬物茂盛，而民以安樂，謂之至治。若政失其道，用物傷天，民被其害而愁苦，則天地之氣沴，三光錯行，陰陽寒暑失節，以爲水旱、蝗螟、風雹、雷火、山崩、水溢、泉竭、雪霜不時，雨非其物，或發爲氛霧、虹蜺、光怪之類，此天地災異之大者，皆生於亂政。而考其所發，驗以人事，往往近其所失，而以類至。然時有推之不能合者，豈非天地之大，固有不可知者邪？若其諸物種類，不可勝數，下至細微家人里巷之占，有考於人事而合者，有漠然而無所應者，皆不足道。語曰：「迅雷風烈必變。」蓋君子之畏天也，見物有反常而爲變者，失其本性，則思其有以致而爲之戒懼，雖微不敢忽而已。至爲災異之學者不然，莫不指事以爲應。及其難合，則旁引曲取而遷就其説。蓋自漢儒董仲舒、劉向與其子歆之徒，皆以《春秋》《洪範》爲學，而失聖人之本意。至其不通也，父子之言自相戾，可勝嘆哉！昔者箕子爲周武王陳禹所有《洪範》之書，條其事爲九類，別其説爲九章，謂之「九疇」。考其説爲不相附屬，而向爲《五行傳》，乃取其五事、皇極、庶徵附於五行，以爲八事皆屬五行歟？則至於八政、五紀、三德、稽疑、福極之類，又不能附。至俾《洪範》之書失其倫理，有以見所謂旁引曲取而遷就其説也。然自漢以來，未有非之者。又其祥眚禍痾之説，自其數術之學，故略存之，庶幾深識博聞之士有以考而擇焉。夫所謂災者，被於物而可知者也，水旱、螟蝗之類是已。異者，不可知其所以然者也，曰食、星孛、五石、六鷁之類是已。孔子於《春秋》，記災異而不著其事應，蓋慎之也。以謂天道遠，非諄諄以諭人，而君子見其變，則知天之所以譴告，恐懼修省而已。若推其事應，則有合有不合，有同有不同。至於不合不同，則將使君子怠焉，以爲偶然而不懼。此其深意也。蓋聖人慎而不言如此，而後世猶爲曲説以妄意天，此其不可以傳也。故考次武德以來，略依《洪範五行傳》，著其災異，而削其事應云。』

老泉蘇氏曰：『五行含羅九疇者也，五事檢御五行者也，皇極裁節五事者也。今夫皇極之建也，貌必恭，恭作肅；言必從，從作乂；視必明，明作哲；聽必聰，聰作謀；思必睿，睿作聖。如此則五行得其性，雨、暘、燠、寒、風皆時而五福應矣。若夫皇極之不建也，貌不恭，厥咎狂；言不從，厥咎僭；視之不明，厥咎豫；聽不聰，厥咎急；思不睿，厥咎蒙。如此則五行失其性，雨、暘、燠、寒、風皆常而六極應矣。歆、向之惑，始於福極分應五事，遂強爲之説，故其失浸廣而有五焉。今其傳以極之惡，福之攸好德，歸諸貌；

極之憂，福之康甯歸諸言；極之疾，福之壽，歸諸視；極之貧、福之富歸諸聽；極之兇短折，福之考終命，歸諸思。所謂福止此而已，所謂極則未盡其弱焉，遂曲引皇極以足之劉向《五行傳》云：『皇之不極，厥極弱。』。皇極非五事匹，其不建之咎，止一極之弱哉！其失一也。性逆而極、順而福，傳之例也。至皇之不極，則其極既弱矣，吾不識皇之極，則天將以何福應之哉！若曰五福偕應，則皇之不極，惡憂、疾貧、兇短折，曷不偕應哉！此乃自廢其例，其失二也。箕謂咎曰狂、僭、豫、急、蒙而已，罰曰雨、暘、燠、寒、風而已，今傳又增咎以眊，增罰以陰《五行傳》云：『皇之不極，厥咎眊，厥罰常陰。』，此其揠聖人之言，以就固謬。況眊與蒙無異，而陰可兼之，而別名之，得乎？其失三也。經之首五行而次五事者，徒以五行天而五事人，人不可以先天耳。然五行之逆順，必視五事之得失，使吾爲傳，必以五事先五行。借如傳「貌之不恭，是謂不肅，厥咎狂，則木不曲直，厥罰常雨」。其餘亦如之。察劉之心，非不欲爾。蓋五行盡於思，無以周皇極，苟如庶驗，增之則雖惷，亦怪駭矣。故離五行五事而爲解，以蔽其衅，其失四也。傳之於木，其說以爲貌矣，及火土金水，則思言視聽殊不及焉。自相駁亂，其失五也。夫九疇之於五行，可以條而入者惟二，箕子陳之，蓋有深旨矣。

『五事一也，庶驗二也。驗之肅、乂、哲、謀、聖，一出於五事；事之貌、言、視、聽、思，一出於五行，此理之自然，可不條而入之乎？其他八政、五紀、三德、稽疑、福極，其大歸雖無越於五行五事，非可條而入之者也。條而入，非理之自然，故其傳必鈎牽扳援，文致而強附之，然後可以僅知此福此極之所以應此事者。立言如此，其亦勞矣。且傳於福極既爾，則於八政、五紀、三德、稽疑亦當爾，而今又不爾，何也？經曰：「五，皇極，皇建其有極，斂時五福，用敷錫厥庶民」。此言皇極建而五福備，使經云皇極之不建，則必以六極易五福矣，焉在其條而入之乎！且皇極九疇之尤貴者，故聖人位之於中，以貫上下，譬如庶驗。然曰雨、曰暘、曰燠、曰寒、曰風、曰時，時於雨、暘、燠、寒、風，各冠其上耳，又可列之爲一驗乎？若是則劉之傳惑且強明矣。噫，傳之法，二劉唱之，班固志之《班固敘傳》云：『《河圖》命庖，《洛書》賜禹，八卦成列，九疇逌敘。《春秋》之占，咎證是舉。告往知來，王事之表。述《五行志》第七。』，後之史志五行者，孰不師而效之？世之讀者又孰不從而然之？是以膠爲一論，莫有考正，吾得無言哉！』

夾漈鄭氏曰：『仲尼既沒，先儒駕以妖妄之說而欺後世，後世相承，罔敢失墜者。有兩種學，一種妄學，務以欺人，一種妖學，務以欺天。凡說《春秋》者，皆謂孔子寓褒貶於一字之間，以陰中時人，使人不可曉解。三傳唱之於前，諸儒從之於後，盡推己意而誣以聖人之意，此之謂欺人之學。說《洪範》者，皆謂箕子本《河圖》《洛書》，以明五行之旨。劉向創釋其傳於前，諸史因之而爲志於後，析天下災祥之變而推之於金、木、水、火、土之域，乃以時事之吉凶而曲爲之配，此之謂欺天之學。夫《春秋》者，成周之典也；《洪範》者，皇極之書也。臣舊作《春秋傳》，專以明王道，削去三家褒貶之說，所以杜其妄；今作《災祥略》，專以記實跡，削去五行相應之說，所以絕其妖。且萬物之理，不離五行，而五行之理，其變無方。《離》固爲火矣，而《離》中有水，《坎》固爲水矣，而《坎》中有火，安得直以秋大水爲水行之應？成周宣榭火爲火行之應乎？況周得木德而有赤烏之祥，漢得火德而有黃龍之瑞，此理又如何邪？豈其晉厲公一視之遠，周單公一言之徐，而能關於五行之沴乎？豈其晉申生一衣之偏，鄭子臧一冠之異，而能關於五行之沴乎？如是則五行之繩人甚於三尺矣。臣竊觀漢儒之說，以亂世無如春秋之深，災異無如春秋之衆者，是不考其實也。

『臣每謂春秋，雖三王之亂世，猶治於漢、唐之盛時，何哉？春秋二百四十二年，而日食三十六，唐三百年，而日食過百。舉春秋地震五，漢和平中，積二十一日，而地百二十四動。舉春秋山傾者二，漢文帝時，一年之間，齊、楚山二十九所同日圮。舉春秋大水者八，後漢延平中，一月之間，郡國三十六大水。其他小小災異，則二百四十年之事，不及後世一年也。如李梅冬實、鴝鵒來巢之類，在後世不勝書，使春秋之人而親見後世事，豈但慟哭流涕而已哉！以春秋視後世，不爲亂世也，何哉？後世之法度不及春秋之法度，後世之人才不及春秋之人才，其所以感和氣而彌災異者，又安可望春秋乎？嗚呼，天地之間，災祥萬種，人間禍福，冥不可知，奈何以一蟲之妖、一氣之戾，而一一質之爲禍福之應，其愚甚矣。況凶吉有不由於災祥者，宋之五石六鷁，可以爲異矣，而內史叔興以爲此陰陽之事，非吉凶所生。魏安平太守王基筮於管輅，輅曰：「君家有三怪，一則生男女墮地，走入竈死；二則大蛇床上銜筆；三則烏來入室與燕鬬。兒入竈者，宋無忌之妖；蛇銜筆者，老書佐之妖；烏與燕鬬者，老鈴下之妖。此三者足以爲異，而無凶兆，無所憂也。」王基之家，卒以無患。觀叔興之言，則國不可以災祥論興衰；觀管輅之言，則家不可以變怪論休咎；惟有和氣致祥，乖氣致異者，可以爲通論。』

按：古今言災異者，始於《五行傳》，而歷代史氏所述災異因之，然必曰某事召某災，證合某應，如醫師之脈訣，占書之繇辭，則其説大牽強而拘泥。老泉之論，足以正其牽強之失；夾漈之論，足以破其拘泥之見。然鄭論一歸之妖妄，而以爲本無其事應，則矯枉而至於過正矣，是謂天變不足畏也，不如蘇論之正大云。

《禮記・禮運》：『故聖王所以順，山者不使居川，不使渚者居中原，而弗敝也使各安其居，不勞敝之也。用水、火、金、木，飲食必時用水謂漁人以時漁爲梁，春獻鱉蜃，秋獻龜魚也。用火，謂司爟四時變國火以救時疾，及季春出火，季秋納火是也。用金，謂丱人以時取金玉錫石也。用木，謂山虞仲冬斬陽木，仲夏斬陰木。飲食，謂食齊視春時，羹齊視夏時，醬齊視秋時，飲齊視冬時。合男女，頒爵位，必當年德謂媒氏令男三十而娶，女二十而嫁。司士稽士任進退其爵祿，用民必順不奪農時。故無水旱昆蟲之災，民無兇饑妖孽之疾。故天不愛其道，地不愛其寶，人不愛其情言嘉瑞出，人情至也。故天降膏露，地出醴泉，山出器車，河出馬圖。鳳凰麒麟，皆在郊棷，龜龍在宮沼，其餘鳥獸之卵胎，皆可俯而窺也器，謂若銀甕丹甑也。棷，聚草也。疏：『按《禮緯・鬬威儀》云：「其政太平，山車垂鉤。」注云：『山車，自然之車。垂鉤，不揉治而自圓曲也。銀甕丹甑，《援神契》云。』。則是無故非有他事使之然也，先王能修禮以達義，體信以達順，故此順之實也。』

歐陽氏《五代史・王建世家》論曰：『嗚呼，自秦、漢以來，學者多言祥瑞，雖有善辯之士，不能袪其惑也！予讀《蜀書》，至於龜、龍、麟、鳳、騶虞之類也，世所謂王者之嘉瑞，莫不畢出於其國，異哉！然考王氏之所以興亡成敗者，可以知之矣。或以爲一王氏不足以當之，則視當時天下治亂，可以知之矣。龍之爲物也，以不見爲神，以升雲行天爲得志。今偃然暴露其形，是不神也；不上於天而下見於水中，是失職也。然其一何多歟？可以爲妖矣！鳳凰，鳥之遠人者也。昔舜治天下，政成而民悦，命夔作樂，樂聲和，鳥獸聞之皆鼓舞。當是之時，鳳凰適至，舜之史因並記以爲美，後世因以鳳來爲有道之應。其後鳳凰數至，或出於庸君繆政之時，或出於危亡大亂之際，是果爲瑞哉？麟，獸之遠人者也。昔魯哀公出獵，得之而不識，蓋索而獲之，非其自出也。故孔子書於《春秋》曰「西狩獲麟」者，譏之也。「西狩」，非其遠也；「獲麟」，惡其盡取也。狩必書地，而哀公馳騁所涉地多，不可偏以名舉，故書「西」以包衆地，謂其舉國之西皆至也。麟，人罕識之獸也，以見公之窮山竭澤而盡取，至於不識之獸，皆搜索而獲之，故曰「譏之也」。聖人已沒，而異端之説興，乃以麟爲王者之瑞，而附以符命、讖緯詭怪之言。鳳嘗出於舜，以爲瑞，猶有説也，及其後出於亂世，則可以知其非瑞矣。若麟者，前有治世如堯、舜、禹、湯、文、武、周公之世未嘗一出，其一出而當亂世，然則孰知其爲瑞哉？龜，元物也，污泥川澤，不可勝數，其死而貴於卜官者，用適有宜爾。而《戴氏禮》以其在宮沼爲王者難致之瑞，《戴禮》雜出於諸家，其失亦已多矣！騶虞，吾不知其何物也。《詩》曰：「吁嗟乎騶虞！」賈誼以爲騶者，文王之囿；虞，虞官也。當誼之時，其説如此，然則以之爲獸者，其出於近世之説乎？夫破人之惑者，難與爭於篤信之時，待其有所疑焉，然後從而攻之可也。麟、鳳、龜、龍，王者之瑞，而出於五代之際，又皆萃於蜀，此雖好爲祥瑞之説者亦可疑也。因其可疑者而攻之，庶幾惑者有以思焉。』

致堂胡氏曰：『草木之秀異，禽獸之珍奇，雲物之變動，無時無之，繫時好與不好耳。以爲祥瑞，注意於多有，雖元狩之麟，神爵之鳳，尚可力致。蓋嘗有好芝草者，一日官吏入深山窮谷間，覆地皆芝也。蓋數千萬木，遂擇其尤者，少取以復命。又況智巧之徒能僞造乎？花卉可以染植增其態，毛羽可以餵飼變其色，雖石脈木理，猶且假幻使成文字。惟上之人泊然無欲於此也，苟欲之則四面而至矣。漢章帝時，以瑞物仍集，改元章和，而何敞謂宋由、袁安曰：「夫瑞應依德而至，災異緣政而生。今異鳥翔於殿屋，怪草生於庭際，不可不察。」由、安懼不敢答。夫二人位冠羣臣，乃爲諂媚之習、蒙蔽之行，以侈逸上心，使忽忘警戒，不亦昧於責難正救之道乎？』

按：古今言祥瑞者，祥於《禮運》，而歷代史氏所述祥瑞因之，然有無其證而有其應者，又有反當爲妖而謬以爲祥者，歐陽公、胡氏致堂之論，誼正詞偉，足以袪千古之惑，破諂子之謬，故備著之。

清　章學誠《文史通義》卷八《外篇三・天門縣志五行考序》　堯水湯旱，聖世不能無災。回星反火，外物豈能為異？然而石鷁必書，螟蝗謹志者，將以修人事，答天變也。自《援神》《鉤命》，符讖荒唐，遂失謹嚴。而班、范所錄，一準劉向《洪範》之傳，連類比附，證合人事，雖存警戒，未始無附會矣。夫天人之際，聖人謹焉。春秋二百四十二年，五行災祥，雜出不一；聖人第謹書之，而不與斤斤規合，若者應何事，若者應何人。非不能也，蓋徵應常變之理，存其概，足以警人心，而牽合其事，必至一有不合，或反疑災變之不足畏，毋乃欲謹而反怠歟？草木變異，蟲獸禍孽，史家悉隸五類，列按五事。余以為祥異固有為而作，亦有不必盡然，難以附合者。故據事直書，不分門類，不注徵應，一以年月為次。人事有相關者，雜見他篇，可自得焉。

藝文

《詩經・小雅・北山之什・大田》 《大田》，刺幽王也。言矜寡不能自存焉。

大田多稼，既種既戒，既備乃事。以我覃耜，俶載南畝，播厥百穀。既庭且碩，曾孫是若。

既方既皁，既堅既好，不稂不莠。去其螟螣，及其蟊賊，無害我田穉。田祖有神，秉畀炎火。

有渰萋萋，興雨祈祈，雨我公田，遂及我私。彼有不穫穉，此有不斂穧；彼有遺秉，此有滯穗，伊寡婦之利。

曾孫來止，以其婦子，饁彼南畝，田畯至喜。來方禋祀，以其騂黑，與其黍稷。以享以祀，以介景福。

又《大雅・生民之什・生民》 生民，尊祖也。后稷生于姜嫄，文武之功，起于后稷，故推以配天焉。

厥初生民，時維姜嫄。生民如何？克禋克祀，以弗無子。履帝武敏歆，攸介攸止。載震載夙，載生載育，時維后稷。

誕彌厥月，先生如達，不坼不副，無菑無害。以赫厥靈，上帝不寧，不康禋祀，居然生子。

誕寘之隘巷，牛羊腓字之。誕寘之平林，會伐平林。誕寘之寒冰，鳥覆翼之。鳥乃去矣，后稷呱矣。實覃實訏，厥聲載路。

誕實匍匐，克岐克嶷。以就口食，蓺之荏菽，荏菽旆旆，禾役穟穟，麻麥幪幪，瓜瓞唪唪。

誕后稷之穡，有相之道。茀厥豐草，種之黃茂。實方實苞，實種實褎，實發實秀，實堅實好，實穎實栗，即有邰家室。

誕降嘉種，維秬維秠，維穈維芑。恒之秬秠，是穫是畝；恒之穈芑，是任是負，以歸肇祀。

誕我祀如何？或舂或揄，或簸或蹂，釋之叟叟，烝之浮浮。載謀載惟，取蕭祭脂，取羝以軷。載燔載烈，以興嗣歲。

卬盛于豆，于豆于登。其香始升，上帝居歆，胡臭亶時。后稷肇祀，庶無罪悔，以迄于今。

晉 曹毗《請雨文》 《唐類函》卷九〇 下邳內史曹毗敬告山川諸靈：頃節運錯戾，旱亢陰消。川竭谷虛，石流山燋，天無纖雲，野有橫飆。盛夏應暑而或涼，草木無霜而自凋。遑遑農夫，輟耕田畔；悠悠舟人，頓楫川岸。雲根山積而中披，雨足垂零而復散。聖主當膳而減味，牧伯忘餐而過晏，民庶拊心而嚬蹙，搢紳不期而同歎。斯亦憂勤之極情，而明靈之達觀矣。

南朝梁 陸倕《請雨賽蔣王文》 《藝文類聚》卷一〇〇 陸周祚胤，鍾嶽降精。聰明正直，得一居貞。無方無體，不疾不行。化馳九縣，位冠百靈。東掩屢僭，西郊已戢。偶龍矯首，泥人鶴立。神聽孔殷，靈應揮霍。儵睹翻伊，俄聞倒洛。樂周神畢，恩洽酒闌。靈談抗袖，鬼笑投拌。惟茲吳引，於萬斯懽。

南朝梁 任孝恭《賽鍾山蔣帝文》 《藝文類聚》卷一〇〇 嘗聞河南少雨，漢主避其正殿，許下輟潤，魏后討彼塵書。和氣乖違，陰陽舛互，風至若湯，雲生猶火。遂能制茲東井，告彼南箕，水滿畢星，氣衝卯地，使君子有疊疊之心，耕夫無慼慼之念。

唐 陸贄《翰苑集》卷六《祭大禹廟文》 維貞元元年某月某日，皇帝遣某官，以牢醴之奠，敬祭于大禹之靈：惟王德配乾坤，智侔造化，拯萬類於昏墊，分九州於洪波。經啟之功，于今是賴，巍巍蕩蕩，無得而名。顧以眇身，辱承大寶，時則異于今古，道寧間于幽明。雖依聖垂休，諒非可繼，而勤人勵己，竊有所希。迨茲八年，理道猶昧，沴氣鬱結，降爲兇災。邦無宿儲，野有餓殍，上愧明哲，下慚生靈。夙夜憂惕，如蹈泉谷，所資漕運，用拯困窮。底柱之間，河流迅激，舟楫所歷，罕能獲全。爰命工徒，鑿山開道，避險從易，涉安代危。嗷嗷烝人，俟此求濟，仰祈幽贊，以集丕功。享于克誠，庶答精意。

唐 張說《張燕公集》卷一三《賀祈雨感應表》 臣説言：臣聞水旱常數，堯湯固有；聖賢之理，恭潔爲難。自冬逾春，積陽成亢，陛下以時災繫政，人患由君，退巫女之雩，卻應龍之請，陛下躬自暴露炎景，瞻仰雲漢，推心引譴，爲人受咎，誠既發而動天，言克期而降雨。今已霖霪三日，澤漏重泉，草樹含欣，郊原變色。加以雲平雨細，氣潤風和，豈惟優渥王畿，必將周遍天下。羣心舒釋，聖情開暢，無任萬姓懽悦之至，謹奉表陳賀以聞。

唐 張九齡《曲江集》卷一七《祭洪州城隍神文》 維開元十五年歲次丁卯六月朔壬寅十日辛亥，中散大夫、使持節都督洪州諸軍事、洪州刺史、上柱國、曲江縣開國男張某，謹以清酌脯醢之奠，祭於城隍神之靈：恭惟明神，懿皆潛德，城池是保，民庶是依。精靈以秉，正直攸好，忝牧此郡，敢忘在公。道雖隔於幽明，事或同於表裏。今水潦所降，亦惟其時，而淫雨不止，恐害嘉穀。穀者人之所以爲命，人者神之所以爲祀，祀不可以爲利，義不可以不福。闔境山川，能致雲雨，豈無節制？願達精誠。以時弭災，無或失稔，則理人有助，是所望于神明。尚饗。

唐 薛登《對旱令沈巫判》《全唐文》卷二八二 鄴縣時炎，漳濱地旱，三農務切，百里情殷，方有正於山川，故無遺於祠祀。思月離之澤，南畝徒勤；詠《雲漢》之詩，西郊不潤。雖土龍矯首，不見朝隮，而石燕斂翼，無聞夜雨。劉感頗學師古，未達隨時，巫人既不假神，河伯又非求婦，天則不雨，女也何辜？遂使睇彼江妃，莫反淩波之步；偶夫精衛，長齊銜石之悲。斯則抑人憑河，事廼非令，違法致罪，理在可疑。

唐 趙和璧《對伏日出何典憲判》《全唐文》卷二九六 廣漢等四郡，俗並不以庚日爲伏。或問其故，云地氣溫暑，草木早生，異於中土，常自擇伏日。既乖恆經，出何典憲。

天平四序，有寒暑之殊；地列九州，著華夷之別：風土既其不等，節候於是莫同。廣漢夷陬，境連巴俗，岷隅沓轉，雲峰與霞岫爭輝；江溜橫分，錦派共沙湍遞映。候乖中壤，棄茂三秋；氣離炎州，草長二月。至若時鍾季夏，節一重陽，金方始萌，火德不競，非無典司之主，必告伏匿之辰。當復取捨因循，何得輒爲改革？國家明堂布政，象法已行，豈使均雨之鄉，翻聞易日之義？雖殊風俗之典，恐非得時之宜。勒依恆式，謂符通理。

唐 崔翹《對伏日出何典憲判》《全唐文》卷三二八 廣漢等四郡俗並不以庚日爲伏，或問其故，云地氣溫暑，草木早生，異於中土，常自擇伏日。既乖恆經，出何典憲。

廣漢之郡，實惟沃壤。江波濯錦，斜分白馬之津；山嶂吐雲，近對黃牛之峽。皇明撫運，文軌大同，自北徂南，東被西漸。徒以室盈異等，風候殊宜，草木偏早於陽春，金火不取於令日。炎蒸鬱毓，未見行車；毒霧氛氳，唯看墜鳶。論其恆式，違帝者之金科；語以憲章，符漢王之故事。是非之理，其在茲乎？

唐 張惟一《金天王廟祈雨記》《全唐文》卷四〇六 大唐中興，剋復兩京後，後乾元元年，自十月不雨，至於明年春。朝散大夫使持節華州諸軍事檢校華州刺史平原郡開國公賜紫金魚袋張惟一，與華陰縣令劉暠丞闕一字峋、丞員外郎置同正員李綏、主簿鄭鎮、尉王禁、尉高佩、尉崔季陽，於西獄金天王廟祈請。初發言雲興，倏登車雨降，蓋精意所感，致明神應期。庶以潁川之能，不慚方伯之事。時二月十日題紀。

唐 李陽冰《縉雲縣城隍神記》《全唐文》卷四三七 城隍神祀典無之，吳越有之，風俗水旱疾疫必禱焉。有唐乾元二年秋七月不雨，八月既望，縉雲縣令李陽冰躬祈於神。與神約曰：『五日不雨，將焚其廟。』及期大雨，合境告足。具官與耆耋羣吏，乃自西谷遷廟於山巔，以答神休。

又《惡溪銘》 天作鉅塹，險于東南。岌邱嶃呀，蒼山黑潭。殷雲填填，怒虎虓虓。一道白日，四時青嵐。鳥不敢飛，猿不得下。舟人聳棹，行子束馬。知雄守雌，爲天下蹊。烜赫如此，人將畏之。水德至柔，狎侮而死。畏而不死，寧取於彼。

唐 李方郁《修中岳廟記》《全唐文》卷五一〇 上四年，用大司計侍郎爲丞相。其明年，以我相秉樞機，我公掌綸誥，宜爲避嫌，遂自閣下拜河南尹。將辭，上悄然謂公曰：『前時洛水爲災，洛民大潰，四走無逃，至有沒死者，豈勝其冤耶？而公今去，我無東顧之患矣！』公既至理事，先以恤民爲寄。活生瘞死，大開廩庾。賑貧乏，飽饑腸，暖寒體，極於畿甸，靡不周悉。而又蠲逋租，省徭賦，俾安穩其起居，勸強其事業。故遠邇之民，相賀而歌曰：『天災流行兮代有，下民昏墊兮時數。命無以逃兮諒自嗟豈將天怒。我尹之慰恤兮實解予之愁苦。夫得耕兮婦得織，日出得作兮日入得息。此固我君之憂民兮，俾我尹之來即。』又歌曰：『明明在上兮天子聖，四方取則兮我公令。疲民蘇息兮公之政，一日將去兮誰活我之性命。』

其都之南，嵩嶽橫亙。其嶽有廟，距都百里。每歲季夏日直土，用御置祝文，用犧牲粢盛，醴齊庶品，詔我公有事於王。禮既，公周視廟宇堂殿廊廡，見其崩墮圮毀，剝癬頹墮，垣墉漫靡，榱棟失次，梁柱差欹。顧謂其邑令李方鬱曰：『吾聞大地列嶽五，嵩山居其一。其嶽峙中天，羣峰蒼翠異色。其岡巒重疊異狀，其出雲靉靆異氣，其草木森聳異岵，其葩卉薈翳異香，其禽鳥間關異聽，其溪澗瀺灂異流。若此之狀，觸目周匝，四時疊觀，吞吐氣象。環一山之上，道宫佛寺，高閣危樓，盡萃其中。我國家以神之靈，塑神之形，俾神之明，福我蒼生。峨峨其冠，整整其衣；兵仗駢列，羽衛參差。天子以時視，三公禮而祀之。要神之德既厚矣，報神之功亦重矣。所宜威壯形容，華焕宫宇，奈何以危毁至是？俾爾民之進拜禱祝，將何瞻仰乎？我今出府庫十萬，資以功用。爾宜專其事，俾爾心與吾心不可以異。』方鬱謹再拜受命，退而自言曰：『方鬱爲吏，稟指使，上不敢罔公，中不可欺神，下不能苦民，豈可不成耶？』遂鳩工庀材，四旬而就。見若赤白之交映矣，見若金碧之分輝矣，見若榱桷之粉繪矣，見若斗栱之光赫矣，見若簷溜之矗截矣，見若溝壠之端隆矣，見若户牖之照燭矣，見若垣墉之齊削矣。旭日明媚，夾壇殿之飛翬；朝霞捲舒，助峰巒之起秀。則知公之措制，可以邁古冠今。使海内神廟，修潔崇盛，無逾於中嶽。

公天發晶朗，岳鍾秀粹。羣妙符識，萬頃澄襟。瓊樹冰壺，涵澈於神宇；黄鐘朱瑟，鏗奏於文章。况公尹正之能，撫民之美，愚知其不日而將與吾相連枝於臺座之中，致美於廟堂之内，將吾君岌立於堯舜之上，措吾民登壽於邃古之際必矣。方鬱忝官在縣，行及秩滿，特蒙公錄以微績，上表量留，付之修飾。輒敢敘德紀事，刻石以記。

唐 韋瓘《修漢太守馬君廟記》《會稽掇英總集》卷一八 東漢太守馬君臻，能奉漢制，撫寧越封，仁惠公利，淑民陶俗，殊績章白，書於舊史。其尤異，則披嶮夷，高束波，圜境鉅浸，横合三百餘里，決灌稻田，動盈億計。自漢至今，千有餘年，縱陽驕雨淫，燒稼逸種，唯鏡湖含澤，驅波流淯，注於大海，災兇歲，穀穰熟，俾生物蘇起，貧羸育富，其長計大利及人如此。孔子稱民之父母，馬君有焉。開元中，刺史張楚深念功本，爰立祠宇。久而隳敗。今皇帝貞元九年，觀察使平昌孟公誅斷奸劫，寛遂民類，教化修長，氓吏畏慕。嘗以馬君忠利之績，神氣未滅，壽宫不嚴，何以昭德？十年十一月，乃崇大棟梁，誅剪穢梗，禮物儀像，咸極絜好。後每遇水旱災變，輒加心禱，精意所向，指期如答。則君子惠物本同於化，樹功本同於治，對德相望，是宜刻石。二十年二月三日記。

唐 李密思《湘君廟記》《全唐文》卷八〇二 洞庭山，蓋神仙洞府之一也。以其洞府之庭，故以是稱。湖名因山，自上古而然矣。昔人有立湘君祠於此山，因復謂之君山。其廟宇爲秦皇毁廢，後亦久無搆葺者。是山去郡郭二十里而近，人未嘗敢居其中。按《圖經》，此山不受穢惡，無猛獸。愚以爲海有圓嶠蓬島之類，人可望而不可至。茲山巠坳波心，雲水四周，人可至而不可居，寧非圓嶠蓬島之亞歟？固爲神靈之所憑依宜矣。舊俗邦人禱禜水旱，嘗於此山。且患廟貌靡存，無展敬之所者久矣。密思以咸通二年，謬宰巴陵。其年六月，因時雨不降，遂潔齋躬禱於山。將涉，逆波觸舟，衆以爲不可渡，乃皆請止。予謂驕陽害稼，慮困吾民，豈可偷安哉？因命速棹去岸。俄而長飈東來，委波順送，帆席半挂，已及山址。於是禱拜既畢，艤棹將歸。則赫日掩光，元雲四集。向者東風爰息，西風又興。舟子皆擁棹開笑，倏至邑步。及縣署，則甘澤溥降，一夕而漲陂溢塍。里巷懽呼，相以爲賀。衆尤異者，自卯及申，一往一復，轉風徇意，如用迎送。則知非至神無以動陰陽，非至誠無以感靈應。昭昭顯驗，誠可嘉之。密思由是默度於心，將建祠宇，會有阻而逾年未克。及我使君濮陽公之來也，撫此疲氓，一振仁風。俾俗安物泰，於是得以爲請。因蒙敦勉之，遂成茲宇。其堂室圖塑，皆潔而無華，約而且備。不悖於俗，不役於民。襲千古之遺跡，葺一時之墜典。人皆悦矣，神必據之。所期福我黎元，壽我疆土，疫癘災荒，絕於境内；雪霜風雨，咸順其時；永久無疆，願顯莫忘。此非獨紀建廟之微績，且欲旌神靈之有徵，帶礪山河，唯茲乎不泯。有唐咸通四年癸未五月十八日己卯，朝請郎岳州巴陵縣令李密思撰。

唐 獨孤及《毗陵集》卷一九《祭吴塘神祈雨文》 某年月日，朝散大夫檢校司封郎中兼舒州刺史獨孤及，謹以清酌之奠，敢昭告於吴塘神之靈：山作靈鎮，神實司之；人作神主，及實尸之。神非人罔以薦馨香，人非神罔以降福祥。馨香不薦，伊人之尤；福祥不降，亦神之羞。及剖符爲邦，今二年矣，制節謹度，不敢怠遑，庶無罪悔，以奉禋祀。祀未豐潔，政或頗纇，實及之責，非人之愆，惟神祐之，俾大有年。今盛夏旱蒸，五稼將枯，田畯訴號，靡知其辜。神明豈不降鑒下土，油然爲雲，沛然作雨，使萬人懽康，百穀阜滋，灑我公田，遂及我私，我京我庾，維萬維億？豈伊人粒，神亦血食？衆心禺禺，非歲曷望？望之濟否，惟神所相。尚饗！

唐 頓金《仰山加封記》《全唐文》卷八六九　中書門下牒，先據袁州刺史王安狀申，伏以當州名山古跡，南仰靈祠。擬鉅嶽以齊高，聳羣峰而迥出。福流一郡，威播四方。凡有啟祈，無不響應。頃以本州郭內，頻遭災火，人户不安，苗稼亢陽，泉源涸竭。遂虔誠禱祝，專詣殿堂。乞火燭頓銷，人心寧帖。及希降於雨暘，遂許具狀申聞。伏見此廟七郎，先朝天祐十一年內封感勝侯禮部尚書，九郎封司農少卿。既靈異以昭彰，宜遷崇於爵秩。伏乞特加封贈，庶助境疆。冀祈雨順風調，永保鴻圖帝業。伏候指揮者，奉敕。民爲神主，神乃民宗。苟有昭彰，諒宜封贈。袁州仰山廟，宅於萬仞，奠彼一方。秉聰明正直之風，納黍稷馨香之薦。無所不應，有感則通。矧乃本州列其靈祐。乞加旌獎，以福蒸黎。贈禮部尚書感勝侯蕭某宜加贈尚書右僕射，仍進封廣惠公，贈司農少卿蕭某宜加贈工部尚書，仍封昭靈侯。其所贈公侯，仍下所司，準令咸製造冠裳等給賜。牒至準敕，故牒。順義五年十一月三日記。

唐 韓愈《韩昌黎集》卷二二《潮州祭神文五首》　維年月日，潮州刺史韓愈，謹差攝潮陽縣尉史虛己以特羊庶羞之奠，告于大湖神之靈：愈承朝命，爲此州長，今月二十五日至治下。凡大神降依庇貺斯人者，皆愈所當率徒屬奔走致誠，親執祀事于廟庭下。今以始至，方上奏天子，思慮不能專一，冠衣不淨潔，與人吏未相識知，牲糈酒食器皿粗弊，不能嚴清，又未卜日時，不敢自薦見。使攝潮陽縣尉史虛己以告。神其降鑒！尚饗。

維年月日，潮州刺史韓愈，謹以清酌腶脩之奠，祈于大湖神之靈曰：稻既穟矣而雨，不得熟以穫也；蠶起且眠矣而雨，不得老以簇也。歲且盡矣，稻不可以復種，而蠶不可以復育也。農夫桑婦，將無以應賦稅、繼衣食也。非神之不愛人，刺史失所職也。百姓何罪，使至極也？神聰明而端一，聽不可濫以惑也。刺史不仁，可坐以罪。惟彼無辜，惠以福也。劃劙雲陰，卷月日也。幸身有衣、口得食，給神役也。充上之須，脫刑辟也。選牲爲酒，以報靈德也。吹擊管鼓，侑香潔也。拜庭跪坐，如法式也。不信當治，疾殃殛也。神其尚饗！

維年月日，潮州刺史韓愈，謹以柔毛剛鬣清酌庶羞之奠，祭于城隍之神：間者以淫雨將爲人災，無以應貢賦供、給神明，上下獲罪罰之故，乃以六月壬子，奔走分告，乞晴于爾明神。閔人之不幸，若響若答。糞除天地山川，清風時興，白日顯行，蠶穀以登，人不咨嗟。惟神之恩，夙夜不敢忘怠。謹卜良日，躬率將吏，薦茲血毛清酌嘉羞，侑以音聲，以謝神貺。神其享之！

維年月日，潮州刺史韓愈，謹遣耆壽成寓，以清酌少牢之奠，告于界石神之靈曰：惟封部之內，山川之神，克休于人，官則置立室宇，備具服器，奠饗以時。淫雨既霽，蠶穀以成，織婦耕男，忻忻衎衎。是神之休庇于人也，敢不明受其賜！謹選良月吉日，齋潔以祀，神其鑒之。尚享。

維年月日，潮州刺史韓愈，謹以清酌庶羞之奠，祭于大湖之神：惟神降依茲土，以庇其人。今茲無有水旱雷雨風火疾疫爲災，各寧厥宇，以供上役，長吏免被其譴。賴神之德，夙夜不敢忘。謹具食飲，躬齋洗，奏音聲，以獻以樂，以謝厥賜，不敢有所祈。尚饗。

又 卷二三《祭竹林神文》　維年月日，京兆尹兼御史大夫韓愈，謹以酒脯之奠，再拜稽首告于竹林之神曰：天子不以愈爲愚不能，使尹茲大衆二十三縣之人。今農既勤于稼，有苗盈野，而天不雨，將盡槁以死，農將無所食，鬼神將無以爲饗。國家之禮天地百祀神祇，不失其常，惠天之人，不失其和，人又無罪，何爲造茲旱虐以罰也？將俾尹老不仁不明，不能承帝之敕以化正其下？聞無香惟腥，神于惠罰無差，施罪瘠于尹愈身，是甘是宜。雨則時降，神無爽其聰明，永享于人無愧。尚饗。

又《曲江祭龍文》　維年月日，京兆尹兼御史大夫韓愈，謹以香果之奠，敢昭告于東方青龍之神：天作旱災，嘉穀將槁。乃于甲乙之日，依準古法，作神之象，齋戒祀禱。神其享祐之，時降甘雨，以惠茲人。急急如律令。

又《袁州祭神文三首》　維年月日，袁州刺史韓愈，謹告於城隍神之靈：刺史無治行，無以媚於神祇，天降之罰，以久不雨，苗且盡死，刺史雖得罪，百姓何辜，宜降疾咎於某躬身，無令鰥寡，蒙茲濫罰。謹告。

維年月日，袁州刺史韓愈，謹以少牢之奠，祭於仰山之神曰：神之所依者惟人，人之所事者惟神。今既大旱，嘉穀將盡，人將無以為命，神亦將無所降依，不敢不以告。若守土有罪，宜被疾殃於其身；百姓可哀，宜蒙恩閔。以時賜雨，使獲承祭不怠，神亦永有飲食。謹告。

維年月日，袁州刺史韓愈，謹以少牢之奠，祭於仰山之神曰：田穀將死，而神膏澤之；百姓無所告，而神恤之；刺史有罪，而神釋之。敢不有薦也。尚饗。

唐 韓愈《朱文公校昌黎先生文集》卷三六《鰐魚文》　維年月日，

潮州刺史韓愈，使軍事衙推秦濟，以羊一豬一投惡谿之潭水，以與鱷魚食，而告之曰：昔先王既有天下，列山澤，罔繩擉刃，以除蟲蛇惡物爲民害者，驅而出之四海之外。及後王德薄，不能遠有，則江漢之間尚皆棄之以與蠻夷楚越，況潮嶺海之間，去京師萬里哉？鱷魚之涵淹卵育於此，亦固其所。今天子嗣唐位，神聖慈武，四海之外，六合之內，皆撫而有之，況禹跡所揜，揚州之近地，刺史、縣令之所治，出貢賦以供天地宗廟百神之祀之壤者哉！鱷魚其不可與刺史雜處此土也。

刺史受天子命，守此土，治此民，而鱷魚睅然不安溪潭，據處食民畜熊豕鹿獐，以肥其身，以種其子孫，與刺史抗拒，爭爲長雄。刺史雖駑弱，亦安肯爲鱷魚低首下心，伈伈晛晛，爲民吏羞，以偷活于此耶？且承天子命以來爲吏，固其勢不得不與鱷魚辯。

鱷魚有知，其聽刺史言：潮之州，大海在其南。鯨鵬之大，蝦蟹之細，無不容歸，以生以食，鱷魚朝發而夕至也。今與鱷魚約，盡三日，其率醜類南徙于海，以避天子之命吏。三日不能，至五日；五日不能，至七日；七日不能，是終不肯徙也，是不有刺史聽從其言也。不然，則是鱷魚冥頑不靈，刺史雖有言，不聞不知也。夫傲天子之命吏，不聽其言，不徙以避之，與冥頑不靈而爲民物害者，皆可殺。刺史則選材技吏民，操強弓毒矢，以與鱷魚從事，必盡殺乃止。其無悔！

唐 柳宗元《柳河東集》卷五《終南山祠堂碑》 貞元十二年，夏洎秋不雨。穡人焦勞，嘉穀用虞。皇帝使中謁者，禱於終南山，申命京兆尹韓府君，祗飭祀事，考視祠制，以為棟宇不稱，宜有加飾。遂命盩厔令裴均，虔承聖謨，創制祠宇。乃徵土工、木工、石工，備器執用，來會祠下。斬板幹。礱柱礎，陶瓴甓，築垣墉，恢度舊制，立三筵六尋。既興功，玄雲觸石，霈澤周被，植物擢茂，期于豐登。神道感而宣靈，人心歡而致和。嘉氣充溢，抃蹈布野。於是邑令僚吏，至於胥、徒、黃髮、耆艾、野夫、阪尹，僉曰：『蓋聞名山之列天下也，其有能奠方域，產財用，興雲雨，考於《祭法》，宜在祀典。惟終南據天之中，在都之南，西至於褒、斜，又西至隴首，以臨於戎。東至於商顏，又東至於太華，以距於關。實能作固，以屏王室。其物產之厚，器用之出，則璆、琳、琅、玕，《夏書》載焉。紀堂條枚，《秦風》詠焉。今其神又能對於禱祝，化荒為穰，易沴為和。厥功章明，宜受大禮，俾有憑托，而宣其烈也。非我后敬神重穀，則曷能發大號尊明靈？非我公勤人奉上，則曷能對休命作新廟？人事既備，神明時若。豐我公田，遂及我私。粢盛無虞，儲峙用充，厥猷茂哉！』遂相與東向蹈舞，拜手稽首，願頌帝力，且宣神德，永著終古。辭曰：

皇帝垂德，制定統極，神道泰寧。祀典修飾，禳祈禜雩，皆有準程。顧惟終南，祠位庳陋，不稱顯名。爰降制詔，充大厥宇，啟寤誠明。昭感神衷，道宣天休，獲此利貞。篤災愆陽，化為豐穰，實我粢盛。人賴蓄給，鼓腹而歌，以樂其生。巍巍靈山，興利產材，作固鎬京。擁其嘉休，眷祐於人，永宅厥靈。奕奕新廟，整頓端莊，神位密清。後祀承則，潔心勤禮，導暢純精。邑吏嗇夫，鮐背鯢齒，願垂表經。頌宣聖德，篆刻堅石，永世飛聲。

又《太白山祠堂碑》 雍州西南界於梁，其山曰太白，其地恒寒，冰雪之積未嘗已也。其人以為神，故歲水旱則禱之，寒暑乖候則禱之，癘疾祟降則禱之，咸若有答焉者。貞元十二年孟秋，旱甚。皇帝遇災悼懼，分命禱祀，至於茲山。又詔京兆尹宜飾祠廟，遂下令於甸邑。邑令裴均，臨事有恪，革去狹陋，恢閎棟宇，階室之廣，三倍其初。翌日大雨，黍稷用豐。野夫歡謠，欽聖信神。願垂頌聲，刻在金石。文曰：文亡

又卷一六《說·䄍說》 柳子為御史，主祀事，將䄍，進有司以問䄍之說，則曰：『合百神於南郊，以為歲報者也。先有事必質於户部，户部之詞曰「旱於某，水於某，蟲蝗於某，癘疫於某」，則黜其方守之神，不及以祭。』余嘗學《禮》，蓋思而得之，則曰：『「順成之方，其䄍乃通」，若是，古矣。』繼而歎曰：『神之貌乎，吾不可得而見也；祭之饗乎，吾不可得而知也。是其誕漫惝怳，冥冥焉不可執取者。夫聖人之為心也，必有道而已矣，非於神也，蓋於人也。以其誕漫惝怳，冥冥焉不可執取，而猶誅削若此，況其貌言動作之塊然者乎？是設乎彼而戒乎此者也。其旨大矣。』

或曰：『若子之言，則旱乎、水乎、蟲蝗乎、癘疫乎，未有黜其吏者，而神黜焉，而曰「蓋於人者」，何也？』予曰：『若子之云，旱乎、水乎、蟲蝗乎、癘疫乎，豈人之為耶？故其黜在神。暴乎、眊乎、沓貪乎、罷弱乎，非神之為耶，故其罰在人。今夫在人之道，則吾不知也。不明斯之道，而存乎古之數，其名則存，而教之實則隱。以為非聖人之意，故歎而云也。』

曰：『然則至雨反風，蝗不為災，虎負子而趨，是非人之為則何以？』

余曰：『子欲知其以乎？所謂偶然者信矣。必若人之為，則十年九潦、八年七旱者，獨何如人哉？其黜之也，苟明乎教之道，雖去古之數可矣。反是，則誕漫之説勝，而名實之事喪，亦足悲乎！』

又卷二八《永州龍興寺息壤記》 永州龍興寺東北陬有堂，堂之地隆然負塼甓而起者，廣四步，高一尺五寸。始之爲堂也，夷之而又高，凡持鍤者盡死。永州居楚越間，其人鬼且禨。由是寺之人皆神之，人莫敢夷。《史記・天官書》及《漢志》有地長之占，而亡其説。甘茂盟息壤，蓋其地有是類也。昔之異書，有記洪水滔天，鯀竊帝之息壤以湮洪水，帝乃令祝融殺鯀于羽郊，其言不經見。今是土也，夷之者不幸而死，豈帝之所愛耶？南方多疫，勞者先死，則彼持鍤者，其死於勞且疫也，土烏能神？予恐學者之至于斯，徵是言而唯異書之信，故記于堂上。

又卷四一《舜廟祈晴文》 年月日，某官某，敢用牲牢之奠，昭祭于虞帝之神：帝入大麓，雷雨不迷。帝在璿璣，七政以齊。九澤既陂，錫禹玄圭，至德神化，後王與稽。勤事南巡，祀典以躋，此焉告終，宜福遺黎。廟貌如在，精誠不睽。今陽德愆候，有渰淒淒，降是水潦，混為塗泥。岸有善崩，流或斷隄，泛濫疇壠，坡陁圃畦。恒雨獲戾，循咎增悽，忍茲嘉生，均彼蓬藜？敢望誅黑蜧，抶陰蜺式乾后土，以廓天倪。粢盛不害，餘糧可棲。或籔或溲，為酒為醢。鎗鎗笙鏞，坎坎鼓鼙，百代祀德，叱心不攜。豈獨蘋藻，徵諸澗溪？帝其聽之，無作神羞！

又《雷塘禱雨文》 惟神之居，為坎為雷，專此二象。宅於巖隈。風馬雲車，肅焉徘徊，能澤地產，以祛人災。神惟智知，我以誠往。欽茲有靈，爰以廟饗。苟失其應，人將安仰？歲既旱暵，害茲生長，敢用昭告，期於肸蠁。某自朝受命，臨茲裔壤。莅政方初，庶無淫枉。潔廉自持，忠信是仗。苟有獲戾，神其可罔！擢擢嘉生，惟天之養。豈使粢盛，夷於草莽！騰波通氣，出地奮響。欽若成功，惟神是獎。

又《禜門文》 禜于城門之神。惟神配陰含德，司其翕辟。能收水沴，以祐成績。淫雨斯降，害于粦麥。野夫興憂，官守增惕。諸陰既閉，休徵未獲。敬用瓢齊，以展周索。納其雲氣，復我川澤。惟神是依，式佇來格。

又外集卷下《及大會議國子祭酒韓洄請歷數近日徵應祥瑞故又改其文如後表》 又伏見陛下以今年四月以來，方當雩祭之修，而有旱備之請。纔愆期而未害于物，深軫念而將恤其人，氣潛通而交感以和，澤旋流而霶霈斯遠。由是風雨時而霜雹不降，稼穡茂而蝗螟不生，農功以成，年穀大熟。休祥數見，福應屢臻。仁木連理而垂陰，嘉禾同穎而挺秀。壽星舒景炎之盛，芝草布葩英之重。白獐凝彩而雪輝，蒼烏取象于天色。將遍于郡國，相繼于歲時。右具如表。

唐 李翱《祭北岳報雨狀》《全唐文》卷三〇三 臣至邢州，雨降盈尺。臣切問野老，皆云往十二年，春夏大旱，六月下旬，方始降雨。其歲河朔大熟，粟斗五錢。今年得雨雖晚，猶早於前歲。百姓欣然，咸有秋望。臣受命之日，祈雨恆山，玉幣未陳，明靈已應。實陛下至誠元感，先天不違。

唐 白居易《白氏長慶集》卷四〇《祭城北門文爲濠州刺史作**》** 某年月日，某官某，敬以醴幣祭于外城北門：某聞北鄘四門之神，有水旱之灾，於是乎禜之。今年春，天作淫雨，將害于農，墊于民。惟城積陰之氣，惟北太陰之位，是用昭告于城之北門，惟門有神裁之。某以天子休命，殿于是邦。大懼天厲之不時，俾黎民阻飢，敢以正辭告神，神若之何不聽？敢以至誠感神，神若之何不弔？尚克陰沴不作，時陽咸若，百穀用成，庶民用寧，實惟鄘之神，門之靈。於戲！北鄘北門之神，明聽斯言，罔俾雨水昏墊，以作某之憂，神之羞。

又《祝皋亭神文今杭州皋亭山神，在城東北**》** 維長慶二年，歲次癸卯，七月癸丑朔，十六日戊辰，朝議大夫、使持節杭州諸軍事、守杭州刺史、上柱國白居易，以酒乳香果。昭告于臯亭廟神：

去秋愆陽，今夏少雨，實憂灾沴，重困杭人。居易忝奉詔條，愧無政術。既逢愆序，不敢寧居。一昨禱伍相神，祈城隍祠，靈雖應期，雨未霑足。是用擇日祇事，改請于神。恭聞明神，稟靈於陰祇，資善於釋氏。聰明正直，潔靖慈仁。無幽不通，有感必應。今請齋心虔告，神其鑑之。若四封之間，五日之内，雨澤霈足，稼穡滋稔，敢不增修像設，重薦馨香，歌舞鼓鐘，備物以報。如此，則不獨人之福，亦惟神之光。若寂寥自居，肸蠁無應，長吏虔誠而不荅，下民顒望而不知，坐觀田農，使至枯悴。如此，則不獨人之困，亦唯神之羞。惟神裁之，敬以俟命。尚饗！

又《祭龍文》 維長慶二年，歲次癸卯，八月癸未朔，二日甲申，朝議大夫、使持節杭州諸軍事、守杭州刺史、上柱國白居易，率寮吏，薦香火，拜告于北方黑龍：

惟龍其色玄，其位坎，其神壬癸，與水通靈。昨者歷禱四方，寂然無應。今故虔誠潔意，改命於黑龍。龍無水，欲何依？神無靈，將恐竭。澤能救物，我實有望於龍；物不自神，龍豈無求於我？若三日之内，一雨滂沱，是龍之靈，亦人之幸。禮無不報，神其聽之。急急如律令。

又《祭浙江文》　維長慶四年，歲次甲辰，五月己酉朔，四日壬子，朝議大夫、使持節杭州諸軍事、守杭州刺史、上柱國白居易，謹以清酌少牢之奠，敢昭告于浙江神：

滔滔大江，南國之紀。安波則為利，洚流則為害。故我上帝，命神司之。今屬潮濤失常，奔激西北。水無知也，如有憑焉。浸淫郊鄽，壞敗廬舍，人墜墊溺，顧天無辜。居易祇奉璽書，興利除害，守土守水，職與神同。是用備物致誠，躬自虔禱。庶俾水反歸壑，谷遷為陵，土不騫崩，人無蕩析。敢以醴幣羊豕，沉奠于江。惟神裁之，無忝祀典。尚饗！

古人或牧一州，或宰一縣，有暴身致雨者，有救火反風者，有飛蝗去境者。郡邑之長，猶能感通，况王者為萬乘之尊，居兆人之上。

唐　元稹《元氏長慶集》卷五九《告畬竹山神文》　稹聞天好平施，而特累山嶽，許其嵩崇，聖王亦視之公侯，不惜牲幣，蓋以其鎮定區宇，舒貯風雲，毓欒櫨楝礎，洎百谷萬貨，以資養於人也。至於蒙翳薈羅，惡木穴窟，虺蜥虎豺，迎礙吞噬，以遂其高傲堅頑之勢，非天意也。按通之載號神，為名山川，且邇邑屋，而扶道途，然而不祚不獲，不礎不柱，藂集貙蟒，蔽弊道路，將五十年矣，實人力之不足於山也，非神之過。今天子斬三叛之明年，通民畢賦，用其間餘，夾津而南，開山三十里，為來年農種張本。自十月季旬，周甲癸而功半就。郡司馬元稹，率屬攸賓酒肴以告於神曰：『通之邑居，纔二百室，一旦為神剪翳穢，戮豺狼，幅員六十里之地，亦足為用力於神，神其戒哉。』敬用嘉祝，祝曰：『為山輸力，為民豐食。廩以萬億，蟊賊以殛。報用黍稷，謚用正直。播布不殖，淫厲不息，風雨不忒。貙麋不比，俾民無得，將他山是啬。棄神之域，為神之羞，永永無極。神其畏哉。尚饗。』

又《報三陽神文》　維元和十三年九月十五日，文林郎守通州司馬權知州務元稹，謹遣攝錄事參軍元叔則，以清酒庶饈之奠，以報於三陽神之靈：越九月始踐朔，霖雨既旬。式從禜典，俾吏拜稽首，祈三辰克霽於明神。神初饗若不逾祈，幽妖靈虬不克亂，負輸獲熟者賴神之仁。仁必報，式備報典不敢諼。伏惟尚饗。

又《祈雨九龍神文》　稹始以長慶二年夏六月相天子無狀，降居於同，愁慚焦勞，求念人隱，思有以報陛下莫大之恩。涉歲於兹，理用不效，冬不時雪，春不時雨，越二月，宿麥不滋，耒耜不利。大懼兹歲，患成於人，以羞陛下之獎寄，刻責罪悔，罔識攸咎。大凡天降疵厲，必因於人，豈予心之虚削孤獨，依倚氣勢耶？將予刑之僭濫失所，冤哀無告耶？或予政之抑塞和令，開泄閉藏耶？舉動云為，罔不在我，神怒天譴，降災於我身，我不敢讓。今夫蠢蠢何罪，物物何知，使不肖者長理，而災害隨至，無乃天之降罰，不得其所耶！痛毒惻怛，無所赴露。惟龍司水於同，同人神之，謹齋戒沐浴，叩首揮淚，願以小子稹為千萬請命於龍。龍其鑒之：克三日，雨我田疇，其有以報。不然，災於予身，亦足以謝。伏惟尚饗。

又《報雨九龍神文》　同州刺史元稹，謹以清酌庶饈之奠，敬祭於九龍之神：是月己巳，刺史稹以二從事蒙受塵露，百里詣龍，為七邑民赴訴不雨。予固慚惻，言訖涕下，親為龍言。龍意享若，是夕而應，庚午而降，辛未而洽，癸酉而飫，甲戌而霽，乙亥而報。報典不渝，龍祐宜永，訖是嘉穀，勿旱勿霪，歲其有成，無忘龍德。尚饗。

唐　獨孤及《毘陵集》卷一九《禜土龍文》　陽驕陰伏，女魃作孽，孟夏不雨，至於是月。后土將乾，百谷恐竭，天道下濟，龍德正中。宜甘其雨，亦祥其風，曰歲與時，俾和而豐。胡然屯膏，物乃殄瘁，民用艱食，神將乏祀。豈天不仁？豈龍不智？盍正直以自輔，憫雲漢於下土？詔列缺使舉火，命商羊以鼓舞，噏兮為雲，霖兮為雨，滲我王土而毛之，取我黍稷而膏之。俾爾稼如茨，俾爾穗如坻，實廩實藏，為盛為粢。無貽龍羞，俾神我欺。尚饗！

又《祭岏山文》　某年月日，朝散大夫、檢校司封郎中、兼舒州刺史、充當州團練守捉使、賜紫獨孤及，奉敕以清酌之奠，敢昭告於岏山神之靈：頃緣亢陽不雨，粢盛將敗，敢以人欲，乞靈於神。謂必肸蠁，遄賜介福，俄以浹日，未蒙降衷。潤礎不徵，觸石無望，稼穡盡瘁，澗溪將竭。豈有悔怒，將為毒痛？不然，何瘨我以旱，使滌滌至此？今元元怨咨，皇帝旰食，下罪己之詔，崇羣神之祀，將以敬恭之懇，邀福於明神。神其沛然回慮，驟降以雨，使枯苗復生，饑者得食，上以應聖主乾乾之心，下以副萬人禺禺之望。是人性命，與神存亡。敢不以太牢少牢、剛鬣翰音之薦，以爲明祀，以報純嘏？若猶陽固陰蓄，蘊沖如初，神則不明，人將何賴？亦當徹惟馨之奠，寢嚴禋之儀。祭禮興廢，在此一雨。敢因陳告，庶無神羞。尚饗！

又《吊道殣文》并序　辛丑歲大旱，三吴饑甚，人相食。明年大疫，死者十七八，城郭邑居，爲之空虛，而存者無食，亡者無棺殯悲哀之送。大抵雖其父母妻子，亦啖其肉而棄其骸於田野，由是道路積骨，相支撑枕藉者，彌二千里。春秋已來不書，或謂縣官處師旅饑饉之弊，宜禳災於未然，既將不時賑恤，又苦之以杼軸，故及是。及以爲不然，當陽九之厄，陰陽錯而災沴降，天也非人也。於是延陵包佶，作《道殣文》，蓋《小雅·雲漢》之流。及亦斐然獻吊，且告之運命云：

八風不和，六氣不均。上天疾威，大厲薦臻。俾災流行，殄殲斯人。北自淮沂，達於海隅。札瘥夭昏，亦既毒痡。匪蹈密網，匪罹萑蒲。饑饉降喪，淪胥以鋪。人生寄世，孰非遠客？嗟爾賦命，天年逼迫。生不糊其口，死不掩其骼。曠野茫茫，僵屍累累。髑髏崢嶸，如堆如坻。里閭無煙，鷄犬去之。死非爾所，鬼其餒而。水陷歷陽，貴賤同之。秦坑趙卒，内填長平，實天不傭，謂禍莫京。爾復胡爲，無辜命並？將天闕之，則如勿生。司殺之柄，孰云孔明？伊昔太古，上元之世，天無鞠兇，物無疵厲。父不喪子，兄不哭弟。亦有華胥，民壽千年。陰陽常和，玉燭常然。彼何人斯，而生斯時？聖人既興，大盜亦隨。外户反閉，賢愚相欺。我先王乃作五兵，固不得已而用之。堯舜既殁，揖讓不傳。黄鉞白旄，謂之應天。德乃下衰，干戈相連。陽九祆興，災纏兇年。鳥皆夜鳴，人失其全。食盡力疲，守死道邊。不自予後，不自爾先。萬世一時，運有固然。帝在法宫，清問下民。青旗鸞輅，時令惟新。葉風和布，天下皆春。爾往莫及，委骸窮塵。命不可問，嗚呼蒼旻！

唐　白敏中《滑州修堯祠記》《全唐文》卷七三九　白馬津西南五十里，曰堯祠。哀龍騰文，劍佩有光，德音不遐，精魄如在。然而祠廟僻遠，藻薦亦稀，荒榛不除，茂草斯鞠。司空隴西公即戎之二歲，勤恤人隱，期於俗阜。夏四月，宿麥方登，油雲未施。公愀然殷憂，思降甘澤。因曰：『古先帝王，孰神於堯？盍將禱焉，期有所應。』乃率寮屬將校，質明而往。鐘磬畢陳，牲牢在筵，翊精肅容，虔禱移時。祝拜之際，肸蠁如答，未及回車，重陰已周。密雨輕灑，槁苗特起，逮夕及晨，自葉流根。寮屬將校，相率稱賀曰：『天災滑民，仍歲不登，道殣流離，十年於茲。公能以誠明動神祇，膏澤發枯朽，免積逋於餓隸，變旱歉爲豐稔。固當大崇廟貌，以旌厥美。』於是飾粉壁，張羅帷，欒櫨四周，丹紺交輝，肅肅靜密，神之所依。是宜播公之美，揚神之祉，刻於金石，而爲之記。時寶曆二年七月二日建立。

唐　喬潭《女媧陵記》《文章辨體彙選》卷六一二　登黄龍古塞，望洪河中流，巋然獨存，大浸不溺者，媧皇陵也。夫鉅靈擘太華，蹠首陽，導河而東，以泄憤怒。雖有重邱大阜，險狹之口，罔不漱之爲黄壤，汩之於旋波，不可復振，奔崩而下矣。女媧氏已瘞之後，豁爾之衝，天險束阨，風濤鼓作，乃能中乾外禦，特立萬年，其憑神可知也。水無盈縮之度，陵有主卑之常。霖潦漲之，兩涘沒矣，於是乎不爲之小，而就其深。旱暵滲之，孤嶼出矣，於是乎不爲之大，而就其淺。非夫鉅靈壯趾以固本，河伯高肩以承隅，胡然動靜如因其時，昇降不失其則。羅浮二嶽，以風雨合離；蓬萊五山，以波濤上下。不復故道，遂違常流，甚相遠矣。君子曰：夫能屠黑龍，涸九州，況乎一水之上，而自爲謀。夫能斷鰲足，立四極，況乎數仞之高，而自爲力。神人之異，昧者難知，密邇山谷，森羅物象。莽莽蘆渚，寧非止水之餘；嶄嶄石林，猶有補天之色。搖演空曲，精靈若存。且夫上無積草，表以孤樹，常感風氣，纖條悲鳴。若冥應肸蠁，鼓簧而吹笙，由是憧憧往來，無不加敬。山有梅㮚，關吏羞焉；水有菱芡，舟人奠焉。冢之木無或斬焉，陵之土無或抔焉。是則馨香已陳，而樵蘇自禁矣。故聖人取薄葬，去厚送，驪山之銀海魚燈，虎邱之金精龍劍，錮之其内，散之其間，適爲大盜之守，未足藏身之固。彼橋山帝邱，九嶷會稽，皆因山而墳，未聞其赭者。余謂媧皇受命在火，火以示水，谷不爲陵，開門負固，日用其力。不然，其隙地豈必封崇乎？是故觀而志之，爲城冢後記。

唐　裴曙《祈雨感應頌》并序　《全唐文》卷四五七　二年，余從兄自左司郎中詔領虔州牧，不期月而令行焉。削其煩苛，存乎簡易，惟德用義，以康保民。端己而而屬吏自修，體道而風俗加讓。除惡務本，闕二字等不法。非時而誅，施惠惟勤。王劍闕一字窮苦，出錢以賑。原義制事，非禮罕言。爾日也，路不拾遺，人歸其厚。戊申歲季夏閏月，遠郊徂陽，於戲儲潭，神之靈者，入廟而驕陽猶赫，陳祠而元冥召陰。我信既孚伊神降祉，乾坤合德，風雨應期，表以隨車，云不待族，昭其福善，雷無假震，越翼日而滂沱矣。發我枯痒，長我黍稷，卓彼甫田，厥有秋矣。曷以報德？靡愛斯牲。曷以表靈？載葺其宇。夫供億王用，俾無暴徵，轉輸泛舟，爰有易道，人無怨色，其財罕遺，天與和氣，而變不生，則災害匪常，休咎由政明矣。其宋也下堂頓首，其衛也舉國興師，神昭至誠，則不容易。豈比夫至理通變，發言馨香，神人葉和，天地之利，宜保膺元吉，翼戴休明，禍亂無因而生，福慶永垂後裔，曙則不典，敢贊頌聲。頌曰：

仙郎出守，猛虎渡河。祐賢進善，崇正黜訛。黄霸穎川，晏嬰東阿。輕關易道，禁暴屏苛。列邑循吏，異亩嘉禾。士農工商，阡陌宏多。時雨不降，儲潭是過。幽廟肸蠁，連山嵯峨。天地合氣，魚龍躍波。隨車霢霂，通昔滂沱。實發實穎，載謠載歌。精意以薦，至誠伊何。牲不愛羊，酒盈其犧。天下之利，期在惟和。

唐 唐次《祭龍潭祈雨文》《全唐文》卷四八〇 維年月日，謹以清酌之奠，致祭於清江石門之龍潭曰：惟龍圖全其軀，以安其居，庇祐蠙獺，馴擾龜魚，龍之道也。興致雲雨，鼓動雷霆，稔此蒸人，助我發生，龍之用也。全其軀，莫若靈茲潭；安其居，莫若庇茲土。龍生雲霧，雲能施雨，雨雲感召，黎元鼓舞，既慶成熟，而無厲疵也。今歲旱暵，金石將流，水不潤下，江不勝舟。穜稑皆萎，稂莠滿野，雷隱隱而有聲，雨垂垂而不下，名山大澤，飆（疑）浮野馬，唯龍獨潛茲潭，澒洞泓澄，水面如紙，纖雲不生。邃宮固護，重門晝扃，不克民望，不歆我誠。若旱氣滌滌，秋成莽鹵，自利深淵，乖張懶旅，我當涸龍之潭，露龍之處，跨龍之脊，鞭龍之股，俾之揚雲，而大其雨，是則人役龍也，非龍德於人。若果我懇懷，酬報當極，投以金齏，增以石玉，潛鼉皆血，翔燕盡炙，其餘馨美，亦滿瑶席。嗚呼！初薦至誠，中告直詞，末當肆力，以用其奇。惟龍惟靈，念茲擇茲。急急如律令。

唐 唐次《祭蜀先主祈晴文》《全唐文》卷四八〇 年月日，某官謹遣某乙，以清酌之奠，敢昭薦於蜀先主之靈：惟靈開業保疆，始終此土，英聲厚德，實冠於時。知人拔才，横出千古，仁深運促，徂落於茲。宫觀雖平，廟貌猶在，歲時水旱，皆薦馨香。德惠於人，人仰其德，氓心吏意，小大皆虔。今夏潦逾旬，洪波四漲，邑屋有墊溺之懼，麥禾有淹浸之危，而急浪奔流，漸襄高嶺。某奉詔守郡，政化未敷，懼其災沴，以病稼穡。敬奠元醴，又燔薰香，庶以精誠，感於明德。使神明之佐騁其智，英雄之將奮其怒，以遏雷霆之震，以滅漂蕩之聲。鏡洗層霄，百物蓁茂，濕雲不泄，陰霓潛收，開此晴霽，以欽神化，祈而有應，大報牲牢。伏惟尚饗。

唐 唐次《白帝祠祈雨文》《全唐文》卷四八〇 維年月日，謹以清酌之奠，敢昭薦於公孫帝之靈。帝以雄傑之度，遇雲雷之屯，思翼中夏，遂荒南土，覽江山之積岨，總威武以鎮衛，高築雉堞，遂城於茲。憑秋方肅殺之名，阨硤口崩騰之險，邦人敬仰，永飾閟宫，水旱之災，每歲祈禱。【闕】而斯應，福及黎庶。今大火已流，商風始至，時方旱暵，稼穡如燔，敢以精誠，用祈明哲，庶滂沱大霔，匪夕而朝，酬報之盛，冀塡瑶席。

唐 潘滔《文公祠記》《全唐文》卷七一三 按《邵陽圖經》，公姓文諱斤。晉咸康中爲高平令，隱於此山，得道羽化，故名文仙山。又據《湘川記》云：山上有石床，長一丈有四尺，叢竹蒙密，隨風飄揚，委於床側。每遇亢陽，祈禱有應。洎唐貞元十年，上天愆暘，旱魃爲虐，草木黄落，如惔如焚。於時州伯太原王公高縣宰昌黎韓公謹輝至誠懇請曰：『如神降臨，膏雨霶霈，即爲刻石記事。』當時響應，雲行兩施，年穀既登，倉廩充實。夫神靈無方，感而遂通。昔太公治灌壇，風雨不敢犯，劉昆牧宏農，猛虎爲之去，豈非以德化所佈，飄風鷙獸不敢侵界焉？以此觀之，實由政之所及，德之所致，鬼神爲之福祐，神功爲之降澤。若乃德之不修，政之苛刻，而妖由此作，災由此起。吉凶報應，如影隨形，信矣夫！噫，人物遷變，未達誠願。至元和三年，歲在戊子，災患薦臻，旱又甚矣。州牧濟陽丁公立邑君馮翊莊公齊命官啟告，酬願立碑，遂兩灑四溟，潤澤九穀。山川鬼神，亦莫不寧，上憑神休之恩，下賴牧宰之政。野老荷蓑與笠，相對佇鍤而歌曰：『我聖君兮德巍巍，擇良牧兮治邊陲。感神功兮雲雨施，稼穡如粱兮又如茨。無階達天真兮，咸願立乎豐碑。』合境耆老，稽顙告余，皆願修文，以神聖德，刻之貞石，永傳芳休。既無絶妙之詞，難傳至貞之跡，銘曰：

飛丹涸濟冰雪溶，道成羽化神仙宫。幾乘白鶴歸舊峰，城郭是兮人不同。微霓裳縹緲隨天風，紫煙散盡祠堂空。山寂寞兮花木隆，石床空山留仙蹤。微飆騷屑摇條叢，邑人祈禱清廟中。神功應化無不通，天旱暵兮雲從龍，灑膏雨兮九穀豐。黎庶歌兮樂時雍，願立碑兮表聖功。勒文字於堅石，與天地兮無窮。

唐 封敖《太清宫祈雪青詞》《文苑英華》卷四七二 維年月日，嗣皇帝臣稽首大聖祖高上大道金闕元元天皇大帝：伏以百穀實生靈之本，萬姓爲國家之基。言念老農，常思薄德。今時雪罕降，宿麥是憂；同雲未施，嘉穀何望。臣祗膺景運，亭育兆人，德不動天，言徒罪己。粢盛慮闕于明薦，災沴恐及于生靈。誠竭齋莊，禮虔夙夜。伏惟元功不宰，至道無言，垂福祐于羣生，假膏濡之德澤。謹遣尚書兵部侍郎高元裕啟告以聞。謹詞。

唐 封敖《祈雨青詞》《文苑英華》卷四七二　維年月日，嗣皇帝臣稽首大聖祖高上大道金闕元元天皇大帝：臣猥奉顧托，獲臨宇宙。四海之寧晏，萬物之生成，必繫厥躬，敢忘其道。是用虔恭大業，寅畏上元。勵無怠無荒之憂勤，期一風一雨之調順。茍或愆候，常多愧心。今三伏之時，五稼方茂。稍渴膏潤，未爲愆陽。而憂勞所牽，念慮已及。恭持丹懇，上瀆元功。冀宏清淨之源，溥施霑濡之澤。粢盛必遂，煩燠可消。將展敬于精誠，俟降靈于霧霈。謹遣吏部侍郎韋湛啟告以聞。謹詞。

唐 沈亞之《沈下賢集》卷一二《祠漢武帝祈雨文》　維長慶三年正月己巳，櫟陽尉沈亞之，承命於大京兆，以歲旱，用乾肉清醪，恭祀於漢武皇帝神之祠下，因巫人以達其祝語。嗚呼！陰陽水旱，其司惟神。五行六氣，神得而均，如愆且災，神何爲仁。惟神昔帝漢日，何祥不臻。雍熙滂洋，甘露麒麟。人荷其澤，亦仰如春。氣配高明，沒而爲神。居滿必誅，居抑必申。今者獻陽始歲，亢而爲屯。草木蔽萌，塞脈沈津。不蒸不泄，逾於十旬。雨師慢傲，屍違不賓。潛深驕高，枯此下人。風伯囂戲，簸陶濃塵，潰爲凝霾，坌若頹雲。鴻混突渤，上蒙無垠。掩蔽光明，以垢春晨。彼風伯雨師，皆神所司。處位不職，荒役不祗。神假之權，使之用爲。上帝如怒，其殃孰罹。神明胡不督其稽，察其欺。壞法者戮，後期者笞。然後泰陽蒸雲，雨膏以時。發生有涯，農力有施。今官庶並誠，虔虔於祠。集於宮室，鼓舞彈吹。神其聽之，無敢茍祈。

唐 劉軻《農夫禱》《文章辨體彙選》卷三四　丙戌，歲大饑，楚之南江黃間尤甚。明年，予將之舒，途出東山。見老農輩，鳩其族爲禱於伍君祠。其意誠而辭俚，因得其文以潤色之，亦以敬於百執事者云。

農夫某，謹達精誠於明神：吁嗟，我耕食之人，誰非土之人。人之有求，神得不以聰明正直聽之耶？曩者仍歲薦饑，人爲鰥嫠，田無耕夫，桑無蠶姬，癘疫痍瘡。一方尤危。踵以吴蜀弄兵，吏呼其門，毆荒餘之人，挾弓持戟，女子生別，行啼走哭。王師有征，羣盜繼誅，乃歸其居，乃復室廬。廬壞田蕪，亦莫蠲其租。今之收合餘燼，人百其力，幸大成於秋。誠慮旱而不雨；既雨而潦；必不爲潦，又慮其苗而不秀，秀而不實；又慮爲螟蝗；又慮夫廄馬之奪其食，贓吏之厚其斂焉。嗚呼！必馬無厭粟者，妾無厭羅紈者。吾斂其薄矣，亦於何厚其所薄耶？伏希神明，無有所忽。禱曰：無瘠農人以肥廄馬，無寒蠶婦以暖妓妾，無銷耒耜以滋兵刃。農人不饑而天下肥，蠶婦不寒而天下安，耒耜不銷而天下饒。妾暖而驕，兵滋而殘，馬肥而豪。不跡不馳，足食足衣。皇天皇天，胡忍是爲。茍不此爲，民其嘻嘻，神其怡怡。尚饗！

唐 獨孤霖《玉晨觀祈雨嘆道文》《文苑英華》卷四七二　蓋聞天下者君，宏道在聖。天既不違於有作，道當冥助於無爲。今屬夏景將臨，春陽已亢。女道士某等奉爲皇帝虔修法事，恭啟至誠。庶將憫雨之心，冀解憂人之念。伏願油雲散佈，膏澤遠流。來觀離畢之祥，已睹斯倉之兆。覃此餘慶，洽於可封。

唐 獨孤霖《玉晨觀祈雨嘆道文》《文苑英華》卷四七二　茂多稼者惟雨，司甘澤者在天。永惟法道之言，宜葉憂人之旨。今屬旱苗方瘁，膏潤不霑。女道士某等奉爲皇帝依教發誠，循儀啟願，冀由衷懇，仰達上元。遂使觸石未周，遽聞泛灑。隨風而遠，俄睹霶霈。大田既詠於豐年，庶品咸康於樂業。

唐 李善感《諫作奉天宮疏》《全唐文》卷九五五　自古帝皇，莫不以登封告成爲盛事。陛下封泰山，告太平，致羣瑞，與三皇五帝比隆矣。數年不稔，餓殍相望，四夷交侵，兵甲歲駕。宜恭默思道，以禳災譴。更廣營宮室，勞役不休，天下莫不失望矣！

唐 杜牧《樊川集》卷一七《黃州準赦祭百神文》　會昌二年，歲次壬戌，夏四月乙丑朔，二十三日丁亥，皇帝御宣政殿，百辟卿士，稽首再拜，敢上『仁聖文武至神大孝』尊號於皇帝。受冊禮畢，御丹鳳樓，因大赦天下，咸告天下刺史，宜祭境內神祇有益於人者，可抽常所上賦以備供具。牧爲刺史，實守黃州。夏六月甲子朔，十八日辛巳，伏準赦書，得祭諸神，因爲文稱贊皇帝功德，用饗神云。

皇帝嗣帝，天飭天付，前壬申年，坐統大業，慈仁寬恩，聖明文武。或曰誅殛，曰我父母，譬彼嬰兒，豈不可恕。或曰畋遊，苑大林深，嗜嘐跳突，千毛萬羽，豹裂鵰擒，其樂無伍。皇帝曰：『不，匪我不知，言豈假汝。未撫四夷，未考百度，天地宗廟，未陳簠簋。如寐未寤，如癢未愈。斥退狗馬，未可以禦。』或曰酒飲，順氣完神，奠習樂工，自祖自父，瑤簪繡裾，千萬侍女，酬以觥斝，助之歌舞，富貴四海，不樂何苦。皇帝曰：『不，如聞四海，蝗蔽田畝，或曰亢旱，或曰淫雨。稚老孤寡，未盡得所，聞一有是，首不能舉。』乃拔俊良，乃登耆老，夕思朝議，依規約矩。詳刑定法，深刻不取，標揭典制，酌之中古。遠師太宗，近法憲宗，怵慄思惟，不治是懼，四國既平，六職攸序。黍稷稻粱，嘔啞俯僂，父子供養，嬰兒撫乳。萬里齊俗，實皇帝力，繄眠而食，罔知其故。皇帝乃曰，予見郊廟。嚴法物，旃旒旗。五帝坐壇，百神立坫。嵬嶷肸蠁，捧爵是醮。海外天內，戎狄蠻夷，奇服異貌，伏于除外，懽喜叫噪。回御丹鳳，大赦四海，改元會昌，滅論有罪，紹功嗣德，搜剔幽昧。寒暑合節，風輕雨碎，谷溢陳菌，畜繁腯大。東南西北，限岸畫紀，無有頓憚，不識災害。三事大夫，邦伯諸侯，曰皇帝德，古不能侔，謳歌謠詠，安能可稱。百工庶人，亦有聚謀，拜章口呼，願上大號，神聽天聞，欲揚宏休。皇帝曰：『無功不可虛受。』懇請不已，出涕叩頭。皇帝不能止，曰予慚羞，曰因大赦，惟新九州。不窮不詐，不饑不偷，有窮有饑，實吏之九。予實天吏，許之省修，約束教誡，纖悉丁寧，品類細偉，各當源流。皇帝曰俞，股肱耳目，誠示竭力。寒暑風雨，宜神是酬。匪神之力，其誰能謀？凡爾守土，各報爾望，剝烹羹胾，無愛羊牛。天下聞命，奔走承事。

牧實遭遇，亦忝刺史，齋齋惕慄，淵谷臨墜。視牲啟毛，濯爵置冪，不委下吏，肴羞具潔，罔有不備。衣冠待曉，坐以假寐，步及神宇，蹐足屏氣。神實在前，敬恭跪起。《詩》不云乎？『皇天上帝，伊誰云憎。』天憎罪人，天可指視，止殃其身，豈可傍熾？刺史有罪，可病可死，其身未塞，可及妻子，無作水旱，以及閭里。皇帝仁聖，神祇聰明，唱和符同，相爲表裏。黄治雖遠，黄俗雖鄙，皇帝視之，遠近一致。洋洋在上，實提人紀，無負皇帝，自作羞愧。月惟孟夏，日惟辛巳，實神降祉。神如有言，『我答皇帝。寒暑風雨，其期必致，瘥癘水旱，永永止弭。爾爲官人，勉其爾治。』某敬再拜，汗流霑地。

又《祭城隍神祈雨文》　下土之人，天實有之，五穀豐實，寒暑合節，天實生之也。苗房甲而水湮之，苗秀好而旱莠之，饑即必死，天實殺之也。天實有人，生之孰敢言天之仁，殺之孰敢言天之不仁。刺史吏也，三歲一交。如彼管庫，敢有其實玉；如彼傳舍，敢治其居室？東海孝婦，吏冤殺之，天實冤之，殺吏可也。東海之人，於婦何辜，而三年旱之？刺史性愚，治或不至，厲其身可也，絕其命可也。吉福殃惡，止當其身。胡爲降旱，毒彼百姓？謹書誠懇，本之於天，神能格天，爲我申聞。

又《第二文》　牧爲刺史，凡十六月，未嘗爲吏，不知吏道。黄境鄰蔡，治出武夫，僅五十年，令行一切，後有文吏，未盡削除。伏臘節序，牲醪雜須，吏僅百輩，公取於民，里胥因緣，侵竊十倍，簡料民費，半於公租，刺史知之，悉皆除去。鄉正村長，強爲之名，豪者屍之，得縱強取，三萬户中，多五百人，刺史知之，亦悉除去。繭絲之租，兩耗其二銖；稅穀之賦，斗耗其一升，刺史知之，亦悉除去。吏頑者笞而出之，吏良者勉而進之，民物吏錢，交手於市。小大之獄，面盡其詞，棄於市者，必守定令。人户非多，風俗不雜，刺史年少，事得躬親，苴抉其根矣，苗去其莠矣，不侵不蠹，生活自如。公庭晝日，不聞人聲，刺史雖愚，亦曰無過，縱使有過，力短不及，恕亦可也，殺亦可也。稚老孤窮，指苗燃鼎，將穗秀矣，忍令萎死，以絕民命？古先聖哲，一皆稱天，舉動行止，如天在旁。以爲天道，仁即福之，惡即殺之，孤窮即憐之，無過即遂之。今旱已久，恐無秋成。謹具刺史之所爲，下人之將絕，再告於神，神其如何？

又《祭木瓜神文》　維會昌六年，歲次丙寅，某月某日，某官敬告于木瓜山之神：惟神聰明格天，能降雲雨，郡有災旱，必能救之。前後刺史，祈無不應。去歲七月，苗將萎死，禱神之際，甘雨隨至，稿然兇歲，化爲豐年。仰神之靈，感神之德，願新祠宇，以崇祭祀。今易卑庳，變爲華敞，正位南面，廟貌嚴整。風雷雲雨，師伯必備，侍衛旗戟，羅列森然。惟神繫雲在襟，貯雨在缶，視人如子，渴即與之。不容兇邪，不降疾疫，千萬年間，使池之人，敬仰不怠。伏惟尚饗。

唐　李商隱《樊南文集詳注》卷五《爲舍人絳郡公鄭州禱雨文》　年月日，鄭州刺史李某，謹請茅山道士馮角，禱請於水府真官：伏以旱魃爲虐，應龍不興。困杲日於詩人，苦密雲於《易》象。生物斯瘁，民食攸艱。某叨此分憂，俯慚無政。爰求真侶，虔禱陰靈。減哺表勤，褰帷引咎。伏乞下通榮播，上達天潢，合爲膏澤之原，用息蘊隆之患。其於效信，或敢逡巡？暴露托詞，焦勞結慮。泉間候氣，樹杪占風。惟望玉女之披衣，敢駭商羊之鼓舞？竊希元感，聽察丹誠。

又《祭桂州城隍神祝文》 維大中元年歲次丁卯八月甲午朔，二十七日庚申，桂州管內都防禦觀察處置等使、正議大夫、使持節桂州諸軍事、守桂州刺史、兼御史中丞、上柱國、賜紫金魚袋鄭某，謹遣直官攝功曹參軍文林郎守陽朔縣令莊敬質，謹以旨酒庶羞之奠，敬祭於城隍之神：浚洫崇墉，所以固吾圉；春祈秋報，所以輔農功。今露白雷收，蟲壞水涸。念時暘而時雨，將乃積而乃倉。敢以吉辰，式陳常典。神其保茲正直，歆彼馨香。聿念前修，勿虧明鑒。昔房豹變樂陵之井味，任延易九真之土風。豈獨人謀，抑由冥助。今猶古也，神實聽之。

又《賽城隍神文》 年月日，賽於城隍之神。惟神據雉堞以爲雄，導溝池而作潤。果成飄注，以救惔焚；敢吝斯牲，用報嘉種。神其永通靈感，長懋元功。導楚子之餘波，霈晉國之膏雨。苟能不昧，報亦隨之。

又《賽堯山廟文》 年月日，賽於堯山之廟。伏以帝巡遐徼，天作高山。既比敬於軒臺，亦分功於農井。是留遺廟，以慰斯民。昨者時雨忽愆，秋陽稍亢。永言嘉霔，實自玄恩。大驅蟠澤之龍，盡發潛泉之蜧。倉箱興詠，將慶於農夫；灌浸呈功，不愆於豎子。敢茲昭報，冀降明靈。

又《賽舜廟文》 年月日，昭賽虞舜之祠。伏以帝狩南荒，神留下土。翠華莫返，積怨慕於他年；大麓不迷，烜威靈於終古。比憂嘉種，少冒愆陽。抗簡陳詞，潔樽引咎。果蒙憑離掣電，跨巽揚風。布沾渥於九臯，起焦枯於一瞬。敢陳瑤席，輒事蘭羞。帝其罷奏南琴，停吹西琯。使東皇太乙，兼預於靈遊；俾山鬼江婓，無藏於沴氣。庶將善政，以奉明輝。

又《賽白石神文》 年月日，賽於白石之神。惟神載烜明靈，克標懿號。軒珠耀彩，儻非瑤水之源；荊璞流輝，即是玉山之路。昨者俯憂旱歲，俾禱遺祠。果能愛我大田，既余膏澤。不俟于公之雪獄，無煩洛令之曝身。敢命子男，爰修蘋藻。神其仰濟天澤，俯佑歲功。無萌可轉之心，以負惟馨之禮。尚饗。

又《賽龍蟠山神文》 年月日，賽於龍蟠山之神。惟神降治山川，流恩縣道。龍蟠鳳蓋，克懋於靈司；蟻穴鸛巢，式揚於利澤。至誠有達，昭報無虧。神其叱咤飛廉，鞭驅屏翳。尚令吾土屢有豐年，不無行潦之羞，以謝油雲之會。

又《賽陽朔縣名山文》 年月日，賽於陽朔縣名山之神。惟神受命上元，奠茲南服。雲臺日觀，遠讓於高標；蓬島昆丘，遐通於爽氣。峻若藏刀之嶺，崇如倚劍之門。是宜銓管陰司，拘囚異物。爲神仙之下府，開龍虎之殊庭。屬歲不寧，旱既太甚。馳誠疊嶂，托意通波。果聞雷出地中，電流巖下。既茲沾足，敢薦香芬。願終如響之靈，無怠孔明之鑒。尚饗。

又《賽海陽神文》 年月日，賽於海陽之神。頃傷多稼，將困驕陽。未逢玉女之披衣，空見土龍之矯首。式祈嘉霔，果降明輝。神其享彼蘭羞，挹茲桂酒。輔成於多黍多稌，助施於好風好雨。庶厲業官，以酬元澤。

又《賽古欖神文》 年月日，賽於古欖之神。惟神爰因碩果，遂啟靈祠。瓜美邵平，且傳舊志；李標朱仲，亦茂前經。昨者癉暑爲災，油雲不起。式存心禱，慮作神羞。神能感氣蜧泉，傳祥鸛垤。使宋生抒賦，始悅於雄風；高氏讀書，忽驚於暴雨。化太甚旱，爲大有年。將見助於懽康，敢忘懷於昭賽。

唐 劉蛻《文泉子集》卷一《憫禱辭有序**》** 小子出都城，見邑大夫爲民之禱者。屬石燕不飛，商羊不舞，民有焦心，請大夫祈龍波祠以厭民望。役巫歌伶，吹竹鼓柤，呼空者訖唱屢夕。俄然微灑輕霎，若神之來，意似憫巫之役是也。作辭以吊民云：

公邑之南兮禱龍之潭，空波鄰天兮雲物中涵。鱗颸縠碧兮淵怪相參，風翼輕翔兮帶直煙嵐。吏不政兮胥爲民蠹，政不繩兮官爲胥酣。彼民之不能口舌兮爲胥之緘，進不得理兮若結若鉗。陰戾陽返兮民之不堪，爍日流焰兮赫奕如惔。奫泉沸湧兮如湯而炎，役巫女兮鼉鼓坎坎平聲叶韻。風笛搖空兮舞袂衫衫，胥不虔祈兮官資笑譚。胡不戮狡胥兮狗此潔嚴，胡不臯己之不正兮去此貪婪。荷天子之優祿兮胡爲而不廉，又何役巫女而一作兮禱此空潭。

唐 皮日休《煥靈廟龍堂記》《吴都文粹》卷三 《禮》：『山林川谷邱陵，能出雲爲風雨見怪物，皆曰神。』若然者，龍亦能爲風雨見怪物，則其澤之在民厚矣。神而祀之又宜矣。常熟，澤國也。風雨怪物，日作於民。在有其地者，苟祀之至，民被其利。祀之不至，民受其禍。汝南周君爲令之初年，夏且旱，禜其神於破山之潭上，果雨以應。君曰：『受其賜，徒禜以報，不可也。』於是命工以土木介其象，爲寶宮以蔭之。著之於典，以潔其祀。於是風雨時，怪物止，水旱不爲厲。民經大荒，連歲以穰。其神之澤乎？君之祀乎？凡雩者，春秋之道皆書之，勤民之祀也。君爲其祠已，乞文其事。日休佳君之爲志在民，故從之。咸通十三年二月十九日。襄陽皮日休記。

唐 劉重約《再修敬亭府君廟宇記》《全唐文》卷九九八 夫山川邱陵，能出雲爲風雨見怪物，皆曰『神』。故先王之制祭也，法施於民則祀之，以勞定國則祀之，能禦大災則祀之，能捍大患則祀之，莫不咸享。今之府君，在宣宛牧伯所封之內，保護國人，實謂昭晰。若歲大旱，年穀不登，虔奉祈雩，罔不克聖。覲民悅敬，如日之暘。

宣、歙、池等州監軍使、中大夫、奚官局令、上柱國、賜緋魚袋劉重約，自大中七年癸酉歲六月朔受命監撫，抵郡涉旬，祇肅祀事，皆賴其祐，報謝之禮，煥乎廟室。命工人塑馬二所，飾神八人，整砌繪壁，丹艧欒櫨，事逾周室，尤蒙影響。無何去秋瘥瘵，背發其瘍，日益疲羸，浹辰不間。遂扶危登樓，遙享奠酬，神之克念，翌日乃瘳，蓋府君之威力也。復以秋七月戊申朔十七日甲子，謹遣押衙兼監察御史錢檢、楊貫等，虔誠啟祀，以求吉祥，咸獲休徵。至九月丁未朔二日戊申，躬自報賽，大具牢醴，鼓吹節奏，弦匏笙簧，俯伏廟墀，再睹儀像，泫然流涕。禮及三爵，油油而退。又以受用塗金銀杯盤二事，獻於座右。復捨鏡二面，周環各一尺五寸，裝飾寶帳，以覆府君之首。兼出俸金米物等，資助工糧，計緡百千，既美所羞，益彰幽贊。於戲！天地之道，能陰能陽；神祇之道，有柔有剛。故知天則不言而信，神則不怒而威。福善禍淫，式谷與汝矣！重約今監戎向滿，赴闕是期，聊紀幽微，刻於貞石，永爲不朽。大中十年四月一日建。

唐 歐陽詹《歐陽行周文集》卷六《德勝頌二章并序》 唐貞元六年，歲在庚午。陰陽家流曰：『歲在午，人馬食土。』人之所食也穀，馬之所食也草，今言食土，明歲無嘉穀，而野無青草。則運數于茲，合兇災之大者。于是天尋舊步，地轉恆軸，交糾回薄，將有結于常沴。自春三月，至于夏五月，或赫日杲杲，或密雲溶溶，爲燋灼，爲霖霪，似不日而至。皇帝宿布太和，人神、鳥獸、魚鱉咸若。騰懽心，揚靈臺，欣欣熙熙，休氣中積。浹磅礴，浮蒼蒼，潛相戛磨，力強者勝。九陽搆旱而莫展，六陰作潦而不就。氛祲藹爲慶雲，烈景皦爲祥光。油油熏熏，宛復如春，塊不破而雨足，條無聲而風暢。日者眚氣欲凝，淑氣猶競，彼雖罔得爲禍，此亦未能爲福。徘徊相持，時澤不降；五稼含萌而待藝，百芳蓄穎以思坼。至是土膏融，甘液宣，若決渟泉，如開湧煙。豐草增歧，芃芃綿綿，無磽瘠與良沃，獲一十于百千。剩蔬雲矗以萎圃，余糧岳峙而棲亩。夫體病不能害心，心平必能制體。古人曰：『人者，天地之心也。』既和且平，則天地之病，又焉得成歟？況奔走游泳之物，曰靈曰祇之類，皆吁歙怡逸于其中乎！宜其療乾元之宿沴，愈坤元之常疾，以至于交泰，如斯之盛也。古先帝王，至聖則堯，至仁則湯，有黎甿以稱理，歷水旱而莫御。豈不以道未全洽，而德尚涼哉！皇帝非徒能御之，又易之爲大慶殊祥，其于道德，可謂充塞洋溢，光今而邁古矣。元元蚩蚩，嗚嗚啞啞，歌聖代者，動天殷地，以夜繼晝，而其詞末宏，輒爲頌二章，用貽于康衢，庶事明而聲暢，流乎無窮，而以德勝目篇。頌曰：

歲在午，天災于常。昔人食土，今我飫粱。匪徒我飫粱，鰥寡千箱。盛矣乎！吾皇之德，變眚爲祥。休哉德兮！

歲在午，天災斯屬。昔馬食土，今牛饜菽。匪徒牛饜菽，犬豕粱肉。盛矣哉！吾皇之德，轉禍爲福。休哉德兮！

唐 佚名《代鄜州太守賀赦表》《文苑英華》卷五六〇 臣某言：伏奉月日制書，大赦天下，鴻恩至德，曠古無鄰，喜氣休聲，韶光共茂。化流海內，澤及荒陬，震雷作解於九霄，渙汗沾敷於萬國，生靈交感，動植增榮。中賀。伏惟陛下天覆地載，昭升聖蓍，執契垂衣，財成庶品，搜百王之墜禮，舉三代之嘉猷，明達四門，駿奔九有。揭天綱以齊衆理，運斗極以示羣方，精微於元造之源，拯救於蒼生之弊。釋縲械於囹圄，徵遺逸於邱園，矜水旱所沴之方，慎牧宰重難之選。蠲苛已責，崇德報功，有典必禋，無文咸秩。普天率土，飛翔所加，俱臻仁壽之鄉，共載乾坤之德。臣忝承戎寄，職列藩隅，雨露之恩，草木同慶。

五代 杜光庭《迎定光菩薩祈雨文》《全唐文》卷九三四 亢旱自天，豈容私禱？急難告佛，實出微誠。恭惟定光菩薩智海難量，便門廣辟，不辜衆生之願，肯辭千里之遙。靉靆慈雲，既無心而出岫；滂沱法雨，端有意於爲霖。

五代 杜光庭《廣成集》卷四《中元衆修金籙齋詞》 伏聞至道希夷，真精元寂，宏化於混元之表，凝光於太極之先。散淳一之根，潛分步驟；鼓生三之氣，以制寰瀛。所以乘龍襲氣之君，畫卦垂衣之后，順敷道要，創厥皇基。恢妙用而福寰中，布神功而利天下。昭彰帝紀，炳蔚人文，允屬睿朝，誕膺天睠。皇帝儀乾受命，應運開圖，繼軒皇帝項之靈源，茂亶父文王之至德，纂承土運，光啟金衡，端旒扆以穆清，慕唐虞而真正，思洽大同之理，以康九土之民。稼穡連豐，華戎咸泰，皇儲輝重明之美，遐方贊有道之風，中外恬夷，生靈輯睦。況屬三元令序，大宥昌辰，宜虔齋潔之誠，共祝君親之壽。

拂瑤壇而展禮，按金籙以陳儀，龍彩質心，香花備信。焰九光之蓮炬，下照冥津；飄三素之檀煙，上聞真域。必冀三天降祐，萬聖延慈，宗社隆昌，寶圖安鎮，齊乾坤於聖壽，等日月於睿明。文德武功，綏寧八極；天枝寶胤，輝映萬齡。儲皇享椿桂之年，常扶大業；妃后潔蘋蘩之德，共翼宸居。朱邸清朝，彌臻景貺，外藩內輔，益履殊榮。常樂雍熙，皆登富壽。其有宿殃積衅，往債前冤，年辰命運之災，算紀飛旗之厄，秉茲懺謝，並乞消平。即冀宗廟尊靈，生神三境，臣等九元七祖，受福諸天，貽祚流祥，傳休無極。上願天文昭著，象緯澄清，回直符太一之旗，息玉彗金芒之耀，蕩憂患於井參之野，延福祥於梁益之墟。九穀無虞，五兵斯戢。螟蝗水旱，無肆沴於農功；疫癘兇荒，靡非災於閭里。幽關舒泰，品類滋榮，海岳歸仁，寰區稟化。至有立功將士，往逝都頭，勳著勤王，忠推致命。每因齋薦，皆爲懺祈，必離冥漠之鄉，更遂逍遙之適。或幽陰尚滯，渙澤未沘；或嗣續已無，猷羞多闕。九宮符命，即爲遷神；三籙洪恩，俱令濟苦。勿爲疵癘，速詣福廷，動植飛沈，盡登真道。

五代　杜光庭《蜀王葛仙化祈雨醮詞》《全唐文》卷九四二　伏以四七在天，垂文定位；三八鎮地，設象分靈。列宿所以統幽明，諸化所以司罪福。況心宿爲天皇之府，上清乃神仙之都。迴控長川，倚玉輪之聳秀；雄臨鉅屏，面銅馬之膏腴。緬彼福庭，廣蔭庸蜀。臣本命所繫，獲在茲山，而謬握珪符，仍居仙域。每慮位崇任重，力寡才輕，超五爵以疏封，制六鎮而爲政。或賞刑乖當，或撫字失和，下有怨咨，上虧仁育，兢憂未暇，咎戾旋加。粵自仲春，即愆時雨，塵侵壠亩，赫日騰威，風鑠郊原，油雲匿影。生靈嘆息，懼失於農功；沼沚魚喁，將懸於枯肆。焦勞在念，叩啟無由。至於肴膳精豐，備陳於廟貌；牲牢肥腯，無吝於禱祈。徒罄誠心，靡聞響答。仰惟神仙濟物，罔間幽明，大道好生，普均慈施。太上著修禳之品，三天開奏醮之科。恭望神峰，遠傾凡懇，虔申大醮，仰叩至真。伏惟憫鑒所陳，大施恩宥，赦其愆咎，賜以福祥。使雷電揚威，龍神悅豫，霈沘渥澤，克致豐穰。南山騰颮颮之音，東作盛芃芃之稼。永諧望歲，允契有年，誓勤修奉之儀，上副真靈之貺。不任。

宋　曾鞏《元豐類稿》卷四一《諸廟祈雨》　今者盛秋已晚，庶物將成。矧茲麥苗，實待雨澤。而驕陽尚熾，畏暑未消。野有焦枯之憂，人懷膏澤之望。敢祈靈德，俯徇輿情。蕩蘊隆之菑，以升嚴氣；濡滲漉之施，以遂嘉生。實賴神休，允諧眾志。

又《諸廟謝雨文》　比籲眾情，仰祈靈施。果蒙薄雨，小潤焦原。已祛畏暑之煩，遂適戒寒之漸。敢忘祇報，更俟餘休。克終播澤之祥，俾獲有年之望。

又《諸廟祈雨文》　時寒未若，雨雪尚愆。麥有立苗之艱，人違墐戶之適。敢依靈德，瀝致勤誠。惟順導於太和，俾霈施於膏澤。克諧眾望，實賴陰休。

又《諸廟謝雨文》　比苦愆陽，再徼靈施。蒙報如響，得雨應時。澤潤焦枯，蕩除煩鬱。物有豐成之望，人無疾癘之憂。敢忘大恩，尚覬終惠。

又《諸廟祈雨文》　民之艱於稼穡，賴歲屢豐，得以足衣食而償其力，吏亦得以無所事於勤而偷祿。今茲春仲，麥苗滿野，得雨而成。則民得以繼其豐年之樂，而吏亦得預其幸。神之食於此土，為能澤於斯民也，故敢以告。尚其賜之，以稱人望。

又《諸寺觀祈雨文》　春氣已中，農功方急。而膏澤未洽，土脉尚乾。敢恭致於精誠，用仰祈於覺道改覺作真蔭。尚其降雨，俾獲有年。

又《祭土祈雨文》　農勤甚矣，歲既暮，春麥待雨而成，菽粟待雨而種，而旱暵莫為虐，人用憂嗟。今將為壇，象龍以禱，是用先事告爾土神。尚其降休，無咈人望。

又《祭五方龍祈雨文》　龍之變化無方，而其有功於人者，則在於能興雲雨。嗚呼！今旱甚矣，是用稽古。為爾某龍之象位於某方，薰祓以禱。爾尚圖厥職，其亟以時，肆為膏澤，以大施於此土。無愆厥應，俾有後羞。惟爾有神，亦尚永有依歸。

又《太清明道宮祈雨文》　旱踰時矣，麥既萎死，而菽粟未種。皇帝憂勞，遣吏分禱。尚其致雨，無俾歲害。允茲東睠，實在靈德。

又《諸廟謝雨文》　維歲大旱，蒙賜甘雨。窪邪之麥，冀可以蘇。菽粟之田，有望自此。實神之德，敢忘昭報？尚其終惠，俾獲有秋。

又《諸寺觀謝雨文》　氣之不若，旱實為菑。蒙在正陽，界之甘澤。維靈休之，所自豈昭，報之敢忘。俾獲有秋，尚賴終惠。

又《太清明道宮謝雨文》　旱久未解，詒上之憂。得雨應祈，曾不旋日。焦萎可起，種藝可施。實惟靈休，副此東睠。尚其終賜，俾獲有秋。

宋 王安石《臨川文集》卷四六《醴泉觀寧聖殿開啓爲民祈福保夏道場青詞》 伏以聖真丕冒，品庶具依。當蕃啟之盛時，用熏修之故事。仰祈聰直，俯鑒齋精。溥垂庇祐之仁，申錫壽康之福。

又《醴泉觀寧聖殿開啓年交道場青詞》 伏以像圖夙設，壇席載嚴。當此歲陰之交，率時禳祝之舊。仰惟庇貺，俯逮黎元。

宋 蘇軾《東坡全集》卷九九《定州謁諸廟祝文》 惟皇上帝，分命羣祀。降釐下土，惟我元后。臨遣近臣，鎮撫一方。幽明雖殊，保民惟均。蒞事之始，祇見祠下。若賦政疵纇，敢逃其罰。雨暘以時，疾疫不作，亦竊有望于神。尚饗。

又《立春祭土牛祝文》 敢昭告于勾芒之神。木鐸傳音，官師相儆。土牛示候，稼穡將興。敢徼福于有神，庶保民於卒歲。無作水旱，以登麥禾。尚饗。

又《春祈北岳祝文》 西起太行，東屬碣石，南至于河，皆神所食。吏謹刑政，農畢其力。風雨時若，則神之職。方此東作，敬薦其潔。賜之豐歲，以昭靈德。尚饗。

又《春祈諸廟祝文》 天既佑民，必期于無害；農惟望歲，敢請于有神。願疾沴之不興，庶風雨之時若。敢忘舊典，以報豐年。尚饗。

又《告文宣王祝文》 嗟嗟元王，三代之英。言不鈞用於一君，而為無窮之遺教；身不寵利於一時，而有不朽之餘榮。嗟嗟元王，以道而鳴。肆筆成書，吐辭為經。炳然不渝，言若丹青；久而愈盈，聲非雷霆。瞽者可以使剔目以駭視，聵者可以使抉耳以奔驚。奈何轍環天下，卒老于行。載空言於典籍，示後世之儀刑。回狂瀾於既倒，支大廈於將傾。揭日月之昭昭，破陰氛之冥冥。嗟乎！一氣之委和，與萬物之至精。或為淮夷之蠙比珠，或為雲漢之華星。雖光輝之成彩，未離乎散聚以流形。豈若王之道德，愈久而彌明。曄曄而華，涵涵而停。融而在天者，為雲漢之文章；結而在地者，為山嶽之英靈；詭然如龍翔鳳躍，純乎玉振而金聲。嗟嗟元王，德博難名。某奉王命，俯臨邊城。畝有滯穗，境無交兵。鳴玉載道，分袍在庭。有踐籩豆，有豐粢盛。敢用昭薦，饗于克誠。尚饗。

又《告五岳祝文》 相天以育物者，五方之帝也。配地以作鎮者，五嶽之神也。天為真君，地為真宰。五嶽者，三公之象也。軾叨受朝寄，出守藩土。神不虐罰，民有豐歲。敢用告誠，以謝靈貺。

又《秋賽祝文二首》 惟神聰明，為民依庇。宜秩典祀，欽奉靈祠。況農事之肇興，賴神靈之降宥。一邦蒙惠，已膺風雨之時；百里有嚴，將享秋冬之報。

又《祭勾芒神祝文》 夫帝出乎震，神實輔之。茲日立春，農事之始。將平秩於東作，先恭授於人時。乃出土牛，以示早晚。惟神其佑之。

春委既應，農事將作。爰出土牛，以為耕候。維爾有神，實左右之。雨暘以時，螟螣不作。以克有年，敢忘其報。

又《祭常山神祝文》 吏實不德，無以導迎順氣。消復災沴，惟神之求。神亦閔其不才，而嘉其勤。凡有告請，靡所不答。乃者有謁乎神，即退之三日，時雨周洽，去城百里而近，蝗獨不生。凡我吏民，孰不歸德于神。然而一雨之後，彌月不繼。百里之外，蝝生如初。豈神之能應於前，不能應於後，能卹其近，不能卹其遠？蓋吏不稱職，政刑失中，戾于民心，以不能終神之賜。而我州之民，比歲饑殍凋殘之餘，不復堪命。若又不熟，則流離之禍，其莫知所止矣。神之聰明，其忍以吏不稱職之所致而不卒救之歟？今夏麥垂登，而秋穀將槁，若時賜霈澤，驅攘蟲災，以完我西成之資，歲秋九月，當與吏民復走廟下。

又《祭泗州塔祝文》 淮南東西，連歲不稔。士農皆病，公私並竭。重以浙右大荒，無所仰食。望此夏苗，以日為歲。大麥已秀，小麥初孕。時雨不至，垂將焦枯。豐凶之決，近在旬日。某移牧廣陵，所部十郡，民窮為盜，吏職所憂，才短德薄，救之無術。伏願大聖普照王，以解脫力，行平等慈，噫欠風雷，咳唾雨澤，救焚拯溺。不待崇朝，敬瀝肝膽，尚矜聽之。

某上承府檄，旁採民言，供奉安輿，願登法座。伏願江海貢潤，龍天會朝，布為三日之霖，適副一邦之望。

又《禱龍水祝文》 雲布多峰，日有焚空之勢；雨無破塊，人懷暍虐之憂。雖屢叩於明靈，終未懷於通感，府王舍人存心為國，俯念輿民。燃香靄以禱祈，對龍湫而懇望。伏願明靈敷感，使雨澤以旁滋；聖化薦臻，致田疇之益濟。

宋 蘇轍《欒城集》卷三四《中太一宫祈晴青詞》 維元祐四年歲次己巳八月戊戌朔二十二日己未，嗣天子臣名，謹遣入內內侍省內侍高品臣楊偁，請道士三七人，於太一宫真室殿開啟祈晴道場，謹上啟元始天尊、太上道君、太上老君、混元上德皇帝：伏以多稼如云，淫雨若注。勢逾三日，害及百嘉。永惟刑政之失中，顧念蒼黔之何罪。矧復宗祀有日，百執致功。泥潦塞塗，中外告病。仰惟真聖之妙，實司陰陽之權。廓清繁雲，煥發朝日，屈伸俄頃，變化無方。使民獲收斂之功，而國遂齋祠之禮。永望霄極，祇薦勤誠。無任懇倒之至。謹詞。

又《西岳謝雨青詞》 維元祐五年歲次庚午月朔日，皇帝名，謹遣入内内侍省内東頭供奉官張懷寶，請道士二七人，於西嶽開啟謝雨道場，晝夜設醮分位，恭賽於金天順聖帝：伏以靈雨愆期，農民驚顧。精禱既格，神應不違。牟麥復存，禾黍可望。永惟千里之澤，豈獨一人之私。尚終降休，迄有豐歲。無任懇倒之至。謹詞。

又《中太一宮祈雨青詞二首》 維元祐五年歲次庚午二月丙申朔二日丁酉，嗣天子臣名，謹遣入内内侍省内東頭供奉官李永言，請道士三七人，於中太一宮真室殿開啟祈雨道場，謹上啟元始天尊、太上道君、太上老君、混元上德皇帝：伏以冬雪不效，春雨過期，雲族屢興，風災輒至。牟麥既病，秋種未入。嗟民何罪，籲天不聞。惟側身念咎之誠，不敢自赦，而絜齋祈福之舊，亦莫少愆。庶見膏澤之滂流，尚俾饑民之粒食。懇禱斯極，真聖所臨。無任懇倒之至。謹詞。

維元祐五年歲次庚午五月朔，天子臣名，謹遣入内内侍省内東頭供奉官、勾當三館秘閣臣李永言，請道士三七人，於中太一宮真室殿開啟祈雨道場，謹上啟元始天尊、太上道君、太上老君、混元上德皇帝：伏以常暘為虐，夏已及中。精禱未孚，雨不逾尺。麥雖粗入，未足以充八口之饑，禾則始生，猶當俟三日之澤。人謀竭矣，天意謂何。惟至道之密微，運元化於俄頃。慈閔眾庶，覆護邦家。召呼風雲，廣施千里之潤，勃興黍稷，終致百室之盈。永興斯民，同仰靈德。無任懇倒之至。謹詞。

又《北京開二股河罷散道場朱表》 臣名言，秋水洊至，河流灌盈，溢于北都之南，疑有東行之漸。亟興兵役，永念民勞。仰祈幽贊之功，式遏橫流之勢。浮議一定，疲俗再安。覬洪造之無私，庶微衷之不昧。臣無任精虔激切之至，謹奉表奏告以聞。臣名誠惶誠懼，頓首頓首。謹言。

又《西岳罷散謝雨道場朱表》 臣名言：歷時不雨，千里同憂，顧民何知，惟帝是賴。精禱既應，多稼獲存。饘粥之餘，倉廩攸實。仰憑道供，少答神休。臣無任精虔激切之至，謹奉表奏告以聞。臣名誠惶誠懼，頓首頓首。謹言。

又《諸宮觀罷散謝雨道場朱表》 臣名言：生靈多罪，丁旱暵以知窮，真聖至仁，視疾苦而能救。不嫌屢請之黷，溥施甘澤之慈。禾黍復生，囷倉可望，仰企霄漢，莫報恩私。臣無任精虔激切之至，謹奉表奏告以聞。臣名誠惶誠懼，頓首頓首。謹言。

宋 孔平仲《清江三孔集》卷二一《祈雨》 皇天久不雨，旱風滿東國。春田廢鉏犁，秋事闕牟麥。縣官緊租賦，守令抱憂責。交馳謁羣望，不敢愛牲帛。而我處學宫，于邦乃賓客。霜寒怯早起，卧聽車馬適。方茲祈求急，不預奔走役。精誠倘蒙報，豈不沾潤澤。古有支離形，亦有支離德。而我頗施施，支離在官職。雖然憫元元，覽鏡見顔色。高《詠雲漢》篇，千秋意悽惻。

又卷二二《常山四詩·禱神》 歲旦大旱兮田事甚荒，疫癘將作兮火菑流行。循神之名兮其德有常，靈鑒不遠兮照此忱誠。出雲洩洩兮靈雨其雱，庶幾此民兮不乏粢盛。

宋 王十朋《梅溪後集》卷三《與趙安撫乞疏獄》 小麥青青大麥熟，秧老欲移蠶欲簇。皇天彌旬作淫雨，害及農桑一何酷。麥枯秧腐蠶不絲，無食無衣豈能育。使君今日賢方伯，政過龔黄同舜牧。僦金蠲放官與私，喜氣歡聲傾比屋。仁風已慰黎庶心，誠感蒼穹理宜速。胡爲蒸泄尚如許，陰沴干陽埋日轂。豈惟泥濘困牛車，更恐魚龍上平陸。閭閻競畫指日鑾，香火遥祈上天竺。傷和無乃有寃民，蠹政尚疑多大族。使君有術開青天，按劾奸贓疏滯獄。

宋 劉克莊《後村集》卷三六《謁南海廣利王廟以下并廣東作》 某昔者讀《祭禮》而知海之尊，讀韓碑而知神之靈，茲以使事，舟出祠下，瓣香巵酒，徼福於神。維粵之南去天尤遠，民生今日，凋弊可哀。某當推君之澤而致之民，神當為民請命於帝，庶幾田里之内愁歎小寬，嶺海之間菑害不作，既矢諸心，復質諸神。

又《到任謁諸廟文》 某竊惟幽明各有其職。去貪戢暴，使賦役均，刑政平，部使者之職也；捍菑除患，使風雨調，魚稻熟，非神之職乎！敬奉香幣以告。

又《聖妃廟文》 某持節至廣，廣人事妃無異於莆，蓋妃之威靈遠矣。

某妃邑子也，属時多虞，惕然恐懼。妃其顯扶默相，使某上不辱君命，下不貽親憂，它日有以見魯衛之士，妃之賜也。敢告。

又《除漕謁學文》 戍久而士不飽，糴多而民艱食，今日上下之通患也。上既妙選常平使者專任糴事，復使某就補漕臣之乏，憂深責重，上何以裕國，下何以寬民哉。昔者聞諸夫子曰：『百姓不足，君孰與足？』某力之所及，不敢不勉。

又《聖妃廟祝文》 某由庚及漕，見謂驟遷，豈上之加惠於遠臣歟，抑神之實私於邑子歟！方今軍無宿儲，民苦貴糴，脫有敗缺，將為神羞。神既隲其始，必成其終。視事之初，敬奉瓣香以謁。

又《諸廟祝文》 上不以某為腐生，擢領臬事。悉其聰明，致其忠愛，在某不敢不勉；若夫使四封之内歲豐而盜息，民和而訟少，則有非某之所能及者。庀事之始，敬奉醴幣徼福於神。

又《諸廟祈晴》 嗚呼！昔者雨，禱而止，田倍熟，民大喜。曾幾日，雨不休，民皇皇。喜者憂，民無辜，咎在吏，神其忍，虧一簣，抉陰霧，舒陽光，民歌舞，神樂康。

又《庵山廟》 嗚呼！穀自布種下秧，以至于秀實，其成之艱矣。農自于耜舉趾，以至于刈穫，其致之勞矣。忽雨不止，坐妨收藏。嗚呼！成之艱致之勞者，豈不甚可惜乎？天乎？神乎？忍為之乎？某憫農夫之勤苦，悼小民之怨，咨耳簷溜，如聞啼號，目嘉穀，如剖心髓，奔走群望，未臻嘉應。惟神受百年血食之奉，主一方雨暘之權，用敢躬謁祠下，稽首祈哀。神其驅掃陰霧，軒露霽華，既全歲功，亦活民命。

又《盖竹院》 嗚呼！成一歲之稔難，為數日之晴易，畀其難者而不畀其易者，豈神有愛于民歟？抑吏之不肖，無以媚神而然歟？吏知罪矣。雖然雨不止，穀不收，歲荒民流，上帝震怒，吏且誅殛。則凡血食于此土者，其得漠然無情哉？闔陰闢陽，披霧出日，在俄頃之間耳。敢奉薌幣以祈。

又《諸廟謝晴》 嗚呼！秋冬之交，兼旬陰霾，坐憂嘉穀，化為荒萊。惟神之仁，惟民孔哀，斂雲歸岫，杲日昭回。場圃之間，歡聲如雷，晴未愆期，雨不為裁。神於吾民，真有恩哉，迺挹澗泉，注此一杯。

又《庵山廟謝晴》 嗚呼！日在丁亥，欵祠乞靈。己丑雨止，甲午遂晴。青天白日，萬里開霽。壯者腰鐮，老者拾穗。神之於民，如鼓應桴。酸酒瘠牲，神勿吐諸。

又《盖竹廟謝晴》 九月庚辰至於乙未，淫雨不止，歲事幾敗。某恐懼齋祓，乞靈於神。升車而簷溜止，出郭而宇氣清。欵廟而午霧開，返舍而暮霞出。如是旬浹，霽華被野，田里相慶，場圃畢功。嗚呼！神所以廟食吾邑歷數百年如一日者，豈偶然哉？不腆卮酒，敬答靈貺。

又《諸廟》 某為天子之吏，但能輕刑薄斂，拊摩天子之民而已。至於禦菑捍患，使水旱寇攘不能干犯，非神孰尸之乎？視事云始，稽首祠下。

又《祈雨》 某於茲守土，荷神之休。四封之内，良苗滿野。涉旬不雨，已覺亢乾。一稔之望，在民甚切。常暘之咎，在吏甚恐。瓣香稽首，神其格思。油然沛然，以相歲月。

又《諸廟再禱》 某屬以庚子，禱於祠下，爰及癸卯，天瓢翻瀉。一溉之餘，旱苗少蘇，俄復開霽，焦卷如初。連朝雨意，風吹雲閣，咎孰執哉？由吏德薄。不腆薌幣，且謝且祈，願續前功，神亦有依。

又《仰山謝雨》 某丙午躬詣靈瑣，甘雨隨應。戊申雨猶未止，黄埃赤日，一變而為冷風清露。於乎！非神其誰為之？謹奉醴幣以謝。

又《行宫并諸廟》 某奔走羣望，旬浹於茲，癸卯之雨，一溉而止。丙午而後，霡霂未已，槁者沾濡，萎者奮起。三日之霖，麟筆所喜，敬芼澗濱，布諸祝史。

又《再祈雨》 季夏不雨者踰旬，幾害早稼，神既沛然施惠矣。初秋不雨者兼旬，將害晚稼，神豈恝然忘情乎？若守無狀，咎以身當，斯民何辜？願拜神惠，興雲致雨，俾歲有收。

又《迎瀉仰四聖》 某治無馨香，民有愁歎，干和致旱，職此之由。然千里之人，奉香火如此之敬恭也，望雲霓如此之迫切也，平日之敬恭，豈不為此日之迫切地哉？傾郭而迎，避堂而事，情益迫切，禮益敬恭矣。神之威靈，佛之慈悲，必有以解焚惔而澤焦枯者。某屏息以俟。

又《送神》 某欵靈瑣延飈馭，二之日，甘霔滂沱，起未止申；三之日，油雲布濩，自午達酉，雖未周浹，起視四野，生意盖濯濯矣。公宇喧卑，豈敢淹留？敬率吏民，齋祓餞送。夫熱耕凍耘，農夫之至勞；翻雲覆雨，仙聖之餘事。願終前惠，少慰輿情。

又《再祈雨》 昔者之雨，尚未沾足，俄復開霽，風日尤酷。豈敬之在人者有勤怠，故功之在神者有斷續耶？亟拜非諂，屢禱非瀆，恐敗歲事，以為神辱。神與天通，不疾而速，覆手河翻，噓氣雲族。縱非三登，猶可中熟。尚享。

又《諸廟》 某禱雨未獲，被罪而去。某不以身之去為恨，而以郡之旱為憂。垂去之吏，尚未能忘情於民如此，況神千萬載血食於此哉？倘得一雨以救歲事，吏雖罪去，其甘如飴。

又《諸廟祈雨》 去歲一旱，至今創痍。今茲之旱，復丁是時。垂成之稼，何忍敗之？孑遺之民，何忍餒之？神之威靈，民所憑依。鞭笞雷霆，呼吸畢箕。化歉為豐，特一轉機。敬奉醴幣，肅拜以祈。

又《社稷神》 今茲之旱，某既請於上帝，禱於百神。惟句龍棄，土穀之祖、人民之主也，風霆致雨之神也，敢不有告乎？其下膏澤以沃焦卷，某當帥吏民以羞祀事。

又《送嗚山》 踰月苦旱，祝史詞窮。赤日黃埃，蘊隆蟲蟲。涉秋乃雨，山澤氣通。青秧白水，生意芃芃。豈曰人為，繄神與龍。昔迎今餞，敢不敬共。龍返於湫，神歸於宮。惟賤有司，惓惓願豐。隱憂暫紓，大賜未終。尚嘉惠之，無棄前功。

又《送玉淵龍水》 自威靈之下臨，帥吏民而嚴奉。始風日之炎赫，俄雲雷之撼動。既旬浹而遂雨，果霶霈而澒洞。勅仙官而翻瓢，輟野史之抱甕。活原隰之槁枯，蘇田里之疾痛。仰潛虯之至神，念農扈之尤重。返雪液於瀹□，命緇流而諷誦。忽瞬息而千里，實變化之妙用。來無端倪，去莫操縱。瓣香矯首，蓋雖送而未嘗送也。

又《諸廟祈雨》 驕陽酷烈，多稼焦卷。將以質明，瓣香告虔。語方脫口，油然沛然。機緘之妙，不自後先。神之於民，若箎若壎。火流之月，龜坼之田，雖獲一溉，未保十全。繼今雨暘，永無伏愆，風伯魃鬼，咸退舍焉。興雲於山，起龍於淵，時膏潤之，以相豐年。垂去之吏，不忘拳拳，惟爾有神，鑒此潔蠲。敬告。

又《社稷》 某五日京兆耳，然不忍以旱遺此民也，敬奉蘋幣，命祝史有禱於爾神也。神其興油雲以相暘烏之仁也，起蟠鱗以洩膏澤之屯也。非特以接續一溉之功，亦所以全活洊饑之人也。

又《諸廟謝雨》 某垂去禱雨，人哂其迂，神獨顧歆，如鼓應枹。甘霔達旦，焦卷者甦。膴膴原田，今飴昔荼。坐使愁歎，轉為歌呼。神功昭昭，汝忘之乎？巵酒不腆，神必我孚。

又《社稷》 旱而禱，國之典也。禱而雨，神之功也。神之愛吏民如此，吏民於報，本之禮，敢不敬共。

宋 虞儔《尊白堂集》卷四《往天目祈雨》 伏謁三池上，難窮一壑幽。萬山從此起，衆水盡分流。暑雨雖愆夏，陰風鎮若秋。天高還有目，地險好回頭。御府金奩賜，仙壇鐵板投。不須憂旱魃，直是起潛虯。聖主思霖切，微臣盡日留。精誠三禱罷，神聽一聞不。霶霈斯爲澤，遲回恐作羞。奉常司典禮，秋報敢忘優。

宋 于石《紫巖詩選》卷二《祈雨》 六月不雨至七月，草木脆乾石欲裂。方士畫符如畫鴉，呵叱風伯鞭雷車。九天雲垂海水立，驕陽化爲雨三日。萬口競誇方士靈，彼亦自謂吾符神。誰知水旱皆天數，貪天之功天所惡。吾心修德可弭災，大抵雨從心上來。桑林自責天乃雨，豈在區區用方士。

金 元好問《遺山集》卷四〇《郡守天池祈雨狀》 維太歲甲辰四月辛未朔二十四日甲午，忻州某官等惶恐百拜，獻狀天池龍君殿下：惟神血食一方，膏潤千里，靈應之迹，著見有年。某等資品凡陋，德薄任重，不能撫安閭里，召迎和氣。自開歲以來，雖嘗被一溉之賜，既雨而旱，今已十旬。夏苗欲枯，秋稼無望。民庶嗷嗷，將遂逋播。匪我神明，則將疇訴。乃涓吉旦，謹遣管内僧某、道士某躬詣靈湫，奉迎甘澤。某卑職所限，止於道左顒俟，雲輿風馬，尚辱臨之。不勝懇禱之至！謹狀。

又《祭飛蝗文》 粵惟此州，百道從出。調度之急，膏血既枯。懸望此秋，以紓日夕。沴氣所召，百螣踵來。種類之繁，蔽映天日。如雲之稼，一飽莫供。道路嗷嗷，無望卒歲。考之傳記，事有前聞。魯公中牟，今為異政。貪墨汝罰，詎曰弗靈？言念茲時，瀕於陸沉。吏實不德，民則何辜？歲或凶荒，轉死誰捄？敢殫志願，神其憫之！

元 劉因《靜修集》卷二〇《告峨山龍湫文》 嗚呼！一邦之望，有峨惟山。山之精深，聚而淵泉。山川惟形，有神棲之。雲雷雨露，神實司之。今是邦之凶旱極矣，豈神之靈坐視而不恤哉？蓋雨暘之數出於天，非神之所得而專也；雨暘之咎由於人，非神之所得而釋也。是以使神涵蓄靈潤，雖欲發之而不得也。雖然，山川之神，受命於天而主佑下民者也。今欲佑之而不得矣，則當為之請命於天，昭昭在上，安有不從。由是言之，神雖欲無責，烏得而無責也。且小民至愚，窮且極矣，而無所歸誠，則惟淫昏之鬼是求。夫淫昏之鬼乃神之所當屏黜，而下民之衷亦神之所當誘相也。今氣運已窮矣，窮則必通，或天降之雨，則小民必歸功於淫昏之鬼，而惑信愈篤，孰能禁之！今是邦之大夫致禱於神，則是禱其所當禱矣。既禱其所當禱，而當禱之神能隨其禱而應之以雨，使既足而又周浹焉，庶小民之愚知天地之間自有名山大川之正神，實能闔闢陰陽而神妙造化，而境内吏民之所當敬修其壇壝、潔其牲幣而事之，而向之所謂淫昏之鬼者真不足信矣。如是，則人情世教或自此而變之，則神之惠又不但一雨而已矣。如其不然，則是雲雷之澤，神其不司之；旱乾之虐，神實不恤之。天命之職可怠而曠之，惑邪之俗可助而成之，又何望焉！又何望焉！敢告。

元 吳澄《吴文正集》卷三五《撫州路達魯花赤禱雨記》 至順三年六月不雨，至於七月，水田乾拆，稻苗委瘁。早熟之稻僅收，已損其半，民情惶惶，所在禱雨俱未應驗。撫州路元侯答不花，蒙古人也，自總管劉侯致仕而去，郡事叢於一身。憂民之憂，日不遑食，夜不遑寢。六月二十一日以後，日領官屬哀籲上下神祇，彌旬彌月，食素宿外，内訟自責，誓不得雨不止。迨及七月下旬，旱勢逾劇。侯曰：『吾祈澤於道觀僧寺，心慮殫矣。崇仁華蓋、相山，其山高峻，興雲致雨，夙稱靈應，曷往祈焉？』乃於二十四日午離郡，行百餘里，三更至崇仁縣。分遣崇仁令崔顯詣相山，躬詣華蓋山。四更而起，行百餘里，憇山之陰，距山巔四十里而宿。二十六日癸巳晨興，及山麓，草屩步行而陟，午至山上，達誠於山靈。忽雷聲震動，午後下山，旋得雨。二十七日二更，還次崇仁縣，又得雨。二十八日乙未子初刻，離崇仁縣，午至白虎窰，距郡城三十里，大雨。至龔家渡，距郡城十五里，再雨。未時還至玄妙觀，陰靄四合，又雨。其夜一更後，密雲布空，風雷電交作，雨大降。二十九日五更，雨大降亦如之，經一時之久。三十日辰時，雨復降。侯之誠感，山之靈應，如響之答，可謂神速已。侯曰：『雨雖應祈，恐遠近旱甚，有未霑足。吾其申請於社稷。』命郡士檢尋天旱祈社稷壇禮，八月二日己亥昧爽前，率僚佐祭於社稷壇，儒生贊相，一遵禮典。侯拜跪進退，心敬容肅，終事不忒。祭畢，四日、五日、六日之夜皆雨。或滂沛，或淋漓，漸而不驟，膏潤浹洽，而雨意未已也。七日之昏大雨，達於八日之旦，竟日綿綿而不斷絶。三日以往為霖，其此之謂歟？郡之父老咸曰：『此郡四五十年以來，未見有郡侯如此憂民、如此敬神者，亦未見有祈雨得如此靈應者。我民咸願紀其實，以無忘侯之德。』澄之子京竊禄郡庠，每日奔走，從侯之後。予就養於子，亦留郡城，親見郡侯憂民之仁、敬神之誠、禱雨之應，因父老之言，順郡民之願而叙其事如右。噫！旱暵天數也，祈禱人事也。以人事回天數，豈易哉？諸侯得祭社稷及境内山川，古之禮也。旱而求雨，則祈於其所得祭之神。侯不憚勤勞，觸冒炎暑，躬造名山，且為百姓請命於侯社。既協於禮，又盡其誠。自登山之日以至於七月晦，一雨、二雨、三雨、四雨、五雨、六雨、七雨、八雨；自祭社之日以至於今，亦復一雨、二雨、三雨、四雨、五雨、六雨，而遂竟日以雨。涸澮通流，枯澤滿溢，千里之旱頓蘇。前己巳歲大旱、庚午歲大饑，民之莩死奚翅數百千人。今茲之旱弗救，將復如前矣。侯竭其力以活數百千之民命，其心也誠之篤，故神之應之也速；其德也仁之諶，故民之感之也深。予素居田野，稼穡是寶，與斯民同感侯之德者也。

又 卷八九《華蓋山禱雨文代申宰作》 予之不才，濫叨邑宰。智識蒙陋，牧字乖僻。獲咎于天，天降之罰。連月不雨，早稻已損，晚稻亦傷。徧走羣望，未遂感應。竊惟守土之官有罪，神宜譴責於其躬，百里之民何罪焉而罹此禍？今正艱食，若更不雨，無望秋成，民必莩死。神之仁慈，豈忍使斯民至於此極。油然作雲，沛然下雨，在神瞬息間爾。其注甘霖以甦苦旱，以活斯民之命。惟神其憐之，謹告。

元 陸文圭《牆東類稿》卷一七《贈潘道士祈雨》 日者旱太甚，天乎禱有諸。震雷驚破柱，驟雨喜隨車。精意通無間，神功斂不居。魯侯明德頌，好接有年書。

元 虞集《道園學古録》卷二六《金籙普天大醮青詞》 第二日早朝，祭聖帝明王、先農后稷。消禳水旱蟲蝗，祈五穀豐稔，民物阜康。

繼天立極，亶惟上帝之聖神；開物導民，實贊無為之化育。道秉機緘之秘，教興衣食之餘。功叙九歌，業隆萬世。藉白茅而明薦，望素履於虛皇。伏願無聲無臭以作孚，鑒此小心之昭事；不識不知而順則，密符大德之好生。民風馴致於雍熙，國祚誕膺於長久。

午朝祭風雲雷雨，祈風調雨順，寒暑應時。

鼓以雷霆，潤以風雨。彌綸功用之神，求諸形體，原諸性情，主宰玄元之造，觀萬物散殊之迹，知兩間旁薄之仁，無為而成有相之道。日麗端門之景，雲開祕笈之科。伏願天德潛符，歲功咸遂。九農百穀無旱乾水溢之虞，四海羣生享安靜和平之福。庶釋憂於宵旰，用和惠於春秋。

元 倪瓚《清閟閣全集》卷一〇《忠靖王廟迎享送神辭并序》 至順元年春，吳楚薦饑，天災流行，連數郡道殣相望，沴氣薰襲，為瘥為札，錫之民咸被漸染，大小惴惴無所請命。邦之耆老相與言：『吾邦西山之陽，有嶽祠，祠有明神焉，曰「忠靖王」。胙爵東平，生能奮忠，死有遺烈，赫聲濯靈，福我錫民，自有年矣。在昔宋季大疫，用禱於神，變沴為祥，德載歌咏。民病亟矣，宜從故事。』乃合羣謀籲衆慼，率從祠下，鐃鼓鏜鉉，旗纛晻靄，導騈駕以臨城闉，香雲漲空，耄稚奔走，衆心推誠，祈祀惟謹，惟神顧歆，來格來享，若沐神水，若濯泠風，毆攘妖氛，民疾用瘳，丕㷁神化，無遠弗暨。隣邑之民，祈者踵接，環句吳四封，所活幾萬人焉。是神有大造於吾民也。《禮》，神能禦大菑、捍大患者則祀之，矧威烈若此，是宜尸祝。而社稷之舊祠焜於火，未幾，民更興復其制。瓚常以母病至禱，立愈。因作《迎享送神辭》二章，刻諸山阿，俾錫民歌以祀之。辭曰：

靈皇皇兮岱宗，神之來兮駕虯龍。赫蒼顏兮朱髮如火，紛羽衛兮岳祇嵲峨。青霓旍兮白容裳，降大荒兮祓不祥。毆野仲兮逐游光，惠我民兮神樂康。羅帳兮雲幄，湛寒泉兮瑟蘭勺。撫偃蹇兮歆參差，薦芳馨兮神享之。靈娭娭兮奈何，樹紫檀兮山之阿。匪斯今兮福斯土，沐神休兮千萬古。

神之去兮驂雲螭，風剡剡兮吹靈旗。怳臨風兮延佇，悵神游兮難駐。神游兮翩翩，撫一氣兮周八埏。朝騰駕兮西山，夕弭節兮東魯。噫！神往兮莫我顧，民有籲兮載福斯祜。折瓊花兮遲神，歸歲復歲兮神寧我違。石戔戔兮流水，壽我民兮報祀無已。

明 宋濂《文憲集》卷二九《補雩壇祝舞歌辭》 《周官》有司巫，掌羣巫之政令，若國大旱則帥巫而舞雩。漢法，夏不雨，祀竈，毋舉土功，更火浚井，暴金于壇，杵臼于術。為四通之壇於邑南門外，方七尺，植赤繒七，其神蚩尤，祭之赤雄雞七、玄酒，具清酒、膊脯，祝齋三日，服赤衣拜跪，陳祝辭。以丙丁日為赤火龍一，長七丈，又為小龍六，長三丈，於南方，皆南向，壯者七人，皆齋三日，服赤衣而舞之。司空、嗇夫亦齊三日，服赤衣而立之，鑿社而通之閭外之溝，取五蝦蟇，錯置社之中池，方七尺，深一尺，酒脯祭齋，衣赤，陳祝如初。取三歲雄雞、猳猪燔之，四通神宇，令民闔里南門，開里北門。幸得雨，報以豚一，酒鹽黍財足，以茅為席。然周制久廢，典午以降，漢法亦不行，而祝辭尤闕。歲丙申夏旱，羣巫雩于山川之神，予既書其事授之，復補其辭，使巫歌舞焉。辭曰：

於泰鴻，冒下民，動以化，時屈伸。煜朱鳥，萬物甄，亢則害，陽畢屯。土膏秏，蓊欲瘠，田畯奔，勢維礩。壇四通，僾明神，神臨勃，如煙氤。嘉錫燦，若羅繭，握薦豕，炳膋蕭。灌鬱金，匊芳荪，氣上延，合溟滓。洞五精，貫八㟍，茫無外，莽儵儵。門沉碭，駕以焱，俯下土，無不剡。鬱行風，羽輪翔，玄黃變，慘復爽。衆媾集，亢景章，僾然存，索之亡。爍陰明，迴叢陽，符翹襟，逝弗忘。崇明禋，成穡功，憑紺筵，嚴以卬。

應上公，與天通，植赤繒，驂紅龍。左列缺，右豐隆，流火降，鉅若鴻。鬼婦劉，散為風，灑靈注，徧四封。函斯活，顥茸茸，衆維魚，兆已從。

融祉暉，毓宵氓，甫田阜，物豫成。風平平，綽以行，人夷與，鬼肹蠁。耿曜振，霈充盈，神心暢，樂茫良。四寓綏，萬國洋，洽大康，慶昭膺。

雜録

《魏書》卷一一二上《靈徵志上》 帝王者，配德天地，協契陰陽，發號施令，動關幽顯。是以克躬修政，畏天敬神，雖休勿休，而不敢怠也。化之所感，其徵必至，善惡之來，報應如響。斯蓋神祇眷顧，告示禍福，人主所以仰瞻俯察，戒德慎行，弭譴咎，致休禎，圓首之類，咸納於仁壽。然則治世之符，亂邦之孽，隨方而作，厥跡不同，眇自百王，不可得而勝數矣。今錄皇始之後災祥小大，總爲靈徵志。

宋 王安石《臨川文集》卷五七《奏户部拘收度牒狀》 元祐五年五月二十七日，龍圖閣學士、左朝奉郎、知杭州蘇軾狀奏：右：臣近者伏見二聖遇災而懼，憂勞四方，所以拯救饑民者，可謂至矣。兩浙、淮南蒙賜度牒六百道，而杭、揚二州，各得百道。吏民鼓舞，歌詠聖澤。曾未數日，而淮西提刑申户部，本路常平斛斗足用，不須上件度牒；兩浙轉運、提刑亦申，本路今年豐熟，別無流民。是致户部申都省卻乞拘收度牒錢斛，以備別時支用，都省更不奏稟聖旨，便行下本路提刑司，依戸部所申施行。臣勘會自來聖恩以災傷特賜錢物賑濟，即無似此中變卻自都省行下追收體例，深駭物聽。淮、浙兩路，去歲災傷之甚，行路備知，便使今年秋穀大稔，猶恐未補瘡痍，而況春夏之交，稻秧未了，未委逐路提、轉，如何見得今年秋熟便申豐稔？顯是小臣無意恤民，專務獻諂，而戶部、都省樂聞其言，即時施行，追寢二聖已行之澤。百姓聞之，皆謂朝廷不惜饑民，而惜此數百紙度牒，中路翻悔，為惠不終。臣忝備禁從，受恩至深，不忍小臣惑誤執政，屯膏反汗，虧汙聖德，惜毫毛之費，致丘山之損，是以冒昧獻言。伏望聖慈察臣孤忠，留中省覽，更不降出，只作聖意訪聞，戒飭執政，令速降指揮，更不得拘收，一依前降聖旨，盡用賑濟。所貴艱食之民，始終被惠，亦免二聖以行恩命反覆追收，失信天下。臣不勝區區，謹錄奏聞，伏候敕旨。

　　貼黃。臣近有狀奏，乞更賜度牒五十道，用開西湖葑田，仍以一面指揮本州，將前來度牒變轉賑濟外，所餘錢米，召募艱食之民，興工開淘。今來纔及一月，漸以見功。吏民踴躍從事，農工父老，無不感悅。忽蒙都省拘收錢米，自指揮到日，更不敢支動。吏民失望，前功併棄，深可痛惜。伏乞出自聖意，指揮三省檢會前奏，早賜施行。臣自以受恩深重，每有所見，不敢不盡。今者上忤執政，下忤戶部監司，伏望聖慈愍臣孤忠，不避仇怨，特乞留中不出，以全臣子。

中華大典·農業典

農業災害分典　引用書目

説　明

一、本引用書目包括本分典所使用的主要書籍。

二、本引用書目的各書著録順序依次爲書名、作者及其朝代、版本。

三、本引用書目的各書版本爲通行善本、新整理點校本或較具影響之版本，本分典有些書籍實際使用的版本并不限于本書目所列，爲避免繁冗，本引用書目不一一開列。

四、爲便于查閲，本書目按音序排列。

安陽集	宋·韓琦	文淵閣四庫全書本
白虎通德論	漢·班固	影印江安傅氏雙鑒樓藏元刊本
白蓮集	唐·釋齊己	影印上海涵芬樓藏景明鈔本
白氏長慶集	唐·白居易	文淵閣四庫全書本
白香山詩集	唐·白居易	文淵閣四庫全書本
稗史彙編	明·王圻	清都城琉璃廠留雲居士刻本
包孝肅奏議集	宋·包拯	文淵閣四庫全書本
寶訓	清·郝懿行	影印上海古籍出版社藏清郝氏遺書本
鮑明遠集	南朝宋·鮑照	文淵閣四庫全書本
北磵詩集	宋·釋居簡	清抄本
北齊書	唐·李百藥	清乾隆武英殿刻本
北史	唐·李延壽	清乾隆武英殿刻本
北堂書鈔	唐·虞世南	清光緒十四至十五年姚覲元集福懷儉齋木活字印本
備忘集	明·海瑞	文淵閣四庫全書本
便民圖纂	明·鄺璠	影印明萬曆二十一年于永清刻本
捕蝗集要	清·俞森	文淵閣四庫全書本
捕蝗考	清·陳芳生	文淵閣四庫全書本

曹子建集	三國魏·曹 植	文淵閣四庫全書本
草木子	明·葉子奇	明嘉靖八年廖直顯刻本
册府元龜	宋·王欽若、楊 億等	文淵閣四庫全書本
岑嘉州詩	唐·岑 參	文淵閣四庫全書本
禪月集	唐·貫 休	文淵閣四庫全書本
讒書	唐·羅 隱	清嘉慶十二年吴騫刻拜經樓叢書本
長江集	唐·賈 島	文淵閣四庫全書本
陳書	唐·姚思廉	清乾隆武英殿刻本
成化山西通志	明·李 侃修，胡 謐纂	明成化十一年刻本
誠齋集	宋·楊萬里	文淵閣四庫全書本
池北偶談	清·王士禛	清康熙四十年高都廷掄刻本
崇禎博羅縣志	明·蘇元起修，韓日纘纂	明崇禎四年刻本
崇禎長沙府志	明·雷起龍修，吴道行纂	明崇禎十二年刻本
崇禎常熟縣志	明·龔立本纂	清常熟王氏恬古堂抄本
崇禎從化縣志	明·王至章纂修，孫 繩續修	明崇禎七年刻清康熙間遞修本
崇禎碭山縣志	明·劉 芳修，汪用霖等纂	明崇禎十二年刻本
崇禎東莞縣志	明·張二果修，曾起莘纂	明崇禎十二年修清抄本
崇禎海澄縣志	明·梁兆陽修，蔡國禎等纂	明崇禎六年刻本
崇禎靖江縣志	明·陳函煇修，徐遵湯等纂	明崇禎間修清初刻本
崇禎開化縣志	明·朱朝藩修，汪慶百纂	明崇禎四年刻本
崇禎蠡縣志	明·錢天錫纂修，清·祖建明續修	明崇禎十四年刻清順治八年增刻本
崇禎醴泉縣志	明·好善纂修	清初刻重修本
崇禎廉州府志	明·張國經纂修	明崇禎十年刻本
崇禎隆平縣志	明·陳所學纂修	明崇禎二年刻清康熙五十一年增刻本
崇禎内邱縣志	明·高翔漢修，喬中和纂	明崇禎十五年刻本
崇禎瑞州府志	明·陶履中修，徐登瀛纂	明崇禎元年刻本

崇禎松江府志	明・方岳貢修，陳繼儒等纂	明崇禎三年刻本
崇禎太倉州志	明・錢肅樂修，張　采纂	明崇禎十五年刻本
崇禎泰州志	明・李自滋、劉萬春纂修	明崇禎刻本
崇禎文安縣志	明・唐紹堯修，紀大鋼等纂	明崇禎四年刻本
崇禎烏程縣志	明・劉沂春修，徐守綱、潘士遴纂	明崇禎十一年刻本
崇禎吴縣志	明・牛若麟修，王煥如纂	明崇禎十五年刻本
崇禎興寧縣志	明・劉熙祚修，李永茂纂	明崇禎十年刻本
崇禎遺録	明・王世德	清抄本
崇禎義烏縣志	明・周士英纂修，熊人霖增修	明崇禎間刻本
崇禎永年縣志	明・宋祖乙修，申佳胤纂	明崇禎十四年刻本
籌濟編	清・楊景仁輯	清光緒五年江蘇書局刻
初學記	唐・徐　堅等輯	明嘉靖十年安國桂坡館刻本
楚辭補注	宋・洪興祖	清光緒九年長沙書堂山館刻本
傳家集	宋・司馬光	文淵閣四庫全書本
春秋繁露義證	漢・董仲舒撰，清・蘇　輿注	清宣統二年王先謙長沙刻本
春秋公羊傳箋	清・王闓運	清光緒三十四年刻本
春秋公羊傳註疏		清光緒十四年上海書局宋本十三經註疏併經典釋文校勘記本
春秋穀梁傳註疏		清光緒十四年上海書局宋本十三經註疏併經典釋文校勘記本
春秋明經	明・劉　基	文淵閣四庫全書本
慈溪黄氏日抄分類	宋・黄　震撰	元至元三年刻本
次山集	唐・元　結	文淵閣四庫全書本
大戴禮記	漢・戴　德	影印無錫孫氏小緑天藏明袁氏嘉趣堂刊本
大復集	明・何景明	文淵閣四庫全書本
大明會典	明・申時行等修，趙用賢等纂	影印明萬曆內府刻本
大明世宗肅皇帝實録	明・徐　階等纂修	明抄本
大明武宗毅皇帝實録	明・費　宏等纂修	明抄本

大明憲宗純皇帝實録	明・費　宏等纂修	明抄本
大明孝宗敬皇帝實録	明・李東陽等纂修	明抄本
大唐新語	唐・劉　肅	文淵閣四庫全書本
大學衍義補	明・丘　濬	文淵閣四庫全書本
待制集	元・柳　貫	文淵閣四庫全書本
丹淵集	宋・文　同	文淵閣四庫全書本
澹庵文集	宋・胡　銓	文淵閣四庫全書本
道光安陸縣志	清・蔣　炯等纂修，李廷錫增纂	清道光二十三年刻本
道光白蒲鎮志	清・姚鵬春纂	清道光二十一年纂道光咸豐間姚氏抄本
道光賓州志	清・耿省修修，張鵬展纂	清道光六年刻本
道光辰溪縣志	清・徐會雲等修，劉家傳等纂	清道光元年刻本
道光川沙撫民廳志	清・何士祁修，姚　椿、周　墉纂	清道光十六年刻本
道光大荔縣志	清・熊兆麟纂修	清道光三十年刻本
道光東陽縣志	清・党金衡纂修	清道光八年刻本
道光璜涇志稿	清・施若霖纂	民國二十九年鉛印本
道光薊州志	清・沈　鋭纂修	清道光十一年刻本
道光嘉興府志	清・于尚齡纂修	清道光二十年刻本
道光建德縣志	清・陳　葵修，管　森纂	清道光五年刻本
道光江南直隸通州志	清・顧　鴻修，李　琪、楊廷撰纂	清道光間刻本
道光江陰縣志	清・陳延恩修	清道光二十年刻本
道光晋江縣志	清・胡之鋘修，周學曾等纂	清道光九年稿本
道光昆新兩縣志	清・張　鴻、王學誥修	清道光五年刻本
道光麗水縣志	清・張　銑纂修	清道光二十六年刻本
道光廉州府志	清・張堉春修，陳治昌等纂	清道光十三年刻本
道光臨川縣志	清・劉繩武等修，紀大奎等纂	清道光三年刻本
道光臨邑縣志	清・沈　淮纂修	清道光十七年刻本

道光瓊州府志　清・明　誼修，張岳崧纂　清道光二十一年刻光緒十六年補刻本

道光榮成縣志　清・李天騭修，岳賡廷纂　清道光二十年刻本

道光深州直隸州志　清・張範東修，李廣滋纂　清道光七年刻本

道光遂溪縣志　清・喻炳榮修，朱德華、楊　翊纂　清道光二十九年刻本

道光泰州志　清・王有慶等修，陳世鎔等纂　清道光七年刻本

道光萬州志　清・胡端書修，楊士錦、吴鳴清纂　清道光八年刻本

道光武進陽湖縣合志　清・孫　琬、王德茂修，李兆洛、周儀暐纂　清道光二十三年刻本

道光武寧縣志　清・陳雲章修，張紹璣等纂　清道光四年刻本

道光武强縣志重修　清・翟慎行修，翟慎典纂　清道光十一年刻本

道光香山縣志　清・祝　淮修，黄培芳纂　清道光八年刻本

道光新淦縣志　清・宋　庚修，陳　化纂　清道光五年刻本

道光修武縣志　清・馮繼照修，金　皋、袁　俊纂　清道光十九年刻本

道光續修桐城縣志　清・廖大聞等修，金鼎壽纂　清道光七年修十四年刻本

道光宣平縣志　清・湯金策修　清道光二十年刻本

道光永康縣志　清・廖重機、彭元海修，應曙霞、潘國詔纂　清道光十七年刻本

道光乍浦備志　清・鄒　璟纂　清道光八年刻本

道光枝江縣志　清・謝丕績修，李輝光纂　清道光八年刻本

道光重修蓬萊縣志　清・王文燾修，張　本、葛元昶纂　清道光十九年刻本

道光重修儀徵縣志　清・王檢心修，劉文淇、張安保纂　清道光三十年刻本

道光重修昭化縣志　清・張紹齡等纂修　清道光二十五年刻本

道要靈祇神鬼品經　唐・佚　名　明正統刻道藏本

道園學古録　元・虞　集　文淵閣四庫全書本

帝範　唐・李世民　文淵閣四庫全書本

帝鄉紀畧　明・曾惟誠纂修　明萬曆二十七年刻本

东方大中集　漢・東方朔　清光緒十八年善化章經濟堂刻本

東漢會要　宋・徐天麟　文淵閣四庫全書本

東萊外集	宋・吕祖謙	文淵閣四庫全書本
東里别集	明・楊士奇	文淵閣四庫全書本
東里續集	明・楊士奇	文淵閣四庫全書本
東坡全集	宋・蘇　軾	文淵閣四庫全書本
東維子集	元・楊維楨	文淵閣四庫全書本
讀史方輿紀要	清・顧祖禹	影印上海圖書館藏稿本
讀通鑒論	清・王夫之	清光緒二十五年上海書局鉛印船山遺書本
杜工部集	唐・杜　甫撰，清・錢謙益箋注	影印清康熙六年季氏静思堂刻本
杜詩詳註	唐・杜　甫撰，清・仇兆鰲輯注	文淵閣四庫全書本
端明集	宋・蔡　襄	文淵閣四庫全書本
爾雅翼	宋・羅　願	文淵閣四庫全書本
爾雅註疏	晉・郭　璞注，宋・邢　昺疏	清光緒十四年上海書局宋本十三經註疏併經典釋文校勘記本
番郡瑻録	清・王朝渠纂	清嘉慶七年纂同治九年木活字印本
樊川文集	唐・杜　牧	文淵閣四庫全書本
樊南文集補編	唐・李商隱	清同治望三益齋精刻本
樊南文集詳註	唐・李商隱撰，清・馮　浩注	清乾隆四十五年德聚堂刻本
氾勝之書	漢・氾勝之	文淵閣四庫全書本
范德機詩集	元・范　梈	文淵閣四庫全書本
范太史集	宋・范祖禹	文淵閣四庫全書本
范文正别集	宋・范仲淹	文淵閣四庫全書本
范文正集	宋・范仲淹	文淵閣四庫全書本
范文正集補編	宋・范仲淹撰，清・范能濬輯	文淵閣四庫全書本
范文正奏議	宋・范仲淹	文淵閣四庫全書本
范忠宣集	宋・范純仁	文淵閣四庫全書本
風俗通義	漢・應　劭	影印常熟鐵琴銅劍樓瞿氏藏元刊本
楓山集	明・章　懋	文淵閣四庫全書本

奉天靖難記　明・佚　名　明刊鄧士龍國朝典故本
鳳陽新書　明・袁文新修，柯仲炯等纂　明天啓元年刻本
甫里集　唐・陸龜蒙　文淵閣四庫全書本
滏水集　金・趙秉文　文淵閣四庫全書本
阜陽縣志　清・潘世仁修，王麟徵纂　清乾隆二十年刻本
傅中丞集　晉・傅　咸　彭懋謙信述堂漢魏六朝百三名家集本
覆瓿集　明・劉　基　文淵閣四庫全書本
高安縣志　清・高以本修，吴層雲等纂　清道光四年刻本
高常侍集　唐・高　適　文淵閣四庫全書本
革除遺事　明・黄　佐　明刊鄧士龍國朝典故本
公是集　宋・劉　敞　文淵閣四庫全書本
攻媿集　宋・樓　鑰　文淵閣四庫全書本
古今合璧事類備要　宋・謝維新　文淵閣四庫全書本
古詩紀　明・馮惟訥　文淵閣四庫全書本
古文淵鑒　清・徐乾學等編　清康熙二十四年刻五色套印本
古文苑　宋・章　樵注　文淵閣四庫全書本
古謡諺　清・杜文瀾輯　影印清咸豐十一年曼陀羅華閣刻本
古逸民先生集　宋・汪炎昶　文淵閣四庫全書本
古樂府　元・左克明編　文淵閣四庫全書本
乖崖集　宋・張　詠　文淵閣四庫全書本
關尹子　文淵閣四庫全書本
管子　文淵閣四庫全書本
光緒保定府志稿　清・鄭士蕙纂修　清光緒五年稿本
光緒常昭合志稿　清・鄭锺祥、张　瀛修，龐鴻文等纂　清光緒三十年木活字印本
光緒撫寧縣志　清・張上龢修，史夢蘭纂　清光緒三年刻本
光緒寶山縣志　清・梁蒲貴、吴康壽修，朱延射、潘履祥纂　清光緒八年學海書院刻本

光緒北流縣志	清·徐作梅修，李士琨等纂	清光緒六年刻本
光緒曹縣志	清·陳嗣良修，孟廣來、賈迺延纂	清光緒十年刻本
光緒昌邑縣續志	清·陳嘉楷修，韓天衢纂	清光緒三十三年刻本
光緒長子縣志	清·豫　謙修，楊　篤纂	清光緒十年刻本
光緒川沙廳志	清·陳方瀛修，俞　樾等纂	清光緒五年刻本
光緒慈溪縣志	清·楊泰亨、馮可鏞纂	清光緒十四年稿本
光緒大城縣志	清·趙炳文、徐國禎修，劉鍾英、鄧毓怡纂	清光緒二十三年刻本
光緒丹稜縣志	清·顧汝蕚修，朱文瀚等纂	清光緒十八年刻本
光緒丹陽縣志	清·劉　誥、淩　焯等修，徐錫麟、姜　璘纂	清光緒十一年鴻鳳書院刻本
光緒德平縣志	清·淩錫祺修，李敬熙纂	清光緒十九年刻本
光緒東光縣志	清·周植瀛修，吴潯源纂	清光緒十四年刻
光緒費縣志	清·李敬修纂修	清光緒二十二年刻本
光緒汾陽縣志	清·方家駒、慶　文修，王文員等纂	清光緒十年刻本
光緒鳳縣志	清·朱子春修，段澍霖纂	清光緒十八年刻本
光緒阜寧縣志	清·阮本焱等修，陳肇礽、殷自芳纂	清光緒十二年刻本
光緒甘肅新通志	清·昇　允、長　庚修，安維峻纂	清宣統元年刻本
光緒歸安縣志	清·李　昱修，陸心源纂	清光緒八年刻本
光緒海鹽縣志	清·王　彬修，徐用儀纂	清光緒二年稿本
光緒杭州府志	清·丁　丙修，王　棻纂	清光緒二十四年稿本
光緒湖南通志	清·李瀚章等修，曾國荃等纂	清光緒十一年刻本
光緒黄岩縣志	清·陳鍾英修	清光緒六年刻本
光緒嘉定縣志	清·程其玨修，楊震福等纂	清光緒八年刻本
光緒嘉善縣志	清·江峰青修，顧福仁纂	清光緒二十年刻本
光緒嘉興府志	清·許瑶光修	清光緒四年刻本
光緒嘉應州志	清·吴宗焯、李慶榮修，温仲和纂	清光緒二十七年刻本
光緒江西通志	清·劉坤一等修，劉　鐸等纂	清光緒七年刻本

光緒絳縣志　清·劉　斌修，張于鑄纂　清光緒六年刻本

光緒階州直隸州續志　清·葉恩沛修，吕震南纂　清光緒十二年刻本

光緒金壇縣志　清·夏宗彝修，汪國鳳等纂　清光緒十一年木活字印本

光緒鉅鹿縣志　清·淩　燮修，赫慎修、夏應麟纂　清光緒十二年刻本

光緒昆新兩縣續修合志　清·金吴瀾修　清光緒六年刻本

光緒臨榆縣志　清·趙允祜修，高錫疇等纂　清光緒四年刻本

光緒灤州志　清·楊文鼎修，王大本、吴寶善纂　清光緒二十四年刻本

光緒麻城縣志　清·陸佑勤修　清光緒八年刻本

光緒南匯縣志　清·金福曾、顧思賢修，張文虎等纂　清光緒五年刻本

光緒寧津縣志　清·祝嘉庸修，吴潯源纂　清光緒二十六年刻本

光緒寧陵縣志　清·王圖寧修，王肇棟纂　清光緒十九年汪鈞澤刻

光緒平湖縣志　清·彭潤章修　清光緒十二年刻本

光緒榮昌縣志　清·文　康原本，施學煌續修，敖册賢續纂　清光緒十年增刻本

光緒三續華州志　清·吴炳南修，劉　域纂　清光緒八年合刻華州志本

光緒三續掖縣志　清·魏起鵬修　清光緒十九年刻本

光緒上海縣志劄記　清·秦榮光纂　清光緒二十八年鉛印本

光緒上虞縣志校續　清·儲家藻修　清光緒二十四年刻本

光緒石城縣志　清·蔣廷桂修，陳蘭彬等纂　清光緒十八年刻本

光緒松江府續志　清·博　潤修，姚光發等纂　清光緒十年刻本

光緒台州府志　清·趙亮熙、郭式昌修，王舟瑶等纂　清光緒二十三年稿本

光緒太倉直隸州志　清·吴承潞修，葉裕仁纂　清光緒初稿本

光緒泰興縣志　清·楊激雲修　清光緒十二年刻本

光緒唐縣志　清·陳　詠修，張惇德纂　清光緒四年刻本

光緒通州直隸州志　清·梁悦馨、莫祥芝修，季念詒、沈　鍠纂　清光緒元年刻本

光緒柘城縣志　清·李　藩等修　清光緒二十二年刻本

光緒烏程縣志　清·潘玉璿修　清光緒七年刻本

光緒吴橋縣志	清・倪昌燮修，馮慶楊纂	清光緒元年瀾陽書院刻本
光緒雄縣鄉土志	清・劉崇本編	清光緒三十一年鉛印本
光緒續修絳縣志	清・劉　斌修，張于鑄纂	清光緒六年刻本
光緒鹽城縣志	清・劉崇照修，陳玉樹、龍繼棟纂	清光緒二十一年刻本
光緒嶧縣志	清・王振録、周鳳鳴修，王寶田纂	清光緒三十年刻本
光緒永濟縣志	清・李榮和、劉鍾麟修，張元懋纂	清光緒十二年刻本
光緒永嘉縣志	清・張寶琳修，王　棻、孫詒讓纂	清光緒八年温州維新書局刻本
光緒永平府志	清・游智開修	清光緒二年刻本
光緒餘姚縣志	清・周炳麟修，邵友濂、孫德祖纂	清光緒二十五年刻本
光緒玉環廳志	清・杜冠英、胥壽榮修，吕鴻燾纂	清光緒六年刻本
光緒鬱林州志	清・馮德材、全文炳修，文德馨、牟懋圻纂	清光緒二十年刻本
光緒月浦志	清・張人鏡纂	清光緒十四年纂稿本
光緒樂亭縣志	清・顧肇墉等修	清光緒三年刻本
光緒再續高郵州志	清・金元烺、龔定瀛修，夏子鍚纂	清光緒九年刻本
光緒漳浦縣志	清・陳汝咸修	清光緒三十二年刻本
光緒漳州府志	清・沈定均修，吴聯薰等纂	清光緒三年芝山書院刻本
光緒鎮海縣志	清・于萬川修，俞　樾等纂	清光緒五年鯤池書院刻本
光緒鎮雄州志	清・吴光漢修，宋成基纂	清光緒十三年刻本
光緒正定縣志	清・慶之金、賈孝彰修，趙文濂等纂	清光緒元年刻本
光緒重修奉賢縣志	清・韓佩金修，張文虎等纂	清光緒四年刻本
光緒重修嘉善縣志	清・江峰青修，顧福仁纂	清光緒二十年刻本
光緒重修五河縣志	清・賴同晏、孫玉銘修，俞宗誠等纂	清光緒二十年刻本
光緒諸暨縣志	清・陳遹聲修，蔣鴻藻纂	清光緒三十四年修宣統二年刻本
廣成集	五代・杜光庭	景北京白雲觀藏正統道藏本
廣惠編	清・朱　軾纂	清康熙六十年劉鎮刻本
廣雅疏證	清・王念孫	清嘉慶元年刻本

廣志	晉·郭義恭	宛委山堂刻説郛本
國初禮賢録	明·佚　名	明刊鄧士龍國朝典故本
國秀集	唐·芮挺章輯	明崇禎元年毛氏汲古閣刻本
國語注	三國吴·韋　昭注	影印杭州葉氏藏明嘉靖翻宋本
海峰先生文集	清·劉大櫆	清同治十三年刻本
海陵集	宋·周麟之	文淵閣四庫全書本
海鹽縣圖經	明·樊維城修，胡震亨、姚士粦纂	明天啓四年刻本
韓非子		影印上海涵芬樓藏景宋鈔校本
韓詩外傳	漢·韓　嬰	清光緒元年望三益齋刻本
漢書	漢·班　固	清乾隆武英殿刻本
翰苑集	唐·陸　贄	文淵閣四庫全書本
何水部集	南朝·梁何遜	彭懋謙信述堂漢魏六朝百三名家集本
鶡冠子	宋·陸　佃注	影印江陰繆氏藝風堂藏明覆宋刊本
弘治八閩通志	明·陳　道、黃仲昭等纂	明弘治四年刻本
弘治常熟縣志	明·楊子器修，桑　瑜纂	明弘治十二年修十六年刻本
弘治嘉興府志	明·柳　琰修，曾　春纂，林　光校正	明弘治五年刻本
弘治潞州志	明·馬　暾纂修	明弘治十五年刻本
弘治嚴州府志	明·李德恢纂修	明弘治六年刻嘉靖間增補刻本
弘治重修無錫縣志	明·吴鳳翔修，李舜明纂	明弘治七年刻本
洪龜父集	宋·洪　朋	文淵閣四庫全書本
侯鯖録	宋·趙令畤	文淵閣四庫全書本
後村集	宋·劉克莊	文淵閣四庫全書本
後漢紀	晉·袁　宏	清康熙襄平蔣氏刻本
後漢書	南朝宋·范　曄	清乾隆武英殿刻本
後山集	宋·陳師道	文淵閣四庫全書本
滹南集	金·王若虚	文淵閣四庫全書本

湖山集	宋·吴芾	文淵閣四庫全書本
華陽國志	晉·常璩	影印烏程劉氏嘉業堂藏明錢叔寶寫本
華陽集	宋·王珪	文淵閣四庫全書本
華陽集	唐·顧况	文淵閣四庫全書本
淮海集	宋·秦觀	文淵閣四庫全書本
淮南子	漢·劉安	清光緒二年浙江書局校刻武進莊逵吉本
荒政叢書	清·俞森	文淵閣四庫全書本
荒政輯要	清·汪志伊纂	清同治八年崇文書局刻本
荒政考	清·王心敬撰	關中叢書本
荒政瑣言	清·萬維翰撰	清乾隆十七年芸暉堂刻本
皇甫持正文集	唐·皇甫湜	文淵閣四庫全書本
皇明本紀	明·佚名	彭懋謙信述堂漢魏六朝百三名家集本
皇清文穎	清·陳廷敬	文淵閣四庫全書本
晦庵別集	宋·朱熹	文淵閣四庫全書本
晦庵集	宋·朱熹	文淵閣四庫全書本
會稽掇英總集	宋·孔延之輯	文淵閣四庫全書本
雞肋集	宋·晁補之	文淵閣四庫全書本
集古録	宋·歐陽修	文淵閣四庫全書本
集千家註杜工部詩集	唐·杜甫撰，宋·黄鶴補注，元·高楚芳編	明嘉靖十五年玉山幾人刻本
嘉靖常德府志	明·陳洪謨纂修	明嘉靖十四年刻本
嘉靖常熟縣志	明·馮汝弼修，鄧韍等纂	明嘉靖十八年刻本
嘉靖潮州府志	明·郭春震纂修	明嘉靖二十六年刻本
嘉靖德清縣志	明·方日乾修，陳霆纂	明嘉靖四年刻十六年增刻本
嘉靖福寧州志	明·陳應賓修，閔文振纂	明嘉靖十七年刻本
嘉靖撫州府志	明·黄顯修，陳九川、徐良傅纂	明嘉靖三十三年刻本
嘉靖固安縣志	明·何永慶修，蘇志皋纂	明嘉靖四十四年刻本

嘉靖固始縣志　明·張　梯修，葛　臣纂　明嘉靖二十一年刻三十一年南垌草堂補刻本

嘉靖廣德州志　明·朱　麟修，黄紹文纂　明嘉靖十五年刻本

嘉靖廣東通志　明·戴　璟修，張岳等纂　明嘉靖十四年刻本

嘉靖海門縣志　明·吴宗元修，崔　桐纂　明嘉靖間刻本

嘉靖海寧縣志　明·蔡　完修，董　穀纂　明嘉靖三十六年刻本

嘉靖海鹽縣志　明·夏　浚修，徐　泰纂　明嘉靖十一年修清抄本

嘉靖漢陽府志　明·劉汝松、賈應瑜修，朱　衣纂　明嘉靖二十五年刻本

嘉靖漢中府志　明·張良知纂修　明嘉靖二十三年刻本

嘉靖河間府志　明·郜　相修，樊　深纂　明嘉靖十九年刻本

嘉靖河南通志　明·鄒守愚修，李　濂纂　明嘉靖三十四年刻本

嘉靖湖廣圖經志書　明·薛　綱纂修，吴廷舉續修　明嘉靖元年刻本

嘉靖許州志　明·張良知纂修　明嘉靖十九年刻本

嘉靖懷慶府志　明·孟　重修，劉　涇等纂　明嘉靖四十五年刻本

嘉靖皇明天長志　明·邵時敏修，王　心纂　明嘉靖二十九年刻本

嘉靖徽郡志　明·孟鵬年修，郭從道、張鶴年纂　明嘉靖四十二年刻本

嘉靖惠安縣續志　清·婁　雲纂修　清道光十二年刻本

嘉靖冀州志　明·張景達修，張　璽纂　明嘉靖二十七年刻本

嘉靖嘉興府圖記　明·趙　瀛修，趙文華纂　明嘉靖二十八年刻本

嘉靖建寧縣志　明·何孟倫纂修　明嘉靖三十五年刻本

嘉靖江陰縣志　明·趙　錦修，張　衮纂　明嘉靖二十七年刻本

嘉靖荆州府志　明·孫　存修，王寵懷纂　明嘉靖十一年刻本

嘉靖蘭陽縣志　明·褚　宧修，李希程纂　明嘉靖二十五年刻本

嘉靖遼東志　明·任　洛等修，薛廷寵等纂　明嘉靖十六年刻本

嘉靖臨山衛志　明·朱　冠、耿宗道纂　明嘉靖四十三年纂民國三年木活字印本

嘉靖臨潁志　明·盧　鏜纂修，杜　柟增纂　明嘉靖八年刻二十年增刻本

嘉靖六安州志　明·邵德久等纂修　明嘉靖三十四年刻本

嘉靖六合縣志	明·董邦政修，黄紹文纂	明嘉靖三十二年刻本
嘉靖沔陽志	明·曾　儲修，童承叙纂	明嘉靖十年刻本
嘉靖寧波府志	明·周希哲、曾　鎰修，張時徹等纂	明嘉靖三十九年刻本
嘉靖寧州志	明·龔　暹纂修	明嘉靖二十二年刻本
嘉靖平涼府志	明·趙時春纂修	明嘉靖刻萬曆增刻本
嘉靖蘄水縣志	明·盛　鳳等修，蕭　璞等纂	明嘉靖二十六年刻本
嘉靖杞縣志	明·蔡時雍修，王顯志纂	明嘉靖二十五年刻本
嘉靖清河縣志	明·孟仲遴纂修	明嘉靖三十年刻本
嘉靖仁和縣志	明·沈朝宣纂修	清光緒十九年錢塘丁氏嘉惠堂刻武林掌故叢編本
嘉靖山西通志	明·楊宗氣修，周斯盛纂	明嘉靖四十三年刻本
嘉靖陝西通志	明·趙廷瑞修，馬　理、吕　柟纂	明嘉靖二十一年刻本
嘉靖商城縣志	明·萬　烱修，張應辰纂	明嘉靖三十年刻本
嘉靖上高縣志	明·陳廷舉修，鄭廷俊纂	明嘉靖三十三年刻本
嘉靖韶州府志	明·符　錫修，秦志道纂	明嘉靖二十一年刻本
嘉靖邵武府志	明·邢　址修，陳　讓纂	明嘉靖二十二年刻本
嘉靖壽州志	明·栗永禄纂修	明嘉靖二十九年刻本
嘉靖隨志	明·顔　木纂修	明嘉靖十八年刻本
嘉靖太康縣志	明·安　都纂修	明嘉靖三年刻本
嘉靖太原縣志	明·高汝行纂修	明嘉靖三十年刻本
嘉靖通許縣志	明·韓　玉纂修	明嘉靖二十四年刻本
嘉靖通州志	明·鍾　汪修，林　穎等纂	明嘉靖九年刻本
嘉靖武平志	明·徐甫宰纂修	明嘉靖三十八年刻本
嘉靖夏邑縣志	明·鄭　相修，黄虎臣纂	明嘉靖三十年刻本
嘉靖象山縣志	明·毛德京修，楊民彝、周茂伯纂	明嘉靖三十五年刻隆慶五年增刻本
嘉靖蕭山縣志	明·林　策修，張　燭纂，魏　堂續增	明抄本
嘉靖興國州志	明·唐　寧修，林愛民纂	明嘉靖三十三年刻本

嘉靖興化縣志	明·胡順華纂修	明嘉靖三十八年刻本
嘉靖興寧縣志	明·黄國奎修，盛　繼纂	明嘉靖三十一年刻本
嘉靖宿州志	明·余　鍧纂修	明嘉靖十六年刻本
嘉靖葉縣志	明·邵　苾修，牛　鳳纂	明嘉靖二十一年刻本
嘉靖翼城縣志	明·鄢桂枝修，楊汝江纂	明嘉靖二十七年刻本
嘉靖欽州志	明·林希元纂修	明嘉靖十八年刻本
嘉靖潁州志	明·吕景蒙修，胡　袞纂	明嘉靖十五年刻本
嘉靖永城縣志	明·鄭　禮纂修	明嘉靖二十三年刻本
嘉靖永豐縣志	明·管　景纂修	明嘉靖二十三年刻本
嘉靖永嘉縣志	明·程文箸修，王叔杲纂	明嘉靖四十五年刻本
嘉靖裕州志	明·牛孟耕纂修	明嘉靖間刻本
嘉靖柘城縣志	明·壽　濂纂修	明嘉靖三十三年抄本
嘉靖真定府志	明·唐　臣修，雷　禮纂	明嘉靖二十八年刻本
嘉靖重修如皋縣志	明·謝紹祖纂修	明嘉靖三十九年刻本
嘉慶安康縣志	清·鄭　謙修，王森文纂	清嘉慶二十年刻本
嘉慶白河縣志	清·嚴一青纂修	清嘉慶六年刻道光江陽朱斗南增刻本
嘉慶潮陽縣志	清·唐文藻纂修	清嘉慶二十四年刻本
嘉慶澄海縣志	清·李書吉等纂修	清嘉慶二十年刻本
嘉慶東台縣志	清·周　右纂修	清嘉慶二十一年刻本
嘉慶二續淞南志	清·陳至言纂	清嘉慶十八年木活字印本
嘉慶方泰志	清·王初桐纂	清嘉慶十二年刻本
嘉慶廣西通志	清·謝啓昆修，胡　虔纂	清嘉慶六年刻本
嘉慶廣宗縣志	清·李師舒纂修	清嘉慶七年刻本
嘉慶海州直隸州志	清·唐仲冕修，汪梅鼎等纂	清嘉慶十六年刻本
嘉慶績溪縣志	清·清　愷修，席存泰纂	清嘉慶十五年刻本
嘉慶嘉興府志	清·伊湯安修，馮應榴、沈啓震纂	清嘉慶六年刻本
嘉慶嘉興縣志	清·佚　名	清嘉慶六年至七年刻本

嘉慶蘭溪縣志　清・張　許修，陳鳳舉等纂　清嘉慶五年刻本
嘉慶灤州志　清・吴士鴻修，孫學恒纂　清嘉慶十五年刻本
嘉慶洛川縣志　清・劉毓秀修　清嘉慶十一年刻道光印本
嘉慶平陰縣志　清・喻春林修，朱續孜纂　清嘉慶十三年刻本
嘉慶沁水縣志　清・徐品山修，張心至纂　清嘉慶刻本
嘉慶泉州府志　清・懷蔭布修，黄　任、郭賡武纂　清乾隆二十八年刻本
嘉慶瑞安縣志　清・張德標修，王殿金、黄徵義纂　清嘉慶十三年刻本
嘉慶山陰縣志　清・徐元梅修，朱文翰等纂　清嘉慶八年刻本
嘉慶上海縣志　清・王大同修，李林松纂　清嘉慶十九年刻本
嘉慶上虞縣志　清・崔鳴玉修，李方湛、朱文紹纂　清嘉慶十六年刻本
嘉慶邵陽縣志　清・唐鳳德修，黄崇光等纂　清嘉慶二十五年刻本
嘉慶石門縣志　清・耿維祜修，潘文輅、潘蓉鏡纂　清嘉慶二十三年修道光元年刻本
嘉慶松江府志　清・宋如林主修　清嘉慶二十二年刻本
嘉慶淞南志　清・陳元模纂　清嘉慶活字印本
嘉慶桐鄉縣志　清・李廷輝修　清嘉慶四年刻本
嘉慶息縣志　清・劉光輝修　清嘉慶四年刻本
嘉慶邢臺縣志　清・竇景燕纂修，沈蓮生續修　清嘉慶十四年修道光七年續修刻本
嘉慶續修中部縣志　清・丁　瀚修，張永清等纂　清嘉慶十二年刻本
嘉慶宣城縣志　清・陳受培修，張　燾纂　清嘉慶十三年刻本
嘉慶義烏縣志　清・諸自穀修　清嘉慶七年刻本
嘉慶鄖陽志　清・王正常修，謝攀雲纂　清嘉慶二年刻本
嘉慶直隸太倉州志　清・王　昶纂修　清嘉慶七年刻本
嘉慶重修揚州府志　清・阿克當阿修，姚文田、江　藩等纂　清嘉慶十五年刻本
兼濟堂文集　清・魏裔介　文淵閣四庫全書本
翦勝野聞　明・徐禎卿　明刊鄧士龍國朝典故本
謇齋瑣綴録　明・尹　直　明刊鄧士龍國朝典故本
建文皇帝遺蹟　明・佚　名　明刊鄧士龍國朝典故本

劍南詩稿	宋・陸　游	文淵閣四庫全書本
江湖後集	宋・陳　起	文淵閣四庫全書本
江月松風集	元・錢惟善	文淵閣四庫全書本
教稼書	清・孫宅揆撰，盛百二增訂	清乾隆間刻本
椒邱文集	明・何喬新	文淵閣四庫全書本
蛟峰文集	宋・方逢振	文淵閣四庫全書本
節孝集	宋・徐　積	文淵閣四庫全書本
金史	元・脱　脱等撰	清乾隆武英殿刻本
金淵集	元・仇　遠	清乾隆武英殿活字印聚珍版叢書本
縉雲文集	宋・馮時行	清趙氏小山堂抄本
荆楚歲時記	南朝梁・宗　懍	明萬曆二十年何允中刻廣漢魏叢書本
經義考	清・朱彝尊	文淵閣四庫全書本
景定建康志	宋・周應合撰	文淵閣四庫全書本
景文集	宋・宋　祁	清乾隆武英殿活字印本
静修集	元・劉　因	文淵閣四庫全書本
救荒定義	清・陳　瑚撰	清道光十三年棣香齋叢書刻本
救荒活民書	宋・董　煟	文淵閣四庫全書本
救荒事宜	明・張　陛	涵芬樓影印清道光十一年六安晁氏木活字學海類編本
舊唐書	五代・劉　昫	清乾隆武英殿刻本
舊五代史	宋・薛居正修	清乾隆武英殿刻本
君子堂日詢手鏡	明・王　濟	國朝典故六十種本
開元占經	唐・瞿曇悉達撰	明大德堂抄本
康濟録	清・陸曾禹	清同治八年崇文書局刻本
康熙安慶府潛山縣志	清・周克友纂修	清康熙十四年刻本
康熙安慶府宿松縣志	清・朱維高、胡永昌修，黄　鉞、石頌功纂	清康熙十四年刻本
康熙安州志	清・王朝佐修，房循獲等纂	清康熙十九年刻本
康熙霸州志	清・朱廷梅修，孫振宗纂	清康熙十三年刻本

康熙柏鄉縣志	清・謝廷瑞修，魏裔介纂	清康熙十九年刻本
康熙保定府志	清・紀弘謨等修，郭棻纂	清康熙十九年刻本
康熙博平縣志	清・堵嶷修，張翕纂	清康熙三年刻本
康熙博野縣志	清・王國泰修	清康熙十五年刻本
康熙昌化縣志	清・周頌孫修，陳秉謙等纂	清康熙十二年刻本
康熙長寧縣志	清・井歆修，張問行等纂	清康熙十二年刻本
康熙長興縣志	清・韓應恒修，金鏡、朱升纂	清康熙十二年刻本
康熙巢縣志	清・于覺世修，陸龍騰等纂	清康熙十二年刻本
康熙潮陽縣志	清・臧憲祖纂修	清康熙二十六年刻本
康熙成安縣志	清・王公楷修，張橃纂	清康熙十二年刻本
康熙城固縣志	清・王穆纂修	清康熙五十六年刻本
康熙澄邁縣志	清・丁斗柄修，曾典學纂	清康熙十一年刻本
康熙崇明縣志	清・朱衣點修，黄國彝纂	清康熙二十三年刻本
康熙大城縣志	清・張象燦修，馬恂等纂	清康熙十二年刻本
康熙大冶縣志	清・謝鏻修，胡繩祖纂	清康熙二十二年刻本
康熙儋州志	清・韩佑纂修	清康熙四十三年刻本
康熙德安安陸郡縣志	清・高翺、高聯捷修，沈會霖纂	清康熙五年刻本
康熙德平縣志	清・戴王縉修，劉胤德纂	清康熙十二年刻本
康熙登州府志	清・任璿纂修	清康熙刻本
康熙鼎修德安府全志	清・傅鶴祥修，萬年觀等纂	清康熙二十四年刻本
康熙定海縣志	清・繆燧修，陳琯等纂	清康熙五十四年刻本
康熙定興縣志	清・張其珍修，尚新民、許啓祥纂	清康熙十二年刻本
康熙定州志	清・黄開運纂修	清康熙十一年刻本
康熙東光縣志	清・白爲璣修，馮樾纂	清康熙三十二年刻本
康熙東明縣志	清・金世德修，楊日升纂	清康熙十二年刻本
康熙恩平縣志	明・宋應昇原本，佟世男續修，鄭軾等續纂	清康熙二十七年刻本
康熙繁昌縣志	清・梁延年修，閔燮纂	清康熙十七年刻本

康熙扶溝縣志　清·繆應晉修，何際美纂　清康熙三十二年刻本
康熙甫里志　清·陳維中纂修　清康熙四十一年樹德堂刻本
康熙撫寧縣志　清·劉　馨修，王運恒纂　清康熙十八年刻本
康熙撫州府志　清·劉玉瓚修，饒昌胤等纂　清康熙四年刻本
康熙贛縣志　清·劉瀚芳修，孫麟貴等纂　清康熙二十三年刻本
康熙高密縣志　清·張　浩修，張寅威、李世湊纂　清康熙四十九年刻本
康熙廣平府志　清·金鳴鳳修，陳南賢纂　清康熙二十二年刻本
康熙光澤縣志　清·沈奕琛修，申涵盼纂　清康熙三十三年刻本
康熙海康縣志　清·鄭　俊修，宋紹啓纂　清康熙二十六年刻本
康熙海寧縣志　清·許三禮纂修，黄承璉續纂修　清康熙二十二年刻本
康熙海鹽縣志　清·張素仁修，彭孫貽、童申祉纂　清康熙十二年抄本
康熙海鹽縣志補遺　清·張素仁修，彭孫貽、童申祉纂　清康熙十二年抄本
康熙杭州府志　清·馬如龍修，楊　鼐等纂　清康熙二十五年刻本
康熙河南通志　清·顧　汧修，張　沐纂　清康熙三十四年刻本
康熙衡州府志　清·張奇勛修，周士儀纂　清康熙十年刻本
康熙湖廣通志　清·徐國相等修，宫夢仁、姚淳燾纂　清康熙二十三年刻本
康熙湖廣武昌府志　清·裴天錫修，羅人龍纂　清康熙二十六年刻本
康熙會稽縣志　清·吕化龍修，董欽德纂　清康熙十三年刻本
康熙稷山縣志　清·顧湙初纂修　清康熙十二年刻本
康熙嘉定縣志　清·趙　昕修，蘇　淵纂　清康熙十二年刻本
康熙嘉興府志　清·袁國梓等纂修　清康熙二十一年刻本
康熙建寧縣志　清·周　熸修，陳　恂纂　清康熙十一年刻本
康熙江南通志　清·于成龍等修，張九徵、陳　焯纂　清康熙二十三年江南通志局刻本
康熙江夏縣志　清·馬仲駿纂修　清康熙二十二年抄本
康熙交河縣志　清·牆　鼎修，黄　伉纂　清康熙十二年刻本
康熙解州志　清·陳士性修，馬淑援纂　清康熙十二年刻本
康熙晋州志　清·郭建章原本，康如璉續修，劉士麟續纂　清康熙三十九年刻本

康熙涇陽縣志　清·王際有纂修　清康熙九年刻本
康熙静海縣志　清·閻甲胤修，馬方伸纂　清康熙十二年刻本
康熙具區志　清·翁　澍撰　清康熙湘雲閣刻本
康熙開封府志　清·管竭忠修，張　沐纂　清康熙三十四年刻本
康熙開建縣志　清·張沖斗修，侯文邦纂　清康熙十二年刻本
康熙開州志　清·孫　棨纂修　清康熙十二年刻本
康熙康熙富民縣志　清·彭兆逵修，楊㨗秀纂　清康熙五十一年刻本
康熙蘭州志　清·劉　斗修，陳如稷纂　清康熙二十五年刻五十四年增刻本
康熙利津縣新志　清·韓文焜纂修　清康熙十二年刻本
康熙臨晋縣志　清·齊以治修，王恭先纂　清康熙二十五年刻本
康熙龍門縣志　清·章　惇纂修　清康熙五十一年刻本
康熙龍巖縣志　清·江　藻修，鄭　愫纂　清康熙二十八年刻本
康熙廬州府志　清·周　熊纂修　清康熙抄本
康熙欒城縣志　清·賀應旌纂　清康熙二十二年刻本
康熙滿城縣志　清·張　焕纂修，賈永宗增修　清康熙五十二年刻乾隆十六年增刻本
康熙密雲縣志　清·趙弘化纂修　清康熙刻本
康熙南豐縣志　清·鄭　釴修，劉　凝等纂　清康熙二十四年刻本
康熙南皮縣志　清·馬士瓊修，吴維哲、黄得熩纂　清康熙十二年刻本
康熙内鄉縣志　清·汪匡鼎原本，施彦士續纂修　清康熙五十一年增刻本
康熙寧波府志　清·李廷機修，左臣黄、姚宗京纂　清康熙二十二年修抄本
康熙寧陽縣志　清·劉興漢修，程待聘纂　清康熙十一年刻本
康熙平山縣志　清·湯　聘修，秦有容纂　清康熙十二年刻本
康熙齊河縣志　清·王道光纂修　清康熙刻本
康熙鉛山縣志　清·潘士瑞修，詹兆泰等纂　清康熙二十二年刻本
康熙錢塘縣志　清·魏　㟝修，裘　璉等纂　清康熙五十七年刻本
康熙慶雲縣志　清·李居一修　清康熙十九年三韓李興祖刻本
康熙仁和縣志　清·趙世安纂修　清康熙刻本

康熙滎河縣志　清・李長庚修，張殿珠纂　清康熙十二年刻本
康熙芮城縣志　清・王舜民纂修　清康熙十一年刻本
康熙瑞昌縣志　清・江　皋修　清康熙十二年刻本
康熙三河縣志　清・陳伯嘉纂修　清康熙十二年修康熙間抄本
康熙山陰縣志　清・高登先修，沈麟趾等纂　清康熙十年刻本
康熙上海縣志　清・史　彩修，葉映榴等纂　清康熙二十二年刻本
康熙上猶縣志　清・章振萼纂修　清康熙三十六年刻本
康熙順德縣志　清・黃培彝修，嚴而舒纂　清康熙十三年刻本
康熙嵩縣志　清・盧志遜修，李　滋纂　清康熙間刻本
康熙蘇州府志　清・寧雲鵬、盧騰龍等修，沈世奕、繆　彤纂　清康熙三十年刻本
康熙遂安縣志　清・劉從龍修，方象璜、方象瑛纂　清康熙十二年刻本
康熙遂溪縣志　清・宋國用修，洪泮洙纂　清康熙二十六年刻本
康熙台州府志　清・張聯元修，方景濂等纂　清康熙六十一年刻本
康熙郯城縣志　清・張三俊修，馮可參纂　清康熙十二年刻本
康熙唐山縣志　清・孫　纘修，張鵬翎纂　清康熙十二年刻本
康熙唐縣新志　清・王　政修，張　珽、陳　瑺纂　清康熙十一年刻本
康熙滕縣志　清・黃　浚修，王特選纂　清康熙五十六年刻本
康熙通州志　清・王宜亨修，王儆通、王兆陞纂　清康熙十三年刻本
康熙桐廬縣志　清・童　煒修，吳文煒、王僉吉纂　清康熙二十二年刻本
康熙桐鄉縣志　清・徐秉元修，仲弘道纂　清康熙十七年刻本
康熙潼關衛志　清・唐咨伯修，楊端本纂　清康熙二十四年刻本
康熙完縣志　清・劉安國修，王　斌纂　清康熙十三年刻本
康熙萬載縣志　清・常維禎修，汪映極等纂　清康熙二十二年刻本
康熙望江縣志　清・劉天維等修，龍　夔纂　清康熙十二年刻本
康熙文昌縣志　清・馬日炳纂修　清康熙五十七年刻本
康熙文水縣志　清・傅　星修，鄭立功纂　清康熙十二年刻本
康熙烏程縣志　清・高必勝修　清康熙刻本

康熙吴江縣志	清・郭　琇修，葉　燮等纂	清康熙二十三年刻本
康熙吴縣志	清・湯　斌修，孫　珮纂	清康熙三十年刻本
康熙五河縣志	清・李雲景修，伍三秀等纂	清康熙十一年刻本
康熙武昌縣志	清・熊　登修，孟振祖纂	清康熙十三年刻本
康熙武進縣志	清・陳玉璂纂修	清康熙二十三年刻本
康熙武邑縣志	清・許維梃修，束圖南纂	清康熙三十三年刻本
康熙武陟縣志	清・甘國垓修，杜之叢纂	清康熙三十年刻本
康熙西寧縣志	清・張充國纂修	清康熙五十一年刻本
康熙仙遊縣志	清・盧　學修	清康熙十七年刻本
康熙咸寧縣志	清・何廷韜修，王禹錫纂	清康熙四年刻本
康熙獻縣志	清・劉徵廉修，鄭大綱纂	清康熙十二年刻本
康熙香山縣志	清・申良翰修，歐陽羽文纂	清康熙十二年刻本
康熙蕭山縣志	清・鄒　勷修，蔡時敏、蔡含生纂	清康熙十二年刻本
康熙孝豐縣志	清・羅爲賡修，張　暹、李煥文纂	清康熙十二年刻本
康熙孝感縣志	清・胡國佐纂修	清康熙十二年刻本
康熙新昌縣志	清・劉作樑修，吕曾枏纂	清康熙十年刻本
康熙新修上饒縣志	清・馬之驦修，祝雷聲等纂	清康熙二十三年刻本
康熙新野縣志	清・武國樞纂修	清康熙五十一年刻本
康熙興國州志	清・楊　遵修，馮之圖、王之賓增補	清康熙四年刻十四年增刻本
康熙興化府莆田縣志	清・金臯謝修，林麟焻纂	清康熙四十四年刻本
康熙興寧縣志	清・耿念劬修，林春芳纂	清康熙九年刻本
康熙修武縣志	清・邊　憬修，范　琥纂	清康熙三十四年刻本
康熙宿遷縣志	清・張尚元纂	清康熙四十四年修抄本
康熙秀水縣志	清・任之鼎修，范正輅纂	清康熙二十四年刻本
康熙續定海縣志	清・王元士、虞光祚纂修	清康熙七年修抄本
康熙宣化縣志	清・陳　坦等纂修	清康熙四十八年刻本
康熙延平府志	清・蕭來鸞修，金　章、鄒儀周等纂	清康熙十一年刻本

康熙鹽山縣志　清・朱鸞鶱修，錢國壽纂　清康熙十年刻本
康熙洋縣志　清・蕭　亮修，張豐玉纂　清康熙元年刻本
康熙陽江縣志　清・周玉衡修，陳　本纂　清康熙二十年刻本
康熙沂州志　清・邵　士修，王　㷛、尚天成纂　清康熙十三年刻本
康熙永康縣志　清・徐同倫修，俞有斐等纂　清康熙十一年刻本
康熙永平府志　清・路　遴修，宋　琬纂，常文魁續纂修　清康熙二年修十八年續修刻本
康熙餘杭縣志　清・張思齊纂修　清康熙十二年刻本
康熙餘姚縣志　清・康如璉纂修　清康熙三十二年刻本
康熙垣曲縣志　清・紀弘謨修，馬　佐纂　清康熙十一年刻本
康熙袁州府志　清・施閏章修，袁繼梓等纂　清康熙九年刻本
康熙樂清縣志　清・徐化民修，林允楫、鮑　易纂　清康熙二十四年刻本
康熙贊皇縣志　清・李同清修，白鶴標、張文東纂　清康熙十一年刻本
康熙浙江通志　清・王國安等修，黄宗義等纂　清康熙二十三年刻本
康熙鎮江府志　清・高得貴修，張九徵等纂　清康熙十三年刻本
康熙重修阜志　清・曹　邦修，多弘馨纂　清康熙十一年刻本
康熙重修無極志　清・高必大修，穆貞元纂　清康熙元年修康熙刻本
康熙重修武强縣志　清・李道光修，賈振裘纂　清康熙六年刻本
康熙重修襄垣縣志　清・袁　良修，楊　彬、劉　濵纂　清康熙四十五年刻五十年增刻本
康熙字典　清・張玉書等纂修　清康熙間内府朱墨抄本
康熙遵化縣志　明・張　杰修，周　祚纂，清・周體觀增輯　清康熙間刻本
康熙遵化州志　清・鄭僑生修，葉向昇等纂　清康熙間抄本
柯山集　宋・張　耒　武英殿聚珍版書本
孔叢子　題漢・孔　鮒撰　明萬曆程榮刻漢魏叢書本
孔子家語　三國魏・王　肅　景江南圖書館藏明覆宋刊本
匡山集　清・王沛恂　清雍正間刻本
坤輿圖説　清・南懷仁　文淵閣四庫全書本
李北海集　唐・李　邕　明崇禎十三年曹荃刻本

李太白集注	唐・李 白撰，清・王 琦輯注	文淵閣四庫全書
李文公集	唐・李 翺撰	汲古閣刻三唐人文集本李文公集
李文饒文集	唐・李德裕	明刻萬曆間鄭惇典重修本
李遐叔文集	唐・李 華	文淵閣四庫全書本
李相國論事集	唐・李 絳	文淵閣四庫全書本
李元賓文編	唐・李 觀	文淵閣四庫全書本
立齋閒録	明・宋端儀	明刊鄧士龍國朝典故本
吏學指南	元・徐元瑞	影印國家圖書館藏元刻本
吏治懸鏡	清・徐文弼	清乾隆三十年宏通堂刻本
歷代名臣奏議	明・楊士奇等輯	明末刻本
歷代賦彙	清・陳元龍輯	清康熙四十五年内府刻本
梁简文帝集	南朝梁・蕭 綱撰	彭懋謙信述堂漢魏六朝百三名家集本
梁書	唐・姚思廉撰	清乾隆武英殿刻本
梁溪集	宋・李 綱撰	文淵閣四庫全書本
聊齋志異	清・蒲松齡	清乾隆間蜡湖鑄雪齋抄本
遼史	元・脱 脱等撰	清乾隆武英殿刻本
列仙傳	漢・劉 向	影印元明善本叢書本
臨川王荆公先生文集	宋・王安石	宋紹興間刻本臨川王荆公先生文集
陵川集	元・郝 經	文淵閣四庫全書本
靈寶無量度人上經大法	明・佚 名	涵芬樓影印正統道藏本
劉子峻集	漢・劉 歆	彭懋謙信述堂漢魏六朝百三名家集本
劉賓客文集	唐・劉禹錫	南宋初刻本
劉公幹集	三國魏・劉 楨	彭懋謙信述堂漢魏六朝百三名家集本
劉氏鴻書	明・劉仲達	明萬曆三十九年劉氏樂志齋刻本
劉庶子集	南朝梁・劉孝威	彭懋謙信述堂漢魏六朝百三名家集本
劉隨州集	唐・劉長卿	文淵閣四庫全書本
劉子	北齊・劉 晝撰，唐・袁孝政注	宋刻本

柳河東集注	唐・柳宗元撰，宋・童宗説、張敦頤、潘　緯音釋	文淵閣四庫全書本
六韜		清乾隆五十二年刻群書治要本
隆慶豐潤縣志	明・王納言修，石邦政、谷九鼎纂	明隆慶四年刻本
隆慶高郵州志	明・范惟恭修，王應元纂	明隆慶六年刻本
隆慶靖江縣志	明・王叔杲修，張秉鐸續修，朱得之纂	明隆慶四年刻本
隆慶任縣志	明・衛　鈞修，楊來游纂	明隆慶二年刻本
隆慶嶽州府志	明・鍾崇文纂修	明隆慶間刻本
隆慶雲南通志	明・鄒應龍修，李元陽纂	明隆慶六年修萬曆四年刻本
隆慶趙州志	明・蔡懋昭纂修	明隆慶元年刻本
龍川集	宋・陳　亮	文淵閣四庫全書本
龍筋鳳髓判	唐・張　鷟撰，明・劉允鵬注	文淵閣四庫全書本
盧升之集	唐・盧照鄰	文淵閣四庫全書本
廬山集	宋・董嗣杲	文淵閣四庫全書本
陸太常集	南朝梁・陸　倕	彭懋謙信述堂漢魏六朝百三名家集本
陸桴亭先生文集	清・陸世儀	清康熙五十三年刻本
陸士衡文集	晉・陸　機	彭懋謙信述堂漢魏六朝百三名家集本
陸士龍集	晉・陸　雲	漢魏六朝名家集初刻本
潞公文集	宋・文彦博	文淵閣四庫全書本
欒城後集	宋・蘇　轍	文淵閣四庫全書本
欒城集	宋・蘇　轍	文淵閣四庫全書本
欒城三集	宋・蘇　轍	文淵閣四庫全書本
論衡	漢・王　充	影印上海涵芬樓藏明通津草堂刊本
呂氏春秋	漢・高　誘注，清・畢　沅輯	清光緒二十三年文瑞樓鉛印本
呂衡州集	唐・呂　温	文淵閣四庫全書本
猫苑	清・黄　漢輯	清咸豐二年甕雲草堂刻本
毛詩草木鳥獸蟲魚疏	三國吴・陸　璣	文淵閣四庫全書本
毛詩名物圖説	清・徐　鼎輯	清乾隆三十六年刻本

毛詩正義	唐·孔穎達疏	清光緒十四年上海書局宋本十三經註疏併經典釋文校勘記本
梅溪後集	宋·王十朋	文淵閣四庫全書本
孟東野詩集	唐·孟郊	文淵閣四庫全書本
孟浩然集	唐·孟浩然	文淵閣四庫全書本
孟子集注	宋·朱熹集註	清嘉庆十六年吴县吴氏父子校刻本
孟子注疏	漢·趙岐注，唐·陸德明音義，宋·孫奭疏	重刊宋本十三经注疏附校勘記本
夢溪筆談	宋·沈括	明刻本
明經世文編	明·陳子龍等輯	影印明崇禎間雲間平露堂刻本
明史	清·張廷玉	清乾隆武英殿刻本
明太保費文憲公摘稿	明·費宏	影印南京圖書館藏明嘉靖三十四年吴遵之刻本
明文海	清·黃宗羲輯	清抄本
墨池編	宋·朱長文輯	文淵閣四庫全書本
墨莊漫録	宋·張邦基	文淵閣四庫全書本
穆天子傳	晉·郭璞注	影印上海涵芬樓藏明天一閣刊本
南朝宋會要	清·朱銘盤輯	影印國家圖書館藏稿本
南方草木狀	晉·嵇含	百川學海本
南豐曾子固先生集	宋·曾鞏	金刻本
南齊書	南朝梁·蕭子顯	清乾隆武英殿刻本
南史	唐·李延壽	清乾隆武英殿刻本
南軒集	宋·張栻	文淵閣四庫全書本
南陽集	宋·韓維	文淵閣四庫全書本
寧志備考	明·趙維寰纂	清抄本
農書	宋·陳旉撰	文淵閣四庫全書本
農書	元·王禎撰	文淵閣四庫全書本
農政全書	明·徐光啓纂輯	清同治十三年山東書局刻本
歐陽行周文集	唐·歐陽詹	景平湖葛氏傳樸堂藏明正德刊本
潘太常集	晉·潘尼	彭懋謙信述堂漢魏六朝百三名家集本

佩文齋詠物詩選	清・張玉書等編	清康熙四十六年武英殿刻本
蓬軒類記	明・佚名	明刊鄧士龍國朝典故本
毗陵集	唐・獨孤及	文淵閣四庫全書本
埤雅	宋・陸佃	文淵閣四庫全書本
平吴録	明・吴寬	明刊鄧士龍國朝典故本
平夏録	明・黄標	明刊鄧士龍國朝典故本
屏山集	宋・劉子翬	文淵閣四庫全書本
鄱陽集	宋・彭汝礪	文淵閣四庫全書本
撲蝻歷效	清・王勳竹	清雍正十年刻本
七修類稿	明・郎瑛	明刻本
齊民要術	北魏・賈思勰	漸西村舍彙刊本
騎省集	宋・徐鉉	文淵閣四庫全書本
杞乘	明・馬應龍纂修	明萬曆二十七年刻本
前漢紀	漢・荀悦	影印無錫孫氏小緑天藏明翻宋本
前聞記	明・祝允明	明刻古今名賢彙語本
乾隆安仁縣志	清・魏鈊修，鄭長瑞等纂	清乾隆十六年刻本
乾隆安鄉縣志	清・張綽修，曾之亨等纂	清乾隆十三年木活字印本
乾隆白水縣志	清・梁善長纂修	清乾隆十九年刻本
乾隆寶坻縣志	清・洪肇楙修，蔡寅斗纂	清乾隆十年刻本
乾隆寶山縣志	清・趙酉修，章鑰纂	清乾隆十一年刻本
乾隆鄞縣志	清・錢維喬修，錢大昕纂	影印華東師大圖書館藏清乾隆五十三年刻本
乾隆亳州志	清・華度修，蔡必達纂	清乾隆五年刻本
乾隆長汀縣志	清・陳朝義修，許春暉纂	清乾隆四十七年刻本
乾隆長治縣志	清・吴九齡修，蔡履豫纂	清乾隆二十八年榮暉堂刻本
乾隆潮州府志	清・周碩勳纂修	清乾隆二十七年刻本
乾隆辰州府志	清・席紹葆等修，謝鳴謙、謝鳴盛纂	清乾隆三十年刻本
乾隆陳州府志	清・崔應階修，姚之琅纂	清乾隆十二年刻本

乾隆崇陽縣志	清·黄　衮修，郭彦博纂	清乾隆六年刻本
乾隆大名縣志	清·張維祺修，李　棠纂	清乾隆五十四年刻本
乾隆丹陽縣志	清·鄒廷模、賀祥珠修，荆澤永、賀沈采纂	清乾隆十五年刻本
乾隆東安縣志	清·李光昭修，周　琰纂	清乾隆十四年刻本
乾隆分宜縣志	清·林邦珖、黄維綱修，歐陽星等纂	清乾隆四十二年刻本
乾隆奉賢縣志	清·李治灝、吴高埈修，王應奎、宋禹颺纂	清乾隆二十三年刻本
乾隆鳳台縣志	清·林　荔主修	清乾隆四十九年刻本
乾隆浮山縣志	清·賈　酉、張乾元修，張　華、皇甫奎纂	清乾隆十年刻本
乾隆福建通志	清·郝玉麟、盧　焯等修，謝道承、劉敬與纂	清乾隆二年刻本
乾隆富平縣志	清·喬履信纂修	清乾隆五年刻本
乾隆富順縣志	清·熊葵向修，周章熠纂	清乾隆二十五年刻本
乾隆甘肅通志	清·許　容修，李　迪等纂	清乾隆元年刻本
乾隆贛縣志	清·沈均安修，黄世成、馮　渠纂	清乾隆二十一年刻本
乾隆高郵州志	清·楊宜崙修，夏之蓉、沈之本纂	清乾隆四十八年刻本
乾隆海澄縣志	清·陳　鍈、王作霖修，葉廷推、鄧來祚纂	清乾隆二十七年刻本
乾隆海寧州志	清·戰效曾修，高瀛洲纂	清乾隆四十一年刻本
乾隆杭州府志	清·鄭　澐修，邵晋涵等纂	影印清乾隆四十九年刻本
乾隆和平縣志	清·曹鵬翊、徐廷芳修，朱超玖、徐　潤纂	清乾隆二十八年刻本
乾隆河間府新志	清·杜　甲、周嘉露修，黄文蓮、胡天游纂	清乾隆二十五年刻本
乾隆河間縣志	清·吴山鳳修，黄文蓮、梁志恪纂	清乾隆二十五年刻本
乾隆衡水縣志	清·陶　淑纂修	清乾隆三十二年刻本
乾隆湖州府志	清·胡承謀纂修	清乾隆四年刻本
乾隆華亭縣志	清·馮鼎高修，王顯曾等纂	清乾隆五十六年刻本
乾隆懷安縣志	清·楊大崑修，錢戢曾纂	清乾隆六年刻本
乾隆惠民縣志	清·倭什布修，劉長靈纂	清乾隆四十七年刻本
乾隆會昌縣志稿	清·戴體仁修，吴湘皋等纂	清乾隆十五年刻本
乾隆獲鹿縣志	清·韓國瓚修，石光璽纂	清乾隆元年刻本

乾隆雞澤縣志　清・王光燮纂修，王錦林增訂　清乾隆二十年修三十一年增訂刻本
乾隆吉州志　清・甘士瑛纂修　清乾隆元年刻本
乾隆嘉定縣志　清・程國棟等纂修　清乾隆七年刻本
乾隆建昌府志　清・姚文光修，周宣猷等纂　清乾隆二十一年刻本
乾隆揭陽縣志　清・劉業勤修，淩　魚纂　清乾隆四十四年刻本
乾隆金山縣志　清・常　琬修，焦以敬等纂　清乾隆十八年刻本
乾隆晉江縣志　清・方　鼎修，朱升元纂　清乾隆三十年刻本
乾隆景州志　清・屈成霖纂修　清乾隆十年刻本
乾隆静寧州志　清・王　烜纂修　清乾隆十一年刻本
乾隆昆山新陽合志　清・張予介、顧　登修　清乾隆十六年刻本
乾隆臨榆縣志　清・鍾和梅纂修　清乾隆二十一年刻本
乾隆龍泉縣志　清・蘇遇龍修，沈光厚纂　清乾隆二十七年刻本
乾隆魯山縣全志　清・徐若階、馬慧姿修，傅爾英、宋足發纂　清乾隆八年刻本
乾隆潞城縣志　清・張士浩修，申　伯纂　清康熙四十五年刻本
乾隆南安府大庾縣志　清・余光璧纂修　清乾隆十三年刻本
乾隆南昌縣志　清・顧錫鬯修　清乾隆十六年刻本
乾隆南豐縣志　清・盧　崧、朱若烜修，陸嘉穎、閔　鑒纂　清乾隆二十八年刻本
乾隆南和縣志　清・周章焕修，張汝功、吕　淙纂　清抄本
乾隆南鄭縣志　清・王行儉纂修　清乾隆五十九年刻本
乾隆内黄縣志　清・李　湞修，黄之徵纂　清乾隆四年刻本
乾隆寧河縣志　清・盧建其修　清乾隆四十六年刻本
乾隆寧鄉縣志　清・李杰超修，王文清纂　清乾隆十三年刻本
乾隆彭澤縣志　清・吴會川修　清乾隆二十一年刻本
乾隆平湖縣志　清・高國楹修，倪藻垣等纂　清乾隆十年刻本
乾隆平鄉縣志　清・楊　喬纂修　清乾隆十六年刻本
乾隆平陽府志　清・章廷珪修，范安治等纂　清乾隆元年刻本
乾隆平陽縣志　清・徐　恕修，張南英、孫　謙纂　清乾隆二十五年刻本

乾隆平原縣志	清・黄懷祖修，黄兆熊纂	清乾隆十四年刻本
乾隆鄱陽縣志	清・黄登穀等纂修	清乾隆十四年刻本
乾隆蒲臺縣志	清・嚴文典修，任　相纂	清乾隆二十八年刻本
乾隆祁陽縣志	清・李　蒔修，曠敏本纂	清乾隆三十年刻本
乾隆祁州志	清・羅以桂、王　楷修，張萬銓、刁　錦纂	清乾隆二十一年刻同治光緒間補刻本
乾隆杞縣志	清・周　璣修，朱　璿纂	清乾隆五十三年刻本
乾隆青城縣志	清・方　鳳修，戴文熾、周　瑊纂	清道光二十六年增刻本
乾隆青浦縣志	清・楊　卓、孫鳳鳴修，王　昶纂	清乾隆五十三年刻本
乾隆清河縣志	清・朱元豐修	清乾隆刻本
乾隆曲周縣志	清・勞宗發修，王今遠等纂	清乾隆十二年刻本
乾隆確山縣志	清・周之瑚修，嚴克嶟纂	清乾隆十一年刻本
乾隆饒陽縣志	清・單作哲纂修	清乾隆十四年刻本
乾隆榮經縣志	清・勞世沅纂修	清乾隆十年刻本
乾隆如皋縣志	清・鄭見龍修，周　植纂	清乾隆十五年刻本
乾隆瑞昌縣志	清・蔣有道修，聶師煥纂	清乾隆二十年刻本
乾隆瑞金縣志	清・郭　燦修，黄天策、楊于位纂	清乾隆十八年刻本
乾隆三河縣志	清・陳　咏修，王大信等纂	清乾隆二十五年刻本
乾隆三原縣志	清・劉紹攽纂修	清乾隆四十八年刻本
乾隆山東通志	清・岳　濬纂修	清乾隆元年刻本
乾隆上海縣志	清・李文耀修，談起行、葉　承纂	清乾隆十五年刻本
乾隆上饒縣志	清・汪文麟修，鄭紹淳等纂	清乾隆九年刻本
乾隆紹興府志	清・李亨特修，平　恕、徐　嵩纂	清乾隆五十七年刻本
乾隆沈邱縣志	清・何源洙修，魯之璠纂	清乾隆十一年刻本
乾隆嵩縣志	清・康基淵纂修	清乾隆三十二年刻本
乾隆蘇州府志	清・雅爾哈善、傅　椿修，習　寯、王　峻纂	清乾隆十三年刻本
乾隆肅寧縣志	清・尹　侃、范　森修，談有典纂	清乾隆二十一年刻本
乾隆綏德州直隸州志	清・吴忠誥修，李繼嶠纂	清乾隆五十年刻本

乾隆泰和縣志　清・冉　棠修，沈　瀾纂　清乾隆十八年刻本

乾隆同官縣志　清・袁文觀纂修　清乾隆三十年刻本

乾隆濰縣志　清・張耀璧修，王誦芬纂　清乾隆二十五年刻本

乾隆吴江縣志　清・陳陳荷纕修　清乾隆十二年刻本

乾隆無極縣志　清・黄可潤纂修　清乾隆二十二年刻本

乾隆無錫縣志　清・王　鎬修，華希閔纂　清乾隆十六年刻本

乾隆武康縣志　清・劉守成修，高　植等纂　清乾隆十二年刻本

乾隆武鄉縣志　清・白　鶴修，史傳遠纂　清乾隆五十五年刻本

乾隆獻縣志　清・萬廷蘭修，戈　濤纂　清乾隆二十六年刻本

乾隆香山縣志　清・暴　煜修，李卓揆等纂　清乾隆十五年刻本

乾隆湘陰縣志　清・陳鍾理修，楊茂論纂　清乾隆二十二年刻本

乾隆小海場新志　清・林正清纂　清乾隆四年刻本

乾隆新安縣志　清・高　景原本，孫孝芬增修，張麟甲增纂　清乾隆八年刻本

乾隆新建縣志　清・邸蘭標修，曹秀先纂　清乾隆十五年刻本

乾隆興寧縣志　清・羅　紳修，張九鐔等纂　清乾隆二十三年刻本

乾隆修盩厔縣志　清・楊　儀修，王開沃纂　清乾隆五十年刻五十八年補刻本

乾隆徐州府志　清・石　杰修，王　峻纂　清乾隆七年刻本

乾隆漵浦縣志　清・陶金諧修　清乾隆二十七年刻本

乾隆宣化府志　清・王者輔、王　畹修，吴廷華纂　清乾隆八年刻本

乾隆洵陽縣志　清・鄧夢琴纂修　清乾隆四十八年刻本

乾隆崖州志　清・李如柏修，黄德厚纂　清乾隆二十年刻本

乾隆鹽城縣志　清・程國棟原本，黄　垣續修，沈　儼續纂　清乾隆十二年刻本

乾隆葉縣志　清・石其灝修，程　沭纂　清乾隆十一年刻本

乾隆沂州府志　清・李希賢修，潘遇莘、丁愷曾纂　清乾隆二十五年刻本

乾隆鄞縣志　清・錢維喬修，錢大昕等纂　清乾隆五十三年刻本

乾隆永平府志　清・李奉翰、顧學潮修，王金英纂　清乾隆三十九年刻本

乾隆永壽縣新志　清・蔣　基修，王開沃纂　清乾隆五十六年刻本

乾隆虞鄉縣志	清·周大儒纂修	清乾隆五十四年刻本
乾隆元氏縣志	清·王人雄纂修	清乾隆二十三年刻本
乾隆袁州府志	清·陳廷枚修，熊曰華、魯　鴻纂	清乾隆二十五年刻本
乾隆樂亭縣志	清·陳金駿纂修	清乾隆二十年刻本
乾隆棗强縣志	清·單作哲纂修	清乾隆十七年刻本
乾隆棗陽縣志	清·甘定遇修，熊天章纂	清乾隆二十七年修抄本
乾隆鎮江府志	清·朱　霖纂修	清乾隆十五年刻本
乾隆直隸通州志	清·王繼祖修，夏之蓉等纂	清乾隆二十年刻本
乾隆直隸遵化州志	清·劉　靖修，邊中寶纂	清乾隆二十一年刻本
乾隆諸城縣志	清·宫懋讓修，李文藻等纂	清乾隆二十九年刻本
潛夫論	漢·王　符	影印江南圖書館藏述古堂景宋精寫本
灊山集	宋·朱　翌	文淵閣四庫全書本
牆東類稿	元·陸文圭	文淵閣四庫全書本
青山集	宋·郭祥正	文淵閣四庫全書本
青溪暇筆	明·佚　名	明刊鄧士龍國朝典故本
清閟閣全集	元·倪　瓚	文淵閣四庫全書本
清惠集	明·劉　麟	文淵閣四庫全書本
清經世文編	清·賀長齡輯	清光緒二十四年上海宏文閣鉛印本
清史稿	清·趙爾巽等撰	民國十六年清史馆铅印本
秋崖集	宋·方　岳	文淵閣四庫全書本
曲江集	唐·張九齡	文淵閣四庫全書本
全後魏文	清·嚴可均編	清光緒影印本
全遼志	明·李　輔	明嘉靖刻藍印本
全唐詩	清·曹　寅等編	清康熙揚州詩局刻本
全唐文	清·董　誥等輯	清嘉慶間武英殿刻本
權載之文集	唐·權德輿	文淵閣四庫全書本
任中丞集	南朝梁·任　昉	彭懋謙信述堂漢魏六朝百三名家集本

日涉编	明・陳　階	清乾隆三十四年刻本
日知録	清・顧炎武	清康熙三十四年潘耒遂初堂刻本
容齋續筆	宋・洪　邁	清乾隆五十九年刻本
阮步兵集	三國魏・阮　籍	彭懋謙信述堂漢魏六朝百三名家集本
阮元瑜集	魏・阮　瑀	彭懋謙信述堂漢魏六朝百三名家集本
三朝聖諭録	明・楊士奇	明刊鄧士龍國朝典故本
三國志	晉・陳　壽	清乾隆武英殿刻本
三農紀	清・張宗法	清乾隆二十五年刻本
三事忠告	元・張養浩	文淵閣四庫全書本
山谷外集	宋・黄庭堅	文淵閣四庫全書本
山海經注	晉・郭　璞注	影印江安傅氏雙鑒樓藏明成化庚寅刊本
山堂肆考	明・彭大翼	文淵閣四庫全書本
尚書大傳	題漢・伏　勝撰，清・孫之騄輯	文淵閣四庫全書本
尚書正義	唐・孔穎達	清道光二十七年刻本
少陽集	宋・陳　東	文淵閣四庫全書本
神農書	清・馬國翰輯	玉函山房輯佚書本
神異經	漢・東方朔	文淵閣四庫全書本
沈侍中集	南朝陳・沈　炯	彭懋謙信述堂漢魏六朝百三名家集本
沈下賢集	唐・沈亞之	文淵閣四庫全書本
沈隱侯集	南朝梁・沈　約	彭懋謙信述堂漢魏六朝百三名家集本
剩語	元・艾性夫	文淵閣四庫全書本
石倉歷代詩選	明・曹學佺編	文淵閣四庫全書本
石湖詩集	宋・范成大	文淵閣四庫全書本
史記	漢・司馬遷	清乾隆武英殿刻本
事類賦	宋・吴　淑	文淵閣四庫全書本
事物異名録	清・厲　荃輯，關　槐增纂	清乾隆五十三年刻本
釋名	漢・劉　熙	影印江南圖書館藏明翻宋書棚本

授時通考　清・鄂爾泰等撰　清乾隆七年武英殿刻本
書叙指南　宋・任　廣　文淵閣四庫全書本
菽園雜記　明・陸　容　明刊鄧士龍國朝典故本
鼠璞　宋・戴　植　文淵閣四庫全書本
雙溪類稿　宋・王　炎　文淵閣四庫全書本
水經注　北魏・酈道元　影印上海涵芬樓藏武英殿聚珍版本
水心集　宋・葉　適　文淵閣四庫全書本
順治白水縣志　清・王永命纂修　清順治四年刻本
順治扶風縣志　清・劉瀚芳、陳允錫修，馮文可纂　清順治十八年刻本
順治高平縣志　清・范繩祖修，龐太樸纂　清順治十五年刻本
順治歸德府志　清・宋國榮修，羊　琦纂　清順治十七年刻本
順治海寧縣志略　清・秦嘉系修，范　驤纂　清順治十三年稿本
順治滑縣志　清・王　鼒修，趙貫臺、朱胤哲纂　清順治十一年刻本
順治淮安府志　明・薛　鎏修，陳艮山纂　明正德十三年刻本
順治雞澤縣志　清・吴應文纂修　清順治四年刻本
順治靈台志　清・黄居中修　清順治十五年刻本
順治閔鄉縣志　清・張三省修　清順治十一年刻十六年增修本
順治饒陽縣後志　清・劉世祚修，田敬宗等纂　清順治三年刻本
順治泗水縣志　清・劉　桓修，杜燦然纂　清順治十八年修康熙元年刻本
順治通城縣志　清・盛　治纂修，丁克揚增修　清順治九年刻康熙間增刻本
順治新修望江縣志　清・王世胤修，龍之珠纂　清順治八年刻本
順治鄢陵縣志　清・孫丕承修，梁之鯤纂　清順治五年刻本
順治偃師縣志　清・艾元復修，藺楠然纂　清順治十六年刻康熙增刻本
順治陽城縣志　清・陳國珍修，白象顒纂　清順治十六年刻本
順治易水志　清・藺民孚、朱懋文等纂修　清順治二年刻本
順治遠安縣志　清・安可願修，曾宗孔等纂　清順治十八年刻本
順治重修句容縣志　清・葛翊宸等修，胡　岳等纂　清順治十四年刻本

説郛	明・陶宗儀輯	清順治三年李際期宛委山堂刻本
説文	漢・許　慎撰	明末毛氏汲古閣刻本
説文解字注	清・段玉裁	清同治十一年崇文書局刻本
説苑	漢・劉　向	清刻本
四庫全書總目提要	清・紀　昀等撰	清同治七年廣東書局刻本
四時纂要	唐・韓　鄂	影印明萬曆十八年朝鮮刻本
泗志備遺	明・袁　淮修，侯廷訓纂	明嘉靖七年刻本
嵩陽石刻集記紀遺	唐・葉　封	文淵閣四庫全書本
宋會要輯稿	清・徐　松輯，劉承幹等重輯	抄本
宋金元明四朝詩	清・張豫章等撰	清康熙四十八年内府刻本
宋詩紀事	清・厲　鶚	文淵閣四庫全書本
宋史	元・脱　脱等撰	清乾隆武英殿刻本
宋書	南朝梁・沈　約	清乾隆武英殿刻本
搜神記	晉・干　寶	明崇禎毛氏汲古閣刻津逮秘書本
隋書	唐・魏　徵等撰	清乾隆武英殿刻本
綏寇紀略	清・吴偉業	清嘉慶九年昭文張海鵬照曠閣刻本
歲時雜詠	宋・蒲積中	文淵閣四庫全書本
孫可之文集	唐・孫　樵	文淵閣四庫全書本
太白陰經	唐・李　筌	文淵閣四庫全書本
太平御覽	宋・李　昉	文淵閣四庫全書本
太上洞淵辭瘟神咒妙經	唐・佚　名	明正統道藏本
太上靈寶淨明天尊説禦瘟經	明・佚　名	明正統道藏本
太上三五傍救醮五帝斷瘟儀	唐・佚　名	明正統道藏本
太上説牛癀妙經	明・佚　名	明正統道藏本
太師誠意伯劉文成公集	明・劉　基	影印烏程許氏藏明刊本
譚子雕蟲	明・譚貞默	明崇禎間刻本
唐百家詩選	宋・王安石輯	清康熙四十三年刻本

唐大詔令集	宋・宋敏求	文淵閣四庫全書本
唐甫里先生文集	唐・陸龜蒙	影印江南圖書館藏黄蕘圃校本
唐韩昌黎集	唐・韓　愈	明崇禎刻本
唐會要	宋・王　溥	武英殿聚珍版叢書本
唐陸宣公翰苑集	唐・陸　贄	文淵閣四庫全書本
唐秘書省正字先輩徐公釣磯文集	唐・徐　寅	明抄本
唐僧弘秀集	宋・李　龏	明末海虞毛氏汲古閣刻本
唐詩紀事	宋・計有功	文淵閣四庫全書本
唐文粹	宋・姚　鉉	文淵閣四庫全書本
唐摭言	五代・王定保	文淵閣四庫全書本
陶庵夢憶	明・張　岱	清粵雅堂刻本
陶淵明集	晋・陶淵明	影印上海涵芬樓藏宋刊巾箱本
天工開物	明・宋應星	明崇禎十年宋應星刻本
天潢玉牒	明・解　縉	明刊鄧士龍國朝典故本
天禄閣外史	漢・黄　憲	明刊鄧士龍國朝典故本
天啓淮安府志	清・孫雲錦修，吴昆田、高延第纂	清光緒十年刻本
天啓江山縣志	明・張鳳翼修，徐日葵纂	明天啓三年刻本
天啓衢州府志	明・林應翔修，葉秉敬等纂	明天啓三年刻崇禎五年丁明登增補刻本
天啓同州志	明・張一英修，馬　樸纂	明天啓五年刻本
天啓文水縣志	明・米世發修，鄭宗周纂	明天啓五年刻本
天啓新泰縣志	明・趙希忭修，安　選纂	明天啓間刻本
天啓新修來安縣志	明・周之冕修	明天啓元年刻本
天啓中牟縣志	明・段懽然修，張民表纂	明天啓六年刻本
天啓滇志	明・劉文徵纂	明天啓五年纂清抄本
天啓東安縣志	明・鄭之城修，馮泰運等纂	明天啓五年刻本
天啓封川縣志	明・方尚祖纂修	清康熙二十四年刻本
天順日録	明・李　賢	明刊鄧士龍國朝典故本

鐵崖古樂府	元・楊維楨	文淵閣四庫全書本
通典	唐・杜佑	清乾隆十二年武英殿刻本
同治長興縣志	清・趙定邦修，周學濬、丁寶書纂	清同治十二年修光緒元年刻本
同治長樂縣志	清・彭光藻、王家駒修，楊希閔、黄見三等纂	清同治八年刻本
同治東鄉縣志	清・李士棻、王維新修，胡業恒纂	清同治八年刻本
同治房縣志	清・楊延烈修，郁方董、劉元棟纂	清同治四年刻本
同治黄縣志	清・尹繼美纂修	清同治十年刻本
同治即墨縣志	清・林溥修，周翕鐄纂	清同治十二年刻本
同治郟縣志	清・姜篪原本，張熙瑞續修，郭景泰續纂	清同治四年刻本
同治靈壽縣志	清・陸隴其原本，劉賡年續纂修	清同治十三年刻本
同治欒城縣志	清・陳詠修，張惇德纂	清同治十一年刻本
同治清河縣志	清・王鏞修，郭兆藩等纂	清同治十一年刻本
同治上海縣志	清・應寶時等修，俞樾、方宗誠纂	清同治十年吴門臬署刻本
同治上江兩縣志	清・莫祥芝、甘紹盤修，汪士鐸等纂	清同治十三年刻本
同治深州風土記	清・吴汝綸纂	清同治十年纂光緒二十六年文瑞書院刻本
同治新塍瑣志	清・鄭鳳鏘纂	稿本
同治星子縣志	清・藍煦、徐鳴皋修，曹徵甲等纂	清同治十年刻本
同治續輯漢陽縣志	清・黄式度等修，王柏心纂	清同治七年刻本
同治續天津縣志	清・吴惠元修，蔣玉虹、俞樾纂	清同治九年刻本
同治鄞縣志	清・戴枚修，張恕、董沛等纂	清同治十三年稿本
同治欒平縣志	清・董蓴榮、梅毓翰修，汪元祥、陳謨纂	清同治九年翥山書院刻本
桐江續集	元・方回	文淵閣四庫全書本
萬曆安邱縣志	明・熊元修，馬文煒纂	明萬曆十七年刻本
萬曆保定府志	明・馮惟敏纂修	明萬曆三十五年
萬曆寶應縣志	明・陳煃修，吴敏道纂	明萬曆二十二年刻本
萬曆滄州志	明・李夢熊修，顧震宇纂	明萬曆三十八年刻本
萬曆常山縣志	明・傅良言修，詹萊纂	明萬曆十三年刻清順治十七年王明道補刻本

萬曆常熟縣私志	明·姚宗儀纂	明萬曆四十五年稿本
萬曆郴州志	明·胡　漢纂修	明萬曆四年刻本
萬曆池州府志	明·李思恭修，丁紹軾等纂	明萬曆四十年刻本
萬曆崇德縣志	明·靳一派修，李太沖、張洪儒纂	明萬曆三十九年刻本
萬曆滁陽志	明·戴瑞卿修，于永享等纂	明萬曆四十二年刻本
萬曆德州志	明·唐文華修，李　楡纂	明萬曆四年刻天啓三年增刻本
萬曆東昌府志	明·王命爵等修，王汝訓等纂	明萬曆二十八年刻本
萬曆汾州府志	明·王道一等纂修	明萬曆三十七年刻本
萬曆福寧州志	明·史起欽修，林子燮等纂	明萬曆二十一年刻本
萬曆福州府志	明·潘頤龍纂修	明萬曆七年刻本
萬曆冠縣志	明·談自省修，杜華先纂	明萬曆三十七年刻本
萬曆廣東通志	明·陳大科、戴　耀修，郭　棐等纂	明萬曆二十九年刻本
萬曆廣西通志	明·林　富修，黄　佐纂	明嘉靖十年刻本
萬曆廣宗縣志	明·馬　協纂修	明萬曆二十六年刻本
萬曆歸州志	明·張尚儒、趙子文纂修	明萬曆間刻本
萬曆合肥縣志	明·胡時化修，魏豫之等纂	明萬曆元年刻本
萬曆河間府志	明·杜應芳修，陳士彦、張文德纂	明萬曆四十三年刻本
萬曆洪洞縣志	明·喬因羽修，晋朝臣纂	明萬曆十九年刻本
萬曆懷柔縣志	明·史國典修，周仲士纂	明萬曆三十二年刻三十四年增刻本
萬曆黄岩縣志	明·袁應祺修，牟汝忠等纂	明萬曆七年刻本
萬曆會稽縣志	明·楊維新修，張元忭、徐　渭纂	明萬曆三年刻本
萬曆續溪縣志	明·陳嘉策修，何　棠等纂	明萬曆九年刻本
萬曆嘉定縣志	明·韓　濬修，張應武等纂	明萬曆三十三年刻本
萬曆江浦縣志	明·沈孟化修，張夢柏等纂	明萬曆七年刻本
萬曆將樂縣志	明·黄仕禎修，黄元美等纂	明萬曆十三年刻本
萬曆旌德縣志	明·蘇宇庶纂修	明萬曆二十六年刻本
萬曆溧水縣志	明·吴仕詮修，黄汝金纂	明萬曆七年刻本

萬曆臨城縣志　明・程鵬搏修，喬璧星等纂　明萬曆二十五年刻本
萬曆潞城縣志　明・馮惟賢纂修　清刻本
萬曆南海縣志　明・劉廷元修，王學曾纂　明萬曆三十七年刻本
萬曆南陽府志　明・李廷龍修，朱之藩纂　明萬曆五年刻本
萬曆寧津縣志　明・佘　鎧修，王良貴纂　明萬曆十六年刻本
萬曆沛志　明・羅士學纂修　明萬曆二十五年刻本
萬曆平陽府志　明・傅淑訓修，曹樹聲纂　明萬曆四十三年刻清順治二年修補本
萬曆蒲臺縣志　明・李時芳修，王爾彥纂　明萬曆十九年刻本
萬曆錢塘縣志　明・聶心湯修，虞淳熙纂　清光緒十九年刻本
萬曆任丘志集　明・顧　問纂　明萬曆六年刻本
萬曆汝南志　明・黃似華修，李本固纂　明萬曆三十六年刻本
萬曆山西通志　明・李維禎纂修　明萬曆間修崇禎二年刻本
萬曆上海縣志　明・顏洪範修，張之象、黃　炎纂　明萬曆十六年刻本
萬曆上虞縣志　明・徐待聘修，馬明瑞等纂　明萬曆三十四年刻本
萬曆紹興府志　明・蕭良幹修，張元忭、孫　鑛纂　明萬曆十五年刻本
萬曆嵊縣志　明・萬民紀修，周汝登纂　明萬曆十六年修萬曆刻本
萬曆舒城縣志　明・陳魁士纂修　明萬曆八年刻本
萬曆肅鎮華夷志　明・李應魁纂　明萬曆四十四年刻本
萬曆太和縣志　明・陳管等修纂　明萬曆二年刻本
萬曆太原府志　明・關廷訪修，張慎言纂　明萬曆四十年刻本
萬曆泰興縣志　明・陳繼疇修，王穉登纂　明萬曆二十五年修明刻清印本
萬曆通州志　明・林雲程修，沈明臣等纂　明萬曆六年刻本
萬曆銅陵縣志　明・熊蓋臣修，何自謙纂　明萬曆十五年刻本
萬曆威縣志　明・張蒙正修，姜允清纂　明萬曆四十八年刻本
萬曆衛輝府志　明・侯大節纂修　明萬曆三十一年刻本
萬曆武進縣志　明・晏文輝修，唐鶴徵纂　明萬曆三十三年刻本
萬曆襄陽府志　明・吴道邇纂修　明萬曆十二年刻本

萬曆蕭山縣志	明·劉　會修，戴文明等纂	明萬曆十七年刻本
萬曆新修崇明縣志	明·張世臣修，陳宇俊等纂	明萬曆三十二年刻本
萬曆新修餘姚縣志	明·史樹德修，楊文煥等纂	明萬曆二十九年刻本
萬曆興化府志	明·吕一静修，康大和等纂	明萬曆三年刻本
萬曆秀水縣志	明·李　培修，黄洪憲等纂	明萬曆二十四年刻本
萬曆續朝邑縣志	明·郭　實修，王學謨纂	明萬曆十二年刻本
萬曆延綏鎮志	明·鄭汝璧修，劉餘澤纂	明萬曆三十五年刻遞修本
萬曆鹽城縣志	明·楊瑞雲修，夏應星纂	明萬曆十一年刻本
萬曆兖州府志	明·于慎行修纂	明萬曆二十四年刻本
萬曆揚州府志	明·楊　洵修，徐　鑾等纂	明萬曆二十九年修三十三年刻本
萬曆沂州志	明·徐汝翼纂修	明萬曆三十六年刻天啓增刻本
萬曆宜興縣志	明·陳遴瑋修，王　升纂	明萬曆十八年刻本
萬曆營山縣志	明·王廷稷修，李彭年等纂	明萬曆四年刻本
萬曆應天府志	明·汪宗伊、程嗣功修，陳舜仁等纂	明萬曆五年刻萬曆二十年補刻本
萬曆永福縣志	明·唐學仁修，謝肇淛等纂	明萬曆四十年刻本
萬曆原武縣志	明·張　祥等修，閻邦寧等纂	明萬曆二十二年刻本
萬曆重修常州府志	明·劉廣生修，唐鶴徵等纂	明萬曆四十六年刻本
萬曆重修磁州志	明·趙　範修，諸　鐈纂	明萬曆九年刻本
萬曆重修嘉善縣志	明·章士雅修，盛　唐纂	明萬曆二十四年刻本
萬曆重修昆山縣志	明·周世昌修	明萬曆四年刊本
萬曆重修寧羌州志	明·盧大謨修，楊　堂、范啓東纂	明萬曆二十五年刻本
萬曆重修鎮江府志	明·王應麟修，王　樵等纂	明萬曆二十四年刻本
萬曆諸城縣志	明·王之臣修，陳　燁纂	明萬曆三十一年刻本
萬曆淄川縣志	明·朱萬春修，朱　教纂	明萬曆三十一年刻本
王荆公詩注	宋·王安石撰，李　壁注	文淵閣四庫全書本
王摩詰文集	唐·王　維	宋刻本
王侍中集	三國魏·王　粲	明刊鄧士龍國朝典故本

王文公集	宋·王安石	宋槧本
王文恪公筆記	明·王　鏊	明刊鄧士龍國朝典故本
王右丞集箋注	唐·王　維撰，清·趙殿成注	清乾隆二十四年刻本
王詹事集	南朝梁·王　筠	彭懋謙信述堂漢魏六朝百三名家集本
王子安集	唐·王　勃	影印江南圖書館藏明刊本
望溪先生文集	清·方　苞	影印上海涵芬樓藏戴氏刊本
韋蘇州集	唐·韋應物	文淵閣四庫全書本
魏書	北齊·魏　收撰	清乾隆武英殿刻本
魏文帝集	三國魏·曹　丕	彭懋謙信述堂漢魏六朝百三名家集本
魏鄭公諫録	唐·王方慶	文淵閣四庫全書本
瘟疫論	明·吴有性	文淵閣四庫全書本
文安集	元·揭傒斯	文淵閣四庫全書本
文簡集	明·孫承恩	文淵閣四庫全書本
文泉子集	唐·劉　蜕	文淵閣四庫全書本
文史通義	清·章學誠	粵雅堂叢書本
文憲集	明·宋　濂	文淵閣四庫全書本
文獻通考	元·馬端臨	清乾隆十二年武英殿刻
文選李善注	南朝梁·蕭　統編，唐·李　善注	清同治八年刻本
文苑英華	宋·李　昉	文淵閣四庫全書本
文章辨體彙選	明·賀復徵輯	文淵閣四庫全書本
文忠集	宋·歐陽修	文淵閣四庫全書本
文忠集	元·王　結	文淵閣四庫全書本
吴都文粹	宋·鄭虎臣編	文淵閣四庫全書本
吴文正集	元·吴　澄	文淵閣四庫全書本
吴越春秋	漢·趙　曄撰，元·徐天祜音注	影印上海涵芬樓藏明弘治鄺璠刊本
吴中水利書	宋·單　鍔	文淵閣四庫全書本
無上玄元三天玉堂大法	宋·路時中	涵芬樓影印北京白雲觀藏明刊正統道藏

五代會要	宋・王　溥撰	武英殿聚珍版書本
五雜組	明・謝肇淛	影印明萬曆四十四年潘膺祉如韋館刻本
午亭文編	清・陳廷敬	文淵閣四庫全書本
武林舊事	宋・周　密	文淵閣四庫全書本
武夷新集	宋・楊　億	文淵閣四庫全書本
物理小識	明・方以智	文淵閣四庫全書本
西山文集	宋・真德秀	文淵閣四庫全書本
西溪叢語	宋・姚　寬	文淵閣四庫全書本
熙靖江縣志	清・胡必蕃修，金　敞纂	清康熙二十二年刻四十年增刻本
錫金考乘	清・周有壬纂	清道光間纂同治九年世瑞堂木活字印本
霞外詩集	元・馬　臻	文淵閣四庫全書本
夏侯常侍集	晉・夏侯湛	彭懋謙信述堂漢魏六朝百三名家集本
咸淳臨安志	吴越・錢　鏐	文淵閣四庫全書本
咸豐靖江縣志稿	清・于作新修，潘　泉纂	清咸豐七年木活字印本
咸豐容城縣志	清・詹作周、裴福德修，王振綱纂	清咸豐七年刻本
咸豐深澤縣志	清・張衍壽修，王肇晋纂	清咸豐十年修同治元年刻本
咸平集	宋・田　錫	文淵閣四庫全書本
賢博編	明・葉　權	萬曆黄應台刻本
相雨書	唐・黄子發	漸西村舍彙刊本
蕭茂挺文集	唐・蕭穎士	文淵閣四庫全書本
小畜集	宋・王禹偁	文淵閣四庫全書本
謝康樂集	南朝宋・謝靈運	彭懋謙信述堂漢魏六朝百三名家集本
謝宣城集	南朝宋・謝　朓	彭懋謙信述堂漢魏六朝百三名家集本
新刊詁訓唐柳先生文集	唐・柳宗元撰，宋・韓　醇音釋	文淵閣四庫全書本
新刊權文公文集十卷補遺一卷	唐・權德輿撰	清吴氏繡谷亭抄本
新刊五百家註音辯昌黎先生文集	唐・韓　愈撰，宋・魏仲舉輯注	文淵閣四庫全書本
新唐書	宋・歐陽修等撰	清乾隆武英殿刻本

新五代史	宋・歐陽修等撰	清乾隆武英殿刻本
新語	漢・陸　賈	浮溪精舍刻宋鳳翔校本
雄乘	明・王　齊纂修	明嘉靖十六年刻本
盱江集	宋・李　覯	文淵閣四庫全書本
須溪集	宋・劉辰翁	文淵閣四庫全書本
續夷堅志	金・元好問	文淵閣四庫全書本
續資治通鑒長編	宋・李　燾	清光緒七年浙江書局刻本
宣統廣安州新志	清・周克堃等纂	清宣統三年刻本
宣統南海縣志	清・張鳳喈等修，桂　坫等纂	清宣統三年刻本
宣統樂會縣志	清・林大華纂修	清宣統三年石印本
懸笥瑣探	明・劉　昌	影紀録彙編本
学仕遺規	清・陳宏謀	清乾隆三十四年培遠堂刻本
雪候帖	晉・王羲之	
雪坡集	宋・姚　勉	文淵閣四庫全書本
荀子集解	清・王先謙集解	清光緒十七年長沙王氏刻本
嚴陵集	宋・董　弅	文淵閣四庫全書本
鹽鐵論	漢・桓　寬	明萬曆中新安程氏漢魏叢書本
晏子春秋		清光緒十八年湖南思賢講舍刻本
雁門集	元・薩都拉	文淵閣四庫全書本
楊文恪公文集	明・楊　廉	影印山東省圖書館藏明刻本
楊園先生全集	清・張履祥	清同治十年江蘇書局刻本
楊忠愍集	明・楊繼盛	文淵閣四庫全書本
楊仲弘集	元・楊　載	文淵閣四庫全書本
野記	明・祝允明	明刊鄧士龍國朝典故本
野客叢書	宋・王　楙	文淵閣四庫全書本
遺山集	金・元好問	文淵閣四庫全書本
逸周書	晉・孔　晁注	四部叢刊影明嘉靖二十二年四明章檗校刊本

藝文類聚	唐・歐陽詢輯	明嘉靖六年至七年胡纘宗陸采刻本
應德璉集	三國魏・應　瑒	彭懋謙信述堂漢魏六朝百三名家集本
應休璉集	三國魏・應　璩	彭懋謙信述堂漢魏六朝百三名家集本
雍正安東縣志	清・余光祖修，孫超宗纂	清雍正五年刻本
雍正崇明縣志	清・張文英修，沈龍翔纂	清雍正五年刻本
雍正恩縣續志	清・陳學海修，韓天篤纂	清雍正元年刻本
雍正分建南匯縣志	清・欽　璉修	清雍正刻本
雍正高陽縣志	清・嚴宗嘉修，李其旋纂	清雍正八年刻本
雍正懷遠縣志	清・唐　暄纂修	清雍正二年刻本
雍正揭陽縣志	清・陳樹芝纂修	清雍正九年刻本
雍正沁源縣志	清・韓　瑛纂修，王廷掄續纂修	清雍正八年刻本
雍正山西通志	清・覺羅石麟修，儲大文纂	清雍正十二年刻本
雍正陝西通志	清・劉於義修，沈青崖纂	清雍正十三年刻本
雍正屯留縣志	清・甄爾節修，孫肯穫、羅煥章纂	清雍正八年刻本
雍正文登縣志	清・王一夔修，賽　珠、畢　霦纂	清雍正三年刻本
雍正猗氏縣志	清・潘　鉞修	清雍正七年刻本
雍正澤州府志	清・朱　樟修，田嘉穀纂	清雍正十三年刻本
雍正浙江通志	清・李　衛、嵇曾筠等修，沈翼機、傅王露等纂	清雍正十三年修乾隆元年刻本
庾度支集	南朝梁・庾肩吾	彭懋謙信述堂漢魏六朝百三名家集本
庾開府集	北周・庾　信	彭懋謙信述堂漢魏六朝百三名家集本
庾子山集	北周・庾　信	影印上海涵芬樓藏明屠隆刊本
玉川子集	唐・盧　仝	文淵閣四庫全書本
御定月令輯要	清・李光地	文淵閣四庫全書本
御製皇陵碑	明・朱元璋	
寓圃雜記	明・王　錡	明萬曆刻紀録彙編本
淵鑒類函	清・張　英等輯	清康熙四十九年揚州詩局刻本
元豐類稿	宋・曾　鞏	文淵閣四庫全書本

元史　明・宋　濂等撰　清乾隆武英殿刻本
元氏長慶集　唐・元　稹　文淵閣四庫全書本
岳陽風土記　宋・范致明　文淵閣四庫全書本
越絶書　漢・袁　康　影印江安傅氏藏明雙柏堂刊本
閲世編　清・葉夢珠　上海掌故叢書第一集本
樂府詩集　宋・郭茂倩　景上海涵芬樓藏汲古閣刊本
雲溪集　宋・郭　印　文淵閣四庫全書本
鄖溪集　宋・鄭　獬　文淵閣四庫全書本
戰國策　漢・劉　向編，高　誘注　剡川姚氏本
章泉稿　宋・趙　蕃　文淵閣四庫全書本
張河間集　漢・張　衡　彭懋謙信述堂漢魏六朝百三名家集本
張景陽集　晉・張　協　彭懋謙信述堂漢魏六朝百三名家集本
張司業詩集　唐・張　籍　文淵閣四庫全書本
張燕公集　唐・張　説　文淵閣四庫全書本
張子全書　宋・張　載　文淵閣四庫全書本
貞觀政要　唐・吴　兢　清嘉慶三年天游園刻本
賑紀　清・方觀承輯　清乾隆十九年刻本
震川别集　明・歸有光　文淵閣四庫全書本
震川集　明・歸有光　文淵閣四庫全書本
拯荒事略　元・歐陽元　涵芬樓影印清道光十一年六安晁氏木活字學海類編本
正德安慶府志　明・胡纘宗纂修　明正德十六年修嘉靖二年刻本
正德大名府志　明・韓　福、石　禄修，唐　錦纂　明正德元年刻本
正德福州府志　明・葉　溥修，張孟敬纂　明正德十五年刻本
正德姑蘇志　明・林世遠修，王　鏊纂　明正德元年刻本
正德淮安府志　明・宋祖舜修，方尚祖纂　明天啓六年刻崇禎間增刻本
正德嘉興府志補　明・于鳳喈修，鄒　衡纂　明正德七年刻本
正德金山衛志　明・張　奎修，夏有文等纂，沈　淮校　明正德十二年刻

正德松江府志	明·陳　威、喻　時修，顧　清纂	明正德七年刻本
正德桐鄉縣志	明·任　洛修，譚桓同纂	明正德九年修嘉靖補修清抄本
正德武義縣志	明·林有年修，董遵道纂，黄　春增修	明正德十六年刻嘉靖三年增刻本
正德襄陽府志	明·聶　賢修，曹　璘纂	明正德十二年刻本
正德永康縣志	明·吴宣濟、胡　楷修，陳　泗等纂	明正德九年修嘉靖三年胡楷刻本
正一殟司辟毒神燈儀	唐·佚　名	明正統刻道藏本
重校鶴山先生大全文集	宋·魏了翁	文淵閣四庫全書本
州乘資	明·邵　潛纂修	明弘光元年刻本
周禮		文淵閣四庫全書本
周書	唐·令狐德棻等撰	清乾隆武英殿刻本
周易		文淵閣四庫全書本
周易參同契考異	宋·朱　熹	明正統道藏本
周易乾鑿度	漢·鄭　玄	文淵閣四庫全書本
晝上人集	唐·釋皎然	文淵閣四庫全書本
朱子語類	宋·黎靖德	文淵閣四庫全書本
竹書紀年		文淵閣四庫全書本
莊簡集	宋·李　光	文淵閣四庫全書本
莊子集釋	清·郭慶藩	影印上海古籍出版社藏清光緒思賢講舍刻本
資治通鑑	宋·司馬光	文淵閣四庫全書本
資治通鑑外紀	宋·劉　恕	影印上海涵芬樓藏明刊本
子夏易傳		文淵閣四庫全書本
紫山大全集	元·胡祇遹	文淵閣四庫全書本
紫巖詩選	宋·于　石	文淵閣四庫全書本
自鳴集	宋·章　甫	文淵閣四庫全書本
最樂堂文集	清·喬光烈	清乾隆二十一年刻本
尊白堂集	宋·虞　儔	文淵閣四庫全書本
左傳		文淵閣四庫全書本

《中華大典》辦公室

主　任：于永湛

副主任：伍　傑　姜學中

編　審：趙含坤　崔望雲　馮寶志　宋志英　谷笑鵬

裝幀設計：章耀達

《中華大典·農業典》編輯組

負 責 人：陳廣勝　靳宇峰

編輯人員：袁喜生　劉小敏
王　慧　龍玉明
何　新　胡玲霞
孫增科　解遠文
展文婕　范　昕

技術指導：李玉玲　葛　强
劉　春

技術編輯：李雪艷　郭　林
馬　龍　陳盛傑
李艷潔

圖書在版編目（CIP）數據

中華大典．農業典．農業灾害分典／張敏杰主編．-- 鄭州：河南大學出版社，2017.12
ISBN 978-7-5649-3129-2

Ⅰ．①中… Ⅱ．①張… Ⅲ．①百科全書－中國②農業－自然灾害－風險管理－中國 Ⅳ．①Z227 ②S42

中國版本圖書館 CIP 數據核字（2017）第 326285 號

中華大典·農業典·農業灾害分典

編纂	《中華大典》工作委員會 《中華大典》編纂委員會
出版發行	河南大學出版社有限責任公司
出版社地址	鄭州市鄭東新區商務外環中華大厦 2401 號 郵編：450046
出版社網址	www.hupress.com
排版	書翰設計
印刷	河南瑞之光印刷股份有限公司
開本	787×1092　1/16
印張	143.25
字數	4689 千字
版次	2017 年 12 月第 1 版　2017 年 12 月第 1 次印刷
標準書號	ISBN 978-7-5649-3129-2
定價	1600.00 圓（全二册）

ISBN 978-7-5649-3129-2

9 787564 931292 >

定價：1600.00 圓

（全二册）